Münchener Kommentar zur Strafprozessordnung

Herausgegeben von

Prof. Dr. Christoph Knauer
Rechtsanwalt in München

Prof. Dr. Hans Kudlich
Universität Erlangen-Nürnberg

Prof. Dr. Hartmut Schneider
Bundesanwalt beim Bundesgerichtshof

**Die einzelnen Bände
des Münchener Kommentars zur StPO**

Band 1
§§ 1–150

Band 2
§§ 151–332

Band 3/1
§§ 333–499

Band 3/2
GVG · EGGVG · EMRK
EGStPO · EGStGB · ZSHG
StrEG · JGG · G 10 · AO

Münchener Kommentar zur Strafprozessordnung

Band 3/2
GVG · EGGVG · EMRK
EGStPO · EGStGB · ZSHG
StrEG · JGG · G 10 · AO

Herausgegeben von

Professor Dr. Christoph Knauer
Rechtsanwalt in München

1. Auflage 2018

C.H.BECK

Zitiervorschlag:
MüKoStPO/*Bearbeiter* GVG § … Rn. …

www.beck.de

ISBN 978 3 406 64683 6

© 2018 Verlag C. H. Beck oHG
Wilhelmstraße 9, 80801 München
Druck: Kösel GmbH & Co.KG
Am Buchweg 1, 87452 Altusried-Krugzell
Satz: Meta Systems Publishing & Printservices GmbH, Wustermark
Umschlaggestaltung: Druckerei C.H. Beck Nördlingen

Gedruckt auf säurefreiem, alterungsbeständigem Papier
(hergestellt aus chlorfrei gebleichtem Zellstoff)

Die Bearbeiter des Bandes 3/2

Dr. Holger Brocke, LL.M. (Edinburgh)
Staatsanwalt bei der Staatsanwaltschaft Berlin

Jürgen Cierniak
Richter am Bundesgerichtshof

Dr. Klaus Ellbogen
Lehrbeauftragter an der Universität Potsdam

Dr. Armin Engländer
Professor an der Universität München

Dr. Karsten Gaede
Professor an der Bucerius Law School, Hamburg

Dr. Sönke Florian Gerhold
Professor an der Universität Bremen

Ralf Günther
Vorsitzender Richter am Oberlandesgericht Celle

Dr. Katrin Höffler
Professorin an der Universität Göttingen

Dr. Simone Kämpfer
Rechtsanwältin in Düsseldorf

Dr. Johannes Kaspar
Professor an der Universität Augsburg

Dr. Peter Kotz †
Rechtsanwalt in Augsburg

Dr. Helmut Kreicker
Richter am Oberlandesgericht Celle

Tobias Kulhanek
Staatsanwalt bei der Staatsanwaltschaft Nürnberg-Fürth

Dr. Karl-Heinz Kunz
Vorsitzender Richter am Oberlandesgericht Nürnberg a.D.

Christoph Lepper, LL.M.
Rechtsanwalt in Düsseldorf

Dr. Mustafa Temmuz Oğlakcıoğlu
Akademischer Rat a.Z. an der Universität Erlangen-Nürnberg

Dr. Ulrich Pflaum
Richter am Finanzgericht Nürnberg

Bearbeiter

Jochen Pohlit
Richter am Pfälzischen Oberlandesgericht Zweibrücken

Dr. Holm Putzke, LL.M. (Krakau)
Professor an der Universität Passau sowie an der EBS Universität
für Wirtschaft und Recht Wiesbaden

Dr. Fredrik Roggan
Professor an der Fachhochschule der Polizei des Landes Brandenburg

Dr. Thomas Schuster, LL.M. (London)
Richter am Oberlandesgericht Nürnberg

Dr. Till Zimmermann
Privatdozent an der Universität Trier

Im Einzelnen haben bearbeitet:

Gerichtsverfassungsgesetz – GVG
§§ 1–78b .... Dr. Thomas Schuster
Vor § 115, §§ 115–122 .... Dr. Peter Kotz/
                                    Dr. Mustafa Temmuz Oğlakcıoğlu
§§ 123–140 .... Jürgen Cierniak/Jochen Pohlit
§ 140a .... Dr. Armin Engländer/
                                    Dr. Till Zimmermann
Vor § 141, §§ 141–168 .... Dr. Holger Brocke
§§ 169–183 .... Tobias Kulhanek
§§ 184–191a, Anh. 1, 2 .... Dr. Mustafa Temmuz Oğlakcıoğlu
§§ 192–197 .... Tobias Kulhanek
§§ 198–201 .... Dr. Helmut Kreicker

Einführungsgesetz zum Gerichtsverfassungsgesetz – EGGVG
§§ 1–11 .... Dr. Sönke Florian Gerhold
Vor § 12, §§ 12–43 .... Dr. Klaus Ellbogen

Konvention zum Schutze der
Menschenrechte und Grundfreiheiten –
EMRK .... Dr. Karsten Gaede

Einführungsgesetz zur
Strafprozessordnung – EGStPO .... Dr. Holm Putzke

Einführungsgesetz zum
Strafgesetzbuch – EGStGB .... Dr. Holm Putzke

Zeugenschutz-Harmonisierungsgesetz –
ZSHG .... Dr. Fredrik Roggan

Gesetz über die Entschädigung
für Strafverfolgungsmaßnahmen – StrEG ... Dr. Karl-Heinz Kunz

Jugendgerichtsgesetz – JGG
Einleitung .... Dr. Katrin Höffler/
                                    Dr. Johannes Kaspar
§§ 33–54 .... Dr. Katrin Höffler
§§ 55–81a, §§ 107–109 .... Dr. Johannes Kaspar

Artikel 10-Gesetz – G 10 .... Ralf Günther

Abgabenordnung – AO
§§ 30–31b, 385–391 .... Dr. Ulrich Pflaum
§ 392 .... Dr. Simone Kämpfer/Christoph Lepper
§§ 393–408 .... Dr. Ulrich Pflaum

Sachregister .... Dr. Mustafa Temmuz Oğlakcıoğlu

Vorwort

Das anerkannte und erfolgreiche Format des Münchener Kommentars wird komplettiert durch die Bände zum Strafprozessrecht. Der hier vorgelegte Band 3/2 rundet dieses ambitionierte Projekt ab, indem er die für das Strafverfahren relevanten Nebengesetze erläutert.

Ursprünglich sollte der Band 3 als Einzelband erscheinen. Während der Herstellungszeit hat sich allerdings herausgestellt, dass, wenn man die komplexen Normen in der für Münchener Kommentare nötigen Kommentierungstiefe darstellen möchte, der Gesamtumfang des Werkes zu sehr ansteigt. Eine Teilung der Bände war daher erforderlich geworden. Band 3/1 umfasst nun die §§ 333–499 StPO und der vorliegende Band 3/2 die Erläuterungen zu sämtlichen Nebengesetzen. Band 3/1 wird zeitnah erscheinen.

In dem beachtlichen Umfang spiegelt sich die erhebliche Praxisrelevanz des Prozessrechts wider. Wie kaum ein anderes Rechtsgebiet ist das Strafprozessrecht geprägt durch die richterrechtliche Auslegung der Vorschriften. Zu denken ist hier insbesondere an die Revisionsvorschriften, deren Erläuterung Gegenstand des Bandes 3/1 ist. Auch ist das Strafprozessrecht in jüngerer Zeit intensiv reformiert worden. Die Änderungen haben erheblichen Einfluss auf Ablauf und Ausgestaltung des Strafprozesses genommen. Zu nennen ist hier etwa das Gesetz zur effektiveren und praxistauglicheren Ausgestaltung des Strafverfahrens, das am 24.8.2017 in Kraft getreten ist (BGBl. I S. 3202) und mit dem unter anderen in § 163 Abs. 3 StPO eine Erscheinenspflicht für Zeugen bei der Polizei und die Quellen-Telekommunikationsüberwachung (§ 100a Abs. 1 Satz 2 StPO) eingeführt sowie Neuerungen bei den eingriffsintensiven Regelungen der Online-Durchsuchung vorgenommen wurden. Daneben ermöglicht § 81a Abs. 2 StPO nunmehr eine Blutprobenentnahme ohne richterliche Anordnung, wenn es um den Verdacht einer rauschbedingten Verkehrstat einschließlich fahrlässiger Taten geht. Ganz im Sinne der Ökonomisierung des Strafverfahrens ist nun auch die Einstellungsvorschrift des § 153a StPO im Revisionsverfahren anwendbar. Zu weitreichenden Neuerungen hat auch das am 1.7.2017 in Kraft getretene Gesetz zur Reform der strafrechtlichen Vermögensabschöpfung (BGBl. I S. 872) geführt, das auf strafprozessualer Ebene umfangreiche Änderungen der vorläufigen Sicherungsmaßnahmen (§§ 111b–111q StPO) sowie eine Umgestaltung des Verteilungs-/Auskehrungsverfahrens bewirkt hat. Die Teilung des dritten Bandes hat es auch ermöglicht, im nun später erscheinenden Band 3/1 das neue Verfahrensrecht bei Einziehung und Vermögensbeschlagnahme (§§ 421–439 sowie §§ 459g–459o StPO) vollständig berücksichtigen zu können.

Vor dem Hintergrund dieser stetigen Entwicklung des Strafprozessrechts ist es Ziel des Münchener Kommentars, den am Strafverfahren beteiligten Richtern, Staats- und Amtsanwälten, Strafverteidigern und allen weiteren strafrechtlichen Praktikern eine aktuelle und praxisorientierte Kommentierung der Normen mit an die Hand zu geben. Die Herausgeber und der Verlag legen dabei nicht nur großen Wert darauf, dass die Darstellungen Lösungsvorschläge und Entscheidungshilfen auf wissenschaftlichem Fundament bieten, sondern auch, dass eine ausgewogene Berücksichtigung sowohl der Perspektive der Justiz wie auch der der professionellen Strafverteidigung erfolgt.

Dieser Prämisse folgt auch Band 3/2, in dem sämtliche für das Strafverfahren relevanten Nebengesetze anwendungsbezogen aufbereitet werden. So enthält der Band eine nahezu vollständige Kommentierung der Vorschriften des Gerichtsverfassungsgesetzes. Auch werden die Vorschriften des Einführungsgesetzes zum Strafgesetzbuch, zum Gerichtsverfassungsgesetz sowie zur Strafprozessordnung erläutert. Von großer praktischer Relevanz sind weiterhin die Erläuterungen zu den Verfahrensvorschriften des Jugendgerichtsgesetzes. Die Kommentierung wird schließlich der zunehmenden Bedeutung der Wertungen der Europäischen Menschenrechtskonvention und der Rechtsprechung des Europäischen Gerichtshofs

Vorwort

für Menschenrechte gerecht, indem die für das Strafverfahren besonders relevanten Grundfreiheiten der Art. 1–8, 13 EMRK ausführlich kommentiert werden. Abgerundet wird die Zusammenstellung dieses Teilbands durch Erläuterungen zum Gesetz zur Harmonisierung des Schutzes gefährdeter Zeugen, zum Gesetz über die Entschädigung für Strafverfolgungsmaßnahmen sowie zum Gesetz zur Beschränkung des Brief-, Post- und Fernmeldegeheimnisses. Das spezielle Verfahrensrecht des Steuerstrafrechts wird durch eine auszugsweise Kommentierung von Vorschriften der Abgabenordnung abgedeckt.

Wir haben bereits im Vorwort zu Band 1 darauf hingewiesen, dass es bei einer Erstauflage eines mehrbändigen Werkes mit zahlreichen Autoren zu Verzögerungen kommen kann und damit ein identischer Bearbeitungsstand in allen Teilen nicht zu erzielen ist. Nachdem die erste Auflage des Bandes 1 bereits im Jahr 2014 erschienen ist, wird das Projekt nun zügig abgeschlossen sein. Dem vorliegenden Band 3/2 liegt grundsätzlich ein Bearbeitungsstand Winter 2017/2018 zugrunde. Aktuelle Änderungsgesetze sowie neuere Rechtsprechung und Literatur konnten noch berücksichtigt werden.

Im Frühjahr 2018   Herausgeber und Verlag

Inhaltsverzeichnis

Abkürzungsverzeichnis XXIII
Literaturverzeichnis XLI

Gerichtsverfassungsgesetz (GVG)

Erster Titel. Gerichtsbarkeit 1
§ 1 [Richterliche Unabhängigkeit] 1
§§ 2 bis 9 (weggefallen) 23
§ 10 [Referendare] 23
§ 11 (weggefallen) 26
§ 12 [Ordentliche Gerichte] 26
§ 13 [Zuständigkeit der ordentlichen Gerichte] 35
§ 13a [Zuweisung durch Landesrecht] 38
§ 14 [Besondere Gerichte] 39
§ 15 (weggefallen) 40
§ 16 [Ausnahmegerichte] 40
§ 17 [Rechtshängigkeit; Entscheidung des Rechtsstreits] 50
§ 17a [Rechtsweg] 50
§ 17b [Anhängigkeit nach Verweisung; Kosten] 50
§ 17c [Zuständigkeitskonzentrationen, Änderungen der Gerichtsbezirksgrenzen] ... 51
§ 18 [Exterritorialität von Mitgliedern der diplomatischen Missionen] ... 54
§ 19 [Exterritorialität von Mitgliedern der konsularischen Vertretungen] ... 87
§ 20 [Weitere Exterritoriale] 91
§ 21 [Ersuchen eines internationalen Strafgerichtshofes] 94

Zweiter Titel. Allgemeine Vorschriften über das Präsidium und die Geschäftsverteilung 96
§ 21a [Präsidium] 96
§ 21b [Wahl zum Präsidium] 101
Anhang zu § 21b. Wahlordnung für die Präsidien der Gerichte 106
§ 21c [Vertretung der Mitglieder des Präsidiums] 109
§ 21d [Größe des Präsidiums] 111
§ 21e [Aufgaben und Befugnisse des Präsidiums; Geschäftsverteilung] ... 113
§ 21f [Vorsitz in den Spruchkörpern] 133
§ 21g [Geschäftsverteilung innerhalb der Spruchkörper] 137
§ 21h [Vertretung des Präsidenten und des aufsichtführenden Richters] ... 143
§ 21i [Beschlussfähigkeit des Präsidiums] 144
§ 21j [Anordnungen durch den Präsidenten; Frist zur Bildung des Präsidiums] 146

Dritter Titel. Amtsgerichte 148
§ 22 [Richter beim Amtsgericht] 148
§ 22a [Präsident des LG oder AG als Vorsitzender des Präsidiums] 151
§ 22b [Vertretung von Richtern] 152
§ 22c [Bereitschaftsdienst] 155
§ 22d [Handlungen eines unzuständigen Richters] 157
§§ 23–23d (vom Abdruck wurde abgesehen) 158
§ 24 [Zuständigkeit in Strafsachen] 158
§ 25 [Zuständigkeit des Strafrichters] 170
§ 26 [Zuständigkeit in Jugendschutzsachen] 172

Inhaltsverzeichnis

§ 26a	(weggefallen)	176
§ 27	[Sonstige Zuständigkeit und Geschäftskreis]	176

Vierter Titel. Schöffengerichte 177
§ 28	[Zuständigkeit]	177
§ 29	[Zusammensetzung; erweitertes Schöffengericht]	177
§ 30	[Befugnisse der Schöffen]	181
§ 31	[Ehrenamt]	186
§ 32	[Unfähigkeit zum Schöffenamt]	189
§ 33	[Nicht zu berufende Personen]	192
§ 34	[Weitere nicht zu berufende Personen]	197
§ 35	[Ablehnung des Schöffenamts]	200
§ 36	[Vorschlagsliste]	203
§ 37	[Einspruch gegen die Vorschlagsliste]	207
§ 38	[Übersendung der Vorschlagsliste]	208
§ 39	[Vorbereitung der Ausschussberatung]	209
§ 40	[Ausschuss]	210
§ 41	[Entscheidung über Einsprüche]	214
§ 42	[Schöffenwahl]	215
§ 43	[Bestimmung der Schöffenzahl]	219
§ 44	[Schöffenliste]	220
§ 45	[Feststellung der Sitzungstage]	221
§ 46	[Bildung eines weiteren Schöffengerichts]	226
§ 47	[Außerordentliche Sitzungen]	227
§ 48	[Zuziehung von Ergänzungsschöffen]	229
§ 49	[Heranziehung aus der Hilfsschöffenliste]	230
§ 50	[Mehrtägige Sitzung]	232
§ 51	[Amtsenthebung von Schöffen]	233
§ 52	[Streichung von der Schöffenliste]	236
§ 53	[Ablehnungsgründe]	241
§ 54	[Entbindung vom Schöffenamt an einzelnen Sitzungstagen]	242
§ 55	[Entschädigung]	247
§ 56	[Unentschuldigtes Ausbleiben]	247
§ 57	[Bestimmung der Fristen]	250
§ 58	[Gemeinsames Amtsgericht]	251

Fünfter Titel. Landgerichte 254
§ 59	[Besetzung]	254
§ 60	[Zivil- und Strafkammern]	255
§§ 61 bis 69	(weggefallen)	257
§ 70	[Vertretung der Kammermitglieder]	257
§§ 71–72a	(vom Abdruck wurde abgesehen)	260
§ 73	[Allgemeine Zuständigkeit in Strafsachen]	260
§ 73a	(weggefallen)	261
§ 74	[Zuständigkeit in Strafsachen in 1. und 2. Instanz]	262
§ 74a	[Zuständigkeit der Staatsschutzkammer]	266
§ 74b	[Zuständigkeit in Jugendschutzsachen]	270
§ 74c	[Zuständigkeit der Wirtschaftsstrafkammer]	272
§ 74d	[Strafkammer als gemeinsames Schwurgericht]	278
§ 74e	[Vorrang bei Zuständigkeitsüberschneidungen]	278
§ 74f	[Zuständigkeit bei vorbehaltener oder nachträglicher Anordnung der Sicherungsverwahrung]	280
§ 75	(vom Abdruck wurde abgesehen)	282
§ 76	[Besetzung der Strafkammern]	282

§ 77 [Schöffen der Strafkammern] 291
§ 78 [Auswärtige Strafkammern bei Amtsgerichten] 294

5a. Titel. Strafvollstreckungskammern 298
§ 78a [Zuständigkeit] 298
§ 78b [Besetzung] 302

Sechster Titel. Schwurgerichte 306
§§ 79 bis 92 (weggefallen) 306

Siebenter Titel. Kammern für Handelssachen 306
§§ 93 bis 114 (für den Strafprozess bedeutungslos) 306

Achter Titel. Oberlandesgerichte 307
Vorbemerkung zu § 115 307
§ 115 [Besetzung] 310
§ 115a [weggefallen] 311
§ 116 [Senate; Ermittlungsrichter] 311
§ 117 [Vertretung] 314
§§ 118–119a (betrifft den Zivilprozess) 314
§ 120 [Erstinstanzielle Zuständigkeit] 314
§ 120a [Zuständigkeit bei vorbehaltener und nachträglicher Sicherungsverwahrung] .. 324
§ 120b [Zuständigkeit bei Korruption politischer Mandatsträger] 325
§ 121 [Rechtsmittelzuständigkeit] 326
§ 122 [Gerichtsbesetzung] 337

Neunter Titel. Bundesgerichtshof 340
§ 123 [Sitz] 340
§ 124 [Besetzung] 340
§ 125 [Ernennung der Mitglieder] 341
§§ 126–129 (weggefallen) 343
§ 130 [Zivil- und Strafsenate; Ermittlungsrichter] 343
§§ 131, 131a (weggefallen) 345
§ 132 [Große Senate; Vereinigte Große Senate] 345
§ 133 [Zuständigkeit in Zivilsachen] 363
§§ 134, 134a (weggefallen) 363
§ 135 [Zuständigkeit in Strafsachen] 363
§§ 136, 137 (aufgehoben) 367
§ 138 [Verfahren vor den Großen Senaten] 367
§ 139 [Besetzung der Senate] 371
§ 140 [Geschäftsordnung] 372

9a. Titel. Zuständigkeit für Wiederaufnahmeverfahren in Strafsachen 374
§ 140a [Zuständigkeit für Wiederaufnahmeverfahren in Strafsachen] .. 374

Zehnter Titel. Staatsanwaltschaft 383
Vorbemerkung zu § 141 383
§ 141 [Sitz] 393
§ 142 [Sachliche Zuständigkeit] 394
§ 142a [Zuständigkeit des Generalbundesanwalts] 398
§ 143 [Örtliche Zuständigkeit] 402
§ 144 [Organisation] 405
§ 145 [Befugnisse der ersten Beamten] 406
§ 145a (weggefallen) 412
§ 146 [Weisungsgebundenheit] 412
§ 147 [Dienstaufsicht] 419
§ 148 [Bundesanwälte] 421

Inhaltsverzeichnis

§ 149 [Ernennung der Bundesanwälte] 421
§ 150 [Unabhängigkeit von den Gerichten] 421
§ 151 [Ausschluß von richterlichen Geschäften] 424
§ 152 [Ermittlungspersonen der Staatsanwaltschaft] 425

Elfter Titel. Geschäftsstelle 431
§ 153 [Geschäftsstelle] 431

Zwölfter Titel. Zustellungs- und Vollstreckungsbeamte 433
§ 154 [Gerichtsvollzieher] 433
§ 155 [Ausschließung des Gerichtsvollziehers] 433

Dreizehnter Titel. Rechtshilfe 435
§ 156 [Rechtshilfepflicht] 435
§ 157 [Rechtshilfegericht] 437
§ 158 [Ablehnung der Rechtshilfe] 439
§ 159 [Entscheidung des Oberlandesgerichts] 442
§ 160 [Vollstreckungen, Ladungen, Zustellungen] 444
§ 161 [Vermittlung bei Beauftragung eines Gerichtsvollziehers] ... 445
§ 162 [Vollstreckung von Freiheitsstrafen] 445
§ 163 [Vollstreckung, Ergreifung, Ablieferung außerhalb des Gerichtsbezirks] 446
§ 164 [Kostenersatz] 446
§ 165 (weggefallen) 447
§ 166 [Gerichtliche Amtshandlungen außerhalb des Gerichtsbezirks] 447
§ 167 [Verfolgung von Flüchtigen über Landesgrenzen] 447
§ 168 [Mitteilung von Akten] 449

Vierzehnter Titel. Öffentlichkeit und Sitzungspolizei 450
§ 169 [Öffentlichkeit] 450
§ 170 (betrifft nicht das Strafverfahren) 473
§ 171 (aufgehoben) 473
§ 171a [Ausschluss der Öffentlichkeit in Unterbringungssachen] . 473
§ 171b [Ausschluss der Öffentlichkeit zum Schutz der Privatsphäre] 474
§ 172 [Ausschluss der Öffentlichkeit wegen Gefährdung] 480
§ 173 [Öffentliche Urteilsverkündung] 482
§ 174 [Verhandlung über Ausschluss der Öffentlichkeit; Schweigepflicht] 483
§ 175 [Versagung des Zutritts] 488
§ 176 [Sitzungspolizei] 489
§ 177 [Maßnahmen zur Aufrechterhaltung der Ordnung] 509
§ 178 [Ordnungsmittel wegen Ungebühr] 513
§ 179 [Vollstreckung der Ordnungsmittel] 517
§ 180 [Befugnisse außerhalb der Sitzung] 519
§ 181 [Beschwerde gegen Ordnungsmittel] 519
§ 182 [Protokollierung] 521
§ 183 [Straftaten in der Sitzung] 522

Fünfzehnter Titel. Gerichtssprache 526
§ 184 [Gerichtssprache Deutsch] 526
§ 185 [Dolmetscher] 532
§ 186 [Verständigung mit hör- oder sprachbehinderter Person] .. 561
§ 187 [Dolmetscher für Beschuldigten oder Verurteilten] 568
§ 188 [Eide Fremdsprachiger] 595
§ 189 [Dolmetschereid] 596
§ 190 [Urkundsbeamter als Dolmetscher] 605
§ 191 [Ausschließung und Ablehnung des Dolmetschers] 607

Inhaltsverzeichnis

§ 191a [Zugänglichmachung von Schriftstücken für blinde oder sehbehinderte Personen] 609
Anhang 1. Verordnung zur barrierefreien Zugänglichmachung von Dokumenten für blinde und sehbehinderte Personen im gerichtlichen Verfahren (Zugänglichmachungsverordnung – ZMV) 615
Anhang 2. Richtlinie 2010/64/EU des Europäischen Parlaments und des Rates über das Recht auf Dolmetschleistungen und Übersetzungen in Strafverfahren .. 617

Sechzehnter Titel. Beratung und Abstimmung 624
§ 192 [Mitwirkende Richter und Schöffen] 624
§ 193 [Anwesenheit von auszubildenden Personen und ausländischen Juristen; Verpflichtung zur Geheimhaltung] 628
§ 194 [Gang der Beratung] 632
§ 195 [Keine Verweigerung der Abstimmung] 634
§ 196 [Absolute Mehrheit; Meinungsmehrheit] 635
§ 197 [Reihenfolge der Stimmabgabe] 637

Siebzehnter Titel. Rechtsschutz bei überlangen Gerichtsverfahren und strafrechtlichen Ermittlungsverfahren 638
§ 198 [Entschädigung; Verzögerungsrüge] 638
§ 199 [Geltung für Strafverfahren] 665
§ 200 [Haftende Körperschaft] 672
§ 201 [Zuständigkeit für die Entschädigungsklage; Verfahren] 673

Einführungsgesetz zum Gerichtsverfassungsgesetz (EGGVG)

Erster Abschnitt. Allgemeine Vorschriften 677
§ 1 (aufgehoben) 677
§ 2 [Anwendungsbereich] 677
§ 3 [Übertragung der Gerichtsbarkeit] 677
§ 4 (aufgehoben) 678
§ 4a [Ermächtigung der Länder Berlin und Hamburg] 679
§ 5 (gegenstandslos) 680
§ 6 [Wahl, Ernennung und Amtsperiode ehrenamtlicher Richter] 681
§ 7 (gegenstandslos) 682
§ 8 [Oberstes Landesgericht in bürgerlichen Rechtsstreitigkeiten] 682
§ 9 [Oberstes Landesgericht in Strafsachen] 682
§ 10 [Besetzung und Verfassung des Obersten Landesgerichts] 684
§ 11 (aufgehoben) 685

Zweiter Abschnitt. Verfahrensübergreifende Mitteilungen von Amts wegen ... 686
Vorbemerkung zu § 12 686
§ 12 [Anwendungsbereich; Verantwortung] 689
§ 13 [Übermittlungsvoraussetzungen] 693
§ 14 [Datenübermittlung in Strafsachen] 697
§ 15 [Datenübermittlung in Zivilsachen] 705
§ 16 [Übermittlung an ausländische öffentliche Stellen] 705
§ 16a [Kontaktstellen] 706
§ 17 [Datenübermittlung in anderen Fällen] 707
§ 18 [Verbindung mit weiteren Daten des Betroffenen oder Dritter, Ermessen] .. 709
§ 19 [Zweckbindung; Erforderlichkeit] 711
§ 20 [Unterrichtung des Empfängers] 713
§ 21 [Auskunftserteilung und Unterrichtung; Antrag; Ablehnung] 715
§ 22 [Überprüfung der Rechtmäßigkeit der Datenübermittlung] 719

XV

Inhaltsverzeichnis

Dritter Abschnitt. Anfechtung von Justizverwaltungsakten 722
§ 23 [Rechtsweg bei Justizverwaltungsakten] 722
§ 24 [Zulässigkeit des Antrages] 734
§ 25 [Zuständigkeit des OLG] 738
§ 26 [Antragsform und -frist; Wiedereinsetzung] 739
§ 27 [Untätigkeit der Behörde] 744
§ 28 [Entscheidung des Gerichts] 746
§ 29 [Rechtsbeschwerde, Verfahren, Prozesskostenhilfe] 753
§ 30 [Außergerichtliche Kosten] 756
§ 30a [Anfechtung von Kosten-Justizverwaltungsakten] 757

Vierter Abschnitt. Kontaktsperre 760
Vorbemerkung zu § 31 760
§ 31 [Feststellung der Voraussetzungen für die Kontaktsperre] 763
§ 32 [Zuständigkeit] 768
§ 33 [Maßnahmen der Landesbehörden] 769
§ 34 [Auswirkungen der Kontaktsperre] 771
§ 34a [Rechtsanwalt als Kontaktperson] 776
§ 35 [Bestätigung der Feststellung] 780
§ 36 [Beendigung der Feststellung und Wiederholbarkeit] 781
§ 37 [Antrag auf gerichtliche Entscheidung] 782
§ 38 [Erweiterung des Anwendungsbereiches] 785
§ 38a [Entsprechende Anwendung] 786

Fünfter Abschnitt. Insolvenzstatistik 787
§ 39 (aufgehoben) 787

Sechster Abschnitt. Übergangsvorschriften 788
§ 40 [Übergangsregelung für § 119 GVG] 788
§ 40a [Anwendung der §§ 72a und 119a GVG] 788
§ 41 [Übergangsregelung für §§ 74, 74c, 74f und 76] 788
§ 42 [Weitergeltung § 30a EGGVG] 789
§ 43 [Anwendung von § 169 Abs. 2 GVG] 789

Konvention zum Schutz der Menschenrechte und Grundfreiheiten (EMRK)

Art. 1. Verpflichtung zur Achtung der Menschenrechte 791

Abschnitt I. Rechte und Freiheiten 803
Art. 2. Recht auf Leben 803
Art. 3. Verbot der Folter 818
Art. 4. Verbot der Sklaverei und der Zwangsarbeit 832
Art. 5. Recht auf Freiheit und Sicherheit 834
Art. 6. Recht auf ein faires Verfahren 868
Art. 7. Keine Strafe ohne Gesetz 1015
Art. 8. Recht auf Achtung des Privat- und Familienlebens 1025
Art. 9–12 (nicht abgedruckt) 1037
Art. 13. Recht auf wirksame Beschwerde 1037
Art. 14–59 (nicht abgedruckt) 1049

Einführungsgesetz zur Strafprozeßordnung (EGStPO)

Vorbemerkung zu § 3 1051
§ 3 Anwendungsbereich der Strafprozessordnung 1051
§ 6 Verhältnis zu landesgesetzlichen Vorschriften 1053

Inhaltsverzeichnis

§ 7	Begriff des Gesetzes	1054
§ 8	Mitteilungen in Strafsachen gegen Mandatsträger	1054
§ 9	Vorwarnmechanismus	1056
§ 11	Übergangsregelung zum Gesetz zur Novellierung der forensischen DNA-Analyse	1058
§ 12	Übergangsregelung zum Gesetz zur Einführung einer Speicherpflicht und einer Höchstspeicherfrist für Verkehrsdaten	1058
§ 13	Übergangsvorschrift zum Gesetz zur Novellierung des Rechts der Unterbringung in einem psychiatrischen Krankenhaus gemäß § 63 des Strafgesetzbuches und zur Änderung anderer Vorschriften	1059
§ 14	Übergangsregelung zum Gesetz zur Reform der strafrechtlichen Vermögensabschöpfung	1059
§ 15	Übergangsregelung zum Gesetz zur Einführung der elektronischen Akte in der Justiz und zur weiteren Förderung des elektronischen Rechtsverkehrs; Verordnungsermächtigungen	1060
§ 16	Übergangsregelung zum Gesetz zur effektiveren und praxistauglicheren Ausgestaltung des Strafverfahrens	1061

Einführungsgesetz zum Strafgesetzbuch (EGStGB)

Vorbemerkung zu Art. 1		1063
Art. 1	Geltung des Allgemeinen Teils	1063
Art. 1b	Anwendbarkeit der Vorschriften des internationalen Strafrechts	1064
Art. 2	Vorbehalte für das Landesrecht	1064
Art. 3	Zulässige Rechtsfolgen bei Straftaten nach Landesrecht	1064
Art. 4	Verhältnis des Besonderen Teils zum Bundes- und Landesrecht	1065
Art. 5	Bezeichnung der Rechtsnachteile	1067
Art. 6	Mindest- und Höchstmaß von Ordnungs- und Zwangsmitteln	1068
Art. 7	Zahlungserleichterungen bei Ordnungsgeld	1069
Art. 8	Nachträgliche Entscheidungen über die Ordnungshaft	1069
Art. 9	Verjährung von Ordnungsmitteln	1070
Art. 10	Geltungsbereich	1071
Art. 11	Freiheitsstrafdrohungen	1071
Art. 12	Geldstrafdrohungen	1071
Art. 13–292 (nicht abgedruckt)		1072
Art. 293	Abwendung der Vollstreckung der Ersatzfreiheitsstrafe und Erbringung von Arbeitsleistungen	1072
Art. 294	Gerichtshilfe	1074
Art. 295	Aufsichtsstellen bei Führungsaufsicht	1075
Art. 296	Einfuhr von Zeitungen und Zeitschriften	1075
Art. 297	Verbot der Prostitution	1076
Art. 298–314 (nicht abgedruckt)		1076
Art. 315	Geltung des Strafrechts für in der Deutschen Demokratischen Republik begangene Taten	1076
Art. 315a	Vollstreckungs- und Verfolgungsverjährung für in der Deutschen Demokratischen Republik verfolgte und abgeurteilte Taten; Verjährung für während der Herrschaft des SED-Unrechtsregimes nicht geahndete Taten	1079
Art 315b	Strafantrag bei in der Deutschen Demokratischen Republik begangenen Taten	1082
Art. 315c	Anpassung der Strafdrohungen	1082
Art. 316	Übergangsvorschrift zum Neunten Strafrechtsänderungsgesetz	1084
Art. 316a	Übergangsvorschrift zum Sechzehnten Strafrechtsänderungsgesetz	1086
Art. 316b	Übergangsvorschrift zum Dreiundzwanzigsten Strafrechtsänderungsgesetz	1087
Art. 316c	Übergangsvorschrift zum Dreißigsten Strafrechtsänderungsgesetz	1089

Inhaltsverzeichnis

Art. 316d Übergangsvorschrift zum Dreiundvierzigsten Strafrechtsänderungsgesetz .. 1090
Art. 316e Übergangsvorschrift zum Gesetz zur Neuordnung des Rechts der Sicherungsverwahrung und zu begleitenden Regelungen 1091
Art. 316f Übergangsvorschrift zum Gesetz zur bundesrechtlichen Umsetzung des Abstandsgebotes im Recht der Sicherungsverwahrung 1092
Art. 316g Übergangsvorschrift zum Gesetz zur Verbesserung des Schutzes der sexuellen Selbstbestimmung 1099
Art. 316h Übergangsvorschrift zum Gesetz zur Reform der strafrechtlichen Vermögensabschöpfung 1099
Art. 316i Übergangsvorschrift zum Dreiundfünfzigsten Gesetz zur Änderung des Strafgesetzbuches – Ausweitung des Maßregelrechts bei extremistischen Straftätern 1101
Art. 317 Überleitung des Verfahrens wegen Ordnungswidrigkeiten nach neuem Recht 1102
Art. 318 Zuwiderhandlungen nach den Gesetzen auf dem Gebiet der Sozialversicherung 1103
Art. 319 Anwendung des bisherigen Kostenrechts 1104
Art. 320–326 (nicht abgedruckt) 1105

Gesetz zur Harmonisierung des Schutzes gefährdeter Zeugen (Zeugenschutz-Harmonisierungsgesetz – ZSHG)

Vorbemerkung zu § 1 1107
§ 1 Anwendungsbereich 1109
§ 2 Zeugenschutzdienststellen 1116
§ 3 Geheimhaltung, Verpflichtung 1122
§ 4 Verwendung personenbezogener Daten 1123
§ 5 Vorübergehende Tarnidentität 1127
§ 6 Aufhebung von Maßnahmen des Zeugenschutzes 1133
§ 7 Ansprüche gegen Dritte 1134
§ 8 Zuwendungen der Zeugenschutzdienststelle 1136
§ 9 Ansprüche Dritter 1138
§ 10 Zeugenschutz in justizförmigen Verfahren 1139
§ 11 Zeugenschutz bei freiheitsentziehenden Maßnahmen 1143

Gesetz über die Entschädigung für Strafverfolgungsmaßnahmen (StrEG)

Einleitung 1145
Vorbemerkung zu § 1 1168
§ 1 Entschädigung für Urteilsfolgen 1168
§ 2 Entschädigung für andere Strafverfolgungsmaßnahmen 1179
§ 3 Entschädigung bei Einstellung nach Ermessensvorschrift 1203
§ 4 Entschädigung nach Billigkeit 1212
Vorbemerkungen zu § 5 1225
§ 5 Ausschluß der Entschädigung 1228
§ 6 Versagung der Entschädigung 1263
§ 7 Umfang des Entschädigungsanspruchs 1278
Vorbemerkungen zu § 8 1311
§ 8 Entscheidung des Strafgerichts 1312
§ 9 Verfahren nach Einstellung durch die Staatsanwaltschaft 1336
§ 10 Anmeldung des Anspruchs; Frist 1344
§ 11 Ersatzanspruch des kraft Gesetzes Unterhaltsberechtigten 1355
§ 12 Ausschluss der Geltendmachung der Entschädigung 1358

Inhaltsverzeichnis

§ 13 Rechtsweg; Beschränkung der Übertragbarkeit 1359
§ 14 Nachträgliche Strafverfolgung 1369
§ 15 Ersatzpflichtige Kasse 1372
§ 16 Übergangsvorschriften 1373
§ 16a Entschädigung für die Folgen einer rechtskräftigen Verurteilung, einer freiheitsentziehenden oder anderen vorläufigen Strafverfolgungsmaßnahme in der Deutschen Demokratischen Republik 1374
Anhang zu § 16a. Rechtsvorschriften der früheren DDR 1376
§§ 17, 18 (aufgehoben) 1380
Anhang zu § 18. Gesetz über Ordnungswidrigkeiten (§ 110 OWiG) 1381
§ 19 (aufgehoben) 1386
§ 20 (gegenstandslos) 1387
§ 21 (aufgehoben) 1388
Anhang. Ausführungsvorschriften zum StrEG 1388

Jugendgerichtsgesetz (JGG)

Einleitung. Besonderheiten des jugendstrafrechtlichen Verfahrens 1393

Zweiter Teil. Jugendliche 1408

Zweites Hauptstück. Jugendgerichtsverfassung und Jugendstrafverfahren ... 1408

Erster Abschnitt. Jugendgerichtsverfassung 1408
§ 33 Jugendgerichte 1408
§ 33a Besetzung des Jugendschöffengerichts 1408
§ 33b Besetzung der Jugendkammer 1408
§ 34 Aufgaben des Jugendrichters 1412
§ 35 Jugendschöffen 1414
§ 36 Jugendstaatsanwalt 1416
§ 37 Auswahl der Jugendrichter und Jugendstaatsanwälte 1418
§ 38 Jugendgerichtshilfe 1420

Zweiter Abschnitt. Zuständigkeit 1425
§ 39 Sachliche Zuständigkeit des Jugendrichters 1425
§ 40 Sachliche Zuständigkeit des Jugendschöffengerichts 1429
§ 41 Sachliche Zuständigkeit der Jugendkammer 1432
§ 42 Örtliche Zuständigkeit 1437

Dritter Abschnitt. Jugendstrafverfahren 1441

Erster Unterabschnitt. Das Vorverfahren 1441
§ 43 Umfang der Ermittlungen 1441
§ 44 Vernehmung des Beschuldigten 1443
§ 45 Absehen von der Verfolgung 1444
§ 46 Wesentliches Ergebnis der Ermittlungen 1454

Zweiter Unterabschnitt. Das Hauptverfahren 1456
§ 47 Einstellung des Verfahrens durch den Richter 1456
§ 47a Vorrang der Jugendgerichte 1461
§ 48 Nichtöffentlichkeit 1462
§ 49 (aufgehoben) 1468
§ 50 Anwesenheit in der Hauptverhandlung 1468
§ 51 Zeitweilige Ausschließung von Beteiligten 1476
§ 52 Berücksichtigung von Untersuchungshaft bei Jugendarrest 1483
§ 52a Anrechnung von Untersuchungshaft bei Jugendstrafe 1487

Inhaltsverzeichnis

§ 53 Überweisung an das Familiengericht 1490
§ 54 Urteilsgründe 1496

Dritter Unterabschnitt. Rechtsmittelverfahren 1502
§ 55 Anfechtung von Entscheidungen 1502
§ 56 Teilvollstreckung einer Einheitsstrafe 1533

Vierter Unterabschnitt. Verfahren bei Aussetzung der Jugendstrafe zur Bewährung 1537
§ 57 Entscheidung über die Aussetzung 1537
§ 58 Weitere Entscheidungen 1538
§ 59 Anfechtung 1538
§ 60 Bewährungsplan 1546
§ 61 Vorbehalt der nachträglichen Entscheidung über die Aussetzung 1550
§ 61a Frist und Zuständigkeit für die vorbehaltene Entscheidung 1551
§ 61b Weitere Entscheidungen bei Vorbehalt der Entscheidung über die Aussetzung 1551

Fünfter Unterabschnitt. Verfahren bei Aussetzung der Verhängung der Jugendstrafe 1561
§ 62 Entscheidungen 1561
§ 63 Anfechtung 1564
§ 64 Bewährungsplan 1565

Sechster Unterabschnitt. Ergänzende Entscheidungen 1566
§ 65 Nachträgliche Entscheidungen über Weisungen und Auflagen 1566
§ 66 Ergänzung rechtskräftiger Entscheidungen bei mehrfacher Verurteilung 1570

Siebenter Unterabschnitt. Gemeinsame Verfahrensvorschriften 1575
§ 67 Stellung des Erziehungsberechtigten und des gesetzlichen Vertreters 1575
§ 67a Unterrichtung bei Freiheitsentzug 1584
§ 68 Notwendige Verteidigung 1587
§ 69 Beistand 1597
§ 70 Mitteilungen 1600
§ 70a Belehrungen 1601
§ 71 Vorläufige Anordnungen über die Erziehung 1603
§ 72 Untersuchungshaft 1607
§ 72a Heranziehung der Jugendgerichtshilfe in Haftsachen 1611
§ 72b Verkehr mit Vertretern der Jugendgerichtshilfe, dem Betreuungshelfer und dem Erziehungsbeistand 1612
§ 73 Unterbringung zur Beobachtung 1612
§ 74 Kosten und Auslagen 1616

Achter Unterabschnitt. Vereinfachtes Jugendverfahren 1619
§ 75 (weggefallen) 1619
§ 76 Voraussetzungen des vereinfachten Jugendverfahrens 1619
§ 77 Ablehnung des Antrags 1620
§ 78 Verfahren und Entscheidung 1622

Neunter Unterabschnitt. Ausschluß von Vorschriften des allgemeinen Verfahrensrechts 1627
§ 79 Strafbefehl und beschleunigtes Verfahren 1627
§ 80 Privatklage und Nebenklage 1629
§ 81 Entschädigung des Verletzten 1639

Zehnter Unterabschnitt. Anordnung des Sicherungsverwahrung 1641
§ 81a Verfahren und Entscheidung 1641
§§ 82–106 (nicht abgedruckt) 1643

Inhaltsverzeichnis

Dritter Teil. Heranwachsende 1644

Zweiter Abschnitt. Gerichtsverfassung und Verfahren 1644
§ 107 Gerichtsverfassung 1644
§ 108 Zuständigkeit 1644
§ 109 Verfahren 1648
§§ 110–125 (nicht abgedruckt) 1655

Gesetz zur Beschränkung des Brief-, Post- und Fernmeldegeheimnisses (Artikel 10-Gesetz – G 10)

Abschnitt 1. Allgemeine Bestimmungen 1657
§ 1 Gegenstand des Gesetzes 1657
§ 2 Pflichten der Anbieter von Post- und Telekommunikationsdiensten 1665

Abschnitt 2. Beschränkungen in Einzelfällen 1669
§ 3 Voraussetzungen 1669
§ 3a Schutz des Kernbereichs privater Lebensgestaltung 1675
§ 3b Schutz zeugnisverweigerungsberechtigter Personen 1679
§ 4 Prüf-, Kennzeichnungs- und Löschungspflichten, Übermittlungen, Zweckbindung 1683

Abschnitt 3. Strategische Beschränkungen 1691
§ 5 Voraussetzungen 1691
§ 5a Schutz des Kernbereichs privater Lebensgestaltung 1698
§ 6 Prüf-, Kennzeichnungs- und Löschungspflichten, Zweckbindung 1700
§ 7 Übermittlungen durch den Bundesnachrichtendienst 1703
§ 7a Übermittlungen durch den Bundesnachrichtendienst an ausländische öffentliche Stellen 1710
§ 8 Gefahr für Leib oder Leben einer Person im Ausland 1714

Abschnitt 4. Verfahren 1719
§ 9 Antrag 1719
§ 10 Anordnung 1720
§ 11 Durchführung 1725
§ 12 Mitteilungen an Betroffene 1727
§ 13 Rechtsweg 1732

Abschnitt 5. Kontrolle 1734
§ 14 Parlamentarisches Kontrollgremium 1734
§ 15 G 10-Kommission 1736
§ 16 Parlamentarische Kontrolle in den Ländern 1742

Abschnitt 6. Straf- und Bußgeldvorschriften 1745
§ 17 Mitteilungsverbote 1745
§ 18 Straftaten 1747
§ 19 Ordnungswidrigkeiten 1748

Abschnitt 7. Schlussvorschriften 1751
§ 20 Entschädigung 1751
§ 21 Einschränkung von Grundrechten 1751

Abgabenordnung (AO)

Erster Teil. Einleitende Vorschriften 1753

Vierter Abschnitt. Steuergeheimnis 1753
§ 30 Steuergeheimnis 1753

Inhaltsverzeichnis

§ 31a Mitteilungen zur Bekämpfung der illegalen Beschäftigung und des Leistungsmissbrauchs 1765
§ 31b Mitteilungen zur Bekämpfung der Geldwäsche und der Terrorismusfinanzierung 1768

Achter Teil. Straf- und Bußgeldvorschriften, Straf- und Bußgeldverfahren 1774

Dritter Abschnitt. Strafverfahren 1774

1. Unterabschnitt. Allgemeine Vorschriften 1774
§ 385 Geltung von Verfahrensvorschriften 1774
§ 386 Zuständigkeit der Finanzbehörde bei Steuerstraftaten 1776
§ 387 Sachlich zuständige Finanzbehörde 1784
§ 388 Örtlich zuständige Finanzbehörde 1787
§ 389 Zusammenhängende Strafsachen 1790
§ 390 Mehrfache Zuständigkeit 1790
§ 391 Zuständiges Gericht 1793
§ 392 Verteidigung 1797
§ 393 Verhältnis des Strafverfahrens zum Besteuerungsverfahren 1803
§ 394 Übergang des Eigentums 1823
§ 395 Akteneinsicht der Finanzbehörde 1825
§ 396 Aussetzung des Verfahrens 1826

2. Unterabschnitt. Ermittlungsverfahren 1835

I. Allgemeines 1835
§ 397 Einleitung des Strafverfahrens 1835
§ 398 Einstellung wegen Geringfügigkeit 1843
§ 398a Absehen von Verfolgung in besonderen Fällen 1844

II. Verfahren der Finanzbehörde bei Steuerstraftaten 1858
§ 399 Rechte und Pflichten der Finanzbehörde 1858
§ 400 Antrag auf Erlass eines Strafbefehls 1861
§ 401 Antrag auf Anordnung von Nebenfolgen im selbständigen Verfahren 1864

III. Stellung der Finanzbehörde im Verfahren der Staatsanwaltschaft 1864
§ 402 Allgemeine Rechte und Pflichten der Finanzbehörde 1864
§ 403 Beteiligung der Finanzbehörde 1866

IV. Steuer- und Zollfahndung 1869
§ 404 Steuer- und Zollfahndung 1869

V. Entschädigung der Zeugen und Sachverständigen 1881
§ 405 Entschädigung der Zeugen und der Sachverständigen 1881

3. Unterabschnitt. Gerichtliches Verfahren 1881
§ 406 Mitwirkung der Finanzbehörde im Strafbefehlsverfahren und im selbständigen Verfahren 1881
§ 407 Beteiligung der Finanzbehörde in sonstigen Fällen 1882

4. Unterabschnitt. Kosten des Verfahrens 1887
§ 408 Kosten des Verfahrens 1887

Sachverzeichnis 1889

Abkürzungsverzeichnis

aA	anderer Ansicht
AA	Auswärtiges Amt
aaO	am angegebenen Ort
Abg.	Abgeordnete(r)
abgedr.	abgedruckt
AbgG	Gesetz über die Rechtsverhältnisse der Mitglieder des Deutschen Bundestages
abl.	ablehnend
ABl. EG (Nr.)	Amtsblatt der Europäischen Gemeinschaft
Abs.	Absatz
Abschn.	Abschnitt
abw.	abweichend
AcP	Archiv für die civilistische Praxis (zitiert nach Band und Seite)
aE	am Ende
AE-Wiedergutmachung	Alternativ-Entwurf Wiedergutmachung, 1992
AEUV	Vereinbarung über die Arbeitsweise der Europäischen Union (ABl. 2008 Nr. C 115)
aF	alte Fassung
AfP	Archiv für Presserecht (zitiert nach Jahr und Seite)
AG	Amtsgericht/Aktiengesellschaft
AGB	Allgemeine Geschäftsbedingungen
AGGVG	Ausführungsgesetz zum Gerichtsverfassungsgesetz
AJIL	American Journal of International Law
AktG	Aktiengesetz
AkWiss.	Akademie der Wissenschaften und der Literatur (zitiert nach Jahr und Seite)
allg.	allgemein
allgA	allgemeine Ansicht
allgM	allgemeine Meinung
Alt.	Alternative
aM	anderer Meinung
Amtl. Begr.	Amtliche Begründung
ÄndG	Änderungsgesetz
ÄndVO	Änderungsverordnung
Angekl.	Angeklagter
Anh.	Anhang
Anl.	Anlage
Anm.	Anmerkung
AnO	Anordnung
AnwBl.	Anwaltsblatt (zitiert nach Jahr und Seite)
AO	Abgabenordnung (AO 1977)
AÖR	Archiv für öffentliches Recht (zitiert nach Jahr und Seite)
ArbGG	Arbeitsgerichtsgesetz
ArbuR	Arbeit und Recht (zitiert nach Jahr und Seite)
Arch.Krim.	Archiv für Kriminologie (zitiert nach Band und Seite)
ArchPT	Archiv für Post und Telekommunikation (zitiert nach Jahr und Seite)

Abkürzungen

Verzeichnis der Abkürzungen

Art.	Artikel
ASOG	Allgemeines Gesetz zum Schutz der Sicherheit und Ordnung (Berliner Polizeigesetz)
AsylbLG	Asylbewerberleistungsgesetz (AsylbLG)
AsylG	Asylgesetz
AT	Allgemeiner Teil
ATDG	Antiterrordateigesetz
AufenthG	Gesetz über den Aufenthalt, die Erwerbstätigkeit und die Integration von Ausländern im Bundesgebiet
Aufl.	Auflage
ausf.	ausführlich
AuslG	Gesetz über die Einreise und den Aufenthalt von Ausländern im Bundesgebiet (Ausländergesetz – AuslG)
AV	Allgemeine Verfügung
AWG	Außenwirtschaftsgesetz
AWPrax	Außenwirtschaftliche Praxis
AZRG	Gesetz über das Ausländerzentralregister (AZR-Gesetz)
BA	Blutalkohol
BaFin	Bundesanstalt für Finanzdienstleistungsaufsicht
BAG	Bundesarbeitsgericht; Entscheidungen des Bundesarbeitsgerichts
BAK	Blutalkoholkonzentration
BannMG	Bannmeilengesetz
BAnz.	Bundesanzeiger (ab 1983 zitiert nach Jahr und Seite)
BÄO	Bundesärzteordnung
Bay.	Bayern
BayAGGVG	Gesetz zur Ausführung des Gerichtsverfassungsgesetzes und von Verfahrensgesetzen des Bundes
BayBS	Bereinigte Sammlung des Bayerischen Landesrechts
BayGZVJu	Bayerische Verordnung über gerichtliche Zuständigkeiten im Bereich des Staatsministeriums der Justiz
BayJMBl	Bayerisches Justizministerialblatt (zitiert nach Jahr und Seite)
BayObLG	Bayerisches Oberstes Landesgericht
BayObLGSt	Bayerisches Oberstes Landesgericht, Sammlung von Entscheidungen in Strafsachen (alte Folge zitiert nach Band und Seite, neue Folge nach Jahr und Seite)
BayPAG	Bayerisches Polizeiaufgabengesetz
BayVBl.	Bayerische Verwaltungsblätter
BayVerf	Verfassung des Freistaates Bayern
BayVerfGH	Bayerischer Verfassungsgerichtshof
BayVSG	Bayerisches Verfassungsschutzgesetz
BB	Betriebs-Berater (zitiert nach Jahr und Seite)
BBergG	Bundesberggesetz (BBergG)
BBesG	Bundesbesoldungsgesetz
Bd.	Band
BDG	Bundesdisziplinargesetz vom 9.7.2001
BDH	Bundesdisziplinarhof
BDO	Bundesdisziplinarordnung (BDO)
BDSG	Bundesdatenschutzgesetz (BDSG)
BeamtStG	Gesetz zur Regelung des Statusrechts der Beamtinnen und Beamten in den Ländern (Beamtenstatusgesetz)
BeckOK	Beck'scher Online-Kommentar, zitiert nach Gesetz, Bearbeiter, Randnummer und Paragraph

Begr.	Begründung
Beil.	Beilage
Bek.	Bekanntmachung
Ber.	Bericht (früher Schriftlicher Bericht) des federführenden Ausschusses des Deutschen Bundestages
BerlVerfGH	Berliner Verfassungsgerichtshof
Beschl.	Beschluss
Bespr.	Besprechung
bestr.	bestritten
betr.	betreffend
BewHi	Bewährungshilfe, Fachzeitschrift für Bewährungs-, Gerichts- und Straffälligenhilfe (zitiert nach Jahr und Seite)
BezG	Bezirksgericht
BFH	Bundesfinanzhof
BFHE	Sammlung der Entscheidungen des Bundesfinanzhofes (zitiert nach Jahr und Seite)
BfV	Bundesamt für Verfassungsschutz
BGB	Bürgerliches Gesetzbuch
BGBl. I, II, III	Bundesgesetzblatt Teil I, Teil II; die Verweisung auf Teil III entspricht dem jährlich veröffentlichten Fundstellennachweis A (FNA) des BGBl.
BGH	Bundesgerichtshof; Entscheidungen des Bundesgerichtshofs in Strafsachen (zitiert nach Band und Seite)
BGH GrS	Großer Senat beim Bundesgerichtshof in Strafsachen
BGHR	BGH-Rechtsprechung – Strafsachen, herausgegeben von den Richtern des Bundesgerichtshofes (seit 1987), (zitiert nach Paragraph, abgekürztem Stichwort und laufender Nummer)
BGHSt	Entscheidungen des Bundesgerichtshofs in Strafsachen (zitiert nach Band und Seite)
BGHZ	Entscheidungen des Bundesgerichtshofs in Zivilsachen (zitiert nach Band und Seite)
BGSG	Gesetz über den Bundesgrenzschutz (Bundesgrenzschutzgesetz – BGSG)
BHO	Bundeshaushaltsordnung
BKA	Bundeskriminalamt
BKAG	Gesetz über das Bundeskriminalamt und die Zusammenarbeit des Bundes und der Länder in kriminalpolizeilichen Angelegenheiten (Bundeskriminalamtgesetz – BKAG)
BKartA	Bundeskartellamt
Bln.	Berlin
BMF	Bundesministerium der Finanzen
BMI	Bundesministerium des Innern
BMinG	Gesetz über die Rechtsverhältnisse der Mitglieder der Bundesregierung (Bundesministergesetz)
BMJ	Bundesministerium der Justiz
BMVg	Bundesministerium der Verteidigung
BND	Bundesnachrichtendienst
BNDG	Gesetz über den Bundesnachrichtendienst (Bundesnachrichtendienstgesetz – BNDG)
BNotO	Bundesnotarordnung (BNotO)
BORA	Berufsordnung für Rechtsanwälte
BPersVG	Bundespersonalvertretungsgesetz (BPersVG)
BPolG	Bundespolizeigesetz

Abkürzungen

BPolZV — Verordnung über die Zuständigkeit der Bundespolizeibehörden
BPräs — Bundespräsident
Brandenbg. — Brandenburg
BRAO — Bundesrechtsanwaltsordnung
BRat — Bundesrat, auch Plenarprotokoll (zitiert nach Sitzungsnummer)
BR-Drs. — Drucksache des Bundesrats (zitiert nach Nummer und Jahr)
BReg. — Bundesregierung
Brem. — Freie Hansestadt Bremen
BRep. — Bundesrepublik Deutschland
BRRG — Rahmengesetz zur Vereinheitlichung des Beamtenrechts (Beamtenrechtsrahmengesetz – BRRG)
BSGE — Amtliche Sammlung der Entscheidungen des Bundessozialgerichts
BSHG — Bundessozialhilfegesetz (BSHG)
BSozG — Bundessozialgericht
Bsp. — Beispiel
bspw. — beispielsweise
BStatG — Gesetz über die Statistik für Bundeszwecke (Bundesstatistikgesetz – BStatG)
BStBl. — Bundessteuerblatt (zitiert nach Jahr und Seite)
BT — Besonderer Teil
BTA — Bild-Ton-Aufzeichnung
BTag — Deutscher Bundestag, auch Plenarprotokoll (zitiert nach Wahlperiode und Seite)
BT-Drs. — Drucksache des Deutschen Bundestags (zitiert nach Wahlperiode und Nummer)
BT-GeschO — Geschäftsordnung des Deutschen Bundestages
BtMG — Gesetz über den Verkehr mit Betäubungsmitteln (Betäubungsmittelgesetz – BtMG)
BtPrax — Betreuungsrechtliche Praxis (zitiert nach Jahr und Seite)
Buchst. — Buchstabe
BVerfG — Bundesverfassungsgericht
BVerfGE — Entscheidungen des Bundesverfassungsgerichts (zitiert nach Band und Seite)
BVerfGG — Gesetz über das Bundesverfassungsgericht (Bundesverfassungsgerichtsgesetz – BVerfGG)
BVerfSchG — Gesetz über die Zusammenarbeit des Bundes und der Länder über Angelegenheiten des Verfassungsschutzes und über das Bundesamt für Verfassungsschutz (Bundesverfassungsschutzgesetz - BVerfSchG)
BVerwG — Bundesverwaltungsgericht
BVerwGE — Entscheidungen des Bundesverwaltungsgerichts (zitiert nach Band und Seite)
BW — Baden-Württemberg
BWAGGVG — Baden-Württembergisches Gesetz zur Ausführung des Gerichtsverfassungsgesetzes und von Verfahrensgesetzen der ordentlichen Gerichtsbarkeit
BWahlG — Bundeswahlgesetz
BWO — Bundeswahlordnung (BWO)
BWStAnz. — Staatsanzeiger Baden-Württemberg
BwVollzO — Bundeswehrvollzugsordnung
bzgl. — bezüglich
BZR — Bundeszentralregister

Abkürzungen

BZRG	Gesetz über das Zentralregister und das Erziehungsregister (Bundeszentralregistergesetz – BZRG)
bzw.	beziehungsweise
CLF	Criminal Law Forum
CR	Computer und Recht (zitiert nach Jahr und Seite)
DAR	Deutsches Autorecht (zitiert nach Jahr und Seite)
DAV	Deutscher Anwaltverein
DB	Der Betrieb (zitiert nach Jahr und Seite)
ders./dies.	derselbe/dieselbe(n)
desgl.	desgleichen
DGVZ	Deutsche Gerichtsvollzieher-Zeitung (zitiert nach Jahr und Seite)
dh	das heißt
Die Justiz	Amtsblatt des Justizministeriums Baden-Württemberg (zitiert nach Jahr und Seite)
Diss.	Dissertation
diff.	differenzierend
DJ	Deutsche Justiz (zitiert nach Jahr und Seite)
DJT	Deutscher Juristentag
DJZ	Deutsche Juristenzeitung (zitiert nach Jahr und Seite)
DNotZ	Deutsche Notar-Zeitschrift
DÖD	Der öffentliche Dienst (zitiert nach Jahr und Seite)
DÖV	Deutsche Öffentliche Verwaltung (zitiert nach Jahr und Seite)
DR	Deutsches Recht (Wochenausgabe)
DRiB	Deutscher Richterbund
DRiG	Deutsches Richtergesetz
DRiZ	Deutsche Richterzeitung (zitiert nach Jahr und Nummer)
Drucks.	Drucksache
DRW	Deutsches Recht, vereinigt mit Juristischer Wochenschrift (zitiert nach Jahr und Seite)
DRZ	Deutsche Rechtszeitschrift (zitiert nach Jahr und Seite)
DStR	Deutsches Steuerrecht (zitiert nach Band und Seite)
DStrZ	Deutsche Strafrechtszeitung
DStZ	Deutsche Steuerzeitung (zitiert nach Jahr und Seite)
DtZ	Deutsch-Deutsche Rechtszeitschrift (zitiert nach Jahr und Seite)
DuD	Datenschutz und Datensicherheit (zitiert nach Jahr und Seite)
DVBl.	Deutsches Verwaltungsblatt
DVJJ-Journal	Zeitschrift für Jugendkriminalrecht und Jugendhilfe (zitiert nach Jahr und Seite)
DVO	Durchführungsverordnung
E	Entwurf
EBAO	Einforderungs- und Beitreibungsanordnung
ebd.	ebenda
EBO	Eisenbahn-Bau- und Betriebsordnung
EG	Einführungsgesetz
EG	Europäische Gemeinschaften
EGGVG	Einführungsgesetz zum Gerichtsverfassungsgesetz
EGH	Entscheidungen der Ehrengerichtshöfe der Rechtsanwaltschaft des Bundesgebietes und des Landes Berlin
EGMR	Europäischer Gerichtshof für Menschenrechte
EGOWiG	Einführungsgesetz zum Gesetz über Ordnungswidrigkeiten
EGStGB	Einführungsgesetz zum Strafgesetzbuch
EGStPO	Einführungsgesetz zur Strafprozeßordnung

Abkürzungen

EGV	Vertrag zur Gründung der Europäischen Gemeinschaft vom 25.3.1957 idF des Vertrags über die Europäische Union vom 7.2.1992
EGWStG	Einführungsgesetz zum Wehrstrafgesetz
EheG	Ehegesetz (Gesetz Nr. 16 des Kontrollrates)
Einf.	Einführung
Einl.	Einleitung
einschr.	einschränkend
EJIL	European Journal of International Law
EKMR	Europäische Kommission für Menschenrechte
EMRK	Konvention v. 4.11.1950 zum Schutze der Menschenrechte und Grundfreiheiten
entspr.	entspricht/entsprechend
erg.	ergänzend
Erg.	Ergebnis
Erl.	Erlass
EStG	Einkommensteuergesetz
ETS	European Treaty Series
EU	Europäische Union
EuAbgG	Europaabgeordnetengesetz
EuAlÜbk.	Europäisches Auslieferungsübereinkommen
EU-BestG	Gesetz zu dem Protokoll vom 27. September 1996 zum Übereinkommen über den Schutz der finanziellen Interessen der Europäischen Gemeinschaften (EU-Bestechungsgesetz – EUBestG)
EuGH	Europäischer Gerichtshof (Gerichtshof der Europäischen Gemeinschaften)
EuGRZ	Europäische Grundrechte Zeitschrift (zitiert nach Jahr und Seite)
EuR	Europarecht (zitiert nach Jahr und Seite)
EuRAG	Gesetz zur Umsetzung von Richtlinien der Europäischen Gemeinschaft auf dem Gebiet des Berufsrechts der Rechtsanwälte
EuRhÜbk.	Europäisches Übereinkommen über die Rechtshilfe in Strafsachen
EuropolG	Gesetz zu dem Übereinkommen vom 26. Juli 1995 auf Grund von Artikel K.3 des Vertrags über die Europäische Union über die Errichtung eines Europäischen Polizeiamts (Europol-Gesetz)
EuTerrÜbk.	Europäisches Übereinkommen v. 27.1.1977 zur Bekämpfung des Terrorismus
EUV	Vertrag vom 7.2.1992 über die Europäische Union
EuWG	Gesetz über die Wahl der Abgeordneten der Europäischen Parlaments aus der Bundesrepublik Deutschland (Europawahlgesetz – EuWG)
EuZW	Europäische Zeitung für Wirtschaftsrecht (zitiert nach Jahr und Seite)
EV	Einigungsvertrag (Vertrag zwischen der Bundesrepublik Deutschland und der Deutschen Demokratischen Republik über die Herstellung der Einheit Deutschlands)
EWG	Europäische Wirtschaftsgemeinschaft
EWR	Europäischer Wirtschaftsraum
EzSt.	Entscheidungssammlung zum Straf- und Ordnungswidrigkeitenrecht (zitiert nach Paragraph und laufender Nummer)
f./ff.	folgende/fortfolgende
FA	Finanzamt

FAG	Gesetz über Fernmeldeanlagen
Fallbespr.	Fallbesprechung
FamFG	Gesetz über das Verfahren in Familiensachen und in den Angelegenheiten der freiwilligen Gerichtsbarkeit (FamFG)
FamRZ	Ehe und Familie im privaten und öffentlichen Recht (zitiert nach Jahr und Seite)
FD-StrfR	fachdienst strafrecht (beck-online, zitiert nach Jahr und lfd. Nr.)
FeV	Verordnung über die Zulassung von Personen zum Straßenverkehr (Fahrerlaubnis-Verordnung – FeV)
FG	Festgabe, Finanzgericht
FGG	Gesetz über die Angelegenheiten der freiwilligen Gerichtsbarkeit
FGG-RG	FGG-Reformgesetz
FGO	Finanzgerichtsordnung (FGO)
FGPrax	Praxis der freiwilligen Gerichtsbarkeit
FinB	Finanzbehörde
Fn.	Fußnote
FNA	Fundstellennachweis A des Bundesgesetzblattes (früher BGBl. III)
FrhEntzG	Gesetz über das gerichtliche Verfahren bei Freiheitsentziehungen
FS	Festschrift
G	Gesetz
G 10	Gesetz zur Beschränkung des Brief-, Post- und Fernmeldegeheimnisses (Artikel 10-Gesetz – G 10)
GA	Goltdammer's Archiv für Strafrecht (bis 1952 zitiert nach Band und Seite, ab 1953 zitiert nach Jahr und Seite)
GABl	Gemeinsames Amtsblatt
GBA	Generalbundesanwalt beim Bundesgerichtshof
GBG	Gesetz über die Beförderung gefährlicher Güter (Gefahrgutbeförderungsgesetz)
GBl.	Gesetzblatt
GedS	Gedächtnisschrift
gem.	gemäß
GerS	Der Gerichtssaal (zitiert nach Band und Seite)
GeschlKrG	Gesetz zur Bekämpfung der Geschlechtskrankheiten
GeschO BGH	Geschäftsordnung des Bundesgerichtshofes
GeschO BRat	Geschäftsordnung des Bundesrates
GeschO BReg	Geschäftsordnung der Bundesregierung
GeschO BTag	Geschäftsordnung des Deutschen Bundestages
GeschO BVerfG	Geschäftsordnung des Bundesverfassungsgerichts
GesE	Gesetzentwurf
GewSchG	Gewaltschutzgesetz
GG	Grundgesetz für die Bundesrepublik Deutschland
GgA	Gegenansicht
ggf.	gegebenenfalls
ggü.	gegenüber
GjS	Gesetz über die Verbreitung jugendgefährdender Schriften und Medieninhalte
GKG	Gerichtskostengesetz
GmbH	Gesellschaft mit beschränkter Haftung
GmbHG	Gesetz betreffend die Gesellschaften mit beschränkter Haftung
GMBl.	Gemeinsames Ministerialblatt
GnO	Anordnung über das Verfahren in Gnadensachen (Gnadenordnung – GnO)

Abkürzungen

grds.	grundsätzlich
GrS	Großer Senat
GrStrK	Große Strafkammer
GRUR	Gewerblicher Rechtsschutz und Urheberrecht (zitiert nach Jahr und Seite)
GS	Gesetzessammlung
GStA	Generalstaatsanwalt
GSSt	Großer Senat für Strafsachen
GüKG	Güterkraftverkehrsgesetz (GüKG)
GÜV	Gesetz zur Überwachung strafrechtlicher und anderer Verbringungsverbote
GVBl.	Gesetz- und Verordnungsblatt
GVG	Gerichtsverfassungsgesetz (GVG)
GWB	Gesetz gegen Wettbewerbsbeschränkungen
GwG	Gesetz über das Aufspüren von Gewinnen aus schweren Straftaten (Geldwäschegesetz – GwG)
hA	herrschende Ansicht
Hbg.	Hamburg
Hdb.	Handbuch
Hdbwb	Handwörterbuch
Hess.	Hessen
HESt	Höchstrichterliche Entscheidungen in Strafsachen (zitiert nach Band und Seite)
HGB	Handelsgesetzbuch
HinterlO	Hinterlegungsordnung
HIV	Human Immunodeficiency Virus
hL	herrschende Lehre
hM	herrschende Meinung
HmbAGGVG	Hamburgisches Gesetz zur Ausführung des Gerichtsverfassungsgesetzes vom 31.5.1965 (GVBl 99)
HRR	Höchstrichterliche Rechtsprechung (zitiert nach Jahr und Nummer)
HRRS	Onlinezeitschrift für Höchstrichterliche Rechtsprechung zum Strafrecht. Internetzeitung für Strafrecht – www.hrr-strafrecht.de – 2000 ff.
Hrsg.	Herausgeber
Hs.	Halbsatz
HSOG	Hessisches Gesetz über die öffentliche Sicherheit und Ordnung
HV	Hauptverhandlung
ICC	International Criminal Court
ICJ	International Court of Justice
ICJ Reports	Amtliche Sammlung der Entscheidungen des Internationalen Gerichtshofs
ICLR	International Criminal Law Review
ICTR	International Criminal Tribunal for Rwanda
ICTY	International Criminal Tribunal for the Former Yugoslavia
idF	in der Fassung (Bekanntmachung der Neufassung auf Grund einer Ermächtigung)
idR	in der Regel
ieS	im engeren Sinne
IfSG	Gesetz zur Verhütung und Bekämpfung von Infektionskrankheiten beim Menschen (Infektionsschutzgesetz – IfSG)

Abkürzungen

IGH	Internationaler Gerichtshof
ILC	International Law Commission
ILM	International Legal Materials
ILR	International Law Reports (London)
IMG	Internationaler Militärgerichtshof
insb./insbes.	insbesondere
insg.	insgesamt
InsO	Insolvenzordnung (InsO)
IntBestG	Gesetz zu dem Übereinkommen vom 17. Dezember 1997 über die Bekämpfung der Bestechung ausländischer Amtsträger im internationalen Geschäftsverkehr (Gesetz zur Bekämpfung internationaler Bestechung – IntBestG)
IPRax	Praxis des Internationalen Privat- und Verfahrensrechts (zitiert nach Jahr und Seite)
iRd	im Rahmen des/der
IRG	Gesetz über die internationale Rechtshilfe in Strafsachen (IRG)
iS	im Sinne
IStGH	Internationaler Strafgerichtshof
IStGHG	Gesetz über die Zusammenarbeit mit dem Internationalen Strafgerichtshof (IStGH-Gesetz – IStGHG)
IuR	Informatik und Recht (zitiert nach Jahr und Seite)
iVm	in Verbindung mit
iwS	im weiteren Sinne
JA	Juristische Arbeitsblätter (zitiert nach Jahr und Seite)
JAVollzO	Verordnung über den Vollzug des Jugendarrestes (Jugendarrestvollzugsordnung – JAVollzO)
JBlRP	Justizblatt Rheinland-Pfalz
JBl.	Juristische Blätter (zitiert nach Jahr und Seite)
JGG	Jugendgerichtsgesetz (JGG)
JK	Jura-Kartei
JKomG	Justizkommunikationsgesetz
JMBl.	Justizministerialblatt
JMBlNW	Justizministerialblatt für das Land Nordrhein-Westfalen
JP	Juristische Person
JR	Juristische Rundschau (zitiert nach Jahr und Seite)
JStGH	Internationaler Strafgerichtshof für das ehemalige Jugoslawien
JugG	Jugendgericht
JugK	Jugendkammer
JugSchG	Jugendschöffengericht
JuMiG	Justizmitteilungsgesetz und Gesetz zur Änderung kostenrechtlicher Vorschriften und anderer Gesetze vom 18.6.1997
Jura	Juristische Ausbildung (zitiert nach Jahr und Seite)
JurA	Juristische Analysen (zitiert nach Jahr und Seite)
JurBüro	Das Juristische Büro (zitiert nach Jahr und Spalte)
JuS	Juristische Schulung (zitiert nach Jahr und Seite)
Justiz	Die Justiz – Amtsblatt des Justizministeriums Baden-Württemberg (zitiert nach Jahr und Seite)
JV	Justizverwaltung
JVA	Justizvollzugsanstalt
JVBl.	Justizverwaltungsblatt (zitiert nach Jahr und Seite)
JVEG	Justizvergütungs- und -entschädigungsgesetz
JVerwA	Justizverwaltungsakt

Abkürzungen

JVerwB	Justizverwaltungsbehörde
JW	Juristische Wochenschrift (zitiert nach Jahr und Seite)
JZ	Juristenzeitung (zitiert nach Jahr und Seite)
JZ-GD	Juristenzeitung, Gesetzgebungsdienst (zitiert nach Jahr und Seite)
Kap.	Kapitel
Kfz	Kraftfahrzeug
KG	Kammergericht bzw. Kommanditgesellschaft
KonsularG	Gesetz über die Konsularbeamten, ihre Aufgaben und Befugnisse (Konsulargesetz)
KrG	Kreisgericht
Kriminalist	Der Kriminalist (zitiert nach Jahr und Seite)
Kriminalistik	Kriminalistik (zitiert nach Jahr und Seite)
KrimJ	Kriminologisches Journal
KrimZ	Kriminologische Zentralstelle e. V. Wiesbaden
krit.	kritisch
KritJ	Kritische Justiz
KritV	Kritische Vierteljahreszeitschrift für die Gesetzgebung und Rechtswissenschaft (zitiert nach Jahr und Seite)
KUG	Gesetz betr das Urheberrecht an Werken der bildenden Künste und der Fotografie
KUP	Kriminologie und Praxis (herausgegeben von der Kriminologischen Zentralstelle Wiesbaden e. V.)
KWG	Gesetz über das Kreditwesen
KWKG	Ausführungsgesetz zu Artikel 26 Abs. 2 des Grundgesetzes (Gesetz über die Kontrolle von Kriegswaffen)
LG	Landgericht
li. Sp.	linke Spalte
Lit.	Literatur
LKA	Landeskriminalamt
LM	Entscheidungen des Bundesgerichtshofs im Nachschlagewerk des Bundesgerichtshofs von Lindenmaier/Möhring (zitiert nach Nr. und Paragraph)
Losebl.	Loseblattsammlung
LPartG	Gesetz über die Eingetragene Lebenspartnerschaft (Lebenspartnerschaftsgesetz)
LPresseG	Landespressegesetz
LRiG	Landesrichtergesetz
LS	Leitsatz
LVerwG	Landesverwaltungsgericht
LVO	Landesverordnung
LZ	Leipziger Zeitschrift (zitiert nach Jahr und Seite)
MABl.	Ministerialamtsblatt
mAnm	mit Anmerkung
Mat.	Materialien zur Strafrechtsreform, 15 Bände, 1954–1962
MBl.	Ministerialblatt
MDR	Monatsschrift für deutsches Recht (zitiert nach Jahr und Seite)
MeckVorp.	Mecklenburg-Vorpommern
MedR	Medizinrecht (zitiert nach Jahr und Seite)
MiStra	Anordnung über Mitteilungen in Strafsachen. AV BMJ
MMR	MultiMedia und Recht, Zeitschrift für Information, Telekommunikation und Medienrecht (zitiert nach Jahr und Seite)

Abkürzungen

MOG	Gesetz zur Durchführung der gemeinsamen Marktorganisationen (MOG)
MRVfÜbk.	Europäisches Übereinkommen v. 6.5.1969 über die am Verfahren vor der Europäischen Kommission und dem Europäischen Gerichtshof für Menschenrechte teilnehmenden Personen
MschrKrim	Monatsschrift für Kriminalpsychologie und Strafrechtsreform (bis 1936; dann für Kriminalbiologie u. Strafrechtsreform), (zitiert nach Jahr und Seite)
mwN	mit weiteren Nachweisen
mWv	mit Wirkung vom
Nachw.	Nachweis
Nds.	Niedersachsen
NdsAGGVG	Ausführungsgesetz zum Gerichtsverfassungsgesetz
NdsRpflege	Niedersächsische Rechtspflege (zitiert nach Jahr und Seite)
nF	neue Fassung
NJ	Neue Justiz (zitiert nach Jahr und Seite)
NJOZ	Neue Juristische Online-Zeitschrift (zitiert nach Jahr und Seite)
NJW	Neue Juristische Wochenschrift (zitiert nach Jahr und Seite)
NJW-CoR	Computerreport der Neuen Juristischen Wochenzeitschrift (zitiert nach Heft und Jahr)
NJW-RR	NJW-Rechtsprechungs-Report Zivilrecht
NPA	Neues Polizeiarchiv
Nr.	Nummer
NRW	Nordrhein-Westfalen
NRW SGV	Sammlung des bereinigten Gesetz- und Verordnungsblattes für das Land Nordrhein-Westfalen
NRW VBl.	Verwaltungsblatt des Landes Nordrhein-Westfalen
NStE	Neue Entscheidungssammlung für Strafrecht (zitiert nach Paragraph und Nummer; ist kein Paragraph angegeben, so handelt es sich um eine Entscheidung zu dem kommentierten Paragraphen)
NStZ	Neue Zeitschrift für Strafrecht (zitiert nach Jahr und Seite)
NStZ-RR	NStZ-Rechtsprechungs-Report Strafrecht (zitiert nach Jahr und Seite)
NTS	NATO-Truppenstatut
NTSG	Gesetz zu dem Abkommen zwischen den Parteien des Nordatlantikvertrags v. 19. Juni 1951 über die Rechtsstellung ihrer Truppen und zu den Zusatzvereinbarungen v. 3. Aug. 1959 zu diesem Abkommen (Gesetz zum NATO-Truppenstatut und zu den Zusatzvereinbarungen)
NTS-ZA	Zusatzabkommen zu dem Abkommen zwischen den Parteien des Nordatlantikvertrages (vom 19. Juni 1951) über die Rechtsstellung ihrer Truppen hinsichtlich der in der Bundesrepublik Deutschland stationierten Truppen
NZV	Neue Zeitschrift für Verkehrsrecht (zitiert nach Jahr und Seite)
NZWiSt	Neue Zeitschrift für Wirtschafts-, Steuer- und Unternehmensstrafrecht
ObLG	Oberstes Landesgericht
öffentl.	öffentlich(e)(en)(er)
ÖJZ	Österreichische Juristenzeitung (zitiert nach Jahr und Seite)
OEG	Gesetz über die Entschädigung für Opfer von Gewalttaten (Opferentschädigungsgesetz – OEG)
o. g.	oben genannt

XXXIII

Abkürzungen

OGH	Oberster Gerichtshof für die britische Zone in Köln
OGHSt	Oberster Gerichtshof für die britische Zone in Köln, auch Rechtsprechung des OGH in Strafsachen (zitiert nach Band und Seite)
OLG	Oberlandesgericht
OLG-NL	OLG-Rechtsprechung – Neue Länder (zitiert nach Jahr und Seite)
OLGR	OLG-Report, Schnelldienst zur Zivilrechtsprechung der Oberlandeslandesgerichte (zitiert mit dem Ort des jeweiligen Oberlandesgerichts)
OLGSt	Entscheidungen der Oberlandesgerichte zum Straf- und Strafverfahrensrecht (zitiert nach Paragraph und Seite; Neuaufl. [Entscheidungen seit 1982] innerhalb der Paragraphen nur mit laufender Nr. zitiert)
OpferRRG	Opferrechtsreformgesetz
OpferSchG	Erstes Gesetz zur Verbesserung der Stellung des Verletzten im Strafverfahren (Opferschutzgesetz)
OrgK	Organisierte Kriminalität
OrgKG	Gesetz zur Verbesserung der Bekämpfung der Organisierten Kriminalität
OrgStA	Anordnung über Organisation und Dienstbetrieb der Staatsanwaltschaften (bundeseinheitlich)
OStA	Oberstaatsanwalt
OVG	Oberverwaltungsgericht
OWiG	Gesetz über Ordnungswidrigkeiten
PAG	Polizeiaufgabengesetz
ParlStG	Gesetz über die Rechtsverhältnisse der Parlamentarischen Staatssekretäre
ParteienG	Gesetz über Parteien und andere politische Vereinigungen (Parteiengesetz)
pass.	passim; im angegebenen Werk da und dort verstreut
PassG	Passgesetz
PatentanwaltsO	Patentanwaltsordnung
PatentG	Patentgesetz
PAuswG	Gesetz über Personalausweise
PflVG	Gesetz über die Pflichtversicherung für Kraftfahrzeughalter (Pflichtversicherungsgesetz)
PKS	Polizeiliche Kriminalstatistik des BKA
POGNW	Polizeiorganisationsgesetz (des Landes Nordrhein-Westfalen)
PolG	Polizeigesetz
PolGBW	Polizeigesetz (des Landes Baden-Württemberg)
PolGNW	Polizeigesetz (des Landes Nordrhein-Westfalen)
POGRP	Polizei- und Ordnungsbehördengesetz (des Landes Rheinland-Pfalz)
Polizei	Die Polizei (zitiert nach Jahr und Seite)
PolVO	Polizeiverordnung
PostG	Postgesetz
Präs	Präsident
PräsLG	Präsident des Landgerichts
PräsOLG	Präsident des Oberlandesgerichts
PStG	Personenstandsgesetz
PVG	Polizeiverwaltungsgesetz
r. Sp.	rechte Spalte

RA	Rechtsausschuss bzw. Rechtsanwalt
RA-BTag	Rechtsausschuss des Deutschen Bundestages
RAK	Rechtsanwaltskammer
RBerG	Rechtsberatungsgesetz
RdErl.	Runderlass
RDG	Gesetz über außergerichtliche Rechtsdienstleistungen (Rechtsdienstleistungsgesetz)
RdSchr.	Rundschreiben
RefE	Referentenentwurf
RegBl.	Regierungsblatt
RegE	Regierungsentwurf (des jeweiligen Änderungsgesetzes)
RG	Reichsgericht
RGBl. I, II	Reichsgesetzblatt Teil I, Teil II
RGSt	Entscheidungen des Reichsgerichts in Strafsachen (zitiert nach Band und Seite); auch Reichsgericht
RhPf.	Rheinland-Pfalz
RiStBV	Richtlinien für das Strafverfahren und das Bußgeldverfahren in der ab 1.2.1997 (bundeseinheitlich) geltenden Fassung
RiVASt	Richtlinien für den Verkehr mit dem Ausland in strafrechtlichen Angelegenheiten
RiWG	Richterwahlgesetz
RMBl.	Reichsministerialblatt
Rn	Randnummer/Randnummern
ROW	Recht in Ost und West (zitiert nach Jahr und Seite)
RpflAnpG	Rechtspflege-Anpassungsgesetz vom 26.6.1992, aufgehoben durch Gesetz vom 19.4.2006
RPflBegrV	Verordnung über die Begrenzung der Geschäfte des Rechtspflegers bei der Vollstreckung in Straf- und Bußgeldsachen
RPfleger	Der Deutsche Rechtspfleger (zitiert nach Jahr und Seite)
RpflEntlG	Gesetz zur Entlastung der Rechtspflege
RPflG	Rechtspflegergesetz
Rspr.	Rechtsprechung
RStGH	Internationaler Strafgerichtshof für Ruanda
RuP	Recht und Psychiatrie (zitiert nach Jahr und Seite)
RVG	Rechtsanwaltsvergütungsgesetz
RVO	Reichsversicherungsordnung
s.	siehe
S.	Seite/Satz
s. o.	siehe oben
s. u.	siehe unten
Saarl.	Saarland
Sachs.	Sachsen
SchG	Schöffengericht
SchlH	Schleswig-Holstein
SchlHA	Schleswig-Holsteinische Anzeigen (zitiert nach Jahr und Seite)
SchwarzArbG	Gesetz zur Bekämpfung der Schwarzarbeit und illegalen Beschäftigung
SchweizJZ	Schweizerische Juristenzeitung (zitiert nach Jahr und Seite)
SchweizStGB	Schweizerisches Strafgesetzbuch
SchweizZSt.	Schweizerische Zeitschrift für Strafrecht (zitiert nach Jahr und Seite)
SchwurG	Schwurgericht

Abkürzungen

SDÜ	Übereinkommen zur Durchführung des Übereinkommens von Schengen vom 14. Juni 1985 zwischen den Regierungen der Staaten der Benelux-Wirtschaftsunion, der Bundesrepublik Deutschland und der Französischen Republik betreffend den schrittweisen Abbau der Kontrollen an den gemeinsamen Grenzen (Schengener Durchführungsübereinkommen) vom 19. Juni 1990
Sen.	Senat
SGB I–XI	Sozialgesetzbuch I–XI
SGG	Sozialgerichtsgesetz (SGG)
SH	Schleswig-Holstein
SJZ	Süddeutsche Juristenzeitung
Slg.	Sammlung
sog.	sogenannt
SoldG	Gesetz über die Rechtsstellung der Soldaten
Sonderausschuss	Sonderausschuss des Bundestages für die Strafrechtsreform
StA	Staatsanwalt bzw. Staatsanwaltschaft
StAG	Staatsangehörigkeitsgesetz (StAG)
StBerG	Steuerberatungsgesetz (StBerG)
Stbg	Die Steuerberatung (zitiert nach Jahr und Seite)
StGB	Strafgesetzbuch (StGB)
StGB-DDR	Strafgesetzbuch der Deutschen Demokratischen Republik
StORMG	Gesetz zur Stärkung der Rechte von Opfern sexuellen Missbrauchs
StPO	Strafprozessordnung (StPO)
str.	streitig
StraFo	Strafverteidiger Forum
StrÄndG	Strafrechtsänderungsgesetz
StrEG	Gesetz über die Entschädigung für Strafverfolgungsmaßnahmen (StrEG)
StrK	Strafkammer
StrRehaG	Gesetz über die Rehabilitierung und Entschädigung von Opfern rechtsstaatswidriger Strafverfolgungsmaßnahmen im Beitrittsgebiet (Strafrechtliches Rehabilitierungsgesetz – StrRehaG)
StRR	StrafRechtsReport (zitiert nach Jahr und Seite)
StrRG	Gesetz zur Reform des Strafrechts
StV	Strafverteidiger (zitiert nach Jahr und Seite)
StVÄG	Strafverfahrensänderungsgesetz
StVG	Straßenverkehrsgesetz (StVG)
StVK	Strafvollstreckungskammer
StVO	Straßenverkehrs-Ordnung (StVO)
StVollstrK	Strafvollstreckungskammer
StVollstrO	Strafvollstreckungsordnung (StVollstrO)
StVollzG	Gesetz über den Vollzug der Freiheitsstrafe und der freiheitsentziehenden Maßregeln der Besserung und Sicherung – Strafvollzugsgesetz (StVollzG)
StVRG	Gesetz zur Reform des Strafverfahrensrechts
StVZO	Straßenverkehrs-Zulassungs-Ordnung (StVZO)
SubvG	Gesetz gegen mißbräuchliche Inanspruchnahme von Subventionen (Subventionsgesetz – SubvG)
SVR	Straßenverkehrsrecht (zitiert nach Jahr und Seite)
TDG	Gesetz über die Nutzung von Telediensten (Teledienstegesetz – TDG)

Abkürzungen

teilw.	teilweise
TerrorBG	Gesetz zur Bekämpfung des Terrorismus
ThUG	Gesetz zur Therapierung und Unterbringung psychisch gestörter Gewalttäter
Thür.	Thüringen
ThürPAG	Thüringer Polizeiaufgabengesetz
TKG	Telekommunikationsgesetz (TKG)
TKÜ	Telekommunikationsüberwachung
TKÜV	Telekommunikations-Überwachungsverordnung
TMG	Telemediengesetz
TOA	Täter-Opfer-Ausgleich
u. a.	unter anderem/und andere
üA	überwiegende Ansicht
Übers.	Übersicht
ÜberstÜbk.	Übereinkommen über die Überstellung verurteilter Personen
Übk.	Übereinkommen
UHaft	Untersuchungshaft
UKG	Gesetz zur Bekämpfung der Umweltkriminalität
umstr.	umstritten
UN	United Nations
Univ.	Universitas (zitiert nach Jahr und Seite)
unstr.	unstreitig
unveröff.	unveröffentlicht
unzutr.	unzutreffend(e)(en)(er)
UrkB	Urkundenbeamter der Geschäftsstelle
urspr.	ursprünglich
Urt.	Urteil
usw.	und so weiter
uU	unter Umständen
UVollzO	Untersuchungshaftvollzugsordnung
UVollzG	Untersuchungshaftvollzugsgesetz
UWG	Gesetz gegen den unlauteren Wettbewerb
UZwG	Gesetz über den unmittelbaren Zwang bei Ausübung öffentlicher Gewalt durch Vollzugsbeamte des Bundes (UZwG)
UZwGBw	Gesetz über die Anwendung unmittelbaren Zwanges und die Ausübung besonderer Befugnisse durch Soldaten der Bundeswehr und zivile Wachpersonen
v.	von/vom
VA	Vermittlungsausschuss/Verwaltungsakt
VAG	Versicherungsaufsichtsgesetz
Vbl.	Verordnungsblatt
VDA	Vergleichende Darstellung des deutschen und ausländischen Strafrechts, Allgemeiner Teil, 1908
VereinheitlG	Gesetz zur Wiederherstellung der Rechtseinheit auf dem Gebiete der Gerichtsverfassung, der bürgerlichen Rechtspflege, des Strafverfahrens und des Kostenrechts
VereinsG	Gesetz zur Regelung des öffentlichen Vereinsrechts (Vereinsgesetz)
Verf.	Verfassung, Verfasser
VerfGH	Verfassungsgerichtshof
VerjG	Verjährungsgesetz
VerkMitt	Verkehrsrechtliche Mitteilungen (zitiert nach Jahr und Seite)

Abkürzungen

vern.	verneinend
VersammlG	Gesetz über Versammlungen und Aufzüge (Versammlungsgesetz)
VersR	Versicherungsrecht Juristische Rundschau für die Individualversicherung (zitiert nach Jahr und Seite)
VerwRspr	Verwaltungsrechtsprechung in Deutschland. Sammlung obergerichtlicher Entscheidungen aus dem Verfassungs- und Verwaltungsrecht (zitiert nach Band und Nummer)
VG	Verwaltungsgericht
VGH	Verwaltungsgerichtshof
vgl.	vergleiche
VGO	Vollzugsgeschäftsordnung
VGrS	Vereinigte Große Senate
VMBl.	Ministerialblatt des Bundesministers der Verteidigung (zitiert nach Jahr und Seite)
VN	Vereinte Nationen
VO	Verordnung
VollstrB	Vollstreckungsbehörde
VOR	Zeitschrift für Verkehrs- und Ordnungswidrigkeitenrecht (zitiert nach Jahr und Seite)
Voraufl.	Vorauflage
Vorbem.	Vorbemerkung
VRS	Verkehrsrechtssammlung (zitiert nach Band und Seite)
VStGB	Völkerstrafgesetzbuch (VStGB)
VStSen.	Vereinigte Strafsenate
VV	Verwaltungsvorschrift
VwGO	Verwaltungsgerichtsordnung – VwGO
VwKostG	Verwaltungskostengesetz (VwKostG)
VwV	Allgemeine Verwaltungsvorschriften
VwVfG	Verwaltungsverfahrensgesetz (VwVfG)
VwVG	Verwaltungs-Vollstreckungsgesetz (VwVG)
VwZG	Verwaltungszustellungsgesetz
WaffG	Waffengesetz (WaffG)
WaffV	Verordnung zum Waffengesetz
WaffVwV	Allgemeine Verwaltungsvorschrift zum Waffengesetz (WaffVwV)
WDO	Wehrdisziplinarordnung
WiB	Wirtschaftliche Beratung. Zeitschrift für Wirtschaftsanwälte und Unternehmensjuristen (zitiert nach Jahr und Seite)
WiPrO	Wirtschaftsprüferordnung
wistra	Zeitschrift für Wirtschafts- und Steuerstrafrecht (zitiert nach Jahr und Seite)
wN	weitere Nachweise
WPflG	Wehrpflichtgesetz (WPflG)
WpHG	Gesetz über den Wertpapierhandel (Wertpapierhandelsgesetz – WpHG)
WStG	Wehrstrafgesetz (WStG)
WÜD	Wiener Übereinkommen über diplomatische Beziehungen
WÜK	Wiener Übereinkommen über konsularische Beziehungen
WÜV	Wiener Übereinkommen über das Recht der Verträge
WVRK	Wiener Vertragsrechtskonvention
ZAP	Zeitschrift für Anwaltspraxis
zB	zum Beispiel

ZfdG	Zollfahndungsgesetz
ZfS	Zeitschrift für Schadensrecht (zitiert nach Jahr und Seite)
ZfStrVo	Zeitschrift für Strafvollzug und Straffälligenhilfe (zitiert nach Jahr und Seite)
ZfW	Zeitschrift für Wasserrecht (zitiert nach Jahr und Seite)
ZfWBankR	Zeitschrift für Wirtschaft und Bankrecht (zitiert nach Jahr und Seite)
ZfZ	Zeitschrift für Zölle und Verbrauchssteuern (zitiert nach Jahr und Seite)
ZGR	Zeitschrift für Unternehmens- und Gesellschaftsrecht (zitiert nach Jahr und Seite)
ZInsO	Zeitschrift für das gesamte Insolvenzrecht (zitiert nach Jahr und Seite)
ZIP	Zeitschrift für Wirtschaftsrecht und Insolvenzpraxis (zitiert nach Jahr und Seite)
ZIS	Zeitschrift für Internationale Strafrechtsdogmatik (zitiert nach Jahr und Seite)
ZLR	Zeitschrift für Luftrecht und Weltraumfragen (zitiert nach Jahr und Seite)
ZLuftSiÜbk.	Übereinkommen v. 23.9.1971 zur Bekämpfung widerrechtlicher Handlungen gegen die Sicherheit der Zivilluftfahrt
ZKA	Zollkriminalamt
ZmedEthik	Zeitschrift für medizinische Ethik (zitiert nach Jahr und Seite)
ZMR	Zeitschrift für Miet- und Raumrecht (zitiert nach Jahr und Seite)
ZollV	Zollverordnung (ZollV)
ZollVG	Zollverwaltungsgesetz (ZollVG)
ZPO	Zivilprozessordnung
ZRP	Zeitschrift für Rechtspolitik (zitiert nach Jahr und Seite)
ZS	Zivilsenat
ZSchG	Zeugenschutzgesetz
ZSEG	Gesetz über die Entscheidung von Zeugen und Sachverständigen
ZSHG	Zeugenschutz-Harmonisierungsgesetz
ZStV	Zentrales staatsanwaltschaftliches Verfahrensregister
ZStW	Zeitschrift für die gesamte Strafrechtswissenschaft (zitiert nach Jahr, Band und Seite)
ZSW	Zeitschrift für das gesamte Sachverständigenwesen (zitiert nach Jahr und Seite)
zT	zum Teil
ZugabeVO	Verordnung des Reichspräsidenten zum Schutze der Wirtschaft Erster Teil: Zugabewesen (Zugabeverordnung)
ZUM	Zeitschrift für Urheber- und Medienrecht (zitiert nach Jahr und Seite)
ZUR	Zeitschrift für Umweltrecht (zitiert nach Jahr und Seite)
zust.	zustimmend
zutr.	zutreffend
ZVG	Gesetz über die Zwangsversteigerung und die Zwangsverwaltung (ZVG)
ZVR	Zeitschrift für Verkehrsrecht (zitiert nach Jahr und Seite)
zw.	zweifelhaft, zweifelnd

Literaturverzeichnis

Achenbach/Ransiek/Bearbeiter	*Achenbach/Ransiek/Rönnau* (Hrsg.), Handbuch Wirtschaftsstrafrecht, 4. Aufl. 2015
AK/*Bearbeiter*	Kommentar zur Strafprozeßordnung in der Reihe Alternativkommentare (Hrsg. *Wassermann*). Band 1 (Einl.–§ 93) 1988, Band 2 Teilband 1 (§§ 94–212b) 1992, Teilband 2 (§§ 213–275) 1993, Band 3 (§§ 276–477) 1996
Alsberg/*Bearbeiter*	*Alsberg,* Der Beweisantrag im Strafprozess, 6. Aufl. 2013
Albrecht JugStR	*Albrecht,* Jugendstrafrecht, 3. Aufl. 2000
AnwK/*Bearbeiter*	*Krekeler/Löffelmann/Sommer* (Hrsg.), AnwaltKommentar StPO, 2010
Arloth/Krä	*Arloth/Krä,* Strafvollzugsgesetz, 4. Aufl. 2017
Baumann	*Baumann,* Grundbegriffe und Verfahrensprinzipien des Strafprozeßrechts, 3. Aufl. 1979
Beulke	*Beulke,* Strafprozessrecht, 13. Aufl. 2016
BeckOK StGB/*Bearbeiter*	Beck'scher Online-Kommentar zum StGB, von *v. Heintschel-Heinegg* (Hrsg.), ab 2007
BeckOK StPO/*Bearbeiter*	Beck'scher Online-Kommentar zur StPO, von *Graf* (Hrsg.), ab 2008
BeckTKG/*Bearbeiter*	Beck'scher TKG-Kommentar, von *Geppert/Schütz* (Hrsg.), 4. Aufl. 2013
BGH-FG/*Verfasser*	50 Jahre Bundesgerichtshof, Festgabe aus der Wissenschaft, Bd IV, 2000
BGH-FS/*Verfasser*	Festschrift aus Anlass des fünfzigjährigen Bestehens von Bundesgerichtshof, Bundesanwaltschaft und Rechtsanwaltschaft am Bundesgerichtshof, 2000
BGHR	BGH-Rechtsprechung in Strafsachen
Bohnert/Krenberger/Krumm OWiG	*Bohnert/Krenberger/Krumm,* Ordnungswidrigkeitengesetz, 4. Aufl. 2016
Brodag	*Brodag,* Strafverfahrensrecht, Kurzlehrbuch zum Ermittlungsverfahren der StPO, 13. Aufl. 2014
Brunner/Dölling	*Brunner/Dölling,* Jugendgerichtsgesetz, 13. Aufl. 2017
Buddendiek/Rutkowski	*Buddendiek/Rutkowski,* Lexikon des Nebenstrafrechts (Loseblattausgabe) = Registerband zu *Erbs/Kohlhaas,* Strafrechtliche Nebengesetze
Burhoff EV	*Burhoff,* Handbuch für das strafrechtliche Ermittlungsverfahren, 7. Aufl. 2015
Burhoff HV	*Burhoff,* Handbuch für die strafrechtliche Hauptverhandlung, 8. Aufl. 2015
Calliess/Müller-Dietz	siehe LNNV/*Bearbeiter*
Dahs	*Dahs,* Handbuch des Strafverteidigers, 8. Aufl. 2015
Dahs Revision	*Dahs,* Die Revision im Strafprozess, 9. Aufl. 2017
Dallinger/Lackner	*Dallinger/Lackner,* Jugendgerichtsgesetz, 2. Aufl. 1965
Deckers	*Deckers,* Der strafprozessuale Beweisantrag, 3. Aufl. 2013

Literatur

Diemer/Schatz/Sonnen .... *Diemer/Schatz/Sonnen*, Jugendgerichtsgesetz, 7. Aufl. 2015

Dölling/Duttge/Rössner .... s. HK-GS/*Bearbeiter*

Dörr/Grote/Marauhn .. *Dörr/Grote/Marauhn* (Hrsg.), Konkordanzkommentar zum europäischen und deutschen Grundrechtsschutz: EMRK/GG, 2. Aufl. 2013

Eb. Schmidt .... Schmidt, Eberhard: Lehrkommentar zur Strafprozeßordnung und zum Gerichtsverfassungsgesetz, I. Teil 2. Aufl. 1964, II. Teil 1957, III. Teil 1960, Nachtragsbd. I 1967, Nachtragsbd. II 1970

Eisenberg Beweisrecht *Eisenberg*, Beweisrecht der StPO, 9. Aufl. 2015, 10. Aufl. 2017

Eisenberg JGG .... *Eisenberg*, Jugendgerichtsgesetz, 19. Aufl. 2017

Erbs/Kohlhaas/*Bearbeiter* .... *Erbs/Kohlhaas*, Strafrechtliche Nebengesetze, Loseblattkommentar

Feuerich/Weyland ...... *Feuerich/Weyland*, Bundesrechtsanwaltsordnung, 9. Aufl. 2016

Fischer .... *Fischer*, Strafgesetzbuch und Nebengesetze, 64. Aufl. 2017, 65. Aufl. 2018

Franke/Wienroeder ..... *Franke/Wienroeder*, BtMG, Teil II: Strafprozessrecht, 3. Aufl. 2007

Frowein/Peukert .... *Frowein/Peukert*, Europäische Menschenrechtskonvention, 3. Aufl. 2009

Göbel .... *Göbel*, Strafprozess, 8. Aufl. 2013

Göhler/*Bearbeiter* ...... *Göhler*, Gesetz über Ordnungswidrigkeiten, begründet von *Göhler*, fortgeführt von *Gürtler/Seitz*, 17. Aufl. 2017

Hamm .... *Hamm*, Die Revision in Strafsachen, 7. Aufl. 2010

Hartmann .... *Hartmann*, Kostengesetze, 47. Aufl. 2017

HBStrVf/*Bearbeiter* .... *Heghmanns/Scheffler* (Hrsg.), Handbuch zum Strafverfahren, 2008

HdbStA/*Bearbeiter* .... *Vordermayer/v. Heintschel-Heinegg* (Hrsg.), Handbuch für den Staatsanwalt, 5. Aufl. 2015

Heghmanns .... *Heghmanns*, Das Arbeitsgebiet des Staatsanwalts, 5. Aufl. 2017

Heghmanns Strafverfahren .... *Heghmanns,* Strafverfahren, 2014

Heghmanns Verteidigung .... *Heghmanns,* Verteidigung in Strafvollstreckung und Strafvollzug, 2. Aufl. 2012

Henssler/Prütting/*Bearbeiter* .... *Henssler/Prütting* (Hrsg.), Bundesrechtsanwaltsordnung, 4. Aufl. 2014

HK-StPO/*Bearbeiter* .. Heidelberger Kommentar zur Strafprozessordnung, von *Gercke/Julius/Temming/Zöller* (Hrsg.), 5. Aufl. 2012

HK-GS/*Bearbeiter* ..... *Dölling/Duttge/Rössner* (Hrsg.), Gesamtes Strafrecht, Handkommentar, 4. Aufl. 2017

IntKommEMRK/*Bearbeiter* .... *Pabel/Schmahl* (Hrsg.), Internationaler Kommentar zur Europäischen Menschenrechtskonvention, Loseblatt

Jarass/Pieroth .... *Jarass/Pieroth*, Grundgesetz für die Bundesrepublik Deutschland, 14. Aufl. 2016

Jessnitzer/Ulrich .... *Jessnitzer/Ulrich*, Der gerichtliche Sachverständige. Ein Handbuch für die Praxis, 12. Aufl. 2007

Joecks .... *Joecks*, Studienkommentar StPO, 4. Aufl. 2015

Katholnigg .... *Katholnigg*, Strafgerichtsverfassungsrecht, 3. Aufl. 1999

Kindhäuser .... *Kindhäuser*, Strafprozessrecht, 4. Aufl. 2015

Kissel/Mayer	*Kissel/Mayer,* Gerichtsverfassungsgesetz, 8. Aufl. 2015
KK/*Bearbeiter*	Karlsruher Kommentar zur Strafprozessordnung, hrsg. von *Hannich,* 7. Aufl. 2013
KK-OWiG/*Bearbeiter*	Karlsruher Kommentar zum Gesetz über Ordnungswidrigkeiten, hrsg. von *Senge,* 4. Aufl. 2014, von *Mitsch* (Hrsg.), 5. Aufl. 2018
Klein/*Bearbeiter*	*Klein,* AO, 13. Aufl. 2016
KMR/*Bearbeiter*	*Kleinknecht/Müller/Reitberger,* KMR – Kommentar zur Strafprozessordnung, von *von Heintschel-Heinegg/Stöckel* (Hrsg.), Loseblattkommentar
Kleine-Cosak	*Kleine-Cosak,* Bundesrechtsanwaltsordnung, 7. Aufl. 2015
Klesczewski	*Klesczewski,* Strafprozessrecht, 2. Aufl. 2013
Krekeler/Löffelmann/ Sommer	*Krekeler/Löffelmann/Sommer,* Anwaltskommentar StPO, 2010
Kühne	*Kühne,* Strafprozessrecht, 9. Aufl. 2015
Kunz	*Kunz,* Gesetz über die Entschädigung für Strafverfolgungsmaßnahmen, 4. Aufl. 2010
Lackner/Kühl	*Lackner/Kühl,* Strafgesetzbuch mit Erläuterungen, 28. Aufl. 2014
Laubenthal/Baier/ Nestler/*Bearbeiter*	siehe LBN/*Bearbeiter*
Laubenthal/Nestler/ Neubacher/Vessel/ *Bearbeiter*	siehe LNNV/*Bearbeiter*
LBN/*Bearbeiter*	*Laubenthal/Baier/Nestler,* Jugendstrafrecht, 3. Aufl. 2015
LK-StGB/*Bearbeiter* ...	Strafgesetzbuch – Leipziger Kommentar, hrsg. von *Laufhütte/Rissing-van Saan/Tiedemann,* 12. Aufl. 2007 ff.
LNNV/*Bearbeiter*	*Laubenthal/Nestler/Neubacher/Vessel,* Strafvollzugsgesetze, 12. Aufl. 2015
Löwe/Rosenberg/ *Bearbeiter,* 25. Aufl.	*Löwe/Rosenberg,* Die Strafprozessordnung und das Gerichtsverfassungsgesetz, von *Riess* (Hrsg.), 25. Aufl. 1997 ff.
Löwe/Rosenberg/ *Bearbeiter*	*Löwe/Rosenberg,* Die Strafprozessordnung und das Gerichtsverfassungsgesetz, von *Erb/Esser/Franke* (Hrsg.), 26. Aufl. 2006 ff.
LR/*Bearbeiter*	s. *Löwe/Rosenberg*
MAH Strafverteidigung/*Bearbeiter*	Münchener Anwaltshandbuch Strafverteidigung, von *Widmaier* (Hrsg.), 2. Aufl. 2014
Marxen/Tiemann	*Marxen/Tiemann,* Die Wiederaufnahme in Strafsachen, 3. Aufl. 2014
Maunz/Dürig/ *Bearbeiter*	Grundgesetz, Kommentar von *Herzog/Scholz/Herdegen/Klein* (Hrsg.), Loseblattausgabe, September 2017
Meier/Rössner/Schöch	*Meier/Rössner/Schöch,* Jugendstrafrecht, 3. Aufl. 2013
Meyer	*Meyer,* StrEG, 10. Aufl. 2013
Meyer-Goßner/Appl ...	*Meyer-Goßner/Appl,* Die Urteile in Strafsachen, 29. Aufl. 2014
Meyer-Goßner/ Schmitt/*Bearbeiter*	*Meyer-Goßner/Schmitt,* Strafprozessordnung, 60. Aufl. 2017
Meyer-Ladewig	*Meyer-Ladewig/Nettesheim/von Raumer* (Hrsg.), Europäische Menschenrechtskonvention, 4. Aufl. 2017
Miebach/Hohmann/ *Bearbeiter*	*Miebach/Hohmann* (Hrsg.), Wiederaufnahme in Strafsachen, 2016
MRTW/*Bearbeiter*	*Meier/Rössner/Trüg/Wulf,* Jugendgerichtsgesetz, 2. Aufl. 2014

Literatur

MüKoStGB/
Bearbeiter .... Münchener Kommentar zum StGB, Bände 1–6, von *Joecks/Miebach* (Hrsg.), 2. Aufl. 2013, 3. Aufl. 2017 f.
MüKoZPO/
Bearbeiter .... Münchener Kommentar zur ZPO, Bände 1–3, von *Krüger/Rauscher* (Hrsg.), 5. Aufl. 2016 f.
Nix/*Bearbeiter* .... *Nix*, Kurzkommentar zum Jugendgerichtsgesetz, 1994
Ostendorf .... *Ostendorf,* Jugendgerichtsgesetz, 10. Aufl. 2016
Pfeiffer .... *Pfeiffer,* Strafprozessordnung, 5. Aufl. 2005
Pohlmann/Jabel/Wolf ... *Pohlmann/Jabel/Wolf,* Strafvollstreckungsordnung, 9. Aufl. 2015
Potrykus .... *Potrykus,* Kommentar zum Jugendgerichtsgesetz, 3. Aufl. 1954
Putzke/Scheinfeld ...... *Putzke/Scheinfeld,* Strafprozessrecht, 7. Aufl. 2017
Radtke/Hohmann/
Bearbeiter .... *Radtke/Hohmann,* Strafprozessordnung, 2010
Rebmann/Roth/
Herrmann/*Bearbeiter* .. *Rebmann/Roth/Herrmann,* Gesetz über Ordnungswidrigkeiten. Loseblattkommentar, Mai 2017
Roggan .... *Roggan,* G-10-Gesetz, 2012
Röttle/Wagner .... *Röttle/Wagner,* Strafvollstreckung, 8. Aufl. 2009
Roxin/Achenbach .... *Roxin/Achenbach,* Strafprozessrecht, 16. Aufl. 2006
Roxin/Schünemann .... *Roxin/Schünemann,* Strafverfahrensrecht. Ein Studienbuch, 29. Aufl. 2017
Schäfer/Sander/
v. Gemmeren .... *Schäfer/Sander/v. Gemmeren,* Praxis der Strafzumessung, 6. Aufl. 2017
Schaffstein/Beulke/
Swoboda .... *Schaffstein/Beulke/Swoboda,* Jugendstrafrecht, 15. Aufl. 2015
Schmidt-Räntsch .... *Schmidt-Räntsch,* Deutsches Richtergesetz, 6. Aufl. 2008
Schönke/Schröder/
Bearbeiter .... *Schönke/Schröder,* Strafgesetzbuch, 29. Aufl. 2014
Schomburg/Lagodny/
Gleß/Hackner/
Bearbeiter .... *Schomburg/Lagodny/Gleß/Hackner,* Internationale Rechtshilfe in Strafsachen, 5. Aufl. 2012
Schroeder/Verrel .... *Schroeder/Verrel,* Strafprozessrecht, 7. Aufl. 2017
SK-StPO/*Bearbeiter* ... Systematischer Kommentar zur Strafprozessordnung und zum Gerichtsverfassungsgesetz, von *Wolter* (GesamtHrsg.), 4. Aufl. 2014, 5. Aufl. 2015 ff.
SK-StGB/*Bearbeiter* ... Systematischer Kommentar zum Strafgesetzbuch von *Rudolphi/Horn/Samson,* Loseblattkommentar, 2017
SSW/*Bearbeiter* .... *Satzger/Schluckebier/Widmaier,* Strafprozessordnung, 2. Aufl. 2015, 3. Aufl. 2018
SSW-StGB/*Bearbeiter* *Satzger/Schluckebier/Widmaier,* Strafgesetzbuch, 3. Aufl. 2017
Streng .... *Streng,* Jugendstrafrecht, 4. Aufl. 2016
Tipke/Kruse/
Bearbeiter .... *Tipke/Kruse,* AO, FGO, Loseblattkommentar, 2017
Thomas/Putzo/
Bearbeiter .... *Thomas/Putzo,* Zivilprozessordnung mit Gerichtsverfassungsgesetz und den Einführungsgesetzen, 38. Aufl. 2017
Uhlenbruck/
Bearbeiter .... *Uhlenbruck,* Insolvenzordnung, 14. Aufl. 2014

Volckart/Pollähne/
Woynar .... *Volckart/Pollähne/Woynar,* Verteidigung in der Strafvollstreckung und im Vollzug, 5. Aufl. 2014

Wabnitz/Janovsky/
Bearbeiter .... *Wabnitz/Janovsky,* Handbuch des Wirtschafts- und Steuerstrafrechts, 4. Aufl. 2014

Wasserburg .... *Wasserburg,* Die Wiederaufnahme des Strafverfahrens, 1983

Zieger .... *Zieger,* Verteidigung in Jugendstrafsachen, 6. Aufl. 2013

Zöller/Bearbeiter .... *Zöller,* Kommentar zur ZPO, 31. Aufl. 2016, 32. Aufl. 2018

Gerichtsverfassungsgesetz (GVG)

In der Fassung der Bekanntmachung vom 9.5.1975 (BGBl. I S. 1077)
FNA 300-2
Zuletzt geändert durch Gesetz zur Neuregelung des Schutzes von Geheimnissen bei der Mitwirkung Dritter an der Berufsausübung schweigepflichtiger Personen vom 30.10.2017 (BGBl. I S. 3618)

– Auszug –

Erster Titel. Gerichtsbarkeit

§ 1 [Richterliche Unabhängigkeit]

Die richterliche Gewalt wird durch unabhängige, nur dem Gesetz unterworfene Gerichte ausgeübt.

Schrifttum: *Achterberg*, Die richterliche Unabhängigkeit im Spiegel der Dienstgerichtsbarkeit, NJW 1985, 3041; *Altvater*, Die Rolle der Staatsanwaltschaft in einer selbstverwalteten Justiz, NStZ 2009, Sonderheft, 4; *Behringer*, Die Richterliche Unabhängigkeit, DRiZ 1995, 321; *Benda*, Richter im Rechtsstaat, DRiZ 1979, 358; *Dette*, Zur Unabhängigkeit der Staatsanwaltschaft, DRiZ 2014, 213; *Domke*, Verfassungsrechtliche Aspekte der Justizverwaltung, FS Bengl, 1984, 1; *Dütz*, Richterliche Unabhängigkeit und Politik, JuS 1985, 745; *Eckertz-Höfer*, „Vom guten Richter", DÖV 2009, 729; *Einsiedler*, Das richterliche Beratungsgeheimnis, NJ 2014, 6; *Forkel*, Erledigungszahlen unter (Dienst-) Aufsicht!, DRiZ 2013, 132; *Frank*, Abschaffung des externen Weisungsrechts – Die Zeit ist reif, ZRP 2010, 147; *Fuchs*, Verfassungsmäßigkeit und Umsetzbarkeit von Modellen für eine selbstverwaltete Justiz in Deutschland, (Diss. Passau) 2013; *Grimm*, Richterliche Unabhängigkeit und Dienstaufsicht, 1972; *Haberland*, Richterliche Unabhängigkeit und dienstliche Beurteilungen, DRiZ 2009, 242; *Keldungs*, Fortbildungsverpflichtung und Unabhängigkeit, BauR 2013, 24; *Kirchhoff*, Erledigung als Dienstpflicht, Betrifft Justiz 2013, 63; *Kisker*, Die Beteiligung von Richtern an Entscheidungen über Anstellung und Beförderung als staatsrechtliches Problem, DRiZ 1982, 81; *Kissel*, Der „neue" Duden und die richterliche Unabhängigkeit, NJW 1997, 1097; *Kramer*, Das neue Steuerungsmodell und die Unabhängigkeit der Richter, ZZP 114 (2001), 267; *dies.*, Die Selbstverwaltung der Dritten Gewalt, NJW 2009, 3079; *Kreth*, Die richterliche Unabhängigkeit: Wahrung einer sich nicht selbst erfüllenden Aufgabe, DRiZ 2009, 198; *Kronisch*, Praktische Fragen beim Einsatz von Richtern auf Zeit beim Verwaltungsgericht, NJW 2016, 1623; *Kühne*, Grenzen richterlicher Unabhängigkeit im Strafverfahren, GA 2013, 39; *Limbach*, Die Richterliche Unabhängigkeit – ihre Bedeutung für den Rechtsstaat, NJW 1995, 281; *Löbbert*, Verfassungsrechtliche Fragen zur Selbstverwaltung der Justiz, RpflStud 2012, 1; *L. Müller*, Richterliche Unabhängigkeit und Unparteilichkeit nach Art. 6 EMRK, (Diss. Heidelberg) 2015; *P. Müller*, Kann der von einer Geschäftsverteilungsmaßnahme betroffene Richter diese Maßnahme gerichtlich anfechten? MDR 1977, 975; *Papier*, Richterliche Unabhängigkeit und Dienstaufsicht, NJW 1990, 8; *ders.*, Die richterliche Unabhängigkeit und ihre Schranken, NJW 2001, 1089; *ders.*, Zur Selbstverwaltung der Dritten Gewalt, NJW 2002, 2585; *Pfeiffer*, Zum Spannungsverhältnis richterlicher Unabhängigkeit – Dienstaufsicht – Justizgewährungspflicht, FS Bengl, 1984, 85; *Rojahn/Jerger*, Richterliche Unparteilichkeit und Unabhängigkeit im Zeitalter sozialer Netzwerke, NJW 2014, 1147; *Rudolph*, Richterliche Unabhängigkeit, DRiZ 1979, 97; *Schmidt-Räntsch*, Dienstaufsicht über Richter, 1985; *dies.*, DRiG, 6. Aufl. 2009; *Scholz*, Der gesetzgebende Richter, ZG 2013, 105; *Schreiber*, Wie unabhängig ist der Richter?, FS Jescheck, 1985, 757; *Sendler*, Zur Unabhängigkeit des Verwaltungsrichters, NJW 1983, 1449; *ders.*, Unabhängigkeit als Mythos?, NJW 1995, 2464; *Sporré*, Bundeseinheitliche R-Besoldung, DRiZ 2014, 234; *Strauch*, Die Bindung des Richters an Gesetz und Recht – eine Bindung durch Kohärenz, KritV 2002, 311; *Thiele*, Die Unabhängigkeit des Richters – grenzenlose Freiheit? – Das Spannungsverhältnis zwischen richterlicher Unabhängigkeit und Dienstaufsicht, Der Staat 52 (2013), 415; *Titz*, Der lange Weg zur Unabhängigkeit, DRiZ 2014, 402; *Wassermann*, Die richterliche Gewalt, 1985; *Weber*, Richterliche Unabhängigkeit in menschenrechtlicher Perspektive, DRiZ 2012, 16 (Teil 1), DRiZ 2012, 59 (Teil 2); *Wipfelder*, Die richterliche Unabhängigkeit und ihre Gefährdung durch die praktische Politik, DRiZ 1984, 41; *Wittreck*, Erledigungszahlen unter (Dienst-)Aufsicht?, DRiZ 2013, 60; *ders.*, Richterliche Erledigungszahlen als Gegenstand der Dienstaufsicht, NJW 2012, 3287.

Übersicht

	Rn.		Rn.
I. Normzweck und Bedeutung	1–5	b) Sachliche Unabhängigkeit, Art. 97 Abs. 1 GG	18–20
1. Gerichtsverfassung	1–3	c) Persönliche Unabhängigkeit, Art. 97 Abs. 2 GG	21–29
a) Gerichtsverfassungsrecht	2	d) Wirtschaftliche Unabhängigkeit	30
b) Das GVG	3	e) Innere Unabhängigkeit	31–34
2. Die richterliche Unabhängigkeit	4	4. Grenzen der Unabhängigkeit	35–62
3. Selbstverwaltung der Gerichte	5	a) Bindung an Gesetz und Recht	36–46
II. Regelungsgehalt im Einzelnen	6–62	b) Unabhängigkeit und Dienstaufsicht	47–57
1. Richterliche Gewalt	6–9	c) Richterliche Verantwortlichkeit	58–62
a) Rechtsprechung	7	III. Rechtsschutz	63–69
b) Justizverwaltung, Gerichtsverwaltung, richterliche Selbstverwaltung	8, 9	1. Gegen Maßnahmen der Dienstaufsicht, § 26 Abs. 3 DRiG	64–66
2. Begriff der Gerichte	10–14	2. Gegen sonstige Beeinträchtigungen der richterlichen Unabhängigkeit	67–69
a) Richter	11–13	a) Maßnahmen des Präsidiums	68
b) Staatsanwaltschaft	14	b) Maßnahmen des Haushaltsgesetzgebers	69
3. Richterliche Unabhängigkeit	15–34		
a) Institutionelle Unabhängigkeit der Gerichte	17		

I. Normzweck und Bedeutung

1 **1. Gerichtsverfassung.** Das GVG ist wesentlicher Teil des Gerichtsverfassungsrechts. Es regelt neben und in Ergänzung zum Grundgesetz (Art. 92–104, 30, 31 GG) für die **ordentliche Gerichtsbarkeit** die **Grundlagen des Verfahrensrechts** und differenziert die verfassungsrechtlichen Vorgaben im Zusammenspiel mit anderen Gesetzen (DRiG, Verfahrensordnungen, insbes. StPO und JGG, RPflG, BRAO, BnotO, EGGVG, AusführungsG der Länder) aus.

2 **a) Gerichtsverfassungsrecht.** Das Gerichtsverfassungsrecht betrifft die Grundlagen der Gerichtsbarkeit für alle Gerichtsbarkeiten (Verfassungsgerichtsbarkeit, ordentliche, Verwaltungs-, Sozial-, Arbeits- und Finanzgerichtsbarkeit, Art. 92, 95 GG). Dabei ist es nicht bloßes Organisationsrecht, sondern regelt wesentliche Teile des staatlichen Rechtsschutzes.[1] Das gesamte Gerichtsverfassungsrecht (einschließlich des GVG) ist bestimmt von **tragenden Verfassungsprinzipien,** die bei der Auslegung der jeweiligen Norm maßgeblich und leitend sind. Dabei handelt es sich um die Garantie des gesetzlichen Richters (Art. 101 GG), die richterliche Unabhängigkeit (Art. 97 GG), den Justizgewährungsanspruch, rechtliches Gehör (Art. 103 Abs. 1 GG), faires Verfahren und den Öffentlichkeitsgrundsatz.[2] Sämtliche Wertentscheidungen des Gerichtsverfassungsrechts fließen letztlich aus den großen **Grundentscheidungen des Grundgesetzes** (Rechtsstaatsprinzip, Gewaltenteilung, Sozialstaatsprinzip).[3] Das Statusrecht der Richter ist als Kernmaterie der Gerichtsverfassung mittlerweile einheitlich im DRiG geregelt.

3 **b) Das GVG.** Das GVG normiert einen wesentlichen Teil des Gerichtsverfassungsrechts für die ordentliche Gerichtsbarkeit und wird für den Bereich des Strafrechts insbes. durch die StPO (örtliche und sachliche Zuständigkeit, §§ 1–6a und §§ 7–21 StPO; Ablehnung von Richtern, §§ 22–31 StPO), das JGG, das RPflG und die AusführungsG der Länder ergänzt. Darüber hinaus regelt das GVG das Recht der Staatsanwaltschaft (§§ 141 ff.), die kraft Herkommens zur Gerichtsverfassung gehört.[4] Zur Gerichtsverfassung im engeren Sinn[5] gehören die Regeln über die **Einrichtung und Organisation, Besetzung und Zuständigkeit**

---

[1] *Kissel/Mayer* Einleitung Rn. 140.
[2] MüKoZPO/*Zimmermann* Vor § 1 Rn. 1.
[3] *Kissel/Mayer* Einleitung Rn. 140 ff.
[4] *Katholnigg* Einleitung Rn. 4.
[5] Zu den unterschiedlichen Begrifflichkeiten: *Katholnigg* Einleitung Rn. 1, dort insbes. Fn. 1.

der Gerichte sowie deren innere Verfahrensabläufe.[6] Über die ordentliche Gerichtsbarkeit hinaus hat das GVG weitreichende Auswirkungen, weil die übrigen Verfahrensordnungen in weiten Teilen darauf verweisen. Dadurch haben die Vorschriften des GVG – bspw. zur Präsidialverfassung, §§ 21a ff. – kaum zu überschätzende Bedeutung erlangt.[7]

2. Die richterliche Unabhängigkeit. § 1 entspricht inhaltlich Art. 97 Abs. 1 iVm Art. 92 GG und hat seit deren Einführung keinen selbstständigen, darüber hinausgehenden Regelungsgehalt mehr. Als Kardinalgrundsatz[8] wurde § 1 im Kontext des GVG belassen. Die sprachliche Abweichung zu den Formulierungen des GG hat keine Bedeutung.[9] Die Garantie der richterlichen Unabhängigkeit ist ein wesentliches Verfassungsgut, das aus dem Gewaltenteilungsprinzip fließt und das Gerichtsverfassungsrecht maßgeblich beherrscht. Gemeinsam mit der Garantie des gesetzlichen Richters entwickelt die richterliche Unabhängigkeit für die meisten Normen des GVG – soweit sie die Gerichte betreffen – bestimmende Bedeutung. Sie garantiert nicht nur (mit Einschränkungen, → Rn. 17) die institutionelle Unabhängigkeit der Gerichte von den beiden anderen Gewalten, sondern erstreckt die Unabhängigkeit gerade auch auf den einzelnen Richter als Person, der nur dem Gesetz (Art. 97 Abs. 1 GG) und dem Recht (Art. 20 Abs. 3 GG) unterworfen ist. Richterliche Unabhängigkeit kann daher nie singulär betrachtet werden. Sie ist vielmehr **eingebettet in das verfassungsrechtliche Gesamtgefüge von Rechtsstaatsprinzip und Gewaltenteilung sowie die daraus fließenden Grundsätze** (Justizgewährungsanspruch, gesetzlicher Richter, faires Verfahren).[10]

3. Selbstverwaltung der Gerichte. Die richterliche Selbstverwaltung ist als Teil der institutionellen Unabhängigkeit der Gerichte in der Präsidialverfassung geregelt. Im Übrigen sind die Gerichte jedoch in das System der Justizverwaltung eingebunden und haben keine eigene Personal- und Haushaltshoheit. Der Einfluss der Richterschaft auf Personalentscheidungen wird über die Beteiligung der Richterräte und Präsidialräte gesichert. In **Haushaltsfragen,** insbes. der personellen Ausstattung, zB der Zahl der Spruchkörper bei einem Gericht, obliegt die **Verantwortung der Exekutive** (Justizverwaltung). Dieser Zustand stößt (auch im europäischen Kontext[11]) auf vielfältige Kritik. Wiederholte Versuche, Justizverwaltungsräte einzuführen und diesen die Personal- und Budgethoheit zu übertragen, konnten sich bisher nicht durchsetzen.[12]

II. Regelungsgehalt im Einzelnen

1. Richterliche Gewalt. § 1 gewährt die richterliche Unabhängigkeit für die richterliche Gewalt. Daher bestimmt die Definition des Begriffs die Reichweite der Unabhängigkeitsgarantie. Da § 1 mittlerweile durch das Grundgesetz überlagert wird, sind bei der Auslegung stets die dortigen Formulierungen im Auge zu behalten. Nach Art. 97 Abs. 1 GG ist die Unabhängigkeit den Richtern gewährt. Art. 92 vertraut die rechtsprechende Gewalt den Richtern an. Ausgangspunkt der Reichweite der Unabhängigkeitsgarantie ist daher der **Rechtsprechungsbegriff des Grundgesetzes.** Das Grundgesetz definiert den Begriff der Rechtsprechung nicht, sondern setzt ihn voraus. Die Einzelheiten sind unklar und umstritten. Allgemein unterscheidet man zwischen dem **materiellen und dem formellen Rechtsprechungsbegriff.**

---

[6] *Katholnigg* Einleitung Rn. 1.
[7] Vgl. *Löwe/Rosenberg/Böttcher* Vorbemerkungen Rn. 5.
[8] *Löwe/Rosenberg/Böttcher* Rn. 1.
[9] *Löwe/Rosenberg/Böttcher* Rn. 1.
[10] Vgl. BVerfG 14.11.1969 – 1 BvR 253/68, BVerfGE 23, 211 (217) = NJW 1970, 505; *Papier* NJW 2001, 1089; *KK/Barthe* Rn. 3.
[11] *Kissel/Mayer* Rn. 35.
[12] Vgl. *Kissel/Mayer* Rn. 35; *Löwe/Rosenberg/Böttcher* Rn. 35; *Altvater* NStZ 2009, Sonderheft, 4; *Domke* FS Bengl, 1984, 1; *Kramer* ZZP 114 (2001), 267; *dies.* NJW 2009, 3079; *Löbbert* RpflStud 2012, 1; *Papier* NJW 2001, 1089; *ders.* NJW 2002, 2585; vgl. umfassend zu der Thematik auch *Fuchs* Verfassungsmäßigkeit und Umsetzbarkeit von Modellen für eine selbstverwaltete Justiz in Deutschland.

7 **a) Rechtsprechung.** Der **materielle Begriff**[13] misst der Rechtsprechung einen eigenständigen und von Verfassungs wegen originären Inhalt bei, der sowohl der Disposition des Gesetzgebers als auch – in seiner Grundsubstanz – der des Verfassungsgebers entzogen ist.[14] Innerhalb des materiellen Begriffs sind die Definitionen unscharf und angreifbar.[15] Sinnvollerweise wird man auf die rechtsstaatliche Funktion der Rechtsprechung abstellen müssen.[16] Letztlich handelt es sich um einen für die Reichweite der richterlichen Unabhängigkeit bedeutungslosen Streit, denn dafür gilt nach herrschender Ansicht der **formelle Rechtsprechungsbegriff.**[17] Dieser umfasst die Gesamtheit der gesetzlichen Aufgabenzuweisung an die Gerichte als Organe der Rechtspflege.[18] Soweit die Gerichte nach diesem (weiteren) Verständnis Rechtsprechungsaufgaben wahrnehmen, gelten auch die verfassungs- und verfahrensrechtlichen Garantien und Prinzipien, insbes. die richterliche Unabhängigkeit, die Garantie des gesetzlichen Richters und der Anspruch auf rechtliches Gehör.[19]

8 **b) Justizverwaltung, Gerichtsverwaltung, richterliche Selbstverwaltung.** Über die rechtsprechende Tätigkeit hinaus ist den Gerichten eine Vielzahl weiterer Verwaltungsangelegenheiten zugeordnet, die in Gerichtsverwaltungs- und Justizverwaltungsaufgaben unterteilt werden. Sie stehen in unmittelbarer Sachnähe zur Rechtsprechungstätigkeit, ohne an deren Garantien teilzuhaben. Die Abgrenzung kann im Einzelfall problematisch sein.[20] Nach neuerem Verständnis ist **Gerichtsverwaltung** die gesamte verwaltende Tätigkeit, mit der nicht unmittelbar dem Gericht zugewiesene Rechtsprechungsaufgaben oder Verwaltungstätigkeiten ohne Außenwirkung erfüllt werden.[21] Es handelt sich also im Wesentlichen um die Bereitstellung sächlicher und persönlicher Mittel, einschließlich Personalverwaltung und Dienstaufsicht (soweit sie zulässig ist, dazu → Rn. 48 ff.). **Justizverwaltung** ist nach modernem Verständnis (in älteren Normen wird der Ausdruck als gemeinsamer Oberbegriff der Verwaltungsaufgaben erfasst) Verwaltungstätigkeit mit Außenwirkung gegenüber dem Bürger außerhalb eines gerichtlichen Verfahrens.[22] Dazu gehören alle Tätigkeiten, die in einem inneren Zusammenhang mit der Rechtsprechung stehen und dieser gesetzlich zugewiesen sind, obwohl sie grundsätzlich auch von anderen Behörden wahrgenommen werden könnten (Entscheidungen im Berufsrecht der Rechtsanwälte und Notare, Ausbildung und Prüfung von Rechtsreferendaren etc). Weder der Bereich der Gerichts-, noch der Justizverwaltung unterfällt der richterlichen Gewalt iSd § 1, so dass solche Aufgaben, auch wenn sie Richtern übertragen sind, nicht in richterlicher Unabhängigkeit ausgeführt werden.[23]

9 Teile der Gerichtsverwaltung sind als **Angelegenheiten richterlicher Selbstverwaltung** (vgl. auch → Rn. 5) ausgestaltet. Dabei handelt es sich im Wesentlichen um die Zuweisung der Geschäfte durch das Präsidium (§§ 21a ff.) sowie die Tätigkeit der Richter in Präsidial- und Richterräten, einschließlich der dazugehörigen Organisationsfragen.[24] Wenn und soweit Richter Aufgaben der Selbstverwaltung wahrnehmen, handelt es sich um **Rechtsprechung** in obigem Sinn, also die Ausübung richterlicher Gewalt iSd § 1.

10 **2. Begriff der Gerichte.** Die Unabhängigkeitsgarantie des § 1 richtet sich an „Gerichte". Auch dieser Begriff ist verfassungsrechtlich überlagert, ohne dass sich im

---

[13] Vgl. BVerfG 6.6.1967 – 2 BvR 375/60, 2 BvR 53/60, 2 BvR 18/65, BVerfGE 22, 49 = NJW 1967, 1219 (1220 f.) (Strafgewalt der Finanzämter).
[14] *Kissel/Mayer* Einleitung Rn. 145.
[15] Vgl. dazu *Kissel/Mayer* Einleitung Rn. 146 ff.; Löwe/Rosenberg/*Böttcher* Vor § 1 Rn. 4; MüKoZPO/*Zimmermann* Rn. 4.
[16] So auch MüKoZPO/*Zimmermann* Rn. 4 mwN auch zu Gegenansichten.
[17] *Kissel/Mayer* Rn. 25; MüKoZPO/*Zimmermann* Rn. 5; iE auch Löwe/Rosenberg/*Böttcher* Rn. 1.
[18] *Kissel/Mayer* Rn. 25; MüKoZPO/*Zimmermann* Rn. 3.
[19] BVerfG 8.2.1967 – 2 BvR 235/64, BVerfGE 21, 139 = NJW 1967, 1123; *Kissel/Mayer* Einleitung Rn. 160.
[20] Vgl. *Kissel/Mayer* § 12 Rn. 139.
[21] *Kissel/Mayer* § 12 Rn. 85.
[22] *Kissel/Mayer* § 12 Rn. 106.
[23] Weiterführend auch MüKoZPO/*Zimmermann* Rn. 6 ff.
[24] *Kissel/Mayer* Rn. 34 f. und § 12 Rn. 92.

Grundgesetz eine Definition finden würde. Das GVG (wie die StPO) verwendet den Begriff uneinheitlich. Zum Teil ist der jeweilige **Spruchkörper** gemeint, mitunter die **organisatorische Einheit** (Gerichtsbehörde). Die konkrete Bedeutung im Einzelfall ergibt sich bei systematischer Auslegung aus dem Kontext. § 1 erfasst beides, da sowohl die Unabhängigkeit des einzelnen Spruchkörpers bzw. dessen Mitglieds als auch der Gerichtsbehörde gegenüber dem Einfluss der Exekutive gewahrt werden muss.[25] In organisatorischer Hinsicht handelt es sich bei Gerichten um staatliche,[26] unabhängige und von den Verwaltungsbehörden hinreichend getrennte[27] Organe der Gesetzesanwendung mit einem rechtsstaatlichen Verfahren,[28] deren Tätigkeit durch unabhängige und unbeteiligte Dritte ausgeübt wird.[29]

a) **Richter.** Anders als § 1, der von „Gerichten" spricht, stellen Art. 92 und 97 Abs. 1 GG sowie § 25 DRiG die **Person des Richters** in den Mittelpunkt der richterlichen Unabhängigkeit.[30] Damit ist zugleich klargestellt, dass der Begriff des „Gerichts" in § 1 auch die richterliche Person erfasst. Richter ist in diesem Zusammenhang als Oberbegriff der Berufsrichter und der ehrenamtlichen Richter zu verstehen (vgl. § 1 DRiG), ohne dass ein qualitativer Unterschied in Bezug auf die betreffenden Verfassungsgarantien (Unabhängigkeit, gesetzlicher Richter) besteht. Das BVerfG stellt Mindestanforderungen an den Begriff des Richters. Danach ist Richter iSd Grundgesetzes nur, wer als Mitglied eines Gerichts und mit sachlicher Unabhängigkeit ausgestattet zur Ausübung der rechtsprechenden Gewalt berufen ist, wobei die sachliche Unabhängigkeit durch ein Mindestmaß an persönlicher Unabhängigkeit garantiert sein muss.[31] Das ist freilich etwas zirkelschlüssig, da die Unabhängigkeit dem Richter garantiert und daher nicht Voraussetzung seines Amtes, sondern dessen Folge ist. Die Frage entwickelt allerdings in Bezug auf den gesetzlichen Richter Relevanz. Denn nur der institutionell unabhängige Richter kann gesetzlicher Richter sein. Dem trägt zB § 44 Abs. 2 DRiG Rechnung, wonach ehrenamtliche Richter vor Ablauf ihrer Amtszeit nur unter den gesetzlich bestimmten Voraussetzungen und gegen ihren Willen nur durch Entscheidung eines Gerichts abberufen werden können.

aa) **Berufsrichter.** Berufsrichter ist, wer das Amt im **Hauptamt** oder zu einem wesentlichen Teil im Nebenamt **berufsmäßig** ausübt und durch Aushändigung einer Urkunde „unter Berufung in das Richterverhältnis" **ernannt** ist (§ 17 Abs. 1 DRiG). Das DRiG unterscheidet vier Statusformen: Richter auf Lebenszeit, auf Zeit, auf Probe und kraft Auftrags, die letzten beiden werden eher unglücklich zT auch als „Hilfsrichter" bezeichnet,[32] was ihrer Bedeutung als gleichwertige Entscheider nicht gerecht wird.

bb) **Ehrenamtliche Richter.** Ehrenamtliche Richter sind im Grundgesetz nicht und im DRiG nur rudimentär (§§ 44–45a DRiG) geregelt. In den verschiedenen Gerichtszweigen werden sie wegen ihrer **beruflichen Fachkunde** oder zur **Repräsentation der Gesellschaft** herangezogen.[33] Im GVG finden sich ehrenamtliche Richter als Schöffen (in Strafverfahren, §§ 29 ff., 76, 77) sowie als Handelsrichter (§ 105).

b) **Staatsanwaltschaft.** Die Staatsanwaltschaft ist zwar ebenfalls im GVG (§§ 141 ff.) geregelt, gehört aber nicht zur rechtsprechenden Gewalt.[34] Über Art. 20 Abs. 3 GG ist sie an Gesetz und Recht gebunden. Die Staatsanwaltschaft ist unabhängig von den Gerichten

---

[25] *Katholnigg* Rn. 3; *Kissel/Mayer* Rn. 4; KK/*Barthe* Rn. 2.
[26] BVerfG 9.5.1962 – 2 BvL 13/60, BVerfGE 14, 56 (57) = NJW 1962, 1611 (dort nicht mit abgedruckt).
[27] BVerfG 17.11.1959 – 1 BvR 88/56, 1 BvR 59/57, 1 BvR 212/59, BVerfGE 10, 200 (216) = NJW 1960, 187; 3.6.1980 – 1 BvL 114/78, BVerfGE 54, 159 = NJW 1981, 912 (913).
[28] BVerfG 21.10.1954 – 1 BvL 9/51, 1 BvL 2/53, BVerfGE 4, 74 (92) = NJW 1955, 17 (18).
[29] BVerfG 11.6.1969 – 2 BvR 518/66, BVerfGE 26, 186 (197 ff.) = NJW 1969, 2192; 3.6.1980 – 1 BvL 114/78, BVerfGE 54, 159 = NJW 1981, 912 (913) mwN; s. auch *Katholnigg* Rn. 2 mwN; KK/*Barthe* Rn. 2.
[30] Vgl. *Kissel/Mayer* Rn. 4.
[31] BVerfG 9.5.1962 – 2 BvL 13/60, BVerfGE 14, 56 (57) = NJW 1962, 1611 (dort nicht mit abgedruckt); Löwe/Rosenberg/*Böttcher* Rn. 7.
[32] S. bspw. BVerfG 3.7.1962 – 2 BvR 628/60 u. 247/61, BVerfGE 14, 156 = NJW 1962, 1495.
[33] *Kissel/Mayer* Rn. 30.
[34] Löwe/Rosenberg/*Böttcher* Rn. 12.

(§ 150) und ein der Justiz zugeordnetes **Organ der Rechtspflege,** das gemeinsam mit den Gerichten auf dem Gebiet der Strafrechtspflege **die Aufgaben der Justizgewährung** erfüllt.[35] Diese Funktion als „Wächter des Gesetzes"[36] stellt das BVerfG besonders heraus. Die Staatsanwaltschaft ist objektiv und daher auch keine Partei des Strafverfahrens.[37] Als Institution *sui generis*, die zwar grundsätzlich der dritten Gewalt zugeordnet, aber in die Exekutive eingegliedert ist,[38] unterliegt sie der parlamentarischen Kontrolle und dem ministeriellen Weisungsrecht. Bestrebungen, dieses Weisungsrecht abzuschaffen, hatten bisher keinen durchschlagenden Erfolg.[39]

15   **3. Richterliche Unabhängigkeit.** Art. 97 GG, § 1 gewährleisten die Unabhängigkeit der Richter und der Gerichte. Neben einer institutionellen Unabhängigkeit der Gerichte wird damit insbesondere die Unabhängigkeit der Richterpersonen von äußeren Einflüssen gesichert. Dabei ergänzen sich **verschiedene Aspekte der Unabhängigkeit,** deren Grenzziehung im Einzelfall fließend ist. Allgemein unterscheidet man zwischen sachlicher (→ Rn. 18 ff.), persönlicher (→ Rn. 21 ff.) und innerer Unabhängigkeit (→ Rn. 31 ff.). Das BVerfG hat zuletzt aber auch den Begriff der wirtschaftlichen Unabhängigkeit (→ Rn. 30), die man auch als Unterfall der persönlichen Unabhängigkeit begreifen kann, herausgestellt.[40]

16   Die richterliche Unabhängigkeit sichert, dass Richter keinen Einflüssen von außen ausgesetzt sind und diente historisch dem Zweck, monarchistische Eingriffe in die Rechtsprechung zu unterbinden.[41] Unter der Ägide des Grundgesetzes ist die richterliche Unabhängigkeit wesentliches Merkmal der Gewaltenteilung.[42] Durch die Unabhängigkeit wird der Richter – anders als andere Staatsdiener – aus hierarchischen Verwaltungsstrukturen herausgelöst und ausschließlich **an Recht und Gesetz** gebunden. Die richterliche Unabhängigkeit ist kein Grundrecht im Sinne des § 90 BVerfGG und **kein Standesprivileg,** sondern eine in der Natur der Sache begründete Voraussetzung objektiver, von Fremdbeeinflussung freier Rechtsprechung. Rechtfertigung und Schranke findet sie in der Bindung des Richters an Gesetz und Recht (Art. 20 Abs. 3, 97 Abs. 1 GG; § 25 DRiG; § 1 GVG). Ohne diese Bindung kann es keine geordnete Rechtspflege geben, ist der Staat nicht in der Lage, seine Justizgewährungspflicht zu erfüllen.[43]

17   **a) Institutionelle Unabhängigkeit der Gerichte.** Das Grundgesetz geht davon aus, dass die Rechtsprechung durch besondere, von den Organen der übrigen Gewalten zu unterscheidende Institutionen ausgeübt wird. Daraus folgt unter anderem, dass die Gerichte **organisatorisch hinreichend von den Verwaltungsbehörden getrennt** sein müssen, aber auch, dass die richterliche Neutralität nicht durch eine mit Art. 20 Abs. 2 und 92 GG unvereinbare personelle Verbindung zwischen Ämtern der Rechtspflege und Verwaltung in Frage gestellt werden darf.[44] Deshalb gebietet die institutionelle Unabhängigkeit, dass (Berufs-)Richter,[45] die Rechtsprechungstätigkeiten ausüben, nicht zugleich in der Exekutive oder Legislative tätig sein dürfen (**Grundsatz der Inkompatibilität,** §§ 4 Abs. 1, 21 Abs. 2, 36 Abs. 2 DRiG). Aufgaben in staatlichen Verwaltungsbehörden (zB im Weg der Abord-

---

[35] BVerfG 19.3.1959 – 1 BvR 295/58, BVerfGE 9, 223 = NJW 1959, 871.
[36] BVerfG 19.3.2013 – 2 BvR 2628/10, 2 BvR 2883/10, 2 BvR 2155/11, BVerfGE 133, 168 = NJW 2013, 1058 (1065).
[37] Meyer-Goßner/*Schmitt* Vor § 141 Rn. 8.
[38] Meyer-Goßner/*Schmitt* Vor § 141 Rn. 6 f.
[39] Vgl. *Frank* ZRP 2010, 147; *Titz* DRiZ 2014, 402; *Dette* DRiZ 2014, 213; allerdings sieht der Koalitionsvertrag zwischen CDU und SPD in Sachsen vor, das Weisungsrecht auszusetzen: http://www.lto.de/recht/presseschau/p/presseschau-2014-11-11-anti-doping-gesetz-parteienfinanzierung-kritisiert-olympische-preise/ (Abruf vom 23.1.2018).
[40] BVerfG 5.5.2015 – 2 BvL 17/09, 2 BvL 18/09, 2 BvL 3/12, 2 BvL 4/12, 2 BvL 5/12, 2 BvL 6/12, 2 BvL 1/14, BeckRS 2015, 45175 Rn. 114, 119.
[41] *Papier* NJW 2001, 1089.
[42] *Papier* NJW 2001, 1089.
[43] BGH 27.9.1976 – RiZ (R) 3/75, BGHZ 67, 184 = NJW 1977, 437.
[44] BVerfG 9.5.1962 – 2 BvL 13/60, BVerfGE 14, 56 = NJW 1962, 1611.
[45] Zu den Schöffen: → § 31 Rn. 4.

nung) dürfen Richter daher nur wahrnehmen, wenn sie nicht zeitgleich in der Rechtsprechung (im formellen Sinn, → Rn. 7) tätig sind. Das gilt auch für kommunale Ämter.[46] Die Mitgliedschaft in einer kommunalen Vertretungskörperschaft ist nach umstrittener Ansicht hingegen regelmäßig zulässig.[47] Weitere Ausnahmen vom Grundsatz der Inkompatibilität normiert § 4 Abs. 2 DRiG.[48] Schließlich wird die institutionelle Unabhängigkeit durch die richterliche Selbstverwaltung (dazu → Rn. 5, 9) gewährleistet.

b) Sachliche Unabhängigkeit, Art. 97 Abs. 1 GG. Ausgangspunkt der richterlichen Unabhängigkeit in ihren verschiedenen Facetten ist die sachliche Unabhängigkeit. Sie gilt bereits ausweislich des eindeutigen Wortlauts des Art. 97 Abs. 1 GG **für alle Richter** (Berufsrichter und ehrenamtliche Richter).[49] Kerngehalt der sachlichen Unabhängigkeit ist die **Weisungsfreiheit**.[50] Diese Freiheit umfasst nicht nur Weisungen im engeren Sinn, sondern auch Empfehlungen sowie Ersuchen, Bitten oder Anregungen, in einer gewissen Weise zu verfahren oder eine Rechtsmeinung nochmals zu überprüfen, wenn dadurch auf die Entscheidungsfindung eingewirkt werden soll.[51] Die Freiheit von Weisungen im weiteren Sinn gilt nicht nur gegenüber dem Dienstvorgesetzten und der Justizverwaltung, sondern innerhalb eines Kollegialspruchkörpers auch gegenüber dem Vorsitzenden.[52] Allerdings ist es ohne weiteres zulässig, einen Richter auf entgegenstehende Rechtsprechung, gesetzliche Vorschriften, anstehende Gesetzesänderungen[53] oder offensichtlich fehlerhafte Rechtsanwendung hinzuweisen, wenn damit nicht gezielt in ein Verfahren eingegriffen werden soll.[54]

Zur sachlichen Unabhängigkeit gehört darüber hinaus die **Entziehungsfreiheit**. Das bedeutet, dass einem Richter eine Sache, für die er als gesetzlicher Richter zuständig ist, nicht entzogen werden darf. Durch Art. 97 Abs. 1 GG wird aber allein die sachliche Unabhängigkeit des Richters nach Begründung seiner Entscheidungszuständigkeit gewährleistet, nicht hingegen die Unabhängigkeit dahingehend, bereits über die Entscheidungszuständigkeit selbst zu disponieren. Dem Richter steht es zwar frei, insbesondere darüber zu befinden, auf welcher tatsächlichen Grundlage er sich in der Lage sieht, zu entscheiden. Die richterliche Unabhängigkeit stellt allerdings nicht auch die Entscheidungszuständigkeit an sich zur Disposition des Richters.[55] An dieser Stelle decken sich die Regelungsgehalte der Garantie des gesetzlichen Richters mit der richterlichen Unabhängigkeit.[56] Schließlich umfasst die sachliche Unabhängigkeit die **eingeschränkte Verantwortungsfreiheit**. Ein Richter darf daher außer im Falle der Rechtsbeugung weder strafrechtlich noch schadensersatzrechtlich zur Verantwortung gezogen werden (§ 339 StGB, § 839 Abs. 2 BGB; dazu → Rn. 58 ff.).

Die sachliche Unabhängigkeit darf aber nicht dahingehend missverstanden werden, dass der Richter von jeglichem äußeren Einfluss freizuhalten wäre. Zunächst entscheidet er nicht aus freiem Ermessen oder seinem Gewissen, sondern ist an **Gesetz und Recht gebunden** (dazu → Rn. 36 ff.). Ferner unterstehen auch Richter einer **(eingeschränkten) Dienstaufsicht**, die allerdings nicht in den Anwendungsbereich der Unabhängigkeit, also den Kernbereich richterlicher Tätigkeit eingreifen darf (dazu → Rn. 48 f.). Schließlich gewährt die sachliche Unabhängigkeit **keinen Schutz gegen Kritik**. Für gesellschaftliche – insbes. medial transportierte –

---

[46] BVerwG 29.3.2000 – 2 B 47/99, DRiZ 2001, 23.
[47] *Kissel/Mayer* Rn. 32 mit Darstellung des Streitstands.
[48] Dazu *Kissel/Mayer* Rn. 33.
[49] BVerfG 9.11.1955 – 1 BvL 13 u. 21/52, BVerfGE 4, 331 = NJW 1956, 137 (138) und seither ständig.
[50] BVerfG 9.5.1962 – 2 BvL 13/60, BVerfGE 14, 56 (69) = NJW 1962, 1611; 17.12.1969 – 2 BvR 271, 342/68, BVerfGE 27, 312 (322) = NJW 1970, 1227 (1228); 8.6.1971 – 2 BvL 17/70, BVerfGE 31, 137 (140); 27.11.1973 – 2 BvL 12/72 u. 3/73, BVerfGE 36, 174 = NJW 1974, 179 (181 f.).
[51] BGH 7.6.1966 – RiZ (R) 1/66, BGHZ 46, 147 = MDR 1967, 211; Löwe/Rosenberg/*Böttcher* Rn. 3; MüKoZPO/*Zimmermann* Rn. 23.
[52] BVerfG 29.2.1996 – 2 BvR 136/96, NJW 1996, 2149 (2150 f.).
[53] BGH 1.3.2002 – RiZ (R) 1/01, NJW-RR 2002, 929.
[54] Vgl. dazu auch *Kissel/Mayer* Rn. 83; MüKoZPO/*Zimmermann* Rn. 23.
[55] BVerfG 16.6.2015 – 2 BvR 2718/10, 2 BvR 1849/11, 2 BvR 2808/11, NJW 2015, 2787 Rn. 81 (2791).
[56] MüKoZPO/*Zimmermann* Rn. 23; vgl. auch BVerfG 17.12.1969 – 2 BvR 271, 342/68, BVerfGE 27, 312 = NJW 1970, 1227 (1229).

Kritik an Entscheidungen oder richterlichem Verhalten ist das evident.[57] Der Richter hat daher auch keinen Anspruch auf staatlichen Schutz gegen Kritik. Hier ist die innere Unabhängigkeit „(ein richterliches Amtsethos) gefordert, das den Richter befähigt, sich von den Erwartungen und Wünschen Dritter frei zu machen, um ausschließlich nach Recht und Gesetz zu entscheiden, und ihm die Kraft gibt, nicht auf den Beifall der Medien zu schielen und auch die unberechtigte und zuweilen unsachliche Kritik zu ertragen."[58] Gleiches gilt grundsätzlich auch für Kritik durch Repräsentanten der anderen Gewalten. Soweit es sich um Dienstvorgesetzte handelt (Justizminister), sind die Grenzen der Dienstaufsicht zu beachten (§ 26 DRiG). Zudem entspricht es guter Übung, dass sich Justizminister der Kritik an Gerichten grundsätzlich enthalten,[59] schon um den Anschein der (versuchten) Einflussnahme zu vermeiden. Vertreter anderer staatlicher Organe unterliegen prinzipiell keinen Beschränkungen in der Äußerung von Urteils- oder Verfahrenskritik. Erst wenn ein staatliches Verhalten die Grenzen der Gewaltenteilung überschreitet, also auf die Außerkraftsetzung gerichtlicher Entscheidungen hinausläuft, wird die Maßnahme unzulässig (zB Erstattung einer Klagesumme an den unterlegenen Kläger aus der Staatskasse durch das Parlament auf eine Petition hin).[60] Die sachliche Unabhängigkeit umfasst auch, dass der Richter nicht an feste Dienststunden gebunden ist.[61] Eigentlich ist diese Freiheit besser der persönlichen Unabhängigkeit zuzuordnen (→ Rn. 27).

21 c) Persönliche Unabhängigkeit, Art. 97 Abs. 2 GG. Die sachliche Unabhängigkeit findet ihre notwendige Absicherung in der **persönlichen Unabhängigkeit** der Richter.[62] Müsste ein Richter befürchten, bei Entscheidungen, die seinem Dienstherrn nicht gefallen, persönliche, insbes. berufliche Nachteile zu erleiden, wäre die sachliche Unabhängigkeit nicht mehr gewährleistet. Dieser indirekten Gefährdung begegnet Art. 97 Abs. 2 GG dadurch, dass „hauptamtlich und planmäßig endgültig angestellte Richter" nicht gegen ihren Willen entlassen, versetzt oder des Amtes enthoben werden dürfen. Dieser Grundsatz wird durch die Normen des DRiG sachlich wie personell erweitert, präzisiert und zT auf ehrenamtliche Richter erstreckt.

22 aa) Richter auf Lebenszeit, auf Zeit. Hauptamtlich und planmäßig endgültig angestellte Richter sind Richter auf Lebenszeit (§ 28 Abs. 1 DRiG) und auf Zeit (§ 11 DRiG).[63] Sie dürfen gegen ihren Willen nur unter eng begrenzten Tatbestandsvoraussetzungen nach rechtskräftiger gerichtlicher Entscheidung **entlassen** (§ 21 DRiG), **versetzt** (§§ 30–32 DRiG), **des Amtes enthoben** (§§ 30, 32 DRiG) oder wegen Dienstunfähigkeit **in den Ruhestand versetzt** (§ 34 DRiG) werden. Die einzige **Ausnahme** bildet eine Versetzung oder Amtsenthebung aufgrund Veränderung der Gerichtsorganisation (Art. 97 Abs. 2 S. 3 GG). Es muss sich aber um eine zuständigkeitsändernde Organisationsmaßnahme handeln, nicht nur die Veränderung der Gerichtsgröße wegen geänderten Arbeitsanfalls.[64] Nach der Rechtsprechung des Bundesverfassungsgerichts fallen die Errichtung und Aufhebung von Gerichten sowie die Änderung der Grenzen ihrer Bezirke mit Rücksicht auf ihre Bedeutung für die Unabhängigkeit der Rechtspflege im Rechtsstaat allerdings derart aus dem Rahmen der allgemeinen Behördenorganisation, dass sie grundsätzlich nur durch formelles Gesetz angeordnet werden dürfen.[65] Die Abordnung (§ 37 DRiG) ist auch gegen den Willen des Richters zulässig, wenn sie zur Vertretung an ein anderes Gericht desselben Gerichtszweigs erfolgt und im Geschäftsjahr insge-

---

[57] Vgl. Löwe/Rosenberg/*Böttcher* Rn. 3.
[58] *Papier* NJW 2001, 1089 (1091).
[59] Löwe/Rosenberg/*Böttcher* Rn. 3.
[60] *Kissel/Mayer* Rn. 103; Löwe/Rosenberg/*Böttcher* Rn. 3.
[61] BGH 16.11.1990 – RiZ 2/90, BGHZ 113, 36 = NJW 1991, 1103; BVerwG 18.2.1981 – 6 C 95/78, DRiZ 1981, 470; 21.9.1982 – 2 B 12/82, NJW 83, 62; *Kissel/Mayer* Rn. 154; Löwe/Rosenberg/*Böttcher* Rn. 3; *Papier* NJW 2001, 1089 (1093).
[62] StRspr s. nur BVerfG 9.5.1962 – 2 BvL 13/60, BVerfGE 14, 56 (57) = NJW 1962, 1611; *Kissel/Mayer* Rn. 141; KK/*Barthe* Rn. 5; *Schilken* JZ 2006, 861.
[63] BVerfG 17.12.1953 – 1 BvR 335/51, BVerfGE 3, 213 (224) = NJW 1954, 30 (31).
[64] BGH 6.10.2011 – RiZ (R) 9/10, MDR 2012, 435; *Kissel/Mayer* Rn. 143.
[65] BVerfG 14.7.2006 – 2 BvR 1058/05, BVerfGK 8, 395 (399 f.).

samt drei Monate nicht übersteigt. Der Richter behält während dieser Zeit sein konkretes Richteramt. Ein weiteres Richteramt darf dem Richter übertragen werden, soweit das Gesetz das zulässt.[66]

Gegen die persönliche Unabhängigkeit verstoßen auch **Maßnahmen des Präsidiums,** die in ihrer Wirkung der Versetzung oder Amtsenthebung gleichkommen. Wird ein Richter durch Nichtberücksichtigung in der Geschäftsverteilung praktisch von der richterlichen Tätigkeit ausgeschlossen, ist Art. 97 Abs. 2 S. 1 GG, § 1 verletzt.[67] Sonstige Maßnahmen des Präsidiums im Rahmen seiner Befugnisse (§ 21e) verletzten die persönliche Unabhängigkeit nur, wenn es sich bei objektiver Betrachtung um eine verdeckte Maßnahme der Dienstaufsicht handelt.[68]

Die **Übertragung oder Entziehung von Verwaltungsaufgaben** unterliegt grundsätzlich nicht der richterlichen Unabhängigkeit, weil es sich nicht um eine richterliche Kerntätigkeit handelt und der Status des Richters nicht berührt wird.[69] Da der Richter in diesem Bereich nur zur Nebentätigkeit (§ 42 DRiG) verpflichtet ist, wird seine persönliche Unabhängigkeit eingeschränkt, wenn ihm durch die Übertragung von Verwaltungsaufgaben die Ausübung seiner richterlichen Tätigkeit faktisch unmöglich gemacht wird.[70] Dabei ist auch zu berücksichtigen, ob der Richter sich von übertragenen Verwaltungsaufgaben durch Delegation entlasten kann.[71]

bb) Richter auf Probe, kraft Auftrags. Richter auf Probe bzw. kraft Auftrags werden vom Wortlaut des Art. 97 Abs. 2 S. 1 GG nicht erfasst. Hieraus folgt jedoch nicht, dass ihre persönliche Unabhängigkeit allgemein zur Disposition des einfachen Gesetzgebers gestellt ist. Auch ihre **persönliche Unabhängigkeit muss soweit gesichert sein, dass ihre sachliche Unabhängigkeit gewährleistet bleibt.** Der Verfassungsgeber ist angesichts der hergebrachten Situation bei den ordentlichen Gerichten als selbstverständlich davon ausgegangen, dass die Heranziehung von in ihrer persönlichen Unabhängigkeit ungenügend gesicherten Richtern nur in den Grenzen erfolgt, die sich nach verständigem Ermessen aus der Notwendigkeit, Nachwuchs heranzubilden, oder aus anderen zwingenden Gründen ergeben.[72] Auch bestehen Überschneidungen der richterlichen Unabhängigkeit mit der Gewährleistung des gesetzlichen Richters.[73] Es ist zulässig, Richter auf Probe bzw. kraft Auftrags auch ohne ihr Einverständnis bei Gerichten, in der Justizverwaltung oder der Staatsanwaltschaft zu beschäftigen. Sie sind auch der durch Verfügung der obersten Dienstbehörde angeordneten Entlassung ausgesetzt (§§ 22, 23 DRiG). Da ihre persönliche Unabhängigkeit unvollständig gewährleistet ist, dürfen sie nicht den Vorsitz eines Kollegialspruchkörpers übernehmen (§ 28 Abs. 2 DRiG). Auch darf im Kollegialspruchkörper nicht mehr als ein Richter ohne volle persönliche Unabhängigkeit eingesetzt werden (§ 29 DRiG, der aber auch für abgeordnete Richter gilt).

cc) Sonstige Einschränkungen (Beförderung, Arbeitszeit, Ausstattung mit Mitteln). Die gerichtsverfassungsrechtliche Struktur der Gerichte (Präsidenten, Vizepräsidenten, Direktoren; Instanzenzug) und der Spruchkörper (Vorsitzende, beisitzende Richter) gibt vor, dass es herausgehobene Richterämter geben muss.[74] Diese sind nach den Grundsätzen des Art. 33 Abs. 2, 5 GG zu besetzen. Die Bewerber müssen daher für das zu übertragende Aufgabengebiet in körperlicher, geistiger und charakterlicher Hinsicht geeignet und

---

[66] Kissel/Mayer Rn. 148.
[67] BVerfG 25.2.1964 – 2 BvR 411/61, BVerfGE 17, 252 = NJW 1964, 1019 (1019 f.); 25.8.2016 – 2 BvR 877/16, DRiZ 2017, 64.
[68] OVG Hamburg 19.9.1986 – Bs V 144/86, NJW 1987, 1215 (1217); zur Anfechtbarkeit im Verwaltungsrechtsweg → § 21e Rn. 69.
[69] BGH 28.3.1977 – RiZ 5/76, DRiZ 1977, 215; Kissel/Mayer Rn. 147.
[70] Kissel/Mayer Rn. 147.
[71] Vgl. BGH 5.7.1974 – RiZ 7/73, DRiZ 1975, 23.
[72] BVerfG 9.5.1962 – 2 BvL 13/60, BVerfGE 14, 56 (57) = NJW 1962, 1611; 3.7.1962 – 2 BvR 628/60 u. 247/61, BVerfGE 14, 156 = NJW 1962, 1495.
[73] Vgl. BVerfG 3.7.1962 – 2 BvR 628/60 u. 247/61, BVerfGE 14, 156 = NJW 1962, 1495.
[74] BVerfG 4.2.1981 – 2 BvR 570 ff./76, BVerfGE 56, 146 (156 f.) = DRiZ 1981, 266.

befähigt sein und ihre Auslese mit besonderer Sorgfalt nach den objektiven Merkmalen fachlicher und persönlicher Eignung vorgenommen werden.[75] Durch die **Aussicht auf eine Beförderung** mit statusrechtlicher, wie finanzieller Verbesserung der eigenen Situation können jedoch **grundsätzlich Anreize** geschaffen werden, **um auf Richter (unlauter) einzuwirken.** Ebenso ist Karrieredenken geeignet, Richter (ggf. unbewusst) dazu zu verleiten, Entscheidungen zu treffen, von denen angenommen wird, man würde bei den Dienstvorgesetzten in besserem Licht dastehen. Dieser Effekt ist nicht vollständig auszuschließen. Er wird dadurch abgemildert, dass die dienstlichen Beurteilungen als wesentliches Auswahlkriterium bei der Besetzung von Beförderungsstellen eine Maßnahme der Dienstaufsicht darstellen (§ 26 Abs. 3 DRiG). Sie sind daher von vornherein durch die richterliche Unabhängigkeit eingeschränkt (dazu → Rn. 57). Des Weiteren wird durch Einbindung des Präsidialrats als richterliches Selbstverwaltungsorgan bei den Beförderungsentscheidungen der Einfluss der Richterschaft selbst gesichert.[76] Schließlich ist die innere Unabhängigkeit der Richter gefordert, um durch ständige Selbstreflektion zu verhindern, dass die eigene Entscheidung von äußeren Einflüssen (mit)bestimmt wird (dazu → Rn. 31 ff.).

27 Die persönliche Unabhängigkeit beinhaltet auch die **freie Arbeitszeitgestaltung** durch den Richter. Dabei handelt es sich weder um ein Privileg, noch um ein (verzichtbares) subjektives Recht, sondern um eine institutionelle Sicherung der Unabhängigkeit gegen vermeidbare (mittelbare) Einflüsse der Verwaltung.[77] Richter sind freilich in ihrer Arbeitszeitgestaltung nicht völlig frei. Sie sind verpflichtet, zu Terminen (Sitzungen, Besprechungen, Beratungen) zu erscheinen und die Erledigung der Dezernatsarbeit sowie von Sofort- und Eilsachen zu gewährleisten. Allgemein gesprochen hat der Richter seine **Anwesenheit davon abhängig zu machen, ob dienstliche Belange sie erfordern.** Das kann im Einzelfall auch bedeuten, dass der Richter außerhalb der üblichen Zeiten tätig zu werden hat.[78] So kann der Dienstvorgesetzte (zB bei Publikumsverkehr in Angelegenheiten der freiwilligen Gerichtsbarkeit[79]) oder das Präsidium (für den Bereitschaftsdienst[80]) Anordnungen treffen, die den Richter zur Anwesenheit zu bestimmten Dienstzeiten verpflichten. Daher darf bspw. der Bereitschaftsrichter nicht die Vorführung eines vorläufig Festgenommenen nach §§ 115, 115a StPO für den nächsten Tag (vor einen anderen dann zuständigen Richter) anordnen, wenn sie auch noch am selben Tag (also unverzüglich) erfolgen kann.[81]

28 Zur persönlichen Unabhängigkeit gehört auch die Ausstattung des Richters mit personellen (Schreibkräfte) und sachlichen (Literatur, EDV, Zugang zu Datenbanken, Dienstzimmer) Mitteln, die er braucht, um seine Aufgaben erledigen zu können. Der Richter hat allerdings keinen **Anspruch auf** uneingeschränkte Zuweisung von Mitteln seiner Wahl, sondern nur auf **ermessensfehlerfreie Zuteilung.**[82] Die richterliche Unabhängigkeit wird erst dann berührt, wenn unabdingbare Arbeitsmittel vorenthalten werden, die Auswahlentscheidung willkürlich oder gar auf Einflussnahme gerichtet, steuernd erfolgt. Allgemein ausgedrückt darf die Beschränkung nicht durch die Notwendigkeit eines geregelten und finanzierbaren Dienstbetriebs gerechtfertigt sein.[83] Dem Richter ist daher unter den genannten Voraussetzungen der Zugang zu seinem Dienstzimmer auch außerhalb der üblichen Zeiten zu ermöglichen.[84] Ihm sind die üblichen und weitgehend notwendigen Arbeitsmittel zur Verfügung zu stellen (bspw. Palandt, BGB für Zivilrichter), wobei nicht stets die neueste Auflage im Handapparat des Richters verfügbar sein muss, soweit in der Zentralbücherei des Gerichts ausreichend Exemplare vorhanden sind. Ferner ist zu gewährleisten, dass der Richter über

---

[75] BVerfG 4.2.1981 – 2 BvR 570 ff./76, BVerfGE 56, 146 (156 f.) = DRiZ 1981, 266.
[76] Vgl. *Kissel/Mayer* Rn. 152; *Kisker* DRiZ 1982, 81.
[77] BVerwG 30.3.2006 – 2 C 41/04, BVerwGE 125, 365 = NVwZ 2006, 1074 (1075).
[78] *Kissel/Mayer* Rn. 154.
[79] Str. dazu *Kissel/Mayer* Rn. 154 mwN.
[80] S. dazu die Anmerkungen bei § 22c.
[81] Vgl. Dienstgericht Saarbrücken 4.6.2008 – DG 1/07, DRiZ 2009, 193.
[82] BGH 25.9.2002 – RiZ(R) 2/01, NJW 2002, 282 (283).
[83] BGH 25.9.2002 – RiZ(R) 2/01, NJW 2002, 282.
[84] BGH 25.9.2002 – RiZ(R) 2/01, NJW 2002, 282.

alle Mittel verfügen kann, deren Nutzung das Gesetz vorschreibt.[85] Schließlich müssen ausreichend Schreibkräfte zur Verfügung stehen, um zu gewährleisten, dass Urteile innerhalb der Absetzungsfristen (§ 275 Abs. 1 S. 2 StPO) geschrieben werden. Im Hinblick auf die zunehmende Bedeutung juristischer Datenbanken muss dem Richter auch die Möglichkeit zur Datenbankrecherche gegeben werden, zumal in Schriftsätzen Rechtsprechung auch nach Datenbankangaben (bspw. beckRS, juris) zitiert wird.

dd) Ehrenamtliche Richter. Ehrenamtlichen Richtern gewährt § 44 Abs. 2 DRiG ein Mindestmaß an persönlicher Unabhängigkeit. Sie können vor Ablauf ihrer Amtszeit **nur unter den gesetzlichen Voraussetzungen abberufen** werden. Gegen ihren Willen ist eine **Entscheidung des Gerichts** erforderlich (§§ 44a, 44b DRiG; §§ 51, 52[86]).

d) Wirtschaftliche Unabhängigkeit. Überwiegend zur persönlichen Unabhängigkeit wird die wirtschaftliche Unabhängigkeit des Richters gezählt.[87] Gerade unter Berücksichtigung der zunehmenden europäischen Verflechtung der Justizsysteme sollte die wirtschaftliche Unabhängigkeit einen eigenständigen Fokus erhalten. Bisher macht das BVerfG die wirtschaftliche Unabhängigkeit am allgemeinen beamtenrechtlichen Alimentationsprinzip fest (Art. 33 Abs. 5 GG).[88] Darüber hinaus entfaltet die amtsangemessene Alimentation aber eine qualitätssichernde Funktion.[89] Schließlich sind die Besoldung und Versorgung des Richters von ganz erheblicher Bedeutung für das innere Verhältnis des Richters zu seinem Amt und für die Unbefangenheit, mit der er sich seine richterliche Unabhängigkeit bewahrt.[90] Durch die Festlegung der Besoldung in angemessener Höhe wird gewährleistet, dass der Richter unabhängig nach Gesetz und Gewissen entscheiden kann.[91] Letztlich ergibt sich daraus aber eine **über das allgemeine Beamtenrecht hinausgehende Unabhängigkeitskomponente,** die in Art. 97 Abs. 2 GG verfassungsrechtlich verankert ist. Die Unabhängigkeit der Richter ist nämlich von höherer Sensibilität als die der Beamten, denn diese sind regelmäßig in hierarchische Systeme eingegliedert, die eine Qualitäts- und Einflusskontrolle bereits aus sich heraus gewährleisten. Richter hingegen unterliegen gerade keiner Kontrolle durch Vorgesetzte, so dass unangemessene Einflussnahme von außen unmittelbar zu kritischen und mit Außenwirkung versehenen Folgen führen kann. Daher hat der Europarat bereits 2009 auf die Erosion des sozialen (und wirtschaftlichen) Status der Richter (und Staatsanwälte) in Deutschland hingewiesen und die Bundesrepublik zu substanziellen Verbesserungen aufgerufen.[92] Auch der CEPEJ-Report 2014[93] unterstreicht die wirtschaftliche Unabhängigkeit als Schutz vor äußerer Einflussnahme. Insoweit dürfte die deutlich unterdurchschnittliche Besoldung deutscher Richter im europäischen Vergleich[94] gerade im Bereich der Dienstanfänger Anlass zur Sorge sein. Negative Auswirkungen sind dabei im Bereich der Nachwuchsgewinnung[95] zu erwarten. Aber auch die Notwendigkeit, Nebentätigkeiten auszuüben und dadurch nicht mehr die gesamte Kraft dem Hauptamt widmen zu können, steigt, wenn die Bezüge nicht mehr ausreichen, um einer Familie ein

---

[85] BGH 7.3.2007 – 1 StR 646/06, NJW 2007, 1475 (audiovisuelle Vernehmung).
[86] S. dazu Anmerkungen zu §§ 51 und 52 GVG und zu § 44a DRiG → § 33 Rn. 9 ff.
[87] ZB *Kissel/Mayer* Rn. 153.
[88] BVerfG 5.5.2015 – 2 BvL 17/09, 2 BvL 18/09, 2 BvL 3/12, 2 BvL 4/12, 2 BvL 5/12, 2 BvL 6/12, 2 BvL 1/14, BVerfGE 139, 64 = NJW 2015, 1935 (1936) Rn. 91 ff.
[89] BVerfG 5.5.2015 – 2 BvL 17/09, 2 BvL 18/09, 2 BvL 3/12, 2 BvL 4/12, 2 BvL 5/12, 2 BvL 6/12, 2 BvL 1/14, BVerfGE 139, 64 = NJW 2015, 1935 (1939) Rn. 114.
[90] BVerfG 4.6.1969 – 2 BvR 343/66, 2 BvR 377/66, 2 BvR 333/66, 2 BvR 323/66, BVerfGE 26, 141 (155 f.) = NJW 1969, 1803.
[91] BVerfG 12.2.2003 – 2 BvR 709/99, BVerfGE 107, 257 = NJW 2003, 3335.
[92] Resolution 1685 (2009) Ziff. 4.2.22 und 5.4.2.
[93] CEPEJ Report on „European judicial systems – Edition 2014 (2012 data): efficiency and quality of justice" S. 300.
[94] CEPEJ Report on „European judicial systems – Edition 2014 (2012 data): efficiency and quality of justice" S. 302 ff. Danach verdienen Dienstanfänger in der Bundesrepublik Deutschland nur 90 % des bundesdurchschnittlichen Einkommens. Das ist (nach Armenien) der niedrigste Wert aller Vergleichsstaaten.
[95] Dazu auch BVerfG 5.5.2015 – 2 BvL 17/09, 2 BvL 18/09, 2 BvL 3/12, 2 BvL 4/12, 2 BvL 5/12, 2 BvL 6/12, 2 BvL 1/14, BVerfGE 139, 64 = NJW 2015, 1935 (1939) Rn. 114.

angemessenes Auskommen zu sichern. Mittelfristig nimmt in solchen Situationen auch das Korruptionsrisiko zu.

31 **e) Innere Unabhängigkeit.** Im Gegensatz zu den übrigen Facetten der richterlichen Unabhängigkeit ist die innere Unabhängigkeit keine Garantie, sondern eine dem Richter für die Dauer seines Amtes gegebene Aufgabe.[96] Die Überzeugungskraft richterlicher Entscheidungen beruht nicht nur auf der juristischen Qualität ihrer Gründe. Sie stützt sich in hohem Maß auch auf das Vertrauen, das den Richtern von der Bevölkerung entgegengebracht wird. Dieses Vertrauen fußt nicht zuletzt auf der äußeren und inneren Unabhängigkeit des Richters, seiner Neutralität und erkennbaren Distanz, die auch in aktuellen politischen Auseinandersetzungen spürbar bleiben muss.[97] Daher sind Richter gehalten, sich dauerhaft zu hinterfragen und in steter Selbstkontrolle ihre innere Unabhängigkeit zu erhalten bzw. neu zu gewinnen. Gesetzlichen Niederschlag findet die – an sich gesetzlich nicht regelbare – innere Unabhängigkeit in § 39 DRiG und den verfahrensrechtlichen Normen zum Ausschluss und der (Selbst-)Ablehnung von Richtern (vgl. §§ 22, 23, 24, 30 StPO) sowie in §§ 40, 41 DRiG.

32 Die innere Unabhängigkeit verpflichtet den Richter, sich selbst von äußeren Einflüssen frei zu halten und sein dienstliches Handeln nur an Recht und Gesetz auszurichten. Er darf weder auf öffentlichen Beifall schielen, noch auf das Wohlwollen seines Dienstvorgesetzten oder gar auf Beförderung hoffen.[98] Daraus folgt auch, dass er negative berufliche Konsequenzen in Kauf nehmen muss, wenn er solche aufgrund einer richtigen Entscheidung befürchtet.[99] Er muss auch versuchen, sich **die Einflüsse seiner Herkunft, Sozialisation, Zugehörigkeit zu sozialen Gruppen, politische und weltanschauliche Einstellungen** etc. bewusst zu machen und deren Einfluss auf seine Entscheidungen möglichst zu minimieren.[100] Dazu ist die Beratung im Kollegialgericht besonders geeignet. Daher ist die zu verzeichnende gesetzgeberische Tendenz zur Besetzung mit weniger Richtern (vgl. §§ 76 Abs. 2,[101] 78b Nr. 2; §§ 348, 348a ZPO) kritisch zu betrachten.

33 Auch außerhalb der unmittelbaren dienstlichen Tätigkeit ist der Richter zu **maßvoller Zurückhaltung** aufgerufen (§ 39 DRiG).[102] Er kann sein Privatleben von seinem Amt nicht gänzlich trennen, so dass bei privaten Äußerungen, insbes. im politischen Meinungskampf immer eine **klare verbale Trennung von Amt und Privatperson** zu erfolgen hat. Der Richter darf nie den Eindruck erwecken, seine Äußerungen seien amtlich. Er darf auch nicht das ihm übertragene Amt und das damit verbundene Ansehen in und Vertrauen der Öffentlichkeit dazu nutzen, seiner privaten Meinung besonderes Gewicht zu verleihen.[103]

34 §§ 40, 41 DRiG sichern die **Neutralität des Richters,** indem sie ihm die Erstellung von Rechtsgutachten und Erteilung von Rechtsrat verbieten (§ 41) und die Nebentätigkeit als Schiedsrichter davon abhängig machen, dass beide Parteien des Schiedsvertrages gemeinsam oder eine neutrale Stelle ihn benennen und keine dienstliche Berührungspunkte bestehen. Bei der Genehmigung von Nebentätigkeiten ist stets zu prüfen, ob das Ansehen und Vertrauen in das Amt Schaden nehmen könnten.[104]

35 **4. Grenzen der Unabhängigkeit.** Unabhängigkeit bedeutet nicht grenzenlose Freiheit. Die Unabhängigkeitsgarantie ist von vorneherein auf den **Kernbereich der Rechtsprechung** (dazu → Rn. 48 f.) begrenzt. Nur soweit der Richter formell rechtsprechend (dazu → Rn. 7) tätig wird, ist er unabhängig. Auch in diesem Rahmen kann der Richter nicht nach Gutdünken oder seinem Gewissen frei entscheiden, sondern ist **an das Gesetz gebunden** (dazu → Rn. 36 ff.). Schließlich bedeutet Unabhängigkeit nicht Verantwortungsfrei-

---

[96] Kissel/Mayer Rn. 157; KK/Barthe Rn. 5; Löwe/Rosenberg/Böttcher Rn. 5.
[97] BVerfG 6.6.1988 – 2 BvR 111/88, NJW 1989, 93.
[98] Vgl. Löwe/Rosenberg/Böttcher Rn. 5.
[99] BGH 27.1.1978 – RiZ (R) 6/77, DRiZ 1978, 185.
[100] Kissel/Mayer Rn. 158; Löwe/Rosenberg/Böttcher Rn. 5.
[101] Dazu → § 76 Rn. 2.
[102] BVerfG 6.6.1988 – 2 BvR 111/88, NJW 1989, 93.
[103] BVerfG 6.6.1988 – 2 BvR 111/88, NJW 1989, 93 (94).
[104] Kissel/Mayer Rn. 162.

heit. Richter sind daher in eng begrenztem Umfang **straf-, zivil- und disziplinarrechtlich** für ihr Verhalten **verantwortlich** (dazu → Rn. 58 ff.).

a) Bindung an Gesetz und Recht. Nach Art. 97 Abs. 1 GG; § 25 DRiG und § 1 sind **36** Richter „nur dem Gesetz unterworfen". Art. 20 Abs. 3 GG bindet die staatliche Verwaltung (einschließlich der Rechtsprechung) an „Gesetz und Recht". Darin liegt kein Widerspruch: „Die traditionelle Bindung des Richters an das Gesetz, ein tragender Bestandteil des Gewaltentrennungsgrundsatzes und damit der Rechtsstaatlichkeit, ist im Grundgesetz jedenfalls der Formulierung nach dahin abgewandelt, dass die Rechtsprechung an ‚Gesetz und Recht' gebunden ist. Damit wird nach allgemeiner Meinung ein enger Gesetzespositivismus abgelehnt. Die Formel hält das Bewusstsein aufrecht, dass sich Gesetz und Recht zwar faktisch im Allgemeinen, aber nicht notwendig und immer decken. Das Recht ist nicht mit der Gesamtheit der geschriebenen Gesetze identisch. Gegenüber den positiven Satzungen der Staatsgewalt kann unter Umständen ein Mehr an Recht bestehen, das seine Quelle in der verfassungsmäßigen Rechtsordnung als einem Sinnganzen besitzt und dem geschriebenen Gesetz gegenüber als Korrektiv zu wirken vermag; es zu finden und in Entscheidungen zu verwirklichen, ist Aufgabe der Rechtsprechung. Der Richter ist nach dem Grundgesetz nicht darauf verwiesen, gesetzgeberische Weisungen in den Grenzen des möglichen Wortsinns auf den Einzelfall anzuwenden. Eine solche Auffassung würde die grundsätzliche Lückenlosigkeit der positiven staatlichen Rechtsordnung voraussetzen, ein Zustand, der als prinzipielles Postulat der Rechtssicherheit vertretbar, aber praktisch unerreichbar ist. Richterliche Tätigkeit besteht nicht nur im Erkennen und Aussprechen von Entscheidungen des Gesetzgebers. Die Aufgabe der Rechtsprechung kann es insbesondere erfordern, Wertvorstellungen, die der verfassungsmäßigen Rechtsordnung immanent, aber in den Texten der geschriebenen Gesetze nicht oder nur unvollkommen zum Ausdruck gelangt sind, in einem Akt des bewertenden Erkennens, dem auch willenhafte Elemente nicht fehlen, ans Licht zu bringen und in Entscheidungen zu realisieren. Der Richter muss sich dabei von Willkür freihalten; seine Entscheidung muss auf rationaler Argumentation beruhen. Es muss einsichtig gemacht werden können, dass das geschriebene Gesetz seine Funktion, ein Rechtsproblem gerecht zu lösen, nicht erfüllt. Die richterliche Entscheidung schließt dann diese Lücke nach den Maßstäben der praktischen Vernunft und den fundierten allgemeinen Gerechtigkeitsvorstellungen der Gemeinschaft."[105]

Das Grundgesetz weist den Gerichten folglich die Aufgabe zu, die Gesetze anzuwenden, **37** dabei aber nicht im Sinn eines engen Gesetzespositivismus zu handeln, sondern das **Recht als Werte-Überbau** zu verstehen, das die **Auslegung und Fortbildung der Gesetze bestimmt.**

aa) Bindung an das Gesetz. Zu den Gesetzen gehören alle Parlamentsgesetze des **38** Bundes, wie der Länder, einschließlich des Grundgesetzes und der Länderverfassungen, früheres Reichsrecht im Rahmen seiner Anwendbarkeit, supranationales Recht, ratifizierte Staatsverträge sowie Verordnungen des Bundes,[106] der Länder und anderer zuständiger Stellen sowie autonome Satzungen.[107] Auch das Gewohnheitsrecht fällt unter den **Begriff des Gesetzes.**[108] Verwaltungsvorschriften gehören indes nicht dazu.[109]

bb) Gültigkeit des Gesetzes. Der Richter hat hinsichtlich der formellen und materiel- **39** len Rechtmäßigkeit der Gesetze ein **Prüfungsrecht** und eine korrespondierende **Prü-**

---

[105] BVerfG 14.2.1973 – 1 BvR 112/65, BVerfGE 34, 269 = NJW 1973, 1221 (1225).
[106] BVerfG 2.6.1964 – 2 BvL 23/62, BVerfGE 18, 52 (59) = DVBl 1964, 868.
[107] BVerfG 31.5.1988 – 1 BvR 520/83, BVerfGE 78, 227 = NJW 1989, 666 (667); *Kissel/Mayer* Rn. 114 mwN; MüKoZPO/*Zimmermann* Rn. 31.
[108] HM BVerfG 31.5.1988 – 1 BvR 520/83, BVerfGE 78, 227 = NJW 1989, 666 (667); *Kissel/Mayer* Rn. 114 mwN; Löwe/Rosenberg/*Böttcher* Rn. 6; MüKoZPO/*Zimmermann* Rn. 32.
[109] BVerfG 31.5.1988 – 1 BvR 520/83, BVerfGE 78, 227 = NJW 1989, 666 (667) auch zu den Ausnahmen.

fungspflicht.[110] Ist das Gesetz entscheidungserheblich,[111] kann und muss der Richter über die Gültigkeit, also die Vereinbarkeit mit höherrangigem Recht entscheiden. Hält er das Gesetz für gültig, legt er es seiner Entscheidung zugrunde.

40   Hält der Richter das Gesetz für **ungültig**, ist zu unterscheiden:
– für formelle Bundesgesetze (einschließlich des GG) liegt die Verwerfungskompetenz ausschließlich beim BVerfG (Art. 100 GG);
– ob vorkonstitutionelles Recht (einschließlich des Rechts der DDR[112]) als Bundesgesetz weitergilt, entscheidet das BVerfG (Art. 126 GG);
– gleiches gilt bei Zweifeln darüber, ob eine Regel des Völkerrechts Bundesrecht ist (Art. 100 Abs. 2, 25 GG);
– liegt eine Rechtsverordnung außerhalb der Grenzen des Art. 80 GG, entscheidet darüber das BVerfG;[113]
– die Verwerfungskompetenz für formelle Landesgesetze liegt beim BVerfG, soweit das Landesgesetz mit dem Grundgesetz oder Bundesrecht unvereinbar ist (Art. 100 Abs. 1 GG);
– die Unvereinbarkeit von Landesrecht mit der jeweiligen Landesverfassung stellen die Landesverfassungsgerichte/Verfassungsgerichtshöfe fest, soweit dies in der jeweiligen Landesverfassung geregelt ist; sonst liegt die Verwerfungskompetenz bei dem Richter, der die Prüfungskompetenz (→ Rn. 39) hat;
– bei der Frage der Vereinbarkeit mit EU-Recht gilt Art. 267 AEUV;[114]
– in den übrigen Fällen also insbes. bei vorkonstitutionellen Gesetzen, die eindeutig nicht in den Willen des nachkonstitutionellen Gesetzgebers aufgenommen wurden,[115] sowie bei Rechtsnormen, die unterhalb der formellen Gesetze stehen, besteht keine Vorlagepflicht an ein höherrangiges Gericht. Dem Richter steht dann auch die Verwerfungs- bzw. Nichtanwendungskompetenz zu.

41   Soweit die Verwerfungskompetenz nicht bei dem Richter selbst liegt, muss er – wenn er das Gesetz für ungültig hält – die Sache dem **höheren für diese Entscheidung zuständigen Gericht vorlegen.** Das gilt für alle Gerichte (einschließlich der Bundesgerichte). Eine Vorlage an das BVerfG ist jedoch nur zulässig, wenn es über die Norm noch nicht entschieden hat oder neue Tatsachen dargelegt werden, die geeignet sind, eine abweichende Entscheidung zu ermöglichen.[116] Eine Nichtvorlage kann die Garantie des gesetzlichen Richters verletzen,[117] die unzulässige Vorlage[118] stellt eine zeitweise Justizverweigerung dar.[119]

42   **cc) Keine Wortlautbindung.** Aus dem Verständnis von Recht und Gesetz als Absage an den engen Gesetzespositivismus (→ Rn. 36 f.) folgt, dass der Richter nicht an den Gesetzeswortlaut gebunden ist. Er ist vielmehr aufgerufen, das Gesetz auszulegen und – soweit erforderlich – fortzubilden. Die Bindung an das Gesetz bedeutet daher keine Bindung an die wörtliche **Auslegung**, sondern Gebundensein an **Sinn und Zweck des Gesetzes.**[120] Ziel jeder Auslegung ist die Feststellung des Inhalts einer Norm, wie er sich aus dem Wortlaut und dem Sinnzusammenhang ergibt, in den sie hineingestellt ist.[121] Sind verschiedene Deutungen einer Norm möglich, so verdient diejenige den Vorzug, die den Wertentscheidungen

---

[110] HM *Kissel/Mayer* Rn. 115 ff. mwN; *Löwe/Rosenberg/Böttcher* Rn. 6; MüKoZPO/*Zimmermann* Rn. 32.
[111] BVerfG 12.5.1992 – 1 BvL 7/89, BVerfGE 86, 71 = FamRZ 1992, 1036.
[112] BVerfG 30.10.1992 – 1 BVL 42/92, NJ 1994, 121; KK/*Barthe* Rn. 7.
[113] BVerfG 2.6.1964 – 2 BvL 23/62, BVerfGE 18, 52 (59) = DVBl 1964, 868.
[114] → § 12 Rn. 21; vgl. dazu weiterführend auch MüKoZPO/*Zimmermann* Rn. 52 ff.
[115] BVerfG 21.6.1977 – 1 BvL 14/76, BVerfGE 45, 187 (211) = NJW 1977, 1525 (dort nicht mit abgedruckt).
[116] BVerfG 3.7.1985 – 1 RvL 13/83, BVerfGE 70, 242.
[117] Dazu → § 16 Rn. 22.
[118] Zu den Anforderungen an die Vorlage ausführlich *Katholnigg* Rn. 5.
[119] BVerfG 12.5.1992 – 1 BvL 7/89, BVerfGE 86, 71 = FamRZ 1992, 1036; *Katholnigg* Rn. 5.
[120] BVerfG 19.6.1973 – 1 BvL 39/69, 14/72, BVerfGE 35, 263 = NJW 1973, 1491 (1494) mwN.
[121] BVerfG 19.6.1973 – 1 BvL 39/69, 14/72, BVerfGE 35, 263 = NJW 1973, 1491 (1494) mwN.

der Verfassung entspricht.[122] Der Richter ist weder gezwungen, noch angehalten, einer sog. „herrschenden Meinung" zu folgen. Er ist selbst dann nicht gehindert, eine eigene Rechtsauffassung zu vertreten und seinen Entscheidungen zugrunde zu legen, wenn alle anderen Gerichte – auch die im Rechtszug übergeordneten – den gegenteiligen Standpunkt einnehmen. Die Rechtspflege ist wegen der Unabhängigkeit der Richter konstitutionell uneinheitlich.[123] Die Gesetzesauslegung findet ihre Grenze jedoch im Willkürverbot. Willkürlich ist ein Richterspruch aber nur dann, wenn er unter keinem denkbaren Aspekt rechtlich vertretbar ist und sich daher der Schluss aufdrängt, dass er auf sachfremden Erwägungen beruht. Das ist anhand objektiver Kriterien festzustellen, wobei schuldhaftes Handeln des Richters nicht erforderlich ist. Fehlerhafte Auslegung eines Gesetzes allein macht eine Gerichtsentscheidung nicht willkürlich. Willkür liegt vielmehr erst vor, wenn eine offensichtlich einschlägige Norm nicht berücksichtigt oder der Inhalt einer Norm in krasser Weise missdeutet wird. Von willkürlicher Missdeutung kann jedoch nicht gesprochen werden, wenn das Gericht sich mit der Rechtslage eingehend auseinandersetzt und seine Auffassung nicht jedes sachlichen Grundes entbehrt.[124] Willkür liegt jedoch vor, wenn sich der Richter von der Bindung an das Gesetz löst und sich von Wertvorstellungen leiten lässt, die in der Rechtsordnung keinen Niederschlag gefunden haben.[125] Ferner findet jede Auslegung ihre Grenze dort, wo sie mit dem Wortlaut und dem klar erkennbaren Willen des Gesetzgebers in Widerspruch treten würde (sog. **„Wortlautgrenze"**).[126] Das tritt im Anwendungsbereich des strafrechtlichen Analogieverbots (Art. 103 Abs. 2 GG) besonders deutlich zu Tage.[127]

dd) Bindung an Vorentscheidungen. Der Richter ist an Rechtsprechung gebunden, 43 die zu Gewohnheitsrecht erstarkt ist („Gesetz" im Sinn des § 1; → Rn. 38). Im Übrigen entwickelt Rechtsprechung **keine grundsätzliche Bindungswirkung.** Gerichtliche Entscheidungen gelten nur für den Einzelfall in den Grenzen der Rechtskraft. Darüber hinaus entfalten (höchstrichterliche) Urteile ihre Geltung nur durch die Überzeugungskraft ihrer Gründe und die Autorität und Kompetenz des Gerichts.[128] Auch eine „herrschende Rechtsprechung" entbindet den Richter nicht davon, die Rechtsfrage eigenverantwortlich und selbstständig – auch gegen die herrschende Rechtsprechung – zu beantworten (dazu bereits → Rn. 42).

Diese Freiheit unterliegt allerdings – mit Art. 97 GG, § 1 vereinbar[129] – verschiedenen 44 **Einschränkungen:**
– Gerichte müssen die Bindungswirkung der Entscheidungen der Revisionsgerichte nach Aufhebung und Zurückverweisung beachten (§ 358 StPO, § 536 Abs. 2 ZPO);[130]
– sie sind an Entscheidungen des BVerfG im Rahmen des § 31 BVerfGG gebunden.[131] Als problematisch stellt sich die neue Form der präzisierenden Auslegung einfachen Rechts dar,[132] die lediglich faktische Präjudizwirkung entfaltet;[133]

---

[122] BVerfG 19.6.1973 – 1 BvL 39/69, 14/72, BVerfGE 35, 263 = NJW 1973, 1491 (1494) mwN.
[123] BVerfG 3.11.1992 – 1 BvR 1243/88, BVerfGE 87, 273 = NJW 1993, 996.
[124] BVerfG 3.11.1992 – 1 BvR 1243/88, BVerfGE 87, 273 = NJW 1993, 996 (997); s. zur Willkür auch → § 16 Rn. 29 f.
[125] BAG 17.11.1961 – 1 AZR 247/60, BAGE 12, 43 = MDR 1962, 249; *Kissel/Mayer* Rn. 113. mwN; *Löwe/Rosenberg/Böttcher* Rn. 7.
[126] StRspr vgl. nur BVerfG 30.6.1964 – 1 BvL 16-25/62, BVerfGE 18, 97 = NJW 1964, 1563 (1564).
[127] *Löwe/Rosenberg/Böttcher* Rn. 8.
[128] BVerfG 26.6.1991 – 1 BvR 779/85, BVerfGE 84, 212 = NJW 1991, 2549 (2550); vgl. aber zur faktischen Präjudizwirkung *Schuster* StV 2014, 109 (112) mwN.
[129] BVerfG 17.1.1961 – 2 BvL 25/60, BVerfGE 12, 67 = NJW 1961, 655.
[130] BVerfG 17.1.1961 – 2 BvL 25/60, BVerfGE 12, 67 = NJW 1961, 655.
[131] Dazu → § 12 Rn. 16 f.
[132] BVerfG 19.3.2013 – 2 BvR 2628/10, 2 BvR 2883/10, 2 BvR 2155/11, BVerfGE 133, 168 = NJW 2013, 1058; *Kudlich* NStZ 2013, 379 (380); *Jahn* NStZ 2014, 170 (171); *ders.* JuS 2013, 659 (661); *Schneider* NStZ 2014, 192.
[133] Dazu → § 12 Rn. 18; *Schneider* NStZ 2014, 192; *Schuster* StV 2014, 109 (112); *Stuckenberg* ZIS 2013, 212 (216); *Niemöller* StV 2013, 420 (421 f., 424); *Jahn* NStZ 2014, 170 (171).

– Gerichte müssen die sog. Tatbestandswirkung anderer Entscheidungen, für deren Überprüfung sie nicht zuständig sind, beachten. Das sind die Rechtskraft- bzw. Gestaltungswirkung anderer Urteile sowie die Bestandskraftwirkung von Verwaltungsakten.[134]

45 ee) **Gewissenskonflikte.** Da Richter an das Gesetz gebunden sind (vgl. auch den Amtseid nach § 38 DRiG), ist es ihre Pflicht, das Gesetz auch dann anzuwenden, wenn daraus Gewissenskonflikte erwachsen. Die möglicherweise **widerstreitenden Verfassungsgüter der Gewissensfreiheit** (Art. 4 GG) **und der Rechtssicherheit** (Rechtsstaatsprinzip) löst das Gesetz im Wesentlichen **zugunsten der Rechtssicherheit.**[135] Auswege für den betroffenen Richter bieten das Vorlageverfahren nach Art. 100 GG und die Selbstablehnung (§ 30 StPO). Bejaht das BVerfG die Verfassungsmäßigkeit, ist der Richter an diese Entscheidung gebunden und verpflichtet, gegen sein Gewissen zu entscheiden. Die Selbstablehnung dient nicht dem Schutz des Gewissens, sondern der Gewähr der Unparteilichkeit des Richters. Daher kann eine Selbstablehnung nur dann Erfolg haben, wenn sich aus den angegebenen (Gewissens-) Gründen konkretes Misstrauen in die Unparteilichkeit des Richters ergibt.[136] Insoweit wird man auch stets die Garantie des gesetzlichen Richters im Auge haben müssen, denn es soll nicht dem jeweiligen Richter obliegen, den gesetzlichen Richter zu manipulieren. Der Gesetzgeber hat diesbezüglich eine Grundentscheidung getroffen, die Richter hinnehmen müssen. Gleiches gilt für die Schöffen.[137]

46 In extremen Ausnahmefällen wird man Richtern die Nichtanwendung von Gesetzen aus Gewissensgründen nicht versagen können. Das ergibt sich bereits aus der Geschichte des Dritten Reichs, weil dort zu wünschen gewesen wäre, dass Richter unter Berufung auf ihr Gewissen dem Gesetz den Gehorsam versagt hätten. In einer freiheitlich demokratischen Grundordnung sind solche Ausnahmefälle freilich kaum denkbar.[138] Jedenfalls die **allgemein akzeptierten Menschenrechte und Grundsätze des Völkerstrafrechts,** wie sie sich aus den Nürnberger Prozessen entwickelt haben,[139] stellen die Grenzen des Gesetzesgehorsams dar. Sollte es jemals wieder zu einer Situation kommen, in der Richter verpflichtet wären, deutsche Gesetze entgegen diesen Grundsätzen anzuwenden, wird man ihnen eine Berufung auf ihr Gewissen nicht versagen können.[140]

47 b) **Unabhängigkeit und Dienstaufsicht.** Dienstaufsicht und richterliche Unabhängigkeit stehen zwar zueinander in einem **Spannungsverhältnis,** dienen aber dem **gleichen Zweck,** nämlich die Justizgewährungspflicht des gewaltenteilenden Rechtsstaates zu ermöglichen und zu sichern.[141] Ohne die ständige Beobachtung der Arbeit der Richter und des Geschäftsablaufs bei den Gerichten könnte der Staat die vielen verschiedenartigen Vorkehrungen und Maßnahmen nicht treffen, die außerhalb gelegentlicher Vorhalte und Ermahnungen (§ 26 Abs. 2 DRiG) erforderlich sind, um im Interesse aller Bürger eine geordnete Rechtspflege aufrecht zu erhalten.[142] Es ist daher Aufgabe des Gesetzgebers und der (Dienst-) Gerichte, beide Institute miteinander in angemessenen Ausgleich zu bringen. Der gesetzliche Ansatzpunkt hierfür ist § 26 DRiG. Nach § 26 Abs. 1 DRiG unterliegen Richter der Dienstaufsicht nur, soweit nicht ihre Unabhängigkeit beeinträchtigt wird. Daher ist zunächst der Anwendungsbereich der Dienstaufsicht zu klären (→ Rn. 48). Ferner beschränkt § 26 Abs. 2 DRiG die zulässigen Maßnahmen gegen Richter. Die **Dienstauf-**

---

[134] *Kissel/Mayer* Rn. 133.
[135] Vgl. dazu *Kissel/Mayer* Rn. 139; *Löwe/Rosenberg/Böttcher* Rn. 13 f.
[136] Vgl. *Löwe/Rosenberg/Böttcher* Rn. 13a; aA *Kissel/Mayer* Rn. 139, wonach eine Selbstablehnung aus Gewissensgründen grundsätzlich unzulässig sein soll.
[137] Dazu → § 35 Rn. 12.
[138] Dazu auch *Löwe/Rosenberg/Böttcher* Rn. 13 mwN.
[139] Vgl. → § 20 Rn. 8.
[140] Vgl. dazu auch BGH 29.1.1952 – 1 StR 563/51, BGHSt 2, 234 (237 f.).
[141] BGH 10.8.2001 – RiZ(R) 5/00, NJW 2002, 359 (360); *Löwe/Rosenberg/Böttcher* Rn. 21; *Papier* NJW 2001, 1089 (1091).
[142] BGH 27.1.1978 – RiZ 6/77, DRiZ 1987, 185.

sicht obliegt der Justizverwaltung, in oberster Instanz dem zuständigen Minister, nachfolgend den LG- und an Präsidialamtsgerichten den AG-Präsidenten.[143]

aa) Anwendungsbereich der Dienstaufsicht. Das nicht behebbare Spannungsverhältnis zwischen Dienstaufsicht – als Möglichkeit der Einflussnahme auf richterliche Entscheidungen – und richterlicher Unabhängigkeit führt zu einer **notwendigen Einschränkung der Dienstaufsicht**.[144] Es ist allgemein anerkannt, dass die Garantie der Unabhängigkeit nicht nur dem Rechtsspruch selbst gilt, sondern, dass in diese Garantie auch zahlreiche richterliche Entscheidungen einbezogen sind, die der Rechtsfindung nur mittelbar dienen, weil sie nicht selbst zum Inhalt des Rechtsspruchs gehören, sondern ihn erst vorbereiten oder ihm nachfolgen. Deshalb ist auch in diesem weiteren Bereich richterlicher Tätigkeit jegliche, den Inhalt der Entscheidung betreffende Maßnahme der Dienstaufsicht schlechthin nicht zulässig und bestimmte Bereiche der richterlichen Tätigkeit der Dienstaufsicht vollständig entzogen.[145] Die Rechtsprechung wendet § 26 DRiG so an, dass **innerhalb des Kernbereichs richterlicher Tätigkeit jede** den Inhalt einer Entscheidung, Anordnung oder Regelung betreffende **Maßnahme der Dienstaufsicht absolut unzulässig ist**.[146] 48

Zum **Kernbereich** gehören in erster Linie die eigentliche Rechtsfindung und die ihr mittelbar dienenden Sach- und Verfahrensentscheidungen, einschließlich nicht ausdrücklich vorgeschriebener, dem Interesse der Rechtsuchenden dienender richterlicher Handlungen, die in einem konkreten Verfahren mit der Aufgabe des Richters, Recht zu finden und den Rechtsfrieden zu sichern, in Zusammenhang stehen.[147] Darunter fallen die unmittelbare Spruchtätigkeit, also die Verhandlung und Entscheidungsfindung,[148] Äußerungen im Rahmen eines Ablehnungsverfahrens,[149] den Richterspruch vorbereitende[150] und ihm nachfolgende Verfahrenshandlungen,[151] aber auch nur mittelbar dem Verfahren oder den Verfahrensbeteiligten dienende Handlungen des Richters. Entscheidend ist, dass das richterliche Verhalten in einem inneren Sachzusammenhang mit dem konkreten Verfahren steht.[152] Anders gewendet ist eine Maßnahme der Dienstaufsicht unzulässig, wenn sie in den Bereich der eigentlichen Rechtsfindung irgendwie eingreift und auf eine Weisung, wie der Richter verfahren soll, hinausläuft. Dabei sind auch psychisch-mentale Einflussnahmen zu unterlassen. Eine kritische Bewertung des Richters ist schon unzulässig, wenn der Richter dadurch veranlasst werden könnte, eine Verfahrens- oder Sachentscheidung künftig in einem anderen Sinn als ohne diese Kritik zu treffen. Dies schließt ein, dass die Dienstaufsicht auch nicht versuchen darf, den Richter in einer seine Entscheidungsfreiheit beeinträchtigenden Weise auf eine bestimmte Art der Bearbeitung festzulegen.[153] Auch die Tätigkeit im Präsidium unterfällt grundsätzlich dem Kernbereich richterlicher Tätigkeit.[154] 49

Es ist ständige Rechtsprechung des BGH, dass die richterliche Amtsführung insoweit der nach § 26 DRiG eingeschränkten Dienstaufsicht unterliegt, als es um **die äußere Form** der Erledigung der Amtsgeschäfte geht. Diese Rechtsprechung knüpft an die Formulierung in § 26 Abs. 2 DRiG an, wonach die Art der Ausführung eines Amtsgeschäfts vorgehalten werden darf, also der eingeschränkten Dienstaufsicht unterliegt. Zur äußeren Form im 50

---

[143] *Kissel/Mayer* Rn. 43; Löwe/Rosenberg/*Böttcher* Rn. 21; *Schmidt-Räntsch* DRiG § 26 Rn. 6, 12.
[144] BVerfG 14.6.1975 – 2 BvR 370/75, DRiZ 1985, 284; BGH 27.1.1978 – RiZ 6/77, DRiZ 1987, 185; 14.9.1990 – RiZ (R) 1/90, BGHZ 112, 189 = NJW 1991, 421 (423).
[145] StRspr seit BGH 23.10.1963 – RiZ 1/62, BGHZ 42, 163 = NJW 1964, 2415 (2417).
[146] StRspr seit BGH 23.10.1963 – RiZ 1/62, BGHZ 42, 163 = NJW 1964, 2415 (2417).
[147] StRspr s. BGH 4.6.2009 – RiZ (R) 5/08, BGHZ 181, 268 = NJW 2010, 302 (303).
[148] BGH 4.6.2009 – RiZ (R) 5/08, BGHZ 181, 268 = NJW 2010, 302 (303).
[149] BGH 18.4.1980 – RiZ (R) 1/80, BGHZ 77, 70 = NJW 1980, 2530; 24.6.1982 – RiZ (R) 7/81, DRiZ 1982, 389.
[150] BGH 31.1.1984 – RiZ (R) 1/83, NJW 1984, 2535.
[151] BGH 15.11.2007 – RiZ (R) 4/07, NJW 2008, 1448 (1450).
[152] Weitere Beispiele aus der Rechtsprechung bei *Kissel/Mayer* Rn. 54, 63 ff.
[153] BGH 16.9.1987 – RiZ (R) 4/87, NJW 1988, 419 (420).
[154] → § 21a Rn. 4, → § 21g Rn. 12.

weiteren Sinn zählt die Rechtsprechung auch die **Sicherung eines ordnungsgemäßen Geschäftsablaufs,** solche Fragen, die dem **Kernbereich** der eigentlichen Rechtsprechung **so weit entrückt** sind, dass für sie die Garantie des Art. 97 Abs. 1 GG nicht in Anspruch genommen werden kann,[155] und **offensichtliche Fehler bei der Rechtsanwendung innerhalb des Kernbereichs,** also solche Fehler bei der Rechtsanwendung, die für jeden Rechtskundigen ohne weiteres erkennbar und von jedem Zweifel ausgenommen sind.[156] Letztlich unterstellt der BGH damit **offensichtlich willkürliches Verhalten** des Richters der Dienstaufsicht.[157]

51   Welche Bereiche richterlichen Handelns nicht mehr dem Kernbereich, sondern der äußeren Form zuzurechnen sind, ist oft schwierig[158] und vom Einzelfall abhängig. Es hat sich daher eine **reiche Kasuistik** entwickelt.[159] Als **nicht dem Kernbereich zugehörig** sind herauszuheben: Auflaufenlassen von großen Rückständen,[160] verzögerte Terminierung von Altverfahren,[161] unangemessen lange Absetzungsfristen,[162] unzureichende Überwachung der drohenden Verjährung in den im Referat anhängigen Verfahren,[163] Unpünktlichkeit beim Sitzungsbeginn,[164] offensichtlich fehlerhafte Maßnahmen der Sitzungspolizei[165] oder verbale Entgleisungen gegenüber Parteien, Rechtsanwälten, Zeugen oder Sachverständigen, die in keiner Relation zum Streitstoff stehen und insbes. die Menschenwürde und Ehre der betroffenen Beteiligten beeinträchtigen.[166]

52   **bb) Maßnahmen der Dienstaufsicht.** Soweit das Verhalten des Richters der Dienstaufsicht nicht entzogen ist, schränkt § 26 Abs. 2 DRiG die zulässigen Maßnahmen ein. Nach bestrittener, aber herrschender Ansicht[167] gilt diese **Einschränkung für jedes Verhalten des Richters, unabhängig, ob es dienstlich oder außerdienstlich ist.** Dem ist beizupflichten, weil die persönliche Unabhängigkeit des Richters seine sachliche Unabhängigkeit erst ermöglicht und diese persönliche Unabhängigkeit vor übermäßigen Eingriffen der Dienstaufsicht geschützt werden muss. Sonst bestünde die Gefahr, dass der Richter durch dienstaufsichtliche Maßnahmen in Bezug auf außerdienstliches Verhalten oder zugewiesene Verwaltungsaufgaben zu dem Zweck gemaßregelt würde, ihn in seiner richterlichen Kerntätigkeit zu beeinflussen.

53   Der Begriff der „Maßnahme der Dienstaufsicht" ist sehr weit aufzufassen.[168] Deshalb sind unter Maßnahmen der Dienstaufsicht nicht nur **unmittelbare Eingriffe** einer Dienstaufsichtsbehörde zu verstehen, sondern auch solche **Einflussnahmen, die sich** auf die Tätigkeit des Richters nur **mittelbar auswirken,** mithin auch alle Meinungsäußerungen dienstaufsichtsführender Stellen, die sich in irgendeiner Weise kritisch mit dem dienstlichen oder außerdienstlichen Verhalten eines Richters befassen.[169] Es genügt bereits eine Einflussnahme, die sich lediglich mittelbar auf die rechtsprechende Tätigkeit des Richters auswirkt

---

[155] StRspr seit BGH 23.10.1963 – RiZ 1/62, BGHZ 42, 163 = NJW 1964, 2415 (2417); 31.1.1984 – RiZ (R) 3/83, BGHZ 90, 41 = NJW 1984, 2531 (2532).
[156] BGH 17.10.1977 – RiZ (R) 2/77, BGHZ 70, 1 (4) = NJW 1978, 824 (825); 30.3.1987 – RiZ (R) 7/86, BGHZ 100, 271 = NJW 1987, 2441 (2442).
[157] Zur Kritik an dieser Rechtsprechung *Kissel/Mayer* Rn. 59 f.; *Löwe/Rosenberg/Böttcher* Rn. 28 jeweils mwN.
[158] *Papier* NJW 2001, 1089 (1091).
[159] Weiterführend *Kissel/Mayer* Rn. 63–88; *Löwe/Rosenberg/Böttcher* Rn. 25.
[160] BGH 16.9.1987 – RiZ (R) 4/87, NJW 1988, 419 (420).
[161] BGH 31.1.1984 – RiZ (R) 3/83, BGHZ 90, 41 = NJW 1984, 2531 (2532).
[162] BGH 31.1.1984 – RiZ (R) 3/83, BGHZ 90, 41 = NJW 1984, 2531 (2532).
[163] BGH 16.9.1987 – RiZ (R) 5/87, NJW 1988, 421 (422).
[164] BGH 14.4.1997 – RiZ (R) 1/96, DRiZ 1997, 467 (468).
[165] BGH 27.9.1976 – RiZ (R) 3/75, BGHZ 67, 184 = NJW 1977, 437.
[166] Vgl. BGH 17.10.1977 – RiZ (R) 2/77, BGHZ 70, 1 = NJW 1978, 824 (825) mit kritischer Anm. *Wolf*; *Kissel/Mayer* Rn. 63.
[167] BGH 31.1.1984 – RiZ (R) 4/83, BGHZ 90, 34 = 1984, 2534 (2535); *Kissel/Mayer* Rn. 46; *Löwe/Rosenberg/Böttcher* Rn. 22; *Schmidt-Räntsch* DRiG § 26 Rn. 19 mwN auch zur Gegenauffassung.
[168] BGH 3.12.2014 – RiZ (R) 2/14, NJW 2015, 1250.
[169] BGH 25.7.1969 – RiZ (R) 10/68, BGHZ 52, 287 = NJW 1969, 2202; 12.11.1973 – RiZ (R) 1/73, BGHZ 61, 374 = NJW 1974, 799.

oder darauf abzielt. Erforderlich ist jedoch, dass sich das Verhalten einer dienstaufsichtführenden Behörde bei objektiver Betrachtung **gegen einen bestimmten Richter oder eine bestimmte Gruppe von Richtern** wendet, es also zu einem konkreten Konfliktfall zwischen der Justizverwaltung und dem Richter oder bestimmten Richtern gekommen ist.[170]

§ 26 Abs. 2 DRiG sieht als Maßnahmen der Dienstaufsicht **nur Vorhalt und Ermahnung** vor. Damit ist die obere Grenze der Dienstaufsicht gemeint.[171] **Zulässig sind** daher stets **mildere Mittel,** bspw. Beobachtung, Belehrung, Hinweis, das kollegiale Gespräch, Berichtsanforderungen und die Geschäftsprüfung.[172] Strengere Maßnahmen wie die Rüge, die Missbilligung oder eine Beanstandung, die eine Bemängelung bedeutet und sich damit der Rüge bzw. Missbilligung annähert, sind unzulässig.[173] Gleiches gilt für Weisungen.[174] Reichen die Maßnahmen des § 26 Abs. 2 DRiG nicht aus, muss die Dienstaufsicht ein Disziplinarverfahren einleiten.[175]

Vorhalt ist der Ausspruch des objektiven Befundes, die Art der Ausführung des Dienstgeschäftes sei ordnungswidrig.[176] Er erschöpft sich in einer sach- und nicht personenbezogenen Bewertung und einem allgemeinen Appell zur ordnungsgemäßen Erledigung von „Fällen dieser Art".[177] Ein Schuldvorwurf gegen den Richter darf nicht erhoben werden, andernfalls würde es sich um eine unzulässige Missbilligung handeln.[178] Dessen ungeachtet setzt der Vorhalt nach neuerer Rechtsprechung die Feststellung objektiven Verschuldens des Richters voraus.[179] Werden diese Grenzen gewahrt, kann ein Vorhalt in verschiedenster Form erhoben werden (Frage an den Richter;[180] Zuleitung einer Abschrift des Bescheides über eine Dienstaufsichtsbeschwerde, in der mitgeteilt wird, der Dienstvorgesetzte teile die Bedenken, könne wegen der richterlichen Unabhängigkeit aber nicht zugunsten des Beschwerdeführers tätig werden;[181] die Mitteilung der „Nichtbilligung", solange damit nur das „Nichteinverstandensein" gemeint ist[182]).

Ermahnung ist der auf zukünftiges Verhalten gerichtete Appell an das Pflichtgefühl und Verantwortungsbewusstsein des Richters.[183] Sie muss allgemeiner Natur sein, darf aber mit dem sachlich gehaltenen Hinweis auf ein drohendes Disziplinarverfahren verknüpft sein.[184] Vorhalt und Ermahnung werden regelmäßig miteinander verbunden, wobei ein Schuldvorwurf nicht gemacht werden darf.

Dienstliche Beurteilungen der Richter sind grundsätzlich verfassungsrechtlich zulässig.[185] Sie dienen der Verwirklichung des Leistungsgrundsatzes (Art. 33 Abs. 2 und 5 GG) bei der Besetzung von Beförderungsämtern.[186] Die Beurteilung kann jedoch im Einzelfall wegen Beeinträchtigung der Unabhängigkeit unzulässig sein. Das ist sie, wenn der Richter durch die Beurteilung – unterstellt, dass er die in ihr enthaltene Kritik annimmt – veranlasst werden könnte, eine Verfahrens- oder Sachentscheidung in einem bestimmten Sinne zu

---

[170] BGH 15.11.2007 – RiZ (R) 4/07, NJW 2008, 1448 (1450).
[171] BGH 10.12.1971 – RiZ (R) 4/71, BGHZ 57, 344 = NJW 1972, 634 (635).
[172] BGH 30.3.1987 – RiZ (R) 7/86, BGHZ 100, 271 = NJW 1987, 2441 (2442); *Kissel/Mayer* Rn. 52; Löwe/Rosenberg/*Böttcher* Rn. 22.
[173] BGH 9.3.1967 – RiZ (R) 2/66, BGHZ 47, 275 = NJW 1967, 2054 (2056); 3.1.1969 – RiZ (R) 6/68, BGHZ 51, 280 = NJW 1969, 2199 (2201).
[174] BGH 3.12.2014 RiZ (R) 2/14, NJW 2015, 1250 (1251).
[175] BGH 3.1.1969 – RiZ (R) 6/68, BGHZ 51, 280 = NJW 1969, 2199 (2201).
[176] *Kissel/Mayer* Rn. 47; KK/*Barthe* Rn. 6; Löwe/Rosenberg/*Böttcher* Rn. 23.
[177] BGH 27.9.1976 – RiZ (R) 3/75, BGHZ 67, 184 = NJW 1977, 437.
[178] BGH 9.3.1967 – RiZ (R) 2/66, BGHZ 47, 275 = NJW 1967, 2054 (2056).
[179] BGH 4.6.2009 – RiZ (R) 5/08, BGHZ 181, 268 = NJW 2010, 302 (303); anders noch BGH 4.4.1973 – Rit 1/72, DRiZ 73, 280; aA auch *Kissel/Mayer* Rn. 50.
[180] BGH 11.2.1969 – RiZ (R) 5/68, BGHZ 51, 363 = NJW 1969, 1303 (1304).
[181] BGH 9.3.1967 – RiZ (R) 2/66, BGHZ 47, 275 = NJW 1967, 2054 (2055).
[182] BGH 3.1.1969 – RiZ (R) 6/68, BGHZ 51, 280 = NJW 1969, 2199 (2201).
[183] *Kissel/Mayer* Rn. 48; KK/*Barthe* Rn. 6.
[184] BGH 4.4.1973 – Rit 1/72, DRiZ 73, 280 (281); weiterführend auch *Kissel/Mayer* Rn. 48.
[185] BVerfG 14.6.1975 – 2 BvR 370/75, DRiZ 1985, 284.
[186] BGH 14.1.1991 – RiZ (R) 5/90, NJW 1992, 46; *Kissel/Mayer* Rn. 89; Löwe/Rosenberg/*Böttcher* Rn. 31.

treffen, die er ohne diese Kritik in einem anderen Sinne treffen würde.[187] Daher gelten für Beurteilungen inhaltlich die **Grenzen des § 26 Abs. 1 und 2 DRiG**.[188]

58 **c) Richterliche Verantwortlichkeit.** Richterliche Unabhängigkeit bedeutet nicht, dass Richter für ihr Verhalten verantwortungsfrei wären. Allerdings ergeben sich aus der Unabhängigkeit institutionalisierte und immanente Einschränkungen der Verantwortlichkeit. In Betracht kommt neben der **straf- und zivilrechtlichen** Haftung vor allem die **disziplinarrechtliche** Verantwortung, die durch die unmittelbar **verfassungsrechtliche** Richteranklage ergänzt wird.

59 Der BGH hat schon frühzeitig die **Rechtsbeugung** (§ 339 StGB) in unmittelbaren Zusammenhang mit der Unabhängigkeit gestellt und daraus geschlossen, dass § 339 eine Begrenzungsfunktion zukommt.[189] Danach kann ein (auch ehrenamtlicher[190]) Richter wegen anderer Tatbestände als der Rechtsbeugung nur verurteilt werden, wenn zugleich (tateinheitlich) eine Rechtsbeugung vorliegt.[191] Nach ständiger Rechtsprechung des BGH soll nur der Rechtsbruch als elementarer Verstoß gegen die Rechtspflege unter Strafe gestellt sein. Die Rechtsbeugung – und damit die **strafrechtliche Verantwortlichkeit** des Richters insgesamt – setzt daher voraus, dass sich der Amtsträger „bewusst und in schwerwiegender Weise von Gesetz und Recht entfernt. Selbst die bloße Unvertretbarkeit einer Entscheidung rechtfertigt die Rechtsbeugung nicht".[192] Diese Rechtsprechung hat der BGH jüngst eingeschränkt. Danach fordert die richterliche Unabhängigkeit nicht, das Haftungsprivileg auch auf ein Handeln des Richters zu erstrecken, das nicht erst im Zusammenhang mit einer nach außen hin zu treffenden Entscheidung, Anordnung oder Maßnahme der Verhandlungsleitung zur Erfüllung eines Straftatbestands führt, sondern bereits für sich alleine gegen Strafgesetze verstößt.[193]

60 **Zivilrechtlich** gilt für den Richter das sog. Spruchrichterprivileg (besser **Richterspruchprivileg**) nach § 839 Abs. 2 S. 1 BGB, wonach der Richter nur für Amtspflichtverletzungen in oder durch seine Urteile haftbar gemacht werden kann, wenn er dadurch zugleich eine Straftat begeht. Dadurch wird neben der Rechtskraft[194] auch die richterliche Unabhängigkeit geschützt. Der Richter soll nicht befürchten müssen, „dass sein Verhalten, auch soweit es von anderen als Fehlverhalten erachtet werden sollte, ihm angelastet und in der Weise zum Vorwurf gemacht werden könnte, dass es als angeblich fehlerhaft zur Grundlage eines Ersatzanspruches gemacht und insoweit zur Nachprüfung durch einen anderen Richter gestellt werden könnte."[195] Urteil im Sinn des § 839 Abs. 2 S. 1 BGB meint damit (nur) jede instanzbeendende Entscheidung.[196] Für alle anderen Handlungen, bspw. des Ermittlungsrichters, gilt das Richterspruchprivileg nicht. Soweit der schadensersatzpflichtige Dienstherr als Schuldner für das Verhalten eines Richters in Anspruch genommen wird, steht § 26 DRiG einem Regress entgegen.[197]

61 § 26 DRiG verhindert nicht grundsätzlich, dass ein Richter **disziplinarrechtlich** zur Verantwortung gezogen werden kann. Richter unterstehen – wie Beamte auch – der Disziplinargewalt. Das DRiG verweist für Richter im Bundesdienst auf das BDG (§ 63 Abs. 1 DRiG; für Richter im Landesdienst gilt § 83 DRiG). Allerdings ergeben sich auch dabei Friktionen mit der

---

[187] BGH 10.12.1971 – RiZ (R) 4/71, BGHZ 57, 344 = NJW 1972, 634 (635).
[188] Weiterführend mit einem Überblick über die kaum noch strukturierbare Kasuistik der Rechtsprechung: *Kissel/Mayer* Rn. 93 ff.; *Schmidt-Ränsch* DRiG § 26 Rn. 51 ff.
[189] BGH 7.12.1956 – 1 StR 56/56, BGHZ 10, 294 = NJW 1959, 1158.
[190] *Fischer* StGB § 339 Rn. 5.
[191] BGH 7.12.1956 – 1 StR 56/56, BGHZ 10, 294 = NJW 1959, 1158; *Fischer* StGB § 339 Rn. 21: Sperrwirkung.
[192] StRspr vgl. nur BGH 19.12.1996 – 5 StR 472/96, NJW 1997, 1455 mwN; 4.9.2001 – 5 StR 92/01, BGHSt 47, 105 = NJW 2001, 3275 mAnm *Böttcher* NStZ 2002, 146, dazu BVerfG 14.7.2016 – 2 BvR 661/16, NJW 2016, 3711 (3712 f.); vgl. auch *Fischer* StGB § 339 Rn. 14 ff. mwN zur Kritik an der Rechtsprechung in der Literatur.
[193] BGH 13.5.2015 – 3 StR 498/14, NStZ 2015, 651 (653).
[194] *Kissel/Mayer* Rn. 194.
[195] BGH 11.3.1968 – III ZR 72/65, BGHZ 50, 14 = NJW 1968, 1989 (990).
[196] BGH 10.2.1969 – III ZR 35/68, BGHZ 51, 326 = NJW 1969, 876.
[197] *Kissel/Mayer* Rn. 196.

richterlichen Unabhängigkeit, die zu einer Einschränkung der Disziplinargewalt führen. Der Dienstherr kann durch Disziplinarverfügung nur einen Verweis aussprechen (§ 64 Abs. 1 DRiG). Weitergehende Maßnahmen, bis zur Entfernung aus dem Dienst, können nur mit der Disziplinarklage vor den Disziplinargerichten durchgesetzt werden (§§ 64 Abs. 1 Nr. 1, 78 Abs. 1 Nr. 1 DRiG, 34 BDG). Inhaltliche Voraussetzung einer Ahndung ist ein Dienstvergehen, also die schuldhafte Verletzung von Dienstpflichten. Diese muss grundsätzlich dienstliches Verhalten betreffen. Außerdienstliches Verhalten rechtfertigt eine Ahndung, wenn es geeignet ist, im Einzelfall das Ansehen des Richtertums oder das Vertrauen und die Achtung für das Richteramt in bedeutsamer Weise zu beeinträchtigen.[198] In diesen Fällen ist bei der Festsetzung der Sanktion der Verhältnismäßigkeitsgrundsatz in besonderem Maße zu berücksichtigen.[199] Eine weitere Einschränkung erfährt die Disziplinargewalt nach umstrittener Auffassung durch § 26 Abs. 1 DRiG. Zum Schutz der richterlichen Unabhängigkeit und zur Vermeidung externer Einflussnahme auf die Handhabung im Verfahren selbst oder in Bezug auf künftige Verfahren muss der **Kernbereich richterlicher Tätigkeit der Disziplinargewalt** – als „potenzierte Dienstaufsicht"[200] – **entzogen** sein.[201] Es gelten daher die gleichen Grenzen wie bei der Dienstaufsicht (→ Rn. 48–51), so dass disziplinarrechtliche Maßnahmen nur für richterliches Verhalten im äußeren Ordnungsbereich, einschließlich offensichtlicher Fehlgriffe im Kernbereich verhängt werden dürfen. Ferner muss als Ausfluss des Übermaßverbotes die Pflichtverletzung so schwerwiegend sein, dass die Mittel der Dienstaufsicht (Vorhalt, Ermahnung, → Rn. 55 f.) nicht ausreichen.[202]

Nach Art. 98 Abs. 2 GG kann ein Bundesrichter, der im oder außerhalb des Amts gegen 62 die Grundsätze des Grundgesetzes oder gegen die verfassungsmäßige Ordnung eines Landes verstößt, vor dem BVerfG angeklagt und entlassen werden. Die meisten Landesverfassungen kennen vergleichbare Normen.[203] Die Entscheidung steht auch in diesen Fällen dem BVerfG zu (Art. 98 Abs. 5 S. 3 GG). Bei dieser **verfassungsrechtlichen Verantwortung** handelt es sich nicht um ein Disziplinarrecht, sondern um ein Verfahren sui generis,[204] das in §§ 58–61 BVerfGG näher geregelt ist.

III. Rechtsschutz

Da die richterliche Unabhängigkeit Verfassungsrang genießt, **muss** ihre Beeinträchtigung 63 **gerichtlich überprüfbar** sein (Art. 19 Abs. 4 GG). Dabei wird zwischen Maßnahmen der Dienstaufsicht im weiteren Sinn und sonstigen Einflussnahmen unterschieden. Maßnahmen der Dienstaufsicht sind über § 26 Abs. 3 DRiG angreifbar. In anderen Fällen ist nach der Art der Maßnahme zu unterscheiden (dazu → Rn. 66 ff.).

1. Gegen Maßnahmen der Dienstaufsicht, § 26 Abs. 3 DRiG. Wegen der besonde- 64 ren Bedeutung der richterlichen Unabhängigkeit für den Rechtsstaat sieht § 26 Abs. 3 DRiG ein eigenständiges Rechtsschutzverfahren vor. Nach §§ 26 Abs. 3, 62 Abs. 1 Nr. 4e und 78 Nr. 4e DRiG kann ein Richter, der sich in seiner Unabhängigkeit beeinträchtigt fühlt, das Richterdienstgericht anrufen. Dazu muss er konkret behaupten,[205] durch eine Maßnahme der Dienstaufsicht in seiner Unabhängigkeit beeinträchtigt worden zu sein.[206] **Maßnahme ist dabei in weitestem Sinn zu verstehen.** Es kommt darauf an, dass sie von der Dienstaufsichtsbehörde ausgeht.[207] Auf Antrag ist **jede Maßnahme der Dienst-**

---

[198] BVerfG 8.12.2004 – 2 BvR 52/02, NJW 2005, 1344 (1355); OLG Hamburg 1.7.1975 – RDS 1/47, DRiZ 1975, 373 (374); *Kissel/Mayer* Rn. 201; *Löwe/Rosenberg/Böttcher* Rn. 34.
[199] BVerfG 8.12.2004 – 2 BvR 52/02, NJW 2005, 1344 (1355).
[200] *Arndt* im BT-Rechtsausschuss, zitiert nach DRiZ 1962, 116 (117, Fn. 22).
[201] Str., wie hier *Achterberg* NJW 1985, 3041 (3047); *Kissel/Mayer* Rn. 203; *Löwe/Rosenberg/Böttcher* Rn. 34; *Schmidt-Räntsch* DRiG Vor § 63 Rn. 15 f. auch mit Nachweisen zur (älteren) Gegenansicht.
[202] *Achterberg* NJW 1985, 3041 (3047); *Kissel/Mayer* Rn. 203.
[203] S. die Nachweise bei *Kissel/Mayer* Rn. 205.
[204] *Kissel/Mayer* Rn. 207.
[205] BGH 16.11.1990 – RiZ 2/90, BGHZ 113, 36 = NJW 1991, 1103.
[206] BGH 7.6.1966 – RiZ (R) 1/65, BGHZ 46, 66 = NJW 1966, 2165.
[207] BGH 7.6.1966 – RiZ (R) 1/65, BGHZ 46, 66 = NJW 1966, 2165.

aufsichtsbehörden gegenüber einem Richter auf ihre Vereinbarkeit mit dem Grundsatz der richterlichen Unabhängigkeit zu überprüfen. Damit ist den Richtern ein allgemeiner Rechtsschutz gegen die Maßnahmen der Dienstaufsichtsbehörden gewährt, vornehmlich auch zur Sicherung der inneren Unabhängigkeit.[208] Es sind alle Einflussnahmen erfasst, die sich auch nur mittelbar auf die Unabhängigkeit auswirken können,[209] zB dienstliche Beurteilungen (→ Rn. 57),[210] Meinungsäußerungen in Bezug auf konkrete Verfahren,[211] ggf. auch Geschäftsberichte, die das Verhalten in konkreten Verfahren bemängeln und anderen Dienstaufsichtsorganen bekannt gegeben werden.[212]

65 Der Rechtsschutz nach § 26 Abs. 3 DRiG ist nicht auf die sachliche Unabhängigkeit beschränkt, sondern erfasst auch die persönliche Unabhängigkeit.[213] **Inhaltlich** prüft das Richterdienstgericht dabei nur, **ob die richterliche Unabhängigkeit beeinträchtigt ist**. Ob die Maßnahme darüber hinaus rechtmäßig war, unterfällt nicht seiner Prüfungskompetenz.[214] Daher steht dem Richter über § 71 DRiG iVm § 54 Abs. 1 BeamtStG **in allen anderen Fragen** als solchen der Unabhängigkeit der **Verwaltungsrechtsweg** (parallel und komplementär) offen, soweit es um Maßnahmen des Dienstherrn geht, die geeignet sind, den Richter in seiner individuellen Rechtssphäre – jenseits der richterlichen Unabhängigkeit – zu verletzen.[215] Greift ein Richter eine dienstliche Beurteilung insgesamt an, ist das Verwaltungsgericht auch berufen, die Beeinträchtigung der richterlichen Unabhängigkeit zu prüfen.[216] Seine Prüfungskompetenz ist umfassend, während die des Richterdienstgerichts beschränkt ist.

66 **Maßnahmen der Vorsitzenden** gegenüber Beisitzern im Kollegialspruchkörper sind **analog § 26 Abs. 3 DRiG** anfechtbar, obwohl der Vorsitzende kein Dienstaufsichtsorgan ist. Er handelt zwar selbst in richterlicher Unabhängigkeit, leitet seine Organisationsbefugnis gegenüber den Beisitzern aber aus der Dienstherrengewalt ab.[217] Gleiches gilt für **Maßnahmen richterlicher Selbstverwaltungsorgane,** wenn sie ähnlich dem Dienstherrn oder mit diesem gemeinsam tätig werden und dabei die Unabhängigkeit des einzelnen beeinträchtigen.[218]

67 **2. Gegen sonstige Beeinträchtigungen der richterlichen Unabhängigkeit.** Außerhalb der Anfechtung nach § 26 Abs. 3 DRiG sind vielfältige Einflussnahmen auf die richterliche Unabhängigkeit denkbar.[219] Insbesondere stellen sich Maßnahmen der Exekutive, der Legislative, aber auch der richterlichen Selbstverwaltung zum Teil als dienstaufsichtliche Maßnahmen dar, die lediglich in ein anderes Gewand gehüllt sind. Dennoch greift in diesen Fällen regelmäßig § 26 Abs. 3 DRiG nicht ein. Aus **Art. 19 Abs. 4 GG** ergibt sich jedoch, dass auch solche Einflussnahmeversuche grundsätzlich **überprüfbar** sein müssen. Soweit kein anderer Rechtsschutz greift, kann die richterliche Unabhängigkeit als hergebrachter Grundsatz des Richteramtsrechts nach Art. 33 Abs. 5 GG vor dem BVerfG zur Überprüfung gestellt werden. Ein rügefähiges Grundrecht enthält Art. 97 GG nicht.[220]

68 **a) Maßnahmen des Präsidiums.** Regelungen des Präsidiums in Angelegenheiten richterlicher Selbstverwaltung, also insbesondere im Rahmen des Geschäftsverteilungsplans, sind

---

[208] BGH 7.6.1966 – RiZ (R) 1/65, BGHZ 46, 66 = NJW 1966, 2165 (2166).
[209] Weitere Beispiele bei *Kissel/Mayer* Rn. 165 ff.
[210] BGH 31.1.1984 – RiZ (R) 3/83, BGHZ 90, 41 = NJW 1984, 2531.
[211] BGH 17.4.2008 – RiZ(R) 3/07, BGHZ 176, 162 = NJW-RR 2008, 1660.
[212] BGH 5.2.1980 – RiZ (R) 2/79, BGHZ 76, 288 = NJW 1980, 1850 (1851).
[213] BGH 11.2.1969 – RiZ (R) 5/68, BGHZ 51, 363 = NJW 1969, 1303 (1304).
[214] StRspr s. BGH 20.1.2011 – RiZ(R) 1/10, NJW-RR 2011, 700 (701) mwN; 3.12.2014 – RiZ (R) 2/14 NJW 2015, 1250 (1251).
[215] BGH 31.1.1984 – RiZ (R) 3/83, BGHZ 90, 41 = NJW 1984, 2531; 20.1.2011 – RiZ(R) 1/10, NJW-RR 2011, 700 (701).
[216] OVG Münster 15.10.2003 – 1 A 2338/01, NVwZ-RR 2004, 844; VGH Mannheim 12.4.2005 – 4 S 439/05, NVwZ-RR 2005, 585.
[217] *Kissel/Mayer* Rn. 185; *P. Müller* MDR 1977, 975 (977).
[218] *Kissel/Mayer* Rn. 186.
[219] Vgl. weiterführend *Kissel/Mayer* Rn. 180–192.
[220] BVerfG 14.7.2016 – 2 BvR 661/16, NJW 2016, 3711 (3712).

Referendare §§ 2–10 GVG

nach mittlerweile herrschender Ansicht im **Verwaltungsrechtsweg** anzugreifen.[221] Es ist umstritten, wer für die Klage gegen das Präsidium passiv legitimiert ist. Die überwiegende Ansicht hält das jeweilige Land bzw. die Bundesrepublik als Dienstherrin für den richtigen Klagegegner.[222]

b) Maßnahmen des Haushaltsgesetzgebers. Zu den hergebrachten Grundsätzen des Richteramtsrechts, die der Gesetzgeber gemäß Art. 33 Abs. 5 GG zu beachten hat, gehört insbesondere auch der Grundsatz der sachlichen und persönlichen Unabhängigkeit des Richters.[223] Maßnahmen des (Haushalts-)Gesetzgebers sind daher grundsätzlich **unmittelbar mit der Verfassungsbeschwerde** anfechtbar.[224] Das gilt auch für die insgesamt unzureichende Ausstattung mit personellen oder sachlichen Mitteln.[225] Teilt der Dienstherr die vorhandenen Mittel lediglich nicht ermessensfehlerfrei zu, handelt es sich um eine Maßnahme der Dienstaufsicht im weiteren Sinn, gegen die nach § 26 Abs. 3 DRiG vorzugehen ist.[226] 69

§§ 2 bis 9 (weggefallen)

§ 10 [Referendare]

¹Unter Aufsicht des Richters können Referendare Rechtshilfeersuchen erledigen und außer in Strafsachen Verfahrensbeteiligte anhören, Beweise erheben und die mündliche Verhandlung leiten. ²Referendare sind nicht befugt, eine Beeidigung anzuordnen oder einen Eid abzunehmen.

Schrifttum: *Hahn,* Die Befugnisse des Referendars im Zivilprozeß, NJW 1073, 1782; *Oexmann,* Zeugenvernehmung und Fortsetzung der mündlichen Verhandlung durch Referendare nach § 10 GVG, JuS 1976, 36; *Pfeiffer/Buchinger,* Die Zeugenvernehmung durch Rechtsreferendare (§ 10 GVG), JA 2005, 138.

I. Normzweck

§ 10 verfolgt den Zweck, in der Ausbildung stehenden Juristen frühzeitig die Möglichkeit zu geben, **richterliche Fertigkeiten zu erlernen und praktisch auszuüben.** Eine Entlastung des Richters ist weder bezweckt[1] noch in der Regel zu erzielen. Die Norm gilt nur für Rechtsreferendare iSd § 5b DRiG und ist auf andere Ausbildungsverhältnisse nicht (entsprechend) anwendbar.[2] Eine zeitliche Einschränkung kennt die Norm – anders als § 139 StPO – nicht. Daher kann die Übertragung von Aufgaben auf Referendare vom ersten bis letzten Tag des Ausbildungsverhältnisses erfolgen und steht lediglich unter dem Erfordernis der individuellen Eignung.[3] Der Referendar muss auch nicht aktuell seine Ausbildungsstation bei dem zuständigen Gericht ableisten. 1

Referendare können über § 10 hinaus nach § 142 Abs. 3 als Amtsanwälte oder Staatsanwälte, nach §§ 139, 142 Abs. 2 StPO als Verteidiger (wenn sie seit mindestens einem Jahr 2

---

[221] Ausführlich → § 21e Rn. 69.
[222] BVerwG 28.11.1975 – VII C 47.73, BVerwGE 50, 11 = NJW 1976, 1224; OVG Hamburg 19.9.1986 – Bs V 144/86, NJW 1987, 1215 (1216); VGH Mannheim 17.1.2011 – 4 S 1/11, DRiZ 2011, 141 = NJW-RR 2011, 861; OVG Münster 30.5.1980 – B 427/80, RiA 1980, 200; Löwe/Rosenberg/*Breidling* § 21e Rn. 81; *Kissel/Mayer* § 21e Rn. 123; MüKoZPO/*Zimmermann* § 21a Rn. 16; nach aA ist das Präsidium selbst richtiger Klagegegner: VGH Kassel 29.12.1981 – 1 TG 45/81, DRiZ 1984, 62; OVG Koblenz 3.12.2007 – 10 B 11104/07, NJW-RR 2008, 579; widersprüchlich MüKoZPO/*Zimmermann* § 21e Rn. 65.
[223] BVerfG 17.1.2013 – 2 BvR 2576/11, NJW 2013, 2102 (2103) mwN.
[224] BVerfG 24.1.1961 – 2 BvR 74/60, NJW 1961, 915 mwN. S. aber andererseits BVerfG 12.2.2003 – 2 BvR 709/99, BVerfGE 107, 257 = NJW 2003, 3335 (3337): „Soweit der Bf. eine Verletzung der nach Art. 97 GG garantierten richterlichen Unabhängigkeit geltend macht, handelt es sich nicht um ein mit der Verfassungsbeschwerde rügefähiges Recht (Art. 93 Abs. 1 Nr. 4a GG)."
[225] BGH 3.11.2004 – RiZ(R) 2/03, NJW 2005, 905 (906).
[226] BGH 3.11.2004 – RiZ(R) 2/03, NJW 2005, 905 (906).
[1] MüKoZPO/*Zimmermann* Rn. 1.
[2] *Kissel/Mayer* Rn. 1.
[3] *Kissel/Mayer* Rn. 1.

und drei Monaten im Vorbereitungsdienst sind), nach § 53 Abs. 4 S. 2 BRAO als allgemein bestellte Vertreter eines Rechtsanwalts (wenn der Referendar seit mindestens 12 Monaten im Vorbereitungsdienst beschäftigt ist) und nach § 2 Abs. 5 RPflG als Rechtspfleger oder über § 153 als Urkundsbeamter der Geschäftsstelle eingesetzt werden.[4]

3 § 10 wird **durch § 193 ergänzt,** der die Anwesenheit des Referendars bei der Beratung erlaubt. Wegen des engeren Wortlauts sind bei der Beratung jedoch nur solche Referendare zugelassen, die zum Zeitpunkt der Beratung bei dem zuständigen Gericht, nicht notwendigerweise dem zuständigen Spruchkörper, beschäftigt sind.[5] Von der Beratung ausgeschlossen sind ferner Referendare, die bereits über die Ausbildung hinaus mit der Sache befasst sind oder (auch nur vorübergehend) waren, zB als Zeugen,[6] Verteidiger[7] oder bei der Staatsanwaltschaft. Insoweit können die Wertungen der §§ 22, 23 StPO ergänzend herangezogen werden. Es muss vermieden werden, dass das Gericht unzulässig in seiner Entscheidungsfindung beeinflusst wird.[8] Auf Referendare, die nach § 10 Tätigkeiten vornehmen, sind §§ 22, 23 StPO unmittelbar anwendbar.[9]

II. Auszuübende Tätigkeiten

4 **1. Allgemein.** Bei den in § 10 genannten Aufgaben handelt es sich um richterliche Tätigkeiten iS der Art. 92, 101 GG. Frühere **verfassungsrechtliche Bedenken sind ausgeräumt.**[10] Die Aufzählung ist abschließend. Weitere Aufgaben als die genannten können nicht übertragen werden.[11]

5 **2. Rechtshilfeersuchen.** In Strafsachen ist das Tätigkeitsfeld für Referendare auf die Erledigung von Rechtshilfeersuchen beschränkt. Der Begriff ist weit auszulegen.[12] Er erfasst nicht nur Rechtshilfe iS der §§ 156 ff., sondern sämtliche Ersuchen anderer Behörden, denen das Amtsgericht auf gesetzlicher Grundlage zu entsprechen hat.[13] Dabei soll – dem gesetzlichen Normzweck entsprechend – dem Referendar die Möglichkeit gegeben werden, auch in Strafsachen in möglichst großem Umfang richterliche Tätigkeiten auszuüben und insbesondere Vernehmungen durchzuführen. Die häufigsten Anwendungsfälle des Rechtshilfeersuchens iS des § 10 dürften daher Anträge der Staatsanwaltschaft nach § 162 StPO auf richterliche Vernehmung von Zeugen, Beschuldigten oder Sachverständigen sein.[14] Auch die Durchführung von Augenscheinen oder die Anwesenheit bei Leichenöffnungen kommt in Betracht.[15] Entscheidend ist, dass es sich nur dann um Amtshilfemaßnahmen (und damit ein Rechtshilfeersuchen) handelt, wenn und soweit die Staatsanwaltschaft die Maßnahme auch selbst durchführen könnte, wegen ihrer mittelbaren Wirkungen aber eine richterliche Durchführung bevorzugt (zB erleichterte Verlesbarkeiten nach §§ 251, 254 StPO oder ggf. Verwertbarkeit der Aussage bei zeugnisverweigerungsberechtigten Zeugen, Wahrheitspflicht). Stehen die beantragten Maßnahmen unter einem Richtervorbehalt, handelt es sich nicht mehr um Amtshilfe, sondern um funktionell materielle Rechtsprechungstätigkeit.[16] Diese Handlungen sind von § 10 nicht erfasst. Weil Strafsachen auch Verfahren nach dem JGG und Bußgeldsachen nach dem OWiG sind (§ 3 EGStPO), fallen auch Anträge der Staatsanwaltschaft nach § 162 StPO iVm § 46 OWiG darunter.

---

[4] *Kissel/Mayer* § 153 Rn. 22; vgl. dazu auch BGH 12.1.2017 – 5 StR 548/16, NJW 2017, 1126.
[5] *Kissel/Mayer* § 193 Rn. 21.
[6] KK/*Barthe* Rn. 1.
[7] BGH 11.12.1962 – 5 StR 503/62, BGHSt 18, 165 = NJW 1963, 549.
[8] So schon RG 23.5.1932 – II 501/32, RGSt 66, 252 (254).
[9] KK/*Scheuten* § 22 Rn. 2.
[10] Löwe/Rosenberg/*Böttcher* Rn. 3.
[11] *Kissel/Mayer* Rn. 6.
[12] OLG Celle 1.12.1966 – 1 Sa 113/66, NJW 1967, 993.
[13] Löwe/Rosenberg/*Böttcher* Rn. 7.
[14] Wie hier Löwe/Rosenberg/*Böttcher* Rn. 7; aA möglicherweise wegen des Begriffs der Verfahrensbeteiligten *Kissel/Mayer* Rn. 9.
[15] KK/*Griesbaum* § 162 Rn. 1.
[16] KK/*Griesbaum* § 162 Rn. 1.

3. Erledigung. Erfasst ist nur die Erledigung von Rechtshilfeersuchen. Damit ist die Tätigkeit des Referendars auf die Durchführung eingehender Rechtshilfeersuchen beschränkt. Ihm steht weder die Prüfungs- und Ablehnungskompetenz nach § 158 Abs. 2 zu, noch darf er eigene Rechtshilfeersuchen stellen. Diese Zuständigkeit verbleibt zwingend beim Richter.[17]

4. Keine Eidesanordnung und -abnahme. S. 2 verbietet die Anordnung der **Beeidigung** und die Abnahme von Eiden. Beides muss dem zuständigen überwachenden Richter vorbehalten bleiben (dazu → Rn. 8). Daher muss der Richter die Vernehmung vollständig übernehmen, sobald eine Beeidigungsentscheidung zu treffen und der Eid abzunehmen ist und vorher das Protokoll der Aussage nochmals vollständig verlesen (lassen).[18] Beides muss aus der Sitzungsniederschrift hervorgehen.[19] Auch **weitere Entscheidungen,** wie die Anordnung von Zwangsmitteln, der Ausschluss der Öffentlichkeit und sitzungspolizeiliche Maßnahmen bleiben dem Richter vorbehalten.[20] Die Übertragung der Aufgabe an den Referendar und die Rückübernahme durch den Richter sind im Sitzungsprotokoll festzuhalten. Durch seine Unterschrift unter dem Protokoll übernimmt der Richter die Verantwortung für die ordnungsgemäße Aufsicht und Durchführung.[21]

III. Unter Aufsicht des Richters

Das Gesetz unterstellt die Tätigkeit des Referendars der Aufsicht des zuständigen Richters.[22] Da es sich um echte richterliche Tätigkeit handelt, kann der gesetzliche Richter (Art. 101 GG, § 16) nicht entzogen werden. Daraus folgt auch das Pflichtenprogramm für den beaufsichtigenden Richter. Er muss sicherstellen, dass der Referendar fachlich und persönlich in der Lage ist, die ihm anvertraute Aufgabe durchzuführen.[23] Der Richter bleibt auch für die ordnungsgemäße Durchführung der Aufgabe verantwortlich.[24] Er kann sie daher nicht vollständig zur eigenen Verantwortung des Referendars übertragen, sondern muss das Geschehen quasi „in den Händen halten". Daraus folgt, dass die Aufsicht **ununterbrochen** gewährleistet sein muss, weil sonst der **gesetzliche Richter** entzogen würde.[25] Auch kurzzeitige Abwesenheiten sind nicht zulässig.[26] Sonst wäre der Richter nicht in der Lage, seiner Pflicht zur Überwachung und nötigenfalls zum Eingreifen nachzukommen. Die nachträgliche Durchsicht des Protokolls alleine ist nicht ausreichend.[27] Dadurch wird der Zweck möglichst guter Ausbildung nicht gefährdet. Kommt der Referendar seinen Aufgaben beanstandungsfrei nach, besteht kein Grund einzugreifen. Daher kann der Richter im Rahmen seiner Aufsichtspflicht dem Referendar – abhängig von dessen Fähigkeiten – ein Höchstmaß an Eigenverantwortlichkeit und Selbstständigkeit überlassen.[28] Die Beauftragung des Referendars, der Umfang des steuernden Eingreifens sowie der Entzug der Aufgabe fallen unter die richterliche Unabhängigkeit (§ 1).[29] Beauftragung und ggf. Rückübernahme der Aufgabe durch den Richter sind – soweit dies nicht unmittelbar aus dem Protokoll hervorgeht – aktenkundig zu machen.[30]

---

[17] Löwe/Rosenberg/*Böttcher* Rn. 8; MüKoZPO/*Zimmermann* Rn. 6.
[18] BGH 21.10.1958 – 5 StR 431/58, BGHSt 12, 92 (94) = NJW 1958, 2075.
[19] BGH 21.10.1958 – 5 StR 431/58, BGHSt 12, 92 (94) = NJW 1958, 2075.
[20] Löwe/Rosenberg/*Böttcher* Rn. 10; Kissel/Mayer Rn. 16; aA *Hahn* NJW 1973, 1783; *ders.* JuS 1976, 73; *Pfeiffer/Buchinger* JA 2005, 138.
[21] BGH 21.10.1958 – 5 StR 431/58, BGHSt 12, 92 (94) = NJW 1958, 2075.
[22] *Kissel/Mayer* Rn. 14.
[23] *Kissel/Mayer* Rn. 12.
[24] MüKoZPO/*Zimmermann* Rn. 12.
[25] Wie hier KG 6.6.1974 – 2 U 1360/73, NJW 1974, 2094; KK/*Barthe* Rn. 2; *Kissel/Mayer* Rn. 12; MüKoZPO/*Zimmermann* Rn. 12.
[26] So aber Löwe/Rosenberg/*Böttcher* Rn. 6; *Hahn* NJW 1973, 1782.
[27] KK/*Barthe* Rn. 2.
[28] So das gesetzgeberische Ziel: BT-Drs. 6/2269, 7.
[29] *Kissel/Mayer* Rn. 12.
[30] *Kissel/Mayer* Rn. 15.

IV. Verfahrensfehler

9 Bei Verfahrensfehlern ist zu differenzieren. Nimmt der Referendar Tätigkeiten vor, die nach § 10 schlechthin untersagt sind, in Strafsachen also alle **Tätigkeiten außerhalb der Rechthilfe,** sind die vorgenommenen Handlungen **unwirksam.**[31] Ein von einem Referendar abgenommener Eid kann daher nicht als Meineid bestraft,[32] das entsprechende Protokoll der fehlerhaft beeideten Aussage nicht nach § 251 StPO verlesen werden.[33] Alle **übrigen Prozesshandlungen** des Referendars sind zunächst wirksam, aber, wenn sie verfahrensfehlerhaft sind, nach den allgemeinen Regeln **anfechtbar.** Das gilt ohne weiteres, wenn Verfahrensfehler begangen wurden, die der Richter im Rahmen mangelhafter Aufsicht übersehen hat.

10 Umstritten ist die Frage, wie damit umzugehen ist, wenn der anwesende Richter seiner **Aufsichtspflicht nicht nachgekommen** ist. Während die überwiegende Meinung hier nur eine Anfechtbarkeit annimmt,[34] will die Gegenansicht[35] wegen Art. 92, 97 GG die Handlung als unwirksam behandeln. Dieses Verdikt soll allerdings unter dem Vorbehalt der Offensichtlichkeit stehen.[36] Aus Gründen der Rechtssicherheit ist die erstgenannte Ansicht vorzugswürdig. Das Kriterium der Offensichtlichkeit überzeugt auch wegen seiner Unschärfe nicht. Während die Frage der grundsätzlichen Zulässigkeit des Einsatzes von Referendaren abstrakt nur anhand der durchgeführten Aufgabe beurteilt werden kann, begegnet die Frage der (ausreichenden) Aufsicht erheblichen Beweisunsicherheiten. Da die Unwirksamkeit einer Handlung auch für eine spätere Hauptverhandlung erhebliche Folgen hat, muss diese Frage klar und eindeutig zu beantworten sein, ohne (in erheblichem Umfang) Beweis darüber erheben zu müssen. Das wird besonders augenfällig, wenn eine ermittlungsrichterliche Zeugenaussage in der Hauptverhandlung verlesen werden soll. Freilich ist es schwer vorstellbar, wie ein Urteil darauf beruhen soll (§ 337, § 338 StPO erfasst nur das erkennende Gericht), dass ein Referendar bei Durchführung der Rechtshilfetätigkeit nicht ausreichend beaufsichtigt wurde, wenn die Maßnahme selbst keinen Verfahrensfehler enthält.

§ 11 (weggefallen)

§ 12 [Ordentliche Gerichte]

Die ordentliche Gerichtsbarkeit wird durch Amtsgerichte, Landgerichte, Oberlandesgerichte und durch den Bundesgerichtshof (den obersten Gerichtshof des Bundes für das Gebiet der ordentlichen Gerichtsbarkeit) ausgeübt.

Übersicht

	Rn.		Rn.
I. Normzweck	1–4	2. Bundesverfassungsgericht	11–18
II. Ordentliche Gerichtsbarkeit	5–8c	a) Konkrete Normenkontrolle	12
1. Gerichte	5–7	b) Verfassungsbeschwerde	13–18
2. Organe	8–8c	**IV. EuGH**	19–21
III. Verfassungsgerichtsbarkeit und ordentliche Gerichte	9–18	**V. EGMR**	22–24
1. Landesverfassungsgerichtsbarkeit	10	**VI. Internationale Strafgerichte**	25–30

---

[31] Mittlerweile allg. Meinung, vgl. nur Löwe/Rosenberg/*Böttcher* Rn. 11; *Kissel/Mayer* Rn. 18.
[32] BGH 15.2.1957 – 1 StR 471/56, BGHSt 10, 142 (143) = NJW 1957, 756.
[33] BGH 21.10.1958 – 5 StR 431/58, BGHSt 12, 92 (94) = NJW 1958, 2075.
[34] KK/*Barthe* Rn. 6; *Kissel/Mayer* Rn. 18; Meyer-Goßner/*Schmitt* Rn. 6.
[35] Löwe/Rosenberg/*Böttcher* Rn. 11; differenzierend SK/*Frister* Rn. 7: Unwirksamkeit nur bei gänzlich fehlender Aufsicht.
[36] Löwe/Rosenberg/*Böttcher* Rn. 11; SK/*Frister* Rn. 7.

I. Normzweck

§ 12 bestimmt die Gerichte der **ordentlichen Gerichtsbarkeit**. Das Gesetz kennt keine Legaldefinition der ordentlichen Gerichtsbarkeit. Sie ergibt sich aus den in § 12 festgelegten Gerichtsarten sowie der sachlichen Zuständigkeit nach § 13. Letztlich setzt das Gesetz den Begriff voraus.[1] Historisch ist die „ordentliche Gerichtsbarkeit" (sonst nur in Art. 95 Abs. 1 GG und § 2 EGGVG verwendet, vgl. auch „ordentlicher Rechtsweg" nach Art. 19 Abs. 4, 34 S. 3 GG) als Abgrenzung zu Verwaltung und Verwaltungsgerichtsbarkeit zu verstehen. Bei Einführung des GVG waren umfassende Verfahrensgarantien und Prozessordnungen nur im Bereich der ordentlichen Gerichtsbarkeit vorgesehen.[2] Mittlerweile handelt es sich im Wesentlichen um eine begriffliche Abgrenzung von den übrigen Gerichtszweigen (Art. 95 GG: Verwaltungs-, Finanz-, Arbeits- und Sozialgerichtsbarkeit).

§ 12 wird von § 14 (besondere Schifffahrtsgerichte), § 16 S. 1 (Verbot von Ausnahmegerichten) und § 16 S. 2 (Gewährleitung des gesetzlichen Richters) flankiert. Gemeinsam mit der Zuständigkeitsbestimmung in § 13 und der Garantie richterlicher Unabhängigkeit (§ 1 sowie die ergänzenden Normen des DRiG) wird sichergestellt, dass umfassender Rechtsschutz durch **unabhängige staatlichen Gerichte** gewährt wird.[3] Außerhalb der staatlichen Gerichtsbarkeit kann es keine verfassungsgemäße Privatgerichtsbarkeit geben. Daher verzichtet das Gesetz mittlerweile auch darauf, die beschränkte Wirkung kirchlicher Gerichtsentscheidungen ausdrücklich zu benennen (früher § 15 GVG).

§ 12 enthält keine abschließende Regelung. Aus Art. 74 Abs. 1 Nr. 1 GG folgt, dass der Bundesgesetzgeber zusätzliche Zuständigkeiten der ordentlichen Gerichtsbarkeit begründen, ändern oder einschränken bzw. Entsprechendes den Ländern übertragen kann (vgl. § 3 EGGVG). Soweit die Zuständigkeit gesetzlich erweitert ist, werden die ordentlichen Gerichte zuständig, und das GVG beansprucht Geltung.[4] Im Rahmen von § 13 und den gesetzlich geregelten oder möglichen Erweiterungen üben nur die in § 12 genannten Gerichte die ordentliche Gerichtsbarkeit aus (**funktionale Ausschließlichkeit**).

Der Bundesgesetzgeber hat von der Möglichkeit Gebrauch gemacht, Teile der ordentlichen Gerichtsbarkeit auf andere Gerichte als die in § 12 genannten zu übertragen. Aktuell von Bedeutung ist § 14, der Schifffahrtsgerichte vorsieht, und die unmittelbar aus dem GG folgende Zuständigkeit des Bundespatentgerichts (Art. 96 Abs. 1 GG) sowie des gemeinsamen Senats der obersten Gerichtshöfe des Bundes nach Art. 95 Abs. 3 GG (zur näheren Ausgestaltung siehe Gesetz zur Wahrung der Einheitlichkeit der Rechtsprechung der obersten Gerichtshöfe des Bundes vom 19.6.1968, zuletzt geändert durch Art. 5 G zur Einführung einer Rechtsbehelfsbelehrung im Zivilprozess und zur Änd. anderer Vorschriften vom 5.12.2012 (BGBl. 2012 I 2418)).[5] Jenseits dieser Ausnahmen und der Eingriffsmöglichkeiten des BVerfG sowie der Europäischen Gerichtshöfe (dazu → Rn. 13 ff., 19 ff.) gewährt § 12 eine **organisatorische Ausschließlichkeit**.

II. Ordentliche Gerichtsbarkeit

1. Gerichte. Ordentliche Gerichte sind das Amtsgericht, das Landgericht, das Oberlandesgericht sowie der Bundesgerichtshof. Mit Ausnahme des BGH handelt es sich um obligatorische Gerichte der Länder (Art. 92 GG). § 12 legt fest, dass in jedem Bundesland wenigstens ein jeweiliges Gericht bestehen muss. Die Länder sind in der **Bezeichnung** nicht frei, sondern müssen die Begrifflichkeiten des § 12 übernehmen. Historische Zusatzbezeichnungen (zB „Hanseatisches Oberlandesgericht Hamburg") sind zulässig.[6] Lediglich das OLG

---

[1] Kissel/Mayer Rn. 1.
[2] Kissel/Mayer Rn. 1.
[3] Kissel/Mayer Rn. 1.
[4] Kissel/Mayer Rn. 4.
[5] AA Kissel/Mayer Rn. 11: „kein ordentliches Gericht".
[6] Hahn, Die gesamten Materialien zur Strafprozessordnung und dem Einführungsgesetz Band I, 1880, S. 47.

Berlin führt traditionell die Bezeichnung „Kammergericht" (KG).[7] Derzeit nur historische Bedeutung hat die Ermächtigung der Länder zur Schaffung eines obersten Landesgerichts nach §§ 8, 9 EGGVG. Nur Bayern hatte davon Gebrauch gemacht. Das Bayerische Oberste Landesgericht wurde aber zum 30.6.2006 aufgelöst.

6 Jedes Gericht muss einen Sitz im **territorialen Zuständigkeitsgebiet** des jeweiligen Landes haben. Im Rahmen seiner sachlichen Zuständigkeit nimmt jedes Gericht für seinen örtlichen Zuständigkeitsbereich („Gerichtssprengel") die volle Gerichtsgewalt wahr. Für die Amtsgerichte können Zweigstellen oder auswärtige Gerichtstage eingerichtet werden. Dieser Bürgernähe kommt mit zunehmender Mobilität der Gesellschaft und abnehmenden finanziellen Mitteln der Justizhaushalte immer geringere Bedeutung zu.[8] Konzentrationen von Gerichten oder Gerichtsteilen sind nur aufgrund bundesrechtlicher Ermächtigung zulässig (vgl. § 58).[9] Auch detachierte Spruchkörper bedürfen einer gesetzlichen Ermächtigung (vgl. dazu auch auswärtige Strafkammern, § 78 und auswärtige Strafvollstreckungskammern, § 78a Abs. 2 S. 2).

7 Der BGH ist obligatorisches **ordentliches Bundesgericht** (Art. 92 GG). Anders als bei den übrigen Gerichten des § 12 ist seine Existenz verfassungsrechtlich garantiert (Art. 95 Abs. 1 GG).

8 **2. Organe.** In strafrechtlicher Hinsicht wird die ordentliche Gerichtsbarkeit durch eine Vielzahl verschiedener **Spruchkörper** ausgeübt. Zu differenzieren ist zwischen „erkennenden Gerichten" und Richtern in sonstigen verfahrens- oder organisationsrelevanten Funktionen.

8a Als „**erkennende Gerichte**" werden tätig:
a) bei den **Amtsgerichten**:
   aa) der Strafrichter (Einzelrichter), § 25;
   bb) das Schöffengericht (ein Berufsrichter und zwei Schöffen), § 29 Abs. 1;
   cc) das erweiterte Schöffengericht (zwei Berufsrichter und zwei Schöffen), § 29 Abs. 2;
   dd) der Strafrichter als Jugendrichter, § 33 Abs. 2 JGG;
   ee) Das Jugendschöffengericht (ein Jugendrichter und zwei Jugendschöffen), §§ 33 Abs. 2 und 33a JGG;
b) bei den **Landgerichten**:
   aa) die große Strafkammer (drei Berufsrichter und zwei Schöffen oder in der Hauptverhandlung nach § 76 Abs. 2 zwei Berufsrichter und zwei Schöffen), § 74 Abs. 1;
   bb) die Strafkammer als Schwurgericht (drei Berufsrichter und zwei Schöffen), § 74 Abs. 2;
   cc) die Staatsschutzkammer (besetzt wie die große Strafkammer), § 74 Abs. 1;
   dd) die Wirtschaftsstrafkammer (besetzt wie die große Strafkammer), § 74c;
   ee) die kleine Strafkammer als Berufungsgericht (ein Berufsrichter und zwei Schöffen, bei Berufungen gegen Entscheidungen des erweiterten Schöffengerichts zwei Berufsrichter und zwei Schöffen), § 74 Abs. 3;
   ff) die große Strafvollstreckungskammer (drei Berufsrichter), §§ 78a, b Abs. 1 Nr. 1;
   gg) die kleine Strafvollstreckungskammer (ein Berufsrichter), §§ 78a, b Abs. 1 Nr. 2;
   hh) die große Jugendkammer als erstinstanzlicher Spruchkörper (auch als Jugendschutzkammer nach § 74b) oder als Berufungsgericht gegen Urteile der Jugendschöffengerichte (drei Jugendrichter und zwei Jugendschöffen oder in der Hauptverhandlung nach § 33b Abs. 2 JGG zwei Jugendrichter und zwei Jugendschöffen), § 33b JGG;
   ii) die kleine Jugendkammer als Berufungsgericht gegen Urteil des Jugendrichters (ein Jugendrichter und zwei Jugendschöffen), § 33b Abs. 1 JGG;

---

[7] Preußische Gesetzessammlung 1879, 587.
[8] ZB GerichtsstrukturneuordnungsG Mecklenburg-Vorpommern vom 11.11.2013; Schließung der Zweigstellen der Bayerischen Amtsgerichte, vgl. Gesetz zur Änderung des Gesetzes über die Organisation der ordentlichen Gerichte im Freistaat Bayern vom 24.7.2007.
[9] *Kissel/Mayer* Rn. 5.

c) bei den **Oberlandesgerichten:**
   aa) der Strafsenat als erstinstanzliches Gericht (fünf Berufsrichter oder in der Hauptverhandlung drei Berufsrichter nach § 122 Abs. 1 S. 2), §§ 120, 122;
   bb) der Strafsenat als Rechtsmittelgericht (drei Berufsrichter), §§ 121, 122;
   cc) der Bußgeldsenat (in Fällen des § 80a OWiG als Einzelrichter);
d) beim **Bundesgerichtshof:**
   aa) der Strafsenat (5 Berufsrichter als Revisionsgericht und bei Beschwerdeentscheidungen über die Nichteröffnung bzw. die Einstellung des Verfahrens, in übrigen Beschwerdesachen drei Berufsrichter), § 139;
   bb) der Große Strafsenat (derzeit 11 Mitglieder), §§ 132 Abs. 1 S. 1 und 4 S. 1;
   cc) der Vereinigte Große Senat (derzeit 23 Mitglieder), §§ 132 Abs. 1 S. 2 und 4 S. 3.

Sonstige verfahrensrelevante Aufgaben nehmen wahr: 8b
a) bei den **Amtsgerichten:**
   aa) der Ermittlungsrichter, § 162 StPO;
   bb) der Vorsitzende des (Jugend-)Schöffengerichts, soweit ihm die StPO/das JGG eigene Entscheidungsbefugnisse zuweist (zB §§ 141 Abs. 4, 201, 219–221 StPO);
   cc) der ersuchte Richter, § 157;
   dd) ggf. der beauftragte Richter, also ein Mitglied des Kollegialgerichts, das für den gesamten Spruchkörper Untersuchungshandlungen vornimmt (zB § 223 StPO).
b) bei den **Landgerichten, Oberlandesgerichten und dem Bundesgerichtshof:**
   aa) die Vorsitzenden (wie bei den Amtsgerichten a) bb));
   bb) ggf. ein beauftragter Richter (wie bei den Amtsgerichten a) dd));
   cc) der Ermittlungsrichter beim OLG und beim BGH, § 169 StPO.

Strafgerichtsverfassungsrechtlich organisatorische Aufgaben sind auch den aufsicht- 8c
führenden Richtern (idR den Direktoren[10]) oder Präsidenten der Gerichte nach §§ 21i Abs. 2, 77 zugewiesen.

III. Verfassungsgerichtsbarkeit und ordentliche Gerichte

Die Verfassungsgerichtsbarkeit teilt sich in die Verfassungsgerichte der Länder und das 9
Bundesverfassungsgericht. Beides gehört nicht zur ordentlichen Gerichtsbarkeit, greift in deren Zuständigkeit aber teilweise ein.

1. Landesverfassungsgerichtsbarkeit. Die Landesverfassungsgerichte (Verfassungsge- 10
richtshöfe, Staatsgerichtshöfe) sind berufen, über die Vereinbarkeit von Landesrecht mit der jeweiligen Landesverfassung[11] und über die Verletzung der landesverfassungsrechtlichen Grundrechte zu entscheiden.[12] **Überprüfungsgegenstand** können dabei nur Entscheidungen der Gerichte der Länder, nicht des Bundes sein. In Strafsachen bedeutet das, dass Entscheidungen, die eine Entscheidung des BGH nach sich gezogen haben, der landesverfassungsrechtlichen Überprüfung entzogen sind. Das gilt auch, wenn eine Entscheidung des Landgerichts nach Zurückverweisung durch den BGH mit Bindungswirkung ergeht.[13]

2. Bundesverfassungsgericht. Über die Verletzung der Grundrechte nach dem GG darf 11
nur das Bundesverfassungsgericht entscheiden.[14] Die **Prüfungskompetenzen** von BVerfG und den Verfassungsgerichten der Länder bestehen nebeneinander und voneinander streng abgegrenzt.[15] Das BVerfG kann in die Aufgaben der ordentlichen Gerichtsbarkeit nur eingreifen, wenn ein Richter (nicht Rechtspfleger[16]) nach Art. 100 GG ein für verfassungswidrig

---
[10] Siehe § 21a.
[11] BVerfG 29.6.1983 – 2 BvR 1546/79, BVerfGE 64, 301 (317) = NJW 1984, 165.
[12] BVerfG 9.7.1997 – 2 BvR 389/94, BVerfGE 96, 231 = NJW 1998, 293.
[13] *Kissel/Mayer* Rn. 46 mwN.
[14] BVerfG 24.3.1982 – 2 BvH 1/82, 2 BvH 2/82, 2 BvR 233/82, BVerfGE 60, 175 = NJW 1982, 1579.
[15] BVerfG 24.3.1982 – 2 BvH 1/82, 2 BvH 2/82, 2 BvR 233/82, BVerfGE 60, 175 = NJW 1982, 1579.
[16] BVerfG 9.2.1971 – 1 BvL 27/70, BVerfGE 30, 170 = NJW 1971, 605.

erachtetes entscheidungserhebliches Gesetz zur Entscheidung vorlegt oder ein Betroffener gegen eine Gerichtsentscheidung Verfassungsbeschwerde einlegt, Art. 93 Abs. 1 Nr. 4a GG.

12   **a) Konkrete Normenkontrolle.** Die konkrete Normenkontrolle nach Art. 100 Abs. 1 GG unterliegt dem **Subsidiaritätsprinzip.** Das bedeutet, dass das Gericht nur dann vorlegen darf, wenn es das Gesetz für verfassungswidrig hält, eine andere (die Verfassungsmäßigkeit herstellende) Auslegung nicht in Frage kommt und die konkrete Frage der Verfassungsgemäßheit ggf. nach Durchführung der Beweisaufnahme (noch) entscheidungserheblich ist.[17]

13   **b) Verfassungsbeschwerde.** Die Verfassungsbeschwerde (Art. 93 Abs. 1 Nr. 4a GG) unterliegt einem eigenen **Subsidiaritätsgrundsatz.** Sie ist nur zulässig, wenn der Rechtsweg erschöpft ist (§ 90 Abs. 2 S. 1 BVerfGG). Für das Strafverfahren von Bedeutung ist die zu ergreifende Rechtsschutzmöglichkeit nach § 33a StPO, nicht jedoch die Gegenvorstellung.[18] Ferner muss der Beschwerdeführer seine Rechtsmittel so gestalten, dass sich das Rechtsmittelgericht damit sachlich auseinandersetzt. Das bedeutet, dass eine Revision, die den Zulässigkeitsanforderungen nach §§ 344 Abs. 2 S. 2, 352 StPO nicht genügt, den Rechtsweg nicht erschöpft, sodass die Verfassungsbeschwerde unzulässig ist.[19]

14   Für das Strafverfahren von Bedeutung ist die **Überprüfung gerichtlicher Entscheidungen.** Dabei richtet sich die Verfassungsbeschwerde im Regelfall gegen Endentscheidungen, zumeist Urteile, mitunter aber auch Beschlüsse (insbes. im Strafvollstreckungsverfahren/Maßregelvollzug). Zwischenentscheidungen (zB der Eröffnungsbeschluss[20]) sind der Verfassungsbeschwerde entzogen, wenn sie mit der Endentscheidung im ordentlichen Rechtsweg noch anfechtbar sind, weil auch dann der Subsidiaritätsgrundsatz eingreift.[21] Dieser Grund fällt weg, wenn bereits die Zwischenentscheidung einen bleibenden rechtlichen Nachteil für den Betroffenen zur Folge hat, der sich später gar nicht mehr oder jedenfalls nicht mehr vollständig beheben lässt.[22] Das ist der Fall, wenn in einem selbstständigen Zwischenverfahren über eine für das weitere Verfahren wesentliche Rechtsfrage eine abschließende Entscheidung fällt, die im Hauptsacheverfahren keiner Nachprüfung mehr unterliegt.[23] Das soll auch für die Entscheidung über den Ablehnungsantrag in der Hauptverhandlung gelten.[24] Diese Ansicht beruft sich auf eine Entscheidung des BVerfG zur Richterablehnung im Arbeitsgerichtsverfahren.[25] Tragend war dabei, dass nach herrschender Ansicht im Arbeitsgerichtsverfahren die Ablehnung des Befangenheitsantrags auch nicht mittelbar mit Rechtsmitteln anfechtbar sei. Das gilt für das Strafverfahren gerade nicht. § 28 Abs. 2 S. 1 StPO eröffnet grds. die sofortige Beschwerde für erfolglose Ablehnungsentscheidungen. Betreffen diese den erkennenden Richter, erfolgt die Anfechtung mit der Urteilsanfechtung, § 28 Abs. 2 S. 2 StPO. Die Verfassungsbeschwerde ist daher bei erfolglosen Ablehnungsgesuchen in Strafsachen nur zulässig, wenn die sofortige Beschwerde nach § 304 Abs. 4 S. 2 StPO ausgeschlossen oder das Urteil unanfechtbar ist.[26] Entscheidungen, die unmittelbar in Grundrechte eingreifen, sind grundsätzlich selbstständig mit der Verfassungsbeschwerde angreifbar. Das gilt insbesondere für Haftbefehle, Haftfortdauerbeschlüsse, Durchsuchungsanordnungen etc, wenn der jeweilige Rechtsweg gegen die Entscheidung ausgeschöpft ist.[27]

---

[17] Ausführlich: *Kissel/Mayer* Rn. 18 ff.
[18] BVerfG 27.9.2002 – 2 BvR 855/02, NJW 2003, 575.
[19] BVerfG 10.3.2009 – 2 BvR 49/09, StV 2009, 673.
[20] BVerfG 10.7.1989 – 2 BvR 751/89, NJW 1989, 2464.
[21] BVerfG 8.2.1967 – 2 BvR 235/64, BVerfGE 21, 139 (143) = NJW 1967, 1123.
[22] BVerfG 28.5.1952 – 1 BvR 213/51, BVerfGE 1, 322 (324 f.) = NJW 1952, 777; 23.6.1981 – BvR 1107/77, 2 BvR 1124/77, 2 BvR 195/79, BVerfGE 58, 1 (23) = NJW 1982, 507 (Eurocontrol I).
[23] BVerfG 25.6.1968 – 2 BvR 599/67, 2 BvR 677/67, BVerfGE 24, 56 (61) = NJW 1968, 1621; 23.6.1981 – BvR 1107/77, 2 BvR 1124/77, 2 BvR 195/79, BVerfGE 58, 1 (23) = NJW 1982, 507 (Eurocontrol I).
[24] KK/*Fischer* Einleitung Rn. 431.
[25] BVerfG 25.6.1968 – 2 BvR 599/67, 2 BvR 677/67, BVerfGE 24, 56 (61) = NJW 1968, 1621.
[26] OLG Köln 19.3.1976 – Ss 118/76, MDR 1976, 774.
[27] BVerfG 6.2.1980 – 2 BvR 1070/79, BVerfGE 53, 152 = NJW 1980, 1448 (Haftbefehl).

Der **Prüfungsumfang** des BVerfG ist auf die Verletzung spezifischen Verfassungsrechts 15 beschränkt. Grundsätzlich ist die Feststellung des Tatbestands und die Auslegung und Würdigung einfachen Rechts auf den jeweiligen Sachverhalt Sache der Fachgerichte.[28] Das Bundesverfassungsgericht greift nicht schon ein, wenn das Fachgericht bei der Anwendung des materiellen oder des Verfahrensrechts Fehler gemacht oder zu strittigen Ergebnissen gekommen ist. Auf eine Verfassungsbeschwerde hin ist nur zu prüfen, ob die angegriffenen Entscheidungen Fehler erkennen lassen, die auf einer grundsätzlich unrichtigen Anschauung von der Bedeutung und Tragweite des Grundrechts, insbesondere vom Umfang seines Schutzbereichs, beruhen.[29] Das BVerfG ist daher weder Revisions- noch Superrevisionsinstanz. Unter dem Gesichtspunkt des Willkürverbots kommt darüber hinaus ein Eingreifen in Betracht, wenn die fehlerhafte Rechtsanwendung bei verständiger Würdigung der das Grundgesetz beherrschenden Gedanken nicht mehr verständlich ist und sich daher der Schluss aufdrängt, dass sie auf sachfremden Erwägungen beruht.[30]

Das BVerfG kann als einziges Gericht Gesetze für verfassungswidrig und nichtig erklären. 16 Die Entscheidung erwächst in Gesetzeskraft (§ 31 Abs. 2 S. 1 und S. 2 BVerfGG). Über den engen Wortlaut des § 31 BVerfGG hinaus, nimmt das BVerfG auch **verfassungskonforme Auslegungen** vor. Dabei handelt es sich um die Auslegung einfachen Rechts, die von Verfassungs wegen geboten ist. Anders als bei der bloßen Entscheidung darüber, ob ein Gericht grundrechtsverletzende Fehler gemacht hat, wird dabei über die Verfassungsgemäßheit eines Gesetzes oder dessen Auslegung selbst entschieden.

Nur soweit die Verfassungswidrigkeit einer Norm ausgesprochen oder die Feststellung 17 getroffen worden ist, eine bestimmte Auslegung des einfachen Rechts sei verfassungswidrig, sind die Fachgerichte hieran gebunden.[31] Die **Bindungswirkung** einer Entscheidung des Bundesverfassungsgerichts gemäß § 31 BVerfGG umfasst die Entscheidungsformel und die sie tragenden Gründe,[32] also alle Rechtssätze, die nicht hinweggedacht werden können, ohne dass das konkrete Entscheidungsergebnis nach dem in der Entscheidung zum Ausdruck gekommenen Gedankengang entfiele. Nicht tragend sind dagegen bei Gelegenheit einer Entscheidung gemachte Rechtsausführungen, die außerhalb des Begründungszusammenhangs zwischen genereller Rechtsregel und konkreter Entscheidung stehen. Bei der Beurteilung, ob ein tragender Grund vorliegt, ist von der niedergelegten Begründung in ihrem objektiven Gehalt auszugehen. Angesichts der besonderen Tragweite, die verfassungsgerichtlichen Entscheidungen nach § 31 BVerfGG zukommt, müssen ihre rechtlich bindenden Aussagen auf den auch für Außenstehende erkennbaren Inhalt beschränkt sein.[33] Die Reichweite der Bindungswirkung ist allerdings höchst umstritten.[34] Selbst die Rechtsprechung des Bundesverfassungsgerichts zu dieser Frage ist uneinheitlich. So findet sich in der Judikatur des Gerichts: „Alle Ausführungen der Urteilsbegründung sind nötig, also i. S. der Rechtsprechung des BVerfG Teil der die Entscheidung tragenden Gründe."[35] ZT wird die Bindungswirkung lediglich auf die Entscheidungsformel erstreckt.[36] Nach Interpretation des 3. Strafsenats des BGH ersteckt sich die Bindungswirkung neben dem Tenor auf die tragenden Gründe der Entscheidung, soweit sie verfassungsrechtlicher Natur sind. Danach

---

[28] StRspr, vgl. nur BVerfG 16.11.1993 – 1 BvR 258/86, BVerfGE 89, 276 (284) = NJW 1994, 647 (geschlechtsbezogene Diskriminierung).
[29] BVerfG 24.2.1999 – 1 BvR 123/93, BVerfGE 100, 214 = NJW 1999, 2657.
[30] BVerfG 3.11.1982 – 1 BvR 710/82, BVerfGE 62, 189 = NStZ 1983, 84.
[31] BVerfG 6.5.1986 – 1 BvR 677/84, BVerfGE 72, 119 = NJW 1986, 2305.
[32] BVerfG 15.2.2000 – 2 BvR 1208/97, NStZ-RR 2000, 297 mwN; *Maunz/Schmidt-Bleibtreu/Klein/Bethge* BVerfGG, 52. EL 2017, § 31 Rn. 96 ff.
[33] BVerfG 12.11.1997 – 1 BvR 479/92, 1 BvR 307/94, BVerfGE 96, 375 = NJW 1998, 519 (522).
[34] S. dazu *Schlaich/Korioth*, Das Bundesverfassungsgericht, 10. Aufl. 2015, Rn. 485 ff.; *Ziekow* NVwZ 1995, 247 (249).
[35] BVerfG 31.7.1973 – 2 BvF 1/73, BVerfGE 36, 1 (36) = NJW 1973, 1539 (Grundlagenvertrag).
[36] BVerfG 22.11.2001 – 2 BvE 6/99, BVerfGE 104, 151 (197) = NJW 2002, 1559 (NATO-Strategiekonzept); 27.6.2014 – 2 BvR 429/12 (K), NJW 2014, 2777: „Gesetzeskraft besitzt lediglich die im Tenor enthaltene Feststellung der Gültigkeit oder Ungültigkeit eines Gesetzes; die Gründe der Entscheidung können demgegenüber nur zur Auslegung des Tenors herangezogen werden."

kann sich eine Bindungswirkung jedenfalls nur aus solchen Entscheidungsgründen ergeben, die in Beziehung zu dem jeweiligen Streitgegenstand stehen.[37] Das Bundesverwaltungsgericht will die Bindungswirkung gar aus den amtlichen Leitsätzen ablesen.[38]

18 Mit der Entscheidung zur Verständigung im Strafverfahren[39] hat das Gericht eine weitere Kategorie der Auslegung einfachen Rechts eingeführt. Es handelt sich um eine korrigierende[40] oder **präzisierende Auslegung**[41] einfachrechtlicher Vorschriften im Lichte bzw. unter der Ausstrahlungswirkung des Verfassungsrechts. Die Ausführungen des Gerichts in dieser Entscheidung sind zwar tragend und inter partes bindend, entfalten aber darüber hinaus keine Bindungswirkung iSd § 31 Abs. 1 BVerfGG.[42] Diese Wirkung wird über ein „faktisches Präjudiz" erzielt, maW: der Auslegung kommt allein aufgrund der Stellung des BVerfG sowie der Bedeutung, die das Gericht der Auslegungsfrage in seiner Entscheidung zubilligt, eine gewichtige argumentative Wirkung zu.[43] Dieses Vorgehen des BVerfG überzeugt weder aus seiner Funktion im Gesamtgefüge der Gerichte zueinander noch nach der gesetzlichen Wertung des § 31 BVerfGG. Dem BVerfG steht es zu, über die Verfassungsgemäßheit von Gesetzen zu entscheiden. Das beinhaltet auch das (alleinige) Recht, bindende Auslegungen vorzunehmen, wenn und soweit dies erforderlich ist, um die Verfassungskonformität durch die Auslegung herbeizuführen. In (nur) diesem Fall greift § 31 BVerfGG, aber auch der Wiederaufnahmegrund nach § 79 BVerfGG. Darüber hinaus steht es dem BVerfG zu, Entscheidungen der Fachgerichte darauf zu überprüfen, ob die Reichweite und Bedeutung der Grundrechte und verfassungsrechtlichen Grundprinzipien gewahrt wurden. Ein Verdikt über das Gesetz enthält eine solche Entscheidung nicht. Sie befasst sich nur mit der konkreten Gesetzesanwendung durch die Gerichte. Außerhalb dieser Kategorien kann es keine verfassungsrechtlich relevante Tätigkeit des BVerfG geben. Insbesondere steht dem BVerfG nach seiner eigenen ständigen Rechtsprechung die Auslegung des einfachen Rechts nicht zu (dazu → Rn. 14 ff.).[44] Mit der „präzisierenden Auslegung" überschreitet das BVerfG seine Kompetenzen und greift unzulässig in die Zuständigkeit der ordentlichen Gerichtsbarkeit ein.

IV. EuGH

19 Mit zunehmender Verlagerung von Kompetenzen auf die EU kommt der Rechtsprechung des EuGH steigende Bedeutung zu. Die europäische Rechtsordnung nimmt für sich **absoluten Vorrang** vor dem Mitgliedsstaaten-Recht jeglichen Ranges in Anspruch, soweit es mit der europäischen Rechtsordnung nicht in Einklang steht.[45]

20 Der EuGH wacht über die Einhaltung der Europäischen Verträge (Art. 19 Abs. 1 S. 2 EUV). Im Rahmen der einschlägigen EU-Vorschriften sind seine Entscheidungen für deutsche Gerichte bindend. Ihm untergeordnet entscheidet das Gericht erster Instanz (EuG) über Individualklagen natürlicher oder juristischer Personen, die sich gegen den Kläger belastende Rechtsakte richten. Insoweit ist der EuGH Rechtsmittelgericht (vgl. Art. 256 Abs. 1 AEUV).[46] Als Organ der EU unterfällt er dem Begriff des **gesetzlichen Richters**

---

[37] BGH 23.7.2015 – 3 StR 470/14, NJW 2016, 513 (515 f.).
[38] BVerwG 29.10.1981 – 1 D 50/80, BVerwGE 73, 263 (268) = NJW 1982, 779.
[39] BVerfG 19.3.2013 – 2 BvR 2628/10, 2 BvR 2883/10, 2 BvR 2155/11, BVerfGE 133, 168 = NJW 2013, 1058.
[40] *Schuster* StV 2014, 109 (112).
[41] *Kudlich* NStZ 2013, 379 (380); *Jahn* NStZ 2014, 170 (171); *ders.* JuS 2013, 659 (661); *Schneider* NStZ 2014, 192.
[42] So auch *Schneider* NStZ 2014, 192; *Schuster* StV 2014, 109 (112); *Stuckenberg* ZIS 2013, 212 (216); *Niemöller* StV 2013, 420 (421 f., 424); *Jahn* NStZ 2014, 170 (171); aA OLG Rostock 5.8.2013 – 1 Ss 86/12 (103/12), NStZ-RR 2013, 351 (352); *Beulke/Stoffer* JZ 2013, 662 (663 f.).
[43] So auch *Schneider* NStZ 2014, 192.
[44] StRspr, vgl. nur BVerfG 16.11.1993 – 1 BvR 258/86, BVerfGE 89, 276 (284) = NJW 1994, 647 (geschlechtsbezogene Diskriminierung).
[45] *Kissel/Mayer* Rn. 49; *Masing* NJW 2006, 154.
[46] Weiterführend *Kissel/Mayer* Rn. 50 ff.

nach Art. 101 GG, weil ihm durch die Zustimmungsgesetze zu den Unionsverträgen Rechtsprechungsfunktionen zugewiesen sind.[47]

Für das Strafrecht von Bedeutung ist das **Vorabentscheidungsverfahren** (Art. 267 AEUV). Danach legt ein nationales Gericht (einschließlich der Verfassungsgerichte) dem EuGH Fragen über die Auslegung der Verträge und über die Gültigkeit und die Auslegung der Handlungen der Organe, Einrichtungen oder sonstigen Stellen der Union vor, wenn diese Frage für das eigene Verfahren entscheidungserheblich ist. Davon sind auch unmittelbar wirkende Sekundärrechtsakte und nationales Recht, das EU-Recht umsetzt, erfasst. Während Instanzgerichte das Zwischenverfahren der Vorabentscheidung beschreiten dürfen, sind letztinstanzliche Gerichte hierzu verpflichtet. Kommt ein vorlagepflichtiges Gericht der Vorlagepflicht nicht nach, ist dadurch der gesetzliche Richter verletzt. Das BVerfG beanstandet solche Verstöße freilich nur bei objektiver Willkür.[48] 21

V. EGMR

Unter strafgerichtsverfassungsrechtlichen Aspekten kommt dem EGMR große Bedeutung zu. Er überwacht die Einhaltung der Konvention zum Schutze der Menschenrechte und Grundfreiheiten (MRK) durch deren Vertragsstaaten (Art. 19 MRK). Das Recht der **Individualbeschwerde** (Art. 34 MRK) steht jeder natürlichen Person, nichtstaatlichen Organisation oder Personengruppe zu, die behauptet, in ihren Rechten aus der MRK oder den dazugehörigen Protokollen verletzt zu sein. Die Individualbeschwerde ist fristgebunden (sechs Monate nach der endgültigen innerstaatlichen Entscheidung) und setzt die Erschöpfung des innerstaatlichen Rechtswegs voraus.[49] Scheitert der Versuch einer gütlichen Einigung (Art. 38, 39 MRK), entscheidet der EGMR über die behauptete Verletzung und setzt, soweit der Staat selbst keine Kompensation vorgenommen hat, dies aber notwendig ist, eine gerechte Entschädigung fest (Art. 41 MRK). Nach Art. 46 Abs. 1 MRK sind die Vertragsparteien an die Entscheidung gebunden. Eine Entscheidung des EGMR kann Wideraufnahmegrund nach § 359 Nr. 6 StPO sein. 22

Die MRK ist durch ihre Ratifikation Bundesrecht im Rang einfachen Gesetzesrechts (Art. 59 Abs. 2 GG).[50] Es gilt aber das Gebot der **konventionsfreundlichen Auslegung** innerstaatlichen Rechts. Das bedeutet, dass innerstaatliche Gesetze (einschließlich der verfassungsrechtlichen Grundrechte) im Rahmen des methodisch Vertretbaren so auszulegen sind, dass die Garantien der MRK möglichst weitreichend gewahrt werden.[51] Gelingt dies nicht, entfaltet die MRK keinen Anwendungsvorrang.[52] 23

Die **EU** hat sich in Art. 6 Abs. 2 EUV verpflichtet, der MRK als Vertragspartei beizutreten. Dieser **Beitritt** ist bisher nicht erfolgt.[53] Der EuGH hält den Beitrittsentwurf vom 5.4.2013 für nicht mit Art. 6 Abs. 2 EUV und dem EU-Protokoll Nr. 8 vereinbar.[54] Daher sind Akte der EU der unmittelbaren Überprüfung durch den EGMR entzogen.[55] Falls 24

---

[47] BVerfG 22.10.1986 – 2 BvR 197/83, BVerfGE 73, 339 (366 ff.) = NJW 1987, 577 (Solange II).
[48] Vgl. → § 16 Rn. 29; BVerfG 8.10.2015 – 1 BvR 1320/14, BeckRS 2015, 55288; *Kissel/Mayer* Rn. 58 mwN.
[49] EGMR 21.1.1999 – 26/1998/929/1141, NJW 1999, 1315; zu weiteren Details KK/*Schädler/Jakobs* MRK Art. 19–46 Rn. 8.
[50] Ganz hM, statt aller *Kissel/Mayer* Rn. 65a; Meyer-Goßner/*Schmitt* MRK Vor Art. 1 Rn. 3 jeweils mwN.
[51] BVerfG 4.5.2011 – 2 BvR 2365/09, 740/10, 2333/08, 1152/10, 571/10, BVerfGE 128, 326 = NJW 2011, 1931.
[52] BVerfG 4.5.2011 – 2 BvR 2365/09, 740/10, 2333/08, 1152/10, 571/10, BVerfGE 128, 326 = NJW 2011, 1931; vgl. zum Verhältnis von Art. 6 Abs. 1 und 3c MRK zu § 329 StPO: EGMR 8.11.2012 – 30804/07, NStZ 2013, 350 – Neziraj/Deutschland; OLG München 17.1.2013 – 4 StRR (A) 18/12, NStZ 2013, 358; OLG Celle 19.3.2013 – 32 Ss 29/13, NStZ 2013, 615; OLG Bremen 10.6.2013 – 2 Ss 11/13, StV 2014, 211; *Gerst* NStZ 2013, 310.
[53] Zu den Beitrittsverhandlungen: *Schilling* HFR 2011, 83 ff.; s. auch *Obwexer* EuR 2012, 115.
[54] EuGH 18.12.2014 – C-2/13, JZ 2015, 773; dazu *Tomuschat* EuGRZ 2015, 133; *Wendel* NJW 2015, 921.
[55] *Kissel/Mayer* Rn. 65b mwN.

der Beitritt erfolgt,[56] wird die MRK als primäres EU-Recht über einfachem deutschem Gesetzesrecht stehen, wodurch sich nicht nur die oben dargestellte Rechtsprechung zu den Grenzen der konventionsfreundlichen Auslegung erledigt haben wird. Auch das Verhältnis von Entscheidungen des EGMR zu – möglicherweise divergierenden – Entscheidungen des BVerfG und deren jeweilige Bindungswirkung sind derzeit noch ungeklärt.[57]

VI. Internationale Strafgerichte[58]

25 Der internationalen Strafgerichtsbarkeit[59] kommt mittlerweile eine eigenständige bedeutende Rolle neben den nationalen ordentlichen Gerichten zu. Die Aufgabe besteht in der strafrechtlichen Verfolgung von Personen, die gegen elementare Grundlagen des Völkerrechts verstoßen haben. Damit sind die **völkerstrafrechtlichen Kernverbrechen**, die sich aus den Grundsätzen der Nürnberger Prozesse entwickelt haben, gemeint (Völkermord, Verbrechen gegen die Menschlichkeit und Kriegsverbrechen, vgl. Art. 5 Abs. 1 IStGHStatut). Internationale Strafgerichte unterliegen einem strengen Subsidiaritätsprinzip. Primär sollen nationale Gerichte die Verfolgung der in ihrem Zuständigkeitsgebiet begangenen Straftaten übernehmen. Sind diese dazu nicht willens oder in der Lage, kommt die Einrichtung oder allgemeine Zuständigkeit internationaler Strafgerichte in Betracht.

26 Als sog. **Ad-hoc-Gerichte** bezeichnet man den internationalen Gerichtshof für Kriegsverbrechen im früheren Jugoslawien (ICTY) und den Internationalen Strafgerichtshof für Ruanda (ICTR). Sie wurden durch UN-Resolutionen (ICTY: Nr. 827 im Jahr 1993, ICTR: Nr. 955 im Jahr 1994) basierend auf Kapitel VII der UN-Charta geschaffen. Beide Gerichte sind mit eigenen Statuten ausgestattet, die ihre Zuständigkeiten bestimmen. Die Bundesrepublik Deutschland hat ihre Verpflichtung zur Zusammenarbeit als UN-Mitgliedsstaat jeweils durch Bundesgesetz umgesetzt.[60]

27 Daneben stehen sog. „**internationalisierte**" oder „**hybride**" **Strafgerichte,** die mit internationalen und nationalen Richtern besetzt sind, bspw. die Strafgerichte im Kosovo, die Sonderkammern in Ost-Timor, der Strafgerichtshof für Sierra Leone, das Sondertribunal für den Libanon sowie die besonderen Strafkammern in Kambodscha. Während die Gerichte in Sierra Leone, Kambodscha und der Libanesischen Republik auf bilateralen Verträgen zwischen der UN und dem jeweiligen Gerichtsstaat beruhen, wurden die internationale Strafjustiz im Kosovo sowie in Ost-Timor von Übergangsverwaltungen der UN eingesetzt.

28 Als vorläufiger Abschluss institutionalisierter internationaler Strafgerichtsbarkeit wurde mit dem Römischen Statut vom 17./18.7.1998 der **Internationale Strafgerichtshof** in Den Haag gegründet. Es handelt sich nicht um ein UN-Tribunal, sondern einen Gerichtshof auf (breiter) völkervertragsrechtlicher Grundlage. Das Römische Statut vereinbarten 120 Staaten. Die Bundesrepublik ratifizierte es am 4.10.2000.[61] Mit der Ratifikation durch den sechzigsten Staat trat es am 11.4.2002 in Kraft. Die Zuständigkeit ist personell auf Staatsangehörige von Vertragsstaaten oder Personen, die auf dem Staatsgebiet von Vertragsstaaten Taten begangen haben, beschränkt (Art. 12 IStGHStatut). Inhaltlich steht ihm die Rechtsprechungskompetenz nur für Verbrechen des Völkermords, Verbrechen gegen die Menschlichkeit, Kriegsverbrechen und Verbrechen der Aggression zu (Art. 5–10 IStGHStatut).

29 Die **Anwendung materiellen (Völker-)Strafrechts** wird nicht einheitlich, sondern tribunal- und statutabhängig gehandhabt. Grundsätzlich sind alle Gerichte dazu berufen,

---

[56] S. zu den denkbaren Folgen und Problemen *Obwexer* EuR 2012, 115; *Schaller* EuR 2006, 656.
[57] Dazu *Obwexer* EuR 2012, 115; *Schaller* EuR 2006, 656.
[58] Zu weiteren internationalen Gerichten ohne oder mit nur geringer Bedeutung für den Bereich des Strafrechts: *Kissel/Mayer* Rn. 64 und 66–73.
[59] S. auch die Übersicht bei *Schomburg* NJW 2005, 3262 (3263 f.).
[60] Jugoslawien-Strafgerichtshof-Gesetz (BGBl. 1995 I 485) und Ruanda-Strafgerichtshof-Gesetz (BGBl. 1998 I 843).
[61] BGBl. 2000 II 1393.

über die völkerstrafrechtlichen Kernverbrechen zu urteilen. Zum Teil erweitern die Statuten diese Zuständigkeiten um einzelne Verbrechen.[62] Das Sondertribunal für den Libanon unterscheidet sich davon. Ihm steht die Verhandlung und Entscheidung über die Personen zu, die für den Anschlag vom 14.2.2005 verantwortlich sind, bei dem unter anderem der ehemalige libanesische Ministerpräsident Hariri getötet wurde. Insoweit wird ausschließlich nationales libanesisches Strafrecht angewendet.

Welches **Verhältnis die internationalen zu den nationalen Strafgerichten** haben, bestimmt sich maßgeblich aus ihrer jeweiligen Entstehungsgeschichte. Der IStGH greift als dauerhafte Institution nur subsidiär ein, wenn die nationalen Gerichte nicht in der Lage oder nicht Willens sind, die Taten selbst aufzuklären und zu verfolgen (Art. 17 Abs. 1 IStGHStatut). Über die (Un-)Zulässigkeit entscheidet der IStGH selbst. Im Verhältnis zu deutschen Gerichten ist eine Zuständigkeit des IStGH unter dem Regime des Grundgesetzes kaum denkbar, zumal die Bundesrepublik Deutschland mit dem VStGB eine materielle Rechtsgrundlage geschaffen hat, die wesentliche Zuständigkeiten des IStGHStatuts umfasst. Die übrigen (nicht ständigen) Gerichte nehmen einen Vorrang vor den staatlichen Gerichten für sich in Anspruch, da sie ohnehin nur errichtet wurden, weil eine funktionierende strafrechtliche Aufarbeitung durch nationale Gerichte nicht zu erwarten war. Daher können diese Gerichte die Strafverfolgung im Einzelfall an sich ziehen. Um die Arbeit dieser beiden UN-Tribunale (ICTY und ICTR) zeitlich absehbar zu machen, wurde eine Resolution verabschiedet, wonach die Verfahren bis 2010 hätten beendet sein sollen. Um die Abwicklung absehbar zu machen, können die Tribunale kleinere Verfahren an die nationalen Gerichte abgeben. Bis Ende 2014 hätten alle Verfahren vor dem ICTY abgeschlossen bzw. die Folgesachen an den Internationalen Residualmechanismus für die Ad-hoc-Strafgerichtshöfe (MICT) abgegeben worden sein sollen. Dieser wurde mit am 22.12.2010 verabschiedeter Resolution 1966 des UN-Sicherheitsrats geschaffen und nahm am 1.7.2012 seine Arbeit auf. Mittlerweile haben ICTY und ICTR alle Verfahren an den MICT abgegeben. 30

§ 13 [Zuständigkeit der ordentlichen Gerichte]

Vor die ordentlichen Gerichte gehören die bürgerlichen Rechtsstreitigkeiten, die Familiensachen und die Angelegenheiten der freiwilligen Gerichtsbarkeit (Zivilsachen) sowie die Strafsachen, für die nicht entweder die Zuständigkeit von Verwaltungsbehörden oder Verwaltungsgerichten begründet ist oder auf Grund von Vorschriften des Bundesrechts besondere Gerichte bestellt oder zugelassen sind.

Übersicht

	Rn.		Rn.
I. Normzweck	1	2. Der Vorbehalt für Verwaltungsbehörden und -gerichte	6
II. Strafgerichtsbarkeit	2–12	3. Die Staatsanwaltschaft	7, 8
1. Begriff der Strafsachen	3–5	4. Besondere Gerichte	9–12

I. Normzweck

Die Norm dient der Abgrenzung der ordentlichen Gerichtsbarkeit von den übrigen Gerichtsbarkeiten **in sachlicher Hinsicht**. Als Komplementärvorschrift ist § 40 VwGO zu erwähnen, der eine entsprechende Rechtswegeröffnung zu den Verwaltungsgerichten enthält. Historisch gewährte die Norm Zugang zu den ordentlichen Gerichten, die das höchste Rechtsschutzniveau gewährleisteten.[1] Dieser Normzweck hat sich unter dem Regime des 1

---

[62] ZB Sierra Leone: Rekrutierung von Kindersoldaten und Vergewaltigung unter 15jähriger Mädchen. Ost-Timor: Mord, Sexualdelikte und Folter.
[1] Zur geschichtlichen Entwicklung der Norm: *Kissel/Mayer* Rn. 1–10.

Grundgesetzes erledigt, weil nunmehr alle Gerichtsbarkeiten verfassungsrechtlich garantierte (Art. 19 Abs. 4 GG) vergleichbare Schutzniveaus bieten. Die sich aus § 13 ergebenden problematischen Abgrenzungsfragen betreffen im Wesentlichen das Zivilrecht und – seit Einführung des FamFG entschärft – die freiwillige Gerichtsbarkeit.[2]

II. Strafgerichtsbarkeit

2 § 13 weist die Strafsachen den ordentlichen Gerichten zu, wenn nicht Verwaltungsbehörden oder Verwaltungsgerichte (dazu → Rn. 6) oder besondere Gerichte (vgl. § 14) zuständig sind. In Verbindung mit Art. 92 GG hat die ordentliche Gerichtsbarkeit damit grundsätzlich ein Monopol für Strafsachen.[3]

3 **1. Begriff der Strafsachen.** Der Begriff der Strafsache ist seit der Leitentscheidung des BVerfG vom 6.6.1967[4] geklärt. Danach ist die **Kriminalstrafe** konstitutives wie entscheidendes Element der Strafsachen, denn mit der Festsetzung als Kriminalstrafe geht ein notwendig verbundenes Unwerturteil, der Vorwurf einer Auflehnung gegen die Rechtsordnung und die Feststellung der Berechtigung dieses Vorwurfs einher.[5] Zu den Kriminalstrafen gehören ohne weiteres die Freiheitsstrafe und die Geldstrafe des StGB.[6] Wesentlicher Aspekt ist die Eintragung in das Bundeszentralregister als Vorstrafe.[7] Da die Jugendgerichte nach nunmehr einhelliger Meinung wegen § 33 Abs. 2 JGG als Abteilungen der Amts- und Landgerichte angesehen werden,[8] fallen die Jugendstrafsachen auch dann unter den Begriff der Strafsachen iSd § 13, wenn sie nicht primär kriminalstrafend sind, sondern erzieherischen Zwecken dienen (Erziehungsmaßregeln, Zuchtmittel).

4 **Ordnungswidrigkeiten** mit den Rechtsfolgen der Geldbuße und den dazugehörigen vermögensrechtlichen Nebenstrafen fallen trotz der Nähe zu den Strafsachen nach gesetzlicher Konzeption nicht unter die Strafsachen. Der Buße im Ordnungswidrigkeitsverfahren fehlt der „Ernst der staatlichen Strafe".[9] Sind die Staatsanwaltschaft zur Verfolgung (§§ 42, 64 OWiG) und Strafgerichte zur Verurteilung (§ 68 ff. OWiG) von Ordnungswidrigkeiten gesetzlich berufen, fallen sie unter den (erweiterten) Begriff der Strafsachen iSd § 13.[10] Diese Konzentration gerichtlicher Überprüfung von Ordnungswidrigkeitssachen bei der ordentlichen Gerichtsbarkeit ist zweckmäßig, durch § 13 aber nicht geboten.

5 Ordnungsmaßnahmen und Erzwingungsmaßnahmen gehören ebenso wenig zu den Strafsachen wie (beamtenrechtliche) Disziplinarmaßnahmen etc. Zwar wird auch dort Fehlverhalten sanktioniert oder Ungehorsam geahndet. Soweit damit aber überhaupt ein Unwerturteil verbunden ist, erreicht es nicht das erforderliche Gewicht im Sinne der Rechtsprechung des BVerfG.[11]

6 **2. Der Vorbehalt für Verwaltungsbehörden und -gerichte.** Der in § 13 enthaltene Vorrang der Zuständigkeit der Verwaltungsbehörden für Strafsachen ist verfassungswidrig. Art. 92 GG verbietet Verwaltungsbehörden die Verhängung von Unrechtsfolgen iS von Kriminalstrafen, denn das damit verbundene autoritative Unwerturteil wiegt so schwer,

---

[2] *Kissel/Mayer* Rn. 13 ff.; MüKoZPO/*Zimmermann* Rn. 4 ff.
[3] Löwe/Rosenberg/*Böttcher* Rn. 2.
[4] BVerfG 6.6.1967 – 2 BvR 375/60, 2 BvR 53/60, 2 BvR 18/65, BVerfGE 22, 49 (80) = NJW 1967, 1219 (Strafgewalt der Finanzämter).
[5] BVerfG 6.6.1967 – 2 BvR 375/60, 2 BvR 53/60, 2 BvR 18/65, BVerfGE 22, 49 (80) = NJW 1967, 1219 (Strafgewalt der Finanzämter).
[6] BVerfG 6.6.1967 – 2 BvR 375/60, 2 BvR 53/60, 2 BvR 18/65, BVerfGE 22, 49 (80) = NJW 1967, 1219 (Strafgewalt der Finanzämter).
[7] BVerfG 6.6.1967 – 2 BvR 375/60, 2 BvR 53/60, 2 BvR 18/65, BVerfGE 22, 49 (80) = NJW 1967, 1219 (Strafgewalt der Finanzämter).
[8] Löwe/Rosenberg/*Böttcher* Rn. 7.
[9] BVerfG 4.2.1959 – 1 BvR 197/53, BVerfGE 9, 167 (171); 6.6.1967 – 2 BvR 375/60, 2 BvR 53/60, 2 BvR 18/65, BVerfGE 22, 49 (80) = NJW 1967, 1219 (Strafgewalt der Finanzämter).
[10] KK/*Barthe* Rn. 1; Löwe/Rosenberg/*Böttcher* Rn. 4.
[11] Vgl. auch Löwe/Rosenberg/*Böttcher* Rn. 4.

dass es nach der grundgesetzlichen Ordnung nur vom Richter ausgesprochen werden darf.[12] Der Gesetzgeber hat jedoch trotz Neufassung der Norm[13] auf eine Streichung verzichtet. Die Zuweisung von (einzelnen) Strafsachen an Verwaltungsgerichte ist zwar verfassungsrechtlich möglich, von der VwGO jedoch nicht vorgesehen, sodass der verwaltungsgerichtliche Vorbehalt keinen Anwendungsbereich hat.[14] Daher ist auch die ordentliche Gerichtsbarkeit zur Entscheidung berufen, wenn die Staatsanwaltschaft ein Auskunftsverlangen (§ 161 StPO) an eine Behörde richtet und diese sich dagegen wehren will (§ 162 StPO).[15]

3. Die Staatsanwaltschaft. Staatsanwaltschaften sind im Sinne der Gewaltenteilung **7 Exekutivorgane** und gehören nicht zur rechtsprechenden Gewalt iSd Art. 92 ff. GG.[16] Obwohl die Staatsanwaltschaft keine Verwaltungsbehörde im üblichen Sinn, sondern Organ der Rechtspflege *sui generis* ist,[17] fällt sie im Normzusammenhang des § 13 unter einen erweiterten Verwaltungsbehördenbegriff. Die Staatsanwaltschaft hat zwar über „bewegliche Zuständigkeiten" (§§ 24 Abs. 1 Nr. 3, 29 Abs. 2) Einfluss auf den gesetzlichen Richter[18] und kann Verfahren einstellen. Dennoch fällt sie nicht unter die ordentliche Gerichtsbarkeit. Das gilt trotz der Möglichkeit, ohne Mitwirkung des Gerichts über §§ 153, 153a StPO endgültige Verfahrenseinstellungen mit beschränktem Strafklageverbrauch herbeizuführen.[19] Das BVerfG hält §§ 153 ff. StPO vor dem Hintergrund des Art. 92 GG für unbedenklich.[20]

Auch die Möglichkeit der **Einstellung gegen Auflagen** nach § 153a Abs. 1 StPO ohne **8** Mitwirkung des Gerichts ist mit § 13 vereinbar. Es handelt sich dabei nicht um eine Strafsache, weil die Auflage keine autoritativ verhängte Kriminalstrafe mit entsprechenden Unwerturteil und Folgen (kein Eintrag ins Bundeszentralregister) darstellt.[21]

4. Besondere Gerichte. § 13 greift mit leicht abweichender Bezeichnung den Begriff **9** der „Gerichte für besondere Sachgebiete" aus Art. 101 Abs. 2 GG auf. Darunter sind Gerichte zu verstehen, die im Voraus abstrakt-generell für bestimmte Sachgebiete bestellt sind.[22] Besondere Gerichte müssen **gerichtsverfassungsrechtlich umfassend gesetzlich geregelt** sein. Das erfasst neben örtlicher und sachlicher Zuständigkeit, Instanzenzug und Zusammensetzung der Spruchkörper auch Auswahl und Ernennung der Richter.[23]

Davon abzugrenzen sind verbotene **Ausnahmegerichte** nach Art. 101 Abs. 1 S. 2 GG, **10** § 16, die in Abweichung von der gesetzlichen Zuständigkeit besonders gebildet und zur Entscheidung einzelner konkreter und individuell bestimmter Fälle berufen werden.[24]

Nicht unter den Begriff der besonderen Gerichte fallen die in die ordentliche Gerichts- **11** barkeit integrierten **besonderen Spruchkörper.** Das ist mittlerweile einhellige Meinung und erfasst nicht nur die Jugendgerichte mit ihrer eigenen (Teil-)Verfahrensordnung (JGG),[25] sondern auch Spruchkörper mit besonderen sachlichen und ggf. örtlichen Zuständigkeiten wie zB in Staatsschutzsachen (§§ 74a, 120).[26] Außerhalb des Strafrechts sind die

---

[12] BVerfG 6.6.1967 – 2 BvR 375/60, 2 BvR 53/60, 2 BvR 18/65, BVerfGE 22, 49 (80) = NJW 1967, 1219 (Strafgewalt der Finanzämter).
[13] Gesetz vom 17.12.2008, BGBl. 2008 I 2586.
[14] KK/*Barthe* Rn. 2; Löwe/Rosenberg/*Böttcher* Rn. 2.
[15] BVerwG 29.5.1959 – VII C 12.58, BVerwGE 8, 324 = NJW 1959, 1456.
[16] Kissel/*Mayer* § 141 Rn. 8.
[17] Kissel/*Mayer* § 141 Rn. 9 mwN.
[18] → § 16 Rn. 26.
[19] Löwe/Rosenberg/*Böttcher* Rn. 3; aA *Hirsch* ZStW 92 (1980), 233 ff.
[20] BVerfG 5.11.2001 – 2 BvR 1551/01, NJW 2002, 815.
[21] KK/*Barthe* Rn. 3.
[22] BGH 5.11.1962 – NotZ 11/62, BGHZ 38, 208 (210) = NJW 1963, 446.
[23] BVerfG 17.12.1953 – 1 BvR 335/51, BVerfGE 3, 213 (223) = NJW 1954, 30.
[24] BVerfG 17.12.1953 – 1 BvR 335/51, BVerfGE 3, 213 (223) = NJW 1954, 30; Löwe/Rosenberg/*Böttcher* Rn. 5.
[25] BGH 25.8.1975 – 2 StR 309/75, BGHSt 26, 191 = NJW 1975, 2304.
[26] KK/*Barthe* Rn. 4; Löwe/Rosenberg/*Böttcher* Rn. 6.

Landwirtschaftsgerichte,[27] die Baulandkammern,[28] die Familiengerichte[29] und der Anwaltssenat beim BGH[30] zu nennen.

12 Abweichend von Art. 101 Abs. 2 GG erlaubt § 13 für den Bereich der ordentlichen Gerichtsbarkeit die Errichtung von besonderen Gerichten nur **„aufgrund von Vorschriften des Bundesrechts"**. Das bedeutet, dass der Landesgesetzgeber besondere Gerichte nur errichten darf, wenn er durch ein Bundesgesetz ausdrücklich dazu ermächtigt ist. Die derzeit existierenden besonderen Gerichte sind in § 14 aufgeführt.

§ 13a [Zuweisung durch Landesrecht]

Durch Landesrecht können einem Gericht für die Bezirke mehrerer Gerichte Sachen aller Art ganz oder teilweise zugewiesen sowie auswärtige Spruchkörper von Gerichten eingerichtet werden.

I. Normzweck

1 Die Norm ermöglicht die **Konzentration von gerichtlichen Zuständigkeiten und Bildung auswärtiger Spruchkörper** durch die Länder. Die Vorgängerregelung[1] galt nach dem Einigungsvertrag nur für die neuen Bundesländer. Da sich diese Regelung aus Sicht des Bundesgesetzgebers bewährt hatte,[2] wurde sie mit Gesetz vom 19.4.2006[3] neu gefasst mit Gültigkeit für das gesamte Bundesgebiet in das GVG aufgenommen.

II. Voraussetzungen

2 § 13a erlaubt dem Landesgesetzgeber durch förmliches Gesetz die Konzentration von Zuständigkeiten der ordentlichen Gerichte der Länder (AG, LG, OLG) oder die Bildung auswärtiger Spruchkörper. Anders als bei der **Vorgängerregelung** ist eine Delegation dieses Rechts auf die jeweilige Landesregierung durch Rechtsverordnung nicht mehr zulässig. Da die Vorgängerregelung insgesamt außer Kraft getreten ist, gilt das auch für das Beitrittsgebiet (Art. 208 Abs. 1 Nr. 1 lit. a aa des Ersten Gesetzes über die Bereinigung von Bundesrecht im Zuständigkeitsbereich des Bundesministeriums der Justiz).[4]

3 Andererseits sieht § 13a im Gegensatz zur Vorgängerregelung keine sachliche Einschränkung mehr vor. Es ist daher nicht mehr erforderlich, dass die **Zuständigkeitskonzentration** „für eine sachdienliche Erledigung der Sachen zweckmäßig" ist. Da auch diese Voraussetzung sehr weit formuliert war, dürfte sich tatsächlich nicht viel geändert haben. Das weite Gestaltungsermessen des Gesetzgebers findet seine Grenze nunmehr (nur noch) im Willkürverbot bei gerichtsorganisatorischen Maßnahmen.[5] Es muss daher ein sachlich nachvollziehbarer Grund vorliegen, weil sonst willkürlich in die Regelungen des gesetzlichen Richters eingegriffen würde.[6] Allerdings ist die sachliche Zuständigkeit der Konzentration gesetzlich festzulegen.[7]

4 Werden **auswärtige Spruchkörper** gebildet, muss das Gesetz selbst deren sachliche und örtliche Zuständigkeit bestimmen. Da es sich um eine Ausnahme von der allgemeinen

---

[27] BGH 5.2.1954 – V ZR 38/53, BGHZ 12, 254.
[28] OLG München 10.4.1964 – U 1/64 (Baul), NJW 1964, 1282.
[29] *Kissel* NJW 1977, 1034.
[30] BGH 20.3.1961 – AnwZ (B) 15/60, BGHZ 64, 382 (385) = NJW 1961, 1211.
[1] Kap. III SG A Abschnitt III Nr. 1 Buchst. n Abs. 1 der Anlage zum EV (BGBl. 1990 II 889 (922, 925)).
[2] BT-Drs. 16/47, 49.
[3] Art. 17 Nr. 1 des Ersten Gesetzes über die Bereinigung von Bundesrecht im Zuständigkeitsbereich des Bundesministeriums der Justiz (BGBl. 2006 I 866).
[4] BGBl. 2006 I 866.
[5] BayVerfGH 29.9.2005 – Vf. 3-VII-05, 7-VIII-05, NJW 2005, 3699 zur Auflösung des BayObLG.
[6] Vgl. → § 16 Rn. 29; *Kissel/Mayer* Rn. 2.
[7] *Kissel/Mayer* Rn. 2.

Gerichtsorganisation handelt, kann dies nicht dem Präsidium überlassen werden.[8] Örtlich kann die Zuständigkeit des auswärtigen Spruchkörpers nicht über die Zuständigkeit des Stammgerichts hinausgehen. Das gilt selbst dann, wenn beim Stammgericht seinerseits Zuständigkeiten mehrerer Gerichte für bestimmte Sachen konzentriert sind.[9] Auswärtige Kammern der Landgerichte können nur für gesamte AG-Bezirke, auswärtige Senate der OLGe nur für gesamte LG-Bezirke zuständig sein.[10]

III. Spezielle Ermächtigungen

Spezielle Ermächtigung bleiben nach dem Willen des Gesetzgebers von § 13a unberührt.[11] Damit sind mit strafrechtlicher Relevanz insbesondere aber nicht ausschließlich die Verordnungsermächtigungen nach §§ 58, 74c Abs. 3, 74d, 78, 78a Abs. 2 und 116 Abs. 2 gemeint. 5

§ 14 [Besondere Gerichte]

Als besondere Gerichte werden Gerichte der Schiffahrt für die in den Staatsverträgen bezeichneten Angelegenheiten zugelassen.

I. Normzweck

§ 14 ergänzt § 13 und legt **bundesrechtlich vorgesehene besondere Gerichte der Länder** (iSd Art. 101 Abs. 2 GG) fest, die grundsätzlich im Rechtsweg der ordentlichen Gerichtsbarkeit tätig werden. Da die Bundesgerichte in Art. 95, 96 GG abschließend genannt sind, sind besondere Gerichte des Bundes ausgeschlossen. § 14 beschränkt sich auf die Möglichkeit zur Errichtung besonderer Schifffahrtsgerichte „für die in den Staatsverträgen bezeichneten Angelegenheiten". Damit ist klargestellt, dass nur auf staatsvertraglicher Grundlage errichtete Gerichte erfasst sind. 1

II. Schifffahrtsgerichte

1. Allgemeine Binnenschifffahrtssachen. Nicht unter den Begriff der besonderen Gerichte fallen die Spruchkörper, die bei den ordentlichen Gerichten zur Entscheidung über Binnenschifffahrtssachen berufen sind (§ 2 Abs. 3 BinSchVerfG).[1] Es handelt sich dabei um Abteilungen der Amtsgerichte („Schifffahrtsgerichte") und besondere Senate der OLGe („Schifffahrtsobergericht"). Sie sind mit eigenen Verfahrens- und Zuständigkeitsvorschriften ausgestattet, handeln aber als **ordentliche Gerichte iSd § 13.** 2

In Straf- und Ordnungswidrigkeitensachen entscheiden sie in sachlicher Hinsicht über Taten, die ausschließlich oder von ihrem Schwerpunkt her strom- oder schifffahrtspolizeiliche Vorschriften verletzen (§ 2 Abs. 3 BinSchVerfG). Örtlich besteht eine ausschließliche Tatortzuständigkeit, die auch in JGG-Verfahren gilt. Das **Verfahren** ist auch in Bezug auf den Instanzenzug modifiziert. Die Berufung geht zum OLG, die Revision ist ausgeschlossen (§ 10 BinSchVerfG). Hat jedoch das Strafgericht in erster Instanz an Stelle des eigentlich zuständigen Schifffahrtsgerichts entschieden, ist die Revision zulässig.[2] § 313 StPO findet allerdings Anwendung.[3] 3

2. Staatsvertragliche Schifffahrtsgerichte. Unter § 14 fallen derzeit nur (Teile der) Rheinschifffahrtsgerichte und Moselschifffahrtsgerichte. Ob es sich dabei um zugelassene 4

---

[8] *Kissel/Mayer* Rn. 3.
[9] *Kissel/Mayer* Rn. 3.
[10] *Kissel/Mayer* Rn. 3.
[11] BT-Drs. 16/47, 49.
[1] BGH 5.5.1966 – II ZR 174/64, BGHZ, 45, 237 (240) = NJW 1966, 1511.
[2] OLG Celle 16.3.2016 – 2 Ss 199/15, BeckRS 2016, 18809.
[3] OLG Köln 13.6.1995 – 3-3/95 BSch – S, VRS 90, 50.

besondere Gerichte iS des § 14, um bundesgesetzlich bestellte ordentliche Gerichte als Sondergerichte iS des § 13 oder lediglich Spruchkörper der ordentlichen Gerichtsbarkeit mit besonderen Verfahrensregeln handelt, ist umstritten (dazu → Rn. 8).

5   **a) Rheinschifffahrtsgerichte.** Die Rheinschifffahrtsgerichte sind in §§ 14–18 BinSchVerfG iVm der Revidierten Rheinschifffahrtsakte (Mannheimer Akte) geregelt.[4] Sie sind **zuständig** für die (strafrechtliche wie ordnungswidrigkeitenrechtliche) Bestrafung von Verstößen gegen schifffahrts- oder strompolizeiliche Vorschriften (Art. 34 der Revidierten Rheinschifffahrtsakte) auf dem Rhein, in Rheinhäfen sowie künstlichen Gewässern, die unmittelbar oder über einen kurzen Stichkanal in den Rhein münden.[5] Die Zuständigkeit beschränkt sich nach Art. 32 der Revidierten Rheinschifffahrtsakte auf die Verhängung von Geldbußen im Wert von 3 bis 2.500 Sonderziehungsrechten des internationalen Währungsfonds. Seit Oktober 2016 enthält ein Sonderziehungsrecht den Wert aus der Summe von 0,58252 US-Dollar, 0,38671 Euro, 0,085946 Pfund Sterling, 11,9 Yen und 1,0174 Yuan. Darüber hinausgehende Strafen dürfen nicht verhängt werden.

6   Die Rheinschifffahrtsgerichte sind nach Landesrecht bestimmte Amtsgerichte, die Rheinschifffahrtsobergerichte ebenso bestimmte Oberlandesgerichte.[6] In Bußgeldsachen ist unter der in Art. 37 Abs. 1 der Revidierten Rheinschifffahrtsakte vorgesehenen Beschränkung (mehr als 20 Sonderziehungsrechte) statt der Berufung oder der Rechtsbeschwerde an das Rheinschifffahrtsobergericht auch die Anrufung der Zentralkommission in Straßburg zulässig.

7   **b) Moselschifffahrtsgerichte.** Nach § 18a–e BinSchVerfG sind entsprechend der Rheinschifffahrtsgerichte auch Gerichte für die Mosel eingerichtet. Das Pendant zur Revidierten Rheinschifffahrtsakte ist der am 27.10.1956 unterzeichnete Vertrag zwischen der Bundesrepublik Deutschland, der Französischen Republik und dem Großherzogtum Luxemburg über die Schiffbarmachung der Mosel.[7] Insoweit kann weitestgehend auf die Ausführungen zu den Rheinschifffahrtsgerichten verwiesen werden (vgl. Art. 34, 35 des Vertrages über die Schiffbarmachung der Mosel). Das Gegenstück zur Zentralkommission in Straßburg ist die Moselkommission in Trier, § 18e BinSchVerfG.

8   **c) Als besondere Gerichte.** Nach richtiger Ansicht handelt es sich nur bei der Zentralkommission in Straßburg und der Moselkommission in Trier um echte besondere Gerichte iSd § 14, weil sie aufgrund ihrer Supranationalität nicht in die ordentliche Gerichtsbarkeit der Bundesrepublik eingegliedert sind. Die übrigen Rhein- und Moselschifffahrtsgerichte sind besondere Spruchkörper der ordentlichen Gerichte. Als solche fallen sie nicht unter § 14.[8] Das ergibt sich auch aus § 14 und 18a BinSchVerfG, die die Rhein- und Moselschifffahrtssachen als Unterart der Binnenschifffahrtssachen behandeln. Binnenschifffahrtsgerichte sind aber nach einhelliger Meinung keine besonderen Gerichte.

§ 15 (weggefallen)

§ 16 [Ausnahmegerichte]

¹**Ausnahmegerichte sind unstatthaft.** ²**Niemand darf seinem gesetzlichen Richter entzogen werden.**

---

[4] Zur Gesetzesgeschichte: Löwe/Rosenberg/*Böttcher* Rn. 2.
[5] BGH 21.12.1972 – II ZR 11/72, BGHZ 60, 92 = VersR 1973, 225; OLG Karlsruhe 10.9.1974 – 3 Ss (B) 93/74, VRS 48, 285 (287).
[6] Nachweise im Einzelnen bei *Katholnigg* Rn. 4.
[7] BGBl. 1956 II 1838.
[8] So auch BGH 14.10.1955 – I ZR 5/54, BGHZ 18, 267 = VersR 1955, 758; 5.5.1966 – II ZR 174/64, BGHZ 45, 237 = NJW 1966, 1511; KK/*Barthe* Rn. 1; Löwe/Rosenberg/*Böttcher* Rn. 8; aA wegen der internationalen Rechtsgrundlage *Katholnigg* Rn. 2 und ohne nähere Begründung *Kissel/Mayer* Rn. 7.

Übersicht

	Rn.		Rn.
I. Normzweck	1–3	III. Niemand darf seinem gesetzlichen Richter entzogen werden, S. 2	8–26
II. Ausnahmegerichte sind unstatthaft, S. 1	4–7	1. Reichweite der Garantie	8–26
1. Sondergerichte	5	a) In persönlicher Hinsicht	10–20
2. Spezialspruchkörper	6	b) In sachlicher Hinsicht	21–26
3. Hilfsstrafkammern	7	IV. Rechtsbehelfe und Revision	27–33

I. Normzweck

§ 16 **entspricht inhaltlich Art. 101 Abs. 1 GG** und hat seit dessen Einführung keinen 1 selbstständigen, darüber hinausgehenden Regelungsgehalt mehr. Als ältere Norm und gleichsam „Mutterbestimmung" des Art. 101 Abs. 1 GG wurde § 16 im Kontext des GVG belassen. Die sprachliche Abweichung zu Art. 101 Abs. 1 GG hat keine Bedeutung.[1]

Inhaltlich enthält § 16 zwei Verbote. Das **Verbot der Richterentziehung** in S. 2 umfasst 2 das Verbot der Ausnahmegerichte, sodass auch S. 1 letztlich keinen über S. 2 hinausgehenden, eigenständigen Regelungsgehalt hat.[2]

Beide Verbote sichern wesentliche **Gewährleistungen des Rechtsstaats**, indem unzu- 3 lässiger Einfluss auf die Justiz verhindert werden soll.[3] Es soll vermieden werden, dass die Justiz von innen oder von außen sachfremden Einflüssen ausgesetzt ist. Konkrete Entscheidungen dürfen nicht durch einzelfallbezogene Einflussnahme auf den entscheidenden Richter manipuliert werden,[4] indem der Richter ausgewählt wird, der die gewünschte Auffassung vertritt.[5] Damit wird durch Verhinderung von Willkür der Gleichheitssatz geschützt[6] sowie die Gewaltenteilung und das Vertrauen in die Justiz gesichert.[7]

II. Ausnahmegerichte sind unstatthaft, S. 1

Der **Begriff der Ausnahmegerichte** erfasst „Gerichte, die in Abweichung von der 4 gesetzlichen Zuständigkeit besonders gebildet und zur Entscheidung einzelner konkreter oder individuell bestimmter Fälle berufen sind".[8] Das Verbot, Ausnahmegerichte zu errichten, wendet sich an die Gesetzgeber des Bundes und der Länder sowie an die Justizverwaltung und die Präsidien der Gerichte im Rahmen der Geschäftsverteilung.[9] Anders gewendet zwingen Art. 101 Abs. 1 GG, § 16 dazu, die Zuständigkeit der Gerichte im Voraus abstrakt und generell zu regeln. Da es sich um Verfassungsrecht handelt, sind auch die übrigen Zuständigkeitsnormen des GVG und der StPO im Licht des Art. 101 Abs. 1 GG auszulegen. Insbes. § 15 StPO unterliegt daher einer engen Auslegung.[10] Von Ausnahmegerichten sind Sondergerichte, Spezialspruchkörper und Hilfsstrafkammern abzugrenzen.

1. Sondergerichte. Die **besonderen Gerichte nach §§ 13, 14** sind keine Ausnahme- 5 gerichte, sondern nach Art. 101 Abs. 2 GG ausdrücklich zulässig. Das gilt jedenfalls, wenn diese Gerichte durch Gesetz im Voraus abstrakt generell zur Entscheidung für besondere

---

[1] Weiterführend zur Gesetzeshistorie Löwe/Rosenberg/*Böttcher* Rn. 1 f.
[2] BayVerfGH 16.1.1984 – Vf. 85-VI/82, BayVerfGHE 37, 1 (2) = NJW 1984, 2813; KK/*Barthe* Rn. 1; Kissel/Mayer Rn. 21; Löwe/Rosenberg/*Böttcher* Rn. 4.
[3] BVerfG 3.12.1975 – 2 BvL 7/74, BVerfGE 40, 356 (361) = NJW 1976, 283.
[4] BVerfG 8.4.1997 – 1 PBvU 1/95, BVerfGE 95, 322 = NJW 1997, 1497 (Spruchgruppen) (stRspr).
[5] MüKoZPO/*Zimmermann* Rn. 2.
[6] *Rinck* NJW 1964, 1949 (1952).
[7] BVerfG 20.3.1956 – 1 BvR 479/55, BVerfGE 4, 412 (416); Löwe/Rosenberg/*Böttcher* Rn. 2.
[8] BVerfG 17.11.1959 – 1 BvR 88/56, 1 BvR 59/57, 1 BvR 212/59, BVerfGE 10, 200 (212) = NJW 1960, 187 (stRspr).
[9] BVerfG 17.11.1959 – 1 BvR 88/56, 1 BvR 59/57, 1 BvR 212/59, BVerfGE 10, 200 (213) = NJW 1960, 187; KK/*Barthe* Rn. 1; Löwe/Rosenberg/*Böttcher* Rn. 5.
[10] BGH 4.4.2002 – 3 ARs 17/02, BGHSt 47, 275 = NJW 2002, 1589.

Sachgebiete berufen sind. Dabei dürfen von der Zuständigkeit auch Taten erfasst sein, die bei Errichtung der besonderen Gerichte bereits begangen waren, solange dadurch nicht lediglich verschleiert werden soll, dass die Gerichte primär dazu errichtet wurden, die Aburteilung dieser Taten dem bisher zuständigen Richter zu entziehen.[11] Reflexwirkungen der Sachgebietsbeschränkung führen ebenfalls nicht zu einem Verstoß gegen Art. 101 Abs. 1 S. 1 GG. Insbesondere können Sondergerichte auch dann eingerichtet werden, wenn dadurch die Zuständigkeit für einen bestimmten Personenkreis begründet wird (zB die Einrichtung von Rechtsanwaltsberufsgerichten, denen eine personelle Beschränkung auf Rechtsanwälte und Bewerber um eine Zulassung zur Anwaltschaft immanent ist).[12] Es steht dem Gesetzgeber auch frei, einzelne Materien durch Gesetz aus einem Gerichtszweig herauszunehmen und insgesamt einem anderen zuzuweisen. Davon hat der Bundesgesetzgeber bspw. in § 40 Abs. 2 VwGO für vermögensrechtliche Ansprüche aus Aufopferung für das gemeine Wohl und aus öffentlich-rechtlicher Verwahrung sowie für Schadensersatzansprüche aus der Verletzung öffentlich-rechtlicher Pflichten, die nicht auf einem öffentlich-rechtlichen Vertrag beruhen, Gebrauch gemacht und solche Streitigkeiten insgesamt den ordentlichen Gerichten zugewiesen.

6   **2. Spezialspruchkörper.** Spezialspruchkörper, die der Gesetzgeber eingerichtet hat (insbes. §§ 23b, 74 Abs. 2, 74a–d und f, 95, 119 Abs. 2 sowie § 92 GWB) sind zulässig und fallen nicht unter den Begriff der Ausnahmegerichte, wenn sich ihre Zuständigkeit nach **generell-abstrakten Merkmalen** bestimmt. Am gleichen Maßstab sind Spezialspruchkörper zu messen, die durch die Geschäftsverteilung eingerichtet werden. Insbesondere zum Zweck der höheren Spezialisierung[13] können Spezialspruchkörper auch durch die Geschäftsverteilung geschaffen werden (zB BtM-Kammern).[14] Auch dabei muss sich die Zuständigkeit abstrakt nach einer bestimmten Materie richten (Art des Delikts, Anspruchsgrundlage etc.). Die Schaffung von Spezialspruchkörpern für bestimmte Personen oder Personengruppen ist jedoch unzulässig, wenn dies nicht zwingende Folge der Spezialmaterie ist.[15]

7   **3. Hilfsstrafkammern.** Hilfsstrafkammern[16] (wie alle Hilfsspruchkörper) sind keine unzulässigen Ausnahmegerichte, sondern eine **Sonderform der Vertretung** für Fälle einer vorübergehenden Überlastung einer Strafkammer (eines Spruchkörpers). Um § 16 zu genügen, ist allerdings auch die Zuständigkeit der Hilfsstrafkammern (Hilfsspruchkörper) generell-abstrakt zu bestimmen.

III. Niemand darf seinem gesetzlichen Richter entzogen werden, S. 2

8   **1. Reichweite der Garantie.** S. 2 garantiert wortgleich mit Art. 101 Abs. 1 S. 2 GG den gesetzlichen Richter als Kernstück des Rechtsstaats. Das Verfassungsgebot begründet nicht nur ein subjektives Recht, einen „Anspruch" des Bürgers auf den ihm gesetzlich zustehenden Richter, das geltend zu machen im Einzelfall seine Sache wäre. Es verbietet ferner den anderen Staatsgewalten, dem Bürger „seinen" Richter durch unbefugte Eingriffe wegzunehmen. Darüber hinaus enthält Art. 101 Abs. 1 S. 2 GG auch das Gebot an den Gesetzgeber, die richterliche Zuständigkeit so eindeutig wie möglich durch allgemeine Normen zu bestimmen. Daher müssen von Verfassungs wegen allgemeine Regelungen darüber bestehen, welches Gericht, welcher Spruchkörper und welche Richter zur Entscheidung des Einzelfalles berufen sind. An diese Regelungen sind auch die Gerichte gebunden. Sie dürfen sich nicht über sie hinwegsetzen, sondern haben von sich aus über deren

---

[11] Löwe/Rosenberg/*Böttcher* Rn. 6.
[12] KK/*Barthe* Rn. 2.
[13] Vgl. zum zunehmenden Bedürfnis nach Spezialisierung die Beschlüsse des DJT 2014; http://www.djt.de/fileadmin/downloads/70/140919_djt_70_beschluesse_web_rz.pdf.
[14] BayVGH 10.5.1967 – Vf. 44-VI-64, NJW 1968, 99 (101); KK/*Barthe* Rn. 3.
[15] Kissel/Mayer Rn. 19.
[16] Dazu näher im Einzelnen → § 21e Rn. 13 und → § 60 Rn. 5.

Einhaltung zu wachen. Der Grundsatz des gesetzlichen Richters dient der **Sicherung der Rechtsstaatlichkeit im gerichtlichen Verfahren** schlechthin; er enthält damit objektives Verfassungsrecht.[17] Erfasst ist auch die Garantie der Neutralität und Distanz des Richters gegenüber den Verfahrensbeteiligten.[18] Damit steht S. 2 in einem untrennbaren inneren Zusammenhang mit § 1 und stellt sich quasi als Komplementärnorm dar.

Das Recht auf den gesetzlichen Richter hat unter der Herrschaft des Grundgesetzes eine stetige Erweiterung seiner Bedeutung erfahren. In materieller Hinsicht wurde es von Literatur und Rechtsprechung dahingehend erweitert, dass nur der neutrale, unparteiliche und unabhängige Richter „gesetzlicher Richter" ist.[19] Zuletzt zeigen sich auch Tendenzen, den überlasteten Richter als nicht mehr „gesetzlichen Richter" zu begreifen.[20] Dabei wird der Schutzzweck des Art. 101 Abs. 1 S. 2 GG zunehmend mit der richterlichen Unabhängigkeit sowie dem Recht auf effektiven Rechtsschutz verschliffen. Eine Rückbesinnung auf den Kerngehalt des Art. 101 Abs. 1 S. 2 GG ist daher nötig (auch → Rn. 15, 17).[21] 9

a) In persönlicher Hinsicht. Gesetzlicher Richter ist das jeweilige Gericht in seiner sachlichen, örtlichen, funktionalen, instanziellen und rechtswegbezogenen Zuständigkeit.[22] Auch der EuGH ist gesetzlicher Richter.[23] Innerhalb der Gerichte sind die Spruchkörper und die an der Entscheidung mitwirkenden einzelnen Richterpersonen gemeint.[24] Das schließt sowohl Berufsrichter, als auch ehrenamtliche Richter/Schöffen ein.[25] 10

aa) Normadressat. Das Verbot, den gesetzlichen Richter zu entziehen, richtet sich zunächst an den Gesetzgeber und gebietet, den gesetzlichen Richter im Voraus möglichst eindeutig in allgemeiner Regelung zu bestimmen.[26] Der historische Hintergrund, Einflüsse auf die Justiz von außen von vornherein zu verhindern, hat in der Entwicklung der Justiz unter der Ägide des GG zunehmend an Bedeutung verloren.[27] Bei der Vielzahl der Rechtswege und der Gerichte, bei der Verschiedenartigkeit der Organisation dieser Gerichte, ihrer verschiedenen Größe und der verschieden großen Zahl der bei ihnen tätigen Richter, dem unterschiedlichen Umfang der Geschäftslast und dem Wechsel dieser Geschäftslast innerhalb eines Gerichts ist es nicht möglich, alle Regeln über den gesetzlichen Richter im Gesetz zu fixieren. Die gesetzlichen Regelungen bedürfen deshalb der Ergänzung durch die Regeln über die **Geschäftsverteilung im Geschäftsverteilungsplan,** der bei den Kollegialgerichten vor allem durch das Präsidium des jeweiligen Gerichts in richterlicher Unabhängigkeit jährlich für jedes folgende Jahr aufzustellen ist. Auch für ihn gilt, dass er die zur Entscheidung der anhängig werdenden Verfahren berufenen Richter so eindeutig und genau wie möglich bestimmen muss.[28] Dementsprechend betreffen die meisten jüngeren Entscheidungen zu Art. 101 Abs. 1 S. 2 GG, § 16 S. 2 Fragen der Geschäftsverteilung.[29] 11

---

[17] BVerfG 3.12.1975 – 2 BvL 7/74, BVerfGE 40, 356 (361) = NJW 1976, 283 (Besetzung der Richterbank).
[18] BVerfG 4.7.2001 – 1 BvR 730/01, NJW 2001, 3533.
[19] Umfassend *Sowada,* Der gesetzliche Richter im Strafverfahren, 2002, 174 ff.
[20] BGH 11.1.2012 – 2 StR 346/11, NStZ 2012, 406 (407).
[21] In dieser Richtung wohl auch BVerfG 23.5.2012 – 2 BvR 610/12, 2 BvR 625/12, NJW 2012, 2334 (2335); *Sowada,* Der gesetzliche Richter im Strafverfahren, 2002, S. 179 ff., 200 f.; *ders.* NStZ 2012, 353 (355).
[22] Vgl. BVerfG 24.3.1964 – 2 BvR 42/63, 2 BvR 83/63, 2 BvR 89/63, BVerfGE 17, 294 = NJW 1964, 1020 (gesetzlicher Richter); 3.12.1975 – 2 BvL 7/74, BVerfGE 40, 356 (361) = NJW 1976, 283 (Besetzung der Richterbank).
[23] BVerfG 22.10.1986 – 2 BvR 197/83, BVerfGE 73, 339 = NJW 1987, 577 (Solange II).
[24] BVerfG 3.12.1975 – 2 BvL 7/74, BVerfGE 40, 356 (361) = NJW 1976, 283 (Besetzung der Richterbank).
[25] BVerfG 9.5.1978 – 2 BvR 952/75, BVerfGE 48, 246 = NJW 1978, 2499.
[26] BVerfG 24.3.1964 – 2 BvR 42/63, 2 BvR 83/63, 2 BvR 89/63, BVerfGE 17, 294 = NJW 1964, 1020 (gesetzlicher Richter).
[27] Vgl. weiterführend Löwe/Rosenberg/*Böttcher* Rn. 9.
[28] BVerfG 24.3.1964 – 2 BvR 42/63, 2 BvR 83/63, 2 BvR 89/63, BVerfGE 17, 294 = NJW 1964, 1020 (gesetzlicher Richter).
[29] Löwe/Rosenberg/*Böttcher* Rn. 9.

12 **bb) Anspruchsberechtigte.** Art. 101 Abs. 1 S. 2 GG begründet ein subjektives Recht des Bürgers auf Gewährung „seines" Richters und zugleich das Verbot ihm diesen Richter zu entziehen. Ob es sich dabei um ein „Grundrecht"[30] oder ein „grundrechtsähnliches Recht"[31] handelt, ist lediglich eine terminologische Frage und berührt den Inhalt nicht. Für das Strafverfahren bedeutet das, dass jeder am Verfahren **mit förmlicher Stellung Beteiligte** die Verletzung des Rechts auf den gesetzlichen Richter mit den daraus folgenden Prozessrechten (insbes. das Recht der Richterablehnung[32]) geltend machen kann. Neben dem Beschuldigten, den Verfalls- und Einziehungsbeteiligten sind daher auch Verletzte mit förmlicher Verfahrensstellung anspruchsberechtigt. Dabei handelt es sich um den Neben- und Privatkläger, den Beschwerdeführer im Klageerzwingungsverfahren aber auch den Adhäsionskläger. Verteidiger, Nebenklagevertreter, Zeugen und Sachverständige können sich hingegen grundsätzlich nicht auf die Garantie des Art. 101 Abs. 1 S. 2 GG berufen.[33] Ob dies für Zeugen und Sachverständige auch gilt, wenn Zwangs- oder Ordnungsmittel verhängt werden, muss jedenfalls für das jeweilige Anordnungs- und Vollstreckungsverfahren wegen der grundrechts(ähnlichen) Natur des § 101 Abs. 1 S. 2 GG bezweifelt werden.

13 Umstritten ist, ob sich die Staatsanwaltschaft auf Art. 101 Abs. 1 S. 2 GG, § 16 berufen kann.[34] Im Hinblick auf die einfachgesetzlichen Ausprägungen des Art. 101 Abs. 1 S. 2 GG, also insbes. § 16, sowie das Recht zur Richterablehnung und die Rügemöglichkeiten nach § 338 Nr. 1–3 StPO ist dies offensichtlich. Zuletzt hat das BVerfG die herausgehobene Stellung der **Staatsanwaltschaft als „Garantin für Rechtsstaatlichkeit und gesetzmäßige Verfahrensabläufe"**[35] und „Wächter des Gesetzes" wieder in den Fokus genommen und unterstrichen. Ob die Staatsanwaltschaft auch Verfassungsbeschwerde einlegen kann, muss für § 16 nicht vertieft werden.[36]

14 Die Gewährleistung des gesetzlichen Richters richtet sich **nicht an den Richter selbst,** sondern nur an Verfahrensbeteiligte. Der Richter, dem ein Verfahren zu Unrecht entzogen wurde, kann sich daher nicht unter Berufung auf Art. 101 Abs. 1 S. 2 GG dagegen wehren. Ein Richter kann Verfassungsbeschwerde nur gegen solche Maßnahmen der öffentlichen Gewalt einlegen, die seine persönliche Rechtsstellung gegenüber dem Staat berühren. Nur in diesem Umfang kann es grundrechtsähnliche Individualrechte des Richters geben.[37] Der betroffene Richter kann sich daher gegen eine Maßnahme nur im Rechtsweg (§ 26 Abs. 3 DRiG, ggf. Verwaltungsrechtsweg oder Verfassungsbeschwerde)[38] wehren, wenn seine Unabhängigkeit (Art. 97 GG) oder das Willkürverbot (Art. 3 GG) verletzt sind.[39]

15 **cc) Besetzung der Spruchkörper.** Innerhalb der einzelnen Spruchkörper gewähren Art. 101 Abs. 1 S. 2 GG, § 16 S. 2 die ordnungsgemäße Besetzung der Spruchkörper. Die Mitglieder des Spruchkörpers müssen grundsätzlich in der Lage sein, ihre Aufgaben wahrzunehmen und dies im Einzelfall auch tun. Das betrifft zum einen die Wahrnehmungsfähigkeit des Richters. Der (nicht erkennbar) geisteskranke Richter ist daher nicht gesetzlicher Richter.[40] Anders liegt es freilich, wenn der Richter aufgrund von Gebre-

---

[30] BVerfG 3.7.1962 – 2 BvR 628/60, 2 BvR 247/61, BVerfGE 14, 156 (161) = NJW 1962, 1495 (Assessorenstrafkammern).
[31] BVerfG 2.5.1967 – 1 BvR 578/63, BVerfGE 21, 362 (373) = NJW 1967, 1411 (Sozialversicherungsträger).
[32] Str. für den Adhäsionskläger, dafür zu Recht Löwe/Rosenberg/*Böttcher* Rn. 14 mwN.
[33] Löwe/Rosenberg/*Böttcher* Rn. 14.
[34] Zum Streitstand Löwe/Rosenberg/*Böttcher* Rn. 14.
[35] BVerfG 19.3.2013 – 2 BvR 2628/10, 2 BvR 2883/10, 2 BvR 2155/11, BVerfGE 133, 168 = NJW 2013, 1058 (jeweils Rn. 93).
[36] Dafür *Arndt* DRiZ 1959, 368, ablehnend *Sowada*, Der gesetzliche Richter im Strafverfahren, 2002, S. 162.
[37] BVerfG 6.3.1963 – 2 BvR 129/63, BVerfGE 15, 298 = NJW 1963, 899.; Löwe/Rosenberg/*Böttcher* Rn. 14; aA *Kissel/Mayer* Rn. 24; KK/*Barthe* Rn. 7: „aus der Unabhängigkeit fließendes Recht".
[38] Dazu → § 1 Rn. 63 ff.
[39] VGH Mannheim 17.1.2011 – 4 S 1/11, NJW-RR 2011, 861; dazu → § 21e Rn. 69.
[40] *Kissel/Mayer* Rn. 64.

chen an **Wahrnehmungsdefiziten** leidet (Blindheit, Taubheit, Schwerhörigkeit). Auch der Richter, der durch Übermüdung oder Schlaf nicht in der Lage ist, der Hauptverhandlung zu folgen, verletzt nicht grundsätzlich das Recht auf den gesetzlichen Richter.[41] Allerdings kann darin eine Verletzung des Rechts auf rechtliches Gehör (Art. 103 Abs. 1 GG) oder auf ein rechtsstaatlich faires Verfahren (Art. 2 Abs. 1 GG in Verbindung mit dem Rechtsstaatsprinzip) liegen.[42] Insbesondere stellen sich Probleme bei der freien Beweiswürdigung (§ 261 StPO), wenn es auf die unmittelbare und ungetrübte Wahrnehmung der Hauptverhandlung ankommt. Daher hat der BGH einen blinden Richter als Vorsitzenden einer erstinstanzlichen Strafkammer für ausgeschlossen erachtet.[43] Von Verfassungs wegen ist gegen die Teilnahme eines blinden Richters als Vorsitzender einer großen Strafkammer in der Berufungshauptverhandlung jedoch nichts einzuwenden.[44] Richtigerweise wird man Wahrnehmungsmängel grundsätzlich nicht am Maßstab der Art. 101 Abs. 1 S. 2 GG, § 16 S. 2 zu messen haben. Soweit die eingeschränkte Wahrnehmungsfähigkeit die Aufgaben des Richters beeinträchtigt, ist stets zu fragen, ob er seine Aufgaben (mit persönlichen und sächlichen Hilfsmitteln) dem Prozessrecht entsprechend wahrnehmen kann. Der verfassungsrechtliche Maßstab ist dann der Anspruch der Beteiligten auf rechtliches Gehör (Art. 103 Abs. 1 GG) und auf ein rechtsstaatlich faires Verfahren (Art. 2 Abs. 1 GG in Verbindung mit dem Rechtsstaatsprinzip).

Die Zuteilung einer Strafsache an einen bestimmten **Berichterstatter** ist keine Frage des gesetzlichen Richters, solange der Spruchkörper personell richtig besetzt ist.[45] Führt die Bestimmung des Berichterstatters durch den Vorsitzenden jedoch zu einer frei veränderbaren Besetzung in der Hauptverhandlung (§ 76 Abs. 2 S. 3 Nr. 2 und 3), liegt ein Verstoß gegen Art. 101 Abs. 1 S. 2 GG, § 16 vor. In diesen Fällen ist auch der Berichterstatter durch den kammerinternen Geschäftsverteilungsplan vorab abstrakt-generell zu bestimmen.[46] Es gelten die gleichen Grundsätze wie bei überbesetzten Spruchkörpern (→ Rn. 18), um zu verhindern, dass der Vorsitzende den gesetzlichen Richter bestimmt.

Eine Überbeanspruchung eines einzelnen Richters oder eines Spruchkörpers – unabhängig davon, ob eine solche tatsächlich vorliegt – verletzt grundsätzlich nicht den Anspruch auf den gesetzlichen Richter. Dem steht entgegen, dass eine dienstliche Überbelastung den Richter nicht dazu zwingt, ein überobligatorisches Arbeitspensum zu erfüllen.[47] Ob sich ein überdurchschnittlich leistungsfähiger oder leistungsbereiter Richter letztlich darauf beruft, nur mit einem durchschnittlichen Arbeitspensum belastet zu werden, oder sein erhöhtes Leistungsvermögen bzw. seine erhöhte Leistungsbereitschaft zur Bewältigung etwaiger überobligatorischer Aufgaben einsetzt, ist diesem überlassen und Ausfluss der richterlichen Unabhängigkeit. Auch wenn Art. 101 Abs. 1 S. 2 GG dem Rechtsuchenden die materielle Gewähr eines unabhängigen Richters bietet, macht ihn das nicht zum Interessenwalter des Richters und er kann nicht eine aus dessen Arbeitsbelastung abgeleitete Beeinträchtigung der richterlichen Unabhängigkeit geltend machen.[48] Etwas anderes soll erst bei dauerhafter **Überlastung** eines Spruchkörpers/Richters gelten, wenn sie zum faktischen Stillstand der Rechtspflege führt[49] oder bei der Justizverweigerung durch Nichterledigung.[50] Nach richtiger Auffassung berühren aber auch diese Fälle nicht den Gewährleistungsgehalt des gesetzli-

---

[41] BVerfG 10.1.1992 – 2 BvR 347/91, NJW 1992, 275; aA jedenfalls für den schlafenden und übermüdeten Richter *Kissel/Mayer* Rn. 64; BFH 17.2.2011 – IV B 108/09, BeckRS 2011, 95025.
[42] BVerfG 10.1.1992 – 2 BvR 347/91, NJW 1992, 275.
[43] BGH 17.12.1987 – 4 StR 440/87, BGHSt 35, 164 = NStZ 1988, 374.
[44] BVerfG 10.1.1992 – 2 BvR 347/91, NJW 1992, 275.
[45] BGH 15.6.1967 – 1 StR 516/66, BGHSt 21, 250 (254) = NJW 1967, 1622.
[46] Noch zur alten Regelung des § 76 Abs. 2: BGH 29.9.1999 – 1 StR 460/99, NJW 2000, 371.
[47] BVerfG 23.5.2012 – 2 BvR 610/12, 2 BvR 625/12, NJW 2012, 2334 (2335).
[48] BVerfG 23.5.2012 – 2 BvR 610/12, 2 BvR 625/12, NJW 2012, 2334 (2335); zur Verletzung des gesetzlichen Richters durch die neuen Besoldungsgesetze, die von Erfahrungsstufen ausgehen: *Lobmüller* StV 2015, 246.
[49] BGH 8.2.1955 – 5 StR 561/54, BGHSt 7, 205 (209); 11.1.2012 – 2 StR 346/11, NStZ 2012, 406 f.; *Kissel/Mayer* Rn. 26, 37, 66; KK/*Barthe* Rn. 8; Löwe/Rosenberg/*Böttcher* Rn. 22.
[50] BVerfG 26.2.1954 – 1 BvR 537/53, BVerfGE 3, 359 (364) = NJW 1954, 953.

chen Richters, sondern den Anspruch auf effektiven Rechtsschutz, der aus dem allgemeinen Justizgewährungsanspruch oder aus Art. 19 Abs. 4 GG herzuleiten ist und einen Anspruch auf Rechtsschutz in angemessener Zeit umfasst.[51]

18   **Überbesetzte Spruchkörper**[52] sind grundsätzlich zulässig. Eine Kammer/ein Senat kann – soweit das Präsidium dies zur Erfüllung der gesetzlichen Aufgaben des Spruchkörpers für unvermeidbar hält – mit mehr Mitgliedern besetzt sein, als gesetzlich vorgesehen.[53] Die jeweilige Besetzung ist vorab durch die spruchkörperinterne Geschäftsverteilung nach allgemeinen Geschäftsverteilungsgrundsätzen zu regeln (§ 21g).[54] Der Spruchkörper ist nach herrschender aber abzulehnender Ansicht[55] jedoch nicht mehr in einer mit Art. 101 Abs. 1 S. 2 GG zu vereinbarenden Weise besetzt, wenn die Zahl der ordentlichen Mitglieder es gestattet, dass in zwei personell voneinander verschiedenen Sitzgruppen Recht gesprochen wird oder dass der Vorsitzende drei Spruchkörper mit je verschiedenen Beisitzern bilden kann.[56] Eine Strafkammer darf daher höchstens mit einem Vorsitzenden und vier Beisitzern besetzt sein.[57]

19   Ein Vorsitzender kann den **Vorsitz in mehreren Spruchkörpern** übernehmen. Er muss allerdings in der Lage sein, seine Aufgaben als Vorsitzender „richtungsweisend" zu erfüllen. Es obliegt in erster Linie dem Vorsitzenden, bei wechselnder Zusammensetzung des Spruchkörpers, Güte und Stetigkeit der Rechtsprechung und damit letztlich die Rechtssicherheit in besonderem Maße zu gewährleisten.[58] Der in der Geschäftsverteilung bestimmte Vorsitzende muss die Möglichkeit haben, diese vielfältigen Aufgaben zu erfüllen. Ist das nicht der Fall, so ist das Gericht nicht vorschriftsmäßig besetzt.[59] Ob es sich dabei jedoch um ein verfassungsrechtliches Gebot handelt, muss bezweifelt werden.[60] Nach einer Entscheidung des Großen Senats für Zivilsachen muss der Vorsitzende mindestens 75 % der Aufgaben des Vorsitzenden selbst wahrnehmen.[61] Dabei handelt es sich allerdings nur um ein quantitatives, nicht ein qualitatives Gebot.[62] Kann er diesem Anspruch faktisch nicht genügen, liegt ein Verstoß gegen § 21f vor.[63] Der Vorsitzende kann auch zugleich ständiger Beisitzer in einem anderen Spruchkörper sein.[64]

20   Ist der Vorsitzende von der Mitwirkung **in einem Verfahren ausgeschlossen,** darf er auch nicht mittelbar – kraft seiner Autorität als Vorsitzender – auf das Verfahren (zB die Terminierung) Einfluss nehmen, ohne das Gebot des gesetzlichen Richters zu verletzen.[65] Das Urteil beruht aber nur auf dieser Verletzung, wenn bei anderer Terminierung eine andere Gerichtsbesetzung möglich gewesen wäre,[66] was im Hinblick auf die Schöffen regelmäßig kaum auszuschließen sein wird. Fragen der Vertretung des Vorsitzenden regelt § 21f Abs. 2.

---

[51] BVerfG 23.5.2012 – 2 BvR 610/12, 2 BvR 625/12, NJW 2012, 2334 (2335); in diese Richtung auch *Sowada* NStZ 2012, 353 (355).
[52] Vgl. → § 21e Rn. 12.
[53] BGH – Vereinigte große Senate 5.5.1994 – VGS 1 – 4/93, VGS 1/93, VGS 2/93, VGS 3/93, VGS 4/93, BGHSt 40, 168 = NJW 1994, 1735; BVerfG 8.4.1997 – 1 PBvU 1/95, BVerfGE 95, 322 = NJW 1997, 1497 (Spruchgruppen).
[54] BVerfG 8.4.1997 – 1 PBvU 1/95, BVerfGE 95, 322 = NJW 1997, 1497 (Spruchgruppen).
[55] Dazu → § 21e Rn. 12.
[56] BVerfG 24.3.1964 – 2 BvR 42/63, 2 BvR 83/63, 2 BvR 89/63, BVerfGE 17, 294 (301) = NJW 1964, 1020 (gesetzlicher Richter); *Katholnigg* § 21e Rn. 4; *Kissel/Mayer* § 21e Rn. 130; *Löwe/Rosenberg/Breidling* § 21e Rn. 11; *Meyer-Goßner/Schmitt* § 21e Rn. 5.
[57] BVerfG 24.3.1964 – 2 BvR 42/63, 2 BvR 83/63, 2 BvR 89/63, BVerfGE 17, 294 (301) = NJW 1964, 1020 (gesetzlicher Richter).
[58] Zweifelnd *Meyer-Goßner/Schmitt* § 21f Rn. 2.
[59] BGH 16.11.1972 – 1 StR 418/72, BGHSt 25, 54 (55) = NJW 1973, 205.
[60] Offen gelassen von BVerfG 23.5.2012 – 2 BvR 610/12, 2 BvR 625/12, NJW 2012, 2334 (2336).
[61] BGH 19.6.1962 – GSZ 1/61, BGHZ 37, 210 = NJW 1962, 1570; BGH 21.10.1994 – V ZR 151/93, NJW 1995, 335 (336) mwN.
[62] BVerfG 23.5.2012 – 2 BvR 610/12, 2 BvR 625/12, NJW 2012, 2334 (2337).
[63] Vgl. *Sowada* NStZ 2012, 353.
[64] BGH 22.4.1983 – RiZ (R) 4/82, BGHZ 88, 1 = NJW 1984, 129.
[65] BVerfG 20.3.1956 – 1 BvR 479/55, BVerfGE 4, 412 = NJW 1956, 123.
[66] BVerfG 20.3.1956 – 1 BvR 479/55, BVerfGE 4, 412 = NJW 1956, 123.

b) In sachlicher Hinsicht. Art. 101 Abs. 1 S. 2 GG, § 16 S. 2 erfasst jede richterliche 21
Tätigkeit im Sinne rechtsprechender Tätigkeit. Über Art. 101 Abs. 1 S. 2 GG sind alle
Gerichtszweige einschließlich der Verfassungsgerichte[67] angesprochen. Im Rahmen der
ordentlichen Gerichtsbarkeit ist die Vorschrift auch auf **richterliche Tätigkeiten** in der
freiwilligen Gerichtsbarkeit, auf den Ermittlungsrichter und den Eildienst anwendbar.[68]
Nichtrichterliche Tätigkeiten, also insbesondere solche der Rechtspfleger, sind grundsätzlich
nicht erfasst, allerdings dürfen Aufgaben, die materiell zur rechtsprechenden Tätigkeit gehören, nicht auf andere Organe übertragen werden, ohne gegen Art. 101 Abs. 1 S. 2 GG, § 16
zu verstoßen.[69] Unter richterliche Handlungen fallen nicht nur solche des erkennenden
Richters, sondern auch die Hauptverhandlung vorbereitende Maßnahmen.[70]

Besteht eine **Vorlagepflicht** an ein anderes Gericht, ist dieses gesetzlicher Richter. Die 22
Nichtvorlage verstößt daher gegen Art. 101 Abs. 1 S. 2, § 16 S. 2. Der Prüfungsmaßstab für
die Frage der Verletzung der Vorlagepflicht ist die „objektive Willkür" (dazu → Rn. 29).

aa) Geschäftsverteilung. Art. 101 Abs. 1 S. 2 GG verlangt angesichts der Vielfalt der 23
Gerichtsbarkeiten, der Verschiedenartigkeit der Organisation und Größe der Gerichte mit der
Garantie des gesetzlichen Richters nicht stets ein formelles, im parlamentarischen Verfahren
beschlossenes Gesetz. Zwar muss der Gesetzgeber die fundamentalen Zuständigkeitsregeln
selbst aufstellen. Er kann aber die Festlegung der Zuständigkeiten der jeweiligen Spruchkörper
den Geschäftsverteilungsplänen der Gerichte überlassen. Da aber erst durch diese Regelungen
der gesetzliche Richter genau bestimmt wird, unterliegen die jeweiligen Fachgerichte bei der
Festlegung der konkreten Geschäftsverteilung ebenfalls den Bindungen aus Art. 101 Abs. 1 S. 2
GG. Insbesondere muss sich die aus dem Grundsatz des gesetzlichen Richters ergebende **abstrakt-generelle Vorausbestimmung bis auf die letzte Regelungsstufe** erstrecken, auf der
es um die Person des konkreten Richters geht.[71] Die Geschäftsverteilung der Gerichte regelt
§ 21e,[72] die der einzelnen Spruchkörper § 21g. Verstöße gegen die Regeln der Geschäftsverteilung berühren daher immer auch das Verbot der Richterentziehung.

bb) Bewegliche Zuständigkeiten. Das GVG kennt eindeutige sachliche Zuständigkeiten 24
ten für Strafsachen erster Instanz nur in § 25 Nr. 1, 74 Abs. 2 und 120 Abs. 1. Die übrigen
Zuständigkeiten hängen von unbestimmten Rechtsbegriffen ab, die einzelfallbezogen einen
mehr oder weniger weiten Beurteilungsspielraum eröffnen (Straferwartung, §§ 24 Abs. 1
S. 1 Nr. 2, 25 Nr. 2; 74 Abs. 1; besondere Bedeutung, §§ 24 Abs. 1 S. 1 Nr. 3, S. 2, 74
Abs. 1, 74a Abs. 2, 120 Abs. 2, 142; Zweckmäßigkeit, §§ 26 Abs. 2, 74b S. 2; Erforderlichkeit besonderer Kenntnisse des Wirtschaftslebens, § 74c Abs. 1 S. 1 Nr. 6) und sind damit
beweglich. Da es sich nicht um Ermessensvorschriften handelt, steht es der Staatsanwaltschaft
nicht frei, den gesetzlichen Richter zu bestimmen. Sie hat vielmehr den **unbestimmten
Rechtsbegriff auszufüllen** und, wenn die Voraussetzungen vorliegen, bei dem dann
zuständigen Gericht anzuklagen.[73] Diese Einschätzung der Staatsanwaltschaft unterliegt der
vollen gerichtlichen Kontrolle, sodass die Staatsanwaltschaft den gesetzlichen Richter nicht
entziehen kann.[74]

Anders stellt sich die Situation bei der **örtlichen Zuständigkeit** dar. Da die StPO verschie- 25
dene gleichrangige Gerichtsstände kennt, kann die Staatsanwaltschaft den gesetzlichen Richter
durch ihre Wahl, wo sie anklagt, beeinflussen. Diese Wahlmöglichkeit sieht die StPO ausdrück-

---

[67] BVerfG 3.12.1975 – 2 BvL 7/74, BVerfGE 40, 356 (361) = NJW 1976, 283 (Besetzung der Richterbank).
[68] BVerfG 16.4.1969 – 2 BvR 115/69, BVerfGE 25, 336 = NJW 1969, 1104 für den (früheren) Untersuchungsrichter; *Kissel/Mayer* Rn. 21.
[69] BVerfG 18.11.1966 – 1 BvR 173/63, BVerfGE 20, 365 (396); 6.6.1967 – 2 BvR 375/60, 2 BvR 53/60, 2 BvR 18/65, BVerfGE 22, 49 = NJW 1967, 1219 (Strafgewalt der Finanzämter).
[70] BVerfG 20.3.1956 – 1 BvR 479/55, BVerfGE 4, 412 = NJW 1956, 123.
[71] BVerfG 8.4.1997 – 1 PBvU 1/95, BVerfGE 95, 322 = NJW 1997, 1497 (Spruchgruppen).
[72] → § 21e Rn. 25 ff.
[73] BVerfG 19.3.1959 – 1 BvR 295/58, BVerfGE 9, 223 = NJW 1959, 871.
[74] Zur Kritik in der Literatur Löwe/Rosenberg/*Böttcher* Rn. 16 mwN.

lich vor. Sie ist nach herrschender Ansicht in der Rechtsprechung von den Gerichten jedenfalls bis an die Willkürgrenze hinzunehmen.[75] Nach anderer Ansicht[76] sollen §§ 7 ff. StPO verfassungskonform ausgelegt und einer zwingenden Reihenfolge unterworfen werden. In eine ähnliche Richtung geht auch das OLG Hamm,[77] wonach die Wahl der Staatsanwaltschaft durch das Gericht unter Anlegung eines strengen, an Art. 101 Abs. 1 S. 2 GG orientierten Maßstabs zu überprüfen sei.[78] Richtigerweise haben Gerichte ihre örtliche Zuständigkeit von Amts wegen zu prüfen. Liegt diese vor, ist die Wahl der Staatsanwaltschaft hinzunehmen, solange sie nicht **objektiv willkürlich** war.[79] Gleiches gilt, wenn die Staatsanwaltschaft Anklage erhoben hat und diese zurücknimmt, um bei einem anderen zuständigen Gericht anzuklagen. Auch dieses Gericht hat kein Recht zur vollen Überprüfung der staatsanwaltschaftlichen Entscheidung, sondern nur eine Willkürkontrolle vorzunehmen. Das gilt sogar, wenn die Staatsanwaltschaft eine Anklage zurücknimmt und beim gleichen Gericht aber einem anderen nach der Geschäftsverteilung zuständigen Spruchkörper erneut anklagt.[80]

26 cc) **Einflussmöglichkeiten der Staatsanwaltschaft.** Weitere Einflussmöglichkeiten der Staatsanwaltschaft auf den gesetzlichen Richter können sich aus der Fassung der Geschäftsverteilung selbst ergeben, bspw. wenn diese bei der Zuteilung der Verfahren an verschiedene Spruchkörper an die Aktenzeichen der Staatsanwaltschaft oder den zeitlichen Eingang der Akte bei Gericht anknüpft. Auch eine Verteilung der Geschäfte nach Anfangsbuchstaben des Nachnamens des zuerst genannten Angeklagten gibt **Möglichkeiten zur Manipulation.** Dennoch können nicht sämtliche denkbaren Einflussmöglichkeiten ausgeschlossen werden. Diese sind hinzunehmen, wenn die Geschäftsverteilung in möglichst hohem Maß anhand objektiv-abstrakter Kriterien dafür Gewähr bietet, dass das Verfahren sozusagen „blindlings" an den zuständigen Spruchkörper gelangt.[81]

IV. Rechtsbehelfe und Revision

27 Seine ordnungsgemäße Besetzung hat das Gericht mit den Einschränkungen der Verfahrensgesetze (für die Strafprozessordnung zB §§ 6a, 16 StPO) **von Amts wegen** zu prüfen.[82]

28 Verstöße gegen Art. 101 Abs. 1 GG, § 16 können sowohl das Verbot von Ausnahmegerichten, als auch den gesetzlichen Richter betreffen, wobei die Entscheidung eines (verbotenen) Ausnahmegerichts immer auch die Garantie des gesetzlichen Richters verletzt. Auch **Entscheidungen von Ausnahmegerichten** sind jedoch regelmäßig nur **anfechtbar und nicht nichtig.**[83] Etwas anderes kann nur gelten, wenn die Entscheidung eines Ausnahmegerichts wegen des Ausmaßes und des Gewichts der Fehlerhaftigkeit für die Rechtsgemeinschaft geradezu unerträglich wäre, weil die Entscheidung dem Geist der Strafprozessordnung und wesentlichen Prinzipien der rechtsstaatlichen Ordnung widerspricht. Die Annahme von Nichtigkeit setzt überdies unter dem Gesichtspunkt der Rechtssicherheit voraus, dass die schwerwiegende Fehlerhaftigkeit offenkundig ist.[84]

29 Nicht jeder Verstoß gegen das Gebot des gesetzlichen Richters führt zur Anfechtbarkeit der Entscheidung. Es ist ein spezifisch verfassungsrechtlicher Prüfungsmaßstab anzulegen, der sich aus dem Sinn des Art. 101 Abs. 1 GG ergibt, um zu verhindern, dass die rechtspre-

---

[75] BVerfG 2.7.1992 – 2 BvR 1197/91, juris; BGH 18.3.1975 – 1 StR 559/74, BeckRS 1975, 160; OLG Frankfurt a. M. 24.1.2014 – 3 Ws 2 3114, NZWiSt 2014, 109 mit kritischer Anm. *Trüg*; vgl. auch Löwe/Rosenberg/*Böttcher* Rn. 18; Meyer-Goßner/*Schmitt* StPO Vor § 7 Rn. 10 jeweils mwN zum Streitstand.
[76] *Heghmanns* StV 2000, 277.
[77] OLG Hamm 10.9.1998 – 2 Ws 376/98, StV 1999, 240.
[78] So auch Löwe/Rosenberg/*Böttcher* Rn. 18.
[79] Zur Kritik am Willkürmaßstab → StPO § 338 Rn. 19.
[80] BGH 6.9.1983 – 1 StR 505/83, NStZ 1984, 132; KK/*Barthe* Rn. 11.
[81] → § 21e Rn. 25 ff.; vgl. KK/*Barthe* Rn. 11; Löwe/Rosenberg/*Böttcher* Rn. 11.
[82] BVerfG 11.10.1983 – 1 BvL 73/78, BVerfGE 65, 152; 27.1.1994 – 1 BvR 1693/92, BVerfGE 89, 359 = NJW 1994, 648.
[83] *Kissel*/*Mayer* Rn. 50; Löwe/Rosenberg/*Böttcher* Rn. 11.
[84] BGH 24.1.1984 – 1 StR 874/83, NStZ 1984, 279; vgl. auch Löwe/Rosenberg/*Böttcher* Rn. 7 mit Beispielen zu denkbaren Konstellationen (Revolutionstribunale, Standgerichte).

chende Gewalt sachfremden Einflüssen ausgesetzt wird.[85] Für die Annahme eines Verstoßes gegen Art. 101 Abs. 1 S. 2 GG reicht daher nicht jede irrtümliche Überschreitung der den Fachgerichten gezogenen Grenzen aus. Nicht jede fehlerhafte Anwendung oder Nichtbeachtung einer einfachgesetzlichen Verfahrensvorschrift ist zugleich eine Verfassungsverletzung; andernfalls würde die Anwendung einfachen Rechts auf die Ebene des Verfassungsrechts gehoben werden. Die Grenze zur Verfassungswidrigkeit ist erst überschritten, wenn die – fehlerhafte – Auslegung und Anwendung einfachen Rechts willkürlich ist.[86] Dieser **Willkürmaßstab**[87] ist auch im Rahmen der Revision anzulegen.[88]

Willkür liegt nach der Rechtsprechung des BVerfG nicht schon bei Verfahrensfehlern 30 oder -irrtümern vor.[89] Hinzukommen muss, dass Rechtsanwendung oder Verfahren **unter keinem denkbaren Aspekt mehr rechtlich vertretbar** sind und sich daher der Schluss aufdrängt, dass die Entscheidung auf sachfremden und damit willkürlichen Erwägungen beruht. Dabei enthält die Feststellung von Willkür keinen subjektiven Schuldvorwurf. Willkür ist vielmehr in einem **objektiven Sinn** zu verstehen.[90] Eine verfassungswidrige Entziehung des gesetzlichen Richters durch eine richterliche Zuständigkeitsentscheidung liegt darüber hinaus vor, wenn das Gericht Bedeutung und Tragweite von Art. 101 Abs. 1 S. 2 GG grundlegend verkennt.[91] Unzulässig ist auch das Fehlen einer abstrakt-generellen und hinreichend klaren Regelung, aus der sich der im Einzelfall zur Entscheidung berufene Richter möglichst eindeutig ablesen lässt.[92]

Daran gemessen sind **vertretbare Auslegungen** der Zuständigkeitsregeln oder der 31 Geschäftsverteilung selbst nie willkürlich. Auch rein versehentliche Zuteilungen einer Sache – die wiederum zu einer zufälligen Bestimmung des Richters führen – fallen nicht unter den Willkürbegriff.[93] Die Geschäftsverteilung selbst ist hingegen auf ihre Rechtmäßigkeit voll überprüfbar.[94]

Ist das Recht auf den gesetzlichen Richter (willkürlich) verletzt, können abhängig von 32 der Fallgestaltung **absolute Revisionsgründe** nach § 338 Nr. 1–4 StPO vorliegen.[95] Die willkürliche Annahme der sachlichen Zuständigkeit ist allerdings bereits von Amts wegen zu beachten.[96] Eine Heilung kommt grundsätzlich nicht in Betracht.[97] Wird allerdings nach Aufhebung und Zurückverweisung über alle Tat- und Rechtsfragen neu entschieden, ist der Angeklagte nicht mehr beschwert und der Fehler damit aufgehoben.[98]

Aus dem anzulegenden Willkürmaßstab ergibt sich über die normalen Fälle der Revision 33 hinaus wegen des damit stets einhergehenden Verfassungsverstoßes eine **erweiterte Anfechtungsmöglichkeit**. Wegen des Verdikts der Verfassungswidrigkeit bei Willkür sind daher auch Entscheidungen mit der Revision angreifbar, die eigentlich einer Anfechtung entzogen sind. § 336 S. 2 StPO entfaltet in diesen Fällen keine Sperrwirkung.[99] Aus dem gleichen Grund kann auch die Gegenvorstellung in Einzelfällen bei erkannter Entziehung

---

[85] BVerfG 8.4.1997 – 1 PBvU 1/95, BVerfGE 95, 322 = NJW 1997, 1497 (Spruchgruppen).
[86] BVerfG 3.11.1992 – 1 BvR 137/92, BVerfGE 87, 282 (284) = NJW 1993, 381.
[87] Zur Kritik am Willkürmaßstab → § 338 Rn. 19.
[88] HM, KK/*Barthe* Rn. 13; Löwe/Rosenberg/*Böttcher* Rn. 26 ff.; Meyer-Goßner/*Schmitt* Rn. 6 jeweils auch mwN zu den Gegenansichten.
[89] BVerfG 3.11.1992 – 1 BvR 137/92, BVerfGE 87, 282 (284) = NJW 1993, 381 (stRspr).
[90] StRspr, zuletzt BVerfG 26.8.2014 – 2 BvR 2400/13, NJW 2014, 3504 mwN; vgl. auch → § 1 Rn. 42.
[91] BVerfG 3.11.1992 – 1 BvR 137/92, BVerfGE 87, 282 (284) = NJW 1993, 381.
[92] BVerfG 8.4.1997 – 1 PBvU 1/95, BVerfGE 95, 322 = NJW 1997, 1497 (Spruchgruppen); vgl. auch → § 21e Rn. 68.
[93] BGH 21.12.1983 – 2 StR 495/83, NStZ 1984, 181 (182).
[94] BVerwG 5.12.1986 – 4 CB 4/86, NJW 1987, 2031 (2032); BGH 9.4.2009 – 3 StR 376/08, BGHSt 53, 268 = NJW 2010, 625 mit Besprechung *Gubitz/Bock* NStZ 2010, 190; 10.7.2013 – 2 StR 116/13, NStZ 2014, 226 (227); *Schmitz* StraFo 2016, 397, → § 21e Rn. 68.
[95] Vgl. die Kommentierung zu → StPO § 338 Rn. 15–83.
[96] Vgl. die Kommentierung zu → § 6 Rn. 8.
[97] Vgl. Löwe/Rosenberg/*Böttcher* Rn. 25 aE.
[98] BVerfG 19.10.1977 – 2 BvR 689/76, BVerfGE 46, 188.
[99] OLG Karlsruhe 19.2.1981 – 3 Ss 302/80, NStZ 1981, 272; *Katholnigg* NJW 1978, 2378; KK/*Barthe* Rn. 13; Meyer-Goßner/*Schmitt* Rn. 8.

des gesetzlichen Richters zur Aufhebung der eigenen (sogar rechtskräftigen) Entscheidung zwingen.[100] Umgekehrt verlangt die Verfassungsbeschwerde unter dem Gesichtspunkt der Rechtswegerschöpfung bei nicht mehr anfechtbaren Entscheidungen eine Gegenvorstellung als Zulässigkeitsvoraussetzung.[101]

§ 17 [Rechtshängigkeit; Entscheidung des Rechtsstreits]

(1) ¹Die Zulässigkeit des beschrittenen Rechtsweges wird durch eine nach Rechtshängigkeit eintretende Veränderung der sie begründenden Umstände nicht berührt. ²Während der Rechtshängigkeit kann die Sache von keiner Partei anderweitig anhängig gemacht werden.

(2) ¹Das Gericht des zulässigen Rechtsweges entscheidet den Rechtsstreit unter allen in Betracht kommenden rechtlichen Gesichtspunkten. ²Artikel 14 Abs. 3 Satz 4 und Artikel 34 Satz 3 des Grundgesetzes bleiben unberührt.

§ 17a [Rechtsweg]

(1) Hat ein Gericht den zu ihm beschrittenen Rechtsweg rechtskräftig für zulässig erklärt, sind andere Gerichte an diese Entscheidung gebunden.

(2) ¹Ist der beschrittene Rechtsweg unzulässig, spricht das Gericht dies nach Anhörung der Parteien von Amts wegen aus und verweist den Rechtsstreit zugleich an das zuständige Gericht des zulässigen Rechtsweges. ²Sind mehrere Gerichte zuständig, wird an das vom Kläger oder Antragsteller auszuwählende Gericht verwiesen oder, wenn die Wahl unterbleibt, an das vom Gericht bestimmte. ³Der Beschluß ist für das Gericht, an das der Rechtsstreit verwiesen worden ist, hinsichtlich des Rechtsweges bindend.

(3) ¹Ist der beschrittene Rechtsweg zulässig, kann das Gericht dies vorab aussprechen. ²Es hat vorab zu entscheiden, wenn eine Partei die Zulässigkeit des Rechtsweges rügt.

(4) ¹Der Beschluß nach den Absätzen 2 und 3 kann ohne mündliche Verhandlung ergehen. ²Er ist zu begründen. ³Gegen den Beschluß ist die sofortige Beschwerde nach den Vorschriften der jeweils anzuwendenden Verfahrensordnung gegeben. ⁴Den Beteiligten steht die Beschwerde gegen einen Beschluß des oberen Landesgerichts an den obersten Gerichtshof des Bundes nur zu, wenn sie in dem Beschluß zugelassen worden ist. ⁵Die Beschwerde ist zuzulassen, wenn die Rechtsfrage grundsätzliche Bedeutung hat oder wenn das Gericht von der Entscheidung eines obersten Gerichtshofes des Bundes oder des Gemeinsamen Senats der obersten Gerichtshöfe des Bundes abweicht. ⁶Der oberste Gerichtshof des Bundes ist an die Zulassung der Beschwerde gebunden.

(5) Das Gericht, das über ein Rechtsmittel gegen eine Entscheidung in der Hauptsache entscheidet, prüft nicht, ob der beschrittene Rechtsweg zulässig ist.

(6) Die Absätze 1 bis 5 gelten für die in bürgerlichen Rechtsstreitigkeiten, Familiensachen und Angelegenheiten der freiwilligen Gerichtsbarkeit zuständigen Spruchkörper in ihrem Verhältnis zueinander entsprechend.

§ 17b [Anhängigkeit nach Verweisung; Kosten]

(1) ¹Nach Eintritt der Rechtskraft des Verweisungsbeschlusses wird der Rechtsstreit mit Eingang der Akten bei dem im Beschluß bezeichneten Gericht anhängig. ²Die Wirkungen der Rechtshängigkeit bleiben bestehen.

---
[100] BVerfG 12.1.1983 – 2 BvR 964/82, NStZ 1983, 324; OLG Düsseldorf 7.8.1979 – 5 Ws 64/79, 5 Ws 6/79, MDR 1980, 335.
[101] BVerfG 12.1.1983 – 2 BvR 964/82, NStZ 1983, 324.

(2) ¹Wird ein Rechtsstreit an ein anderes Gericht verwiesen, so werden die Kosten im Verfahren vor dem angegangenen Gericht als Teil der Kosten behandelt, die bei dem Gericht erwachsen, an das der Rechtsstreit verwiesen wurde. ²Dem Kläger sind die entstandenen Mehrkosten auch dann aufzuerlegen, wenn er in der Hauptsache obsiegt.

(3) Absatz 2 Satz 2 gilt nicht in Familiensachen und in Angelegenheiten der freiwilligen Gerichtsbarkeit.

§ 17c [Zuständigkeitskonzentrationen, Änderungen der Gerichtsbezirksgrenzen]

(1) Werden Zuständigkeitskonzentrationen oder Änderungen der Gerichtsbezirksgrenzen aufgrund dieses Gesetzes, aufgrund anderer bundesgesetzlicher Regelungen oder aufgrund Landesrechts vorgenommen, stehen in diesen Fällen bundesrechtliche Bestimmungen, die die gerichtliche Zuständigkeit in anhängigen und rechtshängigen Verfahren unberührt lassen, einer landesrechtlichen Zuweisung dieser Verfahren an das neu zuständige Gericht nicht entgegen.

(2) ¹Ist im Zeitpunkt der Zuweisung die Hauptverhandlung in einer Straf- oder Bußgeldsache begonnen, aber noch nicht beendet, so kann sie vor dem nach dem Inkrafttreten der Zuständigkeitsänderung zuständigen Gericht nur fortgesetzt werden, wenn die zur Urteilsfindung berufenen Personen personenidentisch mit denen zu Beginn der Hauptverhandlung sind. ²Soweit keine Personenidentität gegeben ist, bleibt das Gericht zuständig, das die Hauptverhandlung begonnen hat.

I. Normzweck

§§ 17, 17a wurden mit Art. 2 Gesetz vom 17.12.1990[1] neu gefasst, § 17b und § 17c neu eingefügt. § 17a Abs. 6 und § 18b Abs. 3 wurden mit Wirkung vom 1.9.2009 angefügt durch Gesetz vom 17.12.2008.[2] §§ 17–17c, die für alle Gerichtsbarkeiten gelten,[3] regeln einheitlich die Rechtswegentscheidungen und die Verweisungen von Rechtsstreitigkeiten in einen anderen Rechtsweg. Das Verfahren wurde vereinheitlicht und gestrafft. Positive wie negative Kompetenzkonflikte sollen damit ausgeschlossen,[4] Fragen des Rechtswegs möglichst frühzeitig endgültig geklärt werden. Über die Rechtswegzuständigkeit hinaus finden die Regeln für Kompetenzstreitigkeiten innerhalb der Zivilgerichte mit Einführung des § 17a Abs. 6 entsprechende Anwendung.[5]

II. Allgemeiner Regelungsgehalt

Die Rechtswegzuständigkeit wird im Wesentlichen nach folgenden **Verfahrensgesichtspunkten** entschieden: Die Frage der Rechtswegzuständigkeit wird von dem zuerst angerufenen Gericht von Amts wegen geprüft, § 17a Abs. 2 S. 1. Erachtet es sich für zuständig, bindet diese Entscheidung andere Gerichte, § 17a Abs. 1. Es gilt das Prinzip der perpetuatio fori. Nachträgliche Änderungen führen nicht zur Unzuständigkeit, § 17 Abs. 1 S. 1. Hält es sich für unzuständig, hört es die Beteiligten an und verweist das Verfahren an das zuständige Gericht, § 17a Abs. 2 S. 1, das an diese Verweisung (in Bezug auf den Rechtsweg) gebunden ist, § 17a Abs. 2 S. 3. Zugleich ändert die Verweisung nichts an der Rechtshängigkeit, deren Wirkungen fortbestehen, § 17b Abs. 1 S. 2. Der Entscheidung anderer Gerichte steht der Einwand anderweitiger Rechtshängigkeit entgegen, § 17 Abs. 1 S. 2. Das rechtswegzuständige Gericht hat das Verfahren unter allen in Betracht kommenden rechtlichen

---

[1] BGBl. 1990 I 2809.
[2] BGBl. 2008 I 2586.
[3] Über § 173 VwGO, § 155 FGO, § 202 SGG und § 48 ArbGG. Vgl. auch *Kissel* NJW 1991, 945 (947).
[4] Zum Ganzen: *Kissel* NJW 1991, 945 ff.
[5] Vgl. auch *Fritzsche* NJW 2015, 586.

Gesichtspunkten zu entscheiden, § 17 Abs. 2 S. 1. Der Instanzenzug ist verkürzt, § 17a Abs. 4 S. 3–6, die Entscheidung über den Rechtsweg der Überprüfung im Rechtsmittelverfahren der Hauptsache entzogen, § 17a Abs. 5. § 17c wurde eingefügt mit Wirkung vom 13.7.2017 durch Gesetz vom 5.7.2017.[6] Die Norm erlaubt eine Durchbrechung des perpetuatio-fori-Grundsatzes, wenn eine landesrechtliche Zuständigkeitskonzentration oder Änderung der Gerichtsbezirke erfolgt. Diese soll nach § 17c auch laufende Verfahren erfassen können. In strafprozessualer Hinsicht ist Abs. 2 relevant, wonach eine Durchbrechung der perpetuatio fori nur zulässig ist, wenn die zur Entscheidung berufenen Personen vor und nach der Zuständigkeitsänderung identisch sind. Liegt keine Personenidentität vor, bleibt das alte Gericht zuständig. Das gilt bei laufender und nicht ausgesetzter Hauptverhandlung.[7]

III. Bedeutung in Strafsachen

3   Die Bedeutung in Strafsachen ist gering. Rechtswegfragen sind unmittelbar im Verhältnis zu den Verwaltungsgerichten in Verfahren nach §§ 23 ff. EGGVG bzw. nach § 98 Abs. 2 S. 2 StPO (analog) relevant. Gemäß § 25 EGGVG ist für die Entscheidung über **Justizverwaltungsakte in Strafsachen** der Strafsenat beim OLG zuständig. Abgrenzungsfragen stellen sich insbesondere bei polizeilichen Maßnahmen, bei denen sowohl präventiv, als auch repressiv gehandelt wurde. Hält das angerufene OLG den Schwerpunkt der Maßnahme für (präventiv) polizeirechtlich, verweist es das Verfahren an das zuständige Verwaltungsgericht.[8] Umgekehrt ist eine Maßnahme, die nach dem Gesamteindruck darauf gerichtet ist, eine strafbare Handlung zu erforschen oder sonst zu verfolgen, der Kontrolle der ordentlichen Gerichte nach §§ 23 ff. EGGVG nicht etwa deshalb entzogen, weil durch die polizeilichen Ermittlungen möglicherweise zugleich auch künftigen Verletzungen der öffentlichen Sicherheit vorgebeugt wurde.[9] Entsprechendes gilt, wenn gegen eine Maßnahme der Polizei die Entscheidung des Ermittlungsrichters nach § 98 Abs. 2 S. 2 StPO (ggf. analog) beantragt wird. Kommt der Ermittlungsrichter zu dem Ergebnis, dass es sich um eine polizeirechtliche Maßnahme handelt, für die er auch nicht ausnahmsweise (zB nach Art. 18 Abs. 3 BayPAG) zuständig ist, verweist er das Verfahren an das Verwaltungsgericht. Diese Grundsätze gelten auch bei Entscheidungen nach § 101 Abs. 7 S. 2 StPO, wenn eine Maßnahme inmitten steht, die auf polizeirechtlicher Grundlage angeordnet wurde. Ist nicht klar, ob eine Maßnahme überhaupt justiziabel ist, gilt § 17a ebenfalls. Das Verwaltungsgericht kann daher die Klage gegen eine ablehnende (der Generalstaatsanwaltschaft oder dem Justizminister übertragene) Gnadenentscheidung an das nach § 25 EGGVG zuständige Oberlandesgericht verweisen, das zuständig wäre, wenn die Gnadenentscheidung gerichtlich überprüft werden könnte.[10]

4   Da §§ 17–17b nur das Verhältnis der Gerichtsbarkeiten zueinander betrifft und eine § 17a Abs. 6 entsprechende Regelung für Strafsachen nicht existiert, stellt sich die Frage nach einer **analogen Anwendung bei Kompetenzkonflikten innerhalb der ordentlichen Gerichtsbarkeit.** Aus einer Entscheidung des Bundesverfassungsgerichts[11] wird geschlossen, dass eine Verweisung des Verfahrens auf (Hilfs-) Antrag eines Beteiligten aus Gründen der Justizgewährung nach Art. 19 Abs. 4 GG stets möglich sein müsste.[12] Ein derart weites Verständnis der Entscheidung ist indes nicht zwingend. Das Bundesverfassungsgericht bezieht sich ausdrücklich nur auf Rechtswegfragen. Verweisungen innerhalb des gleichen Rechtswegs sind davon gerade nicht erfasst. Verfassungsrechtlich geboten wäre eine Verweisungsmöglichkeit innerhalb des gleichen Rechtswegs daher nur, wenn bei Zurückweisung des Antrags ohne Verweisung ein Rechtsverlust droht, zB weil Fristen dann nicht gewahrt

---

[6] BGBl. I 2208.
[7] BR-Drs. 236/I/16, 24.
[8] Löwe/Rosenberg/*Böttcher* § 17b Rn. 2.
[9] BVerwG 3.12.1974 – I C 11.73, BVerwGE 47, 225 (264) = NJW 1975, 893 (895); zur Möglichkeit der Weiterverweisung vgl. OLG Karlsruhe 18.4.2013 – 2 VAs 2/13, 9–11/13, NJW 2013, 3738 f.
[10] BVerwG 10.10.1975 – VII C 26/73, NJW 1976, 305.
[11] BVerfG 25.3.1981 – 2 BvR 1258/79, BVerfGE 57, 9 (22) = NJW 1981, 1154.
[12] Löwe/Rosenberg/*Böttcher* § 17b Rn. 3, KG 6.1.15 – 4 VAs 51/14, NJW 2015, 2437 (2438).

wären. Dementsprechend wird zum Teil auch eine analoge Anwendung abgelehnt[13] oder eine formlose Abgabe erwogen.[14] Eine analoge Anwendung wird angenommen, wenn statt des Zivilgerichts die Strafvollstreckungskammer nach § 109 StVollzG angerufen wurde[15] oder umgekehrt.[16] Gleiches soll für das Verhältnis von dem nach § 25 EGGVG zuständigen OLG-Senat zur Strafvollstreckungskammer aber auch zum Ermittlungsrichter in Verfahren nach § 98 Abs. 2 S. 2 StPO (ggf. analog) gelten.[17] Wenn der Kartellsenat beim Oberlandesgericht in Kartellbußgeldsachen von einem hinreichenden Tatverdacht einer Straftat ausgeht, soll nach rechtlichem Hinweis eine Verweisung an ein örtlich zuständiges Amts- oder Landgericht (Wirtschaftsstrafkammer) erfolgen.[18] Dabei stellt der BGH vorzugswürdig nicht auf eine Analogie zu §§ 17–17b sondern zu § 270 StPO ab. Das kommt der Entscheidung des Gesetzgebers am nächsten, dem bei Einführung des § 17a Abs. 6 bekannt war, dass Kompetenzkonflikte auch innerhalb eines Rechtswegs auftreten können, wenn verschiedene Verfahrensordnungen eingreifen. Dennoch hat er sich dafür entschieden, Abs. 6 in seinem Anwendungsbereich auf die Zivilgerichte zu beschränken. Eine planwidrige Regelungslücke lässt sich seither kaum noch begründen.

IV. Anfechtung

Die (positive wie negative) Entscheidung des angerufenen Gerichts über seine (Un-) Zuständigkeit ist nach § 17a Abs. 4 S. 3 mit der sofortigen Beschwerde anfechtbar. In Strafsachen ist die **sofortige Beschwerde nach § 311 StPO** zu erheben. Gegen Entscheidungen des OLG-Senats in Verfahren nach §§ 23 ff. EGGVG steht die sofortige Beschwerde unter dem Vorbehalt der Zulassung nach § 17a Abs. 4 S. 4–6. Dadurch wird spezialgesetzlich ein eigenständiges Rechtsmittelverfahren begründet, das den Zweck verfolgt, eine schnelle frühzeitige Entscheidung über den Rechtsweg zu ermöglichen.[19] Eine Nichtzulassungsbeschwerde sieht § 17a dementsprechend nicht vor. Die Entscheidung, die Beschwerde nicht zuzulassen, ist daher auch bei „greifbarer Gesetzeswidrigkeit" nicht anfechtbar.[20] Umgekehrt ist der BGH an die Zulassung der Beschwerde durch das OLG gebunden, § 17a Abs. 4 S. 6.

Die Entscheidung ist für das Gericht, an das verwiesen wird, bindend. Ist der Verweisungsbeschluss unanfechtbar geworden, findet eine weitere Überprüfung nicht statt. Eine Ausnahme hat die Rechtsprechung auch in Fällen objektiv willkürlicher Verweisungen bisher nicht zugelassen. Etwas anderes wird lediglich bei „extremen Verstößen" erwogen,[21] zB bei der Verweisung durch ein Gericht, bei dem dieser Rechtsstreit nicht anhängig ist. Das verstößt gegen das Gebot des gesetzlichen Richters und stellt eine krasse Rechtsverletzung dar, weshalb einer solchen Entscheidung keine Bindungswirkung zukommen soll.[22] Erklärt sich ein Strafgericht nach unanfechtbarer aber objektiv willkürlicher Verweisung eines Verwaltungsgerichts für unzuständig und legt es den negativen Kompetenzstreit dem nächsthöheren (iS der örtlichen Zuständigkeit) gemeinsamen Gericht vor, entscheidet dieses analog § 36 Abs. 1 Nr. 6 ZPO.[23]

---

[13] OLG Stuttgart 27.8.2001 – 2 Ws 165/2001, NStZ-RR 2002, 111; OLG Nürnberg 30.12.2005 – 1 VAs 12/05, NStZ 2006, 654 (655).
[14] OLG Frankfurt a. M. 1.2.1996 – 3 VAs 29/95, NStZ 1996, 565; OLG Frankfurt a. M. 18.9.1996 – 3 VAs 21/96, NStZ-RR 1996, 365 (366).
[15] OLG Saarbrücken 7.2.1994 – Vollz (Ws) 20/93, NJW 1994, 1423 (1424).
[16] Meyer-Goßner/Schmitt § 17 Rn. 2 mit Hinweis auf OLG Jena 23.2.2005 – 1 VAs 1/05, StV 2006, 147.
[17] Löwe/Rosenberg/Böttcher § 17b Rn. 3 mwN zur Rechtsprechung; Meyer-Goßner/Schmitt § 17 Rn. 2; aA zB OLG Hamburg 25.6.2014 – 2 VAs 9/14, NStZ-RR 2014, 255 (256 f.).
[18] BGH 20.4.1993 – KRB 15/92, BGHSt 39, 202 (208) = NJW 1993, 2325.
[19] Vgl. auch Löwe/Rosenberg/Böttcher § 17b Rn. 3; Kissel/Mayer § 17 Rn. 30.
[20] Kissel/Mayer § 17 Rn. 30.
[21] BVerwG 1.12.1992 – 7 A 4/92, NVwZ 1993, 770; 8.11.1994 – 9 AV 1/94, NVwZ 1995, 372; offen gelassen von BGH 29.4.2014 – X ARZ 172/14, NJW 2014, 2125 (2126).
[22] BAG 21.12.2015 – 10 AS 9/15, NZA 2016, 446.
[23] BGH 8.12.2016 – 2 ARs 196/16, NJW 2017, 1689.

§ 18 [Exterritorialität von Mitgliedern der diplomatischen Missionen]

¹Die Mitglieder der im Geltungsbereich dieses Gesetzes errichteten diplomatischen Missionen, ihre Familienmitglieder und ihre privaten Hausangestellten sind nach Maßgabe des Wiener Übereinkommens über diplomatische Beziehungen vom 18. April 1961 (Bundesgesetzbl. 1964 II S. 957 ff.) von der deutschen Gerichtsbarkeit befreit. ²Dies gilt auch, wenn ihr Entsendestaat nicht Vertragspartei dieses Übereinkommens ist; in diesem Falle findet Artikel 2 des Gesetzes vom 6. August 1964 zu dem Wiener Übereinkommen vom 18. April 1961 über diplomatische Beziehungen (Bundesgesetzbl. 1964 II S. 957) entsprechende Anwendung.

Übersicht

	Rn.		Rn.
I. Normzweck	1, 2	3. Anwendungsbereich in Bezug auf Räume und Sachen	10
II. Immunität	3–13	4. Zeitlicher Anwendungsbereich	11
1. Wirkungen	3–8	5. Auslegungshilfen	12, 13
2. Persönlicher Anwendungsbereich	9		

I. Normzweck

1 § 18 regelt einfachgesetzlich den völkerrechtlichen Grundsatz der Immunität (auch Exemtion oder Exterritorialität genannt) für die in Deutschland errichteten diplomatischen Missionen. Der derzeitige **Stand des Völkerrechts** ist im Wiener Übereinkommen über diplomatische Beziehungen vom 18.4.1961[1] zwischen den Vertragsstaaten geregelt. Die Bundesrepublik ist diesem Übereinkommen beigetreten und hat es mit Zustimmungsgesetz vom 6.8.1964[2] umgesetzt. § 18 bezieht das Übereinkommen durch Verweisung in das GVG ein (S. 1) und erweitert die Anwendung der Vertragsregelungen über die Vertragsstaaten hinaus auf alle diplomatischen Missionen in der Bundesrepublik Deutschland (S. 2). Damit wird eine einheitliche Behandlung aller ständigen Missionen gewährleistet.[3] Von der Möglichkeit nach Art. 2 des Zustimmungsgesetzes, die Regelungen des Wiener Übereinkommens durch Rechtsverordnung zu erweitern oder einzuschränken, wurde bisher nicht Gebrauch gemacht.

2 Die **Immunität** von diplomatischen Missionen ist ein **althergebrachter völkerrechtlicher Grundsatz,** der Mitglieder dieser Missionen der Gerichtsbarkeit des Gastgeberstaats entzieht. In strafrechtlicher Hinsicht geht es dabei primär um die Verfolgung von Straftaten und Ordnungswidrigkeiten.[4] Diese regeln insbesondere Art. 31 und 37 WÜD. Das System abgestufter Immunität, das dem WÜD zugrunde liegt, schützt die Unabhängigkeit der ausländischen Missionen und ihre Funktionen (sog. Funktionstheorie).[5] Für Streitigkeiten über die Anwendung des **WÜD** ist der Internationale Gerichtshof in Den Haag zuständig.[6]

II. Immunität

3 **1. Wirkungen.** Strafverfahren dürfen gegen immune Personen nicht durchgeführt werden. Dabei fallen unter Strafverfahren auch Ordnungswidrigkeitenverfahren. Es dürfen daher weder Bußgelder, noch Verwarnungsgelder verhängt werden, § 18 iVm §§ 46 Abs. 1, 56 OWiG. Der Begriff des Strafverfahrens ist weit zu verstehen und meint alle hoheitlichen Handlungen, die eine Ausübung inländischer Gerichtsbarkeit darstellen.[7] Die Immunität erschöpft sich allerdings in verfahrensrechtlicher Hinsicht, ohne materiellrechtliche Bedeutung zu entfalten. Es handelt sich weder um einen materiellen Rechtfertigungsgrund noch

---

[1] BGBl. 1964 II 957 ff.
[2] BGBl. 1964 II 957 ff.
[3] *Fliedner* ZRP 1973, 263.
[4] *Löwe/Rosenberg/Böttcher* Rn. 2.
[5] SK/*Frister* Vor §§ 18–21, 33; *Fliedner* ZRP 1973, 263.
[6] Bekanntmachung vom 20.3.1965, BGBl. 1965 II 272.
[7] *Kissel/Mayer* Rn. 18.

um einen persönlichen Strafausschließungsgrund.[8] Daher können gegen Angriffe immuner Personen private Selbsthilfemaßnahmen ergriffen werden (Notwehr/Nothilfe, Selbsthilfe[9]). Das Fehlen deutscher Gerichtsbarkeit führt aber zu einem **Verfahrenshindernis,** das jeglicher Maßnahme oder Entscheidung, die die Immunität verletzt, entgegensteht.[10]

Das Verfahrenshindernis erfasst nicht nur die Durchführung einer Hauptverhandlung, sondern **sämtliche Ermittlungsmaßnahmen** der Ermittlungsbehörden[11] (zB Vernehmungen, Durchsuchungen, Beschlagnahmen, Art. 22, 30 WÜD, Haft, Art. 29 S. 2 WÜD, Entnahme von Blutproben, Telefonüberwachungen) aber auch nachfolgende gerichtliche Maßnahmen (zB Gerichtsstandsbestimmungen). Die jeweils zuständige Stelle (Staatsanwaltschaft, Gericht) prüft das Vorliegen der Immunität stets **von Amts wegen,** Nr. 193 Abs. 2 RiStBV. Stellungnahmen des Auswärtigen Amtes sind nicht bindende Gutachten, die allerdings besonderes Gewicht entfalten.[12]

Auf die Immunität kann verzichtet werden. Der **Verzicht** steht nicht der immunen Person, sondern dem Entsendestaat zu, Art. 32 WÜD. Dieser kann die Entscheidung über den Verzicht der betroffenen Person überlassen.

Maßnahmen und Entscheidungen, die gegen die Immunität verstoßen, sollen nach wohl überwiegender Ansicht nichtig sein, da sie von einer absolut unzuständigen Stelle erlassen wurden.[13] Die Gegenauffassung geht von bloßer Anfechtbarkeit aus.[14] Für die zuletzt genannte Ansicht spricht, dass das Vorliegen der Immunität nicht stets offensichtlich ist und daher eine Entscheidung der Überprüfung durch das Rechtsmittelgericht zugänglich sein muss.[15] Dem ist allerdings entgegen zu halten, dass die Immunität als völkerrechtliches Prinzip nicht davon abhängen kann, ob gegen eine (fehlerhafte) Entscheidung ein zulässiges Rechtsmittel eingelegt wurde. Daher wird man richtigerweise zwar eine Anfechtbarkeit bejahen müssen. Um den völkerrechtlichen Prinzipen gerecht zu werden, kann aber eine die Immunität fehlerhaft verneinende (auch rechtskräftige) Entscheidung **keine Vollstreckungs- oder Bindungswirkung** entfalten, sodass diese Entscheidungen stets (auch im Vollstreckungsverfahren) voll überprüfbar bleiben müssen.[16]

Strafprozessuale Maßnahmen, die gegen die Immunität verstoßen, unterliegen einem absoluten **Beweisverwertungsverbot** in Bezug auf die von der Immunität geschützte Person.[17] In Strafverfahren gegen nicht von der Immunität geschützte Dritte sind solche Erkenntnisse grundsätzlich verwertbar.[18]

Gegen die in § 18 genannten Personen darf nicht nur nicht ermittelt werden. Sie sind auch nicht verpflichtet, als **Zeuge oder Sachverständige** vor Gericht zu erscheinen oder überhaupt auszusagen, Art. 31 WÜD. Die Ladung ist zwar zulässig, führt aber nicht zur Pflicht zu erscheinen. Ladungen sind nach den Grundsätzen der Zustellung im Ausland vorzunehmen, Nr. 196, 197 RiStBV. Zwangsmaßnahmen gegen eine erschienene immune Person sind ausgeschlossen, da keine Pflicht zur Aussage besteht. Ob die Ahndung von Ungebühr bei der erschienenen Person nach § 178 GVG zulässig ist, ist umstritten.[19] Jedenfalls der Verhängung

---

[8] HM, OLG Düsseldorf 20.3.1986 – 1 Ws 1102/85, NJW 1986, 2204 mit ausführlicher Darstellung des Streitstands; Löwe/Rosenberg/*Böttcher* Rn. 6 mwN; MüKo StGB/*Ambos* StGB Vor § 3 Rn. 121 ff.
[9] HM, *Kissel/Mayer* Rn. 8; KK/*Barthe* Rn. 7; Löwe/Rosenberg/*Böttcher* Rn. 6; offen gelassen von OLG Köln 25.7.1995 – Ss 340/95, NJW 1996, 472 mwN zum Streitstand.
[10] HM, BGH 27.2.1984 – 3 StR 396/83, BGHSt 32, 275 = NJW 1984, 2048; *Kissel/Mayer* Rn. 19; KK/*Barthe* Rn. 7; Löwe/Rosenberg/*Böttcher* Rn. 6.
[11] BGH 27.6.2013 – StB 7/13, NStZ 2013, 600.
[12] BGH 27.2.1984 – 3 StR 396/83, BGHSt 32, 275 = NJW 1984, 2048; OLG Karlsruhe 25.11.1982 – 4 Ss 106/82, Justiz 1983, 133; KK/*Barthe* Rn. 8; Löwe/Rosenberg/*Böttcher* Rn. 6.
[13] BGH 9.7.2009 – III ZR 46/08, NJW 2009, 3164 (3165); *Kissel/Mayer* Rn. 6; KK/*Barthe* Rn. 8 jeweils mwN.
[14] *Katholnigg* Vor § 18 Rn. 2; Meyer-Goßner/*Schmitt* Rn. 4.
[15] So auch *Kissel/Mayer* Rn. 6; Löwe/Rosenberg/*Böttcher* Rn. 6.
[16] IE ähnlich BGH 9.7.2009 – III ZR 46/08, NJW 2009, 3164 (3165); *Kissel/Mayer* Rn. 6.
[17] BGH 4.4.1990 – StB 5/90, BGHSt 36, 396 = NJW 1990, 1799.
[18] BGH 30.4.1990 – StB 8/90, BGHSt 37, 30 = NJW 1990, 1801.
[19] Dafür *Kissel/Mayer* Rn. 7; KK/*Barthe* Rn. 11; dagegen Löwe/Rosenberg/*Böttcher* Rn. 7.

von Haft steht Art. 29 WÜD entgegen, wonach die geschützte Person keiner Festnahme oder Haft irgendwelcher Art unterliegt. Sinn und Zweck des WÜD wird man daher entnehmen müssen, dass eine Anwendung von § 178 auf immune Personen insgesamt ausscheidet.

9   **2. Persönlicher Anwendungsbereich.** Das WÜD sieht in persönlicher Hinsicht ein **abgestuftes Schutzkonzept** vor. Die Immunität gilt uneingeschränkt für Diplomaten, also den Botschafter sowie die Mitglieder des diplomatischen Personals der Mission, Art. 31 Abs. 1 S. 1 WÜD. Diplomaten, die Staatsangehörige des Empfangsstaates oder in diesem ständig ansässig sind, genießen Immunität nur in Bezug auf in Ausübung ihrer dienstlichen Tätigkeit vorgenommene Handlungen, Art. 38 WÜD. Auf die Rechtmäßigkeit der Handlung kommt es nicht an.[20] Vollen Schutz erhalten darüber hinaus die zum Haushalt der Diplomaten gehörenden Familienmitglieder, es sei denn, sie sind Staatsangehörige des Empfangsstaats, Art. 37 Abs. 1 WÜD. Schließlich sind die Mitglieder des Verwaltungs- und technischen Personals der Mission und die zu ihrem Haushalt gehörenden Familienmitglieder strafrechtlich immun, wenn sie weder Staatsangehörige des Empfangsstaats noch in diesem ständig ansässig sind, Art. 37 Abs. 2 S. 1 WÜD. Für Mitglieder des dienstlichen Hauspersonals gilt eine weitergehend eingeschränkte Immunität nur für in Ausübung ihrer dienstlichen Tätigkeit vorgenommene Handlungen und nur dann, wenn sie weder Staatsangehörige des Empfangsstaates, noch in diesem ständig ansässig sind, Art. 37 Abs. 3 WÜD. Private Hausangestellte genießen keine Immunität. Die vom Auswärtigen Amt ausgestellten Ausweise, die die Art und den Umfang der Befreiungen auf der Rückseite konkretisiert aufführen, binden die Gerichte nicht, Nr. 193 Abs. 2 RiStBV (vgl. auch → Rn. 4).

10 **3. Anwendungsbereich in Bezug auf Räume und Sachen.** In räumlicher Hinsicht schützt das WÜD die Dienst- und Wohnräume der geschützten Personen sowie deren sonstiges Eigentum, Archive, Korrespondenz usw., Art. 24, 30 WÜD. Dabei ist der **räumliche Schutz nicht vom persönlichen abhängig**. Die Räume sind dem Zugriff der Ermittlungsbehörden des Empfangsstaates auch dann entzogen, wenn sich das Verfahren gegen eine nicht immune Person richtet.[21] Die geschützten Räume können aber Tatort im Sinne des § 3 StGB sein.[22]

11 **4. Zeitlicher Anwendungsbereich.** Die Immunität wird für die **gesamte Dauer des diplomatischen Status** gewährt. Endet dieser Status, gilt die Befreiung von der deutschen Gerichtsbarkeit bis zur Ausreise (innerhalb einer hierfür gesetzten angemessenen Frist) oder bis zum Ablauf dieser Frist, Art. 39 Abs. 2 WÜD. Üblicherweise beträgt die Frist nach deutscher Praxis drei Monate ab Datum der Abmeldung.[23] Danach unterliegt die Person der deutschen Gerichtsbarkeit in Bezug auf vergangene Handlungen nur, soweit diese nicht in Ausübung der dienstlichen Tätigkeit als Mitglied der Mission begangen wurden, Art. 39 Abs. 2 WÜD.

12 **5. Auslegungshilfen.** Neben Nr. 193 ff. RiStBV geben die Rundschreiben der Bundesministerien wichtige Auslegungshilfen bei der Anwendung des WÜD. Aktuell gilt das Rundschreiben des Auswärtigen Amtes vom 15.9.2015 **„Zur Behandlung von Diplomaten und anderen bevorrechtigten Personen in der Bundesrepublik Deutschland"**,[24] das auszugsweise lautet:

13   **Teil 1**

A. Grundlagen der Privilegierung bevorrechtigter Personen und Institutionen
Mitglieder diplomatischer Missionen und konsularischer Vertretungen sowie Bedienstete, Vertreter der Mitgliedsstaaten und Sachverständige bei Internationalen Organisationen sowie Mitglieder weiterer bevorrechtigter Personengruppen genießen bei ihrem (dienstlichen) Aufenthalt in der Bun-

---

[20] BGH 27.6.2013 – StB 7/13, NStZ 2013, 600.
[21] BVerfG 30.10.1962 – 2 BvM 1/60, NJW 1963, 435 (437) *Kissel/Mayer* Rn. 18; KK/*Barthe* Rn. 5.
[22] RG 8.11.1934 – 2 D 1204/34, RGSt 69, 54 (55).
[23] Teil 1 B. 2.1.1.1 Abs. 5 des Rundschreibens des AA vom 15.9.2015.
[24] GMBl. 2015, 1206 ff.

desrepublik Deutschland bestimmte Vorrechte und Befreiungen. Die Grundlagen für diese Privilegien finden sich in den allgemeinen Regeln des Völkerrechts, die nach dem Grundgesetz Bestandteil des Bundesrechtes sind, und in besonderen völkerrechtlichen Vereinbarungen, wie z. B. dem Wiener Übereinkommen über diplomatische Beziehungen,[25] dem Wiener Übereinkommen über konsularische Beziehungen[26] oder besonderen bilateralen Vereinbarungen. Alle Personen, die Vorrechte und Befreiungen genießen, sind unbeschadet dieser Privilegierungen verpflichtet, die in der Bundesrepublik Deutschland geltenden Gesetze und anderen Rechtsvorschriften zu beachten und sich nicht in innere Angelegenheiten der Bundesrepublik Deutschland einzumischen (so z. B. normiert in Art. 41 Abs. 1 WÜD und Art. 55 Abs. 1 WÜK).

Über die völkerrechtlichen Regeln hinaus ist als zwischenstaatliche Verhaltensregel beim Umgang mit bevorrechtigten Personen anerkannt, dass dieser Personenkreis mit besonderer Höflichkeit zu behandeln ist. Unter den Staaten besteht die gegenseitige Erwartung, dass diese Regel als Courtoisie (Völkersitte) eingehalten wird. Die unangemessene Behandlung bevorrechtigter Personen durch deutsche Behörden und Gerichte kann die bilateralen Beziehungen zum Herkunftsland der bevorrechtigten Person nachhaltig belasten. Hierdurch können sich auch negative Auswirkungen für staatlich entsandtes deutsches Personal im Ausland ergeben. Unhöflichkeit gegenüber bevorrechtigten Personen schadet zudem massiv dem internationalen Ansehen der Bundesrepublik Deutschland und beeinträchtigt das Interesse, als weltoffenes und einer Willkommenskultur verpflichtetes Land und nicht zuletzt auch als attraktiver Wirtschaftsstandort wahrgenommen zu werden.

B. Bevorrechtigung von Einzelpersonen

1. Staatsoberhäupter, Regierungschefs und Regierungsmitglieder

Staatsoberhäupter, Regierungschefs und Regierungsmitglieder anderer Staaten und deren Begleitung, die sich auf amtliche Einladung der Bundesrepublik Deutschland in Deutschland aufhalten, genießen Immunität von der deutschen Gerichtsbarkeit.

Dies folgt aus § 20 Absatz 1 GVG, wonach sich die deutsche Gerichtsbarkeit nicht auf Repräsentanten anderer Staaten erstreckt. § 20 Absatz 2 GVG stellt klar, dass sich die deutsche Gerichtsbarkeit auch nicht auf andere als die in § 20 Absatz 1 und in den §§ 18 und 19 (Mitglieder diplomatischer und konsularischer Missionen bzw. Vertretungen) genannten Personen erstreckt, soweit sie nach den allgemeinen Regeln des Völkerrechts, aufgrund völkerrechtlicher Vereinbarungen oder sonstigen Rechtsvorschriften von ihr befreit sind. Nach den allgemeinen Regeln des Völkerrechts sind ausländische Staatsoberhäupter selbst dann, wenn sie sich nicht auf amtliche Einladung in der Bundesrepublik aufhalten, von der deutschen Gerichtsbarkeit befreit (zur völkergewohnheitsrechtlichen Immunität von Mitgliedern ausländischer Streitkräfte, s. u. D.2). Ausnahmen von der Immunität vor der **nationalen** Strafgerichtsbarkeit werden – anders als bei der **internationalen** Strafgerichtsbarkeit (vgl. etwa Art. 27 Römisches Statut des Internationalen Strafgerichtshofs) – bei Strafverfahren, selbst wenn diese gravierende, durch das Völkerstrafrecht pönalisierte Verbrechen zum Gegenstand haben, vom Völkergewohnheitsrecht nicht anerkannt und bestehen vor deutschen Gerichten nicht.

Zur Begleitung von Repräsentanten anderer Staaten zählen bei Zugrundelegung der vom Entsendestaat übermittelten Delegationsliste bspw. mitreisende Familienangehörige, Berater, Dolmetscher, Pressemitglieder und sonstige persönliche Berater. Bei Familienangehörigen der Repräsentanten anderer Staaten ist die Befreiung von der Gerichtsbarkeit an den Aufenthalt auf amtlicher Einladung und ihre Eigenschaft als Teil einer Besuchsdelegation geknüpft. Sie gilt nicht bei Aufenthalten zu anderen Zwecken (etwa bei Aufenthalten zu touristischen Zwecken oder zum Studium).

Nach allgemeinem Völkergewohnheitsrecht, das nach dem Grundgesetz als Teil des Bundesrechts zu beachten ist, sind Staatsoberhäupter, Regierungschefs und Regierungsmitglieder darüber hinaus „unverletzlich", so dass keine hoheitlichen Zwangsmaßnahmen gegen sie ergriffen werden dürfen. Hieraus ergibt sich u. a. die Verpflichtung zur Freistellung dieses Personenkreises von Luftsicherheitskontrollen, zu der die EU-Mitgliedstaaten nach den in diesem Bereich zu beachtenden EU-Regelungen[27] berechtigt sind.

Freistellungen von den Sicherheitskontrollen werden nach den „Grundsätzen des Bundesministeriums des Innern für die Befreiung von Fluggästen von der ‚Luftsicherheitskontrolle' sowie Ausnahmen für das Personal von der Sicherheitskontrolle"[28] beantragt. Die völkerrechtliche Verpflichtung der

---

[25] *Wiener Übereinkommen vom 18. April 1961 über diplomatische Beziehungen, BGBl. 1964 II S. 957 – im Folgenden „WÜD".*
[26] *Wiener Übereinkommen vom 24. April 1963 über konsularische Beziehungen, BGBl. 1969 II S. 1585 – im Folgenden „WÜK".*
[27] *Verordnung (EG) Nr. 300/2008.*
[28] *Anlage M zum Nationalen Luftsicherheitsprogramm.*

Bundesrepublik Deutschland, die Unverletzlichkeit der o. g. bevorrechtigten Person zu respektieren, hängt jedoch nicht vom Vorliegen einer Freistellungsmitteilung ab, sondern ist auch zu beachten, sobald dessen Identität und seine bevorrechtigte Stellung zweifelsfrei festgestellt sind. Liegt eine Freistellungsmitteilung nicht vor, wird aber von der zu kontrollierenden Person unter Vorlage eines gültigen Diplomatenpasses geltend gemacht, dass er/sie als Staatsoberhaupt, Regierungschef oder Regierungsmitglied als Repräsentant eines ausländischen Staates von den Luftsicherheitskontrollen befreit sei, ist nach Identitätsfeststellung in Zweifelsfällen unverzüglich zur Klärung des Status' mit dem Auswärtigen Amt (Lagezentrum, Tel.-Nr. 030–5000-2911) Kontakt aufzunehmen. Während dieser Sachverhaltsaufklärung ist von der Durchführung weiterer Kontrollmaßnahmen zunächst abzusehen; die zu kontrollierende Person ist mit ausgesuchter Höflichkeit zu behandeln.

Nach Völkergewohnheitsrecht können darüber hinaus auch Mitglieder sogenannter „Sondermissionen" (offiziell vom Entsendestaat angezeigte Delegationsreisen, denen der Empfangsstaat zugestimmt hat[29]) Befreiung von der Gerichtsbarkeit und Unverletzlichkeit genießen. Bei Zweifelsfällen muss zur Klärung der Statusfragen mit dem Auswärtigen Amt (Lagezentrum, Tel.-Nr. 030–5000-2911) Kontakt aufgenommen werden.

2. Diplomaten, Konsularbeamte und gleichgestellte Personen

2.1 Diplomaten und ihre Familienmitglieder

2.1.1 Anwendungsbereich der Privilegierung

2.1.1.1 Diplomaten

Nach dem WÜD zählen zu den Diplomaten zum einen die Missionschefs, d. h. die beim Bundespräsidenten oder beim Bundesaußenminister akkreditierten Leiter der ausländischen diplomatischen Missionen: die Botschafter, der Apostolische Nuntius und die notifizierten Geschäftsträger. Diplomaten sind nach WÜD zum anderen die Mitglieder des diplomatischen Personals: Gesandte, Räte, Sekretäre und Attachés der Botschaften und der Apostolischen Nuntiatur sowie die Sonderattachés, z. B. Wirtschafts-, Handels-, Finanz-, Landwirtschafts-, Kultur-, Presse-, Militärattachés und die Botschaftsseelsorger und -ärzte.

Grundsätzlich gilt, dass nur diejenigen Diplomaten Vorrechte und Immunitäten genießen, die in der Bundesrepublik Deutschland notifiziert, d. h. von einer ausländischen Vertretung in Deutschland zur Diplomatenliste angemeldet sind. Die Anmeldung erfolgt beim Auswärtigen Amt. Zum Nachweis der Zugehörigkeit zu einer ausländischen Mission stellt das Auswärtige Amt Diplomaten einen Protokollausweis aus. Auch in Drittstaaten angemeldete Diplomaten können auf einer dienstlichen Reise durch das Gebiet der Bundesrepublik Deutschland Immunität genießen (Art. 40 WÜD, s.a. die Ausführungen unter 2.6).

Der Besitz eines ausländischen Diplomatenpasses allein begründet noch keine Privilegien, sollte aber Veranlassung zur Klärung des Status' der Person geben. Wie in Deutschland[30] entspricht es auch internationaler Übung, dass die Erteilung von Diplomatenpässen nur an einen zahlenmäßig begrenzten Personenkreis und bei Vorliegen bestimmter Voraussetzungen erfolgt. Die Entscheidung eines anderen Staates, einer Person einen Diplomatenpass zu erteilen, ist zu respektieren. Es ist grundsätzlich davon auszugehen, dass der Diplomatenpassinhaber in seinem Herkunfts-/Entsendestaat eine hervorgehobene Stellung einnimmt und sein Aufenthalt in der Bundesrepublik Deutschland von besonderem Interesse für diesen Staat ist. In Zweifelsfällen ist das Auswärtige Amt (unter der Rufnummer 030–5000-3411, 9.00–16.00 Uhr, ansonsten unter der Rufnummer 030–5000-2911) zu befassen.

Ins Ausland entsandte deutsche Diplomaten oder andere Inhaber eines deutschen Diplomatenpasses genießen in Deutschland keine Vorrechte und Immunitäten.[31]

Die Vorrechte und Immunitäten stehen einem zur Diplomatenliste angemeldeten Berechtigten von dem Zeitpunkt an zu, in dem er in das Gebiet der Bundesrepublik Deutschland einreist, um seinen Posten dort anzutreten. Wenn er sich bereits in der Bundesrepublik Deutschland befindet, ist für den Beginn der Privilegierung auf den Zeitpunkt abzustellen, zu dem der Entsendestaat den Beginn seiner Tätigkeit dem Auswärtigen Amt notifiziert hat.

---

[29] *Zu den Voraussetzungen einer Sondermission sa die Entscheidung des BGH im sog. „Tabatabai-Fall" (NJW 1984, S. 2049).*
[30] *S. Allgemeine Verwaltungsvorschrift über die Ausstellung amtlicher Pässe der Bundesrepublik Deutschland vom 27. Juni 2014 auf Grundlage des § 27 PassG.*
[31] *Zu Diplomaten an Auslandsvertretungen in Deutschland, die die deutsche Staatsangehörigkeit besitzen oder ständig in Deutschland ansässig sind s. u. 2.7.*

2.1.1.2 Familienmitglieder des Diplomaten

Zu den Familienmitgliedern eines Diplomaten gehören die mit dem Diplomaten in häuslicher Gemeinschaft lebenden Ehepartner und Kinder, letztere jedoch nur bis zum 25. Lebensjahr und soweit sie unverheiratet und von dem Diplomaten wirtschaftlich abhängig sind.

Gleichgeschlechtliche Lebenspartner von Diplomaten genießen dann entsprechende Vorrechte und Befreiungen, wenn sie den Nachweis erbringen, dass sie in einer „eingetragenen Lebenspartnerschaft" mit dem Diplomaten leben, die den Anforderungen entspricht, die das deutsche LPartG für diese Lebenspartnerschaften aufstellt. Darüber hinaus ist erforderlich, dass der Entsendestaat dem Lebenspartner einen Diplomaten-/Dienstpass ausgestellt hat und Gegenseitigkeit bei der Behandlung von gleichgeschlechtlichen Lebenspartnerschaften zugesichert wird. Sie erhalten dann wie andere bevorrechtigte Personen einen Protokollausweis. Andere Nachweismöglichkeiten zum Bestehen der Lebenspartnerschaft (etwa durch eidesstattliche Versicherung) können im Einzelfall anerkannt werden.

Andere Familienangehörige, wie z. B. Eltern oder Schwiegereltern, zählen grundsätzlich nicht zu den Familienmitgliedern. Wenn ihnen jedoch auf Grund besonderer Umstände im Einzelfall ein Protokollausweis erteilt worden sein sollte, müssen sie wie Diplomaten und mit besonderer Höflichkeit behandeln werden (s. auch Ausführungen unter 2.1.2.2.2).

Familienmitglieder von Diplomaten genießen grundsätzlich die gleichen Vorrechte und Befreiungen wie Diplomaten (s. Art. 37 Abs. 1 WÜD).[32] Auch für sie gilt das Erfordernis der Notifizierung ggü. dem Empfangsstaat.

2.1.1.3 Ende der Privilegierung

Die Vorrechte und Befreiungen erlöschen bei einer Person, deren dienstliche Tätigkeit beendet ist, normalerweise mit Zeitpunkt der Ausreise oder werden bei Ablauf einer hierfür gewährten angemessenen Frist hinfällig. Nach der deutschen Praxis haben ausländische Missionsmitglieder, deren Tätigkeitsbeendigung dem Auswärtigen Amt notifiziert wird, ab dem Datum der Abmeldung bis zu drei Monate Zeit, um die Bundesrepublik als Bevorrechtigte zu verlassen.

2.1.2 Umfang der Privilegierung

2.1.2.1 Befreiung von der Gerichtsbarkeit – Immunität – (Art. 31 WÜD)

2.1.2.1.1 Diplomatische Immunität

Aufgrund der diplomatischen Immunität sind Diplomaten in weitem Umfang von der Gerichtsbarkeit des Empfangsstaats befreit.

Für den Bereich des Strafrechts gilt, dass der ausländische Diplomat in der Bundesrepublik Deutschland uneingeschränkt Immunität **von der deutschen Strafgerichtsbarkeit** genießt.

Die Immunität ist als ein Verfahrenshindernis von Amts wegen zu beachten. Gegen den Diplomaten darf weder ein Straf- noch ein Ordnungswidrigkeitsverfahren durchgeführt werden. Er darf nicht geladen und es darf kein Termin zur mündlichen Verhandlung anberaumt werden. Unerheblich ist dabei, ob der Diplomat dienstlich oder als Privatperson gehandelt hat.

Grundsätzlich genießt der Diplomat auch Befreiung **von der Zivil- und Verwaltungsgerichtsbarkeit** sowie von Vollstreckungsmaßnahmen. Unerheblich ist dabei, ob er dienstlich oder als Privatperson gehandelt hat.

Unbeschadet der diplomatischen Immunität sind Diplomaten verpflichtet, die in der Bundesrepublik Deutschland geltenden Gesetze und anderen Rechtsvorschriften zu beachten (s. Art. 41 Abs. 1 WÜD).

2.1.2.1.2 Ausnahmen von der Immunität des Diplomaten
Es gelten folgende Ausnahmen (Art. 31 Abs. 1 WÜD):
- Bei **dinglichen Klagen** in Bezug auf privates, im Hoheitsgebiet des Empfangsstaats gelegenes unbewegliches Vermögen; es sei denn, dass der Diplomat dieses im Auftrag des Entsendestaats für die Zwecke der Mission in Besitz hat.
Praxisrelevantes Beispiel: Bei Rechtsstreitigkeiten aus einem Mietrechtsverhältnis genießt der Diplomat Immunität. Nicht jedoch, wenn Streitgegenstand sein unbewegliches Eigentum (Grundstück) ist.
- Bei Klagen im Zusammenhang mit einem **freien Beruf oder einer gewerblichen Tätigkeit,** die der Diplomat neben seiner amtlichen Tätigkeit ausübt. Darunter fallen Geschäfte, die nicht alltäg-

---
[32] *Eine Ausnahme bildet die Amtshandlungsimmunität (zum Begriff s. u. 2.7), die nicht für Familienmitglieder von ständig ansässigen Diplomaten gilt, da sie keine Amtshandlungen vornehmen können.*

lich und für den Aufenthalt in der Bundesrepublik nicht notwendig sind, so z. B. Spekulationsgeschäfte an der Börse oder die maßgebliche Beteiligung an einem Unternehmen.
- Bei Klagen in **Nachlasssachen,** in denen der Diplomat als Testamentsvollstrecker, Verwalter, Erbe oder Vermächtnisnehmer in privater Eigenschaft und nicht als Vertreter des Entsendestaates beteiligt ist.
- Strengt der Diplomat selbst einen Prozess an, ist zu beachten: Die Immunität hindert den Diplomaten unter völkerrechtlichen Gesichtspunkten nicht, die Gerichte des Empfangsstaates in Anspruch zu nehmen. Dies gilt zivilprozessual im Außenverhältnis auch ohne entsprechende Erklärung des Entsendestaates als stillschweigender Verzicht des Diplomaten auf die diplomatische Immunität mit der Rechtsfolge, dass er sich nach Klageerhebung auch in Bezug auf eine zulässige **Widerklage** nach § 33 der Zivilprozessordnung (ZPO) nicht mehr auf seine Immunität berufen kann. Zu beachten ist allerdings, dass grundsätzlich nur der Entsendestaat auf die Immunität verzichten kann. Ein ggfs. durch den Diplomaten gesetzter Rechtschein des Immunitätsverzichts kann daher nachträglich durch den Entsendestaat wieder beseitigt werden, indem der Entsendestaat gegenüber dem Empfangsstaat geltend macht, keinen Verzicht ausgesprochen zu haben.

Werden in diesen Fällen Urteile gegen den Diplomaten gefällt, darf in die Vermögensgegenstände des Diplomaten vollstreckt werden, die sich außerhalb der – unverletzlichen – Privatwohnung befinden, z. B. in Bankkonten.

2.1.2.1.3 Rechtsfolge bei Nichtbeachtung der Immunität

Gerichtsentscheidungen, die unter Nichtbeachtung der Immunität ergangen sind, sind nichtig. Rechtsmittel sind möglich, insbesondere zur Klärung des Bestehens oder Nicht-Bestehens der Immunität.

2.1.2.1.4 Befreiung von der Verpflichtung zu Zeugenaussagen

Der Diplomat ist nicht verpflichtet, weder in privaten noch in dienstlichen Angelegenheiten, als Zeuge auszusagen (Art. 31 Abs. 2 WÜD).[33] Er selbst kann auf dieses Recht, die Aussage zu verweigern, nicht verzichten. Hierzu ist allein der Entsendestaat berechtigt (Art. 32 Abs. 1 WÜD). Der Entsendestaat kann es jedoch dem Diplomaten überlassen, selbst zu entscheiden, wann er aussagen will und wann nicht. Ein Richter sollte den Diplomaten über sein Recht, die Aussage zu verweigern, belehren und von Amts wegen ermitteln, ob ggf. ein Verzicht auf das Aussageverweigerungsrecht vorliegt.

2.1.2.2 Unverletzlichkeit des Diplomaten (Art. 29 WÜD)

2.1.2.2.1 Begriff und Anwendungsfälle der Unverletzlichkeit

Unverletzlichkeit bedeutet, dass die Androhung oder Durchführung von hoheitlichen Zwangsmaßnahmen unzulässig ist. Zu beachten ist, dass darüber hinaus die Zustellung (Zusendung) eines Hoheitsakts an die Mission oder an die Privatwohnung eines Diplomaten unzulässig ist, weil auch die Räumlichkeiten der Mission und die Privatwohnung unverletzlich sind (Art. 22 und Art. 30 Abs. 2 WÜD).

In besonderen, seltenen Ausnahmefällen kann es geboten sein, die Unverletzlichkeit insbesondere zur Abwehr von Gefahren für die Allgemeinheit oder die bevorrechtigte Person selbst einzuschränken. Der Verhältnismäßigkeitsgrundsatz ist dabei zu beachten. Wegen des Ausnahmecharakters derartiger Maßnahmen ist es unerlässlich, die bevorrechtigte Person und ggf. begleitende Personen (Angehörige), selbst wenn Letztere keine Vorrechte genießen sollten, mit besonderer Höflichkeit zu behandeln.

Unangemessene/nicht verhältnismäßige Einschränkungen der Unverletzlichkeit können erhebliche negative Auswirkungen auf das Ansehen Deutschlands im Ausland haben und die bilateralen Beziehungen zum Entsendestaat nachhaltig belasten.

Praxisrelevante Beispiele:
- Maßnahmen der Strafverfolgung ggü. dem Diplomaten sind unzulässig (z. B. vorläufige Festnahme, Verhaftung, Durchsuchung, Beschlagnahme und Sicherstellung von Eigentum des Diplomaten, auch im Rahmen der Barmittelkontrolle, Vernehmung gegen den Willen des Betroffenen, Telefonüberwachung, Entnahme von Blutproben oder Durchführung eines Alkohol-Atem-Tests gegen den Willen des Betroffenen zur Feststellung des BAK-Wertes bei Verdacht des Führens eines Kfz in alkoholisiertem Zustand).

---

[33] *Wegen des Grundsatzes der Unverletzlichkeit (s. u. 2.1.2.2) sind bereits Zeugenladungen, in denen eine Erscheinens- und Aussagepflicht begründet wird, gesandtschaftsrechtlich unzulässig.*

– Unter Beachtung des Verhältnismäßigkeitsgrundsatzes kann ausnahmsweise ein kurzfristiges Festhalten zulässig sein, etwa um den Diplomaten an einem gravierenden Rechtsverstoß zu hindern oder um seine Identität festzustellen.
– Belastende Verwaltungs- oder Realakte der Verwaltungsvollstreckung, z. B. die Androhung, Festsetzung und Durchführung von Zwangsmitteln gegen den Diplomaten, sind unzulässig (z. B. Bußgeldverfahren bei Verstößen gegen Anzeigepflicht bei Einfuhr von Zahlungsmitteln über der Barmittelgrenze).
– Weitere belastende Real- oder Verwaltungsakte, wie z. B. Standardmaßnahmen aufgrund der Polizeigesetze der Länder, sind unzulässig, z. B. die Ingewahrsamnahme, Durchsuchung oder Beschlagnahme von Gegenständen, die im Besitz des Betroffenen stehen (z. B. das Umsetzen eines Kfz) oder der Einzug des Führerscheins (s. im Einzelnen zu staatlichen Zwangsmaßnahmen bei Verstößen gegen die Straßenverkehrsordnung – Teil 6).
– Strengt der Diplomat jedoch selbst ein Verwaltungsverfahren an (z. B. Antrag auf Vergütung einer Steuer), dürfen die auf diesen Antrag ergangenen Bescheide (z. B. Vergütungssteuerbescheid) an die Mission oder an die Privatwohnung des Diplomaten ausnahmsweise versandt werden.

2.1.2.2.2 Unverletzlichkeit bei Sicherheitskontrollen an Flughäfen

Die Sicherheitskontrollen an deutschen Flughäfen werden nach der Verordnung (EG) Nr. 300/2008 über gemeinsame Vorschriften für die Sicherheit in der Zivilluftfahrt und auf Grundlage der nationalen Anordnungslage bzgl. der Grundsätze des Bundesministeriums des Innern für die Befreiung von Fluggästen von der Luftsicherheitskontrolle[34] durchgeführt. Sofern keine Freistellung nach den vorgenannten Grundsätzen vorliegt, unterliegen Diplomaten sowie ihr persönliches Gepäck grundsätzlich den allgemeinen Luftsicherheitskontrollen.

Für die Durchführung der Kontrollen ist in diesem Zusammenhang jedoch an die grundsätzliche Verpflichtung aus Art. 29 WÜD zu erinnern, wonach der Empfangsstaat die Unverletzlichkeit des Diplomaten garantiert, ihn mit der gebührenden Achtung behandelt und jeden Angriff auf seine Würde verhindert. (Dies gilt sowohl bei unmittelbar in Deutschland akkreditierten Diplomaten als auch bei durchreisenden Diplomaten, s. hierzu auch Ziff. 2.6.) **Wie oben ausgeführt (Teil 1.A und Ziff. 2.1.2.2.1), entspricht es zwischenstaatlichen Verhaltensregeln, Diplomaten mit besonderer Höflichkeit zu behandeln. Eine Missachtung dieser Verhaltensregeln durch deutsche Behörden schadet dem internationalen Ansehen der Bundesrepublik Deutschland und kann negative Auswirkungen auf die Behandlung deutscher Diplomaten, Konsularbeamten oder anderes staatlich entsandtes Personal im Ausland haben.**

Die o. g. Grundsätze des Bundesministeriums des Innern für die Befreiung von Fluggästen von der Luftsicherheitskontrolle sehen die Möglichkeit der Befreiung von Diplomaten von den Luftsicherheitskontrollen vor. In den Fällen, in denen eine Freistellung nicht erfolgt ist, können Diplomaten unter Berufung auf ihre Unverletzlichkeit eine Leibesvisitation und die Durchsuchung ihres persönlichen Gepäcks verweigern. In einem solchen Fall ist der Diplomat darauf hinzuweisen, dass er von der Beförderung ausgeschlossen wird, wenn er sich nicht freiwillig der Personenkontrollen und der Kontrolle seines persönlichen Gepäcks unterzieht. Hält der Diplomat seine Weigerung aufrecht, darf er den Kontrollpunkt nicht passieren. Eine freiwillige Unterwerfung des Diplomaten unter die Sicherheitskontrollen ist jederzeit möglich.

Vorfälle, in denen Meinungsverschiedenheiten über die Angemessenheit der durchgeführten Kontrollmaßnahmen bei Diplomaten und anderen bevorrechtigten Personen auftreten, sind beschwerdeträchtig und können zu einer erheblichen Belastung der bilateralen Beziehungen mit dem Herkunftsland der bevorrechtigten Person führen. Im Falle von Beschwerden muss das Auswärtige Amt zu dem Vorfall Stellung nehmen können, um weiteren außenpolitischen Schaden abzuwenden. **Daher müssen im Fall von Meinungsverschiedenheiten Anlass und Rechtfertigung der Maßnahmen sowie die angestellten Ermessenserwägungen umfassend schriftlich festgehalten werden.** Dabei sollte in diesen Fällen detailliert dargelegt werden, welche besonderen Umstände im Einzelfall dazu Veranlassung gegeben haben, die von den Diplomaten oder anderen bevorrechtigten Personen beanstandete Kontrollmaßnahme in der gewählten Art und Weise durchzuführen. Diese Dokumentationsanforderung dient nicht zuletzt dem Schutz des kontrollierenden Personals. Auf die Ausführungen unter Ziff. 2.1.1.1 oben zur Stellung von Diplomatenpassinhabern wird in diesem Zusammenhang verwiesen. Bei Zweifeln über den Status des Diplomatenpassinhabers ist das Auswärtige Amt (unter der Rufnummer 030–5000-3411, 9.00–16.00 Uhr, ansonsten unter der Rufnummer 030–5000-2911) zu befassen.

---

[34] *Anlage M zum Nationalen Luftsicherheitsprogramm.*

2.1.2.3 Maßnahmen zum Gesundheitsschutz der Bevorrechtigten und der Bevölkerung

Das Auswärtige Amt bittet die ausländischen Vertretungen in der Bundesrepublik Deutschland ausdrücklich, im Falle einer akuten Bedrohung den Maßnahmen zur Verhütung und Bekämpfung übertragbarer Krankheiten nach dem Infektionsschutzgesetz (IfSG) und zum Schutz von Leib und Leben ihrer Angehörigen sowie der gesamten Bevölkerung in vollem Umfang zu entsprechen.

Ferner bitten die deutschen Behörden, bei Tieren, die sich auf dem Grundstück der diplomatischen Mission oder der konsularischen Vertretung oder dem Privatgrundstück eines Diplomaten oder in den dort vorhandenen Räumlichkeiten befinden, tierseuchenrechtliche Maßnahmen nach den in der Bundesrepublik Deutschland geltenden Bestimmungen, besonders dem Tiergesundheitsgesetz, zuzulassen.

Hier ist zu beachten, dass die Räumlichkeiten der Mission, die Privatwohnungen von Diplomaten und von Mitgliedern des verwaltungs- und technischen Personals einer diplomatischen Mission ohne Zustimmung des Missionschefs oder der jeweils bevorrechtigten Personen nicht betreten werden dürfen (vgl. Teil 2.A).

Die Diplomaten unterliegen auch den Gesundheitsmaßnahmen in Übereinstimmung mit den Internationalen Gesundheitsvorschriften (IGV, 2005) vom 23. Mai 2005 in der Fassung der Bekanntmachung vom 1. Oktober 2007 (BGBl. II S. 930, 1528), geändert durch Verordnung vom 23. Mai 2008 (BGBl. 2009 II S. 275, 276) und spezifiziert durch das IGV-Durchführungsgesetz vom 21. März 2013. **Die Befolgung und Umsetzung dieser Maßnahmen können jedoch, soweit die genannten Räumlichkeiten betroffen sind, grundsätzlich wegen des Grundsatzes der Unverletzlichkeit nicht erzwungen werden.**

2.1.2.4 Befreiung des Diplomaten von der Besteuerung (Art. 23 und 34 WÜD)

Der Diplomat genießt nach Artikel 34 WÜD Befreiung von der Besteuerung, für den Botschafter ergibt sich dies aus Artikel 23 WÜD.

Botschafter und sonstige Diplomaten sind von allen **staatlichen, regionalen und kommunalen Personal- und Realsteuern oder -abgaben** befreit. Indirekte Steuern (z. B. USt) sind zu entrichten, vgl. Artikel 34 lit. a WÜD. Gleichwohl hat sich eine Staatenpraxis auf Basis der Gegenseitigkeit herausgebildet, wonach die meisten Staaten auch **Entlastung von indirekten Steuern** gewähren.

In Deutschland besteht grundsätzlich – im Rahmen der Gegenseitigkeit – Entlastung von der
- **Umsatzsteuer** (Umsatzsteuererstattungsverordnung (UStErstV) in der Fassung der Bekanntmachung vom 3. Oktober 1988; BGBl. I S. 1780, zuletzt geändert durch Artikel 8 des Gesetzes vom 8. April 2010; BGBl. I S. 386),
- **Energiesteuer** (Energiesteuergesetz (EnergieStG) vom 15. Juli 2006; BGBl. I S. 1534; 2008 I S. 660; 1007, geändert durch Artikel 11 des Gesetzes vom 18. Juli 2014; BGBl. I S. 1042),
- **Kraftfahrzeugsteuer** (Kraftfahrzeugsteuergesetz (KraftStG) in der Fassung der Bekanntmachung vom 26. September 2002; BGBl. I S. 3818, zuletzt geändert durch Artikel 1 des Gesetzes vom 8. Juni 2015; BGBl. I S. 901),
- **Versicherungsteuer** (Versicherungsteuergesetz (VersStG) in der Fassung der Bekanntmachung vom 10. Januar 1996; BGBl. I S. 22, zuletzt geändert durch Artikel 14 des Gesetzes vom 18. Dezember 2013; BGBl. I S. 4318).

Befreiung wird auch gewährt von den Rundfunkbeiträgen gem. § 5 Absatz 6 Nummer 2 Rundfunkbeitragsstaatsvertrag und den Gebühren für die Ausstellung und Umschreibung von Fahrerlaubnissen und der Zulassung von Kraftfahrzeugen (Gebührenordnung für Maßnahmen im Straßenverkehr). Ebenso besteht Gebührenfreiheit von den Gebühren nach Teil II Nummern 1 bis 27 der Anlage zur Kostenverordnung zum Waffengesetz in der Fassung der Neubekanntmachung vom 20. April 1990 (BGBl. I S. 780, zuletzt geändert durch Artikel 2 der Verordnung vom 10. Januar 2000, BGBl. I S. 38) für einige Gebühren nach Waffenrecht, sofern Gegenseitigkeit vorliegt.

Die Gegenseitigkeit als Voraussetzung des Steuerprivilegs wird durch das Auswärtige Amt per Abfrage bei den deutschen Auslandsvertretungen geklärt und per Verbalnotenaustausch zwischen dem Auswärtigen Amt und der jeweiligen Botschaft in Deutschland festgestellt.

Keine Befreiung erfolgt von
- der Entrichtung von Abgaben, wenn diese als **Vergütung für bestimmte Dienstleistungen** erhoben werden, bspw. der Anliegerbeitrag für die Straßenreinigung,
- der Entrichtung von Steuern und sonstigen Abgaben von privatem, in Deutschland gelegenem unbeweglichen Vermögen (es sei denn, der Diplomat hat es für die Zwecke der Mission in Besitz),

– der Erbschaftsteuer, es sei denn, es handelt sich um bloße bewegliche Gegenstände, die sich aus Anlass des dienstlichen Aufenthalts des Verstorbenen im Gebiet der Bundesrepublik Deutschland befinden, z. B. Mobiliar, Schmuck oder Ersparnisse aus Gehaltszahlungen (Art. 34c WÜD i. V. m. Art. 39 Abs. 4 WÜD),
– **den Steuern und sonstigen Abgaben von privaten Einkünften,** deren Quelle sich in der Bundesrepublik Deutschland befindet, sowie Vermögenssteuern von Kapitalanlagen in gewerblichen Unternehmen, die in der Bundesrepublik Deutschland gelegen sind,
– **Eintragungs-, Gerichts-, Beurkundungs-, Beglaubigungs-, Hypotheken- und Stempelgebühren** in Bezug auf unbewegliches Vermögen, es sei denn, dass nationale Regelungen auf der Grundlage der Gegenseitigkeit eine Befreiung vorsehen.

2.1.2.5 Privilegierungen diplomatischen Vermögens

2.1.2.5.1 Befreiung von Zöllen und ähnlichen Abgaben bei der Einfuhr persönlicher Gegenstände (Art. 36 Abs. 1 WÜD)

In die Bundesrepublik eingeführte Gegenstände für den persönlichen Gebrauch von Diplomaten sind grundsätzlich von Zöllen, Steuern und ähnlichen Abgaben befreit, mit Ausnahme von Gebühren für Einlagerung, Beförderung und ähnliche Dienstleistungen.

2.1.2.5.2 Befreiung von Kontrollen des persönlichen Gepäcks (Art. 36 Abs. 2 WÜD)

Diplomaten genießen grundsätzlich Befreiung von der (Zoll-)Kontrolle ihres persönlichen Gepäcks, sofern nicht triftige Gründe für die Vermutung vorliegen, dass es Gegenstände enthält, die nicht für den amtlichen Gebrauch der Mission oder den persönlichen Gebrauch des Diplomaten bestimmt sind oder deren Ein- und Ausfuhr nach dem Recht der Bundesrepublik Deutschland verboten oder durch Quarantänevorschriften geregelt ist (etwa durch das Bundesseuchen- oder Tierseuchengesetz). Ein triftiger Grund erfordert objektiv vorhandene, gleichsam „ins Auge springende" Hinweise auf eine missbräuchliche Verwendung. Die Kontrolle muss daher ein Ausnahmefall bleiben. Selbst bei Vorliegen triftiger Gründe darf die Kontrolle nur in Anwesenheit des Diplomaten oder eines ermächtigten Vertreters stattfinden (Art. 36 Abs. 2 WÜD). Daher müssen Anlass und Rechtfertigung der Maßnahmen sowie die angestellten Ermessenserwägungen umfassend schriftlich festgehalten werden, s. zu diesem Dokumentationserfordernis im Einzelnen oben unter Ziff. 2.1.2.2.1.

Zu Flugsicherheitskontrollen s. o., Ziff. 2.1.2.2.2.

2.1.2.5.3 Unverletzlichkeit der Privatwohnung und des Vermögens (Art. 30 WÜD)

Die Privatwohnung eines Diplomaten ist unverletzlich und genießt denselben Schutz wie die Räumlichkeiten der Mission (vgl. Teil 2.A.2). In den Schutzbereich des Art. 30 WÜD fallen auch Zweitwohnungen und Ferienhäuser, wenn die Nutzung regelmäßig erfolgt und es der Bundesrepublik Deutschland möglich ist, ihrer Schutzverpflichtung dort wirksam nachzukommen. Die Papiere des Diplomaten, seine Korrespondenz und sein Vermögen sind ebenfalls unverletzlich. Unverletzlich ist nach Artikel 30 Absatz 2 WÜD grundsätzlich auch das Vermögen des Diplomaten. Eine Ausnahme besteht für die Vollstreckung aus Urteilen, die in nach dem WÜD zulässigen Verfahren gegen Diplomaten ergangen sind (s. o. Teil 2.1.2.1.2), soweit die Vollstreckung Gegenstände außerhalb der Privatwohnung des Diplomaten betrifft (zu Vollstreckungsmaßnahmen in private Kfz von Diplomaten, vgl. unten Teil 6).

2.1.2.6 Freizügigkeit (Art. 26 WÜD)

Der Diplomat darf sich im gesamten Hoheitsgebiet des Empfangsstaates frei bewegen. Zu beachten sind jedoch Gesetze oder Rechtsvorschriften über Zonen, deren Betreten aus Gründen der nationalen Sicherheit verboten oder reglementiert ist.

2.1.2.7 Weitere Privilegien

Der Diplomat unterliegt nicht den Vorschriften über soziale Sicherheit des Empfangsstaates (Art. 33 Abs. 1 und 3 WÜD). Ferner ist er von persönlichen und öffentlichen Dienstleistungen (Art. 35 WÜD) sowie der Ausländermelde[35] und Aufenthaltstitelpflicht befreit (vgl. Teil 3.A).

2.2 Mitglieder des Verwaltungs- und technischen Personals der Mission (VtP) und ihre Familienmitglieder

2.2.1 Verwaltungs- und technisches Personal

Mitglieder des VtP sind die im Verwaltungs- und technischen Dienst der Mission beschäftigten Mitglieder ihres Personals, die weder als Mitglied des diplomatischen noch des dienstlichen Haus-

---

[35] *Der ausländerrechtlichen Meldepflicht wird durch die Notifizierungspflicht nach Art. 10 Abs. 1 WÜD Genüge getan.*

personals anzusehen sind. Beispiele hierfür sind Schreibkräfte, Kanzleibeamte und Übersetzer (soweit sie nicht als Ortskräfte angestellt sind).

Die Familienmitglieder (Definition s. o. Teil 2.1.1.2) der Mitglieder des VtP genießen die gleichen Privilegien wie das Mitglied des VtP selbst.

2.2.2 Umfang der Privilegierung

2.2.2.1 Befreiung von der Gerichtsbarkeit – Immunität – (Art. 31 i. V. m. Art. 37 Abs. 2 WÜD)

Mitglieder des VtP sind grundsätzlich im selben Umfang von der Gerichtsbarkeit befreit wie Diplomaten – mit folgender Ausnahme: Sie genießen Immunität von der Zivil- oder Verwaltungsgerichtsbarkeit nur für Handlungen, die in Ausübung ihrer dienstlichen Tätigkeit vorgenommen wurden. Das sind die Handlungen, die für den Dienst oder dienstlich angeordnete Veranstaltungen unumgänglich sind. Da bei Familienmitgliedern Handlungen in Ausübung dienstlicher Tätigkeit nicht möglich sind, genießen Familienmitglieder – anders als Familienmitglieder von Diplomaten i. S. d. Art. 1 lit. e) WÜD (Missionschef/Mitglieder des diplomatischen Personals) – in der Praxis keine Befreiung von der Zivil- und Verwaltungsgerichtsbarkeit.

2.2.2.2 Weitere Vorrechte des VtP

Darüber hinaus gelten folgende Vorrechte von Diplomaten im selben Umfang für Mitglieder des VtP, sofern sie weder deutsche Staatsangehörige noch in Deutschland ansässig sind (vgl. Art. 37 Abs. 2 WÜD):
– Schutz des VtP vor hoheitlichen Maßnahmen (Unverletzlichkeit),
– Maßnahmen zum Schutz der Gesundheit des VtP und der Bevölkerung,
– Befreiung von der Besteuerung,
– Befreiung von Kontrollen des persönlichen Gepäcks,
– Unverletzlichkeit der Privatwohnung,
– Freizügigkeit,
– Zeugnisverweigerungsrecht,
– Befreiung von den Vorschriften über soziale Sicherheit, persönliche und öffentliche Dienstleistungen, Ausländermelde-, Aufenthaltstitelpflicht.

Von Zöllen, Steuern und ähnlichen Abgaben bei der Einfuhr persönlicher Gegenstände ist das VtP im Gegensatz zu Diplomaten nur in Bezug auf Gegenstände befreit, die anlässlich der Ersteinrichtung nach der Versetzung nach Deutschland eingeführt werden (Art. 37 Abs. 2 Satz 2 i. V. m. Art. 36 Abs. 1 WÜD).

2.3 Mitglieder des dienstlichen Hauspersonals (dHP) der Mission und ihre Familienmitglieder

2.3.1 Dienstliches Hauspersonal

Mitglieder des dHP sind nach dem WÜD die als Hausbedienstete bei der Mission beschäftigten Mitglieder ihres Personals, z. B. Fahrer, Pförtner, Boten, Gärtner, Köche und Nachtwächter der diplomatischen Mission.

Die **Familienmitglieder** (Definition s. o. Teil 2.1.1.2) des dHP genießen keine Privilegien. Wegen der verwandtschaftlichen Zugehörigkeit zu der als dHP bevorrechtigten Person entspricht es den zwischenstaatlich anerkannten Verhaltensregeln, auch diese Personengruppe mit der gebotenen Höflichkeit zu behandeln.

2.3.2 Umfang der Privilegierung

2.3.2.1 Befreiung von der Gerichtsbarkeit – Immunität – (Art. 31 i. V. m. Art. 37 Abs. 3 WÜD)

Mitglieder des dHP sind grundsätzlich im selben Umfang von der Gerichtsbarkeit befreit wie Diplomaten – mit folgender Ausnahme:

Das dHP genießt die Befreiung von der Straf-, Zivil- oder Verwaltungsgerichtsbarkeit nur für Handlungen, die in Ausübung der dienstlichen Tätigkeit vorgenommen wurden. Hierunter sind Handlungen zu verstehen, die für den Dienst oder dienstlich angeordnete Veranstaltungen unumgänglich sind (bspw. aber nicht Fahrten zum täglichen Dienst).

2.3.2.2 Weitere Vorrechte des dHP

Mitglieder des dHP, die weder deutsche Staatsangehörige noch in Deutschland ständig ansässig sind, zahlen keine Steuern oder sonstigen Abgaben auf ihre Dienstbezüge (Art. 37 Abs. 3 WÜD). Außerdem sind sie von den Vorschriften über die soziale Sicherheit (Art. 37 Abs. 3 WÜD i. V. m. Art. 33 WÜD) sowie der Ausländermelde- und Aufenthaltstitelpflicht (vgl. Teil 3.A) befreit. Nach Absatz 2 Buchstabe a) der Dienstvorschrift zum Diplomaten- und Konsulargut des Bundesministeriums der Finanzen (Kennung Z 0842 der vom Bundesministerium der Finanzen herausgegebenen Vorschriftensammlung VSF) in Verbindung mit § 17 Absatz 1 Nummer 1 der Zollverordnung kann den Mitgliedern des dHP und ihren Familienmitgliedern auf der Basis der Gegenseitigkeit auch das Privileg der zollfreien Einfuhr gewährt werden.

Die Gegenseitigkeit wird durch Abfrage des Auswärtigen Amtes bei den deutschen Auslandsvertretungen geklärt und per Verbalnotenaustausch zwischen dem Auswärtigen Amt und der jeweiligen Botschaft in Deutschland festgestellt. Meist besteht sie nur hinsichtlich des Umzugsguts innerhalb einer beschränkten Frist nach Dienstantritt des dHP. Darüber hinaus genießen Mitglieder des dHP keine weiteren Privilegien.

2.4 Private Hausangestellte von Mitgliedern diplomatischer Missionen

Private Hausangestellte sind im häuslichen Dienst eines Mitglieds der Mission beschäftigte Personen, die nicht Bedienstete des Entsendestaates sind, z. B. Fahrer, Erzieher, Reinigungskräfte, Kindermädchen und sonstiges Personal.

Private Hausangestellte, die weder deutsche Staatsangehörige noch in Deutschland ständig ansässig sind, zahlen keine Steuern oder sonstige Abgaben auf ihre Bezüge (Art. 37 Abs. 4 WÜD).

Private Hausangestellte sind von der Arbeitserlaubnispflicht sowie von den Vorschriften über soziale Sicherheit befreit, soweit sie den im Entsendestaat oder einem dritten Staat geltenden Vorschriften über soziale Sicherheit unterstehen (Art. 33 Abs. 2 WÜD). Soweit Gegenseitigkeit besteht, sind sie von der Aufenthaltstitelpflicht (vgl. Teil 3.A) befreit. Weitere Privilegien stehen privaten Hausangestellten nicht zu.

Der Nachzug von Familienmitgliedern privater Hausangestellter ist nicht gestattet. Soweit sich Familienmitglieder von privaten Hausangestellten in der Bundesrepublik Deutschland aufhalten, genießen diese keine Privilegien.

2.5 Ortskräfte der Mission

Ortskräfte sind die Mitarbeiter einer ausländischen Vertretung, die auf dem lokalen Arbeitsmarkt angeworben werden und die nicht der Stellenrotation in einem ausländischen Auswärtigen Dienst unterliegen. Sie besitzen entweder die deutsche Staatsangehörigkeit, genießen als EU/EWR-Bürger oder Schweizer Staatsangehörige Freizügigkeit oder haben einen deutschen Aufenthaltstitel, der die Beschäftigung erlaubt.

Ortskräften werden in der Bundesrepublik Deutschland grundsätzlich keine Vorrechte und Befreiungen gewährt. Wegen ihrer Einbindung in die Amtshandlungen der Mission (etwa bei Visumerteilungen) ist insoweit eine analoge Anwendung des Artikel 38 Absatz 1 WÜD und Amtshandlungsimmunität geboten. Jedenfalls darf der Empfangsstaat seine Befugnisse gegenüber den Ortskräften nicht in einer Weise ausüben, die die Mission bei der Wahrnehmung ihrer Aufgaben ungebührlich behindert (s. Art. 38 Abs. 2 S. 2 WÜD, der hier zumindest insoweit analog anzuwenden ist).

2.6 In Drittstaaten angemeldete Diplomaten auf (Dienst-)Reise durch/in das Gebiet der Bundesrepublik Deutschland (Art. 40 WÜD)

Reist ein nicht in Deutschland notifizierter Diplomat, ein Mitglied des Verwaltungs- und technischen Personals oder des dienstlichen Hauspersonals (nicht jedoch des privaten Hauspersonals) **durch das Gebiet der Bundesrepublik Deutschland,** um sein Amt in einem dritten Staat anzutreten oder um auf seinen Posten oder in seinen Heimatstaat zurückzukehren, so stehen ihm Unverletzlichkeit und alle sonstigen für seine sichere Durchreise oder Rückkehr erforderlichen Vorrechte und Befreiungen zu. Das gilt auch, wenn er in den Heimaturlaub fährt oder aus dem Urlaub an seine Dienststelle zurückkehrt. Es ist auch hier zu beachten, dass die betroffene Person mit Höflichkeit zu behandeln ist (s.a. die Ausführungen unter 2.1.2.2.2 zur höflichen Behandlung von Diplomaten, die hier entsprechend Gültigkeit haben).

Der Transit darf allerdings grundsätzlich nicht über das notwendige Maß hinaus verlängert und mit touristischen oder persönlichen Zwecken verbunden werden. Dies gilt auch für die Familienmitglieder, die ihn begleiten oder die getrennt von ihm reisen, um sich zu ihm zu begeben oder die in ihren Heimatstaat zurückkehren. Notwendig ist der Transit in der Regel dann, wenn aus den vorzuweisenden Flugtickets hervorgeht, dass ein Zwischenaufenthalt für einige Stunden, möglicherweise auch eine Übernachtung erforderlich ist, ehe der Anschlussflug beginnt. Ein mehrtägiger Aufenthalt, etwa zu touristischen Zwecken oder zu Durchführung nicht akut erforderlicher medizinischer Behandlungen, kann nicht als Transit im Sinne von Artikel 40 WÜD anerkannt werden.

Hält sich die betroffene Person **dienstlich in der Bundesrepublik Deutschland auf** (z. B. als Teilnehmer einer Konferenz), genießt sie Privilegien nur, wenn die entsprechende Reise offiziell angekündigt war, auf offizielle deutsche Einladung hin erfolgte oder wenn für die Durchführung der

Konferenz mit der durchführenden Internationalen Organisation ein sog. „Konferenzabkommen" abgeschlossen wurde, welches Privilegien vorsieht. Möglich ist auch, dass mit der betreffenden Internationalen Organisation bereits entsprechende Privilegienabkommen existieren (so z. B. mit den Vereinten Nationen).

2.7 Diplomaten mit deutscher Staatsangehörigkeit oder in der Bundesrepublik Deutschland ständig ansässige Diplomaten (Art. 38 WÜD)

Diplomaten, die deutsche Staatsangehörige oder in der Bundesrepublik Deutschland ständig ansässig sind, genießen in der Bundesrepublik Deutschland Immunität von der Gerichtsbarkeit und Unverletzlichkeit lediglich in Bezug auf die in Ausübung ihrer dienstlichen Tätigkeit vorgenommenen Amtshandlungen. Die **Amtshandlungsimmunität** umfasst nur die Amtshandlung selbst, nicht jedoch Handlungen, die mit der Amtshandlung in sachlichen Zusammenhang stehen, wie z. B. die Fahrt mit dem Kfz zum Dienstort.

Ständig ansässig ist eine Person in der Regel, wenn sie zum Zeitpunkt ihrer Anstellung durch die Mission bereits längere Zeit im Empfangsstaat ihren Wohnsitz hat. Bei einem entsandten Mitglied einer Mission ist in der Regel von einer ständigen Ansässigkeit bei einem Aufenthalt von über zehn Jahren in Deutschland auszugehen.

Die Bundesrepublik Deutschland darf jedoch grundsätzlich Hoheitsrechte gegenüber diesen Personen nur in der Weise ausüben, dass sie die Mission bei ihrer Arbeit nicht ungebührlich behindert.

2.8 Berufskonsularbeamte

2.8.1 Berufskonsularbeamte

Nach dem WÜK zählen zu den Berufskonsularbeamten Generalkonsuln, Konsuln, Vizekonsuln, Konsularagenten und andere mit der Wahrnehmung von konsularischen Aufgaben beauftragte Personen.

2.8.2 Vorrechte und Befreiungen des Berufskonsularbeamten

2.8.2.1 Befreiung von der Gerichtsbarkeit – Immunität – (Art. 43 WÜK)

Für Konsularbeamte gilt hinsichtlich der Immunität dasselbe wie für Diplomaten, allerdings mit folgender Einschränkung: Konsularbeamte genießen die Befreiung von der Straf-, Zivil- oder Verwaltungsgerichtsbarkeit nur für Handlungen, die sie in Wahrnehmung konsularischer Aufgaben vorgenommen haben. Diese sog. **Amtsimmunität** betrifft alle Handlungen, die bei der Wahrnehmung der amtlichen bzw. dienstlichen Tätigkeit ausgeübt wurden. Der Begriff ist weit zu verstehen und umfasst nicht nur die eigentliche Amtshandlung, sondern ebenso Akte in engem sachlichen und zeitlichen Zusammenhang mit der Amtshandlung, z. B. auch die Fahrten zum täglichen Dienst.

Allerdings sind im Hinblick auf solche Amtshandlungen die Konsularbeamten nach Artikel 43 Absatz 2 WÜK bei Zivilklagen **nicht** von der Gerichtsbarkeit befreit,
– wenn die Klage aufgrund eines Vertrages erhoben wurde, den der Konsularbeamte geschlossen hat, ohne dabei ausdrücklich oder erkennbar im Auftrag seines Entsendestaates zu handeln (Rechtsscheinhaftung),
– wenn die Klage von einem Dritten wegen eines Schadens angestrengt wird, der aus einem in der Bundesrepublik durch ein Land-, Wasser- oder Luftfahrzeug verursachten Unfall entstanden ist, z. B. bei Verkehrsunfällen.

2.8.2.2 Unverletzlichkeit des Berufskonsularbeamten (Art. 41, 43 WÜK)

Für **Handlungen, die amtlich vorgenommen werden,** genießt der Konsularbeamte umfassenden Schutz vor staatlichen Eingriffen (Art. 43 Abs. 1 WÜK).

Im privaten Bereich ist der Schutz der Unverletzlichkeit grundsätzlich geringer (vgl. Art. 41 WÜK). Der Konsularbeamte darf zwar grundsätzlich nicht in seiner persönlichen Freiheit beschränkt werden, etwa durch Festnahme oder Untersuchungshaft. Hiervon gelten jedoch folgende Ausnahmen:
– bei Vorliegen einer schweren strafbaren Handlung und einer Entscheidung der zuständigen Justizbehörde über die freiheitsentziehende Maßnahme (Art. 41 Abs. 1 WÜK). Die Entscheidung, wann eine schwere strafbare Handlung vorliegt, obliegt dem mit der Haftprüfung befassten Gericht.
– bei der Vollstreckung einer rechtskräftigen gerichtlichen Entscheidung (Art. 41 Abs. 2 WÜK).

Wird ein Mitglied des konsularischen Personals vorläufig festgenommen oder in Untersuchungshaft genommen oder wird ein Strafverfahren gegen das Mitglied eingeleitet, so hat die zuständige

Behörde in der Bundesrepublik Deutschland sofort den Leiter der konsularischen Vertretung zu benachrichtigen. Ist dieser selbst von einer der genannten Maßnahmen betroffen, so ist sofort das Auswärtige Amt (unter der Rufnummer 030–5000-3411, 9.00–16.00 Uhr, ansonsten unter der Rufnummer 030–5000-2911) zu unterrichten (Art. 42 WÜK).

Zu beachten ist, dass in der Staatenpraxis eine Tendenz festzustellen ist, Konsularbeamte auch bei nicht-dienstlichem Handeln wie Diplomaten zu behandeln. Zwangsmaßnahmen (z. B. Blutentnahme, Alkoholtest) sind deshalb jedenfalls dann nicht erlaubt, wenn schon die freiheitsentziehende Maßnahme nicht erlaubt wäre, wenn also kein Verdacht auf eine schwere strafbare Handlung vorliegt. Eine Zwangsmaßnahme sollte auch bei nicht-dienstlichem Handeln nur eine Ausnahme darstellen (s. im Einzelnen zu staatlichen Zwangsmaßnahmen bei Verstößen gegen die Straßenverkehrsordnung, Teil 6).

Auch Konsularbeamte sind nach den etablierten zwischenstaatlichen Verhaltensregeln zum Umgang mit bevorrechtigten Personen mit **besonderer Höflichkeit** zu behandeln. Jeder Eingriff in die persönliche Unverletzlichkeit ist genau auf Zulässigkeit und Erforderlichkeit zu prüfen. Vorfälle, in denen Meinungsverschiedenheiten über die Angemessenheit der durchgeführten Kontrollmaßnahmen bei Diplomaten und anderen bevorrechtigten Personen auftreten, sind beschwerdeträchtig und können zu einer erheblichen Belastung der bilateralen Beziehungen mit dem Herkunftsland der bevorrechtigten Person führen. Im Falle von Beschwerden muss das Auswärtige Amt zu dem Vorfall Stellung nehmen können, um weiteren außenpolitischen Schaden abzuwenden. Daher müssen Anlass und Rechtfertigung der Maßnahmen sowie die angestellten Ermessenserwägungen umfassend schriftlich festgehalten werden, s. zu diesem Dokumentationserfordernis im Einzelnen unter Ziff. 2.1.2.2.1. Diese Dokumentationsanforderung dient nicht zuletzt dem Schutz des kontrollierenden Personals.

2.8.2.3 Sonstige Vorrechte des Berufskonsularbeamten

Bei folgenden Regelungsgegenständen gelten für Konsularbeamte dieselben Vorrechte wie für Diplomaten:
– Befreiung von Besteuerung (Art. 49 Abs. 1 WÜK),
– Befreiung von Zöllen und ähnlichen Abgaben hinsichtlich der Einfuhr persönlicher Gegenstände sowie Zollkontrollen (Art. 50 Abs. 1 WÜK),
– Befreiung von Kontrollen persönlichen Gepäcks (Art. 50 Abs. 3 WÜK), Freizügigkeit (Art. 34 WÜK),
– Befreiung von den Vorschriften über soziale Sicherheit, persönliche und öffentliche Dienstleistungen sowie über Ausländermelde- und Aufenthaltstitelpflicht (Art. 46, 47, 48, 52 WÜK).

Hinsichtlich der Maßnahmen zum Schutz der Gesundheit gelten die hierzu im Abschnitt 2.1.2.3 gemachten Ausführungen zu Diplomaten.

2.8.2.4 Die Privatwohnung des Berufskonsularbeamten

Die Privatwohnungen von Mitgliedern einer konsularischen Vertretung, einschließlich des Leiters, sind **nicht** unverletzlich.

2.8.2.5 Zeugnisverweigerungsrecht des Berufskonsularbeamten (Art. 44 Abs. 1 und Abs. 3 WÜK)

Der Konsularbeamte kann in einem Gerichts- oder Verwaltungsverfahren als Zeuge geladen werden. Er ist jedoch nicht verpflichtet, Zeugnis über die Angelegenheiten abzulegen, die mit der Wahrnehmung seiner Aufgaben zusammenhängen, oder die darauf bezogenen amtlichen Korrespondenzen und Schriftstücke vorzulegen. Gegen den Konsularbeamten dürfen keine Zwangsmaßnahmen ergriffen werden, auch wenn er das Zeugnis zu Angelegenheiten aus dem privaten Bereich verweigert.

2.8.3 Berufskonsularbeamte, die deutsche Staatsangehörige oder in Deutschland ständig ansässig sind (Art. 71 WÜK)

Konsularbeamte, die die deutsche Staatsangehörigkeit besitzen oder in Deutschland ständig ansässig sind,[36] genießen neben der Immunität von der Gerichtsbarkeit und der persönlichen Unverletzlichkeit wegen ihrer in Wahrnehmung ihrer Aufgaben vorgenommenen Amtshandlungen außerdem noch die Befreiung von der Zeugnispflicht über Angelegenheiten, die mit der Wahrnehmung ihrer Aufgaben zusammenhängen. Darüber hinausgehende Vorrechte und Befreiungen werden ihnen in Deutschland nicht gewährt. Außerdem muss der Leiter der konsularischen Vertretung im Falle ihrer Festnahme, bei der Anordnung von Untersuchungshaft oder der Einleitung eines Strafverfahrens gegen einen Konsularbeamten unverzüglich unterrichtet

---

[36] *Zum Begriff der ständigen Ansässigkeit s. o. 2.7.*

werden. Strafverfahren sind, außer wenn der Betroffene festgenommen oder inhaftiert ist, in einer Weise zu führen, welche die Wahrnehmung der konsularischen Aufgaben möglichst wenig beeinträchtigt.

2.8.4 Familienmitglieder des Berufskonsularbeamten

Familienmitglieder (Definition s. o. Teil 2.1.1.2) des Berufskonsularbeamten genießen im gleichen Umfang wie der Konsularbeamte selbst Befreiung von der Besteuerung (Art. 49 Abs. 1 WÜK), von Zöllen (Art. 50 Abs. 1 lit. b WÜK), von persönlichen Dienstleistungen und Auflagen sowie von der Ausländermeldepflicht, der Aufenthaltstitelpflicht (Art. 46, 47 WÜK) und von den Vorschriften über soziale Sicherheit. Sie dürfen einer privaten Erwerbstätigkeit nachgehen, sind in diesem Bereich dann jedoch nicht bevorrechtigt (Art. 57 Abs. 2 WÜK) und benötigen als Arbeitnehmer im Empfangsstaat eine Arbeits- und Aufenthaltserlaubnis.

Weitere Privilegien genießen sie nicht. Die Amtsimmunität gilt nicht für Familienmitglieder von Konsularbeamten, da davon ausgegangen wird, dass sie keine Amtshandlungen vornehmen können. Es besteht kein Anspruch auf die Wahrung der persönlichen Unverletzlichkeit. Gleichwohl sollte die familiäre Bindung zum Konsularbeamten und evtl. negative Auswirkungen auf das bilaterale Verhältnis zum Entsendestaat bei der Durchführung von Zwangsmaßnahmen angemessen berücksichtigt werden. Die Familienmitglieder eines Konsularbeamten, der deutscher Staatsangehöriger oder in der Bundesrepublik Deutschland ständig ansässig ist, genießen ebenso wenig Privilegien wie Familienmitglieder, die selbst die deutsche Staatsangehörigkeit besitzen oder ständig in Deutschland ansässig sind (Art. 71 Abs. 2 WÜK).

2.9 Mitglieder des Verwaltungs- oder technischen Personals (VtP) der berufskonsularischen Vertretung und ihre Familienmitglieder

2.9.1 Konsularisches VtP

Der Begriff der Mitglieder des VtP ist im WÜK nur dahingehend definiert, dass hierzu jede in dieser Eigenschaft in der konsularischen Vertretung beschäftigte Person zu zählen ist. Hierzu zählen in der Praxis bspw. Kanzleibeamte, Chiffrierer, Übersetzer oder Schreibkräfte.

2.9.2 Umfang der Privilegierung

2.9.2.1 Immunität

In Bezug auf die Immunität gilt für das VtP dasselbe wie für Diplomaten (Teil 2.1.2.1), jedoch mit folgender Einschränkung: Das VtP genießt die Befreiung von der Straf-, Zivil- und Verwaltungsgerichtsbarkeit nur für Handlungen, die in Wahrnehmung konsularischer Aufgaben vorgenommen wurden (Amtsimmunität, vgl. Art. 43 WÜK).

Allerdings ist das VtP selbst in solchen Fällen bei Zivilklagen **nicht** von der Gerichtsbarkeit befreit,
– wenn das Konsulatsmitglied aufgrund eines Vertrages verklagt wird, den es geschlossen hat, ohne dabei ausdrücklich oder erkennbar im Auftrag des Entsendestaates zu handeln (Rechtsscheinhaftung),
– wenn die Klage von einem Dritten wegen eines Schadens angestrengt wird, der aus einem in der Bundesrepublik durch ein Land-, Wasser- oder Luftfahrzeug verursachten Unfall entstanden ist, z. B. bei Verkehrsunfällen.

2.9.2.2 Unverletzlichkeit

Für **Handlungen, die in Wahrnehmung konsularischer Aufgaben vorgenommen wurden,** genießen Mitglieder des VtP umfassenden Schutz vor staatlichen Eingriffen (Art. 43 Abs. 1 WÜK). **Im privaten Bereich** genießen Mitglieder des VtP nicht das Privileg der Unverletzlichkeit, sodass grundsätzlich Zwangsmaßnahmen durchgeführt werden dürfen. Ein Anspruch auf Wahrung der persönlichen Unverletzlichkeit besteht nicht und es gelten wie schon beim Konsularbeamten die Ausnahmen bei schweren strafbaren Handlungen. Gleichwohl sollte bei Zwangsmaßnahmen wegen Handlungen, die im privaten Bereich vorgenommen worden sind, die Eigenschaft als Mitglied der konsularischen Mission angemessen berücksichtigt werden.

2.9.2.3 Sonstige Privilegierungen

Bei folgenden Regelungsgegenständen gelten für das VtP dieselben Vorrechte wie für den Konsularbeamten bzw. Diplomaten

- Befreiung von Besteuerung (vgl. Art. 49 Abs. 1 WÜK),
- Freizügigkeit (Art. 34 WÜK),
- Befreiung von den Vorschriften über soziale Sicherheit, persönliche und öffentliche Dienstleistungen, Ausländermelde- sowie Aufenthaltstitelpflicht (Art. 46, 47, 48, 52 WÜK).

Es ist jedoch zu beachten, dass diese Privilegien nicht in Anspruch genommen werden können, wenn sie eine private Erwerbstätigkeit des Mitglieds des VtP betreffen (Art. 57 Abs. 2 WÜK, Art. 47 Abs. 2 WÜK).

2.9.2.4 Zeugnisverweigerungsrecht

Für das VtP gilt dasselbe wie für die Konsularbeamten (vgl. Teil 2.8.2.5) – mit folgender Ausnahme: Verweigert das Mitglied des VtP in Bezug auf private Tätigkeitsbereiche die Aussage, können Zwangsmaßnahmen durchgeführt werden (Art. 44 Abs. 1 und Abs. 3 WÜK).

2.9.2.5 Befreiung von Zöllen und ähnlichen Abgaben

Das VtP ist bezüglich der Ersteinfuhr von persönlichen Gegenständen anlässlich der Versetzung nach Deutschland von Zöllen, Steuern und ähnlichen Abgaben befreit (Art. 50 Abs. 2 WÜK).

2.9.3 Familienmitglieder des VtP einer berufskonsularischen Vertretung

Die Familienmitglieder (Definition s. o. 2.1.1.2) von Mitgliedern des VtP genießen die gleichen Privilegien wie die Familienmitglieder von Konsularbeamten. Die Familienmitglieder eines Konsularbeamten, der deutscher Staatsangehöriger oder in der Bundesrepublik Deutschland ständig ansässig ist, genießen ebenso wenig Privilegien wie Familienmitglieder, die selbst die deutsche Staatsangehörigkeit besitzen oder ständig in DEU ansässig sind (Art. 71 Abs. 2 WÜK).

2.10 Mitglieder des dienstlichen Hauspersonals der berufskonsularischen Vertretungen (dHP) und ihre Familienmitglieder

Das WÜK definiert als Mitglieder des dHP jede als Hausbedienstete bei einer konsularischen Vertretung beschäftigte Person. Hierzu zählen bspw. Kraftfahrer, Pförtner, Boten, Gärtner, Köche und Nachtwächter.

Mitglieder des dHP sind von der Verpflichtung hinsichtlich der Erlangung einer **Arbeitserlaubnis**, den **Vorschriften über soziale Sicherheit**, von **Steuern und sonstigen Abgaben auf ihre Dienstbezüge** (Art. 49 Abs. 2 WÜK) und von **persönlichen und öffentlichen Dienstleistungen** befreit. Es ist jedoch zu beachten, dass diese Privilegien in Bezug auf eine evtl. private (Neben-)Erwerbstätigkeit nicht in Anspruch genommen werden können (Art. 57 Abs. 2 WÜK). Hinsichtlich des Zeugnisverweigerungsrechts gilt dasselbe wie für Konsularbeamte mit folgender Ausnahme: Verweigert das Mitglied des dHP in Bezug auf private Tätigkeitsbereiche die Aussage, können Zwangsmaßnahmen durchgeführt werden (Art. 44 Abs. 1 und Abs. 3 WÜK).

Darüber hinausgehende Privilegien genießt das dHP konsularischer Vertretungen nicht. **Familienmitglieder** des dHP genießen keine Privilegien.

Besonders zu beachten ist, dass das dHP und seine Familienmitglieder zwar grundsätzlich einen **Aufenthaltstitel** benötigen, hiervon jedoch im Falle der Gegenseitigkeit abgesehen werden kann (§ 27 Abs. 1 Nr. 1 AufenthV).

2.11 Privates Hauspersonal von Mitgliedern der berufskonsularischen Vertretung

Zum privaten Hauspersonal gehören Personen, die ausschließlich im privaten Dienst eines Mitglieds der konsularischen Vertretung beschäftigt sind, z. B. Kindermädchen, persönliche Hausangestellte, Fahrer und sonstige Hausangestellte. Für die Tätigkeit als privates Hauspersonal benötigen sie keine **Arbeitserlaubnis.** Das private Hauspersonal ist ferner von den **Vorschriften über soziale Sicherheit** befreit, sofern es den im Entsendestaat oder einem dritten Staat geltenden Vorschriften über soziale Sicherheit untersteht (Art. 48 Abs. 2 WÜK).

2.12 Ortskräfte der berufskonsularischen Vertretung

Ortskräfte (siehe Definition oben 2.5) genießen in der Bundesrepublik Deutschland keine Vorrechte und Befreiungen, da sie grundsätzlich wie ständig Ansässige (im Sinne des Art. 71 WÜK) behandelt werden, denen aus gesandtschaftsrechtlicher Sicht kein Sonderstatus erteilt werden muss.

Wegen ihrer Einbindung in die Amtshandlungen der konsularischen Vertretung (etwa bei Visumerteilungen) ist fraglich, ob zumindest Raum für eine analoge Anwendung des Artikel 71 Absatz 1 WÜK besteht und Amtshandlungsimmunität gewährt werden sollte. Jedenfalls darf der Empfangsstaat seine Befugnisse ggü. den Ortskräften nicht in einer Weise ausüben, die die Mission bei der Wahrnehmung ihrer Aufgaben ungebührlich behindern (s. Art. 71 Abs. 2 WÜK, der hier zumindest insoweit analog anzuwenden ist).

2.13 Honorarkonsularbeamte, Mitarbeiter und Personal in Honorarkonsulaten und ihre Familienmitglieder

2.13.1 Honorarkonsularbeamte

Zu den Honorarkonsularbeamten zählen nach dem WÜK Honorargeneralkonsuln und Honorarkonsuln.

2.13.2 Vorrechte und Befreiungen des Honorarkonsularbeamten

Der Honorarkonsularbeamte besitzt in der Regel die deutsche Staatsangehörigkeit oder ist in der Bundesrepublik ständig ansässig. Er genießt in dem Fall lediglich Befreiung von der Gerichtsbarkeit (Immunität) und Schutz vor hoheitlichen Maßnahmen (persönliche Unverletzlichkeit) in Bezug auf seine bei der Wahrnehmung konsularischer Aufgaben vorgenommenen Amtshandlungen (Art. 71 Abs. 1 WÜK). Diese sogenannte **Amtshandlungsimmunität** ist enger als die den Berufskonsularbeamten zustehende **Amtsimmunität** (vgl. Art. 43 WÜK sowie oben 2.8.2.1). Sie umfasst nur die Amtshandlung selbst, nicht aber andere – von der Amtsimmunität noch erfasste – Handlungen, die mit der eigentlichen Amtshandlung lediglich in einem engen zeitlichen Zusammenhang stehen. Folglich besteht z. B. bei Kfz-Fahrten von Honorarkonsuln ein Schutz nur in solchen Fällen, in denen der Gebrauch des Fahrzeuges selbst als konsularische Amtshandlung anzusehen ist (z. B. beim Transport eines diplomatischen oder konsularischen Kuriers). Von der Amtshandlungsimmunität nicht erfasst sind deshalb z. B. tägliche Fahrten zum Dienst.

Ist der Honorarkonsularbeamte **nicht** deutscher Staatsangehöriger und bei Übernahme des Amtes nicht in Deutschland ständig ansässig, dann genießt er Amtsimmunität und unterliegt wie ein Berufskonsularbeamter wegen Handlungen, die er in Wahrnehmung konsularischer Aufgaben vorgenommen hat, weder der deutschen Gerichtsbarkeit noch Eingriffen deutscher Verwaltungsbehörden (persönliche Unverletzlichkeit im dienstlichen Bereich). Im Übrigen besteht gemäß Artikel 64 WÜK die Verpflichtung, dem entsandten Honorarkonsularbeamten den aufgrund seiner amtlichen Stellung erforderlichen Schutz zu gewähren. Dies kann etwa besondere Maßnahmen zum Schutz der körperlichen Unversehrtheit beinhalten oder auch darin bestehen, Angriffe auf die Freiheit und Würde des Honorarkonsularbeamten zu unterbinden.

Außerdem genießen diese Honorarkonsularbeamten Befreiung von
– der Ausländermelde- und Aufenthaltstitelpflicht, soweit der Honorarkonsul nicht im Bundesgebiet einen freien Beruf oder eine gewerbliche Tätigkeit ausübt, welche auf persönlichen Gewinn gerichtet ist (Art. 65 WÜK, vgl. Teil 3.A.1),
– der Besteuerung hinsichtlich seiner Bezüge, die er für seine amtliche Tätigkeit erhält (Art. 66 WÜK),
– persönlichen Dienstleistungen und Auflagen (Art. 67 WÜK).

Honorarkonsularbeamten stehen in der Bundesrepublik Deutschland Vorrechte und Befreiungen in der Regel nur für die Dauer ihrer Zulassung durch die Bundesregierung zu.

Wird ein Honorarkonsulbeamter festgenommen, in Untersuchungshaft genommen oder wird gegen ihn ein Strafverfahren eingeleitet, muss die Bundesrepublik unverzüglich den Entsendestaat auf diplomatischem Wege benachrichtigen. Dies gilt auch, wenn er, was in der Regel der Fall sein dürfte, als deutscher Staatsangehöriger oder in Deutschland ständig Ansässiger in seinen Privilegien beschränkt sein sollte (Art. 71 Abs. 1 WÜK).

Für nichtamtliche Handlungen genießen Honorarkonsulbeamte weder Befreiung von der Gerichtsbarkeit noch Schutz vor hoheitlichen Maßnahmen (Art. 63 WÜK), allerdings sollte bei der Durchführung eines Strafverfahrens ihre amtliche Stellung gebührend berücksichtigt werden. Hinsichtlich eines Zeugnisverweigerungsrechts gilt dasselbe wie für Konsularbeamte (s. o. – 2.8.2.5).

2.13.3 Familienmitglieder des Honorarkonsularbeamten

Die Familienmitglieder (Definition s. o. Teil 2.1.1.2) von Honorarkonsulbeamten genießen keine Privilegien.

2.13.4 In der honorarkonsularischen Vertretung tätige Berufskonsularbeamte, VtP und dHP im Honorarkonsulat und ihre Familienmitglieder

Die zeitweise oder dauerhafte Unterstützung eines Honorarkonsularbeamten durch Berufskonsularbeamte ist gesandtschaftsrechtlich zulässig. In solchen Fällen genießen Berufskonsularbeamte, das VtP und das dHP weiterhin die Privilegien, die sie auch in anderen Konsulaten genießen würden (vgl. oben). Die Familienmitglieder der Berufskonsularbeamten sind ebenfalls gesandtschaftsrechtlich privilegiert, nicht jedoch die Familienmitglieder des VtP und dHP (Art. 58 Abs. 1 und Abs. 3 WÜK).

2.13.5 Bedienstete Internationaler Organisationen, Vertreter der Mitgliedstaaten und Kongressteilnehmer sowie Durchreisende

2.13.5.1 Vorrechte und Immunitäten für Vertreter der Mitgliedstaaten und Bedienstete Internationaler Organisationen, ihre Familienmitglieder sowie die im Auftrag der betreffenden Organisationen tätigen Sachverständigen

Der Umfang der gewährten Vorrechte und Immunitäten für Vertreter der Mitgliedstaaten und Bedienstete Internationaler Organisationen, ihre Familienmitglieder sowie die im Auftrag der betreffenden Organisationen tätigen Sachverständigen richtet sich nach den jeweiligen, auf die Internationale Organisation anwendbaren völkerrechtlichen Vereinbarungen und dazu erlassenen innerstaatlichen Vorschriften.[37] Diese sind je nach Aufgabe der Organisation unterschiedlich ausgestaltet. Eine abschließende Darstellung der für diesen Personenkreis in Betracht kommenden Vorrechte und Befreiungen kann an dieser Stelle nicht erfolgen.

Für die Vereinten Nationen (VN) sind von besonderer Bedeutung das Übereinkommen vom 13. Februar 1946 über die Vorrechte und Immunitäten der Vereinten Nationen[38] sowie das Abkommen vom 21. November 1947 über die Vorrechte und Befreiungen der Sonderorganisationen der Vereinten Nationen,[39] seit 1995 auch das mit den VN unterzeichnete Sitzstaatabkommen für das VN-Freiwilligenprogramm[40] Es gilt als Rahmenabkommen auch für andere Organisationen aus dem Bereich der Vereinten Nationen und wird durch das Rechtsstatut der konkret betroffenen Organisation jeweils mit Einschränkungen oder Ergänzungen versehen.

Für die EU ist das Protokoll über die Vorrechte und Befreiungen der Europäischen Union[41] maßgebend.

Folgende Bedienstete Internationaler Organisationen genießen während der Wahrnehmung ihrer dienstlichen Aufgaben innerhalb der Bundesrepublik Deutschland **in der Regel** Vorrechte und Immunitäten aufgrund völkerrechtlicher Vereinbarungen und innerstaatlichen Rechts:
– Vertreter der Mitgliedstaaten und deren Familienmitglieder (Definition s. o. 2.1.1.2),
– Bedienstete Internationaler Organisationen und deren Familienmitglieder,
– die im Auftrag der betreffenden Organisationen tätigen Sachverständigen.

Eine aktuelle Liste der in Deutschland tätigen Internationalen Organisationen, die auch die Namen ihrer Bediensteten, der Organe und der Staatenvertreter mit diplomatenähnlichem Sonderstatus enthält, ist auf der Homepage des Auswärtigen Amts zu finden unter: *http://www.auswaerti gesamt.de/cae/servlet/contentblob/332544/publicationFile/194407/VertretungenFremderStaaten ListeIO.pdf*

2.13.5.2 Vorrechte und Immunitäten für Teilnehmer an Kongressen, Seminaren oder ähnlichen Veranstaltungen der Vereinten Nationen, ihrer Sonderorganisationen oder der durch zwischenstaatliche Vereinbarungen geschaffenen Organisationen unter dem Schirm der Vereinten Nationen

Für die Vorrechte und Immunitäten von **Teilnehmern an Kongressen, Seminaren oder ähnlichen Veranstaltungen der Vereinten Nationen,** ihrer Sonderorganisationen oder der durch zwischenstaatliche Vereinbarungen geschaffenen Organisationen unter dem Schirm der Vereinten Nationen, die mit ausdrücklicher Zustimmung der Bundesregierung in der Bundesrepublik Deutschland stattfinden, gilt das Übereinkommen von 1946 über die Vorrechte und Immunitäten der Vereinten Nationen (VN-Privilegienabkommen, s. dazu Art. 3 Abs. 2 des Gesetzes vom 16. August 1980, BGBl. 1980 II, 941) bzw. das jeweilige Sitzstaatabkommen. Außerdem werden bisweilen Konferenzabkommen geschlossen, aus denen sich die gewährten Vorrechte und Befreiungen ergeben. Diese orientieren sich i. d. R. weitestgehend an den Regelungen des o. g. VN-Privilegienabkommens von 1946.

Teilnehmer an derartigen Veranstaltungen, die weder Staatenvertreter noch Bedienstete oder Sachverständige der veranstaltenden Organisation sind, genießen nach Artikel 3 Absatz 2 und 3 des Gesetzes vom 16. August 1980 zum o. g. VN-Privilegienabkommen diejenigen Vorrechte und

---

[37] *Eine Zusammenstellung der völkerrechtlichen Übereinkünfte und der damit in Zusammenhang stehenden Rechtsvorschriften, aufgrund derer Personen, insbesondere Bedienstete von Internationalen Organisationen aus anderen Staaten, in der Bundesrepublik Deutschland besondere Vorrechte und Befreiungen genießen, ist in dem vom Bundesministerium der Justiz und für Verbraucherschutz jährlich als Beilage zum Bundesgesetzblatt Teil I herausgegebenen Fundstellennachweis A und als Beilage zum Bundesgesetzblatt Teil II herausgegebenen Fundstellennachweis B enthalten. Nähere Auskunft erteilt das Auswärtige Amt, Referat OR02, unter der Rufnummer 0228–9917-2633, 9.00–16.00 Uhr.*
[38] *BGBl. 1980 II, S. 941.*
[39] *BGBl. 1954 II, S. 639.*
[40] *BGBl. 1996 II, S. 903.*
[41] *BGBl. 1965 II, 1482.*

Immunitäten, die im Auftrag der Vereinten Nationen tätigen Sachverständigen i. S. dieses Abkommens zustehen.

2.13.5.3 Konferenzteilnehmer mit deutscher Staatsangehörigkeit oder Teilnehmer, die in Deutschland ständig ansässig sind

Für Konferenzteilnehmer, die Deutsche im Sinne des Grundgesetzes sind (und die einen gültigen Reisepass oder Personalausweis besitzen) oder die in der Bundesrepublik Deutschland ständig ansässig sind, gelten die durch Privilegienabkommen gewährten Vorrechte und Immunitäten i. d. R. nur in eingeschränktem Maße. Entscheidend ist hier auf das jeweilige Abkommen abzustellen. Oftmals werden folgende Vorrechte gewährt:
- Befreiung von jeder Gerichtsbarkeit hinsichtlich der von ihnen in Wahrnehmung ihrer Aufgaben vorgenommenen Handlungen; die vorgesehene Befreiung von der Gerichtsbarkeit gilt jedoch nicht für Verstöße gegen das Straßenverkehrsrecht bei Schäden, die durch ein Motorfahrzeug verursacht wurden, das einem Teilnehmer gehört oder von einem solchen gesteuert wurde,
- Unverletzlichkeit aller Papiere und Schriftstücke,
- Recht zur Verwendung von Verschlüsselungen für ihren Verkehr mit der veranstaltenden Organisation sowie zum Empfang von Papieren und Korrespondenz durch Kurier oder in versiegelten Behältern.

2.13.5.4 Durchreisende

Der unter 2.13.5.1 und 2.13.5.2 genannte Personenkreis kann auf einer dienstlichen Reise durch das Gebiet der Bundesrepublik Deutschland Immunität genießen (Art. 40 WÜD-vergleichbare Regelungen, s.a. die Ausführungen unter 2.6).

Unabhängig hiervon sind durchreisende Diplomatenpassinhaber anderer Staaten stets mit besonderer Höflichkeit zu behandeln, da dem internationalen Ansehen der Bundesrepublik Deutschland anderenfalls geschadet werden kann, s. hierzu oben Ausführungen unter A und Ziff. 2.1.1.1. Anlass und Rechtfertigung von Kontrollmaßnahmen sowie die angestellten Ermessenserwägungen sind umfassend schriftlich festzuhalten, s. zu diesem Dokumentationserfordernis im Einzelnen oben unter Ziff. 2.1.2.2.1.

C. Vorgehen bei Zweifeln über den Status einer Person

1. Feststellung der Personalien

Allgemein zur Feststellung von Personalien ermächtigte Behörden und Beamte sind befugt, Namen und Anschrift von Personen festzustellen, sofern dies sachlich notwendig ist. Beruft sich eine Person auf Vorrechte und Befreiungen, so kann verlangt werden, dass der Nachweis durch Vorlage entsprechender Urkunden, insbesondere durch die in Teil 6 genannten Ausweise (Protokollausweise), den Diplomatenpass oder auf andere Weise geführt wird.

Es ist jedoch unerlässlich, die betroffene Person mit besonderer Höflichkeit zu behandeln, damit die Maßnahme keine negativen und evtl. politischen Reaktionen hervorruft.

2. Ansprechpartner

In eiligen Zweifelsfällen kann
- unmittelbar beim Auswärtigen Amt (unter der Rufnummer 030–5000-3411 bzw. 0228–9917-2633 von 9.00–16.00 Uhr, ansonsten im Lagezentrum unter der Rufnummer 030–5000-2911) über Mitglieder diplomatischer Missionen, über Angehörige der konsularischen Vertretungen und über Bedienstete Internationaler Organisationen,
- und hilfsweise auch bei den Staats-/Senatskanzleien der Länder über Angehörige der konsularischen Vertretungen

Auskunft eingeholt werden. Anhaltspunkte, die für oder gegen die Zugehörigkeit der Person zu einer in der Bundesrepublik Deutschland errichteten diplomatischen oder konsularischen Vertretung oder einer zwischenstaatlichen oder überstaatlichen Organisation sprechen, sind hierbei mitzuteilen.

3. Listen diplomatischer Missionen und konsularischer Vertretungen, Internationaler Organisationen sowie sonstiger Vertretungen

Aktuelle Listen der diplomatischen Missionen und konsularischen Vertretungen, Internationaler Organisationen sowie sonstiger Vertretungen, die auch die Namen der diplomatischen Mitglieder enthalten, werden bei Ref. 703 bzw. Ref. OR02 geführt (nicht alle Leiter Internationaler Organisationen haben einen Diplomatenstatus) und sind auf der Homepage des Auswärtigen Amts unter http://www.auswaertiges-amt.de/DE/Laenderinformationen/VertretungenFremderStaatenA-Z Laenderauswahlseite_node.html zu finden. Darüber hinaus erscheint ein- bis zweimal jährlich eine

Liste im Bundesanzeiger-Verlag, Postfach 100534, 50445 Köln unter dem Titel: „Diplomatische und konsularische Vertretungen in der Bundesrepublik Deutschland". Das Verzeichnis ist im Buchhandel erhältlich. Eine Bestellung kann auch telefonisch unter 0221-97668-200 oder unter *http:// www.bundesanzeiger.de* erfolgen.

D. Weitere bevorrechtigte Personen und Personengruppen

1. Rüstungskontrolleure

Teilnehmer an Inspektionen zur Rüstungskontrolle und an vertrauens- und sicherheitsbildenden Maßnahmen (VSBM) genießen Vorrechte und Befreiungen gemäß entsprechender völkerrechtlicher Verträge über Abrüstung, Rüstungskontrolle und VSBM.

Dazu zählen bei Maßnahmen anderer Staaten in der Bundesrepublik Deutschland insbesondere die Erteilung unentgeltlicher Visa für die Inspektoren und bei Vorliegen der gesetzlichen Voraussetzungen die Gewährleistung ihrer Einreise in die Bundesrepublik Deutschland innerhalb der in den internationalen Rüstungskontrollverträgen/Abkommen festgelegten Fristen.

Bei eigenen Maßnahmen in fremden Staaten haben deutsche Inspektoren das Recht, bei entsprechender Notwendigkeit die Hilfe der jeweiligen deutschen Botschaft oder anderen zuständigen deutschen diplomatischen Vertretung zur Sicherstellung des Auftrags in Anspruch zu nehmen.

2. Angehörige von Streitkräften anderer Staaten

2.1 Besatzungen von Staatsschiffen und Staatsluftfahrzeugen

Ausländische Kriegsschiffe und andere hoheitlichen Zwecken dienende Staatsschiffe und Staatsluftfahrzeuge genießen aufgrund Völkergewohnheitsrechts Vorrechte und Befreiungen.

Zwangsmaßnahmen an Bord von hoheitlichen Zwecken dienenden Staatsschiffen sind generell unzulässig. Besatzungsmitglieder und Passagiere partizipieren an dieser Befreiung, sofern sie sich an Bord des Staatsschiffs befinden. Befreiungen bei Staatsluftfahrzeugen entsprechen jenen bei Staatsschiffen. An Bord von fremden Staatsluftfahrzeugen und gegen solche dürfen daher keine hoheitlichen Maßnahmen eines fremden Staates unternommen werden. An der Exemtion partizipieren Besatzungsmitglieder und Passagiere, sofern sie sich an Bord des Staatsluftfahrzeugs befinden.

Diese völkerrechtlichen Regelungen gelten nur vorbehaltlich anderweitiger vertraglicher Bestimmungen. Solche existieren für Besatzungsmitglieder von Kriegsschiffen aus NATO-Staaten nach dem NATO-Truppenstatut und dem Zusatzabkommen zum NATO-Truppenstatut. Hinsichtlich des Inhalts der in diesen Abkommen enthaltenen Privilegien wird auf Teil 4.A verwiesen.

2.2 Verbände ausländischer Streitkräfte

Kraft Völkergewohnheitsrechts genießen Mitglieder der Streitkräfte funktionale Immunität vor der Gerichtsbarkeit des Empfangsstaats, sofern sie hoheitlich-dienstlich tätig werden. Wenn sich Truppen auf fremdem Staatsgebiet mit Einverständnis des Empfangsstaats aufhalten, wird ihr Status allerdings in der Regel vertraglich geregelt. Hinsichtlich der NATO-Mitgliedstaaten und Teilnehmerstaaten der NATO-Partnerschaft für den Frieden (PfP) wird auf Teil 4 verwiesen.

3. Kuriere und Kurierverkehr

3.1 Schutz diplomatischer und konsularischer Kuriere

Diplomatische oder konsularische Kuriere sowie ihnen gleichgestellte Personen genießen, soweit sie ein amtliches Schriftstück mitführen, aus welchem ihre Stellung hervorgeht („Kurierausweis"), umfassenden Schutz vor hoheitlichen Zwangsmaßnahmen. Dies gilt insbesondere für den Schutz vor Festnahme und Untersuchungshaft. Dabei ist zu beachten, dass die Gewährung dieser Privilegierung zeitlich auf die Anreise in den Empfangsstaat, ggf. mit Zwischenstopp in einem Drittstaat (vgl. Art. 40 Abs. 3 WÜD, Art. 54 Abs. 3 WÜK), den Aufenthalt im Empfangsstaat und die Rückkehr in den Entsendestaat zu beschränken ist.

In der deutschen Praxis unterliegt der Kurier zwar den Sicherheitskontrollen an den Flughäfen. Er ist jedoch wegen des umfassenden Schutzes vor Zwangsmaßnahmen berechtigt, die Leibesvisitationen zu verweigern (Art. 27 Abs. 5 WÜD, Art. 35 Abs. 5 WÜK). In einem solchen Fall ist der Kurier darauf hinzuweisen, dass er von der Beförderung ausgeschlossen wird, wenn er sich nicht freiwillig der Personenkontrolle und der Kontrolle seines persönlichen Gepäcks (nicht aber der Kontrolle des amtlichen Kuriergepäcks) unterzieht. Hält der Kurier seine Weigerung aufrecht, darf er den Kontrollpunkt nicht passieren.

Fungieren Diplomaten oder Konsularbeamte als Kuriere, genießen sie die ihnen als Diplomaten/ Konsularbeamten zustehenden Vorrechte, so bspw. die Befreiung von der Kontrolle ihres **persönlichen** Gepäcks. Dies schließt nicht die Befreiung des Gepäcks von den Luftsicherheitskontrollen ein (s. hierzu 2.1.2.5.2). Eine Befreiung von den Luftsicherheitskontrollen gilt nur für Kuriergepäck (siehe unten 4.1).

3.2 Schutz des Kurierverkehrs und der amtlichen Korrespondenz

Die Bundesrepublik Deutschland gestattet und schützt den freien Verkehr eines sich in der Bundesrepublik aufhaltenden Staatsoberhauptes, des Chefs oder Ministers einer anderen Regierung oder des Chefs einer diplomatischen Mission, einer konsularischen oder sonstigen Vertretung, der dieses Recht eingeräumt wurde, für alle amtlichen Zwecke. Daraus folgt, dass sich diese im Verkehr mit anderen amtlichen Vertretungen des Entsendestaates aller geeigneten Mittel einschließlich Kurieren und verschlüsselten Nachrichten bedienen können, des Funkverkehrs jedoch nur nach Antrag an das Auswärtige Amt und mit Zustimmung der Bundesnetzagentur, wenn Gegenseitigkeit besteht (s.a. Art. 27 Abs. 1 WÜD, Art. 35 Abs. 1 WÜK).

Gemäß Artikel 27 Absatz 2 WÜD sowie Artikel 35 Absatz 2 WÜK ist auch zu beachten, dass die gesamte amtliche Korrespondenz, welche die Mission oder konsularische Vertretung und ihre Aufgaben betrifft, unverletzlich ist, auch wenn sie nicht als diplomatisches oder konsularisches Kuriergepäck gekennzeichnet und befördert wird. Die amtliche Korrespondenz darf daher in keiner Weise beeinträchtigt, d. h. weder geöffnet oder durchsucht noch beschlagnahmt werden.

4. Schutz des Kuriergepäcks

4.1 Grundsatz

Diplomatisches und konsularisches Kuriergepäck darf weder geöffnet noch zurückgehalten werden. Auch die Durchleuchtung und die Identifizierung des Inhalts mit elektronischen Mitteln sind unzulässig (s.a. für Luftsicherheitskontrollen Anlage M zum Nationalen Luftsicherheitsprogramm, Teil A, Nr. 4).

4.2 Ausnahmen für diplomatisches Kuriergepäck

Eine Ausnahme von diesem Grundsatz für **diplomatisches Kuriergepäck** ist vom WÜD nicht vorgesehen. In der deutschen Praxis kann lediglich in dringenden Verdachtsfällen hinsichtlich eines besonders gravierenden Missbrauchs der Unverletzlichkeit von Kuriergepäck im äußersten Notfall im Beisein eines Botschaftsmitgliedes eine Überprüfung (Durchleuchtung) gefordert werden. Voraussetzungen dafür sind eine Weisung des Auswärtigen Amtes und die Vornahme einer umfassenden Güterabwägung mit dem Ergebnis, dass es sich um einen rechtfertigenden Notstand handelt (bspw. bei Gefahr für Leib und Leben bei Weiterbeförderung, etwa wenn eindeutige Hinweise darauf vorliegen, dass Sprengstoff im Kuriergepäck befördert wird). Verweigert der Entsendestaat die Überprüfung, kommt nur eine Rücksendung an den Ursprungsort in Betracht. Andere Maßnahmen (Öffnung ohne Einverständnis des Entsendestaates) dürften nur dann ergriffen werden, wenn andernfalls unmittelbar lebensgefährliche Bedrohungen für Rechtsgüter im Empfangsstaat (bspw. bei Beförderung radioaktiven Materials) zu befürchten sind.

4.3 Ausnahmen für konsularisches Kuriergepäck

Für konsularisches Kuriergepäck ist in Artikel 35 Absatz 3 WÜK eine ausdrückliche Ausnahme vom Verbot der Öffnung und Zurückbehaltung vorgesehen. Wenn die zuständigen deutschen Behörden triftige Gründe für die Annahme haben, dass das konsularische Kuriergepäck nicht nur amtliche Korrespondenz bzw. für den amtlichen Gebrauch bestimmte Schriftstücke oder Gegenstände enthält, können sie die Öffnung durch einen ermächtigten, d. h. entsprechend ausgewiesenen (amtlicher Kurierausweis, Diplomatenausweis, evtl. in Verbindung mit einer besonderen Vollmacht) Vertreter des Entsendestaates in Gegenwart eines Vertreters der deutschen Behörden verlangen. Lehnen die Behörden des Entsendestaates eine Öffnung ab, ist das Gepäck zurückzuschicken. Eine zwangsweise Öffnung ist nicht zulässig.

4.4 Verfahren bei Missbrauch des Schutzes von Kuriergepäck

Für die Abfertigung der Kuriere ergibt sich aus dem Vorgesagten, dass bei begründetem Verdacht auf eine missbräuchliche Nutzung des gesandtschaftsrechtlich geschützten Kuriergepäcks in jedem Fall sofort auf dem Dienstweg Weisung einzuholen ist, wie verfahren werden soll.

4.5 Vorschriften zur Beförderung des Kuriergepäcks

Kuriergepäck kann befördert werden
a) **durch einen diplomatischen oder konsularischen Kurier.** Dieser muss ein amtliches Schriftstück mit sich führen, aus dem seine Stellung und die Anzahl der Gepäckstücke ersichtlich sind, aus denen das diplomatische oder konsularische Kuriergepäck besteht. Der Kurier genießt persönliche Unverletzlichkeit und unterliegt keiner Festnahme oder Haft (Art. 27 Abs. 5 WÜD, Art. 35 Abs. 5 WÜK).

b) als diplomatisches oder konsularisches Kuriergepäck **durch den verantwortlichen Flugzeugführer (Kommandanten) eines im gewerblichen Luftverkehr eingesetzten Luftfahrzeuges**, dessen Bestimmungsort ein zugelassener Einreiseflugplatz ist. Der Kommandant muss ein amtliches Schriftstück mit sich führen, aus dem die Anzahl der Gepäckstücke ersichtlich ist, die das Kuriergepäck bilden. Er gilt jedoch nicht als diplomatischer oder konsularischer Kurier. Ein entsandtes Mitglied einer diplomatischen Mission oder konsularischen Vertretung darf nicht daran gehindert werden, das Kuriergepäck unmittelbar von dem Kommandanten entgegenzunehmen, wobei in Bezug auf konsularisches Kuriergepäck eine entsprechende Abmachung mit den zuständigen Ortsbehörden zur Voraussetzung gemacht werden darf (Art. 27 Abs. 7 WÜD, Art. 35 Abs. 7 WÜK).

c) als diplomatisches oder konsularisches Kuriergepäck **durch den Kapitän eines Seeschiffes**, dessen Bestimmungsort ein zugelassener Einreisehafen ist. Der Kapitän muss ein amtliches Schriftstück mit sich führen, aus dem die Anzahl der Gepäckstücke ersichtlich ist, die das Kuriergepäck bilden. Er gilt jedoch nicht als diplomatischer oder konsularischer Kurier. Ein entsandtes Mitglied der diplomatischen oder konsularischen Vertretung darf nicht daran gehindert werden, das Kuriergepäck unmittelbar von dem Kapitän entgegenzunehmen (Art. 35 Abs. 7 WÜK, der im Bereich des WÜD analog angewendet wird).

4.6 Kennzeichnung des Kuriergepäcks

Gepäckstücke, die das Kuriergepäck bilden, müssen äußerlich sichtbar als solche gekennzeichnet sein (Art. 27 Abs. 4 WÜD, Art. 35 Abs. 4 WÜK). Der Kurier, der Kuriergepäck befördert, muss ein amtliches Schriftstück mit sich führen, aus dem seine Stellung und die Anzahl der Gepäckstücke ersichtlich sind, die das Kuriergepäck bilden.

4.7 Zollabfertigung des Kuriergepäcks

Für die Zollabfertigung von diplomatischem und konsularischem Kuriergepäck gelten die Weisungen in der Kennung Z 2554 der vom Bundesministerium der Finanzen herausgegebenen Vorschriftensammlung Bundesfinanzverwaltung, VSF.

Teil 2
Bevorrechtigung und Schutz diplomatischer Missionen, konsularischer Vertretungen, Internationaler Organisationen und sonstiger Vertretungen

A. Diplomatische Missionen

1. Unterstützungspflicht des Empfangsstaates

Der diplomatischen Mission ist zur Wahrnehmung ihrer Aufgaben jede Erleichterung zu gewähren (Art. 25 WÜD). Diese allgemeine Beistandspflicht beinhaltet einerseits die Verpflichtung des Empfangsstaates, der ausländischen Mission jede ihm mögliche und zumutbare Hilfeleistung zur Sicherstellung der Funktionsfähigkeit der ausländischen Mission zu gewähren. Andererseits muss der Empfangsstaat Maßnahmen unterlassen, die die diplomatischen Vertretungen und ihre Mitglieder bei der wirksamen Wahrnehmung der ihnen nach dem WÜD übertragenen Aufgaben nachhaltig behindern könnte.

Die Vorschrift beinhaltet für den Empfangsstaat u. a. die Verpflichtung, freien Zugang zur ausländischen Mission zu gewähren. Diese Verpflichtung gilt v. a. für den Zugang von Staatsangehörigen des Entsendestaates, aber grundsätzlich auch für Staatsangehörige des Empfangsstaates. Zugangsbehinderungen bedürfen der besonderen Begründung (bspw. Sicherheitserwägungen) und müssen verhältnismäßig sein.

2. Schutz der Räumlichkeiten und Sachmittel der Mission

2.1 Unverletzlichkeit (Art. 22 WÜD)

Die Räumlichkeiten der Mission, d. h. die Residenz des Missionschefs, die Botschaftskanzlei und die für amtliche Zwecke genutzten Räume und Gebäudeteile sowie das dazugehörige Gelände und die Beförderungsmittel der Mission sind **unverletzlich**. Das Gebäude, die Räume und das Grundstück sind dadurch jedoch nicht „exterritorial" – es handelt sich weiterhin um Hoheitsgebiet der Bundesrepublik Deutschland. Die Vornahme von Hoheitsakten durch deutsche Behörden ist dort jedoch ausgeschlossen (uneingeschränkte deutsche Gebietshoheit, aber eingeschränkte Rechtshoheit). Die Räumlichkeiten, ihre Einrichtung und die sonstigen darin befindlichen Gegenstände sowie die Beförderungsmittel genießen **Befreiung von jeder Durchsuchung, Beschlagnahme, Pfändung oder Vollstreckung** (Art. 22 Abs. 3 WÜD). Vertreter deutscher Behörden dürfen die Räumlichkeiten einer Mission nur mit **Zustimmung des Leiters** betreten (Art. 22 Abs. 1 Satz 2 WÜD).

Daraus ergibt sich für die zuständige Behörde die besondere Pflicht, durch geeignete Maßnahmen die Missionsräumlichkeiten vor jedem Eindringen und jeder Beschädigung zu schützen und zu verhindern, dass der Friede der Mission gestört oder ihre Würde beeinträchtigt wird (Art. 22 Abs. 1, 2 WÜD).

Praxisrelevante Beispiele:

Da der Empfangsstaat auf dem Missionsgelände und in anderen geschützten Räumlichkeiten keine Hoheitsakte vornehmen darf, sind Zustellungen sowie jede andere Form der **Aushändigung von Hoheitsakten** – auch mit einfachem Brief per Post – unzulässig. Unter den Begriff „Hoheitsakt" fallen Verfügungen, Entscheidungen, Anordnungen und andere Maßnahmen, mit denen Behörden, Gerichte oder sonstige Träger von hoheitlicher Gewalt ein bestimmtes Handeln, Dulden oder Unterlassen fordern, oder die verbindlichen Feststellungs- bzw. Entscheidungscharakter haben. Es handelt sich hierbei vor allem um Verwaltungsakte (§ 35 VwVfG) sowie Gerichtsurteile und -beschlüsse, aber auch vorbereitende Maßnahmen wie Anhörungsbögen.
– Ausnahmsweise dürfen Verwaltungsakte (z. B. Steuerbescheide) per Post an die Mission gesandt werden, sofern die Mission die Erteilung des Verwaltungsaktes ausdrücklich beantragt hat.
– Verbotswidrig abgestellte **Dienstwagen** dürfen nicht **abgeschleppt, sondern höchstens aus der Gefahrenzone verbracht** werden, wenn Leib und Leben anderer Personen gefährdet sind.
– Die **Zwangsvollstreckung** in den Räumlichkeiten und in Gegenstände der Mission sowie in ihre Immobilien ist unzulässig.
– **Öffen des Kofferraums der Dienst-Kfz und Durchsuchen des mitgeführten Gepäcks** sind unzulässig.
– **Abhörmaßnahmen** sind unzulässig.

Bei Unglücksfällen auf dem Grundstück der Mission gilt Folgendes:

Grundsätzlich ist auch in einem solchen Fall z. B. die Feuerwehr oder das Technische Hilfswerk gehalten, die Genehmigung des Missionschefs oder seines Vertreters zum Betreten des Grundstücks einzuholen. Ist dies nicht möglich, ist es zweckmäßig, unverzüglich das Auswärtige Amt – Protokoll – Berlin (030–5000-2424 von 9.00–16.00 Uhr, ansonsten: 030–5000-2911) zu unterrichten. Ist wegen der Dringlichkeit der Maßnahmen (z. B. wg. Gefährdung von Menschenleben) ein sofortiges Eingreifen geboten, so ist der verantwortliche Leiter der Rettungskräfteeinheit nach pflichtgemäßem Ermessen berechtigt, das Betreten anzuordnen. Die Hilfsmaßnahmen haben sich auf das zur Abwehr der Gefahr Erforderliche zu beschränken.

2.2 Befreiung der Mission von der Gerichtsbarkeit (Immunität)

Botschaften haben keine eigene Rechtspersönlichkeit. Sie handeln stets nur im Namen des Staates, den sie vertreten. Dieser ist nach dem völkergewohnheitsrechtlichen Grundsatz der Staatenimmunität im Bereich seiner hoheitlichen Tätigkeit von der Gerichtsbarkeit anderer Staaten befreit.

2.3 Schutz des Missionsvermögens

Die Archive und Schriftstücke der Mission sind jederzeit unverletzlich, wo immer sie sich befinden (Art. 24 WÜD).

Auf Grundlage des völkergewohnheitsrechtlich anerkannten Grundsatzes, wonach die Arbeit und Funktionsfähigkeit der ausländischen Mission nicht behindert werden soll („ne impediatur legatio") ist in Deutschland höchstrichterlich anerkannt, dass in Bankkonten ausländischer Missionen, soweit diese für den Zahlungsverkehr zur Erfüllung der Aufgaben der diplomatischen Mission dienen, nicht vollstreckt werden darf.

2.4 Berechtigung zum Führen von Hoheitszeichen

Diplomatische Missionen haben das Recht, die Hoheitszeichen ihres Staates (Flagge, Wappen usw.) zu führen (Art. 20 WÜD).

B. Konsularische Vertretungen

1. Unterstützungspflicht des Empfangsstaates

Den konsularischen Vertretungen ist bei der Wahrnehmung ihrer Aufgaben jede Erleichterung zu gewähren (Art. 28 WÜK). Der Empfangsstaat ist hierdurch einerseits verpflichtet, der konsularischen Vertretung jede ihm mögliche und zumutbare Hilfeleistung zur Sicherstellung der Funktionsfähigkeit der Vertretung zu gewähren. Andererseits muss der Empfangsstaat Maßnahmen unterlassen, die die konsularischen Vertretungen und ihre Mitglieder bei der wirksamen Wahrnehmung der ihnen nach dem WÜK übertragenen Aufgaben nachhaltig behindern könnte.

Die Vorschrift beinhaltet für den Empfangsstaat u. a. die Verpflichtung, freien Zugang zur ausländischen Mission zu gewähren. Diese Verpflichtung gilt v. a. für den Zugang von Staatsangehörigen des Entsendestaates, aber grundsätzlich auch für Staatsangehörige des Empfangsstaates. Zugangsbehinderungen bedürfen der besonderen Begründung (bspw. Sicherheitserwägungen) und müssen verhältnismäßig sein.

2. Schutz der Räumlichkeiten der konsularischen Vertretung

2.1 Schutz der Räumlichkeiten bei berufskonsularischen Vertretungen

Für die Räumlichkeiten der konsularischen Vertretung gilt grundsätzlich dasselbe wie für die Räumlichkeiten einer diplomatischen Mission (vgl. Teil 2.A). Artikel 31 Absatz 4 WÜK ist bzgl. staatlicher Zwangsmaßnahmen so wie die Parallelvorschrift im WÜD (Art. 22 Abs. 3) zu lesen und als umfassende Immunitätsregelung zu verstehen.

Nach dem Wortlaut von Artikel 31 Absatz 4 WÜK sind die konsularischen Räumlichkeiten, ihre Einrichtung sowie das Vermögen und die Beförderungsmittel einer konsularischen Vertretung zwar nur von der *Beschlagnahme* zum Zweck der Landesverteidigung und des öffentlichen Wohls befreit. Eine Pfändung oder eine Vollstreckung stellen allerdings ähnlich gravierende Eingriffe dar wie die Beschlagnahme und müssen demnach ebenso behandelt werden. Erst recht ist auch davon auszugehen, dass weniger gravierende Maßnahmen wie die Durchsuchung ausgeschlossen sein müssen.

Wenn eine Beschlagnahme nur in den o. g. Fällen überhaupt denkbar ist, dann spricht außerdem vieles für den Ausschluss von Pfändung und Vollstreckung in Fällen, in denen die Maßnahmen nicht zur Wahrung der genannten Belange der Landesverteidigung und des öffentlichen Wohls ergriffen werden sollen.

Es sind jedoch folgende Ausnahmen zu beachten:

Die Räumlichkeiten genießen den Schutz nur, wenn sie ausschließlich bzw. auch für dienstliche Zwecke genutzt werden. Anders als die Residenz eines Botschafters gehört die Residenz eines Konsuls nicht zu den geschützten Räumlichkeiten (Art. 31 Abs. 1 WÜK).

In einer Notlage kann das Einverständnis des Leiters der konsularischen Vertretung zum Betreten der geschützten Räumlichkeiten vermutet werden (Art. 31 Abs. 2 WÜK). In einem solchen Fall ist die zuständige Landesbehörde – Staats- oder Senatskanzlei – unverzüglich zu unterrichten.

2.2 Schutz der Räumlichkeiten bei honorarkonsularischen Vertretungen

Für die Räumlichkeiten einer honorarkonsularischen Vertretung gilt das Privileg der Unverletzlichkeit nicht. Die Bundesrepublik Deutschland trifft nach Artikel 59 WÜK jedoch die Pflicht, alle erforderlichen Maßnahmen zu treffen, um die Räumlichkeiten vor jedem Eindringen und jeder Beschädigung zu schützen und um zu verhindern, dass der Friede der honorarkonsularischen Vertretung gestört und ihre Würde beeinträchtigt wird.

2.3 Unverletzlichkeit konsularischer Archive und Schriftstücke

Konsularische Archive und Schriftstücke sind jederzeit unverletzlich, wo auch immer sie sich befinden (Art. 33 WÜK). Dasselbe gilt für die konsularischen Archive und Schriftstücke in einer von einem Honorarkonsularbeamten geleiteten konsularischen Vertretung, sofern sie von anderen Papieren und Schriftstücken getrennt gehalten werden, insbesondere von der privaten Korrespondenz sowie von den Gegenständen, Büchern oder Schriftstücken, die sich auf den Beruf oder das Gewerbe eines Konsulatsmitarbeiters beziehen (Art. 61 WÜK).

2.4 Berechtigung zum Führen von Hoheitszeichen

Konsularische Vertretungen können die Hoheitszeichen ihres Staates (Flagge, Wappen) an dem Gebäude, in dem sich die konsularische Vertretung befindet, an der Wohnung des Leiters der konsularischen Vertretung und an den Beförderungsmitteln führen, wenn diese dienstlich benutzt werden (Art. 29 Abs. 2 WÜK). Konsularische Vertretungen, die von einem Honorarkonsularbeamten geleitet werden, führen gemäß Artikel 29 Absatz 3 WÜK die Hoheitszeichen nur an dem Gebäude, in dem sich die dienstlichen Räumlichkeiten befinden.

C. Internationale Organisationen

Zu beachten ist, dass auch Internationalen Organisationen Vorrechte und Befreiungen genießen (z. B. Unverletzlichkeit der Räumlichkeiten, Schutz der Archive und des Kuriers). Da diese Privilegien auf unterschiedlichen völkerrechtlichen Übereinkünften beruhen, können sie nicht zusammenfassend dargestellt werden. In Zweifelsfällen sollte das Auswärtige Amt, Referat OR02 (Tel. 0228-9917-2633, 9.00–16.00 Uhr) befragt werden.

Teil 3
Spezialgesetzliche Regelungen zur Behandlung gesandtschaftsrechtlich bevorrechtigter Personen im deutschen Recht

A. Aufenthaltsgesetz (AufenthG) und Aufenthaltsverordnung (AufenthV)

1. AufenthG vom 25. Februar 2008 (BGBl. I S. 162, zuletzt geändert durch Gesetz vom 6. September 2013; BGBl. I S. 3556) – nicht abgedruckt –

2. Aufenthaltsverordnung (AufenthV) vom 25. November 2004 (BGBl. I S. 2945, zuletzt geändert durch Verordnung vom 6. Mai 2014; BGBl. I S. 451) – nicht abgedruckt –

B. Melderechtsrahmengesetz (MRRG) vom 19. April 2002 und Bundesmeldegesetz (BMG) vom 3. Mai 2013 – nicht abgedruckt –

C. Waffengesetz (WaffG) vom 11. Oktober 2002 – nicht abgedruckt –

D. Personenstandsgesetz (PStG) vom 19. Februar 2007 – nicht abgedruckt –

Teil 4
Sonderbestimmungen für die Rechtsstellung der Stationierungsstreitkräfte, der Streitkräfte der NATO-Mitgliedsstaaten, der aufgrund des Nordatlantikvertrages errichteten internationalen militärischen Hauptquartiere, der Teilnehmerstaaten an der NATO-Partnerschaft für den Frieden (PfP) sowie der Streitkräfte aus Drittstaaten – nicht abgedruckt –

Teil 5
Ausweise für Mitglieder ausländischer Vertretungen und Internationaler Organisationen

A. Protokollausweis des Auswärtigen Amtes

Das Auswärtige Amt – Protokollabteilung – stellt den Mitgliedern ausländischer Vertretungen und Internationaler Organisationen seit 1999 einen **roten Protokollausweis** (laminierte Plastikkarte im Format 110 mm × 80 mm) aus.

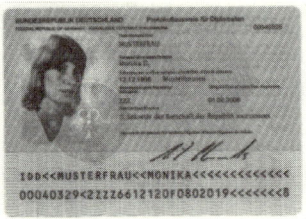

Auf der Vorderseite befindet sich neben dem Lichtbild und den persönlichen Informationen die Funktionsbezeichnung des Ausweisinhabers. Oben rechts wird der Typ des Protokollausweises mitgeteilt (vgl. sogleich folgende Liste) sowie die Nummer des Protokollausweises.

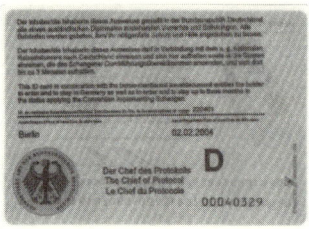

Auf der Rückseite befindet sich ein zweisprachiger Hinweis auf die Vorrechte und Befreiungen des Ausweisinhabers sowie auf die aufenthaltsrechtlichen Besonderheiten. Daneben wird auf die Nummer des dazugehörigen Reisedokuments verwiesen sowie in der unteren rechten Ecke der Typ des Protokollausweises gekennzeichnet. Derzeit gibt es elf Ausweistypen:

„D" Ausweis für Diplomaten und deren Familienmitglieder
„VB" Ausweis für Verwaltungs- und technisches Personal an Botschaften und deren Familienmitglieder
„DP" Ausweis für dienstliches Hauspersonal an Botschaften und deren Familienmitglieder
„K" Ausweis für Konsularbeamte

„VK" Ausweis für Verwaltungs- und technisches Personal an Konsulaten
„DH" Ausweis für dienstliches Hauspersonal an Konsulaten
„KF" Ausweis für Familienmitglieder von Konsularbeamten, Verwaltungs- und technisches Personal und Hauspersonal an Konsulaten
„OK" Ausweis für Ortskräfte und deren Familienmitglieder (nur noch sog. „Altfälle"; Ortskräfte, die nach dem 1. Januar 2013 eingestellt wurden, haben keinen Protokollausweis mehr erhalten, da sie bereits bei Einstellung über einen Aufenthaltstitel verfügen mussten, der ihnen die Erwerbstätigkeit gestattet)
„PP" Ausweis für privates Hauspersonal
„IO" Ausweis für Mitglieder von in Deutschland eingerichteten Vertretungen Internationaler und Supranationaler Organisationen sowie zwischenstaatlicher Einrichtungen und deren Familienmitglieder
„S" Sonderausweise für Haushaltsangehörige i. S. v. § 27 Absatz 1 Nummer 5 AufenthV, sowie in bestimmten Sonderfällen bei Internationalen Organisationen.

Hinweis: Die jeweiligen Vorrechte, die auf den Karten mitgeteilt werden, können voneinander abweichen, auch wenn derselbe Ausweistyp vorliegt. Dies liegt daran, dass z. B. bei Diplomaten die Vorrechte u. a. davon abhängen, ob der Diplomat Ausländer oder Deutscher ist. Zu den Vermerken, die einen abweichenden Status anzeigen, zählen (Vermerk auf der Vorderseite des Ausweises oben rechts):
– Zusatz „A"
 (zum Beispiel: „Protokollausweis für Diplomaten A")
 = Arbeitsaufnahme durch den Ausweisinhaber, dadurch Privilegienbeschränkung gemäß Artikel 31 Absatz 1 lit. c WÜD, siehe hierzu Teil 2.1.2.1.2.
– Zusatz „Art. 38 I WÜD"
 (zum Beispiel: „Protokollausweis für Diplomaten Art. 38 I WÜD") = Ausweisinhaber ist deutscher Staatsangehöriger oder ständig in Deutschland ansässig, dadurch Privilegienbeschränkung gemäß Artikel 38 Absatz 1 WÜD, siehe hierzu 2.7.
– Zusatz „Art. 71 I WÜK"
 (zum Beispiel: „Protokollausweis für Konsularbeamte Art. 71 I WÜK") = Ausweisinhaber ist deutscher Staatsangehöriger oder ständig in Deutschland ansässig, dadurch Privilegienbeschränkung nach Artikel 71 Absatz 1 WÜK, siehe hierzu Teil 2.8.3.

Hinweis: Honorarkonsuln erhalten keine Ausweise vom Auswärtigen Amt. Ihnen werden vom Protokoll des jeweiligen Bundeslandes (Senats- oder Staatskanzlei) weiße Ausweise im Scheckkartenformat ausgestellt, die im Jahr 2008 für alle Bundesländer einheitlich neu gestaltet wurden (siehe nachstehendes Muster).

Lediglich Rheinland-Pfalz und Saarland verwenden noch ein älteres Ausweismodell (weiß mit grünem Querstreifen).

B. Diplomatenpass des Entsendestaates

Die Entsendestaaten pflegen ihrerseits die Angehörigen ihres Auswärtigen Dienstes mit amtlichen Pässen zu versehen (Diplomatenpass, Dienstpass). Diese Pässe haben für den Status des Inhabers in der Bundesrepublik Deutschland zwar keine unmittelbare Bedeutung, doch können sie als Hinweis auf die Sonderstellung wichtig sein. Wie in Deutschland[42] entspricht es auch internationaler Übung, dass die Erteilung von amtlichen Pässen nur an einen zahlenmäßig begrenzten Personenkreis und bei Vorliegen bestimmter Voraussetzungen erfolgt. Die Entscheidung eines anderen Staates, einer Person einen amtlichen Pass zu erteilen, ist zu respektieren. Es ist grundsätzlich davon auszugehen, dass der Passinhaber in dem Herkunfts-/Entsendestaat eine hervorgehobene Stellung einnimmt und sein Aufenthalt in der Bundesrepublik Deutschland von besonderem Interesse für diesen Staat ist. Bei Vorweisen amtlicher Pässe ist daher eine vorsichtige/sorgfältige Prüfung aller Maßnahmen, notfalls Rückfrage angezeigt (vgl. die besonderen Rechte durchreisender Diplomaten Art. 40 Abs. 2 WÜD, siehe auch 2.1 und 2.6, und für Konsularbeamte Art. 54 Abs. 2 WÜK). In Zweifelsfällen ist das Auswärtige Amt (unter der Rufnummer 030–5000-3411, 9.00–16.00 Uhr, ansonsten unter der Rufnummer 030–5000-2911) zu befassen. Anlass und Rechtfertigung von evtl. Kontrollmaßnahmen sowie die angestellten Ermessenserwägungen sind umfassend schriftlich festzuhalten, s. zu diesem Dokumentationserfordernis im Einzelnen oben unter Ziff. 2.1.2.2.1.

Teil 6
Behandlung von bevorrechtigten Personen bei Verstößen gegen die Straßenverkehrsordnung und die öffentliche Ordnung

A. Nach dem Wiener Übereinkommen über diplomatische Beziehungen (WÜD) bevorrechtigte Personen

1. Diplomaten und ihre im Haushalt lebenden Familienmitglieder: Grundsätze der Bevorrechtigung

Artikel 29 WÜD regelt den fundamentalen Grundsatz der Unverletzlichkeit des Diplomaten. Danach sind hoheitliche Zwangsmaßnahmen gegen Diplomaten unzulässig. Folgende Maßnahmen widersprechen diesem Grundsatz:
– Maßnahmen der Strafverfolgung (vorläufige Festnahme, Verhaftung, Durchsuchung, Beschlagnahme, Entnahme von Blutproben oder andere Alkoholtests bei Trunkenheitsverdacht im Straßenverkehr, Vernehmung gegen den Willen des Betroffenen)
– Maßnahmen zur Verfolgung und Ahndung von Ordnungswidrigkeiten einschließlich der Verwarnung mit Verwarnungsgeld
– Verwaltungsakte, welche die persönliche Freiheit der Diplomaten einschränken (z. B. polizeilicher Gewahrsam) oder mit denen Gegenstände beschlagnahmt oder sichergestellt werden, die im Eigentum oder in der tatsächlichen Gewalt dieser Person stehen (z. B. von der Polizei angeordnetes Umsetzen eines Kfz). Die Inverwahrungnahme solcher Gegenstände ist nur zulässig, soweit kein entgegenstehender Wille des Berechtigten erkennbar ist und die Verwahrung in seinem Interesse liegt.
– Sonstige Verwaltungsakte mit Sanktionscharakter (z. B. Beschlagnahme des Führerscheins, Sicherstellen eines Kraftfahrzeugs, Anbringen von Parkkrallen).

Die genannten Verbote beschränken sich nicht nur auf die Ausführung, sondern bereits auf eine entsprechende Androhung derartiger Maßnahmen.

Der Grundsatz der Unverletzlichkeit gemäß Artikel 29 WÜD gilt sowohl bei dienstlichen als auch bei rein privaten Handlungen des Diplomaten.

Zwangsmaßnahmen dürfen gegen einen Diplomaten grundsätzlich nicht vorgenommen werden. Gerichtliche und behördliche Maßnahmen mit Sanktionscharakter gegen einen Diplomaten sind nur möglich, wenn der Entsendestaat über seine Mission ausdrücklich nach Artikel 32 WÜD einen Immunitätsverzicht erklärt. Hierzu haben Gerichte und Behörden in jedem Einzelfall das Auswärtige Amt zu konsultieren. **Der Diplomat selbst kann nicht wirksam auf seine Immunität verzichten.** Unzulässiger Zwang liegt auch schon vor, wenn der Betroffene im Falle einer Weigerung mit tatsächlichen Behinderungen durch Behörden, wie z. B. der Polizei, zu rechnen hat. Zur ausnahmsweisen Zulässigkeit von Zwangsmaßnahmen gegen Diplomaten s. o. Teil 2.1.2.2.

Die Frage, ob die Voraussetzungen für das ausnahmsweise Einschreiten vorliegen, ist seitens der deutschen Behörden mit größter Sorgfalt zu prüfen. Die Unverletzlichkeit des Diplomaten gehört zu den überragenden Schutzgütern des Gesandtschaftsrechts und darf in keinem Fall unter Hinweis auf die Durchsetzung der Straßenverkehrsvorschriften durchbrochen werden.

---

[42] S. *Allgemeine Verwaltungsvorschrift über die Ausstellung amtlicher Pässe der Bundesrepublik Deutschland vom 27. Juni 2014 auf Grundlage des § 27 Pass G.*

Eine **Anzeige der Polizei** bei der Staatsanwaltschaft ist möglich, soweit die Einleitung eines Ermittlungsverfahrens dazu dient, evtl. Zweifel über die Immunität des Diplomaten zu klären. Die Eröffnung eines Hauptverfahrens gegen Diplomaten ist unzulässig. Insoweit besteht ein Verfahrenshindernis, das von Amts wegen zu beachten ist.

Die direkte Zustellung von Bescheiden (auch Verwarnungen für Parkverstöße) an Botschaften und Diplomaten im Zusammenhang mit Verkehrsordnungswidrigkeiten nach der Straßenverkehrsordnung (StVO) ist aufgrund der Unverletzlichkeit der Mission und des Diplomaten (Art. 22 und 29 WÜD) völkerrechtswidrig und daher unzulässig.

Dazu zählen insbesondere:
– das Anheften von Bescheiden an die Windschutzscheibe von Kraftfahrzeugen mit amtlichen diplomatischen Kennzeichen,
– die Übersendung von Bußgeldbescheiden an die Adresse fremder Missionen oder an die Privatadresse von Diplomaten und
– jede andere direkte Zustellung (z. B. durch persönliche Übergabe) an Diplomaten.

Gesandtschaftsrechtlich zulässig sind schlichte Hinweise – auch schriftlich – auf den begangenen Verkehrsverstoß, solange diese Hinweise nicht hoheitlich-autoritativen Charakter haben. Bund und Länder haben sich im Juni 2007 im Rahmen des Bund-Länder-Fachausschusses StVO/StVOWi mit Schwerpunkt Straßenverkehrsordnungswidrigkeiten (Sitzung I/07) auf entsprechende Mustertexte und Hinweise geeinigt (vgl. die Ergebnisniederschrift v. 27./28.6., Gz. des BMVI (ehemaliges BMVBS): S 02 (032)/7393.2/3–4/656550 (I/07)).

Wurde ein Diplomat z. B. bei einem Verkehrsunfall verletzt und ist nicht ansprechbar, können Behandlung und Transport in eine Klinik auch ohne seine Einwilligung erfolgen. Die zuständige Mission oder der Entsendestaat sind jedoch schnellstmöglich von diesen Maßnahmen zu unterrichten.

Über Artikel 37 Absatz 1 WÜD werden auch die **Familienmitglieder von Diplomaten, wenn sie nicht Angehörige des Empfangsstaates** sind, in den Schutz des Artikel 29 WÜD einbezogen.

2. Verfahren bei Trunkenheitsfahrten

Das Anhalten eines Diplomaten bei Anzeichen einer Trunkenheitsfahrt im Straßenverkehr ist zulässig. Erst durch die Identitätskontrolle (i. d. R. anhand des Protokollausweises und/oder des amtlichen Passes) ist eine abschließende Überprüfung möglich, ob der Fahrer tatsächlich Privilegien nach dem Gesandtschaftsrecht genießt. Der Betroffene hat in diesen Fällen mitzuwirken. Weigert er sich, so ist ein Festhalten bis zur Klärung der Identität zulässig.

Die Durchführung eines Alkoholtests ist nur im Einvernehmen mit dem Diplomaten möglich. Aus der Weigerung dürfen keine für ihn nachteiligen Schlüsse gezogen werden, d. h. es erfolgt keine Umkehr der Beweislast, da der Empfangsstaat keinen Anspruch auf Mitwirkung des Diplomaten hat. Will der Diplomat kooperieren und an dem Test teilnehmen, sollte darauf hingewirkt werden, dass der Diplomat eine rechtswahrende Erklärung zu Protokoll der kontrollierenden Polizeibeamten abgibt, da ein Immunitätsverzicht nur durch seinen Dienstherrn, den Entsendestaat, erklärt werden kann.

Hindert die Polizei einen offensichtlich fahruntüchtigen Diplomaten an der Weiterfahrt und behält gegebenenfalls die Fahrzeugschlüssel ein, ist diese Maßnahme nur zu seinem eigenen Schutz sowie dem anderer Verkehrsteilnehmer zulässig.

Die Polizei darf den Diplomaten nicht daran hindern, sich vom Ort der Verkehrskontrolle zu Fuß, mit dem Taxi oder mit einem öffentlichen Verkehrsmittel zu entfernen. Ausgeschlossen ist das Anlegen von Handschellen, um den Betroffenen am Weggehen zu hindern. Etwas anderes gilt z. B. dann, wenn eine akute Gefahr der Selbstgefährdung besteht. Dann ist es zulässig, den Diplomaten zu seiner Mission oder nach Hause zu bringen. Zu beachten ist in jedem Einzelfall der Grundsatz der Verhältnismäßigkeit.

Das Kfz eines offensichtlich fahruntüchtigen Diplomaten kann durch die Polizei an einer sicheren Stelle am Ort der Verkehrskontrolle oder in unmittelbarer Nähe dazu geparkt werden. Ein Umsetzen darüber hinaus ist dagegen nur möglich, wenn am Ort der Verkehrskontrolle keine Möglichkeit besteht, das Auto sicher zu parken.

3. Verfahren bei Falschparken und Umsetzen

Bußgelder nach Verstößen gegen die StVO müssen Diplomaten nicht bezahlen, sie können dies jedoch freiwillig tun.

Parkgebühren müssen auch von Diplomaten bezahlt werden. Sie sind Vergütungen für bestimmte Dienstleistungen und fallen damit nicht unter das gesandtschaftsrechtliche Steuerprivileg.

Staatlicher Zwang zur Durchsetzung der Bezahlung von **Bußgeldern und Parkgebühren verstößt gegen den Unverletzlichkeitsgrundsatz** aus Artikel 29 WÜD und ist deshalb nicht zulässig.

Nach Artikel 22 Absatz 3 WÜD genießen verbotswidrig abgestellte Kfz einer diplomatischen Mission Immunität von Beschlagnahme und Vollstreckungsmaßnahmen, nach Artikel 30 Absatz 2 WÜD ist das Privatfahrzeug eines Diplomaten als Teil seines Vermögens unverletzlich.

Das Umsetzen verbotswidrig geparkter Privatfahrzeuge von Diplomaten im Auftrag der Behörden des Empfangsstaates verstößt – ebenso wie bei Artikel 22 Absatz 3 WÜD (Dienstfahrzeuge der Mission) – gegen Artikel 30 Absatz 2 WÜD. Es wird jedoch von einer konkludenten Zustimmung des Diplomaten zum Umsetzvorgang dann ausgegangen, wenn das geparkte Fahrzeug eine konkrete Gefahr für Leib und Leben anderer Verkehrsteilnehmer oder Personen oder eine erhebliche Behinderung des Straßenverkehrs darstellt, z. B. durch Blockieren einer Krankenhauseinfahrt oder der Straßenbahnschienen.

Dem Empfangsstaat steht in diesen Fällen nach Ende der Gefahrenlage kein Zurückbehaltungsrecht an dem Fahrzeug bis zur Bezahlung der Umsetzkosten durch den Diplomaten oder die Mission zu. Die Mission bzw. der Entsendestaat als Halter von Dienstfahrzeugen und der Diplomat als Halter seines Privatfahrzeugs können zwar zur Zahlung der Umsetzkosten aufgefordert werden, Sanktionen zur Durchsetzung der Zahlungsaufforderung sind jedoch unzulässig.

Gleiches gilt entsprechend für andere Maßnahmen der Außerbetriebsetzung von Fahrzeugen der Mission oder des Diplomaten, wie z. B. das Anbringen einer **„Parkkralle"**.

Dabei macht es keinen Unterschied, ob die jeweilige Verkehrsfläche privat oder öffentlich ist. Entscheidend ist, ob der Empfangsstaat behördlich in den Umsetzvorgang eingeschaltet wurde oder nicht. Es spielt keine Rolle, ob das Umsetzen selbst durch eine Privatfirma vorgenommen wurde. Wenn diese als Verwaltungshelfer im Auftrag der Behörden handelt, muss sich der Empfangsstaat den Umsetzvorgang zurechnen lassen.

Etwas anderes gilt jedoch bei einer Beauftragung eines Unternehmens durch einen Anlieger oder privaten Grundstücksbesitzer zur Durchsetzung seiner zivilrechtlichen Ansprüche. Hier kann diese Handlung dem Empfangsstaat nicht zugerechnet werden. Es handelt sich dabei um einen rein zivilrechtlichen Vorgang, bei dem das Gesandtschaftsrecht nicht zur Anwendung kommt. In diesen Fällen ist auch der Diplomat zur Bezahlung der Umsetzkosten verpflichtet. Eine Durchsetzung im Wege der Zwangsvollstreckung ist jedoch nicht möglich.

4. Entzug der Fahrerlaubnis

Der Entzug der Fahrerlaubnis bzw. die Sicherstellung oder Beschlagnahme des Führerscheins verstößt bei Diplomaten gegen die durch Artikel 31 WÜD gewährte Immunität bzw. gegen die Immunität gegenüber Vollstreckungsmaßnahmen (Art. 31 Abs. 3 WÜD sowie den Unverletzlichkeitsgrundsatz aus Art. 29 WÜD) und ist deshalb unzulässig.

5. Missbräuchliche Nutzung von Missions- und Diplomatenfahrzeugen

Die Mission und der Diplomat haben dafür Sorge zu tragen, dass ihre Fahrzeuge nur von gesandtschaftsrechtlich privilegierten Personen genutzt werden. Tun sie dies nicht, ist grundsätzlich von einem Privilegienmissbrauch auszugehen. Diese unzulässige Nutzung führt aber nicht automatisch dazu, dass die Fahrzeuge ihren gesandtschaftsrechtlichen Schutz verlieren. Sie sind zunächst weiterhin als Beförderungsmittel der Botschaft (Art. 22 Abs. 3 WÜD) bzw. als Vermögen des Diplomaten, auf dessen Namen sie angemeldet sind (Art. 30 Abs. 2 WÜD), geschützt. Durchsuchungen, Beschlagnahmen etc. sind daher grundsätzlich nicht zulässig. Dies gilt auch in Fällen des Diebstahls und der Gebrauchsanmaßung.

Bei fortgesetzter zweckwidriger Nutzung kann aber der betreffenden Mission oder dem Diplomaten mit der Aufhebung des geschützten Status und mit der Einziehung der das Fahrzeug nach außen privilegierenden Kennzeichen gedroht werden. Dabei ist der Grundsatz der Verhältnismäßigkeit zu beachten. Die Bundesrepublik ist als Empfangsstaat nicht verpflichtet, die völkerrechtlich unzulässige Nutzung der Fahrzeuge dauerhaft hinzunehmen. Bis zu einer entsprechenden Aufhebung sind die Behörden allerdings grundsätzlich verpflichtet, den geschützten Status der Fahrzeuge zu respektieren.

6. Diplomaten, die Angehörige des Empfangsstaates oder dort ständig ansässig sind

Diplomaten, die die deutsche Staatsangehörigkeit besitzen oder in der Bundesrepublik Deutschland ständig ansässig sind, genießen gemäß Artikel 38 Absatz 1 WÜD Immunität von der Gerichtsbarkeit und Unverletzlichkeit lediglich in Bezug auf ihre in Ausübung ihrer dienstlichen Tätigkeit vorgenommenen Amtshandlungen (s. o. 2.7).

Ihre Familienmitglieder besitzen keine Privilegien. Es gilt jedoch der Grundsatz, dass der Empfangsstaat seine Hoheitsgewalt über diese Personen nur so ausüben darf, dass er die Mission bei der Wahrnehmung ihrer Aufgaben nicht ungebührlich behindert.

7. Mitglieder des Verwaltungs- und technischen Personals (VtP) sowie in ihrem Haushalt lebende Familienmitglieder

Über Artikel 37 Absatz 2 WÜD werden Mitglieder des Verwaltungs- und technischen Personals (VtP) der Mission und die zu ihrem Haushalt gehörenden Familienmitglieder, wenn sie weder Angehörige des Empfangsstaats noch in demselben ständig ansässig sind, bei Verstößen gegen die StVO in den Schutz des Artikel 29 WÜD einbezogen. Die oben dargestellten Regelungen gelten daher für sie entsprechend.

8. Mitglieder des dienstlichen Hauspersonals

Mitglieder des dienstlichen Hauspersonals der Mission, die weder Angehörige des Empfangsstaats noch in demselben ständig ansässig sind, genießen nur Amtshandlungsimmunität. Diese umfasst in der Regel keine Immunität bei Verstößen gegen die StVO, da Handlungen im Straßenverkehr kaum jemals als Amtshandlung im Sinne des WÜD vorstellbar sind. Eine Ausnahme könnte für Fahrer der Mission bestehen, soweit diese als dienstliches Hauspersonal angemeldet sind.

Ihre **Familienmitglieder** besitzen unabhängig davon, ob sie Deutsche bzw. im Bundesgebiet ständig ansässig sind oder nicht, keine Privilegien. Auch hier gilt jedoch der Grundsatz, dass der Empfangsstaat seine Hoheitsgewalt über diese Personen nur so ausüben sollte, dass er die Mission bei der Wahrnehmung ihrer Aufgaben nicht ungebührlich behindert.

9. Private Hausangestellte

Nach Artikel 1 lit. h) WÜD ist das private Hauspersonal im häuslichen Dienst eines Missionsmitglieds beschäftigt und nicht Bediensteter des Entsendestaates. Private Hausangestellte von Mitgliedern der Mission, die weder Angehörige des Empfangsstaats noch in demselben ständig ansässig sind, sind unter bestimmten Voraussetzungen von der Sozialversicherungspflicht und von Steuern auf ihre Arbeitsbezüge befreit, genießen aber weder Unverletzlichkeit noch Immunität. Sie können aus diesem Grund für Verstöße gegen die StVO zur Verantwortung gezogen werden. Es gilt wiederum der Grundsatz, dass der Empfangsstaat seine Hoheitsgewalt über diese Personen nur so ausüben darf, dass er die Mission bei der Wahrnehmung ihrer Aufgaben nicht ungebührlich behindert.

10. Mitglieder des Verwaltungs- und technischen Personals (VtP), und des dienstlichen Hauspersonals sowie private Hausangestellte, wenn die Genannten Angehörige des Empfangsstaates bzw. dort ständig ansässig sind; Ortskräfte

Diesen Bediensteten stehen gemäß Artikel 38 Absatz 2 WÜD lediglich Vorrechte und Immunitäten in dem vom Empfangsstaat zugelassenen Umfang zu. Demnach besteht keinerlei Privilegierung, wenn es die innerstaatliche Rechtsordnung, wie in Deutschland, nicht vorsieht.

Ortskräfte (Definition s. o. 2.5) genießen grundsätzlich keine Immunität. Es gilt jedoch auch hier der Grundsatz, dass der Empfangsstaat seine Hoheitsgewalt über diese Personen nur so ausüben darf, dass er die Mission bei der Wahrnehmung ihrer Aufgaben nicht ungebührlich behindert.

B. Nach dem Wiener Übereinkommen über konsularische Beziehungen (WÜK) bevorrechtigte Personen

1. Berufskonsularbeamte

Die Unverletzlichkeit von Konsularbeamten ist im WÜK differenziert ausgestaltet (im Einzelnen s. o. Teil 2.8.2.2). Mit Blick auf Verstöße gegen die Straßenverkehrsordnung und die öffentliche Ordnung gilt Folgendes:

1.1 Dienst- und Privatfahrten von Berufskonsularbeamten

Die in Artikel 43 WÜK geregelte sog. **Amtsimmunität** erfasst alle Handlungen, die in Ausübung der amtlichen bzw. dienstlichen Tätigkeit vorgenommen werden, d. h. nicht nur die eigentliche Amtshandlung selbst, sondern ebenso Akte, die ebenso in zeitlichen und sachlichen Zusammenhang mit der Amtshandlung stehen. Von dem Begriff „Handlungen in Wahrnehmung konsularischer Aufgaben" werden deshalb auch eng mit der Amtshandlung als solcher zusammenhängende Handlungen erfasst.

– So sind beispielsweise **Fahrten zum täglichen Dienst und nach Hause** (oder z. B. von der Wohnung zu einem offiziellen Empfang im Empfangsstaat und zurück) noch als in Wahrnehmung konsularischer Aufgaben erfolgt anzusehen. Denn sie sind für die Wahrnehmung konsularischer

Aufgaben unumgänglich. Auch wenn die Rückfahrt nach Hause – anders als die Hinfahrt – bei enger Auslegung nicht mehr unmittelbar der Wahrnehmung konsularischer Aufgaben i. S. v. Artikel 5 WÜK dient, ist auch diese vom Schutzzweck des Artikel 43 WÜK erfasst. Hin- und Rückfahrt müssen – außer bei privaten Unterbrechungen – als einheitlicher Gesamtvorgang angesehen werden, der insgesamt zum Bereich der konsularischen Aufgabenwahrnehmung gehört.
– Dabei ist nicht entscheidend, ob der betreffende Berufskonsularbeamte hierfür einen Privatwagen benutzt oder ob er einen Dienstwagen fährt. Allein die Benutzung des Dienstwagens spricht zwar dem ersten Anschein nach für eine Fahrt in Wahrnehmung konsularischer Aufgaben. Aber auch das Benutzen eines Privatwagens kann in Wahrnehmung konsularischer Aufgaben erfolgen. Erfolgt während der Fahrt ein Verkehrsunfall, ist die betreffende Person nach deutscher Praxis vor gerichtlicher Verfolgung im Empfangsstaat geschützt.
– Auch die Fahrt eines Berufskonsularbeamten zum dienstlich angeordneten Sprachunterricht oder zum Flughafen, um dort das Kuriergepäck bzw. sonstige dienstliche Post abzuholen, geschieht in Ausübung dienstlicher Tätigkeit.
– Dasselbe gilt, wenn der Berufskonsularbeamte etwa mit seinem eigenen Privatwagen unterwegs ist, um hilfsbedürftige Angehörige seines Entsendestaates aufzusuchen und ihre Heimführung vorzubereiten, oder wenn er zu einer Unfallstelle fährt, bei der solche Personen zu Schaden gekommen sind.
– Wenn nach Beendigung des Dienstes z. B. eine Gaststätte besucht wird, besteht für die anschließende Heimfahrt allerdings kein enger sachlicher Zusammenhang mit der Wahrnehmung konsularischer Aufgaben mehr. Mit der Heimfahrt wird die dienstliche Tätigkeit nicht wieder aufgenommen, sondern dient allein privaten Interessen.
– Kein Bezug zum Dienst besteht außerdem bei Wochenend- (außer im Bereitschaftsdienst) bzw. Urlaubsreisen.

Bei eindeutig außerdienstlicher Benutzung eines Kfz unterliegen Berufskonsularbeamte bei Zuwiderhandlungen gegen das Straßenverkehrsrecht des Empfangsstaates der Strafverfolgung oder dem Bußgeldverfahren. Allerdings ist eine Festnahme oder Untersuchungshaft nur im Rahmen des Artikel 41 Absatz 1 WÜK zulässig.

1.2 Verfahren bei Trunkenheitsfahrten

Das **Anhalten** eines Konsularbeamten bei Anzeichen einer Trunkenheitsfahrt im Straßenverkehr ist zulässig. Erst durch die Identitätskontrolle (i. d. R. Protokollausweis) ist eine abschließende Überprüfung möglich, ob der Fahrer tatsächlich Privilegien nach dem Gesandtschaftsrecht genießt. Der Betroffene hat in diesen Fällen mitzuwirken. Weigert er sich, so ist ein Festhalten bis zur Klärung der Identität zulässig.

Die **zwangsweise Durchführung von Alkoholtests** bei Trunkenheitsverdacht im Straßenverkehr ist **unzulässig**. Die Unverletzlichkeit des Konsularbeamten, die ihn auch vor der zwangsweisen Durchführung eines Alkoholtestes schützt, kann nach Artikel 41 WÜK nur aufgrund einer „Entscheidung der zuständigen Justizbehörde" und bei Vorliegen einer „schweren Straftat" eingeschränkt werden. **Hindert** die Polizei einen eindeutig angetrunkenen Konsularbeamten **an der Weiterfahrt** und entzieht ihm gegebenenfalls die Fahrzeugschlüssel, ist diese Maßnahme nur zu seinem eigenen Schutz sowie dem anderer Verkehrsteilnehmer zulässig. Der Grundsatz der Verhältnismäßigkeit ist stets zu beachten. Die Polizei darf außerdem den Konsularbeamten nicht daran hindern, sich vom Ort der Verkehrskontrolle zu Fuß, mit dem Taxi oder mit einem öffentlichen Verkehrsmittel zu entfernen.

1.3 Verfahren bei Falschparken und Umsetzen

Das Umsetzen verbotswidrig geparkter Dienstwagen durch Polizei- oder Ordnungsbehörden des Empfangsstaats ist mit der Unverletzlichkeit der Beförderungsmittel der konsularischen Vertretung unvereinbar. Zwar sieht Artikel 31 Absatz 4 WÜK keine generelle Unverletzlichkeit von Beförderungsmitteln vor, doch sind die in Artikel 31 Absatz 4 WÜK genannten Gegenstände über die genannten Beschlagnahmegründe hinaus geschützt. Die Behörden des Empfangsstaats dürfen nur ausnahmsweise bei einer konkreten Gefahrenlage Dienstfahrzeuge umsetzen.

Im WÜK ist keine Vorschrift zum Schutz des Privatvermögens des Konsularbeamten enthalten. Privatfahrzeuge sind nur bei Dienstfahrten geschützt. Dem Funktionsprinzip folgend wird der dienstlich genutzte Privatwagen für die Dauer eines Dienstgeschäfts zum „Dienstfahrzeug" im Rechtssinne, welches den Schutz des Artikels 31 Absatz 4 WÜK genießt. Ein Umsetzen des falsch geparkten Fahrzeugs ist in solchen Fällen unzulässig, sofern nicht eine konkrete Gefahrenlage vorliegt. Für die Behandlung verbotswidrig geparkter Dienstwagen oder dienstlich genutzter Privatfahrzeuge gilt ansonsten Teil 6.A.3 entsprechend.

1.4 Entzug der Fahrerlaubnis

Der Entzug der Fahrerlaubnis bzw. die Sicherstellung oder Beschlagnahme des Führerscheins von Berufskonsularbeamten im Zusammenhang mit einer Dienstfahrt ist ein unzulässiger Verwaltungseingriff in die bestehende Amtsimmunität im Sinne des Artikel 43 Absatz 1 WÜK.

Der Entzug der Fahrerlaubnis bzw. die Sicherstellung oder Beschlagnahme des Führerscheins eines Berufskonsularbeamten im Zusammenhang mit einer Privatfahrt durch die Behörden des Empfangsstaats ist eine hoheitliche Maßnahme, die zwangsläufig auch seinen dienstlichen Bereich berührt, und ist deshalb auch hier nicht zulässig. Sie kann dazu führen, dass der Betroffene nicht mehr seinen Dienst versehen kann. Verletzt würde durch eine solche Maßnahme das Gebot des Artikel 28 WÜK, die Tätigkeit der konsularischen Vertretung nicht nur zu erleichtern, sondern alles zu unterlassen, was die Funktion der Vertretung erschwert.

1.5 Missbräuchliche Nutzung von Konsulatsfahrzeugen und Fahrzeugen des Konsularbeamten

Die konsularischen Vertretungen und der Konsularbeamte haben dafür Sorge zu tragen, dass ihre Dienstfahrzeuge nur von gesandtschaftsrechtlich privilegierten Personen genutzt werden. Tun sie dies nicht, ist grundsätzlich von einem Privilegienmissbrauch auszugehen. Diese unzulässige Nutzung führt aber nicht automatisch dazu, dass die Fahrzeuge ihren gesandtschaftsrechtlichen Schutz verlieren. Sie sind daher zunächst weiterhin als Beförderungsmittel des Konsulats (Art. 31 Abs. 4 WÜK) geschützt. Durchsuchungen, Beschlagnahmen etc. sind daher grundsätzlich nicht zulässig. Dies gilt auch in Fällen des Diebstahls und der Gebrauchsanmaßung.

Bei fortgesetzter zweckwidriger Nutzung kann aber dem betreffenden Konsulat mit der Aufhebung des geschützten Status und mit der Einziehung der das Fahrzeug nach außen privilegierenden Kennzeichen gedroht werden. Dabei ist der Grundsatz der Verhältnismäßigkeit zu beachten. Die Bundesrepublik ist als Empfangsstaat nicht verpflichtet, die völkerrechtlich unzulässige Nutzung der Fahrzeuge dauerhaft hinzunehmen. Bis zu einer entsprechenden Aufhebung sind die Behörden allerdings grundsätzlich verpflichtet, den geschützten Status der Fahrzeuge zu respektieren.

2. Berufskonsularbeamte, die Angehörige des Empfangsstaates oder dort ständig ansässig sind

Nach Artikel 71 Absatz 1 WÜK genießt ein Berufskonsularbeamter, der Angehöriger des Empfangsstaates oder dort ständig ansässig ist, Immunität von der Gerichtsbarkeit lediglich in Bezug auf seine in Ausübung seiner dienstlichen Tätigkeit vorgenommenen Amtshandlungen. Diese **Amtshandlungsimmunität** ist eingeschränkter als die Amtsimmunität, wie sie gemäß Artikel 43 Absatz 1 WÜK den entsandten Konsularbeamten zusteht. Erstere umfasst nur die Amtshandlung selbst, nicht jedoch Handlungen, die mit der Amtshandlung in engem sachlichen Zusammenhang stehen, wie z. B. die Fahrt mit dem Kfz zum Ort der Amtshandlung. Auch die Unverletzlichkeit ist auf Amtshandlungen begrenzt.

Des Weiteren muss der Empfangsstaat gem. Artikel 71 Absatz 1 Satz 2 WÜK die nach Artikel 42 WÜK vorgesehenen Benachrichtigungen an den Leiter der konsularischen Vertretung bzw. bei dessen Betroffenheit an den Entsendestaat vornehmen, wenn ein Konsularbeamter mit eingeschränktem Status festgenommen, in Untersuchungshaft genommen oder ein Strafverfahren gegen ihn eingeleitet wird.

Auch wenn dies in Artikel 71 Absatz 1 WÜK nicht ausdrücklich erwähnt ist, so muss der in Artikel 71 Absatz 2 Satz 3 WÜK verankerte Grundsatz, wonach der Empfangsstaat seine Hoheitsgewalt insbesondere über die dort erwähnten Konsulatsbediensteten nur so ausüben darf, dass dabei die Aufgabenwahrnehmung der konsularischen Vertretung nicht ungebührlich behindert wird, auch dann greifen, wenn es sich um nicht entsandte Konsularbeamte handelt. Was für das Verwaltungs- und technische Personal und das dienstliche Hauspersonal gilt, muss erst recht für Konsularbeamte gelten.

3. Mitglieder des Verwaltungs- und technischen Personals (VtP)

Die Mitglieder des Verwaltungs- und technischen Personals (VtP) einer konsularischen Vertretung können sich nur im Rahmen ihrer dienstlichen Tätigkeit auf die persönliche Unverletzlichkeit i. S. v. Artikel 43 Absatz 1 Alternative 2 WÜK berufen (Verbot des Eingriffs der Verwaltungsbehörden). Bei Fahrten im Straßenverkehr mit rein privater Natur besteht dagegen kein gesandtschaftsrechtlicher Schutz (Artikel 40 und 41 WÜK beziehen sich nur auf Konsularbeamte). Hier besteht daher grundsätzlich kein Schutz ggü. Vollstreckungsmaßnahmen bei Verstößen gegen die Straßenverkehrsordnung. Dennoch sollte die Zugehörigkeit zur konsularischen Vertretung bei der Durchführung der Maßnahmen angemessen berücksichtigt werden.

4. Mitglieder des dienstlichen Hauspersonals

Das dienstliche Hauspersonal genießt nach dem WÜK keine persönliche Unverletzlichkeit, auch nicht über Artikel 43 Absatz 1 Alternative 2 WÜK, der sich ausdrücklich nur auf die Konsularbeamten und das Verwaltungs- und technische Personal bezieht. Allerdings ist es herrschende Staatenpraxis, dass das entsandte und mit hoheitlichen Aufgaben betraute dienstliche Hauspersonal bei dienstlichen Handlungen weder der Gerichtsbarkeit noch administrativen Eingriffen des Empfangsstaats unterliegt. Diese Behandlung ist völkergewohnheitsrechtlich anerkannt. Deshalb kann zumindest bei amtlichen Handlungen ein Schutz des dienstlichen Hauspersonals angenommen werden. Für sie besteht grundsätzlich kein Schutz vor staatlichen Eingriffsmaßnahmen bei Verstößen gegen die Straßenverkehrsordnung.

5. Private Hausangestellte

Das private Hauspersonal von Mitgliedern konsularischer Vertretungen, das weder die Staatsangehörigkeit des Empfangsstaats hat, noch in demselben ständig ansässig ist, ist unter bestimmten Voraussetzungen von der Sozialversicherungspflicht und von Steuern auf seine Arbeitsbezüge befreit, genießt aber weder Unverletzlichkeit noch Immunität. Bei Verstößen gegen die StVO kann es grundsätzlich zur Verantwortung gezogen und staatliche Zwangsmaßnahmen gegen es verhängt werden. Es gilt jedoch zu beachten, dass der Empfangsstaat seine Hoheitsgewalt über diese Personen in jedem Fall nur so ausüben darf, dass er die konsularische Vertretung bei der Wahrnehmung ihrer Aufgaben nicht ungebührlich behindert.

6. Mitglieder des Verwaltungs- und technischen Personals (VtP), des dienstlichen Hauspersonals und private Hausangestellte, die Angehörige des Empfangsstaates bzw. dort ständig ansässig sind, sowie Ortskräfte

Diesen Bediensteten stehen gemäß Artikel 71 Absatz 2 WÜK lediglich Vorrechte und Immunitäten in dem vom Empfangsstaat zugelassenen Umfang zu. **Demnach besteht keinerlei Privilegierung, wenn es die innerstaatliche Rechtsordnung, wie in Deutschland, nicht vorsieht.**

Auch hier gilt jedoch der Grundsatz, dass der Empfangsstaat seine Hoheitsgewalt über diese Personen nur so ausüben darf, dass er die konsularische Vertretung bei der Wahrnehmung ihrer Aufgaben nicht ungebührlich behindert.

Ortskräfte genießen grundsätzlich keine Immunität (s. 2.5).

7. Familienmitglieder des konsularischen Personals berufskonsularischer Vertretungen

Familienmitglieder des konsularischen Personals genießen mangels entsprechender Regelung im WÜK keine persönliche Unverletzlichkeit und Immunität. Die enge persönliche Verbindung zum Personal der konsularischen Vertretung sollte jedoch bei der Durchführung staatlicher Zwangsmaßnahmen angemessen berücksichtigt werden.

8. Honorarkonsularbeamte

8.1 Allgemeines

Das WÜK gewährt Vorrechte und Befreiungen ausschließlich dem Honorarkonsularbeamten selbst, nicht jedoch seinen Hilfskräften oder Familienmitgliedern.

Für den Fall, dass **Berufskonsularbeamte des Entsendestaates einem Honorarkonsul zur Unterstützung zugeteilt werden,** gelten für sie weiterhin in vollem Umfang die Privilegien nach 2.8.2. Da sie auch im Rahmen einer solchen Beiordnung allein berufskonsularische Tätigkeiten ausüben, besteht kein Anlass dafür, ihren Status einzuschränken. Dementsprechend hat die Bundesregierung zu Kapitel II des WÜK (Artikel 28–57) beim Generalsekretär der Vereinten Nationen eine spezielle Interpretationserklärung abgegeben. Danach legt die Bundesrepublik Deutschland die Bestimmungen über die Vorrechte und Befreiungen i. S. v. Artikel 28 bis 57 WÜK so aus bzw. wendet sie so an, dass diese Regelungen ohne Unterschied für alle Berufsbediensteten einer konsularischen Vertretung einschließlich derjenigen gelten, die einer von einem Honorarkonsularbeamten geleiteten konsularischen Vertretung zugeteilt sind.

8.2 Honorarkonsularbeamte, die nicht Angehörige des Empfangsstaates oder dort ständig ansässig sind

Gemäß Artikel 58 Absatz 2 WÜK gilt Artikel 43 Absatz 1 WÜK auch für entsandte Honorarkonsularbeamte (die nicht Angehörige des Empfangsstaates oder dort ständig ansässig sind).

Danach unterliegt der Honorarkonsularbeamte wegen Handlungen, die er in Wahrnehmung konsularischer Aufgaben vorgenommen hat, weder der Gerichtsbarkeit des Empfangsstaates noch Eingriffen seiner Verwaltungsbehörden (**Amtsimmunität wie bei Berufskonsularbeamten**).

Für alle Handlungen, die der entsandte Honorarkonsularbeamte nicht in Wahrnehmung konsularischer Aufgaben vorgenommen hat, genießt er keinerlei Unverletzlichkeit und Immunität. Mit Blick auf Verstöße gegen die Straßenverkehrsordnung besteht hier demnach kein Verfolgungshindernis und kein Schutz vor staatlichen Zwangsmaßnahmen.

8.3 Honorarkonsularbeamte, die Angehörige des Empfangsstaates oder dort ständig ansässig sind

In der Regel werden in Deutschland Honorarkonsuln zugelassen, die entweder die deutsche Staatsangehörigkeit besitzen oder im Bundesgebiet ständig ansässig sind.

Sie genießen nach Artikel 71 Absatz 1 WÜK lediglich Immunität von der Gerichtsbarkeit und persönliche Unverletzlichkeit wegen in Wahrnehmung ihrer Aufgaben vorgenommener Amtshandlungen (**Amtshandlungsimmunität**). Die Amtshandlungsimmunität erfasst dabei nur echte Amtshandlungen, nicht aber Tätigkeiten, die mit der Amtshandlung bloß im sachlichen Zusammenhang stehen. Eine Dienstfahrt zum Ort der Amtshandlung ist daher z. B. von der Amtshandlungsimmunität nicht erfasst.

8.4 Familienmitglieder von Honorarkonsularbeamten

Familienmitglieder von Honorarkonsularbeamten genießen mangels entsprechender Regelung im WÜK keine persönliche Unverletzlichkeit und Immunität (Art. 58 Abs. 3 WÜK). Für die Personengruppe besteht daher bei Straßenverkehrsverstößen kein Verfolgungshindernis und kein Schutz vor staatlichen Zwangsmaßnahmen. Es gilt jedoch auch hier die Mindestforderung von Artikel 71 Absatz 2 WÜK, wonach der Empfangsstaat seine Hoheitsgewalt über diese Personen nur so ausüben darf, dass er die konsularische Vertretung bei der Wahrnehmung ihrer Aufgaben nicht ungebührlich behindert.

C. Bedienstete und Vertreter Internationaler Organisationen

Für den Status dieses Personenkreises sind die jeweiligen Privilegienübereinkommen oder Sitzstaatabkommen maßgeblich. Die Bandbreite reicht von einer Gleichbehandlung mit Diplomaten bis hin zur bloßen Amtshandlungsimmunität. Im konkreten Fall sollte der Status mit dem Auswärtigen Amt (Referat OR02, Tel. 0228–9917-2633, 9.00–16.00 Uhr) abgeklärt werden.

D. Kraftfahrzeug-Haftpflichtversicherungsschutz/TÜV/AU – nicht abgedruckt –

Teil 7
Kraftfahrzeugkennzeichen – nicht abgedruckt –

A. Diplomatische Vertretungen – nicht abgedruckt –

B. Berufskonsularische Vertretungen – nicht abgedruckt –

Teil 8
Ehrung und Schutz von Besuchern – nicht abgedruckt –

Teil 9
Schlussbestimmungen

Das Rundschreiben des Auswärtigen Amtes vom 19. September 2008 – Gz: 503-90-507.00 – (GMBl 2008, S. 1154) wird aufgehoben.

§ 19 [Exterritorialität von Mitgliedern der konsularischen Vertretungen]

(1) ¹Die Mitglieder der im Geltungsbereich dieses Gesetzes errichteten konsularischen Vertretungen einschließlich der Wahlkonsularbeamten sind nach Maßgabe des Wiener Übereinkommens über konsularische Beziehungen vom 24. April 1963 (Bundesgesetzbl. 1969 II S. 1585 ff.) von der deutschen Gerichtsbarkeit befreit. ²Dies gilt auch, wenn ihr Entsendestaat nicht Vertragspartei dieses Übereinkommens ist; in diesem Falle findet Artikel 2 des Gesetzes vom 26. August 1969 zu dem Wiener Übereinkommen vom 24. April 1963 über konsularische Beziehungen (Bundesgesetzbl. 1969 II S. 1585) entsprechende Anwendung.

(2) Besondere völkerrechtliche Vereinbarungen über die Befreiung der in Absatz 1 genannten Personen von der deutschen Gerichtsbarkeit bleiben unberührt.

Übersicht

	Rn.		Rn.
I. Normzweck	1–3	3. Anwendungsbereich in Bezug auf Räume und Sachen	15
II. Immunität	4–17		
1. Wirkungen	4–12	4. Zeitlicher Anwendungsbereich	16
2. Persönlicher Anwendungsbereich	13, 14	5. Auslegungshilfen	17

I. Normzweck

1 § 19 regelt als Parallelnorm zu § 18 die Befreiung der Mitglieder konsularischer Vertretungen von der deutschen Gerichtsbarkeit. Der derzeitige **Stand des Völkerrechts** ist im Wiener Übereinkommen über konsularische Beziehungen vom 24.4.1961 zwischen den Vertragsstaaten geregelt. Die Bundesrepublik ist diesem Übereinkommen beigetreten und hat es mit Zustimmungsgesetz vom 26.8.1969[1] umgesetzt. § 19 Abs. 1 bezieht das Übereinkommen durch Verweisung in das GVG ein (S. 1) und erweitert die Anwendung der Vertragsregelungen über die Vertragsstaaten hinaus auf alle konsularischen Vertretungen in der Bundesrepublik Deutschland (S. 2). Damit wird eine einheitliche Behandlung aller Vertretungen gewährleistet. Von der Möglichkeit nach Art. 2 des Zustimmungsgesetzes, die Regelungen des Wiener Übereinkommens durch Rechtsverordnung zu erweitern oder einzuschränken, wurde bisher nicht Gebrauch gemacht.[2]

2 Gegenüber den weitgehenden Immunitätsregeln des WÜD sind die **Befreiungen der konsularischen Vertretungen** von der Strafgerichtsbarkeit deutlich **eingeschränkt.** Im Wesentlichen gilt das Prinzip der Amtsimmunität. Danach sind die Handlungen von der deutschen Strafgerichtsbarkeit ausgenommen, die in Erfüllung der konsularischen Tätigkeiten vorgenommen werden, Art. 43 WÜK.

3 Für Streitigkeiten über die Anwendung des WÜK ist der **Internationale Gerichtshof** in Den Haag zuständig.[3]

II. Immunität

4 **1. Wirkungen.** Soweit die Person unter den Schutz des WÜK fällt (dazu → Rn. 13 f.), besteht sog. **Amtsimmunität.** Anders als bei den Mitgliedern der diplomatischen Vertretungen erstreckt sich der Schutz nur auf Handlungen, die in Wahrnehmung der konsularischen Aufgaben begangen werden. Auf die Rechtmäßigkeit der Handlung kommt es nicht an.[4] Was konsularische Aufgaben sind, ergibt sich aus Art. 5 WÜK. Wie bei § 18 besteht (nur) ein Verfahrenshindernis, das grundsätzlich den gleichen Umfang hat[5] und von der jeweiligen Stelle (Staatsanwaltschaft/Gericht) in jeder Lage des Verfahrens **von Amts wegen** zu überprüfen ist.

5 Der Schutz des WÜK ist verzichtbar. Ein vollständiger **Verzicht** in Bezug auf eine geschützte Person kann allerdings nur vom Entsendestaat erklärt werden, Art. 45 WÜK. In Bezug auf einzelne Strafverfolgungsmaßnahmen kann auch die jeweilig betroffene Person selbst verzichten.[6]

6 Werden Ermittlungsergebnisse unter Verletzung der Immunität erlangt, besteht ein **Beweisverwertungsverbot,** wenn durch die Verwertung der Schutzzweck der Immunität

---
[1] BGBl. 1971 II 1285 ff.
[2] Löwe/Rosenberg/*Böttcher* Rn. 1.
[3] Bekanntmachung vom 18.5.1972, BGBl. 1972 II 613.
[4] BGH 27.6.13 – StB 7/13, NStZ 2013, 600.
[5] → § 18 Rn. 3 f.
[6] Löwe/Rosenberg/*Böttcher* Rn. 8.

verletzt sein kann. Also jedenfalls dann, wenn sich der Verdacht der strafbaren Handlungen auf Taten bezieht, die im Zusammenhang mit der Wahrnehmung konsularischer Aufgaben stehen.[7] In Verfahren gegen nicht immune Dritte sind die Ergebnisse einer solchen Ermittlungsmaßnahme grundsätzlich verwertbar.[8]

Ob das Verhalten des Konsularbeamten noch den konsularischen Aufgaben zuzurechnen **7** ist, ist im Einzelfall schwierig festzustellen. Bei der Abgrenzung zwischen einer konsularischen Aufgabenwahrnehmung und einer sonstigen Tätigkeit kommt es im Zweifelfall darauf an, ab das Handeln des Konsuls oder seiner Beamten, auch derjenigen des Verwaltungspersonals, mit ihrer dienstlichen Betätigung noch irgendwie in einem inneren Zusammenhang steht.[9] Besondere Abgrenzungsprobleme ergeben sich bei den **Straßenverkehrsdelikten.** Wurde eine Straftat oder Ordnungswidrigkeit im Straßenverkehr begangen, ist zu prüfen, ob der Gebrauch des Fahrzeugs in einem engen sachlichen Zusammenhang mit der wirksamen Wahrnehmung konsularischer Aufgaben stand.[10] Die konsularischen Aufgaben beschränken sich nicht auf die Betreuung der Staatsangehörigen des Entsendestaates, sondern sind insbesondere auch auf die Begleitung und Förderung des Austauschs zwischen der Bundesrepublik und dem Entsendestaat in kulturellen, wissenschaftlichen, gesellschaftlichen und sonstigen Belangen ausgerichtet. Das bedingt die Teilnahme der Konsularbeamten an einer Vielzahl von Veranstaltungen verschiedenster Art.[11] Die Grenze zwischen privater und dienstlicher Teilnahme an Veranstaltungen ist nicht immer trennscharf zu ziehen. Wird die Wahrnehmung konsularischer Aufgaben konkret und nicht nur pauschal behauptet,[12] ist im Zweifel Amtsimmunität anzunehmen.[13] Bei Fahrten zwischen Konsularräumen und Privatwohnung soll ein dienstlicher Bezug grundsätzlich zu verneinen sein.[14]

Jenseits der Amtsimmunität besteht kein Schutz der Konsularbeamten. Sie können daher **8** wegen aller strafbaren Handlungen, die nicht im Zusammenhang mit der konsularischen Tätigkeit begangen wurden, verfolgt werden. Das gilt auch uneingeschränkt für die Strafvollstreckung. **Restriktionen ergeben sich bei den Ermittlungsmaßnahmen** für Berufskonsularbeamte aus Art. 41 WÜK. Danach sind Festnahmen, Verhaftungen oder Maßnahmen, die auf andere Weise die persönliche Freiheit beschränken, nur bei einer schweren strafbaren Handlung und auf Grund einer Entscheidung der zuständigen Justizbehörde zulässig. Darunter fallen auch Blutentnahmen, weil sie stets mit einer Beschränkung der Freiheit für einen nicht unerheblichen Zeitraum verbunden sind.[15]

Unter **schwere strafbare Handlungen** fallen Taten, die im Einzelfall schwer wiegen und **9** die prognostisch mit nicht unerheblichen Freiheitsstrafen zu ahnden sein werden. Dabei ist die früher vertretene Grenze von mindestens 3 Jahren zu hoch gegriffen.[16] Umgekehrt reicht es nicht aus, pauschal auf Delikte mit einer Höchststrafe von mindestens fünf Jahren abzustellen.[17] Es bietet sich an, eine Abwägung des Strafverfolgungsinteresses des Staates in Bezug auf die konkrete Tat mit dem Schutzzweck des WÜK vorzunehmen. Dabei kann man sich hinsichtlich des ersten Gesichtspunktes am Straftatenkatalog des § 100a Abs. 2 StPO orientieren.

---

[7] BGH 4.4.1990 – StB 5/90, BGHSt 36, 396 = NJW 1990, 1799 für eine Telefonüberwachung eines konsularischen Dienstanschlusses; KK/*Barthe* Rn. 5; Löwe/Rosenberg/*Böttcher* Rn. 8.
[8] BGH 30.4.1990 – StB 8/90, BGHSt 37, 30 = NJW 1990, 1801; KK/*Barthe* Rn. 5; Löwe/Rosenberg/*Böttcher* Rn. 8.
[9] BGH 27.6.2013 – StB 7/13, NStZ 2013, 600.
[10] BayObLG 29.11.1973 – RReg. 2 St 620/73 OWi, NJW 1974, 431; OLG Karlsruhe 16.7.2004 – 2 Ss 42/04, NJW 2004, 3273.
[11] So auch Löwe/Rosenberg/*Böttcher* Rn. 10.
[12] OLG Karlsruhe 16.7.2004 – 2 Ss 42/04, NJW 2004, 3273.
[13] HM, OLG Schleswig 12.8.1981 – 1 Ss OWi 785/80, NStZ 1982, 122 (L); *Kissel/Mayer* Rn. 4; KK/*Barthe* Rn. 3; Löwe/Rosenberg/*Böttcher* Rn. 10.
[14] HM, *Kissel/Mayer* Rn. 4; KK/*Barthe* Rn. 3; Löwe/Rosenberg/*Böttcher* Rn. 10; aA Teil 6 B. I. 1. des Rundschreibens des Auswärtigen Amtes vom 15.9.2015 „Zur Behandlung von Diplomaten und anderen bevorrechtigten Personen in der Bundesrepublik Deutschland" auszugsweise abgedrückt bei → § 18 Rn. 13.
[15] So auch *Kissel/Mayer* § 18 Rn. 5.
[16] Vgl. dazu Löwe/Rosenberg/*Böttcher* Rn. 11 mwN.
[17] So aber das Bayerische Staatsministerium für Justiz, Nr. 1.3 der Bekanntmachung vom 20.2.2009, JMBl. 27.

10 **Zuständige Justizbehörde** im Sinn des Art. 41 WÜK ist zunächst das Gericht und im Rahmen ihrer originären Zuständigkeiten auch die Staatsanwaltschaft.[18] Umstritten ist, ob auch Ermittlungspersonen der Staatsanwaltschaft darunter fallen.[19] Das formale Abstellen auf die übliche Zuständigkeit nach der deutschen StPO greift dabei zu kurz, weil damit dem völkerrechtlichen Zweck des Art. 41 WÜK nicht ausreichend Rechnung getragen wird. Es bietet sich eine einschränkende Auslegung an, für die sich die Rechtsprechung des Bundesverfassungsgerichts zur Durchsuchungsanordnung fruchtbar machen lässt. Danach steht die Anordnungskompetenz bei Gefahr im Verzug in einem Stufenverhältnis. Die Staatsanwaltschaft ist gegenüber ihren Ermittlungspersonen vorrangig zuständig.[20] Um Art. 41 WÜK zu der ihm zustehenden Geltung zu verhelfen, sollte daher eine dort genannte Maßnahme durch die Polizei nur ergriffen werden dürfen, soweit der vorrangig zuständige Staatsanwalt nicht (rechtzeitig) erreicht werden kann. Bei Untersuchungshaft und Festnahme besteht eine Benachrichtigungspflicht, Art. 42 WÜK.

11 Im Umgang mit Konsularbeamten ist stets **zurückhaltend vorzugehen.** Blutentnahmen und Alkoholtests sollen – soweit sie nicht ohnehin nach Art. 41 WÜK untersagt sind – die Ausnahme bleiben. Bei Untersuchungshaft ist das Verfahren in kürzester Frist einzuleiten, Art. 41 Abs. 3 WÜK. Der Konsularbeamte ist stets mit besonderer Höflichkeit zu behandeln. Konsularbeamte als Beschuldigte müssen vor der zuständigen Behörde erscheinen, Zwangsmittel sind zulässig.[21] Auf die amtliche Stellung ist aber Rücksicht zu nehmen.

12 Anders als Mitglieder der diplomatischen Missionen können Konsularbeamte als **Zeugen oder Sachverständige** geladen werden. Sie dürfen dadurch aber nicht in ihrer amtlichen Tätigkeit behindert werden und sollen – soweit möglich – in den Räumlichkeiten der konsularischen Vertretung oder ihrer Wohnung vernommen werden, Art. 44 Abs. 2 WÜK. Konsularbeamte dürfen das Zeugnis insgesamt verweigern, ohne dass gegen sie Zwangsmittel verhängt werden können. Bediensteten des Verwaltungs- oder technischen Personals steht dieses Recht nur zu, wenn sie über Angelegenheiten aussagen sollen, die mit der Wahrnehmung ihrer Aufgaben zusammenhängen, Art. 44 Abs. 3 WÜK.[22]

13 **2. Persönlicher Anwendungsbereich.** Das WÜK unterscheidet zunächst zwischen Berufs- und Wahlkonsularbeamten, Art. 1 Abs. 2 WÜK. Die Immunität nach Art. 43 WÜK wird neben Konsularbeamten nur Bediensteten des Verwaltungs- oder technischen Personals gewährt. **Berufskonsularbeamte,** die Staatsangehörige des Empfangsstaats oder dort ständig ansässig sind, kommen nur in den Genuss der sogenannten Amtshandlungsimmunität, Art. 71 WÜK. Sie sind von der Strafgerichtsbarkeit nur für in Ausübung ihrer Tätigkeit vorgenommene Amtshandlungen befreit. Ihnen steht aber auch das (eingeschränkte) Zeugnisverweigerungsrecht nach Art. 44 Abs. 3 WÜK zu. Die Benachrichtigungspflichten nach Art. 42 WÜK gelten auch für sie. Ihre Familienangehörigen und anderen Mitarbeiter, die Staatsangehörige des Empfangsstaates oder dort ständig ansässig sind, genießen Immunitäten nur nach dem (weitergehenden) Recht des Empfangsstaates, nicht nach dem WÜK, Art. 71 Abs. 2 WÜK.

14 **Wahlkonsularbeamte** (Honorarkonsularbeamte) unterliegen uneingeschränkt der deutschen Gerichtsbarkeit. Das ergibt sich zwar nicht aus Art. 63 WÜK, aber aus Art. 1 Abs. 2 WÜK, wonach das zweite Kapitel des WÜK für Berufskonsularbeamte gilt.[23] Die Bundesrepublik Deutschland hat sich aber in einer Erklärung vom 8.4.1974 gegenüber dem Generalsekretär der Vereinten Nationen dahingehend gebunden, dass sie Kapitel 2 des WÜK so auslegt und anwendet, dass von den darin genannten Vorrechten und Immunitäten alle Berufsbediensteten der konsularischen Vertretungen einschließlich derjenigen gelten, die

---

[18] HM, *Kissel/Mayer* Rn. 5; KK/*Barthe* Rn. 4; Löwe/Rosenberg/*Böttcher* Rn. 11.
[19] Dafür KK/*Barthe* Rn. 4; Löwe/Rosenberg/*Böttcher* Rn. 11; SK/*Frister* Rn. 16; dagegen *Kissel/Mayer* Rn. 5.
[20] BVerfG 4.2.2005 – 2 BvR 308/04, NJW 2005, 1637.
[21] *Kissel/Mayer* Rn. 5.
[22] *Kissel/Mayer* Rn. 12; KK/*Barthe* Rn. 8.
[23] *Kissel/Mayer* Rn. 7; KK/*Barthe* Rn. 6 leiten das aus Art. 63 WÜK her. Löwe/Rosenberg/*Böttcher* Rn. 6 will die Amtsimmunität auch auf Wahlkonsularbeamte erstrecken.

einer von einem Honorarkonsularbeamten geleiteten konsularischen Vertretung zugeteilt sind.[24] Zieht man ferner in Betracht, dass die meisten Wahlkonsularbeamten ohnehin Staatsangehörige des Empfangsstaats oder dort ständig ansässig sind, dürfte der Streit um die Anwendbarkeit des Kapitel 2 WÜK auf Wahlkonsularbeamte in Deutschland kaum von praktischer Bedeutung sein. Die Einschränkungen in Bezug auf freiheitsentziehende Maßnahmen nach Art. 41 WÜK gelten für Wahlkonsularbeamte nicht.

3. Anwendungsbereich in Bezug auf Räume und Sachen. Der räumliche Schutz 15 der konsularischen Vertretungen ist im Vergleich zu den diplomatischen Missionen deutlich eingeschränkt. Nach Art. 31 Abs. 2 WÜK besteht für die Räume der konsularischen Vertretung, die ausschließlich für dienstliche Zwecke genutzt werden, ein Betretungsverbot für die Behörden des Empfangsstaats.[25] Ohne den Willen des Leiters der Vertretung dürfen dort keine amtlichen Maßnahmen, insbes. keine Durchsuchungen oder Beschlagnahmen durchgeführt werden. Die konsularischen Archive und Schriftstücke sind unverletzlich und sichtungs- wie beschlagnahmefrei, Art. 33 WÜK. Für Wahlkonsulate gilt das allerdings nur, wenn die Schriftstücke und Archive von anderen Papieren und Schriftstücken getrennt geführt werden, Art. 61 WÜK.

4. Zeitlicher Anwendungsbereich. Die Immunität beginnt mit Einreise oder Auf- 16 nahme der konsularischen Tätigkeit, wenn sich die Person schon zuvor im Empfangsstaat aufgehalten hat, Art. 53 WÜK. Sie endet mit der Ausreise (innerhalb einer hierfür gesetzten angemessenen Frist) oder mit Ablauf dieser Frist. Konsularbeamte und Bedienstete des Verwaltungs- oder technischen Personals genießen auch nach diesem Zeitpunkt Amtsimmunität für die in Wahrnehmung der dienstlichen Aufgaben vorgenommenen Handlungen, Art. 53 Abs. 4 WÜK.

5. Auslegungshilfen. Neben Nr. 193 ff. RiStBV geben die Rundschreiben der Bundes- 17 ministerien wichtige Auslegungshilfen bei der Anwendung des WÜD. Aktuell gilt das Rundschreiben des Auswärtigen Amtes vom 15.9.2015 **„Zur Behandlung von Diplomaten und anderen bevorrechtigten Personen in der Bundesrepublik Deutschland"**,[26] das auszugsweise bei → § 18 Rn. 13 abgedruckt ist.

§ 20 [Weitere Exterritoriale]

(1) Die deutsche Gerichtsbarkeit erstreckt sich auch nicht auf Repräsentanten anderer Staaten und deren Begleitung, die sich auf amtliche Einladung der Bundesrepublik Deutschland im Geltungsbereich dieses Gesetzes aufhalten.

(2) Im übrigen erstreckt sich die deutsche Gerichtsbarkeit auch nicht auf andere als die in Absatz 1 und in den §§ 18 und 19 genannten Personen, soweit sie nach den allgemeinen Regeln des Völkerrechts, auf Grund völkerrechtlicher Vereinbarungen oder sonstiger Rechtsvorschriften von ihr befreit sind.

Übersicht

	Rn.		Rn.
I. Normzweck und allgemeiner Regelungsgehalt	1	III. Allgemeine Regelungen, Abs. 2	6–12
II. Staatsgästeimmunität, Abs. 1	2–5	1. Allgemeine Regeln des Völkerrechts	7–11
1. Persönlicher Umfang	2–4	2. Völkerrechtliche Vereinbarungen	12
2. Auf amtliche Einladung	5	3. Sonstige Rechtsvorschriften	12

---

[24] BGBl. 1974 II 945.
[25] Wie hier Löwe/Rosenberg/*Böttcher* Rn. 9; für eine vollständige Unverletzlichkeit der konsularischen Räume: Kissel/Mayer Rn. 6.
[26] GMBl. 2015, 1206 ff.

I. Normzweck und allgemeiner Regelungsgehalt

1 § 20 ist Ergänzung und **Auffangnorm zu §§ 18, 19.**[1] Der ursprüngliche Regelungsgehalt ergibt sich aus dem jetzigen Abs. 2, wonach sich Immunitäten über die in §§ 18, 19 in Bezug genommenen Verträge hinaus aus allgemeinem Völkerrecht, völkerrechtlichen Vereinbarungen und sonstigen Rechtsvorschriften ergeben können. Der mit Gesetz v. 17.7.1984[2] eingefügte Abs. 1 erstreckt die Immunität über Abs. 2 hinaus als Sonderfall auf eingeladene Staatsgäste. Für Staatsoberhäupter gilt das ohnehin aus den allgemeinen Regeln des Völkerrechts. Da die Bundesrepublik Deutschland die damalige DDR jedoch nicht als Staat anerkannt hatte, musste vor dem Besuch des Staatsratsvorsitzenden der DDR eine Immunitätsregelung geschaffen werden.[3]

II. Staatsgästeimmunität, Abs. 1

2 1. **Persönlicher Umfang.** In persönlicher Hinsicht erfasst Abs. 1 **Repräsentanten anderer Staaten.** Der Begriff des Repräsentanten ist weit zu fassen und geht über Staatsoberhäupter, Regierungschefs und Regierungsmitglieder hinaus. So sollen nach dem Willen des Gesetzgebers zB auch KSZE-Beobachter erfasst sein.[4] Entscheidend dürfte die Vertretungsbefugnis für den jeweiligen Staat sein, die nicht allgemein gelten muss, sondern auch für den Einzelfall erteilt sein kann.[5]

3 Die Immunität erstreckt sich auch auf die **Begleitung.** Dabei handelt es sich um alle Personen, die auf der vom Gastland akzeptierten Delegationsliste genannt sind.[6]

4 Auf die **Staatsangehörigkeit** der Personen **kommt es nicht an,** sodass sich die Immunität auch auf deutsche Staatsangehörige erstrecken kann, wenn diese in den persönlichen Anwendungsbereich fallen.[7]

5 2. **Auf amtliche Einladung.** Die Repräsentanten müssen sich auf amtliche Einladung der Bundesrepublik Deutschland im Inland aufhalten. Die Einladung muss offiziell und eindeutig sein, ist aber nicht formgebunden.[8] Unstreitig steht das Recht zur Einladung mit den Folgen des § 20 Abs. 1 der Bundesregierung und dem Bundespräsidenten zu.[9] Ebenso zweifelsfrei können Kommunen, Universitäten etc keine entsprechende Einladung aussprechen.[10] Das gilt selbst dann, wenn die Einladung mit der Bundesregierung abgestimmt ist.[11] Richtigerweise wird man das Einladungsrecht aber auf die **Verfassungsorgane des Bundes** erweitern müssen, insbes. den deutschen Bundestag aber auch den Bundesrat und das Bundesverfassungsgericht. Länder sind hingegen keine Bundesorgane und repräsentieren die Bundesrepublik nicht. Einladungen einzelner oder auch aller Länder (nicht des Bundesrates) genügen für § 20 daher nicht.[12]

III. Allgemeine Regelungen, Abs. 2

6 Abs. 2 ist Auffangnorm zu §§ 18, 19 und zu Abs. 1. Letztlich hat Abs. 2 – wie auch §§ 18, 19 – **nur klarstellende Funktion,** da die in Bezug genommenen Regeln auch ohne eine ausdrückliche Inkorporation in das GVG gültig sind.

---

[1] *Kissel/Mayer* Rn. 1; KK/*Barthe* Rn. 1.
[2] BGBl. 1984 I 990; in Kraft seit dem 1.8.1984.
[3] Sog „Lex Honnecker"; vgl. weiterführend *Kissel/Mayer* Rn. 39; Löwe/Rosenberg/*Böttcher* Rn. 1.
[4] BT-Protokoll vom 7.6.1984 S. 5384.
[5] Ähnlich auch MüKoZPO/*Zimmermann* Rn. 2.
[6] BT-Drs. 10/1447, 14.
[7] MüKoZPO/*Zimmermann* Rn. 4.
[8] Löwe/Rosenberg/*Böttcher* Rn. 2.
[9] Löwe/Rosenberg/*Böttcher* Rn. 2.
[10] Vgl. Löwe/Rosenberg/*Böttcher* Rn. 2; MüKoZPO/*Zimmermann* Rn. 3.
[11] Löwe/Rosenberg/*Böttcher* Rn. 2.
[12] Vgl. auch Löwe/Rosenberg/*Böttcher* Rn. 2 mwN zum Streitstand.

1. Allgemeine Regeln des Völkerrechts. Unter **allgemeinen Regeln des Völker- 7 rechts** versteht man die Regeln, die von der größten Zahl der Staaten – nicht notwendig auch der Bundesrepublik Deutschland – anerkannt werden.[13] Diese Regeln gelten nach Art. 25 GG unmittelbar. Die Gerichte haben die Frage, ob es sich um solche Regeln handelt, von Amts wegen zu klären[14] und sie im Zweifel dem Bundesverfassungsgericht nach Art. 100 Abs. 2 GG zur Entscheidung vorzulegen.[15]

Von der Gerichtsbarkeit ausgenommen sind fremde Staaten selbst, soweit sie hoheitlich 8 handeln.[16] Ferner sind **Staatsoberhäupter** immun, auch wenn Sie sich nicht in amtlicher Eigenschaft im Inland aufhalten.[17] Bei Besuchen aufgrund amtlicher Einladung sind auch ihre begleitenden Angehörigen und das sonstige Gefolge immun.[18] Darüber hinaus genießen Angehörige keine Immunität.[19] Die Immunität gilt für die Dauer der Amtszeit, danach – entsprechend der Regeln für Diplomaten – jedenfalls, soweit die inkriminierten Handlungen in Ausübung des Amtes begangen wurden.[20] Ob private Handlungen während der Amtszeit unter die Immunität nach allgemeinen Regeln des Völkerrechts fallen, ist umstritten.[21] Jedenfalls für schwerste Verbrechen, wie sie seit den Nürnberger Prozessen anknüpfend an die entsprechenden Bestimmungen in den Statuten des Internationalen Militärgerichtshofs in Nürnberg (IMG), des International Military Tribunal for the Far East (IMTFE) sowie des Jugoslawien- und des Ruandatribunals[22] in der internationalen Strafgerichtsbarkeit anerkannt sind (Völkermord, Verbrechen gegen die Menschlichkeit, Kriegsverbrechen), ist die Immunität nicht zu gewähren. Das gilt selbst dann, wenn diese Verbrechen im Amt begangen wurden.[23]

Neben Staatsoberhäuptern genießen **Regierungschefs** sowie **Minister** bei Besuchen in 9 amtlicher Eigenschaft Immunität. Gleiches gilt für ihre (amtliche) Begleitung und das Gefolge.[24] Ob für Regierungschefs und Außenminister wie für Staatsoberhäupter eine weitergehende, umfassende persönliche Immunität gilt, ist umstritten.[25] Jedenfalls endet diese bei Strafverfolgung durch den IStGH oder andere internationale Strafgerichtshöfe (vgl. § 21).

Von den Immunitätsregeln des allgemeinen Völkerrechts sind auch **Sonderbotschafter** 10 (Ad-hoc-Botschafter) erfasst. Nach völkerrechtlichem Gewohnheitsrecht können Entsendestaat und Empfangsstaat vereinbaren, dass einzelne Personen mit einer besonderen poli-

---

[13] BVerfG 30.4.1963 – 2 BvM 1/62, BVerfGE 16, 27 (33) = NJW 1963, 1732.
[14] BVerfG 30.4.1963 – 2 BvM 1/62, BVerfGE 16, 27 (33) = NJW 1963, 1732; BGH 26.9.1978 – VI ZR 267/76, NJW 1979, 1101.
[15] BVerfG 30.4.1963 – 2 BvM 1/62, BVerfGE 16, 27 (33) = NJW 1963, 1732.
[16] BT-Drs. 11/4397, 30; BVerfG 30.4.1963 – 2 BvM 1/62, BVerfGE 16, 27 (33) = NJW 1963, 1732; BGH 26.9.1978 – VI ZR 267/76, NJW 1979, 1101; KK/*Barthe* Rn. 2.
[17] OLG Köln 16.5.2000 – 2 Zs 1330/99, NStZ 2000, 667; KK/*Barthe* Rn. 2; Meyer-Goßner/*Schmitt* Rn. 4; *Oehler* ZStW 91, 399.
[18] Löwe/Rosenberg/*Böttcher* Rn. 2.
[19] KK/*Barthe* Rn. 2; Löwe/Rosenberg/*Böttcher* Rn. 4.
[20] Vgl. § 39 WÜD.
[21] Vgl. zum Streitstand *Kissel/Mayer* Rn. 11 mwN.
[22] Art. 7 IMGStatut, Art. 6 IMTFEStatut, Art. 7 Abs. 2 JStGHStatut und Art. 6 Abs. 2 RStGHStatut.
[23] Vgl. Art. 27 Abs. 1 IStGH-Statut; Art. II Nr. 4 lit. a Kotrollratsgesetz Nr. 10 und Art. IV der Völkermordkonvention vom 9.12.1948 – BGBl. 1954 II 730; zur Rechtsprechung: s. ICTY, Prosecutor v. Blaskić, Judgement on the Request of the Republic of Croatia for Review of the Decision of Trial Chamber II of 18 July 1997, 29.10.1997 [IT-95-14-AR 108bis], para. 41; Prosecutor v. Furundžija, Judgement, 10.12.1998 [IT-95-17/1-T], para. 140; SCSL, Prosecutor v. Taylor, Appeals Decision, 31.5.2004 [SCSL-2003-01-I], paras. 43 ff., 53; ICC, Prosecutor v. Al Bashir, Decision on the Prosecution's Application for a Warrant of Arrest against Omar Hassan Ahmad Al Bashir, PTC I, 4.3.2009 [ICC-02/05-01/09-3], paras. 40 ff. und Decision Pursuant to Article 87 (7) of the Rome Statute on the Failure by the Republic of Malawi to Comply with the Cooperation Requests Issued by the Court with Respect to the Arrest and Surrender of Omar Hassan Ahmad Al Bashir, PTC I, 12.12.2011 [ICC-02/05-01/09], paras. 22 ff.
[24] *Kissel/Mayer* Rn. 12; Löwe/Rosenberg/*Böttcher* Rn. 2.
[25] Dafür KK/*Barthe* Rn. 2 unter Bezugnahme auf IGH 14.2.2002 – Nr. 121, ICJ-Reports 2002, 3; deutsche Übersetzung in EuGRZ 2003, 563; dagegen *Folz/Soppe* NStZ 1996, 576 (577), allerdings vor der Entscheidung des IGH.

tischen Aufgabe betraut (Spezialmission) werden und zur Erfüllung dieser Aufgabe wie ein Diplomat Immunität im Empfangsstaat genießen.[26] Die Rolle als Sonderbotschafter kann auch nach Einreise vereinbart werden.[27] Es muss sich allerdings um eine ernsthafte Verleihung einer Sonderbotschafterrolle handeln. Sie darf nicht lediglich dem Zweck dienen, der Person Immunität zu verschaffen.[28] Damit würde in die Gewaltenteilung eingegriffen und der Exekutive ermöglicht, eine Person dem Zugriff der Justiz nachträglich zu entziehen. Die Immunität endet mit Beendigung der Sondermission und der Ausreise.[29] Entsprechend Art. 39 WÜD besteht danach die Möglichkeit der Strafverfolgung nur für Taten, die nicht in Ausübung des Dienstes während der Sondermission begangen wurden.[30]

11 Keine Immunität (zu den NATO-Truppen → Rn. 12), aber einzelne Befreiungen genießen ausländische Truppen als geschlossene Truppenverbände sowie Besatzungen ausländischer Kriegsschiffe und Flugzeuge, die befugt den Boden der Bundesrepublik betreten. Insoweit bestehen Betretungs- und Durchsuchungsverbote, wenn keine Zustimmung des zuständigen Kommandanten erteilt wurde. Daraus ergibt sich aber keine Immunität. Die deutsche Gerichtsbarkeit besteht fort. Einzelne Angehörige fremder Truppen unterliegen der deutschen Gerichtsbarkeit uneingeschränkt.[31] Die Bundesregierung kann allerdings mit den Entsendestaaten der Truppen Abkommen schließen, die auch die Ausnahme von der deutschen Gerichtsbarkeit zum Gegenstand haben können.[32]

12 **2. Völkerrechtliche Vereinbarungen.** § 20 erfasst völkerrechtliche Vereinbarungen, die zwischen anderen Staaten als den Vertragsstaaten des WÜD/WÜK geschlossen wurden, oder einen abweichenden Inhalt haben. Es handelt sich um eine Vielzahl von Verträgen.[33] Von hoher Bedeutung sind die Abkommen über die Vereinten Nationen und ihre (Sonder-)Organisationen[34] sowie die Europäische Gemeinschaft/Union.[35] Besondere praktische Bedeutung hat das **NATO-Truppenstatut.** Nach Art. VII NTS gilt eine ausschließliche Gerichtsbarkeit des Aufnahmestaates, wenn ein Verhalten nur nach den Gesetzen dieses Staates, nicht aber nach denen des Entsendestaates strafbar ist. Ist das Verhalten in beiden Rechtsordnungen mit Strafe bedroht, besteht eine konkurrierende Gerichtsbarkeit. Danach haben die Militärbehörden des Entsendestaates das Vorrecht bei Straftaten, die sich gegen den Entsendestaat oder seine Truppen nebst zivilem Gefolge und deren Angehörige richten. Im Übrigen steht die Gerichtsbarkeit vorrangig dem Empfangsstaat zu, der aber darauf verzichten kann.[36]

3. Sonstige Rechtsvorschriften. Damit sind einseitige Befreiungen durch deutsche Rechtsetzung gemeint, wie zB das Recht zur Erweiterungen der Anwendbarkeit der WÜD und WÜK nach Art. 2 der jeweiligen Ratifizierungsgesetze.[37]

§ 21 [Ersuchen eines internationalen Strafgerichtshofes]

Die §§ 18 bis 20 stehen der Erledigung eines Ersuchens um Überstellung und Rechtshilfe eines internationalen Strafgerichtshofes, der durch einen für die Bundesrepublik Deutschland verbindlichen Rechtsakt errichtet wurde, nicht entgegen.

---

[26] BGH 27.2.1984 – 3 StR 396/83, BGHSt 32, 275 = NJW 1984, 2048; *Oehler* JR 1985, 77.
[27] BGH 27.2.1984 – 3 StR 396/83, BGHSt 32, 275 = NJW 1984, 2048; *Oehler* JR 1985, 77.
[28] BGH 27.2.1984 – 3 StR 396/83, BGHSt 32, 275 = NJW 1984, 2048.
[29] Löwe/Rosenberg/*Böttcher* Rn. 6.
[30] OLG Düsseldorf 20.3.1986 – 1 Ws 1102/85, NJW 1986, 2204; KK/*Barthe* Rn. 2; SK/*Frister* Rn. 11.
[31] Kissel/*Mayer* Rn. 13; KK/*Barthe* Rn. 2 aE; Löwe/Rosenberg/*Böttcher* Rn. 4.
[32] Gesetz vom 20.7.1995, BGBl. 1995 II 554.
[33] S. Fundstellennachweis A, Beilage zum Bundesanzeiger, Stand 31.12.1989, S. 10 ff. Vgl. die weitergehenden Ausführungen bei Kissel/*Mayer* Rn. 15–37 und bei Löwe/Rosenberg/*Böttcher* Rn. 7 f.; eine noch weitgehend aktuelle Aufstellung der Abkommen befindet sich bei *Oehler* ZStW 91 (1979), 401 (416 ff.).
[34] Dazu Kissel/*Mayer* Rn. 16 und Löwe/Rosenberg/*Böttcher* Rn. 7.
[35] Dazu Kissel/*Mayer* Rn. 17–19 und Löwe/Rosenberg/*Böttcher* Rn. 7.
[36] Weiterführend Kissel/*Mayer* Rn. 21–36 und Löwe/Rosenberg/*Böttcher* Rn. 8.
[37] Dazu → § 18 Rn. 1.

I. Normzweck

§ 21 stellt klar, dass keine Immunitäten nach §§ 18–20 bestehen, wenn und soweit Personen vor internationalen Strafgerichtshöfen verfolgt werden und diese um die Überstellung ersuchen. Anlass der Regelung war die Errichtung des IStGH[1] mit dem Römischen Statut vom 17./18.7.1998. Die Bundesrepublik ratifizierte es am 4.10.2000.[2] Die Zusammenarbeit mit dem IStGH regelt das Gesetz zur Ausführung des Römischen Statuts des Internationalen Strafgerichtshofs (IStGHG) vom 21.6.2002.[3] Auf diese Regelungen nimmt § 21 genuin Bezug. Darüber hinaus klingt in § 21 nunmehr die neuere Entwicklung im Völkerrecht an, **bei schwersten Straftaten keine Immunität** mehr zu gewähren.[4]

II. Reichweite

Obwohl § 21 durch das IStGHG eingefügt wurde, beschränkt sich die Norm nicht auf die Zusammenarbeit mit dem IStGH, sondern gilt für **alle internationalen Strafgerichtshöfe**, die durch einen für die Bundesrepublik verbindlichen Rechtsakt errichtet wurden. Derzeit handelt es sich dabei um den internationalen Gerichtshof für Kriegsverbrechen im früheren Jugoslawien (ICTY)[5] und den Internationalen Strafgerichtshof für Ruanda (ICTR)[6] bzw. den Internationalen Residualmechanismus für die Ad-hoc-Strafgerichtshöfe als deren Nachfolgeeinrichtung.[7] Ob hybride Strafgerichtshöfe[8] unter § 21 fallen, ist bisher nicht abschließend geklärt.[9] Nicht erfasst sind allerdings nationale Strafgerichte, auch wenn sie über entsprechende völkerstrafrechtlich relevante Taten verhandeln.[10] § 21 steht aber möglichen völkerrechtlichen Entwicklungen hinsichtlich der Immunität vor nationalen Strafgerichten nicht entgegen.[11]

Da das IStGHG rechtsstaatliche Grundsätze im Sinn des Art. 16 Abs. 2 S. 2 GG gewährt, können auch deutsche Staatsangehörige an den IStGH ausgeliefert werden. Weil der IStGH allerdings nur subsidiär zur nationalen Strafgerichtsbarkeit eingreift,[12] kommt eine Auslieferung Deutscher durch die Bundesrepublik praktisch kaum in Betracht.[13]

---

[1] Vgl. → § 12 Rn. 28.
[2] BGBl. 2000 II 1393.
[3] BGBl. 2002 I 2144.
[4] Vgl. → § 20 Rn. 8.
[5] → § 12 Rn. 26.
[6] → § 12 Rn. 26.
[7] → § 12 Rn. 30.
[8] Dazu → § 12 Rn. 27.
[9] Erwogen wird das für die Strafgerichtshöfe für Sierra Leone und den Libanon: SK/*Frister* Rn. 5.
[10] Löwe/Rosenberg/*Böttcher* Rn. 3.
[11] BT-Drs. 14/8527, 99.
[12] Näher *Kissel/Mayer* Rn. 8.
[13] Vgl. *Kissel/Mayer* Rn. 8.

Zweiter Titel. Allgemeine Vorschriften über das Präsidium und die Geschäftsverteilung

§ 21a [Präsidium]

(1) Bei jedem Gericht wird ein Präsidium gebildet.

(2) Das Präsidium besteht aus dem Präsidenten oder aufsichtführenden Richter als Vorsitzenden und
1. bei Gerichten mit mindestens achtzig Richterplanstellen aus zehn gewählten Richtern,
2. bei Gerichten mit mindestens vierzig Richterplanstellen aus acht gewählten Richtern,
3. bei Gerichten mit mindestens zwanzig Richterplanstellen aus sechs gewählten Richtern,
4. bei Gerichten mit mindestens acht Richterplanstellen aus vier gewählten Richtern,
5. bei den anderen Gerichten aus den nach § 21b Abs. 1 wählbaren Richtern.

Schrifttum zu §§ 21a–21j: *Funk*, Fragen zur neuen Präsidialverfassung, DRiZ 1973, 260; *Gloria*, Verfassungsrechtliche Anforderungen an die gerichtlichen Geschäftsverteilungspläne, DÖV 1988, 849; *Kern*, Geschichte der Gerichtsverfassung; *Kissel*, Die Novelle 1999 zur Präsidialverfassung, NJW 2000, 460; *ders.*, Die Verhinderung des Richters und seine Vertretung, FS Rebmann, 1989, 63; *Lobmüller*, Richterliche Erfahrungsmängel als Besetzungseinwand, StV 2015, 246; *Marquardt*, Die Rechtsnatur präsidialer Geschäftsverteilungspläne gemäß § 21e GVG und der Rechtsschutz des Richters (Diss. Tübingen 1998); *P. Müller*, Gesetzlicher Richter und Geschäftsplan, JZ 1976, 587; *Peglau*, Zur Überbesetzung großer Strafkammern, wistra 2005, 92; *Remus*, Präsidialverfassung und gesetzlicher Richter, Diss. Hamburg 2008; *Schmitz*, Rangierkunst oder Entgleisung – Die Besetzungsrüge nach Änderung des Geschäftsverteilungsplans, StraFo 2016, 397; *Schorn/Stanicki*, Die Präsidialverfassung der Gerichte aller Rechtszweige; *Scholz*, Die neuen Präsidien und ihre Wahl, DRiZ 1972, 301; *Schröder*, Zur Verfassungsmäßigkeit des Rotationssystems in Geschäftsverteilungsplänen, DRiZ 2006, 291; *Stanicki*, Geschäftsordnung für das Präsidium, DRiZ 1972, 51; *Sowada*, Der gesetzliche Richter im Strafverfahren; *Sowada*, Der Doppelvorsitz beim BGH und das Prinzip des gesetzlichen Richters, NStZ 2012, 353; *Wiebel*, Effizienz und Gerichtsverfassung, ZRP 1998, 221.

Übersicht

	Rn.		Rn.
I. Normzweck	1–3	2. Bei jedem Gericht	5
1. Vorschriften über die Präsidialverfassung	1, 2	3. Aufgaben und Pflichten	6–12
2. § 21a	3	4. Rechte	13, 14
II. Das Präsidium	4–14	III. Größe und Zusammensetzung des Präsidiums	15–17
1. Selbstverwaltungsorgan	4	IV. Anfechtbarkeit	18–21

I. Normzweck

1 **1. Vorschriften über die Präsidialverfassung.** Der zweite Titel des GVG regelt in §§ 21a–21j die Präsidialverfassung der Gerichte. Durch die Übertragung der Verteilung der richterlichen Geschäfte (§ 21e) auf das Präsidium (§ 21a) wird die **Selbstverwaltung** der Gerichte institutionalisiert und die **Unabhängigkeit** der Justiz sowie des einzelnen Richters gestärkt.[1] Darüber hinaus konkretisieren die Vorschriften das verfassungsrechtliche Gebot des gesetzlichen Richters (Art. 101 Abs. 1 GG, § 16) für die unterste Regelungsebene, der jeweiligen Besetzung der Spruchkörper (§ 21e Abs. 1) und innerhalb der Spruchkörper

---

[1] BT-Drs. VI/557; BT-Drs. VI/2903; BT-Drs. VI/3145, 3246; vgl. auch MüKoZPO/*Zimmermann* Vor § 21a Rn. 1; Löwe/Rosenberg/*Breidling* Vor § 21a Rn. 1.

(§ 21g). Damit dienen die Normen primär dem Interesse der Allgemeinheit und nicht des jeweiligen Richters.[2]

Das Gesetz zur Stärkung der Unabhängigkeit der Richter und Gerichte vom 22.12.1999[3] reformierte den Zweiten Titel. Insbesondere wurde die besondere Stellung der Vorsitzenden Richter zugunsten der **Gleichrangigkeit der Richter** reduziert (vgl. §§ 21a Abs. 2, 21e Abs. 2, 21g).

2. § 21a. § 21a sichert durch die obligatorische Einrichtung eines Präsidiums die **richterliche Selbstverwaltung** in Fragen der Geschäftsverteilung (Aufgaben des Präsidiums, § 21e). Ferner garantiert die Norm das Richtermonopol, da sich das Präsidium ausschließlich aus Richtern zusammensetzt.

II. Das Präsidium

1. Selbstverwaltungsorgan. Das Präsidium ist Selbstverwaltungsorgan und nimmt materielle Verwaltungsaufgaben wahr. Seine Hauptaufgabe ist die Verteilung der richterlichen Dienstgeschäfte. Die Zuständigkeiten ergeben sich (nur) aus dem Gesetz. Das Präsidium übt eine richterliche Tätigkeit aus, die nicht Rechtsprechung ist.[4] Dabei steht seinen Mitgliedern die **richterliche Unabhängigkeit** (Art. 97 GG, § 1) vollumfänglich zu.[5] Von dieser Unabhängigkeit sind nicht nur die Beschlüsse des Präsidiums erfasst, sondern auch alle ihnen dienenden Sach- und Verfahrensentscheidungen.[6] Der Präsident (bzw. aufsichtführende Richter) ist in seiner Eigenschaft als Vorsitzender des Präsidiums ebenfalls richterlich unabhängig tätig. Er handelt nicht als Teil der Justizverwaltung und ist an deren Anweisungen nicht gebunden. Die Verwaltung kann sich allerdings des Präsidenten (bzw. aufsichtführenden Richters) bedienen, um dem Präsidium ihre Ansicht zu bestimmten Fragen mitzuteilen.[7]

2. Bei jedem Gericht. Ein Präsidium ist bei jedem Gericht einzurichten. Das gilt nach umstrittener[8] aber richtiger Ansicht auch für sogenannte „**Ein-Mann-Amtsgerichte**". Hat ein Gericht nur eine Richterplanstelle, fällt die Aufgabe des Präsidiums, die Geschäfte zu verteilen zwar weg. Das ändert aber nichts am grundsätzlichen Bedürfnis, ein Präsidium zu errichten. Es ist nämlich jederzeit denkbar, dass eine Geschäftsverteilung erforderlich wird, weil die Planstelle durch mehrere Teilzeitkräfte besetzt oder zur kurzfristigen Entlastung ein weiterer Richter (ganz oder mit Teilen seiner Arbeitskraft) an das Amtsgericht abgeordnet wird. Aus § 22b ergibt sich nichts anderes, da diese Norm die Existenz eines Präsidiums nicht betrifft, sondern eine Vertretungsregelung ermöglicht, die sich auf Personen bezieht, über deren Arbeitskraft das Präsidium des „Ein-Mann-Amtsgerichts" nicht verfügen darf.[9]

3. Aufgaben und Pflichten. Das Präsidium verteilt die richterlichen Dienstgeschäfte, § 21e. Diese Aufgabe muss es eigenverantwortlich **selbst wahrnehmen** und kann sie nicht delegieren.[10] Neben § 21e betreffen weitere Normen außerhalb des Zweiten Titels das Präsidium (§§ 22a, 22b: amtsgerichtliche Sonderregeln, §§ 70, 117: gerichtsexterne Vertretungsregeln, §§ 78 Abs. 2: auswärtige Strafkammern, § 78b Abs. 2: Strafvollstreckungskam-

---

[2] KK/*Diemer* Rn. 2.
[3] BGBl. 1999 I 2598.
[4] BVerfG 25.2.1964 – 2 BvR 411/61, BVerfGE 17, 252 = NJW 1964, 1019; BGH (Dienstgericht des Bundes) 7.6.1966 – RiZ (R) 1/66, BGHZ 46, 147 = MDR 1967, 211; 7.4.1995 – RiZ (R) 7/94, NJW 1995, 2494.
[5] *Kissel/Mayer* Rn. 7; MüKoZPO/*Zimmermann* Rn. 13; Löwe/Rosenberg/*Breidling* Rn. 3.
[6] BGH (Dienstgericht des Bundes) 7.4.1995 – RiZ (R) 7/94, NJW 1995, 2494; KK/*Diemer* Rn. 3.
[7] Löwe/Rosenberg/*Breidling* Rn. 3.
[8] Insgesamt sehr umstritten. Wie hier *Kissel/Mayer* Rn. 9; MüKoZPO/*Zimmermann* Rn. 3; *Remus* S. 132 f.; Zöller/*Lückemann* Rn. 5; aA Löwe/Rosenberg/*Breidling* Rn. 1; KK/*Diemer* Rn. 6; Meyer-Goßner/*Schmitt* Rn. 2; *Schorn/Stanicki* S. 23 f. jeweils mwN.
[9] MüKoZPO/*Zimmermann* Rn. 3.
[10] BGH 6.1.1953 – 2 StR 162/52, BGHSt 3, 353 = NJW 1953, 353.

mern, § 132 Abs. 5: große Senate beim BGH, vereinigte große Senate, § 140a Abs. 2: Wiederaufnahmezuständigkeit).

7 Die Mitwirkung im Präsidium ist **Dienstpflicht,** die der eingeschränkten Dienstaufsicht (§ 26 DRiG) unterliegt[11] und der Spruchrichtertätigkeit vorgeht.[12] Das jeweilige Mitglied des Präsidiums darf die Wahl nicht ablehnen[13] und muss im Präsidium mitarbeiten.[14] Die Zugehörigkeit zum Präsidium kann nicht aufgegeben werden, eine Stimmenthaltung bei den Abstimmungen ist unzulässig.[15]

8 Die Tätigkeit im Präsidium ist auch **Amtspflicht im Sinn der Art. 34 GG, § 839 Abs. 1 BGB.** Verletzt das Präsidium daher Pflichten, die auch im Interesse des Bürgers bestehen, kann dies zu Schadensersatzansprüchen führen.[16] Das gilt beispielsweise bei gesetzeswidriger Besetzung der Richterbank oder nicht sachgerechter Geschäftsverteilung. In Strafsachen kommt insbesondere die Besetzung eines Vorsitzes durch einen Richter in Betracht, der nicht zum Vorsitzenden Richter ernannt ist.[17] Ein Schaden kann dabei aus der Aufhebung des Urteils folgen.[18] Konkurrenzen zu Ansprüchen aus §§ 198 ff. können sich allerdings nur bei Untätigkeit des Präsidiums selbst ergeben, die zu unangemessenen Verfahrensverzögerungen führen.

9 Die Präsidiumsmitglieder unterliegen der **Schweigepflicht** in Bezug auf Beratungen und Abstimmungen, soweit keine Richteröffentlichkeit nach § 21e Abs. 8 bestand.[19]

10 Der Präsident oder aufsichtführende Richter führt den **Vorsitz,** bei Verhinderung sein Vertreter, §§ 21c Abs. 1, 21h. Er führt die Geschäfte, setzt die Tagesordnung fest, beruft die Sitzungen ein, leitet diese und ist verantwortlich für die Beurkundung und Bekanntmachung der Beschlüsse, § 21e Abs. 9.

11 Zur sachgerechten Wahrnehmung seiner Aufgaben entscheidet das Präsidium grundsätzlich in Sitzungen. Dabei bestimmt es über sein **Verfahren** selbst, soweit das Gesetz keine zwingenden Vorgaben enthält. Das Präsidium kann sich eine Geschäftsordnung geben,[20] ist dazu aber nicht verpflichtet. In der Regel ist es auch nicht zweckmäßig.[21] Das Präsidium kann eine Tagesordnung auch gegen den Vorsitzenden mit Stimmenmehrheit beschließen.[22] Das **Umlaufverfahren** ist bei eilbedürftigen und unumstrittenen Entscheidungen zulässig, wenn alle nicht abwesenden Mitglieder im konkreten Fall damit einverstanden sind und aus Gründen der Vereinfachung und insbesondere der Beschleunigung in Eilfällen ohne Qualitätsverlust bei der Entscheidung selbst auf eine Sitzung verzichtet werden kann.[23]

12 In bestimmten Fällen sind die betroffenen Richter vor der Entscheidung des Präsidiums **anzuhören** (§ 21e Abs. 2, Abs. 3 S. 2, Abs. 5). Auf Antrag eines schwerbehinderten Richters ist nach § 22 Abs. 4 S. 4 auch vor Beschluss der den Schwerbehinderten betreffenden Geschäftsverteilung oder deren Änderung der Vertrauensmann zu hören.

13 **4. Rechte.** Jedes **Präsidiumsmitglied** hat das Recht auf Teilnahme an den Sitzungen, Äußerung und Abstimmung.[24] Zur Wahrung dieser Rechte besteht auch ein Anspruch auf Information und Auskunft. Dieser richtet sich gegen den Vorsitzenden auf alle Informatio-

---

[11] *Kissel/Mayer* Rn. 8; KK/*Diemer* Rn. 5.
[12] MüKoZPO/*Zimmermann* Rn. 19.
[13] BVerwG 23.5.1975 – VII A 1.73, BVerwGE 48, 251 = DVBl 1975, 727.
[14] *Kissel/Mayer* Rn. 8.
[15] KK/*Diemer* Rn. 5.
[16] BGH 19.1.1978 – III ZR 11/76, VersR 1978, 460 = DRiZ 1978, 183.
[17] BGH 19.1.1978 – III ZR 11/76, VersR 1978, 460 = DRiZ 1978, 183.
[18] MüKoZPO/*Zimmermann* Rn. 21.
[19] Str.; wie hier Meyer-Goßner/*Schmitt* § 21e Rn. 23, zum Streitstand: Löwe/Rosenberg/*Breidling* § 21e Rn. 76; MüKoZPO/*Zimmermann* Rn. 20.
[20] VGH Mannheim 5.12.1978 – X 2676/78, DRiZ 1980, 147.
[21] Vgl. KK/*Diemer* Rn. 7 mwN.
[22] KK/*Diemer* Rn. 7.
[23] HM: BGH 30.7.1998 – 5 StR 574/97, NJW 1999, 154 (155); BVerwG 25.4.1991 – 7 C 11/90, NJW 1992, 254; KK/*Diemer* Rn. 7; Löwe/Rosenberg/*Breidling* § 21e Rn. 75; Meyer-Goßner/*Schmitt* § 21i Rn. 1 jeweils mwN.
[24] MüKoZPO/*Zimmermann* Rn. 18.

nen, die zur sachgerechten Wahrnehmung der Aufgaben als Präsidiumsmitglied erforderlich sind (zB Geschäftsanfall, Zahl der Erledigungen, Pensenberechnungen usw.).[25] Darüber hinaus ist der Vertreter des Präsidenten bzw. aufsichtführenden Richters berechtigt, an den Sitzungen teilzunehmen und angehört zu werden (§ 21c Abs. 1 S. 2). Ein Stimmrecht hat er aber nur, wenn er selbst gewähltes Mitglied ist.

Das **Präsidium** selbst ist nicht rechts- und parteifähig (Ausnahme bei der passiven Beteiligungsfähigkeit bei Wahlanfechtung, § 21b Abs. 6). Dennoch besteht ein durch den Vorsitzenden oder vom Präsidium bestimmten Berichterstatter ausgeübter Anspruch auf Auskunft gegen die Justizverwaltung, soweit die geforderten Informationen zur Erfüllung der Aufgaben benötigt werden.[26]

III. Größe und Zusammensetzung des Präsidiums

Der **Präsident oder aufsichtführende Richter** ist geborenes Mitglied des Präsidiums. Er steht den übrigen Mitgliedern des Präsidiums gleich (primus inter pares), hat aber besondere Aufgaben und Pflichten (→ Rn. 10). Seine Mitgliedschaft von Gesetzes wegen sorgt für Kontinuität und bringt Verwaltungserfahrung in das Präsidium.[27] Er wird aber nicht in seiner Justizverwaltungsfunktion tätig (→ Rn. 4). Bei kleineren Amtsgerichten nach Abs. 2 Nr. 5 ist der Präsident des übergeordneten Landgerichts oder der dienstaufsichtführende Präsident eines anderen Amtsgerichts zugleich Mitglied und Vorsitzender des Präsidiums des kleinen Amtsgerichts (§ 22a).

Die Größe des Präsidiums ergibt sich nach Abs. 2 aus der Zahl der Richterplanstellen am jeweiligen Gericht.[28] Dabei kommt es auf die abstrakte Zahl der Planstellen an. Deren konkrete (Nicht-) Besetzung ist irrelevant.[29] Abs. 2 Nr. 1–4 enthalten eine Staffelung der Präsidiumsgröße nach Richterplanstellen für Gerichte mit mindestens acht Planstellen. Abhängig von der Größe des Gerichts besteht das Präsidium aus vier, sechs, acht oder zehn **gewählten Mitgliedern.** Dazu kommt jeweils der Präsident oder aufsichtführende Richter als weiteres Mitglied, sodass sich stets eine ungerade Zahl an Mitgliedern ergibt.

Bei **kleinen Gerichten** mit weniger als acht Richterplanstellen folgt aus Abs. 2 Nr. 5 eine abweichende Regel. In diesen Fällen sind alle nach § 21b Abs. 2 S. 2 wählbaren Richter „geborene Mitglieder" des Präsidiums. Wählbar sind alle auf Lebenszeit ernannten Richter, und Richter auf Zeit, denen an dem jeweiligen Gericht ein Richteramt übertragen wurde. Die Größe des Präsidiums kann sich daher ändern. Eine Abordnung an ein anderes Gericht oder eine Beurlaubung von jeweils mehr als drei Monaten oder eine Abordnung an eine Verwaltungsbehörde, unabhängig von der Dauer, führen zur Unwählbarkeit. Damit sind diese Richter auch nicht (mehr) Mitglieder des Präsidiums nach Abs. 2 Nr. 5. Die Regelung führt zu dem auf den ersten Blick paradoxen Ergebnis, dass ein kleines Amtsgericht ein Präsidium mit bis zu acht Mitgliedern (einschließlich des externen Präsidenten des Landgerichts oder Amtsgerichts) haben kann. Das Präsidium ist daher möglicherweise größer als bei einem Gericht mit bis zu 39 Planstellen. Diese Anomalie nimmt das Gesetz in Kauf, um zu vermeiden, dass bei kleineren Gerichten nur ein oder zwei wählbare Richter nicht dem Präsidium angehören.[30]

IV. Anfechtbarkeit

Die gerichtliche Überprüfung der Tätigkeiten des Präsidiums hängt von der anfechtenden Person sowie dem angefochtenen Vorgang ab. Der Geschäftsverteilungsplan selbst präzisiert

---

[25] MüKoZPO/*Zimmermann* Rn. 18.
[26] *Kissel/Mayer* § 21e Rn. 24; MüKoZPO/*Zimmermann* Rn. 18.
[27] *Kissel/Mayer* Rn. 15.
[28] Zum Begriff und weiteren Details der „Planstelle": *Kissel/Mayer* Rn. 13; Löwe/Rosenberg/*Breidling* Rn. 4 und OVG Berlin-Brandenburg, 14.4.16 – OVG 4A 1.16, DRiZ 2016, 312.
[29] *Kissel/Mayer* Rn. 13; Löwe/Rosenberg/*Breidling* Rn. 4.
[30] Löwe/Rosenberg/*Breidling* Rn. 5.

den gesetzlichen Richter. Er ist daher im Revisionsverfahren mit der **Besetzungsrüge** überprüfbar.[31]

19 Wendet sich ein Mitglied des Präsidiums gegen Maßnahmen der **Dienstaufsicht,** die wegen seiner Tätigkeit im Präsidium ergriffen wurden, steht ihm die Anrufung des Richterdienstgerichts offen (§ 26 Abs. 3 DRiG).[32] Gleiches gilt, wenn das Präsidiumsmitglied in seiner richterlichen Unabhängigkeit durch das Präsidium beeinträchtigt wird. Da das Präsidium insgesamt nicht parteifähig ist, können Verletzungen der Rechte des Präsidiums insgesamt nur von den einzelnen Mitgliedern geltend gemacht werden.[33]

20 **Entscheidungen** des Präsidiums, **die der Abstimmung unterliegen,** können nicht von Mitgliedern des Präsidiums in dieser Funktion angefochten werden. Es steht jedem Präsidiumsmitglied frei, Punkte zur Abstimmung zu stellen. Einer Tagesordnung oder Geschäftsordnung bedarf es dafür nicht.[34] Verweigert der Vorsitzende allerdings Informationen oder Auskünfte, auf die das Präsidium oder einzelne Mitglieder zur Erfüllung ihrer gesetzlichen Aufgaben einen Anspruch haben, steht jedem betroffenen Mitglied das Klagerecht gegen den Vorsitzenden zu.[35]

21 Beschlüsse des Präsidiums, insbesondere den Geschäftsverteilungsplan selbst, kann **der betroffene Richter im Verwaltungsrechtsweg** angreifen.[36] Richtige Klageart ist die Feststellungsklage, da es sich bei dem Geschäftsverteilungsplan nicht um einen Verwaltungsakt, sondern einen gerichtsinternen Organisationsakt handelt.[37] Eine Anfechtung nach §§ 23 ff. EGGVG ist nicht statthaft.[38] Gegen Beschlüsse des Präsidiums kann auch im einstweiligen Rechtsschutz nach § 123 Abs. 1 VwGO vorgegangen werden.[39] Da die Verteilung der richterlichen Geschäfte eine organisatorische Maßnahme darstellt, die einer beamtenrechtlichen Umsetzung entspricht oder vergleichbar ist, ist das dem Präsidium eingeräumte Ermessen innerhalb der gesetzlichen Grenzen grundsätzlich weit.[40] Mögliche Verletzungen der persönlichen Rechte des betroffenen Richters, die den Ermessensspielraum des Präsidiums begrenzen, sind daher Verstöße gegen die richterliche Unabhängigkeit (Art. 97 GG) und gegen das Willkürverbot (Art. 3 Abs. 1 GG).[41] Dem betroffenen Richter steht folglich ein subjektives Recht auf fehlerfreien Ermessensgebrauch des Präsidiums zu.[42] Auch verdeckte disziplinarische Maßnahmen führen zur Rechtswidrigkeit des Geschäftsverteilungsplans.[43] Umstritten ist, wer für die Klage gegen das Präsidium passiv legitimiert ist. Die überwiegende Ansicht hält das jeweilige Land bzw. die Bundesrepublik als Dienstherrin für den richtigen Klagegegner.[44]

---

[31] → § 21e Rn. 68.
[32] BGH (Dienstgericht des Bundes) 7.6.1966 – RiZ (R) 1/66, BGHZ 46, 147 = MDR 1967, 211; 7.4.1995 – RiZ (R) 7/94, NJW 1995, 2494.
[33] MüKoZPO/*Zimmermann* Rn. 16, 25.
[34] Str., wie hier: MüKoZPO/*Zimmermann* Rn. 26; aA jedenfalls für die Verabschiedung einer Geschäftsordnung VGH Mannheim 5.12.1978 – X 2676/78, DRiZ 1980, 147.
[35] MüKoZPO/*Zimmermann* Rn. 26.
[36] Mittlerweile hM: BVerwG 28.11.1975 – VII C 47.73, BVerwGE 50, 11 = NJW 1976, 1224; BVerfG 3.12.1990 – 2 BvR 785/90, 2 BvR 1536/90, DRiZ 1991, 100 mwN; *Kissel/Mayer* § 21e Rn. 121 ff.; KK/*Diemer* Rn. 4; Löwe/Rosenberg/*Breidling* § 21e Rn. 77 ff. jeweils mwN.
[37] VGH Mannheim 17.1.2011 – 4 S 1/11, DRiZ 2011, 141 = NJW-RR 2011, 861 mwN; zum Streit über die Rechtsnatur des Geschäftsverteilungsplans auch → § 21e Rn. 26.
[38] OLG Karlsruhe 14.4.2016 – 2 VAs 3/16, BeckRS 2016, 7694.
[39] VGH Mannheim 17.1.2011 – 4 S 1/11, DRiZ 2011, 141 = NJW-RR 2011, 861 mwN.
[40] VGH Mannheim 17.1.2011 – 4 S 1/11, DRiZ 2011, 141 = NJW-RR 2011, 861; *Kissel/Mayer* § 21e Rn. 78 ff.
[41] BVerfG 25.8.2016 – 2 BvR 877/16, BeckRS 2016, 51434; BVerwG 18.3.1982 – 9 CB 1076/81, NJW 1982, 2274.
[42] VGH Mannheim 17.1.2011 – 4 S 1/11, DRiZ 2011, 141 = NJW-RR 2011, 861.
[43] OVG Hamburg 19.9.1986 – Bs V 144/86, NJW 1987, 1215 (1217).
[44] BVerwG 28.11.1975 – VII C 47.73, BVerwGE 50, 11 = NJW 1976, 1224; OVG Hamburg 19.9.1986 – Bs V 144/86, NJW 1987, 1215 (1216); VGH Mannheim 17.1.2011 – 4 S 1/11, DRiZ 2011, 141 = NJW-RR 2011, 861; OVG Münster 30.5.8012 – B 427/80, RiA 1980, 200; Löwe/Rosenberg/*Breidling* § 21e Rn. 81; *Kissel/Mayer* § 21e Rn. 123; MüKoZPO/*Zimmermann* Rn. 16; nach aA ist das Präsidium selbst richtiger Klagegegner: VGH Kassel 29.12.1981 – 1 TG 45/81, DRiZ 1984, 62; OVG Koblenz 3.12.2007 – 10 B 11104/07, NJW-RR 2008, 579; widersprüchlich MüKoZPO/*Zimmermann* § 21e Rn. 65.

§ 21b [Wahl zum Präsidium]

(1) ¹Wahlberechtigt sind die Richter auf Lebenszeit und die Richter auf Zeit, denen bei dem Gericht ein Richteramt übertragen ist, sowie die bei dem Gericht tätigen Richter auf Probe, die Richter kraft Auftrags und die für eine Dauer von mindestens drei Monaten abgeordneten Richter, die Aufgaben der Rechtsprechung wahrnehmen. ²Wählbar sind die Richter auf Lebenszeit und die Richter auf Zeit, denen bei dem Gericht ein Richteramt übertragen ist. ³Nicht wahlberechtigt und nicht wählbar sind Richter, die für mehr als drei Monate an ein anderes Gericht abgeordnet, für mehr als drei Monate beurlaubt oder an eine Verwaltungsbehörde abgeordnet sind.

(2) Jeder Wahlberechtigte wählt höchstens die vorgeschriebene Zahl von Richtern.

(3) ¹Die Wahl ist unmittelbar und geheim. ²Gewählt ist, wer die meisten Stimmen auf sich vereint. ³Durch Landesgesetz können andere Wahlverfahren für die Wahl zum Präsidium bestimmt werden; in diesem Fall erlässt die Landesregierung durch Rechtsverordnung die erforderlichen Wahlordnungsvorschriften; sie kann die Ermächtigung hierzu auf die Landesjustizverwaltung übertragen. ⁴Bei Stimmengleichheit entscheidet das Los.

(4) ¹Die Mitglieder werden für vier Jahre gewählt. ²Alle zwei Jahre scheidet die Hälfte aus. ³Die zum ersten Mal ausscheidenden Mitglieder werden durch das Los bestimmt.

(5) Das Wahlverfahren wird durch eine Rechtsverordnung geregelt, die von der Bundesregierung mit Zustimmung des Bundesrates erlassen wird.

(6) ¹Ist bei der Wahl ein Gesetz verletzt worden, so kann die Wahl von den in Absatz 1 Satz 1 bezeichneten Richtern angefochten werden. ²Über die Wahlanfechtung entscheidet ein Senat des zuständigen Oberlandesgerichts, bei dem Bundesgerichtshof ein Senat dieses Gerichts. ³Wird die Anfechtung für begründet erklärt, so kann ein Rechtsmittel gegen eine gerichtliche Entscheidung nicht darauf gestützt werden, das Präsidium sei deswegen nicht ordnungsgemäß zusammengesetzt gewesen. ⁴Im Übrigen sind auf das Verfahren die Vorschriften des Gesetzes über das Verfahren in Familiensachen und in den Angelegenheiten der freiwilligen Gerichtsbarkeit entsprechend anzuwenden.

Übersicht

	Rn.		Rn.
I. Normzweck	1	2. Passives Wahlrecht	9–12
II. Wahlrecht	2–12	III. Wahlgrundsätze	13–16
1. Aktives Wahlrecht	2–8	IV. Wahlperiode	17
a) Richter auf Lebenszeit und Richter auf Zeit	2a	V. Wahlanfechtung, Abs. 6	18–25
b) Richter auf Probe und Richter kraft Auftrags	3	1. Zulässigkeit und Verfahren	19–21
c) Abgeordnete und beurlaubte Richter	4–7	2. Begründetheit	22
		3. Wirkungen	23, 24
d) Maßgeblicher Zeitpunkt	8	4. Entsprechende Anwendung	25

I. Normzweck

§ 21b regelt das aktive und passive **Wahlrecht** für das Präsidium (Abs. 1) und die **Wahlperiode** (Abs. 4). Abs. 2 und 3 legen einzelne **Wahlgrundsätze** fest. Die weitere Ausgestaltung kann durch Rechtsverordnung erfolgen (Abs. 3 S. 3 und Abs. 5). Von dieser Ermächtigung hat der Bundesgesetzgeber mit der Wahlordnung für die Präsidien der Gerichte vom

19.9.1972,[1] zuletzt geändert durch Gesetz von 19.4.2006[2] Gebrauch gemacht (nach → Rn. 24).

II. Wahlrecht

2 **1. Aktives Wahlrecht.** Aktiv wahlberechtigt sind:

2a **a) Richter auf Lebenszeit und Richter auf Zeit.** Richtern auf Lebenszeit (§ 10 DRiG) und Richtern auf Zeit (§ 11 DRiG), denen ein **Richteramt bei dem betroffenen Gericht zugewiesen** ist (§ 27 DRiG), steht das aktive Wahlrecht zu. Davon sind auch Präsidenten, Vizepräsidenten, aufsichtführende Richter und Direktoren erfasst. Auch Universitätsprofessoren der Rechte, die im zweiten Hauptamt oder Nebenamt eine Richtertätigkeit ausüben (§ 7 DRiG), genießen das aktive Wahlrecht. Gleiches gilt für sog. „Doppelrichter", also solche, denen noch ein weiteres Richteramt an einem anderen Gericht zugewiesen ist (§ 27 Abs. 2 DRiG, §§ 22 Abs. 2, 59 Abs. 2). Sie sind bei jedem Beschäftigungsgericht wahlberechtigt. Hiervon ausgenommen sind Richter am Amtsgericht, die zum Mitglied einer auswärtigen Strafkammer oder auswärtigen Strafvollstreckungskammer bestellt sind, weil es sich nicht um ein übertragenes Richteramt im Sinn des § 27 DRiG handelt.[3] Das Wahlrecht ist von der konkreten Tätigkeit unabhängig, sodass auch ausschließlich mit Verwaltungsaufgaben betraute Richter wählen dürfen.[4]

3 **b) Richter auf Probe und Richter kraft Auftrags.** Richter auf Probe (§ 12 DRiG) und Richter kraft Auftrags (§ 14 DRiG) sind aktiv wahlberechtigt, wenn sie bei dem Gericht tätig sind. Da ihnen ein Amt nach § 27 DRiG nicht übertragen werden kann, genügt eine „**Tätigkeit**" bei dem Gericht, die nicht rechtsprechender Natur sein muss.

4 **c) Abgeordnete und beurlaubte Richter.** Werden Richter an ein anderes Gericht abgeordnet, ist beim aktiven Wahlrecht zu unterscheiden. Handelt es sich um eine **Abordnung mit dem vollen Arbeitskraftanteil** für die Dauer von mehr als 3 Monaten, erlischt das Wahlrecht beim Ursprungsgericht. Stattdessen ist der Richter beim Gericht seiner Tätigkeit wahlberechtigt, wenn er dort Aufgaben der Rechtsprechung wahrnimmt. Dabei kommt es in zeitlicher Hinsicht jeweils auf den Wahltag und die im Abordnungserlass genannte Dauer an. Es ist unerheblich, wie lange die Abordnung tatsächlich (schon) andauert. Ein Richter kann daher schon am ersten und noch am letzten Tag seiner Abordnung wahlberechtigt sein. Bei Abordnungen von genau drei Monaten, besteht die Wahlberechtigung an beiden Gerichten, wenn im Rahmen der Abordnung auch eine rechtsprechende Tätigkeit ausgeübt wird.[5]

5 Erfolgt die Abordnung nur mit einem **Teil der Arbeitskraft,** bleibt der Richter an seinem Ursprungsgericht unabhängig von der dort vorgenommenen Tätigkeit wahlberechtigt. Darüber hinaus erlangt er das Wahlrecht bei dem Gericht, an das er abgeordnet ist, wenn die (Teil-) Abordnung auf mindestens drei Monate erfolgt und dabei (auch) rechtsprechende Tätigkeiten vorgenommen werden.

6 Sind Richter **an eine Verwaltungsbehörde abgeordnet,** besteht unabhängig von der Dauer der Abordnung kein Wahlrecht. Verwaltungsbehörde ist dabei im weitesten Sinne zu verstehen und erfasst alle Träger öffentlicher Gewalt mit Ausnahme der Gerichte.[6]

7 Ist ein Richter für **mehr als drei Monate beurlaubt,** entfällt sein Wahlrecht. Da das Gesetz nicht zwischen Erholungs- und anderen Beurlaubungen unterscheidet, gilt diese

---

[1] BGBl. 1972 I 1821.
[2] BGBl. 2006 I 866.
[3] Str.; wie hier OLG Bamberg 11.5.1983 – AR 3/83, NStZ 1984, 471; KK/*Diemer* Rn. 1; Löwe/Rosenberg/*Breidling* Rn. 1 mwN; aA *Feiber* NStZ 1984, 471; *Kissel/Mayer* Rn. 6; vgl. auch BGH 5.5.1977 – III ZR 14/75, BGHZ 88, 143 = NJW 1977, 1821 für die Berufsrichter der Verwaltungsgerichtsbarkeit, die zugleich Mitglieder der Baulandkammern und -senate sind.
[4] *Kissel/Mayer* Rn. 1; Löwe/Rosenberg/*Breidling* Rn. 1.
[5] *Kissel/Mayer* Rn. 3.
[6] *Kissel/Mayer* Rn. 5.

Regel ausnahmslos für alle Urlaubsarten, also auch, wenn Erholungsurlaub angespart und über einen entsprechenden Zeitraum hinweg „am Stück" genommen wird. Von höherer Praxisrelevanz sind Sonderurlaub, Mutterschaftsurlaub, Elternzeit oder Beurlaubung ohne Dienstbezüge. Wie bei der Abordnung kommt es auf den im Bewilligungsbescheid genannten Zeitraum an.[7]

d) Maßgeblicher Zeitpunkt. Der für die Frage des Wahlrechts maßgebliche Zeitpunkt ist **der Tag der Wahl**. Ob der wählende Richter vom Ergebnis seiner Wahl noch betroffen ist (bspw. weil eine Abordnung unmittelbar nach der Wahl endet), ist ohne Belang.[8] 8

2. Passives Wahlrecht. Das passive Wahlrecht, also die Möglichkeit zum Mitglied des Präsidiums gewählt zu werden, ist deutlich **enger als das aktive Wahlrecht**. Wer nicht aktiv wahlberechtigt ist, kann auch nicht gewählt werden. Darüber hinaus ergeben sich weitere Einschränkungen: 9

Wählbar sind nur Richter auf Lebenszeit und Richter auf Zeit, denen an dem Gericht ein Richteramt übertragen ist, also nicht Richter auf Probe und Richter kraft Auftrags. **Nicht wählbar** sind ferner unabhängig von der Dauer der Abordnung an das Gericht **abgeordnete Richter** und der dem Präsidium kraft Amtes angehörige **Präsident** bzw. **aufsichtführende Richter**.[9] 10

Vizepräsidenten und (ständige) **Vertreter** des aufsichtführenden Richters sind nach dem eindeutigen Wortlaut des § 21c Abs. 1 S. 2 wählbar.[10] Ob die Wahl des Vertreters im Hinblick auf möglicherweise auftretende Vertretungsfälle sinnvoll ist, ist rechtlich irrelevant.[11] 11

Für den **maßgeblichen Zeitpunkt** der Wählbarkeit ergeben sich keine Unterschiede zum aktiven Wahlrecht (→ Rn. 8). 12

III. Wahlgrundsätze

Jeder aktiv wahlberechtigte Richter wählt in unmittelbarer und geheimer Wahl (Abs. 3 S. 1) höchstens so viele passiv Wahlberechtigte, wie **Sitze im Präsidium zu besetzen** sind. Bei der erstmaligen Präsidiumswahl bemisst sich diese Zahl nach § 21a Abs. 2, bei allen Folgewahlen nach § 21b Abs. 4. Scheidet ein Mitglied aus dem Präsidium aus und ein Nächstberufener (§ 21c Abs. 2) steht nicht zur Verfügung, wird eine Nachwahl abgehalten (§ 14 WahlO). In diesem Fall ist nur eine Person zu wählen. Nach der nunmehr ausdrücklichen Gesetzesfassung darf ein Richter auch weniger Stimmen abgeben, als Sitze zu besetzen sind. Eine Stimmenhäufung auf einen Kandidaten ist hingegen unzulässig.[12] 13

Es besteht **Wahlpflicht**, die anders als bei der Wahl von Vertretungsorganen (Richterrat) zugleich Dienstpflicht ist. Da sich das Wahlgeheimnis nur auf den Wahlinhalt bezieht, nicht auf das „ob" der Teilnahme, ist der Wahlvorstand nicht daran gehindert, der Dienstaufsicht (§ 26 DRiG) anzuzeigen, wenn Richter der Wahlpflicht nicht nachgekommen sind.[13] Die Verletzung der Wahlpflicht berührt das Ergebnis der Wahl nicht.[14] 14

Gewählte Mitglieder sind die, die die meisten Stimmen auf sich vereinen, bis die Zahl der zu besetzenden Sitze erreicht ist. Die Wahl kann nicht abgelehnt werden.[15] Das Mehrheitswahlrecht kann zugunsten eines Verhältniswahlrechts durch landesrechtliche Verordnung ersetzt werden (Abs. 3 S. 3). Bei Stimmengleichheit entscheidet das Los (Abs. 3 15

---

[7] Dazu auch → § 21c Rn. 6.
[8] *Kissel/Mayer* Rn. 7.
[9] Allgemeine Meinung: *Kissel/Mayer* Rn. 10; KK/*Diemer* Rn. 3; Löwe/Rosenberg/*Breidling* Rn. 5; MüKoZPO/*Zimmermann* Rn. 12.
[10] Mittlerweile einhellige Meinung: vgl. nur *Kissel/Mayer* Rn. 11; KK/*Diemer* Rn. 3; Löwe/Rosenberg/ *Breidling* Rn. 5; MüKoZPO/*Zimmermann* Rn. 12.
[11] Zu den diesbezüglichen Bedenken: *Kissel/Mayer* Rn. 11; Löwe/Rosenberg/*Breidling* Rn. 5.
[12] Löwe/Rosenberg/*Breidling* Rn. 8 mwN.
[13] Löwe/Rosenberg/*Breidling* Rn. 10.
[14] *Kissel/Mayer* Rn. 16; MüKoZPO/*Zimmermann* Rn. 18.
[15] BVerwG 23.5.1975 – VII A 1.73, BVerwGE 48, 251 = DVBl 1975, 727, vgl. auch → § 21a Rn. 7.

S. 4). Die nicht gewählten Mitglieder bilden, beginnend mit dem ggf. im Losverfahren Unterlegenen, die Vertreterliste (vgl. § 21c Abs. 2). Scheidet ein Mitglied außerhalb des üblichen Turnus (Abs. 4 S. 2) aus dem Präsidium aus, erfolgt die Nachbesetzung von der Vertreterliste, beginnend mit dem Richter, der die nächsthöchste Stimmenzahl erzielt hat.

16   Der **Wahlvorstand** (§ 1 WahlO) organisiert die Wahl und führt diese durch.[16] Er hat auch dafür zu sorgen, dass die Wahlzettel die Namen sämtlicher wählbarer Richter enthalten (§ 5 WahlO). **Wahlvorschläge** sieht weder das GVG, noch die WahlO vor. Absprachen und Wahlempfehlungen sind jedoch zulässig und im Hinblick auf eine ausgeglichene Besetzung des Präsidiums auch sinnvoll.[17]

IV. Wahlperiode

17   Nach Abs. 4 S. 1 erfolgt die Wahl auf die Dauer von vier Jahren. Alle zwei Jahre scheidet die Hälfte der gewählten Mitglieder aus. Dies dient der **Kontinuität** des Präsidiums, sichert aber zugleich den **Einfluss** neuer Richter auf das Präsidium durch aktive Wahl oder deren Wählbarkeit. Durch die Regelung kann auch eine Änderung der Größe des Gerichts, die zugleich Einfluss auf die Größe des Präsidiums hat (§ 21d Abs. 2 und 3) zeitnah nachvollzogen werden.

V. Wahlanfechtung, Abs. 6

18   Abs. 6 regelt die Wahlanfechtung in **Grundzügen.** Bezüglich des Verfahrens verweist S. 4 im Übrigen auf das FamFG.

19   **1. Zulässigkeit und Verfahren. Anfechtungsberechtigt** ist jeder in Abs. 1 S. 1 genannte Richter, also auch die vorübergehend nach Abs. 1 S. 3 nicht aktiv Wahlberechtigten beurlaubten und abgeordneten Richter (Abs. 6 S. 1).[18] Abzustellen ist auf den Zeitpunkt der Anfechtung.[19] Da der Gesetzgeber darauf verzichtet hat, die Wahlanfechtung zu befristen, soll die Rechtmäßigkeit der Besetzung des Präsidiums jederzeit überprüfbar sein. Dann muss man aber auch Mitgliedern des Gerichts, die im Zeitpunkt der Wahl nicht wahlberechtigt waren, die Möglichkeit geben, die Rechtmäßigkeit der Wahl überprüfen zu lassen.

20   Die Anfechtung ist zulässig, wenn ein Anfechtungsberechtigter die **Verletzung eines Gesetzes** behauptet, wobei nicht nur Parlamentsgesetze gemeint, sondern insbes. auch die WahlO erfasst sind.[20] Eine **Beschwer** ist nicht erforderlich.[21] Die Anfechtung unterliegt **keiner Frist.**[22] Mit Ablauf der Amtszeit der (möglicherweise) fehlerhaft gewählten Richter erledigt sich das Verfahren.

21   Für die Entscheidung **zuständig** ist der im Geschäftsplan bestimmte Senat beim Oberlandesgericht/BGH. Für das Verfahren gilt das FamFG (Amtsermittlung, § 26 FamFG; Entscheidung durch Beschluss, § 38 FamFG). **Beteiligt** ist das Präsidium.[23] Wird explizit eine Entscheidung des Wahlvorstandes angegriffen, ist auch er Beteiligter.[24] Die Verweisung in S. 4 erfasst nur das Verfahren selbst, nicht den Instanzenzug. Diese Zuständigkeit regelt S. 2.

---

[16] Weiterführend *Kissel/Mayer* Rn. 15.
[17] *Kissel/Mayer* Rn. 14; Löwe/Rosenberg/*Breidling* Rn. 12; unklar KK/*Diemer* Rn. 5.
[18] HM *Kissel/Mayer* Rn. 18; KK/*Diemer* Rn. 5; Löwe/Rosenberg/*Breidling* Rn. 16; MüKoZPO/*Zimmermann* Rn. 21; aA Meyer-Goßner/*Schmitt* Rn. 5.
[19] Wie hier *Kissel/Mayer* Rn. 18; Löwe/Rosenberg/*Breidling* Rn. 16; offen gelassen: OVG Münster 9.4.1987 – 1 E 8/87, NJW 1988, 723; KK/*Diemer* Rn. 5; auf den Zeitpunkt der Wahl selbst abstellend: Meyer-Goßner/*Schmitt* Rn. 5; MüKoZPO/*Zimmermann* Rn. 21; *Schorn/Stanicki* S. 62.
[20] OVG Münster 9.4.1987 – 1 E 8/87, NJW 1988, 723; *Kissel/Mayer* Rn. 19.
[21] *Kissel/Mayer* Rn. 19; KK/*Diemer* Rn. 5.
[22] Kritisch dazu *Kissel/Mayer* Rn. 19; Löwe/Rosenberg/*Breidling* Rn. 17.
[23] Einhellige Meinung, vgl. nur BGH 18.10.1990 – III ZB 35/90, BGHZ 112, 330 = NJW 1991, 1183; BVerwG 12.11.1973 – VII A 7.72, BVerwGE 44, 172 (174) = DÖV 1974, 96; KK/*Diemer* Rn. 5; MüKoZPO/*Zimmermann* Rn. 21.
[24] BGH 18.10.1990 – III ZB 35/90, BGHZ 112, 330 = NJW 1991, 1183.

Da Abs. 6 eine Beschwerde nicht kennt, ist die Entscheidung über die Wahlanfechtung selbst unanfechtbar.[25]

2. Begründetheit. Die Wahlanfechtung ist begründet, wenn der Gesetzesverstoß bewiesen ist und eine **Beeinflussung des Wahlergebnisses** durch diesen Verstoß nicht ausgeschlossen werden kann.[26] Abzustellen ist auf die konkrete Rechtsverletzung unter konkreter Berücksichtigung des Wahlergebnisses.[27] Bei Zulassung einer wählbaren oder Nichtzulassung einer nichtwählbaren Person wird man ein anderes Ergebnis praktisch nie ausschließen können.

3. Wirkungen. Erklärt das Gericht die Wahlanfechtung für begründet, findet eine **Neuwahl** statt, soweit dies zur Behebung des Mangels möglich und erforderlich ist. Die fehlerhaft gewählten Mitglieder scheiden mit der Entscheidung aus dem Präsidium aus. Ob das Präsidium bis zur Neuwahl nur aus dem nicht von der Wahlanfechtung betroffenen Rumpfpräsidium besteht[28] oder ob das Präsidium in der „Altbesetzung" vor der angefochtenen Wahl weiterbesteht,[29] ist umstritten. Die zuletzt genannte Ansicht ist abzulehnen, da sie mit dem Wortlaut des Abs. 4 S. 2 nicht vereinbar ist, wonach die Präsidiumsmitglieder (von Gesetzes wegen) mit Ablauf der dort genannten Zeit aus dem Präsidium ausscheiden.

Nach Abs. 6 S. 3 kann eine Besetzungsrüge auch nach erfolgreicher Wahlanfechtung nicht darauf gestützt werden, dass das Präsidium nicht ordnungsgemäß zusammengesetzt war. Daraus folgt, dass die vom fehlerhaft zusammengesetzten Präsidium getroffenen Beschlüsse weder rückwirkend noch ex nunc unwirksam werden. Sie verlieren ihre Gültigkeit erst, wenn sie vom verbleibenden oder neuen Präsidium oder nach § 21i Abs. 2 aufgehoben oder geändert werden.[30] Die **Besetzungsrüge** (§ 338 Nr. 1 StPO) kann daher unabhängig von einer tatsächlich erfolgten Wahlanfechtung nie Erfolg haben, wenn sie sich auf eine fehlerhafte Wahl stützt, denn die Überprüfung der Wahl ist dem in Abs. 6 S. 2 bezeichneten Gericht vorbehalten.[31] Jedenfalls entfaltet die fehlerhafte Besetzung des Präsidiums selbst bei erfolgreicher Wahlanfechtung keine Außenwirkung, sodass das erst recht für Fälle gelten muss, in denen eine Wahlanfechtung nicht erfolgt ist.

4. Entsprechende Anwendung. Die Vorschriften über die Anfechtung der Wahl sind auch anzuwenden, wenn eine Wahl (rechtswidrig) **nicht stattgefunden** hat[32] oder die Feststellung eines nach § 21c Abs. 2 Nächstberufenen angegriffen wird.[33]

---

[25] Str., wie hier: BGH 5.5.1977 – III ZR 14/75, BGHZ 88, 143 = NJW 1977, 1821 (zum FGG); KK/*Diemer* Rn. 5; Löwe/Rosenberg/*Breidling* Rn. 18; Meyer-Goßner/*Schmitt* Rn. 5; aA *Kissel/Mayer* Rn. 20; differenzierend auch MüKoZPO/*Zimmermann* Rn. 24, der den Beschluss zwar für unanfechtbar, die Zulassung der Rechtsbeschwerde nach § 70 FamFG aber für möglich hält.
[26] Einhellige Meinung: Kissel/Mayer Rn. 19; KK/*Diemer* Rn. 5; Löwe/Rosenberg/*Breidling* Rn. 15; MüKoZPO/*Zimmermann* Rn. 26 mwN.
[27] *Kissel/Mayer* Rn. 19.
[28] So *Kissel/Mayer* Rn. 21; MüKoZPO/*Zimmermann* Rn. 26 jeweils mwN; OVG Berlin-Brandenburg, 14.4.16 – OVG 4A 1.16, DRiZ 2016, 312 (313).
[29] Löwe/Rosenberg/*Breidling* Rn. 19.
[30] Kissel/Mayer Rn. 22; MüKoZPO/*Zimmermann* Rn. 27.
[31] So auch Löwe/Rosenberg/*Breidling* Rn. 20.
[32] Löwe/Rosenberg/*Breidling* Rn. 19; MüKoZPO/*Zimmermann* Rn. 23 mwN.
[33] BGH 18.10.1990 – III ZB 35/90, BGHZ 112, 330 = NJW 1991, 1183; MüKoZPO/*Zimmermann* Rn. 23.

Anhang zu § 21b. Wahlordnung für die Präsidien der Gerichte

Vom 19.9.1972 (BGBl. I S. 1821)
FNA 300-2-2
Zuletzt geändert durch Gesetz von 19.4.2006 (BGBl. I S. 866)

§ 1 Wahlvorstand

(1) ¹Der Wahlvorstand sorgt für die ordnungsmäßige Durchführung der Wahl der Mitglieder des Präsidiums. ²Er faßt seine Beschlüsse mit Stimmenmehrheit.

(2) ¹Der Wahlvorstand besteht aus mindestens drei wahlberechtigten Mitgliedern des Gerichts. ²Das amtierende Präsidium bestellt die erforderliche Zahl von Mitgliedern des Wahlvorstandes spätestens zwei Monate vor Ablauf des Geschäftsjahres, in dem eine Wahl stattfindet. ³Es bestellt zugleich eine angemessene Zahl von Ersatzmitgliedern und legt fest, in welcher Reihenfolge sie bei Verhinderung oder Ausscheiden von Mitgliedern des Wahlvorstandes nachrücken.

(3) Das amtierende Präsidium gibt die Namen der Mitglieder und der Ersatzmitglieder des Wahlvorstandes unverzüglich durch Aushang bekannt.

§ 2 Wahlverzeichnisse

(1) ¹Der Wahlvorstand erstellt ein Verzeichnis der wahlberechtigten und ein Verzeichnis der wählbaren Mitglieder des Gerichts. ²Die Verzeichnisse sind bis zum Wahltag auf dem laufenden zu halten.

(2) In das Verzeichnis der wählbaren Mitglieder des Gerichts sind auch die jeweils wegen Ablaufs ihrer Amtszeit oder durch Los ausscheidenden Mitglieder des Präsidiums aufzunehmen, sofern sie noch die Voraussetzungen des § 21b Abs. 1 des Gerichtsverfassungsgesetzes erfüllen.

(3) In den Fällen des § 21b Abs. 4 Satz 3 und des § 21d Abs. 2 und 3 des Gerichtsverfassungsgesetzes nimmt der Wahlvorstand zuvor die Auslosung der ausscheidenden Mitglieder des Präsidiums vor.

(4) ¹Die Auslosung ist für die Richter öffentlich. ²Zeitpunkt und Ort der Auslosung gibt der Wahlvorstand unverzüglich nach seiner Bestellung durch Aushang bekannt.

(5) ¹Über die Auslosung fertigt der Wahlvorstand eine Niederschrift, die von sämtlichen Mitgliedern des Wahlvorstandes zu unterzeichnen ist. ²Sie muß das Ergebnis der Auslosung enthalten. ³Besondere Vorkommnisse bei der Auslosung sind in der Niederschrift zu vermerken.

§ 3 Wahltag, Wahlzeit, Wahlraum

¹Die Wahl soll mindestens zwei Wochen vor Ablauf des Geschäftsjahres stattfinden. ²Der Wahlvorstand bestimmt einen Arbeitstag als Wahltag, die Wahlzeit und den Wahlraum. ³Bei entsprechendem Bedürfnis kann bestimmt werden, daß an zwei aufeinander folgenden Arbeitstagen und in mehreren Wahlräumen gewählt wird. ⁴Die Wahlzeit muß sich über mindestens zwei Stunden erstrecken.

§ 4 Wahlbekanntmachungen

(1) ¹Der Wahlvorstand gibt spätestens einen Monat vor dem Wahltag durch Aushang bekannt:
1. das Verzeichnis der wahlberechtigten und das Verzeichnis der wählbaren Mitglieder des Gerichts,
2. das Ergebnis der Auslosung nach § 21b Abs. 4 Satz 3 und § 21d Abs. 2 und 3 des Gerichtsverfassungsgesetzes,
3. den Wahltag, die Wahlzeit und den Wahlraum,
4. die Anzahl der zu wählenden Richter,
5. die Voraussetzungen, unter denen eine Briefwahl stattfinden kann,
6. den Hinweis auf das Einspruchsrecht nach Absatz 3.

²Bestehen Zweigstellen oder auswärtige Spruchkörper, so sind die Wahlbekanntmachungen auch dort auszuhängen.

(2) Auf den Wahlbekanntmachungen ist der erste Tag des Aushangs zu vermerken.

(3) ¹Jedes wahlberechtigte Mitglied des Gerichts kann gegen die Richtigkeit der Wahlverzeichnisse binnen einer Woche seit ihrer Bekanntmachung oder der Bekanntmachung einer Änderung schriftlich bei dem Wahlvorstand Einspruch einlegen. ²Der Wahlvorstand hat über den Einspruch unverzüglich zu entscheiden und bei begründetem Einspruch die Wahlverzeichnisse zu berichti-

gen. ³Die Entscheidung des Wahlvorstandes ist dem Mitglied des Gerichts, das den Einspruch eingelegt hat, schriftlich mitzuteilen. ⁴Sie muß ihm spätestens am Tage vor der Wahl zugehen.

§ 5 Wahlhandlung

(1) Das Wahlrecht wird durch Abgabe eines Stimmzettels in einem Wahlumschlag ausgeübt.

(2) ¹Auf dem Stimmzettel sind die Anzahl der zu wählenden Richter sowie die Namen der wählbaren Richter in alphabetischer Reihenfolge untereinander aufzuführen. ²Nicht aufzuführen sind die Namen der Richter, die dem Präsidium angehören und deren Amtszeit noch nicht abläuft.

(3) Der Wähler gibt seine Stimme ab, indem er auf dem Stimmzettel einen oder mehrere Namen von Richtern ankreuzt und den Stimmzettel im verschlossenen Wahlumschlag in die Wahlurne legt.

§ 6 Ordnung im Wahlraum

(1) Die Richter können während der gesamten Wahlzeit im Wahlraum anwesend sein.

(2) ¹Der Wahlvorstand trifft Vorkehrungen, daß der Wähler den Stimmzettel im Wahlraum unbeobachtet kennzeichnet und in den Wahlumschlag legt. ²Für die Aufnahme der Umschläge ist eine Wahlurne zu verwenden. ³Vor Beginn der Stimmabgabe hat der Wahlvorstand festzustellen, daß die Wahlurne leer ist, und sie zu verschließen. ⁴Sie muß so eingerichtet sein, daß die eingelegten Umschläge nicht entnommen werden können, ohne daß die Urne geöffnet wird.

(3) Solange der Wahlraum zur Stimmabgabe geöffnet ist, müssen mindestens zwei Mitglieder des Wahlvorstandes im Wahlraum anwesend sein.

(4) ¹Stimmzettel und Wahlumschlag werden dem Wähler von dem Wahlvorstand im Wahlraum ausgehändigt. ²Vor dem Einlegen des Wahlumschlages in die Wahlurne stellt ein Mitglied des Wahlvorstandes fest, ob der Wähler im Wählerverzeichnis eingetragen ist. ³Die Teilnahme an der Wahl ist im Wählerverzeichnis zu vermerken.

(5) ¹Wird die Wahlhandlung unterbrochen oder wird das Wahlergebnis nicht unmittelbar nach Abschluß der Stimmabgabe festgestellt, so hat der Wahlvorstand für die Zwischenzeit die Wahlurne so zu verschließen und aufzubewahren, daß das Einlegen oder die Entnahme von Stimmzetteln ohne Beschädigung des Verschlusses unmöglich ist. ²Bei Wiedereröffnung der Wahl oder bei Entnahme der Stimmzettel zur Stimmzählung hat sich der Wahlvorstand davon zu überzeugen, daß der Verschluß unversehrt ist.

(6) ¹Nach Ablauf der Wahlzeit dürfen nur noch diejenigen Wahlberechtigten abstimmen, die sich in diesem Zeitpunkt im Wahlraum befinden. ²Sodann erklärt der Wahlvorstand die Wahlhandlung für beendet.

§ 7 Briefwahl

(1) ¹Den wahlberechtigten Mitgliedern des Gerichts, die
1. einem auswärtigen Spruchkörper oder einer Zweigstelle des Gerichts angehören oder für nicht mehr als drei Monate an ein anderes Gericht abgeordnet sind,
2. aus sonstigen Gründen an einer Stimmabgabe nach § 5 Abs. 3 verhindert sind und dies dem Wahlvorstand rechtzeitig anzeigen,

leitet der Wahlvorstand einen Stimmzettel und einen Wahlumschlag sowie einen größeren Freiumschlag zu, der die Anschrift des Wahlvorstandes und als Absender die Anschrift des wahlberechtigten Mitglieds des Gerichts sowie den Vermerk „Schriftliche Stimmabgabe zur Wahl des Präsidiums" trägt. ²Er übersendet außerdem eine vorgedruckte, vom Wähler abzugebende Erklärung, in der dieser dem Wahlvorstand gegenüber versichert, daß er den Stimmzettel persönlich gekennzeichnet hat. ³Die Absendung ist in der Wählerliste zu vermerken.

(2) In einem besonderen Schreiben ist zugleich anzugeben, bis zu welchem Zeitpunkt spätestens der Stimmzettel bei dem Wahlvorstand eingegangen sein muß.

(3) ¹Der Wähler gibt seine Stimme ab, indem er auf dem Stimmzettel einen oder mehrere Namen von Richtern ankreuzt und den Stimmzettel im verschlossenen Wahlumschlag unter Verwendung des Freiumschlages und Beifügung der von ihm unterzeichneten vorgedruckten Erklärung dem Wahlvorstand übermittelt. ²Die Stimmabgabe kann vor dem Wahltag erfolgen.

(4) ¹Während der Wahlzeit vermerkt ein Mitglied des Wahlvorstandes die Absender der bei dem Wahlvorstand eingegangenen Briefe im Wählerverzeichnis, entnimmt den Briefen die Wahlumschläge und legt diese ungeöffnet in die Wahlurne. ²Die vorgedruckten Erklärungen sind zu den Wahlunterlagen zu nehmen. ³Briefe, die ohne die vorgedruckte Erklärung bei dem Wahlvorstand eingehen, sind mit dem darin enthaltenen Wahlumschlag sowie mit einem entsprechenden Vermerk des Wahlvorstandes zu den Wahlunterlagen zu nehmen. ⁴Nach Ablauf der Wahlzeit einge-

hende Briefe sind unter Vermerk des Eingangszeitpunktes ungeöffnet zu den Wahlunterlagen zu nehmen.

§ 8 Feststellung des Wahlergebnisses

(1) ¹Unverzüglich nach Ablauf der Wahlzeit stellt der Wahlvorstand das Wahlergebnis fest. ²Die Richter können bei der Feststellung des Wahlergebnisses anwesend sein.

(2) ¹Der Wahlvorstand öffnet die Wahlurne und entnimmt den darin befindlichen Wahlumschlägen die Stimmzettel. ²Er prüft deren Gültigkeit und zählt sodann die auf jedes wählbare Mitglied des Gerichts entfallenden gültigen Stimmen zusammen.

(3) Ungültig sind Stimmzettel,
1. die nicht in einem Wahlumschlag abgegeben sind,
2. die nicht von dem Wahlvorstand ausgegeben sind,
3. aus denen sich der Wille des Wählers nicht zweifelsfrei ergibt,
4. die einen Zusatz oder Vorbehalt enthalten.

(4) Bei Stimmengleichheit zwischen zwei oder mehreren wählbaren Mitgliedern des Gerichts stellt der Wahlvorstand durch Auslosung fest, wer als gewählt gilt und wer in den Fällen des § 21c Abs. 2 des Gerichtsverfassungsgesetzes als Nächstberufener nachrückt.

§ 9 Wahlniederschrift

(1) ¹Über das Wahlergebnis fertigt der Wahlvorstand eine Niederschrift, die von sämtlichen Mitgliedern des Wahlvorstandes zu unterzeichnen ist. ²Die Niederschrift muß enthalten:
1. die Zahl der abgegebenen Stimmzettel,
2. die Zahl der gültigen Stimmzettel,
3. die Zahl der ungültigen Stimmzettel,
4. die für die Gültigkeit oder Ungültigkeit zweifelhafter Stimmzettel maßgebenden Gründe,
5. die Angabe, wie viele Stimmen auf jeden der wählbaren Richter entfallen sind,
6. die Namen der gewählten Richter,
7. das Ergebnis einer etwaigen Auslosung nach § 8 Abs. 4.

(2) Besondere Vorkommnisse bei der Wahlhandlung oder der Feststellung des Wahlergebnisses sind in der Niederschrift zu vermerken.

§ 10 Benachrichtigung der gewählten Richter

Der Wahlvorstand benachrichtigt unverzüglich die in das Präsidium gewählten Mitglieder des Gerichts schriftlich von ihrer Wahl.

§ 11 Bekanntgabe des Wahlergebnisses

Der Wahlvorstand gibt das Wahlergebnis unverzüglich durch Aushang bekannt.

§ 12 Berichtigung des Wahlergebnisses

¹Offenbare Unrichtigkeiten des bekanntgemachten Wahlergebnisses, insbesondere Schreib- und Rechenfehler, kann der Wahlvorstand von Amts wegen oder auf Antrag berichtigen. ²Die Berichtigung ist gleichfalls durch Aushang bekannt zu machen.

§ 13 Aufbewahrung der Wahlunterlagen

Die Wahlunterlagen (Aushänge, Niederschriften, Stimmzettel, verspätet oder ohne vorgedruckte Erklärung eingegangene Wahlbriefe usw.) werden von dem Präsidium mindestens vier Jahre aufbewahrt; die Frist beginnt mit dem auf die Wahl folgenden Geschäftsjahr.

§ 14 Nachwahl

Ist in den Fällen des § 21c Abs. 2 des Gerichtsverfassungsgesetzes eine Nachwahl durchzuführen, weil kein Nächstberufener vorhanden ist, so gelten für die Durchführung der Nachwahl die Vorschriften dieser Verordnung entsprechend.

§ 15 Übergangsvorschrift

Besteht bei einem Gericht bei Inkrafttreten dieser Verordnung kein Präsidium, so nimmt bei der erstmaligen Bestellung des Wahlvorstandes der aufsichtführende Richter die Aufgaben nach § 1 Abs. 2 Satz 2 und 3 und Abs. 3 wahr.

§ 16 Berlin-Klausel

(aufgehoben)

§ 17 Inkrafttreten
Diese Verordnung tritt am 1. Oktober 1972 in Kraft.

§ 21c [Vertretung der Mitglieder des Präsidiums]

(1) ¹Bei einer Verhinderung des Präsidenten oder aufsichtführenden Richters tritt sein Vertreter (§ 21h) an seine Stelle. ²Ist der Präsident oder aufsichtführende Richter anwesend, so kann sein Vertreter, wenn er nicht selbst gewählt ist, an den Sitzungen des Präsidiums mit beratender Stimme teilnehmen. ³Die gewählten Mitglieder des Präsidiums werden nicht vertreten.

(2) Scheidet ein gewähltes Mitglied des Präsidiums aus dem Gericht aus, wird es für mehr als drei Monate an ein anderes Gericht abgeordnet oder für mehr als drei Monate beurlaubt, wird es an eine Verwaltungsbehörde abgeordnet oder wird es kraft Gesetzes Mitglied des Präsidiums, so tritt an seine Stelle der durch die letzte Wahl Nächstberufene.

I. Normzweck und allgemeiner Regelungsgehalt

§ 21c regelt die Vertretung des Präsidiumsvorsitzenden, das Anwesenheitsrecht seines Vertreters sowie die Nichtvertretung der übrigen Präsidiumsmitglieder (Abs. 1). Aus Abs. 2 ergibt sich die Nachfolge bei dauerhaftem außerplanmäßigem Ausscheiden eines Präsidiumsmitglieds. Die Norm sichert damit die **Funktionsfähigkeit des Präsidiums** in Verhinderungsfällen. 1

II. Verhinderung eines Präsidiumsmitglieds

1. Verhinderung. Für den Begriff der Verhinderung gelten die auch für sonstige Dienstgeschäfte maßgeblichen Kriterien.[1] **Verhinderungsgründe** sind danach insbesondere Abwesenheiten aufgrund von Krankheit, Urlaub, Dienstreisen oder unaufschiebbaren anderen Dienstgeschäften. Weil die Tätigkeit im Präsidium von übergreifender Bedeutung für die gesamte Tätigkeit des Gerichts ist, geht die Teilnahme an Präsidiumssitzungen grds. der Sitzungstätigkeit in anderen Angelegenheiten vor.[2] Davon sind aber aufgrund des verfassungsrechtlichen Beschleunigungsgebots Ausnahmen zu machen. Daher gehen die Bearbeitung von Haftsachen sowie die Teilnahme an Sitzungen in Haftsachen und an wegen Fristablaufs nicht mehr verschiebbaren Fortsetzungsverhandlungen in Strafsachen der Teilnahme an Präsidiumssitzungen vor.[3] Die Verhinderung wird vom Vorsitzenden festgestellt und im Sitzungsprotokoll vermerkt. 2

2. Des Vorsitzenden. Ist der Präsident oder aufsichtführende Richter verhindert, wird er **durch seinen Vertreter** (Vizepräsident, ständiger Vertreter gem. § 21h) vertreten. Ist der Vertreter selbst gewähltes Mitglied des Präsidiums, rückt er in die Rolle des Vorsitzenden als geborenes Mitglied auf und ist in seiner eigenen Funktion als gewähltes Mitglied verhindert. Dadurch verringert sich die Anzahl der Präsidiumsmitglieder für die Dauer der Verhinderung des Präsidenten, weil eine weitere Vertretung nicht stattfindet (Abs. 1 S. 3).[4] 3

3. Der übrigen Mitglieder. Die gewählten Mitglieder des Präsidiums werden nicht vertreten (Abs. 1 S. 3). Dadurch verringert sich die Zahl der Präsidiumsmitglieder für die jeweilige Sitzung. Sind mehr als die Hälfte der Mitglieder verhindert, ist das Präsidium nicht beschlussfähig und der Vorsitzende trifft die unaufschiebbaren Anordnungen (§ 21i). 4

---

[1] *Katholnigg* Rn. 1; *Kissel/Mayer* Rn. 1; *KK/Diemer* § 21b Rn. 1; *Löwe/Rosenberg/Breidling* Rn. 1; → § 21e Rn. 18 ff.
[2] *Kissel/Mayer* Rn. 1; *Löwe/Rosenberg/Breidling* Rn. 1.
[3] So auch *Löwe/Rosenberg/Breidling* Rn. 1.
[4] Kritisch dazu *Kissel/Mayer* Rn. 3; *Löwe/Rosenberg/Breidling* Rn. 2, jeweils mwN.

III. Teilnahme des Vertreters

5 Der Vertreter des Präsidenten bzw. aufsichtführenden Richters ist berechtigt, an den Sitzungen teilzunehmen und angehört zu werden, Abs. 1 S. 2. Ein Stimmrecht hat er aber nur, wenn er selbst gewähltes Mitglied ist. Durch das Anwesenheitsrecht soll gewährleistet werden, dass der Vertreter im Fall der Verhinderung des Vorsitzenden **umfassend informiert ist und den Vorsitz sachgerecht führen** kann.[5] Obwohl das Gesetz die Teilnahme des Vertreters als Recht ausgestaltet hat, muss man zur wirksamen Verwirklichung des Normzwecks von einer **Dienstpflicht** des Vertreters ausgehen.[6] Die Feststellung einer Verhinderung ist freilich entbehrlich, weil das Stimmverhältnis davon nicht betroffen wird. Eine Vertretung des Vertreters findet nicht statt.

IV. Außerplanmäßiges Ausscheiden aus dem Präsidium

6 **1. Ausscheiden.** Abs. 2 regelt das **Ausscheiden aus dem Präsidium abschließend.** Dabei stellt die Norm eine Parallelität zur Wählbarkeit (§ 21b Abs. 1 S. 3) her. Ein Mitglied scheidet daher immer dann aus dem Präsidium aus, wenn es auch nicht wählbar wäre. Das ist in den in Abs. 2 aufgezählten Situationen der Fall:

– Das Präsidiumsmitglied ist nicht (mehr) Mitglied des Gerichts (Tod, Ruhestandsversetzung, Versetzung, Entlassung).
– Das gewählte Mitglied wird geborenes Mitglied (durch Ernennung zum Präsidenten/ aufsichtführenden Richter).
– Es wird unabhängig von der Dauer der Abordnung an eine Verwaltungsbehörde abgeordnet.
– Es wird für mehr als drei Monate an ein anderes Gericht abgeordnet, wobei es auf die Abordnungsanordnung ankommt. Sind darin mehr als drei Monate Dauer verfügt, endet die Mitgliedschaft im Präsidium mit Beginn der Abordnung. Wird eine zunächst kürzere Abordnung nachträglich auf insgesamt mehr als drei Monate verlängert, scheidet der Abgeordnete mit der Verlängerung aus dem Präsidium aus.[7] Entsprechendes gilt für Beurlaubungen.[8] Dauerhafte Krankheit führt auch dann nicht zum Ausscheiden, wenn sie drei Monate überschreitet. Das gilt selbst dann, wenn sie voraussichtlich bis zum Ausscheiden aus dem Amt andauern wird, aber die Voraussetzungen des § 34 DRiG nicht vorliegen.[9]

7 Liegt ein Tatbestand des Abs. 2 vor, **scheidet** das Präsidiumsmitglied **endgültig aus** dem Präsidium aus. Das gilt selbst dann, wenn eine Abordnung oder Beurlaubung, die zunächst auf über drei Monate angeordnet war, nachträglich auf unter drei Monate verkürzt wird.[10]

8 **2. Nachrücken.** Scheidet **der Vorsitzende** als geborenes Mitglied aus dem Präsidium aus, tritt sein Nachfolger im Amt in die Position ein. Ist das Amt vorübergehend nicht besetzt, liegt ein Vertretungsfall vor (→ Rn. 3).

9 Gewählte Präsidiumsmitglieder werden durch den **Nächstberufenen** ersetzt. Das ist derjenige, der bei der letzten Wahl die meisten Stimmen auf sich vereint hat, ohne selbst gewählt worden zu sein.[11] Bei Stimmengleichheit auf der Nachrückerliste entscheidet das Los (§ 8 Abs. 4 WahlO). Der Nächstberufene muss allerdings selbst noch die Voraussetzungen der Wählbarkeit erfüllen.[12] Er tritt in die Position des Ausscheidenden ein. Seine Mitgliedschaft im Präsidium endet daher mit Ablauf der Wahlperiode, für die das ausscheidende Mitglied gewählt war.[13] Scheiden zeitgleich zwei Mitglieder aus, die noch für ver-

---

[5] Löwe/Rosenberg/*Breidling* Rn. 4.
[6] So auch *Kissel/Mayer* Rn. 4; aA MüKoZPO/*Zimmermann* Rn. 6.
[7] Löwe/Rosenberg/*Breidling* Rn. 7.
[8] Vgl. → § 21b Rn. 7.
[9] *Kissel/Mayer* Rn. 5; Löwe/Rosenberg/*Breidling* Rn. 6; aA *Schorn/Stanicki* S. 34 f.
[10] HM *Kissel/Mayer* Rn. 6; Löwe/Rosenberg/*Breidling* Rn. 14 mwN auch zu abweichenden Ansichten.
[11] → § 21b Rn. 15.
[12] BGH 18.10.1990 – III ZB 35/90, BGHZ 112, 330 = NJW 1991, 1183.
[13] *Kissel/Mayer* Rn. 8; Löwe/Rosenberg/*Breidling* Rn. 10.

schieden lange Wahlperioden gewählt waren, entscheidet das Präsidium durch Auslosung, welcher der Nachrücker in wessen Position eintritt.[14] Ist kein Nächstberufener (mehr) vorhanden, findet eine Nachwahl statt (§ 14 WahlO). Wer Nächstberufener ist, stellt bei vorhandener Nachrückerliste das Präsidium fest. Im Fall der Nachwahl ist dies die Aufgabe des (sonst nicht existierenden) Wahlvorstands.[15]

§ 21d [Größe des Präsidiums]

(1) Für die Größe des Präsidiums ist die Zahl der Richterplanstellen am Ablauf des Tages maßgebend, der dem Tage, an dem das Geschäftsjahr beginnt, um sechs Monate vorhergeht.

(2) ¹Ist die Zahl der Richterplanstellen bei einem Gericht mit einem Präsidium nach § 21a Abs. 2 Nr. 1 bis 3 unter die jeweils genannte Mindestzahl gefallen, so ist bei der nächsten Wahl, die nach § 21b Abs. 4 stattfindet, die folgende Zahl von Richtern zu wählen:
1. bei einem Gericht mit einem Präsidium nach § 21a Abs. 2 Nr. 1 vier Richter,
2. bei einem Gericht mit einem Präsidium nach § 21a Abs. 2 Nr. 2 drei Richter,
3. bei einem Gericht mit einem Präsidium nach § 21a Abs. 2 Nr. 3 zwei Richter.
²Neben den nach § 21b Abs. 4 ausscheidenden Mitgliedern scheidet jeweils ein weiteres Mitglied, das durch das Los bestimmt wird, aus.

(3) ¹Ist die Zahl der Richterplanstellen bei einem Gericht mit einem Präsidium nach § 21a Abs. 2 Nr. 2 bis 4 über die für die bisherige Größe des Präsidiums maßgebende Höchstzahl gestiegen, so ist bei der nächsten Wahl, die nach § 21b Abs. 4 stattfindet, die folgende Zahl von Richtern zu wählen:
1. bei einem Gericht mit einem Präsidium nach § 21a Abs. 2 Nr. 2 sechs Richter,
2. bei einem Gericht mit einem Präsidium nach § 21a Abs. 2 Nr. 3 fünf Richter,
3. bei einem Gericht mit einem Präsidium nach § 21a Abs. 2 Nr. 4 vier Richter.
²Hiervon scheidet jeweils ein Mitglied, das durch das Los bestimmt wird, nach zwei Jahren aus.

Schrifttum: s. § 21a.

I. Normzweck und allgemeiner Regelungsgehalt

Als **Komplementärnorm** zu § 21a legt § 21d Abs. 1 den Stichtag für die Bemessung der Präsidiumsgröße fest. Zudem enthalten Abs. 2 und 3 Regelungen dazu, wie bei Veränderungen der Gerichtsgröße zu verfahren ist, wenn diese Änderungen Einfluss auf die Größe des Präsidiums haben. Bei der Zusammenlegung zweier Gerichte gilt § 21j entsprechend.[1]

II. Stichtag

Nach § 21a entscheidet die Zahl der Richterplanstellen über die Größe des Präsidiums. Um eine ordnungsgemäße Vorbereitung der Wahl zu gewährleisten, werden nach Abs. 1 die Richterplanstellen berücksichtigt, die mit Ablauf des Tages, der dem Tag, an dem das Geschäftsjahr beginnt, um 6 Monate vorhergeht. Geschäftsjahr ist entweder gesetzlich vorgesehen[2] oder gewohnheitsrechtlich[3] das Kalenderjahr. Daher ist der Stichtag jeweils der **1.7. des vorhergehenden Jahres.**[4] Präsidiumsrelevante Änderungen in der Zahl der

---
[14] BGH 18.10.1990 – III ZB 35/90, BGHZ 112, 330 = NJW 1991, 1183.
[15] Vgl. BGH 18.10.1990 – III ZB 35/90, BGHZ 112, 330 = NJW 1991, 1183; *Kissel/Mayer* Rn. 8; Löwe/Rosenberg/*Breidling* Rn. 11 mwN.
[1] *Kissel/Mayer* § 21j Rn. 2.
[2] Art. 36 bay. AGGVG und § 1 ba-wü. AGGVG.
[3] *Katholnigg* Rn. 1; *Kissel/Mayer* Rn. 9; Löwe/Rosenberg/*Breidling* Rn. 2.
[4] Löwe/Rosenberg/*Breidling* Rn. 2; MüKoZPO/*Zimmermann* Rn. 2; aA *Kissel/Mayer* Rn. 4: 30.06.

Planstellen nach diesem Zeitpunkt bleiben zunächst unberücksichtigt und werden erst bei der darauffolgenden Wahl nach Abs. 2 und 3 relevant.

III. Präsidiumsrelevante Veränderung der Richterplanstellenzahl

3   Abs. 2 und 3 regeln, wie eine **Veränderung in der Zahl der Richterplanstellen,** die nach § 21a eine Veränderung der Präsidiumssitze nach sich zieht, umzusetzen ist. Die Regelung ist allerdings unvollständig, da Veränderungen bei kleinen Gerichten nach § 21a Abs. 2 Nr. 5 nicht behandelt werden. § 21d sieht vor, dass eine Veränderung erst bei der nächsten turnusmäßigen (Teil-)Wahl des Präsidiums zu berücksichtigen ist. Bis dahin bleibt das Präsidium in Größe und Zusammensetzung unangetastet.

4   **1. Verringerung.** Vermindert sich die Zahl der Richterplanstellen in einer nach § 21a Abs. 2 Nr. 1–3 relevanten Weise (also bei Gerichten mit zunächst mehr als zwanzig Richterplanstellen), ist dies bei der nächsten Wahl nachzuvollziehen. Da nach § 21a Abs. 2 Nr. 1–4 die Zahl der Präsidiumssitze um jeweils zwei sinkt, wenn das Gericht maßgeblich kleiner wird, ist bei der nächsten Teilwahl eine Person weniger zu wählen, als nach der alten Präsidiumsgröße zu wählen gewesen wären (Abs. 2 S. 1). Nach S. 2 wird ein weiteres Präsidiumsmitglied, das nicht turnusmäßig ausscheidet, durch Los bestimmt, sodass die **Reduzierung** um zwei Personen **gleichberechtigt aus der alten und der neu zu wählenden Hälfte** des Präsidiums (§ 21b Abs. 4 S. 2) erfolgt.

5   Eine Veränderung der Gerichtsgröße, die eine Reduzierung von vier Präsidiumssitzen zur Folge hätte (von wenigstens achtzig auf unter vierzig oder von wenigstens sechzig auf unter zwanzig Richterplanstellen), sieht das Gesetz nicht vor. Sie dürfte in der Praxis auch nicht vorkommen. Die Gesetzeslücke wäre durch eine **entsprechende Anwendung** zu schließen, indem zwei neue Mitglieder weniger gewählt werden und zwei alte Mitglieder durch Losentscheid ausscheiden.

6   Verringert sich die Größe eines Gerichts auf unter acht Planstellen, ist ein **Plenarpräsidium** nach § 21a Abs. 2 Nr. 5 zu bilden, dem alle wählbaren Richter des Gerichts angehören. Dies kann sofort geschehen, da eine Wahl bei diesen Gerichten ohnehin nicht erfolgt und alle bisherigen Mitglieder des Präsidiums auch Mitglieder des Plenarpräsidiums werden.[5]

7   **2. Vergrößerung. Steigt die Zahl der Richterplanstellen** in einer nach § 21a Abs. 2 Nr. 1–4 maßgeblichen Weise an, ist bei der nächsten auf den Stichtag folgenden (Teil-)Wahl eine entsprechende Vergrößerung des Präsidiums nachzuvollziehen. Dies geschieht nach Abs. 3 S. 1, indem jeweils zwei Personen mehr zu wählen sind, als nach der alten Präsidiumsgröße hätten gewählt werden müssen. Um den Turnus des hälftigen Wechsels zu gewährleisten, ist durch Los eines der neu gewählten Mitglieder zu bestimmen, das nach zwei Jahren (§ 21b Abs. 4 S. 2) wieder ausscheidet (Abs. 3 S. 2).

8   Erhöht sich die Zahl der Planstellen in einem so großen Maß, dass das neue Präsidium vier Sitze mehr hat, sind in **entsprechender Anwendung der Grundsätze des Abs. 3** vier Personen mehr zu wählen, als nach der alten Präsidiumsgröße hätten gewählt werden müssen. Davon sind zwei durch Losentscheid zu bestimmen, die nach zwei Jahren wieder ausscheiden.

9   Erhöht sich die Zahl der Planstellen bei einem Gericht, das nach § 21a Abs. 2 Nr. 5 ein **Plenarpräsidium** hatte, zum Stichtag auf mindestens acht Planstellen, ist schnellstmöglich erstmalig ein Präsidium zu wählen. § 21b Abs. 4 findet dann unmittelbare Anwendung. Bis zum Beginn der Amtszeit des neuen Präsidiums bleibt das Plenarpräsidium im Amt, wobei diesem unabhängig von der Anzahl der Planstellen sämtliche wählbaren Richter angehören (Rechtsgedanke des § 21a Abs. 2 Nr. 5).[6]

---

[5] So auch *Kissel/Mayer* Rn. 7; Löwe/Rosenberg/*Breidling* Rn. 4; aA KK/*Diemer* Rn. 1; MüKoZPO/*Zimmermann* Rn. 5: mit Beginn des nächsten Geschäftsjahres.
[6] *Kissel/Mayer* Rn. 8; Löwe/Rosenberg/*Breidling* Rn. 6.

§ 21e [Aufgaben und Befugnisse des Präsidiums; Geschäftsverteilung]

(1) ¹Das Präsidium bestimmt die Besetzung der Spruchkörper, bestellt die Ermittlungsrichter, regelt die Vertretung und verteilt die Geschäfte. ²Es trifft diese Anordnungen vor dem Beginn des Geschäftsjahres für dessen Dauer. ³Der Präsident bestimmt, welche richterlichen Aufgaben er wahrnimmt. ⁴Jeder Richter kann mehreren Spruchkörpern angehören.

(2) Vor der Geschäftsverteilung ist den Richtern, die nicht Mitglied des Präsidiums sind, Gelegenheit zur Äußerung zu geben.

(3) ¹Die Anordnungen nach Absatz 1 dürfen im Laufe des Geschäftsjahres nur geändert werden, wenn dies wegen Überlastung oder ungenügender Auslastung eines Richters oder Spruchkörpers oder infolge Wechsels oder dauernder Verhinderung einzelner Richter nötig wird. ²Vor der Änderung ist den Vorsitzenden Richtern, deren Spruchkörper von der Änderung der Geschäftsverteilung berührt wird, Gelegenheit zu einer Äußerung zu geben.

(4) Das Präsidium kann anordnen, daß ein Richter oder Spruchkörper, der in einer Sache tätig geworden ist, für diese nach einer Änderung der Geschäftsverteilung zuständig bleibt.

(5) Soll ein Richter einem anderen Spruchkörper zugeteilt oder soll sein Zuständigkeitsbereich geändert werden, so ist ihm, außer in Eilfällen, vorher Gelegenheit zu einer Äußerung zu geben.

(6) Soll ein Richter für Aufgaben der Justizverwaltung ganz oder teilweise freigestellt werden, so ist das Präsidium vorher zu hören.

(7) ¹Das Präsidium entscheidet mit Stimmenmehrheit. ²§ 21i Abs. 2 gilt entsprechend.

(8) ¹Das Präsidium kann beschließen, dass Richter des Gerichts bei den Beratungen und Abstimmungen des Präsidiums für die gesamte Dauer oder zeitweise zugegen sein können. ²§ 171b gilt entsprechend.

(9) Der Geschäftsverteilungsplan des Gerichts ist in der von dem Präsidenten oder aufsichtführenden Richter bestimmten Geschäftsstelle des Gerichts zur Einsichtnahme aufzulegen; einer Veröffentlichung bedarf es nicht.

Übersicht

	Rn.		Rn.
I. Normzweck	1	a) Prinzipien der Geschäftsverteilung	28–36
II. Aufgaben des Präsidiums	2–6	b) Beispiele zu Verteilungssystemen	37–40
III. Besetzung der Spruchkörper	7–14	c) Kompetenzkonflikte	41–43
1. Spruchkörpervorsitz des Präsidenten	8	2. Änderungen während des Geschäftsjahres, Abs. 3	44–50
2. Vorsitzende Richter	9	a) Zulässigkeit	46–49
3. Zugehörigkeit zu einem oder mehreren Spruchkörpern	10	b) Begründung	50
4. Ergänzungsrichter	11	3. Fortdauernde Zuständigkeit, Abs. 4	51
5. Überbesetzte Spruchkörper	12	VI. Verfahren	52–66
6. Hilfsspruchkörper	13, 14	1. Allgemeines	52–56
IV. Vertretungsregelungen	15–24	2. Anhörungspflichten	57–64
1. Zuständigkeit des Präsidiums	15	3. Öffentlichkeit, Abs. 8	65
2. Ausgestaltung der Vertretungsregelung	16	4. Auflegung des Geschäftsverteilungsplans, Abs. 9	66
3. Verhinderung	17–20	VII. Anfechtbarkeit	67–69
4. Feststellung der Verhinderung	21–24	1. Besetzungsrüge	67, 68
V. Geschäftsverteilung	25–51	2. Verwaltungsrechtliche Anfechtung durch den betroffenen Richter	69
1. Jahresgeschäftsverteilung	27–43		

I. Normzweck

1 § 21e formt als zentrale Norm der Präsidialverfassung[1] die verfassungsrechtliche Gewährleistung des **gesetzlichen Richters auf Ebene der Gerichte** für die Berufsrichter aus. Dazu umschreibt die Vorschrift wesentliche Aufgaben und Kompetenzen des Präsidiums, insbesondere die Verteilung der Geschäfte an die Spruchkörper durch Erstellung des Geschäftsverteilungsplans, die dazugehörigen Grundsätze und wesentliche Teile des Verfahrens. Die Norm betrifft nur die Berufsrichter, für die Schöffen gelten §§ 45, 77.

II. Aufgaben des Präsidiums

2 Die Aufgaben und Kompetenzen des Präsidiums sind gesetzlich **abschließend geregelt**.[2] § 21e legt die wichtigsten Aufgaben und Befugnisse fest: Verteilung der Geschäftsaufgaben, Besetzung der Spruchkörper und Vertretungsregelung. Ergänzende Kompetenznormen finden sich in §§ 21f Abs. 2, 21i Abs. 2, 22b, 70 Abs. 1, 78 Abs. 2, 78b Abs. 2, 117, 132 Abs. 3, 140a Abs. 2–5 GVG, §§ 61 Abs. 3 und 77 Abs. 3 DRiG, §§ 102, 107 BNotO. Bei der Neuerrichtung von Gerichten ist § 21j zu beachten, wonach der Präsident oder aufsichtsführende Richter die Aufgaben des Präsidiums wahrnimmt, bis sich dieses konstituiert hat.

3 Das Präsidium verteilt die Geschäftsaufgaben an die Spruchkörper und besetzt diese personell. Es hat jedoch **keine Gestaltungskompetenz in Bezug auf Anzahl und Art** der Spruchkörper und Dezernate, zB ob Zivil- oder Strafkammer. Diese einzurichten obliegt dem Gesetzgeber, soweit er die Existenz von Spezialspruchkörpern vorschreibt und im Übrigen der Justizverwaltung, also dem Präsidenten, wenn nicht besondere Zuständigkeiten (zB Ministerien, Landesregierungen) bestehen.[3] Gleiches gilt für die Anstellung der Richter, Ernennung der Vorsitzenden, aber auch für die Zahl der richterlichen Spruchkörper sowie für ihre Art.

4 Im Rahmen seiner Verteilungskompetenz entscheidet das Präsidium über die personelle Zuweisung an die Spruchkörper und Abteilungen sowie die Verteilung der Geschäfte auf selbige. Dabei handelt das Präsidium **autonom** und **unabhängig** nach **pflichtgemäßem Ermessen**. Beschränkungen ergeben sich zum einen in sachlicher Hinsicht, soweit das Gesetz Spezialaufgaben bestimmten Spruchkörpern zuweist. Zum anderen erfährt die Verteilungskompetenz des Präsidiums in persönlicher Hinsicht Einschränkungen, wenn das Gesetz eine gewisse Berufserfahrung voraussetzt (zB § 29 Abs. 1 S. 2, § 92 Abs. 1 S. 4 JGG, §§ 28 Abs. 2 S. 2, 29 S. 1 DRiG),[4] bei Anordnungskammern nach § 100c StPO (§ 74a Abs. 4)[5] und in Bezug auf die Aufgaben des Präsidenten, die dieser nach Abs. 1 S. 3 selbst bestimmt. Diese Entscheidung ist vom Präsidium hinzunehmen.

5 Dem Präsidium steht nur die Verteilung der **richterlichen Geschäfte** zu. Von vorneherein nicht erfasst sind daher die Aufgaben der Rechtspfleger und Geschäftsstellen und des sonstigen nichtrichterlichen Personals. Neben der Spruchrichtertätigkeit als Kernaufgabe der Rechtsprechung fallen darunter die Vertretungsregelung (etwa bei Ablehnung eines Richters)[6] und die Regelung des Bereitschaftsdienstes,[7] aber auch Aufgaben der gerichtlichen Selbstverwaltung, wie zB der Vorsitz im Schöffenwahlausschuss gemäß § 40.[8] Zu den

---

[1] *Kissel/Mayer* Rn. 1; *Löwe/Rosenberg/Breidling* Rn. 1.
[2] HM *Katholnigg* Rn. 1; *Kissel/Mayer* Rn. 12; *Löwe/Rosenberg/Breidling* Rn. 3; *MüKoZPO/Zimmermann* Rn. 2; *SK/Velten* Vor §§ 21a ff. Rn. 3; *Sowada* S. 249; aA *Schorn/Stanicki* S. 72; *Stanicki* DRiZ 1972, 414 (415): Allzuständigkeit des Präsidiums.
[3] HM *Kissel/Mayer* Rn. 13; *KK/Diemer* Rn. 1; *MüKoZPO/Zimmermann* Rn. 5; aA *Schorn/Stanicki* S. 128; *Stanicki* DRiZ 1976, 80.
[4] Nach *Lobmüller* StV 2015, 246 soll sich eine Fehlbesetzung bereits daraus ergeben, wenn Richtern die die Besoldungsendstufe noch nicht erreicht haben, schwierige oder umfangreiche Verfahren zugeteilt werden, was sich jedoch mit dem Vorausbestimmungsprinzip kaum vereinbaren lässt.
[5] → § 74a Rn. 11.
[6] MüKoZPO/*Zimmermann* Rn. 4.
[7] BGH 6.11.1986 – RiZ (R) 3/86, NJW 1987, 1198 (1200).
[8] BGH 10.6.1980 – 5 StR 464/79, NJW 1980, 2364 (2365).

richterlichen Geschäften gehören hingegen nicht die Aufgaben der Justizverwaltung, auch wenn sie von Richtern wahrgenommen werden.

Das Präsidium muss seine Aufgaben **selbst wahrnehmen** und kann diese nicht delegieren.[9] Lediglich in Eilfällen trifft der Vorsitzende die unaufschiebbaren Anordnungen, § 21i Abs. 2. Diese sind dem Präsidium unverzüglich zur Entscheidung vorzulegen. **6**

III. Besetzung der Spruchkörper

Bei den Amtsgerichten werden die Spruchkörper durch Bestimmung des für die einzelne Abteilung zuständigen Richters besetzt. Zu beachten ist die Besetzung des erweiterten Schöffengerichts mit einem Beisitzer (§§ 29 Abs. 2). Bei den Kollegialgerichten müssen der Vorsitzende (§ 21f Abs. 1) und die beisitzenden Richter zugewiesen werden. Auf **Spezialisierungen** und **Erfahrungen** der einzelnen Mitglieder ist bei der Besetzung von Spezialspruchkörpern Rücksicht zu nehmen. Liegen diese nicht vor, muss das Präsidium im Rahmen seiner Möglichkeiten dafür Sorge tragen, dass sie während der Tätigkeit im Spezialspruchkörper erlangt werden können.[10] Ein Anspruch des einzelnen Richters auf eine seinen Neigungen entsprechende Verwendung besteht jedoch nicht.[11] **7**

1. Spruchkörpervorsitz des Präsidenten. Der Präsident bestimmt selbst, welchem Spruchkörper er vorsitzt bzw. welche Aufgaben am Amtsgericht er wahrnimmt (Abs. 1 S. 3), soweit dies nicht vom Gesetz vorgeschrieben ist (zB § 132 Abs. 6 S. 3). Bei den Kollegialgerichten muss er den Vorsitz eines Spruchkörpers übernehmen (§ 21f Abs. 1). **Seine Entscheidung hat das Präsidium hinzunehmen.** Es obliegt jedoch dem Präsidium zu entscheiden, welche Geschäftsaufgaben und wie viele Beisitzer es dem gewählten Spruchkörper zuweist.[12] Zum pflichtgemäßen Ermessen dieser Entscheidung gehört es aber, die Geschäftsaufgabe für den Präsidenten so klein zu halten, dass er seinen maßgeblichen Einfluss als Vorsitzender[13] neben seinen Justizverwaltungsaufgaben auch wahrnehmen kann.[14] Nach dem ausdrücklichen Wortlaut gilt Abs. 1 S. 3 nur für Präsidenten.[15] Eine entsprechende Anwendung auf Direktoren der Amtsgerichte kommt nicht in Betracht.[16] **8**

2. Vorsitzende Richter. Jeder Spruchkörper muss mit einem Vorsitzenden besetzt sein, der Vorsitzender Richter (oder Präsident oder Vizepräsident) ist. Die Person muss vorab eindeutig und verbindlich bestimmt sein. Die Geschäftsverteilung darf keine Möglichkeit offen lassen, während des laufenden Geschäftsjahres einen anderen Vorsitzenden mit den Aufgaben des Vorsitzes zu betrauen.[17] Ein Spruchkörper darf nicht mit mehreren Vorsitzenden besetzt sein. Umgekehrt kann ein Vorsitzender jedoch den Vorsitz in mehreren Spruchkörpern führen, wenn gewährleistet ist, dass er seinen maßgeblichen Einfluss ausüben kann.[18] Die Zuweisung des Vorsitzes an einen namentlich noch nicht bekannten Richter (N.N.) ist jedenfalls dann unzulässig, wenn noch keine Planstelle vorhanden ist[19] oder er an die Stelle eines erst zukünftig ausscheidenden Richters treten soll.[20] Ist die Planstelle bereits vorhanden und nur bei Erstellung des Geschäfts- **9**

---

[9] BGH 6.1.1953 – 2 StR 162/52, BGHSt 3, 353 = NJW 1953, 353; → § 21a Rn. 6.
[10] Löwe/Rosenberg/*Breidling* Rn. 9.
[11] Löwe/Rosenberg/*Breidling* Rn. 9.
[12] *Kissel/Mayer* Rn. 126; Löwe/Rosenberg/*Breidling* Rn. 31.
[13] → § 16 Rn. 19, → § 21f Rn. 1, 5.
[14] *Kissel/Mayer* Rn. 126; Löwe/Rosenberg/*Breidling* Rn. 31.
[15] Abweichend für die Arbeitsgerichtsbarkeit § 6a Nr. 3 ArbGG.
[16] Löwe/Rosenberg/*Breidling* Rn. 31; aA de lege ferenda *Kroll* DRiZ 2010, 319.
[17] OLG Hamm 30.9.1997 – 3 Ss 847/97, StV 1998, 6 (7).
[18] Dazu → § 16 Rn. 19, → § 21f Rn. 5.
[19] BGH 1.2.1979 – 4 StR 657/78, BGHSt 28, 290 = NJW 1979, 1052.
[20] BGH 22.10.1963 – 1 StR 374/63, BGHSt 19, 116 = NJW 1964, 167.

verteilungsplanes noch oder derzeit unbesetzt, soll eine Bestimmung N.N. zulässig sein.[21]

10 **3. Zugehörigkeit zu einem oder mehreren Spruchkörpern.** Ein Richter kann einem oder mehreren Spruchkörpern zugewiesen sein. Von der Mehrfachzuweisung sollte allerdings im Hinblick auf die unvermeidlichen Kollisionen zurückhaltend und nur bei Vorliegen eines sachlichen Grundes Gebrauch gemacht werden.[22] Ist ein Richter nicht mit seinem gesamten Arbeitskraftanteil einem Spruchkörper zugewiesen, weil er Mitglied in mehreren Spruchkörpern, zum Teil für Verwaltungstätigkeiten freigestellt ist (Abs. 6) oder ein weiteres Amt an einem anderen Gericht wahrnimmt (§ 27 Abs. 2 DRiG) usw., muss im Geschäftsverteilungsplan geregelt sein, mit welchem **Anteil der Arbeitskraft** der Richter dem jeweiligen Spruchkörper zugewiesen ist.[23] Ferner muss eindeutig geregelt sein, in welchem **Rangverhältnis** die verschiedenen zugewiesenen Aufgaben zueinander stehen.[24] Ist dies ausnahmsweise nicht geschehen, weil das zeitliche Zusammentreffen von Rechtsprechungsaufgaben nicht zu erwarten war, so hat im Kollisionsfall der Präsident des zuständigen Gerichts zu bestimmen, welche Tätigkeit vorgeht.[25] Vorzugswürdig ist freilich, diese Entscheidung dem Präsidium vorzubehalten und die Entscheidung dem Präsidenten nur im Eilfall nach § 21i Abs. 2 zuzuweisen.[26] Es ist unzulässig, einen Richter nur für bestimmte Sitzungstage oder nur für bestimmte Aufgaben einem Spruchkörper zuzuweisen,[27] weil sonst der gesetzliche Richter durch die Terminierung des Vorsitzenden oder die Aufgabenzuweisung frei bestimmt werden könnte.

11 **4. Ergänzungsrichter.** Ist die Zuziehung eines Ergänzungsrichters (§ 192) erforderlich, ordnet der Vorsitzende dies an. Es handelt sich nicht um einen Fall der Vertretung.[28] Ist der Spruchkörper überbesetzt (dazu → Rn. 13), wird der Ergänzungsrichter aus dem Spruchkörper selbst herangezogen. Bei Überbesetzung mit mehr als einem Richter bestimmt die kammerinterne Geschäftsverteilung den zuständigen Richter (§ 21g).[29] Kann der Ergänzungsrichter nicht aus dem Spruchkörper selbst herangezogen werden, ist es Aufgabe des Präsidiums, Person und Reihenfolge der Ergänzungsrichter im Geschäftsverteilungsplan zu bestimmen.[30] Nach wohl überwiegender Ansicht ist eine Benennung im laufenden Geschäftsjahr möglich, wenn der Bedarfsfall eintritt.[31] Vorzugswürdig ist jedoch die Gegenansicht, wonach auch **Ergänzungsrichter vorab abstrakt-generell** zu bestellen sind.[32] Dadurch wird der Bedeutung des gesetzlichen Richters als Verfassungsgarantie besser Rechnung getragen. Die Ansicht, die eine ad-hoc-Bestellung für zulässig hält, setzt sich mit der aktuellen Entwicklung der Rechtsprechung[33] zur Vorausbestimmung des gesetzlichen

---

[21] BGH 29.5.1987 – 3 StR 242/86, BGHSt 34, 379 = NJW 1988, 1397; weiterführend *Kissel/Mayer* Rn. 137.
[22] So auch *Kissel/Mayer* Rn. 128.
[23] BGH 24.10.1973 – 2 StR 613/72, BGHSt 25, 239 = NJW 1974, 109; *Kissel/Mayer* Rn. 128, 138; KK/*Diemer* Rn. 5.
[24] BGH 27.3.1973 – 1 StR 55/73, BGHSt 25, 163 = NJW 1973, 1291; *Kissel/Mayer* Rn. 128; KK/*Diemer* Rn. 5.
[25] BGH 27.3.1973 – 1 StR 55/73, BGHSt 25, 163 = NJW 1973, 1291; KK/*Diemer* Rn. 5; kritisch *Kissel/Mayer* Rn. 128.
[26] So auch Löwe/Rosenberg/*Breidling* Rn. 32.
[27] *Kissel/Mayer* Rn. 128; KK/*Diemer* Rn. 5.
[28] BGH 7.4.1976 – 2 StR 640/75, BGHSt 26, 324 = NJW 1976, 1547.
[29] *Kissel/Mayer* Rn. 139; KK/*Diemer* Rn. 12, LG Magdeburg 30.4.2015 – 24 KLs 3/14, StV 2015, 761.
[30] BGH 7.4.1976 – 2 StR 640/75, BGHSt 26, 324 = NJW 1976, 1547.
[31] *Kissel/Mayer* Rn. 139; KK/*Diemer* Rn. 12 unter Berufung auf die Entscheidung des BGH 7.4.1976 – 2 StR 640/75, BGHSt 26, 324 = NJW 1976, 1547, die sich allerdings mit der Frage der *ad hoc*-Bestellung nicht ausdrücklich befasst.
[32] *Foth* DRiZ 1974, 87; Löwe/Rosenberg/*Breidling* Rn. 14; *Schorn/Stanicki* S. 86 f.; *Sowada* S. 363 ff.
[33] Gipfelnd in BGH – Vereinigte große Senate 5.5.1994 – VGS 1 – 4/93, VGS 1/93, VGS 2/93, VGS 3/93, VGS 4/93, BGHSt 40, 168 = NJW 1994, 1735 und BVerfG 8.4.1997 – 1 PBvU 1/95, BVerfGE 95, 322 = NJW 1997, 1497 (Spruchgruppen); vgl. die Darstellung der Rechtsprechungsentwicklung bei *Kissel/Mayer* § 21g Rn. 4 ff.

Richters auch innerhalb eines Spruchkörpers nicht hinreichend auseinander. Denn danach sind Fälle, in denen der gesetzliche Richter nicht im Voraus abstrakt-generell bestimmt ist, weitest möglich zu vermeiden. Jedenfalls bei Gerichten, bei denen der Bedarf an Ergänzungsrichtern nicht nur ganz ausnahmsweise besteht, verstößt eine insoweit lückenhafte Geschäftsverteilung gegen § 21e.[34] Eine nicht vorhersehbare Regelungslücke im Geschäftsverteilungsplan soll analog § 21e durch das Präsidium unterjährig zu schließen sein.[35]

5. Überbesetzte Spruchkörper. Nach mittlerweile ganz herrschender Meinung[36] ist die Besetzung eines Spruchkörpers mit mehr Richtern, als er nach dem Gesetz haben müsste (überbesetzter Spruchkörper), zulässig. Die Gegenansicht ist überholt.[37] Auch die Ansicht, die Überbesetzung sei nur zulässig, wenn sie zur Gewährleistung einer geordneten Rechtsprechung unvermeidbar sei, überzeugt nicht. In neueren Entscheidungen findet sich das Erfordernis nicht mehr.[38] Die Rechtsprechung und herrschende Ansicht in der Literatur[39] vor der Entscheidung des BVerfG vom 8.4.1997[40] setzte der Überbesetzung von Spruchkörpern verfassungsrechtliche Grenzen. Eine Überbesetzung, die in vermeidbarer Weise die Möglichkeit zum willkürlichen Manipulieren bietet, sei verfassungswidrig, ohne dass es im Einzelfall darauf ankäme, ob Willkür vorliegt. Das sei jedenfalls dann der Fall, wenn die Zahl der Mitglieder eines Spruchkörpers gestatte, dass sie in zwei personell voneinander verschiedenen Sitzgruppen Recht sprechen, oder wenn der Vorsitzende drei Spruchkörper mit je verschiedenen Beisitzern bilden könne.[41] Diese Ansicht ist überholt. Durch § 21g ist nunmehr gewährleistet, dass eine Beeinflussung des gesetzlichen Richters auch bei mehr Richtern pro Spruchkörper nicht erfolgen kann, da auch die Geschäfte innerhalb des Spruchkörpers vorab generell-abstrakt zu verteilen sind.[42] Die Überbesetzung von Spruchkörpern ist daher **kein verfassungsrechtliches Problem mehr.**[43] Jedenfalls ist bei der Beurteilung, ob die oben genannten absoluten Grenzen eingehalten sind, auf die Regelbesetzung des Spruchkörpers abzustellen. Eine mögliche Besetzungsreduktion für die Hauptverhandlung bleibt dabei unberücksichtigt.[44] Teilzeitkräfte sind jedoch vollständig mitzuzählen.[45]

6. Hilfsspruchkörper. Das Präsidium darf die Geschäftsverteilung im Laufe des Geschäftsjahres ändern, wenn dies wegen Überlastung eines Spruchkörpers nötig wird. Dann dürfen auch sogenannte Hilfsstrafkammern eingerichtet werden. Dieser im Gesetz nicht erwähnte Spruchkörper darf bei **vorübergehender Überlastung** (zum Begriff → Rn. 47) eines ständigen Spruchkörpers **für begrenzte Zeit** errichtet werden.[46] Er

---

[34] So auch LG Köln 14.3.2013 – 116 KLs 2/12, StV 2013, 557.
[35] BGH 2.11.2010 – 1 StR 544/10, BeckRS 2011, 863 (in NStZ 2011, 294 nicht abgedruckt).
[36] BVerfG 8.4.1997 – 1 PBvU 1/95, BVerfGE 95, 322 = NJW 1997, 1497 (Spruchgruppen); BGH 11.11.2003 – 5 StR 359/03, NJW 2004, 1118; *Katholnigg* Rn. 4; *Kissel/Mayer* Rn. 129; *Löwe/Rosenberg/Breidling* Rn. 11; *Meyer-Goßner/Schmitt* Rn. 5; *MüKoZPO/Zimmermann* Rn. 15.
[37] Siehe die Nachweise bei *Löwe/Rosenberg/Breidling* Fn. 36.
[38] Vgl. BVerfG 8.4.1997 – 1 PBvU 1/95, BVerfGE 95, 322 = NJW 1997, 1497 (Spruchgruppen); 3.5.2004 – 2 BvR 1825/02, NJW 2004, 3482; *Löwe/Rosenberg/Breidling* Rn. 11 auch mit Nachweisen zur Gegenansicht.
[39] Nachweise bei *Kissel/Mayer* Rn. 130.
[40] BVerfG 8.4.1997 – 1 PBvU 1/95, BVerfGE 95, 322 = NJW 1997, 1497 (Spruchgruppen).
[41] BVerfG 3.2.1965 – 2 BvR 166/64, BVerfGE 18, 344 = NJW 1965, 1219 mwN; *Katholnigg* Rn. 4; *Kissel/Mayer* Rn. 130; *Löwe/Rosenberg/Breidling* Rn. 11; *Meyer-Goßner/Schmitt* Rn. 5.
[42] So wohl auch *MüKoZPO/Zimmermann* Rn. 15 und mittlerweile *Meyer-Goßner/Schmitt* Rn. 5; in die gleiche Richtung zielend, aber letztlich offen gelassen in BVerfG 3.5.2004 – 2 BvR 1825/02, NJW 2004, 3482; BGH 11.11.2003 – 5 StR 359/03, NJW 2004, 1118.
[43] Siehe zu weiteren Fallkonstellationen, die nach der hier nicht geteilten Gegenauffassung problematisch sein können: *Löwe/Rosenberg/Breidling* Rn. 11.
[44] BVerfG 3.5.2004 – 2 BvR 1825/02, NJW 2004, 3482; BGH 11.11.2003 – 5 StR 359/03, NJW 2004, 1118; *KK/Diemer* Rn. 6; *Kissel/Mayer* § 21 Rn. 132.
[45] Eine Ausnahme soll nur für Hochschullehrer mit einem zweiten richterlichen Amt gelten. Vgl. *Kissel/Mayer* Rn. 131.
[46] BGH 9.4.2009 – 3 StR 376/08, BGHSt 53, 268 = NJW 2010, 625; *KK/Diemer* Rn. 7; *Löwe/Rosenberg/Breidling* Rn. 47; *Meyer-Goßner/Schmitt* Rn. 7; aA SK/*Velten* Rn. 57.

gehört nicht zu den „institutionellen" Spruchkörpern, sondern vertritt den ordentlichen Spruchkörper in solchen Geschäften, die dieser infolge anderweitiger Inanspruchnahme nicht selbst erledigen kann.[47] Eine nachträgliche Änderung der Geschäftsverteilung kann auch verfassungsrechtlich geboten sein, wenn nur auf diese Weise die Gewährung von Rechtsschutz innerhalb angemessener Zeit, insbesondere eine beschleunigte Behandlung von Haftsachen, erreicht werden kann.[48] Das Recht des Angeklagten auf den gesetzlichen Richter muss mit dem rechtsstaatlichen Gebot einer funktionstüchtigen Strafrechtspflege und dem verfassungsrechtlichen Beschleunigungsgrundsatz zu einem angemessenen Ausgleich gebracht werden.[49] Die Geschäftszuweisung an die Hilfsstrafkammer hat denselben Grundsätzen zu folgen, wie sonstige Änderungen im Sinne von Abs. 3 (dazu → Rn. 44 ff.). Eine spezielle Zuweisung bestimmter einzelner Verfahren ist unzulässig.[50] Eine Verteilung bereits anhängiger Verfahren ist zulässig, wenn die Neuregelung generell gilt, also etwa außer mehreren anhängigen Verfahren auch eine unbestimmte Vielzahl künftiger, gleichartiger Fälle erfasst, und nicht aus sachwidrigen Gründen geschieht.[51] In Ausnahmefällen kann aber auch eine Änderung der Geschäftsverteilung zulässig sein, die der Hilfsstrafkammer ausschließlich bereits anhängige Verfahren überträgt, wenn nur so dem verfassungs- und konventionsrechtlichen Beschleunigungsgebot insbesondere in Haftsachen (vgl. Art. 5 Abs. 3 S. 1 Hs. 2, Art. 6 Abs. 1 S. 1 MRK) angemessen Rechnung getragen werden kann.[52] Das kann auch dazu führen, dass die Umverteilung faktisch nur eine Sache betrifft, solange die Regelung generell-abstrakt getroffen ist.[53] Jede Umverteilung während des laufenden Geschäftsjahres, die bereits anhängige Verfahren erfasst, muss geeignet sein, die Effizienz des Geschäftsablaufs zu erhalten oder wiederherzustellen.[54] Die Hilfsstrafkammer darf als nicht-ständiger Spruchkörper in der Regel nur bis zum Ende des auf ihre Errichtung folgenden Geschäftsjahres bestehen.[55]

14 Wegen der erheblichen Gefahren für das Gebot des gesetzlichen Richters müssen Gründe **umfassend dokumentiert** werden, die das Präsidium für die Überleitung bereits bei einer überlasteten Strafkammer anhängiger Verfahren auf eine Hilfsstrafkammer heranzieht. Das gilt selbst dann, wenn zugleich auch zukünftig eingehende Sachen auf die Hilfsstrafkammer übertragen werden.[56]

IV. Vertretungsregelungen

15 **1. Zuständigkeit des Präsidiums.** Das Präsidium ist zuständig für die **Vertretung innerhalb des Gerichts,** bei Kollegialgerichten nicht innerhalb der einzelnen Spruchkörper. Diese regeln ihre interne Vertretung selbst (§ 21g). Bei gerichtsübergreifender Vertretung an Amtsgerichten ist § 22b zu beachten. Die Eilkompetenz des Präsidenten/aufsichtführenden Richters nach § 21i gilt auch für die Vertretungsregelung. Für Vorsitzende ergibt sich aus § 21f Abs. 2 eine eigene Vertretungsregelung, die bei der Beschlussfassung des Präsidiums zu beachten ist.

16 **2. Ausgestaltung der Vertretungsregelung.** Die Vertretung eines jeden Richters regelt das Präsidium im Geschäftsverteilungsplan für das jeweilige Geschäftsjahr im Voraus. Innerhalb

---

[47] BGH 9.4.2009 – 3 StR 376/08, BGHSt 53, 268 = NJW 2010, 625.
[48] OLG Nürnberg 21.10.2014 – 1 Ws 401/14 H, BeckRS 2014, 22549.
[49] BVerfG 16.2.2005 – 2 BvR 581/03, NJW 2005, 2689 (2690).
[50] BGH 9.4.2009 – 3 StR 376/08, BGHSt 53, 268 = NJW 2010, 625.
[51] BVerfG 16.2.2005 – 2 BvR 581/03, NJW 2005, 2689 (2690).
[52] BGH 9.4.2009 – 3 StR 376/08, BGHSt 53, 268 = NJW 2010, 625; OLG Nürnberg 21.10.2014 – 1 Ws 401/14 H, BeckRS 2014, 22549.
[53] BGH 30.7.1998 – 5 StR 574/97, BGHSt 44, 161 = NJW 1999, 154.
[54] BVerfG 16.2.2005 – 2 BvR 581/03, NJW 2005, 2689 (2690).
[55] BGH 22.8.1985 – 4 StR 398/85, BGHSt 33, 303 = NJW 1986, 144; etwas anderes dürfte gelten, wenn sich eine konkrete Sache, für die die Hilfsstrafkammer gebildet wurde, über diesen Zeitraum hinwegzöge; vgl. auch *Kissel/Mayer* § 60 Rn. 13.
[56] BGH 7.1.2014 – 5 StR 613/13, NStZ 2014, 287; 25.3.2015 – 5 StR 70/15, NStZ 2015, 658 (659); KK/*Diemer* Rn. 14.

des Geschäftsjahres kommt eine Neuregelung nur unter den Voraussetzungen des Abs. 3 in Betracht. Über den Wortlaut des Abs. 3 hinaus kann eine Änderung der Vertretungsregeln durch Bestellung eines zeitweiligen Vertreters innerhalb des laufenden Geschäftsjahres auch geboten sein, wenn die an sich ausreichende Vertretungsregelung versagt, zB, weil alle Richter der Vertretungskette verhindert sind[57] und dies nicht vorherrsehbar war.[58] Für jeden Richter ist ein „ständiger" (regelmäßiger) Vertreter zu bestimmen. Die namentliche Benennung ist vorzugswürdig, aber nicht zwingend, solange der Vertreter nach generell-abstrakten (nicht manipulierbaren) Kriterien namentlich bestimmt werden kann (zB das dienstjüngste Mitglied des Gerichts). Für den ständigen Vertreter sind in einem eindeutigen Stufenverhältnis weitere ständige Vertreter zu bestimmen (sog. **Vertreterkette**). Diese Staffelung hat so zu erfolgen, dass die Vertreterregelung für voraussehbare vorübergehende Verhinderungen oder Überlastungen einzelner Richter ausreicht.[59] Die Bestellung von vier Vertretern für eine mit der gesetzlichen Mindestzahl besetzten Strafkammer genügt offensichtlich nicht.[60] Auch neun Vertreter können zu wenig sein.[61] Es bietet sich daher an, in der Geschäftsverteilung im Anschluss an die namentliche Vertreterkette eine Auffangregel einzuführen, die weitere nicht namentlich benannte Vertreter nach generell abstrakten Grundsätzen bestimmt (zB das dienstjüngste Mitglied des Gerichts, bei dessen Verhinderung das nächstdienstjüngste Mitglied usw.). Es ist freilich vorzugswürdig, wegen der möglichen Beschränkungen (vgl. → Rn. 4) nur Lebenszeitrichter zu erfassen.[62] Im Rahmen der Vertreterkette ist nicht nur die Reihenfolge der Vertretung, sondern auch der Vorrang des jeweiligen Dienstgeschäfts zu regeln (vgl. → Rn. 11). Genügt die gesamte Besetzung des Gerichts nicht aus, um unvorhersehbare Notsituationen zu bewältigen, ist nach § 70 zu verfahren.

3. Verhinderung. Die Vertretungsregeln greifen in Fällen der **vorübergehenden Verhinderung**.[63] Vorhersehbare dauerhafte Verhinderungen (zB voraussichtliches Andauern einer Erkrankung für das gesamte Geschäftsjahr) sind bereits bei der Jahresgeschäftsverteilung zu berücksichtigen und stellen keinen Vertretungsfall dar.[64] Die unerwartete vorzeitige Rückkehr eines erwartet dauerhaft verhinderten Richters rechtfertigt eine Änderung der Geschäftsverteilung nach Abs. 3. Gleiches gilt, wenn ein Richter schon zu Beginn des Geschäftsjahres dem Spruchkörper nur mit einem Bruchteil seiner Arbeitskraft zur Verfügung steht. Tritt die dauerhafte Verhinderung unvorhersehbar während des laufenden Geschäftsjahres ein, ist die Geschäftsverteilung zu ändern (Abs. 3). Bis die Geschäftsverteilung nach Abs. 3 geändert werden kann, gilt auch bei dauerhafter Verhinderung die Vertretungsregelung.[65] Ob Tod, Ausscheiden aus dem Gericht, Dienstunfähigkeit und andere Gründe, die zur Wiederbesetzung der Stelle führen, dauerhafte[66] oder (zunächst nur) vorübergehende[67] Verhinderung darstellen, ist umstritten. Der Streit ist aber letztlich ohne praktische Relevanz. Beide Ansichten sind sich einig, dass der Ausfall eines Richters, der ein Handeln des Präsidiums nach Abs. 3 nach sich ziehen muss, zunächst die Vertreterregelung auslöst und das Präsidium tätig werden muss. Handelt das Präsidium nicht in angemessener Frist, ist der Vertreter nicht mehr gesetzlicher Richter. Welche Frist angemessen ist, bemisst

---

[57] BGH 7.6.1977 – 5 StR 224/77, BGHSt 27, 209 = NJW 1977, 1696; 30.11.1990 – 2 StR 237/90, NStZ 1991, 195 (196); KK/*Diemer* Rn. 8; Löwe/Rosenberg/*Breidling* Rn. 17.
[58] BGH 20.5.15 – 5 StR 91/15, NStZ 2015, 716 mAnm *Ventzke*.
[59] BGH 19.8.1987 – 2 StR 160/87, NStZ 1988, 36 (37).
[60] BGH 19.8.1987 – 2 StR 160/87, NStZ 1988, 36 (37).
[61] BGH 20.5.15 – 5 StR 91/15, NStZ 2015, 716 mAnm *Ventzke*.
[62] Nach Kissel/Mayer Rn. 140 soll dies sogar zwingend sein; anders BGH 30.11.1990 – 2 StR 237/90, NStZ 1991, 195, wonach jedenfalls 17 Vertreter für eine Kammer ausreichend sind; KK/*Diemer* Rn. 9.
[63] BGH 9.9.1966 – 4 StR 226/66, BGHSt 21, 131 = NJW 1967, 56; KK/*Diemer* Rn. 9; Löwe/Rosenberg/ *Breidling* Rn. 16 mwN; aA, ohne dass sich daraus im Ergebnis etwas ändert, *Kissel/Mayer* Rn. 142.
[64] BGH 13.9.2005 – VI ZR 137/04, BGHZ 164, 87 = NJW 2006, 154 zur Verhinderung eines Vorsitzenden; BGH 12.3.2015 – VII ZR 173/13, NJW 2015, 1685 (1687); MüKoZPO/*Zimmermann* § 21f Rn. 6.
[65] BFH 7.12.1988 – I R 15/85, NJW 1989, 3240 mwN; MüKoZPO/*Zimmermann* Rn. 42.
[66] *Kissel/Mayer* Rn. 142.
[67] BGH 9.9.1966 – 4 StR 226/66, BGHSt 21, 131 = NJW 1967, 56; KK/*Diemer* Rn. 9; Löwe/Rosenberg/ *Breidling* Rn. 16, § 21f Rn. 27 mwN.

sich nach den Umständen des Einzelfalles. Sie darf nicht länger sein als notwendig (Ausschreibung, Wahl).[68] Ist die Vakanz der Stelle vorhersehbar, muss die Justizverwaltung frühzeitig tätig werden und die Stelle bereits vor der Vakanz ausschreiben.[69] Haushaltsrechtliche Sparmaßnahmen, insbesondere Besetzungssperren rechtfertigen keine dauerhafte Vertretung, da es sich dabei um sachfremde – also nicht gerichtsverfassungsrechtliche – Gründe handelt.[70] Kann die Stelle daher nicht in angemessener Frist neu besetzt werden und wird dies dem Präsidium bekannt,[71] muss es die Geschäftsverteilung ändern.

18 Der **Begriff der Verhinderung** erfasst jede tatsächliche oder rechtliche Hinderung, die Aufgabe wahrzunehmen.[72] Dieser Begriff ist zeit- und aufgabenbezogen, sodass eine Verhinderung trotz Anwesenheit vorliegen kann, wenn zB eine ordnungsgemäße Vorbereitung auf die Sitzung unmöglich ist oder eine andere – vorrangige – Aufgabe erledigt werden muss. Die Verhinderung an einzelnen Sitzungstagen einer mehrtägig anberaumten Sitzung kann die Verhinderung an allen Sitzungstagen begründen, wenn die Hauptverhandlung ohne Verstoß gegen § 229 StPO sonst nicht durchgeführt werden könnte.[73]

19 Vertretungsauslösende Verhinderung ist im **Einzelfall** zu bejahen:
Bei
– Krankheit, wenn diese voraussichtlich nicht das gesamte Geschäftsjahr andauern wird (→ Rn. 17);
– Mutterschutz nach § 6 Abs. 1 MuSchG in Verbindung mit Überleitungsregeln des Landesrechts, denn daraus folgt ein absolutes Dienstleistungsverbot, das nicht im Belieben der Richterin steht;[74]
– körperlicher Abwesenheit im Gericht (aufgrund von Urlaub, Dienstbefreiung, Dienstreise),[75]
– Tätigkeit als Prüfer im Staatsexamen;[76]
– Abhalten einer Lehrveranstaltung;[77]
– Unerreichbarkeit;[78]
– körperlicher Anwesenheit, wenn bei Mehrfachzuweisung andere richterliche Dienstpflichten vorgehen,[79] fraglich ist allerdings, ob dies auch für zugewiesene Verwaltungsaufgaben gilt;[80]
– körperlicher Unfähigkeit an der Sitzung teilzunehmen, wobei eine Heiserkeit, die das Führen des Vorsitzes verhindert, nicht die Teilnahme (des Vorsitzenden) als Beisitzer unmöglich macht;[81]
– unverschuldet mangelnder Aktenkenntnis,[82] zB aufgrund gerade erst erfolgter Rückkehr aus dem Krankenstand.[83]
– Rechtliche Verhinderung liegt bei den Ausschließungsgründen nach §§ 22–24 StPO vor.

20 Von zunehmender praktischer Bedeutung ist das Mitwirken von **Teilzeitkräften** in der Rechtsprechung. Zunächst gelten die gleichen Grundsätze wie bei den übrigen Richtern

---

[68] BVerwG 25.7.1985 – 3 C 4/85, NJW 1986, 1366 mwN; BGH 12.3.2015 – VII ZR 173/13, NJW 2015, 1685 (1687 f.): 7 Monate und 23 Tage sind als Vakanz nicht mehr hinnehmbar.
[69] Vgl. BVerwG 25.7.1985 – 3 C 4/85, NJW 1986, 1366; BGH 26.3.2013 – 4 StR 556/12, NStZ-RR 2013, 249.
[70] KK/*Diemer* Rn. 9; Löwe/Rosenberg/*Breidling* § 21f Rn. 27.
[71] Löwe/Rosenberg/*Breidling* § 21f Rn. 27.
[72] BGH 18.2.1966 – 4 StR 637/65, BGHSt 21, 40 = NJW 1966, 941; *Kissel/Mayer* Rn. 144.
[73] BGH 14.5.1986 – 2 StR 854/84, NStZ 1986, 518 (519); *Kissel/Mayer* Rn. 144.
[74] BGH 7.11.2016 – 2 StR 9/15, NStZ 2017, 107.
[75] *Kissel/Mayer* Rn. 144.
[76] MüKoZPO/*Zimmermann* Rn. 42.
[77] BGH 31.1.1983 – II ZR 43/82, DRiZ 1983, 234.
[78] Meyer-Goßner/*Schmitt* Rn. 8.
[79] Vgl. OLG München 25.1.1962 – RevReg 4 St 197/61, MDR 1962, 498.
[80] *Kissel/Mayer* Rn. 144; kritisch *Lerch* DRiZ 1988, 256.
[81] BGH 24.3.1994 – 4 StR 20/94, MDR 1994, 764.
[82] BGH 18.2.1966 – 4 StR 637/65, BGHSt 21, 40 = NJW 1966, 941.
[83] *Kissel/Mayer* Rn. 144; Löwe/Rosenberg/*Breidling* § 21f Rn. 26.

(→ Rn. 18 f.). Besonderheiten ergeben sich aus der absehbaren Abwesenheit der Richter. Es bietet sich daher an, in der (ggf. kammerinternen, § 21g) Geschäftsverteilung vorab Vertretungsregelungen zu treffen, die die zu erwartenden Abwesenheitszeiten der Teilzeitkraft erfassen (zB ab 13.00 Uhr; montags und mittwochs etc).[84] Eine solche Regelung verstößt nicht gegen das Gebot der richterlichen Unabhängigkeit (Art. 97 GG, § 1). Zwar besteht keine Anwesenheitspflicht für Richter zu bestimmten Zeiten[85] und es ist dem Richter auch nicht verwehrt, seine Arbeit zu untypischen Zeiten (auch im Gericht) zu verrichten.[86] Es kann aber für den teilzeitbeschäftigten Richter Ausfluss seiner Dienstpflichten sein, zur abstrakten Bestimmung des gesetzlichen Richters vorab mitzuteilen, wann er regelmäßig nicht seiner Dienstpflicht im Gericht nachkommen wird. Daraus ergibt sich gerade nicht der Umkehrschluss, dass er zu den übrigen Zeiten anwesend zu sein hat. Es handelt sich vielmehr um eine praktische Konkordanz zwischen den jeweiligen verfassungsrechtlichen Garantien des gesetzlichen Richters und der richterlichen Unabhängigkeit. Ist die Teilzeitkraft zu den üblichen Abwesenheitszeiten dennoch anwesend, liegt eine Verhinderung nicht vor. Ist eine entsprechende Regelung nicht getroffen, bestimmt sich der Verhinderungsfall nach den allgemeinen Grundsätzen, also insbesondere bei Abwesenheit und Unerreichbarkeit. Gleiches gilt für die Zeiten, zu denen der Teilzeitrichter üblicherweise zur Verfügung steht. Eine von der Verhinderung unabhängig zu beantwortende Frage ist, ob der Richter seine Dienstpflichten verletzt, wenn er abwesend ist, obwohl seine Anwesenheit in der Dienststelle durch bestimmte Tätigkeiten (Beratungen, Sitzungsdienst, Bereitschaft für Eilsachen) geboten ist.[87] Denn auch der dienstpflichtwidrig abwesende Richter ist nicht verfügbar und damit verhindert.

4. Feststellung der Verhinderung. Bei **offensichtlicher Verhinderung** aus tatsächlichen Gründen (Abwesenheit, insbes. bei Krankheit, Urlaub usw.) ist die Feststellung der Abwesenheit entbehrlich.[88] Gleiches gilt bei offensichtlicher rechtlicher Verhinderung (zB des erfolgreich abgelehnten oder des mit einer nach dem Geschäftsverteilungsplan vorrangig zu behandelnden Sache befassten Richters).[89] Abstrakt ausgedrückt ist die Feststellung immer dann entbehrlich, wenn sie offenkundig ist und nicht von einer Ermessensentscheidung abhängt.[90] Da im Revisionsverfahren nicht überprüft wird, ob tatsächlich eine Verhinderung vorlag, sondern nur, ob der Rechtsbegriff der Verhinderung verkannt wurde,[91] ist es ratsam, auch in Fällen der (vermeintlichen) Offenkundigkeit die Verhinderung förmlich festzustellen, wenn sie sich nicht aus einfach zugänglichen Quellen (zB Akten) ergibt. Damit ist der freibeweislichen Feststellung im Revisionsverfahren gedient.

In allen anderen **(nicht offenkundigen)** Fällen muss die Verhinderung festgestellt werden. Eine bestimmte Form ist nicht vorgeschrieben.[92] Es genügt, wenn die Feststellung vor Inangriffnahme der richterlichen Tätigkeit in einer für das Revisionsgericht nachprüfbaren Weise mit ausreichender Sicherheit getroffen wird.[93] Wegen der Überprüfbarkeit durch das Revisionsgericht (→ Rn. 21) ist eine förmliche Feststellung (durch Aktenvermerk) dringend anzuraten.[94] Die Feststellung ist für den Eintritt des Vertretungsfalls **konstitutiv.**[95]

---

[84] Eine solche Regelung entspricht der turnusmäßigen Teildauerverhinderung bei Vorsitzenden, vgl. Löwe/Rosenberg/*Breidling* § 21f Rn. 29.
[85] BVerwG 29.10.1987 – 2 C 57/86, NJW 1988, 1159 (1160).
[86] Dazu → § 1 Rn. 20, 27.
[87] Vgl. zur Anwesenheitspflicht bei bestimmten Geschäften: BVerwG 29.10.1987 – 2 C 57/86, NJW 1988, 1159 (1160).
[88] *Kissel/Mayer* Rn. 145 mwN.
[89] *Kissel/Mayer* Rn. 145 mwN.
[90] Vgl. BGH 4.10.1966 – 1 StR 282/66, BGHSt 21, 174 = NJW 1967, 637 (639).
[91] BGH 5.8.1958 – 5 StR 160/58, BGHSt 12, 33 (34) = NJW 1958, 1692 (1693).
[92] BGH 4.10.1966 – 1 StR 282/66, BGHSt 21, 174 = NJW 1967, 637 (639); 20.1.2000 – I ZB 50/97, GRUR 2000, 894; aA *Kissel/Mayer* Rn. 146; MüKoZPO/*Zimmermann* Rn. 43: förmlich.
[93] BGH 29.1.1974 – 1 StR 533/73, NJW 1974, 870.
[94] BGH 29.1.1974 – 1 StR 533/73, NJW 1974, 870; KK/*Diemer* Rn. 10 mwN.
[95] *Kissel/Mayer* Rn. 146; MüKoZPO/*Zimmermann* Rn. 43.

Die Ermessensausübung ist vom Revisionsgericht bis an die Willkürgrenze hinzunehmen.[96] Auch der Wegfall der Verhinderung ist – wenn er nicht offenkundig ist – festzustellen und konstitutiv für den Wegfall der Verhinderung.[97] Würde man die Verhinderung nur von der Erklärung des jeweiligen Richters abhängig machen, könnte dieser den gesetzlichen Richter frei manipulieren.[98]

23 **Zuständig** für die (konstitutive) Feststellung der Verhinderung ist grundsätzlich der Gerichtspräsident/aufsichtführende Richter bzw. dessen Vertreter (§ 21h).[99] Liegt eine nicht vorab geschäftsplanmäßig geregelte Kollisionssituation verschiedener dienstlicher Aufgaben vor, bestimmt der Präsident den Vorrang nach pflichtgemäßem Ermessen.[100] Der Vorsitzende (oder ggf. sein Vertreter, § 21f Abs. 2) trifft die Feststellung der Verhinderung nur selbst, wenn die Vertretung erfolgen kann, ohne dass kammerexterne Vertreter herangezogen werden müssen[101] und es sich bei dem kollidierenden Dienstgeschäft um ein durch Rechtsprechungsaufgaben innerhalb der eigenen Kammer veranlasstes handelt.[102] Der Präsident/ aufsichtführende Richter oder – soweit zuständig der Vorsitzende[103] – stellt auch die eigene Verhinderung fest.[104]

24 Die Feststellung der Verhinderung muss **zeitlich** vor Aufnahme der richterlichen Tätigkeit erfolgen, weil erst damit die Zuständigkeit des Vertreters eintritt.[105] Mit **§§ 222a, 222b StPO** wurde ein eigenständiges Zwischenverfahren eingeführt, in dessen Rahmen die Feststellung der Verhinderung noch erfolgen kann.[106]

V. Geschäftsverteilung

25 Art. 101 Abs. 1 S. 2 GG verlangt angesichts der Vielfalt der Gerichtsbarkeiten, der Verschiedenartigkeit der Organisation und Größe der Gerichte mit der Garantie des gesetzlichen Richters nicht stets ein formelles, im parlamentarischen Verfahren beschlossenes Gesetz. Wenngleich der Gesetzgeber zwar die fundamentalen Zuständigkeitsregeln selbst aufstellen muss, so kann er die Festlegung der Zuständigkeiten der jeweiligen Spruchkörper den Geschäftsverteilungsplänen der Gerichte überlassen. Da aber erst durch diese Regelungen der gesetzliche Richter genau bestimmt wird, unterliegen die jeweiligen Fachgerichte bei der Festlegung der konkreten Geschäftsverteilung ebenfalls den Bindungen aus Art. 101 Abs. 1 S. 2 GG. Insbesondere muss sich die aus dem Grundsatz des gesetzlichen Richters ergebende **abstrakt-generelle Vorausbestimmung bis auf die letzte Regelungsstufe** erstrecken, auf der es um die Person des konkreten Richters geht.[107]

26 Welche **Rechtsnatur der Geschäftsverteilungsplan** hat, ist umstritten.[108] Praktische Relevanz hat die Frage allenfalls für die Anfechtbarkeit. Da sich diesbezüglich eine ständige Rechtsprechung entwickelt hat (dazu → Rn. 69), ist der Streit mittlerweile ohne Auswirkungen auf die Praxis.

---

[96] BGH 21.10.1994 – V ZR 151/93, NJW 1995, 335.
[97] *Kissel/Mayer* Rn. 146.
[98] Vgl. *Kissel/Mayer* Rn. 146.
[99] HM BGH 4.10.1966 – 1 StR 282/66, BGHSt 21, 174 = NJW 1967, 637 (639); *Kissel/Mayer* Rn. 148; KK/*Diemer* Rn. 10; MüKoZPO/*Zimmermann* Rn. 43; aA *Stanicki* DRiZ 1974, 357; *Müller* MDR 1974, 1665: Präsidium.
[100] BGH 4.12.1962 – 1 StR 425/62, BGHSt 18, 162 (163) = NJW 1963, 1260; 22.3.1988 – 4 StR 35/88, NStZ 1988, 325.
[101] BGH 21.10.1994 – V ZR 151/93, NJW 1995, 335.
[102] BGH 21.3.1989 – 4 StR 98/89, StV 1989, 338; 4.10.1966 – 1 StR 282/66, BGHSt 21, 174 = NJW 1967, 637 (638); 21.10.1994 – V ZR 151/93, NJW 1995, 335.
[103] BGH 21.10.1994 – V ZR 151/93, NJW 1995, 335.
[104] BGH 4.10.1966 – 1 StR 282/66, BGHSt 21, 174 = NJW 1967, 637 (638), 5.10.2016 – XII ZR 50/14, NJW-RR 2017, 635.
[105] BGH 4.10.1966 – 1 StR 282/66, BGHSt 21, 174 = NJW 1967, 637; *Kissel/Mayer* Rn. 148.
[106] BGH 1.12.1981 – 1 StR 393/81, BGHSt 30, 268 = NJW 1982, 1404; 21.3.1989 – 4 StR 98/89, StV 1989, 338; *Kissel/Mayer* Rn. 148.
[107] BVerfG 8.4.1997 – 1 PBvU 1/95, BVerfGE 95, 322 = NJW 1997, 1497 (Spruchgruppen).
[108] Zum Streitstand *Kissel/Mayer* Rn. 102 ff.; MüKoZPO/*Zimmermann* Rn. 6 ff. jeweils mwN.

1. Jahresgeschäftsverteilung. Aus § 21e und der dazu ergangenen Rechtsprechung, 27 die an Art. 101 Abs. 1 GG, § 16 S. 2 ausgerichtet ist, haben sich **Grundsätze** entwickelt, die bei der **Gestaltung des Geschäftsverteilungsplans** zu beachten sind.[109]

a) Prinzipien der Geschäftsverteilung. Das Präsidium ist grundsätzlich in der Gestal- 28 tung des Geschäftsverteilungsplans frei **(Prinzip der Gestaltungsfreiheit).** Einschränkungen erfährt dieser Grundsatz durch Gesetz (sog. gesetzliche Geschäftsverteilung[110]), insbes. durch das GVG selbst, wo dieses in sachlicher Hinsicht bestimmte Spruchkörper mit bestimmten Zuständigkeiten[111] vorschreibt und in persönlicher Hinsicht bestimmte Richter von bestimmten Aufgaben ausschließt[112] (→ Rn. 4f.), ferner soweit die Gestaltung dem Spruchkörper selbst zusteht (§ 21g). Darüber hinaus begrenzen die weiteren Geschäftsverteilungsgrundsätze (→ Rn. 29 ff.) den Spielraum des Präsidiums. Im Rahmen seiner rechtlichen Möglichkeiten entscheidet das Präsidium nach pflichtgemäßem Ermessen, wobei das Ziel stets die optimale Erledigung der Rechtsprechungsaufgaben des Gerichts sein muss.[113] Das Ermessen darf nicht willkürlich ausgeübt werden.[114] Die Verteilung muss **sachgerecht und möglichst gleichmäßig** erfolgen, um unterjährige Änderungen (Abs. 3) von vorneherein zu vermeiden.[115]

Die Geschäfte sind nach abstrakt-generellen objektiven Kriterien „blindlings" zu vertei- 29 len **(Abstraktionsprinzip).** Es muss im Vorhinein so genau wie möglich bestimmt sein, welcher Richter für welches Verfahren im Einzelfall berufen ist und welcher Richter im Fall seiner Verhinderung für ihn eintritt.[116] Die steuernde Auswahl und Manipulation bei der Zuteilung der zu erledigenden Aufgaben ist nach Möglichkeit zu vermeiden.[117] Dennoch sind nicht sämtliche denkbaren Einflussmöglichkeiten auszuschließen. Diese sind hinzunehmen, wenn die Geschäftsverteilung in möglichst hohem Maß anhand objektiv-abstrakter Kriterien dafür Gewähr bietet, dass Verfahren sozusagen „blindlings" an den zuständigen Spruchkörper gelangt.[118] Einflüsse Dritter auf die Zuweisung des gesetzlichen Richters sind daher anhand objektiver Zuweisungskriterien weitest möglich zu minimieren (zu Verteilungssystemen → Rn. 37 ff.).

Mit dem Abstraktionsprinzip ist der **Bestimmtheitsgrundsatz** eng verknüpft. Danach 30 muss die Geschäftsverteilung so eindeutig und genau wie möglich und weitestgehend ohne verbleibende Auslegungsspielräume bestimmen, welche Sache an welchen Richter zugewiesen wird.[119] Das verfassungsrechtliche Gebot des gesetzlichen Richters verlangt den Ausschluss sachfremder Einflüsse und Personen auf die Zuweisung und damit eine möglichst eindeutige Regelung.[120] Diese erfasst sowohl die sachliche Zuweisung des jeweiligen Verfahrens, als auch die persönliche Zuweisung des jeweiligen Richters an die Spruchkörper[121] (zum Problem der Zuweisung N.N. → Rn. 9).

Es gilt das **Prinzip doppelter Vollständigkeit.** Die Geschäftsaufgaben müssen voll- 31 ständig verteilt werden. Das erfasst auch die Zuständigkeit für im Rechtsmittelverfahren zurückverwiesene Sachen[122] und Wiederaufnahmeverfahren.[123] Auch Personalmangel rechtfertigt es nicht, einzelne Aufgaben nicht zu verteilen. Das Präsidium trägt jedoch nicht die Verantwortung dafür, dass die Aufgaben auch in angemessener Frist erledigt

---

[109] MüKoZPO/*Zimmermann* Rn. 10.
[110] Weiterführend *Kissel/Mayer* Rn. 87.
[111] *Kissel/Mayer* Rn. 88.
[112] *Kissel/Mayer* Rn. 89.
[113] *Kissel/Mayer* Rn. 80.
[114] BVerfG 28.11.2007 – 2 BvR 1431/07, NJW 2008, 909 (910).
[115] MüKoZPO/*Zimmermann* Rn. 22.
[116] *Kissel/Mayer* Rn. 94.
[117] BVerfG 8.4.1997 – 1 PBvU 1/95, BVerfGE 95, 322 = NJW 1997, 1497 (Spruchgruppen).
[118] Vgl. KK/*Barthe* § 16 Rn. 11; Löwe/Rosenberg/*Böttcher* § 16 Rn. 11.
[119] *Kissel/Mayer* Rn. 95.
[120] BVerfG 3.2.1965 – 2 BvR 166/64, BVerfGE 18, 344 = NJW 1965, 1219 (1220) mwN.
[121] *Kissel/Mayer* Rn. 95.
[122] BGH 14.1.1975 – 1 StR 601/74, NJW 1975, 743.
[123] Dazu auch → § 60 Rn. 7.

werden. Ihm obliegt nur die Pflicht zur Bereitstellung eines zuständigen Richters/Spruchkörpers für die Aufgabe. Der (Haushalts-)Gesetzgeber und die Justizverwaltung haben für eine angemessene personelle Ausstattung der Gerichte Sorge zu tragen. Jedem Richter, der für Rechtsprechungsaufgaben zur Verfügung steht, muss auch eine substanzielle rechtsprechende Tätigkeit zugewiesen werden. Es verstößt gegen Art. 97 Abs. 2 S. 1 GG, einen Richter durch die Geschäftsverteilung von seiner richterlichen Tätigkeit faktisch auszuschließen.[124] Mit Zustimmung des jeweiligen Richters können ihm aber (auch mit seinem gesamten Arbeitskraftanteil) nicht rechtsprechende Tätigkeiten zugewiesen werden (zB Referentenrichter, Präsidialrichter, hauptamtliche Arbeitsgemeinschaftsleiter für Rechtsreferendare).

32 Der Jahresgeschäftsverteilungsplan gilt grundsätzlich unveränderbar für das gesamte Geschäftsjahr **(Stetigkeitsprinzip)**. Änderungen stehen nicht im Ermessen des Präsidiums, sondern sind nur unter den engen Voraussetzungen des Abs. 3 zulässig (dazu → Rn. 44 ff.). Das bedeutet aber nicht, dass absehbare Veränderungen schon im Voraus in den Geschäftsverteilungsplan aufgenommen werden müssen (zu Ausnahmen → Rn. 33).[125]

33 Die Geschäftsverteilung hat immer für die Dauer des gesamten Geschäftsjahres (=Kalenderjahr[126]) zu erfolgen (Abs. 1 S. 2) und endet automatisch mit Ablauf des Jahres **(Jährlichkeitsprinzip)**. Eine Regelung über den 31.12. hinaus ist wirkungslos.[127] Das gleiche gilt für eine Geschäftsverteilung, die von Anfang an nicht das gesamte Geschäftsjahr umfasst.[128] Ausnahmen sieht nur Abs. 3 vor. Tritt der Geschäftsverteilungsplan mit Ablauf des Jahres außer Kraft, fehlt es an einer Zuweisung gesetzlicher Richter auch für die laufenden Verfahren. Daher ist es zwingend, die Geschäfte vor Beginn (Abs. 1 S. 2) des Jahres zu regeln. Wird eine begonnene Hauptverhandlung in den Grenzen des § 229 StPO über den Jahreswechsel fortgesetzt, bleiben die Mitglieder des Spruchkörpers zuständig und gesetzliche Richter.[129] Die Geschäftsverteilung erfolgt immer auf dem Stand des 01.01. des jeweiligen Jahres. Absehbare Änderungen sind grundsätzlich nicht zu berücksichtigen. Dies kann ausnahmsweise zulässig sein, wenn Eintritt und Zeitpunkt der Änderung genau bestimmt und die Auswirkungen sowie alle sonstigen Umstände der Änderung so eindeutig erkennbar sind, dass eine sachgerechte Entscheidung auch bezüglich der geänderten Tatsachen bereits mit Erstellung der Jahresgeschäftsverteilung möglich ist.[130]

34 Alle Geschäfte müssen im Voraus verteilt werden **(Vorauswirkungsprinzip)**. Der Geschäftsverteilungsplan kann nur für die Zukunft gelten. Jegliche Art der Rückwirkung ist ausgeschlossen.[131] Daher kann auch eine Eilanordnung nach § 21i Abs. 2 nicht rückwirkend, sondern nur für die Zukunft genehmigt werden.[132] Die Wirksamkeit der Anordnung bis zur Entscheidung des Präsidiums ergibt sich aus der eigenen (Eil-)Kompetenz nach § 21i Abs. 2 S. 1. Verstöße gegen den gesetzlichen Richter sind nicht nachträglich heilbar.[133]

35 Von der Frage der Rückwirkung ist die **Zuweisung bereits anhängiger Verfahren** strikt zu trennen. Da das Vorauswirkungsprinzip nur verlangt, keine Zuweisungen für die Vergangenheit vorzunehmen, hindert es nicht die Neuverteilung anhängiger Verfahren für die Zukunft. Soweit die Hauptverhandlung bereits (ununterbrochen) begonnen hat, besteht keine Verteilungskompetenz mehr. Die Zuständigkeit bleibt bestehen (→ Rn. 33). Bei allen anderen Verfahren ist eine Umverteilung grundsätzlich möglich, soweit die Geschäftsverteilung den übrigen Prinzipien genügt. Insbesondere muss sie dem Abstraktionsprinzip und

---

[124] Dazu → § 1 Rn. 23.
[125] BGH 8.12.1999 – 3 StR 267/99, NJW 2000, 1580 (1583).
[126] → § 21d Rn. 2.
[127] BGH 4.7.1961 – 1 StR 225/61, NJW 1961, 1685.
[128] BGH 20.10.1955 – 4 StR 326/55, BGHSt 8, 252 = NJW 1956, 111 (112); *Kissel/Mayer* Rn. 97.
[129] BGH 20.10.1955 – 4 StR 286/55, BGHSt 8, 250 = NJW 1956, 110; BGH 12.6.1985 – 3 StR 35/85, BGHSt 33, 234 = NJW 1985, 2840: kein Fall des Abs. 4.
[130] *Kissel/Mayer* Rn. 107; MüKoZPO/*Zimmermann* Rn. 20.
[131] *Kissel/Mayer* Rn. 98; MüKoZPO/*Zimmermann* Rn. 19.
[132] *Kissel/Mayer* Rn. 98.
[133] *Kissel/Mayer* Rn. 98.

Bestimmtheitsgrundsatz entsprechen.[134] Ob es zulässig ist, nur bereits anhängige Verfahren nach generell-abstrakten Vorgaben umzuverteilen, ohne zugleich eine Regelung für zukünftig eingehende Verfahren zu treffen, ist umstritten.[135] Da die Verteilung bereits anhängiger Verfahren einem höheren Manipulationsrisiko unterliegt, als die Verteilung noch unbekannter zukünftiger Verfahren, ist ein hohes Maß an Zurückhaltung geboten. Im Hinblick auf den gesetzlichen Richter sollten vor der Umverteilung bereits anhängiger Sachen zunächst alle anderen Möglichkeiten gerechter Verteilung ausgeschöpft werden, um jeden „bösen Anschein" zu vermeiden. Richtigerweise kann die Verteilung ausschließlich anhängiger Verfahren nach generell-abstrakten Kriterien **als ultima ratio** geboten sein, um konfligierende Verfassungsgüter angemessen zur Geltung zu bringen. Dann sind die Gründe zu dokumentieren und den Verfahrensbeteiligten zur Kenntnis zu geben, um dem Anschein einer willkürlichen Zuständigkeitsverschiebung entgegen zu wirken.[136]

Der Geschäftsverteilungsplan ist aus sich heraus und ohne weiteren Anordnungsakt sofort **36** vollziehbar **(Grundsatz der sofortigen Vollziehbarkeit)**. Wenn er nicht nichtig ist, bindet er die betroffenen Richter auch dann, wenn diese ihn für rechtswidrig halten.[137] Wegen der überragenden Bedeutung für das Verfassungsgebot des gesetzlichen Richters besteht keine Möglichkeit, die Aufschiebung der Vollziehbarkeit beim Verwaltungsgericht zu beantragen.[138]

b) Beispiele zu Verteilungssystemen. Im Rahmen der Verteilungssysteme ist die Aus- **37** wahl letztlich unbegrenzt, soweit den allgemeinen Grundsätzen genügt wird. In der Praxis häufig anzutreffen sind **Verteilungssysteme nach Anfangsbuchstaben** (des Beklagten, Angeklagten), wobei insbes. bei Firmen und Gesellschaften eindeutig geregelt sein muss, auf welches Wort abzustellen ist (bspw. Inhaber; erster Eigenname oder Fantasiename; erstes Wort, das nicht Pronomen ist; Berücksichtigung von Adelsprädikaten, Titeln etc). Auf den Namen des Klägers abzustellen, ist im Hinblick auf die Abtretbarkeit von Ansprüchen kritisch.[139] Bei Personenmehrheit ist sicherzustellen, dass die Zuständigkeit nicht von der Wahl der Parteien oder der Staatsanwaltschaft abhängt. Es kann daher nicht auf die frei wählbare Nummerierung in der (An-)Klageschrift ankommen.[140] Auch insoweit ist eine abstrakte Regelung zu treffen (bspw. Familienname des ältesten Angeklagten; Nachname des im Alphabet an erster Stelle stehenden). Zulässig ist es, die Zuständigkeit des einmal zu Recht zuständig gewordenen Spruchkörpers bestehen zu lassen, wenn die Person mit dem die Zuständigkeit bestimmenden Namen ausscheidet.[141]

Grundsätzlich zulässig ist auch die Verteilung nach **Endziffern** der (staatsanwaltlichen) **38** Aktenzeichen,[142] Herkunft aus einem **Bezirk** oder der verletzten **Strafnorm** (zB Verkehrssachen, BtM-Kammern),[143] wobei auch hier bei mehreren verletzten Normen eindeutige Regelungen der zuständigkeitsbestimmenden Norm getroffen werden müssen. Es ist durch geeignete Maßnahmen zu verhindern, dass die Staatsanwaltschaft oder die Geschäftsstelle Einfluss auf die Zuweisung ausüben kann. Eine Zuteilung nach Zweckmäßigkeitsgesichtspunkten scheidet grundsätzlich aus.[144]

Bei **Rechtsmittelgerichten** bietet sich eine Zuständigkeitsverteilung nach Gerichtsbe- **39** zirken oder Spruchkörpern der Vorinstanz an. Auch Mischvarianten (bspw. Zuständigkeiten

---

[134] *Kissel/Mayer* Rn. 98 mwN insbes. zur Rechtsprechung.
[135] Dagegen: *Kissel/Mayer* Rn. 99; dafür BVerwG 18.10.1990 – 3 C 19/88, NJW 1991, 1370; offen gelassen für eine Geschäftsverteilungsänderung nach Abs. 3 von BVerfG 16.2.2005 – 2 BvR 581/03, NJW 2005, 2689.
[136] Vgl. BVerfG 16.2.2005 – 2 BvR 581/03, NJW 2005, 2689 (2690).
[137] BVerwG 28.11.1975 – VII C 47/73, BVerwGE 50, 11 = NJW 1976, 1224.
[138] *Kissel/Mayer* Rn. 101.
[139] LG Frankfurt a. M. 9.11.1987 – 2/24 S 242/87, NJW 1988, 70: bei Reisesachen unzulässig.
[140] *Kissel/Mayer* Rn. 150; *Sowada* S. 320 ff.
[141] BGH 29.10.1992 – 4 StR 199/92, NJW 1993, 672.
[142] BGH 8.3.1979 – 4 StR 708/78 (unveröffentlicht: www.jurion.de/Urteile/BGH/1979-03-08/4-StR-708_78) zuletzt abgerufen am 23.1.2018: „jedenfalls nicht willkürlich".
[143] *Löwe/Rosenberg/Breidling* Rn. 27.
[144] Vgl. BGH 17.8.1960 – 2 StR 237/60, BGHSt 15, 116 = NJW 1960, 2109.

nach Bezirk der Vorinstanzen und in vorrangig bestimmten Sachgebieten/Strafnormen, vgl. die Geschäftsverteilung der Strafsenate beim BGH) sind denkbar, solange sie den allgemeinen Prinzipien (→ Rn. 28 ff.) genügen.

40 Häufig findet sich eine Geschäftsverteilung nach zeitlichem Eingang der Verfahren (**Rotationsprinzip**). Hierbei kann der Zeitpunkt des Eingangs bei Gericht, in der Abteilung oder die Reihenfolge der Registrierung maßgeblich sein.[145] Dieses System trägt eine höhere Gefahr der Manipulation durch Dritte[146] (insbes. Geschäftsstellen, Mitarbeiter der Posteinlaufstelle, ggf. Staatsanwaltschaft) in sich. Daher ist es nur zulässig, wenn diese Einflussmöglichkeit durch eindeutige abstrakte Regelungen auf ein Mindestmaß reduziert wird.[147] Das ist nur dann der Fall, wenn die Rangfolge bei gleichem zeitlichem Eingang mehrerer Sachen nach anderen abstrakten Kriterien (zB Anfangsbuchstaben) eindeutig und überprüfbar bestimmt ist.[148]

41 c) Kompetenzkonflikte. Jeder **Spruchkörper entscheidet** zunächst **selbst** über seine gesetzliche sowie die aus der Geschäftsverteilung folgende Zuständigkeit.[149] Dabei obliegt – soweit erforderlich – die Auslegung der Geschäftsverteilung zunächst auch diesem Spruchkörper. Hält er sich für zuständig, hat er die Sache zu entscheiden. Eine Anfechtung kommt dann nur in Betracht, wenn die Annahme der eigenen Zuständigkeit willkürlich war (dazu → Rn. 68).[150]

42 Hält sich der Spruchkörper für unzuständig, leitet er die Sache an den aus seiner Sicht zuständigen Spruchkörper weiter, der dann entsprechend die eigene Zuständigkeit prüft. Kommt es zu **negativen Zuständigkeitsstreitigkeiten,** die sich aus der Geschäftsverteilung ergeben, entscheidet das Präsidium bindend nach pflichtgemäßem Ermessen.[151] In der Revision unterliegt diese Entscheidung nur der Überprüfung auf Ermessensfehlgebrauch nach dem Willkürmaßstab (dazu → Rn. 68).[152]

43 Ergibt sich der Kompetenzkonflikt hingegen aus einer **gesetzlichen Zuweisung** (vgl. § 74e), ist das Präsidium nicht zuständig. In diesen Fällen entscheiden die angegangenen Gerichte und ggf. das Rechtsmittelgericht in eigener Zuständigkeit.[153]

44 **2. Änderungen während des Geschäftsjahres, Abs. 3.** Abs. 3 normiert eine **Ausnahme vom Jährlichkeitsprinzip** (→ Rn. 33) und ermöglicht es dem Präsidium, auf tatsächliche Änderungen und Verschiebung in persönlicher Hinsicht sowie bezüglich der Belastung der einzelnen Spruchkörper zu reagieren. Die Änderung der Geschäftsverteilung unterliegt den gleichen Anforderungen (Prinzipien), wie die Jahresgeschäftsverteilung (→ Rn. 28 ff.). Jede Änderung der Geschäftsverteilung muss daher den dort dargestellten Anforderungen genügen. Darüber hinaus begrenzen weitere enge Zulässigkeitsvoraussetzungen die unterjährige Änderung des Geschäftsverteilungsplans (dazu → Rn. 46).

45 Eine Ausnahme kann jedoch in Bezug auf die Verhinderung eines Richters gelten, die sich erst im Geschäftsjahr ergibt. Versagt die allgemeine, grundsätzlich ausreichende Vertretungsregel,[154] weil ein Richter unvorhergesehen für ungewisse Zeit oder für längere absehbare

---

[145] KK/*Diemer* Rn. 11.
[146] Vgl. BGH 17.8.1960 – 2 StR 237/60, BGHSt 15, 116 = NJW 1960, 2109.
[147] BGH 10.7.1963 – VIII ZR 204/61, BGHZ 40, 91 = NJW 1963, 2071 (2072 f.).
[148] Beispiele bei BGH 10.7.1963 – VIII ZR 204/61, BGHZ 40, 91 = NJW 1963, 2071; *Kissel/Mayer* Rn. 154 f.
[149] *Kissel/Mayer* Rn. 116.
[150] Vgl. zu den allgemeinen Anfechtungsmaßstäben auch → § 16 Rn. 29.
[151] *Kissel/Mayer* Rn. 116 mwN; KK/*Diemer* Rn. 11; für einen Fall der vorweggenommenen Regelung durch das Präsidium durch Zuerkennung der Bindungswirkung einer Abgabeentscheidung BGH 8.10.2014 – 2 StR 104/14, NStZ-RR 2015, 21 mAnm *Deutscher* StRR 2015, 33.
[152] BGH 25.8.1975 – 2 StR 309/75, BGHSt 26, 191 = NJW 1975, 2304; vgl. zu den allgemeinen Anfechtungsmaßstäben auch → § 16 Rn. 29.
[153] BGH 25.8.1975 – 2 StR 309/75, BGHSt 26, 191 = NJW 1975, 2304; *Kissel/Mayer* Rn. 116 mwN; KK/*Diemer* Rn. 11; Löwe/Rosenberg/*Breidling* Rn. 25; Meyer-Goßner/*Schmitt* Rn. 22.
[154] Vgl. BGH 19.8.1987 – 2 StR 160/87, NJW 1988, 1921 (1922).

Zeit verhindert ist, oder aus anderen Gründen[155] (→ Rn. 16) oder wird dem Gericht für diesen Zeitraum eine neue Kraft zugewiesen (vgl. § 60),[156] kann das Präsidium die Geschäftsverteilung **für die Dauer der Verhinderung** ändern,[157] wenn die anlassgebende Entwicklung nicht voraussehbar war.[158] Dabei ist darauf zu achten, dass Beginn und Ende der Abweichung von der zunächst vorgesehenen Geschäftsverteilung entweder ausdrücklich oder in einer eindeutig erkennbaren und nachprüfbaren Weise bestimmt werden.[159] Die zeitweilige Vertreterbestellung findet ihre Grenze, wenn durch eine voraussehbare Häufung der Bestellung zeitweiliger Vertreter die gesetzmäßige Besetzung der Spruchkörper infrage gestellt wird.[160]

a) Zulässigkeit. Abs. 3 sieht – nicht abschließend[161] – Fälle vor, in denen die Geschäftsverteilung unterjährig geändert werden darf. Eine Änderung ist darüber hinaus nur zulässig, wenn Umstände eintreten, die ein Eingreifen erforderlich machen, um die **Effizienz des Geschäftsablaufs** zu erhalten oder wiederherzustellen.[162] Eine nachträgliche Änderung der Geschäftsverteilung kann geboten sein, wenn nur auf diese Weise dem Verfassungsgebot der Gewährleistung von Rechtsschutz innerhalb angemessener Zeit nachzukommen ist.[163] 46

Nach Abs. 3 kann die Geschäftsverteilung bei **Überlastung** oder **ungenügender Auslastung** geändert werden. Beides muss so gravierend sein, dass nicht bis zum Jahresende mit dem Ausgleich gewartet werden kann.[164] Überlastung liegt vor, wenn über einen längeren Zeitraum ein erheblicher Überhang der Eingänge über die Erledigungen verzeichnet wird, sodass mit einer Bearbeitung der Sachen innerhalb eines angemessenen Zeitraumes nicht zu rechnen ist.[165] Bei Überlastung eines einzelnen Richters im Kollegialspruchkörper geht der Ausgleich durch kammerinterne Maßnahmen der Änderung nach Abs. 3 vor.[166] Bei Überlastung liegt es im pflichtgemäßen Ermessen des Präsidiums entsprechende, den allgemeinen Grundsätzen genügende Maßnahmen zu treffen. Es kommen die allgemeine Zuweisung eines weiteren Richters an den Kollegialspruchkörper,[167] die Einrichtung einer Hilfsstrafkammer (→ Rn. 13) oder eine anderweitige Verteilung der Verfahren in Betracht. Dabei dürfen auch bereits anhängige Verfahren verteilt werden, wenn die Verteilung generell-abstrakt erfolgt (vgl. → Rn. 35). Das ist nicht der Fall, wenn die Geschäftsverteilung die Zuständigkeit von einer zukünftigen (Eröffnungs-)Entscheidung eines Spruchkörpers abhängig macht.[168] Verfahren im Wege der „scheibchenweisen" Einzelzuweisung im laufenden Geschäftsjahr je nach konkreter, momentaner Belastungssituation zuzuweisen, stellt hingegen kein tragfähiges Entlastungskonzept dar.[169] Endet die Überlastung, müssen auf eine Hilfsstrafkammer übertragende Verfahren nicht zurückübertragen werden.[170] 47

Eine Änderung der Geschäftsverteilung kommt ferner bei einem **Wechsel** oder **dauerhafter Verhinderung** eines Richters in Betracht. Ein Richterwechsel liegt vor, wenn sich der Bestand des Gerichts im Verhältnis zum Jahresbeginn in persönlicher Hinsicht tatsächlich 48

---

[155] BGH 30.11.1990 – 2 StR 237/90, NStZ 1991, 195.
[156] Löwe/Rosenberg/*Breidling* Rn. 52.
[157] BGH 15.6.1967 – 1 StR 516/66, BGHSt 21, 250 = NJW 1967, 1622; *Kissel/Mayer* Rn. 114; KK/*Diemer* Rn. 14; Löwe/Rosenberg/*Breidling* Rn. 52; Meyer-Goßner/*Schmitt* Rn. 13.
[158] BGH 20.5.2015 – 5 StR 91/15, NStZ 2015, 716 mAnm *Ventzke*.
[159] BGH 15.6.1967 – 1 StR 516/66, BGHSt 21, 250 = NJW 1967, 1622; aA *Kissel/Mayer* Rn. 114: nur kalendarische Befristung.
[160] BGH 7.6.1977 – 5 StR 224/77, BGHSt 27, 209 = NJW 1977, 1696.
[161] *Kissel/Mayer* Rn. 109; Löwe/Rosenberg/*Breidling* Rn. 44.
[162] BVerfG 16.2.2005 – 2 BvR 581/03, NJW 2005, 2689 (2690) mwN; BGH 12.1.16 – 3 StR 490/15, StV 2016, 623 (626) mAnm *Ebner* ZWH 2016, 295.
[163] BVerfG 16.2.2005 – 2 BvR 581/03, NJW 2005, 2689 (2690) mwN.
[164] *Kissel/Mayer* Rn. 112.
[165] *Kissel/Mayer* Rn. 112.
[166] Löwe/Rosenberg/*Breidling* Rn. 48.
[167] Nicht jedoch für einzelne Sitzungen oder Sitzungstage: BGH 4.4.1957 – 4 StR 82/57, BGHSt 10, 179 = NJW 1957, 800.
[168] BVerfG 23.12.2016 – 2 BvR 2023/16, wistra 2017, 187.
[169] BGH 12.1.2016 – 3 StR 460/15, StV 2016, 623 (626) mAnm *Ebner* ZWH 2016, 295, 4.5.2016, 3 StR 358/15, StV 2016, 626.
[170] KK/*Diemer* Rn. 14.

ändert. Auf die Gründe kommt es nicht an. Bei der Zuweisung des neuen Richters muss das Präsidium sein Ermessen ausüben (→ Rn. 28). Die Ausbildung des Richternachwuchses darf dabei berücksichtigt werden, rechtfertigt aber aus sich heraus nicht die Änderung der Geschäftsverteilung nach Abs. 3.[171] Ab wann eine Verhinderung nicht mehr vorübergehend, sondern dauerhaft ist, hängt vom jeweiligen Einzelfall ab. Maßgeblich ist das vorausschauende Ermessen des Präsidiums.[172] Unter einem Zeitraum von zwei Monaten[173] wird man eine Dauerhaftigkeit kaum annehmen können, da insoweit die Wahrnehmung der Aufgaben durch den ordentlichen Vertreter regelmäßig zumutbar ist. In diesen Fällen ist auch eine befristete Vertreterbestellung zulässig (→ Rn. 45).

49 Über seinen Wortlaut hinaus ist **Abs. 3 entsprechend** anzuwenden,[174] wenn bei Errichtung der Jahresgeschäftsverteilung nicht absehbare Veränderungen eintreten, die Maßnahmen des Präsidiums erfordern, um die Effizienz des Geschäftsablaufs zu erhalten oder wiederherzustellen.[175] Anerkannt sind folgende Fallgruppen:
– Dem Gericht werden neue Geschäftsaufgaben zugewiesen oder entzogen;[176]
– dem Gericht werden zusätzliche Richter oder ganze Spruchkörper neu zugewiesen;[177]
– Fehler oder versehentlich entstandene Lücken im Jahresgeschäftsverteilungsplan, die dessen Rechtswidrigkeit zur Folge haben, können und müssen eliminiert werden.[178] Das gilt auch, wenn die zu beseitigenden Fehler nicht inhaltlicher Natur sind, sondern der Plan fehlerhaft zu Stande gekommen ist.[179]

50 b) **Begründung.** Änderungsbeschlüsse nach Abs. 3 unterliegen einer **besonderen Dokumentationspflicht**. Im Änderungsbeschluss selbst oder im Protokoll der Präsidiumssitzung muss festgehalten werden, warum das Präsidium die Änderung vorgenommen hat. Diese Dokumentation ermöglicht erst die Überprüfung des Beschlusses im Revisionsverfahren. Daher hat sie insbesondere die Umstände, die zur Überlastung des Spruchkörpers geführt haben, sowie eine Belastungsprognose nachvollziehbar darzulegen.[180] Sie muss im erforderlichen Umfang grundsätzlich schon zum Zeitpunkt der Präsidiumsentscheidung vorliegen, spätestens jedoch bei der Entscheidung über einen Besetzungseinwand nach § 222b StPO[181] und ist den Verfahrensbeteiligten auf Verlangen bekannt zu machen.[182]

51 **3. Fortdauernde Zuständigkeit, Abs. 4.** Nach Abs. 4 kann das Präsidium die fortdauernde Zuständigkeit eines Richters/Spruchkörpers anordnen. Das meint nicht die Zuständigkeit eines Spruchkörpers für eine schon begonnene und in den Grenzen des § 229 StPO unterbrochene Hauptverhandlung, denn dafür bleibt die Zuständigkeit ohnehin bestehen (→ Rn. 33). Richter ist das einzelne Spruchkörpermitglied, das aus dem Spruchkörper (nicht aber aus dem Gericht) ausgeschieden ist.[183] Abs. 4 setzt ferner eine Änderung der Geschäftsverteilung voraus. Damit ist nicht jede Abweichung der neuen Geschäftsverteilung von der alten gemeint. Die Änderung muss die Sachgruppe betreffen, zu der die einzelne Sache gehört, die von der Umverteilung ausgenommen werden soll. Denn nur dann besteht

---

[171] BGH 5.8.1976 – 5 StR 314/76, BGHSt 26, 382 = NJW 1976, 2029; 12.4.1978 – 3 StR 58/78, BGHSt 27, 397 = NJW 1978, 1444.
[172] *Kissel/Mayer* Rn. 114.
[173] *Kissel/Mayer* Rn. 114; *Schorn/Stanicki* S. 138: drei Monate.
[174] Vgl. BGH 7.6.1977 – 5 StR 224/77, BGHSt 27, 209 = NJW 1977, 1696.
[175] BVerfG 16.2.2005 – 2 BvR 581/03, NJW 2005, 2689 (2690) mwN.
[176] *Kissel/Mayer* Rn. 109; *Löwe/Rosenberg/Breidling* Rn. 44.
[177] *Löwe/Rosenberg/Breidling* Rn. 44 mit Beispiel und mwN.
[178] OLG Oldenburg 19.10.1984 – 2 Ws 475/84, NStZ 1985, 473 mwN.
[179] *Löwe/Rosenberg/Breidling* Rn. 44.
[180] BVerfG 16.2.2005 – 2 BvR 581/03, NJW 2005, 2689 (2690); vgl. auch BGH 25.10.2006 – 2 StR 104/06, NStZ 2007, 536 (537); *Kissel/Mayer* Rn. 115; KK/*Diemer* Rn. 15.
[181] BGH 9.4.2009 – 3 StR 376/08, BGHSt 53, 268 = NJW 2010, 625 (627) mit Besprechung *Gubitz/Bock* NStZ 2010, 190; 22.3.2016 – 3 StR 516/15, NStZ 2016, 562.
[182] BGH 9.4.2009 – 3 StR 376/08, BGHSt 53, 268 = NJW 2010, 625 mit Besprechung *Gubitz/Bock* NStZ 2010, 190; *Meyer-Goßner/Schmitt* Rn. 16b.
[183] *Löwe/Rosenberg/Breidling* Rn. 58.

überhaupt ein Anlass für die Ausnahmeregelung des Abs. 4.[184] Die Vorschrift gilt gleichermaßen für die Jahresgeschäftsverteilung wie für Änderungen nach Abs. 3.[185] Voraussetzung ist eine **vorangegangene Tätigkeit in der Sache.** Nach vorzugswürdiger Ansicht ist damit eine Prozesshandlung oder Entscheidung (zB im Zwischenverfahren) gemeint.[186] Die Gegenansicht[187] will auf den Eingang der Sache abstellen, was zwar Abgrenzungsschwierigkeiten vermeidet, aber gegen den eindeutigen Wortlaut verstößt. Abs. 4 ist auf Hilfsspruchkörper anwendbar,[188] nicht jedoch auf Schöffen.[189]

VI. Verfahren

1. Allgemeines. Das Verfahren des Präsidiums ist in § 21e lückenhaft geregelt.[190] Weitere Vorschriften finden sich in § 21c Abs. 1 S. 2 und § 21i Abs. 1. Eine analoge Anwendung der allgemeinen Verfahrensvorschriften (StPO, ZPO, FamFG, VwGO, ArbGG, FGO, SGG, BVerfGG) kommt nicht in Betracht.[191] Auch die übrigen Normen des GVG sind auf das Präsidiumsverfahren nicht anwendbar.[192] Daher ist das Präsidium **in seinem Verfahren weitgehend frei** und bestimmt es nach eigenem pflichtgemäßem Ermessen.[193] Es kann sich eine Geschäftsordnung geben, was aber selten zweckmäßig sein wird.[194]

Den **Vorsitz** führt der Präsident/aufsichtführende Richter. Er führt die Geschäfte, setzt die Tagesordnung fest, beruft die Sitzungen ein, leitet diese und ist verantwortlich für die Beurkundung und Bekanntmachung der Beschlüsse, § 21e Abs. 9. Er vertritt das Präsidium nach außen und handelt in Eilfällen an Stelle des Präsidiums (§ 21i Abs. 2). Er hat die räumlichen und sächlichen Mittel zur Verfügung zu stellen, die Beratungen vorzubereiten und den Präsidiumsmitgliedern die Informationen zu verschaffen, die sie für ihre Aufgaben benötigen. Der Vorsitzende beraumt die Sitzungen an, bestimmt Zeit und Ort und lädt die Mitglieder grundsätzlich schriftlich (tunlichst mit Mitteilung der Tagesordnung[195]) und unter Wahrung einer angemessenen Frist, die sich nach Dringlichkeit bemisst.[196] Insbesondere die Beratung zur Jahresgeschäftsverteilung muss so zeitig vor Ablauf des Jahres erfolgen, dass das Präsidium noch Fragen klären und sich ggf. notwendige Informationen beschaffen kann. Eine feste Frist und Zwang zur Schriftlichkeit gibt es jedoch nicht. Gerade bei kleinen Gerichten kann das Präsidium auch spontan tagen. Bei der Anberaumung des Termins, Rechtzeitigkeit der Ladung usw. handelt **der Vorsitzende nach pflichtgemäßem Ermessen.** Solange kein Ermessensmissbrauch im Sinne von Willkür vorliegt, werden die Beschlussfassung und damit die Bestimmung des gesetzlichen Richters von Fehlern des Vorsitzenden nicht berührt.[197] Eine Sitzung ist anzuberaumen, wenn ein Bedürfnis für das Tätigwerden des Präsidiums besteht oder wenigstens ein Präsidiumsmitglied eine Sitzung zur Aussprache über Angelegenheiten im Sinne von Abs. 1, 3 beantragt.[198] Für Streitigkeiten zwischen einem Präsidiumsmitglied und dem Vorsitzenden über die Anbe-

---

[184] BGH 3.2.1982 – 2 StR 634/81, BGHSt 30, 371 = NJW 1982, 1470 (1471).
[185] KK/*Diemer* Rn. 16; Löwe/Rosenberg/*Breidling* Rn. 54; Meyer-Goßner/*Schmitt* Rn. 17.
[186] Löwe/Rosenberg/*Breidling* Rn. 55; Meyer-Goßner/*Schmitt* Rn. 17.
[187] *Katholnigg* Rn. 10; Kissel/*Mayer* Rn. 149.
[188] Löwe/Rosenberg/*Breidling* Rn. 57.
[189] Löwe/Rosenberg/*Breidling* Rn. 57.
[190] BGH 7.4.1995 – RiZ (R) 7/94, NJW 1995, 2494; Kissel/*Mayer* Rn. 27; MüKoZPO/*Zimmermann* Rn. 48.
[191] BGH 7.4.1995 – RiZ (R) 7/94, NJW 1995, 2494; Kissel/*Mayer* Rn. 28; MüKoZPO/*Zimmermann* Rn. 49.
[192] BGH 7.4.1995 – RiZ (R) 7/94, NJW 1995, 2494; Kissel/*Mayer* Rn. 28; MüKoZPO/*Zimmermann* Rn. 49.
[193] BGH 28.11.1958 – 1 StR 449/58, BGHSt 12, 226 = NJW 1959, 685.
[194] Kritisch zur Zweckmäßigkeit auch Kissel/*Mayer* Rn. 28; KK/*Diemer* § 21a Rn. 7 mwN; vgl. → § 21a Rn. 11.
[195] Löwe/Rosenberg/*Breidling* Rn. 64.
[196] Löwe/Rosenberg/*Breidling* Rn. 64.
[197] BGH 12.5.1959 – 1 StR 145/59, BGHSt 13, 26 = NJW 1959, 1378.
[198] Löwe/Rosenberg/*Breidling* Rn. 64 mwN.

raumung von Sitzungen, die Erweiterung der Tagesordnung und Abstimmung über einzelne Fragen soll der Verwaltungsrechtsweg eröffnet sein (Feststellungsklage).[199]

54 Die Beschlussfassung findet regelmäßig in einer Sitzung statt. Das **Umlaufverfahren** ist bei eilbedürftigen und unumstrittenen Entscheidungen zulässig, wenn alle nicht abwesenden Mitglieder im konkreten Fall damit einverstanden sind und aus Gründen der Vereinfachung und insbesondere der Beschleunigung in Eilfällen ohne Qualitätsverlust bei der Entscheidung selbst auf eine Sitzung verzichtet werden kann.[200]

55 §§ 192 ff. sind auf das Verfahren des Präsidiums nicht anwendbar.[201] Auch insoweit entscheidet das Präsidium über sein Verfahren selbst. § 194 enthält aber einen allgemeingültigen Grundsatz, der vorbehaltlich einer anderen Regelung durch das Präsidium Wirkung entfaltet.[202] Es besteht die Pflicht, an den Sitzungen teilzunehmen (außer im Fall der Verhinderung) und an den Abstimmungen teilzunehmen. Die **Enthaltung ist unzulässig**.[203] Das Präsidium entscheidet unter der Voraussetzung seiner Beschlussfähigkeit (§ 21i Abs. 1) mit Stimmenmehrheit (Abs. 7 S. 1) der Anwesenden. Kommt ein Beschluss mangels Mehrheit nicht zustande, sind so lange Sitzungen durchzuführen, bis der regelungsbedürftige Sachverhalt mit Stimmenmehrheit eine Regelung gefunden hat. Ergibt sich das Bedürfnis für eine zwischenzeitliche Regelung, trifft sie der Vorsitzende nach § 21i Abs. 2.[204] Eine Ablehnung eines Mitglieds/des Vorsitzenden wegen Befangenheit findet nicht statt.[205]

56 Die Beschlussfassung ist schriftlich zu protokollieren und vom Vorsitzenden zu unterschreiben, wobei neben dem Inhalt des Beschlusses selbst nur die Anwesenden und das Abstimmungsergebnis zwingend in das Protokoll aufzunehmen sind **(Ergebnisprotokoll)**.[206] Bei Änderungsbeschlüssen nach Abs. 3 ergibt sich eine erhöhte Dokumentationspflicht, sodass der Grund für die Änderung entweder im Beschluss selbst oder im Protokoll niedergelegt sein muss (→ Rn. 50).

57 **2. Anhörungspflichten.** Vor Erlass der **Jahresgeschäftsverteilung** ist jedem Richter, der nicht Mitglied des Präsidiums ist, das Recht zur Äußerung zu gewähren, **Abs. 2**. Das bedeutet indes nicht, dass jeder Richter ausdrücklich befragt werden muss (**„Gelegenheit zur Äußerung"**). Die Aufgabe kann delegiert werden. Eine Anhörung durch den Präsidialrichter/Referentenrichter genügt. Auf seinen ausdrücklichen Wunsch ist der Richter vom Präsidium anzuhören.[207]

58 Nach **Abs. 5** ist jedem Richter (einschließlich Vorsitzenden) Gelegenheit zur Äußerung zu geben, wenn er ganz oder teilweise einem anderen Spruchkörper zugeteilt oder die Zuständigkeit seines Spruchkörpers geändert werden soll. Dazu sind ihm die beabsichtigten **Änderungen rechtzeitig bekannt** zu machen. Die Vorschrift dient dem Einfluss des jeweiligen Richters auf die Entscheidung des Präsidiums, aber auch der Information des Präsidiums selbst über Stärken und Schwächen, besondere Kenntnisse usw. des betroffenen

---

[199] VGH Mannheim 5.12.1978 – X 2676/78, DRiZ 1980, 147; aA *Kissel/Mayer* Rn. 25, 35; Löwe/Rosenberg/*Breidling* Rn. 65: nicht justiziabel.
[200] HM: BGH 30.7.1998 – 5 StR 574/97, NJW 1999, 154 (155); BVerwG 25.4.1991 – 7 C 11/90, NJW 1992, 254; KK/*Diemer* § 21a Rn. 7; Löwe/Rosenberg/*Breidling* Rn. 75; Meyer-Goßner/*Schmitt* § 21i Rn. 1 jeweils mwN.
[201] BGH 7.4.1995 – RiZ (R) 7/94, NJW 1995, 2494; *Kissel/Mayer* Rn. 28; Löwe/Rosenberg/*Breidling* Rn. 66; MüKoZPO/*Zimmermann* Rn. 49; für eine entsprechende Anwendung der §§ 194 ff. noch BGH 13.2.1958 – II ZR 137/56, NJW 1958, 550.
[202] So auch *Kissel/Mayer* Rn. 70; nach BGH 7.4.1995 – RiZ (R) 7/94, NJW 1995, 2494 soll das auch für § 193 sowie § 43 DRiG (Beratungsgeheimnis) gelten.
[203] HM, *Fischer* DRiZ 1978, 174; *Katholnigg* Rn. 12; *Kissel/Mayer* Rn. 72; Löwe/Rosenberg/*Breidling* Rn. 66; MüKoZPO/*Zimmermann* Rn. 58; aA *Schorn/Stanicki* S. 163.
[204] *Kissel/Mayer* Rn. 71.
[205] hM, BVerwG 28.11.1975 – VII C 47.73, BVerwGE 50, 11 = NJW 1976, 1224; *Katholnigg* Rn. 12; KK/*Diemer* § 21a Rn. 3; *Kissel/Mayer* Rn. 68; Löwe/Rosenberg/*Breidling* Rn. 67 mwN auch zur Gegenansicht: *Schorn/Stanicki* S. 195.
[206] BVerwG 5.4.1983 – 9 CB 12/80, NJW 1984, 575 (Ls.) = BeckRS 1983, 31255447; *Kissel/Mayer* Rn. 74.
[207] Löwe/Rosenberg/*Breidling* Rn. 36.

Richters und damit der Ausübung der sachgerechten Gestaltung (→ Rn. 28). Sie gilt sowohl für die Jahresgeschäftsverteilung als auch für unterjährige Änderungen (Abs. 3).

Soll die Geschäftsverteilung nach Abs. 3 geändert werden, sind die Vorsitzenden der von 59 der Änderung **betroffenen Spruchkörper** zuvor anzuhören, **Abs. 3 S. 2**. Damit sind alle Änderungen gemeint, die die Zuständigkeit des Spruchkörpers selbst, aber auch die Zuweisung der Richter zu den Spruchkörpern (Besetzung) betreffen. Insoweit können sich Überschneidungen mit Abs. 5 ergeben. Ist die Anhörung des Vorsitzenden nicht möglich, ist seinem Vertreter die Gelegenheit zur Stellungnahme zu geben (entsprechend § 21f Abs. 2).

Weitere Anhörungsrechte bestehen für den Richterrat gemäß § 52 DRiG in Verbin- 60 dung mit §§ 67, 68 BPersVG und den entsprechenden Vorschriften der Länder, wenn er im Interesse und mit Zustimmung des betroffenen Richters darum ersucht.[208] Ferner ist ggf. die Schwerbehindertenvertretung nach § 95 Abs. 4 S. 4 SGB IX auf Antrag des betroffenen Richters anzuhören.

Sämtliche Anhörungsrechte gelten auch, wenn der Präsident/aufsichtführende Richter 61 eine **Maßnahme nach § 21i Abs. 2** trifft, weil diese in Bezug auf ihre Voraussetzungen und (vorläufigen) Wirkungen der entsprechenden Entschließung des Präsidiums gleich steht.

Alle Anhörungen können in **Eilfällen** unterbleiben. Diese Regelung findet sich aus- 62 drücklich nur in Abs. 5 und § 95 Abs. 4 S. 4 SGB IX, ist aber verallgemeinerungsfähig.[209] Ein Eilfall liegt vor, wenn die Anhörung nicht rechtzeitig vor der Präsidiumsentschließung erfolgen kann. Das kann sich aus der Abwesenheit des Anzuhörenden (und im Fall des Abs. 3 S. 2 zusätzlich seines Vertreters) oder der besonderen Eilbedürftigkeit der Sachentscheidung des Präsidiums ergeben.

Die **fehlende Anhörung** begründet nicht die Unwirksamkeit des Präsidiumsbeschlusses. 63 Sie ist aber unabhängig vom Grund ihrer Unterlassung (Eilfall, versehentliche Unterlassung) nachzuholen. Die nachgeholte Anhörung kann Anlass sein, die Geschäftsverteilung für die Zukunft zu ändern. Ein Grund im Sinne des Abs. 3 S. 1 (→ Rn. 46 ff.) wird sich regelmäßig daraus nicht ergeben. Die Verletzung der Anhörungspflicht ist nicht anfechtbar.[210]

Ein **Anhörungsrecht des Präsidiums** selbst regelt **Abs. 6**. Soll ein Richter, der dem 64 Präsidium zuvor für Rechtsprechungsaufgaben zur Verfügung stand, für Aufgaben der Justizverwaltung ganz oder teilweise von seiner Rechtsprechungstätigkeit freigestellt werden, ist das Präsidium zuvor anzuhören. Nicht davon erfasst sind Richter, die kraft Amtes Justizverwaltungsaufgaben wahrnehmen (Präsidenten und aufsichtführende Richter sowie deren ständige Vertreter).[211]

3. Öffentlichkeit, Abs. 8. Beratung und Abstimmung des Präsidiums sind nichtöffent- 65 lich. Das ergibt sich bereits als Umkehrschluss aus Abs. 8 S. 1.[212] Das Präsidium kann mit Stimmenmehrheit die **Richteröffentlichkeit** für die gesamte oder Teile der Sitzung beschließen. Nur Richtern des Gerichts selbst kann die Anwesenheit gestattet werden. Denkbar ist auch eine Teil-Richteröffentlichkeit (zB die Strafrichter). Insoweit muss das Präsidium sein pflichtgemäßes Ermessen ausüben. Als Akt richterlicher Unabhängigkeit ist die Entscheidung der Dienstaufsicht entzogen.[213] Der Ausschluss einzelner Richter stellt in der Regel einen Ermessensfehlgebrauch dar.[214] Tagt das Präsidium richteröffentlich, sind Ort und Zeitpunkt der Sitzung vorher bekannt zu machen.

4. Auflegung des Geschäftsverteilungsplans, Abs. 9. Der Geschäftsverteilungsplan 66 muss nicht veröffentlicht werden. Er ist den davon betroffenen Richtern unverzüglich

---

[208] *Kissel/Mayer* Rn. 49; *Löwe/Rosenberg/Breidling* Rn. 42.
[209] *Kissel/Mayer* Rn. 51.
[210] *Kissel/Mayer* Rn. 56.
[211] *Kissel/Mayer* Rn. 58.
[212] BVerfG 28.11.2007 – 2 BvR 1431/07, NJW 2008, 909.
[213] BGH 7.4.1995 – RiZ (R) 7/94, NJW 1995, 2494; *Kissel/Mayer* Rn. 27; *MüKoZPO/Zimmermann* Rn. 48. BGH 7.4.1995 – RiZ (R) 7/94, NJW 1995, 2494; KK/*Diemer* Rn. 17.
[214] Vgl. *Löwe/Rosenberg/Breidling* Rn. 70.

bekannt zu machen und die betroffenen Geschäftsstellen usw. sind zu unterrichten.[215] Die **Beschlüsse und darüber hinausgehende Inhalte des Protokolls** sind auf einer vom Präsidenten/aufsichtführenden Richter bestimmten Geschäftsstelle „zur Einsichtnahme aufzulegen". Ein Anspruch auf Überlassung von Ablichtungen besteht nicht. Ist eine Einsichtnahme aber nicht möglich oder unzumutbar, ist über die Inhalte der aufgelegten Dokumente Auskunft zu geben.[216] Die Geschäftsverteilungspläne der obersten Gerichtshöfe des Bundes werden im Bundesanzeiger veröffentlicht.[217] Aus Gründen der Transparenz und positiven Selbstdarstellung der Gerichte[218] bietet sich eine Publizierung zumindest der Geschäftsverteilungspläne selbst an. Es liegt nahe, dafür die von vielen Gerichten oder der Justizverwaltung für die Gerichte mittlerweile vorgehaltenen Internetseiten zu nutzen.

VII. Anfechtbarkeit

67 **1. Besetzungsrüge.** Eine eigene Anfechtbarkeit der Geschäftsverteilung durch die Verfahrensbeteiligten existiert nicht.[219] Diese sind nur mittelbar betroffen und durch die Besetzungsrüge ausreichend geschützt. Die Überprüfung ist allerdings **eingeschränkt.** Fehler bei der **Präsidiumswahl** können nicht gerügt werden.[220] Fehler im **Verfahren** des Präsidiums verhelfen der Besetzungsrüge nur zum Erfolg, wenn sie so grob waren, dass der Geschäftsverteilungsplan unwirksam ist (zB bei Entscheidung ohne die erforderliche Stimmenmehrheit nach Abs. 7, Beschlüsse ohne jede Rechtsgrundlage, offenkundiger Verstoß gegen § 21i Abs. 2).[221]

68 Die **inhaltlichen** Entscheidungen des Präsidiums nach § 21e unterliegen nach neuerer Rechtsprechung nicht lediglich einer Vertretbarkeits- oder Willkürkontrolle. Sie sind vielmehr einer **vollständigen revisionsgerichtlichen Überprüfung** unterworfen,[222] insbesondere auch daraufhin, ob eine Überlastung eines Spruchkörpers vorgelegen hat und die vom Präsidium getroffenen Maßnahmen erforderlich waren.[223] Dabei sind vom Revisionsgericht nur solche Umstände heranzuziehen, die bis zur Entscheidung über einen in der Hauptverhandlung erhobenen Besetzungseinwand (§ 222b StPO) bekannt gemacht sind.[224] Betrifft ein Verfahren die Frage, ob eine Zuständigkeitsregel eines Geschäftsverteilungsplanes überhaupt als generell-abstrakte Regelung iSd Art. 101 Abs. 1 S. 2 GG anzusehen ist, überprüft das BVerfG vollumfänglich, ob die angewendete Regelung generell-abstrakt ist.[225] Soweit allerdings dem Präsidium Ermessen zusteht, es im Rahmen seiner gestalterischen Spielräume (→ Rn. 28) tätig wird oder eine Frage der Auslegung der Geschäftsverteilung betroffen ist, gilt auch im Revisionsverfahren der Willkürmaßstab.[226]

69 **2. Verwaltungsrechtliche Anfechtung durch den betroffenen Richter.** Nach der gesetzlichen Konzeption ist der Geschäftsverteilungsplan nicht unmittelbar und isoliert anfechtbar.[227] Nach mittlerweile gefestigter – vom BVerfG[228] gebilligter – verwaltungsrecht-

---

[215] *Kissel/Mayer* Rn. 75.
[216] OLG Frankfurt a. M. 23.2.2006 – 3 VAs 13/06, NStZ-RR 2006, 208.
[217] Vgl. auch § 14 Abs. 4 BVerfGG für das BVerfG.
[218] Vgl. *Kissel/Mayer* Rn. 77.
[219] OLG Karlsruhe 14.4.2016 – 2 VAs 3/16, BeckRS 2016, 07694; *Kissel/Mayer* Rn. 120; *Löwe/Rosenberg/Breidling* Rn. 77.
[220] *Kissel/Mayer* Rn. 120; *MüKoZPO/Zimmermann* Rn. 61.
[221] *Kissel/Mayer* Rn. 120; *MüKoZPO/Zimmermann* Rn. 61.
[222] BVerwG 5.12.1986 – 4 CB 4/86, NJW 1987, 2031 (2032); BGH 10.7.2013 – 2 StR 116/13, NStZ 2014, 226 mAnm *Sowada* HRRS 2015, 16; 12.5.2015 – 3 StR 569/14, NJW 2015, 2597 (2599); 21.5.2015 – 4 StR 577/14, NStZ-RR 2015, 288; BVerwG 15.7.2015 – 9 BN 1/15, NVwZ 2015, 1695.
[223] BGH 9.4.2009 – 3 StR 376/08, BGHSt 53, 268 = NJW 2010, 625 mit Besprechung *Gubitz/Bock* NStZ 2010, 190.
[224] BGH 10.7.2013 – 2 StR 116/13, NStZ 2014, 226 (227) mAnm *Sowada* HRRS 2015, 16.
[225] BVerfG 23.12.2016 – 2 BvR 2023/16, wistra 2017, 187.
[226] BVerwG 15.7.2015 – 9 BN 1/15, NVwZ 2015, 1695 mAnm *Heusch*; *Kissel/Mayer* Rn. 120; *MüKoZPO/Zimmermann* Rn. 66; vgl. auch → § 16 Rn. 29 ff.
[227] Früher allgemeine ausnahmslose Ansicht. Vgl. zur historischen Entwicklung *Kissel/Mayer* Rn. 121 ff.; *Löwe/Rosenberg/Breidling* Rn. 77 ff.
[228] BVerfG 3.12.1990 – 2 BvR 785/90, 2 BvR 1536/90, DRiZ 1991, 100 mwN.

licher Rechtsprechung[229] können selbstbetroffene Richter im Verwaltungsrechtsweg die Entscheidungen des Präsidiums überprüfen lassen. Dieser Rechtsprechung haben sich der BGH[230] und die überwiegende Ansicht in der Literatur[231] angeschlossen. Richtige Klageart ist die **Feststellungsklage**, da es sich bei dem Geschäftsverteilungsplan nicht um einen Verwaltungsakt, sondern einen gerichtsinternen Organisationsakt handelt (dazu → Rn. 26).[232] Gegen Beschlüsse des Präsidiums kann auch im einstweiligen Rechtsschutz nach § 123 Abs. 1 VwGO vorgegangen werden.[233] Da die Verteilung der richterlichen Geschäfte eine organisatorische Maßnahme darstellt, die einer beamtenrechtlichen Umsetzung entspricht oder vergleichbar ist, ist das dem Präsidium eingeräumte Ermessen innerhalb der gesetzlichen Grenzen grundsätzlich weit.[234] Mögliche Verletzungen der persönlichen Rechte des betroffenen Richters, die den Ermessensspielraum des Präsidiums begrenzen, sind daher Verstöße gegen die richterliche Unabhängigkeit (Art. 33 Abs. 5 iVm Art. 97 Abs. 2 GG) und gegen das Willkürverbot (Art. 3 Abs. 1 GG).[235] Dem betroffenen Richter steht folglich ein subjektives Recht auf fehlerfreien Ermessensgebrauch des Präsidiums zu.[236] Auch verdeckte disziplinarische Maßnahmen führen zur Rechtswidrigkeit des Geschäftsverteilungsplans.[237] Es ist umstritten, wer für die Klage gegen das Präsidium passiv legitimiert ist. Die überwiegende Ansicht hält das jeweilige Land bzw. die Bundesrepublik als Dienstherrin für den richtigen Klagegegner.[238]

§ 21f [Vorsitz in den Spruchkörpern]

(1) Den Vorsitz in den Spruchkörpern bei den Landgerichten, bei den Oberlandesgerichten sowie bei dem Bundesgerichtshof führen der Präsident und die Vorsitzenden Richter.

(2) ¹Bei Verhinderung des Vorsitzenden führt den Vorsitz das vom Präsidium bestimmte Mitglied des Spruchkörpers. ²Ist auch dieser Vertreter verhindert, führt das dienstälteste, bei gleichem Dienstalter das lebensälteste Mitglied des Spruchkörpers den Vorsitz.

Übersicht

	Rn.		Rn.
I. Normzweck	1	4. Doppelvorsitz	5
II. Vorsitzender, Abs. 1	2–5	III. Vertretung, Abs. 2	6–13
1. Jeder ständige Spruchkörper	2	1. Ständiger Vertreter, Abs. 2 S. 1	7, 8
2. Nichtständige Spruchkörper	3	2. Weiterer Vertreter, Abs. 2 S. 2	9–11
3. Jeder Vorsitzende Richter muss einem Spruchkörper vorsitzen	4	3. Verhinderung	12, 13

---

[229] BVerwG 28.11.1975 – VII C 47.73, BVerwGE 50, 11 = NJW 1976, 1224 und seither ständig.
[230] BGH 31.1.1984 – RiZ (R) 3/83, BGHZ 90, 41 = NJW 1984, 2531 (2532 f.).
[231] Kissel/Mayer Rn. 121; KK/Diemer § 21a Rn. 4; Löwe/Rosenberg/Breidling Rn. 79; Meyer-Goßner/Schmitt Rn. 24; MüKoZPO/Zimmermann Rn. 65.
[232] VGH Mannheim 17.1.2011 – 4 S 1/11, DRiZ 2011, 141 = NJW-RR 2011, 861 mwN.
[233] VGH Mannheim 17.1.2011 – 4 S 1/11, DRiZ 2011, 141 = NJW-RR 2011, 861 mwN.
[234] VGH Mannheim 17.1.2011 – 4 S 1/11, DRiZ 2011, 141 = NJW-RR 2011, 861; Kissel/Mayer Rn. 78 ff.
[235] → § 1 Rn. 67; BVerfG 14.7.2016 – 2 BvR 661/16, NJW 2016, 3711; BVerwG 18.3.1982 – 9 CB 1076/81, NJW 1982, 2274.
[236] VGH Mannheim 17.1.2011 – 4 S 1/11, DRiZ 2011, 141 = NJW-RR 2011, 861.
[237] BVerfG 25.8.2016 – 2 BvR 877/16, DRiZ 2017, 64; OVG Hamburg 19.9.1986 – Bs V 144/86, NJW 1987, 1215 (1217).
[238] BVerwG 28.11.1975 – VII C 47.73, BVerwGE 50, 11 = NJW 1976, 1224; OVG Hamburg 19.9.1986 – Bs V 144/86, NJW 1987, 1215 (1216); VGH Mannheim 17.1.2011 – 4 S 1/11, DRiZ 2011, 141 = NJW-RR 2011, 861; OVG Münster 30.5.8012 – B 427/80, RiA 1980, 200; Löwe/Rosenberg/Breidling Rn. 81; Kissel/Mayer Rn. 123; MüKoZPO/Zimmermann § 21a Rn. 16; nach aA ist das Präsidium selbst richtiger Klagegegner: VGH Kassel 29.12.1981 – 1 TG 45/81, DRiZ 1984, 62; OVG Koblenz 3.12.2007 – 10 B 11104/07, NJW-RR 2008, 579; widersprüchlich MüKoZPO/Zimmermann Rn. 65.

I. Normzweck

1 § 21f regelt den Vorsitz in den Kollegialspruchkörpern durch Vorsitzende Richter (Abs. 1) sowie deren Vertretung (Abs. 2). Die Vorschrift bezweckt, dass nur solche Richter den Spruchkörpern vorsitzen, die aufgrund von Erfahrung, Bewährung und Eignung die **Qualität und Einheitlichkeit der Rechtsprechung** in ihrem Spruchkörper in besonderem Maße gewährleisten.[1] Der Vorsitzende soll daher auf die Rechtsprechung „richtungsweisenden Einfluss"[2] ausüben können.

II. Vorsitzender, Abs. 1

2 **1. Jeder ständige Spruchkörper.** Jeder **ständige Kollegialspruchkörper** am LG, OLG und BGH muss einen Vorsitzenden haben, der in der Regel **Vorsitzender Richter** ist. Die kleine Strafkammer (§ 76 Abs. 1 S. 1 Alt. 1) ist ein solcher Spruchkörper, nicht jedoch die sogenannte kleine Strafvollstreckungskammer (§ 78b Abs. 1 Nr. 2).[3] Ergänzend gilt § 28 Abs. 2 DRiG, wonach nur ein Richter auf Lebenszeit den Vorsitz in einem mit mehreren Berufsrichtern besetzten Spruchkörper führen darf. Vorsitzende im Sinn des § 21f sind auch der Präsident und der Vizepräsident. Für Amtsgerichte gilt § 21f nicht, auch nicht für Schöffengerichte. In erweiternder Auslegung darf den Vorsitz einer Kammer am Landgericht auch ein (Vorsitzender) Richter am OLG führen, der an das Landgericht (rück-)abgeordnet ist. Da die Anforderungen an das Beförderungsamt des Richters am OLG in Bezug auf Eignung, Befähigung und Leistung denen des Vorsitzenden Richters am Landgericht entsprechen, ist dem Normzweck in diesem Fall genüge getan.[4] Ein Richter am Landgericht oder Richter am Amtsgericht[5] kann jedoch nicht zum ständigen Vorsitzenden einer Strafkammer bestellt werden.[6] Nach fragwürdiger Ansicht des KG[7] soll die Besetzung einer kleinen Strafkammer mit einem Richter im Eingangsamt zulässig sein, wenn eine Eignungserprobung unter den Voraussetzungen der jeweiligen ErprobungsAV für einen von vornherein klar abgegrenzten Zeitraum erfolgt. Dann habe das Präsidium den zur Erprobung ausgewählten Richter wie einen Vorsitzenden zu behandeln und einer Strafkammer zuzuweisen.

3 **2. Nichtständige Spruchkörper.** Eine Ausnahme von obigem Grundsatz gilt nach der Rechtsprechung[8] und der überwiegenden Meinung in der Literatur[9] für nichtständige Spruchkörper, insbes. **Hilfsstrafkammern,** da die Einrichtung eines solchen Spruchkörpers eine spruchkörperinterne Vertretungsregel darstellt,[10] die eine Anwendung von Abs. 2 S. 1 ermöglicht.[11] In der Hilfsstrafkammer muss aber ein Richter auf Lebenszeit den Vorsitz führen (§ 28 Abs. 2 DRiG). Auch gilt § 29 DRiG, wonach an der Entscheidung nicht mehr als ein Richter auf Probe, Richter kraft Auftrags oder abgeordneter Richter mitwirken darf.

4 **3. Jeder Vorsitzende Richter muss einem Spruchkörper vorsitzen.** Umgekehrt muss jeder Vorsitzende im Sinn des § 21f (einschließlich Präsident und Vizepräsident) **einem Spruchkörper vorsitzen.** Eine ausschließliche Verwendung für Verwaltungsaufgaben ist

---

[1] BGH 16.11.1972 – 1 StR 418/72, BGHSt 25, 54 (55 f.) = NJW 1973, 205; 8.1.2009 – 5 StR 537/08, NJW 2009, 931 (932); Löwe/Rosenberg/*Breidling* Rn. 2.
[2] BVerfG 23.5.2012 – 2 BvR 610/12, 2 BvR 625/12, NJW 2012, 2334 (2336); BGH 19.6.1962 – GSZ 1/61, BGHZ 37, 210 = NJW 1962, 1570; BGH 21.10.1994 – V ZR 151/93, NJW 1995, 335 (336) mwN.
[3] → § 78b Rn. 2.
[4] Ausdrücklich für den rückabgeordneten Richter am OLG: BGH 10.12.2008 – 1 StR 322/08, BGHSt 53, 99 = NJW 2009, 381 (382).
[5] OLG Hamm 3.11.2003 – 3 Ss 572/03, NStZ-RR 2004, 146.
[6] KK/*Diemer* Rn. 1 mwN; MüKoZPO/*Zimmermann* Rn. 2.
[7] KG 14.12.2017 – (4) 121 Ss 127/17 (211/17), BeckRS 2017, 137051.
[8] BGH 7.6.1983 – 4 StR 9/83, BGHSt 31, 389 = NJW 1983, 2952; BGH 22.8.1985 – 4 StR 398/85, BGHSt 33, 303 = NJW 1986, 144.
[9] *Katholnigg* JR 1983, 520; KK/*Diemer* Rn. 1; Löwe/Rosenberg/*Breidling* Rn. 13; Meyer-Goßner/*Schmitt* Rn. 12; MüKoZPO/*Zimmermann* Rn. 2; aA *Frisch* NStZ 1984, 86; *Kissel/Mayer* Rn. 7; SK/*Velten* Rn. 3; *Schorn/Stanicki* S. 142.
[10] Vgl. → § 16 Rn. 7 und → § 21e Rn. 13.
[11] So auch Löwe/Rosenberg/*Breidling* Rn. 13 f.; MüKoZPO/*Zimmermann* Rn. 2.

unzulässig. Es spricht nichts dagegen, dem Vorsitzenden zugleich als Vertreter eine Beisitzerfunktion in einem anderen Spruchkörper zuzuweisen.[12] Er darf auch bei Verhinderung der Tätigkeit als Vorsitzender (zB wegen Heiserkeit) im eigenen Spruchkörper als Beisitzer tätig sein.[13]

4. Doppelvorsitz. Ein Vorsitzender kann den **Vorsitz in mehreren Spruchkörpern** 5 übernehmen. Er muss allerdings in der Lage sein, seine Aufgaben als Vorsitzender „richtungsweisend" zu erfüllen. Es obliegt in erster Linie dem Vorsitzenden, bei wechselnder Zusammensetzung des Spruchkörpers, Güte und Stetigkeit der Rechtsprechung und damit die Rechtssicherheit in besonderem Maße zu gewährleisten. Er muss die Möglichkeit haben, diese vielfältigen Aufgaben zu erfüllen. Ist das nicht der Fall, so ist das Gericht nicht vorschriftsmäßig besetzt.[14] Ob es sich dabei jedoch um ein verfassungsrechtliches Gebot handelt, muss bezweifelt werden.[15] Nach einer Entscheidung des Großen Senats für Zivilsachen muss der Vorsitzende mindestens 75 % der Aufgaben des Vorsitzenden selbst wahrnehmen.[16] Das betrifft aber nur die quantitative, nicht die qualitative Mitwirkung.[17] Dabei ist nicht die Zahl der Sitzungen maßgeblich, an denen der Vorsitzende teilgenommen hat.[18] Auch die Mitwirkung an Beschlüssen, Anordnungen und Beratungen ist zu berücksichtigen. Die 75 %-Grenze gilt nicht nur in Fällen des Doppelvorsitzes, sondern grundsätzlich, also insb. auch bei Präsidenten, die erheblich mit Aufgaben der Justizverwaltung befasst sind.[19] Die Belastung eines Vorsitzenden mit dem Vorsitz in zwei Senaten des Bundesgerichtshofs führt demnach nicht von vornherein zu einem Verstoß gegen Art. 101 Abs. 1 S. 2 GG.[20] Kann er den Aufgaben aber auch quantitativ nicht genügen, ist § 21f verletzt.[21]

III. Vertretung, Abs. 2

Abs. 2 behandelt in S. 1 die **regelmäßige Vertretung** des Vorsitzenden und in S. 2 die 6 weitere Vertretung bei Verhinderung auch des Vertreters. Die Norm gilt nur bei vorübergehender Verhinderung des Vorsitzenden, die keine notwendige Änderung der Geschäftsverteilung nach § 21e Abs. 3 S. 1 auslöst.[22]

1. Ständiger Vertreter, Abs. 2 S. 1. Das Präsidium bestellt für jeden Kollegialspruch- 7 körper einen ständigen Vertreter des Vorsitzenden, der Richter auf Lebenszeit (§ 28 Abs. 2 S. 2 DRiG) und regelmäßig (zur Ausnahme → Rn. 8) ständiges Mitglied des Spruchkörpers sein muss.[23] Dafür ist er dem Spruchkörper zur ständigen Dienstleistung zuzuweisen, eine bloße Urlaubsvertretungsregel genügt nicht.[24] Es kann sich auch um einen abgeordneten Richter handeln.[25] Da der ständige Stellvertreter im Vertretungsfall in die Stellung des Vorsitzenden eintritt, muss er auch in der Lage sein, dessen Aufgaben wahrzunehmen, also **Güte und Einheitlichkeit der Rechtsprechung zu gewährleisten.** Daraus folgt, dass

---

[12] BGH 22.4.1983 – RiZ (R) 4/82, BGHZ 88, 1 = NJW 1984, 129 (130 f.); Zöller/*Lückemann* Rn. 10; aA Löwe/Rosenberg/*Breidling* Rn. 11.
[13] BGH 24.3.1994 – 4 StR 20/94, MDR 1994, 764.
[14] BGH 16.11.1972 – 1 StR 418/72, BGHSt 25, 54 (55) = NJW 1973, 205.
[15] Offen gelassen von BVerfG 23.5.2012 – 2 BvR 610/12, 2 BvR 625/12, NJW 2012, 2334 (2336).
[16] BGH 19.6.1962 – GSZ 1/61, BGHZ 37, 210 = NJW 1962, 1570; BGH 21.10.1994 – V ZR 151/93, NJW 1995, 335 (336) mwN.
[17] BVerfG 23.5.2012 – 2 BvR 610/12, 2 BvR 625/12, NJW 2012, 2334 (2337); KK/*Diemer* Rn. 2.
[18] BGH 5.10.16 – XII ZR 50/14, BeckRS 2016, 19979.
[19] BGH 5.10.16 – XII ZR 50/14, BeckRS 2016, 19979; Zöller/*Lückemann* Rn. 3.
[20] BVerfG 23.5.2012 – 2 BvR 610/12, 2 BvR 625/12, NJW 2012, 2334 (2337); KK/*Diemer* Rn. 2; aA BGH 11.1.2012 – 2 StR 346/11, NStZ 2012, 406 mAnm *Sowada* NStZ 2012, 353.
[21] Vgl. *Sowada* NStZ 2012, 353.
[22] → § 21e Rn. 17, 45 und 48; BGH 12.3.2015 – VII ZR 173/13, NJW 2015, 1685.
[23] BGH 13.10.1964 – 1 StR 312/64, BGHSt 20, 61 = NJW 1065, 58; *Kissel/Mayer* Rn. 8; Löwe/Rosenberg/*Breidling* Rn. 17; MüKoZPO/*Zimmermann* Rn. 4.
[24] BGH 13.10.1964 – 1 StR 312/64, BGHSt 20, 61 = NJW 1065, 58; *Kissel/Mayer* Rn. 8.
[25] HM, KK/*Diemer* Rn. 3; *Kissel/Mayer* Rn. 12; MüKoZPO/*Zimmermann* Rn. 4; aA Löwe/Rosenberg/*Breidling* Rn. 17.

es unzulässig ist, mehrere gleichrangige und nebeneinander tätige Vertreter zu bestellen.[26] Das gilt auch, wenn die Vertreter für unterschiedliche Verfahren zuständig sein sollen. Eine solche Regel würde zwar den gesetzlichen Richter eindeutig bestimmen, aber dennoch aus den genannten Gründen gegen § 21f verstoßen.[27] Der Geschäftsverteilungsplan muss daher bei mehreren bestellten Vertretern eine Regelung enthalten, in welcher Reihenfolge diese zuständig sind.[28]

8 Abweichend von obigen Grundsätzen kann das Präsidium nach § 21e Abs. 3 S. 1, in Eilfällen der Präsident nach § 21i Abs. 2, einen (zeitweiligen[29]) Vertreter bestellen, der **nicht ständiges Mitglied des Spruchkörpers** ist, wenn alle Lebenszeitrichter des Spruchkörpers verhindert sind.[30] Eine weitere Ausnahme ergibt sich bei der kleinen Strafkammer (§ 76 Abs. 1 S. 1 Alt. 2), die von Gesetzes wegen – außer in den Fällen des § 76 Abs. 6 S. 1 – nur mit einem Berufsrichter besetzt ist. Da keine ständigen Mitglieder der Kammer vorhanden sind, muss der ständige Vertreter aus dem Kreis der übrigen Lebenszeitrichter des Gerichts bestimmt werden. Weil Abs. 2 S. 2 in diesen Fällen keine Anwendung finden kann, ist nach § 21e Abs. 1 S. 1 eine ausreichend lange Vertreterkette zu bestimmen.[31]

9 **2. Weiterer Vertreter, Abs. 2 S. 2.** Abs. 2 S. 2 stellt sicher, dass der Spruchkörper auch bei Verhinderung des regelmäßigen Vertreters durch ein ständiges Mitglied des Spruchkörpers vertreten wird. Es handelt sich um eine **gesetzliche Auffangregelung,** die das Präsidium nicht hindert, auch für den Vorsitzenden eine eindeutige gestufte Vertretungsregel mit mehr als einem Vertreter (Vertreterkette[32]) zu schaffen.[33] Dabei ist das Präsidium an die Grundsätze des Abs. 2 S. 2 nicht gebunden.[34] Hat es keine weitere Vertretung beschlossen, ist für den Fall der Verhinderung das dienstälteste (§ 20 S. 1 DRiG) ordentliche Mitglied des Spruchkörpers zur Vertretung berufen.[35] Bei gleichem Dienstalter entscheidet das Lebensalter. Die allgemeinen Voraussetzungen (Richter auf Lebenszeit, ständiges Mitglied des Spruchkörpers, → Rn. 7) gelten auch hier. Abs. 2 S. 2 ist eine über den Wortlaut hinausgehende allgemeine Regel zu entnehmen, die den Vorsitz bei Verhinderung des Dienstältesten an den Nächstdienstälteren usw. weitergibt, bis kein geeignetes Spruchkörpermitglied mehr verfügbar ist.[36] Bei überbesetzten Spruchkörpern[37] gilt Abs. 2 S. 2 für das dienstälteste Mitglied des gesamten Spruchkörpers. Auf die interne Zuständigkeitsverteilung (Spruchgruppen) kommt es nicht an.[38] Rückt ein dienstälterer Richter aus einem anderen Spruchkörper im Vertretungsfall ein, übernimmt dennoch das nach Abs. 2 S. 2 berufene ordentliche Spruchkörpermitglied den Vorsitz, was bei sehr kleinen Landgerichten zu kuriosen Besetzungen führen kann (zB RiLG als Vorsitzender, PräsLG und VRiLG als Beisitzer).

10 Nicht gesetzlich geklärt ist die Vorsitzendenvertretung bei **Verhinderung aller** zum Vorsitz fähigen (Lebenszeit-)Richter des Spruchkörpers. Nach dem eindeutigen Wortlaut gilt Abs. 2 S. 2 in diesem Fall nicht.[39] Insoweit ist zu unterscheiden: Regelt der Geschäftsverteilungsplan die Vorsitzendenvertretung eindeutig, greift nur dieser. Bestimmt die Geschäftsverteilung zwar regelmäßige Vertreter (aus anderen Spruchkörpern), ohne dabei die Frage der Vorsitzendenvertretung zu erfassen, findet der Rechtsgedanke des Abs. 2 S. 2 Anwen-

---

[26] OLG Hamm 3.11.2003 – 3 Ss 572/03, StV 2004, 366; KK/*Diemer* Rn. 3.
[27] Missverständlich insoweit OLG Hamm 3.11.2003 – 3 Ss 572/03, StV 2004, 366; KK/*Diemer* Rn. 3.
[28] OLG Hamm 3.11.2003 – 3 Ss 572/03, StV 2004, 366; KK/*Diemer* Rn. 3.
[29] Dazu → § 21e Rn. 16 und 45.
[30] BGH 18.2.1966 – 4 StR 637/65, BGHSt 21, 40 = NJW 1966, 941.
[31] Dazu → § 21e Rn. 16.
[32] Dazu → § 21e Rn. 16.
[33] *Kissel/Mayer* Rn. 9; MüKoZPO/*Zimmermann* Rn. 4; aA Löwe/Rosenberg/*Breidling* Rn. 17; aA *Schorn/Stanicki* S. 90.
[34] *Kissel/Mayer* Rn. 9; MüKoZPO/*Zimmermann* Rn. 4; aA Löwe/Rosenberg/*Breidling* Rn. 17.
[35] Zum allgemeinen Dienstalter *Kissel/Mayer* Rn. 10.
[36] Löwe/Rosenberg/*Breidling* Rn. 32.
[37] Dazu → § 21e Rn. 12.
[38] Löwe/Rosenberg/*Breidling* Rn. 32.
[39] So auch *Kissel/Mayer* Rn. 13.

dung,⁴⁰ wenn nicht das Präsidium oder der Präsident (§ 21i Abs. 2) eine vorrangige Vertretungsregelung trifft.⁴¹

Fällt der Vorsitzende während laufender Hauptverhandlung aus (Krankheit, Ruhestand, Befangenheit etc) und wurde im Vorhinein ein **Ergänzungsrichter** (§ 192) beigezogen, ist zunächst zu prüfen, ob die Geschäftsverteilung für diesen Fall eine Regelung vorsieht.⁴² Fehlt eine solche, gilt Abs. 2 S. 2 mit der Maßgabe, dass das dienstälteste, an der Hauptverhandlung beteiligte Mitglied des Spruchkörpers (ggf. der Ergänzungsrichter⁴³) den Vorsitz übernimmt, da nur so der Fortgang der Hauptverhandlung sichergestellt werden kann.⁴⁴ **11**

3. Verhinderung. Eine Verhinderung liegt auch bei Vorsitzenden nach den allgemeinen Grundsätzen vor.⁴⁵ § 21f Abs. 2 meint nur die vorübergehende Verhinderung.⁴⁶ Vorhersehbare dauerhafte Verhinderungen sind bereits bei der Jahresgeschäftsverteilung zu berücksichtigen und stellen keinen Vertretungsfall dar.⁴⁷ Der **Begriff der Verhinderung** erfasst jede tatsächliche oder rechtliche Hinderung, die Aufgabe wahrzunehmen.⁴⁸ Dieser Begriff ist zeit- und aufgabenbezogen, sodass eine Verhinderung trotz Anwesenheit vorliegen kann, wenn zB eine ordnungsgemäße Vorbereitung auf die Sitzung unmöglich ist oder eine andere – vorrangige – Aufgabe erledigt werden muss. Das ist bei Vorsitzenden, die den Vorsitz in mehreren Spruchkörpern führen (→ Rn. 5), oft problematisch. Kann der Vorsitzende seinen maßgebenden Einfluss nicht in beiden Spruchkörpern geltend machen (dazu → Rn. 5), insbes. zeitlich nicht in beiden Spruchkörpern wenigstens 75 % der Aufgaben wahrnehmen, liegt eine dauerhafte Verhinderung vor, die eine Vertretung ausschließt.⁴⁹ **12**

Soweit die **Feststellung der Verhinderung** erforderlich ist (nicht in offenkundigen Fällen⁵⁰), trifft sie der Vorsitzende für jede Strafsache konkret selbst.⁵¹ Gleiches gilt für den verhinderten Vertreter. Beruht die Verhinderung auf einem nicht durch Rechtsprechungsaufgaben innerhalb des eigenen Spruchkörpers veranlassten kollidierenden Dienstgeschäft⁵² und kann sie nicht innerhalb des Spruchkörpers selbst aufgefangen werden, sodass Richter aus anderen Spruchkörpern herangezogen werden müssen, geht die Zuständigkeit auf den Präsidenten über.⁵³ Die Feststellung der Verhinderung muss zeitlich vor Aufnahme der richterlichen Tätigkeit erfolgen, da erst mit der Feststellung die Zuständigkeit des Vertreters eintritt.⁵⁴ Sie kann noch im Rahmen des Verfahrens nach §§ 222a, 222b StPO nachgeholt werden.⁵⁵ **13**

§ 21g [Geschäftsverteilung innerhalb der Spruchkörper]

(1) ¹Innerhalb des mit mehreren Richtern besetzten Spruchkörpers werden die Geschäfte durch Beschluss aller dem Spruchkörper angehörenden Berufsrichter auf die Mitglieder verteilt. ²Bei Stimmengleichheit entscheidet das Präsidium.

---

⁴⁰ Vgl. BGH 3.3.1959 – 1 StR 646/58, NJW 1959, 1141.
⁴¹ BGH 18.2.1966 – 4 StR 637/65, BGHSt 21, 40 = NJW 1966, 941.
⁴² BGH 8.1.2009 – 5 StR 537/08, NJW 2009, 931.
⁴³ BGH 8.1.2009 – 5 StR 537/08, NJW 2009, 931: Ergänzungsrichter übernimmt den Vorsitz.
⁴⁴ Löwe/Rosenberg/*Breidling* Rn. 35.
⁴⁵ Dazu ausführlich → § 21e Rn. 17 ff.
⁴⁶ BGH 9.9.1966 – 4 StR 226/66, BGHSt 21, 131 = NJW 1967, 56; 13.9.2005 – VI ZR 137/04, BGHZ 164, 87 = NJW 2006, 154; 12.3.2015 – VII ZR 173/13, NJW 2015, 1685 (1687); KK/*Diemer* § 21e Rn. 9; Löwe/Rosenberg/*Breidling* § 21e Rn. 16 mwN; aA, ohne dass sich daraus im Ergebnis etwas ändert *Kissel/ Mayer* § 21e Rn. 142.
⁴⁷ BGH 13.9.2005 – VI ZR 137/04, BGHZ 164, 87 = NJW 2006, 154.
⁴⁸ BGH 18.2.1966 – 4 StR 637/65, BGHSt 21, 40 = NJW 1966, 941; *Kissel/Mayer* § 21e Rn. 144.
⁴⁹ BGH 5.10.2016 – XII ZR 50/14, BeckRS 2016, 19979; zu Lösungsansätzen *Sowada* NStZ 2012, 353 (357 ff.).
⁵⁰ → § 21e Rn. 21.
⁵¹ KK/*Diemer* § 21f Rn. 5; → § 21e Rn. 23.
⁵² BGH 21.3.1989 – 4 StR 98/89, StV 1989, 338; 4.10.1966 – 1 StR 282/66, BGHSt 21, 174 = NJW 1967, 637 (638); 21.10.1994 – V ZR 151/93, NJW 1995, 335.
⁵³ BGH 21.10.1994 – V ZR 151/93, NJW 1995, 335; dazu auch → § 21e Rn. 23.
⁵⁴ BGH 4.10.1966 – 1 StR 282/66, BGHSt 21, 174 = NJW 1967, 637; *Kissel/Mayer* § 21e Rn. 148.
⁵⁵ BGH 1.12.1981 – 1 StR 393/81, BGHSt 30, 268 = NJW 1982, 1404; 21.3.1989 – 4 StR 98/89, StV 1989, 338; *Kissel/Mayer* § 21e Rn. 148.

(2) Der Beschluss bestimmt vor Beginn des Geschäftsjahres für dessen Dauer, nach welchen Grundsätzen die Mitglieder an den Verfahren mitwirken; er kann nur geändert werden, wenn es wegen Überlastung, ungenügender Auslastung, Wechsels oder dauernder Verhinderung einzelner Mitglieder des Spruchkörpers nötig wird.

(3) Absatz 2 gilt entsprechend, soweit nach den Vorschriften der Prozessordnungen die Verfahren durch den Spruchkörper einem seiner Mitglieder zur Entscheidung als Einzelrichter übertragen werden können.

(4) Ist ein Berufsrichter an der Beschlussfassung verhindert, tritt der durch den Geschäftsverteilungsplan bestimmte Vertreter an seine Stelle.

(5) § 21i Abs. 2 findet mit der Maßgabe entsprechende Anwendung, dass die Bestimmung durch den Vorsitzenden getroffen wird.

(6) Vor der Beschlussfassung ist den Berufsrichtern, die von dem Beschluss betroffen werden, Gelegenheit zur Äußerung zu geben.

(7) § 21e Abs. 9 findet entsprechende Anwendung.

Übersicht

	Rn.		Rn.
I. Normzweck	1	4. Geltungsdauer und Änderung, Abs. 2	10, 11
II. Spruchkörperinterne Geschäftsverteilung	2–11	III. Verfahren	12–17
		1. Zuständigkeit, Abs. 1 S. 1	12
1. Allgemeine Grundsätze der spruchkörperinternen Geschäftsverteilung	3, 4	2. Abstimmungsverfahren, Abs. 1 S. 2	13
		3. Verhinderung, Abs. 4	14
2. Spruchkörperinterne Geschäftsverteilung als Bestimmung des gesetzlichen Richters	5, 6	4. Anhörungspflichten, Abs. 6	15
		5. Form und Auflegung, Abs. 7	16
		6. Eilzuständigkeit, Abs. 5	17
3. Inhaltliche Ausgestaltung	7–9	IV. Anfechtbarkeit	18, 19

I. Normzweck

1 § 21g regelt als Komplementärnorm zu § 21e die Geschäftsverteilung innerhalb der Kollegialspruchkörper und bestimmt in Fällen der Überbesetzung, der Einzelrichterzuweisung sowie der Besetzungsreduktion den **gesetzlichen Richter** nach Art. 101 Abs. 1 S. 2 GG, § 16 auf der untersten Regelungsstufe. Nach dem gewandelten Verständnis der abstrakt-generellen Vorbestimmung des gesetzlichen Richters[1] und der zunehmenden Bedeutung dieses Verfassungsguts kommt der mit Gesetz vom 22.12.1999[2] geänderten Norm wichtige Bedeutung zu. Wenn sich der gesetzliche Richter nicht bereits aus der gerichtlichen Geschäftsverteilung ergibt, überantwortet § 21g diese Bestimmung dem jeweiligen Spruchkörper in seiner Gesamtheit. Durch die Gleichberechtigung der Beisitzer mit dem Vorsitzenden wird deren **richterliche Unabhängigkeit** gestärkt.[3]

II. Spruchkörperinterne Geschäftsverteilung

2 Abs. 1 S. 1 bestimmt, dass der Kollegialspruchkörper (Kammer, Senat) selbst über die interne Verteilung seiner Geschäftsaufgaben entscheidet. Abs. 2 regelt die Grundsätze dieser Verteilung und die Möglichkeit der Änderung der Geschäftsverteilung. Damit wird jedem Spruchkörper die **Verantwortung für die Aufgabenverteilung** an seine jeweili-

---

[1] Vgl. → § 16 Rn. 11, → § 24 Rn. 9; BVerfG 8.4.1997 – 1 PBvU 1/95, BVerfGE 95, 322 = NJW 1997, 1497 (Spruchgruppen); BGH – Vereinigte große Senate 5.5.1994 – VGS 1 – 4/93, VGS 1/93, VGS 2/93, VGS 3/93, VGS 4/93, BGHSt 40, 168 = NJW 1994, 1735 (1740); vgl. umfassend zur historischen Entwicklung der Rechtsprechung: *Kissel/Mayer* Rn. 5 ff.; *Löwe/Rosenberg/Breidling* § 21f Rn. 2 ff.
[2] BGBl. 1999 I 2598.
[3] *Kissel/Mayer* Rn. 2.

gen Mitglieder („Geschäftsverteilungs- und Mitwirkungsplan" oder „spruchkörperinterne Geschäftsverteilung") übertragen.

1. Allgemeine Grundsätze der spruchkörperinternen Geschäftsverteilung. Die 3 Mitglieder des Spruchkörpers **verteilen die Geschäfte,** die das Präsidium dem Spruchkörper übertragen hat, unter allen Mitgliedern des Spruchkörpers. Zugleich muss die **spruchkörperinterne Vertretung** geregelt werden. Für den Vorsitzenden trifft diese Bestimmung das Präsidium (§ 21f Abs. 2). Das Präsidium darf einem Spruchkörper einen Richter mit einem Teil der Arbeitskraft zuteilen, aber nicht für bestimmte Aufgaben,[4] weil sonst in die Verteilungskompetenz des Spruchkörpers selbst eingegriffen würde. Das gilt auch, wenn der Richter nur für bestimmte Besetzungen[5] oder bestimmte Sitzungstage[6] zugeteilt ist. In der spruchkörperinternen Geschäftsverteilung sind Grundsätze aufzustellen, die den **geordneten stetigen und sinnvollen Geschäftsgang** sichern und eine zügige und sinnvolle Erledigung gewährleisten.[7] Neben einer möglichst ausgeglichenen Belastung der Mitglieder, soll auch ein sinnvoller und an den Fähigkeiten der Mitglieder orientierter Einsatz erfolgen.[8]

Solange ein Spruchkörper mit der **gesetzlichen Zahl an Richtern** besetzt ist und auch 4 in dieser Besetzung entscheidet, haben die Grundsätze keine Bedeutung für die Bestimmung des gesetzlichen Richters. Daher ist in diesen Fällen eine Bestimmung des Berichterstatters durch den Vorsitzenden ohne Regelung im Mitwirkungsplan zulässig, denn davon hängen die zur Entscheidung berufenen Personen nicht ab.[9] In dieser Konstellation kann im Einzelfall auch von den Grundsätzen abgewichen werden, zB um nicht vorhersehbare unbillige Härten auszugleichen oder soweit dies zur Aufrechterhaltung eines geordneten Dienstbetriebs notwendig ist.[10]

2. Spruchkörperinterne Geschäftsverteilung als Bestimmung des gesetzlichen 5 **Richters.** Überragende Bedeutung erlangt § 21g in den Fällen, in denen durch den spruchkörperinternen Geschäftsverteilungsplan die Besetzung des Spruchkörpers im konkreten Verfahren bestimmt wird. Das ist der Fall bei **überbesetzten Spruchkörpern**[11] und bei der gesetzlichen **Zuweisung einer Sache an einen Einzelrichter** (§ 78b Abs. 1 Nr. 2,[12] § 80a Abs. 1 OWiG). In diesen Fällen ergeben sich aus der Geschäftsverteilung des Gerichts nur die Zuweisung der Richter an den Spruchkörper und dessen Zuständigkeit. Darüber hinaus muss zur Gewährleistung des gesetzlichen Richters aber auch sichergestellt sein, welche konkreten Richter im jeweiligen Verfahren entscheiden. Insoweit gestaltet die spruchkörperinterne Geschäftsverteilung nach § 21g das verfassungsrechtliche Gebot des gesetzlichen Richters auf unterster Regelungsstufe aus.[13]

Gleiches gilt in Fällen der **Besetzungsreduktion,** wenn also ein Spruchkörper nicht in 6 der gesetzlichen Regelbesetzung entscheidet, sondern mit weniger Richtern. Der in der Praxis häufigste Fall ist die Besetzungsreduktion in der Hauptverhandlung nach § 76 Abs. 2 (vgl. auch § 122 Abs. 2 S. 2 und § 139 Abs. 2). Auch insoweit regelt der spruchkörperinterne Geschäftsverteilungsplan den konkret zur Entscheidung berufenen gesetzlichen Richter.

3. Inhaltliche Ausgestaltung. Ist der spruchkörperinterne Geschäftsverteilungsplan zur 7 Bestimmung des gesetzlichen Richters maßgeblich (→ Rn. 5 und 6), sind über die allgemeinen Grundsätze (→ Rn. 3) hinaus die **allgemeinen Prinzipien,** die auch für die

---

[4] KK/*Diemer* Rn. 3; *Kissel*/*Mayer* Rn. 33; Löwe/Rosenberg/*Breidling* Rn. 16.
[5] *Kissel*/*Mayer* Rn. 33.
[6] BGH 24.10.1973 – 2 StR 613/72, BGHSt 25, 239 = NJW 1974, 109.
[7] BGH 13.12.1979 – 4 StR 632/79, BGHSt 29, 162 = NJW 1980, 951.
[8] *Kissel*/*Mayer* Rn. 32.
[9] HM, BVerfG 8.4.1997 – 1 PBvU 1/95, BVerfGE 95, 322 = NJW 1997, 1497 (Spruchgruppen); Löwe/Rosenberg/*Breidling* Rn. 7 mwN; zum faktischen Einfluss des Berichterstatters: *Fischer* NStZ 2013, 425.
[10] KK/*Diemer* Rn. 2.
[11] Dazu → § 16 Rn. 18, → § 21e Rn. 12.
[12] Nach *Kissel*/*Mayer* Rn. 48; Löwe/Rosenberg/*Breidling* Rn. 13 handelt es sich um einen Fall der Besetzungsreduktion, was im Ergebnis keinen Unterschied macht.
[13] BVerfG 8.4.1997 – 1 PBvU 1/95, BVerfGE 95, 322 = NJW 1997, 1497 (Spruchgruppen).

Geschäftsverteilung **nach § 21e** gelten, zu beachten. Neben der Gestaltungsfreiheit,[14] die insoweit dem Spruchkörper zusteht, müssen insbesondere das Abstraktionsprinzip[15] und der Bestimmtheitsgrundsatz[16] beachtet werden. Dabei dürfen nicht für konkrete Einzelfälle bestimmte Richter ausgesucht werden, sondern die einzelne Sache muss „blindlings" auf Grund allgemeiner, vorab festgelegter Maßstäbe an den entscheidenden Richter gelangen.[17] Es darf kein vermeidbarer Entscheidungsspielraum verbleiben.[18] Es sprechen keine grundlegenden Bedenken gegen die Verwendung unbestimmter ausfüllungsbedürftiger Rechtsbegriffe (zB Verhinderung, Schwerpunkte, Zusammenhang),[19] sie müssen allerdings im Rahmen des Möglichen vermieden werden.[20] Die Auslegung ist zulässig und ggf. erforderlich. Regelungen entsprechend § 21e Abs. 4 S. 1 sind zulässig und mitunter empfehlenswert, wenn sich die Zuständigkeit spruchkörperintern ändert.[21] **Abs. 3 hat in Strafsachen keine Bedeutung,** weil eine Übertragung durch den Spruchkörper an den Einzelrichter nicht vorgesehen ist (§ 80a Abs. 3 OWiG bestimmt den umgekehrten Fall).

8   Als **Verteilungssystem** bietet sich eine Bestimmung nach fixen Merkmalen (Endziffern der Aktenzeichen, Zählkartennummern, Anfangsbuchstaben des (ältesten) Angeklagten)[22] an. Auch die Zuweisung nach fachlichen Schwerpunkten (Delikten, Deliktsgruppen) oder rechtlichem oder tatsächlichem Sachzusammenhang ist möglich.[23] Knüpft die Regelung an Umstände an, die der Vorsitzende beeinflussen kann (zB Zuständigkeit der Spruchgruppe nach Sitzungstagen, personelle Anknüpfung der Spruchgruppe an den Berichterstatter[24]), muss die Entscheidung des Vorsitzenden nach im Verteilungsplan bestimmten Unterkriterien erfolgen, die ihrerseits den Anforderungen entsprechend § 21e genügen.[25]

9   Ein **Abweichen** von den Grundsätzen der Geschäftsverteilung **im Einzelfall** galt früher als zulässig, wenn ein sachlicher Grund vorlag.[26] Dieser Ansicht[27] kann nicht mehr zugestimmt werden, soweit die kammerinterne Geschäftsverteilung den gesetzlichen Richter bestimmt (→ Rn. 5, 6), denn dann würde eine Einzelfallzuweisung des gesetzlichen Richters möglich, was mit der Gewährleistung der abstrakt-generellen Vorausbestimmung unvereinbar ist.[28]

10 **4. Geltungsdauer und Änderung, Abs. 2.** Für die spruchkörperinterne Geschäftsverteilung gelten ferner das Jährlichkeitsprinzip,[29] das Stetigkeitsprinzip[30] und das Vorauswirkungsprinzip.[31] Es ergibt sich kein Unterschied zur Geschäftsverteilung des Gerichts (§ 21e). Der Spruchkörper muss daher **im Voraus für das gesamte Geschäftsjahr** die Geschäfte

---

[14] → § 21e Rn. 28.
[15] → § 21e Rn. 29.
[16] → § 21e Rn. 30.
[17] BVerfG 8.4.1997 – 1 PBvU 1/95, BVerfGE 95, 322 = NJW 1997, 1497 (Spruchgruppen); BGH 25.3.2009 – XII ZR 75/06, NJW-RR 2009, 1220 (1221); *Kissel/Mayer* Rn. 34; MüKoZPO/*Zimmermann* Rn. 3.
[18] Vgl. → § 21e Rn. 30.
[19] BVerfG 8.4.1997 – 1 PBvU 1/95, BVerfGE 95, 322 = NJW 1997, 1497 (Spruchgruppen); Löwe/Rosenberg/*Breidling* Rn. 15.
[20] Löwe/Rosenberg/*Breidling* Rn. 15.
[21] → § 21e Rn. 51.
[22] Vgl. die Beispiele bei → § 21e Rn. 37 ff.
[23] BVerfG 8.4.1997 – 1 PBvU 1/95, BVerfGE 95, 322 = NJW 1997, 1497 (Spruchgruppen); *Kissel/Mayer* Rn. 20.
[24] Vgl. Löwe/Rosenberg/*Breidling* Rn. 15.
[25] *Kissel/Mayer* Rn. 17, 19; Löwe/Rosenberg/*Breidling* Rn. 15.
[26] Dazu BGH – Vereinigte große Senate 5.5.1994 – VGS 1 – 4/93, VGS 1/93, VGS 2/93, VGS 3/93, VGS 4/93, BGHSt 40, 168 = NJW 1994, 1735; BGH 13.12.1979 – 4 StR 632/79, BGHSt 29, 162 = NJW 1980, 951; *Kissel/Mayer* Rn. 38.
[27] Aktuell noch Meyer-Goßner/*Schmitt* Rn. 10; unklar KK/*Diemer* Rn. 5.
[28] BVerfG 8.4.1997 – 1 PBvU 1/95, BVerfGE 95, 322 = NJW 1997, 1497 (Spruchgruppen); *Kissel/Mayer* Rn. 25; auch → § 16 Rn. 23.
[29] BGH 5.5.2004 – 2 StR 383/03, BGHSt 49, 130 = NJW 2004, 2992 (2993); OLG Nürnberg 15.11.2013 – 2 Ws 321/13, StV 2014, 359 = SraFo 2014, 17; dazu → § 21e Rn. 33.
[30] → § 21e Rn. 32.
[31] → § 21e Rn. 34 f.

nach den oben genannten Kriterien (→ Rn. 7 f.) verteilen. Mit Ablauf des Jahres tritt die Regelung automatisch außer Kraft.

Unterjährige Änderungen sind nur unter den einschränkenden Voraussetzungen des Abs. 2 Hs. 2 zulässig. Insoweit ist die Regelung wort- und inhaltsgleich mit § 21e Abs. 3. Die für die Geschäftsverteilung nach § 21e geltenden Grundsätze gelten auch hier.[32] Daher wird man auch die erweiterten Änderungsmöglichkeiten zulassen müssen, also wenn bei Errichtung der Geschäftsverteilung nicht absehbare Veränderungen eintreten, die Maßnahmen erfordern, um die Effizienz des Geschäftsablaufs zu erhalten oder wiederherzustellen.[33] Von den **anerkannten Fallgruppen**[34] sind folgende auf § 21g Abs. 2 Hs. 2 **übertragbar:** 11
– Dem Spruchkörper werden vom Präsidium neue Geschäftsaufgaben zugewiesen oder entzogen;
– dem Spruchkörper werden zusätzliche Richter zugewiesen oder abgezogen;
– Fehler oder versehentlich entstandene Lücken im Jahresgeschäftsverteilungsplan, die dessen Rechtswidrigkeit zur Folge haben, können und müssen eliminiert werden.[35] Das gilt auch wenn die zu beseitigenden Fehler nicht inhaltlicher Natur sind, sondern der Plan fehlerhaft zu Stande gekommen ist. Liegt eine nicht mehr nur vorübergehende Verhinderung eines Mitglieds vor, ist der spruchkörperinterne Geschäftsverteilungsplan zu ändern.[36]
Unter den dargestellten Grundsätzen[37] können auch anhängige und bereits terminierte Sachen neuverteilt werden.

III. Verfahren

1. Zuständigkeit, Abs. 1 S. 1. Für die spruchkörperinterne Geschäftsverteilung ist der **Spruchkörper in seiner Gesamtheit** zuständig. Es muss ausreichend erkennbar sein, dass die maßgeblichen Zuweisungskriterien nicht der Vorsitzende, sondern die Mitglieder des Spruchkörpers festgelegt haben.[38] Die Entscheidung fällt in richterlicher Unabhängigkeit und ist der Dienstaufsicht entzogen.[39] Der Vorsitzende ist allerdings für die Vorbereitung, Organisation der entsprechenden Sitzung, Abstimmung usw. zuständig. Ihm kommen dabei auf Ebene des Spruchkörpers im Wesentlichen die gleichen Aufgaben zu, wie dem Präsidenten im Fall des § 21e.[40] Die Aufgaben, die dem Vorsitzenden aus dem Gesetz zugewiesen sind (zB Terminierung, § 213 StPO; Ladung, § 214 StPO; Verhandlungsleitung, § 238 Abs. 1 StPO etc) sind der Verteilungsentscheidung des Spruchkörpers nicht zugänglich. 12

2. Abstimmungsverfahren, Abs. 1 S. 2. Das Gesetz sieht keine Regeln für die Abstimmung, sondern nur für den Fall der Stimmengleichheit vor. Dann entscheidet das Präsidium. Daraus ergibt sich aber, dass mit **Stimmenmehrheit** entschieden wird.[41] Das Umlaufverfahren ist unter den gleichen Voraussetzungen wie bei § 21e zulässig.[42] In entsprechender Anwendung der Grundsätze des § 21e ist die Stimmenthaltung unzulässig.[43] 13

---

[32] → § 21e Rn. 44 ff.
[33] BVerfG 16.2.2005 – 2 BvR 581/03, NJW 2005, 2689 (2690) mwN für die Jahresgeschäftsverteilung des Gerichts.
[34] Dazu → § 21e Rn. 49.
[35] Nach KK/*Diemer* Rn. 5 soll dies unabhängig von den Voraussetzungen des Abs. 2 geschehen können, was iE keinen Unterschied macht.
[36] Dazu → § 21e Rn. 48.
[37] → § 21e Rn. 35, 47.
[38] BVerfG 27.5.2005 – 2 BvR 26/02, NJW 2005, 2540 (2541).
[39] *Kissel/Mayer* Rn. 31; KK/*Diemer* Rn. 2; Löwe/Rosenberg/*Breidling* Rn. 7.
[40] *Kissel/Mayer* Rn. 25; dazu → § 21e Rn. 53.
[41] Allgemeine Meinung vgl. nur *Kissel/Mayer* Rn. 29; MüKoZPO/*Zimmermann* Rn. 16.
[42] → § 21e Rn. 54.
[43] Vgl. → § 21e Rn. 55.

14 **3. Verhinderung, Abs. 4.** Ist ein Spruchkörpermitglied an der Abstimmung verhindert, tritt der **geschäftsplanmäßige** (kammerexterne) **Vertreter** an seine Stelle,[44] ist dieser ebenfalls verhindert, der weitere Vertreter in der Vertretungskette. Verhinderung liegt nach den allgemeinen Grundsätzen vor.[45] Ist die Verhinderung nicht offenkundig, muss sie konstitutiv festgestellt werden.[46] Allerdings ist ein Fall vorrangiger Tätigkeit, die die Mitwirkung an der Beschlussfassung hindert, im Hinblick auf die verfassungsrechtliche Bedeutung (Art. 101 Abs. 1 S. 2 GG) kaum denkbar. Daher ist die Frage, ob der Präsident oder der Vorsitzende die Verhinderung feststellt, praktisch von geringer Relevanz. Vorzugswürdig ist es, diese Aufgabe dem Präsidenten zuzuweisen, da ein kammerexterner Richter beigezogen werden muss.[47]

15 **4. Anhörungspflichten, Abs. 6.** Nach Abs. 6 sind die betroffenen Richter vorher anzuhören. Dabei kann es sich sinnvollerweise nur um solche Richter handeln, die an der Abstimmung selbst nicht teilnehmen. Denkbar sind daher nur verhinderte Richter (→ Rn. 14), die auch formlos (zB telefonisch) anzuhören sind.[48] Häufiger werden Richter anzuhören sein, die für das kommende Geschäftsjahr oder unterjährig dem Spruchkörper vom Präsidium **neu zugewiesen** werden und daher noch nicht an der spruchkörperinternen Geschäftsverteilung mitwirken dürfen, von ihr aber in Zukunft betroffen sein werden.[49] Verstöße gegen die Anhörungspflicht berühren die Wirksamkeit der Entscheidung nicht. Die Anhörung ist nachzuholen und ihre Ergebnisse sind bei zukünftigen Änderungen zu berücksichtigen. Ein Grund für eine Änderungsentscheidung nach Abs. 2 wird sich daraus nur in Extremfällen ergeben.[50]

16 **5. Form und Auflegung, Abs. 7.** Der spruchkörperinterne Geschäftsverteilungsplan und die Änderungsbeschlüsse nach Abs. 2 sind **schriftlich** abzufassen[51] und in entsprechender Anwendung des § 21e Abs. 9 auf der Geschäftsstelle des Spruchkörpers aufzulegen.[52] Dort ist jedem, der ein rechtliches Interesse geltend machen kann – jedenfalls den Beteiligten[53] – Einsicht zu gewähren.[54] Eine weitergehende Veröffentlichung zB aus Gründen der Transparenz ist möglich.[55] Die Auslegung einer kurz vor Jahresende beschlossenen Änderung dahingehend, dass sie auch die Geschäfte für das kommende Jahr verteilen soll, ist ausgeschlossen, wenn sich dieser Wille nicht aus dem Änderungsbeschluss selbst ergibt.[56] Eine konkludente Beschlussfassung scheitert am Schriftlichkeitserfordernis.[57] Änderungsbeschlüsse (oder die zugehörigen Protokolle) müssen die Gründe für die Änderung ausführlich und für das Revisionsgericht nachvollziehbar dokumentieren. Es gelten die gleichen Anforderungen wie bei § 21e.[58] Die Dokumentation muss spätestens bei der Entscheidung über einen Besetzungseinwand nach § 222b StPO vorliegen.[59]

---

[44] Allgemein kritisch zur Vertretungsregel Löwe/Rosenberg/*Breidling* Rn. 9; Meyer-Goßner/*Schmitt* Rn. 7.
[45] → § 21e Rn. 18 f.
[46] Vgl. → § 21e Rn. 22.
[47] So auch bei der Vertretung in Rechtsprechungssachen, → § 21e Rn. 23.
[48] Kissel/Mayer Rn. 27.
[49] So ausdrücklich der Bericht des BT-Rechtsausschusses, BT-Drs. 14/1875, 13; Löwe/Rosenberg/*Breidling* Rn. 11.
[50] Vgl. → § 21e Rn. 63.
[51] BVerfG 8.4.1997 – 1 PBvU 1/95, BVerfGE 95, 322 = NJW 1997, 1497 (Spruchgruppen); BGH 5.5.2004 – 2 StR 383/03, BGHSt 49, 130 = NJW 2004, 2992 (2993).
[52] Löwe/Rosenberg/*Breidling* Rn. 12.
[53] BGH – Vereinigte große Senate 5.5.1994 – VGS 1 – 4/93, VGS 1/93, VGS 2/93, VGS 3/93, VGS 4/93, BGHSt 40, 168 = NJW 1994, 1735 (1740); BayObLG 30.9.1977 – BReg 3 Z 98/77, MDR 1978, 232.
[54] Kissel/Mayer Rn. 40.
[55] Vgl. → § 21e Rn. 66.
[56] BGH 5.5.2004 – 2 StR 383/03, BGHSt 49, 130 = NJW 2004, 2992 (2993); OLG Nürnberg 15.11.2013 – 2 Ws 321/13, StV 2014, 359.
[57] BGH 5.5.2004 – 2 StR 383/03, BGHSt 49, 130 = NJW 2004, 2992 (2993); OLG Nürnberg 15.11.2013 – 2 Ws 321/13, StV 2014, 359.
[58] → § 21e Rn. 50.
[59] → § 21e Rn. 50.

6. Eilzuständigkeit, Abs. 5. Abs. 5 sieht eine Eilzuständigkeit **des Vorsitzenden** ent- 17
sprechend § 21i Abs. 2 vor. Ein Eilfall liegt bereits dann vor, wenn die Regelung nicht bis
zur Durchführung einer Spruchkörpersitzung in zulässiger Besetzung (ggf. mit Vertretern,
Abs. 4[60]) aufgeschoben werden kann. Die Zuständigkeit des Vorsitzenden ist so umfassend,
wie die Zuständigkeit des Spruchkörpers selbst. Die Gründe sind schriftlich zu fixieren
(§ 21i Abs. 2 S. 2 entsprechend), die Anordnung ist unverzüglich dem Spruchkörper zur
Genehmigung oder anderweitigen Entscheidung vorzulegen (§ 21i Abs. 2 S. 3 entsprechend). Die Eilregelung gilt, bis der Spruchkörper selbst eine (bestätigende oder ändernde)
Entscheidung trifft (§ 21i Abs. 2 S. 4 entsprechend).

IV. Anfechtbarkeit

Soweit die spruchkörperinterne Geschäftsverteilung den gesetzlichen Richter bestimmt 18
(→ Rn. 4, 5), ist sie mit der Besetzungsrüge im Revisionsverfahren angreifbar. Dann müssen
die gleichen Grundsätze gelten wie bei der Anfechtung nach § 21e.[61] Danach ist die
Geschäftsverteilung **inhaltlich voll überprüfbar**. Das gilt insbesondere für die Abstraktheit
und Bestimmtheit, aber auch das Jährlichkeitsprinzip.[62] Lediglich soweit dem Spruchkörper
Gestaltungsermessen zusteht oder die Auslegung des Geschäftsverteilungsplans in Frage
steht, ist das Revisionsgericht auf eine Willkürkontrolle beschränkt.[63] Fehlt der kammerinterne Geschäftsverteilungsplan insgesamt, oder ist er nur mündlich beschlossen, liegt ein
Verstoß gegen Art. 101 Abs. 1 S. 2 GG vor.[64]

Für die betroffenen Richter (vgl. → Rn. 15) ist der spruchkörperinterne Geschäftsver- 19
teilungsplan im **Verwaltungsrechtsweg** mit der Feststellungsklage sowie im einstweiligen
Rechtsschutz nach § 123 Abs. 1 VwGO anfechtbar.[65] Auch insoweit kann nach dem geänderten Verständnis des § 21g nichts anderes gelten als bei § 21e.[66]

§ 21h [Vertretung des Präsidenten und des aufsichtführenden Richters]

¹**Der Präsident oder aufsichtführende Richter wird in seinen durch dieses Gesetz
bestimmten Geschäften, die nicht durch das Präsidium zu verteilen sind, durch
seinen ständigen Vertreter, bei mehreren ständigen Vertretern durch den Dienstältesten, bei gleichem Dienstalter durch den Lebensältesten von ihnen vertreten.**
²**Ist ein ständiger Vertreter nicht bestellt oder ist er verhindert, wird der Präsident
oder aufsichtführende Richter durch den dienstältesten, bei gleichem Dienstalter
durch den lebensältesten Richter vertreten.**

I. Normzweck und Anwendungsbereich

§ 21h regelt die Vertretung des Präsidenten/aufsichtführenden Richters in **justizförmi-** 1
gen Verwaltungsaufgaben, die sie in richterlicher Unabhängigkeit wahrnehmen.[1] Damit
sind sämtliche Aufgaben gemeint, die sich aus dem GVG selbst ergeben, nicht rechtsprechender Natur sind,[2] und keine reinen Verwaltungsaufgaben[3] darstellen. Im Wesentlichen
handelt es sich um den Vorsitz im Präsidium (§§ 21a Abs. 2, 22a) sowie die Eilzuständigkeit

---

[60] Vgl. *Remus* S. 163.
[61] → § 21e Rn. 68.
[62] BGH 5.5.2004 – 2 StR 383/03, BGHSt 49, 130 = NJW 2004, 2992 (2993); OLG Nürnberg 15.11.2013 – 2 Ws 321/13, StV 2014, 359.
[63] → § 21e Rn. 68.
[64] BGH 8.2.2017 – 1 StR 493/16, NStZ 2017, 429.
[65] *Kissel/Mayer* Rn. 50; *Löwe/Rosenberg/Breidling* Rn. 21; aA *KK/Diemer* Rn. 5: Richterdienstgericht, § 26 Abs. 3 DRiG analog.
[66] Dort → § 21e Rn. 69.
[1] BGH 6.12.1973 – 4 StR 554/73, BGHSt 25, 257 = NJW 1974, 509.
[2] MüKoZPO/*Zimmermann* Rn. 1.
[3] ZB das Ziehen der Lose nach § 77 Abs. 3; BGH 6.12.1973 – 4 StR 554/73, BGHSt 25, 257 = NJW 1974, 509.

nach § 21i Abs. 2. Auch die Feststellung der Verhinderung[4] eines Richters gehört dazu.[5] Wird der Präsident zugleich als Vorsitzender eines Spruchkörpers tätig, greift § 21f Abs. 2. Auch § 21e Abs. 1 S. 3 (Bestimmung der eigenen Aufgaben) wird von § 21h nicht erfasst.[6] Die Vertretung in reinen Verwaltungsaufgaben regelt das Landesrecht.[7]

II. Vertretung

1. Vertreter. Der Präsident wird durch den **Vizepräsidenten**, der aufsichtführende Richter durch seinen **ständigen Vertreter** vertreten. Bestellt die Justizverwaltung mehrere ständige Vertreter, greift S. 1, sodass sich die Reihenfolge nach dem (allgemeinen) Dienstalter (§ 20 S. 1 DRiG), hilfsweise dem Lebensalter ergibt.[8] Ist kein ständiger Vertreter bestellt oder dieser verhindert, bestimmt S. 2 die weitere Vertreterreihenfolge aus den ständigen Mitgliedern des Gerichts (keine abgeordneten Richter,[9] Richter auf Probe oder kraft Auftrags[10]) nach den gleichen Grundsätzen. Dabei ist zu beachten, dass ein Richter mit einem höheren Grundgehalt stets als dienstälter gilt.[11]

2. Verhinderung. Verhinderung liegt nach den **allgemeinen Grundsätzen** vor.[12] Gemeint ist grds. die vorübergehende Verhinderung.[13] Aber auch in Fällen der dauerhaften Verhinderung muss bis zur Neubesetzung die Vertretungsregel gelten, denn die dauerhafte Verhinderung zu beseitigen, steht nur der Justizverwaltung zu. Sonst würde das Gericht bei Nichtbesetzung der Stelle des Präsidenten handlungsunfähig. Der Gerichtsvorstand stellt seine Verhinderung – wenn diese nicht offenkundig ist – selbst fest.[14]

§ 21i [Beschlussfähigkeit des Präsidiums]

(1) Das Präsidium ist beschlußfähig, wenn mindestens die Hälfte seiner gewählten Mitglieder anwesend ist.

(2) ¹Sofern eine Entscheidung des Präsidiums nicht rechtzeitig ergehen kann, werden die in § 21e bezeichneten Anordnungen von dem Präsidenten oder aufsichtführenden Richter getroffen. ²Die Gründe für die getroffene Anordnung sind schriftlich niederzulegen. ³Die Anordnung ist dem Präsidium unverzüglich zur Genehmigung vorzulegen. ⁴Sie bleibt in Kraft, solange das Präsidium nicht anderweit beschließt.

I. Normzweck und Anwendungsbereich

§ 21i hat **zwei Anwendungsbereiche** mit unterschiedlichen Regelungen. Abs. 1 bestimmt die Beschlussfähigkeit des Präsidiums. Abs. 2 enthält eine Eilkompetenz für den Vorsitzenden des Präsidiums, wenn eine Anordnung des Präsidiums nicht rechtzeitig ergehen kann. Dabei ist die „Notvertretung"[1] in allen Fällen anzuwenden, in denen das Präsidium nicht rechtzeitig regelnd tätig wird. Auf den Grund kommt es nicht an. Abs. 2 findet über § 21g Abs. 5 entsprechende Anwendung für den Spruchkörpervorsitzenden bei der spruchkörperinternen Geschäftsverteilung.

---

[4] → § 21e Rn. 23, → § 21g Rn. 14.
[5] KK/*Diemer* Rn. 1.
[6] Löwe/Rosenberg/*Breidling* Rn. 4.
[7] KK/*Diemer* Rn. 1; Löwe/Rosenberg/*Breidling* Rn. 2.
[8] Kissel/*Mayer* Rn. 5.
[9] Kissel/*Mayer* Rn. 7; MüKoZPO/*Zimmermann* Rn. 5.
[10] Kissel/*Mayer* Rn. 7.
[11] HM Kissel/*Mayer* Rn. 6 mwN; Löwe/Rosenberg/*Breidling* Rn. 7; MüKoZPO/*Zimmermann* Rn. 5.
[12] Vgl. → § 21e Rn. 17 ff.
[13] Kissel/*Mayer* Rn. 4.
[14] Kissel/*Mayer* Rn. 4; Löwe/Rosenberg/*Breidling* Rn. 6.
[1] Löwe/Rosenberg/*Breidling* Rn. 6.

II. Beschlussfähigkeit, Abs. 1

Das Präsidium ist beschlussfähig, wenn mindestens die Hälfte der gewählten Mitglieder **2** in der Sitzung anwesend ist. Der Präsident/aufsichtführende Richter wird nicht mitgezählt. Tritt der Vertretungsfall ein und der Vertreter (§ 21h) ist selbst gewähltes Mitglied, bleibt er für Abs. 1 unberücksichtigt, da er in der Funktion als gewähltes Mitglied verhindert ist.[2] Abs. 1 gilt **auch für das Umlaufverfahren.** Dieses ist zulässig bei eilbedürftigen und nicht umstrittenen Entscheidungen, wenn aus Gründen der Vereinfachung und Beschleunigung auf eine Sitzung verzichtet werden kann, ohne dass dadurch die inhaltliche Qualität des gefassten Beschlusses beeinträchtigt wird, und alle anderen an dem konkreten Beschluss mitwirkungsberechtigten und nicht durch Krankheit, Urlaub oÄ verhinderten Mitglieder des Präsidiums mit einem Umlaufverfahren einverstanden sind.[3] Der Gegenansicht,[4] wonach das Umlaufverfahren nur bei Mitwirkung aller Mitglieder zulässig sei, kann nicht zugestimmt werden. Sind Mitglieder des Präsidiums krank oder anderweitig offensichtlich abwesend, hat dies grundsätzlich keinen Einfluss auf die Art der Beschlussfassung, solange die allgemeine Beschlussfähigkeit vorliegt. Abweichendes gilt nur dann, wenn Präsidiumsmitglieder nicht verhindert sind, aber dennoch dienstpflichtwidrig nicht teilnehmen. In diesen Fällen ist das Umlaufverfahren unzulässig und Abs. 1 greift für Sitzungen ein.

Abs. 1 gilt auch für das **Plenarpräsidium** nach § 21a Abs. 2 Nr. 5. Zwar handelt es **3** sich dem Wortlaut nach nicht um gewählte Mitglieder. Die Anwendung ergibt sich aber unmittelbar aus dem Normzweck.[5] Das Plenarpräsidium ist beschlussfähig, wenn mindestens die Hälfte der wählbaren Mitglieder anwesend ist. Der aufsichtführende Richter im Sinn des § 22 Abs. 3 S. 2 wird mitgezählt, da nach § 22a nicht er der Präsidiumsvorsitzende ist, sondern der Präsident des übergeordneten Landgerichts oder eines (anderen) Amtsgerichts.

Das Präsidium ist ohne den Vorsitzenden oder seinen Vertreter (§ 21h) nicht beschlussfähig.[6] Fehlt die Beschlussfähigkeit, ist eine **neue Sitzung einzuberufen.** Abs. 2 greift nur **4** ein, wenn die zu treffende Regelung nicht bis zur nächsten Sitzung aufgeschoben werden kann.[7]

III. Eilmaßnahmen, Abs. 2

1. Voraussetzungen. Der verfassungsrechtlich unbedenkliche[8] Abs. 2 regelt die Notzu- **5** ständigkeit des Vorsitzenden des Präsidiums, wenn Maßnahmen, für die das Präsidium zuständig ist (§ 21e), **nicht rechtzeitig von diesem getroffen** werden können. Zunächst muss geklärt werden, ob das Präsidium in beschlussfähiger Form unverzüglich zusammentreten kann. Ist dies nicht der Fall, muss der Vorsitzende prüfen, ob der regelungsbedürftige Zustand bis zur nächstmöglichen Präsidiumssitzung geregelt werden muss. Bejahendenfalls, ist die Eilkompetenz eröffnet. Gleiches gilt, wenn sich das Präsidium nicht auf eine Regelung einigen kann. Zwar sind dann so lange neue Sitzungen anzuberaumen, bis eine Regelung getroffen ist. Ist die Situation aber zwingend regelungsbedürftig, trifft der Vorsitzende eine einstweilige Maßnahme nach § 21e.[9] Meist wird es um die Bestellung eines (zeitweiligen) Vertreters gehen, weil die an und für sich ausreichende Vertretungsregel versagt.[10] Genügt die Vertretungsregel von Vorneherein nicht, ist nach § 21e Abs. 3 S. 1 vorzugehen. Die Eilkompetenz ist in diesem Fall wegen des von Anfang an defizitären Geschäftsverteilungs-

---

[2] → § 21c Rn. 3.
[3] BGH 30.7.1998 – 5 StR 574–97, BGHSt 44, 161 = NJW 1999, 154 (155) mwN.
[4] KK/*Diemer* Rn. 1.
[5] Allgemeine Meinung, vgl. nur *Kissel/Mayer* Rn. 2; MüKoZPO/*Zimmermann* Rn. 2.
[6] *Katholnigg* Rn. 1; *Kissel/Mayer* Rn. 3; Löwe/Rosenberg/*Breidling* Rn. 2; MüKoZPO/*Zimmermann* Rn. 4; *Schorn/Stanicki* S. 161.
[7] Löwe/Rosenberg/*Breidling* Rn. 4.
[8] BVerfG (Vorprüfungsausschuss) 16.10.1981 – 2 BvR 344/81, NJW 1982, 29.
[9] → § 21e Rn. 55.
[10] *Kissel/Mayer* Rn. 9; Löwe/Rosenberg/*Breidling* Rn. 12; vgl. auch → § 21e Rn. 45 und → § 21f Rn. 8.

plans unzulässig.[11] Im Übrigen kommen regelmäßig nur plötzlich auftretende Umstände im Sinne von § 21e Abs. 3 S. 1 in Betracht. In Ausnahmefällen ist auch die Jahresgeschäftsverteilung über Abs. 2 zu regeln, wenn sich das Präsidium trotz frühzeitig anberaumter Sitzungen bis zum 31.12 nicht geeinigt hat.[12]

6 **2. Zuständigkeit und Verfahren.** Der Präsident/aufsichtführende Richter ist für die Eilentscheidung zuständig. Bei kleinen Amtsgerichten ist nach § 22a der Präsident des übergeordneten Landgerichts oder eines (anderen) Amtsgerichts Vorsitzender des Präsidiums. Bei Verhinderung greift § 21h. Der Vorsitzende hat zunächst alle Anhörungspflichten nach § 21e zu berücksichtigen. Er entscheidet über den Regelungsinhalt nach pflichtgemäßem Ermessen.[13] Dabei stehen ihm die gleichen Gestaltungsspielräume zu, wie dem Präsidium.[14] Er ist an die **Grundsätze der Geschäftsverteilung** gebunden.[15]

7 Die vorläufige Anordnung und deren Gründe, einschließlich der Begründung der angenommenen Eilbedürftigkeit sind schriftlich zu dokumentieren (Abs. 2 S. 2).[16] Diese Dokumentation ist dem **Präsidium unverzüglich** (ohne schuldhaftes Zögern) zur Genehmigung **vorzulegen** (Abs. 2 S. 3). Dabei meint „zur Genehmigung" zur Prüfung, ob die Regelung aufrecht zu erhalten oder abzuändern ist. Hat sich der regelungsbedürftige Zustand zwischenzeitlich erledigt, nimmt das Präsidium nur eine Rechtskontrolle vor,[17] überprüft, ob eine Eilanordnung geboten war und entscheidet, ob die Regelung abgeändert werden soll. Will es keine abweichende Regelung treffen, sollte ein dahingehender deklaratorischer Beschluss getroffen werden.[18]

8 **3. Wirkung und Anfechtung.** Die Eilentscheidung hat die gleiche **Wirkung wie ein Präsidiumsbeschluss**. Sie gilt sofort mit ihrer Anordnung und tritt erst außer Kraft, wenn das Präsidium den gleichen Sachverhalt selbst regelt (Abs. 2 S. 4).

9 Da die Regelung die gleichen Wirkungen hat wie ein Geschäftsverteilungsplan, ist sie im gleichen Umfang anfechtbar.[19] Darüber hinaus ist die Annahme der Eilkompetenz daraufhin zu überprüfen, ob der Vorsitzende die **rechtlichen Voraussetzungen** des § 21i Abs. 2 verkannt hat oder ob ein **Ermessensfehlgebrauch** vorliegt.[20] Ob die Voraussetzungen der Eilzuständigkeit tatsächlich vorlagen, wird hingegen nicht geprüft.[21] Hat das Präsidium mittlerweile eine eigene Regelung getroffen, ist die Eilanordnung prozessual überholt und in Bezug auf die Inanspruchnahme der Eilkompetenz nicht mehr Gegenstand der Revision.[22] Eine inhaltlich fehlerhafte Regelung kann hingegen nicht rückwirkend durch einen Beschluss des Präsidiums geheilt werden.[23]

§ 21j [Anordnungen durch den Präsidenten; Frist zur Bildung des Präsidiums]

(1) ¹Wird ein Gericht errichtet und ist das Präsidium nach § 21a Abs. 2 Nr. 1 bis 4 zu bilden, so werden die in § 21e bezeichneten Anordnungen bis zur Bildung des Präsidiums von dem Präsidenten oder aufsichtführenden Richter getroffen. ²§ 21i Abs. 2 Satz 2 bis 4 gilt entsprechend.

---

[11] LG Berlin 26.8.1993 – (503) 53 Js 337/92 KLs, StV 1993, 366; *Kissel/Mayer* Rn. 9; Löwe/Rosenberg/*Breidling* Rn. 12.
[12] Löwe/Rosenberg/*Breidling* Rn. 7.
[13] *Kissel/Mayer* Rn. 9; Meyer-Goßner/*Schmitt* Rn. 2.
[14] → § 21e Rn. 28.
[15] → § 21e Rn. 29 ff.
[16] *Kissel/Mayer* Rn. 10.
[17] Löwe/Rosenberg/*Breidling* Rn. 10.
[18] *Kissel/Mayer* Rn. 11; Meyer-Goßner/*Schmitt* Rn. 3.
[19] *Kissel/Mayer* Rn. 11; MüKoZPO/*Zimmermann* Rn. 11; → § 21e Rn. 68.
[20] BGH bei *Holtz* MDR 1977, 461.
[21] *Kissel/Mayer* Rn. 11; Löwe/Rosenberg/*Breidling* Rn. 10 jeweils mwN; MüKoZPO/*Zimmermann* Rn. 11.
[22] *Kissel/Mayer* Rn. 12; MüKoZPO/*Zimmermann* Rn. 11.
[23] *Kissel/Mayer* Rn. 11.

(2) ¹Ein Präsidium nach § 21a Abs. 2 Nr. 1 bis 4 ist innerhalb von drei Monaten nach der Errichtung des Gerichts zu bilden. ²Die in § 21b Abs. 4 Satz 1 bestimmte Frist beginnt mit dem auf die Bildung des Präsidiums folgenden Geschäftsjahr, wenn das Präsidium nicht zu Beginn eines Geschäftsjahres gebildet wird.

(3) An die Stelle des in § 21d Abs. 1 bezeichneten Zeitpunkts tritt der Tag der Errichtung des Gerichts.

(4) ¹Die Aufgaben nach § 1 Abs. 2 Satz 2 und 3 und Abs. 3 der Wahlordnung für die Präsidien der Gerichte vom 19. September 1972 (BGBl. I S. 1821) nimmt bei der erstmaligen Bestellung des Wahlvorstandes der Präsident oder aufsichtführende Richter wahr. ²Als Ablauf des Geschäftsjahres in § 1 Abs. 2 Satz 2 und § 3 Satz 1 der Wahlordnung für die Präsidien der Gerichte gilt der Ablauf der in Absatz 2 Satz 1 genannten Frist.

I. Normzweck

§ 21j regelt die vorläufige Zuständigkeit für den Erlass der Geschäftsverteilung bei der Errichtung neuer Gerichte. Wegen der Bedeutung des gesetzlichen Richters müssen die Geschäftsaufgaben sofort zugewiesen werden. In der Regel kann damit nicht bis zur Wahl und Entscheidung eines Präsidiums zugewartet werden, weil das Gericht sonst nicht in der Lage wäre, seine Aufgaben wahrzunehmen. Die Norm wurde durch das Erste Gesetz über die Bereinigung von Bundesrecht im Zuständigkeitsbereich des BMJ vom 19.4.2006[1] eingefügt und folgt dem im Wesentlichen inhaltsgleichen § 30 RpflAnpG nach. 1

II. Anwendungsbereich und Regelungsgehalt

§ 21j gilt für alle neu errichteten Gerichte und darüber hinaus auch bei der **Zusammenlegung von Gerichten** in entsprechender Anwendung.[2] 2

Abs. 1 schafft eine § 21i Abs. 2 entsprechende **Notkompetenz des Gerichtsvorstands** und verweist auf die dort geltenden Verfahrensvorschriften (Abs. 1 S. 2 iVm § 21i Abs. 2 S. 2–4). Abs. 2 regelt die Übergangsfristen, binnen derer ein Präsidium zu wählen ist. Abs. 3 bestimmt den Zeitpunkt für die Bemessung der Größe des Präsidiums abweichend von § 21d Abs. 1 und Abs. 4 regelt die Wahl des Präsidiums. 3

---

[1] BGBl. 2006 I 866.
[2] *Kissel/Mayer* Rn. 2; *Löwe/Rosenberg/Breidling* § 21d Rn. 1.

Dritter Titel. Amtsgerichte

§ 22 [Richter beim Amtsgericht]

(1) Den Amtsgerichten stehen Einzelrichter vor.

(2) Einem Richter beim Amtsgericht kann zugleich ein weiteres Richteramt bei einem anderen Amtsgericht oder bei einem Landgericht übertragen werden.

(3) ¹Die allgemeine Dienstaufsicht kann von der Landesjustizverwaltung dem Präsidenten des übergeordneten Landgerichts übertragen werden. ²Geschieht dies nicht, so ist, wenn das Amtsgericht mit mehreren Richtern besetzt ist, einem von ihnen von der Landesjustizverwaltung die allgemeine Dienstaufsicht zu übertragen.

(4) Jeder Richter beim Amtsgericht erledigt die ihm obliegenden Geschäfte, soweit dieses Gesetz nichts anderes bestimmt, als Einzelrichter.

(5) ¹Es können Richter kraft Auftrags verwendet werden. ²Richter auf Probe können verwendet werden, soweit sich aus Absatz 6, § 23b Abs. 3 Satz 2, § 23c Abs. 2 oder § 29 Abs. 1 Satz 2 nichts anderes ergibt.

(6) ¹Ein Richter auf Probe darf im ersten Jahr nach seiner Ernennung Geschäfte in Insolvenzsachen nicht wahrnehmen. ²Richter in Insolvenzsachen sollen über belegbare Kenntnisse auf den Gebieten des Insolvenzrechts, des Handels- und Gesellschaftsrechts sowie über Grundkenntnisse der für das Insolvenzverfahren notwendigen Teile des Arbeits-, Sozial- und Steuerrechts und des Rechnungswesens verfügen. ³Einem Richter, dessen Kenntnisse auf diesen Gebieten nicht belegt sind, dürfen die Aufgaben eines Insolvenzrichters nur zugewiesen werden, wenn der Erwerb der Kenntnisse alsbald zu erwarten ist.

Übersicht

	Rn.		Rn.
I. Normzweck	1, 2	V. Doppelrichter, Abs. 2	8–10
II. Das Amtsgericht	3, 4	VI. Dienstaufsicht, Abs. 3	11, 12
III. Das Einzelrichterprinzip, Abs. 2, 4	5	1. Zuständigkeit	11
IV. Richter beim Amtsgericht, Abs. 5	6, 7	2. Inhalt	12

I. Normzweck

1 § 22 ist die **zentrale Organisationsvorschrift** für die Amtsgerichte. Sie normiert das Prinzip des Einzelrichters als Regelspruchkörper und enthält Bestimmungen zur Amtsstellung der Richter, Einschränkungen ihrer Verwendung und der allgemeinen Dienstaufsicht.

2 §§ 22a–d regeln die **amtsgerichtliche Präsidialverfassung** in Ergänzung der §§ 21a ff. sowie den richterlichen Bereitschaftsdienst. §§ 23–27 bestimmen die Zuständigkeiten der verschiedenen Spruchkörper.

II. Das Amtsgericht

3 Amtsgerichte können nur durch Gesetz errichtet, aufgehoben und verlegt werden.[1] Die Errichtung von **Zweigstellen** als unselbständige organisatorische Untereinheit ist durch die Justizverwaltung möglich,[2] in der praktischen Bedeutung aber rückläufig.[3] Gleiches gilt für die Durchführung von **Gerichtstagen,** also der in regelmäßigen Zeitabständen

---

[1] BVerfG 10.6.1953 – 1 BvF 1/53, BVerfGE 2, 307 = NJW 1953, 1177; KK/*Barthe* Rn. 1.
[2] *Kissel/Mayer* Rn. 2; Löwe/Rosenberg/*Siolek* Rn. 2.
[3] → § 12 Rn. 6.

wiederkehrenden Anwesenheit eines Richters und/oder Rechtspflegers an einem anderen Ort als dem Gerichtssitz innerhalb des Gerichtsbezirkes, um dort Amtsangelegenheiten zu erledigen, zB mündliche Verhandlungen durchzuführen sowie Erklärungen und Anträge entgegenzunehmen.[4]

Ist das Amtsgericht mit **mehr als einem Richter** besetzt, sind Abteilungen als Spruchkörper zu bilden und nach § 21e die Geschäfte den verschiedenen Richtern zuzuweisen.[5] Es gelten die dort dargestellten Grundsätze sowie ergänzend §§ 22a–c. 4

III. Das Einzelrichterprinzip, Abs. 2, 4

Abs. 2 und 4 regeln, dass am Amtsgericht **regelmäßig originär** der Einzelrichter entscheidet. Amtsgerichte sind daher grundsätzlich keine Kollegialgerichte. Die Bestimmungen über Kollegialgerichte in der Präsidialverfassung (§§ 21e Abs. 3 S. 2, 21f, 21g) sind auf Amtsgerichte nicht anwendbar. Eine Ausnahme vom Einzelrichterprinzip gibt es nur, soweit dies gesetzlich vorgesehen ist; in Strafsachen beim (erweiterten) Schöffengericht (§§ 28, 29) und beim Jugendschöffengericht (§ 33 Abs. 2 JGG). Darüber hinaus können sich vom Einzelrichterprinzip abweichende Zuweisungen aus den Prozessordnungen ergeben, Abs. 4 (vgl. § 27). 5

IV. Richter beim Amtsgericht, Abs. 5

„Richter beim Amtsgericht" im Sinn des GVG ist **jeder am Amtsgericht in Rechtsprechungsangelegenheiten tätige Richter** unabhängig von seinem Status (Richter auf Lebenszeit; Richter auf Probe, § 13 DRiG; kraft Auftrags, § 14 DRiG)[6] oder der Zuweisung einer Planstelle, also auch abgeordnete Richter (§ 37 DRiG).[7] Für Richter kraft Auftrags enthält § 22 Abs. 5 S. 1 eine allgemeine Verwendungserlaubnis nach § 28 Abs. 1 DRiG. Abs. 5 S. 2 und Abs. 6 erlauben die Verwendung von Richtern auf Probe unter den dort genannten Einschränkungen. In Strafsachen ist § 29 Abs. 1 S. 2 relevant, wonach ein Richter auf Probe im ersten Dienstjahr nicht Vorsitzender des Schöffengerichts sein kann. § 29 S. 2 DRiG ist zu beachten, wonach die Verwendung von Richtern auf Probe, kraft Auftrags oder abgeordneten Richtern im Geschäftsverteilungsplan kenntlich gemacht werden muss. § 29 S. 1 DRiG kann allenfalls beim erweiterten Schöffengericht (§ 29 Abs. 2 S. 1) relevant werden. 6

Jedes Amtsgericht muss mindestens eine Planstelle für einen Richter auf Lebenszeit haben.[8] Diese darf nur vorübergehend mit einem Richter auf Probe oder kraft Auftrags besetzt werden.[9] Darüber hinaus muss das Gericht mit mehr Richtern auf Lebenszeit besetzt sein, als mit anderen Richtern. Das ergibt sich zwar nicht aus dem GVG selbst, aber aus § 28 Abs. 1 DRiG, wonach grundsätzlich die Rechtsprechung den Richtern auf Lebenszeit übertragen ist.[10] Die Verwendung von Richtern auf Probe und kraft Auftrags muss daher die Ausnahme bleiben, auf einem sachlichen Grund beruhen und weitestgehend vermieden werden.[11] Die über diese Grundsätze hinausgehende Verwendung von Richtern auf Probe und kraft Auftrags **verletzt den Anspruch auf den gesetzlichen Richter**, weil dadurch der gesamte Geschäftsverteilungsplan gesetzeswidrig ist.[12] Die 7

---

[4] *Kissel/Mayer* Rn. 3; KK/*Barthe* Rn. 5; Löwe/Rosenberg/*Siolek* Rn. 3.
[5] KK/*Barthe* Rn. 2; Löwe/Rosenberg/*Siolek* Rn. 34.
[6] *Kissel/Mayer* Rn. 6.
[7] KK/*Barthe* Rn. 7.
[8] Allgemeine Meinung *Kissel/Mayer* Rn. 18; Löwe/Rosenberg/*Siolek* Rn. 15; MüKoZPO/*Zimmermann* Rn. 5.
[9] *Kissel/Mayer* Rn. 7, 18; Löwe/Rosenberg/*Siolek* Rn. 15; MüKoZPO/*Zimmermann* Rn. 5.
[10] *Kissel/Mayer* Rn. 8; MüKoZPO/*Zimmermann* Rn. 5.
[11] BVerfG 3.7.1962 – 2 BvR 628/60 u. 247/61, BVerfGE 14, 156 = NJW 1962, 1495 (1496); 13.11.1997 – 2 BvR 2269–93, NJW 1998, 153; *Kissel/Mayer* Rn. 8; MüKoZPO/*Zimmermann* Rn. 5.
[12] BGH 15.11.1956 – III ZR 84/55, BGHZ 22, 142 = NJW 1957, 101; 24.11.1965 – VIII ZR 219/63, NJW 1966, 352; *Kissel/Mayer* Rn. 10; Löwe/Rosenberg/*Siolek* Rn. 23; MüKoZPO/*Zimmermann* Rn. 5.

Besetzungsrüge hat nur dann keinen Erfolg, wenn die Gesamtzahl der unterscheidungslos bestellten Richter auf Probe/kraft Auftrags nicht höher war, als die Zahl aller Fälle, in denen die Heranziehung eines solchen Richters wegen vorübergehenden Geschäftsdranges, wegen Erkrankung eines Planrichters oder aus sonstigen zeitlich begrenzten Bedürfnissen statthaft war.[13]

V. Doppelrichter, Abs. 2

8 Abs. 2 erlaubt eine Doppelernennung der Planstelleninhaber, weil Richter auf Probe oder kraft Auftrags ohnehin kein festes Richteramt innehaben. Die Norm ermächtigt daher zu einer Abweichung von § 27 Abs. 1 DRiG nach § 27 Abs. 2 DRiG. Erfasst ist jeder Planstelleninhaber einschließlich des Präsidenten/Direktors unabhängig von der Besoldung. Dem Richter kann ein weiteres Amt an einem **anderen Amts- oder Landgericht** übertragen werden. Eine Verwendung an mehr als insgesamt zwei Gerichten ist schon vom Wortlaut her unzulässig. Auf räumliche Nähe, Zugehörigkeit zum gleichen Landgerichts- oder gar OLG-Bezirk kommt es nicht an.[14] Auch muss das Landgericht nicht das im Instanzenzug übergeordnete Gericht des „Stamm-Amtsgerichts" sein.[15]

9 Bei dem übertragenen Amt kann es sich auch um das eines Vorsitzenden Richters am Landgericht handeln.[16] Der Richter wird an beiden Gerichten vollwertiges Mitglied mit allen gerichtsverfassungsrechtlichen Rechten und Pflichten, insbes. den Wahlrechten nach § 21b. Die Übertragung erfolgt durch Verwaltungsakt[17] der Justizverwaltung[18] und bedarf der Zustimmung des betroffenen Richters nur, wenn seine richterliche Unabhängigkeit berührt ist,[19] sie also einer Versetzung gleichkommt. Das ist dann der Fall, wenn mit der Übertragung des weiteren Richteramtes diesem mehr als die Hälfte der Arbeitskraft des Richters zugewiesen werden soll.[20] Die **Anfechtung** einer solchen Maßnahme geschieht durch Anrufung des Richterdienstgerichts, da es letztlich um die richterliche Unabhängigkeit geht.[21] Das VG Arnsberg[22] nimmt auch eine Zuständigkeit der Verwaltungsgerichte an, wenn (auch) andere Rechte als die richterliche Unabhängigkeit (Ermessensfehler und sich daraus ergebende Verstöße gegen die Fürsorgepflicht und den Gleichbehandlungsgrundsatz) betroffen seien. Welche Aufgaben dem Richter bei den jeweiligen Gerichten zugewiesen werden, entscheidet nur das jeweilige Präsidium (§ 21e).[23]

10 Abs. 2 ist zum einen abzugrenzen von der Abordnung nach § 37 DRiG, die nur mit Zustimmung des betroffenen Richters erfolgen kann und weder den Status noch die Übertragung des Richteramtes beeinflusst.[24] Zum anderen ist die **Heranziehung zu besonderen Aufgaben** zu unterscheiden. In eng begrenzten Fällen (§§ 22b, 22c, 78 Abs. 2, 87b Abs. 2, 106) kann das Präsidium eines Gerichts auf Richter anderer Gerichte zur Verteilung der Geschäfte zurückgreifen. Dabei handelt es sich um einen Organisationsakt des Präsidiums im Rahmen seiner Zuständigkeit.[25] Es gelten daher die bei § 21e dargestellten Grundsätze.

---

[13] BGH 24.11.1965 – VIII ZR 219/63, NJW 1966, 352; *Kissel/Mayer* Rn. 10.
[14] *Kissel/Mayer* Rn. 13; KK/*Barthe* Rn. 6; Löwe/Rosenberg/*Siolek* Rn. 7.
[15] *Kissel/Mayer* Rn. 13; KK/*Barthe* Rn. 6; Löwe/Rosenberg/*Siolek* Rn. 7; MüKoZPO/*Zimmermann* Rn. 6.
[16] *Kissel/Mayer* Rn. 13; Löwe/Rosenberg/*Siolek* Rn. 7.
[17] Löwe/Rosenberg/*Siolek* Rn. 7.
[18] BGH 18.1.1972 – 5 StR 438/71, BGH 24, 283 = NJW 1972, 779 (780); *Kissel/Mayer* Rn. 14; KK/*Barthe* Rn. 6; Löwe/Rosenberg/*Siolek* Rn. 7.
[19] BGH (Dienstgericht des Bundes) 23.8.1976 – RiZ (R) 2/76, BGHZ 67, 159 = NJW 1977, 248 (249); *Kissel/Mayer* Rn. 14; KK/*Barthe* Rn. 6; Löwe/Rosenberg/*Siolek* Rn. 7; aA *Katholnigg* Rn. 3: stets nur mit Zustimmung.
[20] BGH 23.8.1976 – RiZ (R) 2/76, BGHZ 67, 159 = NJW 1977, 248 (249).
[21] BGH 23.8.1976 – RiZ (R) 2/76, BGHZ 67, 159 = NJW 1977, 248.
[22] VG Arnsberg 11.2.2008 – 2 L 31/08, BeckRS 2008, 33635.
[23] KK/*Barthe* Rn. 6; Löwe/Rosenberg/*Siolek* Rn. 9.
[24] *Kissel/Mayer* Rn. 15.
[25] *Kissel/Mayer* Rn. 16.

VI. Dienstaufsicht, Abs. 3

1. Zuständigkeit. Die Dienstaufsicht ist in Abs. 3 nicht inhaltlich geregelt, sondern **11** wird vorausgesetzt. Die Ausgestaltung der Zuständigkeit für die Ausübung der Dienstaufsicht obliegt der Gesetzgebungskompetenz der Länder für die Gerichte der Länder und dem Bund für die Bundesgerichte. Im Allgemeinen wird die Dienstaufsicht für die Gerichte durch die Landesjustizverwaltung (Bund: Bundesjustizverwaltung) ausgeübt. Sie ist übertragbar, wovon die Bundesländer Gebrauch gemacht haben.[26] Die Regelungen orientieren sich an der mit Gesetz vom 19.4.2006[27] aufgehobenen GVVO oder ordnen deren Fortwirkung an.[28] Nach deren Vorbild übt die Landesjustizverwaltung als oberste Behörde die Dienstaufsicht aus. Die Präsidenten der OLGe tun dies für die Richter an den Gerichten in ihrem Zuständigkeitsbereich und die Präsidenten der Landgerichte für die Richter am jeweiligen Landgericht.[29] Abs. 3 gibt **für das Amtsgericht Rahmenbedingungen** vor. Danach nimmt bei mit einem Präsidenten besetzten Amtsgericht dieser die allgemeine Dienstaufsicht wahr. Ob in diesem Fall der Präsident des übergeordneten Landgerichts oder direkt der Präsident des übergeordneten OLG die nächsthöhere Dienstaufsichtsbehörde ist, bestimmt sich nach den Regeln der Länder.[30] Handelt es sich nicht um ein Präsidialamtsgericht, kann die Landesjustizverwaltung dem Präsidenten des übergeordneten Landgerichts die Dienstaufsicht über die Richter am Amtsgericht übertragen (Abs. 3 S. 1). Über den engen Wortlaut hinaus ist es aber auch zulässig, den Präsidenten eines anderen Amtsgerichts zur Wahrnehmung der Dienstaufsicht für ein Amtsgericht ohne Präsidenten zu bestimmen, was sich aus §§ 22a, 22b Abs. 4 ergibt.[31] In allen anderen Fällen ist die Dienstaufsicht einem Richter des Amtsgerichts zu übertragen, wenn das Amtsgericht mit mehr als einem Richter besetzt ist, Abs. 3 S. 2, der dann aufsichtführender Richter im Sinne der Präsidialverfassung (§§ 21a ff.) ist. In der Regel wird das der Direktor sein.

2. Inhalt. Der Inhalt der Dienstaufsicht ist nicht geregelt. Auszugehen ist für Richter **12** von § 26 Abs. 1 DRiG. Danach unterliegen Richter der Dienstaufsicht nur, soweit nicht ihre **richterliche Unabhängigkeit** beeinträchtigt wird.[32] Weitere Einschränkungen ergeben sich aus der der Dienstaufsicht entzogenen Zuständigkeit des Präsidiums in Angelegenheiten der Präsidialverfassung (§ 21a ff., insbes. § 21e). Die Dienstaufsicht bedeutet die Pflicht zur Überwachung der Untergebenen, um sie zur treuen Erfüllung ihrer Pflichten anzuhalten und um das Begehen von Pflichtverletzungen zu verhindern.[33] Dazu gehören die Pflichten, für die Einhaltung der Gesetze zu sorgen und den dem Amt angemessenen Umgang mit anderen Personen sicherzustellen aber auch die allgemeinen Dienstpflichten des Vorgesetzten (Urlaubsbewilligung, Dienstreisegenehmigung, Genehmigung von Nebentätigkeiten usw.) sowie die Wahrnehmung der Fürsorgepflicht.[34] Im nichtrichterlichen Bereich (Ausnahme für Rechtspfleger nach § 9 RPflG) nimmt der Dienstaufsichtführende die Dienstaufsicht umfassend wahr und verantwortet den gesamten technischen und organisatorischen Geschäftsablauf des Gerichts (Leitung des Gerichts).[35]

§ 22a [Präsident des LG oder AG als Vorsitzender des Präsidiums]

Bei Amtsgerichten mit einem aus allen wählbaren Richtern bestehenden Präsidium (§ 21a Abs. 2 Nr. 5) gehört der Präsident des übergeordneten Landgerichts

---

[26] ZB § 20 Bay. AGGVG, § 8 Nds. JustizG; § 15 Sächs JustizG, § 10 Thür. AGGVG.
[27] BGBl. 2006 I 866.
[28] ZB Art. 9 § 14 GVerfReglV NW.
[29] Dazu *Kissel/Mayer* § 12 Rn. 90; KK/*Barthe* Rn. 10.
[30] *Kissel/Mayer* § 12 Rn. 90.
[31] Allgemeine Meinung: *Kissel/Mayer* Rn. 42; KK/*Barthe* Rn. 10; Löwe/Rosenberg/*Siolek* Rn. 37; MüKoZPO/*Zimmermann* Rn. 8.
[32] → § 1 Rn. 47 ff.
[33] BVerwG 6.3.1987 – 2 WDB 11/86, BVerwGE 83, 285 = NJW 1987, 3213.
[34] *Kissel/Mayer* Rn. 38; KK/*Barthe* Rn. 9; Löwe/Rosenberg/*Siolek* Rn. 39.
[35] Weiterführend *Kissel/Mayer* Rn. 39; KK/*Barthe* Rn. 9.

oder, wenn der Präsident eines anderen Amtsgerichts die Dienstaufsicht ausübt, dieser Präsident dem Präsidium als Vorsitzender an.

I. Normzweck

1 § 22a bestimmt bei kleinen Amtsgerichten mit Plenarpräsidium den Präsidenten des Landgerichts oder eines anderen Amtsgerichts zum Vorsitzenden des Präsidiums, um **Spannungen und Ungewichtungen** durch einen objektiven Vorsitzenden entgegenzuwirken.[1]

II. Regelungsgehalt

2 Die Norm greift nur bei kleinen Amtsgerichten mit weniger als acht Richterplanstellen (§ 21a Abs. 2 Nr. 5).[2] Es kommt auf die **tatsächliche Anzahl** der Planstellen an. Unerheblich ist, ob diese besetzt sind[3] oder wie viele Richter tatsächlich an dem Gericht beschäftigt sind.[4] § 22a gilt auch für sog. „Ein-Mann-Amtsgerichte".[5] Bei größeren Amtsgerichten ist der Präsident des Amtsgerichts oder der aufsichtführende Richter geborenes Mitglied des Präsidiums.[6]

3 Bei kleinen Amtsgerichten nach § 21a Abs. 2 Nr. 5 ist der **Präsident des übergeordneten Landgerichts** oder der dienstaufsichtführende Präsident eines anderen Amtsgerichts von Gesetzes wegen zugleich Mitglied und Vorsitzender des Präsidiums. Seine Vertretung regeln §§ 21c und 21h.[7] Er übt auch die Eilkompetenz nach § 21i Abs. 2 aus.[8] Das Recht zur Wahlanfechtung nach § 21b Abs. 6 hat er nicht, da er nicht wahlberechtigtes Mitglied dieses Gerichts nach § 21b Abs. 1 S. 1 ist.[9]

4 **Erhöht sich die Zahl der Planstellen** auf mindestens acht, ist ein Präsidium zu wählen und die Wirkung des § 22a fällt weg.[10] Die Geschäftsverteilung bleibt in Kraft, für Änderungen ist aber ab der Wahl des neuen Präsidiums dieses zuständig. Zur Vermeidung eines vom Gesetz nicht gewollten Vakuums bleibt das Plenarpräsidium bis dahin im Amt, wobei ihm unabhängig von der Anzahl der Planstellen sämtliche wählbaren Richter einschließlich des neuen Amtsgerichtspräsidenten/aufsichtführenden Richters als Vorsitzender angehören (Rechtsgedanke des § 21a Abs. 2 Nr. 5).[11] Eine Eilzuständigkeit des neuen Amtsgerichtspräsidenten/aufsichtführenden Richters tritt daher über die üblichen Fälle des § 21e Abs. 2 hinaus nicht ein.[12]

§ 22b [Vertretung von Richtern]

(1) Ist ein Amtsgericht nur mit einem Richter besetzt, so beauftragt das Präsidium des Landgerichts einen Richter seines Bezirks mit der ständigen Vertretung dieses Richters.

(2) Wird an einem Amtsgericht die vorübergehende Vertretung durch einen Richter eines anderen Gerichts nötig, so beauftragt das Präsidium des Landgerichts einen Richter seines Bezirks längstens für zwei Monate mit der Vertretung.

(3) [1]In Eilfällen kann der Präsident des Landgerichts einen zeitweiligen Vertreter bestellen. [2]Die Gründe für die getroffene Anordnung sind schriftlich niederzulegen.

---

[1] Vgl. BT-Drs. 6/2903, 5.
[2] → § 21a Rn. 17.
[3] *Kissel/Mayer* Rn. 2; *Löwe/Rosenberg/Siolek* Rn. 3.
[4] *Kissel/Mayer* Rn. 2; *Löwe/Rosenberg/Siolek* Rn. 3.
[5] AA KK/*Diemer* Rn. 2; Meyer-Goßner/*Schmitt* Rn. 1; vgl. auch → § 21a Rn. 5.
[6] Dazu → § 21a Rn. 15, → § 22 Rn. 11.
[7] *Kissel/Mayer* Rn. 3; KK/*Diemer* Rn. 2; *Löwe/Rosenberg/Siolek* Rn. 3.
[8] *Kissel/Mayer* Rn. 3; KK/*Diemer* Rn. 2; *Löwe/Rosenberg/Siolek* Rn. 3.
[9] → § 21b Rn. 1, 19; OLG Koblenz 26.1.1996 – 12 VAs 1/96, DRiZ 1996, 329; *Katholnigg* Rn. 1.
[10] Vgl. → § 21d Rn. 9; *Kissel/Mayer* Rn. 3; KK/*Diemer* Rn. 2; *Löwe/Rosenberg/Siolek* Rn. 3.
[11] → § 21d Rn. 9; *Kissel/Mayer* § 21d Rn. 8; *Löwe/Rosenberg/Breidling* § 21d Rn. 6.
[12] AA *Kissel/Mayer* Rn. 4; *Löwe/Rosenberg/Siolek* Rn. 4.

(4) Bei Amtsgerichten, über die der Präsident eines anderen Amtsgerichts die Dienstaufsicht ausübt, ist in den Fällen der Absätze 1 und 2 das Präsidium des anderen Amtsgerichts und im Falle des Absatzes 3 dessen Präsident zuständig.

I. Normzweck

§ 22b regelt ergänzend zu § 21e die **Vertretung an Amtsgerichten.** Dabei bleibt § 21e **1** vorrangige Vorschrift. Nur in den engen Grenzen des § 22b kommt dieser zur Anwendung. Die Norm ist notwendig, weil insbesondere an (sehr) kleinen Amtsgerichten Verhinderungssituationen entstehen können, die eine Vertretung durch einen Richter, der nicht Mitglied des Gerichts ist, erforderlich machen. Bei sog. Ein-Mann-Amtsgerichten ist das die Regel; dem trägt Abs. 1 Rechnung. Abs. 2 und 3 betreffen die vorübergehende Verhinderung und die Eilkompetenz des Präsidenten des übergeordneten Landgerichts. Abs. 4 verlagert die Zuständigkeit vom Landgericht auf das Präsidialamtsgericht, wenn dessen Präsidenten die Dienstaufsicht für das kleinere Amtsgericht übertragen ist.[1]

II. Regelungsgehalt

1. Vertretung an Ein-Mann-Amtsgerichten, Abs. 1. Abs. 1 regelt die Vertretung an **2** Amtsgerichten, die nur mit einem Richter besetzt sind. Da das Gesetz nicht auf Planstellen abstellt, kommt es auf die **tatsächliche dauerhafte Besetzung** des Gerichts an.[2] Sobald an dem Gericht mehr als ein Richter dauerhaft tätig ist, ist ein Geschäftsverteilungsplan zu erstellen, der auch die (zwangsläufig gegenseitige) Vertretung regelt. Zuständig ist dafür das kraft Gesetzes bestehende Plenarpräsidium.[3]

Unter den Begriff der Verhinderung fallen über die allgemeinen Grundsätze[4] hinaus **3** auch die Fälle, in denen das einzige Mitglied des Amtsgerichts als Richter auf Probe in seiner **Verwendungsmöglichkeit beschränkt** ist (in Strafsachen § 29 Abs. 1 S. 2).

Den Vertreter bestimmt das **Präsidium des übergeordneten Landgerichts** (beachte **4** aber Abs. 4). Seine Zuständigkeit ist gesetzlich erweitert. Es hat die allgemeinen Grundsätze des § 21e zu beachten. Unterjährige Änderungen kommen nur nach § 21e Abs. 3 S. 1 in Betracht. Der Vertreter kann aus dem Kreis des Landgerichts selbst (einschließlich des Präsidenten) oder einem zu seinem Bezirk gehörenden Amtsgericht kommen.[5] Es ist trotz Abs. 2 regelmäßig geboten, eine ausreichend lange Vertreterkette zu bestellen.[6]

2. Vorübergehende Vertretung, Abs. 2. Abs. 2 regelt für alle Amtsgerichte die Mög- **5** lichkeit, einen vorübergehenden Vertreter zu bestellen, wenn **kein gesetzlicher Richter** am Amtsgericht **mehr vorhanden** oder der letztbenannte Vertreter ein für den Vertretungsfall in seiner Verwendung beschränkter Richter auf Probe ist (zB § 29 Abs. 1 S. 2). Abs. 2 gilt auch, wenn die nach Abs. 1 bestellten (externen) Vertreter verhindert sind. Nur in diesen Fällen ist ein Vorgehen nach Abs. 2 zulässig aber auch erforderlich. Versagt außer in den Fällen des Abs. 1 lediglich die nicht alle Richter des Gerichts umfassende Vertreterkette,[7] hat vorrangig das Präsidium des Amtsgerichts nach § 21e Abs. 3 S. 1 zu verfahren. Für die Vertretung in Verwaltungsangelegenheiten gilt § 22b nicht. Hier bestimmt die Justizverwaltung die Vertretung.[8]

Liegen die Voraussetzungen des Abs. 2 vor, bestellt das Präsidium des übergeordneten **6** Landgerichts (beachte aber Abs. 4) einen Richter aus seinem Bezirk (Landgericht selbst oder alle zum Zuständigkeitsbereich gehörenden Amtsgerichte) mit der Vertretung. Sie ist

---

[1] Vgl. → § 22 Rn. 11.
[2] *Kissel/Mayer* Rn. 1.
[3] → § 21a Rn. 5 und 17 ff.
[4] → § 21e Rn. 17 ff.
[5] *Kissel/Mayer* Rn. 2; *Löwe/Rosenberg/Siolek* Rn. 2.
[6] Vgl. → § 21e Rn. 16.
[7] Dazu → § 21e Rn. 16.
[8] *Kissel/Mayer* Rn. 9; *KK/Diemer* Rn. 6; *Löwe/Rosenberg/Siolek* Rn. 9.

auf **längstens zwei Monate zu befristen** und endet mit Ablauf der Befristung, spätestens nach zwei Monaten von selbst. Besteht der Vertretungsbedarf fort, kann eine erneute Bestellung eines vorübergehenden Vertreters beschlossen werden, die wiederum maximal zwei Monate betragen darf.[9] Es spricht nichts dagegen, den einmal bestellten Vertreter erneut zu bestellen.[10] Im Hinblick auf die Verfahrenskenntnis kann das sogar angezeigt sein. Zeichnet sich ab, dass der regelungsbedürftige Zustand längerfristig anhalten wird, ist ein Handeln der Justizverwaltung erforderlich, zB durch Abordnung eines Richters. Liegt ein dauerhafter Vertretungsfall vor, kann auf Abs. 2 nicht mehr zurückgegriffen werden. Ein Vertreter, der trotzdem nach Abs. 2 bestellt wird, ist nicht gesetzlicher Richter. Dabei steht dem Revisionsgericht auf die Besetzungsrüge hin nach allgemeinen Grundsätzen ein umfassendes Prüfungsrecht zu.[11]

7   **3. Eilzuständigkeit, Abs. 3.** Abs. 3 begründet eine Eilzuständigkeit des Präsidenten des übergeordneten Landgerichts (beachte aber Abs. 4) als Vorsitzenden des Präsidiums für die Fälle des Abs. 2 ggf. iVm Abs. 1 (→ Rn. 5). Muss ein anderer Fall geregelt werden, gilt § 21i Abs. 2. Ein **Eilfall**[12] liegt vor, wenn durch den Zeitablauf bis zur nächstmöglichen Präsidiumssitzung (des Landgerichts) eine dringend erforderliche Tätigkeit des gesetzlichen Richters nicht rechtzeitig vorgenommen werden kann und dadurch das Recht auf den gesetzlichen Richter gefährdet oder der Dienstbetrieb des Gerichts erheblich beeinträchtigt wird.[13] Der Umfang und die inhaltliche Ausgestaltung der Maßnahme decken sich mit dem Beschluss des Präsidiums nach Abs. 2.

8   Die Gründe für die Anordnung sind schriftlich niederzulegen. Der Präsident hat das Vorliegen der rechtlichen Voraussetzungen (Eilfall, zeitweiliger Vertreter) zu prüfen. Die inhaltliche Entscheidung bestimmt er nach **pflichtgemäßem Ermessen,** soweit zeitlich möglich nach Anhörung der betroffenen Richter (§ 21e Abs. 2 und 5). Die rechtliche Beurteilung der Voraussetzungen des Abs. 3 unterliegt voller revisionsrechtlicher Kontrolle. Im Übrigen gelten für die Anfechtbarkeit die gleichen Grundsätze wie bei § 21i.[14]

9   Ob darüber hinaus **§ 21i Abs. 2 S. 3 und 4** (unverzügliche Vorlage an das Präsidium zur Genehmigung, Fortgeltung bis zu einer abweichenden Entscheidung des Präsidiums) **entsprechend anzuwenden** sind, ist umstritten.[15] Eine analoge Anwendung ist geboten. Der Gesetzgeber wollte die Zuständigkeit des Präsidenten in Eilfällen in sachlicher Hinsicht im Vergleich zu § 21i Abs. 2 erweitern, da eine originäre Zuständigkeit aus § 21i Abs. 2 in den Fällen des § 22b Abs. 2 nicht greift. Dass damit aber auch eine Erweiterung der Zuständigkeit gegenüber dem Präsidium gewollt war, kann den Materialien nicht entnommen werden. Da die Eilkompetenz mit der Kompetenz des Präsidiums inhaltlich übereinstimmt, ist auch nicht einzusehen, weshalb sich das Präsidium nicht innerhalb der Zwei-Monats-Frist mit der Angelegenheit befassen sollte.

10   **4. Zuständigkeit eines anderen Amtsgerichts, Abs. 4.** Abs. 4 sieht eine abweichende Zuständigkeit des Präsidiums eines Amtsgerichts für die Entscheidungen nach Abs. 1 und 2 sowie seines Präsidenten im Eilfall, Abs. 3 vor, wenn der Präsident dieses Amtsgerichts die Dienstaufsicht über das Amtsgericht ausübt, bei dem der Vertretungsfall eingetreten ist. Die Vorschrift soll der besseren Kenntnis und dem besseren Überblick des dienstaufsichtführenden Präsidenten Rechnung tragen.[16] Die Norm ist allerdings dahingehend **teleologisch zu reduzieren,** dass in diesen Fällen zur Vertretung nur Mitglieder des Präsidialamtsgerichts („seines Bezirks") herangezogen werden dürfen.[17]

---

[9] *Kissel/Mayer* Rn. 5; KK/*Diemer* Rn. 2; Löwe/Rosenberg/*Siolek* Rn. 4; aA Meyer-Goßner/*Schmitt* Rn. 2.
[10] *Kissel/Mayer* Rn. 5; KK/*Diemer* Rn. 2; Löwe/Rosenberg/*Siolek* Rn. 4.
[11] Vgl. → § 21e Rn. 68.
[12] Dazu allgemein → § 21i Rn. 5.
[13] KK/*Diemer* Rn. 3.
[14] → § 21i Rn. 9.
[15] Dafür *Kissel/Mayer* Rn. 7 („Redaktionsversehen"); KK/*Diemer* Rn. 5; MüKoZPO/*Zimmermann* Rn. 7; Stanicki DRiZ 1972, 414 (416); dagegen *Katholnigg* Rn. 3; Löwe/Rosenberg/*Siolek* Rn. 7.
[16] Dazu Löwe/Rosenberg/*Siolek* Rn. 8.
[17] *Katholnigg* Rn. 4; *Kissel/Mayer* Rn. 8; Löwe/Rosenberg/*Siolek* Rn. 8; *Schorn/Stanicki* S. 93.

§ 22c [Bereitschaftsdienst]

(1) ¹Die Landesregierungen werden ermächtigt, durch Rechtsverordnung zu bestimmen, dass für mehrere Amtsgerichte im Bezirk eines Landgerichts ein gemeinsamer Bereitschaftsdienstplan aufgestellt wird oder ein Amtsgericht Geschäfte des Bereitschaftsdienstes ganz oder teilweise wahrnimmt, wenn dies zur Sicherstellung einer gleichmäßigeren Belastung der Richter mit Bereitschaftsdiensten angezeigt ist. ²Zu dem Bereitschaftsdienst sind die Richter der in Satz 1 bezeichneten Amtsgerichte heranzuziehen. ³In der Verordnung nach Satz 1 kann bestimmt werden, dass auch die Richter des Landgerichts heranzuziehen sind. ⁴Über die Verteilung der Geschäfte des Bereitschaftsdienstes beschließt nach Maßgabe des § 21e das Präsidium des Landgerichts im Einvernehmen mit den Präsidien der betroffenen Amtsgerichte. ⁵Kommt eine Einigung nicht zustande, obliegt die Beschlussfassung dem Präsidium des Oberlandesgerichts, zu dessen Bezirk das Landgericht gehört.

(2) Die Landesregierungen können die Ermächtigung nach Absatz 1 auf die Landesjustizverwaltungen übertragen.

Schrifttum: *Falk*, Dienstbereit und gesetzlich? DRiZ 2007, 151; *Fickenscher/Dingelstadt*, Richterlicher Bereitschaftsdienst „rund um die Uhr"? NJW 2009, 3473.

I. Normzweck

Abs. 1 wurde geändert durch Art. 20 Nr. 1 OLGVertrÄndG vom 23.7.2002.[1] Die Norm regelt den richterlichen Bereitschaftsdienst neu und schafft eine eindeutige gesetzliche Grundlage. Dabei soll eine **gleichmäßige Arbeitsverteilung** auf die am Bereitschaftsdienst beteiligten Richter erreicht werden, indem alle Amtsgerichte eines Landgerichtsbezirks (Poollösung) sowie die Richter des Landgerichts zum Bereitschaftsdienst herangezogen werden können. Zu diesem Zweck können die Landesregierungen Verordnungen erlassen, die den Bereitschaftsdienst für mehrere Amtsgerichtsbezirke einem Amtsgericht übertragen und/oder es ermöglichen, gemeinsame Bereitschaftsdienstpläne zu erstellen. Die Geschäftsverteilung obliegt dann grundsätzlich dem Präsidium des übergeordneten Landgerichts. Die Verordnungsermächtigung kann durch Rechtsverordnung (Art. 80 Abs. 1 S. 3 GG) an die Justizverwaltung übertragen werden (Abs. 2).

II. Bereitschaftsdienst

Der gesetzliche Richtervorbehalt (zB Art. 13 GG, § 81a StPO) erfordert es grundsätzlich, auch an dienstfreien Tagen und zu Uhrzeiten außerhalb der üblichen Dienstzeit die Erreichbarkeit eines Richters zu ermöglichen. Lediglich zur Nachtzeit ist die Einrichtung eines Bereitschaftsdienstes nicht zwingend. Sie kann aber aus aktuellem[2] oder ständigem Anlass[3] geboten sein. Als **Bedarfskriterium** wird zunehmend auf das **Fallaufkommen** abgestellt, das sich aus konkretem Anlass (zB Castor-Transporte[4]) oder dem allgemeinen Bedarf (zB regelmäßige nächtliche Anordnungen in Großstädten) ergeben kann. Zur Tagzeit (§ 104 Abs. 3 StPO) ist die Einrichtung eines Bereitschaftsdienstes außerhalb der üblichen Dienstzeiten stets notwendig.[5]

Ob ein Dienstgeschäft vorliegt, das im Bereitschaftsdienst zu erledigen ist, entscheidet der Bereitschaftsrichter in eigener Zuständigkeit in richterlicher Unabhängigkeit.[6] Dabei

---
[1] BGBl. 2002 I 2850.
[2] BVerfG 10.12.2003 – 2 BvR 1481/02, NJW 2004, 1442.
[3] *Fickenscher/Dingelstadt* NJW 2009, 3473 mwN zur obergerichtlichen Rechtsprechung.
[4] BVerfG 13.12.2005 – 2 BvR 447/05, NVwZ 2006, 579.
[5] BVerfG 16.6.2015 – 2 BvR 2718/10, 2 BvR 1849/11, 2 BvR 2808/11, NJW 2015, 2787 (2789) mAnm *Rabe von Kühlwein* NStZ 2016, 618; *Löwe/Rosenberg/Siolek* Rn. 4.
[6] *Kissel/Mayer* Rn. 8; *Löwe/Rosenberg/Siolek* Rn. 10.

sind nur solche Dienstgeschäfte vorzunehmen, die **keinen Aufschub dulden,** weil andernfalls in die Zuweisung des gesetzlichen Richters eingegriffen würde.[7] Daher ergeben sich Abgrenzungsschwierigkeiten zur Zuständigkeit des Bereitschaftsrichters im Verhältnis zum zuständigen Richter nach der allgemeinen Geschäftsverteilung. Dies hat das nach Abs. 1 S. 4 zuständige Präsidium im Bereitschaftsdienstplan abstrakt-generell zu regeln.[8] Es bietet sich dabei an, nicht nur die Uhrzeiten (Beginn und Ende) des Bereitschaftsdienstes festzulegen, sondern auch eine Regelung zur Zuständigkeit zu treffen, für den Fall, dass der vorrangig zuständige Richter zu Zeiten, die grundsätzlich in den Bereitschaftsdienst fallen, im Gericht erreichbar ist.[9]

III. Inhaltliche Ausgestaltung der Verordnungsermächtigung

4   Abs. 1 S. 1 ermächtigt die Landesregierungen, durch Verordnung den Bereitschaftsdienst an den Amtsgerichten zu regeln. Dabei stehen zwei Lösungen zur Verfügung. Nach der **Konzentrationslösung** kann einem zentralen Amtsgericht die Zuständigkeit ganz oder teilweise übertragen werden. Stattdessen kann der Bereitschaftsdienst über einen Bereitschaftsdienstplan auch auf alle Amtsgerichte (und sogar unter Hinzuziehung der Richter des Landgerichts) verteilt werden **(Poollösung).** Von dieser Verordnungsermächtigung haben viele Bundesländer Gebrauch gemacht.[10]

5   Die Verordnung darf nur erlassen werden, wenn dies zur **Sicherstellung einer gleichmäßigen Belastung** der Richter mit Bereitschaftsdiensten angezeigt ist. Das ist der Fall, wenn wegen unterschiedlicher Besetzung oder Zuständigkeit der Amtsgerichte (zB Haftgerichte) und unterschiedlich hohen Bedarfsanfalls (→ Rn. 2) Richter des einen Amtsgerichts deutlich häufiger heranzuziehen wären, als Richter eines anderen Gerichts.[11] Die tatsächliche inhaltliche Verteilung der Geschäfte und damit auch der Belastung obliegt nicht dem Verordnungsgeber, sondern dem Präsidium (Abs. 1 S. 4, 5).

IV. Heranziehung der Richter des Landgerichts

6   Sieht die Verordnung vor, dass die Richter des übergeordneten Landgerichts zum Bereitschaftsdienst heranzuziehen sind, betrifft dies **grundsätzlich alle Richter** des jeweiligen Landgerichts, einschließlich der Vorsitzenden Richter, Präsidenten, Vizepräsidenten.[12] Die nähere Ausgestaltung ist Aufgabe des Präsidiums, das aus sachlichen Gründen nach den allgemeinen Grundsätzen des § 21e die Geschäfte verteilt und einzelne Richtergruppen vom Bereitschaftsdienst ausnehmen kann (zB alle Richter auf Probe im ersten Dienstjahr oder alle Richter der Beschwerdekammern etc). Die Richter des Landgerichts werden formell für das Amtsgericht tätig. Ob es sich dabei um die Übertragung eines weiteren Richteramtes nach § 59 Abs. 2[13] oder eine Aufgabenzuweisung durch das Präsidium kraft gesetzlicher Befugnis[14] handelt, ist ohne praktische Bedeutung.[15] § 22d findet aber auch auf die für das Amtsgericht handelnden Richter des Landgerichts unmittelbar Anwendung.[16]

---

[7] *Falk* DRiZ 2007, 153; Löwe/Rosenberg/*Siolek* Rn. 10.
[8] KK/*Barthe* Rn. 1a.
[9] Zur sog. Vertreterlösung vgl. *Falk* DRiZ 2007, 153 und LG Arnsberg 21.1.2015 – II 2 AR 1/15, StraFo 2015, 66.
[10] ZB Baden-Württemberg GBl. 2003, 188; Bayern § 3 GZVJu, GVBl. 2004, 471; Nordrhein-Westfalen GVBl. 2003, 603; Rheinland-Pfalz GVBl. 2004, 334; Hessen GVBl. 2005, 643.
[11] Kissel/*Mayer* Rn. 5.
[12] Allgemeine Meinung: BT-Drs. 14/9266, 39; Kissel/*Mayer* Rn. 6; KK/*Barthe* Rn. 2a; Löwe/Rosenberg/*Siolek* Rn. 9; Meyer-Goßner/*Schmitt* Rn. 3; MüKoZPO/*Zimmermann* Rn. 6.
[13] Löwe/Rosenberg/*Siolek* Rn. 9.
[14] Kissel/*Mayer* Rn. 6.
[15] So offenbar auch KK/*Barthe* Rn. 2a.
[16] Allgemeine Meinung: BT-Drs. 14/9266, 65; Kissel/*Mayer* Rn. 6; KK/*Barthe* Rn. 2a; Löwe/Rosenberg/*Siolek* Rn. 9; Meyer-Goßner/*Schmitt* Rn. 3; MüKoZPO/*Zimmermann* Rn. 6.

V. Geschäftsverteilung

Macht der Verordnungsgeber von seiner Ermächtigung Gebrauch und weist den Bereitschaftsdienst den Richtern aus mehr als einem Gericht zu, ist das **Präsidium des übergeordneten Landgerichts** für die Erstellung des Geschäftsverteilungsplans **zuständig** (Abs. 1 S. 4). Mit den Präsidien der betroffenen Amtsgerichte ist Einvernehmen herzustellen (Abs. 1 S. 4). Auf welchem Weg dies geschieht, bleibt dem Präsidium des Landgerichts überlassen. Nur wenn keine Einigung erfolgt, geht die Zuständigkeit für die Erstellung des Geschäftsverteilungsplans auf das übergeordnete Oberlandesgericht über (Abs. 1 S. 5). Daraus ergibt sich auch zwingend, dass eine Konzentration oder Poollösung nicht über die Grenzen des OLG-Bezirks hinaus erfolgen kann.

Bei der **inhaltlichen Ausgestaltung** des Bereitschaftsdienstplans gelten die allgemeinen Grundsätze des § 21e. Es muss geregelt sein, für welchen Zeitraum der Bereitschaftsdienst eingerichtet ist, welche Geschäfte zu erledigen sind, welcher Richter wann zuständig ist und wie die Kompetenzabgrenzung zum regulär zuständigen Richter erfolgt.[17] Darüber hinaus ist bei einer Verordnung, die die Poollösung wählt, auch festzulegen, welches Gericht für welchen Zeitraum die Richter zu stellen und die Geschäfte zu erledigen hat (zB AG X vom 1.1. bis 30.6., AG Y vom 1.7. bis 30.9., LG X vom 1.10. bis 31.12.).[18]

Der Bereitschaftsdienstplan ist ein Unterfall des allgemeinen Geschäftsverteilungsplans nach § 21e mit besonderen Zuständigkeitsregeln, soweit der Verordnungsgeber von seiner Ermächtigung Gebrauch gemacht hat. Es gelten daher auch die gleichen **Anfechtungsgrundsätze** wie bei § 21e.[19]

§ 22d [Handlungen eines unzuständigen Richters]

Die Gültigkeit der Handlung eines Richters beim Amtsgericht wird nicht dadurch berührt, daß die Handlung nach der Geschäftsverteilung von einem anderen Richter wahrzunehmen gewesen wäre.

I. Normzweck und allgemeine Bedeutung

§ 22d regelt die Wirksamkeit von richterlichen Handlungen, wenn nicht der gesetzliche Richter entschieden hat, sondern ein anderer Richter desselben Amtsgerichts. Die Norm enthält keine Aussage über die Anfechtbarkeit solcher Handlungen. Über den engen Wortlaut („eines Richters am Amtsgericht") hinaus, ist ihr ein **allgemeiner Grundsatz** zu entnehmen, der für Schöffengerichte, aber auch für Kollegialgerichte (analog) gilt.[1] Insoweit hat § 22d keinen Regelungsgehalt, der über die herrschende Ansicht zu richterlichen Handlungen, die unter Verstoß gegen die Geschäftsverteilung vorgenommen werden, hinausgeht.

II. Regelungsgehalt

Richterliche Handlungen (Urteile, Beschlüsse, Verfügungen), die unter Verstoß gegen die Geschäftsverteilung zustande gekommen sind, sind nicht ungültig (nichtig). Sie bleiben **nach allgemeinen Grundsätzen anfechtbar.**[2] Da die Handlung das Recht auf den gesetzlichen Richter verletzt (Art. 101 Abs. 1 S. 2 GG), kann sie bei willkürlicher Annahme der Zuständigkeit stets angegriffen werden. Auch die Entscheidungen der Amtsgerichte unterliegen in diesem Umfang der Überprüfung durch die Rechtsmittelgerichte.[3] Ist die Handlung selbst unanfechtbar geworden, behält sie ihre Gültigkeit.

---

[17] KK/*Barthe* Rn. 3.
[18] *Kissel/Mayer* Rn. 7; KK/*Barthe* Rn. 3.
[19] → § 21e Rn. 67 ff.
[1] *Kissel/Mayer* Rn. 5; MüKoZPO/*Zimmermann* Rn. 1.
[2] Vgl. → § 16 Rn. 29 ff.; → § 21e Rn. 67 f.
[3] KK/*Barthe* Rn. 1.

3 **Verstöße gegen die Geschäftsverteilung** liegen vor, wenn ein Richter handelt, der dazu nicht berufen ist. Gleiches gilt, wenn der Vertreter tätig wird, obwohl kein Vertretungsfall vorlag oder der Bereitschaftsdienstrichter agiert, obwohl der vorrangig zuständige reguläre Richter anwesend und dienstbereit ist.

4 § 22d ist **nicht anzuwenden,** wenn gar kein Geschäftsverteilungsplan existiert.[4] Daraus kann aber nicht geschlossen werden, dass die Handlungen des unzuständigen Richters nichtig wären. Es liegt dann zwar ein evidenter Verstoß gegen den gesetzlichen Richter (Art. 101 Abs. 1 S. 2 GG, § 16 S. 2) vor. Auch dieser führt nur auf Anfechtung – dann aber stets – zur Aufhebung. Die fehlerhafte Geschäftsverteilung meint § 22d ebenfalls nicht, da in diesen Fällen gerade der vom Geschäftsverteilungsplan bestimmte Richter handelt. In diesen Fällen ist die Geschäftsverteilung nach allgemeinen Grundsätzen angreifbar.[5] Unter Geschäftsverteilung fallen auch die Eilanordnungen nach §§ 21i Abs. 2, 22b Abs. 3 und bei entsprechender Anwendung auf Kollegialgerichte die spruchkörperinternen Geschäftsverteilungspläne (§ 21g).[6]

§§ 23–23d *(vom Abdruck wurde abgesehen)*

§ 24 [Zuständigkeit in Strafsachen]

(1) [1]In Strafsachen sind die Amtsgerichte zuständig, wenn nicht
1. die Zuständigkeit des Landgerichts nach § 74 Abs. 2 oder § 74a oder des Oberlandesgerichts nach den §§ 120 oder 120b begründet ist,
2. im Einzelfall eine höhere Strafe als vier Jahre Freiheitsstrafe oder die Unterbringung des Beschuldigten in einem psychiatrischen Krankenhaus, allein oder neben einer Strafe, oder in der Sicherungsverwahrung (§§ 66 bis 66b des Strafgesetzbuches) zu erwarten ist oder
3. die Staatsanwaltschaft wegen der besonderen Schutzbedürftigkeit von Verletzten der Straftat, die als Zeugen in Betracht kommen, des besonderen Umfangs oder der besonderen Bedeutung des Falles Anklage beim Landgericht erhebt.

[2]Eine besondere Schutzbedürftigkeit nach Satz 1 Nummer 3 liegt insbesondere vor, wenn zu erwarten ist, dass die Vernehmung für den Verletzten mit einer besonderen Belastung verbunden sein wird, und deshalb mehrfache Vernehmungen vermieden werden sollten.

(2) Das Amtsgericht darf nicht auf eine höhere Strafe als vier Jahre Freiheitsstrafe und nicht auf die Unterbringung in einem psychiatrischen Krankenhaus, allein oder neben einer Strafe, oder in der Sicherungsverwahrung erkennen.

Schrifttum zu §§ 24–27: *Arnold,* Bewegliche Zuständigkeit versus gesetzlicher Richter, ZIS 2008, 92; *Berg,* Die besondere Bedeutung des Falles gemäß § 24 Abs. 1 Nr. 3 Var. 3 GVG, Diss. Berlin 2005; *Bittmann,* Referentenentwurf für ein Gesetz zur Stärkung der Rechte von Opfern sexuellen Missbrauchs (StORMG), ZRP 2011, 72; *Böttcher/Mayer,* Änderungen des Strafverfahrensrechts durch das Entlastungsgesetz, NStZ 1993, 153; *Glaser,* Aktuelle Probleme im Rahmen der sachlichen Zuständigkeit der Strafgerichte, insbesondere die Folgen fehlerhafter Verweisungsbeschlüsse, Diss. Regensburg 2001; *Heghmanns,* Die sachliche Gerichtszuständigkeit nach dem Opferrechtsreformgesetz, DRiZ 2005, 288; *Herzog,* Über bewegliche Zuständigkeitsregelungen, instrumentelle Zuständigkeitswahl und das Prinzip des gesetzlichen Richters, StV 1993, 609; *Radtke/Bechtold,* Bewegliche Zuständigkeiten (§ 29 II 1 GVG) und die Bedeutung der Rechtsfolgenerwartung (§ 25 Nr. 2 GVG), GA 2002, 586; *Schäfer,* Willkürliche oder objektiv willkürliche Entziehung des gesetzlichen Richters bei Verkennung der sachlichen Zuständigkeit in Strafsachen, DRiZ 1996, 168; *Sowada,* Der gesetzliche Richter im Strafverfahren, 2002.

---

[4] *Kissel/Mayer* Rn. 4; KK/*Barthe* Rn. 3; Löwe/Rosenberg/*Siolek* Rn. 6; MüKoZPO/*Zimmermann* Rn. 2.
[5] → § 21e Rn. 68.
[6] MüKoZPO/*Zimmermann* Rn. 2.

Übersicht

	Rn.		Rn.
I. Normzweck und allgemeine Bedeutung	1	b) Besonderer Umfang der Sache	15, 16
II. Regelungsgehalt	2–27	c) Besondere Schutzbedürftigkeit von Verletzten der Straftat, die als Zeugen in Betracht kommen	17–19
1. Originäre Zuständigkeit höherer Gerichte, Abs. 1 S. 1 Nr. 1	3	d) Dokumentation durch die Staatsanwaltschaft	20
2. Rechtsfolgenerwartung, Abs. 1 S. 1 Nr. 2	4–7	4. Verfahren	21–24
a) Freiheitsstrafe über vier Jahre	5, 6	a) Anklage zum Amtsgericht	21, 22
b) Freiheitsentziehende Maßregeln der Besserung und Sicherung	7	b) Anklage zum Landgericht	23, 24
		5. Strafbann des Amtsgerichts, Abs. 2	25–27
3. Anklage beim Landgericht nach Abs. 1 S. 1 Nr. 3, S. 2	8–20	**III. Anfechtbarkeit**	28–33
		1. Sofortige Beschwerde	28
a) Besondere Bedeutung der Sache	10–14	2. Revision	29–33

I. Normzweck und allgemeine Bedeutung

§ 24 regelt in Abs. 1 die Zuständigkeit des Amtsgerichts in Strafsachen (Schöffengerichte **1** und Strafrichter) in Abgrenzung zur Zuständigkeit der Gerichte höherer Ordnung (Oberlandesgerichte, Landgerichte). Gesetzestechnisch bestimmt Abs. 1 die Zuständigkeit des Amtsgerichts als allgemeine Auffangkompetenz, wenn sich nicht aus Abs. 1 S. 1 Nr. 1–3 etwas anderes ergibt. Die Zuständigkeiten innerhalb des Amtsgerichts ergeben sich aus §§ 25, 26 und 28. Straftaten Jugendlicher und Heranwachsender fallen schon begrifflich nicht unter § 24. Insofern sind nur §§ 33 Abs. 2, 39, 40 und 108 JGG einschlägig. Abs. 2 legt den Strafbann der Amtsgerichte in Einklang mit Abs. 1 S. 1 Nr. 1 und 2 fest. Insgesamt wird über die **sachliche Zuständigkeit der gesetzliche Richter** geregelt. Für die Entscheidung über Einsprüche gegen Bußgeldbescheide ist nach § 68 OWiG stets das Amtsgericht (Strafrichter) zuständig.

II. Regelungsgehalt

Abs. 1 S. 1 bestimmt die Zuständigkeit des Amtsgerichts, wenn nicht ein anderes Gericht **2** nach Abs. 1 S. 1 Nr. 1 originär zuständig, nach Abs. 1 S. 1 Nr. 2 eine Rechtsfolge zu erwarten ist, die außerhalb der Strafgewalt des Amtsgerichts (Abs. 2) liegt oder die Staatsanwaltschaft nach Abs. 1 S. 1 Nr. 3 wegen besonderen Schutzbedürftigkeit von Opferzeugen, des besonderen Umfangs oder der besonderen Bedeutung des Falles Anklage beim Landgericht erhebt. Dadurch wird die große Masse der Strafverfahren (einschließlich der Strafbefehlsverfahren) beim Amtsgericht geführt.

1. Originäre Zuständigkeit höherer Gerichte, Abs. 1 S. 1 Nr. 1. Die Amtsgerichte **3** sind nicht sachlich zuständig, wenn eine Strafkammer als Schwurgericht (§ 74 Abs. 2) oder eine Staatsschutzkammer (§ 74a) zu entscheiden hat. Auch die ausschließliche Zuständigkeit der Oberlandesgerichte in Staatsschutzsachen (§ 120) und nunmehr bei Fällen der Bestechlichkeit und Bestechung von Mandatsträgern (§ 120b S. 1) geht der amtsgerichtlichen Zuständigkeit vor. Wirtschaftsstrafkammern nach § 74c sind von Abs. 1 S. 1 Nr. 1 nicht erfasst, weil sich deren Zuständigkeit ohnehin nur bei einer originären Zuständigkeit des Landgerichts nach § 74 Abs. 1 ergibt. Diese findet ihr Gegenstück in Abs. 1 S. 1 Nr. 2 und 3. Eine **Schwurgerichts- oder Staatsschutz- bzw. Mandatsträgersache** liegt vor, wenn hinreichender Tatverdacht für ein in den dort aufgeführten Katalogen genanntes Delikt besteht.[1]

2. Rechtsfolgenerwartung, Abs. 1 S. 1 Nr. 2. Abs. 1 S. 1 Nr. 2 weist Strafsachen dem **4** Amtsgericht zu, bei denen eine Freiheitsstrafe über vier Jahre oder die Unterbringung in

---

[1] BayObLG 16.12.1999 – 2 St RR 209/99, NStZ-RR 2001, 177; *Kissel/Mayer* Rn. 6.

einem psychiatrischen Krankenhaus (§ 63) oder in der Sicherungsverwahrung (§§ 66–66b) nicht **zu erwarten ist**. Sonst ist – vorbehaltlich besonderer Zuständigkeiten (zB §§ 74 Abs. 2, 120) – die große Strafkammer am Landgericht zur Entscheidung berufen (§ 74 Abs. 1 S. 2). Die Zuständigkeit des Amtsgerichts hängt daher von einer – oft unsicheren – Straferwartungsprognose ab.

5 a) **Freiheitsstrafe über vier Jahre.** Das Gesetz zieht die Zuständigkeitsgrenze bei vier Jahren Freiheitsstrafe. Ist eine Einzel- oder Gesamtstrafe oberhalb davon zu erwarten, ist das Amtsgericht unzuständig. Die Prognose hat zunächst die Staatsanwaltschaft zu treffen, die entscheiden muss, bei welchem Gericht sie die Anklage erhebt. Sie hat eine pflichtgemäße Prognoseentscheidung zu treffen,[2] bei der ihr kein Ermessen zusteht. Die Entscheidung der Staatsanwaltschaft muss das Gericht bei der Eröffnungsentscheidung überprüfen und eine **eigene Prognose** anzustellen,[3] sodass die Bestimmung des gesetzlichen Richters nicht der Staatsanwaltschaft obliegt.[4] Dafür sind alle rechtsfolgerelevanten Umstände bei Annahme eines hinreichenden Tatverdachts (§§ 170 Abs. 1, 203 StPO) bei Würdigung des gesamten Akteninhalts zu berücksichtigen.[5] Ermittlungen zu rechtsfolgerelevanten Fragen sind jedoch über das Maß des § 160 Abs. 2 StPO hinaus nicht zu ergreifen.

6 Bei der Strafhöhe kommt es nur auf die **zu erwartende Einzel- oder Gesamtfreiheitsstrafe** an. Nebenfolgen, Nebenentscheidungen oder gesondert verhängte Geldstrafen nach § 53 Abs. 2 S. 2 StGB bleiben unberücksichtigt. Ist hingegen eine nachträgliche Gesamtstrafe zu bilden, ist deren voraussichtliche Höhe maßgeblich.[6] Das Amtsgericht bleibt aber zuständig, wenn wegen einer Zäsurwirkung mehrere Freiheitsstrafen nebeneinander zu verhängen sind, die jeweils vier Jahre nicht überschreiten, auch wenn die Summe der einzeln verhängten (Gesamt-) Freiheitsstrafen darüber liegt.[7]

7 b) **Freiheitsentziehende Maßregeln der Besserung und Sicherung.** Die Zuständigkeit des Amtsgerichts scheidet auch aus, wenn bei vorläufiger Bewertung **entsprechend der zur Strafhöhe (→ Rn. 6) genannten Kriterien** eine **Unterbringung in einem psychiatrischen Krankenhaus oder die Anordnung der Sicherungsverwahrung** statt oder neben einer Strafe zu erwarten ist. Darunter fällt auch das Sicherungsverfahren (§ 413 ff. StPO).[8] Die Unterbringung in einer Entziehungsanstalt darf das Amtsgericht hingegen bereits nach dem eindeutigen Gesetzeswortlaut anordnen. Durch die ausdrückliche Bezugnahme auf §§ 66–66b StGB ist auch klargestellt, dass eine Sicherungsverwahrung auch nur vom Landgericht/Oberlandesgericht vorbehalten werden darf (§ 66a StGB). Ob die Voraussetzungen der Maßregel prognostisch vorliegen, ist bereits im Ermittlungsverfahren, spätestens im Zwischenverfahren (§ 202 S. 1 StPO) durch Einholung von Sachverständigengutachten zu klären.[9] Nur wenn sich in der Hauptverhandlung erstmalig Anhaltspunkte für die Maßregelverhängung ergeben, kann dies in der Hauptverhandlung nachgeholt werden. Für die Wahrscheinlichkeit der Anordnung gelten die gleichen Maßstäbe wie für die Strafhöhenprognose. Die bloße Möglichkeit der Anordnung genügt nicht.[10]

8 **3. Anklage beim Landgericht nach Abs. 1 S. 1 Nr. 3, S. 2.** Abs. 1 S. 1 Nr. 3 normiert eine bewegliche Zuständigkeit, die mit unbestimmten Rechtsbegriffen hantiert. Danach kann die Staatsanwaltschaft wegen der besonderen Schutzbedürftigkeit von Verletz-

---

[2] BVerfG 19.3.1959 – 1 BvR 295/58, BVerfGE 9, 223 = NJW 1959, 871; BeckOK StPO/*Eschelbach* Rn. 10.
[3] BeckOK StPO/*Eschelbach* Rn. 10; *Kissel/Mayer* Rn. 7; KK/*Barthe* Rn. 4; Löwe/Rosenberg/*Siolek* Rn. 13; Meyer-Goßner/*Schmitt* Rn. 4.
[4] Vgl. → § 16 Rn. 24.
[5] BeckOK StPO/*Eschelbach* Rn. 10 mit grundlegender Kritik zur Regelung unter Berücksichtigung der neueren Entwicklungen bei der Verständigung im Strafverfahren bei → Rn. 9.
[6] BayObLG 10.3.2000 – 4 St RR 25/00, StraFO 2000, 230; *Kissel/Mayer* Rn. 7.
[7] BGH 18.9.1986 – 4 StR 461/86, BGHSt 34, 159 = NJW 1987, 1211; BeckOK StPO/*Eschelbach* Rn. 18.
[8] KK/*Barthe* Rn. 3.
[9] BeckOK StPO/*Eschelbach* Rn. 10.
[10] OLG Rostock 14.5.2004 – 1 Ss 44/04 I 20/04, BeckRS 2005, 09608; Löwe/Rosenberg/*Siolek* Rn. 13.

ten der Straftat, die als Zeugen in Betracht kommen, wegen des besonderen Umfangs oder der besonderen Bedeutung des Falles Anklage zum Landgericht erheben. S. 2 enthält eine Auslegungshilfe, wann eine besondere Schutzwürdigkeit in der Regel anzunehmen ist. Die Norm ist nach bisheriger ständiger Rechtsprechung **verfassungsgemäß** und **in verfassungskonformer Auslegung** mit Art. 101 Abs. 1 S. 2 GG, § 16 vereinbar, weil die Einschätzung der Staatsanwaltschaft eine Ausfüllung unbestimmter Rechtsbegriffe – und kein Ermessen – darstellt und durch das angerufene Gericht vollständig selbst zu überprüfen ist.[11]

Diese Rechtsprechung wird im Schrifttum in jüngerer Zeit zunehmend kritisiert.[12] Die herrschende Meinung in der Literatur hält die bewegliche Zuständigkeit für (noch) verfassungsgemäß.[13] Dem ist noch beizupflichten. Die Garantie des gesetzlichen Richters ist bei verfassungskonformer Auslegung der Regelungen über die bewegliche Zuständigkeit nicht verletzt, weil die Staatsanwaltschaft den gesetzlichen Richter nicht frei bestimmen kann. Das Recht der ersten Auswahl steht ihr zwar zu. Dadurch wird der gesetzliche Richter jedoch nicht abschließend bestimmt, denn über seine Zuständigkeit entscheidet das angerufene Gericht selbst. Daher muss die Staatsanwaltschaft auch in der Anklage umfassend darlegen, aufgrund welcher Umstände sie eine Zuständigkeit nach Abs. 1 S. 1 Nr. 3 annimmt, es sei denn, diese Umstände liegen auf der Hand (Nr. 113 Abs. 2 S. 1 RiStBV).[14] Allerdings ist das gewandelte Verständnis der Garantie des gesetzlichen Richters in jüngerer Zeit zu beachten.[15] Danach gewinnt der gesetzliche Richter in seiner abstrakten Vorbestimmtheit zunehmend an (verfassungsrechtlicher) Bedeutung. Ob eine in hohem Maße unbestimmte Norm diesem Verständnis noch gerecht wird, ist daher zumindest fraglich. Das gilt insbesondere, weil Verständigungen im Vorfeld auf den voraussichtlichen Umfang der Sache aber auch auf die Belastung von Opferzeugen erheblichen Einfluss haben können.[16] Da Absprachen bereits im Ermittlungs- oder Zwischenverfahren angestoßen oder getroffen werden können, hängt die Bestimmung des gesetzlichen Richters in diesen Fällen letztlich oft von der zeitlichen Zufälligkeit der Absprache ab. Ob der Gesetzgeber derartige Konstellationen umfassend bedacht hat, ist zweifelhaft. Die Gerichte werden daher die Anwendung von Abs. 1 S. 1 Nr. 3 besonders sorgfältig zu prüfen haben. Keinesfalls kann der Ansicht zugestimmt werden, die Entscheidung der Staatsanwaltschaft unterläge nur einer Willkürkontrolle durch das Gericht.[17] De lege ferenda ist die **Abschaffung** einer beweglichen Zuständigkeit mit zu weiten unbestimmten Rechtsbegriffen **wünschenswert**.

a) Besondere Bedeutung der Sache. Obwohl in der Aufzählung zuletzt genannt, ist die besondere Bedeutung der Sache letztlich als Oberbegriff der übrigen Fälle zu verstehen.[18] Der unbestimmte Rechtsbegriff ist unter Berücksichtigung aller Umstände des konkreten Einzelfalls auszufüllen[19] und liegt vor, wenn sich die Sache aus rechtlicher und/oder tatsächlicher Sicht aufgrund eines Vergleichs mit gleichartigen Fällen aus der Masse durchschnittlicher Strafverfahren nach oben abhebt.[20] **Kriterien für die Beurteilung** sind:

---

[11] BVerfG 19.3.1959 – 1 BvR 295/58, BVerfGE 9, 223 = NJW 1959, 871; BGH 4.10.1956 – 4 StR 294/56, BGHSt 9, 367; 2.11.1989 – 1 StR 354/89, NStZ 1990, 138.
[12] BeckOK StPO/*Eschelbach* Rn. 3; SK/*Degener* Rn. 23 ff.; *Sowada* S. 198 f.; *Arnold* ZIS 2008, 92 (98); *Herzog* StV 1993, 609; *Rotsch* ZIS 2006, 17 (24 f.) jeweils mwN.
[13] *Katholnigg* Rn. 5; *Kissel/Mayer* Rn. 11; KK/*Barthe* Rn. 5; Löwe/Rosenberg/*Siolek* Rn. 17 f.; Meyer-Goßner/*Schmitt* Rn. 5 jeweils mwN.
[14] BGH 10.2.1998 – 1 StR 760/97, NStZ-RR 1998, 336; 29.4.2015 – 2 StR 405, 14, BeckRS 2015, 14634; *Kissel/Mayer* Rn. 14; KK/*Barthe* Rn. 6; Meyer-Goßner/*Schmitt* Rn. 5.
[15] Vgl. → § 16 Rn. 11, → § 21g Rn. 1; BVerfG 8.4.1997 – 1 PBvU 1/95, BVerfGE 95, 322 = NJW 1997, 1497 (Spruchgruppen); BGH – Vereinigte große Senate 5.5.1994 – VGS 1 – 4/93, VGS 1/93, VGS 2/93, VGS 3/93, VGS 4/93, BGHSt 40, 168 = NJW 1994, 1735 (1740); vgl. umfassend zur historischen Entwicklung der Rechtsprechung: *Kissel/Mayer* § 21g Rn. 5 ff.; Löwe/Rosenberg/*Breidling* § 21f Rn. 2 ff.
[16] Vgl. auch BeckOK StPO/*Eschelbach* Rn. 3.
[17] So aber OLG Schleswig 15.6.1984 – 1 Ws 366/84, NStZ 1985, 74 (75).
[18] Löwe/Rosenberg/*Siolek* Rn. 19.
[19] BGH 10.5.2001 – 1 StR 504/00, BGHSt 47, 16 = NJW 2001, 2984; *Kissel/Mayer* Rn. 14.
[20] BGH 10.5.2001 – 1 StR 504/00, BGHSt 47, 16 = NJW 2001, 2984; KK/*Barthe* Rn. 7; Löwe/Rosenberg/*Siolek* Rn. 19.

11 — das **Ausmaß der Rechtsverletzung**[21] unter Außerachtlassung der unverschuldeten Folgen;[22]
— die **Auswirkungen** der Straftat **auf die Allgemeinheit;**[23]
— die (außergewöhnliche) **Höhe des Schadens;**[24]
— die Berührung **schwerwiegender öffentlicher Interessen,** insbes. schwerwiegende Angriffe auf die Grundrechte und deren Schutz durch den Staat;[25]
— die **Erhöhung des Unrechtsgehalts durch die hervorragende Stellung** des Beschuldigten oder Verletzten.[26] Die bloße Prominenz des Beschuldigten oder Geschädigten genügt für sich genommen nicht. Dem steht Art. 3 GG entgegen;[27]
— das **überregionale Interesse der Öffentlichkeit** an dem Fall, das sich im nicht nur regionalen Medieninteresse spiegeln kann.[28] Um die Bestimmung des gesetzlichen Richters nicht vom medialen Interesse abhängig zu machen, ist darüber hinaus zu fordern, dass die Erregung des öffentlichen Interesses gerade das Ziel war, das die Beschuldigten mit der Begehung der Straftaten erreichen wollten[29] und dass weitere Kriterien im Sinn des Abs. 1 S. 1 Nr. 3 hinzukommen.[30] Das **Medieninteresse alleine** genügt in der modernen Informationsgesellschaft grundsätzlich **nicht;**[31]
— die rasche **Klärung einer grundsätzlichen,** für eine Vielzahl gleichgelagerter Fälle bedeutsamen **Rechtsfrage** durch den BGH.[32] Dabei ist aber zu berücksichtigen, dass Abs. 1 S. 1 Nr. 3 nicht dazu dienen darf, das Vorlageverfahren nach § 121 zu umgehen. Eine besondere Bedeutung kann daher bei schwierigen Rechtsfragen nur bejaht werden, wenn diese Möglichkeit nicht zur Verfügung steht, nicht ausreicht oder ganz ausnahmsweise eine sehr schnelle Klärung durch den BGH erforderlich ist.[33] Das wird man in der Regel nur bejahen können, wenn eine Vielzahl gleichartiger Fälle anhängig ist, denn ein Aussetzen oder Nichtbetreiben des Verfahrens bis zur Klärung eines Parallelverfahrens durch den BGH widerspricht dem Legalitätsprinzip.[34]

12 **Keine Berücksichtigung** findet die zu erwartende **Strafhöhe.** Auch wenn eine Strafe nahe an der Obergrenze des amtsgerichtlichen Strafbanns zu erwarten ist, ergibt sich daraus kein Indiz für die besondere Bedeutung der Sache.[35] Das würde zu einer unzulässigen Verschleifung mit Abs. 1 S. 1 Nr. 2 führen.

13 **Beispiele** für die **Bejahung** der besonderen Bedeutung aus der Rechtsprechung sind: politisch motivierte Pfeffersprayangriffe, durch die eine Vielzahl von Gästen eines Lokals verletzt wurde;[36] Sexueller Missbrauch eines Kindes durch einen katholischen Landpfarrer;[37]

---

[21] BGH 10.5.2001 – 1 StR 504/00, BGHSt 47, 16 = NJW 2001, 2984; KK/*Barthe* Rn. 7; *Kissel/Mayer* Rn. 15.
[22] BeckOK StPO/*Eschelbach* Rn. 16; *Kissel/Mayer* Rn. 15; Löwe/Rosenberg/*Siolek* Rn. 19; Meyer-Goßner/*Schmitt* Rn. 8.
[23] OLG Düsseldorf 13.9.1996 – 2 Ws 355 – 363/96, StV 1997, 13; KK/*Barthe* Rn. 7; Löwe/Rosenberg/*Siolek* Rn. 19.
[24] KG 29.6.2001 – 2 AR 58/01 – 3 Ws 327/01, BeckRS 2001, 16655; Löwe/Rosenberg/*Siolek* Rn. 19.
[25] OLG Köln 7.1.1970 – 2 Ws 775/69, NJW 1970, 260 (261); KK/*Barthe* Rn. 7.
[26] BGH 10.5.2001 – 1 StR 504/00, BGHSt 47, 16 = NJW 2001, 2984; KK/*Barthe* Rn. 7; *Kissel/Mayer* Rn. 15.
[27] BeckOK StPO/*Eschelbach* Rn. 16; *Kissel/Mayer* Rn. 16; KK/*Barthe* Rn. 9.
[28] OLG Karlsruhe 18.10.1999 – 2 Ws 51/99, NStZ-RR 2000, 60 (62); *Kissel/Mayer* Rn. 16.
[29] BGH 12.2.1998 – 4 StR 428/97, BGHSt 44, 34 = NJW 1998, 2149 (2150).
[30] Löwe/Rosenberg/*Siolek* Rn. 19.
[31] KK/*Barthe* Rn. 9; Löwe/Rosenberg/*Siolek* Rn. 19; kritisch auch BeckOK StPO/*Eschelbach* Rn. 16.
[32] BGH 22.4.1997 – 1 StR 701/96, BGHSt 43, 53 = NJW 1997, 2689; 10.5.2001 – 1 StR 504/00, BGHSt 47, 16 = NJW 2001, 2984; BeckOK StPO/*Eschelbach* Rn. 16; *Kissel/Mayer* Rn. 17; KK/*Barthe* Rn. 7; Löwe/Rosenberg/*Siolek* Rn. 25.
[33] Ähnlich *Kissel/Mayer* Rn. 17; KK/*Barthe* Rn. 7; Löwe/Rosenberg/*Siolek* Rn. 25; Meyer-Goßner/*Schmitt* Rn. 8.
[34] *Kissel/Mayer* Rn. 17; vgl. auch *Knauer* ZStW 120 (2008), 826.
[35] Löwe/Rosenberg/*Siolek* Rn. 20; so aber wohl der Rechtsausschuss des Bundestages für Straferwartungen über drei Jahre: BT-Drs. 12/3832, 43.
[36] OLG Köln 31.3.2012 – 2 Ws 235/12, 2 Ws 236/12, BeckRS 2012, 17775.
[37] BGH 10.5.2001 – 1 StR 504/00, BGHSt 47, 16 = NJW 2001, 2984.

Blockade von Castor-Transporten;[38] gefährliche Körperverletzung mit erheblichen Folgen[39] (Pflegefall[40]); Entführung einer Minderjährigen im Kraftfahrzeug mit anschließender Vergewaltigung;[41] vierzig sexuelle Missbrauchsfälle über acht Jahre an einem zu Beginn sechsjährigen Kind mit erheblichen psychischen Folgen (nunmehr eher ein Fall der besonderen Schutzbedürftigkeit);[42] Klinikärzte, die als Amtsträger in leitender Position Aufgaben der öffentlichen Verwaltung wahrgenommen haben, unter dem Vorwurf der Annahme von Vorteilen bei der Bestellung von Herzklappenimitaten;[43] Landfriedensbruch bei starker öffentlicher Beachtung im Hinblick auf die Auswirkungen auf die Allgemeinheit;[44] gewerbsmäßiger Internetbetrug (nunmehr eher besonderer Umfang);[45] Diebstahl mit hohem Wert des Entwendeten;[46] Verletzungen von Polizeibeamten, Sachbeschädigung durch Einwerfen von Schaufenstern und Plünderungen;[47] Tätigkeit als falscher Arzt im städtischen Gesundheitsamt mit Gefahr des Vertrauensschwunds der Bürger in die Zuverlässigkeit und Integrität der Institution;[48] politisch motivierte versuchte Nötigung einer Landtagsabgeordneten im Landtagswahlkampf duch gezielt „publikumswirksame" Tatbegehung mehrerer Täter auf einem öffentlichen Parkplatz.[49]

Die besondere Bedeutung wurde hingegen in folgenden Fällen **verneint**: Bestechlichkeit 14 eines Polizeibeamten ohne Hinzutreten weiterer Umstände;[50] einzelne Berufsverfehlung eines Rechtsanwalts (abhängig von Art und Schwere der Berufsverfehlung im konkreten Einzelfall);[51] Einzeltat sexuellen Missbrauchs eines Kindes, die gerade die Erheblichkeitsschwelle übersteigt (aber ggf. wegen des Opferzeugenschutzes);[52] ein Fall der Aufbewahrung explosionsgefährlicher Stoffe und eine (verhältnismäßig geringe) Widerstandsleistung anlässlich einer Wohnungsdurchsuchung seitens des nur wegen Beleidigung geringfügig vorbestraften Angeschuldigten trotz aufgefundenen linksextremen Schriftmaterials.[53]

b) Besonderer Umfang der Sache. Der besondere Umfang der Sache wurde mit 15 dem Opferrechtsreformgesetz vom 24.6.2004[54] mit Wirkung zum 1.9.2004 neu eingeführt. Bereits zuvor hatten Gerichte besonders umfangreiche Verfahren unter den Begriff der besonderen Bedeutung subsumiert.[55] Nunmehr ist der besondere Umfang eigenes Kriterium für die Bestimmung der sachlichen Zuständigkeit. **Besonderer Umfang** im Sinn des Abs. 1 S. 1 Nr. 3 ist anzunehmen, wenn das Verfahren nach der Zahl der Angeklagten oder der Straftaten, nach dem Umfang der Beweisaufnahme oder der zu erwartenden Verhandlungsdauer von den üblicherweise zu verhandelnden Fällen nach oben abweicht und sich deutlich aus der großen Masse der Verfahren, die den gleichen Tatbestand betreffen, heraushebt.[56] Das Gericht darf bei seiner Eröffnungsentscheidung für die Einschätzung des Umfangs der Sache nicht die Erwartung einer Abkürzung der Hauptverhandlung aufgrund einer Verständigung zu Grunde legen. Andernfalls könnte ein Gericht niedriger Ordnung

---

[38] BGH 12.2.1998 – 4 StR 428/97, BGHSt 44, 34 = NJW 1998, 2149 (2150).
[39] BGH 4.12.1974 – 3 StR 298/74, BGHSt 26, 29 (34) = NJW 1975, 699 (701).
[40] OLG Düsseldorf 17.3.1993 – 1 Ws 234/93, OLGSt GVG § 24 Nr. 1.
[41] KK/*Barthe* Rn. 10.
[42] OLG Zweibrücken 27.1.1995 – 1 Ws 675/94, 1 Ws 703/94, NStZ 1995, 357.
[43] OLG Karlsruhe 16.10.2000 – 2 Ws 304/99, StV 2003, 13.
[44] OLG Köln 7.1.1970 – 2 Ws 775/69, NJW 1970, 260 (261).
[45] KG 29.6.2001 – 2 AR 58/01 – 3 Ws 327/01, BeckRS 2001, 16655.
[46] Löwe/Rosenberg/*Siolek* Rn. 22.
[47] OLG Celle 13.1.1982 – 1 Ws 456/81, NdsRpfl 1982, 97.
[48] OLG Schleswig 15.6.1984 – 1 Ws 186/84, NStZ 1985, 74 (75).
[49] OLG Jena 15.9.2015 – 1 Ws 182/15, NStZ 2016, 375 (376).
[50] OLG Karlsruhe 20.2.1997 – 3 Ws 360/96, wistra 1997, 198.
[51] OLG Karlsruhe 12.9.1975 – 2 Ws 169/75, Justiz 1977, 278; Löwe/Rosenberg/*Siolek* Rn. 22.
[52] BGH 3.8.1995 – 4 StR 416/95, StV 1995, 620.
[53] BGH 17.6.1992 – StB 11/92, BGHR GVG § 24 Abs. 1 Bedeutung 1.
[54] BGBl. 2004 I 1354.
[55] Vgl. die historischen Darstellungen bei *Kissel/Mayer* Rn. 18 und Löwe/Rosenberg/*Siolek* Rn. 23.
[56] OLG Karlsruhe 8.11.2010 – 2 Ws 405/10, StV 2011, 614; KG 16.4.2012 – 4 Ws 30/12, NStZ-RR 2013, 56 (Ls.); BT-Drs. 15/1976, 19; *Kissel/Mayer* Rn. 18; KK/*Barthe* Rn. 6b; Löwe/Rosenberg/*Siolek* Rn. 23 f.; Meyer-Goßner/*Schmitt* Rn. 7.

umfangreiche Verfahren nach verständigungsbezogenen Vorgesprächen wegen eines vermeintlich geringen Verhandlungsaufwands an sich ziehen und diese bei Nichtzustandekommen oder Widerruf einer Verständigung an das Gericht höherer Ordnung verweisen. Das wäre mit Art. 101 Abs. 1 S. 2 GG unvereinbar.[57]

16 Die Norm steht im Spannungsverhältnis zu § 29 Abs. 2 S. 1, wonach bei Umfangsverfahren vor dem Schöffengericht das erweiterte Schöffengericht tätig werden kann. Daher sind Verfahren nur von besonderem Umfang, wenn sie auch unter Beiziehung eines zweiten Richters vom Schöffengericht nicht mit der gebotenen Beschleunigung verhandelt werden können.[58] Ein weiterer Konflikt ergibt sich mit § 76 Abs. 2 S. 3 Nr. 3, Abs. 3. Danach beschließt die Kammer bei Verfahren von Umfang, dass sie mit drei Berufsrichtern verhandelt, was in der Regel (§ 76 Abs. 3) bei voraussichtlich mehr als zehn Verhandlungstagen oder der Zuständigkeit der Wirtschaftsstrafkammer nach § 74c der Fall ist. Das Verhältnis der Begriffe des „Umfangs" in beiden Normen zueinander ist weitgehend ungeklärt. Die personelle Überlegenheit der Kammer am Landgericht gegenüber dem Schöffengericht ist aufgehoben, wenn dieses nach § 29 Abs. 2 S. 1 mit zwei Berufsrichtern verhandelt und die Kammer nach § 76 Abs. 2 S. 3 Nr. 3 ebenfalls mit nur zwei Berufsrichtern entscheidet. In diesen Fällen ergibt sich ein Unterschied nur noch im Instanzenzug. Die Vermeidung einer zweiten Tatsacheninstanz kann jedoch nicht aus fiskalischen oder anderen sachfremden Gründen dazu führen, dass der gesetzliche Richter abweichend bestimmt wird. Das ergibt sich auch bei systematischer Auslegung mit der Zuständigkeit des Landgerichts in Fällen der besonderen Schutzbedürftigkeit von Zeugen. In diesen Fällen ist die Reduzierung auf eine Tatsacheninstanz gesetzlicher Zweck der Bestimmung (→ Rn. 17 ff.).[59] Im Umkehrschluss bedeutet das, dass andere Gründe für eine Reduzierung der Instanzen gerade nicht herangezogen werden dürfen. Daher wird man den **Umfang** im Sinn des Abs. 1 S. 1 Nr. 3 **entsprechend § 76 Abs. 2 S. 3 Nr. 3, Abs. 3** bestimmen müssen. Denn nur dann ist gewährleistet, dass das Verfahren beim Landgericht von mehr Richtern entschieden wird und dem Gesetzeszweck entsprechend ein leistungsfähigerer Spruchkörper damit befasst ist. Einer „Zwischenlösung", wie sie zT erwogen wird (ab sechs Verhandlungstagen;[60] jedenfalls bei sieben Verhandlungstagen[61]) kann nicht zugestimmt werden.

17 **c) Besondere Schutzbedürftigkeit von Verletzten der Straftat, die als Zeugen in Betracht kommen.** Durch das Gesetz zur Stärkung der Rechte von Opfern sexuellen Missbrauchs (StORMG)[62] vom 26.6.2013 wurde Abs. 1 S. 2 eingefügt.[63] Dabei handelt es sich um eine rein klarstellende Regelung, die die bisherige Rechtsprechung aufgreift, wonach die Vermeidung wiederholter Vernehmungen in mehreren Tatsacheninstanzen die besondere Schutzbedürftigkeit begründen kann. Die Norm will die sekundäre Viktimisierung von Opfern vermeiden,[64] stützt sich aber auf eine wenig belastbare wissenschaftliche Datenbasis.[65] Sie sieht sich **erheblichen verfassungsrechtlichen Bedenken** ausgesetzt,[66]

---

[57] BGH 6.10.2016 – 2 StR 330/16, NStZ 2017, 100.
[58] Insgesamt kritisch BeckOK StPO/*Eschelbach* Rn. 14 ff.
[59] Sehr kritisch dazu BeckOK StPO/*Eschelbach* Rn. 12 ff.
[60] *Heghmanns* DRiZ 2005, 290; *Kissel/Mayer* Rn. 18.
[61] BGH 16.3.2005 – 1 StR 43/05, BeckRS 2005, 3972 noch zur Rechtslage vor der Gesetzesänderung unter dem Begriff der besonderen Bedeutung.
[62] BGBl. 2013 I 1805.
[63] Kritisch zum Referentenentwurf bereits *Bittmann* ZRP 2011, 72 ff.
[64] Gesetzentwurf der Bundesregierung, BR-Drs. 829/03, 43 f.; Regierungsentwurf BT-Drs. 15/2536, 5 iVm BT-Drs. 15/1976, 19: „Auf diese Weise kann vermieden werden, dass insbesondere kindliche Opfer von Sexualstraftaten zwei Tatsacheninstanzen durchleiden müssen. […] Die besondere Schutzbedürftigkeit von Opferzeugen kann sich insbesondere daraus ergeben, dass durch eine weitere Vernehmung in einer weiteren Tatsacheninstanz gravierende psychische Auswirkungen auf das Opfer zu befürchten sind."
[65] Umfassend kritisch BeckOK StPO/*Eschelbach* Rn. 12 ff.; vgl. auch LG Hechingen 28.11.2005 – 1 AR 31/05, NStZ-RR 2006, 51 (52).
[66] BeckOK StPO/*Eschelbach* Rn. 12; *Heghmanns* DRiZ 2005, 288 (291 f.).

ist bei restriktiver verfassungskonformer Auslegung (→ Rn. 18 f.) jedoch mit dem Grundgesetz vereinbar.

Die Variante setzt zunächst die Verletzteneigenschaft voraus. Obwohl eine Entscheidung **18** hierüber noch nicht gefallen ist, meint **Verletzter** jeden von der Tat in seinen Rechtsgütern Betroffenen.[67] Abzustellen ist dabei auf den hinreichenden Tatverdacht im Zeitpunkt der Anklageerhebung (für die Entscheidung der Staatsanwaltschaft) bzw. des Eröffnungsbeschlusses (für die eigene Entscheidung des Gerichts). Ferner muss zu erwarten sein, dass der Verletzte **als Zeuge** zu vernehmen ist.[68] Das ist jedenfalls dann anzunehmen, wenn höchstpersönliche Rechtsgüter (körperliche Integrität, sexuelle Selbstbestimmung, Freiheit etc) betroffen sind.[69]

Schließlich muss die Schutzbedürftigkeit des Zeugen feststehen. Dabei ist auf die **indivi- 19 duelle Schutzbedürftigkeit** des Zeugen **im konkreten Verfahren** abzustellen.[70] Eine Auslegungshilfe stellt Abs. 1 S. 2 zur Verfügung, wonach eine besondere Schutzbedürftigkeit bei zu erwartenden Mehrfachvernehmungen mit besonderen Belastungen bestehen soll. Vorab ist jedoch die Frage der besonderen Belastung zu klären, die sich gerade nicht aus der Mehrfachvernehmung an sich ergibt. Die abweichende Bestimmung des gesetzlichen Richters setzt insoweit voraus, dass anhand überprüfbarer konkreter Kriterien feststeht, dass eine besondere Belastung des Zeugen zu besorgen ist. Alleine die Möglichkeit, ein Zeuge müsste zu einer wiederholten Hauptverhandlung und einer wiederholten Vernehmung geladen werden, begründet für sich genommen die besondere Schutzbedürftigkeit noch nicht.[71] Die Belastung für den konkreten Zeugen muss daher deutlich über das normale Maß der Belastung von Opferzeugen durch die Verhandlungssituation hinausgehen.[72] Eine grundsätzliche Annahme der Schutzbedürftigkeit für besondere Deliktsgruppen (insbes. Sexualstraftaten) kann es gerade nicht geben.[73] Im Hinblick auf die erhöhten Anforderungen an die Überprüfung von Geständnissen nach § 244 Abs. 2 StPO (ggf. iVm § 257c Abs. 1 S. 2 StPO)[74] kann auch bei umfassend geständigen Angeklagten in der Regel auf eine Vernehmung des Geschädigten nicht mehr vollständig verzichtet werden. Da der Zeuge in diesen Fällen aber einer kontroversen und detaillierten Befragung nicht ausgesetzt sein wird, liegt keine besondere Schutzbedürftigkeit vor.

d) Dokumentation durch die Staatsanwaltschaft. In allen Fällen des Abs. 1 S. 1 **20** Nr. 3 hat die Staatsanwaltschaft ihre Beweggründe für eine Anklage zum Landgericht **aktenkundig** zu machen (Nr. 113 Abs. 2 RiStBV). Da die Staatsanwaltschaft zunächst einen Kenntnisvorsprung vor dem Gericht hat, obliegt es ihr, dem Gericht eine eigenständige Entscheidung zu ermöglichen.[75] Etwas anderes soll nur gelten, wenn die der Einschätzung der Staatsanwaltschaft zugrunde liegenden Beurteilungstatsachen auf der Hand liegen oder im Beschwerdeverfahren gegen die Eröffnung vor dem Gericht niederer Ordnung nachgeholt werden.[76]

4. Verfahren. a) Anklage zum Amtsgericht. Das Amtsgericht prüft seine eigene **21** Zuständigkeit umfassend. Hält es das Landgericht für zuständig, legt es die Akten durch Vermittlung der Staatsanwaltschaft dem Landgericht vor (§ 209 Abs. 2 StPO). Die einmal mit der Eröffnung des Hauptverfahrens getroffene positive Zuständigkeitsentscheidung ist

---

[67] *Kissel/Mayer* Rn. 18.
[68] OLG Hamburg 4.3.2005 – 2 Ws 22/05, NStZ 2005, 654 (655).
[69] *Kissel/Mayer* Rn. 18.
[70] OLG Karlsruhe 18.1.2011 – 2 Ws 17/11, NStZ 2011, 479; LG Hechingen 28.11.2005 – 1 AR 31/05, NStZ-RR 2006, 51 (52); *Kissel/Mayer* Rn. 19; Löwe/Rosenberg/*Siolek* Rn. 27; Meyer-Goßner/*Schmitt* Rn. 6.
[71] LG Hechingen 28.11.2005 – 1 AR 31/05, NStZ-RR 2006, 51 (52).
[72] BeckOK StPO/*Eschelbach* Rn. 12.
[73] So auch LG Hechingen 28.11.2005 – 1 AR 31/05, NStZ-RR 2006, 51 (52).
[74] Vgl. *Schneider* NStZ 2014, 192 (193 f.) mwN.
[75] Vgl. Löwe/Rosenberg/*Siolek* Rn. 27.
[76] OLG Hamburg 4.3.2005 – 2 Ws 22/05, NStZ 2005, 654 (655); KK/*Barthe* Rn. 6a; Löwe/Rosenberg/*Siolek* Rn. 26; Meyer-Goßner/*Schmitt* Rn. 5.

zunächst für das Gericht bindend.⁷⁷ Nur wenn sich neue unerwartete Umstände zwischen Eröffnung und Beginn des Hauptverfahrens ergeben, aus denen eine Zuständigkeitsverschiebung folgt, kann das Amtsgericht nach § 225a StPO das Verfahren dem Landgericht vorlegen. In allen anderen Fällen ist die Hauptverhandlung zu beginnen. Eine bindende Verweisung nach § 270 StPO kommt erst dann in Betracht, wenn der Schuldspruch feststeht und sich die Straferwartung bei veränderter Sach- und Rechtslage soweit verfestigt hat, dass nicht mehr zu erwarten ist, eine mildere Beurteilung werde noch eine Strafe im Rahmen der Strafgewalt des Amtsgerichts als ausreichend erscheinen lassen. Dabei muss für die Straferwartung auch geklärt werden, ob die Voraussetzungen für einen minder schweren Fall vorliegen und ob so noch eine Strafe innerhalb der Strafgewalt des Amtsgerichts in Betracht kommt.⁷⁸ Etwas anderes gilt nur, wenn sich bereits bei Verlesung der Anklage ergibt, dass die Eröffnung versehentlich vor dem Gericht niederer Ordnung erfolgt ist.⁷⁹ Bloße Zweifel daran, ob der Strafbann ausreicht, oder entsprechende Vermutungen genügen nicht.⁸⁰ Der Verweisungsbeschluss des Amtsgerichts nach § 270 StPO ist bindend, auch wenn er fehlerhaft ist. Die Bindungswirkung entfällt bei objektiver Willkür.⁸¹ Eine Rückgabe der Sache kommt trotz willkürlicher Verweisung nicht in Frage, wenn die Zuständigkeit des Landgerichts tatsächlich eindeutig gegeben ist.⁸²

22 In den Fällen des Abs. 1 S. 1 Nr. 3 kommt eine Vorlage nach Eröffnung des Hauptverfahrens oder eine Verweisung in der Hauptverhandlung nicht mehr in Betracht. Denn in diesen Fällen kommt es auf die Beurteilung der **besonderen Umstände im Sinn des Abs. 1 S. 1 Nr. 3 zum Zeitpunkt der Eröffnung** des Hauptverfahrens an.⁸³ Etwas anderes kann und muss nur gelten, wenn die Verneinung der besonderen Umstände objektiv willkürlich war (sog. korrigierende Verweisung).⁸⁴ In diesen Fällen kann es dem Gericht, das die eigene objektive Willkür erkennt, nicht verwehrt sein, diesen Fehler zu korrigieren, denn andernfalls müsste eine Hauptverhandlung durchgeführt werden, bei der von vornherein klar ist, dass sie unter anfechtbarer Verletzung des gesetzlichen Richters stattfindet.⁸⁵ Die gleichen Grundsätze gelten in den Fällen des § 120 Abs. 2 S. 2 auch im Verhältnis von Landgericht zu Oberlandesgericht.

23 **b) Anklage zum Landgericht.** Erhebt die Staatsanwaltschaft Anklage zum Landgericht, prüft dieses die eigene Zuständigkeit. Hält es das Amtsgericht für zuständig und nimmt es hinreichenden Tatverdacht (§ 203 StPO) an, eröffnet es das Verfahren nach § 209 Abs. 1 StPO vor dem aus seiner Sicht zuständigen Spruchkörper des Amtsgerichts (§§ 25, 26, 28, 29 Abs. 2). An diese Entscheidung ist das Gericht niedriger Ordnung bis in die Hauptverhandlung gebunden. Stellt sich indes in der Hauptverhandlung vor dem Amtsgericht nach obigen Maßstäben (→ Rn. 21) die eigene Unzuständigkeit heraus, ist ein bindender Verweisungsbeschluss auch an das zunächst angerufene (eröffnende) Gericht möglich. Eine Veränderung der Sach- und Rechtslage ist dafür nicht erforderlich, weil das Gericht erstmalig aufgrund der **überlegenen Erkenntnisquelle Hauptverhandlung** über seine sachliche Zuständigkeit entscheidet.⁸⁶ Umstritten ist, ob dem Amtsgericht eine Vorlage

---

⁷⁷ BGH 6.10.2016 – 2 StR 330/16, NStZ 2017, 100; KK/*Barthe* Rn. 4.
⁷⁸ BGH 22.4.1999 – 4 StR 19/99, BGHSt 54, 58 = NJW 1999, 2604; OLG Nürnberg 18.11.2013 – 2 Ws 610/13, StV 2014, 724 mwN.
⁷⁹ BGH 22.4.1999 – 4 StR 19/99, BGHSt 54, 58 = NJW 1999, 2604; OLG Frankfurt a. M. 31.5.1996 – 3 Ws 436/96, StV 1996, 533; KK/*Barthe* Rn. 4; Löwe/Rosenberg/*Siolek* Rn. 13.
⁸⁰ *Kissel/Mayer* Rn. 7; KK/*Barthe* Rn. 4; Löwe/Rosenberg/*Siolek* Rn. 13.
⁸¹ BGH 22.4.1999 – 4 StR 19/99, BGHSt 54, 58 = NJW 1999, 2604; OLG Nürnberg 18.11.2013 – 2 Ws 610/13, StV 2014, 724; *Kissel/Mayer* Rn. 22; zum Begriff der objektiven Willkür → § 16 Rn. 30.
⁸² BGH 6.10.2016 – 2 StR 330/16, NStZ 2017, 100.
⁸³ BGH 10.5.2001 – 1 StR 504/00, BGHSt 47, 16 = NJW 2001, 2984 (2985); BGH 6.10.2016 – 2 StR 330/16, NStZ 2017, 100; BGH 10.8.2017 – 3 StR 549/16, NStZ 2018, 111; *Kissel/Mayer* Rn. 22; KK/*Barthe* Rn. 11.
⁸⁴ BGH 10.8.2017 – 3 StR 549/16, NStZ 2018, 111.
⁸⁵ Ähnlich auch BGH 6.10.2016 – 2 StR 330/16, NStZ 2017, 100.
⁸⁶ BGH 23.5.2002 – 3 StR 58/02, BGHSt 47, 311 = NJW 2002, 2483 (2484) mAnm *Rieß* NStZ 2003, 48; die dortige Entscheidung betraf das Verhältnis von Jugendkammer zu Schwurgericht.

nach § 225a Abs. 1 StPO möglich ist, wenn ein Gericht höherer Ordnung das Verfahren nach § 209 Abs. 1 StPO vor dem Amtsgericht eröffnet hat.[87] Dies ist zu verneinen. Aus der Eröffnungsentscheidung ergibt sich bereits die Zuständigkeitsprüfung durch das Gericht höherer Ordnung. Eine eigene (abweichende) Beurteilung aufgrund der Aktenlage scheidet damit aus. Selbst eine objektiv willkürliche Eröffnung vor einem Gericht niederer Ordnung ist wirksam.[88] Erst aufgrund der besseren Erkenntnisse einer durchgeführten Hauptverhandlung kommt ein Vorgehen nach § 270 StPO in Betracht.[89] Daher ist eine Zuständigkeitsbestimmung analog § 14 StPO in diesen Fällen regelmäßig ausgeschlossen.[90]

Hat das **Landgericht seine Zuständigkeit** mit der Eröffnung des Hauptverfahrens (nicht willkürlich) **bejaht,** kommt eine spätere Verweisung auch bei geänderten Umständen nicht mehr in Betracht (§ 269 StPO), es sei denn durch Zurückverweisung durch das Revisionsgericht gem. § 354 Abs. 3 StPO.[91] Die Ausführungen gelten entsprechend im Verhältnis von Oberlandesgericht zu Landgericht in den Fällen des § 120 Abs. 2 S. 2. 24

5. Strafbann des Amtsgerichts, Abs. 2. Abs. 2 beschränkt den Strafbann des Amtsgerichts auf höchstens vier Jahre. Unterbringungen in einem psychiatrischen Krankenhaus oder der Sicherungsverwahrung (einschließlich deren Vorbehalt, vgl. § 74f Abs. 1 und 2) dürfen nicht angeordnet werden. Dies gilt für das gesamte Amtsgericht in **Strafsachen gegen Erwachsene**. Abweichende Sonderregelungen in Jugendverfahren bleiben unberührt. Der Strafbann gilt unabhängig vom Spruchkörper, sodass auch der Strafrichter bis zu vier Jahren Freiheitsstrafe verhängen darf. Eine Verweisung an das Schöffengericht kommt daher nicht in Betracht, wenn sich in der Hauptverhandlung die Prognose nach § 25 Nr. 2 als nicht ausreichend herausstellt.[92] Die Vier-Jahres-Grenze gilt für Einzel- und Gesamtfreiheitsstrafen. Nebenfolgen, Nebenentscheidungen oder gesondert verhängte Geldstrafen nach § 53 Abs. 2 S. 2 StGB bleiben unberücksichtigt. Ist hingegen eine nachträgliche Gesamtstrafe zu bilden, ist deren voraussichtliche Höhe maßgeblich.[93] Das gilt auch für das Beschlussverfahren nach § 460 StPO. Das Amtsgericht bleibt aber zuständig, wenn wegen einer Zäsurwirkung mehrere Freiheitsstrafen nebeneinander zu verhängen sind, die jeweils vier Jahre nicht überschreiten, auch wenn die Summe der einzelnen (Gesamt-) Freiheitsstrafen darüber liegt.[94] Gleiches gilt, wenn eine Gesamtstrafe mangels Rechtskraft der Vorverurteilung noch nicht gebildet werden kann.[95] 25

In **Strafbefehlsverfahren** sind die eingeschränkten Rechtsfolgemöglichkeiten nach § 407 Abs. 2 StPO zu beachten. Wird gegen den Strafbefehl Einspruch eingelegt, ist der Strafrichter in der Hauptverhandlung daran nicht mehr gebunden. Er kann dann bis zu vier Jahre Freiheitsstrafe verhängen.[96] Im **beschleunigten Verfahren** begrenzt § 419 Abs. 1 S. 2 StPO die Strafgewalt.[97] Der kleinen Strafkammer als **Berufungsgericht** gegen sämtliche Entscheidungen des Amtsgerichts (gegen Erwachsene) steht der gleiche Strafrahmen zur Verfügung, wie dem Amtsgericht.[98] Hält sie den Strafrahmen nicht für ausreichend, kann sie die Sache entsprechend § 328 Abs. 2 StPO unter Aufhebung des Urteils[99] an die große 26

---

[87] Zum Streitstand BGH 23.5.2002 – 3 StR 58/02, BGHSt 47, 311 = NJW 2002, 2483 (2484) mAnm *Rieß* NStZ 2003, 48.
[88] OLG Jena 23.10.2006 – 1 AR (S) 96/06, BeckRS 2007, 5385.
[89] So auch (nicht tragend) BGH 23.5.2002 – 3 StR 58/02, BGHSt 47, 311 = NJW 2002, 2483 (2484); offenbar auch OLG Jena 23.10.2006 – 1 AR (S) 96/06, BeckRS 2007, 5385; sowie *Rieß* NStZ 2003, 48 (49).
[90] OLG Jena 23.10.2006 – 1 AR (S) 96/06, BeckRS 2007, 5385; vgl. zu den Fällen der analogen Anwendbarkeit des § 14 StPO *Kissel/Mayer* Rn. 23 mwN.
[91] KK/*Barthe* Rn. 11.
[92] BGH 6.10.1961 – 2 StR 362/61, BGHSt 16, 248; KK/*Barthe* Rn. 14.
[93] BayObLG 10.3.2000 – 4 St RR 25/00, StraFO 2000, 230; *Kissel/Mayer* Rn. 7.
[94] BGH 18.9.1986 – 4 StR 461/86, BGHSt 34, 159 = NJW 1987, 1211; BeckOK StPO/*Eschelbach* Rn. 18; KK/*Barthe* Rn. 14.
[95] BGH 18.9.1986 – 4 StR 461/86, BGHSt 34, 159 = NJW 1987, 1211; *Kissel/Mayer* Rn. 24.
[96] *Kissel/Mayer* Rn. 27; KK/*Barthe* Rn. 17.
[97] Näher dazu *Kissel/Mayer* Rn. 27.
[98] Allgemeine Meinung, statt aller KK/*Barthe* Rn. 15.
[99] Der Übernahmebeschluss durch die große Strafkammer führt zur prozessualen Überholung, sodass die fehlende Aufhebungsentscheidung nicht gerügt werden kann, BGH 3.2.2016 – 2 StR 481/14, StV 2016, 261.

Strafkammer verweisen.¹⁰⁰ Diese verhandelt erstinstanzlich ohne Strafbannbeschränkung.¹⁰¹ Würde die Strafgewalt nur durch eine nachträglich zu bildende Gesamtstrafe gesprengt, kann deren Bildung ausnahmsweise dem Beschlussweg überlassen werden.¹⁰²

27 Abs. 2 **gilt nicht für die Jugendgerichte,** deren Rechtsfolgekompetenzen ausschließlich im JGG geregelt sind. Daher kann das Jugendschöffengericht abweichend von Abs. 2 auch über vier Jahre Jugendstrafe sowie die Unterbringung in einem psychiatrischen Krankenhaus verhängen, wenn es **Jugendstrafrecht** anwendet. Mit Änderung des § 108 Abs. 3 JGG¹⁰³ wurde die Kompetenz des Jugendschöffengerichts zur Anordnung der Unterbringung eines Heranwachsenden nach § 63 StGB nach allgemeinem Strafrecht abgeschafft.¹⁰⁴ Die Jugendgerichte sind im Verhältnis zu den übrigen Spruchkörpern nicht besondere Gerichte, sondern lediglich andere Spruchkörper im Sinn einer gesetzlichen Geschäftsverteilung.¹⁰⁵ Daher ist die Abgabe eines Verfahrens zulässig und §§ 209, 225a, 269 und 270 StPO sind anwendbar. Nach § 209a Nr. 2 sind die Jugendgerichte für die Eröffnungskompetenz gegenüber den Spruchkörpern für allgemeine Strafsachen Gerichte höherer Ordnung.

III. Anfechtbarkeit

28 **1. Sofortige Beschwerde.** Eröffnet das Gericht höherer Ordnung entgegen der Anklage vor einem Gericht niederer Ordnung, steht der Staatsanwaltschaft dagegen die sofortige Beschwerde zu (§ 210 Abs. 2 StPO). Das Beschwerdegericht prüft **selbstständig und umfassend,** welches Gericht zuständig ist. Es ist in seiner Entscheidung weder an die Einschätzung der Staatsanwaltschaft noch des eröffnenden Gerichts gebunden.¹⁰⁶

29 **2. Revision. Verstöße gegen die Strafgewalt** gem. Abs. 2 durch das Berufungsgericht oder das Amtsgericht (Sprungrevision) prüft das Revisionsgericht bei zulässiger Revision stets von Amts wegen und hebt das Urteil auf.¹⁰⁷

30 Hat das unzuständige Gericht niederer Ordnung unter **Verstoß gegen Abs. 1 S. 1 Nr. 1** entschieden, ist über die **sachliche Zuständigkeit** der gesetzliche Richter verletzt und die Aufhebung des Urteils erfolgt durch das Revisionsgericht von Amts wegen.¹⁰⁸

31 Die Annahme der Zuständigkeit nach Abs. 1 S. 1 Nr. 2 und 3 setzt demgegenüber wertende und prognostische Entscheidungen voraus. Diese sind in der Revision nur nach dem **Willkürmaßstab** überprüfbar. Hat das **Amtsgericht** seine Zuständigkeit bejaht, weil keine Strafe über vier Jahre oder Unterbringung in einem psychiatrischen Krankenhaus oder der Sicherungsverwahrung zu erwarten war, liegt ein Verstoß gegen die sachliche Zuständigkeit evident nicht vor, wenn das Amtsgericht auch keine derartigen Rechtsfolgen verhängt. Verneint das Amtsgericht besondere Umstände im Sinn des Abs. 1 S. 1 Nr. 3, kommt eine Verletzung der sachlichen Zuständigkeit nur in Betracht, wenn diese Wertung unter keinem rechtlichen Gesichtspunkt haltbar und damit objektiv willkürlich ist.¹⁰⁹ Das wird schon

---

¹⁰⁰ Vgl. BGH 3.2.2016 – 2 StR 159/15, NStZ-RR 2016, 220 (221) mit Besprechung *Kudlich* JA 2016, 551 (zum Fall der Vorlage nach § 270 StPO); BayObLG 16.12.1999 – 2 St RR 209/99, NStZ 2000, 177; 10.3.2000 – 4 St RR 25/00, StraFO 2000, 230; KK/*Paul* StPO § 328 Rn. 13.
¹⁰¹ BayObLG 10.3.2000 – 4 St RR 25/00, StraFO 2000, 230; BeckOK StPO/*Eschelbach* StPO § 328 Rn. 17.
¹⁰² BGH 30.10.1986 – 4 StR 368/86, NJW 1987, 1212.
¹⁰³ Gesetz vom 23.7.2004, BGBl. 2004 I 1838.
¹⁰⁴ *Eisenberg* JGG § 108 Rn. 12; anders noch *Kissel*/*Mayer* Rn. 29 und KK/*Barthe* Rn. 18 jeweils unter Berufung auf Entscheidungen zur alten Rechtslage.
¹⁰⁵ HM, BGH 5.10.1962 – GSSt 1/62, BGHSt 19, 79 = NJW 1963, 60; *Kissel*/*Mayer* Rn. 29; KK/*Barthe* Rn. 18; Löwe/Rosenberg/*Siolek* Rn. 49.
¹⁰⁶ OLG Düsseldorf 13.9.1996 – 2 Ws 355 – 363/96, NStZ-RR 1997, 115; KK/*Barthe* Rn. 13; Löwe/Rosenberg/*Siolek* Rn. 29.
¹⁰⁷ BGH 21.10.1969 – 5 StR 435/69, NJW 1970, 155; BayObLG 10.3.2000 – 4 St RR 25/00, StraFO 2000, 230; BeckOK StPO/*Eschelbach* StPO § 328 Rn. 21; KK/*Barthe* Rn. 16; Löwe/Rosenberg/*Siolek* Rn. 47.
¹⁰⁸ BGH 13.5.1959 – 4 StR 439/58, BGHSt 13, 157 = NJW 1959, 1694 (1695); 27.2.1992 – 4 StR 23/92, NJW 1992, 2104 (2105); BeckOK StPO/*Eschelbach* Rn. 19.
¹⁰⁹ Zum Begriff → § 16 Rn. 30.

deshalb kaum jemals der Fall sein, weil die Staatsanwaltschaft in diesen Fällen zum Amtsgericht angeklagt und daher die gleiche Würdigung vorgenommen hat.

Hat das **Landgericht** seine Zuständigkeit nach Abs. 1 S. 1 Nr. 2 oder 3 angenommen, ist **32** der Angeklagte in seinem Recht auf den gesetzlichen Richter immer verletzt, wenn diese Annahme **objektiv willkürlich** war.[110] Der Hinweis auf § 269 StPO[111] führt insoweit ins Leere, weil die perpetuatio fori erst nach der Eröffnung des Hauptverfahrens greift. War die Eröffnung selbst schon willkürlich, heilt § 269 StPO diesen Mangel nicht. Das gilt selbst dann, wenn sich die Willkür erst im Nachhinein herausstellt, denn sonst müsste das Gericht sehenden Auges ein mit dem Willkürmakel behaftetes Urteil erlassen.[112] Ist die Annahme der eigenen Zuständigkeit nicht objektiv willkürlich, muss auf § 269 StPO nicht rekurriert werden. Bei der Überprüfung hat das Revisionsgericht auf die objektive Sachlage zum Zeitpunkt des Eröffnungsbeschlusses abzustellen. Es ist an die Erwägungen des Instanzgerichts, soweit diese überhaupt aktenkundig sind, was § 207 Abs. 1 StPO nicht zwingend vorsieht, nicht gebunden.[113]

In Rechtsprechung und Literatur hoch umstritten, ist die Frage, ob die objektiv willkürli- **33** che Annahme der eigenen Zuständigkeit **von Amts wegen** oder auf die **Verfahrensrüge** hin zu überprüfen ist. Die Diskussion wird nur bezüglich der Zuständigkeitsbejahung durch das höhere Gericht geführt. Tatsächlich ergibt sich aber kein Unterschied zur willkürlichen Annahme des Gerichts niederer Ordnung (→ Rn. 31).[114] Insoweit mangelt es lediglich an der Praxisrelevanz. Der 4. Strafsenat des BGH berücksichtigt die sachliche Unzuständigkeit nach § 6 StPO von Amts wegen auch, wenn eine wertende Entscheidung im Sinn des Abs. 1 S. 1 Nr. 2 und 3 der Zuständigkeitsbejahung zugrunde lag und diese objektiv willkürlich war.[115] Der 1. und der 5. Strafsenat verlangen demgegenüber eine Verfahrensrüge, denn angesichts der weitreichenden Konsequenzen, die mit dem Vorliegen eines Verfahrenshindernisses verbunden seien, müsse das Verfahrenshindernis offenkundig sein. Könne der Fehler dagegen erst aufgrund einer Wertung festgestellt werden, liege in aller Regel kein Verfahrenshindernis vor.[116] In der Rechtsprechung der Oberlandesgerichte, die sich überwiegend mit der Abgrenzung von Strafrichter zu Schöffengericht befassen,[117] und der Literatur hat sich ebenfalls keine einheitliche Meinung herausgebildet.[118] Die Ansicht des 4. Senats überzeugt unter dogmatischen Gesichtspunkten. Es ist nicht einzusehen, weshalb der Prüfungsmaßstab der sachlichen Zuständigkeit, den § 6 StPO vorgibt, abhängig von der Fallgestaltung unterschiedlich sein soll. Zwar ist § 6 StPO grundsätzlich unmittelbar nur auf die Prüfung der eigenen Zuständigkeit zugeschnitten. Dennoch ist es – von obigem Streit abgesehen – ganz herrschende Ansicht, dass auch die Zuständigkeit des Instanzgerichts in der Revision von Amts wegen überprüft wird.[119] Eine dogmatisch saubere Begründung, warum das bei wertenden Betrachtungen nicht der Fall sein soll, findet sich nicht. Das Offenkundigkeitskriterium gilt darüber hinaus auch nicht uneingeschränkt. ZB bei Fragen der (dauerhaften) Verhandlungsunfähigkeit sind wertende Entscheidungen nicht undenkbar. Ferner kann die Ansicht des 4. Strafsenats für sich ein höheres Maß an Rechtsklarheit und damit Rechtssicherheit in Anspruch nehmen. Letztlich dürfte der Streit kaum noch prakti-

---

[110] BGH 10.5.2001 – 1 StR 504/00, BGHSt 47, 16 = NJW 2001, 2984; 25.4.2002 – 4 StR 152/01, BGHSt 47, 285 = NJW 2002, 2724; BeckOK StPO/*Eschelbach* Rn. 19; für die Übernahme nach § 225a Abs. 1 S. 2 StPO OLG Celle 18.5.2016 – 1 Ws 244/16, BeckRS 2016, 15284.
[111] Vgl. BeckOK StPO/*Eschelbach* Rn. 19; *Kissel/Mayer* Rn. 13; KK/*Barthe* Rn. 12a.
[112] Vgl. auch Löwe/Rosenberg/*Siolek* Rn. 34.
[113] BGH 10.5.2001 – 1 StR 504/00, BGHSt 47, 16 = NJW 2001, 2984 (2985).
[114] Vgl. auch BGH 22.4.1999 – 4 StR 19/99, BGHSt 45, 58 = NJW 1999, 2604 (2605).
[115] BGH 12.12.1991 – 4 StR 506/91, BGHSt 38, 172 (176) = NJW 1992, 1775; 21.4.1994 – 4 StR 136/94, BGHSt 40, 120 = NJW 1994, 2369; 12.2.1998 – 4 StR 428/97, BGHSt 44, 34 = NJW 1998, 2149.
[116] BGH 8.12.1992 – 1 StR 594/92, NJW 1993, 1607 (1608); 22.4.1997 – 1 StR 701/96, BGHSt 43, 55 = NJW 1997, 2689 (2690) mwN.
[117] Vgl. die ausführliche Darstellung bei Löwe/Rosenberg/*Siolek* Rn. 30 ff.
[118] Siehe die Nachweise bei Löwe/Rosenberg/*Siolek* Rn. 30 Fn. 82.
[119] Siehe nur KK/*Scheuten* StPO § 6 Rn. 7 mwN.

sche Bedeutung haben, da bis zur Klärung durch den großen Strafsenat schon aus Gründen der anwaltlichen Sorgfalt stets die Erhebung einer Verfahrensrüge angezeigt ist.[120]

§ 25 [Zuständigkeit des Strafrichters]

Der Richter beim Amtsgericht entscheidet als Strafrichter bei Vergehen,
1. wenn sie im Wege der Privatklage verfolgt werden oder
2. wenn eine höhere Strafe als Freiheitsstrafe von zwei Jahren nicht zu erwarten ist.

I. Normzweck

1   Während § 24 die Zuständigkeit von Amtsgericht zu Landgericht abgrenzt, regelt § 25 die **sachliche Zuständigkeit innerhalb des Amtsgerichts,** indem unter bestimmten Voraussetzungen Verfahren dem Strafrichter (=Einzelrichter) zugewiesen sind. Die allgemeine Zuständigkeitsvermutung spricht demgegenüber für das Schöffengericht (§ 28: „soweit nicht der Strafrichter entscheidet"). § 25 bestimmt daher in Verbindung mit dem jeweiligen Geschäftsverteilungsplan des Amtsgerichts den gesetzlichen Richter (Art. 101 Abs. 1 S. 2 GG, § 16 S. 2). Der Strafrichter ist gegenüber dem Schöffengericht ein Gericht niederer Ordnung,[1] weshalb §§ 209, 225a, 269 und 270 StPO im Verhältnis der Spruchkörper zueinander gelten.[2]

II. Regelungsgehalt

2   Der Strafrichter beim Amtsgericht entscheidet als Einzelrichter grundsätzlich nur über **Vergehen** (§ 12 Abs. 2 StGB). Verbrechen sind seiner Entscheidungsgewalt stets entzogen. Ferner muss es sich um Vergehen handeln, die im Wege der Privatklage verfolgt werden (Nr. 1) oder bei denen zum Zeitpunkt der Eröffnung des Hauptverfahrens mit einer höheren Freiheitsstrafe als zwei Jahre nicht zu rechnen ist (Nr. 2).

3   **1. Privatklagesachen, Nr. 1.** Für Privatklageverfahren ist der Strafrichter stets zuständig. Die weitere Voraussetzung, dass es sich um Vergehen handeln muss, ist hier obsolet, weil § 374 Abs. 1 StPO nur Vergehen aufzählt. Verfolgt die Staatsanwaltschaft das Privatklagedelikt von Anfang an nach § 376 StPO, greift § 25 Nr. 1 nicht ein.[3] Es gelten dann die allgemeinen Normen der sachlichen Zuständigkeit, insbes. § 25 Nr. 2 iVm § 28 und § 24 Abs. 1 S. 1 Nr. 3. Übernimmt die Staatsanwaltschaft ein Privatklageverfahren nach Erhebung der Privatklage (§ 377 Abs. 2 StPO), bleibt der Strafrichter nach Nr. 1 zuständig, weil die Staatsanwaltschaft in diesen Fällen das Verfahren in seinem jeweiligen Stand übernimmt.[4]

4   **2. Straferwartung von nicht mehr als zwei Jahren Freiheitsstrafe, Nr. 2.** Nr. 2 weist die Entscheidung über Vergehen, bei denen eine Freiheitsstrafe über zwei Jahre nicht zu erwarten ist, dem Strafrichter zu. Es handelt sich dabei um eine bewegliche Zuständigkeitsregel, die verfassungskonform ist, weil die Strafhöhenprognose der Staatsanwaltschaft vom Gericht vollumfänglich überprüft wird.[5] Nur wenn der Strafrichter bei eigener Entscheidung von seiner Zuständigkeit ausgeht, eröffnet er das Hauptverfahren. Ansonsten verfährt er nach § 209 Abs. 1 StPO. Bei der Strafhöhe kommt es nur auf die **zu erwartende Einzel- oder Gesamtfreiheitsstrafe** an. Nebenfolgen, Nebenentscheidungen oder gesondert verhängte Geldstrafen nach § 53 Abs. 2 S. 2 StGB bleiben unberücksichtigt. Ist hingegen

---

[120] Daher auch zuletzt offen gelassen vom 2. Senat, BGH 6.10.2016 – 2 StR 330/16, NStZ 2017, 100.
[1] BGH 13.8.1963 – 2 ARs 172/63, BGHSt 19, 177.
[2] BeckOK StPO/*Eschelbach* Rn. 1.
[3] BeckOK StPO/*Eschelbach* Rn. 1; *Kissel/Mayer* Rn. 3; KK/*Barthe* Rn. 4.
[4] BGH 7.11.1957 – 2 ARs 143/57, BGHSt 11, 56; BeckOK StPO/*Eschelbach* Rn. 1; *Kissel/Mayer* Rn. 3; KK/*Barthe* Rn. 4; Löwe/Rosenberg/*Siolek* Rn. 2; Meyer-Goßner/*Schmitt* Rn. 2.
[5] Vgl. → § 16 Rn. 24, → § 24 Rn. 9.

eine nachträgliche Gesamtstrafe zu bilden, ist deren voraussichtliche Höhe maßgeblich.[6] Bei der Prognose sind alle bereits aktenkundigen Umstände des Einzelfalls zu berücksichtigen. Ermittlungen zu rechtsfolgerelevanten Fragen sind jedoch über das Maß des § 160 Abs. 2 StPO hinaus nicht zu ergreifen.[7]

Nr. 2 hindert den Strafrichter nicht daran, eine höhere Strafe als zwei Jahre zu verhängen. **5** Er kann den **Strafbann des Amtsgerichts** (§ 24 Abs. 2: vier Jahre) **voll ausschöpfen.**[8] Stellt sich daher nach Eröffnung des Hauptverfahrens heraus, dass eine Strafe über zwei aber nicht über vier Jahre zu verhängen sein wird, bleibt der Strafrichter zuständig.[9] Dieser Grundsatz erfährt allerdings zwei Einschränkungen. Stellt sich nach Eröffnung des Hauptverfahrens heraus, dass **ein Verbrechen vorliegt,** muss der Strafrichter das Verfahren vor Beginn der Hauptverhandlung nach § 225a StPO dem Schöffengericht oder ggf. dem Landgericht vorlegen. Ergibt sich dies erst in der Hauptverhandlung, ist nach § 270 StPO zu verfahren, aber erst, wenn der Schuldspruch feststeht. Bloße Vermutungen genügen nicht.[10] Ferner ist eine Verweisung möglich, wenn die **Annahme der Zuständigkeit von Anfang an objektiv willkürlich** war. In diesen Fällen kann es dem Gericht, das die eigene objektive Willkür erkennt, nicht verwehrt sein, diesen Fehler zu korrigieren, denn andernfalls müsste eine Hauptverhandlung durchgeführt werden, bei der von vorneherein klar ist, dass sie unter anfechtbarer Verletzung des gesetzlichen Richters stattfindet.[11] Umgekehrt kann in diesen Fällen auch das Schöffengericht noch nach Eröffnung an den Strafrichter verweisen.[12]

Strafbefehle können zwar dem Wortlaut des § 407 Abs. 1 S. 1 StPO nach auch beim **6** Schöffengericht beantragt werden. Die Zuständigkeit bestimmt sich aber ausschließlich nach § 25 Nr. 2. Daher ist ein **Strafbefehlsantrag** zum Schöffengericht zwar nicht gesetzlich, aber denklogisch ausgeschlossen, denn bei einer maximalen Strafkompetenz von einem Jahr Freiheitsstrafe bei Vergehen (§ 407 Abs. 1 S. 1, Abs. 2 S. 2 StPO) ist eine Strafe von über zwei Jahren nie zu erwarten. Nach der aktuellen Gesetzesfassung kommt auch keine Zuständigkeit des Schöffengerichts in Betracht, wenn zwar eine Strafe von über zwei Jahren nicht zu erwarten, aber die Sache von nicht minderer Bedeutung ist, denn dafür hat der Gesetzgeber § 24 Abs. 1 S. 1 Nr. 3 eingeführt.[13]

III. Anfechtbarkeit

1. Sofortige Beschwerde. Eröffnet das Gericht höherer Ordnung (Landgericht/Schöf- **7** fengericht) das Verfahren entgegen der Anklage vor dem Strafrichter, steht der Staatsanwaltschaft dagegen die sofortige Beschwerde zu (§ 210 Abs. 2 StPO). Das Beschwerdegericht prüft **selbstständig und umfassend,** welches Gericht zuständig ist. Es ist in seiner Entscheidung weder an die Einschätzung der Staatsanwaltschaft noch des eröffnenden Gerichts gebunden.[14]

2. Berufung und Revision. Hat der **Strafrichter** wegen eines **Verbrechens** verurteilt, **8** ist über die sachliche Zuständigkeit der gesetzliche Richter verletzt und die Aufhebung des Urteils erfolgt auf die Sprungrevision von Amts wegen.[15]

---

[6] → § 24 Rn. 6.
[7] → § 24 Rn. 5.
[8] Ganz hM: BGH 6.10.1961 – 2 StR 362/61, BGHSt 16, 248 = NJW 1961, 2316; BayObLG 8.2.1985 – RReg. 2 St 165/84, NStZ 1985, 470; BeckOK StPO/*Eschelbach* Rn. 3; *Kissel/Mayer* Rn. 6; KK/*Barthe* Rn. 7; Löwe/Rosenberg/*Siolek* Rn. 12; Meyer-Goßner/*Schmitt* Rn. 4; aA *Achenbach* NStZ 1985, 471.
[9] HM: BGH 6.10.1961 – 2 StR 362/61, BGHSt 16, 248 = NJW 1961, 2316; BayObLG 8.2.1985 – RReg. 2 St 165/84, NStZ 1985, 470; BeckOK StPO/*Eschelbach* Rn. 4; *Kissel/Mayer* Rn. 6; KK/*Barthe* Rn. 7; Löwe/Rosenberg/*Siolek* Rn. 13; Meyer-Goßner/*Schmitt* Rn. 4; aA *Achenbach* NStZ 1985, 471.
[10] Vgl. → § 24 Rn. 21.
[11] Vgl. → § 24 Rn. 21.
[12] LG Köln 21.6.1996 – 107 Qs 149/96, StV 1996, 591; BeckOK StPO/*Eschelbach* Rn. 5.
[13] AA OLG Naumburg 17.6.2014 – 2 RV 88/14, StV 2015, 214 (nicht tragend); Meyer-Goßner/*Schmitt* Rn. 3.
[14] OLG Düsseldorf 13.9.1996 – 2 Ws 355 – 363/96, NStZ-RR 1997, 115; KK/*Barthe* § 24 Rn. 13; Löwe/Rosenberg/*Siolek* § 24 Rn. 29.
[15] Vgl. BGH 13.5.1959 – 4 StR 439/58, BGHSt 13, 157 = NJW 1959, 1694 (1695); 27.2.1992 – 4 StR 23/92, NJW 1992, 2104 (2105); BeckOK StPO/*Eschelbach* § 24 Rn. 19.

9   Hat das **Schöffengericht** seine Zuständigkeit fehlerhaft bejaht, ist das Urteil aufzuheben, wenn diese Annahme **objektiv willkürlich** war.[16] In diesen Fällen hat auch das Berufungsgericht das Urteil aufzuheben und das Verfahren an den Strafrichter zurückzuverweisen.[17] Gleiches gilt für das Revisionsgericht auf die Sprungrevision hin.[18] Objektive Willkür ist dabei nur anzunehmen, wenn aus der Ex-Ante-Sicht im Zeitpunkt des Eröffnungsbeschlusses eine Freiheitsstrafe von mehr als zwei Jahren offensichtlich fern lag,[19] bspw., wenn die Sache nur angeklagt wurde, weil der Angeklagte einer Einstellung nach § 153a StPO nicht zugestimmt hatte,[20] oder ein Bagatelldelikt vorliegt, bei dem der Strafrahmen die Zuständigkeitsgrenze nicht übersteigt.[21] Hingegen kann aus einer letztlich verhängten Freiheitsstrafe von deutlich unter zwei Jahren nicht ohne weitere Umstände auf objektive Willkür zum Zeitpunkt der Eröffnungsentscheidung rückgeschlossen werden, weil die Strafzumessung der Hauptverhandlung vorbehalten bleibt.[22]

10 Nicht abschließend geklärt ist, ob bei Revisionen gegen Berufungsurteile die Prüfung, ob das Amtsgericht (in der Regel das Schöffengericht, kaum praktisch denkbar der Strafrichter) seine Zuständigkeit objektiv willkürlich angenommen hat, die Prüfung von Amts wegen oder nur auf eine Verfahrensrüge hin erfolgt. Der 5. Strafsenat des BGH[23] hält eine Verfahrensrüge für erforderlich, weil es nicht um die sachliche Zuständigkeit des Amtsgerichts gehe, sondern um einen Verstoß des Berufungsgerichts gegen die Verfahrensvorschrift des § 328 Abs. 2 StPO.[24] Diese Ansicht überzeugt, da anders als beim unmittelbaren Angriff auf das vom ungesetzlichen Richter erlassene Urteil, in diesen Fällen nur das Berufungsurteil auf seine Richtigkeit hin überprüft wird. Dieses Urteil wurde aber gerade nicht unter Verstoß gegen die sachliche Zuständigkeit (§ 6 StPO), sondern vom sachlich zuständigen Gericht erlassen. Dass gegebenenfalls nach dem Geschäftsverteilungsplan eine andere Kammer zuständig gewesen wäre, berührt zwar ggf. Art. 101 Abs. 1 S. 2 GG, ist aber gerade nicht von Amts wegen zu prüfen. Anders stellt sich die Sache freilich dar, wenn erstinstanzlich das Landgericht zuständig gewesen wäre, denn in diesen Fällen war auch die Berufungskammer nie gesetzlicher Richter.[25]

§ 26 [Zuständigkeit in Jugendschutzsachen]

(1) ¹Für Straftaten Erwachsener, durch die ein Kind oder ein Jugendlicher verletzt oder unmittelbar gefährdet wird, sowie für Verstöße Erwachsener gegen Vorschriften, die dem Jugendschutz oder der Jugenderziehung dienen, sind neben den für allgemeine Strafsachen zuständigen Gerichten auch die Jugendgerichte zuständig. ²Die §§ 24 und 25 gelten entsprechend.

(2) ¹In Jugendschutzsachen soll die Staatsanwaltschaft Anklage bei den Jugendgerichten erheben, wenn damit die schutzwürdigen Interessen von Kindern oder Jugendlichen, die in dem Verfahren als Zeugen benötigt werden, besser gewahrt werden können. ²Im Übrigen soll die Staatsanwaltschaft Anklage bei den Jugendgerichten nur erheben, wenn aus sonstigen Gründen eine Verhandlung vor dem Jugendgericht zweckmäßig erscheint.

(3) Die Absätze 1 und 2 gelten entsprechend für die Beantragung gerichtlicher Untersuchungshandlungen im Ermittlungsverfahren.

---

[16] BGH 30.7.1996 – 5 StR 288/95, BGHSt 42, 205 = NJW 1997, 204.
[17] LG Freiburg 9.7.1996 – X AK 116/95 – 45 Ns 52/95, StV 1996, 534; BeckOK StPO/*Eschelbach* Rn. 5.
[18] OLG Düsseldorf 11.1.1995 – 2 Ss 434/94-109/94 II, NStZ 1996, 206; BeckOK StPO/*Eschelbach* Rn. 5; vgl. auch BGH 27.2.1992 – 4 StR 23/92, NJW 1992, 2104.
[19] Vgl. auch OLG Bremen 8.8.1997 – Ss 18/97, NStZ-RR 1998, 53.
[20] OLG Hamm 20.10.1994 – 2 Ss 1221/94, StV 1996, 182 mAnm *Neuhaus* StV 1995, 212.
[21] OLG Naumburg 17.6.2014 – 2 RV 88/14, StV 2015, 214.
[22] OLG Hamm 5.9.1995 – 2 Ss 844/95, MDR 1996, 91: sechs Monate Freiheitsstrafe.
[23] BGH 30.7.1996 – 5 StR 288/95, BGHSt 42, 205 = NJW 1997, 204.
[24] So auch KK/*Barthe* Rn. 3; aA Löwe/Rosenberg/*Siolek* Rn. 15.
[25] Vgl. OLG Brandenburg 2.3.2000 – 2 Ss 76/97, NStZ 2001, 611 mAnm *Meyer-Goßner*.

Übersicht

	Rn.		Rn.
I. Normzweck	1–3	3. Anwendbarkeit im Ermittlungsverfahren, Abs. 3	9
II. Regelungsgehalt	4–11	4. Verfahren	10, 11
1. Zuständigkeit der Jugendschutzgerichte	5, 6	III. Anfechtbarkeit	12
2. Richtlinie des Abs. 2	7, 8		

I. Normzweck

§ 26 schafft eine alternative Doppelzuständigkeit der allgemeinen Strafgerichte und der Jugendgerichte am Amtsgericht (für das Landgericht enthält § 74b eine Parallelvorschrift) in Jugendschutzsachen. Durch die Vorschrift soll erreicht werden, dass bei Straftaten gegen Kinder und Jugendliche den Besonderheiten des Falls durch das Verfahren vor dem Jugendgericht besser Rechnung getragen oder die (nach dem gesetzgeberischen Leitbild) **besondere Sachkunde und Erfahrung des Jugendrichters** eingesetzt werden kann. Das gilt insbesondere im Hinblick auf die besondere Schutzbedürftigkeit kindlicher und jugendlicher Zeugen[1] oder bei der Feststellung des Ausmaßes des beim Kind oder Jugendlichen eingetretenen Schadens.[2] Dabei erfasst § 26 ausschließlich Straftaten Erwachsener. 1

Erwachsenengerichte und Jugendgerichte stehen **grundsätzlich gleichrangig nebeneinander**, wobei die Abgrenzung in sachlicher Hinsicht den allgemeinen Regeln folgt (Abs. 1 S. 1 iVm §§ 24, 25 GVG). Der Jugendrichter als Jugendschutzrichter ist daher unter den Voraussetzungen des § 25 zuständig. Ist eine Zuständigkeit des Landgerichts begründet (§§ 24 Abs. 1, 74 Abs. 1), entscheidet die Jugendkammer, in den übrigen Fällen das Jugendschöffengericht. Lediglich ein erweitertes Jugendschöffengericht kennt das Gerichtsverfassungsrecht nicht.[3] § 209a Nr. 2b StPO behandelt die Jugendgerichte im Verhältnis zu den gleichgeordneten Erwachsenengerichten als höherrangig in Bezug auf die Eröffnungskompetenz. 2

Wie die übrigen beweglichen Zuständigkeiten ist die Norm bei restriktiver Auslegung **verfassungsgemäß.**[4] Der große Senat für Strafsachen[5] hatte ein Problem der sachlichen Zuständigkeit bereits verneint, weil die Gerichte gleichgeordnet seien. Davon zu unterscheiden ist die Frage, ob eine fehlerhafte Anwendung von § 26 den gesetzlichen Richter verletzt.[6] Nach dem gewandelten Verständnis der Bedeutung des gesetzlichen Richters,[7] dessen Bestimmung mittlerweile bis auf die unterste Regelungsebene zu erfolgen hat,[8] kann eine Verletzung von Art. 101 Abs. 1 S. 2 GG, § 16 S. 2 nicht mehr mit dem Argument verneint werden, innerhalb des gleichen Gerichts habe ein gleichgeordneter Spruchkörper entschieden. Weil die Wahl der Staatsanwaltschaft nach § 26 nicht frei ist, sondern insbes. Abs. 2 hierzu deutliche Vorgaben macht, und die Entscheidung vom angerufenen Gericht vollumfänglich zu überprüfen ist,[9] hält § 26 aber grundsätzlich (noch) der verfassungsrechtlichen Überprüfung stand, wenn Spezialkenntnisse des Jugendgerichts nach Abs. 1 S. 1 iVm Abs. 2 erforderlich sind.[10] 3

---

[1] BVerfG 23.2.2006 – 2 BvR 110/06, NStZ 2007, 40.
[2] KK/*Barthe* Rn. 1; Löwe/Rosenberg/*Siolek* Rn. 2.
[3] BeckOK StPO/*Eschelbach* Rn. 1.2.
[4] Mangels Substantiierung der Rüge nicht erörtert von BVerfG 23.2.2006 – 2 BvR 110/06, NStZ 2007, 40; allgemein zu den beweglichen Zuständigkeiten BVerfG 19.7.1967 – 2 BvR 489/66, BVerfGE 22, 254 = NJW 1967, 2151; KK/*Barthe* Rn. 1; zweifelnd BeckOK StPO/*Eschelbach* Rn. 1.2; vgl. auch → § 16 Rn. 24, → § 24 Rn. 9.
[5] BGH 5.10.1962 – GSSt 1/62, BGHSt 18, 79 = NJW 1963, 60.
[6] Unklar insoweit KK/*Barthe* Rn. 1; Löwe/Rosenberg/*Siolek* Rn. 1.
[7] Vgl. → § 16 Rn. 11, → § 21g Rn. 1, → § 24 Rn. 9.
[8] BVerfG 8.4.1997 – 1 PBvU 1/95, BVerfGE 95, 322 = NJW 1997, 1497 (Spruchgruppen); BGH – Vereinigte große Senate 5.5.1994 – VGS 1 – 4/93, VGS 1/93, VGS 2/93, VGS 3/93, VGS 4/93, BGHSt 40, 168 = NJW 1994, 1735 (1740); vgl. umfassend zur historischen Entwicklung der Rechtsprechung: Kissel/Mayer § 21g Rn. 5 ff.; Löwe/Rosenberg/*Breidling* § 21f Rn. 2 ff.; auch → § 16 Rn. 11.
[9] BeckOK StPO/*Eschelbach* Rn. 4; KK/*Barthe* Rn. 1; vgl. auch BVerfG 19.3.1959 – 1 BvR 295/58, BVerfGE 9, 223 = NJW 1959, 871; BGH 4.10.1956 – 4 StR 294/56, BGHSt 9, 367; 2.11.1989 – 1 StR 354/89, NStZ 1990, 138.
[10] BeckOK StPO/*Eschelbach* Rn. 4.

II. Regelungsgehalt

4 Abs. 1 S. 1 regelt die Zuständigkeit der Jugendschutzgerichte allgemein. Abs. 2 stellt eine Richtlinie zur Ausgestaltung des Beurteilungsspielraums nach Abs. 1 S. 1 zur Verfügung. Abs. 3 erweitert die Zuständigkeit der Jugendschutzgerichte auf die Tätigkeit des Ermittlungsrichters.

5 **1. Zuständigkeit der Jugendschutzgerichte.** Die Jugendgerichte sind auch für Jugendschutzsachen zuständig. Das kann sich zunächst aus der **konkret verletzten oder gefährdeten Person** der strafbaren Handlung ergeben, ohne dass es auf die Art des Delikts ankommt. Entscheidend ist lediglich, dass ein Kind (unter 14 Jahren, § 19 StGB, § 1 JGG) oder Jugendlicher (14 bis unter 18 Jahre, § 1 Abs. 2 JGG) durch die Straftat eines zur Tatzeit Erwachsenen (mindestens 21 Jahre) verletzt oder unmittelbar gefährdet wurde. Taten von Heranwachsenden fallen schon vom Wortlaut nicht unter § 26. Auch der Normzweck erfordert dies nicht, weil solche Taten ohnehin regelmäßig vor den Jugendgerichten verhandelt werden. Verletzung ist jede Beeinträchtigung der körperlichen, geistigen, charakterlichen oder sittlichen Entwicklung, eine unmittelbare Gefährdung liegt in der Schaffung einer unmittelbaren Gefahr einer solchen Beeinträchtigung.[11] In Betracht kommen Körperverletzungsdelikte, Abgabe von Betäubungsmitteln, Unterhaltspflichtverletzungen aber auch Vermögensdelikte zum unmittelbaren Nachteil des Kindes oder Jugendlichen, nicht jedoch zum Nachteil der Erziehungsberechtigten oder Unterhaltsverpflichteten.[12] Stirbt das Opfer, ist der Schutzzweck des Abs. 1 S. 1 nicht mehr erreichbar und die Zuständigkeit entfällt.[13]

6 Darüber hinaus liegt eine Jugendschutzsache vor, wenn Strafvorschriften verletzt sind, die dem **Jugendschutz** oder der **Jugenderziehung** dienen. In diesen Fällen können auch Heranwachsende in den Schutzbereich fallen.[14] Auf eine konkrete Gefährdung oder Verletzung einer Person kommt es dabei nicht an. Einschlägige Strafnormen sind zB §§ 170, 171, 174, 176, 176a, 176b, 180, 180a Abs. 2 Nr. 1, 182, ggf. auch § 184b Abs. 1 Nr. 3 (Herstellen), §§ 232 Abs. 3 Nr. 1, 225 Var. 1, 235, 236 StGB, aber auch die Normen, die die gesundheitliche und seelische Entwicklung schützen sollen (zB JArbSchG, GjS, JÖSchG).

7 **2. Richtlinie des Abs. 2.** Abs. 2 schränkt die Entscheidungskompetenz der Staatsanwaltschaft, ob sie Anklage zum Jugendschutzgericht erhebt, inhaltlich ein. Danach ist die Anklage zum Jugendschutzgericht als Ausnahme gedacht, die triftige Gründe erfordert („soll nur erheben, wenn…").[15] In der Praxis hat sich dieses Regel-Ausnahme-Verhältnis umgekehrt.[16] Abs. 2 S. 1 sieht vor, dass Anklage nur zum Jugendgericht erhoben werden soll, wenn Kinder oder Jugendliche als Zeugen oder dem Normzweck entsprechend als Augenscheinsobjekte[17] in Betracht kommen. Das gilt auch, wenn mittlerweile Erwachsene über Wahrnehmung aus ihrer Kindheit oder Jugend berichten sollen.[18] In allen Fällen muss dazu treten, dass die schutzwürdigen Interessen der Zeugen durch die **höhere Sachkompetenz des Jugendgerichts** gewahrt werden. Insbesondere geht es um die besondere Befähigung zur Vernehmung und Glaubhaftigkeitsbegutachtung, die der Gesetzgeber den Jugendgerichten unterstellt.[19]

8 Nach Abs. 2 S. 1 kommt eine Anklage sonst nur in Betracht, wenn die Verhandlung vor dem Jugendgericht aus sonstigen Gründen zweckmäßig erscheint. Diese in seiner Unbestimmtheit kaum zu überbietende Formulierung muss anhand des Normzwecks konturiert

---

[11] Löwe/Rosenberg/*Siolek* Rn. 4.
[12] KK/*Barthe* Rn. 2; Löwe/Rosenberg/*Siolek* Rn. 4.
[13] *Katholnigg* Rn. 1; *Kissel/Mayer* Rn. 3; KK/*Barthe* Rn. 2; Löwe/Rosenberg/*Siolek* Rn. 6; Meyer-Goßner/*Schmitt* Rn. 2.
[14] BGH 20.3.1959 – 4 StR 416/58, BGHSt 13, 53 (59) = NJW 1959, 1093; KK/*Barthe* Rn. 3; Löwe/Rosenberg/*Siolek* Rn. 5; Meyer-Goßner/*Schmitt* Rn. 3.
[15] Löwe/Rosenberg/*Siolek* Rn. 10.
[16] *Arnold* ZIS 2008, 92 (95 ff.), die sich leider nicht mit der Frage auseinandersetzt, wie viele Verfahren auch vor den Jugendschutzgerichten eröffnet wurden.
[17] *Kissel/Mayer* Rn. 7.
[18] BGH 20.3.1959 – 4 StR 416/58, BGHSt 13, 53 (59) = NJW 1959, 1093.
[19] Vgl. BeckOK StPO/*Eschelbach* Rn. 3; Löwe/Rosenberg/*Siolek* Rn. 10.

werden. Daher kommen keine allgemeinen Zweckmäßigkeitsgesichtspunkte[20] (Belastung, Geschwindigkeit, Bereitschaft zu Verständigungen) in Frage, sondern nur normspezifische. Es ist also stets zu verlangen, dass sich die Zweckmäßigkeit aus der **besonderen Sachkunde des Jugendgerichts** ergibt. Entsprechend den Ausführungen zu § 24 Abs. 1 S. 1 Nr. 3 sind diese Erwägungen aktenkundig zu machen.[21] Sind geschäftsplanmäßig bei den Erwachsenengerichten Spruchkörper für Jugendschutzsachen, die nicht zu den Jugendgerichten angeklagt werden, eingerichtet, wird eine Anklage zum Jugendgericht kaum noch in Betracht kommen,[22] da den geschäftsplanmäßigen Jugendschutzspruchkörpern in der Regel die gleiche erhöhte Sachkompetenz zugestanden werden muss, wie den Jugendrichtern. Etwas anderes gilt allenfalls in Bezug auf die (Jugend-)Schöffen.

3. Anwendbarkeit im Ermittlungsverfahren, Abs. 3. Unter den Voraussetzungen des Abs. 2 sind die Jugendgerichte auch für die Vornahme von Untersuchungshandlungen im Ermittlungsverfahren zuständig. Das wird insbesondere bei **ermittlungsrichterlichen Zeugenvernehmungen** oder Inaugenscheinnahmen von Kindern zu erwägen sein. 9

4. Verfahren. Vor den Jugendschutzgerichten bestimmt sich das Verfahren nach der StPO mit der Einschränkung, dass die **Gerichtsverfassung des JGG** gilt.[23] Das betrifft die Besetzung (§§ 33 ff. JGG) und den Instanzenzug, soweit es um die Zuständigkeiten geht (Jugendkammer als einheitliche Rechtsmittelinstanz auch für Beschwerden, § 74b, § 41 Abs. 2 JGG). Anders als in Verfahren gegen Jugendliche und Heranwachsende (§ 55 Abs. 2 JGG) steht jedoch der gesamte Instanzenzug zur Verfügung. Das Verfahren ist grundsätzlich öffentlich. § 48 Abs. 3 JGG findet keine Anwendung, da in Jugendschutzsachen nur gegen Erwachsene verhandelt wird. Ein Ausschluss der Öffentlichkeit kommt daher nur nach §§ 171 ff. in Betracht.[24] 10

Nach § 209a Nr. 2b StPO gelten die Jugendschutzgerichte im Verhältnis zu gleichgeordneten Gerichten als **höherrangig** für die **Eröffnungskompetenz**. Daraus folgt, dass bei Anklage zum Jugendgericht dieses nach Maßgabe des Abs. 2 seine eigene Zuständigkeit prüft. Eröffnet es das Verfahren, kommt eine anschließende Verweisung wegen § 269 StPO nur noch in Betracht, wenn die Annahme der eigenen Zuständigkeit objektiv willkürlich war.[25] Hält es sich für unzuständig, weil ein höherrangiges Gericht zuständig ist, legt es diesem das Verfahren nach § 209 Abs. 2 StPO vor. Verneint es nur seine Zuständigkeit nach Abs. 2, eröffnet es beim Erwachsenengericht gleicher Ordnung, § 209 Abs. 1 StPO. Wird zum Erwachsenengericht angeklagt und dieses hält das Jugendschutzgericht für zuständig, legt es das Verfahren nach § 209 Abs. 2 StPO vor. Nimmt das Erwachsenengericht seine eigene Zuständigkeit jedoch an, kommt eine spätere Vorlage oder Verweisung nicht mehr in Betracht, weil §§ 225a Abs. 1 S. 1 und 270 Abs. 1 S. 1 StPO nicht auf § 209a Nr. 2b StPO verweisen.[26] Eine Ausnahme muss aber auch in diesen Fällen gelten, wenn die Annahme der eigenen Zuständigkeit objektiv willkürlich war, da sonst das Gericht sehenden Auges ein Urteil unter Verstoß gegen die Art. 101 Abs. 1 S. 2 GG, § 16 erlassen müsste.[27] 11

III. Anfechtbarkeit

In Bezug auf die Anfechtbarkeit gelten zunächst die bei § 25 dargestellten Grundsätze entsprechend.[28] Bei der willkürlichen Annahme der eigenen Zuständigkeit oder der willkürli- 12

---

[20] *Kissel/Mayer* Rn. 8.
[21] Vgl. → § 24 Rn. 20 und BeckOK StPO/*Eschelbach* Rn. 4.2.
[22] Löwe/Rosenberg/*Siolek* Rn. 11.
[23] *Kissel/Mayer* Rn. 12; KK/*Barthe* Rn. 5.
[24] BGH 11.1.1955 – 1 StR 302/54, MDR 1955, 246; aA wohl KK/*Barthe* Rn. 5; *Kissel/Mayer* Rn. 12; im Ergebnis ohne wesentlichen Unterschied: Löwe/Rosenberg/*Siolek* Rn. 14 (Ausschluss nach § 48 Abs. 3 S. 2 JGG).
[25] Dazu → § 24 Rn. 22.
[26] OLG Saarbrücken 22.8.2003 – 1 Ws 97/03 (H), NStZ-RR 2003, 377, allerdings ohne auf den Gesetzeswortlaut einzugehen.
[27] Dazu → § 24 Rn. 22.
[28] → § 25 Rn. 7.

chen Eröffnung durch das Jugendgericht beim Erwachsenengericht ist zu unterscheiden: Wäre ein anderer **gleichrangiger Spruchkörper** zuständig, ist das Recht auf den gesetzlichen Richter verletzt und auf die **Verfahrensrüge** hin wird das Urteil aufgehoben. In diesen Fällen ist die sachliche Zuständigkeit nicht betroffen, weil die Gerichte gleichrangig nebeneinander stehen und die Zuständigkeit nur eine Frage der gesetzlichen Geschäftsverteilung ist.[29] Gleiches gilt im umgekehrten Fall, also wenn das Erwachsenengericht willkürlich seine Zuständigkeit angenommen hat.[30] Anders stellt sich die Situation dar, wenn die **Eröffnung zugleich unter Verstoß gegen § 24** erfolgt, weil in diesen Fällen auch die sachliche Zuständigkeit (§ 6 StPO) betroffen ist und der Fehler von Amts wegen berücksichtigt werden muss.[31]

§ 26a (weggefallen)

§ 27 [Sonstige Zuständigkeit und Geschäftskreis]

Im übrigen wird die Zuständigkeit und der Geschäftskreis der Amtsgerichte durch die Vorschriften dieses Gesetzes und der Prozeßordnungen bestimmt.

I. Normzweck

1   Die Norm hat unter dem Regime des Grundgesetzes **keinen eigenständigen Zweck** mehr, sondern ist nur historisch zu erklären. Sie gab die Möglichkeit, dem Amtsgericht durch Reichsgesetze Aufgaben zuzuweisen und diese Angelegenheiten justiziabel zu machen.[1] Heute ist § 27 überflüssig, weil er Selbstverständliches postuliert und unvollständig ist, weil auch aufgrund anderer Bundesgesetze und ggf. Landesgesetze den Amtsgerichten Aufgaben übertragen werden können.[2]

II. Weitere Zuständigkeiten in Strafsachen

2   **1. Richter.** In Strafsachen ergeben sich die Zuständigkeiten der Richter am Amtsgericht überwiegend aus dem **GVG** und dem **JGG**. Insbesondere sind zu nennen: §§ 24, 25, 28, 29 GVG, §§ 33, 33a, 34, 35 JGG. Sonstige Zuständigkeiten nach der **StPO** bestehen im beschleunigten und im Strafbefehlsverfahren (§§ 407, 417 StPO), bei der Rechtshilfe (§ 157 StPO und §§ 21, 22, 28 Abs. 2, 39 Abs. 2 IRG), für die ermittlungsrichterliche Tätigkeit im Vorverfahren (§§ 81, 81a, 81c, 81e, 81g, 87, 98, 98b, 100, 100b, 105, 110b Abs. 1, 111a, 111b, 111d, 111n, 115a Abs. 1, 125 Abs. 1, 126, 126a, 128 Abs. 1, 129, 131, 132a, 162, 163 Abs. 1 S. 2, 165, 166, 443 StPO), nach § 462a Abs. 2 S. 2 StPO und im Bußgeldverfahren (§§ 62 Abs. 2, 68, 85 Abs. 4, 87 Abs. 4, 104 Nr. 1 OWiG).

3   **2. Geschäftsstellen (§ 153 GVG).** Den Geschäftsstellen an den Amtsgerichten sind ohne Mitwirkung eines Richters **eigene Aufgaben** übertragen. Insbesondere sind zu nennen: Entgegennahme von Strafanträgen und Strafanzeigen (§ 158 StPO) und Rechtsmittelerklärungen (zB §§ 314, 341 StPO)[3] und bei Inhaftierten § 299 StPO.

---

[29] BGH 5.10.1962 – GSSt 1/62, BGHSt 18, 79 = NJW 1963, 60.
[30] BGH 5.10.1962 – GSSt 1/62, BGHSt 18, 79 = NJW 1963, 60.
[31] Dazu → § 24 Rn. 29 ff.
[1] *Kissel/Mayer* Rn. 3; *Löwe/Rosenberg/Siolek* Rn. 1.
[2] *Kissel/Mayer* Rn. 3; *Löwe/Rosenberg/Siolek* Rn. 1.
[3] Beachte dazu aber § 24 Abs. 1 Nr. 1b RPflG.

Vierter Titel. Schöffengerichte

§ 28 [Zuständigkeit]
Für die Verhandlung und Entscheidung der zur Zuständigkeit der Amtsgerichte gehörenden Strafsachen werden, soweit nicht der Strafrichter entscheidet, bei den Amtsgerichten Schöffengerichte gebildet.

I. Normzweck

§ 28 sieht für die Amtsgerichte als **erstinstanzlichen Regelspruchkörper** in Strafsachen 1
das Schöffengericht vor. Historisch war das Schöffengericht bis zur Einführung der Strafrichter der einzige Strafspruchkörper am Amtsgericht. Tatsächlich wird heute die überwiegende Zahl an Strafsachen nicht vom Schöffengericht, sondern vom Strafrichter entschieden. Das gesetzliche Regel-Ausnahme-Verhältnis findet sich in der Gesetzesformulierung („soweit nicht…") aber noch immer.

II. Regelungsgehalt

§ 28 sieht vor, dass **an jedem Amtsgericht** ein Schöffengericht zu errichten ist. Ausnah- 2
men kommen nach § 58 in Betracht, wonach im Wege der Zuständigkeitskonzentration gemeinsame Schöffengerichte gebildet werden können. Ist ein Schöffengericht nicht eingerichtet, fehlt der gesetzliche Richter.[1]

Die Zuständigkeitsabgrenzung des Amtsgerichts zum Landgericht bestimmt sich nach 3
§ 24. Innerhalb des Amtsgerichts ist das Schöffengericht gegenüber dem Strafrichter **Gericht höherer Ordnung**.[2] Die Zuständigkeit des Strafrichters ergibt sich aus § 25.[3] Der Strafbann des Schöffengerichts richtet sich nach den allgemeinen Vorschriften für das Amtsgericht, § 24 Abs. 2.

§ 29 [Zusammensetzung; erweitertes Schöffengericht]
(1) ¹Das Schöffengericht besteht aus dem Richter beim Amtsgericht als Vorsitzenden und zwei Schöffen. ²Ein Richter auf Probe darf im ersten Jahr nach seiner Ernennung nicht Vorsitzender sein.
(2) ¹Bei Eröffnung des Hauptverfahrens kann auf Antrag der Staatsanwaltschaft die Zuziehung eines zweiten Richters beim Amtsgericht beschlossen werden, wenn dessen Mitwirkung nach dem Umfang der Sache notwendig erscheint. ²Eines Antrages der Staatsanwaltschaft bedarf es nicht, wenn ein Gericht höherer Ordnung das Hauptverfahren vor dem Schöffengericht eröffnet.

Übersicht

	Rn.		Rn.
I. Normzweck	1	a) Personelle Besetzung	6
II. Regelungsgehalt	2–11	b) Notwendigkeit der Mitwirkung	7
1. Besetzung des Schöffengerichts, Abs. 1	2–4	c) Verfahren	8–11
2. Das erweiterte Schöffengericht, Abs. 2	5–11	III. Anfechtbarkeit	12, 13

I. Normzweck

§ 29 Abs. 1 behandelt die Besetzung des Schöffengerichts in der Hauptverhandlung (vgl. 1
§ 30 Abs. 2). Danach ist das Schöffengericht mit einem Richter (Vorsitzenden) und zwei

---

[1] KK/*Barthe* Rn. 4.
[2] Siehe § 24.
[3] → § 25 Rn. 3 ff.

Schöffen besetzt. Abs. 1 S. 2 sieht Einschränkungen der Geschäftsverteilung vor, da Richter auf Probe im ersten Dienstjahr nicht zum Vorsitzenden bestimmt werden dürfen. Abs. 2 regelt das sog. erweiterte Schöffengericht, wonach unter den Voraussetzungen des Abs. 2 S. 1 ein weiterer Berufsrichter zugezogen werden kann. Damit soll in umfangreichen Strafsachen die Qualität der Wahrheitsfindung erhöht und der Vorsitzende für die Verhandlungsleitung freier gemacht werden.[1] Insoweit handelt es sich um eine bewegliche Zuständigkeit.[2] Die Norm macht damit in beiden Absätzen Vorgaben für den **gesetzlichen Richter**.[3]

II. Regelungsgehalt

2   **1. Besetzung des Schöffengerichts, Abs. 1.** Das Schöffengericht ist mit **einem Richter beim Amtsgericht** als Vorsitzendem besetzt. Dabei kann es sich um einen Richter auf Lebenszeit, der ein Richteramt beim betreffenden Amtsgericht innehat, aber auch einen abgeordneten Richter (§ 37 DRiG), einen Richter kraft Auftrags (§ 14 DRiG) oder den Vertretungsrichter nach § 22b handeln.[4] Richtern auf Probe darf das Präsidium den Vorsitz im ersten Dienstjahr nach ihrer Ernennung (§ 17 DRiG) nicht zuweisen (Abs. 1 S. 2). Hintergrund ist die Vorstellung des Gesetzgebers, im Kollegialspruchkörper solle ein Richter mit einer gewissen Berufserfahrung als Vorsitzender tätig werden (vgl. § 28 Abs. 2 DRiG, § 21f Abs. 1).[5] Handelt dennoch ein Richter auf Probe im ersten Dienstjahr als Vorsitzender, ist der gesetzliche Richter verletzt und die Besetzungsrüge eröffnet.[6]

3   Neben dem Vorsitzenden besteht das Schöffengericht in der Hauptverhandlung aus zwei Schöffen. Eine paritätische oder geschlechterbezogene Besetzung ist nicht erforderlich (vgl. aber § 33 Abs. 3 JGG).[7] Das Geschlecht kann auch kein Ablehnungsgrund sein.[8] Schöffen sind ehrenamtliche Richter (§ 45a DRiG). Ihre Rechtsstellung wird in §§ 44, 45 DRiG und §§ 30 ff. geregelt. Die Beteiligung der Schöffen dient **der Sachgerechtigkeit der Entscheidungen** (Informationsgewinn hinsichtlich gesellschaftlicher Interessenlagen und sozialer Hintergründe), hat aber auch die Funktion der **„Publizitätskontrolle"**, indem ihre Mitwirkung zur Transparenz, Verständlichkeit und Vermittelbarkeit beiträgt.[9]

4   In der Hauptverhandlung stehen die Schöffen dem Berufsrichter **weitgehend gleich**.[10] Daher gelten für sie auch die Vorschriften über die Ausschließung und Ablehnung, §§ 22 ff., 31 StPO. Eine Ausnahme von dieser Gleichberechtigung (§ 30 Abs. 1) findet sich in § 241 Abs. 2 iVm § 240 Abs. 2 StPO, wonach ungeeignete Fragen der Schöffen – anders als solche der Berufsrichter – zurückgewiesen werden dürfen. Ob das mit dem Leitgedanken des § 30 Abs. 1 vereinbar ist, darf bezweifelt werden. Außerhalb der Hauptverhandlung sind Schöffen am Verfahren nicht beteiligt (§ 30 Abs. 2). Insbesondere wirken sie am Eröffnungsbeschluss nicht mit und haben **faktisch** regelmäßig **keine umfassende Aktenkenntnis**,[11] was prinzipiell geeignet ist, eine inhaltliche Vorfestlegung auszuschließen oder zumindest zu verringern.[12]

5   **2. Das erweiterte Schöffengericht, Abs. 2.** Abs. 2 regelt die Zuständigkeit des erweiterten Schöffengerichts als personelle Erweiterung des Schöffengerichts um einen zusätzlichen Berufsrichter. Das erweiterte Schöffengericht ist gegenüber dem Schöffengericht kein anderes

---

[1] KK/*Barthe* Rn. 5.
[2] Vgl. → § 16 Rn. 24.
[3] BeckOK StPO/*Eschelbach* Rn. 2.
[4] *Kissel/Mayer* Rn. 1; KK/*Barthe* Rn. 2; Löwe/Rosenberg/*Gittermann* Rn. 3.
[5] Löwe/Rosenberg/*Gittermann* Rn. 3.
[6] *Kissel/Mayer* Rn. 2.
[7] *Kissel/Mayer* Rn. 4; KK/*Barthe* Rn. 2; Löwe/Rosenberg/*Gittermann* Rn. 2; allgemein zur geschlechtsspezifischen Verteilung der Richterbank: OLG Köln 23.9.1971 – 16 Wx 75/71, NJW 1972, 911.
[8] BayObLG 16.5.1980 – BReg 2 Z 7/80, DRiZ 1980, 432.
[9] KK/*Barthe* Rn. 4; Löwe/Rosenberg/*Gittermann* Rn. 1; grundsätzlich kritisch zur Zeitgemäßheit der Beteiligung von Schöffen: BeckOK StPO/*Eschelbach* Rn. 6.
[10] → § 30 Rn. 3.
[11] Dazu → § 30 Rn. 5 ff.
[12] Dazu *Schünemann* StV 2000, 159 ff.; vgl. auch BeckOK StPO/*Eschelbach* Rn. 6.

oder gar höherrangiges Gericht.[13] Es handelt sich vielmehr um eine **Besetzungsänderung für die Hauptverhandlung,** vergleichbar der Besetzungsreduktion nach § 76 Abs. 2. Daraus ergibt sich auch eine grundlegende Legitimationsproblematik. Denn der gesetzliche Richter und der Instanzenzug hängen davon ab, ob das Amtsgericht mit zwei Berufsrichtern und zwei Schöffen entscheidet oder das Landgericht in der gleichen Besetzung. Eine Überlegenheit des Landgerichts ergibt sich jedenfalls nicht mehr aus sich heraus. Daher ist in den Fällen der beweglichen Zuständigkeit nach § 24 Abs. 1 S. 1 Nr. 3 Var. 2 (besonderer Umfang) auch eine parallele Auslegung mit § 76 Abs. 2 S. 3 Nr. 3, Abs. 3 geboten.[14]

a) Personelle Besetzung. Der beizuziehende Richter ist ebenfalls **gesetzlicher Rich-** 6 **ter** und daher im **Geschäftsverteilungsplan** vorab nach den dafür bestimmten Regeln zu berufen (§ 21e).[15] Das erweiterte Schöffengericht besteht regelmäßig aus dem Vorsitzenden des Schöffengerichts sowie dem weiteren Richter und den beiden Schöffen. Der beigezogene Richter darf auch Richter auf Probe im ersten Dienstjahr sein. Das gilt allerdings nicht, wenn der geschäftsplanmäßige Vorsitzende des Schöffengerichts selbst nicht Richter auf Lebenszeit ist. Denn in diesen Fällen verhindert § 28 Abs. 2 S. 2 DRiG, dass er im Kollegialgericht mit mehreren Berufsrichtern den Vorsitz führt. Daher ist bei der Geschäftsverteilung darauf zu achten, dass der beizuziehende Richter in diesen Fällen Richter auf Lebenszeit ist. Er rückt dann in die Position des Vorsitzenden des erweiterten Schöffengerichts ein, während der etatmäßige Vorsitzende des Schöffengerichts zum Beisitzer wird.[16] Andernfalls wäre das Gericht nicht ordnungsgemäß besetzt. Es steht dem Präsidium frei, die erweiterten Schöffengerichtssachen einer anderen Abteilung zuzuweisen, als die allgemeinen Schöffengerichtssachen.[17] Da das erweiterte Schöffengericht immer erst mit dem Eröffnungsbeschluss zuständig wird, muss in derartigen Geschäftsverteilungskonstellationen vorab bestimmt sein, welcher Richter über die Eröffnung und Beiziehung des weiteren Richters entscheidet. Regelmäßig wird das der Vorsitzende des allgemeinen Schöffengerichts sein.[18]

b) Notwendigkeit der Mitwirkung. Der weitere Richter ist beizuziehen, wenn seine 7 Mitwirkung nach **dem Umfang der Sache** notwendig erscheint. Dabei handelt es sich um einen unbestimmten Rechtsbegriff, der ausfüllungsbedürftig ist. Die Einschätzung der Staatsanwaltschaft unterliegt – wie bei allen beweglichen Zuständigkeiten – der vollen gerichtlichen Kontrolle.[19] Aus dem Wortlaut sowie der systematischen Auslegung mit § 24 Abs. 1 S. 1 Nr. 3 ergibt sich, dass die Bedeutung der Sache nicht unter den Begriff des Umfangs fällt.[20] Es handelt sich daher um ein rein quantitatives Kriterium. Maßgeblich ist die Anzahl der Angeklagten und oder Verteidiger, der Umfang der Beweisaufnahme, Zahl der Delikte oder Taten oder der zu erwartenden Sitzungstage (vgl. Nr. 113 Abs. 4 RiStBV).[21] Abgrenzungsschwierigkeiten ergeben sich zu § 24 Abs. 1 S. 1 Nr. 3 und zu § 76 Abs. 2 S. 3 Nr. 3, Abs. 3. Daher ist zunächst zu klären, ob das Amtsgericht überhaupt zuständig ist (§ 24 Abs. 1 S. 1 Nr. 3), was bei Umfangsverfahren wiederum an § 76 Abs. 2 S. 3 Nr. 3, Abs. 3 zu messen ist.[22] Liegt ein die Zuständigkeit des Landgerichts begründender Umfang nicht vor, ist die Abgrenzung zwischen erweitertem Schöffengericht und allgemeinem Schöffengericht nach dem Gesetzeszweck zu bestimmen. Es ist daher zu fragen, ob die Verhandlung von einem Umfang und einer organisatorischen Schwierigkeit sein wird,

---

[13] OLG Bremen 28.10.1957 – Ws 181/57, NJW 1958, 432; OLG Hamm 3.3.1988 – 4 Ws 86/88, MDR 1988, 696; KG 30.12.2015 – (2) 141 HEs 96/15, StV 2016, 448 (449); *Kissel/Mayer* Rn. 7; KK/*Barthe* Rn. 6; Löwe/Rosenberg/*Gittermann* Rn. 5.
[14] dazu → § 24 Rn. 16.
[15] → § 21e Rn. 7 und 28 ff.
[16] *Kissel/Mayer* Rn. 11; KK/*Barthe* Rn. 9; Löwe/Rosenberg/*Gittermann* Rn. 3.
[17] Löwe/Rosenberg/*Gittermann* Rn. 8.
[18] Vgl. dazu auch *Kissel/Mayer* Rn. 6.
[19] Allgemein: → § 16 Rn. 24.
[20] *Katholnigg* Rn. 4; *Kissel/Mayer* Rn. 14; KK/*Barthe* Rn. 11; Löwe/Rosenberg/*Gittermann* Rn. 4; Meyer-Goßner/*Schmitt* Rn. 4.
[21] BeckOK StPO/*Eschelbach* Rn. 8.
[22] Dazu → § 24 Rn. 16 auch mit Hinweisen zu den Gegenansichten.

die es erforderlich machen, durch Zuziehung eines zweiten Richters die Aufgaben in der Hauptverhandlung aufzuteilen. Die Vorschrift ist daher mangels Bestimmtheit verfassungsrechtlich bedenklich.

8   **c) Verfahren.** Neben dem Umfang der Sache ist ein **Antrag der Staatsanwaltschaft** notwendig (Abs. 2 S. 1). Ohne Antrag der Staatsanwaltschaft ist das erweiterte Schöffengericht (nur) zuständig, wenn ein Gericht höherer Ordnung das Hauptverfahren vor dem erweiterten Schöffengericht eröffnet hat (§ 29 Abs. 2 S. 2). Die Staatsanwaltschaft ist bei der Antragstellung nicht frei, sondern muss den Begriff des Umfangs rechtlich ausfüllen. Ihr steht kein Ermessen zu. Die Beurteilung durch die Staatsanwaltschaft unterliegt der vollen Überprüfung durch das für die Eröffnung zuständige Gericht. Daher bestimmt die Staatsanwaltschaft auch nicht den gesetzlichen Richter.[23] Vor diesem Hintergrund ist allerdings problematisch, dass ohne Antrag der Staatsanwaltschaft das Gericht gehindert ist, einen zweiten Richter beizuziehen. Das gilt nach dem eindeutigen Wortlaut auch dann, wenn die Staatsanwaltschaft den Antrag willkürlich nicht stellt. Der Antrag kann weder ersetzt, noch erzwungen werden. Die Norm ermöglicht letztlich der Staatsanwaltschaft, dem Angeklagten seinen (zweiten) gesetzlichen Richter zu entziehen. Daher muss der Richter, der eine Zuziehung eines weiteren Richters für erforderlich hält, einen entsprechenden Antrag bei der Staatsanwaltschaft anregen. Kommt sie dem nicht nach, ist die Eröffnung des Hauptverfahrens abzulehnen,[24] weil mangels gesetzlichen Richters ein **Verfahrenshindernis** besteht.[25] Eine Vorlage nach § 209 Abs. 1 StPO ist nicht möglich, weil das erweiterte Schöffengericht kein Gericht höherer Ordnung ist (→ Rn. 5).

9   Der für die Eröffnung des Hauptverfahrens zuständige Richter[26] (vorbehaltlich einer abweichenden Regelung im Geschäftsverteilungsplan: der Vorsitzende des Schöffengerichts) entscheidet zugleich mit dem Eröffnungsbeschluss mit umfassender Prüfungskompetenz auch über den Antrag der Staatsanwaltschaft nach Abs. 2 S. 1. Der **Antrag kann** bis zur Eröffnungsentscheidung **nachgeholt oder zurückgenommen** werden.[27] Lehnt der Eröffnungsrichter die Zuziehung eines weiteren Richters ab, verhandelt das Schöffengericht in seiner allgemeinen Besetzung. Eine nachträgliche Änderung sieht das Gesetz nicht vor,[28] was aber im Hinblick auf die Parallelproblematik bei § 76 Abs. 2 S. 3 Nr. 3[29] erheblichen Bedenken begegnet.[30]

10   Gelangt ein Verfahren **ohne Eröffnungsbeschluss** zum Schöffengericht, kommt nach überwiegender Ansicht[31] die Beiziehung eines weiteren Richters nicht in Betracht. Das kann im beschleunigten Verfahren, bei der Nachtragsanklage, der bindenden Verweisung nach § 270 StPO oder der Zurückverweisung durch das Revisionsgericht der Fall sein. Das überzeugt jedoch nicht.[32] Der gesetzliche Richter kann nicht von Zufälligkeiten in der Verfahrensgestaltung abhängig sein. Hier ist der Gesetzgeber aufgerufen, eine Lösung zu finden.[33] Bei der Verfahrensverbindung nach § 237 StPO ist das erweiterte Schöffengericht zuständig, wenn eines der verbundenen Verfahren dort eröffnet wurde.[34]

11   Eröffnet das **Gericht höherer Ordnung** das Verfahren vor dem (erweiterten) Schöffengericht, entscheidet es zusammen mit dem Eröffnungsbeschluss auch über die Zuziehung

---

[23] Weiterführend auch Löwe/Rosenberg/*Gittermann* Rn. 5.
[24] *Kissel/Mayer* Rn. 15; *Sowada* S. 692.
[25] So auch unter Rückstellung der dogmatischen Bedenken BeckOK StPO/*Eschelbach* Rn. 11.
[26] OLG Hamm 3.3.1988 – 4 Ws 86/88, MDR 1988, 696; KK/*Barthe* Rn. 13.
[27] HM OLG Hamm 3.3.1988 – 4 Ws 86/88, MDR 1988, 696; *Kissel/Mayer* Rn. 13; KK/*Barthe* Rn. 10; Löwe/Rosenberg/*Gittermann* Rn. 5 f.
[28] KG 30.12.2015 – (2) 141 HEs 96/15, StV 2016, 448 (449).
[29] Vgl. → § 76 Rn. 14.
[30] Vgl. auch BeckOK StPO/*Eschelbach* Rn. 13.
[31] *Kissel/Mayer* Rn. 19; KK/*Barthe* Rn. 13; Löwe/Rosenberg/*Gittermann* Rn. 9.
[32] Vgl. auch mit verschiedenen Lösungsansätzen *Dreisberg/Hohendorf* DRiZ 1984, 261; *Nassif,* Das erweiterte Schöffengericht 2009, 109.
[33] So offenbar auch BeckOK StPO/*Eschelbach* Rn. 13.
[34] BeckOK StPO/*Eschelbach* Rn. 13; *Kissel/Mayer* Rn. 20; Löwe/Rosenberg/*Gittermann* Rn. 10.

des weiteren Richters. Das ist nach dem Wortlaut des Abs. 2 S. 2 zwar nicht zwingend, ergibt sich aber aus der notwendigen Parallelität der Eröffnungsentscheidung mit der Entscheidung über die Notwendigkeit der Beiziehung eines weiteren Richters.[35]

III. Anfechtbarkeit

Die Entscheidung des Gerichts, einen zweiten Richter zuzuziehen ist selbst dann **nicht im Beschwerdeweg** nach § 210 StPO **anfechtbar,** wenn die Staatsanwaltschaft den entsprechenden Antrag nicht gestellt hatte.[36] Gegen die Ablehnung eines Antrags nach Abs. 2 S. 1 kann die Staatsanwaltschaft wegen § 210 Abs. 2 StPO auch nicht vorgehen, weil das Schöffengericht im Verhältnis zum erweiterten Schöffengericht gerade kein Gericht niederer Ordnung ist.[37] Aus dem gleichen Grund kann sich die Staatsanwaltschaft nur dagegen wehren, dass ein Gericht höherer Ordnung beim Schöffengericht eröffnet hat, nicht jedoch, dass es die Zuziehung eines weiteren Richters (nicht) beschlossen hat.[38]

Mit der Sprungrevision hat aber die Besetzungsrüge Erfolg, wenn das erweiterte Schöffengericht entschieden hat, obwohl die Staatsanwaltschaft einen entsprechenden Antrag nicht gestellt hatte, da dann nicht der gesetzliche Richter entschieden hat.[39] Höchst umstritten ist, ob in den Fällen der willkürlichen (Nicht-)Beiziehung eines weiteren Richters die Besetzungsrüge eröffnet ist. Die falsche Besetzung des Gerichts setzt sich wegen § 76 Abs. 6 S. 1 auch in der Berufungsinstanz fort, sodass es für diese Frage letztlich irrelevant ist, ob das Revisionsgericht die amtsgerichtliche oder die landgerichtliche Entscheidung zu überprüfen hat.[40] Nach einer Ansicht[41] soll ein Rechtsmittelausschluss vorliegen, weil auch das Revisionsgericht den gesetzlichen Richter nicht herstellen könne, denn § 354 Abs. 2 StPO ermöglicht eine Zurückverweisung an das richtige erstinstanzliche Gericht bei der Revision gegen das Berufungsurteil nicht. Das kann schon deswegen nicht überzeugen, weil die prozessuale Unmöglichkeit den Verfassungsverstoß nach Art. 101 Abs. 1 S. 2 GG nicht heilen kann. Dem Problem kann durch eine erweiternde Auslegung des § 355 StPO begegnet werden. Vorzugswürdig[42] erscheint jedoch, die willkürliche Entscheidung als Verfahrenshindernis[43] zu begreifen (→ Rn. 8) und das **Verfahren durch das Revisionsgericht einzustellen.** Da die Entscheidung nicht zum Strafklageverbrauch führt, kann und muss (Legalitätsprinzip) die Staatsanwaltschaft dann erneut Anklage erheben.

§ 30 [Befugnisse der Schöffen]

(1) Insoweit das Gesetz nicht Ausnahmen bestimmt, üben die Schöffen während der Hauptverhandlung das Richteramt in vollem Umfang und mit gleichem Stimmrecht wie die Richter beim Amtsgericht aus und nehmen auch an den im Laufe einer Hauptverhandlung zu erlassenden Entscheidungen teil, die in keiner Beziehung zu der Urteilsfällung stehen und die auch ohne mündliche Verhandlung erlassen werden können.

(2) Die außerhalb der Hauptverhandlung erforderlichen Entscheidungen werden von dem Richter beim Amtsgericht erlassen.

Schrifttum: *Atzler,* Das Recht des ehrenamtlichen Richters, die Verfahrensakten einzusehen, DRiZ 1991, 207; *Börner,* Die Beschlussbesetzung in Haftfragen bei laufender Hauptverhandlung – Ein Lösungsvor-

---
[35] HM: OLG Bremen 28.10.1957 – Ws 181/57, NJW 1958, 432; *Kissel/Mayer* Rn. 18; KK/*Barthe* Rn. 14; Löwe/Rosenberg/*Gittermann* Rn. 7; aA BeckOK StPO/*Eschelbach* Rn. 13.
[36] Löwe/Rosenberg/*Gittermann* Rn. 5.
[37] *Kissel/Mayer* Rn. 17; Löwe/Rosenberg/*Gittermann* Rn. 5.
[38] *Kissel/Mayer* Rn. 18; KK/*Barthe* Rn. 14.
[39] *Kissel/Mayer* Rn. 13; Löwe/Rosenberg/*Gittermann* Rn. 5.
[40] Vgl. auch BeckOK StPO/*Eschelbach* Rn. 19.
[41] SK-StPO/*Degener* Rn. 13, 15.
[42] Mit ähnlichen Bedenken, aber ohne Festlegung BeckOK StPO/*Eschelbach* Rn. 18 f.
[43] Vgl. auch OLG Düsseldorf 21.10.1993 – 2 Ss 301/93 – 89/93 I; NStZ 1994, 97 (98).

schlag, JR 2010, 481; *ders.*, Die Ungleichheit von Schöffen und Berufsrichtern, ZStW 2010, 157; *Ellbogen,* Das Akteneinsichtsrecht der Schöffen, DRiZ 2010, 136; *Gittermann,* Die Besetzung der Gerichte bei Entscheidungen über Haftfragen in laufender Hauptverhandlung, DRiZ 2012, 12; *Imberger-Bayer,* Zur Akteneinsichtnahme durch Schöffen, JR 1999, 299; *Kemmer,* Befangenheit von Schöffen durch Aktenkenntnis (1989); *Krüger,* Beteiligung von Schöffen bei Haftentscheidungen während der Hauptverhandlung, NStZ 2009, 590; *Nowak,* Das Recht der Schöffen auf Akteneinsicht für die Dauer der Hauptverhandlung, JR 2006, 459; *Rieß,* Zur Frage, unter welchen Voraussetzungen die Kenntnis der Laienrichter von einer formwidrigen Anklageschrift die Revision begründet, JR 1987, 389; *Rönnau,* Grundwissen-Strafprozessrecht: Schöffen, JuS 2016, 500; *Sowada,* Die Gerichtsbesetzung bei Haftentscheidungen während einer anhängigen Hauptverhandlung, NStZ 2001, 169; *ders.*, Zur Problematik der Mitwirkung von Schöffen bei Haftentscheidungen während laufender Hauptverhandlung, StV 2010, 37; *Terhorst,* Information und Aktenkenntnis der Schöffen im Strafprozeß, MDR 1988, 809; *Wacke,* „Schöffenstreik" – oder Schöffenmut gegenüber Berufsrichtern?, NJW 1995, 1199.

Übersicht

	Rn.		Rn.
I. Normzweck	1	a) Umfang der Mitwirkung/Stimmrecht	3
II. Regelungsgehalt	2–14	b) Ausnahmen von der Mitwirkung	4
		c) Aktenkenntnis	5–8
1. Mitwirkung der Schöffen in der Hauptverhandlung, Abs. 1	2–8	2. Entscheidungen außerhalb der Hauptverhandlung, Abs. 2	9–14

I. Normzweck

1 Abs. 1 gewährt den Schöffen grundsätzlich die umfassende und gleichberechtigte Mitwirkung an der Hauptverhandlung und stellt damit heraus, dass es sich bei Schöffen um **vollwertige Richter** handelt. Dabei ist von der Mitwirkung nicht nur das Urteil und der Weg dorthin erfasst, sondern auch die im Lauf der Hauptverhandlung zu treffenden Entscheidungen, die nicht in unmittelbarer Beziehung zum Urteil stehen und grundsätzlich auch außerhalb der Hauptverhandlung erlassen werden können. Insoweit ergeben sich Abgrenzungsschwierigkeiten, denen der Gesetzgeber mit einer an und für sich klaren Regelung (innerhalb der Hauptverhandlung mit Schöffen, außerhalb ohne) begegnen wollte. Diese Abgrenzung konfligiert jedoch mit dem Recht auf den gesetzlichen Richter (dazu → Rn. 11 ff.). Zweck der Schöffenbeteiligung ist die Mitwirkung am Urteil und dem Weg dorthin, was sich bereits daraus ergibt, dass das Schöffengericht außerhalb der Hauptverhandlung nur zur Urteilsberatung zusammentritt.[1] Abs. 2 weist die übrigen Entscheidungen des Schöffengerichts (außerhalb der Hauptverhandlung) dem geschäftsplanmäßig bestimmten, hierfür zuständigen Richter beim Amtsgericht (regelmäßig der Vorsitzende des Schöffengerichts) zu.

II. Regelungsgehalt

2 **1. Mitwirkung der Schöffen in der Hauptverhandlung, Abs. 1.** Nach Abs. 1 wirken die Schöffen als gleichwertige und gleichberechtigte Richter in der Hauptverhandlung mit.[2] Das zielt in erster Linie auf die Urteilsfindung ab, ist aber ausdrücklich nicht darauf beschränkt. Daher sind die Schöffen zunächst bei **allen Entscheidungen zur Mitwirkung** berufen, **die in der Hauptverhandlung** durch das Gericht zu treffen sind, unabhängig davon, ob sie unmittelbar auf die Urteilsfällung abzielen oder „nur" dem geordneten Gang der Hauptverhandlung dienen, auch wenn diese Entscheidungen ohne mündliche Verhandlung erlassen werden können (zB §§ 51, 70, 77, 228 Abs. 1 S. 1, 230 Abs. 2, 231 Abs. 2, 231a Abs. 3 S. 1, 231b, 231c, 238 Abs. 2, § 247 S. 1 StPO; §§ 171a, 171b, 174). Die Schöffen wirken auch an den das Urteil ergänzenden und mit dem Urteil zu verbindenden Beschlüssen mit (§§ 268a, 268b, 456c, ggf. 111a StPO).[3]

---

[1] Löwe/Rosenberg/*Gittermann* Rn. 12.
[2] BGH 26.3.1997 – 3 StR 421/96, BGHSt 43, 36 = NJW 1997, 1792 (1793).
[3] KK/*Barthe* Rn. 1.

a) Umfang der Mitwirkung/Stimmrecht. Die Schöffen sind **grundsätzlich im** 3
gleichen Umfang wie die Berufsrichter zur Mitwirkung berufen. Daher haben Sie umfassende Fragerechte, wobei anders als bei den Berufsrichtern ungeeignete und nicht zur Sache gehörende Fragen zurückgewiesen werden können (§ 241 Abs. 2 iVm § 240 Abs. 2 StPO). Es obliegt dem Vorsitzenden, dafür Sorge zu tragen, dass die Schöffen diese Rechte auch ausüben können (Nr. 126 Abs. 2 RiStBV). Sie sind auch der Richterablehnung ausgesetzt (§ 31 StPO). Für die Abstimmung gelten § 263 StPO; §§ 196, 197.

b) Ausnahmen von der Mitwirkung. Abs. 1 stellt die Mitwirkungsrechte unter den 4
Vorbehalt abweichender gesetzlicher Regelung. Derartige Regeln kennt die StPO zB in Bezug auf Ablehnungsentscheidungen (§§ 27 Abs. 2, 31 Abs. 2 S. 1 StPO), die Verhandlungsleitung (§§ 238 ff. StPO), nach § 141 Abs. 4 StPO und bei sitzungspolizeilichen Maßnahmen (§ 176). Die Entscheidung über die Verwerfung des Ablehnungsgesuchs nach § 26a StPO soll hingegen während unterbrochener Hauptverhandlung mit Schöffen erfolgen. Das gilt jedenfalls, wenn die Hauptverhandlung zur Beratung über das Ablehnungsgesuch unterbrochen wurde.[4]

c) Aktenkenntnis. Zur sachgerechten Ausübung ihres Amtes sind die Schöffen auf 5
umfassende Verfahrenskenntnis angewiesen. Andernfalls können sie viele freibeweislich zu klärende Fragen, zB die Berechtigung zur Auskunftsverweigerung (§ 55 StPO), Vereidigungsverbote (§ 60 Nr. 2 StPO) nicht beurteilen und ihr Fragerecht nur eingeschränkt sinnvoll ausüben. Dem gegenüber stehen der Unmittelbarkeitsgrundsatz, wonach die Schöffen (und Berufsrichter) ihre Überzeugung aus dem Inbegriff der Hauptverhandlung schöpfen sollen, und das Mündlichkeitsprinzip. Während bei Berufsrichtern die Aktenkenntnis sogar vorausgesetzt wird, um der Verhandlung folgen zu können, ist bei Schöffen nach wie vor umstritten, ob und welche Teile der Akte und Anklage den Schöffen zugänglich gemacht werden dürfen. Ausgangspunkt ist heute **Nr. 126 Abs. 3 RiStBV,** wonach den Schöffen die Anklageschrift nicht zugänglich gemacht werden darf. Einschränkend erlaubt S. 2 eine Überlassung des Anklagesatzes nach Verlesung in komplexen Fällen. Als Verwaltungsvorschrift entfaltet die RiStBV allerdings keine von § 30 abweichende Bindung.

Im **Schrifttum** wurde bereits frühzeitig ein Überlassen von Aktenteilen an die Schöffen 6
auf deren Wunsch befürwortet,[5] weil sie nur so ihre gesetzlichen Mitwirkungsrechte angemessen ausüben können. Die eigene Aktenlektüre ist dabei der notwendig subjektiv gefilterten Informationsbeschaffung durch den Vorsitzenden überlegen. Ob das für die gesamte Akte[6] oder nur Teile derselben, insbesondere solche, deren Inhalt schon Gegenstand der Hauptverhandlung war,[7] gilt, wird dabei unterschiedlich beurteilt.[8]

In der Rechtsprechung und Teilen der Literatur wurde ein Recht auf (teilweise) Akten- 7
kenntnis der Schöffen mit dem Hinweis auf den Unmittelbarkeits- und Mündlichkeitsgrundsatz verneint.[9] Zudem seien die Schöffen weniger darin geschult, zwischen Kenntnis aus den Akten und aus der Hauptverhandlung zu unterscheiden. Daher hat bereits das Reichsgericht die Überlassung des wesentlichen Ergebnisses der Ermittlungen an die Schöffen moniert.[10] Die **neuere Rechtsprechung** ist von dieser Extremposition abgerückt und lässt jedenfalls das Mitlesen von Tonbandmitschnitten durch die Schöffen zum besseren Verständnis zu.[11] In dieser Entscheidung hat der 3. Strafsenat nicht tragend auch zu erkennen

---
[4] BGH 9.9.2014 – 5 StR 53/14, NStZ 2015, 175.
[5] *Hanack* JZ 1972, 314; *Katholnigg* NStZ 1997, 507; *Lilie* FS Rieß, 2002, 309; *Nowak* JR 2006, 459; *Rüping* JR 1976, 269; siehe zum Streitstand auch *Kissel/Mayer* Rn. 2; KK/*Barthe* Rn. 2; Löwe/Rosenberg/*Gittermann* Rn. 5; Meyer-Goßner/*Schmitt* Rn. 2 jeweils mwN.
[6] *Nowak* JR 2006, 459.
[7] *Imberger-Bayer* JR 1999, 299.
[8] Löwe/Rosenberg/*Gittermann* Rn. 7 mwN.
[9] Zur historischen Darstellung Löwe/Rosenberg/*Gittermann* Rn. 4 mwN.
[10] RG 8.2.1935 – 4 D 787/34, RGSt 69, 120; BGH 17.11.1958 – 2 StR 188/58, BGHSt 13, 73 = MDR 1959, 592 mit zustimmender Anm. *Schmidt* JR 1962, 31; *Börner* ZStW 2010, 157.
[11] BGH 26.3.1997 – 3 StR 421/96, BGHSt 43, 36 = NJW 1997, 1792 (1793).

gegeben, dass er der früheren Rechtsprechung auch in Bezug auf das wesentliche Ergebnis der Ermittlungen nicht folgen will und sich zur Begründung auch auf das Selbstleseverfahren nach § 249 Abs. 2 StPO gestützt, wonach die Kenntnis der Schöffen von Aktenteilen zwingend wird.[12]

8   Es überzeugt nicht, die Schöffen von der Aktenkenntnis insgesamt auszuschließen. Dies lässt sich mit der gleichberechtigten Stellung der Schöffen als vollwertige Richter nach § 30 Abs. 1 nicht vereinbaren. Zwar ist grundsätzlich zuzugestehen, dass Schöffen in der Unterscheidung von Akteninhalt und Inbegriff der Hauptverhandlung weniger geschult sind als Berufsrichter. Daraus zu schließen, Schöffen würden diesen Unterschied nicht im ausreichenden Maß vollziehen, übersieht aber, dass es Aufgabe des Vorsitzenden ist, die Schöffen entsprechend zu unterweisen, anzuleiten und dafür Sorge zu tragen, dass sie ihre Erkenntnisse prozessordnungsgemäß gewinnen, zumal auch bei erst nachträglich erkannten oder auftretenden Beweisverwertungsverboten eine vergleichbare – von den Schöffen auch zu bewältigende – Situation eintritt.[13] Darüber hinaus sind persönliche intellektuelle Defizite ggf. bereits bei der Schöffenauswahl zu berücksichtigen. Sie dürfen für die Mitwirkungsrechte keine verallgemeinerte Rolle spielen.[14] Daher ist den Schöffen **auf Wunsch** Aktenkenntnis auch durch **Überlassung von Aktenteilen** zu verschaffen.[15] Vorsicht sollte aber walten, wenn zu befürchten ist, die Schöffen könnten sich durch die überlassenen Akten bei der Urteilsfällung beeinflussen lassen. Dann kann dies den Grundsatz der Unmittelbarkeit und Mündlichkeit ausnahmsweise verletzen.[16] Wie der BGH in diesen Fällen entscheiden wird, ist derzeit nicht absehbar. Es sollte daher vorsorglich vermieden werden, den Schöffen Aktenteile bekannt zu machen, die eine umfassende Würdigung der (noch zu erhebenden) Beweise enthalten.[17] Rechtstatsächlich ist es die seltene Ausnahme, dass Schöffen über die mündliche Information durch den Vorsitzenden hinaus (umfassende) Aktenkenntnis haben.

9   **2. Entscheidungen außerhalb der Hauptverhandlung, Abs. 2.** Außerhalb der Hauptverhandlung entscheidet der Richter beim Amtsgericht, der geschäftsplanmäßig zuständig ist, alleine. In der Regel ist das der Vorsitzende des Schöffengerichts. Abweichende Regelungen in der Geschäftsverteilung sind jedoch möglich.[18] Auch beim erweiterten Schöffengericht (§ 29 Abs. 2) entscheidet außerhalb der Hauptverhandlung nur der zuständige Richter. Insoweit entspricht die Regel § 76 Abs. 1, Abs. 6 S. 2, wonach außerhalb der Hauptverhandlung die Strafkammer auch in der **Regelbesetzung** (drei Berufsrichter bei der großen Strafkammer, nur der Vorsitzende bei der kleinen Strafkammer) **ohne Schöffen** entscheidet.

10   Rechtlich problematisch ist die Abgrenzung von Entscheidungen während (Abs. 1) oder außerhalb (Abs. 2) der Hauptverhandlung. **Historisch** wurde „außerhalb der Hauptverhandlung" als Gegensatz zur fortgesetzten Hauptverhandlung verstanden, erfasste also alle Entscheidungen vor Beginn und nach Ende der Hauptverhandlung, aber nicht während unterbrochener Hauptverhandlung.[19] Das war sachgerecht, weil eine zeitnahe Befassung der Schöffen auch mit eiligen Entscheidungen aufgrund der kurzen Unterbrechungsfristen („spätestens am 4. Tage", § 228 StPO aF) gewährleistet war.

11   Seit der Verlängerung der Unterbrechungszeiträume besteht weitgehend Einigkeit darüber, dass „außerhalb" in Abgrenzung zu „Hauptverhandlung" zu verstehen ist.[20] „Hauptverhandlung" ist in Übereinstimmung mit §§ 226 ff. StPO die **umfassende mündliche Ver-**

---

[12] BGH 26.3.1997 – 3 StR 421/96, BGHSt 43, 36 = NJW 1997, 1792 (1793).
[13] BGH 10.12.1997 – 3 StR 250/97, BGHSt 43, 360 = NJW 1998, 1163 (1165).
[14] So im Ergebnis auch *Kissel/Mayer* Rn. 3; KK/*Barthe* Rn. 2; Löwe/Rosenberg/*Gittermann* Rn. 8; Meyer-Goßner/*Schmitt* Rn. 2.
[15] Vgl. auch EGMR 12.6.2008 – 26771/03, NJW 2009, 2871 (2872) – Elezi/Deutschland.
[16] BGH 10.12.1997 – 3 StR 250/97, BGHSt 43, 360 = NJW 1998, 1163 (1164).
[17] Vgl. auch Löwe/Rosenberg/*Gittermann* Rn. 9.
[18] Vgl. → § 29 Rn. 6.
[19] Löwe/Rosenberg/*Gittermann* Rn. 14.
[20] Löwe/Rosenberg/*Gittermann* Rn. 15.

handlung des Gegenstands der Anklage vor dem erkennenden Gericht mit dem Ziel, festzustellen, ob der angeklagte Sachverhalt sich so zugetragen hat.[21] Dabei ergeben sich zwar nicht in Bezug auf das Urteil, aber auf die außerhalb der Hauptverhandlung getroffenen Entscheidungen, Schwierigkeiten mit der abstrakt-generellen Vorausbestimmung des gesetzlichen Richters. Ob eine Entscheidung während der laufenden – also in der – Hauptverhandlung oder während einer Unterbrechung derselben getroffen wird, ist zT zufällig, mitunter auch manipulierbar, wenn der Zeitpunkt der Entscheidung nicht gesetzlich bestimmt ist (wie zB §§ 268a, 268b StPO). Denn wann über einen Antrag entschieden wird, entscheidet in diesen Fällen der Vorsitzende. Auch der Verteidiger kann durch den Zeitpunkt der Antragstellung die Gerichtsbesetzung beeinflussen.[22]

Umstritten und noch nicht abschließend geklärt ist, ob Entscheidungen, die ohne mündliche Verhandlung ergehen können, bei unterbrochener Hauptverhandlung mit oder ohne Schöffen zu treffen sind. Besondere Relevanz entwickelt diese Frage bei Haftentscheidungen. Zum Teil wird vertreten, eine Entscheidung, die während einer unterbrochenen Hauptverhandlung erforderlich wird, sei eine solche außerhalb der Hauptverhandlung, sodass nur der oder die Berufsrichter ohne Beteiligung der Schöffen zur Entscheidung berufen seien.[23] Diese Ansicht ist mit dem Grundgesetz vereinbar.[24] Die Gegenauffassung meint, eine Unterbrechung könne nicht dazu führen, dass notwendig werdende Entscheidungen als außerhalb der Hauptverhandlung anfallend angesehen werden könnten, denn die Hauptverhandlung im Sinne von §§ 30, 76 umfasse den gesamten Zeitraum vom Beginn der Hauptverhandlung durch Aufruf der Sache bis zur Verkündung eines Urteils oder einer verfahrenseinstellenden Entscheidung.[25] Eine weitere Ansicht will die Besetzung von der faktischen Anwesenheit der Schöffen bei Gericht abhängig machen.[26] Schließlich wird vertreten, die Besetzung bestimme sich danach, ob der Antrag in oder außerhalb der Hauptverhandlung gestellt wurde.[27]

Auftrieb erhielt der Streit durch eine Entscheidung des BGH,[28] wonach der mit fünf Berufsrichtern in der Hauptverhandlung besetzte OLG-Senat über Haftfragen außerhalb der Hauptverhandlung auch in dieser Besetzung entschied. Diese Entscheidung ist aber auf Gerichte mit Schöffenbeteiligung nicht übertragbar. Zum einen können in Eilsachen Berufsrichter – anders als Schöffen[29] – vertreten werden. Zum anderen sind die Berufsrichter auch während unterbrochener Hauptverhandlung regelmäßig bei Gericht anwesend, was für die Schöffen gerade nicht gilt.[30] Die eindeutige Vorausbestimmung des gesetzlichen Richters verlangt eine ebenso eindeutige Abgrenzung der Begriffe „während" und „außerhalb" der Hauptverhandlung, die im Lichte dieser Verfassungsgarantie erfolgen muss. Daher ist es zwingend, **sämtliche Entscheidungen, die ohne mündliche Verhandlung erfolgen können** und nicht von Gesetzes wegen in der Hauptverhandlung getroffen werden müssen (dann immer in der Hauptverhandlungsbesetzung: zB §§ 230 Abs. 2, 268b StPO),

---

[21] Löwe/Rosenberg/*Gittermann* Rn. 15.
[22] *Kissel/Mayer* Rn. 8; KK/*Barthe* Rn. 5; Löwe/Rosenberg/*Gittermann* Rn. 17.
[23] BGH 27.8.1986 – 3 StR 223/86, NJW 1987, 965 (zu § 229 Abs. 2 StPO); 11.1.2011 – 1 StR 648/10, NStZ 2011, 356 (Haftsachen); OLG Schleswig 22.12.1989 – 2 Ws 675/89, NStZ 1990, 198; OLG Hamburg 1.10.1997 – 2 Ws 220/97, NStZ 1998, 99 f.; OLG München 18.4.2007 – 2 Ws 347/07, 2 Ws 348/07, BeckRS 2007, 7922; KG 27.1.2015 – 3 Ws 656/14 – 141 AR 662/14, BeckRS 2015, 03311; 19.2.2015 – (1) 2 StE 7/14-4 (7/14), BeckRS 2015, 03299; *Foth* NStZ 1998, 420; *Katholnigg* JR 1998, 34 (36); *Kissel/Mayer* Rn. 17; KK/*Barthe* Rn. 5b; Löwe/Rosenberg/*Gittermann* Rn. 22 ff. jeweils mwN.
[24] BVerfG 28.3.1998 – 2 BvR 2037/97, NStZ 1998, 418.
[25] OLG Köln 13.2.1998 – 2 Ws 93/98, NStZ 1998, 419 mit zustimmender Anm. *Siegert*; OLG Koblenz 20.1.2009 – 2 Ws 2/09, StV 2010, 36; KG 24.4.2015 – 4 Ws 34/15, StV 2016, 171 (174); 18.4.2016 – 4 Ws 40/16, StraFo 2016, 292; KG 18.4.2016 – 4 Ws 40/16-141 AR 165/16, StraFo 2016, 292; *Dehn* NStZ 1997, 607; *Kunisch* StV 1998, 608; *Schlothauer* StV 1998, 144 (145 f.); *Sowada* NStZ 2001, 169.
[26] Löwe/Rosenberg/*Gittermann* Rn. 22 mwN.
[27] OLG Düsseldorf 28.11.1983 – 2 Ws 643/83, StV 1984, 159.
[28] BGH 30.4.1997 – StB 4/97, NStZ 1997, 606.
[29] Vgl. BVerfG 28.3.1998 – 2 BvR 2037/97, NStZ 1998, 418.
[30] So auch BGH 11.1.2011 – 1 StR 648/10, NStZ 2011, 356.

einem einheitlichen Regime zu unterstellen. Das kann entweder einheitlich die Hauptverhandlungsbesetzung mit Schöffen oder die Beschlussbesetzung (Regelbesetzung außerhalb der Hauptverhandlung) sein. Gerade die Ansichten, die auf die Anwesenheit der Schöffen oder den Zeitpunkt der Antragstellung abstellen, öffnen der Manipulation des gesetzlichen Richters Tür und Tor. **Vorzugswürdig** ist es, grundsätzlich die **Besetzung außerhalb der Hauptverhandlung** zu wählen.[31] Die Problematik zeigt sich in ihrer verfassungsrechtlich schärfsten Version in Haftsachen, weil dort das Verfassungsgut des gesetzlichen Richters mit dem aus Art. 2 Abs. 2 GG fließenden Beschleunigungsgebot in Ausgleich zu bringen ist. Dies geschieht am besten, indem man Haftsachen stets von den Richtern entscheiden lässt, die auch während unterbrochener Hauptverhandlung anwesend sind oder vertreten werden können. Damit wird eine eindeutige praxisgerechte Lösung geschaffen, die auch mit der Entscheidung des BGH[32] zur Besetzung des OLG-Senats in Haftfragen nicht kollidiert, auch wenn insofern eine Rechtsprechungsänderung wünschenswert wäre, um einen Gleichlauf der Besetzungen zu erreichen. Da sich eine unterschiedliche Handhabung von Haft- und anderen Entscheidungen nicht aus dem Wortlaut des § 30 rechtfertigen lässt, sind grundsätzlich alle Entscheidungen, die in keinem Zusammenhang mit der Urteilsfällung stehen und ohne mündliche Verhandlung ergehen können, in der Besetzung außerhalb der Hauptverhandlung zu treffen (zB Aussetzung und Unterbrechung der Hauptverhandlung, jedenfalls nach § 229 Abs. 2 StPO; Durchsuchungen; Beschlagnahmen; DNA-Analysen; Strafbefehl nach § 408a).[33] Für Vorlagen nach Art. 100 GG ist der Richter nach Abs. 2 zuständig, wenn die Vorlage außerhalb der Hauptverhandlung für notwendig erachtet wird.[34] Zielt die Frage der Verfassungsgemäßheit einer Norm allerdings auf das Urteil ab, sind die Schöffen zu beteiligen.[35] Insgesamt ist eine eindeutige Lösung *de lege ferenda* wünschenswert.[36]

14 Die vor (zB Eröffnungsbeschluss) und nach der Hauptverhandlung zu treffenden Entscheidungen haben in der Besetzung nach Abs. 2 zu ergehen. Das gilt nicht nur für Vollstreckungsentscheidungen (zB § 462a Abs. 2 StPO), sondern auch, wenn ein in der Hauptverhandlung versehentlich unterlassener Entschädigungsanspruch nach § 8 Abs. 1 S. 2 StrEG nachgeholt wird oder Ordnungsbeschlüsse nach § 51 Abs. 2 StPO aufgehoben werden.[37]

§ 31 [Ehrenamt]

¹Das Amt eines Schöffen ist ein Ehrenamt. ²Es kann nur von Deutschen versehen werden.

Schrifttum: *Anger*, Die Verfassungstreuepflicht der Schöffen, NJW 2008, 3041; *Jutzi*, Zulassung von Ausländern als ehrenamtliche Richter, DRiZ 1997, 377; *Wassermann*, Multiethnische Gerichte?, NJW 1996, 1253.

I. Normzweck

1 S. 1 gestaltet das Schöffenamt als Ehrenamt aus, was zur Folge hat, dass keine Vergütung erfolgt. Die Entschädigung (vgl. § 55) umfasst allerdings auch den Verdienstausfall. S. 2 sieht als einzige **zwingende Voraussetzung** die deutsche Staatsbürgerschaft vor (s. aber zu den weiteren Einschränkungen §§ 32–35; § 44a DRiG und → Rn. 4).

---

[31] So auch BGH 11.1.2011 – 1 StR 648/10, NStZ 2011, 356; *Kissel/Mayer* Rn. 17; *KK/Barthe* Rn. 5b; *KK/Diemer* § 76 Rn. 9.
[32] BGH 30.4.1997 – StB 4/97, NStZ 1997, 606.
[33] *Kissel/Mayer* Rn. 18; *KK/Barthe* Rn. 5c.
[34] BVerfG 1.10.1968 – 2 BvL 6, 7, 8, 9/67, BVerfGE 24, 155 = NJW 1969, 1291 (1292).
[35] BVerfG 25.5.1965 – 1 BvL 16/64, BVerfGE 19, 71 = MDR 1965, 722.
[36] Vgl. *Löwe/Rosenberg/Gittermann* Rn. 28.
[37] *KK/Barthe* Rn. 6; *Löwe/Rosenberg/Gittermann* Rn. 29.

II. Regelungsgehalt

1. Ehrenamt, S. 1. Das Schöffenamt ist als Ehrenamt ausgestaltet, was insbesondere Folgen für die Vergütung hat. Schöffen sind ehrenamtliche Richter (§§ 44, 45 DRiG) und Teil der rechtsprechenden Gewalt. Die Unterscheidung zwischen „Schöffen für das Schöffengericht" und „Schöffen für die Strafkammer" hat keine inhaltliche Bedeutung, sondern benennt die organisatorische Zuordnung der Schöffen zum jeweiligen Gericht.[1] Schöffen **stehen als ehrenamtliche Richter den Berufsrichtern gleich.** Für sie gilt die richterliche Unabhängigkeit (Art. 97 GG, § 1) unmittelbar.[2] Sie haben das Beratungsgeheimnis zu wahren und sind Amtsträger und Richter im Sinn des § 11 Abs. 1 Nr. 2, 3 StGB. Für sie gilt das Spruchrichterprivileg und die allgemeine Staatshaftung (Art. 34 GG, § 839 Abs. 2 BGB).[3] § 4 DRiG sowie die Vorschriften des DRiG über Nebentätigkeiten sind auf Schöffen nicht anwendbar.[4]

2. Voraussetzungen. S. 2 sieht als einzige Voraussetzung des Schöffenamts vor, dass der Schöffe Deutscher sein muss. Dennoch ergeben sich **weitere Voraussetzungen** unmittelbar aus dem Grundgesetz und konstitutiv aus dem DRiG. §§ 32–35 und § 44a DRiG sehen zwingende oder fakultative Einschränkungen der zu berufenden Personen vor.

a) Gewaltenteilung. Das Grundgesetz geht davon aus, dass die Rechtsprechung durch besondere, von den Organen der übrigen Gewalten zu unterscheidende Institutionen ausgeübt wird. Daraus folgt unter anderem, dass die Gerichte organisatorisch hinreichend von den Verwaltungsbehörden getrennt sein müssen, aber auch, dass die richterliche Neutralität nicht durch eine mit Art. 20 Abs. 2 und 92 GG unvereinbare personelle Verbindung zwischen Ämtern der Rechtspflege und Verwaltung in Frage gestellt werden darf.[5] Wo in diesem Zusammenhang bei der Beteiligung ehrenamtlicher Richter die Grenze zu ziehen ist, hängt von Art und Ausmaß ihrer Tätigkeit im Bereich der Exekutive und den damit verbundenen Pflichten sowie dem Gegenstand des gerichtlichen Verfahrens und den sich daraus ableitenden Anforderungen an die Zusammensetzung des Gerichts ab. Ergibt sich aus einer Gesamtbetrachtung die Gefahr eines generellen Widerstreits zwischen den verschiedenen Pflichten, so steht deren gleichzeitige Wahrnehmung mit dem Grundgesetz nicht in Einklang.[6] In diesen Fällen ergibt sich aus dem Grundgesetz selbst eine **verfassungsunmittelbare Einschränkung** für die Berufung der Schöffen, die sich in § 34 Abs. 1 Nr. 1–5 als Sollvorschrift wiederfindet.

b) Vereidigung. Weitere Voraussetzung der Ausübung des Schöffenamtes ist der **konstitutive Vereidigungsakt** (§ 45 Abs. 2 S. 1 DRiG), der in öffentlicher Sitzung des Gerichts nach Eröffnung der Sitzung, aber vor Aufruf der Strafsache zu erfolgen hat. Die Vereidigung ist zu protokollieren und das Protokoll zur Schöffenakte zu nehmen (§ 45 Abs. 8 DRiG), da die Vereidigung für die gesamte Wahlperiode gilt.[7] § 45 Abs. 4 DRiG ermöglicht aus Glaubens- oder Gewissensgründen statt des Eides ein dem Eid gleichstehendes Gelöbnis abzugeben. Fehlt es an der Vereidigung, ist die Person kein Schöffe (und kein ehrenamtlicher Richter). Der gesetzliche Richter (Art. 101 Abs. 1 S. 2 GG, § 16 S. 2) wäre dann entzogen und die Besetzungsrüge eröffnet.[8] Die Vereidigung hat für jedes richterliche Ehrenamt gesondert zu erfolgen (vgl. die zT unterschiedlichen Eidesformeln, § 45 DRiG). Verweigert die als Schöffe gewählte Person den Eid (oder das Gelöbnis), ist sie zur Dienstausübung dauerhaft ungeeignet und von der Schöffenliste zu streichen (§ 52). Bis dahin tritt der

---

[1] Kissel/Mayer Rn. 4; Löwe/Rosenberg/Gittermann Rn. 1.
[2] Kissel/Mayer Rn. 9; Löwe/Rosenberg/Gittermann Rn. 2.
[3] Löwe/Rosenberg/Gittermann Rn. 5.
[4] Kissel/Mayer Rn. 7; Löwe/Rosenberg/Gittermann § 34 Rn. 3.
[5] BVerfG 9.5.1962 – 2 BvL 13/60, BVerfGE 14, 56 = NJW 1962, 1611.
[6] BVerfG 3.6.1980 – 1 BvL 114/78, BVerfGE 54, 159 = NJW 1981, 912 (913).
[7] KK/Barthe Rn. 4.
[8] BGH 12.9.1952 – 1 StR 349/52, BGHSt 3, 175 = NJW 1952, 1305; 10.3.1953 – 1 Str. 90/53, BGHSt 4, 158 = NJW 1953, 1154 (Ls.).

Vertretungsfall (§ 47) ein.⁹ Ob ein Schöffe, der bereits für die vergangene Wahlperiode gewählt und vereidigt war, erneut zu vereidigen ist, ist umstritten.¹⁰ Zur Vermeidung von Besetzungsrügen sollte die Vereidigung auch in diesen Fällen zu Beginn einer Wahlperiode erneut vorgenommen werden. Erfolgt die Vereidigung nicht in öffentlicher Sitzung, ist sie nicht wirksam.¹¹

6   **c) Deutscher, S. 2.** Die einzige gesetzlich genannte Mindestvoraussetzung für die Ausübung des Schöffenamtes ist, dass der Schöffe „Deutscher" im Sinn des Art. 116 GG, § 7 StGB ist (vgl. auch § 9 Nr. 1 DRiG für den Berufsrichter). Das setzt voraus, dass die Person zumindest **auch die deutsche Staatsbürgerschaft** innehat. Weitere Staatsbürgerschaften sind unschädlich,¹² Staatenlose können hingegen keine Schöffen sein.¹³ Diese Vorschrift ist mit Europäischem Recht vereinbar.¹⁴ Rechtspolitische Forderungen, das Schöffenamt für EU-Bürger zu öffnen, überzeugen nicht, solange § 9 Nr. 1 DRiG für Berufsrichter etwas anderes vorsieht.¹⁵

7   **d) Sonstige Fähigkeiten/Beeinträchtigungen.** Anders als beim Berufsrichter soll die Schöffenschaft möglichst ein Spiegel der Gesellschaft sein (allgemeine Repräsentanz, § 36 Abs. 2). Daher werden an den Schöffen **keine weiteren Anforderungen** gestellt, sofern sich nicht aus §§ 32–35; § 44a DRiG oder verfassungsunmittelbar (→ Rn. 4) Einschränkungen ergeben. Nach § 31 ist daher nicht erforderlich, dass der Schöffe geschäftsfähig ist (vgl. § 33 Nr. 4), die deutsche Sprache beherrscht (§ 33 Nr. 5), intellektuell auch nur durchschnittlich leistungsfähig ist oder keine Sinnesbeeinträchtigungen vorweist (blind, taub, § 33 Nr. 4). Aus dem **Prinzip der allgemeinen Repräsentanz** folgt auch, dass (offen zur Schau gestellte) Religiosität oder (gar verfassungsfeindliche) Weltanschauung/politische Einstellung nicht die Eignung zum Schöffen beeinträchtigen.¹⁶ Etwas anderes gilt erst dann, wenn der Schöffe die freiheitliche demokratische, rechts- und sozialstaatliche Ordnung ablehnt und bekämpft.¹⁷ Solange diese Schwelle nicht überschritten ist, ist die Person als Schöffe tauglich. Allerdings kann sich aus ihrer offen zur Schau getragenen oder kommunizierten politischen, religiösen oder weltanschaulichen Einstellung im konkreten Verfahren ein Befangenheitsgrund (§§ 24, 31 StPO) ergeben.¹⁸ Es ist notwendige Folge des Prinzips der allgemeinen Repräsentanz, dass Schöffen nicht den gleichen Neutralitätspflichten unterliegen wie Berufsrichter. Daher darf eine Schöffin als Ausdruck ihrer gelebten Religiosität grundsätzlich in der Hauptverhandlung ein Kopftuch tragen.¹⁹ Etwas anderes gilt erst dann, wenn durch (fehlende) Kleidung oder ähnliches eine geordnete Hauptverhandlung nicht mehr möglich oder aufgrund eines Ganzkörperschleiers die Identität des (gesetzlichen) Richters für die Verfahrensbeteiligten nicht überprüfbar ist.²⁰ Es wäre *de lege ferenda* wün-

---

⁹ *Kissel/Mayer* Rn. 6; *Löwe/Rosenberg/Gittermann* § 34 Rn. 3 jeweils unter Berufung auf BVerfG 6.4.1979 – 2 BvR 314/79, (nicht veröffentlicht).
¹⁰ Erforderlich: BGH 12.9.1952 – 1 StR 349/52, BGHSt 3, 175 = NJW 1952, 1305; 10.3.1953 – 1 StR 90/53, BGHSt 4, 158 = NJW 1953, 1154 (Ls.); nicht erforderlich: *Kissel/Mayer* Rn. 6; *Löwe/Rosenberg/ Gittermann* § 34 Rn. 3.
¹¹ *Kissel/Mayer* Rn. 6; *Löwe/Rosenberg/Gittermann* § 34 Rn. 3; aA BVerwG 21.10.1980 – 2 WD 17/80, NJW 1981, 1110 (unklar, ob tragend).
¹² *Katholnigg* Rn. 2; *Kissel/Mayer* Rn. 10; KK/*Barthe* Rn. 2; *Löwe/Rosenberg/Gittermann* Rn. 7; Meyer-Goßner/*Schmitt* Rn. 2.
¹³ *Katholnigg* Rn. 2; *Kissel/Mayer* Rn. 10; KK/*Barthe* Rn. 2; *Löwe/Rosenberg/Gittermann* Rn. 7; Meyer-Goßner/*Schmitt* Rn. 2.
¹⁴ Ausführlich *Löwe/Rosenberg/Gittermann* Rn. 8.
¹⁵ Vgl. dazu auch umfassend *Jutzi* DRiZ 1997, 377; *Wassermann* NJW 1996, 1253.
¹⁶ Umfassend dazu *Löwe/Rosenberg/Gittermann* Rn. 16 ff.
¹⁷ BVerfG 6.5.2008 – 2 BvR 337/08, NJW 2008, 2568 (2570) zu § 27 S. 1 ArbGG, der § 51 Nr. 1 entspricht; *Anger* NJW 2008, 3041.
¹⁸ LG Bielefeld 16.3.2006 – 3221b E H 68, NJW 2007, 3014; AG Köln 14.6.2005 – 581 Ls 119/05, StV 2007, 127; *Kissel/Mayer* Rn. 14; *Löwe/Rosenberg/Gittermann* Rn. 20.
¹⁹ KG 9.10.12 – (3) 121 Ss 166/12, NStZ-RR 2013, 156 (sog. Hidschab-Kopftuch); LG Bielefeld 16.3.2006 – 3221b E H 68, NJW 2007, 3014; *Kissel/Mayer* Rn. 14; *Löwe/Rosenberg/Gittermann* Rn. 19.
²⁰ *Löwe/Rosenberg/Gittermann* Rn. 19.

schenswert, bei den Schöffen der Wirtschaftsstrafkammern (§ 74c) ähnlich den Handelsrichtern (§ 109) beruflich nachgewiesene Kenntnisse des Wirtschaftslebens zu verlangen. Für Jugendschöffen gilt § 35 JGG.

III. Revision

Liegen die Voraussetzungen der Wahl zum Schöffen nicht vor, insbes. weil er kein Deutscher ist, verstößt seine Wahl gegen das Gewaltenteilungsprinzip oder ist er nicht (ordnungsgemäß) vereidigt worden, ist die unter seiner Mitwirkung getroffene Entscheidung zwar **nicht nichtig,** aber mit der Besetzungsrüge wegen Verstoßes gegen Art. 101 Abs. 1 S. 2 GG, § 16 S. 2 **anfechtbar.**[21]

§ 32 [Unfähigkeit zum Schöffenamt]

Unfähig zu dem Amt eines Schöffen sind:
1. Personen, die infolge Richterspruchs die Fähigkeit zur Bekleidung öffentlicher Ämter nicht besitzen oder wegen einer vorsätzlichen Tat zu einer Freiheitsstrafe von mehr als sechs Monaten verurteilt sind;
2. Personen, gegen die ein Ermittlungsverfahren wegen einer Tat schwebt, die den Verlust der Fähigkeit zur Bekleidung öffentlicher Ämter zur Folge haben kann.

I. Normzweck

§ 32 regelt die **Unfähigkeit** zum Schöffenamt bei bestimmten Personen in Ergänzung zu § 31 S. 2. Dadurch soll sichergestellt werden, dass in eng begrenzten Fällen bestimmte Personen gar nicht zu Schöffen berufen werden dürfen. Es soll das Vertrauen der Rechtsgemeinschaft dahingehend geschützt werden, dass Personen, die selbst in erheblichem Maße straffällig geworden sind oder bei denen jedenfalls dieser Verdacht besteht, über andere nicht zu Gericht sitzen. Von der Unfähigkeit ist die **Ungeeignetheit** zur Ausübung des Amtes gemäß §§ 33, 34 sowie § 44a DRiZ zu unterscheiden, wonach bestimmte Personen nicht als Schöffen berufen werden sollen. Zugleich ermöglicht § 52 Abs. 1 S. 1 Nr. 2 und § 44b DRiG Personen von der Schöffenliste zu streichen (bzw. abzuberufen), wenn die Ungeeignetheit erst im Nachhinein eintritt oder bekannt wird. Schließlich erlaubt § 35 bestimmten Personen, das Schöffenamt **abzulehnen.** Nur die Mitwirkung eines unfähigen Schöffen (§§ 31 S. 2, 32) begründet eine Verletzung des gesetzlichen Richters und damit die Besetzungsrüge und zwar unabhängig davon, ob der Schöffe bereits von der Schöffenliste gestrichen oder ein entsprechendes Verfahren nach § 52 eingeleitet worden war.[1] Die Rechtskraft heilt den Mangel.[2] Personen, die trotz ihrer Ungeeignetheit oder obwohl sie ablehnungsberechtigt sind, als Schöffen gewählt und vereidigt wurden, sind bis zu ihrer Streichung von der Schöffenliste/Abberufung gesetzliche Richter.

II. Regelungsgehalt

§ 32 sieht in Nr. 1 und 2 **drei Unfähigkeitstatbestände** vor. Liegt wenigstens einer dieser Tatbestände vor, darf die Person nicht in die Vorschlagsliste (§ 36) aufgenommen und nicht gewählt werden (§ 42).[3] Geschieht dies doch, ist nach §§ 39 S. 2 und 52 zu verfahren.[4] Die Wahl ist unwirksam und führt zur Mitwirkung eines nicht-gesetzlichen Richters im

---
[21] BGH 12.9.1952 – 1 StR 349/52, BGHSt 3, 175 = NJW 1952, 1305; *Kissel/Mayer* Rn. 6, 10; KK/*Barthe* Rn. 4; Löwe/Rosenberg/*Gittermann* Rn. 3, 6.
[1] BGH 6.8.1987 – 4 StR 319/87, BGHSt 35, 28 = NJW 1988, 82; KK/*Barthe* Rn. 1; Löwe/Rosenberg/*Gittermann* Vor § 32 Rn. 3.
[2] KK/*Barthe* Rn. 1; *Kissel/Mayer* Rn. 1; Löwe/Rosenberg/*Gittermann* Vor § 32 Rn. 4.
[3] *Kissel/Mayer* Rn. 1; KK/*Barthe* Rn. 2; Meyer-Goßner/*Schmitt* Rn. 1.
[4] *Kissel/Mayer* Rn. 1; Meyer-Goßner/*Schmitt* Rn. 1.

jeweiligen konkreten Verfahren (→ Rn. 1). Die Unfähigkeit hat das mit dem Schöffen besetzte Gericht von Amts wegen zu prüfen.[5] Die Verfahrensbeteiligten haben jedoch keine Auskunftsrechte gegen den Schöffen in Bezug auf mögliche Unfähigkeitsgründe. Insoweit ist der Schöffe gerichtlicherseits darüber zu belehren, etwaige Sachverhalte offenzulegen, was die Beteiligten hinreichend schützt.[6]

3 **1. Verlust der Amtsfähigkeit, Nr. 1.** Die Schöffenfähigkeit verliert, wem durch rechtskräftiges[7] Urteil die Fähigkeit zur Bekleidung öffentlicher Ämter entzogen wurde (§§ 45–45b StGB). Vor Rechtskraft kommt Nr. 2 in Betracht. Die Schöffenunfähigkeit **dauert bis zur Wiedererlangung** der Amtsfähigkeit durch Zeitablauf (§ 45 Abs. 1 und 2 StGB), Wiederverleihung (§ 45b StGB) oder Gnadenentscheidung.[8]

4 **2. Verurteilung wegen einer Vorsatztat zu mehr als sechs Monaten Freiheitstrafe, Nr. 1.** Wird eine Person rechtskräftig wegen einer Vorsatztat zu einer Freiheitsstrafe von mehr als sechs Monaten verurteilt, verliert sie die Schöffenfähigkeit. „**Vorsatztat**" bestimmt sich nach § 11 Abs. 2 StGB. „**Freiheitsstrafe**" erfasst auch die Jugendstrafe nach § 17 JGG und die Gesamtstrafe, selbst dann, wenn die Einzelstrafen sämtlich sechs Monate nicht übersteigen, vorausgesetzt, alle Einzelstrafen betreffen Vorsatzdelikte.[9] Trifft eine Einzelstrafe wegen eines Vorsatzdeliktes mit einer Fahrlässigkeitsverurteilung zusammen, darf nur auf die Einzelstrafe für die Vorsatztat abgestellt werden. Bei Verurteilungen wegen mehrerer Vorsatz- und einer oder mehrerer Fahrlässigkeitstaten ist aus den Einzelstrafen für die Vorsatzdelikte im Wege der Verhältnisrechnung eine hypothetische Gesamtstrafe zu bilden.[10] Ob die Vollstreckung zur Bewährung ausgesetzt wird, ist nach dem eindeutigen Wortlaut unerheblich.

5 Die Schöffenunfähigkeit ist zeitlich unbegrenzt. Sie endet mit **Tilgung** der Strafe im Bundeszentralregister (§§ 45 ff. BZRG) oder ihrer **Tilgungsreife** (§ 51 BZRG).[11] Der Straferlass ist ohne Bedeutung.[12] Eine Wiedererlangung im Gnadenwege ist nur möglich, wenn sich der Gnadenerlass ausdrücklich auch auf die Schöffenfähigkeit bezieht.[13] Daher ist bei Wegfall des Verlustes der Amtsfähigkeit (→ Rn. 3) stets zu prüfen, ob die verhängte Strafe der Schöffenfähigkeit weiter entgegensteht.

6 **3. Schwebendes Ermittlungsverfahren, Nr. 2.** Nr. 2 führt zur Schöffenunfähigkeit, wenn ein Ermittlungsverfahren gegen den (potenziellen) Schöffen wegen einer Tat schwebt, die den Verlust der Amtsfähigkeit zur Folge haben kann. Dabei ist zunächst eine streng formale Sichtweise einzunehmen. Für die Frage des „Schwebens" ist die **Einleitung des Ermittlungsverfahrens** maßgeblich. Vorermittlungen genügen nicht; wird von der Einleitung nach § 152 Abs. 2 StPO abgesehen, greift auch Nr. 2 nicht ein. Auf einen über den Anfangsverdacht hinausgehenden Tatverdacht kommt es jedoch nicht an.[14] Das Schweben endet mit Einstellung des Verfahrens (§§ 170 Abs. 2, 153 ff., 154 ff. StPO), der endgültigen Ablehnung der Eröffnung des Hauptverfahrens (§ 204 StPO) oder mit der Rechtskraft der Entscheidung, sodass die Unfähigkeit nach Nr. 2 bei einer entsprechenden Verurteilung nahtlos in eine solche nach Nr. 1 Alt. 1 übergeht. Dem Normzweck entsprechend endet die Schwebezeit darüber hinaus, wenn das Verfahren selbst zwar noch anhängig ist, ein

---

[5] BGH 6.8.1987 – 4 StR 319/87, BGHSt 35, 28 = NJW 1988, 82; *Katholnigg* Rn. 1; *Kissel/Mayer* Rn. 1; KK/*Barthe* Rn. 1; Meyer-Goßner/*Schmitt* Rn. 1.
[6] BGH 15.11.1993 – 5 StR 639/93, NStZ 1994, 139; *Katholnigg* Rn. 1; Meyer-Goßner/*Schmitt* Rn. 1.
[7] *Kissel/Mayer* Rn. 3; Löwe/Rosenberg/*Gittermann* Rn. 4; Meyer-Goßner/*Schmitt* Rn. 3.
[8] Löwe/Rosenberg/*Gittermann* Rn. 4.
[9] *Kissel/Mayer* Rn. 5; KK/*Barthe* Rn. 3; Löwe/Rosenberg/*Gittermann* Rn. 5.
[10] *Kissel/Mayer* Rn. 5 f.; KK/*Barthe* Rn. 3.
[11] *Kissel/Mayer* Rn. 6; KK/*Barthe* Rn. 4; Löwe/Rosenberg/*Gittermann* Rn. 5; Meyer-Goßner/*Schmitt* Rn. 4.
[12] Löwe/Rosenberg/*Gittermann* Rn. 5; Meyer-Goßner/*Schmitt* Rn. 4.
[13] Löwe/Rosenberg/*Gittermann* Rn. 5.
[14] *Kissel/Mayer* Rn. 8; Löwe/Rosenberg/*Gittermann* Rn. 6.

entsprechender Strafausspruch aber sicher nicht mehr in Frage kommt (zB bei Teilrechtskraft nach Teilanfechtung, Teilaufhebung).[15]

Ob ein Verlust der Amtsfähigkeit wahrscheinlich ist, ist unerheblich.[16] Die **theoretische** **Möglichkeit des Amtsverlustes genügt.**[17] Ob die Schöffenunfähigkeit auch eintritt, wenn sich bereits nach kurzer Zeit herausstellt, dass ein entsprechender Tatverdacht nicht besteht, hat der BGH offengelassen.[18] Jedenfalls, wenn sich der Tatverdacht zum hinreichenden verdichtet habe, greife Nr. 2 ein.[19] Tatsächlich kann es auf den Verdachtsgrad aber gerade nicht ankommen, sodass Nr. 2 auch einschlägig ist, wenn (noch) keine Anklage erhoben ist. Denn § 32 Nr. 2 will dem Vertrauensverlust entgegenwirken, der bei Angeklagten entstehen könnte, wenn die Entscheidung ihrer Sache Richtern anvertraut würde, die selbst verdächtig sind, eine Straftat begangen zu haben, die so schwer wiegt, dass das Gesetz die Möglichkeit der Aberkennung der Amtsfähigkeit vorsieht.[20] Diese Gefahr des Vertrauensverlustes kann erst durch das spätere endgültige Ergebnis des Strafverfahrens ausgeräumt werden, wenn sich erweist, dass der Verdacht unbegründet war oder die Anordnung der Amtsunfähigkeit nicht notwendig ist; nicht aber durch irgendeine Bewertung des vermutlichen Ergebnisses des Strafverfahrens zu einem früheren Zeitpunkt.[21] Daher bestehen auch keine durchgreifenden verfassungsrechtlichen Bedenken gegen die Regel im Hinblick auf die Unschuldsvermutung.[22]

Bei Zweifeln über die Voraussetzungen des § 32 im Verfahren über die Schöffenaufstellung ist bei Einspruch nach § 37 gem. § 41 zu entscheiden. Diese Entscheidung ist unanfechtbar (§ 41 S. 4), hindert aber grundsätzlich nicht die Besetzungsrüge (→ Rn. 9).[23] Während des schwebenden Ermittlungsverfahrens darf die Person nicht in die Vorschlagsliste (§ 36) aufgenommen werden. Eine bereits aufgenommene Person ist im Berichtigungswege aus der Vorschlagsliste zu nehmen (§ 41), bereits gewählte Schöffen sind zu streichen (§ 52). Fällt der Grund nach § 32 (insbesondere Nr. 2) weg, bevor die Wahl stattgefunden hat, kann die Person wieder in die Schöffenliste aufgenommen oder die berichtigte Vorschlagsliste erneut berichtigt und die Person gewählt werden. Es ist umstritten, **ob nach Streichung eines Gewählten (§ 52) die Schöffeneigenschaft wieder aufleben kann.**[24] Das ist abzulehnen. Dem steht nämlich schon der Umstand entgegen, dass die Frage, wer gesetzlicher Richter ist, im Augenblick seiner Amtstätigkeit beantwortet werden muss. Deshalb kann ihre Beantwortung nicht von Entscheidungen abhängen, die nach Abschluss des gerichtlichen Verfahrens ergehen. Die Gegenansicht widerspricht auch dem eindeutigen Wortlaut der Nr. 2 und ihrem Zweck. Es geht nämlich nicht nur um das mögliche Misstrauen, das der Angeklagte gegen einen Schöffen haben kann, gegen den strafrechtliche Ermittlungen anhängig sind, sondern auch um die unbefangene Urteilsfähigkeit des Schöffen, die aufgrund des gegen ihn gerichteten Ermittlungsverfahrens nicht gewährleistet ist. Maßgeblicher Zeitpunkt dafür ist die Amtstätigkeit des Schöffen. Das verbietet die Berücksichtigung später eintretender Umstände.[25] Davon unbenommen ist die Möglichkeit, die gestrichene Person für die Zukunft wieder in die Vorschlagsliste aufzunehmen. Eine Aufnahme in die Schöffenliste selbst ohne erneute Wahl kommt jedoch nicht in Betracht.[26] Denn das würde zu nicht überschaubaren Friktionen im Schöffensystem führen, die im Licht des gesetzlichen Richters nicht hinnehmbar sind. Für den gestrichenen Hauptschöffen ist nämlich ein Hilfs-

---

[15] Löwe/Rosenberg/*Gittermann* Rn. 11.
[16] BGH 6.8.1987 – 4 StR 319/87, BGHSt 35, 28 = NJW 1988, 82; aA *Moller* MDR 1965, 534.
[17] Löwe/Rosenberg/*Gittermann* Rn. 10.
[18] BGH 6.8.1987 – 4 StR 319/87, BGHSt 35, 28 = NJW 1988, 82.
[19] BGH 6.8.1987 – 4 StR 319/87, BGHSt 35, 28 = NJW 1988, 82.
[20] OLG Bremen 11.12.1963 – III AR 3/62, MDR 1964, 244.
[21] BGH 6.8.1987 – 4 StR 319/87, BGHSt 35, 28 = NJW 1988, 82.
[22] Löwe/Rosenberg/*Gittermann* Rn. 8.
[23] *Kissel/Mayer* Rn. 12.
[24] Zum Streitstand SK/*Degener* Rn. 10.
[25] BGH 6.8.1987 – 4 StR 319/87, BGHSt 35, 28 = NJW 1988, 82 (83).
[26] So aber OLG Bremen 11.12.1963 – III AR 3/62, MDR 1964, 244.

schöffe nachgerückt. Dieser müsste wieder in die Hilfsschöffenliste zurücktreten und der zunächst gestrichene Schöffe auf seinen alten Listenplatz einrücken. Ein entsprechendes Prozedere sieht das GVG jedoch nicht vor.[27]

III. Revision

9 Hat ein nach § 32 unfähiger Schöffe an der Entscheidung mitgewirkt, ist die **Besetzungsrüge** eröffnet. Dabei sind in der Revisionsbegründungsschrift bei Nr. 1 Strafmaß und Schuldvorwurf,[28] bzw. der Rechtsfolgenausspruch nach § 45 StGB sowie der Zeitpunkt der Rechtskraft vorzutragen. Die mit der Regelung verbundenen Unsicherheiten in Bezug auf eine nicht absehbare Aufhebung, weil zB die Voraussetzungen des § 32 nicht hinreichend ermittelt wurden (Nr. 13 Abs. 2 RiStBV) oder ein Schöffe seiner Pflicht zuwider (Nr. 126 Abs. 1 RiStBV) keine entsprechenden Angaben macht, nimmt der Gesetzgeber in Kauf.[29] Dem können auch nicht §§ 222a, 222b StPO entgegengehalten werden, weil zum einen Mängel in der Person des Richters nicht davon erfasst sind[30] und zum anderen der Besetzungsfehler regelmäßig für den Angeklagten und seinen Verteidiger nicht erkennbar ist.[31]

§ 33 [Nicht zu berufende Personen]

Zu dem Amt eines Schöffen sollen nicht berufen werden:
1. Personen, die bei Beginn der Amtsperiode das fünfundzwanzigste Lebensjahr noch nicht vollendet haben würden;
2. Personen, die das siebzigste Lebensjahr vollendet haben oder es bis zum Beginn der Amtsperiode vollenden würden;
3. Personen, die zur Zeit der Aufstellung der Vorschlagsliste nicht in der Gemeinde wohnen;
4. Personen, die aus gesundheitlichen Gründen für das Amt nicht geeignet sind;
5. Personen, die mangels ausreichender Beherrschung der deutschen Sprache für das Amt nicht geeignet sind;
6. Personen, die in Vermögensverfall geraten sind.

Übersicht

	Rn.		Rn.
I. Normzweck und allgemeiner Regelungsgehalt	1	4. Personen, die mangels ausreichender Beherrschung der deutschen Sprache für das Amt nicht geeignet sind, Nr. 5	7
II. Regelungsgehalt im Einzelnen	2–13	5. Personen, die in Vermögensverfall geraten sind, Nr. 6	8
1. Personen, die bei Beginn der Amtsperiode das fünfundzwanzigste Lebensjahr noch nicht oder das siebzigste vollendet haben würden, Nr. 1, 2	3	6. Ungeeignetheit nach § 44a DRiG	9–11
		a) Verstöße gegen die Grundsätze der Menschlichkeit oder der Rechtsstaatlichkeit, § 44a Abs. 1 Nr. 1 DRiG	10
2. Personen, die zur Zeit der Aufstellung der Vorschlagsliste nicht in der Gemeinde wohnen, Nr. 3	4	b) Tätigkeit als Stasi-Mitarbeiter, § 44a Abs. 1 Nr. 1 DRiG	11
3. Personen, die aus gesundheitlichen Gründen für das Amt nicht geeignet sind, Nr. 4	5, 6	7. Maßgeblicher Zeitpunkt und zur Prüfung Berufene	12, 13
		III. Revision	14, 15

---

[27] So auch *Katholnigg* Rn. 3, *ders.* JR 1989, 36; *Kissel/Mayer* Rn. 11; KK/*Barthe* Rn. 6; Meyer-Goßner/Schmitt Rn. 5; SK/*Degener* Rn. 10.
[28] BGH 19.6.1985 – 2 StR 197/85 – 2 StR 98/85, BGHSt 33, 261 = NJW 1985, 2341 (2343).
[29] Kritisch *Katholnigg* JR 1989, 36.
[30] BGH 27.11.1986 – 4 StR 536/86, BGHSt 34, 236 = NJW 1987, 1210; 6.8.1987 – 4 StR 319/87, BGHSt 35, 28 = NJW 1988, 82.
[31] BGH 27.11.1986 – 4 StR 536/86, BGHSt 34, 236 = NJW 1987, 1210.

I. Normzweck und allgemeiner Regelungsgehalt

§§ 33, 34 sowie § 44a DRiG benennen Tatbestände, bei deren Vorliegen bestimmte Personen nicht als Schöffen berufen werden sollen (Schöffenungeeignetheit). Aus dem Wesen als **Sollvorschriften** ergibt sich, dass es sich nicht um absolute Ausschlussgründe handelt (insbes. Nr. 6) und die Wahl eines Schöffen entgegen der Sollvorschriften den gesetzlichen Richter regelmäßig nicht berührt. § 33 **dient dem Schutz der Rechtspflege**.[1] Die Norm richtet sich an die am Wahlvorgang beteiligten Personen[2] und soll verhindern, dass Schöffen berufen werden, die keine Gewähr für eine dem Schöffenamt angemessene Ausübung des Amtes bieten. 1

II. Regelungsgehalt im Einzelnen

§ 33 benennt insgesamt sechs Tatbestände, die die **gesetzliche Vermutung der persönlichen Ungeeignetheit** für die Ausübung des Schöffenamtes in sich tragen. Zwei weitere Ungeeignetheitstatbestände finden sich in § 44a Abs. 1 Nr. 1 und 2 DRiG, der für alle ehrenamtlichen Richter gilt (→ Rn. 9). 2

1. Personen, die bei Beginn der Amtsperiode das fünfundzwanzigste Lebensjahr noch nicht oder das siebzigste vollendet haben würden, Nr. 1, 2. Nr. 1 und 2 knüpfen an das Lebensalter zu Beginn der Amtsperiode (§ 42 Abs. 1) an. Für die Altersberechnung gilt § 187 Abs. 2 S. 2 BGB.[3] Dadurch soll **abstrakt** zum einen der mangelnden Lebenserfahrung junger Erwachsener und zum anderen der allgemein nachlassenden Leistungsfähigkeit und Belastbarkeit im Alter Rechnung getragen werden.[4] Konkrete Alterserscheinungen sind ggf. nach Nr. 4 zu berücksichtigen.[5] 3

2. Personen, die zur Zeit der Aufstellung der Vorschlagsliste nicht in der Gemeinde wohnen, Nr. 3. Nr. 3 soll eine **Vertrautheit mit den örtlichen Verhältnissen** des Gerichtsbezirks sicherstellen.[6] Daher kommt es nicht auf den rechtlichen Wohnsitz, sondern den tatsächlichen Aufenthalt an.[7] 4

3. Personen, die aus gesundheitlichen Gründen für das Amt nicht geeignet sind, Nr. 4. Nr. 4 erfasst **alle Arten geistiger oder körperlicher Gebrechen,** Behinderungen oder Krankheiten. Entscheidend ist stets der **Einzelfall.** Es ist daher zu fragen, ob die gesundheitliche Einschränkung zu Problemen bei der Wahrnehmung des Schöffenamtes führt. Gesundheitliche Gründe, die zur Verhandlungsunfähigkeit führen (zB Geisteskrankheit) fallen stets unter Nr. 4.[8] Wahrnehmungsschwächen sind jedenfalls dann unerheblich, wenn sie durch Hilfsmittel (Brille, Hörgerät) beseitigt werden können. Bestehen hieran erhebliche Zweifel, liegt Nr. 4 vor.[9] Allgemein ist die körperliche Fähigkeit zu verlangen, anwesend zu sein und zu bleiben, der Verhandlung zu folgen, sowie die intellektuelle Fähigkeit, geistig das Geschehen in der Hauptverhandlung aufmerksam und auch über eine längere Dauer nachzuvollziehen, und zwar möglichst objektiv und tolerant sowie nervlich den Belastungen einer größeren, spannungsgeladenen Atmosphäre gewachsen zu sein.[10] 5

Taubheit oder **Stummheit** hindern die Eignung als Schöffen, auch wenn ein Dolmetscher für Gebärdensprache eingesetzt werden könnte, denn das Verbot der Anwesenheit 6

---

[1] *Löwe/Rosenberg/Gittermann* Rn. 1.
[2] *Kissel/Mayer* Rn. 1.
[3] *Kissel/Mayer* Rn. 2; KK/*Barthe* Rn. 1a; *Löwe/Rosenberg/Gittermann* Rn. 2.
[4] *Kissel/Mayer* Rn. 2 f.; *Löwe/Rosenberg/Gittermann* Rn. 2.
[5] *Kissel/Mayer* Rn. 3.
[6] *Kissel/Mayer* Rn. 4; KK/*Barthe* Rn. 1b; *Löwe/Rosenberg/Gittermann* Rn. 3.
[7] BGH 21.6.1978 – 3 StR 81/78 (S), BGHSt 28, 61 = NJW 1978, 2162.
[8] *Löwe/Rosenberg/Gittermann* Rn. 4.
[9] BGH 18.12.1968 – 2 StR 322/68, BGHSt 22, 289 = NJW 1969, 703.
[10] *Kissel/Mayer* Rn. 5; KK/*Barthe* Rn. 1c.

eines Dolmetschers in Beratungen (§ 193) gilt auch in diesem Fall. Für blinde Schöffen gilt im Prinzip das gleiche, wie für blinde Berufsrichter: Der gesetzliche Richter wird dadurch nicht verletzt (dazu → Rn. 15), möglicherweise aber das Recht auf rechtliches Gehör (Art. 103 Abs. 1 GG) oder auf ein rechtsstaatlich faires Verfahren (Art. 2 Abs. 1 GG in Verbindung mit dem Rechtsstaatsprinzip).[11] Dennoch sind **blinde Schöffen grundsätzlich ungeeignet** im Sinn der Nr. 4, weil im Vorfeld nicht absehbar ist, ob ein visueller Augenschein in der Hauptverhandlung erforderlich wird. Das Problem kann auch nicht befriedigend dadurch gelöst werden, dass blinde Schöffen in Verhandlungen mit visuellem Augenschein als verhindert (§ 47) angesehen werden.[12] Denn bei Terminierung der Verhandlung ist oft noch nicht klar, ob visuelle Inaugenscheinnahmen erforderlich werden. Letztlich müsste der blinde Schöffe dann in nahezu allen Fällen als verhindert behandelt werden, was von vorneherein gegen eine Aufnahme in die Liste spricht.[13] Gleiches muss für **leseunfähige Schöffen** gelten, weil dann die Anordnung von Selbstleseverfahren (§ 249 Abs. 2 StPO) von Anfang an ausscheiden würde.[14]

7 **4. Personen, die mangels ausreichender Beherrschung der deutschen Sprache für das Amt nicht geeignet sind, Nr. 5.** Nr. 5 wurde zum 30.7.2010 mit Gesetz vom 24.7.2010[15] eingefügt, weil es wiederholt zu Fällen gekommen war, in denen der ernannte Schöffe zwar deutscher Staatsbürger (vgl. § 31 S. 2), aber der deutschen Sprache nicht ausreichend mächtig war, um einer Hauptverhandlung in gebotenem Maße zu folgen. Die Norm soll der Strafgerichtsbarkeit ein Instrumentarium an die Hand geben, dem – auch revisionsrechtlichen – Risiko zu begegnen, mit Schöffen verhandeln zu müssen, die zu einer sachgerechten Verfolgung der Hauptverhandlung und anschließenden Urteilsfindung nicht in der Lage sind.[16] Schöffen müssen danach über **Sprachkenntnisse** verfügen, **die über das Führen einer alltäglichen Konversation oder die Lektüre eines Textes des täglichen Lebens hinausgehen**.[17] Die Beherrschung von Fachvokabular, etwa in einem Wirtschaftsstrafverfahren, ist indes nicht erforderlich, weil dadurch das Repräsentanzprinzip (§ 36 Abs. 2) unterlaufen würde.[18] Fehlen die Sprachkenntnisse, ohne dass dies in der Hauptverhandlung bemerkt wird oder nimmt der Schöffe trotz Kenntnis des Gerichts an der Entscheidung teil, kann ein Verstoß gegen § 261 StPO vorliegen. Auch das Recht auf rechtliches Gehör (Art. 103 Abs. 1 GG) und auf ein rechtsstaatlich faires Verfahren (Art. 2 Abs. 1 GG in Verbindung mit dem Rechtsstaatsprinzip) können verletzt sein (vgl. → Rn. 6).

8 **5. Personen, die in Vermögensverfall geraten sind, Nr. 6.** Die Vorschrift dient der inneren Unabhängigkeit der Schöffen und will vermeiden, dass Schöffen in Insolvenzstrafsachen oder anderen Delikten im Zusammenhang mit wirtschaftlichen Verhältnissen tätig werden, wenn sie selbst wirtschaftlich-finanziell schlecht dastehen.[19] „Vermögensverfall" ist kein klar umgrenzter Rechtsbegriff, sondern erfordert die Beurteilung der konkreten Vermögenssituation. Die Eröffnung eines Insolvenzverfahrens (§ 27 InsO), Abweisung des Antrags mangels Masse (§ 26) oder Anordnung von Sicherungsmaßnahmen (§ 21 InsO) indizieren die Ungeeignetheit.[20] Allerdings wurde die Norm bewusst als „Soll-Vorschrift" ausgestaltet, um die Berücksichtigung besonderer Umstände des Einzelfalls zu ermöglichen. So kann es ausnahmsweise gerechtfertigt sein, eine Person zum Ehrenamt des Schöffen zuzulassen, wenn sie völlig unverschuldet in eine wirtschaft-

---

[11] BVerfG 10.1.1992 – 2 BvR 347/91, NJW 1992, 275.
[12] So *Kissel/Mayer* Rn. 5.
[13] So auch *Löwe/Rosenberg/Gittermann* Rn. 5.
[14] So auch *Löwe/Rosenberg/Gittermann* Rn. 5.
[15] BGBl. 2010 I 976.
[16] *Löwe/Rosenberg/Gittermann* Rn. 7.
[17] BT-Drs. 17/2350, 5.
[18] BT-Drs. 17/2350, 4.
[19] BT-Drs. 12/3803, 63.
[20] *Kissel/Mayer* Rn. 8; KK/*Barthe* Rn. 1e.

liche Notlage geraten ist oder wenn sie selbst die Eröffnung des Insolvenzverfahrens beantragt hat mit dem Ziel, auf der Grundlage eines Insolvenzplans oder der gesetzlichen Vorschriften über die Restschuldbefreiung wieder zu geordneten Vermögensverhältnissen zu gelangen.[21]

6. Ungeeignetheit nach § 44a DRiG. Für alle ehrenamtlichen Richter, einschließlich der Schöffen gelten darüber hinaus §§ 44a, 44b DRiG.

§ 44a DRiG Hindernisse für Berufungen als ehrenamtliche Richter
(1) Zu dem Amt eines ehrenamtlichen Richters soll nicht berufen werden, wer
1. gegen die Grundsätze der Menschlichkeit oder der Rechtsstaatlichkeit verstoßen hat oder
2. wegen einer Tätigkeit als hauptamtlicher oder inoffizieller Mitarbeiter des Staatssicherheitsdienstes der ehemaligen Deutschen Demokratischen Republik im Sinne des § 6 Abs. 4 des Stasi-Unterlagen-Gesetzes vom 20. Dezember 1991 (BGBl. I S. 2272) oder als diesen Mitarbeitern nach § 6 Abs. 5 des Stasi-Unterlagen-Gesetzes gleichgestellte Person für das Amt eines ehrenamtlichen Richters nicht geeignet ist.

(2) Die für die Berufung zuständige Stelle kann zu diesem Zweck von dem Vorgeschlagenen eine schriftliche Erklärung verlangen, dass bei ihm die Voraussetzungen des Absatzes 1 nicht vorliegen.

§ 44b DRiG Abberufung von ehrenamtlichen Richtern
(1) Ein ehrenamtlicher Richter ist von seinem Amt abzuberufen, wenn nachträglich in § 44a Abs. 1 bezeichnete Umstände bekannt werden.

(2) Das Verfahren richtet sich nach den Vorschriften, die im Übrigen für die Abberufung eines ehrenamtlichen Richters der jeweiligen Art gelten, soweit in den Absätzen 3 und 4 nichts anderes bestimmt ist.

(3) [1]Wenn ein Antrag auf Abberufung gestellt oder ein Abberufungsverfahren von Amts wegen eingeleitet worden ist und der dringende Verdacht besteht, dass die Voraussetzungen des § 44a Abs. 1 vorliegen, kann das für die Abberufung zuständige Gericht anordnen, dass der ehrenamtliche Richter bis zur Entscheidung über die Abberufung das Amt nicht ausüben darf. [2]Die Anordnung ist unanfechtbar.

(4) [1]Die Entscheidung über die Abberufung ist unanfechtbar. [2]Der abberufene ehrenamtliche Richter kann binnen eines Jahres nach Wirksamwerden der Entscheidung die Feststellung beantragen, dass die Voraussetzungen des § 44a Abs. 1 nicht vorgelegen haben. [3]Über den Antrag entscheidet das nächsthöhere Gericht durch unanfechtbaren Beschluss. [4]Ist das nächsthöhere Gericht ein oberstes Bundesgericht oder ist die Entscheidung von einem obersten Bundesgericht getroffen worden, entscheidet ein anderer Spruchkörper des Gerichts, das die Entscheidung getroffen hat. [5]Ergibt sich nach den Sätzen 3 und 4 kein zuständiges Gericht, so entscheidet das Oberlandesgericht, in dessen Bezirk die Entscheidung getroffen worden ist.

a) Verstöße gegen die Grundsätze der Menschlichkeit oder der Rechtsstaatlichkeit, § 44a Abs. 1 Nr. 1 DRiG. Personen, die in **nicht nur unerheblicher Weise schuldhaft gegen den allgemein anerkannten Kernbereich der genannten Grundsätze** verstoßen haben, sollen als Schöffen nicht berufen werden. Dabei ist es unerheblich, ob der Verstoß privat oder öffentlich/amtlich erfolgt ist. Es ist eine umfassende Würdigung des Verhaltens, der Dauer und Intensität der Verstöße, des Zeitablaufs, der Motive usw. vorzunehmen, bei der zu fragen ist, ob der Allgemeinheit die Tätigkeit der betreffenden Person als Schöffe verständlich gemacht werden kann.[22]

b) Tätigkeit als Stasi-Mitarbeiter, § 44a Abs. 1 Nr. 1 DRiG. Stasi-Mitarbeiter im Sinn des § 6 Abs. 4, 5 StUG sollen nicht als Schöffen tätig sein, wenn nach **gebotener Einzelfallprüfung** zu besorgen ist, dass sie **mit ihrer Tätigkeit unmittelbar fördernd gegen die Wertentscheidungen** des § 44a Abs. 1 Nr. 1 DRiG **verstoßen** haben. Bei Verschaffern, Verarbeitern und Übermittlern von Informationen liegt das nahe. Bei lediglich verpflichteten inoffiziellen Mitarbeitern, die nicht konkret tätig geworden sind oder Bediensteten der (technischen) Verwaltung, die in jeder Verwaltung

---
[21] BT-Drs. 12/3803, 64.
[22] Löwe/Rosenberg/Gittermann Rn. 17.

beschäftigt werden (Fahrer, Haumeister), ist die Schöffeneignung regelmäßig nicht betroffen.[23] Liegt die Tätigkeit bereits lange zurück und ist eine deutliche (auch innere) Distanzierung feststellbar, kann die Eignung als Schöffe trotz einer Tätigkeit im Sinn der Nr. 2 vorliegen.[24]

12 7. **Maßgeblicher Zeitpunkt und zur Prüfung Berufene.** In den Fällen der **Nr. 1 und 2** ist der **maßgebliche Zeitpunkt der Beginn der Amtsperiode.** Es ist daher bei Aufstellung der Vorschlagsliste zu berechnen, ob die Person dann bereits fünfundzwanzig (Nr. 1) bzw. noch nicht siebzig (Nr. 2) sein wird. Für **Nr. 3** ist auf den **Zeitpunkt des § 57** abzustellen.[25] Bei **Nr. 4 und 5** ist bereits bei **Aufstellung der Listen** eine Prognose anzustellen, ob die Geeignetheit bei der Teilnahme an konkreten Verfahren (mangels Kenntnis genauer Termine also zu Beginn der Amtsperiode) vorliegen wird. Im Zweifel sind entsprechende Prüfungen durch die Gemeinde vorzunehmen.[26] Kann davon ausgegangen werden, dass sich Gesundheitszustand oder Sprachfähigkeiten bis zu Beginn der Wahlperiode in erforderlichem Maß verbessern, ist von Geeignetheit auszugehen. Gleiches wird man für die Nr. 6 annehmen müssen.[27] Die nachträglichen Feststellungen zu fehlenden Sprachkenntnissen eines Schöffen hat das Gericht bzw. der Gerichtsvorsitzende im Freibeweisverfahren zu treffen und dann eine Streichung von der Schöffenliste zu veranlassen.[28] Bei den **Gründen nach § 44a DRiG** ist die Prüfung **sowohl bei Aufstellung** der Vorschlagslisten durch die Gemeinden, **als auch bei der Prüfung durch den Richter** sowie **nochmals vor der Wahl** durch den Schöffenwahlausschuss vorzunehmen.[29] Dazu kann nach § 44a Abs. 2 DRiZ vom zu Berufenden eine schriftliche Erklärung angefordert werden, deren (Nicht-)Beantwortung bei der Aufstellung berücksichtigt werden darf.[30]

13 Einer nachträglich eintretenden oder bekannt gewordenen Ungeeignetheit ist nach § 52 (bzw. § 44b DRiG) zu begegnen. Gem. § 52 Abs. 1 S. 2 gilt das für den Fall der Nr. 3 aber nur, wenn der Schöffe aus dem Landgerichtsbezirk verzieht. **Umstände, die im Wahlverfahren bereits vorlagen und bekannt waren,** können grundsätzlich nicht mehr zur nachträglichen Streichung (§ 52) führen.[31] Das gilt aber nicht, wenn sich eine Prognose in Bezug auf das Vorliegen der Nr. 4–6 im Nachhinein als fehlerhaft erwiesen hat, also sich zB der Gesundheitszustand wider Erwarten nicht entscheidend verbessert hat.

III. Revision

14 Die Revision kann auf einen Verstoß gegen § 33 sowie §§ 44a DRiG **regelmäßig nicht gestützt werden,** weil es sich nicht um zwingendes Recht handelt.[32] Etwas anderes kann allenfalls dann gelten, wenn ein Schöffe objektiv willkürlich entgegen § 52 oder § 44b DRiG nicht gestrichen bzw. abberufen wird. Denn in diesen Fällen ist trotz der Unanfechtbarkeit der Entscheidung (§ 336 S. 2 StPO) der gesetzliche Richter durch das willkürliche Verhalten des zuständigen Richters beim Amtsgericht verletzt.[33]

---

[23] Löwe/Rosenberg/*Gittermann* Rn. 17.
[24] Löwe/Rosenberg/*Gittermann* Rn. 17.
[25] Katholnigg Rn. 2; Kissel/*Mayer* Rn. 7; KK/*Barthe* Rn. 3; Löwe/Rosenberg/*Gittermann* Rn. 9.
[26] Löwe/Rosenberg/*Gittermann* Rn. 7 (zu Nr. 5).
[27] Unklar: Löwe/Rosenberg/*Gittermann* Rn. 9.
[28] BR-Drs. 435/10, 3 f.; KK/*Barthe* Rn. 1d; Löwe/Rosenberg/*Gittermann* Rn. 7; Meyer-Goßner/*Schmitt* Rn. 6.
[29] Löwe/Rosenberg/*Gittermann* Rn. 19.
[30] Löwe/Rosenberg/*Gittermann* Rn. 19.
[31] → § 52 Rn. 6; Kissel/*Mayer* Rn. 9.
[32] BGH 3.11.1981 – 5 StR 566/81, BGHSt 30, 255 = NJW 1982, 293; 19.6.1985 – 2 StR 197/85 – 2 StR 98/85, BGHSt 33, 261 = NJW 1988, 2341 (2343); Kissel/*Mayer* Rn. 1; KK/*Barthe* Rn. 1; Meyer-Goßner/*Schmitt* Rn. 8.
[33] Löwe/Rosenberg/*Gittermann* Rn. 25 (zu § 44b DRiZ); aA KK/*Barthe* § 52 Rn. 9; allgemein zur Willkür → § 16 Rn. 29 ff.

Ferner kommt eine Besetzungsrüge nach herrschender Meinung im Einzelfall in 15 Betracht, wenn der Schöffe infolge gesundheitlicher Mängel verhandlungsunfähig ist oder wegen des Nichtbeherrschens der deutschen Sprache[34] oder Unaufmerksamkeit nicht in der Lage ist, der Verhandlung ständig und uneingeschränkt zu folgen und dies auch nicht getan hat (zB tiefer Schlaf über einen nicht unerheblichen Zeitraum).[35] Diese **Ansicht ist abzulehnen,** denn in diesen Fällen ist nicht der gesetzliche Richter verletzt, sondern das Recht auf rechtliches Gehör (Art. 103 Abs. 1 GG) oder auf ein rechtsstaatlich faires Verfahren (Art. 2 Abs. 1 GG in Verbindung mit dem Rechtsstaatsprinzip).[36] Insbesondere stellen sich Probleme bei der freien Beweiswürdigung (§ 261 StPO), wenn es auf die unmittelbare und ungetrübte Wahrnehmung der Hauptverhandlung ankommt.[37]

§ 34 [Weitere nicht zu berufende Personen]

(1) Zu dem Amt eines Schöffen sollen ferner nicht berufen werden:
1. der Bundespräsident;
2. die Mitglieder der Bundesregierung oder einer Landesregierung;
3. Beamte, die jederzeit einstweilig in den Warte- oder Ruhestand versetzt werden können;
4. Richter und Beamte der Staatsanwaltschaft, Notare und Rechtsanwälte;
5. gerichtliche Vollstreckungsbeamte, Polizeivollzugsbeamte, Bedienstete des Strafvollzugs sowie hauptamtliche Bewährungs- und Gerichtshelfer;
6. Religionsdiener und Mitglieder solcher religiösen Vereinigungen, die satzungsgemäß zum gemeinsamen Leben verpflichtet sind.

(2) Die Landesgesetze können außer den vorbezeichneten Beamten höhere Verwaltungsbeamte bezeichnen, die zu dem Amt eines Schöffen nicht berufen werden sollen.

Übersicht

	Rn.		Rn.
I. Normzweck und allgemeiner Regelungsgehalt	1	5. Gerichtliche Vollstreckungsbeamte, Polizeivollzugsbeamte, Bedienstete des Strafvollzugs sowie hauptamtliche Bewährungs- und Gerichtshelfer, Abs. 1 Nr. 5	10, 11
II. Regelungsgehalt im Einzelnen	2–14		
1. Der Bundespräsident, Abs. 1 Nr. 1	3		
2. Die Mitglieder der Bundesregierung oder einer Landesregierung, Abs. 1 Nr. 3	4	6. Religionsdiener und Mitglieder solcher religiösen Vereinigungen, die satzungsgemäß zum gemeinsamen Leben verpflichtet sind, Abs. 1 Nr. 6	12
3. Beamte, die jederzeit einstweilig in den Warte- oder Ruhestand versetzt werden können, Abs. 1 Nr. 3	5	7. Ehemalige Nr. 7	13
4. Richter und Beamte der Staatsanwaltschaft, Notare und Rechtsanwälte, Abs. 1 Nr. 4	6–9	8. Höhere Verwaltungsbeamte der Länder, Abs. 2	14
		III. Revision	15

I. Normzweck und allgemeiner Regelungsgehalt

Abs. 1 Nr. 1–6 bestimmen eine Reihe von Berufs- und Amtsträgern, die mit Rücksicht 1 auf die **Bedeutung ihrer Tätigkeit für das öffentliche Leben** aber auch zur Vermeidung von aus dem Beruf oder Amt fließenden **Besorgnissen des Angeklagten um die Unabhängigkeit der Schöffen** nicht als solche berufen werden sollen. Der Normzweck ist für

---

[34] BGH 26.1.2011 – 2 StR 338/10, StV 2011, 526.
[35] *Kissel/Mayer* Rn. 6; KK/*Barthe* Rn. 1c; Löwe/Rosenberg/*Gittermann* Rn. 11, jeweils mwN auch zur Rechtsprechung.
[36] BVerfG 10.1.1992 – 2 BvR 347/91, NJW 1992, 275.
[37] Dazu → § 16 Rn. 15.

die einzelnen Nummern nicht einheitlich zu bestimmen, die Zwecke gehen zum Teil ineinander über.

II. Regelungsgehalt im Einzelnen

2 Nach Abs. 1 sollen bestimmte Personen nicht in das Schöffenamt berufen werden. Abs. 2 enthält eine Öffnungsklausel für die Landesregierungen, die über Nr. 3 hinaus weitere höhere Verwaltungsbeamte als für das Schöffenamt ungeeignet bestimmen können.

3 **1. Der Bundespräsident, Abs. 1 Nr. 1.** Der Bundespräsident soll nicht als Schöffe berufen werden, **um seine Amtstätigkeit nicht zu beeinträchtigen**[1] und die Gewaltenteilung zu wahren.[2] Es kommt auf den Zeitpunkt der Schöffenwahl an.[3]

4 **2. Die Mitglieder der Bundesregierung oder einer Landesregierung, Abs. 1 Nr. 3.** Der Personenkreis ergibt sich aus Art. 62 GG und den entsprechenden Regelungen der Landesverfassungen.

5 **3. Beamte, die jederzeit einstweilig in den Warte- oder Ruhestand versetzt werden können, Abs. 1 Nr. 3.** Nr. 3 erfasst sogenannte **politische Beamte** des Bundes und der Länder (vgl. § 54 BBG und nach § 30 BeamtStG die jeweiligen BeamtenG der Länder). Befindet sich ein Beamter bereits im (einstweiligen) Ruhestand, fällt er nicht mehr unter Nr. 3.[4] Alle anderen Beamten – soweit sie nicht in einer der folgenden Nummern aufgeführt sind – dürfen berufen werden. Dessen ungeachtet sollte bei der Aufstellung der Vorschlagsliste auf die amtliche Tätigkeit unter Umständen Rücksicht genommen werden, um absehbare Konfliktsituationen von vorneherein zu vermeiden (zB Soldaten der Bundeswehr in Einheiten, die regelmäßig Auslandseinsätze absolvieren).[5] Im Übrigen ist ggf. nach §§ 31, 22 Nr. 4, 24 Abs. 1 StPO zu verfahren.

6 **4. Richter und Beamte der Staatsanwaltschaft, Notare und Rechtsanwälte, Abs. 1 Nr. 4.** Nach Nr. 4 sollen bestimmte Organe der Rechtspflege nicht berufen werden. Unter Richter fallen dabei die **Berufsrichter aller Rechtszweige.**[6] Auf den Status oder die aktuelle Tätigkeit (Abordnung, ausschließliche Wahrnehmung von Verwaltungsaufgaben etc) kommt es nicht an.[7] Eine erweiterte Anwendung auf Rechtspfleger[8] oder Rechtsreferendare scheidet bereits aufgrund des Wortlauts aus.[9] Auch ehrenamtliche Richter fallen nicht darunter, was sich aus der Systematik mit § 35 Nr. 2 ergibt. Daher dürfen Schöffen zugleich ehrenamtliche Richter in anderen Gerichtszweigen oder Handelsrichter/Landwirtschaftsrichter sein. Eine zeitgleiche Berufung als Schöffen beim Schöffengericht und bei der Strafkammer des Landgerichts verbietet § 77 Abs. 4.[10]

7 Unter Beamte der Staatsanwaltschaft fallen nur die **Staatsanwälte und Amtsanwälte**, nicht jedoch sonstige Beschäftigte bei der Staatsanwaltschaft, auch wenn sie verbeamtet sind.[11] Dadurch soll die im DRiG vorgesehene Trennung von Richtern und Staatsanwälten auch für ehrenamtliche Richter aufrechterhalten werden.[12] Referendare während ihrer Ausbildungsstation bei der Staatsanwaltschaft sind ebenfalls nicht erfasst. Bei der Übertragung von Aufgaben nach § 142 Abs. 3 an Referendare, die zugleich als Schöffen berufen sind,

---

[1] *Kissel/Mayer* Rn. 2.
[2] *Löwe/Rosenberg/Gittermann* Rn. 4.
[3] *Löwe/Rosenberg/Gittermann* Rn. 4.
[4] *Meyer-Goßner/Schmitt* Rn. 5.
[5] Vgl. *Kissel/Mayer* Rn. 5.
[6] *Kissel/Mayer* Rn. 7; KK/*Barthe* Rn. 3; *Löwe/Rosenberg/Gittermann* Rn. 7; Meyer-Goßner/*Schmitt* Rn. 7.
[7] *Kissel/Mayer* Rn. 7; KK/*Barthe* Rn. 3; *Löwe/Rosenberg/Gittermann* Rn. 7.
[8] *Kissel/Mayer* Rn. 7; *Löwe/Rosenberg/Gittermann* Rn. 8.
[9] *Kissel/Mayer* Rn. 7.
[10] AA wohl KK/*Barthe* Rn. 4.
[11] *Kissel/Mayer* Rn. 8; *Löwe/Rosenberg/Gittermann* Rn. 9.
[12] *Kissel/Mayer* Rn. 8; *Löwe/Rosenberg/Gittermann* Rn. 9.

ist auf die Schöffenstellung und mögliche Konfliktsituationen Rücksicht zu nehmen. So bietet es sich an, Referendare nicht mit der Bearbeitung von Akten zu betrauen/als Sitzungsvertreter einzuteilen, wenn eine Anklage zu dem Gericht in Betracht kommt, bei dem der Referendar als Schöffe berufen ist.[13]

Unter **Notare** fallen auch die **Notarassessoren, Bezirksnotare und Notarvertreter** 8 während ihrer Bestellung. Ihre öffentliche Funktion soll durch das Schöffenamt nicht beeinträchtigt und die Trennung von Rechtsberatung und Rechtsprechung gewährleistet werden.[14]

Ob jemand Rechtsanwalt ist, bestimmt sich nur nach seiner **Bestellung nach der** 9 **BRAO.** Auf die konkrete Tätigkeit kommt es nicht an. Bestellte Vertreter (§ 53 BRAO) fallen für die Dauer der Bestellung auch unter Nr. 4. Sonstige Personen, die berufsmäßig als Parteivertreter oder Beistände in Betracht kommen (vgl. §§ 138 Abs. 1 S. 1, 139 StPO), sind nicht erfasst (anders § 22 Nr. 5 VwGO).[15]

5. Gerichtliche Vollstreckungsbeamte, Polizeivollzugsbeamte, Bedienstete des 10 **Strafvollzugs sowie hauptamtliche Bewährungs- und Gerichtshelfer, Abs. 1 Nr. 5.** Nr. 5 nimmt Vollzugsbeamte des Polizeidienstes und des Strafvollzugs vom Schöffenamt aus, insbes. um Spannungen im Verhältnis von Angeklagtem und Schöffen zu vermeiden. Der Begriff des Polizeivollzugsbeamten ist vor diesem Hintergrund **weit auszulegen** und erfasst neben den Ermittlungspersonen der Staatsanwaltschaft (§ 152) alle öffentlichen Bediensteten, denen vergleichbare Vollzugsaufgaben übertragen sind (Zollfahnder, Forstschutz etc), jedoch nicht Soldaten der Bundeswehr.[16]

Bewährungs- und Gerichtshelfer müssen zwar nicht im öffentlichen Dienst, aber **haupt-** 11 **amtlich** tätig sein. Wie bei den Strafvollzugsbediensteten soll vermieden werden, dass sich Angeklagte nach ihrer Verurteilung ihren Richtern in alltäglichen Situationen gegenübersehen, denen sie nicht ausweichen können.[17]

6. Religionsdiener und Mitglieder solcher religiösen Vereinigungen, die sat- 12 **zungsgemäß zum gemeinsamen Leben verpflichtet sind, Abs. 1 Nr. 6.** Religionsdiener ist der sprachlich überkommene Begriff der „Geistlichen" (§ 53 Abs. 1 Nr. 1 StPO, § 139 Abs. 2 StGB). Gemeint sind alle Personen, die von einer Religions- oder Glaubensgemeinschaft zur Vornahme gottesdienstlicher oder vergleichbarer kultischer Handlungen bestimmt sind.[18] Auf die Anerkennung als öffentlich-rechtliche Körperschaft kommt es nicht an (zB „Freie Christengemeinden").[19] Die weiter genannten Mitglieder religiöser Gemeinschaften umfassen alle Kommunitätsformen von Kirchen, Glaubens- und Weltanschauungsgemeinschaften, in Deutschland faktisch insbesondere die Orden der katholischen Kirche.[20]

7. Personen, die als ehrenamtliche Richter in der Strafrechtspflege in zwei auf- 13 **einander folgenden Amtsperioden tätig gewesen sind, von denen die letzte Amtsperiode zum Zeitpunkt der Aufstellung der Vorschlagslisten noch andauert, Abs. 1 Nr. 7.** Nr. 7 wurde mit dem Zweiten Gesetz zur Stärkung der Verfahrensrechte von Beschuldigten im Strafverfahren und zur Änderung des Schöffenrechts vom 27.8.2017 **mit Wirkung vom 5.9.2017 aufgehoben.**[21]

8. Höhere Verwaltungsbeamte der Länder, Abs. 2. Nach Abs. 2 können die Bundes- 14 länder durch Gesetz weitere Beamte (Landes- und Bundesbeamte) des **höheren Dienstes** (§ 17 Abs. 5 BBG und entsprechende Landesgesetze; vierte Qualifizierungsebene) von der Schöffen-

---

[13] S. auch *Kissel/Mayer* Rn. 8; KK/*Barthe* Rn. 5.
[14] *Kissel/Mayer* Rn. 9.
[15] Löwe/Rosenberg/*Gittermann* Rn. 10.
[16] So auch *Kissel/Mayer* Rn. 5, 12; KK/*Barthe* Rn. 6.
[17] BT-Drs. 7/551, 98; Löwe/Rosenberg/*Gittermann* Rn. 11.
[18] *Kissel/Mayer* Rn. 15; KK/*Barthe* Rn. 7; Löwe/Rosenberg/*Gittermann* Rn. 13.
[19] OLG Köln 12.5.1969 – 2 Ws 255/69, MDR 1970, 864.
[20] *Kissel/Mayer* Rn. 16.
[21] BGBl. 2017 I 3295; siehe dazu → § 35 Rn. 5.

tätigkeit ausnehmen, um den Besonderheiten in den Ländern Rechnung zu tragen. Der Grundgedanke des § 36 Abs. 2 (Repräsentanzprinzip) soll dadurch nicht unterlaufen werden.[22]

III. Revision

15   Es gilt das zu § 33 Ausgeführte entsprechend.[23]

§ 35 [Ablehnung des Schöffenamts]

Die Berufung zum Amt eines Schöffen dürfen ablehnen:
1. Mitglieder des Bundestages, des Bundesrates, des Europäischen Parlaments, eines Landtages oder einer zweiten Kammer;
2. Personen, die
   a) in zwei aufeinanderfolgenden Amtsperioden als ehrenamtlicher Richter in der Strafrechtspflege tätig gewesen sind, sofern die letzte Amtsperiode zum Zeitpunkt der Aufstellung der Vorschlagsliste noch andauert,
   b) in der vorhergehenden Amtsperiode die Verpflichtung eines ehrenamtlichen Richters in der Strafrechtspflege an mindestens vierzig Tagen erfüllt haben oder
   c) bereits als ehrenamtliche Richter tätig sind;
3. Ärzte, Zahnärzte, Krankenschwestern, Kinderkrankenschwestern, Krankenpfleger und Hebammen;
4. Apothekenleiter, die keinen weiteren Apotheker beschäftigen;
5. Personen, die glaubhaft machen, daß ihnen die unmittelbare persönliche Fürsorge für ihre Familie die Ausübung des Amtes in besonderem Maße erschwert;
6. Personen, die das fünfundsechzigste Lebensjahr vollendet haben oder es bis zum Ende der Amtsperiode vollendet haben würden;
7. Personen, die glaubhaft machen, daß die Ausübung des Amtes für sie oder einen Dritten wegen Gefährdung oder erheblicher Beeinträchtigung einer ausreichenden wirtschaftlichen Lebensgrundlage eine besondere Härte bedeutet.

Übersicht

	Rn.		Rn.
I. Normzweck und allgemeiner Regelungsgehalt	1	4. Apothekenleiter, Nr. 4	8
II. Regelungsgehalt im Einzelnen	2–12	5. Fürsorge für die Familie, Nr. 5	9
1. Mitglieder der Parlamente, Nr. 1	4	6. Altersgründe, Nr. 6	10
2. Aktive Schöffen/ehrenamtliche Richter, Nr. 2	5, 6	7. Gefährdung oder erhebliche Beeinträchtigung der wirtschaftlichen Lebensgrundlage, Nr. 7	11
3. Heil- und Heilhilfsberufe, Nr. 3	7	8. Keine sonstigen Ablehnungsgründe	12

I. Normzweck und allgemeiner Regelungsgehalt

1   Das Schöffenamt ist Staatsbürgerpflicht (vgl. § 56). § 35 eröffnet in abschließender Aufzählung einigen Personengruppen, die grundsätzlich schöffengeeignet sind, die Möglichkeit, **das Amt im Einzelfall abzulehnen.** Dabei geht es im Wesentlichen um Personen, die Pflichten unterliegen, die mit dem Schöffenamt in erheblichem Maße konfligieren können. Über die Gründe des § 35 hinaus ist die Ablehnung (auch aus Gewissensgründen) unzulässig.[1] Härtefälle bezüglich einzelner Sitzungen sind nach § 54 unter den dortigen Voraussetzungen zu bewältigen. Das Ablehnungsverfahren bestimmt sich nach § 53.

---

[22] Vgl. *Kissel/Mayer* Rn. 18.
[23] → § 33 Rn. 14 f.
[1] HM BGH 12.1.1956 – 3 StR 626/54, BGHSt 9, 203 = NJW 1956, 1326; *Katholnigg* Rn. 1; *Kissel/Mayer* Rn. 1, 11; KK/*Barthe* Rn. 1, 7; Löwe/Rosenberg/*Gittermann* Rn. 1, 11; Meyer-Goßner/*Schmitt* Rn. 1.

II. Regelungsgehalt im Einzelnen

§ 35 benennt Personengruppen, die die Schöffenwahl **ausnahmsweise ablehnen** dürfen. 2
Ist eine Ablehnung zu erwarten oder bereits kundgetan oder angekündigt, sollen die Personen gar nicht auf die Vorschlagsliste/Schöffenliste (§§ 36, 44) gesetzt werden, um zusätzlichen Verwaltungsaufwand zu vermeiden.[2] Ist der Ablehnende gewählt, ist nach § 53 zu verfahren, auch wenn der Ablehnungsgrund bereits vor der Wahl erfolglos geltend gemacht wurde.[3]

Die Ablehnung gilt nur **für die jeweilige Wahlperiode.** Sie kann (und muss) daher bei 3
erneuter Aufnahme in die Liste wiederholt werden, wenn der Ablehnungsgrund fortbesteht.[4]

1. Mitglieder der Parlamente, Nr. 1. Parlamentarier sind nicht grundsätzlich an der 4
Ausübung des Schöffenamtes gehindert. Die **Gewaltenteilung steht dem nicht entgegen.**[5] Kollisionen mit konkreten Pflichten aus der Tätigkeit als Parlamentarier sind über § 54 zu lösen.

2. Aktive Schöffen/ehrenamtliche Richter, Nr. 2. Nr. 2 dient den persönlichen Inte- 5
ressen des Schöffen daran, nicht übermäßig in Anspruch genommen zu werden. Lit. a und b gewähren bereits in der Strafrechtspflege aktiven Schöffen Ablehnungsmöglichkeiten. Lit. c erfasst anderweitig tätige ehrenamtliche Richter (→ Rn. 6). Die Neufassung[6] wurde aufgrund der Streichung des § 34 Abs. 1 Nr. 7 erforderlich. Bis zu der Änderung war es unzulässig, mehr als zwei Amtsperioden ununterbrochen als Schöffe tätig zu sein. Nr. 2 lit. a überlässt es nunmehr dem Schöffen selbst zu entscheiden, ob ihm die Belastung mit dem Schöffenamt über 10 Jahre hinaus zu groß ist.[7] Zugleich soll der Verwaltungsaufwand der Gemeinden bei der Suche nach geeigneten Schöffen verringert werden, weil engagierte Schöffen nicht mehr nach zwei Perioden zwingend pausieren müssen.[8] Nr. 2 lit. b setzt voraus, dass der Ablehnende in der der anstehenden vorgehenden (also der **laufenden**) **Amtsperiode** als Schöffe (Haupt-, Hilfs- oder Ergänzungsschöffe) in der Strafrechtspflege berufen und an mindestens vierzig Sitzungstagen tätig war. Auf die tatsächliche Belastung am jeweiligen Sitzungstag oder die Verteilung innerhalb der Amtsperiode kommt es nicht an.[9]

Ebenso dürfen Personen ablehnen, die aktuell außerhalb der Strafrechtspflege als **ehren-** 6
amtliche Richter tätig sind, ohne dass es dabei auf die konkrete Inanspruchnahme ankommt, Nr. 2 lit. c.

3. Heil- und Heilhilfsberufe, Nr. 3. Nr. 3 erfasst schon dem Wortlaut nach nur die 7
Humanmedizin (keine Tierärzte). Ärzte und Zahnärzte müssen nach den jeweiligen Rechtsvorschriften approbiert, Krankenpflegepersonal und Hebammen nach den staatlichen Berufsregelungen anerkannt sein.[10] Eine erweiternde Auslegung auf andere Heilhilfsberufe kommt nicht in Betracht.

4. Apothekenleiter, Nr. 4. Nr. 4 soll auch die **Aufsichtspflicht des Apothekers über** 8
sein Personal gewährleisten, sodass alle Apothekenleiter erfasst sind, die keinen weiteren Apotheker beschäftigen, dem diese Aufgabe für die Zeit der Inanspruchnahme als Schöffe übertragen werden kann.[11]

---

[2] KK/*Barthe* Rn. 1; Löwe/Rosenberg/*Gittermann* Rn. 1; Meyer-Goßner/*Schmitt* Rn. 1.
[3] KK/*Barthe* Rn. 3; Löwe/Rosenberg/*Gittermann* Rn. 1.
[4] KK/*Barthe* Rn. 4; Löwe/Rosenberg/*Gittermann* Rn. 2; Meyer-Goßner/*Schmitt* Rn. 1.
[5] BGH 13.2.1968 – 1 StR 613/67, BGHSt 22, 85 = NJW 1968, 996; s. aber auch BVerfG 3.6.1980 – 1 BvL 114/78, BVerfGE 54, 159 = NJW 1981, 912 (913) und → § 31 Rn. 4.
[6] Zweites Gesetz zur Stärkung der Verfahrensrechte von Beschuldigten im Strafverfahren und zur Änderung des Schöffenrechts vom 27.8.2018 (BGBl. 2017 I S. 3295).
[7] BT-Drs. 18/9534 S. 30.
[8] BT-Drs. 18/9534 S. 30.
[9] Löwe/Rosenberg/*Gittermann* Rn. 4.
[10] Kissel/*Mayer* Rn. 6.
[11] BT-Drs. 7/551, 99.

9 **5. Fürsorge für die Familie, Nr. 5.** Nr. 5 erfasst nur die unmittelbare Fürsorgetätigkeit, nicht die mittelbare, zB Berufstätigkeiten zum Gelderwerb.[12] Es muss glaubhaft gemacht werden, dass die Tätigkeit als Schöffe die Fürsorge für die Familie im besonderen Maß erschwert. Dabei verbieten sich schematische Betrachtungen. Abzustellen ist auf den **konkreten Betreuungsbedarf** unter Berücksichtigung der tatsächlich in Anspruch genommenen Hilfe Dritter. So kann bereits die Pflege einer Einzelperson die Ablehnung begründen, umgekehrt rechtfertigt die Versorgung dreier minderjähriger Kinder die Ablehnung nicht stets, wenn zB ohnehin eine ganztägige Kinderbetreuung in Anspruch genommen wird.[13] „Familie" bestimmt sich begrifflich wie in §§ 1589, 1590 BGB.[14]

10 **6. Altersgründe, Nr. 6.** Personen über 70 Jahre sind bereits ungeeignet (§ 33 Nr. 2). Um den **altersbedingten Erschwerungen** in der Amtsausübung im konkreten Einzelfall bereits früher gerecht zu werden, erlaubt Nr. 6 die Ablehnung, wenn der Schöffe bereits fünfundsechzig Jahre alt ist oder es bis zum Ende der Amtsperiode sein wird. Der gewählte Schöffe kann das Amt zunächst annehmen und bei der Auslosung für das jeweils nächste Jahr (§§ 45, 46) von seinem Ablehnungsrecht für den Rest der Periode Gebrauch machen (§ 53).[15]

11 **7. Gefährdung oder erhebliche Beeinträchtigung der wirtschaftlichen Lebensgrundlage, Nr. 7.** Eine Ablehnung soll ausnahmsweise auch dann möglich sein, wenn die mit der Ausübung des Schöffenamtes verbundene Belastung so extrem ist, dass die **wirtschaftliche Existenz** des Betroffenen oder eines Dritten ernstlich gefährdet ist.[16] „Normale" Härten genügen dafür nicht. Es darf aber auch nicht verlangt werden, dass der wirtschaftliche Ruin konkret droht.[17] „Dritter" kann dabei insbesondere der Arbeitgeber sein. Die Vorschrift hat phänotypisch kleine Handwerksbetriebe vor Augen, ist aber nicht darauf beschränkt.[18] In Zweifelsfällen sollte die Anwendung der Vorschrift eher großzügig gehandhabt werden, weil wegen der bestehenden Zweifel mangels Willkür keine Besetzungsrüge droht.[19] Eine Anwendung auf andere (nicht wirtschaftliche) Härten kommt nicht in Betracht (dazu → Rn. 12).

12 **8. Keine sonstigen Ablehnungsgründe.** Eine **Ablehnung** des Schöffenamtes **aus Gewissens- oder sonstigen Unzumutbarkeitsgründen kommt nicht in Betracht.**[20] Zwar ist die Glaubens- und Gewissensfreiheit in Art. 4 Abs. 1 GG geschützt. Allerdings ist auch das Recht auf den gesetzlichen Richter ein Verfassungsrecht.[21] Es ist daher eine praktische Konkordanz herbeizuführen, die außerhalb des § 35 zugunsten des gesetzlichen Richters zu entscheiden ist. Das ergibt sich bereits aus der gesetzgeberischen Entscheidung, Gewissengründe nicht in § 35 aufzunehmen.[22] Aber auch eine Ablehnung der Wahrnehmung einzelner Sitzungen aus Gewissengründen kommt nicht in Betracht, denn damit würde die abstrakte Vorausbestimmung des gesetzlichen (ehrenamtlichen) Richters abweichend von der Bestimmung durch das Los (§ 45) abgeändert. Der gesetzliche Richter darf aber gerade nicht nach subjektiven Erwägungen bestimmt werden, sondern muss abstrakt-

---

[12] BT-Drs. 7/551, 99.
[13] Insoweit zu undifferenziert Löwe/Rosenberg/*Gittermann* Rn. 7.
[14] *Kissel/Mayer* Rn. 8; KK/*Barthe* Rn. 5.
[15] BT-Drs. 7/551, 99 f.; Löwe/Rosenberg/*Gittermann* Rn. 8.
[16] BT-Drs. 11/8283, 50.
[17] *Katholnigg* Rn. 4; Löwe/Rosenberg/*Gittermann* Rn. 9.
[18] *Katholnigg* Rn. 4; vgl. auch die Praxisbeispiele bei Löwe/Rosenberg/*Gittermann* Rn. 10.
[19] So auch Löwe/Rosenberg/*Gittermann* Rn. 9.
[20] Ganz hM: BGH 12.1.1956 – 3 StR 626/54, BGHSt 9, 203 = NJW 1956, 1326; *Katholnigg* Rn. 1; *Kissel/Mayer* Rn. 1, 11; KK/*Barthe* Rn. 1, 7; Löwe/Rosenberg/*Gittermann* Rn. 1, 11; Meyer-Goßner/*Schmitt* Rn. 1; aA *Lisken* NJW 1997, 34.
[21] Dazu → § 16 Rn. 12.
[22] Löwe/Rosenberg/*Gittermann* Rn. 11.

objektiven Kriterien folgen.²³ In extremen Einzelfällen kann § 31 StPO iVm §§ 24 Abs. 1, 30 StPO einen Ausweg darstellen, wenn sich die Problematik in einem Maß zuspitzt, das die Besorgnis der Befangenheit rechtfertigt.

§ 36 [Vorschlagsliste]

(1) ¹Die Gemeinde stellt in jedem fünften Jahr eine Vorschlagsliste für Schöffen auf. ²Für die Aufnahme in die Liste ist die Zustimmung von zwei Dritteln der anwesenden Mitglieder der Gemeindevertretung, mindestens jedoch der Hälfte der gesetzlichen Zahl der Mitglieder der Gemeindevertretung erforderlich. ³Die jeweiligen Regelungen zur Beschlussfassung der Gemeindevertretung bleiben unberührt.

(2) ¹Die Vorschlagsliste soll alle Gruppen der Bevölkerung nach Geschlecht, Alter, Beruf und sozialer Stellung angemessen berücksichtigen. ²Sie muß Geburtsnamen, Familiennamen, Vornamen, Tag und Ort der Geburt, Wohnanschrift und Beruf der vorgeschlagenen Personen enthalten.

(3) ¹Die Vorschlagsliste ist in der Gemeinde eine Woche lang zu jedermanns Einsicht aufzulegen. ²Der Zeitpunkt der Auflegung ist vorher öffentlich bekanntzumachen.

(4) ¹In die Vorschlagslisten des Bezirks des Amtsgerichts sind mindestens doppelt so viele Personen aufzunehmen, wie als erforderliche Zahl von Haupt- und Hilfsschöffen nach § 43 bestimmt sind. ²Die Verteilung auf die Gemeinden des Bezirks erfolgt durch den Präsidenten des Landgerichts (Präsidenten des Amtsgerichts) in Anlehnung an die Einwohnerzahl der Gemeinden.

Schrifttum: *Bockemühl*, Zur Unwirksamkeit der Schöffenwahl wegen zu kurz aufgelegter Vorschlagslisten, StV 1998, 10; *Jasper*, Das Schöffenamt, MDR 1985, 110; *Katholnigg*, Wie müssen Vorschlagslisten für Schöffen aufgestellt werden?, NStZ 1992, 73; *Katholnigg/Bierstedt*, Sind bei den Schöffen alle Gruppen der Bevölkerung angemessen vertreten?, ZRP 1982, 267; *Lundmark/Winter*, Laienrichter im europäischen Vergleich, ZfRV 2010, 173; *Seebode*, Zur fehlerhaften Besetzung bei Verstößen gegen die Regelungen über die Schöffenauswahl, JR 1986, 474.

Übersicht

	Rn.		Rn.
I. Normzweck und allgemeiner Regelungsgehalt	1	4. Einheitliche Liste	6
II. Regelungsgehalt im Einzelnen	2–11	5. Auswahl der Personen und Inhalt der Liste, Abs. 2	7–10
1. Zuständigkeit, Abs. 1 S. 2	3	6. Umfang der Liste und Verteilung, Abs. 4	11
2. Wahl, Abs. 1 S. 2 und 3	4	III. Reformvorhaben	12
3. Zeitpunkt, Verfahren, Auflegung zur Einsicht	5	IV. Anfechtung	13, 14

I. Normzweck und allgemeiner Regelungsgehalt

Das Schöffenwahlverfahren ist mehrstufig ausgestaltet und beginnt mit der Aufstellung der Vorschlagsliste durch Wahl. § 36 regelt die **Zuständigkeit** für die Aufstellung der Vorschlagsliste und wesentliche Teile des diesbezüglichen **Verfahrens**. Abs. 2 legt das **Repräsentanzprinzip** fest, wonach die als Schöffen vorgeschlagenen Personen die Gemeindebevölkerung möglichst abbilden sollen. § 36 Abs. 2 wird durch § 44a Abs. 1a DRiG ergänzt. Für die Jugendschöffen gilt § 35 JGG, der die Wahl der Vorschlagsliste dem Jugendhilfeausschuss auferlegt und weitere abweichende Vorgaben macht (ebenso viele erzieherisch befähigte Frauen wie Männer, Abs. 2; Auslegung im Jugendamt, Abs. 3 S. 3).

---

²³ So auch *Kissel/Mayer* Rn. 11; KK/*Barthe* Rn. 7; aA *Lisken* NJW 1997, 34.

II. Regelungsgehalt im Einzelnen

2 § 36 überantwortet den ersten Schritt auf dem Weg zur Schöffenwahl den Gemeinden, da die Schöffen aus der Mitte ihrer Bürger kommen. Sie stellen die Liste auf, aus der die Schöffen gewählt werden und treffen damit eine entscheidende Vorauswahl im Hinblick auf die Repräsentanz der Bevölkerung. **Gemeinde** ist die kommunale Gebietskörperschaft im Zeitpunkt der Aufstellung der Liste (§ 57). Noch nicht durchgeführte Gebietsreformen bleiben unberücksichtigt.[1] In Stadtstaaten, die sowohl Land der Bundesrepublik als auch Gemeinde sind, und die in Bezirke eingeteilt sind, denen die selbstständige Erledigung übertragener Aufgaben vergleichbarer selbstständiger Gemeinden obliegt, treten die Bezirke an die Stelle der „Gemeinde" (§ 4a EGGVG).[2]

3 **1. Zuständigkeit, Abs. 1 S. 2.** Für die Aufstellung der Vorschlagsliste ist die Gemeindevertretung zuständig, da sie die Institution mit der **besten personellen Kenntnis ihrer Bewohner** für Repräsentanz und Eignung ist.[3]

4 **2. Wahl, Abs. 1 S. 2 und 3.** Die Vorschlagsliste wird durch Wahl der Gemeindevertretung aufgestellt. Erforderlich ist eine 2/3-Mehrheit der anwesenden Mitglieder, wenigstens jedoch die Zustimmung der Hälfte der gesetzlichen Zahl der Mitglieder. Darüber hinaus folgt die Wahl den kommunalrechtlichen Vorgaben (Abs. 1 S. 3). Aus dem Begriff der „Wahl" ergibt sich, dass die vorbereitende Stelle (Kommunalverwaltung) der Gemeindevertretung mehr Personen zur Wahl stellen muss, als nach Abs. 4 S. 1 wenigstens zu benennen sind. Ferner darf die Gemeindevertretung nicht einfach eine nach dem Zufallsprinzip erstellte Liste übernehmen, da sie dann nicht ihrer **Vorauswahlpflicht** (Abs. 2) nachkommt (zu den Beschränkungen → Rn. 7 ff.).[4] Im Übrigen ist die Gemeinde in der Art der Zusammenstellung grundsätzlich frei. Sie kann auf Vorschlagslisten der Fraktionen des Gemeinderats zurückgreifen oder Vorschläge von anderen Vereinigungen (zB Arbeitnehmer- und Arbeitgeberverbänden, Bürgervereinen und Organisationen aus der kirchlichen und sozialen Arbeit) oder Selbstbewerbungen berücksichtigen.[5] Der Gefahr, dass die Parteien bei einer solchen individuellen Vorauswahl der Schöffen durch politische Entscheidungsträger ihr Benennungsrecht missbrauchen und einseitig auf die Zusammenstellung der Schöffenliste Einfluss nehmen, wird durch das Erfordernis der Zweidrittelmehrheit ausreichend Rechnung getragen.[6]

5 **3. Zeitpunkt, Verfahren, Auflegung zur Einsicht.** Die Liste ist in jedem fünften Jahr, und zwar im Jahr vor Beginn der jeweiligen Amtsperiode (§ 42 Abs. 1), aufzustellen.[7] Der Schlusstermin wird durch die Landesjustizverwaltung bestimmt (§ 57). **Jede Gemeinde,** die zum Bezirk des Amtsgerichts gehört, hat eine Liste aufzustellen (vgl. § 39 S. 1). Gehört die Gemeinde zu mehreren Amtsgerichtsbezirken, ist für jedes Amtsgericht eine Vorschlagsliste zu erstellen.[8] Nach der Wahl ist die Vorschlagsliste zur **öffentlichen Einsicht** auszulegen (Abs. 3 S. 1) und der Zeitpunkt der Auslegung vorher öffentlich bekannt zu machen (Abs. 3 S. 2). Das sichert das Einspruchsverfahren nach § 37. Die Art der Auflegung und Bekanntmachung richtet sich mangels Regelung im GVG nach den kommunalrechtlichen Vorschriften. Die Offenlegung muss für eine Woche erfolgen, was nach dem allgemeinen Sprachgebrauch zu verstehen ist, nicht im Sinn von sieben Werkta-

---

[1] *Kissel/Mayer* Rn. 2.
[2] BGH 26.11.1985 – 5 StR 360/85, NJW 1986, 1358 (Hamburg); 22.10.1985 – 5 StR 325/85, NStZ 1986, 84 (Berlin).
[3] BGH 2.12.1958 – 1 StR 375/58, BGHSt 12, 197 = NJW 1959, 349; *Kissel/Mayer* Rn. 3; KK/*Barthe* Rn. 2; Löwe/Rosenberg/*Gittermann* Rn. 6.
[4] BGH 30.7.1991 – 5 StR 250/91, BGHSt 38, 47= NJW 1991, 3043 (3044); aA *Katholnigg* NStZ 1992, 73.
[5] BGH 30.7.1991 – 5 StR 250/91, BGHSt 38, 47= NJW 1991, 3043 (3044).
[6] BGH 30.7.1991 – 5 StR 250/91, BGHSt 38, 47= NJW 1991, 3043 (3044); vgl. aber auch Löwe/Rosenberg/*Gittermann* Rn. 6 für Grenzfälle.
[7] *Kissel/Mayer* Rn. 7.
[8] BGH 30.7.1991 – 5 StR 250/91, BGHSt 38, 47= NJW 1991, 3043; *Kissel/Mayer* Rn. 8.

gen.⁹ Fallen zusätzlich Feiertage in die Auflegungszeit, ist eine Verlängerung der Auflegung angebracht, aber nicht zwingend.¹⁰ Eine Benachrichtigung der Gewählten ist erlaubt, jedoch gesetzlich nicht vorgesehen, wäre aber *de lege ferenda* wünschenswert, um Verfahren nach §§ 52, 53 zu minimieren.¹¹

4. Einheitliche Liste. Jede Gemeinde stellt eine einheitliche Liste auf. Sie muss nicht aus einer einzigen Liste, sondern kann auch aus der Zusammenfassung mehrerer Vorschlagslisten (zB der Fraktionen) unter Streichung der nicht Gewählten bestehen, solange deutlich wird, dass es sich um eine einheitliche Liste handeln soll.¹² Nach § 77 gilt die Liste **auch für die Schöffen beim Landgericht**. Eine Trennung erfolgt erst mit der Wahl nach §§ 42, 77 Abs. 2, 78 Abs. 3.¹³   6

5. Auswahl der Personen und Inhalt der Liste, Abs. 2. Bei der Aufstellung der Vorschlagsliste sind zunächst die Vorschriften der **§§ 31–34; § 44a DRiG zu beachten.** Für das Schöffenamt unfähige Personen dürfen nicht, ungeeignete sollen nicht auf die Liste gesetzt werden. Personen, die berechtigt sind, das Amt abzulehnen (§ 35), sollten jedenfalls dann nicht zur Vorschlagsliste gewählt werden, wenn eine Ablehnung absehbar ist.¹⁴ Eine grundsätzliche Nichtberücksichtigung der Personengruppen des § 35 ist jedenfalls in Bezug auf § 35 Nr. 6 nicht zu empfehlen.¹⁵   7

Die Gemeinde ist verpflichtet, bei der Aufstellung der Liste eine eigene Vorauswahl der geeigneten Personen zu treffen, sodass eine bloß zufällig erfolgte Auswahl nicht genügt (→ Rn. 4). Die Gemeinde soll darauf achten, dass die vorgeschlagenen Personen **erfahren, urteilsfähig und für das Schöffenamt geeignet** sind.¹⁶ Dabei sollen auch Personen, die nicht unter §§ 31 Abs. 2–35; § 44a DRiG fallen, möglichst nicht gewählt werden, wenn dadurch eine zügige und wirkungsvolle Rechtspflege beeinträchtigt wird (zB blinde oder leseunfähige Personen).¹⁷ Gleiches gilt für Personen, die keine Gewähr für das Eintreten für die freiheitlich-demokratische Ordnung des Grundgesetzes bieten.¹⁸ Die Gemeinde hat dabei eine eigene Pflicht zur Ermittlung der entscheidungsrelevanten Tatsachen.¹⁹   8

Schließlich soll die Vorschlagsliste alle Gruppen der Bevölkerung nach Geschlecht, Alter, Beruf und sozialer Stellung angemessen berücksichtigen (Abs. 1 S. 2). § 44 Abs. 1a DRiG hat daneben regelmäßig keine eigenständige Bedeutung. Dieses **Repräsentanzprinzip** soll dafür sorgen, dass die Anschauungen von Recht und Gerechtigkeit in der Rechtsprechung ihren Niederschlag finden.²⁰ Es ist allerdings bewusst als Sollvorschrift ausgestaltet, um den Verwaltungsaufwand in angemessenem Rahmen zu halten und eine Besetzungsrüge nicht durch diesbezügliche Fehler bei der Aufstellung zu begründen.²¹   9

Die Liste **muss eine Reihe von Identitätsmerkmalen** der gewählten Personen enthalten, damit die Gewählten zur Entscheidung über die Einlegung von Einsprüchen (§ 37) eindeutig identifizierbar sind. Ferner soll dem Amtsrichter eine schnelle Prüfung der Formalia und das Einholen von Auskünften aus dem Bundeszentralregister ohne weitere Ermittlung von Personalien ermöglicht werden.²²   10

6. Umfang der Liste und Verteilung, Abs. 4. Die Liste muss wenigstens doppelt so viele Personen enthalten, wie als Schöffen (Haupt- und Hilfsschöffen, § 43) erforderlich sind   11

---

⁹ BayObLG 29.11.1996 – 2 St RR 177/96, StV 1998, 8 mit ablehnender Anm. *Bockemühl*.
¹⁰ BGH 22.2.2000 – 4 StR 446/99, StV 2001, 156; aA *Kissel/Mayer* Rn. 11: „muss verlängert werden".
¹¹ So auch *Kissel/Mayer* Rn. 11; KK/*Barthe* Rn. 5; Löwe-Rosenberg/*Gittermann* Rn. 14.
¹² BGH 2.12.1958 – 1 StR 375/58, BGHSt 12, 197 = NJW 1959, 349.
¹³ Löwe/Rosenberg/*Gittermann* Rn. 13.
¹⁴ → § 35 Rn. 2.
¹⁵ So aber wohl *Kissel/Mayer* Rn. 5: „wenig empfehlenswert".
¹⁶ BGH 30.7.1991 – 5 StR 250/91, BGHSt 38, 47 = NJW 1991, 3043.
¹⁷ *Kissel/Mayer* Rn. 5; Vgl. auch → § 33 Rn. 5.
¹⁸ Vgl. → § 31 Rn. 7.
¹⁹ → § 33 Rn. 12.
²⁰ BT-Drs. 7/551, 100.
²¹ BT-Drs. 7/551, 100.
²² Löwe/Rosenberg/*Gittermann* Rn. 7.

(Abs. 4 S. 1; siehe dazu aber → Rn. 12). Dadurch soll dem Schöffenwahlausschuss eine **echte Wahl** ermöglicht werden.[23] Der Präsident des Landgerichts (bei Präsidialamtsgerichten deren Präsident) bestimmt, wie viele Haupt- oder Hilfsschöffen insgesamt benötigt werden (§ 43). Die Verteilung auf die jeweiligen Gemeinden erfolgt nach Abs. 4 S. 2 ebenfalls durch den Präsidenten des Landgerichts (bei Präsidialamtsgerichten deren Präsident) in Anlehnung an die Einwohnerzahl der Gemeinden. Daher ist zunächst der Bedarf für den gesamten Bezirk zu ermitteln (vgl. § 39), bevor eine Verteilung auf die jeweiligen Gemeinden erfolgt. Eine genaue prozentuale Umlegung ist nicht erforderlich („in Anlehnung").[24] Andere Faktoren (zB die tatsächliche Entfernung) dürfen jedoch nicht berücksichtigt werden.[25]

III. Reformvorhaben

12   Nach einem Gesetzesentwurf des Bundesrates der 18. Legislaturperiode[26] soll Abs. 4 S. 1 (und der entsprechende § 35 Abs. 2 S. 1 JGG) geändert werden, so dass die Vorschlagsliste nur noch mindestens eineinhalbmal so viele Personen umfassen muss, wie zu wählen sind:

„*In die Vorschlagslisten des Bezirks des Amtsgerichts muss mindestens das Eineinhalbfache an Personen aufgenommen werden, wie als erforderliche Zahl von Haupt- und Hilfsschöffen nach § 43 bestimmt sind.*"

Neben der Entlastung der Kommunen – insbesondere in Großstädten – soll dadurch auch erreicht werden, dass Personen, die sich freiwillig gemeldet haben, eher zum Zug kommen, um Frustrationen zu vermeiden.[27]

IV. Anfechtung

13   Die Vorschlagsliste selbst kann grundsätzlich nur mit dem Einspruch nach § 37 angefochten werden. Die Nichtaufnahme in die Vorschlagsliste ist nach hoch umstrittener Ansicht grds. im **Verwaltungsrechtsweg** überprüfbar.[28] Dabei ist der Prüfungsumfang der Verwaltungsgerichte auf die Überprüfung der ermessenfehlerfreien Entscheidung beschränkt. Bei willkürlicher Annahme von nicht vorliegenden Gründen nach §§ 31 Abs. 2–35; § 44a DRiG ist dies jedenfalls zu bejahen. Daran ändert auch die Tatsache nichts, dass es sich um eine Wahl handelt, denn die Kommunalvertretung ist Teil der Selbstverwaltung und als Exekutivorgan gem. Art. 1 Abs. 3, 20 Abs. 3 GG an Recht und Gesetz gebunden.[29]

14   Die Besetzungsrüge kann auf Verstöße gegen § 36 grundsätzlich nicht gestützt werden, weil das Gesetz Vorschlag und Wahl der Gemeinde überträgt und damit dem Einflussbereich der Gerichte entzieht.[30] Etwas anderes gilt nur, soweit der Amtsrichter das Aufstellungsverfahren zu überprüfen hat (§ 39 S. 2). Diese Prüfung beschränkt sich allerdings auf die Einhaltung der Formalia nach Abs. 3, also nur, ob die Liste eine Woche lang ausgelegen hat und der Zeitpunkt der Auflegung zuvor bekannt gemacht wurde. Die Art und Weise der Auflegung und Bekanntmachung nach den kommunalrechtlichen Vorschriften ist nicht zu überprüfen.[31] Die **Entscheidung des Amtsrichters,** Fehler nach Abs. 3 nicht zu monieren, führt hingegen jedenfalls dann zur Fehlbesetzung des Gerichts, wenn sie **willkürlich** war, denn ungültig ist eine Schöffenwahl nur, wenn sie an einem besonders schwerwiegenden Fehler leidet und dies bei verständiger Würdigung aller in Betracht kommenden Umstände

---

[23] *Kissel/Mayer* Rn. 12.
[24] BT-Drs. 10/1313, 55.
[25] *Kissel/Mayer* Rn. 12; *Löwe/Rosenberg/Gittermann* Rn. 8.
[26] BT-Drs. 18/8880.
[27] BT-Drs. 18/8880 S. 8.
[28] VerfG Bbg 20.2.1997 – VfGBbg 30/96, NJW 1997, 2942, nicht tragend; aA KK/*Barthe* Rn. 7; Löwe/Rosenberg/*Gittermann* § 37 Rn. 1; leicht unklar *Kissel/Mayer* Rn. 13; *Katholnigg* § 37 Rn. 2 hält bei Formfehlern oder versehentlicher Nichtaufnahme den Einspruch für statthaft.
[29] VerfG Bbg 20.2.1997 – VfGBbg 30/96, NJW 1997, 2942.
[30] Ganz hRspr: BGH 15.5.1997 – 1 StR 233/96, BGHSt 43, 96 = NJW 1997, 3034 (3036) mwN.
[31] BGH 26.4.1990 – 4 StR 49/90, NStE Nr. 3 zu § 36 GVG.

offenkundig ist.³² Fehler nach Abs. 1, 2 und 4 können nicht überprüft werden, weil der Amtsrichter insoweit kein Prüfungs- und Beanstandungsrecht hat.³³ Das gilt nicht nur für Vorarbeiten der Gemeinde, sondern auch den Verteilungsschlüssel durch den Präsidenten des Landgerichts (Amtsgerichts) als Justizverwaltungsbehörde.³⁴

§ 37 [Einspruch gegen die Vorschlagsliste]

Gegen die Vorschlagsliste kann binnen einer Woche, gerechnet vom Ende der Auflegungsfrist, schriftlich oder zu Protokoll mit der Begründung Einspruch erhoben werden, daß in die Vorschlagsliste Personen aufgenommen sind, die nach § 32 nicht aufgenommen werden durften oder nach den §§ 33, 34 nicht aufgenommen werden sollten.

I. Normzweck und allgemeiner Regelungsgehalt

§ 37 regelt als statthaften Rechtsbehelf gegen die Vorschlagsliste (§ 36) den Einspruch, 1 der inhaltlich auf die Überprüfung der Schöffenfähigkeit und -geeignetheit beschränkt ist. Zweck der Regelung ist es, alles **mögliche Material für eine sachgerechte Aufstellung der Vorschlagsliste** zu erlangen.¹

II. Regelungsgehalt im Einzelnen

Mit dem Einspruch kann die Vorschlagsliste einer inhaltlich eingeschränkten Überprü- 2 fung unterzogen werden, für die nach § 41 ausschließlich der **Schöffenwahlausschuss zuständig** ist. Daher sind kommunalrechtliche Überprüfungsverfahren ausgeschlossen.²

1. Einspruchsgründe. Der Einspruch kann nur darauf gestützt werden, dass die Vor- 3 schlagsliste Personen enthält, die nach § 32 nicht berufen werden dürfen oder nach §§ 33, 34 nicht berufen werden sollen. Darüber hinaus erfordert der Normzweck eine **Erweiterung** auf die Schöffenunfähigkeit nach **§ 31 S. 2** (deutsche Staatsangehörigkeit).³ Ferner ist § 37 auch bei **Ungeeignetheit nach § 44a DRiG** erweiternd anzuwenden, da sich vom Normzweck kein Unterschied zu den Ungeeignetheitsgründen des GVG ergibt. Andere Einwände in Bezug auf die gewählten Personen, das Verfahren, die Gesetzmäßigkeit der Wahl, Zuständigkeit usw. sind nicht zu berücksichtigen.⁴ Solche Einwände können aber Anlass für den Gemeindevorsteher sein, eine Berichtigung nach § 38 Abs. 2 zu prüfen.⁵ Soweit der Einwand die Einhaltung von § 36 Abs. 3 betrifft, stellt er eine Anregung zur Überprüfung durch den Amtsrichter nach § 39 S. 2 dar.⁶

2. Einspruchsberechtigte. Einspruchsberechtigt ist **jedermann**, unabhängig davon, 4 ob er in der Gemeinde wohnt oder von der Wahl selbstbetroffen ist.⁷ Geschäftsfähigkeit ist für den Einspruch nicht erforderlich, denn davon hängt der Zweck der **Informationsgewinnung** nicht ab.⁸ Die gewählten Personen können Einspruch einlegen mit dem Ziel aus

---

³² BGH 19.6.1985 – 2 StR 197/85 – 2 StR 98/85, BGHSt 33, 261 = NJW 1985, 2341 (2342).
³³ HM *Kissel/Mayer* Rn. 14; KK/*Barthe* Rn. 8; Löwe/Rosenberg/*Gittermann* Rn. 15; Meyer-Goßner/ *Schmitt* Rn. 5 jeweils mwN zur Rechtsprechung; in der Tendenz anders BGH 30.7.1991 – 5 StR 250/91, BGHSt 38, 47 = NJW 1991, 3043 (3044), nicht tragend.
³⁴ KK/*Barthe* Rn. 8; Löwe/Rosenberg/*Gittermann* Rn. 15.
¹ Löwe/Rosenberg/*Gittermann* Rn. 2.
² Löwe/Rosenberg/*Gittermann* Rn. 6.
³ HM *Katholnigg* Rn. 1; *Kissel/Mayer* Rn. 1; KK/*Barthe* Rn. 1; Löwe/Rosenberg/*Gittermann* Rn. 1; Meyer-Goßner/*Schmitt* Rn. 2.
⁴ *Katholnigg* Rn. 1; *Kissel/Mayer* Rn. 1; KK/*Barthe* Rn. 1; Löwe/Rosenberg/*Gittermann* Rn. 1; Meyer-Goßner/*Schmitt* Rn. 2.
⁵ *Katholnigg* Rn. 1; Löwe/Rosenberg/*Gittermann* Rn. 1.
⁶ *Kissel/Mayer* Rn. 1.
⁷ *Kissel/Mayer* Rn. 4; KK/*Barthe* Rn. 2; Löwe/Rosenberg/*Gittermann* Rn. 2.
⁸ Löwe/Rosenberg/*Gittermann* Rn. 2; aA *Kissel/Mayer* Rn. 4.

der Liste entfernt zu werden. Nicht Gewählte können sich nicht mit dem Einspruch gegen ihre (auch fehlerhafte) Nichtberücksichtigung wenden, weil die Einspruchsgründe nur die Gewählten betreffen.[9] Nichtberücksichtigten steht aber nach sehr umstrittener Ansicht der Verwaltungsrechtsweg offen.[10]

5 **3. Einspruchsfrist.** Der Einspruch ist **binnen einer Woche** einzulegen. Die Frist beginnt mit Ablauf der Auslegungsfrist. Ihr letzter Tag wird nicht eingerechnet (§ 187 Abs. 1 BGB).[11] Die Berechnung richtet sich nach § 188 Abs. 2 BGB. Eine vorzeitige Einlegung ab Aufstellung der Liste ist möglich.[12] Bei Fristversäumung sieht das Gesetz keine Möglichkeit der Widereinsetzung vor.[13] Verspätet eingegangene Einsprüche können und müssen ggf. im weiteren Verfahren berücksichtigt werden, um zu verhindern, dass ungeeignete oder gar unfähige Schöffen berufen werden.

6 **4. Einspruchsadressat und -form.** Der Einspruch ist nach umstrittener aber **vorzugswürdiger Ansicht** an den Gemeindevorsteher zu richten.[14] Andernfalls würde § 38 Abs. 1 keinen Sinn ergeben. Der Gegenansicht,[15] die den Ausschuss (beim Amtsgericht) für den richtigen Adressaten hält, ist zuzugeben, dass der Ausschuss über die Einsprüche entscheidet. Es ist den Prozessordnungen jedoch nicht fremd, dass Entscheider und Adressat auseinanderfallen (zB § 306 Abs. 1 StPO). Auch nach dieser Ansicht soll der Eingang bei der Gemeinde fristwahrend sein, sodass sich letztlich kein Unterschied ergibt.

7 Der Einspruch ist **schriftlich oder zu Protokoll der Gemeindeverwaltung**[16] abzugeben, die eine entsprechende Protokollierung ermöglichen muss.[17] Ein entsprechender Hinweis bei der Bekanntmachung nach § 36 Abs. 3 S. 2 ist zweckmäßig, wenn auch nicht zwingend.[18]

§ 38 [Übersendung der Vorschlagsliste]

(1) Der Gemeindevorsteher sendet die Vorschlagsliste nebst den Einsprüchen an den Richter beim Amtsgericht des Bezirks.

(2) Wird nach Absendung der Vorschlagsliste ihre Berichtigung erforderlich, so hat der Gemeindevorsteher hiervon dem Richter beim Amtsgericht Anzeige zu machen.

I. Normzweck und allgemeiner Regelungsgehalt

1 § 38 regelt das **Verfahren nach Ablauf der Einspruchsfrist** (Abs. 1) und sichert die Informationsübermittlung von der Gemeinde an den Ausschuss, wenn Gründe für Berichtigungen an der Vorschlagsliste entstehen oder bekannt werden.

II. Regelungsgehalt im Einzelnen

2 **1. Übersendung der Vorschlagsliste, Abs. 1.** Nach Ablauf der Einspruchsfrist aber vor dem Zeitpunkt des § 57 übersendet der Gemeindevorsteher die Vorschlagsliste mit sämtlichen eingegangenen Einsprüchen an den **Vorsitzenden des Schöffenwahlaus-**

---

[9] *Kissel/Mayer* Rn. 4; KK/*Barthe* Rn. 2.
[10] → § 36 Rn. 13.
[11] *Kissel/Mayer* Rn. 3; KK/*Barthe* Rn. 3; Löwe/Rosenberg/*Gittermann* Rn. 3.
[12] *Kissel/Mayer* Rn. 3; KK/*Barthe* Rn. 3; Löwe/Rosenberg/*Gittermann* Rn. 3.
[13] *Kissel/Mayer* Rn. 3; KK/*Barthe* Rn. 3; Löwe/Rosenberg/*Gittermann* Rn. 3.
[14] So auch *Katholnigg* Rn. 3; Löwe/Rosenberg/*Gittermann* Rn. 3.
[15] *Kissel/Mayer* Rn. 2; KK/*Barthe* Rn. 3; Meyer-Goßner/*Schmitt* Rn. 2.
[16] AA *Kissel/Mayer* Rn. 2; Meyer-Goßner/*Schmitt* Rn. 2: Protokoll der Geschäftsstelle des Amtsgerichts (§ 153).
[17] *Katholnigg* Rn. 3 (mit Nachweisen zu den entsprechenden Regelungen in verschiedenen Bundesländern); Löwe/Rosenberg/*Gittermann* Rn. 5.
[18] *Katholnigg* Rn. 3; Löwe/Rosenberg/*Gittermann* Rn. 5.

schusses (Richter beim Amtsgericht des Bezirks, § 40 Abs. 1). Ob die Einsprüche rechtzeitig oder statthaft sind, ist dabei unerheblich.[1] Der Vorsitzende des Ausschusses hat die Rechtzeitigkeit der Eingänge zu überwachen und anzumahnen. Zwangsmittel stehen ihm nicht zu. Nötigenfalls ist die Kommunalaufsicht einzuschalten.[2]

2. Berichtigung, Abs. 2. Abs. 2 sieht vor, dass der Gemeindevorsteher den Vorsitzenden des Schöffenwahlausschusses **nach Übersendung der Vorschlagsliste** (Abs. 1) von Sachverhalten unterrichtet, die eine Berichtigung der Liste erforderlich machen. Nicht geregelt ist der Fall, dass solche Umstände bereits vor der Versendung auftreten oder bekannt werden. In diesen Fällen sind sie bereits mit der Vorschlagsliste und den Einsprüchen bekannt zu geben.[3]

Als **Berichtigungsgründe** kommen die in §§ 31 S. 2, 33, 34; § 44a DRiG aufgezählten Sachverhalte in Betracht. Darüber hinaus sind die erfolgte Ablehnung nach § 35 und der Tod einer gewählten Person Grund für eine Berichtigung. Weitere Berichtigungsgründe bestehen nicht.[4] Der Wegzug aus dem Gemeindegebiet stellt bei Wohnsitznahme im Landgerichtsbezirk wegen § 52 Abs. 1 S. 2 nur auf Antrag des Gewählten einen Berichtigungsgrund dar.[5]

Für die Berichtigung ist nicht der Gemeindevorsteher, sondern der **Schöffenwahlausschuss zuständig** (§ 41).

§ 39 [Vorbereitung der Ausschussberatung]

¹Der Richter beim Amtsgericht stellt die Vorschlagslisten der Gemeinden zur Liste des Bezirks zusammen und bereitet den Beschluß über die Einsprüche vor. ²Er hat die Beachtung der Vorschriften des § 36 Abs. 3 zu prüfen und die Abstellung etwaiger Mängel zu veranlassen.

I. Normzweck und allgemeiner Regelungsgehalt

§ 39 überantwortet dem Vorsitzenden des Schöffenwahlausschusses die Vorbereitung der Ausschusssitzung (S. 1) sowie die Prüfung und Abstellung von Mängeln nach § 36 Abs. 3.

II. Regelungsgehalt im Einzelnen

1. Vorbereitung der Ausschussberatung, S. 1. Der Vorsitzende des Schöffenwahlausschusses (Richter beim Amtsgericht, § 40 Abs. 2) stellt die eingegangenen Listen der Gemeinden zu einer **einheitlichen Gesamtliste** (Vorschlagsliste im Sinn des § 41 S. 1) zusammen. Dabei handelt es sich um eine rein organisatorische Sichtungsarbeit.[1]

Fehlen Listen einer oder mehrerer Gemeinden, hat er sie nachzufordern. Zwangsmittel stehen ihm nicht zu. Nötigenfalls ist die Kommunalaufsicht einzuschalten.[2] Umstritten ist, wie mit Fällen umzugehen ist, in denen dennoch keine Liste übersandt wird. Kommt es daraufhin gar nicht zur Schöffenwahl, entsteht ein Stillstand der Rechtspflege, weil mit Ablauf der Amtsperiode keine Schöffen mehr zur Verfügung stehen und damit die Schöffengerichte und Strafkammern nicht mehr ordnungsgemäß besetzt sind.[3] Erfolgt die Schöffenwahl aus der Gesamtliste, die ohne die Einzellisten einer oder mehrerer Gemeinden erstellt wurde, ist die Wahl fehlerhaft. Das führt dennoch nicht zu einer Verletzung des gesetzlichen Richters, wenn die schlussendlich gewählten Schöffen auf den Vorschlagslisten standen, in

---

[1] *Löwe/Rosenberg/Gittermann* Rn. 1.
[2] *Kissel/Mayer* Rn. 1, § 36 Rn. 16.
[3] *Kissel/Mayer* Rn. 3.
[4] *Kissel/Mayer* Rn. 1; KK/*Barthe* Rn. 2; *Löwe/Rosenberg/Gittermann* Rn. 2.
[5] Zu undifferenziert KK/*Barthe* Rn. 2; *Löwe/Rosenberg/Gittermann* Rn. 2.
[1] *Kissel/Mayer* Rn. 1; *Löwe/Rosenberg/Gittermann* Rn. 1.
[2] *Kissel/Mayer* § 38 Rn. 1, § 36 Rn. 16.
[3] *Kissel/Mayer* § 38 Rn. 1, § 36 Rn. 16; aA *Löwe/Rosenberg/Gittermann* § 50 Rn. 3: entsprechende Anwendung des § 50.

einem im Übrigen ordnungsgemäßen Verfahren gewählt wurden und der zahlenmäßige Einfluss der fehlenden Liste auf die Gesamtliste gering ist.[4] In diesen Fällen ist das Verhalten des Wahlausschusses jedenfalls nicht willkürlich.[5] Betreffen die Umstände einer Wahl von ehrenamtlichen Richtern nicht das die Wahl vornehmende Gremium, sondern die tatsächlichen Voraussetzungen hierzu, so kann dies den gewählten ehrenamtlichen Richtern die Eigenschaft eines gesetzlichen Richters (Art. 101 Abs. 1 S. 2 GG) nicht nehmen.[6]

4 Der Richter beim Amtsgericht hat darüber hinaus, den **Sachverhalt so aufzuklären,** dass der Ausschuss beschließen kann. Daher muss er **von Amts wegen** überprüfen, ob der Wahl Umstände im Sinn der §§ 31 S. 2, 32–34 und § 44a DRiG sowie Ablehnungen nach § 35 entgegenstehen.[7] Das gilt nicht nur für die durch Einspruch, sondern für alle auch auf anderem Weg bekannt gewordenen Sachverhalte.[8] Zu diesem Zweck hat der Richter beim Amtsgericht alle Tatsachen zu ermitteln, die nicht gerichtskundig oder ausreichend vorgetragen sind, zB Auskünfte aus dem Bundeszentralregister (§ 32 Nr. 1) und des Insolvenzrichters oder aus dem Schuldnerverzeichnis (§ 33 Nr. 6) zu erholen.[9] Ihm steht auch das Recht zu, nach § 44a Abs. 2 DRiG Stellungnahmen der Betroffenen anzufordern. Im Rahmen dieser Ermittlungen muss er auch überprüfen, ob die Angaben auf den Listen nach § 36 Abs. 2 S. 2 vollständig sind.

5 2. **Prüfungspflicht, S. 2.** Nach S. 2 prüft der Richter nur die Einhaltung des § 36 Abs. 3. Diese Prüfung beschränkt sich allerdings darauf, ob die Liste eine Woche lang ausgelegen hat und der Zeitpunkt der Auflegung zuvor bekannt gemacht wurde. Die Art und Weise der Auflegung und Bekanntmachung nach den kommunalrechtlichen Vorschriften ist nicht zu überprüfen.[10] Die **Entscheidung des Amtsrichters,** Fehler nach Abs. 3 nicht zu monieren, führt hingegen jedenfalls dann zur Fehlbesetzung des Gerichts, wenn sie **willkürlich** war, denn ungültig ist eine Schöffenwahl nur, wenn sie an einem besonders schwerwiegenden Fehler leidet und dies bei verständiger Würdigung aller in Betracht kommenden Umstände offenkundig ist.[11] Fehler nach Abs. 1, 2 und 4 können nicht überprüft werden, weil der Amtsrichter insoweit kein Prüfungs- und Beanstandungsrecht hat.[12] Das gilt nicht nur für Vorarbeiten der Gemeinde, sondern auch für den Verteilungsschlüssel durch den Präsidenten des Landgerichts (Amtsgerichts) als Justizverwaltungsbehörde.[13] Stellt der Richter beim Amtsgericht dennoch solche Mängel fest, steht es ihm frei, diese beim Gemeindevorsteher bzw. Präsidenten des Landgerichts (Amtsgerichts) zu monieren.

§ 40 [Ausschuss]

(1) Bei dem Amtsgericht tritt jedes fünfte Jahr ein Ausschuß zusammen.

(2) ¹Der Ausschuß besteht aus dem Richter beim Amtsgericht als Vorsitzenden und einem von der Landesregierung zu bestimmenden Verwaltungsbeamten sowie sieben Vertrauenspersonen als Beisitzern. ²Die Landesregierungen werden ermächtigt, durch Rechtsverordnung die Zuständigkeit für die Bestimmung des Verwaltungsbeamten abweichend von Satz 1 zu regeln. ³Sie können diese Ermächtigung durch Rechtsverordnung auf oberste Landesbehörden übertragen.

---

[4] BGH 13.8.1985 – 1 StR 330/85, BGHSt 33, 290 = NJW 1986, 1356 (1357); *Kissel/Mayer* Rn. 1; KK/*Barthe* Rn. 1; Löwe/Rosenberg/*Gittermann* Rn. 4.
[5] BGH 13.8.1985 – 1 StR 330/85, BGHSt 33, 290 = NJW 1986, 1356 (1357).
[6] BVerfG 15.8.1995 – 2 BvR 923/94, NVwZ 1996, 160.
[7] *Kissel/Mayer* Rn. 6; Löwe/Rosenberg/*Gittermann* Rn. 2.
[8] Löwe/Rosenberg/*Gittermann* Rn. 1.
[9] Löwe/Rosenberg/*Gittermann* Rn. 1.
[10] BGH 26.4.1990 – 4 StR 49/90, NStE Nr. 3 zu § 36 GVG.
[11] BGH 19.6.1985 – 2 StR 197/85 – 2 StR 98/85, BGHSt 33, 261 = NJW 1985, 2341 (2342).
[12] HM *Kissel/Mayer* § 36 Rn. 14; KK/*Barthe* § 36 Rn. 8; Löwe/Rosenberg/*Gittermann* § 36 Rn. 15; Meyer-Goßner/*Schmitt* § 36 Rn. 5 jeweils mwN zur Rechtsprechung; in der Tendenz anders BGH 30.7.1991 – 5 StR 250/91, BGHSt 38, 47= NJW 1991, 3043 (3044), nicht tragend.
[13] KK/*Barthe* § 36 Rn. 8; Löwe/Rosenberg/*Gittermann* § 36 Rn. 15.

(3) ¹Die Vertrauenspersonen werden aus den Einwohnern des Amtsgerichtsbezirks von der Vertretung des ihm entsprechenden unteren Verwaltungsbezirks mit einer Mehrheit von zwei Dritteln der anwesenden Mitglieder, mindestens jedoch mit der Hälfte der gesetzlichen Mitgliederzahl gewählt. ²Die jeweiligen Regelungen zur Beschlussfassung dieser Vertretung bleiben unberührt. ³Umfaßt der Amtsgerichtsbezirk mehrere Verwaltungsbezirke oder Teile mehrerer Verwaltungsbezirke, so bestimmt die zuständige oberste Landesbehörde die Zahl der Vertrauenspersonen, die von den Vertretungen dieser Verwaltungsbezirke zu wählen sind.

(4) Der Ausschuß ist beschlußfähig, wenn wenigstens der Vorsitzende, der Verwaltungsbeamte und drei Vertrauenspersonen anwesend sind.

Übersicht

	Rn.		Rn.
I. Normzweck und allgemeiner Regelungsgehalt	1	2. Zusammensetzung, Abs. 2, 3	3–7
II. Regelungsgehalt im Einzelnen	2–8	3. Beschlussfähigkeit, Abs. 4	8
1. Ausschuss, Abs. 1	2	III. Revision	9–14

I. Normzweck und allgemeiner Regelungsgehalt

Die Norm regelt Zusammentritt, Zusammensetzung und Beschlussfähigkeit des Schöffenwahlausschusses als **wichtigstes Gremium zur Bestimmung des gesetzlichen ehrenamtlichen Richters** in der Strafrechtspflege. Der Ausschuss ist daher diesbezüglich dem Präsidium vergleichbar. Er entscheidet über die Einsprüche gegen die Vorschlagsliste und wählt aus den Listen die Haupt-, Hilfs- und Jugendschöffen. 1

II. Regelungsgehalt im Einzelnen

1. Ausschuss, Abs. 1. Der Schöffenwahlausschuss ist **kein ständiges Gremium,** sondern wird alle fünf Jahre im Jahr vor Beginn der neuen Amtsperiode der Schöffen (vgl. § 57) zusammengesetzt. Auch wenn die personelle Besetzung zur vorherigen Amtsperiode unverändert bleibt, sind seine Mitglieder neu zu bestellen.¹ Ansonsten tritt er während einer Amtsperiode nur nach § 52 Abs. 6 oder für eine nach der Rechtsprechung zulässige „Nachwahl" zusammen.² Er wird bei jedem Amtsgericht gebildet, unabhängig davon, ob es eine eigene Schöffenabteilung hat, da er in diesen Fällen die Schöffen für das gemeinsame (konzentrierte) Schöffengericht nach § 58 und die Strafkammern des Landgerichts auswählt.³ 2

2. Zusammensetzung, Abs. 2, 3. Das Gesetz bestimmt den Richter beim Amtsgericht als Vorsitzenden des Ausschusses. Das ist der vom Präsidium für diese Aufgabe **geschäftsplanmäßig bestimmte Richter,** weil es sich bei seiner Tätigkeit um Rechtsprechungstätigkeit handelt.⁴ Ausreichend ist eine Auffangzuweisung für alle nicht anderweitig zugewiesenen Aufgaben.⁵ Er handelt in richterlicher Unabhängigkeit (Art. 97 Abs. 1 GG, § 1).⁶ Bei der Wahl der Jugendschöffen führt der (bei mehreren der geschäftsplanmäßig bestimmten) Jugendrichter den Vorsitz, § 35 Abs. 4 JGG. Im Verhinderungsfall greifen die normalen Vertretungsregeln (§ 22b).⁷ 3

Weiteres Mitglied ist ein **von der Landesregierung bestellter Verwaltungsbeamter.** Weitere Voraussetzungen (zB Laufbahn, Anstellungskörperschaft/Dienstherr, Tätigkeitsbe- 4

---

¹ *Kissel/Mayer* Rn. 1.
² → § 42 Rn. 4 und BGH 19.6.1985 – 2 StR 197/85, 2 StR 98/85, BGHSt 33, 261 = NJW 1985, 2341 (2342); 4.2.1998 – 2 StR 605/97, NStZ-RR 1999, 49.
³ KK/*Barthe* Rn. 1; *Löwe/Rosenberg/Gittermann* Rn. 1.
⁴ BGH 10.6.1980 – 5 StR 464/79, BGHSt 29, 283 = NJW 1980, 2364.
⁵ *Löwe/Rosenberg/Gittermann* Rn. 2.
⁶ *Kissel/Mayer* Rn. 3.
⁷ BGH 2.12.1958 – 1 StR 375/58, BGHSt 12, 197 = NJW 1959, 349 (350).

reich, berufliche Qualifikation) sieht Abs. 2 nicht vor. Eine namentliche Benennung ist unschädlich aber nicht erforderlich, soweit die Person dem Amt nach eindeutig bestimmt ist (Landrat, Stadtrechtsrat etc.).[8] Das Bestimmungsrecht kann die Landesregierung durch Rechtsverordnung delegieren (Abs. 2 S. 2 und 3). Es ist zweckmäßig, für den Verhinderungsfall zugleich einen Vertreter zu benennen.[9] Hilfsweise greift die Vertretungsregel des allgemeinen Verwaltungsorganisationsrechts, die auch eine ad-hoc Bestellung durch den Vertretenen ermöglichen kann.[10] Dem Ausschuss gehört nur ein Beamter an. Erstreckt sich der Bezirk des Gerichts auf mehrere Verwaltungseinheiten (zB Landkreis, Stadt), hat die für die Bestimmung zuständige Stelle eine Person auszusuchen, die für alle Verwaltungseinheiten im Ausschuss sitzt. Das muss nicht die für den Sitz des Amtsgerichts zuständige Verwaltungseinheit sein.[11]

5   Die weiteren sieben Mitglieder des Ausschusses sind sogenannte **Vertrauenspersonen,** die sich aus den Einwohnern des Amtsgerichtsbezirks zusammensetzen (Abs. 3 S. 1). Sie müssen ihren Wohnsitz während der gesamten Amtsperiode im Bezirk haben. Bei Wegzug erfolgt eine Nachwahl.[12] Die Vertrauenspersonen werden nach Abs. 3 von der Vertretung des dem Amtsgerichtsbezirk entsprechenden Verwaltungsbezirks **gewählt.** Das ist regelmäßig der Landkreis bzw. die kreisfreie Stadt. Es gilt das Verwaltungsorganisationsrecht der Länder.[13] Jedenfalls einer Einzelperson (Landrat/Oberbürgermeister) darf die Bestimmung der Vertrauensleute auch in Eilfällen nicht überlassen werden, weil dann schon begrifflich keine „Wahl" vorliegt.[14] Die Stellvertreter sollten zweckmäßigerweise gleich mitgewählt werden, um Nachwahlen zu vermeiden.[15]

6   Das **Wahlverfahren** folgt den kommunalrechtlichen Regeln (vgl. § 36[16]). Erforderlich ist aber eine Wahl mit 2/3 der anwesenden Mitglieder, mindestens mit der Hälfte der gesetzlichen Mitgliederzahl des Gremiums (Abs. 3 S. 1). Erstreckt sich der Amtsgerichtsbezirk über mehrere Verwaltungsbezirke oder Teile davon, hat die zuständige oberste Landesbehörde zu bestimmen, welche Körperschaft wie viele Vertrauensleute wählt (Abs. 3 S. 3). In der Regel wird eine Quotelung vorzunehmen sein.

7   Die Vertrauenspersonen haben an den Sitzungen teilzunehmen und können sanktioniert werden (§ 56). Sie erhalten eine Entschädigung nach § 55. Die weitere **Rechtsstellung** regelt das Landesrecht in Bezug auf das Ehrenamt.[17]

8   **3. Beschlussfähigkeit, Abs. 4.** Nach Abs. 4 ist der Ausschuss **beschlussfähig,** wenn der Vorsitzende, der Verwaltungsbeamte und wenigstens drei Vertrauenspersonen (oder ihre jeweiligen Vertreter) anwesend sind. Grundvoraussetzung ist aber, dass überhaupt ein vollständiger Ausschuss nach Abs. 2 bestellt ist.[18] Er tagt nichtöffentlich und unter Leitung des Vorsitzenden.[19] Beratung und Abstimmung erfolgen nach §§ 192 ff.[20]

---

[8] *Katholnigg* Rn. 3; *Kissel/Mayer* Rn. 4; KK/*Barthe* Rn. 2; Löwe/Rosenberg/*Gittermann* Rn. 2; Meyer-Goßner/*Schmitt* Rn. 4.
[9] *Kissel/Mayer* Rn. 6.
[10] BGH 2.12.1958 – 1 StR 375/58, BGHSt 12, 197 = NJW 1959, 349 (350); *Kissel/Mayer* Rn. 6; Löwe/Rosenberg/*Gittermann* Rn. 3.
[11] *Kissel/Mayer* Rn. 7; aA unter Berufung auf BGH 14.10.1975 – 1 StR 108/75, BGHSt 26, 206 = NJW 1976, 432; Löwe/Rosenberg/*Gittermann* Rn. 5, der verkennt, dass sich diese Regel im Fall des BGH aus dem Beschluss der Landesregierung ergab.
[12] *Kissel/Mayer* Rn. 8.
[13] Detailliert *Kissel/Mayer* Rn. 9; Löwe/Rosenberg/*Gittermann* Rn. 7.
[14] Löwe/Rosenberg/*Gittermann* Rn. 7; vgl. auch BGH 29.9.1964 – 1 StR 280/64, BGHSt 20, 37 = NJW 1964, 2432; 6.10.1965 – 2 StR 560/64, BGHSt 20, 309 = NJW 1966, 359.
[15] BGH 2.12.1958 – 1 StR 375/58, BGHSt 12, 197 = NJW 1959, 349 (350); *Kissel/Mayer* Rn. 11; KK/*Barthe* Rn. 2; Löwe/Rosenberg/*Gittermann* Rn. 8.
[16] → § 36 Rn. 4.
[17] Löwe/Rosenberg/*Gittermann* Rn. 9; aA *Kissel/Mayer* Rn. 12, wonach §§ 31 S. 2, 33–35 unmittelbar auch auf Vertrauenspersonen anwendbar sein sollen und eine bundesrechtliche Pflicht zur Amtsübernahme bestehe.
[18] BVerfG 9.6.1971 – 2 BvR 114/71, 2 BvR 127/71, BVerfGE 31, 181; BGH 2.12.1958 – 1 StR 375/58, BGHSt 12, 197 = NJW 1959, 349; 29.9.1964 – 1 StR 280/64, BGHSt 20, 37 = NJW 1964, 2432.
[19] *Kissel/Mayer* Rn. 14.
[20] *Kissel/Mayer* Rn. 14.

III. Revision

Die Besetzung und Bestellung des Schöffenwahlausschusses ist **nach dem GVG keiner** 9
gerichtlichen Überprüfung unterworfen. Begreift man die Stellung als Vertrauensperson
als öffentliches Amt, ist der Verwaltungsrechtsweg zur Überprüfung der fehlerhaften Nichtberücksichtigung eröffnet.[21]

Eine mittelbare Überprüfung kann im Weg der **Besetzungsrüge** erfolgen. Dabei ist zu 10
differenzieren:

- War der Ausschuss **nicht ordnungsgemäß bestellt,** weil bspw. nur 6 Vertrauensperso- 11
  nen gewählt wurden oder die Vertrauenspersonen von einem absolut unzuständigen
  Gremium gewählt wurden,[22] fehlt es an einer wirksamen Schöffenwahl. Die unwirksam
  gewählten Schöffen sind dann nicht gesetzliche Richter.[23]
- Besteht der Ausschuss aus mehr als der vorgeschriebenen Anzahl an Personen, ist der
  Ausschuss ebenfalls nicht ordnungsgemäß bestellt. Allerdings soll hier – obwohl eine
  Beruhensprüfung nach § 338 Nr. 1 StPO nicht erfolgt – ein Einfluss auf den gesetzlichen
  Richter jedenfalls dann nicht vorliegen, wenn die Wahl einstimmig erfolgt ist.[24]
- Erfolgt die **Wahl** der Schöffen **aus einer falschen Liste** (Jugendschöffenliste oder umgekehrt), ist der gesetzliche Richter ebenfalls verletzt.[25]
- Lag die **Beschlussfähigkeit** nicht vor, ist die Wahl ungültig und die Schöffen sind nicht
  wirksam gewählt.[26]

Dem kann die **allgemeine Formel** entnommen werden, dass die **Besetzungsrüge Erfolg** 12
hat, **wenn die Schöffenwahl an sich unwirksam** war. Das ist immer dann der Fall, wenn
nicht lediglich ein *error in procendendo* vorliegt, sondern die Wahl an einem besonders schwerwiegenden Fehler leidet, und das bei Würdigung aller Umstände offenkundig ist.[27] Das
entspricht der allgemeinen Ansicht, dass eine Verletzung des gesetzlichen Richters willkürliches Handeln voraussetzt.[28] Solche Fehler führen aber nicht zur Nichtigkeit der Entscheidung,
an der der Schöffe mitgewirkt hat, sondern nur zu deren Anfechtbarkeit mit der Besetzungsrüge.[29] Die Präklusionsvorschriften nach §§ 222a, b StPO finden Anwendung.[30]

Umgekehrt schlagen daher **vertretbare Fehler** bei der Zusammenstellung und Tätigkeit 13
des Schöffenwahlausschusses nicht auf die Besetzung des Gerichts durch. § 22d und § 21b
Abs. 6 S. 3 enthalten Regelungen, die auf die Zusammensetzung des Schöffenwahlausschusses (entsprechend) anwendbar sind.[31] So soll nach der Rechtsprechung der **gesetzliche
Richter nicht betroffen** sein, wenn
- zwei Richter teilgenommen haben;[32]
- zwei Verwaltungsbeamte teilnehmen, weil die entsprechende Bestimmung der Landesregierung missverstanden wird;[33]
- ein Mitglied des Schöffenwahlausschusses erst nachträglich gewählt wurde;[34]

---

[21] Vgl. → § 36 Rn. 13.
[22] BGH 29.9.1964 – 1 StR 280/64, BGHSt 20, 37 = NJW 1964, 2432.
[23] BVerfG 9.6.1971 – 2 BvR 114/71, 2 BvR 127/71, BVerfGE 31, 181; *Kissel/Mayer* Rn. 15; KK/*Barthe* Rn. 4.
[24] BGH 28.11.1958 – 1 StR 449/58, BGHSt 12, 227 = NJW 1959, 685 (686) für ein übersetztes Präsidium; *Kissel/Mayer* Rn. 15.
[25] BGH 7.9.1976 – 1 StR 511/76, BGHSt 26, 393 = NJW 1976, 2357.
[26] *Kissel/Mayer* Rn. 23.
[27] BGH 13.8.1991 – 5 StR 263/91, NStZ 1991, 546; *Kissel/Mayer* § 42 Rn. 22; KK/*Barthe* Rn. 4.
[28] Vgl. → § 16 Rn. 29 f.
[29] Allgemeine Meinung, s. BGH 16.1.1985 – 2 StR 717/84, BGHSt 33, 126 = NJW 1985, 926 mAnm *Katholnigg* JR 1985, 346; *Kissel/Mayer* § 42 Rn. 22.
[30] BGH 16.1.1985 – 2 StR 717/84, BGHSt 33, 126 = NJW 1985, 926 mAnm *Katholnigg* JR 1985, 346; *Kissel/Mayer* § 42 Rn. 22; KK/*Barthe* § 42 Rn. 9.
[31] *Kissel/Mayer* Rn. 16, 20; *Löwe/Rosenberg/Gittermann* Rn. 18, 21, 22, 24 jeweils mit Nachweisen aus der Rechtsprechung.
[32] KG 14.6.2010 – 1 Ss 4 86/09, BeckRS 2010, 18949.
[33] BGH 14.10.1975 – 1 StR 108/75, BGHSt 26, 206 = NJW 1976, 432.
[34] BVerfG (VPA) 22.6.1982 – 2 BvR 1205/81, NJW 1982, 2368 (2369).

- die Wahl der Vertrauensleute fehlerhaft erfolgt ist (Rechtsgedanke des § 21b Abs. 6 S. 3),[35] zB weil die Vertrauensleute unter Verstoß gegen die kommunalrechtlichen Regeln nicht in geheimer Abstimmung gewählt wurden;[36]
- die Vorschlagslisten der Gemeinden fehlerhaft sind;[37]
- unterschiedliche Rechtsauffassungen bestehen, wer der untere Verwaltungsbezirk im Sinn des Kommunalrechts (Abs. 3 S. 1) ist.[38]

14 Davon zu unterscheiden sind **Fehler, die dem Schöffenwahlausschuss selbst bei der Wahl der Schöffen** unterlaufen, denn insoweit gilt der Rechtsgedanke des § 21b Abs. 6 S. 3 nicht.[39]

§ 41 [Entscheidung über Einsprüche]

¹Der Ausschuß entscheidet mit einfacher Mehrheit über die gegen die Vorschlagsliste erhobenen Einsprüche. ²Bei Stimmengleichheit entscheidet die Stimme des Vorsitzenden. ³Die Entscheidungen sind zu Protokoll zu vermerken. ⁴Sie sind nicht anfechtbar.

I. Normzweck und allgemeiner Regelungsgehalt

1 §§ 41 und 42 legen die turnusmäßigen Aufgaben des Ausschusses fest. § 41 bestimmt die Zuständigkeit des Ausschusses für Entscheidungen über fristgerecht eingelegte Einsprüche (§ 37), enthält Einzelregelungen zum Verfahren und erklärt die Entscheidung für unanfechtbar. Darüber hinaus ist der Ausschuss auch für eine **Berichtigung der Schöffenliste** verantwortlich, soweit er anderweitig Erkenntnisse über Gründe nach § 37 gewonnen hat. Das kann sich aus verspäteten Einsprüchen, Berichtigungsanzeigen (§ 38 Abs. 2) oder anderen Quellen (§ 39 S. 1) ergeben.

II. Regelungsgehalt im Einzelnen

2 **1. Berichtigung der Vorschlagsliste/Entscheidung über Einsprüche, S. 1, 2.** Der Schöffenwahlausschuss hat die Gründe für eine Nichtberufung von Schöffen (§§ 31 S. 2, 33–35 und § 44a DRiG) **von Amts wegen** zu prüfen.[1] § 41 regelt nur einen Ausschnitt dieser Plicht, nämlich die förmliche Entscheidung über fristgerecht eingelegte Einsprüche nach § 37. Liegt ein fristgerechter Einspruch vor oder hat der Ausschuss anderweitig Kenntnis von Sachverhalten erlangt, die zu einer Berichtigung führen können, hat er den Sachverhalt umfassend aufzuklären. Regelmäßig wird diese Vorarbeit vom Vorsitzenden geleistet (§ 39 S. 1). Besteht weiterer Ermittlungsbedarf, wird der Ausschuss selbst tätig. Die Entscheidung über die Streichung von der Liste erfolgt in nicht öffentlicher Sitzung nach Abstimmung (§§ 192 ff.).[2]

3 Über **förmliche Einsprüche** hat der Ausschuss nach S. 1 förmlich zu entscheiden. Hält er sie für unzulässig oder unbegründet, weist er sie ohne zwingende vorherige Anhörung zurück.[3] Im Rahmen seiner Sachaufklärungspflicht kann eine Anhörung angezeigt sein. Erfolgt die Zurückweisung als unbegründet, ist damit zugleich entschieden, dass die Liste nicht aufgrund des im Einspruch genannten Sachverhalts berichtigt wird. Andere Berichtigungsgründe bezüglich der gleichen Person bleiben von der Entscheidung unberührt. Die Zurückweisung des unzulässigen Einspruchs entfaltet diese Wirkung nicht, da die im Einspruch genannten Gründe von Amts wegen zu prüfen sind (→ Rn. 2). Bei begründetem Einspruch erfolgt die Streichung der Person von der Vorschlagsliste.

---

[35] BGH 14.10.1975 – 1 StR 108/75, BGHSt 26, 206 = NJW 1976, 432 (433).
[36] BGH 19.1.1988 – 1 StR 577/87, BGHSt 35, 190 = NJW 1988, 3164 (3165), nicht tragend.
[37] BGH 30.4.1968 – 1 StR 87/68, BGHST 22, 122 = NJW 1968, 1436.
[38] BGH 28.11.1990 – 3 StR 170/90, BGHSt 37, 245 = NJW 1991, 1764.
[39] BGH 7.9.1976 – 1 StR 511/76, BGHSt 26, 393 = NJW 1976, 2357; dazu → § 42 Rn. 11.
[1] *Katholnigg* Rn. 1; KK/*Barthe* Rn. 1; Löwe/Rosenberg/*Gittermann* Rn. 1; Meyer-Goßner/*Schmitt* Rn. 1.
[2] → § 40 Rn. 8.
[3] KK/*Barthe* Rn. 1.

Die Entscheidung über Einsprüche erfolgt mit **einfacher Mehrheit** der anwesenden 4
Mitglieder (S. 1). Daraus folgt, dass auch über von Amts wegen zu berücksichtigende
Berichtigungsgründe mit einfacher Mehrheit zu entscheiden ist. Stimmenthaltungen bleiben
unberücksichtigt.[4] Bei Stimmengleichheit entscheidet die Stimme des Vorsitzenden (S. 2),
weshalb er sich nicht enthalten darf.[5]

2. Protokoll, S. 3. Die Entscheidungen über die Einsprüche sind zu protokollieren. Das 5
erfasst nicht das Abstimmungsverhalten oder den Gang der Verhandlung.[6] Dennoch **sollten**
die **Gründe für die Entscheidung und das Stimmenverhältnis** mitprotokolliert werden.[7] Das Protokoll kann ein Ausschussmitglied führen. Es darf auch ein Urkundsbeamter
beigezogen werden.[8] §§ 273, 274 StPO gelten nicht.[9]

3. Unanfechtbar, S. 4. Die Entscheidung des Ausschusses ist unanfechtbar (S. 4). Wegen 6
§ 336 S. 2 StPO kann sie auch nicht im Revisionsweg überprüft werden. Eine Ausnahme
gilt wegen Art. 101 Abs. 1 S. 2 GG, § 16 S. 2 bei **willkürlichem Handeln**.[10] Wird der
Einspruch zurückgewiesen, obwohl die benannte Person schöffenunfähig ist (§§ 31 S. 2, 32),
bleibt die Besetzungsrüge eröffnet,[11] weil auch die Entscheidung des Ausschusses Mängel
in der Person des Richters nicht heilen kann.[12] Das gilt jedenfalls dann, wenn diese Gründe
im Zeitpunkt der Hauptverhandlung noch fortbestehen.

§ 42 [Schöffenwahl]

(1) ¹Aus der berichtigten Vorschlagsliste wählt der Ausschuß mit einer Mehrheit
von zwei Dritteln der Stimmen für die nächsten fünf Geschäftsjahre:
1. die erforderliche Zahl von Schöffen;
2. die erforderliche Zahl der Personen, die an die Stelle wegfallender Schöffen
   treten oder in den Fällen der §§ 46, 47 als Schöffen benötigt werden (Hilfsschöffen). ²Zu wählen sind Personen, die am Sitz des Amtsgerichts oder in dessen
   nächster Umgebung wohnen.

(2) Bei der Wahl soll darauf geachtet werden, daß alle Gruppen der Bevölkerung
nach Geschlecht, Alter, Beruf und sozialer Stellung angemessen berücksichtigt
werden.

Übersicht

	Rn.		Rn.
I. Normzweck und allgemeiner Regelungsgehalt	1	2. Wahl der Hauptschöffen, Abs. 1 S. 1 Nr. 1	7
II. Regelungsgehalt im Einzelnen	2–10	3. Wahl der Hilfsschöffen, Abs. 1 S. 1 Nr. 2	8–10
1. Wahl	2–6	III. Anfechtung und Revision	11–13

I. Normzweck und allgemeiner Regelungsgehalt

Nach § 42 besteht die **Hauptaufgabe des Ausschusses** in der turnusmäßigen Wahl der 1
Schöffen. Zu wählen sind Haupt- und Hilfsschöffen (sowie Jugendschöffen, § 35 JGG). Die
Norm regelt die erforderlichen Mehrheitsverhältnisse, enthält eine Sollvorschrift für die

---

[4] *Kissel/Mayer* Rn. 2.
[5] *Katholnigg* Rn. 1.
[6] *Kissel/Mayer* Rn. 3.
[7] *Katholnigg* Rn. 2; *Kissel/Mayer* Rn. 3; *KK/Barthe* Rn. 2; *Löwe/Rosenberg/Gittermann* Rn. 3.
[8] *Katholnigg* Rn. 2; *Kissel/Mayer* Rn. 3; *Löwe/Rosenberg/Gittermann* Rn. 3.
[9] BGH 14.10.1975 – 1 StR 108/75, BGHSt 26, 206 = NJW 1976, 432.
[10] Vgl. auch → § 32 Rn. 9.
[11] *Katholnigg* Rn. 3.
[12] Vgl. → § 32 Rn. 9, → § 33 Rn. 14; allgemein zur Willkürkontrolle → § 16 Rn. 29.

Gerichtsortnähe der Schöffen und legt das Repräsentanzprinzip (§ 36 Abs. 2 S. 1) auch der Wahl zugrunde.

II. Regelungsgehalt im Einzelnen

1. Wahl. Die Wahl aller Schöffen erfolgt aus der vereinigten **Vorschlagsliste** (§ 39), in der vom Wahlausschuss ggf. nach § 41 berichtigten Fassung.[1] Die Listen (eine für die Erwachsenenschöffen, eine für die Jugendschöffen) sind für den Ausschuss **verbindlich** und legen den Pool der wählbaren Schöffen abschließend fest.[2] Auf andere Listen (Jugendschöffenliste für die allgemeinen Schöffen oder umgekehrt,[3] Listen von Gemeinden außerhalb des Amtsgerichtsbezirks,[4] frühere Vorschlagslisten[5]) darf nicht zurückgegriffen werden. Fehlen die Listen insgesamt, ist eine Wahl nicht möglich und es tritt Stillstand der Rechtspflege ein.[6]

Bereits begrifflich folgt aus § 42, dass eine **echte Wahl** erfolgen muss. Das bedeutet, dass der Wahlausschuss **selbstständig und in eigener Verantwortung** unter Berücksichtigung der Grundsätze des Abs. 2 verfahren muss.[7] Nicht ausreichend ist daher ein reines Losverfahren (zB „Frankfurter Schöffenroulette"),[8] die Übernahme von Vorschlagslisten, die von anderen Gremien erstellt wurden, gleich ob sie nur vorbereitend, aber ohne weitere Auswahl übernommen wurden[9] oder gar verbindlich waren.[10] Genügen soll hingegen ein Verfahren, bei dem
- für jeden auf der Vorschlagsliste enthaltenen Namen eine Karteikarte angelegt wird,
- diese Karteikarten entsprechend der Repräsentativforderung des Abs. 2 in verschiedene Umschläge gelegt werden,
- aus diesen Umschlägen jeweils einzelne Karten gezogen werden und vom Vorsitzenden vorgeschlagen wird, den darauf Verzeichneten zu wählen,
- sofern sich kein Widerspruch erhebt, diese Person als gewählt behandelt wird, andernfalls eine Abstimmung stattfindet und
- die Mitglieder des Ausschusses abschließend erklären, damit sei eine angemessene Berücksichtigung aller Bevölkerungsgruppen erreicht und eine Änderung am Wahlergebnis nicht erforderlich.[11]

Wird in einem Strafverfahren festgestellt, dass es insgesamt an einer wirksamen Wahl fehlt, hat eine **Nachwahl** stattzufinden, bei der der erneut zusammentretende Ausschuss aus den vorliegenden, nach Maßgabe zwischenzeitlicher Veränderungen berichtigten Vorschlagslisten *ex nunc* für den Rest der Amtsperiode neue Schöffen wählt.[12] Eine analoge Anwendung von § 52 Abs. 6 kommt mangels vergleichbarer Interessenlage nicht in Betracht.[13] Bemerkt der Schöffenwahlausschuss selbst, dass die Wahl unwirksam war, hat er das Recht und die Pflicht, einen Wahlfehler, der sich auf die Besetzung der gerichtlichen Spruchkörper auswirken kann, durch Wiederholung der Schöffenwahl zu beheben.[14] Die zuvor gewählten

---

[1] *Katholnigg* Rn. 1; *Kissel/Mayer* Rn. 1, 3; KK/*Barthe* Rn. 1; Löwe/Rosenberg/*Gittermann* Rn. 1; Meyer-Goßner/*Schmitt* Rn. 1.
[2] *Katholnigg* Rn. 1; *Kissel/Mayer* Rn. 1; KK/*Barthe* Rn. 1; Löwe/Rosenberg/*Gittermann* Rn. 1; Meyer-Goßner/*Schmitt* Rn. 1.
[3] BGH 7.9.1976 – 1 StR 511/76, BGHSt 26, 393 = NJW 1976, 2357.
[4] BGH 4.12.1979 – 5 StR 337/79, BGHSt 29, 144 = NJW 1980, 1175.
[5] *Kissel/Mayer* Rn. 2; Löwe/Rosenberg/*Gittermann* Rn. 1.
[6] *Kissel/Mayer* § 36 Rn. 16, § 42 Rn. 2; Löwe/Rosenberg/*Gittermann* Rn. 1; aA Löwe/Rosenberg/*Gittermann* § 50 Rn. 3: analoge Anwendung des § 50 auf die Schöffen der auslaufenden Amtsperiode.
[7] *Kissel/Mayer* Rn. 19; KK/*Barthe* Rn. 1.
[8] BGH 21.9.1984 – 2 StR 327/84, BGHSt 33, 41 = NJW 1984, 2839.
[9] BGH 19.1.1988 – 1 StR 577/87, BGHSt 35, 190 = NJW 1988, 3164.
[10] LG Koblenz 10.3.1988 – 105 Js (Wi) 10 920/87 – 11 KLs, StV 1988, 246.
[11] BGH 19.6.1985 – 2 StR 197/85 – 2 StR 98/85, BGHSt 33, 261 = NJW 1985, 2341.
[12] BGH 19.6.1985 – 2 StR 197/85 – 2 StR 98/85, BGHSt 33, 261 = NJW 1985, 2341 (2342).
[13] BGH 19.6.1985 – 2 StR 197/85 – 2 StR 98/85, BGHSt 33, 261 = NJW 1985, 2341 (2342).
[14] BGH 4.2.1998 – 2 StR 605/97, NStZ-RR 1999, 49.

Schöffen waren in beiden Fällen ohnehin zu keinem Zeitpunkt gesetzliche Richter, da sie nie wirksam gewählt wurden. Sie verlieren mit der Nachwahl auch formell ihr Amt.[15]

Die Wahl jedes einzelnen Schöffen muss mit **2/3-Mehrheit der abgegebenen Stimmen** erfolgen.[16] Die Beschlussfähigkeit richtet sich nach § 40 Abs. 4. Eine Protokollierung ist nicht vorgeschrieben, aber im Hinblick auf mögliche spätere Besetzungsrügen auch bezüglich der Mehrheitsverhältnisse dringend anzuraten.[17] Das Protokoll erwächst jedoch nicht in Beweiskraft. §§ 273, 274 StPO sind nicht entsprechend anwendbar.[18]

Bei der Wahl der Haupt- und Hilfsschöffen ist die **allgemeine Repräsentanz** zu beachten. Es handelt sich aber – wie auch bei § 36 Abs. 2 S. 1 – nur um eine Sollvorschrift. Gleiches gilt trotz des Wortlauts für Abs. 1 S. 2 („Zu wählen sind...").

2. Wahl der Hauptschöffen, Abs. 1 S. 1 Nr. 1. Der Wahlausschuss wählt die Hauptschöffen in der gesetzlich vorgesehenen Zahl (§§ 43, 58 Abs. 2, 77 Abs. 2, 78 Abs. 3) **getrennt** nach Schöffen **für das Schöffengericht** und Schöffen **für das Landgericht** (die Strafkammern und das Schwurgericht). Dabei sind für das Landgericht so viele Schöffen zu wählen, wie nach Bestimmung des Landgerichtspräsidenten aus dem jeweiligen Amtsgerichtsbezirk zu stellen sind, § 77 Abs. 2 S. 1. Die Wahl erfolgt für alle Hauptschöffen aus der gleichen Vorschlagsliste und mündet in der Eintragung in der jeweiligen Schöffenliste (für das Schöffengericht, § 44 bzw. für die Strafkammern, § 77 Abs. 2). Die Jugendschöffen werden nach dem gleichen Prinzip gewählt, wobei eine nach Geschlechtern getrennte Eintragung in jeweils einzelne Listen für jedes Gericht erfolgt (§ 35 JGG). Die Reihenfolge für die Heranziehung für Sitzungstage erfolgt anschließend für das folgende Geschäftsjahr durch Losentscheid nach § 45, 77 Abs. 1, 3 S. 1. Eine Person kann nicht zugleich Schöffe beim Schöffengericht und beim Landgericht sein, § 77 Abs. 4.

3. Wahl der Hilfsschöffen, Abs. 1 S. 1 Nr. 2. Der Ausschuss wählt des Weiteren die Hilfsschöffen **für die Schöffenabteilung des eigenen Amtsgerichts**. Die Hilfsschöffen des Landgerichts wählt der Ausschuss bei dem Amtsgericht, in dessen Bezirk das Landgericht seinen Sitz hat (§ 77 Abs. 2 S. 2) aus der eigenen Vorschlagsliste. Wählt er aus den Listen anderer Bezirke, ist die Wahl ungültig.[19] Der Ausschuss soll bei den Hilfsschöffen das Repräsentanzprinzip (Abs. 2) beachten und soll (→ Rn. 6) darüber hinaus Hilfsschöffen mit gerichtsnahen Wohnorten wählen. Abs. 1 S. 2 bezieht sich nur auf die Hilfsschöffen (Abs. 1 S. 1 Nr. 2), weil deren Inanspruchnahme oft kurzfristig erfolgt und daher eine schnelle und unproblematische Erreichbarkeit des Schöffen durch den **gerichtsnahen Wohnort** gewährleistet wird.[20] Schöffen können nicht zugleich als Haupt- und Hilfsschöffen gewählt werden.[21]

Hilfsschöffen sind Schöffen, die an die Stelle wegfallender Hauptschöffen treten (§§ 51, 52, 53), bei der Bildung eines weiteren Schöffengerichts (§ 46) oder einer weiteren Strafkammer (§ 77 Abs. 1 iVm § 46) oder bei der Anberaumung außerordentlicher Sitzungen (§ 47) berufen werden. Sie sind auch heranzuziehen, wenn ein Hauptschöffe oder vorrangiger Hilfs- oder Ergänzungsschöffe verhindert ist (§§ 47, 54 Abs. 1, 2 S. 1) oder Ergänzungsschöffen benötigt werden (§§ 48, 192 Abs. 3). Tritt der Hilfsschöffe für einen ausgeschiedenen (§§ 51–53) Hauptschöffen ein, folgt er diesem in dessen Einteilung (§ 45) und ist aus der Hilfsschöffenliste zu streichen. Gleiches gilt, wenn er bei neu gebildeten Spruchkörpern mit Schöffen eingesetzt wird, weil er dann ebenfalls zum Hauptschöffen (dieses Spruchkörpers) wird. In den Verfahren, in denen er bereits als herangezogener Hilfs- oder Ergänzungsschöffe tätig ist, bleibt er zusätzlich und vorrangig zur neuen Hauptschöffentätigkeit zustän-

---

[15] *Kissel/Mayer* Rn. 21.
[16] *Kissel/Mayer* Rn. 13; *Löwe/Rosenberg/Gittermann* Rn. 4.
[17] *Kissel/Mayer* Rn. 20.
[18] BGH 14.10.1975 – 1 StR 108/75, BGHSt 26, 206 = NJW 1976, 432 (433).
[19] BGH 4.12.1979 – 5 StR 337/79, BGHSt 29, 144 = NJW 1980, 1175.
[20] *Kissel/Mayer* Rn. 9; *Löwe/Rosenberg/Gittermann* Rn. 13; vgl. auch BT-Drs. 8/976, 29.
[21] Allgemeine Meinung *Kissel/Mayer* Rn. 12; *KK/Barthe* Rn. 4; *Löwe/Rosenberg/Gittermann* Rn. 13.

10　Wie bei den Hauptschöffen wird die Reihenfolge der Heranziehung gelost (§§ 45 Abs. 2 S. 4, Abs. 3, 77 Abs. 3 S. 1). Diese **Reihenfolge** ist maßgeblich für die Heranziehung. Auf deren Grund (→ Rn. 9) kommt es nicht an. Verringert sich im Laufe der Amtsperiode die ursprüngliche Zahl der Hilfsschöffen auf die Hälfte, findet eine Nachwahl statt (§ 52 Abs. 6).

III. Anfechtung und Revision

11　Die Wahl selbst kann **nicht isoliert angefochten** werden.[22] Sie ist jedoch mit der **Besetzungsrüge mittelbar überprüfbar,** denn nur wirksam gewählte Schöffen können gesetzliche Richter sein.[23] Die Besetzungsrüge ist aber nicht bei jedem Fehler im Wahlverfahren begründet, sondern nur, wenn die Wahl an einem besonders schwerwiegenden Mangel leidet und dies bei verständiger Würdigung aller Umstände offenkundig ist.[24] In Bezug auf die Wahl selbst bedeutet das, dass ein Schöffe nicht gesetzlicher Richter ist, wenn gar keine echte Wahl stattgefunden (→ Rn. 3), die 2/3-Mehrheit nicht vorgelegen hat,[25] der Schöffe nicht auf der richtigen Vorschlagsliste stand[26] oder bei der Wahl der Hilfsschöffen die Vorschlagsliste eines anderen Amtsgerichtsbezirks im Landgerichtsbezirk herangezogen wurde.[27] Solche Fehler führen nicht zur Nichtigkeit der Entscheidung, an der der Schöffe mitgewirkt hat, sondern nur zu deren Anfechtbarkeit mit der Besetzungsrüge.[28] Die Präklusionsvorschriften nach §§ 222a, b StPO finden Anwendung.[29] Die Feststellung der unwirksamen Wahl gilt aber nur in dem Verfahren, in dem die Besetzungsrüge erhoben wurde.[30] Nach einer derartigen Feststellung wird aber regelmäßig eine Nachwahl angezeigt sein (→ Rn. 4).

12　Das Recht auf den **gesetzlichen Richter** ist jedoch **nicht verletzt,** wenn es sich nicht um schwerwiegende Fehler handelt. Das ist zB angenommen worden, wenn bei gemeinsamer Wahl der allgemeinen und der Jugendschöffen der Jugendrichter die gesamte Sitzung leitet und sich für zuständig hält,[31] die Schöffen für die große und kleine Strafkammer getrennt gewählt wurden,[32] der Wahlausschuss bewusst die Liste einer Gemeinde unberücksichtigt gelassen hat, soweit dies nicht willkürlich erfolgt ist,[33] oder die Liste einer Gemeinde gefehlt hat und der zahlenmäßige Einfluss der fehlenden Liste auf die Gesamtliste gering ist.[34]

13　Weiter ist **zu differenzieren,** ob der schwerwiegende Fehler die **gesamte Wahl** betrifft, zB bei Auslosung aller Schöffen, oder nur die **Wahl des einzelnen Schöffen,** zB wenn die 2/3-Mehrheit bei seiner konkreten Wahl nicht vorlag oder diese Person nicht auf der Schöffenliste stand. Im letzteren Fall wird die Wahl der übrigen Schöffen durch den Fehler nicht beeinflusst und sie sind gesetzliche Richter, denn jede Einzelwahl eines Schöffen durch den Schöffenwahlausschuss ist eine für sich zu betrachtende Entscheidung.[35]

---

[22] OLG Stuttgart 30.5.1985 – 4 VAs 30/85, NJW 1985, 2343; *Kissel/Mayer* Rn. 21; KK/*Barthe* Rn. 9; Löwe/Rosenberg/*Gittermann* Rn. 12.
[23] BVerfG 9.6.1971 – 2 BvR 114/71, 2 BvR 127/71, BVerfGE 31, 181.
[24] BGH 13.8.1991 – 5 StR 263/91, NStZ 1991, 546; dazu → § 40 Rn. 12.
[25] BGH 14.10.1975 – 1 StR 108/75, BGHSt 26, 206 = NJW 1976, 432 (433).
[26] BGH 7.9.1976 – 1 StR 511/76, BGHSt 26, 393 = NJW 1976, 2357.
[27] BGH 4.12.1979 – 5 StR 337/79, BGHSt 29, 144 = NJW 1980, 1175.
[28] Allgemeine Meinung, s. BGH 16.1.1985 – 2 StR 717/84, BGHSt 33, 126 = NJW 1985, 926 mAnm *Katholnigg* JR 1985, 346; *Kissel/Mayer* Rn. 22.
[29] BGH 16.1.1985 – 2 StR 717/84, BGHSt 33, 126 = NJW 1985, 926 mAnm *Katholnigg* JR 1985, 346; *Kissel/Mayer* Rn. 22; KK/*Barthe* Rn. 9.
[30] Allgemeine Meinung, s. *Kissel/Mayer* Rn. 21.
[31] BGH 14.10.1975 – 1 StR 108/75, BGHSt 26, 206 = NJW 1976, 432.
[32] Vgl. BGH 13.8.1991 – 5 StR 263/91, NStZ 1991, 546 unter Hinweis auf BGH 30.7.1975 – 3 StR 27/75 und 28/75, GA 1976, 141.
[33] BGH 24.3.1987 – 5 StR 680/86, StV 1987, 258.
[34] BGH 13.8.1985 – 1 StR 330/85, BGHSt 33, 290, NJW 1986, 1356 (1357); auch → § 39 Rn. 3.
[35] BGH 13.8.1991 – 5 StR 263/91, NStZ 1991, 546.

§ 43 [Bestimmung der Schöffenzahl]

(1) Die für jedes Amtsgericht erforderliche Zahl von Haupt- und Hilfsschöffen wird durch den Präsidenten des Landgerichts (Präsidenten des Amtsgerichts) bestimmt.

(2) Die Zahl der Hauptschöffen ist so zu bemessen, daß voraussichtlich jeder zu nicht mehr als zwölf ordentlichen Sitzungstagen im Jahr herangezogen wird.

I. Normzweck und allgemeiner Regelungsgehalt

Abs. 1 weist die Bestimmung der Anzahl der zu wählenden Haupt- und Hilfsschöffen dem Präsidenten des Landgerichts (Amtsgerichts) als Akt der Justizverwaltung im Sinn einer reinen Verwaltungstätigkeit zu.[1] Abs. 2 macht Vorgaben dazu, wie diese Zahl für die Hauptschöffen zu ermitteln ist. Das dient zum einen dem **Schutz der Schöffen** vor übermäßiger Inanspruchnahme.[2] Zum anderen sollen die Schöffen durch häufigere Heranziehung zu Verhandlungen **mit den gesetzlichen Bestimmungen vertraut** gemacht werden, deren Kenntnis zur Erfüllung ihrer in § 30 umschriebenen Aufgaben erforderlich ist.[3] Zur Zahl der Hilfsschöffen schweigt das Gesetz.

II. Regelungsgehalt im Einzelnen

1. Bestimmung der Anzahl der Haupt- und Hilfsschöffen, Abs. 1. Für die Bestimmung ist der **Präsident des Landgerichts** auch für die Amtsgerichte **zuständig.** Für das Landgericht gilt § 77 Abs. 2 S. 1. Bei Präsidialamtsgerichten obliegt diese Aufgabe dem Präsidenten des Amtsgerichts. Es handelt sich um eine reine Justizverwaltungstätigkeit.[4] Die Vertretungsregel des § 21h greift nicht.[5] Für gemeinsame Schöffengerichte gilt § 58 Abs. 2.

2. Bemessung der Anzahl der Hauptschöffen, Abs. 2. Die erforderliche Anzahl der Hauptschöffen orientiert sich für jedes Gericht an der im Rahmen einer **Prognose** zu bestimmenden Zahl der für das Geschäftsjahr anfallenden **Sitzungstage der Schöffenspruchkörper.** Es ist nicht auf die Amtsperiode der Schöffen, sondern auf die jährliche Belastung abzustellen. Sitzungstage sind auch die Folgetage einer mehrtägigen Strafsache.[6] Das Gesetz geht davon aus, dass eine Belastung der Schöffen mit maximal zwölf Sitzungstagen pro Jahr zumutbar ist. Aus dem Prognosecharakter folgt, dass es sich nicht um eine absolute Höchstzahl handelt, sondern um eine Berechnungsgrundlage. Im Einzelfall kann es daher zu deutlich höheren Belastungen kommen, ohne dass sich daraus Entlastungsansprüche oder Verweigerungsrechte ergäben.[7] Um den Schöffenbedarf pro Spruchkörper festzustellen, ist daher die Anzahl der voraussichtlichen Sitzungstage mit zwei (Schöffen) zu multiplizieren und im Anschluss durch zwölf zu teilen. Dieser Vorgang ist für jeden Spruchkörper mit Schöffenbeteiligung zu wiederholen. Da es sich um eine Maximalberechnung handelt, darf anschließend die Zahl der Hauptschöffen nach **pflichtgemäßem Ermessen** in vertretbarem Maß erhöht werden. Dabei ist stets auch zu berücksichtigen, dass die Schöffen nicht unterbeschäftigt sein sollen, um ein gewisses Maß an Vertrautheit mit der Tätigkeit zu gewährleisten.[8]

3. Bemessung der Hilfsschöffenzahl. Das Gesetz macht keine Vorgaben dazu, wie die Zahl der Hilfsschöffen zu ermitteln ist. Auch hier gilt der **Richtwert des Abs. 2**

---

[1] BGH 6.12.1973 – 4 StR 554/73, BGHSt 25, 257 = NJW 1974, 509.
[2] *Kissel/Mayer* Rn. 3; *Löwe/Rosenberg/Gittermann* Rn. 2.
[3] BGH 9.10.1973 – 1 StR 327/73, NJW 1974, 155.
[4] BGH 6.12.1973 – 4 StR 554/73, BGHSt 25, 257 = NJW 1974, 509.
[5] BGH 6.12.1973 – 4 StR 554/73, BGHSt 25, 257 = NJW 1974, 509.
[6] *Kissel/Mayer* Rn. 2.
[7] *Kissel/Mayer* Rn. 3; *KK/Barthe* Rn. 2.
[8] BGH 9.10.1973 – 1 StR 327/73, NJW 1974, 155.

(zwölf Sitzungstage). Dabei ist auf Erfahrungswerte der Vergangenheit (insbes. der letzten Amtsperiode) zurückzugreifen in Bezug auf die Häufigkeit von außerordentlicher Inanspruchnahme, dauerhaftem Ausfall von Hauptschöffen etc. Eine Nachwahl nach § 52 Abs. 6 soll vermieden werden.[9] Daher ist eine großzügige Handhabung angebracht.[10]

III. Revision

5   Die fehlerhafte Bemessung der Schöffenanzahl oder grobe Missverhältnisse von Haupt- zu Hilfsschöffenanzahl können mit der Besetzungsrüge mittelbar nur auf **Ermessensmissbrauch bzw. Willkür** überprüft werden.[11] Ist die Prognoseentscheidung aus der *ex-ante*-Sicht vertretbar, ist sie vom Revisionsgericht hinzunehmen.

§ 44 [Schöffenliste]

Die Namen der gewählten Hauptschöffen und Hilfsschöffen werden bei jedem Amtsgericht in gesonderte Verzeichnisse aufgenommen (Schöffenlisten).

I. Schöffenlisten

1   Bei jedem Amtsgericht sind **getrennte Schöffenlisten** zu führen. Es muss je eine Liste für Hauptschöffen, Hilfsschöffen, Jugendhauptschöffen und Jugendhilfsschöffen (Jugendschöffenlisten weiter nach Geschlechtern getrennt, § 35 Abs. 5 JGG) geben, denn diese Listen sind maßgeblich für die Frage, wer gesetzlicher Richter sein kann. Jede Liste gilt für sämtliche (Jugend-)Schöffenabteilungen des Amtsgerichts, wenn mehrere vorhanden sind. Die Mindestangaben des § 36 Abs. 2 S. 2 müssen enthalten sein.[1] Weitere Vorgaben existieren nicht. Für das Landgericht gilt nach § 77 Abs. 2 das Gleiche. Getrennte Listen für die einzelnen Spruchkörper begründen als schwerwiegender Fehler die Besetzungsrüge.[2]

2   Die Schöffenliste führt der Urkundsbeamte der Geschäftsstelle (§ 45 Abs. 4). Aus ihnen wird die **Reihenfolge** der Heranziehung zu den Sitzungstagen (Hauptschöffen, § 45 Abs. 2) sowie die Reihenfolge beim Nachrücken/Einsatz in einzelnen Sitzungen (Hilfsschöffen, § 45 Abs. 2 S. 4) **ausgelost** und damit der gesetzliche Richter vorab abstrakt bestimmt.

II. Recht auf Einsicht

3   Da die Schöffenlisten für die Bestimmung des gesetzlichen Richters maßgeblich sind, gehören sie zu den Unterlagen, in die nach § 222a Abs. 3 StPO für den Staatsanwalt, Verteidiger und nebenklagevertretenden Rechtsanwalt ein Einsichtsrecht besteht, dass sich auch auf das Protokoll des Schöffenwahlausschusses,[3] Auslosungsprotokoll[4] sowie das Vereidigungsprotokoll[5] erstreckt. Der Anspruch richtet sich gegen die Justizverwaltung.[6] Wird die Einsicht verweigert, greift die Rügepräklusion des § 222b StPO nicht ein.[7]

---

[9] *Kissel/Mayer* Rn. 5; KK/*Barthe* Rn. 5; Löwe/Rosenberg/*Gittermann* Rn. 3.
[10] *Kissel/Mayer* Rn. 5.
[11] BGH 9.10.1973 – 1 StR 327/73, NJW 1974, 155; 12.4.1978 – 3 StR 58/78, BGHSt 27, 397 = NJW 1978, 1444 (1445); *Kissel/Mayer* Rn. 6; KK/*Barthe* Rn. 5; Löwe/Rosenberg/*Gittermann* Rn. 4; Meyer-Goßner/*Schmitt* Rn. 3.
[1] *Kissel/Mayer* Rn. 2.
[2] BGH 30.7.1975 – 3 StR 27/75 und 28/75, GA 1976, 141 (142); Löwe/Rosenberg/*Gittermann* Rn. 1.
[3] BGH 16.1.1985 – 2 StR 717/84, BGHSt 33, 126 = NJW 1985, 926 mAnm *Katholnigg* JR 1985, 346.
[4] Löwe/Rosenberg/*Gittermann* § 45 Rn. 24.
[5] BGH 22.5.2003 – 4 StR 21/03, BGHSt 48, 290 = NJW 2003, 2545 (2546).
[6] OLG Düsseldorf 8.6.1979 – 1 Ws 297/79, MDR 1979, 1043.
[7] → StPO § 222a Rn. 25; KK/*Gmel* StPO § 222a Rn. 14.

§ 45 [Feststellung der Sitzungstage]

(1) Die Tage der ordentlichen Sitzungen des Schöffengerichts werden für das ganze Jahr im voraus festgestellt.

(2) ¹Die Reihenfolge, in der die Hauptschöffen an den einzelnen ordentlichen Sitzungen des Jahres teilnehmen, wird durch Auslosung in öffentlicher Sitzung des Amtsgerichts bestimmt. ²Sind bei einem Amtsgericht mehrere Schöffengerichte eingerichtet, so kann die Auslosung in einer Weise bewirkt werden, nach der jeder Hauptschöffe nur an den Sitzungen eines Schöffengerichts teilnimmt. ³Die Auslosung ist so vorzunehmen, daß jeder ausgeloste Hauptschöffe möglichst zu zwölf Sitzungstagen herangezogen wird. ⁴Satz 1 gilt entsprechend für die Reihenfolge, in der die Hilfsschöffen an die Stelle wegfallender Schöffen treten (Hilfsschöffenliste); Satz 2 ist auf sie nicht anzuwenden.

(3) Das Los zieht der Richter beim Amtsgericht.

(4) ¹Die Schöffenlisten werden bei einem Urkundsbeamten der Geschäftsstelle (Schöffengeschäftsstelle) geführt. ²Er nimmt ein Protokoll über die Auslosung auf. ³Der Richter beim Amtsgericht benachrichtigt die Schöffen von der Auslosung. ⁴Zugleich sind die Hauptschöffen von den Sitzungstagen, an denen sie tätig werden müssen, unter Hinweis auf die gesetzlichen Folgen des Ausbleibens in Kenntnis zu setzen. ⁵Ein Schöffe, der erst im Laufe des Geschäftsjahres zu einem Sitzungstag herangezogen wird, ist sodann in gleicher Weise zu benachrichtigen.

Schrifttum: *Börner*, Die Ungleichheit von Schöffen und Berufsrichtern, ZStW 2010, 157; *Katholnigg*, Die gerichtsverfassungsrechtlichen Änderungen durch das Strafverfahrensänderungsgesetz 1979, NJW 1978, 2377; *ders.*, Zum Gebot des gesetzlichen Richters bei Überbesetzung des Spruchkörpers, JR 1997, 284; *Roth*, Gesetzlicher Richter und variable Spruchkörperbesetzungen, NJW 2000, 3692; *Sieg*, Ausnahmen vom Grundsatz der vorausbestimmten Sitzungstage des Schöffengerichts? NJW 1980, 2453.

Übersicht

	Rn.		Rn.
I. Normzweck	1	3. Auslosung der Hilfsschöffen, Abs. 2 S. 4	10
II. Regelungsgehalt	2–13		
1. Festsetzung der ordentlichen Sitzungstage, Abs. 1	3–5	4. Schöffengeschäftsstelle, Protokoll und Benachrichtigungen, Abs. 4	11–13
2. Auslosung der Hauptschöffen, Abs. 2, 3	6–9	III. Revision	14, 15

I. Normzweck

§ 45 stellt das Pendant zu §§ 21e, 21g für die ehrenamtlichen Richter dar und gewährleistet **1** den „**gesetzlichen Schöffen**" (Art. 101 Abs. 1 S. 2 GG, § 16 S. 2) durch weitgehend abstrakt generelle Vorherbestimmung der Zuständigkeit. Dies geschieht in einem zweistufigen Verfahren. Zunächst werden die Sitzungstage des jeweiligen Geschäftsjahres für jeden Schöffenspruchkörper im Voraus festgelegt (Abs. 1). Sodann wird die Reihenfolge der Schöffen bei der Einteilung auf die Sitzungstage durch Auslosung von der jeweiligen Schöffenliste bestimmt (Abs. 2). Dieses System nimmt es in Kauf, dass durch die Terminierung beeinflusst werden kann, welcher Schöffe am jeweiligen Verfahren teilnimmt. Darin ist zwar grundsätzlich ein Verstoß gegen Art. 101 Abs. 1 S. 2 GG, § 16 zu erblicken. Denn auch für die Schöffen gilt der Grundsatz, dass im Vorhinein so genau wie möglich bestimmt sein muss, welcher Richter für welches Verfahren im Einzelfall berufen ist und welcher Richter im Fall seiner Verhinderung für ihn eintritt.[1] Die steuernde Auswahl und Manipulation bei der Zuteilung der zu erledigenden Aufgaben ist nach Möglichkeit zu vermeiden.[2] Dieses

---
[1] → § 21e Rn. 29.
[2] Für die Berufsrichter: BVerfG 8.4.1997 – 1 PBvU 1/95, BVerfGE 95, 322 = NJW 1997, 1497 (Spruchgruppen).

Verfassungsgebot kollidiert bei den Schöffen aber mit deren Grundrechten aus Art. 2 Abs. 1 und ggf. 12 Abs. 1 GG, da sie das Ehrenamt des Schöffen nur in eng begrenzten Ausnahmefällen ablehnen können und zu seiner Wahrnehmung auch gegen ihren Willen verpflichtet sind (Staatsbürgerpflicht). Daher nimmt § 45 eine **praktische Konkordanz** vor, indem die Sitzungstage für den Schöffen im Voraus absehbar sind und somit eine weitgehende Planung des Lebens abseits des Schöffenamts ermöglicht wird.[3]

II. Regelungsgehalt

2 Abs. 1 regelt die Festlegung der Sitzungstage eines jeden Spruchkörpers für das kommende Geschäftsjahr im Voraus. Abs. 2 bestimmt Voraussetzungen für die Auslosung der Haupt- und Hilfsschöffen, regelt das Verfahren aber nicht abschließend. Abs. 3 erklärt den geschäftsplanmäßig vorgesehenen Richter beim Amtsgericht für zuständig. Nach Abs. 4 ist ein Protokoll zu errichten, die Schöffenlisten zu führen und die Schöffen von den Terminen in Kenntnis zu setzen.

3 **1. Festsetzung der ordentlichen Sitzungstage, Abs. 1.** Die ordentlichen Sitzungstage (zu den außerordentliche Sitzungstagen s. § 47) werden im Voraus für das Geschäftsjahr von der Justizverwaltung[4] entweder konkret nach Kalendertagen oder einem eindeutigen abstrakten Schlüssel (Kalenderwochen und jeweilige Wochentage) für jeden Spruchkörper mit Schöffenbeteiligung getrennt[5] festgelegt **(Stetigkeitsprinzip)**. Eine Bestimmung und Auslosung soll auch im Vorhinein für die gesamte Amtsperiode möglich sein, wenn sie für jedes einzelne Jahr gesondert erfolgt.[6] Zweckmäßig ist ein solches Vorgehen freilich nicht.[7] Es ist eine Bedarfsprognose für den jeweiligen Spruchkörper anhand der Erfahrung aus vergangenen Geschäftsjahren vorzunehmen. Auch an kleinen Gerichten, bei denen der Bedarf sehr schwankend sein kann, darf von diesem System nicht abgewichen werden. Eine *ad-hoc*-Verteilung von Sitzungstagen an Spruchkörper würde die Gewährleistung des gesetzlichen Richters verletzen.[8] Folglich kommt es auch nicht in Betracht, einen Sitzungstag sowohl dem Jugendschöffengericht als auch dem Schöffengericht zuzuweisen und die Entscheidung über die Terminierung des einen oder anderen Spruchkörpers dem (personengleichen) Vorsitzenden zu überlassen.[9] Lediglich bei Spruchkörpern, bei denen gar nicht absehbar ist, ob sie überhaupt in Anspruch genommen werden (zB der nach Zurückverweisung zuständige Auffangspruchkörper, wenn solche Zurückverweisungen in den letzten Jahren praktisch nicht vorgekommen sind), kann auf die Zuweisung von Sitzungstagen insgesamt verzichtet werden. Tritt eine Sitzungsnotwendigkeit ein, ist nach § 47 zu verfahren.[10] Wenn bei einem Spruchkörper grundsätzlich zwar mit einem Geschäftsanfall zu rechnen, dieser aber erfahrungsgemäß sehr gering ist, sind entsprechend (wenige) Sitzungstage festzusetzen. Dem Beschleunigungsgrundsatz in Haftsachen ist dann durch die Terminierung außerordentlicher Sitzungen (§ 47) Rechnung zu tragen.[11]

4 Die **festgelegten Sitzungstage dürfen grundsätzlich** im laufenden Geschäftsjahr **nicht geändert werden**. Ausnahmen hierfür können sich bei Veränderungen in der Organisation des Gerichts durch Vermehrung (§ 46) oder Verringerungen der Schöffenab-

---

[3] Vgl. auch *Kissel/Mayer* Rn. 2; *Roth* NJW 2000, 3692 (3694).
[4] HM BayObLG 15.11.1960 – RReg. 2 St 556/60, NJW 1961, 568; *Katholnigg* Rn. 1; *Kissel/Mayer* Rn. 5; *KK/Barthe* Rn. 2; *Löwe/Rosenberg/Gittermann* Rn. 5; *Meyer-Goßner/Schmitt* Rn. 1.
[5] BGH 10.8.1960 – 2 StR 307/60, BGHSt 15, 107 = NJW 1960, 1918.
[6] BGH 21.12.1976 – 1 StR 745/76, (nicht veröffentlicht).
[7] *Katholnigg* Fn. 11.
[8] BGH 10.8.1960 – 2 StR 307/60, BGHSt 15, 107 = NJW 1960, 1918.
[9] BGH 10.8.1960 – 2 StR 307/60, BGHSt 15, 107 = NJW 1960, 1918 zum Parallelproblem der Kammern am Landgericht.
[10] *Katholnigg* Rn. 1; *Kissel/Mayer* Rn. 4; *KK/Barthe* Rn. 2; *Löwe/Rosenberg/Gittermann* Rn. 3; *Meyer-Goßner/Schmitt* Rn. 1; aA *Sieg* NJW 1980, 1453.
[11] *Löwe/Rosenberg/Gittermann* Rn. 2.

teilungen (Strafkammern) ergeben. Im Übrigen kann verändertem Bedarf nur durch Anberaumung außerordentlicher Sitzungstage Rechnung getragen werden. Werden Sitzungstage nicht benötigt, werden die Schöffen nicht in Anspruch genommen („übersprungen").[12] Sie dürfen an diesen Sitzungstagen auch nicht für Sitzungen anderer Spruchkörper herangezogen werden.[13] Terminiert ein Vorsitzender von Anfang an eine mehrtägige Sitzung auf verschiedene ordentliche Sitzungstage, sind für die gesamte Sitzung die Schöffen des ersten Tages zuständig (vgl. § 50). Muss die Hauptverhandlung aber neu beginnen (Aussetzung, Beendigung nach begründetem Besetzungseinwand) bestimmt sich die Zuständigkeit der Schöffen nach dem ersten Tag des Neubeginns. Auch wenn dieser Tag ein ursprünglich geplanter Fortsetzungstermin der abgebrochenen Hauptverhandlung ist, sind nicht die bisher berufenen, sondern die für diesen Tag regulär vorgesehenen Schöffen zuständig.[14]

Ordentliche **Sitzungstage können** vom Vorsitzenden nach pflichtgemäßem Ermessen **5** nach vorne oder hinten **verlegt werden.** Die Verlegung verändert die Besetzung nicht, es bleiben die Schöffen zuständig, die für den verlegten Termin ausgelost wurden.[15] Das gilt selbst dann, wenn ein Vorsitzender meint, einen außerordentlichen Sitzungstag anzuberaumen, es sich aber bei wertender Betrachtung um eine Verlegung handelt, weil der vorherige oder nachfolgende ordentliche Sitzungstag ungenutzt bleibt.[16] Ein außerordentlicher Sitzungstag liegt daher nur vor, wenn ordentliche Sitzungstage unmittelbar davor oder danach nicht zur Verfügung stehen.[17] Es muss sich daher um einen **zusätzlichen Bedarf an Sitzungstagen** handeln, nicht um Tage, die an Stelle ordentlicher Sitzungen abgehalten werden.[18] Dabei ist auf den Geschäftsanfall des Gerichts zum Zeitpunkt der Terminierung abzustellen. Fällt eine Sitzung nachträglich weg, hat das keinen Einfluss auf die Bestimmung der Schöffen.[19] Liegt der verlegte Termin zwischen zwei freien Sitzungstagen, ist die Schöffenbesetzung des zeitnäheren ordentlichen Sitzungstages maßgeblich.[20] Bei gleichen Zeitabständen ist auf den früheren Termin abzustellen, die Sitzung gilt also als nach hinten verlegt.[21] Eine Vor- oder Nachverlegung ist allerdings nur in engen zeitlichen Grenzen möglich. Eine Verlegung über den unmittelbar vorangehenden Sitzungstag oder den unmittelbar nachfolgenden Sitzungstag hinaus gilt nicht mehr als vom pflichtgemäßen Ermessen des Vorsitzenden gedeckt.[22] Wird eine Strafsache auf einen Tag zwischen zwei ordentlichen Sitzungstagen terminiert, die zu diesem Zeitpunkt bereits mit Fortsetzungsverhandlungen in anderen Sachen belegt waren, handelt es sich nicht um eine ordentliche Sitzung, bei der der Sitzungstag lediglich nach vorn oder nach hinten verlegt worden ist, sondern um eine außerordentliche Sitzung, für die Hilfsschöffen heranzuziehen sind.[23]

2. Auslosung der Hauptschöffen, Abs. 2, 3. Sind die Sitzungstage festgelegt, wird **6** für jeden Spruchkörper die Reihenfolge der Schöffen **ausgelost.** Dadurch werden die Schöffen persönlich über die Losreihenfolge den einzelnen Sitzungstagen zugewiesen und der gesetzliche Richter vorab festgelegt. Es sind alle Schöffen aus der einheitlichen Hauptschöffenliste zu losen. Die Jugendschöffen werden aus den beiden (nach Geschlechtern

---

[12] *Katholnigg* Rn. 1; *Kissel/Mayer* Rn. 6; KK/*Barthe* Rn. 3; Meyer-Goßner/*Schmitt* Rn. 7.
[13] BGH 16.7.1968 – 1 StR 133/68, BGHSt 22, 209 = NJW 1968, 1974.
[14] BGH 26.6.2002 – 2 StR 60/02, NJW 2002, 2963 mAnm *Katholnigg* JR 2003, 29; KK/*Barthe* Rn. 3.
[15] BGH 14.7.1995 – 5 StR 532/94, BGHSt 41, 175 = NJW 1996, 267.
[16] BGH 9.2.2005 – 2 StR 421/04, NStZ-RR 2005, 348.
[17] BGH 14.7.1995 – 5 StR 532/94, BGHSt 41, 175 = NJW 1996, 267.
[18] BGH 9.2.2005 – 2 StR 421/04, NStZ-RR 2005, 348 mwN.
[19] BGH 22.10.1997 – 5 StR 223/97, BGHSt 43, 270 = NJW 1998, 390 (391).
[20] KK/*Barthe* Rn. 3; Löwe-Rosenberg/*Gittermann* Rn. 21.
[21] BGH 9.2.2005 – 2 StR 421/04, NStZ-RR 2005, 348; KK/*Barthe* Rn. 3; Löwe-Rosenberg/*Gittermann* Rn. 21.
[22] BGH 22.10.1997 – 5 StR 223/97, BGHSt 43, 270 = NJW 1998, 390 (391).
[23] BGH 7.6.2005 – 2 StR 21/05, BGHSt 50, 132 = NJW 2005, 3153; vgl. aber auch BGH 3.7.12 – 4 StR 66/12, NStZ-RR 2012, 319.

getrennten) Jugendhauptschöffenlisten ausgelost. Kein Schöffe darf „zurückgehalten",[24] unterschiedliche Listen, aus denen für die verschiedenen Spruchkörper gelost wird, dürfen nicht gebildet werden.[25] Es muss ein echtes „blindes" Losverfahren[26] in öffentlicher Sitzung (§ 169)[27] durchgeführt werden. Die Auslosung findet bei jedem Amtsgericht mit Schöffenabteilung sowie beim Landgericht (§ 77 Abs. 1) statt. Sie ist immer nur für das folgende Geschäftsjahr, nicht für die gesamte Amtsperiode vorzunehmen (s. zu den Hilfsschöffen aber → Rn. 10).

7   Bestehen an einem Amtsgericht **mehrere Schöffenabteilungen** (beim Landgericht mehrere Strafkammern/Schwurgericht), kommen verschiedene Verfahren in Betracht, um die Schöffen den einzelnen Spruchkörpern zuzulosen.[28] Sind für verschiedene Spruchkörper Sitzungen an den gleichen Tagen bestimmt, ist vorab eindeutig festzulegen, welches Los welchem Spruchkörper zuzuordnen ist (zB durch Festlegung der Reihenfolge der Spruchkörper nach ihrer Ordnungszahl).[29] Es ist auch möglich und oft sogar zweckmäßig, einen Schöffen nur einem Spruchkörper zuzuweisen (Abs. 2 S. 2).[30] Dafür darf aber nicht die Schöffenliste vorab geteilt werden.[31] Es können jedoch aus der einheitlichen Liste zunächst die Schöffen der ersten Abteilung für sämtliche Sitzungstage gelost werden, anschließend der zweiten Abteilung etc.[32]

8   Abs. 2 S. 3, wonach jeder Schöffe zu **zwölf Sitzungstagen** herangezogen werden soll, ist die Entsprechung zu § 43 Abs. 2 und enthält eine nicht verbindliche Richtzahl. Es handelt sich um eine Ordnungsvorschrift ohne Einfluss auf die Gerichtsbesetzung.[33]

9   Für das Ziehen der Lose ist der **Richter am Amtsgericht zuständig,** den der Geschäftsverteilungsplan für diese Aufgabe bestimmt. Beim Landgericht obliegt die Aufgabe dem Präsidenten (§ 77 Abs. 3 S. 1). Die Jugendschöffen werden vom Jugendrichter ausgelost (§§ 33 Abs. 2, 34 Abs. 1 JGG). Es handelt sich um eine reine Verwaltungstätigkeit.[34] Der Richter kann sich daher von seinem Vertreter in Verwaltungssachen vertreten lassen. Verhinderung ist nicht Voraussetzung der Vertretung.[35] **Fehler bei der Auslosung sind heilbar,** wenn sie rechtzeitig bemerkt werden. Ob die gesamte Auslosung wiederholt oder nur die Korrektur von Detailfehlern vorgenommen wird, steht im pflichtgemäßen Ermessen des Richters.[36]

10 **3. Auslosung der Hilfsschöffen, Abs. 2 S. 4.** Die Auslosung der Hilfsschöffen ist für die gesamte Amtsperiode im Voraus vorzunehmen.[37] Es ist eine **einheitliche Hilfsschöffenliste** für das jeweilige Gericht zu bilden (Abs. 2 S. 4). Um den Komplettausfall von Hilfsschöffen bei kleinen Gerichten zu vermeiden, dürfen die Hilfsschöffen nicht im Vorhinein auf bestimmte Spruchkörper verteilt werden.[38] Sobald Hilfsschöffen benötigt werden,[39] sind sie nach der ausgelosten Reihenfolge von der Hilfsschöffenliste heranzuziehen. Dabei ist zu unterscheiden: Rückt ein Hilfsschöffe für einen Hauptschöffen in die Hauptschöffenliste auf (§§ 51–53; § 44b DRiG) oder wird er für einzelne Tage zur Dienstleistung herangezogen (§§ 49, 54), gilt die vorab ausgeloste Reihenfolge der Hilfsschöffenliste. Wird hinge-

---

[24] OLG Celle 16.11.1990 – 3 Ss 243/90351, NStZ 1991, 350 mAnm *Katholnigg; Kissel/Mayer* Rn. 7; KK/*Barthe* Rn. 4.
[25] *Katholnigg* NJW 1978, 2377; *Kissel/Mayer* Rn. 7.
[26] KK/*Barthe* § 42 Rn. 8: „Zettel", „Urne".
[27] BGH 23.3.2006 – 1 StR 20/06, NStZ 2006, 512 (513).
[28] *Katholnigg* NJW 1978, 2377.
[29] BGH 10.4.1973 – 1 StR 523/72, BGHSt 25, 174 = NJW 1973, 1139 (1140).
[30] BT-Drs. 8/987, 62.
[31] Löwe/Rosenberg/*Gittermann* Rn. 7.
[32] Beispiele auch bei *Kissel/Mayer* Rn. 12; Löwe/Rosenberg/*Gittermann* Rn. 8.
[33] Vgl. BGH 9.10.1973 – 1 StR 327/73, NJW 1974, 155 und → § 43 Rn. 4.
[34] BGH 6.12.1973 – 4 StR 554/73, BGHSt 25, 257 = NJW 1974, 509.
[35] → § 77 Rn. 6.
[36] BGH 29.10.1991 – 5 StR 473/91, StV 1993, 75.
[37] BGH 7.3.1989 – 5 StR 576/88, BGHSt 36, 138 = StV 1989, 240.
[38] BT-Drs. 8/976, 62; *Kissel/Mayer* Rn. 17; KK/*Barthe* Rn. 7; Löwe/Rosenberg/*Gittermann* Rn. 14.
[39] Dazu → § 42 Rn. 9.

gen ein neuer Spruchkörper gebildet (§ 46), erfolgt eine neue Auslosung aus der bereits existierenden Hilfsschöffenliste.

4. Schöffengeschäftsstelle, Protokoll und Benachrichtigungen, Abs. 4. Nach Abs. 4 S. 1 ist bei jedem Gericht mit Schöffenbeteiligung (vgl. § 77 Abs. 1) eine gesonderte **Schöffengeschäftsstelle** in Schöffenangelegenheiten zuständig. Ihr Urkundsbeamter nimmt an der Auslosung teil, führt das Protokoll (Abs. 4 S. 2) und die Schöffenliste (Abs. 4 S. 1). Dabei handelt es sich sowohl um die Liste nach § 44 als auch die durch die Auslosung entstandenen Listen für die Haupt- und Hilfsschöffen.[40] Der Urkundsbeamte (§ 153) ist ferner zuständig für die Beurkundung der Anordnungen und Feststellungen, aufgrund derer Hilfsschöffen herangezogen werden (§ 49 Abs. 3). Dass der Urkundsbeamte nicht in den materiellen Zuweisungsvorgang eingreifen darf, ist evident.[41] 11

Über die Auslosung ist ein Protokoll zu führen (Abs. 4 S. 2), das der Urkundsbeamte und der Richter unterschreiben müssen (§ 271 StPO entsprechend).[42] Es erwächst jedoch nicht in Beweiskraft. §§ 273, 274 StPO gelten nicht entsprechend.[43] 12

Nach Abs. 4 S. 3–5 werden die Haupt- und Hilfsschöffen von dem **Ergebnis der Auslosung** grundsätzlich formlos[44] benachrichtigt (Abs. 4 S. 3). Zuständig ist der Richter nach Abs. 3.[45] Die Hauptschöffen sind zugleich von den sie betreffenden Sitzungstagen in Kenntnis zu setzen (Abs. 4 S. 4). Sie sind auf die Folgen des Nichterscheinens (§ 56) hinzuweisen. Vor diesem Hintergrund kann eine förmliche Zustellung angezeigt sein, um den Zugang beweisen zu können.[46] Hilfsschöffen werden in gleicher Weise benachrichtigt, sobald sie zur Schöffentätigkeit herangezogen werden (Abs. 4 S. 5), da vorher bestimmte Termine für die Hilfsschöffen nicht feststehen. 13

III. Revision

Die Auslosung selbst kann **nicht isoliert angefochten** werden. Sie ist jedoch mit der **Besetzungsrüge mittelbar überprüfbar,** denn nur wirksam ausgeloste Schöffen können gesetzliche Richter sein. Daher ist die Besetzungsrüge begründet, wenn gar keine Auslosung stattgefunden[47] oder das Losverfahren an einem gravierenden Mangel gelitten hat, zB nichtöffentlich war.[48] Beides gilt für Haupt- wie für Hilfsschöffen. Andere Fehler beim Auslosungsvorgang, der Zuständigkeit (falscher Richter),[49] der Protokollierung[50] (Abs. 4 S. 2) oder Benachrichtigung[51] (Abs. 4 S. 3–5) begründen die Revision regelmäßig nicht.[52] 14

Die Besetzungsrüge hat hingegen Erfolg, wenn bei der Bestimmung der Schöffen bereits bei der Wahl (zB durch Teilung der Liste,[53] Auslosung für zwei Jahre[54]) oder anschließend bei der Terminierung oder Bestimmung der Schöffen nach Verlegung einer Sitzung **willkürlich** gehandelt wird.[55] 15

---

[40] *Kissel/Mayer* Rn. 21.
[41] *Kissel/Mayer* Rn. 21; *Löwe/Rosenberg/Gittermann* Rn. 18.
[42] *Kissel/Mayer* Rn. 15; *Löwe/Rosenberg/Gittermann* Rn. 17.
[43] *Kissel/Mayer* Rn. 15; *Löwe/Rosenberg/Gittermann* Rn. 17.
[44] *Kissel/Mayer* Rn. 22.
[45] *Kissel/Mayer* Rn. 22.
[46] *Löwe/Rosenberg/Gittermann* Rn. 20.
[47] BGH 28.2.1984 – 5 StR 1000/83, NStZ 1984, 274.
[48] Dazu BGH 23.3.2006 – 1 StR 20/06, NStZ 2006, 512.
[49] BGH 6.12.1973 – 4 StR 554/73, BGHSt 25, 257 = NJW 1974, 509: „formaler Akt", bei dem der Zufall bestimmend bleibt.
[50] *Katholnigg* Rn. 9; *Löwe/Rosenberg/Gittermann* Rn. 25.
[51] *Katholnigg* Rn. 9; *Löwe/Rosenberg/Gittermann* Rn. 25.
[52] *KK/Barthe* Rn. 12; *Löwe/Rosenberg/Gittermann* Rn. 25.
[53] BGH 30.7.1975 – 3 StR 27/75 und 28/75, GA 1976, 141 (142).
[54] BGH 16.11.1976 – 1 StR 682/76; 21.12.1976 – 1 StR 745/76, (jeweils nicht veröffentlicht).
[55] BGH 9.2.2005 – 2 StR 421/04, NStZ-RR 2005, 348; 7.6.2005 – 2 StR 21/05, BGHSt 50, 132 = NJW 2005, 3153.

§ 46 [Bildung eines weiteren Schöffengerichts]

¹Wird bei einem Amtsgericht während des Geschäftsjahres ein weiteres Schöffengericht gebildet, so werden für dessen ordentliche Sitzungen die benötigten Hauptschöffen gemäß § 45 Abs. 1, 2 Satz 1, Abs. 3, 4 aus der Hilfsschöffenliste ausgelost. ²Die ausgelosten Schöffen werden in der Hilfsschöffenliste gestrichen.

I. Normzweck

1 § 46 regelt die Schöffenbeteiligung bei **Bildung eines zusätzlichen Schöffengerichts** innerhalb des Geschäftsjahrs und gilt über § 77 Abs. 1 auch für neu gebildete Strafkammern beim Landgericht. Zweck der Norm ist die eindeutige Bestimmung des gesetzlichen (ehrenamtlichen) Richters, ohne eine komplette Neuauslosung aller Hauptschöffen durchführen zu müssen und dadurch die Hauptschöffen zusätzlich zu belasten.[1]

II. Regelungsgehalt

2 § 46 regelt unmittelbar nur die **Bildung** eines (gemeint: jeweils) weiteren Schöffengerichts. Nicht geregelt aber in unmittelbarem Zusammenhang dazu stehen die unterjährige **Auflösung** eines Spruchkörpers und der Umgang mit **Hilfsspruchkörpern**.

3 **1. Bildung eines neuen ordentlichen Spruchkörpers.** Wird im Laufe des Geschäftsjahres die Neubildung eines **zusätzlichen (ständigen) Schöffensspruchköpers** (zu Hilfsspruchkörpern → Rn. 6) erforderlich, sind die Schöffen aus der Hilfsschöffenliste auszulosen. Dazu ist zunächst entsprechend § 45 Abs. 1 zu verfahren und die Sitzungstage festzulegen, bevor sich entsprechend § 45 Abs. 2 S. 1 die Auslosung anschließt. § 45 Abs. 3 und 4 gelten ebenfalls entsprechend (S. 1 aE). Das Ziel, auf jeden Schöffen 12 Sitzungstage entfallen zu lassen, gilt nicht, was sich aus der Tatsache erklärt, dass die Schöffen nicht für das gesamte Jahr berufen werden.

4 Die Hilfsschöffen werden zu Hauptschöffen des neuen Spruchkörpers und von der Hilfsschöffenliste gestrichen (S. 2). Ab Einsetzung des neuen Spruchkörpers wird dieser wie ein von Anfang an bestellter Spruchkörper behandelt. Die allgemeine Hilfsschöffenliste gilt nun auch für ihn. Die als neue Hauptschöffen ausgelösten Hilfsschöffen müssen allerdings ihre **Aufgaben als Hilfsschöffen noch zu Ende erfüllen,** wenn sie vor der Streichung von der Liste für Verfahren herangezogen wurden (§ 52 Abs. 5).[2]

5 **2. Auflösung eines Spruchkörpers.** Wird ein Schöffenspruchkörper unterjährig aufgelöst, **endet die Tätigkeit der Schöffen** für das Jahr, wenn sie nur diesem Spruchkörper zugelost waren.[3] Sie sind bei der Auslosung für das Folgejahr erneut zu berücksichtigen. Das gilt auch dann, wenn zugleich ein neuer Spruchkörper gebildet wird (zB Auflösung einer großen und Bildung einer neuen kleinen Strafkammer). Die Schöffen können nicht in die neue Strafkammer übernommen werden, denn für diese sind sie nicht die gelosten gesetzlichen Richter. Daher endet ihre Tätigkeit für das Jahr und die neue Strafkammer wird gemäß § 46 behandelt.[4]

6 **3. Hilfsspruchkörper.** Hilfsspruchkörper sind **keine zusätzlichen Spruchkörper im Sinn von § 46,** sondern spruchkörperinterne Vertretungsregeln durch das Präsidium.[5] Daher sind bei Einrichtung eines Hilfsspruchkörpers die Hauptschöffen des ständigen Spruchkörpers heranzuziehen, zu dessen Entlastung der (Vertretungs-)Hilfsspruchkörper gebildet wurde.[6] Dabei ist auf die jeweiligen Schöffen des (ggf. verlegten) Sitzungstages des

---

[1] BT-Drs. 8/976, 103; Löwe/Rosenberg/*Gittermann* Rn. 1.
[2] *Katholnigg* Rn. 2; *Kissel/Mayer* Rn. 3; KK/*Barthe* Rn. 2; Löwe/Rosenberg/*Gittermann* Rn. 1; Meyer-Goßner/*Schmitt* Rn. 2.
[3] *Kissel/Mayer* Rn. 4.
[4] *Kissel/Mayer* Rn. 4; Löwe/Rosenberg/*Gittermann* Rn. 5.
[5] Vgl. → § 16 Rn. 7, → § 21e Rn. 13 und → § 21f Rn. 3, § 60.
[6] → § 77 Rn. 7; BGH 14.7.1995 – 5 StR 532/94, BGHSt 41, 175 = NJW 1996, 267.

ständigen Spruchkörpers abzustellen.[7] Nur bei Kollisionen der Sitzungstage des ständigen und des Hilfspruchkörpers geht die Beiziehung der Schöffen zum ständigen Spruchkörper vor.[8] Für den Hilfspruchkörper tritt dann ein Fall des § 47 ein, und es sind Schöffen von der Hilfsschöffenliste heranzuziehen.[9] Erweist sich im Nachhinein die Notwendigkeit, den Hilfspruchkörper als ständigen Spruchkörper zu installieren, liegt mit dieser Entscheidung der Justizverwaltung ein Fall des § 46 vor, der Hilfspruchkörper hört auf zu existieren, und die Schöffen sind neu auszulosen.[10]

§ 47 [Außerordentliche Sitzungen]

Wenn die Geschäfte die Anberaumung außerordentlicher Sitzungen erforderlich machen oder wenn zu einzelnen Sitzungen die Zuziehung anderer als der zunächst berufenen Schöffen oder Ergänzungsschöffen erforderlich wird, so werden Schöffen aus der Hilfsschöffenliste herangezogen.

I. Normzweck und allgemeiner Regelungsgehalt

§ 47 bestimmt die **Heranziehung der Hilfsschöffen für einzelne konkrete Sitzungen**. Dabei sind drei Fälle erfasst: Die Anberaumung außerordentlicher Sitzungen, die Heranziehung von Hilfsschöffen statt der berufenen Hauptschöffen für ordentliche Sitzungen sowie die Heranziehung von Hilfsschöffen statt der zunächst berufenen Ergänzungsschöffen (§ 48). In allen drei Fällen bestimmt sich der gesetzliche Richter nach der Reihenfolge aus der Hilfsschöffenliste (§ 49 Abs. 1). 1

II. Regelungsgehalt

1. Außerordentliche Sitzungen, 1. Var. Außerordentliche Sitzungen liegen in Abgrenzung zu ordentlichen Sitzungen[1] vor, wenn eine **Sitzung zusätzlich** zu den ordentlichen Sitzungen **erforderlich** wird.[2] Es muss sich also stets um einen aufgrund aktueller Belastungslage gesteigerten Bedarf des Spruchkörpers handeln. Nicht darunter fallen daher lediglich nach vorne oder hinten verlegte ordentliche Sitzungstage, für die die Hauptschöffen heranzuziehen sind.[3] Steht daher ein freier ordentlicher Termin zur Verfügung, darf eine außerordentliche Sitzung nur anberaumt werden, wenn der ordentliche freie Termin einer konkreten, noch nicht terminierten Sache vorbehalten bleiben soll, mit deren Terminierung alsbald zu rechnen ist.[4] Gleiches gilt, wenn der Termin für eine noch nicht angeklagte, aber zeitnah erwartete Haftsache freigehalten wird.[5] Wird der ordentliche Termin hingegen allgemein für künftige (unbestimmte) Verfahren freigehalten und der außerordentliche zeitnah dazu mit Hilfsschöffen durchgeführt, ist der gesetzliche Richter verletzt, weil es sich tatsächlich nicht um eine außerordentliche Sitzung handelt und die Hauptschöffen zuständig gewesen wären. 2

Ob eine außerordentliche Sitzung erforderlich ist, bestimmt der Vorsitzende bei der Terminierung nach **pflichtgemäßem Ermessen** auf Basis der aktuellen Belastungssituation unter Berücksichtigung der zu erwartenden Verfahren.[6] Nachträgliche Änderungen bleiben 3

---
[7] BGH 14.7.1995 – 5 StR 532/94, BGHSt 41, 175 = NJW 1996, 267; 7.2.2007 – 2 StR 370/06, NStZ 2007, 537.
[8] BGH 14.7.1995 – 5 StR 532/94, BGHSt 41, 175 = NJW 1996, 267; 7.2.2007 – 2 StR 370/06, NStZ 2007, 537.
[9] BGH 14.7.1995 – 5 StR 532/94, BGHSt 41, 175 = NJW 1996, 267; 7.2.2007 – 2 StR 370/06, NStZ 2007, 537.
[10] BGH 16.7.1968 – 1 StR 133/68, BGHSt 22, 209 = NJW 1968, 1974.
[1] Umfassend → § 45 Rn. 5.
[2] BGH 9.2.2005 – 2 StR 421/04, NStZ-RR 2005, 348.
[3] Dazu → § 45 Rn. 5.
[4] BGH 15.2.1991 – 3 StR 422/90, BGHSt 37, 324 = NJW 1991, 1964 (1965).
[5] Löwe/Rosenberg/*Gittermann* Rn. 4; Meyer-Goßner/*Schmitt* Rn. 1.
[6] BGH 22.10.1997 – 5 StR 223/97, BGHSt 43, 270 = NJW 1998, 390 (391).

unberücksichtigt.[7] Das Ermessen erstreckt sich auch auf die Entscheidung, welches Verfahren der Vorsitzende auf den ordentlichen und welches er auf den außerordentlichen Sitzungstag legt.[8] Erforderlichenfalls können auch regelmäßige außerordentliche Sitzungstage bestimmt werden (zB jeder Freitag für den Rest des Geschäftsjahres).[9] Fällt eine außerordentliche Sitzung aus und wird neu terminiert, sind die Schöffen neu zu bestimmen. Handelt es sich wieder um einen außerordentlichen Sitzungstag, sind erneut Hilfsschöffen heranzuziehen.[10] Kann die Sitzung hingegen an einem ordentlichen Sitzungstag stattfinden, sind die Hauptschöffen zuständig.[11]

4   **2. Zuziehung anderer als der zunächst berufenen Hauptschöffen und Ergänzungsschöffen, 2. und 3. Var.** Var. 2 und 3 erfassen den **vorübergehenden Ausfall** eines Haupt- oder Ergänzungsschöffen, nicht dessen dauerhafte Verhinderung oder Ersetzung für den Rest der Amtsperiode (§ 49 Abs. 2). Auch in diesen Fällen soll der gesetzliche Richter nicht subjektiv bestimmt werden, sondern aus einer abstrakt-generellen Vorabregelung folgen. Dabei ergeben sich aus dem Blickwinkel des § 47 keine Unterschiede zwischen Hauptschöffen und bereits berufenen Ergänzungsschöffen (§ 48). § 47 Var. 2 und 3 gelten auch für außerordentliche Sitzungen (Var. 1), sodass auch für Hilfsschöffen nächstberufene Hilfsschöffen im Fall der Verhinderung nachrücken.[12]

5   **Gründe der Heranziehung** von Hilfsschöffen in diesen Fällen sind:
– **Ausbleiben** des Schöffen zur Sitzung (§ 54 Abs. 2 S. 2) ohne Rücksicht auf den Grund (zB Krankheit, Vergessen, Verweigerung der Dienstpflicht). In diesen Fällen kann nach angemessener Wartezeit ohne weitere Ermittlung § 47 angewendet werden;[13]
– **Unerreichbarkeit** (§ 54 Abs. 2 S. 1);
– **Entbindung** von der Sitzung (§ 54 Abs. 1); für die Heranziehung des Hilfsschöffen genügt die glaubhafte Darlegung der Verhinderung durch den Hauptschöffen. Eine förmliche Entbindung ist für § 47 nicht konstitutiv;[14]
– anderweitige **vorgehende Schöffenpflichten** (§ 52 Abs. 5);
– **Ausschluss oder erfolgreiche Ablehnung** (§§ 22, 24, 31 StPO), wobei sich das immer nur auf die konkrete Strafsache bezieht, nicht auf den ganzen Sitzungstag, wenn an diesem Tag auch noch andere Sachen verhandelt werden;[15]
– vorläufige Entscheidungen nach § 51 Abs. 3; § 44b DRiG;
– Ungeeignetheit des anwesenden Schöffen, die sich in der Sitzung herausstellt. Dabei kommt es nicht darauf an, ob diese Ungeeignetheit vorübergehend ist (zB Unpässlichkeit) oder voraussichtlich zu einer dauerhaften Streichung führen wird, denn wenn eine Streichung (§ 52) nicht rechtzeitig erreicht werden kann, ist § 47 anzuwenden.[16]

6   Der Vorsitzende muss im Rahmen seines Terminierungsermessens auf bekannte oder voraussichtliche Hinderungsgründe des Hauptschöffen keine Rücksicht nehmen.[17] Eine nicht willkürlich angeordnete Heranziehung des Hilfsschöffen macht diesen zuständig, auch wenn der Hauptschöffe noch vor Beginn der Hauptverhandlung von der Liste gestrichen und durch einen nachrückenden Hilfsschöffen ersetzt wird (§ 49 Abs. 2).[18] Die feststehende

---

[7] BGH 22.10.1997 – 5 StR 223/97, BGHSt 43, 270 = NJW 1998, 390 (391).
[8] BGH 9.2.2005 – 2 StR 421/04, NStZ-RR 2005, 348.
[9] Löwe/Rosenberg/*Gittermann* Rn. 5.
[10] BGH 6.3.1962 – 1 StR 554/61, BGHSt 17, 176 = NJW 1962, 1167.
[11] BGH 6.3.1962 – 1 StR 554/61, BGHSt 17, 176 = NJW 1962, 1167; wohl aA oder zumindest missverständlich KK/*Barthe* Rn. 3.
[12] *Kissel/Mayer* Rn. 12; KK/*Barthe* Rn. 7.
[13] BGH bei *Holtz* MDR 1977, 639; *Kissel/Mayer* Rn. 6; KK/*Barthe* Rn. 5; Löwe/Rosenberg/*Gittermann* Rn. 8.
[14] *Kissel/Mayer* Rn. 6; KK/*Barthe* Rn. 5.
[15] BGH 14.1.1958 – 1 StR 535/57, NJW 1958, 557.
[16] Löwe/Rosenberg/*Gittermann* Rn. 9; nach *Kissel/Mayer* Rn. 7 soll vorrangig versucht werden, in Fällen voraussichtlich dauerhafter Ungeeignetheit nach §§ 52, 49 Abs. 2 vorzugehen.
[17] BGH bei *Holtz* MDR 1980, 815; *Kissel/Mayer* Rn. 6; Löwe/Rosenberg/*Gittermann* Rn. 8.
[18] BGH 18.12.1968 – 2 StR 322/68, BGHSt 22, 289 = NJW 1968, 703.

endgültige Verhinderung durch Tod oder erfolgte Streichung von der Schöffenliste regelt nicht § 47 sondern § 49 Abs. 2.

Das **Nachrückverfahren** richtet sich nach § 49 Abs. 1 und 3. Es ist der durch die Losreihenfolge nächstberufene Hilfsschöffe heranzuziehen. § 54 Abs. 2 S. 3 sieht eine Durchführungserleichterung vor. Hilfsschöffen, die nicht sofort verfügbar sind, was eine Vertagung der Sitzung nach sich ziehen würde, gelten selbst als unerreichbar, sodass auf den Nächstberufenen zurückgegriffen werden kann.

§ 48 [Zuziehung von Ergänzungsschöffen]

(1) Ergänzungsschöffen (§ 192 Abs. 2, 3) werden aus der Hilfsschöffenliste zugewiesen.

(2) Im Fall der Verhinderung eines Hauptschöffen tritt der zunächst zugewiesene Ergänzungsschöffe auch dann an seine Stelle, wenn die Verhinderung vor Beginn der Sitzung bekannt wird.

I. Normzweck und allgemeiner Regelungsgehalt

Die Norm schließt eine frühere Regelungslücke, indem sie bestimmt, wer als Schöffe heranzuziehen ist, wenn der Vorsitzende die Teilnahme eines Ergänzungsschöffen (§ 192 Abs. 2 und 3) für erforderlich hält. Da eine Überbesetzung mit Hauptschöffen gesetzlich nicht vorgesehen ist und eine Vorabauslosung mangels Bedarfsprognose nicht erfolgen kann,[1] wird der **Ergänzungsschöffe aus der Hilfsschöffenliste** herangezogen.

II. Regelungsgehalt im Einzelnen

1. Heranziehung von Ergänzungsschöffen, Abs. 1. Ist die Beteiligung eines Ergänzungsschöffen erforderlich (§ 192 Abs. 1, 3), wird der **nächstberufene Hilfsschöffe** nach § 49 Abs. 3 herangezogen. „Zuziehung" gilt als „Heranziehung" im Sinn des § 49 Abs. 3, 4, unabhängig davon, ob der Ergänzungsfall eintritt, der Schöffe also tatsächlich als (gesetzlicher) Richter tätig wird.[2] Für die Reihenfolge gilt § 49 Abs. 3 S. 1, sodass auf den Eingang der Anforderung des Vorsitzenden bei der Schöffengeschäftsstelle abzustellen ist.

2. Verhinderung von Hauptschöffen, Abs. 2. Tritt der Ergänzungsfall ein, fällt also der Hauptschöffe während der Sitzung aus, rückt der Ergänzungsschöffe nach. Wurden vorsorglich mehrere Ergänzungsschöffen zugezogen, richtet sich die Reihenfolge ihres Eintritts nach der Reihenfolge auf der Hilfsschöffenliste.[3] Nach § 47 Var. 3 gilt das auch für außerordentliche Sitzungen, an denen von Anfang an nur Hilfsschöffen (und Ergänzungsschöffen) teilnehmen. Abs. 2 regelt darüber hinaus, wie zu verfahren ist, wenn der Hauptschöffe bereits vor Beginn der Sitzung ausfällt. In diesen Fällen rückt ebenfalls der Ergänzungsschöffe ein, und es ist ein neuer Ergänzungsschöffe von der Hilfsschöffenliste zuzuziehen. Fällt der nunmehr für den Hauptschöffen eingerückte Ergänzungsschöffe aus, rückt der nächstberufene (Ergänzungs-)Hilfsschöffe nach. Durch dieses System ist sichergestellt, dass die Schöffen immer in der **Reihenfolge Hauptschöffe, Ergänzungsschöffe, weiterer Ergänzungsschöffe, Hilfsschöffe** berufen werden. Da die Reihenfolge der Hilfsschöffenliste gilt, ist der gesetzliche Richter stets vorab abstrakt bestimmt. Die Beachtung dieser **Reihenfolge ist revisibel.** Fehler können und müssen vor Beginn der Sitzung berichtigt werden.[4]

---

[1] *Kissel/Mayer* Rn. 1.
[2] *Kissel/Mayer* Rn. 1; *Löwe/Rosenberg/Gittermann* Rn. 1.
[3] *Kissel/Mayer* Rn. 2; *Löwe/Rosenberg/Gittermann* Rn. 2.
[4] BGH 5.4.1978 – 2 StR 468/77, BeckRS 1978, 31113336.

§ 49 [Heranziehung aus der Hilfsschöffenliste]

(1) Wird die Heranziehung von Hilfsschöffen zu einzelnen Sitzungen erforderlich (§§ 47, 48 Abs. 1), so werden sie aus der Hilfsschöffenliste in deren Reihenfolge zugewiesen.

(2) ¹Wird ein Hauptschöffe von der Schöffenliste gestrichen, so tritt der Hilfsschöffe, der nach der Reihenfolge der Hilfsschöffenliste an nächster Stelle steht, unter seiner Streichung in der Hilfsschöffenliste an die Stelle des gestrichenen Hauptschöffen. ²Die Schöffengeschäftsstelle benachrichtigt den neuen Hauptschöffen gemäß § 45 Abs. 4 Satz 3, 4.

(3) ¹Maßgebend für die Reihenfolge ist der Eingang der Anordnung oder Feststellung, aus der sich die Notwendigkeit der Heranziehung ergibt, bei der Schöffengeschäftsstelle. ²Die Schöffengeschäftsstelle vermerkt Datum und Uhrzeit des Eingangs auf der Anordnung oder Feststellung. ³In der Reihenfolge des Eingangs weist sie die Hilfsschöffen nach Absatz 1 den verschiedenen Sitzungen zu oder überträgt sie nach Absatz 2 in die Hauptschöffenliste. ⁴Gehen mehrere Anordnungen oder Feststellungen gleichzeitig ein, so sind zunächst Übertragungen aus der Hilfsschöffenliste in die Hauptschöffenliste nach Absatz 2 in der alphabetischen Reihenfolge der Familiennamen der von der Schöffenliste gestrichenen Hauptschöffen vorzunehmen; im übrigen ist die alphabetische Reihenfolge der Familiennamen der an erster Stelle Angeklagten maßgebend.

(4) ¹Ist ein Hilfsschöffe einem Sitzungstag zugewiesen, so ist er erst wieder heranzuziehen, nachdem alle anderen Hilfsschöffen ebenfalls zugewiesen oder von der Dienstleistung entbunden oder nicht erreichbar (§ 54) gewesen sind. ²Dies gilt auch, wenn er selbst nach seiner Zuweisung von der Dienstleistung entbunden worden oder nicht erreichbar gewesen ist.

I. Normzweck

1 § 49 regelt die Heranziehung und Zuweisung der Hilfsschöffen im Bedarfsfall mittels eines automatischen, rotierenden Systems. Dadurch wird zum einen die abstrakte **Vorausbestimmung des gesetzlichen Richters** in größtmöglichem Maß gewährleistet, zum anderen die **Belastung der Hilfsschöffen gleichmäßig verteilt,** weil die Heranziehung immer den Schöffen trifft, der auf den zuletzt herangezogenen folgt. Es kommt nicht darauf an, ob der vorangegangene Schöffe zum Hauptschöffen aufgerückt ist, lediglich als Hilfsschöffe tätig wurde oder als Ergänzungsschöffe an einer Verhandlung teilnahm, ohne als Richter tätig zu werden. Für die Bildung eines neuen Spruchkörpers sieht § 46 eine eigene abweichende Regelung vor, sodass § 49 in diesen Fällen keine Anwendung findet.

II. Regelungsgehalt

2 **1. Heranziehung als Hilfsschöffe, Abs. 1.** Abs. 1 regelt die Reihenfolge der Heranziehung des Hilfsschöffen in den Fällen der § 47, 48, also wenn der Hilfsschöffe für einzelne Sitzungen benötigt wird. Ausgehend von der Losreihenfolge auf der Hilfsschöffenliste (§ 45 Abs. 2 S. 4) wird beim ersten Bedarf eines Hilfsschöffen die Person auf der ersten Position herangezogen. Mit ihrer Heranziehung rückt sie an die letzte Position und die zweite Person auf der Liste rückt an die erste Stelle auf. So ist sichergestellt, dass **immer der nächste („bereiteste") Hilfsschöffe** in Anspruch genommen wird. Für die Versetzung an die letzte Stelle kommt es nur darauf an, dass der Schöffe benötigt wird. Unerheblich ist, ob er auch als Richter tatsächlich tätig wird. Daher rückt der eigentlich zuständige Schöffe auch an das Ende der Liste, wenn er im konkreten Fall tatsächlich verhindert ist oder von der Dienstleistung entbunden wird (Abs. 4 S. 2).[1] Das gilt selbst dann, wenn die Heranzie-

---
[1] KK/*Barthe* Rn. 6; Meyer-Goßner/*Schmitt* Rn. 4.

hung oder maßgebliche Eintragung fehlerhaft war, da ansonsten die Vorkette vor einer weiteren Heranziehung inzident zu prüfen wäre, was sich mit der abstrakten Vorausbestimmung nicht vereinbaren ließe und zu nicht hinzunehmenden Rechtsunsicherheiten führen würde (siehe aber auch → Rn. 8).[2]

2. Heranziehung bei dauerndem Wegfall eines Hauptschöffen, Abs. 2. Fällt ein Hauptschöffe dauerhaft weg (Tod oder Streichung, §§ 51, 52) rückt der nächstberufene („bereiteste") Hilfsschöffe nach. Es gelten für die Bestimmung dieser Person die gleichen Grundsätze wie nach Abs. 1, sodass nach dem **Rotationssystem** derjenige zuständig ist, **der aktuell an oberster Stelle steht.**[3] Dieser Hilfsschöffe tritt kraft Gesetzes unmittelbar in die Rechtsposition des Hauptschöffen ein,[4] übernimmt dessen Sitzungstage und ist nach § 45 Abs. 4 S. 5 zu benachrichtigen. Zugleich ist er aus der Hilfsschöffenliste zu streichen, da er nunmehr Hauptschöffe ist. Soweit er als Hilfsschöffe herangezogen war und diese Tätigkeit noch nicht erledigt ist, ist sie zu Ende zu führen und geht den neuen Hauptschöffenpflichten vor (§ 52 Abs. 5).

Vor jeder Heranziehung ist die Schöffenliste auf den aktuellsten Stand zu bringen, also Todesfälle nachzuvollziehen und angeordnete Streichungen vorzunehmen, denn die Streichung wird nicht erst mit deren Mitteilung an die Schöffengeschäftsstelle wirksam, sondern bereits mit der schriftlich niedergelegten Feststellung.[5] Der Hilfsschöffe tritt aber nur an die Stelle des Hauptschöffen, **wenn eine Streichung tatsächlich erfolgt ist bzw. angeordnet wurde.** Liegen zwar die materiellen Streichungsvoraussetzungen vor, hat der zuständige Richter (§§ 51, 52) aber noch nicht entschieden, handelt es sich nur um eine Verhinderung, die nach Abs. 1 zu bewältigen ist.[6] Das gilt auch, wenn in der Hauptverhandlung die Streichungsgründe offenkundig werden (zB gesundheitliche Gründe, § 33 Nr. 4; Tod). Stehen die Voraussetzungen einer Streichung lediglich im Raum, müssen aber noch geprüft werden, kann die Heranziehung eines Hilfsschöffen nicht erfolgen,[7] weil sonst der gesetzliche Richter von einem nicht näher bestimmbaren Verdachtsgrad abhängig gemacht würde.

3. Verfahren. Der maßgebliche Zeitpunkt für die Heranziehung eines Hilfsschöffen ist nach Abs. 3 S. 1 der Eingang der Anordnung oder Feststellung, aus der sich die Notwendigkeit der Heranziehung ergibt, bei der Schöffengeschäftsstelle. Es kommt daher nicht auf den Befreiungsantrag des Schöffen, seine Mitteilung einer Verhinderung oder Ähnliches an, sondern ausschließlich auf die **verbindliche richterliche Entscheidung, dass Bedarf besteht.**[8] Das kann zB die Anordnung einer außerordentlichen Sitzung (§ 47), die Streichung eines Hauptschöffen von der Schöffenliste (§ 52), die Amtsenthebung (§ 51, § 44b DRiG), die Zuziehung eines Ergänzungsschöffen (§ 192 Abs. 3) oder Feststellung der Unerreichbarkeit (§ 54 Abs. 1, Abs. 2 S. 1 und 2) sein. Der nach Datum und Uhrzeit festzuhaltende (Abs. 3 S. 2) Zeitpunkt bestimmt, in welcher Reihenfolge die Schöffen aus der Hilfsschöffenliste heranzuziehen sind.

Welcher Schöffe zuzuweisen ist, hängt davon ab, wer gerade an oberster („bereitester") Stelle der Liste steht. **Entscheidend ist ausschließlich der Listenplatz** nach Bereinigung der Liste (→ Rn. 4).[9] Gehen mehrere Anordnungen gleichzeitig ein, geht die Heranziehung als (neuer) Hauptschöffe (Abs. 2) der vorübergehenden Heranziehung (Abs. 1) vor (Abs. 3 S. 4). Bei gleichzeitig eingegangenem Bedarf an Hauptschöffen entscheidet der erste Buchstabe des Familiennamens des weggefallenen Hauptschöffen, hilfsweise die weiteren

---
[2] BGH 12.1.1956 – 3 StR 626/54, BGHSt 9, 203 = NJW 1956, 1326 (1327); 19.7.1977 – 5 StR 278/77, 5 StR 279/77, JR 1978, 2010 (2011).
[3] BGH 23.10.1981 – 2 StR 263/81, BGHSt 30, 244 = NJW 1982, 294; 4.12.1984 – 5 StR 746/84, NStZ 1985, 135.
[4] BGH 4.12.1984 – 5 StR 746/84, NStZ 1985, 135.
[5] KG 22.3.1984 – (4) Ss 198/83, StV 1984, 504; Löwe/Rosenberg/*Gittermann* Rn. 5.
[6] KK/*Barthe* Rn. 3; Löwe/Rosenberg/*Gittermann* Rn. 3.
[7] KK/*Barthe* Rn. 3; Löwe/Rosenberg/*Gittermann* Rn. 3.
[8] *Kissel/Mayer* Rn. 4; KK/*Barthe* Rn. 4.
[9] KG 22.3.1984 – (4) Ss 198/83, StV 1984, 504; Löwe/Rosenberg/*Gittermann* Rn. 5.

Buchstaben, bei Namensgleichheit der Vorname[10] und bei vollständiger Namensidentität das Los.[11] Bei gleichzeitigem Bedarf an Hilfsschöffen nach Abs. 1, ist für die Reihenfolge der Heranziehung der erste Buchstabe des Familiennamens des (an erster Stelle stehenden) Angeklagten maßgebend (Abs. 3 S. 3 letzter Hs.). Ob der Nachrücker selbst verfügbar ist, ist wegen der abstrakten Vorbestimmung des gesetzlichen Richters unerheblich. Es stellen sich dann erneut die Fragen der vorübergehenden oder dauerhaften Verhinderung.[12]

7   **4. Wiederheranziehung, Abs. 4.** Um eine möglichst gleichmäßige Belastung der Hilfsschöffen zu gewährleisten, **rückt** der nach Abs. 1 herangezogene Hilfsschöffe **an das Ende der Liste**. Die Rechtmäßigkeit seiner Inanspruchnahme oder, ob er tatsächlich den Schöffendienst versehen hat, ist unerheblich (→ Rn. 2). Allerdings genügt die vorsorgliche Ladung nicht, wenn es dann wider Erwarten nicht zur Heranziehung kommt.[13] Es muss eine „Anordnung oder Feststellung" im Sinn des Abs. 3 S. 1 erfolgt sein. Erst wenn alle Hilfsschöffen, die nunmehr wieder vor ihm stehen, verbraucht sind, also er im Turnus wieder ganz nach oben gerückt ist, kann der Hilfsschöffe erneut herangezogen werden.

III. Revision

8   Die Revision kann mit der Besetzungsrüge Fehler bei der Schöffenheranziehung geltend machen, wenn diese willkürlich waren.[14] War die Heranziehung oder maßgebliche Eintragung fehlerhaft, hat das regelmäßig keinen Einfluss auf das Aufrücken des Schöffen an die nächsthöhere Stelle, sodass seine Heranziehung im Verfahren von dem vorangegangenen Fehler nicht berührt wird.[15] Etwas anderes gilt bei willkürlicher Manipulation des gesetzlichen Richters durch eine fehlerhafte Heranziehung.[16] Die Heranziehung eines Hilfsschöffen, obwohl die Voraussetzungen (noch) nicht vorlagen, ist ebenfalls **auf Willkür überprüfbar**. Die fehlende Dokumentation des Zeitpunkts nach Abs. 3 S. 2 ist zunächst unschädlich. Lässt sich jedoch nicht mehr feststellen, in welcher Reihenfolge (Abs. 3 S. 1) die Anordnungen eingegangen sind, begründet dies die Rüge,[17] weil ansonsten die Justiz die Überprüfung (der Willkür) durch Unterlassung der Tatsachenfeststellungen unmöglich machen könnte. Stets ist im Rahmen der §§ 352 Abs. 1, 344 Abs. 2 S. 2 StPO anzugeben, welcher Hilfsschöffe an der Reihe gewesen wäre.[18]

§ 50 [Mehrtägige Sitzung]

Erstreckt sich die Dauer einer Sitzung über die Zeit hinaus, für die der Schöffe zunächst einberufen ist, so hat er bis zur Beendigung der Sitzung seine Amtstätigkeit fortzusetzen.

I. Normzweck und allgemeiner Regelungsgehalt

1   § 50 regelt die **fortdauernde Zuständigkeit** der Schöffen bei mehrtägigen Sitzungen, weil die Zuständigkeit der Schöffen – anders als die der Richter[1] – nicht am Verfahren

---

[10] BT-Drs. 8/1844, 33.
[11] *Kissel/Mayer* Rn. 6; *Meyer-Goßner/Schmitt* Rn. 3; aA *Löwe/Rosenberg/Gittermann* Rn. 8: Geburtsdatum, wobei offenbleibt, ob der jüngere oder ältere Schöffe vorgehen soll.
[12] *Kissel/Mayer* Rn. 6.
[13] *Kissel/Mayer* Rn. 6.
[14] Zur Willkür → § 16 Rn. 29 ff.
[15] BGH 12.1.1956 – 3 StR 626/54, BGHSt 9, 203 = NJW 1956, 1326 (1327); 19.7.1977 – 5 StR 278/77, 5 StR 279/77, JR 1978, 2010 (2011).
[16] BGH 14.10.2015 – 5 StR 273/15, BeckRS 2015, 19650 (in NStZ-RR 2016, 17 nicht abgedruckt).
[17] OLG Naumburg 11.11.2013 – Ss 125/13, BeckRS 2013, 22085; LG Hannover 12.6.2009 – 33a KLs 3754 Js 88878/06 (4/09), 33a KLs 4/09, StV 2010, 300; *Katholnigg* Rn. 7; *KK/Barthe* Rn. 8; *Löwe/Rosenberg/Gittermann* Rn. 11.
[18] BGH 7.3.1989 – 5 StR 576/88, BGHSt 36, 138 = StV 1989, 240.
[1] BGH 20.10.1955 – 4 StR 286/55, BGHSt 8, 250 = NJW 1956, 110.

und noch nicht einmal zwingend am Spruchkörper² hängt, sondern am Datum des Sitzungstages.

II. Regelungsgehalt im Einzelnen

§ 50 hat **drei Anwendungsbereiche,** in denen die Schöffen unabhängig vom Sitzungstag für Sitzungen zuständig bleiben. 2

Er erfasst zunächst den Fall, dass eine **Sitzung** von vorneherein auf mehrere Tage terminiert oder aus anderen Gründen **unterbrochen** (§ 229 StPO), aber noch innerhalb der Frist des § 229 StPO fortgesetzt wird, zB weil Zeugen nicht erschienen sind oder die Sitzung länger dauert, als erwartet. Das gilt auch dann, wenn die bisher erfolgten Teile der Hauptverhandlung innerhalb dieser Frist wiederholt werden müssen, solange keine Aussetzung erfolgt.³ Nach Aussetzung sind die Schöffen des ersten Sitzungstages der neuen Verhandlung heranzuziehen, selbst wenn dieser auf einen ursprünglich als Fortsetzungstermin geplanten Tag fällt.⁴ 3

Ferner bleiben die Schöffen zuständig, wenn **nicht alle für den Sitzungstag vorgesehenen** und terminierten **Sachen** am Sitzungstag **erledigt werden** konnten und daher an einem anderen Tag weiterverhandelt werden müssen.⁵ Das liegt auf der Hand, weil es dem Vorsitzenden sonst frei stünde, die gesetzlichen Schöffen ad-hoc durch (frühzeitige) Beendigung des Sitzungstages auszutauschen, was der Gewährleistung des gesetzlichen Richters widerspricht. 4

Schließlich perpetuiert § 50 die Zuständigkeit der Schöffen **über das Geschäftsjahr** oder gar **die Amtsperiode** hinaus, wenn die Hauptverhandlung bereits begonnen hat und im neuen Geschäftsjahr/der neuen Amtsperiode fortgesetzt wird.⁶ Eine erneute Vereidigung ist auch bei Ablauf der Amtsperiode nicht erforderlich, weil § 50 diese für den konkreten Einzelfall gesetzlich verlängert.⁷ 5

III. Revision

Mit der Besetzungsrüge kann ein Verstoß gegen § 50 nur angegriffen werden, wenn die **Zuständigkeitsperpetuierung (willkürlich) missbraucht** wurde. Das ist zB der Fall, wenn auf einen Sitzungstag von Anfang an so viele Sachen terminiert werden, dass die Erledigung an diesem Tag offensichtlich nicht erfolgen kann,⁸ oder eine Hauptverhandlung am letzten Tag des Geschäftsjahres begonnen wird, plangemäß nur eine kurze Vernehmung des Angeklagten zur Person erfolgt und die weitere Hauptverhandlung im neuen Jahr stattfindet, denn nur so ein Vorgehen ist sachlich nicht gerechtfertigt und dient nicht der Förderung der Sache.⁹ 6

§ 51 [Amtsenthebung von Schöffen]

(1) Ein Schöffe ist seines Amtes zu entheben, wenn er seine Amtspflichten gröblich verletzt hat.

(2) ¹Die Entscheidung trifft ein Strafsenat des Oberlandesgerichts auf Antrag des Richters beim Amtsgericht durch Beschluss nach Anhörung der Staatsanwaltschaft und des beteiligten Schöffen. ²Die Entscheidung ist nicht anfechtbar.

---

² → § 45 Rn. 7.
³ RG 29.6.1931 – III 386/31, (nicht veröffentlicht); Löwe/Rosenberg/*Gittermann* Rn. 1.
⁴ → § 45 Rn. 4; BGH 26.6.2002 – 2 StR 60/02, NJW 2002, 2963 mAnm *Katholnigg* JR 2003, 29; KK/*Barthe* § 45 Rn. 3.
⁵ *Kissel/Mayer* Rn. 1; KK/*Barthe* Rn. 1.
⁶ *Kissel/Mayer* Rn. 3; KK/*Barthe* Rn. 1; Löwe/Rosenberg/*Gittermann* Rn. 2.
⁷ BGH 20.10.1955 – 4 StR 286/55, BGHSt 8, 250 = NJW 1956, 110.
⁸ *Kissel/Mayer* Rn. 4.
⁹ BGH 14.7.1964 – 1 StR 216/64, BGHSt 19, 382 = NJW 1964, 1866.

(3) ¹Der nach Absatz 2 Satz 1 zuständige Senat kann anordnen, dass der Schöffe bis zur Entscheidung über die Amtsenthebung nicht zu Sitzungen heranzuziehen ist. ²Die Anordnung ist nicht anfechtbar.

Übersicht

	Rn.		Rn.
I. Normzweck	1	2. Verfahren, Abs. 2	8, 9
II. Regelungsgehalt	2–11	3. Einstweilige Anordnung, Abs. 3	10, 11
1. Gröbliche Verletzung der Amtspflichten, Abs. 1	3–7	III. Anfechtbarkeit und Revision	12

I. Normzweck

1   Durch die Einführung[1] von § 51 hat der Gesetzgeber für die ehrenamtlichen Richter der ordentlichen Gerichtsbarkeit eine in den anderen Gerichtsbarkeiten (vgl. § 27 ArbGG, § 21 FGO, § 24 VwGO und § 22 SGG) und für Handelsrichter (§ 113 Abs. 1 Nr. 2, Abs. 3) bereits existierende dritte Möglichkeit (neben § 52 und § 44b DRiG) geschaffen, um Schöffen auch gegen ihren Willen aus dem Amt zu entfernen. Damit hat der Gesetzgeber die Rechtsprechung des BVerfG[2] nachvollzogen,[3] wonach auch ehrenamtliche Richter der **Pflicht zur Verfassungstreue** unterliegen.[4]

II. Regelungsgehalt

2   § 51 regelt in Abs. 1 als Voraussetzung der Amtsenthebung die gröbliche Verletzung von Amtspflichten. Abs. 2 weist die Zuständigkeit einem Senat am Oberlandesgericht zu, macht Vorschriften zum Verfahren und erklärt die Entscheidung für unanfechtbar. Abs. 3 erlaubt die einstweilige Anordnung der Nichtheranziehung während des laufenden Verfahrens durch den Senat.

3   **1. Gröbliche Verletzung der Amtspflichten, Abs. 1.** Eine gröbliche Amtspflichtverletzung ist anzunehmen, wenn der Schöffe aufgrund seines Verhaltens aus objektiver Sicht eines verständigen Verfahrensbeteiligten **nicht mehr geeignet erscheint, unabhängig nach Recht und Gesetz zu entscheiden.**[5] Die Ungeeignetheit darf sich aber nicht nur auf das einzelne Verfahren beziehen, weil dafür bereits §§ 24, 31 StPO zur Verfügung stehen, sondern es muss die Schöffeneignung insgesamt in Frage stehen. Ob eine solche Pflichtverletzung vorliegt, ist in einer Gesamtwürdigung aller Umstände unter strikter Beachtung des Verhältnismäßigkeitsgrundsatzes zu beurteilen.[6]

4   Problematisch ist die Amtsenthebung, wenn sie auf die **Mitgliedschaft** in einer (noch) **nicht verbotenen Vereinigung oder Partei,** die verfassungsfeindliche Ziele verfolgt, gestützt werden soll. Die bloße passive Mitgliedschaft wird mangels Verhältnismäßigkeit regelmäßig für § 51 nicht ausreichen.[7] Grundsätzlich können außerdienstliche Fehlverhalten nur berücksichtigt werden, wenn sie in den Bereich der Amtsführung hineinwirken.[8]

5   In der **Rechtsprechung** wurde eine gröbliche Verletzung der Amtspflichten in jüngerer Zeit **bejaht:**

---

[1] Gesetz vom 22.12.2010, BGBl. 2010 I 2248.
[2] BVerfG 6.5.2008 – 2 BvR 337/08, NJW 2008, 2568.
[3] BT-Drs. 17/3356, 16.
[4] → § 31 Rn. 7.
[5] *Kissel/Mayer* Rn. 2.
[6] BT-Drs. 17/3356, 17.
[7] Vgl. → § 31 Rn. 7.
[8] OLG Celle 23.9.2014 – 2 ARs 13/14, NStZ-RR 2015, 54; KG 25.5.2016 – 3 ARs 5/16, NStZ-RR 2016, 252; *Kissel/Mayer* Rn. 2.

- Bestreiten der Existenz der Bundesrepublik Deutschland (sog. „Reichsbürger"),[9] insbesondere, wenn aus dieser Haltung heraus menschenverachtende und rassistische Äußerungen über Ausländer getätigt werden;[10]
- Verbreiten von Hassbotschaften gegen Pädophile und Ausländer, Werbung für die Todesstrafe und entgrenzte Körperstrafen sowie Selbstjustiz über einen längeren Zeitraum in sozialen Medien, wenn sich daraus ergibt, dass die Schöffin über ein verfestigtes Weltbild verfügt, in dem Personengruppen, über die sie möglicherweise zu richten hat, nicht als Menschen erscheinen;[11]
- Mitteilung einer Schöffin, sie fürchte aufgrund von Presseberichterstattung in einem Verfahren der organisierten Kriminalität um ihre eigene sowie die Sicherheit ihrer Familie und könne daher in der anstehenden Hauptverhandlung nur für Freispruch stimmen. Obwohl es sich nur um ein einzelnes Verfahren handelte, soll daraus die gröbliche Verletzung folgen, weil keine konkreten Anhaltungspunkte vorlagen und die Schöffin vorsätzlich gehandelt habe. Es sei daher zu befürchten, dass dies auch in Zukunft bei weiteren Fällen, in denen den Angeklagten Gewaltverbrechen zur Last gelegt würden, der Fall sein werde. Es bestehe daher die Befürchtung, dass die Schöffin auch in weiteren Fällen nicht unparteilich, sondern aus Sorge um sich und ihre Familienangehörigen zu Gunsten der Angekl. ohne Berücksichtigung des Ergebnisses der Beweisaufnahme entscheiden werde. Dies lasse sich mit den Pflichten einer ehrenamtlichen Richterin nicht vereinbaren und stelle, da es den Kernbereich der richterlichen Tätigkeit berührt, auch eine grobe Pflichtverletzung dar.[12]

Daneben kommen **andere Pflichtverletzungen von besonderer Erheblichkeit** in Betracht, zB die Verletzung des Beratungsgeheimnisses, wiederholtes unentschuldigtes Fernbleiben von Sitzungen[13] oder die nicht nur vorübergehende fehlende Sicherstellung der telefonischen und postalischen Erreichbarkeit.[14] Vorab ist aber jeweils zu prüfen, ob der Schöffe nicht mit Ordnungsmitteln (§ 56) zur ordnungsgemäßen Amtsführung bewegt werden kann. Als Ausfluss des Übermaßverbotes ist zunächst zu prüfen, ob eine Abmahnung genügt.[15] Die Amtsenthebung muss in diesen Fällen **wegen Art. 101 Abs. 1 S. 2 GG, § 16** ultima ratio bleiben. Die Verweigerung der Eidesleistung führt nicht zur Amtsenthebung, sondern zur Streichung, weil bereits eine zwingende Schöffenvoraussetzung nach § 31 fehlt.[16]

6

Voraussetzung ist in allen Fällen **schuldhaftes Handeln,** also insbesondere Vorsatz und grobe Fahrlässigkeit. Wegen der Voraussetzung „gröblich" müssen bei nur leichter Fahrlässigkeit wiederholte Verstöße vorliegen,[17] die trotz Abmahnung und Einsatz von Ordnungsmitteln nicht abgestellt werden konnten.

7

2. Verfahren, Abs. 2. Die Amtsenthebung setzt einen **Antrag des Richters beim Amtsgericht** voraus. Aus dem Kontext der Norm ergibt sich, dass es sich dabei um den geschäftsplanmäßig für Schöffensachen im Sinn dieses Abschnitts (§§ 39, 40 Abs. 2, 45 Abs. 3, 52 Abs. 3 S. 1, 53 Abs. 2 S. 1, 54 Abs. 1 S. 1, 56 Abs. 2 S. 1) bestellten Richter handelt, der nicht zugleich Vorsitzender des Schöffengerichts sein muss. Für das Landgericht gilt § 77 Abs. 3 S. 3.[18] Anträge anderer (unzuständiger) Richter entfalten keine Wirkung.[19] Der Rich-

8

---

[9] OLG Dresden 8.12.2014 – 2(S) AR 37/14, NStZ-RR 2015, 121 (122); OLG Hamm 14.6.2017 – 1 Ws 258/17, BeckRS 2017, 122498.
[10] OLG München 21.3.2016 – 2 Ws 131/16, StV 2016, 637.
[11] KG 25.5.2016 – 3 ARs 5/16, NStZ-RR 2016, 252 (253).
[12] OLG Celle 23.9.2014 – 2 ARs 13/14, NStZ-RR 2015, 54 (55).
[13] OLG Hamm 14.5.2015 – 1Ws 147/15, BeckRS 2015, 11445.
[14] BT-Drs. 17/3356, 17.
[15] *Kissel/Mayer* § 113 Rn. 5; KK/*Barthe* Rn. 2; aA *Kissel/Mayer* Rn. 5, wonach bei der Verletzung prozessualer Pflichten ein Vorgehen nach § 51 wegen § 56 nicht in Betracht kommen soll.
[16] → § 31 Rn. 5; aA BT-Drs. 17/3356, 17.
[17] BT-Drs. 17/3356, 17.
[18] OLG Celle 23.9.2014 – 2 ARs 13/14, NStZ-RR 2015, 54.
[19] KK/*Barthe* Rn. 3; Meyer-Goßner/*Schmitt* Rn. 3.

ter hat den Sachverhalt umfassend zu ermitteln und den Antrag in überprüfbarer Weise zu begründen.[20] Liegen die Voraussetzungen des Abs. 1 vor, ist der Antrag zu stellen. Der unbestimmte Rechtsbegriff ist auszufüllen, Ermessen steht dem Richter jedoch nicht zu.[21]

9 **Zuständig** für die Entscheidung ist der Strafsenat des Oberlandesgerichts, in dessen Bezirk sich das Gericht befindet, an dem der beteiligte Schöffe tätig ist (Abs. 2 S. 1). Welcher Strafsenat entscheidet, bestimmt der Geschäftsverteilungsplan des OLG. Vor der Entscheidung ist sowohl dem beteiligten Schöffen als auch der Staatsanwaltschaft **rechtliches Gehör** (Art. 103 Abs. 1 GG) zu gewähren (Abs. 2 S. 2). Das gilt auch dann, wenn der Richter beim Amtsgericht bereits zur Sachverhaltsermittlung angehört hat.[22] Die mündliche Anhörung dürfte nur erforderlich sein, wenn sie erheblich besseren Erkenntnisgewinn verspricht. Der Senat entscheidet durch Beschluss ohne Kostenentscheidung. Gibt er dem Antrag statt, ist der Schöffe an der **Amtsausübung ständig gehindert** und an seine Stelle rückt ein Hilfsschöffe ein (§ 49 Abs. 2). Die Streichung aus der Hauptschöffenliste ist deklaratorisch vorzunehmen.

10 **3. Einstweilige Anordnung, Abs. 3.** Wäre das Zuwarten auf eine Entscheidung wegen der besonderen Schwere der Amtspflichtverstöße nicht mehr zumutbar,[23] kann der nach Abs. 2 zuständige Senat anordnen, dass der Schöffe bis zur endgültigen Entscheidung über den Antrag nicht zu Sitzungen heranzuziehen ist. Wegen des vorläufigen Charakters der Anordnung wird man verlangen müssen, dass der Senat **besonders gründlich abwägt**, ob dem Angeklagten die Mitwirkung des Schöffen noch zumutbar ist, bzw. ob die Verstöße so gravierend sind, dass sie die Auswechslung des gesetzlichen Richters schon vor der Endentscheidung rechtfertigen.[24] Dabei ist das Recht der davon bis zur endgültigen Entscheidung betroffenen Angeklagten auf den gesetzlichen Richter gegen das in Strafsachen bestehende Beschleunigungsgebot und den staatlichen Strafverfolgungsanspruch abzuwägen.[25] Das wird man in Fällen annehmen können, in denen ansonsten das Ansehen der Justiz insgesamt Schaden zu nehmen droht.

11 Die Entscheidung trifft der Senat **von Amts wegen** durch Beschluss. Ein Antragsrecht besteht nicht. Von der vorherigen Anhörung darf nur in Fällen besonderer Eilbedürftigkeit abgesehen werden.[26] Während der einstweiligen Anordnung ist der Schöffe verhindert im Sinn des § 47. Die Verhinderung endet mit endgültiger Zurückweisung des Antrags.

III. Anfechtbarkeit und Revision

12 Sowohl die vorläufige als auch die endgültige Entscheidung, gleich ob stattgebend oder ablehnend, ist **unanfechtbar** (Abs. 2 S. 2, Abs. 3 S. 2). Damit findet grundsätzlich wegen § 336 S. 2 StPO auch keine Überprüfung in der Revision statt. Von diesem Grundsatz ist wegen der verfassungsrechtlichen Garantie des gesetzlichen Richters eine **Ausnahme** zu machen, wenn die Entscheidung des Oberlandesgerichts **objektiv willkürlich** war.[27]

§ 52 [Streichung von der Schöffenliste]

(1) ¹Ein Schöffe ist von der Schöffenliste zu streichen, wenn
1. seine Unfähigkeit zum Amt eines Schöffen eintritt oder bekannt wird, oder
2. Umstände eintreten oder bekannt werden, bei deren Vorhandensein eine Berufung zum Schöffenamt nicht erfolgen soll.

---

[20] *Kissel/Mayer* Rn. 6.
[21] BT-Drs. 17/3356, 18.
[22] *Kissel/Mayer* Rn. 9.
[23] BT-Drs. 17/3356, 18.
[24] Vgl. auch *Kissel/Mayer* Rn. 12.
[25] OLG Rostock 10.3.2016 – 20 AR 8/16, BeckRS 2016, 5839.
[26] *Kissel/Mayer* Rn. 11.
[27] → § 16 Rn. 29 ff., insbes. 33; *Kissel/Mayer* Rn. 15.

²Im Falle des § 33 Nr. 3 gilt dies jedoch nur, wenn der Schöffe seinen Wohnsitz im Landgerichtsbezirk aufgibt.

(2) ¹Auf seinen Antrag ist ein Schöffe aus der Schöffenliste zu streichen, wenn er
1. seinen Wohnsitz im Amtsgerichtsbezirk, in dem er tätig ist, aufgibt oder
2. während eines Geschäftsjahres an mehr als 24 Sitzungstagen an Sitzungen teilgenommen hat.

²Bei Hauptschöffen wird die Streichung nur für Sitzungen wirksam, die später als zwei Wochen nach dem Tag beginnen, an dem der Antrag bei der Schöffengeschäftsstelle eingeht. ³Ist einem Hilfsschöffen eine Mitteilung über seine Heranziehung zu einem bestimmten Sitzungstag bereits zugegangen, so wird seine Streichung erst nach Abschluß der an diesem Sitzungstag begonnenen Hauptverhandlung wirksam.

(3) ¹Ist der Schöffe verstorben oder aus dem Landgerichtsbezirk verzogen, ordnet der Richter beim Amtsgericht seine Streichung an. ²Im Übrigen entscheidet er nach Anhörung der Staatsanwaltschaft und des beteiligten Schöffen.

(4) Die Entscheidung ist nicht anfechtbar.

(5) Wird ein Hilfsschöffe in die Hauptschöffenliste übertragen, so gehen die Dienstleistungen vor, zu denen er zuvor als Hilfsschöffe herangezogen war.

(6) ¹Hat sich die ursprüngliche Zahl der Hilfsschöffen in der Hilfsschöffenliste auf die Hälfte verringert, so findet aus den vorhandenen Vorschlagslisten eine Ergänzungswahl durch den Ausschuß statt, der die Schöffenwahl vorgenommen hatte. ²Der Richter beim Amtsgericht kann von der Ergänzungswahl absehen, wenn sie in den letzten sechs Monaten des Zeitraums stattfinden müßte, für den die Schöffen gewählt sind. ³Für die Bestimmung der Reihenfolge der neuen Hilfsschöffen gilt § 45 entsprechend mit der Maßgabe, daß die Plätze im Anschluß an den im Zeitpunkt der Auslosung an letzter Stelle der Hilfsschöffenliste stehenden Schöffen ausgelost werden.

Übersicht

	Rn.		Rn.
I. Normzweck	1, 2	2. Streichung auf Antrag, Abs. 2	8–10
II. Regelungsgehalt	3–18	3. Zuständigkeit und Verfahren	11–14
1. Streichung von Amts wegen, Abs. 1	4–7	4. Wirkungen der Streichung	15
a) Schöffenunfähigkeit Abs. 1 S. 1 Nr. 1	4, 5	5. Kollision von Schöffenpflichten, Abs. 5	16
b) Schöffenungeeignetheit, Abs. 1 S. 1 Nr. 2, S. 2	6, 7	6. Nachwahl, Abs. 6	17, 18
		III. Anfechtbarkeit und Revision	19

I. Normzweck

Das Gesetz kennt **drei Arten der nachträglichen Entfernung** von Schöffen aus dem Amt. Das sind neben der Abberufung (§ 44b DRiG), die Amtsenthebung (§ 51) und die Streichung nach §§ 52, 53. § 52 Abs. 1 gibt der Justiz das Instrumentarium an die Hand, um ungeeignete (§ 33, 34) oder unfähige (§§ 31 S. 2, 32) Schöffen nachträglich aus dem Amt zu entlassen. Die Normen ergänzen daher die Auswahlvorschriften. Darüber hinaus ermöglichen §§ 52 Abs. 2 und 53 die Streichung eines Schöffen auf eigenen Wunsch, um ihn vor übermäßiger Belastung zu schützen. Vorübergehende Hinderungsgründe werden nach § 54 behandelt.

Da die Schöffenliste den gesetzlichen Richter aufgrund der dort festgelegten Reihenfolge bestimmt, darf sie nur nach einem gesetzlich eindeutigen Verfahren verändert werden (§ 44 Abs. 2 DRiG),[1] das § 52 zur Verfügung stellt. Der gestrichene Schöffe **scheidet vollständig**

---
[1] BGH 4.11.1994 – BLw 47/94, BGHZ 127, 327 = DtZ 1995, 48.

aus dem Amt des ehrenamtlichen Richters aus. Er darf nicht mehr ausgelost (§§ 45, 46), darf trotz Auslosung nicht mehr tätig werden, kann nicht als Hilfsschöffe nachrücken (§ 49 Abs. 2) oder zu einzelnen Sitzungstagen herangezogen werden (§ 49 Abs. 1).

II. Regelungsgehalt

3 § 52 regelt in Abs. 1 die Streichung eines Schöffen von Amts wegen, wenn nachträglich Gründe nach §§ 31 S. 2, 32, 33, oder 34 (und § 44a DRiG) eintreten oder bekannt werden. Abs. 2 ermöglicht die Streichung auf Antrag des Schöffen bei Wegzug oder übermäßiger Inanspruchnahme. Die Norm gilt gleichermaßen für Haupt- und Hilfsschöffen. Eine Streichung erfasst die Stellung als Schöffe, unabhängig davon, auf welcher Liste der Schöffe zum Zeitpunkt der Streichung tatsächlich geführt wurde.[2] Die Streichung ist unwiderruflich,[3] unbedingt und unbefristet und gilt für den gesamten Rest der Schöffenperiode.[4] Der Grund für die Streichung muss **zum Zeitpunkt der Entscheidung** vorliegen. War der Schöffe unfähig oder ungeeignet (zB kein Deutscher, noch nicht 25 Jahre alt), liegt der Grund aber zum Zeitpunkt der Entscheidung nicht mehr vor (mittlerweile Deutscher, 25 Jahre alt), darf eine Streichung nicht erfolgen.[5] Eine einmal erfolgte Streichung bleibt hingegen wirksam, auch wenn der Grund im Anschluss wegfällt.[6] § 52 ist abschließend und darf nicht durch Entscheidung der Justizverwaltung um weitere Tatbestände erweitert werden,[7] weil dadurch die Bestimmung des gesetzlichen Richters dem Ermessen der Verwaltung obläge.

4 **1. Streichung von Amts wegen, Abs. 1. a) Schöffenunfähigkeit Abs. 1 S. 1 Nr. 1.** Ein Schöffe ist zu streichen, wenn er **schöffenunfähig** ist (Abs. 1 S. 1 Nr. 1). Das gilt beim Tod des Schöffen, wobei es für die Folgen (Streichung, Nachrücken des Hilfsschöffen, § 49 Abs. 2) nicht auf den Zeitpunkt des Todes ankommt, sondern auf die Kenntniserlangung des Gerichts.[8] Der unbekannt Verstorbene ist unerreichbar (§§ 54 Abs. 2 S. 1, 49 Abs. 1). Ferner ergeben sich die Gründe für die Schöffenunfähigkeit aus §§ 31 S. 2, 33 und wenn eine Amtsenthebung nach § 52 Abs. 1 und 2 stattgefunden hat. Nicht darunter fällt die Amtsenthebung nach § 44b DRiG,[9] weil es sich bei § 44a DRiG um Gründe der Schöffenungeeignetheit handelt und eine Amtsenthebung unter den Voraussetzungen des Abs. 1 Nr. 2, Abs. 3 S. 2 nach Maßgabe des § 44b DRiG erst noch erfolgt, wohingegen bei § 51 bereits das Oberlandesgericht entschieden hat (→ Rn. 6). Weitere Unfähigkeitsgründe gibt es nicht. Insbesondere ist Abs. 3 nicht dahingehend zu verstehen.[10]

5 Die Unfähigkeit muss nachträglich eintreten oder bekannt werden. Nach wohl herrschender Meinung[11] sollen **Gründe, die dem Schöffenwahlausschuss bereits bekannt waren, nicht zur Streichung führen dürfen,** weil dem Richter beim Amtsgericht eine Änderung der Entscheidung des Ausschusses nicht zustehe. Davon soll allerdings eine Ausnahme gelten, wenn eine Revisionsentscheidung die Schöffenunfähigkeit festgestellt habe.[12] **Dieser Ansicht kann** jedenfalls für die Fälle der §§ 31 S. 2 und 32 Nr. 1 **nicht zugestimmt werden.** In diesen Fällen steht dem Schöffenwahlausschuss nämlich **kein Beurteilungsspielraum** zu. Hat er daher eine Person, die nicht Deutscher oder nach § 32 Nr. 1 vorbestraft ist, zum Schöffen gewählt, ist diese Entscheidung unter keinem rechtlichen Gesichtspunkt vertretbar und stets **willkürlich**. In diesen Fällen ist die Besetzungsrüge eröffnet.[13]

---

[2] BGH 3.11.1981 – 5 StR 566/81, BGHSt 30, 255 = NJW 1982, 293 (294).
[3] BGH 3.11.1981 – 5 StR 566/81, BGHSt 30, 255 = NJW 1982, 293 (294).
[4] *Kissel/Mayer* Rn. 1.
[5] So auch LG Gießen 18.12.2013 – 323E, BeckRS 2014, 3264.
[6] → § 32 Rn. 8.
[7] BGH 12.1.1956 – 3 StR 626/54, BGHSt 9, 203 = NJW 1956, 1326.
[8] *Kissel/Mayer* Rn. 4.
[9] So aber *Kissel/Mayer* Rn. 4.
[10] So aber LG Dortmund 12.2.2007 – 14 Gen. StrK 12/06, NStZ 2007, 360; Meyer-Goßner/*Schmitt* Rn. 1.
[11] *Katholnigg* Rn. 1; *Kissel/Mayer* Rn. 5; KK/*Barthe* Rn. 4; Löwe/Rosenberg/*Gittermann* Rn. 2.
[12] *Katholnigg* Rn. 1.
[13] → § 31 Rn. 8 und → § 32 Rn. 9.

Dann kann es aber dem Richter beim Amtsgericht nicht verwehrt sein, die offensichtlich willkürliche Bestimmung des gesetzlichen Richters durch eine Streichung zu berichtigen. Andernfalls müsste das Gericht sehenden Auges mit einem nicht gesetzlichen Schöffen verhandeln. Daher kann auch nicht verlangt werden, dass zunächst eine feststellende Revisionsentscheidung ergehen muss (zumal es dem Revisionsgericht freisteht, über eine Rüge nicht zu entscheiden, wenn bereits eine andere Rüge zur Aufhebung führt). Etwas anderes mag bei § 32 Nr. 2 gelten, da zumindest bei der Verurteilungsprognose nach § 45 StGB Beurteilungsspielräume auszufüllen sind.

b) Schöffenungeeignetheit, Abs. 1 S. 1 Nr. 2, S. 2. Ein Schöffe ist von Amtswegen 6 von der Liste zu streichen, wenn nachträglich **Gründe nach §§ 33, 34 sowie § 44a DRiG** eintreten oder bekannt werden. Abzustellen ist auf den Zeitpunkt der Entscheidung. Hat der Schöffe, der ursprünglich (unerkannt) nicht in der Gemeinde wohnte, seinen Wohnsitz nunmehr zumindest im Bezirk des Landgerichts, kommt eine Streichung nach Abs. 1 nicht in Betracht (Wertung des Abs. 1 S. 2).[14] Gleiches gilt, wenn die Voraussetzungen bei der Wahl zwar nicht gegeben waren, aber mittlerweile vorliegen (→ Rn. 3). Waren die Ungeeignetheitsgründe dem Wahlausschuss bekannt und hat er die Person dennoch gewählt, ist eine Streichung ausgeschlossen, weil es sich anders als bei der Schöffenunfähigkeit nicht um zwingendes Recht handelt.[15] Hat sich allerdings eine Prognose in Bezug auf das Vorliegen der § 33 Nr. 4–6 im Nachhinein als fehlerhaft erwiesen, also sich zB der Gesundheitszustand wider Erwarten nicht entscheidend verbessert,[16] ist von einer nachträglich eingetretenen Ungeeignetheit auszugehen. Verlegt ein Schöffe seinen Wohnsitz zwar aus dem Gebiet der Gemeinde (§ 33 Nr. 3), aber nicht aus dem Gebiet des Landgerichtsbezirks, kommt eine Streichung nur auf seinen Antrag (Abs. 2) in Betracht (Abs. 1 S. 2).

Es ist umstritten, ob die **Ablehnungsgründe des § 35** in Folge nachträglich erfolgter 7 Ablehnung unter § 52 Abs. 1 S. 1 Nr. 2 fallen[17] oder (nur) nach § 53 zu behandeln sind.[18] Der Streit ist letztlich ohne praktische Bedeutung. Bei einer Berufung auf § 35 hat die Streichung nach Maßgabe des § 53 zu erfolgen. Unerheblich ist, ob man die Streichung unmittelbar aus § 53 herleitet, wofür der Wortlaut des § 53 Abs. 2 spricht oder die Entscheidung nach § 53 als Unterfall des § 52 Abs. 1 Nr. 2 begreift. In jedem Fall hat die Streichung bei Vorliegen der Voraussetzungen zwingend zu erfolgen.

2. Streichung auf Antrag, Abs. 2. Um den Schöffen vor (Anreise-)Härten zu schüt- 8 zen, ist er auf Antrag zu streichen, wenn er **seinen Wohnsitz im Amtsgerichtsbezirk aufgibt** (Abs. 2 S. 1 Nr. 1), ohne ihn aus dem Landgerichtsbezirk zu verlegen. Bei Wohnsitznahme außerhalb des Landgerichtsbezirks ist er von Amts wegen zu streichen (§§ 52 Abs. 1 S. 1 Nr. 2, S. 2 iVm 33 Nr. 3; → Rn. 6). Nach § 77 Abs. 5 gilt Nr. 1 nicht für die Landgerichtsbezirksschöffen.

Dem Schutz vor überobligatorischer Inanspruchnahme (Übermaßverbot) dient Abs. 2 9 S. 1 Nr. 2, wonach der Schöffe auf seinen Antrag für den Rest der Amtsperiode zu streichen ist, wenn er während eines Geschäftsjahrs an mehr als vierundzwanzig Sitzungen teilgenommen hat. Anders als bei § 49 Abs. 4 kommt es nicht auf die Heranziehung, sondern die **tatsächliche Teilnahme** an einer Sitzung an, wobei eine Sitzung pro Sitzungstag genügt. Unerheblich ist, ob der Schöffe als Richter oder (nur letztlich nicht benötigter) Ergänzungsschöffe teilgenommen hat und ob das Verfahren in der Instanz beendet wurde. Bei mehrtägigen Sitzungen (§ 50) zählt jeder Tag.[19] Die Streichung erfolgt nicht für die laufende Haupt-

---

[14] *Kissel/Mayer* Rn. 6.
[15] BGH 3.11.1981 – 5 StR 566/81, BGHSt 30, 255 = NJW 1982, 293; 19.6.1985 – 2 StR 197/85 – 2 StR 98/85, BGHSt 33, 261 = NJW 1988, 2341 (2343); *Kissel/Mayer* § 33 Rn. 1; KK/*Barthe* § 33 Rn. 1; Meyer-Goßner/*Schmitt* § 33 Rn. 8.
[16] Dazu → § 33 Rn. 13.
[17] BGH 21.6.1978 – 3 StR 81/78 (S), BGHSt 28, 61 = NJW 1978, 2162 (nicht tragend); 3.5.1993 – 5 StR 688/92, wistra 1993, 224; Meyer-Goßner/*Schmitt* Rn. 1.
[18] *Katholnigg* Rn. 4; KK/*Barthe* Rn. 4; Löwe/Rosenberg/*Gittermann* Rn. 4.
[19] *Kissel/Mayer* Rn. 12; Löwe/Rosenberg/*Gittermann* Rn. 8 f.

verhandlung, da der Antrag sinnvollerweise nur auf die Inanspruchnahme für zukünftige neu beginnende Sitzungen bezogen sein kann, was sich bereits aus Abs. 2 S. 2 und für den Hilfsschöffen Abs. 2 S. 3 sowie § 50 zwingend ergibt.[20]

10 Anders als bei der sofort wirkenden Streichung von Amts wegen wird die Streichung auf Antrag im Interesse des ordentlichen Geschäftslaufs erst verzögert wirksam (**Karenzfrist**). Bei Hauptschöffen gilt die Streichung erst für Sitzungen, die später als zwei Wochen nach dem Tag beginnen, an dem der Antrag bei der Schöffengeschäftsstelle eingegangen ist (Abs. 2 S. 2). Sitzungen, die davor beginnen, muss der Schöffe wahrnehmen, auch wenn sie nach § 50 über den Zeitpunkt hinaus andauern. Unter den dortigen Voraussetzungen kann er aber ggf. nach § 54 entbunden werden. Für Hilfsschöffen gilt Abs. 2 S. 3, wonach eine Heranziehung wirksam bleibt, wenn die Mitteilung dem Hilfsschöffen zugegangen ist, bevor sein Antrag bei der Schöffengeschäftsstelle eingegangen ist. Für die Heranziehung bleibt er nach § 50 bis zum Ende der Hauptverhandlung zuständiger gesetzlicher Richter. Die Zugangszeitpunkte sind im Freibeweisverfahren zu klären.

11 **3. Zuständigkeit und Verfahren.** Für die Streichung ist der **geschäftsplanmäßig** für die Schöffenangelegenheiten im Sinn der §§ 31 ff. **bestimmte Richter beim Amtsgericht** zuständig. Für das Landgericht trifft § 77 Abs. 3 S. 2 eine differenzierte abweichende Regelung.[21] Bei Jugendschöffen entscheidet der zuständige Jugendrichter (§ 34 Abs. 1 JGG).

12 Im Fall des Todes, des Wegzugs (Abs. 3 S. 1) oder der Amtsenthebung (§ 51) erfolgt die Streichung ohne weiteres. In allen anderen Fällen ist – soweit erforderlich – der Sachverhalt zu ermitteln und stets **der betroffene Schöffe und die Staatsanwaltschaft anzuhören** (Abs. 3 S. 2; rechtliches Gehör, Art. 103 Abs. 1 GG). Da die Streichung nach Abs. 2 nur auf Antrag des Schöffen selbst erfolgen kann, ist eine Anhörung des Schöffen entbehrlich, wenn sich aus der Sachverhaltsermittlung oder der Stellungnahme der Staatsanwaltschaft keine neuen Erkenntnisse ergeben.[22]

13 **Während des laufenden Prüfungsverfahrens** ist der Schöffe zur Dienstleistung heranzuziehen und gesetzlicher Richter. Etwas anderes gilt nur bei einer einstweiligen Anordnung nach § 44b Abs. 3 DRiG oder § 51 Abs. 3. Da § 52 keine einstweilige Anordnung kennt, ist auch eine Entbindung nach § 54 wegen des laufenden Prüfungsverfahrens unzulässig.[23]

14 Die **Streichung** ist **schriftlich** unter Angabe von Gründen vorzunehmen[24] und der Schöffengeschäftsstelle mitzuteilen. Sie wird mit ihrer schriftlichen Niederlegung wirksam, ohne dass es dafür auf den Zugang bei der Schöffengeschäftsstelle ankommt.[25] Entscheidet sich der Richter gegen eine Streichung, bedarf es keiner förmlichen Feststellung, diese ist aber zumindest bei Abs. 2 anzuraten. Die Gründe der Überprüfung bleiben in diesen Fällen für spätere erneute Überprüfungen verwertbar.

15 **4. Wirkungen der Streichung.** Der gestrichene Schöffe **scheidet aus dem Schöffenamt** für den Rest der Amtsperiode aus. Erfolgt die Streichung nach Abs. 1, gilt das sofort und auch für laufende Verfahren, sodass – wenn kein Ergänzungsschöffe beigezogen ist – das Verfahren neu begonnen werden muss.

16 **5. Kollision von Schöffenpflichten, Abs. 5.** Nach Abs. 5 bleiben für gestrichene Hauptschöffen nachrückende (§ 49 Abs. 2) oder gem. § 46 zu Hauptschöffen geloste Hilfsschöffen für die Verfahren zuständig, in denen sie bereits als Hilfsschöffen herangezogen sind. **Die Dienstpflicht als Hilfsschöffe** in den Verfahren, zu denen der Schöffe bereits

---

[20] *Kissel/Mayer* Rn. 12; KK/*Barthe* Rn. 5; Löwe/Rosenberg/*Gittermann* Rn. 8.
[21] → § 77 Rn. 9.
[22] *Kissel/Mayer* Rn. 15.
[23] BGH 21.6.1978 – 3 StR 81/78 (S), BGHSt 28, 61 = NJW 1978, 2162; 26.1.1977 – 2 StR 613/76, BGHSt 27, 105 = NJW 1977, 965; *Katholnigg* § 54 Rn. 3; *Kissel/Mayer* Rn. 16; KK/*Barthe* Rn. 7; Löwe/Rosenberg/*Gittermann* Rn. 13.
[24] *Katholnigg* Rn. 7; *Kissel/Mayer* Rn. 17; KK/*Barthe* Rn. 8.
[25] → § 49 Rn. 4; KG 22.3.1984 – (4) Ss 198/83, StV 1984, 504; *Kissel/Mayer* Rn. 17; Löwe/Rosenberg/*Gittermann* § 49 Rn. 5.

herangezogen wurde, **geht** im Kollisionsfall der neuen Hauptschöffentätigkeit **vor**. Der Schöffe gilt als verhindert (§ 47).

6. Nachwahl, Abs. 6. Durch das Nachrücksystem bleibt die Hauptschöffenliste auch 17 nach Streichungen immer vollständig und zahlenmäßig konstant. Sie kann sich nach § 46 sogar erhöhen, aber nie verringern. Da diese Konstanz zu Lasten der Hilfsschöffenliste geht, sinkt deren Zahl im Lauf der Amtsperiode, wenn neue Hauptschöffen benötigt werden. Um zu gewährleisten, dass immer genug Hilfsschöffen zur Aufrechterhaltung des Geschäftsbetriebs zur Verfügung stehen und die verbleibenden Hilfsschöffen nicht überobligatorisch in Anspruch genommen werden, sieht Abs. 6 eine **Hilfsschöffennachwahl** vor, wenn die Zahl der Hilfsschöffen in der Hilfsschöffenliste **auf die Hälfte** gefallen ist (Abs. 6 S. 1).

Die Nachwahl führt der **ursprünglich eingesetzte Wahlausschuss** (der zuständig bleibt 18 und neu zusammentritt) aus der einheitlichen Vorschlagsliste nach § 36 durch, die aufgrund zwischenzeitlich möglicherweise eingetretener Veränderungen zu aktualisieren ist.[26] Bei Verhinderung einzelner Ausschussmitglieder sind diese zu vertreten, ggf. ein Vertreter neu zu bestellen.[27] Die Wahl findet mit dem Ziel statt, die Hilfsschöffenliste auf den ursprünglichen Stand wieder aufzufüllen.[28] Aus den neu gewählten Hilfsschöffen wird sodann die Reihenfolge gelost (Abs. 6 S. 3 iVm § 45), diese Liste der bestehenden (Rest-)Hilfsschöffenliste hinten angefügt und zu einer einheitlichen Liste verbunden (Abs. 6 S. 3).[29] Von der Ergänzungswahl kann der zuständige Richter nach pflichtgemäßem Ermessen absehen, wenn die Wahl in den letzten sechs Monaten der Amtsperiode stattfinden müsste (Abs. 6 S. 2).

III. Anfechtbarkeit und Revision

Die Entscheidung über die Streichung ist unanfechtbar (Abs. 4). Damit findet grundsätz- 19 lich wegen § 336 S. 2 StPO auch keine Überprüfung in der Revision statt. Von diesem Grundsatz ist wegen der verfassungsrechtlichen Garantie des gesetzlichen Richters eine Ausnahme zu machen, wenn die Entscheidung objektiv willkürlich war.[30] Das gilt sicher bei der Schöffenunfähigkeit und nach bestrittener, aber vorzugswürdiger Ansicht auch, wenn eine Streichung trotz Vorliegens der Ungeeignetheit objektiv willkürlich nicht erfolgt. Auf die Ausführungen zu § 33 wird verwiesen.[31]

§ 53 [Ablehnungsgründe]

(1) ¹Ablehnungsgründe sind nur zu berücksichtigen, wenn sie innerhalb einer Woche, nachdem der beteiligte Schöffe von seiner Einberufung in Kenntnis gesetzt worden ist, von ihm geltend gemacht werden. ²Sind sie später entstanden oder bekannt geworden, so ist die Frist erst von diesem Zeitpunkt zu berechnen.

(2) ¹Der Richter beim Amtsgericht entscheidet über das Gesuch nach Anhörung der Staatsanwaltschaft. ²Die Entscheidung ist nicht anfechtbar.

I. Normzweck

§ 53 gewährleistet die Streichung von Schöffen, die erst nach ihrer Wahl von **berechtig-** 1 **ten Ablehnungsgründen im Sinn von § 35** Gebrauch machen und stellt eine Ergänzung zu § 52 dar. §§ 35, 53 sind abschließend. Eine entsprechende Anwendung auf andere Personenkreise kommt nicht in Betracht.[1]

---
[26] *Kissel/Mayer* Rn. 23.
[27] *Kissel/Mayer* Rn. 23; *Löwe/Rosenberg/Gittermann* Rn. 17.
[28] *Kissel/Mayer* Rn. 23; *Löwe/Rosenberg/Gittermann* Rn. 17.
[29] *Kissel/Mayer* Rn. 25.
[30] → § 16 Rn. 29 ff., insbes. 33; *Kissel/Mayer* Rn. 15; *KK/Barthe* Rn. 9.
[31] → § 33 Rn. 14 f.
[1] BGH 12.1.1956 – 3 StR 626/54, BGHSt 9, 203 = NJW 1956, 1326; vgl. auch → § 35 Rn. 11.

II. Regelungsgehalt

1. Ablehnungsgründe. Ein Schöffe kann bereits vor seiner Wahl das Schöffenamt ablehnen, wenn einer der Gründe des § 35 vorliegt. § 53 gewährt dieses Recht (unter Einschränkungen) auch bereits gewählten Schöffen. Darunter fallen sowohl die Schöffen, bei denen erst nachträglich Gründe nach § 35 entstehen, als auch die, die von ihrem Ablehnungsrecht zunächst keinen Gebrauch gemacht haben. Die Ablehnung hat die Streichung von der Schöffenliste für die gesamte (verbleibende) Amtsperiode zur Folge. Nach § 49 Abs. 2 rückt bei Ablehnung eines Hauptschöffen ein Hilfsschöffe nach.

Abs. 1 S. 1 sieht eine **Ausschlussfrist** für die Ablehnung vor, um den geordneten Geschäftsgang des Gerichts nicht durch plötzliche kurzfristige Ablehnungen zu gefährden.[2] Daher ist die Ablehnung – wenn der Grund bereits entstanden und bekannt ist – innerhalb einer Woche ab Kenntnis der Einberufung geltend zu machen. Bei Hauptschöffen ist das der Zugang der Benachrichtigung gem. § 45 Abs. 4 S. 3, 4. Übt der Hauptschöffe sein Ablehnungsrecht nicht aus, ist es für das Geschäftsjahr verfristet. Mit der erneuten Benachrichtigung im darauf folgenden Geschäftsjahr beginnt die Frist erneut zu laufen.[3] Bei Hilfsschöffen beginnt die Frist mit der Benachrichtigung von der Auslosung, § 45 Abs. 4 S. 5. Wurde diese unterlassen, ist auf die erstmalige Einberufung zu einer Sitzung abzustellen. Rückt ein Hilfsschöffe in die Hauptschöffenliste nach, beginnt die Ablehnungsfrist mit der entsprechenden Benachrichtigung erneut zu laufen. Fristbeginn ist in allen Fällen der Ablauf des Benachrichtigungstages.

Entsteht der Ablehnungsgrund erst später oder wird er – kaum vorstellbar – erst später bekannt, ist dieser Zeitpunkt für den Fristbeginn maßgeblich.[4] Es kommt nur auf die **Tatsachenkenntnis des Schöffen,** nicht auf deren rechtliche Bewertung an.[5]

Die Ablehnungserklärung kann **schriftlich** oder zu **Protokoll der Geschäftsstelle** abgegeben werden. In beiden Fällen ist der Zugang maßgeblich für die Prüfung der Rechtzeitigkeit.[6]

Über die Ablehnung entscheidet der zuständige Richter[7] nach Anhörung der Staatsanwaltschaft. Die stattgebende Entscheidung ist schriftlich zu treffen und der Schöffengeschäftsstelle mitzuteilen.[8] Sie bewirkt die Streichung von der Schöffenliste.[9] Auch die ablehnende Entscheidung sollte schriftlich getroffen und mit Gründen versehen werden, damit der Schöffe ausreichend unterrichtet ist, da seine Schöffenpflicht dann unverändert fortbesteht.

III. Anfechtbarkeit und Revision

Die Entscheidung, gleich ob stattgebend oder ablehnend, ist unanfechtbar (Abs. 2 S. 2). Damit findet grundsätzlich wegen § 336 S. 2 StPO auch keine Überprüfung in der Revision statt. Von diesem Grundsatz ist wegen der verfassungsrechtlichen Garantie des gesetzlichen Richters eine Ausnahme zu machen, wenn die Entscheidung objektiv willkürlich war.[10]

§ 54 [Entbindung vom Schöffenamt an einzelnen Sitzungstagen]

(1) ¹Der Richter beim Amtsgericht kann einen Schöffen auf dessen Antrag wegen eingetretener Hinderungsgründe von der Dienstleistung an bestimmten Sitzungstagen entbinden. ²Ein Hinderungsgrund liegt vor, wenn der Schöffe an

---

[2] *Kissel/Mayer* Rn. 2; *Löwe/Rosenberg/Gittermann* Rn. 2.
[3] *Kissel/Mayer* Rn. 2.
[4] *Katholnigg* Rn. 2; *Kissel/Mayer* Rn. 3; aA entgegen dem eindeutigen Wortlaut KK/*Barthe* Rn. 4, wonach die nächste Sitzung zu der der Schöffe herangezogen wird, maßgeblich sein soll.
[5] *Kissel/Mayer* Rn. 3.
[6] *Kissel/Mayer* Rn. 4; KK/*Barthe* Rn. 5.
[7] Vgl. → § 52 Rn. 11.
[8] Vgl. → § 52 Rn. 14.
[9] Vgl. → § 52 Rn. 14 f.
[10] → § 16 Rn. 29 ff. und → § 52 Rn. 19.

der Dienstleistung durch unabwendbare Umstände gehindert ist oder wenn ihm die Dienstleistung nicht zugemutet werden kann.

(2) ¹Für die Heranziehung von Hilfsschöffen steht es der Verhinderung eines Schöffen gleich, wenn der Schöffe nicht erreichbar ist. ²Ein Schöffe, der sich zur Sitzung nicht einfindet und dessen Erscheinen ohne erhebliche Verzögerung ihres Beginns voraussichtlich nicht herbeigeführt werden kann, gilt als nicht erreichbar. ³Ein Hilfsschöffe ist auch dann als nicht erreichbar anzusehen, wenn seine Heranziehung eine Vertagung der Verhandlung oder eine erhebliche Verzögerung ihres Beginns notwendig machen würde. ⁴Die Entscheidung darüber, daß ein Schöffe nicht erreichbar ist, trifft der Richter beim Amtsgericht. ⁵§ 56 bleibt unberührt.

(3) ¹Die Entscheidung ist nicht anfechtbar. ²Der Antrag nach Absatz 1 und die Entscheidung sind aktenkundig zu machen.

Übersicht

	Rn.		Rn.
I. Normzweck	1	2. Unerreichbarkeit von Schöffen, Abs. 2 S. 1 und 2	9–11
II. Regelungsgehalt	2–16	3. Übergehen von Hilfsschöffen, Abs. 2 S. 3	12
1. Hinderungsgründe, Abs. 1	2–8	4. Verfahren	13–16
a) Unabwendbare Umstände	3, 4	III. Anfechtbarkeit und Revision	17
b) Unzumutbarkeit der Dienstleistung .	5–8		

I. Normzweck

Während §§ 51–53 die dauerhafte Verhinderung eines Schöffen betreffen, regelt § 54 die **1** Entbindung vom Schöffenamt aus vorübergehenden Gründen. Dabei bezweckt die Norm zum einen, den entbundenen **Schöffen vor Ordnungsmitteln (§ 56) zu bewahren**, zum anderen schafft sie eindeutige Voraussetzungen, unter denen der **gesetzliche Richter für den Einzelfall geändert** werden kann. Aus diesem Grund ist eine über die Definition des Abs. 1 S. 2 hinausgehende (erweiternde) Anwendung der Norm nicht möglich, weil sonst der willkürlichen Änderung des gesetzlichen Richters Tür und Tor geöffnet wäre.[1] Daher ist die Vorschrift restriktiv zu handhaben. Abs. 1 führt zur (entschuldigten) Entbindung des Schöffen von seinem Amt. Abs. 2 hingegen erleichtert dem Gericht die Heranziehung von Hilfsschöffen bei Nichterreichbarkeit des zuständigen Schöffen.

II. Regelungsgehalt

1. Hinderungsgründe, Abs. 1. Als Hinderungsgründe kommen unabwendbare **2** Umstände und die Unzumutbarkeit der Dienstleistung in Betracht. Bei der Prüfung ist ein **strenger Maßstab** anzulegen.[2] Je kurzfristiger die Heranziehung eines (Hilfs-)Schöffen erfolgt, desto großzügiger ist der Prüfungsmaßstab zu wählen.[3] Nachforschungen sind aber nur veranlasst, wenn die Darlegung nicht glaubhaft ist.[4]

a) Unabwendbare Umstände. Unabwendbare Umstände sind solche, die den Schöffen **3** unabhängig von seinem Verschulden[5] **tatsächlich an der Ausübung des Amtes hindern,** insbesondere bettlägerige Krankheit, nicht kurzfristig behebbare Schwerhörigkeit, Risikoschwangerschaft oder schwerwiegende psychosomatische Erkrankungen, soweit sie nicht zur Ungeeignetheit (§ 33 Nr. 4) führen.[6] Die Vorlage von Attesten reicht zum Nachweis

---
[1] Vgl. *Kissel/Mayer* Rn. 1.
[2] BGH 21.6.1978 – 3 StR 81/78 (S), BGHSt 28, 61 = NJW 1978, 2162; 4.2.2015 – 2 StR 76/14, NStZ 2015, 351 (352); aA *Arnoldi* NStZ 2015, 314 (315).
[3] BGH 23.3.1971 – 1 StR 469/70, juris; 3.2.1976 – 1 StR 768/75 (nicht veröffentlicht); KK/*Barthe* Rn. 9; Löwe/Rosenberg/*Gittermann* Rn. 5; *Rieß* DRiZ 1977, 293 (294).
[4] BGH 22.6.1982 – 1 StR 249/81, NStZ 1982, 476.
[5] BT-Drs. 8/976, 65.
[6] Löwe/Rosenberg/*Gittermann* Rn. 4.

regelmäßig aus. Die Überprüfung durch einen Amts- oder Gerichtsarzt wird nur angezeigt sein, wenn der konkrete Verdacht besteht, der Schöffe wolle sich seiner Dienstpflicht entziehen. Ob das Attest die Diagnose benennen muss, ist umstritten.[7] Richtigerweise wird man das erst fordern dürfen, wenn sich entsprechende Vorfälle häufen oder anderweitig Grund zu der Annahme besteht, der Schöffe wolle sich der Dienstpflicht entziehen.

4   Ferner kommen in Betracht: Der witterungsbedingte Zusammenbruch der **Verkehrsverhältnisse, hoheitliche Freiheitsbeschränkungen** (zB Quarantäne, U-Haft) oder **vorrangige staatliche Inanspruchnahme** (zB beim Katastrophenschutz, Wehrübung, Ladung als Zeuge, vorrangige Schöffentätigkeit, § 52 Abs. 5). In den letztgenannten Fällen ist der genaue Grund darzulegen und ggf. mit Urkunden zu belegen. Die bloße Angabe, dienstlich verhindert zu sein, ermöglicht eine Prüfung der Rangverhältnisse nicht.[8]

5   **b) Unzumutbarkeit der Dienstleistung.** Die zweite Variante betrifft Fälle, in denen dem Schöffen die Dienstleistung zwar tatsächlich möglich ist, unter Abwägung im konkreten Einzelfall aber nur unter solchen Erschwerungen und Nachteilen, dass sie ihm auch unter Berücksichtigung der Bedeutung des Schöffenamtes nicht zugemutet werden kann.[9] **Gewissensgründe kommen nicht in Betracht.**[10] Auch die (selbst lange geplante) Ortsabwesenheit genügt für sich genommen nicht. Es müssen weitere beachtliche Gründe hinzukommen, die es unzumutbar machen, die Abwesenheit zu verschieben oder zu unterbrechen.[11] Insoweit sind in der Rechtsprechung anerkannt:

6   Bei **beruflichen Gründen**[12] **ist ausnahmsweise** die Unzumutbarkeit anzunehmen, wenn das zu erledigende Geschäft nicht oder nicht ohne erheblichen Schaden aufschiebbar ist und der Schöffe sich nicht vertreten lassen kann, weil die Art des Geschäfts dies nicht zulässt oder ein geeigneter Vertreter nicht zur Verfügung steht.[13] Diese Umstände müssen konkret dargelegt werden. Sind sie glaubhaft, ist eine weitere Überprüfung entbehrlich.[14] Die Drohung des Arbeitgebers mit der Entlassung für den Fall des Antritts des Schöffenamts rechtfertigt die Entbindung nicht, da der Richter zunächst versuchen muss, dem Arbeitgeber entgegenzutreten.[15] Dem ist grundsätzlich zuzustimmen. Wenn sich der Arbeitgeber davon weiterhin nicht beeindrucken lässt, kann im Einzelfall Unzumutbarkeit vorliegen. Die Kündigung und den anschließenden Arbeitsgerichtsprozess muss der Schöffe nicht hinnehmen.[16]

7   **Private Gründe** begründen die Entbindung in der Regel bei Urlaubsreisen, insbesondere, wenn diese langfristig geplant waren und nicht der Verdacht besteht, der Schöffe wolle sich entziehen.[17] Auch zwingende familiäre Verpflichtungen (Betreuung eines Kleinkinds bei längerer Hauptverhandlung,[18] nicht verschiebbarer Krankenhausaufenthalt oder Vollzeitpflege des Ehepartners[19]) können genügen.

8   **Sonstige Gründe** bedürfen einer genauen Betrachtung. Die Wahrnehmung von Ehrenämtern kann – abhängig von Art und Bedeutung des Ehrenamtes – im Einzelfall dem Schöffenamt vorgehen.[20] Die Prüfung eines Streichungsverfahrens nach § 52 genügt hinge-

---

[7] Dafür OLG Düsseldorf 22.10.1991 – 1 Ws 980/91, NJW 1992, 1712; Löwe/Rosenberg/*Gittermann* Rn. 4; dagegen *Kissel/Mayer* Rn. 2; KK/*Barthe* Rn. 3; offen gelassen von BGH 8.12.1976 – 3 StR 363/76, NJW 1977, 443.
[8] OLG Hamburg 14.11.1977 – 2 Ss 319/76, MDR 1978, 244.
[9] *Kissel/Mayer* Rn. 5; KK/*Barthe* Rn. 4.
[10] → § 35 Rn. 12.
[11] OLG Hamburg 11.3.1971 – 2 Ss 10/71, MDR 1971, 683; *Kissel/Mayer* Rn. 5.
[12] Beispiele bei *Kissel/Mayer* Rn. 8; KK/*Barthe* Rn. 6.
[13] BGH 28.10.1966 – 5 StR 482/66, NJW 1967, 165; 4.2.2015 – 2 StR 76/14, NStZ 2015, 350 (351); *Kissel/Mayer* Rn. 6; KK/*Barthe* Rn. 6.
[14] BGH 22.6.1982 – 1 StR 249/81, NStZ 1982, 476.
[15] BGH 31.1.1978 – 5 StR 534/77, BGHSt 27, 344 = NJW 1978, 1169.
[16] Kritisch *Kissel/Mayer* Rn. 7; KK/*Barthe* Rn. 6; *Dierks* NJW 1978, 1391; *Pohl* NJW 1978, 1868.
[17] BGH 8.12.1976 – 3 StR 363/76, NJW 1977, 443; 5.8.2015 – 5 StR 276/15, NStZ 2015, 714 mAnm *Arnoldi*.
[18] BGH 22.6.1982 – 1 StR 249/81, NStZ 1982, 476; 19.6.2007 – 3 StR 149/07, StV 2007, 563.
[19] *Kissel/Mayer* Rn. 9; KK/*Barthe* Rn. 7; Löwe/Rosenberg/*Gittermann* Rn. 10.
[20] Löwe/Rosenberg/*Gittermann* Rn. 7: Bürgermeister.

gen nicht, weil § 52 keine einstweilige Anordnung (vgl. § 44b Abs. 3 DRiG oder § 51 Abs. 3) kennt.[21]

2. Unerreichbarkeit von Schöffen, Abs. 2 S. 1 und 2. Abs. 2 schafft eine **Erleichte-** 9 **rung für die Gerichte** zur kurzfristigen Heranziehung von Hilfsschöffen, indem er eine Verhinderung bei Unerreichbarkeit (Abs. 2 S. 1) und gleichstehenden Tatbeständen (Abs. 2 S. 2) fingiert. Die Norm dient nicht dem Schutz des Schöffen, da eine Verhinderung im Sinn von Abs. 2 nicht zur (entschuldigten) Entbindung führt, was Abs. 2 S. 5 klarstellt, da dem Schöffen Ordnungsmittel auferlegt werden dürfen.

Ein Schöffe gilt auch als verhindert, wenn er unerreichbar ist (Abs. 2 S. 1). Das ist der 10 Fall, wenn er unter **Ausnutzung** der dem Gericht **zur Verfügung stehenden Kommunikationsmittel** nicht erreicht werden kann, insbesondere Briefe als unzustellbar zurückkommen,[22] eine Einwohnermeldeamtsanfrage kein anderweitiges Ergebnis erbringt und dem Gericht keine aktuelle Telefonnummer (oder heutzutage E-Mailadresse) zur Verfügung steht.

Abs. 2 S. 2 fingiert die Unerreichbarkeit auch, wenn der Schöffe nach einer gewissen 11 Wartezeit **nicht zur Sitzung erscheint,** ohne dass es auf die Gründe ankommt. Darüber hinaus ist es erforderlich, dass sein Erscheinen ohne erhebliche Verzögerung der Sitzung nicht herbeigeführt werden kann. Dazu ist zunächst zu versuchen, den Schöffen telefonisch oder mit anderen Mitteln (Wachtmeister, Polizei) an den üblichen Aufenthaltsorten (Wohnung, Arbeitsstelle) zu erreichen. Ist eine Kontaktaufnahme kurzfristig nicht möglich oder teilt der Schöffe mit, dass er nicht ohne **erhebliche Verzögerung** erscheinen kann, greift Abs. 2 S. 2 ein. Ob eine erhebliche Verzögerung zu erwarten ist, ist Frage des Einzelfalles und hängt von den örtlichen Gegebenheiten, der Reihe der anstehenden Sachen, deren Dringlichkeit usw. ab. Sind mehrere Sachen terminiert, muss der Schöffe dazu bewegt werden, zur ihm nächstmöglichen Sitzung zu erscheinen, da er dann wieder gesetzlicher Richter ist.[23] Erscheint er während der Verhandlung, ist für die laufende Verhandlung der herangezogene Hilfsschöffe gesetzlicher Richter.[24] Eine erhebliche Verzögerung bereits bei einer Viertelstunde anzunehmen,[25] dürfte die Bedeutung des gesetzlichen Richters verkennen, zumal Verzögerungen von bis zu einer Stunde jedenfalls bei landgerichtlichen Sitzungen rechtstatsächlich häufig vorkommen.

3. Übergehen von Hilfsschöffen, Abs. 2 S. 3. Der im Fall des Abs. 2 S. 1, 2 nach 12 § 49 Abs. 1 heranzuziehende („bereiteste") Hilfsschöffe kann übergangen werden („ist als nicht erreichbar anzusehen", Abs. 2 S. 3), wenn seine Heranziehung wiederum zu einer Vertagung oder erheblichen Verzögerung führen würde. Dadurch soll dem Gericht ermöglicht werden, **schnellstmöglich einen in kürzester Frist verfügbaren Schöffen heranzuziehen.** Das wird insbesondere der Fall sein, wenn der nächstberufene Schöffe nicht (mehr) in unmittelbarer Nähe des Gerichts wohnt oder arbeitet oder nur postalisch erreichbar ist. Heranzuziehen ist der nächstbereite Schöffe von der Hilfsschöffenliste, es sei denn, die Voraussetzungen des Abs. 2 S. 3 liegen auch bei ihm vor. Der übergangene Schöffe rückt an das Ende der Hilfsschöffenliste.[26]

4. Verfahren. Über den Antrag auf Entbindung (Abs. 1) entscheidet der **geschäftsplan-** 13 **mäßig** für Schöffensachen im Sinn der §§ 31 ff. **zuständige Richter** beim Amtsgericht[27] bzw. Strafkammervorsitzende (§ 77 Abs. 3 S. 3). Gleiches gilt für die Entscheidung über die Nichterreichbarkeit nach Abs. 2 (Abs. 2 S. 4). Es steht dem Präsidium frei, die Zuständigkeit

---

[21] → § 52 Rn. 13.
[22] Vgl. BT-Drs. 8/976, 65.
[23] BGH 14.1.1958 – 1 StR 535/57, NJW 1958, 557; *Kissel/Mayer* Rn. 23; *KK/Barthe* Rn. 19; *Löwe/Rosenberg/Gittermann* Rn. 15.
[24] *Kissel/Mayer* Rn. 23; vgl. auch BGH 18.12.1968 – 2 StR 322/68, BGHSt 22, 289 = NJW 1969, 703.
[25] *Kissel/Mayer* Rn. 21; *KK/Barthe* Rn. 16.
[26] *Kissel/Mayer* Rn. 22.
[27] *Kissel/Mayer* Rn. 14; *KK/Barthe* Rn. 11.

dem jeweiligen Vorsitzenden des Spruchkörpers zu übertragen, bei dem der betreffende Schöffe eingesetzt ist.

14 Voraussetzung der Entbindung ist ein **Antrag** des Schöffen, den der Schöffe höchstpersönlich stellen und **eigenverantwortlich geprüft** haben muss.[28] Eine Form ist nicht vorgeschrieben, telefonisch genügt. Er ist aber aktenkundig zu machen (Abs. 3 S. 2; → Rn. 17) und muss vor der Dienstleistung gestellt sein, ansonsten kann es sich (nur) um eine Entschuldigung nach § 56 handeln. Der Antrag kann bei Hauptschöffen auch mehrere Sitzungstage im Voraus umfassen, weil diese – anders als bei Hilfsschöffen[29] – bereits feststehen.[30]

15 Über den Antrag entscheidet der Richter nach pflichtgemäßem Ermessen (zum Umfang der Prüfungspflicht → Rn. 2–4 und 6). Gibt er dem Antrag statt, ist der Schöffe entbunden und nicht mehr gesetzlicher Richter. Für ihn ist der nächstbereite Hilfsschöffe heranzuziehen (§ 49 Abs. 1). Das gilt auch, wenn die Verhinderung wieder entfällt. Ein **Widerruf** oder eine Anfechtung der **Entbindung ist nicht möglich.**[31] Sowohl die Entscheidung über die Entbindung (Abs. 1) als auch über die Nichterreichbarkeit (Abs. 2) sind aktenkundig zu machen (Abs. 3 S. 2). Die stichwortartige, den Hinderungsgrund aber zutreffend beschreibende Dokumentation genügt jedenfalls in Fällen der Verhinderung aus privaten Gründen.[32] Bei beruflicher Verhinderung sollen strengere Maßstäbe für die Dokumentation gelten.[33] Weil nur die willkürlich fehlerhafte Entbindung der Revision zum Erfolg verhelfen kann, sollten die Anforderungen an die Dokumentation nicht überspannt werden. Erst wenn sie so knapp, allgemein oder pauschal gehalten ist, dass eine Überprüfung der Willkür unmöglich wird,[34] kann die Besetzungsrüge durchdringen.[35]

16 Bei **Verlegung des ordentlichen Sitzungstags** ist für die Entbindung des Hauptschöffen von der Dienstleistung seine Verhinderung am tatsächlichen Sitzungstag, nicht diejenige an dem als ordentlichen Sitzungstag bestimmten Tag maßgeblich.[36]

III. Anfechtbarkeit und Revision

17 Die Entscheidung über die Entbindung sowie über die Nichterreichbarkeit ist unanfechtbar (Abs. 3 S. 1). Damit findet grundsätzlich wegen § 336 S. 2 StPO auch keine Überprüfung in der Revision statt. Von diesem Grundsatz ist wegen der verfassungsrechtlichen Garantie des gesetzlichen Richters eine Ausnahme zu machen, wenn die Entscheidung **objektiv willkürlich** war.[37] Daher führt die fehlerhafte Entbindungsentscheidung dann zum Erfolg der Revision, wenn sie unter keinem rechtlichen Gesichtspunkt vertretbar war. Das ist nicht bereits der Fall, wenn der Richter den die Entbindung tragenden Vortrag des Schöffen ohne Prüfung glaubt. Anders liegt der Fall jedoch, wenn die vorgetragenen Gründe die Entbindung nicht begründen können.[38] Der Richter handelt auch willkürlich, wenn er den Schöffen entbunden hat, ohne die Tatsachengrundlage der Unzumutbarkeit näher zu ermitteln und/oder ohne diese aktenkundig zu machen. Denn dadurch entzieht er dem Revisionsgericht die Möglichkeit, die Entscheidung auf Willkür hin zu überprüfen.[39] Auch

---

[28] BGH 21.6.1978 – 3 StR 81/78 (S), BGHSt 28, 61 = NJW 1978, 2162; *Kissel/Mayer* Rn. 14.
[29] OLG Hamm 5.4.1957 – 3 Ss 29/57, NJW 1957, 1121.
[30] *Kissel/Mayer* Rn. 15.
[31] BGH 2.6.1981 – 5 StR 175/81, BGHSt 30, 149 = NJW 1981, 2073; 1.11.1983 – 5 StR 708/83, StV 1983, 497.
[32] BGH 5.8.2015 – 5 StR 276/15, NStZ 2015, 714 mAnm *Arnoldi* (Urlaub).
[33] BGH 4.2.2015 – 2 StR 76/14, NStZ 2015, 350 (352).
[34] Vgl. → § 49 Rn. 8.
[35] Ähnlichen auch *Arnoldi* NStZ 2015, 714.
[36] BGH 22.11.2013 – 3 StR 162/13, BGHSt 59, 75 = NJW 2014, 1604 (1606).
[37] → § 16 Rn. 29 ff. und → § 52 Rn. 19; BGH 22.11.2013 – 3 StR 162/13, BGHSt 59, 75 = NJW 2014, 1604 (1606).
[38] KK/*Barthe* Rn. 21.
[39] BGH 14.12.2016 – 2 StR 342/15, NStZ 2017, 491 mAnm *Arnoldi*.

die Entscheidung des absolut unzuständigen (zB wegen Selbstablehnung ausgeschlossenen) Richters begründet den Willkürvorwurf.[40] Schon vom Wortlaut her nicht unanfechtbar ist hingegen die (fehlerhafte) Entscheidung, die Entbindung zu widerrufen.[41]

§ 55 [Entschädigung]

Die Schöffen und Vertrauenspersonen des Ausschusses erhalten eine Entschädigung nach dem Justizvergütungs- und -entschädigungsgesetz.

Das Schöffenamt ist als Ehrenamt ausgestaltet.[1] Daher erhalten Schöffen **keine Vergütung** sondern eine Aufwandsentschädigung nach dem JVEG. Davon sind Zeitversäumnis, Fahrtkosten, Nachteile bei der Haushaltsführung, Verdienstausfall und der mit der Dienstleistung verbundene Aufwand erfasst (§§ 15 ff. JVEG), die sowohl für die Dienstleistung selbst, als auch für Aus- und Fortbildungsveranstaltungen gezahlt werden (§ 15 Abs. 3 JVEG). 1

Versicherungsrechtlich ist geregelt, dass der Schöffe keine Nachteile durch den Schöffendienst erleidet. Das gilt für die gesetzliche, wie freiwillige Krankenversicherung, Rentenversicherung, gesetzliche Unfallversicherung und die Vermögensbildung.[2] 2

§ 56 [Unentschuldigtes Ausbleiben]

(1) ¹Gegen Schöffen und Vertrauenspersonen des Ausschusses, die sich ohne genügende Entschuldigung zu den Sitzungen nicht rechtzeitig einfinden oder sich ihren Obliegenheiten in anderer Weise entziehen, wird ein Ordnungsgeld festgesetzt. ²Zugleich werden ihnen auch die verursachten Kosten auferlegt.

(2) ¹Die Entscheidung trifft der Richter beim Amtsgericht nach Anhörung der Staatsanwaltschaft. ²Bei nachträglicher genügender Entschuldigung kann die Entscheidung ganz oder zum Teil zurückgenommen werden. ³Gegen die Entscheidung ist Beschwerde des Betroffenen nach den Vorschriften der Strafprozeßordnung zulässig.

Übersicht

	Rn.		Rn.
I. Normzweck	1	3. Sanktionen	7–9
II. Regelungsgehalt	2–14	4. Verfahren	10–13
1. Persönlicher Anwendungsbereich	2	a) Zuständigkeit, Abs. 2 S. 1	10
2. Pflichtverletzung	3–6	b) Prüfungsumfang	11
a) Nicht rechtzeitiges Sicheinfinden	4	c) Weiteres Verfahren/Entscheidung	12
b) Obliegenheitsverletzungen	5	d) Nachträgliche Entschuldigung, Abs. 2 S. 2	13
c) Nicht genügende Entschuldigung	6	5. Beschwerde, Abs. 2 S. 3	14

I. Normzweck

§ 56 schreibt die obligatorische Sanktionierung der Schöffen und Vertrauenspersonen des Schöffenwahlausschusses (§ 40) für Pflichtverletzungen vor. Da eine Abberufung der Schöffen wegen Pflichtverstößen regelmäßig nicht möglich ist (vgl. §§ 51, 52 sowie §§ 44a, 44b DRiG) hat § 56 vor allem **Erzwingungsmittelcharakter**.[1] Die Pflichtverletzungen sollen nicht in erster Linie geahndet, sondern für die Zukunft abgestellt werden. 1

---
[40] BGH 3.3.1982 – 2 StR 32/82, BGHSt 31, 3 = NJW 1982, 1655 (1656).
[41] BGH 2.6.1981 – 5 StR 175/81, BGHSt 30, 149 = NJW 1981, 2073.
[1] → § 31 Rn. 1 f.
[2] KK/*Barthe* Rn. 2.
[1] *Kissel/Mayer* Rn. 1; aA *Wolf* NJW 1979, 1176: Disziplinarmaßnahme.

II. Regelungsgehalt

2 **1. Persönlicher Anwendungsbereich.** § 56 gilt für **alle gewählten Schöffen und Vertrauensmänner** des Schöffenwahlausschusses. Auf die Rechtmäßigkeit der Wahl oder das tatsächliche Vorliegen der Befähigungs- und Eignungsvoraussetzungen (§§ 31 S. 2, 32–35 und § 44a DRiG) kommt es nicht an.[2] Es ist daher eine rein formale Begriffsbestimmung vorzunehmen (zum Prüfungsumfang im Verfahren zur Verhängung eines Ordnungsgeldes → Rn. 11). Umgekehrt findet § 56 auch dann keine Anwendung, wenn der Schöffe förmlich von der Dienstleistung entbunden wurde (§ 54), selbst wenn sich später herausstellt, dass die Entbindung zu Unrecht erfolgt ist.[3]

3 **2. Pflichtverletzung.** § 56 unterscheidet das nicht (rechtzeitige) Erscheinen zu Sitzungen und übrige Pflichtverletzungen („sich ihren Obliegenheiten in anderer Weise entziehen") jeweils ohne genügende Entschuldigung.

4 **a) Nicht rechtzeitiges Sicheinfinden.** Findet sich der Schöffe nicht oder nicht rechtzeitig ein, kann er nur sanktioniert werden, wenn er **ordnungsgemäß** (aber nicht zwingend förmlich[4]) **geladen** war. Eine weitergehende Belehrung ist hingegen nicht erforderlich.[5] Geringfügige Verspätungen müssen nicht zwingend mit einem Ordnungsgeld geahndet werden.[6] Wurde der Schöffe förmlich entbunden, greift § 56 auch dann nicht ein, wenn er den Richter über die Voraussetzungen der Entbindung getäuscht hat.[7]

5 **b) Obliegenheitsverletzungen.** Welche sonstigen Obliegenheitsverletzungen nach § 56 geahndet werden können, bestimmt das Gesetz nicht näher. Insoweit besteht Einigkeit, dass es sich bei den verletzten Obliegenheiten im Sinn von **Pflichten** um solche handelt, **die gewährleisten, dass die Hauptverhandlung in ordnungsgemäßer Besetzung durchgeführt werden kann.**[8] Daher kann eine nachträgliche Verletzung des Beratungsgeheimnisses kein Ordnungsmittel rechtfertigen.[9] Auch unsachliche Äußerungen, die die Neutralitäts- und Zurückhaltungspflicht verletzen, können nicht sanktioniert werden, selbst wenn sie zur (ggf. vom Schöffen beabsichtigten) erfolgreichen Ablehnung als befangen führen.[10] Umgekehrt verletzt der Schöffe seine Pflichten, wenn er sich weigert, seinen Eid abzulegen,[11] an Sitzungen oder Abstimmungen teilzunehmen[12] oder überhaupt als Schöffe tätig zu werden.[13] Dem kann auch nicht durch Amtsenthebung begegnet werden, solange die Voraussetzungen des § 52 nicht vorliegen.[14] Eine Pflichtverletzung begeht auch der Schöffe, der sich für das Gericht unerreichbar macht, weil er seine neue Anschrift nicht mitteilt oder die Kommunikation anderweitig verhindert.[15]

6 **c) Nicht genügende Entschuldigung.** Die Sanktion darf nur verhängt werden, wenn der Schöffe nicht genügend entschuldigt ist. Das gilt für **beide Tatbestandsvarianten** des

---

[2] KK/*Barthe* Rn. 1; Löwe/Rosenberg/*Gittermann* Rn. 1.
[3] OLG Frankfurt a. M. 29.11.1995 – 2 Ws 258/95, NJW 1996, 1687.
[4] *Kissel/Mayer* Rn. 2.
[5] *Kissel/Mayer* Rn. 14; Löwe/Rosenberg/*Gittermann* Rn. 3.
[6] Löwe/Rosenberg/*Gittermann* Rn. 3.
[7] OLG Frankfurt a. M. 29.11.1995 – 2 Ws 258/95, NJW 1996, 1687; *Kissel/Mayer* Rn. 2; aA *Katholnigg* Rn. 1.
[8] OLG Frankfurt a. M. 29.5.1990 – 2 Ws 114/90, NJW 1990, 3285; KG 8.4.1999 – 4 Ws 35/99, NStZ 1999, 427; *Kissel/Mayer* Rn. 8; KK/*Barthe* Rn. 3; Löwe/Rosenberg/*Gittermann* Rn. 4.
[9] KG 3.11.1986 – 4 Ws 244/86, JR 1987, 302; *Katholnigg* Rn. 2; KK/*Barthe* Rn. 3; Löwe/Rosenberg/*Gittermann* Rn. 4; Meyer-Goßner/*Schmitt* Rn. 4.
[10] OLG Frankfurt a. M. 29.5.1990 – 2 Ws 114/90, NJW 1990, 3285; KG 8.4.1999 – 4 Ws 35/99, NStZ 1999, 427; *Kissel/Mayer* Rn. 8; KK/*Barthe* Rn. 3; Löwe/Rosenberg/*Gittermann* Rn. 4.
[11] *Kissel/Mayer* Rn. 5; KK/*Barthe* Rn. 3; Löwe/Rosenberg/*Gittermann* Rn. 4.
[12] *Kissel/Mayer* Rn. 6; KK/*Barthe* Rn. 3; Löwe/Rosenberg/*Gittermann* Rn. 4.
[13] OLG Frankfurt a. M. 3.6.1992 – 2 Ws 64/92, NJW 1992, 3183; *Kissel/Mayer* Rn. 3; KK/*Barthe* Rn. 3; Löwe/Rosenberg/*Gittermann* Rn. 4.
[14] Anders für die Verwaltungsgerichte OVG Berlin 31.8.1978 – II L 13/78, NJW 1979, 1175 (1176).
[15] *Kissel/Mayer* Rn. 7; KK/*Barthe* Rn. 7.

§ 56. Unter den Begriff der Entschuldigung fällt auch das schuldlose Handeln. Grundsätzlich ist zu fragen, ob ein rechtzeitiges Vorbringen der Entschuldigungsgründe zu einer Entbindung nach § 54 geführt hätte. Bei kurzfristig anberaumten Sitzungen ist ein weniger strenger Maßstab anzulegen, als bei langfristiger Terminierung.[16] Entschuldigungsgründe können ausnahmsweise in extremen Einzelfällen auch aus Wertungen des Grundgesetzes folgen (insbes. Art. 4 GG), wenn die Glaubens- oder Gewissensfreiheit nicht zur Entbindung oder Streichung führt und den Schöffen in ein unauflösbares Dilemma stürzt. Verweigert er dann seine Teilnahme, ist die Frage der Schuld besonders kritisch zu würdigen.[17] Die Entschuldigung muss **offenkundig** sein **oder dem Richter gegenüber geltend gemacht** werden. Die Vorlage einer Arbeitsunfähigkeitsbescheinigung genügt für sich schon deswegen nicht, weil nicht jede Arbeitsunfähigkeit auch zur Unfähigkeit zur Teilnahme an der Sitzung führt.[18] Die Weigerung, weiter teilzunehmen, ist jedoch entschuldigt, wenn der Vorsitzende seinerseits vom Schöffen benötigten und angefragten Beratungsbedarf verweigert, weil der Schöffe dann seinen Pflichten als gleichberechtigter Richter nicht nachkommen kann.[19]

3. Sanktionen. Liegen die Voraussetzungen des § 56 vor, ist ein **Ordnungsgeld** zu 7 verhängen. Der Richter hat Spielräume in der Beurteilung der tatbestandlichen Voraussetzungen und der Bemessung der Höhe. Die Verhängung selbst hingegen ist obligatorisch und dem Ermessen entzogen.[20] Bei geringem Verschulden kann analog § 153 StPO von einer Verhängung abgesehen werden.[21] Die Höhe des Ordnungsgeldes muss schuldangemessen sein[22] und zwischen 5 und 1.000 EUR liegen (Art. 6 EGStGB). Ersatzhaft ist mangels gesetzlicher Grundlage unzulässig.[23]

Dem Schöffen/der Vertrauensperson sind auch die **verursachten Kosten** aufzuerlegen. 8 Eine Einstellung entsprechend § 153 StPO erfasst diese nicht.[24] Unter Kosten fallen bei vertagter Sitzung die Ladungs-, Anreisekosten sowie Verdienstausfall der Zeugen, übrigen Schöffen usw., aber auch die Kosten der Vollstreckung des Ordnungsgelds selbst.[25] Fehlt es am Verschulden des Schöffen, fallen die Mehrkosten unter die allgemeinen Verfahrenskosten (§§ 465 ff. StPO).[26]

Bei **wiederholten Pflichtverletzungen** ist jeder Fall erneut zu sanktionieren, auch 9 wenn sich die Verstöße auf dieselbe Sitzung beziehen. Eine Zusammenrechnung der zu verhängenden Ordnungsgelder findet nicht statt.[27]

4. Verfahren. a) Zuständigkeit, Abs. 2 S. 1. Für die Verhängung der Sanktion ist der 10 **geschäftsplanmäßig dazu bestimmte Richter** beim Amtsgericht zuständig, nicht der Vorsitzende des Spruchkörpers, der von der Pflichtverletzung betroffen ist.[28] Es steht dem Präsidium allerdings frei, die Zuständigkeit dem jeweiligen Vorsitzenden zu übertragen.[29] Beim Landgericht entscheidet der (ggf. jeweilige) Vorsitzende der nach § 77 Abs. 3 S. 2 geschäftsplanmäßig bestimmten Strafkammer(n) (§ 77 Abs. 3 S. 3).

b) Prüfungsumfang. Der zuständige Richter prüft sämtliche Voraussetzungen des § 56 11 **vollumfänglich von Amts wegen.** Hatte der Schöffe erfolglos seine Entbindung oder

---

[16] Vgl. → § 54 Rn. 2.
[17] Vgl. *Kissel/Mayer* Rn. 4.
[18] OLG Düsseldorf 22.10.1991 – 1 Ws 980/91, NJW 1992, 1712; aA OLG Düsseldorf 18.6.2010 – 4 Ws 297/10, NStZ-RR 2011, 215: jedenfalls kein subjektiver Schuldvorwurf.
[19] LG Münster 7.10.1992 – 7 Qs 13/92 XII, NJW 1993, 1088.
[20] *Löwe/Rosenberg/Gittermann* Rn. 6.
[21] KG 5.4.2000 – 1 AR 97/00 – 4 Ws 30/00, BeckRS 2000, 15853.
[22] OLG Koblenz 5.7.1993 – 1 Ws 362/93, MDR 1993, 1229; *Kissel/Mayer* Rn. 9.
[23] *Kissel/Mayer* Rn. 9.
[24] *Kissel/Mayer* Rn. 9; *Löwe/Rosenberg/Gittermann* Rn. 6.
[25] *Kissel/Mayer* Rn. 10; *Löwe/Rosenberg/Gittermann* Rn. 7.
[26] OLG Hamm 1.4.1977 – 2 Ws 69/77, MDR 1977, 865.
[27] *Kissel/Mayer* Rn. 12; *Löwe/Rosenberg/Gittermann* Rn. 8.
[28] *Kissel/Mayer* Rn. 13; *KK/Barthe* Rn. 4; *Löwe/Rosenberg/Gittermann* Rn. 9.
[29] *Kissel/Mayer* Rn. 13; *KK/Barthe* Rn. 4; *Löwe/Rosenberg/Gittermann* Rn. 9.

Streichung beantragt, ist der Richter im Ordnungsgeldverfahren nach § 56 an die Vorentscheidung im Verfahren nach § 52 oder § 54 nicht gebunden. Er hat die Vorfragen selbst zu klären.[30] Umgekehrt kann nach förmlicher Entbindung/Streichung auch kein Ordnungsgeld verhängt werden, wenn die Entscheidung falsch war, weil mit dem Entbindungsakt der gesetzliche Richter wechselt.[31]

12 **c) Weiteres Verfahren/Entscheidung.** Die Entscheidung ergeht **nach Anhörung der Staatsanwaltschaft durch Beschluss.** Der nicht anwesende Schöffe/Vertrauensperson muss nicht vorher gehört werden. Sein rechtliches Gehör kann im Beschwerdeverfahren nachgeholt werden, was sich aus der Möglichkeit der nachträglichen Entschuldigung (Abs. 2 S. 2) ergibt.[32] Die Entscheidung ist spätestens bis zur Entscheidung in der Hauptsache zu treffen.[33] Wer für die Vollstreckung der Sanktion zuständig ist, ist umstritten. Nach vorzugswürdiger Ansicht[34] ist dies die Staatsanwaltschaft (§ 36 Abs. 2 S. 1 StPO), weil für eine analoge Anwendung des § 179[35] eine planwidrige Regelungslücke fehlt.

13 **d) Nachträgliche Entschuldigung, Abs. 2 S. 2.** Macht der Schöffe/die Vertrauensperson nachträglich (auch noch nach Erlass des Beschlusses oder der Vollstreckung) Gründe geltend, die sein Verhalten entschuldigen, kann die Entscheidung (teilweise) zurückgenommen werden. Eine Beschwerde, die derartige Gründe enthält, ist zunächst auch als Entschuldigung im Sinn des Abs. 2 S. 2 auszulegen.[36] Liegt eine **vollständige Entschuldigung** nachträglich vor, ist der Beschluss insgesamt **zwingend aufzuheben**.[37] Lässt das Entschuldigungsvorbringen lediglich die Pflichtverletzung in einem milderen Licht erscheinen, kann das Ordnungsgeld reduziert oder unter Aufrechterhaltung der Kostentragungspflicht ganz aufgehoben werden.

14 **5. Beschwerde, Abs. 2 S. 3.** Gegen den Beschluss, der dem Schöffen/der Vertrauensperson eine oder mehrere Sanktionen auferlegt, kann **der Betroffene Beschwerde** einlegen. Der Staatsanwaltschaft steht ein Beschwerderecht auch dann nicht zu, wenn ihr Antrag auf Verhängung von Sanktionen abgelehnt wurde.[38] Das Beschwerderecht des Betroffenen richtet sich sowohl gegen den ursprünglichen Beschluss als auch gegen die auf seine nachträgliche Entschuldigung hin getroffene Entscheidung,[39] wenn sie ihn noch beschwert. Es gelten §§ 306 ff. StPO.

§ 57 [Bestimmung der Fristen]

Bis zu welchem Tag die Vorschlagslisten aufzustellen und dem Richter beim Amtsgericht einzureichen sind, der Ausschuß zu berufen und die Auslosung der Schöffen zu bewirken ist, wird durch die Landesjustizverwaltung bestimmt.

I. Normzweck

1 § 57 dient der **frühzeitigen und landesweit einheitlichen** Erstellung der Schöffenwahllisten, Einreichung derselben beim Richter beim Amtsgericht, Berufung des Schöffenwahlausschusses und der Auslosung der Schöffen, um einen Stillstand der Rechtspflege durch die Nichtbereitstellung der Schöffen als gesetzliche Richter zu verhindern.[1]

---

[30] OLG Köln 12.5.1969 – 2 Ws 255/69, MDR 1970, 864; Löwe/Rosenberg/*Gittermann* Rn. 1; aA *Kissel/Mayer* Rn. 3: bindende Vorentscheidung.
[31] Vgl. → § 54 Rn. 15 und 17.
[32] *Kissel/Mayer* Rn. 11; KK/*Barthe* Rn. 5; Löwe/Rosenberg/*Gittermann* Rn. 11.
[33] Löwe/Rosenberg/*Gittermann* Rn. 11.
[34] OLG Celle 15.4.2016 – 1 Ws 193/16, NStZ-RR 2016, 294.
[35] *Kissel/Mayer* Rn. 16 ohne weitere Begründung.
[36] OLG Düsseldorf 15.3.1983 – 2 Ws 136/83, MDR 1983, 690; 22.7.2015 – 2 Ws 305/15, BeckRS 2015, 13103.
[37] OLG Koblenz 5.7.1993 – 1 Ws 362/93, MDR 1993, 1229.
[38] *Katholnigg* Rn. 7; *Kissel/Mayer* Rn. 19; KK/*Barthe* Rn. 8; Löwe/Rosenberg/*Gittermann* Rn. 13.
[39] *Kissel/Mayer* Rn. 18.
[1] *Kissel/Mayer* Rn. 1.

II. Regelungsgehalt

Um die rechtzeitige Durchführung der Schöffenwahl zu gewährleisten, ist für die jeweiligen 2
Stadien ein **Zeitplan aufzustellen**. Diese Verantwortung überträgt § 57 der **Landesjustizverwaltung**. Die von ihr vorgegeben Zeitpunkte sind für alle an der Schöffenwahl beteiligten Stellen verbindlich. Die Möglichkeit der (zwangsweisen) Durchsetzung sieht das GVG jedoch nicht vor. Insoweit kann nur der Richter beim Amtsgericht die Amtsführung der Vertrauensleute sanktionieren. Ihm obliegt es auch, im Rahmen seiner Möglichkeiten, auf lokaler Ebene die Einhaltung des Zeitplans zu überwachen und vorzunehmende Handlungen anzumahnen. Zwangsmittel stehen ihm dabei nicht zur Verfügung.[2] Über den Wortlaut des § 57 hinaus können weitere Durchführungsvorschriften, Arbeitshinweise und Erläuterungen zur einfacheren und einheitlichen Handhabung der Schöffenwahl erlassen werden.[3]

§ 58 [Gemeinsames Amtsgericht]

(1) ¹Die Landesregierungen werden ermächtigt, durch Rechtsverordnung einem Amtsgericht für die Bezirke mehrerer Amtsgerichte die Strafsachen ganz oder teilweise, Entscheidungen bestimmter Art in Strafsachen sowie Rechtshilfeersuchen in strafrechtlichen Angelegenheiten von Stellen außerhalb des räumlichen Geltungsbereichs dieses Gesetzes zuzuweisen, sofern die Zusammenfassung für eine sachdienliche Förderung oder schnellere Erledigung der Verfahren zweckmäßig ist. ²Die Landesregierungen können die Ermächtigung durch Rechtsverordnung auf die Landesjustizverwaltungen übertragen.

(2) ¹Wird ein gemeinsames Schöffengericht für die Bezirke mehrerer Amtsrichte eingerichtet, so bestimmt der Präsident des Landgerichts (Präsident des Amtsgerichts) die erforderliche Zahl von Haupt- und Hilfsschöffen und die Verteilung der Zahl der Hauptschöffen auf die einzelnen Amtsgerichtsbezirke. ²Ist Sitz des Amtsgerichts, bei dem ein gemeinsames Schöffengericht eingerichtet ist, eine Stadt, die Bezirke der anderen Amtsgerichte oder Teile davon umfaßt, so verteilt der Präsident des Landgerichts (Präsident des Amtsgerichts) die Zahl der Hilfsschöffen auf diese Amtsgerichte; die Landesjustizverwaltung kann bestimmte Amtsgerichte davon ausnehmen. ³Der Präsident des Amtsgerichts tritt nur dann an die Stelle des Präsidenten des Landgerichts, wenn alle beteiligten Amtsgerichte seiner Dienstaufsicht unterstehen.

(3) Die übrigen Vorschriften dieses Titels sind entsprechend anzuwenden.

I. Normzweck und allgemeiner Regelungsgehalt

Obwohl § 58 bei den Schöffengerichten steht, regelt die Norm die Möglichkeit der 1
Zuständigkeitskonzentration für alle allgemeinen Strafsachen[1] bei den Amtsgerichten und dient damit der **Schonung der sachlichen und personellen Ressourcen.**[2] § 58 Abs. 1 ermöglicht es, per Verordnung Schöffengerichte und Strafrichter bei einem Amtsgericht zu konzentrieren oder bestimmte Strafsachen (zB Haftsachen) einem bestimmten Amtsgericht zuzuweisen. Dadurch müssen nicht an jedem Gerichtsort ein Gefängnis vorgehalten bzw. personalaufwändige Vorführungen durchgeführt werden. In § 33 Abs. 3 JGG findet sich für die Jugendgerichte eine Parallelnorm. Für die Landgerichte eröffnen §§ 74c Abs. 3, 74d und 78a Abs. 2 entsprechende Möglichkeiten. Abs. 2 regelt Einzelheiten der Bestim-

---

[2] → § 39 Rn. 3.
[3] Kissel/Mayer Rn. 2; vgl. auch die Hinweise auf einzelne Verwaltungsvorschriften bei Löwe/Rosenberg/Gittermann Rn. 2.
[1] BVerfG 1.10.1968 – 2 BvL 6, 7, 8, 9/67, BVerfGE 24, 155 = NJW 1969, 1291; 12.1.1971 – 2 BvL 18/70, BVerfGE 30, 103 = NJW 1971, 795.
[2] Löwe/Rosenberg/Gittermann Rn. 1.

mung und Verteilung der Schöffenzahl bei erfolgter Zuständigkeitskonzentration und ergänzt § 43.

II. Regelungsgehalt

1. Konzentrationsermächtigung, Abs. 1. Die Landesregierungen können per Rechtsverordnung (Art. 80 Abs. 1 GG) Zuständigkeiten der Amtsgerichte in Strafsachen konzentrieren, wenn dies für eine sachdienliche Förderung oder schnellere Erledigung der Verfahren zweckmäßig ist (Abs. 1 S. 2). Dadurch soll der Erkenntnis Rechnung getragen werden, dass Richter mit einem höheren Spezialisierungsgrad rationeller und schneller arbeiten und derartige Spezialisierungen an Kleinstgerichten nicht zu erzielen sind.[3] Die Norm soll daher für eine **optimale Auslastung der Strafdezernate** sorgen.[4] Die Landesregierungen können die Verordnungsermächtigung durch Rechtsverordnung auf die Landesjustizverwaltungen delegieren (Abs. 1 S. 2).

Bei der **Ausgestaltung** bleibt der Landesregierung ein weiter Beurteilungs- und Gestaltungsspielraum. Erfasst ist aber nur die sachliche Zuweisung, nicht die örtliche. So können alle Strafsachen oder nur Schöffensachen konzentriert, aber auch inhaltliche Zuständigkeiten verlagert (zB Rechtshilfesachen, Haftsachen, Verkehrssachen[5]), bestimmte Verfahrensarten (zB beschleunigte Verfahren[6]) oder bestimmte, abstrakt benannte Personengruppen als Angeklagte (zB inhaftierte Frauen[7]) einem Amtsgericht zugewiesen werden. Ebenso können einzelne Entscheidungen bei einem Gericht konzentriert werden (zB alle ermittlungsrichterlichen Entscheidungen, nur Haftentscheidungen, aber auch die Entscheidung über die Eröffnung des Hauptverfahrens).[8]

In **örtlicher Hinsicht** kann nur der gesamte Bezirk eines Amtsgerichts einem anderen Amtsgericht zugewiesen werden. Die Aufteilung des Bezirks ist unzulässig.[9] Das Gericht, bei dem die Zuständigkeit konzentriert wird, muss sich weder im gleichen Landgerichtsnoch im gleichen Oberlandesgerichtsbezirk befinden.[10] § 58 ermöglicht aber keine Konzentration über die Grenzen der Bundesländer hinweg,[11] was nur im Weg des Staatsvertrags möglich ist.[12] Das Konzentrationsgericht wird örtlich zuständig, wenn ein Gerichtsstand im Sinn der §§ 7 ff. StPO für seinen nunmehr örtlich erweiterten Zuständigkeitsbereich vorliegt.[13]

2. Bestimmung der Schöffenzahl, Verteilung der Schöffen, Abs. 2. Abs. 2 **wahrt das Repräsentanzprinzip,** indem sichergestellt wird, dass auch bei einer Zuständigkeitskonzentration der Schöffengerichte auf ein Amtsgericht die Schöffen aus den Bezirken aller von der Konzentration betroffenen Amtsgerichte kommen. Andernfalls würden die Schöffen lediglich aus dem Bereich des Konzentrationsgerichts herangezogen.[14]

Abweichend von § 43 bestimmt Abs. 2, dass der **Präsident des Landgerichts,** das dem Amtsgericht, bei dem die Schöffensachen konzentriert sind, übergeordnet ist, die Anzahl der Haupt- und Hilfsschöffen festlegt. Unterliegen alle Amtsgerichte, die von der Konzentration

---

[3] Kissel/Mayer Rn. 2.
[4] BVerfG 1.10.1968 – 2 BvL 6, 7, 8, 9/67, BVerfGE 24, 155 = NJW 1969, 1291; Kissel/Mayer Rn. 2.
[5] KK/Barthe Rn. 1.
[6] OLG Köln 22.2.2000 – Ss 15/00, NStZ-R 2000, 273.
[7] OLG Nürnberg 24.4.1986 – 3 AR 280/86, NStZ 1987, 37 (38).
[8] Kissel/Mayer Rn. 5; Löwe/Rosenberg/Gittermann Rn. 9.
[9] Kissel/Mayer Rn. 7.
[10] BVerfG 1.10.1968 – 2 BvL 6, 7, 8, 9/67, BVerfGE 24, 155 = NJW 1969, 1291; 12.1.1971 – 2 BvL 18/70, BVerfGE 30, 103 = NJW 1971, 795; Kissel/Mayer Rn. 7; KK/Barthe Rn. 1; Löwe/Rosenberg/Gittermann Rn. 5.
[11] BVerfG 1.10.1968 – 2 BvL 6, 7, 8, 9/67, BVerfGE 24, 155 = NJW 1969, 1291; 12.1.1971 – 2 BvL 18/70, BVerfGE 30, 103 = NJW 1971, 795; Kissel/Mayer Rn. 7; KK/Barthe Rn. 1; Löwe/Rosenberg/Gittermann Rn. 5.
[12] Kissel/Mayer Rn. 7; KK/Barthe Rn. 1; Löwe/Rosenberg/Gittermann Rn. 5.
[13] BGH 14.9.1988 – 2 ARs 436/88, BGHSt 35, 344 = NJW 1989, 237.
[14] Kissel/Mayer Rn. 9.

erfasst sind, der Dienstaufsicht eines Amtsgerichtspräsidenten, übernimmt dieser die Bestimmung (Abs. 2 S. 3). Der zuständige Präsident nimmt auch die Verteilung der zu stellenden **Hauptschöffen** aus den verschiedenen Gerichtsbezirken vor, sodass aus jedem Bezirk Schöffen an der Strafrechtspflege mitwirken.[15] Eine Abbildung der Bevölkerungsverhältnisse ist dabei nicht erforderlich, sollte aber in Anlehnung an §§ 36 Abs. 2, Abs. 4 S. 2, 42 Abs. 2 angestrebt werden. Zweckmäßigkeitserwägungen, insbes. die Anbindung mit öffentlichen Verkehrsmitteln, können zu einer Verschiebung der Heranziehungsschwerpunkte führen.[16] Der Präsident entscheidet nach pflichtgemäßem Ermessen[17] als Justizverwaltungsbehörde (reine Verwaltungsaufgabe).[18] Die Wahl der Hauptschöffen erfolgt für jedes Amtsgericht gesondert aus den jeweiligen Vorschlagslisten (§§ 38, 39) durch den dort einzuberufenden Ausschuss (§ 40).[19]

Die **Hilfsschöffen** sind nach Abs. 2 S. 1 in Verbindung mit § 42 Abs. 1 Nr. 2 S. 2 nur aus dem Bezirk des Konzentrationsgerichts zu wählen. Damit soll gewährleistet werden, dass die Hilfsschöffen, die zu einzelnen Sitzungen herangezogen werden, einfach und schnell verfügbar sind. Der bei dem Konzentrationsgericht gebildete Ausschuss wählt alle Hilfsschöffen aus der für seinen Bezirk vorliegenden Vorschlagsliste.[20] Eine Verteilung auch der Hilfsschöffen auf alle beteiligten Amtsgerichtsbezirke sieht Abs. 2 S. 2 für Großstädte mit mehreren Amtsgerichten vor. In diesen Fällen wird der einfacheren Mobilität in Ballungsräumen Rechnung getragen und alle Amtsgerichtsbezirke, die ganz oder teilweise zu der Stadt gehören und von der Konzentration betroffen sind, herangezogen. Die Verteilung der Hilfsschöffenzahl, Erstellung der Vorschlagslisten und die Wahl der Hilfsschöffen unterscheiden sich dann nicht von der Bestimmung der Hauptschöffen (→ Rn. 6).[21] Um lokalen Besonderheiten Rechnung zu tragen, kann die Landesjustizverwaltung einzelne Gerichte davon wieder ausnehmen (Abs. 2 S. 2 letzter Hs.). 7

Sobald die Schöffen gewählt sind, werden für das Konzentrationsgericht einheitliche Haupt- und Hilfsschöffenlisten erstellt, aus denen dann die Schöffen gelost werden. Für die Heranziehung als gesetzlicher Richter spielt die Herkunft des Schöffen keine weitere Rolle, sodass der Regionalbezug der Schöffen zum jeweiligen Verfahren nicht gewährleistet ist.[22] 8

III. Revision

Die Besetzungsrüge hat nur Erfolg, wenn bei der Verteilung der Schöffenanzahl auf die Bezirke der Ermessensspielraum überschritten oder anderweitig **objektiv willkürlich** vorgegangen wurde.[23] 9

---

[15] *Kissel/Mayer* Rn. 10; KK/*Barthe* Rn. 3; Löwe/Rosenberg/*Gittermann* Rn. 15.
[16] *Kissel/Mayer* Rn. 10.
[17] *Katholnigg* Rn. 4.
[18] BGH 6.12.1973 – 4 StR 554/73, BGHSt 25, 257 = NJW 1974, 509.
[19] *Kissel/Mayer* Rn. 10; KK/*Barthe* Rn. 3.
[20] *Kissel/Mayer* Rn. 11.
[21] BT-Drs. 10/1313, 56; *Kissel/Mayer* Rn. 11.
[22] *Kissel/Mayer* Rn. 12; Löwe/Rosenberg/*Gittermann* Rn. 18.
[23] → § 16 Rn. 29 ff.; BGH 24.6.1986 – 5 StR 114/86, BGHSt 34, 121 = NJW 1986, 2585 (2586); *Katholnigg* Rn. 4.

Fünfter Titel. Landgerichte

§ 59 [Besetzung]

(1) Die Landgerichte werden mit einem Präsidenten sowie mit Vorsitzenden Richtern und weiteren Richtern besetzt.

(2) Den Richtern kann gleichzeitig ein weiteres Richteramt bei einem Amtsgericht übertragen werden.

(3) Es können Richter auf Probe und Richter kraft Auftrags verwendet werden.

I. Normzweck und allgemeiner Regelungsgehalt

1 § 59 ist die **Parallelnorm zu § 22** (Amtsgerichte) für die Landgerichte. Sie bestimmt Mindestvoraussetzungen für die personelle Besetzung der Landgerichte (Abs. 1) und ermöglicht die die Übertragung weiterer Ämter (Doppelrichter) sowie die Beschäftigung von Richtern auf Probe und kraft Auftrags.

II. Das Landgericht

2 Landgerichte sind **bundesrechtlich vorgesehene Gerichte** der ordentlichen Gerichtsbarkeit, von denen in jedem Bundesland zumindest Eines eingerichtet sein muss. Bundeslandübergreifende Gerichtsbezirke können nur aufgrund bundesrechtlicher Ermächtigung[1] oder Staatsvertrags zwischen den Ländern[2] eingerichtet, auswärtige Spruchkörper nur aufgrund gesetzlicher Ermächtigung errichtet werden (zB §§ 78, 78a).

III. Besetzung

3 Jedes Landgericht muss **einen Präsidenten** haben. Ist die Stelle vakant, muss eine unverzügliche Neubesetzung erfolgen. Nur in der Sache liegende Verzögerungen bei der Neubesetzung (Ausschreibung, Beteiligung der Gremien) sind hinzunehmen. Sachfremde Gründe (insbes. haushaltsrechtlicher Art) können zur fehlerhaften Besetzung des Gerichts führen,[3] wenn der Spruchkörper des Präsidenten betroffen ist (vgl. § 21e Abs. 1 S. 3).[4] Wann eine Vakanz nicht mehr hingenommen werden kann, ist Frage des Einzelfalles. Bei vorhersehbarem Ausscheiden aus dem Amt darf mit der Neuausschreibung nicht zugewartet werden. Deutlich längere Vakanzen können sich bei plötzlichem Ausscheiden ergeben.[5]

4 Der Präsident übt eine **Doppelfunktion** aus. Er ist sowohl Richter und Vorsitzender einer Kammer (§§ 21e Abs. 1 S. 3, 21f Abs. 1) mit Verwaltungsaufgaben der richterlichen Selbstverwaltung (zB als Vorsitzender des Präsidiums, §§ 21a Abs. 2, 21i Abs. 2, 22b Abs. 3 und 4) als auch Teil der Justizverwaltung. Der Präsident bestimmt selbst, welcher Kammer er vorsitzt (§ 21e Abs. 1 S. 3), muss aber richterliche Aufgaben wahrnehmen.[6] Er übt die allgemeine Dienstaufsicht über die Richter beim Landgericht sowie der Amtsgerichte in seinem Landgerichtsbezirk aus, soweit die Amtsgerichte nicht selbst mit dienstaufsichtführenden Präsidenten besetzt sind. Seine Aufgaben als Teil der Justizverwaltung bestimmt das Landesrecht.

---

[1] *Kissel/Mayer* Rn. 1.
[2] *Löwe/Rosenberg/Siolek* Rn. 16.
[3] Vgl. BGH 5.6.1985 – VIII ZR 135/84, BGHZ 95, 22 = NJW 1985, 2336 (2337); *Kissel/Mayer* Rn. 3.
[4] *Kissel/Mayer* Rn. 3 f.; *Löwe/Rosenberg/Siolek* Rn. 1.
[5] Vgl. BGH 21.6.1955 – 5 StR 177/55, BGHSt 8, 17 = NJW 1955, 1447; 6.11.1959 – 4 StR 376/59, BGHSt 14, 11 = NJW 1960, 542; BVerwG 11.7.2001 – 1 DB 20/01 (BDiszG), NJW 2001, 3493; vgl. zu den in der Rechtsprechung genannten Zeiträumen auch *Kissel/Mayer* Rn. 5; *Ridder* NJW 1972, 1689.
[6] Vgl. → § 21e Rn. 8; *Kissel/Mayer* Rn. 7.

Das Landgericht ist neben dem Präsidenten mit wenigstens einem weiteren **Vorsitzenden Richter**[7] besetzt. Die Zahl der Vorsitzenden Richter bestimmen der Haushaltsgesetzgeber und die Justizverwaltung.[8] Ein Vorsitzender kann den **Vorsitz in mehreren Spruchkörpern** übernehmen. Er muss allerdings in der Lage sein, seine Aufgaben als Vorsitzender „richtungsweisend" zu erfüllen. Es obliegt in erster Linie dem Vorsitzenden, bei wechselnder Zusammensetzung des Spruchkörpers, Güte und Stetigkeit der Rechtsprechung und damit letztlich die Rechtssicherheit in besonderem Maße zu gewährleisten. Er muss die Möglichkeit haben, diese vielfältigen Aufgaben zu erfüllen. Ist das nicht der Fall, so ist das Gericht nicht vorschriftsmäßig besetzt.[9] Für die Wiederbesetzung einer vakanten Vorsitzendenstelle gilt das zu den Präsidenten Gesagte (→ Rn. 3). Die Vertretung der Vorsitzenden Richter regelt § 21 f.[10]

5

Die **weiteren Mitglieder** des Landgerichts (Beisitzer) sind die Richter auf Lebenszeit oder auf Zeit, denen ein Richteramt bei dem Landgericht zugewiesen ist, sowie die an das Gericht abgeordneten Richter (§ 37 DRiG). Abs. 3 ermöglicht die Verwendung von Richtern auf Probe (§ 12 f. DRiG) und Richtern kraft Auftrags (§ 14 DRiG). Die Zahl der weiteren Richter bestimmen der Haushaltsgesetzgeber und die Justizverwaltung. Dabei ist die sachgerechte und zeitnahe Erledigung der Aufgaben maßgebend.[11]

6

IV. Doppelrichter, Abs. 2

Abs. 2 erlaubt eine **Doppelernennung der Planstelleninhaber,** weil Richter auf Probe oder kraft Auftrags ohnehin kein festes Richteramt innehaben. Die Norm ermächtigt daher zu einer Abweichung von § 27 Abs. 1 DRiG nach § 27 Abs. 2 DRiG. Erfasst ist jeder Planstelleninhaber ohne den Präsidenten,[12] also Beisitzer und Vorsitzende. Dem Richter kann ein weiteres Amt an einem Amtsgericht übertragen werden. Eine Verwendung an mehr als insgesamt zwei Gerichten ist schon vom Wortlaut her unzulässig. Auf räumliche Nähe, insbes. die Zugehörigkeit zum gleichen Landgerichtsbezirk kommt es nicht an.[13]

7

§ 59 Abs. 2 ist zum einen abzugrenzen von der Abordnung nach § 37 DRiG, die nur mit Zustimmung des betroffenen Richters erfolgen kann und weder den Status noch die Übertragung des Richteramtes beeinflusst.[14] Zum anderen ist die **Heranziehung zu besonderen Aufgaben** zu unterscheiden. In eng begrenzten Fällen (§§ 22b, 22c, 78 Abs. 2, 87b Abs. 2, 106) kann das Präsidium eines Gerichts auf Richter anderer Gerichte zur Verteilung der Geschäfte zurückgreifen. Dabei handelt es sich um einen Organisationsakt des Präsidiums im Rahmen seiner Zuständigkeit.[15] Es gelten daher die bei § 21e dargestellten Grundsätze.[16]

8

§ 60 [Zivil- und Strafkammern]

Bei den Landgerichten werden Zivil- und Strafkammern gebildet.

I. Normzweck und allgemeiner Regelungsgehalt

§ 60 verankert das **Kammerprinzip** beim Landgericht und soll damit eine erhöhte Richtigkeitsgewähr sichern, indem mehrere Berufsrichter zur gemeinsamen Entscheidung berufen werden. In Zeiten haushaltspolitischer Sparzwänge erodiert dieser Zweck stetig.

1

---

[7] Weiterführend → § 21f Rn. 2 ff.
[8] *Kissel/Mayer* Rn. 11; KK/*Diemer* Rn. 2; Löwe/Rosenberg/*Siolek* Rn. 3.
[9] Vgl. → § 21f Rn. 5; BGH 16.11.1972 – 1 StR 418/72, BGHSt 25, 54 (55) = NJW 1973, 205.
[10] → § 21f Rn. 6 ff.
[11] *Kissel/Mayer* Rn. 16; Löwe/Rosenberg/*Siolek* Rn. 5.
[12] Löwe/Rosenberg/*Siolek* Rn. 7.
[13] *Kissel/Mayer* Rn. 20; vgl. auch → § 22 Rn. 8 ff.
[14] *Kissel/Mayer* § 22 Rn. 15.
[15] *Kissel/Mayer* § 22 Rn. 16.
[16] Vgl. auch → § 22 Rn. 10.

Zum einen wird bei schwacher personeller Ausstattung der Gerichte von Möglichkeiten der Entscheidung in reduzierter Besetzung zunehmend Gebrauch gemacht (zB § 76 Abs. 2). Zum anderen tendiert der Gesetzgeber zu Erweiterungen der Zuständigkeit des Einzelrichters, der für die Kammer entscheidet (§ 78b, §§ 348, 348a ZPO).

II. Allgemeines

2 Das Gesetz sieht vor, dass bei jedem Landgericht zumindest eine Straf- und eine Zivilkammer zu bilden sind. Die **konkrete Anzahl** der Kammern bestimmt die Justizverwaltung, nicht das Präsidium.[1] Ihre Anzahl kann bei Bedarf unterjährig verändert werden.[2] Zuständig ist regelmäßig der Präsident, der dem Weisungsrecht des jeweiligen Landesjustizministeriums unterliegt.[3] In Strafsachen ist zwischen Kammern mit gesetzlicher Zuständigkeit (§§ 74 Abs. 2, 74a, 74c, 78a; § 33 Abs. 2 JGG; § 46 Abs. 7 OWiG) und allgemeinen Strafkammern, deren Zuständigkeit das Präsidium bestimmt (zB BtM-Kammer, Verkehrsstrafkammer), zu differenzieren. Ferner wird zwischen der großen und der kleinen Strafkammer (§ 76 Abs. 1) und ständigen sowie Hilfsstrafkammern unterschieden.

III. Allgemeine Strafkammern und gesetzliche Zuständigkeiten

3 Die Strafkammern sind in **verschiedenen Funktionen und verschiedenen Besetzungen für unterschiedliche Aufgaben** zuständig. Die große Strafkammer ist Gericht erster Instanz, die kleine Strafkammer Berufungsgericht für Berufungen gegen Urteile des Amtsgerichts. Die „Erwachsenenstrafkammer" entscheidet in Abgrenzung zur Jugendkammer nicht in Strafsachen über Jugendliche und Heranwachsende (vgl. iÜ § 78b). Ferner sind die Strafkammern Beschwerdegerichte gegen Entscheidungen der Amtsgerichte, die nicht Urteile sind (§ 73 Abs. 1).

4 Darüber hinaus sieht das Gesetz vor, dass bei den Landgerichten bestimmte Strafkammern mit **gesetzlichen Zuständigkeiten** existieren. Diese können zum Teil bei einem Landgericht für mehrere Bezirke konzentriert werden (Konzentrationsermächtigungen, §§ 74a Abs. 1, 4; 74c Abs. 1, 3; 74d; 78a Abs. 2). Bei Bedarf können Strafkammern eines Landgerichts auch örtlich ausgelagert (detachiert) werden (auswärtige Strafkammern, §§ 78, 78a Abs. 2). Strafkammern mit gesetzlichen Zuständigkeiten sind die Strafkammer als Schwurgericht (§ 74 Abs. 2), als Staatsschutzkammer (§ 74a), als Wirtschaftsstrafkammer (§ 74c), als Jugendkammer (§§ 33 Abs. 2, 41 JGG), als Strafvollstreckungskammer (§ 87a) und als Kammer für Bußgeldsachen in Ordnungswidrigkeitenverfahren (§ 46 Abs. 7 OWiG).

IV. Hilfsstrafkammern[4]

5 Hilfsstrafkammern sind keine ständigen Strafkammern im Sinn des § 60, sondern vertreten die ordentliche Strafkammer in solchen Geschäften, die diese infolge anderweitiger Inanspruchnahme nicht selbst erledigen kann.[5] Sie dürfen nur bei **vorübergehender Überlastung**[6] einer ständigen Strafkammer **für begrenzte Zeit** errichtet werden.[7] Eine unterjährige Einrichtung einer Hilfsstrafkammer kann verfassungsrechtlich geboten sein, wenn nur auf diese Weise die Gewährung von Rechtsschutz innerhalb angemessener Zeit, insbe-

---

[1] HM: BGH 27.10.1960 – 2 StR 342/60, BGHSt 15, 217 = NJW 1960, 472; 18.12.1964 – 2 StR 368/64, BGHSt 20, 132 = NJW 1965, 544; *Kissel/Mayer* Rn. 2 f.; KK/*Diemer* Rn. 1; Löwe/Rosenberg/*Siolek* Rn. 6; aA *Schorn/Stanicki* S. 128.
[2] BGH 18.12.1964 – 2 StR 368/64, BGHSt 20, 132 = NJW 1965, 544; KK/*Diemer* Rn. 1; Löwe/Rosenberg/*Siolek* Rn. 7.
[3] *Kissel/Mayer* Rn. 5; KK/*Diemer* Rn. 1; Löwe/Rosenberg/*Siolek* Rn. 7.
[4] Vgl. → § 21e Rn. 13.
[5] BGH 9.4.2009 – 3 StR 376/08, BGHSt 53, 268 = NJW 2010, 625.
[6] → § 21e Rn. 47.
[7] BGH 9.4.2009 – 3 StR 376/08, BGHSt 53, 268 = NJW 2010, 625; KK/*Diemer* § 21e Rn. 7; Löwe/Rosenberg/*Breidling* § 21e Rn. 47; Meyer-Goßner/*Schmitt* § 21e Rn. 7; aA SK/*Velten* § 21e Rn. 57.

sondere eine beschleunigte Behandlung von Haftsachen, erreicht werden kann.[8] Das Recht des Angeklagten auf den gesetzlichen Richter muss in diesem Fall mit dem rechtsstaatlichen Gebot einer funktionstüchtigen Strafrechtspflege und dem verfassungsrechtlichen Beschleunigungsgrundsatz zu einem angemessenen Ausgleich gebracht werden.[9]

Weil die Einrichtung einer Hilfsstrafkammer eine spruchkörperinterne Vertretungsregel[10] darstellt, muss sie **nicht zwingend mit einem Vorsitzenden Richter** besetzt sein.[11] In der Hilfsstrafkammer muss aber ein Richter auf Lebenszeit den Vorsitz führen, § 28 Abs. 2 DRiG. Auch gilt § 29 DRiG, wonach an der Entscheidung höchstens ein Richter auf Probe, Richter kraft Auftrags oder abgeordneter Richter mitwirken darf. **6**

V. Auffangstrafkammer

Für in der Revision zurückverwiesene Sachen sind bei den Gerichten sog. Auffangkammern zu bilden (§ 354 Abs. 2 S. 2 StPO). Diese sind auch in den Fällen des § 210 Abs. 3 StPO und bei analoger Anwendung im Wiederaufnahmeverfahren[12] zuständig. Das Präsidium weist für diese Fälle einer Strafkammer die Aufgaben zu. Um dem Revisionsgericht die Wahlmöglichkeit zu erhalten, ob es an eine andere Kammer des gleichen oder an ein benachbartes Landgericht zurückverweist, ist **stets eine Auffangstrafkammer zu bilden**.[13] Bei innerhalb eines Geschäftsjahres wiederholt zurückverwiesenen Sachen kann dies auch unterjährig (ad hoc) nach § 21e Abs. 3 geschehen.[14] **7**

VI. Auswärtige Strafkammern

Auswärtige Strafkammern können nach § 78[15] und als auswärtige Strafvollstreckungskammern nach § 78a Abs. 2 errichtet werden. Sie sind **Teil des Landgerichts** mit eigenen Zuständigkeiten und in örtlicher Hinsicht ein anderes Gericht iS der §§ 15, 27 Abs. 4 und 354 Abs. 2 StPO.[16] **8**

§§ 61 bis 69 (weggefallen)

§ 70 [Vertretung der Kammermitglieder]

(1) Soweit die Vertretung eines Mitgliedes nicht durch ein Mitglied desselben Gerichts möglich ist, wird sie auf den Antrag des Präsidiums durch die Landesjustizverwaltung geordnet.

(2) Die Beiordnung eines Richters auf Probe oder eines Richters kraft Auftrags ist auf eine bestimmte Zeit auszusprechen und darf vor Ablauf dieser Zeit nicht widerrufen werden.

(3) Unberührt bleiben die landesgesetzlichen Vorschriften, nach denen richterliche Geschäfte nur von auf Lebenszeit ernannten Richtern wahrgenommen werden

---

[8] → 21e Rn. 13; OLG Nürnberg 21.10.2014 – 1 Ws 401/14 H, BeckRS 2014, 22549.
[9] BVerfG 16.2.2005 – 2 BvR 581/03, NJW 2005, 2689 (2690).
[10] Vgl. → § 16 Rn. 7 und → § 21e Rn. 13.
[11] BGH 7.6.1983 – 4 StR 9/83, BGHSt 31, 389 = NJW 1983, 2952; BGH 22.8.1985 – 4 StR 398/85, BGHSt 33, 303 = NJW 1986, 144; *Katholnigg* JR 1983, 520; KK/*Diemer* § 21f Rn. 1; Löwe/Rosenberg/ *Breidling* § 21f Rn. 13 und Löwe/Rosenberg/*Siolek* Rn. 13; Meyer-Goßner/*Schmitt* § 21f Rn. 12; MüKoZPO/*Zimmermann* § 21f Rn. 2; aA *Frisch* NStZ 1984, 86; *Kissel*/*Mayer* § 21f Rn. 7; SK/*Velten* § 21f Rn. 3; *Schorn*/*Stanicki* S. 142.
[12] OLG Nürnberg 6.8.2013 – 1 Ws 354/13 WA, NJW 1013, 2692 (2695).
[13] BGH 14.1.1975 – 1 StR 601/74, NJW 1974, 743; *Kissel*/*Mayer* Rn. 16; Löwe/Rosenberg/*Siolek* Rn. 17; aA KK/*Diemer* Rn. 4: nur für Schwurgerichtskammern.
[14] BGH 8.4.1981 – 3 StR 88/81, NStZ 1981, 489.
[15] Dazu → § 78 Rn. 1 ff.
[16] Vgl. → § 78 Rn. 7.

können, sowie die, welche die Vertretung durch auf Lebenszeit ernannte Richter regeln.

Übersicht

	Rn.		Rn.
I. Normzweck und allgemeiner Regelungsgehalt	1	IV. Landesrecht, Abs. 3	9, 10
II. Notvertretung, Abs. 1	2–5	V. Revision	11–13
III. Beiordnung von Richtern auf Probe und kraft Amtes, Abs. 2	6–8		

I. Normzweck und allgemeiner Regelungsgehalt

1   Abs. 1 regelt die gerichtsübergreifende Vertretung durch die Landesjustizverwaltung, wenn das Landgericht in eine Notvertretungssituation gerät. Dadurch werden der Justizgewährungsanspruch und das Beschleunigungsgebot in Haftsachen gesichert. Abs. 2 ergänzt und beschränkt § 59 Abs. 3 dahingehend, dass Richter auf Probe oder kraft Auftrags nur für eine bestimmte Zeit beigeordnet werden dürfen. Dadurch wird sowohl die **richterliche Unabhängigkeit**[1] gewährleistet, da Richter nicht beliebig abgezogen werden dürfen, als auch der **gesetzliche Richter** dem freien Zugriff der Justizverwaltung entzogen. Abs. 3 enthält einen Vorbehalt für landesrechtliche Sonderregeln, die die Verwendung von Richtern auf Probe oder kraft Auftrags einschränken sowie die Vertretung abweichend regeln.

II. Notvertretung, Abs. 1

2   Grundsätzlich muss die Vertretung in Verhinderungsfällen **innerhalb des Gerichts** und von dessen Richtern (einschließlich der Vorsitzenden und des Präsidenten) geleistet werden (§ 21e Abs. 1).[2] Das Gericht ist personell so auszustatten, dass die im Normalfall eintretenden Verhinderungen mit den bestehenden Kräften aufgefangen werden können.

3   Es können Ausnahmesituationen eintreten, in denen aufgrund **nicht vorhersehbarer** und anderweitig **nicht zu verhindernder Umstände** die Vertretung innerhalb des Gerichts nicht gewährleistet werden kann, ohne dass es zum (annähernden) Rechtsstillstand oder rechtsverweigerungsähnlichen Zuständen kommt.[3] In Betracht kommen zB gehäufte Krankheitsfälle, insbes. in der Hauptferienzeit, längerfristige Erkrankungen mehrerer Richter an kleinen Landgerichten etc. Entscheidend ist, dass die Notsituation nicht durch unüberlegte Urlaubsplanung, Nichtbesetzung von Stellen, mangelhafte Ausstattung mit Planstellen, übermäßige Verwendung von abgeordneten Richtern oder die Übertragung weiterer Aufgaben an Richter ohne zwingende Notwendigkeit selbst herbeigeführt ist.[4] Dann ermöglicht Abs. 1 eine Notvertretung.

4   Das Präsidium stellt die Notvertretungssituation nach pflichtgemäßem Ermessen fest.[5] In Eilfällen ist der Präsident zuständig (§ 21i Abs. 2). Das Präsidium (bzw. der Präsident) **beantragt** bei der Landesjustizverwaltung eine Vertreterbestellung (Abs. 1). Der Antrag ist stets Voraussetzung der Vertreterbestellung. Die Entscheidung trifft die Landesjustizverwaltung nach pflichtgemäßem Ermessen. Sie ist an den Antrag nicht gebunden.[6] Lehnt sie ihn ab, muss das Gericht mit den bestehenden Kräften die Engpässe bewältigen. Jeder

---

[1] BGH 16.2.1961 – 1 StR 557/60, MDR 1961, 618; Löwe/Rosenberg/*Siolek* Rn. 8; MüKoZPO/*Zimmermann* Rn. 1; aA *Kissel/Mayer* Rn. 9: Stabilität der Personalbesetzung.
[2] → § 21e Rn. 15 ff.
[3] Vgl. → § 16 Rn. 17.
[4] BGH 29.9.1955 – 3 StR 463/54, BGHSt 8, 159 = NJW 1955, 1805; *Kissel/Mayer* Rn. 2; KK/*Diemer* Rn. 1.
[5] *Kissel/Mayer* Rn. 3; KK/*Diemer* Rn. 1.
[6] HM: *Katholnigg* Rn. 2; *Kissel/Mayer* Rn. 4; Löwe/Rosenberg/*Siolek* Rn. 13; aA Schorn/Stanicki S. 221; *Stanicki* DRiZ 1976, 80: Bindung an den Antrag.

Richter entscheidet dann in richterlicher Unabhängigkeit, welches Verfahren er vorrangig betreibt.[7]

Weist die Landesjustizverwaltung dem Gericht einen Vertreter (Richter auf Probe oder kraft Auftrags, abgeordneten Richter) zu, **entscheidet das Präsidium** nach § 21e Abs. 3 **über dessen Verwendung**.[8] Die Auswahl des Vertreters obliegt hingegen der Justizverwaltung.[9] Erfolgte die Zuweisung eines Vertreters ohne Antrag des Präsidiums, heilt der Verwendungsbeschluss nach § 21e Abs. 3 den Mangel.[10] In Eilfällen ist der Präsident nach § 21i Abs. 2 zuständig. 5

III. Beiordnung von Richtern auf Probe und kraft Amtes, Abs. 2

Abs. 2 bezeichnet die Zuweisung eines Richters auf Probe oder kraft Amtes durch die Justizverwaltung an ein Landgericht als Beiordnung. Obwohl unter der Überschrift der „Vertretung" stehend, beschränkt sich der Regelungsgehalt des Abs. 2 nicht auf die Beiordnung von Richtern auf Probe oder kraft Amtes nach Abs. 1, sondern **gilt in allen Fällen, in denen solche Richter einem Landgericht zugewiesen werden**. Die bei § 22 dargestellten Grundsätze gelten auch für das Landgericht.[11] Den Ausnahmecharakter der Beschäftigung von Richtern auf Probe und kraft Amtes unterstreicht Abs. 2 dadurch, dass solche Richter nicht auf unbestimmte Zeit verwendet werden dürfen. Daher muss sich die Beiordnung von Anfang an auf einen abstrakt bestimmbaren Zeitraum beschränken. Die Beschränkung kann kalendermäßig erfolgen, aber auch von einem gewissen, aber zeitlich noch nicht konkret absehbaren Ereignis abhängig gemacht werden (zB Rückkehr eines Lebenszeitrichters aus dem Krankenstand).[12] Ebenfalls zulässig ist es, die Zeitspanne von einem oder mehreren (Groß-)Verfahren[13] oder der Abordnung eines anderen Richters abhängig zu machen.[14] Da auch der gesetzliche Richter von der Beendigung der Beiordnung berührt wird, muss sich das Datum anhand objektiver, abstrakter Kriterien bestimmen lassen, die nicht einer Ermessensbeurteilung der Justizverwaltung unterliegen.[15] Daher sind auch extrem kurz bemessene (zB monatlich erneuerte) „Kettenbeiordnungen" unzulässig.[16] 6

Die Beiordnung **kann nicht vorzeitig beendet** werden. Auch dadurch wird verhindert, dass die Justizverwaltung über die Zuweisung von Richtern an einzelne Gerichte frei entscheidet. Es ist zwar zuzugestehen, dass der statusrechtliche Schutz des Richters durch Abs. 2 nicht mehr gewährleistet wird, seit das DRiG den Status der Richter regelt.[17] Dafür entwickelt Abs. 2 nunmehr erhebliche Bedeutung für die Garantie des gesetzlichen Richters, indem die Beendigung der Beiordnung der freien Entscheidung der Justizverwaltung entzogen wird.[18] Eine vorzeitige Beendigung der Beiordnung kommt nur in Betracht, wenn sich der Status des Richters auf Probe bzw. kraft Auftrags ändert, er also aus dem Justizdienst entlassen oder auf Lebenszeit ernannt und in eine (andere) Planstelle eingewiesen wird.[19] In diesen Fällen tritt zunächst der Vertretungsfall ein. Die Geschäftsverteilung ist zeitnah nach § 21e Abs. 3 zu ändern.[20] 7

---

[7] Vgl. → § 16 Rn. 17.
[8] BGH 28.11.1958 – 1 StR 398/58, BGHSt 12, 159 = NJW 1959, 251; 20.3.1959 – 4 StR 416/58, BGHSt 13, 53 = NJW 1959, 1093; *Katholnigg* Rn. 2; *Kissel/Mayer* Rn. 6; *Löwe/Rosenberg/Siolek* Rn. 7.
[9] *Kissel/Mayer* Rn. 6.
[10] *Katholnigg* Rn. 2.
[11] → § 22 Rn. 7.
[12] *Kissel/Mayer* Rn. 9.
[13] *Kissel/Mayer* Rn. 9; *Löwe/Rosenberg/Siolek* Rn. 9.
[14] *Kissel/Mayer* Rn. 9; *Löwe/Rosenberg/Siolek* Rn. 9.
[15] *Löwe/Rosenberg/Siolek* Rn. 9.
[16] *Löwe/Rosenberg/Siolek* Rn. 9; vgl. auch BGH 20.3.1959 – 4 StR 416/58, BGHSt 13, 53 = NJW 1959, 1093.
[17] *Kissel/Mayer* Rn. 9.
[18] Vgl. *Kissel/Mayer* Rn. 12.
[19] *Kissel/Mayer* Rn. 12; KK/*Diemer* Rn. 2; *Löwe/Rosenberg/Siolek* Rn. 10.
[20] Vgl. auch BGH 20.3.1959 – 4 StR 416/58, BGHSt 13, 53 = NJW 1959, 1093.

8 Die **Abordnung eines Richters auf Lebenszeit** regelt nicht Abs. 2, sondern § 37 DRiG. Danach darf ein Richter auf Lebenszeit ohne seine Zustimmung nur für Vertretungszwecke und maximal für drei Monate pro Geschäftsjahr an ein Gericht desselben Gerichtszweigs abgeordnet werden (§ 37 Abs. 3).

IV. Landesrecht, Abs. 3

9 Abs. 3 ermöglicht dem Landesgesetzgeber § 59 Abs. 3 für bestimmte Bereiche einzuschränken und **Aufgaben zwingend Richtern auf Lebenszeit** zuzuweisen. Das gilt aber nur für die Landgerichte, weil eine Abs. 3 entsprechende Regel für die Amtsgerichte fehlt.[21] Nach welchen (abstrakten) Kriterien die notwendige Verwendung von Richtern auf Lebenszeit bestimmt wird (zB bestimmte Verfahrensarten, Eildienst etc.), bleibt dem Landesrecht überlassen.

10 Nach Landesrecht kann auch die **Vertretung von Richtern am Landgericht auf Lebenszeitrichter beschränkt** werden. Damit wird Abs. 1 auf die Verwendung abgeordneter Richter (§ 37 DRiG) begrenzt und Abs. 2 für Vertretungsfälle außer Kraft gesetzt.

V. Revision

11 Die Feststellung des Präsidiums **nach Abs. 1** steht in dessen pflichtgemäßem Ermessen und kann daher nur bei Willkür mit der Besetzungsrüge beanstandet werden.[22] Sie ist im Übrigen der Überprüfung entzogen.[23] Auch die Entscheidung der Justizverwaltung über den Antrag des Präsidiums verletzt den gesetzlichen Richter nur im Falle der Willkür.

12 Wird ein Richter auf Probe/kraft Auftrags **entgegen Abs. 2** auf unbestimmte Zeit beigeordnet oder der Zeitablauf von dem Ermessen der Justizverwaltung unterliegenden Kriterien abhängig gemacht, ist die Kammer, der er angehört, vorschriftswidrig besetzt.[24] Auch der vorzeitige Widerruf der Beiordnung verletzt das Recht auf den gesetzlichen Richter, soweit der vorzeitig abberufene Richter zuständig gewesen wäre. Eine statusrechtliche Maßnahme der Justizverwaltung, die faktisch zu einer vorzeitigen Beendigung der Beiordnung führt (→ Rn. 7), kann mit der Revision nur angegriffen werden, wenn sie darauf gerichtet war, auf die Besetzung des Gerichts Einfluss zu nehmen. Daher muss sich die Maßnahme bei objektiver Betrachtung als Eingriff der Justizverwaltung in die Geschäftsverteilung darstellen (quasi als Entziehung des gesetzlichen Richters im Gewand der statusrechtlichen Maßnahme).[25]

13 Wirkt ein Richter an einer Entscheidung mit, an der er nach einer aufgrund von Abs. 3 erlassenen landesrechtlichen Regelung nicht mitwirken darf, ist der gesetzliche Richter verletzt.[26]

§§ 71–72a *(vom Abdruck wurde abgesehen)*

§ 73 [Allgemeine Zuständigkeit in Strafsachen]

(1) Die Strafkammern entscheiden über Beschwerden gegen Verfügungen des Richters beim Amtsgericht sowie gegen Entscheidungen des Richters beim Amtsgericht und der Schöffengerichte.

(2) Die Strafkammern erledigen außerdem die in der Strafprozeßordnung den Landgerichten zugewiesenen Geschäfte.

---

[21] *Kissel/Mayer* Rn. 14.
[22] Vgl. → § 16 Rn. 29 f.
[23] *Kissel/Mayer* Rn. 3.
[24] *Kissel/Mayer* Rn. 10.
[25] Vgl. auch OLG Dresden (Dienstgerichtshof) 24.8.1999 – DGH 1/99, NJW-RR 2000, 941 (943); *Kissel/Mayer* Rn. 13: willkürliche personallenkende Maßnahme.
[26] *Kissel/Mayer* Rn. 16; *Löwe/Rosenberg/Siolek* Rn. 13.

I. Normzweck und allgemeiner Regelungsgehalt

Die Zuständigkeit der Strafkammern ist in §§ 73 ff. geregelt. Während §§ 74 ff. die Zuständigkeit als erkennendes Gericht regeln, bestimmt § 73 Abs. 1, dass die Strafkammern auch als **Beschluss- und Beschwerdegerichte** tätig werden, soweit die Ausgangsentscheidung vom Amtsgericht kommt. Aus § 76 Abs. 1 ergibt sich, dass die Strafkammer im Rahmen des § 73 Abs. 1 stets als große Strafkammer[1] in der Besetzung außerhalb der Hauptverhandlung entscheidet (drei Berufsrichter ohne Schöffen).

II. Beschwerdegericht, Abs. 1

Die Strafkammer entscheidet über Beschwerden gegen alle Entscheidungen des Richters beim Amtsgericht (Strafrichter, Ermittlungsrichter) sowie der Schöffengerichte, soweit die Entscheidung anfechtbar ist (vgl. §§ 304, 305, 336 etc. StPO). An Stelle der allgemeinen Strafkammer treten im Rahmen ihrer jeweiligen Zuständigkeiten die **besonderen Strafkammern** (Staatsschutzkammer, § 74a; Jugendschutzkammer, § 74b; Wirtschaftsstrafkammer, § 74c) auch für Beschwerdeentscheidungen. Gleiches gilt für die Jugendkammer (§ 41 JGG), aber nur, wenn in erster Instanz ein Jugendgericht, nicht (fehlerhaft) ein allgemeines Gericht entschieden hat.[2] Dem liegt die allgemeine Regelung zugrunde, dass ein gesetzlicher Spezialspruchkörper nicht nur als erkennendes Gericht erster Instanz tätig sein soll, sondern auch im Rahmen seiner Zuständigkeit über die (sofortigen) Beschwerden entscheidet. Daher verdrängt auch die Strafkammer als Schwurgericht (§ 74 Abs. 2) als gesetzliche Spezialkammer die allgemeine Strafkammer bei Entscheidungen der Amtsgerichte in Schwurgerichtssachen.[3] Entscheidend ist, dass zum Zeitpunkt der Entscheidung des Amtsgerichts (regelmäßig des Ermittlungsrichters) für die Hauptsache voraussichtlich die Spezialkammer zuständig wäre.[4] Für die Haftbeschwerdeentscheidungen gegen einen auf den Tatverdacht eines Staatsschutzdelikts gestützten Haftbefehl des Amtsgerichts ist die Staatsschutzkammer auch dann zuständig, wenn der dringende Tatverdacht hinsichtlich des die Zuständigkeit der Staatsschutzkammer begründenden Deliktes nach Auffassung des Beschwerdegerichts nicht gegeben ist, so lange zumindest ein Anfangsverdacht für das Staatsschutzdelikt fortbesteht.[5]

Eine weitere Einschränkung erfährt die Zuständigkeit der Strafkammer nach Abs. 1 durch **vorrangige Zuständigkeiten des OLG** für Beschwerden gegen Entscheidungen der Amtsgerichte (§§ 120 Abs. 3, 159, 181; § 79 OWiG). ZT sind Beschwerdeentscheidungen auch vom Revisionsgericht zu treffen (§§ 305a Abs. 2, 464 Abs. 3 S. 3 StPO; § 8 Abs. 3 S. 2 StrEG). Über Beschwerden nach § 148a StPO entscheidet hingegen die Strafkammer.[6]

III. Sonstige Aufgaben, Abs. 2

Abs. 2 hat nur **klarstellende Funktion** dahingehend, dass die Entscheidungen, die nach der StPO dem Landgericht zugewiesen werden, von den Strafkammern erledigt werden. Die StPO ist insoweit terminlogisch uneinheitlich, da sie zT vom Landgericht, zT von der Strafkammer spricht. Auch soweit es sich um das „Gericht höherer Ordnung" oder das „obere Gericht" (§§ 4, 12, 13, 14, 15, 19, 27 Abs. 4 StPO) handelt, ist aus Sicht des Amtsgerichts das Landgericht und dort die Strafkammer zuständig.[7]

§ 73a (weggefallen)

---

[1] OLG Köln 2.6.1993 – 2 Ws 196/93, StV 1993, 464; Löwe/Rosenberg/*Siolek* Rn. 1.
[2] OLG Zweibrücken 24.5.1993 – 1 AR 46/93-1, NStZ 1994, 48.
[3] *Kissel/Mayer* Rn. 4; Löwe/Rosenberg/*Siolek* Rn. 5; aA KK/*Diemer* Rn. 1.
[4] Vgl. Meyer-Goßner/*Schmitt* Rn. 2.
[5] OLG Celle, 9.3.2017 – 2 Ws 26/17, StV 2018, 78 = BeckRS 2017, 108331.
[6] BGH 30.1.1980 – 2 AR 266/79, NJW 1980, 1175.
[7] *Kissel/Mayer* Rn. 6.

§ 74 [Zuständigkeit in Strafsachen in 1. und 2. Instanz]

(1) ¹Die Strafkammern sind als erkennende Gerichte des ersten Rechtszuges zuständig für alle Verbrechen, die nicht zur Zuständigkeit des Amtsgerichts oder des Oberlandesgerichts gehören. ²Sie sind auch zuständig für alle Straftaten, bei denen eine höhere Strafe als vier Jahre Freiheitsstrafe oder die Unterbringung in einem psychiatrischen Krankenhaus, allein oder neben einer Strafe, oder in der Sicherungsverwahrung zu erwarten ist oder bei denen die Staatsanwaltschaft in den Fällen des § 24 Abs. 1 Nr. 3 Anklage beim Landgericht erhebt.

(2) ¹Für die Verbrechen
1. des sexuellen Mißbrauchs von Kindern mit Todesfolge (§ 176b des Strafgesetzbuches),
2. des sexuellen Übergriffs, der sexuellen Nötigung und Vergewaltigung mit Todesfolge (§ 178 des Strafgesetzbuches),
3. des Mordes (§ 211 des Strafgesetzbuches),
4. des Totschlags (§ 212 des Strafgesetzbuches),
5. *[aufgehoben]*
6. der Aussetzung mit Todesfolge (§ 221 Abs. 3 des Strafgesetzbuches),
7. der Körperverletzung mit Todesfolge (§ 227 des Strafgesetzbuches),
8. der Entziehung Minderjähriger mit Todesfolge (§ 235 Abs. 5 des Strafgesetzbuches),
8a. der Nachstellung mit Todesfolge (§ 238 Absatz 3 des Strafgesetzbuches),
9. der Freiheitsberaubung mit Todesfolge (§ 239 Abs. 4 des Strafgesetzbuches),
10. des erpresserischen Menschenraubes mit Todesfolge (§ 239a Absatz 3 des Strafgesetzbuches),
11. der Geiselnahme mit Todesfolge (§ 239b Abs. 2 in Verbindung mit § 239a Absatz 3 des Strafgesetzbuches),
12. des Raubes mit Todesfolge (§ 251 des Strafgesetzbuches),
13. des räuberischen Diebstahls mit Todesfolge (§ 252 in Verbindung mit § 251 des Strafgesetzbuches),
14. der räuberischen Erpressung mit Todesfolge (§ 255 in Verbindung mit § 251 des Strafgesetzbuches),
15. der Brandstiftung mit Todesfolge (§ 306c des Strafgesetzbuches),
16. des Herbeiführens einer Explosion durch Kernenergie (§ 307 Abs. 1 bis 3 des Strafgesetzbuches),
17. des Herbeiführens einer Sprengstoffexplosion mit Todesfolge (§ 308 Abs. 3 des Strafgesetzbuches),
18. des Mißbrauchs ionisierender Strahlen gegenüber einer unübersehbaren Zahl von Menschen (§ 309 Abs. 2 und 4 des Strafgesetzbuches),
19. der fehlerhaften Herstellung einer kerntechnischen Anlage mit Todesfolge (§ 312 Abs. 4 des Strafgesetzbuches),
20. des Herbeiführens einer Überschwemmung mit Todesfolge (§ 313 in Verbindung mit § 308 Abs. 3 des Strafgesetzbuches),
21. der gemeingefährlichen Vergiftung mit Todesfolge (§ 314 in Verbindung mit § 308 Abs. 3 des Strafgesetzbuches),
22. des räuberischen Angriffs auf Kraftfahrer mit Todesfolge (§ 316a Abs. 3 des Strafgesetzbuches),
23. des Angriffs auf den Luft- und Seeverkehr mit Todesfolge (§ 316c Abs. 3 des Strafgesetzbuches),
24. der Beschädigung wichtiger Anlagen mit Todesfolge (§ 318 Abs. 4 des Strafgesetzbuches),
25. einer vorsätzlichen Umweltstraftat mit Todesfolge (§ 330 Abs. 2 Nr. 2 des Strafgesetzbuches),

26. der schweren Gefährdung durch Freisetzen von Giften mit Todesfolge (§ 330a Absatz 2 des Strafgesetzbuches),
27. der Körperverletzung im Amt mit Todesfolge (§ 340 Absatz 3 in Verbindung mit § 227 des Strafgesetzbuches),
28. des Abgebens, Verabreichens oder Überlassens von Betäubungsmitteln zum unmittelbaren Verbrauch mit Todesfolge (§ 30 Absatz 1 Nummer 3 des Betäubungsmittelgesetzes),
29. des Einschleusens mit Todesfolge (§ 97 Absatz 1 des Aufenthaltsgesetzes)

ist eine Strafkammer als Schwurgericht zuständig. ²§ 120 bleibt unberührt.

(3) Die Strafkammern sind außerdem zuständig für die Verhandlung und Entscheidung über das Rechtsmittel der Berufung gegen die Urteile des Strafrichters und des Schöffengerichts.

Übersicht

	Rn.		Rn.
I. Normzweck und allgemeiner Regelungsgehalt	1	III. Schwurgerichtskammern, Abs. 2	5–7
II. Allgemeine Zuständigkeit erster Instanz, Abs. 1	2–4	IV. Zuständigkeit als Berufungsgericht, Abs. 3	8, 9
		V. Revision	10–12

I. Normzweck und allgemeiner Regelungsgehalt

§ 74 Abs. 1 bestimmt die Zuständigkeit der (allgemeinen) Strafkammern beim Landgericht als Spruchkörper erster Instanz negativ in Angrenzung zu § 24 (Amtsgerichte) und zu § 120 (Oberlandesgerichte) und legt damit über die **sachliche Zuständigkeit** den gesetzlichen Richter fest. Abs. 2 enthält eine gesetzliche Geschäftsverteilungsregelung für das Schwurgericht als Spezialkammer beim Landgericht. Abs. 3 regelt die Zuständigkeit der Strafkammern für Berufungen gegen amtsgerichtliche Urteile. Die Norm ist im Zusammenhang mit § 76 zu lesen, der die Besetzung der Strafkammern betrifft. 1

II. Allgemeine Zuständigkeit erster Instanz, Abs. 1

Abs. 1 erklärt die Strafkammer beim Landgericht in negativer Abgrenzung zu §§ 24, 120 für zuständig. Darüber hinaus ergeben sich weitere Einschränkungen für die Kompetenz der von Abs. 1 gemeinten **allgemeinen Strafkammer**[1] aus der gesetzlichen Geschäftsverteilung, die über §§ 74 Abs. 2, 74a und 74c bestimmte Verfahren Spezialkammern zuweist. Ferner ist die Zuständigkeit der Jugendkammern (§ 33 JGG; § 74b) zu beachten. Im Rahmen der sachlichen Zuständigkeit der allgemeinen Strafkammer bestimmt die Geschäftsverteilung die Zuweisung der Verfahren (§ 21e). 2

Die allgemeine Strafkammer ist zuständig, wenn nicht das Amtsgericht nach § 24 zuständig ist. Das gilt zunächst für Verbrechen, die mit einer Mindeststrafe von mehr als vier Jahren bedroht sind (wobei minder schwere Fälle stets vorab geprüft werden müssen), und keine Spezialzuständigkeit des OLG (§ 120) oder einer Spezialkammer besteht. In den übrigen Fällen ist eine Einzelfallprüfung vorzunehmen, ob eine Freiheitsstrafe von mehr als vier Jahren oder die Verhängung einer Maßregel der Unterbringung in einem psychiatrischen Krankenhaus oder der Sicherungsverwahrung (einschließlich deren Vorbehalt[2]) zu erwarten ist. Ferner begründet die (berechtigte[3]) Anklage zum Landgericht nach § 24 Abs. 1 S. 1 Nr. 3 dessen Zuständigkeit. **§ 74 ergänzt § 24,** weshalb umfänglich auf das dort Gesagte verwiesen wird.[4] 3

---

[1] Löwe/Rosenberg/*Siolek* Rn. 1.
[2] → § 24 Rn. 25.
[3] → § 24 Rn. 8 f.
[4] → § 24 Rn. 3–20.

4 Die Strafkammer ist im Verhältnis zum Amtsgericht Gericht höherer Ordnung, gegenüber dem OLG niedrigerer Ordnung iS des § 209 StPO. Für die Eröffnungskompetenz enthält § 209a StPO weitere Regeln über das **Rangverhältnis der Strafkammern untereinander,** wobei die Spezialkammern im Verhältnis zur allgemeinen Strafkammer (§ 209a Nr. 1 StPO) und die Jugendkammern im Verhältnis zu den Strafkammern für Erwachsene (§ 209a Nr. 2 StPO) als höherrangig gelten. Das Verhältnis der Spezialkammern zueinander regelt § 209a Nr. 1 StPO entsprechend § 74e. Nach Eröffnung des Hauptverfahrens gilt § 6a StPO, wonach die funktionelle Zuständigkeit der Spezialkammer nur noch auf Einwand des Angeklagten geprüft wird, der bis zu seiner Vernehmung zur Sache erfolgen muss.[5] Zum Verfahren wird auf die Ausführungen bei § 24 verwiesen.[6]

III. Schwurgerichtskammern, Abs. 2

5 Bei jedem Gericht besteht **von Gesetzes wegen eine Strafkammer als Schwurgericht,** die für die in Abs. 2 genannten Fälle zuständig ist. Ausnahmen kann es nur bei einer erfolgten Konzentrationsermächtigung nach § 74d geben. Es handelt sich um eine Kammer, deren Vorrang vor anderen Kammern § 74e regelt. Die Schwurgerichtskammer ist jedoch nur für Strafsachen gegen Erwachsene zuständig. Ist eine Anklage wegen eines in Abs. 2 genannten Delikts gegen einen Jugendlichen oder Heranwachsenden erhoben, ist die Jugendkammer zuständig (§§ 33 Abs. 2, 41 Abs. 1 Nr. 1, 108 JGG). Das gilt auch dann, wenn Verfahren gegen Erwachsene und Jugendliche bzw. Heranwachsende verbunden werden und ein Fall des § 74 Abs. 2 vorliegt (§ 103 Abs. 2 S. 1 JGG).[7] Die Jugendschutzkammer ist hingegen in Schwurgerichtssachen nach sehr umstrittener Ansicht auch dann nicht zuständig, wenn eine Jugendschutzsache vorliegt.[8]

6 Das Präsidium muss der Schwurgerichtskammer Mitglieder zuweisen, hat aber keinen Einfluss auf ihre sachliche Zuständigkeit.[9] Um der **Spezialisierung** der Mitglieder des Spruchkörpers gerecht zu werden und eine **einheitliche Rechtsprechung** in Schwerstkriminalitätsverfahren zu gewährleisten, dürfen nur so viele Schwurgerichte gebildet werden, wie zur Bewältigung des voraussichtlichen Geschäftsanfalls benötigt werden.[10] Reicht eine Schwurgerichtskammer nicht aus, muss eine weitere eingesetzt werden, die die übrigen Verfahren aufzufangen hat. Es ist sicherzustellen, dass die Spezialisierung bei der primär eingesetzten Schwurgerichtskammer bestehen bleibt.[11] Das Präsidium darf daher der Schwurgerichtskammer nicht weitere Strafsachen in einem Umfang zuweisen, der dazu führt, dass die Belastung mit anderen Verfahren mehr als ca. ein Viertel der Gesamtverfahren ausmacht.[12] Dabei steht dem Präsidium ein Prognoseermessen zu. Es ist hinzunehmen, dass die weitere Schwurgerichtskammer möglicherweise nur zu einem geringen Teil Schwurgerichtsverfahren durchführt und die entsprechende Spezialisierung nicht erzielt werden kann. Ist die Schwurgerichtskammer voraussichtlich nicht ausgelastet, können ihr auch andere Verfahren zugewiesen werden (§ 21e). Für Fälle der Zurückverweisung nach § 354 StPO ist stets ein Auffangschwurgericht zu bilden.[13] Dass bei kleineren Landgerichten die Spezialisierung der dort tätigen Richter (jedenfalls des Auffangschwurgerichts) mangels Verfahrens-

---

[5] BGH 11.12.2008 – 4 StR 376/08, NStZ 2009, 404.
[6] → § 24 Rn. 23 f.
[7] BGH 25.8.1975 – 2 StR 309/75, BGHSt 26, 191 = NJW 1975, 2304; KK/*Diemer* Rn. 2.
[8] Dazu → § 74b Rn. 3; aA BGH 31.1.1996 – 2 StR 621/95, BGHSt 42, 39 = NStZ 1996, 346 mit ablehnender Anm. *Katholnigg*.
[9] *Kissel/Mayer* Rn. 8.
[10] BGH 9.2.1978 – 4 StR 636/77, BGHSt 27, 349 = NJW 1978, 1273; 11.4.1978 – 1 StR 576/77, NJW 1978, 1594.
[11] BGH 14.1.1975 – 1 StR 601/74, NJW 1975, 743; 9.2.1978 – 4 StR 636/77, BGHSt 27, 349 = NJW 1978, 1273; 11.4.1978 – 1 StR 576/77, NJW 1978, 1594.
[12] BGH 25.4.2014 – 1 StR 13/13, NJW 2014, 2295 (2296) für Wirtschaftsstrafkammern; *Kissel/Mayer* Rn. 13; Löwe/Rosenberg/*Siolek* Rn. 13.
[13] BGH 14.1.1975 – 1 StR 601/74, NJW 1975, 743; 9.2.1978 – 4 StR 636/77, BGHSt 27, 349 = NJW 1978, 1273; 11.4.1978 – 1 StR 576/77, NJW 1978, 1594; vgl. → § 60 Rn. 5.

anzahl nicht erreicht werden kann, nimmt das Gesetz in Kauf.[14] Bei Gerichten mit sehr geringer Anzahl von Verfahren nach Abs. 2 kann dem gesetzgeberischen Ziel nur durch eine Konzentration nach § 74d Geltung verschafft werden.

Die im Verhältnis zum Amtsgericht **sachliche** und im Verhältnis zu den übrigen Straf- 7 kammern **funktionelle Zuständigkeit** der Schwurgerichtskammer ergibt sich aus dem abschließenden Katalog des Abs. 2 S. 1. Erfasst sind neben der täterschaftlichen Vollendung auch **sämtliche Stadien auf dem Weg zur Vollendung und alle Beteiligungsformen** (Versuch, Verabredung und Versuch der Beteiligung, § 30 StGB,[15] Anstiftung, Beihilfe).[16] In die Zuständigkeit fallen alle weiteren Delikte und Taten, die gemeinsam mit der Katalogtat angeklagt werden. Nur in diesen Fällen entscheidet das Gericht auch über die Begünstigung und Strafvereitelung in Bezug auf ein Schwurgerichtsdelikt.[17] Nach dem eindeutigen Wortlaut des Abs. 2 fallen das öffentliche Auffordern zu Katalogtaten (§ 111 StGB) und die Anleitung dazu (§ 130a) nicht unter Abs. 2, wenn ausgeschlossen werden kann, dass es zur Anstiftung gekommen ist.[18] Gleiches gilt für den Vollrausch in Bezug auf eine Katalogtat (§ 323a StGB), es sei denn, nach vorläufiger Bewertung der Aktenlage ist eine Verurteilung oder die Anordnung einer Unterbringung (§ 63) wegen eines Kapitaldelikts jedenfalls nicht auszuschließen.[19] Im Hinblick auf die hohe Spezialisierung der Mitglieder des Schwurgerichts und die letztlich zufällige rechtliche Einordnung als Schwurgerichtssache oder Verfahren nach § 323a StGB ist eine Gesetzesänderung wünschenswert.[20]

IV. Zuständigkeit als Berufungsgericht, Abs. 3

Die Strafkammern sind nach Abs. 3 als Berufungsgerichte für Berufungen gegen Urteile 8 der Amtsgerichte (Strafrichter, § 25 und (erweitertes) Schöffengericht, § 29) zuständig. Die Besetzung bestimmt § 76 Abs. 1 und 6. Dadurch ist der **Instanzenzug unabänderlich festgelegt.**[21] Die Berufung geht daher immer zum örtlich übergeordneten Landgericht. Es kommt nicht darauf an, ob in erster Instanz das zuständige Gericht, sondern nur, welches Gericht tatsächlich entschieden hat.[22] Damit ist sowohl die örtliche als auch die sachliche Zuständigkeit des Berufungsgerichts abschließend bestimmt.[23] Gleiches gilt für das Verhältnis von Jugend- zu Erwachsenengerichten in der Berufungsinstanz, selbst dann, wenn eine Entscheidung des Jugendgerichts gegen einen Erwachsenen und einen Jugendlichen/Heranwachsenden nur der Erwachsene anficht.[24] Im Rahmen ihrer Zuständigkeit entscheidet die Wirtschaftsstrafkammer auch als Berufungsgericht (in der Besetzung als kleine Wirtschaftsstrafkammer), § 74c Abs. 1 S. 1.

Die **Strafgewalt** des Berufungsgerichts entspricht der des erstinstanzlichen Gerichts.[25] 9 Stellt sich in der Berufungsinstanz heraus, dass die Strafgewalt nicht ausreicht und das Gericht damit sachlich nicht zuständig ist, verweist es das Verfahren nach § 328 Abs. 2 StPO an die große Strafkammer zur erstinstanzlichen Verhandlung.[26] Würde die Strafgewalt nur durch eine nachträglich zu bildende Gesamtstrafe gesprengt, kann deren Bildung ausnahmsweise dem Beschlussweg überlassen werden.[27]

---

[14] BGH 9.2.1978 – 4 StR 636/77, BGHSt 27, 349 = NJW 1978, 1273; Löwe/Rosenberg/*Siolek* Rn. 14.
[15] OLG Nürnberg 3.11.1949 – Ws 308/48, NJW 1950, 200; Löwe/Rosenberg/*Siolek* Rn. 8.
[16] Kissel/*Mayer* Rn. 9; Löwe/Rosenberg/*Siolek* Rn. 8.
[17] Kissel/*Mayer* Rn. 9; Löwe/Rosenberg/*Siolek* Rn. 8.
[18] KG 30.12.1970 – 2 Ws 263/70, JR 1971, 255; Kissel/*Mayer* Rn. 9; Löwe/Rosenberg/*Siolek* Rn. 8.
[19] HM OLG Stuttgart 10.4.1991 – 3 Ws 60/91, MDR 1992, 290; OLG Celle 21.2.2012 – 1 Ws 59/12, NStZ-RR 2012, 181; Kissel/*Mayer* Rn. 9; Löwe/Rosenberg/*Siolek* Rn. 8; Meyer-Goßner/*Schmitt* Rn. 5; aA nunmehr KK/*Diemer* Rn. 2 unter Bezugnahme auf die Entscheidung des OLG Celle.
[20] So auch OLG Celle 21.2.2012 – 1 Ws 59/12, NStZ-RR 2012, 181 (182).
[21] Kissel/*Mayer* Rn. 25.
[22] BGH 15.2.1963 – 2 ARs 26/63, BGHSt 18, 261 = NJW 1963, 965.
[23] BGH 15.2.1963 – 2 ARs 26/63, BGHSt 18, 261 = NJW 1963, 965; Kissel/*Mayer* Rn. 25.
[24] BGH 30.1.1968 – 1 StR 319/67, BGHSt 22, 48, NJW 1968, 852.
[25] → § 24 Rn. 26; BayObLG 16.12.1999 – 2 St RR 209/99, NStZ 2000, 177.
[26] → § 24 Rn. 26; BayObLG 16.12.1999 – 2 St RR 209/99, NStZ 2000, 177.
[27] BGH 30.10.1986 – 4 StR 368/86, NJW 1987, 1212.

V. Revision

10 Gegen Entscheidungen der Berufungsgerichte ist die Revision zum örtlich übergeordneten OLG zulässig (§ 121 Abs. 1 Nr. 1b). Über Revisionen gegen erstinstanzliche Urteile der Strafkammern entscheidet der BGH (§ 135).

11 Für die Rüge der fehlenden Zuständigkeit einer Strafkammer ist zu unterscheiden. Eine **fehlerhafte Prognose über den Geschäftsanfall einer Schwurgerichtskammer** durch das Präsidium kann nur mit der Besetzungsrüge angegriffen werden, wenn die Prognose und damit die auf ihr fußende Geschäftsverteilung objektiv willkürlich waren.[28] Im Übrigen gilt für Fragen der Geschäftsverteilung das zu § 21e Ausgeführte.[29]

12 Wird die gesetzliche Zuständigkeitsverteilung angegriffen, ist § 6a StPO zu beachten. Rügt der Angeklagte die funktionelle Zuständigkeit rechtzeitig, wird auf die Besetzungsrüge hin die Entscheidung der Strafkammer über den Einwand nach § 6a StPO voll überprüft. Der **Willkürmaßstab gilt in diesen Fällen nicht.**[30] Er ist nur dann anzulegen, wenn bei der Zuständigkeitsprüfung ein normatives Zuständigkeitsmerkmal durch das Tatgericht auszufüllen ist, beispielsweise die Erforderlichkeit besonderer Kenntnisse des Wirtschaftslebens nach § 74c Abs. 1 S. 1 Nr. 6,[31] die notwendige Mitwirkung eines dritten Richters auf Grund Umfangs oder Schwierigkeit der Sache nach § 76 Abs. 2 S. 1[32] oder tatrichterliche wertende Prognoseentscheidungen zu treffen sind, wie die Höhe der zu erwartenden Strafe nach § 24 Abs. 1 Nr. 2.[33] Entsprechendes gilt für die Überprüfung der Annahme eines hinreichenden Tatverdachts (iS des § 74 Abs. 2) durch das eröffnende Gericht.[34] Allgemein ausgedrückt ist die Überprüfung nur dann auf den Willkürmaßstab[35] beschränkt, wenn die zuständigkeitsbegründende Entscheidung des Instanzgerichts der Überprüfung in der Revision entzogen ist. Das gilt neben den oben genannten Fällen für alle Zuständigkeitsentscheidungen, die mit dem Eröffnungsbeschluss zu treffen sind und die nicht mehr in der Hauptverhandlung zur Überprüfung durch das Gericht gestellt werden können (anders §§ 6a und 16 StPO). In diesen Fällen muss trotz der grundsätzlich angeordneten Unanfechtbarkeit (§ 336 S. 2 StPO) eine Überprüfung des gesetzlichen Richters (Art. 101 Abs. 1 S. 2, § 16 S. 2) möglich sein.[36] Ist die Entscheidung hingegen der Überprüfung durch das Revisionsgericht grundsätzlich zugänglich, besteht kein Grund, eine Beschränkung auf Willkür vorzunehmen.[37]

§ 74a [Zuständigkeit der Staatsschutzkammer]

(1) **Bei den Landgerichten, in deren Bezirk ein Oberlandesgericht seinen Sitz hat, ist eine Strafkammer für den Bezirk dieses Oberlandesgerichts als erkennendes Gericht des ersten Rechtszuges zuständig für Straftaten**
1. **des Friedensverrats in den Fällen des § 80a des Strafgesetzbuches,**
2. **der Gefährdung des demokratischen Rechtsstaates in den Fällen der §§ 84 bis 86, 87 bis 90, 90a Abs. 3 und des § 90b des Strafgesetzbuches,**
3. **der Gefährdung der Landesverteidigung in den Fällen der §§ 109d bis 109g des Strafgesetzbuches,**

---

[28] So im Ergebnis auch BGH 9.2.1978 – 4 StR 636/77, BGHSt 27, 349 = NJW 1978, 1273.
[29] → § 21e Rn. 67 f.
[30] BGH 13.9.2011 – 3 StR 196/11, BGHSt 57, 3 = NJW 2012, 468 (470).
[31] BGH 21.3.1985 – 1 StR 417/84, NStZ 1985, 464 (466).
[32] BGH 23.12.1998 – 3 StR 343–98, BGHSt 44, 328 = NJW 1999, 1644 f.
[33] BGH 8.12.1992 – 1 StR 594/92, NJW 1993, 1607 (1608).
[34] BGH 3.2.2016 – 2 StR 159/15, NStZ-RR 2016, 220 (221) mit Besprechung *Kudlich* JA 2016, 551; *Kissel/Mayer* Rn. 34.
[35] Dazu → § 16 Rn. 29.
[36] Dazu → § 16 Rn. 29.
[37] BGH 13.9.2011 – 3 StR 196/11, BGHSt 57, 3 = NJW 2012, 468 (470).

4. der Zuwiderhandlung gegen ein Vereinigungsverbot in den Fällen des § 129, auch in Verbindung mit § 129b Abs. 1, des Strafgesetzbuches und des § 20 Abs. 1 Satz 1 Nr. 1 bis 4 des Vereinsgesetzes; dies gilt nicht, wenn dieselbe Handlung eine Straftat nach dem Betäubungsmittelgesetz darstellt,
5. der Verschleppung (§ 234a des Strafgesetzbuches) und
6. der politischen Verdächtigung (§ 241a des Strafgesetzbuches).

(2) Die Zuständigkeit des Landgerichts entfällt, wenn der Generalbundesanwalt wegen der besonderen Bedeutung des Falles vor der Eröffnung des Hauptverfahrens die Verfolgung übernimmt, es sei denn, daß durch Abgabe nach § 142a Abs. 4 oder durch Verweisung nach § 120 Absatz 2 Satz 3 die Zuständigkeit des Landgerichts begründet wird.

(3) In den Sachen, in denen die Strafkammer nach Absatz 1 zuständig ist, trifft sie auch die in § 73 Abs. 1 bezeichneten Entscheidungen.

(4) Für die Anordnung von Maßnahmen nach den §§ 100b und 100c der Strafprozessordnung ist eine nicht mit Hauptverfahren in Strafsachen befasste Kammer bei den Landgerichten, in deren Bezirk ein Oberlandesgericht seinen Sitz hat, für den Bezirk dieses Oberlandesgerichts zuständig.

(5) Im Rahmen der Absätze 1, 3 und 4 erstreckt sich der Bezirk des Landgerichts auf den Bezirk des Oberlandesgerichts.

Übersicht

	Rn.		Rn.
I. Normzweck und allgemeiner Regelungsgehalt	1, 2	2. Örtliche Zuständigkeit, Abs. 1, 5	8
		3. Besetzung	9
II. Staatsschutzkammer, Abs. 1–3 und 5	3–9	III. Anordnungskammer nach §§ 100b, c StPO, Abs. 4	10, 11
1. Sachliche und funktionelle Zuständigkeit	4–7	IV. Reformvorhaben	12
		V. Beschwerde und Revision	13, 14

I. Normzweck und allgemeiner Regelungsgehalt

§ 74a enthält zwei grundsätzlich voneinander unabhängige gesetzliche Zuständigkeitsanordnungen, die wenig glücklich in derselben Norm angesiedelt sind. Die Abs. 1–3 regeln die sog. **Staatsschutzkammer** als erstinstanzliches Gericht für die in Abs. 1 abschließend aufgezählten Delikte. Es handelt sich um einen gesetzlich zwingend vorgesehenen Spezialspruchkörper. Wie bei § 74 Abs. 2 und § 74c soll dadurch eine erhöhte **Spezialisierung der Mitglieder der Kammer** erreicht und damit eine **zügige und qualitativ hochwertige Durchführung der Hauptverhandlung mit anschließender Entscheidung** gesichert werden. Wegen der in der Praxis überschaubaren Fallzahlen ordnet Abs. 1 eine gesetzliche Zuständigkeitskonzentration an. 1

Ohne unmittelbaren sachlichen Bezug zu den Abs. 1–3 bestimmt Abs. 4, dass bei dem gleichen Landgericht mit entsprechender Zuständigkeitskonzentration eine Kammer zu bilden ist, die die **Entscheidungen nach §§ 100b, c StPO** trifft (§ 100e Abs. 2 S. 1 StPO). Diese Kammer darf mit erstinstanzlichen Verfahren nicht befasst sein, wodurch gewährleistet werden soll, dass das in der Hauptsache erkennende Gericht nicht über Informationen verfügt, die dem – noch nicht benachrichtigten – Angeklagten nicht bekannt sind.[1] Es kann sich daher denknotwendig nicht um die gleiche Staatsschutzkammer handeln, die nach Abs. 1 zuständig ist. Insofern ist es zweckmäßig, von einer **Anordnungskammer nach §§ 100b, c StPO** zu sprechen. 2

---

[1] BT-Drs. 15/4533, 20 unter Bezugnahme auf BVerfG 3.3.2004 – 1 BvR 2378/98 u. 1 BvR 1084/99, BVerfGE 109, 279 = NJW 2004, 999 (1017).

II. Staatsschutzkammer, Abs. 1–3 und 5

3 Die sog. Staatsschutzkammer ist eine für die in Abs. 1 genannten Delikte zwingend zuständige gesetzliche Spezialkammer.² Dabei bestimmt § 74a die **sachliche** Zuständigkeit der Kammer im Verhältnis zu Amtsgericht und Oberlandesgericht, erweitert die **örtliche** Zuständigkeit auf den gesamten OLG-Bezirk und bestimmt eine **funktionelle Zuständigkeit** im Verhältnis zu den anderen Strafkammern,³ die in § 74e genauer geregelt ist. Im Rahmen ihrer Zuständigkeit entscheidet die Staatsschutzkammer auch als Beschwerdegericht (Abs. 3). Grundsätzlich geht das Gesetz davon aus, dass eine Staatsschutzkammer zu bilden ist. Ergibt die Prognose des Arbeitsanfalls, dass die Kapazitäten einer Kammer nicht ausreichen werden, kann eine weitere Staatsschutzkammer gebildet werden. Dabei ist darauf zu achten, dass der **Spezialisierungszweck** gewahrt bleibt. Die Einrichtung einer weiteren Kammer darf daher nicht dazu führen, dass die erste Staatsschutzkammer in erheblichem Umfang andere Verfahren übernimmt. Es gilt das zu § 74 Abs. 2 Ausgeführte auch in Bezug auf Auffangstaatsschutzkammern.⁴

4 **1. Sachliche und funktionelle Zuständigkeit.** Die Staatsschutzkammer ist zuständig für die in **Abs. 1 Nr. 1–8 aufgeführten Delikte** in jedem Ausführungsstadium, ungeachtet, ob der Angeklagte Täter oder Teilnehmer ist. Es gelten die gleichen Grundsätze wie bei § 74 Abs. 2.⁵ Fällt das Delikt nach §§ 154, 154a StPO bis zu Eröffnung des Hauptverfahrens (einschließlich Beschränkungen im Eröffnungsbeschluss) weg, ist bzw. wird die Staatsschutzkammer unzuständig.⁶ Die nachträgliche Wiederaufnahme/Wiedereinbeziehung führt zum Aufleben der Zuständigkeit. Das Verfahren muss ab diesem Zeitpunkt an die Staatsschutzkammer abgegeben bzw. verwiesen werden.⁷ Nur bei willkürlicher Beschränkung durch die StA muss das Amtsgericht oder die allgemeine Strafkammer der Staatsschutzkammer das Verfahren zur Übernahme vorlegen (§ 209 Abs. 2 StPO).⁸

5 Grundsätzlich spielt es keine Rolle, ob mit der Anklage weitere Taten oder Delikte verfolgt werden, solange diese nicht die Zuständigkeit eines höheren Gerichts (§§ 74e, 120) begründen. Lediglich bei **Nr. 4** sieht das Gesetz eine **Ausnahme** vor. Sind neben den dort genannten Organisationsdelikten tateinheitlich⁹ Betäubungsmitteldelikte verwirklicht, ergibt sich ausnahmsweise eine Unzuständigkeit der Staatsschutzkammer. Das beruht auf den gesetzgeberischen Erwägungen, dass bei Betäubungsmitteltaten die Kenntnis der örtlichen Verhältnisse oft von Bedeutung ist und die Spezialkammern nicht überlastet werden sollen.¹⁰ Daher ist es auch unerheblich, ob neben die Betäubungsmitteldelikte weitere Delikte (zB Erpressungsdelikte) hinzutreten. Sobald (jedenfalls auch) Betäubungsmitteldelikte in Tateinheit stehen, ist die Staatsschutzkammer unzuständig.¹¹ Auf den Schwerpunkt des Tatvorwurfs kommt es nicht an.¹²

6 Die sachliche Zuständigkeit wird durch Abs. 2 iVm § 120 begrenzt. Übernimmt der Generalbundesanwalt die Verfolgung vor der Eröffnung des Hauptverfahrens, wird das Oberlandesgericht zuständig. Dieses überprüft allerdings den unbestimmten Rechtsbegriff der **„Bedeutung der Sache"** selbstständig und umfassend. Wenn es die Bedeutung der Sache verneint, verweist das OLG das Verfahren mit der Eröffnungsentscheidung an die

---

² BGH 22.12.1959 – 3 StR 40/59, BGHSt 13, 378 = NJW 1960, 493.
³ BGH 22.12.1959 – 3 StR 40/59, BGHSt 13, 378 = NJW 1960, 493.
⁴ → § 74 Rn. 6.
⁵ → § 74 Rn. 7.
⁶ BGH 26.9.1980 – 1 BJs 202/79 – 5 StB 32/80, BGHSt 29, 341 = NJW 1981, 180 (181) zu § 120.
⁷ Vgl. BGH 26.9.1980 – 1 BJs 202/79 – 5 StB 32/80, BGHSt 29, 341 = NJW 1981, 180 (181) zu § 120; Löwe/Rosenberg/*Siolek* Rn. 15.
⁸ BGH 26.9.1980 – 1 BJs 202/79 – 5 StB 32/80, BGHSt 29, 341 = NJW 1981, 180 (181).
⁹ BGH 13.9.2011 – 3 StR 196/11, BGHSt 57, 3 = NJW 2012, 468 (471).
¹⁰ BT-Drs. 8/3551, 48; BT-Drs. 8/976, 67; BGH 13.9.2011 – 3 StR 196/11, BGHSt 57, 3 = NJW 2012, 468 (471).
¹¹ BGH 13.9.2011 – 3 StR 196/11, BGHSt 57, 3 = NJW 2012, 468 (471) mwN; KK/*Diemer* Rn. 2; *Kissel/Mayer* Rn. 3.
¹² BGH 13.9.2011 – 3 StR 196/11, BGHSt 57, 3 = NJW 2012, 468 (471); *Kissel/Mayer* Rn. 3.

Staatsschutzkammer, wenn diese nach Abs. 1 zuständig ist (Abs. 2 iVm § 120 Abs. 2 S. 2). Dann bleibt die Staatsschutzkammer zuständig, auch wenn der Generalbundesanwalt das Verfahren nicht an die Landesstaatsanwaltschaft abgibt. Gleiches gilt, wenn der Generalbundesanwalt das Verfahren nach § 142a Abs. 4 abgibt. Ein nachträgliches Wiederansichziehen führt nicht zur Unzuständigkeit der Staatsschutzkammer.[13]

Für die **funktionelle Zuständigkeit** ist § 74e zu beachten, wonach die Schwurgerichtskammer und die Wirtschaftsstrafkammer der Staatsschutzkammer vorgehen. Gegenüber den Jugendgerichten ist die Staatsschutzkammer vorrangig zuständig, wenn sich das Verfahren zugleich gegen Erwachsene und Jugendliche oder Heranwachsende richtet (§ 103 Abs. 2 JGG). Sind keine Erwachsenen mitangeklagt, verbleibt es bei der Zuständigkeit der Jugendgerichte (siehe aber → Rn. 12).[14]   7

2. Örtliche Zuständigkeit, Abs. 1, 5. Abs. 1 sieht eine **gesetzliche Zuständigkeits-** 8 **konzentration** vor. Danach ist die Staatsschutzkammer bei dem Landgericht am Sitz des Oberlandesgerichts zu bilden und im Rahmen ihrer sachlichen und funktionellen Zuständigkeit für dessen gesamten Bezirk örtlich zuständig.

3. Besetzung. Für die Besetzung der Staatsschutzkammer gelten die **allgemeinen** 9 **Grundsätze.** Das Präsidium muss ihr (geeignete) Mitglieder zuweisen. Die Schöffen werden aus der Schöffenliste des Landgerichts ausgelost, bei dem die Kammer gebildet wird.[15] Für die Besetzung in und außerhalb der Hauptverhandlung gilt § 76.

III. Anordnungskammer nach §§ 100b, c StPO, Abs. 4

Für die Anordnungen im Rahmen der §§ 100b, c StPO (§ 100e Abs. 2 S. 1, 3 und 4, 10 Abs. 5 S. 2–5, § 101 Abs. 6, 7 S. 1 und 2 StPO) ist auch in den Fällen des § 169 StPO[16] **eine Kammer beim Landgericht** am Sitz des OLG **sachlich** zuständig. Die **örtliche Zuständigkeit** erstreckt sich auf den gesamten OLG-Bezirk (Abs. 5). Soweit die Kammer im Ermittlungsverfahren tätig wird, gilt § 162 StPO. Daher ist für Maßnahmen auf Antrag des Generalbundesanwalts stets das Landgericht Karlsruhe zuständig.[17] Bei Gefahr in Verzug eröffnet § 100e Abs. 2 S. 2 StPO eine Eilkompetenz des Vorsitzenden. Im Übrigen ergibt sich die Besetzung aus § 76 Abs. 1.

Abs. 4 enthält eine gesetzliche Geschäftsverteilungsregelung. **Das Präsidium ist** bei 11 der Zuweisung der Geschäfte nach §§ 100b, c StPO jedoch **in mehrfacher Hinsicht eingeschränkt.** Zum einen dürfen die Aufgaben nur einer und nicht mehreren Kammern übertragen werden.[18] Zum anderen darf diese Kammer nicht mit Hauptverfahren in Strafsachen befasst sein. Damit wird den verfassungsrechtlichen Anforderungen, die das BVerfG[19] aufgestellt hat (→ Rn. 2), Rechnung getragen. Weil die Anordnungskammer nach §§ 100b, c StPO Strafkammer iSd § 60 ist, können ihre Aufgaben nur einer reinen Beschwerdekammer in Strafsachen oder der Strafvollstreckungskammer zugewiesen werden.[20] Alternativ kann eine nur für die Sachen nach Abs. 4 zuständige Kammer gebildet werden. Die Anordnungskammer darf nicht zugleich Auffangstrafkammer für zurückverwiesene oder wiederaufgenommene Sachen sein. Um den verfassungsrechtlichen Anforderungen zu genügen, muss das Präsidium auch sicherstellen, dass die Mitglieder der Kammer nicht (in anderen Spruchkörpern) erstinstanzliche Hauptverfahren in Strafsachen durchführen.[21] Hauptverfahren ist dabei im allgemeinen Sinn als gerichtliche Untersuchung einer

---

[13] *Kissel/Mayer* Rn. 11; aA Löwe/Rosenberg/*Siolek* Rn. 15.
[14] BT-Drs. 8/976, 70; *Kissel/Mayer* Rn. 7.
[15] *Kissel/Mayer* Rn. 12; KK/*Diemer* Rn. 1.
[16] *Kissel/Mayer* Rn. 19; KK/*Bruns* StPO § 100d Rn. 2; Meyer-Goßner/*Schmitt* StPO § 100d Rn. 1.
[17] KK/*Diemer* Rn. 4.
[18] *Kissel/Mayer* Rn. 17.
[19] BVerfG 3.3.2004 – 1 BvR 2378/98 u. 1 BvR 1084/99, BVerfGE 109, 279 = NJW 2004, 999 (1017).
[20] *Kissel/Mayer* Rn. 18.
[21] *Kissel/Mayer* Rn. 18.

Strafsache vom Eröffnungsbeschluss bis zur Rechtskraft zu verstehen,[22] so dass auch Berufungskammern darunter fallen.[23]

IV. Reformvorhaben

12 Die Justizministerkonferenz hat den Bundesminister für Justiz und Verbraucherschutz gebeten zu prüfen, ob § 91 StGB (Anleitung zur Begehung einer schweren staatsgefährdenden Gewalttat) in den Katalog des § 74a Abs. 1 aufzunehmen sei, und ob die Zuständigkeit der Staatsschutzkammern in speziellen Fallgruppen auf jugendliche und heranwachsende Angeklagte ausgedehnt werden kann.[24]

V. Beschwerde und Revision

13 Für die **Beschwerden** gegen Entscheidungen der Staatsschutzkammer ist der entsprechende Senat beim OLG nach § 120 Abs. 4 S. 1 zuständig. Entsprechend der Regelungen für das Landgericht ist auch beim OLG ein Beschwerdesenat für Entscheidungen der Anordnungskammer nach §§ 100b, c StPO zu bilden, der nicht mit Hauptverfahren in Strafsachen befasst sein darf (§ 120 Abs. 4 S. 2).

14 Die Verneinung der besonderen Bedeutung durch das Oberlandesgericht (§ 120 Abs. 2 S. 2) unterliegt als unbestimmter Rechtsbegriff nur eingeschränkter Überprüfung im **Revisionsverfahren** und ist bis an die Willkürgrenze hinzunehmen.[25] Ob dies auf Rüge hin oder von Amts wegen zu prüfen ist, ist umstritten.[26] Im Übrigen gelten die Ausführungen zu § 74 entsprechend.[27]

§ 74b [Zuständigkeit in Jugendschutzsachen]

¹In Jugendschutzsachen (§ 26 Abs. 1 Satz 1) ist neben der für allgemeine Strafsachen zuständigen Strafkammer auch die Jugendkammer als erkennendes Gericht des ersten Rechtszuges zuständig. ²§ 26 Abs. 2 und §§ 73 und 74 gelten entsprechend.

I. Normzweck

1 § 74b schafft einen **Gleichlauf zu § 26** im Zuständigkeitsbereich der Landgerichte. Die Norm eröffnet eine alternative Doppelzuständigkeit für Jugendschutzsachen (zum Begriff § 26[1]). Danach ist die Jugendkammer als Jugendschutzkammer neben der allgemeinen Strafkammer auch für Strafsachen gegen Erwachsene zuständig. Durch die Vorschrift soll erreicht werden, dass bei Straftaten gegen Kinder und Jugendliche den Besonderheiten des Falls durch das Verfahren vor dem Jugendgericht besser Rechnung getragen oder die (nach dem gesetzgeberischen Leitbild) **besondere Sachkunde und Erfahrung des Jugendrichters** eingesetzt werden kann, insbesondere auch im Hinblick auf die besondere Schutzbedürftigkeit kindlicher und jugendlicher Zeugen[2] oder bei der Feststellung des Ausmaßes des beim Kind oder Jugendlichen eingetretenen Schadens.[3] § 74b gilt auch für die Jugendkammer als Berufungskammer.

---

[22] *Meyer-Goßner*/*Schmitt* Einl. Rn. 64.
[23] *Kissel*/*Mayer* Rn. 18.
[24] FD-StrafR 2016, 384047.
[25] Vgl. → § 16 Rn. 29 und → § 24 Rn. 32; unklar in Bezug auf den Willkürmaßstab BGH 22.12.2000 – 3 StR 378/00, BGHSt 46, 238 = NJW 2001, 1359 (1361 f.).
[26] BGH 22.12.2000 – 3 StR 378/00, BGHSt 46, 238 = NJW 2001, 1359 (1361) mwN zum Streitstand; vgl. auch → § 24 Rn. 33 zum Parallelproblem bei § 24 Abs. 1 S. 1 Nr. 3.
[27] → § 74 Rn. 11 f.
[1] → § 26 Rn. 5 f.
[2] BVerfG 23.2.2006 – 2 BvR 110/06, NStZ 2007, 40.
[3] KK/*Barthe* § 26 Rn. 1; Löwe/Rosenberg/*Siolek* § 26 Rn. 2.

II. Regelungsgehalt

1. Zuständigkeit der Jugendkammer. Die Jugendkammer ist unter den Voraussetzungen des S. 1 iVm § 26 Abs. 2 neben der allgemeinen Strafkammer zuständig. Für die Frage, wann eine Jugendschutzsache vorliegt, gelten die Ausführungen zu § 26.[4] 2

2. Verhältnis der Kammern zueinander. Bei Zuständigkeit des Landgerichts stehen die allgemeinen Strafkammern und die Jugendkammer (als Jugendschutzkammer) **grundsätzlich gleichrangig nebeneinander.** § 209a Nr. 2b StPO behandelt die Jugendkammer im Verhältnis zur allgemeinen Strafkammer als höherrangig in Bezug auf die Eröffnungskompetenz. Das gilt nach dem BGH sogar im **Verhältnis zum Schwurgericht.**[5] Dies ist indes zweifelhaft. Tatsächlich dürfte der Gesetzgeber bei der Eingliederung der Schwurgerichtszuständigkeit in § 74 Abs. 2 übersehen haben, dass es sich nicht mehr um eine allgemeine Strafkammer im Sinn des § 209a StPO handelt. Es wäre daher richtig gewesen, in § 74b S. 2 nur auf § 74 Abs. 1 zu verweisen.[6] Anders lässt sich kaum erklären, dass eine alternative Zuständigkeit der Jugendkammer als Jugendschutzkammer im Zuständigkeitsbereich der Staatsschutzkammer (§ 74a) und der Wirtschaftsstrafkammer (§ 74c) nicht besteht.[7] Mit der Wertung des § 74e ist diese Rechtsprechung ebenfalls nicht in Einklang zu bringen. Dem Wortlaut des Gesetzes wird eine einschränkende Auslegung des § 74b S. 2 (nur Verweis auf § 74 Abs. 1 und 3) daher am ehesten gerecht.[8] Dem Gesetzeszweck hingegen würde man mit einem erweiterten Verständnis von § 74b Abs. 2 und § 209a StPO dahingehend, dass die Jugendkammer als Jugendschutzkammer allen übrigen Strafkammern vorgeht, am besten Geltung verschaffen. 3

Es steht den Präsidien frei, über den **Geschäftsverteilungsplan Jugendschutzkammern** einzurichten. Das sind keine Kammern iSd § 74b, sondern Spruchkörper für Jugendschutzsachen, die nicht zu den Jugendgerichten angeklagt werden.[9] In solchen Fällen wird eine Anklage zum Jugendgericht kaum noch in Betracht kommen,[10] da den geschäftsplanmäßigen Jugendschutzspruchkörpern in der Regel die gleiche erhöhte Sachkompetenz zugestanden werden muss, wie den Jugendrichtern.[11] Etwas anderes gilt allenfalls in Bezug auf die Schöffen. 4

Nach § 209a Nr. 2b StPO gilt die Jugendkammer im Verhältnis zur allgemeinen Strafkammer (dazu → Rn. 3) als **höherrangig** für die **Eröffnungskompetenz.** Daraus folgt, dass bei Anklage zur Jugendkammer diese nach Maßgabe des S. 2 iVm § 26 Abs. 2 ihre eigene Zuständigkeit prüft. Eröffnet sie das Verfahren, kommt eine anschließende Verweisung wegen § 269 StPO nur noch in Betracht, wenn die Annahme der eigenen Zuständigkeit objektiv willkürlich war.[12] Verneint sie nur ihre Zuständigkeit nach S. 1 iVm § 26 Abs. 2, eröffnet sie bei der allgemeinen Strafkammer, § 209 Abs. 1 StPO. Wird zur allgemeinen Strafkammer angeklagt und diese hält die Jugendkammer für zuständig, legt sie nach § 209 Abs. 2 StPO vor. Nimmt sie ihre eigene Zuständigkeit jedoch an, kommt eine spätere Vorlage oder Verweisung nicht mehr in Betracht, weil §§ 225a Abs. 1 S. 1 und 270 Abs. 1 S. 1 StPO nicht auf § 209a Nr. 2b StPO verweisen.[13] Eine Ausnahme muss aber auch in diesen Fällen gelten, wenn die Annahme der eigenen Zuständigkeit objektiv willkürlich war, da sonst das Gericht sehenden Auges ein Urteil unter Verstoß gegen Art. 101 Abs. 1 S. 2 GG erlassen müsste.[14] 5

---

[4] → § 26 Rn. 5 ff.
[5] BGH 31.1.1996 – 2 StR 621/95, BGHSt 42, 39 = NStZ 1996, 346 mit ablehnender Anm. *Katholnigg*; KK/*Diemer* Rn. 1.
[6] So auch *Katholnigg* NStZ 1996, 346.
[7] So aber die hM: BeckOK StPO/*Eschelbach* § 26 Rn. 1; *Kissel/Mayer* Rn. 1, § 74e Rn. 10; KK/*Diemer* Rn. 1.
[8] So auch *Katholnigg* NStZ 1996, 346.
[9] Missverständlich KK/*Diemer* Rn. 3 unter Bezugnahme auf BGH 28.3.2007 – 2 StR 102/07, BeckRS 2007, 7084.
[10] Löwe/Rosenberg/*Siolek* § 26 Rn. 11 und § 74b Rn. 2.
[11] → § 26 Rn. 8.
[12] BGH 31.1.1996 – 2 StR 621/95, BGHSt 42, 39 = NStZ 1996, 346; dazu auch → § 24 Rn. 22.
[13] BGH 31.1.1996 – 2 StR 621/95, BGHSt 42, 39 = NStZ 1996, 346; vgl. auch OLG Saarbrücken 22.8.2003 – 1 Ws 97/03 (H), NStZ-RR 2003, 377, allerdings ohne auf den Gesetzeswortlaut einzugehen.
[14] Dazu → § 24 Rn. 22.

6 **3. Verfassungsgemäßheit.** Wie die übrigen beweglichen Zuständigkeiten ist die Norm bei restriktiver Auslegung **verfassungsgemäß**.[15] Der große Senat für Strafsachen[16] hatte ein Problem der sachlichen Zuständigkeit bereits verneint, weil die Gerichte gleichgeordnet seien. Davon zu unterscheiden ist die Frage, ob eine fehlerhafte Anwendung von § 74b den gesetzlichen Richter verletzt.[17] Nach dem gewandelten Verständnis der Bedeutung des gesetzlichen Richters,[18] dessen Bestimmung mittlerweile bis auf die unterste Regelungsebene zu erfolgen hat,[19] kann eine Verletzung von Art. 101 Abs. 1 S. 2 GG, § 16 S. 2 nicht mehr mit dem Argument verneint werden, innerhalb des gleichen Gerichts habe ein gleichgeordneter Spruchkörper entschieden. Weil die Wahl der Staatsanwaltschaft nach § 74b iVm § 26 Abs. 2 nicht frei und die Entscheidung vom angerufenen Gericht vollumfänglich zu überprüfen ist,[20] hält § 74b aber grundsätzlich (noch) der verfassungsrechtlichen Überprüfung stand, wenn Spezialkenntnisse des Jugendgerichts nach Abs. 1 S. 1 iVm Abs. 2 erforderlich sind.[21]

7 **4. Verfahren.** Vor den Jugendschutzgerichten bestimmt sich das Verfahren nach der StPO mit der Einschränkung, dass die **Gerichtsverfassung des JGG** gilt.[22] Das betrifft die Besetzung (§§ 33 ff. JGG) und den Instanzenzug, soweit es um die Zuständigkeiten geht. Die Jugendkammer ist daher einheitliche Rechtsmittelinstanz für Berufungen und Beschwerden (§ 74b iVm § 74 Abs. 3, § 41 Abs. 2 JGG), wenn in erster Instanz ein Jugendgericht (als Jugendschutzgericht) entschieden hat. Anders als in Verfahren gegen Jugendliche und Heranwachsende (§ 55 Abs. 2 JGG) steht jedoch der gesamte Instanzenzug zur Verfügung. Das Verfahren ist grundsätzlich öffentlich. § 48 Abs. 3 JGG findet keine Anwendung, da in Jugendschutzsachen nur gegen Erwachsene verhandelt wird. Ein Ausschluss der Öffentlichkeit kommt daher nur nach §§ 171 ff. in Betracht.[23]

III. Anfechtbarkeit

8 In Bezug auf die Anfechtbarkeit gelten die bei § 25[24] und 26[25] dargestellten Grundsätze entsprechend.

§ 74c [Zuständigkeit der Wirtschaftsstrafkammer]

(1) ¹Für Straftaten

1. nach dem Patentgesetz, dem Gebrauchsmustergesetz, dem Halbleiterschutzgesetz, dem Sortenschutzgesetz, dem Markengesetz, dem Designgesetz, dem Urheberrechtsgesetz, dem Gesetz gegen den unlauteren Wettbewerb, der Insolvenzordnung, dem Aktiengesetz, dem Gesetz über die Rechnungslegung

---

[15] Mangels Substantiierung der Rüge nicht erörtert von BVerfG 23.2.2006 – 2 BvR 110/06, NStZ 2007, 40; allgemein zu den beweglichen Zuständigkeiten BVerfG 19.7.1967 – 2 BvR 489/66, BVerfGE 22, 254 = NJW 1967, 2151; KK/*Barthe* § 26 Rn. 1; zweifelnd BeckOK StPO/*Eschelbach* § 26 Rn. 1.2; vgl. auch → § 16 Rn. 24, → § 24 Rn. 4.
[16] BGH 5.10.1962 – GSSt 1/62, BGHSt 18, 79 = NJW 1963, 60.
[17] Unklar insoweit KK/*Barthe* § 26 Rn. 1; Löwe/Rosenberg/*Siolek* § 26 Rn. 1.
[18] Vgl. → § 16 Rn. 11, → § 21g Rn. 1, → § 24 Rn. 9.
[19] BVerfG 8.4.1997 – 1 PBvU 1/95, BVerfGE 95, 322 = NJW 1997, 1497 (Spruchgruppen); BGH – Vereinigte große Senate 5.5.1994 – VGS 1 – 4/93, VGS 1/93, VGS 2/93, VGS 3/93, VGS 4/93, BGHSt 40, 168 = NJW 1994, 1735 (1740); vgl. umfassend zur historischen Entwicklung der Rechtsprechung: Kissel/*Mayer* § 21g Rn. 5 ff.; Löwe/Rosenberg/*Breidling* § 21f Rn. 2 ff.; auch → § 16 Rn. 11.
[20] BeckOK StPO/*Eschelbach* § 26 Rn. 4; KK/*Barthe* § 26 Rn. 1; vgl. auch BVerfG 19.3.1959 – 1 BvR 295/58, BVerfGE 9, 223 = NJW 1959, 871; BGH 4.10.1956 – 4 StR 294/56, BGHSt 9, 367; 2.11.1989 – 1 StR 354/89, NStZ 1990, 138.
[21] BeckOK StPO/*Eschelbach* § 26 Rn. 4.
[22] Kissel/*Mayer* § 26 Rn. 12; KK/*Barthe* § 26 Rn. 5.
[23] BGH 11.1.1955 – 1 StR 302/54, MDR 1955, 246; aA wohl KK/*Barthe* § 26 Rn. 5; Kissel/*Mayer* § 26 Rn. 12; im Ergebnis ohne wesentlichen Unterschied Löwe/Rosenberg/*Siolek* § 26 Rn. 14 (Ausschluss nach § 48 Abs. 3 S. 2 JGG).
[24] → § 25 Rn. 7.
[25] → § 26 Rn. 12.

von bestimmten Unternehmen und Konzernen, dem Gesetz betreffend die Gesellschaften mit beschränkter Haftung, dem Handelsgesetzbuch, dem SE-Ausführungsgesetz, dem Gesetz zur Ausführung der EWG-Verordnung über die Europäische wirtschaftliche Interessenvereinigung, dem Genossenschaftsgesetz, dem SCE-Ausführungsgesetz und dem Umwandlungsgesetz,
2. nach den Gesetzen über das Bank-, Depot-, Börsen- und Kreditwesen sowie nach dem Versicherungsaufsichtsgesetz, dem Zahlungsdiensteaufsichtsgesetz und dem Wertpapierhandelsgesetz,
3. nach dem Wirtschaftsstrafgesetz 1954, dem Außenwirtschaftsgesetz, den Devisenbewirtschaftungsgesetzen sowie dem Finanzmonopol-, Steuer- und Zollrecht, auch soweit dessen Strafvorschriften nach anderen Gesetzen anwendbar sind; dies gilt nicht, wenn dieselbe Handlung eine Straftat nach dem Betäubungsmittelgesetz darstellt, und nicht für Steuerstraftaten, welche die Kraftfahrzeugsteuer betreffen,
4. nach dem Weingesetz und dem Lebensmittelrecht,
5. des Subventionsbetruges, des Kapitalanlagebetruges, des Kreditbetruges, des Bankrotts, der Verletzung der Buchführungspflicht, der Gläubigerbegünstigung und der Schuldnerbegünstigung,
5a. der wettbewerbsbeschränkenden Absprachen bei Ausschreibungen, der Bestechlichkeit und Bestechung im geschäftlichen Verkehr sowie der Bestechlichkeit im Gesundheitswesen und der Bestechung im Gesundheitswesen
6. a) des Betruges, des Computerbetruges, der Untreue, des Vorenthaltens und Veruntreuens von Arbeitsentgelt, des Wuchers, der Vorteilsannahme, der Bestechlichkeit, der Vorteilsgewährung und der Bestechung,
   b) nach dem Arbeitnehmerüberlassungsgesetz und dem Schwarzarbeitsbekämpfungsgesetz,
   soweit zur Beurteilung des Falles besondere Kenntnisse des Wirtschaftslebens erforderlich sind,
ist, soweit nach § 74 Abs. 1 als Gericht des ersten Rechtszuges und nach § 74 Abs. 3 für die Verhandlung und Entscheidung über das Rechtsmittel der Berufung gegen die Urteile des Schöffengerichts das Landgericht zuständig ist, eine Strafkammer als Wirtschaftsstrafkammer zuständig. ²Die §§ 120 und 120b bleiben unberührt.

(2) In den Sachen, in denen die Wirtschaftsstrafkammer nach Absatz 1 zuständig ist, trifft sie auch die in § 73 Abs. 1 bezeichneten Entscheidungen.

(3) ¹Die Landesregierungen werden ermächtigt, zur sachdienlichen Förderung oder schnelleren Erledigung der Verfahren durch Rechtsverordnung einem Landgericht für die Bezirke mehrerer Landgerichte ganz oder teilweise Strafsachen zuzuweisen, welche die in Absatz 1 bezeichneten Straftaten zum Gegenstand haben. ²Die Landesregierungen können die Ermächtigung durch Rechtsverordnung auf die Landesjustizverwaltungen übertragen.

(4) Im Rahmen des Absatzes 3 erstreckt sich der Bezirk des danach bestimmten Landgerichts auf die Bezirke der anderen Landgerichte.

Übersicht

	Rn.		Rn.
I. Normzweck und allgemeiner Regelungsgehalt	1	3. Zuständigkeit als Berufungs- und Beschwerdegericht, Abs. 1, 2	8, 9
II. Regelungsgehalt	2–13	4. Besetzung	10
1. Gesetzliche Geschäftsverteilung	2	5. Örtliche Zuständigkeitskonzentration, Abs. 3, 4	11–13
2. Zuständigkeit in erster Instanz	3–7	**III. Revision**	14

I. Normzweck und allgemeiner Regelungsgehalt

1 § 74c bestimmt die funktionelle Zuständigkeit der **Wirtschaftsstrafkammer** für die in Abs. 1 abschließend aufgezählten Delikte. Es handelt sich um einen gesetzlich zwingend vorgesehenen Spezialspruchkörper. Wie bei § 74 Abs. 2 und § 74a soll dadurch eine erhöhte **Spezialisierung der Mitglieder der Kammer** erreicht und damit eine **zügige und qualitativ hochwertige Durchführung der Hauptverhandlung mit anschließender Entscheidung** gesichert werden. Das ist in Fällen der Wirtschaftskriminalität besonders bedeutsam, weil dort häufig mit hoher krimineller Energie, bei gleichzeitig hoher Intelligenz der Täter wirtschaftlich komplexe Sachverhalte genutzt werden, um Straftaten zu begehen und deren Verfolgung durch gezielte Verschleierung zu verhindern oder erschweren. Dem muss die Justiz geschulte richterliche Fachkräfte entgegensetzen.[1] Da regelmäßig Schwerpunktstaatsanwaltschaften für Wirtschaftskriminalität (§ 143 Abs. 4) eingerichtet sind, wird durch die Wirtschaftsstrafkammer auch gesichert, dass sich Richter und Staatsanwälte auf fachlicher Augenhöhe begegnen. Abs. 3 enthält eine Ermächtigung der Landesregierungen zur Zuständigkeitskonzentration. Wird davon Gebrauch gemacht, erweitert dies die örtliche Zuständigkeit (Abs. 4).

II. Regelungsgehalt

2 **1. Gesetzliche Geschäftsverteilung.** Die Wirtschaftsstrafkammer ist eine unter den Voraussetzungen des Abs. 1 zwingend zuständige gesetzliche Spezialkammer.[2] Das Gesetz geht davon aus, dass bei jedem Landgericht eine Wirtschaftsstrafkammer zu bilden ist, soweit nicht von der örtlichen Zuständigkeitskonzentration (Abs. 3) Gebrauch gemacht wird. Das Präsidium weist der von Gesetzes wegen bestehenden Strafkammer die Mitglieder zu. Eine weitergehende Entscheidungskompetenz hat es nicht.[3] Es ist sicherzustellen, dass **der Spezialisierungszweck gewahrt** wird. Das Präsidium darf daher der Wirtschaftsstrafkammer nicht weitere Strafsachen in einem Umfang zuweisen, der dazu führt, dass die Belastung mit anderen Verfahren mehr als ca. ein Viertel der Gesamtverfahren ausmacht.[4] Ergibt die Prognose des Arbeitsanfalls für das kommende Geschäftsjahr, dass die Kapazitäten einer Kammer nicht ausreichen werden, kann eine weitere Wirtschaftsstrafkammer gebildet werden. Es ist dann hinzunehmen, dass die weitere Wirtschaftsstrafkammer möglicherweise nur zu einem geringen Teil Wirtschaftsverfahren durchführen und die gewünschte Spezialisierung nicht erzielt wird.[5] Ist die (einzige) Wirtschaftsstrafkammer voraussichtlich nicht ausgelastet, können ihr auch andere Verfahren zugewiesen werden (§ 21e). Es gilt das zu § 74 Abs. 2 Ausgeführte auch in Bezug auf Auffangwirtschaftsstrafkammern.[6]

3 **2. Zuständigkeit in erster Instanz.** Anders als §§ 74 Abs. 2 und 74a regelt § 74c Abs. 1 **nur die funktionelle Zuständigkeit** der Wirtschaftsstrafkammer. Die sachliche Zuständigkeit ergibt sich aus § 74 Abs. 1. Häufig wird die Bejahung der besonderen Bedeutung nach §§ 74 Abs. 1, 24 Abs. 1 S. 1 Nr. 3 in Betracht kommen. Nur wenn das Landgericht allgemein sachlich zuständig ist, greift § 74c für die in Abs. 1 genannten Delikte. Daher ist eine originäre Zuständigkeit des Oberlandesgerichts nach § 120 gegenüber der Wirtschaftsstrafkammer auch dann vorrangig (Abs. 1 S. 2), wenn sowohl Wirtschaftsdelikte iS des Abs. 1 als auch Delikte iS des § 120 Abs. 1, 2 angeklagt sind.[7] Für die funktionelle Zuständigkeit ist § 74e zu beachten, wonach die Schwurgerichtskammer der Wirtschaftskammer vorgeht, diese aber wiederum die Staatsschutzkammer verdrängt. Gegenüber den Jugendgerichten

---

[1] BT-Drs. 6/670, 3 und BT-Drs. 6/2257, 1.
[2] BeckOK StPO/*Huber* Rn. 1; Löwe/Rosenberg/*Siolek* Rn. 1.
[3] BGH 29.10.1992 – 4 StR 199/92, BGHSt 38, 376 = NJW 1993, 672; KK/*Diemer* Rn. 2.
[4] BGH 25.4.2014 – 1 StR 13/13, NJW 2014, 2295 (2296); mit kritischer Anm. *Börner* StV 2015, 343; *Kissel*/*Mayer* Rn. 8; Löwe/Rosenberg/*Siolek* Rn. 8.
[5] BGH 25.4.2014 – 1 StR 13/13, NJW 2014, 2295 (2296) mit kritischer Anm. *Börner* StV 2015, 343.
[6] → § 74 Rn. 6.
[7] *Kissel*/*Mayer* Rn. 9.

ist die Wirtschaftsstrafkammer nur vorrangig zuständig, wenn sich das Verfahren zugleich gegen Erwachsene und Jugendliche oder Heranwachsende richtet (§ 103 Abs. 2 JGG). Sind keine Erwachsenen mitangeklagt, bleiben die Jugendgerichte zuständig.[8]

Die Wirtschaftsstrafkammer ist für die in **Abs. 1 Nr. 1–6b aufgeführten Delikte** in jedem Ausführungsstadium zuständig, unabhängig, ob der Angeklagte Täter oder Teilnehmer ist. Es gelten die gleichen Grundsätze wie bei § 74 Abs. 2.[9] Fällt das Delikt nach §§ 154, 154a StPO bis zur Eröffnung des Hauptverfahrens (einschließlich Beschränkungen im Eröffnungsbeschluss) weg, ist bzw. wird die Wirtschaftsstrafkammer unzuständig.[10] Die nachträgliche Wiederaufnahme/Wiedereinbeziehung führt dann zum Aufleben der Zuständigkeit. Das Verfahren muss ab diesem Zeitpunkt an die Wirtschaftsstrafkammer abgegeben bzw. verwiesen werden.[11] Nur bei willkürlicher Beschränkung durch die StA muss das Amtsgericht, die allgemeine Strafkammer oder die Staatsschutzkammer das Verfahren der Wirtschaftsstrafkammer zur Übernahme vorlegen (§ 209 Abs. 2 StPO).[12] 4

Grundsätzlich spielt es keine Rolle, ob mit der Anklage weitere Taten oder Delikte verfolgt werden, solange diese nicht die Zuständigkeit eines höheren Gerichts (§§ 74e, 120) begründen. Auf das Schwergewicht der Taten kommt es nicht an.[13] Lediglich bei **Nr. 3** sieht das Gesetz eine **Ausnahme** vor. Sind neben den dort genannten Delikten tateinheitlich[14] Betäubungsmitteldelikte verwirklicht, ergibt sich ausnahmsweise eine Unzuständigkeit der Wirtschaftsstrafkammer. Das beruht auf den gesetzgeberischen Erwägungen, dass bei Betäubungsmitteltaten die Kenntnis der örtlichen Verhältnisse oft von Bedeutung ist und die Spezialkammern nicht überlastet werden sollen.[15] Die Ausführungen zu § 74a Abs. 1 Nr. 4 gelten entsprechend.[16] Liegen neben den Delikten nach Nr. 3 weitere Katalogdelikte iSd Abs. 1 vor, bleibt die Wirtschaftsstrafkammer zuständig, selbst wenn tateinheitlich Betäubungsmitteldelikte angeklagt sind.[17] Kfz-Steuer-Straftaten sind ausdrücklich ausgenommen, können der Wirtschaftsstrafkammer aber durch das Präsidium zusätzlich zugewiesen werden, soweit der Spezialisierungszweck (→ Rn. 2) gewahrt bleibt.[18] 5

In Nr. 4 ist zwar nur das Weingesetz aufgeführt, nach der Zielsetzung des Gesetzes[19] aber das **gesamte Weinrecht** gemeint.[20] Schwierigkeiten können sich bei Nr. 5 aus dem **Verhältnis von Kreditbetrug zu Betrug** ergeben. Bei Kreditbetrug sieht Nr. 5 – anders als Nr. 6a für den Betrug – nicht vor, dass besondere Kenntnisse des Wirtschaftslebens erforderlich sein müssen, um den Fall zu beurteilen. Nach Ansicht des BGH[21] verdrängt der Betrug den Kreditbetrug im Weg der Gesetzeskonkurrenz. Es ist daher fraglich, ob die Wirtschaftsstrafkammer zuständig ist, wenn der Kreditbetrug hinter dem Betrug zurücktritt, für dessen Beurteilung aber Nr. 6a nicht eingreift. Nach richtiger Ansicht ist die Wirtschaftsstrafkammer auch in diesen Fällen nach Nr. 5 zuständig, denn die gesetzliche Vermutung der Nr. 5 bleibt dem Sinn nach bestehen. Jedenfalls im Rahmen der Strafzumessung können die für § 265a StGB relevanten Aspekte auch bei § 263 Bedeutung erlangen.[22] 6

---

[8] Vgl. → § 74a Rn. 7.
[9] → § 74 Rn. 7.
[10] Löwe/Rosenberg/*Siolek* Rn. 3.
[11] Löwe/Rosenberg/*Siolek* Rn. 3.
[12] Vgl. BGH 26.9.1980 – 1 BJs 202/79 – 5 StB 32/80, BGHSt 29, 341 = NJW 1981, 180 (181).
[13] *Kissel/Mayer* Rn. 3.
[14] BGH 13.9.2011 – 3 StR 196/11, BGHSt 57, 3 = NJW 2012, 468 (471) zum insoweit wortgleichen § 74a Abs. 1 Nr. 4 Hs. 2.
[15] BT-Drs. 8/976, 67; BGH 13.9.2011 – 3 StR 196/11, BGHSt 57, 3 = NJW 2012, 468 (471) mit Erwägungen auch zur Staatsschutzkammer.
[16] → § 74a Rn. 5.
[17] *Kissel/Mayer* Rn. 3.
[18] *Kissel/Mayer* Rn. 3.
[19] Vgl. BT-Drs. 6/2257, 1.
[20] *Kissel/Mayer* Rn. 3; Löwe/Rosenberg/*Siolek* Rn. 5.
[21] BGH 21.2.1989 – 4 StR 643/88, NStZ 1989, 267.
[22] So im Ergebnis auch OLG Celle 12.8.1991 – 1 Ws 183/91, wistra 1991, 359; Löwe/Rosenberg/*Siolek* Rn. 6; Meyer-Goßner/*Schmitt* Rn. 4a; aA OLG Stuttgart 4.1.1991 – 1 Ws 296/90, wistra 1991, 236: nur bei Tateinheit.

7   Nr. 6 verlangt über das Vorliegen der dort genannten Delikte hinaus, dass **zur Beurteilung des Falles besondere Kenntnisse des Wirtschaftslebens erforderlich** sind. Dabei handelt es sich um einen höchst unbestimmten Rechtsbegriff, der im Hinblick auf die Bestimmung des gesetzlichen Richters verfassungsrechtlich bedenklich ist.[23] Der Begriff ist an den Erfordernissen des jeweiligen Falls orientiert auszufüllen, ohne dass an die Schwere der Tat, den Umfang der Sache, die Höhe des Schadens, die Zahl der Opfer oder ähnliche Kriterien angeknüpft werden darf.[24] Es muss daher im konkreten Fall erforderlich sein, dass die Berufsrichter[25] über die allgemeine Erfahrung hinausgehende Kenntnisse haben, die nur besonderen Wirtschaftskreisen eigen oder geläufig sind und sich auf komplizierte, schwer zu durchschauende Mechanismen des Wirtschaftslebens und ihre Missbrauchsformen beziehen.[26] Der Begriff ist zunächst von der Staatsanwaltschaft zu prüfen. Ist Anklage erhoben, überprüft das Gericht seine Zuständigkeit mit vollem Prüfungsumfang selbst[27] und verfährt ggf. nach §§ 209, 209a StPO. Nach Eröffnung des Hauptverfahrens bleibt die Zuständigkeit bestehen,[28] es sei denn, es stellt sich heraus, dass das Gericht die Zuständigkeitsfrage willkürlich fehlerhaft behandelt hat. In diesen Fällen kann das Gericht nicht verpflichtet sein, eine Hauptverhandlung durchzuführen, von der es weiß, dass sie unter Verstoß gegen den gesetzlichen Richter erfolgt.[29]

8   **3. Zuständigkeit als Berufungs- und Beschwerdegericht, Abs. 1, 2.** Die (kleine) Wirtschaftsstrafkammer (§ 76 Abs. 1, 6) entscheidet über **Berufungen gegen Urteile der Schöffengerichte,** die Wirtschaftsstrafsachen iS des Abs. 1 betreffen (Abs. 1 S. 1 aE). Auf die Verurteilung kommt es dabei nicht an, solange im Eröffnungsbeschluss eine der Katalogtaten genannt ist.[30] Das gilt selbst dann, wenn nur der Angeklagte, der nicht wegen einer Katalogtat verurteilt wurde, Berufung eingelegt hat, denn das Verschlechterungsverbot steht der Änderung des Schuldspruchs nicht entgegen.[31] Hat das Schöffengericht die Katalogtaten hingegen nach §§ 154 Abs. 2, 154a Abs. 2 StPO behandelt, fehlt es an der Zuständigkeit der Wirtschaftsstrafkammer.[32] Bei Urteilen des Strafrichters ist nach dem eindeutigen Wortlaut stets die allgemeine Strafkammer Berufungsgericht, auch wenn eine Katalogtat vorliegt.[33] Allerdings können der kleinen Wirtschaftsstrafkammer über die Geschäftsverteilung auch Berufungen gegen Urteile des Strafrichters in Verfahren nach Abs. 1 zugewiesen werden, soweit die Grenzen der Spezialisierung gewahrt werden (→ Rn. 2).[34] Im Übrigen gelten die Ausführungen zur erstinstanzlichen Zuständigkeit im Hinblick auf das Verhältnis der (kleinen) Strafkammern zueinander entsprechend.[35]

9   Abs. 2 erstreckt die Zuständigkeit der Wirtschaftsstrafkammer auf **Beschwerde- und Beschlussentscheidungen nach § 73.** Es ist daher bei der Befassung mit der Beschwerde zu prüfen, ob voraussichtlich im Hauptverfahren die Wirtschaftsstrafkammer als Gericht erster Instanz oder als Berufungsgericht tätig sein wird.[36] In Fällen des Abs. 1 Nr. 6 entscheidet die Wirtschaftsstrafkammer selbst, ob besondere Kenntnisse des Wirtschaftslebens erfor-

---

[23] Dazu allgemein → § 16 Rn. 24 und → § 24 Rn. 8.
[24] OLG München 6.6.1979 – 1 Ws 510/79, JR 1980, 77 (79); OLG Koblenz 28.11.1985 – 1 Ws 783/85, NStZ 1986, 327; OLG Stuttgart 4.1.1991 – 1 Ws 296/90, wistra 1991, 236; *Kissel/Mayer* Rn. 5; Löwe/Rosenberg/*Siolek* Rn. 7.
[25] Zu den Schöffen → § 31 Rn. 7.
[26] OLG München 6.6.1979 – 1 Ws 510/79, JR 1980, 77 (79); OLG Koblenz 28.11.1985 – 1 Ws 783/85, NStZ 1986, 327; Löwe/Rosenberg/*Siolek* Rn. 7.
[27] Vgl. → § 16 Rn. 24 und → § 24 Rn. 8.
[28] *Kissel/Mayer* Rn. 5.
[29] Vgl. → § 24 Rn. 22.
[30] OLG Stuttgart 17.11.1981 – 1 Ws 339/81, MDR 1982, 252; *Kissel/Mayer* Rn. 6.
[31] OLG Stuttgart 17.11.1981 – 1 Ws 339/81, MDR 1982, 252.
[32] KG 21.7.2010 – 2 ARs 16/10, NJW 2010, 3464; KK/*Diemer* Rn. 2.
[33] OLG Jena 8.12.2011 – 1 Ws 474/11, (in NStZ 2012, 711 nicht abgedruckt); *Kissel/Mayer* Rn. 6.
[34] *Katholnigg* Rn. 1; Löwe/Rosenberg/*Siolek* Rn. 7; Meyer-Goßner/*Schmitt* Rn. 6; aA *Kissel/Mayer* Rn. 6: unzulässig.
[35] Dazu ausführlich Löwe/Rosenberg/*Siolek* Rn. 9 f.
[36] Löwe/Rosenberg/*Siolek* Rn. 11; Meyer-Goßner/*Schmitt* Rn. 8.

derlich sind.³⁷ Gleiches gilt für die Frage, ob die sachliche Zuständigkeit des Landgerichts (insbes. die besondere Bedeutung des Falles, §§ 74 Abs. 1 S. 2, 24 Abs. 1 S. 1 Nr. 3) voraussichtlich gegeben sein wird.³⁸

4. Besetzung. Für die Besetzung der Wirtschaftsstrafkammer gelten die **allgemeinen** 10 **Grundsätze.** Das Präsidium muss ihr (geeignete) Mitglieder zuweisen. Die Schöffen werden aus der Schöffenliste des Landgerichts ausgelost, bei dem die Kammer gebildet wird.³⁹ Für die Besetzung in und außerhalb der Hauptverhandlung gilt § 76. In Berufungsverfahren entscheidet sie als kleine Strafkammer. In Beschluss- und Beschwerdesachen ist nach § 76 Abs. 1 S. 2 stets die große Wirtschaftsstrafkammer zuständig und mit drei Berufsrichtern besetzt. In der erstinstanzlichen Hauptverhandlung stellt § 76 Abs. 3 eine widerlegliche Regelvermutung dafür auf, dass die Mitwirkung eines dritten Berufsrichters erforderlich ist (§ 76 Abs. 2 S. 2 Nr. 3).

5. Örtliche Zuständigkeitskonzentration, Abs. 3, 4. Abs. 3 erlaubt den Landesre- 11 gierungen, die diese Ermächtigung durch Rechtsverordnung an die Justizverwaltungen delegieren können (Abs. 3 S. 2), örtliche Zuständigkeitskonzentrationen vorzunehmen. Dies muss wiederum durch Rechtsverordnung (Art. 80 GG) geschehen und ermöglicht nur die örtliche Konzentration (vgl. §§ 58, 74d). Daher kann eine Wirtschaftsstrafkammer bei einem Landgericht für den örtlichen Zuständigkeitsbereich mehrerer Landgerichte errichtet werden. Dies muss zur **sachdienlichen Förderung oder schnelleren Erledigung** der Verfahren geschehen.⁴⁰ Die Konzentration kann auch über die Grenzen eines OLG-Bezirks hinausgehen, bundesländerübergreifend aber nur durch staatsvertragliche Regelung erfolgen.⁴¹

Die Rechtsverordnung kann dem Konzentrationsgericht die Wirtschaftsstrafsachen ganz 12 oder teilweise zuweisen. Es können daher einzelne Delikte ausgenommen oder weitere einengende Merkmale aufgestellt werden.⁴² Anders als bei § 58 ist eine Differenzierung nach der Art der Entscheidung (zB Haftentscheidungen, Eröffnungsbeschlüsse)⁴³ unzulässig. Es können nur die Strafsachen insgesamt übertragen werden.⁴⁴ Eine **Erweiterung der Zuständigkeiten** der Wirtschaftsstrafkammer durch die Rechtsverordnung **ist** ebenfalls **nicht möglich.** Daher können keine weiteren Delikte zugewiesen oder die Berufungszuständigkeit auf Entscheidungen des Strafrichters erweitert werden.⁴⁵

Die erfolgte Zuständigkeitskonzentration bewirkt, dass ein **sachlich begrenzter neuer** 13 **Landgerichtsbezirk** (auch im Sinn des § 4 Abs. 2 StPO) entsteht.⁴⁶ Diese Konzentration erstreckt sich nach § 142 Abs. 1 Nr. 2 auch auf die Staatsanwaltschaft. Die Wirtschaftsstrafkammer bleibt aber Strafkammer des Landgerichts, bei dem sie gebildet ist.

III. Revision

Die Überprüfung des **unbestimmten Rechtsbegriffs der besonderen Kenntnisse** 14 **des Wirtschaftsrechts** erfolgt im Revisionsverfahren nur nach dem **Willkürmaßstab.**⁴⁷ Entscheidet eine allgemeine Strafkammer, ist für die Frage, ob eine Katalogtat vorlag auf den Zeitpunkt des Urteils abzustellen. Damit wird der Besetzungsrüge der Boden entzogen, wenn nach Erhebung des Einwands nach § 6a StPO die allgemeine Strafkammer die Tat,

---

³⁷ Löwe/Rosenberg/*Siolek* Rn. 13.
³⁸ Löwe/Rosenberg/*Siolek* Rn. 13.
³⁹ *Kissel/Mayer* Rn. 12.
⁴⁰ Vgl. → § 58 Rn. 2 f.
⁴¹ Vgl. → § 58 Rn. 4.
⁴² *Kissel/Mayer* Rn. 15.
⁴³ → § 58 Rn. 3.
⁴⁴ *Kissel/Mayer* Rn. 15.
⁴⁵ OLG Jena 8.12.2011 – 1 Ws 474/11, (in NStZ 2012, 711 nicht abgedruckt); *Kissel/Mayer* Rn. 15.
⁴⁶ OLG Karlsruhe 22.10.1975 – 1 Ws 313/75, MDR 1976, 164.
⁴⁷ BGH 21.3.1985 – 1 StR 417/84, NStZ 1985, 464 (466); *Kissel/Mayer* Rn. 5; Löwe/Rosenberg/*Siolek* Rn. 7; unklar in Bezug auf die Willkür KK/*Diemer* Rn. 4; Meyer-Goßner/*Schmitt* Rn. 10.

die unter Abs. 1 fällt, nach § 154 StPO einstellt.[48] Im Übrigen gelten die Ausführungen zu § 74 entsprechend.[49]

§ 74d [Strafkammer als gemeinsames Schwurgericht]

(1) ¹Die Landesregierungen werden ermächtigt, durch Rechtsverordnung einem Landgericht für die Bezirke mehrerer Landgerichte die in § 74 Abs. 2 bezeichneten Strafsachen zuzuweisen, sofern dies der sachlichen Förderung der Verfahren dient. ²Die Landesregierungen können die Ermächtigung auf die Landesjustizverwaltungen übertragen.

(2) *(aufgehoben)*

I. Normzweck

1   § 74d enthält eine Konzentrationsermächtigung für Schwurgerichtskammern, um bei sehr kleinen Landgerichten zu verhindern, dass trotz sehr seltenen Bedarfs im Vorhinein in erheblichem Maß **Sitzungstage** für das Schwurgericht **freigehalten werden müssen**. Da Schwurgerichtssachen oft Haftsachen sind, ist der Beschleunigungsgrundsatz zu beachten, sodass die Festlegung nur vereinzelter Sitzungstage im Jahr ebenfalls nicht in Betracht kommt. Zudem soll die von § 74 Abs. 2 ebenfalls bezweckte **Spezialisierung der Richter** durch die Möglichkeit der Konzentration der Schwurgerichtssachen bei einem Landgericht gewahrt werden.

II. Regelungsgehalt

2   Die Landesregierungen werden ermächtigt, durch Rechtsverordnung zu bestimmen, dass ein Schwurgericht bei einem Landgericht die **örtliche Zuständigkeit** für einen oder mehrere weitere LG-Bezirke erhält. Diese müssen nicht im gleichen OLG-Bezirk, aber im gleichen Bundesland liegen (vgl. § 58), und es muss der gesamte LG-Bezirk erfasst werden.[1] Die Schwurgerichtskammer bleibt Teil des Landgerichts, bei dem sie begründet ist. Ihre Schöffen werden aus der allgemeinen Schöffenliste dieses Landgerichts gewählt. Wird eine entsprechende Verordnung erlassen, erweitert dies nur die örtliche Zuständigkeit der Kammer. Voraussetzung einer Verordnung ist, dass die Konzentration der sachlichen Förderung der Verfahren dient. Der Begriff ist weiter als in §§ 58, 74c („schnellere Erledigung"), umfasst diese aber.[2] Die Verordnungsermächtigung kann wiederum durch Rechtsverordnung an die Landesjustizverwaltung übertragen werden (S. 2).

§ 74e [Vorrang bei Zuständigkeitsüberschneidungen]

Unter verschiedenen nach den Vorschriften der §§ 74 bis 74d zuständigen Strafkammern kommt
1. in erster Linie dem Schwurgericht (§ 74 Abs. 2, § 74d),
2. in zweiter Linie der Wirtschaftsstrafkammer (§ 74c),
3. in dritter Linie der Strafkammer nach § 74a
der Vorrang zu.

I. Normzweck und allgemeiner Regelungsgehalt

1   Das Gesetz geht davon aus, dass die Strafkammern des Landgerichts grundsätzlich gleichrangig nebeneinander stehen. § 74e regelt daher – wenn die sachliche Zuständigkeit des

---

[48] BGH 28.10.1986 – 1 StR 507/86, NStZ 1987, 132 (133).
[49] → § 74 Rn. 10 ff.
[1] → § 58 Rn. 4; *Kissel/Mayer* Rn. 3; *Löwe/Rosenberg/Siolek* Rn. 1.
[2] *Kissel/Mayer* Rn. 1.

Landgerichts besteht – im Rahmen der **funktionellen Zuständigkeit das Verhältnis der Kammern zueinander** bei der Anwendung von §§ 2 Abs. 1 S. 2, 4, 6a, 209, 209a, 210, 225a, 269 und 270 StPO. Die Norm wird durch die Vorschriften des JGG, insbes. § 103 JGG ergänzt. Die Regelung folgt zum Zweck höchstmöglicher Rechtsklarheit dem Vorrangprinzip, nicht dem Schwerpunktprinzip. Eine Wertordnung ist damit nicht verbunden.[1] **Kompetenzkonflikte sollen vermieden** oder möglichst einfach geklärt werden.

II. Regelungsgehalt

1. Vorrangfolge. Die **Schwurgerichtskammer** geht den übrigen Strafkammern vor. 2 Das gilt sowohl für die – in § 74e nicht ausdrücklich genannte, aber vorausgesetzte[2] – allgemeine Strafkammer, wie die beiden übrigen Spezialkammern. Entscheidend ist, ob nach dem Eröffnungsbeschluss auch ein Delikt aus dem Katalog des § 74 Abs. 2 in Betracht kommt. Ob weitere – ggf. in die Zuständigkeit anderer Spezialkammern fallende – Delikte verwirklicht sind (§§ 52, 53 StGB) oder das Verfahren gegen weitere Angeklagte nur wegen anderer Delikte geführt wird, ist unerheblich.[3]

Liegt eine Schwurgerichtszuständigkeit nicht, aber eine solche der **Wirtschaftsstraf-** 3 **kammer** (§ 74c) vor, ist diese vor der allgemeinen und der Staatsschutzkammer zuständig. Es gilt das zur Schwurgerichtskammer Ausgeführte entsprechend. Die **Staatsschutzkammer** (§ 74a) ist nur der allgemeinen Strafkammer gegenüber vorrangig zuständig.

2. Verhältnis zur Jugendkammer. Das Verhältnis zur Jugendkammer regelt § 74e 4 nicht. Grundsätzlich geht die Zuständigkeit der Jugendgerichte den Erwachsenengerichten vor (**Grundsatz der Spezialität,** § 103 Abs. 2 S. 1). Im Einzelnen:
– Die **Jugendkammer geht dem Schwurgericht vor.**[4] Das gilt auch, wenn neben Jugendlichen oder Heranwachsenden auch Erwachsene angeklagt sind[5] und selbst dann, wenn sich der Tatvorwurf nach § 74 Abs. 2 nur auf den Erwachsenen bezieht.
– Das Verhältnis von **Jugendkammer zu Staatsschutzkammer**[6] **und Wirtschaftsstrafkammer** regelt § 103 Abs. 2 S. 2 JGG dahingehend, dass die Jugendkammer nur dann Vorrang genießt, wenn ausschließlich gegen Jugendliche und/oder Heranwachsende verhandelt wird. Sobald auch ein Erwachsener angeklagt ist, gehen die Wirtschaftsstrafkammer bzw. Staatsschutzkammer vor. In deren Verhältnis zueinander gilt dann § 74e. Tritt deren Zuständigkeit jedoch hinter der der Schwurgerichtskammer zurück, lebt der Vorrang der Jugendkammer wieder auf.
– Ist die Jugendkammer **als Jugendschutzkammer** zuständig (§ 74b), gilt grundsätzlich das gleiche. Da die Jugendschutzkammer stets gegen Erwachsene verhandelt, muss der Vorrang der Wirtschafts- und Staatsschutzkammer auch hier greifen. Nach überwiegender Ansicht geht die Jugendschutzkammer allerdings der Schwurgerichtskammer vor.[7] Das überzeugt nicht. Mit der Wertung des § 74e ist diese Ansicht nicht in Einklang zu bringen. Dem Wortlaut des Gesetzes wird eine einschränkende Auslegung des § 74b S. 2 (nur Verweis auf § 74 Abs. 1 und 3) daher am ehesten gerecht.[8] Dem Gesetzeszweck hingegen würde man mit einem erweiterten Verständnis von § 74b Abs. 2 und § 209a StPO dahingehend, dass die Jugendkammer als Jugendschutzkammer allen übrigen Strafkammern vorgeht, am besten Geltung verschaffen.[9]

---

[1] BT-Drs. 8/976, 67.
[2] Löwe/Rosenberg/*Siolek* Rn. 1.
[3] *Kissel/Mayer* Rn. 3.
[4] BGH 23.5.2002 – 3 StR 58/02, BGHSt 47, 311 = NJW 2002, 2483 mAnm *Rieß* NStZ 2003, 48.
[5] *Kissel/Mayer* Rn. 6.
[6] Zu Reformvorhaben → § 74b Rn. 12.
[7] BGH 31.1.1996 – 2 StR 621/95, BGHSt 42, 39 = NStZ 1996, 346 mit ablehnender Anm. *Katholnigg*; *Kissel/Mayer* Rn. 6; 10; KK/*Diemer* Rn. 2.
[8] So auch *Katholnigg* NStZ 1996, 346.
[9] Weiterführend → § 74b Rn. 3.

5 **3. Sachliche Zuständigkeit.** Die sachliche Zuständigkeit richtet sich nach den allgemeinen Regeln (§§ 24, 74, 120). § 74e betrifft sie nicht, sondern setzt sie voraus. § 74e ist jedoch **nicht auf die erstinstanzliche Zuständigkeit beschränkt,** sondern gilt auch in der Berufungsinstanz, soweit die Spezialkammer zuständig ist (Wirtschaftsstrafkammer, Jugendkammer) sowie für die Beschluss- und Beschwerdeentscheidungen nach § 73.

6 **4. Verfahren.** Jede Strafkammer prüft ihre funktionelle Zuständigkeit von Amts wegen bis zur Eröffnung des Hauptverfahrens und anschließend nur noch auf Rüge hin (§ 6a StPO). Die Zuständigkeit der Jugendgerichte ist von Amts wegen zu beachten.[10] Nach herrschender Meinung kann eine **Verweisung in der Hauptverhandlung** auf Rüge nach § 6a StPO hin entgegen § 269 StPO auch vom höherrangigen an das niederrangige Gericht iSd § 74e erfolgen.[11] Dem ist zuzustimmen. Die Wortlautgrenze des § 269 wird damit zwar stark belastet, jedoch müsste das Gericht sonst in Kenntnis eines Verstoßes gegen den gesetzlichen Richter verhandeln. Im Übrigen gelten §§ 209, 209a, 225a, 269 und 270 StPO.

III. Beschwerde und Revision

7 Die Eröffnung vor einem oder Verweisung an ein Gericht niedriger Ordnung kann die Staatsanwaltschaft mit der **sofortigen Beschwerde** anfechten (§ 210 Abs. 2). Die Übernahme durch ein höherrangiges Gericht ist nicht mit der Beschwerde anfechtbar.

8 In der Revision ist die **Präklusionsvorschrift** des § 6a StPO zu beachten. Im Übrigen gilt das zu §§ 74 Abs. 2, 74a und 74c Ausgeführte.[12]

§ 74f [Zuständigkeit bei vorbehaltener oder nachträglicher Anordnung der Sicherungsverwahrung]

(1) Hat im ersten Rechtszug eine Strafkammer die Anordnung der Sicherungsverwahrung vorbehalten oder im Fall des § 66b des Strafgesetzbuches als Tatgericht entschieden, ist diese Strafkammer im ersten Rechtszug für die Verhandlung und Entscheidung über die im Urteil vorbehaltene oder die nachträgliche Anordnung der Sicherungsverwahrung zuständig.

(2) Hat im Fall des § 66b des Strafgesetzbuches im ersten Rechtszug ausschließlich das Amtsgericht als Tatgericht entschieden, ist im ersten Rechtszug eine Strafkammer des ihm übergeordneten Landgerichts für die Verhandlung und Entscheidung über die nachträgliche Anordnung der Sicherungsverwahrung zuständig.

(3) Im Fall des § 66b des Strafgesetzbuches gilt § 462a Absatz 3 Satz 2 und 3 der Strafprozessordnung entsprechend.

(4) ¹In Verfahren, in denen über die im Urteil vorbehaltene oder die nachträgliche Anordnung der Sicherungsverwahrung zu entscheiden ist, ist die große Strafkammer mit drei Richtern einschließlich des Vorsitzenden und zwei Schöffen besetzt. ²Bei Entscheidungen außerhalb der Hauptverhandlung wirken die Schöffen nicht mit.

I. Normzweck und allgemeiner Regelungsgehalt

1 § 74f regelt die Zuständigkeit der Strafkammer für die Entscheidung über eine vorbehaltene (§ 66a StGB) oder nachträgliche (§ 66b StGB) Sicherungsverwahrung. Dabei hat sich der Gesetzgeber für die sog. **„Hauptverhandlungslösung"**[1] entschieden und im Wege der gesetzlichen Geschäftsverteilung² die Entscheidung der Kammer übertragen,

---
[10] BGH 23.5.2002 – 3 StR 58/02, BGHSt 47, 311 = NJW 2002, 2483 mwN.
[11] KK/*Diemer* Rn. 1 mwN; Löwe/Rosenberg/*Siolek* Rn. 4.
[12] Vgl. → § 74 Rn. 11 f., → § 74a Rn. 13 und → § 74c Rn. 12.
¹ BT-Drs. 15/2887, 2, 15; 15/2945, 3, 5.
² *Kissel/Mayer* Rn. 3.

die auch über die Anlasstat entschieden hat. Abs. 2 hat seit der Änderung des § 66b StGB mit Wirkung vom 1.1.2011 durch Gesetz vom 22.12.2010[3] nur noch Bedeutung für Altfälle[4] und bei Ausgangsentscheidungen der Jugendschöffengerichte. Abs. 3 regelt die Zuständigkeit bei unterschiedlichen Ausgangsgerichten. Abs. 4 normiert die Besetzung als Regelbesetzung der großen Strafkammer mit drei Richtern (und in der Hauptverhandlung zwei Schöffen). § 120a enthält eine Parallelregelung für den OLG-Senat als Ausgangsgericht.

II. Regelungsgehalt

1. Strafkammer als Ausgangsgericht. Nach Abs. 1 ist die Strafkammer für die Entscheidung über den **Vorbehalt** der Unterbringung in der Sicherungsverwahrung (§ 66a Abs. 3 StGB) zuständig, die ihn im Ausgangsverfahren ausgesprochen hat. Da nur das Landgericht in erster Instanz über die Sicherungsverwahrung und deren Vorbehalt entscheiden darf,[5] wird nicht die sachliche Zuständigkeit bestimmt, sondern die Geschäftsverteilung geregelt. Strafkammer ist dabei immer die **große Strafkammer, die die Ausgangsentscheidung getroffen hat** (§§ 74 Abs. 1, Abs. 2; 74a; 74b; 74c). Dadurch soll die Kenntnis des Spruchkörpers vom Angeklagten und seinem Werdegang gesichert werden.[6] Diesem gesetzgeberischen Ziel wird die Regelung wegen des regelmäßig erheblichen Zeitablaufs in der Vollstreckung und der personellen Veränderungen bei Gericht nicht gerecht. Insoweit wäre es sinnvoller gewesen, die Entscheidung der Strafvollstreckungskammer zu übertragen.[7] Existiert die Ausgangskammer nicht mehr, entscheidet die Kammer, die ihre Aufgaben übernommen hat.[8] 2

Auch in Fällen der **nachträglichen Anordnung** der Unterbringung in der Sicherungsverwahrung (§ 66b StGB) entscheidet die große Strafkammer, die die Ausgangsentscheidung getroffen hat. Seit der Änderung des § 66b StGB kann dies nur noch eine Kammer des Landgerichts sein, weil nunmehr die Unterbringung in einem psychiatrischen Krankenhaus Voraussetzung des § 66b StGB ist, die wiederum das Amtsgericht nicht anordnen darf. 3

Ausgangsentscheidungen der Amtsgerichte sind nach der Neufassung des § 66b StGB in Verfahren gegen Erwachsene nicht mehr denkbar. **Abs. 2** kann daher im unmittelbaren Anwendungsbereich von § 74f **nur noch für Altfälle** Bedeutung entwickeln.[9] 4

2. Jugendgerichte als Ausgangsgerichte. Hat eine Jugendkammer des Landgerichts die Ausgangsentscheidung getroffen (§ 106 Abs. 3–6 oder Abs. 7 JGG), ist diese Jugendkammer auch nach § 74f für die weitere Entscheidung zuständig (§ 81a JGG). Da der Vorbehalt der Sicherungsverwahrung bzw. die Anordnung der Unterbringung in einem psychiatrischen Krankenhaus auch vom Jugendschöffengericht getroffen werden kann,[10] ist für die Entscheidung über den Vorbehalt bzw. die nachträgliche Anordnung zu unterscheiden: 5
– Gab es eine **Berufungshauptverhandlung,** ist die **große Jugendkammer** zuständig, die im Berufungsverfahren entschieden hat, denn nur so wird dem gesetzgeberischen Ziel der Kenntnis von Person des Angeklagten und seiner Tat Genüge getan.[11]
– Wurde **keine Berufungshauptverhandlung** durchgeführt (auch in den Fällen des § 329 StPO), ist nach Abs. 2 die große Jugendkammer des Landgerichts zuständig, das dem Jugendschöffengericht, das die Ausgangsentscheidung getroffen hat, übergeordnet ist.

---

[3] BGBl. 2010 I 2300.
[4] Meyer-Goßner/*Schmitt* Rn. 2.
[5] → § 24 Rn. 7.
[6] BT-Drs. 15/2887, 15, 17; 15/2945, 5.
[7] So der Vorschlag des Bundesrats, vgl. Löwe/Rosenberg/*Siolek* Rn. 1.
[8] Kissel/Mayer Rn. 3.
[9] Meyer-Goßner/*Schmitt* Rn. 2 und StPO § 275a Rn. 1c.
[10] *Eisenberg* JGG § 40 Rn. 9, § 81a Rn. 8.
[11] So auch BeckOK StPO/*Huber* Rn. 4.

Existieren mehrere große Jugendkammern, hat die Geschäftsverteilung des Landgerichts die zuständige Kammer zu bestimmen (§ 21e).

6   **3. Entscheidungen verschiedener Ausgangsgerichte, Abs. 3.** Abs. 3 sieht für Fälle der **nachträglichen Sicherungsverwahrung** eine **örtliche Zuständigkeitskonzentration** entsprechend der Regeln aus § 462a Abs. 3 S. 2 und 3 StPO vor. Das setzt voraus, dass die Ausgangsentscheidungen durch verschiedene Landgerichte oder ein Landgericht und ein außerhalb des Landgerichtsbezirks liegendes Amtsgericht getroffen wurden. Da Abs. 1 eine gesetzliche Geschäftsverteilungsregel enthält, die der Entscheidung des Präsidiums entzogen ist, wird man Abs. 3 entsprechend anwenden müssen, wenn unterschiedliche Kammern des gleichen Ranges iSd § 74e als Ausgangsgerichte entschieden haben. War ein OLG an den Ausgangsentscheidungen beteiligt, ist dies für die Entscheidung über die nachträgliche Anordnung der Sicherungsverwahrung zuständig (§ 462a Abs. 3 S. 3 StPO iVm § 120a).

7   Abs. 3 findet auf die **vorbehaltene Sicherungsverwahrung** (§ 66a StGB) keine Anwendung. Das Verfahren ist in diesen Fällen von vorneherein zweiaktig ausgestaltet, so dass **jedes Gericht selbst** über den Vorbehalt entscheiden muss.[12]

8   **4. Besetzung, Abs. 4.** Abs. 4 bestimmt die Besetzung der Strafkammer im Verfahren nach §§ 66a und 66b StGB und legt fest, dass die Kammer stets mit drei Berufsrichtern und in der Hauptverhandlung zusätzlich mit zwei Schöffen zu entscheiden hat. Damit wird eine **Besetzungsreduktion in der Hauptverhandlung** nach § 76 Abs. 2 **ausgeschlossen**. Letztlich erschöpft sich der Gehalt der Norm darin, dass ein Beschluss über die Besetzung nicht zu fassen ist, denn bereits aus dem Normzweck von § 76 Abs. 2 S. 2 folgt zwingend, dass eine Hauptverhandlung in reduzierter Besetzung nicht in Betracht kommen kann. In Jugendsachen gilt Abs. 4 über § 81a JGG ebenfalls.

5. Verfahren. Das Verfahren bestimmt sich nach § 275a StPO. Die Strafvollstreckungskammer kann die Entscheidungen im Rahmen der Führungsaufsicht während der Dauer des Verfahrens nach § 275a StPO an die gem. § 74f zuständige Strafkammer entsprechend § 462a Abs. 1 S. 3 StPO bindend abgeben.[13] Eine derartige **Abgabe ist** aufgrund der größeren Sachnähe auch **sinnvoll**. Das nach § 74f zuständige Gericht kann gem. § 275a Abs. 6 S. 1 und 3 StPO einen Unterbringungsbefehl erlassen. In eilbedürftigen Fällen des § 66b StGB ist dafür die Strafvollstreckungskammer (§ 67d Abs. 6 StGB) zuständig, bis der Antrag der Staatsanwaltschaft auf Anordnung der nachträglichen Sicherungsverwahrung bei dem nach § 74f zuständigen Gericht eingeht (§ 275 Abs. 6 S. 2 StPO).

§ 75 *(vom Abdruck wurde abgesehen)*

§ 76 [Besetzung der Strafkammern]

(1) ¹Die Strafkammern sind mit drei Richtern einschließlich des Vorsitzenden und zwei Schöffen (große Strafkammer), in Verfahren über Berufungen gegen ein Urteil des Strafrichters oder des Schöffengerichts mit dem Vorsitzenden und zwei Schöffen (kleine Strafkammer) besetzt. ²Bei Entscheidungen außerhalb der Hauptverhandlung wirken die Schöffen nicht mit.

(2) ¹Bei der Eröffnung des Hauptverfahrens beschließt die große Strafkammer über ihre Besetzung in der Hauptverhandlung. ²Ist das Hauptverfahren bereits eröffnet, beschließt sie hierüber bei der Anberaumung des Termins zur Hauptverhandlung. ³Sie beschließt eine Besetzung mit drei Richtern einschließlich des Vorsitzenden und zwei Schöffen, wenn

---

[12] BT-Drs. 15/2887, 18; *Kissel/Mayer* Rn. 5.
[13] BGH 22.2.2006 – 5 StR 585/05, BGHSt 50, 373 = NJW 2006, 1442.

Besetzung der Strafkammern   1   § 76 GVG

1. sie als Schwurgericht zuständig ist,
2. die Anordnung der Unterbringung in der Sicherungsverwahrung, deren Vorbehalt oder die Anordnung der Unterbringung in einem psychiatrischen Krankenhaus zu erwarten ist oder
3. nach dem Umfang oder der Schwierigkeit der Sache die Mitwirkung eines dritten Richters notwendig erscheint.
⁴Im Übrigen beschließt die große Strafkammer eine Besetzung mit zwei Richtern einschließlich des Vorsitzenden und zwei Schöffen.

(3) Die Mitwirkung eines dritten Richters nach Absatz 2 Satz 3 Nummer 3 ist in der Regel notwendig, wenn die Hauptverhandlung voraussichtlich länger als zehn Tage dauern wird oder die große Strafkammer als Wirtschaftsstrafkammer zuständig ist.

(4) Hat die Strafkammer eine Besetzung mit zwei Richtern einschließlich des Vorsitzenden und zwei Schöffen beschlossen und ergeben sich vor Beginn der Hauptverhandlung neue Umstände, die nach Maßgabe der Absätze 2 und 3 eine Besetzung mit drei Richtern einschließlich des Vorsitzenden und zwei Schöffen erforderlich machen, beschließt sie eine solche Besetzung.

(5) Ist eine Sache vom Revisionsgericht zurückverwiesen oder ist die Hauptverhandlung ausgesetzt worden, kann die jeweils zuständige Strafkammer erneut nach Maßgabe der Absätze 2 und 3 über ihre Besetzung beschließen.

(6) ¹In Verfahren über Berufungen gegen ein Urteil des erweiterten Schöffengerichts (§ 29 Abs. 2) ist ein zweiter Richter hinzuzuziehen. ²Außerhalb der Hauptverhandlung entscheidet der Vorsitzende allein.

Neueres Schrifttum: *Börner*, Die Beschlussbesetzung in Haftfragen bei laufender Hauptverhandlung – Ein Lösungsvorschlag, JR 2010, 481; *Deutscher*, Die Zweier-Besetzung in der Hauptverhandlung als dauerhafter Regelfall – Zur Neuregelung der §§ 76 GVG, 33b JGG, StRR 2012, 10; *Gittermann*, Die Besetzung der Gerichte bei Entscheidungen über Haftfragen in laufender Hauptverhandlung, DRiZ 2012, 12; *Haller/Janßen*, Die Besetzungsreduktion bei erstinstanzlichen Strafkammern, NStZ 2004, 469; *Meyer-Goßner*, Die Chance nutzen: Gerichtsaufbau in Strafsachen, ZRP 2011, 129; *Schlothauer*, Die Besetzung der großen Straf- und Jugendkammern in der Hauptverhandlung, StV 2012, 749; *Sowada*, Die Gerichtsbesetzung bei Haftentscheidungen während einer anhängigen Hauptverhandlung, NStZ 2001, 169; *ders.*, Zur Problematik der Mitwirkung von Schöffen bei Haftentscheidungen während laufender Hauptverhandlung, StV 2010, 37.

Übersicht

	Rn.		Rn.
I. Normzweck und historische Entwicklung	1, 2	III. Kleine Strafkammer/Berufung	18–21
		1. Besetzung außerhalb der Hauptverhandlung	19
II. Große Strafkammer/Erste Instanz	3–17		
1. Besetzung außerhalb der Hauptverhandlung	3	2. Besetzung in der Hauptverhandlung	20, 21
		a) Regelbesetzung	20
2. Besetzung in der Hauptverhandlung	4–17	b) Berufungen gegen Entscheidungen des erweiterten Schöffengerichts (§ 29 Abs. 2), Abs. 6	21
a) Voraussetzungen der Besetzungsreduktion, Abs. 2 und 3	5–10		
b) Regelverfahren der Besetzungsreduktion, Abs. 2	11–13	IV. Strafvollstreckungskammern	22
		V. Jugendkammern	23–25
c) Änderung der Besetzungsentscheidung	14–17	VI. Revision	26–30

I. Normzweck und historische Entwicklung

§ 76 regelt die Besetzung der Strafkammern in und außerhalb der Hauptverhandlung 1 sowohl in Verfahren erster als auch zweiter Instanz. Damit wird **der gesetzliche Richter** bestimmt. § 76 wird insoweit durch § 21f ergänzt. Abs. 1 S. 2 sowie Abs. 6 betreffen die kleine Strafkammer als Berufungskammer für Berufungen gegen Entscheidungen der Schöffengerichte und der Strafrichter (§ 74 Abs. 3).

2 Von erheblicher praktischer Bedeutung sind die Regelungen in Abs. 2–5, die vorsehen, dass die große Strafkammer in der Hauptverhandlung zum Teil mit drei, mitunter aber nur mit zwei Berufsrichtern entscheidet (**Besetzungsreduktion**). Die Norm ist in ihrem historischen Kontext zu sehen. Zunächst entschied die große Strafkammer stets mit drei Berufsrichtern und in der Hauptverhandlung zusätzlich mit zwei Schöffen. Die kleine Strafkammer war nur bei Berufungen gegen Urteile des Strafrichters in der Hauptverhandlung mit einem Berufsrichter und zwei Schöffen besetzt. In allen übrigen Fällen mit drei Berufsrichtern.[1] Mit Gesetz vom 11.1.1993[2] wurde die Besetzung der kleinen Strafkammer auf grundsätzlich einen Berufsrichter (zzgl. der Schöffen in der Hauptverhandlung) reduziert und die Möglichkeit geschaffen, die Besetzung der großen Strafkammer für die Hauptverhandlung auf zwei Berufsrichter (und zwei Schöffen) zu reduzieren. Dadurch sollte der **besonderen Situation des Beitritts der neuen Bundesländer** zur Bundesrepublik Rechnung getragen und die Justiz übergangsweise entlastet werden. Dies geschah unter anderem durch die **Schonung personeller Ressourcen**, indem die Besetzungen reduziert wurden.[3] Die Regelung war befristet, wurde bis 2011 wiederholt verlängert und mit Gesetz vom 6.12.2011[4] durch die aktuelle Regelung ersetzt. Trotz etlicher Stimmen, die eine Rückkehr zur Dreierbesetzung forderten,[5] entschied sich der Gesetzgeber auch aus Haushaltsgründen dafür, die Regelung neu zu fassen, genauer zu konturieren, aber im Wesentlichen beizubehalten.[6] Damit ist **der ursprüngliche Gesetzeszweck**, die Folgen der deutschen Einheit abzufedern, **weggefallen**.[7] Das Gesetz muss daher nunmehr auch in Bezug auf die Besetzung in der Hauptverhandlung **als Regelung des gesetzlichen Richters** für verschiedene Verfahrens- und Sachverhaltskonstellationen angesehen werden.

II. Große Strafkammer/Erste Instanz

3 **1. Besetzung außerhalb der Hauptverhandlung.** Die große Strafkammer entscheidet außerhalb der Hauptverhandlung **mit drei Berufsrichtern ohne Schöffen** (Abs. 1 S. 2). Eine mögliche Besetzungsreduktion nach Abs. 2 (→ Rn. 4 ff.) gilt nur für die Hauptverhandlung. Die Entscheidung über die Eröffnung des Hauptverfahrens, die vergessen wurde und in der Hauptverhandlung nachgeholt werden soll, muss in der Besetzung außerhalb der Hauptverhandlung mit drei Berufsrichtern ohne Schöffen erfolgen.[8] Die Besetzung außerhalb der Hauptverhandlung ist auch für den Übernahmebeschluss gemäß § 225a Abs. 1 Satz 2, Abs. 3 StPO maßgeblich,[9] für die Entscheidung, dass ein weiteres Verfahren hinzuverbunden und eröffnet[10] oder ein Verfahrensteil abgetrennt wird.[11] Entscheidungen, die während einer unterbrochenen Hauptverhandlung ohne mündliche Verhandlung ergehen können (insbes. Haftentscheidungen), sind in der Besetzung außerhalb der Hauptverhandlung also mit drei Berufsrichtern ohne Schöffen zu treffen.[12] Das gilt auch, wenn die Strafkammer in der Hauptverhandlung in reduzierter Besetzung entscheidet.[13]

4 **2. Besetzung in der Hauptverhandlung.** Die Neufassung des § 76 sieht eine Besetzungsreduktion für die Hauptverhandlung vor, wenn die Voraussetzungen des Abs. 2 S. 3

---
[1] § 76 Abs. 2 aF, siehe Löwe/Rosenberg/*Siolek* § 76 Vor Rn. 1.
[2] BGBl. 1993 I 50.
[3] Vgl. BT-Drs. 12/1217, 1, 17 und 47 f.
[4] BGBl. 2011 I 2554.
[5] BT-Drs. 17/6905, 8.
[6] BT-Drs. 17/6905, 1, 9 und 10.
[7] Vgl. *Kissel/Mayer* Rn. 4.
[8] BGH 7.9.2011 – 1 StR 388/11, NStZ 2012, 50; 28.7.2015 – 4 StR 598/14, StV 2015, 473; 21.9.2017 – 2 StR 327/17, NStZ-RR 2017, 382 (Ls.); KK/*Diemer* Rn. 9.
[9] BGH 23.4.2015 – 4 StR 603/14, NStZ-RR 2015, 250.
[10] BGH 20.5.2015 – 2 StR 45/14, NJW 2015, 2515.
[11] BGH 27.2.2014 – 1 StR 50/14, NStZ 2014, 664 mAnm *Hoffmann*.
[12] Sehr str., vgl. dazu → § 30 Rn. 10 ff.
[13] KK/*Diemer* Rn. 9; aA BeckOK StPO/*Huber* Rn. 11: die zwei Berufsrichter der reduzierten Hauptverhandlungsbesetzung.

nicht vorliegen. Die Gesetzesformulierung („beschließt eine Besetzung mit drei Richtern, wenn…"; „Im Übrigen … mit zwei Richtern") legt es nahe, dass der Gesetzgeber davon ausgeht, dass die **reduzierte Besetzung** („Zweier-Besetzung") **nunmehr der Regelfall** sein soll. Das korrespondiert mit dem Gesetzeszweck, personelle Mittel einzusparen (→ Rn. 2) und der Gesetzesbegründung, die von einer „zwingenden Dreierbesetzung" in den Fällen des Abs. 2 S. 3 Nr. 1 und 2 und einer „regelmäßigen Dreierbesetzung" in den Fällen des Abs. 2 S. 3 Nr. 3 ausgeht.[14] In den übrigen und in der Praxis häufigeren Fällen ist daher die reduzierte Besetzung als Regelbesetzung anzusehen.[15] Damit hat der Gesetzgeber eine Entscheidung zur Ausgestaltung des gesetzlichen Richters getroffen, die bei der Frage der Anfechtbarkeit fehlerhafter Besetzungsentscheidungen berücksichtigt werden muss (dazu → Rn. 26 ff.).

a) Voraussetzungen der Besetzungsreduktion, Abs. 2 und 3. Die Strafkammer entscheidet in der Hauptverhandlung **zwingend mit drei Berufsrichtern** und zwei Schöffen, wenn sie **als Schwurgericht** (§ 74 Abs. 2) tätig wird (Abs. 2 S. 3 Nr. 1). Ferner ist die Dreier-Besetzung obligatorisch, wenn die **Anordnung der Unterbringung** in einem **psychiatrischen Krankenhaus**, in der **Sicherungsverwahrung** oder deren Vorbehalt zu erwarten ist (Abs. 2 S. 3 Nr. 2). Dadurch wird der besonderen Eingriffstiefe dieser freiheitsentziehenden Maßregeln Rechnung getragen und ein Gleichklang zur Dreierbesetzung bei den Folgeentscheidungen (§§ 74f Abs. 4 und 78b Abs. 1 Nr. 1) hergestellt.[16] Wann eine Anordnung der Unterbringung oder deren Vorbehalt zu erwarten ist, bestimmt sich nach den gleichen Kriterien wie bei §§ 24 und 74.[17]

Die Strafkammer beschließt ferner nach Abs. 2 S. 3 Nr. 3 eine Besetzung mit drei Richtern, wenn die Mitwirkung eines dritten Richters nach dem **Umfang oder der Schwierigkeit der Sache notwendig** erscheint. Diese Formulierung ist der Vorgängerregelung entnommen, so dass grundsätzlich die Rechtsprechung dazu herangezogen werden kann.

Der Gesetzgeber hat die Begriffe durch Regelvermutungen in Abs. 3 konturiert. Danach ist die Mitwirkung eines dritten Richters in der Regel notwendig, wenn die Hauptverhandlung **voraussichtlich länger als zehn Tage** dauern wird. Dabei ist eine realistische Planung der Hauptverhandlung vorzunehmen, wobei bereits angekündigtes Prozessverhalten (Geständnisankündigung, Ankündigung umfangreicher Beweisanträge) zu berücksichtigen ist. Im Einzelfall kann die Mitwirkung eines dritten Richters auch bei Umfangsverfahren nicht notwendig sein, bspw. wenn sich die Vielzahl der Sitzungstage daraus ergibt, dass eine große Zahl gleichförmiger, einfach liegender Fälle aufgeklärt werden muss oder viele Geschädigte als Zeugen zu vernehmen sind, ohne dass das Verfahren insgesamt komplex ist.[18]

Die Dreierbesetzung ist darüber hinaus regelmäßig notwendig, wenn die große Strafkammer **als Wirtschaftsstrafkammer** (§ 74c) zuständig ist (Abs. 3 Alt. 2). Dabei ist die Dauer der Hauptverhandlung ohne Bedeutung. Ein Abweichen von der Regelbesetzung wird nur in besonderen Ausnahmefällen in Betracht kommen, wenn es sich – obwohl das Landgericht nach § 74 Abs. 1 zuständig ist – um einfach gelagerte unterkomplexe Fälle handelt. Diese werden jedoch meist ohnehin zur Zuständigkeit der Amtsgerichte gehören.[19]

Außerhalb der Regelvermutungen des Abs. 3 ist stets zu prüfen, ob der Umfang oder die Schwierigkeit der Sache aus anderen Gründen die Mitwirkung eines dritten Richters notwendig macht. Bei dieser Entscheidung steht der Strafkammer **kein Ermessen** zu. Sie hat die Dreierbesetzung zu beschließen, wenn diese notwendig erscheint. Jedoch ist dem Gericht bei der Auslegung der gesetzlichen Merkmale ein **weiter Beurteilungsspielraum**

---

[14] BT-Drs. 17/6905, 9.
[15] So auch *Kissel/Mayer* Rn. 3; aA BGH 4.2.2016 – 4 StR 79/15, StV 2016, 631: „regelmäßige Dreierbesetzung".
[16] BT-Drs. 17/6905, 9.
[17] Dazu → § 24 Rn. 5, 7 und → § 74 Rn. 3.
[18] BT-Drs. 17/6905, 8 f.; vgl. auch BGH 4.2.2016 – 4 StR 79/15, StV 2016, 631; KK/*Diemer* Rn. 3; Meyer-Goßner/*Schmitt* Rn. 5.
[19] Mit ähnlichem Einwand auch Meyer-Goßner/*Schmitt* Rn. 6.

eröffnet, der die **Umstände des Einzelfalls** zu berücksichtigen hat.[20] Für den **Umfang** ist zB auf die Zahl der Angeklagten, Verteidiger, Zeugen, Dolmetscher, Sachverständigen, Zahl der Taten oder Delikte, den Umfang der Akten und zu verlesenden Urkunden sowie das zu erwartende Prozessverhalten der Beteiligten (zB kontroverse Beweisaufnahme) abzustellen.[21] Die **Schwierigkeit der Sache** kann sich aus überdurchschnittlich schwierigen Rechtsfragen materieller wie prozessualer Art, aber auch aus schwierigen Beweissituationen (zB Aussage-gegen-Aussage-Konstellationen mit psychischen Auffälligkeiten beim Zeugen) oder sehr komplexen Sachverhalten ergeben.[22] Umfang und Schwierigkeit der Sache sind dabei nicht immer trennscharf voneinander abzugrenzen, da sie einander oft gegenseitig bedingen. Die zu erwartende Schwere der Sanktion rechtfertigt für sich genommen die Annahme besonderer Schwierigkeiten jedoch ebenso wenig,[23] wie die besondere Bedeutung der Sache (§§ 24 Abs. 1 S. 1 Nr. 3, S. 2)[24] oder die Tatsache, dass ein Indizienprozess zu führen sein wird, wenn keine weiteren erschwerenden Umstände hinzukommen.[25]

10   Nach ständiger Rechtsprechung zur Vorgängerregelung gebührt **im Zweifel** der Dreierbesetzung wegen ihrer gegenüber der reduzierten Besetzung strukturellen Überlegenheit der Vorrang, weil die Beteiligung mehrerer Berufsrichter neben dem Vorsitzenden besonders geeignet ist, Aufgaben insbesondere auch in der Hauptverhandlung sachgerecht aufzuteilen, den Tatsachenstoff intensiver zu würdigen und schwierige Rechtsfragen besser zu bewältigen.[26] Ob diese Rechtsprechung auch für die Neuregelung des § 76 unter Berücksichtigung des geänderten Normzwecks (→ Rn. 2 und 5) und Regel-Ausnahmeverhältnisses gilt, ist fraglich. Inhaltlich treffen die Argumente des BGH weiterhin zu. Der Gesetzgeber scheint jedoch das Ressourcenargument stärker zu gewichten. Letztlich kann dies aber offen bleiben, denn in Zweifelsfällen wird man nie von einer willkürlichen Fehlentscheidung über die Besetzungsreduktion ausgehen können, so dass eine Besetzungsrüge ohnehin keinen Erfolg haben kann (dazu → Rn. 27).

11   **b) Regelverfahren der Besetzungsreduktion, Abs. 2.** Außer in den Fällen des § 74f Abs. 4 hat die Kammer immer über ihre Besetzung in der Hauptverhandlung zu entscheiden. Das geschieht in der Regel mit der Entscheidung über die Eröffnung des Hauptverfahrens (Abs. 2 S. 1). Nur in Schwurgerichtssachen (Abs. 2 S. 3 Nr. 1) ergibt sich die zwingende Dreierbesetzung bereits aus der Eröffnungsentscheidung selbst. In allen anderen Fällen ist eine Prognose über die Unterbringung (Abs. 2 S. 3 Nr. 2) oder eine Ausfüllung des weiten Beurteilungsspielraums (Abs. 2 S. 3 Nr. 3, Abs. 3) erforderlich. Daher ist die **Besetzungsentscheidung zwingend** und **auch für den Fall der Dreierbesetzung** mit Ausnahme der Schwurgerichtssachen nicht nur deklaratorisch.[27] (Zur Nachholung fehlender Besetzungsentscheidungen → Rn. 13) Der Beschluss ist von Amts wegen förmlich in der Besetzung außerhalb der Hauptverhandlung zu treffen[28] und ergeht ohne vorherige Anhörung der Beteiligten, weil das rechtliche Gehör bereits über § 201 StPO gewährt wird.[29] Er wird regelmäßig in den Eröffnungsbeschluss mit aufgenommen, was aber nicht zwingend ist, wie sich aus Abs. 2 S. 2 und Abs. 4 ergibt. Die Entscheidung ist selbstständig nicht anfechtbar.[30]

---

[20] BGH 23.12.1998 – 3 StR 343/98, BGHSt 44, 328 (334) = NJW 1999, 1644; 14.8.2003 – 3 StR 199/03, NJW 2003, 3644; 16.10.2003 – 3 StR 438/03, NStZ-RR 2004, 175; 7.7.2010 – 5 StR 555/09, NStZ 2011, 52 mAnm *Metzger*.
[21] BGH 7.7.2010 – 5 StR 555/09, NStZ 2011, 52 mAnm *Metzger*.
[22] BeckOK StPO/*Huber* Rn. 11; KK/*Diemer* Rn. 3; Meyer-Goßner/*Schmitt* Rn. 7.
[23] BVerfG 20.6.2012 – 2 BvR 1048/11, BVerfGE 131, 268 = NJW 2012, 3357 (3365).
[24] BeckOK StPO/*Huber* Rn. 4; Kissel/*Mayer* Rn. 6; KK/*Diemer* Rn. 3; Löwe/Rosenberg/*Siolek* Rn. 9; Meyer-Goßner/*Schmitt* Rn. 7; aA *Schlothauer* StV 1993, 147.
[25] BeckOK StPO/*Huber* Rn. 4; Meyer-Goßner/*Schmitt* Rn. 7; aA *Schlothauer* StV 1993, 147.
[26] StRspr, vgl. nur BGH 7.7.2010 – 5 StR 555/09, NStZ 2011, 52 mwN mit Anm. *Metzger*.
[27] So aber KK/*Diemer* Rn. 2; unglücklich auch die Formulierung der Gesetzesbegründung in BT-Drs. 17/6905, 12: „ist aus Gründen der Klarheit künftig stets über die Besetzung zu beschließen".
[28] BGH 27.7.2017 – 1 StR 596/16, NStZ 2018, 110.
[29] BGH 23.12.1998 – 3 StR 343/98, BGHSt 44, 328 (336) = NJW 1999, 1644; Kissel/*Mayer* Rn. 9; Meyer-Goßner/*Schmitt* Rn. 8; aA *Katholnigg* Rn. 5.
[30] BeckOK StPO/*Huber* Rn. 5; *Katholnigg* Rn. 5; Kissel/*Mayer* Rn. 15; Löwe/Rosenberg/*Siolek* Rn. 8; Meyer-Goßner/*Schmitt* Rn. 8.

Abs. 2 S. 2 sieht vor, dass die Besetzungsentscheidung mit der Terminierung zu treffen 12
ist, **wenn das Hauptverfahren bereits eröffnet** ist. Damit sind nur die Fälle gemeint, in
denen das Hauptsachegericht nicht selbst über die Eröffnung entschieden hat. Denkbar sind
insoweit bindende Verweisungen (§ 270 Abs. 1 StPO), Übernahmen nach Eröffnung des
Hauptverfahrens (§ 225a StPO), Eröffnungen durch das höhere beim niedrigeren Gericht
(§§ 209 Abs. 1, 209a StPO) oder Eröffnung durch das OLG auf Beschwerde hin (§ 210
Abs. 3 StPO).

Eine anderweitige **Nachholung der Besetzungsentscheidung** sieht das Gesetz nicht 13
vor. Nach herrschender Ansicht soll sich daraus ergeben, dass die Kammer, die eine Besetzungsentscheidung vergessen hat, diese nicht nachholen kann und in Dreierbesetzung entscheiden muss.[31] Diese Ansicht beruht auf der alten Fassung des Gesetzes, wonach nur für
den Fall der Besetzungsreduktion ein Beschluss zu fassen war. Nach der neuen Gesetzesfassung ist jedoch stets über die Besetzung zu beschließen. Lediglich in Schwurgerichtssachen
ist dieser Beschluss deklaratorisch, so dass bei fehlendem Besetzungsbeschluss dann keine
fehlerhafte Besetzung vorliegen kann, wenn die Strafkammer als Schwurgericht mit drei
Berufsrichtern entschieden. In allen anderen Fällen bestimmt der Besetzungsbeschluss den
gesetzlichen Richter und ist damit zwingend geworden. Die Dreierbesetzung kann auch
für die Hauptverhandlung nicht mehr als Regelbesetzung angesehen werden (→ Rn. 4).
Daher sind die **Grundsätze**, die die Rechtsprechung **für die Nachholung des vergessenen Eröffnungsbeschlusses** entwickelt hat,[32] auch auf die übersehene **Besetzungsentscheidung anzuwenden**.

c) **Änderung der Besetzungsentscheidung.** Änderungen der Besetzungsentschei- 14
dung sind nach Abs. 4 möglich. Danach kann die Kammer nachträglich **von der beschlossenen Zweierbesetzung abrücken** und die Dreierbesetzung beschließen, wenn sich **nach
dem Besetzungsbeschluss und vor der Hauptverhandlung** neue Umstände ergeben,
die eine Verhandlung mit drei Berufsrichtern erforderlich machen. Das können neue (erstmalige) Erkenntnisse zur Maßregelunterbringung (Abs. 2 S. 3 Nr. 2) oder Umstände sein,
die den Umfang oder die Schwierigkeit der Sache betreffen. ZB können die Ankündigung
geänderten Prozessverhaltens (Widerruf eines Geständnisses, Abrücken von einer avisierten
Verständigung), der Eingang von Sachverständigengutachten, die die Beweislage verändern,
oder die Verbindung von Verfahren Gründe für eine neue Besetzungsentscheidung sein.[33]
Hält die Strafkammer eine Änderung der Besetzung trotz der neu eingetretenen Umstände
nicht für erforderlich, trifft sie keine neue Entscheidung und es bleibt bei der reduzierten
Besetzung.[34] Ergeben sich die neuen Umstände erst **nach Beginn der Hauptverhandlung**, ist eine Änderung der Besetzung nur noch unter den Voraussetzungen des Abs. 5
möglich (→ Rn. 16).[35] Andernfalls könnte der gesetzliche Richter gegen das Gesetz frei
manipuliert werden.[36]

Abs. 4 gilt nicht für den Fall, dass bei beschlossener Dreierbesetzung zwischen Beset- 15
zungsentscheidung und Beginn der Hauptverhandlung Umstände eintreten, die die **Voraussetzungen der Dreierbesetzung wegfallen** lassen. Das ist vor dem Hintergrund der
Bestimmung des gesetzlichen Richters inkonsequent, aber hinzunehmen. Der Gesetzgeber
scheint dabei einen § 269 StPO entlehnten Rechtsgedanken im Blick gehabt zu haben. Das
überzeugt freilich nicht, weil die Dreierbesetzung weder Gericht höherer Ordnung ist, noch
ein entsprechendes gesetzliches Regel-Ausnahme-Verhältnis vorliegt (→ Rn. 4).

Abs. 5 eröffnet die Möglichkeit der **erneuten Besetzungsentscheidung** nach **Zurück-** 16
verweisung des Verfahrens durch das Revisionsgericht oder **Aussetzung** der Hauptver-

---

[31] BeckOK StPO/*Huber* Rn. 7; *Kissel/Mayer* Rn. 11; KK/*Diemer* Rn. 2; Meyer-Goßner/*Schmitt* Rn. 8.
[32] Dazu → § 207 StPO Rn. 48; KK/*Schneider* StPO § 207 Rn. 21 ff.
[33] Vgl. KK/*Diemer* Rn. 4; Meyer-Goßner/*Schmitt* Rn. 8.
[34] *Kissel/Mayer* Rn. 13.
[35] BT-Drs. 17/6905, 10; BGH 14.11.2012 – 3 StR 335/12, NStZ 2013, 181; Meyer-Goßner/*Schmitt*
Rn. 11.
[36] BGH 13.9.2011 – 5 StR 189/11, StV 2012, 169; vgl. auch KK/*Diemer* Rn. 4.

handlung. Sieht die Kammer keinen Anlass für eine abändernde Entscheidung, bedarf es auch keines Beschlusses.[37] Hat das Revisionsgericht die Sache zurückverwiesen, wird jeweils im Einzelfall zu prüfen sein, ob die Voraussetzungen einer Dreierbesetzung noch (zB weil nur noch über die Strafhöhe zu entscheiden ist) oder gar erstmalig vorliegen (zB weil nach Ansicht des BGH eine Unterbringung iSd Abs. 2 S. 3 Nr. 2 in Betracht kommt). Gleiches gilt nach Aussetzung der Hauptverhandlung. Allerdings darf die Verhandlung nicht nur zum Zweck der neuen Entscheidung über die Besetzung ausgesetzt werden, weil ansonsten der gesetzliche Richter willkürlich manipuliert werden könnte.[38] Die Aussetzung muss daher auf einem sachlichen Grund beruhen, der nicht nur die Änderung der Besetzung begründen würde. Daher genügt die erstmalige Erkenntnis in der Hauptverhandlung, dass eine Unterbringung nach § 63 StGB in Betracht kommt, für eine Aussetzung nur, wenn diese Frage ohne Aussetzung nicht geklärt werden kann.[39]

17 Eine Änderung der einmal getroffenen Besetzungsentscheidung ist auf erfolgreichen Besetzungseinwand hin möglich (§ 222b Abs. 2 StPO).[40] Sie erfolgt dann in der Besetzung außerhalb der Hauptverhandlung.[41] Darüber hinaus wird man wegen der verfassungsrechtlichen Bedeutung des gesetzlichen Richters weitere Ausnahmen zulassen müssen. Eine **Änderung der Besetzungsentscheidung** ist jedenfalls dann möglich und zwingend angezeigt, wenn die Kammer nachträglich erkennt, dass ihre Entscheidung **objektiv willkürlich** war.[42] Die Rechtsprechung und Literatur hat sich zwar bisher soweit ersichtlich nur mit Fallkonstellationen auseinandergesetzt, in denen von einer von Anfang an fehlerhaften Zweierbesetzung hätte abgerückt werden müssen. Es gibt aber jedenfalls seit der Neufassung des Gesetzes keinen Grund mehr, diese Grundsätze darauf zu beschränken. Daher hat eine Kammer, die noch vor Beginn der Hauptverhandlung erkennt, dass die Besetzung mit drei Richtern willkürlich war, den Besetzungsbeschluss zu ändern. Die Kammer darf vor dem Hintergrund des gesetzlichen Richters nicht abwarten, ob ein Beteiligter einen Besetzungseinwand (§§ 222a, 222b StPO) erhebt, weil sonst die Bestimmung des gesetzlichen Richters vom Prozessverhalten der Beteiligten abhängig wäre.

III. Kleine Strafkammer/Berufung

18 Die kleine Strafkammer ist **für Berufungen** gegen Urteile der Amtsgerichte zuständig. Über Beschwerden entscheidet die große Strafkammer (§ 73).[43]

19 **1. Besetzung außerhalb der Hauptverhandlung.** Die kleine Strafkammer entscheidet außerhalb der Hauptverhandlung stets nur durch den Vorsitzenden. Das gilt auch bei Berufungen gegen Urteile der erweiterten Schöffengerichte (Abs. 6 S. 2), denn Abs. 6 S. 1 sieht nur eine Besetzungserweiterung für die Hauptverhandlung vor. Im Übrigen gilt das zur großen Strafkammer Gesagte entsprechend (→ Rn. 3).

20 **2. Besetzung in der Hauptverhandlung. a) Regelbesetzung.** In Berufungsverfahren gegen Urteile der Strafrichter und Schöffengerichte entscheidet die kleine Strafkammer.[44] Diese ist innerhalb der Hauptverhandlung mit einem Berufsrichter (Vorsitzenden Richter) und zwei Schöffen besetzt (Abs. 1 S. 1). Die Justizverwaltung hat eine ausreichende

---

[37] Kissel/Mayer Rn. 14.
[38] BT-Drs. 17/6905, 10; Kissel/Mayer Rn. 14; KK/Diemer Rn. 4; aA offenbar Meyer-Goßner/Schmitt Rn 11.
[39] BT-Drs. 17/6905, 10; vgl. auch BGH 14.11.2012 – 3 StR 335/12, NStZ 2013, 181; unklar KK/Diemer Rn. 4 unter verkürzter Berufung auf die Gesetzesbegründung.
[40] BGH 14.8.2003 – 3 StR 199/03, NJW 2003, 3644 (3645); 31.8.2010 – 5 StR 159/10, NStZ 2011, 54; KK/Diemer Rn. 4; Meyer-Goßner/Schmitt Rn. 11.
[41] BGH 27.7.2017 – 1 StR 596/16, NStZ 2018, 110.
[42] BGH 14.8.2003 – 3 StR 199/03, NJW 2003, 3644 (3645); 7.7.2010 – 5 StR 555/09, NStZ 2011, 52 mAnm Metzger; 31.8.2010 – 5 StR 159/10, NStZ 2011, 54; 13.9.2011 – 5 StR 189/11, StV 2012, 169; Kissel/Mayer Rn. 14; Meyer-Goßner/Schmitt Rn. 11.
[43] → § 73 Rn. 1 f.
[44] Vgl. → § 74 Rn. 8 f.

Anzahl an kleinen Strafkammern einzusetzen und das Präsidium muss diese im Rahmen der Geschäftsverteilung mit Vorsitzenden Richtern (§ 21f) besetzen. In den Fällen des § 74c ist eine kleine Wirtschaftskammer als Berufungsgericht zuständig.[45]

b) Berufungen gegen Entscheidungen des erweiterten Schöffengerichts (§ 29 Abs. 2), Abs. 6. Hat in erster Instanz das erweiterte Schöffengericht (§ 29 Abs. 2) entschieden, ist auch in der Berufungsinstanz die kleine Strafkammer in der Hauptverhandlung mit einem zweiten Berufsrichter besetzt (Abs. 6 S. 1). Dadurch wird gewährleistet, dass **in zweiter Instanz nicht weniger Richter entscheiden, als in erster.** Wer dabei mitzuwirken hat, bestimmt die Geschäftsverteilung des Gerichts (§ 21e), da es sich nicht um eine kammerinterne Regelung handelt, denn die kleine Strafkammer ist grundsätzlich nur mit einem Berufsrichter besetzt.[46] Für die erweiterte Besetzung kommt es nur darauf an, dass in erster Instanz das erweiterte Schöffengericht entschieden hat, nicht, ob dies zu Recht geschehen ist.[47]

IV. Strafvollstreckungskammern

Strafvollstreckungskammern entscheiden stets außerhalb der Hauptverhandlung und daher immer ohne Schöffen. Die weitere Besetzung mit drei (große Strafvollstreckungskammer)[48] oder einem Berufsrichter (kleine Strafvollstreckungskammer)[49] regelt § 87b Abs. 1.

V. Jugendkammern

In **erster Instanz** entscheidet die große Jugendkammer in der Hauptverhandlung grundsätzlich mit drei Berufsrichtern und zwei Schöffen. §§ 33b Abs. 2–6, 108 JGG treffen für die Hauptverhandlung an § 76 Abs. 2 angelehnte, auf das Jugendrecht abgestimmte Regeln zur Besetzungsreduktion.

In **zweiter Instanz** entscheidet die kleine Jugendkammer (ein Berufsrichter und zwei Schöffen) über Berufungen gegen Urteile des Jugendrichters. Für Berufungen gegen Urteile des Jugendschöffengerichts ist die große Jugendkammer zuständig. Diese ist grundsätzlich in der Hauptverhandlung mit drei Berufsrichtern und zwei Schöffen besetzt, kann aber nach § 33b Abs. 4 JGG eine Besetzungsreduktion für die Hauptverhandlung beschließen. Hat in erster Instanz ein Jugendschutzgericht entschieden, ist für die Berufung die Jugendkammer nach den gleichen Grundsätzen zuständig (vgl. § 41 Abs. 2 JGG). Es kommt nur darauf an, dass in erster Instanz ein Jugendschutzgericht entschieden hat, nicht, ob dies zu Recht geschehen ist.[50]

Außerhalb der Hauptverhandlung entscheidet die Jugendkammer stets in der Regelbesetzung (große Jugendkammer: drei Berufsrichter; kleine Jugendkammer: ein Berufsrichter) ohne Schöffen (§ 33b Abs. 7 iVm § 33a Abs. 2 JGG).

VI. Revision

Die fehlerhafte Besetzung in der Hauptverhandlung ist mit der Besetzungsrüge (§ 338 Nr. 1 StPO) angreifbar. Voraussetzung ist ein Rüge nach §§ 222a, 222b StPO, da ansonsten Rügeverlust eintritt.[51] Das gilt jedoch nicht, wenn der Fehler objektiv nicht erkennbar

---

[45] Dazu → § 74c Rn. 8.
[46] *Kissel/Mayer* Rn. 16; missverständlich: KK/*Diemer* Rn. 8.
[47] OLG Düsseldorf 21.10.1993 – 2 Ss 301/93 – 89/93 I, NStZ 1994, 97; *Katholnigg* Rn. 7; KK/*Diemer* Rn. 6, 7.
[48] → § 78b Rn. 3 f.
[49] → § 78b Rn. 5.
[50] Vgl. auch Löwe/Rosenberg/*Siolek* § 74b Rn. 4.
[51] Ganz hM BGH 23.12.1998 – 3 StR 343-98, BGHSt 44, 328 = NJW 1999, 1644; BeckOK StPO/ *Huber* Rn. 13; *Katholnigg* Rn. 6; *Kissel/Mayer* Rn. 15; KK/*Diemer* Rn. 5; Löwe/Rosenberg/*Siolek* Rn. 22; Meyer-Goßner/*Schmitt* Rn. 17; *Rieß* NStZ 1990, 369.

war.[52] Nach **herrschender Ansicht,** die im Wesentlichen auf der alten Rechtslage beruht, hat die Revision nur Erfolg, wenn das Gericht bei der Entscheidung über die Besetzungsreduktion seinen weiten Beurteilungsspielraum in unvertretbarer Weise und damit objektiv willkürlich überschritten hat.[53] Ferner soll das Fehlen eines Beschlusses über die Besetzungsreduktion bei anschließender Hauptverhandlung in reduzierter Besetzung zur Aufhebung führen.[54] Die umgekehrten Fälle, in denen gänzlich ohne Besetzungsbeschluss[55] oder unter willkürlicher Verletzung des weiten Beurteilungsspielraums mit drei Berufsrichtern verhandelt wurde, obwohl die Voraussetzungen der Dreier-Besetzung nicht vorlagen, sollen hingegen nicht zur Aufhebung führen.[56] Als Begründung wird die strukturelle Überlegenheit der Dreier-Besetzung gegenüber der reduzierten Besetzung angeführt, die den Angeklagten unter keinem rechtlichen Gesichtspunkt beschweren kann,[57] oder die Rechtsprechung zum denkgesetzlichen Ausschluss des Beruhens trotz absoluten Revisionsgrunds[58] (§ 338 Nr. 1 StPO) herangezogen.[59]

27 Diese noch herrschende Ansicht wird jedoch **weder der Neufassung** des Abs. 2 **noch dem gewandelten Verständnis** der Bedeutung des gesetzlichen Richters[60] **gerecht.** Man wird daher richtigerweise zu unterscheiden haben:

28 Dem Gericht steht bei der Entscheidung über die Besetzungsreduktion ein weiter Beurteilungsspielraum zu. Im Rahmen dieses Spielraums ist in Zweifelsfällen zwar die Dreier-Besetzung zu wählen, da sie der Zweier-Besetzung strukturell überlegen ist. Zu einer Aufhebung in der Revision führt eine fehlerhafte Besetzungsentscheidung aber nur in Fällen der objektiven Willkür.[61] Da diese in Zweifelsfällen jedoch nie vorliegen kann, ist die **Frage der strukturellen Überlegenheit** im Revisionsverfahren **bedeutungslos.**

29 Abs. 2 bestimmt den gesetzlichen Richter. Überschreitet das Gericht den ihm eingeräumten Beurteilungsspielraum in unvertretbarer Weise, ist Art. 101 Abs. 1 S. 2 GG, § 16 verletzt. Dabei **spielt es keine Rolle, ob objektiv willkürlich die Besetzung reduziert oder die Dreierbesetzung beschlossen wurde. Beides** berührt den gesetzlichen Richter und **führt zur Aufhebung.**[62] Da es sich um die Bestimmung des gesetzlichen Richters handelt, kann es auch nicht darauf ankommen, ob der Angeklagte durch die fehlerhafte Entscheidung beschwert ist.[63] Auch die Auffassung, das Beruhen des Urteils auf einer fehlerhaften Besetzung mit drei Berufsrichtern sei denkgesetzlich ausgeschlossen,[64] kann nicht überzeugen, weil sich bei unterschiedlicher Besetzung die argumentative Gewichtungssituation in der Beratung und die Abstimmungsverhältnisse ändern. Bei fünf Richtern ist nach § 263 StPO für Schuld- und Rechtsfolgenfragen (2/3-Mehrheit) eine Mehrheit von vier Richtern erforderlich, während bei der reduzierten Besetzung drei Richter genügen. Auch gewinnt die Stimme des Vorsitzenden nach § 196 Abs. 4 nur in der reduzierten Besetzung erhöhtes Gewicht.

30 **Fehlt ein Beschluss über die Besetzung, führt dies regelmäßig zur Aufhebung,** weil davon ausgegangen werden muss, dass das Gericht den Beurteilungsspielraum des Abs. 2

---

[52] BGH 11.2.1999 – 4 StR 657/98, BGHSt 44, 361 = NJW 1999, 1724; KK/*Diemer* Rn. 5.
[53] BGH 23.12.1998 – 3 StR 343/98, BGHSt 44, 328 = NJW 1999, 1644; BeckOK StPO/*Huber* Rn. 13; *Katholnigg* Rn. 6; *Kissel/Mayer* Rn. 15; KK/*Diemer* Rn. 5; Löwe/Rosenberg/*Siolek* Rn. 22; Meyer-Goßner/*Schmitt* Rn. 17.
[54] BGH 11.2.1999 – 4 StR 657/98, BGHSt 44, 361 = NJW 1999, 1724; KK/*Diemer* Rn. 5.
[55] KK/*Diemer* Rn. 5.
[56] KK/*Diemer* Rn. 5.
[57] BGH 31.8.2010 – 5 StR 159/10, NStZ 2011, 54 (nicht tragend).
[58] Vgl. dazu KK/*Gericke* StPO § 338 Rn. 5.
[59] KK/*Diemer* Rn. 5: „das Urteil (kann) unter keinem denkbaren rechtlichen oder tatsächlichen Grund auf dem Beschlussmangel beruhen".
[60] Vgl. → § 16 Rn. 11, → § 21g Rn. 1, → § 24 Rn. 9.
[61] So jetzt auch nicht tragend BGH 20.12.2016 – 3 StR 419/16, BeckRS 2016, 113927.
[62] So auch schon in der Tendenz (nicht tragend) BGH 11.1.2005 – 3 StR 488/04, NStZ 2005, 465; ebenso *Schuster/Weitner*, Fallrepetitorium StPO, 7. Aufl. 2017, Rn. 507; Löwe/Rosenberg/*Siolek* Rn. 22; *Rieß* NStZ 1990, 369 (370).
[63] So aber BGH 31.8.2010 – 5 StR 159/10, NStZ 2011, 54 (nicht tragend).
[64] KK/*Diemer* Rn. 5.

nicht ausgefüllt hat. In den Fällen des Abs. 2 S. 3 Nr. 1 (Schwurgericht) ist ein Beruhen des Urteils auf dieser Unterlassung indes denkgesetzlich ausgeschlossen, wenn die Schwurgerichtskammer tatsächlich mit drei Berufsrichtern entschieden hat, weil der Beschluss dann letztlich nur deklaratorischer Natur ist (→ Rn. 11). Entsprechendes wird ausnahmsweise in eindeutigen Fällen gelten, wenn zwar der Beschluss über die Besetzung fehlt, die Kammer aber dennoch in richtiger Besetzung verhandelt hat: bspw., wenn (zB in Sicherungsverfahren, § 413 StPO) von vornherein die Anordnung einer Maßregel iSd Abs. 2 S. 3 Nr. 2 zu erwarten war (und erfolgt ist) und die Kammer ohne Beschluss über ihre Besetzung mit drei Berufsrichtern entschieden hat oder es sich ganz offensichtlich um einen in jeder Hinsicht einfach gelagerten Fall handelt, der von Anfang an nur auf einen Sitzungstag angesetzt war, und ohne Beschluss über die Reduktion in reduzierter Besetzung verhandelt wurde. Hat eine Kammer später ein Verfahren hinzuverbunden und erneut die reduzierte Besetzung beschlossen, dies aber in der falschen Besetzung der Hauptverhandlung getan, ist der ursprüngliche Besetzungsbeschluss überholt und der neue Beschluss wegen der fehlerhaften Besetzung unwirksam.[65]

§ 77 [Schöffen der Strafkammern]

(1) Für die Schöffen der Strafkammern gelten entsprechend die Vorschriften über die Schöffen des Schöffengerichts mit folgender Maßgabe:

(2) ¹Der Präsident des Landgerichts verteilt die Zahl der erforderlichen Hauptschöffen für die Strafkammern auf die zum Bezirk des Landgerichts gehörenden Amtsgerichtsbezirke. ²Die Hilfsschöffen wählt der Ausschuß bei dem Amtsgericht, in dessen Bezirk das Landgericht seinen Sitz hat. ³Hat das Landgericht seinen Sitz außerhalb seines Bezirks, so bestimmt die Landesjustizverwaltung, welcher Ausschuß der zum Bezirk des Landgerichts gehörigen Amtsgerichte die Hilfsschöffen wählt. ⁴Ist Sitz des Landgerichts eine Stadt, die Bezirke von zwei oder mehr zum Bezirk des Landgerichts gehörenden Amtsgerichten oder Teile davon umfaßt, so gilt für die Wahl der Hilfsschöffen durch die bei diesen Amtsgerichten gebildeten Ausschüsse Satz 1 entsprechend; die Landesjustizverwaltung kann bestimmte Amtsgerichte davon ausnehmen. ⁵Die Namen der gewählten Hauptschöffen und der Hilfsschöffen werden von dem Richter beim Amtsgericht dem Präsidenten des Landgerichts mitgeteilt. ⁶Der Präsident des Landgerichts stellt die Namen der Hauptschöffen zur Schöffenliste des Landgerichts zusammen.

(3) ¹An die Stelle des Richters beim Amtsgericht tritt für die Auslosung der Reihenfolge, in der die Hauptschöffen an den einzelnen ordentlichen Sitzungen teilnehmen, und der Reihenfolge, in der die Hilfsschöffen an die Stelle wegfallender Schöffen treten, der Präsident des Landgerichts; § 45 Abs. 4 Satz 3, 4 gilt entsprechend. ²Ist der Schöffe verstorben oder aus dem Landgerichtsbezirk verzogen, ordnet der Vorsitzende der Strafkammer die Streichung von der Schöffenliste an; in anderen Fällen wird die Entscheidung darüber, ob ein Schöffe von der Schöffenliste zu streichen ist, sowie über die von einem Schöffen vorgebrachten Ablehnungsgründe von einer Strafkammer getroffen. ³Im übrigen tritt an die Stelle des Richters beim Amtsgericht der Vorsitzende der Strafkammer.

(4) ¹Ein ehrenamtlicher Richter darf für dasselbe Geschäftsjahr nur entweder als Schöffe für das Schöffengericht oder als Schöffe für die Strafkammern bestimmt werden. ²Ist jemand für dasselbe Geschäftsjahr in einem Bezirk zu mehreren dieser Ämter oder in mehreren Bezirken zu diesen Ämtern bestimmt worden, so hat der Einberufene das Amt zu übernehmen, zu dem er zuerst einberufen wird.

(5) § 52 Abs. 2 Satz 1 Nr. 1 findet keine Anwendung.

---

[65] BGH 20.5.2015 – 2 StR 45/14, NJW 2015, 2515 (2516).

Schrifttum: *Brandes,* Auslosung der Schöffen zur Schöffenliste des Landgerichts, MDR 1980, 371; *Katholnigg,* Nochmals – Auslosung der Schöffen zur Schöffenliste des Landgerichts, MDR 1980, 635.

Übersicht

	Rn.		Rn.
I. Normzweck und allgemeiner Regelungsgehalt	1	a) Allgemeines Verfahren	4, 5
II. Regelungsgehalt	2–10	b) Auslosung	6, 7
1. Anwendbarkeit der Vorschriften über die Schöffen beim Amtsgericht, Abs. 1	2	c) Benachrichtigungen	8
		d) Abweichende Zuständigkeiten, Abs. 3 S. 2, 3	9
2. Abweichende Vorschriften für die Schöffen des Landgerichts	3–9	3. Mehrfachbenennung, Abs. 4	10
		III. Revision	11

I. Normzweck und allgemeiner Regelungsgehalt

1 § 77 erstreckt die Anwendbarkeit der Vorschriften über die Schöffen beim Amtsgericht auf das Landgericht (Abs. 1) und regelt in Abs. 2–5 abweichende Einzelheiten für die Landgerichte. Grundsätzlich gelten daher die Ausführungen zu §§ 30–58 entsprechend, sofern sich aus § 77 nichts anderes ergibt.

II. Regelungsgehalt

2 **1. Anwendbarkeit der Vorschriften über die Schöffen beim Amtsgericht, Abs. 1.** Nach Abs. 1 gelten die Vorschriften über die Schöffen beim Amtsgericht auch für das Landgericht. Die Schöffen werden für die Land- und Amtsgerichte einheitlich vorgeschlagen (§ 36). Das Verfahren nach §§ 37–39 und die Tätigkeit des Ausschusses nach §§ 40, 41 betrifft die Schöffen der Amts- und Landgerichte in gleichem Maß.[1] Es gibt für das gesamte Landgericht nur **eine einheitliche Haupt- und eine einheitliche Hilfsschöffenliste.** Die Schöffen sind für sämtliche (kleinen und großen sowie Spezial-) Strafkammern aus diesen Listen heranzuziehen. Für Jugendschöffen gilt § 35 JGG.[2]

3 **2. Abweichende Vorschriften für die Schöffen des Landgerichts.** Aus Abs. 2–5 ergeben sich abweichende Regelungen, die auf die Besonderheiten des Landgerichts und die dort bestehenden Zuständigkeiten Rücksicht nehmen und so für einen **reibungslosen Ablauf bei der Bestimmung des gesetzlichen Richters** sorgen.

4 **a) Allgemeines Verfahren.** Nach Abs. 2 S. 1 bestimmt der Präsident des Landgerichts die erforderliche Hauptschöffenzahl nach seinem pflichtgemäßen Ermessen[3] gemäß der in § 43 niedergelegten Grundsätze.[4] Diese Gesamtzahl verteilt er auf die Amtsgerichtsbezirke, wobei auch der Bezirk einer auswärtigen Strafkammer mit zu berücksichtigen ist.[5] § 78 Abs. 3 steht dem nicht entgegen.[6] Die Wahl der zahlenmäßig so bestimmten Schöffen obliegt den Ausschüssen bei den jeweiligen Amtsgerichten (§ 40). Der Vorsitzende des jeweiligen Ausschusses teilt die Namen der gewählten **Hauptschöffen** dem Landgerichtspräsidenten mit (Abs. 2 S. 5), der diese zur einheitlichen Hauptschöffenliste für alle Strafkammern zusammenstellt (Abs. 2 S. 6).

5 Die Zahl der erforderlichen Hilfsschöffen bestimmt der Landgerichtspräsident nach § 43. Für die Wahl der **Hilfsschöffen** ist nur der Ausschuss bei dem Amtsgericht zuständig, in dessen Bezirk das Landgericht seinen Sitz hat (Abs. 2 S. 2). So soll gewährleistet werden, dass die Hilfsschöffen kurzfristig verfügbar sind und lange Anreisewege vermieden werden.

---

[1] *Kissel/Mayer* Rn. 1.
[2] → § 42 Rn. 7.
[3] BGH 24.6.1986 – 5 StR 114/86, BGHSt 34, 121 = NJW 1986, 2585; *Kissel/Mayer* Rn. 1; KK/*Diemer* Rn. 1.
[4] → § 43 Rn. 3.
[5] BGH 24.6.1986 – 5 StR 114/86, BGHSt 34, 121 = NJW 1986, 2585.
[6] BGH 24.6.1986 – 5 StR 114/86, BGHSt 34, 121 = NJW 1986, 2585.

Hat das Landgericht seinen Sitz außerhalb seines eigenen Zuständigkeitsbereichs (zB LG München II), bestimmt die Landesjustizverwaltung, welcher Ausschuss der zu dem Bezirk des Landgerichts gehörenden Amtsgerichte die Hilfsschöffen wählt (Abs. 2 S. 3). Sinnvollerweise wird es sich um den geographisch nächsten handeln. Abs. 2 S. 4 trägt, § 58 Abs. 2 S. 2 entsprechend, der verbesserten Mobilität in Großstädten Rechnung.[7] Daher sollen in Städten mit mehreren Amtsgerichten (zB Berlin) die Hilfsschöffen aus dem gesamten Stadtbezirk herangezogen werden. Zu diesem Zweck wird das Verfahren für die Bestimmung der Hauptschöffen für entsprechend anwendbar erklärt. Die Landesjustizverwaltungen können einzelne Amtsgerichte ausnehmen, um den Verhältnissen vor Ort gerecht zu werden (Abs. 2 S. 4 letzter Hs.).[8] Die Hilfsschöffenliste übermittelt der zuständige Richter beim Amtsgericht dem Landgerichtspräsidenten. Da es sich – außer in den Fällen des Abs. 2 S. 4 – nur um eine Liste handelt, muss keine einheitliche Hilfsschöffenliste mehr zusammengestellt werden.

b) Auslosung. Die Auslosung der Haupt- und Hilfsschöffen nimmt der Präsident des Landgerichts als reine Verwaltungsaufgabe vor.[9] Für die Vertretung gilt § 21h nicht. Der Präsident kann sich nach den allgemeinen Vertretungsregeln in Verwaltungssachen vertreten lassen, auch wenn er nicht verhindert ist.[10] Die **Auslosung folgt den in § 45 niedergelegten Regeln.**[11] Zuvor sind gem. Abs. 1 iVm § 45 Abs. 1 die Sitzungstage der einzelnen Spruchkörper zu bestimmen. Jeder Kammer können „ihre eigenen Schöffen" zugelost werden, was zweckmäßig, aber nicht zwingend ist.[12] Die Bildung einzelner Listen, aus denen die Schöffen für die Kammern gelost werden (zB, um Fachkompetenz einer bestimmten Kammer zuzuweisen), ist unzulässig. Alle Schöffen müssen aus der jeweiligen einheitlichen Liste gelost werden.[13] Für die Neugründung oder Abschaffung einer Kammer im laufenden Geschäftsjahr gelten die Ausführungen zu § 46 entsprechend.[14]

Hilfsstrafkammern sind keine zusätzlichen Spruchkörper im Sinn von Abs. 1 iVm § 46, sondern **spruchkörperinterne Vertretungsregeln** durch das Präsidium.[15] Daher sind bei Einrichtung einer Hilfsstrafkammer die Hauptschöffen der ordentlichen Strafkammer heranzuziehen, zu deren Entlastung die (Vertretungs-)Hilfsstrafkammer gebildet wurde.[16] Dabei ist auf die jeweiligen Schöffen des (ggf. verlegten) Sitzungstages der ordentlichen Strafkammer abzustellen.[17] Nur bei Kollisionen der Sitzungstage des ordentlichen und der Hilfsstrafkammer geht die Beiziehung der Schöffen zur ordentlichen Strafkammer vor.[18] Für die Hilfsstrafkammer tritt dann ein Fall des Abs. 1 iVm § 47 ein und es sind Schöffen von der Hilfsschöffenliste heranzuziehen.[19] Erweist sich im Nachhinein die Notwendigkeit, die Hilfsstrafkammer als ständige Strafkammer zu installieren, liegt mit dieser Entscheidung der Justizverwaltung ein Fall des Abs. 1 iVm § 46 vor. Die Hilfsstrafkammer hört auf zu existieren und die Schöffen sind neu auszulosen.[20]

---

[7] BT-Drs. 10/1313, 56.
[8] BT-Drs. 10/1313, 56.
[9] BGH 6.12.1973 – 4 StR 554/73, BGHSt 25, 257 = NJW 1974, 509.
[10] BGH 6.12.1973 – 4 StR 554/73, BGHSt 25, 257 = NJW 1974, 509.
[11] → § 45 Rn. 6 ff.
[12] Dazu → § 45 Rn. 7.
[13] *Katholnigg* MDR 1980, 635; *Kissel/Mayer* Rn. 5; *Löwe/Rosenberg/Siolek* Rn. 1; aA *Brandes* MDR 1980, 371.
[14] → § 46 Rn. 3 f. und 5.
[15] Vgl. → § 16 Rn. 7, → § 21e Rn. 13 und → § 21f Rn. 3, § 60.
[16] → § 46 Rn. 6; BGH 14.7.1995 – 5 StR 532/94, BGHSt 41, 175 = NJW 1996, 267.
[17] BGH 14.7.1995 – 5 StR 532/94, BGHSt 41, 175 = NJW 1996, 267; 7.2.2007 – 2 StR 370/06, NStZ 2007, 537.
[18] BGH 14.7.1995 – 5 StR 532/94, BGHSt 41, 175 = NJW 1996, 267; 7.2.2007 – 2 StR 370/06, NStZ 2007, 537.
[19] BGH 14.7.1995 – 5 StR 532/94, BGHSt 41, 175 = NJW 1996, 267; 7.2.2007 – 2 StR 370/06, NStZ 2007, 537.
[20] → § 46 Rn. 6; BGH 16.7.1968 – 1 StR 133/68, BGHSt 22, 209 = NJW 1968, 1974.

8 **c) Benachrichtigungen.** Für die Benachrichtigungen der Schöffen gelten § 45 Abs. 4 S. 3 und 4 entsprechend (Abs. 3 S. 1), wobei der Präsident des Landgerichts die Benachrichtigungen vorzunehmen hat.

9 **d) Abweichende Zuständigkeiten, Abs. 3 S. 2, 3.** Abs. 3 S. 2 und 3 sehen abweichende Zuständigkeiten bei Streichungen nach §§ 52, 52, aber auch in Bezug auf die weiteren Entscheidungen insbesondere nach § 54 und 56 vor. Die **Zuständigkeit ist unter einer Strafkammer und ihrem Vorsitzenden aufgeteilt,** wobei das Präsidium zu bestimmen hat, welche Strafkammer für die Schöffenentscheidungen zuständig ist. Es kann auch jeder Strafkammer die Zuständigkeit für die „eigenen Schöffen" zuweisen.[21] Für die Streichung von der Schöffenliste des Landgerichts nach Tod oder Wegzug des Schöffen aus dem Landgerichtsbezirk (nicht beim Umzug in einen anderen Amtsgerichtsbezirk innerhalb des gleichen Landgerichtsbezirks, Abs. 5) ist der Vorsitzende der Strafkammer zuständig (Abs. 3 S. 2 Hs. 1). Die Entscheidung über die Streichung in allen anderen Fällen obliegt der gesamten Kammer (Abs. 3 S. 2 letzter Hs.). Alle anderen Entscheidungen in Schöffenangelegenheiten (§§ 51 Abs. 2, 54, 56) trifft der Vorsitzende alleine (Abs. 3 S. 3). Er muss die Entscheidungen persönlich treffen und darf sie nicht delegieren.[22] Im Verhinderungsfall ist sein Vertreter zur Entscheidung berufen.[23]

10 **3. Mehrfachbenennung, Abs. 4.** Schöffen dürfen nicht zugleich beim Landgericht und bei einem Amtsgericht berufen werden. Geschieht dies dennoch, ist die Wahl nicht unwirksam. Abs. 4 S. 2 bestimmt jedoch, dass der Schöffe **das Amt anzunehmen hat, zu dem er zuerst einberufen** wurde. Im anderen Amt ist er nach § 52 zu streichen. Unter Einberufung ist bei Hauptschöffen die Benachrichtigung nach Abs. 1, 3 S. 1 Hs. 2 iVm § 45 zu verstehen. Bei Hilfsschöffen ist es die Nachricht von der erstmaligen Heranziehung nach § 49 Abs. 3 S. 3. Entsprechendes gilt für die Heranziehung als Ergänzungsschöffe (§ 48). Bei gleichzeitigem Zugang entscheidet das Amt, dass der Schöffe bisher ausgeübt hat. Handelt es sich um die erstmalige Heranziehung, entscheidet der frühere Sitzungstag,[24] hilfsweise das höhere Gericht.[25]

III. Revision

11 Die Revision kann bei Fehlern im Verfahren auf die Besetzungsrüge gestützt werden. Es gelten allerdings die bei den jeweiligen Vorschriften für das Amtsgericht dargestellten Einschränkungen. Insbesondere kommt eine erfolgreiche Rüge **regelmäßig nur bei Willkür** in Betracht.[26] Hat der falsche Richter die Auslosung vorgenommen, kann eine Rüge nicht darauf gestützt werden, weil es sich dabei um eine reine Verwaltungstätigkeit handelt und der Zufall nicht von der Person des Ziehenden abhängt.[27] Überlässt der Vorsitzende die Entscheidung über die Entbindung eines Schöffen (§ 54) einer unzuständigen Person, ist dies willkürlich und die Besetzungsrüge hat Erfolg.[28]

§ 78 [Auswärtige Strafkammern bei Amtsgerichten]

(1) ¹Die Landesregierungen werden ermächtigt, durch Rechtsverordnung wegen großer Entfernung zu dem Sitz eines Landgerichts bei einem Amtsgericht für den Bezirk eines oder mehrerer Amtsgerichte eine Strafkammer zu bilden und

---
[21] Vgl. → § 56 Rn. 11; OLG Celle 9.11.1971 – 3 Ss 147/71, MDR 1972, 261.
[22] BGH 28.9.1952 – 2 StR 67/52, BGHSt 3, 68 = NJW 1952, 1265; 20.12.1966 – 5 StR 421/66, DRiZ 1967, 63.
[23] BGH 28.9.1952 – 2 StR 67/52, BGHSt 3, 68 = NJW 1952, 1265; Löwe/Rosenberg/*Siolek* Rn. 5.
[24] *Kissel/Mayer* Rn. 9.
[25] *Kissel/Mayer* Rn. 9; Löwe/Rosenberg/*Siolek* Rn. 10.
[26] → § 16 Rn. 29 ff.
[27] BGH 28.9.1952 – 2 StR 67/52, BGHSt 3, 68 = NJW 1952, 1265.
[28] BGH 20.12.1966 – 5 StR 421/66, DRiZ 1967, 63.

ihr für diesen Bezirk die gesamte Tätigkeit der Strafkammer des Landgerichts oder einen Teil dieser Tätigkeit zuzuweisen. ²Die in § 74 Abs. 2 bezeichneten Verbrechen dürfen einer nach Satz 1 gebildeten Strafkammer nicht zugewiesen werden. ³Die Landesregierungen können die Ermächtigung auf die Landesjustizverwaltungen übertragen.

(2) ¹Die Kammer wird aus Mitgliedern des Landgerichts oder Richtern beim Amtsgericht des Bezirks besetzt, für den sie gebildet wird. ²Der Vorsitzende und die übrigen Mitglieder werden durch das Präsidium des Landgerichts bezeichnet.

(3) ¹Der Präsident des Landgerichts verteilt die Zahl der erforderlichen Hauptschöffen auf die zum Bezirk der Strafkammer gehörenden Amtsgerichtsbezirke. ²Die Hilfsschöffen wählt der Ausschuß bei dem Amtsgericht, bei dem die auswärtige Strafkammer gebildet worden ist. ³Die sonstigen in § 77 dem Präsidenten des Landgerichts zugewiesenen Geschäfte nimmt der Vorsitzende der Strafkammer wahr.

I. Normzweck

§ 78 enthält eine **Dekonzentrationsermächtigung** und bezweckt ein **höheres Maß** **an Bürgernähe** durch Errichtung einer auswärtigen Strafkammer, wenn dies aufgrund der großen Entfernung zum Stammgericht erforderlich ist. Damit folgt die Norm ähnlichen Erwägungen wie bei der Errichtung von Zweigstellen oder auswärtigen Gerichtstagen.[1] Aufgrund der verbesserten Mobilität und der begrenzten finanziellen Rahmen der Justizhaushalte ist allerdings eine gegenläufige Tendenz zu mehr Konzentration zu beobachten.[2] 1

II. Regelungsgehalt

1. Einrichtung auswärtiger Strafkammern, Abs. 1. Die Einrichtung auswärtiger Strafkammern obliegt der Landesregierung durch Rechtsverordnung (Abs. 1 S. 1). Diese kann die Ermächtigung durch Rechtsverordnung auf die Landesjustizverwaltung übertragen (Abs. 1 S. 3). Auch die Aufhebung einer einmal gebildeten Kammer kann nur durch Rechtsverordnung geschehen.[3] Eine Verordnung ist nur zulässig, wenn die Errichtung einer auswärtigen Strafkammer wegen der großen Entfernung zum Stammgericht erforderlich ist. Die Beantwortung dieser Frage steht im pflichtgemäßen Ermessen des Verordnungsgebers. Wird eine auswärtige Strafkammer jedoch aus **sachfremden Erwägungen** gebildet oder aufgehoben, ist der **gesetzliche Richter verletzt**.[4] 2

Die Strafkammer kann für den Bezirk eines oder mehrerer Amtsgerichte eingerichtet werden. Ihre **örtliche Zuständigkeit** muss immer den gesamten AG-Bezirk umfassen, nicht nur Teile desselben.[5] Bei hohem Geschäftsanfall können auch mehrere auswärtige Strafkammern gebildet werden. 3

2. Sachliche Zuständigkeit. Die sachliche Zuständigkeit muss sich **aus der Rechtsverordnung selbst** ergeben. Sie ist durch Abs. 1 S. 1 und 2 begrenzt. Enthält die Verordnung keine Einschränkung, ist die Strafkammer innerhalb ihrer örtlichen Zuständigkeit für alle Strafsachen einer großen und kleinen Strafkammer zuständig. Davon ausgenommen ist nach Abs. 1 S. 2 die Schwurgerichtszuständigkeit (§ 74 Abs. 2). Gleiches gilt für die Staatsschutzkammer nach § 74a.[6] Das rechtfertigt sich aus dem Grundgedanken gesetzlicher Zuständigkeitskonzentrationen für Spezialmaterien. Denn die Richter dieser Kammern 4

---

[1] *Kissel/Mayer* Rn. 1.
[2] → § 12 Rn. 6.
[3] *Kissel/Mayer* Rn. 2; *Löwe/Rosenberg/Siolek* Rn. 1.
[4] *Kissel/Mayer* Rn. 3; *Löwe/Rosenberg/Siolek* Rn. 1.
[5] *Kissel/Mayer* Rn. 1; KK/*Diemer* Rn. 1; *Löwe/Rosenberg/Siolek* Rn. 2.
[6] Allgemeine Meinung: *Katholnigg* Rn. 2; *Kissel/Mayer* Rn. 5; KK/*Diemer* Rn. 1; *Löwe/Rosenberg/Siolek* Rn. 2; *Meyer-Goßner/Schmitt* Rn. 3.

erwerben regelmäßig ein bereichsspezifisches, hohes Spezialwissen. Aus diesem Grund wird man auch Wirtschaftsstrafkammern (§ 74c) von § 78 ausnehmen müssen.[7] Ohne Einschränkung in der Verordnung wird die Strafkammer auch als Jugendkammer (einschließlich § 74b) tätig. Das gilt umfassend und auch in „Schwurgerichtssachen" nach § 41 Abs. 1 Nr. 1 JGG.[8]

5 Dem Verordnungsgeber steht es frei, **nur Teile** der übertragbaren Strafsachen der Strafkammer **zuzuweisen**. Das kann sowohl in Bezug auf die Funktion (nur kleine, große Strafkammer) oder die sachliche Zuständigkeit erfolgen. Entscheidend ist die Abgrenzung nach allgemeinen sachlichen Kriterien (zB Strafsachen ohne Jugendsachen). Ob die Zuweisung nach bestimmten Delikten (zB Verkehrssachen, Straftaten nach dem BtMG) zulässig ist, ist wegen des Normzwecks (bessere Erreichbarkeit) zweifelhaft und umstritten.[9] Da § 78 nicht der Schaffung von Spezialkammern dient, ist eine entsprechende Beschränkung in der Rechtsverordnung nicht zulässig. Allerdings wird man eine solche Regelung nach derzeitigem Stand auch nicht für willkürlich halten können, sodass eine Besetzungsrüge darauf nicht erfolgreich gestützt werden kann.

6 Werden **mehrere auswärtige Strafkammern** für den gleichen örtlichen Zuständigkeitsbereich eingerichtet, ohne dass die Verordnung selbst ihre sachlichen Zuständigkeiten abgrenzt, ist das Verhältnis zueinander durch das Präsidium im Geschäftsverteilungsplan des Landgerichts nach § 21e zu regeln.

7 **3. Verhältnis zum Landgericht.** Die auswärtige Strafkammer ist **als Strafkammer Teil des Landgerichts.** Schriftsätze und Erklärungen können daher auch für die auswärtige Kammer beim Stammgericht abgegeben werden.[10] Umgekehrt können entsprechende Erklärungen bei der auswärtigen Strafkammer für das Stammgericht nur in Strafsachen abgegeben werden.[11] Im Verhältnis zu anderen Strafkammern des Landgerichts ist die auswärtige Strafkammer (örtlich[12]) ein anderes Gericht iSd §§ 15, 27 Abs. 4 und 354 Abs. 2 StPO.[13] **Zuständigkeitsstreitigkeiten** zwischen der auswärtigen Kammer und dem Stammgericht oder zwischen verschiedenen auswärtigen Kammern, die sich unmittelbar aus der Rechtsverordnung ergeben, entscheidet das OLG (§ 14 StPO).[14] Ergibt sich der Konflikt aus der Geschäftsverteilung, ist das Präsidium zuständig.[15]

8 **4. Berufsrichter, Abs. 2.** Die Berufsrichter als **Mitglieder der auswärtigen Strafkammer bestimmt das Präsidium** des Landgerichts. Dabei ist es nicht auf seine eigenen Mitglieder beschränkt, sondern kann auch auf die Richter des Amtsgerichts oder der Amtsgerichte zurückgreifen, für dessen bzw. deren Sprengel die Kammer zuständig ist (Abs. 2 S. 1). Sämtliche Richter (auch auf Probe) bei den beteiligten Gerichten können als Beisitzer herangezogen werden.[16] Es handelt sich weder um eine Abordnung noch Versetzung.[17] Auch ist damit für die Mitglieder des Landgerichts keine Übertragung eines weiteren Richteramts verbunden (§ 27 Abs. 2 DRiG).[18] Der Vorsitzende muss stets Vorsitzender Richter am Landgericht (oder Präsident, Vizepräsident) sein (§ 21f). Die Vertretung aller Mitglieder der auswärtigen Kammer ist per Geschäftsverteilung (§§ 21e, 21g) zu regeln.[19]

---

[7] *Katholnigg* Rn. 2; *Kissel/Mayer* Rn. 5; *Löwe/Rosenberg/Siolek* Rn. 4; aA KK/*Diemer* Rn. 1; *Meyer-Goßner/Schmitt* Rn. 3, wonach bei mehreren auswärtigen Strafkammern die Zuweisung einer Wirtschaftskammer zulässig sein soll.
[8] OLG Karlsruhe 2.8.1978 – 1 Ws 257/78, Justiz 1978, 474.
[9] Dafür KMR/*Paulus* Rn. 1; dagegen Löwe/Rosenberg/*Siolek* Rn. 4.
[10] BGH 18.10.1966 – VI ZB 13/66, NJW 1967, 107; *Katholnigg* Rn. 1; *Kissel/Mayer* Rn. 8; KK/*Diemer* Rn. 2; *Löwe/Rosenberg/Siolek* Rn. 10; Meyer-Goßner/*Schmitt* Rn. 2.
[11] *Kissel/Mayer* Rn. 8.
[12] BGH 21.12.1962 – 4 StR 224/62, BGHSt 18, 176 = NJW 1963, 584.
[13] *Kissel/Mayer* Rn. 7.
[14] OLG Hamm 30.9.1955 – 2 Ws 311/55, NJW 1956, 317; *Kissel/Mayer* Rn. 7; *Löwe/Rosenberg/Siolek* Rn. 6; Meyer-Goßner/*Schmitt* Rn. 4.
[15] *Kissel/Mayer* Rn. 7; Meyer-Goßner/*Schmitt* Rn. 4.
[16] *Kissel/Mayer* Rn. 9; Löwe/Rosenberg/*Siolek* Rn. 12.
[17] *Kissel/Mayer* Rn. 9; Löwe/Rosenberg/*Siolek* Rn. 13.
[18] → § 21b Rn. 1; *Kissel/Mayer* Rn. 9; Löwe/Rosenberg/*Siolek* Rn. 13.
[19] *Kissel/Mayer* Rn. 12.

5. Schöffen, Abs. 3. Die auswärtige Strafkammer hat ihre **eigenen Haupt- und Hilfs-** 9
schöffenlisten. Der Präsident des LG bestimmt die erforderliche Schöffenzahl und verteilt
sie auf die Amtsgerichtsbezirke, für die die Kammer zuständig ist (Abs. 3 S. 1). Die Hauptschöffen wählen die jeweiligen Ausschüsse bei den Amtsgerichten. Die Hilfsschöffen wählt
nur der Ausschuss bei dem Amtsgericht, bei dem die Kammer ihren Sitz hat (Abs. 3 S. 2).
Der Vorsitzende der auswärtigen Kammer bestimmt die Sitzungstage und nimmt die Auslosung der Haupt- und Hilfsschöffen vor (Abs. 3 S. 3). Nach Abs. 3 S. 3 ist der Vorsitzende
auch für die übrigen Aufgaben zuständig, die § 77 dem Präsidenten zuweist (§§ 54, 56).
Nur wenn mehrere auswärtige Strafkammern gebildet werden, ist es erforderlich in der
Geschäftsverteilung zu bestimmen, welche Kammer für die Schöffenangelegenheiten
zuständig ist.[20]

---

[20] → § 77 Rn. 9.

5a. Titel. Strafvollstreckungskammern

§ 78a [Zuständigkeit]

(1) ¹Bei den Landgerichten werden, soweit in ihrem Bezirk für Erwachsene Anstalten unterhalten werden, in denen Freiheitsstrafe oder freiheitsentziehende Maßregeln der Besserung und Sicherung vollzogen werden, oder soweit in ihrem Bezirk andere Vollzugsbehörden ihren Sitz haben, Strafvollstreckungskammern gebildet. ²Diese sind zuständig für die Entscheidungen
1. nach den §§ 462a, 463 der Strafprozeßordnung, soweit sich nicht aus der Strafprozeßordnung etwas anderes ergibt,
2. nach den § 50 Abs. 5, §§ 109, 138 Abs. 3 des Strafvollzugsgesetzes,
3. nach den §§ 50, 58 Absatz 2, § 84g Absatz 1, den §§ 84j, 90h Absatz 1, § 90j Absatz 1 und 2 und § 90k Absatz 1 und 2 des Gesetzes über die internationale Rechtshilfe in Strafsachen.

³Ist nach § 454b Absatz 3 oder Absatz 4 der Strafprozeßordnung über die Aussetzung der Vollstreckung mehrerer Freiheitsstrafen gleichzeitig zu entscheiden, so entscheidet eine Strafvollstreckungskammer über die Aussetzung der Vollstreckung aller Strafen.

(2) ¹Die Landesregierungen weisen Strafsachen nach Absatz 1 Satz 2 Nr. 3 für die Bezirke der Landgerichte, bei denen keine Strafvollstreckungskammern zu bilden sind, in Absatz 1 Satz 1 bezeichneten Landgerichten durch Rechtsverordnung zu. ²Die Landesregierungen werden ermächtigt, durch Rechtsverordnung einem der in Absatz 1 bezeichneten Landgerichte für die Bezirke mehrerer Landgerichte die in die Zuständigkeit der Strafvollstreckungskammern fallenden Strafsachen zuzuweisen und zu bestimmen, daß Strafvollstreckungskammern ihren Sitz innerhalb ihres Bezirkes auch oder ausschließlich an Orten haben, an denen das Landgericht seinen Sitz nicht hat, sofern diese Bestimmungen für eine sachdienliche Förderung oder schnellere Erledigung der Verfahren zweckmäßig sind. ³Die Landesregierungen können die Ermächtigungen nach den Sätzen 1 und 2 durch Rechtsverordnung auf die Landesjustizverwaltungen übertragen.

(3) Unterhält ein Land eine Anstalt, in der Freiheitsstrafe oder freiheitsentziehende Maßregeln der Besserung und Sicherung vollzogen werden, auf dem Gebiete eines anderen Landes, so können die beteiligten Länder vereinbaren, daß die Strafvollstreckungskammer bei dem Landgericht zuständig ist, in dessen Bezirk die für die Anstalt zuständige Aufsichtsbehörde ihren Sitz hat.

Übersicht

	Rn.		Rn.
I. Normzweck und allgemeiner Regelungsgehalt	1	2. Sachliche Zuständigkeit, Abs. 1 S. 2	5–9
		3. Örtliche Zuständigkeit	10, 11
II. Regelungsgehalt	2–13	4. Konzentrationsermächtigung	12
1. Einrichtung der Strafvollstreckungskammer	2–4	5. Länderübergreifende Zuständigkeit	13
		III. Anfechtung	14

I. Normzweck und allgemeiner Regelungsgehalt

1 Der 5a. Titel regelt die Strafvollstreckungskammern (StVK). § 78a bestimmt die Errichtung solcher Kammern sowie deren sachliche und örtliche Zuständigkeit und erlaubt (auch länderübergreifende) Konzentrationen durch die Landesregierungen. § 78b normiert die Besetzung der Strafvollstreckungskammern als sog. „kleine" und „große Strafvollstreckungs-

kammern".¹ Die Strafvollstreckungskammer ist gesetzliche Spezialkammer mit gesetzlich bestimmter und der Geschäftsverteilung des Präsidiums entzogener Zuständigkeit. Sie besteht (vorbehaltlich einer Zuständigkeitskonzentration, Abs. 2 S. 2) bei jedem Landgericht, in dessen Bezirk eine Justizvollzugsanstalt liegt oder eine Anstalt, in der Maßregeln (§§ 63, 64, 66 StGB) vollzogen werden. Dadurch sollen die während einer freiheitsentziehenden Maßnahme notwendigen Entscheidungen im Interesse der **Gleichbehandlung aller Insassen** und der großen **Sachkunde und Erfahrung der Richter** möglichst ortsnah **bei einem Spruchkörper konzentriert** werden.² Diese einheitliche Zuständigkeit will eine Entscheidungszersplitterung vermeiden.³

II. Regelungsgehalt

1. Einrichtung der Strafvollstreckungskammer. Nach Abs. 1 werden bei jedem 2 Landgericht Strafvollstreckungskammern gebildet, wenn im Bezirk des Landgerichts **für Erwachsene** eine Justizvollzugsanstalt liegt, eine Anstalt, in der Maßregeln vollzogen werden, oder andere Vollzugsbehörden ihren Sitz haben. Bei Anstalten des Maßregelvollzugs kommt es nicht darauf an, ob diese von der öffentlichen Hand oder anderen Trägern betrieben werden.⁴ Anstalten meint sowohl für den Justiz- als auch den Maßregelvollzug die selbstständige Anstalt. Zweig- und Außenstellen fallen nicht unter Abs. 1, sondern gehören als organisatorische Untereinheit zur Hauptstelle.⁵ Als andere Vollzugsbehörden kommen solche Stellen in Betracht, die freiheitsentziehende Strafen oder Maßregeln selbstständig vollziehen, also insbesondere Vollzugsbehörden der Bundeswehr.⁶

Die Strafvollstreckungskammer ist bei **Maßnahmen, die nach Jugendrecht verhängt** 3 **wurden,** nicht zuständig. Die entsprechenden Entscheidungen trifft das Jugendgericht als Vollstreckungsleiter (§§ 82 Abs. 1, 83, 110 JGG). Das gilt auch dann, wenn ein Erwachsenengericht nach Jugendstrafrecht entschieden hat (§ 103 JGG). Es kommt daher nicht auf das Ausgangsgericht an, sondern die Frage, ob Jugendrecht angewendet wurde. Gibt der Jugendrichter die Vollstreckung an die Staatsanwaltschaft ab (§§ 85 Abs. 6 S. 1, 89a Abs. 3 JGG), endet seine Zuständigkeit und die Strafvollstreckungskammer trifft die weiteren Entscheidungen (§ 85 Abs. 6 S. 2 JGG), soweit sie nicht der Staatsanwaltschaft als Vollstreckungsbehörde zustehen.⁷

Mehrere Strafvollstreckungskammern dürfen bei einem Landgericht nur eingerichtet 4 werden, wenn der Arbeitsanfall von einer Kammer nicht bewältigt werden kann. Es gelten die gleichen Grundsätze wie bei den anderen gesetzlichen Spezialkammern.⁸

2. Sachliche Zuständigkeit, Abs. 1 S. 2. Die gesetzliche sachliche Zuständigkeit der 5 Strafvollstreckungskammer ist ausschließlich. Sie geht daher jeder anderen (Spezial-)Kammer vor, ohne dass es einer ausdrücklichen Benennung in § 74e bedarf (zum Verhältnis zu den Jugendgerichten → Rn. 3).⁹ Die enumerative Aufzählung in Abs. 1 S. 2 ist abschließend.¹⁰ Eine Zuständigkeit besteht nicht, wenn in erster Instanz das OLG entschieden hat, es sei denn, es hat die im Rahmen der Vollstreckung zu treffenden Entscheidungen an die Strafvollstreckungskammer abgegeben (§ 462a Abs. 5 StPO). **Grundvoraussetzung** der sachlichen Zuständigkeit der Strafvollstreckungskammer ist, dass gegen den Verurteilten/ Untergebrachten eine **Freiheitsstrafe** (einschließlich Ersatzfreiheitsstrafe¹¹) vollstreckt oder

---

¹ Dazu → § 78b Rn. 2.
² BT-Drs. 7/550, 312, 318.
³ BGH 18.4.1975 – 2 ARs 83/75, BGHSt 26, 118 = NJW 1975, 1238.
⁴ KK/*Diemer* Rn. 2.
⁵ BGH 8.9.1978 – 2 ARs 289/78, BGHSt 28, 135 = NJW 1978, 2561; *Kissel/Mayer* Rn. 4; KK/*Diemer* Rn. 2.
⁶ BGH 25.8.1976 – 2 ARs 291/76, BGHSt 26, 391 = NJW 1976, 2356.
⁷ OLG Karlsruhe 11.3.2008 – 2 Ws 374/07, NStZ 2009, 46.
⁸ Vgl. → § 74 Rn. 6; → § 74a Rn. 2; → § 74c Rn. 2.
⁹ *Kissel/Mayer* Rn. 11.
¹⁰ BGH 19.1.2017 – 2 ARs 426/16, medstra 2017, 290 = BeckRS 2017, 112007.
¹¹ BGH 9.10.1981 – 2 ARs 293/81, BGHSt 30, 223 = NJW 1982, 248.

eine **freiheitsentziehende Maßregel** vollzogen wird oder dass die Vollstreckung (der Vollzug) des Strafrests (der einmal vollzogenen Maßregel) unterbrochen oder zur Bewährung ausgesetzt ist.[12]

6   Die Strafvollstreckungskammer ist nach **Abs. 1 S. 2 Nr. 1 zuständig für die Entscheidungen nach §§ 462a, 463 StPO**, soweit sich nicht aus der StPO etwas anderes ergibt. Danach trifft die Strafvollstreckungskammer die nachträglichen Entscheidungen nach § 453 StPO (einschließlich der flankierenden Maßnahmen nach §§ 453a–453c StPO), nach §§ 454, 454a StPO und § 462 StPO (Entscheidungen nach §§ 450a Abs. 3 S. 1, 458–461 StPO). Das gilt allerdings nicht, wenn nach § 462a StPO das Gericht des ersten Rechtszugs zuständig ist, seine Zuständigkeit nach § 462a Abs. 2 S. 2 StPO abgegeben hat, das OLG Ausgangsgericht war, ohne die Zuständigkeit an die Strafvollstreckungskammer übertragen zu haben, oder die Strafvollstreckungskammer selbst ihre Zuständigkeit abgegeben hat (§ 462a Abs. 1 S. 3 StPO). Über § 463 StPO findet § 462a StPO entsprechend für den Maßregelvollzug Anwendung.[13] In Verfahren gegen Jugendliche und Heranwachsende gelten §§ 82, 83 und 110 JGG.

7   Nach **Abs. 1 S. 2 Nr. 2** trifft die Strafvollstreckungskammer die Entscheidungen nach § 50 Abs. 5 und **§ 109 StVollzG**. Das ist zum einen die Erhebung des Haftkostenbeitrags (§ 50 StVollzG), die über § 109 StVollzG angefochten werden kann.[14] Zum anderen entscheidet die Strafvollstreckungskammer unmittelbar nach § 109 StVollzG über jede Maßnahme zur Regelung einzelner Angelegenheiten auf dem Gebiete des Strafvollzuges oder des Vollzuges freiheitsentziehender Maßregeln der Besserung und Sicherung, wenn der Antragsteller geltend macht, durch die Maßnahme oder ihre Ablehnung oder Unterlassung in seinen Rechten verletzt zu sein. Das gilt jedoch nur dann, wenn die Strafvollstreckung in einer JVA erfolgt oder die Maßregel dort vollzogen wird. Wird die Freiheitsstrafe außerhalb einer JVA vollstreckt, bleibt das OLG nach § 23 EGGVG für diese Entscheidungen zuständig.[15] Dessen Senat entscheidet auch über entsprechende Anträge inhaftierter oder untergebrachter Jugendlicher, es sei denn, die Vollstreckung bzw. der Vollzug erfolgen nach den Vorschriften über den Erwachsenenvollzug.[16] Es ist unerheblich, ob der Antrag vom Häftling selbst gestellt wird. Auch Angehörige kommen als Antragsteller in Betracht.[17] Wird eine Maßregel der Besserung und Sicherung in einem psychiatrischen Krankenhaus oder einer Entziehungsanstalt vollzogen, gilt § 109 StVollzG über § 138 Abs. 3 StVollzG entsprechend und die Strafvollstreckungskammer ist nach Abs. 1 S. 2 Nr. 2 zuständig.

8   Die Strafvollstreckungskammer ist schließlich für Entscheidungen nach den §§ 50, 58 Abs. 2, 84g Abs. 1, 84j, 90h Abs. 1, 90j Abs. 1 und 90k Abs. 1 und 2 zuständig **(Abs. 1 S. 2 Nr. 3)**. Dabei handelt es sich um die Vollstreckbarerklärung ausländischer Erkenntnisse (§ 50 IRG), die Haftentscheidung zur Sicherung der Vollstreckung (§ 58 Abs. 2 IRG) sowie die Zulässigkeitserklärung des Ersuchens an einen ausländischen Staat um Vollstreckung (§ 71 Abs. 4 IRG). In diesen Fällen, die der Gesetzgeber für Aufgaben des Vollstreckungsverfahrens im weiteren Sinn hält,[18] entscheidet die Strafvollstreckungskammer auch über Jugendliche und Heranwachsende.[19]

9   Sind **mehrere Entscheidungen nach § 454b Abs. 3 oder Abs. 4 StPO** zeitgleich zu treffen, ist dafür nur eine Strafvollstreckungskammer zuständig (Abs. 1 S. 3). Da der Gesetzgeber davon ausgegangen ist, dass es nur eine Strafvollstreckungskammer beim örtlich zuständigen Landgericht gibt (→ Rn. 4), hat er keine weitere Regelung getroffen. Bestehen daher bei einem Landgericht mehrere Strafvollstreckungskammern, muss in der Geschäfts-

---

[12] Vgl. zur Zuständigkeit im Zusammenhang mit § 67h StGB: *Schuster* StV 2011, 506.
[13] Siehe im Einzelnen die Erläuterungen zu §§ 462a und 463 StPO.
[14] BeckOK StVollzG/*Kuhn* StVollzG § 50 Rn. 32.
[15] *Kissel/Mayer* Rn. 14.
[16] BGH 26.6.1979 – 5 ARs (Vs) 59/78, BGHSt 29, 33 = NJW 1980, 351; 1.9.1989 – 2 ARs 431/89, BeckRS 1989, 31097734.
[17] BGH 12.10.1977 – 2 ARs 251/77, BGHSt 27, 284 = NJW 1978, 282.
[18] BT-Drs. 9/1338, 98.
[19] KG 18.12.1998 – 5 ARs 21/98, NStZ 1999, 196; *Kissel/Mayer* Rn. 16; aA *Eisenberg* NStZ 1999, 536.

verteilung eindeutig geregelt sein, welche zuständig ist. Das kann abstrakt für alle Entscheidungen nach Abs. 1 S. 3 geschehen oder nach anderen Kriterien (Name des Verurteilten, Höhe der höchsten Freiheitsstrafe etc), muss sich aber an den Grundsätzen des § 21e messen lassen.[20]

3. Örtliche Zuständigkeit. Grundsätzlich ist die Strafvollstreckungskammer örtlich 10 zuständig, in deren Bezirk sich die entsprechende Vollzugsanstalt befindet, in der die Strafe/Maßregel gegen den betroffenen Häftling/Untergebrachten aktuell vollzogen wird (§§ 462a Abs. 1, 463 StPO), bzw. in deren Bezirk die anderen Vollzugsbehörden (→ Rn. 2) ihren Sitz haben. Entscheidend ist der **Zeitpunkt,** zu dem der **Antrag des Betroffenen eingeht,** das **Gericht von sich aus** ein Verfahren einleitet oder dem Gericht die Akten aus anderem Anlass (zB auf Antrag der Staatsanwaltschaft) übersandt werden. Eine Verschubung des Häftlings/Untergebrachten in eine andere Anstalt nach diesem Zeitpunkt ändert die Zuständigkeit nicht mehr.[21]

Wenn **mehrere Gerichte** den Verurteilten rechtskräftig zu Strafen und Maßregeln der 11 Besserung und Sicherung verurteilt haben, ist gemäß § 462a Abs. 4 S. 1 iVm § 463 Abs. 1 StPO nur ein Gericht für die nachträglichen Entscheidungen zuständig. Durch diese Vorschrift wird die Zuständigkeit eines Gerichts für nachträgliche Entscheidungen in allen Verfahren begründet, auch wenn die Zuständigkeit in dem Einzelverfahren, in dem die Entscheidungen zu treffen sind, an sich nicht gegeben wäre. Eine Entscheidungszersplitterung soll vermieden werden. Deshalb sind alle nachträglichen Entscheidungen bei einem Gericht konzentriert, wobei die Zuständigkeit der Strafvollstreckungskammer stets die Zuständigkeit des Gerichts des ersten Rechtszuges verdrängt.[22]

4. Konzentrationsermächtigung. Abs. 2 ermächtigt die Landesregierungen dazu, per 12 Rechtsverordnung die örtliche Zuständigkeit von Strafvollstreckungskammern zu **konzentrieren** oder auswärtige Strafvollstreckungskammern zu bilden **(Dekonzentration).** Die Ausführungen zu §§ 58, 74c, 74d und 78 gelten entsprechend.[23] Die Einrichtung einer auswärtigen Strafvollstreckungskammer muss für die sachdienliche und schnellere Erledigung der Verfahren zweckmäßig sein. Das wird man insbesondere dann annehmen müssen, wenn die Anstalt örtlich weit vom Sitz des Landgerichts entfernt liegt[24] oder mit Verkehrsmitteln schlecht erreichbar ist, da die Tätigkeit der Strafvollstreckungskammern häufig Anhörungen der Häftlinge/Untergebrachten erfordert. Die Ermächtigung zur Konzentration oder Dekonzentration kann die Landesregierung ihrerseits durch Rechtsverordnung an die Landesjustizverwaltungen übertragen (Abs. 2 S. 3).

5. Länderübergreifende Zuständigkeit. Abs. 3 knüpft an die Möglichkeit mehrerer 13 Bundesländer zum **gemeinsamen Betrieb einer Vollzugsanstalt** (früher § 150 StVollzG, nunmehr originäre Länderkompetenz für den Strafvollzug) an. In diesen Fällen erlaubt Abs. 3 eine abweichende örtliche Zuständigkeit. Es soll nicht die Strafvollstreckungskammer, in deren Bezirk die Anstalt liegt, zuständig sein, sondern (auch) die, in deren Bezirk die Aufsichtsbehörde ihren Sitz hat. Die sprachlich wenig klare Regelung soll den Föderalismus wahren, indem die Entscheidungen der Strafvollstreckungskammer von einem landeseigenen Gericht auch dann getroffen werden können, wenn der Vollzug in einem anderen Land stattfindet. Die Norm betrifft daher nur die Fälle, in denen eine Freiheitsstrafe/Unterbringung in einer gemeinsamen Anstalt außerhalb der eigenen Landesgrenzen vollstreckt oder vollzogen wird.[25]

---

[20] Dazu → § 21e Rn. 27 ff.
[21] BGH 8.7.1975 – 2 ARs 181/75, BGHSt 26, 165 = NJW 1975, 1847; zu weiteren Einzelheiten vgl. die Anmerkungen zu §§ 462a und 463 StPO.
[22] BGH 18.4.1975 – 2 ARs 83/75, BGHSt 26, 118 = NJW 1975, 1238 und seither ständig; *Kissel/Mayer* Rn. 19; KK/*Diemer* Rn. 5.
[23] Insbes. → § 58 Rn. 1–4 und 6, → § 74c Rn. 11 ff., 74d sowie § 78.
[24] BT-Drs. 7/550, 319.
[25] Vgl. auch *Kissel/Mayer* Rn. 24; Löwe/Rosenberg/*Siolek* Rn. 9.

III. Anfechtung

14 Für die Anfechtung der Entscheidungen der Strafvollstreckungskammern gelten die **Regeln der StPO** (§§ 453 Abs. 2, 454 Abs. 3 und 462 Abs. 3 StPO) bzw. **des StVollzG** (§ 116 StVollzG).

§ 78b [Besetzung]

(1) Die Strafvollstreckungskammern sind besetzt
1. in Verfahren über die Aussetzung der Vollstreckung des Restes einer lebenslangen Freiheitsstrafe oder die Aussetzung der Vollstreckung der Unterbringung in einem psychiatrischen Krankenhaus oder in der Sicherungsverwahrung mit drei Richtern unter Einschluß des Vorsitzenden; ist nach § 454b Absatz 4 der Strafprozessordnung über mehrere Freiheitsstrafen gleichzeitig zu entscheiden, so entscheidet die Strafvollstreckungskammer über alle Freiheitsstrafen mit drei Richtern, wenn diese Besetzung für die Entscheidung über eine der Freiheitsstrafen vorgeschrieben ist,
2. in den sonstigen Fällen mit einem Richter.

(2) Die Mitglieder der Strafvollstreckungskammern werden vom Präsidium des Landgerichts aus der Zahl der Mitglieder des Landgerichts und der in seinem Bezirk angestellten Richter beim Amtsgericht bestellt.

Übersicht

	Rn.		Rn.
I. Normzweck und allgemeiner Regelungsgehalt	1	3. Zuständigkeit der „kleinen Strafvollstreckungskammer", Abs. 1 Nr. 2	5
II. Regelungsgehalt	2–8	4. Zuständigkeitskonflikte	6
1. Einheitliche Strafvollstreckungskammer	2	5. Bestellung der Richter, Abs. 2	7, 8
2. Zuständigkeit der „großen Strafvollstreckungskammer", Abs. 1 Nr. 1	3, 4	III. Anfechtung	9–12

I. Normzweck und allgemeiner Regelungsgehalt

1 § 78b regelt in Abs. 1 die **Besetzung der Strafvollstreckungskammer** als sog. kleine bzw. große Strafvollstreckungskammer und bestimmt damit den **gesetzlichen Richter** für die Entscheidungen, für die die Strafvollstreckungskammer nach § 78a zuständig ist. Dabei benennt Nr. 1 die für die Angeklagten/Untergebrachten besonders wichtigen,[1] aber auch besonders öffentlichkeitswirksamen Entscheidungen und weist sie der Strafvollstreckungskammer in voller Besetzung zu. Abs. 2 bestimmt den erweiterten Pool der Richter, aus dem das Präsidium der Strafvollstreckungskammer ihre Richter zuweisen kann.

II. Regelungsgehalt

2 **1. Einheitliche Strafvollstreckungskammer.** Nach mittlerweile ganz herrschender und vom BVerfG gebilligter Meinung ist die große bzw. kleine Strafvollstreckungskammer im Sinn der §§ 78a, 78b nur **eine einheitliche Strafkammer,** die nach § 78b in verschiedenen Besetzungen entscheidet.[2] Es handelt sich bei § 78b Abs. 1 um eine gesetzliche Besetzungsregel, die im kammerinternen Geschäftsverteilungsplan ausgefüllt werden muss. Daher muss das Präsidium der Strafvollstreckungskammer mindestens drei Richter zuweisen. Kammerintern

---
[1] BT-Drs. 7/550, 320.
[2] BVerfG 27.9.1982 – 2 BvR 700/82, NStZ 1983, 44; OLG Karlsruhe 6.7.1979 – 3 Ws 133/79, MDR 1979, 1045; OLG Hamm 25.3.1981 – 7 Vollz (Ws) 8/81, NStZ 1981, 452; OLG Düsseldorf 5.12.1981 – 3 Ws 537/81, NStZ 1982, 301; OLG Celle 26.9.2012 – 1 Ws 319/12, NStZ 2013, 184; *Katholnigg* Rn. 1; *Kissel/Mayer* § 78a Rn. 3; *KK/Diemer* § 78a Rn. 1; *Löwe/Rosenberg/Siolek* Vor § 78a Rn. 7–11; *Meyer-Goßner/Schmitt* Rn. 1 jeweils auch mwN zur Rechtsprechung und weiteren Meinungen im Schrifttum.

ist zu regeln, wer als kleine Strafvollstreckungskammer in welchen Angelegenheiten entscheidet (§ 21g).³ Eine kammerinterne Geschäftsverteilung für die große Strafvollstreckungskammer ist hingegen nur erforderlich, wenn die Kammer übersetzt ist.⁴ Die Strafvollstreckungskammer entscheidet stets außerhalb der Hauptverhandlung und nie mit Schöffen.

2. Zuständigkeit der „großen Strafvollstreckungskammer", Abs. 1 Nr. 1. Die 3 Strafvollstreckungskammer entscheidet mit drei Berufsrichtern in Verfahren
- über die Aussetzung der Vollstreckung des **Rests einer lebenslangen Freiheitsstrafe**, nicht jedoch über die besondere Schwere der Schuld nach § 57a Abs. 1 S. 1 Nr. 2 StGB. Diese Tatsachen hat (außer in kaum noch denkbaren Altfällen) die Schwurgerichtskammer im Erkenntnisverfahren festzustellen und unter dem für die Aussetzungsentscheidung erheblichen Gesichtspunkt ihrer besonderen Schwere zu gewichten;⁵
- über die **Aussetzung einer Unterbringung** in einem **psychiatrischen Krankenhaus** oder in der **Sicherungsverwahrung.** Das gilt auch dann, wenn die Maßregel nach § 67a StGB in einer Entziehungsanstalt vollzogen wird, weil es auf die Anordnung im Urteil ankommt (vgl. § 67a Abs. 4 StGB). Die große Strafvollstreckungskammer entscheidet über die Aussetzung weiterer, neben der Unterbringung verhängter Freiheitsstrafen einheitlich, wenn diese im gleichen Urteil verhängt wurden.⁶ Ist die Entscheidung einheitlich und zeitgleich zu treffen, kann es für die Frage der Zuständigkeit nicht darauf ankommen, ob die Anordnung der auszusetzenden Maßregel Freiheitsstrafe aus dem gleichen Erkenntnis kommt. Das ergibt sich bereits aus dem Rechtsgedanken des § 454b Abs. 3 StPO, der eine einheitliche Entscheidung vorsieht. Eine solche kann aber nur durch dasselbe Gericht in der gleichen Besetzung getroffen werden;⁷
- über die **nachträglichen Entscheidungen,** die sich auf die obigen Aussetzungen beziehen.⁸ Das sind die Entscheidungen nach § 67 Abs. 2 StGB (Umkehr der Vollstreckungsreihenfolge),⁹ Zulässigkeit der Vollstreckung,¹⁰ Widerruf der Bewährungsaussetzung (§ 453 StPO),¹¹ Aufhebung der Aussetzung zur Bewährung (§ 454a Abs. 2 StPO),¹² Unterbrechung nach § 454b Abs. 2 StPO,¹³ Erledigung der Maßregel,¹⁴ (vorzeitige) Aufhebung der Führungsaufsicht bei einer zur Bewährung ausgesetzten Maßregel nach § 63 StGB (§ 68e Abs. 2 StGB);
- nach der mit Gesetz vom 17.8.2017¹⁵ eingefügten Ergänzung, wenn nach § 454b Abs. 3 der Strafprozessordnung über mehrere Freiheitsstrafen gleichzeitig zu entscheiden und die große StVK für die Entscheidung über eine der Freiheitsstrafen zuständig ist. Damit soll eine Doppelbefassung der großen und kleinen StVK in den Fällen vermieden werden, in denen nicht nur über die Bewährungsaussetzung einer Unterbringung in einem psychiatrischen Krankenhaus oder einer lebenslangen Freiheitsstrafe (große StVK, Nr. 1), sondern auch weiterer Strafen (kleine StVK, Nr. 2) zu entscheiden ist.¹⁶

---

³ Vgl. auch OLG Celle 26.9.2012 – 1 Ws 319/12, NStZ 2013, 184.
⁴ Vgl. → § 16 Rn. 18, → § 21e Rn. 12, → § 21g Rn. 5.
⁵ BVerfG 3.6.1992 – 2 BvR 1041/88, 2 BvR 78/89, BVerfGE 86, 288 = NJW 1992, 2947; BGH 21.1.1993 – 4 StR 560/92, BGHSt 29, 131 = NJW 1993, 1084; 22.4.1993 – 4 StR 153/93, BGHSt 39, 208 = NJW 1993, 1999.
⁶ Überzeugend OLG Hamburg 6.11.2002 – 2 Ws 196/02, BeckRS 2002, 30292030.
⁷ So wohl auch *Kissel/Mayer* Rn. 4; aA OLG Jena 12.11.2007 – 1 Ws 372/07, juris, wonach zunächst die große StVK über die Maßregel entscheidet und anschließend die kleine StVK über die Reststrafenaussetzung.
⁸ HM OLG Hamm 21.6.2016 – 4 Ws 166/16, BeckRS 2016, 12835; *Katholnigg* Rn. 2; *Kissel/Mayer* Rn. 3; KK/*Diemer* Rn. 1; Löwe/Rosenberg/*Siolek* Rn. 3; Meyer-Goßner/*Schmitt* Rn. 5.
⁹ OLG Hamm 22.12.1993 – 4 Ws 437/93, NStZ 1994, 207.
¹⁰ OLG Hamm 30.6.1998 – 4 Ws 389–98, NStZ-RR 1999, 126.
¹¹ OLG Hamm 28.10.1993 – 4 Ws 408/93, NStZ 1994, 146.
¹² *Kissel/Mayer* Rn. 3; Löwe/Rosenberg/*Siolek* Rn. 3.
¹³ *Kissel/Mayer* Rn. 3; Löwe/Rosenberg/*Siolek* Rn. 3.
¹⁴ OLG Hamm 22.12.1993 – 4 Ws 437/93, NStZ 1994, 207.
¹⁵ BGBl. 2017 I S. 3202.
¹⁶ BT-Drs. 18, 11277 S. 39.

4 Die große Strafvollstreckungskammer kann die **Anhörung einem ihrer Mitglieder übertragen,** wenn dem gesetzgeberischen Zweck der mündlichen Anhörung nach § 454 Abs. 1 S. 3 StPO, durch die einerseits dem Verurteilten rechtliches Gehör und andererseits dem Gericht ein persönlicher Eindruck von dem Verurteilten verschafft werden soll, auch durch den beauftragten Richter Rechnung getragen werden kann. Das ist insbesondere der Fall, wenn dem persönlichen Eindruck von dem Verurteilten im Einzelfall geringere Bedeutung zukommt und der anhörende Berichterstatter dem voll besetzten Spruchkörper diesen Eindruck ohne weiteres vermitteln kann.[17] Die weiteren Einzelheiten sind hochumstritten. Einigkeit besteht in der oberlandesgerichtlichen Rechtsprechung weitgehend, dass eine mündliche Anhörung des Verurteilten durch die voll besetzte Strafvollstreckungskammer unter sachlichen Gesichtspunkten geboten sein kann, zB wenn eine Erledigterklärung der Maßregel, vor allem wegen Fehleinweisung, in Betracht kommt oder eine Fortdauerentscheidung unmittelbar nach Einholung eines externen Sachverständigengutachtens zu treffen ist.[18] Darüber hinaus ist zu fordern, dass die Strafvollstreckungskammer in ihrer aktuellen Besetzung den Untergebrachten zumindest einmal angehört und sich damit ein grundsätzliches Bild von seiner Persönlichkeit verschafft hat, auf dessen Basis der Berichterstatter die Ergebnisse der neuerlichen Anhörung vermitteln kann.[19] Eine Anhörung durch den gesamten Spruchkörper ist ferner in folgenden Fällen geboten:[20]
– bei erstmaliger Überprüfung gem. § 67e StGB nach Beginn der Unterbringung;
– bei erstmaliger Überprüfung gem. § 67e StGB durch die zuständige Kammer, etwa nach einem Wechsel der örtlichen Zuständigkeit, beispielsweise infolge Verlegung des Untergebrachten;
– bei Entscheidungen nach Einholung eines externen Sachverständigengutachtens gem. § 464 Abs. 4 StPO (Regelbegutachtung);
– bei Entscheidungen nach Einholung eines externen Sachverständigengutachtens außerhalb der Regelbegutachtung gem. § 464 Abs. 4 StPO;
– wenn die StVK die Maßregel für erledigt erklären will;
– wenn geprüft wird, ob eine Fehleinweisung vorliegen könnte;
– wenn der beauftragte Richter nach Durchführung der Anhörung für erforderlich hält, dass sich die gesamte Kammer einen persönlichen Eindruck von dem Untergebrachten verschafft.

Erfolgt die Entscheidung nicht zeitnah, ist die Anhörung ggf. zu wiederholen.[21]

5 **3. Zuständigkeit der „kleinen Strafvollstreckungskammer", Abs. 1 Nr. 2.** In allen übrigen Fällen entscheidet die Strafvollstreckungskammer **durch einen Richter.** Es handelt sich daher um eine gesetzliche Einzelrichterbestimmung. Das gilt für alle Fälle des § 78a Abs. 1 S. 2 Nr. 2 und Nr. 3.[22] Die Entscheidungen nach § 78a Abs. 1 S. 2 Nr. 1 trifft die kleine Strafvollstreckungskammer nur, soweit nicht die große Strafvollstreckungskammer zuständig ist (→ Rn. 3).

6 **4. Zuständigkeitskonflikte.** Unklar ist, wie bei **Zuständigkeitskonflikten zwischen kleiner und großer Strafvollstreckungskammer** zu verfahren ist. Da es sich um einen einheitlichen Spruchkörper handelt, ist § 14 StPO weder direkt noch entsprechend anwendbar.[23]

---

[17] BGH 13.9.1978 – 7 BJs 282/74, StB 187/78, BGHSt 28, 138 = NJW 1979, 116.
[18] OLG Jena 26.2.2015 – 1 Ws 530/14 mwN, BeckRS 2015, 5448.
[19] Sehr str., wie hier OLG Nürnberg 31.1.2013 – 2 Ws 17/13 mwN, BeckRS 2013, 3696; aA OLG Jena 26.2.2015 – 1 Ws 530/14 mwN, BeckRS 2015, 5448; vgl. auch OLG Hamburg 28.5.2015 – 2 Ws 64/15, juris mit ausführlicher Darstellung des Streitstandes.
[20] OLG Frankfurt a. M. 3.11.2009 – 3 Ws 868/09, NStZ 2010, 188; im Einzelnen hoch umstritten; nach OLG Bremen 12.5.2014 – 1 Ws 50/14, StV 2015, 231 ist eine Anhörung durch den beauftragten Richter nur in eng begrenzten Ausnahmefällen zulässig.
[21] KG 20.5.2015 – 2 Ws 73/15, 108/15, BeckRS 2015, 10438.
[22] Vgl. auch zur Frage der Feststellung der besonderen Schwere der Schuld im Exequaturverfahren: OLG München 22.7.1994 – 1 Ws 490/94, NStZ 1995, 207.
[23] *Kissel/Mayer* Rn. 7; Löwe/Rosenberg/*Siolek* Rn. 6.

Eine Bestimmung der Zuständigkeit durch das Präsidium ist nicht möglich, weil es sich um eine gesetzliche Zuständigkeit handelt. Der Gesetzgeber hat die Problematik offenbar übersehen. Die originäre und nicht durch einen vom Normzweck übergeordneten (vgl. § 80a OWiG) Spruchkörper überprüfbare Einzelrichterzuständigkeit ist dem Strafverfahren fremd, weshalb sich aus den Grundsätzen der StPO keine Lösung ergibt. So wird eine Vorrangstellung der großen Strafvollstreckungskammer aus dem Normzweck abgeleitet, so dass im Zweifel stets diese zuständig sei.[24] Dabei bleibt natürlich offen, wer darüber entscheidet, ob (begründete) Zweifel bestehen. Anderweitig wird vorgeschlagen, die Kompetenz zur Streitentscheidung dem Kammerkollegium zuzuweisen.[25] Da es sich um eine gerichtsverfassungsrechtliche Frage handelt, bietet es sich an, den Rechtsgedanken des § 348 Abs. 2 ZPO fruchtbar zu machen und der Kammer in ihrer Vollbesetzung die Entscheidung zu übertragen. Hat also der Einzelrichter Zweifel an seiner Zuständigkeit, legt er das Verfahren der Kammer zur Entscheidung vor, die darüber bindend (aber mit der Endentscheidung anfechtbar) entscheidet.

5. Bestellung der Richter, Abs. 2. Die Strafvollstreckungskammer ist stets mit einem **7 Vorsitzenden Richter am Landgericht** besetzt (§ 21f). Seine Vertretung richtet sich nach § 21f Abs. 2. Die **Beisitzer** können **Mitglieder des Landgerichts** sein. Insoweit gelten keine Besonderheiten im Verhältnis zu den Strafkammern. Es muss sich nicht um Richter auf Lebenszeit handeln, § 29 DRiG ist aber zu beachten. Abs. 2 ermöglicht darüber hinaus, Richter der zum Landgerichtsbezirk gehörenden Amtsgerichte zu Mitgliedern der Strafvollstreckungskammer zu bestellen. Nach dem eindeutigen Wortlaut des Gesetzes muss es sich dabei um Richter handeln, denen an dem betroffenen **Amtsgericht ein Richteramt iSd § 27 DRiG** übertragen ist. Richter auf Probe, kraft Auftrags oder abgeordnete Richter (auch auf Lebenszeit) scheiden aus.[26] Jedoch verstößt die Besetzung der großen Strafvollstreckungskammer mit einem Richter auf Probe und einem vom Amtsgericht abgeordneten Richter gegen Art. 101 Abs. 1 S. 2 GG, § 29 DRiG. Die in § 29 DRiG getroffene allgemeine Regelung wird durch Abs. 2 nicht durchbrochen, denn Abs. 2 trifft keine Aussage, wie viele vom Amtsgericht abgeordnete Richter in einer Strafvollstreckungskammer mitwirken können.[27] Soweit Richter am Amtsgericht herangezogen werden, gilt für sie der Geschäftsverteilungsplan des Landgerichts bzw. der Strafvollstreckungskammer (§ 21g). Die Geschäftsverteilung des Amtsgerichts ist – auch für die Vertreterregelung – ohne Belang. (Zur kammerinternen Verteilung der Geschäfte → Rn. 2.)

Hat der Verordnungsgeber die Zuständigkeit einer Strafvollstreckungskammer für meh- **8** rere Landgerichtsbezirke konzentriert, erweitert sich der örtliche Zuständigkeitsbereich. Dennoch dürfen die Richter nur aus dem **Konzentrationslandgericht** bzw. den zu seinem Gebiet gehörenden Amtsgerichten herangezogen werden.[28]

III. Anfechtung

Im **Rahmen der Anfechtung** der jeweiligen Entscheidung der Strafvollstreckungskam- **9** mer ist auch deren Besetzung zu prüfen. Die Präklusionsvorschriften der §§ 222a, 222b StPO gelten nicht.[29]

Hat fehlerhaft die **kleine statt der großen Strafvollstreckungskammer** entschieden, **10** ist der gesetzliche Richter verletzt.[30] Eine Beschränkung der Überprüfung auf Willkür ist mangels unbestimmter Rechtsbegriffe nicht angezeigt.

---

[24] *Löwe/Rosenberg/Siolek* Rn. 6.
[25] *Kissel/Mayer* Rn. 7.
[26] HM OLG Koblenz 10.2.1982 – 1 Ws 35/82, NStZ 1982, 301; *Kissel/Mayer* Rn. 14; Löwe/Rosenberg/ *Siolek* Rn. 10.
[27] OLG Karlsruhe 26.11.2015 – 2 Ws 495/15, BeckRS 2015, 20011; 16.2.2016 – 2 Ws 595/15, StraFo 2016, 125.
[28] *Kissel/Mayer* Rn. 15.
[29] OLG Celle 26.9.2012 – 1 Ws 319/12, NStZ 2013, 184.
[30] HM OLG Düsseldorf 23.11.1990 – 4 Ws 314/90, StV 1991, 432; OLG Hamm 28.10.1993 – 4 Ws 408/93, NStZ 1994, 146; *Katholnigg* Rn. 1; *Kissel/Mayer* Rn. 8; Löwe/Rosenberg/*Siolek* Rn. 16; Meyer-Goßner/*Schmitt* Rn. 8.

11 Umstritten ist allerdings der umgekehrte Fall, wenn fehlerhaft die **große statt der kleinen Strafvollstreckungskammer** entschieden hat. In diesen Fällen soll nach einer Ansicht ein Verstoß gegen den gesetzlichen Richter nur in Fällen der Willkür vorliegen.[31] Begründet wird dies mit dem Rechtsgedanken des § 269 StPO. Diese Ansicht überzeugt nicht. § 78b bestimmt den gesetzlichen Richter und ist entsprechend im Licht dieser Verfassungsgarantie auszulegen. Da sich der Gesetzgeber gerade nicht dafür entschieden hat, die große Strafvollstreckungskammer als höherrangig zu begreifen, kann auch der Rechtsgedanke des § 269 StPO keine Anwendung finden. Daher ist in diesen Fällen der gleiche Maßstab anzulegen, wie in der umgekehrten Situation (→ Rn. 10).[32]

12 Nicht abschließend geklärt ist, **ob das Oberlandesgericht** als (Rechts-)Beschwerdegericht **selbst entscheiden darf**, wenn es einen Verstoß gegen den gesetzlichen Richter bejaht oder ob es an die Strafvollstreckungskammer in richtiger Besetzung zurückverweisen muss. Nach der wohl überwiegenden Ansicht in der oberlandesgerichtlichen Rechtsprechung entscheidet das OLG in der Regel selbst, wenn statt der kleinen die große Strafvollstreckungskammer entschieden hat.[33] Im umgekehrten Fall soll eine Zurückverweisung möglich, aber nicht zwingend sein.[34] Diese Unterscheidung ist vor dem Hintergrund der Verletzung des gesetzlichen Richters nicht zu rechtfertigen. Ob eine Zurückverweisung erfolgen muss oder das Oberlandesgericht selbst entscheidet, kann daher nicht von der Konstellation in erster Instanz abhängig gemacht werden (vgl. → Rn. 11).[35] Die Frage ist daher einheitlich nach § 309 Abs. 2 StPO zu beantworten, der eine Entscheidung des Beschwerdegerichts in der Sache als Regel vorsieht. Etwas anderes gilt nur bei nicht behebbaren Verfahrensverstößen[36] oder wenn das OLG nicht rechtlich voll an die Stelle des an sich zur Entscheidung berufenen Spruchkörpers treten kann.[37] Da aber das OLG sowohl über Beschwerden gegen Entscheidungen der kleinen wie der großen Strafvollstreckungskammer zuständig ist, entscheidet stets das „richtige" Beschwerdegericht, so dass eine Zurückverweisung regelmäßig nicht geboten ist, wenn keine anderweitigen Gründe dies erzwingen.[38]

Sechster. Titel. Schwurgerichte

§§ 79 bis 92 (weggefallen)

Siebenter. Titel. Kammern für Handelssachen

§§ 93 bis 114 *(für den Strafprozess bedeutungslos)*

---

[31] *Katholnigg* Rn. 1; Löwe/Rosenberg/*Siolek* Rn. 15.
[32] Überzeugend OLG Düsseldorf 22.3.2000 – 2 Ws 89–90/00, NStZ 2000, 444; OLG Hamm 12.9.2013 – 1 Ws 383/13, NStZ 2014, 541 mAnm *Ahmed*; OLG Celle 16.11.2012 – 2 Ws 295/12, NStZ-RR 2014, 63; Kissel/*Mayer* Rn. 9.
[33] ZB OLG Celle 16.11.2012 – 2 Ws 295/12, NStZ-RR 2014, 63; Meyer-Goßner/*Schmitt* Rn. 8 mwN zur Rechtsprechung.
[34] Meyer-Goßner/*Schmitt* Rn. 8 mwN zur Rechtsprechung.
[35] So wohl auch *Kissel/Mayer* Rn. 8.
[36] KK/*Zabeck* StPO § 309 Rn. 7.
[37] BGH 24.6.1992 – 1 StE 11/88 StB 8/92, BGHSt 38, 312 = NJW 1992, 2775; KK/*Zabeck* StPO § 309 Rn. 7.
[38] So auch OLG Hamm 3.3.1992 – 2 Ws 68/92, BeckRS 1992, 9314; Löwe/Rosenberg/*Siolek* Rn. 16; aA OLG Düsseldorf 23.11.1990 – 4 Ws 314/90, StV 1991, 432; OLG Hamburg 6.11.2002 – 2 Ws 196/02, BeckRS 2002, 30292030; *Kissel/Mayer* Rn. 8.

Achter. Titel. Oberlandesgerichte

Vorbemerkung zu § 115

Schrifttum: *Rieß*, Zuständigkeitskonzentrationen – eine Skizze, in *Dölling u.a., Recht gestalten – dem Recht dienen*, FS Böttcher, 2007, 145.

Übersicht

	Rn.		Rn.
I. Organe der ordentlichen Gerichtsbarkeit	1, 2	V. Zuständigkeitskonzentrationen	7–11
		1. Bundesrecht	8
II. Bezeichnungen	3	2. Generelle Öffnungsklausel	9
III. Justizhoheit der Länder	4	3. Verfahrensbezogene Öffnungsklauseln	10
IV. Sachliche Zuständigkeit	5, 6	4. Länderübergreifende Öffnungsklauseln	11

I. Organe der ordentlichen Gerichtsbarkeit

In Straf- und Bußgeldsachen wird die ordentliche Gerichtsbarkeit durch die Amtsgerichte, Landgerichte, Oberlandesgerichte und den Bundesgerichtshof ausgeübt (§ 12). Jedes Bundesland kann über mehrere, **muss** jedoch **über mindestens ein Oberlandesgericht** verfügen. **1**

Bundesland	Oberlandesgericht(e)
Baden-Württemberg	Karlsruhe, Stuttgart
Bayern	Bamberg, München, Nürnberg
Berlin	Berlin (Kammergericht)
Brandenburg	Brandenburg/Havel
Bremen	Bremen
Hamburg	Hamburg
Hessen	Frankfurt/Main
Mecklenburg-Vorpommern	Rostock
Niedersachsen	Braunschweig, Celle, Oldenburg
Nordrhein-Westfalen	Düsseldorf, Hamm, Köln
Rheinland-Pfalz	Koblenz, Zweibrücken
Saarland	Saarbrücken
Sachsen	Dresden
Sachsen-Anhalt	Naumburg
Schleswig-Holstein	Schleswig
Thüringen	Jena

2

II. Bezeichnungen

Mit Ausnahme des Kammergerichts tragen alle OLGe in ihrer Bezeichnung Orts- oder **3** Ländernamen. Zusätze sind bei den Gerichten der Hansestädte Bremen und Hamburg sowie beim (Pfälzischen) OLG Zweibrücken enthalten. Das Bayerische Oberste Landesgericht wurde zum 20.6.2006 aufgelöst.[1]

---

[1] Gesetz vom 25.10.2004, GVBl. 400.

III. Justizhoheit der Länder

4 Aus Art. 30 iVm Art. 92 GG folgt, dass die Ausübung der Recht sprechenden Gewalt mit Ausnahme der in die Zuständigkeit des Bundes fallenden Justizhoheit (Art. 95 Abs. 1 GG) den Ländern obliegt. Eine Besonderheit enthält Art. 96 Abs. 5 GG iVm § 120 Abs. 6 im Zusammenhang mit der Aburteilung sog. Staatsschutzdelikte, bei denen sich der Bund der OLGe im Wege der Organleihe bedient.[2]

IV. Sachliche Zuständigkeit

5 Die Vorschriften, die die sachliche Zuständigkeit der Oberlandesgerichte regeln, sind verstreut. Im 8. Titel des GVG finden sich lediglich Zuständigkeitsbestimmungen für erstinstanzielle Verfahren (§ 120), für das Verfahren bei vorbehaltener oder nachträglicher Sicherungsverwahrung (§ 120a) und für Rechtsmittelverfahren (§ 121).

6 **Weitere Zuständigkeitsbestimmungen** enthalten

EGGVG	§ 25 Abs. 1	Anfechtung von Justizverwaltungsakten
	§§ 35, 37 Abs. 1	Maßnahmen der Kontaktsperre
GVG	§ 21b Abs. 6 S. 2	Anfechtung einer Präsidiumswahl
	§ 159 Abs. 1	Rechtshilfebeschwerden
	§ 181 Abs. 3	Ordnungsmittelbeschwerden
GWB	§ 63 Abs. 4	Anfechtung von Entscheidungen der Kartellbehörde
	§ 83 Abs. 1	Verfahren wegen Kartellordnungswidrigkeiten
IRG	§ 13 Abs. 1	Auslieferung
	§ 44 Abs. 1	Durchlieferung
	§ 61 Abs. 1	Sonstige Rechtshilfe
	§ 65	Durchbeförderung zur Vollstreckung
	§ 87j Abs. 2	Rechtsbeschwerde gegen Vollstreckung ausländischer Geldsanktionen
IStGHG	§ 7 Abs. 1	Überstellung
	§ 36 Abs. 1	Durchbeförderung
	§ 46 Abs. 3	Vollstreckung einer Verfallsanordnung des IStGH
	§ 49 Abs. 3 S. 1	Sonstige Rechtshilfe
OWiG	§§ 79, 80	Rechtsbeschwerden
RVG	§§ 42, 51	Pauschvergütung für Verteidiger
StPO	§ 4 Abs. 2	Verbindung von Strafsachen
	§ 12 Abs. 2	Zuständigkeitsübertragung bei mehreren Gerichtsständen
	§ 13 Abs. 2	Zuständigkeitsübertragung bei Gerichtsstand des Zusammenhangs
	§ 14	Zuständigkeitsbestimmung bei Zuständigkeitsstreit
	§ 15	Zuständigkeitsübertragung bei Verhinderung des Gerichts
	§ 19	Zuständigkeitsbestimmung bei negativem Zuständigkeitsstreit

---

[2] → § 120 Rn. 8 f., 34.

	§ 27 Abs. 4	Richterablehnung
	§§ 121, 122	(Besondere) Haftprüfung
	§ 138c	Verteidigerausschluss
	§ 172 Abs. 4	Klageerzwingung
StrEG	§§ 8, 9	Beschwerde gegen Entschädigungsgrundentscheidungen
StrRehaG	§ 13 Abs. 3	Beschwerde gegen Beschlüsse im strafrechtlichen Rehabilitierungsverfahren

V. Zuständigkeitskonzentrationen

Für die örtliche Zuständigkeit in Straf- und Bußgeldsachen gelten zwar die allgemeinen **7** Vorschriften über den Gerichtsstand (§§ 7 ff. StPO);[3] für einzelne Verfahren ist jedoch bereits bundesgesetzlich die Zuständigkeit eines örtlich konkretisierten OLG vorgeschrieben. Im Übrigen ist Ländern mit mehreren OLGen die Möglichkeit eröffnet, für bestimmte Verfahren die örtliche Zuständigkeit auf ein OLG zu konzentrieren.

1. Bundesrecht. Im Bereich der Staatsschutz-Strafsachen (§ 120) ist dasjenige OLG als **8** Tatgericht zuständig, das am Sitz der Landesregierung residiert.[4] Über Kartellbeschwerden entscheidet das für den Sitz der Kartellbehörde zuständige OLG (§ 63 Abs. 4 GWB), über Beschwerden gegen das in Bonn ansässige Bundeskartellamt anstelle des geographisch zuständigen OLG Köln das OLG Düsseldorf.[5]

2. Generelle Öffnungsklausel. Nach § 13a können durch **Landesgesetz**[6] einem **9** Gericht für die Bezirke mehrerer Gerichte Sachen aller Art ganz oder teilweise zugewiesen werden. Hiervon hat der Freistaat Bayern nach Auflösung des BayObLG in Art. 11c BayAGGVG[7] Gebrauch gemacht und dem OLG Bamberg die Entscheidung über die Rechtsbeschwerden auf Grund des Wirtschaftsstrafgesetzes, des OWiG, des IRG oder einer anderen Vorschrift, die hinsichtlich des Verfahrens auf die Bestimmungen dieser Gesetze verweist, auch für die Bezirke der OLGe München und Nürnberg übertragen.

3. Verfahrensbezogene Öffnungsklauseln. Verfahrensbezogene Öffnungsklauseln **10** gelten für Länder, in denen mehrere OLGe errichtet sind. **§ 121 Abs. 3** ermöglicht es, durch RechtsVO der Landesregierung die Entscheidungen nach Abs. 1 Nr. 3 einem OLG für die Bezirke mehrerer OLGe zuzuweisen. Niedersachsen hat diese Entscheidungen dem OLG Celle,[8] Nordrhein-Westfalen dem OLG Hamm[9] übertragen. Nach **§ 25 Abs. 2 EGGVG** kann ein Land durch Gesetz die nach Abs. 1 zur Zuständigkeit … oder des Strafsenats gehörenden Entscheidungen ausschließlich einem der OLGe zuweisen. Für Nordrhein-Westfalen wurden die in die Zuständigkeit der Strafsenate fallenden Entscheidungen dem OLG Hamm übertragen (§ 12 Nr. 1 JustG NRW[10]). Gem. **§ 92 Abs. 1 GWB** können Rechtssachen, für die nach § 57 Abs. 2 S. 2, § 63 Abs. 4, §§ 83, 85 und 86 ausschließlich die OLGe zuständig sind, von den Landesregierungen durch RechtsVO einem oder einigen der OLGe zugewiesen werden, wenn eine solche Zusammenfassung der Rechts-

---

[3] Vgl. zB § 120 Abs. 5 S. 1.
[4] → § 120 Rn. 11.
[5] VO vom 30.8.2011 (GVBl. NRW 469); OLG Düsseldorf 25.4.2000 – Kart 2/00 (V), WuW/E DE-R 514.
[6] SK/*Frister* § 13a Rn. 1.
[7] Gesetz zur Ausführung des Gerichtsverfassungsgesetzes und von Verfahrensgesetzen des Bundes idF vom 8.4.2013 (BayRS IV, S. 483).
[8] VO vom 10.2.1977 (GVBl. Nds. 24).
[9] VO vom 9.1.1985 (GVBl. NRW 46).
[10] Gesetz über die Justiz im Land Nordrhein-Westfalen (Justizgesetz Nordrhein-Westfalen) vom 26.1.2010 (GVBl. NRW 30).

pflege in Kartellsachen, insbesondere der Sicherung einer einheitlichen Rechtsprechung, dienlich ist. In Nordrhein-Westfalen ist hierfür das OLG Düsseldorf zuständig.[11]

4. Länderübergreifende Öffnungsklauseln. Durch Staatsverträge zwischen Ländern kann die Zuständigkeit eines OLG für einzelne Bezirke oder das gesamte Gebiet mehrerer Länder begründet werden **(§ 92 Abs. 2 GWB)**. Von dieser auch in **§ 120 Abs. 5 S. 2** eröffneten Möglichkeit haben *Bremen*[12] und das *Saarland*[13] Gebrauch gemacht.

§ 115 [Besetzung]

Die Oberlandesgerichte werden mit einem Präsidenten sowie mit Vorsitzenden Richtern und weiteren Richtern besetzt.

Übersicht

	Rn.		Rn.
I. Überblick	1, 2	1. Präsidialverfassung	3
1. Normzweck/Anwendungsbereich	1	2. Präsident	4
2. Entstehungsgeschichte	2	3. Richter	5–11
		a) Vorsitzende Richter	6
II. Erläuterung	3–11	b) Weitere Richter	7–11

I. Überblick

1. Normzweck/Anwendungsbereich. Die Vorschrift regelt Verfassung und Besetzung der Oberlandesgerichte. Sie deckt sich mit der für Landgerichte vergleichbaren Vorschrift des § 59 Abs. 1, enthält aber keine dessen Abs. 2 und 3 entsprechenden weitergehenden Regelungen, woraus sich der gesetzgeberische Wille zu einer eigenständigen und damit unterschiedlichen Regelung entnehmen lässt.

2. Entstehungsgeschichte. Die bereits im GVG von 1877 enthaltene Vorschrift[1] erhielt ihre heutige Fassung 1972 durch das Gesetz zur Änderung der Bezeichnungen der Richter und ehrenamtlichen Richter und der Präsidialverfassung der Gerichte.[2]

II. Erläuterung

1. Präsidialverfassung. Bei jedem Gericht wird ein Präsidium gebildet (§ 21a Abs. 1). Insoweit unterscheidet sich die Verfassung der OLGe nicht von derjenigen der LGe.

2. Präsident. Der Präsident übt eine Doppelfunktion aus; er ist zum einen ein Teil der Justizverwaltung, zum anderen Vorsitzender Richter eines Senats. Diese Tätigkeit muss er mindestens zu 75 % ausüben.[3] Auf die Ausführungen zu § 59 Abs. 1 wird verwiesen. Als Organ der Verwaltung wird er von einem Vizepräsidenten vertreten (§ 19a Abs. 1 DRiG), als Vorsitzender Richter des von ihm selbst bestimmten Senats (§ 21e Abs. 1 S. 3) tritt bei Verhinderung der geschäftsplanmäßige Vertreter an seine Stelle.

---

[11] VO vom 30.8.2011 (GVBl. NRW 469).
[12] Abkommen zwischen der Freien Hansestadt Bremen und der Freien und Hansestadt Hamburg über die Zuständigkeit des Hanseatischen Oberlandesgerichts Hamburg in Staatsschutz-Strafsachen vom 28.5.1970 (BremGBl. 123; Bek. vom 17.12.1970 BremGBl. 1971, 1; HambGVBl. 271; Bek. vom 28.12.1970 HambGVBl. 1971, 1); Abkommen vom 1.2.1978 (BremGBl. 163; Bek. vom 15.8.1978 BremGBl. 194; HambGVBl. 73; Bek. vom 1.8.1978 HambGVBl. 325).
[13] Staatsvertrag zwischen dem Land Rheinland-Pfalz und dem Saarland über die Übertragung der Zuständigkeit in Staatsschutz-Strafsachen vom 16./18.8.1971 (RhPflGVBl. 304; Bek. vom 31.1.1972 RhPflGVBl. 106; [Saarland] ABl., 848; Bek. vom 1.2.1972 ABl., 61); Staatsvertrag vom 12./16.4.1978 (RhPflGVBl. 484; Bek. vom 31.8.1978 RhPflGVBl. 639; [Saarland] ABl., 696).
[1] § 119 GVG vom 27.1.1877 (RGBl. 41).
[2] Art. 11 Gesetz vom 26.5.1972 (BGBl. I 841).
[3] BGH 20.11.1967 – GSZ 1/67, BGHZ 49, 64 = NJW 1968, 501 mAnm *Kern* JZ 1968, 568.

3. Richter. Weitere Richter sind die Vorsitzenden Richter und die Richter am OLG, bei denen bezüglich ihrer Funktion ebenfalls keine Unterschiede zur Besetzung der LGe bestehen. Am OLG können nur **Richter auf Lebenszeit** (§ 28 Abs. 1 DRiG) tätig sein. Sie müssen idR hauptamtlich und planmäßig endgültig angestellt[4] sein.

a) Vorsitzende Richter. Entsprechend dem Wortlaut der Vorschrift muss neben dem Präsidenten mindestens eine Planstelle für einen Vorsitzenden Richter vorhanden und auch besetzt sein,[5] woraus folgt, dass jedes OLG über mindestens zwei Senate verfügen muss.

b) Weitere Richter. Neben den zu **Richtern am OLG** ernannten Richtern (§ 19a Abs. 1 DRiG) können diese Tätigkeit auch Richter am AG oder LG ausüben, wenn sie gem. § 37 DRiG an das OLG abgeordnet wurden. Die Verwendung **abgeordneter Richter** (§ 29 S. 1 DRiG), früher geringschätzig als „Hilfsrichter" bezeichnet, unterliegt dabei jedoch Einschränkungen.

Zunächst ist ihre Zahl auf das notwendige Maß zu beschränken.[6] Sie sind auf die einzelnen Senate möglichst gleichmäßig zu verteilen.[7] Bei einer gerichtlichen Entscheidung darf nach § 29 S. 1 DRiG nur ein abgeordneter Richter mitwirken.[8] Dies soll seinen Grund in einem gesteigerten Misstrauen in die gegenüber hauptamtlich und planmäßig berufenen Richtern verminderte persönliche Unabhängigkeit haben.[9]

Die Verwendung abgeordneter Richter bedarf eines **Sachgrundes,** der kenntlich gemacht werden muss.[10] Dabei darf es sich um ein nur **vorübergehendes Bedürfnis** nach zusätzlicher Richterkraft handeln,[11] etwa zur Vertretung bei Krankheit, Urlaub,[12] Mutterschaft[13] oder bei unvorhersehbarem Geschäftsanfall.

Zwingende Gründe für den Einsatz von nicht planmäßig beim Obergericht angestellten Richtern liegen daneben auch vor, wenn planmäßige Richter unterer Gerichte an obere Gerichte zur **Eignungserprobung** abgeordnet werden.[14]

Auch **ordentliche Professoren der Rechte** können – nach Ernennung zu Richtern auf Lebenszeit – an der Rechtsprechung der OLGe mitwirken.

5

6

7

8

9

10

11

§ 115a [weggefallen]

§ 116 [Senate; Ermittlungsrichter]

(1) ¹**Bei den Oberlandesgerichten werden Zivil- und Strafsenate gebildet.** ²**Bei den nach § 120 zuständigen Oberlandesgerichten werden Ermittlungsrichter bestellt; zum Ermittlungsrichter kann auch jedes Mitglied eines anderen Oberlandesgerichts, das in dem in § 120 bezeichneten Gebiet seinen Sitz hat, bestellt werden.**

(2) ¹**Die Landesregierungen werden ermächtigt, durch Rechtsverordnung außerhalb des Sitzes des Oberlandesgerichts für den Bezirk eines oder mehrerer Landgerichte Zivil- oder Strafsenate zu bilden und ihnen für diesen Bezirk die gesamte Tätigkeit des Zivil- oder Strafsenats des Oberlandesgerichts oder einen Teil dieser Tätigkeit zuzuweisen.** ²**Ein auswärtiger Senat für Familiensachen kann für die Bezirke mehrerer Familiengerichte gebildet werden.**

---

[4] BVerfG 3.7.1962 – 2 BvR 628/60, 2 BvR 247/61, BVerfGE 14, 156 = NJW 1962, 1495.
[5] *Kissel/Mayer* Rn. 4; zur Ausnahme BVerfG 13.11.1997 – 2 BvR 2269/93, NJW 1998, 1053.
[6] BVerfG 22.6.2006 – 2 BvR 957/05, BeckRS 2010, 48236.
[7] BVerfG 3.7.1962 – 2 BvR 628/60, 2 BvR 247/61, BVerfGE 14, 156 = NJW 1962, 1495.
[8] KK/*Hannich* Rn. 6.
[9] SK/*Frister* Rn. 5 mwN.
[10] BGH 8.2.1961 – VIII ZR 35/60, BGHZ 34, 260 = NJW 1961, 830; KK/*Hannich* Rn. 7.
[11] BGH 8.2.1961 – VIII ZR 35/60, BGHZ 34, 260 = NJW 1961, 830.
[12] BGH 29.9.1955 – 3 StR 463/54, BGHSt 8, 159 = NJW 1955, 1805.
[13] SK/*Frister* Rn. 6.
[14] BVerfG 22.6.2006 – 2 BvR 957/05, BeckRS 2010, 48236.

(3) Die Landesregierungen können die Ermächtigung nach Absatz 2 auf die Landesjustizverwaltungen übertragen.

Schrifttum: *Frisch*, Problematik und Grenzen der Errichtung von Hilfsstrafkammern – Zugleich eine Besprechung des BGH-Urteils vom 22.8.1985 – 4 StR 398/85, Teil 1, NStZ 1987, 288; Teil 2, NStZ 1987, 304.

I. Überblick

1 **1. Normbedeutung/Anwendungsbereich.** Die Vorschrift regelt in **Abs. 1** S. 1 die Bezeichnung der Spruchkörper des OLG und deren Mindestanzahl, nämlich einen Zivil- und einen Strafsenat, bei dem, wenn er als Staatsschutzsenat fungiert, gem. S. 2 ein Ermittlungsrichter bestellt werden muss. **Abs. 2** und **3** enthalten gestaffelte Ermächtigungsnormen für die Bildung sog. auswärtiger Senate.

2 **2. Entstehungsgeschichte.** Der heutige **Abs. 1** S. 1 war bereits im GVG 1877 enthalten.[1] Die Vorschrift über die Bestellung eines Ermittlungsrichters (S. 2) wurde 1972[2] eingefügt. 1950[3] war in einem neuen **Abs. 2** erstmals die Möglichkeit der Bildung von Außensenaten geschaffen worden. Eine Modifizierung erfolgte 2006.[4] **Abs. 2** S. 2 wurde durch das Rechtspflege-Vereinfachungsgesetz[5] eingefügt. Ihren **Abs. 3** erhielt die Vorschrift ebenfalls 2006.[6]

II. Erläuterung

3 **1. Anzahl und Bildung.** Die Anzahl der jeweils zu bildenden Senate bestimmt sich nach Landesrecht. Zuständig hierzu ist der Präsident des OLG, ggf. im Einvernehmen mit der Landesregierung bzw. der Landesjustizverwaltung.[7] In Bayern,[8] Sachsen[9] und Thüringen[10] erfolgt die Bestimmung ausschließlich durch das für Justiz zuständige Landesministerium. Die Einrichtung neuer Senate obliegt aus haushaltsrechtlichen Gründen Parlament und Regierung des jeweiligen Landes.

4 **2. Besondere Senate.** Die Errichtung von Senaten mit **Spezialzuständigkeit** ist im GVG nur bezüglich Familien- (§ 119) und Staatsschutzsachen (§ 120) geregelt. Daneben bestehen kraft Gesetzes **Senate mit den Zuständigkeitsbereichen:**

Sachgebiet	Regelung
Baulandsachen	§ 229 BauGB
Bußgeldsachen	§ 46 Abs. 7 OWiG
Entschädigungssachen	§ 208 BEG
Kartellsachen	§§ 91 ff. GWB
Landwirtschaftssachen	§§ 2, 8 LwVG

---

[1] § 120 GVG vom 27.1.1877 (RGBl. 41).
[2] Art. 11 Gesetz zur Änderung der Bezeichnungen der Richter und ehrenamtlichen Richter und der Präsidialverfassung der Gerichte vom 26.5.1972 (BGBl. I 841).
[3] Gesetz zur Wiederherstellung der Rechtseinheit auf dem Gebiete der Gerichtsverfassung, der bürgerlichen Rechtspflege, des Strafverfahrens und des Kostenrechts vom 12.9.1950 (BGBl. 455).
[4] Art. 17 Nr. 5 Erstes Gesetz über die Bereinigung von Bundesrecht im Zuständigkeitsbereich des Bundesministeriums der Justiz vom 19.4.2006 (BGBl. I 866).
[5] Vom 17.12.1990 (BGBl. I 2847).
[6] Art. 17 Nr. 5 Erstes Gesetz über die Bereinigung von Bundesrecht im Zuständigkeitsbereich des Bundesministeriums der Justiz vom 19.4.2006 (BGBl. I 866).
[7] *Kissel/Mayer* Rn. 1; KK/*Hannich* Rn. 2.
[8] Art. 5 BayAGGVG.
[9] § 9 SächsJG.
[10] § 3 ThürAGGVG.

Senate des OLG entscheiden ferner in **berufs- und ehrengerichtlichen Verfahren** betreffend 5

Notare	§ 101 BNotO
Patentanwälte	§ 86 PatentanwaltsO
Rechtsanwälte	§ 100 BRAO
Richter	§ 79 DRiG
Steuerberater	§ 96 StBerG
Wirtschaftsprüfer	§ 73 WirtschaftsprüferO

3. Auswärtige Senate. Abs. 2 S. 1 gestattet es, Senate des OLG auch **außerhalb von** 6
dessen Sitz zu bilden. Dies führt gerade in Flächenländern wie Baden-Württemberg,[11] Bayern[12] und Hessen[13] zu einer ortsnäheren Versorgung der Bevölkerung. Der Zuständigkeitsbereich des auswärtigen Senats umfasst mehrere LG-Bezirke, diese aber jeweils ungeteilt. Etwas anderes gilt nach S. 2 nur für Familiensenate, deren Zuständigkeit sich – unabhängig vom LG-Bezirk – auf mehrere Familiengerichte erstrecken kann. Bei einem **Zuständigkeitsstreit** in Strafsachen zwischen dem Senat des Stammsitzes und dem auswärtigen Senat entscheidet der BGH (§§ 14, 19 StPO).[14]

4. Hilfssenate. Derartige nicht auf Dauer gebildete Spruchkörper sind im GVG nicht 7
vorgesehen, in der Rechtspraxis jedoch anzutreffen. Die Zulässigkeit ihrer Bildung basiert auf Richterrecht. Nach stRspr des BGH („Hilfsstrafkammer") stellt diese zur Entlastung einer ordentlichen Strafkammer eine andere zulässige Art einer Regelung für die Verhinderung der Mitglieder der ordentlichen Strafkammern dar, als sie in den §§ 21e, 21f GVG vorgesehen ist. Sie vertritt dabei die ordentliche Strafkammer in solchen Geschäften, die diese nicht selbst erledigen kann.[15] Diese Argumentation wird von einem Teil der Literatur auch zur Begründung für die Zulässigkeit der Bildung von Hilfssenaten am OLG herangezogen.[16] Soweit man dieser Meinung folgt,[17] darf der Hilfssenat
– nur bei vorübergehender Überlastung eines ordentlichen Strafsenats[18] und
– nur für einen sachlich beschränkten oder befristeten Zeitraum
etabliert werden, wobei auch hier die Meinungen über das zu eröffnende Zeitfenster auseinander gehen. Erst eine Hilfsstrafkammer, die über das ihrer Einrichtung folgende Geschäftsjahr hinaus aufrechterhalten werde, soll idR das Recht auf den gesetzlichen Richter verletzen.[19] Dieser äußerst großzügig bemessene Zeitraum überspannt die Funktion eines *Hilfs*spruchkörpers, weil damit inzident zum Ausdruck kommt, dass der ordentliche Spruchkörper nicht einmal den überwiegenden Teil der ihm geschäftsplanmäßig zugewiesenen Tätigkeit zu erfüllen in der Lage ist.[20] In einer derartigen Konstellation ist der Zeitrahmen für die Tätigkeit des Hilfssenats enger zu fassen;[21] andernfalls ist ein zusätzlicher Senat zu bilden.

5. Ermittlungsrichter. Bei dem nach § 120 erstinzanziell entscheidenden Strafsenat ist 8
ein Richter am OLG[22] als Ermittlungsrichter zu bestellen. IdR wird es sich um den am

---

[11] Freiburg (OLG Karlsruhe).
[12] Augsburg (OLG München).
[13] Kassel (OLG Frankfurt a. M.).
[14] HM; Meyer-Goßner/*Schmitt* Rn. 2.
[15] BGH 14.7.1995 – 5 StR 532/94, BGHSt 41, 175 = NJW 1996, 267 mwN.
[16] *Kissel/Mayer* Rn. 12; KK/*Hannich* Rn. 3; SK/*Frister* Rn. 7.
[17] Kritisch: SK/*Degener* § 60 Rn. 9 ff.
[18] BGH 8.12.1999 – 3 StR 267/99, NJW 2000, 1580 = NStZ 2000, 443.
[19] BGH 22.8.1985 – 4 StR 398/85, BGHSt 33, 303 = NJW 1986, 144.
[20] *Frisch* NStZ 1987, 304.
[21] SK/*Frister* Rn. 11: sechs Monate.
[22] *Kissel/Mayer* Rn. 19; aA KK/*Hannich* Rn. 5; SK/*Frister* Rn. 13, die auch einen an das OLG abgeordneten Richter zulassen wollen.

Sitz des Staatsschutzsenats tätigen Richter handeln; bestellt werden kann aber auch ein Richter am OLG eines anderen OLG desselben Bundeslandes. Dies gilt auch bei länderübergreifender Zuständigkeit eines Staatsschutzsenats (→ § 120 Rn. 11).

9 **6. Revision.** Rein theoretisch lässt sich bei objektiv willkürlicher Einrichtung eines Hilfssenats oder dessen überlanger Aufrechterhaltung die Revision auf § 338 Nr. 1 StPO stützen. Da allerdings nur die erstinstanziellen Entscheidungen des OLG nach den §§ 120, 120a revisibel sind, würde die Übertragung derartiger Verfahrens auf einen Hilfssenat dem in beiden Vorschriften zum Ausdruck kommenden gesetzlichen Leitgedanken zuwiderlaufen.

10 Die in § 120 Abs. 1 normierte Zuständigkeitskonzentration will gerade erreichen, dass für **Staatsschutz-Strafsachen** Richter mit besonderer Sachkunde und genügend Erfahrung zur Verfügung stehen,[23] § 120a wurde mit der Begründung eingeführt, dass die für die Anordnung der **Sicherungsverwahrung** erforderliche Gesamtwürdigung am besten von dem Gericht vorgenommen werden kann, das sich bereits zuvor mit dem Verurteilten und seiner Tat auseinandergesetzt hat.[24] Diese Aufgaben auf einen Hilfssenat zu übertragen, würde den Regelungszweck konterkarieren, weshalb für den außerordentlichen Spruchkörper faktisch nur die Entlastung des ordentlichen Senats im Zuständigkeitsbereich des § 121 verbleibt. Die dort zu treffenden Entscheidungen sind indessen nicht revisibel.

§ 117 [Vertretung]

Die Vorschrift des § 70 Abs. 1 ist entsprechend anzuwenden.

I. Überblick

1 **1. Normzweck/Anwendungsbereich.** Wie bei den Landgerichten ist auch bei den Oberlandesgerichten unter Einschaltung der Landesjustizverwaltung eine Notvertretungsregelung möglich.

2 **2. Entstehungsgeschichte.** Ihre heutige Fassung erhielt die Vorschrift durch das Gesetz zur Änderung der Bezeichnungen der Richter und ehrenamtlichen Richter und der Präsidialverfassung der Gerichte.[1]

II. Erläuterung

3 **Notvertretung.** Nach § 70 Abs. 1 kann auf Antrag des Präsidiums die Regelung der Vertretung durch die Landesjustizverwaltung geordnet werden, wenn sie nicht durch ein Mitglied desselben Gerichts möglich ist. Auf die Ausführungen zu § 70 Abs. 1 wird verwiesen.

§§ 118–119a *(betrifft den Zivilprozess)*

§ 120 [Erstinstanzielle Zuständigkeit]

(1) ¹In Strafsachen sind die Oberlandesgerichte, in deren Bezirk die Landesregierungen ihren Sitz haben, für das Gebiet des Landes zuständig für die Verhandlung und Entscheidung im ersten Rechtszug
1. *[aufgehoben]*
2. bei Hochverrat (§§ 81 bis 83 des Strafgesetzbuches),
3. bei Landesverrat und Gefährdung der äußeren Sicherheit (§§ 94 bis 100a des Strafgesetzbuches) sowie bei Straftaten nach § 52 Abs. 2 des Patentgesetzes,

---

[23] Meyer-Goßner/*Schmitt* § 120 Rn. 1.
[24] SK/*Frister* § 120a Rn. 2.
[1] Vom 26.5.1972 (BGBl. I 841).

nach § 9 Abs. 2 des Gebrauchsmustergesetzes in Verbindung mit § 52 Abs. 2 des Patentgesetzes oder nach § 4 Abs. 4 des Halbleiterschutzgesetzes in Verbindung mit § 9 Abs. 2 des Gebrauchsmustergesetzes und § 52 Abs. 2 des Patentgesetzes,

4. bei einem Angriff gegen Organe und Vertreter ausländischer Staaten (§ 102 des Strafgesetzbuches),

5. bei einer Straftat gegen Verfassungsorgane in den Fällen der §§ 105, 106 des Strafgesetzbuches,

6. bei einer Zuwiderhandlung gegen das Vereinigungsverbot des § 129a, auch in Verbindung mit § 129b Abs. 1, des Strafgesetzbuches,

7. bei Nichtanzeige von Straftaten nach § 138 des Strafgesetzbuches, wenn die Nichtanzeige eine Straftat betrifft, die zur Zuständigkeit der Oberlandesgerichte gehört, und

8. bei Straftaten nach dem Völkerstrafgesetzbuch.

(2) ¹Diese Oberlandesgerichte sind ferner für die Verhandlung und Entscheidung im ersten Rechtszug zuständig

1. bei den in § 74a Abs. 1 bezeichneten Straftaten, wenn der Generalbundesanwalt wegen der besonderen Bedeutung des Falles nach § 74a Abs. 2 die Verfolgung übernimmt,

2. bei Mord (§ 211 des Strafgesetzbuches), Totschlag (§ 212 des Strafgesetzbuches) und den in § 129a Abs. 1 Nr. 2 und Abs. 2 des Strafgesetzbuches bezeichneten Straftaten, wenn ein Zusammenhang mit der Tätigkeit einer nicht oder nicht nur im Inland bestehenden Vereinigung besteht, deren Zweck oder Tätigkeit die Begehung von Straftaten dieser Art zum Gegenstand hat, und der Generalbundesanwalt wegen der besonderen Bedeutung des Falles die Verfolgung übernimmt,

3. bei Mord (§ 211 des Strafgesetzbuchs), Totschlag (§ 212 des Strafgesetzbuchs), erpresserischem Menschenraub (§ 239a des Strafgesetzbuchs), Geiselnahme (§ 239b des Strafgesetzbuchs), schwerer und besonders schwerer Brandstiftung (§§ 306a und 306b des Strafgesetzbuchs), Brandstiftung mit Todesfolge (§ 306c des Strafgesetzbuchs), Herbeiführen einer Explosion durch Kernenergie in den Fällen des § 307 Abs. 1 und 3 Nr. 1 des Strafgesetzbuchs, Herbeiführen einer Sprengstoffexplosion in den Fällen des § 308 Abs. 1 bis 3 des Strafgesetzbuchs, Missbrauch ionisierender Strahlen in den Fällen des § 309 Abs. 1 bis 4 des Strafgesetzbuchs, Vorbereitung eines Explosions- oder Strahlungsverbrechens in den Fällen des § 310 Abs. 1 Nr. 1 bis 3 des Strafgesetzbuchs, Herbeiführen einer Überschwemmung in den Fällen des § 313 Abs. 2 in Verbindung mit § 308 Abs. 2 und 3 des Strafgesetzbuchs, gemeingefährlicher Vergiftung in den Fällen des § 314 Abs. 2 in Verbindung mit § 308 Abs. 2 und 3 des Strafgesetzbuchs und Angriff auf den Luft- und Seeverkehr in den Fällen des § 316c Abs. 1 und 3 des Strafgesetzbuchs, wenn die Tat nach den Umständen geeignet ist,

   a) den Bestand oder die Sicherheit eines Staates zu beeinträchtigen,
   b) Verfassungsgrundsätze der Bundesrepublik Deutschland zu beseitigen, außer Geltung zu setzen oder zu untergraben,
   c) die Sicherheit der in der Bundesrepublik Deutschland stationierten Truppen des Nordatlantik-Pakts oder seiner nichtdeutschen Vertragsstaaten zu beeinträchtigen oder
   d) den Bestand oder die Sicherheit einer internationalen Organisation zu beeinträchtigen,

   und der Generalbundesanwalt wegen der besonderen Bedeutung des Falles die Verfolgung übernimmt,

4. bei Straftaten nach dem Außenwirtschaftsgesetz sowie bei Straftaten nach § 19 Abs. 2 Nr. 2 und § 20 Abs. 1 des Gesetzes über die Kontrolle von Kriegswaffen, wenn die Tat nach den Umständen

   a) geeignet ist, die äußere Sicherheit oder die auswärtigen Beziehungen der Bundesrepublik Deutschland erheblich zu gefährden, oder

   b) bestimmt und geeignet ist, das friedliche Zusammenleben der Völker zu stören,

   und der Generalbundesanwalt wegen der besonderen Bedeutung des Falles die Verfolgung übernimmt.

²Eine besondere Bedeutung des Falles ist auch anzunehmen, wenn in den Fällen des Satzes 1 eine Ermittlungszuständigkeit des Generalbundesanwalts wegen des länderübergreifenden Charakters der Tat geboten erscheint. ³Die Oberlandesgerichte verweisen bei der Eröffnung des Hauptverfahrens die Sache in den Fällen der Nummer 1 an das Landgericht, in den Fällen der Nummern 2 bis 4 an das Land- oder Amtsgericht, wenn eine besondere Bedeutung des Falles nicht vorliegt.

(3) ¹In den Sachen, in denen diese Oberlandesgerichte nach Absatz 1 oder 2 zuständig sind, treffen sie auch die in § 73 Abs. 1 bezeichneten Entscheidungen. ²Sie entscheiden ferner über die Beschwerde gegen Verfügungen der Ermittlungsrichter der Oberlandesgerichte (§ 169 Abs. 1 Satz 1 der Strafprozeßordnung) in den in § 304 Abs. 5 der Strafprozeßordnung bezeichneten Fällen.

(4) ¹Diese Oberlandesgerichte entscheiden auch über die Beschwerde gegen Verfügungen und Entscheidungen des nach § 74a zuständigen Gerichts. ²Für Entscheidungen über die Beschwerde gegen Verfügungen und Entscheidungen des nach § 74a Abs. 4 zuständigen Gerichts sowie in den Fällen des § 100e Absatz 2 Satz 6 der Strafprozessordnung ist ein nicht mit Hauptverfahren in Strafsachen befasster Senat zuständig.

(5) ¹Für den Gerichtsstand gelten die allgemeinen Vorschriften. ²Die beteiligten Länder können durch Vereinbarung die den Oberlandesgerichten in den Absätzen 1 bis 4 zugewiesenen Aufgaben dem hiernach zuständigen Gericht eines Landes auch für das Gebiet eines anderen Landes übertragen.

(6) Soweit nach § 142a für die Verfolgung der Strafsachen die Zuständigkeit des Bundes begründet ist, üben diese Oberlandesgerichte Gerichtsbarkeit nach Artikel 96 Abs. 5 des Grundgesetzes aus.

(7) Soweit die Länder aufgrund von Strafverfahren, in denen die Oberlandesgerichte in Ausübung von Gerichtsbarkeit des Bundes entscheiden, Verfahrenskosten und Auslagen von Verfahrensbeteiligten zu tragen oder Entschädigungen zu leisten haben, können sie vom Bund Erstattung verlangen.

Schrifttum: *Dencker,* Das „Gesetz zur Bekämpfung des Terrorismus", StV 1987, 117; *Diemer,* Erhebung des Generalbundesanwalts zur Klärung des Anfangsverdachts im Rahmen von ARP-Vorgängen, NStZ 2005, 666; *Eisenberg,* Grundsätzliche erstinstanzliche Nichtzuständigkeit von Bundesanwaltschaft und Oberlandesgerichten in Jugendstrafverfahren (§ 120 GVG, § 102 JGG), NStZ 1996, 263; *Fischer,* Die Einführung eines zweiten Rechtszuges in Staatsschutz-Strafsachen, NJW 1969, 449; *Griesbaum,* Die Zuständigkeit des Generalbundesanwalts zur Verfolgung von Völkermord und die Zusammenarbeit mit dem Jugoslawien-Gerichtshof in *Geiß u.a.,* Festschrift aus Anlaß des fünfzigjährigen Bestehens von Bundesgerichtshof, Bundesanwaltschaft und Rechtsanwaltschaft beim Bundesgerichtshof, 2000, 663; *Jeßberger,* Bundesstrafgerichtsbarkeit und Völkerstrafgesetzbuch, HRRS 2013, 119; *Katholnigg,* Anmerkung zu BGH NJW 2002, 1889, JR 2002, 345; *Kohlhaas,* Das Gesetz über die Einführung eines zweiten Rechtszuges in Staatsschutzsachen, NJW 1970, 20; *Kühl,* Neue Gesetze gegen terroristische Straftaten, NJW 1987, 737; *Martin,* Zur Einführung eines zweiten Rechtszuges in Staatsschutz-Strafsachen, NJW 1969, 713; *Nehm,* Die Zuständigkeit des Generalbundesanwalts für die Verfolgung extremistischer Einzeltäter, 2002; *ders.,* Föderalismus als Hemmnis für eine effektive Strafverfolgung der Organisierten Kriminalität?, NStZ 1996, 513; *Rebmann,* Die Zuständigkeit des Generalbundesanwalts zur Verfolgung terroristischer Straftaten, NStZ 1986, 289; *Safferling,* Die Gefährdung der „auswärtigen Beziehungen" der Bundesrepublik Deutschland als strafwürdiges Verhalten im Außenwirtschaftsverkehr, NStZ 2009, 694; *Schaefer,* Verfahrensübernahme durch den Generalbundesanwalt – nach der „Eggesin"-Entscheidung des

Erstinstanzielle Zuständigkeit   1, 2 § 120 GVG

BGH, NJW 2001, 1621; *Schmidt,* Aus der Rechtsprechung des Bundesgerichtshofs in Staatsschutzsachen, MDR 1987, 182; *Schnarr,* Gehören Vorbereitungshandlungen nach § 30 StGB zum Deliktsbereich von Katalogtaten?, NStZ 1990, 257; *ders.,* Innere Sicherheit – die Zuständigkeit des Generalbundesanwalts nach § 120 Abs. 2 S. 1 Nr. 3 GVG, MDR 1993, 589; *ders.,* Irritationen um § 120 Abs. 2 S. 1 Nr. 2 GVG, MDR 1988, 89; *Schoreit,* Erstinstanzliche Zuständigkeit der Bundesanwaltschaft und der Oberlandesgerichte in Strafverfahren gegen Jugendliche und Heranwachsende gem. §§ 120, 142a GVG, § 102 JGG, NStZ 1997, 96; *Schroeder,* Anmerkung zu BGHSt 46, 238, JR 2001, 391; *Sowada,* Zur erstinstanzlichen Zuständigkeit des Oberlandesgerichts bei Erweiterung des § 120 Abs. 2 GVG nach Eröffnung des Hauptverfahrens; in *Wesslau/Wohlers,* Festschrift Fezer, 2008, 163; *Welp,* Anmerkung zu BGH NJW 2002, 1889, NStZ 2002, 609; *ders.,* Die Strafgerichtsbarkeit des Bundes, NStZ 2002, 1.

Übersicht

	Rn.		Rn.
I. Überblick	1–7	b) Verfolgung	17
1. Normbedeutung	1	c) Verfahrenseröffnung	18
2. Anwendungsbereich	2	6. Katalogtaten des Abs. 2	19–29
3. Entstehungsgeschichte	3–7	a) Delikte	19
II. Erläuterung	8–35	b) Verfolgung	20–26
1. Verfassungsrechtliche Einordnung	8, 9	c) Verfahrenseröffnung	27
2. Staatsschutz-Strafsachen	10	d) Zuständigkeitsbegründung durch Vorlage	28, 29
3. Örtliche Zuständigkeit	11, 12	7. Weitere Entscheidungen	30–32
4. Sachliche Zuständigkeit	13–15	a) Anfechtung ermittlungsrichterlicher Entscheidungen	31
a) Straftaten	14	b) Anfechtung von Entscheidungen der Staatsschutzkammern	32
b) Zuständigkeitsvorrang	15	8. Gerichtsstand	33
5. Katalogtaten des Abs. 1	16–18	9. Bundesgerichtsbarkeit	34, 35
a) Delikte	16		

I. Überblick

1. Normbedeutung. Staatsschutzdelikte unterfallen häufig der Gerichtsbarkeit des 1 Gesamtstaates, weshalb diesbezügliche Verfahren ursprünglich vor dem Reichsgericht bzw. dem Bundesgerichtshof verhandelt wurden.[1] Durch das Gesetz zur allgemeinen Einführung eines zweiten Rechtszuges in Staatsschutz-Strafsachen[2] wurde auch für derartige Verfahren ein Revisionsrechtszug eröffnet,[3] was zwar nicht Art. 19 Abs. 4 GG geschuldet war,[4] im Interesse der Rechtseinheit aber als unentbehrlich angesehen wurde, da die institutionelle Garantie oberster Bundesgerichte als primär zuständige Revisionsgerichte einen Instanzenzug voraussetzt.[5] Die vollständige Bedeutung der Vorschrift erschließt sich nur in Zusammenschau mit Art. 96 Abs. 5 GG und § 142a GVG, der die Verfolgungskompetenz des Generalbundesanwalts erheblich erweitert hat.[6]

2. Anwendungsbereich. Die Vorschrift regelt vorrangig die sachliche und die örtliche 2 Zuständigkeit der Oberlandesgerichte in erster Instanz für bestimmte Deliktsbereiche („Staatsschutzdelikte", „politisches Strafrecht") sowie für damit zusammenhängende Beschwerdeverfahren und sonstige Nebenentscheidungen. Die Zuständigkeitskonzentration auf jeweils ein Oberlandesgericht pro Bundesland hat zum Ziel, dass für die in den Zuständigkeitsbereich fallenden Strafsachen Richter mit besonderer Sachkunde und genügend Erfahrung zur Verfügung stehen.[7]

---
[1] Zur Historie der Staatsschutzdelikte *Kissel/Mayer* GVG § 74a Rn. 1 mwN.
[2] Vom 8.9.1969 BGBl. I 1582.
[3] *Welp* NStZ 2002, 1 (3).
[4] StRspr. vgl. BVerfG 4.7.1995 – 1 BvF 2/86 ua, BVerfGE 92, 365 = NJW 1996, 185; 7.7.1993 – 2 BvR 1631/90; 2 BvR 1728/90, BVerfGE 87, 49 = NJW 1993, 1123.
[5] Vgl. *Maunz/Dürig/Jachmann,* 2013, GG Art. 96 Rn. 56.
[6] *Kühl* NJW 1987, 737 (747).
[7] Meyer-Goßner/*Schmitt* Rn. 1.

3 **3. Entstehungsgeschichte.**[8] Die Zuständigkeit für die Aburteilung von Staatsschutz-Strafsachen geht im ursprünglichen Umfang auf die sog. *Emminger-VO*[9] zurück. Danach waren die Oberlandesgerichte erst- und letztinstanziell zuständig, sofern der Reichsanwalt das Verfahren an die Staatsanwaltschaft eines Landes oder das Reichsgericht die Sache an das OLG verwiesen hatte. Diese Zuständigkeitsregelung wurde zunächst auch nach dem 2. Weltkrieg beibehalten.[10] Durch das Gesetz zur allgemeinen Einführung eines zweiten Rechtszuges in Staatsschutz-Strafsachen[11] erhielt die Vorschrift ihre heutige Grundstruktur.

4 **Abs. 1** bestimmt zum einen vorrangig dasjenige OLG als örtlich zuständig, in dessen Bezirk die jeweilige Landesregierung ihren Sitz hat, zum anderen wurde die Zuständigkeit zunächst für sieben Deliktsbereiche statuiert, später um die heutige Nr. 6 auf acht erweitert.[12] Mit dem Gesetz zur Änderung des Völkerstrafgesetzbuches, das eine Aufhebung der §§ 80, 80a StGB mit sich brachte, musste auch die in Nr. 1 der Vorschrift aufgehoben werden.[13]

5 **Abs. 2** enthielt in der Fassung von 1969 zunächst nur eine Generalklausel, die die sachliche Zuständigkeit davon abhängig machte, dass der Generalbundesanwalt wegen der besonderen Bedeutung des Falles die Verfolgung übernommen hatte. Durch das Gesetz zur Bekämpfung des Terrorismus[14] wurde auch in Abs. 2 ein drei Deliktsbereiche umfassender Katalog aufgenommen und durch das 2. Justizmodernisierungsgesetz[15] um die heutige Nr. 4 erweitert. Abs. 2 Satz 1 Nr. 3 wurde 2009 durch Art. 2 des Gesetzes zur Verfolgung der Vorbereitung von schweren staatsgefährdenden Gewalttaten erweitert.[16]

6 **Abs. 3,** der die Zuständigkeit für Beschwerde- und Zwischenverfahren regelt, erfuhr durch das StVÄG 1987[17] eine inhaltliche Angleichung an § 304 Abs. 5 StPO. **Abs. 4** Satz 1 wurde 2005[18] der heutige Satz 2 angefügt. **Abs. 5** und **Abs. 6** blieben unverändert. Durch Art. 17 Nr. 6 des Ersten Gesetzes über die Bereinigung von Bundesrecht im Zuständigkeitsbereich des Bundesministeriums der Justiz[19] wurde **Abs. 7** eingefügt.

7 Dem Gesetz von 1969 ging eine Änderung des **Art. 96 Abs. 5 GG** voraus, ursprünglich beschränkt auf Art. 96 Abs. 5 Nr. 4 und 5 in der heute geltenden Fassung;[20] eine weitere Verfassungsänderung erfolgte 2002.[21]

II. Erläuterung

8 **1. Verfassungsrechtliche Einordnung.** Strafverfolgung und Rechtsprechung sind nach der Kompetenzverteilung des Grundgesetzes Ländersache (Art. 92 GG). Aus Art. 30 GG folgt allerdings die Einschränkung, dass die Ausübung staatlicher Befugnisse und die Erfüllung staatlicher Aufgaben nur dann in die Kompetenz der Länder fällt, wenn und soweit das GG keine andere Regelung trifft oder zulässt. Als anderweitige Regelung iSd Art. 30 GG statuiert **Art. 96 Abs. 5 GG** die **Gerichtsbarkeit des Bundes** in den dort aufgeführten Fällen der Verbrechen nach §§ 6–14 VStGB,[22] nach Art. 26 Abs. 1 GG unter Strafe zu stellenden Handlungen und des Staatsschutzes (§§ 80 ff. StGB).

---

[8] Umfassend: Löwe/Rosenberg/*Franke* Rn. 1–3.
[9] Vom 4.1.1924 (RGBl. I 17).
[10] Vgl. § 120 Abs. 1 idF des Strafrechtsänderungsgesetzes vom 30.8.1951 (BGBl. I 739).
[11] Vom 8.9.1969 (BGBl. I 1582).
[12] Gesetz zur Änderung des Strafgesetzbuches, der Strafprozeßordnung, des Gerichtsverfassungsgesetzes, der Bundesrechtsanwaltsordnung und des Strafvollzugsgesetzes vom 18.8.1976 (BGBl. I 2181).
[13] BT-Drs. 18/8621, S. 21.
[14] Vom 19.12.1986 (BGBl. I 2566).
[15] Art. 3 Nr. 2 des Zweiten Justizmodernisierungsgesetzes vom 22.12.2006 (BGBl. I 3416).
[16] Vom 30.7.2009 (BGBl. I 2437).
[17] Strafverfahrensänderungsgesetz 1987 vom 27.1.1987 (BGBl. I 475).
[18] Art. 2 Nr. 2 Gesetz zur Umsetzung des Urteils des Bundesverfassungsgerichts vom 3.3.2004 vom 24.6.2005 (BGBl. I 1841).
[19] Vom 19.4.2006 (BGBl. I 866).
[20] 26. Gesetz zur Änderung des Grundgesetzes vom 26.8.1969 (BGBl. I 1357).
[21] Gesetz zur Änderung des Grundgesetzes (Artikel 96) vom 26.7.2002 (BGBl. I 2863).
[22] Völkerstrafgesetzbuch vom 26.6.2002 (BGBl. I 2254).

Die Einführung der Zweistufigkeit des gerichtlichen Verfahrens führt im Ergebnis sowohl **9** aufseiten des Bundes als auch aufseiten der Länder faktisch zu einer **Aufspaltung** der jeweiligen Justizhoheit, weil sich der Bund mit der erfolgten Übertragung der tatrichterlichen Entscheidungshoheit auf die OLGe, derer er sich im Wege der Organleihe bedient (vgl. Abs. 6), einerseits seiner Rechtsprechungshoheit begibt, durch die Beibehaltung der Verfolgungskompetenz für die in Art. 96 Abs. 5 GG umschriebenen und in den Katalogen des § 120 GVG enthaltenen Straftaten im Zuständigkeitsbereich des Generalbundesanwalts (§ 142a GVG) andererseits den Ländern deren Verfolgungshoheit entzieht.

2. Staatsschutz-Strafsachen. Welche Taten zum Schutz des (Gesamt-)Staates mit Strafe **10** bedroht sind, wird durch Bundesgesetz geregelt. Nach der Definition in § 20 Abs. 1 S. 2 BVerfSchG[23] handelt es sich um die in §§ 74a, 120 GVG genannten sowie um sonstige Straftaten, bei denen auf Grund ihrer Zielsetzung, des Motivs des Täters oder dessen Verbindung zu einer Organisation tatsächliche Anhaltspunkte dafür bestehen, dass sie gegen die in Art. 73 Nr. 10 Buchst. b (Verfassungsschutz) oder Buchst. c GG (auswärtige Belange) genannten Schutzgüter gerichtet sind.[24] Diese dem Bundesgesetzgeber eingeräumte Regelungsmöglichkeit besteht trotz ihrer verfassungsrechtlichen Legitimation (Art. 96 Abs. 5 GG) nur in einem inhaltlich begrenzten Umfang, weil sie in die originäre Verfolgungskompetenz der Länder eingreift, und deshalb nur solche Delikte zu Staatsschutz-Strafsachen erklärt werden können, die das innere Gefüge des Gesamtstaates oder dessen Verfassungsgrundsätze betreffen.[25]

3. Örtliche Zuständigkeit. Nach Abs. 1 S. 1 ist für die in den Nr. 1–8 genannten **11** Verfahren dasjenige Oberlandesgericht für das (gesamte) Gebiet des Bundeslandes zuständig, in dessen Bezirk die jeweilige Landesregierung ihren Sitz hat. Gleiches gilt in den Fällen der Abs. 2–4 („*diese Oberlandesgerichte*"). Die Regelung ist auf Länder mit **mehreren Oberlandesgerichten** zugeschnitten und trifft unmittelbar nur auf Baden-Württemberg, Bayern, und Nordrhein-Westfalen zu. In Niedersachsen ist die Zuständigkeit für Staatsschutzverfahren dem OLG Celle übertragen. Soweit in einem Bundesland nur **ein Oberlandesgericht** besteht, residieren die OLGe am Sitz der jeweiligen Landesregierung nur in Berlin, Hamburg und Sachsen; in Brandenburg, Hessen, Mecklenburg-Vorpommern, Rheinland-Pfalz, Sachsen-Anhalt, Schleswig-Holstein und Thüringen jeweils abweichend vom Sitz der Landesregierung. Von der Möglichkeit einer **länderübergreifenden Zuständigkeitsregelung** (Abs. 5 Satz 2) haben *Bremen*[26] und das *Saarland*[27] Gebrauch gemacht.

Bezogen auf die einzelnen Bundesländer ergeben sich daraus **folgende Zuständigkeiten:** **12**

Bundesland	Sitz der Landesregierung	Oberlandesgericht
Baden-Württemberg	Stuttgart	Stuttgart
Bayern	München	München

---

[23] Gesetz über die Zusammenarbeit des Bundes und der Länder in Angelegenheiten des Verfassungsschutzes und über das Bundesamt für Verfassungsschutz vom 20.12.1990 (BGBl. I 2954 (2970)).
[24] Inwieweit diese Definition nach der geplanten Umsetzung der zu erwartenden Vorschläge des NSU-Untersuchungsausschusses Geltung beanspruchen kann, bleibt abzuwarten (s. https://www.bundestag.de/dokumente/textarchiv/2014/49561254_kw08_sp_nsu/215776).
[25] BGH 21.3.2002 – StB 4/02, BGHR GVG § 120 Abs. 2 Besondere Bedeutung 4 = NStZ 2002, 447 mAnm *Katholnigg* JR 2002, 345.
[26] Abkommen zwischen der Freien Hansestadt Bremen und der Freien und Hansestadt Hamburg über die Zuständigkeit des Hanseatischen Oberlandesgerichts Hamburg in Staatsschutz-Strafsachen vom 28.5.1970 (BremGBl. 123; Bek. vom 17.12.1970 BremGBl. 1971, 1; HambGVBl. 271; Bek. vom 28.12.1970 HambGVBl. 1971, 1); Abkommen vom 1.2.1978 (BremGBl. 163; Bek. vom 15.8.1978 BremGBl. 194; HambGVBl. 73; Bek. vom 1.8.1978 HambGVBl. 325).
[27] Staatsvertrag zwischen dem Land Rheinland-Pfalz und dem Saarland über die Übertragung der Zuständigkeit in Staatsschutz-Strafsachen vom 16./18.8.1971 (RhPflGVBl. 304; Bek. vom 31.1.1972 RhPflGVBl. 106; [Saarland] ABl., 848; Bek. vom 1.2.1972; ABl., 61); Staatsvertrag vom 12./16.4.1978 (RhPflGVBl. 484; Bek. vom 31.8.1978 RhPflGVBl. 639; [Saarland] ABl., 696).

Bundesland	Sitz der Landesregierung	Oberlandesgericht
Berlin	Berlin	Kammergericht
Brandenburg	Potsdam	Brandenburg/Havel
Bremen	Bremen	Hamburg
Hamburg	Hamburg	Hamburg
Hessen	Wiesbaden	Frankfurt/Main
Mecklenburg-Vorpommern	Schwerin	Rostock
Niedersachsen	Hannover	Celle
Nordrhein-Westfalen	Düsseldorf	Düsseldorf
Rheinland-Pfalz	Mainz	Koblenz
Saarland	Saarbrücken	Koblenz
Sachsen	Dresden	Dresden
Sachsen-Anhalt	Magdeburg	Naumburg
Schleswig-Holstein	Kiel	Schleswig
Thüringen	Erfurt	Jena

13 **4. Sachliche Zuständigkeit.** Aus der Gegenüberstellung der §§ 74a und 120 ergibt sich die Zuständigkeit der OLGe für **geborene** („große") Staatsschutz-Strafsachen (Abs. 1 S. 1 Nr. 1–8), die **zwingend** zur erstinstanziellen Zuständigkeit des OLG führen, während die (durch den Generalbundesanwalt) **gekorenen** („kleinen") Staatsschutz-Strafsachen (Abs. 2 S. 1 Nr. 1–4) unter den dortigen Voraussetzungen eine **bewegliche** Zuständigkeit begründen.

14 **a) Straftaten.** Die Zuständigkeitsbestimmung gilt nicht nur für den/die Täter der in den Abs. 1 und 2 aufgeführten Straftaten einschließlich der versuchten Tat (§§ 22, 23 StGB), sondern auch für Teilnehmer nach §§ 26, 27 StGB[28] und den Versuch der Beteiligung an derartigen Taten (§ 30 StGB).[29] Andere Straftaten fallen in den Zuständigkeitsbereich der OLGe nur dann, wenn sie zu einer Staatsschutz-Straftat in Tateinheit (§ 52 StGB) stehen oder mit dieser eine Tat im prozessualen Sinne (§ 264 StPO) bilden.[30] Ausnahmsweise soll die Zuständigkeit der OLGe auch dann gegeben sein, wenn zwischen der Staatsschutz-Straftat und einer anderen Straftat ein derart enger persönlicher und deliktsspezifisch-sachlicher Zusammenhang besteht, dass eine getrennte Verfolgung und Aburteilung auch unter Beachtung der verfassungsrechtlichen Vorgaben für die Kompetenzverteilung zwischen Bund und Ländern als in hohem Maße sachwidrig erscheint.[31] Im Übrigen führt ein lediglich materiell-rechtlicher Bezug anderer Straftaten zum Staatsschutzdelikt (zB Begünstigung oder Strafvereitelung) nicht zur OLG-Zuständigkeit. Eine Verbindung von Verfahren allein unter dem Gesichtspunkt der §§ 2, 3 StPO ist nicht möglich.[32]

15 **b) Zuständigkeitsvorrang.** Das Vorliegen einer Staatsschutz-Straftat begründet den Zuständigkeitsvorrang des OLG vor sämtlichen Spruchkörpern des Landgerichts (§§ 74 ff.) und gilt wegen § 102 S. 1 JGG auch im Verfahren gegen Jugendliche.[33]

---

[28] *Kissel/Mayer* Rn. 1.
[29] *Schnarr* NStZ 1990, 257.
[30] BGH 18.7.2006 – StB 14/06, BGHR GVG § 120 Zuständigkeit 1 = NStZ 2007, 117 = NStZ-RR 2006, 303.
[31] BGH 13.1.2009 – AK 20/08, BGHSt 53, 128 = NJW 2009, 1681.
[32] *Kissel/Mayer* Rn. 1.
[33] HK-StPO/*Schmidt/Temming* Rn. 4; Meyer-Goßner/*Schmitt* Rn. 10; *Schoreit* NStZ 1997, 96; aA *Eisenberg* NStZ 1996, 263 (264 f.).

5. Katalogtaten des Abs. 1. a) Delikte. Die Straftatbestände des Abs. 1 S. 1 Nr. 1, 2, 16
4–7 sind infolge der Bezugnahme auf das StGB ausreichend konkretisiert. § 52 Abs. 2 PatG
(**§ 120 Abs. 1 S. 1 Nr. 3**) betrifft die ein Staatsgeheimnis (§ 93 StGB) enthaltende Patentanmeldung, wenn sie entgegen § 52 Abs. 1 PatG eingereicht oder einer erteilten Auflage zuwidergehandelt wird. Nach § 9 Abs. 2 GebrMG ist § 52 Abs. 2 PatG auf Geheimgebrauchsmuster entsprechend anzuwenden; auf die Topographien (§ 1 Abs. 1 HalblSchG) ist gem. § 4 Abs. 4 HalblSchG § 9 GebrMG entsprechend anzuwenden. **§ 120 Abs. 1 S. 1 Nr. 8** betrifft Völkermord und Verbrechen gegen die Menschlichkeit (§§ 6, 7 VStGB), Kriegsverbrechen (§§ 8–12 VStGB) sowie die vorsätzliche Verletzung der Aufsichtspflicht (§ 13 VStGB) und das Unterlassen der Meldung einer Straftat (§ 14 VStGB).[34]

b) Verfolgung. Hinsichtlich sämtlicher Delikte liegt die Verfolgungskompetenz primär 17
beim Generalbundesanwalt, der das Amt der Staatsanwaltschaft nach Abschluss der das Vorliegen einer Staatsschutz-Straftat bestätigenden Ermittlungen durch Anklageerhebung zum OLG ausübt (§ 142a Abs. 1 S. 1) und die Anklage dort vertritt. Ihm allein steht auch das Kompetenzbestimmungsrecht (§ 142a Abs. 1 S. 2) zu.

c) Verfahrenseröffnung. Der Staatsschutzsenat lässt die Anklage zur Hauptverhandlung 18
zu oder lehnt die Eröffnung des Hauptverfahrens ab, wogegen der GBA Beschwerde (§ 210 Abs. 2 StPO) zum BGH einlegen kann. Dieser beschließt als Beschwerdegericht in der Sache selbst über die Eröffnung.[35]

6. Katalogtaten des Abs. 2. a) Delikte. Auch die Straftatbestände des Abs. 2 S. 1 19
Nr. 1–3 sind infolge der Bezugnahme auf § 74a Abs. 1 GVG und auf das StGB ausreichend konkretisiert. Verstöße gegen das AWG (Abs. 2 S. 1 Nr. 4) sind dort in § 34 unter Strafe gestellt. § 19 Abs. 2 Nr. 2 KrWaffG betrifft den unerlaubten Umgang mit Atomwaffen bei gleichzeitiger erheblicher Gefährdung der Sicherheit der Bundesrepublik Deutschland, des friedlichen Zusammenlebens der Völker oder der auswärtigen Beziehungen der Bundesrepublik Deutschland, § 20 Abs. 1 KrWaffG den unerlaubten Umgang mit biologischen und chemischen Waffen.

b) Verfolgung. Auch hinsichtlich der dort aufgeführten Delikte besteht die Primärzu- 20
ständigkeit des GBA zur Verfolgung der Straftaten (→ Rn. 17). Das Verfahren weist jedoch Unterschiede zu Abs. 1 auf.

Rein **tatsächlich** wird in diesen Fällen, gerade wenn der Deliktscharakter noch nicht 21
klar zutage getreten ist, zunächst die **örtlich zuständige Staatsanwaltschaft** ermitteln. Ergibt sich aus ihrer Sicht der Verdacht, dass eine in den erstinstanziellen Zuständigkeitsbereich des OLG fallende Straftat vorliegt, übersendet sie die Akten unverzüglich an den GBA (Nr. 202 Abs. 1 RiStBV). Erhält der **GBA** auf andere Weise von der Straftat Kenntnis,[36] kann er in Ausübung des ihm eingeräumten **Evokationsrechts** (§ 142a Abs. 1 S. 2) die Verfolgung übernehmen.

Rechtlich steht die Verfolgungskompetenz des GBA in Ansehung der verfassungsrechtli- 22
chen Kompetenzverteilung (→ Rn. 9) unter dem **Vorbehalt,** dass die besondere Bedeutung des Falles die Verfolgung durch den GBA rechtfertigt (Abs. 2 S. 1 Nr. 1–4), zusätzlich in den Fällen des Abs. 2 S. 1 Nr. 4, dass sich aus den Tatumständen jedenfalls die Absicht

---

[34] Das Bundesverfassungsgericht hat (was im Hinblick auf den Prüfungsmaßstab nicht überrascht) im Fall Kunduz unlängst offen gelassen, ob die Wendung „bei Straftaten nach dem Völkerstrafgesetzbuch" in § 120 Abs. 1 Nr. 8 GVG dahingehend zu verstehen sei, dass dies nur bei einer tatsächlichen Strafbarkeit nach dem Völkerstrafgesetzbuch der Fall sei, oder es nur auf die Eröffnung des Anwendungsbereichs des Völkerstrafgesetzbuchs ankomme. Jedenfalls sei die Annahme eines Generalbundesanwalts, er sei im Falle der Verfolgung von Straftaten nach dem Völkerstrafgesetzbuch und für durch die gleiche Handlung mitverwirklichte Straftaten nach dem Strafgesetzbuch zuständig, jedenfalls nicht willkürlich, wenn er sich auf den insoweit mehrdeutigen Wortlaut stütze, vgl. BVerfG 19.5.2015 – 2 BvR 987/11, NJW 2015, 3500.
[35] BGH 19.1.2010 – StB 27/09, BeckRS 2010, 10962 = NJW 2010, 2374 (Ls.).
[36] Vgl. zB die NSU-Mordserie.

einer Störung des friedlichen Zusammenlebens der Völker (Art. 96 Abs. 5 Nr. 4 GG) oder der Gefährdung des Staatsschutzes (Art. 96 Abs. 5 Nr. 5 GG) ergibt.

23 **aa) Besondere Bedeutung des Falles.** Das mit diesem unbestimmten Rechtsbegriff[37] umschriebene **Zusatzerfordernis** für die Verfolgungskompetenz des GBA in den Fällen des Abs. 2 ist dem Umstand geschuldet, dass die Strafverfolgung der in Abs. 2 aufgeführten Delikte entsprechend dem in der Norm deutlich zum Ausdruck gebrachten Willen des Gesetzgebers sowie mit Blick auf den verfassungsrechtlichen Maßstab grundsätzlich in die Kompetenz der Bundesländer fällt; dies gilt sogar dann, wenn sich die Tat gegen die Bundesrepublik als Gesamtstaat richtet. Die Zuständigkeit des Bundes und damit die Evokationsbefugnis des GBA wird nur begründet, wenn der Sache darüber hinaus eine besondere Bedeutung zukommt, was erst dann der Fall ist, wenn es sich unter Beachtung des Ausmaßes der Rechtsgutverletzung um ein **staatsgefährdendes Delikt von erheblichem Gewicht** handelt, das seine besondere Bedeutung dadurch gewinnt, dass es die Schutzgüter des Gesamtstaates in einer derart spezifischen Weise angreift, dass ein Einschreiten des GBA und eine Aburteilung durch ein Bundesgerichtsbarkeit ausübendes Gericht geboten ist.[38] Dies kann sich darin äußern, dass die Tat der Feindschaft des Täters gegen das freiheitlich-demokratische Staats- und Gesellschaftssystem der Bundesrepublik entspringt und er seine Opfer nur deshalb auswählt, weil sie dieses System als Amtsträger oder in sonstiger Weise repräsentieren, oder ohne jeden persönlichen Bezug lediglich deshalb angreift, weil sie Bürger oder Einwohner der Bundesrepublik Deutschland sind oder sich im Bundesgebiet aufhalten.[39]

24 Allerdings vermag die Beeinträchtigung der geschützten Rechtsgüter für sich allein die besondere Bedeutung noch nicht zu begründen, jedoch kann die **konkrete Tat- und/oder Schuldschwere** den Grad der Gefährdung bundesstaatlicher Belange durchaus mitbestimmen.[40] Von Bedeutung kann sein, ob aufgrund der Erheblichkeit des Delikts eine **Verfolgung mit besonderer Sachkunde** geboten und angesichts des Auslandsbezuges ein **spezieller Ermittlungsaufwand** erforderlich erscheint.[41] Bei der Beurteilung der besonderen Bedeutung ist zudem zu erwägen, inwieweit die konkrete Tat den Gesamtstaat etwa durch eine Schädigung des Ansehens Deutschlands in der Staatengemeinschaft zu beeinträchtigen in der Lage ist.[42] Auch ist zu beachten, welche Signalwirkung von der Tat für potentielle Nachahmer ausgeht.[43]

25 An die Bejahung der besonderen Bedeutung sind in zweiter Linie auch deshalb strenge Anforderungen[44] zu stellen, weil durch die Übernahmeerklärung des GBA auch der **gesetzliche Richter** (Art. 101 Abs. 1 S. 2 GG) bestimmt wird.[45]

26 **bb) Gefährdungs- und Störungspotential.** Zusätzlich zur besonderen Bedeutung des Falles macht Abs. 2 S. 1 Nr. 4 die Verfolgungskompetenz des GBA davon abhängig, dass der Verstoß gegen das AWG oder das KrWaffKontrG geeignet ist, die äußere Sicherheit oder die auswärtigen Beziehungen der Bundesrepublik Deutschland erheblich zu gefährden, oder bestimmt und geeignet ist, das friedliche Zusammenleben der Völker zu stören.

27 **c) Verfahrenseröffnung.** Der Staatsschutzsenat lässt die Anklage zur Hauptverhandlung zu oder lehnt die Eröffnung des Hauptverfahrens ab (→ Rn. 18). Da er – anders als in den Fällen des Abs. 1 – an die Bewertung des GBA nicht gebunden ist, sondern das Vorliegen

---

[37] *Kissel/Mayer* Rn. 10.
[38] BGH 13.1.2009 – AK 20/08, BGHSt 53, 128 = NJW 2009, 1681; zuletzt BGH 22.9.2016 – AK 47/16, ZJJ 2016, 410.
[39] BGH 24.11.2009 – 3 StR 327/09, BGHR GVG § 120 Abs. 2 Nr. 3a Sicherheit 4 = NStZ 2010, 468.
[40] *Kissel/Mayer* Rn. 6.
[41] BGH 13.1.2009 – AK 20/08, BGHSt 53, 128 = NJW 2009, 1681.
[42] Vgl. BT-Drs. 16/3038, 31.
[43] BGH 20.12.2007 – StB 12/07, NStZ 2008, 146.
[44] Meyer-Goßner/*Schmitt* Rn. 3.
[45] BGH 13.1.2009 – AK 20/08, BGHSt 53, 128 = NJW 2009, 1681.

der besonderen Bedeutung des Falles und ggf. auch der in Abs. 2 S. 1 Nr. 4 erforderlichen weiteren Voraussetzungen zu prüfen hat, muss er, wenn er eine der Voraussetzungen des Abs. 2 verneint, die Sache in den Fällen der Nr. 1 an die Staatsschutzkammer des LG (§ 74a), in den Fällen der Nr. 2–4 an das LG oder AG verweisen (Abs. 2 S. 2). Dem GBA steht auch hier das Beschwerderecht nach § 210 Abs. 2 iVm § 304 Abs. 4 Nr. 3 StPO zu.

d) Zuständigkeitsbegründung durch Vorlage. Die Frage, ob in den Fällen des Abs. 2 **28** die Zuständigkeit des OLG auch durch Vorlage nach §§ 209 Abs. 2, 225a Abs. 1 oder § 270 Abs. 1 StPO begründet werden kann, wenn das zunächst befasste Gericht in der bei ihm angeklagten Sache eine Staatsschutz-Strafsache von besonderer Bedeutung annimmt, wird uneinheitlich beantwortet. Vertreten wird hierzu, das mit dem Verfahren befasste Erstgericht müsse in einer derartigen Konstellation über die örtliche Staatsanwaltschaft den **GBA um Ausübung seines Evokationsrechts** und die Vorlage der Sache an das OLG ersuchen. Werde die besondere Bedeutung der Staatsschutz-Strafsache erst nach Eröffnung des Hauptverfahrens oder in der Hauptverhandlung erkennbar, müsse es selbst an das OLG vorlegen.[46] Dies gelte auch, wenn der GBA die Übernahme unter Verneinung der besonderen Bedeutung abgelehnt habe, weil weder das befasste Gericht noch das OLG an die Bewertung des GBA gebunden sei.[47]

Verneint wird dabei, dass der (Nicht-)Ausübung des Evokationsrechts durch den GBA **29 konstitutive Wirkung** zukomme,[48] wobei auf die Rechtsprechung zu § 24 Abs. 1 Nr. 3 zurückgegriffen wird.[49] Diese gehe mit Blick auf den gesetzlichen Richter (Art. 101 Abs. 1 S. 2 GG) davon aus, dass der Staatsanwaltschaft im Rahmen der beweglichen Zuständigkeit kein Wahlrecht zustehe, sie vielmehr den Tatbestand einer Norm, hier: *die besondere Bedeutung des Falles,* zu subsumieren habe.[50] In den Fällen des Abs. 2 ist jedoch nicht allein der Anspruch auf den gesetzlichen Richter, sondern in gleicher Weise die verfassungsrechtlich geregelte Kompetenzverteilung maßgeblich. Gebietet der verfassungsrechtliche Maßstab der Art. 30, 96 Abs. 5 GG gerade an dieser Stelle – auch im Hinblick auf die Bestimmung des gesetzlichen Richters – Zurückhaltung[51] und wird sie durch den GBA in Form der Nichtausübung des Evokationsrechts geübt, würde die vorstehend dargestellte Auffassung dazu führen, dass Justizorgane der Länder durch Umgehung des § 142a die Gerichtsbarkeit des Bundes (Abs. 6) entgegen der **verfassungsrechtlich gebotenen Kompetenzverteilung** begründen könnten.[52] Auch die Möglichkeit der Zuständigkeitsbestimmung durch den BGH (§§ 14, 19 StPO)[53] könnte aus diesem Dilemma nur dort befreien, wo das OLG die Auffassung des zunächst befassten Gerichts nicht teilt und die Übernahme der Sache ablehnt.

7. Weitere Entscheidungen. Die **Abs. 3 und 4** regeln vorrangig die Zuständigkeit für **30 Beschwerden** in Staatsschutzsachen; nach § 120 Abs. 4 S. 1 StPO ist der Staatsschutzsenat daneben zur Entscheidung über die **Fortdauer der U-Haft** von mehr als sechs Monaten berufen. Nach Erhebung der öffentlichen Klage hat dieser Senat auch über den **Antrag auf gerichtliche Entscheidung** wegen der Verhängung von Maßregeln gegen Zeugen oder Sachverständige durch die Staatsanwaltschaft oder den GBA zu befinden (§§ 161a Abs. 3 S. 1, 162 Abs. 3 S. 1 StPO).[54] Über den nämlichen Rechtsbehelf entscheidet er auch, wenn eine der in Abs. 1 oder 2 aufgeführten Straftaten Gegenstand eines Klageerzwingungsverfahrens ist (§ 172 Abs. 4 S. 2 StPO). Schließlich obliegt dem Senat unter den Vorausset-

---

[46] SK/*Frister* Rn. 21.
[47] *Kissel/Mayer* Rn. 10; zweifelnd. Löwe-Rosenberg/*Franke* Rn. 9.
[48] *Kissel/Mayer* Rn. 10.
[49] SK/*Frister* Rn. 21.
[50] BVerfG 19.7.1967 – 2 BvR 489/66, BVerfGE 22, 254 (262) = NJW 1967, 2151 (2152).
[51] BGH 13.1.2009 – AK 20/08, BGHSt 53, 128 = NJW 2009, 1681.
[52] *Dencker* StV 1987, 118; *Kühl* NJW 1987, 747.
[53] Löwe-Rosenberg/*Franke* Rn. 9.
[54] Meyer-Goßner/*Schmitt* Rn. 4.

zungen des Abs. 1 oder 2 die Zustimmung zur **Verfahrenseinstellung nach § 153e Abs. 1 StPO**.

31 **a) Anfechtung ermittlungsrichterlicher Entscheidungen.** Welcher Ermittlungsrichter in einer Staatsschutzsache tätig wird, hängt vom jeweiligen Verfahrensstand ab. Danach richtet sich auch die Beschwerdezuständigkeit. In den durch den GBA geführten Ermittlungsverfahren, mithin vor Erhebung der Anklage zum OLG, ist im Regelfall der **Ermittlungsrichter beim BGH** zuständig (§ 169 Abs. 1 S. 2) mit der Folge, dass über Beschwerden gegen dessen Entscheidungen und Verfügungen der Strafsenat des BGH entscheidet (§ 135 Abs. 2). In die Beschwerdezuständigkeit des OLG fallen nach **Abs. 3 S. 1** die Entscheidungen und Verfügungen des **Ermittlungsrichters beim AG** (§§ 162, 165, 166 StPO) über die nach § 73 Abs. 1 außerhalb des Bereichs des Staatsschutzes die Beschwerdekammern der LGe zu entscheiden haben.[55] Die ausschließliche Zuständigkeit des Amtsrichters ist immer dann gegeben, wenn der GBA von seinem Evokationsrecht keinen Gebrauch gemacht oder das Verfahren an die für Staatsschutzsachen zuständige Staatsanwaltschaft abgegeben hat.[56] Er kann daneben alternativ ebenso den Ermittlungsrichter des OLG (§ 169 Abs. 1 S. 1: „auch") befassen. Gegen den Gesetzeswortlaut des § 169 Abs. 1 S. 2 StPO („sind an deren Stelle") vertritt die hM[57] die Auffassung, dass der Ermittlungsrichter beim AG auch in den Fällen, in denen der GBA die Ermittlungen führt, mit den ihm nach § 162 StPO obliegenden Geschäften betraut werden kann, wenn diese keine staatsschutzrechtliche Fachkompetenz erfordern.[58] Hat der **Ermittlungsrichter des OLG** den angefochtenen Beschluss erlassen oder die beanstandete Maßnahme verfügt **(Abs. 3 S. 2)**, entscheidet ebenfalls das OLG über die Beschwerde.

32 **b) Anfechtung von Entscheidungen der Staatsschutzkammern.** Nach **Abs. 4 S. 1** fallen in die Beschwerdezuständigkeit des OLG die Entscheidungen und Verfügungen der Staatsschutzkammern, die diese im Rahmen ihrer Zuständigkeit nach § 74a Abs. 1–3 trifft. Werden Maßnahmen nach § 74a Abs. 4 angefochten, entscheidet gem. **Abs. 4 S. 2** ein Strafsenat, der nicht mit dem Hauptverfahren befasst ist. Dies gilt auch in den Fällen von über sechs Monate hinausgehenden Verlängerungen der Wohnraumüberwachung (§ 100e Abs. 2 S. 6 StPO).

33 **8. Gerichtsstand.** Nach **Abs. 5 S. 1** gelten für den Gerichtsstand die allgemeinen Vorschriften (§§ 7 ff. StPO, 42 JGG). Zur länderübergreifenden Zuständigkeitskonzentration nach **Abs. 5 S. 2** → Rn. 11.

34 **9. Bundesgerichtsbarkeit.** Aus **Abs. 6** folgt, das die nach Abs. 1 und 2 zuständigen Senate die Gerichtsbarkeit des Bundes ausüben, der sich ihrer im Wege der Organleihe bedient (→ Rn. 8 f.).

35 In Konsequenz dessen hat der Bund nach **Abs. 7** den Ländern, wenn diese Verfahrenskosten und Auslagen von Verfahrensbeteiligten zu tragen oder Entschädigungen zu leisten haben, Erstattung zu leisten.

§ 120a [Zuständigkeit bei vorbehaltener und nachträglicher Sicherungsverwahrung]

(1) Hat im ersten Rechtszug ein Strafsenat die Anordnung der Sicherungsverwahrung vorbehalten oder im Fall des § 66b des Strafgesetzbuches als Tatgericht entschieden, ist dieser Strafsenat im ersten Rechtszug für die Verhandlung und

---

[55] Ausgenommen sind allerdings auch in Staatsschutzsachen Verfügungen und Entscheidungen, die Überwachung des Verteidigerverkehrs (§§ 148, 148a StPO) betreffen, über deren Anfechtung das LG entscheidet.
[56] KK/*Griesbaum* StPO § 169 Rn. 8; SK/*Wohlers* StPO § 169 Rn. 9.
[57] HK-StPO/*Zöller* § 169 Rn. 5; *Kissel/Mayer* Rn. 13; KK/*Griesbaum* StPO § 169 Rn. 8; SK/*Wohlers* StPO § 169 Rn. 8.
[58] KMR/*Plöd* StPO § 169 Rn. 4; Meyer-Goßner/*Schmitt* StPO § 169 Rn. 4.

Entscheidung über die im Urteil vorbehaltene oder die nachträgliche Anordnung der Sicherungsverwahrung zuständig.

(2) Im Fall des § 66b des Strafgesetzbuches gilt § 462a Abs. 3 Satz 2 und 3 der Strafprozessordnung entsprechend.

I. Überblick

1. Normbedeutung. Die Vorschrift regelt die Zuständigkeit der Oberlandesgerichte bei durch sie vorbehaltener oder nachträglich anzuordnender Sicherungsverwahrung in sinngemäßer Abwandlung von § 74 f. Inwieweit Abs. 2 heute noch Bedeutung hat, wird unterschiedlich gesehen.[1]

2. Anwendungsbereich. Die Zuständigkeitsregelung gilt über § 81a JGG auch für Jugendliche und Heranwachsende.

3. Entstehungsgeschichte. § 120a wurde durch Art. 3 Nr. 3 Gesetz zur Einführung der nachträglichen Sicherungsverwahrung[2] eingefügt, 2008 modifiziert,[3] und erhielt seine heutige Fassung durch das Gesetz zur Neuordnung des Rechts der Sicherungsverwahrung und zu begleitenden Regelungen.[4]

II. Erläuterung

Hat das Oberlandesgericht als erstinstanzielles Gericht über die Anlasstat entschieden und sich dabei die Anordnung von **Sicherungsverwahrung vorbehalten** (§§ 66a StGB, 106 Abs. 3 JGG), bleibt es auch für die Entscheidung darüber zuständig, ob die Maßregel aufgrund erneuter Überprüfung nunmehr anzuordnen ist.

In gleicher Weise gilt dies für die **nachträgliche Anordnung der Sicherungsverwahrung,** wenn das OLG im ersten Rechtszug die Unterbringung in einer psychiatrischen Klinik angeordnet hatte und diese Maßregel für erledigt erklärt wurde (§§ 66b StGB, Abs. 2, Abs. 3, 106 Abs. 5, Abs. 6 JGG).

Durch den in **Abs. 2** enthaltenen Verweis auf § 462a Abs. 3 S. 2 und 3 StPO wird die Zuständigkeit bei Verurteilungen durch verschiedene Gerichte auf ein OLG konzentriert. Danach ist bei mehreren Verurteilungen durch OLGe dasjenige von ihnen für die nachträgliche Anordnung der Sicherungsverwahrung zuständig, das den Verurteilten mit der schwersten bzw. höchsten Strafe belegt hat (§ 462a Abs. 3 S. 2 StPO). Sind neben der Verurteilung durch das OLG auch Verurteilungen durch das AG oder LG erfolgt, räumt § 462a Abs. 3 S. 3 StPO dem OLG Vorrang ein. In Fällen der vorbehaltenen Sicherungsverwahrung ist keine Zuständigkeitskonzentration vorgesehen.

Das **Verfahren** selbst richtet sich nach § 275a StPO.

§ 120b [Zuständigkeit bei Korruption politischer Mandatsträger]

¹In Strafsachen sind die Oberlandesgerichte, in deren Bezirk die Landesregierungen ihren Sitz haben, zuständig für die Verhandlung und Entscheidung im ersten Rechtszug bei Bestechlichkeit und Bestechung von Mandatsträgern (§ 108e des Strafgesetzbuches). ²§ 120 Absatz 3 und 5 gilt entsprechend.

I. Überblick

1. Normzweck. Für Verfahren, die Bestechlichkeit und Bestechung von politischen Mandatsträgern iSd § 108e StGB zum Gegenstand haben, schafft die Vorschrift schafft eine

---

[1] Obsolet: Meyer-Goßner/*Schmitt* Rn. 2; relevant für Altfälle und Verurteilungen nach Jugendstrafrecht: SK/*Frister* Rn. 3.
[2] Vom 23.7.2004 (BGBl. I 1838).
[3] Art. 3 Nr. 2 Gesetz zur Einführung der nachträglichen Sicherungsverwahrung bei Verurteilungen nach Jugendstrafrecht vom 8.7.2008 (BGBl. I 1212).
[4] Vom 22.12.2010 (BGBl. I 2300).

erstinstanzielle Zuständigkeit der Oberlandesgerichte außerhalb der Sonderzuständigkeit nach § 120.

2   **2. Entstehungsgeschichte.** § 120b wurde durch Art. 2 des 48. Strafrechtsänderungsgesetz vom 23.4.2014 (BGBl. I 410) mit Wirkung vom 1.9.2014 eingefügt.

II. Erläuterung

3   **1. Satz 1.** Der Gesetzgeber hat Korruptionsverfahren im Zusammenhang mit politischen Mandatsträgern aus mehreren Gründen im Zuständigkeitsbereich der OLGe angesiedelt, obwohl es sich bei § 108e StGB um kein echtes Staatsschutzdelikt handelt: Zum einen sind derartige Verfahren politisch brisant und erfordern daher ein hohes Maß an **Erfahrung** und größtmögliche **Sensibilität** auf Seiten der Justizbehörden. Daneben folgt aus §§ 141, 142, dass bereits die Ermittlungstätigkeit in den Händen der bei dem jeweils zuständigen Oberlandesgericht errichteten Staatsanwaltschaft (Generalstaatsanwaltschaft) liegt. Nicht zuletzt schließt die OLG-Zuständigkeit sowohl die Durchführung von beschleunigten Verfahren als auch Strafbefehlsverfahren aus.[1]

4   **2. Satz 2.** Die entsprechende Anwendung von § 120 Abs. 3 begründet die Zuständigkeit des Ermittlungsrichters beim Oberlandesgericht; § 120 Abs. 5 ermöglicht eine länderübergreifende Zuständigkeitsvereinbarung.

§ 121 [Rechtsmittelzuständigkeit]

(1) Die Oberlandesgerichte sind in Strafsachen ferner zuständig für die Verhandlung und Entscheidung über die Rechtsmittel:
1. der Revision gegen
    a) die mit der Berufung nicht anfechtbaren Urteile des Strafrichters;
    b) die Berufungsurteile der kleinen und großen Strafkammern;
    c) die Urteile des Landgerichts im ersten Rechtszug, wenn die Revision ausschließlich auf die Verletzung einer in den Landesgesetzen enthaltenen Rechtsnorm gestützt wird;
2. der Beschwerde gegen strafrichterliche Entscheidungen, soweit nicht die Zuständigkeit der Strafkammern oder des Bundesgerichtshofes begründet ist;
3. der Rechtsbeschwerde gegen Entscheidungen der Strafvollstreckungskammern nach den § 50 Abs. 5, §§ 116, 138 Abs. 3 des Strafvollzugsgesetzes und der Jugendkammern nach § 92 Abs. 2 des Jugendgerichtsgesetzes.

(2) Will ein Oberlandesgericht bei seiner Entscheidung
1. nach Absatz 1 Nummer 1 Buchstabe a oder Buchstabe b von einer nach dem 1. April 1950 ergangenen Entscheidung,
2. nach Absatz 1 Nummer 3 von einer nach dem 1. Januar 1977 ergangenen Entscheidung oder
3. nach Absatz 1 Nummer 2 über die Erledigung einer Maßregel der Unterbringung in der Sicherungsverwahrung oder in einem psychiatrischen Krankenhaus oder über die Zulässigkeit ihrer weiteren Vollstreckung von einer nach dem 1. Januar 2010 ergangenen Entscheidung

eines anderen Oberlandesgerichtes oder von einer Entscheidung des Bundesgerichtshofes abweichen, so hat es die Sache dem Bundesgerichtshof vorzulegen.

(3) ¹Ein Land, in dem mehrere Oberlandesgerichte errichtet sind, kann durch Rechtsverordnung der Landesregierung die Entscheidungen nach Absatz 1 Nr. 3 einem Oberlandesgericht für die Bezirke mehrerer Oberlandesgerichte oder dem Obersten Landesgericht zuweisen, sofern die Zuweisung für eine sachdienliche

---
[1] BT-Drs. 18/607, 9.

Förderung oder schnellere Erledigung der Verfahren zweckmäßig ist. ²Die Landesregierungen können die Ermächtigung durch Rechtsverordnung auf die Landesjustizverwaltungen übertragen.

Schrifttum (Abs. 1): *Hartwig,* Sprungrevision bei Nichtannahme der Berufung, NStZ 1997, 111; *Meyer-Goßner,* Annahmeberufung und Sprungrevision, NStZ 1998, 19; *ders.,* Annahmefreie Revision in Bagatellstrafsachen?, NJW 2003, 1369; *Ostendorf,* Reform des Ordnungswidrgkeitenrechts, ZRP 1994, 338; *Scheffler,* Strafprozeßrecht, quo vadis?, GA 1995, 449; *Siegismund/Wickern,* Das Gesetz zur Entlastung der Rechtspflege – ein Überblick über die Änderungen der Strafprozeßordnung, des Gerichtsverfassungsgesetzes, des Jugendgerichtsgesetzes und des Strafgesetzbuches (Teil 1), wistra 1993, 81; *Tolksdorf,* Zur Annahmeberufung nach § 313 StPO, in Straf- und Strafverfahrensrecht, Recht und Verkehr, Recht und Medizin, Festschrift Salger, 1995, 393.

(Abs. 2): *Doller,* Mangelnde Rechtseinheit. Das Ärgernis divergierender Entscheidungen, ZRP 1976, 34; *Jakobs,* Anmerkung zu BGHSt 34, 71 = NJW 1986, 1883, JZ 1986, 1063; *Goydke,* Anmerkung zu BGHSt 31, 86 = NJW1982, 2455, LM Nr. 30 zu § 121 GVG; *Heldenberg,* Anmerkung zu BGHSt 29, 310 = NJW 1980, 2375; LM Nr. 27 § 121 GVG; *ders.,* Anmerkung zu BGHSt 31, 314 = NJW 1983, 1986, LM Nr. 32 § § 121 GVG; *Herdegen,* Der Vorrang des Europäischen Gemeinschaftsrechts und innerstaatliche Vorlagepflichten, MDR 1985, 542; *Katholnigg,* Anmerkung zu BGHSt 31, 86 = NJW1982, 2455, JR 1983, 129; *Kissel,* Stetigkeit der Rechtsprechung, in *Maschmann,* Festschrift Hromadka, 2008, 481; *Kuhlen,* Die Abweichung einer Entscheidung von einer anderen und die Betrachtung des Einzelfalles – zugleich eine Besprechung von BGHSt 34, 71 = NJW 1986, 1883, JA 1986, 589; *Leisner,* Urteilsverfassungsbeschwerde wegen Nicht-Vorlage bei Abweichung, NJW 1989, 2446; *Rieß,* Anmerkung zu BGHSt 52, 349 = NJW 2008, 3509, NStZ 2009, 229 (231); *Schröder,* Der tragende Rechtsgrund der Entscheidung, MDR 1960, 809; *Schroth,* Der Ausgleich divergierender obergerichtlicher Entscheidungen – eine Untersuchung zur Vorlegungspflicht der oberen Gerichtsbarkeit im Rahmen des Straf- und Strafzumessungsrechts, JR 1990, 93; *Stree,* Verfassungsbeschwerde bei Verstoß gegen die Vorlegungspflicht?, NJW 1959, 2051.

Übersicht

	Rn.
A. Überblick	1–3
I. Normbedeutung	1
II. Anwendungsbereich	2
III. Entstehungsgeschichte	3
B. Erläuterung	4–51
I. Rechtsmittelzuständigkeit (Abs. 1)	4–19
1. Revision (Abs. 1 Nr. 1)	4–13
a) Urteile des AG (Abs. 1 Nr. 1a)	5, 6
b) Berufungsurteile des LG (Abs. 1 Nr. 1b)	7, 8
c) Erstinstanzliche Urteile des LG (Abs. 1 Nr. 1c)	9–13
2. Beschwerden (Abs. 1 Nr. 2)	14, 15
3. Rechtsbeschwerden (Abs. 1 Nr. 3)	16
4. Beschwerden nach StrRehaG	17
5. Anträge auf gerichtliche Entscheidung	18
6. Wahlanfechtung	19
II. Divergenzvermeidung (Abs. 2)	20–50
1. Eigene Entscheidung	22
2. Fremdentscheidung	23–30
a) Entscheidungsträger	23–26
b) Entscheidungszeitpunkt	27
c) Entscheidungsart	28, 29
d) Aufgabe der eigenen Rechtsprechung	30
3. Divergenzfeststellung	31–37
a) Rechtsfrage	33, 34
b) Abweichung	35
c) Entscheidungserheblichkeit	36, 37
4. Vorlagepflicht	38–42
a) Gesetzesänderung	39
b) Fremdverletzung der Vorlagepflicht	40, 41
c) Anfrage	42
5. Vorlagepflichten außerhalb des GVG	43–46
a) Verfassungsrecht	44, 45
b) EU-Recht	46
6. Vorlageverfahren	47–50
a) Vorlagebeschluss	48
b) Prüfung	49, 50
III. Zuständigkeitskonzentration (Abs. 3)	51

A. Überblick

I. Normbedeutung

Die Vorschrift enthält in **Abs. 1** eine weitere („*ferner*") Regelung über die Rechtsmittelzuständigkeit der Oberlandesgerichte in Straf- und Bußgeldsachen, die aber ebenfalls nicht abschließend ist. **Abs. 2** normiert zur Vermeidung von Divergenzen in der ober- und höchstrichterlichen Rechtsprechung eine Vorlagepflicht, wenn ein OLG von dieser abwei- 1 chen will. Für Rechtsbeschwerden nach dem StVollzG ermächtigt **Abs. 3** Länder mit mehreren OLGen zur Zuständigkeitskonzentration auf ein OLG.

II. Anwendungsbereich

2   Abs. 1 Nr. 2 betrifft nur solche Beschwerden, über die nicht gem. § 120 Abs. 3 und 4 der Staatsschutzsenat zu entscheiden hat.

III. Entstehungsgeschichte

3   **Abs. 1** geht auf die Neufassung der Vorschrift durch die *Emmingersche* Justizreform zurück.[1] 1950[2] und 1974[3] erfolgte jeweils eine redaktionelle Anpassung. Durch das StVollzG[4] wurde der Zuständigkeitsbereich auf Rechtsbeschwerden gegen Entscheidungen der Strafvollstreckungskammern ausgedehnt und sowohl im Zusammenhang mit der Änderung des StVollzG,[5] des ERJuKoG[6] und des JGG[7] erweitert. Die in **Abs. 2 Nr. 1** normierte – ursprünglich nur für die Senate des RG geltende[8] – Vorlagepflicht bei geplanter Abweichung von der höchst- oder obergerichtlichen Rechtsprechung wurde durch das Gesetz zur Wiederherstellung der Rechtseinheit auf dem Gebiete der Gerichtsverfassung, der bürgerlichen Rechtspflege, des Strafverfahrens und des Kostenrechts[9] eingefügt. Durch das StVollzG[10] wurde die Vorlagepflicht auf Rechtsbeschwerdeentscheidungen nach diesem Gesetz (Nr. 2) und 2010[11] auf Entscheidungen über die Erledigung einer Maßregel der Unterbringung in der Sicherungsverwahrung oder in einem psychiatrischen Krankenhaus (Nr. 3) ausgedehnt. Die Konzentrationsermächtigung[12] in **Abs. 3** wurde durch das StVollzG[13] eingefügt.

B. Erläuterung

I. Rechtsmittelzuständigkeit (Abs. 1)

4   **1. Revision (Abs. 1 Nr. 1).** Gegen Urteile der Strafkammern und der Schwurgerichte sowie gegen die im ersten Rechtszug ergangenen Urteile der Oberlandesgerichte ist Revision zulässig (§ 333 StPO). Ein Urteil, gegen das Berufung zulässig ist, kann statt mit Berufung mit Revision angefochten werden (§ 335 Abs. 1).

5   **a) Urteile des AG (Abs. 1 Nr. 1a). aa) Bußgeldsachen.** Die Vorschrift betrifft nur die Revision gegen Urteile des AG, gegen die Berufung nicht zulässig ist (§ 335 Abs. 1 StPO),[14]

---

[1] VO vom 22.3.1924 (RGBl. I 299).
[2] Gesetz zur Wiederherstellung der Rechtseinheit auf dem Gebiete der Gerichtsverfassung, der bürgerlichen Rechtspflege, des Strafverfahrens und des Kostenrechts vom 12.9.1950 (BGBl. 455).
[3] Erstes Gesetz zur Reform des Strafverfahrensrechts (1. StVRG) vom 9.12.1974 (BGBl. I 3393).
[4] Gesetz über den Vollzug der Freiheitsstrafe und der freiheitsentziehenden Maßregeln der Besserung und Sicherung – Strafvollzugsgesetz vom 16.3.1976 (BGBl. I 581).
[5] Gesetz zur Änderung des Strafvollzugsgesetzes vom 20.1.1984 (BGBl. I 97).
[6] Gesetz über elektronische Register und Justizkosten für Telekommunikation vom 10.12.2001 (BGBl. I 3422).
[7] Zweites Gesetz zur Änderung des Jugendgerichtsgesetzes und anderer Gesetze vom 13.12.2007 (BGBl. I 2894).
[8] Vgl. § 137 GVG vom 27.1.1877 (RGBl. 41).
[9] Vom 12.9.1950 (BGBl. 455).
[10] Gesetz über den Vollzug der Freiheitsstrafe und der freiheitsentziehenden Maßregeln der Besserung und Sicherung – Strafvollzugsgesetz vom 16.3.1976 (BGBl. I 581 (604)).
[11] Viertes Gesetz zur Änderung des Gerichtsverfassungsgesetzes vom 24.7.2010 (BGBl. I 976).
[12] Dazu allgemein → Vor § 115 Rn. 7 ff.
[13] Gesetz über den Vollzug der Freiheitsstrafe und der freiheitsentziehenden Maßregeln der Besserung und Sicherung – Strafvollzugsgesetz vom 16.3.1976 (BGBl. I 581 (604)).
[14] Bis zum 1.1.1975 sah § 313 StPO aF bei Verurteilung durch das AG wegen einer Übertretung keine Berufung vor (aufgehoben durch Art. 31 Nr. 81 EGStGB vom 2.3.1974 [BGBl. I 469]).

heute – wegen § 79 Abs. 3 OWiG – damit nur noch die **Rechtsbeschwerde** gegen Urteile des AG (Bußgeldrichter).[15]

bb) Sprungrevision bei Annahmeberufung. Die Frage, ob die Berufung iSd § 335 **6** Abs. 1 StPO zulässig ist, wenn sie nach §§ 313, 322a StPO der Annahme bedarf, deren Voraussetzungen aber nicht vorliegen, nimmt eine **Zwitterstellung** zwischen Abs. 1 Nr. 1a und Nr. 1b iVm § 335 Abs. 2 StPO ein. Sie ist nach wie vor umstritten;[16] ihre Zulässigkeit wird von der Rechtsprechung aber bejaht.[17]

b) Berufungsurteile des LG (Abs. 1 Nr. 1b). Im Erwachsenenstrafrecht entscheidet **7** über die Berufung gegen Urteile des AG die **kleine Strafkammer** des LG (§ 76 Abs. 1 S. 1).[18] Gleiches gilt für die Berufung gegen Urteile des Jugendrichters (§ 33b Abs. 2 JGG). Wird ein Urteil des Jugendschöffengerichts angefochten, hat darüber eine **große Strafkammer** (Jugendkammer) zu befinden (§§ 41 Abs. 2, 33b Abs. 1 JGG).

Die **Revisionszuständigkeit** kann sich **aufspalten,** wenn die Jugendkammer als erstins- **8** tanzielles Gericht zu ihrem Verfahren ein Berufungsverfahren hinzu verbunden hat. War die Verbindung entsprechend **§ 4 Abs. 1 StPO** erfolgt, führt dies zu einem einheitlichen Verfahren („Verschmelzung") mit der Folge, dass das Urteil insgesamt vom BGH zu überprüfen ist.[19] Anders verhält es sich, wenn die Verbindung der Verfahren lediglich zur gemeinsamen Verhandlung und Entscheidung (**§ 237 StPO**) erfolgt, da dann jedes Verfahren seine Selbständigkeit behält.[20] Über die Revision gegen das Berufungsurteil befindet in diesem Fall das OLG.[21] Richtet sich die Revision des Angeklagten ausschließlich gegen den im „durchgeführten Berufungsverfahren" ergangenen Schuld- und Strafausspruch des landgerichtlichen Urteils, ist ebenfalls das OLG und nicht der BGH für das Revisionsverfahren zuständig.[22]

c) Erstinstanzielle Urteile des LG (Abs. 1 Nr. 1c). Zur Verhandlung und Entschei- **9** dung über Revisionen gegen die Urteile der LGe im ersten Rechtszug ist der BGH zuständig, soweit nicht die Zuständigkeit der OLGe begründet ist (§ 135 Abs. 1). Eine Sonderzuständigkeit der OLGe ist für Fälle vorgesehen, in denen **ausschließlich** die **Verletzung von Landesrecht** gerügt wird. Als Ausnahmeregelung ist die Vorschrift eng auszulegen.[23]

aa) Mehrfachanfechtung. Wird ein Urteil von mehreren Verfahrensbeteiligten ange- **10** fochten, hat der BGH über alle Revisionen zu entscheiden, auch wenn eine davon ausschließlich die Verletzung von Landesrecht rügt.[24]

---

[15] HM *Kissel/Mayer* Rn. 2; KK-OWiG/*Senge* OWiG § 79 Rn. 149; KK/*Hannich* Rn. 3; SK/*Frister* Rn. 2.
[16] Vgl. KK/*Paul* StPO § 313 Rn. 4; KK/*Gericke* StPO § 335 Rn. 16; KK/*Hannich* Rn. 3; Meyer-Goßner/*Schmitt* StPO § 335 Rn. 21 f.
[17] BGH 25.1.1995 – 2 StR 456/94, BGHSt 40, 395 (397) = NJW 1995, 2367; BayObLG 19.8.1993 – 5 St RR 78/93, BayObLGSt 1993, 147; KG 27.4.2009 – (3) 1 Ss 90/09 (39/09); 4.12.1998 – (3) 1 Ss 235–98 (123/98), NStZ-RR 1999, 146; OLG Celle 8.8.2008 – 31 Ss 20/08, BeckRS 2008, 19223 = NJW-Spezial 2008, 633; OLG Düsseldorf 30.8.1994 – 2 Ss 232/94 – 47/94 III, OLGSt StPO § 335 Nr. 4 = VRS 88, 188; OLG Frankfurt a. M. 25.10.2002 – 3 Ss 290/02, NStZ-RR 2003, 53; OLG Hamm 6.5.2010 – 2 Ss 220/09, NStZ 2011, 42; OLG Karlsruhe 20.7.1995 – 3 Ss 88/94, NStZ 1995, 562; OLG Koblenz 18.4.2011 – 1 Ss 54/11, BeckRS 2011, 20781 = NStZ-RR 2012, 81 (L); OLG Stuttgart 12.5.1995 – 1 Ss 163/95, NStZ-RR 1996, 75; OLG Zweibrücken 7.1.1994 – 1 Ss 140/93, NStZ 1994, 203.
[18] Bei Anfechtung des Urteils eines erweiterten Schöffengerichts unter Hinzuziehung eines zweiten Berufsrichters (§ 76 Abs. 6 S. 1).
[19] BGH 18.1.1990 – 4 StR 616/89, BGHSt 36, 348 = NJW 1990, 1490.
[20] SK/*Frister* Rn. 3.
[21] BGH 18.1.1990 – 4 StR 616/89, BGHSt 36, 348 = NJW 1990, 1490; 25.10.1991 – 3 StR 267/91, StV 1992, 232 (L).
[22] BGH 31.5.1989 – 4 StR 262/89, BeckRS 1989, 31103894 = BGHR StPO § 237 Revision 2.
[23] *Kissel/Mayer* Rn. 5.
[24] BGH 13.5.1953 – 5 StR 640/52, BGHSt 4, 207 = NJW 1953, 1313; 5.8.1981 – 2 StR 142/81, NJW 1982, 1296 (L) = NStZ 1981, 483.

11 **bb) Landesrecht.** Dabei handelt es sich in erster Linie um Landesgesetze; allerdings stellen auch Rechtsverordnungen von Landesorganen, die auf einer bundesgesetzlichen Ermächtigung gem. Art. 80 Abs. 1 S. 1 GG beruhen, Landesrecht dar.[25] Von praktischer Relevanz können hier zB die landesgesetzlich geregelten Presseinhaltsdelikte[26] mit ihren kurzen Verjährungsfristen sein.

12 **cc) Ausschließlichkeit.** An der Voraussetzung für die Zuständigkeitsbegründung des OLG fehlt es, wenn die Verletzung einer landesrechtlichen Vorschrift gerügt wird, deren Regelungsgehalt sich mit einer bundesrechtlichen Vorschrift deckt.[27] Das Gleiche gilt, wenn die Landesvorschrift mit einer Bundesvorschrift rechtlich zusammentrifft[28] oder die Bestrafung möglicherweise an einem bundesrechtlich bestehenden Rechtfertigungs- oder Entschuldigungsgrund scheitert.[29]

13 **dd) Feststellung.** Die Feststellung hat das infolge der Aktenvorlage mit der Sache befasste Gericht (§ 347 Abs. 2 StPO) aufgrund eigener Sachprüfung (§ 352 Abs. 1 StPO) zu treffen. Mit der überwiegend in der Literatur vertretenen Auffassung ist davon auszugehen, dass es auf Art, Wortlaut und Sinngehalt der erhobenen Revisionsrüge ankommt.[30] Die Rüge der Verletzung von Landesrecht wird idR eine ausgeführte **Sachrüge** erfordern. Wurde daneben die allgemeine Sachrüge erhoben, entfällt die OLG-Zuständigkeit nicht schon dadurch, dass die ausgeführte Sachrüge offensichtlich unbegründet ist (§ 349 Abs. 2 StPO).[31] Mit der Erhebung einer **Verfahrensrüge** wird idR die Verletzung von Bundesrecht gerügt.[32] Dies berührt die Zuständigkeit des im Übrigen wegen der Verletzung von Landesrecht angerufenen OLG allerdings dann nicht, wenn die Rüge unzulässig (§ 344 Abs. 2 StPO), offensichtlich unbegründet oder nur zum Zweck der Zuständigkeitsmanipulation erhoben wurde.[33]

14 **2. Beschwerden (Abs. 1 Nr. 2).** Die Zuständigkeit ergibt sich (aber → Rn. 2) im Wege des Ausschlussverfahrens für alle Beschwerden, die nicht in die Zuständigkeit des LG (§§ 73, 74a Abs. 3, 74b S. 2, 74c Abs. 2) oder des BGH (§§ 135 Abs. 2, 159 Abs. 1 S. 3, 181) fallen,[34] einschließlich der sofortigen (§ 311 StPO) und weiteren (§ 310 StPO) Beschwerden (§ 304 StPO) gegen strafgerichtliche **Verfügungen und Beschlüsse des LG**.[35] Über Beschwerden gegen die **Grundentscheidungen zu den Verfahrenskosten und notwendigen Auslagen** (§ 464 Abs. 3 S. 1, 3 StPO) entscheiden die OLGe, sofern sie in der gleichen Sache als Revisionsgericht angerufen sind.[36]

15 Gegen Entscheidungen des Strafrichters und des Schöffengerichts besteht die Beschwerdezuständigkeit nur bei Anfechtung verhängter **Ordnungsmittel** (§ 181 Abs. 3). Da über einen Antrag auf **Wiedereinsetzung in den vorigen Stand wegen Versäumung der Frist zur Einlegung der Rechtsbeschwerde** allein das Rechtsbeschwerdegericht zu befinden hat, entscheidet es auch über die sofortige Beschwerde gegen einen – die Wiedereinsetzung ablehnenden – Beschluss des AG.[37]

---

[25] BVerfG 23.3.1965 – 2 BvN 1/62, BVerfGE 18, 407 = NJW 1965, 1371.
[26] Vgl. *Groß* NStZ 1994, 312 ff.
[27] BGH 18.12.1974 – 3 StR 105/74, BGHSt 26, 40 = NJW 1975, 1039.
[28] KK/*Hannich* Rn. 9; Meyer-Goßner/*Schmitt* Rn. 2 für Arrestentscheidungen nach § 111i Abs. 3 OLG Hamm 4.9.2014 – III-3 Ws 253/14, 3Ws 253/14.
[29] SK/*Frister* Rn. 6.
[30] KK/*Hannich* Rn. 8.
[31] KK/*Hannich* Rn. 9; Löwe/Rosenberg/*Franke* Rn. 12; Meyer-Goßner/*Schmitt* Rn. 1.
[32] SK/*Frister* Rn. 7.
[33] KK/*Hannich* Rn. 9.
[34] KK/*Hannich* Rn. 12; SK/*Frister* Rn. 9.
[35] Meyer-Goßner/*Schmitt* Rn. 3; für Arrestentscheidungen nach § 111i Abs. 3 OLG Hamm 4.9.2014 – III-3 Ws 253/14, 3 Ws 253/14.
[36] KK/*Hannich* Rn. 12.
[37] OLG Düsseldorf 26.2.1990 – 5 Ss (OWi) 43/90 – (OWi) 23/90 I, wistra 1990, 276.

3. Rechtsbeschwerden (Abs. 1 Nr. 3). Die Vorschrift betrifft nur Rechtsbeschwerden 16
im **Erwachsenenstrafvollzug** gegen die Erhebung des Haftkostenbeitrags (§ 50 Abs. 5
StVollzG), gerichtliche Entscheidung der Strafvollstreckungskammer (§§ 116, 117 StVollzG),
die Erhebung der Kosten bei Unterbringung nach §§ 63, 64 StGB (§ 138 Abs. 2, Abs. 3)
sowie im **Jugendvollzug** gegen Entscheidungen über Maßnahmen zur Regelung einzelner
Angelegenheiten auf dem Gebiet des Jugendarrestes, der Jugendstrafe und der Maßregeln
der Unterbringung in einem psychiatrischen Krankenhaus oder in einer Entziehungsanstalt
oder in der Sicherungsverwahrung (§ 92 Abs. 2 JGG). Zu Rechtsbeschwerden nach §§ 79,
80 OWiG → Rn. 5.

4. Beschwerden nach StrRehaG. Eine spezialgesetzliche Zuständigkeitsregelung ent- 17
hält § 13 Abs. 3 StrRehaG für die Beschwerde gegen eine Rehabilitierungsentscheidung
nach § 12 StrRehaG.

5. Anträge auf gerichtliche Entscheidung. Das OLG ist ferner zur Entscheidung 18
über folgende Anträge auf gerichtliche Entscheidung berufen bei
– Justizverwaltungsakten (§ 25 EGGVG),
– Maßnahmen der Kontaktsperre (§ 37 EGGVG),
– Maßnahmen der Rechtshilfe (§ 61 Abs. 1 IRG),
– der Ablehnung der Antrags auf Erhebung der öffentlichen Klage (§ 172 Abs. 4 S. 1 StPO).

6. Wahlanfechtung. Das OLG ist schließlich auch für die Entscheidung über die 19
Anfechtung der Präsidiumswahl zuständig (§ 21b Abs. 6 S. 2).

II. Divergenzvermeidung (Abs. 2)

Der allgemeine Gleichheitssatz (Art. 3 Abs. 1 GG) gebietet Rechtsanwendungsgleichheit 20
als eine Grundforderung des Rechtsstaats.[38] Die Rechtsanwendung muss daher **vorhersehbar** sein, was voraussetzt, dass sie **einheitlich** ist,[39] weshalb die meisten Verfahrensgesetze
eine dem Abs. 2 vergleichbare Regelung enthalten, für **strafrechtsähnliche Verfahren**
insbesondere die § 29 EGGVG, § 42 IRG, § 79 Abs. 3 OWiG und § 13 Abs. 4 StrRehaG.
Abs. 2 normiert für OLGe in Strafsachen die Verpflichtung, im Fall der beabsichtigten
Abweichung von einer Entscheidung des **BGH** oder eines **anderen OLG,** die Sache dem
BGH vorzulegen.[40] **Ausgenommen** hiervon sind lediglich Revisionsentscheidungen nach
Abs. 1 Nr. 1c sowie Beschwerdeentscheidungen nach Nr. 2.[41]
Die Verletzung der Pflicht zur Divergenzvermeidung tangiert auch den **Anspruch auf** 21
den gesetzlichen Richter (Art. 101 Abs. 1 S. 2 GG),[42] sofern sie objektiv willkürlich
erfolgt.[43]

1. Eigene Entscheidung. Bei dem vom OLG beabsichtigten Erkenntnis muss es sich 22
um eine **instanzbeendende Entscheidung**[44] handeln, also um
– ein Urteil/einen Beschluss nach § 349 Abs. 1, Abs. 2, Abs. 4 StPO,[45]
– einen Beschluss nach § 206a StPO[46] oder § 206b StPO,[47]

---

[38] BVerfG 4.4.1984 – 1 BvR 276/83, BVerfGE 66, 334 = NJW 1984, 2346.
[39] *Kissel/Mayer* Rn. 13.
[40] Zur Vorlegungspflicht nach Art. 100 Abs. 1 GG und § 1 EuGHG → Rn. 43 ff.
[41] Zur Auslegung des Abs. 2 Nr. 3 zuletzt OLG Hamm 10.5.2016 – III-4 Ws 114/16, 4 Ws 114/16:
Demnach ist unter einer Entscheidung „über die Zulässigkeit der weiteren Vollstreckung" keine Entscheidung
über die Maßregelaussetzung zur Bewährung zu verstehen.
[42] BVerfG 17.1.2013 – 1 BvR 121/11, 1 BvR 1295/11, BeckRS 2013, 47805 = NZG 2013, 464.
[43] BVerfG 2.3.2009 – 2 BvR 1032/08, BeckRS 2009, 32484.
[44] BGH 15.1.1960 – 1 StR 627/59, BGHSt 13, 388 = NJW 1960, 494; 18.12.1958 – 9 BJs 232/58,
BGHSt 12, 213 = NJW 1959, 1517.
[45] BGH 25.1.1995 – 2 StR 456/94, BGHSt 40, 395 = NJW 1995, 2367 (2368).
[46] BGH 27.10.1970 – 5 StR 347/70, BGHSt 23, 365 = NJW 1971, 106.
[47] KK/*Hannich* Rn. 16; SK/*Frister* Rn. 13.

- einen Beschluss nach § 346 Abs. 2 StPO[48] oder
- einen Beschluss nach § 80 OWiG.[49]

23 **2. Fremdentscheidung. a) Entscheidungsträger.** Bei einer **BGH**-Entscheidung, von der das OLG abweichen will, ist es gleichgültig, ob sie von einem Zivil- oder Strafsenats erlassen wurde[50] und ob sie Bundes- und/oder Landesrecht betrifft.[51] Eine Entscheidung des **Ermittlungsrichters** beim BGH soll nach überwiegender Auffassung in der Literatur[52] nicht berücksichtigungspflichtig sein, was der BGH[53] bislang aber offen gelassen hat.

24 Zu berücksichtigen sind daneben aber auch Entscheidungen des **GmSOBG** (§ 18 Abs. 2 RsprEinhG),[54] weil auch an ihnen der BGH mitgewirkt hat. Die übrige höchstrichterliche Rechtsprechung der Fachgerichte entfaltet dagegen keine Vorlagepflicht nach Abs. 2.[55]

25 In Bezug auf die vorangegangene OLG-Rechtsprechung muss es sich um das Urteil/den Beschluss eines *anderen* OLG handeln (**Außendivergenz**), so dass die Vorlagepflicht bei reiner Innendivergenz[56] ausscheidet.[57] Diese kann nur im Wege der Vorlage durch ein fremdes OLG aufgelöst werden.[58] Im Unterschied zu divergierenden BGH-Entscheidungen (→ Rn. 22) sind hier ausschließlich strafrechtliche Revisionsentscheidungen und solche in Rechtsbeschwerdesachen, **nicht zivilrechtliche Urteile**[59] berücksichtigungspflichtig. Ob das **andere OLG** zum Zeitpunkt der beabsichtigten Abweichung **noch besteht,** ist dabei ohne Belang.[60] So verpflichten auch heute noch Entscheidungen der OLGe Freiburg oder Neustadt und insbesondere die des BayObLG zur Vorlage. In diesem Zusammenhang besteht die Vorlagepflicht auch für diejenigen OLGe, denen die Spruchtätigkeit des aufgelösten Gerichts übertragen wurde.[61]

26 Haben **Bezirksgerichte** der neuen Bundesländer nach dem 30.6.1990 die Rechtsprechung des OLG ausgeübt,[62] stehen auch sie anderen OLGen gleich.[63]

27 **b) Entscheidungszeitpunkt.** Bei beabsichtigter Abweichung von einer vorangegangenen Entscheidung ist jedoch stets die in Abs. 2 normierte **zeitliche Schranke,** die in Abs. 2 Nr. 2 und 3 mit der Einführung der Rechtsmittelzuständigkeit des OLG korrespondiert, zu beachten. Aus Abs. 2 Nr. 1 folgt zugleich, dass weder entgegenstehende Entscheidungen des RG noch solche der Zonengerichtshöfe zur Vorlage verpflichten.

28 **c) Entscheidungsart.** Spiegelbildlich zur in Aussicht genommenen abweichenden Entscheidung des OLG muss es sich auch bei der Fremdentscheidung um eine **instanzbeendende Entscheidung** (→ Rn. 20) gehandelt haben.[64] Die Zustimmung zur Verfahrenseinstellung nach § 153 Abs. 2 StPO[65] zählt hierzu ebenso wenig wie die Beschwerde-

---

[48] BGH 25.1.1995 – 2 StR 456/94, BGHSt 40, 395 = NJW 1995, 2367 (2368).
[49] BGH 27.10.1970 – 5 StR 347/70, BGHSt 23, 365 = NJW 1971, 106.
[50] KK/*Hannich* Rn. 18; SK/*Frister* Rn. 16.
[51] BGH 4.12.2001 – 4 StR 93/01, BGHSt 47, 181 = NJW 2002, 1280.
[52] KK/*Hannich* Rn. 18; LR-*Franke* Rn. 39; Meyer-Goßner/*Schmitt* Rn. 8; Radtke/Hohmann/*Rappert* Rn. 13; SK/*Frister* Rn. 15; SSW/*Quentin* Rn. 13.
[53] BGH 5.8.1998 – 5 ARs (VS) 1/97, BGHSt 44, 171 = NJW 1998, 3653.
[54] KK/*Hannich* Rn. 18; SK/*Frister* Rn. 14.
[55] KK/*Hannich* Rn. 18.
[56] Diese liegt auch vor, wenn ein Außensenat von der Rechtsprechung des Senats am Stammsitz abweicht.
[57] KK/*Hannich* Rn. 21.
[58] BGH 20.2.1963 – 4 StR 497/62, BGHSt 18, 268 (269) = NJW 1963, 820.
[59] OLG Dresden 11.12.2006 – Ss (OWi) 650/06, NStZ-RR 2007, 122 (123); OLG Stuttgart 31.5.1994 – 2 Ss 56/94, BeckRS 1994, 31209789 = DAR 1995, 32; Meyer-Goßner/*Schmitt* Rn. 6.
[60] OLG Hamm 12.5.1970 – 1 Ws OWi 40/70, NJW 1970, 1936 (1937).
[61] BGH 1.10.2008 – 3 StR 164/08, BGHSt 52, 364 = NJW 2009, 928.
[62] BezG Erfurt 24.5.1993 – 2 Ws Reha 41/93, VIZ 1993, 367.
[63] SSW/*Quentin* Rn. 12.
[64] BGH 21.1.1958 – 1 StR 236/57, BGHSt 11, 152 (154 f.) = NJW 1958, 509 (510); 17.5.1956 – 1 StR 444/55, BGHSt 9, 272 = NJW 1956, 1449.
[65] BGH 18.12.1958 – 9 BJs 232/58, BGHSt 12, 213 (216) = NJW 1959, 1517.

entscheidung, der Vorlagebeschluss des fremden OLG[66] oder der Anfragebeschluss (§ 132 Abs. 3 S. 1) eines BGH-Senats.

Dagegen ist eine **Verfahrensidentität** nicht erforderlich, weshalb es der Vorlegungspflicht nicht entgegensteht, dass die abweichende Entscheidung des anderen OLG von diesem als **Revisions**gericht erlassen wurde,[67] während nunmehr das OLG als **Rechtsbeschwerde**gericht entscheiden will. 29

d) Aufgabe der eigenen Rechtsprechung. Will ein OLG seine früher vertretene Rechtsauffassung aufgeben, ist dies, abgesehen von Fällen der Selbstbindung (§ 358 Abs. 1 StPO)[68] nur möglich, wenn sich zwischenzeitlich nicht der BGH oder ein anderes OLG dieser Rechtsauffassung angeschlossen hat; war dies der Fall, muss die Sache dem BGH vorgelegt werden.[69] 30

3. Divergenzfeststellung. Die Vorlagepflicht hängt davon ab, ob die beabsichtigte OLG-Entscheidung
– in einer **Rechtsfrage** von einer berücksichtigungspflichtigen Fremdentscheidung abweichen will und
– diese Frage für die beabsichtigte Entscheidung **erheblich** ist. 31

Unberücksichtigt zu bleiben haben stets **Tatfragen,** weil sich die divergierenden Auffassungen jeweils auf Wertungen stützen, die nur unter Berücksichtigung des Einzelfalls getroffen werden können.[70] Solche Fragen sind einer Vorlage nicht zugänglich,[71] sodass diese unzulässig ist, wenn die Vorlagefrage nicht verallgemeinernd ausgelegt werden kann[72] (→ Rn. 49). Eine Tatfrage wird auch nicht bereits dadurch zur Rechtsfrage, dass die beteiligten Gerichte sie als solche behandeln.[73] 32

a) Rechtsfrage. Maßstab für das Vorliegen einer Rechtsfrage ist deren Überprüfbarkeit durch das Revisionsgericht,[74] wovon sämtliche Aspekte betroffen sind, für die nur einheitliche Entscheidungsmöglichkeit besteht.[75] In diesem Bereich steht an erster Stelle die Auslegung eines konkreten **Straftatbestands**[76] oder eines **Tatbestandsmerkmals,** auch wenn dieses in unterschiedlichen Normen verwendet wird, sofern beide Vorschriften hinsichtlich der unter Strafe gestellten Tatmodalitäten übereinstimmen und demselben Schutzzweck dienen.[77] Die Vorlagefrage kann sich auch auf das **Konkurrenzverhältnis** zwischen bundes- und landesrechtlichen Vorschriften beziehen.[78] Gegenstand können aber auch **unbestimmte Rechtsbegriffe** sein, zB derjenige der Verwerflichkeit iSd § 240 Abs. 2 StGB,[79] die Berufung auf bestehende bzw. die Zugrundelegung nicht existenter **Erfahrungssätze**[80] sowie **wissenschaftliche Prinzipien.**[81] In gleicher Weise gilt dies schließlich für **verfahrensrechtliche** 33

---

[66] BVerfG 4.9.2008 – 2 BvR 1739/06, 2 BvR 1811/06, BeckRS 2010, 51368 = BVerfGK 14, 202.
[67] BGH 17.5.1956 – 1 StR 444/55, BGHSt 9, 272 = NJW 1956, 1449.
[68] BGH 7.11.1985 – GSSt 1/85, BGHSt 33, 356 (360) = NJW 1986, 1764; 5.3.1986 – 2 StR 13/85, BeckRS 1986, 05650 = StV 1986, 284.
[69] KK/*Hannich* Rn. 20.
[70] SSW/*Quentin* Rn. 16.
[71] BGH 15.11.2007 – 4 StR 400/07, BGHSt 52, 84 = NJW 2008, 672.
[72] BGH 3.4.2001 – 4 StR 507/00, BGHSt 46, 358 = NJW 2001, 1952.
[73] BGH 12.4.1983 – 5 StR 513/82, BGHSt 31, 314 = NJW 1983, 1986; 26.7.1995 – 4 StR 234/95, BGHSt 41, 198 = NJW 1995, 3129.
[74] SK/*Frister* Rn. 21.
[75] BGH 4.12.2001 – 4 StR 93/01, BGHSt 47, 181 = NJW 2002, 1280.
[76] BGH 15.5.2013 – 1 StR 469/12, BGHSt 58, 253 = NJW 2013, 291; 17.2.2009 – 1 StR 381/08, BGHSt 53, 181 = NJW 2009, 3254.
[77] BGH 10.6.1986 – 1 StR 41/86, BGHSt 34, 94 = NJW 1987, 449; 13.1.1983 – 1 StR 737/81, BGHSt 31, 195 = NJW 1983, 765.
[78] BGH 4.12.2001 – 4 StR 93/01, BGHSt 47, 181 = NJW 2002, 1280.
[79] BGH 5.5.1988 – 1 StR 5/88, BGHSt 35, 270 = NJW 1988, 1739; 24.4.1986 – 2 StR 565/85, BGHSt 34, 71 = NJW 1986, 1883.
[80] BGH 19.8.1993 – 4 StR 627/92, BGHSt 39, 291 = NJW 1993, 3081.
[81] BGH 3.4.2001 – 4 StR 507/00, BGHSt 46, 358 = NJW 2001, 1952.

Vorschriften,[82] etwa für die Grenzen der freien richterlichen Beweiswürdigung.[83] Selbst Rechtsfragen, die sich aus einer Gemengelage ergeben, können zur Vorlage nötigen.[84]

34   **Verwaltungsvorschriften,** die die Länder aufgrund ihrer allgemeinen Exekutivgewalt erlassen, sind kein „objektives Recht"[85] und haben regelmäßig unmittelbare Verbindlichkeit allein im Innenverhältnis zwischen vorgesetzter und nachgeordneter Behörde,[86] weshalb ihre Auslegung der Vorlage nach Abs. 2 **nicht zugänglich** ist.[87] Entzieht sich eine Rechtsfrage der Beurteilung alleine nach Maßstäben des Bundesrechts und somit der Notwendigkeit einer bundeseinheitlichen Entscheidung, sind die Vorlegungsvoraussetzungen des § 121 Abs. 2 Nr. 2 GVG nicht gegeben.[88] In dem begrenzten Rahmen des § 121 Abs. 2 Nr. 3 GVG sind die in der obergerichtlichen Rechtsprechung umstrittenen Fragen, unter welchen Voraussetzungen bei der Überprüfung der Unterbringung in einem psychiatrischen Krankenhaus (§ 67e StGB) die mündliche Anhörung des Untergebrachten durch den beauftragten Richter erfolgen kann und die mündliche Anhörung eines externen Sachverständigen, der von der forensischen Klinik nach dem landesrechtlichen Maßregelvollzugsgesetz beauftragt wurde, erforderlich ist, einer Divergenzvorlage an den Bundesgerichtshof nicht zugänglich.[89]

35   **b) Abweichung.** Sie folgt daraus, dass sich **das rechtliche Ergebnis** der beabsichtigten von demjenigen der fremden Entscheidung **unterscheidet.**[90] Davon ist auch auszugehen, wenn die Rechtsfrage dort zwar nicht ausdrücklich erörtert wurde, die Fremdentscheidung jedoch von ihrer Bejahung oder Verneinung notwendig begrifflich abhängt, sodass sie auf einer stillschweigenden Stellungnahme zu ihr beruht.[91] Bei lediglich unterschiedlicher Begründung desselben Ergebnisses kommt eine Vorlage dagegen nicht in Betracht.[92] Bei „divergierenden" obergerichtlichen Entscheidungen in unterschiedlichen Verfahrensarten (einerseits: § 119a StPO; andererseits: § 67c Abs. 1 StGB) ist der Prüfungsmaßstab maßgeblich.[93]

36   **c) Entscheidungserheblichkeit.** Für die **beabsichtigte Entscheidung** des OLG muss es auf die divergierende Rechtsfrage in einer Art und Weise ankommen, dass es ohne Abweichung – nicht ausschließbar[94] – zu einem anderen Ergebnis gelangen würde.[95] Dies gilt auch, wenn die Fremdentscheidung auf mehreren Gründen basiert, und das OLG nur von einer der dort vertretenen Rechtsauffassung abweichen will.

37   Für die **Fremdentscheidung** muss die Rechtsfrage ebenfalls **tragend** gewesen sein, sie muss darauf „beruht" haben.[96] Vorzulegen ist deshalb nur dann nicht, wenn die divergierende Entscheidung lediglich rechtlich unverbindliche Hinweise enthält,[97] sich das Fremdgericht mithin im Rahmen eines **obiter dictum** geäußert hat.[98]

---

[82] BGH 9.5.2006 – 1 StR 57/06, BGHSt 51, 34 = NJW 2006, 2275; 6.8.2004 – 2 StR 523/03, BGHSt 49, 230 = NJW 2004, 3643.
[83] BGH 29.8.1974 – 4 StR 171/74, BGHSt 25, 365 = NJW 1974, 2295.
[84] BGH 24.6.1998 – 5 AR (VS) 1/98, BGHSt 44, 107 = NJW 1998, 3577.
[85] BVerwG 10.12.1969 – VIII C 104.69, BVerwGE 34, 278 (280 f.) = NJW 1970, 675.
[86] BVerwG 17.2.1972 – VIII C 66.70, NJW 1972, 1483.
[87] BGH 24.11.1987 – 5 AR Vollz 4/87, BGHSt 35, 101 = NJW 1988, 2117.
[88] OLG Koblenz 26.2.2014 – 2 Ws 660/13.
[89] OLG Düsseldorf 15.8.2014 – III-2 Ws 217-218/14, III-2 Ws 217/14, NStZ-RR 2015, 20.
[90] SK/*Frister* Rn. 22; instruktiv aus neuerer Zeit OLG Oldenburg 9.6.2016 – 2 Ss (OWi) 110/16 sowie OLG Nürnberg 21.10.2015 – 1 OLG 2 Ss 182/15.
[91] BGH 24.10.1957 – 4 StR 395/57, BGHSt 11, 31 (34) = NJW 1958, 70.
[92] BGH 14.12.1999 – 5 AR (VS) 2/99, NStZ 2000, 222.
[93] Zu solch einer Konstellation OLG Hamm 15.12.2016 – III-4 Ws 364/16, III-4 Ws 365/16, 4 Ws 364/16, 4 Ws 365/16.
[94] BGH 13.8.2002 – 4 StR 592/01, BeckRS 2002, 30277462 = NStZ 2004, 21 (bei *Korte*); 4.12.2001 – 4 StR 93/01, BGHSt 47, 181 = NJW 2002, 1280; 15.2.2000 – XI ZR 10/98, NJW 2000, 1185.
[95] BGH 4.12.2001 – 4 StR 93/01, BGHSt 47, 181 = NJW 2002, 1280; 18.8.2000 – 3 StR 433/99, NStZ 2000, 643; 17.12.1999 – 2 StR 376/99, NStZ 2000, 442.
[96] BGH 21.3.1991 – 1 StR 3/90, BGHSt 37, 350 = NJW 1991, 2300; 1.7.1960 – 1 StR 482/59, BGHSt 15, 78 = NJW 1960, 2063.
[97] BGH 28.6.1977 – 5 StR 30/77, BGHSt 27, 212 = NJW 1977, 1459.
[98] SK/*Frister* Rn. 26.

4. Vorlagepflicht. Ist die Divergenz mit einer berücksichtigungspflichtigen Entscheidung festgestellt, **muss vorgelegt** werden. Dies gilt auch, wenn **Zweifel über die Reichweite** einer Fremdentscheidung bestehen.[99] Dabei hat das OLG prüfen, ob das aus der Divergenz resultierende Erfordernis zur Vorlage **aktuell noch** besteht. 38

a) Gesetzesänderung. Betraf die Fremdentscheidung ein zwischenzeitlich geändertes Gesetz, kommt es darauf an, ob ein Fall vorliegt, auf den zB wegen § 2 Abs. 3 StGB früher geltendes Recht anzuwenden ist (Altfälle).[100] Im Übrigen hängt die Vorlagepflicht davon ab, ob die Änderung einen neuen Rechtszustand geschaffen hat, die **divergierende Entscheidung** also mittlerweile **überholt** ist,[101] was allerdings dann nicht der Fall ist, wenn gerade die der Rechtsänderung vorangegangenen Entscheidungen die Grundsätze für die gesetzliche Neugestaltung geschaffen haben.[102] 39

b) Fremdverletzung der Vorlagepflicht. Bei einer festgestellten Divergenz besteht die Vorlagepflicht auch dann, wenn ein anderes OLG die ihm obliegende Verpflichtung nach Abs. 2 verletzt hat.[103] Dies gilt auch, wenn mit der beabsichtigten Entscheidung die bislang nicht in Zweifel gezogene eigene Rechtsprechung fortgeführt werden soll.[104] 40

Ausgenommen hiervon ist lediglich der Fall, dass der BGH eine Rechtsfrage bereits entschieden hat, das OLG dieselbe Rechtsfrage ebenso entscheiden will, aber ein anderes OLG nachträglich vom BGH abgewichen war. In dieser Konstellation wäre eine Vorlage an den BGH unzulässig.[105] 41

c) Anfrage. Die vorherige Anfrage bei dem Gericht, von dessen Entscheidung abgewichen werden soll, ist nur für die Senate des BGH gesetzlich geregelt (§ 132 Abs. 3) und erspart dort die Anrufung des Großen Strafsenats, wenn der angefragte Senat an der von ihm vertretenen Rechtsauffassung nicht mehr festhält. Systematisch schließt bereits dies eine **vom OLG an den BGH** gerichtete Anfrage aus,[106] da sie sich an sämtliche BGH-Senate richten müsste. In entsprechender Anwendung der für den BGH geltenden Regelung kann die Vorlage im **Verhältnis der OLGe zueinander** dadurch umgangen werden, dass das OLG, das die vorangegangene Entscheidung erlassen hat, dem anfragenden Senat mitteilt, an der damals geäußerten Rechtsauffassung nicht mehr festzuhalten.[107] 42

5. Vorlagepflichten außerhalb des GVG. Das OLG kann darüber hinaus verpflichtet sein, die Sache vorzulegen dem 43
– **BVerfG** bzw.
– **EuGH.**

a) Verfassungsrecht. Zur Vorlage **an das BVerfG** nach Art. 100 Abs. 1 GG ist das OLG verpflichtet, wenn es in der entscheidungserheblichen Rechtsfrage das anzuwendende **nachkonstitutionelle** (formelle) **Gesetz** für verfassungswidrig erachtet. Dies gilt auch, wenn die Rechtsfrage „unabdingbare verfassungsrechtliche Grundsätze" der Bundesrepublik Deutschland betrifft.[108] 44

---

[99] BGH 10.6.1986 – 1 StR 41/86, BGHSt 34, 94 = NJW 1987, 449.
[100] BGH 14.7.2011 – 4 StR 548/10, BGHSt 56, 289 = NJW 2011, 2981.
[101] BGH 14.7.1998 – 4 StR 273/98, BGHSt 44, 121 = NJW 1999, 157.
[102] BGH 28.9.1971 – 1 StR 261/71, BGHSt 24, 222 = NJW 1971, 2235.
[103] BGH 24.6.1998 – 5 AR (VS) 1/98, BGHSt 44, 107 = NJW 1998, 3577; 11.2.1988 – 4 StR 516/87, BGHSt 35, 208 = NJW 1989, 45; OLG Bamberg 5.9.2016 – 3 Ss OWi 1050/16; OLG Celle 14.1.2016 – 1 Ws 652/15.
[104] KK/*Hannich* Rn. 27.
[105] BGH 2.5.1986 – 1 StR 630/85, BGHSt 34, 79 = NStZ 1986, 414; OLG Bamberg 5.9.2016 – 3 Ss OWi 1050/16.
[106] KK/*Hannich* Rn. 30; LR-*Franke* Rn. 45; SK/*Frister* Rn. 19.
[107] BGH 21.6.1960 – 5 StR 106/60, BGHSt 14, 319 = NJW 1960, 1533; 30.7.1996 – 5 StR 37/96, BGHSt 42, 200 = NJW 1996, 3219; KK/*Hannich* Rn. 30; LR-*Franke* Rn. 45; Meyer-Goßner/*Schmitt* Rn. 7; SK/*Frister* Rn. 19 („*soll*").
[108] BGH 8.7.1986 – 4 ARs 8/86, NStZ 1986, 514.

45 Divergierende Auffassungen führen in Bezug auf die Auslegung des GG nur dann zur Vorlage **an den BGH,** wenn die Rechtsfrage entweder **vorkonstitutionelles Recht**[109] oder Vorschriften betrifft, die **nicht** in einem **formellen Gesetz** enthalten sind.[110]

46 **b) EU-Recht.** Das Recht der Europäischen Union kann verbildlich **allein** durch den **EuGH** ausgelegt werden (Art. 267 AEUV). Das OLG hat EU-Recht stets zu berücksichtigen, sei es, dass es in nationales Recht umgesetzt wurde[111] oder es an der Umsetzung (noch) fehlt.[112] Deshalb hat es als Gericht, „*dessen Entscheidungen selbst nicht mehr mit Rechtsmitteln des innerstaatlichen Rechts angefochten werden können*", dem EuGH zur Vorabentscheidung entscheidungserhebliche Fragen vorzulegen, wenn es eine Entscheidung darüber zum Erlass seines Urteils oder Beschlusses für erforderlich hält (§ 1 Abs. 2 EuGHG). Die letztgenannte Vorschrift ist allerdings insoweit missglückt, als sie dem nationalen Gericht einen Ermessensspielraum einräumt, von dem insbesondere BVerfG[113] und BGH[114] in einem dem Gesetzeszweck zuwiderlaufenden Umfang Gebrauch machen und dadurch zugleich den Anspruch auf den gesetzlichen Richter verletzen.[115]

47 **6. Vorlageverfahren.** Das zweiaktige Verfahren wird durch einen Beschluss eingeleitet,[116] der durch Generalstaatsanwaltschaft und Generalbundesanwalt dem BGH vorgelegt wird.[117]

48 **a) Vorlagebeschluss.** Der Beschluss ergeht nach Anhörung der Beteiligten und ist nicht anfechtbar. Er enthält die Formulierung der Rechtsfrage,[118] deren Entscheidungserheblichkeit und die Darlegung der Divergenz. Eine **Sperrwirkung** hinsichtlich beabsichtigter Entscheidungen anderer OLGe entfaltet der Beschluss **nicht.**[119] Diese können der bisherigen obergerichtlichen Rechtsprechung folgen, bis der BGH über die Vorlage entschieden hat. Wollen sie dem vorliegenden OLG jedoch beitreten, sind auch sie zur Vorlage verpflichtet oder können das Verfahren bis zur Entscheidung über die Vorlagefrage in entsprechender Anwendung von §§ 154d, 262 StPO aussetzen.[120]

49 **b) Prüfung.** Der BGH prüft die Zulässigkeit der Vorlage und nimmt zur vorgelegten Rechtsfrage Stellung. Zumeist scheitert die Vorlage nicht daran, dass die Frage zu eng[121] oder zu weit[122] gefasst ist, solange sie ausgelegt werden kann. Mitunter formuliert der BGH die Frage auch neu.[123] Lässt sich die Vorlage nicht retten, gibt der BGH die Sache an das OLG zurück.[124]

50 Ist die Vorlage zulässig, entscheidet der BGH die Frage **mit Bindungswirkung** für das vorlegende OLG.[125] Dabei nimmt der BGH zuweilen das Recht in Anspruch, **in der Sache selbst** entscheiden zu können, wenn er dies für zweckmäßig[126] erachtet.

---

[109] BGH 20.2.1963 – 4 StR 411/62, BGHSt 18, 279 = NJW 1963, 1070.
[110] BGH 24.10.1957 – 4 StR 395/57, BGHSt 11, 31 = NJW 1958, 70.
[111] BGH 26.2.1991 – 5 StR 444/90, BGHSt 37, 333 = NJW 1991, 1621 (1622).
[112] BGH 30.8.1990 – 3 StR 459/87, BGHSt 37, 168 = NStZ 1991, 48.
[113] BVerfG 15.12.2011 – 2 BvR 148/11, NJW 2012, 1202.
[114] BGH 25.10.2010 – 1 StR 57/10, BeckRS 2010, 27838 = BGHSt 56, 11, in NStZ-RR 2011, 7 insoweit nicht abgedruckt.
[115] BVerfG 8.4.1987 – 2 BvR 687/85, BVerfGE 75, 223 = NJW 1988, 1459.
[116] Meyer-Goßner/*Schmitt* Rn. 12.
[117] KK/*Hannich* Rn. 42.
[118] BGH 10.12.1958 – 2 StR 394/58, BGHSt 12, 166 = NJW 1959, 303.
[119] SK/*Frister* Rn. 31.
[120] Vgl. etwa OLG Karlsruhe 30.1.2017 – 2 Rb 6 Ss 53/17 sowie 18.3.2011 – 2 Ws 43/11.
[121] BGH 19.12.1995 – 4 StR 170/95, BGHSt 41, 376 = NJW 1996, 1420.
[122] BGH 4.12.2001 – 4 StR 93/01, BGHSt 47, 181 = NStZ 2002, 374.
[123] BGH 14.7.2011 – 4 StR 548/10, BGHSt 56, 289 = NJW 2011, 2981 (2982).
[124] BGH 14.12.1999 – 5 AR (VS) 2/99, NStZ 2000, 222.
[125] BGH 30.10.1997 – 4 StR 24/97, BGHSt 43, 277 = NJW 1998, 321.
[126] BGH 19.8.1993 – 4 StR 627/92, BGHSt 39, 291 = NJW 1993, 3081; 5.11.1991 – 4 StR 350/91, BGHSt 38, 106 = NJW 1992, 449; 5.11.1969 – 4 StR 519/68, BGHSt 23, 141 = NJW 1970, 255; 6.12.1961 – 2 StR 485/60, BGHSt 17, 14 = NJW 1962, 598.

III. Zuständigkeitskonzentration (Abs. 3)

Soweit in einem Bundesland mehrere Oberlandesgerichte errichtet sind, können einem 51
von ihnen durch Rechtsverordnung der Landesregierung die Entscheidungen nach Absatz 1
Nr. 3 für die Bezirke mehrerer Oberlandesgerichte zugewiesen werden. Bei Gebrauchmachen von der Zuständigkeitskonzentration des § 121 Abs. 3 GVG ist das für Rechtsbeschwerden nach §§ 116 ff. StVollzG zuständige Oberlandesgericht auch für Beschwerden über prozessuale Nebenentscheidungen in Straf- und Maßregelvollzugssachen zuständig.[127]
Beschwerden in den Verfahren über die gerichtliche strafvollzugsbegleitende Kontrolle nach § 119a Abs. 5 StVollzG werden von der Zuständigkeitskonzentration der § 121 Abs. 3 GVG iVm § 19 Abs. 4 ZustVO-Justiz nicht erfasst.[128]

§ 122 [Gerichtsbesetzung]

(1) Die Senate der Oberlandesgerichte entscheiden, soweit nicht nach den Vorschriften der Prozeßgesetze an Stelle des Senats der Einzelrichter zu entscheiden hat, in der Besetzung von drei Mitgliedern mit Einschluß des Vorsitzenden.

(2) [1]Die Strafsenate entscheiden über die Eröffnung des Hauptverfahrens des ersten Rechtszuges mit einer Besetzung von fünf Richtern einschließlich des Vorsitzenden. [2]Bei der Eröffnung des Hauptverfahrens beschließt der Strafsenat, daß er in der Hauptverhandlung mit drei Richtern einschließlich des Vorsitzenden besetzt ist, wenn nicht nach dem Umfang oder der Schwierigkeit der Sache die Mitwirkung zweier weiterer Richter notwendig erscheint. [3]Über die Einstellung des Hauptverfahrens wegen eines Verfahrenshindernisses entscheidet der Strafsenat in der für die Hauptverhandlung bestimmten Besetzung. [4]Ist eine Sache vom Revisionsgericht zurückverwiesen worden, kann der nunmehr zuständige Strafsenat erneut nach Satz 2 über seine Besetzung beschließen.

Schrifttum: *Bertram,* Mitwirkung von Schöffen während unterbrochener Hauptverhandlung?, NJW 1998, 2934; *Dehn,* Anmerkung zu BGHSt 43, 91, NStZ 1997, 607 f.; *Foth,* Anmerkung zu BGHSt 43, 91, NStZ 1998, 262; *Katholnigg,* Anmerkung zu BGHSt 43, 91, JR 1998, 34; *Kunisch,* Zur Frage der Besetzung des Schöffengerichts und der Strafkammer bei Entscheidungen über die Untersuchungshaft während laufender Hauptverhandlung, StV 1998, 687; *Schlothauer,* Anmerkung zu OLG Hamburg NJW 1998, 2988, StV 1998, 144; *Siegert,* Anmerkung zu OLG Köln NStZ 1998, 419; *Sowada,* Die Gerichtsbesetzung bei Haftentscheidungen während einer anhängigen Hauptverhandlung, NStZ 2001, 169.

Übersicht

	Rn.		Rn.
I. Überblick	1, 2	1. Regelbesetzung (Abs. 1)	3–7
1. Normbedeutung/Anwendungsbereich	1	a) Rechtsmittelgericht	4
2. Entstehungsgeschichte	2	b) Einzelrichter	5–7
II. Erläuterung	3–11	2. Erstinstanzielle Zuständigkeit (Abs. 2)	8–10
		3. Revision	11

I. Überblick

1. Normbedeutung/Anwendungsbereich. Die Vorschrift regelt die Besetzung der 1
Strafsenate. Die Grundbesetzung[1] besteht aus drei Richtern einschließlich des Vorsitzenden;
in Staatsschutzsachen (§ 120) muss sie teilweise aus fünf Richtern bestehen. Der Einzelrichter
kann nur in gesetzlich bestimmten Ausnahmefällen tätig werden.

---
[127] OLG Celle 24.6.2015 – 1 Ws 290/15, NStZ 2016, 244.
[128] So OLG Celle 21.7.2015 – 1 Ws 339/15 (StrVollz), NStZ 2016, 245.
[1] BT-Drs. 12/6853, 18.

2 2. Entstehungsgeschichte. § 174 GVG 1877[2] sah bei jeder Entscheidung eine Gerichtsbesetzung von fünf Richtern einschließlich des Vorsitzenden vor. Im Rahmen der *Emmingerschen* Justizreform[3] wurde die Besetzung auf drei Richter reduziert **(Abs. 1)**, wenn durch die jeweilgen Verfahrensgesetze nicht ohnehin bereits der Einzelrichter zu entscheiden hatte, und im ursprünglichen Umfang von fünf Richtern nur noch für die Hauptverhandlung erster Instanz beibehalten **(Abs. 2)**. Diese Besetzung wurde durch Anfügen eines Satzes 2 durch das Strafrechtsänderungsgesetz[4] auch für die Entscheidung über die Eröffnung des Hauptverfahrens vorgeschrieben. Durch das Verbrechensbekämpfungsgesetz[5] wurde Abs. 2 neu gefasst und darin die Möglichkeit geschaffen, die Hauptverhandlung auch in der Besetzung mit nur drei Richtern durchzuführen. Dies gilt nach dem 2000[6] eingefügten Satz 4 auch für den Fall, dass nach Zurückverweisung durch das Revisionsgericht neu zu verhandeln ist.

II. Erläuterung

3 1. Regelbesetzung (Abs. 1). Das OLG entscheidet idR in der Besetzung mit drei Richtern unter Einschluss des Vorsitzenden.

4 a) Rechtsmittelgericht. Das OLG fungiert **vorwiegend als Rechtsmittelgericht.** In Strafsachen wird es lediglich
– in Staatsschutzsachen (§ 120),
– bei vorbehaltener/nachträglicher Sicherungsverwahrung (§ 120a) sowie
– in Korruptionsverfahren politischer Mandatsträger (§ 120b)
als Gericht erster Instanz tätig.

5 b) Einzelrichter. In Abweichung von der Regel sehen **spezialgesetzliche Ausnahmen** vor, dass anstelle des Senats der Einzelrichter entscheidet.

6 In **Bußgeldsachen** sind gem. § 80a Abs. 1 OWiG die Senate mit einem Richter besetzt, sofern kein Fall des § 80a Abs. 2 OWiG vorliegt. Zur Entscheidung über Beschwerden im Zusammenhang mit der **Wertfestsetzung für Rechtsanwaltsgebühren** ist ebenfalls der Einzelrichter berufen (§ 33 Abs. 8 RVG).

7 Eine derartige Regelung enthält auch § 568 S. 1 ZPO. Ob über **Kostenbeschwerden** (§ 464b S. 3 StPO) der Einzelrichter oder der Senat in Dreierbesetzung zu entscheiden hat, ist umstritten, weil dem dortigen Wortlaut nach – auch für das Verfahren – die entsprechende Anwendung der Vorschriften der ZPO normiert ist. Daraus leitet das OLG Rostock[7] iVm § 568 S. 1 ZPO die Einzelrichterzuständigkeit ab. Überwiegend hat sich allerdings die Auffassung durchgesetzt, dass Vorschriften der ZPO nur dort entsprechend angewendet werden können, wo sie strafprozessualen Grundsätzen nicht widersprechen.[8] Die Mehrzahl der OLGe lehnt deshalb die entsprechende Anwendung von § 568 S. 1 ZPO auf das strafprozessuale Kostenfestsetzungsverfahren mit dem Hinweis auf die Einführung der ZPO-Vorschrift[9] ab,[10] weil diese in § 76 – anders als in § 122 Abs. 1 – nicht zu einem Verweis auf spezialgesetzliche Regelungen zur Einzelrichterzuständigkeit geführt habe.

---

[2] Vom 27.1.1877 (RGBl. 41).
[3] VO vom 22.3.1924 (RGBl. I 299).
[4] Vom 30.8.1951 (BGBl. I 739).
[5] Gesetz zur Änderung des Strafgesetzbuches, der Strafprozessordnung und anderer Gesetze vom 28.10.1994 (BGBl. I 3186).
[6] Gesetz zur Verlängerung der Besetzungsreduktion bei Strafkammern vom 19.12.2000 (BGBl. I 1756).
[7] 13.7.2009 – 1 Ws 192/09, JurBüro 2009, 541; so auch noch OLG Düsseldorf 21.10.2002 – 3 Ws 336/02, NStZ 2003, 324 (aufgegeben in NStZ-RR 2012, 160).
[8] BGH 27.11.2002 – 2 ARs 239/02, BGHSt 48, 106 = NJW 2003, 763.
[9] Gesetz zur Reform des Zivilprozesses vom 27.7.2001, BGBl. I 1887.
[10] OLG Düsseldorf 3.2.2012 – III-3 Ws 41/12, NStZ-RR 2012, 160; OLG Hamm 3.12.2009 – 2 Ws 270/09, BeckRS 2010, 02547; OLG Köln 3.9.2013 – III-2 Ws 462/13, BeckRS 2013, 17038; OLG Nürnberg 6.12.2010 – 2 Ws 567/10, BeckRS 2011, 00368 = NStZ-RR 2011, 127 (L); OLG Celle 21.4.2016 – 1 Ws 187/16; OLG Stuttgart 7.12.15 – 1 Ws 202/15.

2. Erstinstanzielle Zuständigkeit (Abs. 2). Als Gericht erster Instanz entscheidet das **8** OLG idR ebenfalls mit drei Richtern unter Einschluss des Vorsitzenden. Lediglich für die Entscheidung über die
- Eröffnung des Hauptverfahrens und die
- Anzahl der an der Hauptverhandlung mitwirkenden Richter

sieht das Gesetz zwingend eine **Senatsbesetzung mit fünf Richtern** vor (S. 1, 2). Dies gilt auch in den Fällen des § 225a Abs. 1 S. 2 StPO.[11]

Der Beschluss, entweder in Dreier- oder Fünferbesetzung zu verhandeln, **bindet den** **9** **Senat** bis zum Abschluss der vor ihm anhängigen Sache. Er kann erst nach Zurückverweisung (S. 4) neu getroffen werden. Deshalb hat der Senat in der jeweiligen Besetzung auch über die **Einstellung wegen eines Verfahrenshindernisses** (S. 3) zu entscheiden.

Ob für **Entscheidungen**, die bei anhängiger **Hauptverhandlung außerhalb dieser** **10** zu treffen sind, etwas anderes gilt, ist streitig. Unter Bezugnahme auf Art. 101 Abs. 1 S. 2 GG vertritt der BGH[12] die Auffassung, dass auch außerhalb der Hauptverhandlung zu treffende **Haftentscheidungen** in der für die Hauptverhandlung getroffenen Besetzung zu erfolgen haben, eine Auffassung, die jedoch nur teilweise Zustimmung gefunden hat.[13] Soweit sie abgelehnt wird, berufen sich die Stimmen in der Literatur[14] auf die Ausnahmeregelung des S. 3, der Haftentscheidungen nicht erwähne und daher bereits vom Wortlaut her einer erweiternden Auslegung nicht zugänglich sei. Darüber hinaus lasse die Verfassung auch eine Auslegung zu, wonach solche Entscheidungen während laufender Hauptverhandlung in der Besetzung außerhalb der Hauptverhandlung zu treffen seien.[15] Indessen **überzeugt** gerade der Hinweis auf die genannte verfassungsrechtliche Rechtsprechung schon deshalb **nicht,** weil die zur Mitwirkung von Schöffen an Entscheidungen außerhalb der Hauptverhandlung ergangene Entscheidung zwischen diesen und Berufsrichtern zutreffend differenziert und insbesondere auf das Fehlen einer Vertretungsregelung der an der Hauptverhandlung mitwirkenden Schöffen hinweist, das bei Berufsrichtern gerade nicht besteht.

3. Revision. Da auch dem Strafsenat bei der Entscheidung über die Besetzung in der **11** Hauptverhandlung mit drei oder fünf Berufsrichtern kein Ermessen, sondern nur ein weiter Beurteilungsspielraum hinsichtlich der Begriffe „Umfang" und „Schwierigkeit" zusteht, verspricht eine diesbezügliche Besetzungsrüge nur Erfolg, wenn dieser Spielraum in unvertretbarer Weise überschritten wurde und sich die Dreierbesetzung damit objektiv als willkürlich erweist.[16]

---

[11] OLG Stuttgart 30.10.2007 – 4-3 StE 1/07, BeckRS 2007, 18658 = NStZ 2009, 348 [349].
[12] BGH 30.4.1997 – StB 4/97, BGHSt 43, 91[93] = NJW 1997, 2531.
[13] *Dehn* NStZ 1997, 607 f.; *Kunisch* StV 1998, 687 f.; *Meyer-Goßner/Schmitt* Rn. 3; *Schlothauer* StV 1998, 144 f.; *Siegert* NStZ 1998, 421; *Sowada* NStZ 2001, 169 (173); SSW/*Quentin* Rn. 6.
[14] *Bertram* NJW 1998, 2934 (2935 f.); *Foth* NStZ 1998, 262; HK-StPO/*Schmidt/Temming* Rn. 7; *Katholnigg* Rn. 5; *ders.* JR 1998, 34 f.; *Kissel/Mayer* Rn. 10; KK/*Hannich* Rn. 3; LR-*Franke* Rn. 6; SK/*Frister* Rn. 11.
[15] BVerfG 28.3.1998 – 2 BvR 2037/97, NJW 1998, 2962.
[16] BGH 23.12.1998 – 3 StR 343/98, BGHSt 44, 328 = NJW 1999, 1644.

Neunter Titel. Bundesgerichtshof

§ 123 [Sitz]

Sitz des Bundesgerichtshofes ist Karlsruhe.

Erläuterung

1 Während das Reichgericht in Leipzig ansässig war,[1] wurde der **Sitz** des BGHs durch das VereinhG[2] in **Karlsruhe** festgelegt.[3] Er kann durch einfaches Gesetz wieder geändert werden.[4] Die Festlegung auf einen Gerichtsort gilt grundsätzlich für alle Spruchkörper des Gerichts. Sie fördert die Einheitlichkeit der Rechtsprechung, da sie einer Zersplitterung der Entscheidungspraxis, wie sie durch eine räumliche Trennung entstehen kann, entgegenwirkt.[5] Dem entspricht, dass alle Bundesgerichte nur einen Sitz haben.

2 Durchbrochen wird das Prinzip eines einheitlichen Sitzes von § 130 Abs. 2. Danach kann der Bundesminister der Justiz durch Verordnung auswärtige, dh nicht in Karlsruhe ansässige Senate einrichten (→ § 130 Rn. 5). Auf dieser Grundlage[6] hat der **5. Strafsenat** des BGHs seinen Sitz **in Leipzig.**[7]

3 Der **Gemeinsame Senat der obersten Gerichtshöfe des Bundes** hat seinen Sitz ebenfalls in Karlsruhe (§ 1 Abs. 2 RSprEinhG).

§ 124 [Besetzung]

Der Bundesgerichtshof wird mit einem Präsidenten sowie mit Vorsitzenden Richtern und weiteren Richtern besetzt.

A. Normzweck

1 Die Vorschrift betrifft die **personelle Ausstattung** des BGHs mit Richterämtern (vgl. a. §§ 59 Abs. 1, 115). Die Gerichtsbesetzung entspricht der der Ländergerichte, die am BGH tätigen Richter stehen jedoch in einem Dienstverhältnis zum Bund (§§ 46 ff. DRiG).

B. Erläuterung

2 Der BGH muss mit einem Präsidenten sowie mehreren Vorsitzenden Richtern und weiteren Richtern besetzt sein.[1]

I. Präsident

3 Der Präsident des BGHs übt, wie für Gerichtspräsidenten üblich, eine **Doppelfunktion** aus.[2] Er ist sowohl rechtsprechend als auch als Organ der Justizverwaltung tätig. Als unabhängiger

---

[1] Gem. § 2 G über den Sitz des Reichsgerichts vom 11.4.1877, RGBl. 415.
[2] Vom 12.9.1950 (BGBl. I 455).
[3] Zur historischen Entwicklung: KK/*Hannich* Rn. 1 ff.; Löwe/Rosenberg/*Franke* Rn. 1; SK/*Frister* Rn. 1 f.
[4] MüKoZPO/*Zimmermann* Rn. 1.
[5] Löwe/Rosenberg/*Franke* Rn. 2.
[6] Vgl. die AO des BMJ vom 2.7.1997, BAnz. 1997 Nr. 125.
[7] Zu recht krit. mit Blick auf den Normzweck: KK/*Hannich* Rn. 4 sowie Löwe/Rosenberg/*Franke* Rn. 3.
[1] Zur Personalentwicklung bis zum Juni 2000: BGH-FS, 787 ff.
[2] Radtke/Hohmann/*Rappert* Rn. 1.

Richter hat er nach § 21f Abs. 1 den Vorsitz zumindest eines Senats zu übernehmen.[3] Als Organ der Justizverwaltung untersteht er der Weisungsbefugnis des Bundesministers der Justiz.[4] Seine Aufgaben bestimmt insoweit das Bundesrecht. Er übt insbesondere die Dienstaufsicht über die am BGH tätigen Richter, wissenschaftlichen Mitarbeiter, Beamten und Beschäftige aus.[5]

Der ständige **Vertreter** des Präsidenten als Verwaltungsorgan trägt die Dienstbezeichnung 4 Vizepräsident des BGHs (§ 19a DRiG) und wird vom Bundesminister der Justiz bestellt (§ 21h). Ist der Vizepräsident ebenfalls verhindert, so ist der dienstälteste Richter zur Vertretung berufen (§ 20 DRiG). Die Vertretung des Präsidenten in seiner Eigenschaft als Senatsvorsitzender bestimmt sich nach der allgemeinen Regelung des § 21f Abs. 2.[6]

II. Vorsitzende Richter

Die Vorsitzenden Richter führen den Vorsitz in den einzelnen Senaten. Ihre **Zahl** wird 5 durch den Bundesgesetzgeber **im Haushaltsplan** und durch den Bundesminister der Justiz festgelegt.[7] Die Vertretung bestimmt sich nach den Festlegungen im Geschäftsverteilungsplan (§ 21f Abs. 2).

III. Weitere Richter

Die weiteren Richter müssen nach § 125 zu (ordentlichen) Mitgliedern berufen worden 6 sein und müssen, mit Ausnahme der Ermittlungsrichter (→ § 130 Rn. 4), einem Senat als **ständiges Mitglied** angehören.[8] Ihnen kann kein Amt an einem anderen Gericht übertragen werden; eine dem § 59 Abs. 2 entsprechende Bestimmung fehlt.[9]

Richter auf Probe, Richter kraft Auftrags und **abgeordnete Richter** dürfen beim BGH 7 **keine rechtsprechende Tätigkeit** ausüben.[10] Dies ergibt sich mittelbar aus Art. 95 Abs. 2 GG (vgl. → § 125 Rn. 3). Von den Ländern abgeordnete Richter (und Staatsanwälte) können aber als wissenschaftliche Hilfskräfte[11] unterstützend tätig werden[12] und dürfen an den Beratungen teilnehmen (§ 193).[13]

§ 125 [Ernennung der Mitglieder]

(1) Die Mitglieder des Bundesgerichtshofes werden durch den Bundesminister der Justiz und für Verbraucherschutz gemeinsam mit dem Richterwahlausschuß gemäß dem Richterwahlgesetz berufen und vom Bundespräsidenten ernannt.

(2) Zum Mitglied des Bundesgerichtshofes kann nur berufen werden, wer das fünfunddreißigste Lebensjahr vollendet hat.

A. Normzweck

Die Vorschrift[1] regelt das **Verfahren für die Berufung und Ernennung** der richterlichen Mitglieder des BGHs.[2] Insoweit ergänzt und konkretisiert sie die in §§ 9 ff. DRiG

---

[3] Zum Vorsitz in den (Gemeinsamen) Großen Senaten vgl. → § 132 Rn. 39; zum Vorsitz im Senat für Anwaltssachen s. § 106 Abs. 2 BRAO.
[4] MüKoZPO/*Zimmermann* Rn. 3.
[5] KK/*Hannich* Rn. 2; vgl. a. § 5 GeschOBGH.
[6] SK/*Frister* Rn. 3.
[7] MüKoZPO/*Zimmermann* Rn. 4.
[8] § 1 Abs. 3 GeschOBH.
[9] MüKoZPO/*Zimmermann* Rn. 5.
[10] Vgl. Art. 95 Abs. 2 GG, § 1 RWG; Löwe/Rosenberg/*Franke* Rn. 1.
[11] Hierzu: *Herr*, Ein richterlicher Bildungsurlaub?, DRiZ 1972, 228; *Hückstädt*, Wissenschaftliche Mitarbeiter beim Bundesgerichtshof, DRiZ 1979, 275.
[12] *Katholnigg* Rn. 2.
[13] SK/*Frister* Rn. 5.
[1] Zur Entstehungsgeschichte: SK/*Frister* Rn. 1.
[2] Weiterführend zur Entwicklung des Wahlverfahrens: BVerfG 20.9.2016 – 2 BvR 2453/15, NJW 2016, 3425 (3427).

sowie dem RiWG enthaltenen allgemeinen Bestimmungen. Ferner bestimmt sie die zur Berufung zuständigen Organe.

2   Für die anderen oberen Bundesgerichte existieren jeweils entsprechende Bestimmungen (§ 38 Abs. 2 SGG, § 42 ArbGG, § 15 Abs. 3 VwGO, § 14 Abs. 2 FGO); die Berufung und Ernennung zum Richter am Bundesverfassungsgericht regeln die §§ 3 ff. BVerfGG.

B. Erläuterung

I. Berufung

3   Die Berufung in ein Richteramt am BGH umfasst das **Auswahl- und Vorschlagsverfahren.** Entsprechende Vorgaben ergeben sich bereits aus Art. 95 Abs. 2 GG. Berufen werden kann, wer das 35. Lebensjahr vollendet hat (Abs. 2) und die in §§ 9 und 10 DRiG genannten persönlichen Voraussetzungen erfüllt.

4   1. **Zuständigkeit.** Die Wahl zum Richter am BGH erfolgt durch eine gemeinsame Entscheidung des **Bundesministers der Justiz und des Richterwahlausschusses.** Dieser setzt sich aus den 16 zuständigen (Justiz-)Ministern der Länder[3] und 16 vom BT gewählten Mitgliedern[4] zusammen. Diesem Zusammenwirken von Exekutive und Legislative wird legitimationsverstärkende Funktion beigemessen.[5] Zugleich gewährleistet es eine paritätische Beteiligung der Länder und des Bundes.

5   2. **Verfahren.** Das **Wahlverfahren** wird durch das RiWG näher ausgestaltet. Danach wird der Richterwahlausschuss von dem Bundesminister einberufen, der auch den Vorsitz führt (§§ 8, 9 RiWG). Vorschlagsberechtigt sind sowohl die einzelnen Mitglieder des Wahlausschusses als auch der selbst bei der Wahl nicht stimmberechtigte[6] Bundesminister der Justiz. Der Ausschuss prüft, ob der vorgeschlagene Bewerber die vom Gesetz vorgegebenen sachlichen und persönlichen Voraussetzungen erfüllt (§ 11 RiWG) und entscheidet aufgrund geheimer Abstimmung mit der Mehrheit der abgegebenen Stimmen (§ 12 Abs. 1 RiWG).[7] Das Ergebnis der Wahl muss er nicht begründen.[8] Vor der Wahl ist nach §§ 55–57 DRiG der Präsidialrat des BGHs zu beteiligen, dessen Stellungnahme[9] weder den Ausschuss noch den Bundesminister bindet.[10] Der Wahlakt als solcher unterliegt nicht der gerichtlichen Kontrolle.[11]

6   Wurde ein Bewerber vom Wahlausschuss gewählt, prüft der Bundesminister der Justiz eigenständig das Vorliegen der gesetzlichen Berufungsvoraussetzungen sowie die persönliche und fachliche Eignung des Gewählten. Nur wenn er dem Vorschlag des Wahlausschusses zustimmt, hat er die Ernennung des Gewählten beim Bundespräsidenten zu beantragen (§ 13 RiWG). Hieraus ergibt sich ein **Vetorecht des Bundesministers der Justiz.** Die Berufung zum Richter am BGH bedarf somit stets eines übereinstimmenden Votums des Wahlausschusses und des Bundesministers der Justiz.[12]

7   Das **Bundesverfassungsgericht** hat in einer neueren Entscheidung[13] das Wahlverfahren und die geteilte Verantwortung des Wahlausschusses und des Bundesministers näher konkre-

---

[3] § 3 Abs. 1 RiWG.
[4] § 5 Abs. 1 RiWG; zu Reformüberlegungen s. Löwe/Rosenberg/*Franke* Rn. 4.
[5] BVerfG 20.9.2016 – 2 BvR 2453/15, NJW 2016, 3425 (3427); zur Kritik im Hinblick auf die Möglichkeit parteipolitischer Einflussnahme: SK/*Frister* Rn. 5.
[6] § 9 Abs. 1 S. 2 RiWG.
[7] Zur Praxis: *Dölp/Rath,* „Nicht alle haben die gleiche Chance", DRiZ 2016, 258.
[8] BVerfG 22.10.1968 – 2 BvL 16/67, BVerfGE 24, 268 = DVBl 1969, 149.
[9] Hierzu: *Bowitz,* Zur Bedeutung des Votums des Präsidialrats bei der Bundesrichterwahl, DÖV 2016, 638.
[10] BVerfG 20.9.2016 – 2 BvR 2453/15, NJW 2016, 3425 (3428).
[11] BVerfG 20.9.2016 – 2 BvR 2453/15, NJW 2016, 3425 (3427).
[12] Löwe/Rosenberg/*Franke* Rn. 3.
[13] 20.9.2016 – 2 BvR 2453/15, NJW 2016, 3425; dazu: *Sachs,* Staatsorganisationsrecht: Bestellung der Bundesrichter, JuS 2017, 89.

tisiert. Danach haben vor dem Hintergrund des zwischen ihnen bestehenden institutionellen Treueverhältnisses sowohl der Wahlausschuss als auch der Bundesminister bei ihren Entscheidungen die Bindungen, aber auch die verfassungsrechtlichen Freiräume des jeweils anderen zu beachten. Der Wahlausschuss darf deshalb nur jemanden wählen, dessen Wahl der Bundesminister, der an Art. 33 Abs. 2 GG gebunden ist, zustimmen kann. Die Einhaltung der wesentlichen verfahrensrechtlichen Anforderungen – insbes. betreffend die Vollständigkeit der für die Wahl relevanten Informationen – ist nachvollziehbar zu dokumentieren. Den Ausgang der Wahl hat sich der Minister grundsätzlich zu eigen zu machen. Seine Zustimmung kann er nur versagen, wenn die formellen Ernennungsvoraussetzungen nicht gegeben sind, die verfahrensrechtlichen Vorgaben nicht eingehalten wurden oder das Ergebnis für ihn nach Abwägung aller Umstände und insbesondere vor dem Hintergrund der Wertungen des Art. 33 Abs. 2 GG nicht nachvollziehbar ist. Hierbei ist er verpflichtet, sämtliche aus den Stellungnahmen des Präsidalrats und aus den dienstlichen Beurteilungen der Vorgeschlagenen abzuleitenden Anhaltspunkte für die Eignung, Befähigung und fachliche Leistung in seine Entscheidung einzubeziehen. Macht sich der Bundesminister die Wahlentscheidung zu eigen, muss er dies regelmäßig nicht begründen. Eine Begründung ist aber erforderlich, wenn er seine Zustimmung verweigert oder wenn der Gewählte nach der Stellungnahme des Präsidialrats oder den dienstlichen Beurteilungen nicht geeignet ist.

II. Ernennung

Die Ernennung (§ 17 DRiG) durch den Bundespräsidenten bewirkt die **dienst- und statusrechtliche Einsetzung** in die richter- und besoldungsrechtliche Rechtsstellung im Sinne eines abstrakten Amtes.[14] Die Regelung knüpft an Art. 60 Abs. 1 GG an. Gem. Art. 58 GG bedarf die Ernennung der Gegenzeichnung durch den Bundesminister der Justiz.[15] Mit Ablauf des Monats, in denen die Richter die Regelaltersgrenze erreichen, treten sie zwingend in den Ruhestand (§ 48 Abs. 1 und 2 DRiG).[16]

8

III. Vorsitzende Richter, Präsident

Die Ernennung eines Vorsitzenden Richters am BGH und des Präsidenten richtet sich nicht nach den Bestimmungen des Art. 95 Abs. 2 GG und des RiWG. **Zuständig** für die Ernennung eines Richters zum Vorsitzenden Richter an einem obersten Gerichtshof des Bundes ist nach Art. 60 Abs. 1 GG, § 46 DRiG, § 10 Abs. 1 BBG (entsprechend) der **Bundespräsident.**[17] Die Ernennung bedarf eines entsprechenden Vorschlags des Bundesministers der Justiz,[18] dem regelmäßig ein Kabinettsbeschluss vorausgeht.[19] Der Besetzungsvorschlag unterliegt in eingeschränkten Umfang[20] der verwaltungsgerichtlichen Kontrolle.[21]

9

§§ 126–129 (weggefallen)

§ 130 [Zivil- und Strafsenate; Ermittlungsrichter]

(1) ¹**Bei dem Bundesgerichtshof werden Zivil- und Strafsenate gebildet und Ermittlungsrichter bestellt.** ²**Ihre Zahl bestimmt der Bundesminister der Justiz und für Verbraucherschutz.**

---

[14] MüKoZPO/*Zimmermann* Rn. 5.
[15] MüKoZPO/*Zimmermann* Rn. 5.
[16] Radtke/Hohmann/*Rappert* Rn. 2.
[17] VGH Mannheim 7.8.1996 – 4 S 1929/96, NJW 1996, 2525 (2526).
[18] Löwe/Rosenberg/*Franke* Rn. 5 unter Verweis auf Art. 1 Abs. 4, Art. 3 der AO über die Ernennung und Entlassung von Bundesbeamten und Richtern im Bundesdienst vom 14.7.1975 (BGBl. I 1915).
[19] Vgl. VGH Mannheim 7.8.1996 – 4 S 1929/96, NJW 1996, 2525 (2526).
[20] Hierzu: Löwe/Rosenberg/*Franke* Rn. 5.
[21] Zu den Einzelheiten: VGH Mannheim 7.8.1996 – 4 S 1929/96, NJW 1996, 2525; 12.8.2015 – 4 S 1405/15, VBlBW 2016, 117 = BeckRS 2015, 49833; sa OVG Koblenz 13.6.2007 – 10 B 10457/07, NVwZ 2008, 99 betreffend die Stelle des Präsidenten eines Oberlandesgerichts.

(2) Der Bundesminister der Justiz und für Verbraucherschutz wird ermächtigt, Zivil- und Strafsenate auch außerhalb des Sitzes des Bundesgerichtshofes zu bilden und die Dienstsitze für Ermittlungsrichter des Bundesgerichtshofes zu bestimmen.

A. Normzweck

1   Die Vorschrift regelt die Ausstattung des BGHs mit unterschiedlichen **Spruchkörpern**.[1] Sie legt zudem fest, dass dort (mindestens) ein Ermittlungsrichter zu bestellen ist.

B. Erläuterung

I. Art und Zahl der Senate

2   Nach dem Gesetz sind am BGH mindestens ein Zivil- und ein Strafsenat zu bilden (Abs. 1 S. 1). Die Bestimmung der Anzahl der Senate obliegt als Organisationsaufgabe[2] der Justizverwaltung (Abs. 1 S. 2). Derzeit sind beim BGH **12 Zivilsenate und 5 Strafsenate**, denen allgemeine Aufgaben übertragen sind, eingerichtet.[3] Die Aufteilung der Geschäfte auf die Senate wird durch den vom Präsidium zu beschließenden (§ 21e) Geschäftsverteilungsplan vorgenommen. Dieser wird im Bundesanzeiger veröffentlicht.[4] Bei den Strafsenaten bestimmt sie sich für Revisionen – vorbehaltlich Spezialzuständigkeiten – in erster Linie nach dem Sitz des Ausgangsgerichts. Spezialzuständigkeiten bestehen für Militärstrafsachen, Vergehen gegen die Landesverteidigung sowie Steuer- und Zollstrafsachen (1. Strafsenat), für Staatsschutzsachen (3. Strafsenat) und für Verkehrsstrafsachen (4. Strafsenat). Diese Zuweisung gilt auch, wenn in einer Vorlagesache (§ 121 Abs. 2) die zur Entscheidung gestellte Rechtsfrage das jeweilige Spezialgebiet betrifft.[5] Dem 2. Strafsenat sind ua Entscheidungen als gemeinschaftliches oberstes Gericht (§§ 12 ff. StPO; § 42 JGG) und dem 5. Strafsenat ua allgemein Entscheidungen auf Vorlage durch ein Oberlandesgericht nach § 121 Abs. 2 Nr. 2 und 3 zugewiesen.[6]

3   Daneben bestehen **8 Spezialsenate**, denen durch Gesetz besondere Rechtsmaterien zugewiesen sind: der Kartellsenat (§ 94 GWB), das Dienstgericht des Bundes (§§ 61, 79 DRiG), der Senat für Notarsachen (§ 106 BnotO), der Senat für Anwaltssachen (§ 106 BRAO), der Senat für Patentanwaltssachen (§ 90 PatentanwaltsO), der Senat für Landwirtschaftssachen (§ 2 LwVG), der Senat für Wirtschaftsprüfersachen (§ 74 WirtschaftsprüferO) sowie der Senat für Steuerberater- und Steuerbevollmächtigtensachen (§ 97 StBerG). Die bei den Amts-, Land- und Oberlandesgerichten vorgesehenen Spezialspruchkörper für Bußgeldsachen, Familiensachen, Handelssachen und Baulandsachen[7] sind für den BGH nicht gesetzlich bestimmt; die entsprechenden Materien können durch den Geschäftsverteilungsplan aber bei bestimmten Senaten konzentriert werden.[8] Zu den (Vereinigten) Großen Senaten s. die Kommentierung zu § 132.

---

[1] S.a. § 116.
[2] Vgl. BGH 18.12.1964 – 2 StR 368/64, BGHSt 20, 132 (135) = NJW 1965, 544 (545).
[3] http://www.bundesgerichtshof.de/DE/DasGericht/Organisation/Organigramm/organigramm_node.html.
[4] SK/*Frister* Rn. 3.
[5] KK/*Hannich* Rn. 3.
[6] Zu den weiteren Zuweisungen s. http://www.bundesgerichtshof.de/DE/DasGericht/Geschaeftsverteilung/SachlicheZustaendigkeit/StrafsenateErmittlungsrichter/strafsenateErmittlungsrichter_node.html.
[7] Vgl. §§ 46 Abs. 7, 80 OWiG; §§ 23b, 119 Abs. 2, 93, 94 GVG; §§ 220, 229 Abs. 1 BauGB.
[8] MüKoZPO/*Zimmermann* Rn. 3.

II. Der Ermittlungsrichter beim BGH

Nach Abs. 1 S. 1 ist beim BGH mindestens ein Ermittlungsrichter zu bestellen. Dieser 4 kann die im vorbereitenden Verfahren anfallenden richterlichen Geschäfte wahrnehmen, sofern der **Generalbundesanwalt die ermittlungsführende Behörde** (§ 142a) ist und die Sache nach § 120 zur erstinstanzlichen Zuständigkeit der Oberlandesgerichte gehört. Die Anzahl der Ermittlungsrichter wird von der Justizverwaltung bestimmt (Abs. 1 S. 2). Derzeit sind 6 Ermittlungsrichter bestellt. Deren personelle Besetzung und Geschäftsbereiche werden durch den vom Präsidium aufzustellenden Geschäftsverteilungsplan (§ 21e) bestimmt. Sie sind nach teils regionalen, teils sachlichen Kriterien festgelegt.[9] Bestellt werden können nur Richter am BGH (§ 125), die aber nicht ständiges Mitglied eines Senats sein müssen.[10]

III. Auswärtige Senate

Abs. 2 enthält eine Ermächtigung an die Justizverwaltung, durch Verwaltungsanordnung 5 Senate **außerhalb des Sitzes des BGHs** (§ 123) einzurichten. Diese bleiben Teil des BGHs, treten aber an Stelle des Stammgerichts.[11] Zweck der Regelung war, die Einrichtung einzelner Senate als Bundesobergerichte in Berlin während der Teilung Deutschlands zu ermöglichen.[12] Die personelle Besetzung und die Zuweisung der Geschäfte bestimmt sich nach der vom Präsidium zu beschließenden Geschäftsverteilung (§ 21e);[13] eine den §§ 78 Abs. 1, 116 Abs. 2 entsprechende Ermächtigung der Justizverwaltung betreffend die Zuweisung bestimmter Tätigkeiten fehlt.[14] Derzeit haben der 5. Strafsenat sowie die – mit dem 5. Strafsenat weitgehend personengleich besetzten – Senate für Wirtschaftsprüfersachen und für Steuerberater- und Steuerbevollmächtigtensachen ihren Sitz in Leipzig.[15] Sofern zukünftig ein weiterer (ordentlicher) Zivilsenat eingerichtet werden wird, soll ein weiterer Strafsenat nach Leipzig verlegt werden (sog. **„Rutschklausel"**).[16]

§§ 131, 131a (weggefallen)

§ 132 [Große Senate; Vereinigte Große Senate]

(1) ¹Beim Bundesgerichtshof werden ein Großer Senat für Zivilsachen und ein Großer Senat für Strafsachen gebildet. ²Die Großen Senate bilden die Vereinigten Großen Senate.

(2) Will ein Senat in einer Rechtsfrage von der Entscheidung eines anderen Senats abweichen, so entscheiden der Große Senat für Zivilsachen, wenn ein Zivilsenat von einem anderen Zivilsenat oder von dem Großen Zivilsenat, der Große Senat für Strafsachen, wenn ein Strafsenat von einem anderen Strafsenat oder von dem Großen Senat für Strafsachen, die Vereinigten Großen Senate, wenn ein Zivilsenat von einem Strafsenat oder von dem Großen Senat für Strafsachen oder ein Strafsenat von einem Zivilsenat oder von dem Großen Senat für Zivilsachen oder ein Senat von den Vereinigten Großen Senaten abweichen will.

---

[9] KK/*Hannich* Rn. 4.
[10] § 1 Abs. 3 S. 1 Hs. 2 GeschOBGH.
[11] MüKoZPO/*Zimmermann* Rn. 4.
[12] KK/*Hannich* Rn. 5 mit Hinweis auf Prot. S. 23, 77 und Drucks Nr. 8 des (23.) Ausschusses für Rechtspflege und Verfassungsrecht sowie BT-Prot. I S. 2871.
[13] Löwe/Rosenberg/*Franke* Rn. 3; aA *Kissel/Mayer* Rn. 4 (BMJ).
[14] KK/*Hannich* Rn. 5.
[15] http://www.bundesgerichtshof.de/DE/DasGericht/Organisation/Organigramm/organigramm_node.html.
[16] BT-Drs. 12/2853, 3; kritisch hierzu mit Blick auf den Justizgewährungsgrundsatz: *Kissel/Mayer* Rn. 4.

(3) ¹Eine Vorlage an den Großen Senat oder die Vereinigten Großen Senate ist nur zulässig, wenn der Senat, von dessen Entscheidung abgewichen werden soll, auf Anfrage des erkennenden Senats erklärt hat, daß er an seiner Rechtsauffassung festhält. ²Kann der Senat, von dessen Entscheidung abgewichen werden soll, wegen einer Änderung des Geschäftsverteilungsplanes mit der Rechtsfrage nicht mehr befaßt werden, tritt der Senat an seine Stelle, der nach dem Geschäftsverteilungsplan für den Fall, in dem abweichend entschieden wurde, zuständig wäre. ³Über die Anfrage und die Antwort entscheidet der jeweilige Senat durch Beschluß in der für Urteile erforderlichen Besetzung; § 97 Abs. 2 Satz 1 des Steuerberatungsgesetzes und § 74 Abs. 2 Satz 1 der Wirtschaftsprüferordnung bleiben unberührt.

(4) Der erkennende Senat kann eine Frage von grundsätzlicher Bedeutung dem Großen Senat zur Entscheidung vorlegen, wenn das nach seiner Auffassung zur Fortbildung des Rechts oder zur Sicherung einer einheitlichen Rechtsprechung erforderlich ist.

(5) ¹Der Große Senat für Zivilsachen besteht aus dem Präsidenten und je einem Mitglied der Zivilsenate, der Große Senat für Strafsachen aus dem Präsidenten und je zwei Mitgliedern der Strafsenate. ²Legt ein anderer Senat vor oder soll von dessen Entscheidung abgewichen werden, ist auch ein Mitglied dieses Senats im Großen Senat vertreten. ³Die Vereinigten Großen Senate bestehen aus dem Präsidenten und den Mitgliedern der Großen Senate.

(6) ¹Die Mitglieder und die Vertreter werden durch das Präsidium für ein Geschäftsjahr bestellt. ²Dies gilt auch für das Mitglied eines anderen Senats nach Absatz 5 Satz 2 und für seinen Vertreter. ³Den Vorsitz in den Großen Senaten und den Vereinigten Großen Senaten führt der Präsident, bei Verhinderung das dienstälteste Mitglied. ⁴Bei Stimmengleichheit gibt die Stimme des Vorsitzenden den Ausschlag.

Schrifttum: *Beisse,* Von der Aufgabe des Großen Senats, FS Wallis, 1985, 45; *Bydlinski,* Hauptpositionen zum Richterrecht, JZ 1985, 149; *Fischer,* Hemmschwellen auf dem Weg zu Entscheidungen des Großen Senats für Strafsachen, StraFo 2014, 309; *Hanack,* Der Ausgleich divergierender Entscheidungen in der oberen Gerichtsbarkeit. Habl. Marburg 1961; *Heußner,* Das Anfrageverfahren vor Anrufen des Großen Senats, DRiZ 1972, 119; *Ignor/Bertheau,* Die so genannte Vollstreckungslösung des Großen Senats für Strafsachen, NJW 2008, 2209; *Jungmann,* Neuer „horror pleni" in den Zivilsenaten des BGHs?, JZ 2009, 380; *Kissel,* Neues zur Gerichtsverfassung, NJW 1991, 945; *Kuhlen,* Die Abweichung einer Entscheidung von einer anderen und die Betrachtung des Einzelfalls, JA 1986, 589; *Leisner,* Urteilsverfassungsbeschwerde wegen Nichtvorlage bei Abweichung, NJW 1989, 2446; *Lilie,* Obiter dictum und Divergenzausgleich in Strafsachen, Habl. Göttingen 1989/90; *de Lousanoff,* Die „grundsätzliche Bedeutung" der Rechtssache im neuen Revisionsrecht, NJW 1977, 1042; *May,* Verfahrensfragen bei der Divergenzanrufung, DRiZ 1983, 305; *Ch. Meyer,* Die Sicherung der Einheitlichkeit höchstrichterlicher Rechtsprechung durch Divergenz- und Grundsatzvorlage, Diss. Freiburg 1993; *Müller-Helle,* Anm. zu BSG vom 26.9.1972 – 5 RKnU 21/70, NJW 1973, 1063; *Olzen,* Die Rechtswirkungen geänderter höchstrichterlicher Rechtsprechung in Zivilsachen, JZ 1985, 155; *Paulus,* Prozessuale Wahrheit und Revision, FS Spendel, 1992, 687; *Prütting,* Zur Frage der Verfassungsmäßigkeit des ZPO § 554b, ZZP 92, 272; *Rieß,* Zur Tätigkeit des Großen Senats in Strafsachen – ein Überblick, NStZ-Sonderheft 2009, 30; *Rissing-van Saan,* Divergenzausgleich und Fragen von grundsätzlicher Bedeutung, FS Widmaier, 2008, 505; *Rönnau,* Aktuelles zum Wirtschaftsstrafrecht in der Revision, StraFo 2014, 265; *Eb. Schmidt,* Bemerkungen zur Rechtsprechung des BGHs zur Frage des Züchtigungsrechts der Lehrer, JZ 1959, 518; *Schneider,* Verletzung der Vorlagepflicht, MDR 2000, 10; *H. Schröder,* Die Bindung an aufhebende Entscheidungen im Zivil- und Strafprozess, FS Nikisch, 1958, 205; *Schroth,* Der Ausgleich divergierender obergerichtlicher Entscheidungen, JR 1990, 93; *Tiedemann,* Die abweichende Judikatur oberster Gerichtshöfe als Revisionszulassungsgrund, MDR 1977, 813; *Widmaier,* Anmerkung zu BGH vom 29.10.1991 – 1 StR 334/90, NStZ 1992, 195.

Übersicht

	Rn.		Rn.
A. Normzweck und Entstehungsgeschichte	1, 2	B. Erläuterung	3–37
I. Normzweck	1	I. Zuständigkeit der Großen Senate	3–5
II. Entstehungsgeschichte	2	1. Grundsatz	3

	Rn.
2. Zuständigkeit des Großen Senats für Strafsachen	4
3. Zuständigkeit der Vereinigten Großen Senate	5
II. Die Divergenzvorlage (Abs. 2 und 3)	6–23
1. Regelungsgehalt der Vorschrift	6
2. Voraussetzungen der Vorlage	7–16
a) Entscheidung eines anderen Senats	7–9
b) Abweichende Entscheidung über eine Rechtsfrage	10
c) Identität der Rechtsfrage	11
d) Entscheidungserheblichkeit der Divergenz	12–14
e) Entfallen und Einschränkungen der Vorlagepflicht	15, 16
3. Das Anfrageverfahren (Abs. 3)	17–23
a) Normzweck	17
b) Adressat der Anfrage	18
c) Verfahren und Entscheidung	19, 20
d) Besetzung	21
e) Rechtswirkungen	22, 23
III. Die Rechtsfortbildungsvorlage (Abs. 4)	24–36
1. Regelungsgehalt der Vorschrift	24–26

	Rn.
2. Voraussetzungen der Vorlage	27–34
a) Entscheidungserheblichkeit der Rechtsfrage	27
b) Grundsätzliche Bedeutung	28, 29
c) Fortbildung des Rechts oder Sicherung einer einheitlichen Rechtsprechung	30, 31
d) Vorrang der Selbstbindung	32
e) Kein Anfrageverfahren, Sperrwirkung	33, 34
3. Entscheidung des Großen Senats	35, 36
IV. Verhältnis Divergenz- und Grundsatzvorlage	37
C. Besetzung der Großen Senate und des Vereinigten Großen Senats (Abs. 5)	38–41
I. Der Große Senat für Strafsachen	38, 39
II. Die Vereinigten Großen Senate	40, 41
D. Die Bestellung der Mitglieder der Großen Senate, Verfahren (Abs. 6)	42–45
I. Bestellung der Mitglieder (Abs. 6 S. 1 und 2)	42
II. Das Verfahren (Abs. 6 S. 3 und 4)	43–45

A. Normzweck und Entstehungsgeschichte

I. Normzweck

Mit Blick auf das verfassungsrechtliche **Gebot der Einheitlichkeit der Rechtsprechung**[1] ist eine einheitliche Beantwortung und Entscheidung divergierender Rechtsansichten zwischen den Senaten des BGHs (Abs. 2 und 3)[2] und bei Rechtsfragen von grundsätzlicher Bedeutung (Abs. 4) geboten.[3] Die Vorschrift sichert damit unmittelbar das Prinzip der Rechtssicherheit, das aus dem Rechtsstaatsgebot folgt,[4] schränkt aber zugleich die Unabhängigkeit des befassten Spruchkörpers zugunsten der Rechtseinheitlichkeit ein.[5] Ziel ist die Sicherstellung einer homogenen und kontinuierlichen Rechtsprechung.[6] Aus diesem Grund sind beim BGH neben den allgemein für Straf- und Zivilsachen bestellten Senaten sowie den Spezialsenaten ein Großer Senat für Strafsachen, ein Großer Senat für Zivilsachen sowie als weiterer Spruchkörper die Vereinigten Großen Senate (→ Rn. 5) eingerichtet (Abs. 1). Das Gesetz schreibt die Bildung der Großen Senate zwingend vor. Diese müssen vom Präsidium des BGH den gesetzlichen Vorgaben entsprechend personell besetzt werden. Die Großen Senate entscheiden **ausschließlich aufgrund entsprechender Vorlage,** die an in dieser Vorschrift näher ausgestaltete Voraussetzungen gebunden ist.[7] Daneben befasst sich die Norm mit der Besetzung der Großen Senate und der Vereinigten Großen Senate (Abs. 5 und 6). Das für die Verhandlung und Entscheidung anzuwendende Verfahren wird in § 138 näher geregelt. Vergleichbare Bestimmungen fin-

---
[1] MüKoZPO/*Zimmermann* Rn. 3; vgl. a. *Beisse* FS v. Wallis, 1985, 45 (47).
[2] Meyer-Goßner/*Schmitt* Rn. 13.
[3] *Kissel*/*Mayer* Rn. 1; MüKoZPO/*Zimmermann* Rn. 1.
[4] KK/*Hannich* Rn. 1; *Leisner* NJW 1989, 2446.
[5] MüKoZPO/*Zimmermann* Rn. 5; vgl. a. *Rieß* NStZ-Sonderheft 2009, 30.
[6] *Radtke*/*Hohmann*/*Rappert* Rn. 2.
[7] Zur Anzahl und Dauer der vor dem Großen Senat für Strafsachen geführten Verfahren s. *Rieß* NStZ-Sonderheft 2009, 30; *Rönnau* StraFo 2014, 265 (267); hierzu auch *Rissing-van Saan* FS Widmaier, 2008, 505 (506); *Fischer* StraFo 2014, 309.

den sich in den Verfahrensvorschriften der anderen obersten Gerichtshöfe des Bundes,[8] der Oberverwaltungsgerichte (§ 12 VwGO) sowie des Bundesverfassungsgerichts für den Fall der Divergenz (§ 16 BVerfGG).

II. Entstehungsgeschichte

2   Bereits das GVG 1877 bestimmte für das Reichsgericht in seinem § 137 eine Vorlegungspflicht der Senate im Falle der Divergenz,[9] die später erweitert wurde auf Fälle, in denen ein Strafsenat von einer Entscheidung eines Zivilsenats und umgekehrt abweichen wollte.[10] Zur Entscheidung berufen waren jeweils die Vereinigten Senate, die aus dem Plenum aller Senate des Reichsgerichts bestanden. Nicht zuletzt wegen der durch seinen personellen Umfang bedingten Schwerfälligkeit der Entscheidungsfindung wurde die Anrufung dieses Spruchkörpers nach Möglichkeit vermieden.[11] Erst im Jahr 1935 wurde er durch je einen Großen Senat für Zivil- und für Strafsachen sowie die Vereinigten Großen Senate ersetzt.[12] Die entsprechenden Bestimmungen wurden durch das VereinhG[13] weitgehend unverändert in das GVG übertragen. Bis zum Jahr 1992 waren die Bestimmungen über die Zusammensetzung und die Zuständigkeiten der Großen Senate nunmehr verteilt in den §§ 132, 135 und 136 zu finden. Mit Art. 2 Nr. 11–13 Rechtspflege-Vereinfachungsgesetz[14] wurden diese Bestimmungen mit Wirkung zum 1.1.1992 mit teilweise neuem Regelungsgehalt in § 132 zusammengefasst. Insbesondere wurden hierbei die Besetzung der Großen Senate in Abs. 5 neu geregelt, um Bedenken hinsichtlich der Bestimmtheit des gesetzlichen Richters zu beheben.[15] Daneben wurden Vorschriften über das Verfahren (§ 138) neu gefasst. Ferner wurden im Rahmen dieser Reform die teilweise unterschiedlichen Bestimmungen über die Großen Senate aller obersten Gerichtshöfe des Bundes aneinander angeglichen und vereinheitlicht.[16]

B. Erläuterung

I. Zuständigkeit der Großen Senate

3   **1. Grundsatz.** Die Zuständigkeiten der Großen Senate des BGHs werden vom Gesetz umfassend und **abschließend geregelt.** Eine darüber hinaus gehende Übertragung von Aufgaben oder gar ihr Entzug, etwa durch das Präsidium, ist nicht erlaubt.[17] Der Große Senat für Strafsachen entscheidet als selbstständiger Spruchkörper[18] – jeweils auf Vorlage –, wenn ein Strafsenat in einer Rechtsfrage von der Entscheidung eines anderen Strafsenats oder eines Großen Senats für Strafsachen abweichen will (Abs. 2, → Rn. 6) oder wenn ein Senat einer Rechtsfrage grundsätzliche Bedeutung beimisst (Abs. 4 → Rn. 24). Unter diesen Voraussetzungen und in diesem Umfang wird dem nach allgemeinen Regeln zur Entscheidung berufenen Senat die Entscheidungskompetenz entzogen und auf den nach Abs. 2 zu bestimmenden Großen Senat übertragen. Für die Zivilsenate gilt entsprechendes.[19] Will

---

[8] Zum Großen Senat des Bundesfinanzhofs: *Beisse* FS v. Wallis, 1985, 45 ff.
[9] S.a. KK/*Hannich* Rn. 2 sowie weiterführend zur Rechtsentwicklung: *Ch. Meyer* S. 23 ff.; *Rissing-van Saan* FS Widmaier, 2008, 505 (507 ff.); *Jungmann* JZ 2009, 380 (381 f.).
[10] Vgl. das Gesetz vom 17.3.1886 (RGBl. I 61).
[11] Sog „horror pleni", vgl. *Schroth* JR 1990, 93; SK-StPO/*Frister* Rn. 1.
[12] Gesetz vom 28.6.1935 (RGBl. I 844).
[13] Vom 12.9.1950 (BGBl. I 455).
[14] Vom 17.12.1990 (BGBl. I 2847 (2854)); hierzu *Kissel* NJW 1991, 945.
[15] Zu den Motiven vgl. BT-Drs. 11, 3621, 29 ff.
[16] Vgl. § 11 VwGO, § 11 FGO, § 45 ArbGG, § 41 SGG sowie *Kissel* NJW 1991, 951; *C. Meyer,* Die Sicherung der Einheitlichkeit höchstrichterlicher Rechtsprechung durch Divergenz- und Grundsatzvorlage, 1994.
[17] *Kissel/Mayer* Rn. 2.
[18] *Katholnigg* Rn. 1; SSW-StPO/*Quentin* Rn. 1.
[19] Hierzu: MüKoZPO/*Zimmermann* Rn. 3 ff., 21 ff.; *Kissel/Mayer* Rn. 3.

ein Strafsenat von einer Entscheidung eines Zivilsenats oder des Großen Senats für Zivilsachen abweichen, hat er die Rechtsfrage den Vereinigten Großen Senaten vorzulegen (→ Rn. 5).

2. Zuständigkeit des Großen Senats für Strafsachen. Ob der Große Senat für Strafsachen oder aber der Große Senat für Zivilsachen oder gar die Vereinigten Großen Senate zur Entscheidung über die jeweilige Rechtsfrage berufen sind, bestimmt sich nach der **Eigenschaft, in der die beteiligten Senate** mit der Rechtsfrage **befasst** sind bzw. waren,[20] **und der Rechtsmaterie,** der die betreffende Rechtsfrage zuzuordnen ist.[21] Als Strafsenate gelten nicht allein die als Strafsenate eingerichteten Spruchkörper des BGH und die aufgrund des Geschäftsverteilungsplanes mit den Strafsenaten identischen Senate für Bußgeldsachen (§ 46 Abs. 7 OWiG).[22] Als Strafsenat im Sinne der Zuständigkeitsregelung gelten ferner auch der Kartellsenat in Bußgeldsachen (§ 94 Abs. 2 GWB), das Dienstgericht des Bundes, soweit es in Disziplinarverfahren tätig ist (§ 61 Abs. 4 DRiG), der Senat für Anwalts- und Notarsachen, soweit er nach den Verfahrensvorschriften der StPO zu entscheiden hat (§ 106 Abs. 1 BRAO, § 109 BNotO), der Patentanwaltssenat (§ 90 Abs. 3 PatentanwaltsO) und der Senat für Wirtschaftsprüfer- sowie Steuerberater- und Steuerbevollmächtigtensachen (§ 74 Abs. 1 WirtschaftsprüferO, § 97 SteuerberatungsG).[23]

3. Zuständigkeit der Vereinigten Großen Senate. Die Vereinigten Großen Senate stellen, wie sich aus § 132 Abs. 1 S. 2 ergibt, einen selbstständigen Spruchkörper innerhalb des BGHs dar.[24] Er ist nach Abs. 2 **in Divergenzfällen** anzurufen, wenn ein Zivilsenat von einem Strafsenat bzw. von dem Großen Senat für Strafsachen oder ein Strafsenat von einem Zivilsenat bzw. von dem Großen Senat für Zivilsachen abweichen will. Er ist ferner auch zur Entscheidung berufen, wenn ein Senat von einer Entscheidung der Vereinigten Großen Senate abweichen will. Eine Anrufung der Vereinigten Großen Senate wegen grundsätzlicher Bedeutung ist von Abs. 4 dagegen nicht vorgesehen. Den beiden Großen Senaten ist aber in **Fällen grundsätzlicher Bedeutung** eine Vorlage an die Vereinigten Großen Senate erlaubt, wenn die Rechtsfrage beide Rechtsgebiete betrifft.[25]

II. Die Divergenzvorlage (Abs. 2 und 3)

1. Regelungsgehalt der Vorschrift. Durch das Verfahren der Divergenzvorlage wird vermieden, dass ein Senat des BGHs trotz identischer Rechtsfrage von der tragend entschiedenen Rechtsauffassung eines anderen Senats des BGHs abweicht. Die Vorschrift dient der **Einheitlichkeit der Rechtsprechung** zwischen den Spruchkörpern und bietet Gewähr für die Homogenität sowohl in der Anwendung wie auch in der Fortbildung des Rechts.[26] Indem sie zugleich ein Verfahren zur Anpassung tradierter Rechtsprechung an neue Entwicklungen und Erkenntnisse ermöglicht,[27] wirkt sie mittelbar einem Verharren in überkommenen Rechtsauffassungen entgegen. Stellt ein Senat eine Divergenz zu einer Entscheidung eines anderen Senats fest, so ist er **zur Vorlage verpflichtet,** ein Ermessen steht ihm nicht zu. Aus dem Grundsatz des gesetzlichen Richters folgt, dass eine Vorlage auch dann zu erfolgen hat, wenn aus Sicht des mit der Rechtsfrage befassten Senats

---

[20] KK/*Hannich* Rn. 9.
[21] Löwe/Rosenberg/*Franke* Rn. 3.
[22] KK/*Hannich* Rn. 9.
[23] Löwe/Rosenberg/*Franke* Rn. 3; KK/*Hannich* Rn. 9.
[24] BT-Drs. 11/3621, 54.
[25] Löwe/Rosenberg/*Franke* Rn. 41; aA *Katholnigg* Rn. 16 (Vorlage auch durch die jeweiligen Senate entsprechend Abs. 2); insoweit offen gelassen von BGH 16.9.2016 – VGS 1/16, BeckRS 2016, 21466.
[26] Löwe/Rosenberg/*Franke* Rn. 2; *Ch. Meyer* S. 83; *Beisse* FS v. Wallis, 1985, 45 (47); vgl. a. §§ 121 Abs. 2, 120 Abs. 3.
[27] *Beisse* FS v. Wallis, 1985, 45 (48); *Rissing-van Saan* FS Widmaier, 2008, 505.

Restzweifel am Vorliegen einer Divergenz bestehen.[28] Unterlässt ein Senat gleichwohl die Vorlage, kann dies im Falle willkürlichen Handelns[29] einen mit der Verfassungsbeschwerde gem. § 90 BVerfGG angreifbaren Verstoß gegen Art. 101 Abs. 1 S. 2 GG darstellen.[30] Die Wirksamkeit seiner Entscheidung wird von der unterlassenen Vorlage aber nicht berührt.[31] Will ein anderer Senat, der mit derselben Rechtsfrage erneut in entscheidungserheblicher Weise befasst ist, von jener Ansicht abweichen bzw. zu der vorherigen Rechtsprechung zurückkehren, muss er deshalb seinerseits das Vorlageverfahren durchführen.[32] Der Senat, der verfahrensfehlerhaft eine Vorlage unterlassen hat, kann seine geänderte Rechtsansicht demgegenüber ohne Vorlage wieder aufgeben, sofern dadurch keine Divergenz zu zwischenzeitlich ergangenen Entscheidungen anderer Senate eintritt.

7 **2. Voraussetzungen der Vorlage. a) Entscheidung eines anderen Senats.** Welcher Art die Entscheidung ist, zu der eine Divergenz offenbar wird – Beschluss oder Urteil –, ist unerheblich.[33] Auch auf den Anlass der beiden divergierenden Entscheidungen, Revisions-, Beschwerde- oder Vorlageentscheidung (zB § 121 Abs. 1, § 79 Abs. 3 OWiG, § 71 FamFG), kommt es nicht an.[34] Ein Anfrage- oder Vorlagebeschluss genügt allerdings ebenso wenig, wie eine Entscheidung des Ermittlungsrichters.[35] Die Divergenz muss sich **aus den Entscheidungsgründen** ergeben. Enthält die frühere Entscheidung keine Begründung, etwa weil sie nach § 349 Abs. 2 StPO ergangen ist, kann eine Divergenz nicht festgestellt werden.[36] Entsprechendes gilt, wenn die frühere Entscheidung zwar schon ergangen, aber mit ihren Gründen noch nicht bekannt gemacht worden ist.[37] Eine Vorlage ist auch bei Divergenzen in Bezug auf Nebenentscheidungen erforderlich, etwa bei unterschiedlicher Auslegung von Kosten- und Auslagenregelungen.[38] Kommt es gleichwohl zu divergierenden Entscheidungen, etwa weil die Divergenz unentdeckt geblieben ist, so wird derjenige Senat, der über die identische Rechtsfrage später erneut tragend zu entscheiden hat, vorzulegen haben.

8 Die Vorschrift betrifft allein Divergenzen zwischen den **Senaten des BGHs,**[39] einschließlich Abweichungen von Entscheidungen der Großen Senate.[40] Eine erneute Vorlage einer bereits durch den Großen Senat entschiedenen Rechtsfrage ist grundsätzlich zulässig (→ Rn. 36). Eine Divergenzvorlage nach dieser Norm kommt nicht in Betracht, bei Abweichungen von Entscheidungen lediglich anderer (Bundes-)Gerichte,[41] des Reichsgerichts[42] oder des Bundesverfassungsgerichts.[43] Eine Vorlage kommt auch nicht in Betracht, wenn ein Senat die Verfassungsgemäßheit einer Norm, die nicht dem vorkonstitutiven

---

[28] *Katholnigg* Rn. 2; SSW-StPO/*Quentin* Rn. 4.
[29] Vertiefend: *Schneider* MDR 2000, 10 f.; kritisch zu dieser Einschränkung: *Leisner* NJW 1989, 2446 (2448).
[30] BVerfG 16.8.1994 – 2 BvR 647/93, NStZ 1995, 76; 22.10.1995 – 2 BvR 1899/95, NJW 1996, 512 (513); 7.4.1998 – 2 BvR 2560/95, NJW 1998, 2585 (2587); *Kissel/Mayer* § 121 Rn. 24; KK/*Hannich* Rn. 10; Meyer-Goßner/*Schmitt* Rn. 13; *Leisner* NJW 1998, 2446; *Schneider* MDR 2000, 10.
[31] BGH 7.11.1955 – GSSt 2/55, BGHSt 10, 94 = NJW 1956, 351; KK/*Hannich* Rn. 10; *Katholnigg* Rn. 10; MüKoZPO/*Zimmermann* Rn. 12; *Kissel/Mayer* Rn. 16; *Rönnau* StraFo 2014, 265 (267).
[32] BGH 7.11.1955 – GSSt 2/55, BGHSt 10, 94 (96) = NJW 1956, 351; *Kissel/Mayer* Rn. 16; Löwe/Rosenberg/*Franke* Rn. 15; *Katholnigg* Rn. 4.
[33] MüKoZPO/*Zimmermann* Rn. 6; *Kissel/Mayer* Rn. 19; SK-StPO/*Frister* Rn. 12.
[34] Löwe/Rosenberg/*Franke* Rn. 4.
[35] SK-StPO/*Frister* Rn. 12 f.
[36] BGH 3.10.1986 – 2 StR 193/86, BGHSt 34, 184 (190) = NJW 1987, 661 (663); 29.9.1987 – 4 StR 376/87, BGHSt 35, 60 (65) = NJW 1988, 1742 (1743).
[37] Dies kann in Extremfällen zu divergierenden Entscheidungen führen, vgl. BGH 10.6.2015 – 2 StR 97/14, BGHSt 60, 276 = NJW 2016, 91 einerseits und 9.7.2015 – 1 StR 7/15, JR 2016, 78 andererseits.
[38] Vgl. BGH 3.10.1986 – 2 StR 193/86, BGHSt 34, 184 (190) = NJW 1987, 661(663).
[39] MüKoZPO/*Zimmermann* Rn. 5.
[40] *Fischer* StraFo 2014, 309 (312); MüKoZPO/*Zimmermann* Rn. 11 auch zur Gegenansicht.
[41] Bei einer Divergenz zwischen obersten Bundesgerichten kommt eine Vorlage an den Gemeinsamen Senat dieser obersten Gerichtshöfe in Betracht, vgl. § 2 RsprEinhG.
[42] KK/*Hannich* Rn. 3 unter Hinweis auf BFH 11.7.1969 – VI R 265/67, NJW 1970, 831.
[43] AA *Schneider* MDR 2000, 10 (12).

Recht angehört, anzweifelt; insoweit muss er gem. Art. 100 Abs. 1 GG unmittelbar das BVerfG anrufen.⁴⁴ Entsprechendes gilt hinsichtlich des Vorlageverfahrens zum EuGH nach Art. 234 EGV.⁴⁵ Eine Vorlage scheidet zudem aus, wenn (etwa nach einem Wechsel in der gerichtsinternen Zuständigkeit) ein Senat, dem durch die Geschäftsverteilung die **ausschließliche Zuständigkeit** für ein bestimmtes Rechtsgebiet übertragen worden ist, von einem früher hierfür zuständigen Senat abweichen möchte und die streitige Rechtsfrage allein diese Spezialmaterie, nicht aber zugleich auch eine allgemeine rechtliche Bestimmung⁴⁶ betrifft.⁴⁷ Dies stellt einen Unterfall des Abs. 3 S. 2 dar.⁴⁸ Eine Vorlage ist zudem weder erforderlich noch zulässig, wenn ein Senat von seiner eigenen früheren, auch im selben Verfahren geäußerten, aber als unzutreffend erkannten Rechtsauffassung abweichen möchte.⁴⁹ Einer Vorlage bedarf es aber, wenn andere Senate sich der Rechtsauffassung mittlerweile in entscheidungserheblicher Weise angeschlossen haben.⁵⁰ Der Umstand, dass ein Senat für die von ihm früher entschiedene Rechtsfrage nicht mehr zuständig ist oder der Spruchkörper nicht mehr besteht, ändert nichts an der Vorlagepflicht.⁵¹ Dies ergibt sich mittlerweile aus einem Rückschluss aus Abs. 3.⁵² Danach bestimmt sich nach der zur Zeit der Anfrage maßgebenden Geschäftsverteilung, an welchen Senat in diesem Fall die Anfrage zu richten ist: im Zweifel entscheidet das Präsidium.⁵³ Hat der nunmehr zuständige Senat die Rechtsfrage bereits in Abweichung von dem früher zuständig gewesenen Senat im Sinne des aktuell mit der Rechtsfrage befassten Senats beantwortet, bedarf es keiner Anfrage und Vorlage.⁵⁴

Aus dem Grundsatz des Rechtsstaatsprinzips ist eine **Abweichung ausgeschlossen,** 9 wenn der Senat – nach erster Rückverweisung – erneut mit demselben Verfahren befasst wird.⁵⁵ Anlässlich dieser erneuten Befassung kann er nicht von einer Rechtsauffassung, die im Rahmen der ersten Befassung tragend gewesen ist, abweichen.⁵⁶ Eine Abweichung ist in diesen Fällen nur möglich, wenn vor der erneuten Befassung ein in einer anderen Sache betriebenes Vorlageverfahren entweder durch eine entsprechende Entscheidung des Großen Senats oder im Anfrageverfahren aufgrund einheiliger Aufgabe entgegenstehender Rechtsprechung beendet worden ist.

b) Abweichende Entscheidung über eine Rechtsfrage. Eine Vorlage kommt nur 10 hinsichtlich einer unterschiedlich beantworteten Rechtsfrage in Betracht. Welchem Rechtsgebiet die Frage zugehört, ist unerheblich.⁵⁷ Eine Abweichung in einer **Rechtsfrage** liegt vor, wenn eine Rechtsvorschrift oder ein Rechtsbegriff auf einen vergleichbaren Sachverhalt

---

⁴⁴ BVerfG 19.2.1957 – 1 BvL 13/54, BVerfGE 6, 222 (230 ff.) = NJW 1957, 625; BGH 16.3.1960 – 4 ARs 46/59, BGHSt 14, 175 (177); KK/*Hannich* Rn. 14; MüKoZPO/*Zimmermann* Rn. 17.
⁴⁵ Vgl. BVerfG 20.9.2007 – 2 BvR 855/06, NJW 2008, 209 (211 f.); 25.2.2010 – 1 BvR 230/09, NJW 2010, 1268; BGH 5.4.2000 – 5 StR 169/00, NStZ 2000, 425; Löwe/Rosenberg/*Franke* Rn. 5 auch zum Fall einer innerstaatlichen Divergenz.
⁴⁶ Löwe/Rosenberg/*Franke* Rn. 12.
⁴⁷ BGH 20.5.2010 – 1 StR 577/09, BGHSt 55, 180 = NJW 2010, 2146; 9.11.2010 – 5 StR 394/10 ua, BGHSt 56, 73 = NJW 2011, 240; 16.2.1961 – VII ZR 239/59, BGHZ 34, 282 = NJW 1961, 662; KK/*Hannich* Rn. 6; Meyer-Goßner/*Schmitt* Rn. 14.
⁴⁸ *Rissing-van Saan* FS Widmaier, 2008, 505 (511).
⁴⁹ BGH 7.11.1985 – GSSt 1/85, BGHSt 33, 356 (360 f.) = NJW 1986, 1764; Kissel/*Mayer* Rn. 17; Radtke/Hohmann/*Rappert* Rn. 8.
⁵⁰ Vgl. BGH 29.6.1972 – II ZR 101/70, NJW 1972, 1893; KK/*Hannich* Rn. 5; Meyer-Goßner/*Schmitt* Rn. 14.
⁵¹ KK/*Hannich* Rn. 7; Kissel/*Mayer* Rn. 23; s.a. BT-Drs. 11/3621, 54.
⁵² Der gegenteiligen früheren Rechtsprechung (vgl. BGH 7.11.1985 – GSSt 1/85, BGHSt 33, 356 = NJW 1986, 1764) ist durch die mit dem Rechtspflege-VereinfachungsG (BGBl. I 2847) verbundenen Änderungen die Grundlage entzogen.
⁵³ BT-Drs. 11/3621, 54.
⁵⁴ KK/*Hannich* Rn. 7.
⁵⁵ Vgl. BGH 7.11.1985 – GSSt 1/85, BGHSt 33, 356 (360 ff.) = NJW 1986, 1764 (1765); BVerwG 22.2.1973 – III C 31.72, BVerGE 54, 116 (119) = BeckRS 1973, 31283199; MüKoZPO/*Zimmermann* Rn. 9.
⁵⁶ KG 21.9.2009 – (4) 1 Ss 240/09, NStZ-RR 2010, 346; Löwe/Rosenberg/*Franke* Rn. 13.
⁵⁷ Löwe/Rosenberg/*Franke* Rn. 4.

in anderer Weise angewandt werden soll.[58] Rein tatsächliche Annahmen und ihre Bewertung stellen hingegen keine Rechtsfragen dar; von ihnen darf ohne Vorlage abgewichen werden.[59] Allerdings kann ein anderer Sachverhalt den Inhalt der Rechtsfrage beeinflussen mit der Folge, dass eine Divergenz zu verneinen ist.[60] Eine Vorlage ist auch entbehrlich, wenn den divergierenden Entscheidungen nicht vergleichbare Sachverhalte zugrunde liegen.[61]

11 **c) Identität der Rechtsfrage.** Dieselbe Rechtsfrage liegt immer dann vor, wenn wegen der **Gleichheit des Rechtsproblems** die Entscheidung ohne Rücksicht auf die Verschiedenheit der Fälle oder der anwendbaren Vorschriften nur einheitlich ergehen kann. Dieselbe Rechtsfrage ist aber auch betroffen, wenn zwei oder mehr Normen bei jedenfalls im Wesentlichen identischen Wortlaut denselben Regelungsinhalt haben und auf vergleichbare Sachverhalte nach denselben Prinzipien auszulegen sind.[62] An der Identität der Rechtsfrage kann es hingegen fehlen, wenn der zwei voneinander abweichenden Entscheidungen zugrundeliegende Sachverhalt im Tatsächlichen in gewichtiger Weise anders gelagert ist.[63] Denn ein von einem Revisionsgericht zur Beurteilung des von ihm unterbreiteten Falles aufgestellter Rechtssatz gilt für andere Fälle nur, wenn diese der entschiedenen Sache in den wesentlichen Beziehungen gleichkommen.[64] Ein unterschiedlicher rechtlicher Ansatz der beteiligten Senate ändert an der Divergenz nichts, wenn sich die divergierenden Rechtsauffassungen auf eine identische Vorfrage beziehen.[65]

12 **d) Entscheidungserheblichkeit der Divergenz.** Eine Vorlage setzt voraus, dass die Rechtsprechung eines Senats der beabsichtigten Entscheidung entgegensteht.[66] Sie kommt also nur dann in Betracht, wenn die zu entscheidende Rechtsfrage sowohl für die neu zur Entscheidung stehende Sache erheblich ist und diese in der Entscheidung des anderen Senats, von der abgewichen werden soll, **tragend entschieden** worden ist.[67] Dies setzt voraus, dass der früher entschiedene Fall unter Zugrundelegung der Rechtsauffassung des nunmehr entscheidenden Spruchkörpers nicht so wie geschehen hätte entschieden werden können und zugleich der nunmehr zur Entscheidung stehende Fall bei Anwendung der früheren Rechtsansicht nicht in gleicher Weise wie nach der geänderten Auffassung ergehen könnte.[68] Die Entscheidungserheblichkeit bemisst sich nach der konkret anstehenden Entscheidung. Sie ist zu verneinen, wenn die Rechtsfrage erst im nächsten Rechtsgang – etwa nach Zurückverweisung – tragende Bedeutung gewinnen kann.[69] Eine Divergenz ist auch nicht gegeben, wenn die unterschiedliche Beantwortung der Rechtsfrage lediglich die gegebene Begründung, nicht aber das Ergebnis der früheren Entscheidung in Frage stellt. Einer Vorlage bedarf es auch nicht, wenn die frühere Entscheidung auf mehrere selbstständig

---

[58] *Kissel/Mayer* Rn. 16; aA: *Schroth* JR 1990, 93 (95): „Rechtsfrage ist alles, was von Revisionsinstanzen als Rechtsfrage behandelt wird" s.a. → § 121 Rn. 33.
[59] BGH 31.1.1986 – 2 StR 4/86, NStZ 1986, 273; 11.11.2004 – 5 StR 376/03, BGHSt 49, 342 = NJW 2005, 518 (519); KK/*Hannich* Rn. 4; kritisch zur Abgrenzung zwischen Tat- und Rechtsfragen: *Paulus*, Prozessuale Wahrheit und Revision, FS Spendel, 1992, 687 (705 ff.); *Schroth* JR 1990, 93.
[60] Vgl. BGH 26.3.1997 – 3 StR 421/96, BGHSt 43, 36 = NStZ 1997, 506 m. zust. Anm. *Katholnigg*.
[61] BGH 24.4.1986 – 2 StR 565/85, BGHSt 34, 71 (76) = NStZ 1986, 409 (zu § 121 GVG) mit Bespr. *Kuhlen* JA 1985, 589; Löwe/Rosenberg/*Franke* Rn. 7.
[62] Gemeinsamer Senat der obersten Gerichtshöfe des Bundes 6.2.1973 – GmS-OGB 1/72, NJW 1973, 1273; BGH 10.6.1986 – 1 StR 41/86, BGHSt 34, 94 (100) = NJW 1987, 449 (450); MüKoZPO/*Zimmermann* Rn. 7; Löwe/Rosenberg/*Franke* § 121 Rn. 64; vgl. auch BGH 10.4.2017 – 4 StR 299/16, NJW 2017, 2292.
[63] Löwe/Rosenberg/*Franke* § 121 Rn. 64a; aA SK-StPO/*Frister* Rn. 17.
[64] BVerfG 2.7.1992 – 2 BvR 972/92, NStZ 1993, 90.
[65] BGH 22.11.1994 – GSSt 1/94, BGHSt 40, 350 = NStZ 1995, 129.
[66] Vgl. BGH 4.2.2003 – GSSt 2/02, BGHSt 48, 197 = NStZ 2003, 606.
[67] BGH 21.4.1994 – 4 StR 136/94, BGHSt 40, 120 = NStZ 1994, 509; vgl. a. BGH 2.4.1996 = BGHSt 42, 113 = NStZ 1996, 549; Löwe/Rosenberg/*Franke* Rn. 8 auch zur Gegenansicht.
[68] Löwe/Rosenberg/*Franke* Rn. 6; *Kuhlen* JA 1985, 589 (594); kritisch hinsichtlich einer zu engen Betrachtung: *Eb. Schmidt* JZ 1959, 518.
[69] AA BGH 18.3.2015 – 2 StR 656/13, NStZ 2015, 710 (713), die Vorlage wurde auf Hinweis des Großen Senat für Strafsachen zurückgenommen, vgl. die zum selben Aktenzeichen ergangene Entscheidung vom 24.2.2016, BeckRS 2016, 06839, und die erneute Vorlage gleichen Datums.

tragende Begründungen gestützt ist und eine Divergenz nur zu einer dieser Begründungen besteht.[70] Ob die frühere Entscheidung auf eine alternative Begründung, zu der eine Divergenz nicht bestehen würde, hätte gestützt werden können, ist im Vorlageverfahren nicht zu prüfen.[71] Denn es kann nachträglich nicht aufgeklärt werden, ob der früher entscheidende Spruchkörper seine Entscheidung auf die Alternativbegründung gestützt hätte.

Die Zulässigkeit einer Vorlage setzt allerdings nicht voraus, dass die Rechtsansicht, von der der vorlegende Senat abweichen möchte, in der früheren Entscheidung ausdrücklich geäußert worden ist. Vielmehr reicht es nach Sinn und Zweck des Vorlageverfahrens aus, wenn diese Rechtsauffassung der früheren Entscheidung stillschweigend zugrunde gelegt ist, weil deren Ergebnis von der Bejahung oder Verneinung der Frage notwendig abhängt.[72] Führen die unterschiedlichen Rechtsauffassungen in dem konkret zu entscheidenden Fall nicht zu unterschiedlichen Ergebnissen, insbesondere weil das Rechtsmittel unter Zugrundelegung beider Rechtsansichten zu verwerfen ist, kommt eine Vorlage nicht in Betracht.[73] Dabei ist grundsätzlich von der **rechtlichen Wertung** des Sachverhalts **durch den vorlegenden Senat** auszugehen, soweit diese nicht unvertretbar erscheint.[74] Allerdings kommt eine Entscheidung über die Vorlegungsfrage dann nicht in Betracht, wenn die Vorlage eine Auseinandersetzung mit einem sich aufdrängenden anderen Sachverhaltsverständnis nicht erkennen lässt, dessen Berücksichtigung die angenommene Divergenz beseitigen würde.[75]

War die streitige Rechtsfrage für die frühere Entscheidung nicht erheblich, besteht keine Vorlagepflicht. Dies ist insbesondere dann der Fall, wenn die Erwägung nur beiläufig bzw. ergänzend im Sinne eines sog. „**obiter** dictum" geäußert wurde,[76] in ihrer Verallgemeinerung über die entscheidungserhebliche Rechtsfrage hinausging[77] oder bei Zurückverweisung in einen Hinweis an den neuen Tatrichter[78] aufgenommen ist.[79] Hat der früher berufene Senat lediglich eine vorläufige Rechtsmeinung geäußert, etwa im Rahmen einer Haftprüfung, so kann der später entscheidende Senat ebenfalls ohne Vorlage davon abweichen.[80]

e) Entfallen und Einschränkungen der Vorlagepflicht. Ist die frühere Entscheidung aufgrund einer inhaltlichen Änderung eines Gesetzes,[81] einer mit Bindungswirkung ergangenen Entscheidung des BVerfG (§ 31 Abs. 1 BVerfG)[82] oder des EuGH (Art. 267 AEUV)[83] „überholt", so muss keine Vorlage erfolgen.[84] Gleiches gilt, wenn der Senat, der eine andere Rechtsansicht vertreten hat, diese in einer späteren Entscheidung ausdrücklich aufgeben hat oder in sonstiger Weise erkennbar nicht an seiner früher geäußerten Rechtsauffas-

---

[70] BFH 22.7.1977 – III B 34/74, BFHE 123, 112; MüKoZPO/*Zimmermann* Rn. 8.
[71] MüKoZPO/*Zimmermann* Rn. 8.
[72] BGH 25.7.1995 – GSSt 1/95, BGHSt 41, 187 = NJW 1996, 402.
[73] BGH 24.3.1994 – 4 StR 656/93, NJW 1994, 2034; 22.4.1997 – 1 StR 701/96, NJW 1997, 2689.
[74] BGH 30.7.1996 – 5 StR 288/95, BGHSt 42, 205 = NJW 1997, 204; 25.7.1995 – GSSt 1/95, BGHSt 41, 187 = NStZ 1996, 133; 13.5.1996 – GSSt 1/96, BGHSt 42, 139 = NStZ 1996, 502.
[75] BGH 17.3.2015 – GSSt 1/14, BGHSt 61, 14 = NJW 2015, 3800.
[76] BGH 23.6.1993 – 3 StR 89/93, BGHSt 39, 239 = NJW 1993, 2758; 28.3.2000 – 1 StR 637/99, NStZ 2000, 439; MüKoZPO/*Zimmermann* Rn. 8; Löwe/Rosenberg/*Franke* Rn. 9; Ch. *Mayer* S. 58; kritisch zur Trennung zwischen tragenden und nichttragenden Urteilsgründen: *Lilie* S. 235 ff.
[77] BGH 13.8.1970 – 4 StR 276/70, NJW 1970, 2120; Löwe/Rosenberg/*Franke* Rn. 6.
[78] BGH 21.6.1994 – 1 StR 180/94, NStZ 1994, 554.
[79] KK/*Hannich* Rn. 4; Löwe/Rosenberg/*Franke* Rn. 6.
[80] Meyer-Goßner/*Schmitt* Rn. 14.
[81] BVerfG 2.7.1992 – 2 BvR 972/92, NStZ 1993, 90; BGH 14.7.1998 – 4 StR 273/98, BGHSt 44, 121 (124) = NJW 1999, 157 (158); 21.3.2000 – 4 StR 287/99, BGHSt 46, 17 = NJW 2000, 1880; 24.10.2001 – 1 StR 163/01, BGHSt 2002, 160; 2.2.2016 – 1 StR 435/15, NJW 2016, 2434 (2435); MüKoZPO/*Zimmermann* Rn. 16; Kissel/*Mayer* Rn. 21.
[82] BGH 26.1.1981 – 4 StR 430/80, NStZ 1981, 181 (182); 10.8.2005 – 5 StR 180/05, BGHSt 50, 216 = NStZ 2006, 50.
[83] BSG 29.1.1974 – 8/2 RU 226/72, BSGE 37, 88 = NJW 1974, 1063; KK/*Hannich* Rn. 8; vgl. a BGH 30.8.1990 – 3 StR 459/87, BGHSt 37, 168 (175) = NJW 1991, 1622 (1624).
[84] Radtke/Hohmann/*Rappert* § 121 Rn. 17.

sung festhält.⁸⁵ Ebenfalls keine Vorlagepflicht ausgelöst wird durch eine Entscheidung, die im Widerspruch steht zu einer später ergangenen Entscheidung eines Großen Senats des BGHs oder des Gemeinsamen Senats der Obersten Gerichtshöfe des Bundes, der sich der aktuell befasste Senat anschließen will.⁸⁶ Eine Vorlage kann aber geboten sein, wenn bei einer grundlegenden Neukonzeption einer Rechtsmaterie geprüft werden soll, ob der unverändert gebliebene Wortlaut einer Einzelnorm wegen einer Veränderung im Sinngehalt der Vorschrift neuer Auslegung bedarf.⁸⁷

16 Demgegenüber **entfällt** die Vorlagepflicht grundsätzlich **nicht** mit Blick auf Entscheidungen des **EGMR**, da diese die Vertragsparteien nur hinsichtlich eines ganz bestimmten Streitgegenstandes binden (Art. 46 MRK).⁸⁸ Eine Bindung wird allerdings in Fällen angenommen, in denen der EGMR eine Rechtsfigur des deutschen Richterrechts als nicht ausreichend zur Wiedergutmachung einer Konventionsverletzung (Art. 41 MRK) erkannt hat. Wegen der sich daraus ergebenden Pflicht, die bisherige insoweit „überholte" Rechtsprechung des BGH zu überprüfen und anzupassen, ist ein Vorlageverfahren dann nicht veranlasst.⁸⁹

17 **3. Das Anfrageverfahren (Abs. 3). a) Normzweck.** Mit Blick auf den Normzweck des Vorlageverfahrens (→ Rn. 6) bedarf es einer Befassung eines Großen Senats nur, wenn der bzw. die Senat(e), von deren früherer Rechtsansicht abgewichen werden soll, an dieser im Zeitpunkt der Divergenz noch festhalten.⁹⁰ Abs. 3 S. 1 sieht deshalb als weitere **Zulässigkeitsvoraussetzung**⁹¹ einer Vorlage an einen Großen Senat vor, dass eine entsprechende Anfrage ablehnend beantwortet wird. Erklären alle Senate, die tragend eine abweichende Rechtsansicht vertreten haben, dass sie an dieser nicht festhalten wollen, so entfällt die Divergenz und eine Vorlage ist nach st. Rechtsprechung⁹² nicht (mehr) erforderlich.⁹³ Der anfragende Senat kann dann ohne weiteres im Ausgangsverfahren eine Entscheidung unter Zugrundelegung der geänderten Rechtsprechung treffen; eine Vorlage an den Großen Senat ist nicht mehr möglich.⁹⁴ Das Anfrageverfahren, das erst zum 1.1.1992 in das GVG übernommen wurde,⁹⁵ ermöglicht es den beteiligten Senaten zudem, Einvernehmen über eine vermittelnde Lösung zu finden.⁹⁶ Die Durchführung des Anfrageverfahrens kann **ausnahmsweise entbehrlich** sein, wenn sein Zweck auf andere Weise gesichert ist und sichergestellt ist, dass eine überflüssige Befassung des Großen Senats vermieden werden kann. Dies kommt insbesondere in Betracht, wenn ein in zeitlichem Zusammenhang durchgeführtes Anfrageverfahren eine Divergenz in der identischen Rechtsfrage bereits offen gelegt hatte und nicht zu erwarten ist, dass die angefragten Senate ihre divergierenden Rechtsmeinungen mittlerweile geändert haben könnten.⁹⁷

18 **b) Adressat der Anfrage.** Die Anfrage ist **an jeden Senat** zu richten, der die Rechtsfrage in der Vergangenheit abweichend tragend entschieden hat, nicht nur an den, der

---

⁸⁵ BGH 27.10.1964 – 1 StR 358/64, BGHSt 20, 77 (79); Löwe/Rosenberg/*Franke* Rn. 17.
⁸⁶ Vgl. BSG 26.9.1972 – 5 RKnU 21/70, BSGE 34, 269 = NJW 73, NJW 1973, 344 mAnm *Müller-Helle* NJW 1973, 1063; KK/*Hannich* Rn. 8; Kissel/*Mayer* Rn. 21.
⁸⁷ Vgl. BGH 12.5.1989 – 3 StR 24/89, NStZ 1989, 584; Löwe/Rosenberg/*Franke* Rn. 11.
⁸⁸ BVerfG 14.10.2004 – 2 BvR 1481/04, BVerfGE 111, 307 = NJW 2004, 3407; Meyer-Goßner/*Schmitt* Rn. 14a.
⁸⁹ BGH 10.6.2015 – 2 StR 97/14, NJW 2016, 91 (97) mAnm *Eisenberg*.
⁹⁰ KK/*Hannich* Rn. 13; May DRiZ 1983, 305 (307); Kissel NJW 1991, 945 (951); kritisch: *Leisner* NJW 1989, 2446 (2447).
⁹¹ Kissel/*Mayer* Rn. 25; zur Rechtsentwicklung: Ch. *Meyer* S. 69 ff., 75 f.
⁹² Vgl. statt vieler: BGH 14.4.1970 – 5 StR 103/69, BGHSt 23, 241 (244) = NJW 1970, 1138 (1139); 29.4.1997 – 1 StR 511/95, BGHSt 43, 66 (76) = NJW 1997, 2460 (2463); so auch bereits RGSt 48, 389 (400).
⁹³ KK/*Hannich* Rn. 12; MüKoZPO/*Zimmermann* Rn. 13.
⁹⁴ Kissel/*Mayer* Rn. 28.
⁹⁵ Art. 2 Nr. 11 Rechtspflege-VereinfachungsG vom 17.12.1990, BGBl. I 2847 (2854); zuvor war das Anfrageverfahren geregelt in § 9 der GeschO des BGHs.
⁹⁶ Vgl. die Anm. *Widmaier* zu BGH 29.10.1991 – 1 StR 334/90, NStZ 1992, 195 (196).
⁹⁷ BGH 24.2.2016 – 2 StR 656/13, BeckRS 2016, 06840 Rn. 34.

zuletzt die Rechtsfrage entschieden hat.[98] Denn nur dies sichert die umfassende Behebung einer Innendivergenz.[99] Kann ein solcher Senat wegen einer zwischenzeitlichen Änderung der Geschäftsverteilung (oder weil er nicht mehr existiert)[100] nicht befasst werden, ist die Anfrage an den Senat zu richten, der nach dem im Zeitpunkt der Anfrage geltenden Geschäftsverteilungsplan nunmehr für den Fall, in dem abweichend entschieden wurde, zuständig wäre (Abs. 3 S. 2).[101] Ist diese Zuständigkeit zweifelhaft, entscheidet das Präsidium.[102] Um auch unerkannt gebliebene Divergenzen zu erfassen, ist es mittlerweile üblich, auch die nicht betroffenen Senate am Anfrageverfahren zu beteiligen.[103] Daneben eröffnet diese Verfahrensweise dem anfragenden Senat die Möglichkeit, die Erfolgsaussichten der Vorlage mit Blick auf die voraussichtlichen Mehrheitsverhältnisse im Großen Senat (→ Rn. 44) vorab zu beurteilen.

c) Verfahren und Entscheidung. Anfrage und Antwort des angefragten Senats ergehen jeweils in der Form eines Beschlusses. (Abs. 3 S. 3), der als Zwischenentscheidung einer isolierten Anfechtung entzogen ist. Für beide Entschließungen genügt die einfache Mehrheit der Mitglieder der mit der Sache befassten Spruchgruppe.[104] Wegen des möglicherweise maßgeblichen Einflusses auf den Ausgang des Verfahrens ist den Verfahrensbeteiligten vor der Anfrageentscheidung rechtliches Gehör (Art. 103 Abs. 1 GG) zu gewähren.[105] Eine mündliche Verhandlung ist im Anfrageverfahren freigestellt.[106] Hat die Staatsanwaltschaft im Ausgangsverfahren jedoch einen Terminsantrag gestellt, kann die Anfrage erst nach mündlicher Verhandlung, die zum Zwecke des Anfrageverfahrens auszusetzen ist,[107] und anschließender Beratung ergehen.[108] Der **Beschluss** des anfragenden Senats ist mit einer Begründung zu versehen, damit für den angefragten Senat die Erwägungen erkennbar werden, aus denen von der bisherigen Rechtsprechung abgewichen werden soll.[109] Er ist den Verfahrensbeteiligten bekannt zu geben.[110] Ob die Vorlegungsvoraussetzungen erfüllt sind, hat der angefragte Senat nicht zu prüfen.[111] Gibt er seine frühere Rechtsauffassung auf und stimmt er der in der Anfrage vertretenen Ansicht zu, so bedarf die Entscheidung keiner näheren Begründung. Unerheblich ist, ob er der Rechtssprechungsänderung aus denselben Gründen wie der anfragende Senat beitritt.[112] Hält er dagegen an seiner bisherigen Rechtsauffassung weiter fest und kommt deshalb zu einem abweichenden Ergebnis, so ist die Entscheidung zu begründen, sofern es sich um komplexe Rechtsfragen handelt.[113] Denn dadurch wird es dem anfragenden Senat ermöglicht, in die Vorlage an den Großen Senat sämtliche für die Entscheidung über die Rechtsfrage maßgeblichen Gesichtspunkte aufzunehmen.[114] Ergeben sich die Gründe der Ablehnung vollständig aus der bisherigen Rechtsprechung des angefragten Senats, ist eine weitergehende Begründung der Entscheidung dage-

---

[98] KK/*Hannich* Rn. 13; BT-Drs. 11/3621, 54; anders aber im Verfahren der der obersten Gerichtshöfe des Bundes: § 4 Abs. 1 S. 3 RSprEinhG.
[99] Löwe/Rosenberg/*Franke* Rn. 17; *Kissel/Mayer* Rn. 27.
[100] KK/*Hannich* Rn. 13.
[101] Zur überholten früheren Rechtsprechung vgl. die Nachweise bei *Kissel/Mayer* Rn. 23 Fn. 18.
[102] BT-Drs. 11/3621, 54.
[103] KK/*Hannich* Rn. 13.
[104] Löwe/Rosenberg/*Franke* Rn. 27.
[105] KK/*Hannich* Rn. 14; Löwe/Rosenberg/*Franke* Rn. 30; aA Meyer-Goßner/*Schmitt* Rn. 11; Gercke/Julius/Temming/*Schmidt/Temming* Rn. 10; vgl. a. § 11 Abs. 1 S. 2 RSprEinhG.
[106] Ähnlich Löwe/Rosenberg/*Franke* Rn. 29, der eine mündliche Verhandlung vor dem anfragenden Senat für zweckmäßig hält.
[107] Vgl. BGH 21.1.1992 – 1 StR 593/91, NStZ 1992, 230.
[108] Löwe/Rosenberg/*Franke* Rn. 30.
[109] KK/*Hannich* Rn. 14; Löwe/Rosenberg/*Franke* Rn. 18 (dort auch zur früheren Verfahrensweise); *Jungmann* JZ 2009, 380 (385).
[110] *Kissel/Mayer* Rn. 27.
[111] Löwe/Rosenberg/*Franke* Rn. 32 mit abl. Anm. zum Stellungnahmebeschluss des IX. Zivilsenats des BGH 15.2.2000 – XI ZR 10/98, NJW 2000, 1185.
[112] *May* DRiZ 1983, 305 (307).
[113] Löwe/Rosenberg/*Franke* Rn. 19.
[114] KK/*Hannich* Rn. 14; Löwe/Rosenberg/*Franke* Rn. 19.

gen nicht erforderlich.[115] Das Gesetz sieht eine **Bekanntmachung** der Entschließung des angefragten Senats an die Beteiligten des Ausgangsverfahrens nicht vor. Sie ist aber jedenfalls dann **sachgerecht,** wenn der antwortende Beschluss mit einer Begründung versehen ist.[116] Der anfragende Senat kann von der in der Anfrage vertretenen Rechtsansicht wieder abrücken und dadurch die Divergenz beheben. Will der anfragende Senat trotz verweigerter Zustimmung des angefragten Senats die frühere Rechtsprechung ändern, so legt er die Sache durch Beschluss dem Großen Senat oder den Vereinigten Großen Senaten vor. Schlichte Annäherungen in den Rechtsansichten, durch welche die Divergenz in dem entscheidungserheblichen Punkt nicht vollständig ausgeräumt wird, machen eine Vorlage nicht entbehrlich.[117]

20 Der Vorlagebeschluss an den Großen Senat bzw. die Vereinigten Großen Senate muss die streitige Rechtsfrage exakt formulieren. Er ist mit einer **Begründung** zu versehen, in der die maßgeblichen Gesichtspunkte, die für und gegen die angestrebte Rechtsprechungsänderung streiten, darzustellen sind.[118] Will der anfragende Senat – etwa aufgrund der für überzeugend gehaltenen Begründung der ablehnenden Antwort – von einer Rechtsprechungsänderung abrücken oder hält er mit Blick auf das voraussichtliche Abstimmungsergebnis im Großen Senat die Vorlage nicht für erfolgversprechend (→ Rn. 44), so kann er das Ausgangsverfahren weiterbetreiben. Einer Beschlussfassung über das Absehen von einer Vorlage an den Großen Senat oder die Vereinigten Großen Senate bedarf es dann nicht. Gleiches gilt, wenn der angefragte Senat der beabsichtigten Änderung der Rechtsprechung zustimmt. Der angefragte Senat kann auch noch nach Eingang der Vorlage beim Großen Senat die Aufgabe seiner bisherigen Rechtsprechung erklären;[119] auch der vorlegende Senat kann seine Vorlage bis zur Entscheidung des Großen Senats **zurücknehmen.**[120] Das Verfahren vor dem Großen Senat ist dann einzustellen und das Ausgangsverfahren weiterzubetreiben.[121] Die Rücknahme hindert den erkennenden Senat nicht, die betreffende Rechtsfrage mit veränderter Begründung erneut vorzulegen.[122]

21 **d) Besetzung.** Sowohl der anfragende als auch der antwortende Senat entscheiden in der sich aus § 139 Abs. 1 ergebenden Besetzung (→ § 139 Rn. 2), also mit **fünf Richtern** einschließlich des/der Vorsitzenden. Abweichendes gilt nach Abs. 3 S. 3 Hs. 2 für die Senate für Steuerberater- und Wirtschaftsprüfersachen, vgl. § 97 Abs. 2 S. 1 StBerG und § 74 Abs. 2 S. 1 WPO (3 Berufsrichter) sowie für das Dienstgericht des Bundes.[123] Die Spruchgruppenzuständigkeit folgt beim anfragenden Senat der des Verfahrens, in dem die streitige Frage erheblich geworden ist.[124] Für den angefragten Senat ergibt sich die Zuständigkeit der zur Entscheidung berufenen Richter unmittelbar aus den maßgebenden **senatsinternen Mitwirkungsgrundsätzen** (§ 21g Abs. 2).[125] Diese nehmen regelmäßig Bezug auf das Aktenzeichen, unter dem die Anfrage erfasst wurde. In der Praxis wird die Anfrage im Falle der Überbesetzung verbreitet aber sowohl im anfragenden als auch im angefragten Senat zunächst von sämtlichen Mitgliedern beraten.[126] Dies sichert die Kontinuität der Senats-

---

[115] SK-StPO/*Frister* Rn. 20.
[116] KK/*Hannich* Rn. 14; Löwe/Rosenberg/*Franke* Rn. 20.
[117] So auch KK/*Hannich* Rn. 14.
[118] *May* DRiZ 1983, 305 (308).
[119] Beachte § 14 RsprEinhG, wonach der Anschluss des Senats, von dessen Entscheidung abgewichen werden soll, in Verfahren vor dem Gemeinsamen Senat der obersten Gerichtshöfe binnen Monatsfrist nach Eingang der Vorlage erfolgen muss.
[120] Vgl. BGH 24.2.2016 – 2 StR 656/13, BeckRS 2016, 06839; 9.8.2016 – 2 StR 495/12, BeckRS 2016, 15069.
[121] KK/*Hannich* Rn. 15.
[122] BGH 24.2.2016 – 2 StR 656/13, BeckRS 2016, 06839.
[123] Besetzung mit nichtständigen Beisitzern aus der Berufsgruppe, die bei seiner letzten Entscheidung über die streitige Rechtsfrage beteiligt war, vgl. BT-Drs. 11/3621, 54.
[124] SK-StPO/*Frister* Rn. 22.
[125] Löwe/Rosenberg/*Franke* Rn. 22; *Rissing-van Saan* FS Widmaier, 2008, 505 (516); aA MüKoZPO/*Zimmermann* Rn. 14 (diejenigen Richter, die an der divergierenden Entscheidung mitgewirkt haben).
[126] Vgl. BGH 7.2.2017 – 5 ARs 47/16, NStZ-RR 2017, 110; KK/*Hannich* Rn. 13; *Heußner* DRiZ 1972, 119; *Rissing-van Saan* FS Widmaier, 2008, 505 (516); einschränkend iSv informellen Gesprächen: *Fischer* StraFo 2014, 309 (312).

rechtsprechung.[127] Das Votum des Plenums führt aber nicht zu einer Bindung der Mitglieder der Spruchgruppe, die letztlich über Anfrage oder Antwort entscheidet. War der anfragende Senat bei der Entschließung über die Anfrage unrichtig besetzt, steht dies der Wirksamkeit und Verbindlichkeit (hierzu: → Rn. 22) nicht entgegen. Gleiches muss auch gelten, wenn der angefragte Senat bei der Entscheidung über die Antwort fehlerhaft besetzt ist.[128] Dies folgt schon daraus, dass auch sonst eine falsche Zusammensetzung des Spruchkörpers nicht die Unwirksamkeit bzw. Nichtigkeit seiner Entscheidungen nach sich zieht.[129] Im Falle einer willkürlichen Falschbesetzung kann allerdings eine Verfassungsbeschwerde nach Art. 101 Abs. 1 S. 2 GG begründet sein.[130]

e) Rechtswirkungen. Der Anfragebeschluss verpflichtet die angefragten Senate auch **22** nach erfolgter Vorlage an den Großen Senats nicht,[131] ihrerseits das Vorlageverfahren zu betreiben, wenn sie in einer nachfolgenden Entscheidung an ihrer bisherigen Rechtsauffassung weiter festhalten wollen.[132] Eine **Sperrwirkung,** die alle angefragten Senate hindern würde, auf dieser Grundlage weiterhin zu entscheiden, sieht das Gesetz nicht vor.[133] Nimmt der anfragende Senat vor der Zustimmung des angefragten Senats oder nach dessen Erklärung, sich der in der Anfrage mitgeteilten Auffassung nicht anschließen zu wollen, die Anfrage zurück, so ist er an die darin geäußerten Rechtsansicht nicht gebunden. Ebenso soll der anfragende Senat nicht gehindert sein, in einem anderen Verfahren – in anderer Besetzung – die Rechtsfrage entsprechend der bisherigen Rechtsprechung zu beantworten, sog. Binnendivergenz.[134] Eine Bindung tritt allerdings sowohl für ihn als auch für den angefragten Senat ein, wenn dieser erklärt, seine frühere Rechtsansicht aufgeben und sich der in der Anfrage geäußerten Ansicht anschließen zu wollen.[135] Die Entschließung über die Antwort des angefragten Senats, er halte an der früheren Rechtsauffassung nicht mehr fest, hat insoweit die gleiche Wirkung wie eine Revisionsentscheidung, in der er seine frühere Auffassung aufgibt.[136] Will der zustimmende Senat in Abweichung hiervon zu seiner früher vertretenen Rechtsansicht zurückkehren, obwohl der anfragende Senat mittlerweile die Rechtsfrage im Sinne der Anfrage entschieden hat, so muss er seinerseits das Vorlageverfahren betreiben.[137] Die Anfrage hindert den anfragenden Senat, vor Beendigung des Vorlageverfahrens über das betreffende Verfahren zu entscheiden. Ausnahmsweise kann aber mit Blick auf das verfassungsrechtliche Beschleunigungsgebot (Art. 2 Abs. 2 S. 2, Art. 20 Abs. 3 GG; Art. 6 Abs. 1 S. 1 EMRK) eine **Teilentscheidung** zulässig sein, wenn sich die streitige Rechtsfrage nicht auf den Schuld- und Strafausspruch bezieht, etwa weil sie nur den Maßregel- oder Adhäsionsausspruch betrifft.[138]

Will der anfragende Senat trotz negativer Beantwortung der Anfrage an der Rechtspre- **23** chungsänderung festhalten, so hat er die Divergenz durch einen mit Gründen zu versehenden Beschluss festzustellen und die Akten dem Vorsitzenden des jeweils zuständigen Großen Senats (hierzu: → Rn. 3) **vorzulegen.**[139]

---

[127] KK/*Hannich* Rn. 13; Löwe/Rosenberg/*Franke* Rn. 27.
[128] Ebenso: KK/*Hannich* Rn. 13; Löwe/Rosenberg/*Franke* Rn. 28; aA *Schirmer* SGb 1980, 413 (420).
[129] Vgl. BVerfG 28.4.1971 – 2 BvL 14/70, BVerfGE 31, 47.
[130] Löwe/Rosenberg/*Franke* Rn. 28.
[131] Insoweit aA MüKoZPO/*Zimmermann* Rn. 13.
[132] *Kissel/Mayer* Rn. 27; Löwe/Rosenberg/*Franke* Rn. 21; *Katholnigg* Rn. 4.
[133] BGH 24.8.2000 – 1 StR 349/00, BGHR GVG § 132 Anfrageverfahren 1; 9.12.2009 – 2 StR 433/09, NStZ 2010, 227 (228); SSW-StPO/*Quentin* Rn. 6.
[134] BGH 22.9.2016 – 2 StR 27/16, NJW 2017, 1559; kritisch im Sinne einer Rücknahme der Anfrage: BGH 21.2.2017 – 1 ARs 16/16, NStZ-RR 2017, 112; *Mosbacher* JuS 2017, 127 (130).
[135] Vgl. BSG 25.4.1979 – GS 1/78, BSGE 48, 146 = SGb 1980, 450.
[136] BGH 22.9.2016 – 2 StR 27/16, BeckRS 2016, 19297 Rn. 39; *Heußner* DRiZ 1972, 119.
[137] BGH 24.8.2000 – 1 StR 349/00, BGHR GVG § 132 Anfrageverfahren 1.
[138] BGH 6.7.2004 – 4 StR 85/03, BGHSt 49, 209 = NJW 2004, 2686; 8.10.2014 – 2 StR 137/14, [Revisionsentscheidung über Schuld- und Strafausspruch trotz Vorlage wegen Adhäsionsentscheidung], www.bundesgerichtshof.de.
[139] Vgl. § 9 Abs. 1 S. 1 GeschOBGH.

III. Die Rechtsfortbildungsvorlage (Abs. 4)

24 **1. Regelungsgehalt der Vorschrift.** Die Bestimmung,[140] die im Wesentlichen § 137 aF entspricht, dient dem Gebot der Rechtsanwendungsgleichheit (Art. 3 Abs. 1 GG).[141] Sie ermöglicht es dem vorlegenden Senat, eine Rechtsfrage auch **außerhalb bzw. im Vorfeld einer Divergenz** durch Vorlage an den Großen Senat einer einheitlichen und für die anderen Senate grundsätzlich bindenden Beantwortung zuzuführen. Ein solches Vorgehen ist insbesondere dann angezeigt, wenn durch die Beantwortung der zur Entscheidung stehenden Rechtsfrage eine Rechtsentwicklung ausgelöst, weiter vorangetrieben oder in eine andere Richtung gelenkt werden soll[142] und der BGH die Frage bislang noch nicht tragend entschieden hat.[143] Aus welchem Grund der betreffende Senat mit der betreffenden Rechtsfrage befasst wird – Beschwerde- Revisions- oder Vorlageverfahren – ist ebenso wie bei der Divergenzvorlage (→ Rn. 7) nicht von Belang.[144] Die Vorschrift beinhaltet eine einfachgesetzliche Ausgestaltung des sich bereits aus Art. 20 Abs. 3 GG ergebenden Grundsatzes, nach dem die Befugnis zur Fortbildung des Rechts als Gestaltungsaufgabe der Rechtsprechung übertragen ist.[145] Außerhalb einer Divergenz besteht eine Verpflichtung zur Vorlage allerdings nicht.[146] Das Gesetz räumt dem erkennenden Senat ein **Ermessen** bezüglich der Vorlageentscheidung ein.[147] Dies steht nicht im Konflikt mit Art. 101 Abs. 1 S. 2 GG.[148]

25 Vergleichbare Vorschriften finden sich auch in den Gerichtsverfassungen anderer Gerichtszweige.[149] Eine Vorlage zur Klärung verfassungsrechtlicher Fragen scheidet aus.[150] Der damit befasste Senat muss bei **Zweifeln über die Verfassungsmäßigkeit** eines Gesetzes unmittelbar das BVerfG nach Art. 100 GG anrufen.[151] Entsprechendes gilt bei der Auslegung von Europarecht im Verhältnis zum EuGH.

26 Eine (unmittelbare) Vorlage an die Vereinigten Großen Senate wegen grundsätzlicher Bedeutung sieht die Vorschrift nicht vor (→ Rn. 5).

27 **2. Voraussetzungen der Vorlage. a) Entscheidungserheblichkeit der Rechtsfrage.** Die Vorlage wegen grundsätzlicher Bedeutung einer Rechtsfrage (→ Rn. 10) ist nur zulässig, wenn diese für den konkret zur Entscheidung stehenden Fall entscheidungserheblich ist.[152] Dabei ist auf die **Beurteilung des vorlegenden Senats abzustellen,** sofern diese nicht unvertretbar erscheint.[153] Bei der Formulierung der vorzulegenden Frage ist darauf zu achten, dass diese auf den entscheidungserheblichen Gegenstand beschränkt bleibt und nicht zu weit gefasst ist.[154] Im übrigen kann auf die Kommentierung zu Abs. 2 (→ Rn. 12) verwiesen werden.

---

[140] Zur Historie: Ch. *Meyer* S. 85 ff.
[141] MüKoZPO/*Zimmermann* Rn. 21.
[142] KK/*Hannich* Rn. 16 mit Beispielen; weiterführend zur Rechtsfortbildung durch Richterrecht: *Bydlinski* JZ 1985, 149; *Olzen* JZ 1985, 155.
[143] Vgl. BGH 26.1.1981 – 4 StR 430/80, NStZ 1981, 181 (182); Löwe/Rosenberg/*Franke* Rn. 34.
[144] Löwe/Rosenberg/*Franke* Rn. 42.
[145] MüKoZPO/*Zimmermann* Rn. 25; Kissel/*Mayer* Rn. 37 sowie *Beisse* FS v. Wallis, 1985, 45 (49 f.) jew. auch zu den Grenzen zulässiger richterlicher Rechtsfortbildung; vgl. a. BVerfG 14.2.1973 – 1 BvR 112/65, BVerfGE 34, 269 (286) = NJW 1973, 1221 (1225).
[146] KK/*Hannich* Rn. 16; aA MüKoZPO/*Zimmermann* Rn. 27; *Prütting* ZZP 92, 278.
[147] Löwe/Rosenberg/*Franke* Rn. 38; SK-StPO/*Frister* Rn. 24; Kissel/*Mayer* Rn. 38; SSW-StPO/*Quentin* Rn. 11; aA *Jungmann* JZ 2009, 380 (386): Ermessensreduktion auf Null.
[148] Ch. *Meyer* S. 116.
[149] Vgl. § 11 Abs. 4 VwGO; § 41 Abs. 4 SGG; § 45 Abs. 4 ArbGG; § 11 Abs. 4 FGO.
[150] KK/*Hannich* Rn. 22.
[151] Kissel/*Mayer* Rn. 33.
[152] BGH 7.11.1985 – GSSt 1/85, BGHSt 33, 356 (359) = NJW 1986, 1764 (1765); 22.3.2001 – GSSt 1/00, BGHSt 46, 321 = NJW 2001, 2266; 17.1.2008 – GSSt 1/07, BGHSt 52, 124 (128) = NJW 2008, 860; Löwe/Rosenberg/*Franke* Rn. 42.
[153] BGH 5.5.1994 – VGS 1 – 4/93 ua, BGHSt 40, 168 = NJW 1994, 1735; 13.5.1996 – GSSt 1/96, BGHSt 42, 139 = NJW 1996, 2940 (2941); 17.1.2008 – GSSt 1/07, BGHSt 52, 124 (128) = NJW 2008, 860; abweichend: BGH (IX. Zivilsenat) 15.2.2000 – XI ZR 10/98, NJW 2000, 1185.
[154] Vgl. BGH 28.11.2013 – 3 StR 40/13, BGHSt 59, 94 = NJW 2014, 1749.

b) Grundsätzliche Bedeutung.[155] Dem Begriff werden teilweise mit Blick auf eine 28 behauptete Unbestimmtheit Bedenken entgegen gebracht.[156] Diese sind unbegründet. Die Auslegung des Begriffs ist durch die Rechtsprechung mittlerweile erschöpfend geklärt.[157] Grundsätzliche Bedeutung hat danach eine Rechtsfrage, wenn sie **über den Einzelfall hinaus** reicht,[158] sich jederzeit **wieder stellen** kann[159] und ihre Beantwortung voraussichtlich Bedeutung für eine nicht unerheblich geringe Zahl **weiterer Verfahren** erlangen wird.[160] Grundsatzbedeutung kann eine Rechtsfrage daneben haben, wenn sie von **prägender bzw. zukunftsweisender Bedeutung** für das Rechtsleben ist[161] oder ihre Beantwortung die Anwendung des materiellen oder formellen Rechts **richtungsweisend** beeinflussen wird.[162] Grundsätzliche Bedeutung hat eine Rechtsfrage dagegen nicht, wenn sie bereits höchstrichterlich entschieden[163] oder ihre Beantwortung nahezu unbestritten oder selbstverständlich ist.[164] Einer weitergehenden Begrenzung des Begriffs der Grundsatzbedeutung bedarf es nach zutreffender Ansicht nicht.[165]

Mit der Neufassung des Abs. 4[166] ist klargestellt, dass der Große Senat diese Voraussetzung 29 **vollumfänglich nachzuprüfen** hat.[167] Sofern durch die Vorlage nach Abs. 4 nicht die Voraussetzungen des Abs. 2 umgangen werden sollen (→ Rn. 37),[168] beschränkt sich die Prüfung in der Praxis jedoch zumeist auf eine Vertretbarkeitskontrolle.[169]

c) Fortbildung des Rechts oder Sicherung einer einheitlichen Rechtsprechung. 30 Neben der Grundsatzbedeutung muss nach Ansicht des vorlegenden Senats eine Entscheidung des Großen Senats gerade deshalb erforderlich sein, um eine Fortbildung des Rechts oder die Sicherung einer einheitlichen Rechtsprechung zu bewirken. Ob der Große Senat diese Vorlegungsvoraussetzung vollumfänglich oder allenfalls eingeschränkt prüft, ist streitig.[170] Vorzugswürdig erscheint mit Blick auf den geänderten Wortlaut der Vorschrift (→ Rn. 29), wie bei der Voraussetzung der Grundsatzbedeutung ebenfalls eine **umfassende Prüfungsbefugnis** des Großen Senats anzunehmen.[171]

Eine **Fortbildung des Rechts** kann angenommen werden, wenn die Vorlage auf die 31 Festlegung neuer Auslegungsgrundsätze betreffend das gesetzte materielle oder das Verfahren betreffende Recht zielt, eine Gesetzeslücke rechtsschöpferisch ausgefüllt[172] oder die Rechts-

---

[155] Vgl. a. die Beispiele bei KK/*Hannich* Rn. 18.
[156] MüKoZPO/*Zimmermann* 22; vgl. a. de Lousanoff NJW 1977, 1042 (1043) u. *Kissel/Mayer* Rn. 32.
[157] Insbesondere durch die Rechtsprechung zur Zulassung von Rechtsmitteln wegen grundsätzlicher Bedeutung, vgl. ua § 546 ZPO.
[158] *Kissel/Mayer* Rn. 32.
[159] BGH 16.10.2001 – 4 ARs 4/01, BGHSt 47, 120 = NJW 2002, 228; 6.6.2002 – 4 ARs 3/02, BGHSt 47, 326 (332) = NJW 2002, 2653 (2654); KK/*Hannich* Rn. 18.
[160] BGH 17.10.1983 – GSSt 1/83, BGHSt 32, 115 (119) = NStZ 1984, 36 (37); 19.5.1993 – GSSt 1/93, BGHSt 39, 221 (225) = NJW 1993, 2061; 5.5.2011 – 3 StR 458/10, NZS 2012, 236 (239) (in NStZ 2012, 35 insow. nicht abgedr.); KK/*Hannich* Rn. 18; MüKoZPO/*Zimmermann* Rn. 23; SK-StPO/*Frister* Rn. 25; Löwe/Rosenberg/*Franke* Rn. 34 mit Hinweisen auf die entsprechende Rechtsprechung des BAGs.
[161] MüKoZPO/*Zimmermann* Rn. 23.
[162] BGH 3.5.1994 – GSSt 2/93, BGHSt 40, 138 (145) = NJW 1994, 1663 (1664); 17.1.2008 – GSSt 1/07, NJW 2008, 860 (861); *Kissel/Mayer* Rn. 33.
[163] aA *Tiedemann* MDR 1977, 813.
[164] Vgl. BSG 2.3.1976 – 12/11 BA 116/75, MDR 1976, 611; BGH 4.2.2015 – III ZR 513/13, BeckRS 2015, 04000; *Kissel/Mayer* Rn. 34.
[165] Ebenso: Löwe/Rosenberg/*Franke* Rn. 35 mit Nachweisen zur Gegenansicht.
[166] Durch Art. 2 Nr. 11 Rechtspflege-Vereinfachungsgesetz vom 17.12.1990 (BGBl. I 2847 ff.).
[167] BT-Drs. 11/3621, 55; *Kissel/Mayer* Rn. 38; Löwe/Rosenberg/*Franke* Rn. 40; KK/*Hannich* Rn. 19 auch zum früheren Streitstand; MüKoZPO/*Zimmermann* Rn. 28; *Ch. Meyer* S. 108.
[168] BGH 7.11.1985 – GSSt 1/85, BGHSt 33, 356 (362) = NJW 1986, 1764 (1766).
[169] KK/*Hannich* Rn. 19; vgl. a. BGH 17.8.1978 – 4 ARs 8/78, BGHSt 28, 110 (112) = NJW 1978, 2458 (zu einer Vorlage nach § 27 Abs. 1 DAG).
[170] Für umfassende Prüfung: Löwe/Rosenberg/*Franke* Rn. 40; für Prüfung nur auf Ermessensfehler: *Kissel/Mayer* Rn. 38; wohl auch KK/*Hannich* Rn. 20.
[171] Ähnlich: Löwe/Rosenberg/*Franke* Rn. 40 (Prüfung auf Ermessensfehler).
[172] Vgl. jew. zu § 80 OWiG: BGH 12.11.1970 – 1 StR 263/70, BGHSt 24, 15 (21) = NJW 1971, 389 (391); KG 22.9.1975 – AR (B) 131/74 – 1 Ws (B) 379/75, NJW 1976, 1465; sowie Meyer-Goßner/*Schmitt* Rn. 20 dort auch weiterführend zum sog. Richterrecht.

anwendung in eine andere Richtung gelenkt werden soll.[173] Der **Sicherung einer einheitlichen Rechtsprechung** dient die Entscheidung des Großen Senats dann, wenn Unterschiede in der Rechtsprechung der einzelnen Senate bestehen oder zu erwarten sind, ohne dass bereits ein Fall der Innendivergenz (Abs. 2) zu Tage getreten ist.[174] Gleiches gilt, wenn schwer erträgliche erhebliche Unterschiede in der Rechtsprechung entstehen oder fortbestehen.[175] In Betracht kommen insbesondere Abweichungen zu nicht tragenden Ausführungen früherer Entscheidungen, etwa im Rahmen eines obiter dictum.[176] Das Merkmal ist nicht erfüllt, wenn die frühere Entscheidung lediglich eine Fehlentscheidung im Einzelfall darstellt, selbst wenn der Rechtsfehler offensichtlich ist.[177]

32 **d) Vorrang der Selbstbindung.** Wird ein Senat nach Zurückverweisung erneut mit derselben Sache befasst, ist er wegen der **Selbstbindung der Revisionsgerichte** daran gehindert, die der früheren Aufhebung tragend zugrunde gelegte Rechtsansicht im selben Verfahren zu ändern. Diesen Grundsatz[178] kann er auch durch ein Vorgehen nach Abs. 4 nicht umgehen, eine entsprechende Vorlage wäre unzulässig.[179]

33 **e) Kein Anfrageverfahren, Sperrwirkung.** Das Gesetz macht die Vorlage nach Abs. 4 – anders als bei der Divergenzvorlage nach Abs. 2 (→ Rn. 6) – nicht von der Durchführung eines **Anfrageverfahrens** abhängig. Die Durchführung eines Anfrageverfahrens (Einzelheiten → Rn. 17) ist aber möglich.[180] Teilen sämtliche übrigen Senate die Rechtsmeinung des erkennenden Senats, wird eine Vorlage nach Abs. 4 entbehrlich.[181]

34 Die Vorlage an den Großen Senat entfaltet **keine** Sperrwirkung.[182]

35 **3. Entscheidung des Großen Senats.** Der vorlegende Senat kann die Vorlage bis zur Entscheidung des Großen Senats zurücknehmen.[183] Der Große Senat **lehnt die Entscheidung ab** (§ 9 Abs. 6 S. 2 GeschOBGH), wenn er die Vorlegungsvoraussetzungen für nicht gegeben hält, etwa weil er die grundsätzliche Bedeutung der vorgelegten Rechtsfrage verneint.[184] Entsprechendes gilt, wenn der Große Senat zwar eine Divergenz feststellt, die Verfahrensvoraussetzungen des Abs. 2 aber nicht eingehalten sind;[185] zur Möglichkeit einer alternativen Vorlage nach Abs. 2 und Abs. 4 vgl. → Rn. 37. Entfällt die Entscheidungserheblichkeit der Rechtsfrage, endet die Zuständigkeit des Großen Senats[186] und er gibt das Verfahren an den vorlegenden Senat zurück. Etwas anderes gilt nur, wenn damit zu rechnen ist, daß sich die Vorlegungsfrage jederzeit wieder stellen kann, jedoch auch in den künftigen Fällen eine rechtzeitige Entscheidung durch den BGH – zB wegen des Ablaufs gesetzlich festgelegter Fristen – voraussichtlich nicht möglich sein wird.[187] Ist die Vorlage zum Entscheidungszeitpunkt dagegen (weiterhin) zulässig, beantwortet er die Rechtsfrage in Form eines Beschlusses, ggf. nach Präzisierung einer zu weit gefassten Vorlage. Die Beschränkung

---

[173] Vgl. BGH 17.1.2008 – GSSt 1/07, BGHSt 52, 124 (128) = NJW 2008, 860 (861); KK/*Hannich* Rn. 20.
[174] BGH 17.10.1983 – GSSt 1/83, BGHSt 32, 115 (119) = NJW 1984, 247; 3.5.1994 – GSSt 2/93, GSSt 3/93, BGHSt 40, 138 (145) = NJW 1994, 1663 (1664).
[175] *Kissel/Mayer* Rn. 36; SK-StPO/*Frister* Rn. 26 sowie zu § 80 OWiG: BGH 12.11.1970 – 1 StR 263/70, BGHSt 24, 15 (22) = NJW 1971, 389 (391).
[176] MüKoZPO/*Zimmermann* Rn. 24.
[177] BGH 12.11.1970 – 1 StR 263/70, BGHSt 24, 15 (22) = NJW 1971, 389 (391).
[178] Hierzu: KG 21.9.2010 – (4) 1 Ss 240/09 (191/09), NStZ-RR 2010, 346; KK/*Gericke* StPO § 358 Rn. 13; *H. Schröder* FS Nikisch, 195, 205 (217).
[179] BGH 7.11.1985 – GSSt 1/85, BGHSt 33, 356 (360) = NJW 1986, 1764 (1766); KK/*Hannich* Rn. 16; Löwe/Rosenberg/*Franke* Rn. 39.
[180] KK/*Hannich* Rn. 16.
[181] Löwe/Rosenberg/*Franke* Rn. 43.
[182] *Kissel/Mayer* Rn. 38, vgl. a. zur Divergenzvorlage → Rn. 22.
[183] Löwe/Rosenberg/*Franke* Rn. 43; offen gelassen in BGH 20.5.1954 – GSZ 6/53, NJW 1954, 1073.
[184] SK/*Frister* § 138 Rn. 3.
[185] BGH 7.11.1985 – GSSt 1/85, BGHSt 33, 356 (362) = NJW 1986, 1764(1765); 22.11.1994 – GSSt 2/94, BGHSt 40, 360 (366) = NJW 1995, 407 (408).
[186] KK/*Hannich* Rn. 21.
[187] BGH 10.9.1985 – 4 ARs 10/85, BGHSt 33, 310 = NJW 1986, 1444 zu einer Vorlage nach dem IRG.

auf das zur Klärung der entscheidungserheblichen Rechtsfrage Notwendige führt zur Vermeidung einer zu weitgehenden Bindung.[188] Dem Großen Senat ist es gestattet, im engen Zusammenhang mit der Vorlegungsfrage stehende, davon aber nicht ausdrücklich erfasste weitere Rechtsfragen, denen ebenfalls grundsätzliche Bedeutung zukommt, in seine Entscheidung miteinzubeziehen.[189]

Die Entscheidung des Großen Senats entfaltet unmittelbare **Bindungswirkung** grundsätzlich nur für den Vorlegungsfall.[190] In dieser Sache ist dem vorlegenden Senat zwar nur bei nachträglicher Änderung der Rechtslage eine erneute Vorlage erlaubt.[191] In anderen Verfahren kann er aber, will er von der Rechtsansicht des Großen Senats abweichen, ebenso wie die anderen Senate das Divergenzverfahren nach Abs. 2 betreiben.[192] Von dieser Möglichkeit sollte aber mit Blick auf das Gebot der Rechtsprechungskontinuität nur mit äußerster Zurückhaltung Gebrauch gemacht werden. Gegen die Entscheidung der Großen Senate ist, weil es sich um eine Zwischenentscheidung handelt, die Verfassungsbeschwerde nach Art. 93 Abs. 1 Nr. 4a GG nicht eröffnet.[193] Die hierfür erforderliche Beschwer kann erst durch die verfahrensbeendende Entscheidung des vorlegenden Senates bewirkt werden.[194] 36

IV. Verhältnis Divergenz- und Grundsatzvorlage

Eine **alternative Vorlage** nach Abs. 2 und Abs. 4 ist zulässig[195] insbesondere wenn eine Divergenz fraglich, die Grundsatzbedeutung aber offenkundig ist.[196] Voraussetzung ist aber, dass die jeweiligen Vorlegungsvoraussetzungen gegeben sind, weil insbesondere das Anfrageverfahren durchgeführt wurde.[197] Unzulässig ist es, bei gegebener Divergenz die Verfahrensanforderungen des Abs. 3 durch eine Vorlage (allein) nach Abs. 4 zu umgehen.[198] 37

C. Besetzung der Großen Senate und des Vereinigten Großen Senats (Abs. 5)

I. Der Große Senat für Strafsachen

Anders als § 132 Abs. 2 aF[199] regelt Abs. 5 die **zahlenmäßige und personelle Besetzung** des Spruchkörpers nunmehr eindeutig. Dadurch sind die zur früheren Regelung 38

---

[188] *Rieß* NStZ-Sonderheft 2009, 30 (31).
[189] BGH 17.10.1983 – GSSt 1/83, BGHSt 32, 115 (119) = NJW 1984, 247; SK/*Frister* § 138 Rn. 5; abl. *Lilie* S. 218 f.
[190] Meyer-Goßner/*Schmitt* Rn. 18; Radtke/Hohmann/*Rappert* Rn. 21; zum Verhältnis zu § 358 StPO: *H. Schröder* FS Nikisch, 1958, 205 (219).
[191] SK/*Frister* § 138 Rn. 9.
[192] SK/*Frister* § 138 Rn. 9; einschränkend: *Kissel/Mayer* Rn. 15 (nur bei Vorliegen neuer Gesichtspunkte oder Rechtserkenntnisse).
[193] BVerfG 4.5.1971 – 1 BvR 761/67, BVerfGE 31, 55 = NJW 1971, 1212 (zu einer Entscheidung des Großen Senats des BAGs).
[194] MüKoZPO/*Zimmermann* § 138 Rn. 7.
[195] BGH 3.3.2005 – GSSt 1/04, BGHSt 50, 40 (46) = NJW 2005, 1440 (1441); 24.2.2016 – 2 StR 656/13, BeckRS 2016, 06840 Rn. 39; 20.12.2016 – 3 StR 63/15, NStZ-RR 2017, 135 (138); *Rissing-van Saan* FS Widmaier, 2008, 505 (517); die zu § 132 Abs. 5 aF ergangene Rechtsprechung (vgl. BGH 7.11.1985 – GSSt 1/85, BGHSt 33, 356 = NJW 1986, 1764) ist überholt, BGH 22.11.1994 – GSSt 2/94, BGHSt 40, 360 (365) = NJW 1995, 407; aA MüKoZPO/*Zimmermann* Rn. 24: Vorrang von Abs. 2; wieder anders: Radtke/Hohmann/*Rappert* Rn. 19: nur kumulative Vorlage möglich.
[196] BGH 13.1.1987 – 4 ARs 22/86, BGHSt 34, 256 (258) = NStZ 1987, 414 (zu § 42 IRG); KK/*Hannich* Rn. 16; ablehnend, soweit dadurch das Anfrageverfahren nach Abs. 3 umgangen wird: *Ignor/Bertheau* NJW 2008, 2209 (2211).
[197] KK/*Hannich* Rn. 16; SK-StPO/*Frister* Rn. 27.
[198] Meyer-Goßner/*Schmitt* Rn. 16; Löwe/Rosenberg/*Franke* Rn. 39; SK-StPO/*Frister* Rn. 27; *Rissing-van Saan* FS Widmaier, 2008, 505 (517); SSW-StPO/*Quentin* Rn. 7; aA BGH 23.8.2007 – 3 StR 50/07, NJW 2007, 3294 (3298) und nachfolgend 17.1.2008 – GSSt 1/07, BGHSt 52, 124 = NJW 2008, 860 sowie 24.2.2016 – 2 StR 656/13, BeckRS 2016, 06840 Rn. 39.
[199] Vgl. hierzu KK/*Hannich* Rn. 23.

erhobenen verfassungsrechtlichen Bedenken[200] ausgeräumt.[201] Die Besetzungsregelung gilt in identischer Weise sowohl für Verfahren nach Abs. 2 und Abs. 4 und ermöglicht einen Übergang zwischen diesen Verfahren.[202]

39 Der Große Senat für Strafsachen[203] setzt sich aus **je zwei Richtern** der (derzeit) fünf Strafsenate **und dem Präsidenten des BGHs** zusammen. Gegenüber der Zusammensetzung des Großen Senats für Zivilsachen, der neben dem Präsidenten des BGH aus je einem Mitglied der (derzeit) 12 Zivilsenate besteht, ist die Zahl der Richter, die jeder Strafsenat stellt, damit verdoppelt. Der Gesetzgeber wollte dadurch bei der Besetzung der Vereinigten Großen Senate (→ Rn. 40) ein ungefähres Gleichgewicht zwischen Zivil- und Strafsenaten herstellen.[204] Als Straf- bzw. Zivilsenat im Sinne der Vorschrift gelten nur die ständig eingerichteten und mit Revisionssachen betrauten Senate.[205] Als anderer Senat im Sinne der Vorschrift gelten die Senate für Anwaltssachen (§ 106 BRAO), für Notarsachen (§ 106 BnotO), für Patentanwaltssachen (§ 90 PatAO), für Landwirtschaftssachen (§ 2 LwVG), für Steuerberater- und Steuerbevollmächtigtensachen (§ 97 StBerG) und für Wirtschaftsprüfersachen (WiPrO) sowie der Kartellsenat (§ 95 GWB) und das Dienstgericht des Bundes (§§ 61, 79 DRiG). Stammt die Vorlage von einem dieser Senate oder soll von einer Entscheidung eines solchen Senats abgewichen werden, wird der Große Senat durch ein Mitglied des betreffenden Senats ergänzt (Abs. 5 S. 2).

II. Die Vereinigten Großen Senate

40 Die Vereinigten Großen Senate des BGHs setzen sich aus **allen Mitgliedern der beiden Großen Senate** sowie dem **Präsidenten** des BGHs zusammen. Der Spruchkörper hat damit 23 (bzw. 24 in Fällen des Abs. 5 S. 2) Mitglieder.

41 Besetzung und Verfahren des Gemeinsamen Großen Senats der obersten Gerichtshöfe sind in den Bestimmungen des RsprEinhG geregelt.

D. Die Bestellung der Mitglieder der Großen Senate, Verfahren (Abs. 6)

I. Bestellung der Mitglieder (Abs. 6 S. 1 und 2)

42 Der Präsident des BGHs gehört den Großen Senaten von Gesetzes wegen an (Abs. 5, → Rn. 39). Die übrigen, aus den Mitgliedern der jeweiligen Senate zu bestimmenden Mitglieder der Großen Senate, die dadurch zugleich ebenfalls Mitglieder der Vereinigten Großen Senate werden, und ihre Vertreter werden **vom Präsidium** des BGHs jeweils für ein Geschäftsjahr bestellt.[206] Für die Bestellung sind weder das Dienstalter noch die Funktion innerhalb des Senats, aus dem das Mitglied zu berufen ist, relevant.[207] Eine wiederholte Bestellung ist zulässig.[208] Entsprechendes gilt für die Mitglieder der anderen Senate, die in Fällen des Abs. 5 S. 2 in den Großen Senaten vertreten sind.[209] Insoweit gilt der Präsident des BGHs auch dann nicht als deren Vertreter, wenn er kraft Gesetzes (vgl. § 106 Abs. 2 BRAO) oder durch Anschluss (§ 21e Abs. 1 S. 3) dort den Vorsitz führt.[210] Eine Änderung der Besetzung ist im Laufe des Geschäftsjahres nur möglich, wenn dies wegen Überlastung

---

[200] *Gelhaar* DRiZ 1965, 73 (75); *Maetzel* MDR 1966, 453 (454).
[201] BT-Drs. 11/3621, 31.
[202] *Löwe/Rosenberg/Franke* Rn. 45.
[203] Zur Besetzung des Großen Senats für Zivilsachen: MüKoZPO/*Zimmermann* Rn. 30 f.
[204] BT-Drs. 11/3621, 55.
[205] BT-Drs. 11/3621, 55.
[206] Zum Verfahren in der Praxis: *Fischer* StRFo 2014, 309 (312).
[207] SK-StPO/*Frister* Rn. 7; teilweise abw. *Kissel/Mayer* Rn. 7, der zu einer möglichst gleichen Anzahl von Beisitzern und Vorsitzenden und zur Berufung des jeweils dienstältesten Senatsmitglieds rät.
[208] MüKoZPO/*Zimmermann* Rn. 33.
[209] *Kissel/Mayer* Rn. 10.
[210] *Löwe/Rosenberg/Franke* Rn. 49.

oder ungenügender Auslastung eines Richters oder Spruchkörpers oder infolge Wechsels oder dauernder Verhinderung einzelner Richter nötig wird (vgl. die insoweit entsprechend anzuwendende Regelung in § 21e Abs. 3). Es ist dann ein neues Mitglied aus dem Senat zu bestellen, aus dem das ausgeschiedene Mitglied berufen worden war.[211]

II. Das Verfahren (Abs. 6 S. 3 und 4)

Den **Vorsitz** in den Verhandlungen und Beratungen der Großen Senate und der Vereinigten Großen Senate führt der Präsident des BGHs (Abs. 6 S. 3). Im Falle seiner Verhinderung vertritt ihn in dieser Rolle das dienstälteste Mitglied des betreffenden Spruchkörpers, nicht der Vizepräsident des BGHs und nicht sein Vertreter in dem Senat, dem er sich gem. § 21e Abs. 1 S. 3 angeschlossen hat oder dem er von Gesetzes wegen zugehörig ist.[212] Bei der Bestimmung des dienstältesten Mitglieds ist allein auf dessen Zugehörigkeit zum BGH abzustellen (vgl. § 20 S. 1 DRiG);[213] unerheblich ist, ob es zugleich mit dem Vorsitz über einen Revisionssenat betraut ist.[214] Eine Vertretung des Präsidenten in seiner Mitgliedschaft erfolgt hingegen nicht.[215] 43

Die Großen Senate und die Vereinigten Großen Senate entscheiden mit **Stimmenmehrheit**. Eine Stimmenthaltung ist den Mitgliedern in der Abstimmung nicht erlaubt, § 193.[216] Bei Stimmengleichheit – die wegen der regelmäßig ungeraden Zahl der Mitglieder nur in Fällen des Abs. 5 S. 2 und bei Verhinderung des Präsidenten denkbar ist – ist das Votum des Vorsitzenden entscheidend (Abs. 6 S. 4). In ihrer Stimme sind die Mitglieder unabhängig; insbesondere sind sie nicht an die im Anfrageverfahren bzw. der Vorlage geäußerte Rechtsansicht „ihres" Senats gebunden.[217] 44

Die Vorschriften über die **Ausschließung** und die **Ablehnung** von Gerichtspersonen (§§ 22 ff. StPO, § 41 ff. ZPO) sind entsprechend anwendbar.[218] Ein Mitwirkungsverbot der Richter des vorlegenden Senats besteht nicht.[219] Weitere Verfahrensbestimmungen finden sich in § 138 sowie in § 9 GeschOBGH.[220] 45

§ 133 [Zuständigkeit in Zivilsachen]

In Zivilsachen ist der BGH zuständig für die Verhandlung und Entscheidung über die Rechtsmittel der Revision, der Sprungrevision, der Rechtsbeschwerde und der Sprungrechtsbeschwerde.

Die Vorschrift regelt die Zuständigkeiten des BGHs in Zivilsachen. Insoweit wird auf die Kommentierung der Vorschrift bei MüKoZPO/*Zimmermann* verwiesen. 1

§§ 134, 134a (weggefallen)

§ 135 [Zuständigkeit in Strafsachen]

(1) In Strafsachen ist der Bundesgerichtshof zuständig zur Verhandlung und Entscheidung über das Rechtsmittel der Revision gegen die Urteile der Oberlan-

---

[211] Kissel/Mayer Rn. 8; aA Löwe/Rosenberg/*Franke* Rn. 50 (Vertreter rückt nach und Bestellung eines neuen Vertreters).
[212] BT-Drs. 11/3621, 55; Kissel/Mayer Rn. 12.
[213] Kissel/Mayer Rn. 12.
[214] KK/*Hannich* Rn. 26; Meyer-Goßner/*Schmitt* Rn. 5.
[215] Kissel/Mayer Rn. 9.
[216] Meyer-Goßner/*Schmitt* Rn. 5.
[217] Löwe/Rosenberg/*Franke* Rn. 52; SK-StPO/*Frister* Rn. 9; Rissing-van Saan FS Widmaier, 2008, 505 (510).
[218] Kissel/Mayer Rn. 2; KK/*Hannich* Rn. 26; Löwe/Rosenberg/*Franke* Rn. 47.
[219] Gercke/Julius/Temming *Schmidt/Temming* Rn. 17.
[220] Abrufbar unter http://www.bundesgerichtshof.de/DE/DasGericht/StellungGerichtssystem/RechtlicheGrundlagen/rechtlicheGrundlagen.html

desgerichte im ersten Rechtszug sowie gegen die Urteile der Landgerichte im ersten Rechtszug, soweit nicht die Zuständigkeit der Oberlandesgerichte begründet ist.

(2) Der Bundesgerichtshof entscheidet ferner über Beschwerden gegen Beschlüsse und Verfügungen der Oberlandesgerichte in den in § 138d Abs. 6 Satz 1, § 304 Abs. 4 Satz 2 und § 310 Abs. 1 der Strafprozeßordnung bezeichneten Fällen sowie über Beschwerden gegen Verfügungen des Ermittlungsrichters des Bundesgerichtshofes (§ 169 Abs. 1 Satz 2 der Strafprozeßordnung) in den in § 304 Abs. 5 der Strafprozeßordnung bezeichneten Fällen.

Übersicht

	Rn.		Rn.
A. Normzweck	1	a) § 304 Abs. 4 S. 2 StPO	6
B. Erläuterung	2–15	b) § 138d Abs. 6 StPO	7
I. Revisionen	2, 3	c) § 310 Abs. 1 StPO	8
II. Beschwerden	4–12	2. Gegen Verfügungen des Ermittlungsrichters des BGHs	9–11
1. Gegen Entscheidungen der Oberlandesgerichte	5–8	3. Gegen sonstige Entscheidungen	12
		III. Weitere Zuständigkeiten	13–15

A. Normzweck

1 Die Vorschrift[1] regelt die Zuständigkeiten des BGHs in Strafsachen. Diese umfassen die Rechtsmittel der **Revision und der Beschwerde** gegen erstinstanzliche Entscheidungen der Land- und Oberlandesgerichte sowie des Ermittlungsrichters beim BGH. Früher gegebene erstinstanzliche Zuständigkeiten des BGHs sind mit Gesetz vom 8.9.1969 (BGBl. I 1582) auf die Oberlandesgerichte übertragen worden (vgl. § 120).

B. Erläuterung

I. Revisionen

2 Der BGH ist in Strafsachen zuständig für die Entscheidung über Revisionen gegen im ersten Rechtszug ergangene **Urteile der Landgerichte und der Oberlandesgerichte.** Eine Ausnahme besteht, wenn die Revision gegen ein erstinstanzliches Urteil eines Landgerichts ausschließlich auf die Verletzung einer in den Landesgesetzen enthaltenen Rechtsnorm gestützt wird; in diesem Fall ist nach § 121 Abs. 1 Nr. 1c das Oberlandesgericht berufen (→ § 121 Rn. 9). Die Zuständigkeit als Rechtsmittelgericht hängt nicht davon ab, ob das Ausgangsgericht seine Zuständigkeit zu Recht angenommen hatte.[2]

3 Seit der Neufassung des § 76 und der Einführung des § 33b JGG[3] kommt die **Verbindung einer Berufungssache** mit einem erstinstanzlichen Verfahren nur noch für Verhandlungen der Großen Jugendstrafkammer in Betracht.[4] Insoweit richtet sich die Zuständigkeit des BGHs nach der Art der Verbindung. Hat das Landgericht die Verfahren (analog) § 4 Abs. 1 StPO verbunden und somit insgesamt erstinstanzlich verhandelt, ist in der Revisionsinstanz der BGH für alle Verfahrensteile zuständig.[5] Dies gilt selbst dann, wenn mit der

---

[1] Zur Entstehungsgeschichte: SK/*Frister* Rn. 1.
[2] BGH 30.1.1968 – 1 StR 319/67, BGHSt 22, 48 (50) = NJW 1968, 952; KK/*Hannich* Rn. 2.
[3] Jew. durch das Rechtspflege-Entlastungsgesetz vom 1.3.1993, BGBl. I 50.
[4] Löwe/Rosenberg/*Franke* Rn. 1.
[5] BGH 18.1.1990 – 4 StR 616/89, BGHSt 36, 348 (350 f.) = NStZ 1990, 242 (243); 12.12.1991 – 4 StR 506/91, BGHSt 38, 172 (174) = NStZ 1992, 342 (343); 21.5.1992 – 4 StR 81/92, BGHSt 38, 300 (302) = NJW 1992, 2644.

Revision ausschließlich der Teil der Entscheidung angegriffen wird, der sich auf die usprüngliche Berufung bezieht.[6] Hat das Landgericht demgegenüber die Verfahren lediglich zum Zwecke gleichzeitiger Verhandlung verbunden (§ 237 StPO), ist dem BGH in der Revision nur der erstinstanzliche Teil des Urteils zur Prüfung eröffnet.[7] Soweit sich das Rechtsmittel gegen das auf die Berufung ergangene Urteil richtet, verbleibt es demgegenüber bei der Zuständigkeit des Oberlandesgerichts (§ 121 Abs. 1 Nr. 1b).[8]

II. Beschwerden

Abs. 2 begründet Zuständigkeiten des BGHs für bestimmte **Beschwerdeverfahren**. 4

1. Gegen Entscheidungen der Oberlandesgerichte. Oberlandesgerichtliche 5 Beschlüsse und Verfügungen sind der **Anfechtung grundsätzlich entzogen** (§ 304 Abs. 4 S. 2 StPO). **Ausnahmen** gelten lediglich für die in § 304 Abs. 4 S. 2 StPO sowie § 138d Abs. 6 S. 1 iVm § 304 Abs. 4 S. 3 StPO und § 310 StPO genannten Entscheidungen. Für gegen diese gerichtete Beschwerde ist der BGH zuständig. Zur Besetzung der Senate → § 139 Rn. 5.

a) **§ 304 Abs. 4 S. 2 StPO.** Die Vorschrift ist mit Blick auf ihren Ausnahmecharakter 6 grundsätzlich **eng auszulegen**.[9] Anfechtbar sind danach die in § 304 Abs. 4 S. 2 StPO enumarativ aufgeführten Entscheidungen;[10] hierzu → StPO § 304 Rn. 48 ff. Eine Analogie kommt nach der Rechtsprechung des BGHs allenfalls in engen Grenzen in Betracht.[11] Dies betrifft allein Entscheidungen, durch die **besonders nachteilig** und in einer den ausdrücklich genannten Fällen gleichkommender Weise **in die Rechtssphäre des Betroffenen eingegriffen** wird, etwa bei Versagung der Bewährungsaussetzung im Rahmen der nachträglichen Gesamtstrafenbildung;[12] → StPO § 304 Rn. 63. Unzulässig sind demgegenüber Rechtsmittel gegen Beschlüsse der Oberlandesgerichte in Auslieferungssachen,[13] in Entschädigungssachen[14] oder über die Ablehnung eines erkennenden Richters gemäß § 28 Abs. 2 StPO.[15]

b) **§ 138d Abs. 6 StPO.** Hat das Oberlandesgericht im ersten Rechtszug nach § 138a 7 StPO einen **Verteidiger ausgeschlossen,** ist nach § 138d StPO Abs. 6 für den Beschuldigten, den betroffenen Verteidiger und die Staatsanwaltschaft die sofortige Beschwerde zum BGH eröffnet. Hierzu: → StPO § 138d Rn. 8.

c) **§ 310 Abs. 1 StPO.** Hat das Oberlandesgericht nach § 120 Abs. 3 als Beschwerdegericht 8 gegen Entscheidungen des Ermittlungsrichters beim Amtsgericht oder Oberlandesgericht entschieden, ist der BGH für die Entscheidung über die **weitere Beschwerde** zuständig, soweit die angegriffene Entscheidung eine Verhaftung[16] oder einstweilige Unterbringung betrifft,[17] vgl. → StPO § 310 Rn. 3. Hat das Oberlandesgericht auf der Grundlage von § 120 Abs. 4 entschieden, ist nach dem ausdrücklichen Gesetzeswortlaut eine (weitere) Anfechtungsmöglichkeit ausgeschlossen.[18] Lehnt das Oberlandesgericht es ab, die Anklage

---

[6] KK/*Hannich* Rn. 3.
[7] BGH 18.1.1990 – 4 StR 616/89, BGHSt 36, 348 (351) = NStZ 1990, 242 (243); 22.5.1990 – 4 StR 210/90, BGHSt 37, 42 (43) = NStZ 1990, 448; Meyer-Goßner/*Schmitt* Rn. 1; SSW-StPO/*Quentin* Rn. 1.
[8] KK/*Hannich* Rn. 3; vgl. a. Meyer-Goßner, Zur Zulässigkeit von Verfahrensverbindungen, DRiZ 1990, 284 (285 f.).
[9] BGH 20.3.1991 – StB 3/91, BGHSt 37, 347 = NJW 1991, 2094; KK/*Hannich* Rn. 7.
[10] KK/*Hannich* Rn. 6; *Kissel/Mayer* Rn. 7.
[11] BGH 5.1.1977 – 3 StR 433/76 (L), BGHSt 27, 96 (97) = NJW 1977, 1829; vgl. a. BVerfG 21.6.1977 – 2 BvR 308/77, BVerfGE 45, 363 = NJW 1977, 1815.
[12] BGH 3.7.1981 – StB 31/81, BGHSt 30, 168 = NJW 1981, 2311; sa BGH 4.8.1995 – 3 StE 6/94-4 (4) – StB 46/95, BGHR StPO § 304 Abs. 4 Untersuchung 1 = BeckRS 1995, 05283.
[13] KK/*Hannich* Rn. 12 mit weiteren Beispielen in → Rn. 7.
[14] BGH 9.12.1975 – StB 28/75, BGHSt 26, 250 = NJW 1976, 523.
[15] BGH 5.1.1977 – 3 StR 433/76 (L), BGHSt 27, 96 = NJW 1977, 1829.
[16] Vgl. BGH 4.4.1990 – StB 5/90, BGHSt 36, 396 (398) = NJW 1990, 1799.
[17] KK/*Hannich* Rn. 8; *Kissel/Mayer* Rn. 9.
[18] Löwe/Rosenberg/*Franke* Rn. 4; KK/*Hannich* Rn. 8; Meyer-Goßner/*Schmitt* Rn. 2.

wegen einer Straftat, die seine Zuständigkeit begründen würde, zur Hauptverhandlung zuzulassen, und eröffnet es das Hauptverfahren wegen anderer Anklagepunkte vor dem Landgericht, so entfällt die Zuständigkeit des BGHs zur Entscheidung über Beschwerden gegen Haftanordnungen.[19] Solange aber das Verfahren noch beim OLG geführt wird, führen Zweifel am Vorliegen eines seine Zuständigkeit begründenden Staatsschutzdelikts nicht zum Wegfall Beschwerdezuständigkeit des BGHs.[20]

9 **2. Gegen Verfügungen des Ermittlungsrichters des BGHs.** Verfügungen des Ermittlungsrichters des BGHs sind nach § 304 Abs. 5 StPO mit der Beschwerde anfechtbar, sofern sie **Verhaftungen, einstweilige Unterbringungen, Beschlagnahmen, Durchsuchungen** oder die in **§ 101 Abs. 1 StPO** bezeichneten Maßnahmen betreffen. Unerheblich ist, ob die Entscheidung als „Beschluss" oder „Verfügung" bezeichnet worden ist.[21] Als „Verhaftung" sind nur diejenigen Entscheidungen anzusehen, die sich unmittelbar auf die Haftanordnung beziehen.[22] Anfechtbar ist auch die Ablehnung der Anordnung einer entsprechenden Ermittlungsmaßnahme.[23] Der Katalog des **§ 304 Abs. 5 StPO** ist abschließend, jedoch einer an Sinn und Zweck orientierten Auslegung zugänglich.[24] Der BGH hat deshalb zu Recht die Anordnung von Erzwingungshaft gegen einen Zeugen als „Verhaftung" und damit der Beschwerde zugänglich erachtet;[25] vgl. ferner → StPO § 304 Rn. 67.

10 Über Beschwerden gegen Verfügungen des **Ermittlungsrichters des Oberlandesgerichts** entscheidet nach § 120 Abs. 3 das Oberlandesgericht; insoweit ist aber die weitere Beschwerde zum BGH eröffnet, → Rn. 8.

11 Der BGH ist für Beschwerden gegen Verfügungen des Ermittlungsrichters des BGHs nur solange zuständige, wie dessen Zuständigkeit gegeben ist.[26] Mit der **Erhebung der Anklage** beim Oberlandesgericht **endet** deshalb die **Zuständigkeit** des BGHs auch dann, wenn zu diesem Zeitpunkt ein Beschwerdeverfahren gegen die Haftentscheidung des Ermittlungsrichters bereits anhängig ist.[27] Die Prüfung der Haftvoraussetzungen und die Entscheidung über die sonstigen die Untersuchungshaft betreffenden Maßnahmen obliegen ab Anklageerhebung dem Oberlandesgericht.[28] Erst durch ein Rechtsmittel gegen dessen Anordnungen kann eine Zuständigkeit des BGHs wieder begründet werden (§ 304 Abs. 4 S. 2 StPO).[29] Entsprechendes gilt, sobald der Generalbundesanwalt nicht mehr die Ermittlungen führt (§ 169 Abs. 1 S. 2 StPO) oder wenn er nach § 142a Abs. 2 oder Abs. 4 die Sache an die Landesstaatsanwaltschaft abgibt.[30] Vor der Abgabe getroffene Verfügungen des Ermittlungsrichters des BGHs werden nunmehr als Verfügung des Ermittlungsrichters des Amts- bzw. Oberlandesgerichts behandelt.[31] Die Regel, dass sich die Zuständigkeit des Rechtsmittelgerichts nach der Vorinstanz bestimmt, gilt hier nicht.[32] Über bei Zuständigkeitsübergang noch nicht erledigte Beschwerden entscheidet nunmehr das Land- bzw. Oberlandesgericht.[33] Dies gilt selbst dann, wenn vor dem Übergang bereits eine Beschwerde beim BGH anhängig und noch nicht erledigt war.[34]

---

[19] BGH 1.2.1980 – StB 3/80, BGHSt 29, 200 (202) = NJW 1980, 1401.
[20] BGH 12.7.2000 – 3 BJs 15/00, 4 – StB 4/00, NStZ 2000, 609; *Kissel/Mayer* Rn. 9.
[21] BGH 11.5.1979 – StB 26/79, StB 27/79, BGHSt 29, 13 = NJW 1979, 1612; KK/*Hannich* Rn. 9.
[22] *Kissel/Mayer* Rn. 10.
[23] Löwe/Rosenberg/*Franke* Rn. 5.
[24] BGH 11.5.1979 – StB 26/79, StB 27/79, BGHSt 29, 13 = NJW 1979, 1612; 3.5.1989 – StB 15/89, StB 16/89, BGHSt 36, 192 = NJW 1989, 2702 sa § 36 Abs. 3 PUAG, dazu: BGH 15.12.2016 – 3 ARs 20/16, NStZ-RR 2017, 53.
[25] BGH 3.5.1989 – StB 15/89, StB 16/89, BGHSt 36, 192 = NStZ 1989, 384 unter Aufgabe von BGHSt 30, 52.
[26] Löwe/Rosenberg/*Franke* Rn. 5.
[27] BGH 15.9.1977 – StB 196/77, BGHSt 27, 253 = NJW 1977, 2175; KK/*Hannich* Rn. 9.
[28] KK/*Hannich* Rn. 9.
[29] Vgl. BGH 1.2.1980 – StB 3/80, BGHSt 29, 200 = NJW 1980, 1401; Löwe/Rosenberg/*Franke* Rn. 6.
[30] Löwe/Rosenberg/*Franke* Rn. 6; Meyer-Goßner/*Schmitt* Rn. 2; zur Übertragung der weiteren Haftentscheidungen entspr. § 126 Abs. 1 S. 3 StPO s. BGH 6.12.1972 – AK 27/72, NJW 1973, 475 (476).
[31] BGH 1.2.1980 – StB 3/80, BGHSt 29, 200 = NJW 1980, 1401; Meyer-Goßner/*Schmitt* Rn. 2.
[32] *Kissel/Mayer* Rn. 10.
[33] KK/*Hannich* Rn. 9.
[34] BGH 26.10.1972 – StB 37/72, NJW 1973, 477; SSW-StPO/*Quentin* Rn. 4.

3. Gegen sonstige Entscheidungen. Der BGH ist nach § 305a Abs. 2 StPO ferner 12
zuständig für die Beschwerde gegen einen **Bewährungsbeschluss,** wenn er in dieser Sache
zugleich über die Revision zu befinden hat. Entsprechendes gilt für die Entscheidung über
die **sofortige Beschwerde gegen die Kostenentscheidung** nach § 464 Abs. 3 S. 3 StPO,
wenn zugleich über eine vom Beschwerdeführer eingelegte Revision zu entscheiden ist.[35]
Sind Revision und Kostenbeschwerde von unterschiedlichen Beteiligten eingelegt, so ist
für die Beschwerde das Oberlandesgericht zuständig.[36] Die Zuständigkeit des BGHs entfällt
jeweils mit Abschluss des Revisionsverfahrens.[37] War das Beschwerdeverfahren zu diesem
Zeitpunkt noch nicht entscheidungsreif, so ist sie dem dann zuständigen Oberlandesgericht
als Beschwerdegericht vorzulegen.[38] Unterblieb die Entscheidung über die Beschwerde
lediglich versehentlich, ist sie vom BGH auch nach Abschluss des Revisionsverfahrens noch
nachzuholen.[39]

III. Weitere Zuständigkeiten

Der BGH entscheidet ferner nach § 121 Abs. 2 unter den dort aufgeführten Vorausset- 13
zungen über **Divergenzvorlagen** der Oberlandesgerichte (allgemein hierzu: → § 121
Rn. 20, 49) und nach Anrufung wegen drohender Divergenz oder Grundsatzbedeutung im
Auslieferungsverfahren (§ 42 Abs. 1 und 2 IRG). Zuständigkeiten ergeben sich zudem für
Rechtsbeschwerden (vgl. § 29 Abs. 1 EGGVG und § 84 GWB). Im strafrechtlichen Kostenfestsetzungsverfahren ist die Rechtsbeschwerde demgegenüber nicht statthaft.[40]

Außerhalb des Rechtsmittelzuges kommt eine Zuständigkeit des BGHs ferner in 14
Betracht für Entscheidungen über die Bestimmung des zuständigen Gerichts (§ 13a StPO,
§ 42 Abs. 3 S. 2 JGG § 36 Abs. 1 ZPO[41]), über Anträge auf Ausschluss eines Verteidigers
nach § 138c Abs. 1 S. 2 StPO iVm § 142a, über die Fortdauer der Untersuchungshaft (§ 121
Abs. 4 S. 2 StPO), nach § 27 Abs. 4 StPO, wenn ein Oberlandesgericht nicht mehr
beschlussfähig ist und zur Bestätigung einer Kontaktsperre, deren Voraussetzungen das BJM
festgestellt hat (§§ 35, 37 Abs. 4 EGGVG)[42]

Die früher gegebene Zuständigkeit zur Entscheidung über Anträge auf gerichtliche Ent- 15
scheidung in den Fällen § 161a Abs. 3 StPO aF ist durch das 2. Opferrechtsreformgesetz vom
29.7.2009[43] und den Verweis auf die allgemeine Regelung in § 162 StPO weggefallen.[44]
Wehrstrafgerichte, deren oberster Gerichtshof der BGH wäre (Art. 96 Abs. 2, 3 GG), sind
nicht eingerichtet.

§§ 136, 137 *(aufgehoben)*

§ 138 [Verfahren vor den Großen Senaten]

(1) ¹Die Großen Senate und die Vereinigten Großen Senate entscheiden nur
über die Rechtsfrage. ²Sie können ohne mündliche Verhandlung entscheiden. ³Die
Entscheidung ist in der vorliegenden Sache für den erkennenden Senat bindend.

(2) ¹Vor der Entscheidung des Großen Senats für Strafsachen oder der Vereinigten Großen Senate und in Rechtsstreitigkeiten, welche die Anfechtung einer

---
[35] BGH 5.12.1996 – 4 StR 567/96, NStZ-RR 1997, 238; 21.2.2017 – 2 StR 431/16, BeckRS 2017, 103572; 17.5.2017 – 2 StR 526/16, BeckRS 2017, 113899.
[36] BGH 9.3.1990 – 5 StR 73/90, BGHR StPO § 464 Abs. 3 Zuständigkeit 3 = BeckRS 1990, 31093390.
[37] Löwe/Rosenberg/*Franke* Rn. 8.
[38] BGH 3.7.1987 – 2 StR 213/87, BGHSt 34, 392 = NJW 1988, 1224.
[39] BGH 7.5.1986 – 3 StR 209/85, NStZ 1986, 423; SK/*Frister* Rn. 4.
[40] BGH 27.11.2002 – 2 ARs 239/02, BGHSt 48, 106 = NStZ 2003, 322; dazu: *Popp*, Zuständigkeit der Strafsenate des BGH für Rechtsbeschwerden in Kostensachen?, NStZ 2003, 367.
[41] BGH 8.12.2016 – 2 ARs 196/16, NJW 2017, 1689 (1690).
[42] Meyer-Goßner/*Schmitt* EGGVG § 37 Rn. 5.
[43] BGBl. I 2280.
[44] Löwe/Rosenberg/*Franke* Rn. 6a; s.a. BT-Drs. 16/12098, 41 f.

Todeserklärung zum Gegenstand haben, ist der Generalbundesanwalt zu hören. ²Der Generalbundesanwalt kann auch in der Sitzung seine Auffassung darlegen.

(3) Erfordert die Entscheidung der Sache eine erneute mündliche Verhandlung vor dem erkennenden Senat, so sind die Beteiligten unter Mitteilung der ergangenen Entscheidung der Rechtsfrage zu der Verhandlung zu laden.

Übersicht

	Rn.		Rn.
A. Normzweck	1	1. Vorlage durch den erkennenden Senat	7
B. Erläuterung	2–13	2. Absehen von mündlicher Verhandlung (Abs. 1 S. 2)	8
I. Die Entscheidung des Großen Senats	2–6	3. Verfahrensbeteiligte	9–11
1. Entscheidungskompetenz (Abs. 1 S. 1)	2–4	a) Der Generalbundesanwalt (Abs. 2)	9, 10
2. Bindungswirkung der Entscheidung (Abs. 1 S. 3)	5	b) Sonstige Beteiligte	11
3. Entbehrlichkeit der Entscheidung	6	4. Weitere Verfahrensregelungen	12
II. Das Verfahren vor den Großen Senaten	7–12	III. Verfahren nach der Entscheidung des Großen Senats (Abs. 3)	13

A. Normzweck

1   Die Vorschrift enthält besondere Bestimmungen für das Verfahren vor den Großen Senaten Diese werden nur nach Anrufung gem. § 132 Abs. 2 und 4 tätig. Das Verfahren vor den Großen Senaten stellt damit ein **Zwischenverfahren** dar,[1] nach dessen Abschluss die Sache wieder in die ausschließliche Zuständigkeit des vorlegenden Senats zurückkehrt. Der dann wieder zuständige Senat ist an die vom Großen Senat erkannte Entscheidung über die Vorlegungsfrage gebunden, ansonsten in seiner Entscheidung aber frei. Für die Vereinigten Großen Senat gilt entsprechendes.[2]

B. Erläuterung

I. Die Entscheidung des Großen Senats

2   **1. Entscheidungskompetenz (Abs. 1 S. 1).** Der Große Senat prüft zunächst eigenständig, ob die **sachlichen Voraussetzungen** der Vorlage gegeben sind bzw. vom erkennenden Senat in vertretbarer Weise bejaht wurden (hierzu → § 132 Rn. 35).[3] Ferner hat er zu prüfen, ob der vorlegende Senat seine Zuständigkeit nicht willkürlich angenommen hat. Die Prüfung von dessen geschäftsplanmäßiger Zuständigkeit ist dem Großen Senat jedoch ebenso entzogen, wie die Frage, ob das Rechtsmittel im Ausgangsverfahren zulässig ist.[4] Bestehen Zweifel an der Zulässigkeit der Vorlage, so kann hierüber vorab verhandelt und entschieden werden.[5]

3   In der Sache ist die Entscheidungskompetenz der Großen Senate (und der Vereinigten Großen Senate) **auf die** ihnen **vorgelegte Rechtsfrage** einschließlich der Ermittlung ihres Sinngehalts[6] **beschränkt**. Ein „Durchentscheid" ist ihnen nicht erlaubt.[7] Der Große Senat

---

[1] Kissel/Mayer Rn. 1; Löwe/Rosenberg/Franke Rn. 1.
[2] Kissel/Mayer Rn. 1.
[3] BGH 17.3.2015 – GSSt 1/14, BGHSt 61, 14 = NJW 2015, 3800; SSW-StPO/Quentin Rn. 1.
[4] Vgl. BAG (GS) 2.11.1983 – GS 1/82, BAGE 44, 211 = NJW 1984, 1990; Kissel/Mayer Rn. 2 u. 7.
[5] Kissel/Mayer Rn. 3.
[6] Vgl. BGH 22.12.1981 – 5 AR (Vs) 32/81, BGHSt 30, 320 (323) = NJW 1982, 1057 (1058); KK/Hannich Rn. 8.
[7] Anders insoweit § 121 Abs. 2 sowie § 137 in der bis zum Gesetz vom 17.3.1886 (RGBl. 61) geltenden Fassung.

kann die Rechtsfrage aber in differenzierter Weise beantworten,[8] eine zu weit gefasste Rechtsfrage auf den für die Entscheidung des Ausgangsverfahrens notwendigen Umfang beschränken[9] oder sie allgemeiner beantworten.[10] Auch hat er über alle Rechtsfragen, die für die Beantwortung der Vorlage vorgreiflich sind oder mit dieser in unmittelbarem Zusammenhang stehen, zu entscheiden, ohne dass es dafür einer Rückgabe an den vorlegenden Senat bedarf.[11] Der Sachzusammenhang ist mit Blick auf die Bindungswirkung der Entscheidung restriktiv auszulegen.[12] Fehlt es an einem unmittelbaren Zusammenhang mit der vorgelegten Rechtsfrage, so darf der Große Senat hierüber nicht entscheiden;[13] eine Bindung (hierzu → Rn. 5) wird durch eine Entscheidung über solche Rechtsfragen nicht bewirkt.[14] Liegen die in § 132 Abs. 2 und 4 bestimmten Voraussetzungen nicht vor, lehnt der Große Senat eine Entscheidung ab.

Die Entscheidung ergeht jeweils in Form eines mit Gründen zu versehenden **Beschlusses** (§ 9 Abs. 6 S. 1 GeschOBGH), der den Beteiligten des Ausgangsverfahrens förmlich zuzustellen ist.[15] Die Entscheidungsformel beantwortet die Rechtsfrage in Form eines Rechtssatzes oder lehnt die Entscheidung mangels Vorliegens der Entscheidungsvoraussetzungen ab.[16]

2. Bindungswirkung der Entscheidung (Abs. 1 S. 3). Der **erkennende Senat,** der die Rechtsfrage dem Großen Senat bzw. den Vereinigten Großen Senaten vorgelegt hat, ist an die in der Entscheidung geäußerte Rechtsauffassung **gebunden** und hat diese seiner Sachentscheidung zugrunde zu legen (zu den Wirkungen bis zur Entscheidung → § 132 Rn. 22, 34). Diese Wirkung steht nicht im Konflikt mit der verfassungsrechtlich garantierten Unabhängigkeit der Richter (Art. 97 Abs. 1 GG).[17] Sie folgt vielmehr aus der Bindung an das materielle Recht und Art. 3 GG, der die Rechtsanwendungsgleichheit sichert.[18] In Bezug auf andere Verfahren tritt eine unmittelbare Bindung nicht ein; allerdings ist hier § 132 Abs. 2 zu beachten.

3. Entbehrlichkeit der Entscheidung. Das Verfahren kann ohne Entscheidung durch ein prozessuales Ereignis beendet werden, etwa durch **Rücknahme von Vorlage oder Revision** oder wenn es aus anderen Gründen auf die vorgelegte Rechtsfrage nicht mehr ankommt.[19] Die Rücknahme der Vorlage durch den vorlegenden Senat ist bis zur Entscheidung des Großen Senats möglich (→ § 132 Rn. 35) und führt zur Einstellung des Verfahrens vor dem Großen Senat. Allein der Eintritt sonstiger neuer, für die Beantwortung der Rechtsfrage erheblicher Umstände, wie etwa eine nach der Vorlage erlassene Entscheidung des Bundesverfassungsgerichts oder das Inkrafttreten einer Gesetzesänderung, rechtfertigen allerdings nicht die Rückgabe der Sache an den vorlegenden Senat. Der Große Senat hat über die Rechtsfrage nach Maßgabe der geänderten Bedingungen zu entscheiden.[20]

---

[8] MüKoZPO/*Zimmermann* Rn. 3.
[9] BGH 22.11.1994 – GSSt 1/94, BGHSt 40, 350 (359) = NJW 1995, 471 (472).
[10] Vgl. BGH 29.9.1986 – 4 StR 148/86, BGHSt 34, 171 (175) = NJW 1987, 851 (853); KK/*Hannich* Rn. 8; Löwe/Rosenberg/*Franke* Rn. 2.
[11] Vgl. BGH 17.10.1983 – GSSt 1/83, BGHSt 32, 115 = NStZ 1984, 36; 20.10.1992 – GSSt 1/92, BGHSt 39, 100 = NJW 1993, 1662; 3.5.1994 – GSSt 2/93 u. 3/93, BGHSt 40, 138 (145) = NJW 1994, 1663 (1664); ebenso: KK/*Hannich* Rn. 9; Meyer-Goßner/*Schmitt* Rn. 1; *Rieß* NStZ-Sonderheft 2009, 30 (31 f.); kritisch hierzu: *Herdegen,* Bemerkungen zum Beweisantragsrecht, NStZ 1984, 200.
[12] So auch Löwe/Rosenberg/*Franke* Rn. 3.
[13] BGH 7.11.1985 – GSSt 1/85, BGHSt 33, 356 (360) = NJW 1986, 1764 (1765); KK/*Hannich* Rn. 9; vgl. a. BGH (IX. Zivilsenat) 15.2.2000 – XI ZR 10/98, NJW 2000, 1185.
[14] *Herdegen,* Bemerkungen zum Beweisantragsrecht, NStZ 1984, 200; Löwe/Rosenberg/*Franke* Rn. 3; vgl. a. BGH 17.4.1962 – 1 StR 132/62, BGHSt 17, 210 = NJW 1962, 1257.
[15] KK/*Hannich* Rn. 7; SK/*Frister* Rn. 8.
[16] Vgl. § 9 Abs. 6 S. 2 GeschOBGH.
[17] BGH 30.10.1951 – I ZR 117/50, JR 1952, 105.
[18] MüKoZPO/*Zimmermann* Rn. 5.
[19] BAG 4.9.1987 – 8 AZR 487/80, NJW 1988, 990 (Erledigung durch Anerkenntnis).
[20] BGH 20.5.1954 – GSZ 6/53, BGHZ 13, 265 = NJW 1954, 1073; *Kissel/Mayer* Rn. 15.

II. Das Verfahren vor den Großen Senaten

7 **1. Vorlage durch den erkennenden Senat.** Dem Verfahren vor den Großen Senaten bzw. den Vereinigten Großen Senaten geht zunächst das Verfahren vor dem erkennenden Senat und in Fällen der Divergenzvorlage das Anfrageverfahren nach § 132 Abs. 3 voraus (Einzelheiten → § 132 Rn. 17). Voraussetzung für die Einleitung des Verfahrens ist ein **Vorlagebeschluss** des erkennenden Senats (§ 9 Abs. 1 GeschOBGH), in dem die Vorlegungsfrage möglichst präzise zu formulieren ist.[21] Ergeht der Vorlagebeschluss aufgrund einer Revisionshauptverhandlung, wird diese ausgesetzt.[22]

8 **2. Absehen von mündlicher Verhandlung (Abs. 1 S. 2).** Die Vorschrift sieht seit dem Gesetz vom 17.12.1990 (BGBl. I 2847 (2855)) als **Regelfall eine mündliche Verhandlung** vor,[23] zu der alle Verfahrensbeteiligten zu laden sind.[24] Da das Verfahren allein auf die Klärung einer Rechtsfrage zielt, stellt es die Vorschrift in das pflichtgemäß auszuübende Ermessen der Großen Senate, ob eine mündliche Verhandlung stattfindet oder das Verfahren rein schriftlich geführt wird.[25] Macht allerdings der Generalbundesanwalt von seinem Recht aus Abs. 2 S. 2 zur Darlegung seiner Auffassung in der Sitzung Gebrauch, hat zwingend eine mündliche Verhandlung stattzufinden.[26] Sieht der Große Senat von einer mündlichen Verhandlung ab, hat er den Verfahrensbeteiligten Gelegenheit zu geben, ihre Rechtsauffassungen schriftlich darzulegen.[27]

9 **3. Verfahrensbeteiligte. a) Der Generalbundesanwalt (Abs. 2).** Vor der Entscheidung des Großen Senats in Strafsachen oder der Vereinigten Großen Senate ist der **Generalbundesanwalt** zwingend **zu hören** (Abs. 2 S. 1). Dem Beschwerdeführer ist Gelegenheit zu geben, zu der schriftlichen Äußerung des Generalbundesanwaltes (schriftlich) Stellung zu nehmen. Der Inhalt seiner Stellungnahme wird in den Gründen der Entscheidung des Großen Senats regelmäßig mitgeteilt.[28] Will der Generalbundesanwalt seine Auffassung mündlich darlegen (Abs. 2 S. 3), so ist zwingend eine mündliche Verhandlung anzuberaumen, zu der auch die anderen Verfahrensbeteiligten zu laden sind.[29] Diese Alternative[30] spielt in der Praxis keine Rolle.

10 In **Zivilsachen** besteht ein Anhörungsrecht des Generalbundesanwalts bei Verfahren, die die Anfechtung einer Todeserklärung (§ 30 VerschG) zum Gegenstand haben (Abs. 2 S. 2).[31] Weitere Anhörungsrechte in Ehesachen sind mit Wirkung zum 1.8.2001 entfallen.[32]

11 **b) Sonstige Beteiligte.** Konnte der **Beschwerdeführer** zu Rechtstatsachen bislang keine Stellung nehmen, etwas weil diese erst nach dem Vorlagebeschluss eingetreten sind, ist er am Verfahren vor den Großen Senaten förmlich zu beteiligen. Dies geschieht entweder im Rahmen einer mündlichen Verhandlung, oder, wenn eine solche nicht stattfindet (→ Rn. 8), indem ihm vom Vorsitzenden Gelegenheit zur schriftlichen Äußerung gegeben wird.[33] Entsprechendes gilt für die übrigen Verfahrensbeteiligten.

---

[21] KK/*Hannich* Rn. 2; Löwe/Rosenberg/*Franke* Rn. 1.
[22] KK/*Hannich* Rn. 2.
[23] KK/*Hannich* Rn. 3.
[24] Meyer-Goßner/*Schmitt* Rn. 2.
[25] KK/*Hannich* Rn. 3 (auch zu den Regelungen in anderen Gerichtszweigen); *Kissel*, Neues zur Gerichtsverfassung, NJW 1991, 951.
[26] MüKoZPO/*Zimmermann* Rn. 2; Löwe/Rosenberg/*Franke* Rn. 10.
[27] Löwe/Rosenberg/*Franke* Rn. 8; *Kissel*/*Mayer* Rn. 9; s.a. BGH 20.5.1954 – GSZ 6/53, BGHZ 13, 265 (270) = NJW 1954, 1073.
[28] *Rieß* NStZ-Sonderheft 2009, 30 (32).
[29] KK/*Hannich* Rn. 5; zu der bis zum Gesetz vom 14.6.1976 (BGBl. I 1421) geltenden Regelung s. Löwe/Rosenberg/*Franke* Vor Rn. 1.
[30] *Rieß* NStZ-Sonderheft 2009, 30 (32).
[31] Hierzu: MüKoZPO/*Zimmermann* Rn. 4.
[32] Durch Art. 3 § 12 Nr. 3 Gesetz vom 16.2.2001, BGBl. I 266.
[33] KK/*Hannich* Rn. 4; SK/*Frister* Rn. 6.

4. Weitere Verfahrensregelungen. Ergänzende Verfahrensvorschriften enthält § 9 12
GeschBGH. Danach bestimmt der Vorsitzende (→ § 132 Rn. 43) nach Eingang der Vorlage
zwei **Berichterstatter,** von denen einer dem vorlegenden Senat angehören muss. Diese
haben ihre Berichte schriftlich zu erstatten. Eine Abschrift der Berichte und der Anträge
des Generalbundesanwalts ist vor der Beratung jedem Mitglied des Spruchkörpers zuzuleiten. Über das Beratungsergebnis (zur Abstimmung: → § 132 Rn. 44) hat ein vom Vorsitzenden zu bestimmendes Mitglied des Großen Senats oder der Vereinigten Großen Senate eine
Niederschrift aufzunehmen. Im übrigen richtet sich das Verfahren nach den allgemeinen
Bestimmungen (→ § 132 Rn. 45).

III. Verfahren nach der Entscheidung des Großen Senats (Abs. 3)

Nach der Entscheidung der Rechtsfrage durch den Großen Senat, wird der erkennende 13
Senat in der Regel aufgrund – ggf. erneuter – **mündlicher Verhandlung** entscheiden.
Diesem ist erlaubt, dieselbe Sache nach einer weiteren Hauptverhandlung dem Großen Senat
erneut vorzulegen, wenn neue und erhebliche rechtliche Umstände offenbar geworden sind,
die durch die frühere Vorlage nicht erledigt wurden.[34]

§ 139 [Besetzung der Senate]

(1) Die Senate des Bundesgerichtshofes entscheiden in der Besetzung von fünf
Mitgliedern einschließlich des Vorsitzenden.

(2) ¹Die Strafsenate entscheiden über Beschwerden in der Besetzung von drei
Mitgliedern einschließlich des Vorsitzenden. ²Dies gilt nicht für die Entscheidung
über Beschwerden gegen Beschlüsse, durch welche die Eröffnung des Hauptverfahrens abgelehnt oder das Verfahren wegen eines Verfahrenshindernisses eingestellt wird.

A. Normzweck

Die Vorschrift[1] regelt die personelle Besetzung der Senate. Diesen dürfen **ausschließlich** 1
Richter angehören, die Mitglied **des BGHs** sind (§ 125). Ausnahmen bestehen allerdings
für einige Spezialsenate (→ Rn. 7).

B. Erläuterung

I. Regelbesetzung (Abs. 1)

Soweit gesetzlich nichts anderes vorgeschrieben ist, entscheiden die Straf- wie auch die 2
Zivilsenate[2] des BGHs mit **fünf Richtern.** Unerheblich ist, ob die Entscheidung aufgrund
einer Hauptverhandlung oder im schriftlichen Verfahren erfolgt.[3] Den Vorsitz führt bei
allen Verhandlungen und Entscheidungen ein Vorsitzender Richter im statusrechtlichen
Sinne (§ 21f Abs. 1, § 19a Abs. 1 DRiG);[4] dessen Vertretung bestimmt sich nach § 21f Abs. 2.
Die Mitwirkung von Hilfsrichtern ist beim BGH nicht vorgesehen (→ § 124 Rn. 7).

---

[34] Löwe/Rosenberg/*Franke* Rn. 6 auch zur Frage, ob eine erneute Vorlage derselben Rechtsfrage zulässig ist.
[1] Zur Entstehungsgeschichte: SK/*Frister* Rn. 1.
[2] Weiterführend zu den Zivilsenaten: MüKoZPO/*Zimmermann* Rn. 1.
[3] Löwe/Rosenberg/*Franke* Rn. 1.
[4] *Kissel/Mayer* Rn. 2; zur Übertragung des Vorsitzes in zwei Strafsenaten an einen Vorsitzenden Richter vgl. BGH 11.1.2012 – 2 StR 346/11, NStZ 2012, 406 einerseits sowie 11.1.2012 – 4 StR 523/11, StV 2012, 209 anderseits.

3   Eine § 122 Abs. 1 entsprechenden Verweisung auf das allgemeine Prozessrecht existiert nicht, weshalb es die Institution des Einzelrichters beim BGH nicht gibt. Auch in **Kostensachen** entscheiden die Senate deshalb grundsätzlich in ihrer vollen Besetzung.[5] Anders verhält es sich nur bei Erinnerungen, die sich gegen den Kostenansatz in Rechtsmittelverfahren richten.[6]

4   Die Zuweisung der dem BGH zugehörigen Richter an die einzelnen Senate erfolgt nach § 21e Abs. 1 S. 1 durch das Präsidium. Diesem ist es gestattet, den Senaten – neben jeweils einem Vorsitzenden – auch mehr als vier Beisitzer zuzuweisen. Dies bei allen regulären Revisionssenaten der Fall.[7] Die dadurch bewirkte **Überbesetzung** macht es erforderlich, dass vor Beginn jedes Geschäftsjahres für dessen Dauer abstrakt bestimmt wird, nach welchen Regeln die jeweiligen Mitglieder an den einzelnen Verfahren mitwirken.[8] Zur Aufstellung dieser **senatsinternen Mitwirkungsgrundsätze** ist seit der Änderung des § 21g Abs. 2 durch das G v. 22.12.1999 (BGBl. I 2598) nicht mehr der Vorsitzende allein, sondern das Plenum aller dem Spruchkörper angehörenden Mitglieder berufen.[9]

II. Ausnahmebestimmung (Abs. 2)

5   Die Vorschrift geht auf Art. 1 Nr. 9 des G v. 8.9.1969 (BGBl. I 1582) sowie das 1. StVRG 1974 zurück. Sie bestimmt, dass die **Strafsenate** über **Beschwerden in reduzierter Besetzung** mit drei Richtern zu entscheiden haben. Der Vorsitzende bzw. bei Verhinderung sein Vertreter hat aber auch hier stets mitzuwirken. Die internen Mitwirkungsgrundsätze der Senate (hierzu → Rn. 4) müssen entsprechende Regelungen zur personellen Besetzung enthalten.

6   Die Reduktion gilt nicht für Rechtsmittel gegen Beschlüsse, durch welche die Eröffnung des Hauptverfahrens abgelehnt oder das Verfahren wegen eines Verfahrenshindernisses eingestellt worden ist. Über solche Beschwerden entscheiden die Strafsenate in der von Abs. 1 bestimmten Besetzung. Sie betreffen Rechtsmittel gegen Entscheidungen der Oberlandesgerichte gem. **§ 304 Abs. 4 S. 2 Nr. 2 StPO.** Durch die Rückausnahme von Abs. 2 soll sichergestellt werden, dass das Rechtsmittelgericht in diesen gewichtigen Fällen personell in gleichstarker Besetzung wie das Ausgangsgericht entscheidet.[10]

III. Sonstige Ausnahmebestimmungen

7   Weitere Ausnahmeregelungen bestehen für einige **Spezialsenate,** denen auch nicht dem BGH zugehörige Richter zugewiesen sein können, vgl. § 106 Abs. 2 BRAO (Senat für Anwaltssachen), § 61 Abs. 2 DRiG (Richterdienstgericht), § 106 BNotarO (Notarsenat), § 2 Abs. 2 LwVG (Landwirtschaftssenat).

§ 140 [Geschäftsordnung]

Der Geschäftsgang wird durch eine Geschäftsordnung geregelt, die das Plenum beschließt.

---

[5] Vgl. BGH 8.6.2005 – 2 StR 468/04, NStZ 2006, 239.
[6] BGH 23.4.2015 – I ZB 73/14, BeckRS 2015, 08630 zu § 1 Abs. 5, 66 Abs. 6 GKG (Aufgabe ua von BGH 23.5.2007 – 1 StR 555/06, BeckRS 2007, 09814; 15.1.2015 – 2 StR 605/13, BeckRS 2015, 03218.
[7] Zur Besetzung der Senate s.: http://www.bundesgerichtshof.de.
[8] Zu den Anforderungen an die interne Geschäftsverteilung s. BVerfG 10.8.1995 – 1 BvR 1644/94, NJW 1995, 2703; 8.4.1997 – 1 PBvU 1/95, BVerfGE 95, 322 = NJW 1997, 1497; BGH 15.6.1967 – 1 StR 516/66, BGHSt 21, 250 = NJW 1967, 1622; 5.5.1994 – VGS 1 – 4/93 ua, BGHSt 40, 168 = NStZ 1994, 443 mAnm *Katholnigg*; *Sangmeister*, Grundsätzliches vom BGH, NJW 1995, 289.
[9] Zur Kritik an der früheren Regelung: *Felix*, Die Straf-Senate des BGH und der gesetzliche Richter, NJW 1992, 1607.
[10] KK/*Hannich* Rn. 2; SK/*Frister* Rn. 2.

Erläuterung

Es gilt die **Geschäftsordnung vom 3.3.1952**,[1] die durch Bekanntmachung vom 15.4.1970[2] und vom 21.6.1971[3] geändert worden ist. Sie stellt eine interne[4] Verwaltungsanordnung dar, die vom Plenum des Gerichts autonom aufgestellt ist und keinen Rechtscharakter hat.[5] Während der vom Präsidium aufzustellende Geschäftsverteilungsplan die personelle und sachliche Zuweisung auf die einzelnen Senate regelt (vgl. § 21e Abs. 1 S. 1), enthält die Geschäftsordnung allgemeine Regeln zur inneren Arbeitsweise des Gerichts,[6] namentlich zum Verfahren bei Beratung und Abstimmung, zur Form der Entscheidungen oder zu den Aufgaben des Berichterstatters. Das früher gegebene Erfordernis ihrer Bestätigung durch den Bundesrat ist durch Art. 9 Abs. 1 Gesetz vom 30.7.2009[7] weggefallen.

Entsprechende Regelungen enthalten § 44 Abs. 2 ArbGG und § 50 SGG.[8]

---

[1] BAnz. 1952 Nr. 83, 9, abrufbar unter: http://www.bundesgerichtshof.de/DE/DasGericht/StellungGerichtssystem/RechtlicheGrundlagen/rechtlicheGrundlagen.html.
[2] BAnz. 1970 Nr. 74.
[3] BAnz. 1971 Nr. 114.
[4] SK/*Frister* Rn. 2.
[5] Löwe/Rosenberg/*Franke;* ähnlich *Kissel/Mayer* Rn. 1.
[6] KK/*Hannich* Rn. 1.
[7] BGBl. I 2449 (2472).
[8] Hierzu: *Mellwitz,* Die Geschäftsordnungen des BVerfG und der oberen Bundesgerichte, NJW 1962, 778.

9a. Titel. Zuständigkeit für Wiederaufnahmeverfahren in Strafsachen

§ 140a [Zuständigkeit für Wiederaufnahmeverfahren in Strafsachen]

(1) ¹Im Wiederaufnahmeverfahren entscheidet ein anderes Gericht mit gleicher sachlicher Zuständigkeit als das Gericht, gegen dessen Entscheidung sich der Antrag auf Wiederaufnahme des Verfahrens richtet. ²Über einen Antrag gegen ein im Revisionsverfahren erlassenes Urteil entscheidet ein anderes Gericht der Ordnung des Gerichts, gegen dessen Urteil die Revision eingelegt war.

(2) Das Präsidium des Oberlandesgerichts bestimmt vor Beginn des Geschäftsjahres die Gerichte, die innerhalb seines Bezirks für die Entscheidungen in Wiederaufnahmeverfahren örtlich zuständig sind.

(3) ¹Ist im Bezirk eines Oberlandesgerichts nur ein Landgericht eingerichtet, so entscheidet über den Antrag, für den nach Absatz 1 das Landgericht zuständig ist, eine andere Strafkammer des Landgerichts, die vom Präsidium des Oberlandesgerichts vor Beginn des Geschäftsjahres bestimmt wird. ²Die Landesregierungen werden ermächtigt, durch Rechtsverordnung die nach Absatz 2 zu treffende Entscheidung des Präsidiums eines Oberlandesgerichts, in dessen Bezirk nur ein Landgericht eingerichtet ist, dem Präsidium eines benachbarten Oberlandesgerichts für solche Anträge zuzuweisen, für die nach Absatz 1 das Landgericht zuständig ist. ³Die Landesregierungen können die Ermächtigung durch Rechtsverordnung auf die Landesjustizverwaltungen übertragen.

(4) ¹In den Ländern, in denen nur ein Oberlandesgericht und nur ein Landgericht eingerichtet sind, gilt Absatz 3 Satz 1 entsprechend. ²Die Landesregierungen dieser Länder werden ermächtigt, mit einem benachbarten Land zu vereinbaren, daß die Aufgaben des Präsidiums des Oberlandesgerichts nach Absatz 2 einem benachbarten, zu einem anderen Land gehörenden Oberlandesgericht für Anträge übertragen werden, für die nach Absatz 1 das Landgericht zuständig ist.

(5) In den Ländern, in denen nur ein Landgericht eingerichtet ist und einem Amtsgericht die Strafsachen für die Bezirke der anderen Amtsgerichte zugewiesen sind, gelten Absatz 3 Satz 1 und Absatz 4 Satz 2 entsprechend.

(6) ¹Wird die Wiederaufnahme des Verfahrens beantragt, das von einem Oberlandesgericht im ersten Rechtszug entschieden worden war, so ist ein anderer Senat dieses Oberlandesgerichts zuständig. ²§ 120 Abs. 5 Satz 2 gilt entsprechend.

(7) Für Entscheidungen über Anträge zur Vorbereitung eines Wiederaufnahmeverfahrens gelten die Absätze 1 bis 6 entsprechend.

Schrifttum: *Feiber*, Verfassungswidriges Wiederaufnahmerecht, NJW 1986, 699; *Katholnigg*, Anm. zu BGH v. 11.7.1979 – 2 ARs 185/79, NJW 1980, 132; *ders.*, Strafgerichtsverfassungsrecht – Kommentar, 3. Aufl. 1999; *Krägeloh*, Verbesserungen im Wiederaufnahmerecht durch das Erste Gesetz zur Reform des Strafverfahrensrechts (1. StVRG), NJW 1975, 137; *Pfeiffer/Miebach*, Aus der (vom BGH nicht veröffentlichten) Rechtsprechung des Bundesgerichtshofs in Strafsachen zum Verfahrensrecht – Januar bis Juni 1985 –, NStZ 1985, 492; *Rieß*, Anm. zu KG v. 21.4.1981 – 3 AR 232/79 – 4 Ws 53/81, NStZ 1981, 274; *Weiler*, Unzuständigkeit eines mit der Sache vorbefaßten Gerichts im Wiederaufnahmeverfahren, NJW 1996, 1042.

Übersicht

	Rn.		Rn.
I. Überblick und Systematik	1, 2	1. Ausgangspunkt: Bestimmung der anzugreifenden Entscheidung	6–11
II. Anwendungsbereich	3–5		
III. Das zuständige Gericht	6–21	a) Grundsatz	6

	Rn.		Rn.
b) Anfechtung des Schuldspruchs	7	3. Wiederaufnahme gegen Revisionsentscheidungen	21
c) Fehler des Rechtsmittelgerichts	8		
d) Nach Verweisung durch Revisionsgericht	9	**IV. Sonderfälle**	22–24
e) Mehrere Wiederaufnahmegründe	10	1. Zuständigkeitsveränderung im Wiederaufnahmeverfahren	22
f) Verbindung von Entscheidungen	11		
2. Wiederaufnahme gegen tatgerichtliche Entscheidung	12–20	2. Zuständigkeit bei weggefallenen Gerichten und Zuständigkeiten	23, 24
a) Sachliche und funktionelle Zuständigkeit	12, 13	a) Nachträgliche Änderung von Zuständigkeiten	23
b) Örtliche Zuständigkeit	14–20	b) Weggefallene Gerichte	24

I. Überblick und Systematik

Die Vorschrift **ergänzt § 367 StPO** und regelt die gerichtliche[1] Zuständigkeit für Wiederaufnahmeverfahren in Strafsachen. Es handelt sich um eine von Regel-Ausnahme-Bestimmungen geprägte und insgesamt komplizierte[2] Vorschrift, bei der Fragen der sachlichen, funktionellen und örtlichen Zuständigkeit eine Rolle spielen.[3]

In Abkehr von der urspr. Regelung[4] ist § 140a von dem Grundgedanken geprägt, eine **Identität zwischen Erst- und Wiederaufnahmegericht** zu **vermeiden**. Über § 23 Abs. 2 StPO hinausgehend enthält Abs. 1 S. 1 die Grundregel, dass im Wiederaufnahmeverfahren ein anderes Gericht gleicher Ordnung entscheidet. Damit soll bereits der abstrakten Möglichkeit des Anscheins einer kollektiven Befangenheit der Richter des Erstgerichts entgegengewirkt werden.[5] Die Abs. 3–6 enthalten Ausnahmen für die Fälle, in denen ein „anderes" Gericht nicht zur Verfügung steht. Zudem statuiert Abs. 1 S. 2 für Revisionsurteile eine Ausnahme von dem Grundsatz der Zuständigkeit eines Gerichts gleicher Ordnung (→ Rn. 21). Rechtspolitisch wird die Vorschrift überwiegend krit. gesehen.[6]

II. Anwendungsbereich

Wie sich bereits aus dem Begriff „Entscheidung" in Abs. 1 S. 1 ergibt, gilt die Norm für die **Anfechtung von Urteilen und Beschlüssen** gleichermaßen.[7]

Die Vorschrift gilt „im Wiederaufnahmeverfahren" (Abs. 1 S. 1), dh erfasst sind alle **Entscheidungen im Zulassungs- und Probationsverfahren** gem. §§ 360 Abs. 2,[8] 364a, 364b Abs. 1 S. 2, 368 Abs. 1, 369–372 StPO.[9] Entgegen dem insoweit missverständlichen Wortlaut werden zudem das **erneuerte Hauptverfahren** und die Entscheidung nach § 373 StPO erfasst,[10] sodass grds. dasselbe Gericht für das Wiederaufnahme- und das wiederaufgenommene Verfahren zuständig ist. In besonderen Konstellationen kann es allerdings erforderlich sein, mit dem Wiederaufnahmebeschluss nach § 370 Abs. 2 die Eröffnung des Hauptverfahrens vor einem anderen Gericht anzuordnen (→ Rn. 22). Abs. 7 erweitert den

---

[1] Zur staatsanwaltschaftlichen Zuständigkeit → StPO § 365 Rn. 9.
[2] KMR/*Eschelbach* StPO § 367 Rn. 5; AK/*Loos* StPO § 367 Rn. 1; aA SK/*Frister* Rn. 4.
[3] KMR/*Eschelbach* StPO § 367 Rn. 2; AK/*Loos* StPO § 367 Rn. 4; *Weiler* NJW 1996, 1042 (1043).
[4] Zur Entstehungsgeschichte SK/*Frister* Rn. 1–3; Löwe/Rosenberg/*Franke* Vor § 140a Rn. 1 f.; Löwe/Rosenberg/*Gössel* StPO § 367 Rn. 1 f.; KMR/*Eschelbach* StPO § 367 Rn. 3–5; *Krägeloh* NJW 1975, 137 (138).
[5] SK/*Frister* Rn. 1; Löwe/Rosenberg/*Franke* Vor § 140a Rn. 1.
[6] Krit.: KMR/*Eschelbach* StPO § 367 Rn. 5; HK-GS/*Weiler* StPO § 367 Rn. 1; *Krägeloh* NJW 1975, 137 (138 Fn. 8); Löwe/Rosenberg/*Franke* Vor § 140a Rn. 2; pos. Akzentsetzung: SK/*Frister* Rn. 2 f.
[7] Vgl. *Katholnigg* Strafgerichtsverfassungsrecht Rn. 2. Sa Löwe/Rosenberg/*Gössel* StPO § 367 Rn. 12 u. 14; AK/*Loos* StPO § 367 Rn. 5.
[8] BGH 11.7.1970 – 2 ARs 185/79, BGHSt 29, 47 (49) = NJW 1980, 131 (132), der hierfür allerdings irrigerweise auf Abs. 7 rekurriert. Anträge nach § 360 Abs. 2 StPO sind jedoch erst *im* Wiederaufnahmeverfahren statthaft, → StPO § 360 Rn. 14.
[9] SK/*Frister* Rn. 18; KK/*W. Schmidt* Rn. 2.
[10] Löwe/Rosenberg/*Gössel* StPO § 367 Rn. 4; SK/*Frister* Rn. 18; Kissel/*Mayer* Rn. 2; Löwe/Rosenberg/*Franke* Rn. 2; AK/*Loos* StPO § 367 Rn. 2.

Anwendungsbereich zudem auf **Vorbereitungsentscheidungen,** also solche über Anträge nach § 364b Abs. 1 S. 1 StPO[11] und ggf. über vorzeitige Anträge nach §§ 364a StPO (dazu auch → StPO § 364a Rn. 10).

5   § 140a gilt außerdem für (nachträgliche) Entscheidungen über **Entschädigungsansprüche** nach dem StrEG,[12] nicht hingegen für die **Kostenfestsetzung**[13] und auch nicht für das **Rehabilitierungsverfahren** nach dem StrRehaG.[14] Die Vorschrift gilt ferner für Wiederaufnahmen gegen von einem Gericht getroffene **Bußgeldentscheidungen** nach dem OWiG[15] sowie für Strafsachen nach dem GWB.[16]

III. Das zuständige Gericht

6   **1. Ausgangspunkt: Bestimmung der anzugreifenden Entscheidung. a) Grundsatz.** Die Feststellung des zuständigen Gerichts setzt zunächst die Bestimmung derjenigen Entscheidung voraus, gegen die die Wiederaufnahme gerichtet ist, Abs. 1 S. 1.[17] Das ist diejenige **Entscheidung, die den** gerügten **Fehler enthält.**[18]

7   **b) Anfechtung des Schuldspruchs.** Wird mit der Wiederaufnahme der Schuldspruch angegriffen, „muss das Urteil angefochten werden, das den Schuldspruch enthält."[19] Wurden keine Rechtsmittel eingelegt, ist das logischerweise die **erstinstanzliche Entscheidung.** Hat das Berufungsgericht eine Sachentscheidung getroffen, ist diese der Wiederaufnahmegegenstand.[20] Hat das **Berufungsgericht** hingegen nicht über die Schuldfrage entschieden, ist die AG-Entscheidung anzugreifen. Das gilt bei Verwerfung wegen Unzulässigkeit gem. § 322 Abs. 1 S. 1 StPO[21] oder wegen Ausbleibens nach § 329 StPO,[22] zudem bei einer Beschränkung der Berufung auf den Rechtsfolgenausspruch.[23] Hat allerdings das LG die Beschränkung übersehen und eigene Feststellungen zur Schuldfrage getroffen, erwachsen diese in Rechtskraft[24] und sind deshalb Gegenstand des Schuldspruch-Wiederaufnahmeangriffs.[25] Prinzipiell dasselbe gilt hinsichtlich einer Entscheidung des **Revisionsgerichts:** Nur wenn es eine eigene Sachentscheidung getroffen hat (§ 354 Abs. 1 StPO) ist diese der Wiederaufnahmegegenstand,[26] anderenfalls eine vorausgegangene Entscheidung.

---

[11] *Kissel/Mayer* Rn. 2; Löwe/Rosenberg/*Gössel* StPO § 367 Rn. 3; Löwe/Rosenberg/*Franke* Rn. 2; *Krägeloh* NJW 1975, 137 (139).
[12] OLG Köln 10.12.1991 – 2 Ws 547/91, GA 1992, 180; KK/*W. Schmidt* Rn. 2; Löwe/Rosenberg/*Franke* Rn. 2.
[13] OLG Hamm 19.9.2002 – 3 (s) Sbd. 1–6/02, NStZ-RR 2008, 128 (Ls.) = BeckRS 2002, 30283366.
[14] OLG Brandenburg 29.6.2000 – 2 Ws (Reha) 21/00, NStZ-RR 2000, 308; Löwe/Rosenberg/*Franke* Vor § 140a Rn. 3; KK/*W. Schmidt* Rn. 2; SK/*Frister* Rn. 20. AA OLG Naumburg 4.8.2010 – 2 Ars 6/10, NJ 2011, 87 m. abl. Anm. *Mützel.*
[15] Näher *Kissel/Mayer* Rn. 2.
[16] SK/*Frister* Rn. 20; KK/*W. Schmidt* Rn. 1. Ausf. Löwe/Rosenberg/*Franke* Rn. 14.
[17] *Kissel/Mayer* Rn. 3; KMR/*Eschelbach* StPO § 367 Rn. 7. Missverständlich AK/*Loos* StPO § 367 Rn. 6.
[18] SSW/*Quentin* Rn. 2. Empfehlungen zur Antragsformulierung bei Unklarheit über die anzufechtende Entscheidung bei Miebach/Hohmann/*Gorka* Wiederaufnahme D Rn. 214–220.
[19] OLG Koblenz 11.7.1997 – 1 Ws 313/97, NStZ-RR 1998, 18 (19); 12.2.1996 – 1 Ws 71/96, NStZ-RR 1997, 111 (112); KK/*W. Schmidt* Rn. 5.
[20] RG 3.12.1943 – 1 D 367/43, RGSt 77, 282 (284); OLG Düsseldorf 7.8.1979 – 5 Ws 64/79 u. 6/79, JMBlNW 1979, 259 (261); AK/*Loos* StPO § 367 Rn. 7; Löwe/Rosenberg/*Gössel* StPO § 367 Rn. 8.
[21] OLG Celle 16.3.1960 – 3 Ws 99/60, MDR 1960, 604; SK/*Frister* Rn. 6; KK/*W. Schmidt* Rn. 5; Löwe/Rosenberg/*Franke* Rn. 5. AA *Katholnigg* Strafgerichtsverfassungsrecht Rn. 2.
[22] OLG Nürnberg 9.2.1977 – AR 17/77, MDR 1977, 688; KK/*W. Schmidt* Rn. 5; Löwe/Rosenberg/*Gössel* StPO § 367 Rn. 9. AA *Katholnigg* Strafgerichtsverfassungsrecht Rn. 2.
[23] OLG Frankfurt a. M. 11.7.2006 – 3 Ws 652/06, NStZ-RR 2006, 275 (276); OLG Oldenburg 30.9.1991 – 1 Ws 186/91, StV 1992, 102 (Ls.); OLG Düsseldorf 2.7.1986 – 2 Ws 267/86, MDR 1986, 1050 (Ls.); KK/*W. Schmidt* Rn. 5.
[24] Löwe/Rosenberg/*Gössel* StPO § 367 Rn. 9.
[25] OLG Brem. 10.10.1957 – Ws 147/57, JZ 1958, 546 m. zust. Anm. *Spendel;* KK/*W. Schmidt* Rn. 5; AK/*Loos* StPO § 367 Rn. 7; KMR/*Eschelbach* StPO § 367 Rn. 8; *Marxen/Tiemann* Rn. 57. AA OLG Düsseldorf 2.7.1986 – 2 Ws 267/86, MDR 1986, 1050 (Ls.); Meyer-Goßner/*Schmitt* Rn. 6; HK-StPO/*EC Schmidt/Temming* Rn. 8.
[26] OLG Koblenz 12.2.1996 – 1 Ws 71/96, NStZ-RR 1997, 111 (112).

c) Fehler des Rechtsmittelgerichts. Betrifft der gerügte Mangel einen nicht den 8 Schuldspruch betr. Fehler des Rechtsmittelgerichts, zB bei einer Wiederaufnahme nach §§ 359 Nr. 3, 362 Nr. 3[27] oder § 359 Nr. 6,[28] dann ist dessen Entscheidung das Angriffsobjekt.[29]

d) Nach Verweisung durch Revisionsgericht. Hat das Revisionsgericht die Sache 9 nach Urteilsaufhebung gem. §§ 354 Abs. 2 und 3, 355 StPO an ein anderes Gericht bzw. einen anderen Spruchkörper (zurück)verwiesen, fragt sich, welche der tatsachengerichtlichen Entscheidungen den Angriffsgegenstand bildet. Wird der **Schuldspruch** angefochten, ist das Urteil desjenigen Gerichts maßgeblich, das zuletzt über die Tat- und Schuldfrage entschieden hat;[30] das ist regelmäßig dasjenige des Ersatzgerichts. Wurde aber in der Revision **nur der Rechtsfolgenausspruch aufgehoben** und die Sache nur in diesem Umfang zurückverwiesen, ist das erstere Urteil der Angriffsgegenstand.[31] Hat das Revisionsgericht jedoch nur die **Feststellungen zum äußeren Tatgeschehen aufrechterhalten,** enthält erst das die Feststellungen zum subjektiven Tatbestand ergänzende Zweiturteil den (vollständigen) Schuldspruch und ist deshalb maßgeblich.[32]

e) Mehrere Wiederaufnahmegründe. Stützt sich der Wiederaufnahmeantrag auf 10 mehrere Gründe, die auf Fehlern in unterschiedlichen Instanzen beruhen, ist die **höherinstanzliche Entscheidung maßgeblich.**[33]

f) Verbindung von Entscheidungen. Ist nachträglich eine **Gesamtstrafe** gebildet 11 worden (§ 55 StGB, § 460 StPO), ist zu differenzieren. Wird eine der einbezogenen Verurteilungen angegriffen, so bildet diese ungeachtet der Einbeziehung den Wiederaufnahmegegenstand.[34] Richtet sich die Wiederaufnahme gegen die Einbeziehungsentscheidung als solche, so ist diese maßgeblich.[35] Zum Wegfall der Gesamtstrafe → StPO § 370 Rn. 21 und → StPO § 371 Rn. 20.
Hatte die große JugK gem. **§ 237 StPO** ein bei ihr anhängiges erstinstanzliches mit einem Berufungsverfahren verbunden, sind unterschiedliche Konstellationen möglich: Wird die erstinstanzliche LG-Entscheidung angefochten, bildet diese den Gegenstand des Wiederaufnahmeverfahrens; richtet sich die Wiederaufnahme gegen die Berufungssache, ist nur dann die Entscheidung des LG maßgeblich, wenn dieses eigenständig über die Schuldfrage entschieden hat oder wenn spezifische Mängel der Berufungsentscheidung gerügt sind (zB bei Richterbestechung).[36]

2. Wiederaufnahme gegen tatgerichtliche Entscheidung. a) Sachliche und funk- 12 **tionelle Zuständigkeit.** Nach Abs. 1 S. 1 entscheidet im Wiederaufnahmeverfahren ein Gericht mit gleicher sachlicher Zuständigkeit wie das Gericht, gegen dessen Entscheidung sich der Wiederaufnahmeantrag richtet. Über den Wortlaut hinaus ist daraus nach allgA ein auch die funktionelle Zuständigkeit erfassendes **Gleichrangigkeitserfordernis** abzuleiten. Daraus folgt, dass neben der Rangordnung (AG, LG, OLG) auch die instanzielle Zuständig-

---

[27] KK/*W. Schmidt* Rn. 5.
[28] Vgl. BGH 27.10.1998 – 1 StR 631–76, NStZ-RR 1999, 176.
[29] Jew. zur Berufung: SK/*Frister* Rn. 6; KK/*W. Schmidt* Rn. 5; Löwe/Rosenberg/*Gössel* StPO § 367 Rn. 10.
[30] OLG Celle 13.8.1960 – 3 Ws 554/60, MDR 1960, 947; KK/*W. Schmidt* Rn. 7; Löwe/Rosenberg/ *Gössel* StPO § 367 Rn. 21.
[31] OLG Köln 10.1.1973 – 2 Ws 6/73, MDR 1973, 603; KK/*W. Schmidt* Rn. 7; Löwe/Rosenberg/ *Gössel* StPO § 367 Rn. 21.
[32] OLG Hamm 17.11.1967 – 3 Ws 516/67, NJW 1968, 313 (314); Löwe/Rosenberg/*Gössel* StPO § 367 Rn. 21.
[33] Löwe/Rosenberg/*Gössel* StPO § 367 Rn. 10. AA OLG Köln 3.4.1957 – 2 Ws 24/57, JMBlNW 1957, 131 (132) (gespaltene Zuständigkeit). Unklare Diff. bei KMR/*Eschelbach* StPO § 367 Rn. 7 aE.
[34] OLG Köln 30.7.1959 – 2 Ws 332/59, JMBlNW 1959, 283; AK/*Loos* StPO § 367 Rn. 17; KK/ *W. Schmidt* Rn. 8; Löwe/Rosenberg/*Gössel* StPO § 367 Rn. 20.
[35] LG Stuttgart 19.11.1996 – 17 Qs 79/96, NStZ 1997, 455.
[36] KK/*W. Schmidt* Rn. 5; Löwe/Rosenberg/*Gössel* StPO § 367 Rn. 11; AK/*Loos* StPO § 367 Rn. 9.

keit (LG *als Berufungsgericht*[37]) sowie die Zuständigkeiten der verschiedenen (Spezial-)Spruchkörper innerhalb eines Gerichts (beim AG: Strafrichter [§ 24], Jugendrichter [§ 39 JGG],[38] SchG [§ 28], JugSchG [§ 40 JGG]; beim LG: große und kleine StrK [§§ 74 Abs. 1, 76 Abs. 1],[39] JugK [§ 41 JGG], SchwurG [§ 74 Abs. 2], Staatsschutz- [§ 74a] und Wirtschaftsstrafkammer [§ 74c]; beim OLG: Strafsen. und Staatsschutzsen.[40]) beachtet werden müssen.[41]

13 Eine **Verbindung mehrerer Wiederaufnahmeverfahren** gem. § 2 Abs. 1 StPO mit dem Ziel, die Zuständigkeit eines Gerichts höherer Ordnung herbeizuführen, ist unzulässig.[42]

14 **b) Örtliche Zuständigkeit. aa) Grundregel: „anderes Gericht". (1) Allgemeines.** Abs. 1 S. 1 enthält den Grundsatz, dass im Wiederaufnahmeverfahren „ein anderes Gericht" zuständig ist. Der **Begriff des Gerichts** ist dabei im administrativ-organisatorischen Sinn gemeint, weshalb ein auswärtiger Spruchkörper desselben Gerichts (§ 78) ungeachtet seiner eigenen örtlichen Zuständigkeit kein anderes Gericht iSv Abs. 1 S. 1 ist.[43] Grds. verlangt Abs. 1 S. 1 daher die Zuständigkeit eines anderen AG, LG oder OLG; für letztere sieht allerdings Abs. 6 in S. 1 eine als Regel konzipierte Ausnahme und in S. 2 eine Gegenausnahme vor (dazu → Rn. 19).

15 **(2) Verfassungsmäßigkeit der Delegationslösung.** Die konkrete Bestimmung des örtlich zuständigen anderen Gerichts ergibt sich nicht unmittelbar aus dem Gesetz. Stattdessen delegiert Abs. 2 die bezirksinterne Bestimmung der zuständigen AG und LG auf die Präsidien der OLG (zur Bestimmung des anderen OLG → Rn. 19). Entgegen krit. Stimmen[44] liegt in dieser ungewöhnlichen Regelungstechnik kein **Verstoß gegen Art. 101 Abs. 1 S. 2 GG**.[45] Aus der gesetzesvertretenden Funktion des Präsidiumsbeschlusses folgt allerdings, dass dieser veröffentlicht werden muss; die Offenlegung auf der Geschäftsstelle des OLG gem. § 21 Abs. 9 reicht nicht.[46]

16 **(3) Präsidiumsentscheidung.** Das Präsidium des OLG bestimmt (nur) das für die Wiederaufnahmeverfahren innerhalb seines Bezirks zuständige Gericht; die Bestimmung des konkret zuständigen Spruchkörpers ist sodann eine Geschäftsverteilungsangelegenheit von dessen Präsidium,[47] wobei freilich Spezialzuständigkeiten Rechnung getragen werden muss.[48] Die Bestimmung der örtlichen Zuständigkeit durch das OLG-Präsidium ist wesensmäßig **keine Geschäftsverteilungsaufgabe**,[49] kann aber im Zusammenhang mit diesen

---

[37] SK/*Frister* Rn. 6. Die Besetzung richtet sich dabei danach, in welcher Besetzung das Berufungsgericht (§ 76) urspr. entschieden hat, *Kissel/Mayer* Rn. 4.
[38] Für die Zuständigkeit ist dabei (zunächst) irrelevant, ob das Strafverfahren gegen einen (inzwischen) Erwachsenen gerichtet ist, KK/*W. Schmidt* Rn. 9; Löwe/Rosenberg/*Gössel* StPO § 367 Rn. 17. Aber → Rn. 22.
[39] Zum Fall einer noch von der großen StrK erlassenen Berufungsentscheidung s. KMR/*Eschelbach* StPO § 367 Rn. 9; AK/*Loos* StPO § 367 Rn. 7; Löwe/Rosenberg/*Gössel* StPO § 367 Rn. 8.
[40] Dazu Löwe/Rosenberg/*Franke* § 120 Rn. 5.
[41] OLG München 20.2.1980 – 2 Ws 116/80, MDR 1980, 601 (602); Meyer-Goßner/*Schmitt* Rn. 5; Löwe/Rosenberg/*Franke* Rn. 3; SK/*Frister* Rn. 9; HK-StPO/*EC Schmidt/Temming* Rn. 7; SSW/*Quentin* Rn. 1.
[42] OLG Koblenz 11.7.1997 – 1 Ws 313/97, NStZ-RR 1998, 18 (19); KK/*W. Schmidt* Rn. 5 aE; Löwe/Rosenberg/*Gössel* StPO § 367 Rn. 7; KMR/*Eschelbach* StPO § 367 Rn. 10.
[43] SK/*Frister* Rn. 5; *Kissel/Mayer* Rn. 3; Löwe/Rosenberg/*Franke* Rn. 4; AK/*Loos* StPO § 367 Rn. 11.
[44] *Marxen/Tiemann* Rn. 55 Fn. 72; *Feiber* NJW 1986, 699. Zw. *Weiler* NJW 1996, 1042 (1044); *Kissel/Mayer* Rn. 6; KMR/*Eschelbach* StPO § 367 Rn. 13.
[45] BVerfG 7.5.1987 – 2 BvR 410/87, BeckRS 1987, 06412; SK/*Frister* Rn. 10; Meyer-Goßner/*Schmitt* Rn. 2; KK/*W. Schmidt* Rn. 3.
[46] *Kissel/Mayer* Rn. 10; Löwe/Rosenberg/*Franke* Rn. 7a; AK/*Loos* StPO § 367 Rn. 12; KMR/*Eschelbach* StPO § 367 Rn. 13; *Feiber* NJW 1986, 699 (700). AA Meyer-Goßner/*Schmitt* Rn. 2; HK-StPO/*EC Schmidt/Temming* Rn. 3.
[47] *Kissel/Mayer* Rn. 11; SK/*Frister* Rn. 11.
[48] Löwe/Rosenberg/*Franke* Rn. 8.
[49] *Kissel/Mayer* Rn. 6; Löwe/Rosenberg/*Franke* Rn. 7.

geschehen und folgt grds. den dafür gültigen Regeln.⁵⁰ Die Bestimmung erfolgt daher vor Beginn des Geschäftsjahrs für dessen Dauer, wobei eine Fortschreibung der Vorjahresregel grds. möglich ist.⁵¹ Ist ausnahmsweise eine **unterjährige Änderung** nötig, gilt § 21e Abs. 3 entspr.⁵²

Das OLG-Präsidium bestimmt nach pflichtgemäßem Ermessen; **Zweckmäßigkeitsaspekte** dürfen eine Rolle spielen.⁵³ Die Zuständigkeit spezieller Spruchkörper ist jedoch zu beachten (→ Rn. 12 und 17), weshalb die Wiederaufnahmezuständigkeit nur einem Gericht zugewiesen werden darf, das über die entspr. Spruchkörper verfügt.⁵⁴ Das OLG-Präsidium ist nicht daran gehindert, als Wiederaufnahmegericht ein AG desselben LG-Bezirks zu bestimmen, auch wenn damit dasselbe LG über die Berufung zu befinden hat.⁵⁵ Es kann zudem bei dem vom Wortlaut des Abs. 1 Satz 1 nicht erfassten Fall der **Vorbefassung zweier Gerichte** gleicher sachlicher Zuständigkeit (etwa bei Zurückverweisung durch das Revisionsgericht an ein anderes Gericht) das Erstgericht, dessen Entscheidung nicht Gegenstand des Wiederaufnahmeverfahrens ist, zum Wiederaufnahmegericht bestimmen;⁵⁶ hier bietet § 23 Abs. 2 StPO ausreichenden Schutz.⁵⁷

(4) Sonderregelungen. Die Grundidee der Zuständigkeit eines anderen gleichrangigen **17** Gerichts innerhalb desselben OLG-Bezirks stößt an Grenzen, wenn dort ein solches Gericht nicht existiert. Das gilt naturgemäß für die **erstinstanzliche Zuständigkeit des OLG** selbst; betroffen ist ferner der Fall, dass **im OLG-Bezirk kein anderes AG oder LG** mit strafrechtlicher Zuständigkeit besteht.⁵⁸ Schließlich tritt das Problem auch auf, wenn innerhalb eines OLG-Bezirks **Spezialzuständigkeiten** obligatorisch (§ 74a: Staatsschutzkammer) oder fakultativ (§ 74d Abs. 1: gemeinsames SchwurG; § 74c Abs. 3: gemeinsame Wirtschaftsstrafkammer) **an einem LG konzentriert** sind; aufgrund der Geltung des § 74e fehlt es dann an einem anderen LG mit gleicher sachlicher Zuständigkeit.⁵⁹

Die Abs. 3–6 sehen für diese Fälle – unvollständige – **Sonderregelungen zur Verhinde- 18 rung der Durchbrechung des Grundsatzes** der Zuständigkeit eines anderen Gerichts vor. Bestehen in einem Land mehrere OLG-Bezirke, gibt Abs. 3 für den Fall eines OLG-Bezirks mit nur einem LG⁶⁰ der Landesregierung (S. 2) bzw. -justizverwaltung (S. 3) die Möglichkeit, die Wiederaufnahmezuständigkeit einem benachbarten OLG-Bezirk zuzuweisen. Die Regelung gilt für den Fall einer **Zuständigkeitskonzentration** entspr.⁶¹ Gibt es in dem Land kein weiteres OLG, sehen Abs. 4 S. 2 und Abs. 5 die Möglichkeit vor, die Wiederaufnahmezuständigkeit per Kooperationsvereinbarung an den OLG-Bezirk eines benachbarten Landes zu übertragen. Wird davon kein Gebrauch gemacht, gilt Abs. 3 S. 1 iVm Abs. 4 S. 1 bzw. Abs. 5 (→ Rn. 20).

Ferner ist die Grundregel des Abs. 1 S. 1, Abs. 2 im Fall der **erstinstanzlichen Zustän- 19 digkeit eines OLG** naturgemäß unanwendbar. Hier sieht Abs. 6 S. 2 iVm § 120 Abs. 5

---

⁵⁰ SK/*Frister* Rn. 11; *Kissel/Mayer* Rn. 10.
⁵¹ KK/*W. Schmidt* Rn. 3; ausf. *Kissel/Mayer* Rn. 7 f.; *Löwe/Rosenberg/Franke* Rn. 7.
⁵² OLG München 15.2.2016 – 22 EK 4/14, UA S. 11; SK/*Frister* Rn. 11; KK/*W. Schmidt* Rn. 3; Löwe/Rosenberg/*Franke* Rn. 7. AA *Kissel/Mayer* Rn. 8; AK/*Loos* StPO § 367 Rn. 12.
⁵³ KK/*W. Schmidt* Rn. 3. Näher zu möglichen Ermessenserwägungen *Kissel/Mayer* Rn. 8; Löwe/Rosenberg/*Franke* Rn. 7.
⁵⁴ SK/*Frister* Rn. 9.
⁵⁵ OLG Nürnberg 9.2.1977 – 3 AR 17/77, MDR 1977, 688; HK-StPO/*EC Schmidt/Temming* Rn. 4.
⁵⁶ OLG Koblenz 30.5.1995 – 2 Ws 308/95, NJW 1996, 1072 (Ls.) = BeckRS 1995, 31113255; Meyer-Goßner/*Schmitt* Rn. 10; KK/*W. Schmidt* Rn. 7; Löwe/Rosenberg/*Gössel* StPO § 367 Rn. 21. AA LG Bad Kreuznach 9.3.1995 – 1 AR 244/94, NJW 1996, 1070 (1071 f.); SK/*Frister* Rn. 8; *Kissel/Mayer* Rn. 1: Bestimmung eines dritten Gerichts notwendig. Zw. KMR/*Eschelbach* StPO § 367 Rn. 13.
⁵⁷ Vgl. – StPO § 23 Rn. 10 ff.; Löwe/Rosenberg/*Siolek* StPO § 23 Rn. 25.
⁵⁸ Zu den tatsächlichen Gegebenheiten Meyer-Goßner/*Schmitt* Rn. 13; *Marxen/Tiemann* Rn. 55 Fn. 73.
⁵⁹ BGH 11.7.1970 – 2 ARs 185/79, BGHSt 29, 47 = NJW 1980, 131; OLG Karlsruhe 25.10.1979 – 3 Ws 233/79, JR 1980, 305; Löwe/Rosenberg/*Franke* Rn. 8a. Einschr. *Kissel/Mayer* Rn. 13, die Zuständigkeitskonzentrationen nach §§ 74c Abs. 3, 74d Abs. 1 bloß als Regelungen der *örtlichen* Zuständigkeit begreifen.
⁶⁰ Bis 1997 Braunschweig betr., derzeit ohne Anwendungsfall.
⁶¹ BGH 11.7.1970 – 2 ARs 185/79, BGHSt 29, 47 (49) = NJW 1980, 131 mit insoweit zust. Anm. *Katholnigg*.

S. 2 die Möglichkeit einer staatsvertraglichen Vereinbarung vor, mit der die Länder die Wiederaufnahmezuständigkeit auf das Hauptstadt-OLG eines anderen Landes übertragen können.[62] Besteht keine solche Vereinbarung, gilt Abs. 6 S. 1 (→ Rn. 20); die Möglichkeit der Übertragung auf ein anderes OLG in dems. Land ist nicht vorgesehen.

20 **bb) Ausnahme: Anderer Spruchkörper desselben Gerichts.** Haben die Länder für die in → Rn. 17 erwähnten „Problemfälle" von der Befugnis, die Zuständigkeit auf einen anderen OLG-Bezirk zu übertragen, keinen Gebrauch gemacht, muss der **Grundsatz der Zuständigkeit eines anderen Gerichts** „notgedrungen"[63] **durchbrochen** werden. In diesen Fällen gestatten die Abs. 3 S. 1 (für LG und iVm Abs. 5 auch für AG) und Abs. 6 S. 1 (für OLG), dass lediglich ein anderer Spruchkörper des Ausgangsgerichts entscheidet. Die Bestimmung desselben obliegt dem jeweiligen OLG-Präsidium; die betroffenen AG oder LG sind an diesen Eingriff in ihre Geschäftsverteilung gebunden.[64] Spezialzuständigkeiten sind zu beachten (→ Rn. 12 und 17); besteht an dem Gericht nur ein Spezialspruchkörper, ist ein anderer mit ders. Aufgabe als Auffangspruchkörper zu bestimmen[65] – notfalls auch nachträglich im Lauf des Geschäftsjahrs.[66] Weil Abs. 3 S. 1 seinem Wortlaut nach nur den Fall der Existenz eines einzigen LG im OLG-Bezirk, nicht aber den strukturanalogen **Fall der Spezialzuständigkeitskonzentration** an einem LG (→ Rn. 17) erfasst, ist hier die Regelung nach üA entspr. anwendbar.[67]

21 **3. Wiederaufnahme gegen Revisionsentscheidungen.** Wird eine Revisionsentscheidung angefochten, gilt der Grundsatz der Zuständigkeit eines gleichrangigen Gerichts (Abs. 1 S. 1) nicht. Stattdessen ist ein anderes Gericht der Ordnung des Gerichts, gegen dessen Urteil die Revision eingelegt war, zuständig, Abs. 1 S. 2. War der Revisionsentscheidung eine Berufung vorausgegangen, entscheidet also ein anderes Berufungsgericht; dies gilt auch, wenn das **Berufungsgericht** nach § 329 Abs. 1 StPO entschieden hatte.[68]

Die Vorschrift bezweckt, Revisionsgerichte vollständig von wiederaufnahmegerichtlichen Aufgaben zu befreien.[69] Sie gilt daher auch dann, wenn ein **spezifischer Fehler** gerade **des Revisionsgerichts** geltend gemacht wird[70] und ferner unabhängig davon, ob das Revisionsgericht per Urteil oder Beschluss (§ 349 Abs. 1, 2, 4 StPO) entschieden hat.[71]

Die Zuständigkeit des niederen Wiederaufnahmegerichts gilt nicht durchgängig; erlässt dieses einen Beschluss nach § 370 Abs. 2 StPO, hat es die Erneuerung der Hauptverhandlung vor einem Revisionsgericht anzuordnen (→ Rn. 22).

IV. Sonderfälle

22 **1. Zuständigkeitsveränderung im Wiederaufnahmeverfahren.** Vom Grundsatz der durchgängigen Zuständigkeit des Wiederaufnahmegerichts für Wiederaufnahme- und wie-

---

[62] Näher SK/*Frister* Rn. 15.
[63] SK/*Frister* Rn. 13.
[64] Löwe/Rosenberg/*Franke* Rn. 9; SK/*Frister* Rn. 13 aE.
[65] Löwe/Rosenberg/*Franke* Rn. 9 (LG), 12 (OLG).
[66] Löwe/Rosenberg/*Gössel* StPO § 367 Rn. 21.
[67] OLG Karlsruhe 25.10.1979 – 3 Ws 233/79, JR 1980, 305 m. zust. Anm. *Rieß*; *Katholnigg* NJW 1980, 132; *Kissel/Mayer* Rn. 14; AK/*Loos* StPO § 367 Rn. 15; Meyer-Goßner/*Schmitt* Rn. 3; SK/*Frister* Rn. 14; Löwe/Rosenberg/*Gössel* StPO § 367 Rn. 19; SSW/*Quentin* Rn. 5; KK/*W. Schmidt* Rn. 4; Löwe/Rosenberg/ *Franke* Rn. 8a; Marxen/Tiemann Rn. 55; gebilligt v. BayVerfGH 27.10.1989 – Vf. 37-VI-88, VerfGHE 42, 143 (146 f.) = NJW 1990, 825 (Ls.). AA BGH 11.7.1970 – 2 ARs 185/79, BGHSt 29, 47 (49) = NJW 1980, 131 (132), der unverständlicherweise nur Abs. 3 S. 2 für analog anwendbar hält.
[68] Löwe/Rosenberg/*Gössel* StPO § 367 Rn. 13; Meyer-Goßner/*Schmitt* Rn. 7.
[69] Löwe/Rosenberg/*Franke* Rn. 6; KK/*W. Schmidt* Rn. 6; HK-StPO/*EC Schmidt/Temming* Rn. 9.
[70] BGH 27.10.1998 – 1 StR 631/76, NStZ-RR 1999, 176; 23.1.1985 – 2 ARs 6/85, GA 1985, 419 = bei *Pfeiffer/Miebach* NStZ 1985, 492 (496); KK/*W. Schmidt* Rn. 6; *Kissel/Mayer* Rn. 5; Löwe/Rosenberg/ *Franke* Rn. 6.
[71] BGH 12.9.2013 – 4 StR 220/13, HRRS 2013 Nr. 991; 23.1.1985 – 2 ARs 6/85, GA 1985, 419 = bei *Pfeiffer/Miebach* NStZ 1985, 492 (496); SK/*Frister* Rn. 16; Löwe/Rosenberg/*Franke* Rn. 6. Zw. KMR/ *Eschelbach* StPO § 367 Rn. 12.

deraufgenommenes Verfahren (→ Rn. 4) gibt es **Ausnahmen.** In bestimmten Konstellationen ist es geboten oder zumindest zulässig, dass das nach Abs. 1 zuständige Gericht das Verfahren an ein anderes Gericht abgibt.

Wird ein **unzuständiges Gericht angerufen,** besteht prinzipiell in jedem Verfahrensstadium die Möglichkeit einer Korrektur durch Abgabe an das zuständige Gericht.[72]

Zudem ist anerkannt, dass das gem. § 140a zuständige Gericht nach erfolgreicher Begründetheitsprüfung die Erneuerung der Hauptverhandlung vor einem anderen Gericht anordnen kann. Ein solches Vorgehen ist zwingend, wenn sich die **Wiederaufnahme gegen eine revisionsgerichtliche Entscheidung** richtet; nach dem Grundsatz der Zurücksetzung des Verfahrens in den Stand vor Erlass der fehlerhaften Entscheidung (→ StPO § 370 Rn. 20) muss erneut ein Revisionsverfahren durchgeführt werden.[73] Deshalb ordnet das nach Abs. 1 S. 2 (zunächst) zuständige Gericht niederer Ordnung das neue Hauptverfahren vor einem anderen Senat des Revisionsgerichts an.[74]

Richtet sich die **Wiederaufnahme gegen ein jugendgerichtliches Urteil,** begründet dies selbst dann die Wiederaufnahmezuständigkeit eines JugG, wenn dessen urspr. Zuständigkeit auf einer Verbindung nach § 103 Abs. 1 JGG beruhte und das Wiederaufnahmeverfahren lediglich die Erwachsenenstrafsache betrifft.[75] In dem Beschluss nach § 370 Abs. 2 StPO kann das JugG die Sache allerdings an ein allg. Strafgericht verweisen[76] (§ 103 Abs. 3 JGG analog[77]).

Ähnliches gilt, wenn die noch abzuurteilende Straftat in den Zuständigkeitsbereich eines Gerichts niederer Ordnung fällt; das Wiederaufnahmegericht kann dann in entspr. Anwendung von **§ 354 Abs. 3 StPO** die Erneuerung der Hauptverhandlung vor diesem Gericht anordnen.[78]

2. Zuständigkeit bei weggefallenen Gerichten und Zuständigkeiten. a) Nachträgliche Änderung von Zuständigkeiten. Wird der **Bezirk des Gerichts,** dessen Entscheidung angefochten wird, **nachträglich geändert,** ist dasjenige Gericht zuständig, welches nach Abs. 1 S. 1 iVm Abs. 2 zum Wiederaufnahmegericht für die Entscheidungen des Gerichts bestimmt worden ist, das (nach Landesrecht[79]) nunmehr für den Bezirk des Erstgerichts zuständig ist.[80]

Über Wiederaufnahmen gegen frühere **erstinstanzliche Entscheidungen des BGH** in Staatsschutzsachen entscheidet gem. Art. 5 Abs. 6 S. 2 StaatsschStrafsG[81] das nach heutigem Recht zuständige OLG.[82]

b) Weggefallene Gerichte. Bei Wiederaufnahmeanträgen gegen Entscheidungen von Gerichten, an deren Sitz **deutsche Gerichtsbarkeit nicht mehr ausgeübt** wird, gelten die Sonderregeln der §§ 17, 19 ZustErG,[83] für Wiederaufnahmen gegen Urteile von **Wehrmachts- und Sondergericht**en die §§ 18 Abs. 3, 19 ZustErG.[84]

---

[72] Näher → StPO § 367 Rn. 6–9.
[73] SK/*Frister* Rn. 17; *Kissel/Mayer* Rn. 5.
[74] SK/*Frister* Rn. 17; *Kissel/Mayer* Rn. 5; Löwe/Rosenberg/*Franke* Rn. 5.
[75] KK/*W. Schmidt* Rn. 9.
[76] Löwe/Rosenberg/*Gössel* StPO § 367 Rn. 17; Meyer-Goßner/*Schmitt* Rn. 11.
[77] Abw. KMR/*Eschelbach* StPO § 367 Rn. 7: § 354 Abs. 3 StPO analog.
[78] SSW/*Kaspar* § 370 Rn. 6; Löwe/Rosenberg/*Gössel* StPO § 367 Rn. 4; KMR/*Eschelbach* § 370 Rn. 34, § 367 Rn. 1; *Marxen/Tiemann* Rn. 406. AA Miebach/Hohmann/*Cirener* Wiederaufnahme H Rn. 18.
[79] Vgl. die Begr. zum Ersten G über die Bereinigung von Bundesrecht im Zuständigkeitsbereich des Bundesministeriums der Justiz, BT-Drs. 16/47, 51.
[80] IE wohl auch Löwe/Rosenberg/*Gössel* StPO § 367 Rn. 16, der aber irrigerweise vom Fortbestehen des 2008 aufgehobenen Gesetz über die Zuständigkeit der Gerichte bei Änderungen der Gerichtseinteilung vom 6.12.1933 (RGBl. I 1037) ausgeht.
[81] Gesetz zur allgemeinen Einführung eines zweiten Rechtszugs in Staatsschutzsachen vom 8.9.1969 (BGBl. I 1582).
[82] SK/*Frister* Rn. 6; Löwe/Rosenberg/*Gössel* StPO § 367 Rn. 21.
[83] BGBl. 1952 I 407. Textabdruck bei Löwe/Rosenberg/*Gössel* StPO § 367 Rn. 27.
[84] Näher Löwe/Rosenberg/*Gössel* StPO Vor § 359 Rn. 101 ff., § 367 Rn. 29; SK/*Frister* Rn. 21. S.a. → Vor § 359 StPO Rn. 16.

Über Wiederaufnahmen gegen erstinstanzliche **Urteile des RG in Staatsschutzsachen** entscheidet das nach heutigem Recht für den Tatort zuständige OLG, Art. 8 Abs. 3 Nr. 88 VereinheitlG iVm Art. 5 Abs. 6 S. 2 StaatsschStrafsG iVm § 120 GVG iVm § 7 StPO.[85]

Soweit, wie bspw. für Wiederaufnahmen gegen die **Entscheidungen von DDR-Gerichten**,[86] keine Sonderzuständigkeitsregeln bestehen, gelten Abs. 1 S. 1, Abs. 2 mit der Maßgabe, dass an die Stelle des Gerichts, dessen Entscheidung angefochten wird, dasjenige Gericht tritt, welches die Aufgaben des weggefallenen Gerichts übernommen hat.[87]

---

[85] BGH 2.5.1983 – 3 ARs 4/83 – StB 15/83, BGHSt 31, 365 (367 f.) = NStZ 1983, 424 f.; 22.12.1981 – 2 ARs 232/81, NStZ 1982, 214 = NJW 1982, 1712 (Ls.) im Anschl. an *Rieß* NStZ 1981, 274 f.; *Kissel/Mayer* Rn. 21; Löwe/Rosenberg/*Franke* Rn. 4; KMR/*Eschelbach* Rn. 11; SK/*Frister* Rn. 21. AA SSW/*Quentin* Rn. 1 (immer KG zuständig). Wieder anders KG 21.4.1981 – 3 AR 232/79 – 4 Ws 53/81, NStZ 1981, 273 f.: kein zuständiges Gericht vorhanden.

[86] Dazu → StPO Vor § 359 Rn. 16; Löwe/Rosenberg/*Gössel* StPO Vor § 359 Rn. 95 ff.

[87] OLG Naumburg 23.6.1993 – Ws 193/92, MDR 1993, 1228 (1229); SK/*Frister* Rn. 7. AA *Kissel/Mayer* Rn. 3; Löwe/Rosenberg/*Franke* Rn. 4, die das an die Stelle des weggefallenen Gerichts getretene Gericht als Wiederaufnahmegericht betrachten.

Zehnter Titel. Staatsanwaltschaft

Vorbemerkung zu § 141

Schrifttum: *Altvater,* Die Rolle der Staatsanwaltschaft in einer selbstverwalteten Justiz, NStZ-Sonderheft 2009, 4; *Beukelmann,* Die Europäische Staatsanwaltschaft, NJW-Spezial 2013, 568; *Bittmann,* Referentenentwurf für ein Gesetz zur Stärkung der Rechte von Opfern sexuellen Missbrauchs (StORMG), ZRP 2011, 72; *Blomeyer,* Zur Haftung des Staates für Fehler des Staatsanwalts, JZ 1970, 715; *Börker,* Über hundert Jahre Staatsanwaltschaft im einstigen Preußen, JR 1953, 237; *Brocke,* Justiz unter Beobachtung – Das Urteil des BVerfG zur Verständigung in Strafsachen und seine Auswirkungen auf die staatsanwaltliche und strafrichterliche Praxis, StraFo 2013, 441; *Brodowski,* Strafrechtsrelevante Entwicklungen in der Europäischen Union – ein Überblick, ZIS 2010, 376; *Carsten/Rautenberg,* Die Geschichte der Staatsanwaltschaft in Deutschland bis zur Gegenwart, 2. Aufl., 2012; *Dohmen,* Brauchen wir die „unabhängige Staatsanwaltschaft"?, ZRP 1996, 192; *Döhring,* Die deutsche Staatsanwaltschaft in ihrer geschichtlichen Entwicklung, DRiZ 1958, 282; *Eisenberg,* Zu einem Konflikt der Staatsanwaltschaft mit dem Gesetz (§ 36 JGG) Einleitung, 67; *ders.,* Grundsätzliche Unzulässigkeit der Sitzungsvertretung durch Referendare in Jugendsachen, DRiZ 1998, 161; *Fluck,* Amtspflichtverletzung durch Staatsanwälte, NJW 2001, 202; *Frenz,* Von Eurojust zur Europäischen Staatsanwaltschaft, wistra 2010, 432; *Gounalakis,* Verdachtsberichterstattung durch den Staatsanwalt, NJW 2012, 1473; *Gössel,* Überlegungen über die Stellung der Staatsanwaltschaft im rechtsstaatlichen Verfahren und über ihr Verhältnis zur Polizei, GA 1980, 325; *Görcke,* Weisungsgebundenheit und Grundgesetz, ZStW 73 (1961), 561; *ders.,* Weisungsgebundenheit des deutschen Staatsanwalts und Unabhängigkeit der Rechtsprechung, DRiZ 1964, 50; *Günter,* Das Berufsbild des Staatsanwalts in Deutschland an der Schwelle zum neuen Jahrhundert, DRiZ 2002, 55; *Hannich,* Frische Pferde für die Kavallerie, DRiZ 2003, 249; *Hassemer,* Vorverurteilung durch die Presse, NJW 1985, 1921; *Hörstel,* Hörsthaftung wegen Verschleppung staatsanwaltlicher Ermittlungen (Balsam Amtsgericht), NJW 1996, 497; *Hund,* Brauchen wir die „unabhängige Staatsanwaltschaft"?, ZRP 1994, 470; *Kaufmann,* Europäische Staatsanwälte überall, DRiZ 2013, 390; *Kelker,* Die Rolle der Staatsanwaltschaft im Strafverfahren, ZStW 2006, 389; *Kintzi,* Staatsanwaltschaft – objektive Behörde und Anwalt des Staates, DRiZ 1987, 457; *Kretschmer,* Die Staatsanwaltschaft – Eine problemorientierte Darstellung ihrer Aufgaben und Rechtsstellung, Jura 2004, 452; *Kunert,* Wie abhängig ist der Staatsanwalt?, Festschrift Wassermann, 1985, 915; *Lehr,* Pressefreiheit und Persönlichkeitsrechte – Ein Spannungsverhältnis für die Öffentlichkeitsarbeit der Justiz, NJW 2013, 728; *Lingenthal,* Eine Europäische Staatsanwaltschaft „ausgehend von Eurojust"?, ZEuS 2010, 79; *Maier,* Wie unabhängig sind Staatsanwälte in Deutschland?, ZRP 2003, 387; *Mayer,* Überlegungen zur verfassungsrechtlichen Stellung der Staatsanwaltschaft, in: Festschrift für Odersky, 1996, 233; *Meyer-Mews,* Zivilrechtliche Entschädigungsansprüche des Beschuldigten im Strafverfahren, MDR 2004, 1218; *Mitsch,* Postmortales Persönlichkeitsrecht verstorbener Straftäter, NJW 2010, 3479; *Neuling,* Rechtsschutz des Beschuldigten bei amtspflichtwidrigen Medienauskünften von Justizbediensteten – die Affäre Mannesmann, StV 2006, 332; *Nürnberger,* Die zukünftige Europäische Staatsanwaltschaft – Eine Einführung, ZJS 2009, 494; *Odersky,* Aktuelle Überlegungen zur Stellung der Staatsanwaltschaft, Festschrift Rebmann, 1989, 343; *Rautenberg,* Die Abhängigkeit der deutschen Staatsanwaltschaft, GA 2006, 356; *Riehle,* Die rechtsstaatliche Bedeutung der Staatsanwaltschaft unter besonderer Berücksichtigung ihrer Rolle in der nationalsozialistischen Zeit, 1985; *Roxin,* Strafrechtliche und strafprozessuale Probleme der Vorverurteilung, NStZ 1991, 153; *ders.,* Zur Rechtstellung der Staatsanwaltschaft damals und heute, DRiZ 1997, 109; *Rudolph,* Die politische Abhängigkeit der Staatsanwaltschaft, NJW 1998, 1205; *Rudolphi,* Zur Strafbarkeit der Weitergabe von Überstücken einer Anklageschrift durch den Staatsanwalt, JR 1980, 383; *Rüping,* Die Geburt der Staatsanwaltschaft in Deutschland, GA 1992, 147; *Satzger,* Die potentielle Errichtung einer Europäischen Staatsanwaltschaft – Plädoyer für ein Komplementaritätsmodell, NStZ 2013, 206; *Schäfer,* Die Staatsanwaltschaft im Rechtsschutzsystem, NJW 2001, 1396; *Schenke,* Rechtsschutz gegen doppelfunktionale Maßnahmen der Polizei, NJW 2011, 2838; *Schneider,* Zu Stellung und Tätigkeit von Staatsanwälten – Einblicke in die staatsanwaltliche Praxis, Jura 1999, 62; *Schoreit,* Plädoyer für ein Staatsanwaltsgesetz, DRiZ 1995, 304; *Eb. Schmidt,* Die Rechtstellung der Staatsanwälte im Rahmen der rechtsprechenden Gewalt und ihre Einbeziehung in das Richtergesetz, DRiZ 1957, 273; *ders.,* Zur Rechtstellung und Funktion der Staatsanwaltschaft als Justizbehörde, MDR 1964, 629 ff.; 723 ff.; *Schneiderhan,* Der Europäische Staatsanwalt: Ein Projekt mit großen Problemen und weitreichenden Folgen, DRiZ 2013, 100; *Steffen,* Haftung für Amtspflichtverletzungen des Staatsanwalts, DRiZ 1972, 153; *Storbeck,* Die Zusammenarbeit der Strafverfolgungsbehörden in Europa, DRiZ 2000, 481; *Trüg,* Medienarbeit der Strafjustiz – Möglichkeiten und Grenzen, NJW 2011, 1040; *Vogel,* Amtspflichten der Staatsanwaltschaft gegenüber Verletzten, wistra 1996, 219; *Wagner,* Zur Weisungsgebundenheit der Staatsanwälte, NJW 1963, 8; *Weiß,* Europarechtliche Impulse für die Reform des Amtsrechts der Staatsanwaltschaft, JR 2005, 363.

Übersicht

	Rn.		Rn.
I. Allgemeines	1	2. Verfolgung von Ordnungswidrigkeiten	4, 5
II. Zuständigkeiten der Staatsanwaltschaft	2–7	3. Verhütung von Straftaten	6
1. Strafverfolgung und Strafvollstreckung	2, 3	4. Sonstige Aufgaben	7

	Rn.		Rn.
III. Organisatorische Stellung der Staatsanwaltschaft	8–38	5. Strafrechtliche Verantwortung	22–26
1. Allgemeines	8–10	6. Öffentlichkeitsarbeit	27–30
2. Ermittlungsverfahren	11, 12	7. Jugendstaatsanwälte	31–33
3. Strafgerichtliches Verfahren	13, 14	8. Europäische Staatsanwaltschaft	34–37
4. Amtshaftung des Staatsanwalts	15–21	9. Reformbestrebungen	38

I. Allgemeines

1 Der zehnte Titel enthält grundlegende Bestimmungen zur **Organisation** und zum **internen Betrieb der Staatsanwaltschaft**.[1] Diese stellen keine lückenlosen Regelungen dar, weshalb sich in den Ausführungsgesetzen der Länder zum Gerichtsverfassungsgesetz (AGGVG) sowie in den Anordnungen der Landesjustizverwaltungen, insbesondere in den Anordnungen über Organisation und Dienstbetrieb der Staatsanwaltschaften (OrgStA), ergänzende Vorschriften finden.[2]

II. Zuständigkeiten der Staatsanwaltschaft

2 **1. Strafverfolgung und Strafvollstreckung.** Die wesentliche **Aufgabe der Staatsanwaltschaft** auf dem Gebiet der Strafrechtspflege ist die **Strafverfolgung**. Die Staatsanwaltschaft leitet „als Herrin" das Ermittlungsverfahren und vertritt im Verfahren vor den Strafgerichten als Verfahrensbeteiligte die Anklage.[3] Ihr obliegt „als Wächterin des Gesetzes"[4] die Durchsetzung und Wahrung des staatlichen Strafanspruchs.[5] Im Bereich der Strafvollstreckung ist sie Vollstreckungsbehörde (§§ 36 Abs. 2, 451, 463 StPO).

3 Gem. § 152 Abs. 2 StPO ist die Staatsanwaltschaft – soweit nicht gesetzlich etwas anderes bestimmt ist – verpflichtet, wegen aller verfolgbaren Straftaten einzuschreiten, sofern zureichende tatsächliche Anhaltspunkte vorliegen **(Legalitätsprinzip)**. Sie hat gem. § 170 Abs. 1 StPO Anklage zu erheben, wenn nach Abschluss der Ermittlungen der hinreichende Tatverdacht einer Straftatbegehung durch einen Beschuldigten besteht. Andernfalls ist das Verfahren einzustellen (§ 170 Abs. 2 StPO). Mit Ausnahme des Privatklageverfahrens (§§ 374 ff. StPO) oder der Beantragung eines Strafbefehls durch die Finanzbehörden (§ 400 AO) steht nur der Staatsanwaltschaft das Anklagemonopol zu **(Akkusationsprinzip)**. Ausnahmen vom Legalitätsprinzip finden sich in den §§ 153 ff. StPO, die eine Verfahrenseinstellung aus Opportunitätserwägungen vorsehen.

4 **2. Verfolgung von Ordnungswidrigkeiten.** Bei der Verfolgung von **Ordnungswidrigkeiten** besteht nur eine eingeschränkte Zuständigkeit der Staatsanwaltschaft. In einem Strafverfahren kann sie die Tat auch unter dem Gesichtspunkt einer Ordnungswidrigkeit verfolgen (§ 40 OWiG). Sofern eine Straftat vorliegt, die mit einer Ordnungswidrigkeit zusammenhängt, kann sie die Verfolgung der Ordnungswidrigkeit übernehmen (§§ 42, 63

---

[1] Vgl. zur historischen Entwicklung der Staatsanwaltschaft ua *Riehle*, Die rechtsstaatliche Bedeutung der Staatsanwaltschaft unter besonderer Berücksichtigung ihrer Rolle in der nationalsozialistischen Zeit, 1985; 35 ff.; *Eb. Schmidt* DRiZ 1957, 273 (275 ff.); *Döhring* DRiZ 1958, 282 ff.; *Rüping* GA 1992, 147 ff.; *Börker* JR 1953, 237; *Roxin* DRiZ 1997, 109; *Carsten/Rautenberg* Die Geschichte der Staatsanwaltschaft in Deutschland bis zur Gegenwart, 2012, 49 ff.

[2] Vgl. die Fundstellennachweise bei SK/*Wohlers* Rn. 12.

[3] Vgl. zum staatsanwaltlichen Aufgabenbereich *Kissel/Mayer* § 141 Rn. 10 ff.; SK/*Wohlers* Rn. 7 f.; *Schneider* Jura 1999, 62 (63 f.); *Kretschmer* Jura 2004, 452 (453); *Kelker* ZStW 2006, 389 (393 ff.).

[4] Diese Formulierung geht auf die „Väter" der modernen Staatsanwaltschaft, die preußischen Staats- und Justizminister von Savigny und Uhden, zurück, vgl. *Eb. Schmidt* DRiZ 1957, 273 (280).

[5] Der preußische Justizminister v. Mühler hat in einer Stellungnahme vom 12.12.1843 die Aufgabe der Staatsanwaltschaft wie folgt beschrieben: „*Ich will die Staatsanwälte bloß dem Justizministerium untergeordnet sehen, dessen Organe sie sein sollen. Sie sollen ein anständiges Gehalt erhalten und Aussicht auf Beförderung haben, um sich ihren Obliegenheiten mit Eifer und voller Tätigkeit widmen zu können. Sie sollen die ehrenvolle Bestimmung haben, Wächter der Gesetze zu sein, die Übertreter der Gesetze zu verfolgen, die Bedrängten zu schützen, und allen, denen der Staat seine Vorsorge widmet, ihren Beistand gewähren*", vgl. *Hund* ZRP 1994, 470 (471).

OWiG). Im Regelfall ist für die Verfolgung von Ordnungswidrigkeiten allerdings die Verwaltungsbehörde zuständig (§ 35 Abs. 1 OWiG).

Dagegen gibt es bei der Durchführung eines **Bußgeldverfahrens** keine originäre 5 Zuständigkeit der Staatsanwaltschaft. Hier kann die Staatsanwaltschaft erst dann tätig werden, wenn der Betroffene gegen den Bußgeldbescheid der Verwaltungsbehörde Einspruch eingelegt hat und die Akten bei der Staatsanwaltschaft eingehen (§ 69 OWiG). Das weitere Verfahren richtet sich dann nach den Vorschriften der StPO bezüglich des Einspruchs gegen einen Strafbefehl (§§ 71 ff. OWiG).

3. Verhütung von Straftaten. Eine Zuständigkeit der Staatsanwaltschaft zur präventiven Verhütung von Straftaten existiert nicht. Es handelt sich dabei um eine originäre Aufgabe der Behörden des Polizei- und Ordnungsrechts. Ein Zusammenhang besteht nur mittelbar und nur insoweit, als im Rahmen der Verfolgung von Straftaten auch die Verhütung weiterer Straftaten bewirkt wird.[6] 6

4. Sonstige Aufgaben. Neben der Strafverfolgung obliegt der Staatsanwaltschaft die 7 Wahrnehmung **weiterer Aufgaben.** Diese umfassen ua die Mitwirkung im Auslieferungsverfahren und bei sonstigen Rechtshilfemaßnahmen zu Gunsten des Auslands (zB gem. §§ 13 Abs. 2, 21 Abs. 4, 27 Abs. 2, 29 Abs. 1, 31 Abs. 1 IRG). Sie ist weiterhin Gnadenbehörde nach Maßgabe landesrechtlicher Bestimmungen. Zu den außerstrafrechtlichen Zuständigkeiten gehören weiterhin die Antrags- und Mitwirkungsrechte im Aufgebotsverfahren gem. §§ 16, 22, 30 VerschG.

III. Organisatorische Stellung der Staatsanwaltschaft

1. Allgemeines. Bei der Staatsanwaltschaft handelt es sich in organisatorischer Hinsicht 8 um eine **eigenständige Behörde,** die bei ihrer Amtsausübung von den Gerichten unabhängig ist (§ 150). Die Staatsanwaltschaft ist aufgrund der fehlenden (Weisungs-)Unabhängigkeit und der mangelnden Rechtskraftfähigkeit ihrer Entscheidungen nicht der rechtsprechenden Gewalt im Sinne von Art. 92 GG zuzuordnen. Vielmehr gehört sie – trotz einiger Besonderheiten – formal zur **Exekutive.**[7] Sie ist jedoch in erster Linie eine Justizbehörde *sui generis* und keine klassische Verwaltungsbehörde.[8] Als Organ der Rechtspflege ist sie nicht Vertreter der Regierung,[9] sondern vertritt den Rechts- und nicht den Machtwillen des Staates.[10] Der Staatsanwalt muss sein Amt politisch neutral und unabhängig von sachfremden Erwägungen ausüben.[11]

Die Staatsanwaltschaft erfüllt gemeinsam mit den Gerichten die Aufgabe der strafrechtlichen Justizgewährung.[12] Sie ist ein dem Gericht gleichgeordnetes **Organ der Strafrechtspflege** und schafft im Verhältnis zu den Strafgerichten die Voraussetzungen für die Ausübung der rechtsprechenden Gewalt.[13] Sie verfügt gem. § 152 StPO im Gegensatz zu den Gerichten über eine Initiativbefugnis. Dieser Aufgabe entspricht ihre organische Eingliederung in die Justiz, von der sie gerade im Rechtsstaat ein wesentlicher Bestandteil ist.[14] Als Ausdruck 9

---

[6] Vgl. zur Abgrenzung von Strafverfolgung und präventiv-polizeilichen Maßnahmen BayVGH 5.11.2009 – 10 C 9.2122, DÖV 2010, 239; 25.10.1988 – 21 B 88.01491, BayVBl. 1989, 244; *Odersky* FS Rebmann, 1989, 343 (344 ff.); *Schenke* NJW 2011, 2838 (2841 ff.).
[7] BVerfG 27.4.1971 – 2 BvL 31/71, BVerfGE 31, 43 (46); 20.2.2001 – 2 BvR 1444/00, BVerfGE 103, 142 = NJW 2001, 1121; Löwe/Rosenberg/*Franke* Rn. 15; SK/*Wohlers* Rn. 13; Meyer-Goßner/*Schmitt* Rn. 6; *Roxin* DRiZ 1997, 109 (113); *Hund* ZRP 1994, 470 (471 f.); *Eb. Schmidt* DRiZ 1957, 273 (274 f.); *ders.* MDR 1964, 629 ff.; aA *Görcke* ZStW 73 (1961), 561 (564 ff.); *ders.* DRiZ 1964, 50; *Wagner* NJW 1963, 8.
[8] *Kissel/Mayer* § 141 Rn. 9; *Kunert* FS Wassermann, 1985, 915 (917); *Mayer* FS Odersky, 1996, 233 (242).
[9] Löwe/Rosenberg/*Franke* Rn. 15; SK/*Wohlers* Rn. 14.
[10] *Eb. Schmidt* DRiZ 1957, 273 (279); ähnlich *Gössel* GA 1980, 325 (336).
[11] *Kissel/Mayer* § 141 Rn. 9.
[12] BVerfG 12.1.1983 – 2 BvR 864/81, BVerfGE 63, 45 (63); BGH 23.9.1960 – 3 StR 28/60, BGHSt 15, 155 (159); *Eb. Schmidt* DRiZ 1957, 273 (279).
[13] BGH 14.7.1971 – 3 StR 73/71, BGHSt 24, 170; Meyer-Goßner/*Schmitt* Rn. 3.
[14] BVerfG 19.3.1959 – 1 BvR 295/58, NJW 1959, 871 (872); Löwe/Rosenberg/*Franke* Rn. 15.

der Gewaltenteilung kontrolliert die Staatsanwaltschaft die Gerichte im Hinblick auf die rechtmäßige Durchführung des Strafverfahrens.[15]

10 In der **Hauptverhandlung** ist die Staatsanwaltschaft der Sitzungspolizei des Gerichts unterworfen, nicht aber dessen Ordnungsgewalt.[16] Sie ist wegen ihrer Verpflichtung zur Objektivität genauso wie das Gericht an die Ermittlung der Wahrheit gebunden.[17] Im Gegensatz zu den Gerichten fehlt ihr eine verfassungsrechtlich verbürgte Unabhängigkeit, welche nach Art. 97 GG nur den Richtern zusteht.[18]

11 **2. Ermittlungsverfahren.** Der Staatsanwaltschaft obliegt im Ermittlungsverfahren bis zur Anklageerhebung die alleinige Verfahrensherrschaft. Sie hat die gesetzesmäßige und rechtsstaatsmäßige Durchführung des Ermittlungsverfahrens sicherzustellen.[19] Die Pflicht zur Durchführung von Ermittlungen bezieht sich sowohl auf belastende als auch auf entlastende Umstände (§ 160 Abs. 2 StPO). Die Verfahrensherrschaft beinhaltet die Kontrolle und Instruktion der staatsanwaltlichen Ermittlungspersonen (§ 152). Aufgrund dieser umfassenden Verantwortung steht der Staatsanwaltschaft gegenüber ihren Ermittlungspersonen ein Weisungsrecht zu (§ 161 Abs. 1 S. 2 StPO; § 152 Abs. 1).[20]

12 Die der Staatsanwaltschaft zugewiesene Verantwortlichkeit für das Ermittlungsverfahren verlangt, dass sie die ihr zustehenden **Leitungs- und Kontrollbefugnisse** effektiv ausübt. Dazu genügt es nicht, wenn sie lediglich Richtung und Umfang der von der Polizei vorzunehmenden Ermittlungen ganz allgemein vorgibt. Insbesondere bei der Aufklärung und Verfolgung von Tötungsdelikten hat die Staatsanwaltschaft den Status des zu Vernehmenden als Zeuge oder Beschuldigter klarzustellen und durch **allgemeine Weisungen** im Voraus oder durch **konkrete Einzelweisungen** eine ordnungsgemäße, rechtzeitige Beschuldigtenbelehrung gem. § 136 Abs. 1 S. 2, § 163a Abs. 4 StPO sicherzustellen.[21]

13 **3. Strafgerichtliches Verfahren.** Im strafgerichtlichen Verfahren ist die Staatsanwaltschaft aufgrund ihrer Stellung als Organ der Rechtspflege keine Partei im formalen Sinne, sondern Verfahrensbeteiligte.[22] Die Verfahrensherrschaft liegt nach Anklageerhebung beim Gericht. Der Staatsanwalt verfügt ab diesem Zeitpunkt über **Mitwirkungs- und Beteiligungsrechte**.[23] Ebenso wie dem Angeklagten und seinem Verteidiger stehen dem Staatsanwalt in der Hauptverhandlung umfangreiche Antrags- und Fragerechte zu (§§ 239, 240 Abs. 2 S. 1, 245, 246 Abs. 2, 257 Abs. 2 StPO). Nach Abschluss der Beweisaufnahme hält der Staatsanwalt seinen Schlussvortrag (§ 258 Abs. 1 StPO). Gegen ein Urteil kann er die Rechtsmittel

---

[15] Vgl. BVerfG 19.3.2013 – 2 BvR 2628/10, 2 BvR 2883/10, 2 BvR 2155/11, NJW 2013, 1058 (1066 ff.) zur Rolle der Staatsanwaltschaft bei Verständigungen gem. § 257c StPO; ähnlich *Gössel* GA 1980, 325 (341).

[16] *Löwe/Rosenberg/Franke* Rn. 13. Nach OLG Schleswig 21.2.2013 – 2 Ws 566/12 (8/13), StraFo 2013, 205 soll ein Gericht in einem bei ihm anhängigen Hauptsacheverfahren keine Unterlagen beschlagnahmen können, die sich bei der Staatsanwaltschaft im Gewahrsam befinden, da die Staatsanwaltschaft kein taugliches Objekt einer Beschlagnahme sei; aA KG 22.6.1989 – 4 Ws 110/89, NStZ 1989, 541; 20.11.2000 – 1 Ws 313/00, NJW 2011, 1290.

[17] Ähnlich BVerfG 19.3.2013 – 2 BvR 2628/10, 2 BvR 2883/10, 2 BvR 2155/11, NJW 2013, 1058 (1066). Insoweit BVerfG 20.2.2001 – 2 BvR 1444/00, NJW 2001, 1121 (1122) annimmt, dass „Polizei und StA […] keine Unabhängigkeit [genießen], und von ihnen […] – im Hinblick auf ihre Aufgabe, beim Verdacht von Straftaten den Sachverhalt zu erforschen (§§ 160 Abs. 1 S. 2, 163 Abs. 1 StPO) – auch nicht, wie vom Richter, strikte Neutralität erwartet werden [kann]", dürfte dies der vom Gesetzgeber vorgesehenen Rolle (§§ 160 Abs. 2, 170 Abs. 2, 296 Abs. 2, 365, 371 Abs. 2 StPO) nicht gerecht werden; kritisch insoweit auch *Schäfer* NJW 2001, 1396.

[18] Vgl. zu den Weisungs- und Ersetzungsrechten der Dienstvorgesetzten die Ausführungen zu §§ 145–147.

[19] *Löwe/Rosenberg/Franke* Rn. 16; *Schneider* Jura 1999, 62 (64 ff.).

[20] Vgl. zu Art und Umfang der staatsanwaltlichen Weisungskompetenz → § 152 Rn. 6 ff.

[21] BGH 27.5.2009 – 1 StR 99/09, NJW 2009, 2612. Wird ein Tatverdächtiger dennoch zu Unrecht als Zeuge vernommen, muss der ermittlungsleitende Staatsanwalt wegen des Belehrungsverstoßes darauf hinwirken, dass der Zeuge bei Beginn der nachfolgenden Vernehmung als Beschuldigter auf die Nichtverwertbarkeit der früheren Angaben hingewiesen wird („qualifizierte Belehrung"), vgl. BGH 18.12.2008 – 4 StR 455/08, NStZ 2009, 281.

[22] BVerfG 12.1.1983 – 2 BvR 864/81, BVerfGE 63, 45 (63); BGH 23.9.1960 – 3 StR 28/60, BGHSt 15, 155 (159); *Löwe/Rosenberg/Franke* Rn. 19; *Meyer-Goßner/Schmitt* Rn. 8; *Gössel* GA 1980, 325 (336).

[23] *Löwe/Rosenberg/Franke* Rn. 16.

der Berufung und Revision zum Nachteil oder zu Gunsten des Angeklagten einlegen (§ 296 Abs. 1 und Abs. 2 StPO).[24] Im Wiederaufnahmeverfahren ist er ebenfalls zu beteiligen (§§ 365, 368 Abs. 2, 369 Abs. 3 und Abs. 4 StPO). Der Staatsanwalt arbeitet nicht mit dem Richter zusammen, sondern kontrolliert die Einhaltung der Rechtsordnung die Gerichte.[25]

Eine **Waffengleichheit** zwischen dem Angeklagten und der Staatsanwaltschaft im Sinne einer völligen Gleichheit der verfahrensrechtlichen Befugnisse und Möglichkeiten kennt das deutsche Strafprozessrecht nicht.[26] Eine Wahrung der (Mindest-)Rechte des Angeklagten wird – auch im Ermittlungsverfahren – durch die Einhaltung des verfassungsrechtlichen Rechts auf ein faires Verfahren, das auch gegenüber der Staatsanwaltschaft besteht, sowie durch eine Ausbalancierung der Verfahrensrechte gewährleistet.[27] 14

4. Amtshaftung des Staatsanwalts. Ein rechtswidriges Verhalten des Staatsanwalts im Zusammenhang mit der Ausübung der ihm zustehenden Befugnisse kann einen Schadensersatzanspruch nach den Grundsätzen der **Amtshaftung** auslösen (Art. 34 GG, § 839 BGB).[28] Die Wahrnehmung der dem Staatsanwalt obliegenden Pflicht zur Verfolgung von Straftaten erfolgt ausschließlich im Interesse der Öffentlichkeit. Eine Verletzung dieser Pflicht – etwa durch Nichtverfolgung – ist daher keine Verletzung einer **drittbezogenen Amtspflicht** im Sinne von § 839 BGB.[29] Etwas anderes kann dann gelten, wenn der Staatsanwaltschaft in einem laufenden Ermittlungsverfahren konkrete Schutzpflichten gegenüber dem durch eine Straftat Geschädigten erwachsen, etwa zur Sicherstellung der Diebesbeute im Interesse des Bestohlenen.[30] Der Beschuldigte ist in einem Ermittlungsverfahren dagegen Dritter iSv § 839 BGB.[31] 15

Die Frage des Vorliegens einer **Amtspflichtverletzung** durch einen Staatsanwalt richtet sich, sofern es um die Auslegung unbestimmter Rechtsbegriffe geht, nach der Vertretbarkeit der von ihm getroffenen Entscheidung oder Maßnahme, da dem Staatsanwalt insoweit ein weiter Beurteilungsspielraum zusteht.[32] Daher kann eine abweichende Entscheidung möglich sein, ohne dass dies eine schuldhafte Pflichtverletzung darstellt.[33] Die Verletzung einer Amtspflicht mangels Vertretbarkeit ist regelmäßig erst dann gegeben, wenn die staatsanwaltliche Entscheidung bei voller Würdigung der Belange einer funktionstüchtigen Strafrechtspflege nicht mehr verständlich ist.[34] 16

Anknüpfungspunkt für das Vorliegen einer staatsanwaltlichen Amtspflichtverletzung kann sowohl die Entscheidung über die Einleitung eines Ermittlungsverfahrens (§ 152 Abs. 2 StPO) als auch die Entscheidung über Umfang und Fortführung der Ermittlungen sein.[35] Weiterhin können die Erhebung einer Anklage (§ 170 Abs. 1 StPO),[36] die Beantragung 17

---

[24] Nach BVerfG 19.3.2013 – 2 BvR 2628/10, 2 BvR 2883/10, 2 BvR 2155/11, NJW 2013, 1058 (1066) muss die Staatsanwaltschaft in Anbetracht der hohen Bedeutung, die der Gesetzgeber der Wahrung der verfassungsrechtlichen Vorgaben an den Strafprozess in Verständigungsfällen gem. § 257c StPO beigemessen hat, bei einem Verstoß gegen die Vorgaben des Verständigungsgesetzes in der Regel Rechtsmittel einlegen.
[25] BVerfG 12.1.1983 – 2 BvR 864/81, BVerfGE 63, 45 (63); 19.3.2013 – 2 BvR 2628/10, 2 BvR 2883/10, 2 BvR 2155/11, NJW 2013, 1058 (1066); *Schneider* Jura 1999, 62 (63 f.).
[26] BVerfG 19.3.2013 – 2 BvR 2628/10, 2 BvR 2883/10, 2 BvR 2155/11, NJW 2013, 1058 (1060).
[27] *Kissel/Mayer* § 141 Rn. 6; Löwe/Rosenberg/*Franke* Rn. 20; Meyer-Goßner/*Schmitt* Rn. 9. Vgl. zur Frage der Sitzordnung im Gerichtssaal SK/*Wohlers* Rn. 18 mwN.
[28] Vgl. allg. *Steffen* DRiZ 1972, 153 ff.; *Blomeyer* JZ 1970, 715 ff.
[29] BGH 28.3.1996 – III ZR 141/95, NJW 1996, 2373; OLG Düsseldorf 7.8.1995 – 18 W 5/95, NJW 1996, 530; SK/*Wohlers* Rn. 43; *Meyer-Mews* MDR 2004, 1218; *Fluck* NJW 2001, 202; aA *Hörstel* NJW 1996, 497 (498); *Vogel* wistra 1996, 219 (220 f.).
[30] BGH 28.3.1996 – III ZR 141/95, NJW 1996, 2373. Weitergehend *Vogel* wistra 1996, 219 (221 ff.).
[31] BGH 8.3.1956 – III ZR 113/54, NJW 1956, 1028 (1029).
[32] BGH 18.6.1970 – III ZR 95/68, NJW 1970, 1543 (1544); 2.4.1998 – III ZR 309/96, NJW 1998, 2051 (2052).
[33] BGH 18.6.1970 – III ZR 95/68, NJW 1970, 1543 (1544).
[34] BGH 21.4.1988 – III ZR 225/86, NJW 1989, 96 (97); 22.2.1989 – III ZR 51/88, BeckRs 1989, 31067925.
[35] BGH 21.4.1988 – III ZR 225/86, NJW 1989, 96 (97 ff.); OLG Dresden 21.2.2001 – 6 U 2233/00, OLRG Dresden 2001, 551; OLG Celle 23.6.2011 – 16 U 130/10, NJW-Spezial 2012, 250.
[36] BGH 27.9.1990 – III ZR 314/89, BGHR BGB § 839 Abs. 1 S. 1 Staatsanwalt 3; 18.5.2000 – III ZR 180/99, NJW 2000, 2672 (2673 ff.).

eines Haftbefehls (§§ 112, 112a StPO)[37] der nicht rechtzeitige Antrag auf Aufhebung eine Haftbefehls[38] oder der Antrag auf Erlass eines Durchsuchungsbeschlusses amtspflichtwidrig sein. Schließlich kann sich ein Amtshaftungsanspruch aus der amtspflichtwidrigen Verfügung über Asservate ergeben.

18   Die Zustimmung des Staatsanwalts zur **Verfahrenseinstellung gem. § 153 Abs. 2 StPO** nach Anklageerhebung berührt dagegen nicht die alleinige Verantwortlichkeit des Gerichts für die Einstellung des Verfahrens und ändert damit die Natur des Einstellungsbeschlusses als richterliche Handlung nicht,[39] so dass ein gegen den Staatsanwalt gerichteter Amtshaftungsanspruch nicht in Betracht kommt.

19   Im Rahmen der **Verschuldensprüfung** ist zu beachten, dass den Staatsanwalt in der Regel kein Verschulden trifft, wenn ein Kollegialgericht nach sorgfältiger Prüfung die Rechtmäßigkeit der Amtstätigkeit bejaht hat.[40] Ausnahmen kommen dann in Betracht, wenn das Kollegialgericht die staatsanwaltliche Tätigkeit lediglich anhand eines reduzierten Prüfungsmaßstabes kontrolliert hat,[41] wenn das Kollegialgericht den Sachverhalt nicht sorgfältig und erschöpfend gewürdigt hat oder wenn die Überzeugungsbildung aufgrund eines verfahrensfehlerhaft festgestellten Sachverhalts erfolgt ist.[42]

20   Der Beginn der dreijährigen **Verjährungsfrist** (§ 195 BGB) für einen Schadensersatzanspruch wegen Amtspflichtverletzungen der Staatsanwaltschaft richtet sich nach § 199 BGB. Im Zusammenhang mit der Erhebung der öffentlichen Klage beginnt die Verjährung im Falle der Ablehnung der Eröffnung des Hauptverfahrens regelmäßig nicht vor der Rechtskraft dieser Entscheidung.[43]

21   Sofern der Staatsanwalt vorsätzlich oder grob fahrlässig gegen die ihm obliegenden Pflichten verstoßen hat, kommt ein **Rückgriff seines Dienstherrn** in Betracht (vgl. § 46 BRRG iVm den entsprechenden landesrechtlichen Ausführungsbestimmungen). Auf das **Spruchrichterprivileg** des § 839 Abs. 2 BGB kann sich der Staatsanwalt nicht berufen.[44] Sofern Staatsanwalt und Richter gemeinschaftlich für eine Amtspflichtverletzung verantwortlich sind (§ 840 BGB), finden im Falle eines Regresses – sofern sich der Richter auf § 839 Abs. 2 S. 1 BGB berufen kann – die Grundsätze über den gestörten Gesamtschuldnerausgleich aufgrund einer gesetzlichen Haftungsprivilegierung Anwendung.[45]

22   **5. Strafrechtliche Verantwortung.** Die ordnungsgemäße Ausübung der der Staatsanwaltschaft zugewiesenen Aufgaben wird durch eine Reihe von Straftatbeständen flankiert. Die für die Ausübung der staatsanwaltlichen Tätigkeit relevantesten **Straftatbestände** sind die Strafvereitelung im Amt (§ 258a StGB), die Verfolgung Unschuldiger (§ 344 StGB), die Vollstreckung gegen Unschuldige (§ 345 StGB), die Rechtsbeugung (§ 339 StGB), die Verletzung von Privatgeheimnissen (§ 203 Abs. 2 Nr. 1 StGB) sowie die Verletzung des Dienstgeheimnisses (§ 353b Abs. 1 Nr. 1 StGB).[46]

---

[37] BGH 23.10.2003 – III ZR 9/03, NJW 2003, 3693 (3694 f.); 22.2.1989 – III ZR 51/88, BeckRS 1989, 31067925; 27.9.1990 – III ZR 314/89, BGHR BGB § 839 Abs. 1 S. 1 Staatsanwalt 3; OLG München 28.6.2010 – 1 W 1548/09, BeckRs 2010, 15837; OLG Düsseldorf 16.3.2011 – 18 U 111/10, BeckRS 2011, 23116.
[38] OLG München 28.6.2010 – 1 W 1548/09, BeckRS 2010, 15837.
[39] BGH 5.5.1975 – III ZR 43/73, NJW 1975, 1829 (1830).
[40] BGH 16.10.1997 – III ZR 23/96, NJW 1998, 751 (752); OLG Dresden 21.2.2001 – 6 U 2233/00, OLGR Dresden 2001, 551.
[41] BGH 16.10.1997 – III ZR 23/96, NJW 1998, 751 (752).
[42] BGH 16.10.1997 – III ZR 23/96, NJW 1998, 751 (752 f.); OLG Dresden 21.2.2001 – 6 U 2233/00, OLRG Dresden 2001, 551.
[43] BGH 2.4.1998 – III ZR 309/96, NJW 1998, 2051 (2052 f.).
[44] SK/*Wohlers* Rn. 48.
[45] BGH 17.2.1987 – VI ZR 81/86, NJW 1987, 2669; 12.6.1973 – VI ZR 163/71, NJW 1973, 1648; 1.3.1988 – VI ZR 190/87, NJW 1988, 2677.
[46] Die unzulässige Weitergabe von Dienstgeheimnissen durch einen Justizminister, die dieser von der Staatsanwaltschaft im Rahmen eines laufenden Ermittlungsverfahrens im Wege der Berichtspflichten (§§ 146, 147 Nr. 2 GVG) mitgeteilt bekommen hat, verlangt nach BGH 16.4.2008 – 1 StR 83/08, NJW 2008, 2057 grundsätzlich die Verhängung einer Freiheitsstrafe.

Eine **Strafvereitelung im Amt** (§ 258a StGB) kann vorliegen, wenn der Staatsanwalt durch bewusst verzögernde Sachbearbeitung von Ermittlungsverfahren wissentlich vereitelt bzw. zu vereiteln versucht, dass ein anderer dem Strafgesetz gemäß wegen einer rechtswidrigen Tat bestraft wird.[47] § 258a StGB kann auch dann Anwendung finden, wenn der Staatsanwalt einen Beschuldigten nicht verfolgt, obwohl er ihn – ggf. irrig (vgl. § 23 Abs. 3 StGB) – für tatverdächtig hält.[48] Das objektive Vorliegen erheblicher Verzögerungen bei der Aktenbearbeitung lässt nicht automatisch den Schluss zu, der Staatsanwalt habe in subjektiver Hinsicht um die Unmöglichkeit der Erledigung der Rückstände gewusst.[49] Einstellungen gem. §§ 153 ff., 170 Abs. 2 StPO fallen dann unter den Anwendungsbereich des § 258a StGB, wenn deren Voraussetzungen nicht vorliegen.[50] Sollte der Staatsanwalt trotz konkreter Anhaltspunkte für das Vorliegen eines vorsätzlichen Verstoßes des Gerichts gegen die Vorgaben des § 257c StPO kein Ermittlungsverfahren gegen den Richter einleiten, begibt er sich selbst in die Gefahr einer strafrechtlichen Ahndung wegen (versuchter) Strafvereitelung im Amt.[51]

Wegen **Verfolgung Unschuldiger** (§ 344 Abs. 1 StGB) kann ein Staatsanwalt dann bestraft werden, wenn er die ihm zur Verfügung stehenden staatlichen Machtmittel missbraucht. Hält er es hingegen für möglich, dass der Beschuldigte unschuldig ist, und entschließt er sich dennoch zur Einleitung von Ermittlungen zur Klärung der Schuld oder Unschuld des Beschuldigten, braucht er keine Bestrafung nach StGB § 344 zu befürchten.[52] Eine **Vollstreckung gegen Unschuldige** (§ 345 StGB) kommt in Betracht, wenn eine Sanktion vollstreckt wird, die nach den maßgeblichen prozessrechtlichen Vorschriften überhaupt nicht, noch nicht, nicht mehr oder nicht in dieser Art und Weise vollstreckt werden darf.[53]

Ein Staatsanwalt, der ihm als Hilfsmittel zur Weiterbildung und zur allgemeinen dienstlichen Verwendung überlassene Überstücke von Anklageschriften aus seinem Dezernat an Außenstehende weitergibt, kann sich der **Verletzung von Privatgeheimnissen** (§ 203 Abs. 2 Nr. 1 StGB) oder der **Verletzung des Dienstgeheimnisses** (§ 353b Abs. 1 Nr. 1 StGB) schuldig machen. Er begeht aber damit gewöhnlich keinen **Verwahrungsbruch** (§ 133 StGB).[54] Auch ein Staatsanwalt, der ein Geheimnis erst durch eine eigene Entscheidung schafft, kann bei einem Offenbaren dieses Geheimnisses den objektiven Tatbestand des § 353b Abs. 1 StGB verwirklichen, weil die Regelung – wie sich aus dem systematischen Vergleich zu § 203 Abs. 2 StGB (*„ein fremdes Geheimnis"*) ergibt – auch den Verrat eigener Geheimnisse durch einen Amtsträger umfasst.[55]

Staatsanwälte können Täter einer **Rechtsbeugung** gem. § 339 StGB sein, soweit sie dazu berufen sind, im Rahmen ihrer Sachleitungsbefugnis eigenständige Entscheidungen zu treffen.[56] Eine Rechtsbeugung durch einen Staatsanwalt kann gegeben sein, sofern er strafbare Handlungen nicht verfolgt[57] oder aus sachfremden Erwägungen das Verfahren gem. §§ 153 ff., § 170 Abs. 2 StPO, § 45 JGG einstellt.[58] Tätigkeiten des Staatsanwalts, die auf

---

[47] SK/*Wohlers* Rn. 31.
[48] BGH 11.11.1960 – 4 StR 402/60, BGHSt 15, 210 (213 f.); OLG Oldenburg 11.3.2003 – 1 Ws 60/03, NdsRpfl 2003, 256.
[49] BGH 9.11.1976 – 5 StR 439/76, DRiZ 1977, 87 f.
[50] SK/*Wohlers* Rn. 31.
[51] *Brocke* StraFo 2013, 441 (452).
[52] OLG Düsseldorf 22.5.1992 – 1 Ws 184/92, wistra 1992, 357; 4.3.1987 – 1 Ws 140/87, NJW 1987, 2453; OLG München 3.4.1985 – 2 Ws 232/85, NStZ 1985, 549; SK/*Wohlers* Rn. 32.
[53] Schönke/Schröder/*Cramer/Sternberg-Lieben/Hecker* StGB § 345 Rn. 5.
[54] OLG Köln 21.8.1979 – 1 Ss 410/79, NJW 1980, 898; zustimmend *Rudolphi* JR 1980, 383.
[55] AA OLG Dresden v. 11.9.2007 – 2 Ws 163/07, NJW 2007, 3509 f.; OLG Düsseldorf v. 5.9.1980 – 1 Ws 419/80, NStZ 1981, 25.
[56] BGH 14.3.1972 – 5 StR 589/71, BGHSt 24, 326; OLG Bremen 26.7.1985 – Ws 126/84, NStZ 1986, 120; SK/*Wohlers* Rn. 34.
[57] BGH 21.8.1997 – 5 StR 652/96, BGHSt 43, 183 (188); Schönke/Schröder/*Heine* StGB § 339 Rn. 9.
[58] BGH 23.5.1984 – 3 StR 102/84, NJW 1984, 2711; OLG Bremen 26.7.1985 – Ws 126/84, NStZ 1986, 120 (121); Schönke/Schröder/*Heine* StGB § 339 Rn. 9.

eine Herbeiführung einer gerichtlichen Entscheidung gerichtet sind (zB Antrag auf Erlass eines Haftbefehls), können ebenfalls eine täterschaftliche Verantwortung iSv § 339 StGB begründen.[59] Eine Rechtsbeugung kann auch dann vorliegen, wenn der Staatsanwalt vorsätzlich an einer rechtswidrigen Verständigung (§ 257c StPO) mitwirkt.[60]

27   **6. Öffentlichkeitsarbeit.** Im Ermittlungsverfahren ist die Staatsanwaltschaft als das verfahrensleitende Organ presserechtlich gegenüber der **Öffentlichkeit** und den **Medien** zur **Erteilung von Auskünften verpflichtet**.[61] Ein Anspruch der Medien auf Auskunftserteilung gegenüber den Staatsanwaltschaften der Länder ergibt sich aus den jeweiligen Pressegesetzen der Länder. Daneben kommt ein Anspruch gem. § 475 Abs. 4 StPO nicht in Betracht, da es sich bei staatsanwaltlichen Presseauskünften um Angelegenheiten der Justizverwaltung handelt, die in den §§ 474 ff. StPO nicht geregelt werden sollten.[62] Die Regelungen der Länder bezüglich der staatsanwaltlichen Erteilung von Auskünften an die Presse kommen als Ermächtigungsgrundlage für Eingriffe in die Rechte Dritter, die durch die Auskunftserteilung betroffen sind, in Betracht.[63] Ein Anspruch der Presse auf **Auskunftserteilung durch Bundesbehörden** kann nicht auf die Pressegesetze der Länder gestützt werden, sondern folgt in Ermangelung einer einfachgesetzlichen Regelung unmittelbar aus Art. 5 Abs. 1 S. 2 GG.[64] Konkretisierende Richtlinien für die Pressearbeit der Staatsanwaltschaft finden sich in Nr. 23 RiStBV.

28   Die **Erteilung von staatsanwaltlichen Auskünften** hängt davon ab, ob das öffentliche Interesse an dem Erhalt der Informationen gegenüber dem Interesse der betroffenen Privatpersonen und/oder staatlicher Stellen an der Geheimhaltung überwiegt. Hierbei ist eine **umfassende Abwägung der sich gegenüberstehenden Interessen** vorzunehmen.[65] Im Rahmen der Abwägung sind ermittlungstaktische Erwägungen zu berücksichtigen, die eine Erteilung von Informationen ausschließen können. Hinsichtlich der Namensnennung und der identifizierenden Berichterstattung ist im Regelfall eine besondere Zurückhaltung geboten.[66] Im Ausnahmefall können die Veröffentlichung des Namens und die Bekanntgabe detaillierter Tatvorwürfe gerechtfertigt sein, wenn das öffentliche Informationsinteresse das Geheimhaltungsinteresse des Betroffenen überwiegt.[67] Dies ist regelmäßig bei Straftaten von erheblicher Bedeutung der Fall.[68] Eine Strafbarkeit gem. § 203 StGB scheidet dann aus.[69]

29   Staatsanwaltliche Pressearbeit sollte zurückhaltend sein und sich alleine auf die **Erteilung notwendiger Informationen** beschränken.[70] Presserklärungen zu Ermittlungsverfahren müssen sich jeglicher direkter oder indirekter vorverurteilender Tendenz enthalten. Dies gilt selbst dann, wenn Ermittlungsmaßnahmen von Betroffenen öffentlich kritisiert wer-

---

[59] BGH 6.10.1994 – 4 StR 23/94, NJW 1995, 64; 15.5.1997 – 5 StR 580/96, NStZ-RR 1997, 301; 7.7.2010 – 5 StR 555/09, NJW 2010, 3045 (3047); aA SK/*Wohlers* Rn. 34.
[60] Brocke StraFo 2013, 451 f.
[61] BVerfG 5.8.1966 – 1 BvR 586/62, BVerfG 20, 162 (175 f.); OLG Hamm 31.1.2000 – 2 Ws 282/99, NStZ 2000, 1278 (1279); SK/*Wohlers* Rn. 19.
[62] Löwe/Rosenberg/*Hilger* StPO § 475 Rn. 2; Graf/*Wittig* StPO § 475 Rn. 4; Radtke/Hohmann/*Kretschmer* StPO § 475 Rn. 1; aA HK-StPO/*Temming* StPO § 475 Rn. 2; Meyer-Goßner/*Schmitt* StPO § 475 Rn. 1a.
[63] Dies folgt aus der Notwendigkeit einer Prüfung vor Auskunftserteilung, ob ein Anspruch aufgrund vorrangiger Interessen Dritter nicht besteht, vgl. zB OLG Stuttgart 21.6.2001 – 4 VAs 3/01, NJW 2011, 3797 bzgl. § 4 Abs. 1 LPresseG BW; OVG Berlin-Brandenburg 11.10.2010 – OVG 10 S 32.10, OVGE BE 31, 191 bzgl. § 4 Abs. 1 PresseG Bln.; aA Meyer-Goßner/*Schmitt* StPO § 475 Rn. 1a; HK-StPO/*Temming* StPO § 475 Rn. 2; *Mitsch* NJW 2010, 3479 (3482).
[64] BVerwG 20.2.2013 – 6 A 2.12, NVwZ 2013, 1006.
[65] BVerfG 5.6.1973 – 1 BvR 536/72, BVerfGE 35, 202 (221); OLG Hamm 31.1.2000 – 2 Ws 282/99, NStZ 2000, 1278 (1279).
[66] BGH 7.12.1999 – VI ZR 51/99, NJW 2000, 1036 ff.
[67] *Gounalakis* NJW 2012, 1473 (1479).
[68] BGH 22.2.1989 – III ZR 51/88, BeckRS 1989, 31067925; OLG Düsseldorf 27.4.2005 – 15 U 98/03, NJW 2005, 1791 (1798 ff.); SK/*Wohlers* Rn. 24; kritisch *Neuling* StV 2006, 332.
[69] OLG Hamm 31.1.2000 – 2 Ws 282/99, NJW 2000, 1278 (1279 f.); OLG Koblenz 15.2.2001 – 2 Ws 10/01, NJW-RR 2004, 691 f.
[70] *Hassemer* NJW 1985, 1921 (1928).

den.⁷¹ Eine **Pflicht der Staatsanwaltschaft zur Richtigstellung** oder zum Entgegentreten unzutreffender Spekulationen in der Presse besteht in der Regel nur dann, wenn die Gründe in der staatsanwaltlichen Pressearbeit zu finden sind.⁷² Das verfassungsrechtlich verbürgte Recht auf ein faires Verfahren kann die Strafverfolgungsbehörden im Ausnahmefall dazu verpflichten, vor einer Pressemitteilung die Betroffenen zu unterrichten.⁷³ Eine (eigenständige) **polizeiliche Pressearbeit** in einem Ermittlungsverfahren kommt aufgrund der staatsanwaltlichen Verfahrenshoheit nur dann in Betracht, wenn die Staatsanwaltschaft damit einverstanden ist.⁷⁴

Die **gerichtliche Überprüfung** von Art und Inhalt der staatsanwaltlichen Pressearbeit 30 richtet sich nach § 23 EGGVG, da die staatsanwaltliche Pressearbeit in einem Ermittlungsverfahren aufgrund eines untrennbaren Zusammenhangs unmittelbar zu der ihr obliegenden Aufgabe der Strafrechtspflege gehört.⁷⁵ Eine Einflussnahme der Presse kann nur dann ein **Beweisverwertungsverbot** auslösen, wenn ein der Staatsanwaltschaft (oder dem Gericht) zurechenbares Handeln oder Unterlassen zu einem Verstoß gegen eine Beweiserhebungsvorschrift geführt hat.⁷⁶ Eine rechtswidrige Öffentlichkeitsarbeit der Staatsanwaltschaft kann Amtshaftungsansprüche zur Folge haben.⁷⁷

7. Jugendstaatsanwälte. Die §§ 36, 37 JGG enthalten spezielle Regelungen für Staats- 31 anwälte, die im Jugendstrafverfahren (§ 1 JGG) tätig werden. Nach § 36 JGG werden für Verfahren, die zur Zuständigkeit der Jugendgerichte gehören, **Jugendstaatsanwälte** bestellt. Diese sollen nach § 37 JGG erzieherisch befähigt und in der Jugenderziehung erfahren sein.

Mit Wirkung zum 1.1.2014 ist durch den Gesetzentwurf der Bundesregierung zur Stär- 32 kung der Rechte von Opfern sexuellen Missbrauchs **(StORMG)**⁷⁸ eine **Neuregelung der §§ 36, 37 JGG** in Kraft getreten, die allerdings in wesentlichen Teilen hinter dem ursprünglichen Gesetzentwurf zurückgeblieben ist. Während der Gesetzentwurf der Bundesregierung noch vorsah, dass Jugendstaatsanwälte (ebenso wie Jugendrichter) über belegbare Kenntnisse auf den Gebieten der Kriminologie, Pädagogik und Sozialpädagogik sowie der Jugendpsychologie verfügen müssen (§ 37 Abs. 1 S. 1 JGG-E),⁷⁹ wurden diese Änderungen nicht ins Gesetz übernommen. Neu wurde allerdings geregelt, dass **Richter auf Probe** und **Beamte auf Probe** im ersten Jahr nach ihrer Ernennung nicht zum Jugendstaatsanwalt bestellt werden *sollen* (§ 36 Abs. 1 S. 2 JGG). **Amtsanwälten** dürfen jugendstaatsanwaltliche Aufgaben nur übertragen werden, wenn diese die besonderen Anforderungen erfüllen, die gem. § 37 JGG für die Wahrnehmung jugendstaatsanwaltlicher Aufgaben an Staatsanwälte gestellt werden. **Eingeschränkt** wurde allerdings die **Tätigkeit von Referendaren** im Jugendverfahren, da diesen nur im Einzelfall die Wahrnehmung jugendstaatsanwaltlicher Aufgaben unter Aufsicht eines Jugendstaatsanwalts übertragen werden kann (§ 36 Abs. 2

---

⁷¹ *Lehr* NJW 2013, 728 (732).
⁷² Weitergehend OLG Düsseldorf 27.4.2005 – 15 U 98/03, NJW 2005, 1791 (1801); SK/*Wohlers* Rn. 27 mwN.
⁷³ VGH Kassel 15.10.2001 – 10 TZ 1734/01, NJW 2001, 3802; LG Düsseldorf 30.4.2003 – 2b O 182/02, NJW 2003, 2536 (2538); *Kissel/Mayer* § 141 Rn. 28.
⁷⁴ SK/*Wohlers* Rn. 20.
⁷⁵ VGH Mannheim 27.11.1972 – I 1040/72, NJW 1973, 214; OLG Hamm 14.7.1980 – 1 VAs 7/80, NJW 1981, 356; 7.12.1994 – 1 VAs 57/94, NStZ 1995, 412; OLG Düsseldorf 27.4.2005 – 15 U 98/03, NJW 2005, 1791; OLG Stuttgart 21.6.2001 – 4 VAs 3/01, NJW 2011, 3797; OLG Karlsruhe 14.12.1994 – 2 VAs 14/94, NJW 1995, 899; SK/*Wohlers* Rn. 28. Nach aA BVerwG 14.4.1988 – 3 C 65.85, NStZ 1988, 513 f.; 6.2.1991 – 3 B 85/90, NJW 1992, 62; BayVGH 21.2.2002 – 5 C 01.3135; OVG Berlin-Brandenburg 11.10.2010 – OVG 10 S 32.10, OVGE BE 31, 191 ist der Verwaltungsrechtsweg gem. § 40 VwGO eröffnet.
⁷⁶ Ähnlich *Roxin* NStZ 1991, 153 (154); *Hassemer* NJW 1985, 1921 (1927 f.); weitergehend SK/*Wohlers* Rn. 30; *ders.* StV 2005, 186 (189 f.).
⁷⁷ BGH 17.3.1994 – III ZR 15/93, NJW 1994, 1950 (1951 ff.); *Trüg* NJW 2011, 1040 (1045).
⁷⁸ Entwurf eines Gesetzes zur Stärkung der Rechte von Opfern sexuellen Missbrauchs (StORMG) der Bundesregierung vom 22.6.2011 (Drs. 17/6261); vgl. zum Gesetzentwurf *Bittmann* ZRP 2011, 72.
⁷⁹ BT-Drs. 17/6261.

S. 2 JGG). Die Sitzungsvertretung in Verfahren vor den Jugendgerichten dürfen Referendare nur unter Aufsicht und im Beisein eines Jugendstaatsanwalts wahrnehmen (§ 36 Abs. 2 S. 2 JGG).

33 Trotz ihrer Bedeutung für die Jugendstrafrechtspflege handelt es sich – auch nach der gesetzlichen Neuregelung – bei den §§ 36, 37 JGG um **Ordnungsvorschriften,** deren Verletzung die Revision gem. § 337 StPO oder gem. § 338 Nr. 5 StPO für sich allein nicht begründen kann.[80] Daher ist die Staatsanwaltschaft auch dann ordnungsgemäß vertreten, wenn der Sitzungsdienst in einer Hauptverhandlung vor dem Jugendgericht durch einen Rechtsreferendar[81] oder durch einen Amtsanwalt[82] wahrgenommen wird.

34 **8. Europäische Staatsanwaltschaft.** In Art. 86 AEUV hat der gemeinschaftsrechtliche Normgeber die Möglichkeit zur Einrichtung einer **Europäischen Staatsanwaltschaft** vorgesehen.[83] Zur Bekämpfung von Straftaten zum Nachteil der finanziellen Interessen der Union kann der Rat in einem besonderen Gesetzgebungsverfahren durch Verordnungen eine Europäische Staatsanwaltschaft einsetzen (Art. 86 Abs. 1 S. 1 AEUV). Straftaten zum Nachteil der finanziellen Interessen der Union sind dabei insbesondere Betrug im Bereich der Einnahmen und Ausgaben der EU, Geldwäsche, Bestechung und Bestechlichkeit.[84]

35 Nach Art. 86 Abs. 2 S. 1 AEUV soll die Europäische Staatsanwaltschaft, gegebenenfalls in Verbindung mit Europol,[85] zuständig sein für die **strafrechtliche Untersuchung** und Verfolgung sowie die **Anklageerhebung** in Bezug auf Personen, die als Täter oder Teilnehmer bestimmte Straftaten zum Nachteil der finanziellen Interessen der Union begangen haben. Die Europäische Staatsanwaltschaft soll bei diesen Straftaten vor den **zuständigen Gerichten der Mitgliedstaaten** die Aufgaben der Staatsanwaltschaft wahrnehmen (Art. 86 Abs. 2 S. 2 AEUV). Der Begriff der Europäischen Staatsanwaltschaft ist unionsrechtlicher Natur und daher nach gemeinschaftsrechtlichen Maßstäben auszulegen.[86]

36 Die Schaffung einer Europäischen Staatsanwaltschaft ist ein wesentlicher Beitrag zum Schutz der finanziellen Interessen der Union sowie zur Bekämpfung schwerwiegender Kriminalität mit grenzüberschreitenden Bezügen.[87] Mit dem **Vorschlag der Europäischen Kommission vom 17.7.2013** für eine Verordnung zur Errichtung einer Europäischen Staatsanwaltschaft[88] wurde ein Schritt unternommen, die Quote erfolgreicher Strafverfolgungsmaßnahmen bei Straftaten zu Lasten des EU-Haushalts, die nach Angaben der Europäischen Kommission im EU-Durchschnitt bei 42,3 % liegt,[89] zu erhöhen.[90]

37 Nach diesen Plänen soll die Europäische Staatsanwaltschaft die ausschließliche Zuständigkeit für die strafrechtliche Untersuchung, Verfolgung und Anklageerhebung von Straftaten zum Nachteil des EU-Haushaltes erhalten. Der Vorschlag der Europäischen Kommission geht von einer im Wesentlichen **dezentralen Struktur** aus. Ein bei Eurojust angesiedeltes Kollegium von 10 Mitgliedern, bestehend aus dem Europäischen Staatsanwalt, vier Stellver-

---

[80] BGH 21.1.1958 – 1 StR 602/57, NJW 1958, 639; OLG Karlsruhe 22.10.1987 – 4 Ss 84/87, NStZ 1988, 241 f.; *Brunner/Dölling* JGG § 36 Rn. 1; *Diemer/Schatz/Sonnen* JGG § 36 Rn. 8; *Löwe/Rosenberg/Franke* Rn. 25; einschränkend *Ostendorf* JGG § 36 Rn. 8; aA *Eisenberg* NStZ 1994, 67 (69 ff.).

[81] OLG Hamm 23.6.1993 – 1 Ss 182/93, JMBl. NW 1994, 23; LG Duisburg 30.8.2010 – 33 Qs 204 Js 169/10; aA LG Berlin 14.5.1997 – 509 Qs 21/97; 28.5.1997 – 507 Qs 20/97; *Eisenberg* DRiZ 1998, 161; differenzierend Diemer/Schatz/*Sonnen* JGG § 36 Rn. 8: nur im Beisein und unter der Anleitung eines Staatsanwalts.

[82] OLG Karlsruhe 22.10.1987 – 4 Ss 84/87, NStZ 1988, 241 f.

[83] Vgl. ausführlich *Lingenthal* ZEuS 2010, 79; *Frenz* wistra 2010, 432; *Nürnberger* ZJS 2009, 494; *Schneiderhan* DRiZ 2013, 100; *Satzger* NStZ 2013, 206.

[84] *Streinz/Dannecker* AEUV Art. 86 Rn. 6.

[85] Vgl. zur Zusammenarbeit der Strafverfolgungsbehörden in Europa *Storbeck* DRiZ 2000, 481 ff.

[86] *Grabitz/Hilf/Vogel* AEUV Art. 86 Rn. 11.

[87] *Grabitz/Hilf/Vogel* AEUV Art. 86 Rn. 7; *Satzger* NStZ 2013, 206.

[88] KOM(2103) 532 final, abrufbar unter http://ec.europa.eu/justice/criminal/files/regulation_eppo_en.pdf.

[89] Vgl. Pressemitteilung der Europäischen Kommission vom 17.7.2013, abrufbar unter http://europa.eu/rapid/press-release_IP-13-709_de.htm.

[90] Vgl. zum Kommissionsentwurf *Beukelmann* NJW-Spezial 2013, 568; *Kaufmann* DRiZ 2013, 390 f.

tretern und fünf weiteren Staatsanwälten, weist den abgeordneten Europäischen Staatsanwälten in den Mitgliedstaaten nach einheitlichen Kriterien Fälle zu, die diese mit Hilfe von nationalem Personal unter Anwendung von nationalem Recht vor die nationalen Gerichte bringen sollen.[91] Nach dem Willen der Europäischen Kommission sollen die **Verfahrensrechte von Verdächtigen** im Vergleich zu dem derzeitigen Schutzniveau der nationalen Systeme stärker geschützt werden. Aus diesem Grund sollen eine Reihe einzelner Verfahrensrechte, wie zum Beispiel die Unschuldsvermutung, das Recht auf Aussageverweigerung, das Recht auf Prozesskostenhilfe und das Recht, Beweismittel vorzulegen oder Zeugen zu benennen sowie die bereits harmonisierten Rechte auf Dolmetscherleistung und Übersetzung, auf Belehrung und Akteneinsicht und auf Rechtsbeistand im Falle einer Verhaftung, ausdrücklich geregelt werden.[92]

9. Reformbestrebungen. Die Überlegungen zur Einführung und Einrichtung einer Europäischen Staatsanwaltschaft haben bisher nicht – wie teilweise vermutet[93] – zu einer politischen **Wiederbelebung der Reformbemühungen** hinsichtlich der Stellung der Staatsanwaltschaft in Deutschland geführt. Vielmehr lässt sich feststellen, dass der fragmentarische Status quo des Amtsrechts der Staatsanwälte gesetzgeberisch akzeptiert wird.[94] Insbesondere die rechtspolitische Diskussion über eine Statusänderung der Staatsanwälte und eine organisatorische Annäherung an die Richterschaft ist nahezu zum Erliegen gekommen.[95] 38

§ 141 [Sitz]

Bei jedem Gericht soll eine Staatsanwaltschaft bestehen.

Die Regelung stellt die **Wahrnehmung der Aufgaben der Staatsanwaltschaft** bei jedem Strafgericht der ordentlichen Gerichtsbarkeit im Bundesgebiet sicher. Dabei muss nicht bei jedem einzelnen Strafgericht eine eigenständige Staatsanwaltschaftsbehörde bestehen. Vielmehr dürfen die Länder innerhalb ihrer Organisationskompetenz bestimmen, dass für mehrere Gerichte (derselben oder verschiedenen Ordnung) eine gemeinsame Staatsanwaltschaft bestellt wird. 1

Nach den (insoweit) übereinstimmenden Organisationenbestimmungen der Länder wurden **Staatsanwaltschaften am Sitz der Oberlandesgerichte** (Berlin: am Sitz des Kammergerichts) und **am Sitz der Landgerichte** eingerichtet. Die Zuständigkeit einer Staatsanwaltschaft für mehrere Gerichte ist insbesondere im Verhältnis zu den Amtsgerichten von Relevanz. Da an den einzelnen Amtsgerichten keine eigenständigen Staatsanwaltschaften eingerichtet wurden, steht die Ausübung der staatsanwaltschaftlichen Befugnisse der Staatsanwaltschaft am Landgericht für die in ihrem Gerichtsbezirk liegenden Amtsgerichte zu. 2

Die Staatsanwaltschaften am Sitz der Oberlandesgerichte werden als **Generalstaatsanwaltschaft** (mit Ortsbezeichnung) und die Staatsanwaltschaften am Sitz der Landgerichte als **Staatsanwaltschaft** mit jeweiliger Ortsangabe bezeichnet. Einige Länder haben **selbständige Zweigstellen** der Staatsanwaltschaften eingerichtet, die für den Bezirk eines oder 3

---

[91] KOM(2103) 532 final, abrufbar unter http://ec.europa.eu/justice/criminal/files/regulation_eppo_en.pdf.
[92] KOM(2103) 532 final, abrufbar unter http://ec.europa.eu/justice/criminal/files/regulation_eppo_en.pdf.
[93] *Weiß* JR 2005, 363 (366 ff.).
[94] Vgl. zu den bisherigen Reformbemühungen ua *Günter* DRiZ 2002, 55; *Kintzi* DRiZ 1987, 457; *Titz* KritV 2010, 260; *Rudolph* NJW 1998, 1205; *Hund* ZRP 1994, 470; *Dohmen* ZRP 1996, 192; *Maier* ZRP 2003, 387; *Rautenberg* GA 2006, 356. Nach *Schoreit* DRiZ 1995, 304 „leiden die Staatsanwälte in ihrer Gesamtheit unter fortschreitendem Ansehensverlust in der Öffentlichkeit, ungezügelten Selbständigkeitsbestrebungen der Polizei, Missachtung durch Politiker".
[95] *Löwe/Rosenberg/Franke* Rn. 27. Zur möglichen Rolle der Staatsanwaltschaft in einer selbstverwalteten Justiz *Altvater* NStZ-Sonderheft 2009, 4. Vgl. zum Gesetzentwurf der Kommission für die Angelegenheiten der Staatsanwälte im Deutschen Richterbund zur Änderung des GVG/„Amtsrecht Staatsanwälte" die Stellungnahme des DAV-Strafrechtsausschusses DRiZ 2005, 74 sowie *Hannich* DRiZ 2003, 249.

mehrerer Amtsgerichte zuständig sind. Organisatorisch handelt es sich bei diesen Zweigstellen um **Abteilungen** der Staatsanwaltschaft am Sitz des Landgerichts, zu dessen Gerichtsbezirk das Amtsgericht gehört. Daneben können **unselbständige Außenstellen** eingerichtet werden. Dafür bedarf es in Abgrenzung zu der Einrichtung einer selbstständigen Zweigstelle lediglich einer justizinternen Einrichtungsverfügung.[1] Weiterhin können **selbständige oder unselbständige Amtsanwaltschaften** neben oder bei einer landgerichtlichen Staatsanwaltschaft eingerichtet werden.[2] Bei einer auswärtigen Strafkammer (§ 78) und bei einem auswärtigen Strafsenat (§ 116) sind keine eigenständigen Staatsanwaltschaften einzurichten. Gegebenenfalls kann eine selbstständige Zweigstelle eingerichtet werden.

§ 142 [Sachliche Zuständigkeit]

(1) Das Amt der Staatsanwaltschaft wird ausgeübt:
1. bei dem Bundesgerichtshof durch einen Generalbundesanwalt und durch einen oder mehrere Bundesanwälte;
2. bei den Oberlandesgerichten und den Landgerichten durch einen oder mehrere Staatsanwälte;
3. bei den Amtsgerichten durch einen oder mehrere Staatsanwälte oder Amtsanwälte.

(2) Die Zuständigkeit der Amtsanwälte erstreckt sich nicht auf das amtsrichterliche Verfahren zur Vorbereitung der öffentlichen Klage in den Strafsachen, die zur Zuständigkeit anderer Gerichte als der Amtsgerichte gehören.

(3) Referendaren kann die Wahrnehmung der Aufgaben eines Amtsanwalts und im Einzelfall die Wahrnehmung der Aufgaben eines Staatsanwalts unter dessen Aufsicht übertragen werden.

Schrifttum: *Benkendorf,* Das „leidige" Thema Amtsanwälte, DRiZ 1976, 83; *Dose,* Der Sitzungsvertreter und der Wirtschaftsreferent der Staatsanwaltschaft als Zeuge in der Hauptverhandlung, NJW 1978, 349; *Eisenberg,* Grundsätzliche Unzulässigkeit der Sitzungsvertretung durch Referendare in Jugendsachen, DRiZ 1998, 161; *Fränkel,* Über Aufgaben und Arbeitsweise der Bundesanwaltschaft, DRiZ 1960, 353; *Grohmann,* Erweiterung der Amtsanwaltszuständigkeit, ZRP 1986, 166; *Gruschwitz,* Die Übertragung von Aufgaben der Rechtspflege auf Referendare – Möglichkeiten und Grenzen, DRiZ 2012, 239; *Landau/Globuschütz,* Rechtsstellung und Kompetenzen der als Sitzungsvertreter eingesetzten Rechtsreferendare und örtlichen Sitzungsvertreter, NStZ 1992, 68; *Lemme,* Zur Ablehnung des Wirtschaftsreferenten der Staatsanwaltschaft gem. § 74 StPO, wistra 2002, 281; *Martin,* Die Bundesanwaltschaft beim Bundesgerichtshof, DRiZ 1975, 314; *Reinhard,* Der Rechtsreferendar als Sitzungsvertreter der Staatsanwaltschaft, JuS 2002, 169; *Rüping,* Amtsanwaltschaft und Staatsanwaltschaften, DRiZ 1999, 114; *Titz,* Pensionäre gegen Personalnot, DRiZ 2010, 87.

Übersicht

	Rn.		Rn.
I. Überblick	1, 2	3. Staatsanwaltschaft beim Amtsgericht	8–13
II. Erläuterungen	3–18	4. Referendare	14–16
1. Generalbundesanwalt	3, 4		
2. Staatsanwaltschaften bei den Oberlandesgerichten und bei den Landgerichten	5–7	5. Ermittlungsassistenten/örtliche Sitzungsvertreter	17, 18

I. Überblick

1 Die Vorschrift bestimmt die **sachliche Zuständigkeit** für die Wahrnehmung staatsanwaltschaftlicher Aufgaben bei den unterschiedlichen Gerichten. Regelungen zur örtlichen Zuständigkeit finden sich § 143. Die sachliche Zuständigkeit der Staatsanwaltschaft folgt dabei der gerichtlichen Zuständigkeit (**sequenzielle Zuständigkeit**). Ändert sich die sach-

---

[1] Meyer-Goßner/*Schmitt* Rn. 3.
[2] SK/*Wohlers* Rn. 7.

liche Zuständigkeit des Gerichts, geht die staatsanwaltliche Zuständigkeit auf die Staatsanwaltschaft für das nunmehr zuständige Gericht über.[1]

Staatsanwaltliche Amtshandlungen, die **außerhalb der sachlichen Zuständigkeit** gem. § 142 erfolgen, sind grundsätzlich unwirksam.[2] Stellt sich die Unzuständigkeit erst im Laufe des Verfahrens heraus, sind bisherige Handlungen dann wirksam, wenn die Annahme der sachlichen Zuständigkeit bis zu diesem Zeitpunkt zumindest vertretbar war. Bei Anklageerhebung zu einem sachlich unzuständigen Gericht finden die §§ 209, 225a, 270 StPO Anwendung. Die Vorschrift des § 143 Abs. 2 (örtliche Notzuständigkeit) findet auf die sachliche Zuständigkeit analoge Anwendung.[3]

II. Erläuterungen

1. Generalbundesanwalt. Die **sachliche Zuständigkeit des GBA** für die Verfolgung bestimmter Straftaten ergibt sich aus § 142a.[4] Daneben umfasst seine Zuständigkeit die Mitwirkung im Revisionsverfahren beim BGH sowie bei den beim BGH anhängigen Beschwerdeverfahren. Bis zum 31.12.2006 wurden durch den GBA verschiedene Register geführt (Bundeszentralregister, Erziehungsregister, Gewerbezentralregister und das Zentrale Staatsanwaltschaftliche Verfahrensregister) sowie Aufgaben im Bereich des internationalen Familienrechts wahrgenommen. Seit dem 1.1.2007 werden diese Zuständigkeiten durch das Bundesamt für Justiz übernommen. Dem GBA ist zudem im Geschäftsbereich des Bundesministeriums der Justiz die Vertretung in Verwaltungsverfahren und gerichtlichen Verfahren übertragen worden, die den Bundesgerichtshof, das Bundesverwaltungsgericht, den Bundesfinanzhof, das Bundesdisziplinargericht sowie die Bundesanwaltschaft selbst betreffen.

Der **Begriff der Bundesanwälte** iSv Abs. 1 Nr. 1 ist funktional und nicht im Sinne einer Dienstbezeichnung zu verstehen. Erfasst sind daher auch die Oberstaatsanwälte und Staatsanwälte beim BGH sowie die zum GBA abgeordneten Richter und Staatsanwälte, die ebenfalls staatsanwaltschaftliche Aufgaben wahrnehmen.[5]

2. Staatsanwaltschaften bei den Oberlandesgerichten und bei den Landgerichten. Bei jedem Oberlandesgericht und Landgericht bestehen nach den aktuellen Organisationsstatuten der Länder eigenständige Behörden, die die Aufgaben der Staatsanwaltschaft wahrnehmen. Bei den Oberlandesgerichten (Berlin: Kammergericht) ist dies die Generalstaatsanwaltschaft, welche von einem **Generalstaatsanwalt** geleitet wird. Die am Sitz der Landgerichte eingerichteten Staatsanwaltschaften werden von einem **Leitenden Oberstaatsanwalt** geführt.

Die konkretisierenden Regelungen zu Aufbau und Gliederung der (General-)Staatsanwaltschaften obliegen den Ländern. Die wichtigsten Bestimmungen finden sich in den von den Landesjustizverwaltungen getroffenen **Anordnungen über Organisationen und Dienstbetrieb der Staatsanwaltschaften** (OrgStA). Die OrgStA, die mittlerweile bezüglich der einzelnen Länder erhebliche Unterschiede aufweisen, regeln ua die innere Organisation, die Festlegung der Aufgaben der Behördenleiter sowie der weiteren Führungsebenen. Sie treffen zudem Bestimmungen zu den Zeichnungsbefugnissen sowie – soweit vorhanden – zu den Zuständigkeiten der Amtsanwälte.

Präzisiert werden die Aufgabenzuweisungen innerhalb der einzelnen Staatsanwaltschaften durch **Geschäftsverteilungspläne,** die jährlich von dem Behördenleiter aufgestellt werden. Anders als bei den Gerichten folgt aus diesen verwaltungsinternen Geschäftsverteilungsplänen der Staatsanwaltschaft kein Anspruch eines Beschuldigten auf einen bestimmten (gesetz-

---

[1] Meyer-Goßner/*Schmitt* Rn. 1.
[2] KK/*Mayer* Rn. 3; SK/*Wohlers* Rn. 3.
[3] Löwe/Rosenberg/*Franke* § 143 Rn. 6; KK/*Mayer* § 143 Rn. 4.
[4] Vgl. zur Aufgabenwahrnehmung des GBA *Fränkel* DRiZ 1960, 353; *Martin* DRiZ 1975, 314.
[5] KK/*Mayer* Rn. 7; SK/*Wohlers* Rn. 5.

lichen) Staatsanwalt.[6] Abweichungen vom Geschäftsverteilungsplan können durch den Behördenleiter im Wege der Devolution bzw. Substitution vorgenommen werden (§ 146).

8   **3. Staatsanwaltschaft beim Amtsgericht.** Bei den **Amtsgerichten** werden keine eigenen Staatsanwaltschaften eingerichtet. Die staatsanwaltschaftliche Tätigkeit nehmen die bei dem übergeordneten Landgericht eingerichtete Staatsanwaltschaft bzw. eine (un-)selbständige Zweigstelle wahr.[7]

9   Neben einem Staatsanwalt[8] kann bei einem Amtsgericht auch ein **Amtsanwalt** tätig werden.[9] Amtsanwälte verfügen im Unterschied zu den Staatsanwälten (§ 122 Abs. 1 DRiG) über keine Befähigung zum Richteramt. Häufig handelt es sich um (ehemalige) Rechtspfleger, die eine spezielle Ausbildung zum Amtsanwalt abgeschlossen haben. Schwerpunkt der amtsanwaltlichen Tätigkeit ist die Bearbeitung der Bagatell- und Massenkriminalität.[10]

10 Die **gesetzliche Zuständigkeit der Amtsanwälte** (Abs. 2) beinhaltet die Wahrnehmung aller staatsanwaltschaftlichen Aufgaben im Ermittlungs- und Strafverfahren, die in die Zuständigkeit des Amtsgerichts fallen. In der Praxis haben zahlreiche Länder in den OrgStA Einschränkungen dahingehend vorgenommen, dass Amtsanwälte nur in Verfahren tätig werden dürfen, die in die Zuständigkeit des Strafrichters fallen.[11]

11 Eine Begrenzung der Tätigkeit des **Amtsanwalts im Jugendverfahren** ergibt sich seit dem 1.1.2014 aus § 36 Abs. 2 S. 1 JGG. Die Vorschrift bestimmt, dass Amtsanwälte, die im Jugendverfahren tätig werden, die besonderen Qualifikationsanforderungen des § 37 JGG erfüllen müssen. Dies gilt nach dem Willen des Gesetzgebers sowohl für das Ermittlungsverfahren als auch für die Sitzungsvertretung im gerichtlichen Verfahren.[12]

12 Bei **Verstößen gegen Beschränkungen der Zuständigkeit** durch einen Amtsanwalt (oder Staatsanwalt) ist zu differenzieren: Bei einem Verstoß gegen eine gesetzliche Beschränkung ist die vorgenommene Handlung unwirksam.[13] Daher kann ein Amtsanwalt gegenüber dem Landgericht keine Berufungsrücknahme erklären, auch wenn er von einem Staatsanwalt ausdrücklich damit beauftragt wurde.[14] Bei einem Verstoß gegen eine Beschränkung aufgrund einer (landesrechtlichen) Verwaltungsanordnung liegt aufgrund der unbeschränkten gesetzlichen (Außen-)Vollmacht keine Unwirksamkeit vor.[15]

13 Im Fall der **gesetzlichen Unzuständigkeit** hat der Amtsanwalt das Verfahren unverzüglich an den Staatsanwalt weiterzuleiten.[16] Bei **Gefahr im Verzug** hat ggf. eine Einschaltung des Richters gem. § 165 StPO zu erfolgen. Stellt sich die gesetzliche Zuständigkeit der Staatsanwaltschaft erst im Laufe des Verfahrens heraus, sind bisherige Handlungen des Amtsanwalts wirksam, wenn die Annahme einer amtsanwaltschaftlichen Zuständigkeit bis zu diesem Zeitpunkt zumindest vertretbar war.[17]

---

[6] Löwe/Rosenberg/*Franke* Rn. 22.
[7] Vgl. → § 141 Rn. 3.
[8] Die Dienstbezeichnung Staatsanwalt können gem. §§ 13, 16 Abs. 2 DRiG auch Richter auf Probe und Richter kraft Auftrags tragen.
[9] Nach KG 2.5.1994 – 4 WS 116/94, NStZ 1995, 148 ist die Staatsanwaltschaft auch dann ordnungsgemäß iSd § 226 StPO vertreten, wenn der Sitzungsdienst bei dem LG durch eine vom Bundesministerium der Justiz an den Generalstaatsanwalt abgeordnete Regierungsrätin zA wahrgenommen wird.
[10] Löwe/Rosenberg/*Franke* Rn. 29; SK/*Wohlers* Rn. 11. Vgl. zur Tätigkeit der Amtsanwälte auch *Rüping* DRiZ 1999, 114; *Grohmann* ZRP 1986, 166; *Benkendorf* DRiZ 1976, 83.
[11] Löwe/Rosenberg/*Franke* Rn. 33. SK/*Wohlers* Rn. 13. Vgl. *Grohmann* ZRP 1986, 166 zur Begrenzung der amtsanwaltlichen Tätigkeit auf bestimmte Katalogtaten. Nach OLG Frankfurt a. M. 28.2.1978 – 3 Ws 117/78, DRiZ 1978, 186 steht in Hessen dem Sitzungsvertreter der Amtsanwaltschaft nicht die Befugnis zu, nach Abschluss der Hauptverhandlung, an der er mitgewirkt hat, Rechtsmittel gegen das ergangene Urteil einzulegen.
[12] BT-Drs. 17/6261, 16.
[13] BGH 7.11.1957 – 2 ARs 143/57, NJW 1958, 229 (230); *Kissel/Mayer* Rn. 4; SK/*Wohlers* Rn. 20; Löwe/Rosenberg/*Franke* Rn. 37.
[14] BayObLG 12.12.1973 – RReg 1 St 201/73, NJW 1974, 761; OLG Koblenz 23.3.1977 – 1 Ws 89/77, Rpfleger 1977, 214; *Kissel/Mayer* Rn. 11.
[15] OLG Oldenburg 22.4.1952 – Ss 51/52, NJW 1952, 1230; Löwe/Rosenberg/*Franke* Rn. 36; SK/*Wohlers* Rn. 20.
[16] Löwe/Rosenberg/*Franke* Rn. 41 f.
[17] Meyer-Goßner/*Schmitt* Rn. 18; SK/*Wohlers* Rn. 20.

4. Referendare. Die Landesjustizverwaltungen sowie die Behördenleiter können Referendaren gem. Abs. 3 Alt. 1 alle Aufgaben eines Amtsanwalts übertragen.[18] Mit einer Aufgabe, die in die alleinige Zuständigkeit des Staatsanwalts fällt, können Referendare nur im Einzelfall beauftragt werden (Abs. 3 Alt. 2). Übertragungsfähig im Wege der Sonderbeauftragung sind gem. Abs. 3 Alt. 2 ausweislich des Gesetzeswortlauts alle dem Staatsanwalt zugewiesenen Aufgaben.[19] Die Übertragung einer dem Staatsanwalt vorbehaltenen Aufgabe hat eine engere Überwachung durch den als Ausbilder zugewiesenen Staatsanwalt zur Folge.[20] Die Überwachung muss so umfangreich sein, dass die Arbeit des Referendars als vollwertige staatsanwaltliche Handlung anerkannt werden kann, wobei eine ständige Aufsicht nicht erforderlich ist.[21] Bei der **Sitzungsvertretung** außerhalb der Zuständigkeit des Strafrichters muss der ausbildende Staatsanwalt zumindest vorübergehend anwesend sein.[22] Anklagen oder Einstellungsverfügungen kann ein Referendar – sofern ihm diese Aufgabe nicht ausdrücklich zugewiesen wurde – nicht mit Außenwirkung zeichnen. 14

In der Hauptverhandlung handelt der Referendar, sofern er innerhalb seiner amtsanwaltlichen Regelzuständigkeit vor dem Strafrichter beim Amtsgericht tätig wird, selbstständig. Die von ihm vorgenommenen **Prozesshandlungen** sind im Außenverhältnis wirksam, auch wenn der Ausbilder im Innenverhältnis eine andere Weisung gegeben hat.[23] Sofern der Referendar im Rahmen seiner Regelzuständigkeit gem. Abs. 3 Alt. 1 tätig wird, kann die Aufgabenübertragung auch durch konkludenten Handeln (zB Einteilung zum Sitzungsdienst) erfolgen.[24] Eine Sonderzuweisung gem. Abs. 3 Alt. 2 sollte aus Gründen der Rechtssicherheit und -klarheit grundsätzlich schriftlich erfolgen.[25] 15

Eingeschränkt ist seit dem 1.1.2014 die Tätigkeit von **Referendaren im Jugendverfahren,** da diesen nur im Einzelfall die Wahrnehmung jugendstaatsanwaltlicher Aufgaben unter Aufsicht eines Jugendstaatsanwalts übertragen werden können (§ 36 Abs. 2 S. 2 JGG). Die Sitzungsvertretung in Verfahren vor den Jugendgerichten dürfen Referendare nur unter Aufsicht und im Beisein eines Jugendstaatsanwalts wahrnehmen (§ 36 Abs. 2 S. 2 JGG). 16

5. Ermittlungsassistenten/örtliche Sitzungsvertreter. Zur Wahrnehmung ihrer Aufgaben können sich Staats- und Amtsanwälte über § 152 hinaus sog. **Ermittlungsassistenten** bedienen. Diese unterstützen Staats- und Amtsanwälte bei der Ausübung ihrer Tätigkeiten, wobei sie – sofern sie nicht zu Ermittlungspersonen gem. § 152 bestellt wurden – im Außenverhältnis keine staatsanwaltschaftlichen Funktionen wahrnehmen dürfen.[26] Ermittlungsassistenten können als Zeugen oder Sachverständige in der Hauptverhandlung gehört werden.[27] Der in der Praxis wichtigste Anwendungsfall der Ermittlungsassistenten sind die **Wirtschaftsreferenten** zur Unterstützung des Staatsanwalts in Wirtschaftsstrafverfahren.[28] Auch **Amtsanwälte** können als Ermittlungsassistenten herangezogen werden.[29] Diese dürfen aber nicht faktisch selbständig das Verfahren leiten, sofern ihre sachliche Zuständigkeit nicht gegeben ist.[30] Weiterhin darf das gesetzliche Verbot für Amtsanwälte, Verfahrensrechte der Staatsanwaltschaft vor dem Landgericht wahrzunehmen, nicht durch 17

---

[18] Vgl. allgemein zur Sitzungsvertretung durch Referendare *Reinhard* JuS 2002, 169; *Landau/Globuschütz* NStZ 1992, 68; *Gruschwitz* DRiZ 2012, 239.
[19] *Landau/Globuschütz* NStZ 1992, 68 (70).
[20] *Löwe/Rosenberg/Franke* Rn. 45 ff.; SK/*Wohlers* Rn. 23.
[21] *Kissel/Mayer* Rn. 16; *Meyer-Goßner/Schmitt* Rn. 13.
[22] SK/*Wohlers* Rn. 23; *Landau/Globuschütz* NStZ 1992, 68 (70).
[23] *Löwe/Rosenberg/Franke* Rn. 36; SK/*Wohlers* Rn. 25.
[24] *Meyer-Goßner/Schmitt* Rn. 14.
[25] Ähnlich *Löwe/Rosenberg/Franke* Rn. 49; SK/*Wohlers* Rn. 24.
[26] *Löwe/Rosenberg/Franke* Rn. 24; SK/*Wohlers* Rn. 8; einschränkend *Meyer-Goßner/Schmitt* Rn. 7: Durchführung von Vernehmungen.
[27] OLG Zweibrücken 9.10.1978 – Ws 397/78, NJW 1979, 1995; *Löwe/Rosenberg/Franke* Rn. 26.
[28] Vgl. zur Rolle des Wirtschaftsreferenten in der Hauptverhandlung OLG Zweibrücken 9.10.1978 – Ws 397/78, NJW 1979, 1995; *Dose* NJW 349 (354). Vgl. zur Ablehnung eines Wirtschaftsreferenten in der Hauptverhandlung *Lemme* wistra 2002, 281.
[29] *Löwe/Rosenberg/Franke* Rn. 30.
[30] SK/*Wohlers* Rn. 10.

die Einräumung eines umfassenden Fragerechts in der Hauptverhandlung nach § 240 Abs. 2 S. 1 StPO umgangen werden.[31]

18 Einige Länder sehen die Möglichkeit vor, bei Amtsgerichten, bei denen weder ein Staatsanwalt noch ein Amtsanwaltsdienst ansässig ist, in Übereinstimmung mit den §§ 142, 150 **örtliche Sitzungsvertreter** für die Strafrichtersitzungen zu bestellen.[32] Sie unterstehen den Dienst- und Weisungsrechten der §§ 145–147. In Zeiten umfassender Mobilität kommt dieser Möglichkeit allerdings keine große Bedeutung mehr zu.[33]

§ 142a [Zuständigkeit des Generalbundesanwalts]

(1) [1]Der Generalbundesanwalt übt in den zur Zuständigkeit von Oberlandesgerichten im ersten Rechtszug gehörenden Strafsachen gemäß § 120 Absatz 1 und 2 das Amt der Staatsanwaltschaft auch bei diesen Gerichten aus. [2]Für die Übernahme der Strafverfolgung durch den Generalbundesanwalt genügt es, dass zureichende tatsächliche Anhaltspunkte für die seine Zuständigkeit begründenden Voraussetzungen gegeben sind. [3]Vorgänge, die Anlass zu der Prüfung einer Übernahme der Strafverfolgung durch den Generalbundesanwalt geben, übersendet die Staatsanwaltschaft diesem unverzüglich. [4]Können in den Fällen des § 120 Abs. 1 die Beamten der Staatsanwaltschaft eines Landes und der Generalbundesanwalt sich nicht darüber einigen, wer von ihnen die Verfolgung zu übernehmen hat, so entscheidet der Generalbundesanwalt.

(2) Der Generalbundesanwalt gibt das Verfahren vor Einreichung einer Anklageschrift oder einer Antragsschrift (§ 435 der Strafprozessordnung) an die Landesstaatsanwaltschaft ab,
1. wenn es folgende Straftaten zum Gegenstand hat:
   a) Straftaten nach den §§ 82, 83 Abs. 2, §§ 98, 99 oder 102 des Strafgesetzbuches,
   b) Straftaten nach den §§ 105 oder 106 des Strafgesetzbuches, wenn die Tat sich gegen ein Organ eines Landes oder gegen ein Mitglied eines solchen Organs richtet,
   c) Straftaten nach § 138 des Strafgesetzbuches in Verbindung mit einer der in Buchstabe a bezeichneten Strafvorschriften oder
   d) Straftaten nach § 52 Abs. 2 des Patentgesetzes, nach § 9 Abs. 2 des Gebrauchsmustergesetzes in Verbindung mit § 52 Abs. 2 des Patentgesetzes oder nach § 4 Abs. 4 des Halbleiterschutzgesetzes in Verbindung mit § 9 Abs. 2 des Gebrauchsmustergesetzes und § 52 Abs. 2 des Patentgesetzes;
2. in Sachen von minderer Bedeutung.

(3) Eine Abgabe an die Landesstaatsanwaltschaft unterbleibt,
1. wenn die Tat die Interessen des Bundes in besonderem Maße berührt oder
2. wenn es im Interesse der Rechtseinheit geboten ist, daß der Generalbundesanwalt die Tat verfolgt.

(4) Der Generalbundesanwalt gibt eine Sache, die er nach § 120 Abs. 2 Satz 1 Nr. 2 bis 4 oder § 74a Abs. 2 übernommen hat, wieder an die Landesstaatsanwaltschaft ab, wenn eine besondere Bedeutung des Falles nicht mehr vorliegt.

---

[31] BGH 29.11.2011 – 3 StR 281/11, NStZ 2012, 344.
[32] SK/*Wohlers* § 141 Rn. 8 ff. Vgl. zur verfassungsrechtlichen Zulässigkeit BVerfG 20.1.1981 – 2 BvL 2/80, NJW 1981, 1033. Nach OLG Koblenz 23.3.1977 – 1 Ws 89/77, RPfleger 1977, 214 ist die von einem örtlichen Sitzungsvertreter der Staatsanwaltschaft nach abgeschlossener Hauptverhandlung eingelegte Berufung gegen das Urteil des Strafrichters im Land Rheinland-Pfalz unwirksam. Vgl. allg. *Landau/Globuschütz* NStZ 1992, 68.
[33] So auch KK/*Mayer* § 141 Rn. 8. Vgl. zu einem Gesetzentwurf der bayerischen Staatsregierung zur Überwindung der Personalnot in der Justiz durch den Einsatz von Pensionären *Titz* DRiZ 2010, 87.

Schrifttum: *Ambos,* Afghanistan-Einsatz der Bundeswehr und Völker(straf)recht; NJW 2010, 1725; *Diemer,* Erhebungen des Generalbundesanwalts zur Klärung des Anfangsverdachts im Rahmen von AR-Vorgängen, NStZ 2005, 666; *Eisenberg,* Grundsätzliche erstinstanzliche Nichtzuständigkeit von Bundesanwaltschaft und Oberlandesgerichten in Jugendstrafverfahren (§ 120 GVG, § 102 JGG), NStZ 1996, 263; *Jeßberger,* Bundesstrafgerichtsbarkeit und Völkerstrafgesetzbuch, HRRS 2013 (4/2013), 119; *Schoreit,* Erstinstanzliche Zuständigkeit der Bundesanwaltschaft und der Oberlandesgerichte in Strafverfahren gegen Jugendliche und Heranwachsende gem. §§ 120, 142a GVG, § 102 JGG, NStZ 1997, 69; *Nehm,* Föderalismus als Hemmnis für eine effektive Strafverfolgung der Organisierten Kriminalität, NStZ 1996, 513; *Woesner,* Rechtsstaatliches Verfahren in Staatsschutzsachen, NJW 1961, 533.

Übersicht

	Rn.		Rn.
I. Überblick	1–3	2. Abgabepflichten	9–13
II. Erläuterungen	4–14		
1. Regelzuständigkeit	4–8	3. Abgabeverbot	14

I. Überblick

Die Vorschrift legt die **sachliche Zuständigkeit des GBA** als Strafverfolgungsbehörde **1** fest. Sie bildet insoweit eine Ausnahme vom Grundsatz der Sequenzzuständigkeit (§ 142), da bei Staatsschutzsachen (§ 120) die erstinstanzliche Zuständigkeit der Oberlandesgerichte für die Ausübung von Bundesgerichtsbarkeit im Wege der **Organleihe** begründet wird.[1] Dies gilt gem. § 103 Abs. 2 S. 2 JGG iVm § 74a Abs. 2 auch bei Verfahren gegen Jugendliche und Heranwachsende.[2]

§ 142a Abs. 1 bestimmt die **Grundzuständigkeit des GBA** für die in § 120 Abs. 1 **2** aufgezählten Staatsschutzdelikte und für die Ausübung des Evokationsrechts (§ 120 Abs. 2).[3] Abgabepflichten an die Landesstaatsanwaltschaften sind in den § 142a Abs. 2 und Abs. 4 enthalten, während § 142a Abs. 3 wiederum eine Ausnahme von der Abgabepflicht vorsieht.

Die **sachliche Zuständigkeit** des Oberlandesgerichts (§ 120) und damit die Verfol- **3** gungszuständigkeit des GBA (§ 142a Abs. 1) erstreckt sich nur dann auf die einem Tatverdächtigen vorgeworfenen **weiteren Straftaten,** wenn zwischen ihnen ein **Sachzusammenhang** besteht. Ein solcher Sachzusammenhang setzt voraus, dass das Staatsschutzdelikt und das andere Delikt materiell- oder verfahrensrechtlich eine Tat bilden.[4] Die sachliche Zuständigkeit des GBA ist aber auch dann begründet, wenn eine verfahrensrechtlich selbständige Tat mit einem die Bundeszuständigkeit begründenden Staatsschutzdelikt in einem derart engen persönlichen und deliktsspezifisch-sachlichen Zusammenhang steht, dass eine getrennte Verfolgung und Aburteilung beider Taten auch unter Beachtung der verfassungsrechtlichen Vorgaben für die Kompetenzverteilung zwischen Bund und Ländern als in hohem Maße sachwidrig erschiene.[5] Der GBA ist gem. §§ 142a Abs. 1, 120 Abs. 1 Nr. 8 zur Prüfung und abschließenden Entscheidung auch insoweit befugt, als dem Anwendungsbereich des VStGB unterfallende militärische Handlungen („Kriegsverbrechen") mangels Erfüllung einzelner Tatbestandsmerkmale nach dem VStGB nicht strafbar sind, jedoch eine Strafbarkeit nach dem StGB in Betracht kommt.[6]

II. Erläuterungen

1. Regelzuständigkeit. Die in Abs. 1 festgelegte **Regelzuständigkeit** des GBA für **4** Staatsschutzsachen (originäre Zuständigkeit gem. § 120 Abs. 1 und Evokationsrecht gem.

---

[1] KK/*Mayer* Rn. 1; Löwe/Rosenberg/*Franke* Rn. 1.
[2] So auch *Schoreit* NStZ 1997, 69; aA *Eisenberg* NStZ 1996, 263.
[3] Vgl. BGH 22.12.2000 – 3 StR 378/00, NJW 2001, 1359 zu den Voraussetzungen der Strafverfolgungskompetenz des Bundes iRv § 120 Abs. 2 und der Möglichkeit der Überprüfung im Revisionsverfahren; vgl. BGH 20.12.2007 – StB 12, 13, 47/07, NStZ 2008, 146 zum Vorliegen einer besonderen Bedeutung iSv § 120 Abs. 2 Nr. 1.
[4] BGH 18.7.2006 – 3 BJs 22/05, NStZ 2007, 117; 20.9.2012 – 3 StR 314/12, StraFo 2013, 123 mwN.
[5] BGH 20.9.2012 – 3 StR 314/12, StraFo 2013, 123 mwN.
[6] GBA 16.4.2010 – 3 BJs 6/10-4, NStZ 2010, 581 (582); *Ambos* NJW 2010, 1725 (1727); aA *Jeßberger* HRRS 2013 (4/2013), 119 (120 ff.).

§ 120 Abs. 2) umfasst hinsichtlich der Ausübung des Amtes der Staatsanwaltschaft das **Ermittlungs-, Straf- und Vollstreckungsverfahren.**[7] Die Ausübung des Evokationsrechts kann auch Verfahren betreffen, die eigentlich in die Zuständigkeit des Amtsgerichts oder Landgerichts fallen. Macht der GBA von seinem **Evokationsrecht** (§ 120 Abs. 2) Gebrauch, führt dies zur Zuständigkeitsbegründung des Oberlandesgerichts für das Gerichtsverfahren, welches dann Bundesgerichtsbarkeit ausübt.

5 Nach Abs. 1 S. 2 reicht für die Zuständigkeit des GBA ein „**Anfangsverdacht für die Zuständigkeit**" des GBA aus.[8] Der Regelung kommt im Wesentlichen klarstellende Bedeutung zu, da auch nach der bisherigen Rechtslage die Ermittlungszuständigkeit des GBA durch das Vorliegen eines Anfangsverdachts (§ 152 Abs. 2 StPO) bzgl. eines in seine Zuständigkeit fallende Straftat (§ 120 Abs. 1 und Abs. 2) begründet wurde.

6 Durch Abs. 1 S. 3 wurde – entsprechend einer Empfehlung des NSU-Untersuchungsausschusses – die zuvor in Nr. 202 RiStBV geregelte **Pflicht zur unverzüglichen Aktenvorlage** an den GBA durch die Landesstaatsanwaltschaften gesetzlich geregelt. Die normative Aufwertung soll nach dem Willen des Gesetzgebers zu einer sorgfältigeren Beachtung durch die Landesstaatsanwaltschaften führen.[9]

7 Der GBA kann **Vorermittlungen** (Erhebungen) durchführen, ob ein Anfangsverdacht (§ 152 Abs. 2 StPO) für eine in seine Zuständigkeit fallende Straftat besteht.[10] Weigert sich der GBA, entgegen § 142a Abs. 1 und Abs. 3 ein Verfahren zu übernehmen, so ist im Falle der Anklageerhebung durch die Staatsanwaltschaft eines Landes das Verfahren analog § 209 Abs. 2 StPO dem Oberlandesgericht vorzulegen.[11]

8 Eine **Landesstaatsanwaltschaft,** die zunächst mit einem in die Zuständigkeit des GBA fallenden Verfahren befasst ist, ist bis zur Abgabe an diesen für alle unaufschiebbaren Maßnahmen zuständig.[12] Der GBA kann nach Übernahme des Verfahrens für seine Ermittlungstätigkeit sowohl die Polizeibehörden der Länder als auch die des Bundes mit der Durchführung von Ermittlungen beauftragen.[13] Die Zusammenarbeit mit den Ämtern für Verfassungsschutz sowie mit den übrigen Nachrichtendiensten der Bundesrepublik ist in Nr. 205 f. RiStBV geregelt. Gemäß § 142a Abs. 1 S. 2 steht dem GBA in Ermangelung eines Weisungsrechts gegenüber den Landesstaatsanwaltschaften ein **Kompetenzbestimmungsrecht** zu, sofern ein Zuständigkeitsstreit mit einer Landesstaatsanwaltschaft besteht.

9 **2. Abgabepflichten. Abs. 2** beinhaltet eine **Pflicht des GBA zur Abgabe des Verfahrens** an die Landesstaatsanwaltschaft, sofern eine bestimmte Katalogstraftat (Abs. 2 Nr. 1) oder eine Sache **minderer Bedeutung** gegeben ist. Eine Abgabepflicht besteht auch dann, wenn der Tatverdacht für eine die Zuständigkeit des GBA begründende Straftat nachträglich entfällt,[14] wobei die Zuständigkeit des Oberlandesgerichts gem. § 120 Abs. 1 unberührt bleibt. Mit der Abgabe an die Staatsanwaltschaft endet die Organleihe und das Oberlandesgericht übt wieder Landesgerichtsbarkeit aus. Auch kommt es zu einer Änderung der Zuständigkeit des Ermittlungsrichters.[15]

10 Eine Abgabe liegt nicht im Ermessen des GBA, sofern die Voraussetzungen des Abs. 2 gegeben sind. Allerdings steht dem GBA ein **Beurteilungsspielraum** zu, insbesondere bei der Beurteilung der Frage, ob einer Sache mindere Bedeutung zukommt.[16] Der strafprozessuale Begriff der „minderen Bedeutung" ist nicht mit dem materiell-rechtlichen Begriff des „minder

---

[7] *Kissel/Mayer* Rn. 2; Löwe/Rosenberg/*Franke* Rn. 6; SK/*Wohlers* Rn. 7.
[8] BT-Drs. 18/3007, 12.
[9] BT-Drs. 18/3007, 13.
[10] Meyer-Goßner/*Schmitt* Rn. 1a; *Diemer* NStZ 2005, 666.
[11] So zutreffend SK/*Wohlers* Rn. 28 mwN unter Hinweis auf die Evokationspflicht des GBA.
[12] Löwe/Rosenberg/*Franke* Rn. 20. Vgl. zur Frage etwaiger negativer Auswirkungen des föderalistischen Aufbaus auf die Effektivität der Strafverfolgung *Nehm* NStZ 1996, 513.
[13] Löwe/Rosenberg/*Franke* Rn. 21.
[14] SK/*Wohlers* Rn. 13.
[15] BGH 6.12.1972 – 1 BJs 41/72/AK 27/72, NJW 1973, 475; 26.10.1972 – 1 BJs 6/71/StB 37/72, NJW 1973, 477 (478); KK/*Mayer* Rn. 11; Löwe/Rosenberg/*Franke* Rn. 8.
[16] SK/*Wohlers* Rn. 15.

schweren Falls" gleichzusetzen.[17] Die Ausübung der dem GBA zustehenden Beurteilungsspielräume wird von den Gerichten in der Regel im Beschwerdeverfahren nur auf Vertretbarkeit überprüft.[18] Allerdings engen sich die Beurteilungsspielräume im Laufe eines Ermittlungsverfahrens mit dem Vorliegen gesicherter Erkenntnisse immer mehr ein.[19] Eine vollständige **gerichtliche Überprüfung** der Ausübung und Anwendung der Beurteilungsspielräume „Sache minderer Bedeutung" (Abs. 2 Nr. 2), „in besonderem Maße" (Abs. 3 Nr. 1), „im Interesse der Rechtseinheit geboten" (Abs. 3 Nr. 2) und „besondere Bedeutung" (Abs. 4) erfolgt im Rahmen der Entscheidung über die Eröffnung des Hauptverfahrens (§§ 203, 206, 209 StPO).[20] Ansonsten kommt eine gerichtliche Überprüfung nicht in Betracht, da nur die staatsanwaltsinterne Zuständigkeitsverteilung betroffen ist.[21]

Auch **Abs. 4** sieht eine **Abgabepflicht des GBA** vor, wenn nach erfolgter Ausübung seines Evokationsrechts (§§ 120 Abs. 2 Nr. 2–4, 74a Abs. 2) eine **besondere Bedeutung** des Falles **nicht mehr vorliegt**. Dies ist dann der Fall, wenn es sich unter Beachtung des Ausmaßes der Rechtsgutverletzung nicht um ein staatsgefährdendes Delikt von erheblichen Gewicht handelt, welches seine besondere Bedeutung dadurch gewinnt, dass es die Schutzgüter des Gesamtstaates in einer derart spezifischen Weise angreift, so dass ein Einschreiten des GBA und eine Aburteilung durch ein Bundesgerichtsbarkeit ausübendes Gericht geboten ist.[22] Das Ausmaß der individuellen Rechtsverletzung und der Grad der Schuld sind dabei nur insofern von Bedeutung, als sie das Gewicht des Angriffs auf das jeweils betroffene Rechtsgut des Gesamtstaates mitbestimmen. Beim Zusammentreffen mit weiteren tateinheitlich verwirklichten Straftatbeständen, die nicht in die originäre Zuständigkeit des GBA fallen, ist auf den Schwerpunkt der strafrechtlichen Vorwerfbarkeit abzustellen. Bei der Bewertung dieser Voraussetzungen kommt dem GBA ein Beurteilungsspielraum zu.

Der **letztmögliche Zeitpunkt** der Abgabe ist die Einreichung einer Anklage oder Antragsschrift (§ 435 StPO).[23] Der in § 142a Abs. 2 genannte Zeitpunkt einer Abgabe gilt für Abs. 4 analog.[24] Eine frühere Abgabe ist möglich. Das Vorliegen der Abgabevoraussetzungen muss nicht sicher feststehen. Es reicht eine hinreichende Gewissheit aus.[25] Es besteht – auch in Bezug auf Abs. 4 – mangels gesetzlicher Einschränkung die Möglichkeit der (erneuten) Rückübernahme durch den GBA.[26]

Ändert sich die Sach- oder Rechtslage **nach Einreichung der Anklage- oder Antragsschrift** bis zur gerichtlichen Entscheidung über die Zulassung der Anklage zur Hauptverhandlung (§ 207 Abs. 1 StPO), verweist das Oberlandesgericht das Verfahren gem. § 120 Abs. 2 S. 2 an das zuständige Gericht niederer Ordnung. Gleiches gilt, wenn nach Auffassung des Gerichts eine besondere Bedeutung nicht (mehr) gegeben ist. Der GBA kann in diesem Fall das Verfahren nicht mehr übernehmen.[27] Dagegen besteht im Falle der Abgabe an die Landesstaatsanwaltschaft durch den GBA nach Anklageerhebung für die Gerichte der Länder keine Möglichkeit eine eigene Zuständigkeit unter Hinweis auf das Fehlen einer besonderen Bedeutung zu verneinen, da erst die Ausübung des Evokationsrechts zur Bundeszuständigkeit führt.[28] Änderungen der Sach- oder Rechtslage nach Zulassung der Anklage zur Hauptverhandlung (§ 207 Abs. 1 StPO) führen nicht zu

---

[17] Löwe/Rosenberg/*Franke* Rn. 9.
[18] BGH 20.12.2007 – StB 12, 13, 47/07, NStZ 2008, 146; 12.1.2000 – 3 BJs 47/99 – 4 (22), StB 16/99, NJW 2000, 1583.
[19] BGH 20.12.2007 – StB 12, 13, 47/07, NStZ 2008, 146.
[20] KK/*Mayer* Rn. 3; SK/*Wohlers* Rn. 27.
[21] Löwe/Rosenberg/*Franke* Rn. 15; Meyer-Goßner/*Schmitt* Rn. 6. Ein Verstoß gegen Art. 101 Abs. 1 S. 2 GG liegt nicht vor, vgl. Kissel/*Mayer* Rn. 13; Woesner NJW 1961, 533 (534).
[22] BGH 13.1.2009 – AK 20/08, NJW 2009, 1681; 20.12.2007 – StB 12, 13, 47/07, NStZ 2008, 146.
[23] Kissel/*Mayer* Rn. 6.
[24] Löwe/Rosenberg/*Franke* Rn. 18; Meyer-Goßner/*Schmitt* Rn. 5; aA SK/*Wohlers* Rn. 20.
[25] Löwe/Rosenberg/*Franke* Rn. 10; KK/*Mayer* Rn. 6; aA Meyer-Goßner/*Schmitt* Rn. 3.
[26] So auch Löwe/Rosenberg/*Franke* Rn. 13; SK/*Wohlers* Rn. 17/22; aA Meyer-Goßner/*Schmitt* Rn. 5; KK/*Mayer* Rn. 10.
[27] KK/*Mayer* Rn. 10.
[28] Löwe/Rosenberg/*Franke* Rn. 19.

einem Wegfall der einmal begründeten erstinstanzlichen Zuständigkeit des Oberlandesgerichts.

14　**3. Abgabeverbot.** § 142a Abs. 3 enthält ein Abgabeverbot. Danach besteht eine Zuständigkeit des GBA, wenn die Tat die Interessen des Bundes in besonderem Maße berührt (Nr. 1) oder wenn es im Interesse der Rechtseinheit geboten ist, dass der GBA die Tat verfolgt (Nr. 2). Eine Berührung der Interessen des Bundes in besonderem Maße liegt vor, wenn eine Straftat nach ihrem faktischen Gewicht oder nach ihrer besonderen Bedeutung nicht mehr als Angelegenheit eines einzelnen Landes gewertet werden kann, sondern durch die Tat wesentliche gesamtstaatliche Grundsätze oder die Sicherheit und Ordnung im Bundesgebiet gefährdet werden.[29]

§ 143 [Örtliche Zuständigkeit]

(1) ¹Die örtliche Zuständigkeit der Staatsanwaltschaft bestimmt sich nach der örtlichen Zuständigkeit des Gerichts, bei dem die Staatsanwaltschaft besteht. ²Fehlt es im Geltungsbereich dieses Gesetzes an einem zuständigen Gericht oder ist dieses nicht ermittelt, ist die zuerst mit der Sache befasste Staatsanwaltschaft zuständig. ³Ergibt sich in den Fällen des Satzes 2 die Zuständigkeit eines Gerichts, ist das Verfahren an die nach Satz 1 zuständige Staatsanwaltschaft abzugeben, sobald alle notwendigen verfahrenssichernden Maßnahmen ergriffen worden sind und der Verfahrensstand eine geordnete Abgabe zulässt. ⁴Satz 3 gilt entsprechend, wenn die Zuständigkeit einer Staatsanwaltschaft entfallen ist und eine andere Staatsanwaltschaft zuständig geworden ist.

(2) Ein unzuständiger Beamter der Staatsanwaltschaft hat sich den innerhalb seines Bezirks vorzunehmenden Amtshandlungen zu unterziehen, bei denen Gefahr im Verzug ist.

(3) ¹Können die Staatsanwaltschaften verschiedener Länder sich nicht darüber einigen, welche von ihnen die Verfolgung zu übernehmen hat, so entscheidet der Generalbundesanwalt. ²Er entscheidet auf Antrag einer Staatsanwaltschaft auch, wenn die Staatsanwaltschaften verschiedener Länder sich nicht über die Verbindung zusammenhängender Strafsachen einigen.

(4) Den Beamten einer Staatsanwaltschaft kann für die Bezirke mehrerer Land- oder Oberlandesgerichte die Zuständigkeit für die Verfolgung bestimmter Arten von Strafsachen, die Strafvollstreckung in diesen Sachen sowie die Bearbeitung von Rechtshilfeersuchen von Stellen außerhalb des räumlichen Geltungsbereichs dieses Gesetzes zugewiesen werden, sofern dies für eine sachdienliche Förderung oder schnellere Erledigung der Verfahren zweckmäßig ist; in diesen Fällen erstreckt sich die örtliche Zuständigkeit der Beamten der Staatsanwaltschaft in den ihnen zugewiesenen Sachen auf alle Gerichte der Bezirke, für die ihnen diese Sachen zugewiesen sind.

(5) ¹Die Landesregierungen werden ermächtigt, durch Rechtsverordnung einer Staatsanwaltschaft für die Bezirke mehrerer Land- oder Oberlandesgerichte die Zuständigkeit für die Strafvollstreckung und die Vollstreckung von Maßregeln der Besserung und Sicherung ganz oder teilweise zuzuweisen, sofern dies für eine sachdienliche Förderung oder schnellere Erledigung der Vollstreckungsverfahren zweckmäßig ist. ²Die Landesregierungen können die Ermächtigung durch Rechtsverordnung den Landesjustizverwaltungen übertragen.

Schrifttum: *Beitlich,* Sind die Schwerpunktstaatsanwaltschaften zur Bekämpfung der Wirtschaftskriminalität ineffektiv und für ihre Aufgaben ungeeignet?, wistra 1987, 279; *Liebl,* Schwerpunktstaatsanwaltschaften

---

[29] *Kissel/Mayer* Rn. 7.

zur Bekämpfung der Wirtschaftskriminalität, wistra 1987, 13; *ders.*, Nochmals – Zur Effektivität der Schwerpunktstaatsanwaltschaften zur Bekämpfung der Wirtschaftskriminalität, wistra 1987, 324; *Römer*, „Bochum gegen Lichtenstein" oder: Zur örtlichen Zuständigkeit der Wirtschaftsstrafkammer, StraFo 2009, 194; *Schoreit*, Zum Verhältnis der Zuständigkeiten der Staatsanwaltschaft gemäß GVG § 143 Abs. 1 und Abs. 4, NStZ 1984, 234; *Stam*, Strafverfolgung von Bundeswehrsoldaten im Auslandseinsatz, ZIS 2010, 628.

Übersicht

	Rn.		Rn.
I. Überblick	1	2. Gefahr im Verzug bei örtlicher Unzuständigkeit	6
II. Erläuterungen	2–12	3. Zuständigkeitsstreit	7, 8
1. Örtliche Zuständigkeit	2–5	4. Zuständigkeitskonzentration	9–12

I. Überblick

Die Vorschrift enthält Regelungen über die **örtliche Zuständigkeit** der Staatsanwaltschaft. Abs. 1 S. 1 bestimmt, dass sich die örtliche Zuständigkeit der Staatsanwaltschaft nach der örtlichen Zuständigkeit der Gerichte richtet (örtliche Sequenzzuständigkeit).[1] Abs. 2 enthält Regelungen für den örtlich unzuständigen Staatsanwalt bei Gefahr im Verzug, während Abs. 3 den Umgang mit Kompetenzkonflikten zwischen Staatsanwaltschaften verschiedener Länder regelt. Abs. 4 und Abs. 5 sehen Konzentrationsmöglichkeiten aus Gründen der effektiveren Strafverfolgung bzw. Strafvollstreckung vor. 1

II. Erläuterungen

1. Örtliche Zuständigkeit. Die örtliche Zuständigkeit der Staatsanwaltschaft folgt der gerichtlichen Zuständigkeit iSv §§ 7 ff. StPO **(Sequenzzuständigkeit).** § 143 trifft keine Aussage über die örtliche Zuständigkeit der Gerichte, da diese von § 143 vorausgesetzt wird.[2] Eine Gerichtsstandsbestimmung gem. § 13a StPO hat Auswirkungen auf die örtliche Zuständigkeit der Staatsanwaltschaft, sofern keine Ausnahme gem. § 143 Abs. 4 und Abs. 5 gegeben ist.[3] Eine einmal begründete örtliche Zuständigkeit ermächtigt den Staatsanwalt zur Vornahme von Ermittlungshandlungen im gesamten Bundesgebiet.[4] Die örtliche und sachliche Zuständigkeit der Ermittlungspersonen der Staatsanwaltschaft (§ 152 GVG) bestimmt sich nach der Zuständigkeit der sie beauftragenden Staatsanwaltschaft. 2

Gem. Abs. 1 S. 2 ist in Fällen, in denen eine gerichtliche Zuständigkeit fehlt oder noch nicht ermittelt werden konnte, die **Staatsanwaltschaft** zuständig, die – in der Regel aufgrund einer Strafanzeige – **zuerst mit der Sache befasst** wird. Dies gilt auch, wenn eine Zuständigkeitsbestimmung durch den BGH nach § 13a StPO nicht in Betracht kommt, weil es an der Anwendbarkeit deutschen Strafrechts fehlt[5] oder weil kein Gerichtsstand gem. §§ 7–13 StPO gegeben ist.[6] Sofern sich in der Folge die Zuständigkeit eines Gerichts ergibt, ist die weitere Bearbeitung von der gem. Abs. 1 S. 1 zuständigen Staatsanwaltschaft zu übernehmen (Abs. 1 S. 3). Die zuerst nach Abs. 1 S. 2 befasste Staatsanwaltschaft hat vor der Abgabe **alle notwendigen verfahrenssichernden Maßnahmen** zu treffen, so dass das Verfahren geordnet abgegeben kann. Erst wenn eine Verfahrensabgabe ohne zu befürchtenden Nachteil für das Strafverfahren erfolgen kann, soll die Zuständigkeit nach Abs. 1 S. 2 enden.[7] Nach Abs. 1 S. 4 gilt dies auch, wenn im Ermittlungsverfahren die Zuständigkeit 2a

---

[1] Vgl. zur sachlichen Sequenzzuständigkeit → § 142 Rn. 1. Vgl. zur örtlichen Zuständigkeit der Strafverfolgung von Bundeswehrsoldaten im Auslandseinsatz *Stam* ZIS 2010, 628.
[2] BGH 4.11.1983 – 2 ARs 365/83, NJW 1984, 623 (624); Löwe/Rosenberg/*Franke* Rn. 1.
[3] BGH 24.8.1962 – 2 ARs 54/62, NJW 1962, 2018 (2019).
[4] Löwe/Rosenberg/*Franke* Rn. 5; SK/*Wohlers* Rn. 3.
[5] ZB wegen Befreiungen gem. §§ 18–20 oder bei einer im Ausland begangenen Tat, vgl. BGH 18.4.2007 – 2 ARs 32/07 2 AR 25/07, NStZ 2007, 534 (535).
[6] BT-Drs. 17/9694, 8.
[7] BT-Drs. 17/9694, 8.

der Staatsanwaltschaft wechselt, zB beim Wohnortwechsel des Beschuldigten und einer nur auf § 8 Abs. 1 StPO beruhenden Zuständigkeit.

3 Eine **Ausnahme von der örtlichen Sequenzzuständigkeit** regelt § 451 Abs. 3 S. 1 StPO, nach dem die Staatsanwaltschaft die staatsanwaltschaftliche Aufgabe als Vollstreckungsbehörde auch gegenüber der Strafvollstreckungskammer bei einem anderen Landgericht wahrnimmt. Dies ist auch dann der Fall, wenn der Sitz der zuständigen Strafvollstreckungskammer in einem anderen (Bundes-)Land liegt.[8] Etwas anderes gilt nur bei Beschwerdesachen, da bei diesen die örtlich zuständige Generalstaatsanwaltschaft zu beteiligen ist.[9]

4 Bei **Sammelverfahren**, die in der Regel die örtliche Zuständigkeit mehrerer Staatsanwaltschaften im Bundesgebiet begründen, gebührt der Staatsanwaltschaft der Vorrang, in deren Bezirk der Schwerpunkt des Verfahrens liegt (Nr. 26 Abs. 2 RiStBV). Die Staatsanwaltschaft kann grundsätzlich auswählen, bei welchem von mehreren örtlich zuständigen Gerichten sie Anklage erheben will. Allerdings darf ihre Auswahl nicht auf unsachlichen, sich von gesetzlichen Maßstäben völlig entfernenden Erwägungen beruhen.[10] Bei Streitigkeiten entscheidet auf Antrag der GBA (Abs. 3 S. 2).

5 **Örtliche Unzuständigkeit** führt nur bei **Willkür** oder **offensichtlicher Unvertretbarkeit** zur Unwirksamkeit der staatsanwaltschaftlichen Handlung.[11] Unwirksamkeit scheidet ebenfalls beim Vorliegen der Voraussetzungen des Abs. 2 aus. Der örtlich unzuständige Staatsanwalt gibt das Verfahren – unter Beachtung der einschlägigen Zeichnungsverfügungen – formlos an die örtlich zuständige Staatsanwaltschaft ab. Ändert sich die örtliche Zuständigkeit des Gerichts, geht die staatsanwaltliche Zuständigkeit auf die Staatsanwaltschaft bei dem nunmehr zuständigen Gericht über.[12]

6 **2. Gefahr im Verzug bei örtlicher Unzuständigkeit.** Der **örtlich unzuständige Staatsanwalt** hat gem. § 143 Abs. 2 bei Gefahr im Verzug alle erforderlichen Amtshandlungen vorzunehmen. Die Vorschrift findet analoge Anwendung im Fall sachlicher Unzuständigkeit (§ 142).[13] Der Begriff der Amtshandlung umfasst alle dem Staatsanwalt obliegenden Handlungen. Der Vorschrift kommt in Zeiten moderner Kommunikationsmittel und aufgrund der weitreichenden Regelungen zur örtlichen Zuständigkeit der Gerichte (§§ 7 ff. StPO) allerdings nur noch eine geringe praktische Bedeutung zu.

7 **3. Zuständigkeitsstreit.** Abs. 3 trifft Regelungen bei einem Zuständigkeitsstreit **zwischen Staatsanwaltschaften verschiedener Länder**. Im Konfliktfall steht die Entscheidungskompetenz gem. Abs. 3 S. 1 dem GBA zu, sofern nicht zuvor eine Klärung auf Ebene der Generalstaatsanwälte gefunden werden konnte. Für den Großteil der streitigen Fälle wurde durch die gemeinsame **Zuständigkeitsvereinbarung der Generalstaatsanwälte** eine praxistaugliche Konfliktregelung getroffen. Sofern mehrere Staatsanwaltschaften unterschiedlicher Länder zuständig sind, kann der GBA auf Antrag auch über die **Herstellung eines Sammelverfahrens** entscheiden (Abs. 3 S. 2).[14]

8 Eine **gerichtliche Überprüfung** der örtlichen Zuständigkeit der Staatsanwaltschaft im Ermittlungsverfahren kommt in der Regel nicht in Betracht.[15] Eine indirekte Prüfung kann im Rahmen des Feststellungsverfahrens gem. § 98 Abs. 2 S. 2 StPO sowie nach Anklageerhe-

---

[8] Kissel/Mayer § 141 Rn. 27.
[9] SK/Wohlers § 141 Rn. 19; Meyer-Goßner/Schmitt § 142 Rn. 4.
[10] OLG Hamm 10.9.1998 – 2 Ws 376/98, StV 1999, 240; Thüringer OLG 29.1.2009 – 1 Ws 30/09, OLGSt StPO § 8 Nr. 1.
[11] OLG Düsseldorf 19.8.1996 – 1 Ws 552/96, NStZ-RR 1997, 110; Kissel/Mayer Rn. 6; Löwe/Rosenberg/Franke Rn. 10; Meyer-Goßner/Schmitt Rn. 2a; aA SK/Wohlers Rn. 4.
[12] Löwe/Rosenberg/Franke Rn. 3; SK/Wohlers Rn. 2.
[13] SK/Wohlers § 142 Rn. 4, 20; Löwe/Rosenberg/Franke Rn. 6; Meyer-Goßner/Schmitt Rn. 2.
[14] BT-Drs. 18/3007, 13. Durch das Gesetz vom 12.6.2015 (BGBl. I 925) wurde zugleich der „gemeinsam vorgesetzte Beamte" für Staatsanwaltschaften unterschiedlicher Länder mangels praktischer Relevanz abgeschafft.
[15] Meyer-Goßner/Schmitt Rn. 1.

bung im gerichtlichen Zwischenverfahren erfolgen. § 12 Abs. 2 StPO findet erst nach Eröffnung der gerichtlichen Untersuchung Anwendung.[16]

4. Zuständigkeitskonzentration. Zur sachdienlichen Förderung oder schnelleren Erledigung der Verfahren kann gem. Abs. 4 durch Bildung von Schwerpunktstaatsanwaltschaften eine **Zuständigkeitskonzentration** vorgenommen werden. **Schwerpunktstaatsanwaltschaften** sind für die Bezirke mehrerer Landes- oder Oberlandesgerichte eines Landes zur Verfolgung bestimmter Arten von Strafverfahren und ggf. zur Strafvollstreckung in diesen Sachen zuständig. Ein Bedürfnis für eine solche Konzentrationswirkung besteht zB für die Aufrechterhaltung der Zuständigkeit der landgerichtlichen Staatsanwaltschaften im Rahmen der Verfolgung der in § 74a bezeichneten Straftaten, wenn sich die Zuständigkeit der Staatsschutzkammer zu Gunsten eines anderen Spruchkörpers ändert (vgl. § 74e). Ein weiterer Anwendungsfall betrifft die Bildung von Schwerpunktstaatsanwaltschaften im Bereich der Wirtschaftskriminalität.[17]

Die Möglichkeit der **Konzentration in Rechtshilfesachen** umfasst nur eingehende Rechtshilfeersuchen von ausländischen Stellen. Ausgehende Rechtshilfeersuchen sind bereits vom Wortlaut nicht erfasst.[18] Auslieferungssachen fallen ebenfalls nicht unter Abs. 4, da eine vorrangige Spezialzuständigkeit der Oberlandesgerichte und der Generalstaatsanwaltschaften gem. §§ 13, 14 IRG besteht.[19]

Die **Zuständigkeit für eine Konzentrationszuweisung** gem. Abs. 4 liegt – sofern das entsprechende Landesrecht keine abweichende Regelung trifft – sowohl bei den Generalstaatsanwälten für ihre jeweiligen Bezirke als auch bei den Landesjustizverwaltungen. Ein Gesetzesvorbehalt besteht – anders als bei der gerichtlichen Zuständigkeit – nicht.[20] Die Einrichtung einer Schwerpunktstaatsanwaltschaft lässt die gesetzliche Regelzuständigkeit gem. § 143 Abs. 1 unberührt, wie sich aus dem Wortlaut und dem Sinn und Zweck der Regelung ergibt.[21]

Abs. 5 sieht für den Bereich der **Strafvollstreckung** eine **spezielle Konzentrationsmöglichkeit** dahingehend vor, dass einer Staatsanwaltschaft für mehrere Zuständigkeitsbereiche die Aufgaben der Strafvollstreckungsbehörde zentral zugewiesen werden können.

§ 144 [Organisation]

Besteht die Staatsanwaltschaft eines Gerichts aus mehreren Beamten, so handeln die dem ersten Beamten beigeordneten Personen als dessen Vertreter; sie sind, wenn sie für ihn auftreten, zu allen Amtsverrichtungen desselben ohne den Nachweis eines besonderen Auftrags berechtigt.

I. Überblick

§ 144 legt den **monokratisch-hierarchischen Aufbau der Staatsanwaltschaft** fest, welcher Ausdruck der Zugehörigkeit der Staatsanwaltschaft zur Exekutive ist. Die staatsanwaltlichen Befugnisse stehen originär dem Behördenleiter als erstem Beamten zu. Die ihm nachgeordneten Staatsanwälte handeln kraft Gesetzes als seine Vertreter. Für den Behördenleiter besteht die Möglichkeit der Delegation der ihm obliegenden Aufgaben sowie der ihm zustehenden Rechte (§§ 145, 146, 147 Nr. 3) an die ihm nachgeordneten Beamten der Staatsanwaltschaft. Dem Justizminister steht als Ausfluss seines Weisungsrechts (§§ 146, 147

---

[16] BGH 25.3.1960 – 2 ARs 30/60, NJW 1960, 1069 (1070).
[17] Vgl. zur Tätigkeit von Schwerpunktstaatsanwaltschaften im Bereich der Wirtschaftskriminalität *Liebl* wistra 1987, 13; *ders.* wistra 1987, 324; *Beitlich* wistra 1987, 279; *Römer* StraFo 2009, 194.
[18] Meyer-Goßner/*Schmitt* Rn. 9; SK/*Wohlers* Rn. 6.
[19] Löwe/Rosenberg/*Franke* Rn. 18.
[20] SK/*Wohlers* Rn. 8; Löwe/Rosenberg/*Franke* Rn. 19; KK/*Mayer* Rn. 7.
[21] OLG Zweibrücken 13.7.1983 – 1 Ss 133/83, NStZ 1984, 233; KK/*Mayer* Rn. 7; Meyer-Goßner/*Schmitt* Rn. 7; aA *Schoreit* NStZ 1984, 234.

Nr. 2) ebenfalls die Möglichkeit der Delegation der dem Behördenleiter zustehenden Rechte auf nachgeordnete Staatsanwälte zu.

II. Erläuterungen

2   Zu den **Aufgaben des Behördenleiters** gehört ua die Verteilung der staatsanwaltschaftlichen Aufgaben im Wege eines jährlich aufzustellenden Geschäftsverteilungsplans. Dieser verwaltungsinterne Justizakt begründet keinen Anspruch auf einen „gesetzlichen Staatsanwalt".[1] Änderungen durch den Behördenleiter im Wege der Devolution oder Substitution (§ 145) sind möglich. Ein Staatsanwalt hat keinen Anspruch auf die Übertragung eines bestimmten Geschäftsbereichs. Zu den sonstigen Aufgaben des Behördenleiters gehören die Organisation des Sitzungsdienstes, die Bearbeitung von Justizverwaltungssachen sowie die Ausübung der Rechts- und Dienstaufsicht (§§ 145, 146, 147 Nr. 3).

3   **Interne Beschränkungen der gesetzlichen Vertretungsmacht** können sich für die nachgeordneten Staatsanwälte aus den Zeichnungsbestimmungen und sonstigen Organisationsstatuten ergeben.[2] Diese entfalten keine Außenwirkung, so dass zB die Anklageerhebung eines noch nicht zeichnungsbefugten Staatsanwalts ebenso wie die Erklärung eines Rechtsmittelverzichts trotz entgegenstehender Weisung (§ 146) wirksam ist.[3]

4   Es verstößt nicht gegen den **Grundsatz von Treu und Glauben**, wenn ein Staatsanwalt im Rahmen der Strafvollstreckung den Widerruf der Bewährung beantragt, obwohl ein anderer Staatsanwalt derselben Staatsanwaltschaft durch die Beantragung eines Strafbefehls mit Freiheitsstrafe zur Bewährung dem Verurteilten in demselben Verfahren zuvor eine positive Prognose gestellt hat.[4] Zwar handeln beide Staatsanwälte jeweils als gesetzliche Vertreter desselben Behördenleiters. Die Staatsanwälte müssen sich jedoch ihre Handlungen unter dem Gesichtspunkt des Vertrauensschutzes nicht gegenseitig zurechnen lassen, da aus der gesetzlichen Vertretungsmacht (§ 144) nicht folgt, dass mehrere Staatsanwälte als Vertreter des Behördenleiters keine voneinander abweichenden Rechtsansichten im Rahmen eines Verfahrens haben dürfen. Eine **wechselseitige Zurechnung von Rechtsansichten** steht nicht im Einklang mit dem hierachischen Aufbau der Staatsanwaltschaft, da durch eine derartige Zurechnung eine Bindungswirkung gegenüber den weisungsbefugten Vorgesetzten eintreten würde, was der gesetzlichen Konzeption der §§ 146, 147 widerspricht.[5]

5   Eine Staatsanwaltschaft kann aus **Hauptabteilungen** und **Abteilungen** bestehen. Die Zuständigkeiten und Aufgabenbereiche der Hauptabteilungsleiter und Abteilungsleiter ergeben sich aus dem Geschäftsverteilungsplan sowie aus den sonstigen Organisationsstatuten.

§ 145 [Befugnisse der ersten Beamten]

(1) Die ersten Beamten der Staatsanwaltschaft bei den Oberlandesgerichten und den Landgerichten sind befugt, bei allen Gerichten ihres Bezirks die Amtsverrichtungen der Staatsanwaltschaft selbst zu übernehmen oder mit ihrer Wahrnehmung einen anderen als den zunächst zuständigen Beamten zu beauftragen.

(2) Amtsanwälte können das Amt der Staatsanwaltschaft nur bei den Amtsgerichten versehen.

Schrifttum: *Bottke*, Rechtsbehelfe der Verteidigung im Ermittlungsverfahren – eine Systematisierung, StV 1986, 120; *Buckert*, Der Rechtsanspruch des Bürgers auf Ablösung eines befangenen Staatsanwalts und seine gerichtliche Durchsetzung, NJW 1970, 847; *Görcke*, Weisungsgebundenheit und Grundgesetz, ZStW 73 (1961), 561; *Hilgendorf*, Verfahrensfragen bei der Ablehnung eines befangenen Staatsanwalts, StV 1996, 50; *Kelker*, Wohin will der BGH beim Zeugenstaatsanwalt?, StV 2008, 381; *Kretschmer*, Die Staatsanwaltschaft –

---

[1] SK/*Wohlers* Rn. 22; *Kissel/Mayer* Rn. 6.
[2] Löwe/Rosenberg/*Franke* Rn. 4–5.
[3] Löwe/Rosenberg/*Franke* Rn. 2; KK/*Mayer* Rn. 3.
[4] AA LG Berlin 4.5.2006 – 541 StVK 868 B/01, StV 2007, 197.
[5] Vgl. zur Art und Umfang der Weisungsrechte → § 146 Rn. 11 ff.

Eine problemorientierte Darstellung ihrer Aufgaben und Rechtsstellung, Jura 2004, 452; *Müller-Gabriel,* Neue Rechtsprechung des BGH zum Ausschluß des „Zeugen-Staatsanwalts", StV 1991, 235; *Pawlik,* Der disqualifizierte Staatsanwalt, NStZ 1995, 309; *Pfeiffer,* Zur Ausschließung und Ablehnung des Staatsanwalts im geltenden Recht, Festschrift Rebmann, 1989, 359; *Schneider,* Gedanken zur Problematik des infolge einer Zeugenvernehmung „befangenen" Staatsanwalts, NStZ 1994, 457; *Tolksdorf,* Mitwirkungsverbot für den befangenen Staatsanwalt, Diss. Münster 1988; *Wendisch,* Zur Ausschließung und Ablehnung des Staatsanwalts, Festschrift Schäfer, 1980, 243.

Übersicht

	Rn.		Rn.
I. Überblick	1	2. Befangenheit des Staatsanwalts	8–17
II. Erläuterungen	2–18	3. Beschränkung bei Amtsanwälten	18
1. Art und Umfang der Übernahme- und Ersetzungsbefugnis	2–7		

I. Überblick

Nach § 145 Abs. 1 kann **der erste Beamte der Staatsanwaltschaft** im Rahmen seiner 1 sachlichen und örtlichen Zuständigkeit jede staatsanwaltschaftliche Aufgabe zu jedem Zeitpunkt entweder **selbst übernehmen** (Devolutionsrecht) oder einen anderen staatsanwaltschaftlichen Amtsträger mit der Wahrnehmung **beauftragen** (Substitutionsrecht). Diese Befugnisse stehen sowohl den Behördenleitern der Staatsanwaltschaften bei den Oberlandesgerichten (Generalstaatsanwalt) als auch den Behördenleitern der Staatsanwaltschaften bei den Landgerichten (Leitender Oberstaatsanwalt) für ihren jeweiligen Geschäftsbereich innerhalb ihrer sachlichen und örtlichen Zuständigkeit (§§ 142, 143) zu.[1] § 145 Abs. 2 sieht eine Einschränkung der sich aus Abs. 1 ergebenen Rechte bei Amtsanwälten vor.

II. Erläuterungen

1. Art und Umfang der Übernahme- und Ersetzungsbefugnis. Das **Devolutions-** 2 **recht** führt zur Übernahme der staatsanwaltschaftlichen Amtsverrichtung durch den Behördenleiter selbst. Dieser kann nach erfolgter Devolution einen ihm nachgeordneten Staatsanwalt mit der Wahrnehmung der staatsanwaltlichen Aufgabe beauftragen.[2] Die **Substitution** führt zu einer Ersetzung des ursprünglich zuständigen staatsanwaltschaftlichen Amtsträgers durch einen anderen Staatsanwalt. Sie hat zur Folge, dass der beauftragte Staatsanwalt einer nicht zuständigen Staatsanwaltschaft als der sachlich oder örtlich zuständigen Staatsanwaltschaft (§§ 142, 143) angehörig anzusehen ist.[3]

Gegenstand der Devolution und Substitution können nicht nur einzelne Verfahren, 3 sondern auch bestimmte Gruppen von Strafverfahren sein. Bei einer dauerhaften Substitution ist ein Vorgehen gem. § 143 Abs. 4 angezeigt. Im Wege der Substitution kann nicht nur ein einzelner Staatsanwalt, sondern – wie der systematische Zusammenhang zu § 144 zeigt – auch eine gesamte Behörde beauftragt werden.[4] Ist die ursprünglich zuständige Staatsanwaltschaft nach § 145 Abs. 1 durch eine andere ersetzt worden, so tritt die Zuständigkeitskonzentration des § 162 Abs. 1 S. 2 StPO bei dem Amtsgericht ein, in dessen Bezirk die andere Staatsanwaltschaft ihren Sitz hat, und begründet dort auch die örtliche Zuständigkeit für die Entscheidung über den Erlass eines Haftbefehls.[5] Beauftragt das Landesjustizministerium gem. § 145 Abs. 1, § 147 Nr. 2 GVG eine in einem anderen Oberlandesgerichts-

---

[1] Löwe/Rosenberg/*Franke* Rn. 9.
[2] KK/*Mayer* Rn. 2.
[3] BGH 18.11.1994 – 2 StR 172/94, NStZ 1995, 204; KK/*Mayer* Rn. 3; Meyer-Goßner/*Schmitt* Rn. 3.
[4] BGH 3.12.1997 – 5 StR 267/97, NStZ 1998, 309; *Kissel/Mayer* Rn. 1; Meyer-Goßner/*Schmitt* Rn. 1; SK/*Wohlers* Rn. 8; aA OLG Stuttgart 21.2.1997 – 1 Ws 20/97, 1 Ws 21/97, Justiz 1997, 222; Katholnigg Rn. 3.
[5] BGH 27.8.1991 – 1 StR 438/91, NStZ 1991, 595; OLG Düsseldorf 18.6.2007 – III-3 Ws 206-207/07, JMBl. NW 2008, 65; OLG Stuttgart 4.2.1991 – 3 Ws 21/91, NStZ 1991, 291 (292); OLG Hamm 14.3.1983 – 3 Ws 138/83, MDR 1983, 688; aA LG Zweibrücken 16.2.2004 – Qs 6/04, NStZ-RR 2004, 304 (305 f.); 12.3.2009 – Qs 26-29/09, StraFo 2009, 243 (Leitsatz); SK/*Wohlers* Rn. 8.

bezirk als der Tatortstaatsanwaltschaft liegende Staatsanwaltschaft mit der Wahrnehmung der staatsanwaltschaftlichen Aufgaben, richtet sich die örtliche Zuständigkeit des Oberlandesgerichts im Klageerzwingungsverfahren allein nach dem Sitz der beauftragten Staatsanwaltschaft, auch wenn im Bezirk dieses Oberlandesgerichts kein Gerichtsstand begründet ist.[6]

4 Die Rechte der Devolution und Substitution stehen grundsätzlich nur den **ersten Beamten der Staatsanwaltschaft** und im Fall ihrer Verhinderung ihren **Vertretern** zu.[7] Dagegen können sich die den ersten Beamten beigeordneten Staatsanwälte (§ 144 Abs. 1) nicht unmittelbar auf § 145 berufen, insbesondere nicht gegenüber nachgeordneten Behörden.[8] Allerdings ist die Delegation der sich aus § 145 ergebenden Rechte auf nachgeordnete Staatsanwälte derselben Behörde durch die ersten Beamten der Staatsanwaltschaft möglich. Angesichts der gesetzlichen Grundkonzeption sollte dies aus Gründen der Rechtssicherheit durch eine ausdrückliche (schriftliche) Anordnung durch den ersten Beamten erfolgen.[9] Die generelle Schaffung von Hauptabteilungen und Abteilungen beinhaltet nicht automatisch, dass den Hauptabteilungsleitern und Abteilungsleitern die sich aus §§ 145, 146 ergebenden Rechte zustehen.

5 Dem **GBA** stehen für seinen Geschäftsbereich die Rechte der Devolution und Substitution zu, obwohl dieser in Abs. 1 nicht ausdrücklich genannt wird.[10] Dagegen kann sich der Justizminister nicht unmittelbar auf § 145 berufen. Ein Recht zur Substitution durch den Justizminister besteht im Rahmen der ihm zustehenden Rechte gem. § 147 Nr. 1 bzw. Nr. 2 iVm § 146.[11] Der **Justizminister** kann das ihm zustehende Substitutionsrecht ebenfalls delegieren. Eine Devolution kommt durch den Justizminister dagegen nicht in Betracht, da er kein staatsanwaltschaftlicher Amtsträger ist.[12]

6 Die Devolutions- und Substitutionsrechte können **zu jedem Verfahrenszeitpunkt** und bezüglich **jeder staatsanwaltschaftlichen Tätigkeit** ausgeübt werden.[13] Die Ausübung ist aufgrund der Abweichung von §§ 142, 143 in den Verfahrensakten **aktenkundig** zu machen, damit ein Nachweis gegenüber dem Gericht oder sonstigen Verfahrensbeteiligten möglich ist.[14] Eine **konkrete Begründung** ist allerdings nicht erforderlich. Bei Unterzeichnung braucht der gem. § 145 an eine andere Staatsanwaltschaft zugewiesene Staatsanwalt nicht auf einen Auftrag hinzuweisen.[15]

7 Eine **gerichtliche Nachprüfung** der Ausübung der sich aus § 145 ergebenden Rechte gem. § 23 EGGVG kommt nicht in Betracht, da nur die interne staatsanwaltschaftliche Aufgabenwahrnehmung betroffen ist und es keinen Anspruch auf einen „gesetzlichen" Staatsanwalt gibt.[16] Der von der Devolution oder Substitution betroffene Staatsanwalt kann sich nicht auf die Verletzung seiner subjektiven Rechte berufen. Eine mittelbare Überprüfung der Rechtmäßigkeit kann lediglich im Wege der Dienstaufsichtsbeschwerde erfolgen,[17] wobei dem Behördenleiter bei der Ausübung der sich aus § 145 ergebenen Rechte ein weites Ermessen zusteht. Dieses dürfte nur bei Willkür oder sachfremden Erwägungen überschritten sein.

---

[6] OLG Karlsruhe 1.6.2015 – 2 Ws 69/15, NStZ 2015, 717 f.
[7] Löwe/Rosenberg/*Franke* Rn. 7; SK/*Wohlers* Rn. 4.
[8] Meyer-Goßner/*Schmitt* Rn. 1.
[9] Löwe/Rosenberg/*Franke* Rn. 11.
[10] KK/*Mayer* Rn. 5; SK/*Wohlers* Rn. 5.
[11] *Eb. Schmidt* III § 145 Rn. 9.
[12] SK/*Wohlers* Rn. 6; Löwe/Rosenberg/*Franke* Rn. 3.
[13] Löwe/Rosenberg/*Franke* Rn. 10; SK/*Wohlers* Rn. 7. Vgl. OLG Bamberg 14.4.1989 – Ws 127/89, NStZ 1989, 544 zur Verfahrenseinstellung gem. § 170 Abs. 2 StPO im Wege der Devolution.
[14] Löwe/Rosenberg/*Franke* Rn. 11; KK/*Mayer* Rn. 4; Meyer-Goßner/*Schmitt* Rn. 5.
[15] BGH 18.11.1994 – 2 StR 172/94, NStZ 1995, 204; Meyer-Goßner/*Schmitt* Rn. 3; SK/*Wohlers* Rn. 9.
[16] OLG Celle v. 10.7.2015 – 2 VAs 5/15, BeckRS 2016, 18860; OLG Frankfurt a. M. 10.11.1998 – 3 VAs 37/98, NStZ-RR 1999, 81 f.; OLG Hamm 24.10.1968 – 1 VAs 142/68, NJW 1969, 808; Löwe/Rosenberg/*Franke* Rn. 12; KK/*Mayer* Rn. 7; Meyer-Goßner/*Schmitt* Rn. 6; aA *Katholnigg* Rn. 6.
[17] Löwe/Rosenberg/*Franke* Rn. 12.

2. Befangenheit des Staatsanwalts. Die Frage der Befangenheit eines Staatsanwalts bei **8**
der Ausübung der ihm obliegenden Aufgaben ist gesetzlich nicht geregelt. Da Staatsanwalt
und Richter im Strafverfahren unterschiedliche Aufgaben und Funktionen wahrnehmen,
finden die richterlichen Ausschluss- und Befangenheitsgründe des § 22 Nr. 1–5 StPO weder
unmittelbar noch analog Anwendung auf den Staatsanwalt.[18] Bei **sachlicher oder persönlicher Betroffenheit** des Staatsanwalts kommt den Fallgruppen des § 22 Nr. 1–3 StPO jedoch
eine Indizwirkung für eine Befangenheit zu.[19] Dies gilt allerdings nicht für die richterlichen
Befangenheitsgründe gem. § 22 Nr. 4 und Nr. 5 StPO.[20] Einige Länder haben **besondere
Regelungen** für den **Ausschluss des Staatsanwalts** getroffen (§ 7 Abs. 1 AGGVG Niedersachsen; § 9 AGGVG Berlin; § 11 AGGVG Baden-Württemberg). Diese Bestimmungen
begegnen jedoch im Hinblick auf § 6 EGStPO rechtlichen Bedenken[21] und entfalten jedenfalls
über die Grenzen der betreffenden Länder hinaus keine Wirksamkeit.[22]

Außerhalb der Fallgruppen des § 22 Nr. 1–3 StPO kann eine Befangenheit des Staatsan- **9**
walts aus einem Verstoß gegen das verfassungsrechtlich verbürgte **Recht auf ein faires
Verfahren** folgen. Beurteilungsmaßstab ist insoweit, ob vom Standpunkt des Ablehnenden
vernünftige, jedem unbeteiligten Dritten einleuchtende Gründe vorliegen, aus denen sich
ein Misstrauen gegen die Unparteilichkeit des Staatsanwalts im Sinne einer an Recht und
Gesetz orientierten Aufgabenwahrnehmung ergeben. Dabei reicht nicht jedes amtspflichtwidrige Verhalten des Staatsanwalts aus. Vielmehr ist eine **schwere und nachhaltige Verletzung seiner Amtspflichten** erforderlich. Das beanstandete Verhalten muss so gravierend
sein, dass sich die Voreingenommenheit des Staatsanwaltes geradezu aufdrängt und sein
Verhalten aus der Sicht des Ablehnenden als Missbrauch staatlicher Macht im Sinne des
Rechts auf ein faires Verfahren erscheint.[23] Ausnahmsweise kann eine Verpflichtung des
Gerichtes bestehen, auf die Ablösung und Ersetzung des Staatsanwaltes hinzuwirken, wenn
nur so das Recht des Angeklagten auf ein faires Verfahren gewahrt werden kann.[24] Bis zur
Ablösung vorgenommene Prozesshandlungen des Staatsanwalts sind wirksam.[25]

Die **Vorbefassung eines Staatsanwalts** im Ermittlungsverfahren sowie die Anklageer- **10**
hebung führen nicht automatisch zu einer Befangenheit, da eine abschließende Überzeugungsbildung in diesem Verfahrensstadium nicht erforderlich ist.[26] Aufgrund der dem Staatsanwalt obliegenden Pflicht zur Objektivität ist von ihm ggf. eine Änderung seiner früheren
Beurteilung der Sach- oder Rechtslage zu erwarten.[27] Ein Richter, der an einem vom
Revisionsgericht aufgehobenen Urteil mitgewirkt hat, darf aufgrund des eingeschränkten
Prüfungsmaßstabs im Revisionsverfahren an der durch die Revisionsentscheidung erforder-

---

[18] BVerfG 16.4.1969 – 2 BvR 115/69, NJW 1969, 1104 (1106); BGH 25.9.1979 – 1 StR 702/78, NJW 1980, 845 f.; LG Mönchengladbach 26.3.1987 – 12 KLs 12/85 (2), StV 1987, 333 f.; LG Köln 15.10.1984 – 112 2/84, NStZ 1985, 230 (231 ff.); Löwe/Rosenberg/*Franke* Vor § 141 Rn. 22; *Tolksdorf*, Mitwirkungsverbot für den befangenen Staatsanwalt, Diss. Münster 1988, 85; *Kretschmer* Jura 2004, 452 (455 f.); aA *Kissel/Mayer* Rn. 7; *Bottke* StV 1986, 120 (123).
[19] SK/*Wohlers* Rn. 12; SK/*Rudolphi* StPO Vor § 22 Rn. 23; KK/*Fischer* StPO Vor § 22 Rn. 2; *Tolksdorf*, Mitwirkungsverbot für den befangenen Staatsanwalt, Diss. Münster 1988, 87 (99); *Pfeiffer* FS Rebmann, 1989, 359 (370); *Pawlik* NStZ 1995, 309 (311); *Wendisch* FS Schäfer, 1980, 243 (252); ähnlich *Kretschmer* Jura 2004, 453 (455 f.).
[20] BeckOK StPO/*Cirener* StPO § 22 Rn. 36; aA KK/*Fischer* Vor § 22 Rn. 2, nach dem auch der Ausschlussgrund des § 22 Nr. 4 StPO für den Staatsanwalt entsprechend heranzuziehen ist.
[21] *Katholnigg* Vor § 141 Rn. 4; SK/*Rudolphi* StPO Vor § 22 Rn. 20; *Tolksdorf*, Mitwirkungsverbot für den befangenen Staatsanwalt, Diss. Münster 1988, 46 ff.; *Pfeiffer* FS Rebmann, 1989, 359 (365 f.); *Wendisch* FS Schäfer, 1980, 243 (247).
[22] BGH 27.8.1991 – 1 StR 438/91, NStZ 1991, 595.
[23] LG Mönchengladbach 26.3.1987 – 12 KLs 12/85 (2), StV 1987, 333 f.; einschränkend SK/*Wohlers* Rn. 22 f.
[24] LG Mönchengladbach 26.3.1987 – 12 KLs 12/85 (2), StV 1987, 333 f.
[25] SK/*Wohlers* Rn. 12; einschränkend *Tolksdorf*, Mitwirkungsverbot für den befangenen Staatsanwalt, Diss. Münster 1988, 116: nur unaufschiebbare Handlungen.
[26] Löwe/Rosenberg/*Franke* Rn. 14; SK/*Wohlers* Rn. 13; KK/*Fischer* Vor § 22 Rn. 4; *Tolksdorf*, Mitwirkungsverbot für den befangenen Staatsanwalt, Diss. Münster 1988, 99 f.; *Wendisch* FS Schäfer, 1980, 243 (253); *Kretschmer* Jura 2004, 453 (455 f.); *Pawlik* NStZ 1995, 309 (313); *Schneider* NStZ 1994, 457 (459).
[27] *Pawlik* NStZ 1995, 309 (311).

lich gewordenen erneuten Hauptverhandlung als Staatsanwalt mitwirken.[28] Etwas anderes gilt für die Mitwirkung eines Staatsanwalts in der Berufungsinstanz, wenn er als Richter in der ersten Instanz das mit der Berufung angefochtene Urteil (mit)erlassen hat, da der Erlass eines Berufungsurteils eine originäre Überzeugungsbildung voraussetzt.[29, 30]

11 Die **zeugenschaftliche Vernehmung eines Staatsanwalts** in der Hauptverhandlung führt – entgegen der hM[31] – weder automatisch noch in der Regel zum Vorliegen von Befangenheitsgründen.[32] Anders als bei zeugenschaftlich vernommenen Richtern (§ 22 Nr. 5 StPO), Schöffen, Urkundsbeamten und Protokollführern (§ 31 iVm § 22 Nr. 5 StPO) enthält die StPO für Beamte der Staatsanwaltschaft keine Regelung über den Ausschluss im Fall einer zeugenschaftlichen Vernehmung. Wegen der gesetzlichen Zuständigkeit für das Ermittlungsverfahren kommt die Vernehmung des ermittlungsleitenden Staatsanwalts deutlich häufiger in Betracht als die eines an der Hauptverhandlung beteiligten Richters, so dass § 22 Nr. 5 StPO aufgrund unterschiedlicher Ausgangssituationen keine Indizwirkung für das Vorliegen einer Befangenheit entfaltet.[33] Zudem unterscheiden sich die Rollen des die Ermittlungen leitenden Staatsanwalts und des an der Hauptverhandlung teilnehmenden Richters, da Seitens des Staatsanwalts in diesem Verfahrensstadium **keine abschließende Überzeugungsbildung** erforderlich ist. Gegen einen automatischen Ausschluss des als Zeugen vernommenen Staatsanwalts spricht insbesondere, dass durch eine geschickte Beweisantragsstellung und in rechtsmissbräuchlicher Weise der mit der Sache befasste und eingearbeitete Anklagevertreter aus dem Verfahren ausgeschlossen werden könnte, was letztlich nahezu immer zu einer nach Verfassungsgrundsätzen zu vermeidenden Verfahrensverzögerung führen würde.[34]

12 Die dem Staatsanwalt obliegende **Objektivitätspflicht**, die ihn im Rahmen der Hauptverhandlung ggf. zu einer Anpassung seiner früheren Beurteilung der Sach- oder Rechtslage an geänderte Umstände zwingt,[35] ist ein ausreichendes Korrektiv, um den Anschein einer Voreingenommenheit in einem ausreichendem Maße auszuschließen. Die Annahme einer **Befangenheit des als Zeugen vernommenen Staatsanwalts** kommt ausnahmsweise dann in Betracht, wenn die Aussage für die Beurteilung der Tat- und Schuldfrage eine so hervorgehobene Bedeutung zukommt, dass sich die staatsanwaltliche Beweiswürdigung im Rahmen des Schlussantrages im Wesentlichen in der Würdigung der eigenen Aussage erschöpfen würde.

13 Eine Besorgnis der Befangenheit liegt bei der zeugenschaftlichen Vernehmung des Staatsanwalts in der Hauptverhandlung auch nach hM dann nicht vor, wenn der **Aussage des Staatsanwalts** bei wertender Betrachtung der Gesamtumstände für die Beurteilung der Tat- und Schuldfrage nur eine **untergeordnete Bedeutung** zukommt. Dies ist dann der Fall, wenn Gegenstand der Vernehmung allein untergeordnete Fragen der Gestaltung und/oder des Ablaufs des Ermittlungsverfahrens sind[36] oder wenn sich die für die Beurteilung

---

[28] BGH 9.9.1966 – 4 StR 261/66, NJW 1967, 62; 27.8.1991 – 1 StR 438/91, NStZ 1991, 595; KK/*Fischer* StPO Vor § 22 Rn. 4; aA SK/*Wohlers* Rn. 15.
[29] OLG Stuttgart 1.4.1974 – 3 Ss 33/74, NJW 1974, 1394 (1396); Löwe/Rosenberg/*Franke* Rn. 14. Vgl. zu weiteren Fallkonstellationen *Tolksdorf*, Mitwirkungsverbot für den befangenen Staatsanwalt, Diss. Münster 1988, 89 ff.
[30] Vgl. zur Ablehnung eines Wirtschaftsreferenten der Staatsanwaltschaft als Sachverständiger wegen Befangenheit LG Köln 12.12.2013 – 116 KLs 2/12, StraFo 2014, 19.
[31] Nach hM gilt der in der Hauptverhandlung als Zeuge vernommene Staatsanwalt – bis aus wenige Ausnahmen (vgl. → Rn. 13) – als befangen, vgl. BGH 7.12.2000 – 3 StR 382/00, NStZ-RR 2001, 107; 19.10.1982 – 5 StR 408/82, NStZ 1983, 135; 13.7.1966 – 2 StR 157/66, NJW 1966, 2321 f.; OLG Düsseldorf 6.9.1990 – 5 Ss 280/90 – 114/90 I, MDR 1991, 174; Löwe/Rosenberg/*Franke* Rn. 15; KK/*Fischer* StPO Vor § 22 Rn. 3; SK/*Wohlers* Rn. 17; *Tolksdorf*, Mitwirkungsverbot für den befangenen Staatsanwalt, Diss. Münster 1988, 88; *Wendisch* FS Schäfer, 1980, 243 (255); *Müller-Gabriel* StV 1991, 235.
[32] BGH 24.10.2007 – 1 StR 480/07, NStZ 2008, 353 f.; 25.4.1989 – 1 StR 97/89, NStZ 1989, 583 f.; ähnlich *Katholnigg* Vor § 141 Rn. 4; *Pawlik* NStZ 1995, 309 (312 f.).
[33] BGH 24.10.2007 – 1 StR 480/07, NStZ 2008, 353 f.; 25.4.1989 – 1 StR 97/89, NStZ 1989, 583 f.; kritisch *Schneider* NStZ 1994, 457 (461).
[34] BGH 24.10.2007 – 1 StR 480/07, NStZ 2008, 353 f.; kritisch *Kelker* StV 2008, 381 (382 ff.).
[35] *Görcke* ZStW 73 (1961), 561 (577 ff.); *Pawlik* NStZ 1995, 309 (311).
[36] BGH 7.12.2000 – 3 StR 382/00, NStZ-RR 2001, 107; OLG Düsseldorf 6.9.1990 – 5 Ss 280/90 – 114/90 I, MDR 1991, 174.

der Tat- und Schuldfrage relevante Aussage des Staatsanwalts auf in sich abgegrenzte Sachverhaltskomplexe bezieht, die gesondert gewürdigt werden können.[37] Auch ist ein Staatsanwalt, der in der vorangegangenen Hauptverhandlung in gleicher Sache vor einer anderen Strafkammer des Landgerichts als Zeuge vernommen worden ist, nicht von der Sitzungsvertretung in einer neuen Hauptverhandlung ausgeschlossen.[38]

Eine **Würdigung der eigenen zeugenschaftlichen Aussage** durch den Staatsanwalt im Rahmen des Schlussvortrages ist nicht möglich. Diese muss – soweit sie den Schuldspruch oder das Strafmaß betrifft – durch einen anderen Staatsanwalt vorgenommen werden.[39]

Die **Entscheidung über die Ersetzung** des zuständigen Staatsanwalts obliegt dem **Behördenleiter** im Rahmen der ihm zustehenden Rechte aus § 145.[40] Dieser muss sein Ermessen im Hinblick auf das Recht des Angeklagten auf ein faires Verfahren ordnungsgemäß ausüben. Das dem Behördenleiter zustehende Recht auf Ablösung iSv § 145 kann sich bei besonders schwerwiegenden Verstößen im Wege der „Ermessensreduzierung auf Null" zu einer entsprechenden Pflicht verdichten.[41]

Eine unmittelbare **gerichtliche Überprüfung** der Entscheidung des Behördenleiters kommt nicht in Betracht, da diese kein Justizverwaltungsakt gem. § 23 Abs. 1 EGGVG ist.[42] Eine lediglich mittelbare Überprüfung kann im Rahmen der Revision gem. § 337 StPO[43] bzw. im Rahmen einer Schadensersatzklage wegen Amtshaftung gem. Art. 34 GG iVm § 839 BGB erfolgen.[44] Weiterhin kann gegen eine ablehnende Entscheidung des Behördenleiters die Dienstaufsichtsbeschwerde erhoben werden.

Einen **Antrag auf Ablösung** können der Angeklagte, sein Verteidiger sowie der zugelassene Nebenkläger stellen. Weiterhin kann in Fällen offenkundiger Befangenheit ausnahmsweise eine Pflicht des erkennenden Gerichts bestehen, auf eine Ablösung des Staatsanwalts hinzuwirken.[45] Der als Zeuge vernommene Staatsanwalt, der als Sitzungsvertreter ausgeschieden ist, kann den neuen staatsanwaltlichen Sitzungsvertreter als „Gehilfen der Staatsanwaltschaft" unterstützen.[46]

3. Beschränkung bei Amtsanwälten. § 145 Abs. 2 sieht eine **Beschränkung** dahingehend vor, dass im Wege der Substitution kein **Amtsanwalt** mit der Wahrnehmung einer in die Zuständigkeit der Staatsanwaltschaft fallenden Aufgabe beauftragt werden kann, soweit das Verfahren außerhalb der Zuständigkeit des Amtsgerichts liegt. Die Einschränkung gilt für alle Amtsanwälte unabhängig von ihrer persönlichen Qualifikation.[47] Ein Staatsanwalt kann dagegen mit den Aufgaben eines Amtsanwalts beauftragt werden.[48]

---

[37] BGH 13.7.1966 – 2 StR 157/66, NJW 1966, 2321 f.; *Tölksdorf*, Mitwirkungsverbot für den befangenen Staatsanwalt, Diss. Münster 1988, 88. Nach *Schneider* NStZ 1994, 457 (462) soll es insoweit auf die Frage der Vereidigung gem. § 61 Nr. 3 StPO ankommen.
[38] BGH 7.12.1993 – 5 StR 171/93, NStZ 1994, 194.
[39] BGH 7.12.2000 – 3 StR 382/00, NStZ-RR 2001, 107; 25.4.1989 – 1 StR 97/89, NStZ 1989, 583 f.; SK/*Wohlers* Rn. 17, *Pawlik* NStZ 1995, 309 (312 f.).
[40] Löwe/Rosenberg/*Franke* Rn. 16; *Kretschmer* Jura 2004, 452 (456).
[41] OLG Hamm 24.10.1968 – 1 VAs 142/68, NJW 1969, 808; SK/*Wohlers* Rn. 22.
[42] OLG Frankfurt a. M. 10.11.1998 – 3 VAs 37/98, NStZ-RR 1999, 81 f.; OLG Hamm 24.10.1968 – 1 VAs 142/68, NJW 1969, 808; Löwe/Rosenberg/*Franke* Vor § 141 Rn. 24; KK/*Fischer* StPO Vor § 22 Rn. 6; *Pfeiffer* FS Rebmann, 1989, 359 (367 f.); *Wendisch* FS Schäfer, 1980, 243 (263); *Kretschmer* Jura 2004, 452 (456); *Pawlik* NStZ 1995, 309 (314); aA SK/*Wohlers* Rn. 24; *Hilgendorf* StV 1996, 50 (53 ff.); *Buckert* NJW 1970, 847 (848).
[43] BGH 25.9.1979 – 1 StR 702/78, NJW 1980, 845; 19.10.1982 – 5 StR 408/82, NStZ 1983, 135; 21.12.1988 – StV 1989, 240; OLG Stuttgart 1.4.1974 – 3 Ss 33/74, NJW 1974, 1394 (1396); *Kretschmer* Jura 2004, 452 (457); *Pawlik* NStZ 1995, 309 (314). Vgl. BGH 30.1.2007 – 5 StR 465/06, NStZ 2007, 419 zum notwendigen Revisionsvorbringen bei der Verfahrensrüge der weiteren Mitwirkung eines als Zeugen vernommenen Staatsanwalts als Sitzungsvertreter.
[44] Vgl. zur Amtshaftung des Staatsanwalts → Vor § 141 Rn. 15 ff.
[45] LG Mönchengladbach 26.3.1987 – 12 KLs 12/85 (2), StV 1987, 333 f.; Löwe/Rosenberg/*Franke* Rn. 16; SK/*Wohlers* Rn. 23.
[46] *Schneider* NStZ 1994, 457 (459 f.); einschränkend *Tölksdorf*, Mitwirkungsverbot für den befangenen Staatsanwalt, Diss. Münster 1988, 117 ff.
[47] KK/*Mayer* Rn. 6; Meyer-Goßner/*Schmitt* Rn. 1; SK/*Wohlers* Rn. 3; aA Kissel/*Mayer* Rn. 3 für die Beauftragung durch die Justizverwaltung.
[48] Löwe/Rosenberg/*Franke* Rn. 18.

§ 145a (weggefallen)

§ 146 [Weisungsgebundenheit]
Die Beamten der Staatsanwaltschaft haben den dienstlichen Anweisungen ihres Vorgesetzten nachzukommen.

Schrifttum: *Altvater,* Die Rolle der Staatsanwaltschaft in einer selbstverwalteten Justiz, NStZ-Sonderheft 2009, 4; *Blomeyer,* Die Stellung der Staatsanwaltschaft – Der Staatsanwalt als Vorrichter?, GA 1970, 161; *Carsten/Rautenberg,* Die Geschichte der Staatsanwaltschaft in Deutschland bis zur Gegenwart, 2. Aufl. 2012; *Dünnebier,* Die Grenzen der Dienstaufsicht gegenüber der Staatsanwaltschaft, JZ 1958, 417; *Fäupel,* Bemerkungen zu Abhängigkeiten – Der beamtenrechtliche Status des obersten Anklägers und die Stellung der Justiz im Staatsgefüge, DRiZ 2000, 312; *Frank,* Abschaffung des externen Weisungsrechts – Die Zeit ist reif, ZRP 2010, 147; *Geerds,* Zum Weisungsrecht gegenüber Staatsanwälten, Festschrift zum 125jährigen Bestehen der Staatsanwaltschaft Schleswig-Holstein, 1992, 297; *Görcke,* Weisungsgebundenheit und Grundgesetz, ZStW 73 (1961), 561; *ders.,* Weisungsgebundenheit des deutschen Staatsanwalts und Unabhängigkeit der Rechtsprechung, DRiZ 1964, 50; *Günter,* Das Berufsbild des Staatsanwalts in Deutschland an der Schwelle zum neuen Jahrhundert, DRiZ 2002, 55; *Hannich,* Frische Pferde für die Kavallerie, DRiZ 2003, 249; *Henn,* Zum ministeriellen Weisungsrecht gegenüber der Staatsanwaltschaft, DRiZ 1972, 152; *Hund,* Brauchen wir die „unabhängige Staatsanwaltschaft"?, ZRP 1994, 470; *Kintzi,* Plädoyer für eine Neuordnung des Amtsrechts der Staatsanwälte, Festschrift Wassermann, 1985, 899; *ders.,* Staatsanwaltschaft – objektive Behörde und Anwalt des Staates, DRiZ 1987, 457; *Kohlhaas,* Pflichtverteidiger in der Revisionsinstanz?, NJW 1951, 179; *Krey/Pföhler,* Zur Weisungsgebundenheit der Staatsanwälte, NStZ 1985, 145; *Kuhlmann,* Reform ohne Reform? Kritische Anmerkungen zum Referenten-Entwurf eines Gesetzes zur Änderung des Rechts der Staatsanwaltschaft (StAÄG), DRiZ 1977, 266; *Kunert,* Wie abhängig ist der Staatsanwalt?, Festschrift Wassermann, 1985, 915; *Leverenz,* Über die Weisungsgebundenheit der Staatsanwaltschaft, SchlHA 1961, 36; *Lüttger,* Der „genügende Anlaß" zur Erhebung der öffentlichen Klage, GA 1957, 193; *Maier,* Wie unabhängig sind Staatsanwälte in Deutschland?, ZRP 2003, 387; *Martin,* Zur Weisungsgebundenheit der Staatsanwälte, JZ 1973, 415; *Odersky,* Staatsanwaltschaft, Rechtspflege und Politik, Festschrift Bengl, 1984, 57; *Paeffgen,* Das externe Weisungsrecht des Justizministers – ein obsoletes Institut?, in: Gedenkschrift für Ellen Schlüchter, 2002, 563; *Pförtner,* Staatsanwälte zwischen allen Stühlen?, Betrifft Justiz 2004, 324; *ders.,* Die Abhängigkeit der deutschen Staatsanwaltschaft, GA 2006, 356; *Reuter,* Verfall von Ethik und Moral und die Weisungsgebundenheit von Staatsanwälten, ZRP 2011, 104; *Roxin,* Rechtsstellung und Zukunftsaufgaben der Staatsanwaltschaft, DRiZ 1969, 385; *ders.,* Zur Rechtstellung der Staatsanwaltschaft damals und heute, DRiZ 1997, 109; *Rudolph,* Die politische Abhängigkeit der Staatsanwaltschaft, NJW 1998, 1205; *Schairer,* Gedanken zum externen Weisungsrecht, Festschrift Lenckner, 1998, 739; *Eb. Schmidt,* Zur Rechtsstellung und Funktion der Staatsanwaltschaft, MDR 1964, 713; *Schneider,* Zu Stellung und Tätigkeit von Staatsanwälten – Einblicke in die staatsanwaltliche Praxis, Jura 1999, 62; *Schoreit,* Plädoyer für ein Staatsanwaltsgesetz, DRiZ 1995, 304; *Schroers,* Zur Frage der Offenlegung von Entscheidungsverfügungen bei staatsanwaltlichen Abschlussverfügungen, Festschrift Wolf, 1998, 459; *Simgen,* Die Bindung des Staatsanwalts an Weisungen seiner Vorgesetzten, Diss. Bochum 1994; *Titz,* Weisungsfreie Staatsanwälte, KritV 2010, 260; *Trentmann,* Der Fall netzpolitik.org – Lehrstück für den Rechtsstaat, ZRP 2015, 198; *Ulrich,* Nochmals: Staatsanwaltschaft – objektive Behörde und Anwalt des Staates, DRiZ 1988, 368; *von Lanzenauer,* Weisungsrecht und Organisationsstatut, DRiZ 1991, 133; *Wagner,* Zur Weisungsgebundenheit der Staatsanwälte, NJW 1963, 8; *Wax,* Der unabhängige Staatsanwalt, DRiZ 1972, 163.

Übersicht

	Rn.		Rn.
I. Überblick	1–6	4. Befolgungspflicht und Remonstration	19–23
II. Erläuterungen	7–31	5. Formelle Voraussetzungen	24, 25
1. Inhaberschaft des Weisungsrechts	7–10	6. Reformüberlegungen	26–31
2. Art und Umfang des Weisungsrechts	11–13	a) Externes Weisungsrecht	26–30
3. Grenzen des Weisungsrechts	14–18	b) Internes Weisungsrecht	31

I. Überblick

1 § 146 trifft Regelungen zur **Weisungsgebundenheit** der Staatsanwälte bei der Ausübung der ihnen obliegenden Tätigkeiten. Wer als Vorgesetzter Inhaber des Weisungsrechts ist, ergibt sich aus § 147.

2 Das Weisungsrecht der ersten Beamten der Staatsanwaltschaft (§ 147 Nr. 3) wird **internes Weisungsrecht** genannt, da es sich auf den organisatorischen Bereich der Staatsanwaltschaft

beschränkt. Das Weisungsrecht der Bundes- und Landesjustizminister (§ 147 Nr. 1 und Nr. 2) wird als **externes Weisungsrecht** bezeichnet, da die Minister selbst keine Staatsanwälte sind.

Beide Weisungsrechte resultieren aus der **Zuordnung der Staatsanwaltschaft zur Exekutive**[1] und stehen in einem engen Zusammenhang mit dem monokratischen Aufbau der Staatsanwaltschaft als einheitliche Strafverfolgungsbehörde (§ 144). Das Weisungsrecht verkörpert den Gegensatz zur verfassungsrechtlich garantierten richterlichen Unabhängigkeit (Art. 97 Abs. 1 GG), auch wenn die Staatsanwaltschaft als „Justizbehörde" eine Sonderstellung in der Exekutive einnimmt.[2] Das interne Weisungsrecht stellt eine unverzichtbare Voraussetzung für eine einheitliche Rechtsanwendung durch die einzelnen Staatsanwälte dar.[3] 3

Die **Notwendigkeit des externen Weisungsrechts** wird in erster Linie mit dem Prinzip der parlamentarischen Verantwortlichkeit der Regierung begründet.[4] So gibt es Regierungsaufgaben, die wegen ihrer politischen Tragweite nicht generell der Regierungsverantwortung entzogen und auf Stellen übertragen werden dürfen, die von Regierung und Parlament unabhängig sind, da es anderenfalls für die Regierung unmöglich ist, die von ihr geforderte Verantwortung zu tragen.[5] 4

Neben der spezialgesetzlichen Regelung des § 146 enthält auch das **allgemeine Beamtenrecht** Regelungen zur Weisungsgebundenheit nachgeordneter Beamter. Nach § 35 S. 2 BeamtStG sind die Beamten der Länder (§ 1 BeamtStG) verpflichtet, die dienstlichen Anordnungen der Vorgesetzen auszuführen und deren allgemeine Richtlinien zu befolgen.[6] Wer (weisungsbefugter) Vorgesetzter ist, ergibt sich aus den beamten- und organisationsrechtlichen Regelungen des Bundes und der Länder.[7] 5

Die Fragen nach **Art und Umfang der Weisungsrechte** gehören zu den am meisten diskutierten Problemen des Rechts der Staatsanwaltschaft, obwohl gerade die einen Einzelfall betreffende Weisung in der Praxis der staatsanwaltschaftlichen Tätigkeit eine untergeordnete Rolle spielt.[8] 6

II. Erläuterungen

1. Inhaberschaft des Weisungsrechts. Das **interne Weisungsrecht** steht den **ersten Beamten der Staatsanwaltschaft** (Generalstaatsanwalt bzw. Leitender Oberstaatsanwalt) als Dienstvorgesetzten gem. §§ 144, 147 Nr. 3 zu. Das **externe Weisungsrecht** steht gem. § 147 Nr. 1 und Nr. 2 dem **Bundes- bzw. den Landesjustizministern** für ihre jeweiligen Geschäftsbereiche zu. 7

---

[1] BVerfG 20.2.2001 – 2 BvR 1444/00, NJW 2001, 1121.
[2] Vgl. zur organisatorischen Stellung der Staatsanwaltschaft → Vor § 141 Rn. 8 ff.
[3] SK/*Wohlers* Rn. 3; *Kunert* FS Wassermann, 1985, 915 (920 f.); *Roxin* DRiZ 1997, 109 (118); *Hannich* DRiZ 2003, 249 (252); *Titz* KritV 2010, 260 (263).
[4] Löwe/Rosenberg/*Franke* Rn. 14, 17; *Fäupel* DRiZ 2000, 312; *Hund* ZRP 1994, 470 (471 f.).
[5] BVerfG 27.4.1959 – 2 BvF 2/58, BVerfGE 9, 268; *Kunert* FS Wassermann, 1985, 915 (922 f.); *Hund* ZRP 1994, 470 (471 f.); kritisch *Titz* KritV 2010, 260 (263) mit der Frage, warum ein Recht, das vermeintlich nie oder nur in extremen Ausnahmefällen ausgeübt wird, von den Justizministern so vehement verteidigt wird. Vgl. zur Verfassungsmäßigkeit der Abschaffung bzw. Einschränkung des Weisungsrechts auch *Simgen*, Die Bindung des Staatsanwalts an Weisungen seiner Vorgesetzten, Diss. Bochum 1994, 103 ff.
[6] Für die Bundesbeamten enthält § 62 Abs. 1 S. 2 BBG eine entsprechende Regelung. Die gleichlautende Vorschrift des § 37 S. 2 BRRG ist am 1.4.2009 durch § 63 Abs. 2 S. 2 Gesetz vom 17.6.2008 (BGBl. I 1010) außer Kraft getreten.
[7] Nach § 3 Abs. 3 BBG ist Vorgesetzter, wer dienstliche Anordnungen erteilen darf. Der Vorgesetze ist vom Dienstvorgesetzten iSd § 3 Abs. 2 BBG abzugrenzen. Die Dienstvorgesetzten- und Vorgesetzteneigenschaft bestimmt sich gem. § 3 Abs. 4 BBG nach dem Aufbau der Verwaltung. Vgl. auch *Battis* Bundesbeamtengesetz, 4. Aufl., § 3 Rn. 6.
[8] *Dieckmann* DRiZ 2002, 44; *Günter* DRiZ 2002, 55 (57); *Fäupel* DRiZ 2000, 312 (314); *Kintzi* DRiZ 1987, 457 (461 f.) spricht von einer „gewohnheitsrechtlichen Derogierung des Weisungsrechts". *Schneider* Jura 1999, 62 (68 f.) weist zutreffend darauf hin, dass der „akademische Aufwand" zur Diskussion des Weisungsrechts in der staatsanwaltlichen Praxis kaum Niederschlag findet.

8 Dem **GBA** steht – auch wenn er in § 147 nicht ausdrücklich genannt wird – ein internes Weisungsrecht gegenüber seinen nachgeordneten Beamten zu. Er unterliegt seinerseits dem externen Weisungsrecht des Bundesjustizministers (§ 147 Nr. 1). Da dem GBA kein Weisungsrecht gegenüber den Staatsanwaltschaften der Länder zusteht, kann er ohne Zustimmung der Landesstaatsanwaltschaft eine von ihr eingelegte Revision nicht zurücknehmen, sondern lediglich deren Verwerfung beantragen.[9]

9 Die ausdrückliche Sonderzuweisung der sich aus §§ 145, 146 ergebenden Rechte an den Bundesjustizminister (§ 147 Nr. 1 GVG), den Landesjustizminister (§ 147 Nr. 2) bzw. die ersten Beamten der Staatsanwaltschaft (§ 147 Nr. 3) beinhaltet gegenüber den allgemeinen beamtenrechtlichen Vorschriften zur Befolgung der Anordnungen von Vorgesetzten (§§ 3 Abs. 4, 62 Abs. 2 S. 1 BBG; § 35 Abs. 2 S. 2 BeamtStG) eine bundesrechtliche Spezialregelung und stellt insoweit eine **Privilegierung der Staatsanwälte gegenüber den sonstigen (Verwaltungs-)Beamten** dar. Aus diesem Grund kann nicht jeder staatsanwaltliche Vorgesetzte (zB Hauptabteilungsleiter; Abteilungsleiter) einem nachgeordneten Staatsanwalt Weisungen hinsichtlich der Wahrnehmung staatsanwaltlicher Aufgaben aufgrund allgemeiner beamtenrechtlicher Vorschriften erteilen,[10] da die durch § 147 vorgenommene Zuweisung der Inhaberschaft des Weisungsrechts eine abschließende Sonderregelung des Bundesgesetzgebers in Ausübung der ihm gem. Art. 74 Abs. 1 Nr. 1 GG zustehenden Kompetenzen darstellt.[11]

10 Allerdings ist eine **Delegation des Weisungsrechts** an nachgeordnete Beamte möglich.[12] Die Delegation kann durch eine Einzelweisung oder durch allgemeine Verwaltungsvorschriften erfolgen. Das Recht zur Delegation steht sowohl den ersten Beamten der Staatsanwaltschaft (§ 147 Nr. 3) als auch dem Justizminister (§ 147 Nr. 1 und Nr. 2) sowie dem GBA bzgl. ihrer Geschäftsbereiche zu. Im Hinblick auf die aus § 147 folgende spezielle Zuweisung der Inhaberschaft der Weisungsrechte ist allerdings ein konkreter und ausdrücklicher Übertragungsakt erforderlich. Die (allgemeine) organisatorische Bestellung von Hauptabteilungsleitern und/oder Abteilungsleitern beinhaltet daher nicht automatisch die Delegation der sich aus den §§ 145, 146 ergebenden Befugnisse.

11 **2. Art und Umfang des Weisungsrechts.** Der **Begriff der dienstlichen Weisung** umfasst sowohl **individuelle** als auch **allgemeine Weisungen,** die eine gleichgelagerte Gruppe von Sachverhalten betreffen (zB die Regelungen der RiStBV sowie die sog. Generalienverfügungen[13]). Eine allgemeine Weisung ersetzt nicht die Entscheidung des zuständigen Staatsanwalts im konkreten Einzelfall. Sie soll vielmehr eine ermessenslenkende Funktion für den Regelfall darstellen. In der Möglichkeit des Erlasses allgemeiner Weisungen, mit deren Hilfe eine einheitliche Sachbehandlung durch die einzelnen Staatsanwälte sichergestellt werden soll, liegt die eigentliche Bedeutung des externen Weisungsrechts. Allgemeine Weisungen, die als Richtlinien (zB RiStBV, Generalienverfügungen) erlassen werden, spielen insbesondere im Bereich der Kleinkriminalität eine wichtige Rolle.[14]

---

[9] SK/*Wohlers* Rn. 2; *Kohlhaas* NJW 1951, 179.
[10] So unzutreffend *Schoreit* DRiZ 1995, 304 (305).
[11] § 147 legt abschließend die Vorgesetzteneigenschaft iSv § 3 Abs. 3 BBG, § 35 Abs. 2 S. 2 BeamtStG fest. Gleiches gilt für die entsprechenden landesrechtlichen Regelungen.
[12] *Löwe/Rosenberg/Franke* Rn. 2. Ähnlich *Kuhlmann* DRiZ 1977, 266 (267).
[13] Bei den Generalienverfügungen handelt es sich um interne Verwaltungsvorschriften, denen zum Teil ermessenslenkende Bedeutung zukommt. Grundsätzlich entfalten sie keine Außenwirkung. Eine Außenwirkung kann sich nur ausnahmsweise unter dem Gesichtspunkt der aus Art. 3 GG folgenden Selbstbindung der Verwaltung (vgl. insoweit ua BVerwG 4.11.1992 – 1 B 182/91, InfAuslR 1993, 54; 21.10.1993 – 6 C 6/91, NVwZ 1994, 581) ergeben. Vgl. zur Frage der Offenlegung von Entscheidungsvorgängen bei staatsanwaltlichen Abschlussverfügungen *Schroers* FS Wolf, 1998, 459 ff.
[14] *Frank* ZRP 2010, 147 (148). Vgl. zur Pflicht der staatlichen Hoheitsträger, im Bereich der Betäubungsmittelkriminalität eine einheitliche Einstellungspraxis der Staatsanwaltschaften herzustellen, BVerfG 9.3.1994 – 2 BvL 43/92, NJW 1994, 1577.

Interne und externe Weisungen können sich auf **Fragen der Rechtsanwendung und** 12
-auslegung sowie auf Fragen der **Beweiswürdigung** und **Tatsachenermittlungen** beziehen.[15] Da das Gesetz keine entsprechende Beschränkung vorsieht, kann Gegenstand einer Weisung grundsätzlich **jede staatsanwaltschaftliche Aufgabe oder Handlung zu jedem Zeitpunkt** sein.[16] Weisungen sind daher auch im Bereich der Opportunitätsentscheidungen zulässig, die eine Ausnahme vom Legalitätsgrundsatz bilden.[17] Bei einer divergierenden Rechtsansicht oder Beweiswürdigung kommt es, sofern unterschiedliche Ansichten vertretbar sind, ausschließlich auf die Ansicht des weisungsberechtigten Dienstvorgesetzten an.[18] Das **externe Weisungsrecht** weist hinsichtlich Art und Umfang keine Unterschiede zum internen Weisungsrecht auf.[19]

Der Weisung kommt nur **interne Bedeutung** zu. Sie entfaltet im Verhältnis zum Gericht 13 bzw. gegenüber anderen Behörden oder Verfahrensbeteiligten keine Außenwirkung.[20]

3. Grenzen des Weisungsrechts. Die wichtigste **Grenze des (internen und exter-** 14 **nen) Weisungsrechts** folgt aus dem **Legalitätsprinzip** (§§ 160 Abs. 1, 170 Abs. 1 StPO) als spezieller Ausformung der Bindung der staatsanwaltschaftlichen Tätigkeit an Gesetz und Recht (Art. 20 Abs. 3 GG).[21] Eine Weisung ist nur dann zulässig, wenn dem Staatsanwalt bei der Ausübung seiner Tätigkeit in tatsächlicher oder rechtlicher Hinsicht ein Entscheidungs- oder Beurteilungsspielraum zusteht.[22] Weiterhin darf eine Weisung nur den Dienst, die Dienstausübung oder das Dienstverhältnis betreffen.[23]

Die Weisungsgebundenheit der Staatsanwälte darf der sachgerechten Erfüllung ihrer 15 Aufgaben nicht entgegenstehen, da sich auch der Weisungsberechtigte nicht von **rechts- oder sachwidrigen Erwägungen** leiten lassen darf.[24] Eine **rechtswidrige Weisung**, die gegen Gesetze, Vorgaben des GG bzw. der EMRK oder gegen das europäische (höherrangige) Gemeinschaftsrecht verstößt, muss von dem Angewiesenen nicht befolgt werden. Eine Weisung ist insbesondere dann rechtswidrig, wenn der Angewiesene sich durch die Befolgung der Weisung strafbar machen oder eine Ordnungswidrigkeit begehen würde.[25]

Weisungen müssen frei von **Ermessensfehlern** sein.[26] Die Ermessensausübung muss das 16 **Willkürverbot** und – in gewissen Grenzen – den Gleichbehandlungsgrundsatz beachten. Eine wichtige Grenze der Ermessensausübung stellt das **Verbot justizfremder Erwägungen** dar. Sachgerecht getroffene staatsanwaltschaftliche Entscheidungen dürfen nicht aus verfahrensfremden Erwägungen rein politischer Zweckmäßigkeit korrigiert oder ersetzt werden.[27] Eine Weisung, die – bezogen auf die Rechtsauslegung oder -anwendung – von

---

[15] KK/*Mayer* Rn. 4; Löwe/Rosenberg/*Franke* Rn. 3.
[16] AA *Roxin* DRiZ 1969, 385 (386): Weisungen nur in Fällen des Opportunitätsprinzips und bei technisch-taktischen Fragen der Strafverfolgung.
[17] Löwe/Rosenberg/*Franke* Rn. 19; *Krey/Pföhler* NStZ 1985, 145 (148); *Hund* ZRP 1994, 470 (472).
[18] *Lüttger* GA 1957, 193 (217); *Roxin* DRiZ 1997, 109 (118); *Peters* Strafprozeß, 4. Aufl., § 23 III 3.; aA *Roxin* DRiZ 1969, 385 (386); *Martin* JZ 1973, 415 (416); *Görcke* ZStW 73 (1961), 561 (611); einschränkend *Eb. Schmidt* MDR 1964, 713 (717); differenzierend zwischen internem und externem Weisungsrecht *Krey/Pföhler* NStZ 1985, 145 (151).
[19] SK/*Wohlers* Rn. 11; *Roxin* DRiZ 1997, 109 (118 f.); *Schairer* FS Lenckner, 1998, 739 (748); *Hund* ZRP 1994, 470 (472).
[20] Löwe/Rosenberg/*Franke* Rn. 5; SK/*Wohlers* Rn. 10; vgl. BGH 26.6.1978 – RiZ (R) 1/78, NJW 1978, 2033 zur Frage, ob Weisungen des Dienstherrn gem. §§ 146, 147 Nr. 2 im staatsanwaltschaftlichen Bereich, die sich auf die Möglichkeit der Verfahrenseinstellung nach § 47 Abs. 2 S. 1 OWiG auswirken, die richterliche Unabhängigkeit berühren.
[21] BVerfG 19.3.1959 – 1 BvR 295/58, BVerfGE 9, 223; Löwe/Rosenberg/*Franke* Rn. 18; SK/*Wohlers* Rn. 11; *Krey/Pföhler* NStZ 1985, 145 (148); *Roxin* DRiZ 1997, 109 (118); *Hund* ZRP 1994, 470 (472).
[22] Löwe/Rosenberg/*Franke* Rn. 19; Meyer-Goßner/*Schmitt* Rn. 3.
[23] *Eb. Schmidt* III § 146 Rn. 1; *Metzeler-Müller* BeamtStG, Kommentar, 2010, S. 308.
[24] BVerfG 19.3.1959 – 1 BvR 295/58, BVerfGE 9, 223.
[25] KK/*Mayer* Rn. 5; *Geerds* FS 125 Jahre StA Schleswig-Holstein, 1992, 297 (303 f.).
[26] BGH 26.6.1978 – RiZ (R) 1/78, BGHZ 72, 81 = NJW 1978, 2033; *Krey/Pföhler* NStZ 1985, 145 (149).
[27] BVerfG 19.3.1959 – 1 BvR 295/58, BVerfGE 9, 223; Löwe/Rosenberg/*Franke* Rn. 20; *Roxin* DRiZ 1997, 109 (118); *Krey/Pföhler* NStZ 1985, 145 (149).

einer **gefestigten höchstrichterlichen Rechtsprechung** abweicht, ist ebenfalls unzulässig, da insoweit idR eine Bindungswirkung für die Staatsanwaltschaft besteht.[28]

17 Weisungen gegenüber dem **Sitzungsvertreter für die Hauptverhandlung** sind zulässig, sofern mehrere Entscheidungen der Rechts- oder Tatsachenfrage möglich sind.[29] Insofern teilweise vertreten wird, dass das Weisungsrecht gegenüber dem Sitzungsvertreter in der Hauptverhandlung bestimmten Einschränkungen unterliege,[30] widerspricht eine solche Auslegung der geltenden Rechtslage.[31] Weisungen für die Hauptverhandlung sind jedoch häufig nicht sachdienlich, da die staatsanwaltliche Überzeugungsbildung in der Hauptverhandlung den gleichen Maßstäben unterfällt wie die richterliche Überzeugungsbildung (§ 261 StPO). Eine Überzeugungsbildung – insbesondere bzgl. Fragen der Beweiswürdigung – setzt in der Regel einen unmittelbaren Eindruck von dem Ergebnis der Beweisaufnahme voraus. Zwingend ist dies allerdings nicht, so dass es ausreicht, wenn der Vorgesetzte Kenntnis von den der Weisung zugrunde liegenden Tatsachen durch einen Vortrag oder Bericht des Sitzungsvertreters erhält.[32]

18 Das **externe Weisungsrecht** unterliegt **keinen weitergehenden Grenzen** als das interne Weisungsrecht. Insofern teilweise eine restriktivere Auslegung des externen Weisungsrechts – zB im Wege einer verfassungskonformen Auslegung oder unter Rückgriff auf die Nähe zur richterlichen Tätigkeit – vertreten wird,[33] entspricht dies nicht der geltenden Rechtslage.[34] Die aktuelle Ausgestaltung des externen Weisungsrechts verstößt nicht gegen verfassungsrechtliche Grundsätze oder Bestimmungen.[35] Etwaige Änderungen sind vom Gesetz- oder Verfassungsgeber vorzunehmen.

19 **4. Befolgungspflicht und Remonstration.** Nach der Rechtsprechung zur Weisungsgebundenheit des (Verwaltungs-)Beamten besteht eine **Befolgungspflicht** grundsätzlich auch für rechtswidrige Weisungen, sofern sich diese nicht offenkundig oder in schwerwiegender Weise als rechtswidrig erweisen.[36] Diese – im Hinblick auf Art. 20 Abs. 3 GG bedenkliche – Rechtsprechung kann auf Staatsanwälte vor dem Hintergrund ihrer rechtlichen Sonderrolle mit einer strikten Bindung an das Legalitätsprinzip sowie ihrer Schnittstellenfunktion zwischen Justiz und Exekutive keine unmittelbare Anwendung finden. Vielmehr können Staatsanwälte gegen die Befolgung jeder rechtswidrigen Weisung remonstrieren, die gegen die Grenzen des Weisungsrechts verstößt.

20 Eine **(doppelte) Remonstrationspflicht** des Staatsanwalts ergibt sich für Bundesbeamte aus § 63 Abs. 2 BBG bzw. für Landesbeamte aus § 36 Abs. 2 BeamtStG. Danach müssen Bedenken gegen die Rechtmäßigkeit dienstlicher Anordnungen unverzüglich auf dem Dienstweg geltend gemacht werden (§ 63 Abs. 2 S. 1 BBG; § 36 Abs. 2 S. 1 BeamtStG). Zunächst müssen die Bedenken dem unmittelbaren Dienstvorgesetzten

---

[28] KK/*Mayer* Rn. 7; *Krey/Pföhler* NStZ 1985, 145 (151); aA SK/*Wohlers* Rn. 12. Vgl. zur Frage einer Bindung der Staatsanwaltschaft an eine ständige Rechtsprechung ausführlich → § 150 Rn. 4 ff.

[29] Löwe/Rosenberg/*Franke* Rn. 26 ff.; SK/*Wohlers* Rn. 17; *Dünnebier* JZ 1958, 417 (421); *Simgen*, Die Bindung des Staatsanwalts an Weisungen seiner Vorgesetzten, Diss. Bochum 1994, 251 ff.; *Leverenz* SchlHA 1961, 36 (38); aA *Roxin* DRiZ 1969, 385 (386).

[30] *Kintzi* FS Wassermann, 1985, 899 (912) sowie *Odersky* FS Bengl, 1984, 57 (82); Meyer-Goßner/*Schmitt* Rn. 4: keine Weisungen für die Beweiswürdigung oder Rechtsfolgenbemessung, sofern Anträge vom Ergebnis der Beweisaufnahme und dem Inbegriff der Hauptverhandlung abhängen; *Krey/Pföhler* NStZ 1985, 145 (152): Weisungen für die Hauptverhandlung nur bei einem „ausreichenden Informationsstand"; *Roxin* DRiZ 1997, 109 (11): Unzulässigkeit von Weisungen, die das Ergebnis der Beweisaufnahme nicht berücksichtigen und zu ihm in Widerspruch stehen; *Eb. Schmidt* III § 146 Rn. 7, *ders.* MDR 1964, 714 (717) sowie *Roxin* DRiZ 1969, 385 (386): vollständige Weisungsfreiheit beim Schlussvortrag.

[31] *Kissel/Mayer* Rn. 4.

[32] Löwe/Rosenberg/*Franke* Rn. 32; SK/*Wohlers* Rn. 21.

[33] Vgl. ua *Krey/Pföhler* NStZ 1985, 145 (151 ff.); *Günter* DRiZ 2002, 55 (67 f.); *Roxin* DRiZ 1969, 386; *Martin* JZ 1973, 415 (416); *Eb. Schmidt* MDR 1964, 714 (717).

[34] Ähnlich Löwe/Rosenberg/*Franke* Rn. 13.

[35] KK/*Mayer* Rn. 1; Löwe/Rosenberg/*Franke* Rn. 14; SK/*Wohlers* Rn. 4; *Kintzi* FS Wassermann, 1985, 899 (910); *Odersky* FS Bengl, 1984, 57 (80 f.); aA *Görcke* DRiZ 1964, 50 (51); *Wagner* NJW 1963, 8 (10).

[36] BVerfG 7.11.1994 – 2 BvR 1117/94, NVwZ 1995, 680; BVerwG 13.12.2000 – 1 D 34/98, NJW 2001, 3280; kritisch *v. Roetteken/Rohländer* BeamtStG, Nov. 2009, § 35 Rn. 194–199.

gegenüber zum Ausdruck gebracht werden.[37] Wird von diesem die Anordnung aufrechterhalten, muss sich der Staatsanwalt, wenn seine Bedenken fortbestehen, an den nächst höheren Vorgesetzten wenden (§ 63 Abs. 2 S. 2 BBG; § 36 Abs. 2 S. 2 BeamtStG). Wird von diesem die Anordnung bestätigt, muss der Staatsanwalt die Weisung ausführen und ist von der eigenen Verantwortung befreit (§ 63 Abs. 2 S. 3 BBG; § 36 Abs. 2 S. 3 BeamtStG).[38] Die Bestätigung hat auf Verlangen schriftlich zu erfolgen (§ 63 Abs. 2 S. 5 BBG; § 36 Abs. 2 S. 5 BeamtStG).

Die Befreiung von der eigenen Verantwortung tritt nicht ein, wenn das angewiesene **21** Verhalten die Würde des Menschen verletzt, strafbar oder ordnungswidrig ist, und die Strafbarkeit oder Ordnungswidrigkeit für den Staatsanwalt erkennbar ist (§ 63 Abs. 2 S. 4 BBG; § 36 Abs. 2 S. 4 BeamtStG).[39] Das **Risiko der Nichtbefolgung** und damit der **Begehung einer Straftat oder Ordnungswidrigkeit** sowie der sich ggf. anschließenden disziplinarrechtlichen Ahndung liegt bei dem angewiesenen Staatsanwalt (§ 63 Abs. 1 BBG; § 36 Abs. 1 BeamtStG).

Bedenken gegen die Rechtmäßigkeit liegen vor, wenn vernünftige Zweifel an der **22** Rechtmäßigkeit der Weisung bestehen. Es kommt auf die persönliche Auffassung des Staatsanwalts und nicht darauf an, ob er mit seinen Bedenken bei seinen Vorgesetzen durchdringen wird.[40] Unerheblich ist, ob der angewiesene Staatsanwalt die Weisung für unzweckmäßig hält.[41]

Da es sich bei der Frage der Rechtmäßigkeit einer Weisung, die sich auf die Ausübung **23** der Dienstgeschäfte bezieht, um eine interne Verwaltungsmaßnahme ohne Außenwirkung handelt, ist eine unmittelbare **gerichtliche Nachprüfbarkeit** gem. §§ 23 ff. EGGVG oder gem. § 26 Abs. 3 DRiG analog ausgeschlossen.[42] Eine (verwaltungsgerichtliche) Überprüfung kommt ausnahmsweise dann in Betracht, wenn die Befolgung der Weisung subjektive Rechtspositionen des angewiesenen Staatsanwalts betrifft, die über sein internes Dienstverhältnis hinausgehen.[43] Gegenüber fachlichen Weisungen kann sich der Staatsanwalt als Amtswalter im Regelfall nicht auf Grundrechte berufen, da das Amt die Grenze des Grundrechts ist.[44] Eine indirekte Überprüfung der Weisung kann im Rahmen einer Dienstaufsichtsbeschwerde gegen den Anweisenden erfolgen.

5. Formelle Voraussetzungen. Für die Ausübung des internen und externen Weisungs- **24** rechts ist **keine besondere Form** vorgesehen.[45] Aus Gründen der Rechtssicherheit und Transparenz ist im Regelfall jedoch eine **schriftliche Fixierung** der Weisung angezeigt.[46]

Adressat einer Weisung kann grundsätzlich jeder Staatsanwalt sein. In der Regel wird **25** beim externen Weisungsrecht der Justizminister den Generalstaatsanwalt (schriftlich) anweisen, der die Weisung an den Leitenden Oberstaatsanwalt weitergibt, der seinerseits die Weisung an den zuständigen Staatsanwalt übermittelt. Allerdings ist mangels einer gesetzlichen Einschränkung eine unmittelbare Weisung des Justizministers (oder des Generalstaatsanwalts) an den nachgeordneten Staatsanwalt ebenso wie eine mündliche Weisung rechtlich zulässig.[47]

6. Reformüberlegungen. a) Externes Weisungsrecht. Das **Prinzip der parlamen- 26 tarischen Verantwortung der Regierung,** welches von den Befürwortern des externen

---

[37] Löwe/Rosenberg/Franke Rn. 33; v. Roetteken/Rohländer BeamtStG, Nov. 2009, § 36 Rn. 67.
[38] Der angewiesene Staatsanwalt begeht dann keine Amtspflichtverletzung iSv § 839 BGB iVm Art. 34 GG, vgl. Battis BBG, 4. Aufl., § 63 Rn. 2. Vgl. zur Amtshaftung der Staatsanwälte → Vor § 141 Rn. 15 ff.
[39] Kritisch Kissel/Mayer Rn. 9: Anspruch des angewiesenen Staatsanwalts auf Devolution oder Substitution gem. § 145 Abs. 1.
[40] v. Roetteken/Rohländer, BeamtStG, Nov. 2009, § 36 Rn. 58.
[41] Battis BBG, 4. Aufl., § 62 Rn. 5.; v. Roetteken/Rohländer BeamtStG, Nov. 2009, § 36 Rn. 58.
[42] Löwe/Rosenberg/Franke Rn. 35; Meyer-Goßner/Schmitt Rn. 7; SK/Wohlers Rn. 24; v. Roetteken/Rohländer BeamtStG, Nov. 2009, § 36 Rn. 208.
[43] v. Roetteken/Rohländer BeamtStG, Nov. 2009, § 35 Rn. 208–209.
[44] Battis BBG, 4. Aufl., § 62 Rn. 5.
[45] SK/Wohlers Rn. 6.
[46] Löwe/Rosenberg/Franke Rn. 36; Maier ZRP 2003, 387 (391); Kintzi DRiZ 1987, 457 (462).
[47] Einschränkend SK/Wohlers Rn. 5.

Weisungsrechts zur Rechtfertigung herangezogen wird,[48] erfordert das Bestehen eines Weisungsrechts verfassungsrechtlich nur so lange, wie die Staatsanwaltschaft vom Verfassungsgeber der Exekutive zugeordnet wird. Eine derartige Zuordnung ist verfassungsrechtlich nicht zwingend. Vielmehr ist eine **Zuordnung der Staatsanwaltschaft in den Bereich der Justiz** verfassungsrechtlich möglich.[49] Unabhängig davon macht bereits die Gesamtanzahl der bei einer Staatsanwaltschaft zu bearbeitenden Verfahren es dem Justizminister faktisch unmöglich, für einzelne Verfahren die politische Verantwortung gegenüber dem Parlament zu übernehmen.[50] Zudem ist der Umfang der politischen Verantwortung durch die besondere organisatorische Stellung des Staatsanwalts, seine enge Anbindung an die Justiz und die zwingende Beachtung des Legalitätsprinzips im Vergleich zu anderen Verwaltungsbehörden erheblich eingeschränkt.

27 Gegen die Beibehaltung eines uneingeschränkten externen Weisungsrechts spricht insbesondere, dass bereits der **Anschein einer Missbrauchsmöglichkeit durch eine politische Einflussnahme** auf die Strafverfolgungsbehörden geeignet ist, das öffentliche Vertrauen in deren Tätigkeit erheblich zu beeinträchtigen. Unabhängig von der Frage einer tatsächlichen Ausübung des externen Weisungsrechts trägt bereits seine Existenz zu der Annahme bei, in politisch brisanten Verfahren könne seitens der Politik auf die Staatsanwaltschaft in unzulässiger Art und Weise Einfluss genommen werden.[51, 52]

28 Zwar begrenzt das Verbot justizfremder Erwägungen das externe Weisungsrecht.[53] Ob diesem Grundsatz in der Praxis immer ausreichend beachtet wird, erscheint wegen der zahlreichen **Möglichkeiten einer informellen Einflussnahme** durchaus fraglich. Denn auch außerhalb des formalen Weisungsbereichs besteht die Möglichkeit einer Beeinflussung staatsanwaltlicher Tätigkeit bereits durch allgemeine Berichtspflichten sowie Hinweise und Nachfragen im Rahmen von (informellen) Besprechungen.[54] Eine eindeutige Trennung von justizfremden Erwägungen und gerade noch sachgerechten Erwägungen, die parteipolitisch motiviert sind, dürfte zudem nicht immer ohne weiteres möglich sein.

29 Das externe Weisungsrecht steht weiterhin im **Widerspruch zu der Sonderstellung der Staatsanwaltschaft** im Bereich der strafrechtlichen Justizgewährung.[55] Es bestehen erhebliche Unterschiede zur Tätigkeit von reinen Verwaltungsbehörden. Der wichtigste Unterschied besteht in der strikten Bindung der Staatsanwaltschaft an das Legalitätsprinzip im Gegensatz zu einer ermessensgelenkten Verwaltungsbehörde.[56] Die Nähe zur Judikative ist inhaltlich und organisatorisch größer als die zur (sonstigen) Exekutive, da die Staatsanwaltschaft als „Justizbehörde" ein wesentlicher Bestandteil der Justiz und in diese organisatorisch

---

[48] Löwe/Rosenberg/*Franke* Rn. 14, 17; *Paeffgen* GS Schlüchter, 2002, 563 (583 f.); *Fäupel* DRiZ 2000, 312; *Hund* ZRP 1994, 470 (471 f.).

[49] *Altvater* NStZ-Sonderheft 2009, 4 (6 f.); *Titz* KritV 2010, 260 (264); *Rautenberg* GA 2006, 356 (358); Carsten/*Rautenberg* Die Geschichte der Staatsanwaltschaft in Deutschland bis zur Gegenwart, 2012, 506 f.

[50] *Günter* DRiZ 2002, 55 (59); *Maier* ZRP 2003, 387 (390).

[51] *Görcke* ZStW 73 (1961), 561 (604 ff.); *Titz* KritV 2010, 260 (263); *Wax* DRiZ 1972, 163 (164); *Henn* DRiZ 1972, 152; *Günter* DRiZ 2002, 55 (59); *Maier* ZRP 2003, 387 (389).

[52] Dies gilt besonders bei Ermittlungen gegen hochrangige Politiker und Inhaber höchster Staatsämter. Beispielsfälle (vermutlicher) politischer Einflussnahme finden sich ua bei *Günter* DRiZ 2002, 55 (57 ff.); *Rudolph* NJW 1998, 1205; *Reuter* ZRP 2011, 104; *Pförtner* Betrifft Justiz 2004, 324 (326 ff.); *Simgen*, Die Bindung des Staatsanwalts an Weisungen seiner Vorgesetzten, Diss. Bochum 1994, 36 ff. Vgl. zur Entlassung des Generalbundesanwalts Range im Zusammenhang mit den Ermittlungen im Fall „netzpolitik.org" ua *Trentmann* ZRP 2015, 198 ff.

[53] BVerfG 19.3.1959 – 1 BvR 295/58, BVerfGE 9, 223.

[54] *Schairer* FS Lenckner, 1998, 739 (751); *Maier* ZRP 2003, 387 (388); *Titz* KritV 2010, 260 (264 f.); *Rautenberg* GA 2006, 356 (359 f.); *von Lanzenauer* DRiZ 1991, 133 f.; *Günter* DRiZ 2002, 55 (63) weist auf die sich aus den Berichtspflichten ergebenden Beeinträchtigungen bei Ermittlungen gegen hochrangige Regierungsmitglieder hin.

[55] AA *Paeffgen* GS Schlüchter, 2002, 563 (583 ff.).

[56] So auch *Ulrich* DRiZ 1998, 368 (369). *Titz* KritV 2010, 260 (261 f.) weist zutreffend darauf hin, dass weder die staatsanwaltliche Ermittlungstätigkeit noch die Entscheidung über den Abschluss eines Verfahrens, namentlich die Einstellung aufgrund von Opportunitätserwägungen, eine „klassische" Verwaltungstätigkeit darstellt.

eingegliedert ist.⁵⁷ Die Staatsanwaltschaft ist **nicht Teil der allgemeinen inneren Verwaltung**, deren Handeln durch eine uneingeschränkte Weisungskette legitimiert sein muss. Sie ist in Wahrnehmung ihrer gesetzlichen Aufgaben ein den Strafgerichten gleichgeordnetes Organ der Strafrechtspflege und übt eine Tätigkeit aus, bei der es nicht in erster Linie um Zweckmäßigkeit, Sicherheit und Ordnung im Rahmen der Gesetze oder um die Durchsetzung von Verwaltungszielen, sondern um unmittelbare Rechtsverwirklichung und Rechtsdurchsetzung geht.⁵⁸

Um bereits den Anschein einer unzulässigen politischen Einflussnahme auf die Strafverfolgungsbehörden auszuschließen, sollte der Gesetzgeber das externe Weisungsrecht zumindest **auf allgemeine Weisungen beschränken**.⁵⁹ Die fortbestehende Möglichkeit allgemeiner Weisungen gäbe dem Justizminister ausreichende Lenkungsbefugnisse. Durch weitere (gesetzliche) Vorgaben, zB durch ein **Schriftformerfordernis,**⁶⁰ eine **Veröffentlichungspflicht** sowie durch die **Einhaltung des Dienstwegs** bei der Erteilung von Weisungen,⁶¹ könnte ein höheres Maß an Transparenz und ein Schutz vor Missbrauch erzielt werden. 30

b) Internes Weisungsrecht. Im Gegensatz dazu stellt das interne Weisungsrecht eine unverzichtbare Voraussetzung für die Sicherstellung einer einheitlichen Rechtsanwendung durch die einzelnen Staatsanwälte dar.⁶² Ohne internes Weisungsrecht droht eine **Zersplitterung der staatsanwaltschaftlichen Rechtsanwendung**, da insbesondere im Ermittlungsverfahren nur eine eingeschränkte Kontrolle der staatsanwaltschaftlichen Tätigkeit erfolgt und – anders als bei den Gerichten – eine Korrektur durch ein Spruchkörperkollegium nicht erfolgt. Vor diesem Hintergrund kann nur durch das interne Weisungsrecht die erforderliche **Einheitlichkeit der Wahrnehmung staatsanwaltschaftlicher Aufgaben**, insbesondere bezogen auf eine einheitliche Einstellungs- und Anklagepraxis als wesentliche Voraussetzung für eine einheitliche Strafrechtspflege,⁶³ gewährleistet werden.⁶⁴ Diese Voraussetzungen könnten durch einen „unabhängigen Staatsanwalt" nicht erfüllt werden, da die staatsanwaltliche Tätigkeit in die einzelnen Dezernate zerfiele.⁶⁵ Aus Gründen der Rechtsklarheit und Transparenz bieten sich auch beim internen Weisungsrecht Regelungen zur konkreten Ausgestaltung und Ausübung des Weisungsrechts (zB Schriftformerfordernis) an. 31

§ 147 [Dienstaufsicht]

Das Recht der Aufsicht und Leitung steht zu:
1. **dem Bundesminister der Justiz und für Verbraucherschutz hinsichtlich des Generalbundesanwalts und der Bundesanwälte;**
2. **der Landesjustizverwaltung hinsichtlich aller staatsanwaltschaftlichen Beamten des betreffenden Landes;**
3. **dem ersten Beamten der Staatsanwaltschaft bei den Oberlandesgerichten und den Landgerichten hinsichtlich aller Beamten der Staatsanwaltschaft ihres Bezirks.**

Schrifttum: *Fäupel*, Bemerkungen zu Abhängigkeiten – Der beamtenrechtliche Status des obersten Anklägers und die Stellung der Justiz im Staatsgefüge, DRiZ 2000, 312; *Kintzi*, Staatsanwaltschaft – objektive Behörde und Anwalt des Staates, DRiZ 1987, 457; *Rautenberg*, Der Generalstaatsanwalt: ein „politischer

---

⁵⁷ BVerfG 19.3.1959 – 1 BvR 295/58, BVerfGE 9, 223 (228); 15.11.1971 – 2 BvF 1/70, BVerfGE 32, 199 (216); vgl. auch *Krey/Pföhler* NStZ 1985, 145 (147).
⁵⁸ BGH 14.7.1971 – 3 StR 73/71, BGHSt 24, 170 (171).
⁵⁹ *Rudolph* NJW 1998, 1205 (1206); *Frank* ZRP 2010, 147 (148); *Hannich* DRiZ 2003, 249 (253); kritisch SK/*Wohlers* Rn. 27; *Kuhlmann* DRiZ 1977, 266 (267).
⁶⁰ *Maier* ZRP 2003, 387 (391); *Kintzi* DRiZ 1987, 457 (462); *Kuhlmann* DRiZ 1977, 266 (267).
⁶¹ SK/*Wohlers* Rn. 28 f.
⁶² *Roxin* DRiZ 1997, 109 (118); *Hannich* DRiZ 2003, 249 (252); *Titz* KritV 2010, 260 (263).
⁶³ Vgl. dazu BVerfG 9.3.1994 – 2 BvL 43/92, BVerfGE 90, 145 = NJW 1994, 1577.
⁶⁴ Löwe/Rosenberg/*Franke* Rn. 15 f.; SK/*Wohlers* Rn. 3 f.
⁶⁵ Ähnlich Löwe/Rosenberg/*Franke* Rn. 9; *Blomeyer* GA 1970, 161 (166 ff.).

Beamter"?, DRiZ 2000, 141; *Ulrich,* Nochmals: Staatsanwaltschaft – objektive Behörde und Anwalt des Staates, DRiZ 1988, 368; *Zuberbier,* Staatsanwaltschaft – objektive Behörde und Anwalt des Staates, DRiZ 1988, 254.

I. Überblick

1 Die aus § 147 resultierenden **Aufsichtsrechte über die Staatsanwälte** stehen in engem Zusammenhang mit den Regelungen der §§ 145, 146. Die Vorschrift des § 147 bestimmt, wer **Inhaber der Rechte** der Aufsicht und Leitung (Dienstaufsicht) ist, und legt damit zugleich fest, wer Vorgesetzter im Sinne von § 146 ist.

2 Die **Dienstaufsicht** beinhaltet die Befugnis, jede staatsanwaltliche Dienstausführung zu kontrollieren, Rügen auszusprechen und Mahnungen zu erteilen.[1] Weiterhin beinhaltet die Dienstaufsicht die Entscheidung über Dienstaufsichtsbeschwerden und das Recht zur Stellung von Strafanträgen gem. § 194 Abs. 3 StGB. Aus § 147 folgt zudem die Befugnis, allgemeine Berichtspflichten für bestimmte Fallgruppen einzuführen bzw. Berichte bezüglich einzelner Sachverhalte anzufordern. Das **Leitungsrecht** beinhaltet insbesondere die Befugnis, durch Weisungen (§ 146) direkten Einfluss auf die staatsanwaltschaftliche Aufgabenerfüllung zu nehmen und allgemein die Rechtmäßigkeit der staatsanwaltlichen Tätigkeit zu kontrollieren (Fachaufsicht).

II. Erläuterungen

3 Dem **Bundesminister der Justiz** steht gem. Nr. 1 das Dienstaufsichtsrecht gegenüber dem GBA und den ihm nachgeordneten Bundesanwälten zu. Der Begriff des Bundesanwalts ist – anders als bei § 149 – funktional zu verstehen. Erfasst sind alle Inhaber staatsanwaltlicher Befugnisse, die dem GBA im Sinne von § 142 Abs. 1 Nr. 1 zugeordnet sind.[2] Ein Weisungsrecht gegenüber den Landesjustizministern besteht nicht.

Bei den Staatsanwaltschaften eines Landes steht das Recht zur Dienstaufsicht dem **Landesjustizminister** zu (Nr. 2). Die Dienstaufsicht umfasst das Recht zur **Substitution** (§ 145 Abs. 1 Alt. 2), **nicht** dagegen das Recht auf **Devolution** (§ 145 Abs. 1 Alt. 1), da der Minister selbst kein Staatsanwalt ist.[3]

4 Dem **Generalstaatsanwalt** steht gem. Nr. 3 das Recht zur Aufsicht und Leitung gegenüber den ihm nachgeordneten Beamten bei der Staatsanwaltschaft bei dem Oberlandesgericht (§§ 142 Abs. 1 Nr. 2, 144) sowie gegenüber allen weiteren Staatsanwälten bei den Landgerichten des oberlandesgerichtlichen Bezirks einschließlich der Amtsanwälte zu. Der erste Beamte der Staatsanwaltschaft bei dem Landgericht **(Leitender Oberstaatsanwalt)** hat das Recht zur Dienstaufsicht gegenüber den ihm nachgeordneten Staatsanwälten und Amtsanwälten des Landgerichtsbezirks (§§ 142 Abs. 1 Nr. 2 und Nr. 3, 144). § 147 Nr. 3 findet auf den **GBA** bzgl. der in seinem Geschäftsbereich nachgeordneten Staatsanwälte analoge Anwendung.[4]

5 Das früher umstrittene Problem der Einstufung der **Generalstaatsanwälte als politische Beamte** spielt in der staatsanwaltlichen Praxis keine Rolle mehr, da nunmehr alle Länder eine Einstufung als Laufbahnbeamter vorgenommen haben.[5] Etwas anderes gilt nur für den GBA, der nach wie vor ein politischer Beamter ist (vgl. § 54 Abs. 1 Nr. 5 BBG; § 30 Abs. 1 BeamtStG).

6 Aus § 147 Nr. 3 iVm §§ 145, 146 soll kein Recht des Generalstaatsanwalts folgen, die durch den ersten Beamten der Staatsanwaltschaft bei dem Landgericht erstellte **dienstliche**

---

[1] Die Dienstaufsicht für Richter ist in § 26 DRiG geregelt.
[2] Löwe/Rosenberg/*Franke* Rn. 4.
[3] KK/*Mayer* Rn. 2.
[4] Meyer-Goßner/*Schmitt* Rn. 2; ähnlich SK/*Wohlers* Rn. 4.
[5] Vgl. zum damaligen Diskussionsstand Löwe/Rosenberg/*Franke* Rn. 8 ff.; SK/*Wohlers* § 149 Rn. 5; *Kintzi* DRiZ 1987, 457 (460 ff.); *Zuberbier* DRiZ 1988, 254; *Ulrich* DRiZ 1988, 368 (370 ff.); *Rautenberg* DRiZ 2000, 141; *Fäupel* DRiZ 2000, 312.

Beurteilung eines Staatsanwalts im Wege der Dienstaufsicht abzuändern.[6] Zulässig ist die Änderung des Gesamturteils einer dienstlichen Beurteilung aufgrund einer ausdrücklichen Regelung bzw. einer entsprechenden Verwaltungspraxis.[7]

§ 148 [Bundesanwälte]
Der Generalbundesanwalt und die Bundesanwälte sind Beamte.

Der Vorschrift kommt im Hinblick auf Art. 33 Abs. 4 GG nur **deklaratorische Bedeutung** zu. Bundesanwälte im Sinne der Vorschrift sind nicht nur die Bundesanwälte gem. § 149, sondern auch die dauerhaft bei der Bundesanwaltschaft tätigen Staatsanwälte und Oberstaatsanwälte beim BGH, soweit sie nicht von einer Landesjustizverwaltung vorübergehend abgeordnet wurden.[1]   1

§ 149 [Ernennung der Bundesanwälte]
Der Generalbundesanwalt und die Bundesanwälte werden auf Vorschlag des Bundesministers der Justiz und für Verbraucherschutz, der der Zustimmung des Bundesrates bedarf, vom Bundespräsidenten ernannt.

Die **Ernennung des GBA** und der **Bundesanwälte** erfolgt im Zusammenwirken   1
des Bundesministers der Justiz und für Verbraucherschutz, dem das Vorschlagsrecht zusteht, des Bundesrates, dessen Zustimmung erforderlich ist, sowie des Bundespräsidenten. Der Begriff des Bundesanwalts ist beamtenrechtlich zu verstehen. Daher sind die Oberstaatsanwälte und Staatsanwälte beim BGH nicht erfasst, obwohl auch sie Bundesbeamte sind.[1]

Der **GBA** ist – anders als die Bundesanwälte – **ein politischer Beamter** (§§ 36, 54 Abs. 1   2
Nr. 5 BBG), der sich in Erfüllung seiner Aufgaben in fortdauernder Übereinstimmung mit den für ihn einschlägigen grundlegenden politischen Ansichten und Zielsetzungen der Regierung befinden muss und jederzeit ohne nähere Begründung in den einstweiligen Ruhestand versetzt werden kann (§ 30 Abs. 1 und Abs. 2 BeamtStG).

§ 150 [Unabhängigkeit von den Gerichten]
Die Staatsanwaltschaft ist in ihren amtlichen Verrichtungen von den Gerichten unabhängig.

Schrifttum: *Carsten/Rautenberg*, Die Geschichte der Staatsanwaltschaft in Deutschland bis zur Gegenwart, 2. Aufl., 2012; *Geppert*, Das Legalitätsprinzip, Jura 1982, 139; *Haft/Hilgendorf*, Die Bindung der Staatsanwaltschaft an die höchstrichterliche Rechtsprechung als Beispiel topischer Argumentation, in: Festschrift zum 125jährigen Bestehen der Staatsanwaltschaft Schleswig-Holstein, 1992, 279; *Hahn*, Staatsanwaltliche Ermittlungstätigkeit während des Hauptverfahrens, GA 1978, 331; *Hildenstab*, Das Ende der Ermittlungsbefugnis der Staatsanwaltschaft – Eine Entgegnung zu Strauß, NStZ 2006, 556 ff., NStZ 2008, 249; *Kohlhaas*, Ist die Staatsanwaltschaft an die ständige oder höchstrichterliche Rechtsprechung gebunden?, DRiZ 1964, 286; *Kretschmer*, Die Staatsanwaltschaft – Eine problemorientierte Darstellung ihrer Aufgaben und Rechtsstellung, Jura 2004, 452; *Lüttger*, Der „genügende Anlaß" zur Erhebung der öffentlichen Klage, GA 1957, 193; *Roxin*, Rechtsstellung und Zukunftsaufgaben der Staatsanwaltschaft, DRiZ 1969, 385; *ders.*, Zur Rechtsstellung der Staatsanwaltschaft damals und heute, DRiZ 1997, 109; *Sarstedt*, Gebundene Staatsanwaltschaft, NJW 1964, 1752; *Eb. Schmidt*, Rechtsauffassung der Staatsanwaltschaft und Legalitätsprinzip, MDR 1961, 269; *Strate*, Zur Kompetenzordnung im Hauptverfahren, StV 1985, 337; *Strauß*, Das Ende der Ermittlungsbefugnis der Staatsanwaltschaft, NStZ 2006, 556.

---
[6] VG Gießen 16.3.2001 – 5 G 3923/00, NVwZ-RR 2001, 459.
[7] BVerwG 17.4.1986 – 2 C 21/83, NVwZ 1987, 135 (136 f.); VG Leipzig 19.9.2006 – 3 K 365/06, ZBR 2007, 138 f.
[1] SK/*Wohlers* Rn. 1; *Kissel/Mayer* Rn. 1.
[1] KK/*Mayer* Rn. 1; Löwe/Rosenberg/*Franke* Rn. 2.

Übersicht

	Rn.		Rn.
I. Überblick	1–3	2. Ermittlungskompetenz nach Anklageerhebung	11–14
II. Erläuterungen	4–14		
1. Rechtsprechungsbindung der Staatsanwaltschaft	4–10		

I. Überblick

1 Bei der in § 150 geregelten **Unabhängigkeit der Staatsanwaltschaft von den Gerichten** handelt es sich um einen allgemeinen Programmsatz, der in den Kontext der strafprozessualen Regelungen, aus denen sich die Zuständigkeiten der Staatsanwaltschaft im Bereich der Strafrechtspflege ergeben, einzuordnen ist. Die Staatsanwaltschaft ist ein dem Gericht gleichgeordnetes Organ der Rechtspflege. Der Grundsatz der Unabhängigkeit betrifft in erster Linie die Aufgabenbereiche, die in die alleinige Zuständigkeit der Staatsanwaltschaft fallen. In den Bereichen, die für staatsanwaltliche Handlungen zwingend eine richterliche Mitwirkung vorsehen – wie zB die §§ 153 Abs. 1 S. 1, 153a Abs. 1 S. 1 StPO sowie der Richtervorbehalt bei zahlreichen Ermittlungsmaßnahmen –, kann nicht von einer Abhängigkeit der Staatsanwaltschaft von den Gerichten gesprochen werden. Vielmehr liegt in diesen Fällen eine Form des prozessualen Zusammenwirkens mit dem Gericht vor. Die gerichtliche Mitwirkung ändert nichts an der Letztverantwortlichkeit der Staatsanwaltschaft für ihre eigenen Entscheidungen oder Ermittlungsmaßnahmen.

2 Eine **Verpflichtung der Staatsanwaltschaft** gegenüber dem Gericht, für dieses nach Anklageerhebung **Beweis zu erheben,** gibt es nicht.[1] Entsprechende Anordnungen sind gegenstandslos. Eine Übernahme im Wege der Amtshilfe kann erfolgen, wobei die Grundsätze der Amtshilfe keine entsprechende Zuständigkeit begründet, sondern eine solche voraussetzt.[2]

3 Der Sitzungsvertreter der Staatsanwaltschaft ist in der gerichtlichen Hauptverhandlung der **Sitzungspolizei** des Vorsitzenden (§ 176) unterworfen, nicht aber dessen **Ordnungsgewalt** (§§ 177, 178).

II. Erläuterungen

4 **1. Rechtsprechungsbindung der Staatsanwaltschaft.** Die Frage einer **Bindung der Staatsanwaltschaft an die Rechtsprechung der Strafgerichte** ist umstritten, obwohl der Diskussion in der staatsanwaltlichen Praxis nur in wenigen Ausnahmefällen eine tatsächliche Bedeutung zukommt. Eine Bindung der Staatsanwaltschaft an die Rechtsprechung besteht ausnahmsweise nur dann, wenn es eine **gefestigte und höchstrichterliche Rechtsprechung** zu der Auslegung und/oder Anwendung der fraglichen Rechtsvorschrift gibt.[3]

5 Zwar erfüllt die Staatsanwaltschaft zusammen mit den Gerichten die Justizgewährungspflicht des Staates auf dem Gebiet des Strafrechts.[4] Allerdings obliegt die (verbindliche) **Auslegung der Rechtsnormen** nur den **Gerichten,** was aus der verfassungsrechtlich exklusiven Zuweisung der Rechtsprechungstätigkeit an die Gerichte (Art. 92 GG) folgt.

---

[1] SK/*Wohlers* Rn. 4; Löwe/Rosenberg/*Franke* Rn. 5.
[2] Vgl. zur Abgrenzung von Amts- und Rechtshilfe → § 156 Rn. 3 ff.
[3] BGH 23.9.1960 – 3 StR 28/60, BGHSt 15, 155 (158 ff.); KK/*Mayer* § 146 Rn. 7; *Dünnebier* JZ 1961, 312; *Kohlhaas* DRiZ 1964, 286 (288 f.); *Krey/Pföhler* NStZ 1985, 145 (150 f.); *Carsten/Rautenberg* Die Geschichte der Staatsanwaltschaft in Deutschland bis zur Gegenwart, 458; aA SK/*Wohlers* Vor § 141 Rn. 16–17; *Haft/Hilgendorf* FS 125 Jahre StA Schleswig-Holstein, 1992, 279 (294); *Lüttger* GA 1957, 193 (211 ff.); *Katholnigg* Vor § 141 Rn. 6; *Roxin* DRiZ 1969, 385 (387); *Sarstedt* NJW 1964, 1752; *Eb. Schmidt* MDR 1961, 269 (271 ff.).
[4] Vgl. → Vor § 141 Rn. 8.

An dieses von den Gerichten ausgelegte Recht ist die Staatsanwaltschaft wegen Art. 20 Abs. 3 GG gebunden.[5]

Die staatsanwaltliche Aufgabenerfüllung ist von der gerichtlichen Tätigkeit unabhängig (§ 150). Dies betrifft aber nur die **organisatorische und funktionale Unabhängigkeit** und führt trotz der engen Verzahnung von staatsanwaltlicher und richterlicher Tätigkeit nicht dazu, dass – entgegen der in Art. 92 GG zum Ausdruck kommenden Entscheidung des Verfassungsgebers – der Staatsanwaltschaft im Konfliktfall eine autonome Auslegungsbefugnis des einfachen Rechts entgegen einer gefestigten höchstrichterlichen Rechtsprechung zusteht.[6] Eine solche autonome Auslegungsbefugnis würde die Einheit der Rechtsanwendung und die Gleichheit vor dem Gesetz unzulässig beeinträchtigen sowie die Gewaltentrennung außer Acht lassen, weil die Frage, ob ein Verhalten strafbar ist, nicht mehr von der höchstrichterlichen Gesetzesauslegung abhinge, sondern von der Rechtsansicht der jeweiligen Anklagebehörde.[7] Ohne Bindungswirkung bestünde zudem die Gefahr, dass die Rechtsauslegung in Teilbereichen vom Willen der weisungsgebunden Exekutive abhängen würde.[8] 6

Gleichwohl dürfte sich das Problem einer Rechtsprechungsbindung nur selten stellen: Eine bindende **gefestigte höchstrichterliche Rechtsprechung** liegt nur dann vor, wenn die entscheidungserhebliche Rechtsfrage in der (ständigen) Rechtsprechung höchstrichterlich und eindeutig geklärt ist, diese Rechtsprechung noch aktuell ist und es keine abweichenden Entscheidungen oder Rechtsentwicklungen (mehr) gibt oder solche zukünftig auch nicht zu erwarten sind.[9] Bestehen über das Vorliegen dieser Voraussetzungen berechtigte Zweifel, entfaltet die Rechtsprechung keine Bindungswirkung für die Staatsanwaltschaft. 7

Von praktischer Relevanz ist die Streitfrage insbesondere in **zwei Fallkonstellationen:** Der Staatsanwalt hält einen Sachverhalt entgegen der (gefestigten) Rechtsprechung aus Rechtsgründen für straflos und will das Ermittlungsverfahren gem. § 170 Abs. 2 StPO einstellen. Oder: der Staatsanwalt hält einen Sachverhalt entgegen der (gefestigten) Rechtsprechung aus Rechtsgründen für strafbar und möchte Anklage erheben. 8

Ob nach Abschluss der Ermittlungen ein **hinreichender Tatverdacht** iSv § 170 Abs. 1 StPO vorliegt, bemisst sich danach, ob eine Verurteilung in einer Hauptverhandlung überwiegend wahrscheinlich ist. Die von dem Staatsanwalt vorzunehmende Prognose darf in rechtstatsächlicher Hinsicht nicht auf seine (individuelle) staatsanwaltliche Rechtsansicht abstellen, sondern muss die konkret zu erwartende Rechtsauslegung und -anwendung durch die Gerichte berücksichtigen.[10] Sofern der Staatsanwalt einen Sachverhalt aus Rechtsgründen für straflos erachtet, muss er bei einer entgegenstehenden gefestigten höchstrichterlichen Rechtsprechung aufgrund des ihn bindenden Legalitätsgrundsatzes **Anklage** erheben.[11] Er kann allerdings in der Hauptverhandlung und nach Erfüllung der ihm obliegenden Pflicht zur Anklageerhebung (§ 170 Abs. 1 StPO) als Ausdruck seiner aus § 150 folgenden Eigenständigkeit einen **Freispruch** beantragen, um so ggf. auf eine Abänderung der Rechtsprechung hinzuwirken.[12] Die Widersprüchlichkeit zwischen Anklageerhebung und Beantragung eines Freispruchs ist unter Berücksichtigung der besonderen organisatorischen Stellung der Staatsanwaltschaft als Ausdruck der Gewalten- 9

---

[5] BGH 23.9.1960 – 3 StR 28/60, BGHSt 15, 155 (158 ff.); aA SK/*Wohlers* Vor § 141 Rn. 17.
[6] Ähnlich BGH 23.9.1960 – 3 StR 28/60, BGHSt 15, 155 (158); aA SK/*Wohlers* Vor § 141 Rn. 17; *Kretschmer* Jura 2004, 452 (454).
[7] BGH 23.9.1960 – 3 StR 28/60, BGHSt 15, 155 (158).
[8] BGH 23.9.1960 – 3 StR 28/60, BGHSt 15, 155 (158 ff.).
[9] Kritisch zur Frage der Bestimmung des Vorliegens einer gefestigten höchstrichterlichen Rechtsprechung *Eb. Schmidt* MDR 1961, 269 (272); *Sarstedt* NJW 1964, 1752 (1757).
[10] AA Löwe/Rosenberg/*Franke* Vor § 141 Rn. 17; *Roxin* DRiZ 1997, 109 (114); *Geppert* Jura 1982, 139 (149); *Bottke* GA 1980, 298 ff.
[11] OLG Zweibrücken 8.3.2007 – 1 Ws 47/07, NStZ 2007, 420; Meyer-Goßner/*Schmitt* Vor § 141 Rn. 11.
[12] Ähnlich *Eb. Schmidt* MDR 1961, 269 (271) bzgl. der Anklageerhebung nach Durchführung eines Klageerzwingungsverfahren.

GVG § 151 1   10. Titel. Staatsanwaltschaft

teilung sowie aus Gründen der Rechtssicherheit und der gleichmäßigen Gesetzesanwendung hinzunehmen.

10   In gleicher Weise muss der Staatsanwalt, wenn er entgegen einer gefestigten höchstrichterlichen Rechtsprechung einen Sachverhalt für strafbar hält, das **Verfahren gem. § 170 Abs. 2 StPO einstellen,** sofern keine sachlich begründeten Umstände in tatsächlicher oder rechtlicher Hinsicht vorliegen, die prognostisch für eine andere Bewertung bzw. für eine zu erwartende Abänderung der bisherigen Rechtsprechungslinie sprechen.[13]

11   **2. Ermittlungskompetenz nach Anklageerhebung.** Aus § 150 selbst kann nicht geschlossen werden, dass die Staatsanwaltschaft auch **nach Anklageerhebung weitere Ermittlungen** selbstständig durchführen kann (§ 169a StPO). Denn § 150 setzt eine entsprechende Befugnis voraus und schafft diese nicht.[14] Das Recht der Staatsanwaltschaft zur Durchführung weiterer Ermittlungen nach Anklageerhebung folgt aus der besonderen Stellung der Staatsanwaltschaft im Strafverfahren und der ihr zukommenden Aufgabe der Wahrung und Durchsetzung des staatlichen Strafanspruchs.[15]

12   Ein **Verbot der Vornahme** entsprechender Ermittlungen ergibt sich nicht aus der Strafprozessordnung, zumal diese Ermittlungen auch zur Entlastung des Angeschuldigten bzw. Angeklagten dienen können (§ 160 Abs. 2 StPO). Mit der in der Anklagebegleitverfügung regelmäßig enthaltenen Erklärung, „die Ermittlungen sind abgeschlossen", bringt der Staatsanwalt lediglich zum Ausdruck, dass er Anklagereife annimmt.[16] Ein Verzicht auf weitere Ermittlungen ist darin nicht zu sehen. Dass auch der Gesetzgeber von einer fortbestehenden Ermittlungskompetenz ausgeht, zeigt vielmehr § 98 Abs. 3 StPO, der Regelungen für eine staatsanwaltliche Beschlagnahme nach Erhebung der öffentlichen Anklage enthält.[17]

13   Die Ermittlungsbefugnis nach Anklageerhebung ist (auch) **Ausdruck einer „Waffengleichheit",** da dem Angeschuldigten bzw. Angeklagten entsprechende Ermittlungsmöglichkeiten zu seiner Verteidigung zustehen. Die Ablehnung einer eigenständigen Ermittlungsbefugnis der Staatsanwaltschaft nach Anklageerhebung hätte ua zur Folge, dass die Staatsanwaltschaft neuen Tatsachenvortrag des Angeschuldigten bzw. Angeklagten, den sie – entgegen der Auffassung des Gerichts – für beweiserheblich hält, nicht überprüfen könnte und daher an die Sachverhaltsaufklärung durch das Gericht (§ 244 Abs. 2 StPO) gebunden wäre.

14   Die dem Gericht gem. § 244 Abs. 2 StPO obliegende Sachverhaltsaufklärungspflicht soll durch staatsanwaltliche Ermittlungen nicht nachteilig beeinträchtigt werden, so dass sich – sofern möglich – eine **mit dem Gericht abgestimmte Vorgehensweise** im Regelfall anbietet.[18] Im Ausnahmefall sind staatsanwaltliche Ermittlungen auch gegen den Willen des Gerichts möglich, sofern zB durch die Ermittlungen erst die Voraussetzungen für die Stellung von Beweisanträgen geschaffen werden können.

§ 151 [Ausschluß von richterlichen Geschäften]

¹**Die Staatsanwälte dürfen richterliche Geschäfte nicht wahrnehmen.** ²**Auch darf ihnen eine Dienstaufsicht über die Richter nicht übertragen werden.**

1   Dem **Ausschluss der Staatsanwälte** von der **Wahrnehmung richterlicher Geschäfte** gem. S. 1 kommt nur eine deklaratorische Bedeutung zu, da die Rechtsprechung gem.

---

[13] Ähnlich Kissel/Mayer § 146 Rn. 5, nach dem „gewichtige Gründe" für ein Abweichen vorliegen sollen; aA OLG München 31.3.2011 – 1 U 5217/10, BeckRS 2011, 14927.
[14] AA Löwe/Rosenberg/Franke Rn. 5.
[15] OLG Stuttgart 3.5.1983 – 1 Ws 131/83, MDR 1983, 955; Löwe/Rosenberg/Franke Rn. 5; Kissel/Mayer Rn. 2; KK/Griesbaum § 169a Rn. 1; BeckOK StPO/Gorf § 169a Rn. 7.4; Hildenstab NStZ 2008, 249; aA SK/Wohlers Rn. 5; Strauß NStZ 2006, 556 (557 ff.); Strate StV 1985, 337 (338 ff.); Hahn GA 1978, 331.
[16] Hildenstab NStZ 2008, 249.
[17] BeckOK StPO/Gorf § 169a Rn. 7.4.
[18] KK/Mayer Rn. 1; Löwe/Rosenberg/Franke Rn. 5; BeckOK StPO/Gorf § 169a Rn. 7.4.

Art. 92 GG ausschließlich der Judikative übertragen ist.¹ Eine gleichzeitige Wahrnehmung einer Rechtsprechungstätigkeit durch einen (weisungsgebundenen) Staatsanwalt, der Teil der Exekutive ist, verstößt gegen den Grundsatz der Gewaltenteilung.

S. 1 gilt auch dann, wenn der Staatsanwalt für die Wahrnehmung richterlicher Geschäfte von seinem **Amt als Staatsanwalt** (vorübergehend) **beurlaubt** wurde.² Ein Staatsanwalt kann allerdings gem. §§ 14, 15 DRiG zum **Richter kraft Auftrags** werden. Weiterhin kann ein Staatsanwalt in die Richterlaufbahn wechseln, wenn er aus seinem bisherigen Amt ausscheidet **(Laufbahnwechsel)**. Sofern ein Richter an die Staatsanwaltschaft abgeordnet wurde (§ 37 DRiG), übt er staatsanwaltschaftliche Aufgaben aus und ist gem. S. 1 von der Wahrnehmung richterlicher Geschäfte ausgeschlossen.³ Erst nach Ende der Abordnung kann er richterliche Aufgaben wieder übernehmen. 2

Das **Verbot der Dienstaufsicht** über Richter durch Staatsanwälte gem. S. 2 ist ebenfalls Ausfluss der verfassungsrechtlichen Aufgabenzuweisung der Rechtsprechung an die Judikative (Art. 92 GG). Das Verbot soll die strikte Aufgabentrennung beider Strafrechtsorgane sicherstellen. Obwohl die Unabhängigkeit der Richter verfassungsrechtlich garantiert ist, unterliegen sie gem. § 26 DRiG der Dienstaufsicht. Kein Anwendungsfall des S. 2 ist die Wahrnehmung staatsanwaltschaftlicher Aufgaben durch einen Richter zB aufgrund einer Abordnung an die Staatsanwaltschaft.⁴ 3

Sofern der **Jugendrichter als Vollstreckungsleiter** (§§ 82, 83, 110 Abs. 1 JGG) Aufgaben der Justizverwaltung wahrnimmt und hinsichtlich dieser Tätigkeit der Aufsicht des Generalstaatsanwalts unterliegt (§ 147 Nr. 3, § 23 Abs. 1 Nr. 1 StVollstrO),⁵ liegt kein Fall der unzulässigen Dienstaufsicht gem. § 152 S. 2 vor. Denn der Jugendrichter wird in diesem Fall nicht in seiner Eigenschaft als eigenständiges und unabhängiges Rechtsprechungsorgan tätig, sondern übt Verwaltungstätigkeiten im Wege der gesetzlichen Organleihe aus. Gegen Entscheidungen des Jugendrichters als Vollstreckungsleiter, die er als Organ der Justizverwaltung trifft, steht der Rechtsweg nach §§ 23 ff. EGGVG offen.⁶ 4

Dagegen unterliegt der Richter bei einem Tätigwerden als **Notstaatsanwalt** (§ 165 StPO) weder dem staatsanwaltschaftlichen Weisungsrecht noch der Dienstaufsicht (§§ 146, 147). Die Notzuständigkeit des Richters resultiert aus einer gesetzlichen Kompetenzerweiterung seiner richterlichen Zuständigkeiten. Diese Zuständigkeitserweiterung lässt die formalrechtliche Stellung des Richters unberührt und führt nicht zu einer Einstufung seiner richterlichen Handlung als Verwaltungstätigkeit.⁷ 5

§ 152 [Ermittlungspersonen der Staatsanwaltschaft]

(1) Die Ermittlungspersonen der Staatsanwaltschaft sind in dieser Eigenschaft verpflichtet, den Anordnungen der Staatsanwaltschaft ihres Bezirks und der dieser vorgesetzten Beamten Folge zu leisten.

(2) ¹Die Landesregierungen werden ermächtigt, durch Rechtsverordnung diejenigen Beamten- und Angestelltengruppen zu bezeichnen, auf die diese Vorschrift anzuwenden ist. ²Die Angestellten müssen im öffentlichen Dienst stehen, das 21. Lebensjahr vollendet haben und mindestens zwei Jahre in den bezeichneten Beamten- oder Angestelltengruppen tätig gewesen sein. ³Die Landesregierungen

---

¹ SK/*Wohlers* Rn. 1; Löwe/Rosenberg/*Franke* Rn. 1.
² Löwe/Rosenberg/*Franke* Rn. 1.
³ BGH 22.1.1975 – 1 StR 580/74, BeckRS 1975, 00164.
⁴ *Kissel/Mayer* Rn. 2.
⁵ OLG Hamm 17.7.2001 – 3 (s) Sbd. 1-2/01, NStZ-RR 2002, 21; *Eisenberg* JGG § 83 Rn. 2. Dies gilt nicht für Entscheidungen gem. § 83 Abs. 3, § 112c Abs. 3 JGG, da es sich insoweit um jugendrichterliche Entscheidungen handelt, die der Vollstreckungsleiter in richterlicher Unabhängigkeit trifft, vgl. Löwe/Rosenberg/*Graalmann-Scheerer* StPO § 451 Rn. 6.
⁶ *Eisenberg* JGG § 83 Rn. 3.
⁷ AA SK/*Wohlers* Rn. 6; *Kissel/Mayer* Rn. 2.

können die Ermächtigung durch Rechtsverordnung auf die Landesjustizverwaltungen übertragen.

Schrifttum: *Ambos,* Staatsanwaltliche Kontrolle der Polizei, Verpolizeilichung des Ermittlungsverfahrens und organisierte Kriminalität, Jura 2003, 674; *Benfer,* Anordnung von Grundrechtseingriffen durch Richter und Staatsanwalt und die Verpflichtung zum Vollzug, NJW 1981, 1245; *Bindel,* Verhältnis Staatsanwaltschaft – Polizei, DRiZ 1994, 165; *Bräutigam,* Probleme der Sachleitungsbefugnis des Staatsanwaltes, DRiZ 1992, 214; *Elsner,* Entlastung der Staatsanwaltschaft durch Übertragung von Einstellungsbefugnissen auf die Polizei?, ZRP 2010, 49; *Fehn,* Informationsvorbehalte der Staatsanwaltschaft und ministerielle Weisungsrechte, Kriminalistik 2005, 742; *Geisler,* Stellung und Funktion der Staatsanwaltschaft im heutigen deutschen Strafverfahren, ZStW 1981, 1109; *Görgen,* Die Polizei als Staatsanwaltschaft vor der Staatsanwaltschaft?, DRiZ 1976, 296; *Gössel,* Überlegungen über die Stellung der Staatsanwaltschaft im rechtsstaatlichen Verfahren und über ihr Verhältnis zur Polizei, GA 1980, 325; *Hassemer,* Thesen zu informationeller Selbstbestimmung und Strafverfahren, StV 1988, 267; *Hirsch,* Probleme des Polizeieinsatzes durch den Staatsanwalt und ministerielle Weisungsrechte, MDR 1973, 376; *Knemeyer/Deubert,* Kritische Überlegungen zum Verhältnis Staatsanwaltschaft – Polizei/Polizei – Staatsanwaltschaft, NJW 1992, 3131; *Krey,* Grenzen des staatsanwaltlichen Weisungsrechts gegenüber der Polizei, ZRP 1971, 224; *Kurzawe,* Entlastung der Staatsanwaltschaft durch Übertragung von Einstellungsbefugnissen auf die Polizei? – zu Elsner, ZRP 2010, 49; ZRP 2010, 235; *Metz,* Rangverhältnis der Staatsanwaltschaft zu ihren Ermittlungspersonen bei Gefahr im Verzug, NStZ 2012, 242; *Rautenberg,* Über das Verhältnis der Anordnungskompetenz von Staatsanwaltschaft und Polizei bei Gefahr im Verzug, NJ 2010, 418; *Rupprecht,* Keine Bedenken gegen die Leitsätze zum Verhältnis Staatsanwaltschaft – Polizei, ZRP 1977, 275; *Rüping,* Das Verhältnis von Staatsanwaltschaft und Polizei, ZStW 95 (1983), 894; *Röper,* Staatsanwaltschaft, Hilfsorgan der Polizei?, DRiZ 1998, 309; *Schaefer,* Verpolizeilichung des Ermittlungsverfahrens – Entmachtung der Staatsanwaltschaft, StraFo 2002, 118; *Roxin,* Zur Rechtsstellung der Staatsanwaltschaft damals und heute, DRiZ 1997, 109; *Schoreit,* Verpolizeilichung des Ermittlungsverfahrens, StV 1989, 449; *Stober,* Kommunalbeamte als Hilfsbeamte der Staatsanwaltschaft, DVBl 1985, 81; *Uhlig,* Die Polizei – Herrin des Strafverfahrens, DRiZ 1986, 247; *Ulrich,* Das Verhältnis Staatsanwaltschaft – Polizei, ZRP 1977, 158: *Wagner,* Staatsanwaltschaft oder Polizei?, MDR 1973, 713; *Wolter,* Strafverfahrensrecht und Strafprozeßreform, GA 1985, 49.

Übersicht

	Rn.		Rn.
I. Überblick	1–5	3. Weisungsrecht contra Aufsichtsrecht	17–20
II. Erläuterungen	6–23	4. Rangverhältnis bei Gefahr im Verzug	21
1. Art und Umfang des Weisungsrechts	6–13	5. Rechtsschutz	22, 23
2. Sachleitungsbefugnis	14–16		

I. Überblick

1 Abs. 1 regelt das **Weisungsrecht** der Staatsanwaltschaft gegenüber den in ihrem Bezirk (§ 143 Abs. 1) bestellten **Ermittlungspersonen** (frühere Bezeichnung Hilfspersonen). Das Weisungsrecht betrifft das gesamte Straf- und Vollstreckungsverfahren und ist nicht auf das Ermittlungsverfahren begrenzt. Anordnungen gegenüber den Ermittlungspersonen, die in keinem Zusammenhang mit der Strafverfolgungstätigkeit stehen, sind unzulässig. Das Recht steht auch den Amtsanwälten zu, da diese funktional der Staatsanwaltschaft angehören.[1]

2 Das Weisungsrecht ist Ausdruck der sich aus §§ 160, 161 StPO ergebenden **Gesamtverantwortlichkeit der Staatsanwaltschaft** für die Durchsetzung und Wahrung des staatlichen Strafanspruchs, insbesondere für die Durchführung des Ermittlungsverfahrens. Den Ermittlungspersonen – insbesondere den bestellten Polizeibeamten (§§ 160 Abs. 1, 163 StPO) – kommt mangels eigener „Justizpolizei" der Staatsanwaltschaft eine unterstützende Funktion zu.[2] Eine gleichrangige Aufgabenwahrnehmung der Polizei im strafrechtlichen Ermittlungsverfahren kann weder § 152 noch § 161 Abs. 1 StPO entnommen werden.[3, 4]

---

[1] KK/*Mayer* Rn. 12; Löwe/Rosenberg/*Franke* Rn. 19.
[2] Vgl. zum historischen Verhältnis von Staatsanwaltschaft und Polizei *Roxin* DRiZ 1997, 109 (119 ff.).
[3] Dafür spricht auch Nr. 3 Abs. 2 RiStBV. So auch SK/*Wohlers* Rn. 3; *Röper* DRiZ 1998, 309 (313); aA *Knemeyer/Deubert* NJW 1992, 3131.
[4] Vgl. zur Problematik der polizeilichen „Dominanz" in Ermittlungsverfahren im Bereich der leichten und mittleren Kriminalität sowie der Organisierten Kriminalität *Ambos* Jura 2003, 674; *Bräutigam* DRiZ 1992,

Die Einstufung als Ermittlungsperson im Sinne von § 152 führt nicht zu einer automatischen Anwendung des **Legalitätsprinzips** auf die Ermittlungsperson. Dies ist vielmehr nur dann der Fall, wenn sie zugleich Polizeibeamter ist (§ 163 StPO). **3**

Gem. Abs. 2 S. 1 können die Landesregierungen die **Bestellung von Beamten- und Angestelltengruppen** zu Ermittlungspersonen durch Rechtsverordnung regeln.[5] Nach Abs. 2 S. 2 müssen Angestellte im öffentlichen Dienst stehen, das 21. Lebensjahr vollendet haben und mindestens zwei Jahre in den bezeichneten Beamten- oder Angestelltengruppen tätig gewesen sein. Nach Abs. 2 S. 3 können die Landesregierungen das ihnen insoweit zustehende Recht zur Bestimmung der Ermittlungspersonen durch Rechtsverordnung auf die Landesjustizverwaltungen übertragen. Auch Beamten- und Angestelltengruppen anderer Länder sowie von Bundesbehörden können im Einvernehmen mit den betreffenden Dienstherren zu Ermittlungspersonen bestimmt werden. Personen, die in **privatisierten Nachfolgeunternehmen des öffentlichen Dienstes** tätig sind, können nicht zu Ermittlungspersonen der Staatsanwaltschaft bestellt werden.[6] **4**

Für die Beamten der **Bundespolizei** ergibt sich der Status als Ermittlungsperson kraft Gesetzes aus § 112 Abs. 5 BPolG. Für das **Bundeskriminalamt** finden sich in den §§ 4 Abs. 1 und Abs. 2, 18 Abs. 1 BKAG entsprechende Regelungen.[7] Für die **Finanzbehörden** wurde in § 399 Abs. 2 S. 2 AO, für die **Zollfahndungsämter** und die **Steuerfahndung** in § 404 S. 2 AO eine diesbezügliche Regelung getroffen. Im **Bußgeldverfahren** findet § 53 OWiG Anwendung, nach Übernahme durch die Staatsanwaltschaft § 63 Abs. 1 OWiG. **5**

II. Erläuterungen

1. Art und Umfang des Weisungsrechts. Das Weisungsrecht wird in der staatsanwaltlichen Praxis regelmäßig dahingehend ausgeübt, dass die **Anordnung allgemein** gegenüber der betreffenden (Polizei-)Dienststelle erteilt wird. Allerdings ist von Abs. 1 auch die Möglichkeit einer **persönlichen Weisung** gegenüber einer einzelnen Ermittlungsperson erfasst. Sofern eine Ermittlungsperson auf Anordnung der Staatsanwaltschaft tätig wird, handelt sie als Organ bzw. „verlängerter Arm" der Staatsanwaltschaft.[8] Es handelt sich um einen Fall der **Organleihe**. **6**

Im Rahmen von **§ 161 Abs. 1 StPO** kann die Staatsanwaltschaft ihre Ermittlungsaufträge nicht nur an eine Polizeidienststelle erteilen, sondern auch – wie sich aus dem Wortlaut ergibt – an einzelne Polizeibeamte. Im Unterschied zu § 161 Abs. 1 StPO enthält § 152 Abs. 1 eine Begrenzung der Weisungskompetenz auf die Ermittlungspersonen in dem jeweiligen Bezirk der Staatsanwaltschaft (§ 143). Ermittlungspersonen im Sinne von § 152 verfügen – anders als Polizeibeamte nach den §§ 161, 163 StPO – über besondere strafprozessuale Kompetenzen (§ 81a Abs. 2, § 81c Abs. 5, § 98 Abs. 1, § 100d Abs. 1, 105 Abs. 1 S. 1, § 111 Abs. 2, § 111e Abs. 1 S. 2, § 111f Abs. 1 S. 1, § 111l Abs. 2 S. 2 § 132 Abs. 2, § 163d Abs. 2, § 163f Abs. 3 StPO). **7**

Gegenstand einer staatsanwaltlichen Weisung kann jede von der Staatsanwaltschaft durchzuführende (Ermittlungs-)Maßnahme im Rahmen des Ermittlungs- oder Strafverfah- **8**

214; *Uhlig* DRiZ 1986, 247. Eine „Verpolizeilichung" des Ermittlungsverfahrens wird ua befürwortet von *Gössel* GA 1980, 325 (348 ff.); *Rupprecht* ZRP 1977, 275; differenzierend *Wolter* GA 1985, 49 (87). Für eine Beibehaltung des Vorrangs der Staatsanwaltschaft ua *Geisler* ZStW 1981, 1109 (1138 ff.); *Görgen* DRiZ 1976, 296 ff.; *Schaefer* StraFo 2002, 118 (120 ff.); *Rüping* ZStW 95 (1983), 894 (909 ff.); *Schoreit* StV 1989, 449; *Ulrich* ZRP 1977, 158 (162); *Hassemer* StV 1988, 267 (269); *Bindel* DRiZ 1994, 165 (166); *Wagner* MDR 1973, 713 (714). Eine Reform ist aktuell nicht zu erwarten, vgl. zum Diskussionsstand Löwe/Rosenberg/*Franke* Rn. 46 ff.; SK/*Wohlers* Rn. 26 ff.

[5] Vgl. die Einzelnachweise bei Meyer-Goßner/*Schmitt* Rn. 6. Vgl. zur Frage der Bestellung von Kommunalbeamten zu Ermittlungspersonen *Stober* DVBl 1985, 81.
[6] OLG Hamburg 7.4.1995 – 3 VAs 2/95, NStZ-RR 1996, 13 (15 f.); *Kissel/Mayer* Rn. 4.
[7] Nach BGH 11.1.1963 – 3 StR 52/62, NJW 1963, 821 sollen Beamte des Bundeskriminalamtes, die im Ermittlungsdienst als Ermittlungspersonen der Staatsanwaltschaft eingesetzt sind, in aller Regel als Sachverständige mit Erfolg wegen Befangenheit abgelehnt werden können.
[8] BGH 24.7.2003 – 3 StR 212/02, NJW 2003, 671 (672); KK/*Mayer* Rn. 1.

rens sein, sofern diese delegierbar ist. Dazu gehören die Art und Weise der Durchführung bestimmter Ermittlungen oder die Vornahme sonstiger verfahrensbezogener Diensthandlungen, das Verbot bestimmter Maßnahmen, Vorgaben zur Einordnung von Beschuldigten und Zeugen sowie zur Belehrung, nicht dagegen polizeiliche Präventivmaßnahmen.[9]

9   Das Weisungsrecht gibt dem Staatsanwalt insbesondere die Befugnis, einen **bestimmten Polizeibeamten der örtlichen Polizeidienststelle** mit einem Vorgang zu beauftragen, der nach der polizeiinternen Zuständigkeitsverteilung in die Zuständigkeit einer anderen Polizeidienststelle (zB die des Landeskriminalamts) fällt. Eine umgekehrte Vorgehensweise ist ebenso zulässig. Weiterhin ist eine unmittelbare Weisung gegenüber einer einzelnen Ermittlungsperson **ohne vorherige Absprache** mit den Dienstvorgesetzten aus dem Hauptamt möglich.

10 Der Staatsanwalt kann **konkrete Einzelweisungen** zu Art und Durchführung einzelner Ermittlungshandlungen erteilen oder seine Leitungsbefugnis im Rahmen der Aufklärung von Straftaten unabhängig vom Einzelfall durch **allgemeine Weisungen** im Voraus ausüben.[10] Das Anordnungsrecht endet nicht mit Abschluss des Ermittlungsverfahrens, sondern erst mit dem Ende der staatsanwaltlichen Zuständigkeit.

11 Der Staatsanwalt darf Aufgaben und Entscheidungen, die nach dem Gesetz ausschließlich ihm obliegen, nicht auf seine Ermittlungspersonen delegieren.[11] **Nicht delegierbar** sind zB die Entscheidung von strafrechtlichen Rechtsfragen ebenso wie die Entscheidung über den Abschluss des Ermittlungsverfahrens sowie die Entscheidung über die Gewährung von Akteneinsicht und Auskünften.[12]

12 Mit der Beauftragung einer Ermittlungsperson kann eine **Beschränkung ihrer örtlichen Zuständigkeit** entfallen. Die beauftragte Ermittlungsperson wird – wie der sie anweisende Staatsanwalt (§ 161 StPO) – aufgrund ihrer Organstellung für strafrechtliche Ermittlungsmaßnahmen **im gesamten Bundesgebiet** zuständig.[13] Dies gilt nicht, sofern die Ermittlungsperson aus eigenem Antrieb tätig wird, da sich ihre Zuständigkeit insoweit aus dem Hauptamt ergibt.[14] Der **GBA** kann, da sein Bezirk iSv Abs. 1 das gesamte Bundesgebiet ist, auf alle Ermittlungspersonen des Bundes und der Länder zurückgreifen.[15]

13 Eine **bestimmte Form der Erteilung** staatsanwaltlicher Anordnungen ist nicht vorgesehen. Diese können sowohl schriftlich als auch mündlich ergehen. Aus Gründen der Rechtssicherheit und der besseren Nachvollziehbarkeit im Fall einer gerichtlichen Überprüfung empfiehlt sich eine schriftliche Dokumentation in den Akten.

14 **2. Sachleitungsbefugnis.** Die sich aus § 152 und § 161 StPO folgende **Sachleitungsbefugnis der Staatsanwaltschaft** als „Herrin des Ermittlungsverfahrens" beinhaltet das Recht und die Pflicht zur **Überwachung und Instruktion der Ermittlungspersonen** im Hinblick auf die Ausführung der staatsanwaltschaftlichen Ermittlungsanordnungen (vgl. Nr. 3 Abs. 2 RiStBV). Die Staatsanwaltschaft hat ua dafür Sorge zu tragen, dass die Ermittlungspersonen von den zutreffenden rechtlichen Voraussetzungen ausgehen. Dies beinhaltet, dass die Staatsanwaltschaft ihre Ermittlungspersonen auf etwaige Auskunfts- oder Zeugnis-

---

[9] Meyer-Goßner/*Schmitt* Rn. 3. Vgl. zur Frage der staatsanwaltlichen Weisungsbefugnis bzgl. des polizeilichen Schusswaffengebrauchs *Krey* ZRP 1971, 22.
[10] BGH 27.5.2009 – 1 StR 99/09, NJW 2009, 2612 (2613).
[11] Gegen die von *Elsner* ZRP 2010, 49 vorgeschlagene Übertragung von Einstellungsbefugnissen im Bereich der Bagatellkriminalität auf die Polizei bestehen insbesondere im Hinblick auf die zu erwartende (weitere) Zersplitterung der Rechtsanwendung Bedenken; kritisch ebenfalls *Kurzawe* ZRP 2010, 235.
[12] Löwe/Rosenberg/*Franke* Rn. 26. Nach OLG Stuttgart 28.10.1992 – 4 VAs 12/92, NStZ 1993, 353 (354) darf der Staatsanwalt im Ermittlungsverfahren den ermittelnden Polizeibeamten nicht generell ermächtigen, den Dienstvorgesetzten des Beschuldigten laufend über den jeweiligen Stand der Ermittlungen zu unterrichten.
[13] Löwe/Rosenberg/*Franke* Rn. 36; SK/*Wohlers* Rn. 20; aA BayObLG 20.10.1953 – RevReg. 2 St 608/52, NJW 1954, 362; Meyer-Goßner/*Schmitt* Rn. 5; *Eb. Schmidt* III § 152 Rn. 9.
[14] OLG Schleswig 25.10.1981 – 1 Ss OWi 51/81, NStZ 1981, 398; Löwe/Rosenberg/*Franke* Rn. 36; KK/*Mayer* Rn. 7.
[15] KK/*Mayer* Rn. 14; Meyer-Goßner/*Schmitt* Rn. 2; Löwe/Rosenberg/*Franke* Rn. 37; kritisch *Holland* MDR 1973, 376.

verweigerungsrechte (§§ 52, 55 StPO) hinweisen muss sowie bei einer unzutreffenden Einstufung eines Tatverdächtigen als Zeugen auf eine qualifizierte Belehrung hinwirken muss.[16]

Weiterhin steht dem Staatsanwalt die Befugnis zu, eine **fehlerhafte Sachbehandlung** 15 **der Ermittlungsperson** zu rügen, diese zu einer sachgerechten Erledigung anzuhalten sowie eine als unsachgemäß bewertete Vorgehensweise zu untersagen.[17] Der Staatsanwalt kann grundsätzlich auch bzgl. der Art und Weise der Umsetzung der Maßnahme konkrete Anweisungen geben.[18] Bei **divergierenden Ansichten** kommt es ausschließlich auf die Sichtweise des Staatsanwalts an.

Eine **Weigerung der Ermittlungspersonen** zur Ausführung einer staatsanwaltlichen 16 Weisung kann nicht auf reine Zweckmäßigkeitserwägungen gestützt werden. Der Staatsanwalt hat bei der Ausübung des Weisungsrechts den Gesichtspunkt der möglichen (Fremd-)Gefährdung der Ermittlungspersonen bei der Umsetzung der Weisung zu berücksichtigen, so dass zB bei der Entscheidung, ob im Rahmen der Wohnraumdurchsuchung spezielle Vorbereitungen zu treffen sind (zB Einbeziehung von Spezialeinsatzkräften), die polizeiliche Einschätzung aufgrund der größeren Sachnähe maßgeblich ist.[19] Eine Möglichkeit zur **zwangsweisen Durchsetzung** einer Weisung gegenüber den Ermittlungspersonen besteht nicht. Es verbleibt die Dienstaufsichtsbeschwerde.

3. Weisungsrecht contra Aufsichtsrecht. Ermittlungspersonen unterliegen neben den 17 staatsanwaltlichen Weisungsrechten gem. § 152 Abs. 1 und § 161 Abs. 1 StPO weiterhin dem **allgemeinen Dienstaufsichtsrecht** und der **Disziplinargewalt** des Dienstvorgesetzten im Hauptamt. Aus § 152 folgt, dass im Falle eines Widerspruchs zwischen einer staatsanwaltschaftlichen Anordnung und einer dienstlichen Weisung des Dienstvorgesetzten im Hauptamt der staatsanwaltschaftlichen Weisung grundsätzlich Vorrang zukommt. Anweisungen des Dienstvorgesetzten im Hauptamt, die staatsanwaltschaftlichen Anordnungen im Sinne von § 152 Abs. 1 GVG widersprechen, sind bezogen auf die Strafverfolgungstätigkeit der beauftragten Ermittlungsperson gegenstandslos.[20]

Eine Ermittlungsperson ist im Fall der Beauftragung gegenüber der Staatsanwaltschaft 18 zur vollständigen und richtigen Auskunft verpflichtet. Der Grundsatz der **Amtsverschwiegenheit** findet diesbezüglich eine Einschränkung.[21] Eine staatsanwaltschaftliche Anordnung zur Geheimhaltung verschiedener Ermittlungsmaßnahmen kann nicht durch eine polizeiliche Berichtspflicht des Innenministeriums umgangen werden, da die Staatsanwaltschaft – sofern es ein eigenständiges Justizministerium gibt – nicht der Dienstaufsicht des Innenministeriums unterliegt.[22]

Bei der **persönlichen Beauftragung** einer bestimmten Ermittlungsperson durch einen 19 Staatsanwalt kann der Dienstvorgesetzte im Hauptamt gegen den Willen des Staatsanwalts keine andere Ermittlungsperson beauftragen oder die Aufgabenerledigung anderweitig delegieren. Staatsanwaltliche Zuweisungen an eine bestimmte Dienststelle oder eine einzelne Ermittlungsperson gehen den sich aus dem Hauptamt folgenden Zuständigkeitsregelungen grundsätzlich vor.[23]

Beschränkungen des Weisungsrechts sind im Wege der allgemeinen Dienstaufsicht 20 gem. §§ 146, 147 möglich. Solche Regelungen wurden ua durch die gemeinsamen Richtlinien der Justizminister/-senatoren des Bundes und der Länder über die Anwendung unmittelbaren Zwangs durch Polizeibeamte auf Anordnung des Staatsanwalts (Anlage A RiStBV)

---

[16] BGH 27.5.2009 – 1 StR 99/09, NJW 2009, 2612 (2613).
[17] Löwe/Rosenberg/*Franke* Rn. 27.
[18] SK/*Wohlers* Rn. 21.
[19] Vgl. *Benfer* NJW 1981, 1245 zur Frage der Geltendmachung von Einwänden auf tatsächlicher Grundlage.
[20] SK/*Wohlers* Rn. 22; Löwe/Rosenberg/*Franke* Rn. 34; *Hirsch* ZRP 1971, 206 (207). Vgl. zur Frage des Weisungsrechts des Dienstvorgesetzten bei eigeninitiativem Handeln der Polizei *Bindel* DRiZ 1994, 165 (168 ff.).
[21] KK/*Mayer* Rn. 9; Löwe/Rosenberg/*Franke* Rn. 31; SK/*Wohlers* Rn. 17.
[22] So zutreffend *Fehn* Kriminalistik 2005, 742 (743).
[23] Löwe/Rosenberg/*Franke* Rn. 34; SK/*Wohlers* Rn. 13.

und durch die gemeinsamen Richtlinien der Justiz- und Innenminister der Länder über die Zusammenarbeit von Staatsanwaltschaft und Polizei bei der Verfolgung der Organisierten Kriminalität (Anlage E RiStBV) getroffen. Ein genereller Vorrang der präventiven Polizeiarbeit vor der staatsanwaltlichen Strafverfolgungstätigkeit kann den Regelungen nicht entnommen werden.

21 **4. Rangverhältnis bei Gefahr im Verzug.** Bei Anordnungen strafprozessualer Maßnahmen wegen Gefahr im Verzug besteht **kein generell-abstrakter Anordnungsvorrang der Staatsanwaltschaft** gegenüber der Polizei.[24] Ein solcher folgt auch nicht aus § 152. Eine Ausnahme bilden Ermittlungsmaßnahmen, bei denen der Gesetzgeber bei **Gefahr im Verzug** ausdrücklich einen Anordnungsvorrang der Staatsanwaltschaft vorgesehen hat (§§ 110b Abs. 1, 111l Abs. 2 S. 2, 131 Abs. 3 S. 2, 131c Abs. 1 S. 2 StPO). Ein solcher Vorrang kann sich darüber hinaus im konkreten Einzelfall aus der Verfahrenshoheit der Staatsanwaltschaft oder aufgrund einer entsprechenden Weisungslage ergeben.[25] Das Rangverhältnis zwischen Staatsanwaltschaft und Polizei, das allein den Bereich der Ermittlungsbehörden und damit den Bereich der Exekutive betrifft, ist für die Frage der Verletzung des Richtervorbehaltes bedeutungslos.[26]

22 **5. Rechtsschutz.** Da eine Ermittlungsperson bei einer Anordnung gem. Abs. 1 als Organ der Staatsanwaltschaft handelt, erfolgt die **gerichtliche Überprüfung der Ausführung der staatsanwaltschaftlichen Anordnung** durch die Ermittlungsperson nach den gleichen Maßstäben wie die Überprüfung staatsanwaltlicher Maßnahmen. Es besteht daher die Zuständigkeit der ordentlichen Gerichte (zB gem. § 98 Abs. 2 S. 2 StPO unmittelbar oder in analoger Anwendung) und nicht die der Verwaltungsgerichte.[27]

23 Wird die Ausführung einer von der Staatsanwaltschaft angeordneten Strafverfolgungsmaßnahme durch eine Ermittlungsperson im Wege der Aufsichtsbeschwerde beanstandet, ist zu differenzieren. Handelt es sich um eine **sachliche Dienstaufsichtsbeschwerde,** die gegen die Art und Weise der Durchführung der Strafverfolgungsmaßnahme durch die Ermittlungsperson gerichtet ist, entscheidet – sofern die beanstandete Amtshandlung in Ausführung einer staatsanwaltlichen Weisung erfolgte – die zuständige Staatsanwaltschaft kraft ihrer Sachleitungsbefugnis.[28] Ist die Ermittlungsperson ohne staatsanwaltliche Weisung tätig geworden, entscheidet der Dienstvorgesetzte im Hauptamt. Über **persönliche Dienstaufsichtsbeschwerden,** die sich gegen die Ermittlungsperson selbst richten, entscheidet ebenfalls der Dienstvorgesetzte im Hauptamt.[29]

---

[24] OLG Karlsruhe 29.5.2008 – 1 Ss 151/07, BeckRS 2008, 42001; OLG Brandenburg 16.12.2008 – 2 Ss 69/08, BeckRS 2009, 05947; OLG Celle 15.7.2010 – 322 SsBs 159/10, StraFo 2010, 463; *Metz* NStZ 2012, 242 (247); *Rautenberg* NJ 2010, 418 ff.; aA BVerfG 11.6.2010 – 2 BvR 1046/08, NJW 2010, 2864 (2865); 12.2.2007 – 2 BvR 273/06, NJW 2007, 1345 (1346).
[25] *Metz* NStZ 2012, 242 (247).
[26] OLG Hamm 24.3.2009 – 3 Ss 53/09, NStZ-RR 2009, 386 f.; OLG Frankfurt a. M. 14.10.2009 – 1 Ss 310/09, DAR 2010, 145 (146 f.).
[27] BVerwG 3.12.1974 – I C 11/73, NJW 1975, 893; 3.12.1974 – I C 26/72, NJW 1975, 895 (Leitsatz); OVG Hamburg 27.2.1970 – OVG Bf. I 2/69, NJW 1970, 1699 (1700); *Löwe/Rosenberg/Franke* Rn. 42.
[28] OVG Hamburg 27.2.1970 – OVG Bf. I 2/69, NJW 1970, 1699 (1700).
[29] *Löwe/Rosenberg/Franke* Rn. 33, 43.

Elfter Titel. Geschäftsstelle

§ 153 [Geschäftsstelle]

(1) Bei jedem Gericht und jeder Staatsanwaltschaft wird eine Geschäftsstelle eingerichtet, die mit der erforderlichen Zahl von Urkundsbeamten besetzt wird.

(2) ¹Mit den Aufgaben eines Urkundsbeamten der Geschäftsstelle kann betraut werden, wer einen Vorbereitungsdienst von zwei Jahren abgeleistet und die Prüfung für den mittleren Justizdienst oder für den mittleren Dienst bei der Arbeitsgerichtsbarkeit bestanden hat. ²Sechs Monate des Vorbereitungsdienstes sollen auf einen Fachlehrgang entfallen.

(3) Mit den Aufgaben eines Urkundsbeamten der Geschäftsstelle kann auch betraut werden,
1. wer die Rechtspflegerprüfung oder die Prüfung für den gehobenen Dienst bei der Arbeitsgerichtsbarkeit bestanden hat,
2. wer nach den Vorschriften über den Laufbahnwechsel die Befähigung für die Laufbahn des mittleren Justizdienstes erhalten hat,
3. wer als anderer Bewerber nach den landesrechtlichen Vorschriften in die Laufbahn des mittleren Justizdienstes übernommen worden ist.

(4) ¹Die näheren Vorschriften zur Ausführung der Absätze 1 bis 3 erlassen der Bund und die Länder für ihren Bereich. ²Sie können auch bestimmen, ob und inwieweit Zeiten einer dem Ausbildungsziel förderlichen sonstigen Ausbildung oder Tätigkeit auf den Vorbereitungsdienst angerechnet werden können.

(5) ¹Der Bund und die Länder können ferner bestimmen, daß mit Aufgaben eines Urkundsbeamten der Geschäftsstelle auch betraut werden kann, wer auf dem Sachgebiet, das ihm übertragen werden soll, einen Wissens- und Leistungsstand aufweist, der dem durch die Ausbildung nach Absatz 2 vermittelten Stand gleichwertig ist. ²In den Ländern Brandenburg, Mecklenburg-Vorpommern, Sachsen, Sachsen-Anhalt und Thüringen dürfen solche Personen weiterhin mit den Aufgaben eines Urkundsbeamten der Geschäftsstelle betraut werden, die bis zum 25. April 2006 gemäß Anlage I Kapitel III Sachgebiet A Abschnitt III Nr. 1 Buchstabe q Abs. 1 zum Einigungsvertrag vom 31. August 1990 (BGBl. 1990 II S. 889, 922) mit diesen Aufgaben betraut worden sind.

Schrifttum: *Buhrow*, Neuregelung des Rechts des Urkundsbeamten der Geschäftsstelle, NJW 1981, 907; *Elzer*, Der Stationsreferendar als Urkundsbeamter, JuS 1996, 827; *Wiedemann*, Justizreform durch Etikettenwechsel?, NJW 2002, 3448.

Gemäß § 153 Abs. 1 muss bei jedem Gericht und bei jeder Staatsanwaltschaft eine **1 Geschäftsstelle** eingerichtet sein. Die Regelung gilt nur für Gerichte der ordentlichen Gerichtsbarkeit und für Arbeitsgerichte.[1] Der Aufgabenbereich der Geschäftsstelle ergibt sich aus einer Abgrenzung von der richterlichen bzw. staatsanwaltschaftlichen Tätigkeit auf der einen Seite und von der Tätigkeit der Rechtspfleger auf der anderen Seite. Die Geschäftsstelle soll Richter und Staatsanwälte bei der Ausübung der ihnen obliegenden Aufgaben **funktional und organisatorisch unterstützen**.[2] Die Mitglieder der Geschäftsstelle unterliegen dem Dienstaufsichtsrecht der gerichtlichen oder staatsanwaltschaftlichen Behördenleitung.

Der **Urkundsbeamte der Geschäftsstelle** übt eine besondere Funktion bei der Wahrneh- **2** mung der Aufgaben der Geschäftsstelle aus. Zu seinen gesetzlich definierten Aufgaben gehören die Protokollierung gerichtlicher Verhandlungen sowie staatsanwaltschaftlicher Vernehmungen

---

[1] SK/*Degener* Rn. 4.
[2] *Buhrow* NJW 1981, 907.

von Beschuldigten, Zeugen und Sachverständigen im Ermittlungsverfahren (§§ 86, 118a Abs. 3 S. 3, 138d, 168, 168a, 168b, 226, 271, 404 Abs. 1 StPO), die Mitwirkung bei Ladungen und Zustellungen (§§ 36 Abs. 1 S. 2, 214 Abs. 1 S. 5 StPO, § 161), die Vorlage an die Staatsanwaltschaft bei Rechtsmitteleinlegung (§§ 320 S. 1, 390 Abs. 3 S. 2 StPO), die Führung der Schöffenliste (§ 45 Abs. 4), die Erteilung von Ausfertigungen und Abschriften gerichtlicher Entscheidungen sowie von Urteilsauszügen (§§ 275 Abs. 4, 406b, 451 Abs. 1 StPO), die Aufnahme von Erklärungen, Anträgen und Rechtsmitteln außerhalb der gerichtlichen Verhandlung zu Protokoll der Geschäftsstelle (§§ 299 Abs. 1, 306 Abs. 1, 314 Abs. 1, 317, 347 Abs. 1 S. 3, 381 S. 1 StPO) sowie das Anbringen von Strafanträgen zu Protokoll (§ 158 Abs. 2 StPO). Regelungen zur Konkretisierung der Aufgabenbereiche und zur Ausgestaltung der Tätigkeit der Urkundsbeamten können durch Rechtsverordnungen oder Verwaltungsanordnungen der Länder erfolgen (Abs. 4 S. 1).

3   Wirkt an einer **richterlichen Vernehmung** ein **Protokollführer** mit, der weder gem. § 153 betraut noch gem. § 168 S. 3 StPO vereidigt wurde, ist diese Person zur Aufnahme des Protokolls nicht befugt. In diesem Fall darf die betreffende Vernehmungsniederschrift nicht als richterliche Niederschrift nach § 251 Abs. 1 StPO verlesen werden. Sie darf allenfalls als nichtrichterliche Niederschrift behandelt und als solche nach § 251 Abs. 2 StPO verlesen werden.[3]

4   Der **Urkundsbeamte** wird als **Organ der Rechtspflege** tätig.[4] Auf das richterliche Recht der Weisungsfreiheit kann er sich nicht berufen.[5] Seine örtliche und sachliche Zuständigkeit folgt der des Gerichts bzw. der Staatsanwaltschaft, der die Geschäftsstelle zugeordnet ist. Der Urkundsbeamte muss allerdings nicht dem Gericht angehören, für das er Aufgaben wahrnimmt.[6] Sofern das Landesrecht entsprechende Ermächtigungen vorsieht, kann auch ein Referendar Aufgaben des Urkundsbeamten wahrnehmen.[7] Die Frage der Ausschließung und Ablehnung von Urkundsbeamten der Geschäftsstelle richtet sich nach § 31 Abs. 1 StPO iVm §§ 22 ff. StPO.

5   Eine ausschließliche Zuständigkeit des **Rechtspflegers** im Geschäftsstellenbereich ist nur noch ausnahmsweise gegeben (§§ 24, 29 RPflG).[8] Eine solche besteht für die Protokollierung prozessualer Erklärungen, der Einlegung und Begründung der Rechtsbeschwerde (§ 79 OWiG, § 116 StVollzG), der weiteren Beschwerde (§ 310 StPO), der Revision (§§ 341 Abs. 1, 345 Abs. 2 StPO) sowie für die Wiederaufnahme des Verfahrens (§ 366 Abs. 2 StPO, § 85 OWiG). Ein Zuständigkeitsverstoß führt zur Unwirksamkeit.[9] Gem. § 36b RPflG ist eine teilweise Übertragung von Rechtspflegeraufgaben auf den Urkundsbeamten der Geschäftsstelle möglich.[10]

6   Abs. 2 S. 1 legt bundeseinheitlich fest, dass der **Vorbereitungsdienst für Urkundsbeamte** zwei Jahre beträgt. Weitere Voraussetzung der Betrauung als Urkundsbeamter der Geschäftsstelle ist der **erfolgreiche Abschluss der Prüfung für den mittleren Justizdienst**. Nach Abs. 3 können darüber hinaus weitere Personen mit vergleichbarer Qualifikation mit der Wahrnehmung der Aufgaben eines Urkundsbeamten der Geschäftsstelle beauftragt werden. Eine zusätzliche Öffnungsklausel enthält Abs. 5.[11]

---

[3] BGH 3.8.1984 – 5 StR 496/84, StV 1984, 409.
[4] OLG Frankfurt a. M. 25.3.2002 – 20 VA 12/2001, BeckRS 2009, 05947; KK/*Mayer* Rn. 2; Löwe/Rosenberg/*Franke* Rn. 12.
[5] Löwe/Rosenberg/*Franke* Rn. 12; SK/*Degener* Rn. 6; aA *Kissel/Mayer* Rn. 26. Es handelt sich bei § 153 um eine bloße Organisationsvorschrift mit objektiv-rechtlicher Wirkung, aus der sich keine subjektiven Abwehr- oder Leistungsansprüche herleiten lassen, vgl. VG Hannover 20.1.2008 – 2 A 4318/07, BeckRS 2008, 41146.
[6] Löwe/Rosenberg/*Franke* Rn. 4.
[7] BGH 3.4.1984 – 5 StR 986/83, NStZ 1984, 327; OLG Dresden 4.7.2003 – 1 Ss 616/02, StV 2004, 368; OLG Koblenz 11.10.1984 – 1 Ss 259/84, MDR 1985, 430; *Kissel/Mayer* Rn. 3. Vgl. zum Einsatz von Referendaren als Protokollführer in Strafprozessen *Elzer* JuS 1996, 827.
[8] Vgl. zur Aufgabenverlagerung vom gehobenen auf den mittleren Justizdienst *Wiedemann* NJW 2002, 3448.
[9] BayObLG 20.10.1992 – 1 ObOWi 271/92, NStZ 1993, 193; Löwe/Rosenberg/*Franke* Rn. 11.
[10] Vgl. *Wiedemann* NJW 2002, 3448.
[11] Vgl. zum Einsatz von Rechtsreferendaren BGH 12.1.2017 – 5 StR 548/16, NJW 2017, 1126.

Zwölfter Titel. Zustellungs- und Vollstreckungsbeamte

§ 154 [Gerichtsvollzieher]
Die Dienst- und Geschäftsverhältnisse der mit den Zustellungen, Ladungen und Vollstreckungen zu betrauenden Beamten (Gerichtsvollzieher) werden bei dem Bundesgerichtshof durch den Bundesminister der Justiz und für Verbraucherschutz, bei den Landesgerichten durch die Landesjustizverwaltung bestimmt.

Schrifttum: *Gaul,* Die erneute Gesetzesvorlage zur Reform des Gerichtsvollzieherwesens, ZZP 2011, 271; *Schilken,* Die Eröffnung des Wettbewerbs unter Gerichtsvollziehern durch Änderung der Gerichtsvollzieherordnung, DGVZ 2011, 1; *Schwörer,* GVGA und GVO – Vorschriften ade?, DGVZ 2010, 73.

§ 154 enthält eine funktionale Definition des Begriffs des **Gerichtsvollziehers**. 1 Gerichtsvollzieher sind die Beamten, die mit **Zustellungen, Ladungen und Vollstreckungen** betraut sind. Eine grundsätzliche Zuständigkeit des Gerichtsvollziehers im Rahmen des Strafverfahrens besteht für Zustellungen und Ladungen gem. §§ 37, 38, 168d Abs. 2 S. 1, 220 Abs. 1 S. 1, 222, 386 Abs. 2 StPO sowie für die Vollstreckung von Geldstrafen und Einziehungen gem. § 459 StPO, §§ 48, 57, 61, 64 StVollstrO. Die Tätigkeit des Gerichtsvollziehers spielt im Strafverfahren nur eine untergeordnete Rolle. Der Gerichtsvollzieher kommt lediglich dann zum Einsatz, wenn nicht das Gericht oder die Staatsanwaltschaft von Amts wegen tätig werden.

Die **Dienst- und Geschäftsverhältnisse** der Gerichtsvollzieher sind durch bundeseinheitlich vereinbarte Dienstvorschriften der Länder und des Bundes ausgestaltet worden. 2 Die wichtigsten Regelungen sind die Anweisung für Gerichtsvollzieher (AGVGA) und die Gerichtsvollzieherordnung (GVO).[1]

Die Gerichtsvollzieher sind einzelnen Amtsgerichten zugeordnet und verfügen über 3 einen bestimmten örtlichen Zuständigkeitsbereich. In Strafsachen werden sie von den Verteilungsstellen des Amtsgerichts beauftragt. Der Gerichtsvollzieher wird als **selbständiges Organ der Rechtspflege** eigenverantwortlich tätig.[2] Er unterliegt der **Sachaufsicht des Vollstreckungsgerichts**.[3]

§ 155 [Ausschließung des Gerichtsvollziehers]
Der Gerichtsvollzieher ist von der Ausübung seines Amts kraft Gesetzes ausgeschlossen:
I. in bürgerlichen Rechtsstreitigkeiten:
1. wenn er selbst Partei oder gesetzlicher Vertreter einer Partei ist oder zu einer Partei in dem Verhältnis eines Mitberechtigten, Mitverpflichteten oder Schadensersatzpflichtigen steht;
2. wenn sein Ehegatte oder Lebenspartner Partei ist, auch wenn die Ehe oder Lebenspartnerschaft nicht mehr besteht;
3. wenn eine Person Partei ist, mit der er in gerader Linie verwandt oder verschwägert, in der Seitenlinie bis zum dritten Grad verwandt oder bis zum zweiten Grad verschwägert ist oder war;
II. in Strafsachen:
1. wenn er selbst durch die Straftat verletzt ist;
2. wenn er der Ehegatte oder Lebenspartner des Beschuldigten oder Verletzten ist oder gewesen ist;

---
[1] Vgl. zur Diskussion um die Abschaffung der GVGA und GVO *Schwörer* DGVZ 2010, 73.
[2] Vgl. zur Neuregelung des Gerichtsvollzieherwesens *Gaul* ZZP 2011, 271; *Schilken* DGVZ 2011, 1.
[3] SK/*Degener* Rn. 4 mwN.

3. wenn er mit dem Beschuldigten oder Verletzten in dem unter Nummer I 3 bezeichneten Verwandtschafts- oder Schwägerschaftsverhältnis steht oder stand.

1 Da der Gerichtsvollzieher als **Organ der Rechtspflege** tätig wird, unterliegt er dem **Neutralitätsgebot** und ist bei persönlicher Nähe zu einer bestimmten Strafsache oder bürgerlich-rechtlichen Streitigkeit von der Wahrnehmung seiner Amtstätigkeit kraft Gesetzes gem. § 155 ausgeschlossen. Eine konkrete **Ablehnung wegen Besorgnis der Befangenheit** durch einen Verfahrensbeteiligten ist **nicht erforderlich**.[1] Der gesetzliche Ausschluss wird unwiderlegbar angenommen, sofern ein tatbestandliches Näheverhältnis vorliegt.

2 Eine trotz des **Vorliegens eines Ausschlussgrundes** vorgenommene Amtshandlung des Gerichtsvollziehers ist im Regelfall nicht nichtig. Sie kann allerdings selbstständig angefochten werden.[2] Ausnahmsweise kommt eine **Nichtigkeit** in Fällen von **Willkür** in Betracht. Bei Zustellungen und Ladungen, bei denen es keine selbstständige Anfechtbarkeit gibt, ist ebenfalls Nichtigkeit gegeben.[3] Das pflichtwidrige Handeln des Gerichtsvollziehers kann **Amtshaftungsansprüche** zur Folge haben.

---

[1] Löwe/Rosenberg/*Franke* Rn. 1; *Kissel/Mayer* Rn. 2.
[2] SK/*Degener* Rn. 3; Löwe/Rosenberg/*Franke* Rn. 2.
[3] SK/*Degener* Rn. 4.

Dreizehnter Titel. Rechtshilfe

§ 156 [Rechtshilfepflicht]

Die Gerichte haben sich in Zivilsachen und in Strafsachen Rechtshilfe zu leisten.

Schrifttum: *Frössler,* Entscheidungsbefugnisse des ersuchten Richters?, NJW 1972, 517; *Meyer-Teschendorf,* Die Amtshilfe, JuS 1981, 187; *Rieß,* Grenzen von Ermittlungen des Ermittlungsrichters im Vorverfahren, NStZ 1983, 521; *ders.,* Die Prüfungskompetenz des Ermittlungsrichters, NStZ 1991, 513; *Schomburg,* Internationale vertragliche Rechtshilfe in Strafsachen, NJW 1999, 550; *ders.,* Internationale Rechtshilfe in Strafsachen, NJW 2002, 1629; *ders.,* Internationale vertragliche Rechtshilfe in Strafsachen, NJW 2003, 3392; *ders.,* Internationale vertragliche Rechtshilfe in Strafsachen, NJW 2005, 3262.

I. Überblick

Die Vorschrift betrifft die **Rechtshilfe** zwischen deutschen Gerichten der ordentlichen Gerichtsbarkeit. Der Begriff der Rechtshilfe ist abzugrenzen von der **Amtshilfe.** 1

§ 156 konstituiert eine **Rechtshilfepflicht,** sofern das um Rechtshilfe ersuchte Gericht zuständig ist, das Ersuchen hinreichend konkretisiert ist und kein Ablehnungsgrund (§ 158) vorliegt. Die Regelung ist die einfachgesetzliche Konkretisierung der verfassungsrechtlichen Pflicht zur Leistung von Rechtshilfe aus Art. 35 Abs. 1 GG, der insoweit eine Rahmenvorschrift darstellt. Die Rechtshilfe setzt ein **konkretes Ersuchen** (§ 157) voraus, welches von der Beauftragung eines Richters im Sinne von § 233 Abs. 2 StPO abzugrenzen ist. Bei **Verweigerung der Rechtshilfe** durch ein Gericht findet § 159 Anwendung. 2

II. Erläuterungen

1. Begriff der Rechtshilfe. Rechtshilfe im Sinne von § 156 ist die Vornahme einer gerichtlichen Handlung durch ein deutsches Gericht für ein anderes deutsches Gericht in Zivil- und Strafsachen aus Gründen der Zweckmäßigkeit.[1] Das **ersuchende Gericht** muss für die vorzunehmende Maßnahme grundsätzlich selbst **sachlich und örtlich zuständig** sein.[2] Durch die Vornahme der Rechtshilfe verliert das ersuchende Gericht seine Zuständigkeit nicht. Daher liegt im Fall der gesetzlichen Zuständigkeitsverlagerung (zB § 115a StPO) keine Rechtshilfe vor. 3

Eine **gerichtliche Handlung** liegt nur dann vor, wenn sie den Geboten der richterlichen Unabhängigkeit, des gesetzlichen Richters (Art. 97 Abs. 1, 101 Abs. 1 S. 2 GG) und der Vorlageberechtigung des Art. 100 GG unterliegt.[3] Dazu können auch Handlungen des Rechtspflegers zählen, soweit dieser als Gericht an Stelle des Richters funktional tätig wird und deshalb den Schutz der Unabhängigkeit genießt (§ 9 RPflG).[4] Bei Strafsachen gilt die Rechtshilfepflicht für gerichtliche Handlungen im Ermittlungs-, Zwischen- und Hauptverfahren, im Nachtragsverfahren und im Privatklageverfahren.[5] Bei Ordnungswidrigkeiten findet § 156 nach Übergang des Bußgeldverfahrens in das gerichtliche Verfahren Anwendung.[6] 4

Keine Rechtshilfe ist mangels Vorliegens einer gerichtlichen Handlung gegeben, wenn sich das Ersuchen auf eine Handlung bezieht, die nicht mehr im unmittelbaren Zusammen- 5

---

[1] OLG Düsseldorf 8.1.1957 – 12 W 24/56, NJW 1957, 1037; SK/*Degener* Vor § 156 Rn. 3; Löwe/Rosenberg/*Franke* Vor § 156 Rn. 14.
[2] BGH 31.5.1990 – III ZB 52/89, NJW 1990, 2936; Löwe/Rosenberg/*Franke* Vor § 156 Rn. 3; SK/*Degener* Vor § 156 Rn. 6.
[3] OLG Düsseldorf 19.8.1988 – 1 Ws 750/88, NStZ 1989, 39; SK/*Wohlers* Vor § 156 Rn. 13.
[4] MüKoZPO/*Zimmermann* Vor § 156 Rn. 3. Unzulässig ist ein Ersuchen des Rechtspflegers um eidliche Vernehmung, vgl. OLG Celle 17.11.1958 – 1 Gn. 2 – 4/58, RPfleger 1959, 161.
[5] OLG Zweibrücken 14.6.1965 – Ws 142/65, NJW 1966, 685; KK/*Mayer* Rn. 2.
[6] SK/*Degener* Vor § 156 Rn. 11; KK/*Mayer* Rn. 2.

hang mit der konkreten Durchführung einer dem Gericht obliegenden Aufgabe steht. Dies ist insbesondere bei Hilfstätigkeiten, die lediglich bei Gelegenheit einer richterlichen (Untersuchungs-)Handlung vorzunehmen sind, der Fall.[7] Es finden dann die Regeln über Amtshilfe Anwendung.

6 **2. Begriff der Amtshilfe.** Amtshilfe liegt vor, wenn ein Gericht einer Verwaltungsbehörde oder einer anderen (nicht gerichtlichen) Stelle, eine Verwaltungsbehörde einem Gericht oder eine Verwaltungsbehörde einer anderen Verwaltungsbehörde bei der Erfüllung der ihnen obliegenden Aufgaben Unterstützung zukommen lässt oder es um die Hilfeleistung zwischen Gerichten bei nichtrichterlichen Handlungen geht.[8]

7 **Generelle Ersuchen der Staatsanwaltschaft an das Gericht** sind stets Fälle der Amtshilfe. Anträge der Staatsanwaltschaft an das Gericht im Rahmen eines strafrechtlichen Ermittlungsverfahrens (§ 162 StPO) fallen nur dann unter den Begriff der Amtshilfe, wenn sich die gerichtliche Mitwirkung nicht auf einen originären Akt der Rechtsprechung bezieht. Dies ist nur bei auf die Sachverhaltsaufklärung gerichteten richterlichen Handlungen der Fall, nicht dagegen bei richterlichen Zwangsmaßnahmen (zB §§ 81a, 81b, 81h, 98, 100b, 101, 105 StPO).[9] Bei diesen Zwangsmaßnahmen handelt es sich um gesetzlich besonders geregelte Fälle der justiziellen Zusammenarbeit.

8 **3. Zwangsbefugnisse des ersuchten Gerichts.** Dem ersuchten Rechtshilfegericht stehen die Zwangsbefugnisse des ersuchenden Gerichts zu, da das ersuchte Gericht eigene Gerichtsgewalt ausübt.[10] Für die kommissarische Zeugenvernehmung im Sinne von § 223 StPO folgt dies aus §§ 51 Abs. 3, 70 Abs. 3 StPO. Gemäß § 230 Abs. 2 StPO gilt dies auch für die Vernehmung gem. § 233 Abs. 2 StPO, sofern der Angeklagte einen Antrag nach § 233 Abs. 1 StPO gestellt hat.[11]

9 Das ersuchte Gericht ist im Fall der **Aufnahme von Zwangsmaßnahmen in das Rechtshilfeersuchen** durch das ersuchende Gericht verpflichtet, diese durchzuführen.[12] Dem von der Zwangsmaßnahme Betroffenen stehen die gleichen **Rechtsmittel** zur Verfügung, als wenn das ersuchende Gericht die Maßnahme selbst durchgeführt hätte, da das ersuchte Rechtshilfegericht als „verlängerter Arm" des ersuchenden Gerichts tätig wird.[13]

10 **4. Internationaler Rechtshilfeverkehr.** Keine Rechtshilfe im Sinne von § 156 stellt der internationale Rechtshilfeverkehr mit dem Ausland in Strafsachen dar.[14] Grundlage der internationalen Rechtshilfe sind multi- und bilaterale Abkommen. Im vertraglichen Bereich der internationalen Rechtshilfe gehören das Europäische Auslieferungsübereinkommen (EuAlÜbk), das Europäische Rechtshilfeübereinkommen (EuRhÜbk) jeweils mit Zusatzprotokollen und Ergänzungsanträgen sowie das Überstellungsübereinkommen (ÜberstÜbk) mit entsprechenden Ausführungsgesetzen zu den wichtigsten Rechtsgrundlagen.[15] Im vertragslosen Bereich wird Rechtshilfe mit dem Ausland nach Maßgabe des Gesetzes über die internationale Rechtshilfe in Strafsachen (IRG) geleistet.[16]

---

[7] *Kissel/Mayer* Vor § 156 Rn. 25; SK/*Degener* Vor § 156 Rn. 14.
[8] OLG Düsseldorf 8.1.1957 – 12 W 24/56, NJW 1957, 1037; SK/*Wohlers* Vor § 156 Rn. 7; Löwe/Rosenberg/*Franke* Vor § 156 Rn. 1; *Meyer-Teschendorf* JuS 1981, 187 (188 ff.).
[9] SK/*Degener* Vor § 156 Rn. 12; *Rieß* NStZ 1983, 521; *ders.* NStZ 1991, 513.
[10] *Kissel/Mayer* Rn. 41.
[11] BGH 2.11.1972 – 2 ARs 286/72, NJW 1973, 204 (205); OLG Hamm 11.1.1974 – 3 (s) Sbd. 14 – 37/73, JMBlNRW 1974, 53 bzgl. des gerichtlichen Bußgeldverfahrens.
[12] KK/*Mayer* Rn. 3 und § 157 Rn. 5; kritisch Meyer-Goßner/*Schmitt* § 157 Rn. 4; *Frössler* NJW 1972, 517 f.
[13] BGH 8.11.1952 – I ZB 15/52, JZ 1953, 230; OLG Düsseldorf 19.8.1988 – 1 Ws 750/88, NStZ 1989, 39; OLG Koblenz 20.12.1974 – 4 SmA 7/74, NJW 1975, 1036.
[14] Löwe/Rosenberg/*Franke* Vor § 156 Rn. 24.
[15] Vgl. Löwe/Rosenberg/*Franke* Vor § 156 Rn. 24 ff.; *Schomburg* NJW 1999, 550; *ders.* NJW 2003, 3392; *ders.* NJW 2005, 3262.
[16] *Schomburg* NJW 2002, 1629.

§ 157 [Rechtshilfegericht]

(1) Das Ersuchen um Rechtshilfe ist an das Amtsgericht zu richten, in dessen Bezirk die Amtshandlung vorgenommen werden soll.

(2) ¹Die Landesregierungen werden ermächtigt, durch Rechtsverordnung die Erledigung von Rechtshilfeersuchen für die Bezirke mehrerer Amtsgerichte einem von ihnen ganz oder teilweise zuzuweisen, sofern dadurch der Rechtshilfeverkehr erleichtert oder beschleunigt wird. ²Die Landesregierungen können diese Ermächtigung durch Rechtsverordnung auf die Landesjustizverwaltungen übertragen.

I. Überblick

§ 157 enthält Regelungen zur **sachlichen und örtlichen Zuständigkeit** des um Rechtshilfe ersuchten Gerichts. 1

II. Erläuterungen

1. Sachliche Zuständigkeit. Es besteht hinsichtlich der Leistung von Rechtshilfe durch das ersuchte Gericht eine ausschließliche **sachliche Zuständigkeit des Amtsgerichts**. Die Rangordnung des um Rechtshilfe ersuchenden Gerichts spielt keine Rolle. Die gerichtsinterne Zuständigkeit des um Rechtshilfe ersuchten Gerichts ergibt sich aus dem Geschäftsverteilungsplan (§ 21e). Rechtshilfeersuchen sind auch zwischen Hauptgericht und Zweigstelle möglich.[1] Sofern ein **sachlich unzuständiges Gericht** um Rechtshilfe ersucht wird, findet § 158 Abs. 2 S. 2 analoge Anwendung.[2] 2

2. Örtliche Zuständigkeit. Die **örtliche Zuständigkeit** des ersuchten Gerichts richtet sich nach dem Bezirk, in dem die Amtshandlung, die Gegenstand der Rechtshilfe ist, vorgenommen werden soll. Wie sich aus § 158 Abs. 2 S. 2 ergibt, handelt es sich auch in örtlicher Hinsicht um eine ausschließliche Zuständigkeit.[3] 3

Bei der **Vernehmung von Personen** richtet sich die örtliche Zuständigkeit des Amtsgerichts im Regelfall nach dem **Wohnsitz** der zu vernehmenden Person. Eine Ausnahme kann sich jedoch aus Zweckmäßigkeitsgesichtspunkten ergeben. So kann für eine Vernehmung auch der vorübergehende Aufenthaltsort oder eine bestimmte Arbeitsstelle die örtliche Zuständigkeit begründen.[4] Weiterhin kann die **Lage des Objektes der Inaugenscheinnahme** für die örtliche Zuständigkeit ausschlaggebend sein. Bei einer Gegenüberstellung kann der Wohnsitz des Zeugen die örtliche Zuständigkeit begründen.[5] Bei der Vernehmung mehrerer Personen in unterschiedlichen Gerichtsbezirken sind grundsätzlich einzelne Rechtshilfeersuchen an die jeweiligen Amtsgerichte zu stellen. Im Ausnahmefall – sofern zB eine sofortige Gegenüberstellung der verschiedenen Aussagen erforderlich ist – kann eine Bündelung der Vernehmungen bei einem Amtsgericht angezeigt sein.[6] 4

Die **örtliche Zuständigkeit eines grenznahen Amtsgerichts** als Rechtshilfegericht ist gegeben, wenn ein im Ausland wohnender Zeuge sich bereit erklärt hat, zur Vernehmung bei diesem Amtsgericht zu erscheinen. Ob mit dem ausländischen Staat Rechtshilfeverkehr besteht, in welcher Weise sich dieser gestaltet und ob die zu vernehmende Person grenznah wohnt, ist unter Berücksichtigung der nur sehr eingeschränkten Ablehnungsmöglichkeit eines Rechtshilfeersuchens ohne Bedeutung.[7] 5

---

[1] OLG München 14.5.1982 – 22 AR 16/82, MDR 1982, 763.
[2] *Kissel/Mayer* Rn. 1; Löwe/Rosenberg/*Franke* Rn. 1; SK/*Degener* Rn. 1.
[3] MüKoZPO/*Zimmermann* Rn. 10.
[4] OLG Frankfurt a. M. 7.11.2003 – 3 Ws 1250/03, NStZ-RR 2004, 50 (51); OLG Hamm 27.11.1956 – 3 Ws 445/56, MDR 1957, 437; MüKoZPO/*Zimmermann* Rn. 12.
[5] OLG München 8.10.1961 – AllgReg 11/33/61, NJW 1962, 56 (57).
[6] KK/*Mayer* Rn. 4; SK/*Degener* Rn. 2; Zöller/*Lückemann* Rn. 2.
[7] OLG Schleswig 3.12.1988 – 1 Str. AR 31/88, NStZ 1989, 240; KK/*Mayer* Rn. 4; Löwe/Rosenberg/*Franke* Rn. 16; aA OLG München 8.10.1961 – AllgReg 11/33/61, NJW 1962, 56 (57): Rechtshilfepflicht nur, wenn mit einem ausländischen Staat kein Rechtshilfeverkehr besteht oder sich der Rechtshilfeverkehr mit dem in Betracht kommenden ausländischen Staat als besonders schwierig und langwierig erweist; ähnlich *Kissel/Mayer* Rn. 5.

6 Besteht eine **örtliche Zuständigkeit mehrerer Gerichte,** steht dem ersuchenden Gericht ein **Auswahlrecht** zu. Das ersuchte Gericht ist – sofern seine örtliche Zuständigkeit grundsätzlich gegeben ist – an die Auswahlentscheidung des ersuchenden Gerichts gebunden.[8] Ist das um Rechtshilfe ersuchte Gericht örtlich unzuständig, gibt es das Ersuchen direkt an das örtlich zuständige Amtsgericht weiter (§ 158 Abs. 2 S. 2).

7 **3. Rechtshilfeersuchen.** In **formeller Hinsicht** ist das Rechtshilfeersuchen aus Gründen der Rechtssicherheit und -klarheit schriftlich abzufassen.[9] Eine Übersendung der Originalakten ist nicht erforderlich. Vielmehr reicht ein **Auszug der Akten,** sofern sich aus diesem alle für die Vornahme der Rechtshilfehandlung erforderlichen Informationen ergeben.[10] Wenn dem ersuchten Gericht die zur Verfügung gestellten Informationen nicht ausreichen, kann dieses vom ersuchenden Gericht die Übersendung weiterer Originalakten oder Auszüge fordern.

8 **Inhaltlich** ist das Rechtshilfeersuchen **ausreichend bestimmt** abzufassen, so dass es tatsächlich ausführbar ist.[11] Dem ersuchten Gericht darf kein wesentlicher Interpretationsspielraum überlassen werden. Ein allgemeines Ersuchen um Vornahme von Ermittlungen ist daher unzulässig.[12] Sofern sich das Rechtshilfeersuchen auf eine Beweiserhebung bezieht, muss der Beweisbeschluss die unter Beweis gestellten Tatsachen sowie die entsprechenden Beweismittel konkret bezeichnen. Bei einfach gelagerten Sachverhalten kann es ausreichen, wenn der Beweisbeschluss das Beweisthema lediglich allgemein anspricht.[13] Nur ein ergänzendes – kein vertieftes – **Aktenstudium** ist dem Rechtshilfegericht im Regelfall zuzumuten.[14] Etwas anderes kann in Ausnahmefällen gelten, zB bei komplexen Sachverhalten oder Verfahren. Falls diese Anforderungen nicht erfüllt sind, kann das Rechtshilfeersuchen nicht als unzulässig abgelehnt werden. Vielmehr hat eine Rücksendung mit der **Bitte um Konkretisierung** zu erfolgen.

9 Eine **Überprüfung der inhaltlichen Richtigkeit** des Rechtshilfeersuchens durch das ersuchte Gericht findet nicht statt. Da das ersuchte Gericht nur als „verlängerter Arm" des um Rechtshilfe ersuchenden Gerichts tätig wird, besteht eine **Bindung des ersuchten Gerichts** an das Rechtshilfeersuchen.[15] Den Verfahrensablauf zur Durchführung des Rechtshilfeersuchens bestimmt das ersuchte Gericht selbst.[16]

10 **4. Konzentrationsmöglichkeit.** Nach Abs. 2 besteht für die Landesregierungen die Möglichkeit einer **Zuständigkeitskonzentration.** Durch Rechtsverordnung kann die Erledigung von Rechtshilfeersuchen für die Bezirke mehrerer Amtsgerichte einem Amtsgericht ganz oder teilweise zugewiesen werden. Gemäß Abs. 2 S. 2 kann diese Ermächtigung durch Rechtsverordnung auf die Landesjustizverwaltung übertragen werden. Sofern von dieser Konzentrationsmöglichkeit Gebrauch gemacht wird, bestimmt sich die örtliche Zuständigkeit des ersuchten Amtsgerichts ausschließlich nach der Verordnung.[17]

---

[8] OLG Hamm 6.1.1956 – 15 W 6/56, NJW 1956, 1446; Löwe/Rosenberg/*Franke* § 158 Rn. 17.
[9] *Kissel/Mayer* § 156 Rn. 44; Löwe/Rosenberg/*Franke* Rn. 2; MüKoZPO/*Zimmermann* Rn. 3.
[10] SK/*Degener* Rn. 4; MüKoZPO/*Zimmermann* Rn. 3 ff.
[11] OLG Frankfurt a. M. 1.11.1994 – 20 W 510/94, NJW-RR 1995, 637; OLG Koblenz 5.5.2008 – 4 SmA 14/08, MDR 2008, 819 (820); 15.3.2007 – 4 SmA 16/07, OLGR Koblenz 2007, 592; Löwe/Rosenberg/*Franke* Rn. 3; SK/*Degener* Rn. 5; MüKoZPO/*Zimmermann* Rn. 4.
[12] OLG Karlsruhe 25.11.1993 – 11 AR 23/93, RPfleger 1994, 255; 23.2.1977 – 4 W 3/77, Die Justiz 1977, 275.
[13] OLG Frankfurt a. M. 1.11.1994 – 20 W 510/94, NJW-RR 1995, 637; OLG Oldenburg 10.7.1991 – 5 AR 12/91, NJW-RR 1992, 64; OLG Koblenz 20.12.1974 – 4 SmA 7/74, NJW 1975, 1036; Löwe/Rosenberg/*Franke* Rn. 3.
[14] OLG Frankfurt a. M. 1.11.1994 – 20 W 510/94, NJW-RR 1995, 637; *Kissel/Mayer* § 156 Rn. 35; Löwe/Rosenberg/*Franke* Rn. 3.
[15] BGH 8.11.1952 – I ZB 15/52, JZ 1953, 230; OLG Düsseldorf 19.8.1988 – 1 Ws 750/88, NStZ 1989, 39; OLG Koblenz 20.12.1974 – 4 SmA 7/74, NJW 1975, 1036; SK/*Degener* Vor § 156 Rn. 15; *Kissel/Mayer* § 156 Rn. 40.
[16] MüKoZPO/*Zimmermann* Rn. 9.
[17] MüKoZPO/*Zimmermann* Rn. 13.

§ 158 [Ablehnung der Rechtshilfe]

(1) Das Ersuchen darf nicht abgelehnt werden.

(2) ¹Das Ersuchen eines nicht im Rechtszuge vorgesetzten Gerichts ist jedoch abzulehnen, wenn die vorzunehmende Handlung nach dem Recht des ersuchten Gerichts verboten ist. ²Ist das ersuchte Gericht örtlich nicht zuständig, so gibt es das Ersuchen an das zuständige Gericht ab.

Schrifttum: *Berg,* Zulässigkeit eines Rechtshilfeersuchens, MDR 1962, 787; *Fischer,* Rechtsmißbrauch durch Rechtshilfe?, MDR 1993, 838; *Frössler,* Entscheidungsbefugnis des ersuchten Richters, NJW 1972, 517; *Zender,* Rechtshilfe bei Zwangsmaßnahme zur Blutentnahme, NJW 1991, 2947.

Übersicht

	Rn.		Rn.
I. Überblick	1	2. Im Rechtszug vorgesetztes Gericht	12–14
II. Erläuterungen	2–17	3. Örtliche Unzuständigkeit	15–17
1. Verbot der Rechtshilfehandlung	2–11		

I. Überblick

§ 158 trifft Regelungen zur **Ablehnung eines Rechtshilfeersuchens.** Abs. 1 bestimmt, 1 dass ein zulässiges Ersuchen um Rechtshilfe grundsätzlich nicht abgelehnt werden darf.[1] Eine Ausnahme von diesem Grundsatz enthält Abs. 2 S. 1. Nach dieser Vorschrift kann das Ersuchen abgelehnt werden, wenn die vorzunehmende Handlung nach dem Recht des ersuchten Gerichts verboten ist. Dies gilt jedoch nicht, wenn das Rechtshilfeersuchen von einem im Rechtszug vorgesetzten Gericht gestellt wurde. Nach Abs. 2 S. 2 ist bei örtlicher Unzuständigkeit des ersuchten Gerichts das Rechtshilfeersuchen unmittelbar an das örtlich zuständige Gericht abzugeben.

II. Erläuterungen

1. Verbot der Rechtshilfehandlung. Die **Ablehnung** eines zulässigen Rechtshilfeer- 2 suchens ist gem. Abs. 1 und Abs. 2 S. 1 nur dann möglich, wenn die im Rahmen der Rechtshilfe vom ersuchten Gericht **vorzunehmende Handlung verboten** ist.

Ein **Verbot der Rechtshilfehandlung** kann sich grundsätzlich aus allen **Rechtsquellen** 3 **des einfachen und höherrangigen Rechts** – wie zB aus Vorschriften der StPO oder des JGG sowie aus Verfassungsrecht und aus Regelungen der EMRK – ergeben.[2] Das Verbot kann aus materiell-rechtlichen oder verfahrensrechtlichen Vorschriften resultieren und sich entweder unmittelbar aus der Vorschrift oder erst im Wege der Auslegung ergeben.[3] Ein Verbot kann vorliegen, wenn die vorzunehmende Handlung gesetzlich nicht vorgesehen ist oder sich das Rechtshilfeersuchen auf eine Tätigkeit bezieht, die nach dem Gesetz der ersuchende Richter selbst vorzunehmen hat.[4]

Die Formulierung **„nach dem Recht des ersuchten Gerichts verboten"** bedeutet 4 nicht, dass es sich um eine (nur) für das ersuchte Gericht maßgebliche landesrechtliche Verbotsvorschrift handeln muss. Die Formulierung ist vielmehr dahingehend zu verstehen, dass die entsprechende Verbotsvorschrift in dem Gerichtsbezirk des ersuchten Gerichts Anwendung findet, was bei allen bundesrechtlichen Regelungen der Fall ist.[5]

---

[1] Vgl. zum Begriff der Ablehnung → § 159 Rn. 3 ff.
[2] OLG Köln 26.10.1962 – 2 W 99/62, MDR 1963, 228; OLG München 30.9.1975 – 22 AR 62/75, OLGZ 1976, 252; *Kissel/Mayer* Rn. 12; *Löwe/Rosenberg/Franke* Rn. 3; *SK/Degener* Rn. 5.
[3] OLG Düsseldorf 19.8.1988 – 1 Ws 750/88, NStZ 1989, 39; OLG Frankfurt a. M. 23.6.1988 – 3 Ws 575/88, NStZ 1988, 471; *Löwe/Rosenberg/Franke* Rn. 3.
[4] OLG Düsseldorf 19.8.1988 – 1 Ws 750/88, NStZ 1989, 39; OLG Celle 29.5.2008 – 2 Ws 171/08, NdsRpfl 2008, 257.
[5] *Löwe/Rosenberg/Franke* Rn. 2; *KK/Mayer* Rn. 4.

5 Ein **Verbot der Rechtshilfehandlung** im Sinne von Abs. 2 S. 1 ist nur dann gegeben, wenn die **vorzunehmende Handlung abstrakt gesetzlich verboten** ist.[6] Teilweise wird auf eine „offensichtlich rechtsfehlerhafte, willkürliche oder missbräuchliche Ermessensausübung" des um Rechtshilfe ersuchenden Gerichts[7] bzw. darauf abgestellt, dass die Rechtshilfehandlung „nach den Umständen des konkreten Einzelfalls offensichtlich verboten" sei.[8] Diese Ansichten verkennen nicht nur, dass die sehr eingeschränkten Ablehnungsmöglichkeiten des Abs. 2 S. 1 der Verfahrensbeschleunigung und -vereinfachung dienen, sondern setzen sich zudem in Widerspruch zu dem gesetzlichen Regel-Ausnahmeverhältnis von Abs. 1 und Abs. 2 S. 1.

6 Da es auf die Unzulässigkeit der Vornahme der Rechtshilfehandlung im konkreten Einzelfall nicht ankommt, kann ein Ersuchen um Rechtshilfe gem. Abs. 2 S. 1 nicht schon dann abgelehnt werden, wenn **Bedenken gegen die sachliche Richtigkeit** bestehen.[9] Dem ersuchten Gericht kommt **keine eigene Prüfungskompetenz** dahingehend zu, ob eine rechtliche Unzulässigkeit der Rechtshilfe im konkreten Einzelfall zB wegen Verjährungseintritts, Fehlens einer Aussagegenehmigung oder möglicher Befangenheit vorliegt.[10] Das ersuchte Gericht wird lediglich als „verlängerter Arm" des ersuchenden Gerichts tätig, so dass die Verantwortung für die Rechtmäßigkeit der im Rahmen der Rechtshilfe gewonnenen Erkenntnisse das ersuchende Gericht trägt.[11] Eine Ablehnung kann insbesondere nicht damit begründet werden, dass die vorzunehmende Handlung aus Sicht des ersuchten Gerichts **nicht zweckmäßig, sinnvoll oder sachgerecht** ist.[12] Eine Überlastung des ersuchten Gerichts stellt ebenfalls keinen zulässigen Ablehnungsgrund im Sinne des Abs. 2 S. 1 dar.[13]

7 Eine **Ablehnung wegen Rechtsmissbräuchlichkeit** kommt aufgrund des Regel-Ausnahme-Verhältnisses von Abs. 1 und Abs. 2 S. 2 nur in absoluten **Ausnahmefällen** in Betracht, in denen die erbetene Rechtshandlung unter jedem denkbaren Gesichtspunkt offensichtlich sinnlos und deshalb willkürlich erscheint.[14]

8 Bei **divergierenden Rechtsansichten** geht diejenige des ersuchenden Gerichts vor.[15] Dies gilt auch bei einer kontroversen Rechtsfrage.[16] Gleichwohl kann das ersuchte Gericht

---

[6] BGH 8.11.1952 – I ZB 15/52, JZ 1953, 230; 31.5.1990 – III ZB 52/89, NJW 1990, 2936 f.; OLG Frankfurt a. M. 23.6.1988 – 3 Ws 575/88, NStZ 1988, 471; 7.11.2003 – 3 Ws 1250/03, NStZ-RR 2004, 50 (51); OLG Düsseldorf 19.8.1988 – 1 Ws 750/88, NStZ 1989, 39; OLG Hamm 29.3.1994 – 3 Ws 161/94, BeckRS 2015, 04918; OLG Celle 29.5.2008 – 2 Ws 171/08, NdsRpfl 2008, 257; KK/*Mayer* Rn. 5; SK/*Degener* Rn. 9; Löwe/Rosenberg/*Franke* Rn. 6; *Kissel*/*Mayer* Rn. 10; Meyer-Goßner/*Schmitt* Rn. 2.

[7] OLG Köln 29.5.1953 – Ws 113/53, GA 1953, 186 (187); OLG Frankfurt a. M. 17.2.2011 – 4 W 2/11, BeckRS 2011, 16033; 27.2.1984 – 1 UFH 26/83, FamRZ 1984, 1030 f.; OLG Karlsruhe 14.7.1966 – 4 Ws 39/65, OLGZ 1966, 565; ähnlich *Fischer* MDR 1993, 838.

[8] OLG München 16.5.1966 – AllgReg. 11/35/66, NJW 1966, 2125 (2126); 21.9.1972 – 11 AR 39/72, Rpfleger 1973, 19 f.

[9] OLG Hamm 13.2.1959 – 15 W 68/59, JMBl. NW 1959, 150; OLG Frankfurt a. M. 7.11.2003 – 3 Ws 1250/03, NStZ-RR 2004, 50 (51).

[10] BGH 31.5.1990 – III ZB 52/89, NJW 1990, 2936 (2937); OLG Düsseldorf 19.8.1988 – 1 Ws 750/88, NStZ 1989, 39; OLG Celle 29.5.2008 – 2 Ws 171/08, NdsRpfl 2008, 257; Löwe/Rosenberg/*Franke* Rn. 9; vgl. ausführlich mit weiteren Fällen *Kissel*/*Mayer* Rn. 25–47; aA *Frössler* NJW 1972, 517.

[11] BGH 8.11.1952 – I ZB 15/52, JZ 1953, 230; OLG Düsseldorf 19.8.1988 – 1 Ws 750/88, NStZ 1989, 39; OLG Koblenz 20.12.1974 – 4 SmA 7/74, NJW 1975, 1036; KK/*Mayer* Rn. 5; Löwe/Rosenberg/*Franke* Rn. 6.

[12] BGH 31.5.1990 – III ZB 52/89, NJW 1990, 2936 (2937); OLG Köln 30.4.2012 – 2 Ws 336/12, StraFo 2012, 364; OLG Brandenburg 1.12.2008 – 1 W 58/08, JMBl. BB 2009, 39; OLG Frankfurt a. M. 7.11.2003 – 3 Ws 1250/03, NStZ-RR 2004, 50 (51); 17.2.2011 – 4 W 2/11, BeckRS 2011, 16033; OLG Stuttgart 25.10.2001 – 8 AR 21/01, Justiz 2002, 165; *Berg* MDR 1962, 787 (788); kritisch *Zender* NJW 1991, 2947; einschränkend OLG Frankfurt a. M. 17.2.2011 – 4 W 2/11, BeckRS 2011, 16033, nach dem das Vorliegen eines sachlichen Grundes für die Durchführung der Rechtshilfe nachprüfbar ist.

[13] OLG Hamm 2.9.1970 – 1 (s) Sbd 2 – 25/70, MDR 1970, 69; OLG Frankfurt a. M. 14.8.1979 – 20 W 471/79, Rpfleger 1979, 426; Löwe/Rosenberg/*Franke* Rn. 14.

[14] OLG Koblenz 5.5.2008 – 4 SmA 14/08, MDR 2008, 819 (820); 15.3.2007 – 4 SmA 16/07, OLGR Koblenz 2007, 592; OLG Frankfurt a. M. 17.2.2011 – 4 W 2/11, BeckRS 2011, 16033; ähnlich AG Höxter 3.3.1992 – 4 AR 33/92, MDR 1992, 893.

[15] OLG Zweibrücken 14.6.1965 – Ws 142/65, NJW 1966, 685; Zöller/*Lückemann* § 157 Rn. 4.

[16] OLG München 30.9.1975 – 22 AR 62/75, OLGZ 1976, 252.

seine Bedenken gegenüber dem ersuchenden Gericht geltend machen und ggf. um Klarstellung bitten. Sofern das ersuchende Gericht an dem Rechtshilfeersuchen festhält bzw. sein Ersuchen präzisiert, besteht eine Pflicht zur Gewährung der Rechtshilfe.[17]

Liegt ein **nur teilweise unzulässiges Ersuchen** vor, so ist das Ersuchen bzgl. des für zulässigen Teils auszuführen, bevor die Bedenken gegen den für nicht zulässig gehaltenen Teil entweder ausgeräumt werden oder eine gerichtliche Entscheidung nach § 159 GVG über sie herbeigeführt wird.[18] 9

Die **Eröffnung eines erweiterten Haftbefehls** (§§ 115, 115a StPO) darf im Rahmen eines Rechtshilfeersuchens nicht abgelehnt werden.[19] Eine **kommissarische Vernehmung** des Betroffenen im gerichtlichen Bußgeldverfahren ist nach der Neufassung des OWiG durch das Gesetz zur Änderung des Gesetzes über Ordnungswidrigkeiten und anderer Gesetze vom 26.1.1998 (BGBl. I S. 156, 340) unzulässig.[20] 10

Weder ein Verbot im Sinne von Abs. 2 S. 1 noch ein Fall des Rechtsmissbrauchs liegen vor, wenn **kein den formellen Anforderungen des § 157 Abs. 1 entsprechendes Rechtshilfeersuchen** vorliegt.[21] Sofern ein Rechtshilfeersuchen nicht ausreichend konkret ist oder es sich nicht auf eine richterliche Handlung bezieht, fehlt es bereits an einem formal zulässigen Rechtshilfeersuchen.[22] 11

2. Im Rechtszug vorgesetztes Gericht. Eine Ablehnung der Rechtshilfe kommt trotz Vorliegens eines Verbots der Rechtshilfehandlung nicht in Betracht, wenn es sich bei dem ersuchenden Gericht um ein **im Rechtszug vorgesetztes Gericht** (Landgericht oder Oberlandesgericht) handelt, welches seinen Sitz in demselben Gerichtsbezirk hat (Abs. 2 S. 2). Das vorgesetzte Gericht soll nicht auf den Beschwerdeweg verwiesen werden. Dabei spielt es keine Rolle, ob das im Rechtszug vorgesetzte Gericht erstinstanzlich oder als Berufungs- oder Revisionsgericht tätig wird.[23] 12

Nicht jedes Landgerichts oder Oberlandesgericht im Bundesgebiet ist gegenüber dem um Rechtshilfe ersuchten Amtsgericht als vorgesetzt im Sinne des Abs. 2 S. 1 anzusehen. Aus der gesetzlichen Formulierung „*im Rechtszuge vorgesetzten Gerichts*" folgt, dass eine Ablehnung nur bei dem Ersuchen **eines nicht in demselben Gerichtsbezirks ansässigen Landgericht oder Oberlandesgericht** in Betracht kommt. Der BGH ist vorgesetztes Gericht für alle Oberlandesgerichte, Landgerichte und Amtsgerichte.[24] Die Vorschrift findet analoge Anwendung auf Rechtshilfeersuchen des **BVerfG** und der **Verfassungsgerichte der Länder.**[25] 13

Ein durchzuführendes Rechtshilfeersuchen eines im Rechtszug vorgesetzten Gerichts, welches gegen ein Verbot iSv Abs. 2 S. 1 verstößt, kann als Bestandteil des (Ausgangs-)Verfahrens mit den dort zulässigen **Rechtsmitteln** und/oder **Rechtsbehelfen** angegriffen werden.[26] 14

3. Örtliche Unzuständigkeit. Die **örtliche Zuständigkeit** des ersuchten Gerichts richtet sich nach dem Ort der vorzunehmenden Rechtshilfehandlung. Bei örtlicher Unzuständigkeit des ersuchten Gerichts hat dieses das Rechtshilfeersuchen direkt an das örtlich zuständige Gericht abzugeben (Abs. 2 S. 2). Die Vorschrift findet **analoge Anwendung** 15

---

[17] SK/*Degener* Rn. 13; Löwe/Rosenberg/*Franke* Rn. 7.
[18] OLG München 16.5.1966 – AllgReg. 11/35/66, NJW 1966, 2125; Löwe/Rosenberg/*Franke* Rn. 5.
[19] OLG Karlsruhe 10.5.1996 – 1 AR 27/96, Justiz 1997, 140; Meyer-Goßner/*Schmitt* Rn. 2; aA OLG Frankfurt a. M. 23.6.1988 – 3 Ws 575/88, NStZ 1988, 471; Löwe/Rosenberg/*Franke* Rn. 4.
[20] BGH 20.1.1999 – 2 ARs 517-98, NJW 1999, 961; BayObLG 22.9.1998 – 2 ObOWi 362/98, NZV 1999, 53 f.; OLG Düsseldorf 24.9.1998 – 2 Ws 430/98, NZV 1998, 516 (517); aA OLG Celle 24.9.1998 – 1 ARs 42/98, NZV 1999, 97.
[21] OLG Frankfurt a. M. 17.2.2011 – 4 W 2/11, BeckRS 2011, 16033; Zöller/*Lückemann* Rn. 1; aA OLG Karlsruhe 23.2.1977 – 4 W 3/77, Justiz 1977, 275; Löwe/Rosenberg/*Franke* Rn. 5.
[22] Ähnlich *Berg* MDR 1962, 787 (789).
[23] KK/*Mayer* Rn. 2; Löwe/Rosenberg/*Franke* Rn. 11.
[24] MüKoZPO/*Zimmermann* Rn. 3.
[25] Löwe/Rosenberg/*Franke* Rn. 12.
[26] MüKoZPO/*Zimmermann* Rn. 2.

bei **sachlicher Unzuständigkeit.**[27] Die Vorschrift gilt auch für das Rechtshilfeersuchen eines im Rechtszug vorgesetzten Gerichts bei irrtümlicher Annahme der örtlichen Zuständigkeit.[28]

16   Eine Abgabe gem. § 158 Abs. 2 S. 2 entfaltet **keine Bindungswirkung.**[29] Das Amtsgericht, an welches das Rechtshilfeersuchen abgegeben wurde, kann seinerseits seine örtliche Zuständigkeit verneinen und das Verfahren an ein anderes Amtsgericht, das örtlich zuständig ist, abgeben oder das Verfahren an das ursprüngliche ersuchte Gericht zurückgeben. Zur Vermeidung von unnötigen Verfahrensverzögerungen ist die Vorschrift restriktiv anzuwenden.[30]

17   Bei der **örtlichen Zuständigkeit mehrerer Amtsgerichte** ist die Auswahlentscheidung des ersuchenden Gerichts grundsätzlich bindend. Sofern das ursprünglich ersuchte Gericht örtlich zuständig ist, kann dieses das Rechtshilfeersuchen nicht aus Zweckmäßigkeitserwägungen an ein ebenfalls örtlich zuständiges Amtsgericht abgeben.[31]

§ 159 [Entscheidung des Oberlandesgerichts]

(1) ¹Wird das Ersuchen abgelehnt oder wird der Vorschrift des § 158 Abs. 2 zuwider dem Ersuchen stattgegeben, so entscheidet das Oberlandesgericht, zu dessen Bezirk das ersuchte Gericht gehört. ²Die Entscheidung ist nur anfechtbar, wenn sie die Rechtshilfe für unzulässig erklärt und das ersuchende und das ersuchte Gericht den Bezirken verschiedener Oberlandesgerichte angehören. ³Über die Beschwerde entscheidet der Bundesgerichtshof.

(2) Die Entscheidungen ergehen auf Antrag der Beteiligten oder des ersuchenden Gerichts ohne mündliche Verhandlung.

Übersicht

	Rn.		Rn.
I. Überblick	1, 2	2. Statthaftigkeit	8–10
		3. Formelle Voraussetzungen	11
II. Erläuterungen	3–13	4. Beschwerdeberechtigung	12
1. Begriff der Ablehnung	3–7	5. Weitere Beschwerde zum BGH	13

I. Überblick

1   § 159 enthält Regelungen **zur gerichtlichen Überprüfung bestimmter Rechtshilfeentscheidungen** des ersuchten Gerichts. Wird ein Rechtshilfeersuchen abgelehnt (Abs. 1 S. 1 Alt. 1) oder wird einem Rechtshilfeersuchen trotz Vorliegens eines Verbots im Sinne von § 158 Abs. 2 S. 1 stattgegeben (Abs. 1 S. 1 Alt. 2), findet auf Antrag der Beteiligten eine Überprüfung durch das Oberlandesgericht, zu dessen Bezirk das ersuchte Gericht gehört, statt.

2   Es handelt sich um eine **Beschwerde sui generis,** die nicht unter die Regelungen der §§ 304 ff. StPO fällt.[1] Im Rahmen des Beschwerdeverfahrens können nur Rechtshilfeentscheidungen nach den §§ 156 ff. überprüft werden. Nach § 159 Abs. 1 S. 2 und S. 3 besteht eine weitere Anfechtungsmöglichkeit zum BGH. Die Entscheidungen des Oberlandesgerichts und des BGH ergehen ohne mündliche Verhandlung (Abs. 2).

II. Erläuterungen

3   **1. Begriff der Ablehnung.** Die **Ablehnung eines Ersuchens** im Sinne von Abs. 1 S. 1 Alt. 1 ist gegeben, sofern das Rechtshilfeersuchen durch das ersuchte Gericht vollständig

---
[27] → § 157 Rn. 2.
[28] *Kissel/Mayer* Rn. 23; *Löwe/Rosenberg/Franke* Rn. 19.
[29] *Meyer-Goßner/Schmitt* Rn. 5; *SK/Degener* Rn. 19.
[30] *Löwe/Rosenberg/Franke* Rn. 18.
[31] OLG Hamm 6.1.1956 – 15 W 6/56, NJW 1956, 1446; *SK/Degener* Rn. 17.
[1] *SK/Degener* Rn. 2; *Löwe/Rosenberg/Franke* Rn. 2.

oder teilweise nicht durchgeführt wird.² Erforderlich ist eine **endgültige Weigerung** des ersuchten Gerichts.³ Der Grund für die Nichtdurchführung ist unerheblich, so dass auch eine Weigerung aus persönlichen Gründen als Ablehnung anzusehen ist.⁴ Der Begriff der Ablehnung ist nicht auf die Fälle der Nichtdurchführung aufgrund einer rechtlichen Unzulässigkeit der Rechtshilfe beschränkt. Eine nachprüfbare Ablehnung gem. § 159 liegt auch bei einer Verweigerung der Durchführung aus Zweckmäßigkeitserwägungen oder bei Meinungsverschiedenheiten über die Art und Weise der Ausführung des Ersuchens vor.⁵

Eine Ablehnung ist ebenfalls gegeben, wenn die Durchführung der Rechtshilfehandlung 4 vom ersuchten Gericht von der **Erfüllung weiterer Bedingungen abhängig** gemacht wird. Dies ist zB der Fall, wenn die ersuchte Vernehmung eines Zeugen davon abhängig gemacht wird, dass der ersuchende Richter ein Sachverständigengutachten über die Aussagefähigkeit des Zeugen beigefügt bzw. eine ärztliche Auskunft einholt⁶ oder dass die Vorschusszahlung einer Auslagenpauschale erfolgt.⁷

Es stellt **keine Teilablehnung** dar, wenn über die **Kostentragungspflicht** Streit entsteht 5 und das ersuchte Gericht zwar dem Ersuchen um Vernehmung eines Zeugen oder Sachverständigen entspricht, aber die Übernahme der Kosten ganz oder teilweise verweigert.⁸ Denn die nachgelagerte Frage der Kostentragung (§ 164) ist unabhängig von der Durchführung der Rechtshilfe. Es besteht insoweit die Möglichkeit der Anrufung der Dienstaufsichtsbehörde gem. § 26 Abs. 2 DRiG.

Die bloße Geltendmachung von **Bedenken gegen die Zulässigkeit** der Rechtshilfe 6 und eine damit einhergehende **zeitliche Verzögerung** stellen nicht ohne Weiteres eine Ablehnung dar.⁹ Bei zeitlichen Verzögerungen kann die dem ersuchten Gericht vorgesetzte Aufsichtsbehörde (§ 26 Abs. 2 DRiG) angerufen werden. Nur ausnahmsweise ist eine nicht mehr vertretbare Verzögerung als Ablehnung anzusehen, wenn es aufgrund der Verzögerung faktisch zu keiner Durchführung der Rechtshilfe kommt.¹⁰

Die **Weitergabe eines Rechtshilfeersuchens wegen örtlicher Unzuständigkeit** an 7 ein anderes Gericht stellt im Regelfall keine formelle Ablehnung dar, da es ansonsten der Regelung des § 158 Abs. 2 S. 2 nicht bedurft hätte.¹¹ Eine Ablehnung kann aber gegeben sein, wenn das Rechtshilfeersuchen zurückgegeben und danach vom ersuchten Gericht nicht durchgeführt wird.¹²

2. Statthaftigkeit. Anfechtbar ist jede Entscheidung, mit der die Durchführung der 8 Rechtshilfe abgelehnt wird (Abs. 1 S. 1 Alt. 1). Sofern dem Rechtshilfeersuchen vom ersuchten Gericht entsprochen wird, kann im Beschwerdeverfahren nur ein Verstoß gegen § 158 Abs. 2 S. 1 geltend gemacht werden (Abs. 1 S. 1 Alt. 2), da die Durchführung der Rechtshilfe bei Vorliegen eines (abstrakten) Verbots unzulässig ist.¹³

Die **Beschwerde** gem. § 159 ist trotz Vorliegens eines Verbots gem. § 158 Abs. 1 **nicht** 9 **statthaft,** sofern das Ersuchen von einem **im Rechtszug vorgesetzten Gericht** aus dem-

---

² BGH 27.6.1958 – 2 ARs 81/58, NJW 1958, 1310; OLG Düsseldorf 19.8.1988 – 1 Ws 750/88, NStZ 1989, 39; OLG Frankfurt a. M. 7.11.2003 – 3 Ws 1250/03, NStZ-RR 2004, 50 (51); MüKoZPO/*Zimmermann* Rn. 3; Löwe/Rosenberg/*Franke* Rn. 3.
³ MüKoZPO/*Zimmermann* § 158 Rn. 4.
⁴ AA OLG Nürnberg 4.4.1968 – 3 AR 10/68, MDR 1968; OLG Düsseldorf 19.8.1988 – 1 Ws 750/88, NStZ 1989, 39.
⁵ OLG Düsseldorf 19.8.1988 – 1 Ws 750/88, NStZ 1989, 39; aA Löwe/Rosenberg/*Franke* Rn. 1: Überprüfung nur im Wege der Dienstaufsichtsbeschwerde.
⁶ OLG Düsseldorf 19.8.1988 – 1 Ws 750/88, NStZ 1989, 39; KK/*Mayer* Rn. 2.
⁷ SK/*Degener* Rn. 4.
⁸ AA BGH 27.6.1958 – 2 ARs 81/58, NJW 1958, 1310; Löwe/Rosenberg/*Franke* Rn. 5; SK/*Degener* Rn. 4; Kissel/*Mayer* Rn. 4.
⁹ OLG Düsseldorf 19.8.1988 – 1 Ws 750/88, NStZ 1989, 39; SK/*Degener* Rn. 5; KK/*Mayer* Rn. 2; MüKoZPO/*Zimmermann* § 158 Rn. 4.
¹⁰ Löwe/Rosenberg/*Franke* Rn. 6; MüKoZPO/*Zimmermann* Rn. 4.
¹¹ KK/*Mayer* Rn. 2; aA MüKoZPO/*Wolf* § 158 Rn. 3.
¹² OLG Frankfurt a. M. 7.11.2003 – 3 Ws 1250/03, NStZ-RR 2004, 50 (51); Löwe/Rosenberg/*Franke* Rn. 4; Meyer-Goßner/*Schmitt* Rn. 1.
¹³ Vgl. → § 158 Rn. 2 ff.

selben Gerichtsbezirk gestellt wird (§ 158 Abs. 2 S. 2). In diesem Fall kann das Vorliegen eines Verbotes als Bestandteil des (Ausgangs-)Verfahrens mit den dort zulässigen Rechtsmitteln und/oder Rechtsbehelfen angegriffen werden.[14] Eine Beschwerde gem. § 159 ist statthaft, wenn das ersuchte Gericht die Durchführung der Rechtshilfe wegen Vorliegens eines Verbots bei dem Ersuchen eines im Rechtszug vorgesetzten Gerichts desselben Gerichtsbezirks unter Verkennung des § 158 Abs. 2 S. 2 ablehnt.[15]

10 Wenn das Beschwerdeverfahren gem. § 159 statthaft ist, besteht für eine **Zuständigkeitsbestimmung gem. § 14 StPO** kein Raum.[16] Sofern die Gewährung von Amtshilfe verweigert wird, ist die Beschwerde nach § 304 StPO zulässig, sofern nicht das Landesrecht etwas anderes bestimmt (vgl. zB § 4 Nds-AGGVG).[17]

11 **3. Formelle Voraussetzungen.** Die Beschwerde setzt in formeller Hinsicht einen Antrag voraus (Abs. 2) und ist **schriftlich** oder zu **Protokoll der Geschäftsstelle** des ersuchten Gerichts oder des Beschwerdegerichts einzulegen. Sie ist an **keine Frist** gebunden. Eine Beschwerde gem. § 159 Abs. 1 ist nur bis zur **Erledigung des Rechtshilfeersuchens** möglich.

12 **4. Beschwerdeberechtigung.** Beschwerdeberechtigt sind die Beteiligten und das um Rechtshilfe ersuchende Gericht (Abs. 2). Die Beschwerdeberechtigung hängt von den in Abs. 1 normierten Alternativen ab. Sofern die Rechtshilfe abgelehnt wird, ist sowohl das ersuchende Gericht als auch jeder Prozessbeteiligte, dem die verweigerte Rechtshilfehandlung dienlich ist, beschwerdeberechtigt.[18] Bei Stattgabe der Rechtshilfeentscheidung (Abs. 1 S. 1 Alt. 2) sind dagegen die benachteiligten Prozessbeteiligten beschwerdeberechtigt, nicht aber das ersuchende Gericht.[19]

13 **5. Weitere Beschwerde zum BGH.** Sofern das Oberlandesgericht im Beschwerdeverfahren die Rechtshilfe für unzulässig erklärt und das ersuchende und das ersuchte Gericht verschiedenen Oberlandesgerichtsbezirken angehören, ist die weitere Beschwerde zum BGH eröffnet (Abs. 1 S. 2 und S. 3). Beide Voraussetzungen müssen kumulativ vorliegen. Die Entscheidungen des Oberlandesgerichts und des BGH ergehen ohne mündliche Verhandlung durch Beschluss (Abs. 2).

§ 160 [Vollstreckungen, Ladungen, Zustellungen]

Vollstreckungen, Ladungen und Zustellungen werden nach Vorschrift der Prozeßordnungen bewirkt ohne Rücksicht darauf, ob sie in dem Land, dem das Prozeßgericht angehört, oder in einem anderen deutschen Land vorzunehmen sind.

1 Die Vorschrift des § 160 ist Ausdruck eines Rechtspflegegebiets, in dem einheitliche (bundesrechtliche) Prozessordnungen gelten. § 160 stellt klar, dass **Vollstreckungen, Ladungen und Zustellungen keine Maßnahmen der Rechtshilfe** sind, sondern unmittelbar ohne Inanspruchnahme der Gerichte anderer Bezirke oder Länder bewirkt werden können. Gerichte und Behörden – wie zB die Staatsanwaltschaft – können sich unmittelbar an die Polizeibehörden oder Gerichtsvollzieher anderer Länder oder Bezirke wenden. Diese leisten dann Amtshilfe. Sofern dem Ersuchen nicht oder nicht ausreichend entsprochen wird, besteht die Möglichkeit einer Dienstaufsichtsbeschwerde.[1] Förmliche Rechtshilfeersuchen, die auf eine in § 160 geregelte Maßnahme gerichtet sind, sind abzulehnen.

---

[14] MüKoZPO/*Zimmermann* Rn. 2.
[15] Löwe/Rosenberg/*Franke* Rn. 12.
[16] BGH 23.8.2000 – 2 ARs 212/00, BeckRS 2000, 07894; 3.5.2002 – 2 ARs 103/02, NStZ-RR 2003, 97.
[17] KG 7.1.1976 – 2 Ws 372/75, JR 1976, 253; Löwe/Rosenberg/*Franke* Rn. 9.
[18] SK/*Degener* Rn. 9.
[19] Löwe/Rosenberg/*Franke* Rn. 13; SK/*Degener* Rn. 9.
[1] Löwe/Rosenberg/*Franke* Rn. 6.

Unter **Vollstreckung** ist jede zwangsweise Durchsetzung einer gerichtlichen Entscheidung zu verstehen. Ausgenommen sind Freiheitsstrafen, für die es in den §§ 162, 163 besondere Bestimmungen gibt. Erfasst sind auch Beschlagnahmen, Durchsuchungen und die Vollstreckung von Haftbefehlen.[2] Ladungen und Zustellungen werden im gesamten Bundesgebiet nach dem Unmittelbarkeitsprinzip bewirkt (§§ 35 ff., 145a, 214 ff., 385, 386 StPO). Personen, die sich im Bundesgebiet aufhalten, haben einer Ladung von Gericht oder Staatsanwaltschaft Folge zu leisten.[3]

§ 161 [Vermittlung bei Beauftragung eines Gerichtsvollziehers]

¹**Gerichte, Staatsanwaltschaften und Geschäftsstellen der Gerichte können wegen Erteilung eines Auftrags an einen Gerichtsvollzieher die Mitwirkung der Geschäftsstelle des Amtsgerichts in Anspruch nehmen, in dessen Bezirk der Auftrag ausgeführt werden soll.** ²**Der von der Geschäftsstelle beauftragte Gerichtsvollzieher gilt als unmittelbar beauftragt.**

S. 1 soll den Gerichten, den Staatsanwaltschaften und den Geschäftsstellen der Gerichte den Einsatz eines **auswärtigen Gerichtsvollziehers** durch Inanspruchnahme der örtlich zuständigen Geschäftsstelle des Amtsgerichts erleichtern. Es handelt sich um eine Kann-Vorschrift. Die Möglichkeit, sich unmittelbar an den zu beauftragenden Gerichtsvollzieher zuwenden, bleibt bestehen.[1]

S. 2 stellt klar, dass auch bei einer **Inanspruchnahme der Geschäftsstelle** des örtlich zuständigen Gerichts unmittelbare Rechtsbeziehungen allein zwischen den genannten Organen und dem beauftragten Gerichtsvollzieher entstehen. Da es sich bei S. 1 um einen Fall der Amtshilfe handelt, findet der Rechtsbehelf des § 159 Abs. 1 S. 1 keine Anwendung. Vielmehr kann eine Dienstaufsichtsbeschwerde erhoben werden.[2]

§ 162 [Vollstreckung von Freiheitsstrafen]

Hält sich ein zu einer Freiheitsstrafe Verurteilter außerhalb des Bezirks der Strafvollstreckungsbehörde auf, so kann diese Behörde die Staatsanwaltschaft des Landgerichts, in dessen Bezirk sich der Verurteilte befindet, um die Vollstreckung der Strafe ersuchen.

§ 162 eröffnet der Vollstreckungsbehörde die **Wahlmöglichkeit**, bei der **Vollstreckung einer Freiheitsstrafe** statt der Selbstvollstreckung die Hilfe einer auswärtigen Vollstreckungsbehörde im Wege der **Vollstreckungshilfe** in Anspruch zu nehmen. Der Begriff der Freiheitsstrafe ist dabei weit zu verstehen, so dass alle Arten von Freiheitsentziehungen – auch freiheitsentziehende Maßregeln der Sicherung und Besserung – erfasst sind.[1] § 162 findet auf den GBA, soweit er Vollstreckungsbehörde ist, keine Anwendung, da sein Vollstreckungsgebiet das gesamte Bundesgebiet ist.[2]

Der Vorschrift kommt aufgrund der **Ländervereinbarungen** zur Vereinfachung der Strafvollstreckung, insbesondere durch die **Gemeinsame Strafvollstreckungsordnung** vom 8.6.1999 (bundeseinheitliche Fassung aufgrund Vereinbarung des Bundesjustizministeriums und der Landesjustizverwaltungen), **keine große praktische Bedeutung** mehr zu.[3] Gem. § 24 Abs. 1 S. 1 StrafVollstrO bemisst sich die örtliche Zuständigkeit der Vollzugsanstalt

---

[2] KG 7.1.1976 – 2 Ws 372/75, JR 1976, 253; SK/*Degener* Rn. 3; KK/*Mayer* Rn. 2.
[3] Löwe/Rosenberg/*Franke* Rn. 7; Meyer-Goßner/*Schmitt* Rn. 2.
[1] SK/*Degener* Rn. 1.
[2] Löwe/Rosenberg/*Franke* Rn. 2; KK/*Mayer* Rn. 2.
[1] SK/*Degener* Rn. 3.
[2] KK/*Mayer* Rn. 3.
[3] Löwe/Rosenberg/*Franke* Rn. 6.

nach dem Gerichtsbezirk, in dem der Verdächtige wohnt oder sich aufhält oder sich zuletzt aufgehalten hat. Nach § 27 Abs. 1 StrafVollstO kann die Vollstreckungsbehörde den Verurteilten, der sich auf freiem Fuß befindet, unmittelbar zum Strafantritt laden, wenn er sich im Land der Vollstreckungsbehörde aufhält. Befindet sich sein Aufenthaltsort außerhalb des Landes der Vollstreckungsbehörde, kann diese den Verurteilten aufgrund der Ländervereinbarung vom 8.6.1999 unmittelbar laden. Das in § 162 konstituierte Wahlrecht hat daher bei allen Vollstreckungen von Freiheitsentziehungen, die auf einer Straf- oder Maßregelverhängung sowie auf der Verhängung von Ordnungsgeld oder Zwangshaft in Straf- und Bußgeldsachen beruhen, in der strafrechtlichen Praxis keine Bedeutung mehr.

§ 163 [Vollstreckung, Ergreifung, Ablieferung außerhalb des Gerichtsbezirks]

Soll eine Freiheitsstrafe in dem Bezirk eines anderen Gerichts vollstreckt oder ein in dem Bezirk eines anderen Gerichts befindlicher Verurteilter zum Zwecke der Strafverbüßung ergriffen und abgeliefert werden, so ist die Staatsanwaltschaft bei dem Landgericht des Bezirks um die Ausführung zu ersuchen.

1   Die Regelung des § 163 hat ebenso wie die Vorschrift des § 162, mit der sie in systematischen Zusammenhang steht, ihre **praktische Bedeutung verloren.** § 163 enthält Bestimmungen für den Fall, dass die die Strafe vollstreckende Staatsanwaltschaft um **Vollstreckungshilfe** im Sinne von § 162 bittet. Eine eigenständige Bedeutung verbleibt lediglich bei Festnahme und Ablieferung eines Gefangenen.[1] Da es sich nicht um Rechts-, sondern um Amtshilfe handelt, kommt als Rechtsbehelf nur die Dienstaufsichtsbeschwerde in Betracht.

§ 164 [Kostenersatz]

(1) Kosten und Auslagen der Rechtshilfe werden von der ersuchenden Behörde nicht erstattet.

(2) Gebühren oder andere öffentliche Abgaben, denen die von der ersuchenden Behörde übersendeten Schriftstücke (Urkunden, Protokolle) nach dem Recht der ersuchten Behörde unterliegen, bleiben außer Ansatz.

1   Nach Abs. 1 findet **keine Erstattung von Kosten und Auslagen** durch die ersuchende Behörde bei der **Vornahme von Rechtshilfe** gem. §§ 156 ff. statt. Auf Fälle der Amtshilfe findet die Vorschrift keine Anwendung. Es verbleibt bei einem Tätigwerden im Rahmen der Amtspflicht bei einer grundsätzlichen Erstattungspflicht. Aufgrund von Ländervereinbarungen gelten insoweit jedoch weitgehende Einschränkungen.[1]

2   § 164 findet keine Anwendung, sofern der **GBA als Vollstreckungsbehörde** zum Vollzug von Freiheitsstrafen die Vollzugseinrichtungen der Länder in Anspruch nimmt, da es sich insoweit um einen Fall der Amtshilfe handelt. Der entsprechende Ausgleich ist in der Vereinbarung der Justizverwaltungen des Bundes und der Länder über den Ausgleich in Staatsschutzstrafsachen aus dem Jahr 1977 geregelt.[2]

3   Nach Abs. 2 findet eine **Erstattung von Gebühren oder anderen öffentlichen Abgaben** für Schriftstücke, die von der ersuchenden Behörde übersandt wurden, ebenfalls nicht statt. Dagegen folgt aus § 164 kein Vertragsformverbot iSv § 59 VwVfG iVm § 134 BGB für den Abschluss eines öffentlich-rechtlichen Vertrages zwischen Ländern bzgl. der Kostenübernahme bei der Gewährung von Rechtshilfe.[3]

---

[1] KK/*Mayer* Rn. 1; SK/*Degener* Rn. 2.
[1] ZB die Verzichtsvereinbarung der Justizverwaltungen vom 4.10.1958 bei Entschädigung von Zeugen und Sachverständigen im Rahmen einer Amtshilfemaßnahme sowie die Ländervereinbarung vom 13.1.1965 zur Inanspruchnahme polizeilicher Amtshilfe zur Ausführung von Vorführungs- und Haftbefehlen.
[2] SK/*Degener* Rn. 4 f.; Löwe/Rosenberg/*Franke* Rn. 8.
[3] BVerwG 19.5.2005 – 3 A 3/04, NVwZ 2005, 1083.

§ 165 (weggefallen)

§ 166 [Gerichtliche Amtshandlungen außerhalb des Gerichtsbezirks]

Ein Gericht darf Amtshandlungen im Geltungsbereich dieses Gesetzes auch außerhalb seines Bezirks vornehmen.

§ 166 erlaubt einem Gericht der ordentlichen Gerichtsbarkeit, **Amtshandlungen im** 1 **gesamten Bundesgebiet** vornehmen. Durch das Rechtspflegevereinfachungsgesetz vom 17.12.1990 wurde der Anwendungsbereich erweitert. Eine Zustimmung des Gerichts eines anderen Bezirks ist ebenso wie das Vorliegen von Gefahr im Verzug nach der Neufassung nicht mehr erforderlich.

Der **Begriff der Amtshandlung** iSv § 166 umfasst auch Maßnahmen, die nicht unter 2 den Begriff der Rechtshilfe gem. §§ 156 ff. fallen.[1] Erfasst ist nicht nur der erkennende oder beauftragte Richter, sondern auch der Ermittlungsrichter. Möglich ist weiterhin die Durchführung einer vollständigen Hauptverhandlung in einem anderen Gerichtsbezirk oder in einem anderen Bundesland.[2]

Die Vorschrift gilt nur für **gerichtliche Amtshandlungen**. Die Staatsanwaltschaft 3 kann – unbeschadet ihrer örtlichen Zuständigkeit gem. § 143 – ebenfalls Amtshandlungen im gesamten Bundesgebiet vornehmen.[3]

Gerichte iSv § 166 sind solche der ordentlichen Gerichtsbarkeit (vgl. § 12). Vor einer 4 Entscheidung gem. § 15 StPO ist ein Vorgehen gem. § 166 zu prüfen.[4] Die Prozessordnungen anderer Gerichtsbarkeiten nehmen teilweise auf § 166 Bezug (vgl. §§ 14, 173 VwGO).

§ 167 [Verfolgung von Flüchtigen über Landesgrenzen]

(1) Die Polizeibeamten eines deutschen Landes sind ermächtigt, die Verfolgung eines Flüchtigen auf das Gebiet eines anderen deutschen Landes fortzusetzen und den Flüchtigen dort zu ergreifen.

(2) Der Ergriffene ist unverzüglich an das nächste Gericht oder die nächste Polizeibehörde des Landes, in dem er ergriffen wurde, abzuführen.

Schrifttum: *Heinrich*, Die Nacheile im Rahmen von Strafverfolgungsmaßnahmen, NStZ 1996, 361.

I. Überblick

Da das Polizeirecht grundsätzlich in den Bereich der Länderzuständigkeiten fällt, endet 1 die Polizeikompetenz an den Grenzen der jeweiligen Länder. Für die Strafverfolgung und Strafvollstreckung ist daher eine **bundesrechtliche Regelung zur Nacheile** bei der bereits begonnenen Verfolgung eines Flüchtigen erforderlich, sofern die Verfolgung über die Grenze eines Landes hinaus erfolgen soll. Es handelt sich nicht um einen Fall der Rechtshilfe im Sinne von § 156. Vielmehr führt die Vorschrift zu einer **Kompetenzerweiterung für die Polizeibeamten der Länder.** Gemäß § 46 Abs. 1 OWiG ist § 167 bei der Verfolgung von Ordnungswidrigkeiten entsprechend anwendbar. Dagegen findet § 167 keine Anwendung bei der Verfolgung aufgrund gefahrabwehrrechtlicher Aufgabenwahrnehmung durch die Polizei sowie bei der polizeilichen Nacheile ins Ausland.[1]

---
[1] Meyer-Goßner/*Schmitt* Rn. 1.
[2] BGH 15.10.1968 – 2 ARs 291/68, NJW 1969, 105 (106).
[3] SK/*Degener* Rn. 3; *Kissel/Mayer* Rn. 5.
[4] BGH 4.4.2002 – 3 Ars 17/02, NJW 2002, 1589 (1590).
[1] Vgl. zur Nacheile ins Ausland ausführlich *Heinrich* NStZ 1996, 361 (365 f.).

II. Erläuterungen

2 **1. Begriff des Polizeibeamten.** Der Begriff des Polizeibeamten iSv Abs. 1 ist nicht auf die Ermittlungspersonen der Staatsanwaltschaft (§ 152) beschränkt. Vielmehr sind alle Beamten des Polizeivollzugsdienstes erfasst, die kraft ihres Amtes mit der Strafverfolgung oder mit der Vollstreckung strafgerichtlicher Entscheidungen betraut sind.[2] Die Beamten der Bundespolizeibehörden sind für das gesamte Bundesgebiet zuständig (vgl. § 19 BKAG, § 12 BPolG), so dass § 167 keine Anwendung findet. Sofern die Ermittlungspersonen der Staatsanwaltschaft (§ 152) kraft Weisung im gesamten Bundesgebiet tätig werden, ist § 167 ebenfalls nicht anwendbar.[3] Für Strafvollzugsbeamte gilt die Regelung des § 87 StVollzG.

3 **2. Fortsetzung der Verfolgung eines Flüchtigen.** Nach § 167 ist nur die **Fortsetzung einer bereits begonnenen Verfolgung** über die Landesgrenzen hinaus zulässig. Sofern die Verfolgung in dem zuständigkeitsbegründenden Land begonnen hat, kann sie auch durch mehrere Länder fortgesetzt werden.[4]

4 Der **Begriff der Verfolgung** umfasst alle Maßnahmen, die zur Ergreifung des Flüchtigen führen sollen. Dies beinhaltet auch die Vorauseile sowie das Absperren von Straßen und Wegen, die ein Flüchtiger wahrscheinlich nutzen wird. Die Dauer der Verfolgung spielt ebenso wie die zurückgelegte Entfernung keine Rolle.[5]

5 **Zweck der Verfolgung** darf nur die körperliche Ergreifung des Flüchtigen, nicht jedoch die alleinige Durchsuchung oder die bloße Beschlagnahme der von ihm mitgeführten Gegenstände sein.[6] § 167 ist anwendbar, wenn durch die Ergreifung die Identität des Flüchtigen festgestellt werden soll (§ 127 Abs. 1 StPO). Dagegen fallen allgemeine Fahndungsmaßnahmen, die nicht unmittelbar mit der Fortsetzung der Verfolgung im Zusammenhang stehen, in den alleinigen Zuständigkeitsbereich des Landes, in dem sie ausgeführt werden. Zulässig ist eine Verfolgung auch dann, wenn eine Festnahme im Ursprungsland zwar grundsätzlich möglich erscheint, die Voraussetzungen dafür aber im angrenzenden Land wesentlich günstiger sind. Voraussetzung ist aber auf jeden Fall, dass die Verfolgung im eigenen Zuständigkeitsbereich bereits begonnen hat.[7]

6 **Flüchtig** ist derjenige, der aufgrund konkreter Umstände der Begehung einer Straftat (oder Ordnungswidrigkeit) verdächtig ist, bereits auf der Flucht ist oder auf frischer Tat oder im Anschluss daran betroffen und unmittelbar von einem oder mehreren Polizeibeamten im Sinne eines tatsächlichen Nachsetzens verfolgt wird.[8] Flüchtig ist auch der Verurteilte, der sich der Strafvollstreckung entzieht oder entziehen will. Es ist nicht erforderlich, dass der Flüchtige tatsächlich von der Verfolgung Kenntnis hat.

7 **3. Abführung des Ergriffenen.** Abs. 2 gibt dem verfolgenden Polizeibeamten **kein Wahlrecht,** ob er den Ergriffenen abführt oder in das Ausgangsland zurückbringt. Er kann lediglich entscheiden, ob die unverzügliche Abführung an das nächste Gericht oder die nächste Polizeibehörde des Landes erfolgt. Nach Abführung und Übergabe richtet sich das weitere Verfahren nach den Vorschriften der Strafprozessordnung, sofern die Ergreifung zum Zwecke der Strafverfolgung erfolgte.

8 Der Ergriffene darf unmittelbar nach der Festnahme **körperlich durchsucht** werden. Sofern die Festnahme durch Ermittlungspersonen der Staatsanwaltschaft erfolgte, folgt dies aus § 152 iVm § 102 StPO. Im Übrigen folgt eine entsprechende Kompetenz aus Gründen der Eigensicherung als Annex zur Festnahmeermächtigung.

---

[2] Löwe/Rosenberg/*Franke* Rn. 2; KK/*Mayer* Rn. 1; *Heinrich* NStZ 1996, 361 (362).
[3] Meyer-Goßner/*Schmitt* Rn. 2; SK/*Degener* Rn. 7; *Kissel/Mayer* Rn. 7; KK/*Mayer* Rn. 3.
[4] *Kissel/Mayer* Rn. 9; SK/*Degener* Rn. 4; Löwe/Rosenberg/*Franke* Rn. 9.
[5] SK/*Degener* Rn. 4; *Heinrich* NStZ 1996, 361 (363).
[6] SK/*Degener* Rn. 5; *Kissel/Mayer* Rn. 5; Löwe/Rosenberg/*Franke* Rn. 8.
[7] *Heinrich* NStZ 1996, 361 (363).
[8] Löwe/Rosenberg/*Franke* Rn. 5; SK-StPO/*Degener* Rn. 2.

4. Folgen eines Verstoßes. Ein **Verstoß** gegen die Voraussetzungen des § 167 hat 9 nicht die Unwirksamkeit der getroffenen Maßnahmen zur Folge.[9] Jedoch kann ein Verstoß Auswirkungen auf die Rechtmäßigkeit der Amtshandlung im Sinne von § 113 Abs. 3 S. 1 StGB haben.[10]

§ 168 [Mitteilung von Akten]

Die in einem deutschen Land bestehenden Vorschriften über die Mitteilung von Akten einer öffentlichen Behörde an ein Gericht dieses Landes sind auch dann anzuwenden, wenn das ersuchende Gericht einem anderen deutschen Land angehört.

§ 168 ist für das Strafverfahren weitgehend **bedeutungslos,** da der Bundesgesetzgeber 1 durch § 96 StPO eine **Spezialregelung** für die Pflicht der Behörden zur Vorlage von Akten an die Strafgerichte getroffen hat. Es handelt sich bei § 168 um Amts- und nicht um Rechtshilfe, so dass als Rechtsbehelf nur die Dienstaufsichtsbeschwerde in Betracht kommt.[1]

---

[9] *Kissel/Mayer* Rn. 9; *Löwe/Rosenberg/Franke* Rn. 10; *Heinrich* NStZ 1996, 361 (364 f.).
[10] OLG Hamm 10.12.1953 – (2) 2 a Ss 889/53, NJW 1954, 206. Vgl. zum strafrechtlichen Rechtmäßigkeitsbegriff im Rahmen von § 113 Abs. 3 StGB KG 31.8.2000 – 1 Ss 161/00, StV 2001, 260 f.; OLG Celle 8.7.2011 – 31 Ss 28/11, StV 2011, 678.
[1] *Kissel/Mayer* Rn. 3; *Löwe/Rosenberg/Franke* Rn. 3.

Vierzehnter Titel. Öffentlichkeit und Sitzungspolizei

§ 169 [Öffentlichkeit][1]

(1) ¹*Die Verhandlung vor dem erkennenden Gericht einschließlich der Verkündung der Urteile und Beschlüsse ist öffentlich.* ²*Ton- und Fernseh-Rundfunkaufnahmen sowie Ton- und Filmaufnahmen zum Zwecke der öffentlichen Vorführung oder Veröffentlichung ihres Inhalts sind unzulässig.* ³*Die Tonübertragung in einen Arbeitsraum für Personen, die für Presse, Hörfunk, Fernsehen oder für andere Medien berichten, kann von dem Gericht zugelassen werden.* ⁴*Die Tonübertragung kann zur Wahrung schutzwürdiger Interessen der Beteiligten oder Dritter oder zur Wahrung eines ordnungsgemäßen Ablaufs des Verfahrens teilweise untersagt werden.* ⁵*Im Übrigen gilt für den in den Arbeitsraum übertragenen Ton Satz 2 entsprechend.*

(2) ¹*Tonaufnahmen der Verhandlung einschließlich der Verkündung der Urteile und Beschlüsse können zu wissenschaftlichen und historischen Zwecken von dem Gericht zugelassen werden, wenn es sich um ein Verfahren von herausragender zeitgeschichtlicher Bedeutung für die Bundesrepublik Deutschland handelt.* ²*Zur Wahrung schutzwürdiger Interessen der Beteiligten oder Dritter oder zur Wahrung eines ordnungsgemäßen Ablaufs des Verfahrens können die Aufnahmen teilweise untersagt werden.* ³*Die Aufnahmen sind nicht zu den Akten zu nehmen und dürfen weder herausgegeben noch für Zwecke des aufgenommenen oder eines anderen Verfahrens genutzt oder verwertet werden.* ⁴*Sie sind vom Gericht nach Abschluss des Verfahrens demjenigen zuständigen Bundes- oder Landesarchiv zur Übernahme anzubieten, das nach dem Bundesarchivgesetz oder einem Landesarchivgesetz festzustellen hat, ob den Aufnahmen ein bleibender Wert zukommt.* ⁵*Nimmt das Bundesarchiv oder das jeweilige Landesarchiv die Aufnahmen nicht an, sind die Aufnahmen durch das Gericht zu löschen.*

(3) ¹*Abweichend von Absatz 1 Satz 2 kann das Gericht für die Verkündung von Entscheidungen des Bundesgerichtshofs in besonderen Fällen Ton- und Fernseh-Rundfunkaufnahmen sowie Ton- und Filmaufnahmen zum Zwecke der öffentlichen Vorführung oder der Veröffentlichung ihres Inhalts zulassen.* ²*Zur Wahrung schutzwürdiger Interessen der Beteiligten oder Dritter sowie eines ordnungsgemäßen Ablaufs des Verfahrens können die Aufnahmen oder deren Übertragung teilweise untersagt oder von der Einhaltung von Auflagen abhängig gemacht werden.*

(4) *Die Beschlüsse des Gerichts nach den Absätzen 1 bis 3 sind unanfechtbar.*

Schrifttum: *Altenhain/Haimerl,* Die gesetzliche Regelung der Verständigung im Strafverfahren – eine verweigerte Reform, JZ 2010, 327; *Altenhain,* Öffentlichkeit im Strafverfahren, NJW-Beil 2016, 37; *ders.,* Ein halbherziger Entwurf, DRiZ 2016, 304; *Alwart,* Von Authentizität weit entfernt, LTO 30.4.2013; *ders.,* „Schreckliches Theater" – wann wird im NSU-Prozess endlich der Vorhang fallen?, JZ 2014, 1091; *Bartel,* Das Verbot der Rekonstruktion der Hauptverhandlung, Diss. Freiburg, 2014; *Bosch,* Opferbezogene Medienöffentlichkeit – Gebot oder Einschränkung des Öffentlichkeitsgrundsatzes?, Jura 2016, 45; *v. Coelln,* Zur Medienöffentlichkeit der Dritten Gewalt, 2005; *ders.,* Justiz und Medien – Rechtliche Anforderungen an das Verhältnis zwischen der Justiz und den Medien, insbesondere an die Berichterstattung über Gerichtsverfahren, AfP 2014, 193; *ders.,* Verfassungsrechtliche Rahmenbedingungen der Bildberichterstattung aus Gerichtsverhandlungen, in: Strafrecht und Medien, Göttinger Studien zu den Kriminalwissenschaften, Bd. 30, 2016, S. 13; *ders.,* Mehr Medienöffentlichkeit vor Gericht?, AfP 2016, 491; *Dahs,* Zum Persönlichkeitsschutz des „Verletzten" als Zeuge im Strafprozeß, NJW 1984, 1921; *Enders,* Die Beschränkung der Gerichtsöffentlichkeit durch § 169 S. 2 GVG – verfassungswidrig?, NJW 1996, 2712; *Ernst,* Informations- oder Illustrationsinteresse?, NJW 2001, 1624; *Feldmann,* Wenn schon, denn schon, GA 2017, 20; *Finger/Baumanns,* Die Öffentlichkeit von Gerichtsverhandlungen in medienwirksamen Prozessen, JA 2005, 717; *Franke,* Der Begriff der Öffentlichkeit in der Revision, StraFo 2014, 361; *ders.,* Öffentlichkeit im Strafverfahren, NJW 2016, 2618; *Fromm,* Zulässige und verfahrensfehlerhafte Beschränkungen des Öffentlichkeitsgrundsatzes im Strafprozess, NJOZ 2015, 1193; *Gerhardt/Kepplinger/Geiß,* Auf dem Weg zur Wahrheit?, ZRP 2012, 213; *Gierhake,* Zur Begründung des Öffentlichkeitsgrundsatzes im Strafverfahren, JZ 2013, 1030; *Gostomzyk,* Die Öffentlichkeitsverantwortung der Gerichte in der Mediengesellschaft, Diss. Hamburg 2006; *Gündisch/Dany,* Rundfunkberichterstattung aus Gerichtsverhandlungen, NJW 1999, 256; *Hassemer,* Über die Öffentlichkeit gerichtlicher Verfahren – heute, ZRP 2013, 149; *Heger/Pest,* Verständigungen im Strafverfahren nach dem Urteil des Bundesverfassungsgerichts, ZStW 126 (2014), 446; *Hettinger,* Die Absprache im Strafverfahren als rechtsstaatli-

---

[1] § 169 ist hier in der ab 18.4.2018 gültigen Fassung abgedruckt, → Rn. 51 ff.

Öffentlichkeit   § 169 GVG

ches Problem, JZ 2011, 292; *Huff,* Saalöffentlichkeit auch in Zukunft ausreichend – Keine Änderung des § 169 S. 2 GVG, NJW 2001, 1622; *ders.,* Öffentliche Verfahren – Twittern aus dem Gerichtssaal kann nicht einfach verboten werden, LTO 18.11.2011; *Ignor,* Geschichte des Strafprozesses in Deutschland 1532–1846, 2002; *Jahn/Gerhardt,* Prominentenstrafrecht – Mediale Ausschlachtung und ihre Grenzen, ZRP 2016, 155; *Jung,* (Straf-)Justiz und Medien – eine unendliche Geschichte, GA 2014, 257; *Kaulbach,* Moderne Medien in der Gerichtsverhandlung – Ein Plädoyer für eine neue Debatte, ZRP 2009, 236; *dies.,* Verfassungskonformität des § 169 Satz 2 GVG, JR 2011, 51; *Klotz,* (Keine) Beeinträchtigung der Öffentlichkeit von Gerichtsverhandlungen durch Videoüberwachung?, NJW 2011, 1186; *F. Knauer,* Strafverfahrensrechtliche Probleme durch Facebook, Twitter und heimliche Gesprächsaufnahmen, JuS 2012, 711; *Kreicker,* Medienübertragungen von Gerichtsverhandlungen im Lichte der EMRK, ZIS 2017, 85; *Krieg,* Twittern im Gerichtssaal – The revolution will not be televised, K&R 2009, 673; *Kuckein,* Relativierung absoluter Revisionsgründe, StraFo 2000, 397; *Kudlich,* Wie absolut sind die absoluten Revisionsgründe?, in: Festschrift für Gerhard Fezer zum 70. Geburtstag, 2008, S. 435; *Kujath,* Die Medienöffentlichkeit im „NSU-Prozess" – Zur Vergabe von Medienplätzen im Strafprozess, AfP 2013, 269; *Kulhanek,* Im Namen des Volkes – Leerformel, Fiktion oder Realität?, ZRP 2015, 155; *Landau,* Die Pflicht des Staates zum Erhalt einer funktionstüchtigen Strafrechtspflege, NStZ 2007, 121; *Lehr,* Bildberichterstattung der Medien über Strafverfahren, NStZ 2001, 63; *Lesch,* Der Begriff der Öffentlichkeit in der Revision, StraFo 2014, 353; *Lilie,* Augenscheinseinnahme und Öffentlichkeit der Hauptverhandlung, NStZ 1993, 121; *Lindner,* Der Schutz des Persönlichkeitsrechts des Beschuldigten im Ermittlungsverfahren, StV 2008, 210; *Meyer-Mews,* Das Wortprotokoll in der strafrechtlichen Hauptverhandlung, NJW 2002, 103; *Minkner,* Die Gerichtsverwaltung in Deutschland und Italien, Diss. Münster, 2015; *Mitsch,* Medienpräsenz und Persönlichkeitsschutz in der öffentlichen Hauptverhandlung, ZRP 2014, 137; *Mosbacher,* Keine Angst vor Fernsehkameras!, DRiZ 2016, 299; *Norouzi,* Öffentlichkeit im Strafverfahren, StV 2016, 590; *Plate,* Wird das „Tribunal" zur „Szene"?, NStZ 1999, 391; *Rath,* Der Laptop des Journalisten im Gerichtssaal, DRiZ 2014, 8; *Riepl,* Informationelle Selbstbestimmung im Strafverfahren, Tübingen 1998; *Rittig,* Mehr Medienöffentlichkeit im Gerichtsverfahren? – Zu den Reformüberlegungen zu § 169 GVG, NJ 2016, 265; *Rottländer,* Anspruch der Verfahrensbeteiligten auf Zugänglichmachung gerichtsinterner akustischer Mitschnitte der Hauptverhandlung vor den Land- und Oberlandesgerichten?, NStZ 2014, 138; *Roxin,* Aktuelle Probleme der Öffentlichkeit im Strafverfahren, in: Einheit und Vielfalt des Strafrechts – Festschrift für Karl Peters zum 70. Geburtstag, 1974, S. 393; *Safferling,* Audiatur et altera pars – die prozessuale Waffengleichheit als Prozessprinzip?, NStZ 2004, 181; *Saliger,* Öffentlichkeit im Strafverfahren, JZ 2016, 824; *Scherer,* Gerichtsöffentlichkeit als Medienöffentlichkeit, 1979; *Schlothauer,* Strafverfahren und Öffentlichkeit, StV 2015, 665; *Schnoor/Giesen/Addicks,* Mitteilungen der Staatsanwaltschaften an die Presse ohne Datenschutz?, NStZ 2016, 256; *Schumann,* Praktisch undurchführbar, juristisch fragwürdig: Die Videoübertragung im Strafprozess, DRiZ 2013, 254; *Schünemann,* Der deutsche Strafprozeß im Spannungsfeld von Zeugenschutz und materieller Wahrheit, StV 1998, 391; *Thym,* Augenschein und Öffentlichkeit, NStZ 1981, 293; *Trück,* Herausgabe von Bändern einer Videovernehmung an den Verteidiger im Wege der Akteneinsicht?, NStZ 2004, 129; *Trüg,* Medienarbeit der Strafjustiz – Möglichkeiten und Grenzen, NJW 2011, 1040; *Walther,* Der Öffentlichkeitsgrundsatz im Kontext der Verständigung im Strafverfahren, NStZ 2015, 383; *Widmaier,* Gerechtigkeit – Aufgabe von Justiz und Medien?, NJW 2004, 399.

Übersicht

	Rn.		Rn.
I. Überblick	1–9	Filmaufnahmen zum Zwecke der Veröffentlichung, Abs. 1 S. 2	27–49
1. Normzweck	1–3	a) Verfassungskonformität des Abs. 1 S. 2	28, 29
2. Anwendungsbereich	4–6	b) Übertragung in einen Nebenraum de lege lata	30, 31
3. Verfassungsrechtliche Einbettung, internationalrechtliche Grundlagen und Einflüsse	7–9	c) Ton- und Filmaufnahmen ohne Veröffentlichungszweck	32
II. Erläuterung	10–50	d) Einfache Bildaufnahmen	33
1. Inbegriff der Öffentlichkeitsmaxime, Abs. 1 S. 1	10–14	e) Tonaufnahmen durch Gericht, StA oder Verteidigung	34–49
2. Schranken der Öffentlichkeit	15–22	5. Live-Berichterstattung durch Multimediadienste	50
a) Natürliche Schranken der Öffentlichkeit	15–17	**III. Gesetzesreform 2017**	51–78
b) Kontrollmaßnahmen	18	1. Angebrachte Zurückhaltung	51–53
c) Schranken durch strafverfahrensgestaltende Maßnahmen	19–22	2. Gesetz zur Erweiterung der Medienöffentlichkeit in Gerichtsverfahren und zur Verbesserung der Kommunikationshilfen für Menschen mit Sprach- und Hörbehinderungen (Gesetz über die Erweiterung der Medienöffentlichkeit in Gerichtsverfahren – EMöGG)	54–78
3. Medien, Justiz und Öffentlichkeit	23–26		
a) Verhältnis der Medien zur Strafjustiz	24		
b) Mediale Schranken der Öffentlichkeit	25, 26		
4. Unzulässigkeit von Ton- und Fernseh-Rundfunkaufnahmen sowie Ton- und			

	Rn.		Rn.
a) Tonübertragung in Medienarbeitsraum, Abs. 1 S. 3–5	55–64	weisungen der sonstigen obersten Bundesgerichte), Abs. 3	70, 71
b) Tonaufnahmen zu wissenschaftlichen und historischen Zwecken, Abs. 2	65–69	d) Unanfechtbarkeit der Beschlüsse, Abs. 4	72–74
c) Aufnahmen der Verkündung von Entscheidungen des BGH (und qua Ver-		e) Zuständigkeit und Ermessensausübung	75–78
		IV. Revision	79, 80

I. Überblick

1. Normzweck. Die sog. Öffentlichkeitsmaxime sichert den **Zugang der integrativen Allgemeinheit** während der mündlichen Hauptverhandlung einschließlich von Urteilen und Beschlüssen. Ihr Ursprung ist staatstheoretischer Natur, dient doch die öffentliche Kontrolle des Strafprozesses wesentlich dem Schutz vor staatlicher Willkür.[2] Neben diesem Kontrollzweck entfaltet sich jedoch auch der Strafzweck der Generalprävention am wirksamsten durch Teilhabe und Information der Öffentlichkeit.[3] Das sog. Informationsinteresse der Allgemeinheit[4] ist dabei entgegen verbreiteter Anschauung kein Wert, den es strafprozessual zu schützen gälte. Ihm kommt richtigerweise nur insofern Bedeutung zu, als es für die Strafzwecke der negativen und positiven Generalprävention dienlich ist.

Eine **bedeutsame Mittlerstellung** kommt in beiden oben genannten Zusammenhängen den **Medien** zu.[5] Allerdings darf nicht übersehen werden, dass die Medienöffentlichkeit wegen ihrer maßgeblich vom Sensationsinteresse geprägten selektiven Berichterstattung Kontrolldefizite aufweist.[6] Während ursprünglich der Schutz des Angekl. vor der Justiz durch die Öffentlichkeit bezweckt wurde, bedarf es heute infolge der einhergehenden Gefahren für das Persönlichkeitsrecht teilweise gleichsam eines **Schutzes vor der Öffentlichkeit**.[7]

Die Öffentlichkeitsmaxime steht in direkter **Wechselwirkung mit den Grundsätzen der Mündlichkeit und der Unmittelbarkeit** des Verfahrens. Schließlich kann die Öffentlichkeit die Transparenz des Strafprozesses nur nachhaltig kontrollieren, wenn sie die unmittelbaren Beweismittel in der Hauptverhandlung zu Gesicht respektive zu Gehör bekommt. Insofern besteht auch eine Verknüpfung mit der Gerichtssprache gem. § 184 S. 1: Indem Deutsch regelmäßig die Muttersprache des Bundesbürgers und der Justizpersonen ist, dient die Festschreibung der deutschen Sprache als alleinige Gerichtssprache sowohl der Verwirklichung rechtlichen Gehörs, der Wahrheitsfindung, der Verfahrensökonomie als auch der Öffentlichkeitsmaxime. § 169 ist **zwingendes Recht.**[8] Die institutionelle Garantie der Öffentlichkeit der Hauptverhandlung gilt abstrakt-potentiell, dh für die Beurteilung einer etwaigen Beschränkung der Öffentlichkeit ist es unerheblich, ob tatsächlich ein interessierter Zuhörer abgehalten wurde.[9] Infolge ihrer grundlegenden Bedeutung und der verfassungsrechtlichen

---

[2] *Ignor*, Geschichte des Strafprozesses in Deutschland 1532–1846, 2002, S. 183, 243; *Minkner*, Die Gerichtsverwaltung in Deutschland und Italien, 2015, S. 175; Löwe/Rosenberg/*Wickern* Vor § 169 Rn. 2 f.; *Kaulbach* ZRP 2009, 236 (236 f.).

[3] *Hassemer* ZRP 2013, 149 (150); *Widmaier* NJW 2004, 399; *Riepl*, Informationelle Selbstbestimmung im Strafverfahren, 1998, S. 49; aA *Lesch* StraFo 2014, 353: „rein institutionelle bzw. symbolische Bedeutung" der Öffentlichkeit.

[4] Löwe/Rosenberg/*Wickern* Vor § 169 Rn. 4; Meyer-Goßner/*Schmitt* Rn. 1; SSW/*Quentin* Rn. 2.

[5] BVerfG 5.2.1991 – 1 BvF 1/85, 1 BvF 1/88, BVerfGE 83, 238 = NJW 1991, 899 (900): „Unter den Bedingungen der modernen Massenkommunikation bildet daher der grundrechtliche Schutz der Vermittlungsfunktion des Rundfunks eine unerläßliche Voraussetzung der Erreichung des Normziels von Art. 5 I GG"; BVerfG 19.12.2007 – 1 BvR 620/07, BVerfGE 119, 309 = NJW 2008, 977 (978 f.); BVerwG 1.10.2014 – 6 C 35/13, NJW 2015, 807 (809); *v. Coelln* AfP 2014, 193; *Kaulbach* ZRP 2009, 236 (237); *dies.* JR 2011, 51 (53); *Lehr* NStZ 2001, 63 (64); *Riepl*, Informationelle Selbstbestimmung im Strafverfahren, 1998, S. 42 f.; *Scherer*, Gerichtsöffentlichkeit als Medienöffentlichkeit, 1979.

[6] *Minkner*, Die Gerichtsverwaltung in Deutschland und Italien, 2015, S. 175 mwN.

[7] *Trüg* NJW 2011, 1040 (1041); *Kissel/Mayer* Rn. 14 f.; *Saliger* JZ 2016, 824 (825).

[8] *Kissel/Mayer* Rn. 19 f., 58.

[9] BayObLG 30.11.1981 – 1 Ob OWi 331/81, BayObLGSt 1981, 186 = NJW 1982, 395 (396); OLG Zweibrücken 25.9.1995 – 1 Ss 183/95, NJW 1995, 3333; OLG Celle 1.6.2012 – 322 SsBs 131/12, NStZ 2012, 654; *Kissel/Mayer* Rn. 21 f.; SK/*Velten* Rn. 32; *Lesch* StraFo 2014, 353; aA KK/*Diemer* Rn. 7; Meyer-Goßner/Schmitt StPO § 338 Rn. 50a.

Verankerung kommt auch eine Verwirkung grds. nicht in Betracht.[10] Für punktuelle Eingriffe durch sitzungspolizeiliche Maßnahmen gegen Nichtverfahrensbeteiligte ist eine Präklusion darstellbar, soweit keine willkürliche Beschneidung der Öffentlichkeit vorliegt.[11]

2. Anwendungsbereich. Der Grundsatz der Öffentlichkeit gilt für sämtliche **Hauptverhandlungen eines erkennenden Gerichts,** dh auch für das Revisionsgericht (§ 351 StPO), nicht jedoch für gerichtliche (Ver)Handlungen, die außerhalb der Hauptverhandlung vorgenommen werden dürfen.[12] Die Hauptverhandlung beginnt mit dem Aufruf der Sache (§ 243 Abs. 1 S. 1 StPO) und endet mit der Urteilsverkündung samt Nebenentscheidungen, Belehrungen und mündlicher Begründung (§§ 260 Abs. 1, 268 Abs. 2, 268a, 268b StPO). Beratungen des Spruchkörpers und Verständigungsgespräche gem. §§ 212, 257c StPO zwischen den Beteiligten sind vom Öffentlichkeitsgebot ausgenommen.

Ausweislich § 48 Abs. 1 JGG erfolgt die Hauptverhandlung inklusive Urteilsverkündung gegen einen wenigstens zu einer Tatzeit[13] **Jugendlichen** allerdings nicht öffentlich, soweit es sich der Art nach um Jugendgerichte handelt (vgl. § 104 Abs. 1 JGG e contrario). Da die Strafsenate an OLG und BGH keine Jugendgerichte iSd § 33 JGG sind, haben Revisionsverhandlungen öffentlich stattzufinden.[14] Das ist auch sachgerecht, da insofern keine Notwendigkeit einer jugendgemäßen Verfahrensgestaltung besteht. Wird gegen einen Jugendlichen und zugleich gegen Heranwachsende oder Erwachsene verhandelt, nimmt die Öffentlichkeit teil, § 48 Abs. 3 S. 1 JGG. Ein Ausschluss ist in diesem Fall im Interesse der Erziehung jugendlicher Angekl. durch besonderen Beschluss nach § 48 Abs. 3 S. 2 JGG möglich.

Auch im **Bußgeldverfahren** gilt der Öffentlichkeitsgrundsatz, § 46 Abs. 1 OWiG.[15]

3. Verfassungsrechtliche Einbettung, internationalrechtliche Grundlagen und Einflüsse. Art. 90 S. 1 BayVerf benennt ausdrücklich, dass die Verhandlungen vor allen Gerichten öffentlich seien. Das GG hat den Grundsatz der Öffentlichkeit hingegen nicht explizit aufgenommen. Unstreitig handelt es sich jedoch um eine grundlegende rechtsstaatliche Prozessmaxime, welche ihre verfassungsrechtliche Verankerung im **Demokratieprinzip,** Art. 20 Abs. 1 GG, sowie im **Rechtsstaatsprinzip,** Art. 20 Abs. 3 GG, findet.[16] Die Bedeutung, welche der Gesetzgeber der Öffentlichkeit im Strafverfahren beimisst, zeigt sich letztlich auch darin, dass er in § 338 Nr. 6 StPO für ihre Verletzung einen absoluten Revisionsgrund installiert hat. Auch in Art. 47 EU-Grundrechte-Charta ist die öffentliche Verhandlung genannt.

Art. 6 Abs. 1 EMRK und Art. 14 Abs. 1 S. 2 IPBPR garantieren als ratifizierte **internationale Verträge** mit innerstaatlicher Geltung im Rang eines einfachen Gesetzes (Art. 59 Abs. 2 S. 1 GG) ebenfalls die öffentliche Verhandlung über eine strafrechtliche Anklage. Die vom nationalen Recht vorgenommenen und gebilligten Einschränkungen stehen dabei auch mit dem Konventionsrecht in Einklang.[17]

Der Rekurs auf Demokratie- und Rechtsstaatsprinzip sowie die Betonung in § 173 und Art. 14 Abs. 1 S. 3 Hs. 2 IPBPR, wonach in Verfahren gegen Nicht-Jugendliche auch bei ggf. zulässigem (teilweisen) Ausschluss der Öffentlichkeit jedenfalls das Urteil öffentlich

---

[10] KK/*Diemer* Rn. 5; SK/*Velten* Rn. 36; offen gelassen in BGH 4.12.2007 – 5 StR 404/07, NStZ 2008, 354.
[11] Vgl. → § 176 Rn. 69.
[12] BGH 25.10.2001 – 1 StR 306/01, NStZ 2002, 106 (107); BGH 15.4.2003 – 1 StR 64/03, BGHSt 48, 268 = NJW 2003, 2761; Löwe/Rosenberg/*Wickern* Rn. 6; SSW/*Quentin* Rn. 5.
[13] Vgl. *Eisenberg* JGG § 48 Rn. 3 mwN.
[14] Meyer-Goßner/*Schmitt* Rn. 2; aA BGH 20.1.2004 – 5 StR 530/03, BeckRS 2004, 30837521; BeckOK StPO/*Allgayer*, 26. Ed. 1.10.2016, JGG § 48 Rn. 2; *Eisenberg* JGG § 48 Rn. 6; Löwe/Rosenberg/*Wickern* Rn. 1.
[15] Vgl. näher *Fromm* NJOZ 2015, 1193 (1195); HK/*Schmidt/Temming* Rn. 1.
[16] BVerfG 24.1.2001 – 1 BvR 2623/95, BVerfGE 103, 44 = NJW 2001, 1633 (1635); BVerfG 14.3.2012 – 2 BvR 2405/11, BVerfGK 19, 352 = NJW 2012, 1863 (1864); BGH 23.5.1956 – 6 StR 14/56, BGHSt 9, 280 = NJW 1956, 1646; Maunz/Schmidt-Bleibtreu/Klein/Bethge/v. Coelln BVerfGG § 17a Rn. 9 mwN; *Riepl* Informationelle Selbstbestimmung im Strafverfahren, 1998, S. 46 ff.
[17] BeckOK StPO/*Allgayer*, 26. Ed. 1.10.2016, Rn. 1; KK/*Diemer* Rn. 4; *Kreicker* ZIS 2017, 85 (92 ff.).

verkündet werden muss, zeigt einen weiteren wechselwirkenden Bezugspunkt auf: Die **Verkündung „im Namen des Volkes", § 268 Abs. 1 StPO.**[18] Die Funktion der Urteilsformel liegt dabei primär in ihrem Symbolcharakter und ihrer Appellfunktion, dh sie erinnert sowohl den Richter als auch die sonstigen Verfahrensbeteiligten und nicht zuletzt die Öffentlichkeit stets an die demokratische Legitimation der Person des Richters einerseits, aber auch an die Werte der Verfassung und die Bindung an Recht und Gesetz andererseits.[19] Bei der danach notwendigen Auseinandersetzung des Richters mit seiner eigenen Denkart ist es nicht nur sinnvoll, verbal auf die Legitimation „im Namen des Volkes" zu verweisen, sondern auch optisch durch das Öffentlichkeitsprinzip die demokratische Verantwortung gleichsam vor Augen zu führen.

II. Erläuterung

10 **1. Inbegriff der Öffentlichkeitsmaxime, Abs. 1 S. 1.** Der Grundsatz der Öffentlichkeit ist eine **„grundlegende Einrichtung des Rechtsstaats"**[20] und gehört zu den **„Prinzipien demokratischer Rechtspflege"**.[21] Sein inhaltlicher Gehalt ist die Garantie, dass jedermann jederzeit ohne wesentliche Erschwernis audiovisuell an der Hauptverhandlung passiv teilnehmen kann. Das Vorliegen, der Ausschluss und ggf. die Wiederherstellung der Öffentlichkeit unterliegen der besonderen **Beweiskraft des Protokolls, §§ 272 Nr. 5, 274 StPO.**[22]

11 **Jedermann** hat **jederzeit** das Recht, eine öffentliche Gerichtsverhandlung zu betreten, dieser passiv beizuwohnen und sie auch wieder zu verlassen, soweit nicht sitzungspolizeiliche Gründe eine ausnahmsweise, möglichst kurzzeitige Beschränkung des Zutritts auf Sitzungspausen gebieten.[23] Unabhängig vom konkreten Andrang muss die Öffentlichkeit in jedem Falle abstrakt in einer Weise gewahrt sein, dass der Einlass ohne wesentliche Erschwernis möglich ist **(Potentialität).**[24]

12 Der Grundsatz der Öffentlichkeit der Verhandlung gebietet es nicht, dass jedermann weiß, wann und wo ein erkennendes Gericht eine Hauptverhandlung abhält. Leitmotiv der Notwendigkeit der Information über Zeit und Ort einer stattfindenden Hauptverhandlung ist lediglich die abstrakte Gewährleistung der potentiellen Gelegenheit, sich bei gegebenem Interesse aus einem hinreichenden Informationspool Kenntnis zu verschaffen. Ausgerichtet hieran muss im Einzelfall hinterfragt werden, welche Maßnahmen insoweit zwingend geboten sind und welche Erkundigungsobliegenheiten dem Besucher auferlegt werden dürfen. Es genügt, dass **jedermann die Möglichkeit hat, sich ohne besondere Schwierigkeiten entsprechende Kenntnis zu verschaffen.**[25] Jedoch dürfen die Anforderungen an den durchschnittlichen Gerichtsbesucher nicht überspannt werden.[26]

---

[18] Vgl. auch *Riepl*, Informationelle Selbstbestimmung im Strafverfahren, 1998, S. 47: „Will die Strafjustiz Legitimation erreichen, so muß sie in der großen Linie wesentliche Wertvorstellungen des Volkes berücksichtigen. Derartige Maßstäbe können sich nur herausbilden, wenn das Volk die zur Meinungsbildung erforderlichen Informationen erhält, was durch Öffentlichkeit geschieht. Somit trägt Verfahrensöffentlichkeit auch zu demokratischer Legitimation der Justiz bei."

[19] *Kulhanek* ZRP 2015, 155.

[20] BGH 23.5.1956 – 6 StR 14/56, BGHSt 9, 280 = NJW 1956, 1646; BGH 10.6.1966 – 4 StR 72/66, BGHSt 21, 72 = NJW 1966, 1570 (1571).

[21] BAG 22.9.2016 – 6 AZN 376/16, NJW 2016, 3611 (3612).

[22] BGH 14.1.2016 – 4 StR 543/15, BeckRS 2016, 02165.

[23] BGH 30.3.2004 – 4 StR 42/04, NStZ 2004, 510 (511); BeckOK StPO/*Allgayer*, 26. Ed. 1.10.2016, § 176 Rn. 10; Löwe/Rosenberg/*Wickern* Rn. 32.

[24] BayObLG 30.11.1981 – 1 Ob OWi 331/81, BayObLGSt 1981, 186 = NJW 1982, 395 (396); OLG Zweibrücken 25.9.1995 – 1 Ss 183/95, NJW 1995, 3333; OLG Celle 1.6.2012 – 322 SsBs 131/12, NStZ 2012, 654; *Kissel/Mayer* Rn. 21 f.; SK/*Velten* Rn. 32; *Lesch* StraFo 2014, 353; aA KK/*Diemer* Rn. 7; Meyer-Goßner/Schmitt StPO § 338 Rn. 50a.

[25] BVerfG 10.10.2001 – 2 BvR 1620/01, NJW 2002, 814; BGH 7.4.2016 – 1 StR 579/15, NStZ-RR 2016, 245.

[26] BAG 22.9.2016 – 6 AZN 376/16, NJW 2016, 3611 (3612): generelles Erfordernis einer Nachfrage an der Gerichtspforte oder auf der Geschäftsstelle nur in besonders begründeten Ausnahmekonstellationen.

Das erfordert zunächst einen Hinweis auf das Stattfinden der Verhandlung (Zeit und **13** Ort) in Form eines **Sitzungsaushangs**. Hierbei genügt es, wenn der jeweilige Aushang an der Sitzungsörtlichkeit direkt vorgenommen wird; ein zusätzlicher Überblicksaushang im Eingangsbereich ist nicht geboten, wenn bei großen Gerichtsgebäuden eine Erkundigungsmöglichkeit an der Pforte besteht.[27] Ergeben sich Änderungen im Hinblick auf ursprüngliche Ankündigungen, sind diese ausreichend bekannt zu machen. Ein Saalwechselhinweis ist bspw. am alten und neuen Sitzungssaal anzubringen.[28] Hiervon mag man bei relativ kleinen, leicht überschaubaren Gerichtsgebäuden, bei denen sich Besucher ohne Schwierigkeiten informieren und orientieren können, eine Ausnahme zulassen.[29]

Für die Wahrung der Öffentlichkeit ist es ohne Bedeutung, wenn sich der Beginn einer **14** Hauptverhandlung verzögert. Ein Vorziehen der Verhandlung vor den ursprünglich angesetzten Termin ist ebenfalls zulässig, selbst wenn nicht auszuschließen ist, dass sich eine – insoweit auch die Öffentlichkeit repräsentierende – Person exakt pünktlich einfindet.[30] Wichtig ist in diesem Zusammenhang jedoch darauf zu achten, dass nicht schlicht vorzeitig begonnen wird, sondern dass der Beginn ordnungsgemäß geändert wird.[31] **Ein Vertrauen in konkrete, zeitliche wie örtliche, Terminsankündigungen schützt § 169 nicht.**[32] Insoweit geht die flexible und zügige Durchführung der Hauptverhandlung vor,[33] solange hierdurch nicht bewusst eine Beschränkung der Öffentlichkeit durch faktischen Ausschluss oder Selektion herbeigeführt wird. Ebenso wenig besteht ein Anspruch auf Aushang von Zeit und Ort einer Fortsetzung, wenn diese in öffentlicher Hauptverhandlung verkündet wurden, es sei denn die Verhandlung wird außerhalb des Gerichtsgebäudes fortgesetzt.[34]

2. Schranken der Öffentlichkeit. a) Natürliche Schranken der Öffentlichkeit. **15** Öffentlichkeit des Verfahrens bedeutet, dass **im Rahmen der tatsächlichen Gegebenheiten** (Platzverhältnisse, Sichtverhältnisse, Akustik) jedermann die Möglichkeit hat, an den Verhandlungen der Gerichte als Zuhörer und Zuschauer teilzunehmen.[35] Öffentliche Teilhabe an der Hauptverhandlung berechtigt aber bspw. nicht zur besonderen Inaugenscheinnahme einer Urkunde,[36] da nicht garantiert wird, dass alle Vorgänge im Sitzungssaal erkennbar sind.[37] Willkürliche Beschränkungen sind zu unterlassen. Das Selbstleseverfahren tangiert zwar den Öffentlichkeitsgrundsatz, verletzt diesen jedoch nicht,[38] weil durch die notwendige Bezeichnung und Protokollierung der Urkunde, die Gegenstand des Selbstleseverfahrens sein soll, eine hinreichende Transparenz hergestellt wird.

---

[27] Radtke/Hohmann/*Feldmann* Rn. 11; SSW/*Quentin* Rn. 10; aA *Kissel/Mayer* Rn. 47.
[28] BAG 22.9.2016 – 6 AZN 376/16, NJW 2016, 3611 (3612); Löwe-Rosenberg/*Wickern* Rn. 23; Meyer-Goßner/*Schmitt* Rn. 4a; SSW/*Quentin* Rn. 10. Ein Saalwechsel liegt aber nicht vor, wenn lediglich in einer Ladung versehentlich eine fehlerhafte Ortsangabe verwendet wurde, da insofern die Allgemeinheit in ihrer Möglichkeit, sich ohne besondere Schwierigkeiten von Zeit und Ort der Verhandlung zu informieren, nicht tangiert ist, OLG Hamm 26.2.2015 – 5 RVs 7/15, BeckRS 2015, 05465.
[29] BGH 7.4.2016 – 1 StR 579/15, NStZ-RR 2016, 245; OLG Koblenz 7.2.2011 – 2 SsBs 144/10, NZV 2011, 266; aA *Kissel/Mayer* Rn. 47.
[30] BGH 15.11.1983 – 1 StR 553/83, NStZ 1984, 134 (135); BeckOK StPO/*Allgayer*, 26. Ed. 1.10.2016, Rn. 4; HK/*Schmidt/Temming* Rn. 4; aA *Kissel/Mayer* Rn. 48; Löwe-Rosenberg/*Wickern* Rn. 19, 22; SK/*Velten* Rn. 35.
[31] BGH 18.7.2006 – 4 StR 89/06, BeckRS 2006, 09106; Radtke/Hohmann/*Feldmann* Rn. 17.
[32] BVerfG 10.10.2001 – 2 BvR 1620/01, NJW 2002, 814.
[33] BGH 15.8.2001 – 3 StR 187/01, NStZ 2002, 46.
[34] BGH 22.1.1981 – 4 StR 97/80, NStZ 1981, 311: nur Grundsatz, keine unverzichtbare Voraussetzung; Umstände des Einzelfalls entscheidend; OLG Dresden 11.12.2008 – 2 Ss 562/08, StV 2009, 682; OLG Hamm 25.6.2012 – III-3 RBs 149/12, NStZ 2013, 64; *Thym* NStZ 1981, 293 (294); vgl. zur teilweise unübersichtlichen Kasuistik BeckOK StPO/*Allgayer*, 26. Ed. 1.10.2016, Rn. 6 mwN.
[35] BVerfG 10.10.2001 – 2 BvR 1620/01, NJW 2002, 814; BGH 17.2.1989 – 2 StR 402/88, BGHSt 36, 119 = NJW 1989, 1741 (1743); BGH 10.1.2006 – 1 StR 527/05, NJW 2006, 1220 (1221); *Franke* StraFo 2014, 361.
[36] BGH 26.7.1990 – 4 StR 301/90, BeckRS 1990, 31081898.
[37] BeckOK StPO/*Allgayer*, 26. Ed. 1.10.2016, Rn. 7; HK/*Schmidt/Temming* Rn. 3; *Kissel/Mayer* Rn. 52; Meyer-Goßner/*Schmitt* Rn. 3; SSW/*Quentin* Rn. 14; *Franke* StraFo 2014, 361; aA SK/*Velten* Rn. 14.
[38] Löwe-Rosenberg/*Mosbacher* StPO § 249 Rn. 59; *Kreicker* ZIS 2017, 85 (94).

16 Soweit die Hauptverhandlung außerhalb des Gerichtsgebäudes stattfindet und diesbezüglich in ein **Hausrecht** eingegriffen wird, muss der Vorsitzende die erforderliche Erlaubnis einholen. Wird die Erlaubnis versagt, muss die Öffentlichkeit zurücktreten.[39] Es bedarf in einem solchen Fall – wobei darauf zu achten ist, dass grds. nur solche Themen angesprochen werden, die mit dem auswertigen Termin zusammenhängen – weder eines Beschlusses über den Ausschluss der Öffentlichkeit noch besteht eine Pflicht, die Zuhörer nach Fortführung der Beweisaufnahme in öffentlicher Sitzung über den Inhalt der nicht öffentlich durchgeführten Verhandlungsteile zu unterrichten.[40]

17 Zwingende Folge eines auf Gleichheit beruhenden Rechtsverständnisses ist die Einhaltung des sog. **Reihenfolgeprinzips,** wonach die Zuhörer ohne Anschauung der Person in der Reihenfolge ihrer Ankunft am Sitzungssaal einzulassen sind respektive nach dieser Reihenfolge Platzkarten erhalten,[41] oder ein dem Zufallsprinzip verpflichtetes **Losverfahren,**[42] wobei das Reihenfolgeprinzip geläufiger und auch zweckmäßiger erscheint. **Platzreservierungen** jedweder Art sind grds. ausgeschlossen.[43] Im Hinblick auf die gesteigerte Bedeutung der massenmedialen Berichterstattung soll es jedoch zulässig sein, eine bestimmte Anzahl von Plätzen für Medienvertreter zu reservieren (vgl. → § 176 Rn. 29 ff.). Für Ortstermine an sehr beengten Örtlichkeiten kann wegen der Platzverhältnisse eine angemessene, willkürfreie Einzelfallbehandlung angebracht sein.[44]

18 **b) Kontrollmaßnahmen.** Zu beachten ist in jedem Fall, dass der **ungestörte Ablauf der Sitzung zur Wahrheits- und Rechtsfindung** ein ebenso bedeutsames Gut darstellt.[45] Ein großer Zuschauerandrang und/oder ein breites mediales Interesse berechtigen weder zur Außerachtlassung sicherheitsrechtlicher Belange **noch zur Verlegung einer Hauptverhandlung in eine gerichtsexterne Räumlichkeit.**[46] Im Gegenteil ist in solchen Konstellationen in besonderem Maße darauf zu achten, dass der Anschein eines Spektakels vermieden wird, welches nicht mehr rechtsstaatlichen Grundsätzen genügt, zu denen auch die Menschenwürde des Angekl. in Form seines Rechtes, nicht zum bloßen Objekt staatlicher (und medialer) Verfolgung zu werden, zählt.[47] Kontrollmaßnahmen sind auch zusätzlich zu etwaigen generellen Kontrollen beim Einlass in das Gerichtsgebäude zulässig. Jedoch darf die Hauptverhandlung erst beginnen, wenn die rechtzeitig zum angesetzten Termin erschienenen Zuhörer im Sitzungssaal angelangt sind. Dass sich der Eintritt später erscheinender Zuhörer ebenso verzögert, ist unbeachtlich.[48] Inwieweit durch entsprechende Kontrollmaßnahmen überhaupt tatsächlich eine psychologische Hemmschwelle aufgebaut wird, bedarf der Einzelfallbetrachtung. Zwar kann die Öffentlichkeit der Hauptverhandlung nicht nur bei physischer Zutrittsverhinderung beeinträchtigt sein, sondern ausnahmsweise auch dann, wenn die tatsächliche Möglichkeit zwar besteht, aber von Maßnahmen staatlicher Organe im unmittelbaren Bereich des Zugangs

---

[39] BGH 14.6.1994 – 1 StR 40/94, BGHSt 40, 191 = NJW 1994, 2773; BeckOK StPO/*Allgayer,* 26. Ed. 1.10.2016, Rn. 10; HK/*Schmidt/Temming* Rn. 10; Löwe/Rosenberg/*Wickern* Rn. 17; Meyer-Goßner/*Schmitt* Rn. 6; SSW/*Quentin* Rn. 15; *Bosch* Jura 2016, 45 (50); aA *Lilie* NStZ 1993, 121.
[40] BGH 10.11.1999 – 3 StR 331/99, NStZ-RR 2000, 366; BeckOK StPO/*Allgayer,* 26. Ed. 1.10.2016, Rn. 10; HK/*Schmidt/Temming* Rn. 10; SSW/*Quentin* Rn. 15.
[41] BeckOK StPO/*Allgayer,* 26. Ed. 1.10.2016, Rn. 8; HK/*Schmidt/Temming* Rn. 5; Meyer-Goßner/*Schmitt* Rn. 4.
[42] BGH 10.1.2006 – 1 StR 527/05, NJW 2006, 1220 (1222); SSW/*Quentin* Rn. 17.
[43] BeckOK StPO/*Allgayer,* 26. Ed. 1.10.2016, Rn. 8; Meyer-Goßner/*Schmitt* Rn. 4; SK/*Velten* Rn. 19; *Roxin* FS Peters, 1974, 399 f.; diff. *Kissel/Mayer* Rn. 32; Löwe/Rosenberg/*Wickern* Rn. 14; Radtke/Hohmann/*Feldmann* Rn. 22; SSW/*Quentin* Rn. 17; *Kujath* AfP 2013, 269 (270): Reservierung aus besonderen sachlichen Gründen, zB für Schulklassen.
[44] BGH 10.1.2006 – 1 StR 527/05, NJW 2006, 1220 (1221 f.).
[45] BVerfG 14.3.2012 – 2 BvR 2405/11, BVerfGK 19, 352 = NJW 2012, 1863 (1864); BGH 10.1.2006 – 1 StR 527/05, NJW 2006, 1220 (1221).
[46] Meyer-Goßner/*Schmitt* Rn. 5; Statement des Präsidenten des Oberlandesgerichts München *Dr. Karl Huber* zum Pressegespräch am 15.3.2013, S. 5; *Finger/Baumanns* JA 2005, 717 (719 f.); *Roxin* FS Peters, 1974, 400 ff.
[47] *Alwart* JZ 2014, 1091 (1092 ff.); krit. Radtke/Hohmann/*Feldmann* Rn. 19.
[48] BGH 7.3.1979 – 3 StR 39/79 (S), BGHSt 28, 341 = NJW 1979, 2622; BGH 23.4.1980 – 3 StR 434/79 (S), BGHSt 29, 258 = NJW 1981, 61; BeckOK StPO/*Allgayer,* 26. Ed. 1.10.2016, Rn. 9; HK/*Schmidt/Temming* Rn. 6; KK/*Diemer* Rn. 10; Meyer-Goßner/*Schmitt* Rn. 7.

zum Verhandlungssaal ein starker psychischer Druck dadurch ausgeht, dass diese bei einem unbefangenen Interessenten den Eindruck einer realen Gefahr entstehen lassen, der Besuch der Hauptverhandlung könne für ihn konkrete Nachteile von Seiten staatlicher Organe nach sich ziehen.[49] Bei verständlichem Anlass für eine sitzungspolizeiliche Maßnahme scheidet eine solche Zwangswirkung aus.[50] Gleiches gilt für dem allgemeinen Sicherheitsbedürfnis geschuldete und auf das Hausrecht des Gerichtspräsidenten gestützte Eingangskontrollen und eine Videoüberwachung des Gerichtsgebäudes.[51]

c) Schranken durch strafverfahrensgestaltende Maßnahmen. Die rechtsstaatliche Komponente der Gerichtsöffentlichkeit zielt darauf, zur öffentlichen Kontrolle der Einhaltung des Rechts den Einblick in die Funktionsweise der verurteilenden Gewalt zu ermöglichen. „Insbesondere soll darauf hingewirkt werden, dass die Handelnden nicht in dem Gefühl, ‚unter sich zu sein', Verfahrensgarantien unbeachtet lassen oder tatsächlich und rechtlich wesentliche Gesichtspunkte zum Zwecke der Beschleunigung des Verfahrens übergehen."[52] In einigen Fällen kann für die Verfahrensbeteiligten die Neigung bestehen, sich **der Öffentlichkeit der Hauptverhandlung durch strafverfahrensgestaltende Maßnahmen zu entziehen.**[53] Auf Seiten der Verteidigung besteht ein Interesse der Verhinderung von Aufmerksamkeit, Prangerwirkung und psychischer Belastung. Und auch die Strafverfolgungsbehörden können in bestimmten, besonders sensiblen Konstellationen durchaus daran interessiert sein, eine (insbes. medien)öffentliche Ausschlachtung der einzelnen Verhandlungstage zu vermeiden. Man darf schließlich nicht außer Acht lassen, dass medial bedeutsame Verfahren einen erheblichen Erwartungsdruck verbunden mit einem hohen Sicherheits-/Kostenaufwand für die Justiz erzeugen.

aa) Opportunitätseinstellung. Das Ermittlungsverfahren ist seinem Charakter und seiner Ausprägung nach nicht öffentlich, so dass **Ermessenseinstellungen durch die StA** (mit und ohne Zustimmung des Gerichts) die Öffentlichkeitsmaxime nicht tangieren. Ein mediales Kundgabeerfordernis mag aus dem Presserecht erwachsen (sog. presserechtlicher Auskunftsanspruch),[54] nicht jedoch aus dem Grundsatz der Öffentlichkeit.

bb) Strafbefehl. Während Abs. 1 S. 1 von „Verhandlung vor dem erkennenden Gericht" spricht und demnach das **Strafbefehlsverfahren** dem Wortlaut nach auch gar nicht erfasst, nennt Art. 6 Abs. 1 S. 1 EMRK „eine gegen sie erhobene strafrechtliche Anklage", was nach autonomer Auslegung ebenso den Strafbefehl umfasst.[55] Im Strafbefehlsverfahren besteht keine Gefahr einer „Geheimjustiz", da der Strafbefehl nur ein „Angebot" an den Angekl. darstellt, ohne entsprechende „Annahmepflicht". Die generalpräventive Öffentlichkeitskomponente[56] ist dagegen durchaus betroffen. Interessanterweise ergehen Strafbefehle auch nicht „im Namen des Volkes". §§ 407 ff. StPO sollen gleichwohl mit Art. 6 Abs. 1 S. 1 EMRK in Einklang stehen.[57] Insofern findet eine gewisse Abwägung

---

[49] BGH 11.7.1979 – 3 StR 165/79 (S), BGHSt 29, 50 = NJW 1980, 249.
[50] BGH 6.10.1976 – 3 StR 291/76, BGHSt 27, 13 = NJW 1977, 157 (158); BGH 11.7.1979 – 3 StR 165/79 (S), BGHSt 29, 50 = NJW 1980, 249 (249 f.).
[51] Vgl. BVerfG 14.3.2012 – 2 BvR 2405/11, BVerfGK 19, 352 = NJW 2012, 1863 (1865); BeckOK StPO/*Allgayer*, 26. Ed. 1.10.2016, Rn. 9; KK/*Diemer* Rn. 10; SSW/*Quentin* Rn. 20; vertiefend *Klotz* NJW 2011, 1186 mwN; aA SK/*Velten* Rn. 22.
[52] BVerfG 24.1.2001 – 1 BvR 2623/95, BVerfGE 103, 44 = NJW 2001, 1633 (1636).
[53] KMR/*Eschelbach* StPO Vorb. zu §§ 226 ff. Rn. 21: „Flucht vor der Öffentlichkeit der Hauptverhandlung in nichtöffentliche Erledigungsformen oder in eine jedenfalls teilweise der Öffentlichkeit entzogene Absprachenpraxis".
[54] Vgl. dazu *Altenhain* NJW-Beil 2016, 37 (37 f.).
[55] Löwe/Rosenberg/*Esser* EMRK Art. 6 Rn. 68 ff.
[56] Vgl. etwa *Gierhake* JZ 2013, 1030 (1035): „Denn es geht bei der Strafe auch um das mit dem Ausgleich des gebrochenen Rechts verbundene Signal, dass die Rechtsgemeinschaft auch gegen das im Einzelfall geschehene Unrecht am allgemein-geltenden Recht festhält. Dazu gehört, dass die Öffentlichkeit den Prozess der Aufklärung des Verbrechens, der rechtlichen Würdigung und der Urteilsfindung verfolgen und nachvollziehen kann".
[57] BeckOK StPO/*Valerius* EMRK Art. 6 Rn. 19; Löwe/Rosenberg/*Esser* EMRK Art. 6 Rn. 384; Meyer-Goßner/*Schmitt* EMRK Art. 6 Rn. 6; *Kreicker* ZIS 2017, 85 (95).

zwischen Verfahrensökonomie und generalpräventiver Öffentlichkeitskomponente dahingehend statt, dass Letztere – bei gegebenem Einverständnis des Beschuldigten – in den in § 407 StPO genannten Fällen (Vergehen mit Straffestsetzung bis zu maximal einem Jahr Freiheitsstrafe zur Bewährung) zurücktritt. Anders als § 169, welcher Öffentlichkeit als absolut geltende Institution qualifiziert, garantiert Art. 6 Abs. 1 S. 1 EMRK lediglich ein Recht des Beschuldigten.[58] Auf Letzteres kann er verzichten, so dass Art. 6 EMRK dem Strafbefehlsverfahren tatsächlich nicht entgegensteht.

22 cc) **Verständigung.** Gem. § 243 Abs. 4 S. 1 StPO hat der Vorsitzende zum Zwecke der Transparenz sämtlichen Verfahrensbeteiligten und auch der Öffentlichkeit im Anschluss an die Verlesung des Anklagesatzes und vor Beginn der Einlassung des Angekl. mitzuteilen, ob und ggf. mit welchem Inhalt Gespräche über eine **Verständigung iSd § 257c StPO** stattgefunden haben. Hierbei genügt bereits nach dem Wortlaut eine Mitteilung des wesentlichen Inhalts. Einer der zentralen Aspekte dieser Regelung liegt in der Betonung der Kontrollfunktion der Öffentlichkeit der Hauptverhandlung in der beschriebenen Wechselwirkung mit Unmittelbarkeit und Mündlichkeit (Inbegriff der Hauptverhandlung als alleinige Grundlage der richterlichen Überzeugungsbildung).[59] Gleichwohl wird darauf verzichtet, eine wortlautgenaue Einführung respektive die exakte Rekonstruktion der Gesprächsabläufe zu verlangen. Hierin ist durchaus eine gewisse Einschränkung der übergeordneten öffentlichen Transparenz- und Kontrollambition zu sehen.[60] Eine maßgebliche Beschränkung der durch Abs. 1 S. 1 geschützten Saalöffentlichkeit liegt dagegen nicht vor, weil diese nur insoweit unter Schutz gestellt wird, als ihre unbeschränkte Anwesenheit in der Hauptverhandlung betroffen ist.[61] Der Gesetzgeber hat indes selbst zu bestimmen, welche Teile des Verfahrens in eben dieser öffentlichen Hauptverhandlung stattfinden und welche nicht. Eine weitere, ebenfalls vom Gesetzgeber zu beantwortende Frage ist sodann, ob, auf welche Weise und in welchem Umfang Vorgänge außerhalb der Hauptverhandlung in jene hineintransportiert werden.[62] Außerdem ist zu betonen, dass auch ein im Rahmen einer Verständigung abgelegtes Geständnis in der öffentlichen Hauptverhandlung hinreichend überprüft werden muss, so dass sich jeder Zuschauer gleichwohl selbst ein Bild machen kann.

23 3. **Medien, Justiz und Öffentlichkeit.**[63] Straftaten gehören zum Zeitgeschehen, deren Vermittlung Aufgabe der Medien ist. Die Beeinträchtigung von Rechtsgütern der von der Tat Betroffenen und die diesbezügliche Verletzung der Rechtsordnung, die Sympathie mit den Opfern und ihren Angehörigen, die Furcht vor Wiederholungen und das Bestreben, dem vorzubeugen, begründen ein anzuerkennendes Interesse an näherer Information über Tat und Täter.[64] Dabei ist zu beachten, dass einerseits die öffentliche Aufmerksamkeit umso stärker wiegt, je mehr sich die Straftat durch die Art der Begehungsweise oder die Schwere der Tatfolgen von der gewöhnlichen Kriminalität abhebt,[65] sowie inwieweit die Tat/die Verhandlung eine über die konkrete Straftat hinausreichende öffentliche Diskussion ausgelöst hat,[66] und andererseits das Informationsinteresse der Öffentlichkeit auch auf die Personen gerichtet sein soll, die als Mitglieder des Gerichts, der StA oder der Verteidigung an

---

[58] Löwe/Rosenberg/*Esser* EMRK Art. 6 Rn. 379, 391; *Kreicker* ZIS 2017, 85 (94).
[59] BVerfG 19.3.2013 – 2 BvR 2628/10, 2 BvR 2883/10, 2 BvR 2155/11, BVerfGE 133, 168 = NJW 2013, 1058 (1064 f.); BVerfG 15.1.2015 – 2 BvR 878/14, NStZ 2015, 170 (171); BVerfG 15.1.2015 – 2 BvR 2055/14, NStZ 2015, 172 (173).
[60] *Altenhain/Haimerl* JZ 2010, 327 (335); *Gierhake* JZ 2013, 1030 (1037 f.); *Heger/Pest* ZStW 126 (2014), 446 (463 ff.); *Hettinger* JZ 2011, 292 (300).
[61] AA SK/*Velten* Rn. 9.
[62] Vgl. auch *Walther* NStZ 2015, 383 (385).
[63] Vgl. auch → § 176 Rn. 28 ff.
[64] BVerfG 27.11.2008 – 1 BvQ 46/08, NJW 2009, 350 (351).
[65] BVerfG 19.12.2007 – 1 BvR 620/07, BVerfGE 119, 309 = NJW 2008, 977 (979); BVerfG 27.11.2008 – 1 BvQ 46/08, NJW 2009, 350 (351); BVerfG 30.3.2012 – 1 BvR 711/12, NJW 2012, 2178 (2179).
[66] BVerfG 15.3.2007 – 1 BvR 620/07, NJW-RR 2007, 986 (987).

der Rechtsfindung mitwirken.[67] Im Zuge der heutigen Informationsgesellschaft findet eine stetig wachsende – gleichzeitig von den Adressaten isoliert konsumierte – **Vermittlung von Inhalten durch Massenmedien** statt, was auch auf Inhalt und Funktion der Öffentlichkeitsmaxime nicht ohne Bedeutung geblieben ist.[68] „Die Medienöffentlichkeit hat schädliche Einflüsse auf das Verfahren, die oft unterschätzt werden, denen die Organe der Rechtspflege aber entgegenwirken müssen (...) Der Bedeutungswandel der Öffentlichkeit der Hauptverhandlung kann dazu führen, dass Vorschriften über den Ausschluss der Öffentlichkeit nicht so restriktiv wie bisher (...) angewendet werden sollten."[69]

a) Verhältnis der Medien zur Strafjustiz. Kein Rechtsbereich fesselt den medialen Empfänger so sehr wie der Strafprozess, befriedigt die entsprechende Berichterstattung doch die gewisse Sehnsucht nach „dem Verbotenen" ebenso wie sie die unvermeidliche Aufregung im Zusammenhang mit „dem Bösen" weckt. Darin spiegelt sich eine hohe Frequenz an Strafrechtsjournalismus wider, um die erwarteten Auflagenzahlen und Einschaltquoten zu erzielen.[70] Die Justiz kann sich dem medialen Interesse an „Justizgeschichten" nicht verschließen, welche zu einer **breit angelegten, professionellen Medienarbeit von Staatsanwaltschaften und Gerichten** geführt hat.[71] Bei der Zusammenarbeit mit Presse und Rundfunk darf eine Unterrichtung weder den Untersuchungszweck gefährden, dem Ergebnis der Hauptverhandlung vorgreifen oder den Anspruch auf ein faires Verfahren beeinträchtigen, Nr. 23 Abs. 1 S. 2 RiStBV.[72] In diesem Zusammenhang ist auf zurückhaltende, gleichwohl aber präzise Auskunftserteilung zu achten, welche in keinem Fall Mitteilungen an Verfahrensbeteiligte vorwegnehmen darf.[73]

b) Mediale Schranken der Öffentlichkeit. In der Jurisprudenz kommt es auf das **Argument als intellektuelles Konstrukt** an, während Medien ein Ereignis oftmals schlaglichtartig mit einem einzelnen Bild darzustellen suchen.[74] Das Medieninteresse der Öffentlichkeit speist sich zwar gleichermaßen aus der abgeleiteten Urteilsfindung „im Namen des Volkes". Jedoch redet diese nicht einer mittelbaren Medienöffentlichkeit das Wort, sei diese Form der Informationsbeschaffung in der heutigen Gesellschaft auch noch so vorherrschend. Das Urteil wird im Namen des Volkes verkündet, aber nicht vom Volk (und schon gar nicht von den Medien) beherrscht.[75] Dabei besteht die eindringliche Gefahr, dass die Konzentration auf die Nuancen des argumentativen Widerstreits bei einer Fokussierung auf (einzelne) Bilder verloren geht.[76]

Die Öffentlichkeitsmaxime besagt als solche noch nichts zu den Modalitäten, unter denen die Öffentlichkeit zugelassen wird. „Prozesse finden in der, aber nicht für die Öffentlichkeit statt."[77] Einer unbegrenzten Öffentlichkeit von Verhandlungen vor dem erkennenden Gericht stehen als gewichtige Interessen das **Persönlichkeitsrecht der Verfahrensbeteiligten** (Art. 1 Abs. 1 iVm Art. 2 Abs. 1 GG), das **Recht auf ein faires Verfahren** (Art. 2 Abs. 1 iVm Art. 20 Abs. 3 GG) sowie die **Funktionstüchtigkeit der Rechtspflege** entge-

---

[67] BVerfG 19.12.2007 – 1 BvR 620/07, BVerfGE 119, 309 = NJW 2008, 977 (979 ff.); BVerfG 30.3.2012 – 1 BvR 711/12, NJW 2012, 2178 (2179); vgl. hierzu krit. → § 176 Rn. 48 ff.
[68] Maunz/Schmidt-Bleibtreu/Klein/Bethge/*v. Coelln* BVerfGG § 17a Rn. 4; *Gostomzyk*, Die Öffentlichkeitsverantwortung der Gerichte in der Mediengesellschaft, 2006, S. 122 ff.
[69] KMR/*Eschelbach* StPO Vorb. zu §§ 226 ff. Rn. 120.
[70] *Alwart* JZ 2014, 1091 (1093); *Lehr* NStZ 2001, 63.
[71] *Altenhain* NJW-Beil 2016, 37 (38); *Trüg* NJW 2011, 1040 (1041 f.); HdbStA/*Wankel/Steinkraus-Koch* 10. Teil Rn. 1; *Gostomzyk*, Die Öffentlichkeitsverantwortung der Gerichte in der Mediengesellschaft, 2006, S. 176 ff.; krit. bis ablehnend *Schnoor/Giesen/Addicks* NStZ 2016, 256.
[72] Vertiefend zu maßgeblichen Abwägungsgesichtspunkten für die Erfüllung des Informationsanspruchs der Öffentlichkeit und der Presse durch die Justiz BeckOK StPO/*Gertler* RiStBV Nr. 23 Rn. 10 ff.
[73] HdbStA/*Wankel/Steinkraus-Koch* 10. Teil Rn. 4 mit dem Bsp., dass der Angekl. aus der Presse von der Anklageerhebung erfährt. Vgl. insoweit auch Nr. 23 Abs. 2 RiStBV.
[74] *Widmaier* NJW 2004, 399 (400).
[75] *Gerhardt/Kepplinger/Geiß* ZRP 2012, 213; *Kulhanek* ZRP 2015, 155; *Widmaier* NJW 2004, 399 (401).
[76] *Widmaier* NJW 2004, 399 (400).
[77] BVerfG 24.1.2001 – 1 BvR 2623/95, BVerfGE 103, 44 = NJW 2001, 1633 (1635).

gen.⁷⁸ Soweit die Vorgänge in der Hauptverhandlung in Ton und Bild fixiert und dadurch von der flüchtigen Wahrnehmung der im Gerichtssaal Anwesenden gelöst werden, verstärkt sich der ohnehin bestehende Eingriff in das Persönlichkeitsrecht der Beteiligten. Mediale Aufnahme- und Übertragungstechniken bergen die Gefahr von Selektivität und auch Verfälschung (bei Suggestion von Vollständigkeit und Objektivität). Der Begegnung solcher Risiken für das Recht auf informationelle Selbstbestimmung dient der generelle Ausschluss von Rundfunkaufnahmen in der Sitzung und deren Verbreitung.⁷⁹ Aber auch im Übrigen muss einzelfallorientiert ein Ausgleich der widerstreitenden Gesichtspunkte geschaffen werden.⁸⁰

27 **4. Unzulässigkeit von Ton- und Fernseh-Rundfunkaufnahmen sowie Ton- und Filmaufnahmen zum Zwecke der Veröffentlichung, Abs. 1 S. 2.** § 169 in seiner aktuellen Fassung sichert nur die unmittelbare Öffentlichkeit der im Gerichtssaal selbst Anwesenden sowie die mittelbare Öffentlichkeit durch Berichte von diesbezüglichen „Augen- und Ohrenzeugen"; eine darüber hinausgehende **Verbreitung an eine unbestimmte Vielzahl von Personen durch Bild- und/oder Tonaufnahmen während der Verhandlung** schließt Abs. 1 S. 2 ausdrücklich aus, um auf diese Weise den potentiellen Einfluss akutmultimedialer Wahrnehmung auf das Prozess- und Aussageverhalten sämtlicher Beteiligter bereits von vornherein zu unterbinden.⁸¹ Ausweislich der wörtlichen Unterscheidung von „Verhandlung" (§ 169) und „Sitzung" (§ 176) gilt das Aufnahmeverbot weder vor noch nach der Verhandlung und auch nicht in Verhandlungspausen; insoweit besteht die Presse- und Rundfunkfreiheit.⁸²

28 **a) Verfassungskonformität des Abs. 1 S. 2.** Der pauschale gesetzliche Ausschluss von Ton- und Fernsehen-Rundfunkaufnahmen in Gerichtsverhandlungen ist verfassungsgemäß.⁸³ Dem Gesetzgeber kommt auch keine Pflicht zu, Ausnahmen für bestimmte Verfahrensarten oder Verfahrensabschnitte zu definieren.⁸⁴ Zwar lassen sich einige negative Auswirkungen durch geeignete Einzelfallmaßnahmen abmildern, ein sicherer Ausschluss von entsprechenden Gefährdungen ist jedoch für keine Verfahrensart und für keinen Verfahrensabschnitt möglich.⁸⁵ Die entsprechende **Saalöffentlichkeit genügt dem rechtsstaatlichen Interesse der Transparenz gerichtlichen Handelns** unter der demokratisch notwendigen Zugänglichkeit von Informationen für die individuelle und öffentliche Meinungsbildung. Art. 5 Abs. 1 S. 2 GG umfasst den Schutz der Berichterstattung von der Beschaffung der Information bis zur Verbreitung von Nachricht und Meinung, so dass erst der prinzipiell ungehinderte Zugang zur begehrten Information die Medien in den Stand versetzt, die ihnen in der freiheitlichen Demokratie zukommende Funktion wahrzunehmen.⁸⁶ Während zu den medienspezifischen Möglichkeiten der Berichterstattung auch der Einsatz von Aufnahme- und Übertragungsgeräten gehört, schafft das Abwehrrecht des Art. 5 Abs. 1 S. 2 GG aber kein Recht auf Eröffnung einer Informationsquelle, sondern sichert nur den Zugang nach Herstellung der allgemeinen Zugänglich-

---

⁷⁸ BVerfG 24.1.2001 – 1 BvR 2623/95, BVerfGE 103, 44 = NJW 2001, 1633 (1635); Löwe/Rosenberg/ Wickern Vor § 169 Rn. 17 ff.; zur Funktionstüchtigkeit der Strafrechtspflege dogmatisch vertiefend *Landau* NStZ 2007, 121.
⁷⁹ BVerfG 24.1.2001 – 1 BvR 2623/95, BVerfGE 103, 44 = NJW 2001, 1633 (1636).
⁸⁰ Vgl. näher → § 176 Rn. 37 ff.
⁸¹ BGH 13.6.1961 – 1 StR 179/61, BGHSt 16, 111 = NJW 1961, 1781 (1782).
⁸² BVerfG 24.1.2001 – 1 BvR 2623/95, BVerfGE 103, 44 = NJW 2001, 1633 (1635).
⁸³ HM: BVerfG 24.1.2001 – 1 BvR 2623/95, BVerfGE 103, 44 = NJW 2001, 1633 (1635 f.); BVerfG 19.12.2007 – 1 BvR 620/07, BVerfGE 119, 309 = NJW 2008, 977 (979); BVerfG 27.11.2008 – 1 BvQ 46/08, NJW 2009, 350 (351); BeckOK StPO/*Allgayer*, 26. Ed. 1.10.2016, Rn. 16; HK/*Schmidt/Temming* Rn. 11; *Kissel/ Mayer* Rn. 66; KK/*Diemer* Rn. 13; KMR/*Eschelbach* StPO Vorb. zu §§ 226 ff. Rn. 95; Meyer-Goßner/*Schmitt* Rn. 8; SSW/*Quentin* Rn. 22; Altenhain NJW-Beil 2016, 37 (39 f.); *Enders* NJW 1996, 2712; *Huff* NJW 2001, 1622; *Plate* NStZ 1999, 391.
⁸⁴ BVerfG 24.1.2001 – 1 BvR 2623/95, BVerfGE 103, 44 = NJW 2001, 1633 (1637) mit insoweit abweichender Meinung der Richter *Kühling, Hohmann-Dennhardt, Hoffmann-Riem*; aA *Gündisch/Dany* NJW 1999, 256 (260); *Kaulbach* JR 2011, 51 (53); *v. Coelln* Strafrecht und Medien, 2016, S. 31.
⁸⁵ BVerfG 24.1.2001 – 1 BvR 2623/95, BVerfGE 103, 44 = NJW 2001, 1633 (1637).
⁸⁶ BVerfG 24.1.2001 – 1 BvR 2623/95, BVerfGE 103, 44 = NJW 2001, 1633 (1634).

keit in eben diesem vom Inhaber des maßgeblichen Bestimmungsrechts gewährten Umfang.[87] Sowie die Ausübung des Bestimmungsrechts für Dritte keine Beschränkung des grundrechtlichen Schutzbereichs darstellt, ist nur das Recht gewährleistet, sich ungehindert aus einer schon für die allgemeine Zugänglichkeit bestimmten Quelle zu unterrichten.[88] Verhandlungen vor dem erkennenden Gericht einschließlich der Verkündung der Entscheidung sind Informationsquellen, deren öffentliche Zugänglichkeit der Gesetzgeber im Rahmen seiner Befugnis zur Ausgestaltung des Gerichtsverfahrens dahingehend geregelt hat, dass die Aufnahme und Verbreitung von Ton- und Fernseh-Rundfunkaufnahmen ausgeschlossen ist. **§ 169 normiert den Grundsatz der Gerichtsöffentlichkeit/Saalöffentlichkeit.**[89] Medienvertreter dürfen wie jedermann zusehen, zuhören und ihre Erkenntnisse verbreiten. Eine mittelbare Medienöffentlichkeit dergestalt, dass die unmittelbare visuelle und/oder akustische Wahrnehmung mithilfe von Aufnahme- und Verbreitungstechniken ermöglicht würde, hat der Gesetzgeber negiert und demzufolge von vornherein nur eine in diesem Sinne eingeschränkte Öffnung der Informationsquelle Verhandlung vorgenommen.[90]

29 „Denn die ‚Öffentlichkeit', die das Gesetz schützt, ist von vornherein kein absolutes Gut, von dem man nie genug haben kann; sie ist vielmehr das Ergebnis einer Abwägung verschiedenartiger Interessen, die teils zur Zulassung, teils zur Ausschließung, teils – wie in Abs. 1 S. 2 GVG – zu einer Einschränkung der öffentlichen Teilnahme an der Hauptverhandlung geführt hat. Die Begrenzung der Publikumszulassung gehört zum Begriff der Verfahrensöffentlichkeit hinzu."[91] **Dabei gilt Abs. 1 S. 2 ausnahmslos.** Setzt der Vorsitzende folglich das darin enthaltene gesetzliche Verbot von Ton- und Fernseh-Rundfunkaufnahmen während der Verhandlung durch, greift er nicht in den Schutzbereich der Rundfunkfreiheit ein.[92]

30 **b) Übertragung in einen Nebenraum de lege lata.** Einer virtuellen Vergrößerung der Öffentlichkeit durch audiovisuelle Übertragung in einen Nebenraum **steht de lege lata das Verbot des Abs. 1 S. 2 entgegen**.[93] Insofern wird nicht die zugelassene Saalöffentlichkeit vergrößert, sondern ein Aliud geschaffen. Es handelt sich tatsächlich um eine öffentliche Vorführung. Die Neufassung des Abs. 1 S. 3 mit ihrer eingeschränkten Übertragungsbefugnis bestätigt diese Auffassung in gesetzessystematischer Hinsicht.

31 Das BVerfG hat insoweit entschieden, dass sich **aus Art. 5 Abs. 1 S. 2 GG jedenfalls kein Anspruch** auf Bild- und Tonübertragung der Verhandlung in einen anderen Saal des Gerichts herleiten lässt.[94]

32 **c) Ton- und Filmaufnahmen ohne Veröffentlichungszweck.** Ton- und Filmaufnahmen **ohne Veröffentlichungszweck** werden von Abs. 1 S. 2 nicht untersagt. Für diese gilt lediglich die Sitzungspolizei des Vorsitzenden nach § 176. Allerdings ist in diesem Zusammenhang zu beachten, dass kaum gesichert werden kann, dass Aufnahmen außerhalb der Gerichtsverhandlung nicht der Öffentlichkeit zugänglich gemacht werden, weshalb Ton- und Filmaufnahmen während der Hauptverhandlung nahezu ausgeschlossen sind.[95]

---

[87] BVerfG 24.1.2001 – 1 BvR 2623/95, BVerfGE 103, 44 = NJW 2001, 1633 (1634).
[88] BVerfG 24.1.2001 – 1 BvR 2623/95, BVerfGE 103, 44 = NJW 2001, 1633 (1634).
[89] Zur historischen Entstehung der Saalöffentlichkeit vgl. *v. Coelln*, Zur Medienöffentlichkeit der Dritten Gewalt, 2005, S. 49 ff.; *Riepl*, Informationelle Selbstbestimmung im Strafverfahren, 1998, S. 35 ff.
[90] BVerfG 24.1.2001 – 1 BvR 2623/95, BVerfGE 103, 44 = NJW 2001, 1633 (1634 f.); BVerfG 27.11.2008 – 1 BvQ 46/08, NJW 2009, 350 (351).
[91] *Roxin* NStZ 1989, 376 (377).
[92] BVerfG 24.1.2001 – 1 BvR 2623/95, BVerfGE 103, 44 = NJW 2001, 1633 (1635).
[93] BeckOK StPO/*Allgayer*, 26. Ed. 1.10.2016, Rn. 16; SSW/*Quentin* Rn. 22; *Huber*, Statement des Präsidenten des Oberlandesgerichts München Dr. Karl Huber zum Pressegespräch am 15.3.2013, S. 6; *Alwart* LTO 30.4.2013; *Fromm* NJOZ 2015, 1193 (1197); *Kühne* StV 2013, 417 (419); *Kujath* AfP 2013, 269 (276); *Mitsch* ZRP 2014, 137 (138); *Roxin/Schünemann* § 47 Rn. 4; aA SK/*Velten* Rn. 38; *Altenhain* NJW-Beil 2016, 37 (40); *ders.* DRiZ 2016, 304 (306); *Hassemer* ZRP 2013, 149 (151); zweifelnd Meyer-Goßner/*Schmitt* Rn. 9.
[94] BVerfG 11.11.1992 – 1 BvQ 19/92, BVerfGE 87, 331 = NJW 1993, 915; BVerfG 1.5.2013 – 1 BvQ 13/13, BeckRS 2013, 50235.
[95] Löwe/Rosenberg/*Wickern* Rn. 44.

33 **d) Einfache Bildaufnahmen.** Einfache Bildaufnahmen werden von Abs. 1 S. 2 ebenfalls nicht untersagt.[96] Auch hierfür gilt die Sitzungspolizei des Vorsitzenden nach § 176. Soweit es sich insoweit um Bildberichterstattung der Presse oder dieser vergleichbarer Medien handelt, ist Art. 5 Abs. 1 S. 2 GG zu beachten. Für Fotos während der Verhandlung gilt damit dogmatisch gesehen unabhängig vom Willen des Vorsitzenden eine prinzipielle Erlaubnis, solange nicht entsprechende sitzungspolizeiliche Maßnahmen ergriffen wurden.[97] Ausgehend von den üblichen Usancen und der Tatsache, dass nachträgliche Untersagungen eine etwaig bereits eingetretene Störung nicht mehr zu beseitigen vermögen, ist grds. von einem **stillschweigenden Fotografierverbot während der Hauptverhandlung** auszugehen, wenn nicht der Vorsitzende sie gestattet.[98] Der praktische Umgang mit Medien im Strafprozess hängt ganz allgemein stark vom jeweiligen Gericht/Gerichtsbezirk ab. Örtlich übliche Praktiken zwischen Vorsitzendem und Medienvertretern sollten daher grds. als eine Art „stillschweigende Geschäftsgrundlage" Beachtung finden. Ein Ungehorsam oder gar eine Ungebühr lassen sich hieraus allein allerdings nicht ableiten.[99]

34 **e) Tonaufnahmen durch Gericht, StA oder Verteidigung.** Die Aufzeichnung, das Anhören, die Speicherung und die Weitergabe von gesprochenem Wort stellen allesamt **Eingriffe in das Recht am eigenen Wort** dar.[100]

35 **aa) Gerichtliche Aufnahmen. Tonbandaufzeichnungen durch das Gericht** sind möglich. § 58a StPO zeigt schließlich, dass die audiovisuelle Aufnahme einer Zeugenaussage durch das Gericht zulässig ist. Zwar ist die rein akustische Aufnahme nicht zwingend als erlaubtes Minus anzusehen, da schließlich eingewandt werden kann, dass bei dem Verzicht auf optische Eindrücke eventuell wichtige Aspekte der Aussage (Mimik/Gestik) nicht aufgezeichnet werden. Aus einer Zusammenschau mit § 273 Abs. 2 S. 2 StPO muss aber auch die nur akustische Aufnahme durch das Gericht als zulässig angesehen werden. Heimlichkeit ist in diesem Zusammenhang stets zu unterlassen, jedoch **bedarf es keines Einverständnisses der Beteiligten.**[101]

36 Von einer entsprechenden Möglichkeit der Tonaufzeichnung durch das Gericht für lediglich gerichtsinterne Zwecke als Gedächtnisstütze ohne Herausgabe an Dritte (und mit Zustimmung der Betroffenen) geht auch der Gesetzgeber aus.[102] Jedoch kann aus diesen Tonbandaufzeichnungen **kein direkter Vorhalt per akustischer Wiedergabe** gemacht werden, sondern lediglich durch mündliche Anführung.[103]

37 Auch eine **Weitergabe der gerichtlichen Tonbandaufzeichnung scheidet aus.**[104] Die vom OLG Bremen[105] benannte Gefahr des Ausschlusses der im Parallelverfahren vernommenen Richter gem. § 22 Nr. 5 StPO ließe sich durch eine Versagung der Aussagegenehmigung iSd § 54 StPO für die entsprechenden Richter im Parallelverfahren

---

[96] BGH 27.10.1969 – 2 StR 636/68, BGHSt 23, 123 = NJW 1970, 63 (64); *Kissel/Mayer* Rn. 67; Löwe/Rosenberg/*Wickern* Rn. 43; *Lehr* NStZ 2001, 63 (64).
[97] *Lehr* NStZ 2001, 63 (65); *v. Coelln*, Zur Medienöffentlichkeit der Dritten Gewalt, 2005, S. 333.
[98] Löwe/Rosenberg/*Wickern* Rn. 52; aA *v. Coelln* AfP 2014, 193 (198).
[99] Ähnlich *Lehr* NStZ 2001, 63 (65).
[100] OLG Celle 24.7.2015 – 2 Ws 116/15, NStZ 2016, 305 (306).
[101] KK/*Diemer* Rn. 13; Löwe/Rosenberg/*Wickern* Rn. 47; Meyer-Goßner/*Schmitt* Rn. 13; Radtke/Hohmann/*Feldmann* Rn. 41; *Rottländer* NStZ 2014, 138; restriktiver BGH 4.2.1964 – 1 StR 510/63, BGHSt 19, 193 = NJW 1964, 602 (603): nicht bei ausdrücklichem Widerspruch.
[102] BT-Drs. 15/1976, 13; vgl. auch BGH 23.11.2011 – 2 StR 112/11, NStZ 2012, 404; *Kissel/Mayer* Rn. 74.
[103] AA *Kissel/Mayer* Rn. 73; Meyer-Goßner/*Schmitt* Rn. 11: „mit oder ohne Wiedergabe der Aufnahme".
[104] BeckOK StPO/*Allgayer*, 26. Ed. 1.10.2016, § 176 Rn. 15; *Rottländer* NStZ 2014, 138 (139); vgl. allg. negierend zur Herausgabe von Ton- und Videobändern an die Verteidigung auch *Trück* NStZ 2004, 129 (133); aA *Burhoff* HV Rn. 2676; *Dahs* Rn. 711.
[105] OLG Bremen 10.1.2007 – Ws 233-234/06, NStZ 2007, 481. Zugrunde lag folgende Erwägung: „Sollte in dem Parallelverfahren ..., in dem zur Zeit ebenfalls die Hauptverhandlung läuft, ein Antrag auf Vernehmung der Richter dieses Verfahrens über den Inhalt einer Aussage gestellt werden, kann – zur Vermeidung des Ausschlusses der Richter für dieses Verfahren gem. § 22 Nr. 5 StPO – anstelle der Vernehmung der Richter die Tonbandaufzeichnung der betreffenden Aussage zur Verfügung gestellt werden."

vermeiden.[106] Diese wäre auch rechtens, da die effektive Strafrechtspflege und der Beschleunigungsgrundsatz essentiell wichtige Rechtsgüter darstellen, deren Erfüllung ernstlich gefährdet oder erheblich erschwert wäre (vgl. § 37 Abs. 4 S. 1 BeamtStG), und eine Vernehmung des Sitzungsvertreters der StA sowie des Protokollführers ebenso ausreicht.

bb) Aufnahmen der Verteidigung. Ob und in welchem Umfang **Tonbandaufnahmen der Verteidigung während der Hauptverhandlung** zulässig sind, ist nicht verbindlich geklärt, besitzt indes eine nicht zu unterschätzende Relevanz. Insbes. bei mehrtägigen Hauptverhandlungen kommt es immer wieder zu Differenzen über den wesentlichen Inhalt und noch mehr über den genauen Wortlaut einer vorangegangenen Zeugenaussage. Ein denkbares Mittel zu diesem Zweck wäre der Vorhalt unter Zuhilfenahme einer Tonbandaufzeichnung über eben diese Zeugenvernehmung. 38

§ 58a Abs. 1 S. 1 StPO regelt die Aufzeichnung der Vernehmung eines Zeugen auf einem Bild-Ton-Träger. Aus der Schaffung dieser Möglichkeit wird nun teilweise ein Anspruch der Verteidigung jedenfalls auf die Aufnahme von Zeugenaussagen auf einen Tonträger hergeleitet.[107] Die Dokumentation der Beweisaufnahme sei abgesehen von § 273 Abs. 3 StPO mangelbehaftet und häufig unzureichend.[108] Der Angekl. habe insbes. in Aussage gegen Aussage-Konstellationen ein berechtigtes Interesse an einer objektiven Dokumentation der Inhalte der Beweisaufnahme.[109] Dies resultiere letztlich auch aus dem Gebot der **Waffengleichheit im Strafprozess** nach Art. 6 EMRK.[110] 39

Ferner wird die Auffassung vertreten, dass die Aufnahme einer Aussage durch den Verteidiger bei entsprechender **Zustimmung des jeweils Sprechenden** auch gegen den Willen des Gerichts zulässig sei.[111] 40

Nach der wohl hM stehe es im **pflichtgemäßen Ermessen des Tatrichters**, Tonbandaufnahmen zuzulassen oder nicht.[112] Sofern ein Missbrauch nicht zu besorgen sei, soll dies in der Sachleitungsbefugnis des Vorsitzenden liegen.[113] 41

Allerdings werden insoweit Bedenken grundsätzlicher Natur gegen die Aufzeichnung von Aussagen auf Tonband vorgebracht: Selbst bei Einverständnis der Betroffenen seien Tonbandaufnahmen geeignet, die Unbefangenheit der Aussageperson negativ zu beeinflussen, wodurch die Wahrheitsfindung beeinträchtigt werde.[114] Bei Widerspruch des jeweils Sprechenden stehe einer Tonbandaufnahme das durch Art. 2 Abs. 1 GG garantierte Recht auf freie Entfaltung der Persönlichkeit entgegen, welches auch das Recht am gesprochenen Wort umfasst.[115] Grds. darf jedermann selbst und allein bestimmen, wer sein Wort aufnehmen soll sowie ob und vor wem seine auf einen Tonträger aufgenommene Stimme wieder abgespielt werden darf.[116] Auch bei der Aufzeichnung der Aussage eines Zeugen vor Gericht in öffentlicher Hauptverhandlung sei dieser **geschützte Persönlichkeitsbereich betroffen**. Der Zeuge sei von Gesetzes wegen verpflichtet, seine Aussage zu tätigen, so dass es sich um einen hoheitlichen Eingriff in einen durch das Grundgesetz geschützten Bereich handle.[117] 42

---

[106] BGH 22.5.2007 – 5 StR 530/06, NStZ 2007, 711; BeckOK StPO/*Allgayer*, 26. Ed. 1.10.2016, § 176 Rn. 15.
[107] *Meyer-Mews* NJW 2002, 103 (104 ff.).
[108] *Meyer-Mews* NJW 2002, 103 (104).
[109] *Meyer-Mews* NJW 2002, 103 (105).
[110] *Meyer-Mews* NJW 2002, 103 (107).
[111] *Dahs* Rn. 711.
[112] BGH 13.10.1981 – 1 StR 561/81, NStZ 1982, 42; *Kissel/Mayer* Rn. 73, 75; Radtke/Hohmann/*Feldmann* Rn. 42.
[113] OLG Bremen 10.1.2007 – Ws 233-234/06, NStZ 2007, 481 (482); HK/*Schmidt/Temming* Rn. 17; Löwe/Rosenberg/*Becker* StPO § 238 Rn. 10; Löwe/Rosenberg/*Wickern* Rn. 46; Meyer-Goßner/*Schmitt* Rn. 12; *Rottländer* NStZ 2014, 138 (138 f.); extensiver AnwK/*Püschel* Rn. 21: im Regelfall Ermessen auf Null reduziert.
[114] OLG Düsseldorf 22.8.1990 – VI 14/89, NJW 1990, 2898 (2898 f.).
[115] OLG Schleswig 6.5.1992 – 2 Ws 128/92, NStZ 1992, 399 (400) m. zust. Anm. *Molketin* NStZ 1993, 145; *Kühne* StV 1991, 103 (104).
[116] BVerfG 31.1.1973 – 2 BvR 454/71, BVerfGE 34, 238 = NJW 1973, 891 (892).
[117] OLG Schleswig 6.5.1992 – 2 Ws 128/92, NStZ 1992, 399 (400).

43 Bei einer Zeugenaussage in öffentlicher Hauptverhandlung handelt es sich zwar nicht um den absolut geschützten Kernbereich privater Lebensgestaltung, gleichwohl ist das Grundrecht auf freie Entfaltung der Persönlichkeit gem. Art. 2 Abs. 1 GG betroffen.[118] Obwohl somit für jeden Zeugen bzgl. seiner Aussage der Persönlichkeitsbereich/das Recht auf informationelle Selbstbestimmung/das Recht am eigenen Wort betroffen sind,[119] fehlen ihm grds. eigene Abwehrrechte gegen (potentielle) Verletzungen seiner Persönlichkeitssphäre, was eine entsprechende Fürsorge durch das Gericht erfordert.[120] Für einen Zeugen, der zugleich Verletzter/Opfer der Straftat ist, ist seine Vernehmung in öffentlicher Hauptverhandlung besonders beeinträchtigend, weil sein Persönlichkeitsbereich in einer Lebenssituation betroffen ist, in welcher sein Verhalten möglicherweise unklug, naiv, gefühlsbetont, enthemmt, etc gewesen ist.[121] Tonbandaufnahmen greifen dabei stärker in die Persönlichkeitssphäre des Zeugen ein als bloße Mitschriften, weil der **Klang der Stimme mit allen Besonderheiten und Unvollkommenheiten** aufgezeichnet wird und diesbezüglich auch eine **erhöhte Missbrauchsgefahr** besteht.[122] Die gerichtliche Fürsorgepflicht zugunsten eines Zeugen steht indes ggf. im Widerspruch zum (grds. vorrangigen[123]) Amtsaufklärungsgrundsatz nach § 244 Abs. 2 StPO.[124] In diesem Zusammenhang ist aber zu betonen, dass die Pflicht zur Wahrheitserforschung keine (unbegrenzte) Eingriffsermächtigung schafft, sondern ihre Grenzen vielmehr (auch) am Persönlichkeitsrecht von Zeugen findet, wie sich etwa aus § 81c StPO ergibt, wonach eine Glaubwürdigkeitsuntersuchung nur mit Einwilligung zulässig ist, selbst wenn diese für die Wahrheitserforschung zuträglich oder gar unerlässlich wäre.[125]

44 **cc) Kein Anspruch auf Zugänglichmachung gerichtlicher Aufnahmen.** Obgleich hieran ein nachvollziehbares Interesse ersichtlich ist, besteht für die Verteidigung während einer noch andauernden Hauptverhandlung kein Anspruch auf Einsicht in das Hauptverhandlungsprotokoll bzw. auf Kopien der bisherigen Niederschrift, da das Protokoll als Einheit erst mit Fertigstellung und Unterzeichnung Aktenbestandteil wird.[126] Eine zu ausschließlich gerichtsinternen Zwecken gefertigte Aufzeichnung entspricht den Notizen des Protokollführers bzw. den Mitschriften der beteiligten Richter und hat folglich nur vorläufigen Charakter ohne darüber hinausgehende amtliche Bedeutung; sie wird insbes. nicht Aktenbestandteil.[127] Es gibt demzufolge auch **keinen Anspruch der Verfahrensbeteiligten auf Anhörung oder Zugänglichmachung entsprechender Tonaufzeichnungen**.[128]

45 Aus § 273 Abs. 3 StPO lässt sich folgern, dass eine **exakte wörtliche Dokumentation** eben die Ausnahme ist. Das Sitzungsprotokoll dient in erster Linie der Nachprüfung der Gesetzmäßigkeit der Hauptverhandlung durch das Rechtsmittelgericht.[129] Sähe man eine wie auch immer geartete Möglichkeit eines entsprechenden Anspruchs, verkäme dies wegen § 244 Abs. 2, Abs. 3 StPO teilweise indirekt zur Pflicht.[130] Auch aus § 273 Abs. 2 S. 2 StPO lässt sich ein solcher Anspruch nicht herleiten. Die Vorschrift bezweckt vorrangig die Vermeidung einer erneuten Vernehmung des Zeugen bzw. des Richters/Protokollführers über die Aussage desselben in der Berufungsinstanz, § 323 Abs. 2 S. 6 StPO.[131] Jedoch ermöglicht sie auch dort

---

[118] *Molketin* NStZ 1993, 145.
[119] BVerfG 19.12.2007 – 1 BvR 620/07, BVerfGE 119, 309 = NJW 2008, 977 (980); *Trück* NStZ 2004, 129 (133).
[120] *Dahs* NJW 1984, 1921 (1922); *Riepl*, Informationelle Selbstbestimmung im Strafverfahren, 1998, S. 56.
[121] Vgl. *Dahs* NJW 1984, 1921 (1923) unter Nennung zahlreicher Bsp.
[122] OLG Schleswig 6.5.1992 – 2 Ws 128/92, NStZ 1992, 399 (400); *Trück* NStZ 2004, 129 (133).
[123] Vgl. *Schünemann* StV 1998, 391 (399).
[124] *Dahs* NJW 1984, 1921 (1924).
[125] OLG Schleswig 6.5.1992 – 2 Ws 128/92, NStZ 1992, 399 (400).
[126] BGH 29.10.1980 – 1 StE 4/78 – 1 StB 43/80, BGHSt 29, 394 = NJW 1981, 411; *Dahs* Rn. 710.
[127] BT-Drs. 15/1976, 13; *Meyer-Goßner/Schmitt* StPO § 147 Rn. 13; *Rottländer* NStZ 2014, 138; aA *Kissel/Mayer* Rn. 79; *Löwe/Rosenberg/Wickern* Rn. 50; *AnwK/Püschel* Rn. 20.
[128] *Rottländer* NStZ 2014, 138 (139); aA *Kissel/Mayer* Rn. 79; *Radtke/Hohmann/Feldmann* Rn. 41.
[129] *Meyer-Goßner/Schmitt* StPO § 273 Rn. 1.
[130] Vgl. zu diesen Bedenken auch BT-Drs. 15/1976, 13.
[131] *Meyer-Goßner/Schmitt* StPO § 273 Rn. 14a.

nicht das Vorspielen des Tonträgers, sondern verlangt ausweislich § 323 Abs. 2 S. 2 StPO die Verschriftlichung des Tonbandmitschnitts in ein entsprechendes schriftliches Protokoll.

Ein etwaiges Recht ergibt sich auch nicht aus §§ 58a, 168a StPO. § 168a Abs. 2 StPO **46** betrifft lediglich das Ermittlungsverfahren.[132] Gleiches gilt für § 58a StPO direkt.[133] Sinn des § 58a StPO ist die Vermeidung belastender Mehrfachvernehmungen von besonders schutzwürdigen Zeugen insbes. auch in der Hauptverhandlung.[134] Bei den §§ 58a, 168e, 247a StPO handelt es sich sämtlich um auf Opferschutz bedachte Ausnahmevorschriften ohne analogisierbare Wertungsgesichtspunkte zugunsten von Ansprüchen für die Verteidigung.[135] Aus § 58a Abs. 2 S. 2 StPO iVm § 101 Abs. 8 StPO ergibt sich außerdem ein **gewisser Gleichlauf zur Rspr. über die Zugänglichkeit von Aufnahmen aus TKÜ-Maßnahmen.** Sobald Dateien (oder originalgleiche Kopien) aus dem Einflussbereich der Staatsanwaltschaften und der Gerichte gegeben werden, können diese die ihnen obliegenden grundrechtssichernden Aufgaben für die Rechte Betroffener nicht mehr ausüben.[136] Nur bei einer vollen staatlichen Kontrolle der Daten ist vielmehr gewährleistet, dass die zum Schutz der Rechte betroffener Dritter geltende Regelung des § 101 Abs. 8 StPO eingehalten wird.[137] Diese Pflicht trifft aber nur StA und Gericht, nicht dagegen die Verteidigung.[138] Mangels Vollstreckbarkeit genügt auch keine Verpflichtungserklärung der Verteidiger zur Nichtweitergabe, Nichtvervielfältigung und Rückgabe der Kopien.[139] Dass Tonbändern über Geständnisse oder sonstige Bekundungen als Gegenständen des Augenscheinsbeweises selbstständige Beweiskraft zukommt,[140] ist für die vorliegende Frage ohne Belang, da es hier ja gerade nicht um die Einführung eines außerhalb der Hauptverhandlung gewonnenen Beweismittels in die Hauptverhandlung, sondern um die Schaffung eines zusätzlichen Beweismittels in eben jener Hauptverhandlung bzw. aus dieser heraus geht.

Für das Revisionsverfahren gilt das sog. **Rekonstruktionsverbot.**[141] Auch für dessen **47** Belange sind Tonbandaufzeichnungen folglich nicht zielführend.[142]

---

[132] OLG Düsseldorf 22.8.1990 – VI 14/89, NJW 1990, 2898 (2899); OLG Schleswig 6.5.1992 – 2 Ws 128/92, NStZ 1992, 399 (400).

[133] Meyer-Goßner/*Schmitt* StPO § 58a Rn. 2; *Rottländer* NStZ 2014, 138.

[134] BeckOK StPO/*Huber* StPO § 58a Rn. 1.

[135] Vgl. auch OLG Düsseldorf 22.8.1990 – VI 14/89, NJW 1990, 2898 (2899).

[136] OLG Celle 24.7.2015 – 2 Ws 116/15, NStZ 2016, 305 (306); OLG Köln 30.6.2016 – 2 Ws 388/16, BeckRS 2016, 17943; vgl. auch *Molketin* NStZ 1993, 145; *Rottländer* NStZ 2014, 138 (139); *Trück* NStZ 2004, 129 (132).

[137] OLG Nürnberg 11.2.2015 – 2 Ws 8/15, BeckRS 2015, 02895; OLG Celle 24.7.2015 – 2 Ws 116/15, NStZ 2016, 305 (306); OLG Hamburg 16.2.2016 – 3 Ws 11-12/16, NStZ 2016, 695 (696); aA *Killinger* StV 2016, 149 (151).

[138] OLG Köln 27.3.2009 – 2 Ws 125/09, StV 2009, 686: „Den Gesetzesmaterialien zu § 101 Abs. 8 StPO ist nicht zu entnehmen, daß der Verteidiger an der der Staatsanwaltschaft obliegenden Pflicht zur Löschung personenbezogener Daten mitzuwirken hat. Die Gewährung der Einsichtnahme in TÜ-Protokolle durch den bestellten Verteidiger darf deswegen nicht von der Abgabe einer Erklärung abhängig gemacht werden, der Verteidiger werde von den Protokollen keine Ablichtungen fertigen bzw. diese nach Beendigung des Verfahrens vernichten"; OLG Celle 24.7.2015 – 2 Ws 116/15, NStZ 2016, 305 (306); OLG Köln 30.6.2016 – 2 Ws 388/16, BeckRS 2016, 17943.

[139] OLG Nürnberg 11.2.2015 – 2 Ws 8/15, BeckRS 2015, 02895; OLG Celle 24.7.2015 – 2 Ws 116/15, NStZ 2016, 305 (306); aA *Knauer/Pretsch* NStZ 2016, 307 (308): „Verteidiger ist Organ der Rechtspflege […] Dass die Behörden selbst die Löschung der Daten beim Verteidiger nicht sicherstellen können, ist zwar richtig, aber für die Frage der Akteneinsicht unerheblich. Impossibilium nulla obligatio – der Staat muss also strikt auf die Löschung der Daten in seinem Verantwortungsbereich achten, er muss sich aber nicht für Daten verantwortlich zeichnen, die nach rechtlichen Grundsätzen Dritten überlassen wurden."

[140] BGH 14.6.1960 – 1 StR 73/60, BGHSt 14, 339 = NJW 1960, 1582 (1583).

[141] BGH 19.7.2016 – 4 StR 154/16, BeckRS 2016, 14150; BeckOK StPO/*Wiedner* StPO § 337 Rn. 50; KK/*Ott* StPO § 261 Rn. 78; vgl. zu einer umf. Untersuchung des Rekonstruktionsverbots *Bartel* Das Verbot der Rekonstruktion der Hauptverhandlung, 2014.

[142] AA *Meyer-Mews* NJW 2002, 103 (105 f.), der eine Rekonstruktion der Beweisaufnahme im Revisionsverfahren durch Tonbandaufzeichnungen der Verteidigung für denkbar hält; vgl. aber bereits BGH 8.2.1961 – 2 StR 625/60, BGHSt 15, 347 = NJW 1961, 789: Aufzeichnungen, die ein Prozessbeteiligter über die Vernehmung eines Zeugen in der Hauptverhandlung abweichend von den tatrichterlichen Feststellungen gemacht hat, sind im Revisionsverfahren nicht heranzuziehen.

48 Ein Anspruch der Verteidigung auf Überlassung gerichtsinterner oder auf eigene Tonbandaufzeichnungen folgt auch nicht aus der sog. **Waffengleichheit.**[143] Waffengleichheit ist ein wesentliches Merkmal des fairen Verfahrens gem. Art. 6 EMRK und meint das Gebot der annähernd gleichen Chancen der Einflussnahme auf den Gang und das Ergebnis des Verfahrens.[144] Die Maxime des fairen Verfahrens gilt dabei indes für sämtliche Betroffenen.[145] Auch der Zeuge ist nicht bloßes Objekt der Wahrheitsermittlung.[146] Soweit Zeugenschutzaspekte Eingang in das Gesetz finden, entsteht hierdurch nicht zwangsläufig ein Ungleichgewicht zulasten des Angekl., und schon gar kein solches, welches zwingend zu einer Erweiterung seiner Verfahrensrechte führt.[147]

49 dd) Fazit. Es lässt sich nach der **hier vertretenen Ansicht** zusammenfassend Folgendes festhalten: Nur das Gericht darf entsprechende Tonbandaufnahmen herstellen, aber nicht zB zum Vorhalt vorspielen. Ggf. wäre zu unterbrechen und sodann ein wörtlicher Vorhalt zu machen. Bild- und Tonaufnahmen sind dem Strafprozess fremd. Für die Verfahrensbeteiligten sind sie daher (mit Ausnahme ihrer eigenen Wortbeiträge) nicht zulässig. Diese können mitschreiben oder auch Hilfspersonen zum Mitschreiben engagieren; im Übrigen gilt auch im Gerichtssaal – abgesehen davon, dass natürlich von vielen Seiten mitgeschrieben wird – die Flüchtigkeit des gesprochenen Wortes.[148]

50 **5. Live-Berichterstattung durch Multimediadienste.** Die Möglichkeit des mobilen Zugangs zum Internet sowie damit einhergehend zur zeitnahen Einstellung von Bildern und Texten eröffnet eine **quasi Live-Berichterstattung aus Gerichtssälen,** ohne dass Kamerateams im Gerichtssaal optisch in Erscheinung treten.[149] Dabei unterfällt diese Form der (medialen) Berichterstattung weder vom Wortlaut her noch nach den sonstigen Auslegungsmethoden dem Anwendungsbereich des § 169 Abs. 1 S. 2.[150] Allein die zeitliche Komponente, dh dass eine schnellere Berichterstattung – ggf. auch direkt aus der Verhandlung heraus – erfolgt, verändert weder das Schutzniveau der Prozessbeteiligten noch die Informations- und Verbreitungsinteressen des Kommunizierenden; ein im Einzelfall erfolgender Missbrauch (zB durch beabsichtigte Beeinflussung der Aussage eines noch nicht vernommenen Zeugen) kann durch eine Anordnung gem. § 176 verhindert werden.[151]

III. Gesetzesreform 2017

51 **1. Angebrachte Zurückhaltung.** Generell sollte man zurückhaltend gegenüber Erweiterungen der Öffentlichkeit über die Saalöffentlichkeit hinaus sein. In einer derart schnelllebigen Zeit, welche zT gedrängt von Sensationseifer und vordergründig durch möglichst ausdrucksstarke Bilder agiert, bedarf es gerade in einem für die Persönlichkeitsrechte sämtlicher Beteiligter derart sensiblen Bereich wie dem Strafprozess nachhaltiger Zurückhal-

---

[143] *Rottländer* NStZ 2014, 138 (139).
[144] *Safferling* NStZ 2004, 181 (186).
[145] *Dahs* NJW 1984, 1921 (1925).
[146] BVerfG 13.1.1981 – 1 BvR 116/77, NJW 1981, 1431 (1432).
[147] AA *Meyer-Mews* NJW 2002, 103 (107).
[148] Vgl. auch *Molketin* NStZ 1993, 145 (146); *Rottländer* NStZ 2014, 138 (139): „Es gehört zu den ureigensten Aufgaben eines Verteidigers, durch die Fertigung persönlicher schriftlicher Aufzeichnungen – gegebenenfalls auch durch eine Hilfsperson – seinen unmittelbaren Eindruck vom Verlauf der Hauptverhandlung festzuhalten, so dass auf dieser Grundlage das Verteidigungskonzept erarbeitet werden kann."; vgl. zu einer Änderung de lege ferenda *Mosbacher* DRiZ 2016, 299: „Vorgeschlagen wird deshalb die zwingende Aufzeichnung von Beschuldigten- und Zeugenvernehmungen bei gravierenden Vorwürfen. […] kann es sich anbieten, in den bedeutendsten Strafsachen (Katalog des Schwurgerichts nach § 74 Abs. 2 GVG) einmal Neuland zu betreten und die gewonnenen Erfahrungen nach ein paar Jahren auszuwerten."
[149] *Huff* LTO 18.11.2011; *Krieg* K&R 2009, 673; *Rath* DRiZ 2014, 8 (9).
[150] *Kissel/Mayer* Rn. 67; *Jung* GA 2014, 257 (265); *F. Knauer* JuS 2012, 711 (714 f.); *Krieg* K&R 2009, 673 (675 f.).
[151] *Krieg* K&R 2009, 673 (676); vgl. näher → § 176 Rn. 26.

tung.¹⁵² „Gerichtliche Verfahrensabläufe sind nicht an den Interessen der Medien orientiert. Der Gang der Verhandlung ist förmlich. Gründlichkeit und Wiederholungen sowie das Abwägen und die allmähliche Rekonstruktion der Realität sind nicht auf die besonderen Anforderungen der Mediendramaturgie abgestimmt. Am ehesten besteht daher ein Interesse der Medien an Kurzberichten, die mit dem Ziel zusammengestellt werden, öffentliche Aufmerksamkeit auszulösen."¹⁵³ Insbes. Bilder werden zeitnah (zT auch mehr oder minder leicht erkennbar verfremdet) verbreitet, mit ausdrücklichen oder stillschweigenden Konnotationen versehen und auf diese Weise bewusst der eben dargestellte Effekt verstärkt. Die modernen Massenmedien bedeuten eine **Gefahr für das Recht auf informationelle Selbstbestimmung,** was durch das besondere mediale Interesse an Strafprozessen denselben noch einmal gesondert herausragen lässt.¹⁵⁴ Gerade die Vielgestaltigkeit der Onlineberichterstattung bringt es mit sich, dass die Verbreitung von Informationen im Internet nicht kontrolliert werden kann.

Dem interessierten Bürger steht es frei, sich zu den Sitzungssälen aufzumachen und die Arbeit der Gerichte bei der Entscheidungsfindung nachzuvollziehen und deren wertungsmäßige Richtigkeit subjektiv nachzuempfinden/zu überprüfen. Diese Mühe kann ihm abverlangt werden und würde wohl **tatsächlich nachhaltiges Vertrauen** in die Arbeit der Justiz schaffen. Die punktuelle, quotenbasierte Berichterstattung über ausgewählte Verfahren ist hierfür kein geeigneter Ersatz. 52

§ 17a BVerfGG rechtfertigt sich letztlich auch dadurch, dass den Entscheidungen des BVerfG gem. § 31 Abs. 1 BVerfGG eine sämtliche Verfassungsorgane sowie Gerichte und Behörden bindende Wirkung und gem. § 31 Abs. 2 BVerfGG in den dort genannten Fällen sogar Gesetzeskraft zukommt und diese Entscheidungen damit ein Stück weit dem Plenum des Deutschen Bundestages vergleichbar ein viel stärkeres **Forum demokratischer Meinungsbildung** darstellen.¹⁵⁵ Gesetzeswirkung ist ungleich stärker einzuschätzen als „nur" Gesetzesanwendung oder -auslegung.¹⁵⁶ 53

2. Gesetz zur Erweiterung der Medienöffentlichkeit in Gerichtsverfahren und zur Verbesserung der Kommunikationshilfen für Menschen mit Sprach- und Hörbehinderungen (Gesetz über die Erweiterung der Medienöffentlichkeit in Gerichtsverfahren – EMöGG).¹⁵⁷ Die Form der Verbreitung von Nachrichten unterliegt einem steten Wandel. Sämtliche Medien beziehen die Internet-Berichterstattung, Live-Streaming und neue Kommunikationsformen wie Internet-Blogs oder Social-Media-Dienste in ihre Arbeit ein. Unter anderem diese technischen und gesellschaftlichen Veränderungen haben die Bundesregierung dazu veranlasst, am 26.10.2016 einen Gesetzentwurf einzubringen, welcher vom Bundestag in leicht abgeänderter Ausschussfassung am 22.6.2017 angenommen wurde und zu einer Anfügung des § 169 Abs. 1 S. 3–5 sowie der Abs. 2–4 geführt hat (BGBl. 2017 I S. 3546). Für die Umsetzung der Änderungen hat der Gesetzgeber vorgesehen, dass die entsprechenden Neuregelungen erst sechs Kalendermonate nach der Verkündung, mithin am **18.4.2018** in Kraft treten. Der neu geschaffene Abs. 2 findet zudem keine Anwendung auf Verfahren, die am 18.4.2018 bereits anhängig sind, § 43 EGGVG. 54

---

¹⁵² *Alwart* JZ 2014, 1091 (1092); *Jahn* ZRP 2016, 155 (156 f.); vgl. auch *Riepl*, Informationelle Selbstbestimmung im Strafverfahren, 1998, S. 45: „ist die Kriminalitätsdarstellung äußerst verzerrt"; anders *Feldmann* GA 2017, 20; *Jung* GA 2014, 257 (263 f.); zu einer Untersuchung aus dem Blickwinkel der EMRK *Kreicker* ZIS 2017, 85 (92 ff.).
¹⁵³ BVerfG 24.1.2001 – 1 BvR 2623/95, BVerfGE 103, 44 = NJW 2001, 1633 (1636).
¹⁵⁴ *Lindner* StV 2008, 210 (215); *Riepl* Informationelle Selbstbestimmung im Strafverfahren, 1998, S. 43; aA BT-Drs. 18/10144, 13: „Der Entwurf geht jedoch von der Grundannahme aus, dass die mediale Darstellung auch heute der Justiz gerecht werden und darüber hinaus der Bevölkerung auch ein positiveres Bild vermitteln kann."
¹⁵⁵ Vgl. auch BVerfG 24.1.2001 – 1 BvR 2623/95, BVerfGE 103, 44 = NJW 2001, 1633 (1637).
¹⁵⁶ *Widmaier* NJW 2004, 399 (401).
¹⁵⁷ EMöGG vom 22.6.2017 (BT-Drs. 18/10144; BT-Drs. 18/12591).

55 **a) Tonübertragung in Medienarbeitsraum, Abs. 1 S. 3–5.** Abs. 1 S. 3-Entwurf ermöglicht dem Gericht die Zulassung der **Tonübertragung in einen Medienarbeitsraum.**

56 Die damit einhergehende **Privilegierung von Medienvertretern** im Verhältnis zur übrigen Öffentlichkeit lässt sich aus deren Multiplikatorfunktion begründen und rechtfertigen.[158] Hiermit soll ausdrücklich **keine Erweiterung der Saalöffentlichkeit** verbunden sein.[159] Kern der Öffentlichkeitsmaxime ist die Garantie, dass jedermann jederzeit ohne wesentliche Erschwernis audiovisuell an der Hauptverhandlung passiv teilnehmen kann (→ Rn. 10). Keinem dieser Aspekte wird durch den Medienarbeitsraum entsprochen. Tatsächlich handelt es sich bei der Tonübertragung in den Medienarbeitsraum folglich nicht um die Vergrößerung der Saalöffentlichkeit, sondern um eine im genannten Umfang vom Gesetzgeber **legalisierte Tonaufnahme zur medienöffentlichen Vorführung.** Dementsprechend findet auch keine Verschiebung im dogmatischen Gewährleistungsgehalt des Abs. 1 S. 1 als Garantie einer reinen Saalöffentlichkeit statt.[160]

57 Soweit von der Möglichkeit Gebrauch gemacht wird, die Tonübertragung für Medienangehörige in einen Arbeitsraum zu gestatten, stellt sich die Frage, ob daneben noch eine **Platzreservierung für Medienvertreter im Sitzungssaal** zulässig ist. Wegen des qualitativen Unterschieds zwischen visuellem Bild und reiner Tonübertragung wird man wegen der Multiplikatorfunktion der Medien eine gewisse Bereitstellung weiter zulassen können, jedoch ist nachdrücklich – nunmehr noch augenfälliger – die hier an anderer Stelle (→ § 176 Rn. 31) bereits vertretene 50 %-Grenze zu beachten.

58 **aa) Arbeitsraum nur für „Medienvertreter".** Abs. 1 S. 3 erlaubt den Arbeitsraum nur für „Medienvertreter". Er nennt Personen, die für Presse, Hörfunk, Fernsehen oder für andere Medien berichten. Es bleibt offen, wie der Nachweis tatsächlicher journalistischer Tätigkeit erbracht werden soll.[161] Hierfür wird man zwar nicht zwingend einen Presseausweis verlangen,[162] bei dessen Fehlen jedoch einen qualifizierten Beleg etwa in Form einer nachgewiesenen Arbeitsbeschreibung voraussetzen müssen, um Missbräuchen vorzubeugen. Es ist schließlich statthaft, für die Zulassung zu Medienplätzen nur **beim entsprechenden Gericht akkreditierte Vertreter** zuzulassen.[163] Voraussetzung der Akkreditierung ist dabei der Nachweis, dass der Medienvertreter tatsächlich Journalist ist, dh sich hauptberuflich an der Erarbeitung bzw. Verbreitung von Informationen, Meinungen und Unterhaltung durch Medien mittels Wort, Bild, Ton oder Kombinationen dieser Darstellungsmittel beteiligt.[164] Dies kann sein für Printmedien, Hörfunk und Fernsehen, Nachrichten- und Presseagenturen sowie digitale Medien, soweit sie an publizistischen Ansprüchen orientierte Angebote und Dienstleistungen schaffen. Inwieweit die Gerichtspressestellen hierfür eine Redaktionsbestätigung, Arbeitsproben oder die Vorlage eines Presseausweises verlangen, bleibt im Grundsatz ihnen überlassen, solange hierdurch ein freier Wettbewerb und die Chance auf gleichberechtigte Teilhabe gewährleistet werden.

59 Der Entwurf spricht von „in einen Arbeitsraum". Dies dürfte dahingehend zu verstehen sein, dass diese Möglichkeit generell eröffnet wird, so dass **auch die Übertragung in mehrere, kleinere Räume erlaubt** wäre.[165]

60 **bb) Reine Tonübertragung.** Abs. 1 S. 3 erlaubt ausdrücklich nur die reine Tonübertragung, wohingegen das Interesse der Medienberichterstatter regelmäßig auch auf eine visuelle Wahrnehmung der Verhandlung gerichtet sein wird. Wird vom Gericht die Tonübertragung

---

[158] *Altenhain* DRiZ 2016, 304 (307); aA *Schumann* DRiZ 2013, 254 (257).
[159] BT-Drs. 18/10144, 18, 27; zust. *v. Coelln* AfP 2016, 491 (493); *Rittig* NJ 2016, 265 (268); abl. *Altenhain* NJW-Beil 2016, 37 (40); diff. *Schlothauer* StV 2015, 665 (668).
[160] AA *Norouzi* StV 2016, 590 (594).
[161] *Franke* NJW 2016, 2618 (2620); krit. auch *Schlothauer* StV 2015, 665 (668).
[162] *Altenhain* NJW-Beil 2016, 37 (39).
[163] BT-Drs. 18/10144, 27; *v. Coelln* AfP 2014, 193 (195).
[164] Deutscher Journalisten-Verband, DJV Wissen: 4, Berufsbild Journalistin – Journalist, 2009, S. 3.
[165] Krit. *Schumann* DRiZ 2013, 254 (255).

in den Medienarbeitsraum angeordnet, geht damit nunmehr auch die bislang zT negierte[166] Berechtigung einer, die Beteiligten zu einem **gezielten Sprechen in ein Mikrofon** zu veranlassen. Für einen ernsthaften Journalismus ist die reine Tonübertragung, welche eine Beachtung der allg. Stimmung und des optischen Eindrucks wie Ausdrucks der Akteure nicht zulässt, ohne erquicklichen Wert.[167] Für im Akkreditierungsverfahren zu den Medienplätzen im Saal nicht berücksichtigte Protagonisten dürfte gleichwohl freilich gelten: Besser wenig als gar nichts.

cc) Fortgeltung des kommerziellen Aufnahmeverbots. Abs. 1 S. 5 stellt klar, dass 61 durch die Tonübertragung in den Medienarbeitsraum das Verbot von Aufnahmen **mit Veröffentlichungszweck** unberührt bestehen bleibt.

dd) Sitzungspolizei/Hausrecht. Schwierig würde sich in diesem Zusammenhang die 62 Ausübung der Sitzungsgewalt des Vorsitzenden in diesem Arbeitsraum gestalten.[168] Eine **(Video-)Rückübertragung der Geschehnisse im Arbeitsraum** in den Sitzungssaal wäre mit der Notwendigkeit der uneingeschränkten Aufmerksamkeit des Vorsitzenden auf die stattfindende Hauptverhandlung nicht vereinbar. Denkbar wäre die Platzierung eines Justizwachtmeisters in dem Arbeitsraum, welcher durch entsprechende Richtlinien des Vorsitzenden geleitet die grds. Ordnung im Arbeitsraum überwacht und ggf. dem Vorsitzenden über negative Vorgänge im Arbeitsraum Mitteilung macht. Sodann könnte der Vorsitzende die Hauptverhandlung unterbrechen und sich um die Herstellung der Ordnung im Arbeitsraum kümmern.

Die Entwurfsbegründung sieht die Aufrechterhaltung der Ordnung im Arbeitsraum hin- 63 gegen in der **Zuständigkeit des Gerichtspräsidenten im Rahmen seines Hausrechts** liegend, weil mit der gerichtsinternen Übertragung in einen Arbeitsraum keine Erweiterung der allgemeinen Saalöffentlichkeit verbunden sei.[169] Allerdings hängt der Medienarbeitsraum mit dem Geschehen im Sitzungssaal eng zusammen, so dass es auf den ersten Blick konsequent erscheinen mag, dass sich die das Hausrecht verdrängende Sitzungspolizei des Vorsitzenden auch auf diesen Raum erstrecken müsste.[170] Für einen objektiven Beobachter besteht ein klarer räumlich-zeitlicher Bezug zur stattfindenden Hauptverhandlung und der räumliche Anwendungsbereich der Sitzungspolizei umfasst schließlich auch vorgelagerte oder sonst angrenzende Räume, soweit dort verfahrensbezogene Vorgänge stattfinden. Ausschlaggebend für den Begriff der „Sitzung" iSd § 176 ist indes eine funktionale Betrachtung dergestalt, dass jene Bereiche in der Sitzungspolizei inbegriffen sind, von welchen solche Störungen der Verhandlung ausgehen können, die im Sitzungssaal auch tatsächlich unmittelbar wahrnehmbar und daher vom Vorsitzenden ahndbar sind.[171] Der Medienarbeitsraum dient jedoch nicht der Hauptverhandlung, von ihm ist keine unmittelbare Einflussnahme auf die Sitzung möglich. Er begründet keine Öffentlichkeit, erweitert insbes. nicht die Saalöffentlichkeit, sondern ergänzt diese lediglich durch eine **Art fernakustischen Transport.** Insoweit handelt es sich bei der Tonübertragung in den Medienarbeitsraum tatsächlich nicht um die Vergrößerung der Saalöffentlichkeit, sondern um eine Form der Tonaufnahme zur medienöffentlichen Vorführung (vgl. auch → Rn. 56), welche durch den Gesetzesentwurf in dem dort genannten Umfang legalisiert wird. Die Zuordnung zum Hausrecht des Gerichtspräsidenten ist demnach sachgerecht.

Fraglich ist, ob der genannte **Arbeitsraum im gleichen Gebäude** liegen muss. Etwa 64 aus Platz- und Kostengründen könnte man auf die Idee kommen, andere Räumlichkeiten hierfür zu nutzen oder von Medienseite der Justiz zur Nutzung im Bedarfsfall anzubieten.

---

[166] Vgl. Meyer-Goßner/*Schmitt* Rn. 13 im Anschluss an BGH 8.2.1957 – 1 StR 375/56, BGHSt 10, 202 = NJW 1957, 881.
[167] *Rittig* NJ 2016, 265 (268); *Saliger* JZ 2016, 824 (828).
[168] Vgl. *Norouzi* StV 2016, 590 (594); *Schumann* DRiZ 2013, 254.
[169] BT-Drs. 18/10144, 27; zust. v. *Coelln* AfP 2016, 491 (493).
[170] So auch noch Referentenentwurf zum EMöGG vom 2.6.2016, S. 26; *Schumann* DRiZ 2013, 254 (256).
[171] → § 176 Rn. 3.

Es ließe sich anführen, dass sich der Arbeitsraum wegen der Notwendigkeit der wirksamen Ausübung des Hausrechts des Gerichtspräsidenten im gleichen Gebäude befinden müsse.[172] Indes lässt sich die Kontrolle durch einen Wachtmeister ebenso an anderen Orten bewerkstelligen. Darüber hinaus stellt der Medienarbeitsraum auch keinen Teil der Saalöffentlichkeit dar, was anderenfalls gegen eine externe Räumlichkeit vorgebracht werden könnte (vgl. → Rn. 18). Von Gesetzes wegen ist es daher nicht geboten, den Medienarbeitsraum im Gerichtsgebäude einzurichten. Hausrechtsinhaber im Medienarbeitsraum muss allerdings die Justiz bleiben, da sonst Probleme bei der Durchsetzung zB des Aufnahmeverbots bestünden. Sollten somit **gerichtsexterne Räumlichkeiten** genutzt werden, muss zuvor eine **Übertragung des Hausrechts** auf den Gerichtspräsidenten oder von diesem beauftragte Justizpersonen stattfinden.

65 **b) Tonaufnahmen zu wissenschaftlichen und historischen Zwecken, Abs. 2.** Abs. 2 ermöglicht dem Gericht in Einzelfällen die akustische Dokumentation von Verfahren mit herausragender zeitgeschichtlicher Bedeutung, jedoch allein zu archivarischen wissenschaftlichen und historischen Zwecken. Die im Gesetzentwurf noch vorgesehene Möglichkeit der audiovisuellen Dokumentation („Ton- und Filmaufnahmen") hat in der beschlossenen Ausschussfassung bewusst keinen Niederschlag mehr gefunden, um die mit der Regelung verbundene Öffnung einzugrenzen (BT-Drs. 18/12591, 5). Die Aufnahmen sind entgegen des weiter gefassten Wortlauts **zwingend durch das Gericht selbst anzufertigen,** so dass es auch weiterhin zu keinen Pressemikrofonen während der Hauptverhandlung kommt.[173] Die Verwendung von gerichtsexternen Hilfspersonen mit journalistischem Hintergrund, welche insoweit für das Gericht tätig würden, ist mit dem Telos der Norm ebenfalls nicht zu vereinbaren.[174] Generell problematisch ist in diesem Zusammenhang zu sehen, dass es erheblichen Einfluss auf das Verhalten im Sitzungssaal haben dürfte, wenn die Beteiligten um ihre „historische Rolle" wissen.

66 **aa) Verfahren von herausragender zeitgeschichtlicher Bedeutung für die BRD.** Zweck der Aufzeichnungen ist nicht die Information der gegenwärtigen Öffentlichkeit, sondern diejenige eines Kreises von historisch Interessierten, der erst in Zukunft sicher feststehen wird.[175] Leitgesichtspunkt ist, inwieweit dem Verfahren **überregionale, gesamtgesellschaftliche Bedeutung** zukommt.[176]

67 **bb) Keine Nutzung für Verfahrenszwecke.** Die Aufnahmen sind **nicht zur Akte zu nehmen,** dürfen nicht herausgegeben und nicht zu Verfahrenszwecken genutzt werden, Abs. 2 S. 3, so dass zu keinem Zeitpunkt und in keinem Fall ein Recht der Verfahrensbeteiligten auf Einsicht besteht. Die Formulierung stellt klar, dass etwaige Beweisanträge gem. § 244 Abs. 3 S. 1 StPO als unzulässig abzulehnen sind. Auch eine Nutzung durch das Gericht, etwa iRd Urteilsberatung, ist ausgeschlossen, da dies ebenso ein Verfahrenszweck wäre.

68 **cc) Verbleib der Aufnahmen nach Abschluss des Verfahrens.** Abs. 2 S. 4 legt fest, dass die Aufnahmen nach Abschluss des Verfahrens vom Gericht dem zuständigen Bundes- oder Landesarchiv zur Übernahme anzubieten sind. Presseaufnahmen bleiben zu keinem Zeitpunkt während der Verhandlung zulässig. Das entsprechende Angebot ist folglich erst nach dem Ende der Verhandlung, auch **erst nach Rechtskraft,** zu unterbreiten. Dass das Interesse der Medien idR auf zeitnahe Berichterstattung gerichtet sein wird, lässt der Entwurf außen vor, was auch konsequent ist, da schließlich Abs. 2 S. 1 explizit auf wissenschaftliche und historische Zwecke abstellt.

---

[172] *Schumann* DRiZ 2013, 254 (256).
[173] BT-Drs. 18/10144, 28; *v. Coelln* AfP 2016, 491 (493).
[174] AA *v. Coelln* AfP 2016, 491 (493).
[175] BT-Drs. 18/10144, 19.
[176] BT-Drs. 18/10144, 27.

Bei Nichtannahme durch das zuständige Bundes- oder Landesarchiv sind sie **vom** 69
Gericht zu löschen, Abs. 2 S. 5. Das hat unverzüglich zu erfolgen. Das Archiv hat ohnehin
zunächst nur ein Einsichtsrecht.[177]

c) Aufnahmen der Verkündung von Entscheidungen des BGH (und qua Ver- 70
weisungen der sonstigen obersten Bundesgerichte), Abs. 3. Als Ausdruck deren
besonderer Stellung im Rechtssystem aber auch ein Stück weit als Versuchsballon kann die
Verkündung von BGH-Entscheidungen für **kommerzielle Ton- und Filmaufnahmen**
durch die Medien selbst geöffnet werden. Abs. 3 S. 2 sieht neben der Möglichkeit der
teilweisen Untersagung ausdrücklich auch die Verhängung von Auflagen vor.

Die mediale Aufbereitung von Entscheidungen und deren öffentlichkeitsgerechte Ver- 71
mittlung und Erläuterung ist keine Aufgabe der Vorsitzenden, sondern der Pressesprecher.[178]
Die mündliche Urteilsbegründung berührt stets persönliche Belange, schon allein deshalb,
weil ggf. Namen, Örtlichkeiten und sonstige identifizierende Merkmale sowie Details aus
den tatgerichtlichen Feststellungen ausgesprochen werden müssen.[179] Außerdem ist diese
anders als beim BVerfG auf eine vorläufige Unterrichtung der Beteiligten angelegt, wohingegen die schriftlich niedergelegten, ausführlich argumentierten Gründe erst später abgefasst
werden.[180] Das spricht ebenfalls für eine **restriktive Handhabung.**

d) Unanfechtbarkeit der Beschlüsse, Abs. 4. Durch die Anordnung der Unanfecht- 72
barkeit werden sämtliche Beschlüsse des Gerichts **insoweit der revisionsrechtlichen Prü-**
fung entzogen, § 336 S. 2 StPO. Hintergrund ist der erklärte Wille, den Fortgang des
Verfahrens nicht zu behindern und keinen Grund für nachträgliche Rügen zu schaffen.[181]

Inwieweit vom Gericht überhaupt die „erweiternden Maßnahmen" der Neufassung 73
thematisiert werden, obliegt grds. dem Vorsitzenden. Jedes Mitglied des Gerichts kann diese
aber zum Beratungsgegenstand machen. Die Verfahrensbeteiligten haben kein Antragsrecht,
sie können nur Anregungen abgeben. Eine diesbezügliche Anregung **ablehnende Ent-**
scheidungen sind ebenfalls nicht anfechtbar. Auch eine Anrufung des Gerichts nach
§ 238 Abs. 2 StPO kommt nicht in Betracht, da es sich **nicht um Sachleitung handelt.**
Da die Saalöffentlichkeit – nach wie vor – das gesetzliche Leitbild des § 169 darstellt und
die Befugnisse des Entwurfs diese nicht erweitern, besteht schließlich bei einer negierenden
Entscheidung kein Berührungspunkt mit dem Öffentlichkeitsgrundsatz.

Es steht ferner zu erwarten, dass der mediale Druck auf die Gerichte, von den neuen 74
Möglichkeiten Gebrauch zu machen, groß sein wird. Das BVerfG hat indessen klargestellt,
dass aus den Mediengrundrechten kein Anspruch auf Bild- oder Tonübertragung
erwächst.[182] Auch die gesetzliche Neuregelung regelt explizit **keine Ansprüche, sondern**
reine Befugnisse des Gerichts. Das Verbot des Abs. 1 S. 2 bleibt aufrechterhalten; lediglich einzelne Ausnahmen im Ermessen des Gerichts sind möglich. Beim Nichtgebrauch
dieser Befugnisse liegt folglich keine Einschränkung vom Gesetz gegebener Rechte vor.[183]

e) Zuständigkeit und Ermessensausübung. Ganz bewusst und anders als noch im 75
Referentenentwurf vorgesehen werden **sämtliche Befugnisse dem Gericht** und nicht
lediglich dem Vorsitzenden zugewiesen. Dies widerspricht dem Bild der klassischen Verhandlungsleitung, stärkt allerdings das Kollegialgericht in seiner vor die Öffentlichkeit tretenden Einheitlichkeit und festigt somit grds. auch die getroffene Entscheidung. Weil es
sich jedoch sämtlich um Entscheidungen handelt, die außerhalb der Hauptverhandlung
getroffen werden oder getroffen werden können, **wirken die Schöffen** – und zwar unab-

---

[177] BT-Drs. 18/10144, 28.
[178] *Rittig* NJ 2016, 265 (268).
[179] Vgl. auch *Kreicker* ZIS 2017, 85 (92); *Norouzi* StV 2016, 590 (594); *Rittig* NJ 2016, 265 (267).
[180] *Franke* NJW 2016, 2618 (2620).
[181] BT-Drs. 18/10144, 26.
[182] BVerfG 11.11.1992 – 1 BvQ 19/92, BVerfGE 87, 331 = NJW 1993, 915; BVerfG 1.5.2013 – 1 BvQ 13/13, BeckRS 2013, 50235; ebenso BT-Drs. 18/10144, 26, 28.
[183] AA für § 169 Abs. 1 S. 3, Abs. 3 *v. Coelln* AfP 2016, 491 (494).

hängig vom Zeitpunkt der Entscheidung – **nicht mit,** §§ 30 Abs. 2, 76 Abs. 1 S. 2, da anderenfalls Zufälligkeiten über die Besetzung entscheiden würden.[184]

76 Sämtliche Befugnisse stehen **im Ermessen des Gerichts.** Ermessensleitende Gesichtspunkte sind das Informationsbedürfnis der Öffentlichkeit sowie der Medienandrang auf der einen Seite und der Persönlichkeitsschutz, der geordnete Verfahrensablauf sowie die Funktionstüchtigkeit der Rechtspflege auf der anderen Seite. Vom eingeräumten Ermessen ist nur in sachlich begründeten Einzelfällen Gebrauch zu machen.

77 Nicht gegeben sind die Befugnisse zudem, wenn die Öffentlichkeit als solche – qua Gesetz (zB § 48 Abs. 1 JGG) oder nach §§ 171a ff. – ausgeschlossen ist, da die Erweiterungen nur aus dem Öffentlichkeitsgrundsatz ausfließen können, wenn dieser seinem Grunde nach eröffnet ist.[185]

78 Die neue Gesetzesfassung nennt in Abs. 1 S. 4, Abs. 2 S. 2 und Abs. 3 S. 2 jeweils die Möglichkeit der **teilweisen Untersagung zur Wahrung schutzwürdiger Interessen der Beteiligten oder Dritter oder zur Wahrung eines ordnungsgemäßen Ablaufs des Verfahrens.** Eine Zuständigkeitsregelung wird nicht genannt. Aus der Notwendigkeit der schnellen Reaktion einerseits und der grds. Kompetenzzuweisung an das Gericht andererseits ist abzuleiten, dass dem Vorsitzenden eine Eilzuständigkeit zusteht, er seine Entscheidung jedoch alsbald vom Gericht bestätigen lassen muss. Auch hier gilt die Besetzung außerhalb der Hauptverhandlung, da die Entscheidung zwar während, aber ebenfalls nicht zwingend in der Hauptverhandlung getroffen werden muss. Aus dem Wortlaut ergibt sich explizit nur die Befugnis zur teilweisen Untersagung, nicht jedoch zur **gänzlichen Untersagung bzw. zur Rücknahme der ursprünglichen Entscheidung.** Dies muss jedoch bei teleologischer Betrachtung als gleichermaßen zulässig angesehen werden, soweit die Entscheidung frei von Willkür ermessensgerecht getroffen wird, denn die Gerichte müssen in der Lage sein, eine von ihnen selbst eingeräumte und durchgeführte Aufnahme/Übertragung auch endgültig zu beenden.[186]

IV. Revision

79 Ein Verstoß gegen den Grundsatz der Öffentlichkeit, wie er sich aus Abs. 1 S. 1 iVm §§ 171a–177 ergibt, stellt einen **absoluten Revisionsgrund** dar, § 338 Nr. 6 StPO. Jedoch wird als ungeschriebenes Tatbestandsmerkmal ein **Verschulden des Gerichts** (oder zumindest des Vorsitzenden) vorausgesetzt, denn durch eine dem Gericht nicht erkennbare Beschränkung der Öffentlichkeit sei das Vertrauen der Allgemeinheit oder des Einzelnen in die Objektivität der Rechtspflege nicht gefährdet.[187] Ist ein Einfluss des Öffentlichkeitsfehlers auf das Urteil **denkgesetzlich ausgeschlossen,** wird der Bestand des Urteils durch den Fehler ebenfalls nicht berührt.[188]

80 Dabei betrifft § 338 Nr. 6 StPO allerdings **nur die Einschränkung der Öffentlichkeit** nach § 169 Abs. 1 S. 1, wohingegen eine unzulässige Erweiterung der Öffentlichkeit lediglich einen relativen Revisionsgrund gem. § 337 StPO bedeutet.[189] Dem entspricht, dass insoweit auch nur den eigenen Rechtskreis betreffende Verstöße gerügt werden können.

---

[184] Vgl. für die Haftfrage BGH 11.1.2011 – 1 StR 648/10, NStZ 2011, 356.
[185] BT-Drs. 18/10144, 20.
[186] Vgl. auch BR-Drs. 492/16, 3 sowie BT-Drs. 18/10144, 40, wo der Vorschlag des BRats zwar pauschal abgelehnt, indes aber nur auf die Frage von Auflagen eingegangen wird.
[187] BGH 10.6.1966 – 4 StR 72/66, BGHSt 21, 72 = NJW 1966, 1570 (1571); BGH 18.12.1968 – 3 StR 297/68, BGHSt 22, 297 = NJW 1969, 756; BGH 26.6.2001 – 5 StR 69/01, BeckRS 2001, 05951; BGH 7.4.2016 – 1 StR 579/15, NStZ-RR 2016, 245 (246); *Kuckein* StraFo 2000, 397 (398); zur Kritik vgl. *Kudlich* FS Fezer, 2008, 435 (446 ff.).
[188] BGH 25.7.1995 – 1 StR 342/95, NJW 1996, 138; BGH 21.3.2012 – 1 StR 34/12, NStZ 2012, 587; abl. *Foth* NStZ-RR 2014, 381.
[189] BGH 17.2.1989 – 2 StR 402/88, BGHSt 36, 119 = NJW 1989, 1741; BGH 17.9.2014 – 1 StR 212/14, BeckRS 2014, 19859 Rn. 22; BGH 12.11.2015 – 2 StR 311/15, NStZ 2016, 180; *Franke* StraFo 2014, 361; aA *Kissel/Mayer* Rn. 60.

§ 170 *(betrifft nicht das Strafverfahren)*

§ 171 *(aufgehoben)*

§ 171a [Ausschluss der Öffentlichkeit in Unterbringungssachen]
Die Öffentlichkeit kann für die Hauptverhandlung oder für einen Teil davon ausgeschlossen werden, wenn das Verfahren die Unterbringung des Beschuldigten in einem psychiatrischen Krankenhaus oder einer Entziehungsanstalt, allein oder neben einer Strafe, zum Gegenstand hat.

I. Überblick

1. Normzweck. § 171a regelt die Möglichkeit der Ausschließung der Öffentlichkeit 1 während der Hauptverhandlung (exklusive des Urteils, § 173) in Unterbringungssachen. Hintergrund ist die Überlegung, dass in solchen Verfahren typischerweise Fragen thematisiert werden, welche zum **höchstpersönlichen Lebensbereich** des Angekl. gehören.[1]

2. Anwendungsbereich. Das Verfahren muss die Unterbringung in einem psychiatri- 2 schen Krankenhaus (§ 63 StGB) oder einer Entziehungsanstalt (§ 64 StGB), allein oder neben einer Strafe, zum Gegenstand haben. Die Norm findet Anwendung sowohl auf das Straf- wie das Sicherungsverfahren gem. §§ 413 ff. StPO.[2] Ob die Unterbringung Gegenstand der Anklage oder sonst im Verfahren beantragt ist, spielt keine Rolle.[3] Wesentlich ist nur, dass die **Frage der Unterbringung zum Inbegriff der Hauptverhandlung gehört.** Dafür ist ausreichend aber auch erforderlich, dass sich mit den Voraussetzungen der §§ 63, 64 StGB (sachverständig) beschäftigt wird. Die Analyse der Persönlichkeitsstruktur des Angekl. durch einen Sachverständigen ohne Bezug zu dieser Fragestellung genügt für § 171a folglich nicht; ggf. kommt § 171b in Betracht.[4]

II. Erläuterung

Bei Verfahrensgegenständlichkeit der Unterbringung in einem psychiatrischen Kranken- 3 haus oder einer Entziehungsanstalt steht der (teilweise) Ausschluss der Öffentlichkeit im **Ermessen des Gerichts** („kann").[5] Hierzu sind die Belange des Angekl., insbes. dessen Persönlichkeitsinteressen, sorgfältig gegen das Informationsbedürfnis der Öffentlichkeit abzuwägen. Dabei ist zu beachten, dass die Öffentlichkeit grds. durchaus ebenso ein anerkennenswertes Interesse an der Aufklärung und Mitteilung von strafrechtlich relevanten Vorgängen eines schuldunfähigen oder in seiner Schuldfähigkeit erheblich verminderten Angekl. hat, der ob seiner Persönlichkeitsstruktur für die Allgemeinheit gefährlich ist oder bei dem die Gefahr besteht, dass er infolge seines Hanges, alkoholische Getränke oder andere berauschende Mittel im Übermaß zu sich zu nehmen, erhebliche rechtswidrige Taten begehen wird (vgl. §§ 63, 64 StGB). Die Entscheidung – auch über die Dauer eines etwaigen Ausschlusses – hängt dabei außerdem davon ab, welche Thematiken den Schwerpunkt der Verhandlung einnehmen; im Zweifel ist die die Öffentlichkeit am wenigsten einschränkende Maßnahme zu wählen.[6] Der Ausschluss ist **unabhängig von einem etwaigen Antrag eines Verfahrensbeteiligten.**[7]

Der **StA** soll unabhängig vom Gericht prüfen, ob es geboten ist, die Öffentlichkeit für 4 die ganze Hauptverhandlung oder für einen Teil auszuschließen und bejahendenfalls einen

---

[1] BVerfG 30.3.2012 – 1 BvR 711/12, BeckRS 2012, 49198 Rn. 21; *Kissel/Mayer* Rn. 1; *Löwe/Rosenberg/Wickern* Rn. 1.
[2] KK/*Diemer* Rn. 1; *Löwe/Rosenberg/Wickern* Rn. 1.
[3] *Kissel/Mayer* Rn. 5; KK/*Diemer* Rn. 1; *Meyer-Goßner/Schmitt* Rn. 2.
[4] HK/*Schmidt/Temming* Rn. 3; *Meyer-Goßner/Schmitt* Rn. 2.
[5] HK/*Schmidt/Temming* Rn. 2; *Kissel/Mayer* Rn. 3; KK/*Diemer* Rn. 1; *Löwe/Rosenberg/Wickern* Rn. 3.
[6] *Kissel/Mayer* Rn. 4; *Löwe/Rosenberg/Wickern* Rn. 3.
[7] BeckOK StPO/*Allgayer*, 26. Ed. 1.10.2016, Rn. 1; HK/*Schmidt/Temming* Rn. 2.

begründeten Antrag stellen, Nr. 131 Abs. 1 RiStBV. Um zu vermeiden, dass die Begründung seines Antrags bereits solche Tatsachen offenbart, deren öffentliche Erörterung schutzwürdige Interessen von Beteiligten berühren könnte, hat er seinen Antrag ggf. anzukündigen und den Ausschluss der Öffentlichkeit zur Erörterung seines Antrags zu beantragen, § 174 Abs. 1 S. 1.[8]

III. Revision

5 Eine **unzulässige Beschränkung** der Öffentlichkeit durch einen gegen § 171a verstoßenden Ausschluss der Öffentlichkeit stellt einen **absoluten Revisionsgrund** gem. § 338 Nr. 6 StPO dar.

6 Ein Verstoß gegen § 171a durch **nicht erfolgten Ausschluss der Öffentlichkeit** kann – bei einer Reduzierung des tatrichterlichen Ermessens auf Null – einen **relativen Revisionsgrund** darstellen.[9] Von Seiten des Revisionsführers ist hierfür allerdings iRd Aufklärungsrüge konkret darzulegen, zu welchen weitergehenden Erkenntnissen die Hauptverhandlung geführt hätte, wenn die Öffentlichkeit ausgeschlossen worden wäre, dh bspw. welche zusätzlichen Angaben der aussagebereite Angekl. oder ein Zeuge bei seiner Vernehmung unter Ausschluss der Öffentlichkeit gemacht hätten. Nur dann kann das Revisionsgericht nachprüfen, ob aufgrund dieser Angaben die Möglichkeit einer für den Revisionsführer günstigeren Entscheidung bestanden hätte und der geltend gemachte Verstoß sich überhaupt auf das Urteil ausgewirkt haben kann.[10]

§ 171b [Ausschluss der Öffentlichkeit zum Schutz der Privatsphäre]

(1) ¹Die Öffentlichkeit kann ausgeschlossen werden, soweit Umstände aus dem persönlichen Lebensbereich eines Prozessbeteiligten, eines Zeugen oder eines durch eine rechtswidrige Tat (§ 11 Absatz 1 Nummer 5 des Strafgesetzbuchs) Verletzten zur Sprache kommen, deren öffentliche Erörterung schutzwürdige Interessen verletzen würde. ²Das gilt nicht, soweit das Interesse an der öffentlichen Erörterung dieser Umstände überwiegt. ³Die besonderen Belastungen, die für Kinder und Jugendliche mit einer öffentlichen Hauptverhandlung verbunden sein können, sind dabei zu berücksichtigen. ⁴Entsprechendes gilt bei volljährigen Personen, die als Kinder oder Jugendliche durch die Straftat verletzt worden sind.

(2) ¹Die Öffentlichkeit soll ausgeschlossen werden, soweit in Verfahren wegen Straftaten gegen die sexuelle Selbstbestimmung (§§ 174 bis 184j des Strafgesetzbuchs) oder gegen das Leben (§§ 211 bis 222 des Strafgesetzbuchs), wegen Misshandlung von Schutzbefohlenen (§ 225 des Strafgesetzbuchs) oder wegen Straftaten gegen die persönliche Freiheit nach den §§ 232 bis 233a des Strafgesetzbuchs ein Zeuge unter 18 Jahren vernommen wird. ²Absatz 1 Satz 4 gilt entsprechend.

(3) ¹Die Öffentlichkeit ist auszuschließen, wenn die Voraussetzungen der Absätze 1 oder 2 vorliegen und der Ausschluss von der Person, deren Lebensbereich betroffen ist, beantragt wird. ²Für die Schlussanträge in Verfahren wegen der in Absatz 2 genannten Straftaten ist die Öffentlichkeit auszuschließen, ohne dass es eines hierauf gerichteten Antrags bedarf, wenn die Verhandlung unter den Voraussetzungen der Absätze 1 oder 2 oder des § 172 Nummer 4 ganz oder zum Teil unter Ausschluss der Öffentlichkeit stattgefunden hat.

(4) Abweichend von den Absätzen 1 und 2 darf die Öffentlichkeit nicht ausgeschlossen werden, soweit die Personen, deren Lebensbereiche betroffen sind, dem Ausschluss der Öffentlichkeit widersprechen.

(5) Die Entscheidungen nach den Absätzen 1 bis 4 sind unanfechtbar.

---

[8] BeckOK StPO/*Temming* RiStBV Nr. 131 Rn. 3.
[9] BGH 23.6.1998 – 5 StR 261/98, NStZ 1998, 586; BeckOK StPO/*Allgayer*, 26. Ed. 1.10.2016, Rn. 3; Meyer-Goßner/*Schmitt* Rn. 4; Löwe/Rosenberg/*Wickern* Rn. 6.
[10] BGH 23.6.1998 – 5 StR 261/98, NStZ 1998, 586; HK/*Schmidt*/*Temming* Rn. 5; KK/*Diemer* Rn. 3.

Schrifttum: *Mertens,* Persönlichkeitsschutz des Zeugen durch Ausschluß der Öffentlichkeit, NJW 1980, 2687; *Rieß/Hilger,* Das neue Strafverfahrensrecht – Opferschutzgesetz und Strafverfahrensänderungsgesetz 1987, NStZ 1987, 145; *dies.*, Das neue Strafverfahrensrecht – Opferschutzgesetz und Strafverfahrensänderungsgesetz 1987 – 2. Teil, NStZ 1987, 204; *Sieg,* Der Ausschluß der Öffentlichkeit zum Schutz des Zeugen, NJW 1980, 379; *ders.*, Nochmals: Der Ausschluß der Öffentlichkeit zum Schutze des Zeugen, NJW 1981, 963.

Übersicht

	Rn.		Rn.
I. Überblick	1–6	3. Zwingender Ausschluss der Öffentlichkeit bei qualifiziertem Antrag, Abs. 3 S. 1	12
1. Normzweck	1, 2		
2. Anwendungsbereich	3–6	4. Zwingender Ausschluss der Öffentlichkeit für die Schlussanträge bei vorangehendem zumindest teilweisem Ausschluss der Öffentlichkeit in bestimmten Verfahren, Abs. 3 S. 2	13
II. Erläuterung	7–16		
1. Optionaler Ausschluss der Öffentlichkeit zum Schutz der Privatsphäre, Abs. 1	7–10		
2. Intendierter Ausschluss der Öffentlichkeit bei Zeugen unter 18 Jahren in bestimmten Verfahren, Abs. 2	11	5. Verbot des Ausschlusses der Öffentlichkeit bei qualifiziertem Widerspruch, Abs. 4	14
		6. Beurteilung der Rechtmäßigkeit	15, 16
		III. Rechtsmittel	17–20

I. Überblick

1. Normzweck. § 171b dient dem **Schutz der Privatsphäre und der Persönlich-** 1 **keitsrechte** der Prozessbeteiligten, Zeugen und Verletzten.[1] Das Gebot der größtmöglichen Wahrheitserforschung kann es gebieten und gebietet es auch häufig, dass Fragen nach dem (höchst)persönlichen Lebensbereich gestellt werden, arg.e § 68a Abs. 1 StPO; dies muss jedoch nicht öffentlich geschehen.[2] § 171b steht dabei in Einklang mit Art. 6 Abs. 1 S. 2 EMRK.

Zuständig ist das Gericht, wie sich auch aus § 174 Abs. 1 S. 2 ergibt.[3] Der StA soll 2 unabhängig vom Gericht prüfen, ob es geboten ist, die Öffentlichkeit für die ganze Hauptverhandlung oder für einen Teil auszuschließen und bejahendenfalls einen begründeten Antrag stellen, Nr. 131 Abs. 1 RiStBV. Wird beantragt, die Öffentlichkeit nach § 171b auszuschließen, hat der StA dazu idR Stellung zu nehmen, Nr. 131a RiStBV. Um zu vermeiden, dass die Begründung seines Antrags oder seiner Stellungnahme bereits solche Tatsachen offenbart, deren öffentliche Erörterung schutzwürdige Interessen von Beteiligten berühren könnte, hat er seinen Antrag ggf. anzukündigen und den Ausschluss der Öffentlichkeit zur Erörterung seines Antrags zu beantragen, § 174 Abs. 1 S. 1.[4]

2. Anwendungsbereich. Der durch die Vorschrift geschützte persönliche Lebensbe- 3 reich umfasst private Eigenschaften und Neigungen, Gesundheitszustände, Sexualsphäre, politische und religiöse Einstellungen, aber auch Tatsachen aus dem Familienleben, die unbefugten Dritten nicht ohne Weiteres zugänglich sind und **objektiv Schutz vor dem Einblick Außenstehender verdienen.**[5] Der danach gegebene Schutz kann auch über den Tod einer Person hinausreichen.[6]

---

[1] BGH 7.12.2016 – 1 StR 487/16, StV 2017, 369 (370).
[2] *Kissel/Mayer* Rn. 1; *Meyer-Goßner/Schmitt* Rn. 1; *Kudlich* JuS 2005, 759 (760).
[3] *HK/Schmidt/Temming* Rn. 1; *KK/Diemer* Rn. 4.
[4] BeckOK StPO/*Temming* RiStBV Nr. 131 Rn. 3.
[5] BGH 18.9.1981 – 2 StR 370/81, BGHSt 30, 212 = NJW 1982, 59; BeckOK StPO/*Allgayer*, 26. Ed. 1.10.2016, Rn. 1; *HK/Schmidt/Temming* Rn. 3; *Kissel/Mayer* Rn. 3: „menschenwürdige Privatheit"; *KK/Diemer* Rn. 3; *Löwe/Rosenberg/Wickern* Rn. 5 ff. mwN; *Meyer-Goßner/Schmitt* Rn. 3; *Rieß/Hilger* NStZ 1987, 145 (150): „nicht alle personenbezogenen Daten verstehen können, sondern namentlich solche Tatsachen, nach denen üblicherweise im Sozialleben nicht gefragt zu werden pflegt und die in der Regel nicht spontan und unbefangen mitgeteilt werden".
[6] *KK/Diemer* Rn. 3; *SSW/Quentin* Rn. 3; aA *HK/Schmidt/Temming* Rn. 3; *SK/Velten* Rn. 5.

4 Zeuge ist dabei auch der sog. **potentielle Zeuge,** dh wer noch nicht oder nicht mehr geladen ist, aber als Zeuge in Betracht kommt.[7]

5 Die Öffentlichkeit kann teilweise, im Einzelfall auch komplett ausgeschlossen werden. Die Ausschlussmöglichkeit erfasst **sämtliche Verfahrensabschnitte** der Hauptverhandlung.[8] Beschränkt sich der Ausschluss der Öffentlichkeit auf einen bestimmten Verfahrensabschnitt (wie zB die Dauer der Vernehmung einer Beweisperson), so umfasst er alle Verfahrensvorgänge, die mit diesem in enger Verbindung stehen oder sich aus ihm entwickeln und die daher zu diesem Verfahrensabschnitt gehören (wie zB unmittelbar sich ergebende Augenscheinseinnahmen, die Entscheidung über die Vereidigung und Entlassung des Zeugen, Erklärungen nach § 257 StPO).[9]

6 **Erörterungen gem. § 257b StPO,** welche infolge § 171b unter Ausschluss der Öffentlichkeit stattfinden, weil ein unmittelbarer innerer Zusammenhang zwischen ihnen und der Einlassung des Angekl., welche Umstände des intimen persönlichen Lebensbereichs zur Sprache bringt, besteht, so dass diese Einlassung zwangsläufig auch Gegenstand der (verständigungsvorbereitenden) Erörterung ist, können ebenfalls unter der Flagge des § 171b geführt, müssen nicht in öffentlicher Hauptverhandlung wiederholt und auch nicht gem. § 243 Abs. 4 S. 2 StPO analog mitgeteilt werden.[10] Das BVerfG hat insoweit obiter dictum verfassungsrechtliche Bedenken im Hinblick auf die besondere Bedeutung der Kontrolle des Verständigungsgeschehens durch die Öffentlichkeit geäußert, die Verfassungsbeschwerde mangels hinreichender Substantiierung jedoch nicht zur Entscheidung angenommen.[11] Die Situation wäre übrigens die gleiche, wenn sich die Erörterungen anlässlich einer Zeugenaussage unter Ausschluss der Öffentlichkeit entspönnen. § 257b StPO betrifft Erörterungen innerhalb der laufenden Hauptverhandlung. Eine gesonderte Mitteilungspflicht an die Öffentlichkeit ist daher im Grundsatz nicht vonnöten, weil diese schließlich anwesend ist. Ein Ausschluss der Öffentlichkeit für einen bestimmten Verfahrensabschnitt, in dessen Zusammenhang Erörterungen nach § 257b StPO vorgenommen werden, führt folglich zu einem Leerlauf dieser in sich angelegten Öffentlichkeitskontrolle, welcher für außerhalb der Hauptverhandlung stattfindende Gespräche seine Kompensation in § 243 Abs. 4 StPO findet. Durch die Regelung des § 273 Abs. 1 S. 2 StPO ist jedoch eine notwendige Transparenz ihrem Grunde nach gewährleistet. Wenn aus Gründen des Persönlichkeitsschutzes in den in § 171b Abs. 3 S. 2 genannten Konstellationen selbst die Plädoyers gänzlich unter Ausschluss der Öffentlichkeit stattzufinden haben, kann der Persönlichkeitsschutz zudem nicht hinter einer gesetzlich nicht geregelten Mitteilungspflicht für Erörterungen iSd § 257b StPO zurücktreten müssen. Außerdem erwachsen aus § 257b StPO selbst unmittelbar keine Rechtsfolgen. Für die tatsächliche Verständigung nach § 257c Abs. 1 StPO wird man einen unmittelbaren Zusammenhang mit einer Einlassung des Angekl. oder einer Zeugeneinvernahme unter Ausschluss der Öffentlichkeit nicht bejahen können. Daher bedarf es in den genannten Konstellationen zwar eines restriktiven Verständnisses des „unmittelbaren inneren Zusammenhangs", jedoch aus Gründen des in § 171b angelegten Persönlichkeitsschutzes keiner über § 273 Abs. 1 S. 2 StPO hinausgehenden Transparenz.

II. Erläuterung

7 **1. Optionaler Ausschluss der Öffentlichkeit zum Schutz der Privatsphäre, Abs. 1.** Die Öffentlichkeit kann ausgeschlossen werden, soweit Umstände aus dem persönli-

---

[7] BeckOK StPO/*Allgayer,* 26. Ed. 1.10.2016, Rn. 2; *Kissel/Mayer* Rn. 2; Löwe/Rosenberg/*Wickern* Rn. 4; Meyer-Goßner/*Schmitt* Rn. 3; SSW/*Quentin* Rn. 3; *Mertens* NJW 1980, 2687; aA *Sieg* NJW 1980, 379; *ders.* NJW 1981, 963; SK/*Velten* Rn. 5.
[8] BGH 21.6.2012 – 4 StR 623/11, BGHSt 57, 273 = NJW 2012, 3113; *Kissel/Mayer* Rn. 16; HK/*Schmidt/Temming* Rn. 8.
[9] BGH 17.12.1987 – 4 StR 614/87, NStZ 1988, 190; BGH 9.11.1994 – 3 StR 420/94, BeckRS 1994, 06961; BGH 15.4.2003 – 1 StR 64/03, BGHSt 48, 268 = NJW 2003, 2761; BGH 20.9.2005 – 3 StR 214/05, NStZ 2006, 117.
[10] BGH 12.11.2015 – 5 StR 467/15, NStZ 2016, 118 m. zust. Anm. *Bittmann.*
[11] BVerfG 16.2.2016 – 2 BvR 107/16, BeckRS 2016, 42548.

chen Lebensbereich eines Prozessbeteiligten, Zeugen oder Verletzten erörtert werden und die Tatsache der Öffentlichkeit dieser Erörterung schutzwürdige Interessen verletzen würde, § 171b Abs. 1 S. 1. Dies ist zu bejahen, wenn **nach objektiven Maßstäben eine ernsthaft nachteilige Auswirkung** zu erwarten steht.[12] Insoweit kann zur Annäherung auf die Begrifflichkeiten Sozialsphäre – Privatsphäre – Intimsphäre zurückgegriffen werden. Belange der Intimsphäre fallen unproblematisch unter diese erste Abwägungsstufe, solche der Privatsphäre idR und solche der Sozialsphäre nur in begründeten Ausnahmefällen. Zu berücksichtigen ist in jedem Fall, wenn der Betroffene die zur Sprache kommenden Umstände selbst freiwillig in die Öffentlichkeit getragen hat.[13]

Bei **überwiegendem Interesse an der öffentlichen Erörterung** genießt die Öffentlichkeitsmaxime Vorrang, Abs. 1 S. 2. Auch insoweit dienen die Begrifflichkeiten Sozialsphäre – Privatsphäre – Intimsphäre als erste Anhaltspunkte.[14] Das Interesse der Öffentlichkeit bemisst sich dabei vornehmlich nach dem Charakter der Tat, dem Maß des medialen Aufsehens und der Bedeutung der zu erörternden – insbes. tatbezogenen – Umstände für den Ausgang des Verfahrens.[15] Breite Erforschungen der **Intimsphäre** eines Zeugen weisen einen hohen Schutzgrad auf, welcher prima facie nur sehr eingeschränkt vom Interesse an öffentlicher Erörterung überwogen werden kann. Ist die **Privatsphäre** betroffen, hängt das Abwägungsergebnis stark davon ab, welche Aspekte auf einer imaginären Skala berührt sind und wie stark der Konnex zur verfahrensgegenständlichen Tathandlung ist. Bei Betroffenheit der **Sozialsphäre** wird der erste Anschein dagegen für ein überwiegendes Interesse der Öffentlichkeitsmaxime streiten, welchen es im Einzelfall durch eine argumentative Auseinandersetzung mit der Ausnahmebedürftigkeit der Einzelfallsituation zu widerlegen gälte. Bereits aus dem Wortlaut folgt, dass bei nicht feststellbarem Überwiegen der Ausschluss der Öffentlichkeit zulässig (nicht aber geboten) ist.[16]

Wer sich in strafflliger Weise gegen die Rechtsordnung auflehnt, kann sich nicht darauf berufen, dass die insoweit verhängten Strafen, soweit diese noch registerfähig sind (§§ 45, 51, 52, 63 BZRG), seinem Privatbereich zuzuordnen seien. Weil zudem zwar keine Tatwohl aber eine erhebliche Rechtsfolgenrelevanz besteht, sind **berücksichtigungsfähige Vorstrafen** des Angekl. öffentlich zu erörtern.[17] Vorstrafen von Zeugen sollen gem. § 68a Abs. 2 S. 2 StPO nur zum Gegenstand der Vernehmung gemacht werden, um das Vorliegen des § 60 Nr. 2 StPO (Vereidigungsverbot bei Tat- und Teilnahmeverdacht) oder die Glaubwürdigkeit zu beurteilen. Soweit Fragen demnach zulässig sind, spricht aus dem eben genannten Aspekt grds. nichts gegen eine öffentliche Erörterung.[18]

Abs. 1 S. 3, S. 4 tragen den besonderen Belastungen Rechnung, welche von einer öffentlichen Hauptverhandlung auf **Kinder und Jugendliche** sowie unabhängig vom Alter im Vernehmungszeitpunkt auf zum Tatzeitpunkt kindliche und jugendliche Opfer von Straftaten ausgehen.

2. Intendierter Ausschluss der Öffentlichkeit bei Zeugen unter 18 Jahren in bestimmten Verfahren, Abs. 2. Für Straftaten nach den §§ 174–184j, 211–222, 225, 232–233a StGB soll die Öffentlichkeit ausgeschlossen werden, wenn ein unter 18-Jähriger oder ein zur Tatzeit unter 18-jähriges Tatopfer vernommen wird, Abs. 2. Soweit zusätzlich eine gewisse Nähe des Zeugen zum Tatgeschehen oder ein innerer Zusammenhang des Verneh-

---

[12] BeckOK StPO/*Allgayer*, 26. Ed. 1.10.2016, Rn. 3; HK/*Schmidt/Temming* Rn. 6; *Kissel/Mayer* Rn. 5 ff.: erhebliches, über das allg. Übliche und Notwendige hinausgehendes Gewicht der Beeinträchtigung erforderlich; Meyer-Goßner/*Schmitt* Rn. 4.
[13] BeckOK StPO/*Allgayer*, 26. Ed. 1.10.2016, Rn. 3; HK/*Schmidt/Temming* Rn. 5; *Kissel/Mayer* Rn. 8; KK/*Diemer* Rn. 3; Löwe/Rosenberg/*Wickern* Rn. 12; Meyer-Goßner/*Schmitt* Rn. 4.
[14] Löwe/Rosenberg/*Wickern* Rn. 16; Meyer-Goßner/*Schmitt* Rn. 5.
[15] Löwe/Rosenberg/*Wickern* Rn. 15.
[16] KK/*Diemer* Rn. 4; Löwe/Rosenberg/*Wickern* Rn. 16; Meyer-Goßner/*Schmitt* Rn. 5.
[17] KK/*Diemer* Rn. 3; Löwe/Rosenberg/*Wickern* Rn. 9; Meyer-Goßner/*Schmitt* Rn. 5.
[18] Löwe/Rosenberg/*Wickern* Rn. 9; aA KK/*Diemer* Rn. 3.

mungsgegenstands mit den persönlichen Lebensumständen des Zeugen verlangt werden,[19] lässt sich ein gänzliches Fehlen dergleichen hinreichend bei der (Nicht)Ausübung der „Soll-Intention" berücksichtigen.

12 **3. Zwingender Ausschluss der Öffentlichkeit bei qualifiziertem Antrag, Abs. 3 S. 1.** Der Ausschluss der Öffentlichkeit erfolgt von Amts wegen. Entsprechende Anträge sind grds. nur als Anregungen anzusehen.[20] Wird der Antrag indes **von dem in seinem persönlichen Lebensbereich Betroffenen gestellt** und liegen die Voraussetzungen zum Ausschluss dem Grunde nach vor, so zwingt dieser qualifizierte Antrag gem. Abs. 3 S. 1 zum Ausschluss der Öffentlichkeit. Der entsprechende Antrag kann auch außerhalb der Hauptverhandlung angebracht[21] und bei Betroffenheit mehrerer Personen von jedem unabhängig gestellt werden.[22]

13 **4. Zwingender Ausschluss der Öffentlichkeit für die Schlussanträge bei vorangehendem zumindest teilweisem Ausschluss der Öffentlichkeit in bestimmten Verfahren, Abs. 3 S. 2.** Hat die Verhandlung über Straftaten nach den §§ 174–184j, 211–222, 225, 232–233a StGB auf Grundlage der §§ 171b Abs. 1, Abs. 2, 172 Nr. 4 zumindest teilweise unter Ausschluss der Öffentlichkeit stattgefunden, ist **unabhängig von einem Antrag** die Öffentlichkeit **für die gesamten Schlussanträge** zwingend auszuschließen, Abs. 3 S. 2, um zu verhindern, dass auf diesem Wege die schutzbedürftigen Umstände öffentlich zur Sprache gelangen. Zu den genannten „Schlussanträgen" zählt nach Sinn und Zweck der Vorschrift auch das letzte Wort des Angekl., weil auch in diesem der gesamte Inhalt der Hauptverhandlung resümiert wird/werden kann und daher (potentiell) entsprechende Hemmnisse auftreten, welche die Norm zu vermeiden sucht.[23] Abs. 3 S. 2 ist zwingend ohne Wägbarkeit formuliert.[24]

14 **5. Verbot des Ausschlusses der Öffentlichkeit bei qualifiziertem Widerspruch, Abs. 4.** Widerspricht **der Betroffene** dem Ausschluss der Öffentlichkeit, so darf der Ausschluss nach Abs. 4 nicht angeordnet werden (ein Ausschluss nach anderen Normen bleibt aber unberührt[25]). Sind mehrere Personen in ihrem persönlichen Lebensbereich betroffen und widersprechen nicht alle gleichermaßen, ist der Ausschluss der Öffentlichkeit zulässig.[26] Bei einem Zusammentreffen von qualifiziertem Antrag nach Abs. 3 und qualifiziertem Widerspruch nach Abs. 4 gebührt der Regelung des Abs. 3 aus Gründen des Persönlichkeitsschutzes der Vorrang.[27]

15 **6. Beurteilung der Rechtmäßigkeit.** Zur Beurteilung der Rechtmäßigkeit des Ausschlusses der Öffentlichkeit ist auf den **Zeitpunkt der gerichtlichen Beschlussfassung** abzustellen. Ist bei jener mit einer entsprechenden Erörterung zu rechnen, bestätigt sich diese Erwartung jedoch nicht, so wird das Verfahren hierdurch weder fehlerhaft, noch bedarf es einer Wiederholung in öffentlicher Sitzung.[28]

---

[19] *Kissel/Mayer* Rn. 13; SK/*Velten* Rn. 4, 10a.
[20] Meyer-Goßner/*Schmitt* Rn. 11.
[21] BGH 22.10.2013 – 4 StR 389/13, BeckRS 2013, 20950; BeckOK StPO/*Allgayer*, 26. Ed. 1.10.2016, Rn. 5; Meyer-Goßner/*Schmitt* Rn. 10; SSW/*Quentin* Rn. 7; aA HK/*Schmidt/Temming* Rn. 1; *Kissel/Mayer* Rn. 14; Löwe/Rosenberg/*Wickern* Rn. 22.
[22] Meyer-Goßner/*Schmitt* Rn. 10.
[23] BGH 7.12.2016 – 1 StR 487/16, StV 2017, 369 (370).
[24] BGH 12.11.2015 – 2 StR 311/15, NStZ 2016, 180; BGH 28.9.2017 – 4 StR 240/17, NJW 2018, 640 (641); Meyer-Goßner/*Schmitt* Rn. 12; aA SK/*Velten* Rn. 11a: bei vorangegangenem teilweisem Ausschluss komme es auf dessen Grund und Umfang an.
[25] *Kissel/Mayer* Rn. 14; Löwe/Rosenberg/*Wickern* Rn. 17; *Rieß/Hilger* NStZ 1987, 204 (208) Fn. 335.
[26] BeckOK StPO/*Allgayer*, 26. Ed. 1.10.2016, Rn. 5; HK/*Schmidt/Temming* Rn. 10; KK/*Diemer* Rn. 6; Löwe/Rosenberg/*Wickern* Rn. 17; Meyer-Goßner/*Schmitt* Rn. 14; *Rieß/Hilger* NStZ 1987, 204 (208) Fn. 335.
[27] HK/*Schmidt/Temming* Rn. 11; *Kissel/Mayer* Rn. 14; aA Löwe/Rosenberg/*Wickern* Rn. 19; SK/*Velten* Rn. 13a: Ermessensentscheidung des Gerichts.
[28] BeckOK StPO/*Allgayer*, 26. Ed. 1.10.2016, Rn. 6; HK/*Schmidt/Temming* Rn. 9; Löwe/Rosenberg/*Wickern* Rn. 11; Meyer-Goßner/*Schmitt* Rn. 8.

Ein die Öffentlichkeit ausschließender Beschluss ist nach § 174 Abs. 1 S. 3 zu **begrün-** 16
den. Der einen Antrag gem. § 171b Abs. 3 S. 1 ablehnende Beschluss ist gem. § 34 StPO
zu begründen.²⁹

III. Rechtsmittel

Entscheidungen iSd Abs. 1–4 sind **unanfechtbar,** Abs. 5. 17

Auch eine **Revision** kann grds. nicht auf einen Verstoß gegen § 171b gestützt werden, 18
§ 336 S. 2 StPO. Anderes gilt für den Fall, dass die Beanstandung die prinzipielle Reichweite der Ausschließungsbefugnis nach § 171b zum Gegenstand hat, denn § 336 S. 2
StPO iVm § 171b Abs. 5 entzieht der revisionsgerichtlichen Überprüfung nur die Entscheidung darüber, ob die in Abs. 1 normierten tatbestandlichen Voraussetzungen vorlagen, nicht aber die Kontrolle der generellen Befugnis für den Ausschluss der Öffentlichkeit.³⁰

Trifft das Tatgericht gar keine Entscheidung über einen qualifizierten Antrag gem. 19
Abs. 3 S. 1 auf Ausschluss der Öffentlichkeit, ist die Rüge auch im Hinblick auf das
tatbestandliche Vorliegen der Voraussetzungen des § 171b Abs. 1 zulässig, **da die Unanfechtbarkeit ausweislich Abs. 5 nur für „Entscheidungen", nicht aber für Versäumnisse gilt.**³¹

Verkennt das Tatgericht die **Regelung des Abs. 3 S. 2,** ist eine ausnahmsweise revisi- 20
onsrechtliche Anfechtungsmöglichkeit ebenfalls zuzugestehen, weil insoweit kein Beurteilungsspielraum besteht, der durch die Regelung des Abs. 5 geschützt wäre.³²
Geschützt ist insoweit auch der Rechtskreis des Angekl., da § 171b dem Schutz des
persönlichen Lebensbereichs als allg. übergeordneter rechtsstaatlicher Gewährleistung
dient.³³ In einem solchen Fall besteht ein **relativer Revisionsgrund** (§ 338 Nr. 6 StPO
ist bei einer unzulässigen Erweiterung der Öffentlichkeit schließlich nicht anwendbar),
wobei das Beruhen des Urteils auf einem Verkennen des Abs. 3 S. 2 regelmäßig nicht
ausgeschlossen werden kann, wenn es sich um den persönlichen Lebensbereich des
Angekl. handelt.³⁴ Gleiches muss gelten, wenn der vorhergehende Ausschluss zum
Schutz des persönlichen Lebensbereichs einer dem Angekl. nahestehenden Person
erfolgte. Im Übrigen bedarf es eines nachvollziehbaren Vortrags zu den Gesichtspunkten,
welche gerade wegen der Öffentlichkeit der Schlussvorträge unterblieben.³⁵ Dabei ist
auch das sonstige Prozessverhalten zu berücksichtigen, ob etwa versucht wurde, entsprechende Aussageinhalte (bspw. durch Verlesung, aussagepsychologische Gutachten) auch
in die öffentliche Hauptverhandlung zu transportieren.³⁶ Wird lediglich unterlassen,
während des Plädoyers des StA die Öffentlichkeit auszuschließen, liegt bereits auf den
ersten Blick fern, dass sich dies zum Nachteil des Angekl. ausgewirkt haben könnte. Ein
erfolgreicher Vortrag, welcher nachvollziehbar belegt, dass gerade wegen der Öffentlichkeit beim StA-Plädoyer bestimmte Ausführungen im Verteidigerplädoyer und/oder im
letzten Wort unterblieben sind, ist kaum vorstellbar. Sollte schließlich der psychische
Eindruck der öffentlichen Erörterung insoweit zu schwer wiegen, käme unproblematisch
die Beantragung einer kurzen Unterbrechung in Betracht.

---

²⁹ HK/*Schmidt/Temming* Rn. 12; Löwe/Rosenberg/*Wickern* Rn. 23; Meyer-Goßner/*Schmitt* Rn. 13.
³⁰ BGH 21.6.2012 – 4 StR 623/11, BGHSt 57, 273 = NJW 2012, 3113; BGH 12.11.2015 – 2 StR 311/
15, NStZ 2016, 180; BGH 7.12.2016 – 1 StR 487/16, StV 2017, 369; BGH 28.9.2017 – 4 StR 240/17,
NJW 2018, 640; KK/*Diemer* Rn. 7 f.; Meyer-Goßner/*Schmitt* Rn. 16.
³¹ *Arnoldi* NStZ 2016, 181.
³² BGH 17.9.2014 – 1 StR 212/14, BeckRS 2014, 19859 Rn. 26 obiter dictum; BGH 12.11.2015 – 2
StR 311/15, NStZ 2016, 180; BGH 15.12.2015 – 4 StR 401/15, StV 2016, 788 obiter dictum.
³³ BGH 17.9.2014 – 1 StR 212/14, BeckRS 2014, 19859 Rn. 26 obiter dictum; BGH 12.11.2015 – 2 StR
311/15, NStZ 2016, 180; BGH 7.12.2016 – 1 StR 487/16, StV 2017, 369 (370); *Arnoldi* NStZ 2016, 181.
³⁴ BGH 12.11.2015 – 2 StR 311/15, NStZ 2016, 180 (181).
³⁵ BGH 15.12.2015 – 4 StR 401/15, StV 2016, 788; BGH 4.2.2016 – 4 StR 493/15, BeckRS 2016,
04091; BGH 22.2.2017 – 5 StR 586/16, BeckRS 2017, 103704.
³⁶ BGH 7.12.2016 – 1 StR 305/16, NStZ-RR 2017, 54.

§ 172 [Ausschluss der Öffentlichkeit wegen Gefährdung]
Das Gericht kann für die Verhandlung oder für einen Teil davon die Öffentlichkeit ausschließen, wenn
1. eine Gefährdung der Staatssicherheit, der öffentlichen Ordnung oder der Sittlichkeit zu besorgen ist,
1a. eine Gefährdung des Lebens, des Leibes oder der Freiheit eines Zeugen oder einer anderen Person zu besorgen ist,
2. ein wichtiges Geschäfts-, Betriebs-, Erfindungs- oder Steuergeheimnis zur Sprache kommt, durch dessen öffentliche Erörterung überwiegende schutzwürdige Interessen verletzt würden,
3. ein privates Geheimnis erörtert wird, dessen unbefugte Offenbarung durch den Zeugen oder Sachverständigen mit Strafe bedroht ist,
4. eine Person unter 18 Jahren vernommen wird.

Übersicht

	Rn.		Rn.
I. Überblick	1, 2	d) Gefährdung eines Zeugen oder einer anderen Person, Nr. 1a	7–9
1. Normzweck	1		
2. Anwendungsbereich	2	e) Gefährdung von wichtigen Geschäfts-, Betriebs-, Erfindungs- oder Steuergeheimnissen, Nr. 2	10
II. Erläuterung	3–14		
1. Ausschlussgründe	3–12	f) Offenbarung von privaten Geheimnissen, Nr. 3	11
a) Gefährdung der Staatssicherheit, Nr. 1 Var. 1	4		
b) Gefährdung der öffentlichen Ordnung, Nr. 1 Var. 2	5	g) Vernehmung einer Person unter 18 Jahren, Nr. 4	12
c) Gefährdung der Sittlichkeit, Nr. 1 Var. 3	6	2. Umfang des Ausschlusses	13, 14
		III. Revision	15

I. Überblick

1. Normzweck. § 172 nennt Ausschlussgründe wegen Gefährdung von Interessen der Allgemeinheit sowie von Einzelinteressen, deren Schutz ebenfalls **im öffentlichen Interesse** liegt.[1] Die bloße Erschwerung der Wahrheitsermittlung ohne zusätzliche Gefahr für eines der genannten Schutzgüter genügt nicht.[2]

2. Anwendungsbereich. Ausweislich Art. 38 NTS-ZA findet § 172 auf die Gefährdung der Sicherheit eines NATO-Verbündeten, seiner Amtsgeheimnisse sowie der Sicherheit einer Truppe oder eines zivilen Gefolges **entsprechende Anwendung**.

II. Erläuterung

1. Ausschlussgründe. § 172 stellt eine **reine Befugnis des Gerichts** auf. Ein Anspruch der Beteiligten auf Ausschluss der Öffentlichkeit besteht in keinem Fall.[3] Der StA soll unabhängig vom Gericht prüfen, ob es geboten ist, die Öffentlichkeit für die ganze Hauptverhandlung oder für einen Teil auszuschließen und bejahendenfalls einen begründeten Antrag stellen, Nr. 131 Abs. 1 RiStBV. Um zu vermeiden, dass die Begründung seines Antrags bereits solche Tatsachen offenbart, deren öffentliche Erörterung schutzwürdige Interessen von Beteiligten berühren könnte, hat er seinen Antrag ggf. anzukündigen und den Ausschluss der Öffentlichkeit zur Erörterung seines Antrags zu beantragen, § 174 Abs. 1 S. 1.[4]

---

[1] Meyer-Goßner/*Schmitt* Rn. 1.
[2] Kissel/*Mayer* Rn. 35; Meyer-Goßner/*Schmitt* Rn. 7; SSW/*Quentin* Rn. 6.
[3] HK/*Schmidt*/*Temming* Rn. 2; Kissel/*Mayer* Rn. 2; KK/*Diemer* Rn. 1; Löwe/Rosenberg/*Wickern* Rn. 38; SSW/*Quentin* Rn. 20.
[4] BeckOK StPO/*Temming* Nr. 131 RiStBV Rn. 3.

a) Gefährdung der Staatssicherheit, Nr. 1 Var. 1. Staatssicherheit bedeutet **innere** 4
und äußere Sicherheit der BRD (vgl. § 92 Abs. 3 Nr. 2 StGB) und umfasst nicht den
guten Ruf eines Amtsträgers.[5]

b) Gefährdung der öffentlichen Ordnung, Nr. 1 Var. 2. Die öffentliche Ordnung 5
ist gefährdet, wenn sich **aus der Öffentlichkeit der Verhandlung** eine fortgesetzte
Störung dergestalt ergibt, dass ein geordneter Fortgang der Verhandlung trotz sitzungspolizeilicher Maßnahmen nicht sinnvoll möglich ist.[6] Ebenfalls hierunter zu subsumieren sind
Fallgestaltungen, in denen die öffentliche Erörterung von kriminalitätsverhindernden/
-bekämpfenden Maßnahmen deren Wirkungsweise empfindlich beeinträchtigen würde,
Nr. 133 RiStBV.[7] Diesbezüglich nennt Nr. 219 Abs. 3 RiStBV ausdrücklich Münzstrafsa-
chen (Geld- und Wertzeichenfälschung), schließlich birgt die Bekanntgabe von Details
über Fälschungsmethoden und -merkmale die Gefahr der Nachahmung.

c) Gefährdung der Sittlichkeit, Nr. 1 Var. 3. Eine Gefährdung der Sittlichkeit in 6
diesem Sinne liegt vor, wenn durch die öffentliche Erörterung das **Scham- und Sittlichkeitsgefühl des unbeteiligten Durchschnittsmenschen** erheblich verletzt würde.[8] § 172
Nr. 1 Var. 3 steht dabei selbständig neben § 171b Abs. 1, Abs. 2, wobei jedoch grds. vorrangig § 171b Abs. 3 S. 1, Abs. 4 in Betracht zu ziehen ist.[9] Auf Jugendliche soll gesondert
Rücksicht genommen werden, wobei hier § 175 Abs. 1 Var. 1 regelmäßig hinreicht, vgl.
Nr. 132 RiStBV.

d) Gefährdung eines Zeugen oder einer anderen Person, Nr. 1a. Soweit durch 7
eine wahrheitsgemäße Aussage in öffentlicher Hauptverhandlung Leben, Leib oder Freiheit
des Zeugen oder einer anderen Person in Gefahr geraten würden, kann die Öffentlichkeit,
wenn ausreichend auch nur bzgl. des bedrohenden Teils, ausgeschlossen werden. Die Gefährdung muss dabei gerade **aus der Öffentlichkeit der Aussage** resultieren.[10]

Eine Behörde kann die **Freigabe eines Zeugen gem. § 54 StPO** mit dem Verlangen 8
auf nichtöffentliche Vernehmung verknüpfen; in diesem Fall müssen aber gleichwohl die
Voraussetzungen des § 172 vorliegen, anderenfalls kann die Öffentlichkeit nicht ausgeschlossen werden und der Zeuge bliebe gesperrt.[11]

Gem. Nr. 130a Abs. 2 S. 3 RiStBV hat **der StA** bei Vorliegen der Voraussetzungen des 9
§ 172 Nr. 1a den Ausschluss zu beantragen. Soweit erforderlich hat er die seine Besorgnis
begründenden Tatsachen in einem Vermerk aktenkundig und diesen dem Gericht zugänglich zu machen.[12]

e) Gefährdung von wichtigen Geschäfts-, Betriebs-, Erfindungs- oder Steuer- 10
geheimnissen, Nr. 2. Schutzwürdige Geheimnisse in diesem Sinne sind diejenigen Informationen, an deren Geheimhaltung der Berechtigte/die Berechtigten ein **auch in Abwägung mit der rechtsstaatlich bedeutsamen Öffentlichkeitsmaxime anerkennenswertes Interesse** hat/haben.[13]

f) Offenbarung von privaten Geheimnissen, Nr. 3. § 203 StGB stellt in den dort 11
genannten Fällen die unbefugte Offenbarung eines fremden Geheimnisses als Verletzung von

---

[5] HK/*Schmidt/Temming* Rn. 5; *Kissel/Mayer* Rn. 20; KK/*Diemer* Rn. 4; Löwe/Rosenberg/*Wickern* Rn. 2; Meyer-Goßner/*Schmitt* Rn. 2; SSW/*Quentin* Rn. 2.
[6] HK/*Schmidt/Temming* Rn. 6; vertiefend *Kissel/Mayer* Rn. 24 ff.
[7] BeckOK StPO/*Allgayer*, 26. Ed. 1.10.2016, Rn. 3; *Kissel/Mayer* Rn. 29; KK/*Diemer* Rn. 5; Löwe/Rosenberg/*Wickern* Rn. 6; Meyer-Goßner/*Schmitt* Rn. 3; SSW/*Quentin* Rn. 4.
[8] BGH 9.7.1985 – 1 StR 216/85, NJW 1986, 200 (201) = NStZ 1986, 179 mAnm *Gössel*; *Kissel/Mayer* Rn. 31; Meyer-Goßner/*Schmitt* Rn. 4.
[9] BGH 19.3.1992 – 4 StR 73/92, BGHSt 38, 248 = NJW 1992, 2436; KK/*Diemer* Rn. 7; Meyer-Goßner/*Schmitt* Rn. 5; SSW/*Quentin* Rn. 7.
[10] BGH 8.10.1986 – 3 StR 382/86, NStZ 1987, 86; BeckOK StPO/*Allgayer*, 26. Ed. 1.10.2016, Rn. 5; Löwe/Rosenberg/*Wickern* Rn. 13; Meyer-Goßner/*Schmitt* Rn. 6; SK/*Velten* Rn. 10.
[11] BGH 17.10.1983 – GSSt 1/83, BGHSt 32, 115 = NJW 1984, 147 (248).
[12] BeckOK StPO/*Temming* Nr. 130a RiStBV Rn. 9.
[13] Vertiefend *Kissel/Mayer* Rn. 38 ff.; Radtke/Hohmann/*Feldmann* Rn. 14 ff.

Privatgeheimnissen unter Strafe. Um die Unbefugtheit auszuschließen, kann der Berechtigte einwilligen; das Gesetz regelt ebenfalls verschiedene Offenbarungspflichten und -befugnisse. Zur Rücksichtnahme auf das Geheimnis und das zwischen dem Zeugen und dem Berechtigten ggf. bestehende Vertrauensverhältnis kann das Gericht die Öffentlichkeit **für die Dauer der Erörterung des Geheimnisses** ausschließen.[14]

12 g) **Vernehmung einer Person unter 18 Jahren, Nr. 4.** Nr. 4 dient ergänzend zu §§ 241a, 247 S. 2 StPO dem Schutz minderjähriger Zeugen (vgl. auch Nr. 222 RiStBV). Der Ausschluss **umfasst auch den gesetzlichen Vertreter** des Zeugen; diesem kann gem. § 175 Abs. 2 S. 1 jedoch die Anwesenheit gestattet werden, wenn dies der Vernehmung zuträglich scheint.[15]

13 **2. Umfang des Ausschlusses.** Die Öffentlichkeit kann teilweise, im Einzelfall auch komplett ausgeschlossen werden. Die Ausschlussmöglichkeit erfasst **sämtliche Verfahrensabschnitte** der Hauptverhandlung.[16] Beschränkt sich der Ausschluss der Öffentlichkeit auf einen bestimmten Verfahrensabschnitt (wie zB die Dauer der Vernehmung einer Beweisperson), so umfasst er alle Verfahrensvorgänge, die mit diesem in enger Verbindung stehen oder sich aus ihm entwickeln und die daher zu diesem Verfahrensabschnitt gehören.[17]

14 Erfolgt der Ausschluss der Öffentlichkeit für einen konkret bezeichneten Verfahrensabschnitt oder die gesamte Verhandlung (und damit bis zur Urteilsverkündung), bedarf es keines besonderen Beschlusses zur **Wiederherstellung der Öffentlichkeit;** diese ist lediglich tatsächlich wiederherzustellen.[18] Im Protokoll zu vermerken ist sie ohnehin.[19]

III. Revision

15 Die „Kann"-Bestimmung des § 172 enthält ein **prognostisches und ein wertendes Element,** welche nur bedingt nachprüfbar sind.[20] Im Übrigen vgl. → § 169 Rn. 79 f.

§ 173 [Öffentliche Urteilsverkündung]

(1) Die Verkündung des Urteils sowie der Endentscheidung in Ehesachen und Familienstreitsachen erfolgt in jedem Falle öffentlich.

(2) Durch einen besonderen Beschluß des Gerichts kann unter den Voraussetzungen der §§ 171b und 172 auch für die Verkündung der Entscheidungsgründe oder eines Teiles davon die Öffentlichkeit ausgeschlossen werden.

Schrifttum: *Kulhanek,* Im Namen des Volkes – Leerformel, Fiktion oder Realität?, ZRP 2015, 155.

I. Normzweck

1 Das Urteil wird grds. vom Vorsitzenden verkündet[1] und ergeht **im Namen des Volkes,** § 268 Abs. 1 StPO. Durch die Anerkennung der abgeleiteten Urteilsfindung wird in Richtung des Volkes wie auch in Richtung der Rechtsprechenden und sonstigen Verfahrensbeteiligten bewusst gehalten, dass der Richter „autoritärer Herr und demütiger Diener der Rechte" in gleicher Weise ist.[2] Bereits aus diesem Grunde ist es zwingend, dass diesem Teil

---
[14] Meyer-Goßner/*Schmitt* Rn. 13.
[15] Löwe/Rosenberg/*Wickern* Rn. 36; Meyer-Goßner/*Schmitt* Rn. 14; SSW/*Quentin* Rn. 19.
[16] BGH 21.6.2012 – 4 StR 623/11, BGHSt 57, 273 = NJW 2012, 3113; *Kissel*/Mayer Rn. 6; Meyer-Goßner/*Schmitt* Rn. 15.
[17] Vgl. näher → § 171b Rn. 5 f. mwN.
[18] *Kissel*/Mayer Rn. 4 ff.; KK/*Diemer* Rn. 2; Meyer-Goßner/*Schmitt* Rn. 16 f.
[19] Löwe/Rosenberg/*Wickern* Rn. 42.
[20] *Kissel*/Mayer Rn. 14 ff.
[1] KK/*Kuckein* StPO § 268 Rn. 2; *Meyer-Goßner*/Schmitt StPO § 268 Rn. 3.
[2] *Kulhanek* ZRP 2015, 155.

„staatstragender Symbolik"³ die Öffentlichkeit beiwohnt. Die öffentliche Urteilsverkündung ist auch in Art. 6 Abs. 1 S. 2 EMRK, Art. 14 Abs. 1 S. 3 Hs. 2 IPBPR festgeschrieben.

II. Erläuterung

Die Verkündung des Urteils umfasst **neben der Verlesung der Urteilsformel auch die** 2
Eröffnung der Urteilsgründe, § 268 Abs. 2 S. 1 StPO. Während Erstere ausnahmslos öffentlich stattzufinden hat, kann Letztere gem. § 173 Abs. 2 unter den Voraussetzungen der §§ 171b, 172 ganz oder teilweise unter Ausschluss der Öffentlichkeit stattfinden. Hierfür bedürfte es sodann eines besonderen Beschlusses, Abs. 2 S. 2, für den erst nach Ende der Beweisaufnahme Raum ist.⁴ Dieser Beschluss ist nach vorangehender gesonderter Verhandlung über die Frage des Ausschlusses gem. § 174 Abs. 1 S. 3 zu begründen und öffentlich zu verkünden.⁵ Wegen des unter → Rn. 1 dargestellten Normzwecks sollte von einem (teilweisen) Ausschluss der Öffentlichkeit bei der Verkündung der Urteilsgründe nur sehr zurückhaltend Gebrauch gemacht werden. Die Verkündung eines Bewährungsbeschlusses oder Haftfortdauerbeschlusses gem. §§ 268a, 268b StPO gehört nicht zur Urteilsverkündung.⁶ Für Jugendliche und Heranwachsende gelten die §§ 48 Abs. 1, Abs. 3 S. 2, 104 Abs. 2, 109 Abs. 1 S. 4, 112 S. 1 JGG.

Das Bestehen der Öffentlichkeit **muss aus dem Protokoll ersichtlich sein.**⁷ Die soeben 3
angesprochene Ausnahmslosigkeit der öffentlichen Verkündung der Urteilsformel verhindert es aber nicht, dass einzelne Zuhörer infolge sitzungspolizeilicher Maßnahmen aus dem Sitzungssaal entfernt werden.⁸ Soweit während oder nach der Urteilsverkündung bis zum Schluss der Hauptverhandlung durch den Vorsitzenden Fehler im Hinblick auf die Herstellung der Öffentlichkeit zum Vorschein kommen, **kann das Urteil mit Heilungswirkung sogleich nochmals öffentlich verkündet werden.**⁹ Für eine restriktive Linie lässt sich zwar anführen, dass mit Abschluss der Verkündung das Urteil gleichsam entäußert, damit unwiderruflich, unabänderbar und folglich auch keiner Wiederholung zugänglich sei. Demgegenüber kann die extensive Ansicht für sich in Anspruch nehmen, dass es sich bei fehlender Öffentlichkeit um eine offensichtliche Unrichtigkeit handelt, welche mit einer strikt wiederholenden Neuverkündung behoben wird und diese Neuverkündung auch keine sachliche, gedankliche oder sonst auf den Inhalt des Urteils Einfluss nehmende Änderung/Ergänzung darstellt. Im Interesse von Transparenz und Rechtsklarheit ist der Vorgang den Beteiligten zu erläutern und zu protokollieren.

War die Öffentlichkeit in der Verhandlung (teilweise) ausgeschlossen, ist bei der **Eröffnung** 4
der Urteilsgründe besonders sorgfältig darauf zu achten, dass die Schutzaspekte, welche zu einem (Teil)Ausschluss der Öffentlichkeit geführt haben, durch die Wiedergabe des unter Ausschluss der Öffentlichkeit erzielten Verhandlungsergebnisses nicht konterkariert werden.¹⁰

§ 174 [Verhandlung über Ausschluss der Öffentlichkeit; Schweigepflicht]

(1) ¹Über die Ausschließung der Öffentlichkeit ist in nicht öffentlicher Sitzung zu verhandeln, wenn ein Beteiligter es beantragt oder das Gericht es für angemes-

---

³ *Kulhanek* ZRP 2015, 155 (156).
⁴ BGH 22.5.1953 – 2 StR 539/52, BGHSt 4, 279 = NJW 1953, 1442; SSW/*Quentin* Rn. 2; SK/*Velten* Rn. 2.
⁵ Löwe/Rosenberg/*Wickern* Rn. 2; MüKoZPO/*Zimmermann* Rn. 9.
⁶ BGH 28.5.1974 – 4 StR 633/73, BGHSt 25, 333 = BeckRS 1974, 30395650; SSW/*Quentin* Rn. 3; SK/*Velten* Rn. 2.
⁷ Löwe/Rosenberg/*Wickern* Rn. 1; SSW/*Quentin* Rn. 4; SK/*Velten* Rn. 2.
⁸ *Kissel/Mayer* Rn. 5; Löwe/Rosenberg/*Wickern* Rn. 1; SSW/*Quentin* Rn. 1.
⁹ Im Detail umstr., vgl. BeckOK StPO/*Allgayer*, 26. Ed. 1.10.2016, Rn. 2 (für Beschränkung der Heilungsmöglichkeit auf den Zeitraum bis zum Abschluss der Verkündung bzw. unmittelbar danach besteht kein Grund); HK/*Schmidt/Temming* Rn. 4 (während oder unmittelbar nach der Urteilsverkündung); *Kissel/Mayer* Rn. 3 (bis zur Beendigung der Verkündung); KK/*Diemer* Rn. 2 (während der Verkündung oder unmittelbar nach ihrem Ende); Löwe/Rosenberg/*Wickern* Rn. 4 (bis zum Schluss der Hauptverhandlung); SSW/*Quentin* Rn. 4 (solange die Urteilsverkündung noch andauert); SK/*Velten* Rn. 2 (während der Verkündung oder unmittelbar danach).
¹⁰ Meyer-Goßner/*Schmitt* Rn. 1.

sen erachtet. ²Der Beschluß, der die Öffentlichkeit ausschließt, muß öffentlich verkündet werden; er kann in nicht öffentlicher Sitzung verkündet werden, wenn zu befürchten ist, daß seine öffentliche Verkündung eine erhebliche Störung der Ordnung in der Sitzung zur Folge haben würde. ³Bei der Verkündung ist in den Fällen der §§ 171b, 172 und 173 anzugeben, aus welchem Grund die Öffentlichkeit ausgeschlossen worden ist.

(2) Soweit die Öffentlichkeit wegen Gefährdung der Staatssicherheit ausgeschlossen wird, dürfen Presse, Rundfunk und Fernsehen keine Berichte über die Verhandlung und den Inhalt eines die Sache betreffenden amtlichen Schriftstücks veröffentlichen.

(3) ¹Ist die Öffentlichkeit wegen Gefährdung der Staatssicherheit oder aus den in §§ 171b und 172 Nr. 2 und 3 bezeichneten Gründen ausgeschlossen, so kann das Gericht den anwesenden Personen die Geheimhaltung von Tatsachen, die durch die Verhandlung oder durch ein die Sache betreffendes amtliches Schriftstück zu ihrer Kenntnis gelangen, zur Pflicht machen. ²Der Beschluß ist in das Sitzungsprotokoll aufzunehmen. ³Er ist anfechtbar. ⁴Die Beschwerde hat keine aufschiebende Wirkung.

Schrifttum: *Park*, Der Öffentlichkeitsausschluß und die Begründungsanforderungen des § 174 I 3 GVG, NJW 1996, 2213.

Übersicht

	Rn.		Rn.
I. Normzweck	1	b) Angabe des Ausschlussgrundes	9
II. Erläuterung	2–15	c) Umfang	10
1. Ausschließungsverhandlung	2–5	d) Heilung	11
a) Antrag auf Ausschließung	2, 3	3. Wiederherstellung der Öffentlichkeit	12
b) Ausschluss nach Ermessen des Gerichts	4	4. Verbot öffentlicher Berichte bei Gefährdung der Staatssicherheit, Abs. 2	13
c) Freibeweisliche Erörterung	5	5. Pflicht zur Geheimhaltung durch gerichtliche Anweisung, Abs. 3	14, 15
2. Ausschließungsbeschluss	6–11		
a) Öffentliche Verkündung	7, 8	III. Rechtsmittel	16–20

I. Normzweck

1 Die Verhandlung über die Ausschließung der Öffentlichkeit (sog. Ausschließungsverhandlung) stellt ein **Zwischenverfahren in der Hauptverhandlung** dar. Grds. erfolgt diese öffentlich. Durch die Möglichkeit des Ausschlusses der Öffentlichkeit in Abs. 1 S. 1 auch für die Ausschließungsverhandlung wird sichergestellt, dass derjenige, der einen Grund für die Ausschließung der Öffentlichkeit geltend macht, die in Betracht kommenden Ausschlussgründe vortragen kann, ohne seine schutzwürdigen Interessen schon vor der abschließenden Entscheidung des Gerichts zu gefährden.[1] Die durch Abs. 1 S. 3 vorgeschriebene ausdrückliche Angabe des Grundes für den Ausschluss der Öffentlichkeit dient der Selbstkontrolle des Gerichts, der Unterrichtung der Öffentlichkeit und der späteren Nachprüfbarkeit der Entscheidung durch das Revisionsgericht.[2]

II. Erläuterung

2 **1. Ausschließungsverhandlung. a) Antrag auf Ausschließung.** Beteiligter iSd Abs. 1 S. 1 ist jeder, der ein anzuerkennendes Interesse an der Ausschließung der Öffentlich-

---

[1] BGH 27.11.2014 – 3 StR 437/14, BGHSt 60, 58 = NJW 2015, 1464 (1465).
[2] BGH 9.6.1999 – 1 StR 325/98, BGHSt 45, 117 = NJW 1999, 3060.

keit geltend machen kann bzw. dessen Interessen mit dem Ausschluss der Öffentlichkeit geschützt würden; eine Beschränkung auf unmittelbar Verfahrensbeteiligte besteht nicht.[3]

Weil die nicht öffentliche Durchführung der Ausschließungsverhandlung zwingende Folge des diesbezüglichen Antrags des Beteiligten ist, bedarf es für die Ausschließung der Öffentlichkeit insoweit keines Gerichtsbeschlusses; die **Anordnung des Vorsitzenden** genügt.[4]

b) Ausschluss nach Ermessen des Gerichts. Das Gericht kann aber auch ohne Antrag die Öffentlichkeit für die Ausschließungsverhandlung ausschließen. Da es sich insoweit um eine Ermessensausübung des Gerichts handelt, bedarf es hierfür eines **Gerichtsbeschlusses**.[5]

c) Freibeweisliche Erörterung. In Betracht kommende Ausschließungstatbestände werden im Freibeweisverfahren unter **rechtlichem Gehör der Beteiligten** erörtert.[6] Die Ausschließungsverhandlung hat im Sitzungssaal stattzufinden.[7] Ihr Stattfinden ist zu protokollieren.[8]

2. Ausschließungsbeschluss. Auch das Ergebnis der Ausschließungsverhandlung ist zu **protokollieren**.[9]

a) Öffentliche Verkündung. Der die Öffentlichkeit ausschließende **Gerichtsbeschluss** muss öffentlich verkündet werden, wenn nicht die Öffentlichkeit der Verkündung eine erhebliche Störung der Ordnung in der Sitzung befürchten lässt, Abs. 1 S. 2. Letzteres muss durch konkrete Tatsachen belegt und gerichtlich beschlossen werden, weil es sich um eine sachlich eng begrenzte, begründungsbedürftige Ausnahme vom Grundsatz der öffentlichen Verkündung handelt.[10] Ist demzufolge ausnahmsweise die nicht öffentliche Verkündung beschlossen, bedarf die Verkündung dieses Beschlusses keiner Öffentlichkeit, da dies gleichsam der Begründung der akuten Störungslage immanent ist.[11]

Mit der Verkündung des Beschlusses über den Ausschluss der Öffentlichkeit ist die Verhandlung nicht öffentlich. Die **Erhebung von Gegenvorstellungen** hat keine rückversetzende Wirkung, so dass hierüber in nicht öffentlicher Sitzung verhandelt und entschieden werden kann.[12]

b) Angabe des Ausschlussgrundes. Wird die Öffentlichkeit gem. §§ 171b, 172, 173 Abs. 2 ausgeschlossen, ist der maßgebliche Grund bei der Verkündung des Ausschließungsbeschlusses zwingend anzugeben, § 174 Abs. 1 S. 3. Es genügt die **Angabe des abstrakten Gesetzeswortlauts unter präziser Nennung des tatsächlich einschlägigen Grundes**.[13] Eine Begründung unter Nennung der tatsächlichen Umstände, welche zu dem vorge-

---

[3] BGH 27.11.2014 – 3 StR 437/14, BGHSt 60, 58 = NJW 2015, 1464 (1465) = NStZ 2015, 477 m. zust. Anm. *Heine* = StV 2015, 475 m. abl. Anm. *Rosenstock*; HK/*Schmidt/Temming* Rn. 2; *Katholnigg* Rn. 1; Löwe/Rosenberg/*Wickern* Rn. 2; Meyer-Goßner/*Schmitt* Rn. 2 f.; SSW/*Quentin* Rn. 2; SK/*Velten* Rn. 2; aA *Kissel/Mayer* Rn. 7; KK/*Diemer* Rn. 2.
[4] BGH 27.11.2014 – 3 StR 437/14, BGHSt 60, 58 = NJW 2015, 1464; beachte: hierin liegt kein Widerspruch zur Entscheidung BGH 1.12.1998 – 4 StR 585/98, NStZ 1999, 371, da diese den Ausschließungsbeschluss gem. § 174 Abs. 1 S. 2 behandelt, welcher gerade das Ergebnis der hier gegenständlichen Ausschließungsverhandlung verkündet; KK/*Diemer* Rn. 2; Löwe/Rosenberg/*Wickern* Rn. 3.
[5] KK/*Diemer* Rn. 2; Löwe/Rosenberg/*Wickern* Rn. 3.
[6] *Kissel/Mayer* Rn. 3 f., 6; Löwe/Rosenberg/*Wickern* Rn. 4, 6; Meyer-Goßner/*Schmitt* Rn. 4.
[7] *Heine* NStZ 2015, 480 (481).
[8] *Kissel/Mayer* Rn. 5; Meyer-Goßner/*Schmitt* Rn. 5; SSW/*Quentin* Rn. 4.
[9] Löwe/Rosenberg/*Wickern* Rn. 7; Meyer-Goßner/*Schmitt* Rn. 5.
[10] BeckOK StPO/*Allgayer*, 26. Ed. 1.10.2016, Rn. 7; *Kissel/Mayer* Rn. 8; Löwe/Rosenberg/*Wickern* Rn. 11; aA Meyer-Goßner/*Schmitt* Rn. 8: Teil der Verhandlungsleitung.
[11] Löwe/Rosenberg/*Wickern* Rn. 11; aA BeckOK StPO/*Allgayer*, 26. Ed. 1.10.2016, Rn. 7; HK/*Schmidt/Temming* Rn. 4; KK/*Diemer* Rn. 3; SSW/*Quentin* Rn. 5.
[12] BGH 25.11.2014 – 3 StR 257/14, NStZ 2015, 230.
[13] BeckOK StPO/*Allgayer*, 26. Ed. 1.10.2016, Rn. 5; Meyer-Goßner/*Schmitt* Rn. 9; Löwe/Rosenberg/*Wickern* Rn. 16.

nommenen Ausschluss der Öffentlichkeit führten, würde den Zweck des Öffentlichkeitsausschlusses konterkarieren.[14]

10 **c) Umfang.** Umfang und Dauer eines Öffentlichkeitsausschlusses sind präzise anzugeben, wobei ggf. eine Auslegung in Betracht kommen kann. Zwar gilt ein Beschluss, der die Ausschließung der Öffentlichkeit **für die Dauer der Vernehmung eines Zeugen** anordnet, grds. bis zur Beendigung der Vernehmung und deckt den Öffentlichkeitsausschluss auch dann, wenn eine Vernehmung unterbrochen und an einem anderen Verhandlungstag fortgesetzt wird. Wenn derselbe Zeuge nach Beendigung der Vernehmung in der laufenden Hauptverhandlung nochmals unter Ausschluss der Öffentlichkeit vernommen werden soll, ist aber gem. Abs. 1 ein neuer Gerichtsbeschluss erforderlich und mithin eine Anordnung des Vorsitzenden nicht ausreichend, selbst wenn in dieser auf den vorausgegangenen Ausschließungsbeschluss Bezug genommen wird.[15] Eine Ausnahme gilt, wenn dem Protokoll zu entnehmen ist, dass die Entlassung des Zeugen sofort zurückgenommen wurde und die für den Ausschließungsgrund maßgebliche Interessenlage fortbestand, so dass sich die zusätzliche Anhörung zusammen mit der vorausgegangenen als eine einheitliche Vernehmung darstellt.[16] Für den erneuten Gerichtsbeschluss ist eine weitgehende Bezugnahme unter Würdigung etwaiger neuer Aspekte zulässig.[17]

11 **d) Heilung.** Ein nachträglich vorgenommener Beschluss vermag keine Heilung herbeizuführen; der fehlerhafte Verhandlungsteil ist in einem solchen Fall **zu wiederholen.**[18]

12 **3. Wiederherstellung der Öffentlichkeit.** Nach dem Ende des Öffentlichkeitsausschlusses ist die **Öffentlichkeit ausdrücklich wiederherzustellen,** was auch zu protokollieren ist (§ 272 Nr. 5 StPO), wobei jedoch genügt, dass sich aus dem Protokoll in irgendeiner Form ergibt, dass die Wiederherstellung tatsächlich stattgefunden hat.[19] Die Wiederherstellung durch Beschluss ist erforderlich, wenn die Ausschließung nicht für einen konkret bezeichneten Verfahrensabschnitt bzw. bis zur Urteilsverkündung erfolgte.[20]

13 **4. Verbot öffentlicher Berichte bei Gefährdung der Staatssicherheit, Abs. 2.** Ist die Öffentlichkeit wegen Gefährdung der Staatssicherheit ausgeschlossen (§ 172 Nr. 1 Alt. 1), tritt automatisch ein **gesetzliches Verbot iSd § 353d Nr. 1 StGB** ein.[21]

14 **5. Pflicht zur Geheimhaltung durch gerichtliche Anweisung, Abs. 3.** Ist die Öffentlichkeit gem. §§ 172 Nr. 1 Alt. 1, 171b, 172 Nr. 2, Nr. 3 ausgeschlossen, kann das Gericht eine **Geheimhaltungspflicht iSd § 353d Nr. 2 StGB** anordnen, § 174 Abs. 3 S. 1.[22] Gem. Nr. 131 Abs. 2 S. 1 RiStBV soll das Gericht gesondert auf die Strafbarkeit eines Verstoßes gegen die Schweigepflicht hinweisen.

15 Die Geheimhaltungsanweisung gilt für **sämtliche anwesenden Personen.**[23] Der **protokollpflichtige Beschluss,** Abs. 3 S. 2, hat die geheimzuhaltenden Tatsachen möglichst konkret zu bezeichnen.[24] Er kann jederzeit aufgehoben werden und wird gegenstandslos, soweit die geheimzuhaltenden Tatsachen später in öffentlicher Hauptverhandlung thematisiert werden.[25] Eine Geheimhaltungsanweisung kann dabei auch in ohnehin nicht öffentlichen Verfahren erge-

---

[14] BeckOK StPO/*Allgayer,* 26. Ed. 1.10.2016, Rn. 5; KK/*Diemer* Rn. 4; Löwe/Rosenberg/*Wickern* Rn. 15; Meyer-Goßner/*Schmitt* Rn. 9; SK/*Velten* Rn. 6; aA *Park* NJW 1996, 2213 (2214 f.).
[15] BGH 17.8.2011 – 5 StR 263/11, BeckRS 2011, 22405; BGH 9.4.2013 – 5 StR 612/12, NStZ-RR 2013, 221 (222).
[16] BGH 15.4.1992 – 2 StR 574/91, NStZ 1992, 447; BGH 9.4.2013 – 5 StR 612/12, NStZ-RR 2013, 221 (222).
[17] *Kissel/Mayer* Rn. 11; Löwe/Rosenberg/*Wickern* Rn. 16.
[18] BeckOK StPO/*Allgayer,* 26. Ed. 1.10.2016, Rn. 11; Löwe/Rosenberg/*Wickern* Rn. 21; Meyer-Goßner/*Schmitt* Rn. 10; SSW/*Quentin* Rn. 16.
[19] BGH 8.8.2006 – 3 StR 212/06, BeckRS 2006, 11395 Rn. 11; Löwe/Rosenberg/*Wickern* Rn. 22.
[20] BeckOK StPO/*Allgayer,* 26. Ed. 1.10.2016, Rn. 14; SSW/*Quentin* Rn. 12.
[21] Löwe/Rosenberg/*Wickern* Rn. 23 ff.; Meyer-Goßner/*Schmitt* Rn. 11.
[22] Löwe/Rosenberg/*Wickern* Rn. 27 ff.
[23] Meyer-Goßner/*Schmitt* Rn. 13.
[24] *Kissel/Mayer* Rn. 25; Meyer-Goßner/*Schmitt* Rn. 14.
[25] *Kissel/Mayer* Rn. 28; Meyer-Goßner/*Schmitt* Rn. 15 f.

hen.²⁶ Es kann nicht angehen, dass den Beteiligten etwa in Jugendverfahren trotz Vorliegens der Voraussetzungen der §§ 171b, 172 Nr. 1 Alt. 1, Nr. 2, Nr. 3 nicht untersagt werden kann, entsprechende Geheimnisse zu offenbaren. § 48 Abs. 1 JGG liegen entwicklungspsychologische und jugendpädagogische Erwägungen zugrunde.²⁷ Die §§ 171b, 172 Nr. 1 Alt. 1, Nr. 2, Nr. 3 stehen zu § 48 Abs. 1 JGG nicht in Widerspruch und sind hinsichtlich ihrer „Nebenfolgen" wie gezeigt auch nicht gänzlich gegenstandslos, so dass § 48 Abs. 1 JGG eine zusätzliche (deklaratorische) Ausschließung nicht verhindert, soweit die diesbezüglich zusätzlichen Voraussetzungen geprüft, bejaht, beschlossen und verkündet wurden.

III. Rechtsmittel

Über § 174 kann dem Revisionsgericht die **Durchführung des Ausschließungsverfahrens samt Ausschließungsbeschluss** zur Kontrolle gestellt werden. Vom Ausschluss erfasste Dritte (zB Zuhörer) haben kein Beschwerderecht nach §§ 304 Abs. 2, 305 S. 2 StPO.²⁸ Ebenfalls besteht keine Beschwerdebefugnis gegen den Öffentlichkeitsausschluss ablehnende Entscheidungen des Gerichts.²⁹ Dies ergibt sich zum einen aus der systematischen Auslegung im Zusammenhang mit Abs. 3 S. 3, wo das Gesetz eine isolierte Beschwerdemöglichkeit ausdrücklich gesondert nennt. Zum anderen gehen die entsprechenden Entscheidung für Verfahrensbeteiligte gem. § 305 S. 1 StPO dem Urteil voraus und Dritte sind nicht iSd § 305 S. 2 StPO in eigenen Rechten betroffen, weil die Öffentlichkeitsmaxime allein im Allgemeininteresse besteht. 16

Ein **revisibler Verstoß iSd § 338 Nr. 6 StPO** liegt dabei grds. vor, wenn es an einem Ausschließungsbeschluss selbst fehlt sowie wenn in ihm kein ausdrücklicher Ausschließungsgrund oder mehrere Gründe alternativ genannt sind. Eine Ersetzung oder eigene Beurteilung unzureichender tatrichterlicher Gründe kommt nicht in Betracht.³⁰ In Ausnahmefällen, in denen der Normzweck des Gesetzes nicht verletzt ist (dh wenn der Ausschlussgrund für jeden gleichsam auf der Hand liegt), und auch in einer erneuten Hauptverhandlung im Ergebnis keine andere Verfahrensweise als die Beweiserhebung in nicht öffentlicher Verhandlung in Betracht käme (dh bei zwingenden Ausschlussgründen), besteht indes keine unzulässige Beschränkung der Öffentlichkeit.³¹ Mit anderen Worten lässt sich auch formulieren, dass in jenen Fällen ein Beruhen **denkgesetzlich ausgeschlossen** ist. 17

Mängel im rechtlichen Gehör (was auch eine fehlende Ausschließungsverhandlung iSd Abs. 1 S. 1 beinhaltet) bei sonst korrektem Ausschließungsbeschluss führen lediglich zu einem **relativen Revisionsgrund**.³² 18

Gleiches gilt für das **Übergehen eines Antrags auf Ausschluss der Öffentlichkeit**, da dies nur eine Erweiterung der Öffentlichkeit darstellt, welche von § 338 Nr. 6 StPO nicht erfasst ist. 19

Abs. 2, Abs. 3 sind ihrem Sinn und Zweck entsprechend keiner Revisionsanfechtung zugänglich.³³ Abs. 3 S. 3, S. 4 regelt eine gesonderte Anfechtungsbefugnis gegen einen anordnenden Geheimhaltungsbeschluss, soweit nicht § 304 Abs. 4 StPO eingreift.³⁴ 20

---

[26] Radtke/Hohmann/*Feldmann* Rn. 25; *Katholnigg* Rn. 7 (entsprechende Anwendung); aA *Kissel/Mayer* Rn. 32; Löwe/Rosenberg/*Wickern* Rn. 37; Meyer-Goßner/*Schmitt* Rn. 17.
[27] *Eisenberg* JGG § 48 Rn. 8.
[28] *Kissel/Mayer* Rn. 18; Löwe/Rosenberg/*Wickern* Rn. 19; Meyer-Goßner/*Schmitt* Rn. 19; SSW/*Quentin* Rn. 15; aA SK/*Velten* Rn. 8.
[29] *Kissel/Mayer* Rn. 19; SSW/*Quentin* Rn. 15; offen Löwe/Rosenberg/*Wickern* Rn. 20.
[30] BGH 9.2.1977 – 3 StR 382/76, BGHSt 27, 117 = NJW 1977, 964; BGH 19.8.1981 – 3 StR 226/81, BGHSt 30, 193 = NJW 1981, 2825 (2826); Löwe/Rosenberg/*Wickern* Rn. 18; Meyer-Goßner/*Schmitt* Rn. 21; *Park* NJW 1996, 2213 (2215).
[31] Grundlegend und die bisherige Rspr. ändernd BGH 9.6.1999 – 1 StR 325/98, BGHSt 45, 117 = NJW 1999, 3060 = NStZ 1999, 474 m. abl. Anm. *Gössel* NStZ 2000, 181 = StV 2000, 244 m. abl. Anm. *Park*; BGH 22.4.2004 – 3 StR 428/03, NStZ-RR 2004, 235 (236); OLG Nürnberg 25.2.2015 – 1 OLG 8 Ss 1/15, StV 2015, 282 (283); KK/*Diemer* Rn. 4a.
[32] KK/*Diemer* Rn. 1; Löwe/Rosenberg/*Wickern* Rn. 9 mwN; SSW/*Quentin* Rn. 16; aA SK/*Velten* Rn. 4.
[33] Löwe/Rosenberg/*Wickern* Rn. 36; Meyer-Goßner/*Schmitt* Rn. 21.
[34] Löwe/Rosenberg/*Wickern* Rn. 35; Meyer-Goßner/*Schmitt* Rn. 20.

§ 175 [Versagung des Zutritts]

(1) Der Zutritt zu öffentlichen Verhandlungen kann unerwachsenen und solchen Personen versagt werden, die in einer der Würde des Gerichts nicht entsprechenden Weise erscheinen.

(2) ¹Zu nicht öffentlichen Verhandlungen kann der Zutritt einzelnen Personen vom Gericht gestattet werden. ²In Strafsachen soll dem Verletzten der Zutritt gestattet werden. ³Einer Anhörung der Beteiligten bedarf es nicht.

(3) Die Ausschließung der Öffentlichkeit steht der Anwesenheit der die Dienstaufsicht führenden Beamten der Justizverwaltung bei den Verhandlungen vor dem erkennenden Gericht nicht entgegen.

Schrifttum: *v. Coelln*, Zur Medienöffentlichkeit der Dritten Gewalt, 2005; *Mitsch*, Medienpräsenz und Persönlichkeitsschutz in der öffentlichen Hauptverhandlung, ZRP 2014, 137; *Rieß/Hilger*, Das neue Strafverfahrensrecht – Opferschutzgesetz und Strafverfahrensänderungsgesetz 1987 – 2. Teil, NStZ 1987, 204.

I. Überblick

1 **1. Normzweck.** Abs. 1 erlaubt die Ausschließung einzelner Personen als Zuhörer, wenn diese entweder unter 18 Jahre alt sind und nicht die für ein Gerichtsverfahren erforderliche Reife besitzen oder in einer der Würde des Gerichts nicht entsprechenden Weise erscheinen. § 175 Abs. 2, Abs. 3 erweitern dagegen die Anwesenheitsbefugnis bei Nichtöffentlichkeit.

2 **2. Anwendungsbereich.** § 175 ist **nur auf Zuschauer/Zuhörer anwendbar.**[1] Für das Jugendgerichtsverfahren gilt § 48 Abs. 2 JGG. Für Strafverfahren gegen ein Mitglied einer NATO-Truppe, eines zivilen Gefolges oder eines Angehörigen gilt Art. 25 NTS-ZA.

II. Erläuterung

3 **1. Versagung des Zutritts Einzelner, Abs. 1.** Die Befugnis nach Abs. 1, welche sitzungspolizeilicher Natur ist, steht im **pflichtgemäßen Ermessen des Vorsitzenden,** welches dieser – ggf. unterstützt durch den Justizwachtmeister – in Anbetracht der allg. Sicherheits- und Ordnungslage im Sitzungssaal auszuüben hat;[2] eine individuelle Einzelfallprüfung ist hierzu insbes. bei umfangreicheren Verfahren mit großem Zuschaueraufgang nicht erforderlich.[3] Entgegen dem streng verstandenen Wortlaut (Versagung des Zutritts) ermöglicht die Norm auch eine Ausschließung, wenn der Betroffene den Sitzungssaal bereits betreten hat.[4]

4 Für die **Zutrittsuntersagung an Jugendliche** ist insbes. deren Sittlichkeitsgefühl bzw. dessen Gefährdung heranzuziehen, Nr. 132 RiStBV.

5 **Würde des Gerichts** ist sein Ansehen als Institution in der sozialen Gemeinschaft.[5] Insoweit ist aufgrund der Vielgestaltigkeit unserer Gesellschaft ein im Grundsatz restriktives Verständnis angezeigt. Allerdings hat die Judikative auch darauf zu achten, dass die ihr aufgrund ihrer Funktion zukommende Autorität sowie der damit notwendig einhergehende Respekt auch tatsächlich eingefordert werden, um eben jene Funktion im Bewusstsein der Bevölkerung zu stärken (wofür ggf. aber auch Maßnahmen nach §§ 176 ff. ausreichen). Praktische Beispiele sind das Erscheinen in eklatant provozierendem Aufzug sowie in betrunkenem oder über Gebühr verwahrlostem Zustand.[6] Grundrechte sind umfassend zu berücksichtigen. Verträgt sich ein der

---

[1] *Kissel/Mayer* Rn. 2; *Pfeiffer* Rn. 1; SSW/*Quentin* Rn. 1; SK/*Velten* Rn. 3.
[2] *Kissel/Mayer* Rn. 10; Meyer-Goßner/*Schmitt* Rn. 1.
[3] BGH 20.4.2006 – 3 StR 284/05, NStZ 2006, 652; BeckOK StPO/*Allgayer*, 26. Ed. 1.10.2016, Rn. 1; KK/*Diemer* Rn. 1; Löwe/Rosenberg/*Wickern* Rn. 2, 4; Meyer-Goßner/*Schmitt* Rn. 1; krit. AnwK/*Püschel* Rn. 2; Radtke/Hohmann/*Feldmann* Rn. 3; SK/*Velten* Rn. 4.
[4] HK/*Schmidt/Temming* Rn. 1; *Kissel/Mayer* Rn. 2; *Pfeiffer* Rn. 1.
[5] HK/*Schmidt/Temming* Rn. 3; *Kissel/Mayer* Rn. 6; Meyer-Goßner/*Schmitt* Rn. 3; SSW/*Quentin* Rn. 3; aA SK/*Velten* Rn. 5: lediglich äußere Ruhe der Verhandlung schutzwürdig.
[6] BeckOK StPO/*Allgayer*, 26. Ed. 1.10.2016, Rn. 1; *Kissel/Mayer* Rn. 7; Löwe/Rosenberg/*Wickern* Rn. 3; Meyer-Goßner/*Schmitt* Rn. 3.

Religionsausübung dienendes Verhalten (zB Kopfbedeckung) mit einem störungsfreien Ablauf der Sitzung, ist es vom Gericht mit Blick auf Art. 4 GG grds. hinzunehmen.[7]

2. Gestattung des Zutritts Einzelner, Abs. 2. a) Zulassung einzelner Personen. Die Zulassung einzelner Personen zu nicht öffentlichen Verhandlungen nach Abs. 2 setzt nach seinem Wortlaut einen Gerichtsbeschluss voraus, bedarf jedoch keiner vorherigen Anhörung der Beteiligten. Der Beschluss kann unter Ausschluss der Öffentlichkeit verkündet werden.[8] Das bloß stillschweigende Gestatten der Anwesenheit kann dem entgegen der hM nicht gleichstehen, weil Abs. 2 S. 1 ausdrücklich das **Gericht als Entscheidungsorgan** benennt und ohne ausdrücklich verlautbarten Beschluss nicht klar zum Ausdruck kommt, ob es sich um den Willen des Gerichts, lediglich des Vorsitzenden oder aber gar ein Versehen handelt.[9] Gerade bei Schöffensitzungen kann bei einer bloßen Duldung der Anwesenheit Einzelner nicht darauf geschlossen werden, dass der gesamte Spruchkörper um die Entscheidungskompetenz des Gerichts in Gänze weiß und die Abweichung vom getroffenen Ausschluss der Öffentlichkeit konkludent vollziehen will.

Ein **Anspruch auf Zulassung** besteht nicht.[10] Ein **nach § 149 StPO zugelassener Beistand** darf jedoch anwesend sein. Der **Zeugenbeistand** ist gem. § 68b Abs. 1 S. 2 StPO (vorbehaltlich § 68b Abs. 1 S. 3, S. 4 StPO) oder §§ 406f Abs. 1 S. 2, 406h Abs. 2 S. 1 StPO zur Anwesenheit berechtigt. Der – nicht gem. §§ 397 Abs. 1 S. 1, 406h Abs. 1 S. 2 StPO ohnehin zur Anwesenheit berechtigte – **Verletzte** soll gem. § 172 Abs. 2 S. 2 zugelassen werden. Eine Versagung ist nur bei Vorliegen besonderer Gründe statthaft, wenn der Verletzte noch als Zeuge vernommen werden soll oder wenn bei §§ 171b, 172 Nr. 2 etwa ein besonderes Interesse auch an der Vertraulichkeit gegenüber dem Verletzten besteht.[11] Die Zulassung kann durch das Gericht jederzeit **zurückgenommen** werden.[12]

b) Medienvertreter. Vertretern der Medien wird der Zutritt regelmäßig gestattet, wenn auch deren Zahl begrenzt werden kann.[13] Die **privilegierende Berücksichtigung von Medienvertretern** lässt sich hierbei durch deren Multiplikatorfunktion und ihren weitergehenden grundrechtlichen Schutz gem. Art. 5 Abs. 1 S. 2 GG rechtfertigen.[14] Ein Gestattungsanspruch besteht indes auch für Medienvertreter nicht.[15]

3. Anwesenheit der Dienstaufsicht, Abs. 3. Die Anwesenheit der die Dienstaufsicht führenden Beamten der Justizverwaltung ist **unabhängig vom Willen des Gerichts** stets gestattet.

III. Rechtsmittel

Zur Anfechtbarkeit vgl. → § 169 Rn. 79 f. sowie → § 176 Rn. 54 ff.

§ 176 [Sitzungspolizei]

Die Aufrechterhaltung der Ordnung in der Sitzung obliegt dem Vorsitzenden.

Schrifttum: *Altenhain,* Öffentlichkeit im Strafverfahren, NJW-Beil 2016, 37; *Angermaier/Kujath,* Die Ausübung des Hausrechts in Gerichtsgebäuden, DRiZ 2012, 338; *Bader,* Die Kopftuch tragende Schöffin, NJW

---
[7] BVerfG 27.6.2006 – 2 BvR 677/05, NJW 2007, 56 (57); vgl. näher → § 176 Rn. 16 f.
[8] Meyer-Goßner/*Schmitt* Rn. 4; Löwe/Rosenberg/*Wickern* Rn. 5; SSW/*Quentin* Rn. 7.
[9] SK/*Velten* Rn. 8; aA BeckOK StPO/*Allgayer,* 26. Ed. 1.10.2016, Rn. 2; *Kissel/Mayer* Rn. 16; KK/*Diemer* Rn. 3; Löwe/Rosenberg/*Wickern* Rn. 12; Meyer-Goßner/*Schmitt* Rn. 4.
[10] BeckOK StPO/*Allgayer,* 26. Ed. 1.10.2016, Rn. 2; KK/*Diemer* Rn. 3; Löwe/Rosenberg/*Wickern* Rn. 5; Meyer-Goßner/*Schmitt* Rn. 4; SSW/*Quentin* Rn. 9; aA SK/*Velten* Rn. 7: Anspruch des Angekl. auf Zulassung neutraler Prozessbeobachter.
[11] *Rieß/Hilger* NStZ 1987, 204 (208); Löwe/Rosenberg/*Wickern* Rn. 7; Meyer-Goßner/*Schmitt* Rn. 5.
[12] BeckOK StPO/*Allgayer,* 26. Ed. 1.10.2016, Rn. 2; HK/*Schmidt/Temming* Rn. 4; MüKoZPO/*Zimmermann* Rn. 9.
[13] EGMR 13.3.2012 – 44585/10, NJW 2013, 521 (522 f.): Verteilung der Plätze im Losverfahren zulässig; Meyer-Goßner/*Schmitt* Rn. 4.
[14] *Mitsch* ZRP 2014, 137 (139).
[15] SSW/*Quentin* Rn. 9; *v. Coelln,* Zur Medienöffentlichkeit der Dritten Gewalt, 2005, S. 295 ff.

2007, 2964; *Barczak,* Rechtsschutz gegen sitzungspolizeiliche Anordnungen, NJ 2015, 360; *Bausback,* Justitia ohne Kopftuch!, DRiZ 2016, 248; *Beukelmann/Sacher,* Zeig mal! – Der Einsatz von Medien im Gerichtssaal, FS Volk, 2009, 33; *Bock,* Beschränkungen für Pressevertreter bei Hauptverhandlungen in Strafsachen – Sitzplatzvergabe und andere Probleme, jM 2014, 123; *Bosch,* Opferbezogene Medienöffentlichkeit – Gebot oder Einschränkung des Öffentlichkeitsgrundsatzes?, Jura 2016, 45; *Bräutigam,* Ein wenig mehr Offenheit schadet nicht!, DRiZ 2014, 294; *Brost/Rodenbeck,* Minderjährige in den Medien – Herausforderungen in alten und neuen Öffentlichkeiten, AfP 2016, 495; *v. Coelln,* Zur Medienöffentlichkeit der Dritten Gewalt, 2005; *ders.,* Der Zutritt von Journalisten zu öffentlichen Gerichtsverhandlungen, DÖV 2006, 804; *ders.,* Justiz und Medien – Rechtliche Anforderungen an das Verhältnis zwischen der Justiz und den Medien, insbesondere an die Berichterstattung über Gerichtsverfahren, AfP 2014, 193; *ders.,* Verfassungsrechtliche Rahmenbedingungen der Bildberichterstattung aus Gerichtsverhandlungen, in Strafrecht und Medien, Göttinger Studien zu den Kriminalwissenschaften, Bd. 30, 2016, S. 13; *Ernst,* Informations- oder Illustrationsinteresse?, NJW 2001, 1624; *ders.,* Medien, Justiz und Rechtswirklichkeit, NJW 2010, 744; *Fink,* Bild- und Tonaufnahmen im Umfeld der strafgerichtlichen Hauptverhandlung, Diss. Halle 2007; *Franke,* Der Begriff der Öffentlichkeit in der Revision, StraFo 2014, 361; *Fromm,* Über die Zulässigkeit der Handynutzung in der strafrechtlichen Hauptverhandlung, StraFo 2015, 445; *ders.,* Nutzung moderner Kommunikationsmittel in Sitzungssälen – Umfang und Grenzen der Verwendung von Smartphones in der Hauptverhandlung, MMR 2016, 233; *Habetha,* Anfechtung sitzungspolizeilicher Maßnahmen im Strafprozess, NJW 2015, 3627; *Hammerstein,* Der Anwalt als Beistand „gefährdeter" Zeugen, NStZ 1981, 125; *Hauth,* Sitzungspolizei und Medienöffentlichkeit, 2017; *Jahn,* Sitzungspolizei contra „Konfliktverteidigung"? – Zur Anwendbarkeit der §§ 176 ff. GVG auf den Strafverteidiger, NStZ 1998, 389; *Jung,* (Straf-)Justiz und Medien – eine unendliche Geschichte, GA 2014, 257; *Kaehne,* Die Anfechtung sitzungspolizeilicher Maßnahmen, Diss. Berlin, 2000; *Kees,* Sicherheit in der Justiz: Der normative Rahmen und die Aufgaben des Gesetzgebers, NJW 2013, 1929; *Kertai,* Das Bild im Strafverfahren – Strafprozessuale Probleme bei der Visualisierung, MMR 2011, 716; *Kirch-Heim,* Die Störung der Hauptverhandlung durch in §§ 177, 178 GVG nicht genannte, an der Hauptverhandlung beteiligte Personen, NStZ 2014, 431; *Klengel/Müller,* Der anwaltliche Zeugenbeistand im Strafverfahren, NJW 2011, 23; *Krieg,* Twittern im Gerichtssaal – The revolution will not be televised, K&R 2009, 673; *Krüger,* Unter Beobachtung, DRiZ 2012, 77; *Kujath,* Die Medienöffentlichkeit im „NSU-Prozess" – Zur Vergabe von Medienplätzen im Strafprozess, AfP 2013, 269; *Lehr,* Bildberichterstattung der Medien über Strafverfahren, NStZ 2001, 63; *Lesch,* Der Begriff der Öffentlichkeit in der Revision, StraFo 2014, 353; *Limperg/Gerhardt,* Gründe gegen Fernsehübertragungen aus dem Gerichtssaal, ZRP 2016, 124; *Lindner,* Der Schutz des Persönlichkeitsrechts des Beschuldigten im Ermittlungsverfahren, StV 2008, 210; *Mehle/Linz,* Mitschrift einer Zeugenvernehmung durch den Zeugenbeistand, NJW 2014, 1160; *Michael/Dunz,* Burka im Gericht, DÖV 2017, 125; *Milger,* Sitzungsgewalt und Ordnungsmittel in der strafrechtlichen Hauptverhandlung, NStZ 2006, 121; *Mitsch,* Medienpräsenz und Persönlichkeitsschutz in der öffentlichen Hauptverhandlung, ZRP 2014, 137; *Müller,* Probleme der Gerichtsberichterstattung, NJW 2007, 1617; *Müller-Horn,* Umgang mit öffentlichkeitswirksamen Verfahren, DRiZ 2012, 81; *Murmann,* Das Strafrecht und die Medien, in Strafrecht und Medien, Göttinger Studien zu den Kriminalwissenschaften, Bd. 30, 2016, S. 5; *Nestler,* Die verschleierte Zeugin in der Hauptverhandlung, HRRS 2016, 126; *Papier,* Die richterliche Unabhängigkeit und ihre Schranken, NJW 2001, 1089; *Pielke,* Die Robenpflicht der Rechtsanwälte, NJW 2007, 3251; *Rath,* Der Laptop des Journalisten im Gerichtssaal, DRiZ 2014, 8; *Roxin,* Aktuelle Probleme der Öffentlichkeit im Strafverfahren, in Einheit und Vielfalt des Strafrechts, FS Peters, 1974, 393; *Rühlmann,* Der „polizeiliche Prozeßbeobachter" in Umfangsverfahren – Rechtsöffentlichkeit im Sinne von § 169 GVG?, StV 2005, 692; *Schlüter,* Zur Beschränkung der Presse- und Medienfreiheit durch sitzungspolizeiliche Anordnungen nach § 176 GVG, AfP 2009, 557; *Schmidt/Walter,* Rechtsschutz der Öffentlichkeit gegen sitzungspolizeiliche Maßnahmen, NStZ 2016, 505; *Schneiders,* Verletzung der Öffentlichkeit durch Bitte an einen Zuhörer, den Sitzungssaal zu verlassen?, StV 1990, 91; *Stieper,* Bildberichterstattung über Prozessbeteiligte – Informationsinteresse der Öffentlichkeit und Persönlichkeitsrecht im Konflikt, JZ 2014, 271; *Thomas,* Der Zeugenbeistand im Strafprozeß, NStZ 1982, 489; *Voßkuhle,* Bruch mit einem Dogma: Die Verfassung garantiert Rechtsschutz gegen den Richter, NJW 2003, 2193; *Werner,* Richter unter „Beschuss", DRiZ 2016, 130; *Widmaier,* Gerechtigkeit – Aufgabe von Justiz und Medien?, NJW 2004, 399; *Witting,* Präsentation von Beweisinhalten durch die Verteidigung, StraFo 2010, 133.

Übersicht

	Rn.		Rn.
I. Überblick	1–9	e) Sitzungspolizeiliche Maßnahmen gegen Verteidiger	23
1. Normzweck	1, 2	f) Technische Unterstützung des eigenen Vortrags	24
2. Anwendungsbereich	3–5	g) Handschriftliche Notizen und Zeichnungen	25
3. Regelungen der RiStBV	6–9		
II. Erläuterung	10–52	h) Live-Berichterstattung durch Multimediadienste	26
1. Inbegriff der „Ordnung in der Sitzung"	10–26		
a) Vorbereitung auf die Sitzung	11–13	2. Zuständigkeit	27
b) In der Sitzung	14–19	3. Medien, Justiz und Öffentlichkeit	28–52
c) Zeugen/Prozessbeobachter	20, 21	a) Platzvergabe an Medienvertreter	29–33
d) Zeugenbeistand	22		

	Rn.		Rn.
b) Fernseh-Rundfunkaufnahmen außerhalb des § 169 S. 2	34–36	IV. Rechtsbehelfe	54–70
c) Sitzungspolizeiliche Anordnungen zum Schutz des Rechtes am eigenen Bild, Wort und Namen im Spannungsfeld mit Presse- und Rundfunkfreiheit	37–52	1. Anfechtung von Justizverwaltungsakten, § 23 EGGVG	55
		2. Anrufung des Gerichts, § 238 Abs. 2 StPO	56
		3. Beschwerde, § 304 StPO	57–63
		4. Verfassungsbeschwerde/Einstweilige Anordnung	64–67
III. Empfohlenes Vorgehen für den Vorsitzenden	53	5. Revision	68–70

I. Überblick

1. Normzweck. § 176 legt die Aufrechterhaltung der Ordnung in der Sitzung (sog. Sitzungspolizei) in die Hände des Vorsitzenden. Die Norm dient dem Schutz einer geordneten Rechtspflege, der ungehinderten Rechts- und Wahrheitsfindung sowie der Wahrung der Rechte der Verfahrensbeteiligten oder betroffener Dritter.[1] **1**

Insoweit wird das **Hausrecht des Gerichtspräsidenten** verdrängt.[2] Dem Hausrecht kann jedoch eine Unterstützungs- und Begleitfunktion für die Entscheidungen des Vorsitzenden zukommen.[3] So unterfallen etwa Kontrollen am Eingang des Gerichtsgebäudes – generell oder im Hinblick auf eine bestimmte Sitzung – mangels räumlicher Nähe zum Sitzungssaal dem Hausrecht.[4] Das Hausrecht kann zu diesem Zwecke auch (teilweise) übertragen werden.[5] Anordnungen in Ausübung des Hausrechts stellen einen Verwaltungsakt dar, der auf dem Verwaltungsrechtsweg angegriffen werden kann.[6] **2**

2. Anwendungsbereich. Der **räumliche Anwendungsbereich** der Vorschrift ist nicht begrenzt auf den Sitzungssaal, sondern umfasst auch vorgelagerte oder sonst angrenzende Räume.[7] Ausschlaggebend ist eine **funktionale Betrachtung** dergestalt, dass jene Bereiche in der Sitzungspolizei inbegriffen sind, von welchen solche Störungen der Verhandlung ausgehen können, die im Sitzungssaal auch tatsächlich unmittelbar wahrnehmbar und daher vom Vorsitzenden ahndbar sind. Allerdings darf sich das Ziel sitzungspolizeilicher Maßnahmen nur auf verfahrensbezogene Umstände und nicht auf allgemeine Abläufe im Gericht sowie auf an anderen Verfahren beteiligte Personen beziehen.[8] **3**

In **zeitlicher Hinsicht** ist der Begriff „Sitzung" verfassungsrechtlich unbedenklich weiter als der der „mündlichen Verhandlung".[9] Es sind sowohl (kurze) Sitzungspausen als auch mit der Verhandlung zusammenhängende Vorgänge vor und nach der Sitzung erfasst, insbes. das Einfinden und Sich Entfernen der Beteiligten.[10] Entscheidend ist in diesem Zusammen- **4**

---

[1] BVerfG 6.2.1979 – 2 BvR 154/78, BVerfGE 50, 234 = NJW 1979, 1400 (1401); BVerfG 11.5.1994 – 1 BvR 733/94, NJW 1996, 310; *Kissel/Mayer* Rn. 1; KK/*Diemer* Rn. 1; Löwe/Rosenberg/*Wickern* Rn. 10.
[2] BVerfG 6.2.2007 – 1 BvR 218/07, NJW-RR 2007, 1053 (1054); BGH 13.4.1972 – 4 StR 71/72, BGHSt 24, 329 = NJW 1972, 1144 (1145); BGH 19.1.1982 – 5 StR 166/81, BGHSt 30, 350 = NJW 1982, 947; BeckOK StPO/*Allgayer,* 26. Ed. 1.10.2016, Rn. 2; *Kissel/Mayer* Rn. 3; KK/*Diemer* Rn. 5; SSW/*Quentin* Rn. 2; *Angermaier/Kujath* DRiZ 2012, 338; *Kees* NJW 2013, 1929 (1930); *Lehr* NStZ 2001, 63 (64).
[3] OLG Bremen 13.4.2016 – 1 Ws 44/16, StV 2016, 549 (552); *Kissel/Mayer* Rn. 5; Löwe/Rosenberg/*Wickern* Rn. 6; Meyer-Goßner/*Schmitt* Rn. 3; SSW/*Quentin* Rn. 2; *Ernst* JR 2007, 392 (393); *Lehr* NStZ 2001, 63 (66).
[4] BVerfG 14.3.2012 – 2 BvR 2405/11, BVerfGK 19, 352 = NJW 2012, 1863 (1864); *Kees* NJW 2013, 1929 (1930); *Franke* StraFo 2014, 361.
[5] BeckOK StPO/*Allgayer,* 26. Ed. 1.10.2016, Rn. 2; KK/*Diemer* Rn. 5; Meyer-Goßner/*Schmitt* Rn. 3; SSW/*Quentin* Rn. 2; *Angermaier/Kujath* DRiZ 2012, 338.
[6] BVerfG 29.9.2011 – 1 BvR 2377/11, BeckRS 2011, 55532; *Lehr* NStZ 2001, 63 (66).
[7] BVerfG 11.5.1994 – 1 BvR 733/94, NJW 1996, 310; BGH 11.2.1998 – 3 StE 7/94 – 1 (2) StB 3/98, BGHSt 44, 23 = NStZ 1998, 364; OLG Celle 21.7.2011 – 2 Ws 166/11, NStZ 2012, 592: Schlagen gegen das Fenster des Sitzungssaales von außen; BeckOK StPO/*Allgayer,* 26. Ed. 1.10.2016, Rn. 1; KK/*Diemer* Rn. 2; Löwe/Rosenberg/*Wickern* Rn. 6; Meyer-Goßner/*Schmitt* Rn. 3.
[8] OLG Bremen 13.4.2016 – 1 Ws 44/16, StV 2016, 549 (551): „verfahrensimmanente Umstände".
[9] BVerfG 11.5.1994 – 1 BvR 733/94, NJW 1996, 310.
[10] BeckOK StPO/*Allgayer,* 26. Ed. 1.10.2016, Rn. 1; Löwe/Rosenberg/*Wickern* Rn. 8; Meyer-Goßner/*Schmitt* Rn. 2.

hang, ob sich für einen objektiven Beobachter ein **klarer räumlich-zeitlicher Bezug zur stattfindenden Hauptverhandlung** herstellen lässt. Nimmt folglich der Vorsitzende zB während einer längeren Mittagspause eine sitzungspolizeilich wie sachleitend relevante Maßnahme im Sitzungssaal vor, ist diese gleichwohl zutreffend von § 176 umfasst.[11]

5 Die durch § 176 dem Vorsitzenden zugewiesene Kompetenz bezieht sich dabei **auf alle Anwesenden**.[12]

6 **3. Regelungen der RiStBV.** Nr. 23 RiStBV enthält gewisse Vorgaben und Leitlinien für die grundlegende Abwägung zur Erfüllung des **Informationsanspruchs der Öffentlichkeit und der Presse** durch die Justiz. Nr. 129 RiStBV enthält die deklaratorische Klarstellung, dass Presse, Hörfunk und Fernsehen in ihrer Berichterstattung nicht mehr beschränkt werden dürfen, als das Gesetz und der Zweck der Hauptverhandlung es gebieten und führt als begrenzende Aspekte die Wahrheitserforschung, das Verteidigungsrecht des Angekl. sowie die Persönlichkeitsrechte sämtlicher Beteiligter an.

7 Nr. 124 RiStBV betrifft die äußere Gestaltung der Hauptverhandlung und bestimmt gebotene Verhaltensweisen der Verfahrensbeteiligten. Zu einem geordneten Ablauf der Sitzung gehört auch die **Beachtung eines Mindestmaßes äußerer Formen**.[13]

8 Nr. 125 RiStBV regelt die **Platzzuteilung im Sitzungssaal**. Für die Zuteilung an sich ist der Vorsitzende zuständig, für deren Einhaltung der Justizwachtmeister.[14] Auch Nr. 128 Abs. 3 RiStBV beschäftigt sich mit dem **Justizwachtmeister**, indem er diesem eine die sitzungspolizeiliche Kompetenz des Vorsitzenden unterstützende Funktion zuweist und bei drohender Gefahr sogar ein eigenständiges Eingriffsrecht einräumt.

9 Nr. 128 Abs. 1, Abs. 2 RiStBV binden den **Sitzungsvertreter der StA** – entsprechend dem allg. Grundsatz, auf die Beachtung des Gesetzes hinzuwirken, Nr. 127 Abs. 1 S. 1 RiStBV – mit in die Verantwortung zur Achtung auf den geordneten Ablauf der Sitzung ein, ohne ihm jedoch ein konkretes Antragsrecht zuzubilligen. Dementsprechend soll er ausweislich Nr. 128 Abs. 1 S. 3 RiStBV grds. auch keine bestimmten Maßnahmen anregen.

II. Erläuterung

10 **1. Inbegriff der „Ordnung in der Sitzung".** Zur Wahrheitsfindung bedarf es einer Atmosphäre, die es dem Gericht und den übrigen Verfahrensbeteiligten ermöglicht, ihre jeweiligen Funktionen und Rechte ungestört wahrzunehmen. Sachlich befugt § 176 iS einer **Generalklausel** zu sämtlichen geeigneten, erforderlichen und ieS verhältnismäßigen Anordnungen hinsichtlich der Sicherung der Durchführbarkeit und Durchführung der Hauptverhandlung.[15] Dabei setzen jedoch Maßnahmen, die erhebliche Beeinträchtigungen mit sich bringen (zB körperliche Durchsuchungen), einen höheren Grad an zu erwartenden Störungen (im Hinblick auf Intensität und Eintrittswahrscheinlichkeit) voraus als Anweisungen mit lediglich geringfügig einschränkendem Charakter (zB Untersagung von Unterhaltungen, Ausschalten von Mobiltelefonen).[16]

11 **a) Vorbereitung auf die Sitzung.** Die Sitzungspolizei als Ausfluss der Verhandlungsleitung iSv § 238 Abs. 1 StPO **beginnt bereits während der Vorbereitung auf die Sitzung.** Ausgerichtet am zu erwartenden Interesse der Öffentlichkeit, dem grds. Anspruch der Presse auf Zugang für eine freie Berichterstattung und etwaigen Sicherheitsaspekten ist

---

[11] SSW/*Quentin* Rn. 4; aA Löwe/Rosenberg/*Wickern* Rn. 8; Meyer-Goßner/*Schmitt* Rn. 2.
[12] BeckOK StPO/*Allgayer*, 26. Ed. 1.10.2016, Rn. 3; HK/*Schmidt/Temming* Rn. 5; KK/*Diemer* Rn. 3; Meyer-Goßner/*Schmitt* Rn. 1, 10; *Jahn* NStZ 1998, 389 (391); *Kirch-Heim* NStZ 2014, 431; *Milger* NStZ 2006, 121 (122).
[13] BeckOK StPO/*Temming* Nr. 124 RiStBV Rn. 2.
[14] BeckOK StPO/*Temming* Nr. 125 RiStBV Rn. 1.
[15] BVerfG 6.2.2007 – 1 BvR 218/07, NJW-RR 2007, 1053 (1054); BVerfG 19.12.2007 – 1 BvR 620/07, BVerfGE 119, 309 = NJW 2008, 977 (979); BGH 11.2.1998 – 3 StE 7/94 – 1 (2) StB 3/98, BGHSt 44, 23 = NStZ 1998, 364; OLG Celle 8.6.2015 – 2 Ws 92/15, BeckRS 2015, 16252; *Kissel/Mayer* Rn. 13 f.; *Habetha* NJW 2015, 3627; *Kees* NJW 2013, 1929 (1930).
[16] *Angermaier/Kujath* DRiZ 2012, 338 (338 f.).

der Sitzungssaal – ggf. in Abstimmung mit Justizwachtmeistern und der Polizei – frei von Willkür auszuwählen.[17] Indes müssen abgesehen von zwingenden Erfordernissen etwa bei Augenscheinsterminen gewisse Mindestkapazitäten von den Justizverwaltungen vorgehalten werden.[18]

Bei bestehenden Sicherheitsbedenken steht die Auswahl der zu ergreifenden Maßnahmen **12** im **Ermessen des Vorsitzenden.** In Betracht kommen etwa eine Personenkontrolle beim Eingang in den Sitzungssaal oder bereits in diesem vorgelagerten Räumlichkeiten, die Ausgabe von Einlasskarten, Ausweiskontrollen, die Durchsuchung von Personen und mitgeführten Gegenständen oder ein Verbot der Mitnahme bestimmter Gegenstände.[19] Da dies im Einzelfall – schon mangels Kenntnis, wer genau beabsichtigt, einen Prozess zu besuchen – gar nicht zu leisten wäre, ist es nicht erforderlich, die vorbeugend getroffenen Maßnahmen gegenüber jedem Einzelnen nachhaltig zu begründen. Auch Personen, die für sich genommen keinen Anlass für die Annahme gegeben haben, sie würden die Ordnung in der Sitzung beeinträchtigen, müssen im Interesse der Sicherheit in ihrer Gesamtheit die Vorkehrungen hinnehmen, soweit die Anordnung als solche verhältnismäßig ist; eine Einzelfallprüfung ist nicht geboten.[20] Bei entsprechender Gefahrenlage kann zum Schutz der Beteiligten vor Wurfattacken auch die Mitnahme spitzer Schreibgeräte in die Hauptverhandlung untersagt werden.[21]

Verfassungsrechtlich gebilligt soll zudem die Möglichkeit bestehen, einen Rechtsanwalt, **13** der die Beachtung von **Kleidungsvorschriften** ablehnt, in einem bestimmten Rechtsstreit für einen einzelnen Verhandlungstermin zurückzuweisen.[22]

b) In der Sitzung. Sitzungspolizeiliche Maßnahmen in der Sitzung dürfen **nur bei** **14** **konkretem Anlass** getroffen werden. Ein allgemeines Misstrauen oder ein bloßer Verdacht genügen nicht. Liegen die Voraussetzungen für ein sitzungspolizeiliches Einschreiten vor, entscheidet der Vorsitzende nach pflichtgemäßem Ermessen. Er kann hierzu Unterbrechungen vornehmen, bestimmte Verhaltensweisen untersagen, Ermahnungen und Rügen erteilen oder Gegenstände sicherstellen/beschlagnahmen lassen.[23]

Bei einer **Fesselungsanordnung** handelt es sich um einen gewichtigen Eingriff, zumal **15** die Fesselung in der Hauptverhandlung die Verteidigung des Angekl. behindern kann, indem sie das Anfertigen von Notizen erschwert oder unmöglich macht.[24] Deshalb müssen hierfür

---

[17] *Kissel/Mayer* § 169 Rn. 26; Meyer-Goßner/*Schmitt* Rn. 5; *Roxin* FS Peters, 1974, 398 f.
[18] BayObLG 30.11.1981 – 1 Ob OWi 331/81, BayObLGSt 1981, 186 = NJW 1982, 395 (396): Die Öffentlichkeit ist nicht gewahrt, wenn die Hauptverhandlung in einem Raum stattfindet, in dem sich nur ein einziger Sitzplatz für Zuhörer befindet und weitere Personen auch stehend allenfalls in drangvoller Enge Platz finden könnten; Radtke/Hohmann/*Feldmann* § 169 Rn. 19; *Bosch* Jura 2016, 45 (47 f.).
[19] *Kissel/Mayer* Rn. 16 f.; Meyer-Goßner/*Schmitt* Rn. 5 mwN; *Lesch* StraFo 2014, 353; teilw. aA Roxin/*Schünemann* § 47 Rn. 9: „Auch die Kontrolle, Einziehung oder gar das Fotokopieren von Ausweisen stellt wegen der damit verbundenen Einschüchterung der Zuhörer eine unzulässige Öffentlichkeitsbeschränkung dar." Vgl. insoweit aber auch BVerfG 11.4.2013 – 2 BvR 722/13, BeckRS 2013, 49274: „Der Antrag auf Erlass einer einstweiligen Anordnung, der sich dagegen richtet, dass Kopien von den bei der Eingangskontrolle vorzulegenden Ausweispapieren gefertigt und vorübergehend aufbewahrt werden sollen, wird abgelehnt. […] da der Eingriff, den die Beschwerdeführerin hinzunehmen hat, nicht von einem Gewicht ist, die die Belange des geordneten Sitzungsablaufs, von denen die gebotene hypothetische Betrachtung auszugehen hat (…), deutlich überwiegt."
[20] BGH 27.4.2010 – 3 StR 32/10, NStZ 2010, 533; OLG Bremen 13.4.2016 – 1 Ws 44/16, StV 2016, 549 (553); Meyer-Goßner/*Schmitt* Rn. 5; Radtke/Hohmann/*Otte* Rn. 8.
[21] OLG Celle 8.6.2015 – 2 Ws 92/15, BeckRS 2015, 16252.
[22] BVerfG 18.2.1970 – 1 BvR 226/69, BVerfGE 28, 21 = NJW 1970, 851 (853); BVerfG 13.3.2012 – 1 BvR 210/12, NJW 2012, 2570; BayVerfGH 21.4.1972 – Vf. 48-VI-71, BayVerfGHE 25, 51 = BeckRS 1972, 01187; OLG München 14.7.2006 – 2 Ws 679/06, NJW 2006, 3079 (3079 f.); aA *Kissel/Mayer* Rn. 20; *Kirch-Heim* NStZ 2014, 431 (434 f.); *Pielke* NJW 2007, 3251.
[23] Löwe/Rosenberg/*Wickern* Rn. 21 ff. mit zahlreichen Bsp.; Meyer-Goßner/*Schmitt* Rn. 7; *Burhoff* HV Rn. 2671.
[24] BVerfG 3.8.2011 – 2 BvR 1739/10, BeckRS 2011, 54015 Rn. 23: „Bei einer Fesselungsanordnung handelt es sich um einen bereits für sich genommen gewichtigen Eingriff in das durch Art. 2 Abs. 1 in Verbindung mit Art. 1 Abs. 1 GG geschützte allgemeine Persönlichkeitsrecht"; OLG Hamm 9.1.2014 – 5 RVs 134/13, NStZ-RR 2014, 114; aA OLG Saarbrücken 8.3.2016 – 1 Ws 28/16, BeckRS 2016, 05196: „Die Wirkung der beiden angefochtenen Fesselungsanordnungen ist auf die Dauer der jeweiligen Sitzung beschränkt und erledigt sich mit deren Ende. Selbst wenn man in den Blick nimmt, dass auch in den weiteren, noch anstehenden Hauptverhandlungsterminen mit entsprechenden Anordnungen zu rechnen ist, geht deren

konkrete, über das bloße Bestehen des Haftgrunds des § 112 Abs. 2 Nr. 2 StPO hinausgehende Tatsachen vorliegen, die eine Fesselung als erforderlich ausweisen, zB Auffälligkeiten des Angekl. im Vollzug, soweit diese durch Gewalttätigkeiten gegen Personen oder Sachen, Fluchtversuche oder Suizidabsichten gekennzeichnet sind; zudem ist aber zu berücksichtigen, dass der Vorsitzende auch die Sicherheit der Verfahrensbeteiligten im Sitzungssaal zu verantworten und gewährleisten hat, was ihm ein gewisses Ermessen eröffnet.[25]

16 Das **Tragen einer Kopfbedeckung** (oder sonstiger Kleidungsstücke) im Gerichtssaal stellt für sich allein keine Störung der Sitzung dar, wenn das Aufbehalten des Hutes, Kopftuchs, etc aus religiösen Gründen erfolgt, zudem auszuschließen ist, dass mit ihm zugleich Missachtung gegenüber dem Gericht oder anderen Anwesenden ausgedrückt werden soll und solange die Person identifizierbar bleibt.[26]

17 § 176 ist damit bereits nach bislang geltendem Recht als hinreichende Rechtsgrundlage herzunehmen, um dem der Ordnung in der Sitzung unterfallenden Gebot der ungehinderten Wahrheitserforschung dahingehend Rechnung zu tragen, dass – in Abwägung mit den (religiösen) Persönlichkeitsrechten – die Enthüllung/**Abnahme von Gesichtsschleiern** angeordnet wird.[27] Eine exakte Klärung der Identität sowie die Prüfung von Mimik und Gestik für die Beurteilung der Glaubwürdigkeit sind hierfür schließlich ggf. unverzichtbar. Zwar ist die Religionsausübungsfreiheit, Art. 4 Abs. 2 GG, betroffen, weshalb wohl idR auch keine Ungebühr iSd § 178 vorliegt (Zielrichtung der Verschleierung aus religiösen Gründen ist grds. nicht die Missachtung des Gerichts oder seiner Funktion; anders aber bei bewusstem Einsatz zum Ausdruck fehlender Akzeptanz gegenüber der Justiz). Jedoch sind als kollidierende Verfassungsrechtsgüter die Prinzipien des Rechtsstaats und der gesetzlichen Schuld anzuführen, welche den insoweit geeigneten und erforderlichen Eingriff in angemessener Weise rechtfertigen. Eine gesetzliche Spezialregelung zu einem entsprechenden Verbot der Vollverschleierung vor Gericht bleibt hiervon unberührt.

18 Sind die Personalien eines Zuschauers unbekannt und zugleich relevant, kann der Vorsitzende **erkennungsdienstliche Maßnahmen** iSd § 81b StPO anordnen.[28]

19 Die **als solche erkennbare Bitte des Vorsitzenden** an einen Zuschauer, er möge aus bestimmten, sachbezogenen Gründen den Sitzungssaal freiwillig verlassen, stellt keine die Öffentlichkeit beschränkende Maßnahme dar, soweit der Charakter einer Anordnung vermieden wird;[29] idR ist der rechtsunkundige Zuschauer über sein Anwesenheitsrecht und die gegebene Freiwilligkeit zu belehren und der Vorgang zu protokollieren.[30] Ein gänzlicher „Öffentlichkeitsausschluss auf freiwilliger Basis" widerspricht jedoch dem Charakter und dem Regelungsgehalt der §§ 169 ff.[31]

Wirkung nicht über die Dauer der Hauptverhandlung hinaus und werden Grundrechte, insbesondere das allgemeine Persönlichkeitsrecht (…), oder sonstige Rechtspositionen des Angeklagten von der Maßnahme nicht dauerhaft tangiert oder beeinträchtigt."

[25] OLG Hamm 9.1.2014 – 5 RVs 134/13, NStZ-RR 2014, 114.
[26] Für Zuhörer BVerfG 27.6.2006 – 2 BvR 677/05, NJW 2007, 56 (57); für Rechtsreferendare VG Augsburg 30.6.2016 – Au 2 K 15.457, BeckRS 2016, 47972 = JA 2017, 78 m. zust. Anm. *Muckel*; vgl. aber auch BVerfG 27.6.2017 – 2 BvR 1333/17, NJW 2017, 2333; für Schöffen KG 9.10.2012 – (3) 121 Ss 166/12, NStZ-RR 2013, 156; LG Bielefeld 16.3.2006 – 3221b E H 68, NJW 2007, 3014; *Bader* NJW 2007, 2964 (2965); aA LG Dortmund 7.11.2006 – 14 (VIII) Gen.Str.K., NJW 2007, 3013: „Das Kopftuch verkörpert eine strenge weltanschauliche Haltung, die sich unter anderem auf die Stellung der Frau in der Gesellschaft und der Öffentlichkeit bezieht und Ausprägung einer religiösen Einschränkung dieser Stellung ist. Mit dem ausnahmslos durchgehenden Tragen des Kopftuchs in der Öffentlichkeit wird diese Weltanschauung demonstriert und als Maßstab für eigene Entscheidungen dargestellt. Sofern dies in einer Hauptverhandlung in einem Strafverfahren durch ein Mitglied des erkennenden Gerichts geschieht, verletzt dies den notwendigen Eindruck der Unparteilichkeit, Objektivität und Neutralität des Gerichts. Darüber hinaus steht der Demonstration dieser Weltanschauung die Würde des Gerichts als Organ dieses Staates und seiner Gesellschaft entgegen"; *Bausback* DRiZ 2016, 248 (249).
[27] *Michael/Dunz* DÖV 2017, 125; *Nestler* HRRS 2016, 126 (131 ff.).
[28] Vgl. Meyer-Goßner/*Schmitt* § 178 Rn. 17.
[29] BGH 11.5.1988 – 3 StR 566/87, NJW 1989, 465; BGH 20.4.1999 – 4 StR 639/98, NStZ 1999, 426; Kissel/Mayer § 169 Rn. 23; KK/*Diemer* § 169 Rn. 11.
[30] *Schneiders* StV 1990, 91 (93 f.); Löwe/Rosenberg/*Wickern* § 169 Rn. 35; SSW/*Quentin* § 169 Rn. 21.
[31] BGH 16.4.1993 – 3 StR 14/93, NStZ 1993, 450; BGH 20.4.1999 – 4 StR 639/98, NStZ 1999, 426; BeckOK StPO/*Allgayer*, 26. Ed. 1.10.2016, § 169 Rn. 9.

c) **Zeugen/Prozessbeobachter.** Gem. §§ 243 Abs. 2 S. 1, 58 Abs. 1 StPO verlassen die 20 Zeugen den Sitzungssaal und werden erst zu ihrer Aussage wieder hereingerufen. Befindet sich unter den Zuhörern eine Person, die **als Zeuge in Betracht kommt,** kann diese arg.e §§ 243 Abs. 2 S. 1, 58 Abs. 1 StPO zum Verlassen des Sitzungssaals aufgefordert werden. Hierbei steht dem Vorsitzenden nach § 238 Abs. 1 StPO ein Beurteilungsspielraum zu, der seine Grenze erst dort findet, wo der Ausschluss des Zuhörers willkürlich angeordnet wird.[32] Für denjenigen, der zwar nicht als Zeuge in Betracht kommt, gegen den wegen derselben Vorgänge, welche Gegenstand der Hauptverhandlung sind, indes ein Ermittlungsverfahren läuft, kommt ein Ausschluss nur unter den Voraussetzungen des § 168c Abs. 3 StPO analog in Betracht.[33] Die entsprechenden Vorgänge sind im Protokoll niederzulegen.

Die **Mitteilung des bisherigen Verhandlungsergebnisses** an vor dem Sitzungssaal 21 wartende Zeugen stellt eine Beeinträchtigung der Ordnung in der Sitzung in Form der von äußeren Einflüssen freien Wahrheitsfindung dar. Bestehen **begründete Anhaltspunkte** dafür, dass ein Zuschauer zu diesem Zweck mitschreibt, kann ihm dies untersagt werden.[34] Genügt das nicht und liegen hinreichend begründete Tatsachen vor, welche zu dem Schluss führen, dass ein Zuschauer in unlauterer Weise die Wahrheitsfindung dadurch beeinträchtigen werde, dass er auf künftige Zeugen in unzulässiger Weise einwirkt, kann er als ultima ratio auch des Sitzungssaals verwiesen werden.[35]

d) **Zeugenbeistand.** Ein Zeugenbeistand kann nicht zum Verlassen des Sitzungssaals 22 aufgefordert werden, auch wenn dieser seinen Mandanten – ggf. entsprechend informiert – beraten muss.[36] Das folgt aus der **Rechtsstellung des Zeugenbeistands** gem. § 68b StPO sowie seiner Pflicht als Organ der Rechtspflege, eine unzulässige, die Wahrheitsfindung bewusst und böswillig erschwerende Einflussnahme zu unterlassen.[37] Der Zeugenbeistand darf auch Mitschriften fertigen.[38] In nicht öffentlicher Sitzung besteht außerhalb der Zeugenvernehmung allerdings kein Anwesenheitsrecht.[39]

e) **Sitzungspolizeiliche Maßnahmen gegen Verteidiger.**[40] Wie bereits benannt, 23 bezieht sich die Befugnis zur Aufrechterhaltung der Ordnung in der Sitzung auf sämtliche Anwesenden, dh auch auf Verteidiger.[41] Ist es zur Sicherstellung derselben geboten, kann den Verteidigern bspw. die Nutzung oder sogar die Mitnahme ihrer Mobiltelefone in den Sitzungssaal untersagt werden.[42] An dieser Stelle ist jedoch iRd Ermessensentscheidung des Vorsitzenden die **Funktion der Verteidiger als Organe der Rechtspflege** besonders sorgfältig einzustellen.[43]

f) **Technische Unterstützung des eigenen Vortrags.** „Die Waagschale soll sich im 24 Prozess zu Gunsten desjenigen neigen, dessen Argumente schwerer wiegen."[44] Dem Grund-

---

[32] BGH 7.11.2000 – 5 StR 150/00, NStZ 2001, 163; Löwe/Rosenberg/*Wickern* § 169 Rn. 37.
[33] Den Ausschluss generell zulassend *Kissel/Mayer* § 169 Rn. 23; KK/*Diemer* § 169 Rn. 11; Meyer-Goßner/ *Schmitt* Rn. 8; generell ablehnend Radtke/Hohmann/*Feldmann* § 169 Rn. 28; SK/*Velten* § 169 Rn. 29; *Schneiders* StV 1990, 91 (91 f.).
[34] BGH 13.5.1982 – 3 StR 142/82, NStZ 1982, 389; BeckOK StPO/*Allgayer*, 26. Ed. 1.10.2016, Rn. 9, 14; Löwe/Rosenberg/*Wickern* Rn. 19; *Burhoff* HV Rn. 1865.
[35] *Kissel/Mayer* Rn. 25; Meyer-Goßner/*Schmitt* Rn. 8 f.; *Rühlmann* StV 2005, 692 (694 f.).
[36] LG Heilbronn 3.2.2003 – 3 Ks 17 Js 23416/01, NStZ 2004, 100 (101); Löwe/Rosenberg/*Wickern* Rn. 20; AnwK/*Püschel* § 169 Rn. 14; *Hammerstein* NStZ 1981, 125 (127 f.); *Klengel/Müller* NJW 2011, 23 (24); *Lesch* StraFo 2014, 353; *Thomas* NStZ 1982, 489 (495); aA Meyer-Goßner/*Schmitt* StPO § 68b Rn. 5; *Wagner* NStZ 2004, 101 (102); vgl. zum Streitstand mwN auch HK/*Gercke* StPO § 58 Rn. 2.
[37] LG Heilbronn 3.2.2003 – 3 Ks 17 Js 23416/01, NStZ 2004, 100 (101); vgl. zu Letzterem *Fischer* StGB § 258 Rn. 19.
[38] *Mehle/Linz* NJW 2014, 1160.
[39] BVerfG 8.10.1974 – 2 BvR 747/73, BVerfGE 38, 105 = NJW 1975, 103 (104).
[40] Vgl. auch → § 177 Rn. 5 ff.
[41] BVerfG 5.1.2006 – 2 BvR 2/06, NJW 2006, 1500 (1501); vertiefend *Kissel/Mayer* Rn. 18.
[42] OLG Stuttgart 29.6.2011 – 4 Ws 136/11, NJW 2011, 2899 m. abl. Anm. *Michalke* = StV 2011, 718 m. krit. Anm. *Kühne*.
[43] KK/*Diemer* Rn. 1; Meyer-Goßner/*Schmitt* Rn. 10; *Fromm* StraFo 2015, 445.
[44] *Widmaier* NJW 2004, 399 (400).

satz der Mündlichkeit und der verfassungsverbürgten Garantie auf Gewährung rechtlichen Gehörs entsprechend, findet der Strafprozess auf einer im Grundsatz auditiven Ebene statt. Dem steht jedoch nicht entgegen, dass das wörtliche Argument durch die Prozessbeteiligten bildlich begleitet wird.[45] Insbes. iRd Erklärungsrechts gem. § 257 Abs. 2 StPO sowie beim Schlussvortrag gem. § 258 Abs. 1 StPO besteht die **Möglichkeit zur optischen Ergänzung des eigenen Vortrags** mittels PowerPoint, Flip-Chart, etc.[46] Da es sich hierbei nicht um Beweisermittlung, sondern um ein reines Hilfsmittel zur Veranschaulichung/pointierten Erläuterung der eigenen Auffassung handelt, stehen strafprozessuale Prinzipien dem nicht entgegen.[47] Erforderliches Equipment ist selbst bereitzuhalten, ein Anspruch auf Bereitstellung durch den Vorsitzenden ergibt sich nicht.

25 **g) Handschriftliche Notizen und Zeichnungen.** Sämtlichen Prozessbeteiligten und auch allen Zuhörern ist die Anfertigung von handschriftlichen Notizen, Zeichnungen oder sonstigen Vermerken gestattet.[48] Hierbei gilt es iRd Sitzungspolizei jedoch sorgfältig und nachdrücklich die Gefahr des Missbrauchs zu vermeiden. Dem Vorsitzenden muss hierbei ein weiter Beurteilungsspielraum eingeräumt werden. Fraglich ist ein generelles Verbot der Benutzung von **Smartphones und sonstigen Mobiltelefonen, Laptops, Tablets** und ähnlichen elektronischen Geräten durch die Öffentlichkeit aufgrund deren latenter Missbrauchsmöglichkeit im Hinblick auf die potentielle, ua § 169 S. 2 zuwiderlaufende Verwendung während der mündlichen Verhandlung. Bei konkreten Anhaltspunkten für eine missbräuchliche Nutzung ist ein Ausschluss ohne Weiteres möglich. Infolge der vielfältigen Funktionen und mangels ausreichender Kontrollmöglichkeit ist aber auch ein dem Beurteilungsspielraum des Vorsitzenden folgendes **präventives Verbot** nicht ausgeschlossen.[49] Eine vom Einzelfall völlig losgelöste Untersagung, die pauschal jegliches dieser technischen Mittel ausschließt, kann in Ansehung des in § 176 ebenfalls verankerten Verhältnismäßigkeitserfordernisses allerdings nicht genügen, da sonst die Grenze zur Willkür verflösse. Jedoch sind die Begründungsanforderungen an ein entsprechendes präventives Verbot nicht allzu hoch anzusetzen. Und es bedarf insbes. auch keiner (Nach-)Regulierung für jeden Einzelnen.

26 **h) Live-Berichterstattung durch Multimediadienste.** Eine Live-Berichterstattung durch Multimediadienste wird durch § 169 S. 2 nicht ausgeschlossen und ist auch sonst nicht unzulässig, solange dies nicht der Vorabinformation von noch nicht vernommenen Zeugen oder der sonstigen missbräuchlichen Beeinflussung der Funktionstüchtigkeit der Rechtspflege dient.[50] Allerdings muss eingestanden werden, dass zwar die Übergabe schriftlicher Notizen von Zuschauern an einen wartenden Zeugen oder das auffällig angeregte Unterhalten mit jenem durch einen Justizwachtmeister ein Stück weit unterbunden werden kann, das Lesen von Textmitteilungen hingegen nur, falls entsprechende technische Geräte beim Einlass in das Gericht abzugeben sind.[51] Sollten in einem Verfahren entsprechend begründete Anhaltspunkte bestehen, dass durch Multimediadienste **missbräuchlich auf die Wahrheitsfindung eingewirkt** wird, sind vom Vorsitzenden Maßnahmen zu ergreifen, welche sicherstellen, dass die dafür erforderlichen technischen Geräte nicht mitgeführt werden. Dies gilt sowohl für private Besucher als auch für Ver-

---

[45] *Beukelmann/Sacher* FS Volk, 2009, 33.
[46] *Kertai* MMR 2011, 716 (718 f.); *Witting* StraFo 2010, 133.
[47] *Witting* StraFo 2010, 133.
[48] BGH 13.5.1982 – 3 StR 142/82, NStZ 1982, 389; Löwe/Rosenberg/*Wickern* § 169 Rn. 43; Meyer-Goßner/*Schmitt* § 169 Rn. 15; *Burhoff* HV Rn. 1861.
[49] BVerfG 3.12.2008 – 1 BvQ 47/08, NJW 2009, 352 (353); BVerfG 31.7.2014 – 1 BvR 1858/14, NJW 2014, 3013 (3014 f.); Meyer-Goßner/*Schmitt* § 169 Rn. 15; *Mitsch* ZRP 2014, 137 (139 f.) mit der krit. Würdigung, dass eine Strafbarkeit nach § 201 StGB davon abhängt, ob es sich um eine öffentliche oder nichtöffentliche Sitzung handelt; aA SK/*Velten* § 169 Rn. 12; *Altenhain* NJW-Beil 2016, 37 (40); *Rath* DRiZ 2014, 8 (9); krit. auch *v. Coelln* AfP 2014, 193 (202); *Fromm* MMR 2016, 233; *Burhoff* HV Rn. 1863.
[50] Vgl. → § 169 Rn. 50.
[51] *Krieg* K&R 2009, 673 (677).

treter der Presse, deren Rechte aus Art. 5 Abs. 1 S. 1 GG respektive Art. 5 Abs. 1 S. 2 GG hinter dem Aspekt der unverfälschten Wahrheitsfindung jeweils zurücktreten müssten.[52]

2. Zuständigkeit. Ausweislich des Wortlauts ist **der Vorsitzende** für sitzungspolizeiliche Maßnahmen allein zuständig. Das sitzungspolizeiliche Ermessen findet dort seine Grenze, wo das Gesetz Maßnahmen des Gerichts vorschreibt.[53] Eine vorherige Anhörung der Betroffenen ist grds. nicht erforderlich.[54] Zur Ausführung der jeweiligen Anordnungen sind die Justizwachtmeister berufen, Nr. 128 Abs. 3 S. 1 RiStBV (bei drohender Gefahr muss der Justizwachtmeister sofort selbständig eingreifen, Nr. 128 Abs. 3 S. 3 RiStBV). Im Wege der Amtshilfe kann sich der Vorsitzende auch der Polizei bedienen, ohne dass er jedoch bindende Einzelweisungen erteilen könnte.[55] Wird die Anordnung fälschlicherweise durch Gerichtsbeschluss und nicht durch Verfügung des Vorsitzenden getroffen, ist dies unschädlich, weil die Zuweisung der Aufrechterhaltung der Ordnung in der Sitzung an den Vorsitzenden keine ausschließliche funktionelle Zuständigkeit dergestalt begründet, dass entsprechende Anordnungen des Gerichts mit der Folge fehlerhaft wären, dass sie allein deswegen nicht bestehen bleiben könnten.[56]

3. Medien, Justiz und Öffentlichkeit.[57] Vertreter von Presse, Funk und Fernsehen haben **grds. keinen sitzungspolizeilichen Sonderstatus** inne. Es bedarf im Einzelfall einer Abwägung der widerstreitenden Interessen. Jede Beschränkung der Berichterstattung hat **im Lichte der Bedeutung des Art. 5 Abs. 1 S. 2 GG zu erfolgen und muss dem Verhältnismäßigkeitsgrundsatz** genügen.[58]

a) Platzvergabe an Medienvertreter. Medien haben eine gewisse Multiplikatorfunktion inne. Insoweit ist es gestattet, eine Anzahl an Plätzen für die Medienberichterstattung zu reservieren (vgl. auch Nr. 125 Abs. 3 RiStBV „sollen").[59] Eine **prinzipielle Verpflichtung des Vorsitzenden hierzu besteht aber nicht.**[60] Die Rspr. des BVerfG deutet allerdings in diese Richtung. Die Pflicht des Gerichts, „sich zum Fototermin einzufinden" (vgl. → Rn. 44), weist darauf hin, dass bei zu erwartenden Kapazitätsengpässen wohl zumindest eine Pflicht zur Reservierung so vieler Medienplätze gesehen werden dürfte, dass eine ausreichende Pool-Lösung gewährleistet ist. Werden Presseplätze nicht (mehr) benötigt, sind diese wieder für das allg. Saalpublikum freizugeben.[61] Dies kann indes nur

---

[52] BVerfG 31.7.2014 – 1 BvR 1858/14, NJW 2014, 3013 (3014 f.): „Ersichtlich könnte bei einer Gestattung der Benutzung von Aufnahmegeräten, Mobiltelefonen und Laptops während der Verhandlung kaum kontrolliert werden, ob entgegen § 169 S. 2 GVG Aufnahmen angefertigt werden und damit der Anspruch der Beteiligten auf ein faires Verfahren (Art. 2 I iVm Art. 20 III GG) verletzt wird. Demgegenüber wird die Pressefreiheit hierdurch nicht in erheblichem Maße beeinträchtigt, da weder der Zugang der Medienorgane zur Gerichtsverhandlung eingeschränkt wird noch die Presseberichterstattung inhaltlich oder sonst substanziell von der Zulassung dieser Geräte abhängt"; *Krieg* K&R 2009, 673 (677 f.); aA *v. Coelln* jurisPR-ITR 12/2009 Anm. 5; *Rath* DRiZ 2014, 8; krit. auch *v. Coelln* AfP 2014, 193 (202).
[53] BGH 13.4.1972 – 4 StR 71/72, BGHSt 24, 329 = NJW 1972, 1144 (1145); Löwe/Rosenberg/*Wickern* Rn. 9.
[54] *Kissel/Mayer* Rn. 38; Löwe/Rosenberg/*Wickern* Rn. 41; Radtke/Hohmann/*Otte* Rn. 11.
[55] BGH 11.7.1979 – 3 StR 165/79 (S), NJW 1980, 249; BeckOK StPO/*Allgayer*, 26. Ed. 1.10.2016, Rn. 6; Meyer-Goßner/*Schmitt* Rn. 14.
[56] BGH 27.8.2003 – 1 StR 324/03, NStZ 2004, 220 (221); OLG Karlsruhe 25.8.1976 – 2 Ws 143/76, NJW 1977, 309 (311); BeckOK StPO/*Allgayer*, 26. Ed. 1.10.2016, Rn. 17; *Kissel/Mayer* Rn. 6; Löwe/Rosenberg/*Wickern* Rn. 9.
[57] Vgl. allg. → § 169 Rn. 23 ff.
[58] BVerfG 14.7.1994 – 1 BvR 1595/92, 1606/92, BVerfGE 91, 125 = NJW 1995, 184; BVerfG 31.7.2014 – 1 BvR 1858/14, NJW 2014, 3013 (3014); Löwe/Rosenberg/*Wickern* Rn. 36; Meyer-Goßner/*Schmitt* Rn. 15.
[59] BGH 10.1.2006 – 1 StR 527/05, NJW 2006, 1220 (1221); KK/*Diemer* § 169 Rn. 4; SSW/*Quentin* Rn. 11; SK/*Velten* § 169 Rn. 19; *Altenhain* NJW-Beil 2016, 37 (39); *Kühne* StV 2013, 417 (418); *Mitsch* ZRP 2014, 137 (138); *v. Coelln* Zur Medienöffentlichkeit der Dritten Gewalt, 2005, S. 263.
[60] *Kissel/Mayer* § 169 Rn. 33, 86; MüKoZPO/*Zimmermann* § 169 Rn. 51; aA *v. Coelln* DÖV 2006, 804 (806 ff.); ders. AfP 2014, 193 (194): grundrechtliche Schutzpflicht zur Reservierung von Medienplätzen.
[61] SSW/*Quentin* Rn. 11.

Geltung beanspruchen, wenn es sich um Presseplätze handelt, die aus dem allg. Kontingent an Zuschauerplätzen reserviert wurden. Werden spezielle Medienarbeitsplätze geschaffen und damit sogar der Raum der Öffentlichkeit erweitert, bestehen keine Bedenken dagegen, diese (zusätzlichen) Plätze sodann nicht der allg. Öffentlichkeit preiszugeben.

30 Dabei ist statthaft, für reservierte Medienplätze **nur beim entsprechenden Gericht akkreditierte Vertreter** zuzulassen.[62] Voraussetzung der Akkreditierung ist dabei der Nachweis, dass der Medienvertreter tatsächlich Journalist ist, dh sich hauptberuflich an der Erarbeitung bzw. Verbreitung von Informationen, Meinungen und Unterhaltung durch Medien mittels Wort, Bild, Ton oder Kombinationen dieser Darstellungsmittel beteiligt.[63] Dies kann sein für Printmedien, Hörfunk und Fernsehen, Nachrichten- und Presseagenturen sowie digitale Medien, soweit sie an publizistischen Ansprüchen orientierte Angebote und Dienstleistungen schaffen. Inwieweit die Gerichtspressestellen hierfür eine Redaktionsbestätigung, Arbeitsproben oder die Vorlage eines Presseausweises verlangen, bleibt im Grundsatz ihnen überlassen, solange hierdurch ein freier Wettbewerb und die Chance auf gleichberechtigte Teilhabe gewährleistet werden. Die Sitzplatzvergabe als solche ist **Ausfluss der sitzungspolizeilichen Gewalt des Vorsitzenden** und kann nicht auf die Pressestelle delegiert werden.[64]

31 Die Öffentlichkeit in der Hauptverhandlung hat aber durchaus auch eine **individuellsymbolische Komponente** neben der bloßen Medienöffentlichkeit. „Im Namen des Volkes" vertritt eine nicht selektierte Öffentlichkeit. Der Vorsitzende hat einen angemessenen Teil der verfügbaren Plätze dem allgemeinen Publikum vorzubehalten.[65] Nach hiesigem Verständnis der Öffentlichkeitsmaxime müssen **mindestens 50 % der Plätze für die reine Saalöffentlichkeit** (zu der dann freilich auch Journalisten ohne Platzreservierung gehören können) verbleiben. Für Ortstermine an sehr beengten Örtlichkeiten kann wegen der Platzverhältnisse eine angemessene, willkürfreie Einzelfallbehandlung angebracht sein.[66]

32 Bei der Platzverteilung für Medienvertreter ist das sog. Reihenfolgeprinzip/Prioritätsprinzip, welches die Platzverteilung nach dem Zeitpunkt des Eintreffens der Medienvertreter im Gerichtssaal vorsieht und gestattet, dass ein Wartender den Platz eines den Raum Verlassenden einnehmen darf (sog. Nachrückmöglichkeit), grds. nicht zu beanstanden.[67] Primärer Leitgedanke und zugleich Ermessensgrenze für die Auswahl des Sitzplatzvergabeverfahrens der reservierten Medienplätze ist die **Gewährung von realitätsnaher Chancengleichheit** (gleichberechtigte Teilhabe an den Berichterstattungsmöglichkeiten).[68] Soweit folglich vom strengen Prioritätsprinzip am Sitzungssaal dahingehend abgewichen wird, dass ein vorgelagertes Akkreditierungsverfahren durchgeführt wird, müssen Beginn, Ablauf und Entscheidungsparameter des Verfahrens rechtzeitig bekannt gegeben werden.[69]

33 Das BVerfG warf dabei anlässlich des einstweiligen Rechtsschutzes im sog. NSU-Verfahren die Frage auf, ob ausnahmsweise ein zwingender Sachgrund für eine teilweise Differenzierung zwischen verschiedenen Medien bspw. iS einer **Quotenlösung für ausländische Medienvertreter** gegeben ist, wenn die Opfer deren Nationalität angehör-

---

[62] v. Coelln AfP 2014, 193 (195); BVerfG 6.2.2007 – 1 BvR 218/07, NJW-RR 2007, 1053 zur Bildberichterstattung.

[63] Deutscher Journalisten-Verband, DJV Wissen: 4, Berufsbild Journalistin – Journalist, 2009, S. 3.

[64] BVerfG 31.7.2014 – 1 BvR 1858/14, NJW 2014, 3013 (3014) zu einer allg. Medienverfügung; aA *Bock* jM 2014, 123 (128).

[65] BVerfG 18.3.2008 – 1 BvR 282/01, NJW-RR 2008, 1069 (1071); *Kissel/Mayer* § 169 Rn. 33: mindestens ein Viertel; *Bock* jM 2014, 123 (126): „dürften Reservierungen von mehr als der Hälfte der zur Verfügung stehenden Sitzplätze nur in besonderen Ausnahmefällen von dem Ermessensspielraum des Vorsitzenden gedeckt sein"; *v. Coelln* Zur Medienöffentlichkeit der Dritten Gewalt, 2005, S. 263: „Neben den Plätzen für Presse und Rundfunk muß der Allgemeinheit eine so große Zahl von Plätzen zur Verfügung stehen, daß die sonstigen Zuhörer als Repräsentanten einer Öffentlichkeit angesehen werden können, die keiner besonderen Auswahl unterliegt. Präziser läßt sich eine Obergrenze für den Anteil der Medienplätze allgemeingültig nicht bestimmen."

[66] BGH 10.1.2006 – 1 StR 527/05, NJW 2006, 1220 (1221 f.).

[67] BVerfG 30.10.2002 – 1 BvR 1932/02, NJW 2003, 500.

[68] BVerfG 12.4.2013 – 1 BvR 990/13, NJW 2013, 1293 (1294) = JA 2013, 476 m. zust. Bespr. *Muckel*.

[69] BVerfG 18.3.2008 – 1 BvR 282/01, NJW-RR 2008, 1069 (1070); BVerfG 12.4.2013 – 1 BvR 990/13, NJW 2013, 1293 (1294).

ten.[70] Hätten dann aber auch Plätze für Medienvertreter aus den Städten reserviert werden müssen, die als Tatorte gleichsam verstärkt als Bühne des strafrechtlichen Unrechts dienten und deren Einwohner damit ein beachtenswertes Interesse an einer Lokalbelange berücksichtigenden Berichterstattung (zB: Warum wurde gerade diese Stadt (mehrfach) als Tatort gewählt?) haben?[71] Leider wurde die Hauptsache für erledigt erklärt, so dass eine abschließende Klärung nicht mehr erfolgte.[72] Nach einer im Vordringen befindlichen Ansicht sollen **separate Platzkontingente für Zeitungen, Hörfunk, Fernsehen, etc sowie neue Medien und/oder bestimmte Anteile für regionale, überregionale, ausländische Medien** zulässig – wenn nicht gar geboten – sein.[73] Diesbezüglich gilt es zu differenzieren. Die Gerichtsöffentlichkeit verlangt vom einzelnen Zuschauer gerade keine besondere Legitimation. Wie bereits benannt, vertritt „Im Namen des Volkes" eine nicht selektierte Öffentlichkeit, weshalb für eine Kontingentierung nach Personen-, Bezugs- oder Interessengruppen eigentlich kein Raum ist. Infolge ihrer repräsentativen Multiplikatorfunktion ist es aber zulässig, abweichend von der Grundregel Plätze für Medienvertreter zu reservieren. Für diese nun ohnehin schon in Ausnahme von der Regel vorbehaltenen Plätze kann zur möglichst wirksamen Gewährleistung dieser repräsentativen Multiplikatorfunktion (und damit letztlich zur Sicherstellung der Grundlage der Ausnahme an sich) eine Aufteilung nach Art und Wirkungskreis des Mediums sinnvoll sein; **zwingend geboten ist sie nicht.** Es gehört nicht zu den Aufgaben eines Vorsitzenden, eine möglichst gute mediale Verbreitung sicherzustellen. Mag man auch entsprechende Medienverfügungen zulassen, geht es zu weit, den Vorsitzenden gleichsam Pflichten zur strukturellen Einordnung und Berücksichtigung der Diversität der Medienlandschaft aufzuerlegen. Schließlich hat auch das BVerfG gebilligt, dass es keine grds. unrichtige Anschauung des Grundrechts der Pressefreiheit darstellt, wenn der Vorsitzende dem Interesse an praktikabler Handhabbarkeit seiner Anordnungen einen Vorrang vor umfassender Ausschöpfung denkbarer Differenzierungsmöglichkeiten einräumt.[74]

b) Fernseh-Rundfunkaufnahmen außerhalb des § 169 S. 2. Ausweislich der wörtlichen Unterscheidung von „Verhandlung" (§ 169) und „Sitzung" (§ 176) gilt das Aufnahmeverbot weder vor noch nach der Verhandlung und auch nicht in Verhandlungspausen. Für diese Zeiträume besteht eine grundsätzliche Öffnung für die Medien auch unter Einsatz von rundfunkspezifischen Aufnahme- und Verbreitungstechniken, weshalb insoweit der **Schutzbereich von Art. 5 Abs. 1 GG betroffen** ist.[75] Anordnungen des Vorsitzenden gem. § 176, welcher ein „allgemeines Gesetz" iSd Art. 5 Abs. 2 GG ist,[76] mit denen Bild- und Fernsehaufnahmen im Sitzungssaal am Rande der Hauptverhandlung gänzlich untersagt oder Beschränkungen unterworfen werden, stellen somit einen Eingriff in den Schutzbereich der Rundfunkfreiheit aus Art. 5 Abs. 1 S. 2 GG dar, so dass der Vorsitzende vor Erlass die Bedeutung der Rundfunkfreiheit und den Grundsatz der Verhältnismäßigkeit ausreichend zu beachten und zu würdigen hat.[77]

Hierbei kann es zur Vermeidung von (aggressiven) „Kämpfen um das beste Bild" ggf. angezeigt sein, durch die Ermöglichung eines bestimmten Bestandes an Film- und Fotomaterial gleichsam **antizipiert deeskalierend einzuwirken.**[78]

---
[70] BVerfG 12.4.2013 – 1 BvR 990/13, NJW 2013, 1293 (1295).
[71] Vgl. ebenso krit. *Bosch* Jura 2016, 45 (55 f.); *Kühne* StV 2013, 417 (419); *Zuck* NJW 2013, 1295 (1296).
[72] BVerfG 16.4.2014 – 1 BvR 990/13, BeckRS 2014, 51474.
[73] *v. Coelln* AfP 2014, 193 (195); *Kujath* AfP 2013, 269 (271 f.); SSW/*Quentin* Rn. 11; aA ausdrücklich SK/*Velten* § 169 Rn. 19.
[74] BVerfG 18.3.2008 – 1 BvR 282/01, NJW-RR 2008, 1069 (1071).
[75] BVerfG 24.1.2001 – 1 BvR 2623/95, BVerfGE 103, 44 = NJW 2001, 1633 (1635); *Fink*, Bild- und Tonaufnahmen im Umfeld der strafgerichtlichen Hauptverhandlung, 2007, S. 42 ff.
[76] BVerfG 6.2.1979 – 2 BvR 154/78, BVerfGE 50, 234 = NJW 1979, 1400 (1401); BVerfG 11.5.1994 – 1 BvR 733/94, NJW 1996, 310; *Ernst* NJW 2001, 1624 (1625); *Kujath* AfP 2013, 269 (270).
[77] BVerfG 30.3.2012 – 1 BvR 711/12, NJW 2012, 2178; BVerfG 31.7.2014 – 1 BvR 1858/14, NJW 2014, 3013 (3014); BVerfG 9.9.2016 – 1 BvR 2022/16, NJW 2017, 798; BGH 7.6.2011 – VI ZR 108/10, BGHZ 190, 52 = NJW 2011, 3153 (3154).
[78] HdbStA/*Wankel/Steinkraus-Koch* 10. Teil Rn. 24.

36 Ein spezifisches Recht für Journalisten zur Fotoberichterstattung im Zusammenhang mit einer Gerichtsverhandlung sieht das Gesetz weder vor noch verbietet es jene, weshalb die Entscheidung des Vorsitzenden über die Zulassung oder die Beschränkung der Zulassung von (bestimmten) Journalisten zur Fotoberichterstattung als Ausübung öffentlicher Gewalt allein an der Aufrechterhaltung der Ordnung in der Sitzung zu messen ist.[79] Ist mit einer den geordneten Ablauf belastenden Anzahl an Kamerateams zu rechnen, kommt zunächst eine sog. **Pool-Lösung** in Betracht.[80] Hierbei werden auf Veranlassung des Vorsitzenden von den Medienvertretern selbst bspw.[81] aus den Bereichen öffentlich-rechtlich, privat, Nachrichtenagentur und freiem Journalismus je ein sog. Pool-Führer bestimmt, welche sodann dem Gericht mitzuteilen sind und ihr Material den übrigen unverzüglich und kostenfrei (oder allenfalls gegen Kostenbeteiligung) zur Verfügung zu stellen haben.[82]

37 **c) Sitzungspolizeiliche Anordnungen zum Schutz des Rechtes am eigenen Bild, Wort und Namen im Spannungsfeld mit Presse- und Rundfunkfreiheit.** Das allgemeine Persönlichkeitsrecht der Beteiligten in seiner Form des Rechts auf informationelle Selbstbestimmung umfasst alle der jeweiligen Person zuordenbaren Daten/Informationen (Beteiligung an der Straftat, Motive, persönliche, berufliche, soziale Hintergründe, etc.).[83] Das hat der Vorsitzende im Rahmen seiner Möglichkeiten zu berücksichtigen. Auch hat er nach Kräften etwaige körperliche Gefahren abzuwehren. Eine entsprechende Gefährdungslage wurde anerkannt bei einer anlassbezogenen Einschätzung der Ermittlungsbehörden gerichtet auf Gewalthandlungen und Bedrohungen im Umfeld der Betroffenen.[84] Daneben stellen Anordnungen gem. § 176, mit denen die Anfertigung von Bildaufnahmen vom Geschehen im Sitzungssaal am Rande der Hauptverhandlung Beschränkungen unterworfen wird, Eingriffe in den Schutzbereich der Pressefreiheit aus Art. 5 Abs. 1 S. 2 GG dar, so dass der Vorsitzende beim Erlass solcher Anordnungen der Bedeutung der Pressefreiheit Rechnung zu tragen und den Grundsatz der Verhältnismäßigkeit zu beachten hat.[85] Hieraus ergibt sich ein komplexes Spannungsfeld. Medienverfügungen des Vorsitzenden müssen dieses **Spannungsfeld erkennen und umfassend argumentativ unter Heranziehung konkreter, auf Gesichtspunkte der Sitzungspolizei bezogener Gründe abarbeiten.**[86] Dabei ist die etwaige Minderjährigkeit der Betroffenen mit einzubeziehen, wobei jedoch kein Leitsatz dahingehend besteht, dass eine identifizierende Berichterstattung über Jugendliche per se unzulässig sei.[87]

38 **aa) Gewährleistungsgehalt von Presse- und Rundfunkfreiheit iRv § 176.** Das Grundrecht der Pressefreiheit schützt den gesamten Bereich publizistischer Vorbereitungstätigkeit, zu der insbes. die **Beschaffung von Informationen** gehört, die freie Entscheidung über das Thema und auch die **freie Wahl des Mediums der Berichterstattung,** wobei eine Berichterstattung durch Bilder besonders ausdrucksvoll die Aufmerksamkeit für ein Thema wecken, Eindrücke und Stimmungen veranschaulichen sowie schriftliche Berichte ergänzen und verstärken kann.[88] Nicht unbedenklich soll dabei auch eine Aufnahme der

---

[79] EGMR 30.6.2015 – 49849/08, EuGRZ 2016, 28.
[80] BVerfG 9.9.2016 – 1 BvR 2022/16, NJW 2017, 798 (799).
[81] BVerfG 18.3.2008 – 1 BvR 282/01, NJW-RR 2008, 1069 (1071): „Es ist nicht Sache des BVerfG, eine solche Verteilungsentscheidung des Vorsitzenden umfassend darauf zu überprüfen, ob die beste Verteilmodalität gewählt worden war."
[82] *Kissel/Mayer* § 169 Rn. 93; *Müller-Horn* DRiZ 2012, 81 (82).
[83] *Lindner* StV 2008, 210 (212).
[84] BVerfG 20.12.2011 – 1 BvR 3048/11, BeckRS 2012, 46348.
[85] BVerfG 20.12.2011 – 1 BvR 3048/11, BeckRS 2012, 46348; aber auch jenseits der Veröffentlichungsabsicht kann bereits die bloße Herstellung von Bildnissen einen unzulässigen Eingriff in das Persönlichkeitsrecht darstellen, vgl. BGH 25.4.1995 – VI ZR 272/94, NJW 1995, 1955 (1956 f.).
[86] BVerfG 31.7.2014 – 1 BvR 1858/14, NJW 2014, 3013 (3014); BVerfG 4.5.2016 – 1 BvR 701/16, BeckRS 2016, 45912; BVerfG 8.7.2016 – 1 BvR 1534/16, BeckRS 2016, 49952; BVerfG 6.9.2016 – 1 BvR 2001/16, BeckRS 2016, 51424; *Fink,* Bild- und Tonaufnahmen im Umfeld der strafgerichtlichen Hauptverhandlung, 2007, S. 193 ff.; *Sättele* FD-StrafR 2014, 361219.
[87] Vertiefend *Brost/Rodenbeck* AfP 2016, 495.
[88] BVerfG 11.5.1994 – 1 BvR 733/94, NJW 1996, 310; krit. *Murmann,* Strafrecht und Medien, 2016, S. 8 f.

allg. Saalöffentlichkeit dem Gewährleistungsgehalt des Art. 5 Abs. 1 S. 2 GG unterfallen,[89] wobei insofern durchaus eine psychische Barriere zum Besuch der Verhandlung aufgebaut wird, was wiederum den Öffentlichkeitsgrundsatz nicht unberührt lässt.

bb) Recht am eigenen Bild, Wort und Namen vs. Presse- und Rundfunkfreiheit. Das Recht am eigenen Bild, Wort und Namen entspringt dem allgemeinen Persönlichkeitsrecht gem. Art. 2 Abs. 1 iVm Art. 1 Abs. 1 GG.[90] Die Aufrechterhaltung der Ordnung in der Sitzung umfasst auch den Schutz dieses höchstpersönlichen Rechtsbereichs, da die Beteiligten insoweit auf die Fürsorge durch den Vorsitzenden angewiesen sind.[91] Bei unzulässigerweise angefertigten Bildern schließt diese die Beschlagnahme des Aufnahmematerials und bei entsprechender technischer Notwendigkeit auch des Aufnahmeträgers ein.[92] 39

Das Persönlichkeitsrecht ist dabei im Rahmen einer sitzungspolizeilichen Verfügung nach § 176 indessen **nicht in weiterem Umfang zu schützen, als dies nach den §§ 22, 23 KUG** der Fall ist.[93] Ausweislich § 22 KUG hat der Gesetzgeber dem Recht am eigenen Bild grds. Vorrang vor dem Recht auf freie Berichterstattung eingeräumt. Danach dürfen Bildnisse nur mit (ausdrücklicher oder konkludenter) Einwilligung des Abgebildeten verbreitet oder öffentlich zur Schau gestellt werden, § 22 S. 1 KUG. Im Interesse der ebenfalls grundgesetzlich garantierten Presse- und Rundfunkfreiheit ist in § 23 KUG als Ausnahme hierzu indes ein sog. **abgestuftes Schutzkonzept** vorgesehen.[94] Für das Strafverfahren relevant lässt § 23 Abs. 1 Nr. 1 KUG ohne die nach § 22 KUG erforderliche Einwilligung die Verbreitung und zur Schau Stellung von **Bildnissen aus dem Bereiche der Zeitgeschichte** zu. Der Begriff der Zeitgeschichte wird dabei wertend vom Informationsinteresse der Öffentlichkeit her bestimmt, wobei auch Unterhaltungsmedien mit einbezogen sind.[95] In jedem Fall darf jedoch weder der absolut geschützte Intimbereich noch ein sonstiges berechtigtes Interesse des Abgebildeten verletzt werden, § 23 Abs. 2 KUG (sog. **konkreter Interessenausgleich**). 40

Bei der vorzunehmenden Abwägung der widerstreitenden Interessen kann – zumindest als erste Daumenregel – in den Blick zu nehmen sein, inwieweit es sich um eine sog. absolute oder relative Person der Zeitgeschichte handelt. Absolute Personen der Zeitgeschichte sind Menschen, die aufgrund ihres Status und ihrer Bedeutung aus der Masse der Mitmenschen herausragen und deshalb dauerhaft und allg. im Blickpunkt der Öffentlichkeit stehen.[96] Relative Personen der Zeitgeschichte sind Menschen, die nur im Zusammenhang mit einem bestimmten zeitgeschichtlichen Geschehen vorübergehend in das Blickfeld des öffentlichen Interesses geraten sind.[97] Es gibt jedoch keine Beschränkung auf diese geläufigen Rechtsfiguren.[98] Diese Rechtsfiguren dienen lediglich als abkürzende Umschreibung für Personen, deren Bildnis (= Wiedergabe des äußeren Erscheinungsbildes einer Person in einer für Dritte erkennbaren Weise[99]) die Öffentlichkeit im Grundsatz um der dargestellten Person willen 41

---

[89] BVerfG 9.9.2016 – 1 BvR 2022/16, NJW 2017, 798.
[90] BGH 6.3.2007 – VI ZR 13/06, NJW 2007, 1981; BGH 6.3.2007 – VI ZR 51/06, BGHZ 171, 275 = NJW 2007, 1977.
[91] Vgl. BGH 11.1.2005 – 1 StR 498/04, NJW 2005, 1519 (1529); BGH 16.6.2005 – 1 StR 152/05, NJW 2005, 2791; zur Ausstrahlungswirkung des Persönlichkeitsrechts im Dreieck Justiz-Medien-Beschuldigter *Lindner* StV 2008, 210 (212 ff.).
[92] LG Ravensburg 27.1.2007 – 2 Qs 10/07, NStZ-RR 2007, 348 (349).
[93] BGH 7.6.2011 – VI ZR 108/10, BGHZ 190, 52 = NJW 2011, 3153 (3156); OLG Hamburg 5.4.2012 – 3-14/12, StraFo 2012, 278; SSW/*Quentin* Rn. 15; *Ahmed* StV 2013, 202 (203); *Stieper* JZ 2014, 271 (276); vertiefend *Hauth*, Sitzungspolizei und Medienöffentlichkeit, 2017, 2. Teil.
[94] BVerfG 15.12.1999 – 1 BvR 653/96, BVerfGE 101, 361 = NJW 2000, 1021 (1023); BVerfG 26.2.2008 – 1 BvR 1602/07, BVerfGE 120, 180 = NJW 2008, 1793 (1795).
[95] BVerfG 15.12.1999 – 1 BvR 653/96, BVerfGE 101, 361 = NJW 2000, 1021 (1024); BGH 6.3.2007 – VI ZR 51/06, BGHZ 171, 275 = NJW 2007, 1977 (1979); HdbStA/*Wankel/Steinkraus-Koch* 10. Teil Rn. 29.
[96] HdbStA/*Wankel/Steinkraus-Koch* 10. Teil Rn. 30.
[97] BGH 6.3.2007 – VI ZR 51/06, BGHZ 171, 275 = NJW 2007, 1977 (1978); HdbStA/*Wankel/Steinkraus-Koch* 10. Teil Rn. 31.
[98] BeckOK UrhR/*Engels* KUG § 23 Rn. 1; Wandtke/Bullinger/*Fricke*, Praxiskommentar zum Urheberrecht, 4. Aufl. 2014, KUG § 23 Rn. 7.
[99] BGH 1.12.1999 – I ZR 226/97, NJW 2000, 2201 (2202); BeckOK UrhR/*Engels* KUG § 22 Rn. 19.

für beachtenswert hält; ihre Anwendung genügt nur dann den verfassungsmäßigen Anforderungen, wenn die ergänzende **einzelfallbezogene Abwägung zwischen dem Informationsinteresse der Öffentlichkeit und den berechtigten Interessen des Abgebildeten** dadurch nicht unterbleibt.[100] Abschließend kommt es zu dem von § 23 Abs. 2 KUG angeordneten konkreten Interessenausgleich dergestalt, dass auch bei absoluten oder relativen Personen der Zeitgeschichte der absolut geschützte Intimbereich einer Veröffentlichung ohne weitere Abwägung entzogen ist. Im Übrigen ist eine Interessenabwägung vorzunehmen, wonach zu entscheiden ist, ob der Persönlichkeitsschutz/Anonymitätsschutz schwerer wiegt als das Veröffentlichungsinteresse der Medien.[101] Hierbei dient § 176 auch als Grundlage für **Anonymisierungsanordnungen.**[102]

42 **Wesentliche Abwägungsgesichtspunkte** sind hierbei Art und Dauer der Berichterstattung, Intensität der Beeinträchtigung und abzuschätzende Folgen für den Betroffenen, das eigene Öffentlichkeitsverhalten des Betroffenen sowie das Ausmaß des öffentlichen Interesses.[103] Bei dieser Beurteilung ist ein normativer Maßstab zugrunde zu legen, welcher der Pressefreiheit und zugleich dem Schutz der Persönlichkeit und ihrer Privatsphäre ausreichend Rechnung trägt. Obgleich grds. das Interesse der Öffentlichkeit an vollständiger Information über das Zeitgeschehen maßgebend und der Begriff des Zeitgeschehens daher zugunsten der Pressefreiheit in einem weiten Sinn zu verstehen ist (= Vorgänge von historisch-politischer Bedeutung, aber auch alle Fragen von allgemeinem gesellschaftlichem Interesse), zieht der Verhältnismäßigkeitsgrundsatz eine Grenze für das maximale Eindringen in die Sphäre des Abgebildeten; diese Grenze für das berechtigte Informationsinteresse der Öffentlichkeit an aktueller Berichterstattung lässt sich indes stets nur unter **Berücksichtigung der jeweiligen Umstände des Einzelfalls für eben diesen konkret** entscheiden.[104]

43 Für die Berichterstattung über Strafverfahren ist im Ausgangspunkt Folgendes anzusetzen: Bei der Berichterstattung über eine Straftat gehört eine solche Tat zum Zeitgeschehen, deren Vermittlung Aufgabe der Medien ist. Die Verletzung der Rechtsordnung und die Beeinträchtigung individueller Rechtsgüter, die Sympathie mit den Opfern, die Furcht vor Wiederholungen solcher Straftaten und das Bestreben, dem vorzubeugen, begründen grds. ein anzuerkennendes **Interesse der Öffentlichkeit an näherer Information über Tat und Täter.** Dieses Interesse ist umso stärker, je mehr sich die Tat in Begehungsweise und Schwere von der gewöhnlichen Kriminalität abhebt. Bei schweren Gewaltverbrechen liegt idR ein über bloße Neugier und Sensationslust hinausgehendes Interesse an näherer Information über die Tat und ihren Hergang, über die Person des Täters und seine Motive sowie über die Strafverfolgung insgesamt vor.[105] Wägt man dieses Interesse mit der bei einer identifizierenden Berichterstattung einhergehenden Beeinträchtigung des Persönlichkeitsrechts ab, gebührt der tagesaktuellen Berichterstattung über Straftaten und dem diesbezüglichen Informationsinteresse im Allgemeinen der Vorrang. Wer den Rechtsfrieden bricht, durch diese Tat und ihre Folgen Mitmenschen in deren Rechtsgütern angreift oder verletzt, muss sich nicht nur den hierfür verhängten strafrechtlichen Sanktionen beugen, sondern er muss auch (er)dulden, dass das von ihm selbst erregte Informationsinteresse der Öffentlich-

---

[100] BVerfG 15.12.1999 – 1 BvR 653/96, BVerfGE 101, 361 = NJW 2000, 1021 (1025); BVerfG 26.4.2001 – 1 BvR 758/97, NJW 2001, 1921 (1922); BVerfG 26.2.2008 – 1 BvR 1602/07, BVerfGE 120, 180 = NJW 2008, 1793 (1798 f.).
[101] MAH Strafverteidigung/*Lehr* § 21 Rn. 45.
[102] BVerfG 27.11.2008 – 1 BvQ 46/08, NJW 2009, 350 (352); BVerfG 20.12.2011 – 1 BvR 3048/11, BeckRS 2012, 46348; BVerfG 9.9.2016 – 1 BvR 2022/16, NJW 2017, 798 (798 f.); OLG Stuttgart 22.9.2016 – 2 Ws 140/16, NStZ-RR 2016, 383 (385); aA *Schlüter* AfP 2009, 557 (564 f.); krit. auch *v. Coelln* AfP 2014, 193 (197).
[103] HdbStA/*Wankel/Steinkraus-Koch* 10. Teil Rn. 34; *Lehr* NStZ 2001, 63 (66).
[104] BGH 6.3.2007 – VI ZR 51/06, BGHZ 171, 275 = NJW 2007, 1977 (1978); BGH 9.2.2010 – VI ZR 243/08, NJW 2010. 2432 (2436); *Lehr* NStZ 2001, 63 (65); *Müller* NJW 2007, 1617; Wandtke/Bullinger/*Fricke* Praxiskommentar zum Urheberrecht, 4. Aufl. 2014, KUG § 23 Rn. 4 f.
[105] BVerfG 10.6.2009 – 1 BvR 1107/09, NJW 2009, 3357 (3358); BGH 7.6.2011 – VI ZR 108/10, BGHZ 190, 52 = NJW 2011, 3153 (3154); OLG Stuttgart 22.9.2016 – 2 Ws 140/16, NStZ-RR 2016, 383 (385); BeckOK UrhR/*Engels* KUG § 23 Rn. 8; *Ahmed* StV 2013, 202 (203).

keit auf den dafür üblichen Wegen befriedigt wird.[106] **Dieser Vorrang gilt aber nicht schrankenlos.** Auf den unantastbaren innersten Lebensbereich ist stets Rücksicht zu nehmen. Bei einem noch laufenden Verfahren ist – jedenfalls bis zu einem erstinstanzlichen Schuldspruch – auch **nachdrücklich die Unschuldsvermutung zu berücksichtigen**.[107]

Ferner muss die **Beeinträchtigung des Persönlichkeitsrechts in einem angemessenen Verhältnis zur Schwere des Fehlverhaltens und seiner sonstigen Bedeutung für die Öffentlichkeit** stehen, weshalb Namensnennung, Abbildung oder sonstige Identifizierung des Täters in Fällen der kleinen Kriminalität oder bei jugendlichen Straftätern idR nicht zulässig sein werden.[108] Allerdings kann ein an sich geringeres Interesse der Öffentlichkeit über leichte Verfehlungen im Einzelfall durch Besonderheiten etwa in der Person des Täters oder des Tathergangs aufgewogen werden.[109] 44

Für den **Angekl.** streitet die Unschuldsvermutung, wodurch sein Persönlichkeitsrecht im Strafverfahren grds. besonders intensiv vor möglicherweise vorverurteilenden, trotz späteren Freispruchs resozialisierungsschädlichen Aufnahmen zu schützen ist.[110] In der vorzunehmenden Abwägung hat indes auch Platz zu finden, inwieweit der Angekl. seine Tat gestanden hat und inwiefern etwaige Bildaufnahmen tatsächlich spezifische Auswirkungen auf einen kritischen psychischen Zustand haben oder sich nachteilige Folgen durch weniger beschränkende Maßnahmen (zB anonymisierte Bildaufnahmen) vermeiden lassen.[111] 45

Bei **Straftaten, welche durch die Persönlichkeit des Täters besonders geprägt sind,** besteht häufig ein legitimes Interesse an einer auch identifizierenden Bildberichterstattung über den Angekl.[112] Bsp.: Straftaten im Zusammenhang mit einem geplanten terroristischen Anschlag, weil solche Täter im Alltag oft unauffällig leben und das öffentliche Interesse daher auch darauf gerichtet ist, sich ein prägnantes und unmittelbares Bild von den Tätern zu machen.[113] 46

Zeugen in einem Strafverfahren werden nur dann zu relativen Personen der Zeitgeschichte, wenn sie selbst eine Rolle von zeitgeschichtlicher Bedeutung spielen, dh wenn sie selbst in einer Weise, die über die reine Zeugenstellung hinausgeht, in das verhandlungsgegenständliche Geschehen involviert waren; die Rolle als Geschädigter/Opfer der Straftat genügt hierfür regelmäßig nicht.[114] Auch eine lediglich nicht ganz fernliegende Gefährdung von Leben oder Gesundheit des Abgebildeten kann dabei ein entgegenstehendes berechtigtes Interesse begründen.[115] Schließlich liegt die Beweislast dafür, ob es sich um ein Bildnis aus dem Bereiche der Zeitgeschichte handelt, beim Publizierenden.[116] 47

Richter und Staatsanwälte, die infolge des ihnen übertragenen öffentlichen Amtes im Gerichtsverfahren mitwirken und diesbezüglich im Blickpunkt der Öffentlichkeit stehen, 48

---

[106] BVerfG 13.6.2006 – 1 BvR 565/06, NJW 2006, 2835; BGH 7.6.2011 – VI ZR 108/10, BGHZ 190, 52 = NJW 2011, 3153 (3154); kritisch *Bosch* Jura 2016, 45 (51): Informationsinteresse der Öffentlichkeit werde „zu einem alles überwuchernden subjektiven Recht der Presse instrumentalisiert".
[107] BVerfG 27.11.2008 – 1 BvQ 46/08, NJW 2009, 350 (351): „entsprechende Zurückhaltung, mindestens aber eine ausgewogene Berichterstattung"; BVerfG 10.6.2009 – 1 BvR 1107/09, NJW 2009, 3357 (3358); BGH 19.3.2013 – VI ZR 93/12, NJW 2013, 1681 (1682); OLG Bremen 13.4.2016 – 1 Ws 44/16, StV 2016, 549 (553); VGH Mannheim 4.8.2017 – 1 S 1307/17, BeckRS 2017, 119754; *Ahmed* StV 2013, 202 (205); *Jung* GA 2014, 257 (262 f.).
[108] BVerfG 10.6.2009 – 1 BvR 1107/09, NJW 2009, 3357 (3358); VGH Mannheim 4.8.2017 – 1 S 1307/17, BeckRS 2017, 119754; *Müller* NJW 2007, 1617 (1619).
[109] BVerfG 13.6.2006 – 1 BvR 565/06, NJW 2006, 2835; BVerfG 10.6.2009 – 1 BvR 1107/09, NJW 2009, 3357 (3358).
[110] BVerfG 27.11.2008 – 1 BvQ 46/08, NJW 2009, 350 (351 f.); BVerfG 30.3.2012 – 1 BvR 711/12, NJW 2012, 2178 (2179).
[111] BVerfG 15.4.2002 – 1 BvR 680/02, NJW 2002, 2021 (2022); BVerfG 19.12.2007 – 1 BvR 620/07, BVerfGE 119, 309 = NJW 2008, 977 (980); BVerfG 30.3.2012 – 1 BvR 711/12, NJW 2012, 2178 (2179); BVerfG 9.9.2016 – 1 BvR 2022/16, NJW 2017, 798 (798 f.); OLG Stuttgart 22.9.2016 – 2 Ws 140/16, NStZ-RR 2016, 383 (385).
[112] BGH 7.6.2011 – VI ZR 108/10, BGHZ 190, 52 = NJW 2011, 3153 (3155).
[113] BGH 7.6.2011 – VI ZR 108/10, BGHZ 190, 52 = NJW 2011, 3153 (3155).
[114] HdbStA/*Wankel/Steinkraus-Koch* 10. Teil Rn. 31 f.
[115] Vgl. BeckOK UrhR/*Engels* KUG § 23 Rn. 26.
[116] HdbStA/*Wankel/Steinkraus-Koch* 10. Teil Rn. 32.

sollen nicht in gleicher Weise Anspruch auf Schutz ihrer Persönlichkeit genießen wie Angekl. oder Zeugen.[117] Selbst Nahaufnahmen seien grds. zu gestatten.[118] „Denn die Richter und Schöffen stehen **Kraft des ihnen übertragenen Amts** anlässlich ihrer Teilnahme an öffentlichen Sitzungen [...] **im Blickfeld der Öffentlichkeit** unter Einschluss der Medienöffentlichkeit. Ein Interesse der Richter und Schöffen, in ihrer Person nur durch die in der Sitzung Anwesenden wahrgenommen zu werden, ist angesichts der Bedeutung des Grundsatzes der Öffentlichkeit für ein rechtsstaatliches Gerichtsverfahren regelmäßig nicht anzunehmen. Das Persönlichkeitsrecht überwiegt das Berichterstattungsinteresse aber, wenn besondere Umstände Anlass zu der Befürchtung geben, eine Übertragung der Abbildung der Mitglieder des Spruchkörpers über das Fernsehen werde dazu führen, dass sie künftig erheblichen Beeinträchtigungen ausgesetzt sein werden."[119] Insoweit wird dem Vorsitzenden sogar untersagt, den Aufruf der Sache durch den Protokollführer oder eine sonstige Person zu veranlassen, um hierdurch erst nach dem Zeitpunkt des Eingreifens von § 169 S. 2 den Sitzungssaal zu betreten.[120] Gleiches gelte im Prinzip auch für StA und Verteidiger.[121] Allerdings besteht in diesem Zusammenhang keine Pflicht der übrigen Verfahrensbeteiligten, den Sitzungssaal bereits vor Aufruf der Sache iSv § 243 Abs. 1 S. 1 StPO zu betreten.[122] Nr. 124 Abs. 2 S. 1 RiStBV beschreibt lediglich eine typische Verhaltensmaßgabe ohne Erzwingungscharakter im Einzelfall.

49 Bereits der Ausgangspunkt, nämlich dass die Abbildung des Spruchkörpers, dh die bildliche Dokumentation des Auftretens der Richter und Schöffen, eine grundrechtsrelevante Information für die Medienöffentlichkeit darstelle, lässt sich bestreiten.[123] Richter und Staatsanwälte sind dem Grunde nach auch nicht als relative Personen der Zeitgeschichte einzuordnen.[124] § 169 enthält den **Grundsatz der Saalöffentlichkeit** und erkennt damit mittelbar an, dass auch die professionellen Verfahrensbeteiligten zwar im Blickfeld dieser Saalöffentlichkeit zu stehen haben, nicht jedoch ungeschützt der Verbreitung durch die Medien ausgeliefert sind, welche sie anders als die Anwesenden im Gerichtssaal nicht überblicken können.[125]

50 Einerseits sollen Richter und Staatsanwälte lediglich als Amtspersonen im Fokus stehen, andererseits soll aber eine Pflicht bestehen, den Namen preiszugeben.[126] Das Auskunftsbegehren eines Medienvertreters, welches dem Schutzbereich der Pressefreiheit gem. Art. 5 Abs. 1 S. 2 GG unterfalle, sei vorrangig gegenüber den Persönlichkeitsrechten der Berufsrichter, der Schöffen, des Sitzungsvertreters der StA und des Verteidigers.[127] Die Informations- und Kontrollfunktion der Presse insbes. in Bezug auf Strafverfahren, in dem staatliche

---

[117] BVerfG 24.1.2001 – 1 BvR 2623/95, BVerfGE 103, 44 = NJW 2001, 1633 (1637); BVerfG 19.12.2007 – 1 BvR 620/07, BVerfGE 119, 309 = NJW 2008, 977 (980); BVerfG 31.7.2014 – 1 BvR 1858/14, NJW 2014, 3013 (3014); BVerfG 9.9.2016 – 1 BvR 2022/16, NJW 2017, 798 (799); *Kissel/Mayer* § 169 Rn. 92; *v. Coelln* AfP 2014, 193 (197, 201); *ders.*, Strafrecht und Medien, S. 28; *Gündisch/Dany* NJW 1999, 256 (259); *Krüger* DRiZ 2012, 77 (78); *Limperg/Gerhardt* ZRP 2016, 124.
[118] BVerfG 31.7.2014 – 1 BvR 1858/14, NJW 2014, 3013; aA *Müller-Horn* DRiZ 2012, 81 (82); vgl. aber auch BVerfG 15.4.2002 – 1 BvR 680/02, NJW 2002, 2021 (2022) = JR 2002, 409 m. krit. Anm. *Bertram*: „Die Ast. haben im Übrigen zugesichert, Aufnahmen nur in der so genannten Totalen vorzunehmen." Dies betraf indes einen Prozess mit generell hohen Sicherheitsvorkehrungen.
[119] BVerfG 21.7.2000 – 1 BvQ 17/00, NJW 2000, 2890 (2891).
[120] BVerfG 7.6.2007 – 1 BvR 1438/07, NJW-RR 2007, 1416; BVerfG 19.12.2007 – 1 BvR 620/07, BVerfGE 119, 309 = NJW 2008, 977 (991).
[121] BVerfG 19.12.2007 – 1 BvR 620/07, BVerfGE 119, 309 = NJW 2008, 977 (979); BVerfG 3.4.1999 – 1 BvR 654/09, NJW 2009, 2117 (2118); BVerfG 30.3.2012 – 1 BvR 711/12, NJW 2012, 2178 (2179).
[122] *Eisenberg* StraFo 2007, 284; *v. Coelln* AfP 2014, 193 (198); *ders.*, Strafrecht und Medien, 2016, S. 23; *Burhoff* HV Rn. 2675; äußerst krit. auch *Schäfer* JR 2008, 119; KK/*Diemer* Rn. 1a.
[123] *Ernst* NJW 2001, 1624 (1625 f.); *ders.* JR 2007, 392 (393): Illustration, nicht Information; *ders.* NJW 2010, 744 (745); krit. auch *Stieper* JZ 2014, 271 (277).
[124] *Ernst* NJW 2001, 1624 (1626); diff. *Stieper* JZ 2014, 271 (277).
[125] *Ernst* NJW 2001, 1624 (1626); *Eisenberg* StraFo 2007, 284; aA *Bräutigam* DRiZ 2014, 294.
[126] BVerwG 1.10.2014 – 6 C 35/13, NJW 2015, 807.
[127] BVerwG 1.10.2014 – 6 C 35/13, NJW 2015, 807 (808 ff.). Gegenüber dem Persönlichkeitsrecht des Urkundsbeamten sei es dagegen nachrangig.

Gewalt in besonders einschneidender Weise ausgeübt werde, erstrecke sich auf Personen, die in amtlicher Funktion oder als Organ der Rechtspflege an einem Gerichtsverfahren mitwirkten. Infolge des Grundsatzes der Öffentlichkeit seien die Persönlichkeitsrechte dieser Verfahrensbeteiligten **in ihrem grundrechtlichen Gewicht gemindert,** da „unter den Augen der Öffentlichkeit" auch Medienvertreter umfasse, so dass die namentliche Identität auch Vertretern der Presse als Sitzungszuschauer bekannt werden könnte.[128] Dies entspreche sogar „der normativen Stoßrichtung dieses Grundsatzes."[129] Die Öffentlichkeit der Verhandlung solle auch die Möglichkeit eröffnen, personelle Zurechnungszusammenhänge deutlich zu machen und persönliche Verantwortlichkeiten zu markieren, dh die mitwirkenden Funktionsträger sollten für die Art und Weise der Mitwirkung öffentlich einstehen.[130]

Dass Namen in der öffentlichen Hauptverhandlung bekannt werden, gilt übrigens auch **51** für Angekl. und sämtliche Zeugen, ohne dass hieraus entsprechende persönlichkeitsrechtseinschränkende Schlüsse gezogen würden. Wenn doch – wie vom BVerfG betont – die „Kraft des übertragenen Amts" dominiert,[131] dh die Persönlichkeit sozusagen gleichsam hinter der Amtsstellung zurücktritt, **müsste eigentlich die Nennung der Amtsbezeichnung genügen.**[132] Da der Informationsanspruch bzgl. der namentlichen Identität jedenfalls aber nur das umfasst, was iRd Sitzungsteilnahme bekannt wird sowie aus einer Urteilsabschrift hervorgeht,[133] besteht somit keinesfalls ein Anspruch auf die Nennung des Vornamens der professionellen Verfahrensbeteiligten.

Ein **gewisses Ungleichgewicht ist unverkennbar.** Während die Presse nach publizis- **52** tischen Kriterien selbst entscheiden darf, „was sie des öffentlichen Interesses für wert hält und was nicht",[134] spricht man der Justiz eine entsprechende Entscheidungsprärogative bzgl. einer (latenten) Bedrohungslage ab. Eine ggf. präzise Offenlegung einer konkreten sicherheitsrechtlichen Gefahrenprognose an die Presse ist unter den maßgeblichen Gefahrenaspekten befremdlich. Der Staat hat auch eine Schutz- und Fürsorgepflicht zugunsten seiner Amtsträger. Das Prinzip des gesetzlichen Richters sowie die Tatsache, dass ein Schöffe zu dem Amt infolge seiner staatsbürgerlichen Pflicht gelangt, rechtfertigen nicht die generelle Verpflichtung zur Hinnahme einer namentlichen, nicht anonymisierten Bildberichterstattung.[135] Auch Amtsträger in Ausübung ihrer hoheitlichen Tätigkeit sind in den Schutzbereich des Persönlichkeitsrechts einbezogen. Der Schutz der professionellen Verfahrensbeteiligten erst bei der mit konkreten Anknüpfungstatsachen belegten Befürchtung einer künftigen erheblichen Beeinträchtigung verkennt den beträchtlichen Druck und die **latente Bedrohungslage für Gerichte und Staatsanwaltschaften.**[136] Personen der Strafverfolgungsbehörden unterliegen unabhängig davon, inwieweit sie selbst von konkreten Vorkommnissen in der Vergangenheit bereits betroffen waren, einer realen und nicht nur eingebildeten Gefahr von unberechenbaren Reaktionen gegen ihre Person und ihre Angehörigen.[137] Vgl. in diesem Zusammenhang auch die Amtspersonen schützenden §§ 68 Abs. 1 S. 2, 200 Abs. 1 S. 4, 222 Abs. 1 S. 3 StPO. Schließlich geht es auch um die Gefahr einer missbräuchlichen „Sekundärnutzung" im Internet verfügbarer Daten.[138] In

---

[128] BVerwG 1.10.2014 – 6 C 35/13, NJW 2015, 807 (808 f.).
[129] BVerwG 1.10.2014 – 6 C 35/13, NJW 2015, 807 (809).
[130] BVerwG 1.10.2014 – 6 C 35/13, NJW 2015, 807 (809).
[131] BVerfG 21.7.2000 – 1 BvQ 17/00, NJW 2000, 2890 (2891).
[132] *Sättele* FD-StrafR 2015, 365302.
[133] BVerwG 1.10.2014 – 6 C 35/13, NJW 2015, 807 (809 f.).
[134] BVerfG 15.12.1999 – 1 BvR 653/96, BVerfGE 101, 361 = NJW 2000, 1021 (1024); BVerfG 28.8.2000 – 1 BvR 1307/91, NJW 2001, 503 (505); BGH 6.3.2007 – VI ZR 51/06, BGHZ 171, 275 = NJW 2007, 1977 (1979); BVerwG 1.10.2014 – 6 C 35/13, NJW 2015, 807 (810).
[135] *Eisenberg* StraFo 2007, 284; *Ernst* JR 2007, 392 (394); *Stieper* JZ 2014, 271 (279 f.); zw. auch *Burhoff* HV Rn. 2674.
[136] *Ernst* NJW 2001, 1624 (1626); *ders.* JR 2007, 392 (394); *Schäfer* JR 2014, 494 (495); *Murmann,* Strafrecht und Medien, 2016, S. 10.
[137] OLG Stuttgart 3.12.1990 – 1 Ws 252/90, NStZ 1991, 297 (298); *Werner* DRiZ 2016, 130 (131).
[138] *Ernst* NJW 2001, 1624 (1626): „In Zukunft ist damit zu rechnen, dass nicht nur Wort-, sondern auch Bildbeiträge von Rundfunkunternehmen im Internet zu haben sind. Damit aber wären die Bildnisse der Richter endgültig vogelfrei"; *Sättele* FD-StrafR 2015, 365302; *Stieper* JZ 2014, 271 (280).

der heutigen multimedialen Gesellschaft kann man eine entsprechende Verletzung zudem nicht mehr rückgängig machen.

III. Empfohlenes Vorgehen für den Vorsitzenden

53 Für die praktische Handhabung empfiehlt sich folgendes Vorgehen. 1) Auf der ersten Stufe ist ein die Ordnung in der Sitzung störendes Verhalten zu antizipieren oder in der Sitzung wahrzunehmen. Im ersten Fall sind zudem konkrete Anhaltspunkte erforderlich, weshalb das erwartete Verhalten droht. 2) Für den Fall der Antizipation ist die schriftliche Niederlegung der erwarteten Vorgänge unter Angabe der entsprechenden Anhaltspunkte, bei Wahrnehmung während der Sitzung die Feststellung der Vorgänge im Protokoll sinnvoll. 3) Sodann ist eine geeignete Anordnung zu treffen. Diese hat sich an folgenden Aspekten zu orientieren: Sie muss geeignet zur (Wieder)Herstellung der Ordnung in der Sitzung und das hierfür relativ mildeste Mittel, dh erforderlich sein. Ferner muss sie ieS verhältnismäßig/angemessen in Bezug auf die (Grund)Rechte der Beteiligten sowie der von der Maßnahme Betroffenen sein und jeweils deren Bedeutung ausreichend Rechnung tragen. Sitzungspolizeiliche Anordnungen stehen im pflichtgemäßen Ermessen des Vorsitzenden, dh es empfiehlt sich die zunächst abstrakte Angabe der betroffenen Rechtspositionen, an welche sich eine konkrete Einzelfallabwägung anschließt, die eine pflichtgemäße Ermessensausübung ausgerichtet am konkreten Sachverhalt erkennen lässt.

IV. Rechtsbehelfe

54 Gegen eine sitzungspolizeiliche Anordnung des Vorsitzenden kommen je nach Stellung des Betroffenen im Verfahren sowie Art und Weise der getroffenen Maßnahme **verschiedene Rechtsbehelfe** in Betracht.[139]

55 **1. Anfechtung von Justizverwaltungsakten, § 23 EGGVG.** Die Sitzungspolizei gem. § 176 ist keine Ausübung polizeilicher Gewalt im technischen Sinne. Sie dient vielmehr vermittelt über die Gewährleistung eines geordneten Verfahrensgangs der Wahrheitsfindung und ist damit **Ausfluss unabhängiger richterlicher Rechtsprechungsgewalt**.[140] Damit handelt es sich bei sitzungspolizeilichen Anordnungen des Vorsitzenden auch nicht um Justizverwaltungsakte iSd § 23 EGGVG.[141]

56 **2. Anrufung des Gerichts, § 238 Abs. 2 StPO.** Umstr. ist die Frage, ob es sich bei der Ausübung sitzungspolizeilicher Gewalt um Sachleitung handelt,[142] oder ob eine bewusste Konzentration beim Vorsitzenden stattfindet, womit sie einer Überprüfung durch das Gericht über § 238 Abs. 2 StPO entzogen wäre.[143] Der BGH ordnet sie aktuell infolge ihres Berührungspunktes mit dem Öffentlichkeitsgrundsatz und der diesbezüglich potentiellen Beschwer des Betroffenen der Sachleitung zu, mit der Folge, dass eine etwaige Revisionsrüge ohne Anrufung des Gerichts präkludiert (vgl. → Rn. 69).[144] Dem ist zuzustimmen. Bereits

---

[139] Monografisch Hauth Sitzungspolizei und Medienöffentlichkeit, 2017, 4. Teil; *Kaehne*, Die Anfechtung sitzungspolizeilicher Maßnahmen, 2000.
[140] BGH 10.4.1962 – 1 StR 22/62, BGHSt 17, 201 = NJW 1962, 1260; BGH 13.4.1972 – 4 StR 71/72, BGHSt 24, 329 = NJW 1972, 1144 (1145); OLG Hamburg 10.4.1992 – VAs 4/92, NStZ 1992, 509; OLG Bremen 13.4.2016 – 1 Ws 44/16, StV 2016, 549 (550); *Kissel/Mayer* Rn. 7; KK/*Diemer* Rn. 6; Löwe/Rosenberg/*Wickern* Rn. 1; *Papier* NJW 2001, 1089 (1090).
[141] OLG Hamburg 10.4.1992 – VAs 4/92, NStZ 1992, 509; BeckOK StPO/*Allgayer*, 26. Ed. 1.10.2016, Rn. 18; HK/*Schmidt/Temming* Rn. 8; Löwe/Rosenberg/*Wickern* Rn. 47; Meyer-Goßner/*Schmitt* Rn. 16; Radtke/Hohmann/*Otte* Rn. 12; krit. *Schmidt/Walter* NStZ 2016, 505 (507).
[142] Meyer-Goßner/*Schmitt* Rn. 4, 16; Radtke/Hohmann/*Otte* Rn. 12; SSW/*Quentin* Rn. 6; SK/*Velten* Rn. 16 f.
[143] *Jahn* NStZ 1998, 389 (392); BeckOK StPO/*Allgayer*, 26. Ed. 1.10.2016, Rn. 18; *Kissel/Mayer* Rn. 2; KK/*Diemer* Rn. 7; *Pfeiffer* Rn. 5.
[144] BGH 29.5.2008 – 4 StR 46/08, NStZ 2008, 582 = StV 2009, 680 m. abl. Anm. *Sinn/Hülsmann*; BGH 14.5.2013 – 1 StR 122/13, NStZ 2013, 608 m. zust. Anm. *Meyberg*; KK/*Schneider* StPO § 238 Rn. 9, 14.

die Entscheidung über die Zugänglichkeit zur Gerichtsverhandlung obliegt der Prozessleitung des Vorsitzenden.¹⁴⁵ Die weitergehende Durchführung der Hauptverhandlung als Instrument zur Erforschung der strafprozessualen Wahrheit richtet sich dabei ebenfalls in seiner Sachleitungsbefugnis aus, da bei **funktional-teleologischer Betrachtung** insoweit situativ begründete Einzelfallmaßnahmen zu ergreifen sind, welche die verfassungsrechtlich verankerte Öffentlichkeit als „grundlegende Einrichtung des Rechtsstaats"¹⁴⁶ nicht nur tangieren, sondern aus Sicht der Betroffenen auch potentiell verletzen. Bei Unstimmigkeiten im Einzelnen ist daher eine Einbindung des gesamten Spruchkörpers sowie eine eingehendere Hinterfragung im Wege des Beschlusses nach § 238 Abs. 2 StPO sachgerecht.

3. Beschwerde, § 304 StPO. Die Thematik, ob und inwieweit sitzungspolizeiliche Anordnungen mit der Beschwerde angefochten werden können, verzeichnet in jüngerer Zeit eine gewisse Dynamik.

§ 181 steht einer Beschwerdemöglichkeit nicht entgegen, da dieser seinem Wortlaut nach auf die Festsetzung von Ordnungsmitteln nach §§ 178, 180 beschränkt ist.¹⁴⁷ Des Weiteren ist es jedoch auch sachgerecht, in Fällen, die eine über die gerade stattfindende Hauptverhandlung hinausgehende Wirkung zeitigen und ggf. verstärkten Grundrechtsbezug aufweisen, eine Beschwerdemöglichkeit unterhalb der Anrufung des BVerfG zu schaffen. Eine **am Gesamtsystem des Rechtsschutzes und des Subsidiaritätsprinzips orientierte Interpretation** führt schließlich zu einer unmittelbaren Verweisung auf die Verfassungsbeschwerde nur in Ausnahmefällen.¹⁴⁸

Welche Anordnungen letztlich der Beschwerde unterfallen und welche nicht, ist noch nicht abschließend herausgearbeitet. Eine sitzungspolizeiliche Maßnahme ist aber jedenfalls dann nicht mit der Beschwerde anfechtbar, wenn ihr keine über die Dauer der Hauptverhandlung hinausgehende Wirkung zukommt und insbes. Grundrechte oder andere Rechtspositionen nicht dauerhaft berührt oder beeinträchtigt werden.¹⁴⁹ Das ist jedoch bei Lichte betrachtet keine Besonderheit des beschwerderechtlichen Rechtsschutzes gegen sitzungspolizeiliche Maßnahmen, sondern folgt dem **Gesichtspunkt prozessualer Überholung,** eingeschränkt durch ein gewisses **Fortsetzungsfeststellungsinteresse im Einzelfall.**

Eine **Unterscheidung zwischen Verfahrensbeteiligten und anderen ist nicht geboten.** Insoweit muss man sich vor Augen führen, dass die Verhandlungsleitung eine grds. beim Vorsitzenden konzentrierte Materie darstellt,¹⁵⁰ deren Überprüfung zunächst durch das Gericht (§ 238 Abs. 2 StPO) zur Vermeidung von Revisionen wegen isolierten (ggf. vorschnellen) Fehlern des Vorsitzenden erfolgt.¹⁵¹ Dass es insoweit diverse Konstellationen (insbes. im Hinblick auf kurzfristige, in ihrem Eingriffsgehalt eher geringfügige Maßnahmen gegen Zuschauer) gibt, welche den Betroffenen somit faktisch ohne Rechtsschutz im Instanzenzug lassen, ist – auch bei Beachtung der Bedeutung der Öffentlichkeitsmaxime und auch verfassungsrechtlich – irrelevant.¹⁵²

---

¹⁴⁵ BVerfG 12.4.2013 – 1 BvR 990/13, NJW 2013, 1293 (1294).
¹⁴⁶ BGH 23.5.1956 – 6 StR 14/56, BGHSt 9, 280 = NJW 1956, 1646; BGH 10.6.1966 – 4 StR 72/66, BGHSt 21, 72 = NJW 1966, 1570 (1571).
¹⁴⁷ BVerfG 17.4.2015 – 1 BvR 3276/08, NJW 2015, 2175 (2176) = StV 2015, 601 mAnm *Lohse*; BGH 13.10.2015 – StB 10/15, 11/15, NJW 2015, 3671; *Barczak* NJ 2015, 360 (362); aA BeckOK StPO/*Allgayer*, 26. Ed. 1.10.2016, Rn. 18; MüKoZPO/*Zimmermann* Rn. 14; *Pfeiffer* Rn. 5.
¹⁴⁸ *Voßkuhle* NJW 2003, 2193 (2194); *Barczak* NJ 2015, 360 (363).
¹⁴⁹ BVerfG 17.4.2015 – 1 BvR 3276/08, NJW 2015, 2175 (2176); OLG Stuttgart 29.6.2011 – 4 Ws 136/11, NJW 2011, 2899; OLG Celle 8.6.2015 – 2 Ws 92/15, BeckRS 2015, 16252 Rn. 12; OLG Saarbrücken 8.3.2016 – 1 Ws 28/16, BeckRS 2016, 05196; OLG Bremen 13.4.2016 – 1 Ws 44/16, StV 2016, 549 (550 f.: Beschränkungen von Presseaufnahmen dauern wegen ihrer dauerhaften Verwendungsbeschränkung für die Presseberichterstattung über die Hauptverhandlung hinaus); Meyer-Goßner/*Schmitt* Rn. 16; krit. *Habetha* NJW 2015, 3627 (3629): unbeschränkte Zulässigkeit für Nicht-Verfahrensbeteiligte.
¹⁵⁰ *Jahn* NStZ 1998, 389 (392).
¹⁵¹ Vgl. KK/*Schneider* StPO § 238 Rn. 7, 15.
¹⁵² *Lohse* StV 2015, 603 (604); aA SK/*Velten* Rn. 17; *Habetha* NJW 2015, 3627 (3629); *Schmidt/Walter* NStZ 2016, 505 (507).

61 Ausweislich § 304 Abs. 4 StPO ist eine Beschwerde gegen **sitzungspolizeiliche Anordnungen von BGH und OLG** jedoch unabhängig von einer etwaigen Grundrechtsbetroffenheit ausgeschlossen.[153]

62 Für die Statthaftigkeit der Beschwerde in praxi lassen sich **folgende Voraussetzungen** benennen: 1) Es handelt sich um eine sitzungspolizeiliche Maßnahme des Vorsitzenden am AG oder LG und eine Beschwerdebefugnis ist nicht über § 305 S. 1 StPO negiert. 2) Diese Maßnahme betrifft den Betroffenen potentiell in einem Grundrecht oder einer anderen strafprozessual geschützten Rechtsposition. 3) Die Betroffenheit des Einzelnen beschränkt sich nicht auf eine zeitlich begrenzte, gleichsam punktuelle Intervention an einem Hauptverhandlungstag oder stellt sich als ein ganz erheblicher, ggf. gar willkürlicher Eingriff dar, dessen Hinnahme unter Beachtung rechtsstaatlicher Grundsätze untragbar wäre. Bei letzterer Variante geht es ersichtlich um Extremfälle, wobei zudem eine gewisse doppelrelevante Würdigung bereits auf Ebene der Zulässigkeit des Rechtsbehelfs stattfindet.

63 Die Überprüfung der sitzungspolizeilichen Maßnahme ist dabei **auf die Rechtmäßigkeit beschränkt;** eine Zweckmäßigkeitsprüfung findet nicht statt:[154] Die Ausübung sitzungspolizeilicher Gewalt setzt Einschätzungen und Prognosen voraus, welche nicht zuletzt auch vom Auftreten und Verhalten der Personen in der laufenden Hauptverhandlung abhängen, weshalb die größere Sachnähe des Vorsitzenden infolge seines persönlichen Eindrucks zu beachten ist.[155] Die maßgebliche Begründung kann sich dabei sowohl aus der Entscheidung selbst als auch aus der Nichtabhilfeentscheidung ergeben.[156]

64 **4. Verfassungsbeschwerde/Einstweilige Anordnung.** Das BVerfG kann im Streitfall einen Zustand durch **einstweilige Anordnung** vorläufig regeln, wenn dies zur Abwehr schwerer Nachteile, zur Verhinderung drohender Gewalt oder aus einem anderen wichtigen Grund zum gemeinen Wohl dringend geboten ist, § 32 Abs. 1 BVerfGG. Dabei haben die Gründe, die für die Verfassungswidrigkeit des angegriffenen Hoheitsaktes vorgetragen werden, grds. außer Betracht zu bleiben.

65 Der Antrag auf Eilrechtsschutz hat jedoch keinen Erfolg, wenn eine Verfassungsbeschwerde von vornherein **unzulässig oder offensichtlich unbegründet** ist. Im Kontext der aktuellen Entwicklung zur weitergehenden Zulässigkeit von Beschwerden gegen sitzungspolizeiliche Anordnungen ist das Gebot der Rechtswegerschöpfung gem. § 90 Abs. 2 S. 1 BVerfGG zu beachten.[157] Bei offenem Ausgang muss das BVerfG die Folgen, die eintreten würden, wenn eine einstweilige Anordnung nicht erginge, die Verfassungsbeschwerde aber Erfolg hätte, gegenüber den Nachteilen abwägen, die entstünden, wenn die begehrte einstweilige Anordnung erlassen würde, der Verfassungsbeschwerde aber der Erfolg zu versagen wäre.[158]

66 Entsprechende Maßnahmen sind dabei nicht als Durchsetzung eines endgültig verfassungsrechtlich gebotenen Ergebnisses zu verstehen, sondern als **vorläufige Anordnung zur Abwendung oder Minderung von drohenden Nachteilen.**[159]

---

[153] BGH 13.10.2015 – StB 10/15, 11/15, NJW 2015, 3671 (3671 f.); BGH 10.3.2016 – StB 3/16, BeckRS 2016, 05677; BGH 12.5.2016 – StB 9/16, 10/16, BeckRS 2016, 10556/7; offen dagegen noch BVerfG 17.4.2015 – 1 BvR 3276/08, NJW 2015, 2175 (2176); vgl. nunmehr unter Berücksichtigung der BGH-Entscheidungen BVerfG 8.7.2016 – 1 BvR 1534/16, BeckRS 2016, 49952; BVerfG 6.9.2016 – 1 BvR 2001/16, BeckRS 2016, 51424.

[154] OLG Celle 8.6.2015 – 2 Ws 92/15, BeckRS 2015, 16252 Rn. 14; OLG Bremen 13.4.2016 – 1 Ws 44/16, StV 2016, 549 (551); OLG Stuttgart 22.9.2016 – 2 Ws 140/16, NStZ-RR 2016, 383 (384).

[155] OLG Stuttgart 29.6.2011 – 4 Ws 136/11, NJW 2011, 2899 (2900); OLG Stuttgart 22.9.2016 – 2 Ws 140/16, NStZ-RR 2016, 383 (384).

[156] OLG Stuttgart 22.9.2016 – 2 Ws 140/16, NStZ-RR 2016, 383 (384).

[157] BVerfG 17.4.2015 – 1 BvR 3276/08, NJW 2015, 2175 unter Hinweis darauf, dass auch von in ihrer Zulässigkeit zweifelhaften Rechtsmitteln grds. erst einmal Gebrauch zu machen ist, solange diese nicht offensichtlich unzulässig sind.

[158] StRspr BVerfG 20.12.2011 – 1 BvR 3048/11, BeckRS 2012, 46348; BVerfG 31.7.2014 – 1 BvR 1858/14, NJW 2014, 3013.

[159] BVerfG 12.4.2013 – 1 BvR 990/13, NJW 2013, 1293 (1295).

Beim Nichterlass einer **Eilanordnung in Sachen Medienverfügung** und eines späteren 67
Erfolgs der Verfassungsbeschwerde wäre jeweils mit an Sicherheit grenzender Wahrscheinlichkeit die unwiederbringliche Vereitelung einer umfassenden, auch Personenbildnisse einschließenden Medienberichterstattung und der Befriedigung des damit verbundenen Informationsinteresses der Öffentlichkeit zu erwarten.[160] Ihr stehen für den Fall eines Erlasses der Eilanordnung und einer Nichtstattgabe der Verfassungsbeschwerde denkbare Nachteile für die Belange des Persönlichkeitsschutzes der Verfahrensbeteiligten gegenüber. **Bei einer entsprechenden Anonymisierung** kommt aus dieser allg. Gewichtung des BVerfG bereits zum Ausdruck, dass die Folgenabwägung wohl nur in besonders begründeten Ausnahmefällen zugunsten des Persönlichkeitsschutzes ausfallen dürfte.[161]

5. Revision. Sowohl das Ergreifen wie auch das Unterlassen von sitzungspolizeilichen 68
Maßnahmen kann mit der Revision gerügt werden, wenn dadurch die **wahrheitsgemäße Ermittlung des Sachverhalts beeinträchtigt** respektive die **Verteidigung in einem wesentlichen Punkt unzulässig beschränkt** wird.[162]

Die Anordnung der Entfernung aus dem Sitzungssaal ohne entsprechenden Grund stellt 69
einen absoluten Revisionsgrund gem. § 338 Nr. 5/Nr. 6 StPO dar. Jedoch ist **bei Entscheidungen gegenüber Nicht-Verfahrensbeteiligten zunächst nach § 238 Abs. 2 StPO das Gericht anzurufen**.[163] Dies rechtfertigt sich damit, dass § 176 dem Vorsitzenden Befugnis und Ermessen einräumt, um die Ordnung in der Sitzung zu gewährleisten. § 238 Abs. 2 StPO dient (auch) im Kontext der Sitzungspolizei der verfahrensökonomischen, instanzinternen Überprüfung von Entscheidungen, welche der Vorsitzende im Angesicht stattfindender Störungen zeitnah nach seinem pflichtgemäßen Ermessen zu treffen hat. Jeder Beteiligte muss sein Recht soweit möglich in der jeweiligen Instanz suchen und umgehend entsprechende Rechtsbehelfe ergreifen.[164] „Wer durch § 238 Abs. 2 StPO wirksamen Primärrechtsschutz gegen einen Verfahrensfehler erlangen kann, darf nicht lediglich auf einen Sekundärrechtsschutz durch das Revisionsverfahren setzen."[165] Zwar besteht insoweit auf den ersten Blick eine gewisse Konfliktlage mit der Rechtstatsache, dass der Öffentlichkeitsgrundsatz unverzichtbar und unabhängig vom Willen der Beteiligten ist. Allerdings wird diese bei näherem Hinsehen gar nicht tangiert, weil sie unabhängig davon besteht, ob ein Beteiligter mit einer entsprechenden Rüge im Rechtsmittel präkludiert ist. § 338 Nr. 6 StPO stellt nur vom Beruhensnachweis frei, nicht auch von etwaigen Präklusionsvorschriften. Das objektive Recht bleibt sich treu, gleich ob eine Revisionsrüge zulässig ist oder nicht.

Fehler im Zusammenhang mit den bloßen **„medienrechtlichen Besonderheiten"** 70
führen generell nicht zu einer Beschwer des Angekl., da dieser keinen Anspruch auf eine bestimmte Zusammensetzung der (Medien-)Öffentlichkeit hat und insofern wegen der unbeschränkten Möglichkeit der Einnahme der „freien Zuschauerplätze" auch kein tatsächliches Zugangshindernis geschaffen wird.[166]

§ 177 [Maßnahmen zur Aufrechterhaltung der Ordnung]

¹**Parteien, Beschuldigte, Zeugen, Sachverständige oder bei der Verhandlung nicht beteiligte Personen, die den zur Aufrechterhaltung der Ordnung getroffenen**

---

[160] BVerfG 15.3.2007 – 1 BvR 620/07, NJW-RR 2007, 986 (988).
[161] Vgl. zur Folgenabwägung BVerfG 15.3.2007 – 1 BvR 620/07, NJW-RR 2007, 986 (988); BVerfG 9.9.2016 – 1 BvR 2022/16, NJW 2017, 798.
[162] Löwe/Rosenberg/*Wickern* Rn. 48; Meyer-Goßner/*Schmitt* Rn. 16a.
[163] BGH 29.5.2008 – 4 StR 46/08, NStZ 2008, 582 = StV 2009, 680 m. abl. Anm. *Sinn/Hülsmann*; BGH 14.5.2013 – 1 StR 122/13, NStZ 2013, 608 m. zust. Anm. *Meyberg*; KK/*Schneider* StPO § 238 Rn. 14. Bei Entscheidungen gegen Verfahrensbeteiligte entscheidet ausweislich § 177 S. 2 ohnehin das Gericht.
[164] Allg. BGH 16.11.2006 – 3 StR 139/06, BGHSt 51, 144 = NJW 2007, 384 (386 f.) = NStZ 2007, 230 mAnm *Widmaier* NStZ 2007, 234 = JR 2007, 382 mAnm *Mosbacher* JR 2007, 387 f.; Löwe/Rosenberg/ *Becker* StPO § 238 Rn. 46 f.
[165] *Mosbacher* JR 2007, 387 (388).
[166] *Bock* jM 2014, 123 (128 f.).

Anordnungen nicht Folge leisten, können aus dem Sitzungszimmer entfernt sowie zur Ordnungshaft abgeführt und während einer zu bestimmenden Zeit, die vierundzwanzig Stunden nicht übersteigen darf, festgehalten werden. ²Über Maßnahmen nach Satz 1 entscheidet gegenüber Personen, die bei der Verhandlung nicht beteiligt sind, der Vorsitzende, in den übrigen Fällen das Gericht.

Schrifttum: *Gröner*, Strafverteidiger und Sitzungspolizei, Diss. Tübingen 1998; *Jahn*, Sitzungspolizei contra „Konfliktverteidigung"? – Zur Anwendbarkeit der §§ 176 ff. GVG auf den Strafverteidiger, NStZ 1998, 389; *Kirch-Heim*, Die Störung der Hauptverhandlung durch in §§ 177, 178 GVG nicht genannte, an der Hauptverhandlung beteiligte Personen, NStZ 2014, 431; *Kramer*, Die Zurückweisung von Rechtsanwälten und deren zwangsweise Entfernung aus dem Sitzungssaal, Diss. Bielefeld, 2000; *Malmendier*, „Konfliktverteidigung" – ein neues Prozeßhindernis?, NJW 1997, 227; *Milger*, Sitzungsgewalt und Ordnungsmittel in der strafrechtlichen Hauptverhandlung, NStZ 2006, 121.

Übersicht

	Rn.		Rn.
I. Überblick	1, 2	3. Handhabe gegen einen renitent störenden Verteidiger	5–9
1. Normzweck	1	4. Zuständigkeit	10, 11
2. Anwendungsbereich	2	5. Rechtsfolgen	12–14
II. Erläuterung	3–14	a) Entfernung aus dem Sitzungszimmer	13
1. Zur Aufrechterhaltung der Ordnung getroffene Anordnung	3	b) Maximal 24 h Ordnungshaft	14
2. Ungehorsam	4	**III. Rechtliches Gehör und Rechtsbehelfe**	15, 16

I. Überblick

1. Normzweck. § 176 weist dem Vorsitzenden die Aufgabe der Aufrechterhaltung der Ordnung in der Sitzung zu. Die §§ 177, 178 dienen der zwangsweisen Durchsetzung dieser Aufgabenerfüllung. Sie stehen selbständig nebeneinander. § 177 regelt dabei den sog. **Ungehorsam** und seine Folgen.

2. Anwendungsbereich. Zum Begriff der Sitzung vgl. → § 176 Rn. 3 f. § 177 S. 1 erfasst nach seinem Wortlaut Parteien (zB Privat- oder Nebenkläger, Verfalls- oder Einziehungsbeteiligte), Beschuldigte, Zeugen, Sachverständige und bei der Verhandlung nicht beteiligte Personen (insbes. Zuhörer, auch Vertreter der Medien).[1] Über § 51 Abs. 3 JGG gilt § 177 auch für Erziehungsberechtigte und gesetzliche Vertreter jugendlicher Angekl. **Ausdrücklich nicht genannt** sind Gerichtspersonen, StA, Verteidiger, Nebenklage- oder Privatklagevertreter sowie RA als Zeugenbeistände (allerdings nur während der entsprechenden Zeugenvernehmung).[2]

II. Erläuterung

1. Zur Aufrechterhaltung der Ordnung getroffene Anordnung. Bereits aus dem Wortlaut ergibt sich die Notwendigkeit, dass es sich bei der **Grundanordnung** um eine zur Aufrechterhaltung der Ordnung in der Sitzung getroffene Maßnahme handeln muss.

2. Ungehorsam. Eine der erfassten Personen muss einer getroffenen, hinreichend verständlichen Anordnung „nicht Folge leisten", die Ordnung in der Sitzung somit **anhaltend stören**. Die getroffene Anordnung darf sich noch nicht erledigt haben. Ungehorsam setzt nicht zwingend Verschulden voraus, da § 177 anders als § 178 keine repressive, sondern eine rein störungsbeseitigende und ordnungserhaltende Funktion erfüllt.[3]

---

[1] Meyer-Goßner/*Schmitt* Rn. 2, 5.
[2] *Kissel*/*Mayer* Rn. 13 ff.; Meyer-Goßner/*Schmitt* Rn. 3 ff.; *Kirch-Heim* NStZ 2014, 431 (432).
[3] BeckOK StPO/*Allgayer*, 26. Ed. 1.10.2016, Rn. 6; KK/*Diemer* Rn. 5; Löwe/Rosenberg/*Wickern* Rn. 20; *Pfeiffer* Rn. 1; Radtke/Hohmann/*Otte* Rn. 4; SSW/*Quentin* Rn. 3; SK/*Velten* Rn. 4; aA HK/*Schmidt*/*Temming* Rn. 5; Meyer-Goßner/*Schmitt* Rn. 10: Ordnungshaft erfordere Verschulden.

3. Handhabe gegen einen renitent störenden Verteidiger. Gegen eine in § 177 5 nicht genannte Person sind Zwangsmaßnahmen unzulässig, so dass insbes. Verteidiger nicht nach § 177 zwangsweise aus dem Sitzungssaal entfernt werden können. Dem steht bereits der **eindeutige Wortlaut der Norm** entgegen, was sich auch nicht durch teleologische Erwägungen umgehen lässt.[4]

Anhaltspunkt für entsprechende Erwägungen ist ein Urteil des BGH aus dem Jahre 1976, 6 in welchem dieser wörtlich Folgendes ausführte: „Nach dem eindeutigen Wortlaut der §§ 177, 178 GVG unterliegen Rechtsanwälte in der Rolle des Prozeßbevollmächtigten oder des Verteidigers nicht der gerichtlichen Sitzungspolizei und Ordnungsstrafgewalt [...] Der Disput zwischen dem Ast. und dem ihn immer wieder unterbrechenden Prozeßbevollmächtigten aus Anlaß und im Hinblick auf die Abfassung des Protokolls war von einem Extremfall – dessen unaufschiebbare Bewältigung unter Beachtung des Grundsatzes der Verhältnismäßigkeit die zwangsweise Entfernung eines Störers in Anwaltsrobe als nicht ausgeschlossen erscheinen läßt (...) – weit entfernt."[5] Insoweit wird teilweise vertreten, dass es in extremen Ausnahmefällen zulässig sei, einen Verteidiger aus dem Sitzungssaal verbringen zu lassen.[6] Einen **renitent störenden Verteidiger** müsse man auch jenseits der abschließenden Ausschlussgründe des § 138a StPO und gleichsam als hierzu milderes Mittel für den Rest eines Termins **zurückweisen** können, wenn dieser seine Aufgabe als Organ der Rechtspflege auch auf wiederholten Hinweis des Gerichts unbeachtet lässt und stattdessen ein Benehmen an den Tag legt, welches unter keinem rechtlichen Gesichtspunkt mehr eine angemessene Form der Verteidigung darstellt. Sodann verliere er seine Stellung als Sitzungsbeteiligter und werde tauglicher Adressat der §§ 177, 178.[7]

Problematisch ist jedoch, dass die Thematik des „störenden" Verteidigers **bereits eine** 7 **lange Historie** hat und das Gesetz gleichwohl die oben genannte klare Regelung enthält, welche eine Anwendung des § 177 auf den Verteidiger ebenso ausschließt wie einen Rückgriff auf § 176, soweit dieser lediglich dem Zwecke diente, die Unanwendbarkeit des § 177 zu umgehen.[8] Den Rechtsanwälten kommen als Mittler zwischen der Öffentlichkeit und den Gerichten eine zentrale Aufgabe in der Justiz sowie eine besondere Stellung für die Aufrechterhaltung des Vertrauens der Öffentlichkeit in die Justiz zu.[9] Offensichtlich geht der Gesetzgeber davon aus, dass Organe der Rechtspflege qua ihrer Organstellung entsprechenden Anordnungen des Vorsitzenden Folge leisten und es der Zwangsmittel der §§ 177, 178 insoweit nicht bedarf. Dass diese Auffassung rechtspolitisch durchaus überdenkenswert erscheint,[10] ändert nichts an ihrem Bestehen.

Als Mittel gegen einen sog. „Störer in Anwaltsrobe" steht zunächst die **Anwaltsgerichts-** 8 **barkeit** zur Verfügung.[11] Allerdings erweist sich diese jedenfalls nicht als geeignet, kurzfristig in gebotenem Maße die Ordnung in der Sitzung herzustellen.[12]

Indes verwirklicht die gezielt störende – zumal Anordnungen nach § 176 fortgesetzt 9 ignorierende – Einwirkung auf die Ordnung in der Sitzung mit prozessual illegitimen Mitteln, welche unter keinem rechtlichen Gesichtspunkt mehr eine angemessene Form der Verteidigung darstellen, den Tatbestand der (versuchten) Strafvereitelung durch den Verteidi-

---

[4] OLG Hamm 6.6.2003 – 2 Ws 122/03, JZ 2004, 205 mAnm *Jahn*; KK/*Diemer* Rn. 2; Löwe/Rosenberg/*Wickern* Rn. 8; Meyer-Goßner/*Schmitt* Rn. 3a; SSW/*Quentin* Rn. 2; SK/*Velten* Rn. 2; *Kirch-Heim* NStZ 2014, 431 (432).
[5] BGH 27.9.1976 – RiZ (R) 3/75, BGHZ 67, 184 = NJW 1977, 437 (437 f.).
[6] *Katholnigg* Rn. 3; *Malmendier* NJW 1997, 227 (234 f.).
[7] Zöller/*Lückemann* Rn. 2; vertiefend *Kramer*, Die Zurückweisung von Rechtsanwälten und deren zwangsweise Entfernung aus dem Sitzungssaal, 2000, S. 101 ff.
[8] *Kissel/Mayer* § 176 Rn. 42; KK/*Diemer* Rn. 2; Löwe/Rosenberg/*Wickern* Rn. 8; *Kirch-Heim* NStZ 2014, 431 (434 ff.) mit differenzierter Argumentation und Vorschlag de lege ferenda; *Gröner*, Strafverteidiger und Sitzungspolizei, 1998, S. 87 f.
[9] EGMR 23.4.2015 – 29369/10, NJW 2016, 1563 (1566 f.).
[10] Vgl. zu Erwägungen hinsichtlich einer nicht mehr rechtspflegegeleiteten Verteidigung auch BGH 25.1.2005 – 3 StR 445/04, NStZ 2005, 341; BGH 31.8.2006 – 3 StR 237/06, NStZ-RR 2007, 21 (22).
[11] Meyer-Goßner/*Schmitt* Rn. 3a; *Malmendier* NJW 1997, 227 (235).
[12] *Milger* NStZ 2006, 121 (126).

ger,[13] so dass eine **Ausschließung nach § 138a Abs. 1 Nr. 3 StPO** ins Auge zu fassen und das Verfahren gem. § 138c Abs. 2 StPO zu betreiben ist. § 138a StPO gilt dabei für sämtliche Verteidiger.[14] Schließlich bedarf die angesprochene besondere Rolle der Verteidiger im Rechtsgefüge auch eines wirksamen Schutzes der Autorität des Gerichts vor verteidigungsfremden, prozess- und berufsrechtswidrigen täterschaftlichen Angriffen.[15]

10   **4. Zuständigkeit.** Ausweislich S. 2 entscheidet der Vorsitzende allein gegenüber Personen, die bei der Verhandlung nicht beteiligt sind, während in den übrigen Fällen das Gericht entscheidet. Beschließt anstelle des allein zuständigen Vorsitzenden das Gericht, ist die Entscheidung gleichwohl wirksam.[16] **Bei äußerster Dringlichkeit** kann trotz Zuständigkeit des Gerichts der Vorsitzende eine vorläufige Anordnung treffen, muss diese jedoch alsbald durch Gerichtsbeschluss bestätigen lassen oder rückgängig machen.[17] Soweit eine aus der Sitzung entfernte Person auch nach der Entfernung im Gerichtsgebäude weiter stört, kann gegen sie durch den Hausrechtsinhaber ein als sofort vollziehbar angeordnetes Hausverbot verhängt werden.[18]

11   Der **StA hat kein förmliches Antragsrecht,** soll jedoch als vom Gericht unabhängiges Kontrollorgan geeignete Ordnungsmittel (indes keine bestimmte Maßnahme) anregen, Nr. 128 Abs. 1 S. 2, S. 3 RiStBV.[19]

12   **5. Rechtsfolgen.** § 177 nennt als Rechtsfolgen die Entfernung aus dem Sitzungszimmer sowie die Abführung zur maximal vierundzwanzigstündigen Ordnungshaft. Entsprechend dem Wortlaut der Vorschrift („können") folgt die Anwendung von Ungehorsamsfolgen dem **Opportunitätsprinzip.** Ordnungshaft ist dabei dem Gedanken der Verhältnismäßigkeit folgend subsidiär.[20]

13   **a) Entfernung aus dem Sitzungszimmer.** Die Entfernung aus dem Sitzungssaal stellt eine sitzungspolizeiliche Maßnahme und keinen (teilweisen) Ausschluss der Öffentlichkeit dar.[21] **Soweit der Angekl. entfernt wurde,** kann in seiner Abwesenheit verhandelt werden, ohne dass es eines gesonderten Beschlusses gem. § 231b StPO bedürfte.[22] Die entsprechende Anordnung gem. § 231b Abs. 1 S. 1 StPO trifft das Gericht; sie kann konkludent darin gesehen werden, dass nach dem Beschluss gem. § 177 und der Entfernung des Angekl. die Hauptverhandlung ohne ihn fortgesetzt wird.[23] Allerdings ist darauf zu achten, dass in seiner Abwesenheit keine Beweise erhoben werden dürfen, welche vom Entfernungsbeschluss nicht gedeckt sind. Wird etwa der Angekl. gem. § 177 für die weitere Vernehmung eines Zeugen aus dem Sitzungssaal entfernt und werden anlässlich dieser Aussage Lichtbilder nicht lediglich als Vernehmungsbehelf eingesetzt, sondern förmlich in Augenschein genommen, so liegt darin ein für § 338 Nr. 5 StPO relevanter Rechtsfehler, wenn der Angekl. im Anschluss lediglich über den wesentlichen Inhalt der Zeugenaussage informiert wird.[24]

14   **b) Maximal 24 h Ordnungshaft.** Die Anordnung von Ordnungshaft darf die Dauer der Sitzung iSd § 176 nicht überschreiten, weil sie iRd § 177 ausschließlich ein **Mittel zur**

---

[13] BGH 24.5.2006 – 2 ARs 199/06, NJW 2006, 2421 = JuS 2006, 760 mAnm *Jahn*; *Fischer* StGB § 258 Rn. 22; *Malmendier* NJW 1997, 227 (232).
[14] Vgl. → § 138a Rn. 2 mwN.
[15] EGMR 23.4.2015 – 29369/10, NJW 2016, 1563 (1569); OLG Nürnberg 12.3.2012 – 1 St OLG Ss 274/11, NJW 2012, 1895 (1896).
[16] BeckOK StPO/*Allgayer,* 26. Ed. 1.10.2016, Rn. 7; *Kissel/Mayer* Rn. 26; Löwe/Rosenberg/*Wickern* Rn. 30; Meyer-Goßner/*Schmitt* Rn. 11.
[17] Vgl. BGH 14.10.1987 – 2 StR 466/87, NStZ 1988, 85; HK/*Schmidt/Temming* Rn. 7; *Kissel/Mayer* Rn. 25.
[18] Meyer-Goßner/*Schmitt* Rn. 12.
[19] Löwe/Rosenberg/*Wickern* Rn. 29; BeckOK StPO/*Temming* Nr. 128 RiStBV Rn. 1.
[20] SSW/*Quentin* Rn. 5.
[21] Meyer-Goßner/*Schmitt* Rn. 8.
[22] BGH 1.12.1992 – 5 StR 494/92, BGHSt 39, 72 = NJW 1993, 1343; *Kissel/Mayer* Rn. 18; KK/*Diemer* Rn. 3; Löwe/Rosenberg/*Wickern* Rn. 32; Meyer-Goßner/*Schmitt* Rn. 13.
[23] BGH 1.12.1992 – 5 StR 494/92, BGHSt 39, 72 = NJW 1993, 1343.
[24] BGH 17.9.2014 – 1 StR 212/14, NStZ 2015, 181.

ordnungsgemäßen Durchführung der Verhandlung darstellt,[25] und ist absolut auf 24 h begrenzt. Die 24 h-Grenze verhindert aber nicht die erneute Anordnung und Vollziehung von Ordnungshaft, wenn ihre Voraussetzungen nach Verbüßung der ersten Ordnungshaft erneut erfüllt werden.[26]

III. Rechtliches Gehör und Rechtsbehelfe

Demjenigen, der von einer Maßnahme nach § 177 betroffen wäre, muss vor deren Erlass grds. **rechtliches Gehör** gewährt werden.[27] Indes setzt dies keine ausdrückliche Aufforderung zur Äußerung voraus, sondern es genügt, wenn sich entsprechenden Sachargumenten nicht verschlossen wird.[28] 15

Zu den in Betracht kommenden **Rechtsbehelfen** vgl. → § 176 Rn. 54 ff. 16

§ 178 [Ordnungsmittel wegen Ungebühr]

(1) ¹Gegen Parteien, Beschuldigte, Zeugen, Sachverständige oder bei der Verhandlung nicht beteiligte Personen, die sich in der Sitzung einer Ungebühr schuldig machen, kann vorbehaltlich der strafgerichtlichen Verfolgung ein Ordnungsgeld bis zu eintausend Euro oder Ordnungshaft bis zu einer Woche festgesetzt und sofort vollstreckt werden. ²Bei der Festsetzung von Ordnungsgeld ist zugleich für den Fall, daß dieses nicht beigetrieben werden kann, zu bestimmen, in welchem Maße Ordnungshaft an seine Stelle tritt.

(2) Über die Festsetzung von Ordnungsmitteln entscheidet gegenüber Personen, die bei der Verhandlung nicht beteiligt sind, der Vorsitzende, in den übrigen Fällen das Gericht.

(3) Wird wegen derselben Tat später auf Strafe erkannt, so sind das Ordnungsgeld oder die Ordnungshaft auf die Strafe anzurechnen.

Schrifttum: *Kissel,* Ungebühr vor Gericht (§ 178 GVG) – vorbei?, NJW 2007, 1109; *Milger,* Sitzungsgewalt und Ordnungsmittel in der strafrechtlichen Hauptverhandlung, NStZ 2006, 121; *Winter,* Zum Zweck der Ordnungsmittel – Ordnungsgeld und Ordnungshaft, NStZ 1990, 373.

Übersicht

	Rn.		Rn.
I. Überblick	1–3	4. Rechtsfolgen	14–17
1. Normzweck	1	a) Ordnungsgeld	15
2. Anwendungsbereich	2, 3	b) Ordnungshaft	16
II. Erläuterung	4–18	c) Vollstreckung	17
1. Ungebühr	4–9	5. Vorbehalt der strafgerichtlichen Verfolgung	18
2. Verschulden	10	**III. Rechtliches Gehör und**	
3. Zuständigkeit	11–13	**Beschwerde**	19, 20

I. Überblick

1. Normzweck. § 176 weist dem Vorsitzenden die Aufgabe der Aufrechterhaltung der Ordnung in der Sitzung zu. Die §§ 177, 178 dienen der zwangsweisen Durchsetzung dieser Aufgabenerfüllung. Sie stehen selbständig nebeneinander. § 178 regelt dabei die sog. Ungebühr und ihre Folgen. Er ist repressiver Natur, aber gleichwohl **primär der Aufrechterhal-** 1

---

[25] *Kissel/Mayer* Rn. 4 f.; *Radtke/Hohmann/Otte* Rn. 7.
[26] BeckOK StPO/*Allgayer,* 26. Ed. 1.10.2016, Rn. 6; *Meyer-Goßner/Schmitt* Rn. 10.
[27] BeckOK StPO/*Allgayer,* 26. Ed. 1.10.2016, Rn. 4; HK/*Schmidt/Temming* Rn. 7; *Kissel/Mayer* Rn. 7; *Löwe/Rosenberg/Wickern* Rn. 31; *Meyer-Goßner/Schmitt* Rn. 14; aA KK/*Diemer* Rn. 7.
[28] Vgl. auch BGH 1.12.1992 – 5 StR 494/92, NJW 1993, 1343: „In diesem ‚Abmahnen' kann die erforderliche Anhörung bereits gelegen haben".

tung der Ordnung und nicht einer Bestrafung **dienend**.¹ Für die nachhaltige Aufrechterhaltung der Ordnung in der Sitzung sowie der Autorität der Justiz bedarf es im Einzelfall einer sofortigen klaren Reaktion auf gezielt provokative, ungebührliche Verhaltensweisen.

2 **2. Anwendungsbereich.** Zum Begriff der Sitzung vgl. → § 176 Rn. 3 f. § 178 Abs. 1 S. 1 erfasst nach seinem Wortlaut Parteien (zB Privat- oder Nebenkläger, Verfalls- oder Einziehungsbeteiligte), Beschuldigte, Zeugen, Sachverständige und bei der Verhandlung nicht beteiligte Personen (insbes. Zuhörer, auch Vertreter der Medien). **Ausdrücklich nicht genannt** sind Gerichtspersonen, StA, Verteidiger, Nebenklage- oder Privatklagevertreter sowie RA als Zeugenbeistände. Zum „Störer in Anwaltsrobe" vgl. → § 177 Rn. 5 ff.

3 Anders als für § 177 gibt es keine dem § 51 Abs. 3 JGG entsprechende Regelung für **Erziehungsberechtigte und gesetzliche Vertreter jugendlicher Angekl.** hinsichtlich § 178. Daraus wird zT gefolgert, dass demnach § 178 insoweit auch nicht anwendbar sei.² Die Gesetzesbegründung zu § 51 Abs. 3 JGG führt aus, dass es sich um eine „Klarstellung" handele, „dass im Fall manifester Störungen der Ordnung in der Sitzung auch diese Personen gemäß § 177 GVG aus dem Sitzungssaal entfernt werden können."³ Auch wenn die Regelung demnach lediglich klarstellend wirken soll, muss doch konstatiert werden, dass dem Gesetzgeber offenbar die Auslegungsproblematik in § 177 und dem für den Adressatenkreis gleichlautenden § 178 bewusst war. Indem nun lediglich für § 177 eine Regelung getroffen wurde, drängt sich der Umkehrschluss auf, dass Erziehungsberechtigte und gesetzliche Vertreter jugendlicher Angekl. dem Wortlaut der §§ 177, 178 nicht unterfallen. Mangels entsprechender Eingriffsgrundlage kann daher § 178 auf jene Personen nicht angewandt werden.

II. Erläuterung

4 **1. Ungebühr.** Ungebühr ist der **erhebliche Angriff** auf den ordnungsgemäßen Ablauf der Sitzung sowie auf Ehre und Würde des Gerichts und der Verfahrensbeteiligten.⁴ Ein Verhalten, das lediglich prozessualen Vorschriften zuwiderläuft, ohne jedoch die genannte Erheblichkeitsschwelle zu überschreiten und die bezeichnete Zielrichtung zu beinhalten, reicht nicht aus.⁵

5 Hierbei sind sowohl die **Meinungsfreiheit des sich Äußernden**, als auch das Rechtsstaatsprinzip zu berücksichtigen. Im „Kampf um das Recht" darf ein Verfahrensbeteiligter auch starke, eindringliche Ausdrücke und sinnfällige Schlagworte benutzen, um seine Rechtsposition zu unterstreichen; **ehrverletzende Äußerungen,** die in keinem inneren Zusammenhang zur Ausführung oder Verteidigung der geltend gemachten Rechte stehen oder deren Unhaltbarkeit ohne Weiteres auf der Hand liegt, sind allerdings nicht privilegiert.⁶ Die Sanktionierung einer Äußerung wegen Ungebühr setzt unter Berücksichtigung des Grundsatzes der Verhältnismäßigkeit voraus, dass die Äußerung nach Zeitpunkt, Inhalt oder Form den ordnungsgemäßen Verfahrensablauf in nicht unerheblichem Ausmaß gestört hat und die Sanktion dem Anlass angemessen ist.⁷ Einer Sanktion kann entgegenstehen,

---

¹ OLG Nürnberg 30.3.2006 – 1 Ws 222/06, NStZ-RR 2006, 308 (309); aA SK/*Velten* Rn. 1; *Winter* NStZ 1990, 373: „Strafcharakter".
² *Eisenberg* JGG § 51 Rn. 23; SSW/*Quentin* Rn. 8; tendenziell auch OLG Dresden 14.9.2009 – 2 Ws 410/09, NStZ 2010, 472 obiter dictum; aA Löwe/Rosenberg/*Wickern* § 177 Rn. 6; Meyer-Goßner/*Schmitt* Rn. 1.
³ BT-Drs. 16/3038, 64.
⁴ OLG Celle 21.7.2011 – 2 Ws 166/11, NStZ 2012, 592; OLG Hamm 6.10.2016 – 4 Ws 308/16, BeckRS 2016, 18070; OLG Oldenburg 30.5.2017 – 1 Ws 245/17 juris; HK/*Schmidt/Temming* Rn. 3; KK/*Diemer* Rn. 1; zu den verschiedenen Färbungen der Begriffsbestimmung vgl. Löwe/Rosenberg/*Wickern* Rn. 2 ff. mwN; *Kissel/Mayer* Rn. 6 ff.; aA SK/*Velten* Rn. 2: nur gravierende Störung des äußeren Ablaufs der Verhandlung.
⁵ OLG Stuttgart 3.12.1990 – 1 Ws 252/90, NStZ 1991, 297 (298); OLG Celle 17.5.2016 – 2 Ws 88/16, BeckRS 2016, 18861; *Kissel/Mayer* Rn. 25; Meyer-Goßner/*Schmitt* Rn. 2; SSW/*Quentin* Rn. 7.
⁶ BVerfG 13.4.2007 – 1 BvR 3174/06, NJW 2007, 2839 (2840); OLG Karlsruhe 3.8.2016 – 11 W 75/16, BeckRS 2016, 15375.
⁷ BVerfG 13.4.2007 – 1 BvR 3174/06, NJW 2007, 2839 (2840); HK/*Schmidt/Temming* Rn. 6; *Kissel/Mayer* Rn. 20 ff.

dass **sachlich nachvollziehbare Gründe** vorgebracht werden oder die Verfahrensstörung eine **Spontanreaktion** auf ein zumindest aus Sicht des Betroffenen beanstandungswürdiges Fehlverhalten der prozessualen Gegenseite oder des Gerichts war.[8]

Bei der Subsumtion unter den Terminus „Ungebühr" handelt es sich um eine sorgfältig zu treffende und sodann auch zu begründende Abwägungsentscheidung, inwiefern es sich (noch) lediglich um die Missachtung prozessualer Gepflogenheiten handelt oder (schon) um einen wesentlichen Angriff auf die Ordnung in der Sitzung respektive Ehre und Würde des Gerichts oder der Verfahrensbeteiligten. Durch das Abstellen auf den konkreten Betroffenen, seine psychische Verfassung und den situativen Kontext der potentiellen Ungebühr hat dies **stets eine als solche zu erkennende und zu bewertende Einzelfallentscheidung** zur Folge. 6

Unter dem Aspekt der Verletzung der Würde des Gerichtes sind restriktiv nur gravierende Verhaltensweisen zu verstehen, insbes. **gezielte Provokationen.**[9] 7

Als erläuterndes Bsp. soll Folgendes dienen.[10] Das **Nicht-Erheben bei Eintritt des Gerichts** zu Beginn der Sitzung und zur Urteilsverkündung entgegen Nr. 124 Abs. 2 S. 2 RiStBV nach vorangegangener Ermahnung stellt idR eine Ungebühr dar.[11] Das Aufstehen bei erstmaligem Eintritt des Gerichts und bei der Urteilsverkündung ist zwar nicht gesetzlich vorgeschrieben, da Nr. 124 Abs. 2 S. 2 RiStBV nur eine Beschreibung der üblichen, geschuldeten äußeren Form beschreibt,[12] jedoch unterstreicht das Aufstehen zu diesen beiden Zeitpunkten den Inbegriff des Gerichts als allg. akzeptierten Würdenträger wie auch als Organ der rechtsprechenden Staatsgewalt im Namen des Volkes, so dass sein Unterlassen gerade plakativ die Missachtung der gerichtlichen Autorität zum Ausdruck bringt. Das Nicht-Erheben nach vorangegangener Sitzungspause kennzeichnet hingegen keinen besonderen Verfahrensabschnitt oder Ähnliches, der einer gesonderten Verdeutlichung bedürfte.[13] 8

Bis zur Festsetzung eines Ordnungsmittels ist **mehrfaches oder fortgesetztes Fehlverhalten** lediglich als eine Ungebühr zu behandeln.[14] 9

2. Verschulden. Wie sich aus Abs. 1 S. 1 ergibt, muss die Ungebühr im oben genannten Sinne **vorsätzlich und vollverantwortlich** erfolgen.[15] Das Vorsatzerfordernis ergibt sich aus dem Schutzzweck der Norm, „bewusste" Provokationen zu ahnden. Bei erkennbaren psychischen Belastungen oder sonstigen Zweifeln am Ungebührwillen ist zunächst eine Ermahnung durch den Vorsitzenden vorzunehmen.[16] 10

3. Zuständigkeit. Ausweislich Abs. 2 entscheidet der Vorsitzende allein gegenüber Personen, die bei der Verhandlung nicht beteiligt sind, während in den übrigen Fällen das Gericht entscheidet. Beschließt anstelle des allein zuständigen Vorsitzenden das Gericht, ist die Entscheidung gleichwohl wirksam.[17] Umgekehrt kann der Vorsitzende nicht anstelle des Gerichts entscheiden; ein solcher Beschluss ist zwar nicht unwirksam, aber anfechtbar[18] (bestätigende Heilung durch Gerichtsbeschluss ist möglich). Der Anordnungsbeschluss 11

---

[8] BVerfG 13.4.2007 – 1 BvR 3174/06, NJW 2007, 2839 (2840); vertiefend OLG Hamm 6.10.2016 – 4 Ws 308/16, BeckRS 2016, 18070; BeckOK StPO/*Allgayer*, 26. Ed. 1.10.2016, Rn. 1; KK/*Diemer* Rn. 3.
[9] KK/*Diemer* Rn. 3; *Milger* NStZ 2006, 121 (123).
[10] Zu weiteren Bsp. vgl. Löwe/Rosenberg/*Wickern* Rn. 8 ff.; Meyer-Goßner/*Schmitt* Rn. 3 f. jew. mwN.
[11] OLG Celle 17.1.2012 – 1 Ws 504/11, NStZ-RR 2012, 119; OLG Brandenburg 11.6.2013 – 2 Ws 12/13, BeckRS 2013, 18230; OLG Karlsruhe 15.5.2017 – 3 Ws 790/16, BeckRS 2017, 133575; aA *Kissel*/*Mayer* Rn. 15; SK/*Velten* Rn. 3.
[12] BeckOK StPO/*Temming* Nr. 124 RiStBV Rn. 5.
[13] OLG Karlsruhe 5.1.2015 – 2 Ws 448/14, NStZ 2015, 300; OLG Köln 31.8.2015 – 2 Ws 449/15, NStZ 2016, 440.
[14] BeckOK StPO/*Allgayer*, 26. Ed. 1.10.2016, Rn. 9; Meyer-Goßner/*Schmitt* Rn. 7.
[15] Meyer-Goßner/*Schmitt* Rn. 4; aA (Fahrlässigkeit genügt) *Kissel*/*Mayer* Rn. 32; *Pfeiffer* Rn. 1; Radtke/Hohmann/*Otte* Rn. 3; SSW/*Quentin* Rn. 10; SK/*Velten* Rn. 5.
[16] BVerfG 13.4.2007 – 1 BvR 3174/06, NJW 2007, 2839 (2840); OLG Köln 31.8.2015 – 2 Ws 449/15, BeckRS 2015, 19970 (in NStZ 2016, 440 insoweit nicht abgedruckt); *Katholnigg* Rn. 2; *Pfeiffer* Rn. 7.
[17] *Kissel*/*Mayer* Rn. 38; Meyer-Goßner/*Schmitt* Rn. 12.
[18] OLG Dresden 14.9.2009 – 2 Ws 410/09, NStZ 2010, 472.

muss **während der Sitzung,** bei mehrtägigen Verhandlungen spätestens am folgenden Verhandlungstag, erlassen, begründet und nach §§ 35, 35a StPO bekanntgemacht werden.[19] Beschließung am folgenden Verhandlungstag genügt ausnahmsweise, weil auch insoweit die sitzungspolizeiliche Gewalt fortwirkt/neu auflebt, ein hinreichender zeitlicher Konnex zur Ungebührhandlung besteht und der Zweck der Aufrechterhaltung der Ordnung durch repressives Belangen des störenden ungebührlichen Verhaltens erreicht werden kann. Allerdings muss diese „Beschließung am Folgetag" gleich zu Beginn der Sitzung erfolgen.

12 Die „Bestrafung" von Verfahrensbeteiligten für ungebührliches Verhalten vor Gericht durch den insoweit in seiner Würde betroffenen Spruchkörper berührt den Grundsatz, dass niemand **Richter in eigener Sache** sein solle.[20] Allerdings genügt die Kompetenzregelung des § 178 nach zutreffendem Verständnis gleichwohl den konventionsrechtlichen Anforderungen, weil insoweit keine Kriminalstrafe verhängt wird und die Wiederherstellung der Ordnung wie auch der (Achtung der) Würde des Gerichts eine sofortige Reaktion dringend gebieten.[21] Zumal auch nach der Rspr. des EGMR der Erhaltung der Autorität der Justiz in einem Rechtsstaat und einer demokratischen Gesellschaft große Bedeutung zuzumessen ist.[22]

13 Nr. 128 Abs. 1, Abs. 2 RiStBV betreffen die **Stellung des Sitzungsvertreters der StA** in Bezug auf die Wahrung der Ordnung in der Sitzung. Dem Regelungsgehalt des § 176 folgend, kommt ihm zwar keine Kompetenz zu; auch hat er **kein förmliches Antragsrecht.** Jedoch weisen ihm Nr. 128 Abs. 1, Abs. 2 RiStBV gleichwohl eine entsprechende (Mit)Verantwortung zu. Er soll als vom Gericht unabhängiges Kontrollorgan Ordnungsmittel anregen oder auf deren Nichtverhängung hinwirken, Nr. 128 Abs. 1 S. 2, S. 4 RiStBV.[23] Dabei soll der StA aber keine bestimmte Maßnahme anregen, Nr. 128 Abs. 1 S. 3 RiStBV.

14 **4. Rechtsfolgen.** Entsprechend dem Wortlaut der Vorschrift („kann") folgt die Festsetzung von Ordnungsmitteln dem **Opportunitätsprinzip.**[24] Die Vollstreckung regelt § 179.

15 **a) Ordnungsgeld.** Die Festsetzung von Ordnungsgeld, dessen **Höchstbetrag 1.000 Euro** beträgt, kann mit der Entfernung nach § 177 verbunden werden.[25] Für den Fall, dass das Ordnungsgeld nicht beigetrieben werden kann, ist grds. bereits mit dem Ordnungsgeldbeschluss zu bestimmen, in welchem Maße Ordnungshaft an seine Stelle tritt, § 178 Abs. 1 S. 2 (vgl. näher → § 179 Rn. 4). Dabei kann sowohl ein exakter Umrechnungsschlüssel (zB 1 Tag ersatzweise Ordnungshaft je x Euro Ordnungsgeld) als auch eine pauschale Anordnung (x Euro Ordnungsgeld ersatzweise y Tage Ordnungshaft) gewählt werden.[26]

16 **b) Ordnungshaft.** Die Festsetzung von Ordnungshaft, deren **Höchstdauer eine Woche** beträgt, kann auch über das Ende der Sitzung hinausreichen.[27]

17 **c) Vollstreckung.** Zur Vollstreckung von Ordnungsgeld und Ordnungshaft vgl. § 179.

18 **5. Vorbehalt der strafgerichtlichen Verfolgung.** § 178 Abs. 1 S. 1 bestimmt, dass die Ahndung eines Verhaltens als Ungebühr eine mögliche kriminalstrafrechtliche Verfolgung nicht ausschließt.[28] § 178 Abs. 3 regelt eine **Anrechnung rechtskräftig festgesetzter und bereits vollstreckter Ordnungsmittel auf etwaige Strafen.**

---

[19] *Kissel/Mayer* Rn. 48; Löwe/Rosenberg/*Wickern* Rn. 32; Meyer-Goßner/*Schmitt* Rn. 16; *Pfeiffer* Rn. 7; SSW/*Quentin* Rn. 17.
[20] EGMR 15.12.2005 – 73797/01, NJW 2006, 2901 (2904).
[21] *Kissel* NJW 2007, 1109 (1109 f.); BeckOK StPO/*Allgayer*, 26. Ed. 1.10.2016, Vor Rn. 1; HK/*Schmidt/Temming* Rn. 1; *Kissel/Mayer* Rn. 41; Löwe/Rosenberg/*Wickern* Rn. 1; Meyer-Goßner/*Schmitt* Rn. 12; aA SK/*Velten* Rn. 6: solche Entscheidung in eigener Sache unzulässig.
[22] EGMR 23.4.2015 – 29369/10, NJW 2016, 1563 (1569).
[23] BeckOK StPO/*Temming* Nr. 128 RiStBV Rn. 1; Löwe/Rosenberg/*Wickern* Rn. 34.
[24] OLG Köln 7.5.2008 – 2 Ws 223/08, NJW 2008, 2865 (2867); Meyer-Goßner/*Schmitt* Rn. 7; *Milger* NStZ 2006, 121 (123).
[25] Meyer-Goßner/*Schmitt* Rn. 8.
[26] SSW/*Quentin* Rn. 12.
[27] Meyer-Goßner/*Schmitt* Rn. 9.
[28] Löwe/Rosenberg/*Wickern* Rn. 28.

III. Rechtliches Gehör und Beschwerde

Demjenigen, der von einer Festsetzung nach § 178 betroffen wäre, muss – wenn er sich nicht bereits eigenmächtig entfernt hat – vor deren Erlass **rechtliches Gehör** gewährt werden.[29] Dies ist **nicht in der Beschwerdeinstanz nachholbar**.[30] Schließlich ist eine etwaige Einlassung des Betroffenen zu seinem Verhalten für die Beurteilung der Frage, ob eine Ungebühr vorliegt, relevant und dem Beschwerdegericht kommt insoweit gerade keine Aufklärungslast zu (vgl. näher § 182). Soweit von der hM vertreten wird, dass in Fällen, in denen sowohl Ungebühr als auch Ungebührwille außer Frage stünden und eine Anhörung nur zu weiteren Ausfällen Gelegenheit gäbe, von einer vorherigen Anhörung abgesehen werden dürfe,[31] kann dem nicht gefolgt werden.[32] Jedoch setzt rechtliches Gehör iRd § 178 keine ausdrückliche Aufforderung zur Äußerung voraus,[33] sondern es genügt, wenn Raum zur Anhörung geboten und sich entsprechenden Sachargumenten nicht verschlossen wird.[34] Im Ergebnis wird anlässlich dieses **einschränkenden Verständnisses des Begriffs des rechtlichen Gehörs** iRv § 178 folglich auch in den Konstellationen, in denen eine vorherige Anhörung von der hM als entbehrlich angesehen wird, rechtliches Gehör regelmäßig gewährt sein.

19

Zur **Beschwerde** vgl. § 181.

20

§ 179 [Vollstreckung der Ordnungsmittel]

Die Vollstreckung der vorstehend bezeichneten Ordnungsmittel hat der Vorsitzende unmittelbar zu veranlassen.

Schrifttum: *Kees,* Sicherheit in der Justiz: Der normative Rahmen und die Aufgaben des Gesetzgebers, NJW 2013, 1929.

I. Überblick

§ 179 gilt entgegen des engeren Wortlauts **für sämtliche Anordnungen iSd §§ 176–178**.[1] § 177 regelt als Ungehorsamsfolgen die Entfernung aus dem Sitzungszimmer sowie die Abführung zur Ordnungshaft von maximal 24 h. Diese beiden Maßnahmen sind ersichtlich der intensivste Eingriff zur Störungsbeseitigung, weil dem Störer die Teilhabe an der öffentlichen Hauptverhandlung verwehrt und im letzteren Fall sogar in sein Freiheitsgrundrecht eingegriffen wird. Sie sind damit ultima ratio. Das Öffentlichkeits- und Teilhaberecht des Einzelnen weniger beschneidende Maßnahmen sind von § 176 gedeckt und ebenfalls gem. § 179 vollstreckbar. § 179 ist dabei eine im Anwendungsbereich auf die §§ 176–178 begrenzte Ausnahmevorschrift zur allg. Zuständigkeitsregelung des § 36 Abs. 2 S. 1 StPO und nicht analogiefähig.[2]

1

---

[29] HK/*Schmidt/Temming* Rn. 9; KK/*Diemer* Rn. 8; Löwe/Rosenberg/*Wickern* Rn. 35; Meyer-Goßner/*Schmitt* Rn. 13.
[30] OLG Köln 7.5.2008 – 2 Ws 223/08, NJW 2008, 2865 (2866); OLG Bamberg 1.10.2012 – 1 Ws 625/12, StraFo 2013, 292; KK/*Diemer* Rn. 8; aA OLG Hamm 6.10.2016 – 4 Ws 308/16, BeckRS 2016, 18070.
[31] OLG Köln 7.5.2008 – 2 Ws 223/08, NJW 2008, 2865 (2866 f.); OLG Celle 21.7.2011 – 2 Ws 166/11, NStZ 2012, 592; OLG Brandenburg 11.6.2013 – 2 Ws 12/13, BeckRS 2013, 18230; BeckOK StPO/*Allgayer,* 26. Ed. 1.10.2016, Rn. 7; *Kissel/Mayer* Rn. 46; KK/*Diemer* Rn. 8; Löwe/Rosenberg/*Wickern* Rn. 36; Meyer-Goßner/Schmitt Rn. 14.
[32] SK/*Velten* Rn. 6.
[33] Meyer-Goßner/*Schmitt* Rn. 13.
[34] Vgl. auch BGH 1.12.1992 – 5 StR 494/92, NJW 1993, 1343: „In diesem ‚Abmahnen' kann die erforderliche Anhörung bereits gelegen haben"; OLG Hamm 6.10.2016 – 4 Ws 308/16, BeckRS 2016, 18070: „Ausnahme von der Pflicht zu einer ausdrücklichen vorherigen Anhörung […], dass der Betroffene zuvor ermahnt, bzw. ihm die Festsetzung eines Ordnungsgeldes angedroht worden ist"; aA OLG Bamberg 1.10.2012 – 1 Ws 625/12, StraFo 2013, 292: „Zwar wurde Gelegenheit zur Stellungnahme eingeräumt, als das Ordnungsgeld angedroht wurde. Dies lässt jedoch das Erfordernis nicht entfallen, vor der Verhängung des Ordnungsgeldes aufgrund eines neuerlichen Verstoßes nochmals rechtliches Gehör zu gewähren."
[1] Str., vgl. *Kissel/Mayer* Rn. 1; Löwe/Rosenberg/*Wickern* Rn. 2; SSW/*Quentin* Rn. 1; Zöller/*Lückemann* § 176 Rn. 6; aA MüKoZPO/*Zimmermann* Rn. 2; SK/*Velten* Rn. 1; *Kees* NJW 2013, 1929 (1932).
[2] OLG Celle 15.4.2016 – 1 Ws 193/16, NStZ-RR 2016, 294 für Ordnungsgelder gem. § 56 Abs. 1.

II. Erläuterung

2 Gem. § 36 Abs. 2 S. 2 StPO wirkt die StA bei der Vollstreckung von Entscheidungen, welche die Ordnung in der Sitzung betreffen, nicht mit. Dabei ist die gerichtliche Vollstreckung von Ordnungs- und Zwangsmitteln **dem Rechtspfleger übertragen, soweit sich nicht der Richter im Einzelfall die Vollstreckung ganz oder teilweise vorbehält,** § 31 Abs. 3 RPflG.

3 Die Vollstreckung von festgesetzten Ordnungsmitteln hat „unmittelbar", dh alsbald nach Festsetzung und ggf. Überprüfung anlässlich eines etwaigen Antrags auf Aufhebung (vgl. § 311 Abs. 3 S. 2 StPO), zu erfolgen.[3] Weil gem. Art. 7 Abs. 1 S. 1 EGStGB die Bewilligung einer Zahlungsfrist nur zu erfolgen hat, wenn es dem Betroffenen nach seinen wirtschaftlichen Verhältnissen nicht zuzumuten ist, das Ordnungsgeld sofort zu bezahlen, ist eine Anordnung des Vorsitzenden an den Justizwachtmeister, dem Störer **den entsprechenden Betrag im Sitzungssaal sofort abzunehmen,** nicht ohne Weiteres unzulässig, wenn sichergestellt ist, dass dies keine unbillige Härte darstellt.[4] Zwar soll gem. § 5 Abs. 2 iVm § 1 Abs. 1 Nr. 3 JBeitrO der Vollstreckungsschuldner idR vor Beginn der Vollstreckung zur Leistung innerhalb von zwei Wochen schriftlich aufgefordert werden, jedoch kann aus spezialpräventiven Gesichtspunkten eine sofortige Vollstreckung im Einzelfall durchaus zweckmäßig sein. Die unmittelbare als auch nachträgliche und auch erneute Gewährung einer Ratenzahlung ist möglich, Art. 7 Abs. 1 S. 1, Abs. 2, Abs. 3 S. 2 EGStGB. Die Vollstreckung von konkreten Anordnungen iSd § 176 (zB Durchsuchung von Zuschauern, Beschlagnahme von Gegenständen, etc), die Entfernung aus dem Sitzungszimmer sowie die Festnahme und Abführung zur Vollstreckung der Ordnungshaft wird auf Ersuchen des Vorsitzenden idR durch einen Justizwachtmeister erfolgen.[5] Der Vorsitzende kann grds. aber auch selbst tätig werden.[6]

4 § 178 Abs. 1 S. 2 bestimmt, dass bei der Festsetzung von Ordnungsgeld zugleich für den Fall, dass dieses nicht beigetrieben werden kann, zu bestimmen ist, in welchem Maße Ordnungshaft an seine Stelle tritt. Dabei kann sowohl ein exakter Umrechnungsschlüssel (zB 1 Tag ersatzweise Ordnungshaft je x Euro Ordnungsgeld) als auch eine pauschale Anordnung (x Euro Ordnungsgeld ersatzweise y Tage Ordnungshaft) gewählt werden.[7] Versäumnisse insofern können nicht durch Ergänzung des ursprünglichen Beschlusses behoben werden, sind jedoch **ohne Einfluss auf den Bestand der Grundentscheidung.**[8] Art. 8 Abs. 1 S. 1 EGStGB ermöglicht die nachträgliche Umwandlung von Ordnungsgeld in Ordnungshaft, wenn das Ordnungsgeld nicht beigetrieben werden kann und die Festsetzung der ersatzweise vorgesehenen Ordnungshaft fälschlicherweise unterblieben ist. Das Gericht entscheidet in diesem Fall nach Anhörung der Beteiligten durch Beschluss, Art. 8 Abs. 1 S. 2 EGStGB. Würde die Vollstreckung von Ordnungshaft, welche an die Stelle eines uneinbringlichen Ordnungsgeldes tritt, für den Betroffenen eine unbillige Härte darstellen, hat das Gericht das Unterbleiben der Vollstreckung dieser ersatzweisen Ordnungshaft anzuordnen, Art. 8 Abs. 2 EGStGB.

5 Die **Festsetzungs- wie auch die Vollstreckungsverjährung** betragen jeweils zwei Jahre, Art. 9 Abs. 1, Abs. 2 EGStGB.

---

[3] Meyer-Goßner/*Schmitt* § 178 Rn. 17; aA Löwe/Rosenberg/*Wickern* Rn. 3 ff.: „Unmittelbar" sei iSv „selbst", nicht iSv „sofort" zu verstehen.

[4] AA *Kissel/Mayer* Rn. 4; Löwe/Rosenberg/*Wickern* Rn. 6.

[5] Löwe/Rosenberg/*Wickern* Rn. 4; Zöller/*Lückemann* § 176 Rn. 6.

[6] Vgl. bereits RG 10.1.1887 – 3009/86, RGSt 15, 227 (231): „Dagegen folgt aus der Natur und den Zwecken der dem Richter übertragenen Sitzungspolizei, daß, soweit im einzelnen Falle zur Erreichung dieser Zwecke eine persönliche Mitwirkung des Richters auch bei der Ausführung geboten erscheint, er zur Gewährung dieser Mitwirkung kraft der aus seinem richterlichen Amte fließenden sitzungspolizeilichen Rechte und Pflichten berufen ist. […] Selbstverständlich wird hierbei ganz wesentlich ein taktvolles Verhalten des Beamten zu erfordern sein"; Löwe/Rosenberg/*Wickern* Rn. 3.

[7] SSW/*Quentin* § 178 Rn. 12.

[8] OLG Frankfurt a. M. 22.8.2016 – 2 W 47/16, BeckRS 2016, 16954.

§ 180 [Befugnisse außerhalb der Sitzung]

Die in den §§ 176 bis 179 bezeichneten Befugnisse stehen auch einem einzelnen Richter bei der Vornahme von Amtshandlungen außerhalb der Sitzung zu.

§ 180 weist die in den §§ 176–179 bezeichneten Befugnisse auch einem einzelnen Richter bei der Vornahme von Amtshandlungen außerhalb der Sitzung zu. Dabei ist eine **einer Sitzung vergleichbare Verhandlung** vorausgesetzt, wofür die Aufnahme eines Protokolls wesentlich indiziell ist.[1] Insbes. geht es um Termine, in denen der Richter als Ermittlungsrichter, beauftragter oder ersuchter Richter, in Strafvollstreckungssachen oder in Rechtshilfesachen tätig wird und Beschuldigte, Zeugen oder Sachverständige vernimmt, Augenscheinseinnahmen oder Haussuchungen durchführt.[2] 1

Die Norm steht bei sog. **Amtshandlungen an Ort und Stelle** (= jede Amtshandlung innerhalb oder außerhalb der Diensträume zur Verwirklichung eines bestimmten prozessrechtlich erheblichen Zustandes[3]) **neben § 164 StPO**.[4] 2

Zu etwaigen **Rechtsbehelfen** vgl. → § 176 Rn. 54 ff. sowie § 181. 3

§ 181 [Beschwerde gegen Ordnungsmittel]

(1) Ist in den Fällen der §§ 178, 180 ein Ordnungsmittel festgesetzt, so kann gegen die Entscheidung binnen der Frist von einer Woche nach ihrer Bekanntmachung Beschwerde eingelegt werden, sofern sie nicht von dem Bundesgerichtshof oder einem Oberlandesgericht getroffen ist.

(2) Die Beschwerde hat in dem Falle des § 178 keine aufschiebende Wirkung, in dem Falle des § 180 aufschiebende Wirkung.

(3) Über die Beschwerde entscheidet das Oberlandesgericht.

Schrifttum: *Barczak*, Rechtsschutz gegen sitzungspolizeiliche Anordnungen, NJ 2015, 360; *Böttcher*, Rechtsbeugung durch zögerliche Bearbeitung einer Rechtssache – Der Fall Schill, NStZ 2002, 146.

Übersicht

	Rn.		Rn.
I. Überblick	1–4	1. Einlegung	5
1. Normzweck	1	2. Wochenfrist	6
2. Anwendungsbereich	2–4	3. Zuständigkeit	7, 8
II. Erläuterung	5–11	4. Aufschiebende Wirkung	9
		5. Entscheidung des Beschwerdegerichts	10, 11

I. Überblick

1. Normzweck. Es handelt sich der Sache nach um eine **sofortige Beschwerde** iSd § 311 StPO.[1] 1

2. Anwendungsbereich. Beschwerdeberechtigt ist zunächst der Betroffene, gegen den das Ordnungsmittel festgesetzt wurde. Bereits aus dem Wortlaut ergibt sich, dass lediglich gegen die ein Ordnungsmittel festsetzende Entscheidung im Wege der Beschwerde 2

---

[1] Löwe/Rosenberg/*Wickern* Rn. 1; Meyer-Goßner/*Schmitt* Rn. 1.
[2] Löwe/Rosenberg/*Wickern* Rn. 1.
[3] KK/*Griesbaum* StPO § 164 Rn. 2 f.
[4] BeckOK StPO/*Allgayer*, 26. Ed. 1.10.2016, Rn. 2; HK/*Schmidt/Temming* Rn. 1; Kissel/*Mayer* Rn. 2; KK/*Diemer* Rn. 2; Meyer-Goßner/*Schmitt* Rn. 1; SSW/*Quentin* Rn. 1; SK/*Velten* Rn. 1; vgl. ausf. Löwe/Rosenberg/*Erb* StPO § 164 Rn. 3 mwN.
[1] HK/*Schmidt/Temming* Rn. 1; Kissel/*Mayer* Rn. 2; KK/*Diemer* Rn. 1; Löwe/Rosenberg/*Wickern* Rn. 2; Meyer-Goßner/*Schmitt* Rn. 1; SSW/*Quentin* Rn. 2.

vorgegangen werden kann. Ein das Ordnungsmittel ablehnender Beschluss ist unanfechtbar.[2] Die **StA ist ebenfalls beschwerdeberechtigt.**[3] Ausweislich Nr. 127 Abs. 1 S. 1 RiStBV hat der StA in der Hauptverhandlung darauf hinzuwirken, dass das Gesetz beachtet wird. Infolgedessen hat ihm nicht nur das Gericht vor entsprechenden Zwischenentscheidungen rechtliches Gehör zu gewähren,[4] sondern es muss der StA auch möglich sein, gegen aus ihrer Sicht unzutreffende Ordnungsmittel vorzugehen, um die Geltung sachlichen Rechts in öffentlicher Hauptverhandlung durchzusetzen.

3   § 181 steht einer **Beschwerdemöglichkeit gegen andere sitzungspolizeiliche Maßnahmen** nicht entgegen, da dieser seinem Wortlaut nach auf die Festsetzung von Ordnungsmitteln nach §§ 178, 180 beschränkt ist (vgl. näher → § 176 Rn. 58 ff.).[5]

4   Gegen **Entscheidungen des BGH oder eines OLG** besteht keine Beschwerdemöglichkeit, § 181 Abs. 1 aE. Dies gilt auch für die Verhängung von Ordnungshaft durch den Ermittlungsrichter des BGH oder des OLG (§ 169 StPO); § 304 Abs. 5 StPO ist diesbezüglich nicht analogiefähig.[6]

II. Erläuterung

5   **1. Einlegung.** Die Beschwerde ist **schriftlich oder zu Protokoll der Geschäftsstelle** einzulegen, § 306 Abs. 1 StPO. Eine Pflicht des Urkundsbeamten, noch während der Sitzung eine entsprechende Beschwerdeeinlegung aufzunehmen, besteht nicht.[7]

6   **2. Wochenfrist.** Die Beschwerdefrist von einer Woche beginnt bei Anwesenheit des Betroffenen mit der Verkündung der Entscheidung, im Übrigen mit ihrer Zustellung, §§ 311 Abs. 2, 35 StPO.[8] Die Beschwerde ist **beim iudex a quo** einzulegen; ihre Einlegung beim Beschwerdegericht wahrt die Frist nicht, § 306 Abs. 1 StPO.[9] Es besteht die Möglichkeit der Wiedereinsetzung in den vorigen Stand.[10] Eine Rechtsmittelerklärung des Betroffenen unmittelbar in der Sitzung ist grds. nicht in das Protokoll aufzunehmen; geschieht dies gleichwohl, ist die Beschwerdeeinlegung aber wirksam.[11]

7   **3. Zuständigkeit.** Zuständiges **Beschwerdegericht** ist das OLG, § 181 Abs. 3, und zwar stets in der **Besetzung mit drei Richtern,** § 122 Abs. 1.[12] Das entscheidende Gericht

---

[2] BeckOK StPO/*Allgayer,* 26. Ed. 1.10.2016, Rn. 3; Meyer-Goßner/*Schmitt* Rn. 5.
[3] OLG Stuttgart 3.12.1990 – 1 Ws 252/90, NStZ 1991, 297; BeckOK StPO/*Allgayer,* 26. Ed. 1.10.2016, Rn. 2; aA HK/*Schmidt/Temming* Rn. 4; *Katholnigg* Rn. 2; *Kissel/Mayer* Rn. 10; KK/*Diemer* Rn. 2; Löwe/Rosenberg/*Wickern* Rn. 6; Meyer-Goßner/*Schmitt* Rn. 5; *Pfeiffer* Rn. 2; Radtke/Hohmann/*Otte* Rn. 3; SSW/*Quentin* Rn. 3.
[4] Vgl. BeckOK StPO/*Temming* Nr. 127 RiStBV Rn. 1.
[5] BVerfG 17.4.2015 – 1 BvR 3276/08, NJW 2015, 2175 (2176) = StV 2015, 601 mAnm *Lohse*; BGH 13.10.2015 – StB 10/15, 11/15, NJW 2015, 3671; *Barczak* NJ 2015, 360 (362); aA BeckOK StPO/*Allgayer,* 26. Ed. 1.10.2016, § 176 Rn. 18; MüKoZPO/*Zimmermann* § 176 Rn. 14; *Pfeiffer* § 176 Rn. 5.
[6] BeckOK StPO/*Allgayer,* 26. Ed. 1.10.2016, Rn. 1; KK/*Diemer* Rn. 5; SSW/*Quentin* Rn. 1; aA HK/*Schmidt/Temming* Rn. 3; Löwe/Rosenberg/*Wickern* Rn. 1; Meyer-Goßner/*Schmitt* Rn. 5.
[7] *Kissel/Mayer* Rn. 7; Radtke/Hohmann/*Otte* Rn. 4.
[8] OLG Bamberg 1.10.2012 – 1 Ws 625/12, StraFo 2013, 292; BeckOK StPO/*Allgayer,* 26. Ed. 1.10.2016, Rn. 4; HK/*Schmidt/Temming* Rn. 3; Löwe/Rosenberg/*Wickern* Rn. 7; Meyer-Goßner/*Schmitt* Rn. 2.
[9] OLG Hamburg 22.6.1999 – 1 Ws 91/99, NJW 1999, 2607; BeckOK StPO/*Allgayer,* 26. Ed. 1.10.2016, Rn. 5; HK/*Schmidt/Temming* Rn. 1; *Kissel/Mayer* Rn. 6; Löwe/Rosenberg/*Wickern* Rn. 8; Meyer-Goßner/*Schmitt* Rn. 1; Radtke/Hohmann/*Otte* Rn. 4; aA KK/*Diemer* Rn. 1 unter Hinweis auf den nicht mehr geltenden § 311 Abs. 2 S. 2 StPO aF.
[10] BeckOK StPO/*Allgayer,* 26. Ed. 1.10.2016, Rn. 4; HK/*Schmidt/Temming* Rn. 1; *Kissel/Mayer* Rn. 5; KK/*Diemer* Rn. 3; Löwe/Rosenberg/*Wickern* Rn. 5; Meyer-Goßner/*Schmitt* Rn. 4.
[11] BeckOK StPO/*Allgayer,* 26. Ed. 1.10.2016, Rn. 5; Meyer-Goßner/*Schmitt* Einl. Rn. 137.
[12] OLG Hamm 28.11.2000 – 2 Ws 292 u. 296/2000, NStZ-RR 2001, 116; OLG Stuttgart 7.12.2015 – 1 Ws 202/15, BeckRS 2016, 00926: Entscheidung über den Bestand eines Ordnungsgeldbeschlusses ist keine Annexentscheidung zur Hauptsachenentscheidung; *Kissel/Mayer* § 122 Rn. 3; *Pfeiffer* Rn. 2; aA (Besetzung im Ordnungswidrigkeitenverfahren wg. § 80a Abs. 1 OWiG mit einem Richter) OLG Köln 27.9.2006 – 1 Ws 30/06, NJW 2006, 3298 (3299); AnwK/*Püschel* Rn. 10; HK/*Schmidt/Temming* Rn. 5; Löwe/Rosenberg/*Wickern* Rn. 9; Meyer-Goßner/*Schmitt* Rn. 8.

ist zu einer Abänderung nicht befugt, § 311 Abs. 3 S. 1 StPO.[13] § 311 Abs. 3 S. 2 StPO bleibt jedoch unberührt.

Bei verhängter Ordnungshaft ist eine Beschwerde dem Beschwerdegericht unverzüglich **8** vorzulegen; auch insoweit gilt das **Beschleunigungsgebot**.[14] Jedoch begründet allein die drohende vollständige Vollstreckung einer angeordneten Ordnungshaft für sich allein keine Pflicht zum sofortigen Tätigwerden.[15]

4. Aufschiebende Wirkung. Die Beschwerde hat nur im Falle des § 180 aufschiebende **9** Wirkung, § 181 Abs. 2. Jedoch kann – sowohl vom Ausgangs- wie vom Beschwerdegericht – eine **Anordnung nach § 307 Abs. 2 StPO** getroffen werden.[16] Die Vollstreckung des festgesetzten Ordnungsmittels macht die Beschwerde nicht gegenstandslos, Ziel ist sodann die Feststellung der Rechtswidrigkeit.[17]

5. Entscheidung des Beschwerdegerichts. Das Beschwerdegericht kann den festset- **10** zenden Beschluss aufheben, von der Festsetzung absehen (§ 153 StPO analog), mildern, nach verbreiteter Meinung aber nicht verschärfen.[18] Indes trifft das Beschwerdegericht iRd § 181 eine **eigene Ermessensentscheidung**.[19] Daher ist der Gegenauffassung zuzustimmen, wonach ein Ordnungsmittelbeschluss auf die Beschwerde des Betroffenen – mangels gesetzlicher Anordnung der reformatio in peius insoweit – auch zu seinem Nachteil abgeändert werden kann.[20]

Hat die Beschwerde Erfolg, sind die dem Beschwerdeführer entstandenen notwendigen **11** Auslagen analog § 467 Abs. 1 StPO der Staatskasse aufzuerlegen.[21] Eine Entschädigung für etwaig bereits erlittene Ordnungshaft im Falle der Aufhebung ist gesetzlich, insbes. in § 2 StrEG, nicht vorgesehen.[22] Bei erfolgloser Beschwerde hat der Beschwerdeführer die **Kosten des Beschwerdeverfahrens** zu tragen, § 473 Abs. 1 S. 1 StPO, § 1 Abs. 4 iVm Abs. 1 S. 1 Nr. 5 GKG.[23]

§ 182 [Protokollierung]

Ist ein Ordnungsmittel wegen Ungebühr festgesetzt oder eine Person zur Ordnungshaft abgeführt oder eine bei der Verhandlung beteiligte Person entfernt wor-

---

[13] BeckOK StPO/*Allgayer,* 26. Ed. 1.10.2016, Rn. 6; Löwe/Rosenberg/*Wickern* Rn. 3; Meyer-Goßner/*Schmitt* Rn. 1; aA HK/*Schmidt/Temming* Rn. 2: „Ein effektiver Rechtsschutz in solchen Fällen, in denen die Ordnungshaft bereits vollstreckt wird, gebietet über den Wortlaut von § 311 StPO hinaus die Möglichkeit der Abhilfe".
[14] BGH 4.9.2001 – 5 StR 92/01, BGHSt 47, 105 = NJW 2001, 3275 (3276); Meyer-Goßner/*Schmitt* § 178 Rn. 17.
[15] BGH 4.9.2001 – 5 StR 92/01, BGHSt 47, 105 = NJW 2001, 3275 (3276); *Böttcher* NStZ 2002, 146.
[16] BGH 4.9.2001 – 5 StR 92/01, BGHSt 47, 105 = NJW 2001, 3275 (3276); AnwK/*Püschel* Rn. 9; BeckOK StPO/*Cirener* StPO § 307 Rn. 5.1; HK/*Schmidt/Temming* Rn. 2; enger nur auf das Beschwerdegericht bezogen BeckOK StPO/*Allgayer,* 26. Ed. 1.10.2016, Rn. 8; *Kissel/Mayer* Rn. 11; KK/*Diemer* Rn. 4; Löwe/Rosenberg/*Wickern* Rn. 12; Meyer-Goßner/*Schmitt* Rn. 1; SSW/*Quentin* Rn. 4.
[17] OLG Celle 17.1.2012 – 1 Ws 504/11, NStZ-RR 2012, 119; BeckOK StPO/*Allgayer,* 26. Ed. 1.10.2016, Rn. 2; HK/*Schmidt/Temming* Rn. 8; *Kissel/Mayer* Rn. 9, 18; KK/*Diemer* Rn. 4; Löwe/Rosenberg/*Wickern* Rn. 4; Meyer-Goßner/*Schmitt* Rn. 3.
[18] AnwK/*Püschel* Rn. 11; HK/*Schmidt/Temming* Rn. 7; *Katholnigg* Rn. 6; *Kissel/Mayer* Rn. 15; Löwe/Rosenberg/*Wickern* Rn. 13; Meyer-Goßner/*Schmitt* Rn. 6; *Pfeiffer* Rn. 3; Radtke/Hohmann/*Otte* Rn. 8; SSW/*Quentin* Rn. 5.
[19] OLG Celle 17.1.2012 – 1 Ws 504/11, NStZ-RR 2012, 119; KK/*Diemer* Rn. 5; Löwe/Rosenberg/ *Wickern* Rn. 11; *Rinio* StV 2015, 681 (681 f.).
[20] OLG Hamburg 7.11.2014 – 1 Ws 117/14, StV 2015, 680; BeckOK StPO/*Allgayer,* 26. Ed. 1.10.2016, Rn. 9.
[21] OLG Nürnberg 14.3.2013 – 1 Ws 102/13, StraFo 2013, 213; HK/*Schmidt/Temming* Rn. 9; Löwe/ Rosenberg/*Wickern* Rn. 15; Meyer-Goßner/*Schmitt* Rn. 7; SSW/*Quentin* Rn. 6.
[22] BeckOK StPO/*Allgayer,* 26. Ed. 1.10.2016, Rn. 11; *Kissel/Mayer* Rn. 18; KK/*Diemer* Rn. 4; Löwe/ Rosenberg/*Wickern* Rn. 16; Meyer-Goßner/*Schmitt* Rn. 3; Radtke/Hohmann/*Otte* Rn. 8.
[23] OLG Hamm 6.10.2016 – 4 Ws 308/16, BeckRS 2016, 18070; BeckOK StPO/*Allgayer,* 26. Ed. 1.10.2016, Rn. 10; HK/*Schmidt/Temming* Rn. 9; Löwe/Rosenberg/*Wickern* Rn. 15; Meyer-Goßner/*Schmitt* Rn. 7; aA SSW/*Quentin* Rn. 6; SK/*Velten* Rn. 3 jew. wohl versehentlich unter Außerachtlassung der Neufassung des § 1 GKG.

den, so ist der Beschluß des Gerichts und dessen Veranlassung in das Protokoll aufzunehmen.

I. Überblick

1 § 182 regelt für die Fälle der §§ 177, 178 einen – insoweit § 273 StPO ersetzenden – **Protokollierungszwang,** spart dabei indes die Entfernung einer bei der Verhandlung nicht beteiligten Person aus.[1] Die Norm dient der Sicherstellung einer möglichst umfassenden und von Erinnerungslücken freien, objektiven Dokumentation der Vorgänge, die zur Festsetzung eines Ordnungsmittels geführt haben.[2] Sowohl der gefasste, zu verkündende Beschluss wie auch dessen Veranlassung sind – **getrennt** – in das Protokoll aufzunehmen.[3]

II. Erläuterung

2 **1. Veranlassung.** Der dem Ordnungsmittelbeschluss zugrunde liegende Sachverhalt muss so detailliert dargestellt werden, dass das Beschwerdegericht die Berechtigung des verhängten Ordnungsmittels prüfen kann, insbes. ob ein Ungehorsam/eine Ungebühr vorlag.[4] Die Niederschrift muss ein **so deutliches Bild von dem Vorgang** (ggf. samt relevanter Vorgeschichte und Gewährung rechtlichen Gehörs[5]) geben, dass der Grund und die Höhe der Sanktion idR ohne Weiteres nachzuprüfen sind.[6] Bspw. sind Art und Umfang eines Dazwischenredens iRv § 178 (möglichst wortgetreu) zu protokollieren, allein die Tatsache, dass dazwischengeredet wurde, genügt nicht.[7] Dienstliche Erklärungen oder sonstige Beweiserhebungen vermögen bestehende Protokollierungslücken ebenso wenig auszufüllen wie die Beschlussbegründung.[8] Allerdings können Einwendungen des Betroffenen durch dienstliche Erklärungen oder Zeugenaussagen überprüft werden.[9] § 274 StPO gilt insoweit nicht.[10]

3 **2. Beschluss.** Der Ordnungsmittelbeschluss muss gem. § 34 StPO **mit Gründen versehen** werden. Die Zuständigkeit richtet sich nach §§ 177 S. 2, 178 Abs. 2. Steht fest, dass die Gründe für den Betroffenen außer Zweifel standen und ermöglicht das Protokoll dem Beschwerdegericht ohne eigene Erhebungen die volle Nachprüfung, so schadet eine fehlende Begründung ausnahmsweise nicht.[11]

§ 183 [Straftaten in der Sitzung]

[1]Wird eine Straftat in der Sitzung begangen, so hat das Gericht den Tatbestand festzustellen und der zuständigen Behörde das darüber aufgenommene Protokoll mitzuteilen. [2]In geeigneten Fällen ist die vorläufige Festnahme des Täters zu verfügen.

---

[1] BeckOK StPO/*Allgayer,* 26. Ed. 1.10.2016, Rn. 1; Meyer-Goßner/*Schmitt* Rn. 1 f.; SSW/*Quentin* Rn. 1.
[2] OLG Karlsruhe 3.8.2016 – 11 W 75/16, BeckRS 2016, 15375; *Kissel/Mayer* Rn. 2; Löwe/Rosenberg/*Wickern* Rn. 3.
[3] OLG Hamm 8.7.2008 – 4 Ws 172/08, NStZ-RR 2009, 183 (184); OLG Karlsruhe 3.8.2016 – 11 W 75/16, BeckRS 2016, 15375; Löwe/Rosenberg/*Wickern* Rn. 10; SSW/*Quentin* Rn. 2.
[4] OLG Nürnberg 14.3.2013 – 1 Ws 102/13, StraFo 2013, 213; KK/*Diemer* Rn. 1; Meyer-Goßner/*Schmitt* Rn. 1.
[5] Vgl. hierzu OLG Bamberg 1.10.2012 – 1 Ws 625/12, StraFo 2013, 292; SSW/*Quentin* Rn. 2.
[6] OLG Zweibrücken 15.12.2004 – 3 W 199/04, NJW 2005, 611; OLG Nürnberg 14.3.2013 – 1 Ws 102/13, StraFo 2013, 213; BeckOK StPO/*Allgayer,* 26. Ed. 1.10.2016, Rn. 2; *Kissel/Mayer* Rn. 2 f.; Löwe/Rosenberg/*Wickern* Rn. 4, 10.
[7] OLG Nürnberg 14.3.2013 – 1 Ws 102/13, StraFo 2013, 213; vgl. auch OLG Karlsruhe 14.2.1997 – 14 W 1/97, NJW-RR 1998, 144; OLG Zweibrücken 15.12.2004 – 3 W 199/04, NJW 2005, 611 (612); HK/*Schmidt/Temming* Rn. 2; KK/*Diemer* Rn. 1.
[8] OLG Nürnberg 14.3.2013 – 1 Ws 102/13, StraFo 2013, 213; HK/*Schmidt/Temming* Rn. 3; *Kissel/Mayer* Rn. 4 ff.; Löwe/Rosenberg/*Wickern* Rn. 8 f.; Meyer-Goßner/*Schmitt* Rn. 1 f.; aA *Foth* JR 2002, 257 (257 f.).
[9] BeckOK StPO/*Allgayer,* 26. Ed. 1.10.2016, Rn. 3; HK/*Schmidt/Temming* Rn. 2; KK/*Diemer* Rn. 1; Löwe/Rosenberg/*Wickern* Rn. 7.
[10] HK/*Schmidt/Temming* Rn. 3; KK/*Diemer* Rn. 1; Löwe/Rosenberg/*Wickern* Rn. 6.
[11] OLG Hamm 8.7.2008 – 4 Ws 172/08, NStZ-RR 2009, 183 (184); OLG Celle 21.7.2011 – 2 Ws 166/11, NStZ 2012, 592; OLG Celle 17.1.2012 – 1 Ws 504/11, NStZ-RR 2012, 119; HK/*Schmidt/Temming* Rn. 3; KK/*Diemer* Rn. 1; Löwe/Rosenberg/*Wickern* Rn. 12; Meyer-Goßner/*Schmitt* Rn. 4.

Schrifttum: *Nierwetberg*, Strafanzeige durch das Gericht, NJW 1996, 432; *Popp*, Strafvereitelung durch Schweigen – der Zeuge als Garant für die Verwirklichung straf- und maßregelrechtlicher Sanktionierungsbefugnisse?, JR 2014, 418.

Übersicht

	Rn.		Rn.
I. Überblick	1, 2	2. Pflicht zur Tatbestandsfeststellung und Protokollmitteilung	6
1. Normzweck	1	3. Das Gericht	7
2. Anwendungsbereich	2	4. Vorläufige Festnahme	8, 9
II. Erläuterung	3–12	5. Besorgnis der Befangenheit	10, 11
1. Straftat in der Sitzung	3–5	6. Nr. 136 RiStBV	12

I. Überblick

1. Normzweck. § 183 erweitert den Aufgabenbereich der Sitzungspolizei, indem er 1
dem Gericht auferlegt, in dem besonders befriedeten Bereich einer Sitzung begangene Straftaten selbst festzustellen und bei entsprechender Überzeugung vom Vorliegen einer solchen Straftat den zugehörigen Tatbestand niederzulegen und das hierüber gefertigte Protokoll der StA als der zur Verfolgung zuständigen Behörde mitzuteilen. § 183 dient dabei vor allem der **Beweissicherung,** zum anderen aber auch der Glaubwürdigkeit der Justiz, wonach gleichsam generalpräventiv sichergestellt werden soll, dass Straftaten „vor den Augen der Justiz" auch entsprechende Folgen zeitigen.[1] Die StA ist an die Einschätzung des übersendenden Gerichts selbstredend nicht gebunden, und zwar weder positiv (im Sinne einer zwingenden oder indizierten Festlegung auf ein strafbares Verhalten) noch negativ (im Sinne einer fehlenden strafrechtlichen Relevanz bei unterbliebener Mitteilung). Vielmehr hat die StA die Beurteilung des Verdachtsgrads durch das Ausgangsgericht selbständig zu überprüfen und – ggf. nach erforderlichen Nachermittlungen (insbes. Beschuldigtenvernehmung) – abschließend zu bewerten.

2. Anwendungsbereich. § 183 gilt nicht nur originär für Straf- und Zivilgerichte, son- 2
dern auch für diejenigen **Gerichtsbarkeiten,** deren Verfahrensordnungen auf die sitzungspolizeilichen Vorschriften des GVG Bezug nehmen.[2] Auf **Ordnungswidrigkeiten** bezieht sich § 183 nicht, weil dieser spezifisch auf Straftaten abzielt und § 46 Abs. 1 OWiG insoweit nicht durchgreift.[3]

II. Erläuterung

1. Straftat in der Sitzung. Sitzung ist die **öffentliche oder nicht öffentliche** 3
Gerichtsverhandlung im Gerichtsgebäude, am Augenscheinsort oder in einer Privatwohnung. Sie erfasst auch kurze Sitzungspausen sowie die Zeiträume unmittelbar vor und nach der Verhandlung.

Bei Amtshandlungen **außerhalb der Sitzung** (§ 180) wird § 183 zT für entsprechend 4
anwendbar gehalten.[4] Dem ist jedoch schon deshalb nicht zuzustimmen, weil durch § 183 eine für §§ 258, 258a, 13 StGB zumindest nicht vollkommen irrelevante Pflicht zur Unterrichtung der Strafverfolgungsbehörden statuiert wird.[5] Verpflichtungen nach anderen Vorschriften, etwa § 116 Abs. 1 AO, bleiben unberührt.

---

[1] *Nierwetberg* NJW 1996, 432.
[2] Umstr., vgl. *Nierwetberg* NJW 1996, 432 (433); Löwe/Rosenberg/*Wickern* Rn. 2 mwN.
[3] *Kissel/Mayer* Rn. 1; Löwe/Rosenberg/*Wickern* Rn. 4; Meyer-Goßner/*Schmitt* Rn. 3.
[4] Meyer-Goßner/*Schmitt* Rn. 1.
[5] Vgl. BGH 30.4.1997 – 2 StR 670/96, BGHSt 43, 82 = NStZ 1997, 597 (598) mAnm *Rudolphi*; extensiv LK-StGB/*Walter* StGB § 258 Rn. 103; zutr. restriktiv *Popp* JR 2014, 418 (422); SSW-StGB/*Jahn* StGB § 258 Rn. 22a: Pflicht muss zusätzlich gerade der Durchsetzung des staatlichen Sanktionenanspruchs dienen/den Täter gerade auf den Schutz des staatlichen Sanktionenanspruchs verpflichten.

5 **„Straftat"** ist umfassend zu verstehen und meint **jede Handlung, welche tatbestandsmäßig, rechtswidrig und schuldhaft ein Strafgesetz erfüllt,** unabhängig davon, ob eine Störung der Ordnung in der Sitzung vorliegt, ein Privatklage- oder Antragsdelikt betroffen ist oder eine Einstellung durch die StA zu erwarten steht.[6] § 183 bezieht sich auch auf potentielle Straftaten von Richtern, Staatsanwälten und Rechtsanwälten. Insbes. bei Letzteren ist jedoch deren Stellung als Organ der Rechtspflege zu beachten und eine über die Feststellung hinausgehende Bloßstellung – wie eigentlich generell – zu vermeiden.

6 **2. Pflicht zur Tatbestandsfeststellung und Protokollmitteilung.** Ist die Straftat in der Sitzung begangen, setzt S. 1 eine **doppelte Pflicht:** Tatbestandsfeststellung im Sitzungsprotokoll und Übersendung desselben an die StA. Dem Gericht kommt keine Pflicht zu Ermittlungen über das Ob des Vorliegens einer Straftat zu.[7] Ein Recht zur Durchsuchung wird durch § 183 nicht eingeräumt,[8] es sei denn die Straftat steht in einem Zusammenhang mit der verhandelten Sache dergestalt, dass eine Durchsuchung nach § 103 StPO in Betracht kommt.

7 **3. Das Gericht.** Urkundspersonen sind der Vorsitzende und der Urkundsbeamte der Geschäftsstelle, § 271 Abs. 1 S. 1 StPO. **§ 183 S. 1 wendet sich ausdrücklich an das Gericht.** Ein Antrag des ggf. anwesenden StA ist keine Voraussetzung für § 183.[9] Soweit eine Straftat des als Einzelrichter verhandelnden Vorsitzenden im Raum steht, gelangt § 183 nicht zur Anwendung.[10] Arg.e nemo tenetur se ipsum accusare besteht für ihn keine Pflicht, Beweismittel gegen sich selbst zu beschaffen. Eine Diskussion über die Protokollierung mutmaßlicher strafrechtlicher Verfehlungen von Richtern (selbst bei Kollegialgerichten, bei denen § 271 Abs. 2 S. 1 StPO eingriffe) ist nicht zielführend. Eine Klärung sollte – vermittelt durch die Verfahrensrüge auf einen etwaig abgelehnten Befangenheitsantrag – dem Revisionsverfahren vorbehalten bleiben.

8 **4. Vorläufige Festnahme.** Die Verfügung der vorläufigen Festnahme gem. S. 2 erfolgt ebenfalls durch das Gericht.[11] Es handelt sich bei S. 2 um eine **ausdrückliche Ermächtigung zur vorläufigen Festnahme,** wobei die Festnahmegründe des § 127 Abs. 2 StPO analog für das Gericht gelten.[12] Soweit an der Verhandlung ein StA teilnimmt, bleiben dessen Befugnisse unberührt (vgl. Nr. 136 RiStBV). Weil das Gericht in diesem Verfahrensstadium hierfür regelmäßig (ggf. auch nur geschäftsverteilungsmäßig[13]) nicht zuständig ist, kann es idR keinen Haftbefehl erlassen.[14]

9 **Für das weitere Verfahren gilt § 128 StPO.** Zu beachten ist jedenfalls die Notwendigkeit einer gewissen **Koordination zwischen StA und Gericht.** Der StA darf durch eine etwaige Aktion nicht in die Sitzungsgewalt des Gerichts (welche auch bei unterbrochener Sitzung im Grunde fortbesteht) eingreifen, wohingegen ohne entsprechenden Haftantrag der StA gem. § 125 Abs. 1 StPO kein Haftbefehl ergehen kann, so dass bei entsprechend sicherer Weigerung des zuständigen StA, einen Haftantrag zu stellen, auch keine vorläufige Festnahme durch das Gericht gem. § 183 S. 2 erfolgen sollte.

10 **5. Besorgnis der Befangenheit.** Die Erstattung einer Strafanzeige gegen einen Verfahrensbeteiligten oder deren Ankündigung durch den Richter rechtfertigt grds. nicht die

---

[6] Löwe/Rosenberg/*Wickern* Rn. 3.
[7] *Niewetberg* NJW 2008, 1095.
[8] Löwe/Rosenberg/*Wickern* Rn. 5.
[9] *Kissel/Mayer* Rn. 5; Löwe/Rosenberg/*Wickern* Rn. 6; Meyer-Goßner/*Schmitt* Rn. 1.
[10] *Niewetberg* NJW 2008, 1095.
[11] *Kissel/Mayer* Rn. 6.
[12] MüKoZPO/*Zimmermann* Rn. 8; Löwe/Rosenberg/*Wickern* Rn. 8; aA BeckOK StPO/*Allgayer*, 26. Ed. 1.10.2016, Rn. 2: „Rechtsgrundlage für eine Festnahme ist nicht S. 2, sondern § 127 StPO."
[13] Beachte hierzu aber auch § 22d, der indes die Anfechtbarkeit wegen Fehlbesetzung nicht ausschließt, vgl. *Kissel/Mayer* § 22d Rn. 2 f.; KK/*Barthe* § 22d Rn. 1.
[14] AnwK/*Püschel* Rn. 6; HK/*Schmidt/Temming* Rn. 2; *Kissel/Mayer* Rn. 6; Löwe/Rosenberg/*Wickern* Rn. 8; Meyer-Goßner/*Schmitt* Rn. 2.

Besorgnis der Befangenheit, weil das Gesetz selbst die Erstattung einer Anzeige durch das Gericht ermöglicht (vgl. § 149 ZPO) und in den Fällen des § 183 sogar verlangt. Allerdings kann sich aus den konkreten Umständen, dh der Art und Weise der Anzeigeerstattung oder deren Ankündigung die Besorgnis der Befangenheit ergeben.[15] Ein die **richterliche Objektivität und Neutralität** wahrendes Nachkommen der Pflicht aus § 183 führt damit ebenso wenig zur Besorgnis der Befangenheit wie eine entsprechende Mitteilung von außerhalb der Sitzung bekannt gewordener Straftaten, solange der Richter eine angemessene Form wahrt, den Betroffenen ggf. offen und klar mit seinem Verdacht konfrontiert, um ihm Gelegenheit zur Erklärung zu verschaffen, und für neue Gesichtspunkte offen bleibt.[16]

Wird der feststellende Richter nach der Geschäftsverteilung für die daraufhin von der StA erhobene öffentliche Klage zuständig, ist er nicht zwingend gem. **§ 22 Nr. 5 StPO** von der Ausübung des Richteramtes kraft Gesetzes ausgeschlossen. Schließlich genügt hierfür weder die bloße Möglichkeit einer Vernehmung, noch die Benennung als Zeuge, noch die Ladung als Zeuge; § 22 Nr. 5 StPO setzt nach seinem Wortlaut ausdrücklich voraus, dass die Vernehmung bereits stattgefunden hat.[17] Da jedoch in einem solchen Fall ein Beweisantrag auf förmliche Zeugeneinvernahme (zwar handelt es sich auch insoweit um Wahrnehmungen, die der Richter in seiner amtlichen Eigenschaft machen musste,[18] jedoch beziehen sich diese sodann nicht mehr auf das diesbezüglich anhängige Verfahren) nicht abzulehnen, ggf. sogar durch § 244 Abs. 2 StPO geboten wäre, und einiges dafür spricht, dass ein Richter, welcher selbst unmittelbarer Zeuge einer Straftat ist, die übrigen Beweismittel in genau dieser Sache nicht mehr mit der gleichen Objektivität beurteilen, sollte bereits frühzeitig gem. § 30 StPO verfahren werden.[19]

6. Nr. 136 RiStBV. Der **Sitzungsvertreter der StA** hat gem. Nr. 136 S. 1 RiStBV auf die Protokollierung, so diese nicht von Amts wegen vorgenommen wird, hinzuwirken; dies gilt bereits bei einem begründeten Anfangsverdacht.[20] Von der in Nr. 136 S. 2 RiStBV genannten vorläufigen Festnahme sollte nur sehr restriktiv Gebrauch gemacht werden, da häufig kein Haftgrund vorliegen wird; **apokryphe Haftgründe** sind zu vermeiden.[21]

---

[15] BVerfG 25.7.2012 – 2 BvR 615/11, BVerfGK 20, 27 = NJW 2012, 3228 (3229).
[16] *Nierwetberg* NJW 1996, 432 (435 f.).
[17] BeckOK StPO/*Cirener* StPO § 22 Rn. 31; Meyer-Goßner/*Schmitt* StPO § 22 Rn. 20.
[18] Vgl. hierzu BGH 28.1.1998 – 3 StR 575/96, NStZ 1998, 524 (526).
[19] Vgl. auch Löwe/Rosenberg/*Wickern* Rn. 10.
[20] BeckOK StPO/*Temming* RiStBV Nr. 136 Rn. 2.
[21] BeckOK StPO/*Temming* RiStBV Nr. 136 Rn. 5.

Fünfzehnter Titel. Gerichtssprache

§ 184 [Gerichtssprache Deutsch]

¹Die Gerichtssprache ist deutsch. ²Das Recht der Sorben, in den Heimatkreisen der sorbischen Bevölkerung vor Gericht sorbisch zu sprechen, ist gewährleistet.

Schrifttum: *Armbrüster*, Englischsprachige Zivilprozesse vor deutschen Gerichten, ZRP 2011, 102; *Beaumont*, Zur Frage gerichtlicher Entscheidungen in Gedichtform, NJW 1989, 372; *Elicker*, Sprachloyalität als Rechtsgebot?, ZRP 2002, 415; *Dreesen/Hoffmann*, Sprache als immanenter Teil der Rechtsordnung, KritV 2011, 194; *Eschelbach*, Verwendung fremdsprachiger Urkunden in öffentlichen Klagen, HRRS 2007, 466; *Ewer*, Das Öffentlichkeitsprinzip – ein Hindernis für die Zulassung von Englisch als konsensual-optionaler Gerichtssprache, NJW 2010, 1323; *Greßmann*, Strafbefehlsverfahren mit Auslandsberührung, NStZ 1991, 216; *Handschell*, Die Vereinbarkeit von Englisch als Gerichtssprache mit dem Grundgesetz und europäischem Recht, DRiZ 2010, 395; *Hülle*, Entwicklungsstufen unserer Gerichtssprache, JuS 1990, 526; *Hattenhauer*, Zur Zukunft des Deutschen als Sprache der Rechtswissenschaft, JZ 2000, 545; *Hennemann*, Die Gerichtssprache ist Deutsch oder der Rotlauf der Justiz, NZA 1999, 413; *Hoffmann/Mildeberger*, Die Vernehmung eines Beschuldigten in ausländischer Sprache, StraFo 2004, 112; *Kulhanek*, Die Sprach- und Ortsfremdheit von Beschuldigten im Strafverfahren, im Erscheinen, 2018; *Mäder*, Sprache und Recht: Minderheitenschutzrecht in Deutschland, JuS 2000, 1150; *Meyer*, „Die Gerichtssprache ist deutsch" – auch für Ausländer?, ZStW 93 (1981), 507; *Müller-Piepenkötter*, Englisch als Gerichtssprache, DRiZ 2010, 2; *Neidhart*, Gerichtssprache Deutsch in Europa, DAR 2014, 611; *Prütting*, In Englisch vor deutschen Gerichten verhandeln?, AnwBl. 2010, 113; *Schneider*, Deutsch als Gerichtssprache, MDR 1979, 534; *Weith*, Gerichtssprachenproblematik im Straf- und Bußgeldverfahren, 1992; *v. Westphalen*, Die Gerichtssprache ist nicht mehr nur deutsch, AnwBl. 2009, 214.

Übersicht

	Rn.		Rn.
A. Allgemeines	1–7	I. Gerichtssprache (S. 1)	8–15
I. Einordnung	1–7	1. (Deutsche) Sprache	8–11
1. Zweck der Vorschrift	2, 3	2. Gericht	12–15
2. Höherrangige Rechte	4–6	a) Personeller Anwendungsbereich	12
3. Disponibilität	7	b) Sachlicher Anwendungsbereich	13–15
B. Erläuterung	8–16	II. Sonderrecht der Sorben, S. 2	16

A. Allgemeines

I. Einordnung

1 S. 1 legt eine **einheitliche Verständigungsform** vor deutschen Gerichten fest, nämlich die deutsche Sprache. S. 2 wurde als Sonderregelung für die Minderheit der Sorben im Zuge der Bereinigung des Bundesrechts angefügt (→ Rn. 16). Die Vorschrift steht an der Spitze des Fünfzehnten Titels der Regelungen zur Gerichtssprache. Die ihr folgenden Vorschriften (§§ 186–191a) haben die „Konsequenzen" der in S. 1 enthaltenen Regelung zum Gegenstand. § 184 kommt über Verweisungsvorschriften auch **in anderen Gerichtsbarkeiten** zur Anwendung, vgl. etwa § 9 ArbGG, § 55 VwGO, § 520 FGO, § 61 SGG.[1] Die prägnante Formulierung gibt scheinbar Selbstverständliches wieder,[2] doch wirft die Vorschrift – jedenfalls im Zusammenspiel mit den Vorschriften der Hinzuziehung eines Dolmetschers – zahlreiche Fragen auf, deren Beantwortung von prozessökonomischen, aber auch soziokultureller Faktoren beeinflusst wird (hierzu noch → § 185 Rn. 9).[3]

---

[1] Löwe/Rosenberg/*Wickern* Vor § 184 Rn. 1; Zur Nichtanwendbarkeit auf Verfahren zur Erteilung europäischer Patente BGH 3.11.1987 – X ZR 27/86, BGHZ 102, 118 = NJW 1988, 1464. Zur Durchbrechung durch internationale Rechtsakte SSW/*Rosenau* Rn. 9.

[2] *Weith* Gerichtssprachenproblematik S. 1.

[3] Vgl. *Weith* Gerichtssprachenproblematik S. 17 ff., der aufzeigt, dass § 184 vor dem Zeitalter der Migration praktisch kaum eine Rolle spielte.

1. Zweck der Vorschrift. Die Anordnung in S. 1 war bereits in der Urfassung des GVG 1877[4] – damals noch mit nationalstaatlichem Hintergrund[5] – enthalten. Freilich wird die Vorschrift heute weniger mit der Tradition und Aufrechterhaltung der deutschen Sprache als „Rechtsprache" begründet.[6] Vielmehr wird betont, dass nur bei einer einheitlichen Verständigungsform ein reibungsloser Prozessverlauf gewährleistet sei.[7] Die Verwendung einer einheitlichen Sprache vereinfacht den Erkenntnisprozess. Sie ist somit nicht nur prozessökonomisch, sondern dient auch der **Wahrheitsfindung**.[8]

Zwar existieren zahlreiche Sonderregelungen, die für bestimmte Verwaltungsverfahren Bestimmungen über die Behandlung und die Wirksamkeit fremdsprachiger Eingaben zum Gegenstand haben (vgl. etwa § 9 FGG, § 12 Abs. 5a ArbGG, § 126 S. 2 PatG, §§ 23 Abs. 2–4 VwVfG, §§ 19 Abs. 2–4 SGB X, 87 Abs. 2–4 AO, § 8 Abs. 4 AsylVfG), doch sind diese nicht als Ausfluss **allgemeiner Rechtsprinzipien** anzusehen.[9]

2. Höherrangige Rechte. Die Vorschrift bezweckt selbstverständlich nicht die **Benachteiligung** „wegen" des Umstands, die deutsche Sprache nicht beherrschen zu können. Eine Verstoß gegen das Diskriminierungsverbot (Art. 3 Abs. 3 GG) stellt die Festlegung auf die deutsche Sprache somit nicht dar.[10] Dies ändert jedoch nichts daran, dass sich Ausländer als „zwangsläufige Nebenfolge" ggf. fehlender Sprachkenntnisse erheblich im Nachteil befinden (vgl. hierzu noch → § 185 Rn. 2).[11] Verletzt ein Verfahrensbeteiligter die Vorgabe des § 184, kommuniziert er also in einer anderen Sprache, wird er grundsätzlich nicht gehört.[12] Daher schließen sich der Vorschrift unmittelbar Regelungen an (§§ 185–191a), welche diejenigen Personen betreffen, die sich der Gerichtssprache nicht bedienen können und Instrumente zur Verfügung stellen, mit denen die fehlende Kommunikationsfähigkeit überbrückt werden soll (Dolmetscherhinzuziehung, Übersetzertätigkeit, Gebärdensprache, Höranlagen, Zugänglichmachung von Schriften für blinde oder sehbehinderte Personen).

Damit tragen diese Vorschriften gleich einem ganzen Bündel **höherrangiger Rechte** bzw. **Prozessmaximen** Rechnung, welche durch die fehlende Kommunikationsfähigkeit beeinträchtigt sein könnten.[13] Namentlich sind dies neben dem bereits genannten Art. 3 Abs. 3 GG, der Anspruch auf rechtliches Gehör gem. Art. 103 Abs. 1 GG,[14] effektiven Rechtsschutz gem. Art. 19 Abs. 4 GG,[15] das Prinzip des rechtstaatlichen und fairen Verfahrens gem. Art. 20 Abs. 3, 103 Abs. 1 GG, Art. 5 Abs. 2, Art. 6 Abs. 1, 3 lit. a und e EMRK,[16] vgl. noch → § 185 Rn. 2), wobei insbes. das in Art. 6 Abs. 3 lit. e EMRK genannte Recht auf Dolmetscherleistungen nochmals durch die Richtlinie über das Recht auf Dolmetschleistungen und Übersetzungen in Strafverfahren (2010/64/EU)[17] eine euro-

---

[4] § 186 GVG lautete ursprünglich: „Die Gerichtssprache ist die Deutsche".
[5] Vgl. auch *Hülle* JuS 1990, 526; *Meyer* ZStW 93 (1981), 507; *Weith* Gerichtssprachenproblematik S. 6 ff.; SK/*Frister* Rn. 1.
[6] Zur Bedeutung der deutschen Sprache für die Rechtskultur „unbeschadet der Konzentration der Kautelarjurisprudenz auf das Englische" *Hattenhauer* JZ 2000, 545 sowie *Elicker* ZRP 2002, 415. Zur historischen Entwicklung der Gerichtssprache *Hülle* JuS 1990, 526.
[7] BVerfG 25.9.1985 – 2 BvR 881/85, NVwZ 1987, 785; Radtke/Hohmann/*Otte* Rn. 1.
[8] Löwe/Rosenberg/*Wickern* Vor § 184 Rn. 2; *Eschelbach* HRRS 2007, 466.
[9] BGH 14.7.1981 – 1 StR 815/80, BGHSt 30, 182 = NJW 1982, 532.
[10] Vgl. auch BVerfGE 39, 334 (368) = NJW 1975, 1641.
[11] BVerfG 25.9.1985 – 2 BvR 881/85, BeckRS 9998, 91025.
[12] Ausnahme § 185 Abs. 2.
[13] Zutr. SSW-StPO/*Rosenau* Rn. 1: „nicht nur bloße Ordnungsvorschrift".
[14] *Kissel/Mayer* Rn. 1; *Weith* Gerichtssprachenproblematik S. 37. Letztlich ist auch der Öffentlichkeitsgrundsatz (§ 169 GVG) berührt, nämlich im Hinblick auf alle Sprachunkundigen, die – selbst wenn sie der Verhandlung beiwohnten – diese nicht nachvollziehen könnten, vgl. auch SSW-StPO/*Rosenau* Rn. 1.
[15] Löwe/Rosenberg/*Wickern* Vor § 184 Rn. 3.
[16] Ausführlich Löwe/Rosenberg/*Wickern* Vor § 184 Rn. 3 f., unter Bezugnahme auf Art. 14 Abs. 3 lit. a und f des IPBPR, Art. 105 Abs. 4 der Genfer Abkommens von 12.8.1949 über die Behandlung der Kriegsgefangenen, § 11 des Gesetzes über die Rechtsstellung heimatloser Ausländer, Art. VII Abs. 9 lit. f des Nato-Truppenstatuts und Art. 9 GrCh. Bezug nimmt.
[17] Richtlinie 2010/64/EU des Europäischen Parlaments und des Rates vom 20.10.2010 über das Recht auf Dolmetschleistungen und Übersetzungen in Strafverfahren, zum Einfluss des Unionsrechts umfassend *Kulhanek*, Sprach- und Ortsfremdheit (im Erscheinen).

parechtliche „Grundierung" erfahren hat. Sie schützen selbstverständlich auch denjenigen Beschuldigten oder sonstigen Prozessbeteiligten, der zwar selbst die Gerichtssprache beherrscht, aber von fremdsprachigen Beweismitteln (Zeugen, Schriftstücken) insofern betroffen ist, als diese die Urteilsfällung beeinträchtigen könnten. Diese den **Sprachkundigen beschützende Dimension** der Dolmetscherhinzuziehung gerät leicht aus dem Blick (vgl. noch → § 185 Rn. 14).

6   Freilich hat die Festlegung auch Auswirkung auf das berücksichtigungsfähige Vorbringen und gerät damit in Kollision mit der **Aufklärungsmaxime** (deren Stellenwert in Zeiten des § 257c StPO in Frage gestellt ist). Würde man einen prinzipiellen Vorrang des Untersuchungsgrundsatzes annehmen, müssten fremdsprachige Eingaben des Beschuldigten bzw. Angeklagten jedenfalls dann Berücksichtigung finden, wenn sie die Rekonstruktion des Tatgeschehens betreffen. Derartige „mittelbar einschränkende Wirkungen" des § 244 Abs. 2 StPO in Bezug auf § 184 sind in der Rechtsprechung bereits anerkannt (vgl. noch → § 185 Rn. 24, 71).

7   **3. Disponibilität.** Die absolute Formulierung sowie die historisch bedingte Ausnahme in Satz 2 deuten darauf hin, dass es sich um eine **zwingende,** nicht der Disposition der Verfahrensbeteiligten unterstehende Vorschrift handelt.[18] Dennoch wird gerade (auch unter Hinweis auf § 185 Abs. 2,[19] vgl. dort → § 185 Rn. 65) innerhalb von Rechtsmaterien mit „supranationalem Einschlag" (internationales Privat- und Handelsrecht) häufiger die Modifikation des § 184 – zumindest de lege ferenda – ins Spiel gebracht.[20] Hingegen steht im Strafprozessrecht eine internationale Gerichtssprache noch nicht auf der rechtspolitischen Agenda, was auch darauf zurückzuführen ist, dass die (europarechtliche bzw. internationale) Bedeutung noch nicht derart groß ist, als die Einführung einer gemeinsamen Gerichtssprache (Englisch) angezeigt bzw. zweckmäßig wäre.[21] Freilich dient § 184 in erster Linie der Rechtspflege, sodass zumindest teleologisch eine flexible Handhabung (in Form einer weniger strengen Handhabung gerade im Strafprozess) durch das Gericht möglich und wünschenswert ist, soweit die „Ressourcen" dies zulassen (zur „verfahrensrechtsspezifischen" Auslegung des § 185 wiederum noch ausführlich dort → § 185 Rn. 4).[22]

---

[18] So auch RG 8.5.1933 – 10 TB. 107/31, RGSt 67, 221; BGH 14.7.1981 – 1 StR 815/80, BGHSt 30, 182 = NJW 1982, 532; vgl. auch BeckOK StPO/*Walther* Rn. 1; KK/*Diemer* Rn. 1; HK/*Schmidt/Temming* Rn. 1.

[19] Freilich handelt es sich bei § 185 Abs. 2 – bereits aus der systematischen Stellung ersichtlich – nicht um eine Ausnahme von der Gerichtssprache, sondern von der Ausnahme der Erforderlichkeit der Hinzuziehung eines Dolmetschers.

[20] Zu dieser (wieder etwas abgeebbten) Diskussion etwa *Armbrüster* ZRP 2011, 102; *Dreesen/Hoffmann* KritV 2011, 194; *Prütting* AnwBl 2010, 113; *Ewer* NJW 2010, 1323; *Handschell* DRiZ 2010, 395; *Müller-Piepenkötter* DRiZ 2010, 2 sowie *v.Westphalen* AnwBl 2009, 214. Zu einem Pilotprojekt am OLG Köln vgl. http://www.lto.de/recht/hintergruende/h/modellprojekt-in-nrw-lg-koeln-goes-international/ (zuletzt abgerufen am 25.1.2018). Ein entsprechender Gesetzesentwurf, welcher in einem § 184 Abs. 2 GVG-E Englisch für bestimmte Rechtsstreitigkeiten neben Deutsch als weitere Gerichtssprache einführen will (Voraussetzung ist ein Verfahren vor einer Kammer für internationale Handelssachen) wurde bereits vorgelegt, abrufbar unter http://dip21.bundestag.de/dip21/btd/18/012/1801287.pdf (zuletzt abgerufen am 25.1.2018).

[21] So auch SK/*Frister* Rn. 2. Umgekehrt darf aber gerade in diesem Zusammenhang nicht unterschlagen werden, dass va im Bereich der Dolmetscherhinzuziehung stets ein europäischer Mindeststandard angestrebt wurde und dies sich in Gestalt der Richtlinie 2010/64/EU v. 20.10.2010 manifestiert hat. Man könnte also durchaus sagen, dass in Bezug auf ein europäisches Strafverfahrensrecht (neben dem europäischen Haftbefehl) vornehmlich im Bereich des GVG bzw. der Gerichtssprache „Pionierarbeit" geleistet worden ist. Zur Frage, ob das Unionsrecht wiederum eine europaweit einheitliche Sprache erforderlich macht, *Kulhanek,* Sprach- und Ortsfremdheit.

[22] So bereits VGH München 20.2.1975 – 149 VIII 73, NJW 1976, 1048 („beweglichere Auslegung"): „Der Wortlaut der Vorschrift, wonach die Gerichtssprache deutsch ist, besagt, daß das Gericht deutsch schreibt und spricht, dies unter Beachtung des § 185 II GVG allerdings nur grundsätzlich, und daß es außerhalb der mündlichen Verhandlung nicht gezwungen ist, fremdsprachige Anträge entgegenzunehmen (…) Der Wortlaut des § 184 GVG hindert das Gericht nicht, unter dem Gesichtspunkt gegenseitiger Zumutbarkeit und seiner Fürsorgepflicht fremdsprachige schriftliche Anträge, zumal wenn sie fristgebunden sind, doch zuzulassen (…)"; strikter im Ton noch BVerwG BVerwG 14.4.1972 – I B 27.71, BayVbl 1973, 443: „Ein deutsches Gericht ist weder verpflichtet noch berechtigt, sich gegenüber Ausländern einer anderen Sprache zu bedienen."

B. Erläuterung

I. Gerichtssprache (S. 1)

1. (Deutsche) Sprache. § 184 erfordert, dass alle Verfahrenshandlungen – also mit der Tätigkeit des Gerichts verbundenen – Prozesse in deutscher Sprache erfolgen. Diese umfasst auch juristische Fachausdrücke bzw. **Redewendungen aus dem Lateinischen**,[23] soweit es sich um anerkannte Aphorismen der Rechtsprache handelt (etwa dolus directus,[24] conditio sine qua non,[25] animus auctoris).[26] Entsprechend ist auch die Verwendung medizinischer Fachausdrücke, die der lateinischen Sprache entnommen sind, zulässig[27] und geboten, wenn – wie im medizinischen Bereich – Gegenstände der Wissenschaft behandelt werden, die auch von der Allgemeinheit häufig nicht eingedeutscht werden und deren deutsche Benennung nicht die volle Gewähr für die Genauigkeit des damit Gemeinten bietet.[28] In Einzelfällen kann der Rückgriff auf **mathematische Formeln** und Rechenbeispiele erforderlich sein, wenn dies für die Klarheit und Verständlichkeit der Entscheidungsbegründung gegenüber einer Verbalisierung von entscheidendem Nutzen ist.[29] Die **Prosaform** schreibt S. 1 nicht vor,[30] gerade im Strafrecht sollte aber der Tatrichter schon aufgrund des Ernstes der Sache von einer Abfassung des Urteils in Versform absehen, zumal es zweifelhaft erscheint, dass der Tatrichter bei einem gereimten Urteil alle Voraussetzungen des § 267 StPO erfüllen können wird.[31]

8

Der Begriff „deutsch" erfasst nicht ausschließlich das „Hochdeutsch", sondern auch lokale oder regionale Sprachvarietäten (**Dialekte**).[32] Gerade bei Nichtmuttersprachlern hat das Gericht stets zu überprüfen, ob diese den von einem anderen Prozessbeteiligten verwendeten Dialekt verstehen, ggf. unklare Begriffe oder Passagen selbst zu „übersetzen". Handelt es sich um einen besonderen Dialekt, der für Unerfahrene schlicht unverständlich ist, dürfte eine Dolmetscherhinzuziehung unumgänglich sein (in Anbetracht, dass der Beteiligte der deutschen Sprache, nicht aber des Dialekts mächtig ist, wohl nur nach § 185 Abs. 1 analog[33]).

9

Innerhalb besonderer Kriminalitätsformen – insbes. im Wirtschafts-, Kapitalmarkt-, und Steuerstrafrecht – ist der Rückgriff auf **Anglizismen** schon auf tatsächlicher Ebene nicht vollkommen atypisch. Die Verwendung „geflügelter Wörter" bzw. Fachtermini aus dem Wirtschafts- und Bankbereich stellt somit ebenso keinen Verstoß gegen S. 1 dar (Verwen-

10

---

[23] Meyer-Goßner/*Schmitt* Rn. 3; SSW-StPO/*Rosenau* Rn. 6; vgl. hierzu auch die Glosse von *Hennemann* NZA 1999, 413.
[24] OLG Oldenburg 12.8.2008 – Ss 278/08.
[25] BGH 4.9.2014 – 4 StR 473/13, BGHSt 59, 292 = NJW 2015, 96.
[26] Der Rückgriff kommt selbst in der höchstrichterlichen Rechtsprechung seltener vor, als man meinen mag. Selbst bei Theorien, die mit einem lateinischen Begriff pointiert werden („animus auctoris"), ist es nicht selten so, dass der Begriff selbst in der jeweiligen „Referenzentscheidung" – etwa in der „Badewannen"-Entscheidung des Reichsgerichts 19.2.1940 – 3 D 69/40, RGSt 74, 8, wo lediglich vom „Täterwillen" die Rede ist – nicht auftaucht (vom „animus auctoris" ist in der Entscheidungsbegründung die Rede in BGH 11.11.1987 – 2 StR 506/87, NJW 1988, 921 sowie 24.4.1952 – 3 StR 48/52, NJW 1952, 1146 mAnm *Niese*).
[27] BSG 30.4.1975 – 9 RV 276/74, MDR 1975, 697 (Gebrauch von Fremdwörtern und lateinischen Fachausdrücken, die aus ärztlichen Gutachten stammen).
[28] OLG Hamm 22.4.2010 – III-2 RVs 13/10, NStZ-RR 2010, 348.
[29] Hierzu *Groh* MDR 1984, 194 f.; Löwe/Rosenberg/*Wickern* Rn. 4.
[30] Zu Urteilen in Reimform *Beaumont* NJW 1989, 371.
[31] Zudem dürfte ein strafgerichtliches Urteil in Reimform zumindest einen Anknüpfungspunkt für die Besorgnis der Befangenheit des entscheidenden Richters bilden. Erst Recht gilt dies, wenn das Urteil noch nicht gesprochen ist, so etwa im Falle des Erlasses eines Haftbefehls, vgl. AG Darmstadt 4.5.2011 – AZ nicht veröffentlicht, abrufbar unter https://www.haufe.de/recht/kanzleimanagement/dichterjuristen-haftbefehl-in-reimen-und-zoff-im-puff_222_208340.html: „Der Angeklagte macht Verdruss, weil er nicht kommt, doch kommen muss. Und weil er heut ist nicht gekommen, wird in U-Haft er genommen. Zu diesem Zwecke nehmen wir, ein Stück Papier, rot, DIN A4, und sperren ihn dann sofort ein, ins Staatshotel zu Preungesheim."
[32] KK/*Diemer* Rn. 1; SK/*Frister* Rn. 5; Löwe/Rosenberg/*Wickern* § 184 Rn. 2; HK/*Schmidt*/*Temming* Rn. 1; Meyer-Goßner/*Schmitt* Rn. 1; *Schneider* MDR 1979, 534.
[33] SK/*Frister* Rn. 5; SSW-StPO/*Rosenau* Rn. 3.

dung von englischen Bezeichnungen für die durchgeführten Geschäfte, zB „Cross-Border-Leasing", „UK-Lease", „Credit Default Swap", „Collateralized Debt Obligations"). Dies gilt erst Recht, wenn sämtlich relevante Vorgänge schon im konkreten Anklagesatz in deutscher Sprache erläutert werden.[34] Ist die **Anklageschrift** in allen wesentlichen Teilen in Deutsch verfasst, so verstößt es nicht gegen § 184, wenn sie inhaltlich auf in einer fremden Sprache errichteten Urkunde fußt.[35] Die Staatsanwaltschaft ist nicht gehalten, derartige Urkunden (auf die Bezug genommen wurde) in deutscher Übersetzung vorzulegen.[36] Soll aber die Urkunde verlesen – mithin „integraler Bestandteil" der Urteilsfindung – werden, gebietet es die Aufklärungspflicht, sie von einem Sachverständigen übersetzen zu lassen.[37] Dies betrifft insbes. auch Mitschnitte von TKÜ-Maßnahmen, die nicht selten zunächst simultan übersetzt werden (hierzu noch → § 185 Rn. 15).

11 Auch ein durch Computer gefertigter Bußgeldbescheid muß den Anforderungen an eine klare und verständliche Sprache genügen. Erfüllt er diese Voraussetzung nicht, ist er unwirksam.[38]

12 **2. Gericht. a) Personeller Anwendungsbereich.** Es dürfte eine Selbstverständlichkeit darstellen, dass S. 1 nicht nur die „Beteiligten" am Verfahren (Beschuldigter, Verteidiger, Nebenkläger) betrifft, sondern auch diejenigen Personen, deren Tätigkeitsfeld das GVG selbst reguliert. Hierzu zählen zunächst die Mitglieder des Gerichts in ihrer „verfahrensleitenden" Position, mithin die **Richter**.[39] Selbstverständlich müssen sowohl Berufs- als auch Laienrichter der deutschen Sprache mächtig sein. Die fehlende Beherrschung der deutschen Sprache begründet das Fehlen der Eignung zum Schöffenamt und damit die Streichung eines Schöffen von der Schöffenliste.[40] Fehlt einem Richter aufgrund einer Behinderung die Fähigkeit, sich in der Gerichtssprache auszudrücken, gilt nichts anderes (und kann – anders als bei sonstigen Verfahrensbeteiligten, insbes. dem Beschuldigten – auch nicht über die Vorschrift der §§ 185, 186 Abs. 1 „kompensiert" werden).[41] Daneben ist allerdings auch der **Urkundsbeamte der Geschäftsstelle** als Organ der Rechtspflege (§ 153)[42] und die **Staatsanwaltschaft** als Ermittlungsbehörde und „Herrin des Vorverfahrens" angesprochen[43] (und somit auch die **Polizei**[44] als verlängerter Arm der Staatsanwaltschaft).

13 **b) Sachlicher Anwendungsbereich.** Das GVG hat nicht ausschließlich das Hauptverfahren zum Gegenstand. Somit ist natürlich auch der Anwendungsbereich des S. 1 nicht auf die mündliche „Verhandlung" beschränkt (anders bei § 185, vgl. noch dort → § 185 Rn. 33).[45] Dementsprechend betrifft S. 1 alle Verfahrensstadien (auch das Vollstreckungsverfahren[46]) und alle Beteiligten am Prozess, wobei allerdings innerhalb von Verfahrensabschnitten, an denen das Gericht nicht partizipiert (Vernehmung des Beschuldigten durch die Polizei) eine unmittelbare Geltungswirkung des § 184 angezweifelt, jedenfalls die Vernehmung des Beschuldigten in seiner Landessprache (oder einer Universalsprache) für zulässig erachtet wird.[47] Der gesamte **Schriftverkehr** mit dem Gericht hat hingegen grundsätzlich

---

[34] BGH 9.11.2011 – 1 StR 302/11, NStZ 2012, 523.
[35] Meyer-Goßner/*Schmitt* Rn. 3. Vgl. *Eschelbach* HRRS 2007, 466 (468) mit weiteren Beispielen.
[36] BGH 22.7.1980 – 1 StR 804/79; OLG Düsseldorf 19.3.1986 – 1 Ws 182/86, JZ 1986, 508.
[37] Löwe/Rosenberg/*Wickern* Rn. 5; *Eschelbach* HRRS 2007, 466 (469). Siehe auch BGH 29.5.1985 – 2 StR 804/84, NStZ 1985, 466; BGH 9.7.1991 – 1 StR 666/90; BGH 9.11.2011 – 1 StR 302/11, NStZ 2012, 523.
[38] AG Hersbruck 10.7.1984 – OWi 474 Js 62272/84, NJW 1984, 2426.
[39] BGH 26.1.2011 – 2 StR 338/10, NStZ-RR 2011, 349.
[40] LG Berlin 2.11.2005 – 501 Schöff 271/04.
[41] BGH 26.1.2011 – 2 StR 338/10, NStZ-RR 2011, 349.
[42] *Weith* Gerichtssprachenproblematik S. 21 f.
[43] *Weith* Gerichtssprachenproblematik S. 23 f.
[44] *Weith* Gerichtssprachenproblematik S. 24.
[45] Dieser wird in deutscher Sprache geführt, vgl. BeckOK StPO/*Walther* Rn. 2; SSW-StPO/*Rosenau* Rn. 4.
[46] OLG Nürnberg 23.9.1988 – Ws 1115/88, JMBl. NW 1981, 166.
[47] *Hoffmann/Mildeberger* StraFo 2004, 412.

in deutscher Sprache zu erfolgen.[48] Dies führt wiederum zur Frage, wie weit der Anspruch auf Dolmetscher- und Übersetzungsleistungen des der deutschen Sprache nicht mächtigen Beschuldigten/Angeklagten reicht. § 185 betrifft nur die Hinzuziehung des Dolmetschers und verhält sich nicht zum **Schriftverkehr.**

Nach früherer Rechtslage musste der Anspruch auf schriftliche Übersetzungsleistungen **14** verfassungs- bzw. konventionsrechtlich abgeleitet werden (zu dieser Entwicklung noch → § 185 Rn. 7 f.),[49] wobei es dann eine Frage der Auslegung (bzw. Reichweite der verfassungsrechtlichen Garantien) im Einzelfall war, welche Schriftsätze seitens des Gerichts einer Übersetzung vor Zustellung bedurften. Dabei galt der Grundsatz, dass **Eingaben des Beschuldigten** bzw. Angeklagten in fremder Sprache grundsätzlich unbeachtlich sind,[50] während bei Schriften seitens des Gerichts (Ladungen,[51] Rechtsmittelbelehrungen[52]) dem der deutschen Sprache nicht mächtigen Beschuldigten häufiger Zugeständnisse gemacht wurden,[53] auch wenn man selbst diesbezüglich von der Regel ausging, dass Schriften nicht per se in übersetzter Sprache zugestellt bzw. zur Verfügung gestellt werden mussten.[54] Die „zuvorkommenden Tendenzen", die letztlich auf Art. 6 Abs. 3 lit. e EMRK fußten, haben mit Einfügung des § 187 Abs. 1 eine einfach-gesetzliche Konkretisierung erfahren (vgl. dort → § 187 Rn. 31 ff.).

Weniger zuvorkommend hingegen war die Rechtsprechung hinsichtlich der **Eingaben des** **15** **Beschuldigten in fremder Sprache.** Dies mag seinen Ursprung im verfassungsrechtlichen Unterbau der §§ 184 ff. haben, deren einfach-rechtliche Ausformung in erster Linie als „Abwehrrecht" bzw. Kompensation des nicht der deutschen Sprache mächtigen Angeklagten angesehen wird (→ § 185 Rn. 4, 12). Aufgrund der hinter den §§ 184 ff. stehenden Rechtspositionen gerät der Fokus auf die Rolle des Sprachunkundigen bzw. -unfähigen als **„Adressat"**

---

[48] BGH 14.7.1981 – 1 StR 815/80, BGHSt 30, 182 = NJW 1982, 532; Radtke/Hohmann/*Otte* Rn. 3; zu den historischen Hintergründen mit Zitaten aus dem Regierungsentwurf *Weith* Gerichtssprachenproblematik S. 9 f.

[49] Vgl. noch *Greßmann* NStZ 1991, 216 (218) zur alten Rechtslage.

[50] So nach wie vor noch Meyer-Goßner/*Schmitt* Rn. 2, allerdings im Anschluss relativierend Rn. 2a (ebenso BeckOK StPO/*Walther* Rn. 4). Für die Zustellungsvollmacht AG Zittau 7.1.2002 – 1 Cs 926 Js 15964/94, NStZ 2002, 498 sowie VGH München 16.8.1976 – 118 VIII/75, NJW 1978, 510; für den Widerruf der Rechtsmittelrücknahme BGH 16.5.2000 – 4 StR 110/00, NStZ 2000, 553 einerseits, OLG Düsseldorf 2.11.1999 – 1 Ws 907/99, NStZ-RR 2000, 215.andererseits; für Rechtsmitteleinlegung in ausländischer Sprache als unzulässig einerseits OLG Düsseldorf 20.8.1999 – 1 Ws 371/99, NStZ-RR 1999, 364; OLG Frankfurt a. M. 13.3.1979 – 20 W 102/79, NJW 1980, 1173; KG 6.10.1976 – (2) Ss 315/76, JR 1977, 129; BGH 14.7.1981 – 1 StR 815/80, NJW 1982, 532; OLG Düsseldorf 22.4.1982 – 1 Ws 314/8, als zulässig andererseits LG Mühlhausen 21.4.2008 – 9 Qs 13/08; LG Berlin 31.5.1961 – 84 T B 19/61, JR 1961, 384; zum Rechtshilfeersuchen BGH 17.5.1984 – 4 StR 139/84, BGHSt 32, 342 = NJW 1984, 2050; zu Besonderheiten im Asylverfahren VG Augsburg 25.8.1995 – Au 7 S 95.30995. Zur Übersetzung von Beweismitteln BVerwG 8.2.1996 – 9 B 418/95. Andererseits → OLG Stuttgart 21.2.2007 – 1 Ws 47/07, Justiz 2007, 260 (allerdings im Klageerzwingungsverfahren unter Bezugnahme auf den im Klageerzwingungsverfahren geltenden Beibringungsgrundsatz).

[51] OLG Hamm 20.1.1981 – 5 Ss 2336/80, JMBlNRW 1981, 166.

[52] Vgl. etwa OLG Köln 20.1.1984 – 1 Ss 914/83, VRS 67 (1984), 251: „Ein der deutschen Sprache nicht mächtiger Ausländer hat keinen Anspruch darauf, daß ihm eine schriftliche Rechtsmittelbelehrung in seiner Muttersprache erteilt wird. Die Versäumung einer Rechtsmittelfrist gilt bei einem der deutschen Sprache nicht mächtigen Ausländer dann nicht als unverschuldet, wenn er sich keine Gewißheit über den Inhalt eines zugestellten Schriftstücks an zuständiger Stelle verschafft." unter Bezugnahme auf BVerfG 7.4.1976 – 2 BvR 728/75, BVerfGE 42, 120 (nach Erlass des § 44 S. 2); andererseits BVerfG 10.6.1975 – 2 BvR 1074/74, BVerfGE 40, 95: „Der der deutschen Sprache nicht hinreichend mächtige Ausländer, dem ein Strafbefehl (oder Bußgeldbescheid) in deutscher Sprache ohne eine ihm verständliche Belehrung über den Rechtsbehelf des Einspruchs zugestellt worden ist, kann im Falle des Fristversäumnisses nicht anders behandelt werden, als wenn die Rechtsmittelbelehrung unterblieben wäre." In diese Richtung auch KG 6.10.1976 – (2) Ss 315/76 (80/76), JR 1977, 129; KG 25.2.1999 – 2 AR 257/98 – 5 Ws 13/99.

[53] Zusf. SSW-StPO/*Rosenau* Rn. 5.

[54] Es mutet zynisch an, dass man von diesem Grundsatz bei Rechtsmittelrücknahmen eine Ausnahme gemacht hat, verdeutlicht aber zugleich, dass die Rechtsprechung allzeit bereit für eine „flexible" Handhabung des § 184 S. 1 ist, soweit dadurch eine Entlastung der Rechtspflege erreicht werden kann (zum Aufeinanderprallen des Gebots eines rechtsstaatlichen Verfahrens auf ein prozessökonomisch verstandenes Beschleunigungsgebot vgl. *Kudlich*, Gutachten C zum Juristentag 2010), S. 13 ff. sowie nochmals → § 185 Rn. 9).

der Erklärung. Nur mittelbar geht mit der Einbeziehung des Sprachmittlers gem. § 185 (vgl. dort) die Möglichkeit der Teilhabe – also der Abgabe von „**Erklärungen**" in der Gerichtssprache – einher (und auch aus der Protokollierungsmöglichkeit der Aussagen des der deutschen Sprache nicht mächtigen Beteiligten § 185 Abs. 1 S. 2 wird deutlich, dass jene Vorschriften die Kommunikation in beide Richtungen ermöglichen sollen). Findet kein „Dialog" statt, weil gerade nicht verhandelt wird bzw. muss der nicht der deutschen Sprache mächtige Beschuldigte einseitig eine Erklärung abgeben, die ihrerseits an die Schriftform gebunden ist, erfordert die Wirksamkeit der Prozesshandlung eine Übersetzung der Erklärung. Dann stellt sich die Frage, ob der Sprachunkundige einen Anspruch auf deren Übersetzung hat oder sich selbst um diese kümmern muss (hierzu noch ausführlich → § 187 Rn. 55 ff.).

II. Sonderrecht der Sorben, S. 2

16   S. 2 räumt der anerkannten **Minderheit** der Sorben (deren Angehörige vornehmlich in der Ober- und Niederlausitz in den Ländern Sachsen und Brandenburg leben, aber überwiegend die deutsche Staatsangehörigkeit innehaben), vor Gericht sorbisch zu sprechen.[55] Können alle Beteiligten Sorbisch sprechen, kann gem. § 185 Abs. 2 auch auf sorbisch verhandelt werden.[56] Sie ermöglicht die Kommunikation der Prozessbeteiligten auf Sorbisch und betrifft sowohl mündliche Angaben als auch schriftliche Korrespondenz.[57] Vergleichbare Vorschriften existieren immer dort, wo Minderheiten konzentriert auftreten[58] und (ggf. rechtlich, vielleicht aber auch nur faktisch) autonom betrachtet werden, man denke an das Recht der Einheimischen in **Bozen/Südtirol,** vor Gericht – abweichend von der Landessprache Italienisch – auf Deutsch zu kommunizieren.[59] Im Hinblick auf die Rechtsprechung des EuGH, wonach eine nationale Ausnahmeregelung bzgl. der Amtssprache, die nur für Angehörige einer Staatsregion gelte, mit Unionsrecht unvereinbar ist,[60] muss S. 2 jedenfalls nunmehr dahingehend ausgelegt werden, dass die Vorschrift auch auf „Nicht-Sorben" anwendbar ist (wobei die praktische Bedeutung solch einer „europarechtskonformen" Auslegung ungleich geringer ist, als die Verwendung der deutschen Sprache als „Minderheitensprache" in Italien bzw. Bozen).

§ 185 [Dolmetscher]

(1)[1]**Wird unter Beteiligung von Personen verhandelt, die der deutschen Sprache nicht mächtig sind, so ist ein Dolmetscher zuzuziehen.** [2]**Ein Nebenprotokoll in der fremden Sprache wird nicht geführt; jedoch sollen Aussagen und Erklärungen in fremder Sprache, wenn und soweit der Richter dies mit Rücksicht auf die Wichtigkeit der Sache für erforderlich erachtet, auch in der fremden Sprache in das Protokoll oder in eine Anlage niedergeschrieben werden.** [3]**In den dazu geeigneten Fällen soll dem Protokoll eine durch den Dolmetscher zu beglaubigende Übersetzung beigefügt werden.**

(1a) [1]**Das Gericht kann gestatten, dass sich der Dolmetscher während der Verhandlung, Anhörung oder Vernehmung an einem anderen Ort aufhält.** [2]**Die Verhandlung, Anhörung oder Vernehmung wird zeitgleich in Bild und Ton an diesen Ort und in das Sitzungszimmer übertragen.**

---

[55] Das Recht war bereits im Einigungsvertrag verankert (Anl. I Kap. III Sachg. A Abschn. III Maßg. 1 Buchst. R.), wurde aber dann mit dem Ersten Gesetz über die Bereinigung von Bundesrecht (BGBl. I 866) in S. 2 transferiert, ohne dass hiermit inhaltliche Änderungen intendiert waren, vgl. BT-Drs. 16/47, 50. Instruktiv zum Minderheitenschutz durch Sprachregelungen auf Bundes- und Landesebene *Mäder* JuS 2000, 1150.
[56] SSW-StPO/*Rosenau* Rn. 10.
[57] SK/*Frister* Rn. 7.
[58] Zum Minderheitenschutz nach Art. 9 GrCH vgl. SK/*Frister* Rn. 8 sowie Löwe/Rosenberg/*Wickern* Rn. 8.
[59] Zum Ganzen *Neidhart* DAR 2014, 611.
[60] EuGH 27.3.2014 – C-322/13, EuZW 2014, 393 – Ulrike Elfriede Grauel Rüffer/Katerina Pokorná.

Dolmetscher § 185 GVG

(2) Die Zuziehung eines Dolmetschers kann unterbleiben, wenn die beteiligten Personen sämtlich der fremden Sprache mächtig sind.

(3) In Familiensachen und in Angelegenheiten der freiwilligen Gerichtsbarkeit bedarf es der Zuziehung eines Dolmetschers nicht, wenn der Richter der Sprache, in der sich die beteiligten Personen erklären, mächtig ist.

Schrifttum: *Adorno,* Die Wünsche einer Gerichtsdolmetscherin, DRiZ 1993, 477; *Balaei,* Notwendigkeit der Professionalisierung von Dolmetschern im Justizwesen, 2004; *Basdorf,* Strafverfahren gegen der deutschen Sprache nicht mächtige Beschuldigte, GS Meyer, 1990, 19; *Cebulla,* Sprachmittlerstrafrecht, 2007; *Christl,* Europäische Mindeststandards für Beschuldigtenrechte – Zur Umsetzung der EU-Richtlinien über Sprachmittlung und Information im Strafverfahren, NStZ 2014, 376; *Dettmers/Dimter,* Europäische Entwicklungen im Strafverfahrensrecht, DRiZ 2011, 402; *Donk/Schröer,* Die Vernehmung nichtdeutscher Beschuldigter, Kriminalistik 1995, 401; *Driesen/Petersen,* Gerichtsdolmetschen, 2011; *Eisenberg,* „Gesetz zur Stärkung der Verfahrensrechte Beschuldigter im Strafverfahren" – Bedeutung und Unzuträglichkeiten, JR 2013, 442; *Gatzweiler,* Die neuen EU-Richtlinien zur Stärkung der Verfahrensrechte (Mindestmaß) des Beschuldigten oder Angeklagten in Strafsachen, StraFo 2011, 293; *Hoffmann/Mildeberger,* Die Vernehmung eines ausländischen Beschuldigten in englischer Sprache, StraFo 2004, 412; *Ingerl,* Sprachrisiko im Verfahren, 1988; *Jessnitzer* Dolmetscher und Übersetzer, Rechtspfleger 1982, 366; *Kabbani,* Dolmetscher im Strafprozeß, StV 1987, 410; *Kaminski,* Interkulturelle Kommunikation in familiengerichtlichen Verfahren, FPR 2013, 492; *Koller,* Einführung in die Übersetzungswissenschaft, 8. Aufl. 2011; *Kotz,* Anspruch auf Dolmetsch- und Übersetzungsleistungen im Strafverfahren, StV 2012, 626; *ders.,* Dolmetsch- und Übersetzungsleistungen zur Überwindung von Sprachbarrieren im Strafverfahren, StRR 2012, 124; *Kranjčić,* Dolmetschen im Strafverfahren: wider die Wörtlichkeit und für wirkliche Zweckorientierung, NStZ 2011, 657; *ders.,* „Dass er treu und gewissenhaft übertragen werde…", 2010; *Kudlich,* Erfordert das Beschleunigungsgebot eine Umgestaltung des Strafverfahrens? Gutachten C zum Juristentag 2010), 2010; *Kühne,* Die Kosten für den Dolmetscher im Strafverfahren: FS Schmidt, 1981, 33; *Kulhanek,* Die Sprach- und Ortsfremdheit von Beschuldigten in Strafverfahren, im Erscheinen, 2018; *Lankisch,* Der Dolmetscher in der Hauptverhandlung, 2004; *Mehari,* Aufgabe und Stellung eines Dolmetschers vor Gerichten und BehördenBetrifft Justiz 2008, 244; *Meyer,* „Die Gerichtssprache ist deutsch" – auch für Ausländer?, ZStW 93 (1981), 507; *Morten* Stellung, Aufgabe und Rolle von Dolmetscherinnen und Dolmetschern im Strafverfahren, StraFo 1995, 80; *Reiß/Vermeer,* Grundlegung einer allgemeinen Translationstheorie, 2010; *Schmidt,* Verteidigung von Ausländern, 4. Aufl. 2016; *ders.,* Zur Begutachtung von ausländischen oder fremdsprachigen Beschuldigten im Strafverfahren, StV 2006, 51; *Schneider* Der Anspruch des Beschuldigten auf schriftliche Übersetzung wesentlicher Unterlagen, StV 2015, 379; *Sommer,* Verteidiger und Dolmetscher, StraFo 1995, 45; *Stanek,* Dolmetschen bei der Polizei, 2011; *Törmin* Reform des Dolmetscherwesens bei Gerichten und Behörden, ZRP 1987, 422; *Vogler,* Das Recht auf unentgeltliche Beiziehung eines Dolmetschers, EuGRZ 1979, 640; *Weith,* Gerichtssprachenproblematik im Straf- und Bußgeldverfahren, 1992; *Wendler/Hoffmann,* Technik und Taktik der Befragung: Prüfung von Angaben, 2. Aufl. 2015; *Wittschier* Unentschuldigtes Ausbleiben eines Dolmetschers im Strafprozeß, NJW 1985, 2873; *Wurzel,* Probleme beim Dolmetschen der kurdischen Sprache am Beispiel Kurmanci, InfAuslR 1998, 306

Übersicht

	Rn.		Rn.
A. Grundlagen	1–27	2. Rechte und Pflichten des Dolmetschers	21–23
I. Einordnung	1–5	a) Berufsethos, Verschwiegenheitspflicht und Zeugnisverweigerungsrecht	21
1. Überblick	1		
2. Verfassungsrechtliches Fundament	2, 3	b) Berufsbezeichnung und Qualifikation	22, 23
3. § 185 im Gefüge des Strafprozessrechts	4, 5	3. Abgrenzung Dolmetscher – Übersetzer – Sachverständiger – Zeuge	24–26
II. Entstehungsgeschichte	6–8	a) Übersetzung als Sachverständigentätigkeit	25
III. Fair-trial-Grundsatz contra Prozessökonomie	9–16	b) Dolmetscher als Zeuge	26
1. Praktische Unzulänglichkeiten	10, 11	**V. Statistik**	27
2. Dolmetschereinsatz als verfassungsrechtlich gebotene Kompensation für eingeschränkte Prozessfähigkeit	12, 13	**B. Erläuterung**	28–74
3. Mehrdimensionalität des Dolmetschereinsatzes	14–16	**I. Dolmetscherhinzuziehung (Abs. 1)**	28–57
IV. Rolle des Dolmetschers im Gefüge der StPO	17–26	1. Voraussetzungen	28–41
		a) Beteiligter	29–31
		b) Verhandlung	32–34
1. Zwischen Wahrheitsfindung und Beschuldigteninteressen	17–20	c) Unzureichende Sprachkenntnisse	35–41
		2. Anspruchsinhalt	42–49

	Rn.		Rn.
a) Übersetzung in der Hauptverhandlung	42	3. Protokollierung der Dolmetschertätigkeit (Abs. 1 S. 2, 3)	61, 62
b) Umfang der Übersetzung	43, 44	4. Sonstige Protokollierung wesentlicher Förmlichkeiten	63
c) Qualität der Dolmetscherleistung	45–49		
3. Auswahl und Beiordnung des Dolmetschers	50, 51	III. Videokonferenztechnik (Abs. 1a)	64
4. Tätigkeit des Dolmetschers in der Hauptverhandlung	52–54	IV. Ausnahme (Abs. 2)	65
		V. Revision	66–72
5. Verzicht	55	1. Abwesenheit des Dolmetschers als absoluter Revisionsgrund	66–69
6. Belehrung	56, 57	2. Ausfall der Dolmetscherleistung, sonstige Rügen	70, 71
II. Protokollierung (Abs. 1 S. 2, 3)	58–63		
1. Wechsel	59	3. Nebenklägerrevision	72
2. Dolmetschereid	60	VI. Kosten	73, 74

A. Grundlagen

I. Einordnung

1 **1. Überblick.** § 185 gewährt in Abs. 1 dem der deutschen Sprache nicht mächtigen Prozessbeteiligten einen **Anspruch** auf Beiziehung eines Dolmetschers für die „Verhandlung" (→ Rn. 32). Abs. 1a, welcher mit dem Gesetz zur Intensivierung des Einsatzes von Videokonferenztechnik in gerichtlichen und staatsanwaltschaftlichen Verfahren vom 25.4.2013 eingefügt wurde,[1] eröffnet dem Gericht die Möglichkeit, Dolmetscher hinzuziehen, die sich während der Verhandlung, Anhörung oder Vernehmung an einem anderen Ort aufhalten (was va erforderlich sein kann, wenn ein Dolmetscher für eine **besonders seltene Sprache** hinzugezogen werden soll,[2] → Rn. 64). Abs. 2 eröffnet den Beteiligten die Möglichkeit, zumindest partiell in einer fremden Gerichtssprache zu verhandeln (→ Rn. 65). Abs. 3 ist – wie sich bereits aus dem Wortlaut der Vorschrift ergibt – für das Strafverfahren ohne Relevanz.

2 **2. Verfassungsrechtliches Fundament.** Selbstverständlich steht es jedem Prozessbeteiligten jederzeit frei, sich eines Dolmetschers zu bedienen. Ob aber von dieser Möglichkeit Gebrauch gemacht wird, hängt bei **Kosten**, die schnell mehrere tausend Euro betragen können auch davon ab, wer diese übernimmt. Insofern handelt es sich bei dem in § 185 Abs. 1 konstituierten **Anspruch** um eine besondere Ausprägung der verfassungsrechtlichen Garantie eines **rechtsstaatlichen** (Art. 20 Abs. 3 GG[3]) und **fairen Verfahrens**,[4] des Diskriminierungsverbots nach Art. 3 Abs. 3 S. 1 GG,[5] und des **effektiven Rechtsschutzes**, Art. 19 Abs. 4 GG (zum verfassungsrechtlichen „Unterbau" der §§ 184 ff. vgl. bereits dort → § 184 Rn. 3).[6] Das Recht auf ein rechtsstaatliches, faires Strafverfahren verbietet es, den

---

[1] BGBl. 935.
[2] Freilich werden mit solch einer eingeschränkten Anwesenheitspflicht auch Kosten gespart, sodass auch diesbezüglich wiederum der Gedanke der Wirtschaftlichkeit des Verfahrens mitschwingt, aus der Gesetzesbegründung BT-Drs. 17/1224, 11. Gänzlich ohne Kosten kommt selbstverständlich auch nicht die Hinzuziehung über die Videokonferenz aus, vgl. SK/*Frister* Rn. 12a Fn. 58 unter Hinweis auf Nr. 9019 des Kostenverzeichnisses zum GVG.
[3] OLG Düsseldorf 25.10.2005 – I-24 U 42/05; BVerfG 17.5.1983 – 2 BvR 73/80, BVerfGE 64, 135 = NJW 1982, 2762; OLG Koblenz 31.7.2014 – 3 U 779/14.
[4] BVerfG 10.6.1975 – 2 BvR 1074/74, BVerfGE 40, 95 = NJW 1975, 1597; BayObLG 30.9.1975 – 1 Ob OWi 305/75, NJW 1976, 2084; OLG Düsseldorf 29.10.1984 – 5 Ss 369/84 – 289/84 I, JZ 1985, 200; OVG Lüneburg 24.7.2006 – 5 LA 306/05; SSW/*Rosenau* Rn. 1.
[5] BVerfG 27.8.2003 – 2 BvR 2032/01, NJW 2004, 50; *Kabbani* StV 1987, 410; *Meyer* ZStW 91 (1981), 507 (512) unter Verweis auf *Kern*, Gerichtsverfassungsrecht, 2. Aufl. 1954, S. 234.
[6] Verständigungsschwierigkeiten betreffen nach Auffassung des Bundesverfassungsgerichts nicht das Prozessgrundrecht rechtlichen Gehörs (Art. 103 Abs. 1 GG), vgl. BVerfG 17.5.1983 – 2 BvR 731/80, NJW 1983, 2762.

der deutschen Sprache nicht oder nicht hinreichend mächtigen Angeklagten zu einem **unverstandenen Objekt des Verfahrens** herabzuwürdigen; er muß in die Lage versetzt werden, die ihn betreffenden wesentlichen Verfahrensvorgänge verstehen und sich im Verfahren verständlich machen zu können.[7]

Doch stehen diese Garantien auch dem **sprachkundigen Prozessbeteiligten** zu, der 3 den Geschehnissen im Prozess grundsätzlich folgen kann, womöglich aber mit fremdsprachigen Beweismitteln – sei es in der Hauptverhandlung, sei es im Ermittlungsverfahren – konfrontiert wird (zu dieser häufig übergangenen **Mehrdimensionalität des Dolmetschereinsatzes** vgl. noch → Rn. 14). Aus dieser diametral gegenüberliegenden Perspektive geht es bei der Dolmetscherhinzuziehung nicht um eine Kompensation der fehlenden Sprachkenntnisse, sondern um eine Gewährleistung des fair-trial-Grundsatzes, und des Rechts auf effektive Verteidigung, Art. 6 Abs. 1 EMRK, Art. 20 Abs. 3 GG. Daneben dient die Übersetzung bzw. unverfälschte Wiedergabe von Zeugenaussagen uÄ selbstverständlich der **Wahrheitsermittlung im Strafprozess,** sodass die Frage der Dolmetscherhinzuziehung in diesem Kontext auch unzertrennlich mit der **Aufklärungsmaxime** (§ 244 Abs. 2 StPO) zusammenhängt, die ihrerseits eine wichtige zentrale Rolle im Topos „Teilhaberechte" des Beschuldigten und Angeklagten einnimmt.

3. § 185 im Gefüge des Strafprozessrechts. Da die benannten Rechtspositionen in 4 allen Verfahrensarten vor deutschen Gerichten betroffen sein können, überrascht der **allgemeine Charakter** des Anspruchs auf Dolmetscherhinzuziehung nicht. So beinhalten auch die spezielleren Verfahrensordnungen eine Reihe von Vorschriften, welche die Hinzuziehung sowie Rechte und Pflichten eines Dolmetschers zum Gegenstand haben, dabei allerdings auf § 185 Bezug nehmen (§ 55 VwGO, § 52 FGO, § 202 SGG, § 17 AsylVfG). Teils finden sich auch in bilateralen Abkommen Vorschriften, welche einen eigenständigen (und absoluten) Anspruch auf Dolmetscherhinzuziehung gewähren, vgl. auch Art. VII Abs. 9 lit. f. Nato-Truppen-Statut.[8] Über § 46 Abs. 1 OWiG finden die Vorschriften des GVG auch auf das **Bußgeldverfahren** Anwendung.[9] Auf diese Weise erfährt die Vorschrift sowohl verfahrensrechtsspezifische Einschränkungen (vgl. etwa §§ 259,[10] 397 Abs. 3) als auch Erweiterungen. Für den Strafprozess drängt es sich auf, dass der Dolmetschereinsatz bereits aufgrund der potentiellen Folgen für den Beschuldigten bzw. Angeklagten einen anderen Stellenwert genießt und genießen muss. Auch hier gilt also das Gebot einer **strafprozessrechtsspezifischen Auslegung:**[11] Dies bedeutet zunächst, dass man zumindest hinsichtlich derjenigen außerhalb eines Strafverfahrens entstandenen Leitsätze, die „Rechtspositionen" für den Betroffenen garantieren, im Sinne eines argumentum a fortiori auch auf das Strafprozessrecht übertragen kann. Umgekehrt wird nicht jede einschränkende Auslegung des § 185 in anderen Gerichtsordnungen auf das Strafprozessrecht durchschlagen.[12]

Diese besondere Auslegung hat allerdings keinen hohen Stellenwert, da den strafprozessualen 5 Besonderheiten – jedenfalls inzwischen – bereits gesetzlich Rechnung getragen wird. Dies ist darauf zurückzuführen, dass bereits das „Fundament" höherrangiger Rechte im Strafverfahren eine **konventionsrechtliche Erweiterung** erfährt, als Art. 6 Abs. 3 lit. e EMRK dem Angeklagten einen Anspruch auf **unentgeltliche Unterstützung** durch einen Dolmetscher zugesteht, wenn dieser die Verhandlungssprache des Gerichts nicht versteht oder spricht. Diese

---

[7] Grundlegend BVerfG 17.5.1983 – 2 BvR 731/80, BVerfGE 64, 135 = NJW 1983, 2762.
[8] Meyer-Goßner/*Schmitt* Rn. 4. Hierzu auch *Weith* Gerichtssprachenproblematik S. 61.
[9] Wobei die im Folgenden dargelegten Grundsätze zumindest nach EMGR 21.2.1984 – o. Az. (Fall Öztürk), NJW 1985, 1273 ff. sowie LG Ansbach 11.7.1979 – Qs 36/79 Owi, NJW 1979, 2484 entsprechend Geltung beanspruchen sollen, aA *Vogler* EuGRZ 1979, 640 (646). Vgl. auch *Kotz* StV 2012, 626, der zutreffend darauf hinweist, dass der sachliche Anwendungsbereich der Richtlinie 2010/64/EU auf das gerichtliche Rechtsbeschwerdeverfahren beschränkt ist.
[10] Diese Vorschrift begrenzt die Dolmetschertätigkeit bei den Schlussvorträgen auf die Anträge, weil die Übersetzung langer Plädoyers aufwändig sein kann, Meyer-Goßner/*Schmitt* Rn. 4. Zum Ganzen dort → § 259 Rn. 2.
[11] In diese Richtung schon *Meyer* ZStW 93 (1981), 507 (519).
[12] Auch hier könnte man also von einer „asymmetrischen Akzessorietät" sprechen.

„Akklimatisierung" für den Strafprozess manifestiert sich in der (in Relation zu § 185 taufrischen) Vorschrift des § 187, welche die Hinzuziehung eines Dolmetschers oder Übersetzers für den Beschuldigten bzw. Verurteilten gesondert regelt und va eine Dolmetscher- sowie Übersetzungstätigkeit über die „Verhandlung" (vgl. Abs. 1) hinaus gewährleistet.[13] § 185 wird durch § 187 also konkretisiert und erfährt partiell auch eine Erweiterung (vgl. noch → § 187 Rn. 4, 9). Ferner ordnet etwa die Sonderregelung des **§ 114a StPO** an, dass ein Haftbefehl beim nicht hinreichend die deutsche Sprache beherrschenden Beschuldigten in übersetzter Form auszuhändigen sei. Zudem enthält **Nr. 181 RiStBV** „Empfehlungen" im Verfahren gegen sprachunkundigen Ausländer.[14] Da aber § 185 nach wie vor zumindest auch einen Teilausschnitt der Dolmetschertätigkeit im Strafprozess regelt,[15] ist diesbezüglich von einer konventionsrechtlichen (Art. 6 Abs. 3 lit. b EMRK)[16] wie auch einfachrechtlichen Ausstrahlungswirkung (des § 187 Abs. 1, 2) auszugehen.[17]

II. Entstehungsgeschichte

6   Ebenso wie die Festlegung der Gerichtssprache in § 184 waren die Abs. 1 und 2 des § 185 (ursprünglich als § 187) bereits im GVG 1877 enthalten.[18] Sie sind bis heute im Wesentlichen – bis auf die Einfügung des Abs. 1a – **unverändert** geblieben. Durch das Opferrechtsreformgesetz[19] im Jahre 2004 und das Gesetz zur Stärkung der Verfahrensrechte des Beschuldigten[20] wurde § 185 um den speziell auf das Strafverfahren zugeschnittenen § 187 StPO ergänzt. § 187 basiert in seiner aktuellen Fassung auf der **Richtlinie** über das Recht auf Dolmetschleistungen und Übersetzungen in Strafverfahren (**2010/64/EU**[21]), die somit auch die Auslegung des § 185 beeinflusst. Die Richtlinie konkretisiert eine Reihe von Rechten des Beschuldigten auf Dolmetscher- und Übersetzungsleistungen.[22] Sie enthält ferner – wohl in Anbetracht der im Verfahrensrecht einzigartigen Stellung des Dolmetschers (Konzentration des gesamten Verfahrensstoffs in und Abhängigkeit aller Beteiligten von einer Person, vgl. noch → Rn. 17 f.) – Anordnungen hinsichtlich Qualitätssicherungsmaßnahmen (Art. 5) und Rechtsschutzmöglichkeiten (Art. 2 Abs. 4, 5; Art. 3 Abs. 5) im Kontext des Dolmetschereinsatzes. Gerade letztere sind bei der Umsetzung der Richtlinie außen vor geblieben (→ Rn. 23 sowie → § 189 Rn. 4).

7   Der Anspruch auf Dolmetsch- und Übersetzungsleistungen im Ermittlungsverfahren stellte als „Kernstück" des § 187 – jedenfalls im nationalen Recht – keine **Neuerung** dar[23] (und

---

[13] Radtke/Hohmann/*Otte* Rn. 1. Es handelt sich um eine besondere Einordnung resultierend aus den Eigenheiten des Strafverfahrens. So ist man sich in anderen Verfahrensordnungen hinsichtlich der Einschränkung des Anwendungsbereichs des § 185 auf die Hauptverhandlung weitestgehend einig, vgl. nur für das finanzgerichtliche Verfahren (§ 52 FGO) BFH 11.12013 – V S 27/12 (PKH); zum sozialrechtlichen Antragsverfahren AG Halle (Saale) 21.2.2011 – 103 II 607/11; zum Abschiebehaftverfahren (keine schriftliche Übersetzung des Haftantrages) OLG Hamm 21.1.2010 – 15 Wx 58/09, FGPrax 2010. 159.

[14] § 181 Abs. 1 RiStBV lautet: Bei der ersten verantwortlichen Vernehmung eines Ausländers ist aktenkundig zu machen, ob der Beschuldigte die deutsche Sprache soweit beherrscht, dass ein Dolmetscher nicht hinzugezogen zu werden braucht. Abs. 2 lautet: Ladungen, Haftbefehle, Strafbefehle, Anklageschriften und sonstige gerichtliche Sachentscheidungen sind dem Ausländer, der die deutsche Sprache nicht hinreichend beherrscht, unter einer Übersetzung in eine ihm verständliche Sprache bekanntzugeben.

[15] KK/*Diemer* Rn. 1; SK/*Frister* Rn. 1; SSW/*Rosenau* Rn. 2; OLG Stuttgart 23.11.1966 – 1 Ss 285/66, NJW 1967, 508 (509); OLG Düsseldorf 23.12.1998 – 1 Ws 810/98, StV 2000, 194.

[16] Jedenfalls „inzwischen", wenn man bedenkt, dass die Vorschrift bereits vor Ratifizierung der EMRK existierte.

[17] Eine mehr oder weniger strenge Handhabung kann sich etwa auf den Maßstab tatrichterlichen Ermessens hinsichtlich der Frage der Erforderlichkeit der Hinzuziehung auswirken, vgl. aus neuerer Zeit etwa OLG Koblenz (Zivilsenat) 31.7.2014 – 3 U 779/14, MDR 2014, 1225.

[18] SK/*Frister* Rn. 1.

[19] BGBl. I 1354.

[20] BGBl. I 1938.

[21] ABl. 2010 L 280.

[22] Zur Entstehungsgeschichte vgl. noch → § 187 Rn. 3 ff. sowie *Dettmers/Dimter* DRiZ 2011, 402 (403); *Gatzweiler* StraFo 2011, 293; *Kotz* StV 2012, 626.

[23] Sodass es umso mehr enttäuscht, dass die von der Richtlinie angestoßenen „präventiven" Maßnahmen nicht in den Fokus rückten, vgl. noch → Rn. 47.

beseitigte die Umsetzung die an den Rändern bestehenden Unklarheiten hinsichtlich der Reichweite des Anspruchs nicht, vgl. noch → § 187 Rn. 7, 24 ff.). Bereits vor Einfügung des § 187 musste ein – wegen der Eigenheiten des Strafverfahrens erforderlicher – erweiterter Schutz mittels einer **konventionskonformen Auslegung** des Abs. 1 hergestellt werden (ausführlich → § 187 Rn. 3).[24] So wurde bspw. darüber diskutiert, ob der Beschuldigte für vorbereitende Gespräche mit seinem Verteidiger auch dann einen Anspruch auf Dolmetscherhinzuziehung hat, wenn kein Fall der notwendigen Verteidigung besteht und letztlich bejaht.[25] Ferner musste der BGH klarstellen, dass „ebenso, wie die Verlesung des Anklagesatzes ein so wesentliches Verfahrenserfordernis ist (…), bei Angeklagten, die der deutschen Sprache nicht mächtig sind, die Übersetzung des Anklagesatzes zu den wesentlichen Verfahrensakten" gehört (vgl. nunmehr explizit § 187 Abs. 2 S. 1).[26] Umgekehrt haben in den § 187 auch einschränkende Tendenzen der Rechtsprechung hinsichtlich des **verteidigten Angeklagten** Eingang in die gesetzliche Ausgestaltung gefunden.[27]

Dies sei den Erläuterungen vorangestellt, als die zu § 185 ergangene, frühere Rechtsprechung als Wegbereiter für den nunmehr existenten § 187 fungierte, mithin zahlreiche der dort konstituierten Ansprüche schon wesentlich früher anerkannt, aber keine Selbstverständlichkeit[28] waren (inzwischen wird nunmehr über Detailfragen der Dolmetscher- und Übersetzerhinzuziehung beim Beschuldigten diskutiert, vgl. dort → § 187 Rn. 31 ff.). Der älteren Judikatur kommt aber nach wie vor auch darüber hinaus Bedeutung zu, weil § 185 einen eigenständigen („angeklagtenspezifischen") Anwendungsbereich hat, namentlich die **(Haupt-)Verhandlung** (vgl. hierzu noch → Rn. 32).[29]

III. Fair-trial-Grundsatz contra Prozessökonomie

Die Tatgerichte sind bei solch einer judikativ geprägten (und insofern auch **erkämpften**) Genese der Dolmetschervorschriften entsprechend sensibilisiert und mit dem Prozedere vertraut; im Zeitalter der globalen **Migration** erfährt der Einsatz des Dolmetschers ohnehin Hochkonjunktur und stellt keinen atypischen Sonderfall mehr dar.[30] Je selbstverständlicher allerdings die Hinzuziehung wird, umso deutlicher rückt der mit der konventionsrechtlichen Garantie einhergehende **Zeit- und Kostenaufwand** ins Bewusstsein. So entpuppt sich der Einsatz des Dolmetschers als weiterer Schauplatz, an dem das Ideal eines rechtsstaatlichen

---

[24] Vgl. etwa BGH 26.10.2000 – 3 StR 6/00, BGHSt 46, 178; BVerfG 27.8.2003 – 2 BvR 2032/01, NJW 2004, 50; KG 24.8.1998 – 1 AR 598/98 – 4 Ws 137/98, StV 1998, 646.
[25] BGH 26.10.2000 – 3 StR 6/00, BGHSt 46, 178 = StV 2001, 1 mwN; vgl. auch AG Kiel 23.6.1999 – 43 Gs 1034/99; LG Berlin 26.12.1993 – 517 Qs 107/93, StV 1994, 11; OLG Frankfurt a. M. 16.7.1996 – 3 Ws 577/96, NStZ-RR 1996, 320; OLG Hamm 4.1.1996 – 2 Ws 654/95, StraFo 1996, 90; OLG Frankfurt a. M. 6.6.1991 – 3 Ws 385/91, StV 1991, 457; anders für den Wahlverteidiger noch OLG Düsseldorf 23.12.1998 – 1 Ws 810/98, StV 2000, 194. Zu dieser Differenzierung *Sommer* StraFo 1995, 45 (49).
[26] BGH 15.9.1992 – 1 StR 442/92, StV 1993, 2.
[27] OLG Düsseldorf 29.10.1984 – 5 Ss 369/84 – 289/84 I, JZ 1985, 200; OLG Hamburg 14.9.1992 – 2 Ws 396/92 H. Vgl. auch OLG Stuttgart 4.3.1981 – 1 Ws 36/81: „Auch wenn eine Revision noch nicht begründet ist und die Revisionsbegründungsfrist noch nicht abgelaufen ist, hat ein Ausländer, der durch einen (deutschen) Anwalt verteidigt wird, keinen Anspruch auf Übersetzung des schriftlichen Urteils in eine ihm verständliche Sprache."
[28] Vgl. noch zur Übersetzung des Urteils OLG Stuttgart 1.10.1982 – 3 Ws 253/82, Rpfleger 1983, 37; LG Würzburg 5.8.1982 – JK – KLs 118 Js 12851/80; OLG Frankfurt a. M. 16.10.1979 – 3 Ws 830/79, NJW 1980, 1238 sowie OLG Hamburg Hanseatisches Oberlandesgericht Hamburg 18.4.1978 – 1 Ws 145/78, NJW 1978, 2462.
[29] OLG Stuttgart 23.11.1966 – 1 Ss 285/66, NJW 1967, 508; OLG Düsseldorf 23.12.1998 – 1 Ws 810/98, StV 2000, 194.
[30] *Kühne* FS Hubert Schmidt, 1981, 33 sprach bereits 1981 davon, dass die „zunehmende Internationalisierung unserer Gesellschaft … den der deutschen Sprache nicht (hinreichend) mächtigen Beschuldigten zum fast alltäglichen Problem der Rechtspflege gemacht hat". Dass dieser Befund, heute nochmals um ein Vielfaches potenziert sein dürfte, bedarf keiner Erläuterung. Zum nach und nach wachsenden Problembewusstsein vgl. auch *Meyer* ZStW 91 (1981), 507 (508); *Weith* Gerichtssprachenproblematik S. 11 ff. sowie *Basdorf* GS Meyer, 1990, 19 unter Verweis auf BGH 14.7.1981 – 1 StR 815/80, BGHSt 30, 182.

Verfahrens auf ein prozessökonomisch verstandenes **Beschleunigungsgebot** trifft.[31] Ist aber die Abwägungsentscheidung mehr oder weniger bereits durch den Gesetzgeber vorgenommen, kann dieser Zwang für den Tatrichter zumindest faktisch zur Folge haben, den Dolmetscher als „Hemmschuh" des Verfahrens zu betrachten, folglich auch den Angeklagten zu stigmatisieren und sich damit von der empathischen Grundidee der Vorschrift (→ Rn. 2) vollständig zu entfernen.

10 **1. Praktische Unzulänglichkeiten.** Dieses Bild des Dolmetschers als „Störfaktor" wird durch weitere Unzulänglichkeiten in der Praxis begünstigt. Zum einen beinhalten Art. 6 Abs. 3 lit. e (bzw. den §§ 185, 187) Positionen, die auch der fließend deutsch sprechende Muttersprachler (mit Migrationshintergrund) bzw. dessen Verteidiger gerne beansprucht, wenn er das Verfahren damit paralysieren bzw. irgendwie zu seinen Gunsten beeinflussen kann. Insofern sind die Grenzen zwischen **Missbrauch** und berechtigter Inanspruchnahme einer konventionsrechtlichen Garantie fließend.[32] Zum anderen wird oft genug von schlicht **qualitativ minderwertigen** Übersetzungs- und Dolmetscherleistungen berichtet (man denke an die prekäre Situation der einfachen Übersetzung einer fünfminütigen Antwort des Beschuldigten oder Zeugen mit „Ja"[33]).[34] Dies hat den ein oder anderen mehrsprachigen Verteidiger bereits dazu motiviert, sich selbst zum „Dolmetscher" aufzuschwingen (vgl. hierzu noch 31, zum Rechtsschutz bei qualitativ minderwertiger Dolmetscherleistung vgl. noch → Rn. 45).

11 Damit sind aber lediglich „worst case"-Szenarios angesprochen. Selbst wenn man vom Regelfall des gewissenhaften sowie „gute Arbeit" leistenden Dolmetschers ausgeht, sind sich alle Prozessbeteiligten über den „cultural gap" im Klaren. Die ohnehin komplexe Glaubhaftigkeitsprüfung und Verwertung von Zeugenaussagen und Einlassungen des Angeklagten wird durch die Sprachbarriere erheblich erschwert, ggf. muss der Tatrichter bei jeder Geste, Mimik und Übersetzung von Phrasen, Redewendungen nochmals nachhaken. Die bei Einlassungen des Angeklagten konsekutive Übersetzung ist langwierig und anstrengend (→ Rn. 52). Ähnliches gilt für die Auswertung, Übersetzung bzw. Verwertung sonstigen Beweismaterials (ausländische Urkunden, Überwachung der Telekommunikation). Garniert werden diese praktischen Schwierigkeiten mit dem grundlegenden Problem der berüchtigten **„Unübersetzbarkeit"** bestimmter Phrasen und Aphorismen auf der einen,[35] dem Translationsprozess als eigenen **„Interpretationsakt"** des Dolmetschers auf der anderen Seite. Es ist bekannt, dass das Bild des Dolmetschers als **Übersetzungsmaschine**[36] – gerade aus der Perspektive der Strafverfolgung – dem Idealtypus entspricht, **translationswissenschaftlich** jedoch an der Realität vorbeigeht. Zwar kann man – anknüpfend an ein bestimmtes Bild von der Rolle des Dolmetschers – die Maßstäbe an die Übersetzungstätigkeit in die eine oder andere Richtung justieren, Regeln für das „interpretieren" und „sinngemäße Übersetzen" aufstellen bzw. Grundsätze für die Reichweite von Textäquivalenz benennen.[37] Dies ändert allerdings nichts daran, dass deren Einhaltung der **Kontrolle** der Prozessbeteiligten weitestgehend entzogen ist.[38]

12 **2. Dolmetschereinsatz als verfassungsrechtlich gebotene Kompensation für eingeschränkte Prozessfähigkeit.** Die genannten Unbequemlichkeiten könnten Tatrichter

---

[31] So auch ausweislich die Gesetzesbegründung BR-Drs. 816/12, 13. Vgl. auch *Meyer* ZStW 93 (1981), 507 (519): Praktikabilität und funktionsfähige Gerichtsbarkeit). Zu den unterschiedlichen Dimensionen des Beschleunigungsgrundsatzes *Kudlich*, Gutachten C zum Juristentag 2010), S. 13 ff.

[32] Was im Ermittlungsverfahren auch zu einer Resignation der vernehmenden Polizeibeamten führen kann, vgl. *Meyer* ZStW 91 (1981), 507 (510).

[33] *Kabbani* StV 1987, 410 (412); *Basdorf* GS Meyer, 1990, 19 (22) sowie *Sommer* StraFo 1995, 45 (48).

[34] Zur Qualitätssicherung im Dolmetscherwesen vgl. noch → § 189 Rn. 4.

[35] Hierzu *Kranjčić* NStZ 2011, 657 (659 f.) mwN; *Lankisch* Der Dolmetscher S. 27 ff.

[36] Zur Pflicht wortgetreuer Übersetzung vgl. auch *Lankisch* Der Dolmetscher S. 149 f.

[37] Zum Ganzen *Kranjčić*, „Dass er treu und gewissenhaft übertragen werde...", 2010.

[38] Zutr. MAH/*Jung* § 18 Rn. 51, dessen Vorschlag der Einführung eines „Kontrolldolmetschers" im Hinblick auf die damit verbundenen doppelten Kosten kein Gehör finden wird, zumal Detailfragen der Übersetzung gerade auch in das eigene „Ermessen" des Dolmetschers fallen, die einer „Qualitätsprüfung" im engeren Sinne eigentlich nicht zugänglich sein dürfte.

immer wieder dazu verleiten, die Zweckmäßigkeit des Dolmetschereinsatzes in Frage zu stellen und dessen Hinzuziehung auch zu vermeiden, wo es geht, etwa dadurch, dass man sich die Überzeugung, der Angeklagte sei zumindest teilweise der deutschen Sprache mächtig, mit einfachen Fragen verschafft.[39] Solch eine Handhabung entspräche aber nicht der Funktion der §§ 185, 187: Bei der Hinzuziehung des Dolmetschers handelt es sich um eine prozessrechtliche Abfederung der eigentlich nicht kompensierbaren Einschränkung des **Unmittelbarkeitsgrundsatzes**[40] und der mittelbaren Diskriminierung des Angeklagten durch das von § 184 aufgestellte „**Sprachrisiko**".[41] Sie führt zu einer **Umstrukturierung des Verfahrens,** bei dem die institutionell angelegten Fehlerquellen einer **interkulturellen Kommunikation**[42] und der Verlust der Unmittelbarkeit in Kauf genommen werden (müssen), um das Recht der Verfahrensbeteiligten auf „Teilhabe" und Waffengleichheit gerade auch in solch einer Ausgangsposition – so gut es geht – zu gewährleisten. Mithin soll eben diese Vermittlungstätigkeit die **Subjektsstellung des Beschuldigten**[43] bzw. Angeklagten trotz mangelnder Fähigkeit, dem Geschehen unmittelbar zu folgen, sichern.

Schon aus diesem Grund geht es nicht an, das vollständige Fehlen des Dolmetschers – wie de lege lata vorgesehen – nur als schwerwiegenden Fehler auf dem Weg zur Urteilsfindung, mithin als absoluten Revisionsgrund zu qualifizieren (§ 338 Abs. 1 Nr. 5 StPO). Vielmehr dürfte der „Ausfall" des Dolmetschers (und hiermit ist auch ein qualitativer Ausfall gemeint) so schwer wiegen, dass die Zulässigkeit des gesamten Verfahrens in Frage gestellt wird.[44] Ein nicht verständiger Angeklagter unterscheidet sich nicht von einer Leiche bzw. Puppe, über die geurteilt wird. Seine Anwesenheit hat in solch einem Fall keinen Wert, er ist folglich einem verhandlungsunfähigen Prozesssubjekt gleichzustellen.[45] Somit ist bei einer Nichthinzuziehung oder fehlerbehafteten Hinzuziehung von einem (freilich vorübergehenden) **Verfahrenshindernis** auszugehen. Die hM zieht solch eine weitreichende Wirkung – mit beachtlichen Gründen, nämlich unter Hinweis auf § 338 Abs. 1 Nr. 5 – nicht in Betracht.[46]

3. Mehrdimensionalität des Dolmetschereinsatzes. Wie bereits angedeutet, darf die Dolmetscherhinzuziehung allerdings nicht auf ihre (freilich im Mittelpunkt stehende) kompensierende Wirkung hinsichtlich fehlender Sprachfertigkeiten von interessensgeleiteten Prozesssubjekten reduziert werden. Dies wird aus der neutralen Formulierung des § 185 deutlich, der die Hinzuziehung anordnet, wenn „unter Beteiligung von Personen verhandelt wird, die der deutschen Sprache nicht mächtig sind" (anders § 187, der die Hinzuziehung *für* den Beschuldigten oder Nebenkläger vorsieht). Denkbar ist auch, dass die Hinzuziehung eines Dolmetschers allein im Interesse **unverfälschter Wahrheitsfindung** erfolgt, was beim sprachkundigen Angeklagten besonders deutlich zu Tage tritt.[47] Dann ist aber auch nicht der originäre Anwendungsbereich des § 185 betroffen, sondern vielmehr die **Amtsaufklärungspflicht**

---

[39] Und im Anschluss nicht mehr zu prüfen gewillt ist, ob der Angeklagte den Geschehnissen und Aussagen im Prozess noch folgen kann. Optimistischer zur Rechtswirklichkeit *Christl* NStZ 2014, 376 (377). Zur Ermittlung des Sprachniveaus und der rechtlichen Absicherung diesbezüglich vgl. noch → Rn. 38 f.

[40] Dies betrifft alle Prozessbeteiligten.

[41] Vgl. auch BVerfG 25.9.1985 – 2 BvR 881/85, NVwZ 1987, 785, wonach Zweck der einheitlichen Gerichtsprache der „sprachlich einheitliche Prozeßverlauf ist und daraus folgende Erschwernisse für Ausländer nur zwangsläufige Nebenfolge sind".

[42] *Kaminski* FPR 2013, 492 sowie *Kranjčić*, „Dass er treu und gewissenhaft übertragen werde", 2010, S. 63 (zum Problem, dass sich die Übersetzung stets in einem „kommunikativen und kulturellen Rahmen abspielt").

[43] BVerfG 17.5.1983 – 2 BvR 731/80, NJW 1983, 2762. Vgl. auch *Ingerl,* Sprachrisiko im Verfahren, 1988, S. 101 passim.

[44] Vgl. BGH 25.10.2000 – 2 StR 232/00, BGHSt 46, 159 (169) = NJW 2001, 1146 (1148) zur Verfahrensverzögerung. Zur Kompensationsfunktion des § 185 vgl. auch *Kulhanek,* Sprach- und Ortsfremdheit, im Erscheinen, 2018.

[45] In diesen Fällen ist die Annahme eines Verfahrenshindernisses anerkannt, vgl. nur BGH 8.2.1995 – 5 StR 434/94, BGHSt 41, 16 = NStZ 1995, 1973. Zur Vergleichbarkeit siehe auch *Eb. Schmidt,* Teil 1, Nr. 145.

[46] Dagegen auch *Lankisch* Der Dolmetscher S. 118.

[47] Eher diesen Aspekt betonend HK/*Schmidt/Temming* Rn. 1. Im Regelfall überschneiden sich diese Funktionen allerdings, man denke an einen Angeklagten, der der deutschen Sprache nicht mächtig ist und wiederum fremdsprachige Beweismittel zum Gegenstand der Hauptverhandlung gemacht werden. Daher sind die Bedenken von *Lankisch* Der Dolmetscher S. 68 f. gegen die Auffassung von *Kallee,* Der Übersetzer im Strafprozess,

(§ 244 Abs. 2 StPO). Weil sich aber eine Person, welche die Gerichtssprache beherrscht bei der Verwertung von Urkunden oÄ in fremder Sprache bezüglich seiner Verteidigungsmöglichkeiten *in der gleichen Situation befindet, wie* wenn er mit Blick auf deutschsprachige Dokumente *der deutschen Sprache nicht mächtig* gewesen wäre,[48] sind ihm entsprechende Teilhaberechte (dann unmittelbar aus Art. 6 Abs. 1 EMRK, effektive Verteidigung) zu gewähren. Denn gerade in diesem Kontext erfassen die §§ 185, 187 nicht alle Konstellationen, in denen eine Übersetzung (zB Inhalts eines Schriftstücks) erforderlich sein kann.

15 Angesprochen ist damit insbesondere die Übersetzung von Beweismitteln, man denke an den Fall, dass im Rahmen einer **TKÜ-Maßnahme** Telefongespräche oder Chat-Verläufe in ausländischer Sprache aufgezeichnet werden.[49] Da den Ermittlungsbehörden hier eine „Siebfunktion" zukommt, kann ein berechtigtes Interesse des Verteidigers bestehen, dieses „Sieb" zu überprüfen. Die Vorschriften zur Dolmetscherhinzuziehung betreffen den ersten Übersetzungs- bzw. Übertragungsakt (vom Ausländischen ins Deutsche) nicht, allenfalls den zweiten (vom Deutschen ins Ausländische). Wann ein einfaches Simultandolmetschen hinsichtlich wesentlicher Beweismittel nicht mehr genügt, sondern eine vollständige Übersetzung (etwa von Schriftstücken und Tonbandaufnahmen) erforderlich ist, ist damit auch keine Frage der §§ 185, 187, sondern gehört zur **Reichweite des § 244 Abs. 2 StPO.** Der Verteidiger muss dementsprechend durch **Beweisanregungen** oder **echte Beweisanträge** die Übersetzung wesentlicher Passagen, die durch die Ermittlungsbehörden übergangen worden sind, womöglich forcieren.[50]

16 Der BGH hatte für unverschlüsselte und gut verständliche Unterhaltungen angenommen, dass bei diesen leicht ermittelt werden könne, ob diese überhaupt den Verfahrensgegenstand betreffen (sodass das Gericht – verneinendenfalls – das Beweisstück als bedeutungslos zurückweisen könne). Soweit aber Zweifel bestehen, ob eine Äußerung den Verfahrensgegenstand betrifft oder welche Bedeutung ihr in diesem Zusammenhang zukommt, wird das Gericht seiner Aufklärungspflicht idR nur gerecht werden, wenn das Gericht diese wörtlich übersetzen läßt.[51] Im Übrigen ist die höchstrichterliche Rechtsprechung allerdings restriktiv hinsichtlich einer Übersetzungspflicht: Das Recht auf Akteneinsicht gibt dem Verteidiger demnach keinen Anspruch auf Übersetzung sämtlicher in einer fremden Sprache nach § 100a StPO aufgezeichneten Gespräche.[52] Auch zur unentgeltlichen Hinzuziehung eines Dolmetschers zum Zwecke der Ermöglichung des Abhörens der Gespräche ist das Gericht jedenfalls dann nicht verpflichtet, wenn die Akten **zusammenfassende Berichte** über den Inhalt der aufgezeichneten Telefonate enthalten.[53]

IV. Rolle des Dolmetschers im Gefüge der StPO

17 **1. Zwischen Wahrheitsfindung und Beschuldigteninteressen.** Die Aufgabe des Dolmetschers besteht darin, den Prozessverkehr zwischen dem Gericht und den der deutschen Sprache nicht mächtigen Beteiligten zu vermitteln.[54] **Mündlichkeit** und **Unmittelbarkeit** als zentrale Prozessmaximen für das Erkenntnisverfahren aller Verfahrensordnungen

---

1911, S. 25 ff. der hieraus auch Konsequenzen für die funktionale Stellung des Dolmetschers (→ Rn. 17) ziehen will, berechtigt.

[48] So auch LG Trier 13.10.2008 – 5 Qs 86/08, NStZ-RR 2009, 159.
[49] BGH 4.12.2007 – 3 StR 404/07, NStZ 2008, 230; OLG Koblenz 30.6.1995 – 1 Ws 322/95, NStZ 1995, 611; OLG Köln 30.9.1994 – 2 Ws 400/94, StV 1995, 12.
[50] Vgl. auch *Schmidt*, Verteidigung von Ausländern, Rn. 301.
[51] BGH 29.5.1985 – 2 StR 804/84, NStZ 1985, 466.
[52] BGH 4.12.2007 – 3 StR 404/07, NStZ 2008, 230; OLG Koblenz 30.6.1995 – 1 Ws 322/95, NStZ 1995, 611. Der Verteidiger darf aber Tonbandaufzeichnungen im Beisein des Angeklagten abhören, wenn für den Verteidiger ohne Beteiligung des Angeklagten die Aufzeichnungen nicht hinreichend verständlich sind und nur mit dessen Hilfe zu klären ist, welche Stimmen wem zuzuordnen sind, ob Verwechslungen stattgefunden und welchen Sinngehalt bestimmte Äußerungen haben, vgl. OLG Köln 30.9.1994 – 2 Ws 400/94, StV 1995, 12. Zum Ganzen auch LG Trier 13.10.2008 – 5 Qs 86/08, NStZ-RR 2009, 159.
[53] BGH 4.12.2007 – 3 StR 404/07, NStZ 2008, 230.
[54] BGH 28.11.1950 – 2 StR 50/50, BGHSt 1, 4 (7); Meyer-Goßner/*Schmitt* Rn. 1; *Kabbani* StV 1987, 410; *Morten* StraFo 1995, 80.

werden damit in die Hände einer einzigen Person gelegt, was die **Tragweite der Dolmetschertätigkeit** bzw. die Abhängigkeit des Gerichts bei der Entscheidungsfindung einerseits,[55] des Beschuldigten bei seiner „Gegendarstellung" andererseits besonders deutlich macht.[56] Damit steht der Dolmetscher unter erheblichem **Druck,** welcher durch den Umstand intensiviert wird, dass er sich gewissermaßen zwischen den Fronten befindet: die Ermittlungsbehörden bzw. das Gericht (stellvertretend für die Wahrheitsfindung) auf der einen, der Beschuldigte und sein Verteidiger auf der anderen Seite (denen das Recht auf ein faires Verfahren zusteht). Zumindest faktisch besteht daher stets die Gefahr, sich von einer der beiden Seiten „beeinflussen" zu lassen bzw. „Emphatie" in die eine oder andere Richtung zu entwickeln.

Diesem Risiko ist zumindest durch eine normativ **„neutrale"** Einordnung des Dolmetschers entgegenzuwirken, die sich bereits aus dessen bei → Rn. 12 geschilderten kompensierenden Funktion ergibt. Der Dolmetscher hat eigene Rechte und Pflichten, ist also insofern auch Organ der Rechtspflege. Er dient allerdings keiner Prozesspartei, sondern dem rechtsstaatlichen Verfahren bzw. der Wahrheitsfindung.[57] Er ist somit Hilfsorgan aller Prozessbeteiligten und keinesfalls alleiniger **Gehilfe des Gerichts**[58] bzw. ein **Hilfsermittler der Staatsanwaltschaft.**[59] Umgekehrt ist der Dolmetscher auch kein Interessensvertreter. Dies ergibt sich auch daraus, dass mangelnde Sprachkenntnisse allein noch nicht zur Beiordnung eines Pflichtverteidigers zwingen.[60] Zudem hat der Beschuldigte **kein Auswahlrecht** (vgl. aber → Rn. 50).[61] Eine irgendwie geartete **„Schutzpflicht"** des Dolmetschers gegenüber dem Angeklagten i.S.e. Pflicht verteidigungsorientierter Übersetzung kann nicht angenommen werden.[62] Bereits die Hinzuziehung als solche soll die mangelnde Kommunikationsfähigkeit des Prozessbeteiligten überbrücken und damit die Rolle als Prozesssubjekt wiederherstellen (vgl. → Rn. 2). Im Übrigen verbleibt es dabei, dass der nicht der deutschen Sprache mächtige Prozessbeteiligte – insbes. der Beschuldigte – das **„Sprachrisiko"** trägt.[63]

Anderer Ansicht ist *Kranjčić*, der zwar zutreffend darauf hinweist, dass der Angeklagte den Grad der Informationsdichte selbst bestimmen können muss.[64] Daraus allerdings eine Pflicht des Dolmetschers abzuleiten, sich mit dem Verteidiger bzw. Beschuldigten darüber **abzusprechen,** welche konkrete Information weiterzugeben ist, geht zu weit.[65] Das „Mehr" an Informationsdichte ergibt sich – wie *Kranjčić* selbst unter Hinweis auf translationswissenschaftliche Aussagen herausarbeitet – aus der **Unmöglichkeit wörtlicher Übersetzung** und der damit verbundenen Erforderlichkeit der Deutung der Aussage.[66] Solch ein Deutungsrisiko trägt

---

[55] So auch *Kabbani* StV 1987, 410.
[56] Vgl. auch *Schmidt,* Verteidigung von Ausländern, Rn. 264: „Qualität der Verteidigung maßgeblich von der Güte der Übersetzung".
[57] Meyer-Goßner/*Schmitt* spricht daher auch von einem „Beteiligten" eigener Art, § 185 Rn. 7; so auch Radtke/Hohmann/*Otte* Rn. 6; ähnlich neutral auch SK/*Frister* Rn. 10: „Ermöglichung des Prozessverkehrs". Zum Ganzen auch *Mehari* Betrifft Justiz 2008, 244; Vgl. auch Einl. *Kudlich* Rn. 329 unter Verweis auf BGH 28.11.1950 – 2 StR 50/50, BGHSt 1, 4 (6 f.).
[58] So BGH 9.4.1953 – 5 StR 824/52, BGHSt 4, 154 = NJW 1953, 1033; Löwe/Rosenberg/*Wickern* § 191 Rn. 2; *Christl* NStZ 2014, 376 (381); wobei die Verwendung dieses Terminus nicht überbewertet werden darf.
[59] Zur rechtstatsächlichen Situation *Kranjčić*, „Dass er treu und gewissenhaft übertragen werde", 2010, S. 47 ff.; 207 ff.; vgl. auch *Donk/Schröer* Kriminalistik 1995, 401 (404). Zur Problematik des Einsatzes unqualifizierter Dolmetscher bei der Polizei vgl. auch *Stanek,* Dolmetschen bei der Polizei, 2011.
[60] Mit der Hinzuziehung eines Dolmetschers wird dem sprachlichen Defizit hinreichend Rechnung getragen, umgekehrt kommt damit die klare Trennung zwischen rechtlichem Beistand und sprachlichem Vermittler zum Vorschein, vgl. AG Berlin-Tiergarten 11.8.1992 – (215) 80 Js 429/91 (29/92), MDR 1993, 72.
[61] Meyer-Goßner/*Schmitt* Rn. 4; aA LG Duisburg 3.6.2008 – 31 Qs 152 Js 263/08 – 82/08, StraFo 2008, 328.
[62] Anders zumindest in der Tendenz *Kranjčić* NStZ 2011, 657 (662).
[63] Zu diesem Begriff *Ingerl,* Sprachrisiko im Verfahren, 1988, S. 11 sowie *Kranjčić* NStZ 2011, 657 (661).
[64] *Kranjčić* NStZ 2011, 657 (662).
[65] So aber wohl *Kranjčić* NStZ 2011, 657 (662 f.).
[66] *Kranjčić* NStZ 2011, 657 (659) unter Verweis auf *Reiß/Vermeer,* Grundlegung einer allgemeinen Translationstheorie, 2010, S. 30 sowie *Koller,* Einführung in die Übersetzungswissenschaft, 8. Aufl. 2011, S. 222.

allerdings jede Person, welche eine Erklärung abgibt.[67] Dieses Risiko ist bei einer ausländischen Sprache – aufgrund des erforderlichen Translationsprozesses – zweifelsohne nochmals deutlich erhöht. Aber von einer potentiell konvexeren Informationsdichte, über dessen Art und Umfang der Weitergabe ein Interessensvertreter „bestimmen" will, ist bei jeder Erklärung auszugehen. Dies ist aber die Aufgabe eines Strafverteidigers oder des Beschuldigten selbst. Insofern relativiert auch *Kranjčić* (zutreffend) seine Ausführungen, indem er eine „Parteistellung" der Dolmetschers ablehnt und lediglich eine „Gleichstellung" des Beschuldigten mit dem der deutschen Sprache mächtigen Prozessbeteiligten verlangt (insofern seien etwa auch lautes Denken, Flüche, Beschimpfungen zu übersetzen[68]).

20 Die erforderliche Gleichstellung ist bereits erreicht, wenn der Dolmetscher den Angeklagten unmittelbar darüber **unterrichtet,** dass eine wörtliche Übersetzung seiner Formulierungen nicht möglich ist. Im Regelfall wird sich dies – gerade bei Übersetzungen mittels Konsekutivmethode – erst im Anschluss an die Erklärung ergeben. Dann mag dem Gericht zwar ein „Mehr" an Informationsdichte übermittelt worden sein, als dem Angeklagten bzw. dem Verteidiger lieb ist. Doch besteht das Risiko eines **„Missverständnisses"** auch in deutscher Sprache, wobei das Gericht bereits kraft § 244 Abs. 2 StPO nochmals nachhaken wird, wenn der Dolmetscher mehrere Übersetzungsvarianten anbietet. Der Beschuldigte kann dann seine Erklärung konkretisieren bzw. richtig stellen. Dies läuft zugegebenermaßen auf das negativ konnotierte Bild des „mechanischen Übersetzers" (→ Rn. 11) hinaus, jedoch nur dahingehend, dass der Dolmetscher diese Form der Übersetzung als „Auftrag aller Prozessbeteiligten" versteht bzw. dies als Herausforderung annimmt. Er wird hierbei nicht verkennen, dass es eine wortgetreue Übertragung einer Aussage in die Zielsprache, iSe Transkodierung nicht geben kann, sondern gerade in den problematischen Fällen eben auch eine semantische Erklärung (für alle Prozessbeteiligten) geliefert werden muss.[69] Da diese Erwägungen weitestgehend nur die Tätigkeit des Dolmetschers im Hauptverfahren betreffen, erscheint es legitim, zwischen dem **Prozessdolmetscher** und dem **Vertrauensdolmetscher** (bzw. dem Dolmetscher erster Stunde im Ermittlungsverfahren, hierzu noch) zu differenzieren.[70]

21 **2. Rechte und Pflichten des Dolmetschers. a) Berufsethos, Verschwiegenheitspflicht und Zeugnisverweigerungsrecht.** Ein bestimmtes **Berufsbild** des Dolmetschers hat sich mangels eines einheitlichen, berufsethischen Kodex noch nicht herausgebildet,[71] vielmehr nehmen die großen Dolmetscherverbände auf unterschiedliche Berufs- und Ehrenordnungen Bezug (die jedoch überwiegend gleich lauten bzw. auf dieselben internationalen Kodices Bezug nehmen[72]). Ferner schreibt § 189 Abs. 1 vor, dass der Dolmetscher einen Eid leisten muss, „treu und gewissenhaft" zu übertragen.[73] Besondere Regelungswerke auf Bundesebene, die speziell die Rechte und Pflichten eines Dolmetschers zum Gegenstand haben, existieren nicht, vielmehr wird auf den Dolmetscher in unterschiedlichen Verfahrensordnungen (GVG, StPO) sowie Vergütungsgesetzen (insbes. dem JVEG) Bezug genommen. Erst das Europarecht hat überhaupt eine prozessrechtliche **Verschwiegenheitspflicht** hinsichtlich derjenigen Umstände initiert, die dem Dolmetscher aufgrund

---

[67] Insbes. auch der die deutsche Sprache beherrschende Ausländer, der aufgrund seiner Herkunft und den kulturellen Gepflogenheiten in seinem Land Mimik und Gestik anders deutet bzw. verwendet (etwa das Kopfnicken, vgl. hierzu *Schmidt,* Verteidigung von Ausländern, Rn. 264 aE).
[68] *Kranjčić* NStZ 2011, 657 (662).
[69] Im Ergebnis auch *Balaei,* Notwendigkeit der Professionalisierung von Dolmetschern im Justizwesen, 2004, S. 134.
[70] Wobei in dieser Differenzierung (siehe auch *Lankisch* Der Dolmetscher S. 69) auch die hier vertretene Position widerspiegelt, wonach es zweckmäßig ist, den Vertrauensdolmetscher aus dem Ermittlungsverfahren durch einen „neutralen" Dolmetscher in der Hauptverhandlung zu ersetzen bzw. um diesen zu ergänzen. → Rn. 26.
[71] MAH/*Jung* § 18 Rn. 19; *Driesen/Petersen,* Gerichtsdolmetschen, S. 5.
[72] Vgl. etwa den Kodex der „Association Internationale des Interprétes de Conférence (AIIC)", abrufbar unter http://aiic.net/page/6724, zuletzt abgerufen am 25.1.2018.
[73] Zur Deutung dieser Wendung im Hinblick auf das „Wie" der Dolmetschertätigkeit mit translationswissenschaftlichen Bezügen monographisch *Kranjčić,* „Dass er treu und gewissenhaft übertragen werde...", 2010.

seiner Tätigkeit vor Gericht oder im Ermittlungsverfahren bekannt geworden sind (§ 189 Abs. 4, § 163a Abs. 5 StPO, vgl. hierzu Art. 5 Abs. 3 der Richtlinie EU 2010/64/EU). Davor konnte sich diese allenfalls aus der Stellung als Berufshelfer des Verteidigers (§ 203 Abs. 3 StGB) ergeben (in diesem Fall steht dem Dolmetscher dann auch **Zeugnisverweigerungsrecht** gem. § 53a StPO zu; zur **Verschwiegenheitspflicht** des Dolmetschers → § 189 Rn. 21). Mangels Rechtsgrundlage kann gegen einen zum Hauptverhandlungstermin nicht erschienenen Dolmetscher kein **Ordnungsmittel** verhängt werden.[74] Eine analoge Anwendung des für Sachverständige geltenden § 77 Abs. 1 StPO und des Zeugen betreffenden § 51 StPO scheidet aus.[75] Dies gilt auch für die Auferlegung der entstandenen **Kosten**.[76]

b) Berufsbezeichnung und Qualifikation. Auch die **Verwendung der Berufsbezeichnung** ist nicht an gesetzliche Voraussetzungen (Ablegen einer Prüfung) gekoppelt, Art. 12 S. 1 GG.[77] Hingegen finden sich auf landesrechtlicher Ebene Vorschriften zur Dolmetscherqualifikation,[78] zu den Voraussetzungen für die Bestellung, der allgemeinen Vereidigung sowie für das Führen der besonderen Berufsbezeichnung „Öffentlich bestellter und beeidigter Dolmetscher" vgl. etwa Art. 5 BayDolmG.[79] Die Allgemeine Vereidigung – die zugleich zur Aufnahme in gerichtliche **Dolmetscher- und Übersetzerdatenbanken** führt[80] – wird in den meisten Bundesländern von besonderen Prüfungen abhängig gemacht (vgl. noch → § 189 Rn. 6),[81] wobei es bis vor kurzem noch an einer besonderen „Gerichtsdolmetscherprüfung" gefehlt hat. Inzwischen können Prüfungen zumindest in einem bestimmten Fachgebiet (ua „**Rechtswesen**", vgl. § 2 Abs. 2 Nr. 2 Bay. ÜDPO) abgelegt werden, die allgemeine Vereidigung ist jedoch nach wie vor nicht fachgebunden, vgl. etwa Art. 3 BayDolmG.

Eine über die Fachtermini hinausgehende **Kenntnis vom materiellen Recht** wird vom Dolmetscher nicht erwartet,[82] was im Hinblick auf dessen besondere Verantwortung zwar kritisch zu sehen,[83] aber der zugeschriebenen Rolle als „reiner Übersetzer" auch immanent ist. Gerade juristisches Hintergrundwissen kann als „gefährliches Halbwissen" die Übersetzungsqualität beeinträchtigen.[84] Für die „Übersetzung" vom Juristischen in die Muttersprache (im Sinne einer Darlegung der „Rechtslage") ist der Strafverteidiger bzw. das Gericht kraft seiner Fürsorgepflicht verantwortlich. Das heißt selbstverständlich nicht, dass die derzeitigen Maßnahmen der **Qualitätssicherung** von Dolmetschleistungen in Relation zu dessen überragender Bedeutung im Verfahren auch nur im Ansatz ausreichend wären.[85] Daher ist es schlicht enttäuschend, dass der Gesetzgeber die mit der Umsetzung der EU-Richtlinie (vgl. → Rn. 6, → § 187 Rn. 3 ff.) einhergehenden Reformen im Bereich des Dolmetschereinsatzes nicht genutzt hat, um in diesem Kontext auch Vorschriften zur Qualitätssicherung und Regulierung des Dolmetscherwesens – ganz im Sinne des Art. 5 der

---

[74] Meyer-Goßner/*Schmitt* Rn. 7; HK/*Schmidt/Temming* Rn. 11; *Wittschier* NJW 1985, 2873; BeckOK StPO/*Walther* Rn. 3; LG Hamburg 17.1.1985 – (90) Ds 12/84, StV 1985, 500; LG Nürnberg-Fürth 2.12.1977 – 7 Qs 218/77, MDR 1978, 508.
[75] HM: OLG Frankfurt a. M. 28.4.2008 – 6 WF 73/08; OLG Karlsruhe 25.3.2003 – 1 Ws 381/02, Justiz 2003, 449.
[76] KG 21.11.2007 – 1 AR 1087/07 – 1 Ws 199/07, 1 AR 1087/07, StraFo 2008, 89 (das zutreffend auf die fehlende Verdolmetschungspflicht hinweist); so auch SK/*Frister* Rn. 11; aA Meyer-Goßner/*Schmitt* Rn. 7.
[77] *Wurzel* InfAuslR 1998, 306.
[78] Zusf. *Lankisch* Der Dolmetscher S. 47 ff.
[79] Wobei es vom jeweiligen Bundesland abhängig ist, ob man allgemein beeidigt, daneben noch öffentlich bestellt oder ermächtigt wird, vgl. *Driesen/Petersen*, Gerichtsdolmetschen, S. 5.
[80] Vgl. http://www.justiz-dolmetscher.de/
[81] Vgl. hierzu etwa OLG Frankfurt a. M. 13.1.1997 – 20 VA 5/95, JMBl. 1997, 599.
[82] In entsprechenden Seminaren wird allerdings eine jeweilige Einführung in das Rechtsgebiet gegeben, vgl. nur http://seminare.bdue.de/index.php?snr=3255, zuletzt abgerufen am 25.1.2018.
[83] *Kabbani* StV 1987, 410 (411); vgl. auch *Tormin* ZRP 1987, 422 (423). Monographisch *Balaei*, Notwendigkeit der Professionalisierung von Dolmetschern im Justizwesen, 2004.
[84] Zur Qualität des Dolmetschers zusf. auch MAH/*Jung* § 18 Rn. 36 ff.
[85] Zu etwaigen Reformüberlegungen bereits *Tormin* ZRP 1987, 422.

Richtlinie – in Angriff zu nehmen. Dies gilt im Hinblick auf den eingeschränkten Rechtsschutz im Bereich qualitativ minderwerter Dolmetschleistungen umso mehr (vgl. noch → Rn. 46, 70).[86] Zwar trifft es zu, dass die Richtlinie keine berufsrechtlichen Regelungen treffen will;[87] dies bedeutet selbstverständlich nicht, dass die Hinziehung im Strafprozess nicht von einheitlichen Standards abhängig gemacht werden könnte, die ihrerseits einer rechtlichen Überprüfung zugänglich sind.

24 **3. Abgrenzung Dolmetscher – Übersetzer – Sachverständiger – Zeuge. Dolmetscher** ist ein Sprachkundiger, dessen Aufgabe es ist, den Prozessverkehr zwischen dem Gericht und anderen am Prozess beteiligten Personen zu ermöglichen.[88] Die Dolmetschertätigkeit beschränkt sich auf die Übersetzung des gesprochenen Wortes, hingegen handelt es sich beim **Übersetzer** um einen Sprachmittler, der schriftlich von einer Sprache in die andere überträgt.[89] Im Hinblick auf diese Unterscheidung steht es dem Gericht auch frei, als Übersetzer eine andere Person zu bestellen als den Dolmetscher.[90] Gerade bei Personen, die der deutschen Sprache nur teilweise mächtig sind, kann auch nur die Hinziehung eines Übersetzers für bestimmte Schriftstücke bzw. sonstige Beweismittel genügen bzw. notwendig sein, obwohl es keines Dolmetschers bedarf.[91] Auch wenn der Vorsitzende bzw. ein Schöffe die Sprache beherrscht, sollte er sich – um nicht den Eindruck der Befangenheit entstehen zu lassen – nicht als Dolmetscher gerieren bzw. versucht sein, Teile eines Schriftstücks selbst in die Gerichtssprache übersetzen.[92] Dies gilt jedenfalls dann, wenn die Einführung eines Schriftstücks im Raume steht, die einen Prozessbeteiligten betrifft, welcher der Sprache des Beweismittels nicht mächtig ist. Dem Gericht steht es jedoch frei, Eingaben in fremder Sprache durch den Beschuldigten **kraft eigener Sachkunde** zu übersetzen, wenn hierdurch Verfahrenspositionen Dritter nicht beeinträchtigt werden.[93]

25 **a) Übersetzung als Sachverständigentätigkeit.** Die zusätzliche Bestellung eines Übersetzers empfiehlt sich, wenn dieser zugleich als **„Kultursachverständiger"** vernommen werden, also den Sinn einer außerhalb des Prozeßverkehrs abgegebenen fremdsprachigen Äußerung vermitteln und sich darüber in der Hauptverhandlung äußern soll.[94] So ist etwa die Übersetzung eines Kassibers und deren Überprüfung keine Obliegenheit des Verhandlungsdolmetschers, sondern eine Sachverständigenaufgabe: „denn durch diese Übertragung soll der Sinn einer nicht im Verfahren, sondern außerhalb des Prozesses abgegebenen fremdsprachigen Äußerung ermittelt werden. Wenn das Schwurgericht dazu den Dolmetscher zu Rate zieht, dann bedient es sich des Sprachkundigen insoweit als Sachverständigen. Sachverständigentätigkeit und Dolmetschertätigkeit schließen sich nicht aus."[95] Dann darf allerdings auch nicht aus dem Blick geraten, dass dieser dann in seiner Tätigkeit als Sachverständiger zu belehren ist (§§ 72, 57 StPO) als auch darüber zu befinden ist, ob er als Sachverständiger nach § 79 Abs. 1 StPO unvereidigt bleiben soll.[96]

---

[86] AA *Christl* NStZ 2014, 376 (382), welcher die Revision und Befangenheitsrüge für ausreichend erachtet. Schlechtleistungen des Dolmetschers dürften aber nicht zwingend zu einer Befangenheit führen, vgl. noch → § 191 Rn. 2.
[87] *Christl* NStZ 2014, 376 (378).
[88] BGH 28.11.1950 – 2 StR 50/50, BGHSt 1, 4.
[89] *Jessnitzer* Rpfleger 1982, 366; Meyer-Goßner/*Schmitt* Rn. 2.
[90] BGH 22.12.1964 – 1 StR 509/64, NJW 1965, 643; 29.5.1985 – 2 StR 804/84, NStZ 1985, 466; zum Ganzen auch *Cebulla*, Sprachmittlerstrafrecht, 2007, S. 34 ff.
[91] Meyer-Goßner/*Schmitt* Rn. 2.
[92] Vgl. zu solch einem Fall (Übersetzung eines Schriftstücks durch den Vorsitzenden) BVerwG 7.101987 – 9 CB 20/87, NJW 1988, 722; HessLSG 18.2.1981 – L 8 Kr 761/80.
[93] Dies kann ohnehin nur eine Rolle spielen, wenn die fremdsprachige Eingabe trotz § 184 Berücksichtigung erfährt, was überwiegend von der Aufklärungsmaxime gem. § 244 Abs. 2 StPO abhängig gemacht wird, vgl. hierzu → Rn. 15; freilich macht die Beherrschung der Fremdsprache durch den Richter die Dolmetscherhinziehung nicht entbehrlich, Meyer-Goßner/*Schmitt* Rn. 5.
[94] BGH 28.11.1950 – 2 StR 50/50, BGHSt 1, 4; vgl. auch 7.7.1997 – 5 StR 17/97, NStZ 1998, 158; SK/*Frister* Rn. 10; BeckOK StPO/*Walther* Rn. 2.
[95] BGH 22.12.1964 – 1 StR 509/64, NJW 1965, 643; 7.7.1997 – 5 StR 17/97, NStZ 1998, 158.
[96] BGH 22.12.1964 – 1 StR 509/64, NJW 1965, 643.

b) Dolmetscher als Zeuge. Überhaupt sollte – um den ohnehin zwiespältigen Charakter 26
der Dolmetschertätigkeit nicht noch zu verstärken – eine **Mehrzwecktätigkeit** des Dolmetschers (insbes. eine Vernehmung als Zeuge?), so gut es geht, vermieden werden. Es empfiehlt sich insofern auch, für die Hauptverhandlung einen anderen Dolmetscher heranzuziehen als denjenigen, der bei „internen" Gesprächen zwischen Beschuldigtem und Verteidiger anwesend war (→ Rn. 20). Zwar ist die Gefahr einer „Interessenskollision" gemindert, weil die Rechtsprechung zutreffend davon ausgeht, dass der Dolmetscher im Hinblick auf die von ihm wahrgenommenen Gespräche zwischen Angeklagtem und Verteidiger als **Hilfspersonal im Sinne des § 53a StPO** ein Zeugnisverweigerungsrecht hat und eine Verschwiegenheitsvereinbarung getroffen werden kann.[97] Bereits die faktische Voreingenommenheit bzw. Vorkenntnis kann allerdings die Qualität der Übersetzungsleistung beeinträchtigen (bzw. den Dolmetscher unfreiwillig zum Teil des Verteidigungskonzepts machen), zumal es sich bei diesen sog. „**Vertrauensdolmetschern**" meist um nahe stehende Personen handelt, welche die Sprache allenfalls besser beherrschen, aber nicht als professionelle Dolmetscher tätig sind (vgl. nochmals → Rn. 50).[98] Ähnliche Gefahren bestehen auch beim **Dolmetscher der „ersten Stunde"** (polizeiliche, staatsanwaltschaftliche Vernehmungen), auch wenn die Verschwiegenheitsverpflichtung des Dolmetschers vor Gericht gem. § 189 Abs. 4 nach § 163a Abs. 5 auch für Vernehmungen durch Staatsanwaltschaft und Polizei gilt.

V. Statistik

Eine eigenständige Statistik betreffend die „Dolmetscherhinzuziehung" im Hauptverfahren 27
existiert nicht. Doch lassen sich der Rechtspflegestatistik die Anwesenheitszahlen der Dolmetscher im (einmaligen oder) letzten Verhandlungstermin entnehmen. Demnach haben im Jahre 2015 an insgesamt 506.193 Hauptverhandlungen vor den Amtsgerichten wiederum 40.269 teilgenommen (7,9 %).[99] Eine etwas andere Relation ergibt sich im Bereich der erstinstanzlichen Verfahren vor den Landgerichten (2.503 bei 9.622, also 26 %), während sich der Wert wieder bei Verfahren vor der Berufungskammer demjenigen der Amtsgerichte annähert (3824mal vermerkte Anwesenheit bei 35.965 Hauptverhandlungsterminen, was einem Anteil von 9,1 % entspricht). Freilich kann die Zuziehung auch auf einen der deutschen Sprache nicht mächtigen Zeugen zurückzuführen sein, doch dies dürfte die „Grundaussage" (Bedeutung der Dolmetscherhinzuziehung überhaupt) nicht in Frage stellen. Daneben kann für eine erste grobe Orientierung auch die Anzahl ausländischer Verurteilter pro Jahr (2014: 194.673[100]) herangezogen werden, denn: Auch wenn nicht jeder Beschuldigte mit ausländischer Staatsbürgerschaft Probleme mit der deutschen Sprache hat und umgekehrt nicht jeder deutsche Staatsangehörige die deutsche Sprache beherrscht, lässt sich die Vermutung anstellen, dass zumindest ein entscheidender Teil der Angeklagten der deutschen Sprache nicht mächtig ist.[101]

B. Erläuterung

I. Dolmetscherhinzuziehung (Abs. 1)

1. Voraussetzungen. § 185 Abs. 1 gibt einen Anspruch auf Hinzuziehung eines Dol- 28
metschers und dessen Übersetzungstätigkeit in der **Verhandlung**.[102] Die Hinzuziehung

---

[97] Vgl. etwa LG Verden 6.3.1996 – 1 Qs 57/96, StV 1996, 371. Diese nützt freilich dem Beschuldigten nichts, wenn gegen diese verstoßen wird, da nach hM solch ein Verstoß kein Beweisverwertungsverbot nach sich zieht, hierzu MüKo/*Percic* § 53 Rn. 61.
[98] *Schmidt*, Verteidigung von Ausländern, Rn. 273.
[99] Statistisches Bundesamt, Fachserie 10, Reihe 2.3. abrufbar unter, https://www.destatis.de/DE/Publikationen/Thematisch/Rechtspflege/GerichtePersonal/Strafgerichte2100230157004.pdf?__blob=publicationFile
[100] Statistisches Bundesamt, Lange Reihen, I.2., S. 13. (Stand 29.4.2016).
[101] So auch *Schneider* StV 2015, 379.
[102] BVerfG 21.5.1987 – 2 BvR 1170/83, NJW 1988, 1462 (1464).

ist ein förmlicher Akt, die nicht dadurch entbehrlich wird, dass ein Sprachkundiger der Verhandlung beiwohnt (zur Dolmetschertätigkeit durch die Prozessbeteiligten selbst vgl. → Rn. 24, 50).[103] Die **Übersetzung** von Schriften und die Dolmetscherhinzuziehung außerhalb der Verhandlung wurde früher ebenso mittels konventionskonformer Auslegung auf § 185 gestützt, ergibt sich nunmehr zumindest mittelbar aus § 187 Abs. 1, der inzwischen auch dem Nebenkläger dieses Recht einräumt. Der Grundsatz des fairen Verfahrens kann es geboten erscheinen lassen, dem einzelnen Angeklagten einen **eigenen** Dolmetscher zu genehmigen, den er nicht mit einem anderen Angeklagten teilen muß, damit er mit seinem Verteidiger vertrauliche Gespräche führen kann, ohne befürchten zu müssen, daß der Inhalt der Gespräche gewollt oder ungewollt an Mitangeklagte weitergegeben wird.[104]

29 a) **Beteiligter.** Beteiligte sind alle Verfahrensbeteiligten im weiteren Sinne.[105] Die **verfahrensleitenden** Prozessbeteiligten haben die Gerichtssprache zu beherrschen (vgl. → § 184 Rn. 12). Ist ein **Schöffe** der deutschen Sprache nicht ausreichend mächtig, so ist er unfähig, ein Schöffenamt auszuüben (vgl. auch § 33 Nr. 5 GVG).[106] Mit den Aufgaben eines Richters ist es unvereinbar, wenn dieser nur mit Hilfe eines Dolmetschers an der Verhandlung teilnehmen kann.[107] Hingegen besteht keine Verpflichtung des **Strafverteidigers** oder **Nebenklägers,** der deutschen Sprache mächtig zu sein, auch wenn diesen Personen kraft ihrer Position als Organ der Rechtspflege die Möglichkeit eingeräumt wird, unmittelbar gestaltend auf den Prozess einzuwirken.[108] Die Eingaben haben allerdings in deutscher Sprache zu erfolgen (so weit dies § 184 erfordert, vgl. → Rn. 13, → § 187 Rn. 55 ff.); jedenfalls lassen sich Verteidiger und Nebenklägervertreter nicht als „Prozesssubjekte" begreifen, die ebenfalls einen Anspruch auf Dolmetscherhinzuziehung hätten. Dementsprechend müsste sich der fremdsprachige Verteidiger selbst um einen Dolmetscher kümmern und die entsprechenden Kosten tragen (bzw. auf den Mandanten abwälzen). Praktisch ist dieser Fall nur bei der Einbeziehung von ausländischen Rechtsanwälten in Verfahren mit supranationalem Bezug denkbar und von Bedeutung, diesbezüglich sind kostenrechtlich die **§§ 25 ff. EuRAG** in den Blick zu nehmen.[109]

30 Beteiligter ist seit Einfügung des § 187 Abs. 2 (nunmehr Abs. 4) auch der **Nebenkläger,**[110] der gem. § 187 Abs. 4 nunmehr auch einen Anspruch auf Dolmetsch- und Übersetzungsleistungen im Vorverfahren hat (vgl. dort → § 187 Rn. 72 f. mN). Dasselbe dürfte für den **Privatbeklagten** gelten, da auch im Privatklageweg letztlich über den Vorwurf einer strafbaren Handlung entschieden wird.[111] Hingegen hat der **Privatkläger** keinen Anspruch auf Hinzuziehung eines Dolmetschers, weil er insofern an die Stelle der Staatsanwaltschaft tritt, mithin die Gerichtssprache zu beherrschen hat und wenn er dies nicht tut selber für die entsprechenden Ausgleichsmechanismen Sorge tragen muss.[112] Umgekehrt kann allerdings aus Sicht des Partizipationsinteresses des Angeklagten eine Hinzuziehung erforderlich sein; dies gilt nicht nur für Zeugen,[113] sondern für jeden sonstigen Prozessbetei-

---

[103] BGH 17.4.1962 – 5 StR 105/62.
[104] OLG Frankfurt a. M. 20.6.1995 – 4 – 2 StE 5/94 – 23/94, StV 1996, 166.
[105] SSW/*Rosenau* Rn. 3.
[106] BGH 26.1.2011 – 2 StR 33/10, NStZ-RR 2011, 277: „Wird gegen die Soll-Vorschrift des § 33 GVG verstoßen, ist der Schöffe gemäß § 52 Abs. 1 Nr. 2 GVG von der Schöffenliste zu streichen. Zwar handelt es sich bei § 33 GVG um eine bloße Ordnungsvorschrift, ein Verstoß hiergegen ergibt sich nicht schon ohne Weiteres als eine gesetzwidrige Besetzung. Der Besetzungseinwand greift vielmehr nur durch, wenn der der Ungeeignetheit i.S.v. § 33 GVG zugrunde liegende Umstand die Unfähigkeit des Schöffen begründet, der Verhandlung zu folgen."
[107] BGH 26.1.2011 – 2 StR 33/10, NStZ-RR 2011, 277; LG Bochum 12.8.2005 – 3221 Haupt – 172.
[108] Vgl. auch SK/*Frister* Rn. 2.
[109] Zur Frage, wer die Kosten für einen dem Angeklagten beigeordneten Dolmetscher, der ein in fremder Sprache geführtes Verteidigergespräch dem deutschen „Einvernehmensanwalt" übersetzt KG 21.9.2001 – 3 WS 393/01, NStT 2002, 52, abl. *Schmidt,* Verteidigung von Ausländern, Rn. 297.
[110] Vgl. noch zur alten Rechtslage BGH 22.10.2002 – 1 StR 298/02, NStZ 2003, 218.
[111] *Schmidt,* Verteidigung von Ausländern, Rn. 295.
[112] BVerfG 17.2.1981 – 2 BvR 710/80, NStZ 1981, 230.
[113] BayObLG 24.9.2004 – 1 St RR 143/04, NStZ-RR 2005, 178.

ligten, der gestaltend auf das Verfahren einwirkt, weswegen *Frister* Rn. 2 auch Sachverständige und Verfalls- sowie Einziehungsbeteiligte einbezieht.[114] Insofern dürfte es zutreffen, als Prozessbeteiligten jede Person anzusehen, mit der eine mündliche Kommunikation erforderlich ist.[115]

Ein Beteiligter kann nicht zugleich als Dolmetscher agieren (zur Übersetzung seitens **31** des Gerichts kraft eigener Sachkunde vgl. bereits → Rn. 24). Dies gilt nicht nur für den Staatsanwalt, sondern – praktisch auch häufiger zu beobachten – insbes. auch für den Verteidiger mit Migrationshintergrund, der die Sprache des Mandanten beherrscht und daher – im Einvernehmen mit dem Angeklagten – auf einen Übersetzer unzulässigerweise verzichtet hat.[116] Eine Ausnahme gilt lediglich (vgl. § 190) für den Urkundsbeamten der Geschäftsstelle.[117]

b) Verhandlung. aa) Begriff. Der Begriff der Verhandlung umfasst zunächst denjeni- **32** gen der Hauptverhandlung (entsprechend § 226 StPO, vgl. dort).[118] Darüberhinaus umfasst der Begriff jeden Termin, in dem mündlich verhandelt wird, also auch richterliche Vernehmungen des Beschuldigten, von Zeugen oder Sachverständigen im In- oder Ausland.[119] Auch Erklärungen gegenüber einem Rechtspfleger oder einem Urkundsbeamten der Geschäftsstelle sind erfasst.[120]

bb) Sonstige Verfahrensabschnitte. Für das Ermittlungsverfahren gilt § 185 nicht **33** unmittelbar, insbesondere ergibt sich aus § 185 kein Anspruch auf Übersetzungsleistungen, ggf. ist jedoch § 187 einschlägig (vgl. dort → § 187 Rn. 9). Aus Art. 6 Abs. 3 lit. e EMRK ergibt sich ausweislich des Wortlauts kein umfassender Anspruch für den der Gerichtssprache nicht mächtigen Beschuldigten auf Dolmetscher- und Übersetzungstätigkeiten während des **gesamten Strafverfahrens.** Dementsprechend geht die Rechtsprechung davon aus, dass auch nicht jede richterliche Anordnung bzw. sonstiger Schriftverkehr (Verfügungen, Ladungen, Beschlüsse etc) schriftlich übersetzt werden müsste, vgl. aber noch → § 187 Rn. 55).[121]

Die Garantien des Art. 6 Abs. 2 MRK auf Übersetzungen gelten nur im Erkenntnisver- **34** fahren, nicht im **Vollstreckungsverfahren**".[122] Dies bedeutet jedoch nicht, dass der Verurteilte ab Rechtskraft bzw. Beginn des Strafvollzugs zu einem „Objekt" der Strafvollstreckung gemacht werden dürfte. Jedenfalls für mündliche Verhandlungen bzw. Anhörungen vor der Strafvollstreckungskammer, muss § 185 Anwendung finden.[123] Dabei wird nicht verkannt, dass sich der Verurteilte in einem **Sonderstatusverhältnis** befindet, doch basiert das Erfor-

---

[114] SK/*Frister* Rn. 2.
[115] So auch BayObLG 14.10.1976 – 3 Z 99/7, NJW 1977, 1596 (Abschiebungshaftverfahren)1965.
[116] OLG Celle 22.7.2015 – 1 Ss (OWi) 118/15, NStZ 2015, 720. Gerade in derartigen Fällen eines „kulturell gemeinsamen Hintergrunds" von Verteidiger und Beschuldigtem besteht die Gefahr, dass der anfangs sicherlich auch vorteilhafte Vertrauensvorsprung dazu führt, dass der Verteidiger die Sprachkenntnisse des Angeklagten überschätzt bzw. fehlende Sprachkenntnisse schlicht aus dem Blick verliert (weil man auch in den Mandantengesprächen überwiegend nicht in der Gerichtssprache kommuniziert). Zwar handelt es sich bei der Überprüfung der Sprachkenntnisse – wie auch die Entscheidung des OLG Celle belegt – um eine Aufgabe, die das Gericht nicht auf den Verteidiger überwälzen kann. Dies sollte aber den Verteidiger nicht davon abhalten, schon beim Erstgespräch die Notwendigkeit der Hinzuziehung eines Dolmetschers zu überprüfen, zumal zentrale Fragen der Verteidigungsarbeit von den Inhalten der in der Gerichtssprache abgefassten Akten abhängen und die Einschaltung des Dolmetschers auch dazu geeignet sein dürfte, die notwendige, professionelle Distanz zum Mandanten zu wahren.
[117] Meyer-Goßner/*Schmitt* § 190 Rn. 1; KK/*Diemer* § 190 Rn. 1 mwN.
[118] Meyer-Goßner/*Schmitt* Rn. 5.
[119] Meyer-Goßner/*Schmitt* Rn. 1; SK/*Frister* Rn. 2; Löwe/Rosenberg/*Wickern* Rn. 4; BeckOK StPO/ *Walther* Rn. 1.
[120] SK/*Frisch* Rn. 2. KG 6.10.1976 – (2) Ss 315/76, Ss 80/76, JR 1977, 129.
[121] OLG Hamm 25.10.2016 – III-3 RVs 72/16.
[122] Vgl. OLG Bamberg 6.6.2013 – 1 Ws 311/13.
[123] So ist das Ergebnis der schriftlichen Begutachtung eines nach StPO § 454 Abs. 2 S. 1 Nr. 2 beauftragten Sachverständigen einem Verurteilten, der nicht oder kaum der deutschen Sprache mächtig, durch Hinzuziehung eines geeigneten Dolmetschers mitzuteilen, vgl. OLG Koblenz 4.1.2001 – 1 Ws 809/00, StV 2001, 304.

dernis der Hinzuziehung auch nicht nur auf den subjektiven Rechten des Sprachunkundigen, sondern schlicht in der Notwendigkeit eines rechtsstaatlichen Vollstreckungsverfahrens und einer gesicherten, „nachgelagerten" Wahrheitsfindung (zu den Übersetzungspflichten bei vollstreckungsrechtlichen Entscheidungen, vgl. noch → § 187 Rn. 64).

35 c) **Unzureichende Sprachkenntnisse.** Als der deutschen Sprache mächtig angesehen wird auch derjenige, der zwar Deutsch nicht „beherrscht", aber soweit versteht und spricht, so dass eine Verständigung möglich ist.[124] Umgekehrt sind die Sprachkenntnisse auch unzureichend, wenn der Beteiligte Deutsch zwar **ausreichend versteht,** sich in dieser Sprache aber nur unzureichend auszudrücken vermag,[125] mithin „gebrochen spricht".[126] Beherrscht ein Ausländer nach den Urteilsfeststellungen eine **Drittsprache** nur schlecht, ist die Einschaltung eines Dolmetschers für die Drittsprache rechtsfehlerhaft.[127] Kann sich ein Zeuge bei seiner Vernehmung in der Hauptverhandlung teilweise nur mit **Gesten** verständigen, weil er der deutschen Sprache nicht hinreichend mächtig ist, gebietet Abs. 1 S. 1 die Hinzuziehung eines Dolmetschers.[128] Es genügt nicht, dass der Beteiligte schlicht nicht bereit ist, auf Deutsch zu verhandeln.[129]

36 aa) **Tatrichterliches Ermessen.** In Grenzfällen steht die Mitwirkung eines (bestellten) Dolmetschers im **pflichtgemäßen Ermessen** des Gerichts.[130] Das Ermessen des Tatgerichts solch sich auf den **Umfang** hinsichtlich der Dolmetscherhinzuziehung erstrecken (was selbstverständlich erhebliche Auswirkungen auf die Revision hat, → Rn. 67).[131] In diesem Kontext ist – zurückgehend auf eine frühe Entscheidung des BGH aus der amtlichen Sammlung – immer wieder zu lesen, dass es beim der deutschen Sprache nur **teilweise mächtigen** Prozessbeteiligten dem Gericht überlassen bleibe, in welchem Umfang unter Mitwirkung des Dolmetschers verhandelt wird.[132] Mit dieser verkürzten Darstellung wird suggeriert, dass es Verfahrensabschnitte gäbe, die einfacher nachzuvollziehen seien und die Beherrschung der Sprache in ein Relationsverhältnis zum Prozessgeschehen gesetzt. Hinter solch einer Betrachtung – soweit sie beim Wort zu nehmen ist, vgl. im Folgenden – dürfte wiederum der Gedanke der **Prozessökonomie** stehen oder konkreter: die Termingebühr des Dolmetschers: Denn gerade bei Großverfahren ist sicherlich auch denkbar, dass Punkte verhandelt werden, die für den Mitangeklagten nicht von (besonderer) Relevanz sind und die Ladung des Dolmetschers zu jedem Einzeltermin unwirtschaftlich anmutet.

37 Der Wortlaut des § 185 ist indessen eindeutig: Ist die beteiligte Person der deutschen Sprache nicht (Lesart: „vollständig") mächtig, ist ein Dolmetscher heranzuziehen. Über-

---

[124] OLG Koblenz (Zivilsenat) 31.7.2014 – 3 U 779/14, MDR 2014, 1225; BVerwG 14.6.2013 – 5 B 41/13; BVerwG 11.9.1990 – 1 CB 6/90, NJW 1990, 3102; Radtke/Hohmann/*Otte* Rn. 3.
[125] BVerfG 17.5.1983 – 2 BvR 731/80, NJW 1983, 2762; BGH 12.5.2011 – V ZB 309/10; Meyer-Goßner/*Schmitt* Rn. 4; SK/*Frister* Rn. 3; hierzu auch *Kulhanek,* Sprach- und Ortsfremdheit, Teil 4 II.2.b., im Erscheinen.
[126] OLG Frankfurt a. M. 9.7.1952 – 1 Ss 230/52, NJW 1952, 1310.
[127] OLG Karlsruhe 24.1.1980 – 4 Ss 255/79, Justiz 1980, 285.
[128] BayObLG 24.9.2004 – 1 St RR 143/04, NStZ-RR 2005, 178.
[129] SK/*Frister* Rn. 3; BGH 14.6.2005 – 3 StR 446/04, NJW 2005, 3434.
[130] HK/*Schmidt/Temming* Rn. 4; OLG Koblenz (Zivilsenat) 31.7.2014 – 3 U 779/14, MDR 2014, 1225; in Anknüpfung an BVerfG 17.5.1983 – 2 BvR 731/80, BVerfGE 64, 135 ff. = NJW 1982, 2762; BVerwG 11.9.1990 – 1 CB 6/90, NJW 1990, 3102; BGH 22.11.2001 – 1 StR 471/01, NStZ 2002, 275. Anders bei unbedingten Ansprüchen, wie etwa demjenigen aus Art. VII Abs. 9 lit. f des NATO-Truppenstatuts, vgl. bereits → Rn. 4.
[131] BGH 11.11.1952 – 1 StR 484/52, BGHSt 3, 285; In diesem Fall gehört der Dolmetscher nicht zu den Personen, deren Anwesenheit im Sinne des StPO § 338 Nr. 5 für die gesamte Dauer der Hauptverhandlung erforderlich ist, so auch BGH 17.1.1984 – 5 StR 755/83, NStZ 1984, 328 sowie BGH 22.11.2001 – 1 StR 471/01, NStZ 2002, 275; einschränkend BayObLG 24.9.2004 – 1 St RR 143/04, NStZ-RR 2005, 178: „soweit eine nur teilweise Verständigungsfähigkeit festgestellt ist – nicht derart weit, als bereits gänzlich auf die Ladung eines Dolmetschers verzichtet werden könnte"; krit. auch SK/*Frister* Rn. 5: „Da die Hauptverhandlung eine Einheit bildet, kann die Frage…nur einheitlich beurteilt werden".
[132] BGH 11.11.1952 – 1 StR 484/52, BGHSt 3, 285 = NJW 1953, 114; BGH 17.1.1984 – 5 StR 755/83, NStZ 1984, 328 sowie BGH 22.11.2001 – 1 StR 471/01, NStZ 2002, 275; SSW/*Rosenau* Rn. 5.

haupt ist die Wendung des „teilweise der deutschen Sprache mächtigen Angeklagten" unglücklich gewählt. Entweder das Gericht kommt zur Überzeugung, dass die Sprachkenntnisse ausreichen, um dem Prozess zu folgen oder eben nicht (zur Überprüfung im Einzelnen vgl. noch → Rn. 38).[133] Eine Aufspaltung nach „nachvollziehbaren", „prozessual bedeutsamen" Verfahrensabschnitten lässt sich nicht trennscharf vornehmen, weswegen dieser Rechtsprechung – soweit man sie dahingehend verstehen will, das Gericht könne je nach Einschätzung des Grads der Beherrschung einer Sprache stufenweise von einer Dolmetscherhinzuziehung absehen – nicht beizupflichten ist. Denkbar bleibt allerdings eine **Anwendung des § 231c** für den Fall von Verfahrensteilen, die ausschließlich Mitangeklagte betreffen, die der deutschen Sprache mächtig sind (praktisch wird von dieser Möglichkeit allerdings selten Gebrauch gemacht, gerade aufgrund des unscharfen Merkmals der „Betroffenheit").[134] Überhaupt gilt: soweit die Voraussetzungen einer Beschränkung des Anwesenheitsrechts nach den Vorschriften der StPO vorliegen (man denke etwa an die Entfernung des Angeklagten bei Zeugenvernehmungen nach § 247[135]), ist damit auch über die Anwesenheitspflicht des Dolmetschers eingeschränkt.

bb) Prüfung der Sprachkenntnisse von Amts wegen. Die Prüfung der Sprachkennt- 38 nisse hat von Amts wegen zu erfolgen (wird aber beim verteidigten Angeklagten bereits im Ermittlungsverfahren angeregt, vgl. → Rn. 50).[136] Einer besonderen Prüfung, ob ein Beteiligter der deutschen Sprache mächtig ist, bedarf es stets dann, wenn sich aus irgendwelchen Umständen **Zweifel** an seiner Sprachkundigkeit ergeben.[137] Auf welche Weise sich das Gericht eine Vorstellung vom Umfang der Sprachkenntnisse des Angeklagten verschafft, bleibt ebenso diesem selbst überlassen.[138] Demnach ist auch dies als **„ureigene Aufgabe"** des Tatrichters in der Revision nur eingeschränkt überprüfbar (vgl. noch → Rn. 66 ff.).[139] Dabei darf – auch bei Zeugen – nicht aus dem Blick geraten, dass die Prozessbeteiligten ihre eigenen Sprachkenntnisse ggf. **überschätzen** bzw. – schon aus Verlegenheit – dazu tendieren könnten, mangelnde Kenntnisse zu verschleiern.[140] Sollte sich ergeben, dass der

---

[133] Dies ergibt sich auch aus den weiteren Fundstellen, in denen dieser einschränkende Leitsatz zwar auftaucht, aber letztlich die Überzeugung des Gerichts von (nicht) ausreichenden Sprachkenntnissen „überprüft" bzw. dargelegt wird, so etwa in BGH 22.11.2001 – 1 StR 471/01, NStZ 2002, 275. In dem anderen Fall (BGH 17.1.1984 – 5 StR 755/83, NStZ 1984, 328) hatte der Dolmetscher angemerkt, dass die Sprachkenntnisse des Angeklagten ausreichend genug seien, um dem Geschehen in den „nächsten 15 Minuten zu folgen". Wenn man nicht davon ausgehen will, dass der Dolmetscher ein Prophet ist, der wüsste, was sich in den nächsten 15 Minuten in der Hauptverhandlung abspielen werde, so macht die Auffassung des BGH, die Kammer hätte nicht ermessensfehlerhaft gehandelt, keinen Sinn, wenn man davon ausgeht, dass die Aussage des Dolmetschers bestätigte, dass die Hinzuziehung insgesamt obsolet war (dies macht die Hinzuziehung als „zusätzliche Absicherung" freilich nicht unzulässig). Im dritten Fall, in dem auf den in BGHSt 3, 285 aufgestellten Leitsatz Bezug genommen wird (BGH 21.2.1989 – 1 StR 631/88), betraf die Dolmetscherhinzuziehung nicht den Angeklagten, sondern einmalig hinzugezogene Zeugen; diesbezüglich ist es selbstverständlich, dass die Zeugendolmetscher nicht die gesamte Hauptverhandlung anwesend sein müssen, sondern gemeinsam mit den Zeugen „entlassen" werden.
[134] Schließlich betrifft auch BGH 11.11.1952 – 1 StR 484/52, BGHSt 3, 285 = NJW 1953, 114 als Referenz für diese einschränkende Rechtsprechung solch eine Konstellation. Das Gericht war in concreto gerade von hinreichenden Sprachkenntnissen des Angeklagten überzeugt, sodass er hinsichtlich derjenigen Verfahrensteile, die nur diesen betrafen, von einer Dolmetscherhinzuziehung absah (mithin könnten ohnehin nur diejenigen Angeklagten, welche nicht der deutschen Sprache hinreichend mächtig waren, eine Verletzung des § 185 bzw. 338 Abs. 1 Nr. 5 StPO geltend machen, soweit diese während der Verhandlung nicht nach § 231c StPO beurlaubt waren).
[135] Meyer-Goßner/*Schmitt* Rn. 6.
[136] SK/*Frister* Rn. 4; HK/*Schmidt/Temming* Rn. 4; OLG Hamm 26.1.2000 – 13 U 140/99, MDR 2000, 657.
[137] SK/*Frister* Rn. 4. Dies ist selbst in der sozialgerichtlichen Rechtsprechung anerkannt, BSG 7.3.1957 – 4 RJ 210/55, NJW 1957, 1087.
[138] BGH 11.11.1952 – 1 StR 484/52, BGHSt 3, 285 = NJW 1953, 114 (115); OLG Stuttgart 18.9.2006 – 1 Ss 392/06, NJW 2006, 3796 (3798); OLG Frankfurt a. M. NJW 1952, 1310; VG Saarland 14.1.2010 – 1 K 659/08; SSW/*Rosenau* Rn. 4.
[139] BGH 12.5.2011 – V ZB 309/10.
[140] Vgl. auch *Schmidt*, Verteidigung von Ausländern, Rn. 275.

Prozessbeteiligte wesentliche Passagen von bestimmten Ausführungen nicht versteht[141] oder sich kontinuierlich missverständlich ausdrückt, muss die Vernehmung unter Hinzuziehung eines Dolmetschers erneut durchgeführt werden[142] (beim Angeklagten müsste das Verfahren vollständig von vorne beginnen), ggf. muss die Sprachkundigkeit als solches begutachtet und durch anerkannte **Verfahren** (Explorationsgespräche, sonstige Testinstrumente) ermittelt werden.[143] Das Gericht sollte sich bei seiner Prüfung daher niemals allein an die Erklärungen des Angeklagten verlassen, geschweige denn ist es an derlei Selbsteinschätzungen gebunden.[144] Beruht die Entscheidung des Tatrichters, bei einem der deutschen Sprache nur teilweise mächtigen Betroffenen keinen Dolmetscher zur Hauptverhandlung hinzuzuziehen, allein auf dem **Verzicht** des Betroffenen und einer Erklärung des Verteidigers, sich für den Betroffenen einzulassen und selbst als Dolmetscher über die notwendigen Sprachkenntnisse zu verfügen, so ist sie ermessensfehlerhaft und begründet einen Verstoß nach §§ 338 Nr. 5 StPO, 185 GVG.[145]

39 Beim unverteidigten Angeklagten wird sich das Gericht häufig zunächst ein Bild über die Deutschkenntnisse machen müssen, wobei **äußere Umstände** (Alter, Herkunft, Beruf,[146] längerer Aufenthalt in Deutschland,[147] Korrektur sprachlicher Ungenauigkeiten durch den Beschuldigten selbst,[148] sonstige selbst verfasste Schreiben in der Akte[149]) häufig als **„Beweis ersten Anscheins"** fungieren und das Gericht dazu veranlassen, zunächst auf die Ladung eines Dolmetschers zu verzichten. Ferner wird es als zulässig erachtet, dass sich das Gericht eine Vorstellung von den Sprachkenntnissen durch Vernehmung von Zeugen und Auswertung von Urkunden macht.[150] Das Gericht handelt allerdings ermessensfehlerhaft, wenn sich die mangelnde Sprachkenntnis bereits aus dem Akteninhalt (insbes. aus einem Vernehmungsprotokoll) ergibt.[151]

40 Besondere Anforderungen an den **„Einstufungstest"** durch das Gericht werden allerdings nicht gestellt, obwohl **Art. 2 Abs. 4 der einschlägigen Richtlinie** über das Recht auf Dolmetschleistungen und Übersetzungen in Strafverfahren den Mitgliedstaaten auferlegt, sicherzustellen, „dass es ein Verfahren oder einen Mechanismus gibt, um festzustellen, ob verdächtige oder beschuldigte Personen die Sprache des Strafverfahrens sprechen und verstehen und ob sie die Unterstützung durch einen Dolmetscher benötigen". Zwar deutet die weiche Formulierung der Richtlinie („Mechanismus") darauf hin, dass es sich nicht um ein **eigenständiges Verfahren** handelt; doch deutet die „Isolierung" des Feststellungsakts auf eine Kompetenzzuweisung hin, weg vom Gericht bzw. den Ermittlungsbehörden hin zu einer sachverständigen Person. Diesbezüglich bleibt also das geltende Recht – unabhängig davon, wie gewissenhaft die Prüfung durch das Gericht erfolgt und wie verlässlich diese dokumentiert wird[152] – dem in der Richtlinie vorgesehenen Mindeststandard zurück, da der Beschuldigte die Feststellung seiner Sprachkenntnisse – im Sinne

---

[141] Dies kann auch einzelne (für das Verfahren aber erhebliche) Wendungen betreffen, vgl. *Schmidt* StV 2006, 51.
[142] *Sommer* StraFo 1995, 45 (46).
[143] Zum Ganzen *Schmidt* StV 2006, 51 (53 f.).
[144] Meyer-Goßner/*Schmitt* Rn. 6.
[145] OLG Celle 22.7.2015 – 1 Ss (OWi) 118/15, NStZ 2015, 720.
[146] Vgl. HessLAG 1.12.2014 – 17 Sa 757/14: „Busfahrer allein aufgrund seines Berufs im Linienverkehr zumindest gewisse Deutschkenntnisse vorhanden sein müssen".
[147] BGH 14.6.2005 – 3 StR 446/04, BeckRS 2005, 10587. Wobei man angesichts der soziokulturellen Realität der Ghettoisierung nicht die Auffassung teilen muss, das ein neunjähriger Aufenthalt in Deutschland und davon fünf Jahre im deutschen Strafvollzug ein (der Akte zu entnehmendes) starkes Indiz für die Sprachkundigkeit darstellt (ähnlich bereits *Meyer* ZStW 91 (1981), 507 (509), der zu Recht darauf hinweist, dass sich die kognitive Assimilation gerade bei Gastarbeitern als besonders schwierig erweist; etwas anderes gilt freilich, wenn weitere Umstände hinzutreten, zum Ganzen OLG Stuttgart 18.9.2006 – 1 Ss 392/06, NJW 2006, 3796. Insofern auch einschränkend BGH 22.11.2001 – 1 StR 471/01, NStZ 2002, 275.
[148] BGH 14.6.2005 – 3 StR 446/04, BeckRS 2005, 10587.
[149] VG Saarlouis 14.1.2010 – 1 K 659/08, BeckRS 2010, 47580.
[150] BGH 14.6.2005 – 3 StR 446/04, BeckRS 2005, 10587.
[151] *Schmidt*, Verteidigung von Ausländern, Rn. 464.
[152] Optimistisch *Christl* NStZ 2014, 376 (377).

eines Gutachtens – nicht erzwingen kann (als Prozesstatsache ist die Feststellung der Sprachkenntnisse dem Beweisantragsrecht entzogen, denkbar bleibt allenfalls eine Rüge der Verletzung des § 261 StPO). Vor allem beim nicht verteidigten Anklagten ist solch ein fehlendes Recht zur Begutachtung (samt entsprechender Belehrungspflicht diesbezüglich) kritisch zu sehen.

cc) Mitwirkungspflichten des Sprachunkundigen. Eine **Antragspflicht** bezogen auf die Hinzuziehung besteht ebenso wenig wie eine **Obliegenheit** des Sprachunkundigen, deren Verletzung zu einem Anspruchsverlust führte.[153] In der Praxis ist eine obstruktive „Verheimlichung" des Umstands, nicht der Gerichtssprache mächtig zu sein, ohnehin kaum vorstellbar (selbst beim schweigenden Angeklagten). Der Verteidiger wird bereits im Ermittlungsverfahren auf die Hinzuziehung hinwirken. Beim unverteidigten Angeklagten (denkbar etwa bei Verfahren vor dem Amtsgericht) wird das Gericht häufiger direkt mit dem Angeklagten kommunizieren (müssen), sodass sich eine mangelnde Sprachkenntnis auch eher aufdrängen wird. Ob das Gericht allerdings tatsächlich die mangelnde Sprachkenntnis erkannt hat (oder hätte erkennen können), spielt für die Revisibilität ebenso wenig eine Rolle wie der Umstand, dass der Angeklagte auf Verständigungsschwierigkeiten nicht aufmerksam gemacht hat (im umgekehrten Fall kann eine fehlende „Kooperation" als „Säumnis" zur Kostenüberwälzung gem. § 464c StPO führen, vgl. dort). Doch wird eine dem Protokoll bzw. Urteil zu entnehmende irgendwie geartete Kommunikation in der Hauptverhandlung den Vortrag, der Angeklagte sei nicht der deutschen Sprache mächtig gewesen bzw. das Gericht sei ermessensfehlerhaft von einer fehlenden Sprachkunde ausgegangen, per se widerlegen (vgl. noch → Rn. 70). Umgekehrt kann sich bereits aus den Urteilsgründen selbst ergeben, dass der Angeklagte nicht der deutschen Sprache mächtig war.[154]

2. Anspruchsinhalt. a) Übersetzung in der Hauptverhandlung. Übersetzt wird in die **Muttersprache**, doch hat der Angeklagte keinen Anspruch auf Übersetzung aus einer bestimmten von mehreren Sprachen, die er beherrscht (bzw. Muttersprache,[155] besonderer Dialekt[156]). Die Zuziehung eines Dolmetschers in der Muttersprache ist insbesondere nicht erforderlich, wenn auch in einer anderen Sprache, für die ein Dolmetscher zur Verfügung steht, eine hinreichende Verständigung in der mündlichen Verhandlung möglich ist.[157] Gerade bei der Verwendung von **„Welt"**- oder **„Verkehrssprachen"** (zur „Überbrückung" einer äußerst seltenen Sprache bzw. eines Dialekts[158]) ist das Gericht aber gehalten, stets aufs Neue zu überprüfen, ob die Übersetzung ordentlich erfolgt bzw. gewährleistet ist, dass die Prozesspartei die Äußerungen im Prozess nachvollziehen kann bzw. seine Einlas-

---

[153] Anders etwa im finanzgerichtlichen oder verwaltungsgerichtlichen Verfahren BFH 10.2.2009 – X B 165/08; VGH München 21.7.2000 – 19 ZB 00.31272. Wiederum bereits für das zivilgerichtliche Verfahren OLG Hamm 26.1.2000 – 13 U 140/99, MDR 2000, 657: „Von daher darf die Vernehmung eines durch das Gericht geladenen und erschienenen Zeugen, der die deutsche Sprache nicht hinreichend beherrscht, nicht mit der Begründung abgelehnt werden, der Beweisführer habe es versäumt, auf die Erforderlichkeit der Hinzuziehung eines Dolmetschers hinzuweisen".
[154] BayObLG 24.9.2004 – 1 St RR 143/04, NStZ-RR 2005, 178.
[155] BGH 25.1.1965 – 1 StR 491/65, BeckRS 1965, 00117 (serbokroatisch statt slowenisch). VGH Mannheim 25.3.2009 – A 9 S 666/09, VBlBW 2010, 87. Vgl. auch OVG Hamburg 7.11.1990 – Bs IV 453/90: „Der Anspruch auf rechtliches Gehör gebietet nicht, einen Dolmetscher gerade für die Sprache heranzuziehen, die der Ausländer am besten spricht und versteht, in der er sich am detailliertesten und nuancenreichsten ausdrücken kann. Es reicht aus, daß der Ausländer der verwendeten Sprache mächtig ist." Vgl. auch HK/*Schmidt/Temming* Rn. 3.
[156] VGH München 30.9.1998 – 19 ZB 98.34316.
[157] Wobei dies im Sinne einer „Erforderlichkeitsprüfung" zu verstehen ist, mithin auf die Übersetzung in die Muttersprache zurückzugreifen ist, wenn dies auch möglich ist und die Hinzuziehung in Relation zur Übersetzung der Drittsprache nicht außer Verhältnis steht, vgl. auch SK/*Frisch* Rn. 9.
[158] Vgl. auch *Schmidt*, Verteidigung von Ausländern, Rn. 264. Am Beispiel der unterschiedlichen Dialekte der Kurdensprachen (kurmanci, zaza etc) *Wurzel* InfAuslR 1998, 306 ff.; anschaulich aus der türkischen Sprache *Wendler/Hoffmann*, Befragung im Gerichtsverfahren, Rn. 193.

sungen nicht verfälscht wiedergegeben werden.[159] Beherrscht ein Ausländer nach den Urteilsfeststellungen eine Drittsprache nur schlecht, ist die Einschaltung eines Dolmetschers für die Drittsprache rechtsfehlerhaft.[160]

43 **b) Umfang der Übersetzung.** Zu übersetzen sind alle wesentlichen Verfahrensteile (mittels Flüstermethode, vgl. noch → Rn. 52),[161] wobei der Vorsitzende darüber zu bestimmen hat, was „wesentlich" ist; es ist also ermessensfehlerhaft, wenn das Gericht die Entscheidung über die Wesentlichkeit des Verfahrensteils auf den Dolmetscher überträgt. Zu übersetzen sind folglich ua Zeugenaussagen,[162] Beweisanträge[163] und Erläuterungen des Sachverständigen. § 259 StPO ist insofern nicht als „Konkretisierung" des Anspruchs aus § 185, sondern als Einschränkung dessen zu sehen, wenn er gerade im Hinblick auf die – ggf. langatmigen – Schlussvorträge die Übersetzungspflicht auf die Anträge beschränkt (vgl. dort).[164] Umgekehrt hat der Angeklagte einen Anspruch darauf, dass Einlassungen, Nachfragen und Stellungnahmen (konsekutiv, vgl. → Rn. 53) übersetzt werden.

44 Inwiefern der Angeklagte daneben auch einen Anspruch auf **schriftliche Übersetzung wesentlicher Unterlagen** (insbes. die Anklageschrift, ggf. auch Beschlüsse) hat, war schon nach alter Rechtslage umstritten.[165] Der neu eingefügte § 187 hat diesen Streit durch sein unklares Stufensystem nur partiell beseitigt, mithin nur Schriften konkret benannt, hinsichtlich derer ein Übersetzungsanspruch ohnehin bereits anerkannt war, mitunter die Anklageschrift, den Strafbefehl und das Urteil. Zu Beschlüssen und sonstigen Verfügungen verhält sich diese Vorschrift ebenso wenig wie zu schriftlichen Beweisurkunden und Vernehmungsprotokollen. Eine Kasuistik hierzu (vgl. noch ausführlich → § 187 Rn. 31 ff.) wird sich erst herausbilden können, wenn die Übersetzung péu a péu geltend gemacht, per Beschluss zurückgewiesen und diese Zurückweisung (unter Berücksichtung des § 344 Abs. 2) zulässig über die Revision geltend gemacht wird.

45 **c) Qualität der Dolmetscherleistung.** Die Vorschrift garantiert keine „qualitativ hochwertige" Dolmetscherleistung (diese wird allenfalls mittelbar – namentlich über § 189 Abs. 2 einerseits, § 189 Abs. 4 andererseits gewährleistet, vgl. → § 189 Rn. 4). Fehler in der Übersetzungstätigkeit, die zu einer unrichtigen, unvollständigen oder sinnentstellenden Wiedergabe der gemachten Angaben führen, das partielle Außerachtlassen bestimmter Aussagen (die wiederum der Angeklagte nicht wahrnehmen können dürfte) oder die Befangenheit des Dolmetschers stellen keine Verletzung des § 185 dar. Im Hinblick auf die bestehende Fehleranfälligkeit (→ Rn. 10 sowie 17) ist dies kritisch zu sehen. Freilich steht der Angeklagte nicht vollkommen schutzlos da: Der vereidigte Dolmetscher hat bereits wegen **§§ 154, 163 StGB** ein ureigenes Interesse daran, sich keine Fehler bei der Übersetzung zu leisten. Zudem kann die mit der Falschübermittlung einhergehende Beeinträchtigung der verfassungsrechtlich garantierten Teilhabe als Rechtsverstoß in der Revision geltend gemacht werden[166] bzw. die Befangenheit des Dolmetschers gerügt werden (vgl. § 191 S. 1), wobei ein fehlerhafter Zurückweisungsbeschluss wiederum mit der **Revision** angegriffen werden könnte.

---

[159] Oder der Prozessbeteiligte auch der Fremdsprache, der er sich bedient nur teilweise mächtig ist. Die Identität der Staatsangehörigkeiten von Beschuldigtem und Dolmetscher ist nichtssagend. Denn eine „Verkehrssprache" bleibt eine Fremdsprache, sodass man dem Prozessbeteiligten, der durch die Verwendung einer „Zwischensprache" dem Gericht mehr oder weniger entgegenkommt, keinen Strick daraus ziehen darf, vgl. auch MAH/*Jung* § 18 Rn. 20.
[160] OLG Karlsruhe 24.1.1980 – 4 Ss 255/79, Justiz 1980, 285.
[161] BVerfG 17.5.1983 – 2 BvR 731/80, NJW 1983, 2762.
[162] BGH 4.9.1990 – 5 StR 234/90, BGHR GVG § 185 Auswahl 1; HK/*Schmidt/Temming* Rn. 6.
[163] RG 14.8.1903 – 3576/03, RGSt 36, 355.
[164] Meyer-Goßner/*Schmitt* Rn. 4.
[165] Vgl. SSW/*Rosenau* Rn. 9.
[166] BVerwG 29.4.1983 – 9 B 1610.81, NVwZ 1983, 668; Nds. OVG 7.4.2006 – 5 LA 108/05; OVG Münster 6.8.2003 – 11 A 1381/03.A.

Die Anforderungen an das Revisionsvorbringen sind im Detail allerdings hoch und **46** hängen schließlich auch von der Stoßrichtung der Rüge ab (→ Rn. 66 ff.).[167] Das **Rekonstruktionsverbot** macht die Geltendmachung eines Übersetzungsfehlers bei einer „ganz entscheidenden" bzw. konkreten Passage fast unmöglich. Vielmehr muss das Revisionsgericht anhand der Akte zur Überzeugung gelangen, dass die Dolmetscherleistung passagenweise so schlecht war, dass man sie partiell als „nicht vorgenommen" betrachten müsste. Erst die „Nichtverdolmetschung" trotz Pflicht ist nämlich nach § 337 (!) revisibel (während der **absolute Revisionsgrund** nach § 338 Nr. 5 nur greift, wenn der Dolmetscher abwesend ist oder derart ungeeignet ist, dass er als nicht anwesend betrachten werden muss,[168] vgl. noch → Rn. 68). Ggf. kommt eine **Aufklärungsrüge** in Betracht, zumal auch das Gericht verpflichtet ist, darüber zu wachen, dass der Dolmetscher seiner Aufgabe stets gerecht wird.[169] Dass der Dolmetscher nicht de lege artis übersetzt und die Aussagen nach Vornahme einer eigenen Würdigung verfälschend wiedergibt, liegt zumindest nahe, wenn der Dolmetscher selbst dazu übergeht, Fachbegriffe zu verwenden, nicht Tatsachen, sondern Subsumtionen wiedergibt oder die Übersetzung in Relation zum Sprachinhalt erheblich kürzer ausfällt. Bei einzelnen Fehlern des Dolmetschers hängt die Notwendigkeit der Wiederholung vorausgegangener Verfahrensabschnitte davon ab, ob **weitere Fehlübersetzungen ausgeschlossen** werden können.[170]

Sowohl die Geltendmachung einer Schlechtleistung als auch die Überprüfung der Entscheidung des Gerichts, überhaupt einen Dolmetscher hinzuziehen, ist also an hohe Hürden **47** geknüpft. Dies steht in einem eklatanten **Widerspruch zur Richtlinie** über das Recht auf Dolmetschleistungen und Übersetzungen in Strafverfahren **(2010/64/EU),** welche Dolmetscherleistungen im Strafverfahren insgesamt und somit auch § 185 betrifft (mag die Umsetzung sich auch nur in einer Modifikation des § 187 niedergeschlagen haben). Gem. Art. 2 Abs. 5 der benannten Richtlinie haben die Mitgliedsstaaten sicherzustellen, dass verdächtige oder beschuldigte Personen das Recht haben, eine Entscheidung, dass keine Dolmetschleistungen benötigt werden, anzufechten, und, wenn Dolmetschleistungen zur Verfügung gestellt wurden, die Möglichkeit haben, zu beanstanden, dass die Qualität der Dolmetschleistungen für die Gewährleistung eines fairen Verfahrens unzureichend sei.[171] Zwar wird diese Anordnung im Erwägungsgrund 25 der Richtlinie wiederum relativiert, als kein „gesonderter Mechanismus oder ein gesondertes Beschwerdeverfahren" eingerichtet werden müsse;[172] diese Einschränkung bezieht sich jedoch auf den Europäischen Haftbefehl. Außerdem wird mit diesem Passus nur zum Ausdruck gebracht, dass der Gesetzgeber nicht verpflichtet ist, einen Sonderrechtsschutz in das bestehende Prozessrecht zu implementieren, wenn gegen Entscheidungen dieser Art ein allgemeiner Rechtsbehelf existiert.

Dies ist allerdings nicht der Fall: In der Hauptverhandlung kann der Verteidiger bzw. der **48** Beschuldigte selbst die Hinzuziehung lediglich anregen bzw. beantragen; die Entscheidung hierüber unterliegt der **Sachleitungsbefugnis** des Gerichts (vgl. noch → Rn. 50), ein gesonderter Beschluss erfolgt nicht (allenfalls kann ein kostenrechtlicher Feststellungsbeschluss herbeigeführt werden[173]). Eine Gerichtsentscheidung, welche die Hinzuziehung betrifft bzw. die Geltendmachung einer geringwertigen Dolmetscherqualität kann zwar durch den Zwischenrechtsbehelf des § 238 Abs. 2 StPO herbeigeführt werden.[174] Dieser ist

---

[167] *Sommer* StraFo 1995, 45 (47). Vgl. etwa zu den Darstellungsanforderungen im Verwaltungsverfahren OVG Lüneburg 24.7.2006 – 5 LA 306/05.
[168] KK/*Diemer* Rn. 7.
[169] *Kabbani* StV 1987, 410 (411) unter Verweis auf RG 18.6.1942 – 3 D 260/42, RGSt 76, 177.
[170] LG Berlin 13.12.1993 – 503 – 18/93, StV 1994, 180.
[171] Art. 2 Abs. 5 lautet: Die Mitgliedsstaaten stellen sicher, dass verdächtige oder beschuldigte Personen das Recht haben, eine Entscheidung, dass keine Dolmetschleistungen benötigt werden, im Einklang mit den nach einzelstaatlichem Recht vorgesehenen Verfahren anzufechten, und, wenn Dolmetschleistungen zur Verfügung gestellt wurden, die Möglichkeit haben, zu beanstanden, dass die Qualität der Dolmetschleistungen für die Gewährleistung eines fairen Verfahrens unzureichend sei.
[172] Insofern zutreffend *Christl* NStZ 2014, 376 (378).
[173] *Kotz* StRR 2012, 124 (126).
[174] KG 11.8.1997 – 1 AR 1424/96 – 4 Ws 179/97.

wiederum unstrittig der **Beschwerde** gem. § 304 StPO (und somit einem Devolutiveffekt) entzogen. Systemimmanent wird angenommen, dass die Entscheidung des Vorsitzenden der Strafkammer, zur Hauptverhandlung andere oder eine größere Anzahl von Dolmetschern zu laden, in einem inneren Zusammenhang mit dem zu erlassenden Urteil steht und über die das Urteil vorbereitende Wirkung hinaus keine selbständige prozessuale Bedeutung hat.[175]

49 Mit der Revision hingegen wird nicht die Fehlerhaftigkeit der Nichthinzuziehung des Dolmetschers, sondern diejenige **des Urteils** geprüft. Zudem differenziert die Richtlinie zwischen einem „Anfechtungsrecht" (das sich auf die Hinzuziehung bezieht, engl: „challenge") und einem Beanstandungsrecht (das sich auf die mangelnde Qualität der Dolmetscherleistung bezieht, engl: „complain"), sodass ein einheitlicher Rechtsbehelf der Revision ohnehin nicht genügen dürfte. Zuletzt kann sich gerade im Verfahren vor der Berufungskammer die Hinzuziehung des Dolmetschers auf das Neue stellen, womit die Fehlerhaftigkeit der ursprünglichen Nichthinzuziehung einer Anfechtung entzogen wäre. Zuletzt überzeugt es auch nicht, ausreichenden Rechtsschutz mit den Vorschriften zur **Ablehnung wegen Befangenheit** zu begründen. Die Befangenheit eines Dolmetschers steht in keinerlei Beziehung zur Qualität der Dolmetscherleistung (und eine fehlende Hinzuziehung muss ebenso wenig bedeuten, dass die Gerichtsmitglieder befangen sind). Alles in allem bleibt die derzeitige Ausgestaltung hinter dem europäisch garantierten Schutzniveau zurück; dies gilt umso mehr, als auch im Übrigen vollständig auf eigenständige Qualitätssicherungsmaßnahmen iSd Art. 5 Abs. 1 (→ § 189 Rn. 4) und Überprüfungsmechanismen betreffend der Einstufung der Sprachkenntnisse nach Art. 2 Abs. 4 verzichtet wurde.[176]

50 **3. Auswahl und Beiordnung des Dolmetschers.** Die Auswahl des Dolmetschers obliegt grundsätzlich dem Gericht, § 191 S. 2[177] und erfolgt **von Amts wegen**. Es handelt sich um ein **richterliches Geschäft**. Maßnahmen der §§ 186, 187 GVG sind solche der Verhandlungsleitung und werden zunächst nach pflichtgemäßem Ermessen allein vom Vorsitzenden getroffen.[178] Der Beschuldigte kann sich auch eines Verwandten bzw. eines **Dolmetschers des Vertrauens** bedienen, wovon – zumindest bei Erstgesprächen – nicht selten Gebrauch gemacht wird (zum zweckmäßigen „Austausch" in der Hauptverhandlung vgl. bereits → Rn. 17, 26).[179] Verwandte von Beteiligten sind als Dolmetscher **nicht kraft Gesetzes ausgeschlossen** (hierzu noch → § 191 Rn. 1).[180] Das Gericht kann aber – soweit er den vom Verteidiger gewählten Dolmetscher für ungeeignet hält – einen neuen Dolmetscher für die Hauptverhandlung (nicht für das „Innenverhältnis"[181]) bestellen.[182]

51 Schließlich bedarf es auch keiner **allgemeinen Beeidigung** des Dolmetschers, da es dem Gericht offensteht, den Dolmetscher in der Hauptverhandlung für den konkreten Einzelfall zu beeidigen (vgl. hierzu noch § 189).[183] Ebenso wenig muss bei der Hinzuzie-

---

[175] KG 11.8.1997 – 1 AR 1424/96 – 4 Ws 179/97.
[176] Zusf. *Eisenberg* JR 2013, 442.
[177] SK/*Frisch* Rn. 8.
[178] Vgl. *Kissel/Mayer* § 186 Rn. 15. BeckOK StPO/*Walther* Rn. 4; Die Neufassung des § 187, wonach das „Gericht" den Dolmetscher hinzuzieht, enthält insoweit auch keine neue, gar erweiterte Zuständigkeitsregelung (i.S.e. Zuständigkeit des jeweiligen Spruchkörpers in seiner Besetzung, vgl. §§ 30 Abs. 2, 76 Abs. 1, 122 Abs. 1), so auch OLG Hamburg 6.12.2013 – 2 Ws 253/13, 2 Ws 253/13 – 1 OBL 88/13, StV 2014, 534 unter Verweis auf BT-Drs. 17/12578, 10.
[179] Im Hinblick auf den Aufbau eines Vertrauensverhältnisses wird dies als zweckmäßig erachtet *Sommer* StraFo 1995, 45 (49) sowie MAH/*Jung* § 18 Rn. 21, dort unter Hinweis auf die Notwendigkeit einer Verschwiegenheitsvereinbarung; zum Zeugnisverweigerungsrecht vgl. bereits → Rn. 21. Zum Einsatz eines Mithäftlings als Dolmetschers BGH 23.1.1985 – 1 StR 722/84, NStZ 1985, 376.
[180] So jedenfalls für das Verwaltungsgerichtsverfahren BVerwG 30.3.1984 – 9 B 10001/84, NJW 1984, 2055.
[181] Zutreffend LG Duisburg 3.6.2008 – 31 Qs 152 Js 263/08 – 82/08, 31 Qs 82/08, StraFo 2008, 328.
[182] Zur Ungeeignetheit eines Dolmetschers VG Sigmaringen 4.2.2002 – 8 K 1846/00.
[183] MAH/*Jung* § 18 Rn. 18.

hung auf einen bestimmten „Pool" an Dolmetschern zurückgegriffen werden, auch wenn bewährte bzw. gelistete Dolmetscher – zumindest, wenn die erstmalige Hinzuziehung durch das Gericht erfolgt – nicht selten einen Vorzug genießen.[184] Dies hängt auch damit zusammen, dass die allgemeine Vereidigung nach den spezifischen Runderlassen der Landesjustizministerien zur Allgemeinen Beeidigung der Dolmetscher eine besondere Dolmetscherprüfung voraussetzt). Über die Anzahl der hinzugezogenen Dolmetscher entscheidet das Gericht,[185] bei mehreren Mitbeschuldigten, welche sich derselben zu übersetzenden Muttersprache bedienen, ist der Einsatz nur eines Dolmetschers denkbar[186] (dies dürfte aber nur den „Hauptverhandlungsdolmetscher" betreffen, vgl. bereits → Rn. 17).

4. Tätigkeit des Dolmetschers in der Hauptverhandlung. § 185 regelt (ebenso wie 52 § 187) nur das „Ob" des Dolmetschens, das **„Wie"** ist (weitestgehend) dem Dolmetscher überlassen.[187] Überwiegend erfolgt die Übersetzung nach der sog. **„Flüstermethode"**, bei dem die zu verdolmetschende Kommunikation zwischen den Prozessbeteiligten dadurch erfolgt, dass der Dolmetscher dem Sprachunkundigen die Übersetzung direkt ins Ohr flüstert.[188] Ein **Simulatandolmetschen** unter Zuhilfenahme technischer Mittel wäre nicht nur kostenaufwendiger, sie brächte auch die Gefahr mit sich, dass der Dolmetscher mangels Blickkontakt nicht sofort wahrnimmt, dass der Sprachunkundige den Ausführungen nicht folgen kann.[189] Ein **Konsekutivdolmetschen** (bei dem Abschnitt für Abschnitt bzw. Wort für Wort übersetzt wird[190]) hat nicht nur den Nachteil, dass gerade bei Einlassungen des Angeklagten bzw. Zeugenaussagen die Erläuterungen aus dem Zusammenhang gerissen werden (und somit eine Glaubhaftigkeitsprüfung nach den Kriterien der Aussagepsychologie wesentlich erschwert wird, vgl. hierzu → § 261 Rn. 219 ff.), sondern auch die Gefahr besteht, dass – mangels Fachkenntnis des Dolmetschers – wesentliche Aspekte einer Erläuterung ggf. „filtriert" werden oder schlicht in Vergessenheit geraten.[191]

Nichtsdestotrotz muss meist zwischen der Flüster- und Konsekutivmethode hin und 53 her gewechselt werden. Das Simultanflüstern mag in der Position des Sprachunkundigen als „Empfänger" von Erklärungen reibungslos funktionieren, da die Kommunikation in der Gerichtssprache nicht unterbrochen wird.[192] Muss sich der Sprachunkundige hingegen erklären, lassen sich alle Prozessbeteiligten, insbes. der Erklärende selbst von der unmittelbaren Übersetzung nicht selten irritieren; es wird also nicht immer „munter" die Erklärung fortgesetzt, vielmehr will sich der Erklärende zunächst „verstanden" wissen, wartet uU die auf Reaktionen des Gerichts, legt Pausen für die Übersetzung ein und geht dazu über, Betonungen vorzunehmen bzw. dem Dolmetscher sonstige Anweisungen zu erteilen.

Um die Gefahren eines Aussageverlusts gering zu halten, muss das Dolmetschen hier 54 konsekutiv und dann auch Satz für Satz erfolgen[193] (wobei die geringere Qualität der Aussage, die aus ihrer verschlechterten Überprüfbarkeit nach den Grundsätzen der Aussagepsychologie dem Sprachunkundigen nicht angelastet werden darf; alternativ könnte die Aussage im Fluss aufgenommen, protokolliert und übersetzt werden, wobei das Gericht die

---

[184] *Kabbani* StV 1987, 410 (411). Daher haben Dolmetscher auch ein erhebliches Interesse daran, in die Liste aufgenommen zu werden, ggf. ist das Verwaltungsgericht anzurufen, vgl. BGH 28.3.2007 – IV AR (VZ) 1/07, VersR 2008, 376.
[185] SK/*Frisch* Rn. 8.
[186] Löwe/Rosenberg/*Wickern* Rn. 12.
[187] So auch MAH/*Jung* § 18 Rn. 42; zu den unterschiedlichen Übersetzungstechniken auch *Mehari* Betrifft Justiz 2008, 244 sowie *Lankisch* Der Dolmetscher S. 43 ff.
[188] Zu den erhöhten Anforderungen für den Dolmetscher *Törmin* ZRP 1987, 422 (423); *Adorno* DRiZ 1993, 477 (478).
[189] *Kabbani* StV 1987, 410 (412).
[190] *Kabbani* StV 1987, 410 (412).
[191] *Kabbani* StV 1987, 410 (412).
[192] *Kabbani* StV 1987, 410 (412).
[193] *Kabbani* StV 1987, 410 (412).

übrigen Aussagemerkmale dann nicht „live" in Beziehung zur Aussage setzen kann). Im Falle der Konsekutivübersetzung kann das Gericht Mimik und Gestik des Sprachunkundigen unmittelbar selbst wahrnehmen, sodass es wohl zu weit geht, vom Dolmetscher eine „Schauspielertätigkeit im Kleinen" zu verlangen.[194] Das Gericht kann sich ggf. erkundigen, auf welche Weise bestimmte Gesten und Mimiken zu interpretieren sind (darf dann allerdings nicht aus dem Blick verlieren, dass er sich dann des Dolmetschers als „Kultursachverständiger" bedient, hierzu bereits → Rn. 25). Bei besonders **starker Beanspruchung** des Dolmetschers ist eine **Unterbrechung der Verhandlung** (als „Erholungspause") angezeigt.[195]

55 5. Verzicht. Der Angeklagte kann auf die Verdolmetschung insgesamt nicht verzichten,[196] insbes. nicht im Einvernehmen seines Verteidigers, der die Sprache des Angeklagten beherrscht (vgl. bereits → Rn. 31).[197] Den Verzicht hinsichtlich einzelner Übersetzungsakte regelt § 187 Abs. 3. Mittelbar bleibt ein Verzicht möglich, indem das Verfahren nach Abs. 2 angeregt wird, also bspw. bei Wirtschaftsstrafverfahren mit Auslandsbezug, bei denen die Akteninhalte zum Teil ohnehin englischsprachig sind (vgl. aber → Rn. 65).

56 6. Belehrung. Da die Dolmetscherhinzuziehung von Amts wegen erfolgt, scheint eine Belehrungspflicht in der Hauptverhandlung (im Rahmen der Erstvernehmung gem. § 243) darüber, dass der Angeklagte über das gesamte Verfahren einen Dolmetscher unentgeltlich beanspruchen kann, obsolet. Dasselbe gilt allerdings auch für die Hinzuziehung im Ermittlungsverfahren, die ebenfalls gem. § 187 Abs. 1 von Amts wegen zu erfolgen hat, nicht selten allerdings auf Initiative des Beschuldigten bzw. des Verteidigers erfolgt. Dennoch hat der Gesetzgeber § 187 Abs. 1 S. 2 eine entsprechende Belehrungspflicht des Gerichts aufgestellt, wonach der *Beschuldigte* über sein Recht, über das gesamte Strafverfahren unentgeltlich einen Dolmetscher heranzuziehen zu belehren ist (vgl. → § 187 Rn. 14).

57 Der Wortlaut des § 187 Abs. 1 S. 2 steht einer direkten Anwendung in der Hauptverhandlung damit entgegen. Soweit die Begründung aber nicht nur auf Art. 3 der Richtlinie über das Recht auf Belehrung und Unterrichtung in Strafverfahren rekurriert, sondern die Belehrungspflicht als Ausprägung des fair-trial-Grundsatzes (Art. 6 EMRK) klassifiziert, erschließt sich nicht, warum solch eine Belehrung nicht auch in der Hauptverhandlung vorzunehmen ist. Da die Hinzuziehung von der tatrichterlichen Einschätzung der Sprachfertigkeiten des Angeklagten abhängig ist, kann der Belehrungspflicht ohnehin nur eine **„Erinnerungsfunktion"** zukommen (vgl. bereits → § 187 Rn. 16). Diese macht allerdings auch im Hauptverfahren Sinn; sie kann insbes. den Gefahren einer verzerrten Wahrnehmung der Sprachfertigkeiten im Rahmen der ersten Prüfung durch das Gericht (hierzu → Rn. 38 f.) vorbeugen. Wenn der Angeklagte weiß, dass die Hinzuziehung eines Dolmetschers nicht auf seine Kosten geht, wird er keinen Hehl aus seinen womöglich nur eingeschränkten, sprachlichen Fähigkeiten machen. Auch der Angeklagte ist somit nach § 187 Abs. 1 S. 2 analog über sein Recht, für das weitere Verfahren einen Dolmetscher hinzuzuziehen zu belehren.

II. Protokollierung (Abs. 1 S. 2, 3)

58 Die Hinzuziehung des Dolmetschers wird als wesentliche Förmlichkeit samt Anlass im Protokoll vermerkt.[198] Gem. § 272 Nr. 2 StPO ist der Name des Dolmetschers im Protokoll zu vermerken.

---

[194] *Kabbani* StV 1987, 410 (413).
[195] MAH/*Jung* § 18 Rn. 40.
[196] Radtke/Hohmann/*Otte* Rn. 3; Zum Verzicht im arbeitsgerichtlichen Verfahren BAG 15.8.1990 – 2 AZR 153/90.
[197] Meyer-Goßner/*Schmitt* Rn. 4; BeckOK StPO/*Walther* Rn. 5; OLG Celle 22.7.2015 – 1 Ss (OWi) 118/15, NStZ 2015, 720.
[198] Meyer-Goßner/*Schmitt* Rn. 7; BeckOK StPO/*Walther* Rn. 7; SSW/*Rosenau* Rn. 7.

1. Wechsel. Wenn die Präsenz der Dolmetscher zu Beginn der Hauptverhandlung im 59
Protokoll vermerkt worden ist, muss ihre weitere Anwesenheit in den für die folgenden
Sitzungstage gefertigten Teilprotokollen nicht jeweils erneut aufgeführt werden.[199] Dies
gilt jedenfalls dann, wenn ein im Verhältnis zum vorangegangenen Sitzungstag eingetretener **Wechsel** der Dolmetscher vermerkt ist (der wiederum jedenfalls zu protokollieren
ist).[200]

2. Dolmetschereid. Als wesentliche Förmlichkeit (§ 273) ist auch die Vereidigung des 60
Dolmetschers zu protokollieren, hierzu → § 189 Rn. 16 (die Vereidigung als Sachverständiger ist hierzu von zu trennen, vgl. bereits → Rn. 25).

3. Protokollierung der Dolmetschertätigkeit (Abs. 1 S. 2, 3). Abs. 1 S. 2 hat rein 61
deklaratorischen Charakter. Es stellt einen allgemeinen Grundsatz dar, dass nicht die Kommunikation bzw. einzelne Verfahrenshandlungen im Hauptverfahren vollständig protokolliert werden. Der Umfang der Dolmetschertätigkeit wird (auch im Allgemeinen) nicht
protokolliert (sodass das Hauptverhandlungsprotokoll auch keine Beweiskraft diesbezüglich
entfaltet).[201] Der Umstand, daß ein vom Gericht hinzugezogener Dolmetscher den der
deutschen Sprache nicht mächtigen Angeklagten durch vollständige und richtige Übersetzung über die in der Hauptverhandlung zur Sprache gekommenen Umstände unterrichtet
hat, ist nicht protokollpflichtig.[202]

In Erweiterung von § 273 Abs. 3 StPO lässt § 185 Abs. 1 S. 2 die Protokollierung **fremd-** 62
sprachiger Eingaben partiell zu. Deren Anordnung steht im Ermessen des Vorsitzenden,[203] der hierüber mit „Rücksicht auf die **Wichtigkeit der Sache**" entscheidet. Gerade
bei mehrdeutigen Einlassungen des fremdsprachigen Angeklagten sowie Äußerungsdelikten
kann solch eine Wichtigkeit naheliegen.[204] Da in solch einem Fall eine durch den Dolmetscher zu beglaubigende Übersetzung beizufügen ist, kann dieses Verfahren zugleich die
Qualität der Dolmetscherleistung (zumindest partiell) festhalten bzw. das Protokoll als Indiz
für ein entsprechendes Vorbringen in der Revision (→ Rn. 66) herangezogen werden (ein
entsprechender Beschluss ist durch den Zwischenrechtsbehelf nach § 238 Abs. 2 StPO zu
erzwingen).

4. Sonstige Protokollierung wesentlicher Förmlichkeiten. Der Protokollvermerk 63
über eine Rechtsmittelbelehrung beweist nicht nur die Belehrung als solche, deren Richtigkeit und Vollständigkeit, sondern bei Anwesenheit eines Dolmetschers in der Hauptverhandlung auch deren korrekte Übersetzung.[205]

III. Videokonferenztechnik (Abs. 1a)

Abs. 1a ermöglicht die Hinzuziehung des Dolmetschers mittels Videokonferenztechnik 64
in der Hauptverhandlung[206] (bis zum 31.12.2017 ist die Vorschrift ggf. kraft landesrechtlicher VO „schwebend unwirksam"). Einer Zustimmung der Verfahrensbeteiligten bedarf es
nicht.[207] Wie das Simultandolmetschen „aus der Kabine" heraus (→ Rn. 52)[208] wird diese

---

[199] Meyer-Goßner/*Schmitt* Rn. 7; HK/*Schmidt*/*Temming* Rn. 9; Radtke/Hohmann/*Otte* Rn. 8.
[200] RG 14.6.1910 – I 467/10, RGSt 43, 441 (442); BGH 15.7.1999 – 5 StR 203/99, NStZ-RR 2000, 297. Die Bedeutung dieser Rechtsprechung ist nach Zulassung der sog. „Rügeverkümmerung" verschwindend gering, da sich der Verteidiger bei seiner Rüge der Verletzung des § 185 iVm § 338 Abs. 1 Nr. 5 ohnehin nicht auf das Protokoll berufen könnte, wenn die Anwesenheit des Dolmetschers im Freibeweisverfahren geklärt ist, vgl. auch nochmals BGH 22.5.2001 – 3 StR 462/00, StV 2002, 530.
[201] BGH 4.9.1990 – 5 StR 234/90, BGHR GVG § 185 Auswahl 1; SK/*Frisch* Rn. 13.
[202] BGH 4.9.1990 – 5 StR 234/90, BeckRS 1990, 06721.
[203] Meyer-Goßner/*Schmitt* Rn. 8.
[204] SSW/*Rosenau* Rn. 11.
[205] OLG Hamm 25.10.2016 – III-3 RVs 72/16.
[206] SK/*Frisch* Rn. 12a. Für das Ermittlungsverfahren gilt die Vorschrift nicht, Meyer-Goßner/*Schmitt* Rn. 8a, vgl. auch BT-Drs. 17/1224, 10.
[207] SK/*Frisch* Rn. 12a; Löwe/Rosenberg/*Krauß* § 185 Nachtr. Rn. 5.
[208] Zum Verfahren als solches vgl. auch SK/*Frisch* Rn. 12b.

Methode aufgrund der räumlichen Trennung von Dolmetscher und Verfahrensbeteiligten jedoch **kritisch** gesehen, sodass von der Möglichkeit des Abs. 1 in der Praxis **kaum Gebrauch** gemacht wird.[209] Im Hinblick auf den Sinn und Zweck, va auch Dolmetscher zu hinzuziehen zu können, welche seltene Sprachen beherrschen ist zu konstatieren, dass diese schließlich auch seltener zu Rate gezogen werden müssen, was ein weiterer Grund für die marginale Bedeutung des Abs. 1a sein dürfte.

IV. Ausnahme (Abs. 2)

65 Abs. 2 ermöglicht es, von der Hinzuziehung eines Dolmetschers abzusehen, wenn alle Beteiligten der uU verwendeten fremden Sprache mächtig sind. Die Vorschrift hebt § 184 nicht aus den Angeln, die Gerichtsprache bleibt deutsch, dies muss schon wegen § 169 GVG gelten (Öffentlichkeitsgrundsatz).[210] Daher hat die Vorschrift auch in erster Linie nur Bedeutung für Vernehmungen bzw. Beweiserhebungen außerhalb der Hauptverhandlung.[211] Aber auch hier erscheint es (auch im Hinblick auf die Eigenschaft des Dolmetschers als Kultursachverständiger) angezeigt, einen Dolmetscher – hilfsweise – heranzuziehen, um etwaigen Missverständnissen, so gut es geht, vorzubeugen.[212] Rein tatsächlich dürfte es – außer im Fall von Welt- bzw. Verkehrssprachen – ohnehin äußerst selten vorkommen, dass alle am Hauptverfahren Beteiligten die Sprache des Deutschunkundigen beherrschen. Das Gericht sollte also in jedem Fall zurückhaltend von seinem eingeräumten Ermessen machen, aber erst Recht, wenn die „Weltsprache" zur Überbrückung einer anderen Sprache verwendet wird. Insbesondere sollte ein Rückgriff auf Englisch in Vernehmungen nicht dazu dienen,[213] die Dolmetscherhinzuziehung zu umgehen, da bei Weltsprachen die Gefahren der Überschätzung bzw. Verschleierung der Sprachfertigkeiten nicht nur ungleich größer sein dürften, sondern alle Beteiligten betreffen.

V. Revision

66 **1. Abwesenheit des Dolmetschers als absoluter Revisionsgrund.** Die Abwesenheit des Dolmetschers stellt einen absoluten Revisionsgrund dar, soweit das Gesetz dessen Anwesenheit gem. §§ 185, 187 vorschreibt.[214] § 338 Nr. 5 betrifft nur die Fälle der tatsächlichen Abwesenheit des Dolmetschers, nicht diejenigen Situationen, in denen faktisch von einem abwesenden Dolmetscher ausgegangen werden muss, weil dieser etwa schlecht bzw. falsch übersetzt oder schlicht ungeeignet ist.[215] Schon diesbezüglich erfährt der absolute Revisionsgrund des § 338 Nr. 5 eine **„Relativierung"** (vgl. zu diesem Phänomen → § 338 Rn. 3).[216] Dies ist kritisch zu sehen, als bei Annahme eines relativen Revisionsgrunds das Beruhen des Urteils auf dem Rechtsmangel den Maßgaben des § 344 Abs. 2 S. 2 StPO entsprechend angegeben werden muss.[217]

67 Hinzu tritt das **tatrichterliche Ermessen** hinsichtlich der Hinzuziehung, das lediglich **eingeschränkt,** nämlich im Hinblick auf das Vorliegen von Ermessensfehlern überprüfbar ist.[218] Ausgehend von dem (abzulehnenden[219]) Leitsatz, dass das Gericht über den Umfang

---

[209] Meyer-Goßner/*Schmitt* Rn. 8a.
[210] SK/*Frister* Rn. 7. Vgl. auch SSW/*Rosenau* Rn. 12.
[211] Meyer-Goßner/*Schmitt* Rn. 9; HK/*Schmidt*/*Temming* Rn. 10; Speziell zur Vernehmung eines ausländischen Beschuldigten in englischer Sprache, *Hoffmann*/*Mildeberger* StraFo 2004, 412.
[212] SK/*Frister* Rn. 7.
[213] *Hoffmann*/*Mildeberger* StraFo 2004, 412.
[214] BeckOK StPO/*Walther* Rn. 8; SK/*Frister* Rn. 16.
[215] Weil der der deutschen Sprache nicht mächtige Angeklagte einen anderen Dialekt verwendet bzw. der „zwischengeschalteten" Drittsprache nicht ausreichend mächtig ist.
[216] *Basdorf* GS Meyer, 1990, 19 (21); *Sommer* StraFo 1995, 45 (47).
[217] Insofern auch den „völlig ungeeigneten Dolmetscher" einbeziehend KK/*Diemer* Rn. 7; SK/*Frister* Rn. 16. Zu den Anforderungen an das Rügevorbringen zusf. auch *Lankisch* Der Dolmetscher S. 259 ff.
[218] BGH 17.1.1984 – 5 StR 755/83, NStZ 1984, 328.
[219] Krit. auch im Kontext der Revision SK/*Frister* Rn. 17.

der Hinzuziehung bestimmen könne (hierzu → Rn. 36 f.),[220] soll die Abwesenheit des Dolmetschers nur dann einen absoluten Revisionsgrund nach StPO § 338 Nr. 5 darstellen, wenn der Angeklagte der deutschen Sprache gänzlich unkundig ist. Verhandelt das Gericht zeitweilig ohne Dolmetscher mit einem teilweise des Deutschen mächtigen Angeklagten, so könne allerdings ein relativer Revisionsgrund gegeben sein,[221] falls es in Anbetracht der beschränkten Sprachkenntnisse des Angeklagten und der sprachlichen Anforderungen, die der betreffende Verhandlungsteil stellt, der Zuziehung eines Dolmetschers bedurfte.[222] Dies gilt auch dann, wenn es um die Wirksamkeit eines zu Protokoll genommenen mündlichen **Rechtsmittelverzichts** geht.[223]

An die Einschätzung des Tatrichters, wonach ein ausländischer Angeklagter der deutschen **68** Sprache hinreichend mächtig ist, ist das Revisionsgericht grundsätzlich gebunden.[224] Sie ist allerdings widersprüchlich und somit revisibel, wenn sich aus den Urteilsausführungen zur Person des Angeklagten oder aus der Sitzungsniederschrift Gegenteiliges ergibt. Deuten das Hauptverhandlungsprotokoll oder die Urteilsfeststellungen darauf hin, dass sich die Beschwerdeführerin jedenfalls teilweise und auch zu wesentlichen Punkten verständlich gemacht hatte, muss vorgetragen werden, für **welche Verfahrensabschnitte** und für welche Prozeßhandlungen ein Dolmetscher erforderlich gewesen wäre.[225] Ist die Staatsanwaltschaft dem Vortrag der Revision, daß die Beteiligung eines Dolmetschers auch am ersten Sitzungstag erforderlich war, in ihrer Gegenerklärung nicht entgegengetreten, so ist dem Revisionsvorbringen zu folgen.[226]

Beherrscht ein Gerichtsmitglied (insbes. ein Schöffe) nicht die Gerichtssprache, ist dies **69** keine Frage des § 338 Nr. 5. Doch greift in solch einem Fall dennoch ein absoluter Revisionsgrund, nämlich derjenige der **vorschriftswidrigen Besetzung** (§ 338 Nr. 1 StPO), da gem. § 33 Nr. 5 ein nicht hinreichend sprachkundiger Schöffe von der Schöffenliste zu streichen ist.[227]

2. Ausfall der Dolmetscherleistung, sonstige Rügen. Sonstige Versäumnisse und **70** Fehler im Kontext der Dolmetschertätigkeit sind als Verstoß gegen § 185 als **relativer Revisionsgrund** der revisionsgerichtlichen Kontrolle zugänglich. Hierzu zählt etwa die schlicht qualitativ minderwertige Übersetzung, aber auch das passagenweise Ausbleiben der Dolmetschertätigkeit hinsichtlich wesentlicher Verfahrensteile, nicht hingegen die Auswahl als Ermessensentscheidung für sich.[228] Freilich muss der Beschwerdeführer dann auch darlegen, inwiefern sich gerade die konkrete Falschübersetzung auf die Urteilsbildung ausgewirkt hat. Auf einer fehlenden oder unzureichenden Übersetzung der mündlichen Urteilsgründe kann das Urteil nicht beruhen.[229] Dasselbe gilt für den Rechtsfehler einer unterbliebenen Vereidigung als Sachverständiger bei gleichzeitiger Vereidigung als Dolmetscher.[230] Die allgemeine Behauptung, der Dolmetscher sei zu einer richtigen Übersetzung nicht in der Lage gewesen, genügt nicht.[231] Die Revisionsrüge, dass eine Aussage, die ein Dolmetscher in der Hauptverhandlung als Zeuge gemacht hat, dem Angeklagten nicht ins Polnische übersetzt worden ist, greift nicht durch, wenn sowohl dieser Dolmetscher als auch vier

---

[220] Nochmals BGH 11.11.1952 – 1 StR 484/52, BGHSt 3, 285.
[221] Zust. Meyer-Goßner/*Schmitt* Rn. 10.
[222] BGH 26.6.1991 – 2 StR 583/90, MDR 1991, 1025; quod erat demonstrandum: es handelt sich meist um Fälle, in denen sich die Sprachunkundigkeit des Angeklagten aus dem Verfahrensverlauf ergibt, wobei die zeitweilige Dolmetscherhinzuziehung dies indiziert.
[223] BGH 3.3.2004 – 1 StR 1/04, NStZ-RR 2004, 214.
[224] SK/*Frister* Rn. 18; RG 18.6.1942 – 3 D 260/42, RGSt 76, 177.
[225] BGH 22.10.2002 – 1 StR 298/02, NStZ 2003, 218; so auch BayObLG 28.6.2001 – 5 St RR 168/01: „Diesen Anforderungen wird die unsubstantiierte Behauptung, ‚seine Deutschkenntnisse seien für die komplizierten Darlegungen (welche?) zum Ablauf der Ereignisse (welcher?) nicht ausreichend', nicht gerecht".
[226] BGH 22.11.2001 – 1 StR 471/01, NStZ 2002, 275.
[227] BGH 26.1.2011 – 2 StR 33/10, NStZ-RR 2011, 277.
[228] KK/*Diemer* Rn. 7.
[229] SK/*Frisch* Rn. 18 unter Verweis auf BGH Aktenzeichen nicht auffindbar, GA 1963, 148.
[230] BGH 7.7.1997 – 5 StR 17/97, NStZ 1998, 158.
[231] BGH 23.1.1985 – 1 StR 722/84, NStZ 1985, 376.

weitere Dolmetscher für die polnische Sprache in der Hauptverhandlung anwesend waren und nach dem Sitzungsprotokoll weder sicher ausgeschlossen werden kann, dass der als Zeuge vernommene Dolmetscher den Vorgang seiner eigenen Vernehmung selbst übersetzt hat, noch, dass einer der anderen anwesenden Dolmetscher (auch) für den Angeklagten übersetzt hat.[232]

71 Das Gericht hat kraft **§ 244 Abs. 2 StPO** darüber zu wachen, dass im Rahmen der Übersetzungstätigkeit keine wesentlichen Informationen (durch die „Interpretation" von Einlassungen und Zeugenaussagen[233]) verloren gehen. Ein Verstoß gegen die Aufklärungspflicht kann allerdings nur geltend gemacht werden, wenn der Angeklagte bzw. sein Verteidiger in der Hauptverhandlung eine unzureichende Verständigungsmöglichkeit geltend gemacht bzw. einen Ablösungsantrag gestellt haben.[234]

72 **3. Nebenklägerrevision.** Der Nebenkläger gehört nicht zu den Personen, deren Anwesenheit in der Hauptverhandlung das Gesetz vorschreibt. Wenn aber bereits die Abwesenheit des Nebenklägers in der Hauptverhandlung nicht zum Vorliegen des absoluten Revisionsgrundes des § 338 Nr. 5 StPO führt (er diese lediglich nach § 337 StPO rügen kann[235]), muss dies in Fällen, in denen der Nebenkläger zwar anwesend ist, ihm aber kein Dolmetscher zur Seite steht erst Recht gelten.[236] Da die Abwesenheit eines notwendigen Dolmetschers für den Nebenkläger zur Folge hat, dass er der Hauptverhandlung nicht folgen und er dort seine Rechte nicht wahrnehmen, sie also nicht beeinflussen kann, kann er bei Vorliegen einer solchen Gesetzesverletzung – revisionsrechtlich – nicht besser gestellt sein, als wenn er selbst nicht anwesend war.[237] Wie seine eigene Abwesenheit kann er deshalb auch die Abwesenheit des für ihn notwendigen Dolmetschers lediglich als relativen Revisionsgrund geltend machen. Diesbezüglich gelten dann wiederum erhöhte Anforderungen an das Vorbringen: die bloße Mitteilung der Nichtanwesenheit des Dolmetschers genügt nicht, vielmehr muss der Nebenklägerrevident vortragen, dass er – läge die Gesetzesverletzung nicht vor – Tatsachen hätte vorbringen oder Beweismittel hätte benennen können, die für den Schuldspruch wegen eines Nebenklagedelikts wesentliche Bedeutung haben konnten.[238]

VI. Kosten

73 Der **Beschuldigte** hat gem. Art. 6 Abs. 2 lit. e EMRK einen unbedingten Anspruch auf Erstattung seiner Kosten für die Hinzuziehung eines Dolmetschers bzw. Übersetzers (KV 9005 GKG),[239] auch im Falle einer Verurteilung. Der Anspruch ist endgültig und nicht an gesonderte Voraussetzungen geknüpft, mithin ist er akzessorisch zur Reichweite der Hinzuziehung (was zur Konsequenz hat, dass der Anspruch bei mehreren Verteidigern nicht „begrenzt" werden kann, solange ein Anspruch auf Übersetzungs- bzw. Dolmetschertätigkeit im Hinblick auf den jeweiligen Verteidiger besteht, was im Regelfall anzunehmen ist[240]); er besteht insbesondere unabhängig von der Frage, ob ein Fall notwendi-

---

[232] BGH 23.10.2002 – 2 StR 353/02, NStZ-RR 2003, 291.
[233] SK/*Frister* Rn. 16; vgl. aber BayObLG 24.9.2004 – 1 St RR 143/04, NStZ-RR 2005, 178, das auch in diesem Fall § 338 Nr. 5 StPO für einschlägig erachtet.
[234] BGH 19.3.1997 – 3 StR 80/97, BGHR GVG § 185 Auswahl 1.
[235] BGH 13.1.1999 – 2 StR 586/98, NStZ 1999, 259.
[236] BGH 4.9.2014 – 4 StR 473/13, BGHSt 59, 292 = NJW 2015, 96.
[237] BGH 4.9.2014 – 4 StR 473/13, BGHSt 59, 292 = NJW 2015, 96.
[238] BGH 4.9.2014 – 4 StR 473/13, BGHSt 59, 292 = NJW 2015, 96 unter Bezugnahme auf BGH 30.7.1996 – 5 StR 199/96; 13.1.1999 – 2 StR 586/98, NStZ 1999, 259.
[239] BVerfG 27.8.2003 – 2 BvR 2032/01, NJW 2004, 50; Meyer-Goßner/*Schmitt* EMRK Art. 6 Rn. 23a. Spezielle Anspruchsgrundlagen finden sich in bilateralen Abkommen mit der Dominikanischen Republik, Griechenland, Italien, den NATO-Truppen (BGBl. 1961 II 1183) und der USA.
[240] Vgl. KK/*Gieg* StPO § 463c Rn. 2. Zum Wahlverteidiger neben dem Pflichtverteidiger OLG Brandenburg 27.7.2005 – 1 Ws 83/05, StV 2006, 28 (ablehnend OLG Düsseldorf 9.3.1998 – 1 Ws 136/98, 1 Ws 137/98, StraFo 1998, 246 m. krit. Anm. *Cziongalla* StraFo 1998, 359; zur Erstattung bei drei Wahlverteidigern LG Osnabrück 16.11.2010 – 10 Qs 92/10, 10 Qs 606 Js 31246/10 – 92/10, StraFo 2011, 89 einerseits, OLG Hamm 4.1.1996 – 2 Ws 654/95, StraFo 1996, 90 (91) sowie LG Bielefeld 15.4.2011 – 2 Qs 208/11, StraFo 2011, 217 (218) andererseits.

ger Verteidigung vorliegt.[241] Nur bei schuldhafter Säumnis bzw. in sonstiger Weise schuldhafter Verursachung von Dolmetscher- und Übersetzungskosten (etwa bei Falschangaben hinsichtlich der Muttersprache[242]) können dem Angeschuldigten die Kosten gem. § 464c StPO nach Maßgabe des § 467 Abs. 2 auferlegt werden. Kosten, welche dadurch entstanden sind, dass (ausschließlich) für den Nebenkläger ein Dolmetscher bestellt wurde, sind **allgemeine Verfahrenskosten** und somit bei Verurteilung dem Angeklagten aufzubürden.[243] Art. 6 Abs. 3 lit. e EMRK erfasst nicht das Partizipationsinteresse des sprachkundigen Beschuldigten, mithin handelt es sich bei Kosten, die durch die Hinzuziehung eines Dolmetschers für einen **ausländischen Zeugen** entstehen, um allgemeine Verfahrenskosten.[244]

Bei Hinzuziehung eines Dolmetschers im Ermittlungsverfahren bzw. beim „Erstgespräch" scheitert der Erstattungsanspruch des Dolmetschers gegen die Staatskasse gem. § 1 JVEG daran, dass der Verteidiger keine staatliche Stelle iSd JVEG ist, mithin muss dieser das Kostenrisiko zunächst tragen, um die Kosten als „Auslagen" des Angeklagten bei Gericht geltend zu machen (denkbar ist diesebezüglich allerdings auch eine Ermächtigung des Dolmetschers).[245] Der Anspruch auf Erstattung besteht allerdings **unabhängig von der Beiordnung** bzw. Feststellung der Notwendigkeit der Hinzuziehung (einem entsprechenden Feststellungsantrag fehlt jedoch nicht das Rechtsschutzbedürfnis);[246] die Beiordnung im Kontext eines bestimmten Verfahrensstadiums setzt allerdings auch den „Umfang" des Erstattungsanspruchs (also die „Erforderlichkeit" der geltend gemachten Kosten gem. §§ 8, 9 Abs. 3 JVEG) fest. 74

§ 186 [Verständigung mit hör- oder sprachbehinderter Person]

(1) ¹Die Verständigung mit einer hör- oder sprachbehinderten Person erfolgt nach ihrer Wahl mündlich, schriftlich oder mit Hilfe einer die Verständigung ermöglichenden Person, die vom Gericht hinzuzuziehen ist. ²Für die mündliche und schriftliche Verständigung hat das Gericht die geeigneten technischen Hilfsmittel bereitzustellen. ³Die hör- oder sprachbehinderte Person ist auf ihr Wahlrecht hinzuweisen.

(2) Das Gericht kann eine schriftliche Verständigung verlangen oder die Hinzuziehung einer Person als Dolmetscher anordnen, wenn die hör- oder sprachbehinderte Person von ihrem Wahlrecht nach Absatz 1 keinen Gebrauch gemacht hat oder eine ausreichende Verständigung in der nach Absatz 1 gewählten Form nicht oder nur mit unverhältnismäßigem Aufwand möglich ist.

(3) Das Bundesministerium der Justiz und für Verbraucherschutz bestimmt durch Rechtsverordnung, die der Zustimmung des Bundesrates bedarf,
1. den Umfang des Anspruchs auf Bereitstellung von geeigneten Kommunikationshilfen gemäß den Absätzen 1 und 2,
2. die Grundsätze einer angemessenen Vergütung für den Einsatz von Kommunikationshilfen gemäß den Absätzen 1 und 2,

---

[241] BGH 26.10.2000 – 3 StR 6/00, BGHSt 46, 178 = NJW 2001, 309, hierzu *Staudinger* StV 2002, 327; OLG Karlsruhe 9.9.2009 – 2 Ws 25/09, StraFo 2009, 527; BVerfG 27.8.2003 – 2 BvR 2032/01, NJW 2004, 50; anders noch OLG Düsseldorf 30.9.1988 – 3 Ws 721/88, StV 1992, 364, das mit seiner Argumentation, die unentgeltliche Beziehung könne nicht weitergehen als die unentgeltliche Verteidigung, die unterschiedlichen Defizite vermengt, die sich aus der mangelnden Sprachkundigkeit einerseits und der mangelnden Verteidigung andererseits ergeben; vgl. auch KK/*Gieg* StPO § 463c Rn. 2.
[242] *Schnigula* JurBüro 1989, 889 (899); KK/*Gieg* StPO § 463c Rn. 3.
[243] MAH/*Jung* § 18 Rn. 35.
[244] SK/*Frister* Rn. 15.
[245] MAH/*Jung* § 18 Rn. 25.
[246] BVerfG 27.8.2003 – 2 BvR 2032/01, NJW 2004, 50. Anders noch OLG Düsseldorf 10.1.1980 – 1 Ws 831/79, NJW 1980, 2655; OLG Stuttgart 20.6.1986 – 3 Ws 139/86, StV 1986, 491; dagegen bereits *Sommer* StraFo 1995, 45 (49).

3. die geeigneten Kommunikationshilfen, mit Hilfe derer die in den Absätzen 1 und 2 genannte Verständigung zu gewährleisten ist, und
4. ob und wie die Person mit Hör- oder Sprachbehinderung mitzuwirken hat.

Schrifttum: *Hunsmann*, Die Mitwirkung hör-, seh- und sprachbehinderter Personen im Strafverfahren, StRR 2014, 324; im Übrigen vgl. Schrifttum zu § 185.

Übersicht

	Rn.		Rn.
A. Grundlagen	1–3a	a) Belehrung	9
I. Einordnung und Überblick	1, 2	b) Anspruchsinhalt	10–12a
II. Entstehungsgeschichte	3, 3a	II. Bestimmung durch das Gericht (Abs. 2)	13–16
B. Erläuterung	4–18	1. Kein Gebrauch des Wahlrechts (Abs. 2 Alt. 1)	14
I. Wahlrecht der hör- und/oder sprachbehinderten Person (Abs. 1)	4–12a	2. Einschränkung des Wahlrechts (Abs. 2 Alt. 2)	15
1. Person	4	3. Verfahren	16
2. Verhandlung	5		
3. Hör- und/oder Sprachbehinderung	6, 7	III. Revision	17
4. Wahlrecht	8–12a	IV. Kosten	18

A. Grundlagen

I. Einordnung und Überblick

1   Während § 185 als Kompensation für den Fall der fehlenden Sprachkundigkeit des Prozessbeteiligten fungiert (vgl. dort → § 185 Rn. 12), gewährleistet § 186 sprach- und/oder hörbehinderten Personen eine effektive Teilhabe am Prozess und hebt somit ebenso deren Position als Prozesssubjekt hervor (für blinde Personen findet sich in § 191a eine weitere Sondervorschrift). Es handelt sich also um eine einfachrechtliche Konkretisierung der verfassungsrechtlichen Garantien auf **ein faires und rechtsstaatliches Verfahren** (Art. 20 Abs. 3 GG) und des Anspruchs auf **effektiven Rechtsschutz** (Art. 19 Abs. 4 GG).[1] Freilich liegt es allerdings auch im Interesse des Gerichts, dass von Anfang an das effektivste Mittel zur Verständigung herangezogen wird. Damit dient das in Abs. 1 eingeräumte Wahlrecht (bzgl. welcher Mittel man sich zur Kommunikation bedient) auch der **Prozessökonomie.**[2] Deutlich wird dies durch Abs. 2, der die Entscheidungsmacht auf das Gericht überträgt, mithin die Kommunikationsform in dessen Ermessen stellt, wenn von dem Wahlrecht kein Gebrauch gemacht wird oder sich die vom Betroffenen gewählte Verständigungsform als unwirtschaftlich darstellt.

2   Die beiden Absätze der Vorschrift unterscheiden sich auch in ihrer Formulierung dahingehend, dass nur bei einer Wahl der Verständigungsform durch das Gericht von einem „Dolmetscher" die Rede ist. Soweit der Angeklagte von seinem Wahlrecht Gebraucht macht, ist nur von (s)einer *Hilfsperson* die Rede. Damit dürften auch die Regeln zur Dolmetscherhinzuziehung (Protokollierung, Vereidigung etc) nur im Falle des Abs. 2 übertragbar sein, wobei bereits die knappe Ausgestaltung der Vorschrift jedenfalls dann für eine Einordnung als „Rechtsfolgenverweisung" spricht. Entsprechend erfolgt eine

---

[1] Zieht man die Überlegungen des Bundesverfassungsgerichts zur Dolmetscherhinzuziehung beim Sprachunkundigen heran (vgl. bereits → § 185 Rn. 2), müsste man wohl auch bei der hörbehinderten Person davon ausgehen, dass das tatsächliche Gehör vom rechtlichen Gehör (Art. 103 Abs. 1 GG) zu unterscheiden ist, mithin die Hinzuziehung nach § 186 GVG nicht als Ausprägung des Prozessgrundrechts des rechtlichen Gehörs anzusehen ist, anders etwa die Gesetzesbegründung BT-Drs. 14/9266, 40; SK/*Frister* Rn. 1 sowie LSG NRW 13.8.2008 – L 10 VG 12/08. Zum verfassungsrechtliche Unterbau vgl. auch → § 185 Rn. 2.
[2] Ähnlich auch BT-Drs. 14/9266, 40.

Gleichstellung auch im (nochmals neu formulierten) § 187 Abs. 1 S. 2, der die kostenlose Hinzuziehung des Dolmetschers für alle Verfahrensstadien (also auch außerhalb der „Verhandlung") zum Gegenstand hat; auch hier ist insofern von einer „Ausstrahlungswirkung" des § 187 Abs. 1 S. 2 auszugehen (vgl. bereits → § 185 Rn. 5). Freilich werden die Fragen rund um den Inhalt der Dolmetschertätigkeit, und die Überprüfbarkeit ihrer Qualität schon aufgrund des praktisch seltenen Einsatzes ein ungleich geringeres Gewicht haben. Da der Verständigungsmangel nicht auf einer sprachlichen Barriere beruht, spielen die von § 187 Abs. 2 genannten Rechte auf „Übersetzung" wesentlicher Schriften beim hör- oder sprachbehinderten Angeklagten keine Rolle, weswegen es an einer entsprechenden Bestimmung fehlt.

II. Entstehungsgeschichte

Die Vorschrift wurde mit dem **OLG-Vertretungsveränderungsgesetz** vom 23.7.2002 neu gefasst.[3] Ursprünglich sah das Gesetz die Hinzuziehung eines Dolmetschers für „taube und stumme" Personen vor, „wenn nicht eine schriftliche Verständigung" erfolgte.[4] Diese Entscheidung stand im Ermessen des Gerichts. Mit der Einführung des Wahlrechts musste zugleich § 187 aF aufgehoben werden, welche den Vortrag tauber Personen in das Ermessen des Gerichts stellte.[5] Außerdem ist nunmehr von „Hör- oder sprachbehinderten Personen" die Rede. Es handelte sich im Hinblick darauf, dass nach alter Rechtslage „nur" schwer **hörgeschädigten** Personen kein Wahlrecht zugestanden wurde (vgl. noch → Rn. 2) nicht lediglich um eine politisch korrekte Neuformulierung, vielmehr wurden neben der Einführung des Wahlrechts der sachliche Anwendungsbereich – dem Diskriminierungsverbot des Art. 3 Abs. 3 GG Rechnung tragend – entsprechend erweitert. Dadurch sollte selbstverständlich auch die Verfahrensposition von Behinderten im Allgemeinen gestärkt und auf eine bessere **Integration** in das Verfahren hingewirkt werden.[6] Somit brachte das Gesetz auch die Sondervorschrift für Blinde in § 191a mit sich und fügte entsprechende Bestimmungen für die Eidesleistung von Zeugen in § 66 StPO ein.[7] Durch das am 6.7.2013 in Kraft getretene **Gesetz zur Stärkung der Verfahrensrechte**[8] wurde der in § 186 geregelte Anspruch mittels Einbeziehung tauber oder sprachbehinderter Personen in § 187 Abs. 1 S. 1 auf Verfahrensabschnitte außerhalb der (Haupt-) Verhandlung erweitert.

Durch das Gesetz zur Erweiterung der Medienöffentlichkeit in Gerichtsverfahren und zur Verbesserung der Kommunikationshilfen für Menschen mit Sprach- und Hörbehinderungen vom 8.10.2017 (EMöGG) wurde der Anspruch einheitlich im Abs. 1 selbst geregelt, dadurch dass die Erweiterung in § 187 Abs. 1 S. 1 aufgehoben und der Passus „in der Hauptverhandlung" in § 186 gestrichen wurde. Hierdurch haben sich aus strafprozessualer Sicht noch keine inhaltlichen Änderungen ergeben, da diese Verschiebung gerade den Zweck hatte, den Anspruch auf sonstige Inanspruchnahme außerhalb des Hauptverfahrens auch in anderen Gerichtsverfahren zu gewährleisten (vgl. BT-Drs. 492/16, S. 1). Von (auch) strafprozessualer Relevanz dürfte lediglich sein, dass der Gesetzgeber durch die Einfügung des Abs. 3 das Bundesministerium der Justiz und für Verbraucherschutz dazu ermächtigt hat, eine den Kommunikationshilfeverordnungen des Bundes und der Länder für Verwaltungsverfahren entsprechende Verordnung zu erlassen, mit der Inhalt und Umfang des Anspruchs näher konkretisiert werden können. Hierdurch sollte auch ein Gleichlauf zur Ermächtigung des § 9 Abs. 2 BGG hergestellt werden.

---

[3] BGBl. I 2850.
[4] Meyer-Goßner/*Schmitt* Rn. 1.
[5] SK/*Frister* Rn. 1.
[6] BT-Drs. 14/9266, 40; Löwe/Rosenberg/*Wickern* Rn. 2; SSW/*Rosenau* Rn. 1.
[7] Meyer-Goßner/*Schmitt* Rn. 1.
[8] BGBl. I 1938.

B. Erläuterung

I. Wahlrecht der hör- und/oder sprachbehinderten Person (Abs. 1)

4   **1. Person.** Ähnlich wie im Rahmen des § 185 gilt, dass Adressat des Hinzuziehungsanspruchs bzw. Wahlrechts nach § 186 nicht die verfahrensleitenden Prozessbeteiligten sind. Eine Sprach- oder Hörbehinderung von Gerichtsmitgliedern kann also nicht über § 186 überbrückt werden (zu den Auswirkungen der Blindheit bzw. sonstiger Behinderungen des Richters vgl. → § 191a Rn. 8).[9] Hingegen dürfte für den hör- und/oder sprachbehinderten Strafverteidiger nichts anderes gelten als für den sprachunkundigen Rechtsanwalt (vgl. hierzu bereits → Rn. 29).[10]

5   **2. Verhandlung.** Die Vorschrift gilt ebenso wie § 185 für die gerichtliche „Verhandlung" (zu diesem Begriff, der über denjenigen der mündlichen Hauptverhandlung hinausgeht, vgl. bereits → § 185 Rn. 32).[11] Schon vor Einfügung des § 187 war aber anerkannt (und ergab sich auch unmittelbar aus der Gesetzesbegründung[12]), dass die „Integration" des Sprach- oder Hörbehinderten schon im Ermittlungsverfahren beginnen muss und auch nicht mit der Verkündung des Urteils enden darf. Damit ist § 186 innerhalb derjenigen Verfahrensabschnitte anzuwenden, die in der Verfahrensherrschaft der Staatsanwaltschaft liegen, also nicht nur im Ermittlungsverfahren (dies ergibt sich nunmehr unmittelbar aus § 187 Abs. 1), sondern auch im Vollstreckungsverfahren.[13]

6   **3. Hör- und/oder Sprachbehinderung.** Die Vorschrift ist auch auf **stark schwerhörige** Personen anzuwenden.[14] Der ursprüngliche Wortlaut der Vorschrift erfasste nur taube oder stumme Personen (vgl. bereits → Rn. 3). Bei einem „nur" stark hörgeschädigten Angeklagten wurde § 186 – wenn auch vereinzelt – für nicht einschlägig erachtet,[15] was zur Folge hatte, dass die erforderlichen Maßnahmen vollständig im Ermessen des Gerichts standen (und auch die sonstigen verschärften Anforderungen an die Dolmetscherhinzuziehung nicht galten). Hierauf kommt es nach der geltenden Fassung nicht mehr an, da eine „Behinderung" der Sprach- oder Hörfähigkeit genügt. Entscheidend ist hierbei nicht ein bestimmter Grad an Behinderung. Vielmehr wird das Gericht im Rahmen seiner Amtsaufklärungspflicht (§ 244 Abs. 2 StPO) zu eruieren haben, ob bzw. inwiefern die Behinderung eine Teilhabe des Beteiligten am Prozess derart einschränkt, dass er nicht mehr fähig ist, der Verhandlung inhaltlich zu folgen und aktiv auf das Prozessgeschehen einzuwirken.[16]

7   Selbstverständlich sind auch Personen einbezogen, die sowohl sprach- als auch hörbehindert sind.[17] Eine vorübergehende Behinderung (auch infolge erheblicher Anspannung) genügt,[18] es muss sich allerdings um eine **„sensorische Behinderung"** handeln.[19] Bei mangelnder Kommunikationsfähigkeit aufgrund sonstiger Behinderungen, insbes.

---

[9] LG Bochum 12.8.2005 – 3221 Haupt – 172. Sollte dennoch ein Schöffe oder Richter mitwirken, der nicht fähig ist, dem Prozessgeschehen zu folgen, dürfte der absolute Revisionsgrund des § 338 Nr. 1 greifen, vgl. BGH 26.1.2011 – 2 StR 33/10, NStZ-RR 2011, 277.
[10] Zum Anspruch auf Hinzuziehung weiterer Verfahrensbeteiligter umfassend *Hunsmann* StRR 2014, 324 (327 ff.).
[11] Radtke/Hohmann/*Otte* Rn. 2.
[12] BT-Drs. 14/9266, 41.
[13] SK/*Frister* Rn. 2; Meyer-Goßner/*Schmitt* Rn. 1.
[14] So bereits zum arbeitsgerichtlichen Verfahren ArbG Wilhelmshaven 2.9.1965 – Ca 187/65, ArbuR 1966, 90.
[15] Vgl. BGH 22.8.1952 – 4 StR 31/51, BeckRS 1952, 31193996 einerseits, BGH 21.12.1959 – 2 StR 519/59, BGHSt 13, 366 = NJW 1960, 584 andererseits.
[16] So auch SK/*Frister* Rn. 2. Vgl. auch SSW/*Rosenau* Rn. 2.
[17] Meyer-Goßner/*Schmitt* Rn. 1.
[18] BGH 21.12.1959 – 2 StR 519/59, BGHSt 13, 366 = NJW 1960, 584; SK/*Frister* Rn. 2; Löwe/Rosenberg/*Wickern* Rn. 2.
[19] BT-Drs. 14/9266, 41.

kognitiver Art (also **geistige Behinderungen**), ist § 186 nicht einschlägig.[20] Beim Angeklagten stellt sich dann nicht nur die Frage der Schuld- sondern auch diejenige der Verhandlungsfähigkeit (vgl. → Einl. Rn. 380). Es sind beim kognitiv eingeschränkten Angeklagten kaum Fälle vorstellbar, in der dessen Verhandlungsfähigkeit trotz jener Mängel einerseits bejaht werden kann, aber diese Mängel so ausgeprägt sind, dass er nicht fähig ist, mit dem Gericht zu kommunizieren. Im seltenen Fall hat das Gericht kraft Art. 20 Abs. 3 GG, Art. 6 Abs. 1 EMRK Sorge dafür zu tragen, dass eine ausreichende Verständigung und Teilhabe des Angeklagten möglich ist. Beim Zeugen hingegen ist das Gericht kraft seiner **Amtsaufklärungspflicht** (§ 244 Abs. 2 StPO) gehalten,[21] eine ausreichende Verständigung mit einer geistig retardierten Person zu gewährleisten.[22] In der Gestaltung der Vernehmung ist es aber – mangels Einschlägigkeit des § 186 – dann frei, insbes. kann der Vorsitzende kraft seiner Sachleitungsbefugnis auch eine sonstige Hilfs- bzw. Vertrauensperson heranziehen, ohne dass diese wie ein Dolmetscher zu verpflichten (und damit auch zu vereidigen) ist.[23]

4. Wahlrecht. Abs. 1 S. 1 überlässt der behinderten Person die **Wahl des Kommunikationsmittels**[24] Die genannten Möglichkeiten sind weder abschließend noch stehen sie in einem Exklusivitätsverhältnis. Der Wortlaut schließt nicht aus, dass die sprachbehinderte Person von den unterschiedlichen Formen der Verständigung **abwechselnd** Gebrauch macht, bzw. für Eingaben und Mitteilungen die schrifliche Verständigung wählt, während er sich für das sonstige Prozessgeschehen eines Dolmetschers bedient.[25] Auch **andere Möglichkeiten der Verständigung** als die schriftliche und die durch Dolmetscher stehen ihm offen, insbesondere ist es zulässig, daß ein stummer Angeklagter, der sich im Übrigen schriftlich erklärt, auf Fragen, die mit „ja" oder „nein" beantwortet werden können, durch **Kopfnicken** oder Kopfschütteln antwortet, sofern der Vorsitzende diese Antworten im Wort zu Gehör des Angeklagten und der übrigen Verfahrensbeteiligten wiederholt und auf diese Weise Missverständnisse ausschließt.[26]

a) Belehrung. In jedem Fall haben Gericht und Staatsanwaltschaft die sprach- oder hörbehinderte Person gem. § 186 Abs. 1 S. 3 über ihr Wahlrecht zu **belehren.**[27] Damit soll sichergestellt werden, dass die hör- oder sprachbehinderte Person zwischen den ihr zur Verfügung stehenden Möglichkeiten frei wählen kann.[28] Die Belehrung hat in mündlicher oder schriftlicher Form oder, wenn sie sonst nichts wert wäre – weil die behinderte Person diese nicht wahrnehmen kann – mit Hilfe einer zur Übersetzung geeigneten Person zu erfolgen.[29]

b) Anspruchsinhalt. Hat der Angeklagte von seinem Wahlrecht Gebrauch gemacht, gelten für die Hinzuziehung der Hilfsperson die Ausführungen bei → § 185 Rn. 42 ff. nur im Hinblick auf den **Umfang der Dolmetschertätigkeit** (insbesondere hat die sprach- oder hörbehinderte Person einen Anspruch auf Beiordnung eines Dolmetschers für das gesamte Strafverfahren; die Probleme rund um die Überprüfung der Qualität der Dolmet-

---

[20] Radtke/Hohmann/*Otte* Rn. 2.
[21] Und zwar im Wege des Freibeweises, vgl. KK/*Diemer* Rn. 1.
[22] Vgl. auch *Hunsmann* StRR 2014, 324.
[23] Insofern zutreffend BGH 24.4.1997 – 4 StR 23/97, BGHSt 43, 63 = NJW 1997, 2335. Die Entscheidung betrifft allerdings eine Sonderkonstellation, da der Zeuge nicht nur kognitiv eingeschränkt, sondern auch „schwer hörgeschädigt" war. Jedenfalls ist der dortige Leitsatz, wonach es im Ermessen des Gerichts stehe, ob die Hilfsperson entsprechend einem Dolmetscher zu verpflichten ist, nicht auf die Konstellation anzuwenden, in der § 186 Abs. 2 einschlägig ist. SK/*Frister* § 186 Rn. 6 sowie § 189 Rn. 2, der auch bei „Verständigungshelfern" nach Abs. 1 eine Vereidigung für notwendig erachtet.
[24] Meyer-Goßner/*Schmitt* Rn. 2; SSW/*Rosenau* Rn. 3; HK/*Schmidt/Temming* Rn. 3; Radtke/Hohmann/*Otte* Rn. 3.
[25] SK/*Frister* Rn. 4; Löwe/Rosenberg/*Wickern* Rn. 7.
[26] BGH 21.12.1959 – 2 StR 519/59, BGHSt 13, 366 = NJW 1960, 584; Meyer-Goßner/*Schmitt* Rn. 5.
[27] BeckOK StPO/*Walther* Rn. 2; HK/*Schmidt/Temming* Rn. 5.
[28] BT-Drs. 14/9266, 41.
[29] SK/*Frister* Rn. 4; Meyer-Goßner/*Schmitt* Rn. 2.

scherleistung können sich freilich ebenso stellen, vgl. hierzu bereits → § 185 Rn. 45 f.).[30] Im Übrigen sind diejenigen Vorschriften, die unmittelbar auf den Dolmetscher Bezug nehmen nur im Falle **des Abs. 2** anwendbar.[31] Mit der Geltendmachung seines Wahlrechts verzichtet die sprach- oder hörbehinderte Person damit auch partiell auf bestimmte Rechtspositionen (**Vereidigung** gem. § 189, Möglichkeit der Geltendmachung der **Befangenheit** gem. § 191). Dies lässt sich nur mit der Überlegung legitimieren, dass die „ausgewählten" Personen nicht selten auch **Vertrauensdolmetscher** darstellen (also aus dem privaten Umfeld des Betroffenen stammen[32]), mithin die von den genannten Vorschriften geschützten Rechtspositionen nicht betroffen sind.[33]

11   aa) Beiordnung eines Dolmetschers. Als Sprachmittler kommen nicht nur Gebärden-, Schrift- oder Oraldolmetscher in Betracht. Vielmehr kann die Verständigung auch mit Hilfe anderer, dem behinderten Menschen vertrauten Personen, die zB lautsprachbegleitende Gebärden, das **Lormen** oder die Methode der **„gestützten Kommunikation"** beherrschen, erfolgen.[34] Eine **Vereidigung** der „Hilfsperson" steht dann im Ermessen des Gerichts (vgl. bereits → Rn. 2 sowie → Rn. 10).[35] In Einzelfällen kann es geboten sein, die Hilfsperson entsprechend dem Dolmetschereid zu verpflichten, um eine Garantie für die Zuverlässigkeit der Übertragung oder Auskunft zu gewinnen.[36] Dies dürfte insbesondere dann gelten, wenn es sich um eine Zeugenaussage handelt und die Verteidigung ihre Bedenken hinsichtlich einer zuverlässigen Übermittlung überzeugend darlegt.

12   bb) Bereitstellung von Hilfsmitteln. Soweit die sprach- oder hörbehinderte Person sich (zumindest auch) zu einer mündlichen bzw. schriftlichen Verständigung entschließt, hat das Gericht gem. Abs. 1 S. 2 die **geeigneten technischen Hilfsmittel** (wie etwa Hörgeräte, Implantate, Stimmerzeuger und -verstärker, Kehlkopfmikrofone und Schriftwandler[37]) zur Verfügung zu stellen. Bei Taubblinden kann eine Übertragung der gesprochenen Rede simultan in Punktschrift auf einen Papierstreifen zur Abtastung durch diesen geboten sein[38] (in Form einer Kombination von § 186 und 191a). Da die meisten Betroffenen bereits selbst über derlei Gerätschaften verfügen,[39] hat diese Vorschrift eher symbolischen Wert (ihr kann allerdings auch ein allgemeiner Rechtsgedanke dahingehend entnommen werden, dass das Gericht auch die Kosten für die Herbeischaffung der entsprechenden Hilfsmittel tragen muss; wobei gerade in einer Konstellation, in der ein Betroffener die Bereitstellung erzwingt, weil er selbst seine Geräte zu Hause vergessen hat, darüber nachgedacht werden kann, ob die Kosten nicht durch die Säumnis des Betroffenen verursacht wurden, vgl. noch → Rn. 18).

12a   Nach Abs. 3 besteht nunmehr die Möglichkeit, Inhalt und Umfang des Anspruch durch Rechtsverordnung näher zu konkretisieren (ähnlich wie im Rahmen des § 191a, vgl. dort). Die Rechtsverordnung wird nach Abs. 3 unter Beteiligung der Organisationen von hör- und sprachbehinderten Menschen im Sinne des Artikel 4 Abs. 3 der UN-Behindertenrechtskonvention erlassen und hat Bestimmung über die Übersetzungsmodalitäten, die Wahrnehmung des Wahlrechts der hör- und sprachbehinderten Person sowie die Kriterien für die Notwendigkeit im Einzelnen zu enthalten.

---

[30] Vgl. auch *Hunsmann* StRR 2014, 324.
[31] Löwe/Rosenberg/*Wickern* Rn. 8; BeckOK StPO/*Walther* Rn. 4; Meyer-Goßner/*Schmitt* Rn. 4.
[32] Löwe/Rosenberg/*Wickern* Rn. 8; SK/*Frister* Rn. 6.
[33] Dennoch für eine strengere Handhabung i.S.e. Notwendigkeit der Vereidigung SK/*Frister* Rn. 6.
[34] BT-Drs. 14/9266, 41; HK/*Schmidt/Temming* Rn. 4.
[35] BGH 24.4.1997 – 4 StR 23/97, BGHSt 43, 63 = NJW 1997, 2335; so auch die Gesetzesbegründung, welche unmittelbar auf die zitierte Entscheidung Bezug nimmt, BT-Drs. 14/9266, 40.
[36] BT-Drs. 14/9266, 40.
[37] Löwe/Rosenberg/*Wickern* Rn. 6; BeckOK StPO/*Walther* Rn. 2.
[38] Meyer-Goßner/*Schmitt* Rn. 2.
[39] Vgl. auch SK/*Frister* Rn. 5.

II. Bestimmung durch das Gericht (Abs. 2)

Abs. 2 regelt zum einen den Fall, dass die hör- oder sprachbehinderte Person von ihrem **13** Wahlrecht nach Abs. 1 keinen Gebrauch gemacht hat, und schränkt zum anderen das Wahlrecht im Interesse der Rechtspflege ein.[40]

1. Kein Gebrauch des Wahlrechts (Abs. 2 Alt. 1). Die Möglichkeiten des Gerichts **14** sind bei fehlender Auswahl durch den Betroffenen wiederum beschränkt, insbesondere kann es – ausweislich des Wortlauts – den Betroffenen nicht zur Benutzung technischer Hilfsmittel zwingen.[41] Die „Formulierungs-Reihenfolge" deutet indessen darauf hin, dass das Gericht – ganz im Sinne des Unmittelbarkeitsgrundsatzes – zunächst auf eine direkte, **schriftliche Verständigung** hinzuwirken hat, mag dies auch in Relation zur Hinzuziehung eines Dolmetschers die „unbequemere" Variante darstellen. Jedenfalls kann das Gericht eine schriftliche Verständigung verlangen, wenn und soweit eine Verständigung durch Sprachmittler ohnehin nicht möglich erscheint, weil die hör- oder sprachbehinderte Person einer Zeichen- oder Gebärdensprache nicht oder nicht ausreichend mächtig ist.[42]

2. Einschränkung des Wahlrechts (Abs. 2 Alt. 2). In Fällen, in denen eine **15** gewünschte schriftliche Verständigung einen unverhältnismäßigen Aufwand erfordern würde, kann das Gericht, wenn dies Erfolg verspricht, die Hinzuziehung eines Dolmetschers anordnen. Da Abs. 2 Alt. 2 die Disposition des Individuums im Interesse der Verfahrensökonomie einschränkt, ist ein strenger Maßstab anzulegen.[43] Abs. 2 Alt. 2 regelt aber nicht nur die prozessökonomische Einschränkung, sondern lässt diese (wie die erste Unteralternative der Vorschrift deutlich macht) auch zu, wenn das Gericht zur Überzeugung gelangt, dass mittels alternativer Kommunikationsformen eine leichtere Verständigung gewährleistet ist und somit auch die Wahrheit besser ermittelt werden kann. Auf die Kosten kommt es in diesem Fall dann nicht an.[44]

3. Verfahren. In beiden Varianten wird die Hilfsperson als „Dolmetscher" herangezogen, **16** weswegen iRd Anwendung des Abs. 2 die §§ 189, 191 jedenfalls einschlägig sind, mithin auch eine Vereidigung zwingend ist.[45] Die nach § 186 zu treffenden Maßnahmen gehören – ebenso wie die Dolmetscherhinzuziehung nach § 185 – zur **Verhandlungsleitung** nach § 238 Abs. 1 (zur Beanstandung und sonstigem Rechtsschutz vgl. nochmals → § 185 Rn. 48). Die Hinzuziehung des Dolmetschers ist zu protokollieren,[46] dies soll auch für die sonstigen Hilfspersonen nach Abs. 1 gelten (wobei dem in Anbetracht dessen, dass es sich auch bei diesen um Personen handelt, deren Anwesenheit das Gesetz vorschreibt wegen § 338 Nr. 5 StPO zuzustimmen ist).[47] Die Überlassung und Benutzung der Hilfsmittel iSd § 186 Abs. 1 ist keine wesentliche Förmlichkeit und bedarf damit keiner Protokollierung.[48]

III. Revision

Hinsichtlich der Revision wird zunächst auf die Ausführungen bei → § 185 Rn. 66 **17** verwiesen. Auch hier gilt, dass das tatrichterliche Ermessen nur eingeschränkt überprüfbar ist. Bei Abwesenheit des Dolmetschers trotz Ausübung des Wahlrechts durch den stummen oder tauben Beschuldigten lässt sich der absolute Revisionsgrund des § 338 Nr. 5 StPO

---

[40] So ausdrücklich die Gesetzesbegründung BT-Drs. 14/9266, 41.
[41] SK/*Frister* Rn. 7; hierzu HK/*Schmidt/Temming* Rn. 6.
[42] BT-Drs. 14/9266, 41.
[43] BT-Drs. 14/9266, 41.
[44] SK/*Frister* Rn. 8; Radtke/Hohmann/*Otte* Rn. 5.
[45] SK/*Frister* Rn. 9.
[46] SSW/*Rosenau* Rn. 3.
[47] SK/*Frister* Rn. 9.
[48] SK/*Frister* Rn. 9.

bejahen.⁴⁹ Dasselbe muss gelten, wenn der Beschuldigte nicht über sein Wahlrecht gem. § 186 Abs. 1 S. 3 belehrt worden ist: Denn erst eine ordnungsgemäße Belehrung eröffnet dem Beschuldigten die potentielle Möglichkeit, die Anwesenheit iSd § 338 zu erzwingen (mit anderen Worten kann sich eine fehlende Belehrung in der Abwesenheit des Gebärdendolmetschers niederschlagen; das Revisionsvorbringen muss sich dann allerdings auch zur Wahl des Beschuldigten verhalten).⁵⁰ Die Anwesenheit des Gebärdendolmetschers ist nur zwingend, wenn der Beschuldigte von seinem Wahlrecht Gebrauch gemacht hat.

IV. Kosten

18 Hinsichtlich der Kosten, welche durch die Hinzuziehung eines Dolmetschers entstehen, gelten die Ausführungen zur Dolmetscherhinzuziehung entsprechend (→ § 185 Rn. 73, vgl. auch KV 9005 Abs. 4 GKG), auch wenn es an einer konventionsrechtlich vergleichbar speziellen Grundlage (Art. 6 Abs. 3 lit. e EMRK) fehlt.⁵¹ Die Auslagen für einen Vertrauensdolmetscher (in Form einer Hilfsperson) sind ebenso zu ersetzen:⁵² dem Angeklagten darf kein kostenrechtlicher Nachteil dadurch entstehen, dass er von seinem Wahlrecht Gebrauch macht. Dolmetscherkosten für sprach- oder hörbehinderte Zeugen sind Verfahrenskosten (→ § 185 Rn. 73). Auch wenn es an einer ausdrücklichen Regelung fehlt, dürfen die Kosten für die Überlassung von Hilfsmitteln ebensowenig dem Angeklagten aufgebürdet werden. Hierfür spricht nicht nur § 191a Abs. 1 S. 2, der für die Auslagen der Übersetzer von Blinden ebenso wenig eine Kostenerhebung vorsieht,⁵³ sondern auch der gesetzgeberische Wille:⁵⁴ schließlich darf die Integration der Sprach- und Hörbehinderten nicht von deren Liquidität abhängig gemacht werden.

§ 187 [Dolmetscher für Beschuldigten oder Verurteilten]

(1) ¹Das Gericht zieht für den Beschuldigten oder Verurteilten, der der deutschen Sprache nicht mächtig ist, einen Dolmetscher oder Übersetzer heran, soweit dies zur Ausübung seiner strafprozessualen Rechte erforderlich ist. ²Das Gericht weist den Beschuldigten in einer ihm verständlichen Sprache darauf hin, dass er insoweit für das gesamte Strafverfahren die unentgeltliche Hinzuziehung eines Dolmetschers oder Übersetzers beanspruchen kann.

(2) ¹Erforderlich zur Ausübung der strafprozessualen Rechte des Beschuldigten, der der deutschen Sprache nicht mächtig ist, ist in der Regel die schriftliche Übersetzung von freiheitsentziehenden Anordnungen sowie von Anklageschriften, Strafbefehlen und nicht rechtskräftigen Urteilen. ²Eine auszugsweise schriftliche Übersetzung ist ausreichend, wenn hierdurch die strafprozessualen Rechte des Beschuldigten gewahrt werden. ³Die schriftliche Übersetzung ist dem Beschuldigten unverzüglich zur Verfügung zu stellen. ⁴An die Stelle der schriftlichen Übersetzung kann eine mündliche Übersetzung der Unterlagen oder eine mündliche Zusammenfassung des Inhalts der Unterlagen treten, wenn hierdurch die strafprozessualen Rechte des Beschuldigten gewahrt werden. ⁵Dies ist in der Regel dann anzunehmen, wenn der Beschuldigte einen Verteidiger hat.

(3) ¹Der Beschuldigte kann auf eine schriftliche Übersetzung nur wirksam verzichten, wenn er zuvor über sein Recht auf eine schriftliche Übersetzung nach den Absätzen 1 und 2 und über die Folgen eines Verzichts auf eine schriftliche

---

⁴⁹ Relativer Revisionsgrund, soweit kein Hilfsmittel hinzugezogen wird, vgl. SSW/*Rosenau* Rn. 5; Zur (nicht übertragbaren) Rechtslage im Zivil- und Sozialgerichtsverfahren BSG 17.8.2009 – B 11 AL 11/09 B.
⁵⁰ Da § 186 Abs. 1 S. 3 die Belehrung nicht von der Anwesenheit eines Verteidigers abhängig macht, dürfte dies auch unabhängig von dieser Frage gelten.
⁵¹ Meyer-Goßner/*Schmitt* Rn. 6.
⁵² SK/*Frister* Rn. 10.
⁵³ SK/*Frister* Rn. 11.
⁵⁴ BT-Drs. 14/9266, 2.

Übersetzung belehrt worden ist. ²Die Belehrung nach Satz 1 und der Verzicht des Beschuldigten sind zu dokumentieren.

(4) Absatz 1 gilt entsprechend für Personen, die nach § 395 der Strafprozessordnung berechtigt sind, sich der öffentlichen Klage mit der Nebenklage anzuschließen.

Schrifttum: *Basdorf,* Strafverfahren gegen der deutschen Sprache nicht mächtige Beschuldigte, GS Meyer, 1990, 19; *Bockemühl,* Anm. zu OLG Stuttgart, Beschl. v. 9.1.2014 – 6 – 2 StE 2/12, StV 2014, 537; *Böhm,* Anm. zu EuGH, Urt. v. 15.10.2015 – C-216/14 (Gavril Covaci), NJW 2016, 306; *Christl* Europäische Mindeststandards für Beschuldigtenrechte – Zur Umsetzung der EU-Richtlinien über Sprachmittlung und Information im Strafverfahren, NStZ 2014, 376; *Dettmers/Dimter,* Europäische Entwicklungen im Strafverfahrensrecht, DRiZ 2011, 402; *Eisenberg,* „Gesetz zur Stärkung der Verfahrensrechte Beschuldigter im Strafverfahren" – Bedeutung und Unzuträglichkeiten, JR 2013, 442; *Eschelbach,* Verwendung fremdsprachiger Urkunden in öffentlichen Klagen, HRRS 2007, 466; *Gatzweiler* Die neuen EU-Richtlinien zur Stärkung der Verfahrensrechte (Mindestmaß) des Beschuldigten oder Angeklagten in Strafsachen, StraFo 2011, 293; *Greßmann,* Strafbefehlsverfahren mit Auslandsberührung, NStZ 1991, 216; *Heldmann,* Ausländer und Strafjustiz, StV 1981, 251; *Kotz,* Anspruch auf Dolmetsch- und Übersetzungsleistungen im Strafverfahren, StV 2012, 626; *ders.* Anspruch des sprachunkundigen Angeklagten auf schriftliche Übersetzung verfahrenswesentlicher Unterlagen (§ 187 Abs. 2 GVG), StRR 2014, 364; *ders.,* Dolmetsch- und Übersetzungsleistungen zur Überwindung von Sprachbarrieren im Strafverfahren, StRR 2012, 124; *Kühne,* Anm. zu OLG Köln, Beschl. v. 28.8.2013 – 2 Ws 426/13, StV 2014, 553; *ders.,* Die Kosten für den Dolmetscher im Strafverfahren, FS Schmidt, 1981, 33; *Kulhanek,* Die Sprach- und Ortsfremdheit von Beschuldigten in Strafverfahren, im Erscheinen, 2018; *ders.,* Anm. zu EuGH, Urt. v. 15.10.2015 – C-216/14 (Gavril Covaci), JR 2016, 208; *Meyer,* „Die Gerichtssprache ist deutsch" – auch für Ausländer?, ZStW 93 (1981), 507; *Römer,* Anspruch auf Urteilsübersetzung im Strafverfahren, NStZ 1981, 474; *Schmidt,* Verteidigung von Ausländern, 4. Aufl. 2016; *Schneider,* Der Anspruch des Beschuldigten auf schriftliche Übersetzung wesentlicher Unterlagen, StV 2015, 379; *Schneider,* Deutsch als Gerichtssprache, MDR 1979, 534; *Sieg,* Urteilsübersetzung für sprachunkundige Ausländer, MDR 1981, 281; *Sommer,* Verteidigung und Dolmetscher, StraFo 1995, 45; *Staudinger,* Dolmetscherzuziehung und/oder Verteidigerbeiordnung bei ausländischen Beschuldigten, StV 2002, 327; *Strate,* Die Dolmetscherkosten im Strafverfahren, AnwBl. 1980, 15; *Vogler,* Deutsch als Amtssprache für ein Rechtshilfeersuchen?, NJW 1985, 1764; *Weith,* Gerichtssprachenproblematik im Straf- und Bußgeldverfahren, 1992.

Übersicht

	Rn.
A. Grundlagen	1–10
I. Überblick	1, 2
II. Entstehungsgeschichte	3–8
1. Von der konventionskonformen Auslegung zum konventionskonformen Verfahrensrecht	3–5
2. Vom konventionskonformen Verfahrensrecht zur richtlinienkonformen Auslegung?	6–8
III. § 187 im Gefüge des Strafprozessrechts	9, 10
1. Anwendungsbereich	9
2. Strafprozessuale Annexvorschriften	10
B. Erläuterung	11–76
I. Dolmetscher- und Übersetzungsleistungen für den Beschuldigten oder Verurteilten (Abs. 1)	11–16
1. Voraussetzungen der Dolmetscherhinzuziehung nach Abs. 1 S. 1	12, 13
2. Belehrung gem. Abs. 1 S. 2	14–16
II. Übersetzungsleistungen gem. Abs. 2	17–69
1. Stufensystem (Umsetzung der Richtlinie 2010/64/EU)	18–23

	Rn.
a) Regelmäßig zu übersetzende Dokumente	19
b) Auszugsweise Übersetzung, S. 2	20
c) Mündliche Zusammenfassung, S. 4 und 5	21–23
2. Kritik	24–30
a) Erforderlichkeit und Entscheiderperspektive	24
b) Erforderlichkeit trotz Verteidigung des Beschuldigten	25, 26
c) Richtlinienkonforme Auslegung (Einzelfallbetrachtung)	27–30
3. Der Übersetzungsanspruch im Einzelnen	31–54
a) Ladungen	32
b) Aktenauszug	33
c) Haftentscheidungen	34–38
d) Anklageschrift und Einstellungsbescheid	39–41
e) Eröffnungsbeschluss	42
f) Strafbefehl	43
g) Rechtsmittelbelehrung	44
h) Urteile	45–49
i) Bußgeldbescheid	50, 51
j) Sonstige Schriften	52, 53
k) Schriftverkehr mit dem Verteidiger	54
4. Prozesshandlungen und Rechtsmittel (des Beschuldigten oder Verurteilten)	55–63

	Rn.		Rn.
a) Fristgebundene Rechtsbehelfe	56–60	III. Verzicht (Abs. 3)	70, 71
b) Beweismittel	61	IV. Nebenkläger (Abs. 4)	72, 73
c) Vollmachten	62	V. Verfahren	74
d) Sonstige Eingaben	63	VI. Revision	75
5. Strafvollstreckungsverfahren	64–68	VII. Kosten	76
a) Folgeentscheidungen	64–66		
b) Überwachungskosten	67, 68		
6. Belehrung	69		

A. Grundlagen

I. Überblick

1 Die Vorschrift betrifft ausschließlich die Dolmetscherhinzuziehung im **Strafverfahren.** Sie konkretisiert und erweitert die Rechte, die dem Beschuldigten bereits nach §§ 185, 186 zustehen und erstreckt diese auf den Nebenkläger.[1] Als strafprozessuale Sondervorschrift[2] handelt es sich im Hinblick auf das GVG streng genommen um einen **Fremdkörper.** Die Verortung im GVG bleibt als „Annex" zu den Vorschriften betreffend die Gerichtssprache dennoch passend, zumal sie den Rechtsanwender daran erinnern dürfte, dass auch im Rahmen des § 185 die Besonderheiten des Strafverfahrens nicht aus dem Blick geraten dürfen (vgl. bereits dort → § 185 Rn. 4). Die Formulierungen „Beschuldigter" und „Verurteilter" mögen insofern die richtigen Assoziationen wecken und den spontanen Zugriff erleichtern, doch sind sie nichtsdestotrotz unglücklich gewählt, da Abs. 1, 2 in weiten Teilen – jedenfalls im Wortlaut – über § 185 hinausgeht, insbesondere im Einzelfall auch zu **schriftlichen Übersetzungsleistungen** verpflichtet. Diese Verpflichtung gilt aber für den **Angeklagten** bzw. **Angeschuldigten** ebenso bzw. erst Recht, wenn die Voraussetzungen des Abs. 1 erfüllt sind.[3]

2 Abs. 1 S. 1 hat die Hinzuziehung eines Dolmetschers *oder* Übersetzers **im Allgemeinen** zum Gegenstand. S. 2 greift die in Artikel 3 Absatz 1 Buchstabe d der Richtlinie 2012/13/EU vorgesehene **Belehrungspflicht** hinsichtlich des Rechts auf Dolmetschleistung auf. Abs. 2 dient der Umsetzung von Art. 3 der Richtlinie 2010/64/EU, wo der Anspruch auf Übersetzung hinsichtlich seiner Voraussetzungen und Reichweite **konkretisiert** wird. Diese Vorschrift ist heute zentraler Schauplatz der Diskussion rund um die Reichweite der Dolmetscher- und Übersetzerhinzuziehung, wobei das vom Gesetzgeber gewählte **Stufensystem** in Abs. 2 S. 1–5 den Gerichten ausreichenden **Spielraum** belässt, mit der einhergehenden Flexibilität zugleich aber viele Fragen aufgeworfen werden (→ Rn. 7, 24). Abs. 3 konkretisiert in Anlehnung an Art. 3 Abs. 8 der Richtlinie 2010/64/EU die **Voraussetzungen eines Verzichts** auf Übersetzungsleistungen, die bis zur Einfügung ebenfalls gefehlt hat (→ Rn. 70). S. 1 stellt daneben **Belehrungspflichten** diesbezüglich auf, während in S. 2 der Charakter eben dieser Belehrung sowie des Verzichts als „wesentliche Förmlichkeit" positiv festgeschrieben, mithin eine **Protokollierung** nach § 273 Abs. 1 als erforderlich festgelegt wird. Abs. 4 (vormals im Abs. 2) erstreckt den Anwendungsbereich der Vorschrift auf den **Nebenklageberechtigten,** womit dem Anliegen des Opferrechtsreformgesetzes Rechnung getragen werden soll, das Opfer im Strafverfahren gegenüber dem Beschuldigten nicht schlechter zu stellen.[4]

---

[1] Vgl. auch SSW/*Rosenau* Rn. 1.
[2] Meyer-Goßner/*Schmitt* Rn. 1.
[3] Bereits → § 185 Rn. 5; die Ausstrahlungswirkung des § 187 auf § 185 gilt auch im Hinblick auf den Nebenklageberechtigten (Abs. 4), der in § 185 ebenfalls nicht genannt wird, aber selbstverständlich auch in der Hauptverhandlung einen Anspruch auf Hinzuziehung eines Dolmetschers hat, vgl. auch Meyer-Goßner/ *Schmitt* Rn. 4.
[4] Vgl. noch BGH 22.10.2002 – 1 StR 298/02, NStZ 2003, 218: „Das Landgericht ist zutreffend davon ausgegangen, daß einem Nebenkläger – anders als einem Angeklagten gemäß Art. 6 Abs. 3 Buchst. e MRK – kein Anspruch auf unentgeltliche Beiziehung eines Dolmetschers zusteht".

II. Entstehungsgeschichte

1. Von der konventionskonformen Auslegung zum konventionskonformen Verfahrensrecht. Ursprünglich wurde mit der Einfügung des § 187 durch das **Opferrechtsreformgesetz**[5] 2004 nur die in der Verfahrensrealität schon längst anerkannte Hinzuziehung von Dolmetschern und (von § 185 nicht explizit geregelt) Übersetzern im Strafprozess über den Anwendungsbereich des § 185 (vgl. dort → § 185 Rn. 33, 44) hinaus bestätigt.[6] Es handelte sich daher auch um eine „**beiläufige**" **Einfügung,** die zum Teil Klarstellungszwecke verfolgte,[7] aber va die Gleichstellung des Nebenklageberechtigten sowie von hör- oder sprachbehinderten Beschuldigten zum Ziel hatte.[8] Dies ergibt sich bereits daraus, dass die Änderung mit jenem Gesetzespaket einherging, das gerade eine diametrale Position, also nicht diejenige des Beschuldigten, sondern des mutmaßlichen Opfers im Strafprozess verbessern sollte. Vor Einfügung des § 187 im Jahre 2004 (und seiner nochmaligen Neufassung 2013 durch Gesetz zur Stärkung der Verfahrensrechte von Beschuldigten im Strafverfahren) musste der – wegen der Eigenheiten des Strafverfahrens erforderliche – erweiterte Schutz mittels einer **konventionskonformen Auslegung** des § 185 Abs. 1 hergestellt werden.[9]

Insofern hatte – auch ausweislich der Gesetzesbegründung – die zu § 185 ergangene, frühere Rechtsprechung maßgeblichen **Einfluss** auf die Auslegung des zwischenzeitlichen § 187 Abs. 1. Der EGMR hatte bereits 1978 konstatiert, dass Art. 6 Abs. 3 lit. e EMRK den Anspruch auf unentgeltlichen Beistand eines Dolmetschers garantiert, ohne daß im nachhinein Zahlung der dadurch verursachten Kosten von ihm verlangt werden darf.[10] Dies klopfte das Bundesverfassungsgericht 1983 nochmals für das Ermittlungsverfahren ab und verortete den Anspruch aus § 185 als Ausprägung des Rechts auf ein faires Verfahren genauer.[11] Schlussendlich legte der BGH einige Zeit später verbindlich fest, dass Art. 6 Abs. 3 lit. e EMRK dem der Gerichtssprache nicht kundigen Angeklagten (Beschuldigten) unabhängig von seiner finanziellen Lage für das gesamte Strafverfahren und damit auch für vorbereitende Gespräche mit einem Verteidiger einen Anspruch auf unentgeltliche Zuziehung eines Dolmetschers einräumt, auch wenn kein Fall der notwendigen Verteidigung (§ 140 StPO) gegeben ist.[12] Schon 1992 hatte der BGH klargestellt, dass „ebenso, wie die Verlesung des Anklagesatzes ein so wesentliches Verfahrenserfordernis ist (…), bei Angeklagten, die der deutschen Sprache nicht mächtig sind, die Übersetzung des Anklagesatzes zu den wesentlichen Verfahrensakten" gehört.[13] Entsprechend sah auch **Nr. 181 Abs. 2 der RiStBV** vor, dass „Ladungen, Haftbefehle, Strafbefehle, Anklageschriften und sonstige gerichtliche Sachentscheidungen […] dem Ausländer, der die deutsche Sprache nicht hinrei-

---

[5] BGBl. I 1354.
[6] Ursprünglich enthielt § 187 eine Regelung über den Vortrag Tauber und Sprachfremder, vgl. SK/*Frister* Rn. 1.
[7] BR-Drs. 829/03, 45.
[8] Auch im Hinblick auf die hör- und sprachbehinderten Personen im Ermittlungsverfahren, vgl. BR-Drs. 829/03, 45. Die Gesetzesbegründung erschöpft sich daher auch in einem sehr knapp gehaltenen lapidaren Absatz: „Die Regelung in § 187 Abs. 1 GVG trägt den Vorgaben der EMRK Rechnung und sieht die unentgeltliche Beiordnung eines Dolmetschers oder Übersetzers vor. Die Beiordnung eines Dolmetschers oder Übersetzers ist jedoch auch dann interessensgerecht, wenn es sich um eine hör- oder sprachbehinderte Person handelt (…). Aus opferschützenden Gesichtspunkten soll das Opfer nicht schlechter gestellt werden als der Beschuldigte. Aus diesem Grund sollen auch die nebenklageberechtigten Verletzten unentgeltlich einen Dolmetscher oder Übersetzer beigeordnet bekommen, der der deutschen Sprache nicht mächtig oder hör- oder sprachbehindert sind."
[9] Vgl. etwa BGH 26.10.2000 – 3 StR 6/00, BGHSt 46, 178; BVerfG 27.8.2003 – 2 BvR 2032/01, NJW 2004, 50; KG 24.8.1998 – 1 AR 598/98 – 4 Ws 137/98, StV 1998, 646.
[10] EGMR 23.10.1978, EuGRZ 79, 34 = NJW 1979, 1091; hierzu auch *Sommer* StraFo 1995, 45.
[11] BVerfG 17.5.1983 – 2 BvR 731/80, BVerfGE 64, 135 = NJW 1983, 2762 (zum Ganzen bereits → § 185 Rn. 2). Hierzu auch *Weith* Gerichtssprachenproblematik S. 105 ff.
[12] Vgl. etwa BGH 26.10.2000 – 3 StR 6/00, BGHSt 46, 178. Wiederum bestätigt von BVerfG 27.8.2003 – 2 BvR 2032/01, NJW 2004, 50.
[13] BGH 15.9.1992 – 1 StR 442/92, StV 1993, 2.

chend beherrscht, mit einer Übersetzung in eine ihm verständliche Sprache bekanntzugeben" sind.[14]

5   2013 erfolgte dann die **„Konkretisierung"** der Rechte nach Abs. 1,[15] hauptsächlich mit der Einfügung des Abs. 2. Dieser hat – ebenso wie Abs. 3 – seinen Ursprung in einem Maßnahmenpaket der EU (in Form zweier Richtlinien, **2010/64/EU**,[16] vgl. Anlage sowie **2012/13/EU**[17]),[18] das wiederum mit dem am 6.7.2013 in Kraft getretenen **Gesetz zur Stärkung der Verfahrensrechte** von Beschuldigten im Strafverfahren umgesetzt werden sollte.[19] Diesbezüglich nahm die Bundesrepublik Deutschland aber gerade wegen der Entwicklungen in der Rechtsprechung (insbesondere der ausreichenden Berücksichtigung des Art. 6 Abs. 3 lit. e EMRK in der bundesverfassungs- sowie sonstigen obergerichtlichen Rechtsprechung) die Position eines Vorbilds ein, was sich auch in der Gesetzesbegründung darin niederschlug, als nur für „wenige Teilbereiche" überhaupt noch Handlungsbedarf gesehen wurde. Punktuelle Erweiterungen für den Nebenkläger, die zu einer vollständigen Gleichstellung mit dem Beschuldigten führen sollten – zumindest hinsichtlich etwaiger Dolmetscherleistungen – ergaben sich dann durch das **Dritte Opferrechtsreformgesetz** vom 21.12.2015,[20] ließen aber die §§ 185 ff. selbst unberührt (vgl. noch → Rn. 72 f.).

6   **2. Vom konventionskonformen Verfahrensrecht zur richtlinienkonformen Auslegung?** Zahlreiche der in Abs. 2 konstituierten Ansprüche waren also bereits wesentlich früher anerkannt, wenn auch keine **Selbstverständlichkeit**.[21] Die Vorschrift atmet also den Geist der bis dato ergangenen Rechtsprechung zu § 185, die ihrerseits konventions- und verfassungsrechtlich geprägt war. Für die weitere Rechtsentwicklung bedeutet dies, dass diese sich lediglich von der Ebene höherrangigen Rechts auf das einfachgesetzliche Recht verschiebt. Hier besteht aber nach wie vor Zündstoff, dies schon deswegen, weil die einst frei im Raum schwebenden Erwägungen zum fairen Verfahren und Art. 6 Abs. 3 lit. e EMRK nunmehr in Worte gefasst sind. Hinzu tritt, dass der Gesetzgeber auf eine „Eins-zu-Eins"-Umsetzung der Richtlinie 2010/64/EU verzichtet hat, was im Hinblick auf den komprimierten Wortlaut zunächst zweckmäßig anmutet (immerhin sind es immer noch vier Absätze).[22] Außerdem war sich der Gesetzgeber der beschriebenen Vorreiterfunktion bewusst, weswegen er keinen Hehl daraus macht, dass die durch das Maßnahmenpaket initiierte Änderung nicht nur einer Umsetzung der Richtlinien, sondern auch einer Implementierung der bereits in der Rechtsprechung[23] anerkannten Garantien – im Sinne einer Assimilierung des § 187 – dienen sollte.

7   Wenn man sich aber einerseits am nationalen (wenn auch europarechtlich beeinflussten) Schutzniveau orientieren will, andererseits aber der „europäische Standard" einfachgesetzlich garantiert werden soll,[24] sind Friktionen und offene Fragen – insbes. hinsichtlich der

---

[14] Ernsthaft berufen konnte man sich – wie stets – auf die RiStBV nicht: Sie enthält schließlich nur Verwaltungsvorschriften, die weder die Gerichte binden noch Verfahrensrechte des Angeklagten begründen, vgl. BVerfG 17.5.1983 – 2 BvR 731/80, BVerfGE 64, 135 (150) = NJW 1983, 2762. Vgl. *Basdorf* GS Meyer, 1990, 19 (24): zu weitgehend.
[15] Zusf. *Christl* NStZ 2014, 376; Löwe/Rosenberg/*Krauß* Nachtr. § 187 Rn. 2.
[16] ABl. 2010 L 280; Meyer-Goßner/*Schmitt* Rn. 1a.
[17] ABl. 2012 L 142.
[18] *Dettmers/Dimter* DRiZ 2011, 402 (403); *Eisenberg* JR 2013, 442; *Gatzweiler* StraFo 2011, 293; *Kotz* StV 2012, 626.
[19] BGBl. I 1938. Hierzu auch Löwe/Rosenberg/*Krauß* Nachtr. § 187 Rn. 1.
[20] BGBl. 2525.
[21] *Weith* Gerichtssprachenproblematik S. 62 ff. Vgl. noch zur Übersetzung des Urteils OLG Stuttgart 1.10.1982 – 3 Ws 253/82, Rpfleger 1983, 37; LG Würzburg 5.8.1982 – JK – KLs 118 Js 12851/80; OLG Frankfurt a. M., 16.10.1979 – 3 Ws 830/79, NJW 1980, 1238 sowie OLG Hamburg 18.4.1978 – 1 Ws 145/78, NJW 1978, 2462.
[22] Vgl. auch *Christl* NStZ 2014, 376 („kompakt ausgefallen").
[23] Die ja „bereits de lege lata im Wesentlichen den Richtlinienvorgaben" entsprach, vgl. BR-Drs. 816/12, 4.
[24] Vgl. auch *Christl* NStZ 2014, 376.

ausreichenden Umsetzung,[25] aber auch der „richtlinienkonformen" Auslegung – vorprogrammiert. Der Gesetzgeber hätte daher gut daran getan, aus der Notwendigkeit der Richtlinienumsetzung auf einen gesetzgeberischen „ground zero" zu schließen und somit auch ausschließlich die in den Richtlinien verwendeten Termini zu verwenden. Dies hätte keine vollständige Neufassung des Abs. 1, 2 erfordert, vielmehr hätte man bei den „punktuellen Erweiterungen" die zentralen Begrifflichkeiten der Richtlinie 2010/64/EU (**„wesentliches Dokument"** gem. Art. 3 Abs. 1–2 statt „zur Wahrung seiner erforderlich", **„faires Verfahren"** gem. Art. 3 Abs. 7 statt „Wahrung der strafprozessualen Rechte") verwenden können.

Mit solch einem Vorgehen hätte man Relativierungen bei einem Rückgriff auf die Richtlinie 2010/64/EU und ihrer Begründung vorgebeugt bzw. einer richtlinienorientierten Auslegung den mittelbaren Charakter genommen. Umgekehrt hätte man das über die Richtlinien hinausgehende Schutzniveau (etwa beim Verzicht, vgl. → Rn. 70) deutlicher hervorheben können. Der Gesetzgeber macht in seiner Begründung zwar deutlich, dass das von ihm konzipierte Stufensystem (vgl. noch → Rn. 18)[26] als in Gesetzesform gegossene Einzelfalljudikatur zur Reichweite des Anspruchs auf Dolmetsch- und Übersetzungsleistungen zu verstehen sein soll; dennoch bleibt offen, inwiefern die Vorschrift bezüglich der früheren Rechtsprechung „rein deklaratorisch" ist oder diese nicht partiell doch einschränkt (zum Ganzen noch → Rn. 24 ff.).[27]

III. § 187 im Gefüge des Strafprozessrechts

1. Anwendungsbereich. Der Gesetzgeber hat sich zu der konkreten Einordnung des § 187 nicht geäußert, was im Hinblick darauf, dass gewisse Überschneidungen zu § 185 bestehen überrascht. Man scheint – worauf die verwendete Terminologie hindeutet – davon auszugehen, dass § 187 im Wesentlichen das Ermittlungsverfahren, (jegliche) Zwischenverfahren und partiell auch das Strafvollstreckungsverfahren zum Gegenstand hat,[28] während § 185 allein auf die **Hauptverhandlung** zugeschnitten ist. So intuitiv naheliegend diese Zuweisung sein mag, so offensichtlich ist auch, dass Abs. 1 S. 1 die Hinzuziehung des Dolmetschers im Allgemeinen zum Gegenstand hat und va auch die **Erforderlichkeit von Übersetzungsleistungen** konkreter regelt.[29] Insofern wird man eine partielle Erweiterung des § 185 durch § 187 nicht verneinen können, während der Anwendungsbereich des § 185 – jedenfalls inzwischen – auf das „Verfahren" beschränkt bleibt (dies gilt insbesondere auch für die Verfahrenserleichterungen nach § 185 Abs. 1a und den Protokollierungserfordernissen nach Abs. 1 S. 2).[30] Doch „unterfüttert" § 185 im Regelfall der einfachen Hinzuziehung den § 187 Abs. 1 insofern, als die Grundsätze zur Notwendigkeit der Dolmetscherhinzuziehung, zur Auswahl der Dolmetschers und zum Umfang des Anspruchs entsprechend gelten dürften (vgl. noch → Rn. 11 f.). Die Vorschrift kommt über **§ 46 OWiG** auch im Ordnungswidrigkeitenverfahren zur Anwendung. In Verfahren zur **Vollstreckung eines Europäischen Haftbefehls** findet der Anspruch auf Dolmetsch- und Übersetzungsleistungen über **§ 77 IRG** (Gesetz über internationale Rechtshilfe in Strafsachen) Anwendung.[31] Im Jugendstrafverfahren kann die Vorschrift nur als Richtschnur dienen, von einer unmittelba-

---

[25] Dies betrifft insbes. die Sicherung der Dolmetschqualität gem. Art. 5 Abs. 1 sowie die Einrichtung eines gesonderten Rechtsschutzes, Art. 3 Abs. 3, 5, aA wohl das OLG Braunschweig 11.5.2016 – Ws 82/16, NStZ-RR 2016, 253, das lapidar feststellt, die Richtlinie sei vollständig in das deutsche Recht umgesetzt worden.
[26] BR-Drs. 816/12, 14.
[27] Krit. auch MAH/*Jung* §18 Rn. 55, wonach das Gesetz zahlreiche versteckte Ansätze enthalte, welche die bisherige Praxis für den der Gerichtssprache nicht mächtigen Beschuldigten „eher verschlechtern".
[28] SSW/*Rosenau* Rn. 1.
[29] Darauf, dass § 187 nicht „exklusiv" das Vorverfahren betrifft, deutet auch die Verweisungsnorm in § 163a Abs. 5 StPO hin.
[30] Zuletzt BGH 8.8.2017 – 1 StR 671/16.
[31] Zur Reichweite des Anspruchs vgl. BT-Drs. 17/12578, 10.

ren Anwendung über die §§ 107 ff. JGG ist im Hinblick auf Art. 6 Abs. 1 S. 1 EMRK abzusehen.[32]

10   **2. Strafprozessuale Annexvorschriften.** Da die Einfügung des § 187 überwiegend deklaratorischen Charakter hatte, mussten auch die auf die Gerichtssprache und Dolmetscherregelungen Bezug nehmenden **Annexvorschriften der StPO** nur geringfügig angepasst werden. Angesprochen sei die Verweisungsnorm in **§ 163a Abs. 5 StPO**, welche zur Klarstellung des grundlegenden Anspruchs auf Dolmetsch- und Übersetzungsleistungen auch bei staatsanwaltschaftlichen und polizeilichen Vernehmungen eingefügt wurde.[33] Schließlich wurde mit **§ 37 Abs. 3 StPO** die in § 187 Abs. 1 und 2 enthaltene Regelung zur Urteilsübersetzung in die bestehende Systematik von **Urteilszustellung** und Rechtsmittellauf eingepasst (hierzu noch → Rn. 44, 50 f.). Damit wird der zeitgleiche Beginn der Begründungsfrist für alle Verfahrensbeteiligten sichergestellt. Für die Untersuchungshaft findet sich **in 114a StPO** eine **Sonderregelung,** wonach dem Beschuldigten, welcher der deutschen Sprache nicht hinreichend mächtig ist, eine **Übersetzung des Haftbefehls** in einer für ihn verständlichen Sprache auszuhändigen ist (hinsichtlich der Belehrung gilt § 114b Abs. 2 S. 3 StPO). Zu den Annexvorschriften betreffend die Nebenklage vgl. → Rn. 72.

B. Erläuterung

I. Dolmetscher- und Übersetzungsleistungen für den Beschuldigten oder Verurteilten (Abs. 1)

11   Abs. 1 stellt (mit Blick auf die frühere Rechtsprechung zu § 185) lediglich klar, dass derjenige Beschuldigte, der nicht der deutschen Sprache mächtig ist, auch **außerhalb der „Verhandlung"** einen Anspruch auf Hinzuziehung eines Dolmetschers, ggf. auf Übersetzungsleistungen hinsichtlich einzelner Schriftstücke hat.[34] Dabei dürften die zu § 185 entwickelten Grundsätze zur Entstehung des Anspruchs, zur Auswahl des Dolmetschers, dem Umfang des Anspruchs und zur eingeschränkten Überprüfbarkeit der Dolmetscherleistung bzw. relativierten „Revisibilität" zunächst entsprechend gelten. Zur Rolle des Dolmetschers im Strafverfahren vgl. → § 185 Rn. 17, zur Vereidigung → § 189 Rn. 1 ff.

12   **1. Voraussetzungen der Dolmetscherhinzuziehung nach Abs. 1 S. 1.** Einzige Voraussetzung für einen Anspruch des Beschuldigten auf Dolmetscherhinzuziehung ist somit, dass dieser **nicht der deutschen Sprache mächtig** ist, es gelten die Ausführungen zu → § 185 Rn. 35.[35] Das die Hinzuziehung anordnende Gericht hat ein **Ermessen** hinsichtlich der Sprachfertigkeiten des Beschuldigten, ein bestimmtes Verfahren betreffend die Prüfung der Sprachkenntnisse sieht § 187 ebenso wenig vor wie § 185 (**kein Ermessen** besteht hingegen im Hinblick auf die **Erforderlichkeit,** hierbei handelt es sich um einen **unbestimmten Rechtsbegriff,** der in Abs. 2 eine gewisse Konkretisierung erfährt[36]). Im Regelfall wird aber bei einem nicht der deutschen Sprache mächtigen Beschuldigten die Hinzuziehung durch die Staatsanwaltschaft bzw. durch den Pflichtverteidiger „erster Stunde" angeregt (zur Auswahl des Dolmetschers der „ersten Stunde" und zur Notwendigkeit ggf. ein Aktenzeichen einzuholen, vgl. bereits → § 185 Rn. 26 sowie → Rn. 50).

---

[32] Ähnlich auch *Eisenberg* JR 2013, 442 (451): restriktive Anwendung.
[33] BT-Drs. 17/12578, 16.
[34] SK/*Frister* Rn. 2; Löwe/Rosenberg/*Krauß* Nachtr. § 187 Rn. 4.
[35] So auch die Gesetzesbegründung, BT-Drs. 17/12578, 10.
[36] Unklar *Schneider* StV 2015, 379 (384), die § 187 Abs. 1 pauschal als Ermessensvorschrift bezeichnet, während Abs. 2 kein Ermessen einräume. Dies erscheint systematisch schon deswegen angreifbar, weil Abs. 2 auf den Wortlaut des Abs. 1 Bezug nimmt, diesen also im Hinblick auf den Übersetzungsanspruch erweitert.

Anders als § 185 schränkt § 187 Abs. 1 S. 1 den Anspruch auf Hinzuziehung eines Dolmetschers im Hs. 2 dahingehend ein, dass die Hinzuziehung zur Ausübung der strafprozessualen Rechte des Beschuldigten **erforderlich** sein muss. Da aber die Tätigkeit des Dolmetschers für eine reibunglose **Kommunikation** zwischen Verteidiger bzw. Rechtsbeistand mit dem Beschuldigten unabdingbar ist, und die Einfügung des § 187 gerade auch dazu diente, den vom BGH zugesicherten Anspruch auf Hinzuziehung eines Dolmetschers **für vorbereitende Gespräche** mit dem Verteidiger[37] gesetzlich zu untermauern (→ Rn. 4), sind keine Fälle vorstellbar, in denen die Hinzuziehung nicht erforderlich ist, soweit die Voraussetzungen der Hinzuziehung im Übrigen (also diejenigen, die auch im Rahmen des § 185 gelten) bejaht werden können.[38] Der Anspruch des Beschuldigten auf umfassende Verdolmetschung umfasst auch die Gespräche zur Vorbereitung der **Begründung eines Rechtsmittels**. In Abs. 1 „isoliert" steckt also nicht viel Streitstoff, da er alleinstehend lediglich die Dolmetscherhinzuziehung betrifft. Lediglich in Abs. 2 hat der dehnbare (und in vielerlei Hinsicht unzulängliche) Erforderlichkeitsbegriff Auslegungspotential. Hier tritt aber weitestgehend das gesetzgeberische **Stufensystem** (→ Rn. 18) an dessen Stelle, sodass es nicht überrascht, dass den Gesetzgebungsunterlagen keine eigenständige Definition des Begriffs zu entnehmen ist.

2. Belehrung gem. Abs. 1 S. 2. Gem. Abs. 1 S. 2 ist die beschuldigte oder verurteilte Person, die der deutschen Sprache nicht hinreichend mächtig oder hör- oder sprachbehindert ist, auf ihr Recht hinzuweisen, Dolmetsch- und Übersetzungsleistungen unentgeltlich für das gesamte Strafverfahren in Anspruch zu nehmen. Die Belehrung ist als **wesentliche Förmlichkeit** im Vorverfahren gem. §§ 168, 168a StPO zu dokumentieren.[39] Die Vorschrift, die durch das **Gesetz zur Stärkung der Verfahrensrechte**[40] eingefügt wurde, geht auf Art. 3 der Richtlinie über das Recht auf Belehrung und Unterrichtung im Strafverfahren[41] zurück.[42] Sie scheint systematisch verfehlt, da die Hinzuziehung keine Mitwirkung des Beschuldigten oder sonstigen Prozessbeteiligten, der nicht der deutschen Sprache mächtig ist, erfordert. Wenn die Hinzuziehung **nicht auf Antrag, sondern von Amts wegen** erfolgt und der Richter bei jeder Vernehmung verpflichtet ist, die sprachlichen Fertigkeiten der Vernehmungsperson zu überprüfen, scheint eine Belehrung über dieses Recht keinen Sinn zu machen.

Der Gesetzgeber war sich dieses Umstands bewusst und betont selbst, dass mit der Formulierung „beanspruchen" verdeutlicht werden soll, dass ein förmlicher Antrag des Beschuldigten gerade nicht notwendig ist.[43] Vielmehr soll – vergleichbar dem bei jeder Vernehmung zu wiederholenden Hinweis auf das Aussageverweigerungsrecht in § 136 Abs. 1 S. 2, § 243 Abs. 5 S. 1 StPO – mit solch einer Belehrungspflicht sichergestellt werden, „dass dem sprachunkundigen Beschuldigten vor jeder Vernehmung sein Recht auf Dolmetschleistung oder Übersetzung ins Bewusstsein gerufen wird, das letztlich der Wahrung seiner Rechte (…) dient."

Gerade im Vorverfahren, wo ein allumfassender Hinzuziehungsanspruch womöglich noch nicht in den Köpfen der Ermittlungsbehörden angekommen ist, bezieht sich solch eine **Erinnerungsfunktion** unterschwellig wohl auch auf die Ermittlungsbehörden (sodass der Belehrungspflicht insofern auch eine **disziplinierende Wirkung** zukommt[44]). Darüber hinaus ist die Belehrung speziell hinsichtlich der Unentgeltlichkeit auch von faktisch überra-

---

[37] Vgl. etwa BGH 26.10.2000 – 3 StR 6/00, BGHSt 46, 178.
[38] *Eisenberg* JR 2013, 442 (445); SK/*Frister* Rn. 2.
[39] Daher brauchte nach Auffassung des Gesetzgebers die in Art. 8 Abs. 1 der Richtlinie 2012/13/EU verankerte umfassende Dokumentationspflicht nicht gesondert umgesetzt zu werden, vgl. BT-Drs. 17/12578, 10.
[40] BGBl. I 1938.
[41] ABl. 2012 L 142.
[42] Löwe/Rosenberg/*Krauß* Nachtr. § 187 Rn. 6.
[43] BT-Drs. 17/12578, 10.
[44] Schließlich kann die Regelung auch zu einer mehrfachen Belehrung des Beschuldigten im Laufe des Verfahrens führen, vgl. BT-Drs. 17/12578, 10; Meyer-Goßner/*Schmitt* Rn. 2.

gender Bedeutung, wenn man bedenkt, dass die Bedeutung eines Ermittlungsverfahrens von Laien oftmals unterschätzt wird und man etwaige Kosten eines Strafverfahrens so gering wie möglich halten will. Die Belehrung kann somit auch einer Verfälschung des Sprachniveaus entgegenwirken (dahingehend, dass aus Angst vor einer Kostenlast die eigenen Sprachfertigkeiten überschätzt werden und man vorgibt, alles zu verstehen, obwohl dem nicht so ist, zu diesen Gefahren vgl. bereits → § 185 Rn. 39). Aus diesem Grund ist auch eine entsprechende Belehrung in der Hauptverhandlung (mittels analoger Anwendung des Abs. 1 S. 2) zu fordern.

II. Übersetzungsleistungen gem. Abs. 2

17 Abs. 2 konkretisiert, inwiefern **Übersetzungsleistungen** zur Ausübung der strafprozessualen Rechte des Beschuldigten erforderlich sind. Die Vorschrift bezieht sich ausschließlich auf **Übersetzungstätigkeiten;** da sie ua auch auf die mündliche Übertragungstätigkeit als „weniger aufwendige Methode" Bezug nimmt, ist sie – insbesondere das in ihr enthaltene Stufensystem – nicht auf die Dolmetscherhinzuziehung im Allgemeinen übertragbar. Umgekehrt dürfte Abs. 2 zumindest eine Ausstrahlungswirkung auf § 185 haben, der nicht vergleichbar konkret hinsichtlich etwaiger Übersetzungsleistungen in der (Haupt-)Verhandlung ist, vgl. bereits → Rn. 9 sowie → § 185 Rn. 5. Freilich nennt § 187 Abs. 2 keine Schriftstücke, die typischerweise in der Hauptverhandlung eingeführt bzw. ausgehändigt werden (Beweisanträge, Vernehmungsprotokolle, Beschlüsse).

18 **1. Stufensystem (Umsetzung der Richtlinie 2010/64/EU).** Der Gesetzgeber wollte bei der Neufassung des Abs. 2 einerseits die bisherigen Leitlinien der Rechtsprechung zur Dolmetscherhinzuziehung und Übersetzertätigkeit in Gesetzesform gießen, andererseits den **Vorgaben der Richtlinie 2010/64/EU ausreichend Rechnung** tragen. Was letztere Zielsetzung angeht, scheint der deutsche Gesetzgeber den Wolf im „EU-Schafspelz" gemimt zu haben: Die Konkretisierung des Übersetzungsanspruchs beginnt entsprechend mit einem Rekurs auf Art. 3 Abs. 2 der Richtlinie 2010/64/EU, in dem die **wesentlichen** – also im Regelfall zu übersetzenden – Unterlagen aufgezählt sind, namentlich freiheitsentziehende Maßnahmen, Anklageschriften und nicht rechtskräftige Urteile.[45] Erst ein genauerer Blick macht allerdings deutlich, dass bereits dieser Rückgriff eingeschränkt erfolgt:

19 **a) Regelmäßig zu übersetzende Dokumente.** Nach Art. 3 Abs. 2 ist nämlich jede Anordnung einer freiheitsentziehenden Maßnahme, jede Anklageschrift und *jedes* Urteil zu übersetzen. Dabei entlarvt bereits die prozessökonomisch motivierte Einschränkung des Abs. 2 S. 1 auf rechtskräftige Urteile, dass die Umsetzung nur halbherzig erfolgt ist. Aber der Gesetzgeber dürfte sich auch bewusst gewesen sein, dass der in der Richtlinie 2010/64/EU verwendete Begriff des Urteils (in der englischen Sprachfassung **„judgment")** alle abschließenden Sachentscheidungen erfasst, die der Rechtskraft fähig sind: also nicht nur Urteile, sondern auch verfahrensbeendende Beschlüsse[46] und Strafbefehle (zum Bußgeldbescheid vgl. noch → Rn. 50). Zumindest den **Strafbefehl** (§§ 407 ff. StPO) hat man als Besonderheit des deutschen Verfahrensrechts mit aufgenommen. Der Gesetzgeber bezeichnet diese Schriftstücke auch nicht als wesentliche Unterlagen wie die Richtlinie, sondern stellt in Abs. 2 S. 1 die Regel auf, dass deren Übersetzung zur Ausübung der strafprozessualen Rechte erforderlich sei.[47]

---

[45] In ihrem Anwendungsbereich erfassen die Neuregelungen zur Urteilsübersetzung auch die ein Bußgeldverfahren ohne Hauptverhandlung beendenden Beschlüsse nach § 72 OWiG, so BT-Drs. 17/12578, 12.
[46] OLG Karlsruhe 30.1.2017 – 2 Rb 6 Ss 53/17.
[47] Ausweislich der Gesetzesbegründung (BT-Drs. 17/12578, 11) soll die einleitende Bezugnahme auf Abs. 1 S. 1 und die dortige Formulierung „soweit dies zur Ausübung ihrer strafprozessualen Rechte erforderlich ist" der Klarstellung dienen, dass im Einklang mit der anerkannten Auslegung des Art. 6 Abs. 3 lit. e EMRK die Entscheidung über Art und Umfang der Übersetzung im Einzelfall dem pflichtgemäßen Ermessen des Gerichts unter Berücksichtigung des Rechts auf ein faires Verfahren unterliegt (wobei man selbstverständlich eben diesen Wortlaut der Richtlinie – Art. 3 Abs. 7 – auch unverfälscht hätte übernehmen können, vgl. noch → Rn. 27).

b) Auszugsweise Übersetzung, S. 2. Das Gesetz legt im Anschluss (Abs. 2 S. 2–5) ein **20** **Stufensystem** fest,[48] wobei die bisherige Rechtsprechung zum Übersetzungsanspruch als Blaupause herangezogen worden zu sein scheint.[49] Die generelle Pflicht des vorangegangenen Satzes 1 zur vollständigen Übersetzung wird in Abs. 2 S. 2 (sozusagen auf der **zweiten Stufe**) zunächst dahingehend relativiert, dass eine lediglich **auszugsweise Übersetzung** ausreichen kann, wenn schon dadurch die Verteidigungsrechte der beschuldigten Person **ausreichend gewahrt** werden.[50] In beiden Fällen sind Übersetzungsschriften dem Beschuldigten nach S. 3 **ohne unnötige Verzögerung zuzuleiten** (dieser Gedanke findet sich bereits in § 114a S. 2 und 3 StPO), wobei sich die Erforderlichkeit einer unverzüglichen Zuleitung bereits aus dem Beschleunigungsgrundsatz ergibt.

c) Mündliche Zusammenfassung, S. 4 und 5. Auf der dritten und letzten Stufe wird **21** in Abs. 2 S. 4 und 5 ein **vollständiges Absehen** von der schriftlichen Übersetzung zugunsten einer **mündlichen Zusammenfassung des Inhalts** ermöglicht, wenn „hierdurch die strafprozessualen Rechte des Beschuldigten **gewahrt** werden". Auch hier wendet man sich von der die Ausnahme zulassenden Vorschrift in der Richtlinie 2010/64/EU (Art. 3 Abs. 7) ab, die das Kriterium des **„fairen Verfahrens"** in den Mittelpunkt stellt und greift auf einen eigenständigen Begriff zurück.[51] Zum Beziehungsverhältnis zwischen „Erforderlichkeit" der Übersetzung für die prozessualen Rechte und „Wahrung" der prozessualen Rechte im Falle der mündlichen Zusammenfassung äußert sich der Gesetzgeber nicht. Stattdessen wird in S. 5 festgelegt, dass die Ausnahme des S. 4 „in der Regel" beim verteidigten Angeklagten greife. Konsequenterweise soll es in diesem Zusammenhang nicht darauf ankommen, ob ein Fall der notwendigen Verteidigung im Sinne des § 140 StPO vorliegt. Entscheidend soll allein das bestehende Mandatsverhältnis zu einem Verteidiger in dem betreffenden Strafverfahren sein.[52]

Legitimiert wird diese Einschränkung, die va **Großverfahren** betrifft[53] mit dem **22** Grundsatz der **Prozessökonomie**.[54] Gerade in diesem Zusammenhang wird das Beispiel der Urteilsübersetzung bei Rechtskraft bemüht, die im Hinblick darauf, dass der Verurteilte die Entscheidung nicht mehr in Frage stellen kann, unnötig anmutet. Auch bei Angreifbarkeit mit dem Rechtsmittel der Revision (als einziges Rechtsmittel bei landgerichtlichen Verfahren) scheint die aufwendige Übersetzung überflüssig, wenn man sich die – freilich in vielerlei Hinsicht in Frage gestellte – Funktion der **Revision als reine Rechtsinstanz** in Erinnerung ruft. Dass hier der „umfassend durch die Urteilsübersetzung informierte" Verurteilte etwas beitragen kann, wird überwiegend angezweifelt (wobei dieses Argument wegen der zunehmenden Tendenz des Übergriffs in die tatrichterliche Beweiswürdigung durch die Revisionsrichter zweifellos bröckelt, hierzu noch → Rn. 48)

Allerdings räumt auch der Gesetzgeber ein, dass es Fälle geben kann, in denen der **23** verteidigte Beschuldigte – etwa aufgrund eigener Fachkundigkeit – durchaus ein **berechtigtes Interesse** haben kann, das Urteil in einer ihm verständlichen Sprache selbst zu lesen. „Indiz für ein solches Interesse und eine daraus resultierende Pflicht zur vollständigen oder teilweisen schriftlichen Übersetzung kann dabei das begründete Verlangen des Beschuldigten nach einer entsprechenden Übertragung der Entscheidung sein".[55]

---

[48] SSW/*Rosenau* Rn. 6; Meyer-Goßner/*Schmitt* Rn. 4; Löwe/Rosenberg/*Krauß* Nachtr. § 187 Rn. 11.
[49] Allerdings auch in der Änderung des § 187 bereits existente Vorschrift des § 114a, die ebenso ein abgestuftes System des Anspruchs auf Übersetzung für den Zeitpunkt der unmittelbaren Verhaftung bzw. vorläufigen Festnahme vorsieht, vgl. dort → § 114a Rn. 2.
[50] Auch die Richtlinie gestattet in Art. 3 Abs. 4 das Absehen von der Übersetzung von Passagen, die nicht für die Verteidigung wichtig sind. Denkbar wäre etwa die Übersetzung lediglich des Teils eines Urteils, der mit einem Rechtsmittel angegriffen wurde, so BT-Drs. 17/12578, 11.
[51] Kritisch *Eisenberg* JR 2013, 442 (445).
[52] BT-Drs. 17/12578, 12.
[53] Faktisch wird die Ausnahme des S. 5 selten im amtsgerichtlichen Verfahren greifen, da die meisten Angeklagten vor den Amtsgerichten ohne Verteidiger auftreten. Dies ist im Übrigen ein weiterer Gesichtspunkt, der für eine Belehrung nach § 187 Abs. 1 S. 2 analog spricht, vgl. → Rn. 57.
[54] BT-Drs. 17/12578, 12. Vgl. auch Löwe/Rosenberg/*Krauß* Nachtr. § 187 Rn. 11.
[55] BT-Drs. 17/12578, 12.

24 **2. Kritik. a) Erforderlichkeit und Entscheiderperspektive.** Das gesetzgeberische Stufensystem wird – was nicht überrascht, überwiegend von Strafverteidigern – kritisiert. Zentraler Angriffspunkt dürfte der missglückte Rückgriff auf das dehnbare[56] Kriterium der **Erforderlichkeit** sein, der in doppelter Hinsicht als unaufrichtig bezeichnet werden muss. Zum einen handelt es sich bei der Hinzuziehungsentscheidung um eine **ex-ante-Prognose**, sodass rein tatsächlich nicht darüber entschieden wird, was erforderlich ist, sondern was nach dem Stand der Dinge für erforderlich gehalten werden darf. Zum anderen – und das wiegt noch schwerer – handelt es sich um ein Merkmal, das auf die **Entscheiderperspektive** nicht passt. Der Richter kann im Regelfall gerade nicht abschätzen, welche Übersetzungsleistungen zur „Ausübung der strafprozessualen Rechte" des Beschuldigten erforderlich sind. Dies kann allenfalls – im Zweifel nicht einmal – der Verteidiger. Der Richter entscheidet im Regelfall auch nicht, ob die Übersetzungsleistung „erforderlich", sondern ob diese noch „praxisgerecht"[57] (iSv prozessökonomisch) ist.

25 **b) Erforderlichkeit trotz Verteidigung des Beschuldigten.** Soweit dem verteidigten Angeklagten bzw. Beschuldigten Textpassagen der freiheitsentziehenden Maßnahmen mündlich übersetzt werden, erfährt dieser gerade nicht, was ihm „vorgeworfen" oder zur Last gelegt wird; vielmehr erhält er – wenn überhaupt einen durch und durch normativen und va „konzentrierten" Stoff „subsumtionsbereiter" Tatsachen, also das was eigentlich übrig bleibt, nachdem die Akten und sonstigen Beweisunterlagen ausgewertet wurden. Dies gilt ja selbst dann, wenn die Anklageschrift bzw. der Eröffnungsbeschluss übersetzt wurde, schließlich erhält der Angeklagte auch hier nur das **„wesentliche Ergebnis der Ermittlungen"** (wenn überhaupt, vgl. § 200 Abs. 2 StPO). Die Vorstellung des Gesetzgebers – insbes. ein besserer Schutz des Beschuldigten bei Hinzuziehung eines Verteidigers – geht daher vollkommen an der Realität typischer Verteidigungstätigkeit vorbei. Denn nur der Beschuldigte kann den Verteidiger nach einem sorgfältigen Aktenstudium auf Ungereimtheiten in den Beweisunterlagen hinweisen und nicht umgekehrt.[58] Der Verteidiger kann im Regelfall nicht wissen, wo er nachzuhaken hat, er weiß allenfalls, in welchen Unterlagen die entscheidenden Tatsachen enthalten sein müssten.

26 Die Verknüpfung der Reichweite des Übersetzungsanspruchs mit der Verteidigung des Beschuldigten in S. 5 der Vorschrift konterkariert damit nicht nur den nach wie vor anerkannten Grundsatz, dass mangelnde Sprachkenntnisse allein noch nicht zur Beiordnung eines Pflichtverteidigers zwingen.[59] Sie überschätzt auch die Möglichkeiten des Verteidigers auf der Seite der **Informationsbeschaffung**. Außerdem ist es in der Rechtsprechung anerkannt, dass selbst zwischen Beschuldigtem und Verteidiger ein Anspruch auf Übersetzung **schriftlicher Korrespondenz** besteht,[60] was bereits deutlich macht, dass die Verknüpfung in S. 5 nicht passt. Die Regelwirkung birgt zuletzt die Gefahr eines Automatismus dahingehend, dass jegliche Übersetzungsleistung verwehrt wird, soweit dem Beschuldigten ein Verteidiger zur Seite steht.[61] Sie kehrt das von der Richtlinie 2010/64/EU vorgesehene

---

[56] *Schmidt*, Verteidigung von Ausländern, Rn. 300.
[57] Vgl. BT-Drs. 17/12578, 12.
[58] Weswegen es auch nicht überzeugt, die Übersetzung von Aktenteilen schon unter Hinweis auf ein fehlendes Akteneinsichtsrecht des Beschuldigten zu verneinen, vgl. noch → Rn. 33. Zum einen verkennt diese Ansicht, dass selbst dem Beschuldigten ein beschränktes Akteneinsichtsrecht zusteht (§ 147 Abs. 7 StPO), zum anderen ist jedenfalls der Verteidiger zur Übertragung der Kenntnisse aus dem Akteninhalt nicht nur berechtigt, sondern auch verpflichtet, so absolut zutreffend *Schmidt*, Verteidigung von Ausländern, Rn. 301. Vgl. auch *Sommer* StraFo 1995, 45 (49) sowie *Bockemühl* StV 2014, 536 (539).
[59] Mit der Hinzuziehung eines Dolmetschers wird dem sprachlichen Defizit hinreichend Rechnung getragen, umgekehrt kommt damit die klare Trennung zwischen rechtlichem Beistand und sprachlichem Vermittler zum Vorschein, vgl. AG Berlin-Tiergarten 11.8.1992 – (215) 80 Js 429/91 (29/92), MDR 1993, 72. Hierzu auch *Staudinger* StV 2002, 327 (329).
[60] OLG Celle 9.3.2011 – 1 Ws 102/11, NStZ 2011, 718 (zum zwischen 2004 – 2013 geltenden § 187 Abs. 1); ebenso LG Freiburg 23.9.2011 – 6 Qs 44/11 Hw, NStZ-RR 2012, 292.
[61] Es dürfte allerdings gerade wegen des Umstands, dass es sich nur um ein Regelbeispiel handelt, rechtsfehlerhaft sein, wenn das Gericht von einer begründeten Einzelfallentscheidung – unter Verweis auf S. 5 – per se absieht.

Regel-Ausnahme-Verhältnis (was sich auch in den Gesetzesunterlagen andeutet[62]) zugunsten „einer praxisgerechten Ausgestaltung der Übersetzungsvorgabe" um,[63] „die nicht mit einer starren und mit erheblichen Kosten verbundenen umfassenden Übersetzungspflicht belastet werden soll".[64] Dass hierbei eine mündliche Zusammenfassung nicht zwingend „ökonomischer" ist, gerät – vom Idealfall ausgehend („Dolmetscher fasst zusammen – Angeklagter hört zu und merkt sich alles auf Anhieb") – allzu leicht aus dem Blick: Schließlich muss erst ein gemeinsamer Termin gefunden und dann genug Zeit reserviert werden, um dem Verurteilten ein mehrere hundert Seiten umfassendes Urteil verständlich zu machen.[65]

c) Richtlinienkonforme Auslegung (Einzelfallbetrachtung). Gerade hier ist die 27 Richtlinie wesentlich ehrlicher und praktisch genauso gut handhabbar, wenn sie von „**wesentlichen Unterlagen**" (Art. 3 2010/64/EU) spricht. Dass der Gesetzgeber nicht auf diesen neutraleren Begriff zurückgegriffen hat, lässt sich nur damit erklären, dass er die ursprüngliche Judikatur bis 2013 nicht zur Makulatur machen wollte (was freilich auch bei einem Wegfall des Erforderlichkeitskriteriums nicht zwingend der Fall gewesen wäre). Die derzeitige Ausgestaltung bleibt in vielerlei Aspekten von demjenigen **Schutzniveau,** das die Richtlinie 2010/64/EU ins Auge gefasst hat, zurück.[66] Neben der Umkehr des Regel-Ausnahme-Verhältnisses werden im Abs. 2 nur die wesentlichen Unterlagen nach Art. 3 Abs. 2 (und dies auch nur partiell, vgl. bereits → Rn. 19) genannt, sodass vollkommen in den Hintergrund gerät, dass nach Art. 3 Abs. 3 der Richtlinie 2010/64/EU durchaus weitere Dokumente existieren können, die „wesentlich" im Sinne der Richtlinie 2010/64/EU sind (richterliche Anordnungen im Ermittlungsverfahren, die Ladung zur Hauptverhandlung, der Bewährungsbeschluss, das Hauptverhandlungsprotokoll, aber auch Aktenbestandteile wie TKÜ-Protokolle, Zeugenaussagen, Sachverständigengutachten, Ermittlungsvermerke der Polizei und Strafanzeigen[67]). Die Vorschrift dürfte aber jedenfalls so zu lesen sein, dass sich die Regelwirkung des Abs. 2 nicht auf die dort genannten konkreten Schriftstücke bezieht (Lesart: „Nur Anklageschrift, Strafbefehl etc sind in der Regel, aber nicht stets zu übersetzen"),[68] sondern auf den Übersetzungsanspruch hinsichtlich etwaiger Dokumente insgesamt (Lesart: „Gerade Anklageschrift, Strafbefehl etc. sind in der Regel, aber nicht nur diese zu übersetzen").[69]

Da eine Änderung in diesem Kontext nicht zu erwarten ist, ist insgesamt eine **richtli-** 28 **nienkonforme Auslegumg** anzuregen,[70] die nicht auf die Erforderlichkeit, sondern auf die Wesentlichkeit des Dokuments abstellt. Da die Wesentlichkeit auch von der Schwere des Tatvorwurfs, dem Umfang des Verfahrens abhängig sein dürfte, wendet man sich auf diese Weise von einem umgekehrten Regel-Ausnahme-Verhältnis ab und kehrt zu einer echten Abwägung im Einzelfall zurück, bei der bspw. auch die **Bedeutung des zu übersetzenden Dokuments** für das Verfahren mit in die Waagschale geworfen werden kann (wobei gerade die Bezugnahme auf Aktenteile in der Anklageschrift auf solch eine Bedeutung hindeuten kann; gerade in Umfangsverfahren ist hinsichtlich universeller Dokumente eine „Ressour-

---

[62] BT-Drs. 17/12578, 12.
[63] Vgl. Art. 3 Abs. 7 („Als Ausnahme zu den allgemeinen Regeln...") einerseits, § 187 Abs. 2 S. 5 („in der Regel...") anderseits. Kritisch hierzu *Kotz* StRR 2014, 364 (365).
[64] BT-Drs. 17/12578, 12.
[65] *Kotz* StRR 2014, 364 (366).
[66] Krit. auch *Eisenberg* JR 2014, 442 (445).
[67] Aufzählung bei *Schneider* StV 2015, 379 (381) sowie bei *Kotz* StRR 2012, 124 (126).
[68] So aber OLG Hamburg 6.12.2013 – 2 Ws 253/13, StV 2014, 534, das somit den Telos der Vorschrift und Art. 3 Abs. 3 der Richtlinie 2010/64/EU vollkommen außer Acht lässt, zumal Wortlaut und Systematik nicht zu solch einer Auslegung zwingen, sondern allenfalls unklar diesbezüglich sind, zutr. *Schneider* StV 2015, 379 (383 f.).
[69] Was wiederum bedeutet, dass sich auch der Übersetzungsanspruch sonstiger Dokumente nach Abs. 2 und nicht nach Abs. 1 der Vorschrift richtet, aA *Schneider* StV 2015, 379 (384), sodass es auf die Frage, ob es sich bei Abs. 1 – anders als bei Abs. 2 – um eine Ermessensvorschrift handelt und in entsprechenden Fällen eine Ermessensreduzierung auf Null anzunehmen ist, nicht ankommt.
[70] Vgl. auch *Schneider* StV 2015, 379 (383 f.).

cenbündelung" vorstellbar, bei der Dokumente für mehrere der deutschen Sprache nicht mächtige Beschuldigte übersetzt werden können).[71] Solch eine Betrachtungsweise trägt auch der Richtlinie 2010/64/EU selbst besser Rechnung, welche das Recht auf Übersetzung wesentlicher Unterlagen in Art. 3 Abs. 7 nicht pauschal im Falle der Verteidigung des Beschuldigten einschränkt, sondern davon abhängig macht, dass eine mündliche Übersetzung bzw. Zusammenfassung „einem fairen Verfahren nicht entgegensteht".

29 Erste Tendenzen einer „konkreten" **dokumentbezogenen Betrachtung,** die va auch Wesen und Funktion des jeweiligen Schriftstücks in den Mittelpunkt stellt, sind in der höchstrichterlichen Rechtsprechung – erfreulicherweise – bereits erkennbar (namentlich in Bezug auf die Anklageschrift, vgl. → Rn. 39 mwN). Im Übrigen ist dem Fiskus die **Kostenlast** gerade bei einzelnen Anträgen zuzumuten, wenn diese gut begründet sind (vgl. auch Art. 3 Abs. 3 S. 2 der Richtlinie 2010/64/EU)[72] und va augenscheinlich nicht dazu dienen, den Prozess zu sabotieren. Dass Einzelfällen einer **Inanspruchnahme „über Gebühr",** mithin einem etwaigen Missbrauchsrisiko nicht durch eine Beschneidung der strafprozessualen Rechte ex tunc begegnet werden muss, hat die jüngere Vergangenheit (man denke an das Beweisantragsrecht[73]) gezeigt.

30 Zu guter Letzt ist bei aller Kritik **einzugestehen,** dass die gesetzgeberische Ausgestaltung in Anbetracht der zur Verfügung stehenden Ressourcen nachvollziehbar ist, die Kritik bei solch einer Strafprozessverfassung eine auf hohem Niveau darstellt und ein Plädoyer für einen allumfassenden Übersetzungsanspruch hinsichtlich aller im Verfahren verwendeten Schriftstücke nicht nur utopisch wäre, sondern im Einzelfall tatsächlich über das Ziel hinausschösse: Selbst beim sprachkundigen Angeklagten ist – gerade in **Umfangsverfahren** (zum amtsgerichtlichen Verfahren vgl. → Rn. 39) – nicht zu erwarten, dass dieser die gesamte Akte zu lesen gewillt ist. Vergegenwärtigt man sich nun, dass es dem Beschuldigten freisteht, diejenigen Schriften, deren Übersetzung nach Auffassung des Gerichts nicht nach Abs. 2 erforderlich ist, eigenständig übersetzen zu lassen, wird deutlich, dass es – jedenfalls was die Reichweite des Anspruchs angeht – weniger um eine Frage des rechtsstaatlichen, mithin nicht diskriminierenden Verfahrens, als vielmehr um die Kostenlast, also das **„Geld"** geht. Dies ist jedoch kein Problem, das ausschließlich den der deutschen Sprache nicht mächtigen Beschuldigten betrifft, sondern eines, das bereits bei der „Wahl" des Verteidigers beginnt. Zudem darf auch nicht aus dem Blick geraten, dass es auch eine Frage des **Prozessklimas** ist, ob ein entsprechend begründeter Antrag des Beschuldigten, ein ganz konkretes Schriftstück zu übersetzen (ggf. eingereicht über seinen Verteidiger), Gehör findet.

31 **3. Der Übersetzungsanspruch im Einzelnen.** Die Genese der Vorschriften zu Dolmetscher- und Übersetzungsleistungen verlangt, dass die bisherigen Grundsätze der Rechtsprechung bei der Auslegung des Abs. 2 als Leitlinien herangezogen werden. Dies entspricht auch dem gesetzgeberischen Willen und die bis dato zu Abs. 2 veröffentlichte obergerichtliche Rechtsprechung bestätigt diese Prognose zumindest was den Urteilsübersetzungsanspruch angeht, vgl. im Folgenden → Rn. 45. Freilich ermöglicht das flexible Stufensystem den Instanz- und Obergerichten, für einzelne Schriftstücke ganz konkrete Erwägungen anzustellen und damit den Anspruch des Beschuldigten in die eine (einschränkende) oder andere (erweiternde) Richtung zu „justieren".[74]

32 **a) Ladungen.** Der Streit um das Erfordernis der Übersetzung eines Schriftstücks beginnt bereits bei der Ladung. Nach wohl (zustimmungswürdiger) hM bedarf die in Abs. 2 nicht

---

[71] In der Tendenz ebenso *Christl* NStZ 2014, 376 (378), der auch von einer „Abwägungsentscheidung" spricht.
[72] Zumal diese gerade wegen der Sonderstellung des Art. 6 Abs. 3 lit. e EMRK und § 187 Abs. 2 nur das Strafverfahren betreffen, ähnlich bereits *Meyer* ZStW 91 (1981), 507 (521). Krit. *Basdorf* GS Meyer, 1990, 19 (33).
[73] Sodass die geplante Regelung zur Befristung des Beweisantragsrechts umso befremdlicher anmutet.
[74] Zusf. zur alten Rechtslage monographisch etwa *Weith* Gerichtssprachenproblematik S. 71 ff.; zusf. *Kotz* StRR 2012, 124 f.

genannte **Ladung selbst keiner Übersetzung**,[75] auch wenn Nr. 181 Abs. 2 RiStBV vorsieht, dass dem Ausländer, der die deutsche Sprache nicht hinreichend beherrscht, Ladungen mit einer Übersetzung in eine ihm verständliche Sprache bekanntzugeben sind. Da sich das Gericht bei einer Pflicht zur Übersetzung jeder Ladung stets ein Bild über das Sprachniveau des Ladungsempfängers machen müsste, wäre solch eine Übersetzungspflicht schlicht unpraktikabel.[76] In Anbetracht eines potentiellen Rechtsverlusts, das mit einer Säumnis einhergehen kann, ist allerdings eine **Wiedereinsetzung in den vorherigen Stand** zu gewähren, wenn die Säumnis auf der Sprachunkundigkeit beruht.[77]

Etwas anderes gilt, wenn an die Ladung unmittelbar **Zwangsmaßnahmen** knüpfen. Bei Ladung eines ausländischen Angeklagten zur Hauptverhandlung muss die Warnung des § 216 Abs. 1 S. 1 StPO bezüglich der drohenden Maßnahmen im Falle des unentschuldigten Ausbleibens in einer ihm verständlichen Sprache erteilt werden.[78] Dies dürfte auch nach geltendem Recht Geltung beanspruchen, da es sich um eine Maßnahme handelt, die einer freiheitsentziehenden Anordnung iSd § 187 Abs. 2 unmittelbar vorausgeht.

b) Aktenauszug. Die Akte als solches bzw. der **Aktenauszug** ist nicht als wesentliches 33 Dokument in der Richtlinie 2010/64/EU genannt und taucht damit auch nicht als Regelbeispiel in Abs. 2 auf. Bereits nach alter Rechtslage wurde ein Anspruch des Angeklagten auf schriftliche Übersetzung des Akteninhalts verneint.[79] Es wurde aber bereits dargelegt, dass solch eine pauschale Ablehnung unter Verweis auf das fehlende (eigentlich nur eingeschränkte) Akteneinsichtsrecht des Angeklagten bzw. Beschuldigten nicht überzeugt, → Rn. 25. Vielmehr muss im Rahmen einer richtlinien – und konventionskonformen[80] Auslegung des Abs. 2 in jedem Einzelfall aufs Neue überprüft werden, ob die Übersetzung des konkreten Beweismittels, Schriftstücks bzw. Aktenauszugs für eine effiziente Verteidigung unabdingbar ist.[81] In **Umfangsverfahren** wird daher zumindest ein Anspruch partiel-

---

[75] OLG Hamm 20.1.1981 – 5 Ss 2336/80, JMBlNW 1981, 166; BayObLG 13.12.1995 – 4 St RR 263/95, NStZ 1996, 248.
[76] So auch *Schmidt*, Verteidigung von Ausländern, Rn. 314. AA wohl unter Hinweis auf Art. 3 Abs. 3 der Richtlinie 2010/64/EU *Schneider* StV 2015, 379 (381). Zum Ganzen bereits *Meyer* ZStW 91 (1981), 507 (523).
[77] Eine andere Frage ist, ob dem Ladungsempfänger eine genügende Entschuldigung versagt werden kann, wenn dieser keinen Versuch unternommen hat, „sich von dritter Seite die ihm wegen fehlender deutscher Sprachkenntnisse möglicherweise unverständliche Ladung übersetzen zu lassen", so OLG Hamm 20.1.1981 – 5 Ss 2336/80, JMBlNW 1981, 166; in diese Richtung auch BayObLG 13.12.1995 – 4 St RR 263/95, NStZ 1996, 248. Dies würde aber mittelbar zu einer Mitwirkungspflicht des Sprachunkundigen führen, die dem System der Dolmetscher- und Übersetzungsvorschriften (Hinzuziehung von Amts wegen) gerade fremd ist. Sobald das Gericht Kenntnis davon erlangt, dass der Ladungsempfänger das Schriftstück nicht verstanden hat, muss der wesentliche Inhalt des Schriftstücks (was nicht besonders aufwendig sein dürfte) diesem bekanntgegeben werden. Erst nach dieser „Gleichstellung" kann dem Ladungsempfänger ein individuelles Verschulden zum Vorwurf gemacht werden. In diese Richtung auch im Kontext zum Einspruch nach Wiedereinsetzung MAH/*Jung* § 18 Rn. 65 sowie *Schmidt*, Verteidigung von Ausländern, Rn. 302.
[78] OLG Bremen 28.4.2005 – Ws 15/05, NStZ 2005, 527; OLG Dresden 14.11.2007 – 1 Ws 288/07, StV 2009, 348.
[79] OLG Düsseldorf 19.3.1986 – 1 Ws 182/86, MDR 1986, 958; Differenzierend OLG Hamm 16.2.1999 – 2 Ws 595–98, NStZ-RR 1999, 158 (159): Der Pflichtverteidiger kann Ersatz für die durch die Übersetzung von Aktenbestandteilen entstandenen Auslagen nur verlangen, „wenn deren Verständnis oder genaue Kenntnis für eine sachgerechte Verteidigung und damit für ein faires Verfahren erforderlich sind" (im Anschluss abgelehnt für ein Glaubwürdigkeitsgutachten; ebenso in einer weiteren Entscheidung – 18.12.2000 – 2 Ws 221/00, NStZ-RR 2001, 223 – für die Übersetzung von polizeilichen Vernehmungen). Zum Ganzen auch SK/*Frister* Rn. 14.
[80] Das EGMR hat in seiner Entscheidung v. 12.5.2005 (NVwZ 2006, 1267, Öcalan vs. Türkei) ebenso hervorgehoben, dass der Angeklagte am ehesten weiß, welche Passagen für seine Verteidigung maßgeblich sind und es der Grundsatz des fairen Verfahrens damit gebietet, dem Angeklagten die Besichtigung des Schriftmaterials zu ermöglichen, vgl. auch *Bockemühl* StV 2014, 536 (539).
[81] *Schmidt*, Verteidigung von Ausländern, Rn. 301. Differenzierend OLG Hamm 18.12.2000 – 2 Ws 221/2000, NStZ-RR 2001, 223: Der Pflichtverteidiger kann Ersatz für die durch die Übersetzung von Aktenbestandteilen entstandenen Auslagen nur verlangen, wenn deren Verständnis oder genaue Kenntnis für eine sachgerechte Verteidigung und damit für ein faires Verfahren erforderlich sind. Das ist für die Übersetzung von polizeilichen Vernehmungen in der Regel nicht der Fall.

ler Übersetzung nicht verneint werden können, insbesondere hinsichtlich derjenigen Aktenteile, die zum Inbegriff der Hauptverhandlung gemacht werden[82] oder bei denen es auf den Wortlaut des betreffenden Schriftstücks ankommt.[83] Zur Frage der Übersetzung von ausländischen Beweismitteln im Rahmen des Ermittlungsverfahrens → Rn. 61 sowie → § 185 Rn. 15.

34 **c) Haftentscheidungen.** Beim Übersetzungsanspruch betreffend Haftentscheidungen ist zu differenzieren:

35 **aa) Haftbefehl.** Für den Haftbefehl als freiheitsentziehende Maßnahme iSd Abs. 2 ordnet § 114a ausdrücklich die Aushändigung des Schriftstücks an den Beschuldigten in einer ihm verständlichen Sprache an.[84] Die Vorschrift geht als lex specialis § 187 Abs. 2 auch bei Verhaftungen aufgrund eines Haftbefehls nach § 230 Abs. 2, nach § 236, § 329 Abs. 4 und § 412 vor. Sie ist zudem auf vorläufige Festnahmen nach den §§ 127, 127b sowie auf das Festhalten von Personen zum Zwecke der Identitätsfeststellung nach den §§ 163b, 163c und die einstweilige Unterbringung entsprechend anzuwenden (§ 127 Abs. 4, § 127b Abs. 1 S. 2, § 163c Abs. 1 S. 3, § 126a Abs. 2 S. 1).[85] Unterbleibt die Übersetzung, kann der Beschuldigte deren Aushändigung mittels Beschwerde forcieren.

36 **bb) Europäischer Haftbefehl.** Auch ein europäischer Haftbefehl muss in Anwendung des § 77 IRG übersetzt werden, da nach dieser Vorschrift § 187 „sinngemäß gilt" (und es somit unschädlich ist, dass sich § 187 nur an das Gericht wendet, im Verfahren der Vollstreckung eines europäischen Haftbefehls hingegen das Justizministerium bzw. die Generalstaatsanwaltschaft als Bewilligungsbehörde zuständig ist[86]).

37 **cc) Unterbringung, Haftanordnung bei Abschiebeverfahren.** Bei allen anderen freiheitsentziehenden Maßnahmen, die einem Haftbefehl gleichzusetzen sind,[87] etwa die **Unterbringung zur Beobachtung** gem. § 81 oder die Abschiebehaft dürfte sich der Übersetzungsanspruch wiederum unmittelbar aus § 187 Abs. 2 ergeben.

38 **dd) Sonstige Haftentscheidungen (Beschwerdebeschluss, Haftfortdauer).** Nach neuem Recht noch nicht entschieden ist die Frage, ob ein Inhaftierter Anspruch auf schriftliche Übersetzung der gerichtlichen Haftentscheidungen hat. Diese sollen, da sie die ursprüngliche Haftentscheidung lediglich aufrechterhalten, nicht zu den freiheitsentziehenden Maßnahmen zählen (wobei gerade dieser Aspekt auch eine direkte Subsumtion unter Abs. 2 zuließe). Vereinzelt wurde darauf aufmerksam gemacht, dass der Angeklagte durch die Übersetzung des Haftbefehls ausreichend über die Haftgründe informiert sei und damit keine erneute Übersetzung der Haftentscheidung erforderlich sei.[88] Dies kann nur Geltung beanspruchen, wenn sich der Inhalt der Haftentscheidung auf eine bloße Wiederholung der Haftgründe beschränkte, was im Regelfall gerade nicht anzunehmen ist. Vielmehr setzt sich das Gericht idealiter mit dem Vorbringen des Beschuldigten auseinander und begründet, warum nach wie vor Haftgründe bestehen. Wird der Tatverdacht hierbei auf konkrete Tatsachen gestützt, gelten die Erwägungen zur Anklageschrift entsprechend; insbes. dürfen die Möglichkeiten des Verteidigers – zu solch einem frühen Stadium des Verfahrens erst Recht – nicht überschätzt werden. Schon im Hinblick auf die Intensität des Grundrechtsein-

---

[82] Als weiteres Beispiel nennt *Schmidt,* Verteidigung von Ausländern, Rn. 301 aE die Konstellation, dass der genaue Wortlaut einzelner Zeugenaussage von besonderer Bedeutung ist unter Bezugnahme auf LG Osnabrück 7.9.2012 – 1 Qs 57/12, 1 Qs 710 Js 10748/11 – 57/12, StraFo 2013, 20.
[83] OLG Hamm 16.2.1999 – 2 Ws 595–98, NStZ-RR 1999, 158 (159).
[84] Zur alten Rechtslage *Meyer* ZStW 91 (1981), 507 (525).
[85] BeckOK StPO/*Krauß* StPO § 114a Rn. 1.
[86] Kritisch dennoch *Schneider* StV 2015, 379 (381).
[87] Vgl. *Schneider* StV 2015, 379.
[88] OLG Stuttgart 23.4.1986 – 1 Ws 93/86, Justiz 1986, 307; OLG Köln 7.5.1982 – 1 Ss 263/82, VRS 63, 457 (1982).

griffs (Freiheit der Person) sollte ein Anspruch auf Übersetzung der Haftentscheidung – auch im Lichte des Art. 5 EMRK – bejaht werden.[89]

d) Anklageschrift und Einstellungsbescheid. Die Anklageschrift ist gem. Abs. 2 S. 1 **39** als wesentliches Dokument gem. Art. 3 Abs. 2 der Richtlinie grundsätzlich schriftlich zu übersetzen, was auch der bis dato einhelligen Meinung entspricht.[90] Dies folgt sowohl aus dem Recht jedes Angeklagten gemäß Art. 6 Abs. 3 lit. a EMRK, unverzüglich in einer für ihn verständlichen Sprache in allen Einzelheiten über die Art und den Grund der gegen ihn erhobenen Beschuldigung in Kenntnis gesetzt zu werden, als auch aus seinem Anspruch gemäß Art. 6 Abs. 3 lit. b EMRK, seine Verteidigung ausreichend vorbereiten zu können.[91] Da die Anklageschrift insbesondere dazu dient, den Angeschuldigten über den Tatvorwurf zu **unterrichten**,[92] ist davon auszugehen, dass bei einer bloß mündlichen Übersetzung in der Hauptverhandlung nach S. 4 die strafprozessualen Rechte nicht gewahrt werden (auch, wenn die amtsgerichtliche Praxis der Strafgerichte – aus Sicht des Beschuldigten im wahrsten Sinne – eine andere Sprache spricht). Dies soll – nach Auffassung der Rechtsprechung[93] – nur dann nicht gelten, wenn der Verfahrensgegenstand **„tatsächlich und rechtlich einfach zu überschauen ist"**, wobei dieses Kriterium dann als „unbenanntes Regelbeispiel" in S. 5 implementiert werden müsste, über dessen Trennschärfe man diskutieren kann.[94]

Wird der Angeklagte durch einen Verteidiger vertreten,[95] führt dies nach noch vereinzel- **40** ter Rechtsprechung gem. Abs. 2 S. 4 und 5 nach den Umständen des Einzelfalls dazu, dass es keiner schriftlichen Übersetzung der Anklageschrift bedarf.[96] Dem kann trotz des „komprimierten Charakters" der Anklageschrift (→ Rn. 25) auch dann nicht zugestimmt werden, wenn die Einschränkung wiederum durch eine großzügigere Handhabung bzgl. der Übersetzung einzelner „Beweisposten" kompensiert wird. Bis zum Zeitpunkt der Übersetzung bzw. mündlichen Zusammenfassung muss der Angeschuldigte so behandelt werden, als wäre ihm niemals eine Anklageschrift zugestellt worden. Dies erschließt sich, wenn man sich den parallel gelagerten Fall der fehlenden Mitteilung beim sprachkundigen Angeklagten vor Augen führt, da in solch einem Fall der Fehler durch eine einfache Verlesung der Anklageschrift ebenso wenig „geheilt" werden kann und das Verfahren **auf Antrag auszusetzen** ist.[97] Nichts anderes kann für den der deutschen Sprache nicht mächtigen Angeklagten gelten, der die Anklageschrift nicht versteht.[98]

Unlängst ließ schon der Dritte Senat in diesem Zusammenhang anklingen, dass das **41** Regel-Ausnahme-Verhältnis in Abs. 2 in erster Linie **auf Urteile „zugeschnitten"**

---

[89] Vgl. auch SK/*Paeffgen* § 114a Rn. 5 f.; *Schmidt*, Verteidigung von Ausländern, Rn. 312.
[90] BVerfG 17.5.1983 – 2 BvR 731/80, BVerfGE 64, 135 = NJW 1983, 2762; BGH 10.7.2014 – 3 StR 262/14, NStZ 2014, 725; OLG Düsseldorf 31.10.2000 – 2b Ss 268/00 – 75/00 I, StV 2001, 498; KG 18.8.1993 – 1 HEs 172/93, StV 1994, 90; OLG Hamburg 14.9.1992 – 2 Ws 396/92 H, StV 1994, 65; OLG Stuttgart 23.4.2003 – 4 Ss 117/03, StV 2003, 490; *Meyer* ZStW 91 (1981), 507 (525); *Staudinger* StV 2002, 327 (328).
[91] OLG Düsseldorf 31.10.2000 – 2b Ss 268/00 – 75/00 I, StV 2001, 498.
[92] Zur Informationsfunktion der Anklageschrift BGH 15.3.2011 – 1 StR 429/09.
[93] Vgl. BGH 23.12.2015 – 2 StR 457/14, NStZ 2017, 63 sowie BGH 10.7.2014 – 3 StR 262/14, NStZ 2014, 725 zur alten und neuen Rechtslage.
[94] Wobei zuzugeben ist, dass dieses vom BGH aufgegriffene Einschränkungskriterium auf einer Entscheidung des EGMR beruht, vgl. EGMR 19.12.1989 (Kamasinski ./. Österreich), Bd. 168, S. 35 Nr. 74 und die Schwierigkeit der Sach- und Rechtslage sowie der Umfang des Verfahrens auch nach hier vertretener Ansicht Kriterien darstellten, welche in die Abwägungsentscheidung einfließen dürfen.
[95] Es sei angemerkt, dass das OLG Nürnberg im amtlichen Leitsatz durch einen Klammerzusatz betont, dass der Wahlverteidiger „sogar sprachkundig" war, mithin die fehlende Erforderlichkeit auch auf die Sprachkenntnisse des Verteidigers zu stützen scheint; zu den Risiken beim dolmetschenden Verteidiger vgl. bereits → § 185 Rn. 31.
[96] OLG Nürnberg 3.3.2014 – 2 Ws 63/14, NStZ 2014, 183. Dabei nimmt der Senat auf die vom Gesetzgeber anerkannte Ausnahme von der Regelwirkung (→ Rn. 19) Bezug und stellt fest, dass der Angeklagte eine Übersetzung der Anklageschrift innerhalb der Frist zur Stellungnahme nicht verlangt habe, kritisch zu dieser Indizwirkung SK/*Frister* Rn. 9 aE.
[97] SSW/*Rosenau* § 201 Rn. 3.
[98] Mit derselben Konsequenz BeckOK StPO/*Ritscher* § 201 Rn. 7.

sei[99] und stellte die Anwendung des S. 5 auf die Anklageschrift damit per se in Frage. Bestätigt wurde die hier vertretene Auffassung durch den Zweiten Senat, der im Hinblick auf S. 5 noch deutlicher wird, indem er betont, dass der Übersetzungsanspruch des Angeklagten unberührt von dem Umstand bleibe, dass dieser eine Verteidigerin hat.[100] Auch wird in dem entsprechenden Urteil eine „Heilung" des Mangels durch die Überlassung der übersetzten Anklageschrift an die Angeklagte am siebten Verhandlungstag abgelehnt.[101] Der Angeklagte, dem die Anklageschrift nicht ordnungsgemäß – also ohne Übersetzung – mitgeteilt wurde, kann grundsätzlich die Aussetzung der Hauptverhandlung verlangen, um seine Verteidigung genügend vorbereiten zu können.[102] Das Unterlassen des Aussetzungsantrags wird als Verzicht auf die Geltendmachung des Mangels qualifiziert und kann dementsprechend auch in der Revision nicht mehr gerügt werden.[103] Auch wenn vergleichbare Erwägungen nicht für einen **Einstellungsbescheid** gelten, sollte jedenfalls in denjenigen Fällen, in denen ein potentieller Nebenkläger einen Anspruch auf Übersetzung des Einstellungsbescheids gem. § 171 S. 3 StPO hätte (unabhängig davon, ob von dieser Möglichkeit Gebrauch gemacht wird), der Bescheid nach § 170 Abs. 2 StPO auch dem vormals Beschuldigten in übersetzter Form zugestellt werden.

42   **e) Eröffnungsbeschluss.** Soweit dem Beschuldigten nach Maßgabe des Abs. 2 eine schriftliche Übersetzung der Anklageschrift zugestellt bzw. eine mündliche Zusammenfassung vorgetragen worden ist, erscheint eine nochmalige Übersetzung des Eröffnungsbeschlusses nur erforderlich, soweit sich wesentliche Abweichungen von der staatsanwaltschaftlichen Würdigung des Prozessstoffs (sowohl in tatsächlicher als auch rechtlicher Hinsicht) ergeben.

43   **f) Strafbefehl.** Der Strafbefehl ist gem. Abs. 2 dem sprachunkundigen Adressaten zusammen mit einer schriftlichen Übersetzung bekanntzumachen (der Strafbefehlsempfänger ist auch im Regelfall noch nicht verteidigt, es sei denn, es handelt sich um einen auf einer Absprache beruhenden Strafbefehl; in solch einem Fall wird ohnehin kein Interesse an der Übersetzung des Schriftstücks bestehen, wenn ein gleichzeitiger Verzicht auf die Übersetzung nach Abs. 3 nicht schon vereinbart wurde).[104] Die Staatsanwaltschaft ist jedoch nach wie vor nicht verpflichtet, dem von ihr gefertigten **Strafbefehlsentwurf** eine Übersetzung beizufügen. Eine solche Verpflichtung ergibt sich weder aus den §§ 184 ff. noch aus RiStBV Nr. 176.[105] Es ist vielmehr Sache des Gerichts, im Einzelfall zu prüfen, ob die Beifügung einer Übersetzung nach Art. 6 Abs. 3 lit. a EMRK erforderlich ist, und gegebenenfalls eine eigene Übersetzung durch einen Gerichtsdolmetscher anfertigen zu lassen. § 37 Abs. 3 S. 1

---

[99] Explizit heißt es in BGH 10.7.2014 – 3 StR 262/14, NStZ 2014, 725: „Geht es um die Übersetzung der Anklageschrift, ist die Verfahrenslage aber eine andere, weil durch die Mitteilung der Anklageschrift gerade die durch Art. 6 Abs. 3 Buchst. a) MRK gewährleistete Information des Beschuldigten über den Tatvorwurf ‚in allen Einzelheiten' bewirkt werden soll. Auch die Erklärungsrechte des § 201 Abs. 1 Satz 1 StPO werden möglicherweise beschnitten, wenn der Angeschuldigte über den Anklagevorwurf nicht umfassend und zeitnah unterrichtet wird." So auch LG Kiel 10.11.2015 – 10 Qs 100/15, StV 2016, 485 („Auch die Erklärungsrechte des § 201 Abs. 1 S. 1 StPO werden beschnitten, wenn der Angeschuldigte über den Anklagevorwurf nicht umfassend und zeitnah, d.h. noch vor der Hauptverhandlung, unterrichtet wird").
[100] Und wenn man die Argumentation der beiden Senate auf die Spitze treibt, dann läuft dies darauf hinaus, dass von der Regelwirkung des S. 5 nicht viel übrig bleibt, vielmehr auch bei allen anderen Schriften und Dokumenten überprüft werden muss, ob die „Verfahrenslage eine andere" ist, vgl. BGH 10.7.2014 – 3 StR 262/14, NStZ 2014, 725. Bedenkt man nun, dass die Zweckmäßigkeit der Regelwirkung gerade im Hinblick auf die Übersetzung des Urteils wiederum ebenso in Frage gestellt wird (→ Rn. 45), stellt sich die Frage, in welchen Fällen S. 5 überhaupt noch per se zur Anwendung gelangt (vgl. → Rn. 27).
[101] BGH 23.12.2015 – 2 StR 457/14, NStZ 2017, 63.
[102] BGH 23.12.2015 – 2 StR 457/14, NStZ 2017, 63.
[103] BGH 3.12.1981 – 4 StR 564/81, NStZ 1982, 125.
[104] So bereits nach alter Rechtslage, vgl. etwa *Greßmann* NStZ 1991, 216 (218) sowie *Meyer* ZStW 91 (1981), 507 (526).
[105] So noch zur alten Rechtslage (vor Einfügung des § 187) LG Aachen 18.11.1983 – 86 Qs 31/83, NStZ 1984, 283 sowie LG München II 1.12.1971 – I Qs 508/71, NJW 1972, 405.

findet – nach umstrittener Auffassung[106] – auch auf den Strafbefehl Anwendung, sodass dieser gemeinsam mit einer Übersetzung zuzustellen ist (andernfalls die Zustellung als unwirksam betrachtet werden muss, vgl. noch → Rn. 44, 51). Zur Frage des Einspruchs in fremder Sprache vgl. noch → Rn. 56.

g) Rechtsmittelbelehrung. Rechtsmittelbelehrungen und Ladungsschriften werden in deutscher Sprache abgefasst. Die frühere Rechtsprechung ging davon aus, dass dies auch gegenüber Personen gelte, die der deutschen Sprache nicht mächtig sind[107] (dann müsse aber der Hinweis erfolgen, dass die schriftliche Rechtsmitteleinlegung in deutscher Sprache zu erfolgen hat, andernfalls sei nach § 44 S. 2 StPO Wiedereinsetzung in den vorigen Stand zu gewähren).[108] Soweit wesentliche Rechtsmittelbelehrungen in nach geltendem Recht zu übersetzenden Schriften (§ 187 Abs. 2) enthalten sind, werden diese ohnehin übersetzt, es sei denn, es greift eines der in § 187 Abs. 2 genannten Ausnahmen.[109] Auf den Lauf der Rechtsmittelfrist hat die „wirksame Rechtsmittelbelehrung" dann keinen Einfluss, wenn das Urteil, der Strafbefehl oder der Bußgeldbescheid gem. § 37 Abs. 3 StPO ohnehin gemeinsam mit der Übersetzung zuzustellen ist und erst ab diesem Zeitpunkt die Frist zu laufen beginnt. **44**

h) Urteile. Schon nach früherer Rechtsprechung des EGMR[110] hatte ein Ausländer auch nach der Entscheidung des Europäischen Gerichtshofs für Menschenrechte jedenfalls dann **keinen Anspruch auf Übersetzung** des schriftlichen Urteils in eine ihm verständliche Sprache, wenn gegen dieses Urteil Revision eingelegt, diese bereits begründet und die Revisionsbegründungsfrist abgelaufen ist.[111] Der Gerichtspraxis ist eine generelle Verpflichtung zur vollständigen Übersetzung des Urteils fremd, „gleichwohl schließt die verfassungsgerichtliche Rechtsprechung unter Verweis auf die Gewährleistung eines fairen Verfahrens nicht aus, dass ein der deutschen Sprache nicht ausreichend mächtiger Angeklagter, der nicht verteidigt ist und ein Rechtsmittel einlegen möchte, einen Anspruch auf Übersetzung in diesem Umfang haben kann."[112] **45**

Ein Anspruch auf die Übersetzung des Urteils existiert damit zwar nach Abs. 2, ist allerdings **dreifach** beschränkt: Zum ersten bezieht er sich lediglich auf **nicht rechtskräftige Urteile**[113] (freilich wird dies mit der Argumentation untermauert, dass die jegliches Urteil einbeziehende Richtlinie nur bis zum Abschluss des Verfahrens Geltung beanspruche, vgl. aber → Rn. 50). Zum Zweiten ist mit der Bezeichnung „Urteil" das schriftliche Urteil einschließlich der Urteilsgründe im Sinne des § 275 Abs. 1 StPO erfasst,[114] nicht aber die **46**

---
[106] LG Stuttgart 12.5.2014 – 7 Qs 18/14, NStZ-RR 2014 (7. Strafkammer), 216; LG Gießen 29.4.2015 – 7 Qs 48/15, StraFo 2015, 243; LG Freiburg 17.6.2016 – 3 Qs 127/15. Gegen eine analoge Anwendung unter (kaum überzeugenden) Hinweis auf den abschließenden Wortlaut LG Ravensburg 4.5.2015 – 2 Qs 29/15, NStZ-RR 2015, 219; LG Stuttgart 13.9.2016 – 19 Qs 49/16, BeckRS 2016, 18857 (19. Strafkammer: Wiedereinsetzung einschlägig) sowie OLG München 8.4.2016 – 3 Ws 249/16, NStZ-RR 2016, 249.
[107] BVerfG 7.4.1976 – 2 BvR 728/75, BVerfGE 42, 120 = NJW 1976, 1021. Hierzu kritisch *Meyer* ZStW 91 (1981), 507 (520).
[108] OLG Rostock 29.7.2003 – I Ws 323/03. Zum Ganzen auch *Kotz* StRR 2012, 124 (125).
[109] Vgl. hierzu auch die frühere Rechtsprechung, wonach unabhängig von etwaigen Mängeln der Beherrschung der deutschen Sprache zudem als Ausfluss richterlicher Fürsorgepflicht jedenfalls bei komplizierten Rechtsmittelbelehrungen einem unverteidigten Angeklagten über die mündliche Rechtsmittelbelehrung hinaus ein Belehrungsmerkblatt zu erteilen sein kann. Dies müsse allerdings bei Ausländern nicht etwa stets in einer von der Gerichtssprache nach § 184 abweichenden Sprache zu erteilen sein, BVerfG 21.12.1995 – 2 BvR 2033/95 NJW 1996, 1811 f.; OLG Köln in NStZ 1997, 404; OLG Hamburg 14.1.2016 – 2 Ws 292/15, 2 Ws 292/15 – 1 OBL 100/15.
[110] EGMR 23.10.1978 = NJW 1979, 1091.
[111] Dem folgend zunächst OLG Stuttgart 25.9.1979 – 1 Ws 304/79, NJW 1980, 1238; OLG Frankfurt a. M. NJW 1980, 1238 f.; im Anschluss BVerfG 17.5.1983 – 2 BvR 731/80, BVerfGE 64, 135 = NJW 1983, 2762; OLG Düsseldorf 29.10.1984 – 5 Ss 369/84 – 289/84 I, NStZ 1985, 185 (Ls.); aus neuerer Zeit OLG Köln 21.10.2005 – 2 Ws 514/05, NStZ-RR 2006, 51; dem grundsätzlich zustimmend *Kühne* FS Schmidt, 1981, 33; *Basdorf* GS Meyer, 1990, 19 (26 ff.). Zur alten Rechtslage auch *Sieg* MDR 1981, 281.
[112] BT-Drs. 17/12578, 12.
[113] Krit. SK/*Frister* Rn. 11.
[114] Meyer-Goßner/*Schmitt* Rn. 3.

bereits im Rahmen der **Verkündung des Urteils** gem. § 268 Abs. 2 StPO dargelegten Ausführungen des Gerichts.[115] Zum Dritten greift beim **verteidigten Angeklagten** die Regelung des § 187 Abs. 2 S. 5, die eine schriftliche Übersetzung des nicht rechtskräftigen Urteils entbehrlich macht.[116] Nach dem Willen des Gesetzgebers soll damit – der Rechtsprechung des Bundesverfassungsgerichts entsprechend – die Verpflichtung zur schriftlichen Urteilsübersetzung in der Regel dann nicht greifen, wenn eine effektive Verteidigung des nicht ausreichend sprachkundigen Angeklagten dadurch ausreichend gewährleistet wird, „dass der von Gesetzes wegen für die Revisionsbegründung verantwortliche Rechtsanwalt das schriftliche Urteil kennt".[117]

47 Diesem gesetzgeberischen Willen (betreffend § 187 Abs. 2 „n.F.") haben sich bereits zahlreiche Obergerichte[118] und der BGH untergeordnet[119] und auch einen eigenständigen, konventionsrechtlichen Anspruch nach Art. 6 Abs. 3 lit. e EMRK – je nach Lage des konkreten Einzelfalles – abgelehnt.[120] Bereits die verfassungsgerichtliche Rechtsprechung wurde von zahlreichen Stimmen in der Literatur kritisch betrachtet,[121] diese Kritik ist im Hinblick auf die nunmehr pauschale (gerade für die Urteilsbegründung gemachte) Regelung in S. 5 aufrechtzuerhalten.[122] Es wurde bereits dargelegt, dass die Verknüpfung von anwaltlicher Vertretung und Übersetzungsnotwendigkeit im Allgemeinen wenig Sinn macht (→ Rn. 26). Speziell was die Urteilsbegründung angeht, lässt sich dieser Konnex womöglich noch mit der Überlegung herstellen, dass va eine angepeilte Revision nur die Geltendmachung von Rechtsfehlern zulässt, zu der ein verständiger Angeklagter nichts beitragen kann. Doch diese eindimensionale Betrachtung kann keinesfalls überzeugen: Auch außerordentliche Rechtsbehelfe, die unabhängig von der Rechtskraft des Urteils eingelegt werden können (**Verfassungsbeschwerde, Wiederaufnahme**[123]), setzen zwingend Kenntnis von den Urteilsgründen voraus, um die Erfolgsaussichten des Rechtsbehelfs abschätzen zu können. Aber selbst wenn man diese Rechtsbehelfe außer Betracht lässt, und ausschließlich die Rechtsmittel der ordentlichen Gerichtsbarkeit für die Beurteilung heranzieht, und die Differenzierung zwischen rechtskräftigen und nicht rechtskräftigen Entscheidungen für legitim erachtet, ist jedenfalls die

---

[115] Diesbezüglich heißt es in der Gesetzesbegründung: „Gerade die Praxis der Amtsgerichte dürfte in den meisten Fällen dahin gehen, die Eröffnung der Urteilsgründe bei der Urteilsverkündung nach § 268 Absatz 2 StPO durch Mitteilung ihres wesentlichen Inhalts in freier Rede – gegebenenfalls unter Verwendung von Aufzeichnungen – durchzuführen. Werden im Rahmen der Urteilsverkündung die bereits vorher abgefassten Urteilsgründe verlesen, so liegt zwar die nach der Richtlinie 2010/64/EU zu übersetzende ‚wesentliche Unterlage' bereits vor, dennoch soll ihre Übergabe in übersetzter Fassung an den Angeklagten am Ende der Hauptverhandlung nach dem Sinn der vorgeschlagenen Neufassung noch nicht erfolgen; denn dies würde gegenüber dem der deutschen Sprache mächtigen Angeklagten, der die Urteilsgründe erst zu einem späteren Zeitpunkt erhält, eine Besserstellung darstellen."
[116] Obiter dictum BGH 10.7.2014 – 3 StR 262/14, NStZ 2014, 725.
[117] Vgl. BT-Drs. 17/12578, 12.
[118] OLG Celle 22.7.2015 – 1 Ss (OWi) 118/15, NStZ 2015, 720; OLG Köln 30.9.2011 – 2 Ws 589/11, NStZ 2012, 471; OLG Braunschweig 11.5.2016 – 1 Ws 82/16, NStZ-RR 2016, 253. OLG Hamm 26.1.2016 – III-1 Ws 8/16, 1 Ws 8/16, BeckRS 2016, 06053; differenzierend noch OLG Hamm 11.3.2014 – III-2 Ws 40/14, 2 Ws 40/14, StV 2014, 534 („auszugsweise Übersetzung"); OLG Stuttgart 9.1.2014 – 6 – 2 StE 2/12, StV 2014, 536, krit. *Kotz* StRR 2014, 364 ff.
[119] Unklar, da in concreto der Übersetzungsanspruch hinsichtlich der Anklageschrift im Raum stand, BGH 10.7.2014 – 3 StR 262/14, NStZ 2014, 725. Vgl. OLG München 18.11.2013 – 4 StRR 120/13, StV 2014, 532 zu einem Fall, in dem zwar § 187 nF noch nicht anwendbar war, aber die Richtlinie 2010/64/EU, hierzu auch *Kotz* StRR 2012, 124 (125).
[120] OLG Köln 30.9.2011 – 2 Ws 589/11, NStZ 2012, 471; aA wohl Kotz NStZ-RR 2012, 265. *Schneider* StV 2015, 379 (385) weist auf die Möglichkeit hin, den Anspruch unmittelbar aus Art. 3 der Richtlinie 2010/64/EU abzuleiten, sofern – wie hier ebenso angenommen – der Richtlinie 2010/64/EU nicht genügt, abgelehnt von OLG Braunschweig 11.5.2016 – 1 Ws 82/16, NStZ-RR 2016, 253.
[121] *Sieg* MDR 1981, 281 ff.; *Römer* NStZ 1981, 474 ff.; *Strate* AnwBl 1980, 15; *Heldmann* StV 1981, 251.
[122] *Schneider* StV 2015, 379 (385); *Bockemühl* StV 2014, 537 (538); *Schmidt*, Verteidigung von Ausländern, Rn. 318; SK/*Frister* Rn. 11.
[123] *Schneider* StV 2015, 379 (380) weist in diesem Zusammenhang auch darauf hin, dass dem Argument der Anwendbarkeit der Richtlinie 2010/64/EU entgegengehalten werden kann, weil sie den Abschluss des Verfahrens von der Angreifbarkeit des Urteils mit allen denkbaren – also auch außerordentlichen Rechtsbehelfen („any appeal") – meine. Zust. SK/*Frister* Rn. 11.

Regel, wonach die Urteilsübersetzung beim verteidigten Angeklagten entbehrlich sei, abzulehnen. Was die Berufung angeht, handelt es sich bei dieser ohnehin um eine zweite Tatsacheninstanz: eine effektive **Vorbereitung auf die Berufungshauptverhandlung** (insbes. in denjenigen Konstellationen, der Erstmandatierung nach dem amtsgerichtlichen Urteil erfolgte) erfordert vornehmlich eine wortgetreue Übersetzung der Beweiswürdigung.[124]

Aber auch bei der Revision als „reine Rechtsinstanz" sollte dem Angeklagten die genaue Kenntnis der Urteilsgründe nicht versagt werden,[125] da diesem nach Einlegung nach wie vor die Wahl eingeräumt wird, ggf. die Revisionsbegründung **selbst zu Protokoll der Geschäftsstelle zu begründen, § 345 Abs. 2 StPO** (mag eben gerade diese Wahlmöglichkeit systematisch nicht überzeugen, zum Ganzen → StPO § 345 Rn. 43).[126] Selbst demjenigen, der sich – wie im Regelfall – eines Strafverteidigers bedient, kann zumindest bei Sachrügen, welche die **Beweiswürdigung** betreffen faktisch doch eine „unterstützende Funktion" zukommen (zumal Instanz- und Revisionsverteidiger idealiter auseinanderfallen). Letztlich muss auch der Angeklagte im Falle einer **potentiellen Aufhebung des Urteils und Rückverweisung** an eine andere Kammer das ursprüngliche Urteil exakt kennen, um sich effektiv auf den „Neustart" vorbereiten zu können.[127] Zuletzt verfehlt die Vorschrift auch ihren **prozessökonomischen Zweck,** da es dem Rechtsmittelführer frei steht, die Revision einzulegen, nur um eine Übersetzung zu erhalten.[128] Über die Notwendigkeit einer Übersetzung können sich die Prozessparteien verbindlich iRe Absprache nach § 257c verständigen (wobei die besonderen Anforderungen an einen Verzicht nach Abs. 3 zu berücksichtigen sind). **48**

Nach hier vertretener Ansicht hängt der Übersetzungsanspruch insbesondere von der **49 Schwere des Tatvorwurfs** (und damit auch der verhängten Strafe), der **Komplexität des Geschehens** (Auslandsbezug[129]), und dem **Schwerpunkt der Entscheidungsgründe** ab. Handelt es sich um eine Konstellation, in der va Tatbestand und Beweiswürdigung (also Tatsachenkomponenten) den Schwerpunkt der Urteilsausführungen machen, sollte der Verurteilte an solch einer Begründung unmittelbar partizipieren, ggf. zumindest auszugsweise. Im umgekehrten Fall (Schwerpunkt auf Rechtsfragen) dürfte es tatsächlich ausreichen, ihn auf eine mündliche Zusammenfassung zu verweisen. Diese zugegebenermaßen unbestimmten Kriterien werden der Richtlinie (die auf eine Nichtübersetzung als Ausnahme abzielt) immer noch eher gerecht, als ein pauschaler Verweis auf die Verteidigung des Angeklagten. Was den gesetzgeberischen Willen angeht, so mag die hier vertretene Auffassung dazu führen, dass gerade in Umfangsverfahren eine Übersetzung (damit auch besonders ausführlicher Entscheidungen) erforderlich bleibt, umgekehrt aber in weniger schwerwiegenden Fällen – mithin beim Gros der Fälle – selbst beim unverteidigten Angeklagten nach S. 4 eine mündliche Zusammenfassung der Urteilsgründe (ggf. protokolliert) ausreichen kann.

i) Bußgeldbescheid. Hinsichtlich des Bußgeldbescheids besteht einfach-rechtlich eine **50** prekäre Situation: Zwar kommt § 187 Abs. 2 über § 46 OWiG zur Anwendung, doch stellt sich die Frage, ob der Bußgeldbescheid (als „kleiner Bruder" des Strafbefehls) als wesentliches Dokument betrachtet werden kann. Schließlich beschränkt sich der Anwendungsbereich der Richtlinie auf das **gerichtliche Bußgeldverfahren,** Art. 1 Abs. 3.[130] Dies steht wiederum in einem Spannungsverhältnis zu Art. 6 EMRK, da der Bescheid als Anknüpfungspunkt für das gerichtliche Verfahren dient, in dem die Richtlinie wieder zur Anwendung gelangt.[131] Die wohl hA geht davon aus, dass dem Betroffenen der Bußgeldbescheid

---

[124] *Schmidt*, Verteidigung von Ausländern, Rn. 318, der zutreffend auch auf die „außerstrafprozessuale" Bedeutung des Urteils (Bewährung, Ausweisungsverfahren) hinweist.
[125] Zu diesen Erwägungen BVerfG 17.5.1983 – 2 BvR 731/80, BVerfGE 64, 135 (150) = NJW 1983, 2762.
[126] Vgl. auch *Bockemühl* StV 2014, 536 (538).
[127] *Schmidt*, Verteidigung von Ausländern, Rn. 318; *Bockemühl* StV 2014, 537.
[128] *Schneider* StV 2015, 379 (381).
[129] Vgl. auch *Christl* NStZ 2014, 376 (378) unter Bezugnahme auf LG Freiburg 23.9.2011 – 6 Qs 44/11, NStZ-RR 2012, 292 (wo auch auf das sehr junge Alter des Beschuldigten abgestellt wird).
[130] Vgl. auch *Schneider* StV 2015, 379 (385).
[131] Hierzu auch *Hauck* in *Böse*, Europäisches Strafrecht, 2013, § 11 Rn. 42.

in einer ihm verständlichen Sprache mitzuteilen ist.[132] Jedenfalls darf das Gericht im Bußgeldverfahren nicht ohne Hauptverhandlung entscheiden, wenn es den der deutschen Sprache nicht oder nicht hinreichend mächtigen (nicht durch einen Verteidiger vertretenen) Betroffenen nicht in einer für ihn verständlichen Sprache auf die Möglichkeit einer Entscheidung ohne Hauptverhandlung und des Widerspruchs hiergegen hingewiesen hat.[133]

51 Die Folgefrage, ob auch die neu eingefügte Vorschrift des **§ 37 Abs. 3 StPO analog** auf Bußgeldbescheide Anwendung findet, ist noch nicht abschließend geklärt[134] (wobei dies in der Literatur überwiegend bejaht wird,[135] auch wenn im Ordnungswidrigkeitenverfahrensrecht mit § 51 OWiG eine Sonderzustellungsregel existiert, von deren Modifikation der Gesetzgeber abgesehen hat). Schon im Hinblick auf den Strafbefehl ist dies äußerst umstritten (→ Rn. 43 mwN).[136] Doch schließt man sich den Teilen der Rechtsprechung und der Literatur an, die eine analoge Anwendung des § 37 Abs. 3 auf den Strafbefehl bejaht, ist es wegen der strukturellen Vergleichbarkeit des Bußgeldbescheids mit dem Strafbefehl nur konsequent, eine analoge Anwendung anzunehmen. Verneinendenfalls ist bei einem verfristeten Einspruch gegen den Bußgeldbescheid Wiedereinsetzung in den vorherigen Stand zu gewähren,[137] wobei einem verschärften Verschuldensmaßstab – wie sie in der überholten Rechtsprechung des Bundesverfassungsgerichts anklang[138] (zur „vermeidbaren Gleichgültigkeit" und zur Wiedereinsetzung bei nicht übersetzter Ladung vgl. bereits → Rn. 32) – entschieden entgegenzutreten ist.

52 **j) Sonstige Schriften.** Hinsichtlich der sonstigen Schriften und Urkunden, die einer schriftlichen Übersetzung zugänglich sind, wird im Wesentlichen auf die Ausführungen bei → Rn. 27 verwiesen. Entscheidend dürfte va bei **Beweismitteln** (Aktenbestandteile wie TKÜ-Protokolle, Zeugenaussagen, Sachverständigengutachten, Ermittlungsvermerke der Polizei) die konkrete Bedeutung des Dokuments für die Entscheidungsfindung sein, wobei auch die Schwere des Tatvorwurfs und der Umfang des Verfahrens als maßgebliche Kriterien herangezogen werden müssen.

53 Für richterliche **Anordnungen im Ermittlungsverfahren** dürfte hingegen die Grundrechtsrelevanz, mithin die Intensität und Tragweite der Maßnahme für den Beschuldigten für den Übersetzungsanspruch von maßgeblicher Bedeutung sein. Die Übersetzung des **Bewährungsbeschlusses** sollte im Hinblick auf den Annexcharakter der Entscheidung davon abhängen, ob auch ein Anspruch auf Übersetzung des Urteils besteht. Hingegen dürfte nur in den seltensten Fällen ein Anspruch auf Übersetzung des **Hauptverhandlungsprotokolls** bestehen, wenn man sich dessen praktische Hauptfunktion als „Beweisurkunde" im Revisionsverfahren vergegenwärtigt.

54 **k) Schriftverkehr mit dem Verteidiger.** Weniger als „Übersetzung von Externa", sondern lediglich als **Modifikation des Kommunikationsmittels** ist der Schriftverkehr zwischen Beschuldigtem und Strafverteidiger zu qualifizieren. An dem schon vor Abs. 2 anerkannten Anspruch zur unentgeltlichen Hinzuziehung eines Dolmetschers zur Übersetzung des Schriftverkehrs dürfte sich auch nach der entsprechenden Erweiterung des § 187 nichts geändert haben.

55 **4. Prozesshandlungen und Rechtsmittel (des Beschuldigten oder Verurteilten).** Die Ausgestaltung des Abs. 2 macht deutlich, dass der Gesetzgeber in erster Linie die Teilhabe des Beschuldigten durch die Übertragung und Übersetzung des prozessrelevanten Geschehens sichern wollte. Soweit nach Abs. 2 S. 1 ausschließlich Schriftstücke übersetzt werden sollen, die dem Beschuldigten „zugehen", wird deutlich, dass man sich auf die **„Empfängerperspekti-**

---

[132] Vgl. etwa LG Heilbronn 20.1.1987 – 3 Qs 777/86, StV 1987, 192; *Schmidt*, Verteidigung von Ausländern, Rn. 305 unter Verweis auf BGH 29.6.2005 – 1 StR 222/05, StraFo 2005, 419.
[133] BayObLG 30.9.1975 – 1 Ob OWi 305/75, NJW 1976, 2084.
[134] Bejahend OLG Karlsruhe 30.1.2017 – 2 Rb 6 Ss 53/17.
[135] KK-OWiG/*Lampe* OWiG § 46 Rn. 55; *Schmidt*, Verteidigung von Ausländern, Rn. 305.
[136] Ausführlich zum Streitstand BeckOK StPO/*Larcher* StPO § 37 Rn. 33 ff.
[137] BVerfG 10.6.1975 – 2 BvR 1074/74, BVerfGE 40, 95 = NJW 1975, 1597.
[138] BVerfG 7.4.1976 – 2 BvR 728/75, BVerfGE 42, 120 = NJW 1976, 1021.

ve" konzentriert hat (hierzu bereits → § 184 Rn. 15). Schon nach altem Recht stellt sich aber die „spiegelbildliche" Frage,[139] inwiefern der Beschuldigte auch fremdsprachig am Verfahren partizipieren kann, inwiefern also dessen fremdsprachige Eingaben in Form von Prozesshandlungen, Beweiserhebungen und Rechtsmitteln Berücksichtigung finden können. Schließlich bleibt es bei der Regel des § 184, wonach die Gerichtssprache deutsch ist.[140]

a) Fristgebundene Rechtsbehelfe. Va bei fristgebundenen Eingaben (Revisionseinlegung, Einspruch gegen Strafbefehl, Rechtsbeschwerde im Owi-Verfahren) kann dies von besonderer Relevanz sein: wird nämlich unter Hinweis auf § 184 (die Gerichtssprache ist deutsch) das Rechtsmittel als „unwirksam" zurückgewiesen, kann eine nach Ablauf der Frist eingereichte Übersetzung des Schriftstücks die Verfristung nicht heilen.[141] § 187 Abs. 2 verhält sich hierzu nicht und auch die Gesetzgebungsunterlagen helfen hier nicht weiter. Zumindest erscheint es denkbar, einen Übersetzungsanspruch unmittelbar Abs. 1, 2 (bzw. aus Art. 3 Abs. 3 der Richtlinie) herzuleiten,[142] da die „Richtung" der Übersetzung ebenso wenig vorgegeben, ist wie der Typ des Schriftstücks selbst. Auch ein Einspruch oder eine Revisionseinlegungsschrift könnte somit unter § 187 Abs. 2 subsumiert werden. In zahlreichen anderen Verfahrensordnungen wird die Wirksamkeit fremdsprachiger Eingaben sogar explizit angeordnet **(§ 23 VwVfG, § 19 SGB X, § 87 AO)**, sodass viel dafür spreche, gerade im Strafverfahren den in diesen Vorschriften enthaltenen Rechtsgedanken verallgemeinernd auf den Strafprozess zu übertragen (vgl. aber bereits → § 184 Rn. 3).[143]

Der BGH lehnt solch eine Analogie und damit auch eine Übersetzungspflicht des Gerichts ab.[144] Insbesondere seien fremdsprachige Eingaben nicht dazu geeignet, laufende Rechtsbehelfs-/-mittelfristen zu wahren.[145] Da auch diese restriktive Handhabe prozessökonomisch motiviert[146] ist (und im Hinblick auf den von Abs. 1, 2 bzw. der Richtlinie eröffneten Spielraum vertretbar erscheint), überrascht es nicht, dass der BGH als einzige Ausnahme der Wirksamkeit von fremden Eingaben die **Rechtsmittelrücknahme** anerkannt hat.[147] Der in einer Fremdsprache verfasste Widerruf, dessen richterlich angeordnete Übersetzung erst nach der richterlich angeordneten Übersetzung der fremdsprachigen Revisionsrück-

---

[139] Vgl. auch *Schmidt*, Verteidigung von Ausländern, Rn. 322.
[140] *Eschelbach* HRRS 2007, 466 (467).
[141] Meyer-Goßner/*Schmitt* § 184 Rn. 2; *Kulhanek* JR 2016, 208 (209).
[142] Für die Übersetzungspflicht des Gerichts Löwe/Rosenberg/*Wickern* E 184 Rn. 16; SK/*Frister* Rn. 5; *Meyer* ZStW 1981, 507 (527); *Schneider* MDR 1979, 534 ff.
[143] *Schmidt*, Verteidigung von Ausländern, Rn. 323; *Staudinger* StV 2002, 327 (329). So entschied das OLG Frankfurt a. M. (13.3.1979 – 20 W 102/79, NJW 1980, 1173), dass ein in englischer Sprache eingereichtes Rechtsmittel eines inhaftierten nicht anwaltlich vertretenen Ausländers „nur dann als unzulässig verworfen werden darf, wenn das Gericht (…) dem Ausländer aufgibt, unverzüglich eine Übersetzung nachzureichen, und dieser der Aufforderung nicht nachkommt, obwohl er hierzu in der Lage wäre." Nach Auffassung des LG Mühlhausen gebietet es Art. 6 EMRK, „auch fristgerecht eingehende Eingaben in fremder Sprache nicht als unbeachtlich zu betrachten, sondern diese von Amts wegen übersetzen zu lassen und ggf. nach Wiedereinsetzung in den vorigen Stand dieses als fristgerecht eingelegtes Rechtsmittel zu behandeln", LG Mühlhausen 21.4.2008 – 9 Qs 13/08. Auch nach Auffassung des LG Berlin (31.5.1961 – 84 TB 19/61, JR 1961, 384.) kann aus § 184 GVG „nicht gefolgert werden, daß Schriftsätze oder Eingaben, die in einer fremden Sprache eingereicht worden sind, unbeachtlich sind und deshalb für sich allein Fristen nicht wahren können".
[144] Für die Beschwerdeschrift BGH 14.7.1981 – 1 StR 815/80, BGHSt 30, 182 (183) = NJW 1982, 532; dem folgend OLG Düsseldorf 22.4.1982 – 1 Ws 314/8; OLG Düsseldorf 20.8.1999 – 1 Ws 371/99, NStZ-RR 1999, 364; KG 6.10.1976 – (2) Ss 315/76, JR 1977, 129 (für die Revision); VG Augsburg 25.8.1995 – Au 7 S 95.30995. BGH 17.5.1984 – 4 StR 139/84, BGHSt 32, 342 = NJW 1984, 2050 (für das Rechtshilfeersuchen, in diesem Kontext *Vogler* NJW 1985, 1764; VG Augsburg 25.8.1995 – Au 7 S 95.30995. Dem folgend HK/*Schmidt/Temming* Rn. 2.
[145] BGH 14.7.1981 – 1 StR 815/80, BGHSt 30, 182 (183) = NJW 1982, 532.
[146] „Im Interesse der Vereinfachung und Beschleunigung des Verfahrens, der Rechtsklarheit und der Rechtssicherheit muß sichergestellt werden, daß die schriftliche Eingabe für das deutsche Gericht und die übrigen Verfahrensbeteiligten schon im Zeitpunkt des Zugangs aus sich selbst heraus verständlich ist und nicht erst der zeitraubenden Erforschung ihres Inhalts durch Einschaltung verfahrensfremder Personen bedarf.", vgl. BGH 14.7.1981 – 1 StR 815/80, BGHSt 30, 182 (183) = NJW 1982, 532.
[147] BGH 16.5.2000 – 4 StR 110/00, NStZ 2000, 553. Äußerst kritisch zu dieser Handhabung SK/*Frister* Rn. 5; *Schmidt*, Verteidigung von Ausländern, Rn. 324.

nahme beim Landgericht eingeht, kann diese nicht rückgängig machen.[148] Die Rechtsprechung ist – was die Fristwahrung als solche angeht – allerdings nicht unnötig streng. Mithin muss **nicht das gesamte Schriftstück** in deutscher Sprache abgefasst sein, um die Frist zu wahren. Ergibt sich aus dem in fremder Sprache abgefassten Schreiben durch einen darin enthaltenen **Hinweis in deutscher Sprache** zweifelsfrei, dass die Eingabe das Rechtsmittel der **Berufung** sein soll, so stellt das Schreiben eine formgerecht eingelegte Berufung dar, die zulässig ist, sofern die Eingabe rechtzeitig bei Gericht eingegangen ist.[149]

58 Der **EuGH** hat dem BGH den Rücken gestärkt: Er bestätigte unlängst im **Fall „Covaci"**, dass Art. 6 Abs. 3 lit. e EMRK sowie die Richtlinie über das Recht auf Dolmetschleistungen und Übersetzungen in Strafverfahren nicht der Verpflichtung entgegenstehen, einen Einspruch in deutscher Sprache einzureichen, auch wenn der Adressat des Strafbefehls der deutschen Sprache nicht mächtig ist.[150] Hierbei hebt der EuGH ebenso den Zuschnitt der Richtlinie (und damit auch der Vorschriften de lege lata) auf den nicht der Gerichtssprache Mächtigen als **„Adressat"** von Anordnungen und Maßnahmen hervor. Danach ergebe sich aus dem Wortlaut und Systematik der einschlägigen Vorschriften, dass „dieses Recht zu dem Zweck konzipiert ist, den betreffenden Personen die Wahrnehmung ihrer Verteidigungsrechte zu ermöglichen und ein faires Verfahren zu gewährleisten" bzw. „zum Ziel hat, ,dass die verdächtigen oder beschuldigten Personen wissen, was ihnen zur Last gelegt wird'".[151] Dass er im Anschluss betont, dass es im Übrigen den Fachgerichten bzw. Behörden **überlassen** bleibt, ob sie den „Einspruch" als „wesentliches Dokument" ansehen, ist aus Sicht der Fachgerichte misslich, wurde dieser Begriff gerade nicht in den § 187 implementiert. So bleibt erst einmal ein regionaler Spielraum, bis womöglich der BGH hierüber befindet.

59 Die ersten Reaktionen auf das EuGH-Urteil sind eher verhalten, die Tendenz geht jedoch dahin, unmittelbar gestaltende Prozesshandlungen des – unverteidigten – Angeklagten in fremder Sprache als **wesentliche Dokumente** zu qualifizieren, die vom Gericht anzunehmen und ggf. zu übersetzen sind.[152] Man wird auch die „Wesentlichkeit" eines Schriftstücks, das die Verteidigung erst ermöglicht, mithin als „Schlüssel" für eine potentielle Begründetheitsprüfung durch das Gericht dient, auch kaum verneinen können.[153] Doch selbst die Annahme, dass es sich bei fristwahrenden Rechtsbehelfen um wesentliche Dokumente iSd Art. 3 Abs. 3 der Richtlinie 2010/64/EU handelt, würde nicht bedeuten, dass diese stets übersetzt werden müssten: Denn die **Ausnahme in Art. 3 Abs. 7** der Richtlinie betrifft auch die „sonstigen, wesentlichen Dokumente" iSd Abs. 3 der Richtlinie. Dies bedeutet, dass eine nicht der deutschen Sprache mächtige Person sich auch von einem Dolmetscher mündliche unterstützen lassen kann, den Rechtsbehelf in fremder Sprache einzulegen (etwa mittels Simultanübersetzung).[154]

60 Die Streitfrage darf insofern – jedenfalls was die fristgebundenen Rechtsbehelfe angeht – nicht überbewertet werden. Denn die angegriffenen Rechtsakte müssen dem nicht verteidigten Beschuldigten in übersetzter Form zugestellt werden (etwa der Strafbefehl,

---

[148] BGH 16.5.2000 – 4 StR 110/00, NStZ 2000, 553. Zu dieser Frage auch OLG Hamburg 8.9.1988 – 1 Ws 200/88, NStZ 1988, 566.
[149] OLG Düsseldorf 2.11.1999 – 1 Ws 907/99, NStZ-RR 2000, 215.
[150] EuGH 15.10.2015 – C-216/14, NStZ 2017, 38 mAnm *Kulhanek* JR 2016, 208.
[151] „Diese Auslegung wird im Übrigen zum einen durch die Liste der Unterlagen bestätigt, die in Art. 3 Abs. 2 der Richtlinie 2010/64 als wesentlich angesehen werden und deren Übersetzung daher notwendig ist. In dieser Liste werden nämlich, wenn auch nicht erschöpfend, jegliche Anordnung einer freiheitsentziehenden Maßnahme, jegliche Anklageschrift und jegliches Urteil aufgezählt", vgl. EuGH 15.10.2015 – C-216/14, NStZ 2017, 38.
[152] *Böhm* NJW 2016, 303; Löwe/Rosenberg/*Wickern* Rn. 16, nunmehr auch Meyer-Goßner/*Schmitt* Rn. 2a (anders noch in der Vorauflage).
[153] Insofern zutreffend *Böhm* NJW 2016, 303 sowie SK/*Frister* Rn. 6, der sich aber im Anschluss nicht mehr mit der Ausnahme nach Abs. 7 befasst.
[154] Vgl. auch *Kulhanek* JR 2016, 208 (209), der zu Recht darauf hinweist, dass das Recht nach Abs. 1 einen Dolmetscher unentgeltlich in Anspruch zu nehmen unberührt bleibt; *ders.*, ausführlich, Sprach- und Ortsfremdheit, Teil 4 II.3.c., im Erscheinen, 2018.

→ Rn. 43).[155] Diese haben – nach allgemeiner Meinung[156] – dann auch eine Rechtbehelfsbelehrung in der jeweiligen Sprache zu enthalten, die nicht nur auf die Notwendigkeit der Eingabe in deutscher Sprache hinweist, sondern auch die Belehrung nach Abs. 1 S. 2 enthält.[157] Fehlt es an einer ordnungsgemäßen Belehrung, wird der sprachunkundige Beschuldigte ausreichend durch das Institut der **Wiedereinsetzung in den vorherigen Stand** geschützt, das auch dann greift, wenn die Hinzuziehung eines Dolmetschers nach Abs. 1 innerhalb der kurzen Frist unmöglich war. Setzt sich das Gericht dann im Rahmen dieses Verfahrens nicht mit Umständen auseinander, die auf unzureichende Sprachkenntnisse des Strafbefehlsadressaten hindeuten, kann dies eine Anhörungsrüge begründen bzw. den Anspruch auf rechtliches Gehör verletzen und folglich der Verfassungsbeschwerde gerügt werden.[158] Außerdem steht es dem Gericht frei, eine Übersetzung anfertigen zu lassen.[159] Und verortet man die Problematik beim **„Zugang"** der Prozesshandlung, wird man diesen auch nicht verneinen können, wenn der Vorsitzende den Inhalt des Schriftstücks schlicht **versteht**.[160]

b) Beweismittel. Das Einreichen fremdsprachiger Beweismittel betrifft weniger die 61 Gerichtssprache und somit auch nicht den Übersetzungsanspruch nach Abs. 2, sondern unterliegt der **richterlichen Aufklärungsmaxime,** § 244 Abs. 2 StPO (vgl. bereits → § 185 Rn. 14). Soll etwa eine vom Beschuldigten bzw. Angeklagten eingereichte Urkunde in fremder Sprache verlesen – mithin „integraler Bestandteil" der Urteilsfindung – werden, gebietet es die Aufklärungspflicht, sie von einem Sachverständigen übersetzen zu lassen.[161] Dasselbe dürfte für schriftliche Einlassungen des Beschuldigten in der Muttersprache gelten.[162] Im Übrigen gelten die Ausführungen bei → § 185 Rn. 15.

c) Vollmachten. Auch **eingereichte** Vollmachten müssen in deutscher Sprache abge- 62 fasst sein. Eine Zustellungsvollmacht ist unwirksam, wenn sie von einem Ausländer nicht in deutscher Sprache erteilt ist.[163] Ein arabischer Volkszugehöriger kann zumindest dann mit arabischen Schriftzeichen eine Vollmacht rechtswirksam im Verwaltungsprozeß unterschreiben, wenn sein Name in deutscher Schrift an anderer Stelle der Vollmacht oder in einem Begleitschreiben erscheint.[164]

d) Sonstige Eingaben. Unklar ist die Behandlung sonstiger Eingaben des Beschuldig- 63 ten. Sie dürften aber rechtstatsächlich selten eine Rolle spielen, da selbst der sprachkundige, nicht verteidigte Angeklagte im Hinblick auf die verfahrensrechtlichen Möglichkeiten eingeschränkt ist, während in der Hauptverhandlung die Stellung von Anträgen mündlich erfolgt, diese also durch den anwesenden Dolmetscher übermittelt werden.

5. Strafvollstreckungsverfahren. a) Folgeentscheidungen. Im Strafvollstreckungs- 64 recht ist Art. 6 Abs. 3 lit. e EMRK (der vom „Angeklagten" spricht) nicht unmittelbar anwendbar und auch eine analoge Anwendung hat das Bundesverfassungsgericht abgelehnt.[165] Gegen eine Übersetzungspflicht unmittelbar aus § 187 Abs. 2 spricht noch nicht,

---

[155] Eine andere Frage ist, ob der Beschuldigte auf solch eine Übersetzung, zB bei Erteilung der Zustellungsbevollmächtigung oder im Rahmen der Beschuldigtenvernehmung, § 187 Abs. 3 GVG. Vgl. hierzu LG Stuttgart 12.5.2014 – 7 Qs 18/14, NStZ-RR 2014, 216; LG Gießen 29.4.2015 – 7 Qs 48/15, BeckRS 2015, 10797; BeckOK StPO/*Larcher* StPO § 37 Rn. 36 f.; *Kulhanek* JR 2016, 207 (212 f.).
[156] KG 25.2.1999 – 2 AR 257/98 – 5 Ws 13/99; KG 6.10.1976 – (2) Ss 315/76 (80/76), JR 1977, 129; HK/*Schmidt/Temming* Rn. 2.
[157] KK-StPO/*Diemer* § 184 Rn. 2.
[158] BVerfG 23.1.2017 – 2 BvR 2272/16.
[159] *Kulhanek* JR 2016, 208 (209).
[160] So auch *Weith* Gerichtssprachenproblematik S. 104.
[161] Löwe/Rosenberg/*Wickern* Rn. 5; SSW/*Rosenau* Rn. 8; s. auch BGH 29.5.1985 – 2 StR 804/84, NStZ 1985, 466; BGH 9.7.1991 – 1 StR 666/90; BGH 9.11.2011 – 1 StR 302/11, NStZ 2012, 523.
[162] Meyer-Goßner/*Schmitt* Rn. 2a.
[163] So zumindest AG Zittau 7.1.2002 – 1 Cs 926 Js 15964/94, NStZ 2002, 498.
[164] VGH München 16.8.1976 – 118 VIII/75, NJW 1978, 510.
[165] BVerfG 7.10.2003 – 2 BvR 2118/01, NStZ 2004, 274.

dass diese Vorschrift lediglich die Übersetzung nicht rechtskräftiger Urteile vorsieht, da die vollstreckungsrechtlichen Entscheidungen als sonstige wesentliche Unterlagen angesehen werden könnten. Umgekehrt spricht Abs. 1 zwar vom **Verurteilten,** dieser Begriff trifft allerdings auch auf denjenigen zu, der noch nicht rechtskräftig verurteilt worden ist. Da auch die Richtlinie in ihrem Anwendungsbereich gem. Art. 1 Abs. 2 auf das Erkenntnisverfahren beschränkt ist, lässt sich ein Anspruch auch nach neuer Rechtslage kaum aus Abs. 2 herleiten.[166]

65 In der Literatur wird (gerade auch im Rahmen der Kleinkriminalität) darauf aufmerksam gemacht, dass **Folgeentscheidungen** zum Teil wesentlich schwerwiegendere Folgen haben können, als die Verurteilung selbst[167] (so etwa die **Fortdauerentscheidung** gem. § 67e StGB; gerade diesbezüglich hat das OLG Köln einen Übersetzungsanspruch mittels Rückgriff auf die angestellten Erwägungen abgelehnt[168]). Freilich ist auch das höherrangige Recht hinsichtlich verurteilter Personen – also im Bereich des Strafvollzugs und der Strafvollstreckung – unausgegoren, sodass lediglich in besonderen Ausnahmefällen ein unmittelbar aus der Verfassung abgeleiteter Anspruch auf Übersetzung von Folgeentscheidungen (dann aus Art. 19 Abs. 4, 20 Abs. 3 GG sowie Art. 1 GG) konstruiert werden kann.[169]

66 Im Übrigen kann aber zumindest die **mündliche Übersetzungstätigkeit** im Rahmen einer **Abschlussberatung,** welche auch Fragen rund um die anstehende Strafvollstreckung betrifft, vom Hinzuziehungsanspruch nach den §§ 185, 187 umfasst sein. Hat der Strafverteidiger bei einem (ausländischen) Angeklagten, nach Rechtskraft des Strafurteils, eine Abschlussberatung unter Beiziehung eines Dolmetschers durchgeführt, die sich auch auf die Möglichkeiten und Rechte des Angeklagten während der sich anschließenden Strafvollstreckung bezog, sind die hierfür angefallenen Dolmetscherkosten noch durch das Strafverfahren veranlasst und grundsätzlich von der Staatskasse zu tragen. Wäre es dem Verteidiger jedoch zumutbar gewesen, die Abschlussberatung in der Zeit zwischen Urteilsverkündung und seinem Urlaubsantritt durchzuführen und wären hierdurch erheblicher Zeitaufwand und Fahrtkosten des Dolmetschers vermieden worden, ist der erstattungsfähige Betrag der Dolmetscherkosten zu kürzen.[170]

67 **b) Überwachungskosten.** Die Dolmetscherkosten zum Zwecke der Brief- und Besuchskontrolle (als „Überwachungskosten") hingegen werden nicht unmittelbar durch den Verurteilten „während der Strafvollstreckung" veranlasst, sondern gehen mit dessen Verurteilung einher. Nach zustimmungswürdiger Auffassung des Bundesverfassungsgerichts[171] dürfen derartige Kosten nicht a priori auf den Angeklagten überbürdet werden (erst Recht gilt dies für den **Untersuchungshaftvollzug**).[172] Nur wenn die Überwachung und Verdolmetschung im Hinblick auf den Haftgrund veranlasst sind und ein Verstoß gegen das Diskriminierungsverbot gem. Art. 3 Abs. 3 GG ausgeschlossen ist[173] (weil der Verurteilte den Briefverkehr auch in Relation zu einem Sprachkundigen „über Gebühr" in Anspruch nimmt[174]), bleibt eine – dann auch nur partielle – Überwälzung der Dolmetscherkosten denkbar.[175]

---

[166] OLG Köln 16.8.2013 – 2 Ws 426/13, StV 2014, 552.
[167] *Schmidt*, Verteidigung von Ausländern, Rn. 320.
[168] OLG Köln 28.8.2013 – 2 Ws 426/13, StV 2014, 552; LG Frankfurt a. M. 5.11.2014 – 5/08 Qs 19/14.
[169] Vgl. auch SK/*Frister* Rn. 7 („regelmäßig nicht erforderlich").
[170] OLG München 15.11.2007 – 2 Ws 1042/07 K, 2 Ws 1042/07, StraFo 2008, 88.
[171] BVerfG 7.10.2003 – 2 BvR 2118/01, NStZ 2004, 274; einschränkend noch LG Berlin LG Berlin 24.2.1994 – (532) 1 Kap Js 2308/93 (Qs 2/94), StV 1994, 325 („ein Brief pro Woche").
[172] MAH/*Jung* § 18 Rn. 33.
[173] Teils wird auch darauf abgestellt, dass Art. 6 Abs. 3 lit. e EMRK einen „allgemeinen Rechtsgedanken" enthalte, abl. noch OLG Koblenz 7.12.1995 – 1 Ws 794/95, NStZ-RR 1996, 159.
[174] Zu solch einem Fall OLG München 16.3.1984 – 1 Ws 87/84, NStZ 1984, 332.
[175] BVerfG 7.10.2003 – 2 BvR 2118/01, NStZ 2004, 274.

Wenn das Gericht die **akustische Überwachung** von Besuchen nicht deutsch sprechender naher Familienangehöriger eines in Untersuchungshaft befindlichen Beschuldigten anordnet, es allerdings versäumt, die Erforderlichkeit der Hinzuziehung eines Dolmetschers auf Staatskosten festzustellen, beinhaltet diese Anordnung jedenfalls mittelbar die durch das Gericht veranlasste Hinzuziehung eines Dolmetschers im Sinne des § 1 Abs. 1 S. 1 Nr. 1 JVEG.[176] Für die Kostentragungspflicht der Staatskasse ist es im Rahmen einer angeordneten akustischen Besuchsüberwachung unerheblich, ob der Beschuldigte oder die ihn besuchenden Personen der deutschen Sprache nicht mächtig sind. Denn in beiden Fällen erfolgt die Hinzuziehung eines Dolmetschers im Interesse der Strafverfolgung und dient nicht der „Gleichstellung" des Angeklagten, sodass sie jedenfalls auf Staatskosten zu erfolgen hat.[177]

6. Belehrung. Die Belehrungspflicht nach Abs. 1 S. 2 bezieht sich auch auf den Übersetzungsanspruch. Es gelten die bei → Rn. 14 gemachten Erwägungen.

III. Verzicht (Abs. 3)

Abs. 3 setzt Art. 3 Abs. 8 der Richtlinie 2010/64/EU um und regelt die Voraussetzungen, unter denen der Anspruchsinhaber auf entsprechende Übersetzungsleistungen verzichten kann.[178] Die Vorschrift stützt sich auf den Wortlaut der Richtlinie und setzt für einen wirksamen Verzicht voraus, dass die beschuldigte Person in Kenntnis ihrer Rechte und der Folgen ihrer Erklärung freiwillig und unmissverständlich handelt.[179] Der nach Abs. 1, 2 Berechtigte muss also umfassend über die Folgen eines Verzichts **belehrt** werden.[180] Gleichzeitig beschränkt Abs. 3 die Möglichkeit eines Verzichts (anders als Art. 3 Abs. 8 der Richtlinie) auf die **schriftliche Übersetzung** von Dokumenten.[181] Ein Verzicht auf die mündliche Übertragung (etwa der Anklageschrift) ist somit niemals wirksam, vielmehr bleibt es bei dem Grundsatz, dass das Gericht von Amts wegen einen Dolmetscher hinzuzuziehen hat, wenn Verständigungsschwierigkeiten auftreten.[182] Ebenso ist ein **genereller Übersetzungsverzicht** nicht möglich, vielmehr hat sich der Verzicht stets auf ein konkretes Dokument zu beziehen.

Der Verzicht kann auch zum Inhalt einer **Absprache nach § 257c StPO** gemacht werden, sodass man jedenfalls bei Verständigungen die „unklare Regelwirkung" des S. 5 aus den Angeln heben könnte.[183] Der Verzicht und die dazugehörige Belehrung sind gem. Abs. 3 S. 2 zu **protokollieren** (als wesentliche Förmlichkeit im Hauptverhandlungsprotokoll gem. § 273 Abs. 1 StPO; für das Ermittlungsverfahren gilt § 168a Abs. 1 StPO, für die mündliche Verhandlung bei der Haftprüfung § 118a Abs. 3 StPO).

IV. Nebenkläger (Abs. 4)

Seit 2004 hat auch der nicht der deutschen Sprache mächtige Nebenkläger einen Anspruch auf Dolmetscher- und Übersetzungsleistungen, Abs. 4.[184] Dieser bezieht sich allerdings nur auf **Abs. 1 der Vorschrift,** sodass für etwaige Ansprüche auf Übersetzungsleistungen des Nebenklägers bis vor kurzem jedenfalls prima vista das in Abs. 2 konkretisierte Anspruchssystem nur auf den Beschuldigten Anwendung fand. Nun kann man darüber streiten, ob dies im Hinblick auf das „Schutzniveau" des Nebenklägers tatsächlich von

---

[176] OLG Celle 12.8.2015 – 2 Ws 134/15, StraFo 2016, 23.
[177] OLG Celle 12.8.2015 – 2 Ws 134/15, StraFo 2016, 23.
[178] Hierzu auch *Eisenberg* JR 2013, 442 (444).
[179] BT-Drs. 17/12578, 13.
[180] SK/*Frister* Rn. 15; SSW/*Rosenau* Rn. 8.
[181] BT-Drs. 17/12578, 13; *Eisenberg* JR 2013, 442 (444).
[182] BT-Drs. 17/12578, 13; Meyer-Goßner/*Schmitt* Rn. 5.
[183] Wobei freilich bei besonders kostspieligen Verfahren der Vorsitzende „auf Nummer sicher gehen" und die Übersetzung der Urteilsgründe in den Weg leiten wird.
[184] SK/*Frister* Rn. 3.

Nachteil war (zu den Unzulänglichkeiten des Stufensystems → Rn. 24). Jedenfalls hat der Gesetzgeber eine **vollständige Angleichung** von Beschuldigtem und Nebenkläger erreichen wollen[185] und die Rechte des Nebenklägers durch das Dritte Opferrechtsreformgesetz[186] denjenigen des Beschuldigten angeglichen.

73 Dies geschah nicht durch eine Änderung des Abs. 4 (dessen Wortlaut schlicht hätte dahingehend verändert werden können, dass er pauschal auf § 187 Abs. 1–2 verweist), sondern durch eine Erweiterung der Vorschriften zum Nebenkläger. Neben einem neu eingefügten **Abs. 3 in § 397 StPO**, welcher einen Übersetzungsanspruch für schriftliche Unterlagen „nach Maßgabe des § 187 Abs. 2 GVG" festlegt, wurde auch **§ 171 S. 3 StPO** dahingehend erweitert, dass der nicht der deutschen Sprache mächtige Geschädigte in einem potentiellen Klageerzwingungsverfahren eine Anspruch auf Übersetzung des Einstellungsbescheids hat. Die **Unterrichtungspflichten** nach § 406i des Verletzten über seine Befugnisse im Strafverfahren erstrecken sich nunmehr auch auf die Ansprüche auf Dolmetscher und Übersetzungsleistungen (§ 406i Abs. 1 Nr. 2b StPO).

V. Verfahren

74 Die Hinzuziehung des Dolmetschers erfolgt auch im Ermittlungsverfahren durch das zuständige – im Vorverfahren also das Gericht, das für die Eröffnung des Hauptverfahrens zuständig wäre – von Amts wegen (zum Ganzen bereits → § 185 Rn. 50).[187] Als Maßnahme der Verfahrensleitung trifft sie der Vorsitzende, es ist allerdings unschädlich, wenn die Strafkammer anstelle dessen entschieden hat.[188] Im Ermittlungsverfahren kümmert sich jedoch nicht selten der Verteidiger bereits um den Dolmetscher und beantragt dann bei Gericht dessen Bestellung gem. § 46 Abs. 2 RVG (schon im Hinblick auf die anstehenden Kosten, ggf. ist er dann gehalten, ein **Aktenzeichen** einzuholen bzw. zu „beantragen", wenn sich das Verfahren noch im frühen Stadium polizeilicher Ermittlungen befindet;[189] dass der Anspruch zweifelsohne besteht, macht den Antrag auf Beiordnung nicht unzulässig, da ein **Rechtsschutzbedürfnis** im Hinblick auf die Reichweite des Kostenerstattungsanspruchs – die wiederum von der Reichweite der Beiordnung abhängig ist – zweifelsohne gegeben ist[190]). Hinsichtlich der Auswahl des Dolmetschers hat das Gericht ein Auswahlermessen, wobei freilich dem Vorschlag des Verteidigers im Regelfall entsprochen wird (zu den Risiken eines Vertrauensdolmetschers „erster Stunde" vgl. aber → § 185 Rn. 26, 50). Soweit noch kein Dolmetscher hinzugezogen worden ist (allerdings auch bei erstmaliger Hinzuziehung sowie weiteren Vernehmungen), muss der Beschuldigte über sein Rechte gem. Abs. 1 S. 2 **belehrt** werden (vgl. bereits → Rn. 14).

VI. Revision

75 Abs. 1 und Abs. 2 betreffen im Wesentlichen das Vorverfahren, sodass die Urteilsfindung als solche nicht betroffen ist. Revisible Rechtsfehler können sich damit nur ergeben, wenn diese in die Hauptverhandlung **„hineinragen"**, man denke an die Fortführung der Hauptverhandlung nach einem berechtigten **Aussetzungsantrag** infolge einer fehlenden Über-

---

[185] Vgl. BT-Drs. 18/4621, 16: „Um jedoch dem auch in Artikel 7 Absatz 5 der Opferschutzrichtlinie zum Ausdruck kommenden Rangverhältnis zwischen schriftlicher und mündlicher Information sowie dem autonomen Begriff der „wesentlichen Passage" gerecht zu werden, soll in § 397 Absatz 3 StPO-E die entsprechende Anwendung der insoweit für den Beschuldigten geltenden Regeln in § 187 Absatz 2 GVG angeordnet werden."
[186] BGBl. 2525.
[187] SK/*Frister* Rn. 17; SSW/*Rosenau* Rn. 9; Löwe/Rosenberg/*Krauß* Nachtr. § 187 Rn. 5.
[188] Meyer-Goßner/*Schmitt* Rn. 1a unter Verweis auf OLG Hamburg 6.12.2013 – 2 Ws 253/13, StV 2014, 534.
[189] Vgl. zu den mit dem Besuch des Dolmetschers in der Untersuchungshaft verbundenen Fragen *Schmidt*, Verteidigung von Ausländern, Rn. 375 ff.
[190] OLG Celle 9.3.2011 – 1 Ws 102/11, StraFo 2011, 186 (187). Vgl. auch MAH/*Jung* § 18 Rn. 27. Schließlich ist auch nach neuer Rechtslage nicht sicher absehbar, wie weit das „Ob" der Hinzuziehung reicht, insbes. gilt dies für den Anspruch auf Übersetzung des Schriftverkehrs, zum Ganzen noch → § 187 Rn. 56.

setzung der Anklageschrift.[191] In allen anderen Konstellationen wird der ursprünglich in Abs. 1, 2 verortete Rechtsfehler in den § 185 (Dolmetscherhinzuziehung in der Hauptverhandlung) transponiert, sodass die dort gemachten Erwägungen (insbes. auch zur eingeschränkten Revisibilität von Fehlern im Kontext der Dolmetscherhinzuziehung) Geltung beanspruchen, vgl. → § 185 Rn. 66 ff.

VII. Kosten

Der Anspruch aus Art. 6 Abs. 3 lit. e EMRK auf unentgeltliche Hinzuziehung eines Dolmetschers ist nicht auf das Hauptverfahren beschränkt, was in § 187 Abs. 1 manifestiert wird. Als Verfahrenskosten werden sie **von der Staatskasse getragen** (wobei der Umfang der Hinzuziehung ex ante festgelegt wird, ggf. durch ein entsprechendes Feststellungsverfahren), § 464c StPO iVm KV 9004 Abs. 4 GKG.[192] Dieser inzwischen selbstverständliche Grundsatz scheint bei einigen Gerichten immer noch nicht angekommen zu sein, wenn dem ausländischen und nicht sprachkundigen Beschuldigten in der U-Haft die Kostenübernahme versagt wird, weil kein förmlicher Antrag gestellt worden sei bzw. weil der Beschuldigte finanziell auf Kostenübernahme nicht angewiesen sei.[193] Erfolgt die Hinzuziehung des Dolmetschers zu **Ermittlungszwecken** bzw. betrifft sie die „Dimension" der Aufklärung des Verfahrens (hierzu → Rn. 14), handelt es sich um **allgemeine Gerichtskosten,** die dem sprachkundigen wie auch sprachunkundigen Angeklagten auferlegt werden können, wenn dieser verurteilt wird (zur Veranlassung der Überwachung in der Untersuchungshaft vgl. → Rn. 67.[194] Dasselbe gilt für die Kosten eines Dolmetschers für den **Nebenklageberechtigten,** die als Auslagen erhoben werden (KV 9005 GKG),[195] es sei denn die **Hinzuziehung war gem. Abs. 4 erforderlich.**

§ 188 [Eide Fremdsprachiger]

Personen, die der deutschen Sprache nicht mächtig sind, leisten Eide in der ihnen geläufigen Sprache.

Schrifttum: *Jünemann,* Probleme bei der Leistung des Eides, MDR 1970, 725; *Leisten,* Probleme bei der Beeidigung von Mohammedanern, MDR 1980, 636; vgl. a. die Angaben bei § 185.

---

[191] Dann gelten wiederum die besonders strengen Anforderungen des § 344 Abs. 2 S. 2 StPO: „Die Verfahrensrüge eines ausländischen Angeklagten, ihm sei die Anklage nicht in einer ihm verständlichen Sprache mitgeteilt worden, ist nur dann in der gesetzlich vorgeschriebenen Form erhoben, wenn der Beschwerdeführer zusätzlich darlegt, daß dieser Mangel in der Hauptverhandlung gerügt und ein Aussetzungsantrag nach StPO § 265 Abs. 4 gestellt worden sei. Die unterbliebene Mitteilung einer übersetzten Anklage kann von dem ausländischen Angeklagten dann nicht mit Erfolg gerügt werden, wenn ihm die Anklage in der Hauptverhandlung durch einen beigezogenen Dolmetscher übersetzt worden ist. Der der deutschen Sprache nicht oder nicht hinreichend mächtige Angeklagte hat jedenfalls dann keinen Anspruch auf Mitteilung des Urteils in einer Übersetzung in eine ihm verständliche Sprache, wenn bei der Urteilsverkündung ein deutscher Rechtsanwalt als Verteidiger und ein Dolmetscher mitgewirkt haben", vgl. OLG Düsseldorf 29.10.1984 – 5 Ss 369/84 – 289/84 I, JZ 1985, 200. In einer neueren Entscheidung zur Übersetzungspflicht betreffend die Anklageschrift (vgl. bereits → Rn. 41) verneint der Dritte Senat auf das Beruhen des Urteils auf dem Rechtsmangel: „Es kann im Ergebnis indes offen bleiben, ob das Vorgehen des Vorsitzenden der StrK gemessen an diesen Maßstäben rechtsfehlerfrei war. Denn der Senat kann jedenfalls ausschließen, dass das Urteil, das nach 23 weiteren Hauptverhandlungstagen ergangen ist, in denen zu den Tatvorwürfen umfassend Beweis erhoben, der Sachverhalt somit umfassend aufgeklärt worden ist und der Angekl. die ihm zur Last gelegten Taten am letzten Hauptverhandlungstag auf Drängen seiner Verteidigung gestanden hat, auf einem etwaigen Informationsdefizit am zweiten Hauptverhandlungstag beruht, das durch die Ablehnung der Anträge der Verteidigung aufgetreten sein könnte.", BGH 10.7.2014 – 3 StR 262/14, NStZ 2014, 725.
[192] Sk/*Frister* Rn. 20; SSW/*Rosenau* Rn. 11.
[193] Vgl. aus neuerer Zeit etwa OLG Hamm 25.3.2014 – 1 Ws 114/14.
[194] BVerfG 7.10.2003 – 2 BvR 2118/01, NJW 2004, 1095; SK/*Frister* Rn. 21.
[195] SSW/*Rosenau* Rn. 11.

A. Überblick

1 § 188 modifiziert die §§ 65, 65, 79 Abs. 2 StPO und **ergänzt**[1] § 185 dahingehend, dass fremdsprachige Personen den Eid in der ihnen geläufigen Sprache abgeben. Die Vorschrift war bereits in der Urfassung des GVG 1877 enthalten und blieb dem Grunde nach bis heute unverändert.[2]

B. Erläuterung

2 Die Vorschrift findet auf alle fremdsprachigen „Personen" Anwendung, die ggf. einen Eid zu leisten haben, damit also nicht nur auf **Zeugen,** sondern auch auf **Sachverständige**[3] (der Eid des Dolmetschers nach § 189 Abs. 1 hat in deutscher Sprache zu erfolgen, da dieser ja der deutschen Sprache mächtig ist). Für hör- und sprachbehinderte Personen iSd § 186 finden sich in § 66 StPO und § 483 ZPO besondere Vorschriften.[4]

3 Zunächst überträgt der Dolmetscher die vom Vorsitzenden nochmals vorgelesene Eidesformel nach den §§ 64, 65 StPO, ggf. übersetzt er unmittelbar den Wortlaut der einschlägigen Vorschriften.[5] Sodann trägt der Dolmetscher – es sei denn, der Vorsitzende ist ebenso hierzu fähig[6] – die Eidesformel in der **Landessprache** vor.[7] Die Eidesformel in der Landessprache wird der entsprechenden, ausländischen Prozessordnung zu entnehmen sein. Der zu Vereidigende hat daraufhin den Eid vorzusprechen, wobei es ihm gestattet ist, **Bekräftigungsformeln,** Gesten und sonstige symbolische Handlungen seines Kulturkreises bzw. seiner Religion zu verwenden (§ 64 Abs. 3 StPO), soweit diese den Eid lediglich bekräftigen[8] bzw. dessen Wirksamkeit voraussetzen (rituelle Waschungen wie etwa der Wudu bzw. Abdest[9]). Einer **Rückübersetzung** des Eides ins Deutsche bedarf es nicht, es sei denn es bestehen Zweifel an der Korrektheit der Eidesleistung.[10]

§ 189 [Dolmetschereid]

(1) ¹Der Dolmetscher hat einen Eid dahin zu leisten:
daß er treu und gewissenhaft übertragen werde.
²Gibt der Dolmetscher an, daß er aus Glaubens- oder Gewissensgründen keinen Eid leisten wolle, so hat er eine Bekräftigung abzugeben. ³Diese Bekräftigung steht dem Eid gleich; hierauf ist der Dolmetscher hinzuweisen.

(2) Ist der Dolmetscher für Übertragungen der betreffenden Art in einem Land nach den landesrechtlichen Vorschriften allgemein beeidigt, so genügt vor allen Gerichten des Bundes und der Länder die Berufung auf diesen Eid.

(3) In Familiensachen und in Angelegenheiten der freiwilligen Gerichtsbarkeit ist die Beeidigung des Dolmetschers nicht erforderlich, wenn die beteiligten Personen darauf verzichten.

---

[1] SK/*Frister* Rn. 1; Löwe/Rosenberg/*Wickern* Rn. 1; BeckOK StPO/*Walther* Rn. 1.
[2] SK/*Frister* Rn. 1.
[3] Meyer-Goßner/*Schmitt* Rn. 1; SK/*Frister* Rn. 1.
[4] SK/*Frister* Rn. 1; BeckOK StPO/*Walther* Rn. 1.
[5] Auf dieses Prozedere kann verzichtet werden, wenn dem Dolmetscher die Eidesformel bekannt ist, vgl. RG 12.12.1911 – RGSt 45, 304 (305); Löwe/Rosenberg/*Wickern* Rn. 2; Radtke/Hohmann/*Otte* Rn. 1.
[6] Meyer-Goßner/*Schmitt* Rn. 1; SSW/*Rosenau* Rn. 3; SK/*Frister* Rn. 3; aA OLG Köln 14.1.1969 – Ss 563/68, MDR 1969, 501.
[7] Meyer-Goßner/*Schmitt* Rn. 1.
[8] SK/*Frister* Rn. 4; SSW/*Rosenau* Rn. 2; RG 24.1.1884 – 2883/83, RGSt 10, 181 (182); 26.6.1923 – IV 886/2257, RGSt 57, 342; OLG Köln 14.1.1969 – Ss 563/68, MDR 1969, 501. Beispiele für die Vereidigung von Muslimen finden sich bei *Leisten* MDR 1980, 636 sowie *Jünemann* MDR 1970, 725 (727).
[9] *Leisten* MDR 1980, 636 (637).
[10] Meyer-Goßner/*Schmitt* Rn. 1; HK/*Schmidt/Temming* Rn. 1; SK/*Frister* Rn. 5; BeckOK StPO/*Walther* Rn. 1; aA KK/*Senge* § 64 Rn. 3.

(4) ¹Der Dolmetscher oder Übersetzer soll über Umstände, die ihm bei seiner Tätigkeit zur Kenntnis gelangen, Verschwiegenheit wahren. ²Hierauf weist ihn das Gericht hin.

Schrifttum: *Christl,* Europäische Mindeststandards für Beschuldigtenrechte – Zur Umsetzung der EU-Richtlinien über Sprachmittlung und Information im Strafverfahren, NStZ 2014, 376; *Liemersdorf,* Berufung auf den Dolmetschereid, NStZ 1981, 69; *Sommer,* Verteidiger und Dolmetscher, StraFo 1995, 45

Übersicht

	Rn.		Rn.
A. Überblick	1–7	c) Verzicht	15
I. Einordnung	1, 2	4. Protokollierung und Reichweite der Beweiskraft	16
II. Entstehungsgeschichte	3	5. Meineid	17
III. Vereidigung als Maßnahme der Qualitätssicherung?	4–7	II. Allgemeine Vereidigung und Berufung auf diesen Eid (Abs. 2)	18–20
B. Erläuterung	8–28	1. Berufung auf den Eid	19
I. Vereidigung des Dolmetschers (Abs. 1)	8–17	2. Protokollierung und Reichweite der Beweiskraft	20
1. Sachlicher Anwendungsbereich	9–11	III. Verschwiegenheitspflicht (Abs. 4)	21, 22
2. Personeller Anwendungsbereich	12	IV. Revision	23–28
3. Abnahme des Eides	13–15	1. Verstoß gegen die Vereidigungspflicht	23–27
a) Zeitpunkt	13	2. Verlesungsverbote	28
b) Eidesformel	14		

A. Überblick

I. Einordnung

§ 189 legt fest, dass der hinzugezogene Dolmetscher zu **vereidigen** ist (Abs. 1), wovon nur abgesehen werden kann, wenn er für „Übertragungen der betreffenden Art (…) nach den landesrechtlichen Vorschriften **allgemein beeidigt**" ist (Abs. 2). Abs. 3 hat im Strafprozess keine Bedeutung. Nach Abs. 4 unterliegt der Dolmetscher einer **Verschwiegenheitspflicht,** worauf ihn das Gericht hinzuweisen hat. Die Vereidigung des Dolmetschers ist – anders als beim Sachverständigen – nach § 79 StPO nicht in das Ermessen des Gerichts gestellt. Es handelt sich um einen der wenigen Fälle im Strafverfahrensrecht, wo die Vereidigung noch **obligatorisch** ist, wobei die Vereidigungspflicht auf die überragende Bedeutung des Dolmetschers im Strafverfahren (→ § 185 Rn. 17) zurückgeführt werden kann.[1] „Hier hört die vom BGH apostrophierte ‚Ähnlichkeit in Vielem' (BGHSt 4, 154) zwischen Dolmetscher und Sachverständigem auf."[2] Die Differenzierung trägt also der besonderen Rolle und Verantwortung des Dolmetschers Rechnung, wird aber gemeinhin zumindest **relativiert,** da der vom Eid bezweckte Schutz in den meisten Fällen nicht notwendig sei (persönliche und sachliche Unbefangenheit könnten vorausgesetzt werden). 1

Diese Grundhaltung mag auch Tendenzen begünstigen, der Vorschrift zumindest revisionsrechtlich, namentlich anhand der Beruhensprüfung den Zahn ziehen zu wollen (→ Rn. 23 ff.). Der angestrebten Gleichstellung ist allerdings kaum beizupflichten, da bereits der stets in den Hinterköpfen gezogene Vergleich zum Sachverständigen hinkt (aber auch der gesetzlichen Ausgestaltung geschuldet ist, vgl. § 191): Die Tätigkeit des Sachverständigen betrifft eine konkrete Beweiserhebung, während der Dolmetscher während des gesamten Verfahrens tätig wird. Ferner dient der Eid nicht ausschließlich der Bestätigung einer unvoreingenommenen bzw. gewissenhaften Übersetzung, sondern hat auch den Cha- 2

---

[1] SSW/*Rosenau* Rn. 1; SK/*Frister* Rn. 2.
[2] *Liemersdorf* NStZ 1981, 69.

rakter eines „Qualitätsnachweises" (vgl. bereits → § 185 Rn. 45 sowie im Folgenden → Rn. 4). Die Ausnahme in Abs. 2 ist entsprechend streng handzuhaben, de lege ferenda über eine Umgestaltung des § 189 nachzudenken.

II. Entstehungsgeschichte

3   An der schon im GVG von 1877 enthaltenen Verpflichtung zur Vereidigung des Dolmetschers (zunächst aber im § 191) hat sich auch nach Abschaffung der obligatorischen Zeugenvereidigung durch das 1. Justizmodernisierungsgesetz vom 24.8.2004[3] bis heute nichts geändert.[4] Die Vorschrift wechselte über die Jahre lediglich ihren Platz, Änderungen im Wortlaut gingen nur mit der Einführung der eidesgleichen Bekräftigung einher.[5] Redaktionelle Änderungen des Abs. 2 brachte das Gesetz zur Verbesserung der grenzüberschreitenden Forderungsdurchsetzung mit sich,[6] während die FGG-Reform den Abs. 3 zur Folge hatte.[7] Mit der durch das Gesetz zur Stärkung der Verfahrensrechte des Beschuldigten wurde die Verschwiegenheitspflicht in Abs. 4 eingefügt.[8] Damit handelt es sich um eines der wenigen Maßnahmen, die als „echte Neuerung" infolge der Umsetzung der Richtlinie über das Recht auf Dolmetschleistungen und Übersetzungen in Strafverfahren bezeichnet werden kann (vgl. Art. 5 Abs. 3 EU 2010/64,[9] zum Ganzen auch → § 185 Rn. 21).

III. Vereidigung als Maßnahme der Qualitätssicherung?

4   Gem. Art. 2 Abs. 8 der Richtlinie über das Recht auf Dolmetschleistungen und Übersetzungen in Strafverfahren (2010/64/EU[10]) haben die Mitgliedsstaaten konkrete Maßnahmen zu ergreifen, „um sicherzustellen, dass Dolmetschleistungen und Übersetzungen der Qualität entsprechen, die nach Art. 2 Abs. 8 und Art. 3 Abs. 9 erforderlich ist." Als derartige Maßnahme wird das tatrichterliche (freilich nur eingeschränkt überprüfbare) Ermessen bei der Auswahl des Dolmetschers[11] sowie die Einrichtung von Übersetzerdatenbanken mit allgemein vereidigten Dolmetschern[12] angesehen. Das ist bereits für sich gesehen nicht unproblematisch, da der Eid als „Schwur" zu verstehen ist, so gut zu übersetzen, wie man eben kann. Dies bedeutet allerdings nicht, dass man besonders gut bzw. „ausreichend" übersetzen könnte. Zumindest der **allgemeinen Vereidigung** als feierlicher Akt geht allerdings eine Prüfung voraus, was den Bezug zwischen Eid und Qualität erst herstellt.[13] Bei solch einem Verständnis erfüllt der Eid eine **„Doppelfunktion"** (Lauterkeit und Qualität).

5   Da nicht selten auf allgemein vereidigte Dolmetscher zurückgegriffen wird, verlagert sich die Qualitätsprüfung damit auch auf das Landesrecht (vgl. bereits → § 185 Rn. 22), das teils in Ausführungsgesetzen zum GVG (wie etwa in Saarland, § 6 SAG-GVG[14]), teils

---

[3] BGBl. I 2198.
[4] Zum Ganzen auch SK/*Frister* Rn. 1.
[5] BGBl. I 3686.
[6] BGBl. I 2122 (2126).
[7] BGBl. I 2586 (2696).
[8] BGBl. I 1938.
[9] ABl. 2010 L 280.
[10] ABl. 2010 L 280.
[11] *Christl* NStZ 2014, 376 (381) mwN.
[12] Vgl. hierzu BT-Drs. 17/12578, 13: „Zur Sicherung der inhaltlichen Qualität der Dolmetsch- und Übersetzungsleistungen hält die Richtlinie 2010/64/EU in Artikel 5 Absatz 2 die Mitgliedstaaten dazu an, Register mit unabhängigen und angemessen qualifizierten Übersetzern und Dolmetschern einzurichten. Dem haben in der Bundesrepublik Deutschland die Länder durch die Einrichtung entsprechender Dolmetscher- und Übersetzerdatenbanken bereits in vollem Umfang Rechnung getragen."
[13] Zu diesen unterschiedlichen Funktionen der Vereidigung vgl. auch VG Düsseldorf 27.9.2006 – 20 K 5477/05.
[14] Speziell zur Auslegung der „Soll-Vorschrift" des § 6 Abs. 5, welcher die allgemeinen Vereidigung als Dolmetscher bei Fehlen einer die Eignung belegenden staatlichen Prüfung zum Gegenstand hat OLG Saarbrücken 25.4.2005 – 1 VA 1/05.

in eigenständigen Dolmetschergesetzen die allgemeine Vereidigung als Dolmetscher regelt.[15] Zwingend ist dies allerdings nicht. Der Gesetzgeber scheint – in Anbetracht der Regelungsreihenfolge – davon auszugehen, dass die Vereidigung im Einzelfall („treu und gewissenhaft zu übertragen") den Normalfall darstellt. In diesem Fall bleibt die Prüfung dem Richter überlassen. Aber da die landesrechtlichen Anforderungen an die allgemeine Vereidigung auch in die Auswahlentscheidung nach Abs. 1 hineinwirken, mithin Abs. 2 als „Scharnier" für die Prüfung nach Abs. 1 betrachtet wird, wird der berufsrechtliche Flickenteppich zum Maßstab der Ermessensprüfung.

In Anbetracht des Umstands, dass für zahlreiche Sprachen nunmehr staatliche Prüfungen **6** (wenn auch nicht in allen Bundesländern) angeboten werden und die Länder einen einheitlichen Standard in diesem Zusammenhang anstreben[16] wiegt das Fehlen eines „Berufsbilds" bzw. eines bundesrechtlichen Verfahrens zur Zulassung (vgl. bereits → § 185 Rn. 21) weniger schwer. Problematisch erscheint vielmehr, dass diese Prüfung im Falle des Abs. 1 zu einer bloßen Richtschnur wird, mithin der vorsitzende Richter an die Stelle der Sprachprüfungskommissionen tritt (wofür Abs. 1 – wie dargelegt – eigentlich nichts her gibt: man könnte sich auch auf die ursprüngliche Funktion des Eides zurückbesinnen und damit die gewissenhafte und qualitativ ausreichende Übertragung auseinanderhalten; dann wäre auch im Falle einer allgemeinen Prüfung eine Eidesleistung für das konkrete Verfahren von jedem Dolmetscher zu fordern).

Bei solch einer Ausgangslage lässt sich durchaus in Zweifel ziehen, ob die bloße Ergän- **7** zung des § 189 um den Absatz 4 als „konkrete Maßnahme" den Anforderungen der Richtlinie genügt. Das von der Richtlinie angestrebte Schutzniveau ist erst erreicht, wenn die Auswahlentscheidung (iSd allgemeinen „Qualitätsprüfung") dem Gericht vollständig entzogen, mithin stets eine allgemeine Vereidigung für erforderlich erachtet wird, die ggf. durch eine Richtigkeits- bzw. Lauterkeitsbekundung ergänzt wird. Für seltene Sprachen müsste dann eine externe Prüfungskommission herangezogen oder mangels Überprüfbarkeit der Dolmetscherleistung schlicht eine „Ausnahmeklausel" dahingehend eingefügt werden, dass eine Richtigkeitsbekundung genügt.

B. Erläuterung

I. Vereidigung des Dolmetschers (Abs. 1)

Abs. 1 regelt die Vereidigung des Dolmetschers durch das Gericht bzw. den Vorsitzenden **8** als Maßnahme der Verhandlungsleitung, § 238 Abs. 1 StPO.

1. Sachlicher Anwendungsbereich. § 189 hängt unmittelbar mit den §§ 185, 187 **9** zusammen, mithin soll sein Anwendungsbereich demjenigen der beiden Vorschriften entsprechen. Insofern beschränkt sich die Vereidigungspflicht nicht auf die Hauptverhandlung, sondern betrifft ggf. auch die früheren Verfahrensstadien. So hat bspw. auch der **Ermittlungsrichter** § 189 bei der Zuziehung eines Dolmetschers zu beachten.[17] Der von dem Dolmetscher im Ermittlungsverfahren geleistete Eid, kann die in der Hauptverhandlung

---

[15] Vgl. den Überblick des Bundesverbands der Dolmetscher und Übersetzer e.V. abrufbar unter http://www.bdue.de/der-beruf/beeidigte/. Erst nachdem das Bundesverwaltungsgericht 2007 klargestellt hatte, dass die berufsrechtlichen Voraussetzungen für die allgemeine Beeidigung von Dolmetschern und die Ermächtigung von Übersetzern durch Rechtsnorm geregelt werden müssen (mithin eine allgemeine Verwaltungsvorschrift nicht genügt), hatten alle Bundesländer entsprechende Landesgesetze erlassen, vgl. BVerwG 16.1.2007 – 6 C 15/06, NJW 2007, 1478: „Vereinzelt bestehende Normen des Bundesrechts, insbesondere die eingangs erwähnten § 189 Abs. 2 GVG und § 142 Abs. 3 ZPO, schaffen diese Grundlage nicht, sondern setzen sie voraus".
[16] Vgl. hierzu die Richtlinie zur Durchführung und Anerkennung von Prüfungen für Übersetzer/Übersetzerinnen, Dolmetscher/Dolmetscherinnen und Gebärdensprachdolmetscher/Gebärdensprachdolmetscherinnen der Kultusministerkonferenz vom 12.3.2004, abrufbar unter http://www.kmk.org/fileadmin/Dateien/veroeffentlichungen_beschluesse/2004/2004_03_12-Richtlinie-Dolmetscher.pdf.
[17] BGH 12.5.1992 – 1 StR 29/92, StV 1992, 551; Meyer-Goßner/*Schmitt* Rn. 1.

erforderliche Vereidigung allerdings nicht ersetzen.[18] Damit kann die Bezugnahme auf eine Vereidigung des Dolmetschers in einem vorausgegangenen Haftprüfungstermin auch nicht genügen, vielmehr muss eine erneute Vereidigung in der Hauptverhandlung vorgenommen werden.[19]

10 Die Rechtsprechung zur „erweiternden Auslegung des § 189" erging allerdings vor Einfügung und nochmaliger Modifikation des § 187, weswegen man sich die Frage stellen muss, ob auch bei einer Hinzuziehung **außerhalb der Verhandlung** eine Vereidigung von Nöten ist.[20] Die Gesetzgebungsmaterialien helfen hier kaum weiter. Der Gesetzgeber hat zwar auf ausdrückliche Regelungen in diesem Zusammenhang verzichtet.[21] Umgekehrt wurden allerdings § 187 und § 189 zuletzt zeitgleich modifiziert, sodass er sich der Erweiterung des Anwendungsbereichs des § 189 bewusst gewesen sein muss, mithin durchaus ein „Gleichlauf" beabsichtigt sein könnte. Damit würde aber **Sinn und Zweck** der Dolmetschervereidigung verfehlt, insbes. bedarf es bei einer rein internen „Dolmetschertätigkeit" keines zusätzlichen Qualitäts- und Lauterkeitsnachweises. Damit sollte die Anwendung des § 189 auf „kontradiktorische" Verfahrensabschnitte (Vernehmungen von Zeugen, Vernehmungen des Beschuldigten durch Richter und StA) beschränkt werden, da der Dolmetscher nur in diesen Fällen nicht nur als Verbindungsglied zwischen Verteidigung und Beschuldigtem fungiert, sondern sich wieder in der für seine Tätigkeit typischen **Konfliktsituation** befindet (vgl. hierzu → Rn. 17).[22]

11 Gem. § 77 IRG gilt die Vorschrift auch im **Auslieferungsverfahren.**[23]

12 **2. Personeller Anwendungsbereich.** Die Vorschrift gilt nur für hinzugezogene Dolmetscher nach § 185 Abs. 1, 187 und 186 Abs. 2. In allen anderen Fällen, in denen sich das Gericht eines Dolmetschers als „Zeugen" oder **Kultursachverständigen** bedient, bedarf es keiner Vereidigung nach § 189 (ggf. allerdings einer nach § 79 Abs. 1[24]). Ebenso wenig müssen sonstige **Hilfspersonen** bzw. Verständigungshelfer (denkbar im Falle des § 186, vgl. dort → § 186 Rn. 7) „analog" nach § 189 vereidigt werden.[25] Ebenso ist eine Vereidigung gem. § 190 S. 2 entbehrlich, wenn der **Urkundsbeamte der Geschäftsstelle** die Dolmetschertätigkeit nach § 190 S. 1 übernimmt. Kann die Person nicht vereidigt werden, kann sie auch nicht als Dolmetscher agieren.[26]

13 **3. Abnahme des Eides. a) Zeitpunkt.** Das Gericht nimmt den Eid vor der Übertragung ab, was sich bereits aus der Eidesformel ergibt („übertragen werde").[27] Die Abnahme erfolgt im Regelfall nach Aufruf zur Sache **(Voreid).**[28] Es bleibt allerdings meist ohne (revisionsrechtliche) Konsequenzen, wenn der Eid erst im unmittelbaren Anschluss an die Übertragung geleistet wird **(Nacheid).**[29] Die Vereidigung hat in der Hauptverhandlung **eines jeden Verfahrens** zu erfolgen, selbst wenn dieses Verfahren Teil einer mehrere Fälle umfassenden Sitzung des Gerichts am selben Tag ist; die Bezugnahme auf einen zuvor in anderer Sache geleisteten Dol-

---

[18] OLG Düsseldorf 11.2.1998 – 2 Ss 424/97 – 7/98 II, StraFo 1998, 123.
[19] BGH 22.5.1991 – 2 StR 47/91, StV 1991, 504.
[20] Löwe/Rosenberg/*Wickern* Rn. 1; SK/*Frister* Rn. 3; verneinend BeckOK StPO/*Walther* Rn. 1.
[21] So SK/*Frister* Rn. 3.
[22] Im Ergebnis auch Löwe/Rosenberg/*Wickern* Rn. 1; SK/*Frister* Rn. 3; SSW/*Rosenau* Rn. 2. Praktisch sollte diese Frage nicht überschätzt werden. Selbst wenn man davon ausginge, dass selbst der nach § 187 Abs. 1 hinzugezogene Dolmetscher stets nach § 189 zu vereidigen ist (dies müsste dann in einem gesonderten Verfahren erfolgen), würden sich Fehler in diesem Bereich kaum auswirken, da jedenfalls bei Eröffnung der Hauptverhandlung eine Vereidigung vorzunehmen ist, welche wiederum die fehlende Vereidigung im Vorverfahren „heilen" würde.
[23] Vgl. SK/*Frister* Rn. 2, nicht hingegen bei einer konsularischen Vernehmung, vgl. § 15 Abs. 3 S. 2 KonsularG.
[24] SK/*Frister* Rn. 3.
[25] Löwe/Rosenberg/*Wickern* Rn. 1; AA SK/*Frister* § 186 Rn. 6 sowie SK/*Frister* Rn. 2, der auch bei „Verständigungshelfern" nach Abs. 1 eine Vereidigung für notwendig erachtet.
[26] Löwe/Rosenberg/*Wickern* Rn. 2 mwN.
[27] OLG Saarbrücken 30.5.1974 – Ss 155/73, NJW 1975, 65; OLG Hamburg 18.3.1975 – 1 Ss 164/74, NJW 1985, 1573; Meyer-Goßner/*Schmitt* Rn. 1.
[28] SSW/*Rosenau* Rn. 3; HK/*Schmidt/Temming* Rn. 1.
[29] OLG Saarbrücken 30.5.1974 – Ss 155/73, NJW 1975, 65.

metschereid reicht nicht aus.[30] Ein „Rückgriff" auf eine Vereidigung in **anderen Verfahrensabschnitten** (etwa in einem **Haftprüfungstermin**) reicht ebenso wenig aus[31] wie die **Belehrung** des Dolmetschers, sorgfältig und gewissenhaft zu übersetzen (jedenfalls ergibt sich aus deren Protokollierung nicht, dass auch ein Eid geleistet wurde[32]). Hingegen muss der am ersten Sitzungstag geleistete Eid nicht an jedem Hauptverhandlungstermin wiederholt werden.[33] Erst Recht gilt dies für die mehrmalige Übersetzungstätigkeit innerhalb derselben Verhandlung, auch wenn diese sich – aufgrund einer Unterbrechung – auf mehrere Sitzungstage erstreckt (hier liegt ohnehin nur eine Hinzuziehung vor).[34] Ein Dolmetscher, der zunächst nur für eine bestimmte Sprache bestellt und allgemein vereidigt worden (Abs. 2) ist, muss, wenn er in einer anderen Sprache dolmetscht, gesondert vereidigt werden.[35]

b) Eidesformel. Die Eidesformel richtet sich nach § 64 StPO, wobei sich der Schwur 14 auf die treue und gewissenhafte Übertragung zu beziehen hat.[36] Dem Dolmetscher steht es frei, den Eid ohne religiöse Beteuerung abzuleisten (§ 64 Abs. 2), die Beteuerungsformel einer anderen Religions- oder Bekenntnisgemeinschaft abzugeben (Abs. 3) oder gem. Abs. 1 S. 2 eine eidesgleiche Bekräftigung nach § 65 StPO abzugeben (in diesem Fall ist der Dolmetscher darauf **hinzuweisen,** dass seine Bekräftigung einem Eid gleichsteht, § 189 Abs. 1 S. 3, wobei dieser Hinweis als wesentliche Förmlichkeit – wie die eidesgleiche Bekräftigung selbst – zu protokollieren ist[37]).

c) Verzicht. Ein Verzicht auf die Vereidigung ist nicht möglich und führt damit auch 15 nicht zur „Verwirkung" (im Hinblick auf die Geltendmachung der fehlenden Vereidigung in der Revision, vgl. noch → Rn. 23).[38]

4. Protokollierung und Reichweite der Beweiskraft. Die Dolmetschervereidigung 16 ist eine **wesentliche Förmlichkeit** iSd § 273 Abs. 1, weswegen deren Beachtung auch nur durch das Hauptverhandlungsprotokoll bewiesen werden kann (zu den Protokollierungspflichten vgl. auch → Rn. 20 sowie → § 185 Rn. 60).[39] Ist die Vereidigung nicht protokolliert, so wird ihr Fehlen damit nach § 274 Abs. 1 StPO unwiderlegbar vermutet.[40] Ist das Protokoll hingegen **widersprüchlich** (indem es einerseits von einer Vereidigung nach Abs. 1 „zu Beginn der Verhandlung" spricht, es andererseits aber heißt, dass sich der Dolmetscher auf „seine allgemeine Vereidigung" nach Abs. 2 berufen habe), kann es auch keine Beweiskraft entfalten.[41] Fehlt der Eintrag vollständig, entfaltet das Protokoll negative Beweiskraft,[42] es sei denn, es wurde zulässigerweise **berichtigt.**[43]

---

[30] BGH 2.9.1987 – 2 StR 420/87, NStZ 1987, 568. Zum Verwaltungsverfahren OVG Nordrhein-Westfalen 15.6.1999 – 23 A 1035/99.A.
[31] BGH 22.5.1991 – 2 StR 47/91, StV 1991, 504.
[32] BGH 13.5.1997 – 4 StR 191/97, NStZ 1998, 28.
[33] Nach SK/*Frister* Rn. 5 und Löwe/Rosenberg/*Wickern* Rn. 4 in entsprechender Anwendung der §§ 67, 72 StPO; dann müsste allerdings zumindest die Berufung auf den Eid als „wesentliche Förmlichkeit" an jedem Verhandlungstag erfolgen.
[34] SK/*Frister* Rn. 5; Löwe/Rosenberg/*Wickern* Rn. 4; Meyer-Goßner/*Schmitt* Rn. 1.
[35] BGH 12.5.1992 – 1 StR 29/92, StV 1992, 551.
[36] HK/*Schmidt/Temming* Rn. 2.
[37] Löwe/Rosenberg/*Wickern* Rn. 5; SK/*Frister* Rn. 6.
[38] So bereits 9.9.1941 – 4 D 347/41, RGSt 75, 332 (333); BGH 7.10.1986 – VI ZR 262/85, NJW 1987, 260; aus neuerer Zeit OLG Celle 4.4.2016 – 1 Ss (Owi) 54/16, StV 2016, 806; SK/*Frister* Rn. 1; Löwe/Rosenberg/*Wickern* Rn. 2.
[39] OLG Celle 4.4.2016 – 1 Ss (Owi) 54/16, StV 2016, 806; OLG Köln 23.5.2002 – Ss 171/02, NStZ-RR 2002, 247; BeckOK StPO/*Walther* Rn. 2; SSW/*Rosenau* Rn. 5.
[40] OLG Celle 4.4.2016 – 1 Ss (Owi) 54/16, StV 2016, 806; BGH 13.5.1997 – 4 StR 191/97, StV 1997, 515.
[41] Dies bedeutet aus Sicht des Revisionsführers jedoch nicht, dass man davon ausgehen müsste, dass sich keines der beiden Vereidigungsformen zugetragen hätte, vgl. BGH 20.7.1999 – 1 StR 287/99, NStZ 2000, 49.
[42] OLG Celle 4.4.2016 – 1 Ss (Owi) 54/16, StV 2016, 806; BGH 13.5.1997 – 4 StR 191/97, StV 1997, 515; OLG Hamm 3.11.1992 – 2 Ss 568/92.
[43] So in BGH 15.12.2011 – 1 StR 579/11, NJW 2012, 1015; Noch vor Anerkennung der sog. „Rügeverkümmerung" durch BGH 23.4.2007 – GSSt 1/06, BGHSt 51, 298 bereits BGH 12.1.2000 – 5 StR 617/99, NStZ 2000, 216 für den Fall einer offensichtlichen Namensverwechslung; anders hingegen noch BGH 31.8.1995 – 1 StR 452/95, StV 1996, 531; BayObLG 11.8.1998 – 5 St RR 145/98.

17 **5. Meineid.** Die bewusste Falschübersetzung lässt sich unter den Begriff des „falschen Schwörens" subsumieren, §§ 154, 161 StGB.[44]

II. Allgemeine Vereidigung und Berufung auf diesen Eid (Abs. 2)

18 Bei einer allgemeinen Vereidigung entfällt gem. Abs. 2 die Notwendigkeit einer Vereidigung im konkreten Einzelfall. Die Voraussetzungen für die allgemeine Vereidigung ergeben sich aus den entsprechenden Dolmetscherlandesgesetzen. Zuständig für die allgemeine Vereidigung ist der Präsident des LG, in dessen Bezirk der Dolmetscher seinen Wohnsitz hat.[45] Schließlich gilt § 189 Abs. 2 auch nur für Verfahren, in denen der Dolmetscher vor einem Gericht im Bezirk des Landgerichts zugezogen wird, vor dem er seinen Eid geleistet hat.[46]

19 **1. Berufung auf den Eid.** Der Dolmetscher muss sich auf den allgemeinen Eid berufen, dh eine eigene Erklärung abgegeben haben mit dem Inhalt, dass er die Richtigkeit der Übertragung auf diesen Eid nimmt.[47] Es genügt allerdings jede (protokollierte) Erklärung, aus der sich ergibt, dass der Dolmetscher sich der allgemeinen Vereidigung **bewusst** ist.[48]

20 **2. Protokollierung und Reichweite der Beweiskraft.** Aus dem Protokollvermerk „allgemein vereidigt" ergibt sich nicht per se, dass der Dolmetscher sich auf diesen berufen hätte;[49] dies kann aber aufgrund der **Mehrdeutigkeit** des Eintrags im Wege des Freibeweises ermittelt werden.[50] Hat sich ausweislich des Protokolls der Hauptverhandlung der dort hinzugezogene Dolmetscher „auf die allgemeine Vereidigung" bezogen, folgt hieraus nicht, dass der in der Hauptverhandlung hinzugezogene Dolmetscher auch tatsächlich allgemein vereidigt war.

III. Verschwiegenheitspflicht (Abs. 4)

21 In Umsetzung von Art. 5 Abs. 3 **Richtlinie** über das Recht auf Dolmetschleistungen und Übersetzungen in Strafverfahren **(2010/64/EU**[51]**)**, legt Abs. 4 eine Verschwiegenheitspflicht des Dolmetschers fest. Sie gilt gem. § 163a Abs. 5 StPO auch im Ermittlungsverfahren.[52] Dies erschien in Anbetracht der äußerst fragmentarischen und rudimentären Ausgestaltung der Rechtsgrundlagen zur Dolmetschertätigkeit (von einem Berufsrecht im engeren Sinn kann nicht die Rede sein, vgl. → § 185 Rn. 21) zwingend erforderlich, zumal Inhalt und Reichweite der sich aus den supranationalen Kodices und den Landesgesetzen ergeben-

---

[44] Meyer-Goßner/*Schmitt* Rn. 1; SSW/*Rosenau* Rn. 9; BGH 9.4.1953 – 5 StR 824/52, BGHSt 4, 154 = NJW 1953, 1033.
[45] Meyer-Goßner/*Schmitt* Rn. 2; SSW/*Rosenau* Rn. 7.
[46] OLG Celle 17.9.1987 – 1 Ss (OWi) 298/87, NdsRpfl 1987, 259.
[47] BeckOK StPO/*Walther* Rn. 4; SSW/*Rosenau* Rn. 7; HK/*Schmidt/Temming* Rn. 4.
[48] SK/*Frister* Rn. 7; BGH 2.9.1987 – 2 StR 420/87, NStZ 1987, 568.
[49] Vgl. BGH 17.10.1979 – 3 StR 401/79, NStZ 1981, 69; so auch BGH 23.11.1983 – 2 StR 698/83, („Der Protokollvermerk: ‚Personalien und allgemeine Vereidigung gerichtsbekannt' ergibt nicht, daß der Dolmetscher sich auf den von ihm allgemein geleisteten Eid berufen hat"); Radtke/Hohmann/*Otte* Rn. 2.
[50] BGH 20.4.1982 – 1 StR 833/81, BGHSt 31, 39 (40); 17.10.1979 – 3 StR 401/79, NStZ 1981, 69 mAnm *Liemersdorf*; 4.12.1980 – 1 StR 681/80, NStZ 1981, 190; 23.11.1983 – 2 StR 698/83; OLG Düsseldorf 11.2.1998 – 2 Ss 424/97 – 7/98 II, StraFo 1998, 123; OLG Celle 4.4.2016 – 1 Ss (Owi) 54/16, StV 2016, 806; vgl. aber den Sonderfall BGH 29.11.1977 – 5 StR 75/77.
[51] ABl. 2010 L 280.
[52] Radtke/Hohmann/*Otte* Rn. 1. Insbes. hier wurde ein gesetzgeberisches Handeln für notwendig erachtet, vgl. BT-Drs. 18/12578, 7: „Geringfügiger gesetzgeberischer Handlungsbedarf besteht jedoch hinsichtlich der Verpflichtung aller von Polizei, Staatsanwaltschaften und Gerichten herangezogener Dolmetscher und Übersetzer zur Verschwiegenheit. Zur Umsetzung von Artikel 5 Absatz 3 der Richtlinie 2010/64/EU soll daher eine entsprechende Ordnungsvorschrift in § 189 Abs. 4 GVG-E geschaffen werden, wonach alle als Dolmetscher und Übersetzer hinzugezogenen Personen, die nicht bereits – etwa aufgrund der landesgesetzlichen Bestimmungen und des geleisteten Eides – zur Verschwiegenheit verpflichtet sind, Verschwiegenheit bewahren sollen und hierauf auch vom Gericht hingewiesen werden".

den Verschwiegenheitsverpflichtung nicht überschneiden müssen. Die hM versteht – der Vorstellung des Gesetzgebers entsprechend[53] und prima vista naheliegend – die Regelung in Abs. 4 als **bloße Ordnungsvorschrift,** sodass auch Verstöße in diesem Kontext ohne Folgen bleiben bzw. nicht mit der Revision geltend gemacht werden können[54] (da es um Kenntnisse geht, die den konkreten Prozess betreffen, spielt die Frage, inwieweit der Verstoß gegen die Verschwiegenheitsverpflichtung zur Unverwertbarkeit der Aussage führt, für den konkreten Prozess keine Rolle[55]).

Doch ist die Vorschrift **im Lichte der Richtlinie** zu lesen, welche die Verschwiegen- **22** heitsverpflichtung als Teil eines Maßnahmepakets in Art. 5 nennt, der seinerseits die Qualität der Dolmetschleistungen sichern soll. Damit soll die Verschwiegenheitsverpflichtung selbst die Lauterkeit des Dolmetschers sichern, während der Hinweis nach Abs. 4 S. 2 diesen wiederum an dessen berufliche Verpflichtungen erinnern soll. Auch der Kontext der Regelung (unmittelbar im Rahmen des Dolmetschereids) deutet darauf hin, dass es sich um eine dem Abs. 1 **„ebenbürtige" Qualitätssicherungsmaßnahme** handelt. Dann muss aber auch der Verstoß gegen Abs. 4 S. 1 und S. 2 dieselben Folgen haben wie ein Verstoß gegen Abs. 1. Dabei dürfte es selten vorkommen, dass der Dolmetscher ihm bekannte Informationen aus anderen Verfahren preisgibt. Doch deutet solch ein Verhalten eben darauf hin, dass er es im Allgemeinen mit seinen beruflichen Pflichten (und damit der treuen und gewissenhaften Übertragung) nicht ausreichend ernst nimmt. Bei einem Verstoß gegen Abs. 4 S. 1 und S. 2 handelt es sich also um einen relativen Revisionsgrund. Nur dann macht auch die Belehrungspflicht nach Abs. 4 S. 2, die Platzierung der Verschwiegenheitsverpflichtung in § 189 und damit auch die Notwendigkeit, den Dolmetscher vor Beginn der Übertragung über seine Verschwiegenheitsverpflichtung aufzuklären, Sinn.[56] Außerdem müsste man durchaus in Frage stellen, ob es sich um eine ausreichende Maßnahme iSd Richtlinie handelte, wenn der ständige Verstoß gegen die Verpflichtung keinerlei Folgen nach sich zöge.

IV. Revision

1. Verstoß gegen die Vereidigungspflicht. Der Verstoß gegen die Vereidigungspflicht **23** ist als Rechtsverletzung ein **relativer Revisionsgrund.**[57] Er wird nicht durch einen Rügeverzicht geheilt.[58] Fehlt es an **konkreten Umständen,** welche den Schluss zuließen, dass sich das Fehlen der eidlichen Bekräftigung im Einzelfall nicht auf die Übersetzung ausgewirkt hat (diese können sich entweder aus den Akten oder aus dienstlichen Erklärungen bzw. der Gegenerklärung der Staatsanwaltschaft ergeben), ist **regelmäßig** davon auszugehen, dass das Urteil auch auf der Verletzung des § 189 **beruht.**[59] Dies gilt etwa dann, wenn aus einer Sprache übersetzt wurde, die keinem Verfahrensbeteiligten geläufig sein dürfte, so dass die Richtigkeit der Übersetzung nicht kontrollierbar war.[60] Dasselbe gilt, wenn es zu Beweiserhebungen und Erklärungen der Verfahrensbeteiligten (wenn auch nicht des

---

[53] BT-Drs. 18/12578, 14.
[54] SK/*Frister* Rn. 13; SSW/*Rosenau* Rn. 10; *Christl* NStZ 2014, 376; Meyer-Goßner/*Schmitt* Rn. 4; Löwe/Rosenberg/*Krauß* Nachtrag § 187 Rn. 2, Rn. 4.
[55] Die Frage stellt sich allerdings, wenn der Dolmetscher im Ermittlungsverfahren als Zeuge in der Hauptverhandlung vernommen wird; zur Frage der Verwertbarkeit von Aussagen unter Verzicht auf das Zeugnisverweigerungsrecht und Verstoß gegen die Verschwiegenheitsverpflichtung → StPO § 53 Rn. 61.
[56] In diese Richtung wohl auch BeckOK StPO/*Allgayer*, 26. Ed. 1.10.2016, Rn. 9.
[57] BeckOK StPO/*Walther* Rn. 7; SSW/*Rosenau* Rn. 10; *Sommer* StraFo 1995, 45 (48); Radtke/Hohmann/*Otte* Rn. 3.
[58] OLG Celle 4.4.2016 – 1 Ss (Owi) 54/16, StV 2016, 806; BGH 7.10.1986 – VI ZR 262/85, NJW 1987, 260.
[59] Explizit BGH 8.10.2013 – 4 StR 273/13, NStZ 2014, 356; vgl. auch OLG Celle 14.12.2001 – 32 Ss 113/01, StraFo 2002, 134; OLG Hamm 12.12.1995 – 4 Ss 888/95, StV 1996, 532; 20.1.2004 – 1 Ss 2/04, ZfSch 2004, 184; OLG Düsseldorf 14.7.1999 – 2b Ss 201/99 – 75/99 I, StraFo 1999, 346. BGH 17.9.1982 – 5 StR 604/82, NStZ 1982, 517. Bereits den Grundsatz anzweifelnd BGH 28.11.1997 – 2 StR 257/97, NStZ 1998, 204.
[60] OLG Frankfurt a. M. 18.10.2005 – 1 Ss 140/05, StV 2006, 519; Meyer-Goßner/*Schmitt* Rn. 3.

Angeklagten) gekommen ist, die der Dolmetscher naheliegenderweise jeweils dem sprachunkundigen Angeklagten übersetzt hat.[61] Ein Beruhen liegt auch dann nahe, wenn die Aussagen des **Hauptbelastungszeugen** in die deutsche Sprache übertragen und das Gericht sich bei der Verurteilung des Angeklagten im Wesentlichen auf die Aussagen dieses Zeugen gestützt hat.[62] Somit entspricht eine Verfahrensrüge auch nur dann den Anforderungen des § 344 Abs. 2 S. 2 StPO, wenn Art und Inhalt der vom fehlerhaft vereidigten Dolmetscher übersetzten Aussagen mitgeteilt werden.[63]

24 Ausgehend vom Schutzzweck des § 189 haben die Obergerichte allerdings schon zahlreiche „Gegenindizien" und Ausnahmefälle benannt. Hat die Dolmetschertätigkeit grundsätzlich nur geringen Einfluss auf die Beweisaufnahme (dies ist etwa der Fall, wenn die Zeugenvernehmung nur einen unwesentlichen Einzelakt betrifft), kann ein Beruhen des Urteils auf dem Verfahrensmangel verneint weden.[64] Wird der fehlende Voreid durch einen (eigentlich vorschriftwidrigen) **Nacheid** „geheilt", bevor es zur Urteilsfällung kommt, gibt der Dolmetscher zu verstehen, dass er für seine gesamte Übersetzungsleistung auch einsteht, weswegen ein Beruhen ausgeschlossen werden kann.[65] Dasselbe soll gelten, wenn sich der Dolmetscher auf einen **nicht ordnungsgemäß** geleisteten Eid beruft und sowohl der Tatrichter als auch der Dolmetscher irrtümlich von einer ordnungsgemäßen Vereidigung ausgehen.[66] Eine Rüge der Verletzung des § 189 GVG kann auch dann keinen Erfolg haben, wenn die Verurteilung des Angeklagten, der über Deutschkenntnisse verfügt, auf dessen Geständnis beruht und er in der Revision nicht geltend macht, daß er die Tat nicht so, wie sie festgestellt worden ist, gestanden hätte.[67]

25 Das Beruhen kann nach obergerichtlicher Rechtsprechung selbst dann verneint werden, wenn es an einer Vereidigung vollständig, also sowohl einer allgemeinen als auch durch das Gericht zwar fehlt (diese versehentlich unterblieben ist), aber die **Richtigkeit der Übersetzung** leicht kontrollierbar war oder anderweitig bestätigt wird.[68] Demnach liege es bei einer Dolmetscherin, die jahrelang offensichtlich beanstandungsfrei bei Gericht übersetzt und sich immer wieder auf ihren allgemein geleisteten Eid berufen hat, fern, dass sie sich ihrer Verpflichtung im gegenständlichen Einzelfall, in dem ihre Berufung auf den allgemein geleisteten Eid offenbar versehentlich unterblieben ist, nicht bewusst war und deshalb unrichtig übersetzt hat.[69] Soweit an den Sprachkenntnissen und Übersetzerqualitä-

---

[61] OLG Celle 14.12.2001 – 32 Ss 113/01, StraFo 2002, 134. OLG Düsseldorf 14.7.1999 – 2b Ss 201/99 – 75/99 I, StraFo 1999, 346. Vgl. auch BGH 10.3.2005 – 4 StR 3/05, wistra 2005, 272, wo als weiteres Indiz die Tatsache herangezogen wird, dass der Angeklagte der albanischen Hochsprache nicht mächtig war, sondern nur einen örtlichen Dialekt sprach (worauf er den Dolmetscher vor der Hauptverhandlung hingewiesen hatte).
[62] BGH 29.6.1987 – 3 StR 285/87, StV 1987, 516; 29.4.1983 – 2 StR 787/82; vgl. auch BGH 17.12.1986 – 3 StR 581/86, StV 1987, 238 (Vernehmung des Tatopfers).
[63] BGH 11.3.1993 – 4 StR 17/93, StV 1993, 396; Meyer-Goßner/*Schmitt* Rn. 3; BeckOK StPO/*Walther* Rn. 6.
[64] OLG Koblenz 7.8.1986 – 1 Ss 251/86, VRS 71, 438.
[65] OLG Saarbrücken 30.5.1974 – Ss 155/73, NJW 1975, 65; Meyer-Goßner/*Schmitt* Rn. 3. Nach OLG Hamburg 13.7.1983 – 2 Ss 122/83, StV 1983, 410 muss allerdings zweifelsfrei feststehen, dass der Dolmetscher sich mit dem Eid oder mit der Berufung auf den geleisteten Eid bewusst auf die bereits vorgenommene Übertragung bezogen hat. Eine solche Feststellung läßt sich jedoch nicht treffen, wenn ein Dolmetscher bei Übersetzungstätigkeit an zwei Verhandlungstagen eine Erklärung nach GVG § 189 Abs. 2 erst am zweiten Tag seiner Übertragungstätigkeit zu Beginn der Hauptverhandlung abgegeben hat. Bei Fehlen anderweitiger Anhaltspunkte ist in einem solchen Fall vielmehr davon auszugehen, daß sich die abgegebene Erklärung als Voreid nur auf die an diesem Verhandlungstag bevorstehende Dolmetschererklärung bezieht (…). Jedenfalls kann einem in Bezug auf den späteren Verhandlungstag geleisteter Voreid nicht ohne weiteres zugleich die Bedeutung eines Nacheides für den vorausgegangenen Verhandlungstag zugemessen werden. Das gilt auch für die Berufung auf den allgemein geleisteten Eid." Zum Ganzen bereits OLG Hamburg 18.3.1975 – 1 Ss 164/74, NJW 1985, 1573.
[66] BGH 2.9.1987 – 2 StR 420/87, NStZ 1987, 568; 17.1.1984 – 5 StR 755/83, NStZ 1984, 328.
[67] BGH 9.7.1996 – 4 StR 222/96, NStZ 1996, 608.
[68] BGH 20.11.2013 – 4 StR 441/13, NStZ-RR 2014, 91; 28.11.1997 – 2 StR 257/97, NStZ 1998, 204; BayObLG 11.8.1998 – 5 St RR 145/98.
[69] BGH 27.7.2005 – 1 StR 208/05, NStZ 2005, 705; 15.12.2011 – 1 StR 579/11, NJW 2012, 1015.

ten des Dolmetschers keine Zweifel bestünden (oder die Richtigkeit der Übersetzung leicht kontrollierbar ist und anderweitig bestätigt wurde[70]), wird die gewissenhafte Übersetzung kraft „Berufsethos" und guten Glaubens **fingiert**.

So genügt es, dass die hinzugezogenen Dolmetscher allgemein für die englische Sprache beeidigt sind, in der Vergangenheit in zahlreichen Verfahren für die Übersetzung in die englische Sprache eingesetzt wurden und stets zuverlässig und beanstandungsfrei übersetzt haben.[71] Entsprechendes gelte, wenn die Übersetzung ein einfach gelagertes Geschehen betrifft, die Übertragung aus einer gängigen Fremdsprache (zB englisch) erfolgt, und die Richtigkeit der Übersetzung der Aussage durch einen Angeklagten selbst leicht kontrollierbar ist.[72] Musste ein Dolmetscher, der sich in der Hauptverhandlung auf seinen für Übertragungen einer bestimmten Art allgemein geleisteten Eid berufen hatte, bei seiner Übertragung zusätzlich Übersetzungen **einer anderen Art** vornehmen, dann kann regelmäßig ausgeschlossen werden, daß das Urteil durch die fehlende Beeidigung für Übersetzungen der anderen Art beeinflußt wurde.[73]

Diese Tendenzen machen deutlich, dass der Dolmetschereid als „Qualitätssurrogat" angesehen wird und damit Fehler in diesem Kontext unberücksichtigt bleiben, wenn die Qualität gewährleistet ist. Dem ist grundsätzlich zuzustimmen (und auch die Einordnung ist im Hinblick auf die Wechselbezüglichkeit von Qualität und allgemeiner Vereidigung einerseits, der eher untergeordneten Bedeutung der Vereidigung im modernen Verfahrensrecht andererseits nachvollziehbar). Doch kann die „klassische Funktion" des Eides bzw. der Berufung auf den allgemeinen Eid (sich nämlich seiner Verpflichtungen bewusst zu sein) nicht vollkommen außen vor bleiben. Es ist die Aufgabe des Gesetzgebers, gegebenenfalls hinsichtlich der Funktion des Dolmetschereides Klarheit zu schaffen und das Berufen hierauf zur bloßen Ordnungsvorschrift zu degradieren. Einer Korrektur über das Revisionsrecht ist eine Absage zu erteilen.[74]

2. Verlesungsverbote. Die Niederschrift über die richterliche Vernehmung eines Zeugen darf in der Hauptverhandlung nicht nach § 251 Abs. 1 StPO verlesen werden, wenn der zur Vernehmung zugezogene Dolmetscher entgegen § 189 GVG nicht vereidigt worden ist.[75] Dasselbe gilt für die Verlesung eines richterlichen Protokolls über ein Geständnis des Angeklagten nach § 254 StPO.[76] Die unter Verstoß gegen § 189 GVG aufgenommene Niederschrift kann jedoch als nichtrichterliche behandelt und als solche nach § 251 Abs. 2 StPO verlesen werden, wenn die Voraussetzungen dieser Vorschrift vorliegen.[77] Dann bedarf es allerdings auch eines richterlichen Hinweises gem. § 265 Abs. 1 StPO.[78]

§ 190 [Urkundsbeamter als Dolmetscher]

¹Der Dienst des Dolmetschers kann von dem Urkundsbeamten der Geschäftsstelle wahrgenommen werden. ²Einer besonderen Beeidigung bedarf es nicht.

A. Überblick

Die Vorschrift konzipiert eine **Ausnahme** von dem Grundsatz, dass Verfahrensbeteiligte nicht zugleich als Dolmetscher tätig sein dürfen (bzw. überhaupt in einer anderen

---

[70] OLG Frankfurt a. M. 18.10.2005 – 1 Ss 140/05, StV 2006, 519.
[71] Was freilich durch dienstliche Erklärungen im Freibeweisverfahren abgeklopft wird, vgl. BGH 20.11.2013 – 4 StR 441/13, NStZ-RR 2014, 91; OLG Frankfurt a. M. 18.10.2005 – 1 Ss 140/05, StV 2006, 519; HK/*Schmidt/Temming* Rn. 4.
[72] OLG Stuttgart 16.12.2002 – 2 Ss 535/02, StV 2003, 661; BGH 29.12.1993 – 3 StR 515/92.
[73] BGH 7.11.1986 – 2 StR 499/86, MDR 1987, 250.
[74] Krit. auch SK/*Wohlers* Rn. 9.
[75] BGH 8.3.1968 – 4 StR 615/67, BGHSt 22, 118 = NJW 1968, 1485.
[76] BGH 7.5.1985 – 5 StR 306/85, StV 1985, 314.
[77] BGH 8.3.1968 – 4 StR 615/67, BGHSt 22, 118 = NJW 1968, 1485.
[78] BGH 9.7.1997 – 5 StR 234/96, NStZ 1998, 312.

Rolle am Verfahren teilnehmen dürfen). Auch diese Vorschrift war bereits in der Urfassung des GVG von 1977 enthalten und wurde mit dem Gesetz zur Wiederherstellung der Rechtseinheit vom 12.9.1950[1] in ihrer Formulierung nur geringfügig neu gefasst. Sie blieb auch nach ihrer Verschiebung (vormals § 192) durch die Neufassung des GVG 1975[2] im Wortlaut unverändert. Da nach S. 2 weder eine besondere Vereidigung noch eine allgemeine Vereidigung von Nöten ist, ist die Qualitätskontrolle ausschließlich dem Gericht überlassen,[3] sodass die bei § 189 dargelegten Bedenken an dieser Stelle umso mehr gelten. Auch im Übrigen überzeugt die gesetzgeberische Ausgestaltung nicht (mehr): der Urkundsbeamte ist „Organ der Rechtspflege" und Angestellter der Justiz. Dass § 190 eine simultane Tätigkeit als Dolmetscher zulässt, mag auf ein überkommenes Bild vom Dolmetscher als „Hilfssheriff" bzw. „Übersetzungsmaschine" für das Gericht zurückzuführen sein, verträgt sich also nicht mit einem modernen und verfassungsrechtlich fundierten Rollenverständnis des Dolmetschers als „Brücke" und Vermittler, der dementsprechend eine neutrale Rolle einzunehmen hat und weder der Justiz noch dem Angeklagten, sondern allenfalls der Wahrheitsermittlung dient (zum Ganzen → § 185 Rn. 12).

B. Erläuterung

2 Der Ausnahmecharakter der Vorschrift verlangt eine **enge Auslegung,** sodass Tätigkeiten, welche über das Dolmetschen hinausgehen (insbes. eine Sachverständigentätigkeit) nicht von der Vorschrift gedeckt sind. Auch hinsichtlich seines persönlichen Anwendungsbereichs wird eine erweiternde Auslegung einhellig abgelehnt: Die Heranziehung **sonstiger Angestellter** als Dolmetscher, die mit der Protokollierung beauftragt worden sind, ermöglicht § 190 nicht. Ebensowenig ist die **analoge Anwendung** auf mitwirkende Richter,[4] den Staatsanwalt,[5] dem Verteidiger[6] oder auf Rechtsreferendare möglich.[7] Es muss sich um einen Urkundsbeamten der Geschäftsstelle handeln, der einen entsprechenden **Amtseid** abgeleistet hat, womit die **fehlende Notwendigkeit einer weiteren Vereidigung**[8] schließlich erst legitimiert wird.[9] Der Urkundsbeamte muss sich allerdings im Fall der Hinzuziehung nicht auf seinen Amtseid berufen.[10]

3 Zudem muss der Urkundsbeamte im konkreten Sitzungstermin **als Protokollführer tätig** sein,[11] denn nur dann macht die „Konzentration" prozessökonomisch Sinn. Die Hinzuziehung erfolgt als **Maßnahme der Verhandlungsleitung** vor Beginn der (als notwendig erachteten) Übertragung und steht im Ermessen des Gerichts (zur eingeschränkten Revisibilität der Ermessensentscheidung vgl. → § 185 Rn. 66). Der Urkundsbeamte ist jedoch nicht verpflichtet, als Dolmetscher zu agieren[12] (sollte es aber zum seltenen Fall der Hinzuziehung des Urkundsbeamten als Dolmetscher kommen, kann dessen Weigerung, die Übertragung zu übernehmen, dienstrechtliche Konsequenzen nach sich ziehen[13]).

---

[1] BGBl. I 455.
[2] BGBl. I 1077.
[3] Löwe/Rosenberg/*Wickern* Rn. 1; SK/*Frister* Rn. 1.
[4] Meyer-Goßner/*Schmitt* Rn. 1.
[5] Meyer-Goßner/*Schmitt* Rn. 1; SK/*Frister* Rn. 2.
[6] OLG Celle 22.7.2015 – 1 Ss (OWi) 118/15, NStZ 2015, 720.
[7] Löwe/Rosenberg/*Wickern* Rn. 1; SSW/*Rosenau* Rn. 1; HK/*Schmidt/Temming* Rn. 1; Radtke/Hohmann/*Otte* Rn. 1.
[8] SSW/*Rosenau* Rn. 3.
[9] Vgl. SK/*Frister* Rn. 2. Damit wird wiederum die Doppelnatur des Eids beim Dolmetscher außer Acht gelassen (Vereidigung nicht nur zwecks Absicherung der Lauterkeit, sondern auch zur Überprüfung der Qualität der Dolmetscherleistung, → § 189 Rn. 4).
[10] SK/*Frister* Rn. 3.
[11] Meyer-Goßner/*Schmitt* Rn. 1; SSW/*Rosenau* Rn. 2.
[12] SK/*Frister* Rn. 3; SSW/*Rosenau* Rn. 2.
[13] SK/*Frister* Rn. 1; KK/*Diemer* Rn. 1.

§ 191 [Ausschließung und Ablehnung des Dolmetschers]

¹Auf den Dolmetscher sind die Vorschriften über Ausschließung und Ablehnung der Sachverständigen entsprechend anzuwenden. ²Es entscheidet das Gericht oder der Richter, von dem der Dolmetscher zugezogen ist.

Schrifttum: *Hilgendorf*, Kulturelle Pluralisierung und Gerichtsverfahren – Anforderungen an eine interkulturell aufgeklärte Justiz – eine Skizze unter besonderer Berücksichtigung der Strafjustiz, in: FS-Heinz, 2012, S. 857 ff.; *Kische*, Richterliche Vorbefasstheit, Axiome des nationalen und internationalen Strafverfahrensrechts, 2017, S. 53 ff.; *Törmin*, Reform des Dolmetscherwesens bei Gerichten und Behörden, ZRP 1987, 422; *Wittschier*, Unentschuldigtes Ausbleiben eines Dolmetschers im Strafprozeß, NJW 1985, 2874.

A. Überblick

Die ursprünglich in § 193 GVG 1877 verortete Vorschrift nimmt in ihrem Wortlaut auf **1** die Regelungen der Ausschließung und Ablehnung von Sachverständigen Bezug. Da die StPO allerdings die Ausschließung von Sachverständigen kraft Gesetzes **nicht** vorsieht, handelt sich um insoweit um ein redaktionelles Versehen,[1] das mit der Neufassung des GVG 1975[2] nicht beseitigt wurde. Verwandte von Beteiligten können als Dolmetscher schon aus diesem Grund **nicht kraft Gesetzes ausgeschlossen** sein,[3] doch kann dies eine Befangenheit indizieren, wie auch sonstige potentielle Ausschlussgründe eine Ablehnung begründen können.[4]

B. Erläuterung

I. Personeller Anwendungsbereich

Die Vorschrift betrifft ausschließlich den Dolmetscher. Wird der Dolmetscher in anderer **2** Funktion (Zeuge, Sachverständiger) tätig, kommen die entsprechenden Vorschriften unmittelbar zur Anwendung (sodass dementsprechend auch ein Ausschluss kraft Gesetzes in Betracht kommt).

II. Besorgnis der Befangenheit

In der Verweisung kommt auch der gesetzgeberische Wille zum Ausdruck, die Grund- **3** sätze (konkretisiert durch die Judikatur) zur **Richter- und Sachverständigenablehnung** wegen Besorgnis der Befangenheit auf den Dolmetscher – mutatis mutandis – zu übertragen.[5] Ein Dolmetscherablehnungsgesuch ist demnach begründet, wenn vom Standpunkt des Gesuchstellers aus genügende objektive Gründe vorliegen, die „in den Augen eines vernünftigen Menschen" geeignet sind, Zweifel an der Unparteilichkeit und Objektivität des als Gehilfe des Gerichts herangezogenen Sprachmittlers zu erregen, wobei der Ablehnungsgrund vom Gesuchsteller glaubhaft zu machen ist.[6]

1. Vorbefassung und Vertrauensdolmetscher. Umstände in der Person des Dolmet- **4** schers (insbes. politische Einstellung, Religionszugehörigkeit, Ausländerfeindlichkeit[7]) kön-

---

[1] *Wittschier* NJW 1985, 2874; SK/*Frister* Rn. 1; OVG Nordrhein-Westfalen 6.8.2003 – 11 A 1381/03.A; Meyer-Goßner/*Schmitt* Rn. 2; SSW/*Rosenau* Rn. 1.
[2] BGBl. I 1077.
[3] So jedenfalls für das Verwaltungsgerichtsverfahren BVerwG 30.3.1984 – 9 B 10001/84, NJW 1984, 2055. Zust. HK/*Schmidt/Temming* Rn. 1.
[4] KK/*Diemer* Rn. 1; Meyer-Goßner/*Schmitt* Rn. 2; SK/*Frister* Rn. 1.
[5] § 22 Nr. 5 StPO bspw. kann nicht zur Anwendung gelangen, da ein Dolmetscher auch zugleich als Sachverständiger vernommen werden kann, SK/*Frister* Rn. 1 (vgl. hierzu → § 185 Rn. 26).
[6] OVG Saarland 9.6.1989 – 3 W 42/89.
[7] Hierzu *Törmin* ZRP 1987, 422 (423).

nen, müssen aber nicht dessen Befangenheit begründen. In Anbetracht der engen Grenzen, an welche die Rechtsprechung die Befangenheit bei **richterlicher Vorbefassung** knüpft,[8] überrascht es nicht, dass das **Tätigwerden des Dolmetschers im Ermittlungsverfahren** im Auftrag der Polizei für sich noch nicht genügen soll, um eine Befangenheit zu begründen.[9] Dem lässt sich zwar dogmatisch nicht viel mehr entgegensetzen, als der restriktiven Handhabung der Vorbefassung im Allgemeinen,[10] doch erscheint es grundsätzlich zweckmäßig, für die Hauptverhandlung stets einen neuen Dolmetscher heranzuziehen, der nicht mit Informationen „vorbelastet" ist, welche ihn zu bestimmten Interpretationen der wechselseitigen Kommunikation in der Hauptverhandlung veranlassen könnten (vgl. bereits → § 185 Rn. 17, 26). Damit sollte man auch die Hinzuziehung von „Vertrauensdolmetschern" für die Hauptverhandlung mit Vorsicht genießen, zumal aus Sicht der Staatsanwaltschaft die Besorgnis der Befangenheit entstehen kann, wenn der Dolmetscher in einer kurzen Beratungspause – aus der Gewohnheit heraus – ausschließlich für den Angeklagten übersetzt.[11]

5 **2. Falschübersetzung.** Ein Dolmetscher, der eine Aussage des Angeklagten zu seinem Nachteil **falsch übersetzt,** kann wegen Besorgnis der Befangenheit abgelehnt werden.[12] Damit wird dem eingeschränkten Rechtsschutz gegen eine qualitativ minderwertige Übersetzung Rechnung getragen (vgl. bereits → § 189 Rn. 4 sowie → § 185 Rn. 45). Tatsächlich dürfte nur eine – im Einzelfall kaum nachweisbare – **vorsätzliche Falschübersetzung** die Besorgnis der Befangenheit begründen, während die einfache Pflichtverletzung in Form der Falschübersetzung alleine nicht genügen dürfte. Ein derartiges Malheur kann auch dem gewissenhaft und unbefangen agierenden Dolmetscher passieren.[13] Indiziert ist ein vorsätzliches Handeln bei **bewusster Kompetenzüberschreitung.** Damit können – da sich der Dolmetscher bei der Übersetzung von Gesprächen aus einer Telefonüberwachung auf die genaue Übertragung des Gesprochenen zu beschränken hat (vgl. → § 185 Rn. 45, 70) und keine Schlüsse daraus zu ziehen darf – Zusatzbemerkungen hinter einer Übersetzung, die auf Schlussfolgerungen aus vorangegangenen Gesprächen beruhen, die Besorgnis der Befangenheit begründen.[14] Überhaupt muss sich der Dolmetscher mit einer Interpretation zurückhalten, die „rechtliche Bezüge" aufweist, also die Subsumtion unter bestimmte Verfahrenstatsachen betrifft und somit zum Zuständigkeitsbereich der Strafverfolgungsorgane[15] zählt (hingegen dürfte eine Interpretation als **immanenter Akt der Übersetzung** bis zu einem gewissen Grade nicht zu vermeiden sein, vgl. bereits → § 185 Rn. 11).

III. Ablehnungsverfahren

6 Hinsichtlich der Geltendmachung einer Befangenheit, den Anforderungen an einen Befangenheitsantrag, der Beschlussfassung des Gerichts (gem. §§ 30, 77 StPO) sowie der

---

[8] Vgl. → StPO § 23 Rn. 1 ff.
[9] BGH 1.8.1967 – 1 StR 287/67; 28.8.2007 – 1 StR 331/07, NStZ 2008, 50; SSW/*Rosenau* Rn. 2. So schon RG 6.3.1900 – 220/00, RGSt 33, 198 (199 f.) zum Sachverständigen; SK/*Frister* Rn. 3.
[10] Vgl. etwa *Kische* in Axiome S. 53.
[11] *Hilgendorf* FS Heinz, 2012, 857 (866). Vgl. aber OLG Nürnberg 6.4.1999 – 5 W 786/99, MDR 1999, 823: „Ein Dolmetscher kann nicht deshalb wegen Befangenheit abgelehnt werden, weil er vor dem Gerichtstermin eine halbe Stunde lang bei einer Unterhaltung zwischen der schlecht deutsch sprechenden Partei und ihrem Prozeßbevollmächtigten Übersetzerdienste geleistet hat"; anders bei einem heimlichen Treffen.
[12] LG Berlin 13.12.1993 – 503 – 18/93, StV 1994, 180; HK/*Schmidt/Temming* Rn. 2.
[13] Freilich ist auch der neueren Rechtsprechung zum Befangenheitsrecht die Tendenz zu entnehmen, „Pflichtverletzungen" der Prozessbeteiligten – soweit es an sonstigem Rechtsschutz fehlt – mit der Annahme einer Befangenheit zu sanktionieren, zur Annahme von Befangenheit im Falle der Benutzung des Mobiltelefons während der Hauptverhandlung durch den Richter (BGH 17.6.2015 – 2 StR 228/14, NJW 2015, 2986) *Jäger* JA 2015, 949.
[14] LG Darmstadt 22.3.1995 – 19 Js 5735/94 – 3 KLs, StV 1995, 239; SK/*Frister* Rn. 2; Löwe/Rosenberg/*Wickern* Rn. 4; Radtke/Hohmann/*Otte* Rn. 1 f.
[15] LG Darmstadt 23.1.1990 – 19 Js 23700/88 – 1 KLs, StV 1990, 258.

Revisibilität[16] eines zurückweisenden Ablehnungsbeschlusses gelten die allgemeinen Regeln, vgl. hierzu → § 26 Rn. 1 ff.[17]

1. Zuständigkeit (§ 191 S. 2). Gem. § 191 S. 2 entscheidet das Gericht oder der Richter, von dem der Dolmetscher zugezogen worden ist, durch Beschluss.[18] Eine vorherige Anhörung des Dolmetschers ist gesetzlich nicht vorgeschrieben, erscheint allerdings zweckmäßig.[19]

2. Folgen. Eine erfolgreiche Ablehnung hat ein **Beweisverwertungsverbot** zur Folge bzw. es gelten die von der fehlerhaften Übersetzung betroffenen Beweiserhebungen schon gar nicht als eingeführt (§ 261 StPO).[20] Dies soll allerdings nur gelten, wenn nicht auszuschließen ist, dass die bisherige Übersetzungstätigkeit ebenfalls mit Mängeln behaftet war.[21] Zum Teil wird angenommen, dass der innere Vorbehalt, den Dolmetscher ablehnen zu wollen, jedenfalls dann als konkludenter Verzicht auf die Befangenheitsrüge gedeutet werden kann, wenn in der Zwischenzeit keine neuen befangenheitsbegründenden Umstände hinzutreten. Nach erfolgreicher Ablehnung kann der Dolmetscher nach zustimmungswürdiger Ansicht auch nicht mehr als Zeuge vernommen werden (wobei ihm hinsichtlich einer Tätigkeit als Berufshelfer ohnehin ein Zeugnisverweigerungsrecht zusteht, vgl. → § 185 Rn. 21; darüber hinaus verbleibt es schließlich auch gegenüber dem Gericht bei einer Verschwiegenheitspflicht, da der Dolmetscher nunmehr gerade nicht in seiner Position als Vermittler zwischen Gericht und Angeklagtem auftritt).[22]

§ 191a [Zugänglichmachung von Schriftstücken für blinde oder sehbehinderte Personen]

(1) ¹**Eine blinde oder sehbehinderte Person kann Schriftsätze und andere Dokumente in einer für sie wahrnehmbaren Form bei Gericht einreichen.** ²**Sie kann nach Maßgabe der Rechtsverordnung nach Absatz 2 verlangen, dass ihr Schriftsätze und andere Dokumente eines gerichtlichen Verfahrens barrierefrei zugänglich gemacht werden.** ³**Ist der blinden oder sehbehinderten Person Akteneinsicht zu gewähren, kann sie verlangen, dass ihr die Akteneinsicht nach Maßgabe der Rechtsverordnung nach Absatz 2 barrierefrei gewährt wird.** ⁴**Ein Anspruch im Sinne der Sätze 1 bis 3 steht auch einer blinden oder sehbehinderten Person zu, die von einer anderen Person mit der Wahrnehmung ihrer Rechte beauftragt oder hierfür bestellt worden ist.** ⁵**Auslagen für die barrierefreie Zugänglichmachung nach diesen Vorschriften werden nicht erhoben.**

(2) Das Bundesministerium der Justiz und für Verbraucherschutz bestimmt durch Rechtsverordnung, die der Zustimmung des Bundesrates bedarf, unter welchen Voraussetzungen und in welcher Weise die in Absatz 1 genannten Dokumente und Dokumente, die von den Parteien zur Akte gereicht werden, einer blinden oder sehbehinderten Person zugänglich gemacht werden, sowie ob und wie diese Person bei der Wahrnehmung ihrer Rechte mitzuwirken hat.

---

[16] Hierzu SK/*Frister* Rn. 6. Hinsichtlich der Darstellungsanforderungen gelten die Ausführungen bei → § 185 Rn. 66 insoweit, als der Beschwerdeführer darlegen muss, dass das Urteil auf der fehlerhaften Hinzuziehung beruht (mithin wesentliche Teile übersetzt hat, die Gegenstand der Urteilsfindung wurden).
[17] Hierzu auch etwas ausführlicher SK/*Frister* Rn. 4 f.
[18] SSW/*Rosenau* Rn. 4.
[19] SK/*Frister* Rn. 4; Löwe/Rosenberg/*Wickern* Rn. 7 unter Verweis auf BGH 28.8.2007 – 1 StR 331/07, NStZ 2008, 50.
[20] SSW/*Rosenau* Rn. 5; HK/*Schmidt/Temming* Rn. 3.
[21] LG Berlin 13.12.1993 – 503 – 18/93, StV 1994, 180.
[22] LG Köln 24.6.1992 – 113 – 13/91, StV 1992, 460 unter Verweis auf die sachverständigennahe Position des Dolmetschers, der ebenso nur eingeschränkt als Zeuge vernommen werden dürfe (nämlich nur hinsichtlich der Anknüpfungstatsachen), wenn er erfolgreich abgelehnt wurde, zust. SSW/*Rosenau* Rn. 5; aA BayObLG 13.11.1997 – 4 St RR 239/97, NStZ 1998, 270; Löwe/Rosenberg/*Wickern* Rn. 5.

(3) ¹Sind elektronische Formulare eingeführt (§ 130c der Zivilprozessordnung, § 14a des Gesetzes über das Verfahren in Familiensachen und in den Angelegenheiten der freiwilligen Gerichtsbarkeit, § 46f des Arbeitsgerichtsgesetzes, § 65c des Sozialgerichtsgesetzes, § 55c der Verwaltungsgerichtsordnung, § 52c der Finanzgerichtsordnung), sind diese blinden oder sehbehinderten Personen barrierefrei zugänglich zu machen. ²Dabei sind die Standards von § 3 der Barrierefreie-Informationstechnik-Verordnung vom 12. September 2011 (BGBl. I S. 1843) in der jeweils geltenden Fassung maßgebend.

Schrifttum: *Reichenbach,* Die Mitwirkung blinder Richter im Strafverfahren, NJW 2004, 3160; *v. Stetten,* Die elektronische Akte in Strafsachen: Segen oder Fluch?, ZRP 2015, 138

Übersicht

	Rn.		Rn.
A. Grundlagen	1–5	c) Sachlicher Anwendungsbereich	9
I. Einordnung und Überblick	1–4	2. Anspruchsinhalt	10–13
		a) Eingaben	10
II. Historie	5	b) Zugänglichmachung von Schriftstücken	11–13
B. Erläuterung	6–18		
I. Einreichung von Schriftsätzen und Zugänglichmachung von Unterlagen (Abs. 1)	6–16	3. Verfahren	14, 15
		4. Kosten	16
1. Anspruchsvoraussetzungen	7–9	II. Verordnungsermächtigung (Abs. 2)	17
a) Sehbehinderung	7		
b) Personeller Anwendungsbereich	8	III. Revision	18

A. Grundlagen

I. Einordnung und Überblick

1 § 191a sichert blinden oder sehbehinderten Prozessbeteiligten die Teilhabe am Prozess, indem sie die „Übersetzung" visueller Kommunikationselemente in einem Prozess („Wahrnehmung" von Urkunden und Augenscheinsbeweisen), mithin die Transkribierung von Schriftstücken während und außerhalb der Verhandlung vorsieht. Hieraus erklärt sich auch die systematische Verortung bei den Vorschriften zur Gerichtsprache, denn zumindest in diesem Zusammenhang ist die sehbehinderte Person in ihrer Wahrnehmung eingeschränkt und kann – soweit von ihr schriftliche Eingaben erwartet werden – sich auch nicht der „Gerichtssprache" (**Schwarzschrift**) bedienen. In seiner „kompensierenden Wirkung für eine eingeschränkte Prozessfähigkeit" steht § 191a den §§ 185–187 nahe und gleicht diesen auch hinsichtlich seines verfassungsrechtlichen Unterbaus (faires Verfahren, effektiver Rechtsschutz, Art. 20 Abs. 3, 19 Abs. 4 GG).[1] Die Vorschrift geht als Ausprägung des gesetzgeberischen Leitmotivs der **Barrierefreiheit** allerdings weiter, indem die in ihr garantierten Rechtspositionen auf den Rechtsbeistand erstreckt werden, Abs. 1 S. 4. Die in der ursprünglichen Fassung noch existierende Parallele zu § 187 Abs. 1 – insbesondere die Einschränkung der Rechte nach dem Kriterium der **Erforderlichkeit** – wurde mit der Neufassung der Vorschrift im Jahre 2014 augenscheinlich aufgegeben. Dennoch wird das Erforderlichkeitskriterium zur Konkretisierung des Anspruchsinhalts noch herangezogen (vgl. → Rn. 11).

2 Abs. 1 konkretisiert die Ansprüche der blinden bzw. sehbehinderten Person im Einzelnen: S. 1 ermöglicht, Schriftsätze in einer für den Betroffenen wahrnehmbaren Form bei Gericht **einzureichen** (betrifft also die Abgabe von Erklärungen durch die sehbehinderte Person), während S. 2 die Position des sehbehinderten Verfahrensbeteiligten als „Erklärungsempfän-

---

[1] So auch SSW-StPO/*Rosenau* Rn. 1.

ger" betrifft und Bezug nehmend auf die nach Abs. 2 erlassene **Zugänglichmachungsverordnung** einen Anspruch auf barrierefreie **Zugänglichmachung** der vom Gericht verwendeten und herangezogenen Dokumente konzipiert (hierzu noch → Rn. 13). Nach S. 3 besteht der Anspruch auf barrierefreien Zugang auch, soweit in der Sache ein Anspruch auf **Einsichtnahme in die Akten** gegeben ist (insbesondere auch nach Abschluss des Verfahrens).[2] S. 4 erstreckt den Gleichstellungsanspruch als besondere Ausprägung der Barrierefreiheit explizit – und damit anders als die §§ 185, 186 – auf Rechtsanwälte, Strafverteidiger, Rechtsbeistände bzw. sonstige Personen, die Dienstleistungen gemäß den §§ 6ff. RDG erbringen. S. 5 enthält die ursprünglich in S. 2 platzierte **Kostenregelung,** wonach Auslagen für die barrierefreie Zugänglichmachung von der blinden oder sehbehinderten Person nicht erhoben werden.

Abs. 2 enthält die Ermächtigung zum Erlass der Zugänglichmachungsverordnung (abgedruckt in der Anlage, vgl. hierzu → Rn. 17). Anders als bei § 186 ergeben sich die Hilfsmittel und das Wahlrecht also nicht unmittelbar aus der Vorschrift. Vielmehr wird § 191a hinsichtlich des Gegenstands der Zugänglichmachung (§ 2), deren Formen (§ 3), Umfang (§ 4), Zeitpunkt (§ 7) und Organisation (§ 8) konkretisiert. In § 6 ist ebenso ein **Wahlrecht** festgeschrieben. Hingegen stellt § 5 eine **Mitwirkungspflicht** der berechtigten Person auf, wobei eine Verletzung eben dieser Pflicht zu einer **Verwirkung** führen kann, da der Gesetzgeber den Verordnungsgeber unmittelbar zur Aufstellung einer Mitwirkungspflicht ermächtigt hat.[3] Da bereits die Ursprungsfassung der Vorschrift den Erlass einer Verordnung vorsah und die Bundesregierung hierzu ermächtigte, wurde die erste Fassung der Zugänglichmachungsverordnung bereits am 26.2.2007 erlassen (und ist am 1.6.2007 in Kraft getreten). Die mit der Neufassung der Regelung einhergehende Änderung der ZMV brachte allerdings keine wesentlichen Abweichungen mit sich.

Abs. 3 spielt für das Strafverfahren, welches keine Vorschriften zum elektronischen Rechtsverkehr enthält, (derzeit noch[4]) keine Rolle.

II. Historie

Die Vorschrift wurde mit der Neufassung des § 186 durch das OLG-Vertretungsveränderungsgesetz vom 23.7.2002 eingefügt.[5] Ursprünglich ordnete § 191a Abs. 1 S. 1 lediglich an, dass einer blinden oder sehbehinderten Person die **für sie bestimmten gerichtlichen** Dokumente auch in einer für sie wahrnehmbaren Form zugänglich gemacht werden müssen, soweit dies zur Wahrnehmung ihrer Rechte im Verfahren **erforderlich** ist (vgl. noch → Rn. 11). Dies wurde freilich verneint, soweit die sehbehinderte Person im Verfahren durch einen **Prozessbevollmächtigten vertreten** war (die hiervon ausgehende Gesetzesbegründung[6] wurde durch das Bundesverfassungsgericht abgesegnet[7]). Die legislative Verknüpfung zwischen Verteidigung und Sehbehinderung wurde schon zu einem früheren Zeitpunkt hergestellt, namentlich durch das Strafverfahrensänderungsgesetz vom 27.1.1987.[8] Die Regelung, welches das Erfordernis einer Pflichtverteidigung auf den sehbehinderten Beschuldigten erstreckte, sollte allerdings nicht lange Bestand haben,[9] weil sie

---

[2] BR-Drs. 818/12, 57.
[3] BGH 10.1.2013 – I ZB 70/12, NJW 2013, 1011.
[4] Die elektronische Akte im Strafprozess ist allerdings auf dem Weg, vgl. den Entwurf des Bundesjustizministeriums, abrufbar unter: http://www.bmjv.de/SharedDocs/Gesetzgebungsverfahren/Dokumente/RegE_elektronische_Akte_in_Strafsachen.pdf?__blob=publicationFile&v=1; zum Ganzen *v. Stetten* ZRP 2015, 138 sowie SK/*Frister* Rn. 1.
[5] BGBl. I 2850.
[6] BT-Drs. 14/9266, 41.
[7] Für das Zivilverfahren entschied der Erste Senat, dass kein Verstoß gegen das Benachteiligungsverbot des Art. 3 Abs. 3 S. 2 GG angenommen werden kann, wenn dem Betroffenen der Inhalt von Schriftstücken durch seinen Rechtsanwalt vermittelt werden kann und der Streitgegenstand übersichtlich ist, vgl. BVerfG 10.10.2014 – 1 BvR 856/13, NJW 2014, 3567.
[8] BGBl. I 475.
[9] Die Vorschrift wurde durch das Gesetz vom 17.5.1988 aufgehoben, vgl. BGBl. I 606.

von den Blindenverbänden als diskriminierend gebrandmarkt wurde.[10] Mit dem Gesetz zur Förderung des elektronischen Rechtsverkehrs vom 10.10.2013[11] wurde Abs. 1 vollständig neu gefasst und der Abs. 3 eingefügt. Mit der wesentlich ausführlicheren Neufassung beabsichtigte man nicht nur eine Anpassung an die Erfordernisse der UN-Behindertenrechtskonvention, sondern auch eine Harmonisierung der verwendeten Begrifflichkeiten mit jener Konvention.[12]

B. Erläuterung

I. Einreichung von Schriftsätzen und Zugänglichmachung von Unterlagen (Abs. 1)

6   Einzige Voraussetzung für die Rechte nach § 191a ist die Blindheit bzw. Sehbehinderung des Prozessbeteiligten, der ggf. nach § 5 ZMV bei der Wahrnehmung seines Anspruchs im Rahmen seiner individuellen Fähigkeiten mitzuwirken hat. Eine **Verletzung der Mitwirkungspflicht** nach § 5 ZMV dürfte zur Folge haben, dass das Urteil nicht auf einer fehlerhaften Nichtzugänglichmachung von Unterlagen beruht, mithin eine Geltendmachung der Verletzung des § 191a über die Revision ausgeschlossen ist.[13] Der Anspruchsinhalt wird durch die ZMV **konkretisiert.** Abs. 1 konzipiert nur zusätzliche Rechte der sehbehinderten Person, die Vorschriften regeln also das Verfahren rund um die Zugänglichmachung von Schriftstücken **nicht abschließend,** insbesondere wird eine notwendige Zustellung bei der blinden Person nicht obsolet, vgl. auch § 2 Abs. 2 ZMV.[14]

7   **1. Anspruchsvoraussetzungen. a) Sehbehinderung. Blind** ist eine Person, wenn ihr die Sehfähigkeit vollständig fehlt.[15] Eine **Sehbehinderung** ist anzunehmen, wenn eine zuverlässige Kenntnisnahme von Schriftstücken auch nicht unter Zuhilfenahme üblicher Hilfsmittel (Brillen, Kontaktlinsen, Monokel, Lupe) gewährleistet ist.[16] Dies lässt sich bei einer Sehkraft von 30 % annehmen, vgl. § 1 Nr. 4 lit. a EinglHV.[17] Eine vorübergehende Erblindung genügt.

8   **b) Personeller Anwendungsbereich.** § 191a beschränkt den Kreis der Anspruchsberechtigten nicht. Die Rechte aus § 191a stehen neben dem Beschuldigten bzw. Angeklagten auch Zeugen, Nebenklägern und Sachverständigen[18] zu. Ähnlich wie im Rahmen des § 185 gilt jedoch, dass die Vorschrift nicht auf verfahrensleitende Prozessbeteiligte anwendbar ist.[19] Eine Sehbehinderung von Gerichtsmitgliedern, Urkundsbeamten der Geschäftsstelle oder Staatsanwälten kann also nicht über § 191a GVG überbrückt werden.[20] Hingegen bezieht Abs. 1 S. 4 sehbehinderte Personen, die von einer Prozesspartei mit der Wahrnehmung ihrer

---

[10] SK/*Frister* Rn. 1.
[11] BGBl. I 3786.
[12] BT-Drs. 17/12634, 40. Vgl. auch SSW/*Rosenau* Rn. 1.
[13] Schlicht könnte man auch annehmen, dass § 191a GVG selbst nicht verletzt ist, da die sehbehinderte Person ihren Anspruch für das laufende Verfahren verwirkt hat.
[14] Was auch nach neuer Rechtslage noch gilt, auch wenn die ursprüngliche Wendung im Abs. 1 „auch" – die auf ein zusätzliches Recht hindeutete – nunmehr weggefallen ist, zutr. SK/*Frister* Rn. 3. Für den Lauf von Fristen ist damit nicht der Zeitpunkt der Zugänglichmachung, sondern der Zeitpunkt der Zustellung maßgeblich, SSW/*Rosenau* Rn. 8; Löwe/Rosenberg/*Wickern* Rn. 3.
[15] Vgl. auch SSW/*Rosenau* Rn. 2, der zutreffend auf den Maßstab des § 226 Abs. 1 Nr. 1 StGB und auf § 72 Abs. 5 SGB XII verweist, wonach eine Verminderung der Sehkraft auf 2 % der Erblindung gleichsteht.
[16] SK/*Frister* Rn. 2; SSW/*Rosenau* Rn. 2.
[17] BGBl. 1975 I 433.
[18] SSW/*Rosenau* Rn. 2.
[19] SK/*Frister* Rn. 2; BeckOK StPO/*Walther* Rn. 1 (gegen eine Einbeziehung von Sachverständigen).
[20] LG Bochum 12.8.2005 – 3221 Haupt – 172. Sollte dennoch ein Schöffe oder Richter mitwirken, der nicht fähig ist, dem Prozessgeschehen zu folgen, dürfte der absolute Revisionsgrund des § 338 Nr. 1 greifen, vgl. BGH 26.1.2011 – 2 StR 33/10, NStZ-RR 2011, 277. Zusammenfassend zu blinden Gerichtsmitgliedern und zum blinden Staatsanwalt *Hunsmann* StRR 2014, 324 (330 f.); zu den Auswirkungen der Blindheit bzw. sonstiger Behinderungen des Richters oder des Staatsanwalts *Reichenbach* NJW 2004, 3160.

Rechte beauftragt worden sind, ausdrücklich mit ein (also Rechtsanwälte, Strafverteidiger, Beistände und sonstige Personen, die rechtmäßig Rechtsdienstleistungen nach dem RDG erbringen[21]).

c) Sachlicher Anwendungsbereich. Der Anspruch nach Abs. 1 ist nicht auf die **Hauptverhandlung** beschränkt. Gem. § 1 Abs. 2 ZMV gilt die Verordnung (und damit auch die Vorschrift, deren Konkretisierung sie dient) für das staatsanwaltschaftliche Ermittlungs- und Vollstreckungsverfahren sowie für das behördliche Bußgeldverfahren entsprechend, wenn blinde oder sehbehinderte Personen beteiligt sind.[22]

2. Anspruchsinhalt. a) Eingaben. Nach S. 1 hat die sehbehinderte Person das Recht, Schriftsätze und andere Dokumente (also insbes. Einlassungen und Rechtsmittel) in einer für sie wahrnehmbaren Form einzureichen. Die ursprüngliche Fassung sah lediglich die Zugänglichmachung von Schriftstücken vor. „Mit dieser Erweiterung wird den Erfordernissen der Barrierefreiheit für behinderte Personen Rechnung getragen."[23] In der Sache geht es darum, dem Sehbehinderten auch die Vornahme von Verfahrenshandlungen in Blindenschrift zu ermöglichen, wenn diese etwa fristgebunden sind[24] (Einspruch, Revision, Wiedereinsetzung); in der Gesetzesbegründung werden lediglich zivilprozessuale Prozesshandlungen (Klageschrift, Anträge und sonstige bestimmende Schriftsätze) genannt.[25]

b) Zugänglichmachung von Schriftstücken. Nach S. 2 der Vorschrift kann die sehbehinderte Person nach Maßgabe der Rechtsverordnung nach Abs. 2 verlangen, dass ihr Schriftsätze und andere Dokumente eines gerichtlichen Verfahrens barrierefrei zugänglich gemacht werden. Damit geht der neue S. 2, der an die Stelle des früheren S. 1 tritt, in zweifacher Hinsicht über die ursprüngliche Rechtslage **hinaus.** Zum einen ist das Recht auf Zugänglichmachung nicht mehr auf Dokumente beschränkt, die ausschließlich für die blinde bzw. sehbehinderte Person **„bestimmt"** sind. Vielmehr hat der Anspruchssteller – so auch die Gesetzesbegründung[26] – „Anspruch auf Einsichtnahme in alle für das laufende Verfahren relevanten Unterlagen". Zum anderen wird der Anspruch auch nicht mehr durch eine **Erforderlichkeitsklausel** (wie sie in § 187 zu finden ist) beschränkt. Dabei war bereits nach früherem Recht umstritten, ob die Erforderlichkeitsklausel nicht durch den § 4 der ZMV eine abschließende Konkretisierung dahingehend erfährt, dass der Anspruch stets besteht, „soweit der berechtigten Person dadurch der Zugang zu den ihr zugestellten oder formlos mitgeteilten Dokumenten erleichtert und sie in die Lage versetzt wird, eigene Rechte im Verfahren wahrzunehmen".[27]

Das Bundesverfassungsgericht hatte in Bezug auf § 191a aF allerdings einer Entscheidung des Ersten Zivilsenats[28] zugestimmt, wonach eine blinde oder sehbehinderte Person **keinen Anspruch** aus § 191a GVG, § 4 Abs. 1 ZMV auf Zugänglichmachung der Dokumente des gerichtlichen Verfahrens auch in einer für sie wahrnehmbaren Form hat, wenn sie in dem Verfahren **durch einen Rechtsanwalt vertreten** wird und der Streitstoff so **übersichtlich** ist, dass er ihr durch den Rechtsanwalt gut vermittelbar ist.[29] Diese Einschränkung wird

---

[21] SK/*Frister* Rn. 2; vgl. auch BT-Drs. 17/12634, 40.
[22] SK/*Frister* Rn. 1; SSW/*Rosenau* Rn. 4; Meyer-Goßner/*Schmitt* Rn. 1.
[23] BT-Drs. 17/12634, 40.
[24] Vgl. auch SSW/*Rosenau* Rn. 5; SK/*Frister* Rn. 2a.
[25] BT-Drs. 17/12634, 40.
[26] BT-Drs. 17/12634, 40.
[27] In diese Richtung SK/*Frister* Rn. 3. Dagegen Meyer-Goßner/*Schmitt* Rn. 1; *Kissel*/Mayer Rn. 9; SSW/ *Rosenau* Rn. 9. Löwe/Rosenberg/*Wickern* Rn. 5 stellt darauf ab, dass die Erleichterung iSd § 4 ZMV durch den Prozessvertreter selbst eintrete; der Relativsatz bezieht sich allerdings auf den Anspruch auf Zugänglichmachung. § 4 ZMV lässt sich also kein Ausschluss des Anspruchs entnehmen, soweit der Zugang anderweitig erleichtert wird.
[28] BGH 10.1.2013 – I ZB 70/12, NJW 2013, 1011; Fortführung in 19.2.2014 – I ZB 70/12, NJW 2014, 1455.
[29] BVerfG 10.10.2014 – 1 BvR 856/13, NJW 2014, 3567. Jedenfalls genügt nicht die Hilfe eines „Dritten", der dem Blinden die Texte schlicht vorliest, vgl. BSG 18.6.2014 – B 3 P 2/14 B, NZS 2014, 838.

jedenfalls von der heutigen Ausgestaltung positiv-rechtlich **nicht getragen,**[30] entgegen der herrschenden Meinung.[31] Die erneute Einführung einer Einschränkung des Anspruchs (auch durch eine entsprechende Öffnungsklausel in der Verordnung, also in § 4 selbst) wäre allerdings verfassungsrechtlich legitim.[32] Die entsprechenden Verfahrenstatsachen wären dann im **Freibeweisverfahren** zu ermitteln.[33]

13 Der Anspruch ist ein **umfassender,** er betrifft alle Dokumente, von denen der Prozessbeteiligte kraft seiner Rolle als Beschuldigter (oder Nebenkläger) Kenntnis nehmen darf bzw. zu erlangen hat. Hierzu zählen Urteile, Beschlüsse, Verfügungen,[34] allerdings auch Beweisanträge und Sachverständigengutachten. S. 3 erstreckt den Anspruch blinder oder sehbehinderter Beteiligter auf die barrierefreie Gewährung der Akteneinsicht nach Maßgabe der ZMV (dieser „betrifft insbesondere auch den Anspruch auf Akteneinsicht nach Abschluss des Verfahrens"[35]) und geht damit wesentlich über die in § 187 Abs. 2 gewährten Ansprüche des Sprachunkundigen hinaus.

14 **3. Verfahren.** Die Zugänglichmachung erfolgt auf **Antrag,**[36] jedoch braucht es keines gesonderten Verlangens für jedes einzelne Schriftstück.[37] Der Antrag soll gem. § 5 S. 2 ZMV eine Angabe über die Form der Zugänglichmachung enthalten, die wiederum in § 3 ZMV aufgezählt werden.[38] Demnach erfolgt die schriftliche Zugänglichmachung in Blindenschrift oder in Großdruck. Bei Großdruck sind ein Schriftbild, eine Kontrastierung und eine Papierqualität zu wählen, die die individuelle Wahrnehmungsfähigkeit der berechtigten Person ausreichend berücksichtigen. Nach § 8 kann die nach § 1 Abs. 3 verpflichtete Stelle die Übertragung der Dokumente einer anderen Stelle (also auch einer privaten, juristischen Person) übertragen.[39]

15 Beigefügte Zeichnungen und andere Darstellungen, die nicht in Schriftzeichen wiedergegeben werden können, sind gem. § 2 Abs. 1 S. 2 ZMV nicht vom Anspruch umfasst. Die sehbehinderte Person hat gem. § 6 ZMV ein **Wahlrecht** zwischen den einzelnen Formen der Zugänglichmachung, über die sie gem. § 4 Abs. 2 ZMV hinzuweisen ist. **Unterbleibt** ein gebotener richterlicher Hinweis auf den Anspruch für sehbehinderte Personen auf Zugänglichmachung einer Gerichtsentscheidung in wahrnehmbarer Form und versäumt der Berechtigte daraufhin eine Frist, so tritt bei Prüfung der Wiedereinsetzung in den vorigen Stand ein zusätzliches Verschulden des Berechtigten zurück.[40]

16 **4. Kosten.** Die Kosten für die Bereitstellung trägt die Staatskasse, § 191a Abs. 1 S. 5 (vgl. auch Nr. 9005 Abs. 3 des Kostenverzeichnisses zu § 3 Abs. 2 GKG). Auslagen werden auch

---

[30] Das Bundesverfassungsgericht selbst relativiert seine Ausführungen, indem es das Wortlautargument ausdrücklich auf die alte Fassung bezieht: „Mit dem Wortlaut des – mit Wirkung zum 1. Juli 2014 allerdings insoweit geänderten – § 191a Abs. 1 a.F. steht eine Beschränkung des Anspruchs auf Zugänglichmachung bei rechtsanwaltlicher Vertretung und einem übersichtlichen Streitgegenstand im Einklang, wenn der Anspruch der blinden oder sehbehinderten Person auf Zugänglichmachung dort unter die Voraussetzung gestellt wird, dass dies zur Wahrnehmung ihrer Rechte im Verfahren erforderlich ist", vgl. BVerfG 10.10.2014 – 1 BvR 856/13, NJW 2014, 3567.
[31] Von der aktuelleren Kommentarliteratur wird diese Änderung im Wortlaut ignoriert, vgl. Meyer-Goßner/*Schmitt* Rn. 1; SK/*Frister* Rn. 3; SSW/*Rosenau* Rn. 9; BeckOK StPO/*Walther* Rn. 2. Das muss insofern überraschen, als etwa der Wegfall der Wendung „auch" in der Neufassung – etwa von SK/*Frister* Rn. 3 – hervorgehoben wird.
[32] Zumal der Gesetzgeber auf diese entscheidende Änderung im Wortlaut nicht eingeht, sich allerdings zum Zeitpunkt der Gesetzesbegründung auch nicht dazu veranlasst sehen musste, da die Entscheidung des Bundesverfassungsgerichts erst später veröffentlicht wurde.
[33] HK/*Schmidt/Temming* Rn. 2.
[34] SK/*Frister* Rn. 4; SSW/*Rosenau* Rn. 7.
[35] BT-Drs. 17/12634, 40.
[36] SSW/*Rosenau* Rn. 6; SK/*Frister* Rn. 5 (kein Tätigwerden von Amts wegen); HK/*Schmidt/Temming* Rn. 3.
[37] SK/*Frister* Rn. 5; Löwe/Rosenberg/*Wickern* Rn. 8.
[38] Zur elektronischen Übermittlung SK/*Frister* Rn. 3.
[39] SK/*Frister* Rn. 5; Kissel/*Mayer* Rn. 9.
[40] So jedenfalls für das sozialgerichtliche Verfahren BSG 3.3.2009 – B 1 KR 69/08 B, NZS 2010, 119.

dann nicht erhoben, wenn die Bereitstellung nicht für den Beschuldigten, sondern für dritte Personen erfolgt ist.[41]

II. Verordnungsermächtigung (Abs. 2)

Abs. 2 enthält die Verordnungsermächtigung, von der das Bundesministerium der Justiz durch den Erlass der Zugänglichmachungsverordnung (abgedruckt im Folgenden) Gebrauch gemacht hat. 17

III. Revision

Die Verletzung des § 191a kann mit der Revision gerügt werden, es handelt sich um einen relativen Revisionsgrund. Die Erläuterungen betreffend die mitteilungspflichtigen Tatsachen nach § 344 Abs. 2 S. 2 GVG zur fehlerhaften Dolmetscherleistung nach § 185 bzw. zur Verletzung des § 186 gelten sinngemäß (vgl. jeweils dort → § 185 Rn. 66 sowie → § 186 Rn. 17), insbes. muss der Revisionsführer darlegen, inwiefern das Urteil auf der Nichtzugänglichmachung des konkreten Schriftstücks beruht (die Hinzuziehung dürfte – ähnlich wie bei der Inbegriffsrüge gem. § 261 StPO – allerdings genügen). 18

Anhang 1

Verordnung zur barrierefreien Zugänglichmachung von Dokumenten für blinde und sehbehinderte Personen im gerichtlichen Verfahren (Zugänglichmachungsverordnung – ZMV)

Vom 26.2.2007 (BGBl. I S. 215)
FNA 300-2-3
Zuletzt geändert durch Gesetz vom 10.10.2013 (BGBl. I S. 3786)

Auf Grund des § 191a Abs. 2 des Gerichtsverfassungsgesetzes in der Fassung der Bekanntmachung vom 9. Mai 1975 (BGBl. I S. 1077), der durch Artikel 20 Nr. 5 des Gesetzes vom 23. Juli 2002 (BGBl. I S. 2850) eingefügt und durch Artikel 15c Nr. 2 des Gesetzes vom 22. März 2005 (BGBl. I S. 837) geändert worden ist, auch in Verbindung mit § 46 Abs. 8 des Gesetzes über Ordnungswidrigkeiten in der Fassung der Bekanntmachung vom 19. Februar 1987 (BGBl. I S. 602), der durch Artikel 1 Nr. 2 des Gesetzes vom 26. Juli 2002 (BGBl. I S. 2864, 3516) eingefügt worden ist, verordnet das Bundesministerium der Justiz:

§ 1 Anwendungsbereich

(1) Diese Verordnung regelt die Anforderungen und das Verfahren für die Zugänglichmachung von Dokumenten im gerichtlichen Verfahren an eine blinde oder sehbehinderte Person (berechtigte Person) in einer für sie wahrnehmbaren Form.

(2) Die Verordnung gilt für das staatsanwaltschaftliche Ermittlungs- und Vollstreckungsverfahren sowie für das behördliche Bußgeldverfahren entsprechend, wenn blinde oder sehbehinderte Personen beteiligt sind.

(3) Der Anspruch auf Zugänglichmachung besteht nach Maßgabe dieser Verordnung im gerichtlichen Verfahren gegenüber dem Gericht, im staatsanwaltschaftlichen Ermittlungsverfahren gegenüber der Staatsanwaltschaft, im behördlichen Bußgeldverfahren gegenüber der Verfolgungsbehörde und in den mit diesen Verfahren in Zusammenhang stehenden Vollstreckungsverfahren gegenüber der jeweils zuständigen Vollstreckungsbehörde.

§ 2 Gegenstand der Zugänglichmachung

(1) Der Anspruch auf Zugänglichmachung nach § 191a Absatz 1 Satz 2 und Abs. 2 des Gerichtsverfassungsgesetzes, auch in Verbindung mit § 46 Abs. 1 des Gesetzes über Ordnungswidrigkeiten, umfasst Dokumente, die einer berechtigten Person zuzustellen oder formlos bekannt zu geben sind. Diesen Dokumenten als Anlagen beigefügte Zeichnungen und andere Darstellungen, die

---

[41] SK/*Frister* Rn. 5.

nicht in Schriftzeichen wiedergegeben werden können, sowie von einer Behörde vorgelegte Akten werden von der Verordnung nicht erfasst.

(2) Die Vorschriften über die Zustellung oder formlose Mitteilung von Dokumenten bleiben unberührt.

(3) Weitergehende Ansprüche auf Zugänglichmachung, die sich für berechtigte Personen aus anderen Rechtsvorschriften ergeben, bleiben unberührt.

§ 3 Formen der Zugänglichmachung

(1) Die Dokumente können der berechtigten Person schriftlich, elektronisch, akustisch, mündlich, fernmündlich oder in anderer geeigneter Weise zugänglich gemacht werden.

(2) Die schriftliche Zugänglichmachung erfolgt in Blindenschrift oder in Großdruck. Bei Großdruck sind ein Schriftbild, eine Kontrastierung und eine Papierqualität zu wählen, die die individuelle Wahrnehmungsfähigkeit der berechtigten Person ausreichend berücksichtigen.

(3) Die elektronische Zugänglichmachung erfolgt durch Übermittlung eines elektronischen Dokuments. Dabei sind die Standards von § 3 der Barrierefreie-Informationstechnik-Verordnung vom 12. September 2011 (BGBl. I S. 1843) in der jeweils geltenden Fassung maßgebend. Das Dokument ist gegen unbefugte Kenntnisnahme zu schützen.

§ 4 Umfang des Anspruchs

(1) Der Anspruch auf Zugänglichmachung besteht, soweit der berechtigten Person dadurch der Zugang zu den ihr zugestellten oder formlos mitgeteilten Dokumenten erleichtert und sie in die Lage versetzt wird, eigene Rechte im Verfahren wahrzunehmen.

(2) Die Zugänglichmachung erfolgt auf Verlangen der berechtigten Person. Die nach § 1 Abs. 3 verpflichtete Stelle hat die berechtigte Person auf ihren Anspruch hinzuweisen.

(3) Das Verlangen auf Zugänglichmachung kann in jedem Abschnitt des Verfahrens geltend gemacht werden. Es ist aktenkundig zu machen und im weiteren Verfahren von Amts wegen zu berücksichtigen.

§ 5 Mitwirkung der berechtigten Person

Die berechtigte Person ist verpflichtet, bei der Wahrnehmung ihres Anspruchs auf Zugänglichmachung im Rahmen ihrer individuellen Fähigkeiten und ihrer technischen Möglichkeiten mitzuwirken. Sie soll die nach § 1 Abs. 3 verpflichtete Stelle unverzüglich über ihre Blindheit oder Sehbehinderung in Kenntnis setzen und mitteilen, in welcher Form ihr die Dokumente zugänglich gemacht werden können.

§ 6 Ausführung der Zugänglichmachung

Die berechtigte Person hat ein Wahlrecht zwischen den in § 3 genannten Formen der Zugänglichmachung. Die nach § 1 Abs. 3 verpflichtete Stelle hat die Zugänglichmachung in der von der berechtigten Person gewählten Form auszuführen.

§ 7 Zeitpunkt der Zugänglichmachung

Die Zugänglichmachung soll im zeitlichen Zusammenhang mit der Zustellung oder formlosen Mitteilung der für die berechtigte Person bestimmten Dokumente erfolgen, es sei denn, die damit verbundene Verzögerung ist unter Berücksichtigung der berechtigten Interessen der übrigen Verfahrensbeteiligten oder des Verfahrenszwecks nicht hinnehmbar.

§ 8 Organisation

Die nach § 1 Abs. 3 verpflichtete Stelle kann die Übertragung der Dokumente in eine Form, die die berechtigte Person wahrnehmen kann, und die Übermittlung der Dokumente an diese Person einer anderen Stelle übertragen.

§ 9 Inkrafttreten

Die Verordnung tritt am ersten Tag des dritten auf die Verkündung folgenden Kalendermonats in Kraft.

Schlussformel

Der Bundesrat hat zugestimmt.

Anhang 2

Richtlinie 2010/64/EU des Europäischen Parlaments und des Rates über das Recht auf Dolmetschleistungen und Übersetzungen in Strafverfahren

Vom 20.10.2010 (ABl. L. 280, 1)

DAS EUROPÄISCHE PARLAMENT UND DER RAT DER EUROPÄISCHEN UNION —

gestützt auf den Vertrag über die Arbeitsweise der Europäischen Union, insbesondere auf Artikel 82 Absatz 2 Unterabsatz 2 Buchstabe b,

auf Initiative des Königreichs Belgien, der Bundesrepublik Deutschland, der Republik Estland, des Königreichs Spanien, der Französischen Republik, der Italienischen Republik, des Großherzogtums Luxemburg, der Republik Ungarn, der Republik Österreich, der Portugiesischen Republik, Rumäniens, der Republik Finnland und des Königreichs Schweden,[1]

nach Zuleitung des Entwurfs des Gesetzgebungsakts an die nationalen Parlamente,

gemäß dem ordentlichen Gesetzgebungsverfahren,[2]

in Erwägung nachstehender Gründe:

(1) Die Union hat sich die Erhaltung und Weiterentwicklung eines Raums der Freiheit, der Sicherheit und des Rechts zum Ziel gesetzt. Nach den Schlussfolgerungen des Vorsitzes des Europäischen Rates vom 15. und 16. Oktober 1999 in Tampere, insbesondere nach Nummer 33, soll der Grundsatz der gegenseitigen Anerkennung von Urteilen und anderen Entscheidungen von Justizbehörden zum Eckstein der justiziellen Zusammenarbeit in Zivil- und Strafsachen innerhalb der Union werden, da eine verbesserte gegenseitige Anerkennung und die notwendige Annäherung der Rechtsvorschriften die Zusammenarbeit zwischen den zuständigen Behörden und den Schutz der Rechte des Einzelnen durch die Justiz erleichtern würden.

(2) Am 29. November 2000 verabschiedete der Rat im Einklang mit den Schlussfolgerungen von Tampere ein Maßnahmenprogramm zur Umsetzung des Grundsatzes der gegenseitigen Anerkennung gerichtlicher Entscheidungen in Strafsachen.[3] In der Einleitung des Programms heißt es, die gegenseitige Anerkennung „soll es ermöglichen, nicht nur die Zusammenarbeit zwischen den Mitgliedstaaten, sondern auch den Schutz der Persönlichkeitsrechte zu verstärken".

(3) Die Umsetzung des Grundsatzes der gegenseitigen Anerkennung von Entscheidungen in Strafsachen setzt gegenseitiges Vertrauen der Mitgliedstaaten in ihre jeweilige Strafrechtspflege voraus. Das Maß der gegenseitigen Anerkennung hängt von einer ganzen Reihe von Parametern ab; dazu gehören Mechanismen für den Schutz der Rechte von verdächtigen oder beschuldigten Personen sowie gemeinsame Mindestnormen, die erforderlich sind, um die Anwendung des Grundsatzes der gegenseitigen Anerkennung zu erleichtern.

(4) Der Grundsatz der gegenseitigen Anerkennung von Entscheidungen in Strafsachen kann nur in einem Klima des Vertrauens zum Tragen kommen, in dem nicht nur die Justizbehörden, sondern alle an Strafverfahren beteiligten Akteure Entscheidungen der Justizbehörden anderer Mitgliedstaaten als denen ihrer eigenen Justizbehörden gleichwertig ansehen; dies setzt nicht nur Vertrauen in die Angemessenheit der Rechtsvorschriften anderer Mitgliedstaaten voraus, sondern auch Vertrauen in die Tatsache, dass diese Rechtsvorschriften ordnungsgemäß angewandt werden.

(5) In Artikel 6 der Europäischen Konvention zum Schutze der Menschenrechte und Grundfreiheiten (nachstehend „EMRK" genannt) und in Artikel 47 der Charta der Grundrechte der Europäischen Union (nachstehend „Charta" genannt) ist das Recht auf ein faires Verfahren verankert. Artikel 48 Absatz 2 der Charta gewährleistet die Verteidigungsrechte. Diese Richtlinie achtet die genannten Rechte und sollte entsprechend umgesetzt werden.

(6) Zwar haben alle Mitgliedstaaten die EMRK unterzeichnet, doch hat die Erfahrung gezeigt, dass dadurch allein nicht immer ein hinreichendes Maß an Vertrauen in die Strafrechtspflege anderer Mitgliedstaaten hergestellt wird.

---

[1] Amtl. Anm.: ABl. C 69 vom 18.3.2010, S. 1.
[2] Amtl. Anm.: Standpunkt des Europäischen Parlaments vom 16. Juni 2010 (noch nicht im Amtsblatt veröffentlicht) und Beschluss des Rates vom 7. Oktober 2010.
[3] Amtl. Anm.: ABl. C 12 vom 15.1.2001, S. 10.

(7) Die Stärkung des gegenseitigen Vertrauens erfordert eine kohärentere Umsetzung der in Artikel 6 EMRK verankerten Rechte und Garantien. Sie erfordert ferner eine Weiterentwicklung der in der EMRK und der Charta verankerten Mindestvorschriften innerhalb der Union durch diese Richtlinie und andere Maßnahmen.

(8) Artikel 82 Absatz 2 des Vertrags über die Arbeitsweise der Europäischen Union sieht die Festlegung von in den Mitgliedstaaten anwendbaren Mindestvorschriften zur Erleichterung der gegenseitigen Anerkennung gerichtlicher Urteile und Entscheidungen und der polizeilichen und justiziellen Zusammenarbeit in Strafsachen mit grenzüberschreitender Dimension vor. Artikel 82 Absatz 2 Unterabsatz 2 Buchstabe b nennt „die Rechte des Einzelnen im Strafverfahren" als einen der Bereiche, in denen Mindestvorschriften festgelegt werden können.

(9) Gemeinsame Mindestvorschriften sollten das Vertrauen in die Strafrechtspflege aller Mitgliedstaaten stärken, was wiederum zu einer wirksameren Zusammenarbeit der Justizbehörden in einem Klima gegenseitigen Vertrauens führen sollte. Für Dolmetschleistungen und Übersetzungen in Strafverfahren sollten solche gemeinsamen Mindestvorschriften festgelegt werden.

(10) Am 30. November 2009 nahm der Rat eine Entschließung über einen Fahrplan zur Stärkung der Verfahrensrechte von Verdächtigen oder Beschuldigten in Strafverfahren an.[4] In diesem Fahrplan wurde dazu aufgerufen, schrittweise Maßnahmen zu ergreifen, die das Recht auf Übersetzungen und Dolmetschleistungen (Maßnahme A), das Recht auf Belehrung über die Rechte und Unterrichtung über die Beschuldigung (Maßnahme B), das Recht auf Rechtsbeistand und Prozesskostenhilfe (Maßnahme C), das Recht auf Kommunikation mit Angehörigen, Arbeitgebern und Konsularbehörden (Maßnahme D) und besondere Garantien für schutzbedürftige Verdächtige oder Beschuldigte (Maßnahme E) betreffen.

(11) In dem am 10. Dezember 2009 angenommenen Stockholmer Programm begrüßte der Europäische Rat den Fahrplan und machte ihn zum Bestandteil des Stockholmer Programms (Ziffer 2.4). Der Europäische Rat betonte, dass der Fahrplan nicht abschließend sein soll, und ersuchte die Kommission, weitere Elemente von Mindestverfahrensrechten für verdächtige und beschuldigte Personen zu prüfen und zu bewerten, ob andere Themen, beispielsweise die Unschuldsvermutung, angegangen werden müssen, um eine bessere Zusammenarbeit auf diesem Gebiet zu fördern.

(12) Diese Richtlinie betrifft Maßnahme A des Fahrplans. Sie setzt gemeinsame Mindestvorschriften im Bereich von Dolmetschleistungen und Übersetzungen in Strafverfahren fest, um das gegenseitige Vertrauen der Mitgliedstaaten zu stärken.

(13) Diese Richtlinie stützt sich auf den Vorschlag der Kommission für einen Rahmenbeschluss des Rates über das Recht auf Verdolmetschung und Übersetzung in Strafverfahren vom 8. Juli 2009 und auf den Vorschlag der Kommission für eine Richtlinie des Europäischen Parlaments und des Rates über das Recht auf Dolmetsch- und Übersetzungsleistungen in Strafverfahren vom 9. März 2010.

(14) Das Recht von Personen, die die Verfahrenssprache des Gerichts nicht sprechen oder nicht verstehen, auf Dolmetschleistungen und Übersetzungen ergibt sich aus Artikel 6 EMRK in dessen Auslegung in der Rechtsprechung des Europäischen Gerichtshofs für Menschenrechte. Diese Richtlinie erleichtert die praktische Anwendung dieses Rechts. Zu diesem Zweck zielt diese Richtlinie darauf ab, das Recht von verdächtigen oder beschuldigten Personen auf Dolmetschleistungen und Übersetzungen in Strafverfahren im Hinblick auf die Wahrung des Rechts dieser Personen auf ein faires Verfahren zu gewährleisten.

(15) Die in dieser Richtlinie festgelegten Rechte sollten in den in ihr vorgesehenen Grenzen auch — als erforderliche begleitende Maßnahmen — im Falle der Vollstreckung eines Europäischen Haftbefehls[5] gelten. Vollstreckende Mitgliedstaaten sollten Dolmetschleistungen und Übersetzungen zugunsten der gesuchten Personen, die die Verfahrenssprache nicht sprechen oder verstehen, zur Verfügung stellen und die Kosten dafür tragen.

(16) In einigen Mitgliedstaaten ist eine Behörde, die kein in Strafsachen zuständiges Gericht ist, für die Verhängung von Sanktionen hinsichtlich relativ geringfügiger Zuwiderhandlungen zuständig. Dies kann zum Beispiel bei häufig begangenen Verkehrsübertretungen der Fall sein, die möglicherweise nach einer Verkehrskontrolle festgestellt werden. In solchen Situationen wäre es unangemessen, die zuständige Behörde zu verpflichten, alle Rechte nach dieser Richtlinie zu gewährleisten. In den Fällen, in denen nach dem Recht eines Mitgliedstaats die Verhängung einer Sanktion wegen geringfügiger Zuwiderhandlungen durch eine solche Behörde vorgesehen ist und bei einem

---

[4] Amtl. Anm.: ABl. C 295 vom 4.12.2009, S. 1.
[5] Amtl. Anm.: Rahmenbeschluss 2002/584/JI des Rates vom 13. Juni 2002 über den Europäischen Haftbefehl und die Übergabeverfahren zwischen den Mitgliedstaaten (ABl. L 190 vom 18.7.2002, S. 1).

in Strafsachen zuständigen Gericht Rechtsmittel eingelegt werden können, sollte diese Richtlinie daher nur auf das Verfahren vor diesem Gericht nach Einlegung eines solchen Rechtsmittels Anwendung finden.

(17) Diese Richtlinie sollte gewährleisten, dass es unentgeltliche und angemessene sprachliche Unterstützung gibt, damit verdächtige oder beschuldigte Personen, die die Sprache des Strafverfahrens nicht sprechen oder verstehen, ihre Verteidigungsrechte in vollem Umfang wahrnehmen können und ein faires Verfahren gewährleistet wird.

(18) Dolmetschleistungen zu Gunsten der verdächtigen oder beschuldigten Personen sollten unverzüglich zur Verfügung gestellt werden. Wenn jedoch eine gewisse Zeit vergeht, bevor die Dolmetschleistungen zur Verfügung gestellt werden, sollte dies keinen Verstoß gegen die Anforderung darstellen, dass Dolmetschdienste unverzüglich zur Verfügung gestellt werden sollten, sofern dieser Zeitraum unter den gegebenen Umständen zumutbar ist.

(19) Für die Verständigung zwischen verdächtigen oder beschuldigten Personen und ihrem Rechtsbeistand sollten Dolmetschleistungen gemäß dieser Richtlinie zur Verfügung gestellt werden. Verdächtige oder beschuldigte Personen sollten unter anderem imstande sein, ihrem Rechtsbeistand ihre eigene Version des Sachverhalts zu schildern, auf Aussagen hinzuweisen, denen sie nicht zustimmen, und ihren Rechtsbeistand über Sachverhalte in Kenntnis zu setzen, die zu ihrer Verteidigung vorgebracht werden sollten.

(20) Zur Vorbereitung der Verteidigung sollten für die Verständigung zwischen den verdächtigen oder beschuldigten Personen und ihrem Rechtsbeistand in unmittelbarem Zusammenhang mit jedweden Vernehmungen und Verhandlungen während des Verfahrens oder bei der Einlegung von Rechtsmitteln oder bei anderen verfahrensrechtlichen Anträgen, wie zum Beispiel bei einem Antrag auf Freilassung gegen Kaution, Dolmetschleistungen zur Verfügung gestellt werden, wenn dies notwendig ist, um ein faires Verfahren zu gewährleisten.

(21) Die Mitgliedstaaten sollten sicherstellen, dass es Verfahren oder Mechanismen gibt, um festzustellen, ob verdächtige oder beschuldigte Personen die Sprache des Strafverfahrens sprechen und verstehen und ob sie die Unterstützung durch einen Dolmetscher benötigen. Ein solches Verfahren oder ein solcher Mechanismus beinhaltet, dass die zuständigen Behörden auf geeignete Weise, einschließlich durch Befragung der betroffenen verdächtigen oder beschuldigten Personen, prüfen, ob diese die Sprache des Strafverfahrens sprechen und verstehen und ob sie die Unterstützung durch einen Dolmetscher benötigen.

(22) Dolmetschleistungen und Übersetzungen nach dieser Richtlinie sollten in der Muttersprache der verdächtigen oder beschuldigten Personen oder einer anderen Sprache, die sie sprechen oder verstehen, zur Verfügung gestellt werden, damit sie ihre Verteidigungsrechte in vollem Umfang wahrnehmen können und um ein faires Verfahren zu gewährleisten.

(23) Die Achtung des Rechts auf Dolmetschleistungen und Übersetzungen nach dieser Richtlinie sollte andere Verfahrensrechte, die nach einzelstaatlichem Recht gewährt werden, nicht beeinträchtigen.

(24) Die Mitgliedstaaten sollten sicherstellen, dass bei entsprechenden Hinweisen an die zuständigen Behörden in einem bestimmten Fall die Angemessenheit der zur Verfügung gestellten Dolmetschleistungen und Übersetzungen kontrolliert werden kann.

(25) Verdächtige oder beschuldigte Personen und Personen, gegen die ein Verfahren zur Vollstreckung eines Europäischen Haftbefehls läuft, sollten das Recht haben, die Entscheidung, dass keine Dolmetschleistungen erforderlich sind, im Einklang mit den im einzelstaatlichen Recht vorgesehenen Verfahren anzufechten. Dieses Recht bringt für die Mitgliedstaaten nicht die Verpflichtung mit sich, einen gesonderten Mechanismus oder ein gesondertes Beschwerdeverfahren für die Anfechtung einer solchen Entscheidung vorzusehen, und es sollte nicht die Fristen beeinträchtigen, die für die Vollstreckung eines Europäischen Haftbefehls gelten.

(26) Wird die Qualität der Dolmetschleistungen als für die Wahrung des Rechts auf ein faires Verfahren unzureichend betrachtet, sollten die zuständigen Behörden die Möglichkeit haben, den bestellten Dolmetscher zu ersetzen.

(27) Die Fürsorgepflicht für verdächtige oder beschuldigte Personen, die sich in einer potenziell schwachen Position befinden, insbesondere weil sie körperliche Gebrechen haben, die ihre Fähigkeit beeinträchtigen, sich effektiv zu verständigen, ist Grundlage einer fairen Justiz. Anklage-, Strafverfolgungs-, und Justizbehörden sollten daher sicherstellen, dass solche Personen imstande sind, die in dieser Richtlinie vorgesehenen Rechte wirksam auszuüben, zum Beispiel indem sie etwaige Benachteiligungen, die die Fähigkeit der Personen beeinträchtigen, dem Verfahren zu folgen und sich verständlich zu machen, berücksichtigen und indem sie geeignete Schritte unternehmen, um sicherzustellen, dass diese Rechte gewährleistet sind.

(28) Beim Einsatz von Videokonferenzen zum Zwecke des Ferndolmetschens sollten sich die zuständigen Behörden der Instrumente bedienen können, die im Zusammenhang mit der europäischen E-Justiz entwickelt werden (zum Beispiel Informationen über Gerichte mit Videokonferenzanlagen oder Handbücher).

(29) Diese Richtlinie sollte im Lichte der gewonnenen praktischen Erfahrungen bewertet werden. Gegebenenfalls sollte sie zur Verbesserung der in ihr festgelegten Schutzbestimmungen geändert werden.

(30) Zur Gewährleistung eines fairen Verfahrens ist es erforderlich, dass wesentliche Unterlagen oder zumindest die maßgeblichen Passagen solcher Unterlagen für die verdächtigen oder beschuldigten Personen gemäß dieser Richtlinie übersetzt werden. Bestimmte Dokumente sollten immer als wesentliche Unterlagen in diesem Sinne gelten und sollten deshalb übersetzt werden, beispielsweise jegliche Anordnung einer freiheitsentziehenden Maßnahme, jegliche Anklageschrift und jegliches Urteil. Die zuständigen Behörden der Mitgliedstaaten sollten von Amts wegen oder auf Antrag verdächtiger oder beschuldigter Personen oder ihres Rechtsbeistands entscheiden, welche weiteren Dokumente für die Gewährleistung eines fairen Verfahrens wesentlich sind und deshalb auch übersetzt werden sollten.

(31) Die Mitgliedstaaten sollten den Zugang zu nationalen Datenbanken mit auf dem Gebiet der Rechtsterminologie kompetenten Übersetzern und Dolmetschern erleichtern, soweit solche Datenbanken bestehen. In diesem Zusammenhang sollte besonderes Augenmerk auf das Ziel gelegt werden, den Zugang zu bestehenden Datenbanken über das E-Justiz-Portal zu gewähren, wie im mehrjährigen Aktionsplan 2009–2013 für die europäische E-Justiz vom 27. November 2008[6] vorgesehen.

(32) Mit dieser Richtlinie sollten Mindestvorschriften erlassen werden. Die Mitgliedstaaten sollten die in dieser Richtlinie niedergelegten Rechte ausweiten können, um auch in Situationen, die von dieser Richtlinie nicht ausdrücklich erfasst sind, ein höheres Schutzniveau zu bieten. Das Schutzniveau sollte nie unter den Standards der EMRK oder der Charta — gemäß der Auslegung durch den Europäischen Gerichtshof für Menschenrechte oder den Gerichtshof der Europäischen Union — liegen.

(33) Die Bestimmungen dieser Richtlinie, die den durch die EMRK oder die Charta gewährleisteten Rechten entsprechen, sollten entsprechend diesen Rechten, wie sie in der einschlägigen Rechtsprechung des Europäischen Gerichtshofs für Menschenrechte und des Gerichtshofs der Europäischen Union ausgelegt werden, ausgelegt und umgesetzt werden.

(34) Da das Ziel dieser Richtlinie, nämlich gemeinsame Mindestvorschriften festzulegen, auf Ebene der Mitgliedstaaten nicht ausreichend verwirklicht werden kann, und daher wegen seines Umfangs und seiner Wirkungen besser auf Unionsebene zu verwirklichen ist, kann die Union im Einklang mit dem in Artikel 5 des Vertrags über die Europäische Union niedergelegten Subsidiaritätsprinzip tätig werden. Entsprechend dem in demselben Artikel genannten Grundsatz der Verhältnismäßigkeit geht diese Richtlinie nicht über das zur Erreichung dieses Ziels erforderliche Maß hinaus.

(35) Gemäß Artikel 3 des dem Vertrag über die Europäische Union und dem Vertrag über die Arbeitsweise der Europäischen Union beigefügten Protokolls (Nr. 21) über die Position des Vereinigten Königreichs und Irlands hinsichtlich des Raums der Freiheit, der Sicherheit und des Rechts haben diese Mitgliedstaaten mitgeteilt, dass sie sich an der Annahme und Anwendung dieser Richtlinie beteiligen möchten.

(36) Gemäß den Artikeln 1 und 2 des dem Vertrag über die Europäische Union und dem Vertrag über die Arbeitsweise der Europäischen Union beigefügten Protokolls (Nr. 22) über die Position Dänemarks beteiligt sich Dänemark nicht an der Annahme dieser Richtlinie und ist weder durch diese gebunden noch zu ihrer Anwendung verpflichtet —

HABEN FOLGENDE RICHTLINIE ERLASSEN:

Artikel 1 Gegenstand und Anwendungsbereich

(1) Diese Richtlinie regelt das Recht auf Dolmetschleistungen und Übersetzungen in Strafverfahren und in Verfahren zur Vollstreckung eines Europäischen Haftbefehls.

(2) Das in Absatz 1 genannte Recht gilt für Personen ab dem Zeitpunkt, zu dem sie von den zuständigen Behörden eines Mitgliedstaats durch amtliche Mitteilung oder auf sonstige Weise

---

[6] Amtl. Anm.: ABl. C 75 vom 31.3.2009, S. 1.

davon in Kenntnis gesetzt werden, dass sie der Begehung einer Straftat verdächtig oder beschuldigt sind, bis zum Abschluss des Verfahrens, worunter die endgültige Klärung der Frage zu verstehen ist, ob sie die Straftat begangen haben, gegebenenfalls einschließlich der Festlegung des Strafmaßes und der abschließenden Entscheidung in einem Rechtsmittelverfahren.

(3) In Fällen, in denen nach dem Recht eines Mitgliedstaats die Verhängung einer Sanktion wegen geringfügiger Zuwiderhandlungen durch eine Behörde, die kein in Strafsachen zuständiges Gericht ist, vorgesehen ist, und gegen die Verhängung einer solchen Sanktion bei einem solchen Gericht Rechtsmittel eingelegt werden können, findet diese Richtlinie nur auf das Verfahren vor diesem Gericht nach Einlegung eines solchen Rechtsmittels Anwendung.

(4) Diese Richtlinie berührt weder einzelstaatliches Recht betreffend die Anwesenheit eines Rechtsbeistands während jedweden Stadiums des Strafverfahrens noch einzelstaatliches Recht betreffend das Recht einer verdächtigen oder beschuldigten Person auf Zugang zu Dokumenten in Strafverfahren.

Artikel 2 Recht auf Dolmetschleistungen

(1) Die Mitgliedstaaten stellen sicher, dass verdächtigen oder beschuldigten Personen, die die Sprache des betreffenden Strafverfahrens nicht sprechen oder verstehen, unverzüglich Dolmetschleistungen während der Strafverfahren bei Ermittlungs- und Justizbehörden, einschließlich während polizeilicher Vernehmungen, sämtlicher Gerichtsverhandlungen sowie aller erforderlicher Zwischenverhandlungen, zur Verfügung gestellt werden.

(2) Die Mitgliedstaaten stellen sicher, dass Dolmetschleistungen für die Verständigung zwischen verdächtigen oder beschuldigten Personen und ihrem Rechtsbeistand in unmittelbarem Zusammenhang mit jedweden Vernehmungen und Verhandlungen während des Verfahrens oder bei der Einlegung von Rechtsmitteln oder anderen verfahrensrechtlichen Anträgen zur Verfügung stehen, wenn dies notwendig ist, um ein faires Verfahren zu gewährleisten.

(3) Das Recht auf Dolmetschleistungen gemäß den Absätzen 1 und 2 umfasst die angemessene Unterstützung für hör- und sprachgeschädigte Personen.

(4) Die Mitgliedstaaten stellen sicher, dass es ein Verfahren oder einen Mechanismus gibt, um festzustellen, ob verdächtige oder beschuldigte Personen die Sprache des Strafverfahrens sprechen und verstehen und ob sie die Unterstützung durch einen Dolmetscher benötigen.

(5) Die Mitgliedstaaten stellen sicher, dass verdächtige oder beschuldigte Personen das Recht haben, eine Entscheidung, dass keine Dolmetschleistungen benötigt werden, im Einklang mit den nach einzelstaatlichem Recht vorgesehenen Verfahren anzufechten, und, wenn Dolmetschleistungen zur Verfügung gestellt wurden, die Möglichkeit haben, zu beanstanden, dass die Qualität der Dolmetschleistungen für die Gewährleistung eines fairen Verfahrens unzureichend sei.

(6) Gegebenenfalls können Kommunikationstechnologien, wie etwa Videokonferenzen, Telefon oder Internet, verwendet werden, es sei denn, die persönliche Anwesenheit des Dolmetschers ist für die Gewährleistung eines fairen Verfahrens erforderlich.

(7) In Verfahren zur Vollstreckung eines Europäischen Haftbefehls stellt der vollstreckende Mitgliedstaat sicher, dass seine zuständigen Behörden den Personen, die solchen Verfahren unterliegen und die Verfahrenssprache nicht sprechen oder verstehen, gemäß diesem Artikel Dolmetschleistungen zur Verfügung stellen.

(8) Nach diesem Artikel zur Verfügung gestellte Dolmetschleistungen müssen eine für die Gewährleistung eines fairen Verfahrens ausreichende Qualität aufweisen, wobei insbesondere sicherzustellen ist, dass verdächtige oder beschuldigte Personen wissen, was ihnen zur Last gelegt wird, und imstande sind, ihre Verteidigungsrechte wahrzunehmen.

Artikel 3 Recht auf Übersetzung wesentlicher Unterlagen

(1) Die Mitgliedstaaten stellen sicher, dass verdächtige oder beschuldigte Personen, die die Sprache des Strafverfahrens nicht verstehen, innerhalb einer angemessenen Frist eine schriftliche Übersetzung aller Unterlagen erhalten, die wesentlich sind, um zu gewährleisten, dass sie imstande sind, ihre Verteidigungsrechte wahrzunehmen, und um ein faires Verfahren zu gewährleisten.

(2) Zu den wesentlichen Unterlagen gehören jegliche Anordnung einer freiheitsentziehenden Maßnahme, jegliche Anklageschrift und jegliches Urteil.

(3) [1]Die zuständigen Behörden entscheiden im konkreten Fall darüber, ob weitere Dokumente wesentlich sind. [2]Verdächtige oder beschuldigte Personen oder ihr Rechtsbeistand können einen entsprechenden begründeten Antrag stellen.

(4) Es ist nicht erforderlich, Passagen wesentlicher Dokumente, die nicht dafür maßgeblich sind, dass die verdächtigen oder beschuldigten Personen wissen, was ihnen zur Last gelegt wird, zu übersetzen.

(5) Die Mitgliedstaaten stellen sicher, dass verdächtige oder beschuldigte Personen das Recht haben, eine Entscheidung, dass keine Übersetzung von Dokumenten oder Passagen derselben benötigt wird, im Einklang mit nach einzelstaatlichem Recht vorgesehenen Verfahren anzufechten, und, wenn Übersetzungen zur Verfügung gestellt wurden, die Möglichkeit haben, zu beanstanden, dass die Qualität der Übersetzungen für die Gewährleistung eines fairen Verfahrens unzureichend sei.

(6) In Verfahren zur Vollstreckung eines Europäischen Haftbefehls stellt der vollstreckende Mitgliedstaat sicher, dass seine zuständigen Behörden Personen, die solchen Verfahren unterliegen und die die Sprache, in der der Europäische Haftbefehl ausgestellt oder in die er vom ausstellenden Mitgliedstaat übersetzt wurde, nicht verstehen, eine schriftliche Übersetzung dieses Dokuments zur Verfügung stellen.

(7) Als Ausnahme zu den allgemeinen Regeln nach den Absätzen 1, 2, 3 und 6 kann eine mündliche Übersetzung oder eine mündliche Zusammenfassung der wesentlichen Unterlagen anstelle einer schriftlichen Übersetzung unter der Bedingung zur Verfügung gestellt werden, dass eine solche mündliche Übersetzung oder mündliche Zusammenfassung einem fairen Verfahren nicht entgegensteht.

(8) Jedweder Verzicht auf das in diesem Artikel genannte Recht auf Übersetzung von Unterlagen unterliegt dem Erfordernis, dass verdächtige oder beschuldigte Personen zuvor rechtliche Beratung oder in anderer Weise volle Kenntnis der Folgen eines solchen Verzichts erhalten haben und dass der Verzicht unmissverständlich und freiwillig erklärt wurde.

(9) Nach diesem Artikel zur Verfügung gestellte Übersetzungen müssen eine für die Gewährleistung eines fairen Verfahrens ausreichende Qualität aufweisen, insbesondere indem sichergestellt wird, dass verdächtige oder beschuldigte Personen wissen, was ihnen zur Last gelegt wird, und imstande sind, ihre Verteidigungsrechte wahrzunehmen.

Artikel 4 Kosten der Dolmetschleistungen und Übersetzungen

Die Mitgliedstaaten kommen unabhängig vom Verfahrensausgang für die in Anwendung der Artikel 2 und 3 entstehenden Dolmetsch- und Übersetzungskosten auf.

Artikel 5 Qualität der Dolmetschleistungen und Übersetzungen

(1) Die Mitgliedstaaten ergreifen konkrete Maßnahmen, um sicherzustellen, dass Dolmetschleistungen und Übersetzungen der Qualität entsprechen, die nach Artikel 2 Absatz 8 und Artikel 3 Absatz 9 erforderlich ist.

(2) [1]Um die Angemessenheit von Dolmetschleistungen und Übersetzungen und einen effizienten Zugang dazu zu fördern, bemühen sich die Mitgliedstaaten darum, ein oder mehrere Register mit unabhängigen Übersetzern und Dolmetschern einzurichten, die angemessen qualifiziert sind. [2]Nach Einrichtung eines solchen Registers bzw. solcher Register wird es/werden sie gegebenenfalls Rechtsbeiständen und den betreffenden Behörden zur Verfügung gestellt werden.

(3) Die Mitgliedstaaten stellen sicher, dass Dolmetscher und Übersetzer betreffend der Dolmetschleistungen und Übersetzungen, die nach dieser Richtlinie erbracht werden, die Vertraulichkeit zu wahren haben.

Artikel 6 Weiterbildung

Unbeschadet der Unabhängigkeit der Justiz und der Unterschiede in der Organisation des Justizsystems innerhalb der Union fordern die Mitgliedstaaten von denjenigen, die für die Weiterbildung von an Strafverfahren beteiligten Richtern, Staatsanwälten und Justizbediensteten zuständig sind, ein besonderes Augenmerk auf die Besonderheiten einer dolmetschergestützten Verständigung zu legen, damit eine effiziente und wirksame Verständigung sichergestellt ist.

Artikel 7 Führen von Aufzeichnungen

Die Mitgliedstaaten stellen sicher, dass, wenn eine verdächtige oder beschuldigte Person durch eine Ermittlungs- oder Justizbehörde unter Beiziehung eines Dolmetschers gemäß Artikel 2 einer Vernehmung oder Verhandlung unterzogen bzw. unterworfen wurde, wenn eine mündliche Übersetzung oder eine mündliche Zusammenfassung wesentlicher Unterlagen in Anwesenheit einer solchen Behörde nach Artikel 3 Absatz 7 zur Verfügung gestellt wurde oder wenn eine Person einen Verzicht auf das Recht auf Übersetzung nach Artikel 3 Absatz 8 erklärt hat, gemäß dem Verfahren für Aufzeichnungen nach dem Recht des betreffenden Mitgliedstaats schriftlich festgehalten wird, dass diese Vorkommnisse stattgefunden haben.

Artikel 8 Regressionsverbot

Keine Bestimmung dieser Richtlinie ist so auszulegen, dass dadurch die Rechte und Verfahrensgarantien, die nach der Europäischen Konvention zum Schutze der Menschenrechte und Grundfreiheiten, der Charta der Grundrechte der Europäischen Union, anderer einschlägiger Bestimmungen des Völkerrechts oder dem Recht eines Mitgliedstaats, das ein höheres Schutzniveau vorsieht, gewährleistet werden, beschränkt oder beeinträchtigt würden.

Artikel 9 Umsetzung

(1) Die Mitgliedstaaten setzen die Rechts- und Verwaltungsvorschriften in Kraft, die erforderlich sind, um dieser Richtlinie spätestens bis zum 27. Oktober 2013 nachzukommen.

(2) Die Mitgliedstaaten übermitteln der Kommission den Wortlaut dieser Vorschriften.

(3) [1]Wenn die Mitgliedstaaten die genannten Vorschriften erlassen, nehmen sie in den Vorschriften selbst oder durch einen Hinweis bei der amtlichen Veröffentlichung auf diese Richtlinie Bezug. [2]Die Mitgliedstaaten regeln die Einzelheiten der Bezugnahme.

Artikel 10 Bericht

Die Kommission übermittelt dem Europäischen Parlament und dem Rat bis zum 27. Oktober 2014 einen Bericht, in dem sie überprüft, inwieweit die Mitgliedstaaten die erforderlichen Maßnahmen getroffen haben, um dieser Richtlinie nachzukommen, und unterbreitet gegebenenfalls Legislativvorschläge.

Artikel 11 Inkrafttreten

Diese Richtlinie tritt am zwanzigsten Tag nach ihrer Veröffentlichung im *Amtsblatt der Europäischen Union* in Kraft.

Artikel 12 Adressaten

Diese Richtlinie ist gemäß den Verträgen an die Mitgliedstaaten gerichtet.

Sechzehnter Titel. Beratung und Abstimmung

§ 192 [Mitwirkende Richter und Schöffen]

(1) Bei Entscheidungen dürfen Richter nur in der gesetzlich bestimmten Anzahl mitwirken.

(2) Bei Verhandlungen von längerer Dauer kann der Vorsitzende die Zuziehung von Ergänzungsrichtern anordnen, die der Verhandlung beizuwohnen und im Falle der Verhinderung eines Richters für ihn einzutreten haben.

(3) Diese Vorschriften sind auch auf Schöffen anzuwenden.

Schrifttum: *Börner,* Die Verhinderung des Ergänzungsrichters im Strafprozess, JR 2017, 16; *Ernst,* Abstimmen über Rechtserkenntnis – Gedanken zur Entscheidungsfindung in Richterkollegien, JZ 2012, 637; *Knauer/Wolf,* Zivilprozessuale und strafprozessuale Änderungen durch das Erste Justizmodernisierungsgesetz – Teil 2: Änderungen der StPO, NJW 2004, 2932; *Kudlich,* Strafprozeß und allgemeines Mißbrauchsverbot, Diss. Würzburg 1998; *Norouzi,* Gesetzlicher Richter im Mutterschutz, in *Gierhake/Bockemühl/Müller/Walter* (Hrsg.), Festschrift von Heintschel-Heinegg, 2015, 349; *Schlothauer,* Eintritt des Ergänzungsrichters in die Hauptverhandlung oder Hemmung der Unterbrechungsfrist, in *Jung/Luxemburger/Wahle* (Hrsg.), Festschrift Müller, 2008, 641.

Übersicht

	Rn.		Rn.
I. Anwendungsbereich	1	a) Bestimmung der Ergänzungsrichter und Ergänzungsschöffen	4–6
II. Erläuterung	2–14		
1. Entscheidungsquorum	2	b) Eintritt des Ergänzungsrichters/Ergänzungsschöffen	7–14
2. Entscheidung über die Zuziehung von Ergänzungsrichtern und Ergänzungsschöffen	3–14	**III. Revision**	15–17

I. Anwendungsbereich

1   Verbreitet wird vertreten, dass es nicht statthaft sei, den einzigen in einer Verhandlung mitwirkenden Berufsrichter durch einen Ergänzungsrichter zu ersetzen (dh Richter beim AG als Einzelrichter sowie Vorsitzender des Schöffengerichts oder der kleinen Strafkammer – soweit diese Spruchkörper nicht gem. §§ 29 Abs. 2, 76 Abs. 6 S. 1 um einen zweiten Berufsrichter ergänzt wurden).[1] Da es aber bei einem größeren Kollegialgericht ebenso möglich ist, den Vorsitzenden durch einen Ergänzungsrichter zu ersetzen und einen anderen Berufsrichter in den Vorsitz zu rücken und diesen wiederum durch einen Ergänzungsrichter zu ersetzen, besteht für diese Restriktion kein Bedarf. Es kann somit nach hier vertretener Ansicht **für jeden Richter eines Gerichts** ein Ersatzrichter bereitgehalten werden.[2]

II. Erläuterung

2   **1. Entscheidungsquorum.** Abs. 1 betrifft die Richteranzahl bei der Beratung und Abstimmung **hinsichtlich sämtlicher, im Laufe eines Verfahrens ergehender Entscheidungen.**[3] Das gesetzlich bestimmte Quorum darf hierbei weder unter- noch überschritten und muss auch in der Zusammensetzung (Vorsitzender, Beisitzende(r), Schöffen) eingehalten werden.[4] Mitwirkung bei der Entscheidung bedeutet dabei aktive intellektuelle

---

[1] HK/*Schmidt/Temming* Rn. 3; *Kissel/Mayer* Rn. 9; KK/*Diemer* Rn. 3; Löwe/Rosenberg/*Wickern* Rn. 8; Meyer-Goßner/*Schmitt* Rn. 3; SSW/*Rosenau* Rn. 7.
[2] Ebenso BeckOK StPO/*C. Graf* Rn. 8; *Katholnigg* Rn. 3.
[3] BeckOK StPO/*C. Graf* Rn. 4; KK/*Diemer* Rn. 2; Löwe/Rosenberg/*Wickern* Rn. 1.
[4] BeckOK StPO/*C. Graf* Rn. 5; HK/*Schmidt/Temming* Rn. 2; *Kissel/Mayer* Rn. 2; Löwe/Rosenberg/*Wickern* Rn. 1; Meyer-Goßner/*Schmitt* Rn. 1.

Teilhabe bei Beratung und Abstimmung.[5] Schließlich liegt die Rechtsprechungskompetenz bei kollegial verfassten Spruchkörpern allein beim Kollegialgericht, so dass der einzelne Richter nur vermittelt über seine Mitgliedschaft im Kollegium an der Gerichtsbarkeit teilhat.[6]

2. Entscheidung über die Zuziehung von Ergänzungsrichtern und Ergänzungsschöffen. Die Zuziehungsmöglichkeit besteht nach dem Gesetzeswortlaut für „Verhandlungen von längerer Dauer". Entscheidend für die diesbezügliche Prognose sind Umfang und Komplexität der durchzuführenden Beweisaufnahme.[7] Der Rechtsgedanke der Norm greift ebenso bei sonstigem drohenden Ausfall eines Richters.[8] Die Entscheidung über das Ob der Hinzuziehung eines Ergänzungsrichters oder -schöffen **trifft der Vorsitzende nach pflichtgemäßem Ermessen,** er kann diese (bis zu einem etwaigen Verhinderungsfall) jederzeit widerrufen.[9] Es können auch mehrere Ergänzungsrichter/Ergänzungsschöffen herangezogen werden; dabei ist die Reihenfolge ihres Eintretens festzulegen.[10]

a) Bestimmung der Ergänzungsrichter und Ergänzungsschöffen. Bei sog. „überbesetzten" Kammern gilt für die Zuziehung von **spruchkörpereigenen Richtern** § 21g.[11] Das betrifft auch den Ausfall des Vorsitzenden, § 21f Abs. 2.[12] Ist das Präsidium gem. § 21e Abs. 3 S. 1 berechtigt und verpflichtet, einen ausgeschiedenen Vorsitzenden während des Geschäftsjahres im Wege eines Wechsels zu ersetzen und erfolgt die Nachfolgeregelung umfassend, so erfasst diese auch den Ausnahmefall einer begonnenen Hauptverhandlung, in welcher der neue Vorsitzende bislang als Ergänzungsrichter mitgewirkt hat, und ist gegenüber der zum Beginn des Geschäftsjahres nach § 21f Abs. 2 S. 1 getroffenen Vertreterregelung vorgreiflich.[13] Auch eine (Teil-)Rückabordnung eines aus dem Spruchkörper ausscheidenden Richters gem. § 37 DRiG innerhalb der Fristen des § 229 StPO ist zulässig und wahrt den gesetzlichen Richter.[14]

Kann ein Ergänzungsrichter dagegen nicht aus spruchkörpereigenen Mitgliedern zugezogen werden, muss der Geschäftsverteilungsplan eine Regelung enthalten, durch die im Voraus abstrakt-generell nach allgemeinen objektiven Merkmalen bestimmt wird, welche **spruchkörperfremden Richter** als Ergänzungsrichter herangezogen werden können und in welcher Reihenfolge dies zu geschehen hat.[15] Eine ad hoc-Einzelzuweisung scheidet demgegenüber aus. Angesichts der hohen Bedeutung des verfassungsverbürgten Grundsatzes des gesetzlichen Richters sowie des Vertrauens der Öffentlichkeit in die Unabhängigkeit der Gerichte ist eine abstrakt-generelle Vorausbestimmung geboten.[16] Enthält ein Geschäftsverteilungsplan dabei grds. eine hinreichend abstrakte Regelung zur Frage, welcher Richter im nicht vorhersehbaren Fall der Notwendigkeit eines Ergänzungsrichters heranzuziehen ist, und führt ein nicht absehbarer Umstand gleichwohl zur Notwendigkeit der Hinzuziehung eines weiteren Ergänzungsrichters, so dass sich eine unvorhersehbare Regelungslücke

---

[5] *Kissel/Mayer* Rn. 3 f.
[6] *Ernst* JZ 2012, 637.
[7] BeckOK StPO/*C. Graf* Rn. 9.
[8] *Löwe/Rosenberg/Wickern* Rn. 6.
[9] BGH 2.11.2010 – 1 StR 544/09, BeckRS 2011, 00863 Rn. 42; BeckOK StPO/*C. Graf* Rn. 12; HK/ *Schmidt/Temming* Rn. 3; *Kissel/Mayer* Rn. 10, 14; KK/*Diemer* Rn. 4a; *Löwe/Rosenberg/Wickern* Rn. 4, 9; *Meyer-Goßner/Schmitt* Rn. 1; SSW/*Rosenau* Rn. 6.
[10] *Kissel/Mayer* Rn. 13; *Meyer-Goßner/Schmitt* Rn. 4.
[11] LG Magdeburg 30.4.2015 – 24 KLs 3/14, StV 2015, 761 (761 f.); KK/*Diemer* Rn. 4, 5; *Meyer-Goßner/ Schmitt* Rn. 5.
[12] BeckOK StPO/*C. Graf* Rn. 19; HK/*Schmidt/Temming* Rn. 7; KK/*Diemer* Rn. 8; *Löwe/Rosenberg/ Wickern* Rn. 20; *Meyer-Goßner/Schmitt* Rn. 8; SSW/*Rosenau* Rn. 11.
[13] BGH 8.1.2009 – 5 StR 537/08, NJW 2009, 931 (932).
[14] BGH 10.12.2008 – 1 StR 322/08, BGHSt 53, 99 = NJW 2009, 381 (382 f.); BeckOK StPO/*C. Graf* Rn. 16; HK/*Schmidt/Temming* Rn. 6; *Löwe/Rosenberg/Wickern* Rn. 16; Radtke/Hohmann/*Otte* Rn. 5.
[15] LG Halle 20.1.2005 – 23a KLs 3/04, StV 2005, 208; LG Magdeburg 30.4.2015 – 24 KLs 3/14, StV 2015, 761; KK/*Diemer* Rn. 5; *Löwe/Rosenberg/Breidling* § 21e Rn. 14; *Meyer-Goßner/Schmitt* Rn. 5.
[16] LG Halle 20.1.2005 – 23a KLs 3/04, StV 2005, 208 (209); LG Köln 14.3.2013 – 116 KLs 2/12, StV 2013, 557.

im Geschäftsverteilungsplan auftut, kann diese vom Präsidium in entsprechender Anwendung des § 21e geschlossen werden.[17]

6 Für **Ergänzungsschöffen** gelten die §§ 48, 49, 77 Abs. 1, so dass eine Zuteilung aus der Hilfsschöffenliste durch die Schöffengeschäftsstelle nach Maßgabe von § 49 Abs. 3 S. 3 erfolgt.[18] In diesem Kontext ist anzuführen, dass ein Verfahrensfehler insoweit zwar das Recht auf den gesetzlichen Richter berührt, eine Besetzungsrüge indes nur begründet, wenn es sich um einen gravierenden, die Grenzen des Hinnehmbaren überschreitenden Fehler handelt.[19]

7 **b) Eintritt des Ergänzungsrichters/Ergänzungsschöffen.** Der Eintritt des zugezogenen Ergänzungsrichters/-schöffen setzt die Verhinderung eines etatmäßigen Mitglieds des Spruchkörpers nach Beginn der Hauptverhandlung voraus, Abs. 2, Abs. 3. Verhinderung meint die Unmöglichkeit der Wahrnehmung der konkreten Rechtsprechungstätigkeit aus tatsächlichen oder rechtlichen Gründen. Die Feststellung der Verhinderung ist formfrei und **obliegt allein dem Vorsitzenden;** eine Anrufung des Gerichts gem. § 238 Abs. 2 StPO ist nicht möglich.[20] Eine vorherige Anhörung der Beteiligten bietet sich an, ist aber nicht erforderlich.[21] Für den Fall der Verhinderung des Vorsitzenden ist zunächst gleichfalls allein der Vorsitzende selbst zur Feststellung seiner Verhinderung berufen. Ist dies nicht möglich und die Verhinderung auch nicht offensichtlich, ist für die Feststellung der Gerichtspräsident zuständig. Bei offensichtlichem Verhinderungsfall des Vorsitzenden, welcher auch in der Frist des § 229 StPO definitiv nicht behoben sein wird, genügt eine deklaratorische Feststellung des in den Vorsitz rückenden Vertreters.[22]

8 Bei der Entscheidung, ob die Verhandlung zunächst unterbrochen und abgewartet wird, inwiefern sie später mit dem vorübergehend verhinderten Richter fortgeführt werden kann, oder sie sofort unter Mitwirkung des Ergänzungsrichters fortgesetzt wird, ist **nachdrücklich § 229 StPO zu beachten.**[23] Kann die Hauptverhandlung nicht innerhalb der dort genannten Fristen mit dem zeitweise verhinderten Richter fortgesetzt werden, muss dessen Verhinderung festgestellt werden und der Ergänzungsrichter eintreten.[24] Bei der Ermessensentscheidung des Vorsitzenden, zu welchem Zeitpunkt er über die Verhinderung und den Eintritt des Ergänzungsrichters entscheidet, stehen das Prinzip des gesetzlichen Richters (Art. 101 Abs. 1 S. 2 GG; § 16 S. 2) und das Beschleunigungsgebot in Widerstreit.[25] Ersteres gebietet, die Hauptverhandlung zu unterbrechen und abzuwarten, ob sie noch fristgemäß unter Beteiligung des ursprünglich vorgesehenen Spruchkörpers fortgesetzt werden kann. Letzteres lässt es sachgerecht erscheinen, die Verhinderung des erkrankten Richters baldmöglichst festzustellen und die Hauptverhandlung alsbald mit dem Ergänzungsrichter fortzuführen.

9 Der **BGH** sieht durch § 229 Abs. 3 StPO die Gewährleistung des (ursprünglichen) gesetzlichen Richters gestärkt: „Solange die Fristen gehemmt sind, ist für eine Ermessensentscheidung des Vorsitzenden deshalb kein Raum und der Eintritt des Ergänzungsrichters kommt erst in Betracht, wenn der erkrankte Richter nach Ablauf der maximalen Fristenhemmung zu dem ersten notwendigen Fortsetzungstermin weiterhin nicht erscheinen kann".[26] Anderes gilt aber ausnahmsweise, wenn bereits feststeht, dass eine Fortsetzung der Hauptverhandlung mit dem erkrankten Richter auch nach Ablauf der maximalen Fristenhemmung defini-

---

[17] BGH 2.11.2010 – 1 StR 544/09, BeckRS 2011, 00863 Rn. 49.
[18] KK/*Diemer* Rn. 5; Löwe/Rosenberg/*Wickern* Rn. 11.
[19] BGH 14.10.2015 – 5 StR 273/15, StV 2016, 633 (634) m. abl. Anm. *Wollschläger*.
[20] BGH 5.10.1988 – 2 StR 250/88, BGHSt 35, 366 = NJW 1989, 1681 (1682); BGH 8.3.2016 – 3 StR 544/15, NJW 2016, 2197; Löwe/Rosenberg/*Wickern* Rn. 18; Meyer-Goßner/*Schmitt* Rn. 7.
[21] AA Löwe/Rosenberg/*Wickern* Rn. 18; SK/*Frister* Rn. 10.
[22] Vgl. auch BGH 9.4.2013 – 5 StR 612/12, NStZ-RR 2013, 221.
[23] BGH 8.3.2016 – 3 StR 544/15, NJW 2016, 2197 (2197 f.) = NStZ 2016, 557 mAnm *Ventzke* = JR 2017, 38 m. abl. Anm. *Schäfer*; vgl. auch *Börner* JR 2017, 16 (22).
[24] BGH 10.12.2008 – 1 StR 322/08, BGHSt 53, 99 = NJW 2009, 381 (382); BGH 8.3.2016 – 3 StR 544/15, NJW 2016, 2197 (2198).
[25] BGH 8.3.2016 – 3 StR 544/15, NJW 2016, 2197 (2198).
[26] BGH 8.3.2016 – 3 StR 544/15, NJW 2016, 2197 (2198); ebenso Löwe/Rosenberg/*Becker* StPO § 229 Rn. 21; KK/*Gmel* § 229 StPO Rn. 11; Löwe/Rosenberg/*Wickern* Rn. 17; Meyer-Goßner/*Schmitt* Rn. 7.

tiv nicht möglich sein wird, oder wenn durch den infolge der Fristenhemmung bedingten Zeitablauf ein die Aufklärungspflicht verletzender Beweismittelverlust droht.[27]

Die **Gegenauffassung** beruft sich auf den Sinn des § 229 Abs. 3 StPO dahingehend, dass 10 dieser lediglich eine Personaleinsparung bei den Ergänzungsrichtern durch Fristenhemmung anstrebe;[28] diese Intention sei bei ohnehin zugezogenem Ergänzungsrichter unerheblich und § 192 Abs. 2, Abs. 3 genössen insoweit Vorrang.[29]

Dem BGH ist aber jedenfalls beizupflichten, dass ein eingetretener Ergänzungsrichter 11 fernerhin nicht mehr zur Verfügung steht, wenn es zu einer (weiteren) Verhinderung kommt, so dass die §§ 229 Abs. 3 S. 1 StPO, 192 Abs. 2, Abs. 3 GVG in ihrer Zusammenschau einen **Vorrang des ursprünglichen Spruchkörpers** bis zur Maximaldauer der Fristenhemmung zur Folge haben.[30]

§ 6 Abs. 1 S. 1 MuSchG regelt ein absolutes Verbot, welches auch unter Beachtung der 12 richterlichen Unabhängigkeit keiner Verfügung durch die betroffene Richterin zugänglich ist.[31] Anderes gilt ausweislich des Wortlauts für § 3 Abs. 2 MuSchG. Derweil ist hierin (für § 6 MuSchG zwingend, für § 3 MuSchG bei fehlender Bereiterklärung) jeweils eine „Erkrankung" iSd § 229 Abs. 3 StPO zu sehen, weil der Betroffenen qua gesetzgeberischer Wertentscheidung aus medizinischen Gründen eine Verhandlung nicht zugemutet werden kann.[32]

Bis zum Ausscheiden eines mitwirkenden Richters und dem diesbezüglichen Eintritt des 13 Ergänzungsrichters gehört Letzterer zwar zum erkennenden Gericht iSd Mitwirkung an der Hauptverhandlung und ihm kommen in der Hauptverhandlung sämtliche Rechte zu, jedoch darf er bei Beratungen weder zugegen sein, noch in sonstiger Form mitwirken.[33] Insoweit kann eine ablehnende Bescheidung eines Befangenheitsgesuchs gegen den Ergänzungsrichter ebenfalls nur mit dem Urteil angefochten werden, § 28 Abs. 2 S. 2 StPO.[34]

Der Ergänzungsrichter tritt in die Prozesslage ein, in der sich das Verfahren befindet; die 14 geschaffenen **Entscheidungen und Ergebnisse gelten fort.** Jedoch muss eine im Zeitpunkt des Verhinderungsfalls etwaig bereits begonnene Urteilsberatung aufgrund deren Sinn und Zweck von Beginn an wiederholt werden.[35]

III. Revision

Die nicht vorschriftsgemäße Besetzung des erkennenden Gerichts stellt gem. § 338 Nr. 1 15 StPO einen absoluten Revisionsgrund dar (Besetzungsrüge). Auf Besetzungsmängel in der Person eines später durch einen Ergänzungsrichter abgelösten Richters ist der absolute Revisionsgrund aber ebenso wenig anwendbar wie auf solche bei einem bis zur Urteilsfindung nicht eingetretenen Ergänzungsrichter.[36] **Schließlich betrifft § 338 Nr. 1 StPO nur den tatsächlich das Urteil fällenden Spruchkörper.**[37] Insoweit kommt nur ein relativer

---

[27] BGH 8.3.2016 – 3 StR 544/15, NJW 2016, 2197 (2198); Löwe/Rosenberg/*Wickern* Rn. 17; krit. zur praktischen Handhabbarkeit dieser Ausnahmen *Ventzke* NStZ 2016, 558 (559).
[28] Vgl. zu den Hintergründen der Änderung des § 229 StPO durch Gesetz vom 24.8.2004 (BGBl. I 2198) *Knauer/Wolf* NJW 2004, 2932 (2933 f.).
[29] *Schlothauer* FS E. Müller, 2008, 641 (646); *Kissel/Mayer* Rn. 17; *Schäfer* JR 2017, 41 (42).
[30] BGH 8.3.2016 – 3 StR 544/15, NJW 2016, 2197 (2199).
[31] BGH 7.11.2016 – 2 StR 9/15, NJW 2017, 745 (746) = JA 2017, 312 m. zust. Bspr. *Jäger* = JuS 2017, 277 m. zust. Bspr. *Jahn* = NStZ-RR 2017, 120 m. zust. Anm. *Metz* = NStZ 2017, 107 m. zust. Anm. *Niemöller* NStZ 2017, 425.
[32] LG Bremen 28.4.2010 – 22 Ks 210 Js 2251/09, BeckRS 2012, 16392: Analogie; aA *Jäger* JA 2017, 312 (313); *Niemöller* NStZ 2017, 425 (426); vgl. auch *Norouzi* FS v. Heintschel-Heinegg 2015, 349 (354 ff.).
[33] LG Halle 20.1.2005 – 23a KLs 3/04, StV 2005, 208; BeckOK StPO/*C. Graf* Rn. 14; HK/*Schmidt/Temming* Rn. 5; *Kissel/Mayer* Rn. 6; KK/*Diemer* Rn. 9; Löwe/Rosenberg/*Wickern* Rn. 14; Meyer-Goßner/*Schmitt* Rn. 3; Radtke/Hohmann/*Otte* Rn. 4; SK/*Frister* Rn. 9.
[34] OLG Schleswig 5.5.1994 – 3 Ws 163/94, 3 Ws 164/94, StV 1994, 641; BeckOK StPO/*C. Graf* Rn. 14; Löwe/Rosenberg/*Wickern* Rn. 14.
[35] BeckOK StPO/*C. Graf* Rn. 20; *Kissel/Mayer* Rn. 18; Löwe/Rosenberg/*Wickern* Rn. 21.
[36] BGH 23.1.2002 – 5 StR 130/01, BGHSt 47, 220 = NJW 2002, 1508 (1509); BeckOK StPO/*C. Graf* Rn. 23; HK/*Schmidt/Temming* Rn. 9.
[37] BeckOK StPO/*Wiedner* StPO § 338 Rn. 6; Löwe/Rosenberg/*Franke* StPO § 338 Rn. 8; SK/*Frister* Rn. 2. Die Begrifflichkeit erkennender Richter/erkennendes Gericht weicht folglich in § 28 Abs. 2 S. 2 StPO einerseits und § 338 Nr. 1 StPO andererseits voneinander ab.

Revisionsgrund in Betracht, wenn der entsprechende Richter an einer Entscheidung mitgewirkt hat, die sich – ohne in fehlerfreier Besetzung bestätigt worden zu sein – auf die Urteilsfindung ausgewirkt hat.[38]

16 Das Erfordernis eines **rechtzeitigen Besetzungseinwands** iSd § 222b StPO bezieht sich auch auf Ergänzungsrichter/-schöffen, selbst wenn diese noch nicht eingetreten sind.[39] Im Übrigen bedarf es nach der Entstehung neuer Tatsachen oder bei Feststellung des Verhinderungsfalles grds. keines unverzüglichen Widerspruchs/Besetzungseinwands. Anderes kann sich im Einzelfall aus den Gesichtspunkten der Verwirkung und des fehlenden Rechtsschutzbedürfnisses (oder allgemeiner formuliert: infolge des allgemeinen Missbrauchsverbots im Strafprozess) ergeben, wenn bspw. der Angekl. durch ein Ablehnungsgesuch deutlich gemacht hat, gerade nicht länger mit dem ausscheidenden Richter verhandeln zu wollen.[40]

17 Die Begründetheit der Revision lässt eine Verkennung des Rechtsbegriffs „Verhinderung" nicht hinreichen, sondern erfordert **willkürliches Verhalten**.[41]

§ 193 [Anwesenheit von auszubildenden Personen und ausländischen Juristen; Verpflichtung zur Geheimhaltung]

(1) **Bei der Beratung und Abstimmung dürfen außer den zur Entscheidung berufenen Richtern nur die bei demselben Gericht zu ihrer juristischen Ausbildung beschäftigten Personen und die dort beschäftigten wissenschaftlichen Hilfskräfte zugegen sein, soweit der Vorsitzende deren Anwesenheit gestattet.**

(2) ¹Ausländische Berufsrichter, Staatsanwälte und Anwälte, die einem Gericht zur Ableistung eines Studienaufenthaltes zugewiesen worden sind, können bei demselben Gericht bei der Beratung und Abstimmung zugegen sein, soweit der Vorsitzende deren Anwesenheit gestattet und sie gemäß den Absätzen 3 und 4 verpflichtet sind. ²Satz 1 gilt entsprechend für ausländische Juristen, die im Entsendestaat in einem Ausbildungsverhältnis stehen.

(3) ¹Die in Absatz 2 genannten Personen sind auf ihren Antrag zur Geheimhaltung besonders zu verpflichten. ²§ 1 Abs. 2 und 3 des Verpflichtungsgesetzes vom 2. März 1974 (BGBl. I S. 469, 547 – Artikel 42) gilt entsprechend. ³Personen, die nach Satz 1 besonders verpflichtet worden sind, stehen für die Anwendung der Vorschriften des Strafgesetzbuches über die Verletzung von Privatgeheimnissen (§ 203 Absatz 2 Satz 1 Nummer 2, Satz 2, Absatz 5 und 6, § 205), Verwertung fremder Geheimnisse (§§ 204, 205), Verletzung des Dienstgeheimnisses (§ 353b Abs. 1 Satz 1 Nr. 2, Satz 2, Abs. 3 und 4) sowie Verletzung des Steuergeheimnisses (§ 355) den für den öffentlichen Dienst besonders Verpflichteten gleich.

(4) ¹Die Verpflichtung wird vom Präsidenten oder vom aufsichtsführenden Richter des Gerichts vorgenommen. ²Er kann diese Befugnis auf den Vorsitzenden des Spruchkörpers oder auf den Richter übertragen, dem die in Absatz 2 genannten Personen zugewiesen sind. ³Einer erneuten Verpflichtung bedarf es während

---

[38] BGH 23.1.2002 – 5 StR 130/01, BGHSt 47, 220 = NJW 2002, 1508 (1509); BeckOK StPO/*C. Graf* Rn. 23.

[39] BVerfG 19.3.2003 – 2 BvR 1540/01, BVerfGK 1, 87 = NJW 2003, 3545; BGH 12.7.2001 – 4 StR 550/00, NJW 2001, 3062; KK/*Gmel* StPO § 222b Rn. 4, 9; Löwe/Rosenberg/*Jäger* StPO § 222b Rn. 19; *Meyer-Goßner*/Schmitt StPO § 222b Rn. 7.

[40] BGH 9.4.2013 – 5 StR 612/12, NStZ-RR 2013, 221 obiter dictum; vgl. auch BGH 10.12.2008 – 1 StR 322/08, BGHSt 53, 99 = NJW 2009, 381 (382) obiter dictum; vertiefend zum Missbrauchsverbot im Strafprozess vgl. *Kudlich*, Strafprozeß und allgemeines Mißbrauchsverbot, 1998.

[41] BGH 23.1.2002 – 5 StR 130/01, BGHSt 47, 220 = NJW 2002, 1508 (1509; beachte: der redaktionelle zweite Leitsatz enthält gegenüber dem BGH-Leitsatz fälschlicherweise ein „nicht"); BGH 10.12.2008 – 1 StR 322/08, BGHSt 53, 99 = NJW 2009, 381 (383); BGH 2.11.2010 – 1 StR 544/09, BeckRS 2011, 00863; BGH 9.4.2013 – 5 StR 612/12, NStZ-RR 2013, 221; BeckOK StPO/*C. Graf* Rn. 24; HK/*Schmidt/Temming* Rn. 6; Löwe/Rosenberg/*Wickern* Rn. 22; Meyer-Goßner/*Schmitt* Rn. 7; SSW/*Rosenau* Rn. 12; SK/*Frister* Rn. 13; *Börner* JR 2017, 16 (22).

der Dauer des Studienaufenthaltes nicht. ⁴In den Fällen des § 355 des Strafgesetzbuches ist der Richter, der die Verpflichtung vorgenommen hat, neben dem Verletzten antragsberechtigt.

Schrifttum: *Ernst,* Abstimmen über Rechtserkenntnis – Gedanken zur Entscheidungsfindung in Richterkollegien, JZ 2012, 637; *Gruschwitz,* Die Übertragung von Aufgaben der Rechtspflege auf Referendare – Möglichkeiten und Grenzen, DRiZ 2012, 239; *Hamm,* Öffentliche Urteilsberatung, NJW 1992, 3147; *Mellinghoff,* Fragestellung, Abstimmungsverfahren und Abstimmungsgeheimnis im Strafverfahren, Diss. Münster 1988; *Seifert,* Studenten im Beratungszimmer – ein Verstoß gegen § 193 I GVG?, MDR 1996, 125.

Übersicht

	Rn.		Rn.
I. Überblick	1–3	1. Beratung	4–9
1. Normzweck	1, 2	2. Potentiell Anwesenheitsberechtigte	10–12
2. Anwendungsbereich	3		
II. Erläuterung	4–12	III. Revision	13–15

I. Überblick

1. Normzweck. Das in §§ 43, 45 Abs. 1 S. 2 DRiG bezuegte **Beratungs- und Abstim- 1 mungsgeheimnis** sichert die Unabhängigkeit des Richters und bewacht gleichsam die Einheit des Kollegialgerichts.[1] Dessen Absicherung wiederum dient § 193, indem er die zur Anwesenheit berechtigten Personen abschließend aufzählt.[2]

Die **Beratung** beginnt bildlich gesprochen, wenn sich die Tür zum Beratungszimmer 2 schließt.[3] Sachlich beginnt die Beratung in dem Moment, in dem ein Mitglied des Kollegialgerichts sich in Anwesenheit sämtlicher Mitglieder mit der Intention äußert, dass seine Worte Eingang in die Entscheidungsfindung des Gerichts finden sollen.

2. Anwendungsbereich. § 193 kommt **nur beim Kollegialgericht** in Betracht, nicht 3 beim Strafrichter als Einzelrichter.[4] Dieser geht gleichsam mit sich selbst zu Rate, es findet aber kein kommunikativer Meinungsaustausch mit anderen Mitgliedern des Spruchkörpers statt, wie er für § 193 grundlegend ist. Insoweit ist es auch unerheblich, wenn sich während der Niederlegung des strafrichterlichen Urteils weitere Personen im Raum befinden, soweit nicht eine aktive Einflussnahme dieser Personen auf den meinungsfindenden Richter stattfindet.[5]

II. Erläuterung

1. Beratung. Die Beratung kann sowohl **im Beratungszimmer als auch im Sit- 4 zungssaal** stattfinden. Insbes. in einfach gelagerten oder weitgehend vorbesprochenen Situationen wird eine Verkündung oftmals nach kurzer Verständigung des Gerichts im Sitzungssaal stattfinden.[6] Die Rspr. wendet folgende Formel an: Voraussetzung für eine Beratung in der Form einer kurzen Verständigung im Sitzungssaal ist, dass bei der Entscheidung einfacher Fragen rascheste Verständigung möglich ist *oder* der neue Verhandlungsteil ohne jeden sachlichen Gehalt bleibt.[7] Hierbei ist jedoch darauf zu achten, dass die übrigen Perso-

---

[1] NK-DRiG/*Staats,* 2012, § 43 Rn. 2; Löwe/Rosenberg/*Wickern* Rn. 37 f.; SK/*Frister* Rn. 6 f.; aA *Mellinghoff,* Fragestellung, Abstimmungsverfahren und Abstimmungsgeheimnis im Strafverfahren, 1988, S. 172.
[2] BGH 30.3.1995 – 4 StR 33/95, BGHSt 41, 119 = NJW 1995, 2645; BGH 26.1.2011 – 2 StR 338/10, NStZ-RR 2011, 349 (350); *Kissel/Mayer* Rn. 1; KK/*Diemer* Rn. 1.
[3] NK-DRiG/*Staats,* 2012, § 43 Rn. 5.
[4] BeckOK StPO/*C. Graf* Rn. 3; *Kissel/Mayer* Rn. 35; Löwe/Rosenberg/*Wickern* Rn. 2; SK/*Frister* Rn. 3; diff. *Katholnigg* Rn. 4: soweit er den äußeren Anschein der Möglichkeit der Kollegialberatung erweckt, indem er sich mit Protokollführer und StA ins Beratungszimmer zurückzieht.
[5] Löwe/Rosenberg/*Wickern* Rn. 24; krit. SSW/*Rosenau* Rn. 3.
[6] BGH 14.7.1971 – 3 StR 73/71, BGHSt 24, 170 = NJW 1971, 2082 (2083); *Kissel/Mayer* Rn. 32; KK/*Diemer* Rn. 3; Löwe/Rosenberg/*Wickern* Rn. 5; Meyer-Goßner/*Schmitt* Rn. 3; abl. *Mellinghoff,* Fragestellung, Abstimmungsverfahren und Abstimmungsgeheimnis im Strafverfahren, 1988, S. 16 f.
[7] BGH 31.7.1992 – 3 StR 200/92, NJW 1992, 3181 (3181 f.).

nen im Sitzungssaal die Beratung zwar äußerlich erkennbar wahrnehmen, aber nicht vernehmen können und Widersprüche zwischen den Gerichtsmitgliedern nicht zurückbleiben.[8] Bei dieser Beratung im Sitzungssaal sind folglich zwar weitere Personen anwesend, diese sind mangels akustischer Teilhabe am Verständigungsakt jedoch nicht „zugegen" iSd § 193 Abs. 1.

5 Die Beratung ist **kein Teil der Hauptverhandlung,** weshalb im Protokoll grds. auch nur die Unterbrechung der Hauptverhandlung zum Zwecke der Beratung ausgewiesen werden kann.[9] Bei der genannten verständigen Beratung im Sitzungssaal empfiehlt sich aber ein entsprechender Protokollvermerk.[10]

6 Die Beratung hat **im Beisein sämtlicher Richter,** dh bei gleichzeitiger Anwesenheit, zu erfolgen. Eine (telefonische) Abfrage der Einzelmeinungen kann die abschließende Beratung nicht ersetzen.[11] Gleiches muss aber auch für eine **Telefon- oder Videokonferenz** gelten.[12] Eine Zusammenschau der §§ 193, 194 ergibt, dass die sich zur Entscheidungsfindung versammelnden Richter räumlich beieinander sind.[13] Die Beratung des erkennenden Spruchkörpers zeichnet sich dadurch aus, dass sich die Entscheidungsfindung des Quorums unbeeinflusst von äußeren Einflüssen im gegenseitigen Diskurs vollzieht.[14] Während nun bei einer Telefonkonferenz bereits wichtige Kommunikationsaspekte wie Mimik und Gestik außen vor bleiben, ist eine Videokonferenz ebenfalls nicht mit der „Abgeschiedenheit des Beratungszimmers" vergleichbar. Zwar ist auch eine Beratung in Form einer kurzen Verständigung im Gerichtssaal zulässig, jedoch ist diese Form der Beratung aus guten Gründen auf einfach gelagerte oder weitgehend vorbesprochene Fälle begrenzt. Die Videokonferenz bildet nach hier vertretener Ansicht kein gleichwertiges Äquivalent zu einer mündlichen Beratung bei gleichzeitiger körperlicher Anwesenheit sämtlicher zur Entscheidung berufener Richter.

7 **Gespräche der Richter außerhalb der Beratung** sind nicht unzulässig.[15] Diese können durchaus auch vorberatender Natur sein oder telefonisch stattfinden.

8 Es besteht keine Notwendigkeit, die Entscheidungsgründe so zu fassen, dass diese stets den Eindruck absoluter Einstimmigkeit vermitteln (vgl. auch → § 194 Rn. 5 infolge des Zweidrittelerfordernisses des § 263 StPO); **das Stimmenverhältnis darf aber nicht offengelegt werden.**[16] Dies liefe der durch die Norm geschützten Einheit des Kollegialgerichts entgegen.[17]

---

[8] BeckOK StPO/*C. Graf* Rn. 5; Löwe/Rosenberg/*Wickern* Rn. 5; Meyer-Goßner/*Schmitt* Rn. 3.
[9] Löwe/Rosenberg/*Wickern* Rn. 9; Meyer-Goßner/*Schmitt* Rn. 2.
[10] BGH 9.6.1987 – 1 StR 236/87, NJW 1987, 3210 (3211); BeckOK StPO/*C. Graf* Rn. 5; Löwe/Rosenberg/*Wickern* Rn. 5; *Hamm* NJW 1992, 3147.
[11] BGH 29.11.2013 – BLw 4/12, NJW-RR 2014, 243 (246); BAG 26.3.2015 – 2 AZR 417/14, BAGE 151, 199 = NZA 2015, 1083 (1085).
[12] Vgl. BAG 26.3.2015 – 2 AZR 417/14, BAGE 151, 199 = NZA 2015, 1083 (1085); BAG 14.4.2015 – 1 AZR 223/14, NJW 2015, 3738: „Die Telefonkonferenz vermag die mündliche Beratung bei gleichzeitiger Anwesenheit aller beteiligten Richter allerdings nicht zu ersetzen"; aA BGH 29.11.2013 – BLw 4/12, NJW-RR 2014, 243 (245 f.): „Die mündliche Beratung im Beisein sämtlicher beteiligten Richter ist die Regel. Dem gleichstehen dürfte eine Beratung im Wege der Videokonferenz, also bei gleichzeitiger Ton- und Bildübertragung, wie sie im Rahmen der mündlichen Verhandlung einschließlich der Beweisaufnahme zugelassen ist [...] Schließlich darf die Beratung im Wege der Telefonkonferenz nicht die mündliche Beratung im Beisein aller Richter ersetzen, sondern nur neben diese treten wie in dem Fall der Beratung über einen nachträglich eingegangenen Schriftsatz"; BeckOK StPO/*C. Graf* Rn. 5; weitergehend Zöller/*Lückemann* § 194 Rn. 1: Telefonkonferenz allg. ausreichend.
[13] *Mellinghoff* Fragestellung, Abstimmungsverfahren und Abstimmungsgeheimnis im Strafverfahren, 1988, S. 15.
[14] BVerfG 28.11.2007 – 2 BvR 1431/07, NJW 2008, 909 (910): „unbeeinflusste, sich in freier Rede und Gegenrede unter Umständen erst entwickelnde Meinungsbildung."
[15] HK/*Schmidt/Temming* Rn. 2; Meyer-Goßner/*Schmitt* Rn. 1; SSW/*Rosenau* Rn. 2.
[16] KK/*Diemer* Rn. 6; aA (wenn dies für eine ordnungsgemäße und vollständige Entscheidung bzw. zur Behebung eines offensichtlichen Gesetzesverstoßes erforderlich ist) *Katholnigg* Rn. 9; Kissel/*Mayer* Rn. 10; Löwe/Rosenberg/*Wickern* Rn. 47 ff.; SK/*Frister* Rn. 11; weitergehend *Mellinghoff* Fragestellung, Abstimmungsverfahren und Abstimmungsgeheimnis im Strafverfahren, 1988, S. 177 f.: „Abstimmungsverfahren und -verhältnis können und müssen daher stets in den Urteilsgründen dargelegt werden".
[17] AA *Ernst* JZ 2012, 637 (648); *Mellinghoff* Fragestellung, Abstimmungsverfahren und Abstimmungsgeheimnis im Strafverfahren, 1988, S. 172 ff.

Dem Beratungsgeheimnis steht es ferner nicht entgegen, dass aus **wissenschaftlichen** 9 **Äußerungen eines Richters** auf seine Stimmabgabe in einem konkreten Fall geschlossen werden kann; jedoch sollte es ein erkennender Richter unterlassen, eine unmittelbar ablehnende Anmerkung zu einer Entscheidung zu verfassen, an welcher er selbst mitgewirkt hat.[18]

2. Potentiell Anwesenheitsberechtigte. Abs. 1 ermöglicht das Beisein etwa von **der-** 10 **zeit beschäftigten Referendaren oder wissenschaftlichen Hilfskräften.**[19] Über die Zulassung entscheidet der Vorsitzende nach pflichtgemäßem Ermessen.[20] Ausgeschlossen ist deren Anwesenheit jedoch, wenn sie bspw. als Zeuge oder gem. § 142 Abs. 3 mit der Sache befasst waren.[21] Die Formulierung „zugegen sein" bedeutet keine rein passive Anwesenheit, dh Fragen und Wortmeldungen sind durchaus zulässig, nicht jedoch eine direkte Mitwirkung bei der Abstimmung.[22]

Studenten oder sonstige Praktikanten sind nicht bei dem Gericht iSd Norm 11 „beschäftigt" und daher von einer Teilnahme bei der Beratung und Abstimmung ausgeschlossen.[23]

Abs. 2 ermöglicht die Teilnahme von **ausländischen Volljuristen oder dahingehend** 12 **Auszubildenden,** die dem Gericht zur Ableistung eines Studienaufenthaltes zugewiesen wurden. Voraussetzung ist ferner, dass diese gem. § 193 Abs. 3, Abs. 4 zur Geheimhaltung besonders verpflichtet wurden. Diese besondere Verpflichtung müssen sie selbst beantragen, erst dann ist der Vorsitzende befugt, nach seinem Ermessen die Anwesenheit zu gestatten.[24] Sollte der ausländische Jurist der deutschen Sprache nicht hinreichend mächtig sein, ist die Hinzuziehung eines Dolmetschers gleichwohl nicht gestattet.[25]

III. Revision

Ein Verstoß gegen § 193 stellt **keinen absoluten Revisionsgrund** dar.[26] Die unbefugte 13 Anwesenheit nicht zur Entscheidung berufener Personen kann jedoch die Revision begründen, wenn nicht auszuschließen ist, dass deren Anwesenheit auf die Entscheidung Einfluss gehabt hat, was regelmäßig zu einem nicht auszuschließenden Beruhen führen wird.[27] Die Tatsache, welche Personen an der Beratung und Abstimmung teilgenommen haben, unterfällt nicht dem Beratungsgeheimnis.[28]

Einen Verstoß gegen § 193 stellt es ebenfalls dar, wenn **aus der Beratung heraus** 14 fernkommunikativer Kontakt zu einer Person außerhalb des Quorums (zB einem Richterkollegen oder StA) aufgenommen wird.[29] Möglich ist ggf. die Unterbrechung der Beratung, um allg. Rechtsrat einzuholen,[30] wobei hier jedoch sorgfältig darauf zu achten

---

[18] BeckOK StPO/*C. Graf* Rn. 19; KK/*Diemer* Rn. 8; Löwe/Rosenberg/*Wickern* Rn. 43; HK/*Schmidt/ Temming* § 194 Rn. 1; SK/*Frister* Rn. 10.
[19] *Kissel/Mayer* Rn. 21.
[20] BeckOK StPO/*C. Graf* Rn. 15; Löwe/Rosenberg/*Wickern* Rn. 19.
[21] BeckOK StPO/*C. Graf* Rn. 10; HK/*Schmidt/Temming* Rn. 4; *Kissel/Mayer* Rn. 21; KK/*Diemer* Rn. 4; Löwe/Rosenberg/*Wickern* Rn. 11; Meyer-Goßner/*Schmitt* Rn. 5.
[22] BeckOK StPO/*C. Graf* Rn. 16; Löwe/Rosenberg/*Wickern* Rn. 20; *Gruschwitz* DRiZ 2012, 239 (240).
[23] BGH 30.3.1995 – 4 StR 33/95, BGHSt 41, 119 = NJW 1995, 2645; BeckOK StPO/*C. Graf* Rn. 8; HK/*Schmidt/Temming* Rn. 4; KK/*Diemer* Rn. 4; Meyer-Goßner/*Schmitt* Rn. 5; Radtke/Hohmann/*Otte* Rn. 4; SSW/*Rosenau* Rn. 6; SK/*Frister* Rn. 20; aA *Kissel/Mayer* Rn. 22; *Bayreuther* JuS 1996, 686; *Seifert* MDR 1996, 125.
[24] BeckOK StPO/*C. Graf* Rn. 13; Meyer-Goßner/*Schmitt* Rn. 7.
[25] BeckOK StPO/*C. Graf* Rn. 14; *Kissel/Mayer* Rn. 25; vgl. allg. zur Unzulässigkeit eines Dolmetschers in der Beratung BGH 26.1.2011 – 2 StR 338/10, NStZ-RR 2011, 349 (350).
[26] HK/*Schmidt/Temming* Rn. 6; *Katholnigg* Rn. 16; Meyer-Goßner/*Schmitt* Rn. 8; aA *Kissel/Mayer* Rn. 33; *Mellinghoff* Fragestellung, Abstimmungsverfahren und Abstimmungsgeheimnis im Strafverfahren, 1988, S. 17: „schwerer Verstoß [...] der durchweg die Aufhebung des Urteils zur Folge haben muß".
[27] BGH 30.3.1995 – 4 StR 33/95, BGHSt 41, 119 = NJW 1995, 2645 (2646); BeckOK StPO/*C. Graf* Rn. 26; Löwe/Rosenberg/*Wickern* Rn. 27; SK/*Frister* Rn. 27.
[28] *Kissel/Mayer* Rn. 4.
[29] Löwe/Rosenberg/*Wickern* Rn. 23.
[30] Vgl. auch *Kissel/Mayer* Rn. 19; SK/*Frister* Rn. 4.

ist, dass keine tatsächliche Einbindung des Dritten in die Beratung erfolgt und das Beratungsgeheimnis nicht verletzt wird. Im Zweifelsfall ist das Beratungsgeheimnis stets vorrangig.

15 Das Lauschen außerhalb des Beratungszimmers oder wenn jemand **ohne Kenntnis des Gerichts** im Beratungszimmer versteckt zugehört hat, führen mangels Zurechenbarkeit zum Spruchkörper nicht zum Erfolg einer Revision.[31]

§ 194 [Gang der Beratung]

(1) Der Vorsitzende leitet die Beratung, stellt die Fragen und sammelt die Stimmen.

(2) Meinungsverschiedenheiten über den Gegenstand, die Fassung und die Reihenfolge der Fragen oder über das Ergebnis der Abstimmung entscheidet das Gericht.

Schrifttum: *Basdorf/Sander/Schneider/Dölp/König/Berger/Bellay*, Zur Beratung von Revisionsentscheidungen im Beschlussverfahren, NStZ 2013, 563; *Becker*, Was sehen wie viele Augen?, HRRS 2013, 264; *Ernst*, Abstimmen über Rechtserkenntnis – Gedanken zur Entscheidungsfindung in Richterkollegien, JZ 2012, 637; *ders.*, Rechtserkenntnis durch Richtermehrheiten, 2016; *Fischer/Krehl*, Strafrechtliche Revision, „Vieraugenprinzip", gesetzlicher Richter und rechtliches Gehör, StV 2012, 550; *Fischer/Eschelbach/Krehl*, Das Zehn-Augen-Prinzip, StV 2013, 395; *dies.*, Erwiderung auf Basdorf u.A., NStZ 2013, 563; *Kulhanek*, Der Einfluss der Verbandsstrafrechtsdiskussion auf den Irrtumsbegriff bei Personenmehrheiten, ZWH 2016, 304; *Mellinghoff*, Fragestellung, Abstimmungsverfahren und Abstimmungsgeheimnis im Strafverfahren, Diss. Münster, 1988; *Mosbacher*, Die Beratungspraxis der Strafsenate des BGH und das Gesetz, NJW 2014, 124.

I. Erläuterung

1 **1. Die Beratung.** Beratung ist die **aktive intellektuelle Teilhabe an der Meinungsfindung des Spruchkörpers.** Den Gang der Beratung und Abstimmung bestimmt zunächst der Vorsitzende nach den Grundsätzen der Logik und Sinnhaftigkeit gemünzt auf den Einzelfall.[1] Der Vorsitzende soll schließlich auf Grund seiner Sachkunde, Erfahrung und Menschenkenntnis in der Lage sein, den richtunggebenden Einfluss durch geistige Überzeugungskraft auszuüben.[2] Bei Meinungsverschiedenheiten ordnet § 194 Abs. 2 eine Entscheidung des Gerichts an, dh der Vorsitzende ist nicht befugt, seine Ansichten gegen den Willen der Mehrheit durchzusetzen. Tatsächlicher Inhaber der Kompetenz ist somit letztlich das Kollegium. Zudem bringt § 194 Abs. 2 aber noch weitergehend zum Ausdruck, dass es der Gesetzgeber dem Kollegium (bzw. der jeweiligen Kollegiumsmehrheit) grds. umfassend selbst überlassen hat, Beratung und Abstimmung in Art und Ablauf zu regeln.[3]

2 In einem Kollegialgericht ist es nicht erforderlich, dass alle Mitglieder die Akten lesen; **es genügt der Vortrag eines Berichterstatters.**[4]

3 **2. Die Abstimmung.** Es herrscht **offene Abstimmungspflicht.**[5] Dh jeder muss zu jeder Frage höchstpersönlich abstimmen und sein Abstimmungsergebnis offen gegenüber

---

[31] BeckOK StPO/*C. Graf* Rn. 26; Löwe/Rosenberg/*Wickern* Rn. 27; Meyer-Goßner/*Schmitt* Rn. 8; SK/*Frister* Rn. 28.

[1] BeckOK StPO/*C. Graf* Rn. 6 ff.; HK/*Schmidt/Temming* Rn. 1; KK/*Diemer* Rn. 2; Löwe/Rosenberg/*Wickern* Rn. 5; Meyer-Goßner/*Schmitt* Rn. 1 ff.

[2] BVerfG 23.5.2012 – 2 BvR 610/12, 2 BvR 625/12, NJW 2012, 2334 (2336).

[3] *Ernst* JZ 2012, 637 (642 f.): „Zuständigkeit des Kollegiums für das Abstimmungsdesign".

[4] BVerfG 24.3.1987 – 2 BvR 677/86, NJW 1987, 2219 (2220); 23.5.2012 – 2 BvR 610/12, 2 BvR 625/12, NJW 2012, 2334 (2336); BGH 15.2.1994 – 5 StR 15/92, NStZ 1994, 353 (354); BeckOK StPO/*C. Graf* Rn. 11; Löwe/Rosenberg/*Wickern* Rn. 20; Meyer-Goßner/*Schmitt* § 193 Rn. 1; SK/*Frister* Rn. 3; vgl. zur Kontroverse (insbes. um die Beratungspraxis der Strafsenate des BGH in Beschlusssachen) vertiefend *Mosbacher* NJW 2014, 124; *Basdorf/Sander/Schneider/Dölp/König/Berger/Bellay* NStZ 2013, 563; aA *Fischer/Krehl* StV 2012, 550 (557); *Fischer/Eschelbach/Krehl* StV 2013, 395; *dies.* NStZ 2013, 563; *Becker* HRRS 2013, 264.

[5] Kissel/Mayer Rn. 2, 4; KK/*Diemer* Rn. 3; SSW/*Rosenau* Rn. 3; SK/*Frister* Rn. 11.

dem Spruchkörper mitteilen. (Vermeintlich vorherrschende) Einstimmigkeit macht eine Abstimmung nicht entbehrlich, sondern kann lediglich das Ergebnis einer durchgeführten Abstimmung ausdrücken.[6] Eine Enthaltung ist stets unzulässig. Die Entscheidung des Kollegialgerichts als Ergebnis von Beratung und Abstimmung stellt letztlich eine **überindividuelle Leistung** dar.[7] Sinnfälliger Hintergrund ist die (erhoffte) Risikostreuung durch die gedankliche Interaktion mehrerer, gemeinsam zur Entscheidung berufener Individuen.[8] Die am Ende stehende Entscheidung des Kollegiums hebt sich dabei in ihrer Komplexität von der bloßen Summe der Einzelansichten ab. Man kann durchaus von einer Form des „gemeinsamen Intendierens" sprechen.[9]

Abgestimmt wird grds. **nach dem Ergebnis,** wobei eine Abstimmung im Hinblick auf Teil- und Zwischenergebnisse zulässig ist und durchaus sinnvoll sein kann.[10] Letztlich steht es dem Kollegium frei, inwieweit es auf jede Detailfrage (bspw. jedes Tatbestandsmerkmal betreffend) heruntergebrochen oder mehrere Punkte verbindend entscheiden will; eine objektiv-rechtliche Vorgabe hierzu besteht nicht.[11] §§ 194 ff. überlassen es dem Gericht als Inhaber der diesbezüglichen Kompetenz und vordergründig bei fehlendem Widerspruch dem Vorsitzenden als „primus inter pares", die Art der Entscheidungsfindung des Spruchkörpers zu gestalten. Da jeder Spruchkörper in seiner Zusammensetzung verschieden ist und jeder zu verhandelnde Fall in seiner Komplexität abweicht, gibt es **keine starren Regeln** für diesen Akt kollegialrichterlicher Rechtsschöpfung jenseits zwingender gesetzlicher Vorgaben. Über die **„Schuldfrage"** und die **„Rechtsfolgenfrage"** ist jedoch zwingend getrennt abzustimmen.[12] 4

Über die Schuldfrage muss in ihrer letztgültigen Konsequenz zwingend ungeteilt abgestimmt werden.[13] Etwaige Teil- und Zwischenabstimmungen haben insoweit keinen bindenden Charakter. Es gilt die (fortgesetzte) Unschuldsvermutung, so dass eine Verurteilung nicht erfolgen kann, wenn nicht die erforderliche Zweidrittelmehrheit (§ 263 StPO) zu einem Schuldspruch gelangt, wobei die Gründe, weshalb die einzelnen Mitglieder des Spruchkörpers zu ihrer die Schuldfrage negierenden Einstellung gelangen, nicht gleich zu sein brauchen.[14] In einem solchen Fall, in dem die entsprechenden Gründe dergestalt voneinander abweichen, dass keine einheitliche Urteilsbegründung möglich ist, bedarf es einer Offenlegung des Abstimmungsdissenses im Urteil,[15] ohne jedoch auf exakte Einzelheiten einzugehen (wie zB zu welcher Frage mit welchem Verhältnis abgestimmt wurde oder gar wer zu welchem Punkt welche Auffassung vertreten hat). 5

Vorberatungen sind ebenso zulässig wie vorbereitende Abstimmungen; diese sind jedoch für die Abstimmung über die Schuldfrage ohne jede bindende Relevanz, worauf der Vorsitzende auch hinweisen sollte.[16] 6

Eine **nachträgliche Änderung der Stimmabgabe** ist ebenso unzulässig wie grds. die Beantragung einer Nachberatung mit neuer Abstimmung. Letztere kann nur bei Abstim- 7

---
[6] *Ernst* JZ 2012, 637 (641).
[7] *Ernst* JZ 2012, 637 (637, 646 f.).
[8] *Mellinghoff,* Fragestellung, Abstimmungsverfahren und Abstimmungsgeheimnis im Strafverfahren, 1988, S. 84 f.
[9] Vgl. hierzu in anderem Kontext *Kulhanek* ZWH 2016, 304 (305) mwN.
[10] Zu den verschiedenen historischen Rechtsentwicklungen vgl. *Ernst,* Rechtserkenntnis durch Richtermehrheiten, 2016, S. 19–233; vertiefend und zugleich krit. zur sog. Ergebnisabstimmung *Mellinghoff* Fragestellung, Abstimmungsverfahren und Abstimmungsgeheimnis im Strafverfahren, 1988, S. 69 ff.
[11] *Ernst,* JZ 2012, 637 (643 ff.); zu verschiedenen Fragestellungen im strafgerichtlichen Kollegium vgl. *Mellinghoff* Fragestellung, Abstimmungsverfahren und Abstimmungsgeheimnis im Strafverfahren, 1988, S. 21 ff.
[12] *Mellinghoff,* Fragestellung, Abstimmungsverfahren und Abstimmungsgeheimnis im Strafverfahren, 1988, S. 38.
[13] BeckOK StPO/*C. Graf* Rn. 8; KK/*Diemer* Rn. 2; Löwe/Rosenberg/*Wickern* Rn. 6; SK/*Frister* Rn. 9 f.
[14] Vertiefend Löwe/Rosenberg/*Wickern* Rn. 6 ff.
[15] Löwe/Rosenberg/*Wickern* Rn. 7.
[16] BeckOK StPO/*C. Graf* Rn. 8; KK/*Diemer* Rn. 2; Löwe/Rosenberg/*Wickern* Rn. 13, § 193 Rn. 6; *Mellinghoff,* Fragestellung, Abstimmungsverfahren und Abstimmungsgeheimnis im Strafverfahren, 1988, S. 18.

mungsfehlern oder neuen wesentlichen Gesichtspunkten verlangt werden.[17] Das von der Gegenmeinung angeführte Argument, wonach das Urteil bis zu seiner Verkündung lediglich einen Entwurf darstelle (und deshalb auch der einzelne Richter bis zu diesem Zeitpunkt noch die Möglichkeit haben müsse, seine Auffassung zu ändern), vermag letztlich nichts über das Abstimmungsverhalten und die Notwendigkeit einer Nachberatung oder neuerlichen Abstimmung innerhalb des Spruchkörpers auszusagen. Vielmehr bedarf es zu einer konsequenten Beratungs- und Abstimmungsarbeit der Verlässlichkeit bereits getroffener Abstimmungsergebnisse. Aus der Regelung des § 26 Abs. 1 GO-BVerfG ergibt sich ebenso nichts anderes, lässt diese Norm doch gerade den Gegenschluss zu, dass es für § 194 kein freies Recht auf Änderung der Stimmabgabe/Fortsetzung der Beratung ohne neue Gesichtspunkte gibt.

II. Revision

8   Ein Verstoß gegen die Abstimmungsregeln der §§ 194–197 stellt grds. einen **relativen Revisionsgrund** dar.[18] Ergibt sich aus Protokoll oder Urteilsgründen ein Verstoß, kann dieser gerügt werden; ein Beruhen wird sich idR auch nicht ausschließen lassen.

9   Umstr. ist derweil, inwieweit eine weitergehende Aufklärung möglich ist oder aber das Beratungsgeheimnis verletzen würde. Dass sich ein Richter als Beschuldigter in einem gegen ihn geführten Ermittlungs- und Strafverfahren selbstredend zur Entlastung auch diesem Mittel der Offenlegung seines Abstimmungsverhaltens bedienen können muss, ist unabhängig von der Frage zu behandeln, ob im Rechtsmittelverfahren gegen ein Urteil des Kollegialgerichts eine entsprechende Beweiserhebung zulässig ist. Eine Ansicht vertritt, dass das Beratungsgeheimnis nicht dazu führen dürfe, dass Gesetzesverstöße bei der Abstimmung selbst bei konkreten Anhaltspunkten nicht aufgeklärt werden können.[19] Die zutreffende Gegenansicht hält dagegen eine **Beweiserhebung über den Hergang der Beratung und Abstimmung für nicht zulässig,** insbes. kann ein Richter nicht zu einer dienstlichen Äußerung hierüber veranlasst werden.[20] Das Allgemeininteresse an einer unabhängigen Rechtspflege überwiegt den Wunsch an Aufklärung im Einzelfall.[21]

§ 195 [Keine Verweigerung der Abstimmung]

Kein Richter oder Schöffe darf die Abstimmung über eine Frage verweigern, weil er bei der Abstimmung über eine vorhergegangene Frage in der Minderheit geblieben ist.

Schrifttum: *Ernst,* Abstimmen über Rechtserkenntnis – Gedanken zur Entscheidungsfindung in Richterkollegien, JZ 2012, 637; *ders.,* Rechtserkenntnis durch Richtermehrheiten, 2016; *Papier,* Richterliche Unabhängigkeit und Dienstaufsicht, NJW 1990, 8; *ders.,* Die richterliche Unabhängigkeit und ihre Schranken, NJW 2001, 1089.

---

[17] *Kissel/Mayer* Rn. 5; *Meyer-Goßner/Schmitt* Rn. 4; *MüKoZPO/Zimmermann* Rn. 3; *Radtke/Hohmann/Otte* Rn. 1; im Erg. ebenso *Mellinghoff,* Fragestellung, Abstimmungsverfahren und Abstimmungsgeheimnis im Strafverfahren, 1988, S. 19 f.; vgl. auch OLG Bamberg 30.1.1981 – Ws 18/81, NStZ 1981, 191 (192): Beratung mit dem Vorbehalt, dass nochmals in die Beratung einzutreten sei, falls sich für einen der Mitwirkenden ein neuer Gesichtspunkt ergeben sollte, stellt lediglich Vorberatung dar; aA BeckOK StPO/*C. Graf* Rn. 12; *Katholnigg* Rn. 5; KK/*Diemer* Rn. 5; *Löwe/Rosenberg/Wickern* Rn. 19; SSW/*Rosenau* Rn. 4; SK/*Frister* Rn. 13.
[18] BeckOK StPO/*C. Graf* Rn. 13; *Löwe/Rosenberg/Wickern* Rn. 22.
[19] BeckOK StPO/*C. Graf* Rn. 13; *Kissel/Mayer* § 193 Rn. 12.; *Löwe/Rosenberg/Wickern* § 193 Rn. 50 ff.; MüKoZPO/*Zimmermann* § 197 Rn. 6; SK/*Frister* § 193 Rn. 11; *Mellinghoff,* Fragestellung, Abstimmungsverfahren und Abstimmungsgeheimnis im Strafverfahren, 1988, S. 160 ff. unter der Bedingung, dass das konkrete Abstimmungsverhalten der einzelnen Richter nicht erkennbar wird.
[20] HK/*Schmidt/Temming* Rn. 3; KK/*Diemer* Rn. 6, § 193 Rn. 7; *Löwe/Rosenberg/Stuckenberg* StPO § 263 Rn. 19; SSW/*Rosenau* § 193 Rn. 4; *Hamm* Rn. 1228.
[21] RG 28.2.1927 – II 46/27, RGSt 61, 217 (218 ff.); SSW/*Rosenau* § 193 Rn. 4; insgesamt krit. zu solchen Auswirkungen der Kollegialgerichtsbarkeit *Ernst* Rechtserkenntnis durch Richtermehrheiten, 2016, S. 253 f.

I. Erläuterung

§ 195 statuiert eine ausnahmslose Pflicht zur Abstimmung. Ferner wird der **Standpunkt** 1
der Mehrheit für Folgefragen als bindend erklärt.[1] Das heißt nicht, dass der überstimmte Richter seine Überzeugung ändern muss, sondern bedeutet lediglich, dass er anschließend die Gegenüberzeugung gewissermaßen als richtig unterstellt.[2]

Wer überstimmt wurde, muss folglich für den Rest der Beratung und Abstimmung die 2
in jenem Punkt maßgebliche Mehrheitsentscheidung für die sich anschließenden Überlegungen als zutreffend zugrunde legen. Hiervon ausgenommen ist die Abstimmung über die **Schuld- und Rechtsfolgenfrage**, worin jedes Mitglied des Spruchkörpers stets frei ist.[3]

Die **strikte Weigerung eines Richters zur Stimmabgabe** soll nach einer Ansicht zu 3
einem Verhinderungsfall iSd § 192 Abs. 2, Abs. 3 oder zu einer nicht mehr vorschriftsmäßigen Besetzung des Gerichts führen.[4] Indes besteht in einem solchen Fall keine rechtliche oder tatsächliche Unmöglichkeit der Wahrnehmung der spruchrichterlichen Tätigkeit, so dass eine Verhinderung nicht vorliegt. Auch ist das Gericht weiter vorschriftsmäßig besetzt. Es handelt sich lediglich um eine pflichtwidrige disziplinarische Verfehlung des sich weigernden Richters, welcher ggf. mit entsprechenden disziplinarrechtlichen Maßnahmen zu begegnen ist (vgl. §§ 26, 46, 63, 64 Abs. 1 DRiG[5]). Die richterliche Unabhängigkeit und die Dienstaufsicht haben schließlich ihre gemeinsame Grundlage in der verfassungsrechtlich verbürgten Justizgewährleistungspflicht des Staates.[6]

Der **überstimmte Vorsitzende** muss die Entscheidung des Gerichts verkünden und 4
begründen, ohne die Tatsache der Überstimmung offenzulegen, sein Missfallen zum Ausdruck zu bringen oder sonst die Entscheidung der Mehrheit zu desavouieren.[7] Gleiches gilt für den überstimmten Berichterstatter bei der Urteilsabfassung.[8] Die Unterschrift unter einem Urteil eines Kollegialgerichts bescheinigt lediglich das ordnungsgemäße Zu-Stande-Kommen desselben, bringt indes keine Billigung durch den Unterzeichnenden zum Ausdruck.[9] Hintergrund dessen ist die Tatsache, dass der **Spruchkörper in Gänze als Urheber/Träger der Rechtserkenntnis** erscheint.[10]

II. Revision

Zur **Revisibilität eines Verstoßes** gegen § 195 vgl. → § 194 Rn. 8 f. 5

§ 196 [Absolute Mehrheit; Meinungsmehrheit]

(1) Das Gericht entscheidet, soweit das Gesetz nicht ein anderes bestimmt, mit der absoluten Mehrheit der Stimmen.

---

[1] Vertiefend *Ernst*, Rechtserkenntnis durch Richtermehrheiten, 2016, S. 233 ff.
[2] *Ernst* JZ 2012, 637 (647).
[3] BeckOK StPO/*C. Graf* Rn. 3; Löwe/Rosenberg/*Wickern* Rn. 4; SK/*Frister* Rn. 2.
[4] BeckOK StPO/*C. Graf* Rn. 9; *Kissel/Mayer* Rn. 2.
[5] Vgl. hierzu NK-DRiG/*Staats*, 2012, § 26 Rn. 1, 12 ff. mwN; *Papier* NJW 2001, 1089 (1091): „Die Dienstaufsicht darf also nicht allein im Spannungsverhältnis zur richterlichen Unabhängigkeit gesehen werden, sie muss auch als Instrument der Sicherung und Durchsetzung der staatlichen Justizgewährpflicht gewürdigt werden, welche insbesondere das Gebot einer dem Gesetzmäßigkeitsprinzip entsprechenden richterlichen Entscheidung überhaupt und in angemessener Zeit enthält."
[6] *Papier* NJW 1990, 8 (9): „Die staatliche Justizgewährpflicht bestimmt mit anderen Worten die richterlichen Dienstpflichten und damit auch die Möglichkeiten und Grenzen der Dienstaufsicht."
[7] OLG Oldenburg 21.2.2005 – Ss 29/05, NStZ 2005, 469; BeckOK StPO/*C. Graf* Rn. 4; *Kissel/Mayer* Rn. 3; Löwe/Rosenberg/*Wickern* Rn. 6; Meyer-Goßner/*Schmitt* Rn. 2; SSW/*Rosenau* Rn. 2.
[8] BeckOK StPO/*C. Graf* Rn. 4; *Kissel/Mayer* Rn. 3; Löwe/Rosenberg/*Wickern* Rn. 6; Meyer-Goßner/*Schmitt* Rn. 2; SK/*Frister* Rn. 5.
[9] BeckOK StPO/*C. Graf* Rn. 5; HK/*Schmidt/Temming* Rn. 2; *Kissel/Mayer* Rn. 6; Löwe/Rosenberg/*Wickern* Rn. 6; Meyer-Goßner/*Schmitt* Rn. 2; SSW/*Rosenau* Rn. 3.
[10] *Ernst* JZ 2012, 637 (639, 641).

(2) Bilden sich in Beziehung auf Summen, über die zu entscheiden ist, mehr als zwei Meinungen, deren keine die Mehrheit für sich hat, so werden die für die größte Summe abgegebenen Stimmen den für die zunächst geringere abgegebenen so lange hinzugerechnet, bis sich eine Mehrheit ergibt.

(3) ¹Bilden sich in einer Strafsache, von der Schuldfrage abgesehen, mehr als zwei Meinungen, deren keine die erforderliche Mehrheit für sich hat, so werden die dem Beschuldigten nachteiligsten Stimmen den zunächst minder nachteiligen so lange hinzugerechnet, bis sich die erforderliche Mehrheit ergibt. ²Bilden sich in der Straffrage zwei Meinungen, ohne daß eine die erforderliche Mehrheit für sich hat, so gilt die mildere Meinung.

(4) Ergibt sich in dem mit zwei Richtern und zwei Schöffen besetzten Gericht in einer Frage, über die mit einfacher Mehrheit zu entscheiden ist, Stimmengleichheit, so gibt die Stimme des Vorsitzenden den Ausschlag.

Schrifttum: *Börner*, Die Ungleichheit von Schöffen und Berufsrichtern, ZStW 122 (2010), 157; *Ernst*, Rechtserkenntnis durch Richtermehrheiten, 2016; *Michel*, Die vorläufige Einstellung des Strafverfahrens nach neuem Recht, MDR 1993, 409.

I. Erläuterung

1   Abs. 1 begründet für die Abstimmung den **Grundsatz der absoluten Mehrheit,** soweit das Gesetz nicht ein anderes bestimmt. Für die Schuldfrage und die Entscheidung über die Rechtsfolgen gilt etwa § 263 Abs. 1 StPO: Mehrheit von zwei Dritteln der Stimmen.¹ Das gilt auch bei § 354 Abs. 1 StPO.² Bei offensichtlicher Unbegründetheit einer Revision kann bei Einstimmigkeit die Revision auf zu begründenden Antrag der Staatsanwaltschaft durch Beschluss verworfen werden, § 349 Abs. 2 StPO.

2   **Verfahrenseinstellungen durch Beschluss,** auch die eine Schuld des Angeklagten grds. voraussetzende nach § 153a Abs. 2 StPO, unterliegen keiner besonderen Mehrheit; es gilt § 196 Abs. 1.³ Schließlich werden insoweit weder verbindlich eine Schuld des Angekl. festgestellt noch Sanktionen mit Strafcharakter auferlegt.

3   Für die Strafhöhe gilt § 196 Abs. 3. Der **Mechanismus erläutert sich wie folgt:** Werden in einem Kollegialgericht bspw. zwei unterschiedlich hohe Strafvorstellungen geäußert (zB Freiheitsstrafe von einem Jahr sowie Freiheitsstrafe von zwei Jahren, so gilt gem. § 196 Abs. 3 S. 2 die mildere Meinung (dh Freiheitsstrafe von einem Jahr). Bilden sich dagegen mehr als zwei Meinungen (zB Freiheitsstrafe von fünf, sechs, sieben, acht und neun Jahren), so wird zunächst die dem Beschuldigten nachteiligste Stimme (dh neun Jahre Freiheitsstrafe) der nächst milderen (dh acht Jahre Freiheitsstrafe) hinzugerechnet, Abs. 3 S. 1, so dass sich eine hypothetisch-rechnerische neue Meinungsbildung ergibt (Freiheitsstrafe von fünf, sechs, sieben und zwei Mal von acht Jahren). So wird weiter verfahren bis die erforderliche Zweidrittelmehrheit erreicht ist, was im vorliegenden Bsp. final zu folgendem rechnerischen Abstimmungsergebnis führt: ein Mal Freiheitsstrafe von fünf Jahren und vier Mal Freiheitsstrafe von sechs Jahren.⁴

4   Bei **Geldstrafen** wird zunächst über die Tagessatzanzahl und sodann über die Tagessatzhöhe abgestimmt.⁵

---

¹ Vgl. zur qualifizierten Mehrheit für Strafurteile aus historischer Perspektive *Ernst*, Rechtserkenntnis durch Richtermehrheiten, 2016, S. 200 ff.
² BeckOK StPO/*C. Graf* Rn. 4; HK/*Schmidt/Temming* Rn. 2; Löwe/Rosenberg/*Wickern* Rn. 2; Meyer-Goßner/*Schmitt* Rn. 1.
³ BeckOK StPO/*C. Graf* Rn. 4; Löwe/Rosenberg/*Wickern* Rn. 3; *Meyer-Goßner*/Schmitt StPO § 263 Rn. 1; *Michel* MDR 1993, 409.
⁴ Vgl. auch HK/*Schmidt/Temming* Rn. 2; Löwe/Rosenberg/*Wickern* Rn. 6.
⁵ BeckOK StPO/*C. Graf* Rn. 8; HK/*Schmidt/Temming* Rn. 2; KK/*Diemer* Rn. 1; Löwe/Rosenberg/*Wickern* Rn. 6.

Bei **Stimmengleichheit** in einer Frage, über die mit einfacher Mehrheit zu befinden ist, gibt die Stimme des Vorsitzenden den Ausschlag, § 196 Abs. 4. Das gilt auch bei Uneinigkeit über Inhalt und Formulierung der Urteilsgründe.[6]   5

II. Revision

Zur **Revisibilität eines Verstoßes** gegen § 197 vgl. → § 194 Rn. 8 f.   6

§ 197 [Reihenfolge der Stimmabgabe]

¹Die Richter stimmen nach dem Dienstalter, bei gleichem Dienstalter nach dem Lebensalter, ehrenamtliche Richter und Schöffen nach dem Lebensalter; der jüngere stimmt vor dem älteren. ²Die Schöffen stimmen vor den Richtern. ³Wenn ein Berichterstatter ernannt ist, so stimmt er zuerst. ⁴Zuletzt stimmt der Vorsitzende.

Schrifttum: *Breidling,* Vorbereitung der Hauptverhandlung in Terroristenprozessen, DRiZ 2012, 142.

I. Erläuterung

§ 197 regelt die Reihenfolge der Stimmabgabe **in der Abstimmung.** Die Norm ist geprägt von dem Gedanken, dass die Erfahrenheit und Autorität eines Gerichtsmitglieds ein gleichsam unerfahreneres Mitglied in seiner Stimmabgabe nicht beeinflussen soll.[1] Da jedenfalls in der vorangegangenen Beratung und auch im Übrigen die Rechtsmeinung insbes. des Vorsitzenden bereits hinreichend klar zum Ausdruck gekommen sein dürfte, ist der tatsächliche Wertgehalt der Vorschrift jedoch eher als symbolisch zu bezeichnen.   1

Ist ein Berichterstatter ernannt, stimmt dieser zuerst, § 197 S. 3. Die **Ernennung des Berichterstatters durch den Vorsitzenden** ist zulässig, um so eine gleichmäßigere Belastung der Mitglieder sicherzustellen und zudem die besonderen Kenntnisse und Fähigkeiten des jeweiligen Mitglieds angemessener zu berücksichtigen (Steigerung der Effizienz des Spruchkörpers).[2] Sodann stimmen die Schöffen, § 197 S. 2. Nunmehr stimmen der/die Berufsrichter grds. nach Dienstalter (§ 20 DRiG) und zuletzt der Vorsitzende, § 197 S. 4. Bei berichterstattendem Vorsitzenden ist dem Sinn und Zweck der Gesamtnorm (Verhinderung der Gefahr der Beeinflussung durch ein bestehendes Autoritätsgefälle) folgend § 197 S. 4 vorrangig.[3] Soweit es nach der Norm auf das Lebensalter ankommt und dieses auf den Tag genau gleich ist, entscheidet das Los.[4]   2

II. Revision

Zur **Revisibilität eines Verstoßes** gegen § 197 vgl. → § 194 Rn. 8 f.   3

---

[6] BeckOK StPO/*C. Graf* Rn. 10; *Kissel/Mayer* Rn. 7; Meyer-Goßner/*Schmitt* Rn. 2; aA Löwe/Rosenberg/*Gittermann* § 30 Rn. 31; SK/*Frister* Rn. 6: erneuter Zusammentritt mit Schöffen; *Börner* ZStW 122 (2010), 157 (175 ff.): neue Hauptverhandlung erforderlich.
[1] BeckOK StPO/*C. Graf* Rn. 1; Löwe/Rosenberg/*Wickern* Rn. 1.
[2] BGH 8.1.2009 – 5 StR 537/08, NJW 2009, 931 (932); Meyer-Goßner/*Schmitt* § 21g Rn. 2; SK/*Frister* Rn. 3; *Breidling* DRiZ 2012, 142 (143).
[3] BeckOK StPO/*C. Graf* Rn. 4, 7; *Kissel/Mayer* Rn. 2; Löwe/Rosenberg/*Wickern* Rn. 3; SSW/*Rosenau* Rn. 2; SK/*Frister* Rn. 6.
[4] BeckOK StPO/*C. Graf* Rn. 5; Löwe/Rosenberg/*Wickern* Rn. 2.

Siebzehnter Titel. Rechtsschutz bei überlangen Gerichtsverfahren und strafrechtlichen Ermittlungsverfahren

§ 198 [Entschädigung; Verzögerungsrüge]

(1) ¹Wer infolge unangemessener Dauer eines Gerichtsverfahrens als Verfahrensbeteiligter einen Nachteil erleidet, wird angemessen entschädigt. ²Die Angemessenheit der Verfahrensdauer richtet sich nach den Umständen des Einzelfalles, insbesondere nach der Schwierigkeit und Bedeutung des Verfahrens und nach dem Verhalten der Verfahrensbeteiligten und Dritter.

(2) ¹Ein Nachteil, der nicht Vermögensnachteil ist, wird vermutet, wenn ein Gerichtsverfahren unangemessen lange gedauert hat. ²Hierfür kann Entschädigung nur beansprucht werden, soweit nicht nach den Umständen des Einzelfalles Wiedergutmachung auf andere Weise gemäß Absatz 4 ausreichend ist. ³Die Entschädigung gemäß Satz 2 beträgt 1 200 Euro für jedes Jahr der Verzögerung. ⁴Ist der Betrag gemäß Satz 3 nach den Umständen des Einzelfalles unbillig, kann das Gericht einen höheren oder niedrigeren Betrag festsetzen.

(3) ¹Entschädigung erhält ein Verfahrensbeteiligter nur, wenn er bei dem mit der Sache befassten Gericht die Dauer des Verfahrens gerügt hat (Verzögerungsrüge). ²Die Verzögerungsrüge kann erst erhoben werden, wenn Anlass zur Besorgnis besteht, dass das Verfahren nicht in einer angemessenen Zeit abgeschlossen wird; eine Wiederholung der Verzögerungsrüge ist frühestens nach sechs Monaten möglich, außer wenn ausnahmsweise eine kürzere Frist geboten ist. ³Kommt es für die Verfahrensförderung auf Umstände an, die noch nicht in das Verfahren eingeführt worden sind, muss die Rüge hierauf hinweisen. ⁴Anderenfalls werden sie von dem Gericht, das über die Entschädigung zu entscheiden hat (Entschädigungsgericht), bei der Bestimmung der angemessenen Verfahrensdauer nicht berücksichtigt. ⁵Verzögert sich das Verfahren bei einem anderen Gericht weiter, bedarf es einer erneuten Verzögerungsrüge.

(4) ¹Wiedergutmachung auf andere Weise ist insbesondere möglich durch die Feststellung des Entschädigungsgerichts, dass die Verfahrensdauer unangemessen war. ²Die Feststellung setzt keinen Antrag voraus. ³Sie kann in schwerwiegenden Fällen neben der Entschädigung ausgesprochen werden; ebenso kann sie ausgesprochen werden, wenn eine oder mehrere Voraussetzungen des Absatzes 3 nicht erfüllt sind.

(5) ¹Eine Klage zur Durchsetzung eines Anspruchs nach Absatz 1 kann frühestens sechs Monate nach Erhebung der Verzögerungsrüge erhoben werden. ²Die Klage muss spätestens sechs Monate nach Eintritt der Rechtskraft der Entscheidung, die das Verfahren beendet, oder einer anderen Erledigung des Verfahrens erhoben werden. ³Bis zur rechtskräftigen Entscheidung über die Klage ist der Anspruch nicht übertragbar.

(6) Im Sinne dieser Vorschrift ist
1. ein Gerichtsverfahren jedes Verfahren von der Einleitung bis zum rechtskräftigen Abschluss einschließlich eines Verfahrens auf Gewährung vorläufigen Rechtsschutzes und zur Bewilligung von Prozess- oder Verfahrenskostenhilfe; ausgenommen ist das Insolvenzverfahren nach dessen Eröffnung; im eröffneten Insolvenzverfahren gilt die Herbeiführung einer Entscheidung als Gerichtsverfahren;
2. ein Verfahrensbeteiligter jede Partei und jeder Beteiligte eines Gerichtsverfahrens mit Ausnahme der Verfassungsorgane, der Träger öffentlicher Verwaltung

und sonstiger öffentlicher Stellen, soweit diese nicht in Wahrnehmung eines Selbstverwaltungsrechts an einem Verfahren beteiligt sind.

Schrifttum: *Althammer,* Schmerzensgeld wegen überlanger Dauer von Gerichtsverfahren – Bemerkungen zum künftigen deutschen Entschädigungsmodell, JZ 2011, 446; *Althammer/Schäuble,* Effektiver Rechtsschutz bei überlanger Verfahrensdauer – Das neue Gesetz aus zivilrechtlicher Perspektive, NJW 2012, 1; *Böcker,* Neuer Rechtsschutz gegen die überlange Dauer finanzgerichtlicher Verfahren, DStR 2011, 2173; *Brummund,* Das Gesetz über den Rechtsschutz bei überlangen Gerichtsverfahren und strafrechtlichen Ermittlungsverfahren, JA 2012, 213; *Dietrich,* Rechtsschutz wegen überlanger Verfahrensdauer nach §§ 198 ff. GVG – Ein Praxisbericht mit Anmerkungen zur richterlichen Unabhängigkeit, ZZP 127 (2014), 169; *Gercke/Heinisch,* Auswirkungen der Verzögerungsrüge auf das Strafverfahren, NStZ 2012, 300; *Grabenwarter/Pabel,* Europäische Menschenrechtskonvention, 6. Aufl. 2016; *Graf,* Das neue Gesetz über den Rechtsschutz bei überlangen Gerichtsverfahren und strafrechtlichen Ermittlungsverfahren – Beschleunigungsimpuls für die Praxis oder neuer Anreiz für Verständigungen im Strafverfahren?, NZWiSt 2012, 121; *Guckelberger,* Der neue staatshaftungsrechtliche Entschädigungsanspruch bei überlangen Gerichtsverfahren, DÖV 2012, 289; *Heine,* Überlange Gerichtsverfahren – Die Entschädigungsklage nach § 198 GVG, MDR 2012, 327; *Heine,* Die Entwicklung der Rechtsprechung zu den Voraussetzungen der auf § 198 GVG gestützten Entschädigungsklage, MDR 2013, 1081; *Heine,* Die Entwicklung der Rechtsprechung zu den Rechtsfolgen und zum Verfahren der auf § 198 GVG gestützten Entschädigungsklage, MDR 2013, 1147; *Heine,* Die aktuelle Entwicklung der Rechtsprechung zur Entschädigungsklage gem. § 198 GVG wegen unangemessener Verfahrensdauer, MDR 2014, 1008; *Karpenstein/Mayer,* Konvention zum Schutz der Menschenrechte und Grundfreiheiten – Kommentar, 2. Aufl. 2015; *Liebhart,* Das Beschleunigungsgebot in Strafsachen – Grundlagen und Auswirkungen, NStZ 2017, 254; *Magnus,* Das neue Gesetz über den Rechtsschutz bei überlangen Gerichtsverfahren und strafrechtlichen Ermittlungsverfahren – nach langem Weg ins Ziel?, ZZP 124 (2011), 173; *Matusche-Beckmann/Kumpf,* Rechtsschutz bei überlangen Gerichtsverfahren – nach langem Weg ins Ziel?, ZZP 125 (2012), 75; *Meyer-Ladewig/Nettesheim/von Raumer* (Hrsg.), Europäische Menschenrechtskonvention – Handkommentar, 4. Aufl. 2017; *Marx/Roderfeld,* Rechtsschutz bei überlangen Gerichts- und Ermittlungsverfahren – Handkommentar, 2013; *Meyer,* StrEG – Kommentar zum Gesetz über die Entschädigung für Strafverfolgungsmaßnahmen, 10. Aufl. 2017; *Plankemann,* Überlange Verfahrensdauer im Strafverfahren – Bestimmung, Kompensation, Rechtsschutz, 2015; *Reiter,* Die Rechtsnatur des Entschädigungsanspruchs wegen unangemessener Verfahrensdauer, NJW 2015, 2554; *Remus,* Amtshaftung bei überlanger Amtstätigkeit des Richters, NJW 2012, 1403; *Roller,* Der Gesetzentwurf eines Untätigkeitsbeschwerdegesetzes, DRiZ 2007, 82; *Roller,* Rechtsschutz bei überlangen Gerichtsverfahren – eine Zwischenbilanz, DRiZ 2015, 66; *Schenke,* Rechtsschutz bei überlanger Dauer verwaltungsgerichtlicher Verfahren, NVwZ 2012, 257; *Schenke,* Die Klage auf Feststellung der unangemessenen Dauer eines gerichtlichen Verfahrens, NJW 2015, 433; *Schenke,* Probleme des Rechtsschutzes bei überlangen Gerichtsverfahren, DVBl 2016, 745; *Schlick,* Die Rechtsprechung des BGH zur öffentlich-rechtlichen Entschädigung, NJW 2014, 2686; *Schlick,* Schadensersatz und Entschädigung bei überlangen Gerichtsverfahren, WM 2016, 485; *Schmidt,* Die Entschädigungsklage wegen unangemessener Verfahrensdauer, NVwZ 2015, 1710; *Schoibl,* Der Fristsetzungsantrag im österreichischen Zivilverfahrensrecht als Beschwerde gegen unzumutbare Verfahrensverzögerungen, ZZP 118 (2005), 205; *Sommer,* Die Verzögerungsrüge: „Auf der Suche nach der verlorenen Zeit" – Die neuen §§ 198–201 GVG i.d.F. des Gesetzes über den Rechtsschutz bei überlangen Gerichtsverfahren und strafrechtlichen Ermittlungsverfahren, StV 2012, 107; *Steinbeiß-Winkelmann,* Rechtsschutz bei überlangen Gerichtsverfahren – Zum neuen Gesetzentwurf der Bundesregierung, ZRP 2010, 205; *Steinbeiß-Winkelmann/Ott,* Rechtsschutz bei überlangen Gerichtsverfahren, 2013; *Steinbeiß-Winkelmann/Sporrer,* Rechtsschutz bei überlangen Gerichtsverfahren – Eine Zwischenbilanz anhand der Rechtsprechung, NJW 2014, 177; *Zimmermann,* Der neue Rechtsschutz bei überlangen Gerichtsverfahren, FamRZ 2011, 1905.

Übersicht

	Rn.		Rn.
I. Überblick	1–17	**II. Erläuterung**	18–81
1. Normzweck	1–5	1. Gerichtsverfahren	19–25
2. Struktur des Rechtsschutzes	6–11	a) Strafrechtliche Erkenntnisverfahren einschließlich staatsanwaltschaftliche Ermittlungsverfahren	19–21
a) Nachträgliche Kompensation durch Entschädigung	6–9	b) Strafvollstreckungsverfahren und Strafvollzugsverfahren	22, 23
b) Vorrang strafprozessualer Kompensation im Ausgangsverfahren	10, 11	c) Sonstige strafrechtliche Verfahren	24
3. Anwendungsbereich bei überlangen Strafverfahren	12, 13	d) Bußgeldverfahren	25
4. Bedeutung der gesetzlichen Regelung für die Akteure im Strafverfahren	14–17	2. Unangemessene Dauer	26–45
a) Bedeutung für Strafrichter und Staatsanwälte	15, 16	a) Rechtsstaatswidrige Verfahrensverzögerung	26–30
b) Bedeutung für Verteidiger und Rechtsbeistände	17	b) Einzelfallbezogene Beurteilungskriterien	31–39

	Rn.		Rn.
c) Gesamtverfahrensdauer als Bezugsgröße	40–42	b) Wiedergutmachung auf andere Weise	55–59
d) Relevanz des Verhaltens des Beschuldigten und Dritter	43–45	c) Pauschalierung der Entschädigung für immaterielle Nachteile	60, 61
3. Verfahrensbeteiligte	46–48	7. Verzögerungsrüge	62–77
4. Nachteil	49–51	a) Voraussetzung für monetären Entschädigungsanspruch	62–64
a) Vermögensnachteil	50	b) Form, Adressat und Inhalt	65–68
b) Immaterieller Nachteil	51	c) Zeitpunkt	69–71
5. Entschädigung für Vermögensnachteile	52	d) Wiederholung	72–74
6. Entschädigung für immaterielle Nachteile	53–61	e) Keine Entscheidung über die Verzögerungsrüge durch das Ausgangsgericht	75–77
a) Vermutung immaterieller Nachteile	54	8. Klagefristen	78–81

I. Überblick

1. Normzweck. Nach **Art. 6 Abs. 1 S. 1 EMRK** hat jedermann das Recht auf Durchführung und Abschluss von Gerichtsverfahren, an denen er als Partei beteiligt ist, sowie gegen ihn geführter Strafverfahren innerhalb angemessener Frist.[1] Auch das **Rechtsstaatsprinzip** des Grundgesetzes (Art. 2 Abs. 1 iVm Art. 20 Abs. 3 GG) garantiert einen gerichtlichen Rechtsschutz und die Durchführung von Strafverfahren in angemessener Zeit.[2] Der **Beschleunigungsgrundsatz**[3] – das Gebot zügiger Verfahrensdurchführung – ist insbesondere in strafrechtlichen Erkenntnisverfahren von Bedeutung, weil diese in der Regel mit besonderen Belastungen für Beschuldigte und Opfer verbunden sind, weil die Sachverhaltsfeststellung mit zunehmendem Zeitablauf immer schwieriger wird und weil eine Strafe ihre Zwecke umso besser erreichen kann, je schneller sie auf die Tat folgt. Das **Gebot der zügigen Durchführung von Strafverfahren** ist unabhängig vom besonderen Beschleunigungsgebot in Haftsachen; es gilt auch dann, wenn sich der Beschuldigte nicht in Untersuchungshaft befindet.

Der EGMR entschied zudem im Jahr 2000, dass bei überlanger Dauer von Gerichtsverfahren auch das in **Art. 13 EMRK** verbürgte **Recht auf eine wirksame innerstaatliche Beschwerde** bei einer Missachtung von Konventionsgarantien verletzt sein kann. Art. 13 EMRK garantiere einen wirksamen Rechtsbehelf im nationalen Recht, mit dem sich der betroffene Bürger gegen eine unangemessen lange Verfahrensdauer wehren könne.[4] Ein innerstaatlicher Rechtsbehelf ist nach der Rspr. des EGMR dann wirksam, wenn er geeignet ist, entweder die mit der Sache befassten Gerichte zu einer schnelleren Entscheidungsfindung zu veranlassen (**präventive Wirkung**) oder dem Rechtsuchenden für entstandene Verzögerungen nachträglich eine angemessene Entschädigung – insbesondere auch für immaterielle Nachteile – zu gewähren (**kompensatorische Wirkung**).[5] Die EMRK fordert mithin, dass dem Bürger, der von einem unangemessen lange dauernden Verfahren betroffen ist, im nationalen Recht entweder ein **präventiver Rechtsbehelf** zur Verfügung steht, mit dem er eine **Verfahrensbeschleunigung** bewirken kann, oder aber ein **kompen-**

---

[1] *Grabenwarter/Pabel* § 24 Rn. 81 ff.; Karpenstein/Mayer/*Meyer* EMRK Art. 6 Rn. 72 ff.
[2] BVerfG 12.1.1983 – 2 BvR 841/81, BVerfGE 63, 45 (69) = NJW 1983, 1043 (1045); BVerfG 24.11.1983 – 2 BvR 121/83, NJW 1984, 967; BVerfG 19.4.1993 – 2 BvR 1487/90, NJW 1993, 3254; BVerfG 5.2.2003 – 2 BvR 29/03, NJW 2003, 2228; BVerfG 29.3.2005 – 2 BvR 1610/03, NJW 2005, 3488 (3488 f.); BVerfG 30.6.2005 – 2 BvR 157/03, NStZ-RR 2005, 346 (347); BVerfG 23.9.2005 – 2 BvR 1315/05, NJW 2005, 3485 (3486); BVerfG 15.1.2009 – 2 BvR 2044/07, BVerfGE 122, 248 (279) = NJW 2009, 1469 (1476); BVerfG 8.6.2010 – 2 BvR 432/07, 2 BvR 507/08, NJW 2011, 591 (593).
[3] Allgemein zum Beschleunigungsgrundsatz in Strafsachen MüKoStGB/*Miebach/Maier* StGB § 46 Rn. 315 ff.; → Einl. Rn. 155 ff.
[4] EGMR 26.10.2000 – 30210/96, NJW 2001, 2694 Rn. 146 ff. – Kudła/Polen. Siehe auch EGMR 8.6.2006 – 75529/01, NJW 2006, 2389 Rn. 98 f. – Sürmeli/Deutschland.
[5] EGMR 26.10.2000 – 30210/96, NJW 2001, 2694 Rn. 158 f. – Kudła/Polen; EGMR 8.6.2006 – 75529/01, NJW 2006, 2389 Rn. 99 – Sürmeli/Deutschland; EGMR 18.2.2016 – 10722/13 Rn. 85 – A.K./Lichtenstein.

satorischer Rechtsbehelf, mit dem er nachträglich sowohl für materielle als auch für immaterielle Nachteile, die er durch eine dem Staat zuzurechnende Verfahrensverzögerung erlitten hat, eine **Wiedergutmachung** erlangen kann, welche die eingetretene Rechtsverletzung kompensiert. Verfahrensverzögerungen sind also zumindest nachträglich zu kompensieren.

Vor diesem Hintergrund verlangt die höchstrichterliche deutsche Rspr. seit langem, dass rechtsstaatswidrige Verfahrensverzögerungen – soweit möglich – bereits im Strafverfahren von Amts wegen kompensiert werden. Für eine **Kompensation im Strafverfahren** kommen verschiedene richterrechtlich entwickelte strafprozessuale Kompensationsmöglichkeiten in Betracht:[6] Eine Wiedergutmachung kann in geeigneten Fällen durch eine **Verfahrenseinstellung,** etwa nach §§ 153, 153a StPO erfolgen. Bei geringfügigen und den Beschuldigten wenig belastenden Verzögerungen kann eine Kompensation durch die ausdrückliche **Feststellung einer rechtsstaatswidrigen Verfahrensverzögerung** geschehen. Soweit dies nicht ausreichend ist, verlangt der BGH seit 2008, dass im Falle einer Verurteilung eine Kompensation zugunsten des Angeklagten dadurch vorgenommen wird, dass das Gericht im Urteil einen genau zu beziffernden Teil der Strafe wegen der unangemessenen Verfahrensdauer für bereits vollstreckt erklärt **(Vollstreckungslösung).**[7] Als Wiedergutmachung wird mithin ein vom Gericht bestimmter Teil der Strafe, zu der der Angeklagte verurteilt worden ist, nicht vollstreckt.[8] 3

Es gibt jedoch Konstellationen, in denen eine (ausreichende) **strafprozessuale Kompensation nicht möglich** ist. Dies ist insbesondere dann der Fall, wenn es zu einem **Freispruch** des Angeklagten kommt.[9] Eine Wiedergutmachung im Strafverfahren ist auch dann nicht möglich, wenn aus anderen Gründen als wegen der Verzögerung das **Verfahren eingestellt** wird oder es zu einer relevanten Verzögerung erst im Rechtsmittelverfahren kommt und später das **Rechtsmittel zurückgenommen** wird. Eine Kompensation im Strafverfahren, namentlich in Anwendung der Vollstreckungslösung, kann zudem nur eine Wiedergutmachung für immaterielle Nachteile bewirken. Eine finanzielle Entschädigung für **Vermögensnachteile,** die aus einer rechtsstaatswidrigen Verfahrensverzögerung resultieren, ist im Strafverfahren nicht möglich. Im Strafverfahren können **andere Verfahrensbeteiligte als Beschuldigte,** insbesondere **Opfer,** nicht entschädigt werden. Ferner kommt eine strafprozessuale Kompensation nur bei Verzögerungen im strafrechtlichen Erkenntnisverfahren in Betracht. Verfahrensverzögerungen in anderen strafrechtlichen Verfahren können nicht strafrechtlich kompensiert werden. Dies gilt zB für **Strafvollstreckungssachen,** für **Strafvollzugsverfahren** und für **Auslieferungsverfahren.** Außerhalb des Strafrechts, etwa bei rechtsstaatswidrigen Verfahrensverzögerungen in zivil- oder verwaltungsrechtlichen Gerichtsverfahren, ist eine Wiedergutmachung im verzögerten Ausgangsverfahren ohnehin nicht möglich. 4

Bis 2011, als die Rechtsschutzregelungen der §§ 198–201 geschaffen wurden,[10] war die **einfachgesetzliche Rechtslage,** die nicht nur den Vorgaben des Grundgesetzes, sondern 5

---

[6] Näher zu den strafprozessualen Kompensationsmechanismen → § 199 Rn. 11 f.
[7] BGH 17.1.2008 – GSSt 1/07, BGHSt 52, 124 (128 ff.) = NJW 2008, 860 Rn. 14 ff.
[8] Der EGMR hat die Reduktion einer Strafe iVm einer ausdrücklichen Feststellung der unangemessenen Verfahrensdauer als geeignete nachträgliche Kompensation für rechtsstaatswidrige Verfahrensverzögerungen in Strafverfahren anerkannt; vgl. EGMR 15.7.1982 – 8130/78, EuGRZ 1983, 371 Rn. 66 – Eckle/Deutschland; EGMR 26.6.2001 – 26390/95 Rn. 27 – Beck/Norwegen; EGMR 11.10.2005 – 65745/01, NVwZ-RR 2006, 513 Rn. 83, 101 ff. – Dzelili/Deutschland; EGMR 22.1.2009 – 45749/06 und 51115/06, StV 2009, 561 Rn. 83 – Kaemena u. Thöneböhn/Deutschland. Die „Vollstreckungslösung" des BGH hat der EGMR ausdrücklich „begrüßt", vgl. EGMR 22.1.2009 – 45749/06 und 51115/06, StV 2009, 561 Rn. 86 f. – Kaemena u. Thöneböhn/Deutschland.
[9] Vgl. EGMR 13.11.2008 – 10597/03, StV 2009, 519 Rn. 68 ff. – Ommer/Deutschland; *Steinbeiß-Winkelmann* ZRP 2010, 205 (206); Karpenstein/Mayer/*Breuer* EMRK Art. 13 Rn. 63.
[10] Gesetz über den Rechtsschutz bei überlangen Gerichtsverfahren und strafrechtlichen Ermittlungsverfahren vom 24.11.2011, BGBl. 2011 I 2302. Geändert durch Gesetz vom 6.12.2011, BGBl. 2011 I 2554. Materialien: BT-Drs. 17/3802, BT-Drs. 17/7669. Evaluationsbericht der BReg. v. 17.10.2014, BT-Drs. 18/2950 (hierzu: *Roller* DRiZ 2015, 66). Zur Gesetzgebungshistorie: *Steinbeiß-Winkelmann/Ott* Einf. Rn. 62 ff.

auch den Garantien der EMRK in ihrer Ausgestaltung durch die Rspr. des EGMR zu genügen hat,[11] daher **defizitär.** Die bis dahin allein gegebenen Möglichkeiten, über eine **Dienstaufsichtsbeschwerde,** die – richterrechtlich entwickelte, jedoch nur teilweise anerkannte – **Untätigkeitsbeschwerde,** eine **Amtshaftungsklage** oder die **Verfassungsbeschwerde** Rechtsschutz bei unangemessen langer Verfahrensdauer zu erlangen, hatte der EGMR ausdrücklich als **ungenügend** verworfen.[12] Der Rückgriff auf diese Rechtsinstrumente widersprach zudem der vom BVerfG geforderten Rechtsbehelfsklarheit, wonach Rechtsbehelfe im geschriebenen Recht verankert und für den Bürger klar erkennbar sein müssen.[13] **Zweck der §§ 198–201** ist es daher, durch **Schließung** einer bis dahin existierenden **Rechtsschutzlücke** den von der EMRK geforderten speziellen Rechtsbehelf bei überlanger Verfahrensdauer zu gewährleisten.[14]

6   2. **Struktur des Rechtsschutzes. a) Nachträgliche Kompensation durch Entschädigung.** Der Gesetzgeber hat sich – anders als ein Referentenentwurf aus dem Jahr 2006 vorgesehen hatte[15] – gegen einen präventiv wirkenden Rechtsbehelf in Form einer Untätigkeitsbeschwerde entschieden. Ein solcher präventiver Rechtsbehelf während eines verzögerten Verfahrens und zu dessen Beschleunigung ist zwar vom EGMR als vorzugswürdig erachtet worden[16] und in anderen Rechtsordnungen – etwa in Österreich (§ 91 Gerichtsorganisationsgesetz)[17] – normiert, war in Deutschland aber rechtspolitisch nicht durchsetzbar.[18] Die gesetzliche Regelung der §§ 198 ff. sieht vielmehr im Kern einen **Anspruch auf finanzielle Entschädigung** gegen den Staat und einen hierauf gerichteten **nachträglichen kompensatorischen Rechtsbehelf** vor. Damit wird den Anforderungen des Art. 13 EMRK genügt, weil dieser nach der Rspr. des EGMR den Konventionsstaaten die Wahl lässt zwischen einem wirksamen präventiven Rechtsbehelf und einem gerichtlich effektiv durchsetzbaren Anspruch auf nachträgliche (finanzielle) Kompensation.[19]

7   Ein Verfahrensbeteiligter, der durch die unangemessene Dauer eines Gerichtsverfahrens einschließlich eines Strafverfahrens einen Nachteil materieller oder immaterieller Art erlitten hat, wird hierfür **nachträglich vom Staat entschädigt,** und zwar – sofern nicht in Bezug auf immaterielle Nachteile wie eine merkliche psychische Belastung eine anderweitige

---

[11] BVerfG 14.10.2004 – 2 BvR 1481/04, BVerfGE 111, 307 (315 ff.) = NJW 2004, 3407 (3408 ff.); Karpenstein/Mayer/*Breuer* EMRK Art. 46 Rn. 34 ff., 62 ff.
[12] EGMR 8.6.2006 – 75529/01, NJW 2006, 2389 Rn. 103 ff. – Sürmeli/Deutschland; EGMR 11.1.2007 – 20027/02, NVwZ 2008, 289 Rn. 63 ff. – Herbst/Deutschland; EGMR 20.9.2010 – 46433/06, NJW 2010, 3355 Rn. 51 – Rumpf/Deutschland. Vgl. auch *Althammer* JZ 2011, 446 (447 f.).
[13] BVerfG 30.4.2003 – 1 PBvU 1/02, BVerfGE 107, 395 (416) = NJW 2003, 1924 (1928); BVerfG 25.11.2008 – 1 BvR 848/07, BVerfGE 122, 190 (200) = NJW 2009, 829 (830); KK/*Barthe* Rn. 1; Löwe/Rosenberg/*Krauß* Rn. 9.
[14] BT-Drs. 17/3802, 15. Der EGMR hat die gesetzliche Regelung der §§ 198–201 GVG als grundsätzlich EMRK-konform akzeptiert; vgl. EGMR 29.5.2012 – 53126/07, NVwZ 2013, 47 Rn. 39 ff. – Taron/Deutschland; EGMR 15.1.2015 – 62198/11, NJW 2015, 1433 Rn. 126, 139 – Kuppinger/Deutschland; Karpenstein/Mayer/*Breuer* EMRK Art. 13 Rn. 61a. Siehe aber auch hier → Fn. 19.
[15] *Roller* DRiZ 2007, 82 (82 ff.); *Steinbeiß-Winkelmann* ZRP 2010, 205 (206); *Steinbeiß-Winkelmann/Ott* Einf. Rn. 122 ff. (mit Abdruck des Textes des Referentenentwurfs von 2006 auf S. 390 ff.).
[16] EGMR 8.6.2006 – 75529/01, NJW 2006, 2389 Rn. 100, 138 – Sürmeli/Deutschland. Siehe auch EGMR 29.3.2006 – 36813/97, NJW 2007, 1259 Rn. 183 ff. – Scordino/Italien.
[17] Meyer-Ladewig/*Renger* EMRK Art. 13 Rn. 25; *Schoibl* ZZP 118 (2005), 205 (213 ff.).
[18] Vgl. insofern *Steinbeiß-Winkelmann* ZRP 2010, 205 (206); Marx/*Roderfeld* Rn. 2; *Steinbeiß-Winkelmann/Ott* Einf. Rn. 122 ff. Siehe aber auch §§ 155b f. FamFG und hierzu hier Fn. 19.
[19] EGMR 29.3.2006 – 36813/97, NJW 2007, 1259 Rn. 183 ff. – Scordino/Italien; EGMR 11.1.2007 – 20027/02, NVwZ 2008, 289 Rn. 64 – Herbst/Deutschland; EGMR 18.2.2016 – 10722/13 Rn. 85 – A.K./Lichtenstein; Karpenstein/Mayer/*Breuer* EMRK Art. 13 Rn. 34, 59; Grabenwarter/Pabel § 24 Rn. 206; Meyer-Ladewig/*Renger* EMRK Art. 13 Rn. 15; *Schenke* NVwZ 2012, 257 (258). Siehe auch EGMR 15.1.2015 – 62198/11, NJW 2015, 1433 Rn. 137 – Kuppinger/Deutschland, wo das Fehlen eines präventiven Rechtsbehelfs gegen eine Verfahrensverzögerung in einer Kindschaftssache als mit Art. 13 iVm Art. 8 EMRK unvereinbar erachtet wird. Ob sich hier ein Wechsel der Rspr. des EGMR hin zum generellen Erfordernis eines präventiv wirkenden Rechtsbehelfs andeutet, bleibt abzuwarten, erscheint aber unwahrscheinlich. Der Gesetzgeber hat auf diese Entscheidung des EGMR 2016 mit der Einführung einer auf bestimmte Kindschaftssachen beschränkten Beschleunigungsbeschwerde (§§ 155b f. FamFG) reagiert; vgl. BT-Drs. 18/9092, 15 ff.

Wiedergutmachung (→ Rn. 55) ausreicht – **durch Zahlung eines Geldbetrages.** Diese finanzielle Entschädigung ist nicht im verzögerten Ausgangsverfahren geltend zu machen und zu gewähren, sondern in einem **gesonderten Entschädigungsverfahren,** und zwar in Bezug auf Verzögerungen in einem strafrechtlichen Verfahren mit einer gegen das betreffende Land bzw. den Bund zu richtenden **zivilprozessualen Entschädigungsklage.**

Ein **präventives Element** enthält die gesetzliche Regelung allerdings insofern, als nach **Abs. 3 S. 1** ein Anspruch auf finanzielle Entschädigung nur entsteht, wenn der betroffene Verfahrensbeteiligte im verzögerten Ausgangsverfahren gegenüber dem mit der Sache befassten Gericht (im Ermittlungsverfahren: gegenüber der ermittelnden Staatsanwaltschaft) die unangemessene Verfahrensdauer moniert hat, also eine **Verzögerungsrüge** (→ Rn. 62) erhoben hat. Damit soll das Gericht (bzw. die Staatsanwaltschaft) veranlasst werden, die Notwendigkeit einer Verfahrensbeschleunigung zu prüfen und erforderlichenfalls den Verfahrensfortgang zu beschleunigen.[20]

Nach wie vor sieht das geltende Recht **keinen speziellen Rechtsbehelf zur Beschleunigung eines Verfahrens** (**Untätigkeitsklage** oder **Untätigkeitsbeschwerde**) vor, mit dem ein Verfahrensbeteiligter mit Hilfe eines (übergeordneten) Gerichts einer weiteren Verzögerung eines strafrechtlichen Verfahrens Einhalt gebieten kann. Da den Anforderungen der EMRK mit dem von §§ 198 ff. vorgesehenen nachträglichen kompensatorischen Rechtsschutz Genüge getan wird und der Gesetzgeber die Rechtsschutzregelungen der §§ 198 ff. als **abschließend** erachtet hat,[21] ist auch für eine auf Richterrecht basierende Untätigkeitsbeschwerde kein Raum (mehr). Hierfür fehlt es sowohl an einer planwidrigen Regelungslücke als auch an einer konventions- oder verfassungsrechtlichen Notwendigkeit. Mithin sind **Untätigkeitsbeschwerden unzulässig.**[22]

b) Vorrang strafprozessualer Kompensation im Ausgangsverfahren. Die §§ 198 ff. lassen die von der Rspr. entwickelten Formen der strafprozessualen Kompensation für rechtsstaatswidrige Verfahrensverzögerungen, mit denen Beschuldigten bereits im verzögerten Strafverfahren ein Ausgleich für erlittene immaterielle Nachteile gewährt wird (→ Rn. 3),[23] unberührt. Der Gesetzgeber wollte die etablierten und von ihm vorgefundenen **richterrechtlichen Kompensationsmechanismen im Strafverfahren,** namentlich die vom BGH entwickelte **Vollstreckungslösung, unangetastet** lassen. Das Regelungskonzept der §§ 198 ff. setzt diese strafprozessualen Kompensationsmechanismen voraus, erkennt sie an und räumt ihnen den **Vorrang vor finanziellen Entschädigungsansprüchen** ein.[24]

Dies ergibt sich aus **§ 199 Abs. 3 S. 1.** Diese Vorschrift ist die **Kernnorm der Regelungen zum Rechtsschutz bei überlangen Strafverfahren.** Nach § 199 Abs. 3 S. 1 iVm

---

[20] BT-Drs. 17/3802, 20.
[21] BT-Drs. 17/3802, 16.
[22] BVerfG 17.12.2015 – 1 BvR 3164/13, NJW 2016, 2018 (2020); BGH 20.11.2012 – VIII ZB 49/12, NJW 2013, 385 (386); KG 7.11.2013 – 2 Ws 516/13, BeckRS 2014, 05724; KG 4.3.2016 – 2 Ws 41/16, BeckRS 2016, 07703; OLG Düsseldorf 15.2.2012 – II-8 WF 21/12, NJW 2012, 1455 (1455 f.); OLG Frankfurt a. M. 10.4.2013 – 3 Ws 245/13, NStZ-RR 2013, 264; OLG Hamburg 19.3.2012 – 3 Vollz (Ws) 9/12, NStZ 2012, 656; OLG Karlsruhe 14.11.2012 – 2 Ws 424/12, BeckRS 2013, 00659; OLG München 21.9.2012 – 4 VAs 39/12, BeckRS 2013, 18849; OLG München 19.3.2013 – 4 VAs 8/13, BeckRS 2013, 5324; OLG München 21.3.2013 – 4 Ws 5/13, BeckRS 2013, 05529; OLG Nürnberg 24.6.2013 – 1 Ws 268/13; OLG Rostock 25.7.2012 – I Ws 176/12, BeckRS 2012, 17470; Löwe/Rosenberg/*Krauß* Rn. 69; *Kissel/Mayer* Rn. 45; MüKoStGB/*Miebach/Maier* StGB § 46 Rn. 336; *Althammer/Schäuble* NJW 2012, 1 (5); *Dietrich* ZZP 127 (2014), 169 (171); *Graf* NZWiSt 2012, 121 (123); *Schenke* NVwZ 2012, 257 (258); *Steinbeiß-Winkelmann/Ott* Einf. Rn. 377. Anderer Ansicht MüKoZPO/*Zimmermann* Rn. 3. Siehe auch KG 26.5.2015 – 2 Ws 104/15, NStZ-RR 2015, 291 (Untätigkeitsbeschwerde ausnahmsweise bei ansonsten nicht hinreichendem Rechtsschutz gegen eine fortdauernde Freiheitsentziehung statthaft).
[23] Näher zu den strafprozessualen Kompensationsmechanismen → § 199 Rn. 11 f.
[24] Vgl. KK/*Barthe* § 199 Rn. 4; SSW/*Satzger* Rn. 19; Meyer-Goßner/*Schmitt* Rn. 4; *Liebhart* NStZ 2017, 254 (262); *Sommer* StV 2012, 107 (108); *Steinbeiß-Winkelmann* ZRP 2010, 205 (206); *Schäfer/Sander/van Gemmeren* Rn. 790; *Steinbeiß-Winkelmann/Ott* Einf. Rn. 265; BT-Drs. 17/3802, 16, 19, 24; BT-Drs. 18/2950, 13. Anderer Ansicht *Kissel/Mayer* Rn. 33, 49 ff.

§ 198 Abs. 2 S. 2 ist ein finanzieller Entschädigungsanspruch des ehemaligen Beschuldigten nach § 198 Abs. 1 für erlittene immaterielle Nachteile zwingend ausgeschlossen, sofern ein Strafgericht oder eine Staatsanwaltschaft die unangemessene Dauer eines Strafverfahrens im betreffenden Verfahren zu Gunsten des Beschuldigten berücksichtigt hat (→ Rn. 56). Jede in einem verzögerten Strafverfahren zu Gunsten eines Beschuldigten getroffene Kompensationsentscheidung, namentlich eine Entscheidung dahingehend, dass als Entschädigung für eine rechtsstaatswidrige Verfahrensverzögerung ein Teil der verhängten Strafe als vollstreckt gilt, schließt Ansprüche des Beschuldigten auf finanzielle Entschädigung für erlittene immaterielle Nachteile aus. Eine Überprüfung und Beurteilung durch das Entschädigungsgericht im Entschädigungsverfahren, ob die im Strafverfahren gewährte Kompensation ausreichend ist, findet nicht statt.[25]

12 **3. Anwendungsbereich bei überlangen Strafverfahren.** Wegen des von § 199 Abs. 3 S. 1 iVm § 198 Abs. 2 S. 2 angeordneten Vorrangs der strafprozessualen Kompensationsmechanismen (→ Rn. 10) haben die **§§ 198 ff. für den Bereich des Strafrechts** verhältnismäßig **geringe praktische Relevanz.**[26] Die Staatsanwaltschaften und Strafgerichte sind verpflichtet, von Amts wegen durch Anwendung der etablierten strafprozessualen Kompensationsformen Beschuldigten für immaterielle Nachteile (namentlich psychische Belastungen), zu denen es wegen einer übermäßigen Verfahrensdauer gekommen ist, einen Ausgleich zu gewähren; hiervon dürfen sie nicht unter Verweis auf die Möglichkeit einer nachträglichen Entschädigung nach den §§ 198 ff. absehen. Sofern eine strafprozessuale Kompensation im Strafverfahren erfolgt ist, gilt dies ohne Rücksicht auf den Umfang der gewährten Kompensation als hinreichender Ausgleich für alle immateriellen Nachteile; ein ergänzender Entschädigungsanspruch für solche Nachteile kann nach § 199 Abs. 3 S. 1 nicht bestehen (→ Rn. 56).[27] Weil bei verzögerten Strafverfahren fast ausschließlich immaterielle Nachteile im Raum stehen, kommen nachträgliche Entschädigungsklagen für ehemalige Beschuldigte kaum in Betracht.

13 Der Anwendungsbereich der §§ 198 ff. beschränkt sich in Bezug auf rechtsstaatswidrig verzögerte strafrechtliche Verfahren mithin auf Nachteile, die nicht bereits im verzögerten strafrechtlichen Ausgangsverfahren kompensiert wurden (hierzu bereits → Rn. 4). Mithin kommt ein **Entschädigungsanspruch nach den §§ 198 ff. in Betracht** bei einem **Freispruch** des Beschuldigten, bei einer **Verfahrenseinstellung** aus anderen Gründen als der Verfahrensverzögerung, bei Verzögerungen im Rechtsmittelverfahren und anschließender Rechtsmittelrücknahme, bei dem Beschuldigten entstandenen **materiellen Nachteilen** und bei einer im verzögerten Ausgangsverfahren **rechtswidrig unterbliebenen strafprozessualen Kompensationsentscheidung.**[28] Hinzu kommen Fälle, in denen es um Nachteile geht, die **andere entschädigungsberechtigte Verfahrensbeteiligte** als der Beschuldigte (→ Rn. 46), insbesondere **Nebenkläger** bzw. **Adhäsionskläger,** erlitten haben. Ferner finden die §§ 198 ff. Anwendung bei Verzögerungen in anderen strafrechtlichen Verfahren als dem Erkenntnisverfahren, also insbesondere bei gerichtlichen Verfahren in der **Strafvollstreckung,** in **Strafvollzugssachen** nach §§ 109 ff. StVollzG sowie bei **Auslieferungsverfahren** und sonstigen **Verfahren nach dem IRG.**

14 **4. Bedeutung der gesetzlichen Regelung für die Akteure im Strafverfahren.** Die **§§ 198 ff.** haben **für die Akteure im** (rechtsstaatswidrig verzögerten) **Strafverfahren**

---

[25] BT-Drs. 17/3802, 24. Näher hierzu → § 199 Rn. 5 ff.
[26] Im Zeitraum zwischen dem Inkrafttreten der §§ 198 ff. am 3.12.2011 und dem 31.12.2013 wurden bundesweit nur etwas mehr als 50 Entschädigungsklagen wegen verzögerter strafrechtlicher Ausgangsverfahren erhoben. Davon wurden 27 Verfahren in diesem Zeitraum abgeschlossen. In lediglich zwei dieser Verfahren wurden die Beklagten zur Zahlung von Entschädigung verurteilt (jeweils für immaterielle Nachteile, einmal 900,- EUR, einmal 3.000,- EUR). Vgl. BT-Drs. 18/2950, 14 ff. Eines der beiden Urteile, die eine Entschädigung zuerkannten (OLG Celle 24.10.2012 – 23 SchH 3/12, BeckRS 2012, 22632), wurde vom BGH (BGH 14.11.2013 – III ZR 376/12, BGHZ 199, 87 = NJW 2014, 220) aufgehoben.
[27] Näher hierzu → § 199 Rn. 5 ff.
[28] Zu dieser Fallkonstellation → § 199 Rn. 13.

keine unmittelbare Bedeutung. Denn zum einen betreffen sie außerhalb des Strafverfahrens in einem gesonderten zivilprozessualen Entschädigungsverfahren geltend zu machende Entschädigungsansprüche (→ Rn. 7). Zum anderen lassen die §§ 198 ff. die strafprozessualen Kompensationsmechanismen unberührt (→ Rn. 10). Die für das Entstehen eines Anspruches auf finanzielle Entschädigung gemäß Abs. 3 S. 1 erforderliche **Verzögerungsrüge ist für** die auch ohne entsprechenden Antrag des Betroffenen vorzunehmende **Kompensation für immaterielle Nachteile im verzögerten Strafverfahren** – namentlich für die Anwendung der Vollstreckungslösung – **ohne Relevanz.** Die Verzögerungsrüge (→ Rn. 62) ist keine Voraussetzung für die Gewährung einer Kompensation im Strafverfahren; das Unterbleiben einer Verzögerungsrüge im Strafverfahren entbindet die Strafgerichte nicht von ihrer Pflicht, von Amts wegen rechtsstaatswidrige Verfahrensverzögerungen – soweit möglich – im Strafverfahren (zB durch Anwendung der Vollstreckungslösung) auszugleichen (→ Rn. 64). Lediglich mittelbar wirken die §§ 198 ff. durch das in Abs. 3 S. 1 normierte Erfordernis der Erhebung einer Verzögerungsrüge im verzögerten Ausgangsverfahren in das Strafverfahren hinein.

a) **Bedeutung für Strafrichter und Staatsanwälte.** Die Justiz ist selbstredend verpflichtet, unabhängig vom Verhalten der Verfahrensbeteiligten das Beschleunigungsgebot in Strafsachen zu achten und erforderliche Beschleunigungsmaßnahmen zu ergreifen. Daher hat die Erhebung einer **Verzögerungsrüge keine direkten Auswirkungen auf den Fortgang des Strafverfahrens.** Sie sollte zwar Anlass sein, die Notwendigkeit einer Verfahrensbeschleunigung zu hinterfragen. Ansonsten aber sind die Staatsanwaltschaft bzw. das Gericht gegenüber dem Rügenden **zu keiner Reaktion verpflichtet.** Es erfolgt **keine Bescheidung** von Verzögerungsrügen im Ausgangsverfahren; diese werden lediglich zu den Akten genommen bzw. dokumentiert und statistisch erfasst (näher hierzu → Rn. 76). 15

Jede im Strafverfahren vom Beschuldigten erhobene Verzögerungsrüge sollte allerdings das Strafgericht vor dem Hintergrund des § 199 Abs. 3 S. 2 zu einer ausdrücklichen **Feststellung in der verfahrensabschließenden Entscheidung** veranlassen, **ob** – und wenn ja, in welchem Umfang – das **Verfahren rechtsstaatswidrig verzögert wurde.** Dies gilt auch dann, wenn keine strafprozessuale Kompensationsentscheidung getroffen wird, etwa weil das Gericht das Verfahren nicht für rechtsstaatswidrig verzögert erachtet. Denn nach der Idee des § 199 Abs. 3 S. 2 soll vorrangig und mit Bindungswirkung für das Entschädigungsgericht das Strafgericht im Ausgangsverfahren über die Angemessenheit der Verfahrensdauer befinden.[29] Mit einer solchen Entscheidung des Strafgerichts wird nicht nur das Entschädigungsgericht entlastet, sondern eine solche Feststellung ist auch im Interesse des Beschuldigten, der dann die Erfolgsaussichten einer Entschädigungsklage besser abschätzen kann. 16

b) **Bedeutung für Verteidiger und Rechtsbeistände.** Für Verteidiger und Rechtsbeistände sind die §§ 198 ff. insofern bereits für das Agieren im (verzögerten) Strafverfahren von Bedeutung, als sie, sofern tatsächliche Anhaltspunkte für eine rechtsstaatliche Verfahrensverzögerung vorliegen, rechtzeitig eine **Verzögerungsrüge** gegenüber der Staatsanwaltschaft bzw. dem Gericht **erheben** sollten, um – auch zur Vermeidung eines eigenen Haftungsrisikos – einen etwaigen Entschädigungsanspruch nicht nach Abs. 3 S. 1 auszuschließen.[30] Im Hinblick auf die Beweispflichtigkeit des Entschädigungsklägers in einem nachfolgenden Entschädigungsverfahren ist es angezeigt, die Rüge schriftlich zu erheben (näher zu Frist, Form und Inhalt der Verzögerungsrüge → Rn. 65, → Rn. 69). 17

II. Erläuterung

Abs. 1 legt fest, dass dann, wenn ein **Gerichtsverfahren** (→ Rn. 19) **unangemessen lange dauert** oder gedauert hat (→ Rn. 26), ein **Verfahrensbeteiligter** (→ Rn. 46), der 18

---

[29] Näher hierzu → § 199 Rn. 14.
[30] *Sommer* StV 2012, 107 (110). Zur Notwendigkeit der Rechtsmitteleinlegung im Strafprozess für die Wahrung der Erfolgsaussichten einer Entschädigungsklage → § 199 Rn. 19.

hierdurch einen materiellen oder immateriellen **Nachteil** (→ Rn. 49) erlitten hat, einen Anspruch auf eine angemessene finanzielle **Entschädigung** (→ Rn. 52) durch den Staat hat, der erforderlichenfalls außerhalb des verzögerten Verfahrens mit einer **gesonderten Entschädigungsklage** geltend zu machen ist. Abs. 2 enthält ergänzende Regelungen für Nachteile, die keine Vermögensnachteile sind (→ Rn. 53). Aus strafrechtlicher Sicht ist insbesondere Abs. 2 S. 2 von Bedeutung, wonach ein Anspruch auf finanzielle Entschädigung für immaterielle Nachteile ausscheidet, wenn eine **Wiedergutmachung auf andere Weise** als Kompensation ausreicht (→ Rn. 55). Eine ausreichende Wiedergutmachung auf andere Weise ist nach § 199 Abs. 3 S. 1 in Bezug auf immaterielle Nachteile eines (ehemaligen) Beschuldigten immer dann gegeben, wenn bereits das Strafgericht oder die Staatsanwaltschaft im verzögerten Strafverfahren zugunsten des Beschuldigten die unangemessene Verfahrensdauer berücksichtigt hat (→ Rn. 56). Nach Abs. 3 ist Voraussetzung für einen Anspruch auf finanzielle Entschädigung, dass der betroffene Verfahrensbeteiligte im verzögerten Ausgangsverfahren eine **Verzögerungsrüge** erhoben hat (→ Rn. 62). Abs. 5 legt Fristen für die Erhebung einer Entschädigungsklage fest (→ Rn. 78). Die Bestimmungen des § 198 werden für Verzögerungen in einem Strafverfahren ergänzt und modifiziert durch § 199.

19 1. **Gerichtsverfahren. a) Strafrechtliche Erkenntnisverfahren einschließlich staatsanwaltschaftliche Ermittlungsverfahren.** Die Entschädigungsregelung der §§ 198 ff. erfasst in strafrechtlicher Hinsicht – wie sich auch aus Abs. 6 Nr. 1 ergibt – das **gesamte strafgerichtliche Erkenntnisverfahren bis zum rechtskräftigen** bzw. endgültigen (→ Rn. 81) **Verfahrensabschluss.** Dabei kommt es auf den Zeitpunkt des Verfahrensabschlusses, nicht auf den der Kenntnisnahme hiervon durch den Betroffenen an.[31] Auch das Berufungs- und Revisionsverfahren sind Teil des Gerichtsverfahren iSd Abs. 1 S. 1.[32] Jugendgerichtliche Verfahren sind ebenfalls erfasst.[33]

20 Zwar spricht Abs. 1 S. 1 nur von Gerichtsverfahren, doch legt **§ 199 Abs. 1** fest, dass die Entschädigungsregelungen auch für „Verfahren auf Vorbereitung der öffentlichen Klage" und damit für **staatsanwaltschaftliche Ermittlungsverfahren** (sowie Ermittlungsverfahren der Finanzbehörden in den Fällen des § 386 Abs. 2 AO) gelten.[34] Damit erstrecken sich die Entschädigungsregelungen der §§ 198 ff. auf das gesamte strafrechtliche Erkenntnisverfahren von der Einleitung eines Ermittlungsverfahrens über die Anklageerhebung bis zum rechtskräftigen Verfahrensabschluss.

21 Allerdings fällt der Anfangszeitpunkt für die Beurteilung, ob ein Strafverfahren rechtsstaatswidrig verzögert wurde, nicht immer mit dem Zeitpunkt der Einleitung eines Ermittlungsverfahrens zusammen. Maßgeblicher **Anfangszeitpunkt für die Berechnung der Verfahrensdauer** ist für das strafrechtliche Erkenntnisverfahren der Zeitpunkt, zu dem dem Beschuldigten die **Einleitung des Ermittlungsverfahrens offiziell bekanntgegeben** worden ist oder ihm durch eine gegen ihn gerichtete Maßnahme (zB Verhaftung, Durchsuchung) bekannt geworden ist.[35] Zeitlich vorher liegende Phasen eines (etwa bis dahin

---

[31] BGH 14.11.2013 – III ZR 376/12, BGHZ 199, 87 (101 f.) = NJW 2014, 220 Rn. 44.
[32] Auch vom Recht auf angemessene Verfahrensdauer nach Art. 6 Abs. 1 S. 1 EMRK sind Rechtsmittelverfahren erfasst; vgl. EGMR 26.10.2000 – 30210/96, NJW 2001, 2694 Rn. 122 – Kudła/Polen; Karpenstein/Mayer/*Meyer* EMRK Art. 6 Rn. 75.
[33] Steinbeiß-Winkelmann/*Ott* § 199 Rn. 3.
[34] BGH 14.11.2013 – III ZR 376/12, BGHZ 199, 87 (92 f.) = NJW 2014, 220 Rn. 16; Löwe/Rosenberg/*Krauß* Rn. 17; *Graf* NZWiSt 2012, 121 (126); *Marx*/Roderfeld § 199 Rn. 2; BT-Drs. 17/3802, 23.
[35] EGMR 15.7.1982 – 8130/78, EuGRZ 1983, 371 Rn. 73 – Eckle/Deutschland; EGMR 31.5.2001 – 37591/97, NJW 2002, 2856 Rn. 31 – Metzger/Deutschland; EGMR 17.12.2004 – 49017/99, NJW 2006, 1645 Rn. 44 – Pedersen ua/Dänemark; EGMR 10.2.2005 – 64387/01, StV 2005, 475 Rn. 26 – Uhl/Deutschland; BVerfG 5.2.2003 – 2 BvR 29/03, NJW 2003, 2228; BGH 17.12.2003 – 1 StR 445/03, NStZ 2004, 504 (504 f.); BGH 25.10.2005 – 4 StR 139/05, NStZ-RR 2006, 50; BGH 14.11.2013 – III ZR 376/12, BGHZ 199, 87 (92 ff.) = NJW 2014, 220 Rn. 16, 19; Löwe/Rosenberg/*Krauß* § 199 Rn. 3; Karpenstein/Mayer/*Meyer* EMRK Art. 6 Rn. 35, 75; MüKoStGB/Miebach/*Maier* StGB § 46 Rn. 349 f.; SSW/*Satzger* Rn. 11; BT-Drs. 17/3802, 24.

verdeckt geführten) Ermittlungsverfahrens, von dessen Existenz der Beschuldigte nichts wusste oder zumindest keine offizielle Kenntnis hatte, bleiben bei der Feststellung der relevanten Verfahrensdauer unberücksichtigt. Hinter dieser Festlegung des Anfangszeitpunktes des unter Verzögerungsgesichtspunkten maßgeblichen Zeitraumes steht die Überlegung, dass dem Staat zuzurechnende Nachteile (aufgrund verzögerter Sachbehandlung) einem Beschuldigten solange nicht entstehen können, wie dieser keine Kenntnis davon hat, dass gegen ihn ein Strafverfahren geführt wird.

b) Strafvollstreckungsverfahren und Strafvollzugsverfahren. Die Entschädigungsregelungen der §§ 198 ff. erstrecken sich auch auf gerichtliche Verfahren in der Strafvollstreckung, namentlich auf **Verfahren der Strafvollstreckungskammern** betreffend die Aussetzung eines Strafrestes oder eines weiteren Maßregelvollzugs zur Bewährung.[36] Insofern beginnt der maßgebliche Zeitraum mit dem Tätigwerden der Staatsanwaltschaft zur Vorbereitung einer Entscheidung der Strafvollstreckungskammer bzw. dem Zeitpunkt, zu dem die Vollstreckungsbehörde hätte tätig werden müssen. Der Betrachtungszeitraum endet mit Rechtskraft des Gerichtsbeschlusses. 22

Die Regelungen zum Rechtsschutz bei überlangen Gerichtsverfahren gelten ferner für **Strafvollzugsverfahren nach §§ 109 ff. StVollzG**.[37] Der maßgebliche Zeitraum beginnt mit dem Eingang eines Antrages auf gerichtliche Entscheidung bei der zuständigen Strafvollstreckungskammer und endet mit rechtskräftigem Abschluss des Verfahrens. 23

c) Sonstige strafrechtliche Verfahren. Auch alle anderen eigenständigen strafrechtlichen Verfahren werden – ungeachtet des Umstandes, dass die Garantie des Art. 6 Abs. 1 S. 1 EMRK in strafrechtlicher Hinsicht nur für das strafrechtliche Erkenntnisverfahren gilt[38] – von den §§ 198 ff. erfasst. So können Entschädigungsansprüche auch bei einer übermäßigen Dauer eines **Auslieferungsverfahrens** oder sonstigen Verfahrens nach dem IRG entstehen.[39] Bloße **Zwischenverfahren** wie das besondere **Haftprüfungsverfahren** nach §§ 121, 122 StPO sind dagegen einer isolierten Betrachtung unter Verzögerungsgesichtspunkten nicht zugänglich und sind nicht für sich genommen, sondern nur als Teil des betreffenden Strafverfahrens Gerichtsverfahren iSd Abs. 1 S. 1. 24

d) Bußgeldverfahren. Ein Gerichtsverfahren iSd Abs. 1 S. 1 ist nach § 199 Abs. 1 GVG iVm **§ 46 Abs. 1 OWiG** auch das **Bußgeldverfahren**.[40] Allerdings fällt das verwaltungsbehördliche Verfahren zur Ahndung von Ordnungswidrigkeiten aus dem Anwendungsbereich des Rechtsschutzes für überlange Verfahren heraus. Erfasst wird allein das **Verfahren bei der Staatsanwaltschaft** und bei den **Gerichten**.[41] Somit beginnt der maßgebliche Zeitraum für die Beurteilung der Frage, ob ein Bußgeldverfahren rechtsstaatswidrig verzögert 25

---

[36] OLG Frankfurt a. M. 10.4.2013 – 3 Ws 245/13, NStZ-RR 2013, 264; OLG Hamburg 22.12.2011 – 2 Ws 140/10, BeckRS 2012, 02956. Siehe aber auch OLG Koblenz 1.3.2017 – 1 EK 1/17, NStZ-RR 2017, 323: Keine Anwendbarkeit der §§ 198 ff. bei reinen staatsanwaltschaftlichen Verfahren in der Strafvollstreckung.
[37] BGH 13.2.2014 – III ZR 311/13, NJW 2014, 1183 (1183 f.); KG 7.11.2013 – 2 Ws 516/13, BeckRS 2014, 05724; OLG Frankfurt a. M. 22.11.2016 – 4 EK 15/16, BeckRS 2016, 114440; OLG Hamburg 19.3.2012 – 3 Vollz (Ws) 9/12, NStZ 2012, 656; OLG Karlsruhe 14.11.2012 – 2 Ws 424/12, BeckRS 2013, 00659; OLG München 21.9.2012 – 4 VAs 39/12, BeckRS 2013, 18849; OLG München 19.3.2013 – 4 VAs 8/13, BeckRS 2013, 5324; OLG München 21.3.2013 – 4 VAs 5/13, BeckRS 2013, 05529; Laubenthal/Nestler/Neubacher/Vessel/*Bachmann* Teil P Rn. 96; *Kissel/Mayer* Rn. 5; *Schmidt* NVwZ 2015, 1710 (1712); *Marx/Roderfeld* § 199 Rn. 2.
[38] Vgl. EGMR 27.6.2006 – 28578/03 – Szabo/Schweden; EGMR 3.4.2012 – 37575/04 Rn. 85 ff. – Boulois/Luxemburg; Karpenstein/Mayer/*Meyer* EMRK Art. 6 Rn. 31 f.
[39] Zum Beschleunigungsgebot in Auslieferungssachen BVerfG 6.7.1982 – 2 BvR 856/81, BVerfGE 61, 28 (34) = EuGRZ 1982, 356; BVerfG 27.7.1999 – 2 BvR 898/99, NJW 2000, 1252; BVerfG 2.2.2006 – 2 BvR 155/06, BeckRS 2006, 21451.
[40] KK/*Barthe* § 199 Rn. 2; SK-StPO/*Degener* § 199 Rn. 2; *Graf* NZWiSt 2012, 121 (126); BT-Drs. 17/3802, 23. Zum Beschleunigungsgebot in Ordnungswidrigkeitenverfahren vgl. BVerfG 19.3.1992 – 2 BvR 1/91, NJW 1992, 2472; BGH 3.6.2014 – KRB 46/13, NJW 2014, 2806 (2807); Göhler/*Gürtler* § 17 Rn. 26e.
[41] Löwe/Rosenberg/*Krauß* Rn. 17; *Kissel/Mayer* Rn. 5; *Graf* NZWiSt 2012, 121 (126); *Marx/Roderfeld* § 199 Rn. 3; BT-Drs. 17/3802, 23.

worden ist, mit der Übersendung der Akten durch die Verwaltungsbehörde an die Staatsanwaltschaft nach § 69 Abs. 3 OWiG und endet mit dem rechtskräftigen Abschluss des gerichtlichen Bußgeldverfahrens.

26 **2. Unangemessene Dauer. a) Rechtsstaatswidrige Verfahrensverzögerung.** Maßgebliche Voraussetzung für einen Entschädigungsanspruch ist eine unangemessen lange Verfahrensdauer. Unangemessen ist eine Verfahrensdauer nicht schon, wenn das Verfahren unter optimalen Umständen in kürzerer Zeit hätte abgeschlossen werden können. Es reicht auch nicht, dass ein Verfahren länger gedauert hat als vergleichbare Verfahren üblicherweise dauern. Vielmehr setzt der Entschädigungsanspruch eine **rechtsstaatswidrige Verfahrensverzögerung** voraus, mithin eine Verletzung des in Art. 6 Abs. 1 S. 1 EMRK und Art. 2 Abs. 1 iVm Art. 20 Abs. 3 GG verankerten Anspruchs der Verfahrensbeteiligten auf Entscheidung in angemessener Zeit.[42] Für die Beurteilung, ob ein strafrechtliches Verfahren unangemessen lange gedauert hat, kann daher auf die Rspr. des EGMR, des BVerfG und des BGH zu rechtsstaatswidrigen Verfahrensverzögerungen (→ Rn. 34) rekurriert werden.[43] Mithin führt nicht jede im Strafprozess vorkommende Verzögerung zu einer Verletzung des Beschleunigungsgebots iS einer rechtsstaatswidrigen Verfahrensverzögerung. Eine solche liegt erst vor bei einer **von den Strafverfolgungsorganen zu verantwortenden erheblichen Verzögerung**.[44] Maßstab für die Frage, ob eine erhebliche Verzögerung vorliegt, ist dabei der Zeitraum, der für die sachgerechte Erledigung des jeweiligen Verfahrens bei ordnungsgemäßer Bearbeitung im normalen Verfahrensbetrieb notwendig ist.[45]

27 Der **BGH definiert** den **Begriff** der unangemessenen Dauer eines Gerichtsverfahrens wie folgt: Unangemessen iSv Abs. 1 S. 1 ist die Verfahrensdauer dann, wenn eine insbesondere an den Merkmalen des Abs. 1 S. 2 ausgerichtete und den Gestaltungsspielraum der Gerichte bei der Verfahrensführung beachtende Gewichtung und Abwägung aller bedeutsamen Umstände des Einzelfalls ergibt, dass die aus Art. 2 Abs. 1 iVm Art. 20 Abs. 3 GG und Art. 19 Abs. 4 GG sowie Art. 6 Abs. 1 EMRK folgende Verpflichtung des Staats, Gerichtsverfahren in angemessener Zeit zum Abschluss zu bringen, verletzt ist.[46] Die Verfahrensdauer müsse, um als unangemessen gewertet werden zu können, eine Grenze überschreiten, die sich auch unter Berücksichtigung gegenläufiger rechtlicher Interessen für den Betroffenen als sachlich nicht mehr gerechtfertigt oder unverhältnismäßig darstellt.[47]

28 Nicht abgestellt werden kann dagegen auf die Rspr. zum **Beschleunigungsgrundsatz in Haftsachen**.[48] Denn Haftsachen sind über das allgemeine, hier relevante Zügigkeitsge-

---

[42] BGH 14.11.2013 – III ZR 376/12, BGHZ 199, 87 (97 f.) = NJW 2014, 220 Rn. 31; BGH 23.1.2014 – III ZR 37/13, BGHZ 200, 20 (25) = NJW 2014, 939 Rn. 25; *Graf* NZWiSt 2012, 121 (123); Steinbeiß-Winkelmann/*Ott* Rn. 63; BT-Drs. 17/3802, 18.
[43] BGH 14.11.2013 – III ZR 376/12, BGHZ 199, 87 (97) = NJW 2014, 220 Rn. 29; *Althammer/Schäuble* NJW 2012, 1 (2); Marx/*Roderfeld* Rn. 5; *Schäfer/Sander/van Gemmeren* Rn. 789; Steinbeiß-Winkelmann/*Ott* Rn. 71; BT-Drs. 17/3802, 18. So auch (in Bezug auf die Rspr. des EGMR) EGMR 29.5.2012 – 53126/07, NVwZ 2013, 47 Rn. 39 – Taron/Deutschland.
[44] BVerfG 24.11.1983 – 2 BvR 121/83, NJW 1984, 967; BVerfG 5.2.2003 – 2 BvR 327/02, NJW 2003, 2225; BVerfG 25.7.2003 – 2 BvR 153/03, NJW 2003, 2897; BVerfG 15.1.2009 – 2 BvR 2044/07, BVerfGE 122, 248 (279) = NJW 2009, 1469 (1476); BVerfG 25.9.2012 – 2 BvR 2819/11; BGH 5.12.2012 – 1 StR 531/12, BeckRS 2013, 00981.
[45] BGH 9.10.2008 – 1 StR 238/08, wistra 2009, 147; MüKoStGB/*Miebach/Maier* StGB § 46 Rn. 347.
[46] BGH 14.11.2013 – III ZR 376/12, BGHZ 199, 87 (96) = NJW 2014, 220 Rn. 28; BGH 5.12.2013 – III ZR 73/13, BGHZ 199, 190 (201 f.) = NJW 2014, 789 Rn. 40; BGH 13.2.2014 – III ZR 311/13, NJW 2014, 1183 (1184). Siehe auch BVerwG 11.7.2013 – 5 C 23/12 D, BVerwGE 147, 146 (157) = NJW 2014, 96 Rn. 37.
[47] BGH 14.11.2013 – III ZR 376/12, BGHZ 199, 87 (97 ff.) = NJW 2014, 220 Rn. 31, 33; BGH 5.12.2013 – III ZR 73/13, BGHZ 199, 190 (202 f.) = NJW 2014, 789 Rn. 42; BGH 13.2.2014 – III ZR 311/13, NJW 2014, 1183 (1184). Vgl. auch BVerwG 11.7.2013 – 5 C 23/12 D, BVerwGE 147, 146 (158) = NJW 2014, 96 Rn. 39; BSG 21.2.2013 – B 10 ÜG 1/12 KL, NJW 2014, 248 (250): „deutliche Überschreitung der äußersten Grenze des Angemessenen".
[48] BGH 9.10.2008 – 1 StR 238/08, wistra 2009, 147; BGH 5.12.2012 – 1 StR 531/12, BeckRS 2013, 00981; MüKoStGB/*Miebach/Maier* StGB § 46 Rn. 333, 348.

bot hinaus mit besonderer Beschleunigung zu betreiben.[49] Eine Verletzung des besonderen Beschleunigungsgebots in Untersuchungshaftverfahren gebietet eine Freilassung des Beschuldigten, bedeutet indes nicht automatisch das Vorliegen einer rechtsstaatswidrigen Verfahrensverzögerung; auch die EMRK differenziert insoweit (vgl. Art. 5 Abs. 3 S. 1 EMRK einerseits und Art. 6 Abs. 1 S. 1 EMRK andererseits).

Von besonderer Bedeutung für Entschädigungsklagen aufgrund verzögerter Strafverfahren ist **§ 199 Abs. 3 S. 2:** Bei Entschädigungsklagen von (ehemaligen) Beschuldigten ist das Entschädigungsgericht bei der Frage, ob – und wenn ja, in welchem Ausmaß – ein Strafverfahren unangemessen lange gedauert hat, an eine diesbezügliche Beurteilung und Entscheidung des Strafgerichts (nicht der Staatsanwaltschaft) – etwa in dem im Strafverfahren gegen den Angeklagten ergangenen Urteil oder in einem Einstellungsbeschluss – gebunden. Die **Entscheidung des Strafgerichts zur Angemessenheit der Verfahrensdauer** bzw. zum Vorliegen und zum Ausmaß einer rechtsstaatswidrigen Verfahrensverzögerung entfaltet **Bindungswirkung für das Entschädigungsgericht.** Eine eigene Bewertung steht dem Entschädigungsgericht dann nicht zu.[50] 29

Der **Kläger im Entschädigungsrechtsstreit** ist **darlegungs- und beweispflichtig** für das Vorliegen einer rechtsstaatswidrigen Verfahrensverzögerung.[51] 30

b) Einzelfallbezogene Beurteilungskriterien. Die Angemessenheit der Verfahrensdauer richtet sich, wie Abs. 1 S. 2 ausdrücklich festlegt, nach den **Umständen des Einzelfalles.** Dies entspricht der seit langem gefestigten Rspr. des EGMR,[52] des BVerfG[53] und des BGH.[54] Es verbietet sich jede schematische, am Ablauf bestimmter Fristen orientierte Betrachtung.[55] Eine generelle Festlegung, etwa in Form von starren Erledigungsfristen, ist weder vom Gesetzgeber erfolgt noch überhaupt möglich.[56] Statistische Werte zur durchschnittlichen Dauer von Verfahren der betreffenden Art sind nicht von Relevanz.[57] Ob ein Verfahren rechtsstaatswidrig lange gedauert hat, kann nur unter **Würdigung und Abwägung aller Umstände des jeweiligen Verfahrens** beantwortet werden.[58] Exemplarisch nennt Abs. 1 S. 2 die **Schwierigkeit** und die **Bedeutung des Verfahrens** sowie das **Verhalten der Verfahrensbeteiligten** und Dritter. 31

Das Verhalten der Verfahrensbeteiligten und Dritter ist von Relevanz, weil eine kompensationspflichtige rechtsstaatswidrige Verfahrensdauer stets voraussetzt, dass eine Verzögerung 32

---

[49] Zum Beschleunigungsgebot in Haftsachen Meyer-Goßner/*Schmitt* StPO § 120 Rn. 3 ff., StPO § 121 Rn. 1 ff.; → StPO § 112 Rn. 5 ff.
[50] Näher hierzu → § 199 Rn. 14.
[51] Näher hierzu → § 201 Rn. 7.
[52] *Grabenwarter/Pabel* § 24 Rn. 82; Karpenstein/Mayer/*Meyer* EMRK Art. 6 Rn. 77.
[53] BVerfG 19.3.1992 – 2 BvR 1/91, NJW 1992, 2472 (2473); BVerfG 19.4.1993 – 2 BvR 1487/90, NJW 1993, 3254 (3255); BVerfG 5.2.2003 – 2 BvR 327/02, NJW 2003, 2225; BVerfG 25.7.2003 – 2 BvR 153/03, NJW 2003, 2897; BVerfG 30.6.2005 – 2 BvR 157/03, NStZ-RR 2005, 346 (347); BVerfG 15.1.2009 – 2 BvR 2044/07, BVerfGE 122, 248 (279) = NJW 2009, 1469 (1476); BVerfG 8.6.2010 – 2 BvR 432/07, 2 BvR 507/08, NJW 2011, 591 (593); BVerfG 22.8.2013 – 1 BvR 1067/12, NJW 2013, 3630 (3631).
[54] BGH 25.10.2000 – 2 StR 232/00, BGHSt 46, 159 (168 ff.) = NJW 2001, 1146 (1148); BGH 25.10.2005 – 4 StR 139/05, NStZ-RR 2006, 50; BGH 21.4.2011 – 3 StR 50/11, NStZ-RR 2011, 239 (239 f.); BGH 5.12.2012 – 1 StR 531/12, BeckRS 2013, 00981; BGH 14.11.2013 – III ZR 376/12, BGHZ 199, 87 (95 f.) = NJW 2014, 220 Rn. 25 f.; BGH 5.12.2013 – III ZR 73/13, BGHZ 199, 190 (200) = NJW 2014, 789 Rn. 37.
[55] BGH 18.6.2009 – 3 StR 89/09, StV 2010, 228; MüKoStGB/*Miebach/Maier* StGB § 46 Rn. 356.
[56] BGH 14.11.2013 – III ZR 376/12, BGHZ 199, 87 (95 f.) = NJW 2014, 220 Rn. 26; *Gercke/Heinisch* NStZ 2012, 300 (301); *Steinbeiß-Winkelmann* ZRP 2010, 205 (207); *Steinbeiß-Winkelmann*/Ott Einf. Rn. 236; Steinbeiß-Winkelmann/*Ott* Rn. 69.
[57] BGH 14.11.2013 – III ZR 376/12, BGHZ 199, 87 (95 f.) = NJW 2014, 220 Rn. 26; BGH 5.12.2013 – III ZR 73/13, BGHZ 199, 190 (200 f.) = NJW 2014, 789 Rn. 38; BGH 13.3.2014 – III ZR 91/13, NJW 2014, 1816 (1817 f.); BVerwG 11.7.2013 – 5 C 23/12 D, BVerwGE 147, 146 (155 f.) = NJW 2014, 96 Rn. 32 ff. Anderer Ansicht *Kissel/Mayer* Rn. 14.
[58] Löwe/Rosenberg/*Krauß* Rn. 26; MüKoStGB/*Miebach/Maier* StGB § 46 Rn. 354; *Graf* NZWiSt 2012, 121 (123); BT-Drs. 17/3802, 18.

bei der Durchführung des Verfahrens vorliegt, die in den **Verantwortungsbereich des Staates** fällt und diesem – als **staatliches Fehlverhalten** – zuzurechnen ist (vgl. auch → Rn. 43).[59] Ohne Bedeutung ist dagegen, ob die zuständigen Staatsanwälte oder Richter pflichtwidrig gehandelt haben, also ein Verschulden der handelnden Personen vorliegt.[60] Der Staat hat auch für Verzögerungen einzustehen, die auf **strukturelle Mängel** wie **unzureichende Personalausstattung** zurückzuführen sind; er hat einen Justizapparat mit ausreichenden Ressourcen zu unterhalten. Er kann sich zur Rechtfertigung der überlangen Dauer eines Verfahrens nicht auf Umstände innerhalb des staatlichen Verantwortungsbereichs berufen.[61] Chronische Überlastung einer Staatsanwaltschaft oder eines Gerichts, länger bestehende Rückstände und eine allgemein angespannte Personalsituation stehen der Annahme einer rechtsstaatswidrigen Verfahrensverzögerung nicht entgegen;[62] sie sind vielmehr gerade typische Ursache einer solchen. Auf der anderen Seite aber führen Verzögerungen, die bei wertender Betrachtung nicht auf staatliches Fehlverhalten zurückzuführen sind, sondern **unvorhersehbaren „schicksalhaften" Umständen** geschuldet sind – zB die Notwendigkeit einer Verfahrensaussetzung wegen Erkrankung sowohl eines Schöffen als auch des vorsorglich herangezogenen Ergänzungsschöffen – nicht zu einer rechtsstaatswidrigen Verzögerung.[63]

33 Kriterien für die einzelfallbezogene Beurteilung der Angemessenheit der Verfahrensdauer sind namentlich der **Umfang** und die **Komplexität des Verfahrens,** die (aus ex-ante-Sicht) **notwendigen Ermittlungen** und erforderlichen Beweiserhebungen, die **rechtliche Schwierigkeit der Sache,** die Beteiligungsrechte und das **Verhalten der Verfahrensbeteiligten** sowie die **Auswirkungen des Verfahrens auf die Verfahrensbeteiligten.**[64]

34 Der **EGMR** betont in ständiger Rspr., die Angemessenheit der Verfahrensdauer sei in Anbetracht der besonderen Umstände der Rechtssache sowie unter Berücksichtigung der Komplexität des Falles, des Verhaltens des Beschwerdeführers und der zuständigen Behörden sowie der Bedeutung des Rechtsstreits für den Beschwerdeführer zu beurteilen.[65] Im Ergebnis ebenso heißt es in der Rspr. des **BVerfG,** in den Blick zu nehmen seien insbesondere der durch die Verzögerungen der Justizorgane verursachte Zeitraum der Verfahrensverlängerung, die Gesamtdauer des Verfahrens, die Schwere des Tatvorwurfs, der Umfang und die Schwierigkeit des Verfahrensgegenstandes sowie das Ausmaß der mit dem Andauern des schwebenden Verfahrens verbundenen Belastung des

---

[59] BVerfG 15.1.2009 – 2 BvR 2044/07, BVerfGE 122, 248 (279) = NJW 2009, 1469 (1476); BGH 4.8.2009 – 5 StR 253/09, NStZ 2010, 230; MüKoStGB/*Miebach/Maier* StGB § 46 Rn. 357; *Graf* NZWiSt 2012, 121 (124); *Schenke* NVwZ 2012, 257 (259).

[60] EGMR 29.5.2012 – 53126/07, NVwZ 2013, 47 Rn. 39 – Taron/Deutschland; BGH 14.11.2013 – III ZR 376/12, BGHZ 199, 87 (102 f.) = NJW 2014, 220 Rn. 47; *Gercke/Heinisch* NStZ 2012, 300 (301); *Graf* NZWiSt 2012, 121 (124); *Schlick* WM 2016, 485 (486); *Sommer* StV 2012, 107 (108); Steinbeiß-Winkelmann/Ott Einf. Rn. 235; BT-Drs. 17/3802, 19.

[61] EGMR 25.3.1999 – 25444/94, NJW 1999, 3545 Rn. 74 – Pélissier u. Sassi/Frankreich; EGMR 25.2.2000 – 29357/95, NJW 2001, 211 Rn. 75 – Gast ua/Deutschland; EGMR 31.5.2001 – 37591/97, NJW 2002, 2856 Rn. 42 – Metzger/Deutschland; BVerfG 29.3.2005 – 2 BvR 1610/03, NJW 2005, 3488 (3489); *Graf* NZWiSt 2012, 121 (124); Marx/Roderfeld Rn. 16; Steinbeiß-Winkelmann/Ott Rn. 91 f.

[62] BGH 12.2.2015 – III ZR 141/14, BGHZ 204, 184 (195) = NJW 2015, 1312 Rn. 34; BT-Drs. 17/3802, 19.

[63] BGH 17.3.2005 – 3 StR 39/05, NJW 2005, 1813 (1814). Strenger (Verzögerung wäre durch Bestellung eines weiteren Ergänzungsschöffen vermeidbar gewesen) EGMR 11.10.2005 – 65745/01, NVwZ-RR 2006, 513 Rn. 79 – Dzelili/Deutschland. Vgl. auch BGH 12.2.2015 – III ZR 141/14, BGHZ 204, 184 (195) = NJW 2015, 1312 Rn. 34; *Kissel/Mayer* Rn. 14; *Magnus* ZZP 125 (2012), 75 (82).

[64] Zusammenfassend Löwe/Rosenberg/*Krauß* Rn. 28 ff.; MüKoStGB/*Miebach/Maier* StGB § 46 Rn. 356 ff.; Marx/Roderfeld § 199 Rn. 29 ff.; *Plankemann* S. 47 ff.; Steinbeiß-Winkelmann/Ott Rn. 103 ff.

[65] Vgl. nur EGMR 25.2.2000 – 29357/95, NJW 2001, 211 Rn. 70 – Gast ua/Deutschland; EGMR 31.5.2001 – 37591/97, NJW 2002, 2856 Rn. 36 – Metzger/Deutschland; EGMR 13.1.2011 – 397/07, NJW 2011, 3353 Rn. 55 – Hoffer ua/Deutschland; EGMR 9.7.2015 – 8824/09 und 42836/12 Rn. 82 – El Khoury/Deutschland; Löwe/Rosenberg/*Esser* EMRK Art. 6 Rn. 314 ff.; *Grabenwarter/Pabel* § 24 Rn. 82; Karpenstein/Mayer/*Meyer* EMRK Art. 6 Rn. 78 ff.

Beschuldigten.[66] In der Rspr. der **Strafsenate des BGH** heißt es, zu berücksichtigen seien Schwere und Art des Tatvorwurfs, Umfang und Schwierigkeit des Verfahrens, Art und Weise der Ermittlungen, das eigene Verhalten des Beschuldigen sowie das Ausmaß der mit dem Andauern des Verfahrens verbundenen Belastungen für den Beschuldigten.[67]

Das Gebot einer zügigen Erledigung ist in Beziehung zu setzen zu den ebenfalls im Rechtsstaatsprinzip verwurzelten Geboten, die Mitwirkungsrechte der Verfahrensbeteiligten zu wahren und zu einer in der Sache richtigen Entscheidung zu gelangen.[68] Der schnelle Verfahrensabschluss ist kein Selbstzweck.[69] Ebenso in den Blick zu nehmen ist der Zeitaufwand für die rechtsstaatlich gebotene **gründliche Ermittlung des Sachverhalts** und die erforderliche sorgfältige und gründliche Einarbeitung des Gerichts und der Verfahrensbeteiligten in die Akten und in die relevanten Rechtsfragen[70] sowie der zeitliche Aufwand für die Entscheidungsberatung und das Verfassen eines Urteils oder Beschlusses. Denn die Qualität und Rechtsstaatlichkeit eines Verfahrens bemisst sich zuvörderst an der **Richtigkeit der abschließenden Entscheidung.** 35

Nicht zuletzt im Hinblick auf die **Garantie der richterlichen Unabhängigkeit** (Art. 97 Abs. 1 GG) ist zu beachten, dass eine unangemessene Verfahrensdauer nicht schon vorliegt, wenn ein Verfahren – nach Ansicht des Betroffenen oder des Entschädigungsgerichts – anders schneller hätte durchgeführt werden können.[71] Dem Ausgangsgericht ist ein **weiter Gestaltungsspielraum** zuzubilligen, der es ihm ermöglicht, dem Umfang und der Schwierigkeit der einzelnen Rechtssachen ausgewogen Rechnung zu tragen und darüber zu entscheiden, wann es welches Verfahren mit welchem Aufwand sinnvollerweise fördern kann und welche Verfahrenshandlungen dazu erforderlich sind.[72] Es liegt in der vom Entschädigungsgericht nicht zu bewertenden **Eigenverantwortlichkeit der Strafgerichte** und Staatsanwaltschaften, **Art und Umfang von Ermittlungen und Beweisaufnahmen zu bestimmen.** Soweit eine lange Verfahrensdauer ihren Grund im Umfang der vorgenommenen Beweisaufnahme hat, liegt keine rechtsstaatswidrige Verzögerung vor. So kann zB ein Entschädigungskläger nicht mit dem Vorbringen durchdringen, die Vernehmung von weniger Zeugen hätte ausgereicht, Beweisanträge hätten abgelehnt werden können, zeitaufwändige Vernehmungen von Auslandszeugen seien nicht durch die richterliche Aufklärungspflicht geboten gewesen, Urkunden hätten zeitsparend im Selbstleseverfahren in die Hauptverhandlung eingeführt werden können 36

---

[66] BVerfG 24.11.1983 – 2 BvR 121/83, NJW 1984, 967; BVerfG 19.3.1992 – 2 BvR 1/91, NJW 1992, 2472 (2473); BVerfG 19.4.1993 – 2 BvR 1487/90, NJW 1993, 3254 (3255); BVerfG 5.2.2003 – 2 BvR 327/02, NJW 2003, 2225; BVerfG 25.7.2003 – 2 BvR 153/03, NJW 2003, 2897; BVerfG 29.3.2005 – 2 BvR 1610/03, NJW 2005, 3488 (3489); BVerfG 30.6.2005 – 2 BvR 157/03, NStZ-RR 2005, 346 (347); BVerfG 15.1.2009 – 2 BvR 2044/07, BVerfGE 122, 248 (279) = NJW 2009, 1469 (1476); BVerfG 8.6.2010 – 2 BvR 432/07, 2 BvR 507/08, NJW 2011, 591 (593); BVerfG 25.9.2012 – 2 BvR 2819/11.

[67] BGH 29.3.2001 – 3 StR 39/01, NStZ-RR 2001, 294 (295); BGH 17.12.2003 – 1 StR 445/03, NStZ 2004, 504 (505); BGH 25.10.2005 – 4 StR 139/05, NStZ-RR 2006, 50 (50 f.); BGH 17.1.2008 – GSSt 1/07, BGHSt 52, 124 (146) = NJW 2008, 860 Rn. 56; BGH 18.6.2009 – 3 StR 89/09, StV 2010, 228; BGH 21.4.2011 – 3 StR 50/11, NStZ-RR 2011, 239 (239 f.); BGH 5.12.2012 – 1 StR 531/12, BeckRS 2013, 00981. Vgl. auch *Fischer* StGB § 46 Rn. 122; MüKoStGB/*Miebach/Maier* StGB § 46 Rn. 356 ff.

[68] BGH 4.11.2010 – III ZR 32/10, BGHZ 187, 286 (292 f.) = NJW 2011, 1072 Rn. 14; *Schlick* NJW 2014, 2686 (2687); Steinbeiß-Winkelmann/*Ott* Rn. 134; BT-Drs. 17/3802, 18.

[69] BGH 4.11.2010 – III ZR 32/10, BGHZ 187, 286 (292 f.) = NJW 2011, 1072 Rn. 14; BGH 5.12.2013 – III ZR 73/13, BGHZ 199, 190 (203 f.) = NJW 2014, 789 Rn. 44.

[70] Vgl. hierzu BGH 7.2.2012 – 1 StR 525/11, BGHSt 57, 123 (136 f.) = NJW 2012, 1458 Rn. 49 ff.; BGH 14.11.2013 – III ZR 376/12, BGHZ 199, 87 (98 f.) = NJW 2014, 220 Rn. 33; BGH 5.12.2013 – III ZR 73/13, BGHZ 199, 190 (203 f.) = NJW 2014, 789 Rn. 44.

[71] Steinbeiß-Winkelmann/*Ott* Rn. 128. Siehe auch BGH 4.11.2010 – III ZR 32/10, BGHZ 187, 286 (292 f.) = NJW 2011, 1072 Rn. 14.

[72] BGH 14.11.2013 – III ZR 376/12, BGHZ 199, 87 (98 f.) = NJW 2014, 220 Rn. 33; BGH 5.12.2013 – III ZR 73/13, BGHZ 199, 190 (203 f.) = NJW 2014, 789 Rn. 44; BGH 23.1.2014 – III ZR 37/13, BGHZ 200, 20 (30 f.) = NJW 2014, 939 Rn. 39; BGH 13.3.2014 – III ZR 91/13, NJW 2014, 1816 (1818); BGH 13.4.2017 – III ZR 277/16, NJW 2017, 2478 (2479). Vgl. auch BVerwG 11.7.2013 – 5 C 23/12 D, BVerwGE 147, 146 (159 f.) = NJW 2014, 96 Rn. 42. Siehe ferner *Schlick* NJW 2014, 2686 (2687).

oder zeitaufwändige Vernehmungen von Beweispersonen in der Hauptverhandlung hätten durch eine Verlesung von Niederschriften über frühere Vernehmungen ersetzt werden können.

37 Es geht vielmehr in erster Linie um eine **Bewertung der zeitlichen Dimension richterlichen und staatsanwaltschaftlichen Agierens, nicht** dagegen um die **Bewertung der Zweckmäßigkeit zeitaufwändiger Maßnahmen.** Rechtsstaatswidrige Verfahrensverzögerungen sind in aller Regel gekennzeichnet dadurch, dass staatsanwaltschaftliches oder richterliches Handeln für längere Zeit gänzlich unterblieben ist, zu lange Zeit auf einzelne Verfahrensschritte entfallen ist, etwa unangemessen lange Fristen gesetzt wurden, oder nur in weiten Zeitabständen Hauptverhandlungstermine abgehalten wurden. Relevant werden kann aber auch, wenn – als solche in ihrer Zweckmäßigkeit nicht in Frage zu stellende – verfahrensfördernde Maßnahmen völlig unzureichend betrieben wurden, etwa offensichtlich unzulängliche Bemühungen zur Ladung eines Zeugen entfaltet wurden, und es dadurch zu Verzögerungen gekommen ist. **Verzögerungen aufgrund fehlerhafter Maßnahmen** stellen aber nicht generell eine rechtsstaatswidrige Verfahrensverzögerung dar, sondern nur, wenn es sich um ganz erhebliche, kaum verständliche Ermittlungsfehler, also um **gravierende Versäumnisse** handelt.[73]

38 Die bisherige Rspr. des BGH in Entschädigungsklageverfahren nach §§ 198 ff. lässt insgesamt betrachtet die **Tendenz** erkennen, den Gerichten unter besonderer Betonung der richterlichen Unabhängigkeit einen weiten Freiraum bei der (zeitlichen) Gestaltung der Verfahrensführung zuzubilligen und die **Grenze zur unangemessenen Verfahrensdauer sehr weit zu ziehen,** jedenfalls deutlich weiter als die bisherige höchstrichterliche strafrechtliche Rspr.[74]

39 Eine Verzögerung, die dadurch bedingt ist, dass eine **Gerichtsentscheidung auf ein Rechtsmittel hin aufgehoben wird,** stellt grundsätzlich keine rechtsstaatswidrige und damit entschädigungspflichtige Verzögerung dar.[75] Denn eine Fehlerkorrektur im Rechtsmittelwege ist gerade Ausdruck eines rechtsstaatlichen Verfahrens; hierdurch bedingte Verlängerungen von Verfahren – etwa wegen der Notwendigkeit einer neuen Verhandlung und Entscheidung – dienen der Wahrung der Rechtsstaatlichkeit. Lediglich dann, wenn **eklatante Rechtsfehler** zu einer Urteilsaufhebung geführt haben, kann eine daraus resultierende Verzögerung eines rechtskräftigen Verfahrensabschlusses zur Unangemessenheit der Verfahrensdauer führen und Entschädigungsansprüche auslösen.[76]

---

[73] BGH 27.8.2009 – 3 StR 250/09, BGHSt 54, 135 = NJW 2009, 3734 Rn. 12. Vgl. auch BGH 5.12.2013 – III ZR 73/13, BGHZ 199, 190 (204 f.) = NJW 2014, 789 Rn. 45 f.; BGH 13.2.2014 – III ZR 311/13, NJW 2014, 1183 (1184); BGH 13.4.2017 – III ZR 277/16, NJW 2017, 2478 (2479): Beschränkung der Überprüfung der Verfahrensführung durch das Ausgangsgericht auf Vertretbarkeit. Näher hierzu *Schlick* NJW 2014, 2686 (2687); *Schlick* WM 2016, 485 (487 f.).

[74] Vgl. BGH 14.11.2013 – III ZR 376/12, BGHZ 199, 87 (99 f.) = NJW 2014, 220 Rn. 35 ff.: Zeitraum von einem Jahr zwischen Anklageerhebung zum AG und Eröffnungsentscheidung ohne erkennbare gerichtliche Tätigkeit nicht unangemessen (die Vorinstanz hatte insofern auf eine sechsmonatige Verzögerung erkannt; vgl. OLG Celle 24.10.2012 – 23 SchH 3/12, BeckRS 2012, 22632). BGH 13.2.2014 – III ZR 311/13, NJW 2014, 1183 (1186): Nahezu zweijährige Dauer eines Verfahrens nach §§ 109 ff. StVollzG über einen Internetzugang für einen Strafgefangenen noch angemessen (ebenso die Vorinstanz; vgl. OLG Frankfurt a. M. 5.6.2013 – 4 EntV 10/12, BeckRS 2013, 12550).

[75] EGMR 6.11.2014 – 67522/09, NJW 2015, 3773 Rn. 61 – Ereren/Deutschland; BVerfG 5.2.2003 – 2 BvR 29/03, NJW 2003, 2228 (2228 f.); BGH 19.7.2000 – 3 StR 259/00, NStZ 2001, 106; BGH 17.3.2005 – 3 StR 39/05, NJW 2005, 1813 (1814); BGH 7.2.2006 – 3 StR 460/98, NJW 2006, 1529 (1532); BGH 25.9.2007 – 5 StR 116/01, BGHSt 52, 48 = NJW 2008, 307 Rn. 36; BGH 11.9.2008 – 3 StR 358/08, NStZ 2009, 104; BGH 15.10.2009 – 2 StR 256/09, NStZ-RR 2010, 40; *Fischer* StGB § 46 Rn. 125 f.; MüKoStGB/*Miebach/Maier* StGB § 46 Rn. 379; *Marx*/Roderfeld § 199 Rn. 27. Siehe aber auch BVerfG 22.2.2005 – 2 BvR 109/05, NStZ 2005, 456 (459); BVerfG 23.9.2005 – 2 BvR 1315/05, NJW 2005, 3485 (3487); BGH 22.9.2009 – 4 StR 292/09, NStZ-RR 2010, 75.

[76] EGMR 6.11.2014 – 67522/09, NJW 2015, 3773 Rn. 61 – Ereren/Deutschland; BVerfG 25.7.2003 – 2 BvR 153/03, NJW 2003, 2897 (2898); BGH 7.2.2006 – 3 StR 460/98, NJW 2006, 1529 (1532); BGH 25.9.2007 – 5 StR 116/01, BGHSt 52, 48 = NJW 2008, 307 Rn. 36; BGH 15.1.2009 – 4 StR 537/08, NStZ 2009, 472; BGH 15.10.2009 – 2 StR 256/09, NStZ-RR 2010, 40; BGH 4.6.2014 – 2 StR 31/14, NStZ-RR 2014, 314; *Fischer* StGB § 46 Rn. 125 f.; MüKoStGB/*Miebach/Maier* StGB § 46 Rn. 381.

c) Gesamtverfahrensdauer als Bezugsgröße. Maßgeblich für die Frage, ob ein Ver- 40 fahren unangemessen lange gedauert hat, und damit materiell-rechtlicher Bezugsrahmen für den Entschädigungsanspruch ist die Gesamtverfahrensdauer.[77] Beim Strafverfahren kommt es mithin auf eine vom Entschädigungsgericht vorzunehmende **Beurteilung des gesamten Verfahrens** unter Einschluss des staatsanwaltschaftlichen Ermittlungsverfahrens und von Rechtsmittelverfahren **bis zum rechtskräftigen** bzw. endgültigen (→ Rn. 81) **Verfahrensabschluss** an.[78] Eine isolierte Betrachtung einzelner Zeiträume und eine bloße Addition einzelner Zeiten verzögerter Sachbehandlung scheiden aus.[79]

Verzögerungen in einzelnen Verfahrensabschnitten sind ohne Relevanz, wenn sie 41 **durch besonders zügige Sachbehandlung** in anderen Abschnitten **kompensiert** worden sind oder jedenfalls bei einer Gesamtbetrachtung die Verfahrensdauer insgesamt noch als angemessen anzusehen ist.[80] So können insbesondere Verzögerungen im Ermittlungsverfahren durch eine schnelle Durchführung der Hauptverhandlung kompensiert werden mit der Folge, dass das Verfahren im Ergebnis nicht rechtsstaatswidrig verzögert worden ist.

Der Zeitraum verzögerter Sachbehandlung ist für sich genommen allerdings von 42 Bedeutung, wenn es bei Bejahung einer rechtsstaatswidrigen Gesamtverfahrensdauer darum geht, den **haftungsverantwortlichen Rechtsträger** und damit **Anspruchsgegner** zu bestimmen. Anspruchsgegner ist der Rechtsträger (Bund oder Land), dessen Staatsanwaltschaft oder Gericht eine relevante Verzögerung zu verantworten hat.[81] Auch kann sich ein Entschädigungskläger als Ausdruck der **Dispositionsmaxime** im Zivilprozess darauf beschränken, eine Entschädigung nur für einen bestimmten Zeitraum verzögerter Sachbehandlung, etwa **nur für die Verzögerung in einer bestimmten Instanz, einzuklagen.**[82]

d) Relevanz des Verhaltens des Beschuldigten und Dritter. Verfahrensverzögerun- 43 gen, die durch das **Verhalten des Beschuldigten** oder seines Verteidigers bedingt sind, bleiben **außer Betracht**. Sie können nicht zur Unangemessenheit der Verfahrensdauer führen oder beitragen. Dies gilt auch dann, wenn das Verhalten des Beschuldigten nicht prozessordnungswidrig ist, sondern sich in einer (umfänglichen) Wahrnehmung prozessualer

---

[77] EGMR 9.7.2015 – 8824/09 und 42836/12 Rn. 82 – El Khoury/Deutschland; BGH 14.11.2013 – III ZR 376/12, BGHZ 199, 87 (97) = NJW 2014, 220 Rn. 30; BGH 5.12.2013 – III ZR 73/13, BGHZ 199, 190 (202) = NJW 2014, 789 Rn. 41; BGH 23.1.2014 – III ZR 37/13, BGHZ 200, 20 (29 f.) = NJW 2014, 939 Rn. 37; BVerwG 11.7.2013 – 5 C 23/12 D, BVerwGE 147, 146 (149) = NJW 2014, 96 Rn. 17; BVerwG 27.2.2014 – 5 C 1/13, NVwZ 2014, 1523 (1524); Löwe/Rosenberg/*Krauß* Rn. 27; *Schlick* NJW 2014, 2686 (2687); Marx/*Roderfeld* Rn. 6, 23 f.; Steinbeiß-Winkelmann/*Ott* Rn. 78 f.; BT-Drs. 17/3802, 18.

[78] Verfassungsbeschwerdeverfahren werden in die Beurteilung nach § 198 Abs. 1 GVG nicht einbezogen; vgl. *Marx*/Roderfeld § 199 Rn. 22.

[79] BGH 23.8.2011 – 1 StR 153/11, BGHSt 57, 1 = NJW 2011, 3314 Rn. 39; BGH 5.12.2013 – III ZR 73/13, BGHZ 199, 190 (203 f.) = NJW 2014, 789 Rn. 41; Marx/*Roderfeld* Rn. 24.

[80] EGMR 9.7.2015 – 8824/09 und 42836/12 Rn. 82 – El Khoury/Deutschland; BGH 29.3.2001 – 3 StR 39/01, NStZ-RR 2001, 294 (295); BGH 17.12.2003 – 1 StR 445/03, NStZ 2004, 504; BGH 25.10.2005 – 4 StR 139/05, NStZ-RR 2006, 50 (51); BGH 11.1.2007 – 3 StR 412/06, NStZ-RR 2007, 150 (151); BGH 18.6.2009 – 3 StR 89/09, StV 2010, 228; BGH 21.4.2011 – 3 StR 50/11, NStZ-RR 2011, 239 (240); BGH 23.8.2011 – 1 StR 153/11, BGHSt 57, 1 = NJW 2011, 3314 Rn. 39; BGH 14.11.2013 – III ZR 376/12, BGHZ 199, 87 (97) = NJW 2014, 220 Rn. 30; BGH 5.12.2013 – III ZR 73/13, BGHZ 199, 190 (202) = NJW 2014, 789 Rn. 41; BGH 23.1.2014 – III ZR 37/13, BGHZ 200, 20 (29 f.) = NJW 2014, 939 Rn. 37; BGH 13.2.2014 – III ZR 311/13, NJW 2014, 1183 (1184); BGH 10.4.2014 – III ZR 335/13, NJW 2014, 1967 (1969); BGH 17.7.2014 – III ZR 228/13, NJW 2014, 2588 (2589); BVerwG 11.7.2013 – 5 C 23/12 D, BVerwGE 147, 146 (149) = NJW 2014, 96 Rn. 17; BVerwG 27.2.2014 – 5 C 1/13, NVwZ 2014, 1523 (1524); KK/*Barthe* Rn. 23; Löwe/Rosenberg/*Krauß* Rn. 27; MüKoStGB/*Miebach/Maier* StGB § 46 Rn. 348, 368; *Graf* NZWiSt 2012, 121 (124); *Schlick* NJW 2014, 2686 (2687); Marx/Roderfeld § 199 Rn. 28; Steinbeiß-Winkelmann/*Ott* Rn. 100 f.

[81] Näher hierzu → § 200 Rn. 1.

[82] BVerwG 27.2.2014 – 5 C 1/13, NVwZ 2014, 1523 (1524); LSG Sachsen 29.3.2017 – 11 SF 70/16 EK, BeckRS 2017, 119794; *Kissel/Mayer* Rn. 13; *Heine* MDR 2014, 1008 (1008 f.).

Rechte erschöpft.[83] Denn wie bereits dargelegt (→ Rn. 32), setzt eine kompensationspflichtige rechtsstaatswidrige Verfahrensdauer stets voraus, dass die Verzögerung in den **Verantwortungsbereich des Staates** fällt und diesem – als **staatliches Fehlverhalten** – zuzurechnen ist. Eine Verfahrensverlängerung, die zurückzuführen ist auf umfangreiche Befragungen von Zeugen oder Sachverständigen durch den Angeklagten bzw. den Verteidiger oder eine Vielzahl von Beweisanträgen oder sonstigen Anträgen des Angeklagten oder seines Verteidigers, stellt keine rechtsstaatswidrige Verfahrensverzögerung dar, sondern eine Verzögerung, die Folge rechtsstaatskonformen staatlichen Handelns, nämlich der Achtung der Verteidigungsrechte, ist.[84] Damit wird ein Beschuldigter nicht für prozessordnungsgemäßes Verteidigungsverhalten bestraft; er kann lediglich durch den Umstand, dass ein Verfahren wegen seines Agierens länger gedauert hat, keinen Vorteil in Form einer Entschädigung erlangen.[85] Das Gleiche gilt, wenn andere Umstände aus der Sphäre des Beschuldigten, etwa dessen gesundheitliche Beeinträchtigungen und eine daraus resultierende eingeschränkte Verhandlungsfähigkeit, zu einer langen Verfahrensdauer führen, unabhängig davon, ob insofern ein „Verschulden" des Beschuldigten vorliegt oder nicht.[86]

44 Wird eine Verzögerung durch das **Verhalten Dritter,** etwa von **Zeugen** oder **Sachverständigen,** ausgelöst, kommt es darauf an, ob die **Verzögerung dem Staat zuzurechnen** ist. Nur wenn dies zu bejahen ist, kann eine kompensationspflichtige Verfahrensverzögerung vorliegen.[87] Daher haben zB Verzögerungen durch eine Erkrankung von Zeugen oder Sachverständigen in aller Regel außer Betracht zu bleiben. Verzögerungen bei der Einholung von Sachverständigengutachten fallen dagegen ins Gewicht, wenn das Gericht oder die Staatsanwaltschaft Möglichkeiten, auf eine zügige Gutachtenerstattung hinzuwirken, ungenutzt gelassen hat.[88] Eine dem Staat zurechenbare und damit zu kompensierende Verzögerung liegt auch vor, wenn mit einer Gutachtenerstattung beauftragte Behörden personell unzureichend ausgestattet sind[89] oder sonstige staatliche Stellen außerhalb der Justiz unzulänglich handeln.[90] Verzögerungen bei Zeugenvernehmungen muss sich der Staat zurechnen lassen, wenn sie darauf zurückzuführen sind, dass das Gericht Zeugen nicht rechtzeitig geladen oder unzureichende Bemühungen zu ihrer Ermittlung entfaltet hat.

45 **Verzögerungen im Zusammenhang mit Rechtshilfeersuchen** sind dem Gericht nicht zuzurechnen, wenn sie ihre Ursache im Verantwortungsbereich des um Rechtshilfe ersuchten ausländischen Staates haben.[91]

---

[83] EGMR 17.12.2004 – 49017/99, NJW 2006, 1645 Rn. 49 – Pedersen ua/Dänemark; EGMR 3.2.2009 – 4290/03, EuGRZ 2009, 315 – Peterke ua/Deutschland; EGMR 6.11.2014 – 67522/09, NJW 2015, 3773 Rn. 61 – Ereren/Deutschland; BVerfG 24.11.1983 – 2 BvR 121/83, NJW 1984, 967; BVerfG 19.3.1992 – 2 BvR 1/91, NJW 1992, 2472 (2473); BVerfG 19.4.1993 – 2 BvR 1487/90, NJW 1993, 3254 (3255); BVerfG 5.2.2003 – 2 BvR 327/02, NJW 2003, 2225; BVerfG 25.7.2003 – 2 BvR 153/03, NJW 2003, 2897; BVerfG 30.6.2005 – 2 BvR 1147/03, NStZ-RR 2005, 346 (347); BVerfG 15.1.2009 – 2 BvR 2044/07, BVerfGE 122, 248 (279 f.) = NJW 2009, 1469 Rn. 90; BVerfG 8.6.2010 – 2 BvR 432/07, 2 BvR 507/08, NJW 2011, 591 (593); BVerfG 25.9.2012 – 2 BvR 2819/11; BGH 18.6.2009 – 3 StR 89/09, StV 2010, 228; BGH 5.12.2012 – 1 StR 531/12, BeckRS 2013, 00981; BGH 13.2.2014 – III ZR 311/13, NJW 2014, 1183 (1185); KK/*Barthe* Rn. 2; Löwe/Rosenberg/*Krauß* Rn. 34; MüKoStGB/*Miebach/Maier* StGB § 46 Rn. 357, 365 f.; *Meyer-Ladewig/Harrendorf/König* EMRK Art. 6 Rn. 202; *Althammer/Schäuble* NJW 2012, 1 (2); *Schlick* NJW 2014, 2686 (2687); *Marx/Roderfeld* § 199 Rn. 26; Marx/*Roderfeld* Rn. 12; Steinbeiß-Winkelmann/*Ott* Rn. 116 ff.

[84] Das Verhalten seines Verteidigers wird insofern dem Beschuldigten zugerechnet; vgl. EGMR 17.12.2004 – 49017/99, NJW 2006, 1645 Rn. 49 – Pedersen ua/Dänemark; Steinbeiß-Winkelmann/*Ott* Rn. 124.

[85] *Graf* NZWiSt 2012, 121 (123).

[86] BGH 18.8.1993 – 2 StR 299/93, wistra 1993, 340; Löwe/Rosenberg/*Krauß* Rn. 34; *Böcker* DStR 2011, 2173 (2174); Steinbeiß-Winkelmann/*Ott* Rn. 126.

[87] *Graf* NZWiSt 2012, 121 (124); Steinbeiß-Winkelmann/*Ott* Rn. 120 ff.; BT-Drs. 17/3802, 18.

[88] EGMR 21.10.2010 – 43155/08, NJW 2011, 1055 (1056) – Grumann/Deutschland; BGH 17.4.2007 – 5 StR 541/06, NStZ 2007, 539; Steinbeiß-Winkelmann/*Ott* Rn. 122; BT-Drs. 17/3802, 18.

[89] BGH 30.1.2010 – 3 StR 494/09, BeckRS 2010, 03744.

[90] BGH 4.8.2009 – 5 StR 253/09, NStZ 2010, 230.

[91] EGMR 19.10.2000 – 27785/95 Rn. 150 f. – Włoch/Polen; BGH 23.8.2011 – 1 StR 153/11, BGHSt 57, 1 (1 f.) = NJW 2011, 3314 Rn. 37; Löwe/Rosenberg/*Krauß* Rn. 35; Karpenstein/Mayer/*Meyer* EMRK Art. 6 Rn. 82.

3. Verfahrensbeteiligte. Anspruchsberechtigte Verfahrensbeteiligte sind nach **Abs. 6** 46 **Nr. 2** alle Parteien und Beteiligte des betreffenden Gerichtsverfahrens mit Ausnahme öffentlicher Stellen. Für den Bereich des Strafprozesses sind mögliche Anspruchsinhaber diejenigen Personen, „die auf den Prozessgegenstand final gestaltend einwirken können".[92] Verfahrensbeteiligte iSd Abs. 1 S. 1 sind damit nicht nur der **Beschuldigte** (Angeschuldigte/Angeklagte), sondern auch der **Nebenkläger,** der **Adhäsionskläger** und der **Einziehungsbeteiligte,** nicht aber ein sonstiger Verletzter. Im gerichtlichen Bußgeldverfahren sind Verfahrensbeteiligte vor allem der **Betroffene,** darüber hinaus aber auch am Verfahren beteiligte juristische Personen, Personenvereinigungen sowie Einziehungsbeteiligte.[93] In Verfahren nach dem JGG kommen auch der **Erziehungsberechtigte** und **gesetzliche Vertreter** in Betracht.[94]

Verfahrensbeteiligte iSv Abs. 1 S. 1 sind ferner der **Verurteilte im** gerichtlichen **Straf-** 47 **vollstreckungsverfahren,** der **Verfolgte im Auslieferungsverfahren** und der Antragsteller (Strafgefangene/Untergebrachte) im Verfahren nach §§ 109 ff. StVollzG.

Dagegen schließt § 199 Abs. 4 **Privatkläger** aus dem Kreis der Anspruchsberechtigten 48 aus.[95] Auch **Zeugen,** die keine Rechte als Nebenkläger oder Adhäsionskläger im Strafprozess haben, **Sachverständige** sowie **Verteidiger** und **Rechtsbeistände** sind **nicht erfasst.**[96] Zudem sind – als staatliche Stellen – die Staatsanwaltschaft, die Verwaltungsbehörde im Bußgeldverfahren, die Jugendgerichtshilfe sowie Justizvollzugsanstalten und Maßregelvollzugseinrichtungen keine Verfahrensbeteiligten iSd Abs. 1 S. 1.

4. Nachteil. Nachteile, die zu kompensieren sind, können sowohl **Vermögensnach-** 49 **teile** als auch **immaterielle Nachteile** sein. Der „staatshaftungsrechtliche Anspruch sui generis"[97] der §§ 198 ff. zielt nicht nur auf einen Ausgleich für erlittene finanzielle Einbußen, sondern auch auf eine Wiedergutmachung für sonstige Beeinträchtigungen.[98] Ein Entschädigungsanspruch besteht aber immer nur für Nachteile, die gerade durch eine überlange Verfahrensdauer im Verantwortungsbereich des in Anspruch genommenen Rechtsträgers entstanden sind. Die rechtsstaatswidrige **Verfahrensverzögerung** muss **ursächlich für den Nachteil** sein.[99] Finanzielle Einbußen und immaterielle Nachteile, zu denen es auch bei einer angemessenen Verfahrensdauer gekommen wäre, sind nicht zu entschädigen. Nachteil und Ursächlichkeit der Verfahrensverzögerung für den Nachteil sind im Entschädigungsprozess vom Kläger zu beweisen; dieser trägt auch insofern die Beweislast.

a) Vermögensnachteil. Als Vermögensnachteile aufgrund einer überlangen Dauer 50 strafrechtlicher Verfahren kommen zB **entgangene Einnahmen** aufgrund einer verzögerungsbedingten Beeinträchtigung beruflicher Tätigkeiten und **Rechtsanwaltskosten** in Betracht. Allerdings müssen solche Vermögensnachteile ihre Ursache gerade in der Verfahrensverzögerung haben; es genügt nicht, dass sie auf das Verfahren als solches zurückgehen. **Entschädigung für Rechtsanwaltskosten** kann zudem nur **in Höhe der gesetzlichen Gebühren** gezahlt werden.[100] Da die gesetzlichen Gebühren für Verteidiger und Rechts-

---

[92] BT-Drs. 17/3802, 23.
[93] KK/*Barthe* Rn. 7; Löwe/Rosenberg/*Krauß* Rn. 23; *Kissel/Mayer* Rn. 10; Meyer-Goßner/*Schmitt* Rn. 1.
[94] KK/*Barthe* Rn. 7; *Kissel/Mayer* Rn. 10.
[95] Vgl. hierzu Steinbeiß-Winkelmann/*Ott* § 199 Rn. 8; BT-Drs. 17/7669, 8. Insofern kritisch Meyer-Goßner/*Schmitt* § 199 Rn. 1; *Marx*/Roderfeld § 199 Rn. 6.
[96] KK/*Barthe* Rn. 7; Löwe/Rosenberg/*Krauß* Rn. 24; Kissel/*Mayer* Rn. 11; Meyer-Goßner/*Schmitt* Rn. 1; MüKoZPO/*Zimmermann* Rn. 20; Steinbeiß-Winkelmann/*Ott* § 199 Rn. 11.
[97] BT-Drs. 17/3802, 19. Zur Rechtsnatur des Anspruchs *Reiter* NJW 2015, 2554 (2555 ff.); *Schenke* DVBl 2016, 745 (745 ff.).
[98] *Graf* NZWiSt 2012, 121 (124); Marx/*Roderfeld* Rn. 1, 49, 74; BT-Drs. 17/3802, 19.
[99] BGH 12.2.2015 – III ZR 141/14, BGHZ 204, 184 (198) = NJW 2015, 1312 Rn. 44; Löwe/Rosenberg–*Krauß* Rn. 49; *Schmidt* NVwZ 2015, 1710 (1714); Marx/*Roderfeld* Rn. 53; BT-Drs. 17/3802, 19. Siehe zur vergleichbaren Problematik in Bezug auf Entschädigungen nach Art. 41 EMRK EGMR 11.10.2005 – 65745/01, NVwZ-RR 2006, 513 Rn. 112 – Dzelili/Deutschland; Karpenstein/Mayer/*Wenzel* EMRK Art. 41 Rn. 16.
[100] BGH 23.1.2014 – III ZR 37/13, BGHZ 200, 20 (32 f.) = NJW 2014, 939 Rn. 48 ff.; Graf/*Graf* Rn. 12; *Graf* NZWiSt 2012, 121 (124).

beistände in Strafverfahren zumeist pauschal auf einzelne Verfahrensabschnitte bezogen sind, kommt insofern ein finanzieller Entschädigungsanspruch nur ausnahmsweise in Betracht, weil nennenswerte ausscheidbare, also allein auf eine Verfahrensverzögerung zurückzuführende gesetzliche Rechtsanwaltskosten kaum entstehen können. Im Rahmen eines Entschädigungsklageverfahrens relevante Vermögensnachteile können aber die notwendigen Anwaltskosten für die vorprozessuale Verfolgung des Entschädigungsanspruchs sein.[101] In der bisherigen Rechtspraxis spielen Ansprüche auf Entschädigung für Vermögensnachteile aufgrund verzögerter strafrechtlicher Verfahren keine nennenswerte Rolle.[102]

51 **b) Immaterieller Nachteil.** Relevante immaterielle Nachteile sind bei Verzögerungen in strafrechtlichen Verfahren die mit dem Verfahren für den Betroffenen verbundenen **psychischen Belastungen.**[103] Bei Beschuldigten spielt insofern vor allem die seelische Belastung durch die Ungewissheit über den Verfahrensausgang eine Rolle.

52 **5. Entschädigung für Vermögensnachteile.** Anders als ursprünglich im Gesetzgebungsverfahren geplant, ist für Vermögensnachteile aufgrund unangemessener Verfahrensdauer **kein voller Ersatz** zu leisten, sondern „nur" **angemessene Entschädigung.**[104] Allerdings lassen die §§ 198 ff. andere mögliche staatshaftungsrechtliche Ansprüche, insbesondere aus **Amtshaftung,** unberührt; diese stehen mit dem Entschädigungsanspruch in **Anspruchskonkurrenz.**[105]

53 **6. Entschädigung für immaterielle Nachteile.** Nach der Rspr. des EGMR hat sich eine Kompensation für Verstöße gegen das Recht auf einen Verfahrensabschluss innerhalb angemessener Frist (Art. 6 Abs. 1 S. 1 EMRK) auch auf Nachteile zu erstrecken, die nicht Vermögensnachteile sind, also auch auf aus der Verfahrensverzögerung resultierende seelische Belastungen.[106] Dem trägt das Gesetz mit der dem **Abs. 2** zu entnehmenden grundsätzlichen **Entschädigungspflicht auch für immaterielle Nachteile** Rechnung.

54 **a) Vermutung immaterieller Nachteile.** Abs. 2 S. 1 normiert die **widerlegbare Vermutung,** dass bei einer unangemessenen Verfahrensdauer ein **Nachteil,** der nicht Vermögensnachteil ist, **entstanden ist.** Damit folgt das Gesetz der Rspr. des EGMR, nach der bei überlanger Verfahrensdauer eine „starke, aber widerlegbare Vermutung" dafür spricht, dass die Verzögerung zu einem – kompensationspflichtigen – immateriellen Nachteil geführt hat.[107] Die gesetzliche Vermutung trägt zudem der Tatsache Rechnung, dass immaterielle Nachteile, namentlich psychische Belastungen, nur schwer oder gar nicht beweisbar sind. Im Entschädigungsprozess ist aufgrund der gesetzlichen Vermutung im Regelfall ohne entsprechende Darlegungs- und Beweispflichtigkeit des Klägers davon auszugehen, dass eine rechtsstaatswidrige Verfahrensverzögerung einen immateriellen Nachteil beim entschädigungsberechtigen Verfahrensbeteiligten bewirkt hat. Der Beklagte kann diese Vermutung aber widerlegen.[108]

55 **b) Wiedergutmachung auf andere Weise.** Gemäß **Abs. 2 S. 2** besteht **kein finanzieller Entschädigungsanspruch für immaterielle Nachteile,** wenn eine Gesamtwürdigung aller Umstände des Einzelfalles ergibt, dass eine **Wiedergutmachung auf andere Weise ausreicht.** Als Ausgleich für psychische Belastungen ist also nur subsidiär eine Geld-

---

[101] BVerwG 27.2.2014 – 5 C 1/13, NVwZ 2014, 1523 (1528); *Kissel/Mayer* Rn. 26; BT-Drs. 17/3802, 19.
[102] Vgl. den Evaluationsbericht der BReg v. 17.10.2014, BT-Drs. 18/2950, 14.
[103] *Graf* NZWiSt 2012, 121 (124); BT-Drs. 17/3802, 19 („seelische Unbill").
[104] KK/*Barthe* Rn. 2; *Althammer/Schäuble* NJW 2012, 1 (3 f.); *Marx/Roderfeld* Rn. 57 ff.
[105] KK/*Barthe* Rn. 2; *Remus* NJW 2012, 1403 (1408); *Schenke* NVwZ 2012, 257 (262); *Zimmermann* FamRZ 2011, 1905 (1905 f.); *Steinbeiß-Winkelmann/Ott* Einf. Rn. 384; BT-Drs. 17/3802, 19.
[106] *Karpenstein/Mayer/Breuer* EMRK Art. 13 Rn. 37 f.
[107] EGMR 29.3.2006 – 36813/97, NJW 2007, 1259 Rn. 204 – Scordino/Italien; *Karpenstein/Mayer/Wenzel* EMRK Art. 41 Rn. 15.
[108] Vgl. BGH 12.2.2015 – III ZR 141/14, BGHZ 204, 184 (197) = NJW 2015, 1312 Rn. 40 f.; *Brummund* JA 2012, 213 (215); Steinbeiß-Winkelmann/Ott Rn. 154.

entschädigung zu gewähren; Vorrang haben andere Formen einer Wiedergutmachung. Die **Subsidiarität der Geldentschädigung** gilt nicht für Vermögensnachteile.[109]

Für Verzögerungen in strafrechtlichen Verfahren wird Abs. 2 S. 2 modifiziert durch **56** § 199 Abs. 3 S. 1. Danach ist eine **ausreichende Wiedergutmachung auf andere Weise** für **immaterielle Nachteile,** die ein **Beschuldigter** erlitten hat, stets gegeben, wenn ein **Strafgericht** oder eine **Staatsanwaltschaft** die **unangemessene Dauer eines Strafverfahrens im betreffenden Ausgangsverfahren** zu Gunsten des Beschuldigten **berücksichtigt hat.** In solchen Fällen ist ein finanzieller Entschädigungsanspruch des ehemaligen Beschuldigten nach Abs. 1 für erlittene immaterielle Nachteile qua Gesetz und für das Entschädigungsgericht bindend ausgeschlossen. Mit dieser **Ausschlussregelung** räumt das Gesetz den richterrechtlich entwickelten und in ständiger strafrechtlicher Rspr. anerkannten **strafprozessualen Kompensationsmechanismen Vorrang** ein (hierzu schon → Rn. 10). Sofern einem Beschuldigten für erlittene immaterielle Nachteile bereits im Strafverfahren Kompensation gewährt wurde (namentlich durch Anwendung der **Vollstreckungslösung,** aber beispielsweise auch durch eine Verfahrenseinstellung wegen der Verzögerung), entsteht von vornherein kein Anspruch des ehemaligen Beschuldigten auf Entschädigung für immaterielle Nachteile nach Abs. 1 bzw. erlischt ein wegen einer irreparablen Verfahrensverzögerung bereits im laufenden Verfahren entstandener Kompensationsanspruch wieder.[110] Es findet auch keine Kontrolle durch das Entschädigungsgericht im Entschädigungsverfahren statt, ob die im Strafverfahren gewährte Kompensation ausreichend ist; das Entschädigungsgericht ist an die vorgängige und vorrangige Kompensation für immaterielle Nachteile im Strafverfahren gebunden.[111]

Sofern ein erlittener immaterieller Nachteil nicht schon durch die Staatsanwaltschaft oder **57** das Strafgericht iSd § 199 Abs. 3 S. 1 berücksichtigt worden ist, also – etwa bei einem Freispruch, bei einer Verfahrenseinstellung ausschließlich aus anderen Gründen als wegen der Verfahrensverzögerung oder bei einer Verzögerung in einem Strafvollstreckungsverfahren oder einer Strafvollzugssache (vgl. für weitere Fallkonstellationen → Rn. 13) – keine strafprozessuale Kompensation des immateriellen Nachteils im Ausgangsverfahren erfolgt ist, hat das Entschädigungsgericht im Entschädigungsverfahren eigenständig zu entscheiden, ob eine Wiedergutmachung auf andere Weise als durch eine finanzielle Entschädigung ausreicht. Hierfür macht **Abs. 4 nähere Vorgaben.** In Betracht kommt in einem solchen Fall nach Abs. 4 S. 1 insbesondere – also nicht ausschließlich[112] – die **ausdrückliche Feststellung** durch das Entschädigungsgericht im Tenor seines Urteils, dass die **Verfahrensdauer unangemessen** war.[113] Eine solche Feststellung genügt in der Regel, wenn das Ausmaß der rechtsstaatswidrigen Verfahrensverzögerung und die mit dieser einhergehenden psychischen Belastungen für den Betroffenen gering waren.[114] In derartigen Fällen lässt auch die Rspr. zur strafprozessualen Kompensation als Wiedergutmachung für eine rechtsstaatswidrige Verfahrensverzögerung deren ausdrückliche Feststellung in den Gründen eines Strafurteils genügen.[115] Eine solche Feststellung kann das Entschädigungsgericht nach Abs. 4 S. 2 auch ohne entsprechenden Feststellungsantrag des Klägers treffen.[116]

---

[109] *Kissel/Mayer* Rn. 29; *Graf* NZWiSt 2012, 121 (125); *Sommer* StV 2012, 107 (108); *Steinbeiß-Winkelmann/Ott* Einf. Rn. 267; BT-Drs. 17/3802, 19.
[110] OLG Frankfurt a. M. 7.11.2012 – 4 EntV 4/12, NJW 2013, 480 (481 f.); KK/*Barthe* § 199 Rn. 4; Löwe/Rosenberg/*Krauß* § 199 Rn. 12 f.; *Steinbeiß-Winkelmann/Sporrer* NJW 2014, 177 (179); Marx/Roderfeld § 199 Rn. 41, 45; *Schäfer/Sander/van Gemmeren* Rn. 790; Steinbeiß-Winkelmann/*Ott* § 199 Rn. 25 ff.; BT-Drs. 17/3802, 24.
[111] Näher zur Ausschlussregelung des § 199 Abs. 3 S. 1 GVG → § 199 Rn. 5 ff.
[112] Vgl. BT-Drs. 17/3802, 16, 19.
[113] Löwe/Rosenberg/*Krauß* Rn. 54 f.
[114] Vgl. auch BGH 23.1.2014 – III ZR 37/13, BGHZ 200, 20 (35 f.) = NJW 2014, 939 Rn. 61 f.
[115] → § 199 Rn. 11.
[116] Zur Frage der Zulässigkeit einer auf Feststellung unangemessener Verfahrensdauer gerichteten Klage vgl. BGH 5.12.2013 – III ZR 73/13, BGHZ 199, 190 (200) = NJW 2014, 789 Rn. 35; BGH 23.1.2014 – III ZR 37/13, BGHZ 200, 20 (65) = NJW 2014, 939 Rn. 65; Zöller/*Lückemann* Rn. 10; *Kissel/Mayer* Rn. 30; *Reiter* NJW 2015, 2554 (2558 f.); *Schenke* NJW 2015, 433 (434 ff.); *Schenke* DVBl 2016, 745 (748 ff.).

58 Bei einer schwerwiegenden Verfahrensverzögerung, bei der eine Entschädigung für einen immateriellen Nachteil nicht nach § 199 Abs. 3 S. 1 ausgeschlossen ist, kann das Entschädigungsgericht gemäß § 198 Abs. 4 S. 3 Hs. 1 eine **ausdrückliche Feststellungsentscheidung** auch **neben der Gewährung einer finanziellen Entschädigung** für immaterielle Nachteile treffen.

59 Das Entschädigungsgericht kann gemäß **Abs. 4 S. 3 Hs. 2** auf eine Entschädigungsklage hin auch dann die ausdrückliche Feststellung treffen, dass die Verfahrensdauer unangemessen war, wenn ein Anspruch auf finanzielle Entschädigung für immaterielle Nachteile nicht gegeben ist, weil der auf Entschädigung klagende Verfahrensbeteiligte es **versäumt hat,** im Ausgangsverfahren die nach Abs. 3 erforderliche **Verzögerungsrüge** (→ Rn. 62) **zu erheben** oder die Verzögerungsrüge nicht den gesetzlichen Anforderungen entsprechend erhoben worden ist.[117] Ohnehin legt Abs. 3 S. 1 fest, dass die Verzögerungsrüge „nur" Voraussetzung für einen Anspruch auf finanzielle Entschädigung ist; Voraussetzung für eine Wiedergutmachung auf andere Weise ist die Verzögerungsrüge schon nach dem Wortlaut des Abs. 3 S. 1 nicht.

60 **c) Pauschalierung der Entschädigung für immaterielle Nachteile.** Das Gesetz pauschaliert die Höhe einer finanziellen Entschädigung für immaterielle Nachteile. Die Entschädigungssumme beträgt **für jedes Jahr der Verzögerung 1.200,- EUR**. Mithin wird ein Betrag in Höhe von **100,- EUR pro (angefangenem) Monat** gewährt; eine weitere Unterteilung unterbleibt. Das Entschädigungsgericht hat festzustellen, wie lange das Ausgangsverfahren insgesamt betrachtet rechtsstaatswidrig verzögert worden ist. Sodann hat es für jeden (angefangenen) Monat Verzögerung – soweit sich die Klage auf den betreffenden Zeitraum erstreckt (vgl. → Rn. 42) – einen Betrag in Höhe von 100,- EUR zuzuerkennen.[118] Die Pauschalierung soll Streitigkeiten über die nur schwer bestimmbare Angemessenheit eines Entschädigungsbetrages für immaterielle Nachteile vermeiden. Bei der Höhe des Pauschalsatzes hat sich der Gesetzgeber an der Rspr. des EGMR zu Entschädigungen nach Art. 41 EMRK für gegen Art. 6 Abs. 1 S. 1 EMRK verstoßende Verfahrensverzögerungen orientiert.[119]

61 In **Ausnahmefällen,** in denen die zu entschädigenden Nachteile außergewöhnlich schwerwiegend oder außergewöhnlich gering waren, kann das Gericht nach Abs. 2 S. 4 einen **höheren oder niedrigeren Betrag** als den gesetzlichen Pauschalsatz festsetzen, wobei die Rspr. aber sehr hohe Anforderungen an ein Abweichen von der Pauschale stellt.[120]

62 **7. Verzögerungsrüge. a) Voraussetzung für monetären Entschädigungsanspruch.** Zwingende **anspruchsbegründende Voraussetzung** für eine finanzielle Entschädigung ist nach Abs. 3 S. 1, dass der betroffene Verfahrensbeteiligte im verzögerten Ausgangsverfahren eine **Verzögerungsrüge** erhoben hat, also bei Verzögerungen im Ermittlungsverfahren gegenüber der Staatsanwaltschaft (vgl. § 199 Abs. 2 Hs. 1) und bei unangemessener Dauer eines Gerichtsverfahrens gegenüber dem betreffenden Strafgericht die (vermeintlich) unangemessene Verfahrensdauer beanstandet hat. Wer im Ausgangsverfahren keine Verzögerungsrüge erhoben hat, erlangt keinen Anspruch auf finanzielle Entschädigung, und zwar weder für materielle noch für immaterielle Nachteile.[121] Im Entschä-

---

[117] BT-Drs. 17/3802, 22.
[118] BFH 17.6.2014 – X K 7/13 (NV), BeckRS 2014, 96231 Rn. 54; BSG 12.2.2015 – B 10 ÜG 11/13 R, BeckRS 2015, 68276; OLG Frankfurt a. M. 22.11.2016 – 4 EK 15/16, BeckRS 2016, 114440; *Heine* MDR 2013, 1147 (1148); *Zimmermann* FamRZ 2011, 1905 (1907); *Marx/Roderfeld* Rn. 80; Steinbeiß-Winkelmann/*Ott* Rn. 224. Anderer Ansicht *Böcker* DStR 2011, 2173 (2177).
[119] Steinbeiß-Winkelmann/*Ott* Einf. Rn. 253; BT-Drs. 17/3802, 20. Vgl. insofern zB EGMR 31.5.2001 – 37591/97, NJW 2002, 2856 Rn. 41, 48 – Metzger/Deutschland.
[120] Vgl. BGH 14.11.2013 – III ZR 376/12, BGHZ 199, 87 (102 f.) = NJW 2014, 220 Rn. 46 f.; BGH 13.3.2014 – III ZR 91/13, NJW 2014, 1816 (1818); *Schlick* WM 2016, 485 (491); *Schmidt* NVwZ 2015, 1710 (1715 f.); Marx/*Roderfeld* Rn. 82.
[121] BGH 17.7.2014 – III ZR 228/13, NJW 2014, 2588 (Verzögerungsrüge ist materielle Anspruchsvoraussetzung und nicht Zulässigkeitskriterium für Entschädigungsklage); KK/*Barthe* Rn. 4; *Althammer/Schäuble* NJW 2012, 1 (2); *Dietrich* ZZP 127 (2014), 169 (186); *Gercke/Heinisch* NStZ 2012, 300 (301); *Schlick* NJW 2014, 2686 (2688); *Schmidt* NVwZ 2015, 1710 (1714); *Guckelberger* DÖV 2012, 289 (292); *Marx/Roderfeld* Rn. 104, 121; Steinbeiß-Winkelmann/*Ott* § 199 Rn. 15 f.; BT-Drs. 17/3802, 20.

digungsrechtsstreit kann sich der Antragsteller nicht auf eine von einem anderen Verfahrensbeteiligten erhobene Verzögerungsrüge stützen.[122] Das Rügeerfordernis trifft Beschuldigte und andere Verfahrensbeteiligte auch dann, wenn sie keinen Verteidiger bzw. Rechtsbeistand haben.[123] Es besteht bei einer Verfahrensverzögerung **keine Hinweispflicht des Gerichts** (oder der Staatsanwaltschaft) im Ausgangsverfahren auf die Notwendigkeit einer Verzögerungsrüge.[124] Die Darlegungs- und Beweislast, dass er eine Verzögerungsrüge erhoben hat und diese den gesetzlichen Anforderungen genügt, obliegt dem Entschädigungskläger.[125] Das Fehlen einer ordnungsgemäß erhobenen Verzögerungsrüge hat das Entschädigungsgericht von Amts wegen zu berücksichtigen.[126]

Mit der **Obliegenheit einer Verzögerungsrüge** wollte der Gesetzgeber den auf nachträgliche Kompensation fokussierten Rechtsschutz um eine **präventive Komponente** anreichern, ohne die Verzögerungsrüge als eigenständigen Rechtsbehelf auszugestalten.[127] **Zweck der Verzögerungsrüge** ist es, dass dem Ausgangsgericht bzw. der Staatsanwaltschaft die aus Sicht des Verfahrensbeteiligten gebotene Verfahrensbeschleunigung verdeutlicht wird. Das Gericht bzw. die Staatsanwaltschaft soll veranlasst werden, die Notwendigkeit und Möglichkeit einer Verfahrensbeschleunigung zu prüfen und erforderlichenfalls Maßnahmen zu ergreifen, um dem Anspruch auf Verfahrensabschluss in angemessener Zeit gerecht zu werden und Entschädigungszahlungen zu vermeiden. Regelmäßig dürfte eine Verzögerungsrüge die ihr vom Gesetzgeber zugeschriebene „konkret-präventive Beschleunigungswirkung"[128] aber verfehlen. Denn eine gegen das Beschleunigungsgebot verstoßene Sachbehandlung hat ihre Ursache zumeist nicht im Einflussbereich der zuständigen Strafrichter und Staatsanwälte, sondern ist idR auf Überlastung wegen unzureichender Personalausstattung zurückzuführen.[129] Allerdings sind die Staatsanwaltschaften und Gerichte aufgrund von Verwaltungsvorschriften innerdienstlich gehalten, Verzögerungsrügen der Justizverwaltung zu melden; insofern können diese durchaus geeignet sein, den Blick der Justizverwaltung auf Defizite bei der personellen Ausstattung der Justiz zu schärfen. Überdies soll das Erfordernis einer Verzögerungsrüge einer Mentalität des „dulde und liquidiere" entgegenwirken und die betroffenen Verfahrensbeteiligten zu einem aktiven Hinwirken auf eine Verfahrensbeschleunigung veranlassen.

Die **Verzögerungsrüge** ist **keine Voraussetzung für die Gewährung einer Kompensation im Strafverfahren;** das Unterbleiben einer Verzögerungsrüge im Strafverfahren entbindet die Strafgerichte nicht von ihrer Pflicht, von Amts wegen rechtsstaatswidrige Verfahrensverzögerungen – soweit möglich – im Strafverfahren (zB durch Anwendung der Vollstreckungslösung) auszugleichen.[130] Dies gilt für alle anerkannten Formen der strafprozes-

---

[122] *MüKoZPO/Zimmermann* Rn. 53; *Dietrich* ZZP 127 (2014), 169 (186); *Zimmermann* FamRZ 2011, 1905 (1908); *Steinbeiß-Winkelmann/Ott* Rn. 179.
[123] *Schäfer/Sander/van Gemmeren* Rn. 793.
[124] So auch *Marx/Roderfeld* Rn. 109. Anderer Ansicht SSW/*Satzger* Rn. 6.
[125] *Zimmermann* FamRZ 2011, 1905 (1910); *Marx/Roderfeld* Rn. 147; *Steinbeiß-Winkelmann*/Ott Einf. Rn. 228; BT-Drs. 17/3802, 21.
[126] BVerfG 17.12.2015 – 1 BvR 3164/13, NJW 2016, 2018 (2020); KK/*Barthe* Rn. 4; *Gercke/Heinisch* NStZ 2012, 300 (301); *Marx/Roderfeld* Rn. 106; BT-Drs. 17/3802, 20.
[127] *Kissel/Mayer* Rn. 3; *Marx/Roderfeld* Rn. 102, 107; *Steinbeiß-Winkelmann*/Ott Einf. Rn. 219, 225; BT-Drs. 17/3802, 16, 20.
[128] BT-Drs. 17/3802, 16.
[129] Kritisch auch *Althammer/Schäuble* NJW 2012, 1 (2); *Sommer* StV 2012, 107 (109).
[130] KK/*Barthe* § 199 Rn. 4; *Graf/Graf* Vor §§ 198 ff. Rn. 7 f., § 199 Rn. 11 ff.; Löwe/Rosenberg/*Krauß* § 199 Rn. 19; Karpenstein/Mayer/*Meyer* EMRK Art. 6 Rn. 88; MüKoStGB/*Miebach/Maier* StGB § 46 Rn. 338, 431; SSW/*Satzger* Rn. 19; *Gercke/Heinisch* NStZ 2012, 300 (303 f.); *Graf* NZWiSt 2012, 121 (126 f.); *Liebhart* NStZ 2017, 254 (262); *Schmidt* NVwZ 2015, 1710 (1714); *Burhoff* EV Rn. 4157, 4173; *Burhoff* HV Rn. 3287, 3303; *Marx/Roderfeld* Rn. 121, § 199 Rn. 10; Steinbeiß-Winkelmann/*Ott* § 199 Rn. 14, 17; *Plankemann* S. 199 f.; *Steinbeiß-Winkelmann*/Ott Einf. Rn. 268. Anderer Ansicht *Sommer* StV 2012, 107 (110); *Schäfer/Sander/van Gemmeren* Rn. 792. Ausdrücklich offen gelassen von BGH 5.12.2012 – 1 StR 531/12, BeckRS 2013, 00981; BGH 23.9.2014 – 5 StR 410/14, NStZ-RR 2015, 23 (in Bezug auf die Vollstreckungslösung); BGH 31.8.2016 – 5 StR 359/16, BeckRS 2016, 16166. Die Gesetzgebungsmaterialien verhalten sich zu dieser Frage nicht explizit.

sualen Kompensation[131] und folgt bereits aus dem Wortlaut von Abs. 3 S. 1, denn dort ist festgelegt, dass die Verzögerungsrüge Voraussetzung für eine *Entschädigung* ist. Die strafprozessualen Kompensationsformen einschließlich der Vollstreckungslösung sind aber keine Entschädigung iSd §§ 198 ff. (die stets durch Zahlung eines Geldbetrages erfolgt), sondern, wie sich aus Abs. 2 S. 2 iVm § 199 Abs. 3 S. 1 ergibt, eine *Wiedergutmachung auf andere Weise*. Auch wollte der Gesetzgeber die etablierten und von ihm vorgefundenen strafprozessualen Kompensationsmechanismen unangetastet lassen und ihnen Vorrang vor den Entschädigungsregelungen nach §§ 198 ff. einräumen (→ Rn. 10). Damit wäre die Annahme, eine Verzögerungsrüge, die von den Strafgerichten bislang nicht verlangt worden ist, sei nunmehr auch für eine strafprozessuale Kompensation erforderlich, nicht vereinbar. Zudem war es Ziel der Schaffung der § 198 ff., eine Rechtsschutzlücke zu schließen und damit die Position von Betroffenen zu verbessern (→ Rn. 5). Die Annahme, Abs. 3 S. 1 verlange nunmehr auch für die richterrechtliche Kompensation im Strafverfahren eine Verzögerungsrüge, würde Beschuldigte im Strafverfahren jedoch schlechter stellen als bisher. Zu Recht wendet der BGH daher in stRspr bei rechtsstaatswidrigen Verfahrensverzögerungen während des Revisionsverfahrens auch nach Inkrafttreten der §§ 198 ff. die Vollstreckungslösung weiterhin von Amts wegen an, ohne dass er insofern eine Verzögerungsrüge verlangt, womit er zumindest implizit deren Notwendigkeit als Voraussetzung für eine strafprozessuale Kompensation verneint.[132]

65 **b) Form, Adressat und Inhalt.** Die Verzögerungsrüge kann **schriftlich** oder **mündlich** erhoben werden.[133] Sachgerecht ist im Hinblick auf die Beweispflichtigkeit des Entschädigungsklägers (→ Rn. 62) aber allein die schriftliche Rügeanbringung.[134] Während laufender strafrechtlicher Hauptverhandlung muss die Rüge nicht in dieser erhoben werden; sie kann auch außerhalb der Hauptverhandlung angebracht werden, worauf der Verfahrensbeteiligte vom Gericht verwiesen werden darf (→ Rn. 75). Die Rüge kann in strafrechtlichen Verfahren auch in Fällen einer notwendigen Verteidigung **vom Beschuldigten selbst erhoben werden,** da das Erfordernis der Mitwirkung eines Verteidigers die Befugnis des Beschuldigten zur eigenen Vornahme von Prozesshandlungen nicht beschränkt. Eine **vom Verteidiger** (oder anderen Rechtsbeistand) **angebrachte Rüge** ist, da dieser selbst nicht entschädigungsberechtigt ist, auch ohne ausdrückliche entsprechende Erklärung als im Namen des Beschuldigten (oder anderen vertretenen Verfahrensbeteiligten) und damit als von diesem eingelegt zu werten.

66 Die Verzögerungsrüge ist nach Abs. 3 S. 1 **an das Gericht zu richten,** bei dem das Verfahren anhängig ist. Bei Verzögerungen im Ermittlungsverfahren ist die Rüge nach § 199 Abs. 2 Hs. 1 gegenüber der mit der Sache befassten **Staatsanwaltschaft** (bzw. ermittelnden Finanzbehörde) zu erheben (aber auch → Rn. 71, → Rn. 74).[135]

67 Es besteht **keine Begründungspflicht** für die Verzögerungsrüge. Es genügt, dass der betroffene Verfahrensbeteiligte in der Sache zum Ausdruck bringt, dass er mit der Verfahrensdauer nicht einverstanden ist.[136] Der Begriff „Verzögerungsrüge" braucht nicht verwen-

---

[131] Zu Unrecht differenzierend BGH 23.9.2014 – 5 StR 410/14, NStZ-RR 2015, 23.
[132] Vgl. nur BGH 16.6.2009 – 3 StR 173/09, StV 2009, 638; BGH 7.6.2011 – 4 StR 643/10, StV 2011, 603; BGH 3.11.2011 – 2 StR 302/11, NStZ 2012, 320 (321); BGH 12.2.2015 – 4 StR 391/14, wistra 2015, 241; BGH 19.7.2016 – 4 StR 24/15, BeckRS 2016, 15760; BGH 20.12.2016 – 1 StR 617/16, BeckRS 2016, 110122.
[133] BVerfG 17.12.2015 – 1 BvR 3164/13, NJW 2016, 2018 (2019); KK/*Barthe* Rn. 4; SK-StPO/*Degener* Rn. 11; Löwe/Rosenberg/*Krauß* Rn. 40; *Graf* NZWiSt 2012, 121 (125); *Guckelberger* DÖV 2012, 289 (293); *Schäfer/Sander/van Gemmeren* Rn. 792; Steinbeiß-Winkelmann/*Ott* Rn. 213; BT-Drs. 17/3802, 22. Anderer Ansicht MüKoZPO/*Zimmermann* Rn. 57.
[134] So auch *Kissel/Mayer* Rn. 23; *Schenke* NVwZ 2012, 257 (260); *Marx*/Roderfeld Rn. 111, die außerhalb einer mündlichen Verhandlung sogar von einem rechtlichen Schriftformerfordernis ausgehen.
[135] BT-Drs. 17/3802, 24.
[136] BVerfG 17.12.2015 – 1 BvR 3164/13, NJW 2016, 2018 (2020); *Gercke/Heinisch* NStZ 2012, 300 (302); *Schenke* NVwZ 2012, 257 (260); *Marx*/Roderfeld Rn. 116; Steinbeiß-Winkelmann/*Ott* Rn. 208 f.; BT-Drs. 17/3802, 21. Eine bloße Bitte um bevorzugte Sachbehandlung ist aber keine Verzögerungsrüge; so auch OLG Köln 1.6.2017 – 7 EK 3/16, BeckRS 2017, 116624; *Althammer/Schäuble* NJW 2012, 1 (3); *Schenke* NVwZ 2012, 257 (260); *Marx*/Roderfeld Rn. 115.

det zu werden;[137] dies empfiehlt sich allerdings. Der Betroffene muss nicht darlegen, aus welchen Gründen seiner Ansicht nach eine rechtsstaatswidrige Verfahrensverzögerung vorliegt und welche Möglichkeiten zur Verfahrensbeschleunigung in Betracht kommen.

Wenn aber der Betroffene von Umständen weiß, die für die Beurteilung der Frage, ob eine **68** Verfahrensdauer angemessen ist, von Bedeutung sind, die aber dem Gericht (oder der Staatsanwaltschaft) noch nicht bekannt sind, dann verlangt Abs. 3 S. 3, dass die Rüge hierauf hinweist. So muss zB ein Beschuldigter auf besondere Belastungen, die die Verfahrensdauer für ihn hat – etwa drohender Arbeitsplatz- oder Wohnungsverlust, psychische Labilität –, in der Rüge hinweisen, sofern diese Belastungen dem Gericht nicht bekannt sind. Insofern reicht aber der bloße Hinweis; einer Glaubhaftmachung oder gar eines Nachweises bedarf es nicht.[138] Die **Hinweispflicht auf dem Gericht unbekannte Umstände** ist eine **Obliegenheit:** Fehlen Informationen über solche Umstände in der Rüge, hat das Entschädigungsgericht nach Abs. 3 S. 4 diese Umstände bei der Gesamtwürdigung, ob das betreffende Verfahren unangemessen lange gedauert hat (→ Rn. 31), außer Betracht zu lassen.[139]

c) **Zeitpunkt.** Nach **Abs. 3 S. 2** kann die **Verzögerungsrüge frühestens** erhoben **69** werden, wenn der Betroffene erstmals **tatsächliche Anhaltspunkte** dafür hat, dass das **Verfahren keinen angemessenen Fortgang** nimmt. Es muss die konkrete und tatsachenfundierte Möglichkeit bestehen, dass das Verfahren aufgrund dem Staat zuzurechnender Umstände nicht in angemessener Zeit abgeschlossen werden wird.[140] Der Gewissheit oder sicheren Erwartung einer rechtsstaatswidrigen Verfahrensverzögerung bedarf es dagegen nicht, weil die Rüge auch präventiv wirken, also im Idealfall das Eintreten einer Rechtsverletzung durch überlange Verfahrensdauer verhindern soll.[141] Insofern ist bei der Beurteilung durch das Entschädigungsgericht, ob eine Rüge verfrüht erhoben wurde, zu Gunsten des Rügenden ein **großzügiger Maßstab** anzulegen. Dies gilt auch deshalb, weil die Festlegung eines frühesten Rügezeitpunkts lediglich verhindern soll, dass Verzögerungsrügen bereits zu Beginn eines Verfahrens ohne jeden Anhaltspunkt für eine Verfahrensverzögerung vorsorglich erhoben werden, um eine formelle Voraussetzung für einen etwaigen späteren Entschädigungsanspruch zu schaffen.[142] Solche Verzögerungsrügen könnten ihren Zweck, das Gericht auf eine aus Sicht des Betroffenen unzureichende Verfahrensförderung aufmerksam zu machen und eine Verfahrensbeschleunigung zu bewirken, nicht erfüllen.

Wird eine **Verzögerungsrüge zu früh erhoben**, ist sie **unwirksam** und **geht ins** **70** **Leere.**[143] Sie kann einen Entschädigungsanspruch nicht begründen (vgl. aber → Rn. 59). Es besteht **keine Hinweispflicht des Gerichts** (oder der Staatsanwaltschaft) im Ausgangsverfahren auf die Unwirksamkeit einer Verzögerungsrüge wegen verfrühter Erhebung.[144] Das Risiko einer verfrühten Verzögerungsrüge trägt allein der Betroffene (siehe insofern auch → Rn. 73). Ob eine Verzögerungsrüge verfrüht erhoben wurde, hat allein das Entschädigungsgericht zu entscheiden.[145] Die Staatsanwaltschaft bzw. das Strafgericht sollten sich jeder Bewertung enthalten, um insofern keinen einer Entscheidung des Entschädigungsgerichts vorgreifenden Vertrauenstatbestand zu schaffen (auch → Rn. 76).

---

[137] BVerfG 17.12.2015 – 1 BvR 3164/13, NJW 2016, 2018 (2020).
[138] KK/*Barthe* Rn. 4; *Althammer/Schäuble* NJW 2012, 1 (3); *Marx/Roderfeld* Rn. 117; BT-Drs. 17/3802, 21.
[139] Löwe/Rosenberg/*Krauß* Rn. 42; Steinbeiß-Winkelmann/*Ott* Rn. 212.
[140] BGH 10.4.2014 – III ZR 335/13, NJW 2014, 1967 (1969); *Kissel/Mayer* Rn. 19; *Marx/Roderfeld* Rn. 126; BT-Drs. 17/3802, 20.
[141] *Gercke/Heinisch* NStZ 2012, 300 (302); Steinbeiß-Winkelmann/*Ott* Rn. 189; BT-Drs. 17/3802, 20.
[142] BT-Drs. 17/3802, 20.
[143] BFH 26.10.2016 – X K 2/15, BeckRS 2017, 94128; KK/*Barthe* Rn. 4; Löwe/Rosenberg/*Krauß* Rn. 43; *Kissel/Mayer* Rn. 19; *Althammer/Schäuble* NJW 2012, 1 (3); *Gercke/Heinisch* NStZ 2012, 300 (301 f.); *Guckelberger* DÖV 2012, 289 (294); *Schenke* NVwZ 2012, 257 (260); *Marx/Roderfeld* Rn. 134; BT-Drs. 17/3802, 20.
[144] Ebenso für zivilrechtliche Ausgangsverfahren *Althammer/Schäuble* NJW 2012, 1 (3); *Marx/Roderfeld* Rn. 109, 145.
[145] *Kissel/Mayer* Rn. 19; *Althammer/Schäuble* NJW 2012, 1 (3).

71 Das Gesetz normiert **keinen spätestmöglichen Zeitpunkt für die Rügeerhebung,** um den Geduldigen, der im Vertrauen auf korrektes staatliches Handeln zuwartet, nicht zu „bestrafen".[146] Die Rüge muss **allerdings vor Abschluss des Verfahrens bzw.** vermeintlich verzögerten **Verfahrensabschnitts** erhoben werden, wobei insofern nach Abs. 3 S. 5 und § 199 Abs. 2 Hs. 2 das strafrechtliche Ermittlungsverfahren sowie jede Gerichtsinstanz eigenständig zu beurteilende Verfahrensabschnitte sind. Dann aber erfasst die Rüge als Grundlage für einen Entschädigungsanspruch alle zuvor in dem betreffenden Verfahrensabschnitt eingetretenen Verzögerungen.[147] Bei einer Verzögerung im Ermittlungsverfahren muss die Verzögerungsrüge also während des Ermittlungsverfahrens gegenüber der Staatsanwaltschaft erhoben werden.[148] Bei Verzögerungen im gerichtlichen Verfahren muss die Rüge gegenüber dem Gericht erhoben werden, bei dem die Sache verzögert worden ist. Bei **Verzögerungen in mehreren Verfahrensabschnitten** (Instanzen, Rechtszügen) ist die **Rüge zu wiederholen** (→ Rn. 74). Entschädigungsansprüche wegen Verzögerungen in einem vorangegangenen Verfahrensabschnitt kann eine erst im nachfolgenden Abschnitt erhobene Verzögerungsrüge nicht begründen.[149] Die Verzögerungsrüge ist auch dann nicht entbehrlich, wenn sie im konkreten Fall nicht geeignet ist, eine rechtsstaatswidrige Verfahrensverzögerung abzuwenden.[150]

72 **d) Wiederholung.** Es genügt für das Entstehen eines Entschädigungsanspruches, wenn die Verzögerungsrüge im verzögerten Verfahren bzw. bei strafrechtlichen Erkenntnisverfahren im verzögerten Verfahrensabschnitt (Ermittlungsverfahren, erste Gerichtsinstanz, Berufung, Revision) einmal wirksam erhoben worden ist (aber auch → Rn. 74).[151] Eine **Wiederholung** ist aber (auch mehrmals) **statthaft,** jedoch nach Abs. 3 S. 2 Hs. 2 in der Regel **frühestens sechs Monate nach der vorherigen Rüge.** In Ausnahmefällen, in denen es aus Sicht eines verständigen Dritten sinnvoll erscheint, die Verfahrensdauer erneut zu monieren – die Gesetzesbegründung nennt den Fall eines Richterwechsels[152] – ist es jedoch statthaft und angezeigt, die Rüge (in kürzerem Abstand) zu wiederholen. Geschieht dies nicht, lässt dies zwar einen Entschädigungsanspruch nicht entfallen, kann aber bei der Entscheidung über Art und Höhe der Kompensation vom Entschädigungsgericht berücksichtigt werden.[153]

73 Die **Nichteinhaltung dieser sechsmonatigen Wartefrist** vor einer Rügewiederholung ist aber unschädlich, sofern bereits eine wirksame Verzögerungsrüge erhoben worden ist.[154] Wenn die vorangegangene Verzögerungsrüge jedoch verfrüht erhoben wurde und damit ins Leere ging (→ Rn. 70), ist eine erneute Rüge nur wirksam und kann sie nur dann einen Entschädigungsanspruch begründen, wenn sie nach Ablauf der sechsmonatigen Wartefrist erhoben worden ist; die Sperrfrist gilt auch nach verfrühter und damit wirkungsloser Rüge.[155]

74 Wie dargelegt, kann eine Verzögerungsrüge nur Entschädigungsansprüche für Verzögerungen in dem Verfahrensabschnitt begründen, in dem die Rüge erhoben worden ist (→ Rn. 71). Bei Verzögerungen im Ermittlungsverfahren ist eine Verzögerungsrüge vor dessen Abschluss gegenüber der Staatsanwaltschaft zu erheben. **Verzögert sich die Sache**

---

[146] BGH 10.4.2014 – III ZR 335/13, NJW 2014, 1967 (1969); Löwe/Rosenberg/*Krauß* Rn. 44; BT-Drs. 17/3802, 21. Vgl. aber auch BGH 5.12.2012 – 1 StR 531/12, BeckRS 2013, 00981.
[147] Kissel/Mayer Rn. 26; Löwe/Rosenberg/*Krauß* Rn. 44, 49; Marx/Roderfeld Rn. 135; Steinbeiß-Winkelmann/Ott Rn. 194; Anderer Ansicht (nur) MüKoZPO/*Zimmermann* Rn. 49.
[148] KK/*Barthe* § 199 Rn. 3; SK-StPO/*Degener* § 199 Rn. 4; Löwe/Rosenberg/*Krauß* § 199 Rn. 10; *Graf* NZWiSt 2012, 121 (128); Marx/Roderfeld § 199 Rn. 8; Steinbeiß-Winkelmann/Ott § 199 Rn. 23; BT-Drs. 17/3802, 24. Auch → § 199 Rn. 3.
[149] *Schenke* NVwZ 2012, 257 (261); *Schlick* WM 2016, 485 (490); Schäfer/Sander/van Gemmeren Rn. 794.
[150] *Dietrich* ZZP 127 (2014), 169 (187). Anderer Ansicht Kissel/Mayer Rn. 18.
[151] OLG Düsseldorf 6.7.2016 – 18 EK 1/15, NJW-RR 2016, 1425; Löwe/Rosenberg/*Krauß* Rn. 45; Kissel/Mayer Rn. 24; Althammer/Schäuble NJW 2012, 1 (3).
[152] BT-Drs. 17/3802, 21.
[153] BT-Drs. 17/3802, 21.
[154] Kissel/*Mayer* Rn. 24; MüKoZPO/*Zimmermann* Rn. 67; *Sommer* StV 2012, 107 (112).
[155] Althammer/Schäuble NJW 2012, 1 (3); *Böcker* DStR 2011, 2173 (2176); *Schlick* WM 2016, 485 (490); Marx/Roderfeld Rn. 140; Steinbeiß-Winkelmann/Ott Rn. 200. Anderer Ansicht Löwe/Rosenberg/*Krauß* Rn. 45; Kissel/Mayer Rn. 24.

später im Hauptverfahren **erneut,** ist eine **weitere Verzögerungsrüge** gegenüber dem Gericht zu erheben, bei dem das Verfahren nunmehr anhängig ist (§ 199 Abs. 2 Hs. 2).[156] Bei einer erneuten Verzögerung in der Rechtsmittelinstanz ist die Rüge gegenüber dem betreffenden Rechtsmittelgericht zu wiederholen (Abs. 3 S. 5).[157] In diesen Fällen gilt die sechsmonatige Sperrfrist nicht.[158]

e) Keine Entscheidung über die Verzögerungsrüge durch das Ausgangsgericht. 75 Das mit der Sache befasst **Gericht** (oder die **Staatsanwaltschaft** bei einer Verzögerungsrüge im Ermittlungsverfahren) hat die **Verzögerungsrüge entgegenzunehmen** und dies **zu dokumentieren.** Eine außerhalb einer Hauptverhandlung schriftlich erhobene Rüge ist **zu den Akten zu nehmen.** Eine in der Hauptverhandlung oder in einem Anhörungs- oder Verkündungstermin mündlich erhobene Rüge ist zu protokollieren; soweit der Verfahrensbeteiligte eine zuvor schriftlich fixierte Rüge verliest, ist der Schriftsatz als Anlage zum Protokoll zu nehmen. Der Betroffene kann aber vom Vorsitzenden auch darauf verwiesen werden, die Verzögerungsrüge (schriftlich) außerhalb der Hauptverhandlung anzubringen.

Es erfolgt **keine Bescheidung** desjenigen, der eine Verzögerungsrüge erhoben hat, 76 **durch das Strafgericht bzw. die Staatsanwaltschaft** im Ausgangsverfahren.[159] Eine förmliche Reaktion wäre auch nicht sachgerecht, da sie dem Beschleunigungsziel der Rüge nicht dienen könnte. Zudem obliegt es nicht dem Strafgericht bzw. der Staatsanwaltschaft, die fristgerechte Einlegung und sachliche Rechtfertigung der Verzögerungsrüge zu beurteilen; dies ist allein Aufgabe des Entschädigungsgerichts in einem etwaigen späteren Entschädigungsrechtsstreit.[160] Das Gesetz eröffnet folgerichtig **keine Beschwerdemöglichkeit,** sofern keine (erkennbare) Reaktion auf eine erhobene Rüge erfolgt;[161] gleichwohl erhobene Beschwerden sind unzulässig. Allerdings müssen die Staatsanwaltschaften und Gerichte aufgrund von Verwaltungsvorschriften **Verzögerungsrügen statistisch erfassen und der Justizverwaltung melden.**

Wenn im Ausgangsverfahren eine Verzögerungsrüge gleichwohl von der Staatsanwalt- 77 schaft oder dem Gericht **rechtsfehlerhaft förmlich beschieden** wird, etwa durch Gerichtsbeschluss als unbegründet verworfen wird, entfaltet eine solche **Entscheidung keine Wirkung,** weshalb mangels Beschwer auch eine **Beschwerde** hiergegen **nicht zulässig ist.**[162]

8. Klagefristen. Eine **Entschädigungsklage** kann nach Abs. 5 S. 1 **frühestens sechs** 78 **Monate nach Erhebung der Verzögerungsrüge** erhoben werden.[163] Es soll zunächst dem Ausgangsgericht die Möglichkeit gegeben werden, durch verfahrensbeschleunigende Maßnahmen auf die Rüge zu reagieren. Wenn das Ausgangsverfahren vor Ablauf von sechs Monaten nach Erhebung der Verzögerungsrüge rechtskräftig bzw. endgültig abgeschlossen wird, gilt deshalb diese „Wartefrist" nicht (teleologische Normreduktion).[164] Dagegen kann

---

[156] *Löwe/Rosenberg/Krauß* Rn. 46; *Kissel/Mayer* Rn. 25; BT-Drs. 17/3802, 24.
[157] BVerwG 27.2.2014 – 5 C 1/13, NVwZ 2014, 1523 (1524 f.); *Löwe/Rosenberg/Krauß* Rn. 46; *Kissel/Mayer* Rn. 25; *Graf* NZWiSt 2012, 121 (125); *Schäfer/Sander/van Gemmeren* Rn. 794; Steinbeiß-Winkelmann/Ott Rn. 204 f.; BT-Drs. 17/3802, 21.
[158] *Marx/Roderfeld* Rn. 141.
[159] *Löwe/Rosenberg/Krauß* Rn. 36; *Kissel/Mayer* Rn. 16; *Meyer-Goßner/Schmitt* Rn. 6; MüKoZPO/ *Zimmermann* Rn. 62, 65; *Dietrich* ZZP 127 (2014), 169 (191); *Heine* MDR 2013, 1147 (1148); *Zimmermann* FamRZ 2011, 1905 (1908); *Marx/Roderfeld* Rn. 145; Steinbeiß-Winkelmann/Ott Rn. 175; BT-Drs. 17/ 3802, 16, 20. Insofern kritisch *Sommer* StV 2012, 107 (109).
[160] *Zimmermann* FamRZ 2011, 1905 (1908); *Marx/Roderfeld* Rn. 110.
[161] *Dietrich* ZZP 127 (2014), 169 (191); BT-Drs. 17/3802, 16.
[162] *Heine* MDR 2013, 1147 (1148). Vgl. auch OLG Rostock 25.7.2012 – I Ws 176/12, BeckRS 2012, 17470.
[163] Eine früher erhobene Klage ist als unzulässig abzuweisen und wird auch nicht mit Erreichen der Frist doch noch zulässig: BGH 17.7.2014 – III ZR 228/13, NJW 2014, 2588 (2589) (auch zur Fristberechnung).
[164] BGH 21.5.2014 – III ZR 355/13, NJW 2014, 2443 (2444 f.); BGH 17.7.2014 – III ZR 228/13, NJW 2014, 2588 (2589); BVerwG 26.2.2015 – 5 C 5/14, NVwZ-RR 2015, 641 (642 f.); *Schenke* NVwZ 2012, 257 (263); *Schmidt* NVwZ 2015, 1710 (1711); Steinbeiß-Winkelmann/Ott Rn. 246. Noch weitergehend *Marx/Roderfeld* Rn. 150 f., § 199 Rn. 15: Keine Klagefrist, wenn verzögerter Verfahrensabschnitt abgeschlossen ist. Hiergegen aber explizit BGH 17.7.2014 – III ZR 228/13, NJW 2014, 2588 (2589).

aus Abs. 5 S. 1 nicht der Schluss gezogen werden, bei Verfahrensbeendigung innerhalb von sechs Monaten nach Erhebung der Verzögerungsrüge sei ein Entschädigungsanspruch ausgeschlossen.[165] Denn das Gesetz normiert keinen spätesten Zeitpunkt für die Rügeerhebung, sodass eine Verzögerungsrüge auch noch wirksam erhoben werden kann, wenn bereits eine irreparable und kompensationspflichtige rechtsstaatswidrige Verfahrensverzögerung eingetreten ist (→ Rn. 71).

79 Da die Klagemöglichkeit zeitlich nicht an den Verfahrensabschluss, sondern an die Erhebung der Verzögerungsrüge anknüpft, ist grundsätzlich die Möglichkeit eröffnet, eine **Entschädigungsklage** auch schon **parallel zum verzögerten Ausgangsverfahren** zu erheben und zu betreiben.[166] Zwar kommt es für die Beurteilung, ob ein Verfahren rechtsstaatswidrig verzögert worden ist, auf die Gesamtverfahrensdauer an (→ Rn. 40). Im Allgemeinen kann die Frage, ob ein Verfahren unangemessen lange gedauert hat, deshalb erst nach dessen rechtskräftigem bzw. endgültigem Abschluss beantwortet werden, zumal Verzögerungen in einem Verfahrensabschnitt durch besonders zügige Sachbearbeitung zu späterer Zeit kompensiert werden können (→ Rn. 41).[167] Jede Entschädigungsklage vor Abschluss des Ausgangsverfahrens ist deshalb mit dem Risiko einer Klageabweisung verbunden, weil (derzeit) keine Unangemessenheit der Gesamtverfahrensdauer feststellbar ist.[168] Der Gesetzgeber wollte aber eine Klage vor Abschluss des Ausgangsverfahrens nicht ausschließen, weil Konstellationen denkbar seien, in denen schon zuvor eine irreparable unangemessene Verzögerung feststellbar sei und daher über eine Kompensation für schon eingetretene Nachteile auch schon vor Beendigung des Ausgangsverfahrens entschieden werden könne.[169]

80 Soweit die Entschädigungsklage Verzögerungen in einem strafrechtlichen Verfahren betrifft, ist das Entschädigungsgericht allerdings nach § 201 Abs. 3 S. 2 **verpflichtet,** das **Entschädigungsverfahren auszusetzen,** solange das **Strafverfahren noch nicht abgeschlossen** ist.[170] Es gibt deshalb keinen vernünftigen Grund, bei einem verzögerten Strafverfahren vor dessen rechtskräftigem Abschluss eine Entschädigungsklage zu erheben.[171]

81 Die Entschädigungsklage ist nach Abs. 5 S. 2 **spätestens sechs Monate nach rechtskräftigem Verfahrensabschluss** oder anderweitiger (endgültiger) Erledigung des Ausgangsverfahrens zu erheben. Damit soll eine schnelle Klärung etwaiger staatlicher Entschädigungsverpflichtungen bewirkt werden.[172] Für das Strafrecht bedeutet dies, dass eine Entschädigungsklage spätestens sechs Monate nach Rechtskraft eines Urteils, Strafbefehls oder verfahrensbeendenden Beschlusses erhoben werden muss. Im Falle einer Verfahrenseinstellung kommt es auf den Zeitpunkt des endgültigen Verfahrensabschlusses an; vorläufige Einstellungen (zB nach § 205 StPO oder § 153a StPO) setzen die Klagefrist nicht in Gang. Die Möglichkeit einer Wiederaufnahme des Verfahrens ist dagegen irrelevant, so dass Einstellungen nach §§ 153, 154 oder 170 Abs. 2 StPO als endgültige Erledigung des Verfahrens iSd § 198 Abs. 5 S. 2 GVG gelten und die Klagefrist insofern mit der staatsanwaltschaftlichen oder gerichtlichen Entscheidung beginnt.[173] Bei der Klagefrist des Abs. 5 S. 2 handelt es sich um eine absolute **Ausschlussfrist,** die mit dem Datum der verfahrensbeendenden Entscheidung beginnt und deren Lauf unabhängig von der Kenntnis des Entschädigungsbe-

---

[165] Unzutreffend daher OLG Celle 17.12.2013 – 23 SchH 6/13, StV 2014, 492 (493); Meyer-Goßner/Schmitt Rn. 6.
[166] BGH 23.1.2014 – III ZR 37/13, BGHZ 200, 20 (26 f.) = NJW 2014, 939 Rn. 30; BGH 10.4.2014 – III ZR 335/13, NJW 2014, 1967 (1967 f.); BVerwG 27.2.2014 – 5 C 1/13, NVwZ 2014, 1523 (1524); Graf NZWiSt 2012, 121 (125).
[167] Graf NZWiSt 2012, 121 (124 f.); Schlick NJW 2014, 2686 (2688).
[168] BGH 23.1.2014 – III ZR 37/13, BGHZ 200, 20 (26 ff.) = NJW 2014, 939 Rn. 28 ff.; Schlick NJW 2014, 2686 (2688); Schlick WM 2016, 485 (492).
[169] BT-Drs. 17/3802, 22.
[170] Näher hierzu → § 201 Rn. 10.
[171] Schlick WM 2016, 485 (490): „Diese Variante der Entschädigungsklage ist nur für notorische Querulanten attraktiv."
[172] BT-Drs. 17/3802, 22.
[173] Zur Konstellation einer Bescheidlosstellung eines querulatorischen Antragstellers vgl. OLG Braunschweig 5.9.2013 – 6 SchH 267/13, NJW-RR 2014, 250.

rechtigten vom Fristbeginn anfängt.[174] Eine Wiedereinsetzung in den vorigen Stand scheidet aus.[175] Es besteht **keine Belehrungspflicht** des Strafgerichts oder der Staatsanwaltschaft über die Klagefrist.[176] Die Einhaltung der Klagefristen hat das Entschädigungsgericht von Amts wegen zu prüfen.[177] Die Nichteinhaltung führt zur Unzulässigkeit der Klage.[178]

§ 199 [Geltung für Strafverfahren]

(1) Für das Strafverfahren einschließlich des Verfahrens auf Vorbereitung der öffentlichen Klage ist § 198 nach Maßgabe der Absätze 2 bis 4 anzuwenden.

(2) Während des Verfahrens auf Vorbereitung der öffentlichen Klage tritt die Staatsanwaltschaft und in Fällen des § 386 Absatz 2 der Abgabenordnung die Finanzbehörde an die Stelle des Gerichts; für das Verfahren nach Erhebung der öffentlichen Klage gilt § 198 Absatz 3 Satz 5 entsprechend.

(3) ¹Hat ein Strafgericht oder die Staatsanwaltschaft die unangemessene Dauer des Verfahrens zugunsten des Beschuldigten berücksichtigt, ist dies eine ausreichende Wiedergutmachung auf andere Weise gemäß § 198 Absatz 2 Satz 2; insoweit findet § 198 Absatz 4 keine Anwendung. ²Begehrt der Beschuldigte eines Strafverfahrens Entschädigung wegen überlanger Verfahrensdauer, ist das Entschädigungsgericht hinsichtlich der Beurteilung der Angemessenheit der Verfahrensdauer an eine Entscheidung des Strafgerichts gebunden.

(4) Ein Privatkläger ist nicht Verfahrensbeteiligter im Sinne von § 198 Absatz 6 Nummer 2.

Schrifttum: Siehe die Nachweise bei § 198.

Übersicht

	Rn.		Rn.
I. Überblick	1	c) Sonstige Formen strafprozessualer Kompensation	12
II. Erläuterung	2–21	d) Kein Anspruchsausschluss bei rechtsfehlerhaft unterbliebener strafprozessualer Kompensation	13
1. Erstreckung der Entschädigungsregelungen auf Ermittlungsverfahren	2, 3		
2. Vorrang der strafprozessualen Kompensation für immaterielle Nachteile	4–13	3. Bindungswirkung von Entscheidungen der Strafgerichte über die Angemessenheit der Verfahrensdauer	14–20
a) Reichweite der Vorrangregelung des Abs. 3 S. 1	4–10		
b) Strafprozessuale Kompensation nach dem Vollstreckungsmodell	11	4. Ausschluss des Privatklägers von Entschädigungsansprüchen	21

I. Überblick

§ 199 **ergänzt** und **modifiziert** die **Regelungen des § 198** in Bezug auf **strafrechtliche Verfahren.** Aus Abs. 1 folgt, dass auch Verzögerungen in staatsanwaltschaftlichen und finanzbehördlichen Ermittlungsverfahren – die keine Gerichtsverfahren iSd § 198 Abs. 6 Nr. 1 sind – Entschädigungsansprüche auslösen können. Nach Abs. 2 tritt insofern die

---

[174] MüKoZPO/*Zimmermann* Rn. 73; *Marx/Roderfeld* Rn. 159 ff.; BT-Drs. 17/3802, 22. Allerdings genügt die Stellung eines ordnungsgemäßen Antrags auf Gewährung von Prozesskostenhilfe für die Fristwahrung; vgl. BSG 10.7.2014 – B 10 ÜG 8/13 R, BeckRS 2014, 73674; OLG Karlsruhe 10.12.2015 – 23 EK 2/15, NStZ-RR 2016, 93 (94); Löwe/Rosenberg/*Krauß* Rn. 63; *Heine* MDR 2012, 327 (328); *Schmidt* NVwZ 2015, 1710 (1712).
[175] OLG Bremen 4.7.2013 – 1 SchH 10/12 (EntV), NJW 2013, 3109; OLG Karlsruhe 1.10.2013 – 23 SchH 13/12, BeckRS 2013, 17414; Zöller/*Lückemann* Rn. 12; MüKoZPO/*Zimmermann* Rn. 74.
[176] *Graf* NZWiSt 2012, 121 (125).
[177] MüKoZPO/*Zimmermann* Rn. 75; *Marx/Roderfeld* Rn. 148.
[178] *Kissel/Mayer* Rn. 43; *Heine* MDR 2012, 327 (327). Anderer Ansicht OLG Karlsruhe 1.10.2013 – 23 SchH 13/12, BeckRS 2013, 17414; OLG Koblenz 17.8.2017 – 1 EK 6/17, BeckRS 2017, 121480; Zöller/*Lückemann* Rn. 11; MüKoZPO/*Zimmermann* Rn. 73 (Anspruchsverwirkung).

Ermittlungsbehörde an die Stelle des Ausgangsgerichts, so dass eine Verzögerungsrüge nach § 198 Abs. 3 wegen Verzögerungen im Ermittlungsverfahren gegenüber der Ermittlungsbehörde zu erheben ist. Die **zentrale Vorschrift für Entschädigungsklagen aufgrund verzögerter Strafverfahren** ist **Abs. 3 S. 1**. Danach haben Kompensationen für Verfahrensverzögerungen, die bereits im Strafverfahren gewährt worden sind, Vorrang und schließen Ansprüche des Beschuldigten auf finanzielle Entschädigung für immaterielle Nachteile aus. Zudem bestimmt Abs. 3 S. 2, dass Feststellungen der Strafgerichte zur Angemessenheit der Verfahrensdauer Bindungswirkung für die Entschädigungsgerichte haben, soweit es um Entschädigungsansprüche (ehemaliger) Beschuldigter geht.

II. Erläuterung

2 **1. Erstreckung der Entschädigungsregelungen auf Ermittlungsverfahren.** Abs. 1 bestimmt, dass die Regelungen zum Rechtsschutz bei überlangen Gerichtsverfahren auch auf **staatsanwaltschaftliche** und **finanzbehördliche Ermittlungsverfahren** Anwendung finden.[1]

3 Zwar ist bei der Beurteilung, ob ein Strafverfahren unangemessen lange gedauert hat, das gesamte Verfahren von der Bekanntgabe der Einleitung eines Ermittlungsverfahrens an den Beschuldigten bis zum rechtskräftigen Verfahrensabschluss als Einheit zu betrachten.[2] **Abs. 2 Hs. 2** bestimmt indes durch einen Verweis auf § 198 Abs. 3 S. 5, dass Verzögerungen des Ermittlungsverfahrens nur dann einen Entschädigungsanspruch auslösen können, wenn bereits **im Ermittlungsverfahren** eine **Verzögerungsrüge gegenüber der** ermittlungsführenden **Staatsanwaltschaft** (oder Finanzbehörde) erhoben worden ist.[3] Eine erst im Gerichtsverfahren gegenüber dem Strafgericht erhobene Verzögerungsrüge kann Entschädigungsansprüche für Verzögerungen im Ermittlungsverfahren nicht begründen.[4] Zudem wirkt eine Verzögerungsrüge, die gegenüber der Staatsanwaltschaft im Ermittlungsverfahren erhoben worden ist, nicht über die Phase des Ermittlungsverfahrens hinaus. Nach § 199 Abs. 2 Hs. 2 iVm § 198 Abs. 3 S. 5 ist bei weiteren Verzögerungen im Gerichtsverfahren eine **erneute Verzögerungsrüge gegenüber dem Strafgericht** zu erheben.[5] Hinsichtlich des Erfordernisses einer Verzögerungsrüge sind das Ermittlungsverfahren und das erstinstanzliche Gerichtsverfahren mithin eigenständige Verfahrensabschnitte.

4 **2. Vorrang der strafprozessualen Kompensation für immaterielle Nachteile. a) Reichweite der Vorrangregelung des Abs. 3 S. 1.** Der Gesetzgeber hatte bei der Schaffung der §§ 198 ff. die von der Rspr. entwickelten und weithin akzeptierten strafprozessualen Kompensationsmechanismen für rechtsstaatswidrige Verfahrensverzögerungen vor Augen und wollte diese weder in Frage stellen noch modifizieren. Vielmehr sollen nach dem Regelungskonzept der §§ 198 ff. die **strafprozessualen Kompensationsmechanismen Vorrang vor** den nachträglich geltend zu machenden **Entschädigungsansprüchen nach § 198 Abs. 1** haben.[6] Die strafprozessualen Kompensationsformen sind ungeachtet der Entschädigungsregelungen der §§ 198 ff. anzuwenden, und zwar auch ohne entsprechenden Antrag des Beschuldigten und ohne dass es hierfür der von § 198 Abs. 3 S. 1 als Vorausset-

---

[1] KK/*Barthe* Rn. 2; Löwe/Rosenberg/*Krauß* Rn. 1; *Graf* NZWiSt 2012, 121 (126); *Marx/Roderfeld* Rn. 2; Steinbeiß-Winkelmann/*Ott* Rn. 2; BT-Drs. 17/3802, 23.
[2] Hierzu → § 198 Rn. 40.
[3] KK/*Barthe* Rn. 3; SK-StPO/*Degener* Rn. 4; Löwe/Rosenberg/*Krauß* Rn. 10; *Graf* NZWiSt 2012, 121 (128); *Marx/Roderfeld* Rn. 8; Steinbeiß-Winkelmann/*Ott* Rn. 23; BT-Drs. 17/3802, 24.
[4] Hierzu auch → § 198 Rn. 71; → § 198 Rn. 74.
[5] KK/*Barthe* Rn. 3; SK-StPO/*Degener* Rn. 4; Löwe/Rosenberg/*Krauß* Rn. 11; BT-Drs. 17/3802, 24. Hierzu auch → § 198 Rn. 74.
[6] Vgl. KK/*Barthe* Rn. 4; Löwe/Rosenberg/*Krauß* Rn. 17; SSW/*Satzger* § 198 Rn. 19; Meyer-Goßner/ Schmitt § 198 Rn. 4; *Liebhart*, NStZ 2017, 254 (262); *Sommer* StV 2012, 107 (108); Steinbeiß-Winkelmann ZRP 2010, 205 (206); BT-Drs. 17/3802, 16, 19, 24; BT-Drs. 18/2950, 13. Anderer Ansicht *Kissel/Mayer* Rn. 33, 49 ff.

zung für finanzielle Entschädigungsansprüche normierten Verzögerungsrüge bedarf.[7] Das Erfordernis einer **Verzögerungsrüge** betrifft **nur Ansprüche auf finanzielle Entschädigung nach § 198 Abs. 1,** nicht aber Wiedergutmachungen auf andere Weise iSv § 199 Abs. 3 S. 1 iVm § 198 Abs. 2 S. 2.[8] Die Strafgerichte dürfen nicht unter Verweis auf die Möglichkeit einer nachträglichen Entschädigung nach den §§ 198 ff. von der von Amts wegen gebotenen Anwendung der strafprozessualen Kompensationsmechanismen absehen.[9]

Abs. 3 S. 1 knüpft an die in gefestigter Rspr. bewährten strafprozessualen Kompensationsformen an. Wenn ein Strafgericht oder eine Staatsanwaltschaft im strafrechtlichen Erkenntnisverfahren eine dort eingetretene rechtsstaatswidrige Verfahrensverzögerung zu Gunsten eines Beschuldigten berücksichtigt hat, etwa durch Verfahrenseinstellung nach §§ 153, 153a bzw. 154 StPO (→ Rn. 12) oder in Anwendung der „Vollstreckungslösung" (→ Rn. 11), dann gilt dies nach Abs. 3 S. 1 als ausreichende Wiedergutmachung auf andere Weise gemäß § 198 Abs. 2 S. 2. Dies bedeutet, dass **bei erfolgter strafprozessualer Kompensation Ansprüche** des Beschuldigten **auf finanzielle Entschädigung wegen immaterieller Nachteile** – namentlich wegen psychischer Belastungen aufgrund der unangemessenen Verfahrensdauer – nach § 198 Abs. 2 S. 2 **ausgeschlossen** sind.[10] Ein finanzieller Entschädigungsanspruch des Beschuldigten auf Ausgleich immaterieller Nachteile entsteht in solchen Fällen nicht oder erlischt jedenfalls wieder. 5

Im Entschädigungsverfahren findet **keine Überprüfung** statt, **ob** die im Strafverfahren vorgenommene **strafprozessuale Kompensation ausreichend** ist oder nicht. Das Entschädigungsgericht hat jede tatsächlich zu Gunsten eines Beschuldigten vorgenommene strafprozessuale Kompensation ohne eigene Beurteilung als genügenden Ausgleich für immaterielle Nachteile zu akzeptieren.[11] Dies gilt nach dem klaren Gesetzeswortlaut auch für Kompensationsentscheidungen der Staatsanwaltschaft, was allerdings bedenklich ist, weil der Beschuldigte diese in der Regel nicht gerichtlich anfechten kann und damit dem Anspruch des Beschuldigten aus Art. 13 EMRK auf gerichtlichen Rechtsschutz bei unzureichender Kompensation für immaterielle Nachteile nicht genügt wird. 6

Sofern ein Beschuldigter eine im Strafverfahren erfolgte strafprozessuale Kompensation für unzureichend erachtet, kann er **keine ergänzende finanzielle Entschädigung** für erlittene immaterielle Nachteile in einem Entschädigungsverfahren nach §§ 198 ff. erlangen.[12] Er muss in solchen Fällen vielmehr versuchen, durch Einlegung statthafter strafprozessualer Rechtsmittel eine hinreichende strafprozessuale Kompensation im strafrechtlichen Ausgangsverfahren zu erhalten. 7

Die einen Entschädigungsanspruch ausschließende Regelung des Abs. 3 S. 1 greift nur ein, wenn ein Strafgericht oder eine Staatsanwaltschaft eine **strafprozessuale Kompensation** für eine rechtsstaatswidrige Verfahrensverzögerung im Ausgangsverfahren **tatsächlich vorgenommen** hat.[13] Dies muss sich aus der betreffenden verfahrensabschließenden Entscheidung (Einstellungsentscheidung, Beschluss, Urteil) zweifelsfrei ergeben.[14] Die bloße Berücksichtigung einer langen Verfahrensdauer oder eines großen zeitlichen Abstandes zwischen Tat und Entscheidung im Rahmen einer Strafzumessungsentscheidung oder als Begründung für eine Verfahrenseinstellung genügt dabei nicht; vielmehr muss eine den 8

---

[7] KK/*Barthe* Rn. 4; *Graf* NZWiSt 2012, 121 (126 f.); *Liebhart* NStZ 2017, 254 (262); Steinbeiß-Winkelmann/*Ott* Rn. 25 ff.
[8] Näher hierzu → § 198 Rn. 64.
[9] Löwe/Rosenberg/*Krauß* Rn. 17 f.; *Schäfer/Sander/van Gemmeren* Rn. 791; Steinbeiß-Winkelmann/*Ott* Rn. 27.
[10] OLG Frankfurt a. M. 7.11.2012 – 4 EntV 4/12, NJW 2013, 480 (481 f.); KK/*Barthe* Rn. 4; Löwe/Rosenberg/*Krauß* Rn. 12 f.; *Steinbeiß-Winkelmann/Sporrer* NJW 2014, 177 (179); *Marx*/Roderfeld Rn. 41, 45; *Schäfer/Sander/van Gemmeren* Rn. 790; Steinbeiß-Winkelmann/*Ott* Rn. 28; BT-Drs. 17/3802, 24.
[11] OLG Frankfurt a. M. 7.11.2012 – 4 EntV 4/12, NJW 2013, 480 (481); Kissel/Mayer § 198 Rn. 31; *Marx*/Roderfeld Rn. 45; *Schäfer/Sander/van Gemmeren* Rn. 790.
[12] OLG Frankfurt a. M. 7.11.2012 – 4 EntV 4/12, NJW 2013, 480 (481).
[13] Löwe/Rosenberg/*Krauß* Rn. 14.
[14] Insofern großzügig OLG Frankfurt a. M. 7.11.2012 – 4 EntV 4/12, NJW 2013, 480 (481 f.).

Beschuldigten begünstigende Entscheidung erkennbar (zumindest auch) als Ausgleich für die Rechtsstaatswidrigkeit der Verfahrensverzögerung ergangen sein.[15] Insofern verbleibende **Zweifel** wirken sich **zu Gunsten des Antragstellers** aus. Daher sollte die Staatsanwaltschaft oder das Gericht, wenn ein Verfahren wegen überlanger Dauer (nach §§ 153, 153a bzw. 154 StPO) eingestellt wird, in den Entscheidungsgründen explizit deutlich machen, dass die Einstellung (zumindest auch) als Kompensation für eine rechtsstaatswidrige Verfahrensverzögerung erfolgte. Wenn – aus welchen Gründen auch immer – eine **strafprozessuale Kompensation nicht vorgenommen** worden ist, **bleibt Raum für einen Anspruch auf finanzielle Entschädigung** auch wegen erlittener immaterieller Nachteile (siehe auch → Rn. 13), sofern im Ausgangsverfahren ordnungsgemäß eine Verzögerungsrüge erhoben wurde.[16] Allerdings ist insofern die von Abs. 3 S. 2 angeordnete Bindungswirkung (→ Rn. 14) zu beachten: Wenn ein Strafgericht ausdrücklich festgestellt hat, dass die Dauer eines Strafverfahrens angemessen war, und deshalb keine strafprozessuale Kompensation gewährt hat, ist das Entschädigungsgericht bei einer Klage des Beschuldigten an diese Beurteilung des Strafgerichts gebunden (und darf gar keinen Entschädigungsanspruch bejahen).

9 Der Ausschluss von Ansprüchen auf finanzielle Entschädigung gilt nur für Nachteile, die nicht Vermögensnachteile sind. **Entschädigungsansprüche** und Entschädigungsklagen von (ehemaligen) Beschuldigten **wegen erlittener materieller Nachteile** bleiben, weil insofern eine strafprozessuale Kompensation gar nicht erfolgen kann, **möglich**.[17] Hinsichtlich solcher Ansprüche ordnet Abs. 3 S. 2 jedoch an, dass das Entschädigungsgericht an eine Beurteilung des Strafgerichts zur Angemessenheit der Verfahrensdauer gebunden ist.

10 Der Anspruchsausschluss bei erfolgter strafprozessualer Kompensation gemäß Abs. 3 S. 1 iVm § 198 Abs. 2 S. 2 betrifft zudem **nur Ansprüche von Beschuldigten,** denn nur für diese kommt eine strafprozessuale Kompensation in Betracht. Ansprüche anderer Verfahrensbeteiligter werden nicht berührt.[18]

11 **b) Strafprozessuale Kompensation nach dem Vollstreckungsmodell.** Zu den nach Abs. 3 S. 1 vorrangigen strafprozessualen Kompensationsformen gehört vor allem die vom Großen Senat für Strafsachen des BGH im Jahr 2008 entwickelte „**Vollstreckungslösung**".[19] Der BGH verlangt von den Strafgerichten seither, dass sie bei einer Verurteilung eines Angeklagten eine rechtsstaatswidrige Verfahrensverzögerung als Ausgleich für die psychischen Belastungen, denen der Angeklagte hierdurch ausgesetzt war, wie folgt von Amts wegen berücksichtigen und kompensieren: Zunächst einmal sind der Zeitablauf zwischen Tat und Verurteilung sowie die Länge der Verfahrensdauer unabhängig davon, dass die Verfahrensdauer auf eine rechtsstaatswidrige Verzögerung zurückzuführen ist, im Rahmen der Strafzumessung ausdrücklich zu Gunsten des Angeklagten zu berücksichtigen. Der Umstand der Rechtsstaatswidrigkeit der Verzögerung bleibt dagegen bei der Strafzumessung ausgeklammert. Losgelöst von der Strafzumessung und der Verhängung einer schuldangemessenen Strafe ist sodann von Amts wegen gesondert eine Kompensation für die Rechtsstaatswidrigkeit der Verfahrensverzögerung vorzunehmen. Dazu sind **Art, Ausmaß und Ursachen der rechtsstaatswidrigen Verfahrensverzögerung festzustellen** und in den Urteilsgründen zu benennen. Sodann ist zu prüfen, ob als Ausgleich hierfür eine ausdrückliche **Feststellung der rechtsstaatswidrigen Verfahrensverzögerung in den Urteils-**

---

[15] *Kissel/Mayer* § 198 Rn. 32. Vgl. auch Löwe/Rosenberg/*Krauß* Rn. 14.
[16] Löwe/Rosenberg/*Krauß* Rn. 14; *Graf* NZWiSt 2012, 121 (127); *Sommer* StV 2012, 107 (108).
[17] SK-StPO/*Degener* Rn. 5; Löwe/Rosenberg/*Krauß* Rn. 12, 16; *Liebhart* NStZ 2017, 254 (262); *Sommer* StV 2012, 107 (108); *Marx*/Roderfeld Rn. 46; *Schäfer/Sander/van Gemmeren* Rn. 790; Steinbeiß-Winkelmann/Ott Einf. Rn. 267.
[18] *Marx*/Roderfeld Rn. 46.
[19] BGH 17.1.2008 – GSSt 1/07, BGHSt 52, 124 (128 ff.) = NJW 2008, 860 Rn. 14 ff. Siehe auch BGH 21.4.2011 – 3 StR 50/11, NStZ-RR 2011, 239. Näher zur Vollstreckungslösung *Fischer* StGB § 46 Rn. 131 ff. mwN; MüKoStGB/*Miebach/Maier* StGB § 46 Rn. 394 ff.; *Meyer-Goßner/Schmitt* MRK Art. 6 Rn. 9a ff. mwN. Zur bis dahin praktizierten „Strafabschlagslösung" BGH 23.8.2007 – 3 StR 50/07, NJW 2007, 3294 (3294 f.); *Graf* NZWiSt 2012, 121 (122 f.).

gründen ausreicht. Bereits einer solchen autoritativen Feststellung wird eine Genugtuungswirkung zugeschrieben. Eine bloße Feststellung der rechtsstaatswidrigen Verfahrensverzögerung genügt, wenn das Ausmaß der Verzögerung und die mit ihr einhergehenden Nachteile für den Beschuldigten gering waren.[20] Wenn eine Feststellung in den Urteilsgründen als Kompensation nicht genügt, ist ein **genau zu beziffernder Teil der verhängten Strafe** – bei einer Gesamtstrafenbildung der Gesamtstrafe – im Tenor des Urteils **für bereits vollstreckt zu erklären** (zB: „Als Ausgleich für die unangemessene Verfahrensdauer gelten zwei Monate der verhängten Gesamtfreiheitsstrafe als vollstreckt."). Dabei hat sich aber der für bereits vollstreckt zu erklärende Teil der Strafe regelmäßig auf einen **geringen Bruchteil der verhängten Strafe** zu beschränken.[21] Die Höhe des Vollstreckungsabschlags ist von einer Gesamtwürdigung aller Umstände des Einzelfalles abhängig zu machen. Befindet sich der Angeklagte in Untersuchungshaft, kann als ganz grobe Faustregel ein Vollstreckungsabschlag von einem Monat für je sechs Monate Verfahrensverzögerung als angemessen erachtet werden.[22] Eine **Verständigung nach § 257c StPO** über die Höhe der Kompensation ist **statthaft**.[23]

c) Sonstige Formen strafprozessualer Kompensation. Neben dem „Vollstreckungsmodell" gibt es, je nach Ausmaß einer rechtsstaatswidrigen Verfahrensverzögerung und der Nachteile, die der Beschuldigte hierdurch erlitten hat, weitere Möglichkeiten einer Kompensation im Strafverfahren. Diese schließen gleichfalls als strafprozessuale Kompensationen nach Abs. 3 S. 1 einen Anspruch auf finanzielle Entschädigung wegen immaterieller Nachteile aus.[24] In Betracht kommen – auch schon im Ermittlungsverfahren durch die Staatsanwaltschaft – eine **Einstellung des Verfahrens** etwa nach §§ 153, 153a oder 154 StPO,[25] ein **Absehen von Strafe** nach § 60 StGB sowie – wie ausgeführt (→ Rn. 11) – die (bloße) **Feststellung der rechtsstaatswidrigen Verfahrensverzögerung in den Urteilsgründen**. Für Extremfälle schließt der BGH auch die Annahme eines **Verfahrenshindernisses** nicht aus.[26]

d) Kein Anspruchsausschluss bei rechtsfehlerhaft unterbliebener strafprozessualer Kompensation. Wenn ein Strafgericht oder eine Staatsanwaltschaft in einem rechtsstaatswidrig verzögerten Strafverfahren **keine strafprozessuale Kompensationsentscheidung** getroffen hat, **obwohl** dies **rechtlich geboten gewesen wäre**, etwa nach der Rspr. des BGH ein Teil der verhängten Strafe für vollstreckt hätte erklärt werden müssen, dann sind durch ein solches rechtswidriges Unterlassen **Entschädigungsansprüche** nach § 198 Abs. 1 **nicht ausgeschlossen**. Auch eine finanzielle Entschädigung für immaterielle Nachteile ist in einem solchen Fall nicht nach Abs. 3 S. 1 iVm § 198 Abs. 2 S. 2 ausgeschlossen.[27]

---

[20] BGH 17.1.2008 – GSSt 1/07, BGHSt 52, 124 (138, 146) = NJW 2008, 860 Rn. 38, 56; BGH 23.8.2011 – 1 StR 153/11, BGHSt 57, 1 = NJW 2011, 3314 Rn. 40; BGH 24.1.2012 – 1 StR 551/11, NStZ 2012, 470; BGH 27.7.2012 – 1 StR 218/12, NStZ 2012, 653.
[21] BGH 17.1.2008 – GSSt 1/07, BGHSt 52, 124 (146 f.) = NJW 2008, 860 Rn. 56; BGH 7.8.2008 – 3 StR 201/08, NStZ-RR 2008, 368 (369); BGH 23.8.2011 – 1 StR 153/11, BGHSt 57, 1 = NJW 2011, 3314 Rn. 40; BGH 12.2.2015 – 4 StR 391/14, wistra 2015, 241. Siehe auch die Beispiele aus der Rspr. bei *Schäfer/Sander/van Gemmeren* Rn. 781 f.
[22] Vgl. BGH 12.2.2015 – 4 StR 391/14, wistra 2015, 241; BGH 16.2.2016 – 5 StR 10/16, StV 2016, 771; BGH 20.12.2016 – 1 StR 617/16, BeckRS 2016, 110122.
[23] BGH 25.11.2015 – 1 StR 79/15, BGHSt 61, 43 = NJW 2016, 1972.
[24] OLG Frankfurt a. M. 7.11.2012 – 4 EntV 4/12, NJW 2013, 480 (481 f.); KK/*Barthe* Rn. 4; Löwe/Rosenberg/*Krauß* Rn. 13; *Meyer* §§ 198–201 Rn. 11; SSW/*Satzger* Rn. 21; BT-Drs. 17/3802, 24.
[25] BVerfG 24.11.1983 – 2 BvR 121/83, NJW 1984, 967; BVerfG 5.2.2003 – 2 BvR 327/02, NJW 2003, 2225; BVerfG 25.7.2003 – 2 BvR 153/03, NJW 2003, 2897.
[26] BGH 9.12.1987 – 3 StR 104/87, BGHSt 35, 137 (142 f.) = NJW 1988, 2188 (2189); BGH 25.10.2000 – 2 StR 232/00, BGHSt 46, 159 (168 ff.) = NJW 2001, 1146 (1148). Vgl. insofern auch BVerfG 24.11.1983 – 2 BvR 121/83, NJW 1984, 967; BVerfG 5.2.2003 – 2 BvR 327/02, NJW 2003, 2225; BVerfG 25.7.2003 – 2 BvR 153/03, NJW 2003, 2897; *Fischer* StGB § 46 Rn. 130; Meyer-Goßner/*Schmitt* MRK Art. 6 Rn. 9.
[27] So auch Löwe/Rosenberg/*Krauß* Rn. 14; *Kissel/Mayer* § 198 Rn. 32; *Gercke/Heinisch* NStZ 2012, 300 (305); *Sommer* StV 2012, 107 (108); *Plankemann* S. 195. Anderer Ansicht Steinbeiß-Winkelmann/*Ott* Rn. 29, 33 und wohl auch Meyer-Goßner/*Schmitt* Rn. 3.

Denn der Vorrang der strafprozessualen Kompensation gilt nach dem klaren Wortlaut des Abs. 3 S. 1 nur, wenn eine solche tatsächlich vorgenommen wurde, nicht auch, wenn sie hätte erfolgen müssen. Insofern ist ein Beschuldigter im Strafverfahren nicht gehalten, gegen eine rechtswidrig unterbliebene strafprozessuale Kompensation durch Einlegung strafprozessualer Rechtsmittel vorzugehen. Er kann vielmehr iS eines – eigentlich der Intention der §§ 198 ff. widerstreitenden – „dulde und liquidiere" stattdessen finanzielle Entschädigung (auch) für erlittene immaterielle Nachteile (die nach § 198 Abs. 2 S. 1 vermutet werden) erstreiten. Dies setzt allerdings die ordnungsgemäße Erhebung einer Verzögerungsrüge im strafrechtlichen Ausgangsverfahren voraus.

14 **3. Bindungswirkung von Entscheidungen der Strafgerichte über die Angemessenheit der Verfahrensdauer. Abs. 3 S. 2** bestimmt, dass Feststellungen der Strafgerichte dazu, ob – und wenn ja, in welchem Umfang – Strafverfahren rechtsstaatswidrig verzögert worden sind, bei Entschädigungsklagen ehemaliger Beschuldigter für die Entschädigungsgerichte bindend sind. Wenn ein Beschuldigter, dessen Strafverfahren (vermeintlich) unangemessen lange gedauert hat, Entschädigungsklage erhebt, ist das **Entschädigungsgericht** mithin **an eine vorgängige strafgerichtliche Beurteilung gebunden.** Damit sollen divergierende Entscheidungen der Strafgerichte und der Entschädigungsgerichte zur Angemessenheit der Dauer eines Verfahrens vermieden werden.[28] Der Beurteilung durch das sachnähere und zeitlich zuerst entscheidende Strafgericht wird Vorrang eingeräumt. Bedeutung erlangt die Bindungswirkung der strafgerichtlichen Beurteilung vor allem bei Klagen von ehemaligen Beschuldigten auf Entschädigung für materielle Nachteile, weil finanzielle Einbußen nicht schon im Strafverfahren kompensiert werden können und es mithin für deren Entschädigung einer nachgängigen Entschädigungsklage bedarf. Eine Kompensation für immaterielle Nachteile hat dagegen – wie dargelegt (→ Rn. 4) – regelmäßig bereits im Strafverfahren zu erfolgen; wenn sie erfolgt ist, ist nach Abs. 3 S. 1 für einen Anspruch des ehemaligen Beschuldigten auf finanzielle Entschädigung für immaterielle Nachteile kein Raum (→ Rn. 5).

15 Die Bindungswirkung strafgerichtlicher Beurteilungen der Verfahrensdauer erfasst sowohl Feststellungen der Strafgerichte dahingehend, dass ein Verfahren unangemessen lange gedauert hat und welchen Umfang die rechtsstaatswidrige Verzögerung hat **(positive Bindungswirkung)**, als auch Feststellungen dahingehend, dass die Verfahrensdauer im Ergebnis angemessen war, also keine rechtsstaatswidrige Verfahrensverzögerung vorliegt **(negative Bindungswirkung).**[29] Bei unterschiedlichen Beurteilungen der Dauer ein- und desselben Strafverfahrens durch verschiedene Strafgerichte, etwa einer von der instanzgerichtlichen Beurteilung abweichenden Feststellung durch das Berufungs- oder Revisionsgericht, ist die Entscheidung des höheren Gerichts für das Entschädigungsgericht maßgeblich. Keine Bindungswirkung entfalten während eines Strafverfahrens ergangene Beschwerde- und Haftprüfungsentscheidungen übergeordneter Gerichte, etwa Entscheidungen des OLG im besonderen Haftprüfungsverfahren nach § 122 StPO.[30]

16 Eine Bindungswirkung für das Entschädigungsgericht tritt aber nur ein, wenn im Strafverfahren ein Strafgericht tatsächlich – in den Gründen eines Urteils oder Beschlusses – Feststellungen zur Angemessenheit der Verfahrensdauer getroffen hat. Wenn das **Strafgericht sich** gar **nicht zur Angemessenheit der Verfahrensdauer verhalten hat** (etwa im Fall eines Freispruchs), kann und muss das **Entschädigungsgericht** eine **eigene Beurteilung** vornehmen.[31] Dies gilt auch dann, wenn das Strafgericht bei Bejahung einer rechtsstaatswidrigen Verfahrensverzögerung eine Kompensationsentscheidung – etwa bei einer Verurteilung des Angeklagten in Anwendung der Vollstreckungslösung – hätte treffen kön-

---

[28] Löwe/Rosenberg/*Krauß* Rn. 20; *Steinbeiß-Winkelmann/Ott* Einf. Rn. 269; BT-Drs. 17/3802, 24.
[29] KK/*Barthe* Rn. 4; SK-StPO/*Degener* Rn. 6; Löwe/Rosenberg/*Krauß* Rn. 20; *Kissel/Mayer* § 198 Rn. 40; *Graf* NZWiSt 2012, 121 (127); BT-Drs. 17/3802, 24.
[30] *Steinbeiß-Winkelmann/Ott* Rn. 32.
[31] Löwe/Rosenberg/*Krauß* Rn. 20.

nen und müssen (vgl. insofern auch → Rn. 20). Das (möglicherweise rechtswidrige) Unterlassen der Feststellung einer unangemessenen Verfahrensdauer und des Treffens einer Kompensationsentscheidung durch das Strafgericht kann auch in solchen Fällen nicht als (konkludente) Verneinung einer unangemessenen Verfahrensdauer gewertet werden.

Die Bindungswirkung der Beurteilung der Verfahrensdauer durch das Strafgericht erstreckt 17 sich **nicht** auf **Entschädigungsklagen von anderen Verfahrensbeteiligten** als dem (ehemaligen) Beschuldigten.[32] Der Gesetzgeber hat dies damit begründet, insofern bestehe keine Gefahr divergierender Entscheidungen des Strafgerichts einerseits und des Entschädigungsgerichts andererseits, weil die Strafgerichte nur über Kompensationsansprüche von Beschuldigten befinden können.[33] Letzteres ist zwar richtig, aber es bleibt die Möglichkeit einer Divergenz hinsichtlich der gerichtlichen Beurteilung der Dauer einer rechtsstaatswidrigen Verfahrensverzögerung, so dass es sachgerecht gewesen wäre, die Bindungswirkung auch auf Entschädigungsklagen anderer (rechtsmittelbefugter) Verfahrensbeteiligter zu erstrecken. **Entscheidungen der Staatsanwaltschaft** entfalten **keine Bindungswirkung,** weil sonst der Anspruch auf gerichtlichen Rechtsschutz nicht gewahrt wäre.

Für den Strafprozess folgt aus der in Abs. 3 S. 2 normierten Bindungswirkung, dass das 18 **Strafgericht** im Falle der Erhebung einer Verzögerungsrüge durch den Beschuldigten auch dann eine **Feststellung zur Angemessenheit der Verfahrensdauer treffen sollte,** wenn es das Verfahren nicht für rechtsstaatswidrig verzögert hält. Eine Rechtspflicht, von Amts wegen ausdrücklich über die Angemessenheit der Verfahrensdauer zu befinden, trifft das Strafgericht zwar nur, wenn es eine unangemessene Verfahrensdauer bejaht oder der zeitliche Ablauf des Verfahrens das Vorliegen einer rechtsstaatswidrigen Verfahrensverzögerung naheliegend erscheinen lässt und eine strafprozessuale Kompensation grundsätzlich möglich ist.[34] Um dem Zweck der Bindungswirkung des Abs. 3 S. 2 Rechnung zu tragen und das Entschädigungsgericht zu entlasten, sollte das ohnehin sachnähere Strafgericht aber auch in allen anderen Fällen, in denen der Beschuldigte eine – als solche nicht bescheidungspflichtige – Verzögerungsrüge erhoben hat (nur dann kann ein Entschädigungsanspruch entstehen), in den Gründen der verfahrensabschließenden Entscheidung Ausführungen zur Angemessenheit der Verfahrensdauer machen.[35]

Für den **Angeklagten** hat Abs. 3 S. 2 zur Folge, dass er gegen eine von ihm nicht geteilte 19 und für ihn **nachteilige Beurteilung der Verfahrensdauer durch das Strafgericht** bereits durch **Einlegung von Rechtsmitteln im Strafprozess** vorgehen muss, wenn er sich die Erfolgsaussichten einer Entschädigungsklage erhalten möchte. Wegen der Bindungswirkung nach Abs. 3 S. 2 liegt eine Beschwer des Angeklagten durch eine Entscheidung des Strafgerichts auch dann vor, wenn der Angeklagte die Feststellung des Strafgerichts zur Dauer einer Verfahrensverzögerung rügt, Art und Umfang einer vom Strafgericht vorgenommenen strafprozessualen Kompensation aber auch bei abweichender Beurteilung des Ausmaßes der Verzögerung als angemessen anzusehen wären.

Jedoch braucht ein Angeklagter, wenn das **Strafgericht** es (seiner Auffassung nach) 20 **rechtsfehlerhaft unterlassen** hat, in seiner Entscheidung eine rechtsstaatswidrige **Verfahrensverzögerung festzustellen** und eine strafprozessuale Kompensationsentscheidung zu treffen und die Entscheidung zur Frage einer Verfahrensverzögerung schweigt, nicht durch Einlegung eines Rechtsmittels gegen die Entscheidung vorzugehen. Vielmehr kann er sich in einem solchen Fall – iS eines „dulde und liquidiere" – darauf verlegen, Entschädigungsklage zu erheben, wobei dann – weil mangels Entscheidung des Strafgerichts Abs. 3 S. 1 nicht eingreift (→ Rn. 16) – auch eine finanzielle Entschädigung für erlittene immaterielle Nachteile nach § 198 Abs. 2 möglich ist.

---

[32] KK/*Barthe* Rn. 4; SK-StPO/*Degener* Rn. 6; Löwe/Rosenberg/*Krauß* Rn. 20; *Graf* NZWiSt 2012, 121 (128).
[33] BT-Drs. 17/3802, 25.
[34] Vgl. BGH 11.11.2004 – 5 StR 376/03, BGHSt 49, 342 (343 ff.) = NJW 2005, 518 (518 f.); BGH 17.4.2007 – 5 StR 541/06, NStZ 2007, 539; MüKoStGB/*Miebach/Maier* StGB § 46 Rn. 435 mwN.
[35] Hierzu auch → § 198 Rn. 16.

21　**4. Ausschluss des Privatklägers von Entschädigungsansprüchen.** Abs. 4 schließt **Privatkläger** aus dem Kreis der entschädigungsberechtigten Verfahrensbeteiligten aus.[36]

§ 200 [Haftende Körperschaft]

¹Für Nachteile, die auf Grund von Verzögerungen bei Gerichten eines Landes eingetreten sind, haftet das Land. ²Für Nachteile, die auf Grund von Verzögerungen bei Gerichten des Bundes eingetreten sind, haftet der Bund. ³Für Staatsanwaltschaften und Finanzbehörden in Fällen des § 386 Absatz 2 der Abgabenordnung gelten die Sätze 1 und 2 entsprechend.

Schrifttum: Siehe die Nachweise bei § 198.

I. Überblick

1　§ 200 bestimmt, **welcher Rechtsträger** – Bund oder jeweiliges Bundesland – **entschädigungspflichtig** und damit **Anspruchsgegner** und richtiger Klagegegner in Bezug auf Ansprüche nach § 198 Abs. 1 ist. Zwar ist bei der Beurteilung, ob ein Verfahren unangemessen lange gedauert hat, das Gesamtverfahren bis zum rechtskräftigen Abschluss in den Blick zu nehmen und kommt es darauf an, ob das Verfahren insgesamt betrachtet rechtsstaatswidrig lange gedauert hat.[1] Für die Frage, welcher Rechtsträger entschädigungspflichtig ist, kommt es aber darauf an, **bei welcher Staatsanwaltschaft** bzw. **bei welchem Gericht** die relevanten **Verzögerungen eingetreten sind**.

II. Erläuterung

2　**1. Haftung des Landes.** Wird ein Entschädigungsanspruch darauf gestützt, dass es in einem Verfahren bei einer **Landesstaatsanwaltschaft** oder bei einem Gericht auf der Landesebene – also in einem Strafverfahren beim **Amtsgericht, Landgericht** oder **Oberlandesgericht** – zu einer Verfahrensverzögerung gekommen ist, welche im Ergebnis eine unangemessene Verfahrensdauer bewirkt hat, **haftet das jeweilige Bundesland** und ist dieses daher richtiger Klagegegner einer Entschädigungsklage.[2] Das Gleiche gilt bei einem von einer Finanzbehörde eines Landes geführten Verfahren in den Fällen des § 386 Abs. 2 AO.

3　Das Land, zu dem ein OLG gehört, haftet auch, wenn es zu einer rechtsstaatswidrigen Verzögerung in einem **Staatsschutzverfahren** gekommen ist, bei dem das OLG nach § 120 Abs. 6 Gerichtsbarkeit des Bundes ausgeübt hat.[3] Allerdings erstreckt sich der Kostenerstattungsanspruch des Landes gegen den Bund nach § 120 Abs. 7 auch auf Aufwendungen wegen Entschädigungsansprüchen nach § 198 Abs. 1, so dass Entschädigungsaufwendungen letztlich vom Bund zu tragen sind.

4　**2. Haftung des Bundes.** Sofern es zu einer rechtsstaatswidrigen Verfahrensverzögerung im Verantwortungsbereich des Bundes gekommen ist, haftet dieser. Bezogen auf das Strafrecht tritt eine Haftung des Bundes mithin ein, sofern es in einem vom **Generalbundesanwalt** geführten Ermittlungsverfahren, während der Bearbeitung einer Revisions- oder Beschwerdesache durch den Generalbundesanwalt oder während der Anhängigkeit einer Strafsache beim **Bundesgerichtshof** – etwa während eines strafrechtlichen Revisionsverfahrens beim BGH – zu einer relevanten Verfahrensverzögerung gekommen ist.

---

[36] Vgl. Steinbeiß-Winkelmann/*Ott* Rn. 8; BT-Drs. 17/7669, 8.
[1] Insofern → § 198 Rn. 40.
[2] Die richtige Bezeichnung der Vertretungsbehörde – idR die örtlich zuständige Generalstaatsanwaltschaft – ist keine Voraussetzung für eine wirksame Klageerhebung; vgl. *Heine* MDR 2012, 327 (327); Steinbeiß-Winkelmann/*Ott* § 198 Rn. 235.
[3] Wie hier Löwe/Rosenberg/*Krauß* Rn. 1; Kissel/Mayer Rn. 3. Anderer Ansicht (unmittelbare Haftung des Bundes) KK/*Barthe* Rn. 4; SK-StPO/*Degener* Rn. 1; Graf/*Graf* Rn. 1, § 201 Rn. 2; *Graf* NZWiSt 2012, 121 (126); Steinbeiß-Winkelmann/*Ott* Rn. 7.

3. Haftung bei Verzögerungen sowohl im Bereich eines Landes als auch im 5
Bereich des Bundes. Sofern ein Verfahren im Verantwortungsbereich sowohl des Bundes als auch eines Landes rechtsstaatswidrig verzögert worden ist, was zB der Fall sein kann, wenn es sowohl während der Anhängigkeit des Verfahrens in erster Instanz beim Landgericht als auch während des Revisionsverfahrens beim GBA oder BGH zu Verzögerungen gekommen ist, **haften das Land und der Bund** jeweils **isoliert für sich für die Nachteile, die** durch die Verzögerungen **in ihrem Zuständigkeitsbereich entstanden** sind. Der Betroffene hat seine Ansprüche getrennt und bezogen auf die jeweiligen verzögerten Abschnitte gegenüber dem betreffenden Land sowie gegenüber dem Bund geltend zu machen und erforderlichenfalls zwei Entschädigungsklagen zu erheben.[4] Das Gleiche gilt bei der Abgabe eines Verfahrens durch ein Bundesland an ein anderes.[5]

§ 201 [Zuständigkeit für die Entschädigungsklage; Verfahren]

(1) ¹Zuständig für die Klage auf Entschädigung gegen ein Land ist das Oberlandesgericht, in dessen Bezirk das streitgegenständliche Verfahren durchgeführt wurde. ²Zuständig für die Klage auf Entschädigung gegen den Bund ist der Bundesgerichtshof. ³Diese Zuständigkeiten sind ausschließliche.

(2) ¹Die Vorschriften der Zivilprozessordnung über das Verfahren vor den Landgerichten im ersten Rechtszug sind entsprechend anzuwenden. ²Eine Entscheidung durch den Einzelrichter ist ausgeschlossen. ³Gegen die Entscheidung des Oberlandesgerichts findet die Revision nach Maßgabe des § 543 der Zivilprozessordnung statt; § 544 der Zivilprozessordnung ist entsprechend anzuwenden.

(3) ¹Das Entschädigungsgericht kann das Verfahren aussetzen, wenn das Gerichtsverfahren, von dessen Dauer ein Anspruch nach § 198 abhängt, noch andauert. ²In Strafverfahren, einschließlich des Verfahrens auf Vorbereitung der öffentlichen Klage, hat das Entschädigungsgericht das Verfahren auszusetzen, solange das Strafverfahren noch nicht abgeschlossen ist.

(4) Besteht ein Entschädigungsanspruch nicht oder nicht in der geltend gemachten Höhe, wird aber eine unangemessene Verfahrensdauer festgestellt, entscheidet das Gericht über die Kosten nach billigem Ermessen.

Schrifttum: Siehe die Nachweise bei § 198.

Übersicht

	Rn.		Rn.
I. Überblick	1, 2	2. Gerichtliches Verfahren	6–9
1. Normzweck	1	a) Verfahren im ersten Rechtszug	6–8
2. Anwendungsbereich	2	b) Rechtsmittel	9
II. Erläuterung	3–11	3. Aussetzungspflicht bei andauerndem Strafverfahren	10
1. Gerichtliche Zuständigkeit	3–5	4. Kostenentscheidung	11

I. Überblick

1. Normzweck. § 201 regelt die **gerichtliche Zuständigkeit** für Klagen auf Entschädi- 1 gung nach § 198 Abs. 1 und das **gerichtliche Verfahren,** wobei die Norm die für anwendbar erklärten Vorschriften der Zivilprozessordnung über das Verfahren vor den Landgerichten im ersten Rechtszug geringfügig modifiziert.

---
[4] OLG Hamm 26.4.2013 – 11 EK 12/13, BeckRS 2013, 08983; Löwe/Rosenberg/*Krauß* Rn. 2; *Dietrich* ZZP 127 (2014), 169 (193); *Schmidt* NVwZ 2015, 1710 (1712); Marx/*Roderfeld* Rn. 2 ff.; Steinbeiß-Winkelmann/*Ott* Rn. 2, 4, 6. Anderer Ansicht SK-StPO/*Degener* Rn. 1; *Kissel*/*Mayer* Rn. 4; *Magnus* ZZP 125 (2012), 75 (83).
[5] Steinbeiß-Winkelmann/*Ott* Rn. 2, 4, 6.

2. Anwendungsbereich. § 201 gilt für **alle Klagen auf Entschädigung nach § 198 Abs. 1,** die aus verzögerten Gerichtsverfahren der ordentlichen Gerichtsbarkeit sowie verzögerten staatsanwaltschaftlichen Ermittlungsverfahren resultieren. Für Klagen wegen verzögerter strafrechtlicher Verfahren gibt es – abgesehen von der in Abs. 3 S. 1 normierten Pflicht zur Verfahrensaussetzung bei Klageerhebung vor Abschluss des Ausgangsverfahrens (→ Rn. 10) – keine Sonderregelungen; auch insofern ist eine zivilprozessuale Leistungsklage zu erheben. Systematisch in den Zusammenhang der Verfahrensregelungen des § 201 gehören die in § 198 Abs. 5 verankerten Klagefristen.

II. Erläuterung

1. Gerichtliche Zuständigkeit. Über Entschädigungsansprüche aufgrund von **Verfahrensverzögerungen auf der Länderebene** entscheiden gemäß Abs. 1 S. 1 die **Oberlandesgerichte.**[1] Örtlich zuständig ist das OLG, in dessen Bezirk das verzögerte Verfahren durchgeführt wurde. Bei einer bezirksübergreifenden Verfahrensabgabe innerhalb eines Landes hat der Kläger die Wahl zwischen den OLG, in deren Bezirken das Verfahren anhängig war (§ 35 ZPO).[2] Wenn es zu Verzögerungen sowohl auf Landes- als auch auf Bundesebene gekommen ist, sind Land und Bund isoliert bezogen auf ihren Verzögerungsanteil in Anspruch zu nehmen[3] und ist Klage sowohl beim örtlich zuständigen OLG (bezogen auf den Anspruch gegen das Land wegen der Verzögerung auf Landesebene) als auch beim BGH (bezogen auf den Anspruch gegen den Bund wegen der Verzögerung auf Bundesebene) zu erheben.[4] Entsprechendes gilt bei einer Verfahrensabgabe von einem Bundesland an ein anderes.[5]

Über Entschädigungsansprüche aufgrund von **Verfahrensverzögerungen auf Bundesebene** entscheidet, soweit es um verzögerte strafrechtliche Verfahren geht, der **Bundesgerichtshof** (Abs. 1 S. 2). Für Klagen wegen Verfahrensverzögerungen, zu denen es beim GBA oder BGH gekommen ist, ist mithin der BGH zuständig.

Die Zuständigkeiten sind gemäß Abs. 1 S. 3 **ausschließliche Zuständigkeiten,** sodass nach § 40 Abs. 2 Nr. 2 ZPO eine Prorogation nach § 38 ZPO und eine Zuständigkeitsbegründung kraft rügeloser Einlassung nach § 39 ZPO ausgeschlossen sind.[6]

2. Gerichtliches Verfahren. a) Verfahren im ersten Rechtszug. Nach Abs. 2 S. 1 richtet sich das Verfahren nach den **Vorschriften der ZPO über Verfahren vor den Landgerichten im ersten Rechtszug.** Entschädigungsklagen sind also auch insofern, als es um Ansprüche wegen verzögerter Strafverfahren geht, „normale" **zivilprozessuale Leistungsklagen,** auf die – abgesehen von den Sonderregelungen in den §§ 198 ff. – ohne Besonderheiten die Vorschriften der ZPO für erstinstanzliche landgerichtliche Zivilverfahren Anwendung finden.[7] Einer **vorgängigen außergerichtlichen Geltendmachung** des Entschädigungsanspruchs gegenüber dem in Anspruch genommenen Land bzw. dem Bund bedarf es nicht; eine solche kann aber uU im Hinblick auf die Kostenregelung des § 93 ZPO bei sofortigem Anerkenntnis ratsam sein.[8] Gemäß § 78 Abs. 1 S. 1 ZPO besteht

---
[1] Zu Recht insofern kritisch MüKoZPO/*Zimmermann* Rn. 2; *Matusche-Beckmann/Kumpf* ZZP 124 (2011), 173 (188).
[2] Löwe/Rosenberg/*Krauß* Rn. 4; *Kissel/Mayer* Rn. 4; Steinbeiß-Winkelmann/*Ott* Rn. 3.
[3] Näher hierzu → § 200 Rn. 5.
[4] Löwe/Rosenberg/*Krauß* Rn. 2; *Marx/Roderfeld* Rn. 6; Steinbeiß-Winkelmann/*Ott* Rn. 2.
[5] Steinbeiß-Winkelmann/*Ott* Rn. 3. Anderer Ansicht Löwe/Rosenberg/*Krauß* Rn. 4; *Zimmermann* FamRZ 2011, 1905 (1909); *Marx/Roderfeld* Rn. 9; BT-Drs. 17/3802, 25.
[6] BT-Drs. 17/3802, 25.
[7] BGH 23.1.2014 – III ZR 37/13, BGHZ 200, 20 (25) = NJW 2014, 939 Rn. 24 f.; *Dietrich* ZZP 127 (2014), 169 (175 f.); *Marx/Roderfeld* Rn. 10 f.
[8] OVG Berlin-Brandenburg 2.8.2013 – L 37 SF 252/12 EK, BeckRS 2013, 72358; Steinbeiß-Winkelmann/*Ott* § 198 Rn. 237; *Heine* MDR 2013, 1081 (1082); *Heine* MDR 2014, 1008 (1008). Möglich ist eine außergerichtliche Einigung mit dem beklagten Land bzw. Bund, wobei allerdings die Entscheidungskompetenzen des Beklagten während eines noch laufenden Ausgangsverfahrens wegen des drohenden Eingriffs in die richterliche Unabhängigkeit des Ausgangsgerichts begrenzt sind; vgl. Löwe/Rosenberg/*Krauß* § 198 Rn. 62; MüKoZPO/*Zimmermann* § 198 Rn. 70. Siehe auch Zöller/*Lückemann* § 198 Rn. 11.

Anwaltspflicht,[9] und zwar auch dann, wenn im verzögerten Strafverfahren kein Fall der notwendigen Verteidigung (§ 140 StPO) vorlag. Hinsichtlich der Geltendmachung immaterieller Nachteile ist ein unbezifferter Klagantrag statthaft.[10]

Es gelten die „normalen" zivilprozessualen Regeln über die **Darlegungs- und Beweislast.** Der Entschädigungskläger muss die Tatsachen substantiiert vortragen und im Bestreitensfall beweisen, aus denen sich die Unangemessenheit der Verfahrensdauer ergeben soll.[11] Dabei genügt es nicht, die Länge des Gesamtverfahrens bzw. vermeintlich verzögerter einzelner Verfahrensabschnitte vorzutragen, weil hieraus allein kein Schluss auf eine rechtsstaatswidrige Verzögerung gezogen werden kann. Auch eine bloße Bezugnahme auf die Akten des Ausgangsverfahrens ist ungenügend. Vielmehr sind alle Umstände in der Klageschrift darzulegen und erforderlichenfalls vom Kläger zu beweisen, die für die gesamtwürdigende Beurteilung, ob ein Verfahren unangemessen lange gedauert hat, von Bedeutung sind.[12] Der Kläger ist auch darlegungs- und beweispflichtig für die ordnungsgemäße Einlegung und erforderlichenfalls Wiederholung einer Verzögerungsrüge im Ausgangsverfahren.[13] Zum Beweis der dargelegten Tatsachen – nicht aber als Ersatz für einen hinreichend substantiierten Tatsachenvortrag – kann nach § 432 Abs. 1 ZPO die Beziehung der Akten des Ausgangsverfahrens beantragt werden.[14] In Bezug auf Umstände, die in den Bereich der Justiz fallen und dem Einblick des Klägers entzogen sind, obliegt es demgegenüber dem beklagten Land oder Bund vorzutragen; insofern gelten die allgemeinen Grundsätze zur sekundären Darlegungslast.[15]

Nach Abs. 2 S. 2 ist eine Entscheidung durch den **Einzelrichter** (§ 348 ZPO) **ausgeschlossen.** Nach § 41 Nr. 7 ZPO ist ein Richter, der in dem beanstandeten Verfahren – einschließlich eines staatsanwaltschaftlichen Ermittlungsverfahrens – in dem Rechtszug (Ermittlungsverfahren, erste Instanz, Berufungsverfahren oder Revisionsverfahren) mitgewirkt hat, in dem es zu der beanstandeten Verzögerung gekommen sein soll, von der Ausübung des Richteramtes ausgeschlossen.[16]

b) Rechtsmittel. Gegen Entscheidungen der OLG findet nach Abs. 2 S. 3 Hs. 1 die **Zulassungsrevision** zum BGH statt. Der Maßstab für die Zulässigkeitsentscheidung bestimmt sich nach § 543 Abs. 2 ZPO. Nach § 201 Abs. 2 S. 3 Hs. 2 ist gegen die Nichtzulassung der Revision durch das OLG in Anwendung von § 544 ZPO die **Nichtzulassungsbeschwerde** möglich, wobei allerdings die Wertgrenze des § 26 Nr. 8 EGZPO gilt.[17] Erstinstanzliche Entscheidungen des BGH sind nicht anfechtbar.

3. Aussetzungspflicht bei andauerndem Strafverfahren. Zwar kann gemäß § 198 Abs. 5 S. 1 eine Entschädigungsklage unter Umständen auch schon während des verzögerten

---

[9] Löwe/Rosenberg/*Krauß* Rn. 6; MüKoZPO/*Zimmermann* Rn. 9; *Zimmermann* FamRZ 2011, 1905 (1909).
[10] BGH 23.1.2014 – III ZR 37/13, BGHZ 200, 20 (34 f.) = NJW 2014, 939 Rn. 56; OLG Karlsruhe 10.12.2015 – 23 EK 2/15, NStZ-RR 2016, 93 (94); *Zimmermann* FamRZ 2011, 1905 (1909); Steinbeiß-Winkelmann/*Ott* § 198 Rn. 244.
[11] BGH 14.11.2013 – III ZR 376/12, BGHZ 199, 87 (100 f.) = NJW 2014, 220 Rn. 41; BGH 23.1.2014 – III ZR 37/13, BGHZ 200, 20 (25) = NJW 2014, 939 Rn. 25; OLG Karlsruhe 10.12.2015 – 23 EK 2/15, NStZ-RR 2016, 93 (94); MüKoZPO/*Zimmermann* Rn. 12; *Heine* MDR 2013, 1147 (1149); *Zimmermann* FamRZ 2011, 1905 (1910); *Marx/Roderfeld* Rn. 15 f.; *Marx/Roderfeld* § 198 Rn. 47; BT-Drs. 17/3802, 25.
[12] BGH 14.11.2013 – III ZR 376/12, BGHZ 199, 87 (100 f.) = NJW 2014, 220 Rn. 41.
[13] *Marx/Roderfeld* Rn. 16; BT-Drs. 17/3802, 25.
[14] *Heine* MDR 2012, 327 (332); Steinbeiß-Winkelmann/*Ott* § 198 Rn. 244.
[15] BGH 14.11.2013 – III ZR 376/12, BGHZ 199, 87 (100 f.) = NJW 2014, 220 Rn. 41; OLG Celle 24.10.2012 – 23 SchH 3/12, BeckRS 2012, 22632; OLG Karlsruhe 10.12.2015 – 23 EK 2/15, NStZ-RR 2016, 93 (94); *Dietrich* ZZP 127 (2014), 169 (176 f.); *Zimmermann* FamRZ 2011, 1905 (1910); *Marx/Roderfeld* Rn. 16; *Marx/Roderfeld* § 198 Rn. 48.
[16] OLG Karlsruhe 10.12.2015 – 23 EK 2/15, NStZ-RR 2016, 93 (94); Zöller/*Vollkommer* ZPO § 41 Rn. 14a; *Zimmermann* FamRZ 2011, 1905 (1910); Steinbeiß-Winkelmann/*Ott* Rn. 11.
[17] BGH 25.7.2013 – III ZR 413/12, NJW 2013, 2762 (2762 f.); BGH 27.2.2014 – III ZR 161/13, BeckRS 2014, 5764; BGH 2.6.2016 – III ZA 11/16, BeckRS 2016, 11277; *Schlick* NJW 2014, 2686 (2690).

Strafverfahrens erhoben werden.[18] Nach § 201 Abs. 3 S. 2 hat das Entschädigungsgericht aber zwingend das **Entschädigungsklageverfahren auszusetzen,** solange das **strafrechtliche Ausgangsverfahren nicht endgültig abgeschlossen** ist. Bei strafrechtlichen Verfahren ist das Entschädigungsverfahren bis zur Rechtskraft des das Verfahren beendenden Beschlusses oder Urteils auszusetzen.[19] Im Falle einer staatsanwaltschaftlichen oder strafgerichtlichen Verfahrenseinstellung kommt es auf den Zeitpunkt des endgültigen Verfahrensabschlusses an; vorläufige Einstellungen (zB nach § 205 StPO oder § 153a StPO) beenden die Aussetzungspflicht nicht. Die Möglichkeit einer Wiederaufnahme des Verfahrens ist dagegen irrelevant, so dass Einstellungen nach §§ 153, 154 oder 170 Abs. 2 StPO als Abschluss des Strafverfahrens iSd Abs. 3 S. 2 gelten und das Entschädigungsklageverfahren dann weiterzuführen ist. Die Aussetzungspflicht hat ihren Grund in dem in § 199 Abs. 3 S. 1 normierten Vorrang der strafprozessualen Kompensation, über die das Strafgericht erst zum Abschluss des Ausgangsverfahrens befinden kann, sowie in der von § 199 Abs. 3 S. 2 angeordneten Bindungswirkung einer Entscheidung des Strafgerichts über die Angemessenheit der Verfahrensdauer, welche erst mit dem Abschluss des Ausgangsverfahrens getroffen werden kann.[20] Strafverfahren iSd Abs. 3 S. 2 sind nicht nur das strafrechtliche Erkenntnisverfahren, sondern auch alle anderen Straf- und Strafvollstreckungssachen einschließlich Verfahren nach §§ 109 ff. StVollzG und dem IRG.

11 **4. Kostenentscheidung.** Über die Kosten eines Entschädigungsklageverfahrens entscheidet das Entschädigungsgericht in **Anwendung der §§ 91 ff. ZPO.** Die dortigen Regelungen zu Kostenentscheidungen modifiziert § 201 Abs. 4 dahingehend, dass das Entschädigungsgericht über die Kosten des Rechtsstreits nach **billigem Ermessen** entscheidet, wenn es zu dem Ergebnis gelangt, dass das Ausgangsverfahren rechtsstaatswidrig verzögert wurde, aber ein Entschädigungsanspruch nicht oder nicht in der vom Kläger geltend gemachten Höhe besteht.

---

[18] Näher hierzu → § 198 Rn. 79.
[19] Löwe/Rosenberg/*Krauß* Rn. 11; *Marx*/Roderfeld Rn. 21.
[20] *Graf* NZWiSt 2012, 121 (128); *Marx*/Roderfeld Rn. 21.

Einführungsgesetz zum Gerichtsverfassungsgesetz

Vom 27.1.1877 (RGBl. S. 77)
FNA 300-1
Zuletzt geändert durch Gesetz zur Erweiterung der Medienöffentlichkeit in Gerichtsverfahren und zur Verbesserung der Kommunikationshilfen für Menschen mit Sprach- und Hörbehinderungen vom 8.10.2017 (BGBl. I S. 3546)

Erster Abschnitt. Allgemeine Vorschriften

§ 1 *(aufgehoben)*

§ 1 ist durch Art. 14 Nr. 1 des Ersten Gesetzes über die Bereinigung von Bundesrecht im Zuständigkeitsbereich des Bundesministeriums der Justiz vom 19.4.2006[1] mit Wirkung zum 25.4.2006 **aufgehoben** worden. Die Vorschrift regelte das **Inkrafttreten** sowie den **räumlichen Geltungsbereich** des GVG im Deutschen Kaiserreich und war **historisch überholt**.[2] Sie wurde daher ersatzlos gestrichen.

§ 2 [Anwendungsbereich]

Die Vorschriften des Gerichtsverfassungsgesetzes finden auf die ordentliche Gerichtsbarkeit und deren Ausübung Anwendung.

Nach § 2 finden die Vorschriften des GVG auf die **ordentliche Gerichtsbarkeit** und deren **Ausübung** Anwendung. Strafsachen werden **historisch bedingt** und **unbestritten** der ordentlichen Gerichtsbarkeit zugerechnet,[1] auch wenn die bis zum 1.9.2009 geltende Beschränkung des § 2 auf „ordentliche streitige" Verfahren für Strafverfahren, die ja gerade **keine Parteiverfahren** darstellen, nicht ganz passend war.[2] Die Neufassung der Vorschrift durch Art. 21 Nr. 1 des FGG-RG[3] hat den Anwendungsbereich des GVG lediglich **erweitert**.[4]

Im Jugendgerichtsverfahren gilt das GVG demgegenüber gem. § 2 Abs. 2 JGG nur, soweit das JGG selbst nichts anderes bestimmt. Entsprechendes gilt gem. § 385 Abs. 1 AO **im Steuerstrafverfahren. Im Ordnungswidrigkeitenverfahren** findet das GVG über den Verweis in § 46 Abs. 1 OWiG **sinngemäße** Anwendung, soweit das OWiG nichts anderes bestimmt. § 77 Abs. 1 IRG enthält eine dem § 46 Abs. 1 OWiG entspr. Regelung **für internationale Rechtshilfesachen.**

§ 3 [Übertragung der Gerichtsbarkeit]

(1) ¹**Die Gerichtsbarkeit in bürgerlichen Rechtsstreitigkeiten und Strafsachen, für welche besondere Gerichte zugelassen sind, kann den ordentlichen Landesge-**

---

[1] BGBl. I 866 (867).
[2] Vgl. BT-Drs. 16/47, 48; KK/*Schoreit*, 5. Aufl. 2003, Rn. 3 ff. § 1 lautete: „Das Gerichtsverfassungsgesetz tritt im ganzen Umfang des Reichs an einem durch Kaiserliche Verordnung mit Zustimmung des Bundesrats festzusetzenden Tage, spätestens am 1. Oktober 1879, gleichzeitig mit der in § 2 des Einführungsgesetzes der Zivilprozeßordnung vorgesehenen Gebührenordnung in Kraft."

[1] So HK-GS/*Böttcher* Rn. 1; KK/*Mayer* Rn. 1; Meyer-Goßner/*Schmitt* Rn. 1; vgl. auch § 3 Abs. 1 EGStPO und § 13 GVG.
[2] Vgl. dazu KK/*Schoreit*, 5. Aufl. 2003, Rn. 1 und *Meyer-Goßner*, 52. Aufl. 2009, Rn. 1.
[3] Gesetz zur Reform des Verfahrens in Familiensachen und in den Angelegenheiten der freiwilligen Gerichtsbarkeit vom 17.12.2008, BGBl. I 2586 (2694).
[4] Vgl. BT-Drs. 16/6308, 318.

richten durch die Landesgesetzgebung übertragen werden. ²Die Übertragung darf nach anderen als den durch das Gerichtsverfassungsgesetz vorgeschriebenen Zuständigkeitsnormen erfolgen.

(2) *(aufgehoben)*

(3) Insoweit für bürgerliche Rechtsstreitigkeiten ein von den Vorschriften der Zivilprozeßordnung abweichendes Verfahren gestattet ist, kann die Zuständigkeit der ordentlichen Landesgerichte durch die Landesgesetzgebung nach anderen als den durch das Gerichtsverfassungsgesetz vorgeschriebenen Normen bestimmt werden.

1 § 3 Abs. 1 regelt die **Übertragung** der Zuständigkeit von besonderen Gerichten iSd Art. 101 Abs. 2 GG auf die ordentlichen Gerichte durch Landesgesetz. Da es jedoch im Bereich des Strafrechts keine bundesrechtlich zugelassenen und durch Landesrecht errichteten besonderen Gerichte gibt, ist die Vorschrift insofern **bedeutungslos**.[1] Gleiches gilt für den die Norm ergänzenden § 3 Abs. 2 EGStPO.[2]

2 § 3 Abs. 2 ist wie schon § 1 durch Art. 14 Nr. 1 des Ersten Gesetzes über die Bereinigung von Bundesrecht im Zuständigkeitsbereich des Bundesministeriums der Justiz vom 19.4.2006[3] mit Wirkung zum 25.4.2006 **aufgehoben** worden. Die Vorschrift regelte die **Übertragung** der letztinstanzlichen Zuständigkeit für Verfahren iSd § 3 Abs. 1 auf den BGH durch Kaiserliche Verordnung.[4] Sofern eine solche Zuständigkeitsübertragung heute noch in Betracht kommt, ist sie in **Art. 99 Var. 2 GG** mitgeregelt und die Länder sind für die Entscheidung zuständig.[5]

3 § 3 Abs. 3 betrifft lediglich **bürgerliche Rechtsstreitigkeiten** und gestattet den Landesgesetzgebern unter bestimmten Voraussetzungen, vom GVG abweichende Regelungen über die Zuständigkeit von Gerichten zu treffen.[6] Im Strafverfahren hat § 3 Abs. 3 **keine Bedeutung**.

§ 4 *(aufgehoben)*

1 Auch § 4 ist durch Art. 14 Nr. 1 des Ersten Gesetzes über die Bereinigung von Bundesrecht im Zuständigkeitsbereich des Bundesministeriums der Justiz vom 19.4.2006[1] mit Wirkung zum 25.4.2006 **aufgehoben** worden. Die Vorschrift ermächtigte die Landesgesetzgeber, den jeweiligen Landesbehörden, gemeint waren insbes. die **Landesgerichte**,[2] unabhängig vom GVG jede andere Art der Gerichtsbarkeit sowie Geschäfte der Justizverwaltung zu übertragen, nicht aber andere Gegenstände der Verwaltung.[3] Sie brachte daher bei im Hinblick auf die Verfassung einzig möglicher Auslegung **Selbstverständliches** zum Ausdruck und war insofern verzichtbar.[4]

---

[1] HK-GS/*Böttcher* Rn. 1; Löwe/Rosenberg/*ders.* Rn. 1; KK/*Mayer* Rn. 1. Vgl. zu den außerhalb des Strafverfahrens zugelassenen Rheinschifffahrts- und Moselschifffahrtsgerichten Löwe/Rosenberg/*Böttcher* GVG § 14 Rn. 1 ff.

[2] Löwe/Rosenberg/*Böttcher* Rn. 1.

[3] BGBl. I 866 (867).

[4] § 3 Abs. 2 lautete: „Auch kann die Gerichtsbarkeit letzter Instanz in den vorerwähnten Sachen auf Antrag des betreffenden Bundesstaates mit Zustimmung des Bundesrats durch Kaiserliche Verordnung dem Bundesgerichtshof übertragen werden."

[5] Vgl. BT-Drs. 16/47, 48; MüKo-ZPO/*Pabst* Rn. 2.

[6] Vgl. dazu BGH 8.11.1979 – III ZB 29/78, NJW 1980, 583 f.

[1] BGBl. I 866 (867).

[2] Vertiefend zum Begriff der Landesbehörde *Kissel/Mayer* Rn. 1.

[3] § 4 lautete: „¹Durch die Vorschriften des Gerichtsverfassungsgesetzes über die Zuständigkeit der Behörden wird die Landesgesetzgebung nicht gehindert, den betreffenden Landesbehörden jede andere Art der Gerichtsbarkeit sowie Geschäfte der Justizverwaltung zu übertragen. ²Andere Gegenstände der Verwaltung dürfen den ordentlichen Gerichten nicht übertragen werden."

[4] Vertiefend BT-Drs. 16/47, 48; KK/*Schoreit*, 5. Aufl. 2003, Rn. 1.

§ 4a [Ermächtigung der Länder Berlin und Hamburg]

(1) ¹Die Länder Berlin und Hamburg bestimmen, welche Stellen die Aufgaben erfüllen, die im Gerichtsverfassungsgesetz den Landesbehörden, den Gemeinden oder den unteren Verwaltungsbezirken sowie deren Vertretungen zugewiesen sind. ²Das Land Berlin kann bestimmen, dass die Wahl der Schöffen und Jugendschöffen bei einem gemeinsamen Amtsgericht stattfindet, bei diesem mehrere Schöffenwahlausschüsse gebildet werden und deren Zuständigkeit sich nach den Grenzen der Verwaltungsbezirke bestimmt.

(2) *(aufgehoben)*

Abs. 1 S. 1 wurde mit Wirkung zum 1.4.1991 durch Art. 7 Abs. 1 Nr. 1 des Rechtspflege-Vereinfachungsgesetzes vom 17.12.1990[1] **eingeführt**, § 4a Abs. 1 S. 2 mit Wirkung zum 13.11.1999 durch Art. 1 des Gesetzes zur Änderung des EGGVG vom 5.11.1999.[2] § 4a Abs. 1 S. 1 dient dabei der **Klarstellung,** dass die Stadtstaaten Berlin und Hamburg, sofern ihr Verwaltungsaufbau und ihre sonstige Gliederung nicht den Annahmen des GVG entsprechen, zu bestimmen haben, welche Stellen die Aufgaben wahrnehmen, die das Bundesrecht den im Land nicht vorhandenen Behörden oder Gebietskörperschaften zuweist.[3] Die **Art und Weise,** auf die die Bestimmung zu erfolgen hat, ist im EGGVG nicht geregelt.[4] In entspr. Anwendung der §§ 22c, 23d, 58 Abs. 1, 71 Abs. 4, 72, 74c Abs. 3 und 74d Abs. 1 GVG sowie weiterer im GVG enthaltener Vorschriften soll jedoch mindestens eine **Rechtsverordnung** zu fordern sein.[5]   1

Die Einführung des Abs. 1 S. 2 wurde im Zusammenhang mit der sog. **Berliner Bezirksgebietsreform** aus dem Jahr 1998[6] erforderlich, da sich die Grenzen der neu geschaffenen Verwaltungsbezirke nicht mehr mit den Grenzen der Amtsgerichtsbezirke in Einklang bringen ließen.[7] Durch die Ermächtigung des Abs. 1 S. 2 sollte daher verhindert werden, dass die Verwaltungsbezirke für die verschiedenen Amtsgerichtsbezirke, in deren Zuständigkeitsbereich sie liegen, **verschiedene Schöffenvorschlagslisten** iSd § 36 GVG erstellen müssen. Vielmehr sollte jeder Verwaltungsbezirk wie auch vor der Bezirksgebietsreform **nur eine Schöffenvorschlagsliste** für seinen Verwaltungsbezirk erstellen und die Schöffen sollten für den gesamten Verwaltungsbezirk gewählt werden.[8] Das Land Berlin wurde daher „unter Berücksichtigung seiner strukturellen Besonderheiten" ermächtigt, zu bestimmen, dass die Wahl der Schöffen künftig **nur bei einem bestimmten Amtsgericht** stattfindet, bei dem zum Zwecke der Schöffenwahl mehrere Wahlausschüsse gebildet werden, deren Zuständigkeit sich nach den Grenzen der Verwaltungsbezirke bestimmt.[9]   2

Von dieser Ermächtigungsgrundlage hat das Land Berlin mit der Einführung des § 6a AGGVG[10] Gebrauch gemacht und die Schöffenwahl dem **Amtsgericht Tiergarten** übertragen, bei dem auch die Strafverfahren gem. § 58 GVG iVm § 1 des Gesetzes zur Regelung der Zuweisung amtsgerichtlicher Zuständigkeiten vom 16.11.2007[11] und § 1 der Verord-   3

---

[1] BGBl. I 2847 (2857).
[2] BGBl. I 2146.
[3] So explizit BT-Drs. 11/3621, 58; vgl. auch Löwe/Rosenberg/*Böttcher* Rn. 1. Für das Land Bremen gilt § 4a Abs. 1 nicht, vgl. *Katholnigg* Rn. 1; vertiefend dazu MüKo-ZPO/*Pabst* Rn. 3.
[4] KK/*Mayer* Rn. 1.
[5] *Kissel*/*Mayer* Rn. 1; KK/*ders.* Rn. 1; aA *Katholnigg* Rn. 1, der davon ausgeht, dass die Art und Weise, auf die die Bestimmung zu erfolgen hat, in der jeweiligen Landesverfassung frei geregelt werden kann.
[6] Vgl. Art. 1 Nr. 1 des Zweiten Gesetzes zur Änderung der Verfassung von Berlin vom 3.4.1998, GVBl. Bln. 82.
[7] Vgl. BT-Drs. 14/870, 4; KK/*Mayer* Rn. 2.
[8] BT-Drs. 14/870, 4.
[9] BT-Drs. 14/870, 4.
[10] Gesetz zur Ausführung des Gerichtsverfassungsgesetzes vom 23.3.1992, GVBl. Bln. 73. § 6a AGGVG wurde eingeführt durch Art. 2 des Gesetzes zur Änderung von Zuständigkeitsregelungen im gerichtlichen Bereich vom 12.10.2000, GVBl. Bln. 444, und trat am 31.12.2000 in Kraft. Die Rechtsstellung der zum Zeitpunkt des Inkrafttretens des Gesetzes bereits gewählten Schöffen blieb gem. Art. 3 unberührt.
[11] GVBl. Bln. 579.

nung über die Zuweisung amtsgerichtlicher Zuständigkeiten vom 8.5.2008[12] **konzentriert** worden sind.

4 Der erst mit Wirkung zum 1.7.1994 durch Art. 9 Nr. 2 Gesetz zur Änderung des Rechtspflegergesetzes und anderer Gesetze vom 24.6.1994[13] eingeführte § 4a Abs. 2 ist bereits mit Wirkung zum 25.4.2006 durch Art. 14 Nr. 1 des Ersten Gesetzes über die Bereinigung von Bundesrecht im Zuständigkeitsbereich des Bundesministeriums der Justiz vom 19.4.2006[14] wieder **aufgehoben** worden. Die Vorschrift ermächtigte das Land Berlin, in Abweichung von § 141 GVG eine **organisatorisch selbständige zweite Staatsanwaltschaft** beim LG Berlin einzurichten, um die Aufarbeitung **durch Hoheitsträger der ehemaligen DDR in Ausübung ihrer Tätigkeit begangener Straftaten** (sog. SED-Unrecht) und der **vereinigungsspezifischen Wirtschaftskriminalität** zu gewährleisten.[15] Nachdem die Vorschrift ihren Zweck erfüllt hatte und die beiden Staatsanwaltschaften 1999 wieder zusammengelegt worden waren, **entfiel die Rechtfertigung** für eine Ausnahme vom allgemein geltenden Grundsatz des § 141 GVG und die Norm wurde konsequent außer Kraft gesetzt.[16]

§ 5 (gegenstandslos)

1 § 5, der einen Vorbehalt bezüglich der Anwendung des GVG auf Landesherren, Mitglieder der landesherrlichen Familien sowie bestimmte weitere Familien normierte,[1] ist **nie ausdrücklich aufgehoben** worden. Verschiedene **Gesetzesentwürfe** aus der Weimarer Zeit, die die förmliche Aufhebung des § 5 vorgesehen hatten, sind nicht vom Reichstag verabschiedet worden.[2] Spätestens heute kann jedoch dahinstehen, ob es im Hinblick auf die Art. 1, 109 Abs. 3 und 178 Abs. 2 S. 1 WRV überhaupt einer Aufhebung bedurfte,[3] da die Vorschrift jedenfalls mit Inkrafttreten der Weimarer Reichsverfassung und dem „Übergang zur republikanischen Staatsform gegenstandslos" geworden ist[4] und wohl aus diesem Grund nicht in die im BGBl. III 300-1, veröffentlichte Fassung des EGGVG aufgenommen wurde.[5] Die nicht aufgenommenen Vorschriften traten gem. § 3 Abs. 1 S. 2 des Gesetzes über die Sammlung des Bundesrechts vom 10.7.1958[6] iVm § 3 Abs. 1 des Gesetzes über den Abschluss der Sammlung des Bundesrechts vom 28.12.1968[7] am 31.12.1968 **außer Kraft**.[8]

---

[12] GVBl. Bln. 116.
[13] BGBl. I 1374 (1376).
[14] BGBl. I 866 (867).
[15] Vertiefend BT-Drs. 12/6915, 4 f.; KK/*Schoreit*, 5. Aufl. 2003, Rn. 2. § 4a Abs. 2 lautete: „Das Land Berlin kann unbeschadet der in § 141 des Gerichtsverfassungsgesetzes getroffenen Regelung durch Gesetz bei dem Landgericht eine weitere Staatsanwaltschaft einrichten, wenn dies aus besonderen Gründen erforderlich ist."
[16] Vgl. BT-Drs. 16/47, 48; HK-GS/*Böttcher* Rn. 1.
[1] § 5 lautete: „¹In Ansehung der Landesherren und der Mitglieder der landesherrlichen Familien sowie der Mitglieder der Fürstlichen Familie Hohenzollern finden die Bestimmungen des Gerichtsverfassungsgesetzes nur insoweit Anwendung, als nicht besondere Vorschriften der Hausverfassungen oder der Landesgesetze abweichende Bestimmungen enthalten. ²Das Gleiche gilt in Ansehung der Mitglieder des vormaligen Hannoverschen Königshauses, des vormaligen Kurhessischen und des vormaligen Herzoglich Nassauischen Fürstenhauses."
[2] Vgl. bspw. Art. 1 Nr. 1 des Entwurfs eines Gesetzes zur Neuordnung der Strafgerichte vom 19.6.1922, RGBl. 1920–1924, 380, oder Art. 1 Nr. 1 des Entwurfs eines Gesetzes zur Neuordnung der Strafgerichte v. 29.5.1923, RGBl. 1920–1924, 6983. Vertiefend *Schubert*, Quellen zur Reform des Straf- und Strafprozessrechts – I. Abteilung, Weimarer Republik (1918–1932), Bd. 4, 1999, S. XVII f.
[3] Vgl. dazu die Stellungnahme des preußischen Justizministers zum Entwurf eines Gesetzes zur Änderung der Strafprozessordnung und des Gerichtsverfassungsgesetzes vom 24.9.1919, abgedruckt bei *Schubert*, Quellen zur Reform des Straf- und Strafprozessrechts – I. Abteilung, Weimarer Republik (1918–1932), Bd. 4, 1999, S. 13 ff. (insbes. von Bedeutung ist S. 27).
[4] So die Begründung eines der nicht in Kraft getretenen Aufhebungsgesetze, abgedruckt in RGBl. 1920–1924, 6983 (6995).
[5] Vgl. § 2 Nr. 5 des Gesetzes über die Sammlung des Bundesrechts v. 10.7.1958, BGBl. I 437.
[6] BGBl. I 437 (438).
[7] BGBl. I 1451.
[8] Vertiefend zu den Hintergründen des Gesetzes über die Sammlung des Bundesrechts BT-Drs. 3/278, 3 ff.

§ 6 [Wahl, Ernennung und Amtsperiode ehrenamtlicher Richter]

(1) Vorschriften über die Wahl oder Ernennung ehrenamtlicher Richter in der ordentlichen Gerichtsbarkeit einschließlich ihrer Vorbereitung, über die Voraussetzungen hierfür, die Zuständigkeit und das dabei einzuschlagende Verfahren sowie über die allgemeinen Regeln über Auswahl und Zuziehung dieser ehrenamtlichen Richter zu den einzelnen Sitzungen sind erstmals auf die erste Amtsperiode der ehrenamtlichen Richter anzuwenden, die nicht früher als am ersten Tag des auf ihr Inkrafttreten folgenden zwölften Kalendermonats beginnt.

(2) Vorschriften über die Dauer der Amtsperiode ehrenamtlicher Richter in der ordentlichen Gerichtsbarkeit sind erstmals auf die erste nach ihrem Inkrafttreten beginnende Amtsperiode anzuwenden.

Nachdem die ursprüngliche Fassung des § 6, der eine landesgesetzliche Anordnung einer Sonderzuständigkeit der Schwurgerichte für Pressestrafsachen zuließ, durch Art. 1 Nr. 80 des Gesetzes zur Wiederherstellung der Rechtseinheit auf dem Gebiete der Gerichtsverfassung, der bürgerlichen Rechtspflege, des Strafverfahrens und des Kostenrechts vom 12.9.1950[1] **aufgehoben** worden war, trat § 6 in seiner heutigen Fassung mit Wirkung zum 1.4.1987[2] **in Kraft.** 1

Die Norm enthält seitdem **allgemeine Übergangsvorschriften** für alle Gesetze, mit denen das Recht der ehrenamtlichen Richter im Anwendungsbereich des EGGVG zukünftig geändert wird.[3] Ziel der Vorschrift ist es, zu **vermeiden,** dass „jeweils neue Übergangsvorschriften für jedes einzelne Änderungsgesetz geschaffen werden müssen."[4] Änderungen im Recht der ehrenamtlichen Richter sollen dadurch „einfacher und berechenbarer" sein.[5] 2

Abs. 1 enthält in Umsetzung dieser Ziele eine sog. Schutzfrist von mindestens **elf vollen Kalendermonaten** für die dort aufgezählten Gesetzesänderungen, durch deren Einhaltung gewährleistet werden soll, dass in jedem Einzelfall ausreichend Zeit verbleibt, um die Wahl und Ernennung der ehrenamtlichen Richter sowie ihre Auswahl und Zuziehung zu den einzelnen Sitzungen **vorzubereiten** und **durchzuführen.**[6] Entsprechende Änderungsgesetze entfalten daher keine Wirkung für eine bereits **laufende Amtsperiode** iSd § 42 Abs. 1 GVG oder eine solche, **die innerhalb der Schutzfrist beginnt,** sondern erst für die jeweils nächste Amtsperiode. Der Begriff der ersten Amtsperiode in Abs. 1 ist insofern **ungünstig gewählt,** da er dahingehend missverstanden werden kann, dass die Schutzfrist **elf Monate und eine volle Amtsperiode** betragen soll, falls ein ehrenamtlicher Richter wiedergewählt wird und es sich folglich nicht um die erste, sondern um die zweite Amtsperiode handelt.[7] So ist die Norm jedoch nicht gemeint. **Zutreffend** formuliert *Böttcher* daher, es sei schwer vorstellbar, „dass in diesen Fällen zweierlei Recht für die erstmalig zu berufenden Schöffen und für die wiederzuwählenden gelten soll."[8] Hinweise darauf, dass Entsprechendes gewollt war, finden sich im **Gesetzgebungsverfahren** nicht.[9] 3

Abs. 2 ordnet an, dass sich **neue Vorschriften über die Dauer der Amtsperiode** der ehrenamtlichen Richter nicht auf die laufende Amtsperiode auswirken, diese also nicht durch eine nachträgliche Gesetzesänderung **abgekürzt** oder **verlängert** werden kann.[10] Mangels zusätzlichem Verwaltungs- oder Organisationsaufwands bedarf es hier jedoch nicht 4

---

[1] BGBl. I 455 (468).
[2] § 6 wurde eingeführt durch Art. 3 Strafverfahrensänderungsgesetz vom 27.1.1987, BGBl. I 475 (478).
[3] BT-Drs. 10/6592, 25; Meyer-Goßner/*Schmitt* Rn. 1.
[4] So BT-Drs. 10/6592, 25; entspr. KK/*Mayer* Rn. 1.
[5] Löwe/Rosenberg/*Böttcher* Rn. 1.
[6] Kissel/*Mayer* Rn. 2; Meyer-Goßner/*Schmitt* Rn. 2; Löwe/Rosenberg/*Böttcher* Rn. 2.
[7] Vertiefend Löwe/Rosenberg/*Böttcher* Rn. 3.
[8] Löwe/Rosenberg/*Böttcher* Rn. 3.
[9] Vgl. BT-Drs. 10/1313, 56; Löwe/Rosenberg/*Böttcher* Rn. 3.
[10] Meyer-Goßner/*Schmitt* Rn. 3.

der Einhaltung einer Schutzfrist, sodass die jeweilige Änderung **stets mit der nächsten Amtsperiode** wirksam wird.

§ 7 (gegenstandslos)

1   § 7[1] wurde entspr. § 5 nie ausdrücklich aufgehoben, doch ist die Norm ebenfalls **als gegenstandslos** nicht in die Sammlung des Bundesrechts aufgenommen worden und damit am 31.12.1968 **außer Kraft** getreten.[2] Sie ordnete an, dass die **Militärgerichtsbarkeit** sowie das landesgesetzlich den Standesherren gewährte **Recht auf Austräge** durch das GVG nicht berührt werden. Seit der Abschaffung der Monarchie in Deutschland im Jahr 1918 existierte jedoch auch die **Austrägalgerichtsbarkeit** nicht mehr, die frühere deutsche **Militärgerichtsbarkeit** ist 1946 durch Art. 3 des Kontrollratsgesetzes Nr. 34[3] aufgehoben worden und der Bund hat von seiner Gesetzgebungskompetenz aus Art. 96 Abs. 2 GG, für den Verteidigungsfall **Wehrstrafgerichte** einzurichten, keinen Gebrauch gemacht.

§ 8 [Oberstes Landesgericht in bürgerlichen Rechtsstreitigkeiten]

(1) Durch die Gesetzgebung eines Landes, in dem mehrere Oberlandesgerichte errichtet werden, kann die Verhandlung und Entscheidung der zur Zuständigkeit des Bundesgerichtshofes gehörenden Revisionen und Rechtsbeschwerden in bürgerlichen Rechtsstreitigkeiten einem obersten Landesgericht zugewiesen werden.

(2) Diese Vorschrift findet jedoch auf bürgerliche Rechtsstreitigkeiten, in denen für die Entscheidung Bundesrecht in Betracht kommt, keine Anwendung, es sei denn, daß es sich im wesentlichen um Rechtsnormen handelt, die in den Landesgesetzen enthalten sind.

1   § 8 betrifft allein Zuständigkeitsfragen in **bürgerlichen Rechtsstreitigkeiten,** weshalb von einer Kommentierung der Norm abgesehen wird. Die entsprechende Regelung für das Strafverfahren findet sich in **§ 9.**

§ 9 [Oberstes Landesgericht in Strafsachen]

[1]**Durch die Gesetzgebung eines Landes, in dem mehrere Oberlandesgerichte errichtet werden, können die zur Zuständigkeit der Oberlandesgerichte gehörenden Entscheidungen in Strafsachen oder in Verfahren nach dem Gesetz über die internationale Rechtshilfe in Strafsachen ganz oder teilweise ausschließlich einem der mehreren Oberlandesgerichte oder an Stelle eines solchen Oberlandesgerichts dem Obersten Landesgericht zugewiesen werden.** [2]**Dem Obersten Landesgericht können auch die zur Zuständigkeit eines Oberlandesgerichts nach § 120 des Gerichtsverfassungsgesetzes gehörenden Entscheidungen zugewiesen werden.**

1   S. 1 gestattet die auch nur teilweise[1] **Konzentration** von Strafsachen[2] oder internationalen Rechtshilfesachen[3] bei einem OLG oder einem ObLG durch Landesgesetz, wenn in dem

---

[1] § 7 lautete: „Die Militärgerichtsbarkeit sowie das landesgesetzlich den Standesherren gewährte Recht auf Austräge werden durch das Gerichtsverfassungsgesetz nicht berührt."
[2] Vgl. die Kommentierung zu § 5.
[3] Kontrollratsgesetz Nr. 34 vom 20.8.1946, ABl. des Kontrollrats in Deutschland, 172.
[1] Bis zum Inkrafttreten des Art. 4 des 20. Strafrechtsänderungsgesetzes vom 8.12.1981, BGBl. I 1329 (1330), am 16.12.1981 war nur die ausschließliche Konzentration statthaft. Vgl. zur nun statthaften teilweisen Konzentration auch BT-Drs. 8/3218, 9, BT-Drs. 9/450, 9, und KK/*Mayer* Rn. 3 f.
[2] Seit Inkrafttreten des Art. 1 Nr. 82 des Gesetzes zur Wiederherstellung der Rechtseinheit auf dem Gebiete der Gerichtsverfassung, der bürgerlichen Rechtspflege, des Strafverfahrens und des Kostenrechts vom 12.9.1950, BGBl. I 455 (468), am 1.10.1950 nicht mehr beschränkt auf Revisionen und Beschwerden.
[3] Die Konzentration von internationalen Rechtshilfesachen ist statthaft seit Inkrafttreten des § 79 des Gesetzes über die internationale Rechtshilfe in Strafsachen vom 23.12.1982, BGBl. I 2071 (2086 f.), am 1.7.1983.

jeweiligen Land **mehrere OLG** existieren. Ziel der Vorschrift ist es, die **Einheitlichkeit der Rechtsprechung** in den genannten Bereichen im Landesgebiet zu sichern.[4] Der Begriff der Strafsache iSd S. 1 ist daher **weit** zu verstehen, sodass er auch Bußgeldsachen nach dem OWiG und Jugendstrafsachen umfasst, auf die das JGG Anwendung findet.[5] Voraussetzung ist jedoch, dass überhaupt eine Zuständigkeit der OLG **nach Bundesrecht** begründet ist.[6] Das OLG oder ObLG, bei dem die Zuständigkeiten gebündelt werden, wird mit der Zuständigkeitsübernahme nicht zu einem den anderen OLG **übergeordneten Gericht**, sondern es steht im Gerichtsaufbau neben diesen bzw. tritt in der konkreten Sache an ihre Stelle, was insbes. zur Konsequenz hat, dass dem Gericht, bei dem die Zuständigkeiten konzentriert werden, nicht die **Bestimmung des zuständigen Gerichts** unter mehreren gleichermaßen in Betracht kommenden Gerichten gem. der §§ 14, 19 StPO obliegt, wenn diese verschiedenen OLG-Bezirken angehören.[7] Das jeweilige OLG oder ObLG ist nicht **gemeinschaftliches oberes Gericht**. Zuständig bleibt daher der BGH.[8] Aus denselben Gründen stellen die Entscheidungen des ObLG auch funktional nur OLG-Entscheidungen dar.[9]

Von der Ermächtigung des S. 1 Var. 1, die Zuständigkeit für Strafsachen und Verfahren nach dem IRG bei einem von mehreren errichteten OLG zu konzentrieren, haben die Länder **Baden-Württemberg**,[10] **Niedersachsen**,[11] **Nordrhein-Westfalen**[12] und **Rheinland-Pfalz**[13] in Teilen Gebrauch gemacht. In **Bayern** sind die Entscheidungen über Rechtsbeschwerden auf Grund des WiStrG, des OWiG, des IRG und anderer Vorschriften, die hinsichtlich des Verfahrens auf die Bestimmungen der genannten Gesetze verweisen, gem. Art. 11c BayAGGVG auch für die Bezirke der OLG München und Nürnberg insgesamt dem **OLG Bamberg** zugewiesen. In den übrigen Bundesländern besteht jeweils nur **ein** OLG.[14]

Von der Ermächtigung des S. 1 Var. 2 zur **Errichtung eines ObLG** hatte allein das Land **Bayern** Gebrauch gemacht.[15] Nachdem das BayObLG durch das Gesetz zur Auflösung des Bayerischen Obersten Landesgerichts und der Staatsanwaltschaft bei diesem Gericht vom 25.10.2004[16] mit Wirkung zum 1.7.2006 **aufgelöst** worden war, hat neben S. 1 Var. 2 auch S. 2[17] seine **praktische Bedeutung verloren**. Zuvor waren dem BayObLG neben den in die Zuständigkeit der OLG fallenden Revisionssachen für Bayern (Art. 11 Abs. 2 Nr. 2

---

[4] Löwe/Rosenberg/*Böttcher* Rn. 1.
[5] KK/*Mayer* Rn. 2; Löwe/Rosenberg/*Böttcher* Rn. 3.
[6] BGH 29.11.1957 – 2 Ars 179/57, BGHSt 11, 80 (82) = NJW 1958, 191.
[7] Vgl. auch BGH 29.11.1957 – 2 Ars 179/57, BGHSt 11, 80 (82) = NJW 1958, 191; BayObLG 16.8.1957 – Allg. Reg. 24/57, BayObLGSt 1957, 165 (166 f.); *Katholnigg* Rn. 1; KK/*Mayer* Rn. 3; Löwe/Rosenberg/*Böttcher* Rn. 4.
[8] Vertiefend Löwe/Rosenberg/*Böttcher* Rn. 4 mwN.
[9] *Kissel*/*Mayer* Rn. 1; KK/*ders.* Rn. 1.
[10] Das OLG Karlsruhe ist in Baden-Württemberg gem. § 44 BWAGGVG zuständig für Entscheidungen über das Rechtsmittel der sofortigen Beschwerde gegen Entscheidungen der Strafvollstreckungskammern nach § 57a StGB.
[11] Das OLG Celle ist in Niedersachsen gem. § 35 NJustizG zuständig für Entscheidungen über sofortige Beschwerden, die sich gegen eine Entscheidung nach § 453 Abs. 1 S. 1 oder § 454 Abs. 1 S. 1 StPO betreffend eine lebenslange Freiheitsstrafe richten.
[12] Das OLG Hamm ist in Nordrhein-Westfalen gem. § 12 Nr. 2 NWJustizG zuständig für Beschwerdeentscheidungen betreffend die Aussetzung des Restes einer lebenslangen Freiheitsstrafe. Nach § 12 Nr. 1 NWJustizG sind dem OLG Hamm ebenfalls die Entscheidungen iSd § 25 EGGVG zugewiesen.
[13] Das OLG Koblenz ist in Rheinland-Pfalz gem. § 4 Abs. 3 Nr. 1 RPGerOrgG zuständig für Entscheidungen über die sofortige Beschwerde gegen Entscheidungen der Strafvollstreckungskammern nach § 57a StGB.
[14] Vgl. Löwe/Rosenberg/*Böttcher* Rn. 1.
[15] Vertiefend zur Historie des BayObLG Löwe/Rosenberg/*Böttcher* Rn. 2.
[16] GVBl. 400.
[17] Eine nur teilweise Übertragung der Entscheidungen nach § 120 GVG ist anders als in den Fällen des § 9 S. 1 nicht statthaft, vgl. BGH 16.8.1978 – 3 Ars 10/78, BGHSt 28, 103 (104 f.) = NJW 1979, 55 (56); KK/*Mayer* Rn. 4; Löwe/Rosenberg/*Böttcher* Rn. 5. Zudem handelt es sich bei S. 2 nicht um eine Konzentrationsermächtigung, da sich § 120 GVG nach dem eindeutigen Wortlaut auf das OLG bezieht, „in deren Bezirk die Landesregierungen ihren Sitz haben". Es handelt sich vielmehr um eine in diesem Bereich vollständige Zuständigkeitsübertragung von einem bestimmten OLG auf das ObLG. Auch in den Fällen des S. 2 wird das ObLG nicht übergeordnetes Gericht und seine Entscheidungen entsprechen funktional denen von OLG-Entscheidungen.

BayAGGVG aF) und einigen weiteren Entscheidungen gem. Art. 11 Abs. 2 Nr. 1 BayAGGVG aF auch die Entscheidungen iSd § 120 GVG zugewiesen. **Rechtspolitisch** wurde die Auflösung des BayObLG harsch kritisiert.[18] Die gegen die Auflösung beim BayVerfGH eingereichten **Klagen** scheiterten.[19]

4 **Weitere Vorschriften,** die eine Zuständigkeitskonzentration bei den OLG bzw. ObLG gestatten, finden sich für das Verfahren zur Überprüfung sog. **Justizverwaltungsakte** in § 25 Abs. 2 EGGVG, für das Verfahren zur Anfechtung bzw. Bestätigung einer **Kontaktsperre** in den §§ 35 S. 2 Hs. 2 und 37 Abs. 4 EGGVG, für Rechtsbeschwerden gegen **Entscheidungen der Strafvollstreckungskammern** iSd § 121 Abs. 1 Nr. 3 GVG in § 121 Abs. 3 GVG, für **Binnenschifffahrtssachen** in § 4 Abs. 1 und 2 BinSchGerG und für **Kartellordnungssachen** in § 92 GWB. **Länderübergreifende Konzentrationsvorschriften** enthalten § 120 Abs. 5 GVG für Verfahren nach § 120 GVG sowie § 4 Abs. 3 BinSchGerG für Binnenschifffahrtssachen.

§ 10 [Besetzung und Verfassung des Obersten Landesgerichts]

(1) Die allgemeinen sowie die in § 116 Abs. 1 Satz 2, §§ 124, 130 Abs. 1 und § 181 Abs. 1 enthaltenen besonderen Vorschriften des Gerichtsverfassungsgesetzes finden auf die obersten Landesgerichte der ordentlichen Gerichtsbarkeit entsprechende Anwendung; ferner sind die Vorschriften der §§ 132, 138 des Gerichtsverfassungsgesetzes mit der Maßgabe entsprechend anzuwenden, daß durch Landesgesetz die Zahl der Mitglieder der Großen Senate anderweitig geregelt oder die Bildung eines einzigen Großen Senats angeordnet werden kann, der aus dem Präsidenten und mindestens acht Mitgliedern zu bestehen hat und an die Stelle der Großen Senate für Zivilsachen und für Strafsachen sowie der Vereinigten Großen Senate tritt.

(2) Die Besetzung der Senate bestimmt sich in Strafsachen, in Grundbuchsachen und in Angelegenheiten der freiwilligen Gerichtsbarkeit nach den Vorschriften über die Oberlandesgerichte, im übrigen nach den Vorschriften über den Bundesgerichtshof.

1 § 10 enthält Regelungen über die **Verfassung der ObLG** und hat daher derzeit – wie auch § 9 S. 1 Var. 2 und S. 2 – **keine praktische Bedeutung.**[1] Abs. 1 Hs. 1 ordnet zunächst die entspr. Anwendbarkeit der allgemeinen Vorschriften des GVG auf ObLG an. Unter den Begriff der **allgemeinen Vorschriften** fallen alle Normen des GVG, die nicht wie die §§ 22–140 GVG spezielle andere Gerichte betreffen.[2]

2 Des Weiteren bestimmt Abs. 1 Hs. 1, dass auch die **besonderen Vorschriften** der §§ 116 Abs. 1 S. 2, 124, 130 Abs. 1 und 181 Abs. 1 GVG auf die ObLG Anwendung finden. **Abweichende landesgesetzliche Regelungen** sind im Umfang des Verweisungsbereichs des Abs. 1 ausgeschlossen.[3]

3 Abs. 1 Hs. 2 enthält schließlich Regelungen über die Großen Senate und ordnet die **entspr. Geltung der §§ 132, 138 GVG** mit der Maßgabe an, dass die Zahl der Mitglieder der Großen Senate durch Landesgesetz **anderweitig geregelt** werden kann und die Bildung eines einzigen Großen Senats ermöglicht wird, der aus dem Präsidenten und mindestens acht Mitgliedern zu bestehen hat und an die Stelle der Großen Senate für Zivilsachen und für Strafsachen sowie der Vereinigten Großen Senate tritt. Die **Vorlagepflicht** des § 121 Abs. 2 GVG gilt dabei auch für ObLG, da das ObLG ja nur anstelle eines OLG entscheidet.[4]

---

[18] Vgl. *Kruis* NJW 2004, 640 ff.; Meyer-Goßner/*Schmitt* Rn. 1.
[19] Vgl. BayVerfGH 29.9.2005 – Vf. 3-VII-05 und 7-VIII-05, NJW 2005, 3699.
[1] Löwe/Rosenberg/*Böttcher* Rn. 1.
[2] KK/*Mayer* Rn. 1.
[3] *Kissel*/*Mayer* Rn. 1; KK/*ders.* Rn. 1.
[4] Vertiefend *Kissel*/*Mayer* Rn. 2; KK/*ders.* Rn. 2; Löwe/Rosenberg/*Böttcher* Rn. 2; vgl. auch BayObLG 22.11.1978 – 2 Ob OWi 427/78, BayObLGSt 1978, 168 (169).

Abs. 2 regelt die Besetzung der sonstigen (also nicht Großen) Senate, die sich **in Strafsachen** nach der Besetzung der Senate am OLG richtet (§ 122 Abs. 1 und Abs. 2 GVG).[5] Für die **Besetzung der Großen Senate** gilt § 132 Abs. 5 GVG, wenn nicht gem. § 10 Abs. 1 Hs. 2 eine abweichende landesgesetzliche Regelung getroffen worden ist.

§ 11 *(aufgehoben)*

§ 11 ist durch Art. 14 Nr. 1 des Ersten Gesetzes über die Bereinigung von Bundesrecht im Zuständigkeitsbereich des Bundesministeriums der Justiz vom 19.4.2006 (BGBl. I 866 (867)) mit Wirkung zum 25.4.2006 **aufgehoben** worden. Die Vorschrift regelte die **Zulässigkeit landesgesetzlicher Einschränkungen** der zivil- und strafrechtlichen Verfolgbarkeit von Beamten,[1] hatte ihre Bedeutung im Hinblick auf **§ 13 Reichsbeamtengesetz** jedoch schon früh verloren.[2] Auch im weiteren Verlauf der Geschichte erlangte sie neben Art. 34 GG, § 38 BRRG bzw. später § 36 BeamtStG und § 63 BBG keine Bedeutung, weshalb ihre **Abschaffung** konsequent war.[3]

---

[5] Vertiefend *Katholnigg* Rn. 3.
[1] § 11 lautete: „(1) Die landesgesetzlichen Bestimmungen, durch welche die strafrechtliche oder zivilrechtliche Verfolgung öffentlicher Beamten wegen der in Ausübung oder in Veranlassung der Ausübung ihres Amts vorgenommenen Handlungen an besondere Voraussetzungen gebunden ist, treten außer Kraft. (2) Unberührt bleiben die landesgesetzlichen Vorschriften, durch welche die Verfolgung der Beamten entweder im Falle des Verlangens einer vorgesetzten Behörde oder unbedingt an die Vorentscheidung einer besonderen Behörde gebunden ist, mit der Maßgabe: 1. daß die Vorentscheidung auf die Feststellung beschränkt ist, ob der Beamte sich einer Überschreitung seiner Amtsbefugnisse oder der Unterlassung einer ihm obliegenden Amtshandlung schuldig gemacht habe; 2. daß in den Bundesstaaten, in welchen ein oberster Verwaltungsgerichtshof besteht, die Vorentscheidung diesem, in den anderen Bundesstaaten dem Reichsgericht zusteht."
[2] KK/*Schoreit*, 5. Aufl. 2003, Rn. 1.
[3] Vgl. BT-Drs. 16/47, 48; *Katholnigg* Rn. 1.

Zweiter Abschnitt. Verfahrensübergreifende Mitteilungen von Amts wegen

Schrifttum: *Aulmann*, Behördliche Aufsicht über die Gewährung der Mindestlöhne – Administrative und justizielle Zusammenarbeit zur Aufdeckung von Arbeitgeber- und Auftraggeberverstößen, NZA 2015, 418 ff.; *Bär*, Informationelle Selbstbestimmung und Justiz, CR 1998, 767 ff.; *Baumgarte*, Die Mitteilungen in Zivilsachen (MiZi) als Erkenntnisquelle für die Strafverfolgungsbehörden in Wirtschaftsstrafverfahren, wistra 1991, 171 ff.; *Becker*, Schutz des Privat-Geheimnisses im neuen Strafrecht, MDR 1974, 888 ff.; *Blesinger*, Das Steuergeheimnis im Strafverfahren Teil 1 und 2, wistra 1991, 239 ff. und 294 ff.; *Bull*, Neue Konzepte, neue Instrumente? – Zur Datenschutz-Diskussion des Bremer Juristentages, ZRP 1998, 310 ff.; *Dörn*, Mitteilung von Steuerhinterziehungen von Beamten und Richtern an den Dienstvorgesetzten, wistra 2002, 170 ff.; *Dörner*, Verfassungsrechtliche Grenzen der Übersendung von Arbeitsgerichtsakten an Arbeitsämter und Sozialgerichte, NZA 1989, 950 ff.; *Ehmann*, Justizakten und verfassungsrechtliche Datenschutzgarantie CR 1989, 49 f.; *Engelhardt*, Die Neufassung der Anordnung über Mitteilungen in Strafsachen, NJW 1978, 137 ff.; *Engelien-Schulz*, Die Auswirkungen einer strafgerichtlichen und/oder disziplinarrechtlichen Würdigung auf den Sicherheitsüberprüfungsstatus, DÖD 2010, 184 ff.; *Fleig*, Die Mitteilungspflichten der Justizorgane bei Straftaten von Angehörigen des öffentlichen Dienstes im Licht neuerer Rechtsprechung, NJW 1991, 1016 ff.; *Franzheim*, Informationspflichten im Konflikt mit dem Datenschutz und Geheimschutz, ZRP 1981, 6 ff.; *Geiger*, Datenschutz – Einführung in die Thematik aus der Sicht eines Datenschutzbeauftragten, DRiZ 1987, 217 ff.; *Golembiewski*, Mitteilungen durch die Justiz, Diss. Nomos Verlag 2000; *Groß*, Das Recht auf informationelle Selbstbestimmung mit Blick auf die Volkszählung 1987, das neue Bundesstatistikgesetz und die Amtshilfe, AöR 113 (1988), 161 ff.; *Hampe/Mohammadi*, Ausübung disziplinarischer Gewalt gegen Vertragsärzte, NZS 2013, 692 ff.; *Hellmann/Killmer*, Ergänzung der MiStra – Unterrichtung über unzulässige Inhalte im Internet, DRiZ 2012, 7 f.; *Henrichs*, Datenübermittlung von der Polizei an die Fahrerlaubnisbehörde, NJW 1999, 3152 ff.; *Johnigk*, Anmerkung, NStZ 1988, 187; *Klos*, Nochmals: Das Datengeheimnis des Richters, ZRP 1997, 50 ff.; *Krumsiek*, Die unendliche Geschichte des Justizmitteilungsgesetzes, DVBl. 1993, 1229 ff.; *Lührs*, Brauchen wir ein Gesetz über Mitteilungen in Strafsachen, die das Steuer- und Sozialgeheimnis berühren?, MDR 1996, 21 ff.; *Mallmann*, Das Spannungsverhältnis zwischen Justiz und Datenschutz – Ist der Datenschutz Sand im Getriebe der Justiz?, DRiZ 1987, 377 ff.; *Melin*, Das Europäische Justizielle Netz für Zivil- und Handelssachen, DRiZ 2010, 22 ff.; *Nierwetberg*, Strafanzeige durch das Gericht, NJW 1996, 432 ff.; *Ostendorf*, Mitteilungen in Jugendstrafsachen DRiZ 1986, 254 ff.; *Redeker*, Anmerkung, VBlBW 1989, 304 f.; *Roos*, Strafverfolgung und dienstrechtliche Konsequenz, Kriminalistik 2002, 138 f.; *Schickedanz*, Die Verfassungsmäßigkeit der Mitteilungspflicht der Staatsanwaltschaft gegenüber anderen Behörden, BayVBl. 1981, 588 ff.; *Schlink*, Datenschutz und Amtshilfe, NVwZ 1986, 249 ff.; *Simitis*, Die informationelle Selbstbestimmung – Grundbedingung einer verfassungskonformen Informationsordnung, NJW 1984, 398 ff.; *ders.*, Konsequenzen des Volkszählungsurteils: Ende der Übergangsfrist, NJW 1989, 21 f.; *ders.*, Daten- oder Tatenschutz – ein Streit ohne Ende?, NJW 1997, 1902 f.; *Simitis/Fuckner*, Informationelle Selbstbestimmung und „staatliches Geheimhaltungsinteresse", NJW 1990, 2713 ff.; *Steinbömer*, Amtshilfe und Geheimhaltungspflichten, DVBl. 1981, 340 ff.; *Vogelgesang*, Der Übergangsbonus, DVBl. 1989, 962 ff.; *Vultejus*, Das Datengeheimnis des Richters, ZRP 1996, 329 f.; *Wagner*, Das Bundesamt für Justiz, IPRax 2007, 87 ff.; *von Wedel/Eisenberg*, Informationsrechte Dritter im (Jugend-)Strafverfahren, NStZ 1989, 505 ff.; *Weyand*, Mitteilungen in Strafsachen und Steuergeheimnis, NStZ 1987, 399 f.; *Wollweber*, Iustitias langer Arm – Analyse und Kritik des Justizmitteilungsgesetzes, NJW 1997, 2488 ff.; *Zipperer*, Private und behördliche Einsicht in Insolvenzakten – eine systematische Bestandsaufnahme, NZI 2002, 244 ff.; *Zuck*, Verfassungsrechtliche Anforderungen an eine Regelung der MiStra, StV 1987, 32 ff.

Vorbemerkung zu § 12

1 **1. Notwendigkeit einer Regelung.** In Straf- und Zivilsachen einschließlich der Angelegenheiten der freiwilligen Gerichtsbarkeit sind von den Gerichten oder der Staatsanwaltschaft im Laufe eines Verfahrens zahlreiche **Mitteilungen von Amts wegen** an öffentliche Stellen (andere Gerichte, Behörden oder öffentlich-rechtliche Körperschaften) zu machen, die diese zur Erfüllung der in ihrer Zuständigkeit liegenden Aufgaben benötigen. Diese Mitteilungen betreffen überwiegend unmittelbar am Verfahren beteiligte, aber auch am Verfahren unbeteiligte Personen.[1] So sollen ua bestimmten Behörden und Stellen diejenigen Kenntnisse über ein Verfahren vermittelt werden, die für eine sachgemäße Erfüllung der

---

[1] Vgl. BT-Drs. 13/4709, 16.

ihnen obliegenden Aufgaben wegen der persönlichen Verhältnisse des Beschuldigten oder der Art des verletzten Strafgesetzes wichtig sein können.[2] Die übermittelten Daten werden dabei zB zur Durchführung disziplinarrechtlicher, berufs- und ehrengerichtlicher Verfahren verwendet bzw. dienen Maßnahmen zur Aufrechterhaltung der öffentlichen Sicherheit und Ordnung in bestimmten Verwaltungsbereichen.[3] In bestimmten Konstellationen sind derartige Mitteilungen aber auch Voraussetzung dafür, dass Urteile oder Beschlüsse um- bzw. durchsetzbar sind, etwa wenn im familiengerichtlichen Verfahren das Standesamt nach einem rechtskräftigen Scheidungsurteil das Personenstandsregister ändert (§ 5 Abs. 4 iVm § 16 Abs. 1 Nr. 2 PStG).[4]

Zunächst wurde es für ausreichend gehalten, die Voraussetzungen für derartige Mitteilungen in Verwaltungsvorschriften in Form der Anordnungen über **Mitteilungen in Strafsachen (MiStra)** bzw. **Mitteilungen in Zivilsachen (MiZi)**[5] zu regeln. Diese Verwaltungsvorschriften wurden bzw. werden vom Bundesjustizminister und den Landesjustizverwaltungen gemeinsam erlassen und bundeseinheitlich in Kraft gesetzt.[6] Derartige Mitteilungen berühren allerdings zum einen den Bereich des Datenschutzes und zum anderen sind sie Ausdruck der **Amtshilfe.** Der Datenschutz, im Sinne des Schutzes der Bürger gegen die Gefahren der technischen und ökonomischen Effizienz der elektronischen Datenverarbeitung, steht also der Amtshilfe gegenüber, welche hier für die Ökonomie und Effizienz des Verwaltungshandelns steht. Die Amtshilfe soll die Einheit der Staatsgewalt verwirklichen, der Datenschutz hingegen deren Differenzierung und die Abschottung verschiedener Verwaltungseinheiten gegeneinander sichern.[7] Es lag darum zunächst nahe, als Rechtsgrundlage für die Mitteilungen Art. 35 Abs. 1 GG (den Amtshilfegrundsatz) heranzuziehen.[8] Seit dem Volkszählungsurteil des BVerfG aus dem Jahre 1983[9] war aber klar, dass dies keine ausreichende Rechtsgrundlage sein konnte.[10] 2

2. Recht auf informationelle Selbstbestimmung. Das BVerfG hat in diesem Urteil aus dem allgemeinen Persönlichkeitsrecht gemäß Art. 2 Abs. 1 iVm Art. 1 Abs. 1 GG das Recht des Einzelnen auf **informationelle Selbstbestimmung** hergeleitet. Es hat insoweit ausgeführt, dass unter den modernen Bedingungen der Datenverarbeitung der Einzelne auch gegen die unbegrenzte Erhebung, Speicherung, Verwendung und Weitergabe seiner persönlichen Daten geschützt ist. Der Bürger muss grundsätzlich wissen können, wer was wann und bei welcher Gelegenheit über ihn weiß. Der Schutzbereich dieses Grundrechts umfasst auch die Übermittlung staatlicher Entscheidungen, die eine Person betreffen.[11] Einschränkend hat es aber zugleich darauf hingewiesen, dass Daten und Informationen ein Abbild der Realität sind, welches nicht ausschließlich einem Betroffenen allein zugeordnet werden kann.[12] Das Recht auf informationelle Selbstbestimmung ist darum nicht schrankenlos gewährleistet. Im Hinblick auf die Gemeinschaftsbezogenheit und Gemeinschaftsgebundenheit der Person muss der Einzelne vielmehr Beschränkungen dulden, soweit dies im 3

---

[2] *Engelhardt* NJW 1978, 137f.
[3] *Zuck* StV 1987, 32; vgl. *Roxin/Schünemann* Strafverfahrensrecht § 3 Rn. 9.
[4] *Bär* CR 1998, 767.
[5] Zur Relevanz der MiZi als Erkenntnisquelle für die Strafverfolgungsbehörden siehe *Baumgarte* wistra 1991, 171 ff.
[6] Siehe *Krumsiek* DVBl 1993, 1229; *Steinbömer* DVBl 1981, 340 (343).
[7] *Schlink* NVwZ 1986, 249 (250).
[8] OLG Frankfurt a. M. 21.2.1975 – 3 V As 116/74, NJW 1975, 2028 f.; *Schickedanz* BayVBl. 1981, 588 ff.; *Steinbömer* DVBl 1981, 340 (348).
[9] BVerfG 15.12.1983 – 1 BvR 209/83, BVerfGE 65, 1 ff. = NJW 1984, 419 ff.
[10] Vgl. BVerfG 2.12.2014 – 1 BvR 3106/09, NJW 2015, 610 (612); OLG Hamm 13.10.1987 – 1 VAs 53/87, NJW 1988, 1402; *Fleig* NJW 1991, 1016 (1017); *Geiger* DRiZ 1987, 217 (221); *Golembiewski*, Mitteilungen durch die Justiz, S. 69; *Groß* AöR 113 (1988), 161 (208); *Krumsiek* DVBl 1993, 1229 (1230); *Simitis* NJW 1989, 21; *v. Wedel/Eisenberg* NStZ 1989, 505 (507); *Zuck* StV 1987, 32 ff. Bereits vor dem für eine gesetzliche Grundlage *Franzheim* ZRP 1981, 6 (9).
[11] BVerfG 9.3.1988 – 1 BvL 49/86, BVerfGE 78, 77 (84) = NJW 1988, 2031.
[12] BVerfG 15.12.1983 – 1 BvR 209/83, NJW 1984, 419 (422); *Simitis* NJW 1984, 398 (400).

überwiegenden Allgemeininteresse liegt.[13] Dies treffe in besonderem Maße bei Daten des Einzelnen zu, die nicht nur den Bereich seiner privaten Lebensgestaltung, sondern sein soziales Verhalten betreffen und unter diesem Blickwinkel seiner ausschließlichen Verfügungsmöglichkeit entzogen sind. Insbesondere strafrechtlich relevante Verhaltensweisen betreffen dabei nicht nur den privaten Lebensbereich des Einzelnen, sondern berühren auch Belange der Allgemeinheit.[14]

4 Verfahrensbezogene amtliche Mitteilungen stellen somit einen **Grundrechtseingriff** dar, welcher einer verfassungsgemäßen gesetzlichen Grundlage bedarf.[15] Aus dieser Grundlage müssen sich die Voraussetzungen, das Ziel und der Umfang der Beschränkungen des Rechts auf informationelle Selbstbestimmung klar und für den Bürger erkennbar ergeben. Sie muss dem Gebot der Normenklarheit entsprechen.[16] Nach dem Grundsatz der Verhältnismäßigkeit sind Beschränkungen zudem nur soweit zulässig, als diese zum Schutz öffentlicher Interessen unerlässlich sind.

5 **3. Regelungsgeschichte.** Die Umsetzung der Forderung des BVerfG nach einer gesetzlichen Grundlage für Datenübermittlungen vollzog sich nur schleppend, vielleicht auch weil der Datenschutz als Sand im Getriebe der Justiz begriffen wurde.[17] Es wurde zudem beklagt, dass der Datenschutz wohl nirgends so schlecht aufgehoben sei, wie in der Justiz.[18] Nachdem dann ein erster Anlauf zur Einführung eines entsprechenden Gesetzes der Diskontinuität anheim fiel,[19] konnte erst in der 13. Legislaturperiode des Deutschen Bundestages das **Justizmitteilungsgesetz** und Gesetz zur Änderung kostenrechtlicher Vorschriften und anderer Gesetze (JuMiG)[20] verabschiedet werden.[21] Mit diesem wurden die §§ 12 ff. zum 1.6.1998 eingeführt.[22]

6 **4. Regelungssystematik.** Kennzeichnend für diese Regelungen ist zunächst die Beschränkung auf Mitteilungsermächtigungen.[23] Allgemeine Mitteilungspflichten sollten nicht eingeführt werden, weil sonst nicht hätte ausgeschlossen werden können, dass es zu einer Ausweitung der Mitteilungsfälle kommt. Durch die Begrenzung der zulässigen Mitteilungsfälle auf das unbedingt Erforderliche sollte dem Grundsatz der Verhältnismäßigkeit Rechnung getragen werden. Die Begründung von Mitteilungspflichten soll, soweit diese nicht spezialgesetzlich bestehen oder geschaffen werden, Verwaltungsvorschriften vorbehalten bleiben. Durch diese Konzeption sei im Sinne der Vorgaben des BVerfG für jeden klar und erkennbar bestimmt, in welchen Fällen eine Mitteilung rechtmäßig erfolgen kann. Eine solche Regelung erlaube es der Justizverwaltung zudem, in einem gewissen Rahmen Mitteilungspflichten zu begründen. Derartige Verwaltungsvorschriften müssten sich dann aber darauf beschränken, im Wege der Normenkonkretisierung und Ermessensbindung diejenigen Fälle festzulegen, in denen bei Ausübung pflichtgemäßen Ermessens unter Beachtung des Grundsatzes der Verhältnismäßigkeit zweifelsfrei eine Mitteilung geboten ist.[24] Durch die Überarbeitung und neuerliche Verabschiedung der MiStra und der MiZi

---

[13] BVerfG 15.12.1983 – 1 BvR 209/83, BVerfGE 65, 1 (43 f.) = NJW 1984, 419; BVerfG 14.9.1989 – 2 BvR 1062/87, BVerfGE 80, 367 (373) = NJW 1990, 563; ebenso BVerwG 20.2.1990 – 1 C 42/83, BVerwGE 84, 375 (379) = NJW 1990, 2761; *Roos* Kriminalistik 2002, 238.
[14] BVerwG 20.2.1990 – 1 C 29/86, NJW 1990, 2765 (2766).
[15] Vgl. *Schlink* NVwZ 1986, 249 (255).
[16] Vgl. BVerfG 22.6.1977 – 1 BvR 799/76, BVerfGE 45, 400 (420) = NJW 1977, 1723.
[17] So der Titel eines Aufsatzes von *Mallmann* DRiZ 1987, 377.
[18] *Vultejus* ZRP 1996, 329.
[19] Ein erster Gesetzentwurf wurde 1992 eingebracht, BT-Drs. 12/3199. Zur Gesetzesgeschichte siehe *Krumsiek* DVBl 1993, 1229 ff. Zum damals diskutierten Übergangsbonus zur (zeitlichen) Umsetzung des Volkszählungsurteils siehe *Vogelgesang* DVBl 1989, 962 ff.
[20] Gesetz v. 18.6.1997, BGBl. 1997 I 1430 ff.
[21] Der Gesetzesentwurf der Bundesregierung: BT-Drs. 13/4709; Beschlussfassung und Bericht des Rechtsausschusses: BT-Drs. 13/7489.
[22] Art. 37 Abs. 1 JuMiG, BGBl. 1997 I 1443.
[23] *Wollweber* NJW 1997, 2488 (2489).
[24] BT-Drs. 13/4709, 18.

wurde diese Vorstellung des Gesetzgebers dann umgesetzt.[25] Darüber hinaus wurden in zahlreichen Gesetzen die Voraussetzungen verfahrensübergreifender Mitteilungen geregelt. Alle nicht spezialgesetzlich geregelten Fälle finden ihre Ermächtigung in den §§ 12 ff. Diese Normen sind gegenüber dem BDSG vorrangig (§ 1 Abs. 3 BDSG).[26] Im Übrigen gelten sie auch dann, wenn Mitteilungen gemacht werden, obwohl keine Verpflichtung dazu besteht, dies aber auch nicht verboten ist.[27]

Darüber hinaus soll eine Verletzung des Rechts auf informationelle Selbstbestimmung 7 durch verfahrensrechtliche Vorkehrungen vermieden bzw. einer solchen vorgebeugt werden. Dazu wurde eine Zweckbindung der übermittelten Daten angeordnet (§ 19 Abs. 1), eine Prüfungs- und Rücksendepflicht für die Daten normiert (§ 19 Abs. 2), besteht eine Nachberichts- und Korrekturpflicht (§ 20) sowie eine Auskunfts- und Unterrichtungspflicht (§ 21) und wird eine Rechtsschutzmöglichkeit aufgezeigt (§ 22).

5. Verschwiegenheitspflichten. Eine nach dem EGGVG bzw. aufgrund einer speziel- 8 len Ermächtigungsgrundlage ergangene zulässige Mitteilung stellt keinen **Verstoß gegen die Amtsverschwiegenheit** dar.[28] §§ 37 Abs. 1 BeamtStG, 67 Abs. 1 BBG normieren allerdings für alle Bundes- und Landesbeamte die Pflicht, über die ihnen bei oder bei Gelegenheit ihrer amtlichen Tätigkeit bekannt gewordenen dienstlichen Angelegenheiten Verschwiegenheit zu wahren. Hierunter fallen auch die in Strafverfahren bekannt gewordenen personenbezogenen Daten von Beschuldigten oder Dritten.[29] Nach §§ 37 Abs. 2 Nr. 1 BeamtStG, 67 Abs. 2 Nr. 1 BBG gilt diese Pflicht jedoch dann nicht, soweit Mitteilungen im dienstlichen Verkehr geboten sind. Diese Ausnahme soll sicherstellen, dass die anderen Beamten, denen Mitteilungen gemacht werden, ihre Aufgaben wahrnehmen können.[30]

Die Informationsweitergabe setzt aber voraus, dass **der Empfänger** ebenfalls der Amts- 8a verschwiegenheit unterliegt. In die Fällen des § 12 Abs. 1 ist dies unproblematisch. Die gesetzlich vorgesehene analoge Anwendung über § 12 Abs. 2 ist aber folgerichtig nur unter der dort angegebenen Ausnahme und Bedingung zulässig, dass der Empfänger ausreichende Datenschutzmaßnahmen gewährleistet.[31]

Auch verwirklicht der mitteilende Beamte nicht den Tatbestand von § 203 StGB **(Verlet-** 9 **zung von Privatgeheimnissen).**[32] Diese Norm bestimmt in ihrem Absatz 2 nämlich, dass die Strafvorschrift nicht anzuwenden ist, „soweit solche Einzelangaben anderen Behörden oder sonstigen Stellen für Aufgaben der öffentlichen Verwaltung bekannt gegeben werden und das Gesetz dies nicht untersagt." Über diese Formulierung sollte der notwendige Informationsaustausch innerhalb der öffentlichen Verwaltung ermöglicht werden.[33]

§ 12 [Anwendungsbereich; Verantwortung]

(1) ¹Die Vorschriften dieses Abschnitts gelten für die Übermittlung personenbezogener Daten von Amts wegen durch Gerichte der ordentlichen Gerichtsbarkeit und Staatsanwaltschaften an öffentliche Stellen des Bundes oder eines Landes für andere Zwecke als die des Verfahrens, für die die Daten erhoben worden sind. ²Besondere Rechtsvorschriften des Bundes oder, wenn die Daten aus einem lan-

---

[25] Löwe/Rosenberg/*Böttcher* Rn. 6.
[26] KK/*Mayer* Rn. 3; Meyer-Goßner/*Schmitt* Rn. 1.
[27] *Katholnigg* Rn. 2. Zur „Umdeutung" eines Ersuchens um Amtshilfe in eine Mitteilung gem. §§ 12 ff. EGGVG bei unzureichend begründeten, aber nach Aktenlage begründbaren Ersuchen siehe *Zipperer* NZI 2002, 244 (245).
[28] *Schickedanz* BayVBl. 1981, 588 (589).
[29] BGH 16.1.1961 – III ZR 210/59, NJW 1961, 918 (919).
[30] *Reich* BeamtStG § 37 Rn. 7.
[31] → § 12 Rn. 7.
[32] Ebenfalls für einen Tatbestandsausschluss Lackner/*Kühl* StGB § 203 Rn. 15; Schönke/Schröder/*Lenckner/Eisele* StGB § 203 Rn. 51; anders zB *Fischer* StGB § 203 Rn. 10b.
[33] BT-Drs. 7/1261, 16; 7/2222, 5; *Becker* MDR 1974, 888 (890).

desrechtlich geregelten Verfahren übermittelt werden, eines Landes, die von den §§ 18 bis 22 abweichen, gehen diesen Vorschriften vor.

(2) Absatz 1 gilt entsprechend für die Übermittlung personenbezogener Daten an Stellen der öffentlich-rechtlichen Religionsgesellschaften, sofern sichergestellt ist, dass bei dem Empfänger ausreichende Datenschutzmaßnahmen getroffen werden.

(3) Eine Übermittlung unterbleibt, wenn ihr eine besondere bundes- oder entsprechende landesgesetzliche Verwendungsregelung entgegensteht.

(4) Die Verantwortung für die Zulässigkeit der Übermittlung trägt die übermittelnde Stelle.

(5) ¹Das Bundesministerium der Justiz und für Verbraucherschutz kann mit Zustimmung des Bundesrates allgemeine Verwaltungsvorschriften zu den nach diesem Abschnitt zulässigen Mitteilungen erlassen. ²Ermächtigungen zum Erlass von Verwaltungsvorschriften über Mitteilungen in besonderen Rechtsvorschriften bleiben unberührt.

Übersicht

	Rn.		Rn.
I. Normzweck	1	4. Für andere Zwecke	14–15
II. Anwendungsbereich	2–21	5. Subsidiarität	16–18
1. Gerichte und Staatsanwaltschaften	2–4	6. Besondere Verwendungsregelungen	19–21
2. Datenempfänger	5–10	III. Verantwortung	22
3. Übermittlung personenbezogener Daten	11–13	IV. Ermächtigung	23

I. Normzweck

1   § 12 regelt den Anwendungsbereich der §§ 12–22. Diese gelten nur für **Übermittlungen von Amts wegen.** Übermittlungen auf Ersuchen sind ebenso wie die Übermittlung personenbezogener Daten an nicht-öffentliche Stellen oder an Privatpersonen in einzelnen Verfahrensgesetzen oder bereichsspezifisch geregelt, zB in §§ 474 ff. StPO.

II. Anwendungsbereich

2   **1. Gerichte und Staatsanwaltschaften.** Die §§ 12 ff. gelten für die Datenübermittlung durch die ordentlichen Gerichte[1] und Staatsanwaltschaften. Über § 13 Abs. 2 ArbGG werden zudem die Arbeitsgerichte erfasst.[2] Zu den Gerichten gehören dabei nicht die Gerichtsvollzieher, da diese eine eigenständige, organisatorisch von den Gerichten losgelöste Stellung inne haben.[3]

3   Die **öffentlich-rechtlichen Gerichtsbarkeiten** sollten nicht erfasst werden, da es im Bereich der besonderen und der allgemeinen Verwaltungsgerichtsbarkeit keine allgemeinen Pflichten zur Übermittlung personenbezogener Daten gibt, die den Übermittlungspflichten im Bereich der Strafrechtspflege und im Bereich der Zivilgerichtsbarkeit vergleichbar sind.[4]

4   § 22 ordnet an, dass die Überprüfung der Rechtmäßigkeit der Datenübermittlung nach den §§ 23 ff. erfolgt. Die Übermittlung stellt folglich keinen Akt der Rechtsprechung, sondern einen solchen der **Justizverwaltung** dar. Folgerichtig besteht nach § 12 Abs. 5 auch die Möglichkeit, im Wege von Verwaltungsvorschriften Einzelheiten der Übermittlung zu regeln. Die konkret mitteilungspflichtige Stelle und dort funktional zuständige Person ergibt sich daher aus Nr. 4 MiStra bzw. Nr. 3 MiZi.

---

[1] Siehe zur ordentlichen Gerichtsbarkeit § 12 GVG, § 2 EGGVG.
[2] Siehe zur Rechtslage vor Einführung der §§ 12 ff. *Dörner* NZA 1989, 950 ff.
[3] BT-Drs. 13/4709, 19.
[4] BT-Drs. 13/4709, 20.

2. Datenempfänger. Empfänger der übermittelten Daten können nach Absatz 1 Satz 1   5
öffentliche Stellen des Bundes oder eines Landes sein. Nach der Gesetzbegründung soll dieser Begriff die gleiche Bedeutung wie im BDSG haben.[5] Gemäß § 2 Abs. 1 BDSG sind öffentliche Stellen des Bundes Behörden, Organe der Rechtspflege und andere öffentlich-rechtlich organisierte Einrichtungen des Bundes, der bundesunmittelbaren Körperschaften, Anstalten und Stiftungen des öffentlichen Rechts sowie deren Vereinigungen ungeachtet ihrer Rechtsform. Nach § 2 Abs. 2 BDSG sind öffentliche Stellen der Länder Behörden, Organe der Rechtspflege und andere öffentlich-rechtlich organisierte Einrichtungen eines Landes, einer Gemeinde, eines Gemeindeverbandes und sonstige der Aufsicht des Landes unterstehende juristische Personen des öffentlichen Rechts sowie deren Vereinigungen ungeachtet ihrer Rechtsform. Auch die **Ärztekammern** der Länder, die Körperschaften des öffentlichen Rechts sind, sind eine öffentliche Stelle iSd § 12.[6]

Keine öffentlichen Stellen sind gemäß § 2 Abs. 4 BDSG natürliche sowie juristische   6
Personen, Gesellschaften und andere Personenvereinigungen des privaten Rechts, soweit diese nicht hoheitliche Aufgaben der öffentlichen Verwaltung wahrnehmen.

Nach Abs. 2 kommen als Empfänger der Daten auch Stellen **öffentlich-rechtlicher**   7
Religionsgemeinschaften in Betracht, sofern sichergestellt ist, dass bei diesen ausreichende Datenschutzmaßnahmen ergriffen worden sind. Dies entspricht § 15 Abs. 4 BDSG. Die Stellung einer öffentlich-rechtlichen Religionsgemeinschaft richtet sich nach Art. 137 Abs. 5 S. 2 Weimarer Reichsverfassung iVm Art. 140 GG. Danach kann auf Antrag die Rechtsstellung einer Körperschaft des öffentlichen Rechts gewährt werden, wenn durch die Verfassung der Religionsgemeinschaft und der Zahl ihrer Mitglieder die Gewähr einer Dauerhaftigkeit besteht. Darüber hinaus muss die Religionsgemeinschaft aber auch rechtstreu sein und ihr Wirken darf zudem nicht dem Sinn und Zweck widersprechen, der nach der verfassungsrechtlichen Regelung dem angestrebten Korporationsstatus zugrunde liegt.[7]

Als Empfänger von Daten **kommen daher ua in Betracht** die Evangelischen Landeskirchen, die Evangelische Kirche in Deutschland (EKD), die Vereinigte Evangelische Lutherische Kirche Deutschlands, die Union Evangelischer Kirchen, die einzelnen Bistümer der katholischen Kirche, das Bistum der Altkatholiken in Deutschland, die Russisch-Orthodoxe Kirche, die evangelischen Freikirchen, die Heilsarmee und die israelitischen Kultusgemeinden.[8]   8

Ist die Religionsgemeinschaft **keine öffentlich-rechtliche Körperschaft,** und besitzt   9
stattdessen eine privat-rechtliche Organisationsform, wie zB die Griechisch-Katholische Kirche, die Zeugen Jehovas oder die Buddhisten, ist die Datenübermittlung nicht nach Absatz 2 zulässig.

Die Empfänger in den jeweiligen öffentlichen Stellen haben eigenständig zu prüfen,   10
welche Schritte sie aufgrund der erhaltenen Daten einleiten wollen.[9]

3. Übermittlung personenbezogener Daten. Zur Definition des Begriffs der **perso-**   11
nenbezogenen Daten kann auf § 3 Abs. 1 BDSG zurück gegriffen werden. Dies sind folglich Einzelangaben über persönliche oder sachliche Verhältnisse einer bestimmten oder bestimmbaren natürlichen Person (dem Betroffenen). Solche Angaben können zB sein: der Name, die Anschrift, das Geburtsdatum, Informationen über familiäre Verhältnisse wie Ehepartner oder Kinder, der Beruf, der Gesundheitszustand, Krankheiten oder Abhängigkeiten, aber auch Fotografien, Röntgenbilder, Fingerabdrücke oder Vermögens- bzw. Eigentumsverhältnisse.[10] Irrelevant ist in diesem Zusammenhang, ob die Daten **zwangsweise** erhoben **oder freiwillig** vom Betroffenen erlangt wurden.[11]

---

[5] BT-Drs. 13/4709, 20.
[6] Vgl. OLG Hamm 30.4.2009 – 1 VAs 11/09, MedR 2010, 261; auch → § 14 Rn. 10, sowie Nr. 26 MiStra.
[7] BVerwG 26.6.1997 – 7 C 11/96, NJW 1997, 2396 (2397).
[8] Vgl. Erbs/Kohlhaas/*Ambs* BDSG § 15 Rn. 18.
[9] BGH 31.1.2008 – III ZR 161/07, NZI 2008, 241.
[10] *Kissel/Mayer* Rn. 10.
[11] Vgl. *Johnigk* NStZ 1988, 187; *Schlink* NVwZ 1986, 249 (253); *Simitis* NJW 1986, 2795, Fn. 3.

12 Wie auch aus § 21 Abs. 2 S. 1 folgt, spielt es dabei keine Rolle, ob diese personenbezogenen Daten einen **unmittelbar oder nur mittelbar am Verfahren Beteiligten** betreffen, also im Strafverfahren den Beschuldigten oder in Zivilsachen die Partei oder einen Beteiligten. Diese Daten müssen aber zum Zwecke des jeweiligen Verfahrens erhoben worden sein.

13 Der Begriff des **Übermittelns** wird in § 3 Abs. 4 Nr. 3 BDSG definiert. Dies ist demnach das Bekanntgeben gespeicherter oder durch Datenverarbeitung gewonnener personenbezogener Daten an einen Dritten in einer Weise, dass die Daten an den Dritten weitergegeben werden, oder dieser die zur Einsicht oder zum Abruf bereitgehaltenen Daten einsieht oder abruft. Die Übermittlung kann daher zB telefonisch, per E-Mail, Fax, Brief, Anfertigung einer Kopie oder Aktenübersendung bzw. -einsicht erfolgen.[12]

14 **4. Für andere Zwecke.** Die Datenübermittlung muss **für andere Zwecke als die des Verfahrens** erfolgen, für welches die Daten erhoben wurden. Nicht unter Absatz 1 fallen damit Übermittlungen an im Verfahren mitwirkende Stellen oder an über- oder untergeordnete Instanzgerichte. Bei diesen handelt es sich nicht um Übermittlungen für andere Zwecke, sondern gerade für die Zwecke, die unmittelbar mit dem Verfahren der übermittelnden Stelle verfolgt werden bzw. mit diesen zusammenhängen. Für derartige Übermittlungen sind in erster Linie die Verfahrensordnungen maßgebend.

14a Auch die in Verwaltungsvorschriften der Länder geregelten „**Benachrichtigungen in Nachlasssachen**", durch die das Auffinden von letztwilligen Verfügungen erleichtert werden sollen, gehören nicht zum Anwendungsbereich des § 12, sondern sind vielmehr unmittelbarer Bestandteil des Verfahrens der freiwilligen Gerichtsbarkeit.

15 Entsprechend § 14 Abs. 3 BDSG liegen ebenfalls **keine anderen Zwecke** vor, wenn die Verarbeitung oder Nutzung der Daten der Wahrnehmung von Aufsichts- und Kontrollbefugnissen, der Rechnungsprüfung oder der Durchführung von Organisationsuntersuchungen für die verantwortliche Stelle dient. Das gilt auch für die Verarbeitung oder Nutzung zu Ausbildungs- und Prüfungszwecken durch die verantwortliche Stelle, soweit nicht überwiegende schutzwürdige Interessen des Betroffenen dem entgegenstehen.[13] Eventuell muss aber, weil das Interesse des Betroffenen an der Vertraulichkeit seiner Daten, gegenüber dem Interesse an einer realitätsnahen, praxisbezogenen Ausbildung überwiegt, anonymisiert werden.[14]

16 **5. Subsidiarität.** Abs. 1 Satz 2 enthält eine ausdrückliche Subsidiaritätsanordnung. Demnach gehen die in besonderen Rechtsvorschriften angeordneten Übermittlungsregelungen den §§ 12 ff. vor.[15] Dies gilt unabhängig davon, ob es sich um Bundes- oder Landesgesetze handelt.

17 Solche **bereichsspezifischen** Regelungen finden sich zB[16] in: § 115 BBG; § 49 BeamtStG; § 27 Abs. 3 BtMG; § 8 EGStPO; §§ 453 Abs. 1 S. 4, 482 StPO; § 20a Abs. 1 BZRG; §§ 35a, 69k, n FGG; § 70 JGG; § 116 AO;[17] § 49a OWiG; § 60a KWG.

18 Die §§ 12 ff. finden aber gleichwohl Anwendung, wenn die spezielle Norm in ihrem Regelungsumfang hinter dem EGGVG zurückbleibt, diese also etwa keine Auskunftsrechte oder keinen Rechtsschutz gewährt.[18] Gemäß § 1 Abs. 3 BDSG sind die §§ 12 ff. gegenüber dem BDSG hingegen vorrangig.

19 **6. Besondere Verwendungsregelungen.** Absatz 3 bestimmt, dass eine Übermittlung zu unterbleiben hat, wenn besondere Verwendungsregelungen dieser entgegenstehen. Hierunter fallen auch **Übermittlungsverbote**. Hierdurch sollen sowohl besondere Amts- und Berufsgeheimnisse, als auch Regelungen, die einen gesteigerten Schutz personenbezogener Daten bewirken sollen, Beachtung finden.

---

[12] Vgl. KK/*Mayer* Rn. 4.
[13] BT-Drs. 13/4709, 20.
[14] *Kissel*/*Mayer* Rn. 12.
[15] BT-Drs. 13/4709, 17; *Bär* CR 1998, 767 (769).
[16] Bereits mit dem JuMiG, Gesetz vom 18.6.1997, BGBl. 1997 I 1430 ff., sind zahlreiche spezielle Mitteilungspflichten eingeführt worden.
[17] Siehe zu diesem zB *Klos* ZRP 1997, 50 ff.
[18] KK/*Mayer* Rn. 3.

Derartige Restriktionen können sich aus dem **Steuergeheimnis** (§ 30 Abs. 1, 4 AO)[19] 20
oder dem **Sozialgeheimnis** (§ 35 SGB I; §§ 67 ff. SGB X)[20] ergeben. Ebenso sind §§ 311,
338 FamFG zu beachten. Sperrwirkung kommt auch bestimmten datenschutzrechtlich
geprägten landesgesetzlichen Verwendungsregelungen zu, die bundesgesetzlichen Verwendungsregelungen entsprechen, wie etwa die in den Landesstatistikgesetzen oder Kommunalabgabenordnungen statuierten Geheimhaltungspflichten, die dem bundesgesetzlichen Statistik- bzw. Steuergeheimnis entsprechen.[21]

Die in den §§ 51, 52, 63 Abs. 4 **BZRG** normierten Verwertungsverbote sind zwar für 21
die von Amts wegen vorzunehmenden Mitteilungen in der Regel bedeutungslos, da diese
unmittelbar nach Abschluss des Verfahrens erfolgen. Aber diese sind vom Empfänger zu
beachten.[22]

III. Verantwortung

Wie auch gemäß § 15 Abs. 2 S. 1 BDSG trägt **die übermittelnde Stelle** die Verantwor- 22
tung für die Zulässigkeit der Datenübermittlung.[23] Diese muss sich folglich vor der Übermittlung davon überzeugen, dass keine Umstände vorliegen, die einer an sich zulässigen
Übermittlung entgegenstehen.[24] Zur Zulässigkeit der Datenübermittlung siehe auch § 13.

IV. Ermächtigung

Absatz 5 gibt dem Bundesjustizminister die Ermächtigung allgemeine Verwaltungsvor- 23
schriften für die Datenübermittlung zu erlassen. Durch eine bundeseinheitliche Regelung
sollte eine Aufsplitterung in bundes- und landesrechtliche Bestimmungen vermieden werden.[25] Auf dieser Grundlage konnten die MiStra und MiZi erlassen werden. §§ 14, 15
enthalten insoweit noch weitere Vorgaben.

§ 13 [Übermittlungsvoraussetzungen]

(1) Gerichte und Staatsanwaltschaften dürfen personenbezogene Daten zur
Erfüllung der in der Zuständigkeit des Empfängers liegenden Aufgaben übermitteln, wenn
1. eine besondere Rechtsvorschrift dies vorsieht oder zwingend voraussetzt,
2. der Betroffene eingewilligt hat,
3. offensichtlich ist, dass die Übermittlung im Interesse des Betroffenen liegt, und
   kein Grund zu der Annahme besteht, dass er in Kenntnis dieses Zwecks seine
   Einwilligung verweigern würde,
4. die Daten auf Grund einer Rechtsvorschrift von Amts wegen öffentlich
   bekanntzumachen sind oder in ein von einem Gericht geführtes, für jedermann
   unbeschränkt einsehbares öffentliches Register einzutragen sind oder es sich
   um die Abweisung des Antrags auf Eröffnung des Insolvenzverfahrens mangels
   Masse handelt oder
5. auf Grund einer Entscheidung
   a) bestimmte Rechtsfolgen eingetreten sind, insbesondere der Verlust der
      Rechtsstellung aus einem öffentlich-rechtlichen Amts- oder Dienstverhältnis, der Ausschluss vom Wehr- oder Zivildienst, der Verlust des Wahlrechts
      oder der Wählbarkeit oder der Wegfall von Leistungen aus öffentlichen Kassen, und

---

[19] Hierzu *Weyand* NStZ 1987, 399 f. Siehe auch *Blesinger* wistra 1991, 239 ff. (294 ff.).
[20] Siehe hierzu zB *Lührs* MDR 1996, 21 ff.; *Simitis* NJW 1997, 1902.
[21] BT-Drs. 13/4709, 20.
[22] Meyer-Goßner/*Schmitt* Rn. 6; SK/*Weßlau* StPO § 477 Rn. 7.
[23] BT-Drs. 13/4709, 21.
[24] NK/*Dammann* BDSG § 15 Rn. 21.
[25] BT-Drs. 13/4709, 40; *Bär* CR 1998, 767 (770).

b) die Kenntnis der Daten aus der Sicht der übermittelnden Stelle für die Verwirklichung der Rechtsfolgen erforderlich ist;
dies gilt auch, wenn auf Grund der Entscheidung der Erlass eines Verwaltungsaktes vorgeschrieben ist, ein Verwaltungsakt nicht erlassen werden darf oder wenn der Betroffene ihm durch Verwaltungsakt gewährte Rechte auch nur vorläufig nicht wahrnehmen darf.

(2) ¹In anderen als in den in Absatz 1 genannten Fällen dürfen Gerichte und Staatsanwaltschaften personenbezogene Daten zur Erfüllung der in der Zuständigkeit des Empfängers liegenden Aufgaben einschließlich der Wahrnehmung personalrechtlicher Befugnisse übermitteln, wenn eine Übermittlung nach den §§ 14 bis 17 zulässig ist und soweit nicht für die übermittelnde Stelle offensichtlich ist, dass schutzwürdige Interessen des Betroffenen an dem Ausschluss der Übermittlung überwiegen. ²Übermittelte Daten dürfen auch für die Wahrnehmung der Aufgaben nach dem Sicherheitsüberprüfungsgesetz oder einem entsprechenden Landesgesetz verwendet werden.

Übersicht

	Rn.		Rn.
I. Normzweck	1, 2	5. Bestimmte Rechtsfolgen	12–14
II. Abwägungslose Datenübermittlung	3–14	III. Abwägungserfordernde Datenübermittlung	15–21
1. Rechtsvorschrift	3–5	1. Sonstige Fälle der Datenübermittlung	15
2. Einwilligung	6, 6a	2. Abwägung	16
3. Im Interesse des Betroffenen	7, 8	3. Offensichtlichkeit	17–20
4. Öffentlich bekanntgemachte Daten	9–11	4. Sicherheitsüberprüfungen	21

I. Normzweck

1   **Abs. 1** zählt alternativ jene Fälle auf, in denen Gerichte und Staatsanwaltschaften personenbezogene Daten an öffentliche Stellen des Bundes oder eines Landes **ohne vorherige Abwägung** schutzwürdiger Interessen übermitteln dürfen. Voraussetzung ist hier grundsätzlich nur, dass die Übermittlung zur Erfüllung der in der Zuständigkeit des Empfängers liegenden Aufgaben erfolgt. Die Zuständigkeit des Empfängers muss dabei in einer Rechtsnorm begründet sein. Die in den Nr. 1–3 genannten Fälle entsprechen § 14 Abs. 2 Nr. 1–3 BDSG.

2   **Abs. 2** sieht als grundsätzliche Voraussetzung für die Zulässigkeit der Übermittlung nach den §§ 14–17 vor, dass die Übermittlung zur Erfüllung der in der Zuständigkeit des Empfängers liegenden Aufgaben erfolgt. Weitere Voraussetzung in diesen Fällen ist dann aber, dass eine **Abwägung** zwischen dem Interesse des Betroffenen an dem Ausschluss der Übermittlung und dem öffentlichen Interesse an der Übermittlung vorgenommen wird, und die schutzwürdigen Interessen des Betroffenen nicht überwiegen.

II. Abwägungslose Datenübermittlung

3   **1. Rechtsvorschrift.** Nach Nr. 1 ist eine Datenübermittlung zulässig, wenn eine besondere Rechtsvorschrift dies vorsieht oder zwingend voraussetzt. Hierdurch sollte klargestellt werden, dass bereichsspezifisch auf Bundes- oder Landesebene ausdrücklich geregelte Übermittlungen durch die Vorschriften des EGGVG nicht eingeschränkt werden sollen.[1]

4   Derartige **bereichsspezifische Regelungen** finden sich beispielsweise für die Nachrichtendienste in § 18 Abs. 1, 1a, 1b BVerfSchG und § 8 Abs. 2 BNDG; in den Beamtengesetzen

---

[1] BT-Drs. 13/4709, 21.

in § 115 BBG und § 49 BeamtStG;[2] für Soldaten in § 89 Abs. 1 SoldatenG;[3] betreffend Ausländer in § 8 Abs. 2 AsylVfG; § 87 Abs. 4 AufenthaltsG;[4] oder in § 27 Abs. 3, 4 BtMG; § 4 Abs. 5 Nr. 10 EStG; § 15 Abs. 2 GwG; § 84a WiPrO.

Erfasst werden generalklauselartig auch jene Gesetze, denen zwar eine ausdrückliche Regelung fehlt, die eine Übermittlung aber **zwingend voraussetzen**.[5]

2. Einwilligung. Eine zweckfremde Datenübermittlung ist gemäß Nr. 2 auch dann zulässig, wenn der Betroffene eingewilligt hat. Im Gesetzgebungsverfahren wurde darauf verwiesen, dass diese Norm § 14 Abs. 2 Nr. 2 BDSG entspricht.[6] Für die Einwilligung und ihre Form gelten insoweit auch §§ 4 Abs. 1, 4a BDSG. Folglich ist diese nur wirksam, wenn sie auf einer **freien Entscheidung** des Betroffenen beruht (§ 4a Abs. 1 S. 1 BDSG).

Die Einwilligung bedarf grundsätzlich **der Schriftform,** soweit nicht wegen besonderer Umstände eine andere Form angemessen ist (§ 4a Abs. 1 S. 3 BDSG).[7]

3. Im Interesse des Betroffenen. Nach Nr. 3 darf eine Datenübermittlung auch dann erfolgen, wenn es **offensichtlich** ist, dass die Übermittlung im Interesse des Betroffenen liegt, und kein Grund zu der Annahme besteht, dass er in Kenntnis dieses Zwecks seine Einwilligung verweigern würde. Der Zweck der Übermittlung, dessen Kenntnis durch den Betroffenen hier vorausgesetzt wird, meint die in der Zuständigkeit des Empfängers liegenden Aufgaben.[8] Im Gesetzgebungsverfahren wurde daran gedacht, dass auf diesem Wege einer öffentlichen Stelle, die ein Strafverfahren veranlasst hat, die Einstellung des Verfahrens oder die Freisprechung des Beschuldigten mitgeteilt werden kann.[9]

Ein Vorgehen nach Nr. 3 wird immer dann in Betracht kommen, wenn der Betroffene nicht oder nur unter unverhältnismäßigen Aufwand um seine Einwilligung gebeten werden kann, angesichts der positiven Folgen der zweckfremden Mitteilung diese aber **als sicher vorausgesehen** werden kann.

4. Öffentlich bekanntgemachte Daten. Daten, die auf Grund einer Rechtsvorschrift von Amts wegen öffentlich bekanntzumachen sind oder in ein von einem Gericht geführtes, für **jedermann unbeschränkt einsehbares öffentliches Register** einzutragen sind, dürfen nach Nr. 4 ebenfalls übermittelt werden.[10] Nach Art. 5 Abs. 1 GG hat zwar jedermann das Recht, sich aus allgemein zugänglichen Quellen ungehindert zu unterrichten, gleichwohl bedarf nach der Rechtsprechung des BVerfG aber auch die Übermittlung bereits öffentlich bekanntgemachter Daten einer gesetzlichen Grundlage.[11] Die mit Nr. 4 geschaffene Erlaubnis ist ihrem Rechtsgedanken nach ebenfalls in § 14 Abs. 2 Nr. 5 BDSG zu finden, dort jedoch an eine Abwägung geknüpft. Im EGGVG genügt für die Übermittlung hingegen bereits, dass die Übermittlung zur Erfüllung der in der Zuständigkeit des Empfängers liegenden Aufgaben erfolgt.[12]

Öffentlich bekanntzumachen ist zB die Vermögensbeschlagnahme nach § 291 StPO. Weitere derartige gesetzliche Anordnungen finden sich in §§ 50 Abs. 1, 66 Abs. 1, 1562, 1983, 2061 BGB; §§ 39, 40 ZVG; §§ 23 Abs. 1, 30 Abs. 1 InsO; § 435 FamFG.

---

[2] Gemäß §§ 46, 71 DRiG gelten diese Normen auch für Richter. Siehe auch Nr. 15 MiStra.
[3] Nr. 19 MiStra.
[4] Nr. 42 MiStra.
[5] NK/*Dammann* BDSG § 14 Rn. 56 sieht bei Maßnahmen mit stärkerer Eingriffswirkung hierin nur eine Übergangslösung, bis eine verfassungsrechtlich erforderliche spezielle (ausdrückliche) Ermächtigungsgrundlage geschaffen wird.
[6] BT-Drs. 13/4709, 21.
[7] Gegen eine grundsätzliche Schriftform aber KK/*Mayer* Rn. 4; Löwe/Rosenberg/*Böttcher* Rn. 4; Meyer-Goßner/*Schmitt* Rn. 2.
[8] BT-Drs. 13/7489, 54.
[9] BT-Drs. 13/4709, 21.
[10] Im ursprünglichen Regierungsentwurf wurde dieser Themenkomplex in § 15 geregelt, auf Einspruch des Bundesrates hin wurde die Regelung an seine jetzige Stelle verschoben, siehe BT-Drs. 13/4709, 40, 54.
[11] BVerfG 9.3.1988 – 1 BvL 49/86, BVerfGE 78, 77 (85) = NJW 1988, 2031.
[12] BT-Drs. 13/4709, 40.

10a **Unbeschränkt einsehbare öffentliche Register** sind zB das Vereinsregister (§ 79 Abs. 1 BGB), das Güterrechtsregister (§ 1563 BGB) und das Handels- und Unternehmensregister (§ 9 Abs. 1, 6 HGB). Nicht hierzu zählt das Grundbuch,[13] da hier für die Einsichtnahme jeweils ein berechtigtes Interesse nachgewiesen werden muss (§ 12 Abs. 1 S. 1 GBO).[14]

11 Ebenfalls übermittelt werden darf nach Nr. 4 die Abweisung des Antrags auf Eröffnung des **Insolvenzverfahrens mangels Masse.** Diese Entscheidung wurde ursprünglich nicht öffentlich bekannt gemacht,[15] nunmehr ist sie allerdings gemäß § 26 Abs. 1 S. 3 InsO sogar unverzüglich bekannt zu machen.[16] Der Grund für die ausdrückliche Erwähnung ist damit entfallen und diese Fallgruppe ist an sich schon in der ersten Alternative von Nr. 4 enthalten.

12 **5. Bestimmte Rechtsfolgen.** In Nr. 5 werden jene Fälle zusammen gefasst, in denen an eine Entscheidung entweder nach ihrem Inhalt oder durch Rechtsvorschriften bestimmte Rechtsfolgen geknüpft sind und die Mitteilung erforderlich ist, **um deren Beachtung und Umsetzung zu gewährleisten.** Derartige Rechtsfolgen sind insbesondere der Verlust der Rechtsstellung aus einem öffentlich-rechtlichen Amts- oder Dienstverhältnis, der Ausschluss vom Wehr- oder Zivildienst, der Verlust des Wahlrechts oder der Wählbarkeit, der Wegfall von Leistungen aus öffentlichen Kassen oder ein Berufsverbot.

12a Solche Rechtsfolgen finden sich zB in § 45 StGB und §§ 69 ff. StGB, § 41 BBG, § 24 BeamtStG, § 61 Abs. 1 S. 1 Nr. 4 BeamtVG sowie in §§ 41, 41a BJagdG.[17] Als Rechtsvorschriften, in denen diese eintretenden Rechtsfolgen geregelt sind, kommen neben bundesrechtlichen Regelungen auch Landesgesetze, Rechtsverordnungen der Länder sowie Satzungsvorschriften von Selbstverwaltungskörperschaften in Betracht.

13 Die Vorschrift ist auch dann anzuwenden, wenn die unmittelbar gegenüber dem Betroffenen wirksam werdende Rechtsfolge zusätzlich einen **Verwaltungsakt** iSd § 35 VwVfG erfordert oder wenn die Rechtsfolge darin besteht, dass ein Verwaltungsakt nicht erlassen werden darf.

14 Ausdrücklich einbezogen ist der Fall, dass der Betroffene ihm durch Verwaltungsakt gewährte Rechte auch nur **vorläufig nicht wahrnehmen** darf. Ein solcher Fall ist zB gegeben, wenn in einer Verkehrsstrafsache ein Führerschein in amtliche Verwahrung genommen wird, den der Beschuldigte freiwillig ohne vorläufige Entziehung nach § 111a StPO herausgegeben hat. Obwohl die Fahrerlaubnis in diesem Fall noch besteht, darf der Beschuldigte kein Kraftfahrzeug führen (§ 21 Abs. 2 Nr. 2 des StVG).[18]

III. Abwägungserfordernde Datenübermittlung

15 **1. Sonstige Fälle der Datenübermittlung.** In den anderen als in den in Absatz 1 genannten Fällen dürfen Gerichte und Staatsanwaltschaften personenbezogene Daten zur Erfüllung der in der Zuständigkeit des Empfängers liegenden Aufgaben einschließlich der Wahrnehmung personalrechtlicher Befugnisse übermitteln, wenn eine Übermittlung nach den §§ 14–17 zulässig ist und soweit **nicht** für die übermittelnde Stelle **offensichtlich ist,** dass schutzwürdige Interessen des Betroffenen an dem Ausschluss der Übermittlung überwiegen.[19] Wegen der in § 14 Abs. 1 Nr. 5 vorgesehenen Übermittlung von Daten der im öffentlichen Dienst und bei den öffentlich-rechtlichen Religionsgesellschaften beschäftigten Arbeitnehmer ist die „Wahrnehmung personalrechtlicher Befugnisse" ausdrücklich erwähnt.[20]

---

[13] So auch BT-Drs. 13/4709, 54.
[14] Speziell zum Grundbuch siehe auch § 15 Abs. 1 Nr. 1.
[15] Vgl. BT-Drs. 13/4709, 25.
[16] Zur Gesetzesbegründung siehe BT-Drs. 16/3227, 16.
[17] Siehe zB MiStra Nr. 12, 18, 37.
[18] BT-Drs. 13/4709, 21.
[19] Zum Umfang der übermittelten Daten siehe § 18.
[20] BT-Drs. 13/4709, 21.

2. Abwägung. Abs. 2 sieht grundsätzlich für alle zweckfremden Datenübermittlungen 16
nach den §§ 14–17 eine **Abwägung** zwischen dem Interesse des Betroffenen an dem Ausschluss der Übermittlung und dem öffentlichen Interesse an der Übermittlung vor. Das Interesse an der Datenübermittlung muss dabei überwiegen. Dieses Abwägungserfordernis ist eine Ausprägung des Verhältnismäßigkeitsgrundsatzes, der hier einen Eingriff in das Recht auf informationelle Selbstbestimmung nur in dem unbedingt erforderlichen Umfang und nur zu dem Zeitpunkt zulässt, der den Betroffenen am wenigsten belastet. Daraus folgt, dass zB in Strafsachen im Grundsatz Mitteilungen erst nach dem rechtskräftigen Abschluss des Verfahrens gemacht werden dürfen, wenn dies zur Erfüllung der Aufgaben des Empfängers ausreichend ist.

3. Offensichtlichkeit. Die erforderliche Abwägung ist von der übermittelnden Stelle 17
aufgrund ihres Kenntnisstandes ohne weitere Ermittlungen vorzunehmen. Für das Gericht bzw. die Staatsanwaltschaft muss es **offensichtlich** sein, dass die schutzwürdigen Interessen des Betroffenen an dem Ausschluss der Übermittlung nicht überwiegen.[21]

Im Gesetzgebungsverfahren wurde davon ausgegangen, dass den in einer Verwaltungsvor- 18
schrift (insbesondere der MiStra und der MiZi) allgemein angeordneten Mitteilungen, in der Regel bereits eine detaillierte Abwägung der Belange des Betroffenen und der für die allgemeine Übermittlung sprechenden Interessen des Empfängers zugrunde liegt. Eine **allgemeine Prüfung und Abwägung,** ob der Übermittlung Interessen des Betroffenen entgegenstehen, sei in diesen Fällen darum nicht mehr geboten.[22]

Nur wenn Umstände, die ein Überwiegen der geschützten Interessen des Betroffenen 19
begründen, **offensichtlich** sind, sich für die öffentliche Stelle also aufdrängen, muss die Übermittlung unterbleiben. Die Formulierung „offensichtlich" sollte klarstellen, dass im Einzelfall keine Ermittlungen zu diesem Punkt erforderlich sind. Nur wenn der Übermittlung entgegenstehende Interessen des Betroffenen, die schwerer wiegen als das öffentliche Interesse an der Übermittlung, **ohne weiteres erkennbar** sind, soll die Übermittlung unterbleiben.[23] Dementsprechend findet sich zB in Nr. 29 Abs. 2 MiStra die Formulierung „soweit für die übermittelnde Stelle erkennbar ist, dass schutzwürdige Interessen der betroffenen Person an dem Ausschluss der Übermittlung das öffentliche Interesse überwiegen" (ebenso in Nr. 48 Abs. 1 Satz 2 MiStra).

Gegenüber dem in Absatz 2 verwendeten Abwägungsmaßstab wurde bereits kritisch 20
angemerkt, dass das BVerfG im Volkszählungsurteil[24] Einschränkungen des Grundrechts auf informationelle Selbstbestimmung nur bei einem **„überwiegenden Allgemeininteresse"** für zulässig erklärt hat.[25] Der gesetzliche Abwägungsmaßstab stellt also zuungunsten des Betroffenen geringere Anforderungen. Im **Zweifelsfalle** sollte daher die zweckfremde Datenübermittlung nach Absatz 2 unterbleiben.[26]

4. Sicherheitsüberprüfungen. Ausdrücklich erlaubt Absatz 2, dass die nach den §§ 14– 21
17 übermittelten Daten auch für die Wahrnehmung der Aufgaben nach dem Sicherheitsüberprüfungsgesetz oder einem entsprechenden Landesgesetz verwendet werden dürfen.[27]

§ 14 [Datenübermittlung in Strafsachen]

(1) In Strafsachen ist die Übermittlung personenbezogener Daten des Beschuldigten, die den Gegenstand des Verfahrens betreffen, zulässig, wenn die Kenntnis der Daten aus der Sicht der übermittelnden Stelle erforderlich ist für

---

[21] Die gleiche Anordnung trifft Nr. 2 Abs. 1 S. 2 MiStra bzw. Nr. 2 Abs. 1 S. 1 MiZi.
[22] BT-Drs. 13/4709, 41.
[23] BT-Drs. 13/7489, 54.
[24] BVerfG 15.12.1983 – 1 BvR 209/83, BVerfGE 65, 1 ff. = NJW 1984, 419 ff.
[25] *Wollweber* NJW 1997, 2488.
[26] KK/*Mayer* Rn. 11; *Kissel/Mayer* Rn. 11.
[27] Zu den Auswirkungen einer strafgerichtlichen Verurteilung auf den Sicherheitsüberprüfungsstatus siehe *Engelien-Schulz* DÖD 2010, 184 ff.

1. bis 3. (aufgehoben)
4. dienstrechtliche Maßnahmen oder Maßnahmen der Aufsicht, falls
   a) der Betroffene wegen seines Berufs oder Amtsverhältnisses einer Dienst-, Staats- oder Standesaufsicht unterliegt, Geistlicher einer Kirche ist oder ein entsprechendes Amt bei einer anderen öffentlich-rechtlichen Religionsgesellschaft bekleidet oder Beamter einer Kirche oder einer Religionsgesellschaft ist und
   b) die Daten auf eine Verletzung von Pflichten schließen lassen, die bei der Ausübung des Berufs oder der Wahrnehmung der Aufgaben aus dem Amtsverhältnis zu beachten sind oder in anderer Weise geeignet sind, Zweifel an der Eignung, Zuverlässigkeit oder Befähigung hervorzurufen,
5. die Entscheidung über eine Kündigung oder für andere arbeitsrechtliche Maßnahmen, für die Entscheidung über eine Amtsenthebung, für den Widerruf, die Rücknahme, die Einschränkung einer behördlichen Erlaubnis, Genehmigung oder Zulassung zur Ausübung eines Gewerbes, einer sonstigen wirtschaftlichen Unternehmung oder eines Berufs oder zum Führen einer Berufsbezeichnung, für die Untersagung der beruflichen, gewerblichen oder ehrenamtlichen Tätigkeit oder der sonstigen wirtschaftlichen Unternehmung oder für die Untersagung der Einstellung, Beschäftigung, Beaufsichtigung von Kindern und Jugendlichen, für die Untersagung der Durchführung der Berufsausbildung oder für die Anordnung einer Auflage, falls
   a) der Betroffene ein nicht unter Nummer 4 fallender Angehöriger des öffentlichen Dienstes oder des Dienstes einer öffentlich-rechtlichen Religionsgesellschaft, ein Gewerbetreibender oder ein Vertretungsberechtigter eines Gewerbetreibenden oder eine mit der Leitung eines Gewerbebetriebes oder einer sonstigen wirtschaftlichen Unternehmung beauftragte Person, ein sonstiger Berufstätiger oder Inhaber eines Ehrenamtes ist und
   b) die Daten auf eine Verletzung von Pflichten schließen lassen, die bei der Ausübung des Dienstes, des Gewerbes, der sonstigen wirtschaftlichen Unternehmung, des Berufs oder des Ehrenamtes zu beachten sind oder in anderer Weise geeignet sind, Zweifel an der Eignung, Zuverlässigkeit oder Befähigung hervorzurufen,
6. Dienstordnungsmaßnahmen mit versorgungsrechtlichen Folgen oder für den Entzug von Hinterbliebenenversorgung, falls der Betroffene aus einem öffentlich-rechtlichen Amts- oder Dienstverhältnis oder aus einem Amts- oder Dienstverhältnis mit einer Kirche oder anderen öffentlich-rechtlichen Religionsgesellschaft Versorgungsbezüge erhält oder zu beanspruchen hat,
7. den Widerruf, die Rücknahme, die Versagung oder Einschränkung der Berechtigung, der Erlaubnis oder der Genehmigung oder für die Anordnung einer Auflage, falls der Betroffene
   a) in einem besonderen gesetzlichen Sicherheitsanforderungen unterliegenden genehmigungs- oder erlaubnispflichtigen Betrieb verantwortlich tätig oder
   b) Inhaber einer atom-, waffen-, sprengstoff-, gefahrstoff-, immissionsschutz-, abfall-, wasser-, seuchen-, tierseuchen-, betäubungsmittel- oder arzneimittelrechtlichen Berechtigung, Erlaubnis oder Genehmigung, einer Genehmigung nach dem Gentechnikgesetz, dem Gesetz über die Kontrolle von Kriegswaffen oder dem Außenwirtschaftsgesetz, einer Erlaubnis zur Arbeitsvermittlung nach dem Dritten Buch Sozialgesetzbuch, einer Verleiherlaubnis nach dem Arbeitnehmerüberlassungsgesetz, einer Erlaubnis nach tierschutzrechtlichen Vorschriften, eines Jagdscheins, eines Fischereischeins, einer verkehrsrechtlichen oder im übrigen einer sicherheitsrechtlichen Erlaubnis oder Befähigung ist oder einen entsprechenden Antrag gestellt hat,

8. Maßnahmen der Aufsicht, falls es sich
   a) um Strafsachen im Zusammenhang mit Betriebsunfällen, in denen Zuwiderhandlungen gegen Unfallverhütungsvorschriften bekannt werden, oder
   b) um Straftaten gegen Vorschriften zum Schutz der Arbeitskraft oder zum Schutz der Gesundheit von Arbeitnehmern handelt, oder
9. die Abwehr erheblicher Nachteile für Tiere und Pflanzen, Boden, Wasser, Luft, Klima und Landschaft sowie das kulturelle Erbe.

(2) ¹In Privatklageverfahren, in Verfahren wegen fahrlässig begangener Straftaten, in sonstigen Verfahren bei Verurteilung zu einer anderen Maßnahme als einer Strafe oder einer Maßnahme im Sinne des § 11 Abs. 1 Nr. 8 des Strafgesetzbuches, oder wenn das Verfahren eingestellt worden ist, unterbleibt die Übermittlung in den Fällen des Absatzes 1 Nr. 4 bis 9, wenn nicht besondere Umstände des Einzelfalles die Übermittlung erfordern. ²Die Übermittlung ist insbesondere erforderlich, wenn die Tat bereits ihrer Art nach geeignet ist, Zweifel an der Zuverlässigkeit oder Eignung des Betroffenen für die gerade von ihm ausgeübte berufliche, gewerbliche oder ehrenamtliche Tätigkeit oder für die Wahrnehmung von Rechten aus einer ihm erteilten Berechtigung, Genehmigung oder Erlaubnis hervorzurufen. ³Die Sätze 1 und 2 gelten nicht bei Straftaten, durch die der Tod eines Menschen verursacht worden ist, und bei gefährlicher Körperverletzung. ⁴Im Falle der Einstellung des Verfahrens ist zu berücksichtigen, wie gesichert die zu übermittelnden Erkenntnisse sind.

Übersicht

	Rn.		Rn.
I. Normzweck	1–7	3. Maßnahmen gegenüber Tarifangestellten, Gewerbetreibenden und Ehrenämtler (Nr. 5)	14–21
1. Strafsachen	2		
2. Personenbezogene Daten	3	4. Maßnahmen gegenüber Beziehern von Versorgungsbezügen (Nr. 6)	22, 23
3. Tatbegriff	4, 5	5. Maßnahmen gegenüber Inhabern von Berechtigungen, Erlaubnissen und Genehmigungen (Nr. 7)	24–26
4. Schlüssigkeitsprüfung	6, 7		
II. Übermittlungsrelevante Aufgaben	8–30	6. Maßnahmen der Aufsicht nach Betriebsunfällen uä (Nr. 8)	27, 28
1. Mitteilungen zum Zwecke der Strafvollstreckung und des -vollzugs (ehemals Nr. 1–3)	8	7. Schutz der Umwelt (Nr. 9)	29, 30
		III. Einschränkungen	31–38
2. Dienstrechtliche Maßnahmen oder Maßnahmen der Aufsicht (Nr. 4)	9–13	1. Ausnahmen	32, 33
		2. Gegenausnahmen	34–37
		3. MiStra	38

I. Normzweck

§ 14 bildet die Spezialvorschrift zur zweckfremden Übermittlung personenbezogener Daten des Beschuldigten in Strafsachen. Diese ist immer dann zulässig, wenn die Daten den Gegenstand des Verfahrens betreffen und deren Kenntnis aus Sicht der übermittelnden Stelle **für den Empfänger erforderlich** ist. Katalogartig werden in Absatz 1 jene relevanten Zwecke aufgeführt, für welche eine Übermittlung erfolgen darf. Absatz 2 enthält aus Gründen der Verhältnismäßigkeit Einschränkungen. 1

1. Strafsachen. Unter Strafsachen sind, wie in § 13 GVG, alle Verfahren zu verstehen, in denen **eine Kriminalstrafe,** die stets mit einem ethischen Schuldvorwurf verbunden ist,[1] verhängt werden kann. Dies trifft auch auf Jugendgerichtssachen zu, auf Ordnungswidrigkeitenverfahren jedoch grundsätzlich nicht. Diese werden aber vom Begriff der Strafsache dann erfasst, wenn Staatsanwaltschaft und Gericht zur Verfolgung berufen sind (vgl. §§ 42, 2

---

[1] Vgl. BVerfG 6.6.1967 – 2 BvR 375/60, BVerfGE 22, 49 = NJW 1967, 1219 (1220).

64 OWiG).² Verfahren die nur mit Disziplinarstrafen enden können, wie zB Ehrengerichtsverfahren, fallen hingegen in keinem Fall in den Anwendungsbereich von § 14.

3   **2. Personenbezogene Daten.** Der Begriff der personenbezogenen Daten ist wie in § 12 an § 3 Abs. 1 BDSG angelehnt. Es handelt sich folglich um **Einzelangaben** über persönliche oder sachliche Verhältnisse, hier speziell **des Beschuldigten**.³ Soweit Daten anderer Verfahrensbeteiligter bzw. -betroffener, also zB Zeugen oder Sachverständige, übermittelt werden sollen, kann dies nur unter den Voraussetzungen von § 17 oder § 18 erfolgen.

4   **3. Tatbegriff.** Wie im Strafverfahrensrecht üblich, wird mit dem Gegenstand des Verfahrens auf den **prozessualen Tatbegriff** abgestellt. Dieser erfasst das gesamte Verhalten des Angeklagten, soweit es mit dem durch die Anklageschrift bezeichneten geschichtlichen Vorkommnis nach der Auffassung des Lebens einen einheitlichen Vorgang bildet, ohne Rücksicht darauf, ob sich bei der rechtlichen Beurteilung eine oder mehrere strafbare Handlungen statt oder neben der im Eröffnungsbeschluss bezeichneten Straftat ergeben.⁴

5   Als **übermittlungsrelevante Daten** kommen daher auch alle sonstigen Umstände in Betracht, die mit der Tat im Zusammenhang stehen und für die Bestimmung der Rechtsfolgen und für eventuelle Nebenentscheidungen erheblich sein können.⁵

6   **4. Schlüssigkeitsprüfung.** Grundsätzliche Voraussetzung der Übermittlung ist, dass die Kenntnis der Daten aus Sicht der übermittelnden Stelle für die in Absatz 1 Nr. 4–9 angeführten Zwecke **erforderlich** ist. Diese Formulierung soll klarstellen, dass die übermittelnde Stelle keine Ermittlungen anstellen muss, sondern lediglich eine Art **Schlüssigkeitsprüfung** durchzuführen hat. Sind die Daten der zu übermittelnden Art nach den für den Empfänger geltenden Rechtsvorschriften zur Erfüllung seiner Aufgaben grundsätzlich beachtlich, so ist die Kenntnis der Daten im Sinne dieser Vorschrift auch erforderlich.

7   Ob der Empfänger aufgrund der Daten dann **tatsächlich Maßnahmen** ergreift, ist für die Zulässigkeit der Datenübermittlung unerheblich. Es genügt, wenn diese Anlass bieten zu prüfen, ob Maßnahmen zu ergreifen sind.⁶ Von der übermittelnden Stelle wird daher zB nicht verlangt, eine vorweggenommene, gleichsam summarische Prüfung einer eventuell erforderlichen disziplinarrechtlichen Behandlung eines Falles vorzunehmen. Notwendig ist nur die Prüfung, ob die Daten für eine solche disziplinarrechtliche Prüfung von Belang sein können und deshalb für den Datenempfänger von Interesse sind.⁷

II. Übermittlungsrelevante Aufgaben

8   **1. Mitteilungen zum Zwecke der Strafvollstreckung und des -vollzugs (ehemals Nr. 1–3).** Zunächst war gemäß Abs. 1 Nr. 1–3 die Übermittlung auch zulässig, wenn die Kenntnis der Daten erforderlich war:
1. zur Vollstreckung von Strafen oder von Maßnahmen im Sinne des § 11 Abs. 1 Nr. 8 StGB oder der Vollstreckung oder Durchführung von Erziehungsmaßregeln oder Zuchtmitteln im Sinne des JGG,
2. zum Vollzug von freiheitsentziehenden Maßnahmen,
3. für Entscheidungen in Strafsachen, insbesondere über die Strafaussetzung zur Bewährung oder ihren Widerruf, in Bußgeld- oder in Gnadensachen.

Die Aufhebung dieser Übermittlungsvorschriften erfolgte mit dem Gesetz zur Änderung und Ergänzung des Strafverfahrensrechts – Strafverfahrensänderungsgesetz 1999 (StVÄG

---

² KK/*Barthe* GVG § 13 Rn. 1.
³ → § 12 Rn. 11.
⁴ BGH 5.11.1969 – 4 StR 519/68, NJW 1970, 255 (256); 23.9.1999 – 4 StR 700/98, BGHSt 45, 211 = NJW 2000, 226 (227); → StPO § 264 Rn. 3 ff.
⁵ BT-Drs. 13/4709, 22.
⁶ *Golembiewski*, Mitteilungen durch die Justiz, S. 108.
⁷ Vgl. BFH 15.1.2008 – VII B 149/07, NVwZ 2008, 1159 (zu § 125c BRRG).

1999)[8] zum 31.10.2000. Die Vorschriften wurden durch dieses Gesetz wortgleich nach § 479 Abs. 2 StPO verschoben.[9]

2. Dienstrechtliche Maßnahmen oder Maßnahmen der Aufsicht (Nr. 4). Um dienstrechtliche Maßnahmen oder Maßnahmen der Aufsicht zu ermöglichen bzw. sicherzustellen, dass solche ergriffen werden können, werden über Nr. 4 hinsichtlich Beschuldigter, die wegen ihres Berufs- oder Amtsverhältnisses einer **Dienst-, Staats- oder Standesaufsicht** unterliegen, Datenübermittlungen legitimiert. Die Daten müssen jeweils auf eine Verletzung von Pflichten schließen lassen, die bei der Ausübung eines Dienstes, eines Gewerbes, einer sonstigen wirtschaftlichen Unternehmung, eines Berufs oder eines Ehrenamtes zu beachten sind oder in anderer Weise geeignet sein, **Zweifel** an der Eignung, Zuverlässigkeit oder Befähigung des Beschuldigten hinsichtlich seiner Berufsausübung hervorrufen

Nach der Vorstellung des Gesetzgebers[10] sollte Nr. 4 insbesondere hinsichtlich solcher Angehörige gesetzlich geregelter Berufe gelten, für **die keine bereichsspezifischen Mitteilungsregelungen** existieren, die aber gleichwohl einer Standesaufsicht unterliegen. So finden sich etwa für die **Heilberufe**[11] in den einzelnen bundesrechtlichen oder landesrechtlichen Berufsgesetzen Vorschriften über den Zugang zum Beruf, über die mit der Ausübung verbundenen Pflichten und über Maßnahmen zur Ahndung beruflicher Pflichtverletzungen.[12] Für die Überwachung der Einhaltung derartiger beruflicher Pflichten und die Ahndung von Verstößen sind Behörden, öffentlich-rechtlich verfassten Berufsorganisationen und Disziplinar- oder Berufsgerichte zuständig.

Die in den jeweiligen Berufsgesetzen enthaltenen Anforderungen an die persönliche und fachliche Eignung und das berufliche Verhalten sind je nach Berufsgruppe dabei unterschiedlich ausgestaltet. Sie dienen aber regelmäßig dem Schutz des besonderen Vertrauens in die fachliche und persönliche Integrität. Soweit bestimmte Berufsgruppen zwar einer Standes-, aber keiner Staatsaufsicht unterliegen, erfolgen die Übermittlungen an die Standesaufsicht. Für Übermittlungen an die für sonstige Maßnahmen zuständige Behörde ist in diesen Fällen Nummer 5 maßgebend.

Für etliche Berufsgruppen bestehen allerdings **bereichsspezifische Mittlungspflichten,** so dass es insoweit nicht auf Nr. 4 ankommt. Dies ist zB der Fall für Beamte, Richter oder Soldaten (vgl. § 115 BBG; § 49 BeamtStG,[13] §§ 46 Abs. 1, 71 Abs. 3 DRiG, § 89 SG);[14] Notare und Rechtsanwälte (§ 64a Abs. 2 BNotO; § 36 Abs. 2 BRAO);[15] Wirtschaftsprüfer und Steuerberater (§ 130 Abs. 1 iVm § 36a WPO, § 10 Abs. 2 StBerG)[16] sowie Inhaber bzw. Geschäftsleiter von Kreditinstituten, Wertpapierdienstleistungsunternehmen oder Versicherungsunternehmen (§ 60a KWG, § 40a WpHG, § 145b VAG).[17]

Ebenfalls erfasst werden Beschuldigte, die **Geistliche** einer Kirche sind oder ein entsprechendes Amt bei einer anderen öffentlich-rechtlichen Religionsgesellschaft bekleiden oder Beamte einer Kirche oder einer Religionsgesellschaft sind.[18] Entsprechend § 12 Abs. 2 sind mit Kirchen oder Religionsgemeinschaften nur solche gemeint, die Körperschaften öffentlichen Rechts sind.[19]

---

[8] Gesetz vom 2.8.2000, BGBl. I 1253 (1261).
[9] Siehe BT-Drs. 14/1484, 36.
[10] BT-Drs. 13/4709, 22.
[11] Zu Disziplinarverfahren gegenüber Vertragsärzten siehe *Hampe/Mohammadi* NZS 2013, 692 ff.
[12] Siehe zB MiStra Nr. 26 (Angehörige der Heilberufe), Nr. 27 (Angehörige von Lehrberufen und erzieherischen Berufen).
[13] Zur Verfassungsmäßigkeit des früheren, inhaltsgleichen § 125c BRRG siehe BVerfG 6.5.2008 – 2 BvR 336/07, NJW 2008, 3489; zur Mitteilung von Steuerhinterziehungen von Beamten und Richtern an den Dienstvorgesetzten nach dieser Norm siehe *Dörn* wistra 2002, 170 ff.
[14] Siehe auch Nr. 15, 18, 19, 20, 29 MiStra. Soweit früher für Zivildienstleistende über § 45a ZDG eine ebensolche Mitteilungspflicht bestand, ist dies mit Aussetzung der Zivildienstpflicht obsolet (MiStra Nr. 21).
[15] Nr. 23 und 29 MiStra.
[16] Nr. 24 und 29 MiStra.
[17] Nr. 25, 25a, 25b, 29 MiStra.
[18] Siehe Nr. 22 MiStra.
[19] → § 12 Rn. 7 ff.

14 **3. Maßnahmen gegenüber Tarifangestellten, Gewerbetreibenden und Ehrenämtler (Nr. 5).** Nr. 5 setzt zunächst wiederum voraus, dass in einer Strafsache Daten ermittelt wurden, die auf eine Verletzung von Pflichten schließen lassen, die bei der Ausübung eines Dienstes, eines Gewerbes, einer sonstigen wirtschaftlichen Unternehmung, eines Berufs oder eines Ehrenamtes zu beachten sind oder in anderer Weise geeignet sind, Zweifel an der Eignung, Zuverlässigkeit oder Befähigung des Beschuldigten hervorzurufen.[20]

15 Zu den hier erfassten Beschuldigten gehören die dem Tarifrecht unterstehenden Angehörigen **des öffentlichen Dienstes** bzw. des Dienstes einer öffentlich-rechtlichen Religionsgemeinschaft. Deren Daten sollen nach Maßgabe dieser Regelung mitgeteilt werden, wenn sie die Fähigkeit des Beschuldigten zur Ausübung seiner konkreten beruflichen oder einer anderen Tätigkeit im Bereich des öffentlichen Dienstes betreffen und deshalb eine Kündigung oder andere arbeitsrechtliche Maßnahmen in Betracht kommen.[21]

16 Die Vorschrift umfasst ferner die Inhaber von Ehrenämtern, aber auch Gewerbetreibende einschließlich ihrer Vertretungsberechtigten, eine mit der Leitung eines Gewerbebetriebes oder einer sonstigen wirtschaftlichen Unternehmung beauftragte Person und sonstige Berufstätige, die zur Ausübung ihres Berufs oder zur Führung ihrer Berufsbezeichnung einer besonderen Erlaubnis bedürfen.

17 Die bestehende **Erlaubnispflicht** dient regelmäßig dem Schutz der Allgemeinheit bei solchen Gewerben oder Berufen, denen aus ihrer Natur heraus besonderes Vertrauen entgegengebracht werden muss. Die Datenübermittlung kann in diesen Fällen darum Grundlage sein, Entscheidungen über eine Amtsenthebung oder über den Widerruf, die Rücknahme bzw. die Einschränkung einer behördlichen Erlaubnis, Genehmigung oder Zulassung zur Ausübung eines Gewerbes, einer sonstigen wirtschaftlichen Unternehmung oder eines Berufs oder zum Führen einer Berufsbezeichnung zu treffen.

18 Bei **erlaubnisfreien Berufen** oder Gewerben kommt auch die mögliche Untersagung der beruflichen, gewerblichen oder ehrenamtlichen Tätigkeit oder einer sonstigen wirtschaftlichen Unternehmung in Betracht.

19 Nach der Vorstellung des Gesetzgebers gehören zB Lehrer an Privatschulen, Betreiber von Altenpflegeheimen, Makler, Bauträger oder Baubetreuer zu den hier möglichen Beschuldigten.[22]

20 Eine Datenübermittlung nach Nr. 5 ist auch dann zulässig, wenn die Daten nach dem **Jugendarbeitsschutzgesetzes** oder des **Berufsbildungsgesetzes** zur Untersagung der Einstellung, Beschäftigung, Beaufsichtigung von Kindern und Jugendlichen oder der Durchführung der Berufsausbildung führen können.

21 In der **MiStra** finden sich zahlreiche Mitteilungspflichten unter Berufung auf § 14 Abs. 1 Nr. 5, so Nr. 16 (Arbeitnehmer und Beschäftige des öffentlichen Dienstes), Nr. 17 (Ehrenamtliche Richterinnen und Richter), Nr. 27 (Angehörige von Lehr- und erzieherischen Berufen), Nr. 28 (Betreiber von und Beschäftigte in Alten-, Behinderten- und Pflegeheimen und ambulanten Pflegediensten), Nr. 36 (Berechtigte nach dem WaffG und SprengG), Nr. 37 (Jagdscheininhaber), Nr. 38 (Berechtigte nach dem LuftverkehrsG), Nr. 39 (Gewerbetreibende), Nr. 40 (verantwortlich mit Atomanlagen, Kernbrenn- oder radioaktiven Stoffen befasste Personen), Nr. 44 (Betriebsunfälle).

22 **4. Maßnahmen gegenüber Beziehern von Versorgungsbezügen (Nr. 6).** Nr. 6 ermöglicht die Datenübermittlung, wenn der Beschuldigte **Bezieher von Versorgungsbezügen oder einer Hinterbliebenenversorgung** ist, oder solche Leistungen beanspruchen könnte. Die Übermittlung der Daten soll Dienstordnungsmaßnahmen mit versorgungsrechtlichen Folgen (zB aufgrund § 77 Abs. 2 BBG) oder den Entzug der Hinterbliebenen-

---
[20] OVG Koblenz 29.9.1999 – 2 B 11779/99, NVwZ-RR 2000, 309 (310).
[21] ZB bei der Verwirklichung von § 183 StGB durch einen städtischen Angestellten BAG 5.6.2008 – 2 AZR 234/07, NZA-RR 2008, 630 (632); oder der Begehung von § 240 StGB durch einen Lebensmittelkontrolleur BAG 5.6.2008 – 2 AZR 25/07, NZA-RR 2009, 69 (71).
[22] BT-Drs. 13/4709, 22.

versorgung nach § 64 BeamtVG ermöglichen. Zu beachten ist aber, dass immer dann, wenn die Rechtsfolgen automatisch eintreten (zB beim Verlust der Beamtenrechte nach § 41 BBG, § 24 BeamtStG oder dem Erlöschen des Anspruchs auf Versorgungsbezüge nach § 61 Abs. 1 S. 1 Nr. 4 BeamtVG) § 13 Abs. 1 Nr. 5 einschlägig ist.[23] In Nr. 18 und 20 MiStra finden sich die entsprechenden Mitteilungspflichten.

Die Vorschrift gilt auch für die Bezieher von Versorgungsbezügen aus einem Amts- oder Dienstverhältnis mit einer **Kirche** oder anderen öffentlich-rechtlichen Religionsgesellschaft iSv § 12 Abs. 2 (Nr. 22 MiStra). 23

5. Maßnahmen gegenüber Inhabern von Berechtigungen, Erlaubnissen und Genehmigungen (Nr. 7). Die nach Nr. 7 zulässigen Mitteilungen betreffen Beschuldigte, die in einem besonderen gesetzlichen **Sicherheitsanforderungen** unterliegenden genehmigungs- oder erlaubnispflichtigen Betrieb verantwortlich tätig **oder Inhaber** der in dieser Vorschrift genannten **Berechtigungen, Genehmigungen oder Erlaubnisse** sind. Wegen der möglichen Gefährdung Dritter sollen die dafür zuständigen Behörden in die Lage versetzt werden, die zum Schutz der Allgemeinheit erforderlichen Maßnahmen zu ergreifen.[24] 24

Nr. 7b gilt dabei speziell für solche Beschuldigte, die Inhaber einer atom-, waffen-, sprengstoff-, gefahrstoff-, immissionsschutz-, abfall-, wasser-, seuchen-, tierseuchen-, betäubungsmittel- oder arzneimittelrechtlichen **Berechtigung, Erlaubnis oder Genehmigung** sind. Erfasst sind auch Inhaber einer Genehmigung nach dem Gentechnikgesetz, dem Kriegswaffenkontrollgesetz oder dem Außenwirtschaftsgesetz, und Inhaber einer Erlaubnis zur Arbeitsvermittlung nach dem SGB III, einer Verleiherlaubnis nach dem Arbeitnehmerüberlassungsgesetz, und einer Erlaubnis nach tierschutzrechtlichen Vorschriften. 25

Erfasst sind darüber hinaus auch Inhaber eines **Jagdschein**s, eines Fischereischeins, einer verkehrsrechtlichen (insbesondere **Fahrerlaubnis**)[25] oder im Übrigen einer sicherheitsrechtlichen Erlaubnis oder Befähigung.[26] 25a

Eine Übermittlung kann bereits dann erfolgen, wenn erst ein entsprechender **Antrag zur Erlangung** einer solchen Berechtigung, Erlaubnis oder Genehmigung gestellt wurde. 26

6. Maßnahmen der Aufsicht nach Betriebsunfällen uä (Nr. 8). Nach Nr. 8 sind Datenübermittlungen in Strafsachen zulässig, die im Zusammenhang mit **Betriebsunfällen** stehen, in denen Unfallverhütungsvorschrift zuwider gehandelt wurden (lit. a). Außerdem sind Strafverfahren erfasst, bei denen es sich um Straftaten gegen Vorschriften zum Schutz der Arbeitskraft oder zum Schutz der Gesundheit von Arbeitnehmern handelt (lit. b).[27] 27

Nach der Gesetzesbegründung werden über Nr. 8 jene Strafsachen erfasst, die sich gegen das verfassungsrechtlich besonders geschützte Rechtsgut der **körperlichen Unversehrtheit** richten. Die Datenübermittlung soll in den aufgezählten Fällen zulässig sein, damit entsprechende Aufsichtsmaßnahmen zum Schutz dieses Rechtsgutes getroffen werden können. Die Vorschrift soll ferner dem Schutz von Arbeitnehmern dienen, deren Arbeitgeber eine Verleiherlaubnis erteilt worden ist.[28] 28

7. Schutz der Umwelt (Nr. 9). Nach Nr. 9 ist die Datenübermittlung auch in jenen Fällen zulässig, in denen die Kenntnis der übermittelten Daten zur Abwehr erheblicher Gefahren für die **Umwelt** erforderlich ist. Die gewählte Formulierung mit der Aufzählung der Schutzobjekte Tiere, Pflanzen, Boden, Wasser, Luft, Klima und Landschaft entstammt § 2 Abs. 1 UVPG.[29] 29

---

[23] → § 13 Rn. 12 ff.
[24] BT-Drs. 13/4709, 23.
[25] Siehe speziell zu verkehrsrechtliche Erlaubnissen, insbesondere Fahrerlaubnissen *Henrichs* NJW 1999, 3152 (3154); sowie VGH Mannheim 14.9.2004 – 10 S 1283/04, NJW 2005, 234 (236).
[26] Siehe insoweit auch Nr. 36, 36a, 37, 38, 39, 40 MiStra.
[27] Siehe Nr. 44, 46 MiStra.
[28] BT-Drs. 13/4709, 23.
[29] Gesetz über die Umweltverträglichkeitsprüfung. Bei Einführung des § 14, 1998, befand sich die Aufzählung der Rechtsgüter in § 2 Abs. 1 Nr. 1 UVPG, heute findet sie sich in § 2 Abs. 1 Nr. 1 und 2 UVPG.

30   Die Beschränkung auf die **Abwehr erheblicher Gefahren** ist dem Grundsatz der Verhältnismäßigkeit geschuldet. Im Hinblick auf die Vielfalt der denkbaren Fälle und wegen der sich schnell ändernden wissenschaftlichen Erkenntnisse sind die Schutzziele gleichwohl nur sehr abstrakt gefasst.[30]

III. Einschränkungen

31   Abs. 3 trägt dem Grundsatz der Verhältnismäßigkeit in besonderer Weise Rechnung, in dem bestimmte Fälle aufgezählt werden, in denen trotz Vorliegens der Voraussetzungen von Nr. 4–9 eine **Datenübermittlung zu unterbleiben hat,** weil es sich nur um leichte Straftaten, Fälle geringer Schuld oder Verfahrenseinstellungen handelt. Zugleich werden allerdings **Gegenausnahmen** gemacht, wenn aufgrund besonderer Umstände des Einzelfalles gleichwohl eine Übermittlung erfolgen kann.

32   **1. Ausnahmen.** Keine Datenübermittlung nach § 14 Abs. 1 soll zunächst erfolgen, wenn es sich um **Privatklageverfahren** handelt, also der Tatvorwurf einen der in § 374 StPO aufgezählten Straftatbestände betrifft. Weiterhin dann, wenn es sich um eine **fahrlässig** begangene Straftat handelt oder in Verfahren in denen der Beschuldigte lediglich zu einer **anderen Maßnahme als eine Strafe** (§§ 38 ff. StGB) **oder Maßnahme** im Sinne des § 11 Abs. 1 Nr. 8 StGB (also einer Maßregel der Besserung und Sicherung, einem Verfall, einer Einziehung oder einer Unbrauchbarmachung) verurteilt wurde. In Betracht kommen dabei insbesondere Verwarnungen mit Strafvorbehalt (§ 59 StGB) oder jugendstrafrechtliche Erziehungsmaßregeln oder Zuchtmittel.

33   Eine Datenübermittlung nach § 14 Abs. 1 soll schließlich auch dann nicht erfolgen, wenn das Verfahren nach den §§ 153 ff. StPO **eingestellt** worden ist. Bei einer Einstellung nach § 170 Abs. 2 StPO wird eine Übermittlung in aller Regel unterbleiben, weil die Ermittlungen gerade keinen genügenden Anlass zur Erhebung der öffentlichen Klage bieten.[31] Soweit trotz der Einstellung nach § 170 Abs. 2 StPO ein Restverdacht nicht entkräftet werden konnte, darf dieser nicht übermittelt werden.[32]

34   **2. Gegenausnahmen.** Trotz Vorliegens der Voraussetzungen von Abs. 2 Satz 1 ist eine Datenübermittlung zulässig, wenn besondere Umstände des Einzelfalles die Übermittlung erfordern. In den S. 2–4 werden beispielhaft und **nicht abschließend** („insbesondere") derartige Umstände aufgezählt.

35   Eine Datenübermittlung ist demnach immer dann zulässig, wenn trotz etwa der geringen Schuld des Beschuldigten, die Tat bereits ihrer Art nach geeignet ist, **Zweifel an der Zuverlässigkeit oder Eignung** des Betroffenen für die gerade von ihm ausgeübte berufliche, gewerbliche oder ehrenamtliche Tätigkeit oder für die Wahrnehmung von Rechten aus einer ihm erteilten Berechtigung, Genehmigung oder Erlaubnis hervorzurufen.

36   Weitere wichtige Gegenausnahmen sind der Ausschluss bei der **Verursachung des Todes** eines Menschen und bei Verwirklichung einer **gefährlichen Körperverletzung** (§ 224 StGB). Beide Fälle sind so schwerwiegend, dass eine Übermittlung regelmäßig zulässig ist. Im Falle der Verfahrenseinstellung nach §§ 153 ff. StPO ist zu berücksichtigen, wie gesichert die zu übermittelnden Erkenntnisse sind.[33]

37   Bei der Prüfung der Voraussetzungen des Abs. 2 muss jeweils auf die **konkrete,** von dem Beschuldigten **ausgeübte Tätigkeit** abgestellt werden, aus dieser müssen sich die Zweifel an der Zuverlässigkeit oder Eignung des Betroffenen ergeben, und zwar nicht grundsätzlich, sondern nur hinsichtlich der ausgeübten Tätigkeit. Wenn ein Busfahrer, der im öffentlichen Dienst beschäftigt ist, eine Trunkenheitsfahrt begeht, bestehen Zweifel an seiner Eignung

---

[30] Siehe Nr. 51 MiStra.
[31] BT-Drs. 13/4709, 24.
[32] *Golembiewski*, Mitteilungen durch die Justiz, S. 112; siehe auch *Wollweber* NJW 1997, 2488 (2489).
[33] Siehe *Hampe/Mohammadi* NZS 2013, 692 (694).

als Busfahrer, auch wenn seine Zuverlässigkeit oder Eignung für eine Tätigkeit im öffentlichen Dienst dadurch nicht schlechthin in Zweifel steht.[34]

3. MiStra. Die Vorgaben des Abs. 2 sind in verschiedenen Nummern der MiStra teils **38** wörtlich übernommen worden, so in Nr. 16 Abs. 3, 22 Abs. 3, 23 Abs. 3, 24 Abs. 2, 26 Abs. 2, 28 Abs. 2, 39 Abs. 2, 40 Abs. 2, 51 Abs. 2. Im Übrigen muss bei der Prüfung der Voraussetzungen dieses Absatzes gemäß Nr. 2 Abs. 1 S. 2 MiStra immer geprüft werden, ob schutzwürdige Interessen des Betroffenen nicht offensichtlich einer Übermittlung entgegenstehen.

§ 15 [Datenübermittlung in Zivilsachen]

In Zivilsachen einschließlich der Angelegenheiten der freiwilligen Gerichtsbarkeit ist die Übermittlung personenbezogener Daten zulässig, wenn die Kenntnis der Daten aus der Sicht der übermittelnden Stelle erforderlich ist
1. zur Berichtigung oder Ergänzung des Grundbuchs oder eines von einem Gericht geführten Registers oder Verzeichnisses, dessen Führung durch eine Rechtsvorschrift angeordnet ist, und wenn die Daten Gegenstand des Verfahrens sind, oder
2. zur Führung des in § 2 Abs. 2 der Grundbuchordnung bezeichneten amtlichen Verzeichnisses und wenn Grenzstreitigkeiten Gegenstand eines Urteils, eines Vergleichs oder eines dem Gericht mitgeteilten außergerichtlichen Vergleichs sind.

Während § 14 als Spezialvorschrift die Datenübermittlung in Strafsachen regelt, erfasst **1** § 15 die Zulässigkeit der Übermittlung personenbezogener Daten in Zivilsachen und in Angelegenheiten der freiwilligen Gerichtsbarkeit.[1]

§ 16 [Übermittlung an ausländische öffentliche Stellen]

Werden personenbezogene Daten an ausländische öffentliche Stellen oder an über- oder zwischenstaatliche Stellen nach den hierfür geltenden Rechtsvorschriften übermittelt, so ist eine Übermittlung dieser Daten auch zulässig
1. an das Bundesministerium der Justiz und für Verbraucherschutz und das Auswärtige Amt,
2. in Strafsachen gegen Mitglieder einer ausländischen konsularischen Vertretung zusätzlich an die Staats- oder Senatskanzlei des Landes, in dem die konsularische Vertretung ihren Sitz hat.

Eine Vielzahl völkerrechtlicher Verträge sieht die Übermittlung personenbezogener **1** Daten aus unterschiedlichen Verfahren an **ausländische öffentliche Stellen** oder an über- oder zwischenstaatliche Stellen vor. Für diese Fälle eröffnet § 16 die Möglichkeit, diese Daten auch dem Bundesjustizministerium und dem Auswärtigen Amt mitzuteilen. Diese Vorschrift hat insbesondere dann Bedeutung, wenn die Daten auf diplomatischem Weg zu übermitteln sind.[1]

In Strafsachen gegen **Mitglieder ausländischer konsularischer Vertretungen** ist zusätz- **2** lich vorgesehen, die Daten an die Staats- oder Senatskanzlei des Bundeslandes zu übermitteln, in welchem die Vertretung ihren Sitz hat. Die Staats- oder Senatskanzlei soll für den Fall, dass die betreffende Vertretung sich an die Landesregierung wendet, unterrichtet sein.

Der **Begriff** „Mitglieder einer konsularischen Vertretung" ist Art. 1 Abs. 1g des Wiener **3** Übereinkommens über konsularische Beziehungen[2] entnommen und umfasst den Leiter

---
[34] BT-Drs. 13/4709, 23 f.
[1] Siehe insoweit zB die Kommentierung MüKoZPO/*Pabst* Rn. 1 ff.
[1] BT-Drs. 13/4709, 25.
[2] BGBl. 1969 II 1587 (1591).

der Vertretung, die sonstigen Konsularbeamten, die Bediensteten des Verwaltungs- oder technischen Personals und die Mitglieder des dienstlichen Hauspersonals.

4   Im Übrigen ist noch Folgendes zu beachten: Wird ein Mitglied des konsularischen Personals **festgenommen,** in **Untersuchungshaft** genommen oder wird ein Strafverfahren gegen dieses Mitglied eingeleitet, so hat gemäß Art. 42 des Wiener Übereinkommens über konsularische Beziehungen der Empfangsstaat sofort den Leiter der konsularischen Vertretung zu benachrichtigen. Ist dieser selbst von einer der genannten Maßnahmen betroffen, so hat der Empfangsstaat den Entsendestaat auf diplomatischem Wege hierüber zu benachrichtigen. Nr. 41 MiStra setzt diese Mitteilungspflichten um.

§ 16a [Kontaktstellen]

(1) Das Bundesamt für Justiz nach Maßgabe des Absatzes 2 und die von den Landesregierungen durch Rechtsverordnung bestimmten weiteren Stellen nehmen die Aufgaben der Kontaktstellen im Sinne des Artikels 2 der Entscheidung 2001/470/EG des Rates vom 28. Mai 2001 über die Einrichtung eines Europäischen Justiziellen Netzes für Zivil- und Handelssachen (ABl. EG Nr. L 174 S. 25), die durch die Entscheidung 568/2009/EG (ABl. L 168 vom 30.6.2009, S. 35) geändert worden ist, wahr.

(2) Das Bundesamt für Justiz stellt die Koordinierung zwischen den Kontaktstellen sicher.

(3) ¹Die Landesregierungen werden ermächtigt, durch Rechtsverordnung die Aufgaben der Kontaktstelle einer Landesbehörde zuzuweisen. ²Sie können die Befugnis zum Erlass einer Rechtsverordnung nach Absatz 1 einer obersten Landesbehörde übertragen.

I. Entstehungsgeschichte

1   In der Entscheidung des Rates der Europäischen Union vom 28.5.2001 war für die Europäische Union das Ziel gesetzt worden, einen **Raum der Freiheit, der Sicherheit und des Rechts** aufzubauen und weiterzuentwickeln, in welchem der freie Personenverkehr gewährleistet ist. Nach Absatz 2 dieser Entscheidung erfordert der schrittweise Aufbau dieses Raumes sowie das reibungslose Funktionieren des Binnenmarkts die Verbesserung, Vereinfachung und Beschleunigung der wirksamen justiziellen Zusammenarbeit zwischen den Mitgliedstaaten in Zivil- und Handelssachen.[1]

II. Koordinierung zwischen den Kontaktstellen

2   Zur Umsetzung dieses Vorhabens wurde zum 1.8.2002 § 16a eingeführt.[2] Hierbei wurde zunächst eine Zuständigkeit des Generalbundesanwalts beim Bundesgerichtshof als Kontaktstelle auf Bundesebene begründet.[3] Dieser sollte die **Koordinierung** zwischen den von den Ländern zu benennenden Kontaktstellen sicherstellen. Seine Aufgabe sollte dabei im Wesentlichen sein, Anfragen aus anderen Mitgliedstaaten an die jeweils auf Landesebene zu errichtende örtlich zuständige Kontaktstelle weiterzuleiten und der Kommission als Ansprechpartner zur Verfügung zu stehen. Ein Direktionsrecht des Bundes gegenüber den Ländern ist insoweit nicht begründet worden.[4] Seit dem 1.1.2007[5] wird diese Aufgabe vom neu eingerichteten **Bundesamt für Justiz** wahrgenommen.[6]

---

[1] ABl. 2001 L 174, 25.
[2] Gesetz vom 23.7.2002, BGBl. 2002 I 2850 (2856).
[3] Siehe *Wagner* IPRax 2007, 87.
[4] BT-Drs. 14/9266, 41.
[5] Geändert durch Gesetz vom 17.12.2006, BGBl. 2006 I 3171 (3173).
[6] Siehe BT-Drs. 16/1827, 15.

Da die Bundesrepublik mehrere (insgesamt 19)[7] Kontaktstellen im Sinne der oben 3
genannten Entscheidung des Rates eingerichtet hat, musste sie auch die geeigneten Koordinationsmechanismen zwischen diesen sicherzustellen. Diese Koordinierung, die nunmehr durch das Bundesamt für Justiz gewährleistet wird, schließt auch eine **eigene Sacharbeit** mit ein (zB durch Sitzungswahrnehmung oder Mitarbeit beim Aufbau des Informationssystems für die Öffentlichkeit).[8]

§ 17 [Datenübermittlung in anderen Fällen]

Die Übermittlung personenbezogener Daten ist ferner zulässig, wenn die Kenntnis der Daten aus der Sicht der übermittelnden Stelle
1. zur Verfolgung von Straftaten oder Ordnungswidrigkeiten,
2. für ein Verfahren der internationalen Rechtshilfe,
3. zur Abwehr erheblicher Nachteile für das Gemeinwohl oder einer Gefahr für die öffentliche Sicherheit,
4. zur Abwehr einer schwerwiegenden Beeinträchtigung der Rechte einer anderen Person oder
5. zur Abwehr einer erheblichen Gefährdung Minderjähriger
erforderlich ist.

Übersicht

	Rn.		Rn.
1. Die Verfolgung von Straftaten oder Ordnungswidrigkeiten	2–5	4. Abwehr schwerwiegender Beeinträchtigungen	11
2. Die internationalen Rechtshilfe	6	5. Erhebliche Gefährdung Minderjähriger	12, 13
3. Abwehr erheblicher Nachteile bzw. Gefahren	7–10		

Diese Vorschrift enthält **fünf alternative Voraussetzungen,** unter denen in Gerichts- 1
verfahren bekannt gewordene personenbezogene Daten übermittelt werden dürfen und zwar unabhängig davon, gegen wen sich das Verfahren richtet oder wer Partei oder Beteiligter ist.[1] Auch die Daten Dritter können über § 17 übermittelt werden. Die Begrenzungen des § 18 gelten hier ebenfalls nicht, es ist lediglich erforderlich, dass die Kenntnis der Daten aus Sicht der übermittelnden Stelle für die Verfolgung der Zwecke der Nr. 1–5 **erforderlich** ist. Zu beachten ist aber jeweils die **Interessenabwägung** nach § 13 Abs. 2.[2] Als übermittlungsrelevante Zwecke kommen in Betracht:

1. Die Verfolgung von Straftaten oder Ordnungswidrigkeiten. Nr. 1 ist an § 14 2
Abs. 2 Nr. 7 BDSG angelehnt. Es dürfen somit alle Daten übermittelt werden, die für die Verfolgung als **Straftat oder Ordnungswidrigkeit** erforderlich sind. Neben verdachtsbegründenden Informationen betrifft dies auch Beweismittel oder Ermittlungsansätze.[3]

Soweit **Arbeitsgerichte** mit Rechtsstreitigkeiten wegen Nichtgewährung des tariflichen 3
Mindestlohns nach dem AEntG befasst sind, dürfen sie der Finanzkontrolle Schwarzarbeit der Bundeszollverwaltung (FKS) auf Grundlage von Nr. 1 Erkenntnisse übermitteln, die aus ihrer Sicht zur Verfolgung von Ordnungswidrigkeiten nach § 23 Abs. 1 und 2 AEntG und nach § 21 Abs. 1, 2 MiLoG erforderlich sind.[4]

Speziell in Strafverfahren ist zu beachten, dass die Regelung des **§ 479 StPO** ebenfalls 4
eine Datenübermittlung legitimiert und zwar weitergehender als § 17 Nr. 1, da dort auch zum

---

[7] Siehe *Melin* DRiZ 2010, 22 (23).
[8] BT-Drs. 14/9266, 41 f.
[1] Vgl. *Bär* CR 1998, 767 (771); *Golembiewski,* Mitteilungen durch die Justiz, S. 113.
[2] → § 13 Rn. 16.
[3] Siehe NK BDSG/*Dammann* § 14 Rn. 79.
[4] *Aulmann* NZA 2015, 418 (419).

Zwecke des Strafvollzugs und für Entscheidungen über die Strafaussetzung zur Bewährung übermittelt werden darf. Diese Zwecke werden nicht von Nr. 1 erfasst.

5 Soweit Straftaten **in der Sitzung des Gerichts** begangen werden, ist § 183 GVG zu beachten.[5]

6 **2. Die internationalen Rechtshilfe.** Nr. 2 erlaubt die Übermittlung von insbesondere in Strafsachen anfallenden Daten, die für die Durchführung von Verfahren **der internationalen Rechtshilfe,** etwa zur Erledigung eines Auslieferungsersuchens, benötigt werden.[6]

7 **3. Abwehr erheblicher Nachteile bzw. Gefahren.** Zur Abwehr erheblicher Nachteile für das Gemeinwohl oder einer Gefahr für die öffentliche Sicherheit dürfen nach Nr. 3 Daten übermittelt werden. Diese Variante ist an § 14 Abs. 2 Nr. 6 BDSG angelehnt. Das BDSG erlaubt dort allerdings eine Datenübermittlung zusätzlich auch „zur Wahrung erheblicher Belange des Gemeinwohls".

8 Der Bereich der **Nachteile für das Gemeinwohl** ist sehr weit zu verstehen und umfasst sowohl das Wohl des Bundes oder eines einzelnen Bundeslandes, als auch zB Funktionsstörungen einzelner Organe oder Behörden.[7] Begrenzt wird dieser Begriff aber durch das Erfordernis erheblicher Nachteile, die drohen müssen.

9 Mit dem Begriff der **Gefahr für die öffentliche Sicherheit** wird an die polizeirechtliche Gefahrenabwehr angeknüpft. Hiernach kann eine Datenübermittlung zB gerechtfertigt sein, wenn sich Hinweise auf den gefährlichen Zustand einer Anlage und daraus resultierende Gefahren für die Allgemeinheit ergeben oder wenn sich bei Gelegenheit strafrechtlicher Ermittlungen Anhaltspunkte für eine Ungeeignetheit eines Fahrerlaubnisinhabers ergeben, der nicht Beschuldigter des Verfahrens ist.[8]

10 Die Nr. 29, 36, 36a, 37, 38, 40, 44, 45 und 51 MiStra stützen sich auf Nr. 3.

11 **4. Abwehr schwerwiegender Beeinträchtigungen.** Nach Nr. 4 darf eine Datenübermittlung auch zur Abwehr einer **schwerwiegenden Beeinträchtigung** der Rechte einer anderen Person erfolgen. Dies entspricht § 14 Abs. 2 Nr. 8 BDSG. Wie dort kann die Person iSd Nr. 4 neben einer natürlichen auch eine juristische Person sein. Als Rechte kommen alle absoluten Rechte, also zB das Recht auf Leben, die körperliche Unversehrtheit, die Freiheit oder das Eigentum in Betracht. Die drohende Beeinträchtigung kann eine Datenübermittlung aber nur dann legitimieren, wenn sie schwerwiegend ist. Dies beurteilt sich nach der Schwere der absehbaren Folgen für die Person.[9]

12 **5. Erhebliche Gefährdung Minderjähriger.** Die Datenübermittlung zur Abwehr einer erheblichen Gefährdung Minderjähriger erlaubt Nr. 5.[10] Unter der Gefährdung eines Minderjährigen ist wie in § 1666 Abs. 1 BGB, § 1 Abs. 1 JÖSchG eine **Gefährdung des körperlichen, geistigen oder seelischen Wohls** eines Kindes zu verstehen.[11] Ergeben sich in einem Verfahren also zB Hinweise darauf, dass es zur Verletzung der Fürsorge- oder Erziehungspflicht gegenüber einem Minderjährigen oder der Verletzung der sexuellen Selbstbestimmung eines Minderjährigen gekommen ist, dürfen die zuständigen Stellen informiert werden, um etwa die notwendigen Schritte für eine Vormundschaft oder eine Pflegschaft einzuleiten. § 35a FGG enthält eine inhaltlich ähnliche Ermächtigung zur Datenübermittlung.

13 Für das Strafverfahren setzt Nr. 35 **MiStra** entsprechende Mitteilungspflichten um. Darüber hinaus stützt sich Nr. 53 MiStra auf Nr. 5, die eine Mitteilungspflicht begründet, wenn

---

[5] Siehe hierzu zB *Nienwetberg* NJW 1996, 432 ff.; sowie *Zipperer* NZI 2002, 244 (245).
[6] BT-Drs. 13/4709, 25.
[7] NK-BDSG/*Dammann* BDSG § 14 Rn. 73.
[8] *Henrichs* NJW 1999, 3152 (3154).
[9] NK-BDSG/*Dammann* BDSG § 14 Rn. 85.
[10] Aus Nr. 5 lässt sich nicht ableiten, ob und unter welchen Umständen eine Verwaltungsbehörde berechtigt ist, eine Bitte um Übermittlung von Daten an ein Gericht oder eine Staatsanwaltschaft zu stellen, VGH Kassel 16.9.2014 – 10 A 500/13, NVwZ-RR 2015, 258 (265).
[11] *Katholnigg* Rn. 8.

in einem Strafverfahren Angebote in Telemedien bekannt werden, bei denen Anhaltspunkte dafür bestehen, dass sie unzulässig im Sinne des § 4 Jugendmedienschutz-Staatsvertrag sind.[12]

§ 18 [Verbindung mit weiteren Daten des Betroffenen oder Dritter, Ermessen]

(1) ¹Sind mit personenbezogenen Daten, die nach diesem Abschnitt übermittelt werden dürfen, weitere personenbezogene Daten des Betroffenen oder eines Dritten so verbunden, daß eine Trennung nicht oder nur mit unvertretbarem Aufwand möglich ist, so ist die Übermittlung auch dieser Daten zulässig, soweit nicht berechtigte Interessen des Betroffenen oder eines Dritten an deren Geheimhaltung offensichtlich überwiegen. ²Eine Verwendung der Daten durch den Empfänger ist unzulässig; für Daten des Betroffenen gilt § 19 Abs. 1 Satz 2 entsprechend.

(2) ¹Die übermittelnde Stelle bestimmt die Form der Übermittlung nach pflichtgemäßem Ermessen. ²Soweit dies nach der Art der zu übermittelnden Daten und der Organisation des Empfängers geboten ist, trifft sie angemessene Vorkehrungen, um sicherzustellen, daß die Daten unmittelbar den beim Empfänger funktionell zuständigen Bediensteten erreichen.

Übersicht

	Rn.		Rn.
I. Normzweck	1	2. Verwertungsverbot	5–7
II. Erläuterung	2–11	3. Form der Übermittlung	8, 9
1. Überschießende Daten	2–4	4. Adressierung der Daten	10, 11

I. Normzweck

Die Vorschrift erlaubt aus Praktikabilitätsgründen grundsätzlich die Übermittlung **über- 1 schießender**, also unnötiger bzw. vom Empfänger nicht benötigter **Daten,** verbindet dies aber mit einem **Verwertungsverbot.** Darüber hinaus werden Anordnungen zur Form der Übermittlung getroffen.

II. Erläuterung

1. Überschießende Daten. Nach Abs. 1 dürfen unter bestimmten Voraussetzungen 2 personenbezogene Daten, auch wenn die Voraussetzungen für eine Übermittlung nach den **§§ 13–17 nicht vorliegen,** übermittelt werden, wenn sie mit solchen Daten verbunden sind, für deren Übermittlung die Voraussetzungen vorliegen. Entsprechende Regelungen finden sich auch in § 15 Abs. 5 BDSG und § 98a Abs. 3 StPO.[1]

Im Gesetzgebungsverfahren[2] wurde hier vor allem an Daten in Akten gedacht, die häufig 3 untrennbar mit weiteren Daten des Betroffenen oder einer anderen Person verbunden sind, so dass die **an sich gebotene isolierte Übermittlung** oft daran scheitert, dass der innere und äußere Zusammenhang der zu übermittelnden Daten zerstört würde oder dass die Trennung dieser Daten **mit unvertretbarem Aufwand** verbunden wäre.

Wenn die **Schwärzung** einzelner Passagen möglich und ohne großen Aufwand realisier- 3a bar ist, muss allerdings dieser Weg gewählt, und darf nicht nach § 18 verfahren werden.

Im Übrigen bezieht sich die Norm aber **nicht nur auf aktengebundene Daten,** erfasst 4 sind also zB auch Bild-, Ton- oder Videoaufnahmen. Die ursprünglich vorgesehene Formulierung „in Akten" wurde auf Vorschlag des Bundesrates gestrichen, da es nicht darauf ankommen sollte, ob die fraglichen Daten in den Akten verbunden sind. Allein maßgeblich ist vielmehr, ob die mitzuteilende Information „weitere personenbezogene Daten des Betroffenen oder eines

---

[12] Siehe hierzu *Hellmann/Killmer* DRiZ 2012, 7 f.
[1] Siehe Nr. 6 Abs. 1 MiStra.
[2] BT-Drs. 13/4709, 25.

Dritten" beinhaltet.³ Dies deckt sich auch mit der Auffassung des BVerfG, nach dem es für einen Eingriff in das Recht auf informationelle Selbstbestimmung nicht darauf ankommt, in welcher Form Daten erhoben, verarbeitet oder gespeichert werden.⁴

5   **2. Verwertungsverbot.** Die „überschießenden Daten" dürfen zwar übermittelt, vom Empfänger aber nicht verwendet und demnach weder gespeichert oder in sonstiger Weise genutzt, noch an dritte Stellen übermittelt werden. Über den Verweis auf § 19 Abs. 1 S. 2 gilt dies jedoch unter der **Einschränkung,** dass eine Verwendung für andere Zwecke dann zulässig ist, wenn die Daten für diese Zwecke hätten übermittelt werden dürfen.

5a   Ohne diese Rück-Ausnahme käme es dazu, dass verbundene Daten vom Empfänger selbst dann nicht verwendet werden dürften, wenn eine **eigenständige Übermittlungsbefugnis** besteht. Trotz Bestehens einer solchen eigenständigen Übermittlungsbefugnis müssten die Daten dann ein zweites Mal übermittelt werden, damit der Empfänger sie verwenden darf. Eine derartige doppelte Übermittlung der Daten wäre ein unnötiger Mehraufwand, sowohl für die übermittelnde Stelle als auch für den Empfänger.⁵

6   Unzulässig ist die ungefilterte bzw. überschießende Datenübermittlung aber dann, wenn es für die übermittelnde Behörde **offensichtlich** ist, dass berechtigte Interessen des Betroffenen oder eines Dritten an der Geheimhaltung überwiegen. Als berechtigtes Interesse kommt hierbei auch die **Wahrung von Geschäftsgeheimnissen** in Betracht. Im Übrigen muss auch berücksichtigt werden, ob angesichts der Bedeutung der betroffenen Person oder der Daten mit einem Durchsickern von Informationen zu rechnen ist. Sollte dies der Fall sein, steht dies einer Übermittlung entgegen.⁶

7   **Offensichtlichkeit** ist in diesem Zusammenhang gegeben, wenn die der Übermittlung entgegenstehenden Umstände einem unvoreingenommenen verständigen Beobachter ohne weiteres ersichtlich sind. Nachforschungen der übermittelnden Stelle hierüber dürfen also nicht erforderlich sein, und sind deshalb auch nicht notwendig.⁷

8   **3. Form der Übermittlung.** Nach Abs. 2 Satz 1 bestimmt die übermittelnde Stelle die Form der Übermittlung nach **pflichtgemäßem Ermessen.** Daraus folgt, dass die übermittelnde Stelle entscheidet, ob sie zB die Abschrift einer Entscheidung oder nur bestimmte Daten übersendet, ob sie die Daten mündlich oder per E-Mail übermittelt, ob sie den Zweck der Übermittlung nennt oder statt dessen die entsprechende Nummer der MiStra bezeichnet, aus welcher sich der Zweck für den Empfänger ergibt.

9   Die **MiStra** enthält zur Form der Übermittlung allgemeine Anordnungen, insbesondere in Nr. 4 (Zuständigkeit für die Übermittlung), Nr. 6 (Inhalt und Zeitpunkt der Mitteilung) sowie Nr. 9 (Form der Mitteilung).

10   **4. Adressierung der Daten.** Abs. 2 Satz 2 soll sicherstellen, dass zB eine Entscheidung, die dem **öffentlich-rechtlichen Arbeitgeber** zu übermitteln ist, durch entsprechende Adressierung, etwa an den Leiter der Behörde persönlich, und mittels verschlossenen Umschlags nur denjenigen Bediensteten zur Kenntnis gelangt, die für die Personalangelegenheiten zuständig sind. Eine Kenntnisnahme durch beliebige Dritte soll also vermieden werden.⁸ Durch das Wort „angemessen" wird dabei aber zum Ausdruck gebracht, dass nur solche Vorkehrungen erforderlich sind, die mit zumutbarem Aufwand durchgeführt werden können.

11   Nr. 10 Abs. 2 MiStra enthält eine entsprechende Vorschrift. Darüber hinaus finden sich in der MiStra zahlreiche Anordnungen, die sicherstellen, dass derartige Mitteilungen als **„vertrauliche Personalsache"** nur den konkret zuständigen Empfänger der Daten erreichen, so zB in den Nr. 15 Abs. 5, 16 Abs. 5, 17 Abs. 4, 19 Abs. 5, 20 Abs. 2, 21 Abs. 5, 22 Abs. 6, 23 Abs. 4, 26 Abs. 3, 27 Abs. 2, 28 Abs. 3 und 29 Abs. 4 MiStra.

---

³ BT-Drs. 13/4709, 43.
⁴ BVerfG 9.3.1988 – 1 BvL 49/86, NJW 1988, 2031; *Ehmann* CR 1989, 49.
⁵ BT-Drs. 13/4709, 43.
⁶ *Katholnigg* Rn. 4.
⁷ *Katholnigg* Rn. 5.
⁸ *Bär* CR 1998, 767 (771).

§ 19 [Zweckbindung; Erforderlichkeit]

(1) ¹Die übermittelten Daten dürfen nur zu dem Zweck verwendet werden, zu dessen Erfüllung sie übermittelt worden sind. ²Eine Verwendung für andere Zwecke ist zulässig, soweit die Daten auch dafür hätten übermittelt werden dürfen.

(2) ¹Der Empfänger prüft, ob die übermittelten Daten für die in Absatz 1 genannten Zwecke erforderlich sind. ²Sind die Daten hierfür nicht erforderlich, so schickt er die Unterlagen an die übermittelnde Stelle zurück. ³Ist der Empfänger nicht zuständig und ist ihm die für die Verwendung der Daten zuständige Stelle bekannt, so leitet er die übermittelten Unterlagen dorthin weiter und benachrichtigt hiervon die übermittelnde Stelle.

Übersicht

	Rn.		Rn.
I. Zweckbindung der übermittelten Daten	1–4	II. Erforderlichkeit	5–9
1. Ausnahme nach Satz 2	2, 3	1. Rücksendung	6, 7
2. Keine zweckfremde Verwendung	4	2. Weiterleitung	8, 9
		III. Rechtsschutz	10, 11

I. Zweckbindung der übermittelten Daten

Absatz 1 verdeutlicht den datenschutzrechtlichen Grundsatz der **Zweckbindung**.[1] Entsprechende Regelungen finden sich auch in §§ 15 Abs. 3, 28 Abs. 5 BDSG. Diese Bestimmungen lassen sich auf das Volkszählungsurteil des BVerfG zurückführen, in welchem dieses ausdrücklich bestimmt hat, dass die Verwendung von Daten auf den gesetzlich bestimmten Zweck begrenzt ist.[2] Grundsätzlich gilt daher, dass Daten nur zu dem Zweck verwendet werden dürfen, zu welchem sie übermittelt wurden. Aus dieser Zweckbindung der Daten folgt, dass die übermittelnde Stelle bei jeder Übermittlung auch den Zweck bestimmen und dem Empfänger mitteilen muss. Nr. 9 Abs. 5 MiStra ordnet dies für Mitteilungen in Strafsachen daher ausdrücklich an. Bei jeder Mitteilung muss demnach die entsprechende Nummer der MiStra angegeben werden, auf welche die Datenübermittlung gestützt wird. Die Zweckbestimmung wird so dem Empfänger der Daten mitgeteilt. 1

1. Ausnahme nach Satz 2. Eine Verwendung der Daten für einen anderen als den von der übermittelnden Stelle bestimmten Zweck ist nur dann zulässig, wenn die Übermittlung zu diesem Zweck ebenfalls hätte erfolgen dürfen. Diese Feststellung muss der **Empfänger** treffen und ist von diesem zu verantworten. Dies bedarf regelmäßig einer sorgfältigen Prüfung und ist, auch im Hinblick auf die Rechtsschutzmöglichkeiten des Betroffenen gemäß § 22, in einer überprüfbaren Form aktenkundig zu machen.[3] 2

Gegen diese Regelung werden **Bedenken** erhoben, weil nunmehr der Empfänger der Daten über deren Verwendung bestimme. Bei der sonst üblichen Entscheidung durch das Gericht bzw. der StA als übermittelnder Stelle sei sichergestellt, dass auch das Recht des Betroffenen auf informationelle Selbstbestimmung bei der Entscheidung hinreichend berücksichtigt wird. In der Konstellation des Absatzes 1 Satz 2 bestehe nun aber die Gefahr, dass beim Empfänger der Daten das Selbstverständnis seiner Aufgabenstellung das Prüfungsergebnis dominiere. Auch wenn dies nicht vorgeschrieben sei, sollte der Empfänger in diesem Fall die übermittelnde Stelle **von der Zweckänderung informieren**.[4] Eine derartige Information ist zu begrüßen, auch wenn die Bedenken angesichts der Regelung in § 15 Abs. 3 iVm § 14 Abs. 2 BDSG nicht überzeugen. 3

---

[1] Siehe allgemein zur Zweckbindung *Mallmann* DRiZ 1987, 377; um eine Relativierung bemüht sich *Bull* ZRP 1998, 310 (314).
[2] BVerfG 15.12.1983 – 1 BvR 209/83, BVerfGE 65, 1 (46) = NJW 1984, 419 ff.
[3] BT-Drs. 13/4709, 25.
[4] KK/*Mayer* Rn. 2; ebenso *Kissel/Mayer* Rn. 2.

4 **2. Keine zweckfremde Verwendung.** Gemäß § 14 Abs. 3 BDSG liegt allerdings keine zweckfremde Verwendung im Sinne des Datenschutzrechtes vor, wenn die übermittelten Daten im Bereich des Empfängers zur **Wahrnehmung von Aufsichts- und Kontrollbefugnissen,** zur Rechnungsprüfung, zur Durchführung von Organisationsuntersuchungen oder zu Ausbildungs- und Prüfungszwecken verwendet werden, soweit nicht überwiegende schutzwürdige Interessen des Betroffenen dem entgegenstehen. Diese Ausnahme findet ihre Grundlage im öffentlichen Interesse an einer funktionstüchtigen Verwaltung. Rechtmäßigkeit, Zweckmäßigkeit, Kostengerechtigkeit und funktionstüchtige Kontrollmechanismen liegen nämlich nicht nur im Interesse des Betroffenen, sondern auch der Allgemeinheit.[5]

II. Erforderlichkeit

5 Abs. 2 verpflichtet den Empfänger übermittelter Daten zur Überprüfung, ob diese für den Zweck, für den sie übermittelt worden sind oder hätten übermittelt werden dürfen, **tatsächlich erforderlich** sind. Die übermittelnde Stelle kann und muss diese Erforderlichkeit nicht abschließend beurteilen, sondern muss lediglich in einer **Schlüssigkeitsprüfung** feststellen, ob die Daten nach den für den Empfänger geltenden Vorschriften erforderlich sein können.[6] Dies kann im Einzelfall dazu führen, dass Daten übermittelt werden, die nicht zur Aufgabenerfüllung des Empfängers erforderlich sind. Die Erforderlichkeit ist aber bereits dann zu bejahen, wenn die Daten Anlass geben, in eine Prüfung einzutreten. Ob die Kenntnis von den übermittelten Daten letztlich tatsächlich zu einer Maßnahme des Empfängers führt, ist unerheblich.

6 **1. Rücksendung.** Liegt eine nicht erforderliche Datenübermittlung vor, wird der **Empfänger** über Abs. 2 **verpflichtet,** die übermittelten Unterlagen an die übermittelnde Stelle zurückzuschicken. Auf diesem Wege soll eine unnötige Streuung personenbezogener Daten verhindert werden.[7] Eine Pflicht zur Vernichtung nicht erforderlicher Daten wurde nicht angeordnet, weil im Gesetzgebungsverfahren davon ausgegangen wurde, dass sonst die übermittelnde Stelle nicht davon erfahren würde, dass und ggf. weshalb die übermittelten Daten nicht verwendet wurden.[8] Zudem wurde darauf verwiesen, dass im Falle der Unzuständigkeit, wenn ein Empfänger die zuständige Stelle nicht kennt, die Justiz die Unterlagen erneut herstellen müsste, um sie dann der zuständigen Stelle zuzuleiten.[9]

7 Für den Fall, dass eine Rücksendung durch den Empfänger erfolgt, ordnet Nr. 7 Abs. 2 MiStra an, dass sichergestellt wird, dass dieser künftig keine Folgemitteilungen erhält.

8 **2. Weiterleitung.** Im Falle der fehlenden örtlichen oder sachlichen Zuständigkeit des Empfängers, muss dieser die Daten **an die zuständige Stelle** weiterleiten, wenn ihm diese bekannt ist. Der übermittelnden Behörde ist dies mitzuteilen. Diese Unterrichtung ist wegen der Nachberichtspflicht (§ 20) und wegen des Auskunftsrechts des Betroffenen (§ 21) erforderlich, um unnötige weitere Mitteilungen zu vermeiden und um vollständige Auskünfte an den Betroffenen erteilen zu können.

9 Nach Nr. 9 Abs. 5 MiStra sollen der Wortlaut von §§ 18, 19 den übermittelten Daten **beigefügt werden,** wenn deren Kenntnis beim Empfänger nicht vorausgesetzt werden kann. Auf diese Weise wird der Empfänger von der Weiterleitungspflicht informiert. Dies entspricht auch dem Wunsch des Gesetzgebers, der einen entsprechenden Hinweis auf diese Pflicht in den zu erlassenden Verwaltungsvorschriften angeregt hat.[10]

---

[5] *Gola/Schomerus* BDSG § 14 Rn. 24.
[6] → § 14 Rn. 6.
[7] BT-Drs. 13/4709, 26.
[8] BT-Drs. 13/4709, 26.
[9] BT-Drs. 13/4709, 56.
[10] BT-Drs. 13/4709, 26.

III. Rechtsschutz

Der Betroffene kann einen möglichen Verstoß gegen die Zweckbindung über § 22 10
gerichtlich überprüfen lassen. Eine **Verletzung des Zweckbindungsgrundsatzes** kann
einen Schadensersatzanspruch begründen (siehe § 7 BDSG).[11]

Zu beachten ist in diesem Zusammenhang aber, dass das Verbot der zweckfremden Daten- 11
verwendung **keine Fernwirkung** entfaltet. Stellt der Empfänger der Daten aufgrund der unzulässig erhaltenen Informationen eigene Ermittlungen an, so sind deren Ergebnisse verwertbar und der Empfänger darf den Betroffenen belastende Entscheidungen hierauf stützen.[12]

§ 20 [Unterrichtung des Empfängers]

(1) ¹Betreffen Daten, die vor Beendigung eines Verfahrens übermittelt worden sind, den Gegenstand dieses Verfahrens, so ist der Empfänger vom Ausgang des Verfahrens zu unterrichten; das gleiche gilt, wenn eine übermittelte Entscheidung abgeändert oder aufgehoben wird, das Verfahren, außer in den Fällen des § 153a der Strafprozeßordnung, auch nur vorläufig eingestellt worden ist oder nach den Umständen angenommen werden kann, daß das Verfahren auch nur vorläufig nicht weiter betrieben wird. ²Der Empfänger ist über neue Erkenntnisse unverzüglich zu unterrichten, wenn dies erforderlich erscheint, um bis zu einer Unterrichtung nach Satz 1 drohende Nachteile für den Betroffenen zu vermeiden.

(2) ¹Erweist sich, daß unrichtige Daten übermittelt worden sind, so ist der Empfänger unverzüglich zu unterrichten. ²Der Empfänger berichtigt die Daten oder vermerkt ihre Unrichtigkeit in den Akten.

(3) Die Unterrichtung nach Absatz 1 oder 2 Satz 1 kann unterbleiben, wenn sie erkennbar weder zur Wahrung der schutzwürdigen Interessen des Betroffenen noch zur Erfüllung der Aufgaben des Empfängers erforderlich ist.

I. Normzweck

Die in § 20 geregelte Nachberichts- und Unterrichtungspflicht des Empfängers durch die 1
übermittelnde Stelle soll der Nutzung überholter oder unrichtiger Daten entgegenwirken.[1]

II. Nachberichtspflicht

Das Gesetz gibt keinen **Zeitpunkt** vor, an welchem Daten übermittelt werden müssen. 2
Bereits vor dem rechtskräftigen Abschluss eines Verfahren können daher unter Umständen bestimmte Informationen zulässiger Weise übermittelt werden. Dies kommt insbesondere dann in Betracht, wenn aus Sicht der übermittelnden Stelle Maßnahmen durch den Empfänger **unmittelbar erforderlich** sind. Die übermittelten Daten können im weiteren Verfahrensverlauf allerdings gegenstandslos (zB durch den Vollzug der U-Haft) oder konkretisiert werden (zB durch den Erlass eines rechtskräftigen Urteils). Absatz 1 stellt darum sicher, dass der Empfänger in dem erforderlichen Umfang über den Ausgang des Verfahrens informiert wird **(Nachberichtspflicht)** und seinen Datenbestand auf den neuesten Stand bringen kann. Für den Betroffenen ist das insbesondere dann wichtig, wenn das Verfahren zu seinen Gunsten ausgegangen ist, etwa wenn er freigesprochen oder das Verfahren eingestellt worden ist.[2]

1. Unterrichtungszeitpunkt. Handelt es sich bei der das Verfahren abschließenden 3
Entscheidung um eine solche, die in Rechtskraft erwächst, ist als Zeitpunkt für die Unterrichtung **der Eintritt der Rechtskraft** maßgebend, im Übrigen ist der **Zeitpunkt des**

---
[11] Meyer-Goßner/*Schmitt* Rn. 6.
[12] *Kissel/Mayer* Rn. 6.
[1] Siehe auch Nr. 7 I MiStra.
[2] BT-Drs. 13/4709, 26.

Erlasses der Entscheidung zugrunde zu legen. Die Nachberichtspflicht betrifft dabei auch die Fälle, in denen eine übermittelte Entscheidung abgeändert oder aufgehoben wurde, zB wenn ein Haftbefehl aufgehoben oder eine rechtskräftige Entscheidung im Wege der Wiederaufnahme (§§ 359 ff. StPO) aufgehoben wird.

4   **2. Vorläufige Verfahrenseinstellungen.** Auch die nur vorläufige Verfahrenseinstellung ist mitzuteilen, es sei denn, es handelt sich um eine solche nach **§ 153a StPO.** Die Ausnahme für die Einstellung des Verfahrens nach der Erfüllung von Auflagen wurde so ausdrücklich normiert, weil die vorläufige Einstellung nach dieser Vorschrift in der Regel alsbald entweder durch die endgültige Einstellung oder durch die Erhebung der öffentlichen Klage überholt wird. In diesen Fällen genügt es daher, die Nachberichtspflicht auf den Ausgang des Verfahrens zu beschränken.[3]

5   **3. Kein weiteres betreiben des Verfahrens.** Darüber hinaus muss eine nachträgliche Mitteilung auch dann erfolgen, wenn nach den Umständen angenommen werden kann, dass das Verfahren **auch nur vorläufig nicht weiter betrieben** wird. Diese Formulierung wurde besonders im Hinblick auf Verfahren der freiwilligen Gerichtsbarkeit gewählt, weil hier in vielen Fällen eine förmliche Einstellung oder Unterbrechung nicht vorgesehen ist. Unter diese Formulierung fällt aber zB auch das Absehen von der Erhebung der öffentlichen Klage nach § 153b Abs. 1 StPO oder die Anordnung des Ruhens des Verfahrens nach § 251 ZPO.

6   **4. Unverzüglichkeit.** Grundsätzlich setzt die Nachberichtspflicht erst nach Beendigung des Verfahrens ein. Eine unverzügliche, also gemäß § 121 Abs. 1 BGB ohne schuldhaftes Zögern zu erfolgende, Unterrichtung des Empfänger schreibt Satz 2 aber dann vor, wenn dem Betroffenen bei einer Unterrichtung, die erst nach Ausgang des Verfahrens erfolgt, **Nachteile drohen.**

III. Berichtigungspflicht

7   Gemäß Abs. 2 ist der Empfänger unverzüglich (vgl. § 121 Abs. 1 BGB) zu unterrichten, wenn sich die Daten **vollständig oder** auch nur **teilweise als unrichtig** erweisen. Der Empfänger darf die unrichtigen Daten nicht verwenden und muss diese deshalb berichtigen oder deren Unrichtigkeit in den Akten vermerken. Eine entsprechende Regelung findet sich in § 20 Abs. 1 S. 1 BDSG.

8   Eine **Pflicht zur Vernichtung** der unrichtigen Daten wurde vom Gesetz nicht angeordnet, da nicht absehbar war, für welchen Zeitraum die Mitteilungen jeweils in den Akten des Empfängers verbleiben müssen, um die Schlüssigkeit und Rechtmäßigkeit seines Verwaltungshandelns bzw. -unterlassens zu dokumentieren. Die Vernichtung solcher unrichtiger Daten richtet sich daher ausschließlich nach den für den Empfänger geltenden Vorschriften.[4]

IV. Ausnahmen

9   Eine Unterrichtung bzw. Richtigstellung seitens der übermittelnden Stelle ist nach Absatz 3 **ausnahmsweise entbehrlich,** wenn dies erkennbar weder zur Wahrung der schutzwürdigen Interessen des Betroffenen noch zur Erfüllung der Aufgaben des Empfängers erforderlich ist.

10 Gerade im strafrechtlichen Bereich wird es **allerdings selten erkennbar** sein, dass durch unrichtige Daten nicht schutzwürdige Interessen des Betroffenen verletzt werden. Vielmehr ist im Grundsatz davon auszugehen, dass jedes unrichtige Datum die geschützten Interessen des Betroffenen verletzt.[5]

---

[3] BT-Drs. 13/4709, 44.
[4] BT-Drs. 13/4709, 18.
[5] In diesem Sinne auch KK/*Mayer* Rn. 5; Meyer-Goßner/*Schmitt* Rn. 3.

§ 21 [Auskunftserteilung und Unterrichtung; Antrag; Ablehnung]

(1) ¹Dem Betroffenen ist auf Antrag Auskunft über die übermittelten Daten und deren Empfänger zu erteilen. ²Der Antrag ist schriftlich zu stellen. ³Die Auskunft wird nur erteilt, soweit der Betroffene Angaben macht, die das Auffinden der Daten ermöglichen, und der für die Erteilung der Auskunft erforderliche Aufwand nicht außer Verhältnis zu dem geltend gemachten Informationsinteresse steht. ⁴Die übermittelnde Stelle bestimmt das Verfahren, insbesondere die Form der Auskunftserteilung, nach pflichtgemäßem Ermessen.

(2) ¹Ist der Betroffene bei Mitteilungen in Strafsachen nicht zugleich der Beschuldigte oder in Zivilsachen nicht zugleich Partei oder Beteiligter, ist er gleichzeitig mit der Übermittlung personenbezogener Daten über den Inhalt und den Empfänger zu unterrichten. ²Die Unterrichtung des gesetzlichen Vertreters eines Minderjährigen, des Bevollmächtigten oder Verteidigers reicht aus. ³Die übermittelnde Stelle bestimmt die Form der Unterrichtung nach pflichtgemäßem Ermessen. ⁴Eine Pflicht zur Unterrichtung besteht nicht, wenn die Anschrift des zu Unterrichtenden nur mit unvertretbarem Aufwand festgestellt werden kann.

(3) Bezieht sich die Auskunftserteilung oder die Unterrichtung auf die Übermittlung personenbezogener Daten an Verfassungsschutzbehörden, den Bundesnachrichtendienst, den Militärischen Abschirmdienst oder, soweit die Sicherheit des Bundes berührt wird, andere Behörden des Bundesministers der Verteidigung, ist sie nur mit Zustimmung dieser Stellen zulässig.

(4) ¹Die Auskunftserteilung und die Unterrichtung unterbleiben, soweit
1. sie die ordnungsgemäße Erfüllung der Aufgaben der übermittelnden Stelle oder des Empfängers gefährden würden,
2. sie die öffentliche Sicherheit oder Ordnung gefährden oder sonst dem Wohle des Bundes oder eines Landes Nachteile bereiten würden oder
3. die Daten oder die Tatsache ihrer Übermittlung nach einer Rechtsvorschrift oder ihrem Wesen nach, insbesondere wegen der überwiegenden berechtigten Interessen eines Dritten, geheimgehalten werden müssen

und deswegen das Interesse des Betroffenen an der Auskunftserteilung oder Unterrichtung zurücktreten muß. ²Die Unterrichtung des Betroffenen unterbleibt ferner, wenn erhebliche Nachteile für seine Gesundheit zu befürchten sind.

(5) Die Ablehnung der Auskunftserteilung bedarf keiner Begründung, soweit durch die Mitteilung der tatsächlichen und rechtlichen Gründe, auf die die Entscheidung gestützt wird, der mit der Auskunftsverweigerung verfolgte Zweck gefährdet würde.

Übersicht

	Rn.		Rn.
I. Auskunftsanspruch (Abs. 1)	1–5	2. Gefährdung der öffentlichen Sicherheit oder Ordnung (Nr. 2)	15–17
II. Unterrichtungspflicht (Abs. 2)	6–9	3. Geheimhaltungsbedürftigkeit der Daten (Nr. 3)	18
III. Übermittlungen an Nachrichtendienste (Abs. 3)	10, 11	4. Gefährdung des Betroffenen	19
IV. Unterbleiben der Auskunftserteilung und Unterrichtung (Abs. 4)	12–19	V. Begründung der Entscheidung (Abs. 5)	20, 21
1. Gefährdung der Aufgabenerfüllung (Nr. 1)	13, 14	VI. Kosten	22
		VII. Rechtsweg	23

I. Auskunftsanspruch (Abs. 1)

Abs. 1 gibt dem Betroffenen bzw. seinem gesetzlichen Vertreter einen **grundsätzlichen** **Auskunftsanspruch** gegenüber der übermittelnden Justizbehörde, welcher dem in § 19　1

Abs. 1 BDSG geregelten Auskunftsrecht entspricht. Die Norm soll, entsprechend der Forderung des Bundesverfassungsgerichts aus dem Volkszählungsurteil,[1] sicherstellen, dass der Betroffene erfährt, wer was wann und bei welcher Gelegenheit über ihn weiß.[2] Tatsächlich stellt das Auskunftsrecht sogar einen wesentlichen Bestandteil des Rechts auf informationelle Selbstbestimmung dar.[3]

2 Die Auskunft setzt einen **schriftlichen Antrag** voraus, welcher die notwendigen Angaben enthalten muss, um ein auffinden der Daten zu ermöglichen. In Strafsachen wird hier regelmäßig etwa die Angabe des Aktenzeichens genügen.

3 Eine **Begründung,** warum die Auskunft begehrt wird, muss nicht gegeben werden. Im Rahmen des Umfangs der Bemühungen, welche die Behörde anstellen muss, um die Daten aufzufinden, wird in Satz 3 allerdings eine Abwägung mit dem geltend gemachten **Informationsinteresse** normiert. Dies setzt voraus, dass zu einem solchen Informationsinteresse im Antrag Angaben gemacht wurden. Gerade in Strafsachen sind hier allerdings keine zu großen Anforderungen zu stellen. Im Datenschutzrecht wird im Rahmen der entsprechenden Regelung in § 19 Abs. 1 BDSG als Abwägungsmaßstab auf die Sensitivität der übermittelten Daten abgestellt. Je sensiver diese sind, umso gewichtiger sei das für den Betroffenen streitende Informationsinteresse.[4] Daten des Betroffenen im Zusammenhang mit der Begehung bzw. Ahndung einer (möglichen) Straftat sind zweifellos besonders sensitiv. Aus diesem Grund wird die Begrenzung des Auskunftsanspruch wegen unverhältnismäßigen Aufwandes hier in der Regel nicht zum tragen kommen.[5]

4 Der Betroffene ist aufgrund seines Antrages gemäß Abs. 1 Satz 1 **darüber zu informieren,** welche Daten an welche Empfänger übermittelt wurden. Hat ein Empfänger die Daten wegen Unzuständigkeit zurückgesandt oder gemäß § 19 Abs. 2 an die zuständige Stelle weitergeleitet, ist auch dies mitzuteilen.[6] **Warum die Datenübermittlung erfolgte,** muss zwar nicht angegeben werden, ein Hinweis auf die Übermittlungsgrundlage ist aber auch nicht verboten und zur Information des Betroffenen sicher **angebracht.**

5 Gemäß Satz 4 bestimmt die übermittelnde Behörde das Verfahren der Auskunftserteilung nach **pflichtgemäßem Ermessen.** Nr. 3 Abs. 3 MiStra legt insoweit fest, dass dem Betroffenen regelmäßig ein Abdruck der gemachten Mitteilung zu übersenden ist. Schriftstücke, zB Urteile, die ihm schon anderweitig übermittelt wurden, müssen allerdings nicht noch einmal mitgeschickt werden, hier reicht ein Hinweis auf das Übermittelte aus.

II. Unterrichtungspflicht (Abs. 2)

6 Ist bei der Übermittlung personenbezogener Daten der Betroffene bei Mitteilungen in Strafsachen **nicht zugleich der Beschuldigte** oder in Zivilsachen nicht zugleich Partei oder Beteiligter, so ist er nach Abs. 2 von Amts wegen über die erfolgte Übermittlung zu unterrichten, und zwar sowohl über den Inhalt als auch den Empfänger der Daten.

6a In dieser Konstellation wird der Betroffene nämlich häufig nicht mit einer Übermittlung seiner Daten rechnen. Die Unterrichtungspflicht setzt nach der Vorstellung des Gesetzgebers darum in diesen Fällen die oben genannten Anforderungen des Bundesverfassungsgerichts um.[7] Nr. 3 Abs. 1 Satz 3 MiStra normiert für Strafsachen diese Unterrichtung von Amts wegen.

7 In der Literatur wird zum Teil hier zutreffenderweise auch eine **Unterrichtungspflicht gegenüber dem Beschuldigten** gefordert. Ohne eine solche besteht für diesen nämlich die Notwendigkeit, sich in einer ohnehin häufig belastenden und schwierig zu überblickenden Situation erst zeitaufwendig um eine Auskunft bemühen zu müssen, wem Daten über-

---

[1] BVerfG 15.12.1983 – 1 BvR 209/83, BVerfGE 65, 1 (43 f.) = NJW 1984, 419.
[2] So BT-Drs. 13/4709, 27.
[3] *Simitis/Fuckner* NJW 1990, 2713 (2717).
[4] NK/*Mallmann* BDSG § 19 Rn. 45.
[5] Löwe/Rosenberg/*Böttcher* Rn. 4.
[6] *Katholnigg* Rn. 4.
[7] BT-Drs. 113/4709, 27.

mittelt wurden, um gegebenenfalls gegenüber dem Datenempfänger durch eine eigene Darstellung zum Sachverhalt reagieren zu können.[8] Eine solche Unterrichtung würde die Forderung des BVerfG, sicherzustellen, dass der Betroffene weiß, wer was wann und bei welcher Gelegenheit über ihn weiß,[9] besser umsetzen, als die jetzige Regelung. Der damit verbundene Mehraufwand für die übermittelnden Stellen ist in Zeiten elektronischer Datenverarbeitung auch als eher marginal einzustufen.

Nach Absatz 2 ist grundsätzlich der Betroffene **selbst zu unterrichten**. Eine Information seines **gesetzlichen Vertreters** bei Minderjährigkeit, seines Bevollmächtigten oder seines Verteidigers reichen aber aus. Die weitere **Form der Unterrichtung** liegt im pflichtgemäßen Ermessen der übermittelnden Stelle. Nach Nr. 3 Abs. 3 MiStra gilt hier der Grundsatz, dass dem Betroffenen regelmäßig ein Abdruck der gemachten Mitteilung zu übersenden ist.[10]

Eine Pflicht zur Unterrichtung besteht ausnahmsweise dann nicht, wenn die Anschrift des zu Unterrichtenden nur mit **unvertretbarem Aufwand** festgestellt werden kann.

III. Übermittlungen an Nachrichtendienste (Abs. 3)

Wurden personenbezogene Daten des Betroffenen an Verfassungsschutzbehörden, den Bundesnachrichtendienst, den Militärischen Abschirmdienst oder, soweit die Sicherheit des Bundes berührt war, an andere Behörden des Bundesministers der Verteidigung, übermittelt, so erfolgt eine Auskunft bzw. Unterrichtung über die Datenübermittlung **nur mit Zustimmung** dieser Stellen.[11] Dieses Zustimmungserfordernis wurde § 19 Abs. 3 BDSG nachgebildet und soll die Geheimhaltungsinteressen der genannten Behörden wahren.

Es fehlt allerdings eine Regelung, **unter welchen Voraussetzungen** der Empfänger in diesen Fällen seine Zustimmung erteilt oder verweigert. Da aber auch in dieser Konstellation ein grundsätzlicher Auskunftsanspruch des Betroffenen besteht, bietet es sich an, Beschränkungen nur dann zuzulassen, wenn eine Auskunftserteilung nach Abs. 4 verboten ist. In den dort genannten Fällen dürfte bzw. müsste die datenempfangene Behörde die Auskunft ebenfalls verweigern.[12]

IV. Unterbleiben der Auskunftserteilung und Unterrichtung (Abs. 4)

Ausnahmsweise darf in den in Absatz 4 genannten Fällen, die an § 19 Abs. 4 BDSG angelehnt sind, zumindest **vorübergehend** eine Auskunft bzw. Unterrichtung über die erfolgte Datenübermittlung **unterbleiben**. Neben der Feststellung des Vorliegens einer der aufgezählten Ausnahmetatbestände muss jeweils eine **Abwägung** vorgenommen werden, bei welcher das Interesse des Betroffenen an der Auskunftserteilung oder Unterrichtung hinter der Geheimhaltung zurücktreten muss. Ist der Geheimhaltungsgrund später entfallen, muss die Unterrichtung nachgeholt werden. Dies bestimmt auch Nr. 3 Abs. 4 MiStra.

1. Gefährdung der Aufgabenerfüllung (Nr. 1). Zunächst darf die Auskunftserteilung bzw. Unterrichtung unterbleiben, wenn sie die **ordnungsgemäße Erfüllung der Aufgaben** der übermittelnden Stelle oder des Empfängers gefährden würden. Dies kann der Fall sein, wenn mit der Information des Betroffenen geheimhaltungsbedürftige Erkenntnisse, Arbeitsweisen und Methoden einer Sicherheits- oder Strafverfolgungsbehörde bekannt würden.[13] Dies kann es zB unter Umständen rechtfertigen, den Namen eines Informanten geheim zu halten.[14]

---

[8] *Wollweber* NJW 1997, 2488 (2489).
[9] BVerfG 15.12.1983 – 1 BvR 209/83, BVerfGE 65, 1 (43 f.) = NJW 1984, 419.
[10] Siehe → Rn. 5.
[11] Siehe zum Auskunftsanspruch des Betroffenen gegenüber Sicherheitsbehörden *Simitis/Fuckner* NJW 1990, 2713 ff.
[12] NK/*Mallmann* BDSG § 19 Rn. 71.
[13] NK/*Mallmann* BDSG § 19 Rn. 86.
[14] BVerwG 22.7.2010 – 20 F 11/10, NVwZ 2010, 1493 (1494).

14 Eine bloße **Arbeitsüberlastung** wegen einer Vielzahl gestellter Anfragen rechtfertigt allerdings regelmäßig nicht die Unterlassung der Auskunftserteilung – hier muss die Behörde ggf. durch die Umsetzung von Beamten oder die Anordnung von Überstunden gegensteuern.[15] Allenfalls wenn der Antragsteller ersichtlich ein Querulant ist, dem es nur darauf ankommt durch zahllose, auch mehrfach erneut gestellte Anträge, die Arbeit der Behörde zu blockieren, kommt dieser Ausnahmetatbestand in Betracht.[16]

15 **2. Gefährdung der öffentlichen Sicherheit oder Ordnung (Nr. 2).** Eine Auskunft oder Unterrichtung darf zudem unterbleiben, wenn sie die **öffentliche Sicherheit oder Ordnung** gefährdet oder sonst dem Wohle des Bundes oder eines Landes Nachteile bereiten würde.

16 Die Begriffe der öffentlichen Sicherheit oder Ordnung sind dem Polizei- und Ordnungsrecht entlehnt. Unter der **öffentlichen Sicherheit** wird die Unverletzlichkeit der Rechtsordnung verstanden, die subjektiven Rechte und Rechtsgüter des Einzelnen sowie die Einrichtungen und Veranstaltungen des Staates.[17] Unter **öffentlicher Ordnung** hingegen ist die Gesamtheit der im Rahmen der verfassungsmäßigen Ordnung liegenden ungeschriebenen Regeln für das Verhalten des Einzelnen in der Öffentlichkeit zu verstehen, deren Beachtung nach den jeweils herrschenden Anschauungen als unerlässliche Voraussetzung eines geordneten staatsbürgerlichen Zusammenlebens gilt.[18]

17 Das **Wohl des Bundes oder eines Bundeslandes** sind gefährdet, wenn deren Bestand oder Funktionsfähigkeit betroffen sind. Hierunter fallen insbesondere Gefahren für die innere oder äußere Sicherheit sowie die freundschaftlichen Beziehungen zu anderen Staaten oder Organisationen.[19]

18 **3. Geheimhaltungsbedürftigkeit der Daten (Nr. 3).** Die Auskunfts- und Unterrichtungspflicht ist zudem suspendiert, wenn die Daten oder die Tatsache ihrer Übermittlung nach einer Rechtsvorschrift oder **ihrem Wesen** nach, insbesondere wegen der **überwiegenden berechtigten Interessen** eines Dritten, geheim gehalten werden müssen. Dies kann zB angenommen werden, wenn es um den Schutz eines Informanten geht.[20]

19 **4. Gefährdung des Betroffenen.** Die Unterrichtung des Betroffenen unterbleibt ferner, wenn diesem durch die Unterrichtung **erhebliche Nachteile für seine Gesundheit** drohen. Dies kann zB angenommen werden, wenn durch die Information eine Selbstgefährdung des Betroffenen zu befürchten ist.[21] Eine Abwägung zwischen dem Informationsinteresse des Betroffenen und dem Geheimhaltungsinteresse findet in dieser paternalistisch motivierten Ausnahme nicht statt.

V. Begründung der Entscheidung (Abs. 5)

20 Die Ablehnung der Auskunftserteilung bedarf nach Absatz 5 keiner Begründung, soweit durch die Mitteilung der tatsächlichen und rechtlichen Gründe, auf welche die Entscheidung gestützt wird, der mit der Auskunftsverweigerung **verfolgte Zweck gefährdet würde.** Dies entspricht § 19 Abs. 5 BDSG. Der Betroffene soll aus der Begründung der Auskunftsverweigerung keine Rückschlüsse auf den Inhalt der gespeicherten Daten ziehen können.[22]

21 Im Umkehrschluss folgt hieraus aber auch, dass **in allen anderen Fällen** die Ablehnung der Auskunftserteilung **einer Begründung bedarf.**[23] Die Ablehnung stellt nämlich einen belastenden Verwaltungsakt dar, der gemäß § 39 VwVfG zu begründen ist.[24]

---

[15] NK/*Mallmann* BDSG § 19 Rn. 84.
[16] *Gola/Schomerus* BDSG § 19 Rn. 26; *Kissel/Mayer* Rn. 6.
[17] Vgl. *Schenke* Polizei- und Ordnungsrecht Rn. 53.
[18] *Pieroth/Schlink/Kniesel* Polizei- und Ordnungsrecht § 8 Rn. 46.
[19] NK/*Mallmann* BDSG § 19 Rn. 88.
[20] KK/*Mayer* Rn. 9.
[21] Löwe/Rosenberg/*Böttcher* Rn. 15.
[22] *Gola/Schomerus* BDSG § 19 Rn. 31.
[23] NK/*Mallmann* BDSG § 19 Rn. 55.
[24] *Golembiewski*, Mitteilungen durch die Justiz, S. 121.

VI. Kosten

Da bislang keine ausdrückliche Kostentragungspflicht normiert wurde, ist die Auskunftserteilung entsprechend § 19 Abs. 7 BDSG unentgeltlich.

VII. Rechtsweg

Die Ablehnung der Auskunft bzw. Unterrichtung ist als Justizverwaltungsakt gemäß §§ 23 ff. anfechtbar.[25]

§ 22 [Überprüfung der Rechtmäßigkeit der Datenübermittlung]

(1) ¹Ist die Rechtsgrundlage für die Übermittlung personenbezogener Daten nicht in den Vorschriften enthalten, die das Verfahren der übermittelnden Stelle regeln, sind für die Überprüfung der Rechtmäßigkeit der Übermittlung die §§ 23 bis 30 nach Maßgabe der Absätze 2 und 3 anzuwenden. ²Hat der Empfänger auf Grund der übermittelten Daten eine Entscheidung oder andere Maßnahme getroffen und dies dem Betroffenen bekanntgegeben, bevor ein Antrag auf gerichtliche Entscheidung gestellt worden ist, so wird die Rechtmäßigkeit der Übermittlung ausschließlich von dem Gericht, das gegen die Entscheidung oder Maßnahme des Empfängers angerufen werden kann, in der dafür vorgesehenen Verfahrensart überprüft.

(2) ¹Wird ein Antrag auf gerichtliche Entscheidung gestellt, ist der Empfänger zu unterrichten. ²Dieser teilt dem nach § 25 zuständigen Gericht mit, ob die Voraussetzungen des Absatzes 1 oder 2 vorliegen.

(3) ¹War die Übermittlung rechtswidrig, so spricht das Gericht dies aus. ²Die Entscheidung ist auch für den Empfänger bindend und ist ihm bekanntzumachen. ³Die Verwendung der übermittelten Daten ist unzulässig, wenn die Rechtswidrigkeit der Übermittlung festgestellt worden ist.

Übersicht

	Rn.		Rn.
I. Normzweck	1, 2	2. Information des Empfängers (Abs. 2)	9
II. Kommentierung	3–14	3. Inhalt der Entscheidung und Verwendungsverbot (Abs. 3)	10, 11
1. Subsidiarität der §§ 23 ff.	3–8	4. Mitteilungen zum Fahreignungsregister	12–14

I. Normzweck

Die Vorschrift enthält Regelungen über die Gewährung von Rechtsschutz für den Betroffenen gegenüber Datenübermittlungen, die zum einen einen **lückenlosen Rechtsschutz** und zum andern ein möglichst prozessökonomisches Verfahren gewährleisten sollen.[1] Durch die Einräumung der Möglichkeit, nach den für die Anfechtung von Justizverwaltungsakten geltenden §§ 23 ff. Rechtsschutz zu suchen, wird für die Betroffenen die Rechtsweggarantie des Art. 19 Abs. 4 GG konkretisiert.[2] Für die Überprüfung der Rechtmäßigkeit einer Datenübermittlung direkt – oder vermittelt über § 22 – im Verfahren nach §§ 23 ff. ist immer dann der Rechtsweg zum OLG (§ 25) eröffnet, sofern kein anderer Rechtsweg zur Verfügung steht.[3]

Bei dieser Rechtsschutzgewährung wird dabei zwischen der übermittelnden Stelle und dem Empfänger der Daten getrennt.

---

[25] Vgl. Löwe/Rosenberg/*Böttcher* Rn. 17.
[1] BT-Drs. 13/4709, 27.
[2] *Golembiewski*, Mitteilungen durch die Justiz, S. 127.
[3] BVerfG 2.12.2014 – 1 BvR 3106/09, NJW 2015, 610.

II. Kommentierung

3 **1. Subsidiarität der §§ 23 ff.** Existiert für die Anordnung einer Mitteilung eine Rechtsgrundlage im Verfahrensrecht der **übermittelnden Stelle,** so bestimmt sich gemäß Absatz 1 Satz 1 der Rechtsschutz ausschließlich nach diesem Verfahrensrecht. Bereichsspezifische Regelungen sind daher, soweit sie existieren, vorrangig.

4 Fehlt hingegen eine solche Rechtsgrundlage für die Übermittlung personenbezogener Daten, so richtet sich die Überprüfung der Rechtmäßigkeit der Übermittlung nach den §§ 23–30. Die Datenübermittlung wird insoweit als **Justizverwaltungsakt** klassifiziert und der Rechtsweg zu den ordentlichen Gerichten eröffnet.[4]

5 Von dieser grundsätzlichen Zuständigkeit des OLG (§ 25) zur Überprüfung der Rechtmäßigkeit der Datenübermittlung wird in Abs. 1 Satz 2 jedoch dann eine Ausnahme gemacht, wenn **der Empfänger** aufgrund der übermittelten Daten bereits eine Entscheidung getroffen oder eine andere Maßnahme angeordnet und dies dem Betroffenen auch schon **bekanntgegeben hat,** bevor dieser einen Antrag auf gerichtliche Entscheidung nach § 23 gestellt hat. In dieser Situation soll ausschließlich von dem Gericht (also zB dem Verwaltungsgericht), welches gegen die Entscheidung oder Maßnahme des Empfängers angerufen werden kann, in der dafür vorgesehenen Verfahrensart die Rechtmäßigkeit auch der vorangegangenen Datenübermittlung überprüft werden.

6 Diese **Konzentration** der beiden zu treffenden Entscheidungen, über die Rechtmäßigkeit der Entscheidung und der Rechtmäßigkeit der Datenübermittlung, folgt prozessökonomischen Gesichtspunkten, da ein gespaltener Rechtsweg vermieden wird, und ist auch sachgerecht. Anderenfalls müsste entweder die Verhandlung über die Maßnahme des Empfängers bis zur rechtskräftigen Klärung der Vorfrage, inwieweit die Datenübermittlung zulässig war, ausgesetzt oder die Vorfrage, parallel zum Antragsverfahren nach den §§ 23 ff., inzident beantwortet und so das Risiko sich widersprechender gerichtlicher Entscheidungen eingegangen werden.[5]

7 Hat der Empfänger sich entschieden, trotz der übermittelten Daten **keine Entscheidung** zu treffen bzw. keine Maßnahme zu ergreifen, und dies ebenfalls dem Betroffenen mitgeteilt, gilt Abs. 1 Satz 2 entsprechend. Auch in diesem Fall entscheidet also nicht das OLG nach den §§ 23 ff., sondern das Gericht, welches für die Überprüfung dieser Entscheidung des Empfängers zuständig ist.[6]

8 Hat der Betroffene allerdings **bereits einen Antrag** auf gerichtliche Entscheidung nach § 23 gestellt, so behält das OLG seine Zuständigkeit auch dann, wenn der Betroffene später zusätzlich noch vor einem anderen Gericht Rechtsschutz gegenüber der getroffenen Maßnahme des Empfängers sucht. Da die Entscheidung über die Rechtmäßigkeit der Datenübermittlung **vorgreiflich iSd § 148 ZPO** ist, wird in diesem Falle das Verfahren über die Rechtmäßigkeit der getroffenen Entscheidung des Empfängers zunächst auszusetzen sein.[7]

9 **2. Information des Empfängers (Abs. 2).** Um zu klären, ob der eingeschlagene Rechtsweg nach § 23 zulässig ist, schreibt Absatz 2 Satz 1 vor, dass der Empfänger davon **zu unterrichten** ist, das ein Antrag auf gerichtliche Entscheidung gestellt wurde.[8] Diese Informationspflicht trifft das nach § 25 zuständige OLG. Der Empfänger muss dem OLG mitteilen, ob die Voraussetzungen des Absatzes 1 Satz 2 vorliegen, ob also bereits eine

---

[4] Dies wurde vor der Einführung des § 22 unterschiedlich beurteilt: gegen eine Klassifizierung als Justizverwaltungsakt waren zB OLG Hamm 13.7.1972 – 1 VAs 70/72, NJW 1972, 2145; OLG Karlsruhe 18.9.1987 – 4 VAs 10/87, NStZ 1988, 184; *Redeker* VBlBW 1989, 304 (305); für eine Anwendbarkeit der §§ 23 ff. hingegen OLG Frankfurt a. M. 21.2.1975 – 3 V As 116/74, NJW 1975, 2028; OLG Hamm 13.10.1987 – 1 VAs 53/87, NJW 1988, 1402 (in dem Beschluss wird unausgesprochen die Zulässigkeit eines Antrags auf gerichtliche Entscheidung bejaht); *Ostendorf* DRiZ 1986, 254 (257); siehe auch *Fleig* NJW 1991, 1016 (1018).

[5] *Bär* CR 1998, 767 (772); *Wollweber* NJW 1997, 2488 (2490).

[6] BT-Drs. 13/4709, 27.

[7] *Kissel/Mayer* Rn. 9.

[8] Siehe auch Nr. 7 Abs. 3 MiStra.

Entscheidung aufgrund der übermittelten Daten getroffen bzw. ob er keine Entscheidung treffen will, und dies dem Betroffenen mitgeteilt wurde.

3. Inhalt der Entscheidung und Verwendungsverbot (Abs. 3). Regelmäßig kann eine Entscheidung über die Rechtmäßigkeit einer Datenübermittlung vom Betroffenen erst herbeigeführt werden, nachdem diese bereits erfolgt ist. War die Übermittlung der Daten rechtswidrig, so bestimmt Abs. 3, dass das OLG die Rechtswidrigkeit insoweit **feststellt** und dies dem Empfänger auch mitteilt.

Diese Entscheidung ist für den Empfänger **bindend,** dh er darf die ihm übermittelten Daten nicht mehr verwenden und einer Entscheidung zugrunde legen. Diese Beurteilung der Rechtmäßigkeit bindet auch die Gerichte, die über Maßnahmen des Empfängers aufgrund der Datenübermittlung zu befinden haben.

4. Mitteilungen zum Fahreignungsregister. Für Datenübermittlungen der Staatsanwaltschaft an das beim Kraftfahrt-Bundesamt geführte **Fahreignungsregister** (früher Verkehrszentralregister) wurde bereits ausdrücklich festgestellt, dass für diese nach § 22 Abs. 1 S. 1 grundsätzlich der Rechtsweg nach §§ 23 ff. eröffnet ist. Bei diesen Mitteilungen handelt es sich nämlich um solche im Sinne des § 22, da eine Justizbehörde (die Staatsanwaltschaft) personenbezogene Daten zu Zwecken außerhalb des von ihr geführten Verfahrens an eine andere Behörde (das Kraftfahrt-Bundesamt) auf der Grundlage von § 13 Abs. 1 Nr. 1 in Verbindung mit § 28 Abs. 4 und 3 StVG weiterleitet.[9]

Wird aufgrund der Information des Kraftfahrt-Bundesamtes eine gemeindliche **Führerscheinstelle** tätig, ist allerdings nicht diese Führerscheinstelle im Wortsinn Empfänger der Daten, da die Staatsanwaltschaft die Daten an das Kraftfahrt-Bundesamt zur Aufnahme in das Fahreignungsregister und nicht an diese Führerscheinstelle übermittelt hat. Doch wurde das Fahreignungsregister als **zentrale Sammel- und Auskunftsstelle** über verkehrsrechtliche Entscheidungen und sonst erhebliche Vorgänge auf dem Gebiet des Straßenverkehrsrechtes geschaffen, um diese Information an die in § 30 Abs. 1 StVG genannten Stellen weiterzuleiten.[10] Aufgrund dieser Funktion ist somit nicht das Kraftfahrt-Bundesamt als Empfängerstelle im Sinne des § 22 Abs. 1 anzusehen, sondern diejenige Stelle, an die es die Daten zur Erfüllung ihrer Aufgaben durchleitet.[11]

Wendet sich der Betroffene (zunächst) nur **gegen eine Mitteilung der Staatsanwaltschaft** an das Kraftfahrt-Bundesamt, so ist die Durchführung eines (Vorschalt-) Beschwerdeverfahrens nach § 24 Abs. 2 nicht erforderlich, da diese Mitteilung keine Entscheidung oder Anordnung der Vollstreckungsbehörde darstellt.[12]

---

[9] OLG Jena 13.7.2006 – 1 VAs 6/05, NStZ-RR 2006, 321; OLG Stuttgart 18.8.2005 – 4 VAs 12/05, NJW 2005, 3226; Thüringer OLG 9.9.2008 – 1 VAs 6/08, VRS 115 (2008), 439 (440); OVG Bautzen 19.4.2006 – 3 BS 322/05, NJW 2007, 169 (170).
[10] BVerwG 17.12.1976 – VII C 28/74, BVerwGE 51, 359 = NJW 1977, 1075 (1076).
[11] OLG Jena 13.7.2006 – 1 VAs 6/05, NStZ-RR 2006, 321.
[12] KG 29.6.2015 – 4 VAs 18/15, StraFo 2015, 518.

Dritter Abschnitt. Anfechtung von Justizverwaltungsakten

§ 23 [Rechtsweg bei Justizverwaltungsakten]

(1) ¹Über die Rechtmäßigkeit der Anordnungen, Verfügungen oder sonstigen Maßnahmen, die von den Justizbehörden zur Regelung einzelner Angelegenheiten auf den Gebieten des bürgerlichen Rechts einschließlich des Handelsrechts, des Zivilprozesses, der freiwilligen Gerichtsbarkeit und der Strafrechtspflege getroffen werden, entscheiden auf Antrag die ordentlichen Gerichte. ²Das gleiche gilt für Anordnungen, Verfügungen oder sonstige Maßnahmen der Vollzugsbehörden im Vollzug der Untersuchungshaft sowie derjenigen Freiheitsstrafen und Maßregeln der Besserung und Sicherung, die außerhalb des Justizvollzuges vollzogen werden.

(2) Mit dem Antrag auf gerichtliche Entscheidung kann auch die Verpflichtung der Justiz- oder Vollzugsbehörde zum Erlaß eines abgelehnten oder unterlassenen Verwaltungsaktes begehrt werden.

(3) Soweit die ordentlichen Gerichte bereits auf Grund anderer Vorschriften angerufen werden können, behält es hierbei sein Bewenden.

Schrifttum: *Ahlbrecht/Börgers*, Rechtsschutz gegen die Gewährung eines Auskunftsverweigerungsrechtes (§ 55 StPO) für den gemäß § 59 IRG vernommenen Entlastungszeugen, ZIS 2008, 218 ff.; *Altenhain*, Die strafgerichtliche Rechtsprechung zum Rechtsschutz gegen Justizverwaltungsakte, JZ 1965, 756 ff.; *ders.*, Die Rechtsprechung der Strafsenate zum Rechtsschutz gegen Justizverwaltungsakte auf dem Gebiet des Strafrechts, DRiZ 1966, 361 ff. und DRiZ 1970, 105 ff.; *Amelung*, Anmerkung, JZ 1975, 526 ff.; *ders.*, Anmerkung JR 2000, 479 ff.; *Arloth*, Anmerkung, NStZ 1992, 96 f.; *ders.*, Neue Gesetze im Strafvollzug, GA 2008, 129 ff.; *Bachof*, Anmerkung, MDR 1956, 314 ff.; *Baltes*, Der Rechtsweg bei Gnadenentscheidungen, DVBl 1972, 562 ff.; *Beckemper*, Der Antrag auf Bestellung eines Pflichtverteidigers im Ermittlungsverfahren, NStZ 1999, 221 ff.; *Becker*, Rezension, FamRZ 1971, 676; *Böttcher/Grothe*, Fernsehfahndung und §§ 23 ff. EGGVG, NJW 1974, 1647 f.; *Bottke*, Rechtsbehelfe der Verteidigung im Ermittlungsverfahren – eine Systematisierung, StV 1986, 120 ff.; *Buckert*, Der Rechtsanspruch des Bürgers auf Ablösung eines befangenen Staatsanwalts und seine gerichtliche Durchsetzung, NJW 1970, 847 f.; *Eisenberg*, Jugendstrafvollzugsgesetze der Bundesländer – eine Übersicht, NStZ 2008, 250 ff.; *Ellbogen*, Anfechtung der behördlichen Verweigerung einer Aussagegenehmigung durch die Staatsanwaltschaft?, NStZ 2007, 310 ff.; *ders.*, Die verdeckte Ermittlungstätigkeit der Strafverfolgungsbehörden durch die Zusammenarbeit mit V-Personen und Informanten, Diss. 2004; *Fezer*, Anfechtung einer Sperrerklärung des Innenministers und Aussetzung der Hauptverhandlung – BGH, NStZ 1985, 466, JuS 1987, 358 ff.; *ders.*, Anmerkung NStZ 1999, 151 f.; *Geppert*, Die höchstrichterliche Rechtsprechung zu beweisrechtlichen Fragen bei behördlich geheimgehaltenem V-Mann, Jura 1992, 244 ff.; *Heinrich*, Die gerichtliche Nachprüfbarkeit von Entscheidungen der Staatsanwaltschaft im Zusammenhang mit der Anklageerhebung, NStZ 1996, 110 ff.; *Hilgendorf*, Verfahrensfragen bei der Ablehnung eines befangenen Staatsanwalts, StV 1996, 50 ff.; *Hilger*, Zum Rechtsweg gegen Sperrerklärung und Verweigern der Aussagegenehmigung in V-Mann-Prozessen, NStZ 1984, 145 ff.; *Holch*, Anmerkung, JR 1979, 350 f.; *Hohenester*, Anmerkung NJW 1966, 1983; *Katholnigg*, Anmerkung NStZ 1999, 40 f.; *ders.*, Anmerkung NStZ 2000, 155 f.; *Keller*, Zur gerichtlichen Kontrolle prozessualer Ermessensentscheidungen der Staatsanwaltschaft, GA 1983, 497 ff.; *Kölbel*, (Vorbeugender) Rechtsschutz gegen Ermittlungsverfahren?, JR 2006, 322 ff.; *Kornblum*, Zur Anfechtbarkeit gerichtlicher Geschäftsverteilungspläne, NJW 1977, 666 f.; *Krack*, Anmerkung, JR 1996, 258 ff.; *Lüke*, Die gerichtliche Nachprüfung von Justizverwaltungsakten, JuS 1961, 205 ff.; *Maetzel*, Bemerkungen zum richterlichen Rechtsschutz im Strafvollzug, DÖV 1970, 459 ff.; *Mansdörfer*, Das Recht des Beschuldigten auf ein unverzögertes Ermittlungsverfahren, GA 2010, 153 ff.; *Markworth*, Rechtsschutz gegen eigenverantwortliche Strafverfolgungsmaßnahmen der Polizei, DVBl. 1975, 575 ff.; *K. Meyer*, Anmerkung, JR 1984, 297 ff.; *Meyer-Goßner*, Anmerkung NStZ 1984, 425; *Neuling*, Unterlassung und Widerruf vorverurteilender Medienauskünfte der Ermittlungsbehörden, StV 2008, 387 ff.; *Oetker*, Zum Rechtsweg gegen Justizverwaltungsakte der Arbeitsgerichte, MDR 1989, 600 f.; *Pawlik*, Der disqualifizierte Staatsanwalt, NStZ 1995, 309 ff.; *Peglau*, Rechtsschutz gegen Justizverwaltungsakte auf dem Gebiet der Strafrechtspflege, NJW 2015, 677 ff.; *Rieß*, Anmerkung NStZ 1982, 435 f.; *Rieß*, Neuordnung des Rechtsschutzes gegen strafprozessuale Zwangsmaßnahmen, ZRP 1981, 101 ff.; *Rieß/Thym*, Rechtsschutz gegen strafprozessuale Zwangsmaßnahmen, GA 1981, 189 ff.; *Schenke*, Rechtsschutz bei strafprozessualen Eingriffen von Staatsanwaltschaft und Polizei, NJW 1976, 1816 ff.; *ders.*, Rechtsschutz gegen Strafverfolgungsmaßnahmen der Polizei, VerwaltungsArchiv 1969, 332 ff.; *ders.*, Rechtsschutz gegen doppelfunktionale Maßnahmen der Polizei, NJW 2011, 2838 ff.; *Scholderer*, Anmerkung, NStZ 1989, 585 f.; *Simitis*, Anmerkung, NJW 1989, 21 f.; *Sommermeyer*, Anmerkung, JR 1991, 517 f.; *Strubel/Sprenger*, Die gerichtliche Nachprüfbarkeit staatsanwaltschaftlicher Verfügungen, NJW 1972, 1734 ff.; *Thierfelder*, Gerichtliche Überprüfung von Akten der Staatsanwaltschaft, DVBl 1961, 119 f.; *Treptow*, Gerichtliche

Kontrolle von Ermessensentscheidungen und unbestimmten Rechtsbegriffen im Strafvollzugsrecht, NJW 1978, 2227 ff.; *Schoreit,* Verwaltungsstreit um Kriminalakten – eine zweifelhafte Entscheidung zur präventivpolizeilichen Verbrechensbekämpfung, NJW 1985, 169 ff.; *Vogler,* Die Bedeutung der Rechtsweggarantie des Grundgesetzes für den Rechtsschutz in Rechtshilfeverfahren, NJW 1982, 468 ff.; *Wasmuth,* Bemerkungen zum Rechtsschutz bei Klagen gegen Pressemitteilungen von Ermittlungsbehörden, NJW 1988, 1705 ff.; *ders.,* Anmerkung NStZ 1990, 138 f.

Übersicht

	Rn.		Rn.
I. Normzweck	1–7	2. Justizverwaltungsakte	20–27
1. Rechtswegzuweisung	2–4	a) Auslegung des Begriffs	21, 22
2. Rechtsweggarantie	5, 6	b) Justizverwaltungsakt	23, 24
3. Subsidiarität	7	c) Regelung einzelner Angelegenheiten	25–27
II. Gesetzesgeschichte	8–13	3. Erfasste Rechtsgebiete	28–32
1. Übergangsregelung	9, 10	4. Vollzugsentscheidungen	33–35
2. Einschränkungen des Anwendungsbereichs	11, 12	IV. Entscheidungsmöglichkeiten des Gerichts	36–41
3. Weitere Änderungen	13	V. Einzelfälle	42–67
III. Anwendungsbereich	14–35	1. Von § 23 erfasst:	42–50a
1. Justizbehörde	15–19	2. Nicht von § 23 erfasst	51–67

I. Normzweck

Durch § 23 wird die Überprüfung der Rechtmäßigkeit von Anordnungen, Verfügungen **1** oder sonstigen Maßnahmen der Justizbehörden (sogenannte Justizverwaltungsakte) in Abweichung von der Generalklausel des § 40 Abs. 1 S. 1 VwGO der ordentlichen Gerichtsbarkeit zugewiesen.[1] Aufgrund dieses **Ausnahmecharakters** sind die §§ 23 ff. eng auszulegen, weil für öffentlichrechtliche Streitigkeiten nichtverfassungsrechtlicher Art gem. § 40 VwGO grundsätzlich der Verwaltungsrechtsweg eröffnet ist.[2] Daher kommt etwa eine erweiternde Anwendung auf andere als in Abs. 1 genannte Rechtsgebiete nicht in Betracht.[3]

1. Rechtswegzuweisung. Grundsätzlich haben Rechtswegzuweisungen, wie die in § 23 **2** erfolgte, vorwiegend eine Ordnungsfunktion und es ist von einer **Gleichwertigkeit aller Gerichtszweige** auszugehen.[4] Rechtswegregelungen sind dabei im besonderen Maße von Zweckmäßigkeitserwägungen des Gesetzgebers bestimmt. Sie dienen einer sachgemäßen Arbeitsverteilung unter den verschiedenen Gerichtszweigen.[5]

Die Zuweisung für die Überprüfung der Justizverwaltungsakte an die ordentliche **3** Gerichtsbarkeit erfolgte wegen deren **größerer Sachnähe**.[6] Dieser Entscheidung des Gesetzgebers lag dabei die Annahme zugrunde, dass die ordentlichen Gerichte für die Entscheidung über die Rechtmäßigkeit von Verwaltungsmaßnahmen auf den Gebieten des bürgerlichen Rechts, des Zivilprozesses, der freiwilligen Gerichtsbarkeit und der Strafrechtspflege besser gerüstet sind und ihnen deshalb von der Sache her näher stehen als die Gerichte der allgemeinen Verwaltungsgerichtsbarkeit.[7] Die ordentlichen Gerichte verfügen nämlich über die für die Nachprüfung der Rechtsfragen (eventuell) erforderlichen zivil- und strafrechtlichen Kenntnisse und Erfahrungen.[8]

---

[1] BGH 26.5.1961 – 2 StR 40/61, BGHSt 16, 225 (230) = NJW 1961, 2120.
[2] BGH 24.6.1998 – 5 AR (VS) 1–98, NJW 1998, 3577 (3578); OLG Köln 1.2.1963 – Z 1/63, JMBlNW 1963, 179 (180).
[3] KK/*Mayer* Rn. 3; → Rn. 29.
[4] GmS OBG 15.3.1971 – GmS OGB 1/70, BGHZ 56, 395 = NJW 1971, 1606 (1607).
[5] BVerwG 3.12.1974 – I C 11/73, NJW 1975, 893.
[6] BGH 24.6.1998 – 5 AR (VS) 1–98, NJW 1998, 3577 (3578); KK/*Mayer* Rn. 1; Löwe/Rosenberg/*Böttcher* Vor § 23 Rn. 1; Meyer-Goßner/*Schmitt* Vor § 23 Rn. 1.
[7] BVerwG 3.12.1974 – I C 11/73, NJW 1975, 893.
[8] BT-Drs. 3/55, 61, so auch BVerwG 3.12.1974 – I C 11/73, BVerwGE 47, 255 (260) = NJW 1975, 893.

4 Die Regelung soll zudem verhindern, dass Gerichte zweier verschiedener Gerichtszweige Verwaltungsstreitigkeiten desselben Rechtsgebietes entscheiden. Die Zuweisung der in § 23 bestimmten Streitigkeiten an die ordentlichen Gerichte soll also verhüten, dass die Verwaltungsgerichte in Sachgebiete der ordentlichen Gerichte hineinreden. Damit soll „ein **Durcheinander und Gegeneinander** der verschiedenen Gerichtsverfahren" verhindert werden.[9]

5 **2. Rechtsweggarantie.** Die §§ 23 ff. konkretisieren für den Bereich der Justizverwaltungsakte die Rechtsweggarantie des Art. 19 Abs. 4 GG.[10] Bei der Eröffnung eines Rechtsweges muss dabei berücksichtigt werden, dass nach Art. 95 Abs. 1 GG der Bund für die Gebiete der ordentlichen, der Verwaltungs-, der Finanz-, der Arbeits- und der Sozialgerichtsbarkeit oberste Gerichtshöfe errichtet hat. Das Grundgesetz geht darum von einer Aufgliederung der Gerichte nach der **Natur der Streitsachen** aus. Dieses Ziel wird nur erreicht, wenn die auf einem Rechtsgebiet anfallenden Streitsachen dem für dieses Gebiet vorgesehenen Gericht zugewiesen werden. Das Grundgesetz garantiert folglich nicht nur die Eröffnung irgendeines Rechtsweges, sondern des Rechtsweges zu dem Gericht, das nach seinem allgemeinen Aufgabenkreis, nach seiner Sachkunde und nach seiner Besetzung als das (sachlich) zuständige Gericht im Sinne des Art. 95 GG anzusehen ist.[11]

6 Im Bereich der Justizverwaltungsakte gilt dabei: sollten im Bereich von Gemengelagen für die zu treffenden Entscheidungen öffentlich-rechtliche Kenntnisse erforderlich sein, besitzen die mit dieser Aufgabe betrauten Richter an den Oberlandesgerichten auch diese, da es sich bei ihnen gemäß §§ 5 ff. DRiG um Volljuristen handelt. Ein verfassungsrechtlich gesichertes Entscheidungsmonopol der Verwaltungsgerichte für alle öffentlich-rechtlichen Fragen existiert ohnehin nicht.[12]

7 **3. Subsidiarität.** Abs. 3 verdeutlicht die Subsidiarität der §§ 23 ff. gegenüber speziell geregelten Rechtsschutzmöglichkeiten.[13] Jene Regelungen, welche die Überprüfung einer bestimmten Maßnahme nicht den ordentlichen Gerichten zuweisen, haben daher weiter Bestand, unabhängig davon, ob sie vor oder nach den §§ 23 ff. in Kraft getreten sind.[14] In den letzten Jahren hat sich insbesondere der **Antrag auf gerichtliche Entscheidung** nach § 98 Abs. 2 S. 2 StPO (auch in analoger Anwendung) zu einem vorrangigen Rechtsbehelf entwickelt.[15]

II. Gesetzesgeschichte

8 Die §§ 23 ff. wurden durch § 179 VwGO in das EGGVG eingefügt,[16] und traten zum 1.4.1960 in Kraft. Da die Zuweisung zu den ordentlichen Gerichten innerhalb der VwGO ein Fremdkörper gewesen wäre, erfolgte die Regelung im EGGVG.[17]

9 **1. Übergangsregelung.** Im damaligen Gesetzgebungsverfahren äußerte der Rechtsausschuss die Vermutung, dass die §§ 23 ff. nur vorübergehend Bedeutung haben würden.[18] Es müsse die Aufgabe des Bundesgesetzgebers sein, in den Einzelgesetzen den Rechtsweg und das Verfahren bei der Anfechtung der sogenannten Justizverwaltungsakte so zu regeln, dass etwaige Unklarheiten, die bei der jetzt gewählten **Generalklausel** unvermeidlich sind,

---

[9] Vgl. BVerwG 19.12.1957 – II C 72/57, NJW 1958, 723 (724); *Bachof* MDR 1956, 314 (315).
[10] BGH 17.3.1994 – III ZR 15/93, NJW 1994, 1950 (1951); Löwe/Rosenberg/*Böttcher* Vor § 23 Rn. 2; Meyer-Goßner/*Schmitt* Vor § 23 Rn. 1.
[11] BFH 17.4.1951 – Gr.S. D 1/51 S, BStBl. III 1951, 107 (109); *Schenke* VerwaltungsArchiv 1969, 332 (339). In diesem Sinne auch *Lüke* JuS 1961, 205 (206).
[12] BVerfG 23.2.1956 – 1 BvL 28/55, NJW 1956, 625; *Lüke* JuS 1961, 205 (206).
[13] BGH 26.6.1979 – 5 ARs (Vs) 59/78, NJW 1980, 351 (352).
[14] OLG Bremen 20.4.1966 – VAs 5/66, MDR 1966, 867; Löwe/Rosenberg/*Böttcher* Rn. 82.
[15] → Rn. 12 und 56.
[16] VwGO vom 21.1.1960, BGBl. I 1960, 17 ff.
[17] BT-Drs. 3/1094, 15.
[18] § 179 VwGO war eingestellt in den Teil V der VwGO „Übergangs- und Schlussbestimmungen".

ausgeschlossen werden.[19] Zudem wurde die Einführung eines enumerativen Katalogs angeregt, da die gewählte Generalklausel auch solche Fälle erfasse, die nicht unter den herkömmlichen Begriff des Justizverwaltungsaktes fielen. Darüber hinaus sei es auch zweifelhaft, ob Generalklauseln überhaupt geeignet seien, eine in der Praxis brauchbare Abgrenzung des Justizverwaltungsaktes zu liefern.[20]

Entgegen dieser Erwartung besitzen die als Übergangsregelung[21] bzw. als Verlegenheitslösung[22] gedachten §§ 23 ff. heute noch eine große Bedeutung und eine endgültige und zweckmäßige Lösung für die Justizverwaltungsakte ist nicht in Sicht. Tatsächlich erscheint es nicht immer sachgerecht ein Oberlandesgericht mit der Überprüfung derartiger Maßnahmen zu befassen. Zum einen, weil angesichts der häufig **geringen Bedeutung der Sache** hier mit „Kanonen auf Spatzen" geschossen wird,[23] und zum anderen weil für den Betroffenen damit ein Gericht als Eingangsinstanz zu entscheiden hat, das oft sehr weit von seinem Wohn- bzw. Aufenthaltsort entfernt ist.[24] Darüber hinaus wurde auch schon kritisiert, dass die Zuständigkeit und Verfahrensgestaltung in Justizverwaltungssachen selbst für einen Sachkenner kaum mehr durchschaubar sind und von einer Transparenz der Rechtspflege in diesem wichtigen Teilbereich des Rechtsschutzsystems wenig zu spüren sei.[25] Auch das BVerfG hat im Bereich von Grundrechtseingriffen im strafrechtlichen Ermittlungsverfahren den schwer durchschaubaren und mehrfach gespaltenen Rechtsweg kritisiert, der von den Fachgerichten auch unterschiedlich gehandhabt wurde.[26]

2. Einschränkungen des Anwendungsbereichs. Eine Einschränkung des Anwendungsbereichs des § 23 erfolgte bislang vorwiegend im **Bereich des Strafvollzugs**. So wurde durch den damaligen § 180 StVollzG der Bereich des Erwachsenenstrafvollzugs aus dem Anwendungsbereich des § 23 herausgelöst.[27] Gemäß § 110 StVollzG ist für gerichtliche Entscheidungen nunmehr die Strafvollstreckungskammer zuständig.[28] Zudem gilt das StVollzG seit 1985 auch für den Rechtsschutz bei der Unterbringung in einem psychiatrischen Krankenhaus oder in einer Entziehungsanstalt.[29] Seit 2007 ist gemäß § 92 JGG das StVollzG auch für den Rechtsschutz von Jugendlichen und Heranwachsenden einschlägig, soweit es um den Vollzug von Jugendarrest, Jugendstrafe oder eine Maßregel nach § 61 Nr. 1 oder Nr. 2 StGB geht.[30] Seit 2009 ist schließlich auch der Bereich der **Untersuchungshaft** nicht mehr von § 23 erfasst, hier gelten nunmehr grundsätzlich die §§ 119a, 126 StPO.[31] Diese Veränderung der Zuständigkeit wurde vor allem damit begründet, dass das Verfahren nach den § 23 ff. zu aufwändig sei und die Zuständigkeit des Oberlandesgerichts (§ 25) in keinem angemessenen Verhältnis zu der Bedeutung der Sache stünde.[32]

Eine weitere **Einschränkung des Anwendungsbereichs** erfolgte durch die Rechtsprechung nach einem Urteil des BVerfG aus dem Jahr 1997.[33] In diesem Urteil hatte das BVerfG den schwer durchschaubaren und mehrfach gespaltenen Rechtsweg gegen Durchsuchungsanordnungen kritisiert, der von den Fachgerichten auch unterschiedlich gehandhabt wurde – je nachdem, ob diese richterlich oder nichtrichterlich angeordnet wurde, erledigt

---

[19] BT-Drs. 3/1094, 15.
[20] BT-Drs. 3/55, 61.
[21] *Fezer* Jura 1982, 18 (23).
[22] So *Maetzel* DÖV 1970, 459 (460).
[23] In diesem Sinne auch Löwe/Rosenberg/*Böttcher* Vor § 23 Rn. 7.
[24] *Amelung* JZ 1975, 526 (528).
[25] *Becker* FamRZ 1971, 676; KK/*Mayer* Rn. 9.
[26] BVerfG 27.5.1997 – 2 BvR 1992/92, BVerfGE 96, 44 ff. = NJW 1997, 2165 ff. → Rn. 12 und 56.
[27] Gesetz vom 16.3.1976, BGBl. 1976 I 581 (605). Siehe auch BT-Drs. 7/918, 102.
[28] Siehe zB *Treptow* NJW 1978, 2227 ff.
[29] Gesetz vom 20.1.1984, BGBl. 1984 I 97; siehe auch BeckOK Strafvollzug Bund/*Beck* StVollzG § 138 Rn. 8 f.
[30] Gesetz vom 13.12.2007 – BGBl. 2007 I 2894; siehe auch BeckOK Strafvollzug Bund/*Heuchemer* JGG § 92 Rn. 1 sowie *Arloth* GA 2008, 129 (140); *Eisenberg* NStZ 2008, 250 (260).
[31] Gesetz vom 29.7.2009 – BGBl. 2009 I 2274. Zum früheren Zustand siehe *Krack* JR 1996, 258 ff.
[32] BT-Drs. 16/11644, 31.
[33] BVerfG 27.5.1997 – 2 BvR 1992/92, BVerfGE 96, 44 ff. = NJW 1997, 2165 ff.

war oder in der Art und Weise ihrer Durchführung angegriffen wurde.³⁴ Der BGH hat diese Kritik aufgegriffen und für alle diese Fälle nunmehr einheitlich den Rechtsweg nach **§ 98 Abs. 2 S. 2 StPO** (analog) eröffnet.³⁵

13 **3. Weitere Änderungen.** Durch das Justizmitteilungsgesetz³⁶ wurden die §§ 23 ff. in einem neu eingeführten dritten Abschnitt zusammengefasst.³⁷

III. Anwendungsbereich

14 Nach Abs. 1 setzt die Anwendung der §§ 23 ff. eine Anordnung, Verfügung oder sonstige Maßnahme, die von den Justizbehörden zur Regelung einzelner Angelegenheiten auf den Gebieten des bürgerlichen Rechts einschließlich des Handelsrechts, des Zivilprozesses, der freiwilligen Gerichtsbarkeit und der Strafrechtspflege getroffen wurde, voraus.

15 **1. Justizbehörde.** Der Begriff der Justizbehörde ist gesetzlich nicht legaldefiniert und sprachlich nicht eindeutig. Bei seiner Auslegung muss berücksichtigt werden, dass durch §§ 23 ff. die Rechtsweggarantie des Art. 19 Abs. 4 GG konkretisiert werden soll. Aus diesem Grund muss der Begriff mit der einhelligen Meinung **funktional** verstanden werden.³⁸

16 Bei der Auslegung des Begriffes Justizbehörde muss daher berücksichtigt werden, dass mit diesem die nach § 23 Abs. 1 justitiablen Maßnahmen näher bestimmt werden sollen. Insbesondere soll damit klar gestellt werden, dass Entscheidungen von Rechtsprechungsorganen (richterliche Amtshandlungen) nicht unter diese Vorschrift fallen. Es sollte darüber hinaus aber kein Gegensatz zu Maßnahmen von (anderen) Verwaltungsbehörden betont werden.³⁹ § 23 kann daher auch auf Anordnungen, Verfügungen und Maßnahmen von Behörden Anwendung finden, die **organisatorisch nicht der Justiz** angehören.⁴⁰

17 Es kommt darum nur darauf an, ob eine staatliche Stelle (Behörde) eine Aufgabe in einem der in Abs. 1 aufgeführten Bereiche wahrgenommen hat.⁴¹ Im Sinne der funktionellen Zuständigkeitsbestimmung genügt aber keine nur mittelbare Einflussnahme auf eines der angeführten Gebiete, vielmehr muss die Amtshandlung **gerade in Wahrnehmung** einer Aufgabe vorgenommen worden sein, welche der Behörde als ihre spezifische Aufgabe auf einem der in Abs. 1 aufgeführten Rechtsgebiet zugewiesen ist.⁴²

18 Als Justizbehörde kommen daher in Betracht: ordentliche Gerichte, soweit sie nicht in richterlicher Unabhängigkeit tätig werden;⁴³ der Justizminister (des Bundes oder eines Landes);⁴⁴ der Bundesfinanzminister;⁴⁵ eine Landesregierung;⁴⁶ das Bundeskartellamt;⁴⁷ die

---

³⁴ BVerfG 27.5.1997 – 2 BvR 1992/92, BVerfGE 96, 44 (49 f.) = NJW 1997, 2165. Dieser Vorwurf wurde schon seit langem erhoben, siehe *Rieß* ZRP 1981, 101 (102) (ans Absurde grenzende Rechtswegzersplitterung bei einheitlichem Lebenssachverhalt).
³⁵ BGH 7.12.1998 – 5 AR (VS) 2/98, NJW 1999, 730 ff.; 25.8.1999 – 5 AR (VS) 1/99, JuS 2000, 196; siehe auch *Amelung* JR 2000, 479 ff.; *Katholnigg* NStZ 2000, 155 f.
³⁶ Gesetz vom 18.6.1997, BGBl. 1997 I 1430 ff.
³⁷ Siehe BT-Drs. 13/4709, 27.
³⁸ BGH 15.11.1988 – IVa ARZ (VZ) 5/88, NJW 1989, 587 (588); BVerwG 3.12.1974 – I C 11/73, NJW 1975, 893; OLG Frankfurt a. M. 24.10.2000 – 3 VAs 48/00, NStZ-RR 2001, 44 (45); *Altenhain* DRiZ 1970, 105 (107); KK/*Mayer* Rn. 10; Meyer-Goßner/*Schmitt* Rn. 2; *Schenke* VerwaltungsArchiv 1969, 332 (338 f.).
³⁹ BVerwG 3.12.1974 – I C 11/73, NJW 1975, 893.
⁴⁰ BGH 24.6.1998 – 5 AR (VS) 1-98, NJW 1998, 3577 (3578); BVerwG 10.10.1975 – VII C 26/73, NJW 1976, 305 (306).
⁴¹ BVerwG 3.12.1974 – I C 11/73, BVerwGE 47, 255 (262 f.) = NJW 1975, 893 (894); Löwe/Rosenberg/*Böttcher* Rn. 2.
⁴² BGH 15.11.1988 – IVa ARZ (VZ) 5/88, NJW 1989, 587 (588); 24.6.1998 – 5 AR (VS) 1-98, NJW 1998, 3577 (3578); BVerwG 27.4.1984 – 1 C 10/84, NJW 1984, 2233 (2234).
⁴³ OLG Hamm 23.12.1982 – 7 VAs 77/82, NStZ 1983, 232; *Altenhain* JZ 1965, 756 (757).
⁴⁴ OVG Münster 21.4.1977 – XII B 87/77, NJW 1977, 1790; OLG Hamm 21.1.1982 – 7 VAs 78/81, NStZ 1982, 215; Löwe/Rosenberg/*Böttcher* Rn. 3.
⁴⁵ OLG Hamm 26.8.1985 – 1 VAs 74/84, NStZ 1985, 566 (567).
⁴⁶ VG Stuttgart 31.1.1975 – VIII 133/74, NJW 1975, 1294.
⁴⁷ KG 4.3.1980 – 1 VA 2/79, MDR 1980, 676 (677).

Zentrale Stelle der Landesjustizverwaltungen zur Aufklärung nationalsozialistischer Verbrechen;[48] das Bundesamt für Justiz – soweit sie das Bundeszentralregister führt (§ 1 BZRG);[49] die Staatsanwaltschaft – wenn sie als Strafverfolgungs-, als Vollstreckungs- (§ 36 Abs. 2 StPO), oder als Strafvollstreckungsbehörde (§ 451 StPO) tätig wird;[50] die Polizei, soweit sie überwiegend für die Strafverfolgung tätig wird[51] – dabei ist es nach hM unerheblich ob der Polizist Ermittlungsperson der Staatsanwaltschaft iSd § 152 Abs. 1 GVG ist;[52] und ob er auf Anweisung oder von selbst tätig wird;[53] die Finanzbehörde, soweit sie nach §§ 386 Abs. 2, 399 Abs. 1 AO[54] oder gemäß §§ 402 Abs. 1, 404 Abs. 1 AO tätig wird.[55]

Nicht als Justizbehörde werden tätig: das Präsidium eines Gerichts, wenn es nach § 21e GVG einen Geschäftsverteilungsplan erlässt;[56] der Bundesbeauftragte für die Unterlagen des Staatssicherheitsdienstes der DDR;[57] nach hM der Innenminister hinsichtlich Sperrerklärungen für V-Leute.[58] **19**

2. Justizverwaltungsakte. Nach Abs. 1 bezieht sich die Überprüfung der Rechtmäßigkeit auf Anordnungen, Verfügungen oder sonstige Maßnahmen, die zur Regelung einzelner Angelegenheiten getroffen wurden. Nach Abs. 2 kann auch das Unterlassen des Erlasses eines Justizverwaltungsaktes angegriffen werden. In §§ 24, 28 wird ebenfalls der Oberbegriff Maßnahme verwendet, während in § 27 Abs. 2 S. 2 explizit von einem Verwaltungsakt gesprochen wird. **20**

a) Auslegung des Begriffs. Aus Abs. 1 folgt somit zunächst, dass der Begriff Maßnahme der **Oberbegriff**, Anordnungen und Verfügungen demnach **Unterfälle** einer Maßnahme sind.[59] Abs. 2 könnte dann in dem Sinne verstanden werden, dass es sich bei einer Maßnahme (nur) um einen Verwaltungsakt handelt.[60] Dieser wird in § 35 VwVfG als jede Verfügung, Entscheidung oder andere hoheitliche Maßnahme, die eine Behörde zur Regelung eines Einzelfalls auf dem Gebiet des öffentlichen Rechts trifft und die auf unmittelbare Rechtswirkung nach außen gerichtet ist, definiert. **21**

Gegen eine solche Verengung des Begriffes Maßnahme auf den des Verwaltungsaktes spricht aber zunächst § 109 Abs. 1 S. 2 StVollzG – der im Übrigen zwar Abs. 2 nachgebildet ist, jedoch den Begriff Maßnahme verwendet. Dies spricht dafür, dass der Gesetzgeber generell alle Arten von Handeln der Justizbehörden der gerichtlichen Nachprüfung zugänglich machen wollte.[61] Darüber hinaus würde eine **Beschränkung auf Verwaltungsakte** dazu führen, dass Realakte, also schlicht hoheitliches Handeln nicht Gegenstand der Überprüfung sein könnten. Gegen eine solche Beschränkung des Rechtsschutzes spricht jedoch Sinn und Zweck der Norm, die eine Konkretisierung des Art. 19 Abs. 4 GG darstellt. Zweck des Art. 19 Abs. 4 GG ist es aber, einen **lückenlosen, umfassenden Rechtsschutz** **22**

---

[48] VGH Mannheim 11.3.1969 – IV 481/68, NJW 1969, 1319.
[49] → Rn. 43.
[50] KK/*Mayer* Rn. 13.
[51] BVerwG 3.12.1974 – I C 11/73, NJW 1975, 893; OLG Hamm 8.2.1973 – 1 VAs 22/73, NJW 1973, 1089; OLG Stuttgart 5.12.2006 – 4 VAs 14/2006, NStZ 2008, 359 (360); OVG Münster 13.9.1979 – IV A 2597/78, NJW 1980, 855; *Altenhain* DRiZ 1970, 105 (107).
[52] Löwe/Rosenberg/*Böttcher* Rn. 16; Meyer-Goßner/*Schmitt* Rn. 2.
[53] BVerwG 19.12.1957 – II C 72/57, NJW 1958, 723; Löwe/Rosenberg/*Böttcher* Rn. 15; *Schenke* VerwaltungsArchiv 1969, 332 (339 ff.); aA *Markworth* DVBl 1975, 575 ff.
[54] OLG Celle 20.11.1989 – 1 VAs 10/89, NJW 1990, 1802; OLG Karlsruhe 28.9.1994 – 2 VAs 12/94, NStZ 1995, 48; OLG Stuttgart 7.6.1972 – 2 VAs 158/71, NJW 1972, 2146.
[55] BFH 20.4.1983 – VII R 2/82, NJW 1983, 2720; OLG Karlsruhe 13.6.1986 – 4 VAs 23/85, NStZ 1986, 567.
[56] BVerwG 28.11.1975 – VII C 47/73, NJW 1976, 1224 (1225); Löwe/Rosenberg/*Böttcher* Vor § 23 Rn. 4; krit. hierzu *Kornblum* NJW 1977, 666.
[57] KG 2.7.1992 – 4 VAs 10/92, NStZ 1993, 45.
[58] BGH 24.6.1998 – 5 AR (VS) 1-98, BGHSt 44, 107 (113) = NJW 1998, 3577; umstritten, → Rn. 47.
[59] Löwe/Rosenberg/*Böttcher* Rn. 42.
[60] So noch *Altenhain* JZ 1965, 756 (757); *Lüke* JuS 1961, 205 (207).
[61] Löwe/Rosenberg/*Böttcher* Rn. 43.

gegen alle Rechtsverletzungen durch die öffentliche Gewalt zu gewährleisten.[62] Würde man Realakte nicht mit § 23 überprüfen können, müsste der Betroffene insoweit nach § 40 VwGO Rechtsschutz vor den Verwaltungsgerichten suchen. Eine solche Doppelspurigkeit des Rechtsschutzes bei Justizverwaltungsakten zwischen ordentlichen Gerichten und Verwaltungsgerichten sollte durch die Einführung der §§ 23 ff. aber gerade verhindert werden.[63]

23 **b) Justizverwaltungsakt.** Als Justizverwaltungsakt bzw. Maßnahme iSd § 23 gelten daher nicht nur Verwaltungsakte iSd § 35 VwVfG, sondern auch **schlicht hoheitliches Handeln bis hin zum Realakt.**[64] Auch eine mündliche Anordnung ist anfechtbar.[65]

24 Nicht zu den Justizverwaltungsakten zählen **Akte der Rechtsprechung,** die in richterlicher Unabhängigkeit getroffen wurden, denn die §§ 23 ff. sollen einen Rechtsschutz gegen die „öffentliche Gewalt" durch den Richter, nicht aber einen zusätzlichen Rechtsschutz gegen einen Richter durch Anrufung eines anderen Richters gewähren.[66]

25 **c) Regelung einzelner Angelegenheiten.** Der Justizverwaltungsakt muss eine unmittelbare Rechtswirkung nach außen entfalten. Daran fehlt es bei rein **internen Behörden-Vorgängen** – insbesondere Weisungen.[67] Auch bei Auskünften, Stellungnahmen und (Wissens-) Erklärungen von Justizbehörden[68] fehlt der Regelungscharakter, da es sich nur um die Mitteilung bestimmter Umstände seitens einer Justizbehörde an eine andere Stelle handelt, der die Entscheidung über die Verwertung dieser Umstände überlassen bleibt.[69] Im Übrigen liegt eine unmittelbare Außenwirkung aber dann vor, **wenn die getroffene Maßnahme geeignet** ist, eine Person in ihren Rechten zu verletzen.[70]

26 Zudem muss der Justizverwaltungsakt einen Einzelfall regeln. Dieses Erfordernis fehlt in der Regel bei bloßen **allgemeinen Verwaltungsanordnungen,** bei denen ein Rechtsschutz grundsätzlich erst in Betracht kommt, wenn aufgrund dieser allgemeinen Anordnung eine konkrete Maßnahme erfolgt ist. Für eine Allgemeinverfügung ist wesentlich, dass sie keinen konkreten Einzelfall regelt, der durch Ort, Zeit und Kreis der Betroffenen abgegrenzt ist, dh bei ihrer Anordnung steht nicht fest, wer von ihr betroffen wird.[71] **Ausnahmsweise** kann eine allgemeine Anordnung mit § 23 überprüft werden, wenn allein durch ihren Erlass schon unmittelbar in die Rechte eines Einzelnen eingegriffen wird.[72]

27 Darüber hinaus muss der Betroffene durch die Maßnahme **in seinen Rechten verletzt** sein. Dieses Erfordernis folgt zum einen aus § 24 Abs. 1. Zum anderen kann dies aber auch aus Art. 19 Abs. 4 GG hergeleitet werden, dessen Konkretisierung § 23 ist, und der ebenfalls eine Rechtsverletzung erfordert.

---

[62] BVerfG 12.11.1958 – 2 BvL 4/56, NJW 1959, 475 (477); 12.1.1960 – 1 BvL 17/59, NJW 1960, 331; BGH 21.9.1953 – III ZR 304/52, NJW 1954, 32 (33).
[63] → Rn. 4.
[64] OLG Dresden 11.1.1999 – 6 VA 4/98, NJW 2000, 1503; KG 7.2.1986 – 1 VA 2/84, NJW 1987, 197; OVG Hamburg 27.2.1970 – OVG Bf. I 2/69, NJW 1970, 1699 (1700); VGH Mannheim 11.3.1969 – IV 481/68, NJW 1969, 1319; *Holch* JR 1979, 350; KK/*Mayer* § 23 Rn. 20; Löwe/Rosenberg/*Böttcher* Rn. 44; Meyer-Goßner/*Schmitt* Rn. 6; MüKoZPO/*Pabst* Rn. 3; *Peglau* NJW 2015, 677 (678); *Schenke* VerwaltungsArchiv 1969, 332 (346).
[65] BGH 2.7.1963 – 6 AR (Vs) 68/63, NJW 1963, 1789.
[66] OLG Hamm 8.11.1973 – 1 VAs 224/73, GA 1975, 150 (151); Löwe/Rosenberg/*Böttcher* Vor § 23 Rn. 4.
[67] KG 7.9.1993 – 1 VA 3/93, NJW-RR 1994, 571; OLG Bamberg 20.12.1984 – VAs 13/84, NStZ 1985, 224; OLG München 18.10.1974 – 1 V As 67/74, NJW 1975, 509 (510).
[68] OLG Hamm 26.11.1984 – 1 VAs 115/84, NJW 1985, 2040 (2041); OLG Stuttgart 5.12.2006 – 4 VAs 14/2006, NStZ 2008, 359 (360); *Meyer-Goßner* NStZ 1984, 425. ZB die Erklärung der StA, dass sie das besondere öffentliche Interesse bejaht → Rn. 62; sowie *Altenhain* JZ 1965, 756 (758); siehe insoweit auch *Heinrich* NStZ 1996, 110 (113ff.); zu Presseerklärungen → Rn. 64.
[69] KG 7.9.1993 – 1 VA 3/93, NJW-RR 1994, 571.
[70] BVerwG 14.4.1988 – 3 C 65/85, NJW 1989, 412 (413).
[71] OLG Hamm 21.5.1987 – 1 VAs 28/87, NStZ 1988, 93.
[72] KG 4.11.1970 – 2 VAs 41/70, NJW 1971, 476 (477); OLG Frankfurt a. M. 16.9.1977 – 3 V As 57, 62 (63/77), NJW 1977, 2177; *Holch* JR 1979, 350.

3. Erfasste Rechtsgebiete. In Abs. 1 Satz 1 werden enumerativ jene Rechtsgebiete 28
aufgeführt, für die eine Überprüfung der Rechtmäßigkeit von Justizverwaltungsakten nach
den §§ 23 ff. beantragt werden kann. Es handelt sich hierbei um das bürgerliche Rechts
einschließlich des Handelsrechts, des Zivilprozesses und der freiwilligen Gerichtsbarkeit
sowie um die Strafrechtspflege.

Da **§ 23 eng auszulegen** ist, können weitere Rechtsgebiete, wie etwa das Arbeitsrecht[73] 29
oder Maßnahmen vor dem Bundespatentgericht,[74] nicht hierunter gefasst werden. Wird
der falsche Rechtsweg beschritten, so ist an das gemäß § 52 VwGO zuständige Gericht des
Verwaltungsrechtsweges nach § 17a Abs. 2 S. 1 GVG von Amts wegen zu verweisen.[75]

Die Strafrechtspflege meint die innerstaatliche,[76] so dass die Bewilligung der Auslieferung 30
und **internationale Rechtshilfeersuchen** nicht hierunter fallen – zumal Entscheidungen
über die Gewährung internationaler Rechtshilfe in erster Linie der Pflege internationaler
Beziehungen dienen und daher nicht auf dem Gebiet der Strafrechtspflege getroffen werden.[77]

Ebenfalls **nicht zur Strafrechtspflege** gehört die Beförderung von Strafrichtern oder 31
die disziplinarische Ahndung von Dienstvergehen.[78] Ob auch der Bau von Gerichtsgebäuden hierunterfällt erscheint fraglich, selbst wenn dies Auswirkung auf ein konkretes Strafverfahren hat.[79]

Zur Strafrechtspflege gehört aber die Führung des Bundeszentralregisters, des Erzie- 32
hungs- und Gewerbezentralregisters.[80] Ebenfalls zur Strafrechtspflege iSv § 23 Abs. 1 gehört
die Ermittlung und Erforschung strafbarer Handlungen nach den Vorschriften der StPO,
so dass § 23 Abs. 1 auch für die gerichtliche Überprüfung von Strafermittlungs- und Strafverfolgungsmaßnahmen der Polizei gilt. Die Polizei ist zwar organisatorisch und ressortmäßig keine Justizbehörde wie die Staatsanwaltschaft, wird aber durch die StPO und § 152
GVG „der Strafjustiz dienstbar gemacht".[81]

4. Vollzugsentscheidungen. Nach Abs. 1 Satz 2 gilt § 23 auch für Anordnungen, Ver- 33
fügungen oder sonstige Maßnahmen der Vollzugsbehörden im Vollzug der Untersuchungshaft sowie derjenigen Freiheitsstrafen und Maßregeln der Besserung und Sicherung, die
außerhalb des Justizvollzuges vollzogen werden.[82]

In Betracht kommt hier insbesondere die Vollstreckung von Freiheitsstrafen von nicht 34
mehr als sechs Monaten sowie von Jugendarrest, die auf Ersuchen der Vollstreckungsbehörde
(§ 451 StPO) von den **Behörden der Bundeswehr** vollstreckt werden (Art. 5 Abs. 2
EGWStG[83]).

Im Bereich der **Untersuchungshaft** gilt: wird eine abstrakt-generelle Regelung mit 35
unmittelbarer Außenwirkung, welche über den individuellen Interessenbereich einzelner
Inhaftierter hinaus geht, angegriffen, welche auch die Gesamtverhältnisse in der Justizvollzugsanstalt zur Gestaltung der Untersuchungshaft betrifft (zB eine Besuchsregelung auch

---

[73] BGH 16.7.2003 – IV AR (VZ) 1/03, NJW 2003, 2989 f.; *Oetker* MDR 1989, 600 f.; MüKoZPO/*Pabst* Rn. 2; aA OLG Schleswig 26.9.1988 – 12 VA 3/88, NJW 1989, 110.
[74] Baumbach/Lauterbach/*Hartmann* Rn. 2.
[75] BGH 16.7.2003 – IV AR (VZ) 1/03, NJW 2003, 2989 (2990).
[76] *Vogler* NJW 1982, 468 (471).
[77] OLG Hamburg 14.2.1985 – VAs 17/83, GA 1985, 325; OLG Hamm 8.11.1973 – 1 VAs 224/73, GA 1975, 150; OLG Stuttgart 12.9.1989 – 4 VAs 9/89, StV 1990, 123 (124); OVG Münster 9.4.1963 – II A 833/62, DVBl 1963, 731; *Ahlbrecht/Börgers* ZIS 2008, 218 (221). Siehe auch KG 31.3.1993 – 4 VAs 33/92, StV 1993, 543; → Rn. 61.
[78] OLG Koblenz 15.10.1975 – 1 VAs 33/75, GA 1976, 151.
[79] Dafür VG Stuttgart 31.1.1975 – VIII 133/74, NJW 1975, 1294; KK/*Mayer* Rn. 45.
[80] KG 28.6.1972 – 2 VAs 13/72, GA 1973, 180; OLG Hamm 6.8.1987 – 1 VAs 43/87, NStZ 1988, 136; Meyer-Goßner/*Schmitt* Rn. 19.
[81] BVerwG 3.12.1974 – I C 11/73, NJW 1975, 893 (894). Siehe aber auch Prozesshandlungen (→ Rn. 65); Durchsuchungsanordnung (→ Rn. 56).
[82] Siehe zur Zuständigkeit für sonstige Vollzugsentscheidungen → Rn. 11.
[83] Art. 5 Abs. 2 EGWStG lautet: „Auf Ersuchen der Vollstreckungsbehörde wird auch Freiheitsstrafe von nicht mehr als sechs Monaten sowie Jugendarrest an Soldaten der Bundeswehr von deren Behörden vollzogen; sie sind dann wie Strafarrest zu vollziehen."

für Verteidiger), handelt es sich nicht um eine Angelegenheit des Vollzugs von Untersuchungshaft, in die auf der Grundlage vorrangiger Zuständigkeiten und Kompetenzen nach den §§ 119, 119a StPO eingegriffen werden kann. Vielmehr ist zur Überprüfung einer solchen Organisationsregelung der Rechtsweg nach den §§ 23 ff. eröffnet.[84]

IV. Entscheidungsmöglichkeiten des Gerichts

36   Das Oberlandesgericht ist im Verfahren nach §§ 23 ff. in der Lage und dazu verpflichtet, den angefochtenen Justizverwaltungsakt **in tatsächlicher und rechtlicher Hinsicht umfänglich nachzuprüfen**.[85] Das BVerfG hat bereits darauf hingewiesen, dass ein Oberlandesgericht, wenn es über die Rechtmäßigkeit von Justizverwaltungsakten entscheidet, nicht die Stellung eines Revisionsgerichts hat, welches den (richterlich) festgestellten Sachverhalt nicht nachzuprüfen hat, sondern dass es, wie jede verwaltungsgerichtliche Tatsacheninstanz, verpflichtet ist, den Sachverhalt selbst festzustellen. Das bedeutet, dass das OLG gegebenenfalls, insbesondere wenn die behördlichen Tatsachenfeststellungen bestritten wird, auch **Beweis erheben muss**.[86] §§ 23 Abs. 2, 28 regeln zudem in inhaltlicher Übereinstimmung mit §§ 113 Abs. 1 und 4, 114 VwGO die Sachentscheidungsmöglichkeiten des OLG.[87]

37   Grundsätzlich gilt zudem, dass eine Beschränkung des Rechtsschutzes nach §§ 23 ff. auf den besonderen Rechtsschutztyp der **Anfechtungs- und Verpflichtungsklage** bei Justizverwaltungsstreitigkeiten der Rechtsweggarantie des Art. 19 Abs. 4 GG zuwiderlaufen würde.[88] Zweck des Art. 19 Abs. 4 GG ist es, einen lückenlosen, umfassenden Rechtsschutz gegen alle Rechtsverletzungen durch die öffentliche Gewalt zu gewährleisten.[89]

38   Zulässigerweise können daher folgende Maßnahmen beantragt werden: (1) **Anfechtung** einer belastenden Maßnahme; (2) **Verpflichtung**santrag, einen abgelehnten oder unterlassenen (§ 27) Justizverwaltungsakt zu erlassen; (3) **Feststellung** der Rechtswidrigkeit einer durch Vollzug oder sonst erledigten Maßnahme (Fortsetzungsfeststellungsantrag).[90]

39   Von der wohl hM werden jedoch ein auf Leistung [**allgemeine Leistungsklage**] gerichteter Antrag;[91] (2) **ein allgemeiner Feststellungsantrag**;[92] sowie (3) ein **vorbeugender Unterlassungsantrag**[93] für unzulässig gehalten. Allerdings könne ein vorbeugender Unterlassungsantrag ausnahmsweise dann doch gestellt werden, wenn der Antragssteller nicht in zumutbarer Weise auf den nachträglichen Rechtsschutz verwiesen werden kann.[94]

40   Die Auffassung, die einen Leistungs- und einen allgemeinen Feststellungsantrag ablehnt, **kann jedoch nicht überzeugen**. Allein aus dem Umstand, dass sich für die Leistungsklage in den §§ 43 Abs. 2 S. 1, 111, 113 Abs. 3, 169 Abs. 2, 191 Abs. 1 VwGO zumindest ein Anhalt findet und die allgemeine Feststellungsklage in § 43 VwGO sogar ausdrücklich geregelt ist – in den §§ 23 ff. sich derartiges aber nicht findet, kann zunächst nicht auf deren Unzulässigkeit geschlossen werden. Angesichts der ursprünglich ohnehin nur übergangs-

---

[84] OLG Hamm 4.10.2011 – 1 VAs 42/11, NStZ-RR 2012, 62.
[85] BVerfG 28.1.1970 – 2 BvR 319/62, NJW 1970, 853 (854 f.); BGH 15.2.1972 – 5 AR (VS) 1/72, NJW 1972, 780 (781); OLG Hamburg 4.1.1978 – Vollz (Ws) 20/77, MDR 1978, 428.
[86] BVerfG 15.2.1967 – 2 BvR 658/65, NJW 1967, 923 (924). Siehe insoweit aber KG 20.12.1967 – 2 VAs 28/67, NJW 1968, 608 welches die Form der Beweisaufnahme selbst bestimmen will, hiergegen zutreffend *Maetzel* DÖV 1970, 459 (462).
[87] Vgl. *Kissel/Mayer* § 28 Rn. 1.
[88] VGH Mannheim 11.3.1969 – IV 481/68, NJW 1969, 1319.
[89] BVerfG 12.11.1958 – 2 BvL 4/56, NJW 1959, 475 (477); 12.1.1960 – 1 BvL 17/59, NJW 1960, 331; BGH 21.9.1953 – III ZR 304/52, NJW 1954, 32 (33).
[90] OLG Karlsruhe 21.10.2014 – 2 VAs 10/14, NStZ 2015, 606 (607).
[91] VG Freiburg 7.8.1964 – VS II 246/64, DVBl 1965, 575; KK/*Mayer* § 28 Rn. 13; für diese Möglichkeit aber *Schenke* VerwaltungsArchiv 1969, 332 (351).
[92] OLG Karlsruhe 10.5.1985 – 4 Ws 85/85, NStZ 1985, 525 (526); OLG München 18.10.1974 – 1 V As 67/74, NJW 1975, 509 (511); OLG Zweibrücken 12.3.1997 – 1 VAs 2/97, StV 1997, 313 (314).
[93] OLG Hamm 17.12.1973 – 1 VAs 103/73, GA 1975, 178; 12.12.1995 – 1 VAs 137/95, JR 1996, 257; OLG Koblenz 26.2.1985 – 2 VAs 22/84, NJW 1985, 2038 (2040).
[94] BVerfG 20.1.2000 – 2 BvR 2382/99, NJW 2000, 3126 (3127); OLG Karlsruhe 21.10.2014 – 2 VAs 10/14, NStZ 2015, 606 (607).

weise gedachten Geltung der §§ 23 ff., ist es nicht verwunderlich, dass der Gesetzgeber hier keine ausführlichen Regelungen getroffen hat. Entscheidend ist vielmehr, dass es sich bei den §§ 23 ff. um eine **Konkretisierung des Art. 19 Abs. 4 GG** handelt. Ein lückenloser Rechtsschutz ist nur gewährleistet, wenn der Antragsteller seine Rechte auch über einen Leistungs- oder Feststellungsantrag verfolgen kann. Die Ablehnung der hM diesbezüglich ist umso unverständlicher, als diese Möglichkeiten bei §§ 109, 113 StVollzG – die sich an §§ 23, 28 anlehnen – anerkannt sind.[95]

Unstatthaft ist aber ein Antrag, der Behörde für künftige Fälle Anweisungen zu erteilen.[96]   41

V. Einzelfälle

1. Von § 23 erfasst:
Absehen von der Vollstreckung bei Auslieferung – bei Ablehnung nach § 456a Abs. 1   42
StPO[97]
Aktenvernichtung – die Ablehnung des Antrags auf Vernichtung der Strafakten kann   42a
nach § 23 überprüft werden.[98] Siehe Datenlöschung → Rn. 44
Bundeszentralregister bzw. Bundeserziehungsregister – Eintragungen in dieses können   43
überprüft werden, zB bei Nichtaufnahme von Verurteilungen ins Führungszeugnis;[99] bei Tilgung in besonderen Fällen;[100] bei der Entfernung einer ausländischen Verurteilung;[101] bei der Übermittlung von Strafnachrichten an einen ausländischen Staat.[102]
Datenlöschung – Kommt die Staatsanwaltschaft einem Antrag auf Datenlöschung (zB   44
im staatsanwaltlichen Verfahrensregister oder nach Beschlagnahme von Datenträgern) nicht nach, ist zur Überprüfung von § 489 Abs. 2 StPO der Rechtsweg nach § 23 eröffnet.[103]
Ehenichtigkeitsklage – unter Geltung des früheren § 24 EheG konnte die Verpflichtung   45
des Staatsanwalts zur Erhebung einer Ehenichtigkeitsklage nach § 23 überprüft werden.[104]
Mitteilungen über Strafverfahren (Justizmitteilungen) – hier gilt die Verweisung in   46
§ 22.
Sperrerklärungen nach § 96 StPO für V-Leute[105] – kommt es in einem Strafverfahren   47
zum Einsatz von V-Leuten, gibt die zuständige oberste Dienstbehörde (je nach Fallgestaltung der (Landes-) Innenminister oder der Justizminister) häufig eine Sperrerklärung nach § 96 StPO hinsichtlich jener Akteinteile ab, aus der sich die Identität des V-Mannes ergibt. Gründe hierfür können im Wesentlichen der Zeugenschutz und der Wunsch, den Betreffenden wieder einzusetzen, sein. Entgegen der hM ist unabhängig davon, ob diese Entscheidung vom Innenminister oder vom Justizminister getroffen wurde, § 23 für die Überprüfung der Rechtmäßigkeit einer Sperrerklärung einschlägig.[106]

---

[95] Löwe/Rosenberg/*Böttcher* Rn. 76; *Neuling* StV 2008, 387 (388 f.).
[96] OLG Frankfurt a. M. 25.9.1981 – 1 VAs 3/81, NStZ 1982, 134; OLG Karlsruhe 25.4.1997 – 2 VAs 8/97, NStZ 1997, 407.
[97] KG 23.1.2012 – 4 VAs 10/12, StraFo 2012, 337 (338); *Peglau* NJW 2015, 677 (678).; zu § 456 Abs. 2 S. 3 StPO siehe OLG Karlsruhe 29.11.2011 – 2 VAs 21/11, NStZ 2012, 655.
[98] OLG Frankfurt a. M. 16.8.1998 – 3 VAs 9–98, NJW 1999, 73.
[99] KG 28.6.1972 – 2 VAs 13/72, GA 1973, 180; 9.11.2007 – 1 VAs 69/07, NStZ-RR 2009, 27.
[100] KG 16.6.2009 – 1 VAs 32/09, NStZ-RR 2010, 27; OLG Hamm 22.10.1991 – 1 VAs 45/91, MDR 1992, 283.
[101] OLG Karlsruhe 11.9.1991 – 2 VAs 2/91, NStZ 1992, 40.
[102] OLG Karlsruhe 5.6.2003 – 2 VAs 48/01, wistra 2003, 478.
[103] BVerfG 2.4.2006 – 2 BvR 237/06, StV 2007, 226; OLG Hamburg 24.10.2008 – 2 VAs 5/08, StV 2009, 234 (235); → § 24 Rn. 9.
[104] KG 7.2.1986 – 1 VA 2/84, FamRZ 1986, 806 – zur jetzigen Rechtslage siehe § 1316 BGB.
[105] Nach hM ist, wenn der Justizminister die Sperrerklärung erlassen hat, § 23 einschlägig: OVG Münster 21.4.1977 – XII B 87/77, NJW 1977, 1790; *Arloth* NStZ 1992, 96 f.; Meyer-Goßner/*Schmitt* StPO § 96 Rn. 14. Bei Entscheidung des Innenministers ist jedoch der Verwaltungsrechtsweg eröffnet: BGH 24.6.1998 – 5 AR (VS) 1–98, BGHSt 44, 107 = NJW 1998, 3577; BVerwG 27.4.1984 – 1 C 10/84, NJW 1984, 2233; BVerwG 28.3.2006 – 20 F 1.05, DVBl 2006, 851; VGH Mannheim 3.6.1991 – 1 S 1484/91, NJW 1991, 2097; *Geppert* Jura 1992, 244 (251); *Katholnigg* NStZ 1999, 40 f.; Löwe/Rosenberg/*Böttcher* Rn. 24; *K. Meyer* JR 1984, 297 ff.
[106] Vertiefend *Ellbogen*, Die verdeckte Ermittlungstätigkeit der Strafverfolgungsbehörden, S. 163 ff. und S. 185 ff. Siehe auch *Hilger* NStZ 1984, 145 ff.

48	**Untersuchungshaft** → Rn. 11; → Rn. 35

49 **Willkürentscheidungen** – auch wenn eine Entscheidung grundsätzlich nicht nach § 23 überprüft werden kann (zB Einstellung nach § 154 StPO oder die Einleitung bzw. Fortführung eines Ermittlungsverfahrens), kommt bei Willkür folgend aus Art. 19 Abs. 4 GG eine gerichtliche Überprüfung in Betracht. Willkürlich ist eine Entscheidung insbesondere dann, wenn sie aus schlechthin unhaltbaren Erwägungen heraus getroffen wird, also objektiv willkürlich zum Nachteil des Betroffenen ist.[107]

50 **Zentrale Namenskartei der Staatsanwaltschaft** – die Speicherung und das Löschen personenbezogener Daten aus der Zentralen Namenskartei kann vor dem OLG überprüft werden.[108] – → Datenlöschung → Rn. 44

50a **Zurückstellung von der Strafvollstreckung** nach § 35 Abs. 2 BtMG[109]

2. Nicht von § 23 erfasst

51 **Akteneinsichtsrecht** – hier gehen die gesetzlichen Regelungen in § 147 Abs. 5 StPO und § 478 Abs. 3 StPO § 23 vor;[110] für parlamentarische Untersuchungsausschüsse gelten §§ 18, 36 PUAG.

52 **Auslieferung** – s. Absehen von der Vollstreckung → Rn. 42; s. internationale Rechtshilfe → Rn. 61

53 **Aussagegenehmigungen** – bei der Versagung von Aussagegenehmigungen für Richter, Beamte und andere Personen des öffentlichen Dienstes (§ 54 StPO) ist der Verwaltungsrechtsweg gemäß § 54 BeamtStG (früher § 126 BRRG) eröffnet.[111]

54 **Befangener Staatsanwalt** – über § 23 kann nicht die Absetzung bzw. Ersetzung eines befangenen Staatsanwalts erstrebt werden, da der Beschuldigte durch das Agieren eines befangenen Staatsanwalts grundsätzlich nicht in eigenen Rechten verletzt wird, zumal die §§ 22 ff. StPO auf einen Staatsanwalt nicht anwendbar sind.[112] Der Betroffene kann hier nur mit einer Dienstaufsichtsbeschwerde versuchen, eine Auswechslung des Staatsanwalts zu erreichen; im Übrigen kommt eine Verletzung des Rechts auf ein faires Verfahren (Art. 6 Abs. 1 EMRK) in Betracht, die eine relativen Revisionsgrund gemäß § 337 StPO darstellen kann.[113]

55 **Dienstaufsicht** – Maßnahmen im Rahmen der Dienstaufsicht gehören nicht zu einem der in § 23 Abs. 1 genannten Gebiete.[114]

56 **Durchsuchungsanordnung** – während früher Art und Weise der bereits abgeschlossenen Vollziehung einer in einem strafrechtlichen Ermittlungsverfahren ergangenen Durchsuchungsanordnung[115] oder der Vollstreckung von § 81a StPO, nach §§ 23 ff. überprüft werden

---

[107] BVerfG 2.10.2003 – 2 BvR 660/03, NStZ 2004, 447; siehe auch Löwe/Rosenberg/*Böttcher* Rn. 112.
[108] OLG Frankfurt a. M. 14.7.1988 – 3 VAs 4/88, NJW 1989, 48; *Scholderer* NStZ 1989, 585 f.; *Simitis* NJW 1989, 21 f.
[109] OLG München 16.4.1993 – 3 VAs 8/93, NStZ 1993, 455; OLG Stuttgart 28.9.1993 – 4 VAs 21/93, MDR 1994, 297; *Katholnigg* JR 1994, 298 f.; *ders.* NJW 1995, 1327 (1330); *Körner* NStZ 1995, 63 (64); *ders.* NStZ 1998, 227 (228); MüKoStGB/*Kornprobst* BtMG § 35 Rn. 161; *Weichert* NJW 1999, 827 (830).
[110] Zu Spurenakten siehe Meyer-Goßner/*Schmitt* StPO § 147 Rn. 18; → StPO § 147 Rn. 20; *Meyer-Goßner* NStZ 1984, 425.
[111] BVerwG 24.6.1982 – 2 C 91/81, BVerwGE 66, 39 (41) = NJW 1983, 638; OVG Berlin 13.9.1983 – OVG 4 B 31/83, StV 1984, 280; OLG Stuttgart 7.9.1984 – 4 VAs 14/84, NJW 1985, 77 (79); *Fezer* JuS 1987, 358 (361); *Geppert* Jura 1992, 244 (251). Für ein Klagerecht der StA gegen die Verweigerung einer Aussagegenehmigung *Ellbogen* NStZ 2007, 310 ff.; SK-StPO/*Wohlers*/*Greco* StPO § 96 Rn. 54; ablehnend BGH 5.6.2007 – 5 StR 383/06, NJW 2007, 3010 (3012); *Geppert* Jura 1992, 244 (251); → StPO § 96 Rn. 19.
[112] OLG Frankfurt a. M. 10.11.1998 – 3 VAs 37-98, NStZ-RR 1999, 81; OLG Hamm 24.10.1968 – 1 VAs 142/68, NJW 1969, 808; OLG Karlsruhe 11.1.1974 – 3 VAs 18/73, MDR 1974, 423; *Pawlik* NStZ 1995, 309 (314); aA *Bottke* StV 1986, 120 (123) (für analoge Anwendung der §§ 22 StPO); *Buckert* NJW 1970, 847 f.; *Hilgendorf* StV 1996, 50 (53 f.).
[113] *Beulke* Strafprozessrecht Rn. 92 ff.; *Murmann* Prüfungswissen Strafprozessrecht Rn. 174 ff.
[114] BGH 15.11.1988 – IVa ARZ (VZ) 5/88, NJW 1989, 587.
[115] Zur früheren Rechtslage siehe: BGH 21.11.1978 – 1 BJs 93/77, BGHSt 28, 206 (209) = NJW 1979, 882; OLG Hamm 23.12.1982 – 7 VAs 77/82, NStZ 1983, 232 (233); OLG Stuttgart 7.6.1972 – 2 VAs 158/71, NJW 1972, 2146 f.

konnten,[116] ist hierfür nunmehr der Rechtsweg nach § 98 Abs. 2 S. 2 StPO (analog) zu beschreiten.[117] Dies gilt auch für die Überprüfung anderer (Ermittlungs-) Maßnahmen, und zwar auch bei bereits abgeschlossenen strafprozessualen Zwangsmaßnahmen.[118]

Erkennungsdienstliche Maßnahmen – hinsichtlich von der Polizei unter präventivpolizeilichen Gesichtspunkten getroffenen erkennungsdienstlichen Maßnahmen (Aufnahme von Lichtbildern, Abnahme von Fingerabdrücken, Vornahme von Messungen) ist nicht der Rechtsweg zu den ordentlichen Gerichten, sondern der Verwaltungsrechtsweg gegeben.[119] Siehe Polizei → Rn. 63   57

Ermittlungsmaßnahmen – siehe Durchsuchungsanordnung → Rn. 56   57a

Ermittlungsverfahren – Einleitung und Fortführung eines strafrechtlichen Ermittlungsverfahrens können nicht eigenständig überprüft werden, sie dienen nur der Vorbereitung einer abschließenden Entscheidung. Sie bilden eine Einheit und werden, wenn es zur Anklage kommt, als Ganzes in Gestalt des Tatvorwurfes einer gerichtlichen Kontrolle zugeführt. Rechtsschutz gegen das bloße Betreiben des Ermittlungsverfahrens schon vor seinem Abschluss wäre systemwidrig. Dem Beschuldigten kann in aller Regel ein Abwarten bis zur Entschließung der Staatsanwaltschaft (§ 170 Abs. 2 StPO) zugemutet werden.[120] zu den Ausnahmen bei Grundrechtseingriffen siehe Durchsuchungsanordnung → Rn. 56; siehe Prozesshandlungen → Rn. 65   58

Geschäftsverteilungsplan – erlässt das Präsidium eines Gerichts nach § 21e GVG einen Geschäftsverteilungsplan, so wird es nicht als Justizbehörde tätig und § 23 scheidet aus.[121]   59

Gnadenrecht – das Gnadenrecht (Art. 60 Abs. 2 GG) besteht in der Befugnis, im Einzelfall eine rechtskräftig erkannte Strafe ganz oder teilweise zu erlassen. Das BVerfG hat bereits in einer Entscheidung aus dem Jahr 1969 festgestellt, dass Art. 19 Abs. 4 GG für Gnadenentscheidungen nicht gilt.[122] Die Oberlandesgerichte lehnen daher in ständiger Rechtsprechung unter Bezugnahme auf das BVerfG eine Überprüfung von Gnadenerweisen sowie anderer Verfügungen im Rahmen des Gnadenverfahrens ab, da es keinen Rechtsanspruch auf einen Gnadenerweis gibt.[123]   60

Internationale Rechtshilfe – die Gewährung internationaler Rechtshilfe dient in erster Linie der Pflege internationaler bzw. zwischenstaatlicher Beziehungen und wird daher nicht auf dem Gebiet der Strafrechtspflege getroffen, folglich sind die §§ 23 ff. nicht anwendbar.[124]   61

Öffentliches Interesse an der Strafverfolgung – die Bejahung oder Verneinung ist nicht isoliert nachprüfbar. Grund hierfür ist, dass derjenige, der hinreichend verdächtig ist, rechtswidrig und schuldhaft eine Straftat begangen zu haben, keinen Anspruch auf Freistellung von der Strafverfolgung hat. Die Annahme eines besonderen öffentlichen Interesses an der Strafverfolgung verletzt den Beschuldigten folglich nicht in seinen Rechten.[125]   62

---

[116] Zur früheren Rechtslage siehe: BayVerfGH 24.10.1968 – Vf. 78-VI-68, NJW 1969, 229; *Altenhain* DRiZ 1970, 105 (106).
[117] BGH 25.8.1999 – 5 AR (VS) 1/99, JR 2000, 477; *Amelung* JR 2000, 479 ff.; *Fezer* NStZ 1999, 151 f.
[118] KG 31.5.2010 – 1 VAs 40/09, StraFo 2010, 428; für § 111 StPO: BGH 30.9.1988 – 1 BJs 193/84 – StB 27/88, NStZ 1989, 81; für § 127 Abs. 2 StPO: BGH 5.8.1998 – 5 ARs (VS) 1-97, NJW 1998, 3653; *Sommermeyer* JR 1991, 517.
[119] BGH 21.11.1978 – 1 BJs 93/77, NJW 1979, 882.
[120] BVerfG 8.11.1983 – 2 BvR 1138/83, NJW 1984, 1451; 2.10.2003 – 2 BvR 660/03, NStZ 2004, 447; OLG Karlsruhe 30.4.1982 – 4 VAs 22/82, NStZ 1982, 434; *Rieß* NStZ 1982, 435 f. Differenzierend *Strubel/Sprenger* NJW 1972, 1734 ff., aA *Hohenester* NJW 1966, 1983; *Kölbel* JR 2006, 322 ff. Siehe auch *Heinrich* NStZ 1996, 110 ff. (Willkür Kontrolle muss möglich sein); *Mansdörfer* GA 2010, 153 (166) (eventuell Verfassungsbeschwerde).
[121] BVerwG 28.11.1975 – VII C 47/73, NJW 1976, 1224 (1225); *Löwe/Rosenberg/Böttcher* Rn. 9; krit. hierzu *Kornblum* NJW 1977, 666.
[122] BVerfG 23.4.1969 – 2 BvR 552/63, BVerfGE 25, 352 ff. = NJW 1969, 1895 ff.
[123] OLG Hamburg 27.5.1975 – VAs 4/75, NJW 1975, 1985; OLG Stuttgart 11.2.1985 – 4 VAs 47/84, NStZ 1985, 331 (332); *Altenhain* DRiZ 1966, 361 (364); zu den abweichenden Auffassungen in der Literatur siehe *Baltes* DVBl 1972, 562 ff.; *Birkhoff/Lemke* Gnadenrecht Rn. 405 ff.
[124] → Rn. 30; sowie OLG Hamm 21.1.1982 – 7 VAs 78/81, NStZ 1982, 215; KK/*Mayer* Rn. 61 und 88; *Löwe/Rosenberg/Böttcher* Rn. 39.
[125] BVerfG 8.5.1979 – 2 BvR 782/78, NJW 1979, 1591; BGH 26.5.1961 – 2 StR 40/61, NJW 1961, 2120; KK/*Mayer* Rn. 42; aA *Strubel/Sprenger* NJW 1972, 1734 (1737); *Thierfelder* DVBl 1961, 119 f.; siehe auch *Heinrich* NStZ 1996, 110 (113 ff.); *Keller* GA 1983, 497 (511 ff.).

63 **Polizei** – präventivpolizeiliche Tätigkeit wird von den Verwaltungsgerichten überprüft,[126] allerdings nur wenn hier der Schwerpunkt der Tätigkeit lag.[127] Siehe erkennungsdienstliche Maßnahmen → Rn. 57; siehe Strafverfolgungs- bzw. Ermittlungsmaßnahmen der Polizei → Rn. 67

64 **Presseerklärungen** der Staatsanwaltschaft – die Auskunftserteilung dient nicht der Durchführung der Strafverfolgung, sondern der Erfüllung des Informationsanspruchs eines Presseorgans und steht damit in Zusammenhang mit der Öffentlichkeitsarbeit der Justiz. Es handelt sich um schlicht verwaltende Tätigkeit der Staatsanwaltschaft, daher ist zutreffenderweise[128] der Verwaltungsrechtsweg eröffnet.[129]

65 **Prozesshandlungen** – Handlungen der Staatsanwaltschaft oder der Polizei, die auf die Einleitung, Durchführung und Gestaltung des Ermittlungsverfahrens und des Verfahrens vor Gericht gerichtet sind (sog. Prozesshandlungen), fallen nicht unter § 23. Würde man die auf Einleitung, Durchführung und Gestaltung eines Strafverfahrens gerichteten Handlungen einer gerichtlichen Kontrolle nach den §§ 23 ff. unterwerfen, so würde dies zu einer Vielzahl von Nebenverfahren führen, und das eigentliche Ermittlungsverfahren würde zumindest verzögert werden. Dies würde dem Auftrag der Strafverfolgungsorgane Straftaten in angemessener Zeit aufzuklären, zuwiderlaufen. Im Übrigen kann dem Beschuldigten bei Maßnahmen in einem Ermittlungsverfahren, die der Vorbereitung einer abschließenden Entscheidung dienen, in aller Regel ein Abwarten bis zur Entschließung der Staatsanwaltschaft (§ 170 Abs. 2 StPO) zugemutet werden.[130] zu den **Ausnahmen bei Grundrechtseingriffen** siehe Durchsuchungsanordnung → Rn. 56; siehe Ermittlungsverfahren → Rn. 58.

66 **Schöffenwahl** – die Schöffenwahl kann nicht über § 23 angefochten werden – hält der Betroffene die Schöffenwahl für fehlerhaft, so kann er eine Besetzungsrüge nach §§ 338 Nr. 1, 222b StPO erheben.[131]

67 **Strafverfolgungs- bzw. Ermittlungsmaßnahmen der Polizei** – soweit im Rahmen der doppelfunktionalen Tätigkeit der Polizei der Schwerpunkt im strafprozessualen, und nicht im präventiven Bereich liegt, ist regelmäßig der Rechtsbehelf nach § 98 Abs. 2 S. 2 StPO (analog) einschlägig.[132] Siehe Durchsuchungsanordnung → Rn. 56.

§ 24 [Zulässigkeit des Antrages]

(1) Der Antrag auf gerichtliche Entscheidung ist nur zulässig, wenn der Antragsteller geltend macht, durch die Maßnahme oder ihre Ablehnung oder Unterlassung in seinen Rechten verletzt zu sein.

(2) Soweit Maßnahmen der Justiz- oder Vollzugsbehörden der Beschwerde oder einem anderen förmlichen Rechtsbehelf im Verwaltungsverfahren unterliegen,

---

[126] BVerwG 3.12.1974 – I C 11/73, NJW 1975, 893 (894); OLG Karlsruhe 8.12.1975 – 3 VAs 14/75, NJW 1976, 1417.
[127] KK/*Mayer* Rn. 17; siehe auch *Schenke* NJW 2011, 2838 ff. Zu polizeilichen Kriminalakten siehe VGH München 27.9.1983 – 21 B 82 A 2261, NJW 1984, 2235; hiergegen *Schoreit* NJW 1985, 169 ff.
[128] Für Eröffnung des Verwaltungsrechtsweges: BVerwG 14.4.1988 – 3 C 65/85, NJW 1989, 412; VG Berlin 5.10.2000 – 27 A 262/00, NJW 2001, 3799; *Strubel/Sprenger* NJW 1972, 1734 (1738 f.).
[129] Für § 23 hingegen: BGH 17.3.1994 – III ZR 15/93, NJW 1994, 1950 (1951); OLG Düsseldorf 27.4.2005 – I-15 U 98/03, NJW 2005, 1791 (1803); OLG Hamm 7.12.1994 – 1 VAs 57/94, NStZ 1995, 412; OLG Stuttgart 21.6.2001 – 4 VAs 3/01, NJW 2001, 3797; KK/*Mayer* Rn. 28; Löwe/Rosenberg/*Böttcher* Rn. 30; *Neuling* StV 2008, 387 (388) *Wasmuth* NStZ 1990, 138 f.; siehe auch *ders.* NJW 1988, 1705 ff.
[130] OLG Frankfurt a. M. 18.9.2007 – 3 VAs 33/07, NStZ-RR 2008, 78; OLG Hamburg 25.4.1972 – VAs 1/72, NJW 1972, 1586; OLG Hamm 6.1.1984 – 1 VAs 12/84, NStZ 1984, 280; OLG Karlsruhe 8.12.1975 – 3 VAs 14/75, NJW 1976, 1417 (1418); KK/*Mayer* Rn. 31; aA für den Bereich der Akteneinsicht im Vorverfahren OLG Celle 22.2.1983 – 3 VAs 14/82, NStZ 1983, 379; 20.11.1989 – 1 VAs 10/89, NJW 1990, 1802; zu Fernsehfahndungen siehe *Böttcher/Grote* NJW 1974, 1647 f.; siehe auch *Beckemper* NStZ 1999, 221 f.; Löwe/Rosenberg/*Böttcher* Rn. 53 ff.; *Rieß/Thym* GA 1981, 189 (201); *Schenke* NJW 1976, 1816 ff.
[131] OLG Stuttgart 30.5.1985 – 4 VAs 30/85, NJW 1985, 2343.
[132] Löwe/Rosenberg/*Böttcher* Rn. 85 ff.; → Rn. 12.

kann der Antrag auf gerichtliche Entscheidung erst nach vorausgegangenem Beschwerdeverfahren gestellt werden.

Schrifttum: *Altenhain,* Die strafgerichtliche Rechtsprechung zum Rechtsschutz gegen Justizverwaltungsakte, JZ 1966, 16 ff.; *Bernhardt,* Zur Anfechtung von Verwaltungsakten durch Dritte, JZ 1963, 302 ff.; *Bettermann,* Verwaltungsakt und Rechtsmittelbescheid als Gegenstand der Anfechtungsklage, NJW 1958, 81 ff.; *Böttcher/Grothe,* Fernsehfahndung und §§ 23 ff. EGGVG, NJW 1974, 1647 f.; *Jessen,* Anmerkung, NJW 1967, 927 f.; *Katholnigg,* Anmerkung, JR 1994, 298 f.; *ders.,* Aus der Rechtsprechung zu den Vorschriften über betäubungsmittelabhängige Straftäter (§§ 35 ff. BtMG), NJW 1995, 1327 ff.; *Karstendiek,* Zum Vorschaltverfahren bei Maßnahmen der Strafvollstreckung, DRiZ 1977, 50; *Körner,* Die Vorschaltbeschwerde gegen die Verweigerung der Zurückstellung der Strafvollstreckung, 2. Teil, NStZ 1995, 63 ff.; *ders.,* Die Zurückstellung der Strafvollstreckung, die Therapieanrechnung und Reststrafenaussetzung im Zurückstellungsverfahren nach den §§ 35 ff. BtMG, 3. Teil, NStZ 1998, 227 ff.; *Schmid,* Anmerkung NStZ 1990, 451 f.; *Weichert,* Aus der Rechtsprechung zu den Vorschriften über betäubungsmittelabhängige Straftäter (§§ 35 ff. BtMG), NJW 1999, 827 ff.

Übersicht

	Rn.		Rn.
I. Voraussetzungen eines Antrages	1–12	II. Vorschaltverfahren	13–23
1. Justizverwaltungsakt	2, 3	1. Fristversäumnis	17, 18
2. Rechtsverletzung	4–7	2. Rechtsbehelfe	19–22
3. Eigene Rechte des Antragsstellers	8–11	3. Anfechtungsgegenstand	23
4. Mängel des Antrages	12		

I. Voraussetzungen eines Antrages

Gemäß Abs. 1 muss der Antragsteller in seinem Antrag geltend machen, durch die Maßnahme oder ihre Ablehnung oder Unterlassung in seinen Rechten verletzt zu sein. 1

1. Justizverwaltungsakt. Der Antrag setzt voraus, dass der Antragsteller sich gegen einen Justizverwaltungsakt wendet. Als Justizverwaltungsakt bzw. Maßnahme iSd Abs. 1 gelten nicht nur Verwaltungsakte iSd § 35 VwVfG, sondern auch **schlicht hoheitliches Handeln bis hin zum Realakt.**[1] 2

Fehlt es bereits nach dem Vortrag des Betroffenen an einem Justizverwaltungsakt, so ist der Antrag unzulässig.[2] Dies kann zB der Fall sein, wenn er sich gegen (bloße) Auskünfte, Stellungnahmen oder (Wissens-) Erklärungen von Justizbehörden, oder gegen allgemeine Verwaltungsanordnungen wendet.[3] 3

2. Rechtsverletzung. Die §§ 23 ff. sind eine Konkretisierung der Rechtsweggarantie des Art. 19 Abs. 4 GG.[4] Wie dort, muss der Antragsteller geltend machen, in seinen Rechten verletzt zu sein. 4

Der Antrag muss daher **Tatsachen** enthalten, die, wenn sie zuträfen, zumindest unter einem rechtlichen Gesichtspunkt ergeben, dass dem Antragsteller das beanspruchte Recht zusteht und die Behörde dieses Recht verletzt hat.[5] Ein Antrag ist folglich unzulässig, wenn das vom Antragsteller in Anspruch genommene Recht entweder nicht besteht oder ihm überhaupt nicht zustehen kann.[6] Begehrt der Antragsteller zB eine behördliche Auskunft, so muss er angeben, einen Rechtsanspruch auf die Erteilung zu haben.[7] 5

---

[1] → § 23 Rn. 23. OLG Dresden 11.1.1999 – 6 VA 4/98, NJW 2000, 1503; KG 7.2.1986 – 1 VA 2/84, NJW 1987, 197; OVG Hamburg 27.2.1970 – OVG Bf. I 2/69, NJW 1970, 1699 (1700); VGH Mannheim 11.3.1969 – IV 481/68, NJW 1969, 1319; *Holch* JR 1979, 350; *KK/Mayer* § 23 Rn. 20; *Löwe/Rosenberg/Böttcher* § 23 Rn. 44; *Meyer-Goßner/Schmitt* § 23 Rn. 6; *MüKoZPO/Pabst* § 23 Rn. 3; *Schenke* Verwaltungs-Archiv 1969, 332 (346).
[2] *KK/Mayer* Rn. 1.
[3] → § 23 Rn. 25 f. Zu Presseerklärungen → § 23 Rn. 64.
[4] → § 23 Rn. 5 ff.
[5] OLG Bremen 15.6.1960 – Ws 118/60, NJW 1960, 2261; OLG Frankfurt a. M. 6.3.1979 – 3 Ws 9/79, NJW 1979, 1613 (1614); OLG Karlsruhe 20.9.1990 – 2 VAs 1/90, NStZ 1991, 50 (51).
[6] OLG Frankfurt a. M. 21.2.2008 – 3 VAs 46/07, NStZ-RR 2008, 174.
[7] OLG Hamburg 3.12.1964 – VAs 72/64, MDR 1965, 224.

6 Das Gericht muss im Wege einer **Schlüssigkeitsprüfung** das Vorliegen dieser Voraussetzung prüfen können.[8] Allgemeine Redewendungen reichen daher hier nicht aus.[9] Ist die Rechtsverletzung nicht substantiiert vorgetragen, so wird der Antrag als unzulässig verworfen.[10]

7 Da es sich bei Abs. 1 nur um eine Zulässigkeitsvoraussetzung handelt, muss jedoch noch nicht geprüft werden, ob das Vorbringen wahr ist bzw. tatsächlich zutrifft.[11] Dies ist der Begründetheitsprüfung des Antrags vorbehalten.

8 **3. Eigene Rechte des Antragsstellers.** Der Antragsteller muss geltend machen, in seinen eigenen Rechten unmittelbar verletzt zu sein.[12] Stellt er einen Antrag auf Aufhebung eines ihn betreffenden Justizverwaltungsaktes, ist diese Voraussetzung unproblematisch gegeben. Wendet er sich hingegen gegen die Ablehnung bzw. Unterlassung eines Justizverwaltungsaktes, muss er angeben, einen Rechtsanspruch auf diesen zu haben.

9 Eine (bloße) Beeinträchtigung **persönlicher oder wirtschaftlicher Interessen** genügt für eine Rechtsverletzung nicht.[13] Eine Rechtsverletzung kann aber bei der Nicht-Löschung von Daten im staatsanwaltschaftlichen Verfahrensregister gegeben sein, da § 489 Abs. 2 StPO ein subjektives Recht des Betroffenen auf Löschung begründet.[14]

10 Begehrt der Antragsteller eine **Ermessensentscheidung**,[15] ist er in seinen Rechten verletzt, wenn die Entscheidung ermessensmissbräuchlich,[16] willkürlich oder unter Verstoß gegen den Gleichbehandlungsgrundsatz nach Art. 3 GG zustande gekommen ist.[17]

11 **Dritte,** die nicht Adressat des angefochtenen Justizverwaltungsaktes sind, können keine Rechtsverletzung geltend machen.[18] Nur ausnahmsweise besteht hier eine Antragsbefugnis, wenn die Entscheidung auch unmittelbar auf die Rechtsposition des Dritten einwirkt, zB wenn eine begehrte Akteneinsicht allein einer möglichen Entlastung des Dritten dienen soll,[19] oder bei drohender Verletzung des Namensrechts, der Gesundheit und des allgemeinen Persönlichkeitsrechts der Eltern und Geschwister eines mittels Fernsehfahndung gesuchten Beschuldigten.[20]

12 **4. Mängel des Antrages.** Liegt ein behebbarer Mangel des Antrages vor, so kann es die Fürsorgepflicht des Gerichtes insbesondere gegenüber nicht anwaltlich vertretenen, oder **der deutschen Sprache nicht mächtigen** Antragstellern gebieten, dem Antragsteller die Gelegenheit zu gegen, einen mangelfreien Antrag zu stellen.[21]

II. Vorschaltverfahren

13 Weitere Zulässigkeitsvoraussetzung ist nach Abs. 2, dass der Antragsteller ein Beschwerdeverfahren durchlaufen hat, wenn es die Möglichkeit einer Beschwerde oder eines anderen förmlichen Rechtsbehelf im Verwaltungsverfahren gibt. Es handelt sich hierbei um eine **von Amts wegen zu prüfen**de Verfahrensvoraussetzung.[22]

---

[8] OLG Frankfurt a. M. 21.2.2008 – 3 VAs 46/07, NStZ-RR 2008, 174; OLG Hamm 17.1.1983 – 7 VAs 63/82, MDR 1983, 602.
[9] Vgl. KG 19.8.1968 – 2 VAs 39/68, NJW 1969, 151 (beleidigender, nicht sachlicher Antrag).
[10] OLG Frankfurt a. M. 3.3.2005 – 3 VAs 1/05, NStZ-RR 2005, 282 (283).
[11] KG 9.5.1960 – 1 Ws 110/60, DVBl 1960, 812 (813); Meyer-Goßner/*Schmitt* Rn. 1.
[12] KG 7.9.1993 – 1 VA 3/93, NJW-RR 1994, 571.
[13] OLG Hamm 31.10.1966 – 15 VA 2/66, MDR 1967, 137.
[14] OLG Jena 19.5.2003 – 2 VAs 4/02, StV 2004, 68; OLG Hamburg 24.10.2008 – 2 VAs 5/08, StV 2009, 234; BeckOK StPO/*Wittig* StPO § 489 Rn. 3; → § 23 Rn. 44.
[15] Zu Ermessensentscheidung → § 28 Rn. 16 ff.
[16] OLG Frankfurt a. M. 21.2.2008 – 3 VAs 46/07, NStZ-RR 2008, 174.
[17] BGH 10.10.1967 – 5 AR (VS) 38/67, NJW 1967, 2368.
[18] OLG Hamm 31.10.1966 – 15 VA 2/66, MDR 1967, 137; 7.10.2008 – 15 VA 7-9/08, NJW-RR 2009, 420; Meyer-Goßner/*Schmitt* Rn. 2; siehe auch *Bernhardt* JZ 1963, 302 ff.
[19] OLG Hamm 7.10.2008 – 15 VA 7-9/08, NJW-RR 2009, 420.
[20] *Böttcher/Grote* NJW 1974, 1647 (1648); Löwe/Rosenberg/*Böttcher* Rn. 5.
[21] Löwe/Rosenberg/*Böttcher* Rn. 6; siehe auch KG 14.3.1983 – 5 Vollz (Ws) 80/83, NStZ 1983, 432.
[22] KK/*Mayer* Rn. 5; Löwe/Rosenberg/*Böttcher* Rn. 9; Meyer-Goßner/*Schmitt* Rn. 4.

Ein Zweck des Vorschaltverfahrens ist es zum einen sicher, die besondere **Sachkunde** 14
der Verwaltungsbehörde für das Gerichtsverfahren nutzbar zu machen.[23] Darüber hinaus
soll hierdurch aber auch der Verwaltung im eigenen Interesse eine Selbstüberprüfung ermöglicht und dadurch die Gerichte entlastet werden.[24]
    Im Falle des § 28 Abs. 1 S. 4 ist der Antragsteller von diesem Erfordernis befreit,[25] nicht 15
jedoch wenn er zunächst den falschen Rechtsweg beschritten hat (§ 17a Abs. 5 GVG).[26]
    Diese Voraussetzung muss spätestens zum Zeitpunkt der Entscheidung des OLG erfüllt 16
sein, nicht aber bereits bei Stellung des Antrags nach § 23.[27]

1. Fristversäumnis. Hatte der Antragsteller die Frist für den Rechtsbehelf versäumt, 17
die Justizbehörde **aber gleichwohl über den Antrag sachlich entschieden,** so ist der
Antrag nach § 23 zulässig. Die Fristversäumung erlaubt es der Behörde zwar, keine Entscheidung zu treffen, sie hat aber trotzdem das freie Ermessen, den verspäteten Rechtsbehelf
sachlich zu überprüfen.[28] Es stellt sogar einen Ermessensfehler dar, wenn die Behörde ihre
Entscheidungsfreiheit, trotz Fristversäumnis noch sachlich entscheiden zu können, verkennt.[29] Die Einhaltung der Rechtsbehelfsfrist ist folglich keine Zulässigkeitsvoraussetzung
für die Klage.
    Nach einer **Gegenauffassung** muss das OLG in einem solchen Fall den Antrag als 18
unzulässig verwerfen, da es die rechtzeitige Einlegung des Rechtsbehelfs selbstständig prüfen
müsse.[30] Nur wenn entsprechend § 70 Abs. 2 iVm § 60 Abs. 1, 4 VwGO Wiedereinsetzung
gewährt wurde, sei der Antrag dann noch zulässig.[31] Diese Auffassung ist jedoch **abzulehnen,** da kein Grund ersichtlich ist, dem Betroffenen eine gerichtliche Überprüfung zu
verwehren, nur weil die Behörde zu seinen Gunsten trotz Fristversäumnis eine sachliche
Prüfung vorgenommen hat. Zumal das Argument, eine Auslegung von § 24 in Anlehnung
an die verwaltungsrechtliche Rechtsprechung scheide aus, weil § 29 Abs. 2 auf eine Anwendung der StPO verweise, durch dessen Neufassung 2009[32] obsolet geworden ist.

2. Rechtsbehelfe. Die Regelung des Abs. 2 schafft kein eigenes förmliches Vorverfahren, nimmt aber Rücksicht darauf, wenn diese auf Bundes- oder Landesebene eingeführt 19
werden.[33] Der Begriff der Beschwerde bzw. des anderen förmlichen Rechtsbehelfs ist dabei
weit auszulegen.[34] Das Vorverfahren muss nicht durch ein Gesetz geregelt sein, es genügt
auch **eine Rechtsverordnung oder eine allgemeine Verwaltungsvorschrift.** Das Ob
und Wie des Vorverfahrens ist den Ländern überlassen. Durch die Formulierung in Absatz 2
sollte lediglich klargestellt werden, dass Dienstaufsichtsbeschwerden oder Gegenvorstellungen nicht genügen.[35]
    Im Falle einer **allgemeinen Verwaltungsvorschrift** muss allerdings gewährleistet sein, 20
dass diese in den entsprechenden Verkündungsblättern allgemein bekanntgemacht und
gegenüber Jedermann gleich gehandhabt wird.[36] Zudem muss sichergestellt sein, dass ent-

---

[23] Vgl. BGH 18.12.1975 – III ZR 128/73, NJW 1976, 1264 (1265); *Karstendiek* DRiZ 1977, 50.
[24] BVerfG 28.10.1975 – 2 BvR 883/73, NJW 1976, 34 (36).
[25] OLG Stuttgart 27.8.1984 – 4 VAs 24/84, NStZ 1984, 574; aA Löwe/Rosenberg/*Böttcher* Rn. 16.
[26] OLG Jena 16.7.2009 – 1 Ws 271/09, NStZ-RR 2010, 61.
[27] OLG Hamm 12.11.1981 – 7 VAs 82/81, NStZ 1982, 134; *Karstendiek* DRiZ 1977, 50.
[28] BVerwG 21.3.1979 – 6 C 10.78, DVBl 1979, 819; BSG 12.10.1979 – 12 RK 19/78, MDR 1980, 699;
OLG Celle 3.5.1968 – 5 VAs 43/67, NJW 1969, 522; *Karstendiek* DRiZ 1977, 50; KK/*Mayer* Rn. 5; Löwe/
Rosenberg/*Böttcher* Rn. 9. Vgl. auch OLG Hamm 13.2.1990 – 3 Ws 701/89, NStZ 1990, 450.
[29] VGH Mannheim 31.8.1979 – V 3404/78, NJW 1980, 2270; *Jessen* NJW 1967, 927 (928) hält es
zumindest für zulässig, das Verfahren in einem solchen Fall auszusetzen.
[30] So OLG Stuttgart 30.5.1969 – 2 VAs 56/69, NJW 1970, 718; Meyer-Goßner/*Schmitt* Rn. 4; *Schmid*
NStZ 1990, 451 f.
[31] Meyer-Goßner/*Schmitt* Rn. 4.
[32] Eingeführt durch Gesetz vom 17.12.2008 (FGG-RG), BGBl. 2008 I 2586 (2694). → § 29 Rn. 13.
[33] *Katholnigg* JR 1994, 298.
[34] BVerfG 28.10.1975 – 2 BvR 883/73, NJW 1976, 34; OLG Oldenburg 7.5.1991 – 1 VAs 2/91, NStZ
1991, 512.
[35] BVerfG 28.10.1975 – 2 BvR 883/73, NJW 1976, 34.
[36] BVerfG 28.10.1975 – 2 BvR 883/73, NJW 1976, 34.

sprechend Art. 19 Abs. 4 GG durch die Regelung des Vorverfahrens nicht der Zugang zum gerichtlichen Rechtsschutz unzumutbar erschwert und dieser in angemessener Zeit gewährt wird.[37]

21 **Derartige Rechtsbehelfe** enthalten zB §§ 25 Abs. 2, 39 Abs. 3, 49 Abs. 3, 55 Abs. 2 S. 3, 63 Abs. 3 S. 2 BZRG; § 21 StVollstrO;[38] – Mitteilungen an das Kraftfahrt-Bundesamt fallen aber nicht unter § 21 StVollstrO;[39] § 35 Abs. 2 BtMG.[40] Keine derartigen Beschwerdemöglichkeiten stellen hingegen Dienstaufsichtsbeschwerden oder Gegenvorstellungen dar.[41]

22 Es besteht keine Pflicht des OLG das **Verfahren auszusetzen,** um den Antragsteller die Möglichkeit zu geben, das fehlende Vorschaltverfahren nachzuholen.[42]

23 **3. Anfechtungsgegenstand.** Der Antrag richtet sich gegen den Justizverwaltungsakt in der Gestalt, die er im Vorschaltverfahren gefunden hat.[43] Ist auf den Rechtsbehelf hin ein Bescheid ergangen, so richtet sich das Verfahren gegen diesen nur dann, wenn er eine zusätzliche Beschwer enthält.[44]

§ 25 [Zuständigkeit des OLG]

(1) ¹**Über den Antrag entscheidet ein Zivilsenat oder, wenn der Antrag eine Angelegenheit der Strafrechtspflege oder des Vollzugs betrifft, ein Strafsenat des Oberlandesgerichts, in dessen Bezirk die Justiz- oder Vollzugsbehörde ihren Sitz hat.** ²**Ist ein Beschwerdeverfahren (§ 24 Abs. 2) vorausgegangen, so ist das Oberlandesgericht zuständig, in dessen Bezirk die Beschwerdebehörde ihren Sitz hat.**

(2) **Ein Land, in dem mehrere Oberlandesgerichte errichtet sind, kann durch Gesetz die nach Absatz 1 zur Zuständigkeit des Zivilsenats oder des Strafsenats gehörenden Entscheidungen ausschließlich einem der Oberlandesgerichte oder dem Obersten Landesgericht zuweisen.**

I. Zuständiges Gericht

1 Nach Abs. 1 ist in Angelegenheiten der Strafrechtspflege oder des Vollzugs ein **Strafsenat des Oberlandesgerichts** sachlich zuständig für die Entscheidung über den Antrag nach § 23. Die Zuständigkeit des jeweiligen Strafsenats ergibt sich aus dem Geschäftsverteilungsplan des OLG.

2 **Örtlich zuständig** ist zunächst das OLG, in dessen Bezirk die Justiz- oder Vollzugsbehörde, die den Justizverwaltungsakt erlassen hat oder hätte erlassen müssen, ihren Sitz hat. Ist dem Antrag allerdings ein **Beschwerdeverfahren** nach § 24 Abs. 2 vorangegangen, so kommt es darauf an, wo die Beschwerdebehörde ihren Sitz hat.

3 Betrifft der Antrag Justizverwaltungsakte des **Bundeszentral- bzw. Erziehungsregisters** ist das OLG Hamm zuständig, da das Bundesamt für Justiz, welches nach § 1 Abs. 1 BZRG das Zentralregister und das Erziehungsregister führt, seinen Sitz in Bonn hat. Liegt

---

[37] BVerfG 30.4.1993 – 2 BvR 1605/92, NJW 1994, 3087 (3088); KK/*Mayer* Rn. 7.
[38] OLG Hamburg 24.2.1981 – VAs 2/81, MDR 1981, 607; OLG Hamm 4.2.1988 – 1 VAs 69/87, NStZ 1988, 380; OLG Oldenburg 28.2.1968 – 3 ARs 3/68, MDR 1968, 782; 7.5.1991 – 1 VAs 2/91, NStZ 1991, 512; Löwe/Rosenberg/*Böttcher* Rn. 15.
[39] KG 29.6.2015 – 4 VAs 18/15, StraFo 2015, 518; OLG Jena 13.7.2006 – 1 VAs 6/05, NStZ-RR 2006, 321; OLG Stuttgart 5.2.2008 – 4 VAs 1/2008, StraFo 2008, 128; anders OLG Hamm 10.7.2007 – 1 VAs 48/07, NZV 2008, 365 (366); auch → § 22 Rn. 12 ff.
[40] OLG München 16.4.1993 – 3 VAs 8/93, NStZ 1993, 455; OLG Stuttgart 28.9.1993 – 4 VAs 21/93, MDR 1994, 297; *Katholnigg* JR 1994, 298 f.; *ders.* NJW 1995, 1327 (1330); *Körner* NStZ 1995, 63 (64); *ders.* NStZ 1998, 227 (228); MüKoStGB/*Kornprobst* BtMG § 35 Rn. 161; *Weichert* NJW 1999, 827 (830).
[41] *Altenhain* JZ 1966, 16 (17); KK/*Mayer* Rn. 8; Löwe/Rosenberg/*Böttcher* Rn. 10; Meyer-Goßner/*Schmitt* Rn. 5.
[42] OLG Düsseldorf 11.8.1992 – 3 VA 1/92, OLGZ 1993, 444 (446).
[43] OLG Karlsruhe 18.11.1999 – 2 VAs 52/99, Justiz 2000, 147; *Jessen* NJW 1967, 927.
[44] *Bettermann* NJW 1958, 81 ff.; KK/*Mayer* Rn. 5; Meyer-Goßner/*Schmitt* Rn. 7.

eine Beschwerdeentscheidung des Bundesministers der Justiz und für Verbraucherschutz vor, der seinen Hauptsitz bzw. ersten Dienstsitz in Berlin hat, ist hingegen das KG zuständig.[1]

II. Verweisungen

Ist der Rechtsweg nach § 23 unzulässig, so hat das OLG die Sache gemäß § 17a Abs. 2 S. 1 GVG an das zuständige Gericht des **zulässigen Rechtsweges** zu verweisen. Umgekehrt bindet eine Verweisung an das OLG selbst dann, wenn der Rechtsweg zu den ordentlichen Gerichten tatsächlich nicht gegeben ist. Die Bestimmung des Rechtsweg nach § 17a Abs. 2 S. 3 GVG ist bindend.

Stellt das OLG fest, dass es für die vom Antragsteller gewollte Entscheidung nicht zuständig ist, so darf es **innerhalb der ordentlichen Gerichtsbarkeit** an das zuständige Gericht verweisen. Zwar fehlt hierzu in den §§ 23 ff. eine ausdrückliche Ermächtigung, dass BVerfG hält es jedoch im Hinblick auf Art. 19 Abs. 4 GG für geboten, dass in allen Verfahrensordnungen die Möglichkeit besteht, zumindest hilfsweise die Verweisung an das zuständige Gericht zu beantragen.[2] Zulässig ist daher eine Verweisung vom Strafsenat an den Beschwerde-, Haft- oder Ermittlungsrichter oder an eine Strafvollstreckungskammer und umgekehrt.[3]

III. Zuständigkeitskonzentrationen

Nach Abs. 2 kann ein Land, in dem mehrere Oberlandesgerichte errichtet sind, durch Gesetz die Entscheidungen nach Absatz 1 ausschließlich einem der Oberlandesgerichte oder dem Obersten Landesgericht zuweisen. In Nordrhein-Westfalen wurde von dieser Möglichkeit Gebrauch gemacht, und die Entscheidungen der Strafsenate nach Abs. 1 dem OLG Hamm übertragen.[4]

§ 26 [Antragsform und -frist; Wiedereinsetzung]

(1) Der Antrag auf gerichtliche Entscheidung muß innerhalb eines Monats nach Zustellung oder schriftlicher Bekanntgabe des Bescheides oder, soweit ein Beschwerdeverfahren (§ 24 Abs. 2) vorausgegangen ist, nach Zustellung des Beschwerdebescheides schriftlich oder zur Niederschrift der Geschäftsstelle des Oberlandesgerichts oder eines Amtsgerichts gestellt werden.

(2) [1]War der Antragsteller ohne Verschulden verhindert, die Frist einzuhalten, so ist ihm auf Antrag Wiedereinsetzung in den vorigen Stand zu gewähren. [2]Ein Fehlen des Verschuldens wird vermutet, wenn in dem Bescheid oder, soweit ein Beschwerdeverfahren (§ 24 Absatz 2) vorausgegangen ist, in dem Beschwerdebescheid eine Belehrung über die Zulässigkeit des Antrags auf gerichtliche Entscheidung sowie über das Gericht, bei dem er zu stellen ist, dessen Sitz und die einzuhaltende Form und Frist unterblieben oder unrichtig erteilt ist.

(3) [1]Der Antrag auf Wiedereinsetzung ist binnen zwei Wochen nach Wegfall des Hindernisses zu stellen. [2]Die Tatsachen zur Begründung des Antrags sind bei der Antragstellung oder im Verfahren über den Antrag glaubhaft zu machen. [3]Innerhalb der Antragsfrist ist die versäumte Rechtshandlung nachzuholen. [4]Ist

---

[1] Löwe/Rosenberg/*Böttcher* Rn. 2; Meyer-Goßner/*Schmitt* Rn. 1.
[2] BVerfG 25.3.1981 – 2 BvR 1258/79, BVerfGE 57, 9 (22) = NJW 1981, 1154.
[3] Vgl. KG 24.5.2007 – 1 VAs 10/07, NStZ 2008, 226; OLG Braunschweig 25.1.1991 – VAs 1/91, NStZ 1991, 551; OLG Hamm 25.1.1996 – 1 VAs 126/95, NStZ-RR 1996, 210; OLG Karlsruhe 14.8.1987 – 4 VAs 11/87, NJW 1988, 84; *Katholnigg* NStZ 1990, 504 f.; KK/*Mayer* § 29 Rn. 27; Löwe/Rosenberg/*Böttcher* Rn. 3; aA OLG Oldenburg 14.5.1990 – 1 VAs 3/90, NStZ 1990, 504. Das OLG Frankfurt a. M. 14.1.1998 – 3 VAs 3-98, NJW 1998, 1165 will in einem solchen Fall das Verfahren formlos an das zuständige Gericht abgeben. Für § 30a: OLG Karlsruhe 21.7.2016 – 2 VAs 24/16, NStZ-RR 2016, 328.
[4] Gesetz v. 8.11.1960 (GVBl. NW 1960, 352).

dies geschehen, so kann die Wiedereinsetzung auch ohne Antrag gewährt werden.

(4) Nach einem Jahr seit dem Ende der versäumten Frist ist der Antrag auf Wiedereinsetzung unzulässig, außer wenn der Antrag vor Ablauf der Jahresfrist infolge höherer Gewalt unmöglich war.

Schrifttum: *Altenhain* Die Rechtsprechung der Strafsenate zum Rechtsschutz gegen Justizverwaltungsakte auf dem Gebiet des Strafrechts, DRiZ 1966, 361 ff.; *Dittmar* Das Verschulden des Angeklagten und des Verteidigers bei der Wiedereinsetzung im Strafprozess, MDR 1975, 270 ff.; *Peglau* Rechtsschutz gegen Justizverwaltungsakte auf dem Gebiet der Strafrechtspflege, NJW 2015, 677 ff.; *Sarstedt* Anmerkung, JR 1954, 391; *M. Schmid* Wiedereinsetzung nach § 44 StPO bei Verschulden eines Dritten, der nicht Rechtsanwalt ist, NJW 1976, 941 f.

Übersicht

	Rn.		Rn.
I. Form des Antrages	1–5	III. Wiedereinsetzung	15–25
II. Frist des Antrages	6–14	1. Wiedereinsetzungsgründe	16–18
1. Mündlicher Justizverwaltungsakt	8–10	2. Fehlende Rechtsmittelbelehrung	19
2. Nichtiger Justizverwaltungsakt	11	3. Verschulden des Rechtsanwalts	20
3. Begründung des Antrags innerhalb der Frist	12	4. Antrag auf Wiedereinsetzung	21, 22
		5. Entscheidung über die Wiedereinsetzung	23
4. Rechtsmittelbelehrung	13, 14	6. Ausschluss der Wiedereinsetzung	24, 25

I. Form des Antrages

1   Nach Abs. 1 muss der Antrag nach § 23 **schriftlich** gestellt werden. Daneben besteht auch die Möglichkeit, den Antrag **mündlich** zur Niederschrift der Geschäftsstelle des nach § 25 zuständigen Oberlandesgerichts[1] oder eines (beliebigen) Amtsgerichts zu stellen.[2]

2   Der Antrag muss entsprechend § 184 GVG in **deutscher Sprache** gestellt sein.[3] Die für bestimmte Verwaltungsverfahren erlassenen Bestimmungen über die Behandlung und die Wirksamkeit fremdsprachiger Eingaben[4] sind als Sonderregelungen und nicht als Ausdruck allgemeiner Rechtsprinzipien anzusehen. Ihre entsprechende Anwendung auf das Strafverfahren verbietet sich aus Gründen der Rechtsklarheit und der Rechtssicherheit.

3   Die **Unterschrift** ist nach ständiger Rechtsprechung **kein wesentliches Erfordernis** der Schriftlichkeit im Sinne der (straf-) prozessualen Formerfordernisse,[5] so lange sich aus dem Schriftstück in einer jeden Zweifel ausschließenden Weise erkennen lässt, von wem die Erklärung herrührt, ob sie als endgültig gedacht war sowie ernstlich und willentlich in den Rechtsverkehr gebracht wurde.[6]

4   Ein **Antrag auf Prozesskostenhilfe** nach § 29 Abs. 4, welcher den formellen und inhaltlichen Anforderungen genügt, wahrt die Frist des § 26.[7]

5   Der Antragsteller muss **verhandlungsfähig,** nicht notwendig prozessfähig sein.[8] Verhandlungsfähigkeit ist gegeben, wenn der Betroffene während des Verfahrens in und außerhalb von Verhandlungen seine Interessen vernünftig wahrnehmen, der Hauptverhandlung

---

[1] Löwe/Rosenberg/*Böttcher* Rn. 1.
[2] Meyer-Goßner/*Schmitt* Rn. 1.
[3] BGH 14.7.1981 – 1 StR 815/80, NJW 1982, 532; BayObLG 23.12.1986 – BReg. 3 Z 179/86, NJW-RR 1987, 379; KK-OWiG/*Ellbogen* OWiG § 67 Rn. 72.
[4] Vgl. § 23 Abs. 4 VwVfG; § 19 SGB X; § 87 Abs. 4 AO 1977.
[5] RG 30.11.1933 – III 992/33, RGSt 67, 385 (388); GmS-OGB 30.4.1979 – GmS-OGB 1/78, NJW 1980, 172 (174); KG 9.6.1954 – I Ss 281/54, JR 1954, 391.
[6] Vgl. OLG Brandenburg 10.12.2012 – 1 Ws 218/12, NStZ-RR 2013, 288; OLG Düsseldorf 22.9.1988 – 5 Ss (OWi) 280/88, JZ 1988, 1140; *Sarstedt* JR 1954, 391.
[7] KK/*Mayer* Rn. 17; Löwe/Rosenberg/*Böttcher* Rn. 1.
[8] Vgl. OLG Frankfurt a. M. 15.4.1964 – 3 VAs 1/63, JR 1964, 393 (minderjähriger Antragsteller).

folgen, Prozesserklärungen abgeben und entgegennehmen sowie seine Verteidigung ausreichend führen kann.[9]

II. Frist des Antrages

Der Antrag muss innerhalb eines Monats nach Zustellung oder schriftlicher Bekanntgabe des Bescheides oder des Beschwerdebescheids gestellt werden. Wird der Erlass eines unterlassenen Justizverwaltungsaktes begehrt gilt aber die Frist des § 27 Abs. 3. 6

Die Frist berechnet sich seit der Neufassung von § 29 Abs. 3 im Jahre 2012 zum 1.1.2014[10] nach **§ 222 ZPO, § 16 Abs. 2 FamFG** iVm §§ 186 ff. BGB – in der Sache ergeben sich hier aber keine Unterschiede zum früher anwendbaren § 43 StPO.[11] 7

1. Mündlicher Justizverwaltungsakt. Wird ein Justizverwaltungsakt **nur mündlich bekannt gegeben,** so beginnt die Frist des Abs. 1 nicht zu laufen. In diesem wird der Fristbeginn ausdrücklich mit der Zustellung des Justizverwaltungsaktes verknüpft. Fehlt eine solche Zustellung, darf die Frist nicht zum Nachteil des Antragstellers berechnet werden.[12] 8

Die Frist beginnt im Falle eines nur mündlich bekanntgegebenen Justizverwaltungsaktes, auch wenn dieser schriftlich getroffen wurde, selbst dann nicht zu laufen, wenn (nachträglich) ein Bescheid ergangen ist, etwa im Rahmen eines **Dienstaufsichtsbeschwerdeverfahrens,** und sich sein Inhalt aus diesem ergibt.[13] Sie beginnt aber zu laufen, wenn die Dienstaufsichtsbehörde das Verfahren an sich zieht und nunmehr eigenständig einen Bescheid erlässt, der ordnungsgemäß zugestellt wird.[14] 9

Auch wenn bei einem mündlich bekanntgegebenen Justizverwaltungsakt die Frist des Abs. 1 nicht läuft, ist eine **Antragsstellung aber gleichwohl möglich.** Wartet der Betroffene ungewöhnlich lange mit dem Antrag, kann sein Antragsrecht sogar **verwirkt** sein.[15] Eine Verwirkung ist bei einem Verhalten des Antragstellers in Betracht zu ziehen, aus dem entnommen werden kann, dass er sich mit der tatsächlich getroffenen Regelung in einer Weise abgefunden hat, die sein Verlangen nach gerichtlicher Prüfung als unzulässige Rechtsausübung erscheinen lässt.[16] Einen gewissen zeitlichen Anhalt bieten hierbei die gesetzlichen Ausschlussfristen etwa in § 58 Abs. 2 VwGO; § 113 Abs. 3 StVollzG und § 27 Abs. 3.[17] 10

2. Nichtiger Justizverwaltungsakt. Ein nichtiger Justizverwaltungsakt (vgl. §§ 43 Abs. 3, 44 VwVfG) entfaltet zwar keine Rechtswirkung, seine Unwirksamkeit kann aber aus Gründen der Rechtssicherheit und Rechtsklarheit jederzeit geltend gemacht werden. Gemäß § 44 Abs. 1 VwVfG ist ein **Verwaltungsakt nichtig,** soweit er an einem besonders schwerwiegenden Fehler leidet und dies bei verständiger Würdigung aller in Betracht kommenden Umstände offensichtlich ist. **Ein Justizverwaltungsakt ist nichtig,** wenn er an einem so schweren, offen zutage liegenden Mangel leidet, dass es auch bei Berücksichtigung der Belange der Rechtssicherheit und des Rechtsfriedens vom Standpunkt der Gerechtigkeit 11

---

[9] OLG Hamm 10.1.1973 – 4 Ss 1505/72, NJW 1973, 1894.
[10] Gesetz vom 17.12.2008 (FGG-RG), BGBl. 2008 I 2586 (2694); → § 29 Rn. 13.
[11] KK/*Mayer* Rn. 2.
[12] BGH 2.7.1963 – 6 AR (Vs) 68/63, NJW 1963, 1789; OLG Hamm 1.9.1983 – 7 VAs 17/83, NStZ 1984, 136; OLG Karlsruhe 9.12.2004 – 2 VAs 24/04, NStZ-RR 2005, 191 (192); OLG München 16.4.1973 – 1 VAs 13/73, NJW 1973, 1293.
[13] KG 28.6.1976 – 2 VAs 17-18/76, GA 1976, 342; KK/*Mayer* Rn. 3.
[14] KG 28.6.1976 – 2 VAs 17-18/76, GA 1976, 342 (343); Löwe/Rosenberg/*Böttcher* Rn. 2.
[15] BVerwG 23.5.1958 – VII C 27/57, BVerwGE 7, 54 = NJW 1959, 256 f.; OLG Bremen 20.4.1966 – VAs 5/66, MDR 1966, 867; OLG Jena 9.9.2008 – 1 VAs 6/08, VRS 115, 439 (441); Meyer-Goßner/*Schmitt* Rn. 4.
[16] Vgl. BVerwG 23.5.1958 – VII C 27/57, BVerwGE 7, 54 = NJW 1959, 256 f.; OLG Bremen 20.4.1966 – VAs 5/66, MDR 1966, 867; → StPO § 296 Rn. 40.
[17] KK/*Mayer* Rn. 5; Löwe/Rosenberg/*Böttcher* Rn. 4. Sehr weit gehend OLG Frankfurt a. M. 18.7.2003 – 3 Ws 606/03, NStZ-RR 2004, 29; OLG Karlsruhe 9.12.2004 – 2 VAs 24/04, NStZ-RR 2005, 191 f. – bei verstreichen der Frist des § 27 Abs. 3 stets Verwirkung.

aus schlechthin unerträglich wäre, ihn als unabänderlich hinzunehmen.[18] Ein auf einen nichtigen Justizverwaltungsakt gerichteter Antrag ist nicht an die Frist des Abs. 1 gebunden.[19]

12   **3. Begründung des Antrags innerhalb der Frist.** Innerhalb der Frist des § 26 Abs. 1 ist nicht nur das Verlangen nach gerichtlicher Entscheidung, sondern auch der den Antrag **begründende Sachverhalt** dem Gericht mitzuteilen. Er muss also in der Form des § 24 begründet werden. Es genügt nicht, dass der Betroffene sich in der Antragsschrift einen weiteren Sachvortrag vorbehält.[20]

13   **4. Rechtsmittelbelehrung.** Nach wohl noch hM ist der Fristbeginn nicht davon abhängig, dass der Justizverwaltungsakt mit einer Rechtsmittelbelehrung versehen ist.[21] Das BVerfG hat es offengelassen, ob aus Art. 19 Abs. 4 GG die Pflicht folgt, belastende staatliche Maßnahmen mit einer Rechtsmittelbelehrung zu versehen.[22] In einer späteren Entscheidung hat es ausgeführt, dass die Rechtsschutzgarantie **eine Rechtsmittelbelehrung** nur dann gebieten kann, wenn diese erforderlich ist, um unzumutbare Schwierigkeiten des Rechtswegs auszugleichen, die die Ausgestaltung eines Rechtsmittels andernfalls mit sich brächte. Das könne insbesondere dann der Fall sein, wenn die Formerfordernisse des Rechtsmittels so kompliziert und schwer zu erfassen seien, dass vom Rechtsuchenden nicht erwartet werden könne, er werde sich in zumutbarer Weise darüber rechtzeitig Aufklärung verschaffen können. Dies könne namentlich in Verfahren zutreffen, in denen kein Anwaltszwang bestehe.[23]

14   Auch wenn im Bereich der Justizverwaltungsakte **viel für eine solche Belehrungspflicht spricht**[24] – bislang wurde von der Normierung einer Rechtsmittelbelehrungspflicht hier (nur) wegen der heterogenen Rechtsbereiche mit ihrer unübersichtlichen Kasuistik abgesehen –,[25] wird das Fehlen einer solchen Belehrung durch die Möglichkeit der Wiedereinsetzung in diesen Fällen nach Abs. 2 S. 2 kompensiert.

III. Wiedereinsetzung

15   Die Wiedereinsetzung nach Abs. 2–4 ist nicht den §§ 44 ff. StPO, sondern bewusst § 60 Abs. 1–3 VwGO nachgebildet. Die dort entwickelten Grundsätze zur Auslegung müssen daher bei § 26 berücksichtigt werden.[26]

16   **1. Wiedereinsetzungsgründe.** Die Wiedereinsetzung wird gewährt, wenn der Antragsteller **ohne Verschulden** daran gehindert war, die Frist nach Abs. 1 einzuhalten. Die Anforderungen an das Verschulden dürfen allerdings nicht überspannt werden, da hier die Verwirklichung der Rechtsweggarantie aus Art. 19 Abs. 4 GG berücksichtigt werden muss.[27] Grundsätzlich gilt daher, dass der Antragsteller jene Sorgfalt walten lassen muss, die für einen gewissenhaften, seine Rechte und Pflichten sachgerecht wahrnehmenden Bürger geboten, und den Umständen nach zumutbar sind.[28]

---

[18] Vgl. BVerfG 12.11.1984 – 2 BvR 1350/84, NJW 1985, 125; BGH 15.7.1960 – 4 StR 542/59, NJW 1960, 2106 (2108).
[19] Vgl. BGH 16.10.1980 – 1 BJs 80/78, NJW 1981, 133; Meyer-Goßner/*Schmitt* Rn. 3.
[20] OLG Frankfurt a. M. 3.3.2005 – 3 VAs 1/05, NStZ-RR 2005, 282; OLG Hamm 17.1.1983 – 7 VAs 63/82, MDR 1983, 602.
[21] BGH 2.5.1974 – IV ARZ (Vz) 26/73, NJW 1974, 1335; OLG Hamburg 21.2.1968 – VAs 60/67, NJW 1968, 854; OLG Oldenburg 30.8.1973 – 4 VA 1/73, NJW 1973, 2000; Löwe/Rosenberg/*Böttcher* Rn. 7; Meyer-Goßner/*Schmitt* Rn. 5.
[22] BVerfG 28.10.1975 – 2 BvR 883/73, BVerfGE 40, 237 (258) = NJW 1976, 34 (37).
[23] BVerfG 20.6.1995 – 1 BvR 166/93, NJW 1995, 3173 (3174).
[24] KK/*Mayer* Rn. 8.
[25] BT-Drs. 17/10490, 15.
[26] OLG Hamm 23.11.1967 – 1 VAs 8/67, GA 1968, 310; Löwe/Rosenberg/*Böttcher* Rn. 8; KK/*Mayer* Rn. 9.
[27] BVerfG 11.2.1976 – 2 BvR 849/75, NJW 1976, 1537.
[28] BVerwG 25.4.1975 – VI C 231/73, NJW 1975, 1574; 27.2.1976 – IV C 74/74, NJW 1976, 1332 (1333).

Es entspricht der verfassungsrechtlichen Position des Betroffenen aus Art. 19 Abs. 4 GG, dass **17** er die **Frist** nach Abs. 1 bis zum Ablauf des letzten Tages um 24:00 Uhr **ausnutzen darf,** da es sich nicht nur um eine Ausschluss-, sondern auch um eine Überlegungsfrist handelt.[29]

Stellt der Betroffene den Antrag mittels Brief, so sind ihm Verzögerungen der **Briefbe-** **18** **förderung bzw. der Briefzustellung** durch die Post, nicht anzulasten, sind für ihn also unverschuldet.[30] Er darf unter der Voraussetzung, dass Adresse und Postleitzahl korrekt sind, auf die Einhaltung der normalen Postlaufzeit vertrauen.[31] Er ist nur verpflichtet, dass Schriftstück so rechtzeitig zur Post zu geben, dass es bei regelmäßigem Betriebsablauf den Empfänger noch rechtzeitig erreicht.[32] Verzögerungen von mehr als einem Tag muss der Betroffene im inländischen Postverkehr dabei nicht einkalkulieren.[33]

2. Fehlende Rechtsmittelbelehrung. Seit dem 1.1.2014[34] wird ein Fehlen des Ver- **19** schuldens gesetzlich vermutet, wenn in dem Bescheid oder dem Beschwerdebescheid entweder **keine Belehrung** über die Zulässigkeit des Antrags auf gerichtliche Entscheidung sowie über das Gericht, bei dem dieser zu stellen ist, dessen Sitz und die einzuhaltende Form und Frist erfolgte, **oder diese unrichtig erteilt** wurde. Es spielt darum **keine Rolle mehr,** ob dem Betroffenen, wie es früher zum Teil angenommen wurde, eine Erkundigung über die Frist nach den Umständen möglich und zumutbar war.[35]

3. Verschulden des Rechtsanwalts. Im Strafverfahren wird eine Zurechnung des Ver- **20** schuldens des Verteidigers bei der Fristwahrung zu Lasten des Beschuldigten abgelehnt, weil dieser nicht in die Gefahr einer ungerechtfertigten Bestrafung kommen dürfe.[36] Ein eventueller Schadensersatz im Falle einer unrechtmäßigen Verurteilung bietet keinen Ausgleich für den Nachteil, den der Verurteilte in diesem Fall erleidet. Im Anwendungsbereich des § 26 wird hingegen in Anlehnung an § 60 Abs. 1 VwGO (siehe auch § 32 Abs. 1 S. 2 VwVfG) zutreffend eine **Zurechnung des Verschuldens des gesetzlichen** oder gewillkürten **Vertreters** und deren Angestellten für zulässig gehalten.[37]

4. Antrag auf Wiedereinsetzung. Der Antrag auf Wiedereinsetzung muss innerhalb **21** von **zwei Wochen** nach Wegfall des Hindernisses gestellt werden. Der Antrag muss die Tatsachen, welche die Wiedereinsetzung begründen, enthalten und glaubhaft machen. **Glaubhaftmachung** bedeutet Wahrscheinlichkeit in ausreichendem Maße, nicht Beweis in vollem Umfang. An die Glaubhaftmachung dürfen daher keine übertriebenen Anforderungen gestellt werden. Für die Glaubhaftmachung kommen alle Mittel in Betracht, die generell geeignet sind, in einem ausreichenden Maße die Wahrscheinlichkeit des Vorbringens darzutun. Im Einzelfall kann schon eine bloße Erklärung des Betroffenen zur Überzeugungsbildung ausreichen, vor allem, wenn es sich um einen besonders naheliegenden Versäumnisgrund handelt.[38]

Außerdem muss innerhalb der Antragsfrist **die versäumte Rechtshandlung nachge-** **22** **holt** werden, also der Antrag nach § 23 gestellt werden. Ist dies geschehen, kann die Wieder-

---

[29] Vgl. BVerfG 3.6.1975 – 2 BvR 99/74, NJW 1975, 1405.
[30] BVerfG 4.5.1977 – 2 BvR 616/75, NJW 1977, 1233.
[31] Vgl. BVerfG 3.11.1982 – 2 BvR 1145/81, NStZ 1983, 83.
[32] Siehe BVerfG 16.12.1975 – 2 BvR 854/75, NJW 1976, 513 f.
[33] Vgl. BVerfG 4.12.1979 – 2 BvR 376/77, NJW 1980, 769.
[34] Gesetz v. 5.12.2012, BGBl. 2012 I 2418; siehe auch BT-Drs. 17/10490, 15.
[35] Vgl. zur früheren Auffassung *Altenhain* DRiZ 1966, 361 (365); KK/*Mayer* Rn. 14; Meyer-Goßner/ *Schmitt* Rn. 7.
[36] *Dittmar* MDR 1975, 270 (271); → StPO § 44 Rn. 55 f.; Löwe/Rosenberg/*Böttcher* Rn. 9; *M. Schmid* NJW 1976, 941. Siehe auch RG 7.4.1936 – 1 D 1033/35, RGSt 70, 186 (191 f.).
[37] OLG Hamburg 21.2.1968 – VAs 60/67, NJW 1968, 854; 29.7.2003 – 2 VAs 3/03, NStZ-RR 2004, 185; OLG Stuttgart 19.5.1988 – 4 VAs 8/88, NStZ-RR 1988, 430; KK/*Mayer* Rn. 13; Meyer-Goßner/ *Schmitt* Rn. 7; *Peglau* NJW 2015, 677 (679). Siehe auch BeckOK VwGO/*Brink* VwGO § 60 Rn. 17.
[38] BVerfG 9.7.1969 – 2 BvR 753/68, NJW 1969, 1531 (1532); 2.7.1974 – 2 BvR 32/74, NJW 1974, 1902 (1903).

einsetzung auch **ohne Antrag** gewährt werden. Dies kommt etwa in Betracht, wenn sich bereits aus den Akten das Vorliegen eines Wiedereinsetzungsgrundes ergibt.[39]

23 **5. Entscheidung über die Wiedereinsetzung.** Das OLG muss über die Wiedereinsetzung ausdrücklich entscheiden. Eine stillschweigende Wiedereinsetzung ist ausgeschlossen, denn es handelt sich bei der Einhaltung der Antragsfrist um eine unverzichtbare Sachurteilsvoraussetzung, welche der Disposition der Beteiligten und des Gerichts entzogen ist.[40]

24 **6. Ausschluss der Wiedereinsetzung.** Gemäß Abs. 4 ist der Antrag auf Wiedereinsetzung unzulässig, wenn seit dem Ende der versäumten Frist mindestens ein Jahr verstrichen ist. **Ausnahmsweise** ist die Wiedereinsetzung aber doch noch möglich, wenn ein Antrag vor Ablauf der Jahresfrist infolge höherer Gewalt unmöglich war.

25 **Höhere Gewalt** ist eine besondere Art des Zufalls, dh eines in der Regel von außen wirkenden Ereignisses, welches der von ihm Betroffene nicht verschuldet hat und dessen Folgen er auch durch äußerste, von ihm vernünftigerweise zu erwartende Sorgfalt nicht verhüten konnte, wobei das geringste eigene Verschulden die höhere Gewalt ausschließt.[41]

§ 27 [Untätigkeit der Behörde]

(1) ¹Ein Antrag auf gerichtliche Entscheidung kann auch gestellt werden, wenn über einen Antrag, eine Maßnahme zu treffen, oder über eine Beschwerde oder einen anderen förmlichen Rechtsbehelf ohne zureichenden Grund nicht innerhalb von drei Monaten entschieden ist. ²Das Gericht kann vor Ablauf dieser Frist angerufen werden, wenn dies wegen besonderer Umstände des Falles geboten ist.

(2) ¹Liegt ein zureichender Grund dafür vor, daß über die Beschwerde oder den förmlichen Rechtsbehelf noch nicht entschieden oder die beantragte Maßnahme noch nicht erlassen ist, so setzt das Gericht das Verfahren bis zum Ablauf einer von ihm bestimmten Frist, die verlängert werden kann, aus. ²Wird der Beschwerde innerhalb der vom Gericht gesetzten Frist stattgegeben oder der Verwaltungsakt innerhalb dieser Frist erlassen, so ist die Hauptsache für erledigt zu erklären.

(3) Der Antrag nach Absatz 1 ist nur bis zum Ablauf eines Jahres seit der Einlegung der Beschwerde oder seit der Stellung des Antrags auf Vornahme der Maßnahme zulässig, außer wenn die Antragstellung vor Ablauf der Jahresfrist infolge höherer Gewalt unmöglich war oder unter den besonderen Verhältnissen des Einzelfalles unterblieben ist.

Schrifttum: *Bettermann* Der verwaltungsgerichtliche Rechtsschutz bei Nichtbescheidung des Widerspruchs oder des Vornahmeantrags, NJW 1960, 1081 ff.; *Uibel* Anmerkung, DÖV 1967, 789 f.

Übersicht

	Rn.		Rn.
I. Untätigkeit der Behörde	1–11	3. Entscheidung der Behörde innerhalb des gerichtlichen Verfahrens	9–11
1. Fristen	4–6		
2. Zureichender Grund für die Untätigkeit	7, 8	**II. Ausschluss nach Absatz 3**	12–14

I. Untätigkeit der Behörde

1 Beantragt der Betroffene einen Justizverwaltungsakt,[1] darf das verwaltungsrechtliche Vorverfahren die Anrufung des Gerichts zeitlich nicht unzumutbar lange hinauszögern. Eine wesentliche Bedingung für die Wirksamkeit des durch Art. 19 Abs. 4 GG gewährleisteten

---

[39] KK/*Mayer* Rn. 15.
[40] BVerwG 17.1.1980 – 5 C 32/79, NJW 1981, 698 (699); Meyer-Goßner/*Schmitt* Rn. 8.
[41] OVG Berlin 25.3.1965 – II B 59/64, NJW 1965, 1151.
[1] → § 23 Rn. 23 f.

Rechtsschutzes ist nämlich auch, dass eine sachliche Entscheidung des Gerichts noch „**zur rechten Zeit**" erlangt werden kann. Nach Auffassung des BVerfG trifft § 27 Abs. 1 S. 1 hierfür ausreichend Vorsorge.[2]

Die mit § 27 geschaffene Möglichkeit gegen eine Untätigkeit der Behörde vorzugehen, entspricht § 75 VwGO. Diese Untätigkeitsklage ist eine besondere Art der Anfechtungs- oder Verpflichtungsklage. Der Betroffene kann iRd § 27 zum einen dagegen vorgehen, dass über seinen Antrag eine Maßnahme, also einen **Justizverwaltungsakt,** zu erlassen, nicht entschieden wurde.[3] Es darf allerdings nicht nur allgemein ein inhaltsunbestimmtes Tätigwerden oder eine Bearbeitung des Falles beantragt werden – denn nach § 28 Abs. 2 könnte der Antragsteller selbst im Falle des Obsiegens nur den Erlass eines bestimmten Justizverwaltungsaktes erreichen, nicht aber ein Tätigwerden der Justizbehörde schlechthin.[4]

Zum anderen kann der Antragsteller sich aber auch dagegen wehren, dass über einen **förmlichen Rechtsbehelf** noch nicht entschieden wurde. Eine unbearbeitete Dienstaufsichtsbeschwerde erfüllt diese Voraussetzung jedoch nicht.

1. Fristen. Der Antrag nach Abs. 1 kann grundsätzlich erst drei Monate nach Beantragung des Justizverwaltungsaktes bzw. Einlegung des förmlichen Rechtsbehelfs gestellt werden. Die **Fristberechnung** erfolgt über § 222 ZPO, § 16 Abs. 2 FamFG iVm §§ 186 ff. BGB.

Ausnahmsweise kann der Antrag aber schon vor Ablauf der drei Monate gestellt werden, wenn dies wegen **besonderer Umstände** des Falles geboten ist (objektive Eilbedürftigkeit). Dies ist der Fall, wenn die gerichtliche Entscheidung wegen gewichtiger Belange des Antragstellers (zB Hochzeit oder Teilnahme an einer Beerdigung) sonst zu spät käme.[5]

Nicht immer wird der Antragsteller abschätzen können, ob diese Ausnahme bei ihm vorliegt. Kommt das Gericht zu der Entscheidung die Drei-Monats-Frist ist noch nicht verstrichen, so sollte das Verfahren zweckmäßigerweise und aus prozesswirtschaftlichen Gründen bis zum Ablauf dieser Frist **ausgesetzt werden**. Zwar ist die Klage vor Ablauf der in Abs. 1 bestimmten Frist verfrüht erhoben worden, jedoch ist dieser Mangel durch den Ablauf der Frist während des Gerichtsverfahrens bis zur gerichtlichen Sachentscheidung heilbar[6]

2. Zureichender Grund für die Untätigkeit. Es entspricht zwar der gesetzlichen Grundannahme, dass eine Behörde innerhalb von drei Monaten eine Entscheidung über eine beantragte Maßnahme oder einen Rechtsbehelf trifft, gleichwohl kann es aber **im Einzelfall** Gründe dafür geben, dass die Entscheidung nicht innerhalb dieser Regelbearbeitungszeit getroffen werden kann. Derartige Gründe können besondere Schwierigkeiten bei der Sach- und Rechtslage sein, aber auch eine (außergewöhnliche und nur vorübergehende) Arbeitsbelastung der Behörde.[7] Mangelnde Dringlichkeit ist allerdings kein (zureichender) Grund für eine Nichtbescheidung.[8]

Über Abs. 2 kann einer solchen besonderen Situation Rechnung getragen und der Behörde vom Gericht eine **angemessene Handlungs- und Entscheidungsfrist** eingeräumt werden. Diese gerichtliche Frist kann auch verlängert werden. Während dieser Frist wird das gerichtliche Verfahren ausgesetzt.

3. Entscheidung der Behörde innerhalb des gerichtlichen Verfahrens. Es sind verschiedene Konstellationen denkbar, wie die Behörde über den Antrag des Betroffenen

---

[2] BVerfG 28.10.1975 – 2 BvR 883/73, NJW 1976, 34 (36).
[3] KG 20.12.1967 – 2 VAs 67/67, NJW 1968, 609.
[4] Vgl. OVG Münster 11.9.1973 – IV B 496/73, DÖV 1974, 97; VGH Mannheim 11.10.1974 – VI 1037/74, NJW 1975, 707; Löwe/Rosenberg/*Böttcher* Rn. 2.
[5] KK/*Mayer* Rn. 4.
[6] BVerwG 20.1.1966 – I C 24/63, BVerwGE 23, 135 = NJW 1966, 750; *Bettermann* NJW 1960, 1081 (1085); KK/*Mayer* Rn. 2; Löwe/Rosenberg/*Böttcher* Rn. 5.
[7] MüKoZPO/*Pabst* Rn. 4.
[8] OLG Celle 14.6.1985 – 3 Ws 257/85, NStZ 1985, 576.

entscheidet, die unterschiedliche Auswirkungen auf das weitere Verfahren haben. In jedem Fall endet das Untätigkeitsverfahren nach § 27 immer dann, wenn die Behörde eine Entscheidung getroffen hat.

10 Hat die Behörde den vom Antragsteller beantragten Justizverwaltungsakt erlassen, so wird **die Hauptsache für erledigt** erklärt. Dies kommt allerdings nur in Betracht, wenn der Antragsteller einen Rechtsanspruch auf die beantragte Maßnahme hat.[9] Trotz Erlass der gewünschten Maßnahme kommt aber auch eine Feststellung der Rechtswidrigkeit nach § 28 Abs. 1 S. 4 in Frage.

11 Lehnt die Behörde den Antrag ab, so kann der Antrag als **Verpflichtungsantrag** oder als **Anfechtungsantrag** (falls die Aufhebung eines Justizverwaltungsaktes begehrt wird) weiterverfolgt werden.[10] Allerdings muss in diesem Fall ein eventuell nach § 24 Abs. 2 erforderliches **Vorschaltverfahren** noch durchgeführt werden, da sonst der Antragsteller das Vorverfahren durch den Antrag nach § 27 umgehen könnte.[11]

II. Ausschluss nach Absatz 3

12 Der Antrag nach Absatz 1 ist grundsätzlich nur bis zum Ablauf **eines Jahres** seit der Einlegung der Beschwerde oder seit der Stellung des Antrags auf Vornahme der Maßnahme zulässig. Wird diese Ausschlussfrist versäumt, kommt auch eine Wiedereinsetzung nicht in Betracht.[12]

13 **Ausnahmsweise** kann die Jahresfrist aber durchbrochen werden, wenn dem Betroffenen die Antragstellung vor Ablauf der Jahresfrist infolge höherer Gewalt[13] unmöglich war oder wegen der besonderen Verhältnisse des Einzelfalles unterblieben ist.[14] Letzteres kann zB vorliegen, wenn ein Zwischenbescheid auf Hinderungsgründe oder einen Musterprozess hinweist,[15] oder wenn ein unvorhergesehener Arbeitsandrang infolge einer Gesetzesänderung vorliegt und die Justizbehörde dies mitgeteilt hat oder auch bei einer schwierigen Sach- und Rechtslage die mit einem Schriftwechsel und Verhandeln der Parteien verbunden ist.[16]

14 Das Vorliegen dieser Umstände verlängert die Jahresfrist aber nicht unbegrenzt oder lässt diese nach Fortfall der besonderen Verhältnisse neu beginnen. Vielmehr muss nach Wegfall des Hindernisses innerhalb der Zwei-Wochen-Frist des **§ 26 Abs. 3 S. 1** der Antrag gestellt werden.[17]

§ 28 [Entscheidung des Gerichts]

(1) ¹Soweit die Maßnahme rechtswidrig und der Antragsteller dadurch in seinen Rechten verletzt ist, hebt das Gericht die Maßnahme und, soweit ein Beschwerdeverfahren (§ 24 Abs. 2) vorausgegangen ist, den Beschwerdebescheid auf. ²Ist die Maßnahme schon vollzogen, so kann das Gericht auf Antrag auch aussprechen, daß und wie die Justiz- oder Vollzugsbehörde die Vollziehung rückgängig zu machen hat. ³Dieser Ausspruch ist nur zulässig, wenn die Behörde dazu in der Lage und diese Frage spruchreif ist. ⁴Hat sich die Maßnahme vorher durch Zurück-

---

[9] Vgl. BVerwG 28.3.1968 – VIII C 22/67, NJW 1968, 1643.
[10] OLG Hamburg 14.2.1963 – VAs 54/62, GA 1963, 316; OLG Hamm 14.12.1989 – 1 VAs 61/89, MDR 1990, 465.
[11] OLG Hamm 14.12.1989 – 1 VAs 61/89, MDR 1990, 465; KK/*Mayer* Rn. 3; aA OLG Celle 14.6.1985 – 3 Ws 257/85, NStZ 1985, 576; vermittelnd: Löwe/Rosenberg/*Böttcher* Rn. 8.
[12] Löwe/Rosenberg/*Böttcher* Rn. 9.
[13] Zum Begriff → § 26 Rn. 25.
[14] Vgl. BVerwG 20.1.1967 – VII C 4.66, DÖV 1967, 787 (788); siehe auch *Bettermann* NJW 1960, 1081 (1082).
[15] BVerwG 21.4.1972 – VII C 80/70, NJW 1972, 1682.
[16] *Uibel* DÖV 1967, 789.
[17] Vgl. BVerwG 15.12.1972 – VII C 48/70, MDR 1973, 523; OVG Münster 26.4.1972 – III A 34/71, DÖV 1972, 799; Meyer-Goßner/*Schmitt* Rn. 2.

nahme oder anders erledigt, so spricht das Gericht auf Antrag aus, daß die Maßnahme rechtswidrig gewesen ist, wenn der Antragsteller ein berechtigtes Interesse an dieser Feststellung hat.

(2) ¹Soweit die Ablehnung oder Unterlassung der Maßnahme rechtswidrig und der Antragsteller dadurch in seinen Rechten verletzt ist, spricht das Gericht die Verpflichtung der Justiz- oder Vollzugsbehörde aus, die beantragte Amtshandlung vorzunehmen, wenn die Sache spruchreif ist. ²Andernfalls spricht es die Verpflichtung aus, den Antragsteller unter Beachtung der Rechtsauffassung des Gerichts zu bescheiden.

(3) Soweit die Justiz- oder Vollzugsbehörde ermächtigt ist, nach ihrem Ermessen zu handeln, prüft das Gericht auch, ob die Maßnahme oder ihre Ablehnung oder Unterlassung rechtswidrig ist, weil die gesetzlichen Grenzen des Ermessens überschritten sind oder von dem Ermessen in einer dem Zweck der Ermächtigung nicht entsprechenden Weise Gebrauch gemacht ist.

(4) Hat das Gericht die Rechtsbeschwerde gegen seine Entscheidung zugelassen (§ 29), ist dem Beschluss eine Belehrung über das Rechtsmittel sowie über das Gericht, bei dem es einzulegen ist, dessen Sitz und über die einzuhaltende Form und Frist beizufügen.

Schrifttum: *Altenhain,* Die strafgerichtliche Rechtsprechung zum Rechtsschutz gegen Justizverwaltungsakte, JZ 1966, 16 ff.; *Amelung,* Probleme des Rechtsschutzes gegen strafprozessuale Grundrechtseingriffe, NJW 1979, 1687 ff.; *Bachof,* Beurteilungsspielraum, Ermessen und unbestimmter Rechtsbegriff im Verwaltungsrecht, JZ 1955, 97 ff.; *ders.,* Der maßgebende Zeitpunkt für die gerichtliche Beurteilung von Verwaltungsakten, JZ 1954, 416 ff.; *Dörr,* Rechtsschutz gegen vollzogene Durchsuchungen und Beschlagnahmen im Strafermittlungsverfahren, NJW 1984, 2258 ff.; *Haueisen,* Verwaltungsakte mit Dauerwirkung, NJW 1958, 1065 ff.; *Katholnigg,* Anmerkung, JR 1983, 388; *Maetzel,* Bemerkungen zum richterlichen Rechtsschutz im Strafvollzug, DÖV 1970, 459 ff.; *Neuling,* Unterlassung und Widerruf vorverurteilender Medienauskünfte der Ermittlungsbehörden, StV 2008, 387 ff.; *Rieß,* Neuordnung des Rechtsschutzes gegen strafprozessuale Zwangsmaßnahmen, ZRP 1981, 101 ff.; *Schenke,* Rechtsprechungsübersicht zum Verwaltungsprozess – Teil 2, JZ 1996, 1055 ff.; *Sommermeyer,* Anmerkung, JR 1991, 517 f.; *ders.,* Schutz der Wohnung gegenüber strafprozessualen Zwangsmaßnahmen, ein Phantom?, JR 1990, 493 ff.; *Treptow,* Gerichtliche Kontrolle von Ermessensentscheidungen und unbestimmten Rechtsbegriffen im Strafvollzugsrecht, NJW 1978, 2227 ff.; *Wohlers,* Das berechtigte Interesse an der Feststellung der Rechtswidrigkeit eines erledigten strafprozessualen Zwangsmitteleinsatzes, GA 1992, 214 ff.; *M. Wolf,* Anmerkung, StV 1992, 55 f.

Übersicht

	Rn.		Rn.
I. Allgemeines	1, 2	IV. Verpflichtung zur Vornahme einer Maßnahme (Abs. 2 und 3)	13–20
II. Maßgeblicher Zeitpunkt der Sach- und Rechtslage	3, 4	1. Ermessensentscheidungen	16–18a
		2. Fehlende Angaben zum Ermessen	19
III. Aufhebung einer Maßnahme (Abs. 1)	5–12	3. Unbestimmte Rechtsbegriffe	20
		V. Rechtsbehelfsbelehrung (Abs. 4)	21
1. Folgenbeseitigung	6	VI. Einstweiliger Rechtsschutz	22–24
2. Feststellung der Rechtswidrigkeit	7–12	VII. Verfahrensvorschriften	25

I. Allgemeines

§ 28 ist den §§ 113, 114 VwGO nachgebildet und regelt die Entscheidungsmöglichkeiten **1** des Gerichts bei einer Anfechtungs- und Verpflichtungsklage. Soweit diese Klagearten nicht ausreichen, um die berechtigten Interessen des Antragsstellers zu verwirklichen, muss berücksichtigt werden, dass die §§ 23 ff. **eine Konkretisierung der Rechtsweggarantie** des Art. 19 Abs. 4 GG sind und damit einen lückenlosen, umfassenden Rechtsschutz gegen alle Rechtsverletzungen durch die öffentliche Gewalt gewährleisten müssen.[1] Dem Anliegen

---
[1] BVerfG 12.11.1958 – 2 BvL 4/56, NJW 1959, 475 (477); 12.1.1960 – 1 BvL 17/59, NJW 1960, 331; BGH 21.9.1953 – III ZR 304/52, NJW 1954, 32 (33).

des Antragstellers muss daher gegebenenfalls mit einer Feststellungsklage, einer (allgemeinen) Leistungsklage oder einem vorbeugenden Unterlassungsantrag abgeholfen werden.[2] Der Umstand, dass diese im Gegensatz zur VwGO nicht ausdrücklich geregelt sind, kann angesichts der verfassungsrechtlichen Vorgaben, dabei keine Rolle spielen.

2 Aus Art. 19 Abs. 4 GG folgend, ist das Oberlandesgericht zudem dazu verpflichtet, den Sachverhalt **in tatsächlicher und rechtlicher Hinsicht umfänglich zu prüfen**.[3] Das BVerfG hat bereits darauf hingewiesen, dass ein Oberlandesgericht, wenn es über die Rechtmäßigkeit von Justizverwaltungsakten entscheidet, nicht die Stellung eines Revisionsgerichts hat, welches den (richterlich) festgestellten Sachverhalt nicht nachzuprüfen hat, sondern dass es, wie jede verwaltungsgerichtliche Tatsacheninstanz, verpflichtet ist, den Sachverhalt selbst festzustellen. Das bedeutet, dass das OLG ggf., insbesondere wenn die behördlichen Tatsachenfeststellungen bestritten wird, auch **Beweis erheben muss**.[4] Eine Bindung an die Feststellungen der Justizbehörde ist also nicht gegeben.[5]

II. Maßgeblicher Zeitpunkt der Sach- und Rechtslage

3 Im Rahmen einer **Anfechtungsklage** ist die Sach- und Rechtslage zum Zeitpunkt des Erlasses des Justizverwaltungsaktes bzw. der Beschwerdeentscheidung nach § 24 Abs. 2 entscheidend.[6] Bei **Justizverwaltungsakten mit Dauerwirkung**,[7] deren Aufhebung begehrt wird, kommt es hingegen auf den Zeitpunkt der Entscheidung des OLG an. Es erfolgt eine Aufhebung ex nunc.[8] Bei einer **Verpflichtungsklage** ist ebenfalls die Sach- und Rechtslage im Zeitpunkt der Entscheidung des OLG maßgeblich.[9]

4 Lagen bei einem Justizverwaltungsakt, der im Anfechtungsverfahren angegriffen wird, bereits Umstände vor, die aber bei Erlass der Maßnahme nicht in deren Begründung aufgenommen wurden, dürfen diese von der Justizbehörde im gerichtlichen Verfahren noch vorgebracht werden (sog. **Nachschieben von Gründen**). Das OLG muss ohnehin die Rechtmäßigkeit der Maßnahme in sachlicher und rechtlicher Hinsicht eigenständig prüfen, so dass durch das Nachschieben der Antragsteller keinen Rechtsnachteil erleidet. Allerdings darf der Justizverwaltungsakt durch das Nachschieben der Gründe nicht in seinem Wesen geändert werden.[10]

III. Aufhebung einer Maßnahme (Abs. 1)

5 War ein Justizverwaltungsakt rechtswidrig und wurde der Antragsteller dadurch in seinen Rechten verletzt ist, **hebt das Gericht** gemäß Abs. 1 S. 1 die Maßnahme und, soweit ein Beschwerdeverfahren (§ 24 Abs. 2) vorausgegangen ist, den entsprechenden Beschwerdebescheid **auf**. War der Justizverwaltungsakt nur teilweise rechtswidrig, ist er auch nur in diesem Umfang („soweit") aufzuheben.[11]

---

[2] Strittig, wie hier Löwe/Rosenberg/*Böttcher* Rn. 1; → § 23 Rn. 36 ff.
[3] BVerfG 28.1.1970 – 2 BvR 319/62, NJW 1970, 853 (854 f.); BGH 15.2.1972 – 5 AR (VS) 1/72, NJW 1972, 780 (781); OLG Hamburg 4.1.1978 – Vollz (Ws) 20/77, MDR 1978, 428.
[4] BVerfG 15.2.1967 – 2 BvR 658/65, NJW 1967, 923 (924). Siehe insoweit aber KG 20.12.1967 – 2 VAs 28/67, NJW 1968, 608 welches die Form der Beweisaufnahme selbst bestimmen will, hiergegen zutreffend *Maetzel* DÖV 1970, 459 (462).
[5] *Altenhain* JZ 1966, 16 (18); KK/*Mayer* Rn. 2.
[6] KG 8.10.1976 – 2 VAs 37.76, GA 1977, 115 (116); OLG Frankfurt a. M. 18.10.1985 – 3 Ws 819/85, NStZ 1986, 240; Meyer-Goßner/*Schmitt* Rn. 3; siehe auch *Schenke* JZ 1996, 1055 (1067).
[7] Siehe zu diesen *Bachof* JZ 1954, 416 (419); *Haueisen* NJW 1958, 1065 ff.
[8] BVerwG 5.8.1965 – I C 69.62, DVBl 1966, 314 (316); 9.2.1967 – I C 2.66, DVBl 1967, 382 (383); KG 8.9.1972 – 2 VAs 23/72, GA 1973, 49; *Schenke* JZ 1996, 1055 (1068).
[9] BVerwG 26.4.1968 – VI C 104.63, BVerwGE 29, 304 = DVBl 1968, 644 f.; OLG Frankfurt a. M. 18.10.1985 – 3 Ws 819/85, NStZ 1986, 240; MüKoZPO/*Pabst* Rn. 13.
[10] BVerwG 5.2.1993 – 7 B 107/92, NVwZ 1993, 976 (977); KK/*Mayer* Rn. 8; Löwe/Rosenberg/*Böttcher* Rn. 2; *Schenke* JZ 1996, 1055 (1069).
[11] Vgl. zur Teilanfechtung eines Verwaltungsaktes BVerwG 27.1.1966 – II C 191.62, DVBl 1966, 691.

1. Folgenbeseitigung. Ist die Maßnahme schon vollzogen worden, so kann das Gericht **6**
auf Antrag auch anordnen, **das und wie** die Justiz- oder Vollzugsbehörde die Vollziehung
rückgängig zu machen hat.[12] Voraussetzung hierfür ist jedoch, dass die Behörde dazu rechtlich und tatsächlich (noch) in der Lage und diese Frage spruchreif ist. Dieser Folgenbeseitigungsanspruch dient der Wiederherstellung des Rechtsfriedens und der Prozessökonomie. Stellt der Betroffene von sich aus keinen entsprechenden Antrag, sollte er vom OLG darum angeregt werden.[13] Ist der Vollzug der Maßnahme nicht mehr rückgängig zu machen, kommt regelmäßig nur noch die Feststellung der Rechtswidrigkeit nach Abs. 1 S. 4 in Betracht.[14]

2. Feststellung der Rechtswidrigkeit. Hat sich die Maßnahme vor der gerichtlichen **7**
Entscheidung durch Zurücknahme oder anders erledigt, so spricht das Gericht auf Antrag aus, dass die Maßnahme **rechtswidrig gewesen ist,** wenn der Antragsteller ein berechtigtes Interesse an dieser Feststellung hat. Diese Feststellung kommt sowohl in Betracht, wenn die Erledigung während des gerichtlichen Verfahrens, als auch wenn diese vorprozessual eingetreten ist – nur so kann dem Antragsteller umfassender Rechtsschutz iSd Art. 19 Abs. 4 GG verschafft werden.[15] Ein Vorschaltverfahren nach § 24 Abs. 2 ist in diesen Fällen entbehrlich.[16]

Die Feststellung der Rechtswidrigkeit kommt nach zutreffender Auffassung nicht nur **8**
bei einer Anfechtungsklage, sondern auch bei einer **erledigten Verpflichtungsklage** in Betracht.[17] Angesichts des durch Art. 19 Abs. 4 GG vermittelten Rechtsschutzes kommt es hierbei nicht darauf an, dass eine solche Feststellung ansonsten dem strafprozessualen Rechtsschutz fremd ist.[18]

Erledigt ist ein Justizverwaltungsakt, wenn er den Antragsteller nicht mehr beschwert.[19] **9**
Dies kommt zB in Betracht, wenn er zurückgenommen wurde, sich durch Zeitablauf erledigt hat, eine Rechtsänderung eingetreten ist oder die Maßnahme durch eine andere ersetzt wurde.[20] Darüber hinaus ist auch die vollständige und nicht mehr rückgängig zu machende Vollziehung als Erledigung anzusehen.[21]

Der Antragsteller kann die Feststellung der Rechtswidrigkeit nur beantragen, wenn er **10**
ein **berechtigtes Interesse** hieran hat.[22] Ein solches folgt nicht bereits – wie auch der Wortlaut von Abs. 1 S. 4 verdeutlicht – aus der Rechtswidrigkeit der Maßnahme an sich.[23] Der Antragsteller muss vielmehr substantiiert, unter Bezugnahme auf konkrete Tatsachen, darlegen, warum bei ihm ein berechtigtes Interesse besteht.[24] Vage Vermutungen und bloße allgemeine Befürchtungen des Betroffenen genügen hierbei nicht.[25]

Das Feststellungsinteresse kann zB bei einer **Wiederholungsgefahr** angenommen werden.[26] Ebenso bei einer **fortwirkenden Diskriminierung,** wenn der Antragsteller unter **11**

---

[12] Vgl. OLG Hamburg 23.1.1970 – VAs 70/69, NJW 1970, 1811; *Neuling* StV 2008, 387 (390).
[13] Löwe/Rosenberg/*Böttcher* Rn. 3.
[14] KG 8.9.1971 – 2 VAs 43/70, NJW 1972, 169; OLG Hamm 21.8.1986 – 1 VAs 68/86, NStZ 1987, 183.
[15] OLG Frankfurt a. M. 24.8.1965 – 3 VAs 67/64, NJW 1965, 2315; KG 8.9.1971 – 2 VAs 43/70, NJW 1972, 169.
[16] OLG Stuttgart 27.8.1984 – 4 VAs 24/84, NStZ 1984, 574; aA Löwe/Rosenberg/*Böttcher* § 24 Rn. 16.
[17] BVerwG 30.10.1969 – VIII C 149.67, DVBl 1970, 276 (277); KG 6.9.1984 – 5 Ws 352/84, StV 1985, 70; Löwe/Rosenberg/*Böttcher* Rn. 6; Meyer-Goßner/*Schmitt* Rn. 7.
[18] So aber OLG Karlsruhe 10.5.1985 – 4 Ws 85/85, NStZ 1985, 525 (526).
[19] BGH 25.1.1973 – III ZR 256/68, NJW 1973, 616 (617).
[20] KK/*Mayer* Rn. 16; siehe auch OLG Frankfurt a. M. 27.6.1979 – 3 Ws 427/79, GA 1980, 29 f.
[21] BGH 26.6.1979 – 5 ARs (Vs) 59/78, NJW 1980, 351; KG 8.9.1971 – 2 VAs 43/70, NJW 1972, 169.
[22] Dieses Erfordernis ist verfassungsrechtlich zulässig: BVerfG 26.3.1984 – 2 BvR 201/84, wistra 1984, 221 f.
[23] BGH 26.6.1990 – 5 AR (VS) 8/90, NJW 1990, 2758 (2760); für geringere Anforderungen zB *Sommermeyer* JR 1990, 493 (499); *ders.* JR 1991, 517 f.; *M. Wolf* StV 1992, 55 f.
[24] OLG Karlsruhe 13.6.1986 – 4 VAs 23/85, NStZ 1986, 567 (568); OLG Nürnberg 30.6.1986 – VAs 854/85, NStZ 1986, 575 (576).
[25] KG 1.9.1983 – 4 VAs 4/83, GA 1984, 24; 9.6.1985 – 3 AR 75/85, NStZ 1986, 135; OLG Koblenz 21.12.1993 – 3 VAs 25/93, StV 1994, 284 (286).
[26] KG 8.10.1976 – 2 VAs 37.76, GA 1977, 115; OLG Frankfurt a. M. 12.8.1996 – 3 VAs 15/96, NStZ-RR 1996, 364; OLG Hamm 26.11.1984 – 1 VAs 115/84, NJW 1985, 2040; OLG Koblenz 30.5.1986 – 2 VAs 20/85, NJW 1986, 3093 (3094); OLG Stuttgart 27.8.1984 – 4 VAs 24/84, NStZ 1984, 574; *Wohlers* GA 1992, 214 (227 ff.); *M. Wolf* StV 1992, 55 f.

Zugrundelegung eines objektiven Maßstabes einer erniedrigenden, seine Menschenwürde verletzenden Behandlung unterworfen wurde oder durch die Maßnahme sein Ansehen in der Öffentlichkeit herabgesetzt wurde.[27] Auch die **Art und Weise der Durchführung** einer strafprozessualen Maßnahme kann eine fortwirkende Diskriminierung bewirken. Hierbei ist aber zum einen zu beachten, dass in diesen Fällen Rechtsschutz vorrangig über § 98 Abs. 2 StPO (analog) gewährt wird.[28] Zum anderen hat die bloße Verdächtigung keine diskriminierende Wirkung, zumal diese im Strafverfahren überprüft wird und dort dem Rehabilitierungsinteresse des Betroffenen in der Regel Genüge getan wird.[29] Das BVerfG hat aber betont, dass auch bei **tiefgreifenden Grundrechtseingriffen,** selbst wenn diese tatsächlich nicht mehr fortwirken, ein Feststellungsinteresse besteht.[30]

12   **Kein berechtigtes** Interesse besteht, wenn die Feststellung für die Geltendmachung von Ansprüchen aus Amtspflichtverletzung (Art. 34 GG, § 839 BGB) begehrt wird. In der verwaltungsgerichtlichen Rechtsprechung zu § 113 Abs. 1 S. 4 VwGO wird zwar eine Feststellungsklage zur Vorbereitung eines **Schadensersatzanspruch**es für zulässig gehalten, sofern der Zivilprozess nicht offensichtlich aussichtslos ist oder die Feststellung ihn nicht erleichtern, insbesondere nicht zu einer Verbesserung des Antragstellers führen kann.[31] Für das gerichtliche Verfahren nach §§ 23 ff. gilt jedoch, dass der Antragsteller im Amtshaftungsprozess ausreichenden Rechtsschutz erlangen kann, da das hierfür zuständige Zivilgericht, die Frage der Rechtswidrigkeit der Maßnahme eigenständig feststellen kann,[32] auch wenn es an eine Entscheidung nach § 28 gebunden wäre.[33] Einer zusätzlichen bzw. vorbereitenden Feststellungsklage vor dem OLG bedarf es daher nicht. Der Antragsteller ist nicht gehindert, sofort Amtshaftungsklage zu erheben. Zum Teil wird allerdings eine Feststellung nach Abs. 1 S. 4 dann für zulässig gehalten, wenn das Verfahren vor dem OLG im Zeitpunkt der Erledigung entscheidungsreif ist.[34]

IV. Verpflichtung zur Vornahme einer Maßnahme (Abs. 2 und 3)

13   War die Ablehnung oder die Unterlassung eines Justizverwaltungsaktes rechtswidrig und wurde der Antragsteller dadurch in seinen Rechten verletzt, hat das Gericht zwei Entscheidungsmöglichkeiten. Bei Spruchreife spricht es die **Verpflichtung** der Justiz- oder Vollzugsbehörde aus, die beantragte Amtshandlung vorzunehmen.

14   **Spruchreife** ist gegeben, wenn keine weiteren Erhebungen mehr erforderlich sind. Bei Ermessensentscheidungen liegt dies allerdings nur bei einer **Ermessensreduzierung auf Null** vor, wenn also jede andere Ermessensausübung rechtsfehlerhaft wäre.[35]

15   Ist die Sache **nicht spruchreif** oder bei Ermessensentscheidungen spricht das Gericht hingegen die Verpflichtung der Justizbehörde aus, den Antragsteller unter Beachtung der Rechtsauffassung des Gerichts zu bescheiden **(Bescheidungsurteil).**

---

[27] BGH 26.6.1990 – 5 AR (VS) 8/90, BGHSt 37, 79 (83) = NJW 1990, 2758 (2760); VGH Mannheim 15.11.1983 – 9 S 959/82, NJW 1984, 1832 (1833); *Wohlers* GA 1992, 214 (226); siehe auch *Amelung* NJW 1979, 1687 (1688 f.); *Rieß* ZRP 1981, 101 (103). Nur auf eine Diskriminierung abstellend *Dörr* NJW 1984, 2258 (2261).
[28] → § 23 Rn. 12.
[29] BGH 26.6.1990 – 5 AR (VS) 8/90, BGHSt 37, 79 (83) = NJW 1990, 2758 (2759); OLG Nürnberg 30.6.1986 – VAs 854/85, NStZ 1986, 575; Löwe/Rosenberg/*Böttcher* Rn. 11.
[30] BVerfG 30.4.1997 – 2 BvR 817/90, NJW 1997, 2163 f.; 24.3.1998 – 1 BvR 1935/96, NJW 1998, 2131 (2132); 18.12.2002 – 2 BvR 1660/02, NJW 2003, 1514 (1515); ebenso OVG Münster 13.11.1992 – 12 A 949/90, DVBl 1993, 567 (schwerwiegender Grundrechtseingriff).
[31] BVerwG 28.4.1967 – IV C 163/65, NJW 1967, 1819 f.; 15.12.1972 – IV C 18/71, NJW 1973, 1014.
[32] KG 9.6.1985 – 3 AR 75/85, NStZ 1986, 135; OLG Frankfurt a. M. 24.8.1965 – 3 VAs 67/64, NJW 1965, 2315; OLG Karlsruhe 13.6.1986 – 4 VAs 23/85, NStZ 1986, 567 (568); Meyer-Goßner/*Schmitt* Rn. 8; *Wohlers* GA 1992, 214 (219 f.); aA *Dörr* NJW 1984, 2258 (2261).
[33] BGH 17.3.1994 – III ZR 15/93, NJW 1994, 1950 (1951).
[34] OLG Hamm 21.8.1986 – 1 VAs 68/86, NStZ 1987, 183; KK/*Mayer* Rn. 20; Löwe/Rosenberg/*Böttcher* Rn. 13.
[35] Vgl. BVerwG 12.7.1963 – IV C 177/62, BVerwGE 16, 214 (218) = NJW 1963, 1890 (1891); KG 27.1.2009 – 1 VAs 2/09, StV 2009, 594 (595).

1. Ermessensentscheidungen. Soweit die Justiz- oder Vollzugsbehörde ermächtigt ist, nach ihrem Ermessen zu handeln, prüft das Gericht gemäß Abs. 3 auch, ob die Maßnahme oder ihre Ablehnung oder Unterlassung rechtswidrig ist, weil die **gesetzlichen Grenzen des Ermessens** überschritten sind oder von dem Ermessen in einer dem Zweck der Ermächtigung nicht entsprechenden Weise Gebrauch gemacht wurde. Die Ausübung des Ermessens setzt dabei stets ein Abwägen des Für und Wider der sich gegenüberstehenden Belange voraus. Dies bedingt, dass die insoweit angestellten Überlegungen aus der Begründung der Entscheidung erkennbar sind.[36] In keinem Fall kann das Gericht sein Ermessen an die Stelle der Behörde setzen.[37]

Die Überprüfung von Ermessensentscheidung ist darauf beschränkt, ob die Justizbehörde von einem zutreffend ermittelten Sachverhalt ausgegangen ist und ob eine Ermessensüberschreitung oder ein Ermessensfehler vorliegt. Eine **Ermessensüberschreitung** liegt vor, wenn die Behörde eine Entscheidungsmöglichkeit wählt, die durch die Ermächtigungsgrundlage nicht gedeckt ist, für die es also an einer Rechtsgrundlage fehlt. **Ermessensfehler**haft ist es demgegenüber, wenn die Behörde sich bei ihrer Entscheidung von Gesichtspunkten leiten lässt, die nach Sinn und Zweck der Ermächtigungsnorm keine Rolle spielen dürfen oder aber jene Aspekte außer Acht lässt, auf die es bei der Entscheidung gerade ankommen soll.[38] Auch wenn die Behörde nicht erkennt, dass sie überhaupt Ermessen hat, handelt sie ermessensfehlerhaft.[39]

Nach zutreffender Auffassung kann die Behörde sowohl im Vorschaltverfahren als auch im gerichtlichen Verfahren die erforderlichen Ausführungen zum Ermessen grundsätzlich **nachholen,** da es für die Verpflichtungsklage auf die Sach- und Rechtslage zum Zeitpunkt der Entscheidung des OLG ankommt.[40] Im Verwaltungsverfahren trifft § 114 S. 2 VwGO zu diesem prozessualen Problem eine ausdrückliche Regelung. In der verwaltungsgerichtlichen Rechtsprechung und Literatur ist allerdings anerkannt, dass dies **nicht in jedem Fall zulässig** ist, so etwa wenn der Verwaltungsakt durch das Nachschieben von Gründen in seinem Wesen geändert wird oder die Behörde nunmehr erstmals Ermessen ausübt.[41]

§ 28 enthält zwar keine dem § 114 S. 2 VwGO vergleichbare explizite Bestimmung, gleichwohl folgt aus der Nähe des gerichtlichen Verfahrens der §§ 23 ff. zum Verwaltungsprozess die grundsätzliche Zulässigkeit eines solchen **Nachschieben**s **von Gründen** durch die Behörde,[42] mit den Einschränkungen, die im Verwaltungsrecht anerkannt sind.

2. Fehlende Angaben zum Ermessen. Schon früh hat das BVerfG ausgesprochen, dass der Bürger, in dessen Rechte eingegriffen wird, einen Anspruch darauf hat, die Gründe dafür zu erfahren, denn nur so kann er seine Rechte sachgemäß verteidigen.[43] Enthält der Justizverwaltungsakt keine Angaben, die eine Überprüfung der Ermessensentscheidung ermöglichen, also teilt er nicht die wesentlichen Gesichtspunkte der Entscheidung mit und lässt keine Abwägung der für und gegen die Entscheidung sprechende Aspekte erkennen, so muss er aufgehoben werden.[44] Etwas anderes gilt nur, wenn die

---

[36] OLG Hamm 19.4.1967 – 1 VAs 7/67, NJW 1967, 1976. → Rn. 19.
[37] Meyer-Goßner/*Schmitt* Rn. 10.
[38] KK/*Mayer* Rn. 3. Siehe auch KG 9.11.2007 – 1 VAs 69/07, NStZ-RR 2009, 27; OLG Frankfurt a. M. 5.5.2009 – 3 VAs 16/09, NStZ-RR 2009, 214 (215); OLG Hamm 22.4.2008 – 1 VAs 20/08, StV 2009, 204; OLG Jena 24.7.2008 – 1 VAs 2/08, NStZ-RR 2009, 156 f.
[39] BVerwG 4.9.1978 – 1 DB 22.78, DÖV 1979, 334 f.; KG 23.1.2012 – 4 VAs 10/12, StraFo 2012, 337 f.
[40] Meyer-Goßner/*Schmitt* Rn. 10.
[41] Vgl. BVerwG 28.4.1966 – II C 68.63, DÖV 1967, 62 (63); OLG Hamm 19.4.1967 – 1 VAs 7/67, NJW 1967, 1976; Eyermann/*Rennert* VwGO § 114 Rn. 90; Kopp/Schenke VwGO § 114 Rn. 49 ff.
[42] Löwe-Rosenberg/*Böttcher* Rn. 21. → Rn. 4.
[43] BVerfG 16.1.1957 – 1 BvR 253/56, JZ 1957, 167 (169).
[44] KG 28.6.1972 – 2 VAs 13/72, GA 1973, 180 (181); OLG Frankfurt a. M. 8.11.1965 – 3 VAs 46/65, NJW 1966, 465 (466); OLG Karlsruhe 21.12.1982 – 4 VAs 140/82, JR 1983, 386 (387); *Altenhain* JZ 1966, 16 (18); *Katholnigg* JR 1983, 388.

Gründe für diese Entscheidung derart auf der Hand liegen, dass sie sich praktisch von selbst verstehen und sie jeder Beteiligte ohne nähere Erörterung erkennen kann.[45]

20 **3. Unbestimmte Rechtsbegriffe.** Unbestimmte Rechtsbegriff in einer Ermächtigungsnorm, welche die Grundlage für eine Ermessensentscheidung darstellen (zB „wichtiger Grund", „öffentliches Interesse"), unterliegen der vollen gerichtlichen Nachprüfung, auf diese bezieht sich Abs. 3 nicht.[46]

V. Rechtsbehelfsbelehrung (Abs. 4)

21 Hat das Gericht die Rechtsbeschwerde gegen seine Entscheidung zugelassen (§ 29), so muss seit dem 1.1.2014[47] dem Beschluss eine Belehrung über das Rechtsmittel sowie über das Gericht, bei dem es einzulegen ist, dessen Sitz und über die einzuhaltende Form und Frist beigefügt werden. Absatz 4 entspricht damit § 39 FamFG, § 232 ZPO und verdeutlicht den Grundsatz, dass jede anfechtbare gerichtliche Entscheidung eine Belehrung über den statthaften Rechtsbehelf enthalten muss.[48]

VI. Einstweiliger Rechtsschutz

22 In den §§ 23 ff. ist nicht wie in § 123 VwGO die Möglichkeit einstweiligen Rechtsschutzes normiert. Allerdings hat das BVerfG schon darauf hingewiesen, dass die Rechtsschutzgarantie des Art. 19 Abs. 4 GG notfalls auch dann gerichtlichen Schutz fordert, wenn ohne einen solchen dem Betroffenen **schwere und unzumutbare,** anders nicht abwendbare **Nachteile** entstünden, zu deren nachträglicher Beseitigung die Entscheidung in der Hauptsache nicht mehr in der Lage wäre. Art. 19 Abs. 4 GG gebietet es zudem, soweit als möglich zu verhindern, dass durch die sofortige Vollziehung einer hoheitlichen Maßnahme Tatsachen geschaffen werden, die auch dann, wenn sich die Maßnahme bei richterlicher Prüfung als rechtswidrig erweist, nicht mehr rückgängig gemacht werden können.[49] Im Verfahren nach den §§ 23 ff. muss es daher ebenfalls für derartige Notfälle einen einstweiligen Rechtsschutz geben.[50] Dieser kann jedoch nicht das Gewähren, was erst im Hauptverfahren erreicht werden kann, er darf die Hauptsache also grundsätzlich nicht vorwegnehmen.[51]

23 Dem Antrag auf gerichtliche Entscheidung nach § 23 kommt zwar keine **aufschiebende Wirkung** zu, das Gericht kann aber die Aussetzung der angefochtenen Maßnahme anordnen. Als Voraussetzung hierfür ist erforderlich, dass die Gefahr besteht, dass ohne die Außervollzugsetzung der angefochtenen Maßnahme die Verwirklichung eines Rechts des Antragstellers vereitelt oder wesentlich erschwert wird und ein höher zu bewertendes Interesse an einem sofortigen Vollzug der Maßnahme dem nicht entgegensteht. § 114 Abs. 2 S. 1 StVollzG normiert dies für den Strafvollzug – hierauf kann im Verfahren nach den §§ 23 ff. entsprechend zurückgegriffen werden.[52]

24 Im Übrigen kann der Antrag auf Aussetzung auch schon vor Abschluss eines **Vorschaltverfahrens** nach § 24 Abs. 2 gestellt werden, wenn durch die Vollziehung der Maßnahme Fakten geschaffen würden, die nicht mehr rückgängig zu machen wären, wenn sich die Maßnahme im nachhinein als rechtswidrig erweist.[53]

---

[45] OLG Frankfurt a. M. 8.11.1965 – 3 VAs 46/65, NJW 1966, 465 (466); OLG Stuttgart 20.8.1968 – 2 VAs 38/68, NJW 1969, 671.
[46] BGH 15.2.1972 – 5 AR (VS) 1/72, NJW 1972, 780 (781); OLG Oldenburg 25.3.1968 – 3 VAs 2/68, NJW 1968, 1440 f.; siehe auch *Bachof* JZ 1955, 97 (99); *Treptow* NJW 1978, 2227.
[47] Eingefügt durch Gesetz v. 5.12.2012, BGBl. 2012 I 2418.
[48] BT-Drs. 17/10490, 15.
[49] BVerfG 19.10.1977 – 2 BvR 42/76, NJW 1978, 693.
[50] OLG Karlsruhe 11.11.1993 – 2 VAs 23/93, NStZ 1994, 142 (143); KK/*Mayer* Rn. 24; Löwe/Rosenberg/*Böttcher* § 29 Rn. 14; Meyer-Goßner/*Schmitt* Rn. 13; *Neuling* StV 2008, 387 (389).
[51] OLG Hamburg 9.10.1978 – VAs 21/78, NJW 1979, 279; OLG Hamm 12.12.1995 – 1 VAs 137/95, NStZ-RR 1996, 209.
[52] KK/*Mayer* Rn. 25; Löwe/Rosenberg/*Böttcher* § 29 Rn. 13.
[53] BVerfG 24.4.1974 – 2 BvR 308/74, NJW 1974, 1079; Meyer-Goßner/*Schmitt* Rn. 13.

VII. Verfahrensvorschriften

Das FGG-RG vom 17.12.2008[54] hat eine grundlegende Umgestaltung des Verfahrens 25 und der anwendbaren Vorschriften zum 1.9.2009 gebracht. Der frühere § 29 Abs. 2[55] hatte für Verfahren vor dem Strafsenat die Vorschriften der StPO für sinngemäß anwendbar erklärt. Mit der Gesetzesänderung ist diese lückenfüllende Verweisungsnorm weggefallen. Im neuen § 29 Abs. 3 kommt nunmehr die grundsätzliche Entscheidung des Gesetzgebers zum Ausdruck, das Verfahren vor dem OLG – unabhängig davon, ob vor einem Zivil- oder einem Strafsenat verhandelt wird – dem FamFG zu unterwerfen. Auch wenn sich in den Gesetzesmaterialien keine Hinweise darauf finden, ob das alte Verfahren (tatsächlich) abgeschafft werden sollte,[56] lässt die nunmehrige Gesetzessystematik mit der Ausrichtung auf das FamFG einen Rückgriff auf die StPO nicht mehr zu, auch wenn dies in der Sache nicht überzeugen kann.[57]

§ 29 [Rechtsbeschwerde, Verfahren, Prozesskostenhilfe]

(1) Gegen einen Beschluss des Oberlandesgerichts ist die Rechtsbeschwerde statthaft, wenn sie das Oberlandesgericht im ersten Rechtszug in dem Beschluss zugelassen hat.

(2) ¹Die Rechtsbeschwerde ist zuzulassen, wenn
1. die Rechtssache grundsätzliche Bedeutung hat oder
2. die Fortbildung des Rechts oder die Sicherung einer einheitlichen Rechtsprechung eine Entscheidung des Rechtsbeschwerdegerichts erfordert.

²Das Rechtsbeschwerdegericht ist an die Zulassung gebunden.

(3) Auf das weitere Verfahren sind § 17 sowie die §§ 71 bis 74a des Gesetzes über das Verfahren in Familiensachen und in den Angelegenheiten der freiwilligen Gerichtsbarkeit entsprechend anzuwenden.

(4) Auf die Bewilligung der Prozesskostenhilfe sind die Vorschriften der Zivilprozessordnung entsprechend anzuwenden.

Schrifttum: *Dölling*, Die Vier-Raten-Grenze im Pkh-Bewilligungsverfahren, NJW 2016, 207 ff.; *Nickel*, Die Entwicklung der Rechtsprechung zu Prozesskosten- und Beratungshilfe im Jahr 2015, MDR 2016, 438 ff.; *Peglau*, Rechtsschutz gegen Justizverwaltungsakte auf dem Gebiet der Strafrechtspflege, NJW 2015, 677 ff.; *Roth*, Die Reform der freiwilligen Gerichtsbarkeit durch das FamFG, JZ 2009, 585 ff.; *Schneider*, Vergütungsvereinbarung bei Prozess- oder Verfahrenskostenhilfe, NJW-Spezial 2016, 91 f.

Übersicht

	Rn.		Rn.
I. Rechtsbeschwerde	1–9	II. Verfahrensvorschriften (Abs. 3)	10–12
1. Zulassungsgründe	5–8	III. Regelungslücken	13, 14
2. Übergangsrecht	9	IV. Prozesskostenhilfe (Abs. 4)	15

I. Rechtsbeschwerde

Bis zum 1.9.2009 gab es im Verfahren über die Anfechtung von Justizverwaltungsakten 1 kein Rechtsmittel gegen die Entscheidung des Oberlandesgerichts. Falls jedoch das Oberlandesgericht von der Entscheidung eines anderen Oberlandesgerichts oder des Bundesge-

---

[54] Gesetz v. 17.12.2008, BGBl. 2008 I 2586 (2694).
[55] § 29 Abs. 2 lautete: „Im übrigen sind auf das Verfahren vor dem Zivilsenat die Vorschriften des Reichsgesetzes über die Angelegenheiten der freiwilligen Gerichtsbarkeit über das Beschwerdeverfahren, auf das Verfahren vor dem Strafsenat die Vorschriften der Strafprozessordnung über das Beschwerdeverfahren sinngemäß anzuwenden."
[56] Vgl. BT-Drs. 16/6308, 318.
[57] KK/*Mayer* § 29 Rn. 2; aA Meyer-Goßner/*Schmitt* Rn. 1.

richtshofs abweichen wollte, war eine Divergenzvorlage an den Bundesgerichtshof vorgesehen.[1] Dieses schwerfällige und arbeitsintensive Verfahren der Divergenzvorlage[2] wurde durch die an § 574 ZPO, § 70 FamFG angelehnte **Zulassungsrechtsbeschwerde** abgelöst.[3] Hiermit sollte das Rechtsmittelrecht vereinheitlicht und die Rechtseinheit durch höchstrichterliche Rechtsprechung gewahrt werden.[4]

2 Gemäß Abs. 1 ist die Rechtsbeschwerde nur statthaft, wenn sie das Oberlandesgericht im ersten Rechtszug in seinem Beschluss **ausdrücklich zugelassen** hat. Über die Zulassung muss das OLG von Amts wegen entscheiden, eines entsprechenden Antrages der Beteiligten hierzu bedarf es nicht.[5] Äußert sich das OLG zu dieser Frage nicht, ist die Rechtsbeschwerde nicht zugelassen.[6] Eine Nichtzulassungsbeschwerde gibt es nicht.[7] Die Entscheidung ist unanfechtbar.

3 **Eine nachträgliche Zulassung** der Rechtsbeschwerde kommt nur bei Berichtigung wegen offenbarer Unrichtigkeit in Betracht oder entsprechend § 33a StPO bzw. § 321a ZPO, wenn ihre Nichtzulassung **Verfahrensgrundrechte** des Beschwerdeführers verletzen würden, zB das Gebot des gesetzlichen Richters.[8] Selbst bei Beschlüssen, die nach dem Prozessrecht unabänderlich sind, muss nämlich bei der Verletzung eines Verfahrensgrundrechtes die Verfahrensordnung eine eigenständige gerichtliche Abhilfemöglichkeit vorsehen, da die Entscheidung auf eine Verfassungsbeschwerde hin aufzuheben wäre und damit letztlich keine Bestandskraft entfalten könnte.[9]

4 Das Rechtsbeschwerdegericht (nach § 133 GVG der BGH) ist an die Zulassung **gebunden** (Abs. 2 S. 2).[10]

5 **1. Zulassungsgründe.** Entsprechend Abs. 2 S. 1 *ist* **die Revision zuzulassen,** das Gericht hat insoweit also kein Ermessen.[11] Die Zulassungsgründe sind entsprechend der angestrebten Vereinheitlichung des Rechtsmittelrechts wie in den § 70 Abs. 2 FamFG, §§ 543 Abs. 2, 574 Abs. 2 ZPO ausgestaltet, auf die dortige Rechtsprechung und Literatur kann und muss also zurückgegriffen werden. Die Rechtsbeschwerde ist demnach zuzulassen, wenn die Rechtssache grundsätzliche Bedeutung hat oder die Fortbildung des Rechts oder die Sicherung einer einheitlichen Rechtsprechung eine Entscheidung des Rechtsbeschwerdegerichts erfordert.

6 Eine Rechtssache hat **grundsätzliche Bedeutung,** wenn sie entscheidungserhebliche, klärungsbedürftige und klärungsfähige Rechtsfragen aufwirft, welche sich in einer unbestimmten Vielzahl von Fällen stellen können und deshalb für die Allgemeinheit von besonderer Bedeutung sind, oder wenn die tatsächlichen oder wirtschaftlichen Auswirkungen des Rechtsstreits nicht nur die Interessen der Beteiligten berühren, sondern auch für die Allgemeinheit von besonderer Bedeutung sind.[12]

7 **Zur Fortbildung des Rechts** muss die Rechtsbeschwerde zugelassen werden, wenn der Einzelfall Veranlassung gibt, Leitsätze für die Auslegung von Gesetzesbestimmungen des

---

[1] Abs. 1 lautete: „Die Entscheidung des Oberlandesgerichts ist endgültig. Will ein Oberlandesgericht jedoch von einer auf Grund des § 23 ergangenen Entscheidung eines anderen Oberlandesgerichts oder des Bundesgerichtshofes abweichen, so legt es die Sache diesem vor. Der Bundesgerichtshof entscheidet an Stelle des Oberlandesgerichts."
[2] So BT-Drs. 16/6308, 318.
[3] Eingeführt durch Gesetz vom 17.12.2008 (FGG-RG), BGBl. 2008 I 2586 (2694).
[4] BT-Drs. 16/6308, 318.
[5] BT-Drs. 16/6308, 209.
[6] KK/*Mayer* Rn. 8; Meyer-Goßner/*Schmitt* Rn. 2; *Peglau* NJW 2015, 677 (679).
[7] BGH 5.5.2011 – 2 ARs 134/11, StraFo 2011, 319; Löwe/Rosenberg/*Böttcher* Rn. 1; MüKoZPO/*Pabst* Rn. 7.
[8] Vgl. BGH 19.5.2004 – IXa ZB 182/03, NJW 2004, 2529; Meyer-Goßner/*Schmitt* Rn. 2.
[9] Vgl. BVerfG 14.3.2007 – 1 BvR 2748/06, NJW 2007, 2241 (2242).
[10] Eingefügt durch Gesetz vom 30.7.2009, BGBl. 2009 I 2449 (2472) – hierdurch wurde der zunächst entgegen gesetzte Regelungsinhalt korrigiert.
[11] BT-Drs. 16/6308, 209; Löwe/Rosenberg/*Böttcher* Rn. 2.
[12] BVerfG 5.8.1998 – 1 BvR 472/98, NJW 1999, 207 (208); BGH 4.7.2002 – V ZB 16/02, NJW 2002, 3029; 10.12.2003 – IV ZR 319/02, NJW-RR 2004, 537 (538); BeckOK ZPO/*Kessal-Wulf* ZPO § 543 Rn. 19.

materiellen oder formellen Rechts aufzustellen oder Gesetzeslücken auszufüllen. Ein solcher Anlass besteht nur dann, wenn es für die rechtliche Beurteilung typischer oder verallgemeinerungsfähiger Lebenssachverhalte an einer richtungweisenden Orientierungshilfe ganz oder zum Teil fehlt.[13]

Die **Sicherung der Einheitlichkeit der Rechtsprechung** kommt als Zulassungsgrund 8 in Betracht, wenn vermieden werden soll, dass schwer erträgliche Unterschiede in der Rechtsprechung entstehen oder fortbestehen, wobei darauf abzustellen ist, welche Bedeutung die angefochtene Entscheidung für die Rechtsprechung als Ganzes hat.[14]

2. **Übergangsrecht.** Nach Art. 111 Abs. 1 FGG-RG[15] ist für das Verfahren in allen 9 Instanzen maßgeblich, ob das Verfahren in erster Instanz **vor dem 1.9.2009 eingeleitet** worden ist bzw. seine Einleitung vor diesem Datum beantragt worden ist. Der alleinige Umstand, dass ein Rechtsmittel erst am 1.9.2009 oder später eingelegt worden ist, führt also nicht dazu, dass für das Rechtsmittelverfahren bereits das neue Recht anzuwenden ist.[16]

II. Verfahrensvorschriften (Abs. 3)

Abs. 3 verweist für das weitere Verfahren vor dem Rechtsbeschwerdegericht auf §§ 17[17] 10 sowie 71–74a FamFG. **Frist und Form** der Einlegung und Begründung der Rechtsbeschwerde regelt § 71 FamFG, der § 575 ZPO nachgebildet ist.[18] Gemäß § 71 Abs. 1 S. 1 FamFG muss die Rechtsbeschwerde innerhalb eines Monats nach der schriftlichen Bekanntgabe des OLG Beschlusses schriftlich eingelegt und begründet werden. Die Begründungsfrist kann gemäß § 551 Abs. 2 S. 5 und 6 ZPO aber verlängert werden. Die Anforderungen an den Inhalt der Begründung ergeben sich aus § 71 Abs. 3 FamFG. Die Rechtsbeschwerde muss beim BGH und nicht beim OLG eingelegt werden

Gemäß § 72 Abs. 1 FamFG kann die Rechtsbeschwerde nur darauf gestützt werden, dass 11 die Entscheidung des OLG auf einer **Verletzung des Rechts** beruht. Das Recht ist verletzt, wenn eine Rechtsnorm nicht oder nicht richtig angewendet worden ist. **Rechtsnorm** meint hier sowohl eine solche des Bundes, als auch Landesrecht.[19] Auf die fehlerhafte Annahme der Zuständigkeit des OLG kann die Rechtsbeschwerde gemäß § 72 Abs. 2 FamFG nicht gestützt werden. In § 73 Abs. 3 FamFG wird im Übrigen insbesondere auf die absoluten Revisionsgründe nach § 547 ZPO verwiesen.

§ 73 FamFG regelt die Anschlussbeschwerde und in §§ 74, 74a FamFG finden sich detail- 12 lierte Bestimmungen für die **Entscheidung über die Rechtsbeschwerde** durch den BGH. Wobei § 74 Abs. 3 FamFG hervorzuheben ist, nach welchem der Prüfung nur die von den Beteiligten gestellten Anträge unterliegen. Der BGH ist dabei an die geltend gemachten Rechtsbeschwerdegründe nicht gebunden.

III. Regelungslücken

Das FGG-RG hat neben der Einführung der Rechtsbeschwerde auch eine **grundle-** 13 **gende Umgestaltung des Verfahrens** und der anwendbaren Vorschriften zum 1.9.2009

---
[13] BGH 4.7.2002 – V ZB 16/02, NJW 2002, 3029; 27.3.2003 – V ZR 291/02, NJW 2003, 1943 (1945); BeckOK ZPO/*Kessal-Wulf* ZPO § 543 Rn. 23.
[14] BT-Drs. 16/6308, 209; Meyer-Goßner/*Schmitt* Rn. 3.
[15] Art. 111 Abs. 1 S. 1 FGG-RG lautet: „Auf Verfahren, die bis zum Inkrafttreten des Gesetzes zur Reform des Verfahrens in Familiensachen und in den Angelegenheiten der freiwilligen Gerichtsbarkeit eingeleitet worden sind oder deren Einleitung bis zum Inkrafttreten des Gesetzes zur Reform des Verfahrens in Familiensachen und in den Angelegenheiten der freiwilligen Gerichtsbarkeit beantragt wurde, sind weiter die vor Inkrafttreten des Gesetzes zur Reform des Verfahrens in Familiensachen und in den Angelegenheiten der freiwilligen Gerichtsbarkeit geltenden Vorschriften anzuwenden.".
[16] OLG Schleswig 21.10.2009 – 2 W 152/09, NJW 2010, 242.
[17] Der Verweis auf § 17 FamFG wurde durch Gesetz v. 5.12.2012 – BGBl. 2012 I 2418 mit Wirkung zum 1.1.2014 eingefügt. → § 26 Rn. 19.
[18] BT-Drs. 16/6308, 209.
[19] BT-Drs. 16/6308, 210; zur Verletzung ausländischen Rechts *Roth* JZ 2009, 585 (590).

mit sich gebracht. Der frühere § 29 Abs. 2[20] hatte für das Verfahren vor dem Strafsenat die Vorschriften der StPO für sinngemäß anwendbar erklärt. Mit der Gesetzesänderung ist diese lückenfüllende Verweisungsnorm weggefallen. Im neuen § 29 Abs. 3 kommt nunmehr die grundsätzliche Entscheidung des Gesetzgebers zum Ausdruck, das Verfahren vor dem OLG – unabhängig davon, ob vor einem Zivil- oder einem Strafsenat verhandelt wird – dem FamFG zu unterwerfen.

14 In den Gesetzesmaterialien finden sich keine Hinweise darauf, ob das alte Verfahren (tatsächlich) abgeschafft werden sollte,[21] überwiegend wird davon ausgegangen, dass dem Gesetzgeber die Tragweite seiner Entscheidung nicht bewusst war.[22] Die nunmehrige Gesetzessystematik mit der Ausrichtung auf das FamFG lässt einen **Rückgriff auf die StPO nicht mehr zu,** auch wenn dies in der Sache nicht überzeugen kann. Auch vor dem Strafsenat sind daher Verfahrensvorschriften des FamFG anzuwenden.[23]

IV. Prozesskostenhilfe (Abs. 4)

15 Gemäß Abs. 4 sind auf die Bewilligung der Prozesskostenhilfe die Vorschriften der ZPO (§§ 114 ff. ZPO) entsprechend anzuwenden.[24] Nach § 118 Abs. 1 S. 1 ZPO ist vor der Bewilligung der Prozesskostenhilfe dem Gegner, hier also der Justizbehörde, Gelegenheit zur Stellungnahme zu geben. Die **Voraussetzungen der Prozesskostenhilfe** ergeben sich aus § 114 ZPO.

§ 30 [Außergerichtliche Kosten]

¹**Das Oberlandesgericht kann nach billigem Ermessen bestimmen, dass die außergerichtlichen Kosten des Antragstellers, die zur zweckentsprechenden Rechtsverfolgung notwendig waren, ganz oder teilweise aus der Staatskasse zu erstatten sind.** ²**Die Vorschriften des § 91 Abs. 1 Satz 2 und der §§ 103 bis 107 der Zivilprozeßordnung gelten entsprechend.** ³**Die Entscheidung des Oberlandesgerichts kann nicht angefochten werden.**

Schrifttum: *Drischler,* Neuere Rechtsprechung zur Hinterlegungsordnung, MDR 1975, 549 ff.; *Foth,* Zum Geschäftswert in Strafvollzugssachen, JR 1962, 417 f.

I. Gerichtsgebühren

1 Durch das Zweite Gesetz zur Modernisierung des Kostenrechts wurde § 30 grundlegend umgestaltet.[1] Der frühere Abs. 1[2] des § 30 wurde aufgehoben, weil die **Gebühren** nunmehr in Teil 1 Hauptabschnitt 5 Abschnitt 3 KV GNotKG geregelt sind.[3] Wird der Antrag zurückgenommen entsteht demnach eine halbe Verfahrensgebühr, wird der Antrag zurückgewiesen eine Ganze.

---

[20] § 29 Abs. 2 lautet: „Im übrigen sind auf das Verfahren vor dem Zivilsenat die Vorschriften des Reichsgesetzes über die Angelegenheiten der freiwilligen Gerichtsbarkeit über das Beschwerdeverfahren, auf das Verfahren vor dem Strafsenat die Vorschriften der Strafprozessordnung über das Beschwerdeverfahren sinngemäß anzuwenden."
[21] Vgl. BT-Drs. 16/6308, 318.
[22] MüKoZPO/*Pabst* Rn. 2: „in dieser Konsequenz unbemerkt".
[23] KK/*Mayer* Rn. 2; aA Löwe/Rosenberg/*Böttcher* Rn. 11; Meyer-Goßner/*Schmitt* § 28 Rn. 1.
[24] Siehe hierzu zB *Dölling* NJW 2016, 207 ff.; *Nickel* MDR 2016, 438 ff.; *Schneider* NJW-Spezial 2016, 91 f.
[1] Gesetz vom 23.7.2013, BGBl. 2013 I 2586.
[2] Abs. 1 lautet: „Für die Kosten des Verfahrens vor dem Oberlandesgericht gelten die Vorschriften der Kostenordnung entsprechend. Abweichend von § 130 der Kostenordnung wird jedoch ohne Begrenzung durch einen Höchstbetrag bei Zurückweisung das Doppelte der vollen Gebühr, bei Zurücknahme des Antrags eine volle Gebühr erhoben."
[3] BT-Drs. 17/11471, 285.

II. Außergerichtliche Kosten

Die außergerichtlichen Kosten des Antragstellers, die zur zweckentsprechenden Rechts- 2
verfolgung notwendig waren, werden (nur) ganz oder teilweise aus der Staatskasse erstattet,
wenn das OLG dies ausdrücklich bestimmt. **Die Entscheidung ergeht** von Amts wegen
nach billigem Ermessen.[4] Das Gericht kann hierüber auch nach dem Tod des Antragsstellers
entscheiden.[5] Die Erstattung der Kosten eines Dritten kann nicht angeordnet werden.[6]

Die Belastung der Staatskasse mit den außergerichtlichen Kosten bleibt allerdings die 3
Ausnahme,[7] kommt aber insbesondere bei einem **offensichtlich fehlerhaften oder willkürlichen Verhalten** der Justizbehörde in Betracht.[8] Für das Verfahren gelten die §§ 103–107 ZPO entsprechend. Da es an einer § 162 Abs. 2 S. 2 VwGO vergleichbaren Regelung fehlt, kann bei Erledigung der Hauptsache keine Erstattung von Auslagen, die im Vorverfahren angefallen sind, angeordnet werden.[9]

Die Entscheidung des OLG über die Erstattung der außergerichtlichen Kosten ist unan- 4
fechtbar.

III. Geschäftswert

Auch der frühere Abs. 3 des § 30 zur Bestimmung des Geschäftswertes wurde zum 5
1.8.2013 aufgehoben.[10] Der Geschäftswert für das Verfahren vor dem OLG ergibt sich
nunmehr aus § 36 GNotKG und ist nach § 79 Abs. 1 GNotKG von Amts wegen festzusetzen. Gemäß § 36 Abs. 3 GNotKG beträgt der Geschäftswert regelmäßig 5.000 Euro, er
kann wegen des Umfangs und der Bedeutung der Sache aber höher liegen, nicht jedoch
über 1.000.000 Euro (§ 36 Abs. 2 GNotKG).[11]

Die Unanfechtbarkeit der Wertfestsetzung ergibt sich aus § 83 Abs. 1 S. 5 iVm § 81 Abs. 3 6
S. 3 GNotKG.[12]

§ 30a [Anfechtung von Kosten-Justizverwaltungsakten]

(1) ¹Verwaltungsakte, die im Bereich der Justizverwaltung beim Vollzug des Gerichtskostengesetzes, des Gesetzes über Kosten in Familiensachen, des Gerichts- und Notarkostengesetzes, des Gerichtsvollzieherkostengesetzes, des Justizvergütungs- und -entschädigungsgesetzes oder sonstiger für gerichtliche Verfahren oder Verfahren der Justizverwaltung geltender Kostenvorschriften, insbesondere hinsichtlich der Einforderung oder Zurückzahlung ergehen, können durch einen Antrag auf gerichtliche Entscheidung auch dann angefochten werden, wenn es nicht ausdrücklich bestimmt ist. ²Der Antrag kann nur darauf gestützt werden, dass der Verwaltungsakt den Antragsteller in seinen Rechten beeinträchtige, weil er rechtswidrig sei. ³Soweit die Verwaltungsbehörde ermächtigt ist, nach ihrem Ermessen zu befinden, kann der Antrag nur darauf gestützt werden, dass die gesetzlichen Grenzen des Ermessens überschritten seien, oder dass von dem Ermessen in einer dem Zweck der Ermächtigung nicht entsprechenden Weise Gebrauch gemacht worden sei.

(2) ¹Über den Antrag entscheidet das Amtsgericht, in dessen Bezirk die für die Einziehung oder Befriedigung des Anspruchs zuständige Kasse ihren Sitz hat. ²In

---

[4] Meyer-Goßner/*Schmitt* Rn. 3. Siehe auch BVerfG 3.12.1986 – 1 BvR 872/82, NJW 1987, 2569 (2570).
[5] OLG Hamm 11.6.1970 – 1 VAs 24/68, NJW 1971, 209.
[6] *Drischler* MDR 1975, 549 (551); KK/*Mayer* Rn. 5; Löwe/Rosenberg/*Böttcher* Rn. 4.
[7] OLG Zweibrücken 6.11.2009 – 1 VAs 2/09, wistra 2010, 118 (120); Löwe/Rosenberg/*Böttcher* Rn. 4.
[8] KK/*Mayer* Rn. 5.
[9] OLG Hamm 26.1.1984 – 1 VAs 48/84, NStZ 1984, 332; Löwe/Rosenberg/*Böttcher* Rn. 4.
[10] Abs. 3 lautete: „Der Geschäftswert bestimmt sich nach § 30 der Kostenordnung. Er wird von dem Oberlandesgericht durch unanfechtbaren Beschluss festgesetzt."
[11] Zum Geschäftswert in Strafvollzugssachen siehe *Foth* JR 1962, 417 f.
[12] BT-Drs. 17/11471, 285.

dem Verfahren ist die Staatskasse zu hören. ³Die §§ 7a, 81 Absatz 2 bis 8 und § 84 des Gerichts- und Notarkostengesetzes gelten entsprechend.

(3) ¹Durch die Gesetzgebung eines Landes, in dem mehrere Oberlandesgerichte errichtet sind, kann die Entscheidung über das Rechtsmittel der weiteren Beschwerde nach Absatz 1 und 2 sowie nach § 81 des Gerichts- und Notarkostengesetzes, über den Antrag nach § 127 des Gerichts- und Notarkostengesetzes, über das Rechtsmittel der Beschwerde nach § 66 des Gerichtskostengesetzes, nach § 57 des Gesetzes über Kosten in Familiensachen, nach § 81 des Gerichts- und Notarkostengesetzes und nach § 4 des Justizvergütungs- und -entschädigungsgesetzes einem der mehreren Oberlandesgerichte oder anstelle eines solchen Oberlandesgerichts einem obersten Landesgericht zugewiesen werden. ²Dies gilt auch für die Entscheidung über das Rechtsmittel der weiteren Beschwerde nach § 33 des Rechtsanwaltsvergütungsgesetzes, soweit nach dieser Vorschrift das Oberlandesgericht zuständig ist.

(4) Für die Beschwerde finden die vor dem Inkrafttreten des Kostenrechtsmodernisierungsgesetzes vom 5. Mai 2004 (BGBl. I S. 718) am 1. Juli 2004 geltenden Vorschriften weiter Anwendung, wenn die anzufechtende Entscheidung vor dem 1. Juli 2004 der Geschäftsstelle übermittelt worden ist.

I. Regelungsgeschichte

1 § 30a wurde 2006 durch das Erste Gesetz über die Bereinigung von Bundesrecht im Zuständigkeitsbereich des Bundesministeriums der Justiz eingefügt.[1] Es übernahm die sachlich noch erforderlichen Regelungen aus Artikel XI §§ 1–3 des Gesetzes zur Änderung und Ergänzung kostenrechtlicher Vorschriften vom 26.7.1957, welches 2006 aufgehoben wurde. Der Dritte Abschnitt des EGGVG war der systematisch passende Regelungsstandort.[2]

II. Anwendungsbereich

2 Der Anwendungsbereich des § 30a ist eröffnet für die Anfechtung von Justizverwaltungsakten, die beim **Vollzug jeglicher Kostenvorschriften** im Bereich der ordentlichen Gerichtsbarkeit ergehen, sei es bei gerichtlichen Verfahren oder bei Verfahren der Justizverwaltung.[3] Die Vorschrift stellt eine umfassende **(subsidiäre) Auffangregelung** für den gesamten Gerichtskostenbereich dar; sie geht als speziellere Norm den §§ 23 ff. EGGVG vor.[4] Stehen in den Kostengesetze spezielle Rechtsbehelfe zur Verfügung, so gehen diese allerdings § 30a vor.[5]

3 **Für Kostenverwaltungsakte** aus dem Bereich der Verwaltungs-, Arbeits- und Sozialgerichtsbarkeit sowie in Finanzsachen gilt § 30a nicht. Hier ist der Verwaltungsrechtsweg nach § 40 Abs. 1 VwGO eröffnet.[6]

III. Zuständigkeit des Amtsgerichts

4 Gemäß Abs. 2 S. 1 entscheidet über den Antrag das Amtsgericht, in dessen Bezirk die für die Einziehung oder Befriedigung des Anspruchs zuständige Kasse ihren Sitz hat. Liegt die Außenstelle der Landesoberkasse in einem anderen Amtsgerichtsbezirk als der Hauptsitz, ist das für den Hauptsitz örtlich zuständige Amtsgericht auch für die Außenstelle zuständig.[7]

---

[1] Gesetz vom 19.4.2006, BGBl. 2006 I 866.
[2] BT-Drs. 16/47, 48.
[3] MüKoZPO/*Pabst* Rn. 5.
[4] OLG Karlsruhe 21.7.2016 – 2 VAs 24/16, NStZ-RR 2016, 328.
[5] Vg. OLG Hamm 15.2.2001 – 15 W 456/00, NJW-RR 2001, 1656; OLG Köln 4.7.2002 – 7 VA 1/02, NJW-RR 2003, 575; Löwe/Rosenberg/*Böttcher* Rn. 2; MüKoZPO/*Pabst* Rn. 6.
[6] MüKoZPO/*Pabst* Rn. 4.
[7] OLG Karlsruhe 21.7.2016 – 2 VAs 24/16, NStZ-RR 2016, 328.

Gemäß des entsprechend geltenden § 7a GNotKG muss jede anfechtbare Entscheidung über die Kosten eine **Belehrung** über den statthaften Rechtsbehelf sowie über die Stelle, bei der dieser Rechtsbehelf einzulegen ist, über deren Sitz und über die einzuhaltende Form und Frist enthalten.

Die sachliche Zuständigkeit des Amtsgerichts besteht im Übrigen auch, wenn eine **Untätigkeit der Behörde** vorliegt, wegen der ein Verfahren nach § 27 Abs. 1 angestrengt wird. Es widerspräche der vom Gesetzgeber bei Kostenjustizverwaltungsakten getroffenen (Sonder-) Zuständigkeit des Amtsgerichts wegen dessen größeren Sachnähe, würde man insoweit eine Aufspaltung der sachlichen Zuständigkeit vornehmen (AG bei verbeschiedenen und OLG bei innerhalb von 3 Monaten nicht verbeschiedenen Kostenanträgen). Das Amtsgericht ist daher auch bei Untätigkeit der Kostenbehörde zuständig.[8]

---

[8] OLG Karlsruhe 21.7.2016 – 2 VAs 24/16, NStZ-RR 2016, 328.

Vierter Abschnitt. Kontaktsperre

Schrifttum: *Amelung,* Erweitern allgemeine Rechtfertigungsgründe, insbesondere § 34 StGB, hoheitliche Eingriffsbefugnisse des Staates?, NJW 1977, 833 ff.; *ders.,* Nochmals: § 34 StGB als öffentlichrechtliche Eingriffsnorm?, NJW 1978, 623 f.; *Böckenförde,* Der verdrängte Ausnahmezustand – Zum Handeln der Staatsgewalt in außergewöhnlichen Lagen, NJW 1978, 1881 ff.; *Ebert,* Tendenzwende in der Straf- und Strafprozessgesetzgebung?, JR 1978, 136 ff.; *Jung,* Das Kontaktsperre-Gesetz JuS 1977, 846 f.; *Krekeler,* Änderung des sogenannten Kontaktsperregesetzes, NJW 1986, 417 f.; *Lange,* Terrorismus kein Notstandsfall? Zur Anwendung des § 34 StGB im öffentlichen Recht, NJW 1978, 784 ff.; *Löchner,* Terrorismus und Justiz, DRiZ 1980, 94 ff.; *Rebmann,* Terrorismus und Rechtsordnung – Erfahrungen mit den Rechtsänderungen der vergangenen Jahre – Vorschläge de lege ferenda, DRiZ 1979, 363 ff.; *Schwabe,* Zur Geltung von Rechtfertigungsgründen des StGB für Hoheitshandeln, NJW 1977, 1902 ff; *Vogel,* Strafverfahrensrecht und Terrorismus – eine Bilanz, NJW 1978, 1217 ff.; *v. Winterfeld,* Terrorismus – „Reform" ohne Ende? – Konzept eines neuen Weges zur Abwehr des Terrorismus, ZRP 1977, 265 ff; *Witte,* Rechtsstaat und Terrorismus, DRiZ 1978, 289 ff.; *Zuck,* Anwaltsberuf und Bundesverfassungsgericht, NJW 1979, 1121 ff.

Vorbemerkung zu § 31

1 Die §§ 31–38 wurden 1977 durch das Gesetz zur Änderung des Einführungsgesetzes zum Gerichtsverfassungsgesetz neu ins EGGVG eingefügt.[1] § 34a wurde durch ein Gesetz vom 4.12.1985 ebenfalls neu eingefügt.[2] § 38a wurde durch Gesetz vom 19.4.2006 eingefügt.[3] § 31 S. 2 wurde durch das 34. Strafrechtsänderungsgesetz 2002 geändert.[4]

1a Durch das Zweite Gesetz zur Stärkung der Verfahrensrechte von Beschuldigten im Strafverfahren und zur Änderung des Schöffenrechts wurden die §§ 31, 33, 34 und 34a geändert.[5]

2 Die Einführung der Vorschriften über die Kontaktsperre geht auf die Zeit des sogenannten „**Deutschen Herbst**es" zurück. Am 7.4.1977 hatte die links-terroristische „Rote Armee Fraktion" (RAF)[6] Generalbundesanwalt *Siegfried Buback,* und am 30.7.1977 den Vorstandssprecher der Dresdner Bank *Jürgen Ponto* ermordet. Am 5.9.1977 entführte die RAF dann den Arbeitgeberpräsidenten *Hanns Martin Schleyer.* Um die Bemühungen der Behörden, diesen zu befreien, nicht zu vereiteln oder erheblich zu erschweren bzw. um dessen Leben nicht noch stärker zu gefährden, wurde es als unumgänglich angesehen, die Kontakte der bereits inhaftierten RAF-Gefangenen mit der Außenwelt und auch untereinander zu unterbinden. Denn bereits bei der Entführung des CDU-Politikers *Peter Lorenz* 1975 hatte sich gezeigt, dass die erpresserische Geiselnahme zum Zwecke der Befreiung inhaftierter Terroristen größere Aussicht auf Erfolg verspricht, wenn Informationen zwischen Entführern und Häftlingen und unter diesen ausgetauscht werden können. Die Unterbindung solchen Kontakts versprach also grundsätzlich die Möglichkeit, die Geiselnahme ohne den Verlust von Menschenleben beenden zu können, zu verbessern.[7]

3 Die RAF wollte, wie schon die „Bewegung 2. Juni"[8] 1975 bei *Peter Lorenz,* mit der Entführung *Hanns Martin Schleyers* die Freilassung inhaftierter Mitglieder erreichen. Zur Unterstützung dieses Anliegens entführten am 13.10.1977 mit der RAF verbündete Terroristen der „Popular Front for the Liberation of Palestine" (PFLP) die Lufthansa-Maschine „Landshut". Am Morgens des 18.10.1977 wurde die „Landshut" allerdings durch Männer der Spezialeinheit GSG 9 gestürmt. In der Nacht zum 18.10.1977 verübten daraufhin die in der JVA Stuttgart-Stammheim einsitzenden RAF Terroristen *Andreas Baader, Gudrun*

---

[1] Gesetz vom 30.9.1977, BGBl. 1977 I 1877.
[2] BGBl. I 2141. Siehe hierzu BT-Drs. 10/902 und 10/3958 sowie *Krekeler* NJW 1986, 417 f.
[3] BGBl. I 866; siehe auch BT-Drs. 16/47, 49.
[4] Gesetz vom 22.8.2002, BGBl. I 3390; siehe auch BT-Drs. 14/8893, 10.
[5] Siehe BT-Drs. 18/9534.
[6] Zur Entwicklung der RAF siehe *Löchner* DRiZ 1980, 94 (95 f.).
[7] *Rebmann* DRiZ 1979, 363 (366); *Vogel* NJW 1978, 1217 (1222 f.).
[8] Siehe zu dieser *Löchner* DRiZ 1980, 94 (96).

Ensslin und *Jan-Carl Raspe* Selbstmord.[9] Kurz darauf wurde *Hanns Martin Schleyer* von seinen Entführern ermordet. Seine Leiche wurde am Abend des 19.10.1977 in Mülhausen im Elsass gefunden.

Während der Entführung *Hanns Martin Schleyers* sah die Justiz insbesondere in der Unterbindung der Kontaktaufnahme zu den Pflicht- und Wahlverteidigern der inhaftierten Terroristen ein probates Mittel der Gefahrenlage Herr zu werden. Mangels einer spezialgesetzliche Regelung wurde als Rechtsgrundlage für eine solche Kontaktsperre zunächst der **Rechtsgedanke des rechtfertigenden Notstand**s (§ 34 StGB) herangezogen.[10] Dies war angesichts des erheblichen Eingriffs in die Rechte der Gefangenen, insbesondere in § 148 StPO, nicht unproblematisch und umstritten. Darüber hinaus bestanden erhebliche Zweifel und Nachteile bei diesem Vorgehen. Unsicherheiten bestanden zB hinsichtlich der Zuständigkeit für diese Maßnahme auf Landes- und Bundesebene, über deren mögliche Dauer und den Konsequenzen der uneinheitlichen Durchführung in den Bundesländern.[11] 4

So wurde etwa auf Anordnung des damaligen hessischen Justizministers vom 9.9.1977 an die Leiter mehrerer hessischer Justizanstalten, die Kontakte zwischen inhaftierten Terroristen und ihren Verteidigern unterbunden. Diese Anordnung hob das OLG Frankfurt allerdings am 16.9.1977 wieder auf. Als Grund führte es an, dass es an konkreten Anhaltspunkten für die Annahme fehlte, dass durch eine Aufrechterhaltung des Kontaktes zwischen dem Inhaftierten und seinen Verteidigern die Gefahr für das Leben des entführten *Hanns Martin Schleyer* noch erhöht werde.[12] Der BGH bestätigte hingegen die auf § 34 StGB gestützte Kontaktsperre zwischen inhaftierten Terroristen bzw. Terrorverdächtigen und ihren Verteidigern. Aufgrund der akuten Gefahrenlage wiege der Schutz des Lebens der Geisel mehr als die vorübergehende Einschränkung des Rechts auf Verteidigerkonsultation. Diese Maßnahme sei aber gleichwohl nur unter zwei Einschränkungen zulässig: 1. müsse den betroffenen Beschuldigten auf ihren Antrag oder von Amts wegen ein anderer Verteidiger bestellt werden. Dabei sei allerdings erforderlich, dass die Auswahl dieses neuen Verteidigers dem Gericht überlassen werden müsse. Zudem sei diesem (neuen) Verteidiger die Versicherung abzunehmen, nur solche Fragen mit den Beschuldigten zu erörtern, die in keiner Beziehung zum Entführungsfall stünden, welcher Anlass für diesen Beschluss ist. Außerdem dürfte 2. der Eingriff in § 148 StPO nur zeitlich begrenzt erfolgen. Die Bundesanwaltschaft als auch der Ermittlungsrichter müssten daher in kurzen Abständen prüfen, ob die Maßnahme aufrechterhalten bleiben muss.[13] 5

Eine klare, ins Einzelne gehende **gesetzliche Regelung** wurde von allen Seiten aber als umgehend erforderlich angesehen und vor allem als ein Gebot der Rechtsstaatlichkeit gewertet.[14] Der Rechtsstaat sollte sich als Gesetzgebungsstaat bewähren und das Feld nicht der Exekutive überlassen werden.[15] In einer für die bundesdeutsche Rechtsgeschichte beispiellosen und der damaligen, von der terroristischen Bedrohung gekennzeichneten, Situation geschuldeten Art und Weise, wurde dann innerhalb von drei Tagen die als notwendig erachtete gesetzliche Regelung geschaffen. Am 28.9.1977 wurde ein gemeinsamer Gesetzesentwurf von CDU/CSU, SPD und FDP ins Parlament eingebracht,[16] der mit Änderungen[17] am 30.9.1977[18] beschlossen und am 1.10.1977 in Kraft trat.[19] Am 2.10.1977 wurde das Gesetz dann zum ersten Mal angewendet. 6

---

[9] Siehe die Schilderung der Ereignisse bei EKMR 8.7.1978 – Beschwerden Nr. 7572/76 ua, EuGRZ 1978, 314 (318).
[10] Dafür *Lange* NJW 1978, 784 ff.; *Schwabe* NJW 1977, 1902 ff.; *Vogel* NJW 1978, 1217 (1223); dagegen *Amelung* NJW 1977, 833 ff.; *ders.* NJW 1978, 623; mit Bedenken auch *Böckenförde* NJW 1978, 1881 ff.
[11] Siehe insoweit die Dokumentation zum uneinheitlichen Vollzug der Kontaktsperre in KJ 1977, 395 ff.
[12] OLG Frankfurt a. M. 16.9.1977 – 3 V As 57, 62 (63/77), NJW 1977, 2177.
[13] BGH 23.9.1977 – 1 BJs 55/75 ua, NJW 1977, 2172.
[14] Siehe Antwort der Bundesregierung BT-Drs. 8/3565, 1.
[15] *Vogel* NJW 1978, 1217 (1228).
[16] BT-Drs. 8/935.
[17] BT-Drs. 8/943 und 8/945.
[18] BGBl. 1977 I 1877.
[19] *Jung* JuS 1977, 846; Siehe auch *Vogel* NJW 1978, 1217 (1220 f.).

7 In der **Begründung des Gesetzentwurfes** für das Kontaktsperregesetz wurde angeführt, dass die Ereignisse der damaligen Zeit gezeigt hätten, dass eine Kommunikation zwischen inhaftierten und sich noch in Freiheit befindlichen Terroristen unmittelbar das Leben, die Gesundheit und die Freiheit von Personen gefährden und den Entscheidungsspielraum staatlicher Stellen in erheblichem Umfange beeinträchtigen konnte. Zur Abwendung dieser Gefahren und zum Schutze höchster Rechtsgüter wurde es darum als notwendig angesehen, jedwede Verbindung von Gefangenen untereinander und mit der Außenwelt zeitweilig zu unterbrechen. Mit dieser Möglichkeit sei der Staat in die Lage versetzt worden, Leben zu schützen, die durch die terroristischen Anschläge herbeigeführte außerordentliche Situation zu bewältigen und der Herausforderung entschieden entgegenzutreten. Den Geboten des Rechtsstaates entsprechend sollten für den schwerwiegenden Eingriff klar abgegrenzte und fest umrissene Tatbestände geschaffen werden. Ferner wurde vorgesehen, dass eine gerichtliche Kontrolle stattfindet und die Maßnahme zeitlich begrenzt wird.[20]

8 Auf Grundlage §§ 31 ff. wurde bislang **nur einmal eine Kontaktsperre vollzogen.** In der Zeit vom 2. bis zum 20.10.1977 wurden 72 Gefangene[21] dieser Maßnahme unterworfen. Dies hatte nach Auffassung der Bundesregierung zur Folge, dass die Kommunikation zwischen den inhaftierten und den noch in Freiheit befindlichen Terroristen unterbrochen wurde und damit verhindert werden konnte, dass weiteren Aktionen von inhaftierten Terroristen aus den Strafanstalten heraus gesteuert wurden. Der Mangel an Abstimmungsmöglichkeiten zwischen den betroffenen Gefangenen habe den Ermittlungsbehörden zudem einen Zeitgewinn gebracht und dadurch ihre Arbeit wesentlich gefördert.[22] Gleichwohl konnte das Leben *Hanns Martin Schleyers* durch dieses Vorgehen nicht gerettet werden.

9 Das BVerfG hat in zwei Entscheidungen die Kontaktsperre für **verfassungsrechtlich zulässig** erachtet. In der ersten Entscheidung hat das Gericht es abgelehnt, im Wege einer einstweiligen Anordnung die Kontaktsperre zu beenden.[23] In der zweiten Entscheidung hat es das Kontaktsperregesetz insgesamt für mit dem Grundgesetz vereinbar erklärt. Es hat dabei ausgeführt, dass das Kontaktsperregesetz die staatliche Pflicht erfülle, jedes menschliche Leben zu schützen, das innerhalb der grundgesetzlichen Ordnung einen Höchstwert darstelle. Die §§ 31 ff. beruhen auf einer zutreffenden Abwägung der zu schützenden Rechtsgüter nach Maßgabe der grundgesetzlichen Wertordnung und unter Berücksichtigung dieses grundlegenden Wertsystems. Das Kontaktsperregesetz stehe mit dem Grundsatz der Verhältnismäßigkeit der Mittel im Einklang, insbesondere belasteten die zulässigen Maßnahmen die betroffenen Gefangenen nicht übermäßig. Bedeutung und Tragweite der tangierten Grundrechte sei ausreichend Rechnung getragen. Das Gesetz genüge dem Gebot fairer Verhandlungsführung und stehe mit dem Rechtsstaatsprinzip im Einklang. Der Rechtsweg nach § 37 gewährleiste einen effektiven Rechtsschutz im Sinne von Art. 19 Abs. 4 GG. Der Nachteil fehlenden Anwaltsrates sei dabei als unvermeidbar hinzunehmen, werde aber durch die Antragsaufnahme vor dem Amtsrichter gemildert, der dem Gefangenen auf Verlangen über seine Rechte aufzuklären habe.[24]

10 Die RAF-Terroristen *Andreas Baader, Gudrun Ensslin* und *Jan-Carl Raspe* hatten bereits vor ihrem Freitod Beschwerden bei der Europäischen Kommission für Menschenrechte ua wegen der gegen sie angeblich praktizierten „Isolationsfolter" eingereicht, womit sie auch auf die Kontaktsperre nach den §§ 31 ff. Bezug nahmen. In ihrer Entscheidung vom 8.7.1978 hat die Kommission keine Verletzung der **EMRK** festgestellt und die Beschwerden insgesamt als offensichtlich unbegründet und deshalb unzulässig zurückgewiesen.[25]

11 Das Kontaktsperre-Gesetz war offensichtlich einer bestimmten historischen Ausnahmesituation geschuldet und sollte den damaligen Kampf gegen den linksradikalen Terrorismus

---

[20] BT-Drs. 8/935, 5.
[21] Antwort der Bundesregierung BT-Drs. 8/3565, 2; nach BGH 13.10.1977 – 3 ARs 27/77, NJW 1977, 2173 wurde die Maßnahme gegenüber etwa 90 Häftlingen angewendet.
[22] Siehe Antwort der Bundesregierung BT-Drs. 8/3565, 8; ebenso *Rebmann* DRiZ 1979, 363 (366).
[23] BVerfG 4.10.1977 – 2 BvQ 8/77 ua, NJW 1977, 2157.
[24] BVerfG 1.8.1978 – 2 BvR 1013/77, BVerfGE 49, 24 ff. = NJW 1978, 2235 ff.
[25] EKMR 8.7.1978 – 7572/76, 7586/76, 7587/76, EuGRZ 1987, 314 (324); siehe auch BT-Drs. 8/3565, 5.

unterstützen.²⁶ Ein Grund für die Aushebelung des § 148 StPO waren Strafverteidiger, die mit den angeklagten Terroristen konspirierten, welche die Kommunikation zwischen den Inhaftierten und in Freiheit befindlichen Tätern mittels eines lückenlosen Informations-, Kontakt- und Codesystems aufrecht erhielten,²⁷ und den Inhaftierten sogar Waffen und Sprengstoff zukommen ließen.²⁸ Das Gesetz wurde als ein Akt der **Staatsnotwehr** begriffen und die Verortung im EGGVG sollte den Ausnahmecharakter verdeutlichen.²⁹ Die §§ 31 ff. stellen dabei zugleich eine abschließende Regelung für Notstandssituationen dar, der einen Rückgriff auf das allgemeine Notstandsprinzip in vergleichbaren Situationen unzulässig macht.³⁰

Zwischenzeitlich sind in der StPO eine Reihe von Möglichkeiten und Einschränkungen verankert worden, die derartiges Fehlverhalten von Verteidigern zumindest erschweren, wenn nicht unmöglich machen (§§ 137, 146, 148 Abs. 2, 148a StPO und vor allem §§ 138a ff. StPO). Vor diesem Hintergrund erscheint es zweifelhaft, ob die §§ 31 ff. noch notwendig sind.³¹ Auch der Umstand, dass sie seit 1977 nicht noch einmal angewendet wurden, spricht dagegen. Sie können daher aufgehoben werden.³² 12

Durch das Zweite Gesetz zur Stärkung der Verfahrensrechte von Beschuldigten im Strafverfahren und zur Änderung des Schöffenrechts wurden die §§ 31, 33, 34 und 34a grundlegend geändert. In Umsetzung der Richtlinie 2013/48/EU des Europäischen Parlaments des Rates vom 22.10.2013 über das Recht auf Zugang zu einem Rechtsbeistand in Strafverfahren und in Verfahren zur Vollstreckung des Europäischen Haftbefehls sowie über das Recht auf Benachrichtigung eines Dritten bei Freiheitsentzug und das Recht auf Kommunikation mit Dritten und mit Konsularbehörden während des Freiheitsentzugs wurden die Vorschriften zur Kontaktsperre dahin abgeändert, dass der **Kontakt zum Verteidiger** des Beschuldigten **nur noch während des Ermittlungsverfahrens und der Strafvollstreckung unterbrochen** werden darf. 13

Während des gerichtlichen Verfahrens darf der Kontakt zum Verteidiger hingegen nicht mehr unterbrochen werden und die Regelungen haben nur noch Bedeutung für Mitgefangene und Dritte. Hinsichtlich des Verteidigers würden insbesondere die §§ 138 Abs. 2, 148 Abs. 2 StPO als Sicherung vor möglichen negativen Folgen der Kontaktaufnahme zwischen dem beschuldigten Terroristen und seinem Verteidiger genügen.³³ 14

§ 31 [Feststellung der Voraussetzungen für die Kontaktsperre]

(1) ¹Besteht eine gegenwärtige Gefahr für Leben, Leib oder Freiheit einer Person, begründen bestimmte Tatsachen den Verdacht, daß die Gefahr von einer terroristischen Vereinigung ausgeht, und ist es zur Abwehr dieser Gefahr geboten, jedwede Verbindung von Gefangenen untereinander und mit der Außenwelt zu unterbrechen, so kann eine entsprechende Feststellung getroffen werden. ²Die Feststellung darf sich nur auf Gefangene beziehen, die wegen einer Straftat nach § 129a, auch in Verbindung mit § 129b Abs. 1, des Strafgesetzbuches oder wegen einer der in dieser Vorschrift bezeichneten Straftaten rechtskräftig verurteilt sind oder gegen die ein Haftbefehl wegen des Verdachts einer solchen Straftat besteht; das gleiche gilt für solche Gefangene, die wegen einer anderen Straftat verurteilt

---

²⁶ Vgl. *Ebert* JR 1978, 136 (140).
²⁷ *v. Winterfeld* ZRP 1977, 265 (266); ebenso *Rebmann* DRiZ 1979, 363 (366). Siehe auch *Löchner* DRiZ 1980, 94 (95); *Witte* DRiZ 1978, 289 (291).
²⁸ BVerfG 1.8.1978 – 2 BvR 1013/77, BVerfGE 49, 24 ff. = NJW 1978, 2235 (2238).
²⁹ *v. Winterfeld* ZRP 1977, 265 (267).
³⁰ *Löwe/Rosenberg/Böttcher* Vor § 31 Rn. 13; *Meyer-Goßner/Schmitt* Vor §§ 31 ff. Rn. 2; *Vogel* NJW 1978, 1217 (1223).
³¹ Für Nachbesserung des Gesetzes *Zuck* NJW 1979, 1121 (1124 f.).
³² Ebenso *Krekeler* NJW 1986, 417 (418); aA *Löwe/Rosenberg/Böttcher* Vor § 31 Rn. 15; *Rebmann* DRiZ 1979, 363 (366).
³³ BT-Drs. 18/9534, 25.

oder die wegen des Verdachts einer anderen Straftat in Haft sind und gegen die der dringende Verdacht besteht, daß sie diese Tat im Zusammenhang mit einer Tat nach § 129a, auch in Verbindung mit § 129b Abs. 1, des Strafgesetzbuches begangen haben. ³Die Feststellung ist auf bestimmte Gefangene oder Gruppen von Gefangenen zu beschränken, wenn dies zur Abwehr der Gefahr ausreicht. ⁴Die Feststellung ist nach pflichtgemäßem Ermessen zu treffen. ⁵§ 148 der Strafprozessordnung bleibt unberührt.

(2) Für Gefangene, gegen die die öffentliche Klage noch nicht erhoben wurde oder die rechtskräftig verurteilt sind, kann die Feststellung nach Absatz 1 auf die Unterbrechung des mündlichen und schriftlichen Verkehrs mit dem Verteidiger erstreckt werden.

Übersicht

	Rn.		Rn.
I. Feststellung der Voraussetzungen (Abs. 1 Satz 1)	1–5	V. Kontaktsperre	16–17a
II. Betroffener Personenkreis (Abs. 1 Satz 2)	6–12	VI. Förmlichkeiten	18–19
III. Verhältnismäßigkeit (Abs. 1 Satz 3)	13, 14	VII. Rechtsschutz	20, 21
		VIII. Verweis auf § 148 StPO	1
IV. Ermessensentscheidung (Abs. 1 Satz 4)	15	IX. Einbeziehung des Verteidigers	22–25

I. Feststellung der Voraussetzungen (Abs. 1 Satz 1)

1   Die Feststellung der Voraussetzungen für eine Kontaktsperrre hat nach Satz 1 drei Voraussetzungen:

2   1. Es muss eine **gegenwärtige Gefahr** für Leben, Leib oder Freiheit einer Person bestehen. Dieser Gefahrbegriff ist der Formulierung in §§ 34, 35 StGB entnommen.[1] Auf die Kommentierung dieser Begriffe in diesen Normen kann daher zurückgegriffen werden.[2] Gegenwärtig ist demnach die Gefahr, wenn sie alsbald oder in allernächster Zeit in einen Schaden umschlagen kann.[3] Erfasst ist aber auch eine Dauergefahr, bei welcher ein Schadenseintritt zwar erst für die Zukunft zu erwarten ist, aber nur durch sofortiges Handeln abgewendet werden kann.[4] Wesentlich ist zudem, dass die bestehende gegenwärtige Gefahr nicht für eine bestimmte, dem Namen nach bereits bekannte Person bestehen muss. Es genügt, dass sie für Angehörige einer bestimmten Personengruppe besteht,[5] etwa Bundesanwälte oder Vorstände einer Bank.

3   2. Es müssen bestimmte Tatsachen den Verdacht begründen, dass diese Gefahr von einer **terroristischen Vereinigung** ausgeht. Der Begriff der terroristischen Vereinigung bezieht sich auf § 129a StGB.[6] Über § 129b Abs. 1 S. 1 StGB sind dabei auch ausländische Vereinigung erfasst.

4   Es muss wie bei § 112 Abs. 2 StPO ein auf Tatsachen beruhender **Verdacht** bestehen,[7] bloße Vermutungen oder kriminalistische Erfahrungssätze für die Gefahrenannahme genügen also nicht.[8] Diese Gefahren müssen von der terroristischen Vereinigung **ausgehen**. Der Begriff des Ausgehens muss weit ausgelegt werden. Da terroristische Vereinigungen, wie auch im Entführungsfall *Hanns Martin Schleyer,*[9] international zusammenar-

---

[1] *Katholnigg* Rn. 3.
[2] MüKoStGB/*Erb* StGB § 34 Rn. 54 ff.; MüKoStGB/*Müssig* StGB § 35 Rn. 12 ff.
[3] Schönke/Schröder/*Perron* StGB § 34 Rn. 17.
[4] NK-StGB/*Neumann* StGB § 34 Rn. 57.
[5] Löwe/Rosenberg/*Böttcher* Rn. 2.
[6] MüKoStGB/*Schäfer* StGB § 129a Rn. 25 ff.
[7] Vgl. → StPO § 112 Rn. 23.
[8] *Kissel/Mayer* Rn. 15; Löwe/Rosenberg/*Böttcher* Rn. 3.
[9] → Vor § 31 Rn. 3.

beiten, geht eine Gefahr auch dann von einer solchen Vereinigung aus, wenn sie die Gefahr nur angeregt oder physisch oder psychisch unterstützt hat.[10]

3. Es muss es zur Abwehr dieser Gefahr geboten ist, jedwede Verbindung von Gefangenen untereinander und mit der Außenwelt einschließlich des schriftlichen und mündlichen Verkehrs mit dem Verteidiger zu unterbrechen.[11] Die Kontaktsperre muss dabei nach dem BVerfG **geeignet und erforderlich** sein, die bestehende Gefahr abzuwehren. Da die Feststellung nach § 31 der gefahrerhöhenden Einflussnahme von Gefangenen auf die Geschehnisse außerhalb der Haftanstalt entgegenwirken soll, darf sie folglich nicht getroffen werden, wenn und soweit nach den vorhandenen Erkenntnissen eine solche Einflussnahme im Einzelfall ersichtlich nicht zu befürchten ist.[12] Sind andere, weniger einschneidende Maßnahmen als eine umfassende Kontaktsperre möglich, darf die Feststellung nach Satz 1 nicht getroffen werden.[13] Derartige **mildere Maßnahmen** sind durch die zwischenzeitlich eingeführten gesetzlichen Möglichkeiten (insbesondere § 148 Abs. 2 StPO) heutzutage regelmäßig gegeben.[14]

II. Betroffener Personenkreis (Abs. 1 Satz 2)

Satz 2 benennt den Personenkreis, welcher einer Kontaktsperre unterzogen werden darf. Hierbei handelt es sich um,

1. **Strafgefangene**, die wegen einer Straftat nach § 129a StGB, auch in Verbindung mit § 129b Abs. 1 StGB, rechtskräftig verurteilt wurden. Versuch und Teilnahme genügen ebenso wie die Verurteilung aus dieser Strafnorm neben anderen.[15]
2. Strafgefangene, die wegen einer der in § 129a Abs. 1, Nr. 1 und 2, Abs. 2 Nr. 1–5 StGB aufgeführten Straftaten rechtskräftig verurteilt wurden.
Obwohl dieser Hinweis im Gesetzestext fehlt, muss in diesen Fällen aber gleichwohl ein Zusammenhang zu einer terroristischen Vereinigung bestehen. Der Gefangene muss einer solchen also mindestens als Unterstützer zuzuordnen sein.[16]
3. Strafgefangene, die nicht wegen einer Straftat nach § 129a StGB oder einer dort aufgeführten Katalogtat rechtskräftig verurteilt wurden, bei denen aber der dringende Verdacht iSd § 112 StPO[17] besteht, dass sie die Straftat im Zusammenhang mit einer Tat nach §§ 129a, 129b Abs. 1 StGB begangen haben.
4. **Untersuchungsgefangene**, bei der den Haftbefehl wegen des Verdachts zu a) besteht; bzw. unter den dort genannten Voraussetzungen zu 2. und 3.
5. **entsprechende Anwendung** findet § 31, bei Vorliegen der weiteren Voraussetzungen, gemäß § 38 auf Personen, gegen die eine Maßregel der Besserung und Sicherung (vgl. § 61 StGB) vollzogen wird oder ein Unterbringungsbefehl nach § 126a StPO besteht; sowie unter den Voraussetzungen von § 38a auf Gefangene, gegen die wegen des Verdachts der Bildung einer kriminellen Vereinigung (§ 129 StGB) ermittelt wird oder deswegen rechtskräftig verurteilt wurden.[18]

III. Verhältnismäßigkeit (Abs. 1 Satz 3)

Als Ausdruck des Grundsatzes der Verhältnismäßigkeit bestimmt Satz 3, dass die Feststellung auf bestimmte Gefangene oder Gruppen von Gefangenen zu beschränken ist, wenn dies zur Abwehr der Gefahr ausreicht.

---

[10] *Katholnigg* Rn. 4; *Kissel/Mayer* Rn. 14.
[11] Siehe auch BT-Drs. 8/945, 2.
[12] BVerfG 1.8.1978 – 2 BvR 1013/77, BVerfGE 49, 24 ff. = NJW 1978, 2235 (2238).
[13] *Kissel/Mayer* Rn. 17.
[14] → Vor § 31 Rn. 12.
[15] KK-StPO/*Mayer* Rn. 15.
[16] BVerfG 1.8.1978 – 2 BvR 1013/77 ua, BVerfGE 49, 62 = NJW 1978, 2235 (2238); BGH 13.10.1977 – 3 ARs 27/77, NJW 1977, 2173 (2174); KK-StPO/*Mayer* Rn. 16.
[17] *Kissel/Mayer* Rn. 23.
[18] §§ 38, 38a.

14 Die Gefangenen, die der Kontaktsperre unterworfen werden sollen, müssen deshalb in der Feststellung **namentlich aufgeführt** werden. Eine pauschale Feststellung, dass diejenigen erfasst seien, „die während der Geltungsdauer der Feststellung in Haft gebracht werden auf Grund eines Haftbefehls, der Straftaten nach § 129a StGB zum Gegenstand hat oder solche Taten, bei denen der dringende Verdacht besteht, dass sie im Zusammenhang mit einer Tat nach § 129a StGB begangen worden sind", genügt nicht, da insoweit keine, dem Verhältnismäßigkeitsprinzip entsprechende, Einzelfallprüfung möglich wäre.[19]

IV. Ermessensentscheidung (Abs. 1 Satz 4)

15 Nach Satz 4 ist die Feststellung nach pflichtgemäßem Ermessen zu treffen. Dies bedeutet aber nicht, dass der zur Entscheidung berufenen Stelle (§ 32) damit ein Ermessensspielraum in Bezug auf die Feststellung der tatbestandsmäßigen Voraussetzungen des Satzes 1 eingeräumt wird. Auch steht es nicht in ihrem pflichtgemäßem Ermessen, die Grenzen zu bestimmen, innerhalb deren die Erstreckung der Feststellung auf einzelne Gefangene zulässig ist. Satz 4 kommt vielmehr erst dann zur Anwendung, wenn die Voraussetzungen der Sätze 1–3 vorliegen und nunmehr darüber zu entscheiden ist, ob die Feststellung getroffen werden und auf welche Gefangenen sie sich gegebenenfalls beziehen soll.[20] Hinsichtlich dieser Entscheidung kann im gerichtlichen Verfahren überprüft werden, ob die Grenzen zulässiger, nicht rechtsmissbräuchlicher Ermessensausübung überschritten wurden.[21]

V. Kontaktsperre

16 Ziel der Kontaktsperre ist es, jedwede Verbindung von Gefangenen untereinander und mit der Außenwelt zu unterbrechen. Dies bedeutet zunächst, dass die betroffenen **Gefangenen untereinander** keinen Kontakt mehr haben dürfen. Jegliche Verbindungsmöglichkeiten sind zu unterbrechen. Neben dem mündlichen und visuellen Kontakt fällt hierunter auch die Kontaktaufnahme per Klopf- oder Morsezeichen. Für die Gefangenen bedeutet dies folglich **Einzelhaft,** auch bei einem Aufenthalt in einer Krankenabteilung. Die Verbindungsunterbrechung gilt auch für Spaziergänge in der Haftanstalt, für die Teilnahme an Gemeinschaftsveranstaltungen wie zB Gottesdiensten, Mahlzeiten, Einkauf, Sport, Bibliotheksbenutzung, Arbeit.[22] Nicht erfasst sind allerdings (notwendige) Kontakte zu Gefängnismitarbeiter, Anstaltsseelsorger etc.[23]

16a Der Kontakt zum Verteidiger kann nur während des Ermittlungsverfahrens und der Strafvollstreckung unterbrochen werden. Zwischen Erhebung der Anklage und rechtskräftiger Verurteilung darf der **Verteidiger** trotz der Kontaktsperre schriftlichen und mündlichen Kontakt zum Beschuldigten halten.[24]

17 Auch der **Kontakt zur Außenwelt** muss unterbrochen werden. Es soll also der Kontakt- und Informationsfluss zu jeglichen Personen außerhalb des Gefängnisses unterbunden werden. Der Gefangene soll auch keine Rundfunk- oder Fernsehsendungen sowie Pakete, Zeitschriften oder Zeitungen empfangen.[25] Auch Kontakte zu Gerichten oder zur Staatsanwaltschaft sind durch die Feststellung unterbrochen, mit Ausnahme der in §§ 34 Abs. 3, 34a, 37 Abs. 2 genannten Fälle.

17a Während des Ermittlungsverfahrens und der Strafvollstreckung umfasst dies neben Besuchs- und Schriftverkehr mit Verwandten, Freunden oder Bekannten auch den mündlichen und schriftlichen Kontakt zum **Pflicht- oder Wahlverteidiger** des Inhaftierten (mit Ausnahme der Kontaktperson nach § 34a).[26]

---

[19] BGH 13.10.1977 – 3 ARs 27/77, NJW 1977, 2173 (2174); aA Löwe/Rosenberg/*Böttcher* Rn. 13.
[20] BVerfG 1.8.1978 – 2 BvR 1013/77, BVerfGE 49, 24 ff. = NJW 1978, 2235 (2238).
[21] KK-StPO/*Mayer* Rn. 13.
[22] KK-StPO/*Mayer* Rn. 23.
[23] *Katholnigg* Rn. 7; Löwe/Rosenberg/*Böttcher* Rn. 5.
[24] → Rn. 22 ff.
[25] BT-Drs. 8/935, 5.
[26] → Rn. 22 ff.

VI. Förmlichkeiten

Das Gesetz schreibt für die Feststellung der Kontaktsperre keine besondere Form vor. Der dieser Maßnahme Unterworfene hat aber ein Recht darauf, die Gründe hierfür zu erfahren. Werden auf Grundlage der Feststellung gemäß § 31 Unterbrechungsmaßnahmen nach § 33 angeordnet, müssen diese mit einer **schriftlichen Begründung** versehen und ihm bekannt gemacht werden. Nur in den Fällen von § 37 Abs. 3 kann die Begründung später nachgeholt werden, wenn deren sofortige Mitteilung den Zweck der Unterbrechung gefährden würde. § 34a Abs. 6 sieht die Bekanntgabe der Feststellung ausdrücklich vor. 18

Durch das Zweite Gesetz zur Stärkung der Verfahrensrechte von Beschuldigten im Strafverfahren und zur Änderung des Schöffenrechts wurde in § 33 die Verpflichtung eingefügt, dass die Maßnahmen zu begründen und dem Gefangenen schriftlich bekannt zu machen sind. Dies geschah in Umsetzung der Richtlinie 2013/48/EU.[27] 18a

Fehlt eine Begründung für die Maßnahme nach § 31, würde der betroffene Gefangene nicht erfahren, welche Tatsachen der Feststellung zugrunde gelegt worden sind und weshalb sie sich gerade (auch) auf ihn beziehen. Ohne diese Kenntnis wäre ihm ein Rechtsschutz gegen Maßnahmen nach § 33 aber wesentlich erschwert. Die Feststellung bedarf deshalb nach Auffassung des BVerfG, innerhalb der Grenzen des § 37 Abs. 3, der Begründung. Dem betroffenen Gefangenen und auch seinem Verteidigern müssen sowohl die Maßnahmen nach § 33 als auch die Feststellung gem. § 31 und deren Bestätigung (§ 35) – einschließlich der erforderlichen Begründung – **im Wortlaut mitgeteilt** werden. Der Gefangene ist zwar nicht Adressat der Feststellung und des sie bestätigenden Beschlusses, er muss aber gegebenenfalls beide kennen, um mit Aussicht auf Erfolg einen Antrag nach § 37 Abs. 1 stellen zu können.[28] 19

VII. Rechtsschutz

Die Feststellung nach § 31 bedarf der gerichtlichen Bestätigung gemäß § 35. Der Gefangene kann Einzelmaßnahmen nach § 37 anfechten. 20

Das **Petitionsrecht** nach Art. 17 GG bleibt zwar von der Kontaktsperre unberührt, ist aber für die Dauer der Feststellung in seiner Ausübung verfassungsrechtlich zulässig beschränkt, ein Anspruch auf Kontaktaufnahme zu Mitgefangenen zum Zwecke der Abfassung einer gemeinschaftlichen Petition besteht ohnehin nicht.[29] 21

VIII. Verweis auf § 148 StPO

Durch den ausdrücklichen Verweis darauf, dass § 148 StPO unberührt bleibt, soll zum einen klargestellt werden, dass eine Kontaktsperre nach § 31 Abs. 1 EGGVG den Verkehr zum Verteidiger – während des gerichtlichen Verfahrens – unberührt lässt, zum anderen soll Absatz 2 der Vorschrift ausdrücklich für anwendbar erklärt werden.[30] Nach § 148 Abs. 2 S. 1 StPO soll das Gericht gegen einen Beschuldigten, der im dringenden Verdacht steht, eine Straftat nach § 129a StGB, auch in Verbindung mit § 129b Abs. 1 StGB, begangen zu haben, anordnen, dass im Verkehr mit Verteidigern Schriftstücke und andere Gegenstände zurückzuweisen sind, sofern sich der Absender nicht damit einverstanden erklärt, dass sie zunächst dem nach § 148a StPO zuständigen Gericht vorgelegt werden. Ist eine solche Überwachung angeordnet, sind für Gespräche mit Verteidigern Vorrichtungen vorzusehen, die die Übergabe von Schriftstücken und anderen Gegenständen ausschließen (§ 148 Abs. 2 S. 3 StPO).

---

[27] BT-Drs. 18/9534, 27.
[28] BVerfG 1.8.1978 – 2 BvR 1013/77, BVerfGE 49, 24 ff. = NJW 1978, 2235 (2239).
[29] BVerfG 1.8.1978 – 2 BvR 1013/77, BVerfGE 49, 24 ff. = NJW 1978, 2235 (2237).
[30] BT-Drs. 18/9534, 26.

IX. Einbeziehung des Verteidigers

22 Durch das Zweite Gesetz zur Stärkung der Verfahrensrechte von Beschuldigten im Strafverfahren und zur Änderung des Schöffenrechts wurden § 31 grundlegend geändert. In Umsetzung der **Richtlinie** 2013/48/EU des Europäischen Parlaments des Rates vom 22.10.2013 über das Recht auf Zugang zu einem Rechtsbeistand in Strafverfahren und in Verfahren zur Vollstreckung des Europäischen Haftbefehls sowie über das Recht auf Benachrichtigung eines Dritten bei Freiheitsentzug und das Recht auf Kommunikation mit Dritten und mit Konsularbehörden während des Freiheitsentzugs wurden die Vorschriften zur Kontaktsperre dahin abgeändert, dass der Kontakt zum Verteidiger des Beschuldigten nur noch während des Ermittlungsverfahrens und der Strafvollstreckung unterbrochen werden darf. Eine Unterbrechung des Kontakts auch zum Verteidiger während des gerichtlichen Verfahrens wäre mit der Richtlinie 2013/48/EU nicht vereinbar.

23 Abs. 2 soll es nur im engen Rahmen der Vorgaben der Richtlinie 2013/48/EU ermöglichen, die Feststellung nach Absatz 1 auch auf den mündlichen und schriftlichen Verkehr mit dem Verteidiger zu erstrecken. **Voraussetzung** hierfür ist, dass es zur Abwehr der Gefahr für Leben, Leib oder Freiheit einer Person auch geboten ist, den schriftlichen und mündlichen Verkehr des Gefangenen mit seinem Verteidiger zu unterbrechen. Dies kann beispielsweise der Fall sein, wenn ein sofortiges Handeln erforderlich ist, eine mögliche Verstrickung des Verteidigers noch nicht geprüft werden konnte und eine Einschätzung, auf welchem Wege eine Kommunikation zwischen Gefangenen und Außenstehenden stattfindet, ad hoc nicht getroffen werden kann.

24 Absatz 2 findet auch im Strafvollstreckungsverfahren Anwendung. Die Richtlinie 2013/48/EU ist in diesem Verfahrensstadium nicht anwendbar, da ihr Anwendungsbereich mit der rechtskräftigen Entscheidung endet (vgl. Art. 2 Abs. 1 S. 2 der Richtlinie 2013/48/EU). Auch in diesem Verfahrensstadium ist es unter den Voraussetzungen von Absatz 2 möglich, den schriftlichen und mündlichen Kontakt zwischen Gefangenem und seinem Verteidiger vorübergehend in die Kontaktsperre einzubeziehen.

25 **Während des gerichtlichen Verfahrens** hingegen darf der Kontakt zum Verteidiger nicht mehr unterbrochen werden und die Regelungen haben nur noch Bedeutung für Mitgefangene und Dritte. Im Gesetzgebungsverfahren wurde darauf verwiesen, dass hinsichtlich des Verteidigers insbesondere die §§ 138 Abs. 2, 148 Abs. 2 StPO als Sicherung vor möglichen negativen Folgen der Kontaktaufnahme zwischen dem beschuldigten Terroristen und seinem Verteidiger genügen würden.[31]

§ 32 [Zuständigkeit]

¹Die Feststellung nach § 31 trifft die Landesregierung oder die von ihr bestimmte oberste Landesbehörde. ²Ist es zur Abwendung der Gefahr geboten, die Verbindung in mehreren Ländern zu unterbrechen, so kann die Feststellung der Bundesminister der Justiz und für Verbraucherschutz treffen.

I. Zuständigkeit der Landesregierung (Satz 1)

1 Nach Satz 1 liegt die Zuständigkeit, die Feststellung nach § 31 zu treffen, regelmäßig bei der **Landesregierung,** in deren Strafanstalten diejenigen Gefangenen verwahrt werden, deren Kontakte zur Abwehr der Gefahren iSd § 31 S. 1[1] unterbrochen werden müssen.

2 Die jeweilige Landesregierung kann eine oberste Landesbehörde bestimmen, welche die Feststellung zu treffen hat. In Baden-Württemberg,[2] Bayern,[3] Hessen,[4] Nordrhein-

---
[31] BT-Drs. 18/9534, 25.
[1] → § 31 Rn. 2 ff.
[2] VO vom 15.11.1977, GVBl. 672.
[3] VO vom 4.10.1977, GVBl. 505.
[4] AO vom 20.1.1978, GVBl. I 91.

Westfalen[5] und Rheinland-Pfalz[6] ist daraufhin im Verordnungswege der jeweilige **Landesjustizminister** für zuständig erklärt worden.

II. Zuständigkeit des Bundesministers

Gemäß Satz 2 *kann* der Bundesminister der Justiz und für Verbraucherschutz die Feststellung nach § 31 treffen, wenn es zur Abwendung der Gefahr geboten ist, die Verbindungen in mehreren, dh mindestens zwei,[7] Bundesländern zu unterbrechen.

Durch die Formulierung *kann* sollte klargestellt werden, dass die Befugnis der Ländern nach Satz 1 bestehen bleibt, wenn der Bundesminister keine Feststellung trifft.[8]

Weitergehende Voraussetzungen für die Zuständigkeit des Bundesminister, etwa Umfang der Feststellung bzw. Anzahl der Betroffenen Gefangenen oder besondere Eilbedürftigkeit, bestimmt das Gesetz nicht und sind demnach auch **nicht erforderlich**.[9]

III. Rechtsnatur

Die Feststellung des Bundesminister der Justiz und für Verbraucherschutz nach § 31 ergeht als **Verwaltungsanordnung** iSd Art. 84 Abs. 5 GG.[10] Die Feststellung stellt für die Adressaten demnach als Einzelweisung eine verbindliche Anordnung dar, wie in einem konkreten Sachverhalt zu verfahren ist.[11]

IV. Divergierende Feststellungen

Ist bereits auf Landesebene eine Feststellung nach § 31 ergangen und entschließt sich dann der Bundesminister der Justiz und für Verbraucherschutz tätig zu werden, stellt sich die Frage, ob die zuvor getroffenen Feststellungen des oder der Länder wirksam bleiben. Da die Feststellung sich regelmäßig auf bestimmte Gefangene beziehen muss,[12] ist dies insbesondere dann relevant, wenn die Feststellung des Bundesministers bestimmte Gefangene nicht erfasst, die zuvor der Kontaktsperre auf Landesebene unterworfen wurden. Nach dem Gesetzeswortlaut und der Gesetzessystematik kann es **nur eine Feststellung nach § 31** geben, so formuliert § 32 nicht von ungefähr „Die Feststellung nach § 31". Folglich treten zuvor erlassene Feststellungen auf Landesebene durch die Entscheidung des Bundesministers außer Kraft.[13]

V. Rechtsschutz

Die Feststellung selbst hat nur behördeninterne Wirkung und kann eigenständig nicht angegriffen werden. Allerdings bedarf die Feststellung nach § 31 der gerichtlichen Bestätigung gemäß § 35. Die Umsetzung der Feststellung, also der Vollzug der Kontaktsperre, erfolgt durch Maßnahmen iSd § 33, welche den betroffene Gefangenen beschweren können. Über § 37 kann die Überprüfung von Einzelmaßnahmen beantragt werden.

§ 33 [Maßnahmen der Landesbehörden]

¹Ist eine Feststellung nach § 31 erfolgt, so treffen die zuständigen Behörden der Länder die Maßnahmen, die zur Unterbrechung der Verbindung erforderlich sind.

---

[5] VO vom 25.10.1977, GVNW 368.
[6] AO vom 13.10.1977, GVBl. 341.
[7] BT-Drs. 8/935, 5.
[8] BT-Drs. 8/945, 2.
[9] *Katholnigg* Rn. 2; *Löwe/Rosenberg/Böttcher* Rn. 3; aA *Kissel/Mayer* Rn. 2; Meyer-Goßner/*Schmitt* Rn. 2.
[10] BT-Drs. 8/935, 5.
[11] BeckOK GG/*Suerbaum* GG Art. 84 Rn. 54.
[12] → § 31 Rn. 14.
[13] Ebenso *Löwe/Rosenberg/Böttcher* Rn. 5; aA *Katholnigg* Rn. 2, nach dem die Länder weitere Gefangene der Feststellung unterwerfen können.

Ellbogen

²Die Maßnahmen sind zu begründen und dem Gefangenen schriftlich bekannt zu machen. § 37 Absatz 3 gilt entsprechend.

I. Regelungsinhalt

1   Ist die Feststellung nach § 31 getroffen worden, obliegt die Durchführung bzw. die Herbeiführung der Kontaktsperre den **zuständigen Landesbehörden.** Dies sind in der Regel die Justizvollzugsanstalten, in denen die Gefangenen verwahrt werden, deren Verbindungen unterbrochen werden müssen, um der Gefahr nach § 31 Abs. 1 S. 1 entgegenzuwirken.¹ Diese Zuständigkeit der Landesbehörden besteht unabhängig davon, ob die Festellung nach § 31 durch die Landesregierung bzw. die von dieser bestimmte oberste Landesbehörde oder vom Bundesminister der Justiz und für Verbraucherschutz getroffen wurde.²

2   Die Maßnahmen, die zur **Unterbrechung der Verbindungen** von den Landesbehörden getroffen werden, müssen den Kontakt der betroffenen Gefangenen untereinander als auch zur Außenwelt unmöglich machen.³ Sie gehen Anordnungen nach § 119 StPO sowie den Regelungen in den Untersuchungshaftvollzugsgesetzen bzw. den Strafvollzugsgesetzen der Länder vor.⁴

II. Mitteilungen

3   Nach dem BVerfG müssen auch Gefangene, die einer Kontaktsperre nach §§ 31 ff. unterworfen werden, die Gründe hierfür erfahren. Die Unterbrechungshandlungen müssen daher den betroffenen Gefangenen, mit einer **schriftlichen Begründung** versehen, bekannt gemacht werden. Eine Ausnahme besteht nur unter den Voraussetzungen von § 37 Abs. 3. Aber selbst dann ist die Begründung nachzuholen, wenn ihre Mitteilung den Zweck der Unterbrechung nicht mehr gefährdet.⁵ Auch den **Verteidigern** der betroffenen Gefangenen muss eine Mitteilung gemacht werden.

3a Durch das Zweite Gesetz zur Stärkung der Verfahrensrechte von Beschuldigten im Strafverfahren und zur Änderung des Schöffenrechts wurde in § 33 nunmehr ausdrücklich die Verpflichtung eingefügt, dass **die Maßnahmen zu begründen** und dem Gefangenen **schriftlich bekannt zu machen** sind. Dies geschah in Umsetzung der Richtlinie 2013/48/EU.⁶

4   Erhält der Betroffene während der Kontaktsperre Post, so werden die **Absender** regelmäßig nicht darüber informiert, dass momentan keine Zustellung erfolgt, da dies den Zweck der Maßnahmen nach § 33 gefährden kann. Ist eine solche Gefährdung des Zwecks allerdings ausgeschlossen, etwa bei behördlichen insbesondere gerichtlichen Absendern, sind diese von der Kontaktsperre zu benachrichtigen.⁷

5   Ist gegen den Betroffenen ein Verfahren anhängig, muss dem **Gericht** Mitteilung von der getroffenen Feststellung nach § 31 gemacht werden, da dies die in § 34 festgelegten Folgen hat.⁸

III. Rechtsschutz

6   Die Rechtmäßigkeit einzelner, nach § 33 getroffener, Maßnahmen, kann auf Antrag nach § 37 überprüft werden.

---

¹ Vgl. *Jung* JuS 1977, 846.
² Zur Zuständigkeit für den Erlass der Feststellung § 32.
³ → § 31 Rn. 16 f.
⁴ Löwe/Rosenberg/*Böttcher* Rn. 2; Meyer-Goßner/*Schmitt* Rn. 1.
⁵ BVerfG 1.8.1978 – 2 BvR 1013/77 ua, BVerfGE 49, 24 (66) = NJW 1978, 2235 (2239).
⁶ BT-Drs. 18/9534, 27.
⁷ *Kissel/Mayer* Rn. 4.
⁸ *Kissel/Mayer* Rn. 3; Löwe/Rosenberg/*Böttcher* Rn. 3.

§ 34 [Auswirkungen der Kontaktsperre]

(1) Sind Gefangene von Maßnahmen nach § 33 betroffen, so gelten für sie, von der ersten sie betreffenden Maßnahme an, solange sie von einer Feststellung erfaßt sind, die in den Absätzen 2 bis 4 nachfolgenden besonderen Vorschriften.

(2) Gegen die Gefangenen laufende Fristen werden gehemmt, wenn sie nicht nach anderen Vorschriften unterbrochen werden.

(3) In Strafverfahren und anderen gerichtlichen Verfahren, für die die Vorschriften der Strafprozeßordnung als anwendbar erklärt sind, gilt ergänzend folgendes:
1. Gefangenen, die keinen Verteidiger haben, wird ein Verteidiger bestellt.
2. Gefangene dürfen bei Vernehmungen und anderen Ermittlungshandlungen auch dann nicht anwesend sein, wenn sie nach allgemeinen Vorschriften ein Recht auf Anwesenheit haben; Gleiches gilt für ihre Verteidiger, soweit ein von der Feststellung nach § 31 erfaßter Mitgefangener anwesend ist und soweit die gemäß § 31 Absatz 1 getroffene Feststellung nach § 31 Absatz 2 auf den schriftlichen und mündlichen Verkehr mit dem Verteidiger erstreckt wurde. Solche Maßnahmen dürfen nur stattfinden, wenn der Gefangene oder der Verteidiger ihre Durchführung verlangt und derjenige, der nach Satz 1 nicht anwesend sein darf, auf seine Anwesenheit verzichtet. Wurde die gemäß § 31 Absatz 1 getroffene Feststellung nach § 31 Absatz 2 auf den schriftlichen und mündlichen Verkehr mit dem Verteidiger erstreckt, ist § 147 Absatz 3 der Strafprozeßordnung nicht anzuwenden, soweit der Zweck der Untersuchung gefährdet würde.
3. Wurde die gemäß § 31 Absatz 1 getroffene Feststellung nach § 31 Absatz 2 auf den schriftlichen und mündlichen Verkehr mit dem Verteidiger erstreckt, findet eine Vernehmung des Gefangenen als Beschuldigter, bei der der Verteidiger nach allgemeinen Vorschriften ein Anwesenheitsrecht hat, nur statt, wenn der Gefangene und der Verteidiger auf die Anwesenheit des Verteidigers verzichten.
4. Wurde die gemäß § 31 Absatz 1 getroffene Feststellung nach § 31 Absatz 2 auf den schriftlichen und mündlichen Verkehr mit dem Verteidiger erstreckt, hat der Verteidiger bei der Verkündung eines Haftbefehls kein Recht auf Anwesenheit; er ist von der Verkündung des Haftbefehls zu unterrichten. Der Richter hat dem Verteidiger das wesentliche Ergebnis der Vernehmung des Gefangenen bei der Verkündung, soweit der Zweck der Unterbrechung nicht gefährdet wird, und die Entscheidung mitzuteilen.
5. Wurde die gemäß § 31 Absatz 1 getroffene Feststellung nach § 31 Absatz 2 auf den schriftlichen und mündlichen Verkehr mit dem Verteidiger erstreckt, finden mündliche Haftprüfungen sowie andere mündliche Verhandlungen, deren Durchführung innerhalb bestimmter Fristen vorgesehen ist, soweit der Gefangene anwesend ist, ohne den Verteidiger statt; Nummer 4 Satz 2 gilt entsprechend. Eine mündliche Verhandlung bei der Haftprüfung ist auf Antrag des Gefangenen oder seines Verteidigers nach Ende der Maßnahmen nach § 33 zu wiederholen, auch wenn die Voraussetzungen des § 118 Abs. 3 der Strafprozeßordnung nicht vorliegen.
6. Eine Hauptverhandlung findet nicht statt und wird, wenn sie bereits begonnen hat, nicht fortgesetzt. Die Hauptverhandlung darf bis zur Dauer von dreißig Tagen unterbrochen werden; § 229 Abs. 2 der Strafprozeßordnung bleibt unberührt.
7. Eine Unterbringung zur Beobachtung des psychischen Zustandes nach § 81 der Strafprozeßordnung darf nicht vollzogen werden.
8. Der Gefangene darf sich in einem gegen ihn gerichteten Strafverfahren schriftlich an das Gericht oder die Staatsanwaltschaft wenden. Wurde die gemäß § 31 Absatz 1 getroffene Feststellung nach § 31 Absatz 2 auf den schriftlichen und

mündlichen Verkehr mit dem Verteidiger erstreckt, darf dem Verteidiger für die Dauer der Feststellung keine Einsicht in diese Schriftstücke gewährt werden.

(4) Ein anderer Rechtsstreit oder ein anderes gerichtliches Verfahren, in dem der Gefangene Partei oder Beteiligter ist, wird unterbrochen; das Gericht kann einstweilige Maßnahmen treffen.

Übersicht

	Rn.		Rn.
I. Regelungszweck	1, 1a	3. Vernehmung als Beschuldigter (Nr. 3)	14, 15
II. Zeitraum (Abs. 1)	2	4. Verkündung eines Haftbefehls (Nr. 4)	16–18
III. Hemmung der Fristen (Abs. 2)	3, 4	5. Mündliche Haftprüfungen (Nr. 5)	19, 20
IV. Vorschriften für das Strafverfahren (Abs. 3)	5–26	6. Hauptverhandlung (Nr. 6)	21, 22
		7. Unterbringung nach § 81 StPO (Nr. 7)	23, 24
1. Verteidigerbestellung (Nr. 1)	6–9	8. Schriftverkehr mit Gericht oder Staatsanwaltschaft (Nr. 8)	25, 26
2. Ausschluss von Anwesenheitsrechten (Nr. 2)	10–13	V. Andere Rechtsstreitigkeiten und gerichtliche Verfahren (Abs. 4)	27, 28

I. Regelungszweck

1 Die vollständige Unterbrechung der Kontakte eines Gefangenen, der einer Kontaktsperre nach §§ 31 ff. unterworfen ist, mit der Außenwelt, kann Auswirkungen auf laufende Gerichtsverfahren und den Rechtsverkehr haben. Um die **Nachteile für den Gefangenen** so gering wie möglich zu halten, trifft § 34 verschiedene Anordnungen.[1] Der später eingefügte § 34a ergänzt diesen und dient ebenfalls dem Ziel, die Rechtsnachteile für den betroffenen Gefangenen gering zu halten.

1a Durch das Zweite Gesetz zur Stärkung der Verfahrensrechte von Beschuldigten im Strafverfahren und zur Änderung des Schöffenrechts wurden § 31 grundlegend geändert. In Umsetzung der Richtlinie 2013/48/EU wurden die Vorschriften zur Kontaktsperre dahin abgeändert, dass der Kontakt zum Verteidiger des Beschuldigten nur noch während des Ermittlungsverfahrens und der Strafvollstreckung unterbrochen werden darf. Eine Unterbrechung des Kontakts auch zum **Verteidiger** während des gerichtlichen Verfahrens ist hingegen nicht mehr möglich. Aus diesem Grund gelten die Regelungen des Absatzes 3 für den Verteidiger nur für den Fall, dass die gemäß § 31 Abs. 1 getroffene Feststellung nach § 31 Abs. 2 auf den schriftlichen und mündlichen Verkehr mit dem Verteidiger erstreckt wurde.[2]

II. Zeitraum (Abs. 1)

2 Gemäß Abs. 1 gelten die besonderen Vorschriften der Absätze 2–4 **ab der ersten Maßnahme**, die zur Unterbrechung der Verbindungen des Gefangenen ergriffen werden. Erst wenn die Feststellung nach § 31 aufgehoben wird oder zumindest für ihn nicht mehr gilt, enden die Auswirkungen des § 34.[3]

III. Hemmung der Fristen (Abs. 2)

3 Nach Abs. 2 werden alle gegen den Gefangenen laufenden Fristen gehemmt. Dies gilt für alle Fristen, welche diesen „benachteiligen".[4] Um das Ziel der **Nachteilsminimierung** für den Betroffenen zu erreichen, bezieht sich Absatz 2 auf Fristen aller Rechtsgebiete, also neben straf- und strafprozessualen Fristen zB auch auf solche nach dem BGB, der ZPO oder der AO. Neben gesetzlichen Fristen sind auch richterlich ausgesprochene oder vertraglich

---

[1] Vgl. BT-Drs. 8/935, 5.
[2] BT-Drs. 18/9534, 27.
[3] Siehe BT-Drs. 8/945, 2.
[4] BT-Drs. 8/935, 6.

vereinbarte Fristen erfasst.[5] Zu Gunsten des Betroffenen wirkende Fristen, also insbesondere Verjährungsfristen, laufen hingegen weiter und werden nicht gehemmt.[6]

Hemmung der Frist bedeutet entsprechend § 209 BGB, dass der Zeitraum, während dessen die Frist gehemmt ist, in die Frist nicht eingerechnet wird. 4

IV. Vorschriften für das Strafverfahren (Abs. 3)

Abs. 3 enthält speziell für Strafverfahren weitergehende Vorschriften, um die Rechtsstellung des Gefangenen während der Kontaktsperre auszugestalten. Diese Vorschriften gelten auch für jene gerichtlichen Verfahren, für welche die Vorschriften der Strafprozessordnung für anwendbar erklärt sind, also insbesondere das Bußgeldverfahren nach dem OWiG (vgl. § 46 OWiG). 5

1. Verteidigerbestellung (Nr. 1). Hat der Gefangene noch keinen Verteidiger, so ist ihm nach Nr. 1 einer zu bestellen. Unabhängig davon, ob die Voraussetzungen der §§ 140, 141 StPO vorliegen, muss davon ausgegangen werden, dass wegen der Kontaktsperre für den Betroffenen die Sach- und Rechtslage schwierig ist.[7] 6

Hatte der Betroffene bereits vor der Feststellung nach § 31 einen Wahl- oder Pflichtverteidiger, so ist sein Kontakt zu diesem unterbrochen, soweit die gemäß § 31 Abs. 1 getroffene Feststellung nach § 31 Abs. 2 auf den schriftlichen und mündlichen Verkehr mit dem Verteidiger erstreckt wurde. 7

Auch der nach Nr. 1 bestellte Verteidiger hat **keinen Kontakt zu seinem Mandanten** und kann nur nach Aktenlage für den Gefangenen tätig werden. Zu den abweichenden Vorschriften bei der Kontaktperson § 34a. 7a

Nach der Gesetzesbegründung soll eine Verteidigerbestellung nach Nr. 1 unterbleiben, wenn der Gefangene erklärt, dass er selbst einen Verteidiger bestellen wolle. Der Grundsatz der freien Verteidigerwahl sollte durch diese Vorschrift nicht beeinträchtigt werden.[8] Diese Absicht des Gesetzgebers hat allerdings zum einen im Gesetz keinen Niederschlag gefunden und ist zum anderen für den Gefangenen wegen der Kontaktsperre ohnehin nicht realisierbar. Der Gesetzeswortlaut lässt nur die Auslegung zu, dass dem unverteidigten Gefangenen – auch gegen seinen Willen – ein Verteidiger zu bestellen ist.[9] 8

Mit der Beendigung der Kontaktsperre endet auch die Verteidigerbestellung nach Nr. 1. Die Gebühren und Auslagen des Verteidigers fallen gemäß § 45 Abs. 3 RVG der Staatskasse zur Last. 9

2. Ausschluss von Anwesenheitsrechten (Nr. 2). Nach Absatz 4 werden zwar *andere* Rechtsstreitigkeiten oder gerichtliche Verfahren durch die Kontaktsperre unterbrochen, nicht aber gegen den Gefangenen geführte Strafverfahren. In diesen Verfahren können zB richterliche Vernehmungen oder die Einnahme des richterlichen Augenscheins erforderlich werden. Unter den Voraussetzungen von §§ 168c, d StPO hat der **Beschuldigte** bei diesen Untersuchungshandlungen ein grundsätzliches Anwesenheitsrecht. Dieses wird durch Nr. 2 für die Dauer der Kontaktsperre allerdings suspendiert, da es Sinn und Zweck dieser Maßnahme zuwiderlaufen würde. 10

Bei diesen richterlichen Untersuchungshandlungen ist dem **Verteidiger** gemäß §§ 168c, d StPO die Anwesenheit gestattet. Soweit die gemäß § 31 Abs. 1 getroffene Feststellung nach § 31 Abs. 2 auf den schriftlichen und mündlichen Verkehr mit dem Verteidiger erstreckt wurde, trifft Nr. 2 für das Ermittlungsverfahren Ausnahmeregelungen. So wird das Anwesenheitsrecht nach Nr. 2 für den Fall eingeschränkt, dass ein von der Feststellung nach § 31 erfasster **Mitgefangener** anwesend ist. In dieser Konstellation könnte ein Informations- 11

---

[5] Löwe/Rosenberg/*Böttcher* Rn. 2.
[6] KK-StPO/*Mayer* Rn. 2.
[7] So BT-Drs. 8/945, 2.
[8] BT-Drs. 8/945, 2.
[9] Löwe/Rosenberg/*Böttcher* Rn. 6.

austausch stattfinden, welcher durch die Kontaktsperre gerade verhindert werden soll.[10] Zur Frage, ob dies auch für die Kontaktperson gilt → § 34a Rn. 10.

12 Zur Wahrung des rechtlichen Gehörs des Betroffenen dürfen Vernehmungen und andere Ermittlungshandlungen während der Kontaktsperre nur stattfinden, wenn der Gefangene oder der Verteidiger ihre Durchführung verlangt und derjenige, der nach Satz 1 nicht anwesend sein darf, **auf sein Anwesenheitsrecht verzichtet.** Ein solcher Verzicht wird insbesondere dann erklärt werden, wenn die Untersuchungshandlung im Interesse des Gefangenen liegt und ein Beweismittelverlust verhindert werden soll.[11]

13 Gemäß § 147 Abs. 3 StPO darf dem Verteidiger an sich in keiner Lage des Verfahrens die **Akteneinsicht** in jene Niederschriften über die Vernehmung des Beschuldigten und über solche richterlichen Untersuchungshandlungen, bei denen dem Verteidiger die Anwesenheit gestattet worden ist oder hätte gestattet werden müssen, sowie in die Gutachten von Sachverständigen versagt werden. Um den Zweck der Kontaktsperre nicht zu gefährden und dem Verteidiger quasi aus zweiter Hand doch einen Informationsaustausch mit dem Gefangenen zu ermöglichen, wird für die Dauer der Kontaktsperre (vgl. Absatz 1) dieses Akteneinsichtsrecht durch Nr. 2 genommen. Eine darüber hinausgehende Beschränkung des Akteneinsichtsrechts ist aus Nr. 2 nicht herleitbar,[12] es gilt insoweit § 147 StPO.[13]

14 **3. Vernehmung als Beschuldigter (Nr. 3).** Bei einer staatsanwaltschaftlichen und bei einer richterlichen Vernehmung des Beschuldigten hat dessen Verteidiger gemäß § 168c Abs. 1 StPO bzw. § 163a Abs. 3 StPO ein Anwesenheitsrecht. Dieses kann allerdings dem Zweck der Kontaktsperre zuwiderlaufen. Soweit die gemäß § 31 Abs. 1 getroffene Feststellung nach § 31 Abs. 2 auf den schriftlichen und mündlichen Verkehr mit dem Verteidiger erstreckt wurde darf nach Nr. 3 eine Vernehmung des Gefangenen als Beschuldigter, bei welcher der Verteidiger nach allgemeinen Vorschriften ein Anwesenheitsrecht hat, darum nur stattfinden, wenn der Gefangene und der Verteidiger auf die Anwesenheit des Verteidigers verzichten. Dies entspricht der Regelung in Nr. 2. Verteidiger und Beschuldigter werden eine solche Verzichtserklärung regelmäßig nur abgeben, wenn die berechtigte Erwartung besteht, so die bestehenden Verdachtsgründe auszuräumen.[14]

15 Gesetzlich nicht geregelt ist der Fall, dass der **Betroffene als Zeuge** in einem anderen Verfahren vernommen werden soll. Im Gesetzgebungsverfahren wurde eine ausdrückliche Regelung dieser Konstellation nicht als notwendig erachtet, weil der Gefangene während der Kontaktsperre in der Haftanstalt nicht vernommen werden und auch keine Vorführung zum Zwecke der Vernehmung erfolgen kann. Der Beschuldigte ist während der Dauer der Maßnahme vielmehr ein **unerreichbares Beweismittel** iSd § 244 Abs. 3 StPO.[15]

16 **4. Verkündung eines Haftbefehls (Nr. 4).** Für den Fall, dass eine per Haftbefehl gesuchte Person in die Feststellung nach § 31 einbezogen und später dann ergriffen wird, enthält Nr. 4 spezielle Regelungen, die insbesondere Nr. 3 vorgehen. Dies gilt allerdings nur, soweit die gemäß § 31 Abs. 1 getroffene Feststellung nach § 31 Abs. 2 auf den schriftlichen und mündlichen Verkehr mit dem Verteidiger erstreckt wurde.

17 Zunächst hat bei der Verkündung des Haftbefehls (§ 114 StPO) der Verteidiger kein Recht auf Anwesenheit.[16] Er ist lediglich von der Verkündung des Haftbefehls zu unterrichten. Nach § 115 Abs. 2 StPO muss der Beschuldigte dann spätestens am nächsten Tag nach der Vorführung vor den zuständigen Richter über den Gegenstand der Beschuldigung vernommen werden. Der Richter hat dem Verteidiger anschließend die Entscheidung über

---

[10] BT-Drs. 8/935, 6.
[11] BT-Drs. 8/935, 6.
[12] Für eine Erstreckung auch auf solche Niederschriften, die außerhalb der Kontaktsperre angefallen sind Löwe/Rosenberg/*Böttcher* Rn. 10; bzw. sogar für die gesamten Akten Meyer-Goßner/*Schmitt* Rn. 8.
[13] → StPO § 147 Rn. 24 ff.
[14] Löwe/Rosenberg/*Böttcher* Rn. 11.
[15] BT-Drs. 8/935, 6; *Kissel/Mayer* Rn. 11; Meyer-Goßner/*Schmitt* Rn. 7.
[16] Für das Anwesenheitsrecht der Kontaktperson § 34a.

die Aufrechterhaltung der Haft mitzuteilen. Eine Information über das **wesentliche Ergebnis** der Vernehmung erfolgt nur, soweit dies den Zweck der Unterbrechung nicht gefährdet.

Nr. 4 bezieht sich nicht auf die Situation nach einer vorläufigen Festnahme nach § 127 StPO, sondern setzt zwingend einen bereits erlassenen Haftbefehl voraus. 18

5. Mündliche Haftprüfungen (Nr. 5). Mündliche Haftprüfungen (vgl. §§ 118, 118a StPO) sowie andere mündliche Verhandlungen, deren Durchführung innerhalb bestimmter Fristen vorgeschrieben sind (vgl. § 122 StPO, § 71 JGG), finden nach Nr. 5 zwar statt, jedoch dürfen entsprechend dem Zweck der Kontaktsperre der Gefangene und sein Verteidiger **nicht gemeinsam** an diesen **teilnehmen,** soweit die gemäß § 31 Abs. 1 getroffene Feststellung nach § 31 Abs. 2 auf den schriftlichen und mündlichen Verkehr mit dem Verteidiger erstreckt wurde. Nimmt der Gefangene den Termin wahr, so wird sein Verteidiger dann entsprechend Nr. 4 Satz 2 vom Ergebnis der Haftprüfung unterrichtet. Eine Information über das wesentliche Ergebnis der Vernehmung erfolgt aber wiederum nur, soweit dies den Zweck der Kontaktsperre nicht gefährdet. Wird im Rahmen der Haftprüfung eine Beweisaufnahme mit weiteren Zeugen durchgeführt (§ 118 Abs. 3 StPO), muss dies in Abwesenheit des Gefangenen erfolgen, da sonst die Kontaktsperre durchbrochen würde.[17] 19

Wird die Kontaktsperre zumindest für den betreffenden Gefangenen beendet, so kann er oder sein Verteidiger die Wiederholung der mündlichen Verhandlung bei der Haftprüfung beantragen, auch wenn die Voraussetzungen des § 118 Abs. 3 der StPO nicht vorliegen. 20

6. Hauptverhandlung (Nr. 6). Als notwendige Folge der Unterbrechung der Verbindungen des Gefangenen zur Außenwelt, kann eine Hauptverhandlung gegen ihn nicht stattfinden.[18] Nr. 6 Satz 1 stellt dies klar. 21

Hat eine Hauptverhandlung bereits begonnen, so wird sie nicht fortgesetzt. Auch wenn die Voraussetzungen von § 229 Abs. 2 StPO nicht vorliegen, darf die Hauptverhandlung aber nach Nr. 6 Satz 2 bis zur Dauer von dreißig Tagen unterbrochen werden. Gemäß § 36 S. 5 verbleibt es bei dieser **Höchstgrenze** jedoch selbst dann, wenn die Feststellung erneut getroffen wird (→ § 36 Rn. 6). Mit der Hauptverhandlung muss in diesem Fall also erneut begonnen werden. 22

7. Unterbringung nach § 81 StPO (Nr. 7). Eine Unterbringung zur Beobachtung des psychischen Zustandes des Gefangen gemäß § 81 StPO darf nach Nr. 7 nicht vollzogen werden, da unter den Bedingungen der Kontaktsperre eine Untersuchung nicht möglich wäre.[19] Aus Sinne und Zweck der Nr. 7 folgt, dass dies entsprechend auch für § 73 JGG gilt.[20] 23

Eine Anordnung nach § 81 StPO bzw. § 73 JGG kann zwar ergehen, aber während der Feststellung nach § 31 **nicht vollzogen werden.** Hat die Untersuchung bereits begonnen, muss sie für die Dauer der Maßnahmen nach § 33 unterbrochen werden.[21] 24

8. Schriftverkehr mit Gericht oder Staatsanwaltschaft (Nr. 8). Die Unterbrechung aller Verbindungen nach § 33 bedeutet für den Gefangenen grundsätzlich, dass für ihn jegliche Kontaktaufnahme zur Außenwelt unmöglich ist. Zur Klarstellung[22] nimmt Nr. 8 jedoch den Schriftverkehr mit **dem Gericht und der Staatsanwaltschaft** aus, die mit dem bzw. den gegen ihn gerichteten Strafverfahren befasst sind. An diese kann der Gefangene daher Anträge, Beweisanregungen, Gesuche oder Beschwerden richten. Um den Zweck der Kontaktsperre aber nicht zu gefährden, darf dem Verteidiger, soweit die gemäß § 31 Abs. 1 getroffene Feststellung nach § 31 Abs. 2 auf den schriftlichen und mündlichen 25

---

[17] Löwe/Rosenberg/*Böttcher* Rn. 14.
[18] BT-Drs. 8/935, 5.
[19] BT-Drs. 8/945, 2.
[20] Meyer-Goßner/*Schmitt* Rn. 14.
[21] Löwe/Rosenberg/*Böttcher* Rn. 18; Meyer-Goßner/*Schmitt* Rn. 14.
[22] So BT-Drs. 8/945, 2.

Verkehr mit diesem erstreckt wurde, für die Dauer der Feststellung keine Einsicht in die vom Gefangenen verfassten Schriftstücke gewährt werden.[23]

26 Im Gesetzgebungsverfahren wurde zudem darauf hingewiesen, dass das **Petitionsrecht** der Gefangenen nach Art. 17 GG unberührt bliebe.[24] Das BVerfG hat jedoch insoweit festgestellt, dass Art. 17 GG zum einen keinen Anspruch auf Kontaktaufnahme zu Mitgefangenen zum Zwecke der Abfassung einer gemeinschaftlichen Petition gebe, sofern und solange solche Kontakte mit dem Haftzweck unvereinbar seien. Zum anderen gewährleiste Art. 17 GG auch keinen absolut geschützten Anspruch auf *sofortige* Weiterleitung einer Petition. Vielmehr kann auch insoweit eine Güterabwägung im Interesse überragender Gemeinschaftswerte zu vorübergehenden Beschränkungen in der Grundrechtsausübung führen.[25]

V. Andere Rechtsstreitigkeiten und gerichtliche Verfahren (Abs. 4)

27 Abs. 4 ordnet an, dass *andere* Rechtsstreitigkeiten oder *andere* gerichtliche Verfahren, in welchen der Gefangene Partei oder Beteiligter ist, unterbrochen werden. Wie aus Absatz 3 folgt, werden nur gegen den Gefangenen geführte Strafverfahren fortgeführt.

28 Da die Kraft Gesetzes eintretende Unterbrechung eines gerichtlichen Verfahrens mit Verzögerungen verbunden ist, während deren es zu einem endgültigen Rechtsverlust kommen kann, ist das mit dem Verfahren befasste Gericht ermächtigt, **einstweilige Maßnahmen** zu treffen. Diese Maßnahmen können auch zugunsten des Verfahrensgegners des Gefangenen ergehen, da dieser in dieser Situation nicht weniger schutzwürdig als der Gefangene ist.[26]

§ 34a [Rechtsanwalt als Kontaktperson]

(1) ¹**Wurde die gemäß § 31 Absatz 1 getroffene Feststellung nach § 31 Absatz 2 auf den schriftlichen und mündlichen Verkehr mit dem Verteidiger erstreckt, ist dem Gefangenen auf seinen Antrag ein Rechtsanwalt als Kontaktperson beizuordnen.** ²**Der Kontaktperson obliegt, unter Wahrung der Ziele der nach § 31 getroffenen Feststellung, die rechtliche Betreuung des Gefangenen, soweit dafür infolge der nach § 33 getroffenen Maßnahmen ein Bedürfnis besteht; die Kontaktperson kann insbesondere durch Anträge und Anregungen auf die Ermittlung entlastender Tatsachen und Umstände hinwirken, die im Interesse des Gefangenen unverzüglicher Aufklärung bedürfen.**

(2) ¹**Soweit der Gefangene damit einverstanden ist, teilt die Kontaktperson dem Gericht und der Staatsanwaltschaft die bei dem Gespräch mit dem Gefangenen und im weiteren Verlauf ihrer Tätigkeit gewonnenen Erkenntnisse mit; sie kann im Namen des Gefangenen Anträge stellen.** ²**Die Kontaktperson ist im Einverständnis mit dem Gefangenen befugt, an Vernehmungen und Ermittlungshandlungen teilzunehmen, bei denen der Verteidiger nach § 34 Abs. 3 Nr. 3, Nr. 4 Satz 1 und Nr. 5 Satz 1 nicht anwesend sein darf.** ³**Die Kontaktperson darf Verbindung mit Dritten aufnehmen, soweit dies zur Erfüllung ihrer Aufgaben nach Absatz 1 unabweisbar ist.**

(3) ¹**Über die Beiordnung einer Kontaktperson und deren Auswahl aus dem Kreis der im Geltungsbereich dieses Gesetzes zugelassenen Rechtsanwälte entscheidet der Präsident des Landgerichts, in dessen Bezirk die Justizvollzugsanstalt liegt, innerhalb von 48 Stunden nach Eingang des Antrags.** ²**Der Verteidiger des**

---

[23] Zur Ausnahme für die Kontaktperson § 34a.
[24] BT-Drs. 8/945, 2.
[25] BVerfG 1.8.1978 – 2 BvR 1013/77 ua, BVerfGE 49, 64 = NJW 1978, 2235 (2237).
[26] *Katholnigg* Rn. 9; Löwe/Rosenberg/*Böttcher* Rn. 20; aA *Kissel/Mayer* Rn. 33 (nur einstweilige Maßnahmen zugunsten des Gefangenen).

Gefangenen darf nicht beigeordnet werden. ³Der Präsident ist hinsichtlich der Beiordnung und der Auswahl Weisungen nicht unterworfen; seine Vertretung richtet sich nach § 21h des Gerichtsverfassungsgesetzes. ⁴Dritte dürfen über die Person des beigeordneten Rechtsanwalts, außer durch ihn selbst im Rahmen seiner Aufgabenerfüllung nach Absatz 1 und 2, nicht unterrichtet werden. ⁵Der beigeordnete Rechtsanwalt muß die Aufgaben einer Kontaktperson übernehmen. ⁶Der Rechtsanwalt kann beantragen, die Beiordnung aufzuheben, wenn hierfür wichtige Gründe vorliegen.

(4) Der Gefangene hat nicht das Recht, einen bestimmten Rechtsanwalt als Kontaktperson vorzuschlagen.

(5) Dem Gefangenen ist mündlicher Verkehr mit der Kontaktperson gestattet. Für das Gespräch sind Vorrichtungen vorzusehen, die die Übergabe von Schriftstücken und anderen Gegenständen ausschließen.

(6) Der Gefangene ist bei Bekanntgabe der Feststellung nach § 31, die nach dessen Absatz 2 auf den schriftlichen und mündlichen Verkehr mit dem Verteidiger erstreckt wird, über sein Recht, die Beiordnung einer Kontaktperson zu beantragen, und über die übrigen Regelungen der Absätze 1 bis 5 zu belehren.

Übersicht

	Rn.		Rn.
I. Vorbemerkungen	1, 1a	V. Form der Kommunikation (Abs. 5)	17
II. Antrag auf Beiordnung eines Rechtsanwaltes (Abs. 1)	2–5	VI. Belehrungspflicht (Abs. 6)	18
III. Befugnisse der Kontaktperson (Abs. 2)	6–12	VII. Vergütung	19
IV. Beiordnung der Kontaktperson (Abs. 3 und 4)	13–16	VIII. Rechtsschutz	20

I. Vorbemerkungen

§ 34a wurde durch das Gesetz zur Änderung des Einführungsgesetzes zum Gerichtsverfassungsgesetz vom 4.12.1985 nachträglich in die Regelungen der Kontaktsperre nach §§ 31 ff. eingefügt.[1] Anliegen des Gesetzgebers war es dabei, die strafprozessualen Garantien für die von einer Kontaktsperre betroffenen Gefangenen zu verbessern, ohne gleichzeitig den Schutz vor terroristischen Aktivitäten zu beeinträchtigen.[2] Ob dies mit den Regelungen zur Kontaktperson gelungen ist, ist allerdings **zweifelhaft**.[3] Die Kontaktperson hat nach Absatz 5 Kontakt zum Gefangenen, und damit die Möglichkeit einer Durchbrechung der Kontaktsperre, es besteht also die Möglichkeit einer wenn auch ungewollten Nachrichtenübermittlung. Gleichzeitig wurde die Rechtsstellung des Gefangenen aber nicht nennenswert verbessert, zumal diesem nach § 34 Abs. 3 Nr. 1 ohnehin sogar ein Verteidiger beigeordnet werden muss, wenn er bislang keinen hatte (→ § 34 Rn. 6 ff.). 1

Durch das Zweite Gesetz zur Stärkung der Verfahrensrechte von Beschuldigten im Strafverfahren und zur Änderung des Schöffenrechts wurden §§ 31, 34a geändert. In Umsetzung der Richtlinie 2013/48/EU wurde § 31 insoweit geändert, dass der Kontakt zum Verteidiger des Beschuldigten nur noch während des Ermittlungsverfahrens und der Strafvollstreckung unterbrochen werden darf. Eine Unterbrechung des Kontakts auch zum Verteidiger während des gerichtlichen Verfahrens ist nicht mehr möglich. § 34a hat darum **nur noch dann Bedeutung,** wenn die gemäß § 31 Abs. 1 getroffene Feststellung nach § 31 Abs. 2 auf den schriftlichen und mündlichen Verkehr mit dem Verteidiger erstreckt wurde.[4] 1a

---

[1] BGBl. I 2141. Siehe hierzu BT-Drs. 10/902 und 10/3958.
[2] BT-Drs. 10/902, 4.
[3] Kritisch auch *Krekeler* NJW 1986, 417 (418).
[4] BT-Drs. 18/9534, 27.

II. Antrag auf Beiordnung eines Rechtsanwaltes (Abs. 1)

2 Nach Absatz 1 ist dem Gefangenen auf seinen Antrag hin, ein Rechtsanwalt als Kontaktperson beizuordnen. Über diese rechtliche Möglichkeit muss der Gefangene gemäß Abs. 6 belehrt werden (→ Rn. 18). Es steht diesem frei, diese Antragsmöglichkeit zu nutzen. Weder darf von Amts wegen noch auf Antrag der Staatsanwaltschaft bzw. des Gerichts eine solche Beiordnung durch den nach Abs. 3 zuständigen Präsidenten des Landgerichts erfolgen.[5]

3 Nimmt der Gefangene den Antrag auf Beiordnung zurück, endet diese, da die Kontaktperson nur im Interesse und mit Einverständnis des Gefangenen tätig wird. Zum Teil wird ein **erneuter Antrag** des Gefangenen auf Beiordnung als unzulässig angesehen, da der Gefangene so versuchen könnte Einfluss auf die Person der Kontaktperson zu bekommen, was ihm Abs. 4 gerade verwehren soll.[6] Diese Einschränkung ist aber abzulehnen, da sie im Gesetz keine Stütze findet. Der nach Abs. 3 zuständige Präsident des Landgerichts muss daher auch bei einem erneuten Antrag tätig werden. Eine Einschränkung kann sich allenfalls dann ergeben, wenn der Gefangene offensichtlich aus rechtsmissbräuchlichen Gründen ohne überzeugende Erklärung den Antrag auf Beiordnung zurücknimmt, um ihn gleich darauf erneut zu stellen.

4 Aufgabe der Kontaktperson ist es, unter Wahrung der Ziele der Kontaktsperre nach §§ 31 ff., die **rechtliche Betreuung** des Gefangenen, soweit dafür infolge der nach § 33 getroffenen Maßnahmen ein Bedürfnis besteht, wahrzunehmen.

5 Die Kontaktperson hat dabei nicht die umfassenden Aufgaben eines Verteidigers, vielmehr hat sie nur einen **beschränkten Aufgabenbereich.** Denn durch die in § 34 getroffenen Regelungen ist bereits weitgehend sichergestellt, dass dem Gefangenen keine Rechtsnachteile während der Kontaktsperre entstehen. Insoweit kann allenfalls noch eine Beratung über die (aktuelle) Rechtslage und hierbei insbesondere über die Wirkung der Fristhemmung (§ 34 Abs. 2) und der Verfahrensunterbrechung (§ 34 Abs. 4) in Betracht kommen. Der mögliche Verlust entlastender Beweise ist daher im Weiteren der wichtigste Bereich, wo die Kontaktperson, vor allem durch **Anträge und Anregungen,** zugunsten des Gefangenen tätig werden kann.

III. Befugnisse der Kontaktperson (Abs. 2)

6 Abs. 2 konkretisiert die rechtlichen Möglichkeiten und Befugnisse der Kontaktperson näher. Hierbei muss allerdings immer bedacht werden, dass diese **nicht der Verteidiger** des Gefangenen ist. Daher steht der Kontaktperson – ähnlich wie einem Zeugenbeistand[7] – kein Akteneinsichtsrecht nach § 147 StPO zu.[8] Eine Akteneinsicht kommt für ihn nur im Rahmen von § 475 StPO in Betracht.

7 Der Kontaktperson ist nach Abs. 5 der mündliche Kontakt mit dem Gefangenen erlaubt (→ Rn. 17). Teilt der Gefangene seiner Kontaktperson im Gespräch etwas mit, so darf die Kontaktperson sowohl diese Informationen als auch die im weiteren Verlauf ihrer Tätigkeit gewonnenen Erkenntnisse dem Gericht und der Staatsanwaltschaft **nur dann mitteilen,** mit der Gefangene damit einverstanden ist.

8 Ebenfalls nur mit dem Einverständnis des Gefangenen kann die Kontaktperson in dessen Namen **Anträge** stellen. Da die Kontaktpersonperson nicht der Verteidiger des Gefangenen ist, hat sie aber kein eigenes Antragsrecht.

9 Nur im Einverständnis mit dem Gefangenen ist die Kontaktperson zudem befugt, **an Vernehmungen und Ermittlungshandlungen teilzunehmen,** bei denen der Verteidiger nach § 34 Abs. 3 Nr. 3 (Vernehmung des Gefangenen als Beschuldigter → § 34 Rn. 14 f.), Nr. 4 Satz 1 (Verkündung eines Haftbefehls → § 34 Rn. 16 ff.) und Nr. 5 Satz 1

---

[5] BT-Drs. 10/902, 4.
[6] *Katholnigg* Rn. 2; Löwe/Rosenberg/*Böttcher* Rn. 2.
[7] Siehe insoweit BGH 4.3.2010 – StB 46/09, NStZ-RR 2010, 246.
[8] AA *Kissel/Mayer* Rn. 3.

(mündliche Haftprüfung → § 34 Rn. 19 f.) nicht anwesend sein darf, wenn die gemäß § 31 Abs. 1 getroffene Feststellung nach § 31 Abs. 2 auf den schriftlichen und mündlichen Verkehr mit dem Verteidiger erstreckt worden ist. Trotz der Anwesenheit einer Kontaktperson bleiben die besonderen Schutzvorschriften des § 34 Abs. 3 Nr. 4 S. 2 und Nr. 5 S. 2 erhalten, dh dem Verteidiger des Gefangenen wird das wesentliche Ergebnis der Vernehmung nur mitgeteilt, wenn dies den Zweck der Kontaktsperre nicht gefährdet (→ § 34 Rn. 17). Eine Informationsvermittlung über die Kontaktperson an den Verteidiger wäre unstatthaft.

In Absatz 2 fehlt der Verweis auf § 34 Abs. 3 Nr. 2 (**Vernehmung eines Mitgefangenen**). Zum Teil wird hierin ein Redaktionsversehen gesehen und es für zulässig gehalten, auch in dieser Situation ein Teilnahmerecht der Kontaktperson anzunehmen.[9] Zutreffend dürfte aber sein, ein solches abzulehnen, da so einer möglichen mittelbaren Kontaktaufnahme zwischen Mitgefangenen über die Kontaktperson entgegen gewirkt werden kann.[10]

Am problematischsten hinsichtlich des Zwecks der Kontaktsperre ist die Erlaubnis einer **Verbindungsaufnahme zu Dritten.** Sein Tätigwerden für den Gefangenen darf die Kontaktperson dabei allerdings nur dann offenbaren, wenn dies zur Erfüllung ihrer Aufgaben nach Absatz 1 **unabweisbar** ist. Eine solche Offenbarung kommt insbesondere gegenüber möglichen Zeugen, aber auch gegenüber dem Verteidiger des Gefangenen in Betracht, ist aber nur in besonderen Ausnahmesituationen zulässig, um den Zweck der §§ 31 ff. nicht zu gefährden.[11] In der Gesetzesbegründung wurde darauf verwiesen, dass nach den gemachten Erfahrungen mit Gefangenen aus dem Terrorismusbereich die Gefahr einer auch unbewussten Nachrichtenübermittlung als hoch einzuschätzen ist. Deshalb muss die Kontaktperson jeweils genau prüfen, ob die Kontaktaufnahme mit Dritten zur Erfüllung ihrer Aufgaben tatsächlich unbedingt notwendig ist.[12]

Um die Kontaktsperre nicht zu gefährden kommt also ein **abgestimmtes Vorgehen mit dem Verteidiger** nicht in Betracht.[13] Die Kontaktperson soll keine Verbindungsperson zu diesem sein. Nur wenn die Kontaktperson unbedingt eine Information benötigt und anderweitig nicht erlangen kann, darf sie sich gegenüber dem Verteidiger offenbaren.

IV. Beiordnung der Kontaktperson (Abs. 3 und 4)

Abs. 3 und 4 regeln das Procedere der Beiordnung. Gemäß Abs. 3 Satz 1 entscheidet über die Beiordnung der Kontaktperson und deren Auswahl der **Präsident des Landgerichts**, in dessen Bezirk die Justizvollzugsanstalt liegt, in welcher der Gefangene verwahrt wird. Im Verhinderungsfall ist gemäß Absatz 3 Satz 3 der nach § 21h GVG zu bestimmende Richter zur Entscheidung berufen. Eine Einzelperson, und nicht zB eine Strafkammer, soll diese Entscheidung treffen, da ansonsten die Gefahr besteht, dass die von Absatz 3 Satz 1 vorgegebene Frist von **48 Stunden** ab Eingang des Antrags nicht eingehalten werden kann.[14]

Als Kontaktperson kommt nach Absatz 3 Satz 1 grundsätzlich jeder in der Bundesrepublik **zugelassene Rechtsanwalt** in Betracht. Der Verteidiger des Gefangenen darf gemäß Abs. 3 Satz 2 allerdings nicht beigeordnet werden. Nach Sinn und Zweck der Kontaktsperre scheiden darüber hinaus auch die Verteidiger der anderen, ebenfalls der Kontaktsperre unterworfenen, Mitgefangenen aus.[15] Zudem wäre es aus dem gleichen Grund nicht zulässig, einen Rechtsanwalt beizuordnen, der bereits einen Gefangenen als Kontaktperson betreut. Soweit der Gefangene vorschlägt, ihm einen bestimmten Rechtsanwalt als Kontaktperson beizuord-

---

[9] *Kissel/Mayer* Rn. 5; KK-StPO/*Mayer* Rn. 5.
[10] Löwe/Rosenberg/*Böttcher* Rn. 8.
[11] BT-Drs. 10/905, 5; Löwe/Rosenberg/*Böttcher* Rn. 5.
[12] BT-Drs. 10/3958, 7.
[13] Anders Meyer-Goßner/*Schmitt* Rn. 5 nach dem regelmäßig eine vorherige Abstimmung mit dem Verteidiger notwendig ist.
[14] BT-Drs. 10/3958, 7.
[15] *Katholnigg* § 34 Rn. 5; Löwe/Rosenberg/*Böttcher* Rn. 11.

nen, ist dies gemäß Abs. 4 unbeachtlich. Er hat vielmehr nur einen Anspruch auf eine ermessensfehlerfreie Entscheidung.

15 Der Präsident des Landgerichts ist nach Abs. 3 Satz 3 hinsichtlich der Beiordnung und der Auswahl ausdrücklich keinen Weisungen (etwa des Justizminister) unterworfen. Der von ihm ausgewählte Rechtsanwalt muss nach Abs. 3 Satz 5 die Aufgaben einer Kontaktperson übernehmen. Abs. 3 Satz bestimmt zudem, dass eine **Entbindung** von dieser Pflicht nur in Betracht kommt, wenn hierfür wichtige Gründe vorliegen. Dies entspricht der Rechtslage nach §§ 48 Abs. 2, 49 Abs. 2 BRAO. Eine **Aufhebung der Beiordnung** von Amts wegen kommt in Betracht, wenn der Rechtsanwalt seine Arbeit nicht oder nur schlecht erfüllt.[16]

16 Zum Schutz des beigeordneten Rechtsanwaltes dürfen gemäß Abs. 3 Satz 4 Dritte über die erfolgte Beiordnung nicht informiert werden. Auch er selbst darf gemäß Absatz 2 nur in den unabweisbaren Fällen diese Information preisgeben (→ Rn. 11 f.).

V. Form der Kommunikation (Abs. 5)

17 Abs. 5 gestattet dem Gefangenen nur den mündlichen Verkehr mit der beigeordneten Kontaktperson. Darüber hinaus sind für die Gespräche Vorrichtungen vorzusehen, welche die Übergabe von Schriftstücken und anderen Gegenständen ausschließen. Wie im Falle des § 148 Abs. 2 S. 3 StPO dürfen beide also nur über eine **Trennscheibe** miteinander kommunizieren.[17]

VI. Belehrungspflicht (Abs. 6)

18 Damit der Gefangene seine Rechte nach § 34a auch wahrnehmen kann, ordnet Abs. 6 an, dass er bereits **bei der Bekanntgabe der Feststellung nach § 31** über sein Recht, die Beiordnung einer Kontaktperson zu beantragen, belehrt werden muss.

VII. Vergütung

19 Wurde ein Rechtsanwalt als Kontaktperson beigeordnet erhält dieser gemäß VV 4304 RVG einen Pauschalbetrag von 3.500 Euro. Zur Festsetzung einer Pauschgebühr siehe § 51 RVG.

VIII. Rechtsschutz

20 Der Gefangene kann nach § 23 einen Antrag auf gerichtliche Entscheidung stellen, wenn der Präsident des Landgerichts seinen Antrag bei Beiordnung nicht stattgibt. Da er keinen Anspruch auf Beiordnung eines bestimmten Rechtsanwalts hat, kann er zudem nur überprüfen lassen, ob die Beiordnung ermessensfehlerfrei war (§ 28 Abs. 3).

§ 35 [Bestätigung der Feststellung]

¹Die Feststellung nach § 31 verliert ihre Wirkung, wenn sie nicht innerhalb von zwei Wochen nach ihrem Erlaß bestätigt worden ist. ²Für die Bestätigung einer Feststellung, die eine Landesbehörde getroffen hat, ist ein Strafsenat des Oberlandesgerichts zuständig, in dessen Bezirk die Landesregierung ihren Sitz hat, für die Bestätigung einer Feststellung des Bundesministers der Justiz und für Verbraucherschutz ein Strafsenat des Bundesgerichtshofes; § 25 Abs. 2 gilt entsprechend.

---

[16] BT-Drs. 8/902, 8, unter Hinweis auf BVerfG 8.4.1975 – 2 BvR 207/75, BVerfGE 39, 238 = NJW 1975, 1015.
[17] → StPO § 148 Rn. 21 ff.

I. Fristen und Verfahren

Nach § 35 darf eine Kontaktsperre nur maximal zwei Wochen lang aufrechterhalten werden, es sei denn, die Feststellung nach § 31 wird vor Ablauf dieser Frist gerichtlich bestätigt. Die **Frist beginnt** mit Ablauf des Tages, unter dem die Feststellung ergeht (§ 36 S. 2). Wird die Feststellung vom Gericht nicht oder nur teilweise (insbesondere in personeller Hinsicht) bestätigt, so muss die Kontaktsperre sofort beendet[1] bzw. darf nur in dem bestätigten Umfang fortgeführt werden. Das weitere zeitliche Schicksal der Feststellung regelt § 36. 1

Das ausdrückliche Erfordernis eines **Antrag**es **auf** die **Bestätigung** wurde nicht normiert. Im Gesetzgebungsverfahren wurde davon ausgegangen, dass die feststellende Behörde (§ 32) das Verfahren mit einem solchen in Gang bringen wird.[2] Stellt die Behörde einen entsprechenden Antrag beim zuständigen Gericht (→ Rn. 6 f.), ist sie am Bestätigungsverfahren beteiligt.[3] Wird kein Antrag gestellt, endet die Kontaktsperre automatisch nach zwei Wochen, und die Unterbrechungsmaßnahmen nach § 33 sind zu beenden. 2

Das Gericht ist in der **Verfahrensgestaltung** frei. Es muss überprüfen, ob die Voraussetzungen von § 31 vorliegen und die Einbeziehung der in der Feststellung aufgeführten Personen (→ § 31 Rn. 14) rechtmäßig ist. 3

Die von der Feststellung **betroffenen Gefangenen** oder ihre Verteidiger **sind** an dem Bestätigungsverfahren **nicht beteiligt**. Das BVerfG hat insoweit darauf verwiesen, dass die Feststellung unmittelbare Rechtswirkungen nur gegenüber denjenigen staatlichen Stellen entfaltet, welche die Feststellung nach § 31 sowie die für notwendig erachteten Unterbrechungsmaßnahmen im Einzelfall (§ 33) getroffen haben (→ § 32 Rn. 8). Die betroffenen Gefangenen können aber gemäß § 37 die Rechtmäßigkeit einzelner Maßnahmen nach § 33 überprüfen lassen. Im Rahmen dieses Verfahrens unterliegt auch die Feststellung selbst einer nochmaligen richterlichen Kontrolle, so dass ein effektiver Rechtsschutz gleichwohl besteht.[4] Auch im Gesetzgebungsverfahren wurde davon ausgegangen, dass eine **Beteiligung Dritter** an dem Bestätigungsverfahren nach der Natur dieses Verfahrens ausscheidet.[5] 4

Die – unanfechtbare[6] – Entscheidung über die Bestätigung der Feststellung muss dem betroffenen Gefangenen **mitgeteilt** werden.[7] 5

II. Zuständiges Gericht

Hat gemäß § 32 S. 1 eine Landesregierung oder die von ihr bestimmte oberste Landesbehörde die Feststellung nach § 31 getroffen, so ist ein **Strafsenat des OLG** zuständig, in dessen Bezirk die Landesregierung ihren Sitz hat. Der analog anwendbare § 25 Abs. 2 erlaubt es dabei Bundesländern, die mehrere OLG errichtet haben, die Zuständigkeit für die Entscheidung ausschließlich einem der OLG oder dem Obersten Landesgericht zuzuweisen. 6

Wurde die Feststellung gemäß § 32 S. 2 vom Bundesminister der Justiz und für Verbraucherschutz getroffen, so ist für die Bestätigung ein **Strafsenat des BGH** zuständig.[8] 7

§ 36 [Beendigung der Feststellung und Wiederholbarkeit]

¹Die Feststellung nach § 31 ist zurückzunehmen, sobald ihre Voraussetzungen nicht mehr vorliegen. ²Sie verliert spätestens nach Ablauf von dreißig Tagen ihre Wirkung; die Frist beginnt mit Ablauf des Tages, unter dem die Feststellung ergeht. ³Eine Feststellung, die bestätigt worden ist, kann mit ihrem Ablauf erneut

---

[1] *Kissel/Mayer* Rn. 1; *Löwe/Rosenberg/Böttcher* Rn. 5.
[2] BT-Drs. 8/945, 3.
[3] *Löwe/Rosenberg/Böttcher* Rn. 3; *Meyer-Goßner/Schmitt* Rn. 3.
[4] BVerfG 1.8.1978 – 2 BvR 1013/77 ua, BVerfGE 49, 24 = NJW 1978, 2235 (2239).
[5] BT-Drs. 8/935, 6.
[6] *Löwe/Rosenberg/Böttcher* Rn. 6.
[7] BVerfG 1.8.1978 – 2 BvR 1013/77 ua, BVerfGE 49, 24 = NJW 1978, 2235 (2239).
[8] So im Fall BGH 13.10.1977 – 3 ARs 27/77, BGHSt 27, 276 = NJW 1977, 2173.

getroffen werden, wenn die Voraussetzungen noch vorliegen; für die erneute Feststellung gilt § 35. ⁴War eine Feststellung nicht bestätigt, so kann eine erneute Feststellung nur getroffen werden, wenn neue Tatsachen es erfordern. ⁵§ 34 Abs. 3 Nr. 6 Satz 2 ist bei erneuten Feststellungen nicht mehr anwendbar.

I. Wirkungsdauer einer Feststellung

1   Satz 1 verpflichtet die feststellende Behörde (§ 32) dazu, ständig **zu überprüfen,** ob die Voraussetzungen für den Erlass der Feststellung nach § 31 noch vorliegen. Ist dies nicht mehr der Fall, so muss diese Feststellung zurückgenommen und die Maßnahmen nach § 33 sofort beendet werden.

2   Darüber hinaus verliert die Feststellung, die gemäß § 35 bestätigt wurde, nach **dreißig Tagen** automatisch ihre Wirksamkeit. Wird die Feststellung nicht erneut getroffen (→ Rn. 3), muss also mit Ablauf des dreißigsten Tages nach Erlass der Feststellung die Kontaktsperre beendet werden. Die Frist beginnt mit Ablauf des Tages, unter dem die Feststellung ergeht.

II. Wiederholung der Feststellung

3   Satz 3 erlaubt es, dass eine Feststellung nach Ablauf der Dreißig-Tage-Frist erneuert, also **nochmals getroffen** werden kann. Voraussetzung ist allerdings, dass die Voraussetzungen von § 31 weiterhin vorliegen. Jede erneute Feststellung muss aber wiederum gemäß § 35 innerhalb von zwei Wochen bestätigt werden.

4   Auch wenn es nach dem Wortlaut **beliebig oft** möglich ist, die Feststellung erneut zu treffen, darf die Kontaktsperre gegenüber den gleichen Gefangenen aus Gründen der Verhältnismäßigkeit (Einzelhaft → § 31 Rn. 16 f.) tatsächlich nicht über einen langen Zeitraum aufrechterhalten werden.[1]

III. Neuerlass einer Feststellung

5   Wurde eine Festellung nach § 35 **nicht bestätigt,** so darf nach Satz 4 eine Feststellung hinsichtlich des gleichen, nach § 31 gefahrbegründenden, Sachverhalts nur dann nochmals getroffen werden, wenn neue Tatsachen dies erfordern. Eine andere Beurteilung der ansonsten gleichgebliebenen Sach- und Rechtslage genügt hierbei nicht.[2]

IV. Unterbrechung der Hauptverhandlung

6   Nach Satz 5 ist § 34 Abs. 3 Nr. 6 S. 2 bei erneuten Feststellungen (→ Rn. 3) nicht mehr anwendbar. Die Höchstdauer der zulässigen Unterbrechung der Hauptverhandlung wird durch die erneute Feststellung also nicht nochmals verlängert. Wird die Hauptverhandlung nicht fortgesetzt, so muss mit ihr nach Beendigung der Kontaktsperre erneut begonnen werden.

§ 37 [Antrag auf gerichtliche Entscheidung]

(1) Über die Rechtmäßigkeit einzelner Maßnahmen nach § 33 entscheidet auf Antrag ein Strafsenat des Oberlandesgerichts, in dessen Bezirk die Landesregierung ihren Sitz hat.

(2) Stellt ein Gefangener einen Antrag nach Absatz 1, so ist der Antrag von einem Richter bei dem Amtsgericht aufzunehmen, in dessen Bezirk der Gefangene verwahrt wird.

---

[1] Löwe/Rosenberg/*Böttcher* Rn. 4.
[2] BT-Drs. 8/945, 3.

(3) ¹Bei der Anhörung werden Tatsachen und Umstände soweit und solange nicht mitgeteilt, als die Mitteilung den Zweck der Unterbrechung gefährden würde. ²§ 33a der Strafprozeßordnung gilt entsprechend.

(4) Die Vorschriften des § 23 Abs. 2, des § 24 Abs. 1, des § 25 Abs. 2 und der §§ 26 bis 30 gelten entsprechend.

Übersicht

	Rn.		Rn.
I. Rechtsschutzmöglichkeit	1, 2	IV. Antragsaufnahme	11–13
II. Zuständiges Gericht	3–7	V. Verfahrensvorschriften	14, 15
III. Antragserfordernis und Berechtigung	8–10	VI. Die gerichtliche Entscheidung	16–20

I. Rechtsschutzmöglichkeit

§ 37 gewährleistet zusammen mit § 35 für den von einer Kontaktsperre betroffenen Gefangenen einen effektiven Rechtsschutz iSd Art. 19 Abs. 4 GG.[1] Dieser kann die Rechtmäßigkeit einzelner Maßnahmen nach § 33 überprüfen lassen. Im Rahmen dieses Verfahrens wird auch die Feststellung nach § 31 einer nochmaligen richterlichen Kontrolle unterworfen. Die Feststellung kann jedoch nicht selbstständig angegriffen werden, da sie keine Außenwirkung hat (→ § 32 Rn. 8).[2] **1**

Das Verfahren der Überprüfung ist, wie auch Absatz 4 verdeutlicht, an den §§ 23 ff. angelehnt, und modifiziert die dortigen Regelungen entsprechend den Erfordernissen der §§ 31 ff.[3] **2**

II. Zuständiges Gericht

Gemäß Abs. 1 entscheidet ein **Strafsenat des Oberlandesgerichts,** in dessen Bezirk die Landesregierung ihren Sitz hat. Abweichend von der gerichtlichen Zuständigkeit bei der Entscheidung nach § 35 (→ § 35 Rn. 6 f.) gilt dies auch dann, wenn der Bundesministers der Justiz und für Verbraucherschutz die Feststellung nach § 31 getroffen hat. **3**

Der analog anwendbare § 25 Abs. 2 erlaubt es Bundesländern, die mehrere OLG errichtet haben, die Zuständigkeit für die Entscheidung ausschließlich einem der OLG oder dem Obersten Landesgericht zuzuweisen. **4**

Im Gesetzgebungsverfahren wurde darauf verwiesen, dass die Zuständigkeit eines OLG der Systematik des EGGVG entspreche, da auch für die Anfechtungen normaler Justizverwaltungsakte nach § 25 ausschließlich diese zuständig sind. Auch könnten so die erforderlichen Anhörungen von den ortsnäheren OLG einfacher und schneller durchgeführt werden, als wenn der BGH zuständig wäre.[4] **5**

Allerdings besteht so die Gefahr **divergierender Entscheidungen** bei der Beurteilung der Rechtmäßigkeit der Feststellung nach § 31. Nach der alten Fassung von § 29 Abs. 1 S. 2 und 3 musste ein OLG, welches von einer im Rahmen des § 35 ergangenen Entscheidung eines anderen OLG oder des BGH abweichen wollte, die Sache dem BGH vorlegen. Der BGH entschied dann an Stelle des OLG (sog. Divergenzvorlage). Seit der Neufassung entscheidet das OLG in einer solchen Situation selbst und muss lediglich die Rechtsbeschwerde zulassen (§ 29 Abs. 2 Nr. 2; → Rn. 18 f.). **6**

Liegt den Maßnahmen nach § 33 die Feststellung einer Landesregierung zugrunde, kann es dazu kommen, dass für die Entscheidungen nach § 35 und § 37 der gleiche Strafsenat **7**

---

[1] BVerfG 1.8.1978 – 2 BvR 1013/77 ua, BVerfGE 49, 24 = NJW 1977, 2235 (2239).
[2] KK-StPO/*Mayer* Rn. 1.
[3] Vgl. BT-Drs. 8/945, 3.
[4] BT-Drs. 8/945, 3.

zuständig ist. Die Identität des Spruchkörpers stellt als solches allerdings keinen **Befangenheit**sgrund für die Richter dar.⁵

III. Antragserfordernis und Berechtigung

8   Nach Abs. 1 ist ein Antrag erforderlich, um das Verfahren nach § 37 einzuleiten.

9   Über § 24 Abs. 1 ist jeder **antragsberechtigt,** der geltend machen kann, durch eine bzw. die Maßnahmen nach § 33 in seinen Rechten verletzt worden zu sein. Dies ist in erster Linie der Gefangene, dessen Verbindungen nach § 33 unterbrochen wurden. Eine **Verletzung eigener Rechte** können daneben zB auch der Verteidiger des Gefangenen, aber auch dessen Angehörige oder Gläubiger als Antragsberechtigte geltend machen.⁶

10 Der Antrag auf gerichtliche Entscheidung kann auch noch nach Beendigung der Maßnahmen nach § 33 gestellt werden (vgl. § 28 Abs. 1 S. 4).⁷

IV. Antragsaufnahme

11 Will ein Gefangener während der Kontaktsperre einen Antrag nach § 37 auf Überprüfung der Maßnahmen nach § 33 stellen, so ist ihm hierfür der Kontakt mit seinem Verteidiger nicht gestattet, soweit die gemäß § 31 Abs. 1 getroffene Feststellung nach § 31 Abs. 2 auf den schriftlichen und mündlichen Verkehr mit dem Verteidiger erstreckt wurde.

11a Da ihm aber gleichwohl rechtskundige Betreuung bei der Antragsabfassung zustehen soll, bestimmt Absatz 2, dass der Antrag von einem **Richter bei dem Amtsgericht** aufzunehmen ist, in dessen Bezirk der Gefangene verwahrt wird. Der zuständige Richter muss sich dazu in die Vollzugsanstalt begeben, sobald diese ihn von einem entsprechenden Wunsch des Gefangenen unterrichtet hat.

12 Der Gefangene hat nicht die Möglichkeit, den Antrag nach § 37 schriftlich zu stellen. Die Maßnahmen nach § 33 verhindern dies. Der Antrag fällt zudem nicht unter § 34 Abs. 3 Nr. 8.⁸ Ist dem Gefangenen eine Kontaktperson nach § 34a beigeordnet worden, so kann diese ihn zwar rechtlich beraten, aber nicht den Antrag nach § 37 für ihn stellen. Die Antragsstellung des Gefangenen regelt Absatz 2 abschließend („ist … aufzunehmen").

13 Über das Recht, einen Antrag nach § 37 stellen zu dürfen, ist der Gefangene bei Beginn der Maßnahme nach § 33 **zu belehren.**⁹

V. Verfahrensvorschriften

14 Abs. 3 bestimmt, dass bei der Anhörung des Antragsstellers, die im Rahmen der Entscheidung des OLG erforderlich wird, Tatsachen und Umstände soweit und solange nicht mitgeteilt werden, als die Mitteilung den Zweck der Unterbrechung gefährden würde. Um diese Beeinträchtigung des rechtlichen Gehörs zu kompensieren, wird gleichzeitig § 33a StPO für entsprechend anwendbar erklärt. Nach Beendigung der Kontaktsperre muss daher von Amts wegen oder auf Antrag das Verfahren durch einen Beschluss des OLG in die Lage zurück versetzt werden, die vor dem Erlass der Entscheidung nach § 37 bestand.

15 Darüber hinaus erklärt Abs. 4 die Vorschriften der §§ 23 Abs. 2, 24 Abs. 1, 25 Abs. 2 sowie die §§ 26–30 für entsprechend anwendbar.

VI. Die gerichtliche Entscheidung

16 Die Anfechtung der Maßnahmen nach § 33 kann zunächst darauf gestützt werden, dass der Gefangene nicht zu dem nach § 31 S. 2 von der Feststellung umfassten **Personenkreis**

---

⁵ BT-Drs. 8/935, 6.
⁶ KK-StPO/*Mayer* Rn. 5.
⁷ BVerfG 1.8.1978 – 2 BvR 1013/77 ua, BVerfGE 49, 24 = NJW 1977, 2235 (2239).
⁸ KK-StPO/*Mayer* Rn. 3.
⁹ BVerfG 1.8.1978 – 2 BvR 1013/77 ua, BVerfGE 49, 24 = NJW 1977, 2235 (2239).

gehört. Allerdings kann der Gefangene sich nicht erfolgreich darauf berufen, dass von ihm, obwohl er zu dem Personenkreis gehört, tatsächlich keine Gefahr ausgeht.[10]

Im Übrigen kann der Antragssteller überprüfen lassen, ob die Maßnahmen zur Unterbrechung der Verbindungen iSd § 33 in dem getroffenen Umfang **auch erforderlich sind.** Darüber hinaus kann und muss auch die Feststellung nach § 31 überprüft werden, insbesondere ob deren Voraussetzungen zum Zeitpunkt der Entscheidung des OLG noch vorliegen. 17

Das Gericht kann dementsprechend aussprechen, dass bestimmte Maßnahmen nach § 33 hinsichtlich des Antragsstellers rechtswidrig sind und beendet werden müssen. Kommt das OLG zu der Auffassung, dass die Feststellung nach § 31 zum Zeitpunkt seiner Entscheidung nicht mehr rechtmäßig ist, insbesondere wegen **veränderter tatsächlicher Umstände** oder im Hinblick auf inzwischen gewonnene Erkenntnisse, spricht es auch dies aus. Die Maßnahmen nach § 33 müssen dann insgesamt beendet werden. Auch kann es anordnen, dass nur ein bestimmter Gefangener nicht mehr der Kontaktsperre unterworfen werden darf. 18

Im Gesetzgebungsverfahren wurde allerdings davon ausgegangen, dass das OLG bei der Aufhebung der Feststellung nach § 31 bzw. der Entlassung einzelner Gefangener über § 29 aF die Entscheidung des BGH einholen müsse.[11] Auch der BGH war dieser Auffassung.[12] Mit der Neufassung von § 29 ist die frühere Divergenzvorlage jedoch entfallen und das OLG entscheidet selbst, muss aber die Rechtsbeschwerde zulassen.[13] 19

Die Entscheidung des OLG ergeht ohne mündliche Verhandlung durch Beschluss.[14] Hinsichtlich der Kosten § 30. 20

§ 38 [Erweiterung des Anwendungsbereiches]

Die Vorschriften der §§ 31 bis 37 gelten entsprechend, wenn eine Maßregel der Besserung und Sicherung vollzogen wird oder wenn ein Unterbringungsbefehl nach § 126a der Strafprozeßordnung besteht.

I. Erweiterung des Anwendungsbereichs der §§ 31–37

Im Gesetzgebungsverfahren wurde befürchtet, dass die Personengruppe, welche einer Kontaktsperre unterworfen werden kann, in § 31 nur lückenhaft umschrieben sei.[1] Aus diesem Grund wurde mit § 38 die Möglichkeit geschaffen, gegen zwei weitere Gruppen eine Kontaktsperre anordnen zu können, wenn die weiteren Voraussetzungen von § 31 vorliegen. 1

II. Maßregeln der Besserung und Sicherung

Die §§ 31–37 können gemäß § 38 auch auf solche Gefangene angewendet werden, gegen die eine Maßregel der Besserung und Sicherung nach § 61 StGB vollzogen wird. In Betracht kommen hier allerdings nur solche **Maßregeln, die mit einer Freiheitsentziehung verbunden sind**,[2] also die Unterbringung in einem psychiatrischen Krankenhaus (§ 63 StGB), die Unterbringung in einer Entziehungsanstalt (§ 64 StGB) oder die Unterbringung in der Sicherungsverwahrung (§ 66 StGB). 2

Für die Dauer der Kontaktsperre werden die betroffenen Personen nicht in eine Justizvollzugsanstalt verlegt. Die Unterbrechung der Verbindung nach § 33 muss vielmehr im Maßregelvollzug realisiert werden.[3] 3

---

[10] BT-Drs. 8/935, 6; *Katholnigg* Rn. 1.
[11] BT-Drs. 8/945, 3.
[12] BGH 13.10.1977 – 3 ARs 27/77, BGHSt 27, 276 (280) = NJW 1977, 2173.
[13] Löwe/Rosenberg/*Böttcher* Rn. 4 und 8.
[14] Meyer-Goßner/*Schmitt* Rn. 5.
[1] BT-Drs. 8/935, 7.
[2] *Katholnigg* Rn. 1; KK-StPO/*Mayer* Rn. 2.
[3] Kissel/*Mayer* Rn. 2; Löwe/Rosenberg/*Böttcher* Rn. 3.

III. Unterbringungsbefehl nach § 126a StPO

4   Nach § 38 kann die Kontaktsperre auch gegenüber solchen Personen angeordnet werden, gegenüber denen nach § 126a StPO eine einstweilige Unterbringung angeordnet wurde.

IV. Sonstige Personengruppen

5   Die Erweiterung nach § 38 ist abschließend, dh sonstige Personen die sich in öffentlich-rechtlicher Verwahrung befinden, können nicht ebenfalls in die Kontaktsperre einbezogen werden.[4] Dies gilt insbesondere für solche Personen, die nach **§ 81 StPO** zur Vorbereitung eines Gutachtens über ihren psychischen Zustand untergebracht sind.[5] Da diese Maßnahme nach § 34 Abs. 3 Nr. 7 nicht vollzogen werden darf (→ § 34 Rn. 23 f.), wenn die Voraussetzungen von § 31 vorliegen, muss in einem solchen Fall die Unterbringung beendet und der Betroffene für die Kontaktsperre in eine Justizvollzugsanstalt gebracht werden.

§ 38a [Entsprechende Anwendung]

(1) ¹**Die §§ 31 bis 38 finden entsprechende Anwendung, wenn gegen einen Gefangenen ein Strafverfahren wegen des Verdachts der Bildung einer kriminellen Vereinigung (§ 129 des Strafgesetzbuches) eingeleitet worden ist oder eingeleitet wird, deren Zweck oder deren Tätigkeit darauf gerichtet ist,**
1. **Mord oder Totschlag (§§ 211, 212) oder Völkermord (§ 6 des Völkerstrafgesetzbuches),**
2. **Straftaten gegen die persönliche Freiheit in den Fällen des § 239a oder des § 239b oder**
3. **gemeingefährliche Straftaten in den Fällen der §§ 306 bis 308, des § 310b Abs. 1, des § 311 Abs. 1, des § 311a Abs. 1, der §§ 312, 316c Abs. 1 oder des § 319**

zu begehen. ²**Sie finden entsprechende Anwendung auch für den Fall, dass der nach § 31 Satz 2 zweiter Halbsatz erforderliche dringende Tatverdacht sich auf eine Straftat nach § 129 des Strafgesetzbuches bezieht, die die Voraussetzungen des Satzes 1 Nr. 1 bis 3 erfüllt.**

(2) **Das Gleiche gilt, wenn der Gefangene wegen einer solchen Straftat rechtskräftig verurteilt worden ist.**

I. Entstehungsgeschichte

1   Die jetzt in § 38a geregelte Erweiterung des Anwendungsbereiches der §§ 31–38 war ursprünglich als Art. 2 des Gesetz zur Änderung des Einführungsgesetzes zum Gerichtsverfassungsgesetz 1977 in Kraft getreten.[1] 2006 wurde die Regelung durch das Erste Gesetz über die Bereinigung von Bundesrecht im Zuständigkeitsbereich des Bundesministeriums der Justiz[2] nach § 38a verschoben.[3]

II. Regelungsinhalt

2   Durch § 38a sollen auch diejenigen Gefangenen in die Regelungen zur Kontaktsperre einbezogen werden, gegen die ein Verfahren eingeleitet oder rechtskräftig abgeschlossen worden ist, das eine vor dem Inkrafttreten des § 129a StGB begangene Straftat nach **§ 129 StGB** zum Gegenstand hat. Voraussetzung ist, dass Zweck oder Tätigkeit der kriminellen Vereinigung darauf gerichtet gewesen ist, eine der im jetzt geltenden § 129a Abs. 1 StGB

---

[4] *Kissel/Mayer* Rn. 5; Meyer-Goßner/*Schmitt* Rn. 2.
[5] BT-Drs. 8/945, 3.
[1] Gesetz vom 30.9.1977, BGBl. 1977 I 1877.
[2] Gesetz von 19.4.2006, BGBl. I 866.
[3] Zur Gesetzesbegründung siehe BT-Drs. 16/47, 49.

genannten Straftaten zu begehen.[4] § 129a StGB ist durch Gesetz vom 18.8.1976 verkündet worden und trat einen Monat später in Kraft.[5]

Fünfter Abschnitt. Insolvenzstatistik

§ 39 *(aufgehoben)*

Der frühere § 39 EGGVG wurde durch das Gesetz zur weiteren Erleichterung der Sanierung von Unternehmen vom 7.11.2011[1] zum 1.1.2013 aufgehoben. An seiner Stelle wurde das Insolvenzstatistikgesetz erlassen.[2] **1**

---

[4] BT-Drs. 8/935, 7; Meyer-Goßner/*Schmitt* Rn. 2.
[5] BGBl. I 2181.
[1] BGBl. 2011 I 2582.
[2] Zur Gesetzesbegründung siehe BT-Drs. 17/5712.

Sechster Abschnitt. Übergangsvorschriften

§ 40 [Übergangsregelung für § 119 GVG]

§ 119 findet im Fall einer Entscheidung über Ansprüche, die von einer oder gegen eine Partei erhoben worden sind, die ihren allgemeinen Gerichtsstand im Zeitpunkt der Rechtshängigkeit in erster Instanz außerhalb des Geltungsbereichs des Gerichtsverfassungsgesetzes hatte, sowie im Fall einer Entscheidung, in der das Amtsgericht ausländisches Recht angewendet und dies in den Entscheidungsgründen ausdrücklich festgestellt hat, in der bis zum 31. August 2009 geltenden Fassung auf Berufungs- und Beschwerdeverfahren Anwendung, wenn die anzufechtende Entscheidung vor dem 1. September 2009 erlassen wurde.

1 § 40 wurde durch das Gesetz zur Reform des Verfahrens in Familiensachen und in den Angelegenheiten der freiwilligen Gerichtsbarkeit eingefügt[1] und zum 1.9.2009 in Kraft gesetzt.[2] Er bezieht sich auf § 119 GVG.[3] Wird bei der Rechtsmitteleinlegung diese Übergangsvorschrift übersehen und zunächst beim unzuständigen Gericht Berufung eingelegt, so ist die Versäumung der Berufungsfrist als verschuldet anzusehen.[4]

§ 40a [Anwendung der §§ 72a und 119a GVG]

Die §§ 72a und 119a des Gerichtsverfassungsgesetzes sind auf die vor dem 1. Januar 2018 anhängig gewordenen Verfahren nicht anzuwenden.

1 § 40a wurde angefügt mWv 1.1.2018 durch Gesetz vom 28.4.2017, BGBl. I S. 969.

§ 41 [Übergangsregelung für §§ 74, 74c, 74f und 76]

(1) Für Verfahren, die vor dem 1. Januar 2012 beim Landgericht anhängig geworden sind, sind die §§ 74, 74c und 76 des Gerichtsverfassungsgesetzes in der bis zum 31. Dezember 2011 geltenden Fassung anzuwenden.

(2) Hat die Staatsanwaltschaft in Verfahren, in denen über die im Urteil vorbehaltene oder die nachträgliche Anordnung der Sicherungsverwahrung zu entscheiden ist, die Akten dem Vorsitzenden des zuständigen Gerichts vor dem 1. Januar 2012 übergeben, ist § 74f des Gerichtsverfassungsgesetzes in der bis zum 31. Dezember 2011 geltenden Fassung entsprechend anzuwenden.

I. Gesetzesgeschichte

1 § 41 regelt als **Übergangsvorschrift** die Änderungen der §§ 74, 74c und 76 GVG (in Abs. 1) und § 74f GVG (in Abs. 2). Die Norm wurde mit dem Gesetz vom 6.12.2011 über die Besetzung der großen Straf- und Jugendkammern in der Hauptverhandlung und zur Änderung weiterer gerichtsverfassungsrechtlicher Vorschriften sowie des Bundesdisziplinargesetzes[1] ins EGGVG neu eingefügt.[2] Sie geht Art. 316e Abs. 1 S. 2 EGStGB vor.[3]

---

[1] Gesetz vom 17.12.2008, BGBl. I 2586 (2694).
[2] Zur Gesetzesbegründung siehe BT-Drs. 16/9733, 300.
[3] MüKoZPO/*Papst* GVG § 119 Rn. 1.
[4] KG 12.7.2010 – 8 U 61/10, NJOZ 2011, 1023.
[1] Gesetz v. 6.12.2011, BGBl. I 2554 (2555).
[2] Zur Gesetzesbegründung siehe BT-Drs. 17/6905.
[3] BT-Drs. 17/6905, 12.

II. Absatz 1

Abs. 1 betrifft die durch das oben genannte Gesetz vom 6.12.2011 eingeführte Erweiterung der Zuständigkeiten der Schwurgerichte (§ 74 Abs. 2 GVG) und der Wirtschaftsstrafkammern (§ 74c GVG) sowie die Änderungen der Anforderungen an die Zulässigkeit, die Besetzung einer Strafkammer von drei auf zwei Berufsrichter zu reduzieren (§ 76 GVG).

Ist ein Strafverfahren vor dem 1.1.2012 bei einem Landgericht anhängig geworden, so verbleibt es für dieses Verfahren bei der Gesetzesfassung, die vor der Gesetzesänderung bis zum 31.12.2011 gegolten hat. Anhängig wird ein Verfahren, wenn die Staatsanwaltschaft die Anklageschrift beim Gericht einreicht und zugleich den Antrag stellt, das Hauptverfahren zu eröffnen.[4]

III. Absatz 2

Gemäß Absatz 2 verbleibt es für Strafverfahren, in denen gemäß § 275a StPO im Urteil die Anordnung der Sicherungsverwahrung vorbehalten oder diese nachträglich anzuordnen ist, bei der bis zum 31.12.2011 geltenden Fassung des § 74f GVG über die Zuständigkeit der Strafkammer, wenn die Staatsanwaltschaft die Akten dem Vorsitzenden des zuständigen Gerichts vor dem 1.1.2012 übergeben hat.

§ 42 [Weitergeltung § 30a EGGVG]

§ 30a ist auf Verwaltungsakte im Bereich der Kostenordnung auch nach dem Inkrafttreten des 2. Kostenrechtsmodernisierungsgesetzes vom 23. Juli 2013 (BGBl. I S. 2586) weiter anzuwenden.

§ 42 wurde durch das **Zweite Gesetz zur Modernisierung des Kostenrechts**,[1] dass zum 1.8.2013 in Kraft getreten ist,[2] eingeführt. Er ordnet die Weitergeltung von § 30a EGGVG über die Anfechtung von Verwaltungsakten durch Antrag auf gerichtliche Entscheidung an.

Es handelt sich um eine Folgeänderung, die der Anpassung von Verweisungen auf die frühere Kostenordnung durch das neu eingeführte GNotKG dient.[3]

§ 43 [Anwendung von § 169 Abs. 2 GVG]

§ 169 Absatz 2 des Gerichtsverfassungsgesetzes findet keine Anwendung auf Verfahren, die am 18. April 2018 bereits anhängig sind.

§ 43 wurde mWv 19.10.2017 angefügt durch Gesetz vom 8.10.2017, BGBl. I S. 3546.

---

[4] Meyer-Goßner/*Schmitt* Einl. Rn. 60b; *Roxin/Schünemann* Strafverfahrensrecht § 40 Rn. 9 f.
[1] Gesetz v. 23.7.2013, BGBl. I 2586 (2704).
[2] Art. 50 des Gesetzes v. 23.7.2013, BGBl. I 2586 (2712).
[3] BT-Drs. 17/11471 (neu), 285.

Konvention zum Schutz der Menschenrechte und Grundfreiheiten

In der Fassung der Bekanntmachung vom 22.10.2010
(BGBl. II S. 1198)
geändert durch 15. EMRK-Protokoll vom 24.6.2013 (BGBl. 2014 II S. 1034)
– Auszug –

Art. 1. Verpflichtung zur Achtung der Menschenrechte

Die Hohen Vertragsparteien sichern allen ihrer Hoheitsgewalt unterstehenden Personen die in Abschnitt I bestimmten Rechte und Freiheiten zu.

Völkerrechtlich verbindlicher englischer und französischer Normtext:

Article 1 – Obligation to respect human rights

The High Contracting Parties shall secure to everyone within their jurisdiction the rights and freedoms defined in Section I of this Convention.

Article 1 – Obligation de respecter les droits de l'homme

Les Hautes Parties contractantes reconnaissent à toute personne relevant de leur juridiction les droits et libertés définis au titre I de la présente Convention.

Schrifttum: *Callewaert*, Der Beitritt der EU zur EMRK: Eine Schicksalsfrage für den europäischen Grundrechtsschutz, StV 2014, 504; *Eisner*, Die Schrankenregelung der Grundrechtecharta der EU, 2005; *Esser*, Die Umsetzung der Urteile des Europäischen Gerichtshofs für Menschenrechte im nationalen Recht – ein Beispiel für die Dissonanz völkerrechtlicher Verpflichtungen und verfassungsrechtlicher Vorgaben?, StV 2005, 348; *Evrigenis*, L'interaction entre la dimension internationale et la dimension nationale de la Convention européenne des Droits de l'Homme: Notions autonomes et effet direct, FS Mosler, 1983, 193; *Frisch*, Verwerfung der Berufung ohne Sachverhandlung und Recht auf Verteidigung – Zur Änderung des § 329 StPO, NStZ 2015, 69; *Gaede*, Das Verbot der Umgehung der EMRK durch den Einsatz von Privatpersonen bei der Strafverfolgung, StV 2004, 46; *ders.*, Das Recht auf Verfahrensbeschleunigung gemäß Art. 6 I 1 EMRK in Steuer- und Wirtschaftsstrafverfahren, wistra 2004, 166; *ders.*, Steigerung der verfassungsrechtlichen Bedeutung der EMRK durch Berücksichtigungspflicht und erhöhte Kontrolldichte, HRRS 2004, 387; *ders.*, Fairness als Teilhabe – Das Recht auf konkrete und wirksame Teilhabe durch Verteidigung, 2007; *ders.*, Rückwirkende Sicherungsverwahrung – Art. 7 Abs. 1 Satz 2 EMRK als andere gesetzliche Bestimmung im Sinne des § 2 Abs. 6 StGB, HRRS 2010, 329; *Grabenwarter* Die Charta der Grundrechte für die Europäische Union, DVBl 2001, 1; *ders.*, Europäisches und nationales Verfassungsrecht, VVDStRL 60 (2001), 290; *ders.*, Die Menschenrechtskonvention und Grundrechte-Charta in der Europäischen Verfassungsentwicklung, FS Steinberger, 2006, S. 1129; *ders.*, Das mehrpolige Grundrechtsverhältnis im Spannungsverhältnis zwischen europäischem Menschenrechtsschutz und Verfassungsgerichtsbarkeit, FS Tomuschat, 2006, 193; *Haefliger/Schürmann*, Die Europäische Menschenrechtskonvention und die Schweiz, 2. Aufl., 1999; *Heer-Reißmann*, Straßburg oder Luxemburg? – Der EGMR zum Grundrechtsschutz bei Verordnungen der EG in der Rechtssache Bosphorus, NJW 2006, 192; *Hilf*, Die Auslegung mehrsprachiger Verträge, 1973; *Jankowska-Gilberg*, Extraterritorialität der Menschenrechte, 2008; *Kieschke*, Die Praxis des Europäischen Gerichtshofs für Menschenrechte und ihre Auswirkungen auf das deutsche Strafverfahrensrecht, 2003; *Knecht*, Die Charta der Grundrechte der Europäischen Union, 2005; *Macdonald/Matscher/Petzold*, The European System for the Protection of Human Rights, 1993; *Matscher*, Vertragsauslegung durch Vertragsrechtsvergleichung in der Judikatur internationaler Gerichte, vornehmlich von den Organen der EMRK, FS Mosler, 1983, 545; *Meyer*, Der „Kadi"-Moment des EGMR, HRRS 2014, 404; *Meyer-Ladewig/Petzold*, Die Bindung deutscher Gerichte an Urteile des EGMR – Neues aus Straßburg und Karlsruhe, NJW 2005, 15; *Nack/Jahn*, Gegenwartsfragen des europäischen und deutschen Strafrechts, 2012; *Paeffgen*, Haus ohne Hüter? Die Justizgrundrechte im Mehr-Ebenen-System von EG-/EU-Vertrag, EMRK und Europäischem Verfassungsvertrags-Entwurf, ZStW 118 (2006), 275; *Papier*, Umsetzung und Wirkung der Entscheidungen des Europäischen Gerichtshofes für Menschenrechte aus der Perspektive der nationalen deutschen Gerichte, EuGRZ 2006, 1; *Schmitt*, Der Einfluss der strafrechtlichen Rechtsprechung des EGMR auf den BGH und das BVerfG, in Nack/Jahn, S. 47; *Schneiders*, Die Grundrechte der EU und die EMRK, 2010; *Simpson*, Human Rights and the End of Empire, 2002; *Tomuschat*, Individueller Rechtsschutz: Das Herzstück des „ordre public européen" nach der EMRK, EuGRZ 2003, 93; *Velu/Ergec*, La Convention Européenne des Droits de l'homme, 1990; *Villiger*, Handbuch zur EMRK, 2. Aufl., 1999; *Warnking*, Strafprozessuale Beweisverbote in der Rechtsprechung des EGMR und ihre Auswirkungen auf das deutsche Recht, 2008; *Weigend,* Die Europäische Menschenrechtskonvention als deutsches Recht – Kollisionen und ihre Lösung, StV 2000, 384.

Übersicht

	Rn.		Rn.
I. Überblick	1–16	1. Die Verpflichteten	18–21
1. Völkerrechtliche Pflicht zum effektiven Menschenrechtsschutz	1, 2	2. Die Berechtigten	22, 23
2. Autonome Auslegung	3–5	3. Die räumliche Dimension der Verpflichtung	24–26
3. Nationale Bindung	6–11	4. Die zeitliche Dimension der Verpflichtung	27
4. Subsidiärer Schutzmechanismus der EMRK	12, 13	5. Die Verpflichtung auf einen wirksamen Menschenrechtsschutz	28–30
5. Aufwertung und Herausforderung im Rahmen des Unionsrechts	14–16	6. Die konventionsinternen Einschränkungen	31, 32
II. Erläuterung	17–32		

I. Überblick

1 **1. Völkerrechtliche Pflicht zum effektiven Menschenrechtsschutz.** Bei der EMRK handelt es sich um einen völkerrechtlichen Vertrag,[1] dem alle Staaten des Europarats pflichtgemäß beigetreten sind und der sie unmittelbar verpflichtet. Mit ihm haben sich die demokratischen Vertragsstaaten zum Schutz von Individualrechten einer – zunächst freilich noch anders als der heutige EGMR beschaffenen – transnationalen Rechtsinstanz zur verbindlichen Entscheidung (Art. 32) *unterworfen*.[2] Dies stellt bis heute nicht zuletzt im Strafverfahren einen Meilenstein in der **Gewährleistung effektiv wirksamer Menschen- bzw. Grundrechte** dar. Insbesondere mit dem Mittel der Individualbeschwerde (Art. 34 f.) hat das europäische Recht einen stark ausgeprägten regionalen Menschenrechtsschutz geschaffen (siehe allerdings zu ihrer Subsidiarität → Rn. 12 f.). Über Jahrzehnte hinweg entstand ein fordernder und zum Teil auch über das deutsche Schutzniveau hinausgehender **europäischer menschenrechtlicher Standard**,[3] auf den sich jeder Einzelne unmittelbar berufen kann. Er ermöglicht in der Strafrechtspflege vor allem auf Grund seiner hier besonders konkreten Garantien einen bedeutsamen ergänzenden Blick auf den Umgang des Staates mit den Rechten der vom Strafverfahren Betroffenen. Ebenso prägt der menschenrechtliche Standard der EMRK auch das einschlägige Unionsrecht (→ Rn. 14 ff.). Er bietet auch im europäisierten Strafverfahren der EU die Basis eines wirksamen Individualrechtsschutzes.

2 Allerdings erhebt die EMRK trotz ihrer zwischenzeitlich hinzugetretenen und erweiternd wirkenden Zusatzprotokolle[4] nicht den Anspruch, einen bereits vollständigen Rechtskatalog zu gewährleisten. Indes wirken sich die etwa bei sozialen Rechten oder bei der allgemeinen Handlungsfreiheit bestehenden Lücken im Strafverfahren vor dem Hintergrund des deutschen Rechtsstandards kaum aus (siehe zudem zur evolutiven Auslegung → Rn. 29).

Entworfen und zur Ratifikation aufgelegt wurde die EMRK durch den **Europarat**. Er ist eine internationale Organisation, die heute praktisch ganz Europa in sich vereint.[5] Da er anders als die EU nicht supranational strukturiert ist, wirkt er auf das deutsche Recht

---

[1] BVerfG 14.10.2004 – 2 BvR 1481/04, BVerfGE 111, 307 (322); zu seinem Charakter als *law making treaty* siehe dabei mwN *Grabenwarter/Pabel* § 2 Rn. 1 ff.

[2] Siehe zur Bedeutung und zur Entstehung dieser grundlegenden Entwicklung aus britischer Perspektive eingehend *Simpson,* Human Rights and the End of Empire; knapp *Meyer-Ladewig/Nettesheim* Einl. Rn. 2; zur Entwicklung des Konventionssystems *Grabenwarter/Pabel* § 1 Rn. 1 ff.; zur Selbstbindung souveräner Staaten an Menschenrechte unter den Bedingungen einer Demokratie mwN *Gaede,* Fairness als Teilhabe, S. 63 ff., 68 ff., 79 ff.

[3] MwN *Gaede,* Fairness als Teilhabe, S. 65 ff., 79 ff., 134 ff. Siehe allerdings ebenso zur erheblichen Arbeitslast mit aktuellen, wieder hoffnungsvolleren Daten *Meyer-Ladewig/Nettesheim* Einl. Rn. 60.

[4] Siehe dazu und auch zu den ergänzenden Übereinkommen etwa zur Folterprävention EuStR/*Schomburg* § 4 Rn. 5 f.; *Löwe/Rosenberg/Esser* Einf. Rn. 46 ff.; SSW/*Satzger* Rn. 11, auch zu den noch nicht in Kraft getretenen Protokollen.

[5] Zu ihr neben der grundlegenden Satzung (CETS 1) mwN *Herdegen,* Europarecht, § 2 Rn. 1 ff.

primär über das Instrument der völkerrechtlichen Übereinkommen ein. Demzufolge bedurfte auch die EMRK zu ihrer völkerrechtlichen Wirksamkeit der Ratifikation und der Hinterlegung der Ratifikationsurkunde beim Generalsekretär des Europarates (siehe näher Art. 59 Abs. 1, 3 EMRK). Sie ist am 3.9.1953 in Kraft getreten, nachdem zehn Vertragsstaaten die Ratifikation vollzogen hatten.

2. Autonome Auslegung. Entsprechend ihrer Natur als völkerrechtlicher Vertrag wird 3 die EMRK in Orientierung an den Art. 31 ff. der Wiener Vertragsrechtskonvention (VRK) und damit in erster Linie unter Betonung des Vertragszwecks interpretiert.[6] Dies bedeutet insbesondere, dass sie autonom auszulegen ist. Innerhalb der Grenzen von Wortlaut und Systematik darf und muss der EGMR notwendig eine eigenständige Begriffsbildung vollziehen, soweit die EMRK nicht auf nationales Recht verweist (siehe aber auch hier beispielhaft → Art. 5 Rn. 19 ff.). Eine andere, akzessorisch auf das nationale Verständnis abhebende Auslegung würde zu einer ungleichen Geltung und Reichweite der Konvention führen. Sie könnte die völkerrechtliche Bindung letztlich aushöhlen und *ad absurdum* führen.

Konkret darf sich die Begriffsbildung etwa zu einem zentralen Begriff wie der **strafrecht-** 4 **lichen Anklage** des Art. 6 und auch des Art. 7 nicht darin erschöpfen, zum Beispiel das in Deutschland vorherrschende nationale Vorverständnis eines Begriffs kurzerhand zu übernehmen. So ist mit „Anklage" im Sinne des Art. 6 nicht nur die formale Anklage am Ende des deutschen Ermittlungsverfahrens gemeint, sondern grundsätzlich die Beschuldigung des Betroffenen (dazu näher → Art. 6 Rn. 55 ff.). Ebenso ist – anders als im deutschen Recht der Fall – die Strafe nach der ständigen Rechtsprechung des EGMR nicht zwingend mit einem vom Gesetzgeber gezielt gesetzten sozialethischen Tadel verbunden; insbesondere hierdurch sind auch Ordnungswidrigkeiten vom Schutz der europäischen Justizgrundrechte umfasst (dazu näher → Art. 6 Rn. 47 ff.).

Zu beachten ist darüber hinaus, dass die deutsche Sprache den Vertragstext nicht authen- 5 tisch widergibt. Der Wortlaut des deutschen Zustimmungsgesetzes ist lediglich eine Übersetzung. Gemäß Art. 33 VRK und der ratifizierten Schlussformel zu Art. 66 EMRK aF sind die hier entsprechend mit abgedruckten **englischen und französischen Fassungen** gleichberechtigt **maßgeblich.**[7] Ferner ist von Bedeutung, dass der EGMR eine **systematische Interpretation der EMRK** im Kontext des gesamten Völkerrechts anstrebt.[8]

3. Nationale Bindung. Die EMRK ist nicht nur völkerrechtlich verbindlich, sondern 6 auch als unmittelbar anwendbarer **Teil des deutschen Rechts** im Strafverfahren maßgeblich. Im deutschen Recht bedurfte es hierzu der innerstaatlichen Transformation durch ein Bundesgesetz im Sinne des Art. 59 Abs. 2 GG. So wurde die EMRK in Deutschland gem. Art. 59 Abs. 2 GG durch ein Zustimmungsgesetz („MRK") in das nationale Recht integriert.[9] In Deutschland steht die EMRK folglich zunächst im Rang eines Bundesgesetzes,[10] bei dem die Rechtsprechung des EGMR schon gemäß Art. 20 Abs. 3 GG und Art. 32 EMRK zu beachten ist (→ Rn. 10).

---

[6] Zur Anwendbarkeit und zu den Folgen (etwa: geringe Bedeutung der Materialien und der historischen Anwendungserwartung der ursprünglichen Vertragsstaaten) mwN *Gaede,* Fairness als Teilhabe, S. 88 f.
[7] Zu alledem statt vieler *Evrigenis* FS Mosler, 1983, 193 (195 ff.); *Villiger* Rn. 162; SSW/*Satzger* Rn. 9; Meyer-Goßner/*Schmitt* Vor Art. 1 Rn. 5; aA noch BGH 10.1.1966 – III ZR 70/64, BGHZ 45, 46 (58). Auch zur normzweckorientierten Auflösung von sprachlichen Divergenzen mwN Löwe/Rosenberg/*Esser* Einf. Rn. 184 ff.
[8] Dazu siehe etwa EGMR 6.9.1978 – 5029/71, NJW 1979, 1755 Rn. 68 – Klass ua/D; EGMR 25.3.1993 – 13134/87, ÖJZ 1993, 707 Rn. 27 – Costello-Roberts/UK: „*the provisions of the Convention and its Protocols must be read as a whole*"; EGMR 12.3.2003 – 46221/99, NLMR 2003, 80 Rn. 189 ff. – Öcalan/TUR; *Mahoney* HRLJ 1990, 57 (71); Karpenstein/Mayer/*Mayer* Einl. Rn. 51; mwN *Gaede,* Fairness als Teilhabe, S. 82 f., 89.
[9] Siehe das Gesetz über die Konvention zum Schutze der Menschenrechte und Grundfreiheiten vom 7.8.1952, BGBl. II 685. Die Konvention ist gemäß der Bekanntmachung vom 15.12.1953, BGBl. 1954 II 14 am 3.9.1953 für die Bundesrepublik Deutschland in Kraft getreten. Eine Neubekanntmachung erfolgte in der Fassung vom 22.10.2010 in BGBl. II 1198.
[10] Statt vieler dafür mwN *Gaede* wistra 2004, 166 (167).

7 Die Bedeutung der EMRK reicht aber über die eines Bundesgesetzes weit hinaus. Infolge der im Grundgesetz verankerten Völkerrechtsfreundlichkeit des deutschen Rechts und wegen der inhaltlichen Ausrichtung des Grundgesetzes auf den Schutz der Menschenrechte (Art. 1 Abs. 2 GG) ist das **deutsche Recht** und damit etwa die Strafprozessordnung oder das Gerichtsverfassungsgesetz **konventionskonform auszulegen.**[11] Dies gilt grundsätzlich auch gegenüber der EMRK nachfolgenden Gesetzen.[12] Auch nach Auffassung des BVerfG ist ferner selbst das **Grundgesetz prinzipiell konventionsfreundlich auszulegen.**[13] Dies gilt vornehmlich für die Grundrechte und die rechtsstaatlichen Grundsätze des Grundgesetzes. Die EMRK ist folglich mehr als eine bei der Verfassungsinterpretation nach Belieben anwendbare Auslegungshilfe.[14] Die hierbei zu leistende Konformität beschränkt das BVerfG indes auf eine prinzipielle **Ergebniskonkordanz.**[15] Die völkerrechtsfreundliche Auslegung soll keine schematische Parallelisierung der Aussagen des Grundgesetzes mit denen der EMRK erfordern, sondern allein die Aufnahme der Wertungen der EMRK gebieten, *soweit* dies mit den Vorgaben des Grundgesetzes vereinbar sei. So hat sich das BVerfG etwa abweichend vom EGMR zur Sicherungsverwahrung vorbehalten, den Begriff der Strafe der Art. 103 Abs. 2 und 3 GG exklusiv schuldvergeltenden Sanktionen vorzubehalten, denen bereits der Gesetzgeber einen solchen Zweck beigemessen hat. Eine Unterschreitung des Schutzes der Art. 5 und 7 EMRK will das BVerfG durch eine veränderte Interpretation der Art. 2 Abs. 2 S. 2, 20 Abs. 3 GG erreichen, die eine Rückwirkung infolge ihrer Unverhältnismäßigkeit ausschließt. Zudem fordert es ein verstärktes Abstandsgebot im Vollzug der Sicherungsverwahrung ein (dazu näher → Art. 7 Rn. 6 f.).

8 Das deutsche Recht ist dennoch nicht **unbeschränkt konventionsfreundlich:** So soll die EMRK nach Ansicht des BVerfG den Grundrechtsschutz des Grundgesetzes nicht einschränken dürfen.[16] Dieses Rezeptionshemmnis kann in mehrpoligen Grundrechtsverhältnissen relevant werden, in denen das „Mehr" an Freiheit für den einen Grundrechtsträger (etwa: den Angeklagten) zugleich ein „Weniger" für den anderen (etwa: das vermeintliche/ tatsächliche Opfer) bedeutet. Zudem besteht das BVerfG darauf, dass die Möglichkeiten der völkerrechtsfreundlichen Auslegung des einfachen Rechts und des Grundgesetzes dort enden, wo diese nach den anerkannten Methoden der Gesetzesauslegung und Verfassungsinterpretation nicht mehr vertretbar erscheint.[17] Das Bestreben, Deutschland in die Rechtsgemeinschaft friedlicher und freiheitlicher Staaten einzufügen, bedeute keinen Verzicht auf die „in dem letzten Wort der deutschen Verfassung liegende Souveränität". Auch bei der Gewährleistung von Menschenrechten sei eine Abweichung vom Vertragsvölkerrecht dann

---

[11] Dazu mwN BVerfG 4.5.2011 – 2 BvR 2365/09, BVerfGE 128, 326 (367 ff.); *Meyer-Ladewig/Petzold* NJW 2005, 15 ff.; Meyer-Goßner/*Schmitt* Vor Art. 1 Rn. 4a.

[12] Zur Zurückstellung der *lex posteriori*-Regel BVerfG 26.3.1987 – 2 BvR 589/79 ua, BVerfGE 74, 358 (370); BGH 18.11.1999 – 1 StR 221/99, BGHSt 45, 321 (329); 25.7.2000 – 1 StR 169/00, BGHSt 46, 93 (95 ff.); *Kieschke* S. 41 ff.; *Weigend* StV 2000, 384 (387); *Gaede* StV 2004, 46 (49 f.); SSW/*Satzger* Rn. 25; Löwe/Rosenberg/*Esser* Einf. Rn. 95.

[13] Dazu mwN BVerfG 4.5.2011 – 2 BvR 2365/09, BVerfGE 128, 326 (367 ff.); Karpenstein/Mayer/*Mayer* Einl. Rn. 99; zum wegweisenden Art. 1 Abs. 2 GG *Gaede* HRRS 2004, 387 f.; siehe auch schon präzise BVerfG 21.11.2002 – 1 BvR 1965/02, NJW 2003, 344.

[14] Dazu früher schon positiv BVerfG 26.3.1987 – 2 BvR 589/79 ua, BVerfGE 74, 358 (370); 29.5.1990 – 2 BvR 254/88, BVerfGE 82, 106 (115); 14.10.2004 – 2 BvR 1481/04, BVerfGE 111, 307 (316 ff.); geradezu willkürlich den EGMR aber noch ignorierend: BVerfG 21.6.2006 – 2 BvR 750/06 ua, JR 2007, 251 ff. m. abl. Anm. *Gaede*.

[15] Dazu und zum Folgenden BVerfG 4.5.2011 – 2 BvR 2365/09, BVerfGE 128, 326 (370 ff.).

[16] Dazu und zum Folgenden BVerfG 4.5.2011 – 2 BvR 2365/09, BVerfGE 128, 326 (371 f.); 14.10.2004 – 2 BvR 1481/04, BVerfGE 111, 307 (317 ff.). Dazu verweist das BVerfG darauf, dass Art. 53 EMRK dies selbst ausschließe, was in mehrpoligen Grundrechtsverhältnissen allerdings in dieser Form nur unrichtig sein kann, zum Problem siehe Karpenstein/Mayer/*Thienel* Art. 53 Rn. 5 ff.

[17] BVerfG 4.5.2011 – 2 BvR 2365/09, BVerfGE 128, 326 (371, 399 ff.); 14.10.2004 – 2 BvR 1481/04, BVerfGE 111, 307 (323). Das BVerfG deutet dies so, dass der Wille des Gesetzgebers der konventionskonformen Auslegung auch dann entgegensteht, wenn er nachweislich auf der irrtümlichen Annahme der Vereinbarkeit mit der EMRK beruht, KK-StPO/*Schädler/Jacobs* Vor Art. 1 Rn. 23 f.; dazu krit. in Auseinandersetzung mit den Folgen mwN *Gaede* HRRS 2010, 329 ff.

möglich, wenn die Anwendung desselben gegen die Verfassung verstoßen würde.[18] Indes ist zu erwarten und auch einzufordern, dass in entsprechenden Vorbehalten im Wesentlichen nur ein Platzhalter für die – unter den Gerichten umkämpfte – Letztentscheidungskompetenz, weniger aber eine reale Einschränkung der Konventionsachtung liegt.[19] Zum einen wird auch das BVerfG – wie im Fall der konventionswidrigen Formen der Sicherungsverwahrung – sorgsam abwägen, ob es sich dem europäischen Menschenrechtsstandard mit dem Mittel des Grundgesetzes verschließen will und dies regelmäßig verwerfen. Zum anderen ist selbst in Fällen, in denen der deutsche Gesetzgeber mit seinen Normwortlauten nach der Interpretation des BVerfG und der Fachgerichte die Umsetzung des Konventionsstandards bis auf weiteres noch verhindert,[20] zu erwarten, dass er das deutsche Gesetz ändert, um der Konvention Genüge zu tun.[21]

Soweit der EGMR in einem Fall entschieden, haben seine **Urteile** zunächst nur eine **feststellende Wirkung** (Art. 46). Insbesondere wird eine regelmäßig vorhergehende nationale Gerichtsentscheidung durch die nachfolgende Verurteilung seitens des EGMR nicht „kassiert". Art. 46 Abs. 1 verpflichtet den verurteilten Vertragsstaat jedoch dazu, das Urteil des EGMR bezüglich des Streitgegenstandes zu befolgen und umzusetzen.[22] Der Vertragsstaat muss nach Möglichkeit den Zustand wiederherstellen, der ohne die Konventionsverletzung vorherrschen würde. Kann die Verletzung ganz oder teilweise nicht mehr behoben werden, muss in der Regel eine Reparation geleistet werden (Art. 13, 41).

Die Urteile des EGMR wirken grundsätzlich nur *inter partes*.[23] Welche Organe innerstaatlich im Ergebnis an die Urteile gebunden sind, bestimmt sich nach nationalem Recht.[24] Für Deutschland hat sich aber auch das BVerfG dazu bekannt, dass deutsche Behörden und Gerichte infolge ihrer **Bindung an Recht und Gesetz (Art. 20 Abs. 3 GG)** auch dann auf die Ratio der Urteile des EGMR gegenüber Deutschland verpflichtet sein können, wenn diese nicht den konkret zu entscheidenden Einzelfall betreffen.[25] Eine Verletzung der entsprechenden Berücksichtigungspflicht zur konventionskonformen Auslegung kann – im Gegensatz zu einer unmittelbaren Berufung auf die EMRK selbst – auch vor dem BVerfG als Verstoß gegen das Rechtsstaatsprinzip gerügt werden.[26]

Darüber noch hinausgehend ist auch das **übrige** *case law* **des EGMR,** das sich in Entscheidungen gegenüber anderen Vertragsstaaten herausbildet, von erheblicher Bedeutung. Das BVerfG erkennt heute an, dass dem *case law* eine **faktische Orientierungs- und Leitfunktion** zukommt.[27] Sie ist auch in der Konvention schon in Art. 32 normativ mit der Letztentscheidungskompetenz des EGMR durchaus angelegt und für ein tatsächlich

---

[18] Zu beidem BVerfG 4.5.2011 – 2 BvR 2365/09, BVerfGE 128, 326 (371 ff.) im Anschluss an BVerfG 14.10.2004 – 2 BvR 1481/04, BVerfGE 111, 307 (317, 327).
[19] Siehe zur unwahrscheinlichen Realität eines Einschränkungsfalles etwa *Papier* EuGRZ 2006, 1 (3): Anwendung unvorstellbar; *Jahn* NJW 2006, 652 (653): Vorbehalte für den „Extremfall"; *Gaede* wistra 2004, 166 (167).
[20] Siehe so zu § 329 StPO aF in der Nachfolge des Neziraj-Urteils EGMR 8.11.2012 – 30804/07, NStZ 2013, 350 – Neziraj/D etwa noch ablehnend KG 16.9.2015 – (2) 121 Ss 141/15, NStZ 2016, 234; OLG Celle 19.3.2013 – 32 Ss 29/13, NStZ 2013, 615 f.; OLG Bremen 10.6.2013 – 2 Ss 11/13, BeckRS 2013, 13229. Siehe auch zur Anwendbarkeit des § 2 Abs. 6 StGB auf frühere, konventionswidrige Formen der Sicherungsverwahrung jeweils mwN BGH 12.5.2010 – 4 StR 577/09, NStZ 2010, 567 (568) versus *Gaede* HRRS 2010, 329.
[21] Siehe hierfür zu § 329 StPO: Gesetz zur Stärkung des Rechts des Angeklagten auf Vertretung in der Berufungsverhandlung und über die Anerkennung von Abwesenheitsentscheidungen in der Rechtshilfe, BGBl. 2015 I 1332 ff.; *Frisch* NStZ 2015, 69 (74 ff.); zur Sicherungsverwahrung: Gesetz zur Neuordnung des Rechts der Sicherungsverwahrung und zu begleitenden Regelungen, BGBl. 2010 I 2300 ff.
[22] BVerfG 14.10.2004 – 2 BvR 1481/04, BVerfGE 111, 307 (320); für die notwendige Umsetzung im Fall der konventionswidrigen Sicherungsverwahrung vgl. BVerfG 4.5.2011 – 2 BvR 2365/09, BVerfGE 128, 326 ff.
[23] *Esser* StV 2005, 348 (349); *Grabenwarter/Pabel* § 16 Rn. 2.
[24] BVerfG 14.10.2004 – 2 BvR 1481/04, BVerfGE 111, 307 (319 ff.).
[25] BVerfG 14.10.2004 – 2 BvR 1481/04, BVerfGE 111, 307 ff. mwN *Warnking* S. 21 ff.
[26] BVerfG 14.10.2004 – 2 BvR 1481/04, BVerfGE 111, 307 (316).
[27] BVerfG 4.5.2011 – 2 BvR 2365/09, BVerfGE 128, 326 ff.; BVerwG 16.12.1999 – 4 CN 9.98, BVerwGE 110, 203 (211); *Esser* StV 2005, 348 (352); *Meyer-Goßner/Schmitt* Vor Art. 1 Rn. 4a.

wirksames Konventionssystem unverzichtbar.[28] Die übertragungsfähigen Inhalte der Entscheidungen, die gegen andere Staaten ergangen sind, wirken über die geltenden Normen der EMRK und sind insofern Teil der nationalen Bindung an Recht und Gesetz (Art. 20 Abs. 3 GG).[29] Als *normgestütztes case law* sind sie der Rechtsanwendung im (europäisierten) Strafverfahren prinzipiell zugrunde zu legen.[30] Eine absolute Bindung an die Rechtsprechung des EGMR hat das BVerfG aber nicht anerkannt: Es hält die Berücksichtigung der Urteile des EGMR nur „im Rahmen methodisch vertretbarer Gesetzesauslegung" für möglich und geboten (auch schon → Rn. 7).[31]

12   **4. Subsidiärer Schutzmechanismus der EMRK.** Die EMRK sieht nicht nur einen für das Strafverfahren besonders relevanten Katalog von Menschenrechten vor. **Herzstück der Konvention** und Garant ihrer über Jahrzehnte währenden ständigen Fortentwicklung ist die **Individualbeschwerde** gemäß Art. 34 EMRK.[32] Mit ihr kann sich jeder, der sich durch die Vertragsstaaten der EMRK in seinen Menschenrechten verletzt sieht, an den EGMR wenden, der nun seit Jahrzehnten als heute ständiger Gerichtshof agiert.[33] Die davon zu unterscheidende Staatenbeschwerde (Art. 33) ist dagegen fast bedeutungslos.

13   Die Individualbeschwerde will jedoch selbst nur einen subsidiären Rechtsschutz gewährleisten, was schon in der Forderung zum Ausdruck gelangt, die innerstaatlich bestehenden Rechtsbehelfe auszuschöpfen (Art. 35 Abs. 1). Allgemein muss die Substanz der EMRK und müssen damit all ihre **Rechte** nach dem prägenden Konventionsprinzip der Subsidiarität **in erster Linie von ihren Vertragsstaaten** verwirklicht werden.[34] Nicht etwa dürfen die Vertragsstaaten abwarten, ob der EGMR zu einer Verurteilung gelangt.[35] Dies bedeutet im Strafverfahren konkret, dass gerade die Strafverfolgungsorgane wie die **Staatsanwaltschaft und die Gerichte** die Anforderungen der Konvention erfüllen müssen. Sie dürfen nicht abwarten, bis der EGMR Forderungen der EMRK für den von ihnen bearbeiteten Einzelfall (nochmals) bestätigt hat. Auch der von möglichen Menschenrechtsverletzungen Betroffene muss deshalb zunächst versuchen, die Beachtung der EMRK in seinem Land vor den zuständigen Stellen und Gerichten zu erstreiten, soweit ihm dazu ein effektiver Rechtsweg zur Verfügung steht.

14   **5. Aufwertung und Herausforderung im Rahmen des Unionsrechts.** Soweit Unionsrecht einschließlich des fortgeltenden Rechts der früheren 3. Säule der EU einschlägig ist, ist eine Aufwertung der von der Konvention gewährleisteten Rechte zu beachten. Die Rechte der EMRK haben materiell sowohl über Art. 6 Abs. 1 EUV als auch über Art. 6 Abs. 3 EUV am **Anwendungsvorrang des Unionsrechts** teil: Parallelrechte der nach Art. 6 Abs. 1 EUV insbesondere für Deutschland als Primärrecht verbindlichen GRC sind im Sinne der EMRK unter Einbeziehung der Rechtsprechung des EGMR auszulegen (Art. 52 Abs. 3, 53 GRC). Die Charta sichert ab, dass in der EU mindestens der Schutzstan-

---

[28] Dazu siehe auch BVerwG 16.12.1999 – 4 CN 9.98, BVerwGE 110, 203 (211); mwN EuStRR/*Böse* § 52 Rn. 14.
[29] BVerfG 4.5.2011 – 2 BvR 2365/09, BVerfGE 128, 326 ff.; *Esser* StV 2005, 348 (352); *Gaede* HRRS 2004, 387 f.
[30] *Gaede* StV 2003, 260 (261); *ders.*, Fairness als Teilhabe, S. 79 ff., 134 ff.; *Warnking* S. 27; siehe auch Meyer-Goßner/*Schmitt* Vor Art. 1 Rn. 4a: Primat selbst gegenüber dem BVerfG in der Regel anzunehmen.
[31] BVerfG 14.10.2004 – 2 BvR 1481/04, BVerfGE 111, 307 (323 f., 329); 4.5.2011 – 2 BvR 2365/09, BVerfGE 128, 326 (371); auf das zutreffende Maß reduziert bei EuStRR/*Böse* § 52 Rn. 14; deutlich zu weit aber *Vogel* in Nack/Jahn S. 23, 31 f.
[32] Zu den Voraussetzungen der Individualbeschwerde mwN Löwe/Rosenberg/*Esser*, Verfahren EGMR Rn. 107 ff.
[33] Zur Etablierung als ständiger Rechtsprechung siehe knapp Meyer-Goßner/*Schmitt* Vor Art. 1 Rn. 2; ausführlicher *Meyer-Ladewig/Nettesheim* Einl. Rn. 2 ff.
[34] MwN EGMR [GK] 26.10.2000 – 30210/96, NJW 2001, 2694 Rn. 152 ff. – Kudła/PL; näher zur Bedeutung für die Auslegung *Gaede*, Fairness als Teilhabe, S. 93 ff., 99 ff., 227 f.; siehe nun aber auch zum aufgelegten 15. Zusatzprotokoll, das die Präambel gezielt ändern will, *Meyer-Ladewig/Nettesheim* Einl. Rn. 3 ff., 11.
[35] Dazu etwa EGMR 7.12.1976 – 5493/72, EuGRZ 1977, 38 Rn. 48 – Handyside/UK; *Gaede* StV 2003, 260 (263).

Verpflichtung zur Achtung der Menschenrechte **15 Art. 1 EMRK**

dard der EMRK gewährleistet bleibt. Vornehmlich die **Kohärenzklausel des Art. 52 Abs. 3 GRC** gibt vor, dass Rechte der Charta, die den durch die EMRK garantierten Rechten entsprechen,[36] prinzipiell die gleiche Bedeutung und Tragweite haben sollen, wie sie ihnen in der EMRK verliehen wird. Die EMRK fungiert damit für die Charta mindestens als Rechtserkenntnisquelle. Dem Recht der EU ist lediglich ein weitergehender Schutz gestattet (Art. 52 Abs. 3 S. 2 GRC). Damit wird die Auslegung der Charta auch auf die Rechtsprechung des EGMR hin orientiert, der zur Auslegung der EMRK gemäß Art. 32 letztverbindlich befugt ist.[37] Darüber hinaus sind die Menschenrechte der Konvention als allgemeine Rechtsgrundsätze des primären Unionsrechts garantiert. Aus der Perspektive Deutschlands bedeutet schon diese Einbeziehung der EMRK in das Grundrechtsregime des Unionsrechts, dass Souveränitätsvorbehalte, die das BVerfG gegenüber der EMRK noch erhoben hat, vermehrt in Frage stehen, soweit das Unionsrecht auf einen Fall Anwendung findet.[38]

Zugleich führt das Mehrebenensystem des europäischen Grundrechtsschutzes, das in der **15** EU insbesondere mit der EMRK, der GRC und den nationalen Grundrechten entstanden ist, schon in **Kompetenzfragen** unter den aus deutscher Sicht beteiligten Gerichten EGMR, EuGH und BVerfG insbesondere bei mehrpoligen Grundrechtsverhältnissen zu **Herausforderungen**.[39] Die verschiedenen Schutzebenen komplettieren zwar den Individualrechtsschutz, indem sie verschiedene Normgrundlagen aufweisen und vielfältige, nicht lediglich nationale Perspektiven einbringen. Ihre Komplexität schafft aber die Gefahr, dass dem Rechtsuchenden Grundrechtspositionen wegen einer unklaren Zuordnung zur jeweils geprüften Ebene verwehrt werden oder aber ohne Not erst nach einer enormen Verfahrensdauer zugesprochen werden. Ebenso ist denkbar, dass der EuGH zu einem von der EMRK inhaltsgleich garantierten Recht der Charta von der Rechtsprechung des EGMR (bewusst) zulasten des Rechtsinhabers abweicht oder die EMRK bei der Entscheidung neuer, noch nicht entschiedener Konstellationen zu eng auslegt.[40] In diesem Fall könnte der EGMR im Rahmen der Individualbeschwerde erneut entscheiden und den EuGH soweit nötig korrigieren.[41] Bislang vermutet der EGMR jedoch, dass der EuGH für die EU einen im Wesentlichen hinreichenden Menschenrechtsschutz gewährt; er übt deshalb seine Rechtsprechung prinzipiell nicht aus, *wenn* ein Akt der EU-Organe oder ihrer Mitgliedstaaten auf zwingendem Unionsrecht beruht.[42] Bereits jetzt geht der EGMR aber mit Fug davon aus, dass die Vermutung für den im Wesentlichen vergleichbaren Grundrechtsschutz im konkreten Einzelfall widerleglich ist.[43] Überdies setzt er voraus, dass der EuGH eine Gele-

---

[36] Dazu siehe die prinzipiell belastbar anleitende Aufstellung in den Erläuterungen ABl. 2007 C 303, 17 (33 f.); zudem Calliess/Ruffert/*Kingreen* EUV/AEUV GRC Art. 52 Rn. 21 ff.
[37] In diesem Sinne schon Erläuterungen ABl. 2007 C 303, 17 (33); Löwe/Rosenberg/*Esser* Einf. Rn. 116; Calliess/Ruffert/*Kingreen* EUV/AEUV GRC Art. 52 Rn. 21 ff.; *Schneiders* S. 155 ff.; siehe aber zum Konflikt bei mehrpoligen Grundrechtsverhältnissen *Grabenwarter/Pabel* § 4 Rn. 8 ff.
[38] Näher EnzykEuR/*Gaede*, Bd. 9, § 3 Rn. 19; zum geplanten Beitritt siehe Art. 6 Abs. 2 S. 1 EUV und Art. 59 Abs. 2 EMRK nF; den Beitritt hier zum Problem machend: EuGH 18.12.2014 – C-2/13, EuGRZ 2015, 30 ff.; dazu siehe SSW/*Satzger* Rn. 21.
[39] Siehe zu dieser nicht eigentlich strafprozessspezifischen Frage im Überblick mwN EnzykEuR/*Gaede*, Bd. 9, § 3 Rn. 32, 53.
[40] MwN zu entsprechender Kritik am EGMR EnzykEuR/*Gaede*, Bd. 9, § 3 Rn. 32; zum EU-Haftbefehl auch Meyer-Goßner/*Schmitt* Vor Art. 1 Rn. 8 f. und *Callewaert* StV 2014, 504 (507).
[41] Siehe allerdings zum Problem der mangelnden Adressatenstellung der EG/EU insoweit EGMR [GK] 18.2.1999 – 24833/94, EuGRZ 1999, 200 Rn. 31 ff., insbesondere Rn. 32 – Matthews/UK; in der Folge etwa EGMR [GK] 10.3.2004 – 56672/00, NJW 2004, 3617 – Senator Lines GmbH/15 Member States.
[42] EGMR [GK] 30.6.2005 – 45036/98, NJW 2006, 197 Rn. 150 ff., insbesondere Rn. 156 – Bosphorus ua/IRE; EGMR 20.1.2009 – 13645/05, EuGRZ 2011, 11 – Cooperative Producentenorganisatie/NL; SSW/*Satzger* Rn. 23; mwN EuStrR/*Böse* § 52 Rn. 3; Löwe/Rosenberg/*Esser* EGMR Verfahren Rn. 122.
[43] Siehe etwa EGMR [GK] 23.5.2016 – 17502/07, BeckRS 2015, 13748 Rn. 101 ff. – Avotins/LAT; EGMR [GK] 21.1.2011 – 30696/09, EuGRZ 2011, 243 Rn. 338 ff. – M.S.S./BEL u. GRE; EGMR [GK] 30.6.2005 – 45036/98, NJW 2006, 197 Rn. 156, 166 – Bosphorus ua/IRE (s. auch SV *Ress*); EuStrR/*Böse* § 52 Rn. 3; Karpenstein/Mayer/*Mayer* Einl. Rn. 126 ff., mit der Anregung/Forderung, nach dem Gutachten des EuGH zum Beitritt der EU zur Konvention in eine Vollkontrolle einzutreten, Rn. 157e, 164; krit. SK/*Paeffgen* Rn. 47 ff.

genheit hatte, den innerhalb der EU möglichen Grundrechtsschutz auszuschöpfen.[44] Besaßen die Vertragsstaaten der EMRK wie etwa bei einer Richtlinie des Unionsrechts Umsetzungsspielräume, wird deren konventionskonforme Nutzung vom EGMR weiter überprüft.[45]

16 Überdies sind mit der so bisher nicht bekannten, über die traditionelle Rechtshilfe unter souveränen Staaten hinausreichenden Zusammenarbeit der Mitgliedstaaten der EU in der Innen- und Justizpolitik **neuartige menschenrechtliche Gefährdungslagen** verbunden. Nach dem Grundsatz der gegenseitigen Anerkennung wurden und werden durch Unionsrecht neue Rechtsinstitute wie der Europäische Haftbefehl geschaffen und Rechtsinhalte zur Beachtung vorgeschrieben, die für die aufnehmende Rechtsordnung systemfremd erscheinen. Dies treibt den Strafprozess in neue Gefährdungslagen, die nicht jeweils schon mit der Anwendung derjenigen menschenrechtlichen Maßstäbe bewältigt werden können, die in einem früher national geschlossenen und von außen lediglich systemimmanent kontrollierten Strafverfahren hinreichend waren. Das transnational dynamisierte Strafverfahren lässt latent ständig neue Fragen aufbrechen, die auf der Basis der tradierten, nun aber überkommenen Hürden wie des Erfordernisses der beiderseitigen Strafbarkeit gar nicht entstehen konnten. Soweit, was in erster Linie erforderlich und geboten ist, nicht schon eine anspruchsvollere europäische und nationale Gesetzgebung die Problemlagen bewältigt, ist zu verlangen, dass EGMR und EuGH die (Justiz-)Menschenrechte geltungszeitlich angepasst (dazu → Rn. 29) für die neuen Verfahrenslagen fruchtbar machen.[46] Der europäische Menschenrechtsstandard darf durch die voranschreitende Europäisierung innerhalb der EU nicht ohne Not herabsinken.

II. Erläuterung

17 Art. 1 verdeutlicht, dass die Vertragsstaaten der EMRK die von ihr und den anschließend hinzugefügten Zusatzprotokollen gewährleisteten Rechte als verbindliches internationales Recht und nicht nur als Programmsätze betrachten. Die hiermit Verpflichteten (→ Rn. 18 ff.) haben den berechtigten Personen (→ Rn. 22 f.) in den räumlichen (→ Rn. 24 ff.) und zeitlichen (→ Rn. 27) Grenzen der Konventionsgeltung wirksame Rechte zu sichern (→ Rn. 28 ff.), die nur nach dem konkreten Normprogramm der EMRK Einschränkungen zugänglich sind (→ Rn. 31 f.). Davon abgesehen folgt aus Art. 1 allein jedoch kein menschenrechtlicher Inhalt; er bleibt akzessorisch zu den Rechten des ersten Abschnitts der Konvention und zu den Zusatzprotokollen.[47]

18 **1. Die Verpflichteten.** Durch die Konvention gemäß Art. 1 verpflichtet sind alle **Vertragsparteien** der EMRK („Die Hohen Vertragsparteien"). Dies gilt jeweils, soweit die Ausübung ihrer Hoheitsgewalt gegenüber ihrem Recht unterworfenen Personen in Rede steht. **Hoheitsgewalt** im Sinne der Norm ist jedes dem Staat völkerrechtlich zurechenbare Handeln seiner Organe und der für diese Organe tätigen Personen (zu den räumlichen und zeitlichen Bedingungen → Rn. 24 ff., 27). Erfasst sind insofern **alle Staatsgewalten,** mithin Legislative, Exekutive und Judikative. Ebenso wird nicht danach unterschieden, ob innerstaatlich Bundes- oder Landesrecht, öffentliches oder privates Recht zur Anwendung gelangt.[48]

19 Für die bestehende Bindung und eine ggf. resultierende Konventionsverletzung kommt es dabei nicht darauf an, ob dem national zuständigen Organ eine andere Fallbehandlung möglich war. Ein **Verschulden** ist für die Verletzung der EMRK **nicht erforderlich.** Der

---

[44] Dazu siehe EGMR 6.12.2012 – 12323/11, NJW 2013, 3423 Rn. 101 ff., 112 ff. – Michaud/FRA.
[45] EGMR [GK] 11.11.1996 – 17862/91, EuGRZ 1999, 193 Rn. 29 – Cantoni/FRA; EGMR [GK] 30.6.2005 – 45036/98, NJW 2006, 197 Rn. 157 – Bosphorus ua/IRE.
[46] Siehe zu beidem bereits anhand des Grundsatzes der gegenseitigen Anerkennung mwN EnzykEuR/*Gaede,* Bd. 9, § 3 Rn. 52 ff.
[47] Dazu statt vieler SSW/*Satzger* Rn. 13.
[48] MwN *Meyer-Ladewig/Nettesheim* Rn. 6, 8; Löwe/Rosenberg/*Esser* Rn. 31.

gesamte Vertragsstaat inklusive seiner Legislative muss die Achtung der EMRK herstellen und sichern.[49] Entsprechend ist es irrelevant, wenn etwa ein entscheidendes Gericht infolge der nationalen Gesetzeslage außerstande war, im Sinne der Konvention zu entscheiden. Gleichermaßen ist es für eine Verletzung unerheblich, ob der innerstaatlich Verantwortliche auch nationales Recht verletzt hat und anders hätte entscheiden müssen.

Mittelbar ist auch die **EU der EMRK** verpflichtet, da alle ihre Mitgliedstaaten Vertragsstaaten sind (siehe Art. 52 Abs. 3, 53 GRC und Art. 6 EUV). Allgemein können sich die Vertragsstaaten ihren eingegangenen Verpflichtungen zugunsten der Rechte des Einzelnen nicht entziehen, indem sie ihre Hoheitsgewalt auf zwischenstaatliche Einrichtungen übertragen (siehe aber zur Ausübung der Kontrollbefugnis → Rn. 24 f.).[50] **20**

Im Verhältnis zwischen **Privatpersonen** untereinander gilt die an Träger von Hoheitsgewalt gerichtete EMRK nicht. An keiner Stelle sieht der Vertragstext eine unmittelbare Drittwirkung vor.[51] Allerdings kann die EMRK **Schutzpflichten** umfassen, nach denen der Staat verpflichtet ist, gewährleistete Rechte der Konvention auch gegen das Verhalten Privater durchzusetzen.[52] Das strafprozessuale Hauptbeispiel ist die Rechtsprechung, nach der die Vertragsstaaten etwa das Recht auf Leben (Art. 2) oder auch die Sicherheit vor Übergriffen entgegen Art. 3 durch strafrechtliche Schutznormen und korrelierende Ermittlungen absichern müssen (dazu → Art. 2 Rn. 16 f. und → Art. 3 Rn. 5 f.). **21**

2. Die Berechtigten. Berechtigt im Sinne der EMRK und damit Begünstigte der Konventionsrechte sind **alle lebenden Menschen,** die der Hoheitsgewalt eines Vertragsstaates unterstehen. Soweit der Normtext – wie es fast stets der Fall ist – die Staatsangehörigkeit des betroffenen Vertragsstaates nicht voraussetzt, ist ein innerstaatlicher Bürgerstatus entbehrlich (zur Einbeziehung werdenden Lebens → Art. 2 Rn. 19).[53] Einschränkungen ergeben sich aber aus dem räumlichen und zeitlichen Geltungsbereich (→ Rn. 24 ff., → Rn. 27). **22**

Zu den Berechtigten zählen grundsätzlich auch **juristische Personen und (andere) Personenmehrheiten** unabhängig von ihrer Rechtsfähigkeit. Dies gilt jedoch nur und so weit, als das in Rede stehende Recht der Konvention seiner Natur nach nicht notwendigerweise ausschließlich auf Privatpersonen anwendbar ist (siehe zur Selbstbelastungsfreiheit insofern → Art. 6 Rn. 39).[54] Selbst juristische Personen des öffentlichen Rechts können berechtigt sein. Hierfür muss aber gesichert sein, dass sie nicht infolge ihrer hoheitlichen Befugnisse oder infolge ihrer Beherrschung durch den Staat in der Sache demselben gleichzustellen, sondern wie etwa Kirchen materiell staatsfern sind.[55] **23**

---

[49] MwN *Gaede,* Fairness als Teilhabe, S. 64 f.; Löwe/Rosenberg/*Esser* Rn. 45 f.
[50] Dazu bereits näher Art. 26 VRK und früh EGMR [GK] 11.11.1996 – 17862/91, EuGRZ 1999, 193 Rn. 30 – Cantoni/FRA; EGMR [GK] 18.2.1999 – 24833/94, EuGRZ 1999, 200 Rn. 26 ff. – Matthews/UK; EGMR 2.3.2010 – 61498/08, NLMR 2010, 84 Rn. 138, 162 – Al-Saadoon ua/UK; mwN EuStRR/*Böse* § 52 Rn. 3; Karpenstein/Mayer/*Johann* Rn. 12 f.; *Grabenwarter/Pabel* § 17 Rn. 6 ff.; aufgreifend BVerfG 18.7.2005 – 2 BvR 2236/04, BVerfGE 113, 273 (316); siehe allerdings auch zum Recht der VN → Rn. 25 und rückbegrenzend EGMR 12.9.2012 – 10593/08, NJOZ 2013, 1183 Rn. 172 – Nada/SWI; dazu mwN *Meyer* HRRS 2014, 404 ff.; EGMR 21.11.2013 – 5809/08, NLMR 2013, 422 Rn. 116 – Al-Dulimi u. Montana Management Inc./SWI; weitergehend nun EGMR [GK] 21.6.2016 – 5809/08, NLMR 2016, 241 Rn. 95 – Al-Dulimi u. Montana Management Inc./SWI; *Meyer-Ladewig/Nettesheim* Rn. 15 f.; siehe demgegenüber strenger EuGH 3.9.2008 – C-402/05 P u. C-415/05 P, Slg. 2008, I-06351 Rn. 321 ff., NJOZ 2008, 4499 – Kadi u. Al Barakaat International Foundation/Rat u. Kommission.
[51] In diesem Sinne etwa für die ghM mwN Löwe/Rosenberg/*Esser* Rn. 55; *Grabenwarter/Pabel* § 17 Rn. 6; Meyer-Goßner/*Schmitt* Rn. 4; SSW/*Satzger* Rn. 16.
[52] Im Überblick zur Dimension der *positive obligations* vgl. *Grabenwarter/Pabel* § 19 Rn. 1 ff.; *Meyer-Ladewig/Nettesheim* Einl. Rn. 30; für ein Leitbeispiel EGMR 28.6.2001 – 24699/94, ÖJZ 2002, 855 Rn. 45 f. – Verein gegen Tierfabriken/SWI; zu der bestimmungsbedürftigen und streitigen Reichweite mwN Löwe/Rosenberg/*Esser* Rn. 56.
[53] Siehe statt vieler Meyer-Goßner/*Schmitt* Rn. 2: etwa auch Staatenlose geschützt; zur Berechtigung von Strafgefangenen mwN EGMR [GK] 6.10.2005 – 74025/01, NLMR 2005, 236 Rn. 63 ff. – Hirst/UK II.
[54] Dazu etwa *Meyer-Ladewig/Nettesheim* Rn. 25.
[55] MwN SSW/*Satzger* Rn. 18; Meyer-Goßner/*Schmitt* Rn. 2; mit Verweis auf den Wortlaut des Art. 34 EMRK auch Karpenstein/Mayer/*Johann* Rn. 17.

Auch juristischen Personen des privaten Rechts kann die Berechtigung infolge einer staatlichen Beherrschung fehlen.[56]

24 **3. Die räumliche Dimension der Verpflichtung.** Die Rechte der Konvention sind grundsätzlich immer dann zu beachten, wenn Vertragsstaaten Hoheitsgewalt auf ihrem **Territorium** ausüben bzw. hätten ausüben müssen.[57] Darüber hinaus kann die EMRK **extraterritorial anwendbar** sein:

25 Über das Territorium des Vertragsstaates hinaus greift die EMRK dann ein, wenn sich der Betroffene unter der tatsächlichen Autorität oder doch Kontrolle dieses Vertragsstaats befindet.[58] Insbesondere müssen eigene Militärverbände, über die ein Vertragsstaat im Ausland Befehls- und Kommandogewalt besitzt, bei ihren Auslandseinsätzen grundsätzlich die Konventionsrechte gewährleisten. Zweifelhafterweise macht der EGMR bei Missionen unter NATO- oder VN-Mandat eine Ausnahme.[59]

26 Ferner kann eine Verletzung der EMRK eintreten, indem ein Vertragsstaat seine Hand zu einer zu befürchtenden, materiell konventionswidrigen Behandlung auf dem Territorium eines Drittstaates reicht (näher → Art. 3 Rn. 9 ff.). Diese extraterritoriale Geltung betrifft insbesondere Fälle der Ausweisung und strafprozessual der **Auslieferung,** bei denen der Vertragsstaat erst eine spätere, nicht mehr unter seiner Hoheitsgewalt realisierte Verletzung ermöglicht. Nach dieser überzeugenden und heute tradierten Rechtsprechung, die sich insbesondere am *death row phenomenon* entwickelt hat,[60] ist vor einer Auslieferung vornehmlich gemäß den Art. 2 und 3 EMRK zu prüfen, ob das extraterritorial von einem anderen Staat durchgeführte Strafverfahren oder die zu vollstreckende Strafe zu einem Verstoß gegen die EMRK zu führen droht.[61]

27 **4. Die zeitliche Dimension der Verpflichtung.** Eine wirksame Verpflichtung setzt ferner grundsätzlich voraus, dass sich der zu beurteilende Sachverhalt zu einer Zeit zugetragen hat, zu der bereits eine wirksame Bindung des agierenden/unterlassenden Vertragsstaates durch seine Ratifikation eingetreten war. Anderenfalls wird eine Individualbeschwerde grundsätzlich gemäß Art. 35 *ratione temporis* als unzulässig zurückgewiesen (siehe aber auch beispielhaft zu Fällen, in denen Konventionsgarantien auch den Umgang mit früheren Sachverhalten regeln → Art. 2 Rn. 21).

28 **5. Die Verpflichtung auf einen wirksamen Menschenrechtsschutz.** Die EMRK zielt nicht nur auf einen formal und lediglich „im Großen und Ganzen" bestehenden Schutz der Menschenrechte. Vielmehr betont der EGMR in seiner ständigen Rechtsprechung insbesondere für das Strafverfahren die fordernde Natur der von Art. 1 begründeten Pflichten: „*the Convention is intended to guarantee not rights that are theoretical or illusory but **rights that are practical***

---

[56] MwN KK-StPO/*Schädler/Jacobs* Rn. 3.
[57] Siehe näher mwN *Meyer-Ladewig/Nettesheim* Rn. 27. Zu dieser nur durch wenige Ausnahmen etwa bei seperatistischen Bestrebungen durchbrochenen Grundposition mwN Löwe/Rosenberg/*Esser* Rn. 31 ff.; zur Herrschaft eines anderen Staates, der sodann - sofern ein Vertragsstaat ist - in die Verantwortung eintritt: EGMR [GK] 8.4.2004 – 71503/01, NJW 2005, 2207 Rn. 137 ff. – Assanidze/GEO.
[58] Dazu näher mwN Löwe/Rosenberg/*Esser* Rn. 39; zu einem Anwendungsfall EGMR 23.2.2012 – 27765/09, NVwZ 2012, 809 Rn. 76 ff. – Hirsi Jamaa/ITA; Meyer-Goßner/*Schmitt* Rn. 2; zur Anwendung auf eine Festnahme im Ausland EGMR 2.3.2010 – 61498/08, NLMR 2010, 84 Rn. 124 – Al-Saadoon ua/UK. Siehe aber auch zur TKÜ *Meyer-Ladewig/Nettesheim* Rn. 2: Entterritorialisierung stehe bevor; positiver insoweit mwN Karpenstein/Mayer/*Johann* Rn. 132.
[59] EGMR [GK] 2.5.2007 – 71412/01 u. 78166/01, NVwZ 2008, 645 Rn. 144 ff. – Behrami u. Behrami/FRA u. Saramati/FRA ua; EGMR 23.2.2012 – 27765/09, NVwZ 2012, 809 Rn. 74 f. – Hirsi Jamaa/ITA; zum Fragenkreis näher Karpenstein/Mayer/*Johann* Rn. 14; *Meyer-Ladewig/Nettesheim* Rn. 15 f., 31 ff.; zur Kritik etwa Löwe/Rosenberg/*Esser* Rn. 28; siehe auch begrenzend EGMR [GK] 7.7.2011 – 27021/08, NLMR 2011, 223 Rn. 109 – Al Jedda/UK: anders bei einem im Wesentlichen selbstbestimmten Agieren.
[60] Siehe EGMR 7.7.1989 – 14038/88, NJW 1990, 2183 Rn. 84 ff. – Soering/UK; EuStR/*Lagodny* § 31 Rn. 1; Löwe/Rosenberg/*Esser* Art. 3 Rn. 30 ff., 35 ff.
[61] Vgl. darüber hinaus zur Anwendung auf Art. 8 EMRK mwN OLG Hamm 21.12.2006 – (2) 4 Ausl A 25/06 (313/06), StraFo 2007, 160 ff.

and effective".⁶² Die Menschenrechte der EMRK sind erst dann konkret und wirksam garantiert, wenn sie nicht nur auf dem Papier gewährleistet werden, sondern der Rechtsinhaber tatsächlich von seinem Recht profitieren konnte. So genügt es etwa nicht, einem Angeklagten nach Art. 6 Abs. 1 S. 1, Abs. 3 lit. c einen (Pflicht-)Verteidiger zu bestellen, der sodann für die staatlichen Behörden offensichtlich untätig bleibt.⁶³ Der EGMR erblickt in den Menschenrechten auch zu Art. 6 nicht nur Programmsätze oder Auslegungsgrundsätze, sondern er geht von durchsetzungskräftigen Garantien aus. In diesem Sinne blickt der EGMR nicht lediglich auf die Oberfläche einer nationalen Rechtslage, sondern etwa bei der deutschen (nachträglichen) Sicherungsverwahrung auch auf den realen Rechtsvollzug (→ Art. 7 Rn. 6 f.).⁶⁴

Bei alledem will die EMRK nicht nur eine bloße Mindestgarantie bieten, die den Nachkriegszustand zur Vermeidung einer Retotalisierung europäischer Staaten festschreiben wollte.⁶⁵ Der EGMR zielt traditionell auf eine Auslegung ab, die den Rechten der EMRK ihre konkrete und wirksame Entfaltung auch im geltungszeitlichen Kontext ermöglicht. Die Konvention wird als *„living instrument"* verstanden, dessen Schutz sich fortentwickeln kann und zum Teil zu seiner Erhaltung fortentwickeln muss.⁶⁶ Damit sind die Konventionsrechte einer normbezogen begründeten Vervollständigung zugänglich. So ließen sich etwa aus Art. 6 Abs. 1 S. 1 unbenannte Rechte wie die Selbstbelastungsfreiheit folgern (→ Art. 6 Rn. 279 ff.). Die Neubegründung eines in der EMRK weder angelegten noch von den enthaltenen Garantien vorausgesetzten Rechts scheidet hingegen aus.⁶⁷ **29**

Die effektive Gewährleistung der Individualrechte strebt der EGMR prinzipiell auch dann an, wenn für eine Konventionsgarantie das Maß legitimer Einschränkungen im Ausgleich mit anderen Gemeinwohlinteressen oder anderen Menschenrechten zu bestimmen ist.⁶⁸ Soweit Individual- und Gemeinschaftsinteressen nicht notwendig übereinstimmen und vielmehr Zielkonflikte, etwa zwischen effektiven Verteidigungsrechten und dem Strafverfolgungsinteresse des Staates, auftreten, prüft der EGMR ohne Vorbindung an eine Maximal- oder Mindeststandardauslegung, wie weit ein Menschenrecht der EMRK im Kontext reicht und inwiefern dieses Recht detailliertere Maßstäbe mit sich führt. Bei der Einschätzung der zu beurteilenden Tatsachen erkennt der EGMR den national agierenden Stellen im Zweifel über das Konzept der *margin of appreciation* einen Beurteilungsspielraum zu, der je nach Detailliertheit der bestehenden Konventionsmaßstäbe und in Abhängigkeit von einem etwaigen mehrheitlichen Konsens unter den Vertragsstaaten weiter oder enger beschaffen ist. Dies führt bei den Justizgarantien bislang zu einer auch im Ergebnis sehr fordernden Rechtsprechung. Bei der Kontrolle der materiellrechtlichen Strafgesetzgebung hat der EGMR indes etwa in Urteilen zur Sterbehilfe oder zum Inzestverbot zumeist einen sehr großen Freiraum der Vertragsstaaten akzeptiert.⁶⁹ **30**

---

⁶² Siehe strafprozessual grundlegend EGMR 13.5.1980 – 6694/74, EuGRZ 1980, 662 Rn. 33 – Artico/ITA; mwN EGMR [GK] 10.9.2010 – 31333/06, NLMR 2010, 278 Rn. 112 ff. – McFarlane/IRE; umfassend dazu mwN *Gaede*, Fairness als Teilhabe, S. 103 ff.
⁶³ Grundlegend EGMR 13.5.1980 – 6694/74, EuGRZ 1980, 662 Rn. 33 – Artico/ITA.
⁶⁴ MwN EGMR 17.12.2009 – 19359/04, NJW 2010, 2495 Rn. 120 ff. – M/D; zu dem dahinter stehenden Garantieverständnis mwN *Gaede*, Fairness als Teilhabe, S. 106 ff.
⁶⁵ Siehe aber zu diesem Hintergrund etwa *Meyer-Ladewig/Nettesheim* Einl. Rn. 6; SSW/*Satzger* Rn. 1.
⁶⁶ EGMR 25.4.1978 – 5856/72, NJW 1979, 1089 Rn. 31 – Tyrer/UK; EGMR [GK] 26.10.2000 – 30210/96, NJW 2001, 2694 Rn. 152 – Kudła/PL; mwN *Meyer-Ladewig/Nettesheim* Einl. Rn. 24 ff.; Peters/Altwicker § 2 Rn. 41 ff.
⁶⁷ Dazu *Gaede*, Fairness als Teilhabe, S. 112 ff.; gleichsinnig Löwe/Rosenberg/*Esser* Einf. Rn. 195 f.; in diesem Sinne beachtlich weit EGMR [GK] 17.9.2009 – 10249/03, NLMR 2009, 260 Rn. 92 ff. – Scoppola/IT II; auch zu weiteren Entscheidungen krit. mwN *Grabenwarter/Pabel* § 5 Rn. 11, § 24 Rn. 145.
⁶⁸ MwN *Gaede*, Fairness als Teilhabe, S. 111 ff., 123 ff. Bedenklich weit nun aber EGMR [GK] 15.12.2011 – 26766/05 u. 22228/06, NLMR 2011, 375 Rn. 118 ff. – Al-Khawaja u. Tahery/UK; dazu näher *Esser/Gaede/Tsambikakis* NStZ 2012, 619 (620 ff.).
⁶⁹ Siehe beispielgebend EGMR 12.4.2012 – 43547/08, NJW 2013, 215 Rn. 55 ff. – Stübing/D; EGMR 29.4.2002 – 2346/02, NJW 2002, 2851 Rn. 39 ff., Rn. 61 ff. – Pretty/UK; siehe aber auch EGMR 19.7.2012 – 497/09, NJW 2013, 2953 Rn. 8 ff., 43 ff. – Koch/D und mwN EGMR 26.10.1988 – 10581/83, EuGRZ 1992, 477 Rn. 38 ff., 45 ff. – Norris/IRE. Siehe nun zum auf Einschränkung bedachten Bestreben, den Subsidiaritätsgrundsatz und die *margin of appreciation* durch das 15. Zusatzprotokoll in die Präambel der EMRK aufzunehmen, Meyer-Goßner/*Schmitt* Rn. 1a; *Meyer-Ladewig/Nettesheim* Einl. Rn. 4 f.

31 **6. Die konventionsinternen Einschränkungen.** Konventionsrechte können Einschränkungen und insbesondere Gesetzesvorbehalten unterliegen (siehe etwa Art. 8 Abs. 2 und Art. 2 Abs. 2). Sie sind jedoch stets nach der **konkreten Norm** zu bestimmen. Im Übrigen sind Einschränkungen an den **Grundsatz der Verhältnismäßigkeit** und an eine **gesetzliche Basis** nach grundsätzlich nationalem Recht gebunden (zu letzterem siehe Art. 2 Abs. 2, 5 Abs. 1, 7 und 8 Abs. 2. Zusätzlich gilt gemäß Art. 14 ein **Diskriminierungsverbot.** Innerhalb des Art. 6 werden Einschränkungen über Art. 6 Abs. 1 S. 2 hinaus über die rechtsinterne Auslegung verwirklicht (aber näher → Art. 6 Rn. 28 ff.). Allgemeine, strafprozessual kaum einschlägige Maßgaben für denkbare Einschränkungen enthalten die Art. 15–18. Die für den Notstand eröffneten zusätzlichen Einschränkungsbefugnisse sind dabei im Falle der Art. 2–4 und 7 fast vollständig ausgeschlossen (siehe näher Art. 15 Abs. 2).

32 Zu beachten ist insofern, dass das **Schrankenregime der EMRK auch für die GRC bedeutsam** ist. Die Charta kennt in Art. 52 Abs. 1 GRC zwar einen allgemeinen Gesetzesvorbehalt. Auch insoweit folgt indes aus Art. 52 Abs. 3, 53 GRC das Gebot, gegenüber der EMRK Kohärenz zu wahren. Gesetzgeber und Gerichte dürfen deshalb bei Rechten, die schon von der EMRK garantierten werden, Einschränkungen nur nach den Schranken vornehmen, die in den oft ausführlicheren Regelungen der EMRK angelegt sind.[70] Die Kohärenzklausel führt damit etwa dazu, dass Einschränkungen des Rechts auf Freiheit und Sicherheit nur nach den in Art. 5 Abs. 1 niedergelegten Bedingungen möglich sind. Demzufolge muss der abschließende Katalog legitimer Gründe für Freiheitsentziehungen auch in der EU weiterhin gewahrt werden.

---

[70] Von Bogdandy/Bast/*Kühling* S. 667 f., 673 f.; Meyer/*Borowsky* GRC Art. 52 Rn. 15; Rengeling/*Szczekalla* Rn. 473 ff.; *Knecht*, Die Charta der Grundrechte der Europäischen Union, 2005, S. 205 ff., 243 ff. (mit rechtspolit. Kritik); Vedder/v.Heintschel-Heinegg/*Folz* GRC Art. 52 Rn. 7 f.; richtig aber *Eisner* S. 150 f.: falls Art. 52 Abs. 1 GRC nicht enger ist (Art. 53 Abs. 3 S. 2 GRC); *Schneiders* S. 207 ff.: kumulative Prüfung; einschränkend siehe aber Calliess/Ruffert/*Kingreen* EUV/AEUV GRC Art. 52 Rn. 38.

Abschnitt I. Rechte und Freiheiten

Art. 2. Recht auf Leben

(1) ¹Das Recht jedes Menschen auf Leben wird gesetzlich geschützt. ²Niemand darf absichtlich getötet werden, außer durch Vollstreckung eines Todesurteils, das ein Gericht wegen eines Verbrechens verhängt hat, für das die Todesstrafe gesetzlich vorgesehen ist.

(2) Eine Tötung wird nicht als Verletzung dieses Artikels betrachtet, wenn sie durch eine Gewaltanwendung verursacht wird, die unbedingt erforderlich ist, um
a) jemanden gegen rechtswidrige Gewalt zu verteidigen;
b) jemanden rechtmäßig festzunehmen oder jemanden, dem die Freiheit rechtmäßig entzogen ist, an der Flucht zu hindern;
c) einen Aufruhr oder Aufstand rechtmäßig niederzuschlagen.

Völkerrechtlich verbindlicher englischer und französischer Normtext:

Article 2 – Right to life

(1) ¹Everyone's right to life shall be protected by law. ²No one shall be deprived of his life intentionally save in the execution of a sentence of a court following his conviction of a crime for which this penalty is provided by law.

(2) Deprivation of life shall not be regarded as inflicted in contravention of this Article when it results from the use of force which is no more than absolutely necessary:
a) in defence of any person from unlawful violence;
b) in order to effect a lawful arrest or to prevent the escape of a person lawfully detained;
c) in action lawfully taken for the purpose of quelling a riot or insurrection.

Article 2 – Droit à la vie

(1) ¹Le droit de toute personne à la vie est protégé par la loi. ²La mort ne peut être infligée à quiconque intentionnellement, sauf en exécution d'une sentence capitale prononcée par un tribunal au cas où le délit est puni de cette peine par la loi.

(2) La mort n'est pas considérée comme infligée en violation de cet article dans les cas où elle résulterait d'un recours à la force rendu absolument nécessaire:
a) pour assurer la défense de toute personne contre la violence illégale;
b) pour effectuer une arrestation régulière ou pour empêcher l'évasion d'une personne régulièrement détenue;
c) pour réprimer, conformément à la loi, une émeute ou une insurrection.

Schrifttum: *Altermann,* Ermittlungspflichten der Staaten aus der Europäischen Menschenrechtskonvention, 2006; *Arzt,* Europäische Menschenrechtskonvention und polizeilicher Todesschuss, DÖV 2007, 235; *Bleckmann,* Die Entwicklung staatlicher Schutzpflichten aus den Freiheiten der Europäischen Menschenrechtskonvention, FS Bernhardt, 1995, 309; *Frister,* Zur Einschränkung des Notwehrrechts durch Art. 2 EMRK, GA 1985, 553; *Grabenwarter/Pabel,* Europäische Menschenrechtskonvention, 6. Aufl. 2016; *Kutscha,* Gezielter Todesschuss – Zulässigkeit und Voraussetzungen nach der EMRK, Die Polizei 2009, 114; *ders.,* Gezielter Todesschuss ohne gesetzliche Ermächtigungsgrundlage?, Die Polizei 2008, 289; *Lewisch,* Recht auf Leben (Art. 2 EMRK) und Strafrecht, FS Platzgummer, 1995, 381; *Mathieu,* The right to life, 2006; *Stiller,* Grenzen des Notwehrrechts bei der Verteidigung von Sachwerten, 1999; *Mowbray,* The Development of Positive Obligations under the European Convention on Human Rights, 2004; *Pedain,* The Human Rights Dimension of the Diane Pretty Case, CLJ 2003, 181; *Schmitz-Elevenich,* Targeted Killing – Die völkerrechtliche Zulässigkeit der gezielten Tötung von Terroristen im Ausland, 2008; *Schlüter,* Passive Sterbehilfe vor dem EGMR im Fall Lambert – Das „Gewissen Europaas" vor dem non liquet, HRRS 2015, 327; *Szczekalla,* Die sogenannten grundrechtlichen Schutzpflichten, 2002; *Zieschang,* Tödliche Notwehr zur Verteidigung von Sachwerten und Art. 2 II lit. a EMRK, GA 2006, 415.

Übersicht

	Rn.		Rn.
A. Überblick	1–7	III. Sachverhaltsfeststellung durch den EGMR	4–7
I. Lebensschutz nach der EMRK	1		
II. Parallelgarantien und Flankierung	2, 3	B. Erläuterung	8–41

	Rn.		Rn.
I. Das Recht auf Leben als klassisches Abwehrrecht	8–13	3. Staatliche Pflichten gegenüber Gefangenen	27–30
1. Schutzbereich	9–12	III. Die Rechtfertigung von Eingriffen	31–41
2. Eingriffskonstellationen	13	1. Verteidigung gegen Gewalt — Notwehr und Nothilfe (Abs. 2 lit. a)	36–38
II. Das Recht auf Leben als Schutzpflicht	14–30	2. Festnahme und Fluchtverhinderung (Abs. 2 lit. b)	39, 40
1. Staatliche Pönalisierungs- und Gefahrenabwehrpflichten	16–20	3. Rechtmäßige Niederschlagung eines Aufruhrs oder Aufstandes (Abs. 2 lit. c)	41
2. Staatliche Ermittlungspflichten	21–26		

A. Überblick

I. Lebensschutz nach der EMRK

1   In Art. 2 liegt eines der fundamentalen Rechte der Konvention.[1] Dies wird nicht zuletzt durch die Stellung an ihrem Beginn verdeutlicht. Das Recht ist zunächst ein **klassisches Abwehrrecht,** das jeden Menschen vor tödlich wirkender Staatsgewalt schützen will. Anders als Art. 3 liegt kein absolutes Recht vor. Einschränkungen sind aber nur nach Maßgabe einer strikten Verhältnismäßigkeitsprüfung und auch im Notstandsfall nur als Konsequenz rechtmäßiger Kriegshandlungen gemäß Art. 15 Abs. 2 zulässig. Neben der abwehrrechtlichen Dimension ist eine umfassende opferschützende Schutzpflichtdimension zu beachten (zu ihr → Rn. 14 ff.). Das Recht muss ein Vertragsstaat nach der Rechtsprechung des EGMR auch außerhalb des eigenen Staatsgebietes beachten (dazu bereits → Art. 1 Rn. 25).[2]

II. Parallelgarantien und Flankierung

2   Die Beachtung des Rechts auf Leben wird durch **Art. 2 GRC** mit einer entsprechenden Bedeutung ebenfalls geboten.[3] Dort wird zugleich ein Verbot der Todesstrafe ausgesprochen (Art. 2 Abs. 2 GRC), das auch im Rahmen der EMRK für alle Staaten gilt, die das 6. Zusatzprotokoll zur EMRK und das 13. Zusatzprotokoll zu ihrer Abschaffung in Kriegszeiten ratifiziert haben (dazu näher → Rn. 32). Auch **Art. 6 IPbpR** garantiert das Recht auf Leben. Beachtung verdient ergänzend, dass Art. 3 Abs. 1 GRC zudem – wie Art. 2 Abs. 2 S. 1 GG – das Recht auf körperliche Unversehrtheit auf europäischer Ebene schützt.

3   Im deutschen Recht sind die Garantien des Konventionsrechts durch **Art. 2 Abs. 2 S. 1, 102 GG** grundsätzlich ebenbürtig gewährleistet.[4] Jedenfalls bei der Ausprägung eines Anspruchs auf Strafverfolgung wirkt das Konventionsrecht jedoch im Ergebnis impulsgebend (→ Rn. 26).

III. Sachverhaltsfeststellung durch den EGMR

4   Soweit über eine mögliche Verletzung des Art. 2 EMRK zu entscheiden ist, bedarf es – insbesondere bei unzureichenden Ermittlungen des Vertragsstaates – auch im Verfahren vor

---

[1] In diesem Sinne etwa EGMR 27.9.1995 – 18984/81, ÖJZ 1996, 233 Rn. 147 – McCann ua/UK; mwN EGMR [GK] 17.9.2014 – 10865/09 ua, NJOZ 2016, 1383 Rn. 315 – Mocanu ua/ROM; zum Charakter als erster verbindlicher internationalrechtlicher Garantie eines Rechts auf Leben: SSW/*Satzger* Rn. 2.

[2] Dazu etwa mwN EGMR 23.2.2012 – 27765/09, NVwZ 2012, 809 Rn. 70 ff. – Hirsi Jamaa ua/ITA; EGMR [GK] 7.7.2011 – 55721/07, NJW 2012, 282 Rn. 130 ff. – Al Skeini ua/UK; mwN *Meyer-Ladewig/Huber* Rn. 1; siehe auch zur Beachtung bei der Abschiebung (neben Art. 3 EMRK) EGMR 5.9.2013 – 886/11, Rn. 68 – K.A.B./SWE.

[3] Hierzu siehe die Erläuterungen zur Charta in ABl. 2007 C 303, 17 f. (33).

[4] Siehe nur SSW/*Satzger* Rn. 3 mit dem Hinweis auf den dem Wortlaut nach erstaunlich offenen Gesetzesvorbehalt; zur endgültigen Abschaffung der Todesstrafe BGH 16.11.1995 – 5 StR 747/94, BGHSt 41, 317 (325 ff.).

dem EGMR zunächst der **Feststellung des behaupteten Verletzungssachverhaltes**. Hier hat grundsätzlich der Beschwerdeführer die ihm günstigen Tatsachen zu beweisen. Ihn trifft eine materielle Beweislast. **Bewiesen** ist ein Sachverhalt, wenn an ihm keine vernünftigen Zweifel mehr begründet sind (aber auch → Rn. 6).[5]

Grundsätzlich stellt der EGMR allgemein und insbesondere im Fall des Art. 2 EMRK auf die Sachverhalte ab, welche die zuvor entscheidenden Gerichte festgestellt haben. Der EGMR kann von diesen Feststellungen jedoch abweichen. Dies gilt vornehmlich dann, wenn die Feststellungen widersprüchlich oder nicht folgerichtig sind.[6] Geben verschiedene staatliche Behörden abweichende und damit widersprüchliche Erklärungen zum Sachverhalt ab, kann diese die Glaubhaftigkeit der Regierungsposition schmälern.[7] Der EGMR kann auch von Amts wegen ermitteln und sogar Zeugen vernehmen und Ortsbesichtigungen durchführen (siehe nur Art. 38). Schon auf Grund der erklärtermaßen subsidiären Rolle des EGMR,[8] der auf Feststellungen früherer Verfahrensabschnitte weithin angewiesen ist, kommt dies jedoch selten zum Tragen. Bei Art. 2 herrscht insoweit aber durchaus eine eingehende Prüfung vor, in deren Rahmen der EGMR neben dem Verfahrensvortrag der Beteiligten insbesondere schriftliche Urkunden über Ermittlungen in dem betroffenen Vertragsstaat und damit etwa Urteile und Verhandlungsprotokolle anfordert.[9] 5

Der Beweis kann sich nach der Rechtsprechung des EGMR auch aus gewichtigen Indizien und aus unwiderlegten Vermutungen und Anscheinsbeweisen ergeben.[10] Es existieren damit Fallkonstellationen, in denen der EGMR bedeutsame **Beweiserleichterungen** anerkannt hat. Einschlägig sind dabei immer Maßstäbe, die eine Verantwortung des Staates begünstigen, nicht aber dem Beschwerdeführer entgegengehalten werden. Das strafprozessual relevante Leitbeispiel liegt in Fällen, in denen eine inhaftierte Person während ihrer Haft (Lebens-)Verletzungen erleidet. Hier muss der verantwortliche Vertragsstaat die Vermutung plausibel ausräumen, dass die Verletzungen Folge staatlicher Willkür oder eines unzureichenden Schutzes gewesen sind (dazu und zur Behandlung verschwundener Personen näher → Rn. 22 ff.). Das Grundmodell der Beweiserleichterungen besteht hier wie in anderen Fällen in begründeten Tatsachenvermutungen, die sich in einer konkreten, menschenrechtlich gefährlichen und unzweifelhaft bewiesenen Sachverhaltskonstellation als Folgeumstände ableiten lassen. Gibt der Staat in solchen Konstellationen keine überzeugende Erklärung für die bewiesenen Umstände, geht die Beweislast für einen mit der Konvention vereinbaren Sachverhalt auf den Vertragsstaat über.[11] Den zugrunde gelegten Anscheinsbeweis für einen Tötungssachverhalt können sowohl Vorträge des Beschwerdeführers als auch die nationalen gerichtlichen Feststellungen begründen. Hiermit werden in der Sache aus versäumten Mitwirkungspflichten Beweisnachteile für den betroffenen Vertragsstaat abgeleitet. 6

Letzteres ist *zum einen* zulässig, weil hierfür Gründe eines effektiven Menschenrechtsschutzes streiten: Klug bemessene Beweiserleichterungen verhindern einen Leerlauf der elementaren Menschenrechte in qualifizierten Gefährdungslagen, gestatten den von ihnen belasteten Vertragsstaaten aber weiterhin, ihre menschenrechtliche Zuverlässigkeit uneinge- 7

---

[5] Siehe nur statt vieler Quellen mwN EGMR 27.6.2000 – 21986/93, NJW 2001, 2001 Rn. 100 – Salman/TUR.

[6] Siehe zu beiden Sätzen mwN ebenso zusammenfassend: *Meyer-Ladewig/Huber* Rn. 32; beispielhaft zum grundsätzlichen Anschluss an die nationalen Feststellungen mit der Möglichkeit, abzuweichen, EGMR 20.12.2004 – 50385/99, NJW 2005, 3405 Rn. 47 f. – Makaratzis/GRE.

[7] EGMR 31.5.2005 – 30949/96, Rn. 106 – Yasin Ates/TUR.

[8] Dazu nur mwN EGMR 4.5.2001 – 28883/95, Rn. 117 – McKerr/UK; EGMR 20.12.2011 – 18299/03, 27311/03, NJOZ 2013, 137 Rn. 199 u. 237 – Finogenov ua/RUS.

[9] *Meyer-Ladewig/Huber* Rn. 34.

[10] Dafür vgl. EGMR 18.1.1978 – 5310/71, EuGRZ 1979, 149 – IRE/UK; EGMR 18.7.2000 – 25625/94, Rn. 72 – Ekinci/TUR; EGMR [GK] 17.7.2014 – 47848/08, NJW 2015, 2635 Rn. 131 – Centre de ressources juridiques au nom de Valentin Câmpeanu/ROM; zur Anwendung auf Geheimgefängnisse nach dem 11.9.2011 EGMR 24.7.2014 – 28761/11, NVwZ 2015, 955 Rn. 400 – Al Nashiri/PL.

[11] Für die StRspr siehe EGMR 13.6.2000 – 23531/94, Rn. 82 – Timurtas/TUR; EGMR 27.6.2000 – 21986/93, NJW 2001, 2001 Rn. 100 – Salman/TUR; siehe auch zu Art. 3 EMRK mwN EGMR 8.1.2004 – 32578/96, Rn. 30 ff. – Çolak u. Filizer/TUR.

schränkt unter Beweis zu stellen und unberechtigte Verurteilungen zu verhindern.[12] *Zum anderen* sind Vermutungen und Anscheinsbeweise hinnehmbar, da die subsidiäre Individualbeschwerde nicht zu einer (strafrechtlichen) Verantwortung einzelner Personen führt, sondern vielmehr über die Verantwortlichkeit eines Vertragsstaates zu richten ist. Entsprechend präjudiziert eine ggf. überzeugende Einstellung eines nationalen Ermittlungsverfahrens die Entscheidung des EGMR nicht notwendigerweise.[13]

B. Erläuterung

I. Das Recht auf Leben als klassisches Abwehrrecht

8 Art. 2 gebietet dem Staat zunächst, das Leben eines jeden Einzelnen nicht zu verletzen und entsprechende Handlungen demgemäß zu unterlassen. Diese für sich genommen klare Garantie bedarf aber in mehreren Hinsichten der Abgrenzung und der Konkretisierung, die zum Teil erst in groben Umrissen erkennbar ist.

9 **1. Schutzbereich.** Geschützt ist **jeder Mensch**. Eine Differenzierung nach der Wertigkeit des Lebens eines Einzelnen findet nicht statt (siehe auch das Diskriminierungsverbot in Art. 14).[14] Er wird grundsätzlich vor jeder vorsätzlichen oder fahrlässigen Tötung seitens des Staates geschützt, zumal der auf vorsätzliches Verhalten abstellende Art. 2 Abs. 1 S. 2 nur eine Ergänzung des allgemeinen Schutzgebots des Art. 2 Abs. 1 S. 1 darstellt.[15] Angehörigen kann dabei im Rahmen der juristischen Aufarbeitung eine Durchsetzungsbefugnis zustehen (→ Rn. 25).

10 Klärungsbedürftig ist, inwiefern Art. 2 auch dann einschlägig ist, wenn ein Mensch lediglich verletzt wurde oder verletzt zu werden drohte. Insoweit ist Art. 2 nicht ohne weiteres einschlägig, da die Norm das Leben, nicht aber allgemein die körperliche Unversehrtheit schützt (siehe aber auch Art. 8 EMRK und Art. 3 Abs. 1 GRC). Ebenso wenig ist selbst bei erheblicher Gewaltanwendung, die Art. 3 EMRK verletzt, nicht stets auch eine Verletzung des Art. 2 zu bejahen.[16] Art. 2 ist aber dann einschlägig, wenn eine Verletzung einem staatlichen **Tötungsversuch** gleichkommt,[17] also als bewusster Akt der Geringschätzung menschlichen Lebens jedenfalls erscheint. Die entsprechende Prüfung ist dabei nicht mit der Frage gleichzusetzen, ob auch nach nationalem Strafrecht ein strafrechtlicher Versuch festzustellen wäre. Maßgeblich sind vielmehr Art, Ausmaß und Absicht der Gewaltanwendung, ihr lebensgefährdender Charakter und insbesondere die konkreten Auswirkungen des Verhaltens staatlicher oder dem Staat zurechenbarer Akteure.[18] Insofern kann vor allem eine

---

[12] Krit. hingegen *Meyer-Ladewig/Huber* Rn. 31: Aus der Not geborene Pflicht, die Verurteilungen gemäß Art. 2 EMRK verwässern könnte.
[13] MwN EGMR 20.12.2011 – 18299/03, 27311/03, NJOZ 2013, 137 Rn. 240 – Finogenov ua/RUS; siehe auch zu Art. 3 EMRK mwN EGMR 8.1.2004 – 32578/96, Rn. 32 – Çolak u. Filizer/TUR.
[14] *Löwe/Rosenberg/Esser* Rn. 6; BeckOK StPO/*Valerius* Rn. 1. Art. 14 EMRK (Diskriminierungsverbot) lautet: Der Genuss der in dieser Konvention anerkannten Rechte und Freiheiten ist ohne Diskriminierung insbesondere wegen des Geschlechts, der Rasse, der Hautfarbe, der Sprache, der Religion, der politischen oder sonstigen Anschauung, der nationalen oder sozialen Herkunft, der Zugehörigkeit zu einer nationalen Minderheit, des Vermögens, der Geburt oder eines sonstigen Status zu gewährleisten.
[15] Ohne die Begrenzung auf den Staat statt vieler EGMR 27.6.2000 – 21986/93, NJW 2001, 2001 Rn. 98 – Salman/TUR; SSW/*Satzger* Rn. 5; siehe auch zu Sorgfaltspflichten bei Polizeieinsätzen mwN EGMR 20.12.2011 – 18299/03 u. 27311/03, NJOZ 2013, 137 Rn. 208 – Finogenov ua/RUS; vereinzelt aA *Zieschang* GA 2006, 415 (419).
[16] Siehe zur Abgrenzung etwa – sehr eng – EGMR 27.6.2000 – 22277/93, Rn. 75 ff. – Ilhan/TUR: eindeutige Verletzungsabsicht erforderlich; zur vorrangigen Prüfung des Art. 3 auch EGMR 1.3.2001 – 22493/93, Rn. 154 – Berktay/TUR.
[17] Dazu und zum Folgenden EGMR 2.9.1998 – 22495/93, Rn. 100 – Yasa/TUR; EGMR 24.2.2005 – 57950/00, EuGRZ 2006, 41 Rn. 175 – Isayeva/RUS; EGMR 20.12.2004 – 50385/99, NJW 2005, 3405 Rn. 49 ff. – Makaratzis/GRE; *Löwe/Rosenberg/Esser* Rn. 12.
[18] Zu diesen etwa für sog. Dorfwachen EGMR 24.5.2005 – 36088/97, Rn. 84 – Acar ua/TUR; *Löwe/Rosenberg/Esser* Rn. 29.

Polizeiaktion Art. 2 verletzen, selbst wenn die Polizei weder getötet hat noch im Sinne eines nachgewiesenen Tötungsvorsatzes töten wollte.[19] Bombardiert das Militär wahllos Dörfer einer ethnischen Minderheit, können sich die Überlebenden, die durch massive Angriffe zufälligerweise nur verwundet worden sind, auf eine Verletzung des Art. 2 berufen.[20]

Die Norm gebietet den Vertragsstaaten, insbesondere Polizeiaktionen so zu organisieren und durchzuführen, dass konkrete und wirksame Gewährleistungen bestehen, die eine willkürliche oder missbräuchliche Gewaltanwendung verhindern und die **Gefahren für das Leben mindern.**[21] Gebietet der Staat Impfungen zur Eindämmung lebensgefährlicher Krankheiten, muss er durch seine Behörden die erforderlichen Sicherungsmaßnahmen treffen. Nicht jeder im Einzelfall zum Tode führende Impfschaden bedeutet jedoch eine Verletzung des Art. 2.[22] 11

Art. 2 ist nach der Rechtsprechung des EGMR **nicht** auch das **Recht** zu entnehmen, **selbstbestimmt über den Tod zu entscheiden.**[23] Eine negative Freiheit sei weder nach dem Wortlaut noch nach dem Sinn und Zweck des Art. 2 in ihm angelegt. Entsprechend umfasst die Norm nach ihrer bisherigen Deutung kein Recht auf Sterbehilfe (aber → Art. 8 Rn. 13). Der Abbruch der künstlichen Ernährung und der Versorgung mit Flüssigkeit, die einem Wachkomapatienten zuteil wurde, kann aber mit Art. 2 vereinbar sein.[24] 12

2. Eingriffskonstellationen. Eingriffe liegen nach den voranstehenden Ausführungen in staatlichen Verhaltensweisen, die bewusst oder unbewusst die Tötung eines Menschen auslösen, oder eine entsprechende Gefahr heraufbeschwören, ohne dass der Fall einzig unter anderen Gesichtspunkten (etwa Art. 3 und 8) relevant wird. In der Praxis des EGMR dominieren Tötungen und unmittelbare Gewaltanwendung durch die Polizei, das Militär oder andere Sicherheitskräfte.[25] 13

II. Das Recht auf Leben als Schutzpflicht

Schon der Wortlaut des Menschenrechts unterstreicht, dass der Staat das Leben nicht nur unverletzt lassen, sondern gesetzlich und damit durch sein geltendes Recht schützen muss. In diesem Sinne hat sich jedenfalls der Schutz geborenen Lebens in vielfältiger und kluger Weise fortentwickelt. In zahlreichen Kontexten machen sich *positive obligations* des Konventionsrechts[26] fühlbar: Der Staat muss das menschliche Leben wirksam schützen und damit insbesondere das lebensschützende Recht tatsächlich auch gegenüber den Mit- 14

---

[19] Siehe zum gewaltsamen Anhalten eines PKWs durch die Polizei EGMR 20.12.2004 – 50385/99, NJW 2005, 3405 Rn. 49, 51, 55 – Makaratzis/GRE; SSW/*Satzger* Rn. 8.
[20] EGMR 12.11.2013 – 23502/06, NJOZ 2014, 1874 Rn. 143 – Benzer ua/TUR.
[21] Beispielhaft EGMR [GK] 20.5.1999 – 21594/93, NJW 2001, 1991 Rn. 84 – Ogur/TUR; EGMR 24.5.2005 – 36088/97, Rn. 77 ff. – Acar ua/TUR.
[22] MwN Löwe/Rosenberg/*Esser* Rn. 23; siehe auch zu einer HIV-Infektion durch eine Bluttransfusion angerufenen EGMR 23.3.2010 – 4864/05, Rn. 69 ff. – Oyal/TUR; EGMR 5.3.2009 – 77144/01, NJW 2010, 1865 Rn. 29 – Colak u. Tsakiridis/D.
[23] EGMR 29.4.2001 – 2346/02, NJW 2002, 2851 Rn. 39 f. – Pretty/UK für den Fall einer unheilbar gelähmten Frau; EGMR 20.1.2011 – 31322/07, NJW 2011, 3773 Rn. 55 – Haas/SWI; zuletzt mwN EGMR 5.6.2015 – 46043/14, NJW 2015, 2715 Rn. 137 f. – Lambert ua/FRA; Löwe/Rosenberg/*Esser* Rn. 6; siehe auch zum Zugang zu Rauschmitteln in letal erkrankte Personen EGMR 13.11.2012 – 47039/11 u. 358/12, NJW 2014, 447 Rn. 108 – Hristozov ua/BUL.
[24] Dazu näher EGMR 5.6.2015 – 46043/14, NJW 2015, 2715 Rn. 148 ff. – Lambert ua/FRA; dazu etwa krit. *Schlüter* HRRS 2015, 327 ff.
[25] Ebenso *Meyer-Ladewig/Huber* Rn. 8.
[26] Zu ihrer Anerkennung siehe etwa EGMR [GK] 27.9.1995 – 18984/91, ÖJZ 1996, 233 Rn. 161 – McCann ua/UK; EGMR 4.5.2001 – 24746/94, Rn. 105 – Hugh Jordan/UK; EGMR 17.1.2008 – 59548/00, NJW-RR 2009, 1394 Rn. 79 – Dodov/BUL; bei der Geiselbefreiung EGMR 20.12.2011 – 18299/03, 27311/03, NJOZ 2013, 137 Rn. 206 ff. – Finogenov ua/RUS; zum Schutz von Soldaten innerhalb der Armee etwa durch den Sanitätsdienst EGMR 7.6.2005 – 40145/98, Rn. 41, 49 – Kilinc ua/TUR; EGMR 4.5.2000 – 45305/99 – Powell/UK; einschränkend bei eigenverantwortlicher Selbstgefährdung im Fall eines Hungerstreiks EGMR 26.3.2013 – 73175/10, Rn. 50 ff. – Rappaz/SWI.

menschen durchsetzen.[27] Dies impliziert unter anderem eine Mindestunterstützung, die das Leben unmittelbar aufrechterhält, ohne einen bestimmten Lebensstandard zuzusichern.[28] Auch das Gesundheitswesen muss seitens des Staates rechtlich so ausgeprägt werden, dass etwa in öffentlich-rechtlichen und privaten Krankenhäusern für den Schutz der Patienten ausreichend Sorge getragen wird.[29] Während für das medizinische Personal grundsätzlich hohe berufliche Standards gelten müssen, liegt in einem einzelnen, ggf. schuldhaft begangenen Behandlungsfehler indes keine Verletzung einer staatlichen Schutzpflicht (siehe allerdings zum Schutz Einwilligungsunfähiger → Rn. 20 und zum Rechtsschutz → Rn. 17).[30] Der Staat muss ferner einen hinreichenden Umweltschutz leisten, der etwa in Verboten schädlichen Verhaltens, in Vorsorgemaßnahmen oder in Warnungen liegen kann.[31]

15 Im Einzelnen steht den nationalen Stellen regelmäßig ein **erheblicher,** aber auch nicht unbegrenzter **Einschätzungsspielraum** zu.[32] Nicht jede Verursachung eines Todesfalles im Herrschaftsbereich der Vertragsstaaten bedeutet – auch jenseits des Abs. 2 – eine Verletzung.[33] Soweit zur Etablierung des Schutzes in Menschenrechte anderer Personen eingegriffen werden müsste, begrenzen diese Rechte vorbehaltlich eröffneter Gesetzesvorbehalte die Reichweite der Schutzpflicht.[34] In strafverfahrensrechtlicher Hinsicht bedarf Folgendes der Ausführung:

16 **1. Staatliche Pönalisierungs- und Gefahrenabwehrpflichten.** Jedem Vertragsstaat obliegt es, **Beeinträchtigungen des Lebens von Mitmenschen durch das nationale Strafrecht entgegenzutreten.** Entsprechend müssen wirksame bzw. abschreckende Strafdrohungen zur Verfügung stehen, die auf eine Achtung des Lebens auch im Verhältnis der Menschen untereinander abzielen.[35] Dies gilt insbesondere für **vorsätzliche Tötungen.**

17 Soweit der Todesfall nicht vorsätzlich, sondern **fahrlässig** ausgelöst wurde, ist indes nicht in jedem Falle eine strafrechtliche Ahndbarkeit erforderlich.[36] Insoweit kann der Staat dem Opfer bzw. den Angehörigen ggf. auch durch Rechtsmaßstäbe Genüge tun, die in Disziplinar-, Verwaltungs- oder Zivilverfahren geprüft werden.[37] Nach der Ansicht des EGMR gilt dies auch im Gesundheitswesen, in dem bei fahrlässigem Verhalten nicht notwendig eine

---

[27] Zu diesem Aspekt etwa EGMR [GK] 27.9.1995 – 18984/91, ÖJZ 1996, 233 Rn. 161 – McCann ua/UK; EGMR 4.5.2001 – 24746/94, Rn. 105 – Hugh Jordan/UK; SSW/*Satzger* Rn. 9.

[28] Dafür etwa EGMR 3.5.2005 – 19872/02, Rn. 18 – Vasilenkov/UKR.

[29] MwN EGMR 5.6.2015 – 46043/14, NJW 2015, 2715 Rn. 140 – Lambert ua/FRA; EGMR [GK] 17.7.2014 – 47848/08, NJW 2015, 2635 Rn. 130 – Centre de ressources juridiques au nom de Valentin Câmpeanu/ROM; mwN SSW/*Satzger* Rn. 9.

[30] Siehe zu beidem EGMR 4.5.2000 – 45305/99 – Powell/UK; EGMR 18.3.2003 – 61827/00 – Glass/UK; EGMR 17.1.2008 – 59548/00, NJW-RR 2009, 1394 Rn. 81 f. – Dodov/BUL.

[31] Dazu im Überblick zu den ggf. nötigen und gebotenen Schutzvorkehrungen Löwe/Rosenberg/*Esser* Rn. 21 ff.; am Beispiel von Folgen, die Atomversuche auslösen konnten, EGMR 9.6.1998 – 23413/94, ÖJZ 1999, 353 Rn. 36 ff. – L.C.B./UK; zu einer vermeidbaren Schlammlawine EGMR 20.3.2008 – 15339/02, Rn. 128 ff., 159 – Budayeva ua/RUS; zur Öffnung eines Wasserspeichers mwN EGMR 28.2.2012 – 17423/05 ua, NVwZ 2013, 993 Rn. 159 – Kolaydenko/RUS; zu Schädigungen durch Asbest EGMR 24.7.2014 – 60908/11 ua, NVwZ-RR 2016, 121 Rn. 79 ff. – Brincal ua/MAL.

[32] EGMR 20.3.2008 – 15339/02, Rn. 134 f. – Budayeva ua/RUS; EGMR 28.2.2012 – 17423/05 ua, NVwZ 2013, 993 Rn. 160 – Kolaydenko/RUS; siehe zu Art. 8 bereits EGMR 9.6.2005 – 55723/00, Rn. 96 – Fadeyeva/RUS.

[33] Dazu mwN Löwe/Rosenberg/*Esser* Rn. 16 f.

[34] MwN EGMR 28.6.2012 – 3300/10, JR 2013, 78 Rn. 103 – S./D; Meyer-Goßner/*Schmitt* Rn. 1.

[35] EGMR 24.10.2002 – 37703/97, NJW 2003, 3259 Rn. 89 – Mastromatteo/ITA; SSW/*Satzger* Rn. 10; im Rahmen einer Überschwemmungskatastrophe mwN EGMR 28.2.2012 – 17423/05 ua, NVwZ 2013, 993 Rn. 157 – Kolaydenko/RUS.

[36] Siehe aber etwa im Umweltschutz mwN Löwe/Rosenberg/*Esser* Rn. 24, 26.

[37] EGMR [GK] 17.1.2002 – 32967/96, ÖJZ 2003, 307 Rn. 51 – Calvelli u. Ciglio/ITA; EGMR 24.10.2002 – 37703/97, NJW 2003, 3259 Rn. 90 – Mastromatteo/ITA; EGMR 8.7.2004 – 53924/00, NJW 2005, 727 Rn. 90 – Vo/FRA; EGMR 5.7.2005 – 49790/99, Rn. 86 – Trubnikov/RUS; siehe aber auch hier zu den nötigen Anforderungen an die Verfahrensdurchführung etwa im Zivilprozess EGMR 9.4.2009 – 71463/01, Rn. 194, 205, 210 – Silih/SLO.

strafrechtliche Zuständigkeit begründet sein muss.[38] Ein effektiver Zivil- oder Disziplinarrechtsschutz, der die Todesursache für eine im Krankenhaus verstorbene Person aufdecken und einen ggf. Verantwortlichen ausmachen kann, ist hier jedoch erforderlich.[39] Jedenfalls in Fällen, in denen ein Vertreter des Vertragsstaates möglicherweise (mit-)verantwortlich war, genügt eine zivilrechtliche Schadensersatzklage nicht als gemäß Art. 13 gebotene Beschwerde und ebenso wenig den Pflichten des Art. 2.[40] Ein Vertragsstaat muss für Todesfälle, die seinen Staatsangehörigen im Ausland widerfahren, nach Ansicht des EGMR aber nicht notwendig eine umfassende Zuständigkeit des nationalen Strafrechts vorschreiben (siehe aber in Deutschland § 5 Abs. 1 Nr. 6–9 StGB).[41]

Drohen zukünftige oder gerade begangene Straftaten das Leben anderer konkret 18 **zu gefährden,** ist der Vertragsstaat in Gestalt seiner Behörden verpflichtet, die Betroffenen zu schützen, um ihr Leben zu retten.[42] Ein typisches Beispiel ist der Schutz der Geisel einer Entführung.[43] Eine Verletzung ist indes bei mangelnden Anstrengungen zum einen nur dann einschlägig, wenn feststeht, dass die zu Unrecht ineffektiv reagierenden Behörden zur maßgebenden Zeit eine wirkliche und unmittelbare Lebensgefahr durch drohende Straftaten kannten oder diese hätten kennen müssen.[44] Zum anderen sind sie nur zu Maßnahmen verpflichtet, die vernünftigerweise zur Abwehr der einschlägigen Gefahr zumutbar waren.[45] Selbst das Recht auf Leben darf nicht so interpretiert werden, dass es den Vertragsstaaten Pflichten auferlegt, die diese gar nicht erfüllen können.[46] Absolute Sicherheit des Lebens ist insoweit nicht der von Art. 2 gewährleistete Maßstab.[47]

Nur undeutlich erkennbar ist bisher die notwendige **Reichweite des Schutzes für** 19 **das werdende Leben.** Die Beobachtung, dass es unter anderem unter medizinischen, philosophischen und religiösen Aspekten keinen europäischen Konsens darüber gibt, wann menschliches Leben beginnt, führt in der Judikatur des EGMR zu einem **besonders weiten Beurteilungsspielraum der Vertragsstaaten.**[48] Schon infolge dieser grundsätzlichen

---

[38] EGMR [GK] 17.1.2002 – 32967/96, ÖJZ 2003, 307 Rn. 49, 51 – Calvelli u. Ciglio/ITA; EGMR 23.3.2010 – 4864/05, Rn. 66 – Oyal/TUR; EGMR 8.7.2004 – 53924/00, NJW 2005, 727 Rn. 90 – Vo/FRA; zum insoweit hinreichenden dt. Zivilrecht EGMR 5.3.2009 – 77144/01, NJW 2010, 1864 Rn. 31 ff. – Colak u. Tsakiridis/D.
[39] Siehe insofern zur notwendigen Höhe des Schadensersatzes EGMR 23.3.2010 – 4864/05, Rn. 66, 71 f. – Oyal/TUR.
[40] MwN EGMR 12.10.2006 – 60272/00, Rn. 77 – Estamirov ua/RUS; EGMR 30.1.2014 – 39436/06 u. 40169/07, NVwZ 2015, 43 Rn. 47 – Z. u. Khatuyeva/RUS.
[41] EGMR [GK] 7.1.2010 – 25965/04, NJW 2010, 3003 Rn. 244 – Rantsev/ZYP u. RUS.
[42] Siehe auch zu Umweltgefahren und Suizidgefahr EGMR [GK] 28.10.1998 – 23452/94, Rn. 115 f. – Osman/UK; EGMR 10.10.2000 – 22947/93, Rn. 77 ff. – Akkoc/TUR; EGMR 8.11.2005 – 34056/02, NJW 2007, 895 Rn. 164 – Gongadze/UKR; EGMR 14.9.2010 – 2668/07, NJOZ 2011, 1067 Rn. 64 – Dink/TUR.
[43] Siehe unter dem Aspekt der Ermittlungspflicht EGMR 31.5.2005 – 27305/95, Rn. 138 – Koku/TUR; siehe auch EGMR [GK] 28.10.1998 – 23452/94, Rn. 115 ff. – Osman/UK; zum medizinischen Schutz mwN EGMR 20.12.2011 – 18299/03, 27311/03, NJOZ 2013, 137 Rn. 237 ff. – Finogenov ua/RUS.
[44] Siehe dazu und im Folgenden mwN EGMR [GK] 28.10.1998 – 23452/94, Rn. 115 f. – Osman/UK; EGMR 8.11.2005 – 34056/02, NJW 2007, 895 Rn. 165 – Gongadze/UKR; EGMR 14.9.2010 – 2668/07, NJOZ 2011, 1067 Rn. 65 – Dink/TUR; EGMR [GK] 17.7.2014 – 47848/08, NJW 2015, 2635 Rn. 130 f. – Centre de ressources juridiques au nom de Valentin Câmpeanu/ROM; siehe näher mwN Löwe/Rosenberg/Esser An. 2 Rn. 12 f., 31.
[45] EGMR [GK] 28.10.1998 – 23452/94, Rn. 115 f. – Osman/UK; EGMR 20.6.2013 – 63638/09, Rn. 91 – Turluyeva/RUS; EGMR [GK] 7.1.2010 – 25965/04, NJW 2010, 3003 Rn. 219 – Rantsev/ZYP u. RUS; EGMR 10.10.2000 – 22947/93, Rn. 78 – Akkoc/TUR; EGMR 8.11.2005 – 34056/02, NJW 2007, 895 Rn. 165 – Gongadze/UKR; EGMR 14.9.2010 – 2668/07, NJOZ 2011, 1067 Rn. 65 – Dink/TUR.
[46] MwN EGMR 20.12.2011 – 18299/03, 27311/03, NJOZ 2013, 137 Rn. 209 – Finogenov ua/RUS.
[47] Dazu vgl. beispielhaft für einen Mord, den ein Strafgefangener während seines Freigangs begangen hat, EGMR 24.10.2002 – 37703/97, NJW 2003, 3259 – Mastromatteo/ITA.
[48] EGMR 8.7.2004 – 53924/00, NJW 2005, 727 Rn. 82 ff. – Vo/FRA; EGMR [GK] 16.12.2010 – 25579/05, NJW 2011, 2107 Rn. 232 ff. – A, B u. C/IRE; SSW/*Satzger* Rn. 5; siehe auch wieder zum Lebensende mwN EGMR 5.6.2015 – 46043/14, NJW 2015, 2715 Rn. 144 ff. – Lambert ua/FRA; dem Ansatz zust., aber die überwiegend krit. Literatur nachweisend Karpenstein/Mayer/*Schübel-Pfister* Rn. 9.

Zurückhaltung hat der EGMR bislang insbesondere in Fällen national zulässiger Abtreibungen keine Verstöße festgestellt und mithin keinen Schutz gegen Abtreibungen ausgeprägt.[49] Er bleibt indes denkbar, zumal etwa der englische Wortlaut weit verstanden werden könnte („*everyone*").[50] Allerdings wäre der Schutz sodann scheinbar absolut, weil Abs. 2 nur Eingriffe gegenüber Lebenden betrifft.[51] Entsprechend des anerkannten Beurteilungsspielraums erkennt der EGMR es jedenfalls an, wenn Vertragsstaaten dem Embryo den Lebensschutz gewähren und die Abtreibung beschränken.[52] Dem ungeborenen Kind kommt insofern **jedenfalls bei einer entsprechenden nationalen Bejahung ein Recht auf Leben** zu, das in eine Abwägung einzustellen ist.[53]

20 Der Schutz, der am Lebensende etwa im Hinblick auf eine ärztlich verfügte Einstellung lebenserhaltender oder lebensrettender Maßnahmen gemäß Art. 2 geboten ist, ist bisher ebenfalls eher undeutlich geblieben und von einem prozeduralen Ansatz des EGMR geprägt, der etwa einen Behandlungsabbruch im Wege einer mutmaßlichen Einwilligung in Abhängigkeit vom nationalen Recht nach einer eingehenden Fallprüfung gestattet.[54] Jedenfalls hat der EGMR aber betont, dass bei der Verweigerung einer Einwilligung in eine lebensrettende und notwendige Behandlung **handgreiflichen Zweifeln an der Einsichts- und Einwilligungsfähigkeit des Patienten** nachgegangen werden muss, um zu prüfen, ob tatsächlich ein freier, die Ärzte bindender Wille der Behandlung entgegengestanden habe.[55] Die Vertragsstaaten müssen den Akteuren des Gesundheitswesens eine entsprechende Prüfung gebieten.

21 **2. Staatliche Ermittlungspflichten.** Die Vertragsstaaten müssen als Ausprägung der von Art. 2 gebotenen Schutzpflichten zweifelhafte Todesfälle, aber auch Tötungsversuche (→ Rn. 10), insbesondere wenn sie mit staatlichem Verhalten oder Versäumnissen in Zusammenhang stehen, durch eine **amtliche Untersuchung effizient aufklären** und damit unrechtmäßige Tötungen strafrechtlich verfolgen.[56] Nach der heute ständigen Rechtsprechung kann Art. 2 auch allein unter dem Gesichtspunkt einer unzureichenden, die wertsetzende Bedeutung des Art. 2 verkennenden Sachverhaltsaufklärung verletzt sein.[57] Falls ein Vertragsstaat sowohl für die rechtswidrige Tötung einer Person verantwortlich ist als auch die Verpflichtung zur wirksamen Ermittlung dieses Sachverhalts verletzt, stellt der

---

[49] Siehe auch noch zum alten deutschen Recht EKMR 12.7.1977 – 6959/75, EuGRZ 1978, 199 Rn. 60 ff. – Brüggemann u. Scheuten/D; zur Unzulässigkeit der Beschwerde eines werdenden Vaters EGMR 5.9.2002 – 50490/99 – Boso/ITA.

[50] Siehe zum Schutz des Fötus letztlich offenlassend EGMR 8.7.2004 – 53924/00, NJW 2005, 727 Rn. 85 ff. – Vo/FRA; für eine Abwägung EGMR 10.4.2007 – 6339/05, NJW 2008, 2013 Rn. 89 ff. – Evans/UK; Löwe/Rosenberg/*Esser* Rn. 7; so schon EKMR 12.7.1977 – 6959/75, EuGRZ 1978, 199 Rn. 60 ff. – Brüggemann u. Scheuten/D; näher SK-StPO/*Paeffgen* Rn. 5 ff.

[51] Zu diesem Problem Grabenwarter/Pabel § 20 Rn. 3; Löwe/Rosenberg/*Esser* Rn. 8; auch aus diesem Grund abl. KK-StPO/*Schädler/Jakobs* Rn. 4.

[52] Zum mangelnden Recht EGMR 30.10.2012 – 57375/08, NJOZ 2014, 709 Rn. 96 ff. – P. u. S./PL; zum Schutz der Gesundheit aber auch EGMR [GK] 16.12.2010 – 25579/05, NJW 2011, 2107 Rn. 216 ff. – A, B u. C/IRE.

[53] MwN EGMR [GK] 16.12.2010 – 25579/05, NJW 2011, 2107 Rn. 213, 233, 237 – A, B u. C/IRE; weitergehend interpretiert den Schutz im Anschluss an das Urteil im Fall Vo/FRA mwN: Karpenstein/Mayer/*Schübel-Pfister* Rn. 10.

[54] EGMR 5.6.2015 – 46043/14, NJW 2015, 2715 Rn. 144 ff. – Lambert ua/FRA; mwN Löwe/Rosenberg/*Esser* Rn. 7.

[55] EGMR 5.12.2013 – 45076/05, Rn. 88 – Arskaya/UKR; siehe auch zur gebotenen Selbstmordprävention bei mangelnder Eigenverantwortlichkeit mwN Karpenstein/Mayer/*Schübel-Pfister* Rn. 14.

[56] MwN EGMR 17.1.2002 – 32967/96, ÖJZ 2003, 307 Rn. 51 – Calvelli u. Ciglio/ITA; EGMR 24.10.2002 – 37703/973, NJW 2003, 3259 Rn. 89 – Mastromatteo/ITA; EGMR 20.12.2011 – 18299/03, 27311/03, NJOZ 2013, 137 Rn. 268 – Finogenov ua/RUS; EGMR [GK] 17.7.2014 – 47848/08, NJW 2015, 2635 Rn. 130 ff. – Centre de ressources juridiques au nom de Valentin Câmpeanu/ROM.

[57] Siehe dazu anhand von Vorfällen, die noch vor der Ratifikation der EMRK liegen, mwN EGMR [GK] 17.9.2014 – 10865/09 ua, NJOZ 2016, 1383 Rn. 205 ff. – Mocanu ua/ROM sowie zum Massaker von Katyn aus dem Jahre 1940 EGMR [GK] 21.10.2013 – 55508/07, 29520/09, NJOZ 2014, 1270 Rn. 127 ff. – Janowiec ua/RUS.

EGMR **zwei verschiedene Verletzungen des Art. 2** fest.[58] Ferner kommt bei einer unzureichenden Ermittlung auch ein Verstoß gegen Art. 13 in Betracht.[59]

Erlangen die Behörden von einem Todesfall unter zweifelhaften Umständen Kenntnis[60] oder macht eine Person substantiiert geltend, dass jemand unter lebensbedrohlichen Umständen verschwunden ist[61] oder lebensbedrohlich verletzt wurde (→ Rn. 10), müssen die Vertragsstaaten eine **effiziente, unabhängige und unparteiliche Justiz** zur Verfügung stellen, die Tötungssachverhalte aufzuklären und die für die Taten Verantwortlichen zu bestrafen vermag.[62] Dies betrifft nicht nur Anforderungen an die Durchführung des Ermittlungsverfahrens, sondern ebenso die Maßstäbe und die Organisation des gerichtlichen Verfahrensstadiums und damit in Deutschland der Hauptverhandlung und der Revision.[63] Ist jemand unter Umständen gestorben, die möglicherweise eine staatliche Verantwortung begründen, muss der Staat mit allen verfügbaren Mitteln insbesondere durch seine Justiz reagieren, um das lebensschützende Recht für die Zukunft zu bestätigen.[64] Solange etwa das **Schicksal einer verschwundenen Person nicht aufgeklärt** ist, gilt die – insoweit nicht allein strafverfahrensrechtliche – Ermittlungspflicht dabei fort.[65] Auch allgemein muss das Ermittlungsverfahren grundsätzlich wiederaufgenommen werden, wenn nach einer Verfahrenseinstellung Beweise oder Informationen auftauchen oder gefunden werden, die eine bislang ausgebliebene Aufklärung bewirken können, wobei die Behörden der Vertragsstaaten die Erfolgsaussichten bewerten dürfen.[66] Zusätzlich müssen rechtsstaatliche Grenzen der Rechtskraft und der Verjährung geachtet bleiben.

Welche Ermittlungen im Einzelfall geboten sind, hat der EGMR nicht abschließend bestimmt.[67] Geklärt ist jedoch, dass die Behörden von Amts wegen und – selbstverständlich unparteilich – umfassend und gründlich agieren müssen.[68] Sie müssen ebenso ohne schuldhaftes Zögern und damit **unverzüglich handeln**,[69] um erfolgreich sein zu können[70] und um das Vertrauen in die tatsächliche Durchsetzung des Lebensrechts durch die Strafverfolgungsbehörden aufrechtzuerhalten. Die Ermittlungen müssen geeignet sein, die konkret Verantwortlichen zu identifizieren und sie ggf. ihrer Bestrafung zuzuführen.[71] Sachdienliche Beweismittel

---

[58] Dafür siehe nur beispielhaft EGMR 18.5.2000 – 41488/98, Rn. 76, 84 – Velikova/BUL.
[59] Beispielhaft mwN EGMR 28.2.2012 – 17423/05 ua, NVwZ 2013, 993 Rn. 218 ff. – Kolaydenko/RUS; zum etwas unklaren Verhältnis der Normen siehe auch mwN *Meyer-Ladewig/Huber* Rn. 51.
[60] EGMR 18.7.2000 – 25624/94, Rn. 78 – Ekinci/TUR.
[61] EGMR [GK] 10.5.2001 – 25781/94, Rn. 132 – ZYP/TUR; EGMR 2.8.2005 – 65899/01, Rn. 205 – Tams ua/TUR; mwN *Löwe/Rosenberg/Esser* Rn. 40.
[62] EGMR [GK] 22.3.2001 – 34044/96, NJW 2001, 3035 Rn. 86 – Streletz, Kessler u. Krenz/D; EGMR 8.11.2005 – 34056/02, NJW 2007, 895 Rn. 164, 175 ff. – Gongadze/UKR; EGMR 30.11.2004 – 48939/99, Rn. 64, 73 – Öneryildiz/TUR: Explosion auf einer Deponie; ebenso mwN EGMR [GK] 17.7.2014 – 47848/08, NJW 2015, 2635 Rn. 132 – Centre de ressources juridiques au nom de Valentin Câmpeanu/ROM.
[63] Zur insoweit erweiterten Prüfung des EGMR unter Einbeziehung der Verfahrensdauer EGMR 20.3.2008 –15339/02, Rn. 138 ff. – Budayeva ua/RUS.
[64] MwN EGMR 28.2.2012 – 17423/05 ua, NVwZ 2013, 993 Rn. 188 ff. – Kolyadenko/RUS.
[65] Siehe näher EGMR [GK] 10.5.2001 – 25781/94, Rn. 136 – ZYP/TUR; EGMR 18.9.2009 – 16064/90, NJOZ 2911, 516 Rn. 148 – Varnava ua/TUR.
[66] Siehe hierzu EGMR 27.11.2007 – 32457/04, Rn. 70 ff. – Brecknell/UK.
[67] Siehe zur Einzelfallabhängigkeit etwa mwN EGMR [GK] 7.7.2011 – 55721/07, NJW 2012, 283 Rn. 165 – Al-Skeini ua/UK; EGMR 25.8.2009 – 23458/02, Rn. 208 – Giuliani u. Gaggio/ITA; auch zur erneuten Ermittlung EGMR 27.11.2007 – 32457/04, Rn. 70 ff. – Brecknell/UK.
[68] Aus der StRspr mwN EGMR 5.11.2009 – 1108/02, Rn. 201 – Kolevi/BUL; EGMR 20.12.2011 – 18299/03, 27311/03, NJOZ 2013, 137 Rn. 270 u. 272 – Finogenov/RUS; EGMR [GK] 14.4.2015 – 24014/05, NLMR 2015, 97 Rn. 169, 172, 175 – Tunc/TUR; vgl. auch EGMR [GK] 20.11.2014 – 47708/08, NJOZ 2016, 76 Rn. 199 f. – Jaloud/NL.
[69] Zum bedeutsamen Zeiteffekt EGMR 13.1.2005 – 34491/97, Rn. 111 – Demir ua/TUR; EGMR 1.7.2003 – 29178/95, Rn. 70 – Finucane/UK; EGMR 12.10.2006 – 60272/00, Rn. 87, 89 – Estamirov ua/RUS; EGMR 28.1.2014 – 54241/08, Rn. 51 ff. – Camekan/TUR; siehe auch neben der Bestrafung von Verantwortlichen die Prüfung der hinreichenden Beschleunigung in EGMR 8.12.2009 – 22465/03, Rn. 72 – Sandruna/ROM.
[70] Zum Einfluss des Zeitablaufs siehe anhand der Anordnungspraxis des Gerichts EGMR 5.10.1999 – 36677/96, NJW 2001, 1989 – Grams/D.
[71] Dazu mwN EGMR [GK] 20.5.1999 – 21594/93, NJW 2001, 1991 Rn. 88 – Ogur/TUR; EGMR [GK] 17.9.2014 – 10865/09 ua, NJOZ 2016, 1383 Rn. 321 – Mocanu ua/ROM; BeckOK StPO/*Valerius* Rn. 3.1.

sind etwa durch die Vernehmung von Augenzeugen, Autopsien, durch gerichtsmedizinische Gutachten, Fotografien oder die Aufnahme von Fingerabdrücken etc. zu sichern.[72] Betrifft der Sachverhalt die Ausübung von Staatsgewalt durch Bedienstete des Staates oder ihm zurechenbare Personen, müssen die Ermittlungen auch darauf gerichtet sein, die mögliche Rechtfertigung nach Maßgabe des Abs. 2 aufzuklären.[73] In entsprechenden Fällen müssen die ermittelnden Personen bzw. Institutionen von denjenigen Stellen **hinreichend unabhängig** sein, die an dem zu untersuchenden Geschehen beteiligt waren.[74] Daran mangelt es insbesondere, wenn zwischen den Ermittelnden und den Personen, deren Verhalten untersucht wird, eine hierarchische oder institutionelle Beziehung besteht.[75] Es dürfen nicht allein die Angaben der beteiligten Polizisten für die Ermittlung maßgeblich sein.[76] Von Bedeutung ist auch, inwiefern die Ermittlungen durch die Öffentlichkeit geprüft werden können.[77] Die Ermittlungen müssen – auch zu diesem Zweck – **hinreichend dokumentiert** werden (auch → Rn. 25).[78] Obschon Art. 2 EMRK auch für die Art und Weise der Durchführung der Hauptverhandlung nicht ohne Bedeutung ist, stellt der EGMR – auch in Fällen staatlicher Gewalteinsätze – keine näheren Anforderungen an die nationale **Beweiswürdigung** auf. Für ihn ist nur maßgeblich, ob das Verfahren insgesamt angemessen und fair war und die Umstände des Todesfalles gründlich untersucht worden sind.[79]

24 Von erheblicher Bedeutung für eine hinreichend effektive Ermittlung ist das **Gebot, das überlebende Opfer und/oder seine Angehörigen zu beteiligen**.[80] Diese Beteiligung muss von Amts wegen ermöglicht werden; sie darf nicht von einem speziellen Antrag abhängen.[81] Der Staat muss dem Opfer/den Angehörigen zudem hinreichenden Zugang zur Verfahrensakte gewähren.[82] Überdies ist im Kontext des Art. 2 nicht nur das unmittelbare Opfer tauglicher Beschwerdeführer im Sinne des Art. 34. Die grundsätzlich geforderte unmittelbare Betroffenheit des Beschwerdeführers[83] ist insoweit entbehrlich, wenn die behauptete Konventionsverletzung das Verschwinden einer Person betrifft oder der Tod des unmittelbaren Opfers unter Umständen eingetreten sein soll, für die der Staat verantwortlich gemacht wird. Hier sind die Angehörigen des Opfers befugt, den Gerichtshof gemäß Art. 34 anzurufen.[84] Sogar eine NGO kann ausnahmsweise berechtigt sein, eine Individualbeschwerde für das tote Opfer einzureichen.[85]

---

[72] Dazu mit weiteren Beispielen *Meyer-Ladewig/Huber* Rn. 24 und insbesondere EGMR [GK] 20.5.1999 – 21594/93, NJW 2001, 1991 Rn. 89 ff. – Ogur/TUR; EGMR 27.6.2000 – 21986/93, NJW 2001, 2001 Rn. 105 ff. – Salman/TUR; speziell zur Autopsie auch EGMR 16.2.2010 – 32146/05, Rn. 69 ff., 76 ff. – Eugenia Lazár/ROM.
[73] EGMR 4.5.2001 – 24746/94, Rn. 107 – Hugh Jordan/UK.
[74] EGMR 4.5.2001 – 37715/97, Rn. 89, 104 – Shanagan/UK; EGMR [GK] 7.7.2011 – 55721/07, NJW 2012, 283 Rn. 167 – Al-Skeini ua/UK; EGMR 12.11.2013 – 23502/06, NJOZ 2014, 1874 Rn. 186 ff. – Benzer ua/TUR; mwN Karpenstein/Mayer/*Schübel-Pfister* Rn. 43.
[75] EGMR 14.12.2010 – 74832/01, Rn. 92 – Mizigarova/SLO; EGMR [GK] 17.9.2014 – 10865/09 ua, NJOZ 2016, 1383 Rn. 319 f. – Mocanu ua/ROM; SSW/*Satzger* Rn. 11; mwN Löwe/Rosenberg/*Esser* Rn. 33.
[76] EGMR [GK] 20.5.1999 – 21594/93, NJW 2001, 1991 Rn. 91 f. – Ogur/TUR; EGMR 4.5.2001 – 24746/94, Rn. 106 – Hugh Jordan/UK.
[77] Dazu näher EGMR [GK] 17.9.2014 – 10865/09 ua, NJOZ 2016, 1383 Rn. 324 – Mocanu ua/ROM.
[78] BVerfG 29.5.2015 – 2 BvR 987/11, NJW 2015, 3500 (3501).
[79] *Meyer-Ladewig/Huber* Rn. 28; siehe auch EGMR 5.10.1999 – 33677/96, NJW 2001, 1989 – Grams/D.
[80] Dazu näher EGMR [GK] 17.9.2014 – 10865/09 ua, NJOZ 2016, 1383 Rn. 324 – Mocanu ua/ROM.
[81] EGMR 4.5.2001 – 28883/95, Rn. 111 – McKerr/UK; EGMR 27.7.2004 – 57671/00, Rn. 29, 47 – Slimani/FRA.
[82] EGMR 4.5.2001 – 24746/94, Rn. 109, 123 f. – Hugh Jordan/UK; EGMR 23.2.2010 – 28975/04 u. 33406/04, Rn. 59 – Wasilewska u. Kalucka/PL; mwN Löwe/Rosenberg/*Esser* Rn. 36.
[83] Dazu etwa mwN Löwe/Rosenberg/*Esser* Verfahren EGMR Rn. 129 ff., 136 ff.
[84] Siehe aus der StRspr EGMR 18.9.2009 – 16064/90, NJOZ 2011, 516 Rn. 112 – Varnava ua/TUR; EGMR 12.11.2013 – 23502/06, NJOZ 2014, 1874 Rn. 204 – Benzer ua/TUR; EGMR 20.12.2011 – 18299/03, 27311/03, NJOZ 2013, 137 Rn. 204 f. – Finogenov ua/RUS; SSW/*Satzger* Rn. 5; siehe auch jüngst für einen Wachkomapatienten mwN EGMR 5.6.2015 – 46043/14, NJW 2015, 2715 Rn. 90 ff. – Lambert ua/FRA.
[85] Sie für den Fall einer inhaftierten geistig behinderten Person, die keine Angehörigen hatte, EGMR [GK] 17.7.2014 – 47848/08, NJW 2015, 2635 Rn. 103 ff., 114 – Centre de ressources juridiques au nom de Valentin Câmpeanu/ROM.

Trotz dieser Maßstäbe wird zum Teil noch immer festgehalten, dass Art. 2 dem ver- 25
letzten Opfer oder seinen Angehörigen keinen Anspruch gebe, Dritte wegen einer Straftat zu verfolgen.[86] Zutreffend ist indes, dass die Norm lediglich nicht dazu zwingt, jedes Ermittlungsverfahren bis hin zu einer Verurteilung fortzuführen oder zugunsten des Opfers eine bestimmte Strafe zu verhängen.[87] Schon auf Grund der zu beachtenden Anforderungen an eine Verurteilung und eine gebotene ausgewogene Strafzumessung können die Vertragsstaaten eine solche Garantie nicht geben. Insofern können Opfer oder Angehörige auch die Angemessenheit der Strafe grundsätzlich nicht in Frage stellen (aber → Art. 3 Rn. 8). Die Opfer/die Angehörigen müssen aber darüber informiert werden, warum der untersuchte Sachverhalt nicht als Straftat beurteilt worden ist.[88] Auch der Fall, dass der Sachverhalt sich trotz eingehender Ermittlungen nicht (vollständig) aufklären ließ oder eine strafbarkeitsausschließende Intention der Akteure nicht widerlegt werden konnte,[89] ist keine Verletzung des Art. 2. Im Übrigen hat der EGMR durchaus über die anerkannten Ermittlungspflichten subjektive Rechte geschaffen, die Opfern oder ihren Angehörigen Gehör verschaffen und jedenfalls eine substanzielle Prüfung des möglichen, die Verantwortlichkeit des Staates begründenden Sachverhaltes gebieten. Insofern besteht gemäß Art. 2 ein **Anspruch auf Strafverfolgung gegen Dritte**.[90]

Nunmehr hat auch das BVerfG verfassungsrechtlich und konkret **grundrechtlich** 26
einen Anspruch auf Strafverfolgung jedenfalls in Ausnahmefällen anerkannt. Im Kunduz-Beschluss erkennt es an, dass ein solcher Anspruch besteht, soweit der Einzelne nicht in der Lage ist, erhebliche Straftaten gegen seine höchstpersönlichen Rechtsgüter – wie insbesondere das Recht auf Leben – abzuwehren und ein Verzicht auf die effektive Verfolgung solcher Taten zu einer Erschütterung des Vertrauens in das Gewaltmonopol des Staates und zu einem allgemeinen Klima der Rechtsunsicherheit und der Gewalt führen kann.[91] Ein verfassungsrechtlicher Anspruch auf effektive Strafverfolgung kann auch in Betracht kommen, wenn sich Personen in einem strukturell asymmetrischen Rechtsverhältnis zum Staat befinden und diesem – wie etwa im Maßregel- oder Strafvollzug – eine spezifische Fürsorge- und Obhutspflicht obliegt, oder wenn der Vorwurf im Raum steht, dass Amtsträger bei der Wahrnehmung hoheitlicher Aufgaben Straftaten begangen haben. Ebenso greift das BVerfG – ohne jeweils die Rspr. des EGMR zu zitieren – auf, dass bei Kapitaldelikten ein Anspruch auf ein strafrechtliches Tätigwerden des Staates auf der Grundlage von Art. 6 Abs. 1, 2 S. 1 GG auch nahen Angehörigen zustehen kann. Zugleich wird aber die problematisch strenge Auslegung der Anforderungen an den Antrag auf gerichtliche Entscheidung im Klageerzwingungsverfahren verteidigt.[92]

3. Staatliche Pflichten gegenüber Gefangenen. Besondere Schutzpflichten hat 27
der EGMR – auch gemäß Art. 5 (→ Art. 5 Rn. 6) – darüber hinaus vor allem zur Verbesse-

---

[86] *Meyer-Ladewig/Huber* Rn. 12.
[87] MwN EGMR 28.2.2012 – 17423/05 ua, NVwZ 2013, 993 Rn. 192 – Kolyadenko/RUS; EGMR 7.7.2009 – 58447/00, Rn. 34 – Zavoloka/LET; in diesem Sinne auch BVerfG 29.5.2015 – 2 BVR 987/11, NJW 2015, 3500 (3501).
[88] EGMR 4.5.2001 – 24746/94, Rn. 124 – Hugh Jordan/UK; EGMR [GK] 27.7.2004 – 57671/00, Rn. 32, 39, 47 – Slimani/FRA; *Löwe/Rosenberg/Esser* Rn. 36; auch zum Anspruch auf eine nachvollziehbare Begründung von Einstellungsentscheidungen BVerfG 29.5.2015 – 2 BvR 987/11, NJW 2015, 3500 (3501): detaillierte und vollständige Dokumentation des Ermittlungsverlaufs; *Karpenstein/Mayer/Schübel-Pfister* Rn. 4.
[89] Siehe anhand des Kunduz-Bombardements BVerfG 29.5.2015 – 2 BvR 987/11, NJW 2015, 3500 (3501 f.).
[90] EGMR [GK] 20.5.1999 – 21594/93, NJW 2001, 1991 Rn. 88 – Ogur/TUR; EGMR 5.10.1999 – 33677/96, NJW 2001, 1989 – Grams/D; EGMR 24.10.2002 – 37703/97, NJW 2003, 3259 Rn. 67, 89 – Mastromatteo/ITA; EGMR 20.12.2004 – 50385/99, NJW 2005, 3405 Rn. 73 f. – Makaratzis/GRE; *Karpenstein/Mayer/Schübel-Pfister* Rn. 4; *Meyer-Ladewig/Huber* Rn. 28; *Meyer-Goßner/Schmitt* Rn. 1; BeckOK StPO/*Valerius* Rn. 3.
[91] Dazu und zum Folgenden BVerfG 29.5.2015 – 2 BvR 987/11, NJW 2015, 3500 (3501 f.).
[92] Siehe BVerfG 29.5.2015 – 2 BvR 987/11, NJW 2015, 3500 (3502) und BVerfG 27.7.2016 – 2 BvR 2040/15, HRRS 2016 Nr. 864.

rung der Rechtsstellung von Gefangenen entwickelt. Sie befinden sich auf Grund ihrer Freiheitsentziehung in einer verletzbaren Lage, die unter anderem durch den aufgezwungenen Kontakt mit anderen Inhaftierten, ebenso aber aus der schwachen Stellung gegenüber der Staatsgewalt in der totalen Institution der Haftanstalt entsteht. Insoweit muss der Staat auch für den Schutz vor lebensgefährlichen Verletzungen etwa durch Übergriffe von Bediensteten oder Mithäftlingen Sorge tragen und kranken Gefangenen medizinische Behandlung zukommen lassen.[93] Auch eine **erkennbare Suizidabsicht** löst besondere Schutzpflichten aus. Die Behörden müssen im Rahmen des Möglichen angemessene Maßnahmen treffen, die zum Beispiel bis hin zu einer rund um die Uhr gesicherten Überwachung reichen können.[94]

28 Die Wirksamkeit des Schutzes von Gefangenen einschließlich von in Gewahrsam genommenen Personen ist ferner insbesondere durch **Beweiserleichterungen** verbessert worden (schon → Rn. 6 f.). Ist der Beschwerdeführer bzw. das verstorbene Opfer während seiner Haft oder der Ingewahrsamnahme verletzt worden oder verstorben, muss der Staat insbesondere durch die geführten (und zu führenden) Akten eine überzeugende Begründung für die eingetretene Verletzung oder den eingetretenen Tod geben; anderenfalls kann der EGMR bei konkreten Hinweisen auf eine Beeinträchtigung in der Haft davon ausgehen, dass die Schädigung des Betroffenen auf einem staatlichen Versäumnis beruht und mithin Art. 2 verletzt.[95] Eine plausible Erklärung ist damit insbesondere erforderlich, wenn eine Person bei guter Gesundheit inhaftiert wurde und bei der Entlassung verletzt war oder in der Haft verstorben ist. Der Staat muss über Tatsachen, die ihm über seine Behörden bekannt sein müssen, zur zufriedenstellenden Information in der Lage sein. Er ist **zur Rechenschaft** über die inhaftierten Personen **verpflichtet**[96] und ebenso gezwungen, **aussagekräftige Dokumentationen** über die Haft anzufertigen.[97]

29 Allein die Behauptung des Staates, die Verletzung sei vor der Festnahme eingetreten, genügt nicht, um die staatliche Mitwirkungspflicht zu erfüllen und die ursprüngliche Beweislast des Beschwerdeführers wieder in Kraft zu setzen. Vielmehr muss ein qualifizierter Arzt den Inhaftierten kurz nach der Inhaftierung ohne Anwesenheit eines Polizisten oder JVA-Bediensteten untersuchen, um den Gesundheitszustand festzustellen und zu dokumentieren.[98] Macht der Staat einen Fluchtversuch mit tödlichen Folgen geltend, muss der Staat ebenfalls Beweise einschließlich ärztlicher Gutachten und detaillierter Protokolle vorlegen, die eine strikt verhältnismäßige Gewaltanwendung im Sinne des Abs. 2 belegen (→ Rn. 33 f.).[99] Selbst dann, wenn ein Vertragsstaat alle Beweismittel vorlegt, die ihm tatsächlich zur Verfügung stehen, kann der EGMR die Einstufung als „befriedigende und überzeugende" Erklärung für den Tod eines Opfers ggf. zurückweisen.[100]

30 Mit Hilfe der Beweiserleichterungen löst der EGMR im Kontext von **Personen, die nach einer Ingewahrsamnahme verschwunden sind,** auch das Problem der Feststellung eines

---

[93] Zu alledem beispielhaft EGMR 9.10.2007 – 9375/02, Rn. 98 ff. – Saoud/FRA; EGMR 30.4.2013 – 49872/11, NJW 2014, 283 Rn. 204 f., 210 ff. – Timoschenko/UKR; EGMR [GK] 17.7.2014 – 47848/08, NJW 2015, 2635 Rn. 130 ff. – Centre de ressources juridiques au nom de Valentin Câmpeanu/ROM; EGMR 3.6.2003 – 33343/96, Rn. 190 ff. – Pantea/ROM.
[94] MwN und auch zu notwendigen Routinemaßnahmen *Meyer-Ladewig/Huber* Rn. 19; näher *Löwe/Rosenberg/Esser* Rn. 37.
[95] Dafür siehe beispielhaft mwN EGMR [GK] 8.7.1999 – 23657/94, ÖJZ 2000, 474 Rn. 85 ff. – Cakici/TUR; zur Vorenthaltung von Akten siehe EGMR 12.11.2013 – 23502/06, NJOZ 2014, 1874 Rn. 157 ff., Rn. 179 ff., 193 – Benzer ua/TUR; EGMR 12.10.2006 – 49438/99, Rn. 74 – Staykov/BUL.
[96] EGMR 27.6.2000 – 21986/93, NJW 2001, 2001 Rn. 99 – Salman/TUR.
[97] Dazu und zur Bedeutung einer mangelnden Dokumentation EGMR [GK] 8.7.1999 – 23657/94, ÖJZ 2000, 474 Rn. 85, 87 – Cakici/TUR; EGMR 13.6.2000 – 23531/94, Rn. 82 ff. – Timurtas/TUR; EGMR 31.5.2001 – 23954/94, Rn. 88 – Akdeniz ua/TUR; zu den Tschetschenien-Fällen siehe etwa EGMR 18.12.2012 – 2944/06, Rn. 217 ff. – Aslakhanova ua/RUS.
[98] MwN *Meyer-Ladewig/Huber* Rn. 36.
[99] EGMR 14.2.2002 – 31889/96, Rn. 74 – Abdurrahman Orak/TUR.
[100] MwN EGMR 29.5.2009 – 37315/03, Rn. 59 – Betayev ua/RUS; EGMR 20.12.2011 – 18299/03 u. 27311/03, NJOZ 2013, 137 Rn. 238 – Finogenov ua/RUS.

unsicheren Todesfalles. Der Nachweis, dass eine Person infolge staatlicher Versäumnisse oder Gewaltakte verstorben ist, kann auch ohne eine aufgefundene Leiche geführt werden. Soweit eine Person vor langer Zeit[101] durch staatliche Stellen festgenommen worden ist und nicht mit anderen Inhaftierten wieder freigelassen worden ist, kann dies bei eintretenden Beweiserleichterungen, zum Beispiel infolge mangelnder Dokumentationen über seinen Verbleib, dafür sprechen, dass er während ihrer Haft dem Staat zurechenbar verstorben ist.[102] Dies gilt insbesondere dann, wenn bereits die Festnahme zu einer lebensgefährlichen Situation geführt hat.[103]

III. Die Rechtfertigung von Eingriffen

Abgesehen von der ggf. zu beachtenden **Einschränkung im Kriegsfalle** (siehe Art. 15 Abs. 2) eröffnen Art. 2 Abs. 1 S. 2 und Abs. 2 eng umrissene Gesetzesvorbehalte, die Eingriffe in das Leben und damit Tötungen legitimieren können. Insoweit geht es vornehmlich um Fälle der Gewaltanwendung, die den Tod ungewollt herbeiführen, kaum noch um Fälle gezielter Tötungen. 31

Der Wortlaut des Art. 2 Abs. 1 S. 2 gestattet selbst absichtliche Tötungen im Fall eines gesetzlich vorgesehenen Todesurteils. Diese materiell als Gesetzesvorbehalt einzustufende Klausel ist indes mit dem Inkrafttreten der **Zusatzprotokolle**, welche die Todesstrafe in Europa geächtet haben, für die Vertragsstaaten dieser Protokolle funktionslos gestellt worden.[104] Der Europarat nimmt neue Mitglieder nur auf, wenn sie auf die Todesstrafe verzichten. Zusätzlich wirkt der Art. 3 entnommene und heute in Art. 19 Abs. 2 GRC[105] explizit bestätigte extraterritoriale Schutz gegen ein staatliches Verhalten, das die Todesstrafe in anderen Staaten begünstigt, flankierend (→ Art. 3 Rn. 10 f.). Er wird heute auch auf Art. 2 übertragen.[106] Vor dem Inkrafttreten der Protokolle hat der EGMR hergeleitet, dass der Vollzug einer nicht in einem fairen Strafverfahren verhängten Todesstrafe Art. 2 verletzt.[107] 32

Der praktisch allein verbleibende **Gesetzesvorbehalt** des Abs. 2 bedarf vor dem Hintergrund der zentralen Bedeutung des Lebensrechts einer **engen Auslegung**.[108] Bei allen im Folgenden dargestellten Einzelfällen möglicherweise zulässiger staatlicher Gewalt müssen folgende 33

---

[101] Siehe näher EGMR 7.1.2008 – 59548/00, NJW-RR 2009, 1395 Rn. 68 – Dodov/BUL.
[102] EGMR 18.9.2009 – 16064/90, NJOZ 2011, 516 Rn. 184 – Varnava ua/TUR; EGMR 30.1.2014 – 39436/06, 40169/07, NVwZ 2015, 43 Rn. 54, 60 – Z. u. Khatuyev/RUS; EGMR 2.4.2015 – 21135/09, Rn. 69 – Ireziyevy/RUS.
[103] EGMR 13.6.2000 – 23531/94, Rn. 82 ff. – Timurtas/TUR; EGMR 27.2.2001 – 25704/94, Rn. 146 – Cicek/TUR; EGMR 31.5.2001 – 23954/94, Rn. 86 ff. – Akdeniz ua/TUR.
[104] Dazu Art. I ZP Nr. 6 (Abschaffung der Todesstrafe, zum Inkrafttreten am 1.8.1989 BGBl. 1989 II 814): „Die Todesstrafe ist abgeschafft. Niemand darf zu dieser Strafe verurteilt werden oder hingerichtet werden." Art. 1 ZP Nr. 13 (Abschaffung der Todesstrafe, zum Inkrafttreten am 1.2.2005 BGBl. 2004 II 1722): „Die Todesstrafe ist abgeschafft. Niemand darf zu dieser Strafe verurteilt werden oder hingerichtet werden." Mit letzterem Protokoll wurde die ursprüngliche Ausnahme für die Todesstrafe in Kriegszeiten gemäß Art. 2 ZP Nr. 6 außer Kraft gesetzt. Zum Ratifikationsstand siehe zum einen http://www.coe.int/de/web/conventions/full-list/-/conventions/treaty/114/signatures?p_auth=PgKwTUrP. Siehe zum anderen http://www.coe.int/de/web/conventions/full-list/-/conventions/treaty/187/signatures?p_auth=PgKwTUrP. Siehe auch dokumentierend EGMR 11.3.2004 – 42346/98, Rn. 72 – G.B./BUL. Vgl. aber noch offen lassend EGMR 12.5.2005 – 46221/99, EuGRZ 2005, 463 Rn. 163 ff. – Öcalan/TUR I; strenger tendierend EGMR 2.3.2010 – 61498/08, NLMR 2010, 84 Rn. 120 – Al-Saadoon ua/UK.
[105] Siehe Art. 19 Abs. 2 GRC (Schutz bei Abschiebung, Ausweisung und Auslieferung): Niemand darf in einen Staat abgeschoben oder ausgewiesen oder an einen Staat ausgeliefert werden, in dem für sie oder ihn das ernsthafte Risiko der Todesstrafe, der Folter oder einer anderen unmenschlichen oder erniedrigenden Strafe oder Behandlung besteht.
[106] EGMR 5.7.2005 – 2345/02, Rn. 46 – Said/NL; mwN EGMR 19.11.2009 – 41015/04, Rn. 99 – Kaboulov/UKR.
[107] EGMR [GK] 12.5.2005 – 46221/99, EuGRZ 2005, 463 Rn. 163, 166 – Öcalan/TUR I; siehe auch zum Auslieferungsschutz EGMR 8.11.2005 – 13284/04, Rn. 42 – Bader u. Kanbov/SWE; EGMR 10.12.2009 – 43707/07, Rn. 56 – Koktysh/UKR; EGMR 24.7.2014 – 28761/11, NVwZ 2015, 955 Rn. 576 ff. – Al Nashiri/PL.
[108] Siehe etwa EGMR 27.6.2000 – 21986/93, NJW 2001, 2001 Rn. 97 – Salman/TUR; mwN Löwe/Rosenberg/*Esser* Rn. 48; *Meyer-Ladewig/Huber* Rn. 1, 40, 46; BeckOK StPO/*Valerius* Rn. 6; aA *Zieschang* GA 2006, 415 (419).

Anforderungen einer strikten Verhältnismäßigkeitsprüfung gewahrt sein, die schon der Wortlaut gebietet („unbedingt erforderlich"). In ihr liegt im Vergleich zu den Gesetzesvorbehalten, die bei den Art. 8 ff. anerkannt sind, ein strengerer Maßstab.[109] Es ist nur das rechtmäßig, was zur Erreichung der berechtigten Ziele (Art. 2 Abs. 2 lit. a–c) tatsächlich nach Lage *ex ante* erforderlich war.[110] Dabei bezieht der EGMR neben dem Verhalten des Betroffenen und der staatlichen Bediensteten die gesamten Umstände des Falles, insbesondere die Vorbereitung und Kontrolle der staatlichen Gewaltanwendung in seine Beurteilung ein.[111] Handeln die staatlichen Repräsentanten in gutem Glauben auf der Grundlage einer *ex ante* rationalen, von Abs. 2 lit. a–c erfassten Gefahrenannahme, verhindert allein ein nachträglich erwiesener Irrtum die Rechtfertigung nicht.[112] Bei der Wahl der Methode und der konkreten Mittel einer staatlichen Gefahrenabwehrmaßnahme sind unabhängig davon, ob die Polizei, das Militär oder andere Einheiten aktiv sind, **alle notwendigen Vorsichtsmaßnahmen** zu treffen, die etwa auch die notwendige medizinische Versorgung der vom Einsatz möglicherweise Betroffenen umfasst.[113] Allerdings kann ggf. die Novität oder die bis dahin nicht zu erwartende Dimension eines Vorfalls auch zur Vermeidung eines Rückschaufehlers zugunsten des Staates zu berücksichtigen sein.[114] Es gilt das **Gebot des milderen Mittels,** wodurch etwa vor einem potentiell tödlichen Schusswaffeneinsatz regelmäßig eine Warnung, etwa durch einen Warnschuss geboten ist.[115] Bei alledem sind ggf. verschiedene Phasen des staatlichen Einsatzes einer differenzierenden Bewertung zugänglich.[116]

34 Zudem müssen die nationalen Maßnahmen im innerstaatlichen Recht eine **gesetzliche Basis** finden, die angemessene und wirksame Garantien gegen willkürliche Gewaltausübung aufweist sowie vermeidbaren Unfällen vorbeugt.[117] Dies gilt insbesondere für den **Schusswaffengebrauch,** der durch gesetzliche oder verwaltungsinterne Normen geregelt sein muss.[118] Diese Normen müssen eine sorgfältige genaue Prüfung der für den Waffengebrauch erforderlichen Umstände wie der verfolgten Tat oder der dem Betroffenen vorgeworfenen Tat gebieten.[119] Um die Beachtung der erforderlichen Maßstäbe zu sichern, müssen die staatlichen Einsatzkräfte entsprechend der Maßstäbe des nationalen und des Konventionsrechts ausgebildet und demzufolge auf die strikte Verhältnismäßigkeit verpflichtet werden.[120]

---

[109] Dazu nur mwN EGMR 20.12.2011 – 18299/03, 27311/03, NJOZ 2013, 137 Rn. 210 – Finogenov ua/RUS.
[110] EGMR [GK] 27.9.1995 – 18984/91, ÖJZ 1996, 233 Rn. 148 f. – McCann ua/UK; EGMR 12.11.2013 – 23502/06, NJOZ 2014, 1874 Rn. 163 – Benzer ua/TUR; EGMR [GK] 20.11.2014 – 47708/08, NJOZ 2016, 76 Rn. 199 – Jaloud/NL.
[111] Vgl. EGMR [GK] 27.9.1995 – 18984/91, ÖJZ 1996, 233 Rn. 148 ff. – McCann ua/UK; EGMR [GK] 20.5.1999 – 21594/93, NJW 2001, 1991 Rn. 78 ff. – Ogur/TUR.
[112] EGMR [GK] 27.9.1995 – 18984/91, ÖJZ 1996, 233 Rn. 200 – McCann ua/UK; EGMR 31.5.2005 – 27693/95, Rn. 78 – Celikbilek/TUR; mwN EGMR 20.12.2011 – 18299/03 u. 27311/03, NJOZ 2013, 13 Rn. 219 – Finogenov ua/RUS.
[113] MwN EGMR 20.12.2011 – 18299/03 u. 27311/03, NJOZ 2013, 137 Rn. 208 – Finogenov ua/RUS ua unter Verweis auf EGMR [GK] 27.9.1995 – 18984/91, ÖJZ 1996, 233 Rn. 146 ff., 194 – McCann ua/UK.
[114] Für entsprechende Erwägungen anhand des Moskauer Geiseldramas im Dubrovka-Theater mit rund 900 betroffenen Geiseln mwN EGMR 20.12.2011 – 18299/03 u. 27311/03, NJOZ 2013, 137 Rn. 207, 230 ff., 266 – Finogenov ua/RUS: Erstürmung zwar verhältnismäßig, medizinische Versorgung und Evakuierung indes unzureichend.
[115] EGMR 27.9.1995 – 18984/91, ÖJZ 1996, 233 Rn. 113 f., 170, 213 – McCann ua/UK; EGMR [GK] 20.5.1999 – 21594/93, NJW 2001, 1991 Rn. 78, 82 – Ogur/TUR; Löwe/Rosenberg/*Esser* Art. 2 Rn. 11, 48.
[116] Dafür mwN EGMR 20.12.2011 – 18299/03 u. 27311/03, NJOZ 2013, 137 Rn. 214 f., 266 – Finogenov ua/RUS.
[117] Siehe zu beidem anhand des Schusswaffeneinsatzes EGMR 20.12.2011 – 18299/03 u. 27311/03, NJOZ 2013, 137 Rn. 207, 236 – Finogenov ua/RUS.
[118] EGMR 20.12.2004 – 50385/99, NJW 2005, 3405 Rn. 59 – Makaratzis/GRE; EGMR [GK] 6.7.2005 – 43577/98, EuGRZ 2005, 693 Rn. 96 – Nachova ua/BUL; EGMR 20.12.2011 – 18299/03, 27311/03, NJOZ 2013, 137 Rn. 207 – Finogenov ua/RUS; für Konsequenzen in Bundesländern ohne eine nähere Regelung des finalen Rettungsschusses mwN Löwe/Rosenberg/*Esser* Rn. 49.
[119] Dazu EGMR 9.10.1997 – 25052/94, ÖJZ 1998, 674 Rn. 171 – Andronicou u. Constantinou/ZYP.
[120] EGMR 20.12.2004 – 50385/99, NJW 2005, 3405 Rn. 57 ff. – Makaratzis/GRE; EGMR [GK] 6.7.2005 – 43577/98, EuGRZ 2005, 693 Rn. 95 ff. – Nachova ua/BUL.

Nach den aktuellen Maßstäben der Konvention kann auch eine **absichtlich herbeige-** 35
führte Tötung legitimiert werden, insbesondere wenn sie gemäß Abs. 2 lit. a präventiv
veranlasst wurde. So kann auch ein sog. finaler Rettungsschuss, der zur Abwendung einer
Gefahr ein Menschenleben preisgibt, etwa gerechtfertigt sein, wenn die Geiseln einer Geiselnahme unmittelbar gefährdet sind und ein Schuss unausweichlich erforderlich ist, um ein
gemeingefährliches Kapitalverbrechen zu verhindern.[121]

1. Verteidigung gegen Gewalt — Notwehr und Nothilfe (Abs. 2 lit. a). Eine Ver- 36
letzung kann rechtmäßig sein, wenn sie durch die Verteidigung gegen rechtswidrige Gewalt
eintritt. Unmittelbar gestattet dieser Eingriffstatbestand dem Staat, Angriffe auf seine
Bediensteten, aber auch gegen seine Schutzverpflichteten abzuwehren. Die Vorschrift wendet sich an den Staat als Adressaten der mit der Norm verbundenen menschenrechtlichen
Bindungen. Hiernach durchgeführte Gewaltabwehrmaßnahmen müssen strikt verhältnismäßig sein (dazu schon → Rn. 33 f.).

Da die Norm lediglich die Abwehr eines gewaltsamen **Angriffs** gestattet, **der sich gegen** 37
„jemanden" richtet, liegt es nahe, die Norm dann nicht für einschlägig zu erachten,
wenn sich eine gewaltlose Tat wie etwa ein Diebstahl gegen das (Sach-)Eigentum richtet.[122]
Entsprechend wird in Deutschland traditionell die Frage aufgeworfen, ob Abs. 2 lit. a dem
ausgreifenden deutschen Notwehrrecht entgegenstehen könnte.[123] Insoweit ist zunächst zu
betonen, dass die Norm unmittelbar lediglich staatliches Handeln betrifft und ein Privater
als solcher keinen Menschenrechtseingriff vollziehen kann. Fraglich kann allenfalls sein, ob
erstens staatliche Amtsträger auch dann Nothilfe in der **Reichweite des § 32 StGB** leisten
dürfen, wenn nicht zugleich die auf Personengewalt bezogenen Voraussetzungen des Art. 2
Abs. 2 lit. a EMRK einschlägig sind. *Zweitens* stellt sich die Frage, ob Art. 2 Abs. 2 lit. a
EMRK dem Vertragsstaat Deutschland im Rahmen der Schutzpflichtdogmatik gebietet,
§ 32 StGB anders auszulegen bzw. zu ändern.

Zur ersten Frage drängt sich auf, dass jedenfalls das öffentliche deutsche Recht die Grenze 38
des Art. 2 Abs. 2 lit. a EMRK wahren muss, weil insofern eine Schranke staatlicher Gewalt
gezogen werden sollte. Da Art. 2 EMRK auch vor fahrlässigem und eventualvorsätzlichem
staatlichen Tötungsverhalten schützt, bedarf die staatliche Nothilfe damit auch im Ergebnis
der Beschränkung.[124] *Zur zweiten Frage* ist angesichts der entwickelten Schutzpflichten eine
Einschränkung nicht per se undenkbar.[125] Dennoch ist sie schon unabhängig von der zusätzlichen Wortlautproblematik gemäß § 32 StGB iVm Art. 103 Abs. 2 GG (Art. 7 EMRK) zu
verwerfen.[126] Sie würde einen höchst detaillierten Verpflichtungsgrad der Schutzpflichten
voraussetzen. Er ist insoweit in Fällen einer vom Angreifer auf sich gezogenen Gewalt

---

[121] EGMR 27.9.1995 – 18984/91, ÖJZ 1996, 233 Rn. 136, 148 ff. – McCann ua/UK; *Meyer-Ladewig/Huber* Rn. 43, 46; mwN SSW/*Satzger* Rn. 16; Löwe/Rosenberg/*Esser* Rn. 48; siehe in diesem Sinne zur Erstürmung bei einer Geiselnahme mwN EGMR 20.12.2011 – 18299/03 u. 27311/03, NJOZ 2013, 137 Rn. 226 – Finogenov ua/RUS.
[122] Siehe nur mwN und auch zu anderen Stimmen Löwe/Rosenberg/*Esser* Rn. 51, siehe aber auch zur ggf. zugleich verfolgten Identifizierung und Strafverfolgung Rn. 57.
[123] In diesem Sinne etwa mwN zur frühen Literatur *Frister* GA 1985, 553; SK-StPO/*Paeffgen* Rn. 61; vgl. auch *Grabenwarter/Pabel* § 20 Rn. 15; vertiefend zur Debatte mwN Löwe/Rosenberg/*Esser* Rn. 52 ff.
[124] Wie hier etwa schon KK-StPO/*Schädler/Jakobs* Rn. 7. Siehe aber auch mwN Meyer-Goßner/Schmitt Rn. 3: Abs. 2 lit. a sei im Ergebnis irrelevant, weil er nur absichtliche Tötungen verbiete, die § 32 StGB und § 15 OWiG zur Abwehr von Sachangriffen nicht zuließen; so auch SSW/*Satzger* Rn. 17. Auch wenn Abs. 1 S. 2 nur von absichtlichen Tötungen spricht, ist schon nach den Schutz- und Organisationspflichten heute aber klargestellt, dass sich Art. 2 nicht im Schutz vor absichtlichen Tötungen erschöpft (→ Rn. 9 und 14) und im Kontext Löwe/Rosenberg/*Esser* Rn. 15, 52 und LK-StGB/*Rönnau/Hohn* StGB § 32 Rn. 236.
[125] Siehe auch erwägend SSW/*Satzger* Rn. 17; Löwe/Rosenberg/*Esser* Rn. 53; aA etwa *Meyer-Ladewig/Huber* Rn. 2; KK-StPO/*Schädler/Jakobs* Rn. 7; letztlich auch ohne Auseinandersetzung mit den Schutzpflichten des Staates LK-StGB/*Rönnau/Hohn* StGB § 32 Rn. 237.
[126] Für die entsprechende hM etwa *Fischer* StGB § 32 Rn. 40; Matt/Renzikowski/*Engländer* StGB § 32 Rn. 56; Meyer-Goßner/*Schmitt* Rn. 3; Löwe/Rosenberg/*Esser* Rn. 42, 53; zum Wortlautproblem siehe mwN SSW/*Satzger* Rn. 17.

weder erkennbar,[127] noch wäre er angemessen, da die Ziele der Konvention nicht in der Harmonisierung des nationalen Rechts im Bürger-Bürger-Verhältnis liegen und hier ein – in entsprechenden Fragen kultureller Prägung vom EGMR insoweit bemühter – allgemeiner Konsens der Vertragsstaaten bislang nicht belegt ist.[128] Allerdings kann bei schuldlos bzw. unverantwortlich handelnden Angreifern ganz allgemein eine Notwehrschranke greifen, die letztlich auch im Sinne der Schutzrichtung des Art. 2 liegt.

39 **2. Festnahme und Fluchtverhinderung (Abs. 2 lit. b).** Mit Art. 2 Abs. 2 lit. b sind zwei Eingriffstatbestände geschaffen. Die Norm gestattet sowohl die staatliche Gewaltanwendung zur Durchführung einer rechtmäßigen Festnahme als auch die Gewaltanwendung zur Verhinderung einer Flucht im Falle einer bereits rechtmäßig angeordneten Freiheitsentziehung.

40 In beiden Fällen kann ein Gewalteinsatz auch dann mit dem Menschenrecht auf Leben vereinbar sein, wenn er zu einer Tötung führt oder diese in Kauf nimmt (→ Rn. 35). Insbesondere der hier in Betracht kommende **Schusswaffengebrauch** muss sich indes in den geschilderten engen Grenzen der strikten Verhältnismäßigkeit bewegen (→ Rn. 34). Im Rahmen dieser Prüfung sind insbesondere das anlassgebende Verhalten des Betroffenen und damit etwa die ihm vorgeworfene(n) Straftat(en) bedeutsam. Besteht nicht der Verdacht einer Gewalttat und geht von dem unbewaffneten Betroffenen keine Gefahr für Leib oder Leben aus, scheidet ein lebensgefährlicher (Schuss-)Waffeneinsatz aus, selbst wenn deshalb die Flucht- bzw. Fehlschlagsgefahr nicht gebannt werden konnte.[129] Zudem können absichtliche Tötungen, die insoweit bei Festnahmen im Strafverfahren nah an einer vorweggenommenen Ahndung ohne ein faires Verfahren lägen, von vornherein nicht gerechtfertigt sein, weil damit das legitime Ziel etwa einer Verfahrensdurchführung unmöglich gemacht würde. Es fehlt hier schon an der Eignung des Gewalteinsatzes.[130]

41 **3. Rechtmäßige Niederschlagung eines Aufruhrs oder Aufstandes (Abs. 2 lit. c).** Eine weitere Rechtfertigung ist für Fälle eines Aufruhrs oder Aufstandes vorgesehen. Der Eingriffstatbestand hat indes bislang zum einen kaum Anwendungsfälle erlangt,[131] zum anderen kommt ihm keine spezifisch strafprozessuale Bedeutung zu. Die vom EGMR entwickelten staatlichen Ermittlungspflichten sind auch bei bewaffneten Konflikten oder Aufständen, welche die Sicherheitslage verschärfen, nicht obsolet.[132]

Art. 3. Verbot der Folter

Niemand darf der Folter oder unmenschlicher oder erniedrigender Behandlung oder Strafe unterworfen werden.

Völkerrechtlich verbindlicher englischer und französischer Normtext:

Article 3 – Prohibition of torture

No one shall be subjected to torture or to inhuman or degrading treatment or punishment.

Article 3 – Interdiction de la torture

Nul ne peut être soumis à la torture ni à des peines ou traitements inhumains ou dégradants.

---

[127] Siehe auch zum Hungerstreik einschränkend aber bei eigenverantwortlicher Selbstgefährdung durch einen Hungerstreik EGMR 26.3.2013 – 73175/10, Rn. 50 ff. – Rappaz/SWI.

[128] Siehe allerdings zur durchaus in anderen (Vertrags-)Staaten verbreiteten Verhältnismäßigkeitsschranke LK-StGB/*Rönnau/Hohn* StGB § 32 Rn. 6 ff., 49 f.

[129] EGMR [GK] 6.7.2005 – 43577/98, EuGRZ 2005, 693 Rn. 95, 107 – Nachova ua/BUL; SSW/*Satzger* Rn. 18; zur parallelen Beurteilung im deutschen Recht Meyer-Goßner/*Schmitt* Rn. 4.

[130] So treffend etwa schon *Grabenwarter/Pabel* § 20 Rn. 16; SSW/*Satzger* Rn. 18; mwN KK-StPO/*Schädler/Jakobs* Rn. 8.

[131] Im Überblick mwN zu seiner Anwendung Löwe/Rosenberg/*Esser* Rn. 59 f. Zur Indiskutabilität einer wahllosen Bombardierung kurdischer Dörfer siehe EGMR 12.11.2013 – 23502/06, NJOZ 2014, 1874 Rn. 184 – Benzer ua/TUR.

[132] Näher dazu mwN EGMR [GK] 7.7.2011 – 55721/07, NJW 2012, 283 Rn. 164 – Al-Skeini ua/UK; EGMR [GK] 20.11.2014 – 47708/08, NJOZ 2016, 76 Rn. 186 – Jaloud/NL.

Verbot der Folter **1 Art. 3 EMRK**

Schrifttum: *Alleweldt,* Schutz vor Abschiebung bei drohender Folter oder unmenschlicher oder erniedrigender Behandlung oder Strafe, 1996; *Ashworth,* Human Rights, Serious Crime and Criminal Procedure, 2004; *Beutler,* Strafbarkeit der Folter zu Vernehmungszwecken, 2006; *Bielefeldt,* Menschenwürde und Folterverbot, 2004; *Erb,* Nothilfe durch Folter, JURA 2005, 24; *ders.,* Notwehr als Menschenrecht, NStZ 2005, 593; *Esser,* Auf dem Weg zu einem einheitlichen europäischen Strafverfahrensrecht, 2002; *ders.,* EGMR in Sachen Gäfgen v. Deutschland (22978/05), Urt. v. 30.6.2008, NStZ 2008, 657; *ders./Gaede/Tsambikakis,* Übersicht zur Rechtsprechung des EGMR in den Jahren 2008 bis Mitte 2010 – Teil I, NStZ 2011, 78; *dies.,* Übersicht zur Rechtsprechung des EGMR in den Jahren 2010 bis 2011 (Teil 1), NStZ 2012, 554; *Frei-Sipponen,* Einfluss der EMRK auf das Strafprozessrecht Finnlands und der Schweiz, 2003; *Frick,* Das Folterverbot im Rechtsstaat, 2007; *Gaede,* Die Fragilität des Folterverbots, in: *Camprubi* (Hrsg.), Angst und Streben nach Sicherheit in Gesetzgebung und Praxis, 2004, S. 155; *ders.,* Fairness als Teilhabe – Das Recht auf konkrete und wirksame Teilhabe durch Verteidigung, 2007; *Grabenwarter,* Androhung von Folter und faires Strafverfahren – Das (vorläufig) letzte Wort aus Straßburg, NJW 2010, 3128; *Grabenwarter/Pabel,* Europäische Menschenrechtskonvention, 6. Aufl. 2016; *Harris/O'Boyle/Warbrick,* Law of the ECHR, 2. Aufl. 2009; *Jerouschek,* Gefahrenabwendungsfolter – Rechtsstaatliches Tabu oder polizeirechtlich legitimierter Zwangseinsatz?, JuS 2005, 296; *ders./Kölbel,* Folter von Staats wegen?, JZ 2003, 613; *Köhne,* Die Unterbringung von Strafgefangenen in einer »Beruhigungszelle«, DRiZ 2012, 202; *Lorz/Sauer,* Wann genau steht Art. 3 EMRK einer Auslieferung oder Ausweisung entgegen?, EuGRZ 2010, 389; *Pohlreich,* Gewalt gegen Häftlinge und Unterbringung in besonders gesicherten Crafträumen – Der Fall Hellig vor dem EGMR, JZ 2011, 1058; *Pösl,* Das Verbot der Folter in Art. 3 EMRK, 2015; *Prosenjak,* Der Folterbegriff nach Art. 3 EMRK, 2011; *Raess,* Der Schutz vor Folter im Völkerrecht, 1989; *Saliger,* Absolutes im Strafprozeß? Über das Folterverbot, seine Verletzung und die Folgen seiner Verletzung, ZStW 116 (2004), 35; *Schüller,* „Reales Risiko" der Folter oder unmenschlichen Behandlung reicht für ein Beweisverwertungsverbot (Anm. zu EGMR, Urt. v. 25.9.2012 – 649/08 [El Haski v. Belgien]), ZIS 2013, 245; *Villiger,* Handbuch zur EMRK, 2. Aufl., 1999; *Weigend,* Deutschland als Folterstaat? Zur Aktualität und Interpretation von Art 3 EMRK, FS Tak, 2008, 321; *Wolff,* Die verfassungsrechtlichen Auslieferungsverbote, StV 2004, 154.

Übersicht

	Rn.		Rn.
I. Überblick	1–13	a) Begriffsbestimmung	23, 24
1. Bedeutung in der EMRK	1–4	b) Strafprozessuale Kasuistik	25–28
2. Schutzpflichtdimension und extraterritoriale Bedeutung	5–11	3. Das Verbot der erniedrigenden Behandlung oder Strafe	29–33
		a) Begriffsbestimmung	29–31
3. Parallelgarantien und Flankierung	12, 13	b) Strafprozessuale Kasuistik	32, 33
II. Erläuterung	14–40	4. Die Verwertbarkeit verletzungsbedingt erlangter Beweismittel	34–40
1. Das Verbot der Folter	19–22	a) Folter	35–37
a) Begriffsbestimmung	19, 20	b) Unmenschliche oder erniedrigende Behandlung	38, 39
b) Strafprozessuale Kasuistik	21, 22		
2. Das Verbot der unmenschlichen Behandlung oder Strafe	23–28	c) Nachweisanforderungen im Strafverfahren	40

I. Überblick

1. Bedeutung in der EMRK. In Art. 3 EMRK liegt eine Garantie, der für den **1** Charakter eines jeden demokratischen Staates als Rechtsstaat **fundamentale Bedeutung** zukommt.[1] Mit seinem inhaltlichen Rekurs auf die nicht durch frühere oder drohende Taten verlorene Würde eines jedes Menschen[2] kommt ihm schon materiell eine besondere Stellung zu. Die Norm untersagt **ausnahmslos** und damit unantastbar jede Folter, ebenso aber auch jede unmenschliche oder erniedrigende Bestrafung oder Behandlung.[3] Weder der Normwortlaut,[4] noch die Notstandsregelung des Art. 15 eröffnen Ausnahmen,

---

[1] EGMR [GK] 12.5.2005 – 46221/99, NVwZ 2006, 1267 Rn. 179 – Öcalan/TUR I: „*Article 3 enshrines one of the fundamental values of democratic societies*"; EGMR 14.3.2000 – 47240/99 – Ebbinge/NL; mwN *Meyer-Ladewig/Lehnert* Rn. 1; zum historischen Hintergrund etwa mwN SSW/*Satzger* Rn. 1 f.
[2] Dazu EGMR 4.12.1995 – 18896/91, EuGRZ 1996, 504 Rn. 38 – Ribitsch/AUT; EGMR 11.7.2000 – 20869/92, Rn. 90 f. – Dikme/TUR; EGMR [GK] 6.4.2000 – 26772/95, Rn. 119 ff. – Labita/ITA; *Grabenwarter/Pabel* § 20 Rn. 48; zur Bedeutung für die absolute Natur *Gaede,* Angst und Streben nach Sicherheit, S. 155, 170 f., 173 f., 178 ff.; *Pösl* S. 72 ff.
[3] *Ashworth* S. 22, 35; *Frowein/Peukert* Rn. 1; *Meyer-Ladewig/Lehnert* Rn. 1; *Grabenwarter/Pabel* § 20 Rn. 48.
[4] EGMR 7.7.1989 – 14038/88, EGMR-E 4, 376 Rn. 88 – Soering/UK; EGMR [GK] 12.5.2005 – 46221/99, NVwZ 2006, 1267 Rn. 218 – Öcalan/TUR I; *Grabenwarter/Pabel* § 20 Rn. 51 f.

da sie sich selbst im Fall eines Krieges Art. 15 Abs. 2 explizit einer Einschränkung verschließen.[5]

2 Auch die in der Rechtsprechung aufzufindende **Einbeziehung des Einzelfallkontextes** bedeutet **keine Abwägbarkeit** im Sinne einer Relativierung durch ggf. bedeutsamere Handlungsziele.[6] Die Einzelfallprüfung der Fallumstände meint nicht, dass auf Grund besonderer Zwecke, wie sie etwa die „Bekämpfung" des Terrorismus darstellen könnte, oder auf Grund eines bestimmten Verhaltens des Betroffenen andere Maßstäbe bei der Anwendung des Art. 3 gelten. Sie meint allein den Blick auf alle Fallumstände bei der Prüfung der vorgeblich einen Verstoß gegen Art. 3 bedeutenden Tatsachen: „*The Court is well aware of the immense difficulties faced by States in modern times in protecting their populations from terrorist violence. However, even in these circumstances, the Convention prohibits in absolute terms torture or inhuman or degrading treatment or punishment, irrespective of the victim's conduct.*"[7]

3 Dies musste der EGMR leider auch Deutschland nochmals vermitteln, als das Phänomen der sog. Rettungsfolter im *Fall Gäfgen respektive Daschner* zu beurteilen war.[8] Hier hatte die Polizei Frankfurt am Main in einem Entführungsfall Gewalt („erhebliche Schmerzen") angedroht, um den Aufenthaltsort des in Lebensgefahr gewähnten, tatsächlich bereits getöteten Kindes zu erfahren. Der EGMR hat insoweit zu Recht mit der national herrschenden Auffassung bekräftigt, dass nicht etwa eine Schutzpflicht bestand, zugunsten der Lebensrettung die Folter oder unmenschliche oder erniedrigende Verhaltensweisen wieder salonfähig zu machen.[9] Die Menschenwürde zu schützen, indem man sie verletzt, bleibt auch im Rahmen der EMRK ausgeschlossen.[10]

4 Im Übrigen ist die Norm in Deutschland zwar grundsätzlich lediglich eine Bestätigung der nationalen Rechtslage (→ Rn. 12).[11] Die Norm hat aber insbesondere durch ihre extraterritoriale Anwendung (→ Rn. 9) und durch Beweismittel, die im Ausland ggf. unter Verstoß gegen Art. 3 erlangt worden sind (zum Beweismaß → Rn. 7), über die sich in Deutschland anschließende Frage der Verwertbarkeit im deutschen Strafverfahren auch jenseits der Präventionsfolter eine nennenswerte Relevanz.

5 **2. Schutzpflichtdimension und extraterritoriale Bedeutung.** Art. 3 erkennt nicht nur ein absolutes Folterverbot im Sinne eines strikten Abwehrrechts an. Aus ihm leiten sich auch Schutzpflichten des Staates ab („*positive obligations*").[12] Danach ist es auch Aufgabe

---

[5] MwN EGMR [GK] 12.5.2005 – 46221/99, NVwZ 2006, 1267 Rn. 179 – Öcalan/TUR I; EGMR 11.7.2000 –20869/92, Rn. 89 – Dikme/TUR; Jacobs/*Ovey*/White S. 114; O'Boyle AJIL 1977, 674 (686 f.).

[6] Dazu eingehend mwN *Gaede*, Angst und Streben nach Sicherheit, S. 155, 167 ff.; siehe auch SSW/*Satzger* Rn. 1: Ausnahmen unter keinen Umständen zulässig; siehe auch zu missverständlichen Begründungen des EGMR, in denen er Sicherheitsmaßnahmen unter dem Gesichtspunkt der Erforderlichkeit einordnet, *Meyer-Ladewig/Petzold* NJW 2015, 3426 f.

[7] EGMR [GK] 12.5.2005 – 46221/99, NVwZ 2006, 1267 Rn. 179 – Öcalan/TUR I; siehe überdies EGMR [GK] 15.11.1996 – 22414/93, NVwZ 1997, 1093 Rn. 80 – Chahal/UK; EGMR 11.7.2000 – 20869/92, Rn. 89 f. – Dikme/TUR; mwN EGMR 13.12.2012 – 39630/09, NVwZ 2013, 631 Rn. 195 – El-Masri/MAZ; *Meyer-Ladewig/Lehnert* Rn. 2.

[8] EGMR 30.6.2008 – 22978/05, NStZ 2008, 699 Rn. 69 – Gäfgen/D; evaluierend *Esser* NStZ 2008, 657; bestätigend EGMR [GK] 1.6.2010 – 22978/05, NJW 2010, 3145 Rn. 107 – Gäfgen/D; zum verbliebenen Potential an Maßnahmen, die zwar der Selbstbelastungsfreiheit widerstreiten, was mit einem – effektiv ausgestalteten – Verwertungsverbot auszugleichen wäre, aber das Folterverbot noch nicht verletzen EGMR 14.3.2000 – 47240/99 – Ebbinge/NL.

[9] EGMR 30.6.2008 – 22978/05, NStZ 2008, 699 Rn. 69 – Gäfgen/D; dazu knapp *Esser/Gaede/Tsambikakis* NStZ 2011, 78 f. und näher *Grabenwarter* NJW 2010, 3128 ff.

[10] Zur mangelnden Begründbarkeit der „Rettungsfolter" insbesondere zur EMRK schon früh *Gaede*, Angst und Streben nach Sicherheit, S. 155, 164 ff.; *Jeßberger* JURA 2003, 711 (713 ff.); aA mwN MüKoStGB/*Erb* StGB § 32 Rn. 2 ff., 6 ff.; *Brugger* Der Staat 1996, 67 (74 ff.); *ders.* JZ 2000, 165 (169 f.); gegen entsprechende Stimmen mwN auch Karpenstein/Mayer/*Sinner* Rn. 4.

[11] Siehe aber auch zur unverhältnismäßigen Unterbringung in einer deutschen Sicherheitszelle ohne Bekleidung EGMR 7.7.2011 – 20999/05, NJW 2012, 2173 Rn. 52 ff. – Hellig/D; *Esser/Gaede/Tsambikakis* NStZ 2012, 554 f.

[12] Siehe mit umfangreichen Nachweisen dazu *Meyer-Ladewig/Lehnert* Rn. 7 f.

des Staates, **Personen,** die seiner Hoheitsgewalt unterstehen, **vor den tatbestandlichen Handlungen zu schützen,** selbst wenn diese von Privatpersonen ausgehen.[13] Folglich müssen die Vertragsstaaten zum einen bei akuten Bedrohungslagen Schutz gewährleisten.[14] Zum anderen müssen sie wirksame **Straftatbestände schaffen und durchsetzen,** die entsprechenden Taten entgegentreten.[15] Besonders schutzbedürftige Personen wie Kinder müssen durch spezielle Maßnahmen geschützt werden und damit etwa aus dem häuslichen Bereich entfernt werden.[16] Zu den besonders schutzbedürftigen Personen gehören auch inhaftierte Menschen.[17]

Zur Schutzpflicht des Staates rechnet die Pflicht, plausiblen Vorwürfen von Folter oder unmenschlicher oder erniedrigender Behandlung durch **angemessene Ermittlungen** nachzugehen und die Verantwortlichen ggf. zu bestrafen.[18] Die Staaten müssen ohne schuldhaftes Zögern die gebotenen Maßnahmen ergreifen, um den Sachverhalt hinreichend unabhängig zu erforschen und Beweise zu sichern.[19] Dies gilt insbesondere, aber nicht nur dann, wenn die Vorwürfe unmittelbar staatliches Handeln etwa gegenüber Gefangenen des Staates betreffen.[20] Allerdings finden die etwaige Bestrafung und das hierzu eingesetzte Verfahren ihrerseits ihre **Grenzen insbesondere in den Art. 5, 6 und 7** (siehe auch zur Strafzumessung → Rn. 31).[21] Ist die Ermittlungspflicht verletzt, kann der EGMR auch eine doppelte Verletzung des Art. 3 feststellen, wenn zusätzlich ein Fall der Folter oder der unmenschlichen oder erniedrigenden Strafe oder Behandlung nach den geltenden Maßstäben nachgewiesen wird.[22]

Zur **Tatsachenfeststellung**[23] und auch zur resultierenden Ermittlungspflicht kann auf die bereits zu Art. 2 dargestellten Grundsätze verwiesen werden (→ Art. 2 Rn. 4 ff. und → Rn. 21 ff.): Auch zum Folterverbot des Art. 2 ist der Staat trotz der grundsätzlichen Beweislast des Beschwerdeführers insbesondere in Haftfällen gehalten, Rechenschaft über die Behandlung seiner Bürger abzulegen[24] (auch → Rn. 33). Eine substanzielle Verletzung des Art. 3 darf daher schon auf Grund von erheblichen Indizien bzw. auf der Grundlage seitens des Staates nicht hinreichend widerlegter Tatsachenvermutungen angenommen werden.[25]

---

[13] EGMR 23.9.1998 – 100/1997/884/1096, ÖJZ 1999, 617 Rn. 22 – A/UK; mwN EGMR 29.4.2002 – 2346/02, NJW 2002, 2851 Rn. 50 f. – Pretty/UK; mwN KK-StPO/*Schädler/Jakobs* Rn. 1.

[14] EGMR 11.9.2007 – 27527/03, Rn. 46 – L/LIT; EGMR 3.5.2007 – 71156/91, Rn. 96, 124 – Zeugen Jehovahs ua/GEO; EGMR 17.12.2009 – 32704/04, Rn. 115 – Denis Vasilyev/RUS; EGMR 22.3.2016 – 646/10, Rn. 76 – M.G./TUR; mwN *Meyer-Ladewig/Lehnert* Rn. 9 f.; Löwe/Rosenberg/*Esser* Rn. 20, 27.

[15] EGMR 23.9.1998 – 100/1997/884/1096, ÖJZ 1999, 617 Rn. 22 ff. – A/UK; zu einer ungenügenden Ahndung der Vergewaltigung EGMR 4.12.2003 – 39272/98, Rn. 150 ff. – M.C./BUL; sehr weit nun zu einem Kieferbruch im Rahmen einer Prügelei, bei dem die Behörden die Tat verjähren ließen, EGMR 28.10.2014 – 25018/10, NJW 2015, 3771 Rn. 31 ff. – Ibrahim Demirtas/TUR m. krit. Anm. *Meyer-Ladewig/Paetzold* NJW 2015, 3772; dazu krit. Meyer-Goßner/*Schmitt* Rn. 2b.

[16] EGMR [GK] 10.5.2001 – 29392/95, ZfJ 2005, 154 Rn. 73 ff. – Z ua/UK; näher zum gebotenen Schutz mwN Löwe/Rosenberg/*Esser* Rn. 27; zum Schutz vor sexuellen Missbräuchen auch an nichtstaatlichen Schulen EGMR [GK] 28.1.2014 – 35810/09, NVwZ 2014, 1641 Rn. 144 ff. – O'Keeffe/IRE.

[17] MwN etwa zum Schutz gegen Gewaltakte anderer Mithäftlinge EGMR 3.6.2003 – 33343/96, Rn. 190 ff. – Pantea/ROM.

[18] EGMR [GK] 6.4.2000 – 26772/95, Rn. 131 ff. – Labita/ITA; EGMR 8.1.2004 – 32578/96, Rn. 30 ff. – Çolak u. Filizer/TUR; EGMR 17.1.2013 – 38906/07 u. 52025/07, Rn. 259 ff. – Karabet ua/UKR; mwN Löwe/Rosenberg/*Esser* Rn. 21 ff.

[19] EGMR 28.10.2014 – 25018/10, NJW 2015, 3771 Rn. 32 ff. – Ibrahim Demirtas/TUR; EGMR 28.5.2015 – 41107/10, NLMR 2015, 220 Rn. 99 – Y/SLO; mwN *Meyer-Ladewig/Lehnert* Rn. 14.

[20] Dazu mwN EGMR 6.12.2011 – 18919/10, Rn. 45 – Taraburca/MOL.

[21] Zu diesem Umstand auch klar mit Verweis auf die Rechtsprechung zur Sicherungsverwahrung Löwe/Rosenberg/*Esser* Rn. 27.

[22] MwN EGMR 23.2.2006 – 46317/99, Rn. 124 – Ognyanova u. Choban/BUL; EGMR 8.1.2004 – 32578/96, Rn. 30 ff. – Çolak u. Filizer/TUR; siehe auch bei einer festgestellten Verantwortung für den Todesfall EGMR 23.10.2008 – 8979/02, Rn. 113 – Magomed Musayev ua/RUS.

[23] Zum grundsätzlich aber auch hier erforderlichen, durchaus strengen Beweismaßstab siehe mwN EGMR 7.7.2011 – 20999/05, NJW 2012, 2173 Rn. 50 – Hellig/D.

[24] Dazu nochmals näher mwN *Meyer-Ladewig/Lehnert* Rn. 54 ff.

[25] MwN EGMR 7.7.2011 – 20999/05, NJW 2012, 2173 Rn. 50, 55 – Hellig/D; grundlegend EGMR [GK] 6.4.2000 – 26772/95, Rn. 121 – Labita/ITA.

Dies gilt insbesondere, wenn eine gesunde Person festgenommen wurde und bei der Entlassung eine Verletzung aufweist, die der Staat nicht plausibel erklären kann.[26]

8 Ferner ist zu Art. 3 zu beachten, dass die **Angehörigen** von verschwundenen Verletzungsopfern – über ihre prozessuale Berechtigung zur Geltendmachung der Verletzung hinaus (→ Art. 2 Rn. 25) – durch die unzureichende Ermittlung selbst Opfer einer **eigenständigen Verletzung des Art. 3** unter den Gesichtspunkten der unmenschlichen oder erniedrigenden Behandlung werden können.[27] Dies gilt, wenn etwa die Untätigkeit der Behörden das Leid der Angehörigen derart intensiviert, dass es über das übliche Maß an Trauer in entsprechenden Fällen von Menschenrechtsverletzungen in der eigenen Familie hinausgeht.[28] Hierfür sind neben dem Verhalten der Behörden primär die konkreten familiären Nähebeziehungen der Beteiligten, das mögliche eigene Miterleben der Verletzungshandlung und die eigenen Bemühungen, das Schicksal des Familienmitglieds aufzuklären, maßgeblich.

9 Im Rahmen der Schutzpflichtdimension[29] kommt es auch **in territorialer Hinsicht** zu einem bemerkenswerten **Bedeutungszuwachs** für Art. 3: Ein Vertragsstaat muss nicht nur national im Rahmen seiner Hoheitsgewalt von Verhalten im Sinne des Art. 3 Abstand nehmen und entsprechende Verhaltensweisen unter seinen Bürgern zu verhindern suchen. Er darf auch durch die Ausübung seiner Hoheitsgewalt keine Verstöße gegen Art. 3 ins Werk setzen, die sodann andere Staaten oder private Gruppen[30] auf einem fremden Territorium zulasten des Betroffenen begehen werden.[31] Dies führt insbesondere dazu, dass Art. 3 ein sehr ernstzunehmendes und umfassendes Abschiebungshindernis begründet.[32]

10 Im strafprozessualen Kontext wird die extraterritoriale Dimension vornehmlich als **Schranke der Auslieferung** wirksam:[33] Hierfür muss eine echte Gefahr („*real risk*") der Verletzung des Art. 3 grundsätzlich gerade für den Betroffenen dargelegt werden oder den Behörden bekannt sein.[34] Der EGMR tritt dabei ggf. in eine eigene Sachverhaltsfeststellung ein und greift hierfür auch auf Berichte internationaler NGOs wie Amnesty International zurück.[35] Soweit es um eine Auslieferung in einen Staat geht, der die Demokratie, die Menschenrechte und das Rechtsstaatsprinzip seit langer Zeit achtet, stuft das Gericht die geltend gemachte Gefahr regelmäßig als unwahrscheinlich ein.[36]

11 Konkret relevant ist insbesondere eine im Ausland **drohende Todesstrafe.** Sie kann unter dem Gesichtspunkt des *death row phenomenon* zu einer Verletzung führen und der

---

[26] Wegweisend in diesem Sinne EGMR [GK] 28.7.1999 – 25803/94, NJW 2001, 56 Rn. 87 – Selmouni/FRA; mwN EGMR 8.1.2004 – 32578/96, Rn. 30 ff. – Çolak u. Filizer/TUR; mwN Meyer-Goßner/*Schmitt* Rn. 5.

[27] EGMR 25.5.1998 – 15/1997/799/1002, Rn. 133 f. – Kurt/TUR; mwN EGMR 31.7.2012 – 23016/04, Rn. 94 ff. – ER ua/TUR; EGMR 14.3.2013 – 28005/08, Rn. 199 ff. – Salakhov u. Islyamova/UKR.

[28] EGMR 8.7.1999 – 23657/94, ÖJZ 2000, 474 Rn. 98 – Cakici/TUR; EGMR 31.7.2012 – 23016/04, Rn. 94 ff. – ER ua/TUR; EGMR 8.4.2004 – 26307/95, Rn. 238 – Tahsin Acar/TUR; mwN *Meyer-Ladewig/Lehnert* Rn. 84.

[29] Siehe aber auch mwN *Meyer-Ladewig/Lehnert* Rn. 64: dogmatisch Eingriffsabwehrrecht, da die Übergabehandlung des Konventionsstaates als Verletzungshandlung gesehen werde.

[30] Siehe etwa für Bürgerkriegsparteien EGMR 15.11.1996 – 22414/93, NVwZ 1997, 1093 Rn. 74, 86, 107 – Chahal/UK; EGMR [GK] 23.2.2012 – 27765/09, NVwZ 2012, 809 Rn. 120 – Hirsi Jamaa ua/ITA; mwN zur dt. Rspr. Meyer-Goßner/*Schmitt* Rn. 4; Löwe/Rosenberg/*Esser* Rn. 39.

[31] EGMR [GK] 15.11.1996 – 22414/93, NVwZ 1997, 1093 Rn. 80 – Chahal/UK; EGMR 23.9.1998 – 100/1997/884/1096, ÖJZ 1999, 617 Rn. 22 – A/UK: mwN Löwe/Rosenberg/*Esser* Rn. 30 ff.

[32] Zu diesem Kontext, der grundsätzlich nicht zum Strafverfahren zählt, siehe mwN *Meyer-Ladewig/Lehnert* Rn. 64 ff.; zum materiellen Charakter als Asylgrundrecht *Grabenwarter* EuGRZ 2011, 229 (231).

[33] SSW/*Satzger* Rn. 36; siehe auch national BVerfG 24.6.2003 – 2 BvR 685/03, BVerfGE 108, 129 (136 ff.); 8.4.2004 – 2 BvR 253/04, StV 2004, 440; OLG Hamm 12.7.2004 – (2) 4 Ausl. A 29/2003, StV 2005, 286.

[34] EGMR 30.10.1991 – 13163/87 ua, NVwZ 1992, 869 Rn. 103 – Vilvarajah ua/UK; EGMR [GK] 15.11.1996 – 22414/93, NVwZ 1997, 1093 Rn. 74, 80, 86 – Chahal/UK; EGMR 7.7.1989 – 14038/88, EGMR-E 4, 376 Rn. 91 – Soering/UK; mwN *Meyer- Ladewig/Lehnert* Rn. 65 und 70: grundsätzlich sind ernsthafte Gründe vorzutragen; mwN Löwe/Rosenberg/*Esser* Rn. 38 ff., 40 ff.; zur Zugehörigkeit zu bestimmten, verfolgten Gruppen vgl. EGMR 28.2.2008 – 37201/06, NVwZ 2008, 1330 Rn. 132 – Saadi/ITA.

[35] MwN EGMR 23.2.2012 – 27765/09, NVwZ 2012, 809 Rn. 118 – Hirsi Jamaa ua/ITA.

[36] EGMR 24.7.2014 – 22205/13, Rn. 134 – Calovskis/LAT.

Auslieferung entgegenstehen[37] oder im Gewicht zum vorgeworfenen Delikt unverhältnismäßig sein (aber auch → Rn. 24).[38] Ebenso bejaht der EGMR einen Verstoß gegen Art. 3, wenn die Todesstrafe nach einem Verfahren vollzogen werden soll, das Art. 6 nicht wahrt.[39] Nunmehr tendiert der EGMR vor dem Hintergrund der Zusatzprotokolle dazu, in jeder drohenden Todesstrafe einen Verstoß gegen Art. 3 zu sehen.[40] Das von Deutschland ratifizierte 6. Zusatzprotokoll enthält in seinem Art. 1 S. 2 ebenso wie das 13. Zusatzprotokoll in Art. 1 S. 2 auch ein Auslieferungsverbot. Eine Auslieferung können unter Umständen auch unzureichende Haftbedingungen hindern (→ Rn. 33). Falls der betroffene Staat durch konkrete diplomatische Zusagen die Gefahr ausräumt, ist Art. 3 grundsätzlich Genüge getan, wenngleich eine solche Zusage unter Prüfung der Einhaltung früherer Zusagen der Würdigung bedarf.[41] Sind für das Bestimmungsland der Auslieferung stichhaltige Nachweise für systematische Verstöße gegen Art. 3 vorhanden, sind diplomatische Zusicherungen oder völkervertragliche Abkommen zur Ausräumung der Gefahr untauglich.[42]

3. Parallelgarantien und Flankierung. Ein dreigliedriges Folterverbot enthält auch **Art. 4 GRC**.[43] Für die Strafe stellt zusätzlich Art. 49 Abs. 3 GRC ein Verbot unverhältnismäßiger Strafen auf.[44] Zudem wird die extraterritoriale Geltung des Art. 3 EMRK (→ Rn. 9 ff.) mit dem Auslieferungs- und Abschiebungsverbot des Art. 19 Abs. 2 GRC bestätigt. International liegt in **Art. 7 IPbpR** eine Parallelgarantie, die explizit auch die grausame Strafe oder Behandlung sowie zwangsweise durchgeführte medizinische oder wissenschaftliche Versuche an Menschen untersagt. Im deutschen Recht untersagt vom anwendbaren Strafrecht abgesehen bereits die Menschenwürde des **Art. 1 GG** das von Art. 3 EMRK thematisierte Verhalten, flankiert vom Misshandlungsverbot des **Art. 104 Abs. 1 S. 2 GG** und der körperlichen Unversehrtheit des **Art. 2 Abs. 2 S. 2 GG**.

Zur Prävention und zur weiteren Ächtung der Folter kennt das Völkerrecht weitere Konventionen. Erstens ist das VN-Übereinkommen gegen Folter und andere grausame, unmenschliche oder erniedrigende Behandlung oder Strafe vom 10.12.1984[45] zu nennen (sog. UN-Antifolterkonvention, **UNCAT**). Dieses Übereinkommen strahlt auf die Praxis des regionalen Menschenrechtsschutzes gemäß Art. 3 EMRK aus (→ Rn. 19 f.). Zweitens ist das **Europäische Übereinkommen zur Verhütung von Folter und unmenschlicher oder erniedrigender Behandlung oder Strafe** vom 26.11.1987[46] regional von Bedeutung. Das in seinem Rahmen gegründete *Committee for the Prevention of Torture* (CPT), das Zugang zu allen Freiheitsentziehungsanstalten besitzt, wirkt ebenfalls auf die Standardsetzung durch den EGMR ein.[47]

II. Erläuterung

Art. 3 bestimmt unter der Überschrift Folterverbot grundsätzlich **drei verschiedene Verbotsfallgruppen.** Neben der eigentlichen Folter dürfen Menschen auch keine

---

[37] Grundlegend EGMR 7.7.1989 – 14038/88, EGMR-E 4, 376 Rn. 81, 111 – Soering/UK; mit weiteren Fallgruppen *Meyer-Ladewig/Huber* Art. 2 Rn. 42.
[38] EGMR [GK] 12.5.2005 – 46221/99, NVwZ 2006, 1267 Rn. 168 – Öcalan/TUR I.
[39] EGMR [GK] 12.5.2005 – 46221/99, NVwZ 2006, 1267 Rn. 169 – Öcalan/TUR I.
[40] EGMR 2.3.2010 – 61498/08, NLMR 2010, 84 Rn. 144 – Al-Saadoon u. Mufdhi/UK. Enger noch im Ansatz EGMR 7.7.1989 – 14038/88, EGMR-E 4, 376 Rn. 101 ff. – Soering/UK; siehe weiter heute auch schon mwN Löwe/Rosenberg/*Esser* Rn. 95; BeckOK StPO/*Valerius* Rn. 4.1: generell Verstoß gegen Art. 3.
[41] EGMR 16.10.2001 – 71555/01, ÖJZ 2003, 34 Rn. 26, 33 – Einhorn/FRA; mwN EGMR 23.2.2012 – 27765/09, NVwZ 2012, 809 Rn. 129 ff. – Hirsi Jamaa ua/ITA.
[42] Siehe näher EGMR 2.10.2012 – 14743/11, NLMR 2012, 322 Rn. 149 – Abdulkhakov/RUS; EGMR 23.2.2012 – 27765/09, NVwZ 2012, 809 Rn. 129 – Hirsi Jamaa ua/ITA.
[43] Zur Entsprechung siehe Erläuterungen ABl. 2007 C 303, 17 (18).
[44] Zu ihm siehe bereits EnzykEuR/*Gaede*, Bd. 9, § 3 Rn. 89 f.
[45] Dazu siehe BGBl. 1990 II 246: Übereinkommen gegen Folter und andere grausame, unmenschliche oder erniedrigende Behandlung oder Strafe.
[46] Dazu siehe BGBl. 1989 II 946.
[47] Vgl. näher mwN Löwe/Rosenberg/*Esser* Rn. 8 f. und *Pohlreich* JZ 2011, 1058 (1061 f.); siehe beispielhaft EGMR 7.7.2011 – 20999/05, NJW 2012, 2173 Rn. 29, 56 – Hellig/D.

unmenschlichen oder erniedrigenden Behandlungen erleiden. Die ebenso erwähnte Strafe stellt insoweit einen Unterfall der Behandlung dar.

15 Damit spaltet sich das Folterverbot in drei Kategorien auf, deren Übergänge regelmäßig als fließend bezeichnet werden.[48] Ein Verstoß gegen das Verbot setzt jeweils voraus, dass eine dem Staat zurechenbare Beeinträchtigung **nach den Umständen des Einzelfalls ein gewisses Minimum an Schwere** erreicht („*minimum level of severity*").[49] Damit sind Bagatelleinwirkungen von Art. 3 ausgenommen, ohne dass dies Raum für die Prüfung einer Verhältnismäßigkeitsabwägung bieten sollte.[50] Leitkriterien sind vornehmlich die Art und Dauer der Behandlung, ihre physischen und psychischen Folgen sowie ggf. die Eigenschaften (etwa: Alter und Geschlecht) und insbesondere der Gesundheitszustand des Betroffenen.[51]

16 Die **Abgrenzung** unter den Fallgruppen stellt sich dann als eine graduelle dar, die auf die konkrete Schwere der Beeinträchtigungen abhebt.[52] Allerdings sucht der EGMR insbesondere die Abgrenzung der Folter von den weiteren Kategorien traditionell über ein nur ihr eigenes **Stigma** zu leisten, dessen Berechtigung zu prüfen ist (näher → Rn. 19 f.): „*The Court must first give due weight to the distinction embodied in Article 3 between the notion of torture and that of inhuman or degrading treatment. It appears that the distinction was drawn in the Convention in order to attach a special stigma to deliberate inhuman treatment causing very serious and cruel suffering.*"[53]

17 Im Vergleich ist die erniedrigende Behandlung oder Bestrafung die schwächste Variante (zu ihr → Rn. 29 ff.). Sie ist in der unmenschlichen Behandlung oder Bestrafung oftmals enthalten (zu ihr → Rn. 23 ff.).[54] Die Folter wiederum impliziert die unmenschliche Behandlung oder Bestrafung (zu ihr → Rn. 23 ff.).[55]

18 Der Begriff der **Behandlung** bedeutet in allen Varianten zunächst jedes Tun oder Unterlassen, mit dem Personen auf den Betroffenen einwirken (zu weiteren handlungsbezogenen Erfordernissen der Folter siehe dann → Rn. 20). Er hat damit praktisch keine zusätzliche einschränkende Wirkung. Der Unterfall der **Bestrafung** kann grundsätzlich im Sinne der Art. 6 und 7 EMRK verstanden werden (→ Art. 7 Rn. 5). Nach dem Sinn und Zweck der Norm sind jedoch alle staatlicherseits verhängten Strafen erfasst.[56] Ob ein Strafzweck einschlägig ist, entscheidet der EGMR nicht nur nach den vorgeblich behaupteten Zwecken.[57]

19 **1. Das Verbot der Folter. a) Begriffsbestimmung.** Die Folter wurde anfänglich noch vergleichsweise eng ausgelegt, indem sie Leiden besonderer Intensität und Grausamkeit voraussetzen sollte, die der Gerichtshof offenbar nur bei einer Beeinträchtigung der körperlichen Integrität bejahen wollte.[58] Heute wird die Folter hingegen in Orientierung an Art. 1

---

[48] So etwa *Frei-Sipponen* S. 55; SSW/*Satzger* Rn. 9: trennscharfe Abgrenzung unmöglich; Löwe/Rosenberg/*Esser* Rn. 54.
[49] Für diese stRspr schon mwN EGMR [GK] 6.4.2000 – 26772/95, Rn. 120 – Labita/ITA; EGMR 19.4.2001 – 28524/95, Rn. 67 – Peers/GRE; *Esser* S. 376; *Frei-Sipponen* S. 55 ff.; zur Einzelfallbezogenheit auch nochmals EGMR 11.7.2000 – 20869/92, Rn. 94 – Dikme/TUR; *Jerouschek/Kölbel* JZ 2003, 613 (616 f.).
[50] Treffend mwN SSW/*Satzger* Rn. l; grundsätzlich verneinend für körperliche Übungen in militärischen Internierungslagern aus Beispiel EGMR 18.1.1978 – 5310/71, EGMR-E 1, 232 Rn. 181 – IRE/UK.
[51] Dazu EGMR 16.12.1997 – 152/1996/771/972, Rn. 55 f. – Raninen/FIN; EGMR 16.12.1999 – 24888/94, Rn. 70 f. – V/UK; EGMR 19.4.2001 – 28524/95, Rn. 67 ff. – Peers/GRE; EGMR 24.7.2001 – 44558/98, Rn. 101 – Valasinas/LIT; mwN EGMR 11.7.2006 – 54810/00, NJW 2006, 3117 Rn. 67 – Jalloh/D.
[52] Siehe etwa *Frowein/Peukert* Rn. 6; *Esser* S. 377 f.; *Grabenwarter/Pabel* § 20 Rn. 41 f.
[53] Siehe repräsentativ mwN unter Berufung auf die UN-Antifolterkonvention EGMR 11.7.2000 – 20869/92, Rn. 93 f. – Dikme/TUR; grundlegend bereits EGMR 18.1.1978 – 5310/71, EGMR-E 1, 232 Rn. 167 – IRE/UK.
[54] Löwe/Rosenberg/*Esser* Rn. 55; für eine vollständige Identität insoweit SSW/*Satzger* Rn. 9.
[55] MwN Löwe/Rosenberg/*Esser* Rn. 55.
[56] Dazu zum Einschluss von Disziplinar- oder Schulstrafen Löwe/Rosenberg/*Esser* Rn. 29; BeckOK StPO/*Valerius* Rn. 2.
[57] Siehe zu Schlägen zu vermeintlich anderen Zwecken EGMR 15.5.2008 – 7178/03, Rn. 80 ff. – Dedovskiy ua/RUS.
[58] Dazu siehe bereits EGMR 18.1.1978 – 5310/71, EGMR-E 1, 232 Rn. 167 (nur sehr vage) – IRE/UK.

Verbot der Folter 20–22 **Art. 3 EMRK**

des flankierenden VN-Übereinkommens ausgelegt (→ Rn. 12 f.). In dem grundlegenden Fall *Selmouni v. Frankreich*[59] hat die – im Folgenden mehrfach bestätigte – Große Kammer des EGMR hergeleitet, dass und weshalb ein Foltervorwurf damit öfter als bisher zu Recht erhoben werden kann (zum Charakter der EMRK als *living instrument* siehe schon → Art. 1 Rn. 29).[60] Nach diesem Übereinkommen wird die Folter wie folgt verstanden:

„*1. For the purposes of this Convention, the term ‚torture' means any act by which severe pain or suffering, whether physical or mental, is intentionally inflicted on a person for such purposes as obtaining from him or a third person information or a confession, punishing him for an act he or a third person has committed or is suspected of having committed, or intimidating or coercing him or a third person, or for any reason based on discrimination of any kind, when such pain or suffering is inflicted by or at the instigation of or with the consent or acquiescence of a public official or other person acting in an official capacity (…).*"[61]

Nach diesen Maßgaben unterscheidet sich die Folter von der unmenschlichen Behandlung (zu ihrem Verständnis → Rn. 23 ff.) durch zwei Kriterien: *Erstens* setzt sie objektiv eine unmenschliche Behandlung voraus, die **zusätzlich ein sehr schweres und grausames Leiden** hervorrufen muss.[62] Damit muss eine größere Schwere vorliegen, die nach den bekannten Kriterien einzelfallkonkret bemessen wird (→ Rn. 23). *Zweitens* setzt die Folter subjektiv voraus, dass das objektiv ausgelöste **Leid dem Opfer zielgerichtet zugefügt** wird.[63] Hierfür kommen insbesondere der Zweck der Geständniserlangung, ebenso aber andere Zwecke wie die Bestrafung oder die Einschüchterung in Betracht.[64] Bei der Subsumtion beider Kriterien berücksichtigt der EGMR steuernd die mit der Feststellung von Folter verbundene Stigmatisierungswirkung (→ Rn. 16), wobei er die Fortentwicklung des Rechts einbezieht, die nach seiner Überzeugung heute eine strengere Würdigung gestattet. Demzufolge wäre etwa der dem Vereinigten Königreich mit einer der wenigen Staatenbeschwerden vorgeworfene Einsatz kombinierter, willensbeeinträchtigender Verhörtechniken heute trotz ihrer Verschonung der physischen Integrität als Folter und nicht „nur" als unmenschliche Behandlung einzustufen.[65] 20

b) Strafprozessuale Kasuistik. Ein Leitfall der Folter liegt in den Fällen des sog. palästinensischen Hängens, bei dem die Hände des Opfers hinter seinem Rücken zusammengebunden werden, um es dann so an den Händen hochzuziehen, dass diese nach dem Ende der Behandlung noch einige Zeit gelähmt sind.[66] Ferner ist die Vergewaltigung einer festgenommenen Person durch die Polizei ein Anwendungsfall der Folter.[67] 21

Obschon der Zweck gerade in der Erlangung eines Geständnisses lag, hat der EGMR auch in jüngeren Jahren allein bei der **Androhung von Gewalt in einer Vernehmung** noch nicht den Vorwurf der Folter bestätigt.[68] Im Fall Gäfgen gelangte er zu einer 22

---

[59] EGMR [GK] 28.7.1999 – 25803/94, NJW 2001, 56 Rn. 101 ff. – Selmouni/FRA. Hier erkannte der Gerichtshof auf Folter, weil der inhaftierte Beschwerdeführer während der Haft am ganzen Körper mit der Folge erheblicher Schmerzen geschlagen wurde, Spießrutenlaufen musste, auf ihn uriniert worden ist und er mit einer Spritze sowie einem Lötkolben bedroht wurde.
[60] EGMR [GK] 28.7.1999 – 25803/94, NJW 2001, 56 Rn. 101 ff. – Selmouni/FRA; Jacobs/*Ovey*/*White* S. 171, 174; *Frei-Sipponen* S. 57; *Esser* S. 380: wegweisend; daran anschließend etwa EGMR 11.7.2000 – 20869/92, Rn. 89, 92 ff. – Dikme/TUR.
[61] Siehe nur die Übernahmen des Art. 1 VN-Antifolterkonvention in EGMR [GK] 28.7.1999 – 25803/94, NJW 2001, 56 Rn. 97 – Selmouni/FRA und EGMR 11.7.2000 – 20869/92, Rn. 94 – Dikme/TUR.
[62] EGMR 18.12.1996 – 21987/93, Rn. 63 f. – Aksoy/TUR; mwN SSW/*Satzger* Rn. 27.
[63] EGMR [GK] 28.7.1999 – 25803/94, NJW 2001, 56 Rn. 96 ff. – Selmouni/FRA; dies betonend SSW/*Satzger* Rn. 30; Löwe/Rosenberg/*Esser* Rn. 28; siehe auch schon *Gaede*, Angst und Streben nach Sicherheit, S. 155, 164 ff.: Schwere am Potential zur Willensbeugung auszurichten; zur Einordnung rein sadistisch motivierter Gewalt mwN Löwe/Rosenberg/*Esser* Rn. 59 und 62.
[64] Dafür nur etwa Meyer-Goßner/*Schmitt* Rn. 1.
[65] Entsprechend bereits *Esser* S. 380; mwN SSW/*Satzger* Rn. 31.
[66] EGMR 18.12.1996 – 21987/93, Rn. 64 – Aksoy/TUR.
[67] EGMR 25.9.1997 – 23178/94, Rn. 86 – Aydin/TUR; EGMR 24.1.2008 – 839/02, Rn. 105 f. – Maslova u. Nalbandov/RUS.
[68] EGMR [GK] 1.6.2010 – 22978/05, NJW 2010, 3145 Rn. 102 ff. – Gäfgen/D.

unmenschlichen Behandlung (dazu und zu weiteren Aspekten des Falles → Rn. 25 f.). Er hat damit bestätigt, dass der staatlich verfolgte Zweck bei der Abgrenzung nicht allein entscheidend ist und im Ergebnis einen stärkeren Grad an Drohungen verlangt, der zu einem erheblicheren psychischen Leiden führen würde.[69] Nicht zuletzt im Hinblick auf die praktischen Folgen für die Beweisverwertung und vor allem die willensbrechend austarierte und in ihrer Realisierung nur durch den erfolgreichen Bruch „begrenzte" Drohung bleibt die Einordnung angedrohter Gewalt gerade in Anknüpfung an die Art. 1, 15 UNCAT aber diskutabel.[70]

23   **2. Das Verbot der unmenschlichen Behandlung oder Strafe. a) Begriffsbestimmung.** Ein Mensch wird *unmenschlich behandelt*, wenn ihm **vorsätzlich schwere physische oder psychische Qualen oder Leiden von außergewöhnlicher Intensität oder Dauer** zugefügt werden, die mit den allgemeinen Geboten der Menschlichkeit schlechthin unvereinbar sind, ohne dass der Eingriff die Intensität erreicht, welche die Folter kennzeichnet.[71] Die Konkretisierung dieses Maßstabes erfordert eine Einzelfallbetrachtung, in die zunächst die objektiven Faktoren Art, Dauer und Schwere der zugefügten Leiden und Qualen einzustellen sind. Zudem müssen die subjektiven Motive des Behandelnden herangezogen werden.[72]

24   Im Fall von Strafen ist eine Unmenschlichkeit dann zu bejahen, wenn die konkrete Strafe **zur Tat und der diesbezüglichen Schuld außer Verhältnis** steht.[73] Hierbei erkennt der EGMR indes einen erheblichen Zumessungsspielraum der Vertragsstaaten bzw. ihrer Strafgerichte an. Art. 3 ist nach diesem Maßstab nur in außergewöhnlichen und damit seltenen Fällen verletzt.[74] Hierzu muss die Strafe evident unverhältnismäßig („*gross disproportionality*") sein.[75] In jedem Falle ist eine Strafe nicht deshalb unmenschlich, weil sie schärfer ausfällt als dies in Deutschland der Fall gewesen wäre.[76] Ob sich innerhalb der EU aus Art. 49 Abs. 3 GRC eine engere Grenze ergeben wird, bleibt zu beobachten. Ein **Mindestschulderfordernis** hat der EGMR aus Art. 3 EMRK bislang nicht abgeleitet. Er sollte einem begrenzten Schuldgrundsatz (auch → Art. 7 Rn. 26) aber näher treten, da sich eine Strafe, vor der sich kein Mensch durch ein zielgerichtetes, sorgfältiges Verhalten schützen kann, tatsächlich als unmenschliche oder doch erniedrigende Instrumentalisierung eines Einzelnen darstellt.

25   **b) Strafprozessuale Kasuistik.** Zumindest unmenschlich im Sinne des Art. 3 war etwa die Kombination von „Verhörstechniken", die britische Vernehmungsorgane in Irland anwendeten und die neben dem systematischen Vorenthalten von Schlaf, Essen und Trinken insbesondere in dem Zwang bestanden, mit einer sichtverdeckenden

---

[69] So interpretiert bei SSW/*Satzger* Rn. 22 und siehe EGMR [GK] 1.6.2010 – 22978/05, NJW 2010, 3145 Rn. 103, 107 f. – Gäfgen/D zur indiziellen Bedeutung des anschließenden psychischen Betreuungsbedarfs für die Abgrenzung zur Folter.
[70] *Esser* NStZ 2008, 657 ff.; zum EGMR abl. etwa *Grabenwarter* NJW 2010, 3128 (3130); vor der Entscheidung für eine Einstufung als Folter mwN *Gaede*, Angst und Streben nach Sicherheit, S. 155, 164 ff.; siehe auch zur Drohung bereits EGMR 25.2.1982 – 7511/76 u. 7743/76, EGMR-E 2, 53 Rn. 26 – Campbell u. Cosans/UK: „*However, the Court is of the opinion that, provided it is sufficiently real and immediate, a mere threat of conduct prohibited by Article 3 (art. 3) may itself be in conflict with that provision. Thus, to threaten an individual with torture might in some circumstances constitute at least ‚inhuman treatment'.*"
[71] Siehe EGMR 18.1.1978 – 5310/71, EGMR-E I, 232 Rn. 167 – IRE/UK; EGMR 7.7.1989 – 14038/88, EGMR-E 4, 376 Rn. 100 – Soering/UK; *Villiger* S. 179.
[72] Zu beiden Kriteriengruppen siehe EGMR 16.12.1997 – 152/1996/771/972, Rn. 55 – Raninen/FIN; SSW/*Satzger* Rn. 21; Meyer-Goßner/*Schmitt* Rn. 2.
[73] MwN Löwe/Rosenberg/*Esser* Rn. 95 f.; siehe nun auch sehr großzügig EGMR 27.7.2010 – 28221/08, NLMR 2010, 243 Rn. 29 – Gatt/MAL: fünfeinhalb Jahre Freiheitsentzug nach Verstoß gegen eine Bewährungsauflage.
[74] MwN EGMR 8.1.2013 – 43759/10 u. 43771/12, Rn. 74 ff. – Willcox u. Hurford/UK; EGMR [GK] 9.7.2013 – 66069/09 ua, NJOZ 2014, 1582 Rn. 102 – Vinter ua/UK.
[75] EGMR 8.1.2013 – 43759/10 u. 43771/12, Rn. 74 – Willcox u. Hurford/UK; SSW/*Satzger* Rn. 23.
[76] Für eine Übertragung einer in Thailand verhängten Strafe in das Vereinigte Königreich EGMR 8.1.2013 – 43759/10, Rn. 78 – Willcox u. Hurford/UK.

Kapuze Lärm auszuhalten und lange Zeit in angespannter Körperhaltung an der Wand stehen zu müssen (heute aber → Rn. 26).[77] Gleiches gilt für die Methoden der Bush-Administration wie das **Waterboarding.**[78] Ebenso wurde die Türkei verurteilt, weil sie auf Grund des Verdachts der Unterstützung einer terroristischen Vereinigung das Haus eines Verdächtigen mitsamt Einrichtung zerstörte.[79] Der sexuelle Missbrauch, gegen den der Staat nicht hinreichend vorgeht, ist ebenfalls ein Anwendungsfall.[80] Medizinische Eingriffe zugunsten der Strafverfolgung sind nicht stets Eingriffe in Art. 3, bedürfen aber einer überzeugenden Rechtfertigung und müssen sich unterhalb des von Art. 3 grundsätzlich geforderten Maßes an Schwere des Eingriffs halten.[81] Die zwangsweise und **mit Gewalt durchgesetzte Verabreichung von Brechmitteln zur Beweisgewinnung** ist in der Regel eine unmenschliche und erniedrigende Behandlung.[82] Zu beachten ist zusätzlich der Maßstab des bei einer Verletzung des Art. 3 regelmäßig verdrängten Art. 8, der auch unterhalb der von Art. 3 vorausgesetzten Eingriffsschwere verletzt sein kann (→ Art. 8 Rn. 13).

Im Fall Gäfgen betonte der Gerichtshof, dass schon die hinreichend reale und unmittelbare **Androhung von Folter** eine unmenschliche Behandlung ausmacht[83] (zur Frage, ob bereits die graduell erheblichere Folter anzunehmen war, → Rn. 38 f.). Unmissverständlich vertrat er dies durch seine Große Kammer einstimmig auch für eine Konstellation, in der die staatlichen Akteure von der Situation einer notwendigen Rettungsfolter zur Bewahrung gefährdeten Lebens ausgingen.[84] Darüber hinaus verlangt die Große Kammer des EGMR im Rahmen des Art. 34 eine **ernsthafte Anerkennung der Opferstellung des Betroffenen,** wenn sein Opferstatus auf Grund einer nationalen Wiedergutmachung entfallen soll.[85] Den gegen die Verantwortlichen verhängten geringen Geldstrafen auf Bewährung komme nicht der notwendige Abschreckungseffekt zu. Auch der Umstand, dass der anordnende Polizeivizepräsident anschließend zum Leiter einer Dienststelle ernannt worden war, gab Anlass zu Zweifeln, ob die Behörden angemessen auf die ernste Verletzung des Art. 3 reagiert hatten.

Diese Kritik des EGMR ist zum konkreten Fall durchaus zu teilen, da bei einer geplanten, die Folter jedenfalls in Kauf nehmenden Maßnahme auch auf der Schuldebene – erst recht auf der Ebene der Rechtswidrigkeit – keine durchgreifenden Gründe für eine mildere Beurteilung ersichtlich werden, die den ernsten Verstoß einschließlich seiner bewussten Auflehnung gegen geltendes Recht zu einer Bagatelltat werden lassen könnten.[86] Vom Fall Gäfgen abgesehen sind die Ausführungen zur unzureichenden Abschreckung aber nicht so zu verstehen, dass der EGMR anhand der aus der EMRK resultierenden Schutzpflichten nun die Angemessenheit einzelner Strafen detailliert prüfen oder einer maßlosen Generalprävention das Wort reden wolle. Vielmehr sah das Gericht zunächst vor allem ein *mit den*

---

[77] EGMR 18.1.1978 – 5310/71, EGMR-E 1, 232 Rn. 96, 165 ff. – IRE/UK.
[78] Treffend Löwe/Rosenberg/*Esser* Rn. 66: ebenso erniedrigend und ggf. auch als Folter zu werten.
[79] EGMR 30.1.2001 – 25801/94, Rn. 54 ff. – Dulas/TUR.
[80] Dazu, im Fall aber abl., EGMR 10.10.2002 – 38719/97, Rn. 109 – D.P. u. J.C./UK; siehe auch zur Vergewaltigung EGMR 4.12.2003 – 39272/98, Rn. 153 – M.C./BUL.
[81] MwN EGMR 13.5.2008 – 52515/99, NVwZ 2009, 1547 Rn. 72 – Juhnke/TUR; EGMR 5.1.2006 – 32352/02 – Schmidt/D (Blut- und Speichelprobe); *Meyer-Ladewig/Lehnert* Rn. 48; Löwe/Rosenberg/*Esser* Rn. 70.
[82] Für eine Verletzung siehe den zwangsweise vollstreckten deutschen Brechmitteleinsatz EGMR 11.7.2006 – 54810/00, NJW 2006, 3117 Rn. 69 ff., 76 ff. – Jalloh/D; näher *Gaede* HRRS 2006, 241 ff.; krit. *Schuhr* NJW 2006, 3538 (3539 ff.); siehe aber zur Zulässigkeit einer Operation zur Entfernung von Rauschgiftbeuteln unter anderen Umständen EGMR 7.10.2008 – 35228/03, Rn. 78 ff. – Bogumil/POR.
[83] EGMR [GK] 1.6.2010 – 22978/05, NJW 2010, 3145 Rn. 91 – Gäfgen/D.
[84] EGMR [GK] 1.6.2010 – 22978/05, NJW 2010, 3145 Rn. 107 – Gäfgen/D.
[85] EGMR [GK] 1.6.2010 – 22978/05, NJW 2010, 3145 Rn. 119 – Gäfgen/D.
[86] Dazu eingehend mwN *Gaede,* Angst und Streben nach Sicherheit, S. 155, 186 ff.; iE auch unter dem Einschluss des Handelns Privater SSW/*Satzger* Rn. 39 ff.; LG Frankfurt a. M. 20.12.2004 – 5/27 KLs 7570 Js 203814/03 (4/04), 5-27 KLs 7570 Js 203814/03 (4/04), NJW 2005, 692 (693 f.); aA schon zur Notwehr *Erb* JURA 2005, 24 (26 ff.); *ders.* NStZ 2005, 593 (598 ff.); vermittelnd insofern *Jerouschek* JuS 2005, 296 (300): keine Beschränkung bei Privaten; siehe auch *Esser/Gaede/Tsambikakis* NStZ 2011, 78 f.

Händen zu greifendes Missverhältnis zwischen der Schwere der Tat(-schuld) und der staatlichen Sanktionierung.[87]

28 Im Rahmen der beträchtlichen *margin of appreciation,* die der EGMR den Vertragsstaaten bei der Beurteilung einer angemessenen Strafe zugesteht, liegt in der Androhung, der Verhängung und dem Vollzug einer **lebenslangen Freiheitsstrafe** kein Verstoß gegen Art. 3, soweit schwere Delikte betroffen sind und dem Verurteilten noch eine Hoffnung auf Entlassung verbleibt.[88] Falls die Strafe jedoch unter keinen Umständen auf Grund einer auf dem Rechtsweg und nicht nur auf dem Gnadenwege erfolgenden Überprüfung der Resozialisierungserfolge durch staatliche Behörden und Gerichte verkürzt werden kann, ist Art. 3 verletzt.[89] Zur Behandlung der **Todesstrafe** schon → Rn. 11.

29 **3. Das Verbot der erniedrigenden Behandlung oder Strafe. a) Begriffsbestimmung.** Eine Behandlung erniedrigt, wenn sie Gefühle der Angst, des Schmerzes oder der Minderwertigkeit erweckt, die geeignet (und darauf gerichtet) sind, das **Opfer zu demütigen bzw. zu entwürdigen und möglicherweise seinen psychischen oder moralischen Widerstand zu brechen.**[90] Jede nicht strikt erforderliche Gewaltanwendung während einer Inhaftierung, die nicht durch das Verhalten der betreffenden Person unmittelbar hervorgerufen wird, ist entwürdigend und führt damit jedenfalls unter dem Aspekt der Erniedrigung grundsätzlich zu einer Verletzung des Art. 3: „*The Court reiterates that, in respect of a person deprived of his liberty, recourse to physical force which has not been made strictly necessary by his own conduct diminishes human dignity and is in principle an infringement of the right set forth in Article 3.*"[91]

30 Soweit es auf die Demütigung ankommt, ist grundsätzlich auf das subjektive Befinden des Betroffenen abzustellen.[92] Die Behandlung muss jedoch den geforderten Mindestgrad einer schweren Beeinträchtigung erreichen (→ Rn. 15) und ihn insoweit in seiner Persönlichkeit treffen.[93] Eine nachgewiesene **Absicht,** den Betroffenen zu demütigen, spricht für eine erniedrigende Behandlung. Der Nachweis einer solchen Absicht ist aber für die Feststellung der erniedrigenden Behandlung nicht mehr konstitutiv.[94] Intensive körperliche Schmerzen sind hingegen entbehrlich. Der EGMR ging so weit, dass er auch in dem psychischen Leiden einer Ehefrau (siehe zu Angehörigen schon → Rn. 8), deren verstorbenem Ehemann ohne ihre Zustimmung rechtswidrig Gewebe entnommen und der mit zusammengeklebten Beinen beerdigt worden war, in Hinsicht auf die spätere Kenntniserlan-

---

[87] Siehe bereits krit. einordnend *Grabenwarter* NJW 2010, 3128 (3129 f.); *Esser/Gaede/Tsambikakis* NStZ 2011, 78 (79).
[88] EGMR [GK] 12.2.2008 – 21906/04, NJOZ 2010, 1599 Rn. 97 ff., 102 ff. – Kanaris/CYP.
[89] EGMR [GK] 9.7.2013 – 66069/09 ua, NJOZ 2014, 1582 Rn. 126 ff. – Vinter ua/UK: Freilassungschance allein bei unheilbarer Krankheit unzureichend; EGMR 20.5.2014 – 73593/10, Rn. 50 ff. – László Magyar/HUN; EGMR 8.7.2014 – 15018/11 u. 61199/12, Rn. 245 – Harakchiev u. Tolumov/BUL; siehe allerdings zum nationalen Umsetzungsermessen bei der Ausgestaltung des nationalen Rechtsmittels EGMR [GK] 17.1.2017 – 57592/08, Rn. 44 f., 54 ff. – Hutchinson/UK; zu notwendigen Therapieangeboten siehe aber auch EGMR 26.4.2016 – 10511/10, Rn. 105 f. – Murray/NL.
[90] EGMR 18.1.1978 – 5310/71, EGMR-E 1, 232 Rn. 167 – IRE/UK; EGMR 7.7.1989 – 14038/88, EGMR-E 4, 376 Rn. 100 – Soering/UK; EGMR 27.9.1999 – 33985/96 u. 33986/96, NJW 2000, 2089 Rn. 120 – Smith u. Grady/UK; EGMR [GK] 17.7.2014 – 32541/08 u. 43441/08, NJW 2015, 3423 Rn. 115 – Svinarenko u. Slyadnev/RUS; für Haftbedingungen EGMR 19.4.2001 – 28524/95, Rn. 75 – Peers/GRE; EGMR 7.7.2011 –20999/05, NJW 2012, 2173 Rn. 51 – Hellig/D; zur möglichen Anwendung auf die Intensivierung einer Krankheit mwN *Meyer-Ladewig/Lehnert* Rn. 22.
[91] MwN EGMR 11.7.2000 – 20869/92, Rn. 90 ff. – Dikme/TUR; EGMR 4.12.1995 – 18896/91, EuGRZ 1996, 504 Rn. 38 – Ribitsch/AUT; *Esser* S. 376, 389 f.; mwN BeckOK StPO/*Valerius* Rn. 3.1. Vgl. auch zur Aufrechterhaltung beim Phänomen des Terrorismus *Ashworth* S. 52 ff.
[92] EGMR 25.4.1978 – 5856/72, EGMR-E 1, 268 Rn. 32 – Tyrer/UK; EGMR 27.9.1999 – 33985/96 u. 33986/96, NJW 2000, 2089 Rn. 120 – Smith u. Grady/UK; siehe zu objektiveren Ansätzen mwN auch Karpenstein/Mayer/*Sinner* Rn. 8.
[93] EGMR [GK] 12.5.2005 – 46221/99, NVwZ 2006, 1267 Rn. 181 – Öcalan/TUR I; zur Schwere der Demütigung EGMR [GK] 26.10.2000 – 30210/96, NJW 2001, 2694 Rn. 92 – Kudła/PL.
[94] MwN EGMR [GK] 17.1.2012 – 36760/06, NJOZ 2013, 1190 Rn. 203 – Stanev/BUL; auch zu Haftbedingungen SSW/*Satzger* Rn. 19.

gung der Ehefrau eine erniedrigende Behandlung gesehen hat.[95] Hiermit korrigiert er partiell, dass Art. 3 auf die Behandlung Verstorbener keine postmortale Anwendung findet.[96]

Im Fall von **Strafen** bezieht der EGMR ein, dass sie bereits grundsätzlich auf ein nennenswertes Maß an Leiden und Erniedrigung hinauslaufen.[97] Indem die Konvention Strafen mit den Art. 3, 6 und 7 grundsätzlich zulässt, können die grundsätzlichen Effekte der Strafe nicht zu ihrer Konventionswidrigkeit führen. Dies überzeugt auch aus der Perspektive der mit der Strafe definitionsgemäß jedenfalls in Deutschland verbundenen Übelszufügung, ihres sozialethischen Tadels sowie ihrer regelmäßig ausgrenzenden Wirkung. Entsprechend ist eine im Sinne des Art. 3 erniedrigende Strafe nur eine solche, die Leiden oder Erniedrigungen mit sich führt, die über die mit jeder rechtmäßigen Bestrafung grundsätzlich unvermeidbar verbundenen Leiden und Demütigungen erheblich mit der Folge eines schweren Leidensdrucks hinausgeht.[98] Die so bestimmte Erniedrigung kann dabei aber schon aus der Art der Strafe selbst folgen. So verstößt insbesondere eine staatlich autorisierte **Prügelstrafe** gegen Art. 3, selbst wenn es sich um leichtere Fälle handelt.[99]

b) Strafprozessuale Kasuistik. Wird ein Angeklagter in einen öffentlich sichtbaren **Metallkäfig** gesperrt, obwohl keine tragfähigen Anhaltspunkte dafür bestanden, dass er besonders gefährlich wäre, ist darin eine erniedrigende Behandlung zu sehen.[100] Das Tragen gefahreindämmender Handschellen ist nicht stets eine erniedrigende Maßnahme, kann aber bei einer mangelnden Verhältnismäßigkeit ihres Einsatzes – insbesondere durch eine unnötige Publizität – einen Verstoß begründen.[101] Eine Zeugenbefragung, die neuneinhalb Stunden dauert und während der dem Zeugen jedes Essen und Trinken verwehrt wird, verletzt Art. 3.[102] Einen Anwendungsfall kann auch die achtfache Bestrafung eines Wehrdienstverweigerers darstellen.[103] Abgelehnt wurde eine Verletzung etwa bei einer dreiwöchigen öffentlichen Hauptverhandlung gegen ein zehn- bzw. elfjähriges Kind.[104] Auch die Verweigerung einer staatlichen Beihilfe zum Selbstmord im Fall einer schwerwiegenden Erkrankung/Behinderung wurde der Norm nicht subsumiert.[105] Selbst der Zwang, trotz gesundheitlicher Probleme ein Kind austragen zu müssen, soll Art. 3 nicht unterfallen.[106]

Die Maßstäbe des Art. 3 sind auch in der **Untersuchungshaft** und im **Strafvollzug** zu beachten.[107] So muss es sich verbieten, einem Inhaftierten tagelang zu verwehren, seine durch Kot verschmutzten Kleider zu wechseln und sich zu reinigen.[108] Ebenso verstößt es gegen die Norm (auch unter dem Aspekt der unmenschlichen Behandlung), wenn eine

---

[95] EGMR 13.1.2015 – 61243/08, NLMR 2015, 35 Rn. 135 ff. – Elberte/LAT; zust. auch *Meyer-Ladewig/Lehnert* Rn. 84.
[96] Dazu mwN *Meyer-Ladewig/Lehnert* Rn. 25.
[97] EGMR 25.4.1978 – 5856/72, EGMR-E 1, 268 Rn. 29 f. – Tyrer/UK.
[98] EGMR 25.4.1978 – 5856/72, EGMR-E 1, 268 Rn. 30 – Tyrer/UK; EGMR [GK] 26.10.2000 – 30210/96, NJW 2001, 2694 Rn. 92 – Kudła/PL.
[99] So grundlegend für drei Schläge mit einer Birkenrute EGMR 25.4.1978 – 5856/72, EGMR-E l, 268 Rn. 33, 35 – Tyrer/UK. Siehe hingegen eine unbestimmte Strafe zulassend EGMR 16.12.1999 – 24888/94, Rn. 98 – V/UK.
[100] EGMR [GK] 17.7.2014 – 32541/08 u. 43441/08, NJW 2015, 3423 Rn. 138 f. – Svinarenko u. Slyadnev/RUS; mwN Meyer-Goßner/*Schmitt* Rn. 2; dazu auch mwN *Meyer-Ladewig/Petzold* NJW 2015, 3426 f.
[101] MwN EGMR 7.5.2015 – 20136/11, Rn. 58 f., 62 f. – Ilievska/MAZ; EGMR [GK] 12.5.2005 – 46221/99, NVwZ 2006, 1267 Rn. 182 – Öcalan/TUR I.
[102] EGMR 22.2.2011 – 24329/02, Rn. 221 f. – Soare ua/ROM.
[103] So in einem Einzelfall EGMR 24.1.2006 – 39437/98, Rn. 62 f. – Ülke/TUR.
[104] Dazu insbesondere EGMR 16.12.1999 – 24724/94, Rn. 72 ff. – T./UK.
[105] Bis heute grundlegend EGMR 29.4.2002 – 2346/02, NJW 2002, 2851 Rn. 54 ff. – Pretty/UK; bestätigend EGMR 23.6.2015 – 2478/15 u. 1787/15 – Nicklinson u. Lamb/UK.
[106] EGMR 20.3.2007 – 5410/03, NJOZ 2009, 3349 Rn. 66 – Tysiac/PL. Siehe aber nun auch EGMR 26.5.2011 – 27617/04, NLMR 2011, 149 Rn. 156, 159 f. – R.R./PL: staatliche Behörden müssen rechtzeitigen Zugang zur Pränataldiagnostik eröffnen, wenn eine Fehlbildung möglich ist und die Frau eine Abtreibung vornehmen würde.
[107] Siehe näher zur weitreichenden Kasuistik mwN Löwe/Rosenberg/*Esser* Rn. 78 ff. und *Meyer-Ladewig/Lehnert* Rn. 26 ff.
[108] So bereits EKMR 8.7.1993 – 17549/90, EuGRZ 1994, 271 Rn. 66 ff. – Hurtado/SWI.

Person sieben Tage in einer für längere Aufenthalte inadäquaten Sicherheitszelle unter ständiger Kameraüberwachung ohne jede Bekleidung und ohne eine hinreichende Begründung dieser extremen Maßnahmen untergebracht wird.[109] Ein Inhaftierter darf aus Respekt vor Art. 3 auch nicht gezwungen werden, sich in Gegenwart einer weiblichen Aufsichtsperson für eine Leibesvisitation zu entkleiden und seine Geschlechtsorgane ohne Handschuhe abtasten zu lassen.[110] Eine Einzelhaft verletzt Art. 3 nicht grundsätzlich, jedenfalls aber dann, wenn ihr keine – auch für ihre Dauer – hinreichende Begründung zugrunde liegt und sie deshalb als gezielter Akt der erniedrigenden Separation erscheint.[111] Auch die **allgemeinen Haftbedingungen** können unabhängig von einer vorhandenen Absicht entgegen Art. 3 insbesondere durch Überbelegungen, Schikanen und unzureichende hygienische Verhältnisse erniedrigend oder gar als unmenschliche Behandlung wirken.[112] Dabei legt der EGMR im Anschluss an die Empfehlungen des CPT (→ Rn. 13) zugrunde, dass jedem Gefangenen mindestens vier Quadratmeter Platz verfügbar sein sollten.[113] Stehen dem Gefangenen in einem Gemeinschaftsstrafraum nur weniger als 3 m² persönlich zur Verfügung, spricht eine Vermutung für die Verletzung des Art. 3.[114] Keine Verletzung liegt allein in dem Umstand, dass keine vegetarische Kost verfügbar ist.[115] Obschon die Vertragsstaaten im Vollzug nicht ausnahmslos jede medizinische Behandlung gewähren müssen, kann die Verweigerung einer Methadon-Substitution Art. 3 EMRK verletzen.[116]

34 **4. Die Verwertbarkeit verletzungsbedingt erlangter Beweismittel.** Vornehmlich, aber nicht nur im Strafprozess stellt sich die Frage, ob Beweismittel, die unmittelbar oder mittelbar infolge von Verletzungen des Art. 3 erlangt worden sind, verwertet werden dürfen. Ob Beweisverwertungsverbote einschließlich einer (absoluten) Fernwirkung anerkannt werden sollten, ist eine wesentliche Folgefrage eines eingetretenen Rechtsverstoßes. Insoweit sind eine vielfach erwogene Differenzierung nach der Art und Weise des Verstoßes gegen Art. 3 zu erörtern (→ Rn. 35 ff., → Rn. 38 f.) und die Anforderungen an den Nachweis nochmals zu beleuchten (→ Rn. 40):

35 **a) Folter.** Für die im Besonderen von der Konvention geächtete Folter hat auch der EGMR im Fall *Harutyunyan v. Armenien* entschieden, dass die Verwertung von Beweisen, die auf Folter beruhen, ein **Strafverfahren per se unfair** macht, was auch ein Verbot der Verwertung mittelbar durch Folter erlangter Sachbeweise und damit eine **Fernwirkung** einschließt.[117] Damit sind zunächst unmittelbar erlangte Geständnisse oder zum Beispiel auf Grund des Zwanges herausgegebene Beweismittel unverwertbar. Im Rahmen der Fernwirkung sind etwa die auf Grund des Geständnisses aufgefundenen Spuren ausgeschlossen.

---

[109] EGMR 7.7.2011 – 20999/05, NJW 2012, 2173 Rn. 57 ff. – Hellig/D; *Köhne* DRiZ 2012, 202; mit Bedenken zum Begründungsgang *Esser/Gaede/Tsambikakis* NStZ 2012, 554 f.
[110] Dafür zu Recht EGMR 24.7.2001 – 44558/98, Rn. 117 – Valasinas/LIT.
[111] Näher dazu mwN *Meyer-Ladewig/Lehnert* Rn. 37 ff.; zu einer Verletzung siehe EGMR 18.3.2014 – 24069/03 ua, NJOZ 2015, 234 Rn. 101 ff. – Öcalan/TUR II: über 19 Jahre Einzelhaft bei Abschottung in einem Individualgefängnis.
[112] Grundlegend EGMR 19.4.2001 – 28524/95, Rn. 75 – Peers/GRE; EGMR 27.3.2008 – 63955/00, Rn. 31 – Soukhovoy/RUS; EGMR 15.7.2002 – 47095/99, NVwZ 2005, 303 Rn. 97 ff. – Kalashnikov/RUS; EGMR 29.4.2003 – 40679/98, Rn. 141 ff. – Dankevich/UKR; mwN *Pohlreich* JZ 2011, 1058 (1060 ff.); zur Verbindung von Einzelhaft und schlechten Haftbedingungen mit der Annahme einer Verletzung EGMR 8.7.2011 – 15018/11 u. 61199/11, Rn. 203 ff. – Harakchiev u. Tolumov/BUL; siehe auch zu einem deutschen Fall EGMR 7.7.2011 – 20999/05, NJW 2012, 2173 Rn. 56 f. – Hellig/D.
[113] EGMR 13.9.2005 – 35207/03, Rn. 82 – Ostrovar/MOL; *Meyer-Ladewig/Lehnert* Rn. 32; siehe auch evolutiv EGMR 10.3.2015 – 14097/12 ua, NLMR 2015, 180 Rn. 88 – Varga ua/HUN: weniger als drei Quadratmeter bei einer Haftdauer von nicht weniger als drei Jahren führen allein zu einer Verletzung des Art. 3.
[114] EGMR [GK] 20.10.2016 – 7334/13, Rn. 124 ff. – Muršić/CRO.
[115] EGMR 16.10.2007 – 12786/02, Rn. 34 – Krowiak/PL; siehe auch zur Zusammenlegung mit Rauchern eng EGMR 26.11.2009 – 25282/06, Rn. 135 – Dolenec/CRO.
[116] EGMR 1.9.2016 – 62303/13, BeckRS 2016, 21129 Rn. 55 ff. – Weuner/D.
[117] EGMR 28.6.2007 – 36549/03, Rn. 63 ff. – Harutyunyan/ARM; siehe auch EGMR 11.7.2006 – 54810/00, NJW 2006, 3117 Rn. 99 ff. – Jalloh/D; EGMR 30.6.2008 – 22978/05, NStZ 2008, 699 Rn. 99 – Gäfgen/D; *Weigend* FS Tak, 2008, 321 (331 ff.).

Das Verwertungsverbot hat dabei eine Drittwirkung: Es erfasst nicht nur Fälle, in denen die Folter gegenüber dem Angeklagten verübt wurde.[118] Das resultierende Verwertungsverbot gilt insbesondere bei der internationalen Rechtshilfe einschließlich der innereuropäischen Kooperation im Rahmen der EU.[119] Ein verschiedentlich insbesondere von Verteidigern gefordertes Verfahrenshindernis erkennt der EGMR hingegen nicht an.[120]

Dieser Rechtsprechung ist **zuzustimmen,**[121] weil der anderenfalls im Strafverfahren akzeptierte Vorsprung durch Rechtsbruch zum einen den Willen des Staates dementieren würde, ein am Recht orientiertes Entscheidungsverfahren zur Legitimation des Straftatvorwurfs heranzuziehen. Zum anderen wäre selbst bei der schwersten Form der Menschenrechtsverletzung die Gefahr hingenommen, dass staatliche Stellen ihre Verpflichtungen kalkuliert brechen, um das als vorrangig eingestufte Ziel der strafrechtlichen Verurteilung zu erreichen.[122]

In der Sache bedeutet die Fernwirkung des Beweisverwertungsverbotes, dass die völkerrechtlich begründeten Verbote jedenfalls **im Hinblick auf Sachbeweise ein Beweisverwendungsverbot** implizieren: Wenn alle Sachbeweise, die mittels des unter Verstoß gegen Art. 3 erlangten Ausgangsbeweises ermittelt worden sind, aus dem Strafverfahren zu exmittieren sind, ist eine entsprechende Ermittlungstätigkeit sinnentleert. Der EGMR betont selbst, dass der Einsatz eines durch Folter erlangten Beweises im Strafverfahren selbst dann zur Verletzung des Art. 6 führt, wenn nicht nachgewiesen wird, dass es einen möglichen Einfluss auf den Ausgang des Verfahrens hatte.[123] Allerdings ist zu berücksichtigen, dass sich die bisherige Rechtsprechung explizit nur auf **Sachbeweise** richtet.[124] Soweit der Verstoß mittelbar zu Zeugenaussagen Dritter oder zu (mündlich vorgetragenen) Gutachten von Sachverständigen führt, ergeben sich indes keine wertungsmäßigen Unterschiede, so dass das Verwendungsverbot auch hier geboten bleibt. Nicht auszuschließen ist etwa bei einer Entführungskonstellation aber auch, dass die Folter zur Rettung des Opfers führt. Hier wäre die Frage aufgeworfen, ob **Aussagen des Opfers,** die auf Grund der folterbedingten Rettung gemacht werden können, ebenso aus dem Verfahren zu exmittieren sind. Insoweit müssen die Subjektqualität des grundsätzlich nicht an die EMRK gebundenen privaten Opfers (→ Art. 1 Rn. 21) und konkret seine Teilhaberechte innerhalb der bei Gewalttaten gebotenen staatlichen Ermittlung (→ Art. 2 Rn. 24) Berücksichtigung finden. Soweit ihm die Folter nicht zurechenbar ist, was in der Regel der Fall sein dürfte, wird es weiter Gehör finden müssen.

b) Unmenschliche oder erniedrigende Behandlung. Soweit „lediglich" eine unmenschliche oder erniedrigende Behandlung entgegen Art. 3 *unmittelbar* ein Geständnis oder einen Sachbeweis hervorgebracht hat, ist in der Verwertung dieser Beweise im Strafverfahren ebenfalls eine Verletzung des **Art. 6** zu erblicken.[125] Dies wird von dem Umstand bestätigt, dass der EGMR im Fall *Gäfgen v. Deutschland* sowohl durch die zunächst urteilende Kammer als auch durch die abschließend entscheidende Große Kammer für *mittelbar* erlangte Sachbeweise eine **Regelvermutung** anerkannt hat, nach der

---

[118] Zur Erstreckung auf die Folter gegenüber Dritten siehe zur unmenschlichen/erniedrigenden Behandlung EGMR 25.9.2012 – 649/08, NLMR 2012, 314 Rn. 85 – El Haski/BEL.
[119] So grundsätzlich auch, ohne Unterscheidung der Verstoßfälle, BGH 21.11.2012 – 1 StR 310/12, BGHSt 58, 32 (44). Bestätigend etwa BGH 9.4.2014 – 1 StR 39/14, HRRS 2014 Nr. 679.
[120] EGMR 30.6.2008 – 22978/05, NStZ 2008, 699 Rn. 105 ff. – Gäfgen/D und EGMR [GK] 1.6.2010 – 22978/05, NJW 2010, 3145 Rn. 178 ff. – Gäfgen/D.
[121] Siehe schon mwN *Gaede*, Fairness als Teilhabe, S. 322, 804 ff., 813 ff. und *Esser/Gaede/Tsambikakis* NStZ 2011, 78 f.
[122] Siehe auch EGMR 11.7.2006 – 54810/00, NJW 2006, 3117 Rn. 105 – Jalloh/D: anderenfalls werde der Brutalität unter dem Deckmantel der Rechtsstaatlichkeit Vorschub geleistet.
[123] In diesem Sinne EGMR [GK] 1.6.2010 – 22978/05, NJW 2010, 3145 Rn. 166 – Gäfgen/D.
[124] EGMR [GK] 1.6.2010 – 22978/05, NJW 2010, 3145 Rn. 164 (zur Berücksichtigung des Beweisgehalts verschiedener Beweismittel), 167, 173 ff. – Gäfgen/D.
[125] EGMR [GK] 1.6.2010 – 22978/05, NJW 2010, 3145 Rn. 173 – Gäfgen/D; EGMR 25.9.2012 – 649/08, NLMR 2012, 314 Rn. 85 – El Haski/BEL; mwN *Weigend* FS Tak, 2008, 321 (332 ff.); *Esser* NStZ 2008, 657 (661); Meyer-Goßner/*Schmitt* Rn. 6.

auch ihre Verwertung Art. 6 verletzt; er hat damit sogar eine Fernwirkung grundsätzlich bejaht.[126] Fairnesserheblich sind insoweit Beweise, die einen Einfluss auf die Verurteilung oder auf die Strafzumessung haben konnten. Zur Widerlegung dieser Vermutung im Fall Gäfgen zog der EGMR mit elf zu sechs Stimmen insbesondere den Umstand heran, dass das Urteil und die Strafe in diesem Fall entscheidend auf das neue Geständnis Gäfgens gestützt worden seien, welches der Beschwerdeführer nach einer qualifizierten Belehrung in der Hauptverhandlung unter Betonung seiner Freiwilligkeit und der zum Ausdruck gelangenden Reue abgegeben habe.[127] Dem so beschaffenen Beweisverwertungsverbot kommt Drittwirkung zu; es gilt also auch für andere Angeklagte, die nicht selbst die Rechtsverletzung erdulden mussten.[128]

39 Ob hiermit bereits eine ausreichende Achtung der Art. 3 und 6 verbürgt ist, lässt sich bezweifeln.[129] Sofern die Strafverfolgungsbehörden hoffen können, Früchte aus einer unmenschlichen oder erniedrigenden Behandlung für das Strafverfahren davonzutragen, bleibt ein Motiv im Raum, das zur Verletzung des Art. 3 und dabei leicht – da die Schwere ein graduelles Kriterium ist – auch zur insoweit strenger behandelten Folter führen kann. Zumal die vom EGMR im Fall Gäfgens im Wesentlichen angestellte Beurteilung des Beruhens erst zum Abschluss des Verfahrens möglich ist, kann das gesamte Verfahren weiter von eklatant menschenrechtswidrigen Praktiken mitbestimmt werden. Diese Praktiken können tatsächlich auch hinter dem Willen des Betroffenen stehen, nun ein weiteres, vor dem Hintergrund der verwertbaren Beweismittel und der tatsächlichen Faktenkenntnis der Richter stehendes Geständnis abzugeben.

40 **c) Nachweisanforderungen im Strafverfahren.** Im Strafverfahren ist bei alledem zu beachten, dass auch für die Frage, ob eine Verwertung von Beweismitteln zulässig ist, die differenzierten **Feststellungsanforderungen der EMRK maßgeblich** sind (zu ihnen → Art. 2 Rn. 4 ff.). Entsprechend sind Beweiserleichterungen des Konventionsrechts zu beachten und damit auch in Fällen eine Folter oder eine unmenschliche/erniedrigende Behandlung zugrunde zu legen, in denen der Sachverhalt zwar nicht voll bewiesen ist, jedoch eine echte Gefahr („*real risk*") eines Verstoßes gegen Art. 3 aufgezeigt wurde.[130] Dies gilt angesichts der extraterritorialen Geltung des Art. 3 nicht nur in nationalen Fällen, sondern auch dann, wenn Sachverhalte aus anderen Staaten und insbesondere Nichtkonventionsstaaten betroffen sind. Das maßgebliche reale Risiko wird seitens des EGMR bereits dann bejaht, wenn der betroffene Staat nicht die Gewähr für eine angemessene und gründliche Untersuchung der Verletzungsvorwürfe bietet und internationale Organisationen oder Menschenrechtsorganisationen, die vom Beschwerdeführer unabhängig sind, das Risiko bestätigen.[131]

Art. 4. Verbot der Sklaverei und der Zwangsarbeit

(1) **Niemand darf in Sklaverei oder Leibeigenschaft gehalten werden.**

(2) **Niemand darf gezwungen werden, Zwangs- oder Pflichtarbeit zu verrichten.**

---

[126] EGMR 30.6.2008 – 22978/05, NStZ 2008, 699 Rn. 105 – Gäfgen/D (mit weitergehendem Sondervotum *Kalaydjieva*); folgend EGMR [GK] 1.6.2010 – 22978/05, NJW 2010, 3145 Rn. 162 ff., 178 ff. – Gäfgen/D; EGMR 25.9.2012 – 649/08, NLMR 2012, 314 Rn. 85 – El Haski/BEL; näher *Esser* NStZ 2008, 657 (661 f.); zur Entscheidung der Großen Kammer *Esser/Gaede/Tsambikakis* NStZ 2011, 78 f.
[127] EGMR [GK] 1.6.2010 – 22978/05, NJW 2010, 3145 Rn. 162 ff., 178 ff. – Gäfgen/D.
[128] EGMR 25.9.2012 – 649/08, NLMR 2012, 314 Rn. 85 – El Haski/BEL; SSW/*Satzger* Rn. 47.
[129] Dazu wie hier das Sondervotum zur Entscheidung der Großen Kammer von *Rozakis, Tulkens, Jebens, Ziemele, Bianki* und *Power* (EGMR [GK] 1.6.2010 – 22978/05, NJW 2010, 3145 – Gäfgen/D); sowie *Esser* NStZ 2008, 657 (658 ff., 662); *Pösl* S. 327 ff., 347 ff.; offenbar auch SSW/*Satzger* Rn. 48.
[130] MwN wie hier schon SSW/*Satzger* Rn. 49 f.; Meyer-Goßner/*Schmitt* Rn. 5; *Schüller* ZIS 2013, 245 (246 ff.); Löwe/Rosenberg/*Esser* Rn. 51 f.; aA bisher OLG Hamburg 14.6.2005 – IV-1/04, NJW 2005, 2326 (2329 ff.).
[131] EGMR 25.9.2012 – 649/08, NLMR 2012, 314 Rn. 86 ff. – El Haski/BEL; *Schüller* ZIS 2013, 245 ff.

(3) Nicht als Zwangs- oder Pflichtarbeit im Sinne dieses Artikels gilt:
a) eine Arbeit, die üblicherweise von einer Person verlangt wird, der unter den Voraussetzungen des Artikels 5 die Freiheit entzogen oder die bedingt entlassen worden ist;
b) eine Dienstleistung militärischer Art oder eine Dienstleistung, die an die Stelle des im Rahmen der Wehrpflicht zu leistenden Dienstes tritt, in Ländern, wo die Dienstverweigerung aus Gewissensgründen anerkannt ist;
c) eine Dienstleistung, die verlangt wird, wenn Notstände oder Katastrophen das Leben oder das Wohl der Gemeinschaft bedrohen;
d) eine Arbeit oder Dienstleistung, die zu den üblichen Bürgerpflichten gehört.

Völkerrechtlich verbindlicher englischer und französischer Normtext:

Article 4 – Prohibition of slavery and forced labour

(1) No one shall be held in slavery or servitude.

(2) No one shall be required to perform forced or compulsory labour.

(3) For the purpose of this Article the term „forced or compulsory labour" shall not include:
a) any work required to be done in the ordinary course of detention imposed according to the provisions of Article 5 of this Convention or during conditional release from such detention;
b) any service of a military character or, in case of conscientious objectors in countries where they are recognised, service exacted instead of compulsory military service;
c) any service exacted in case of an emergency or calamity threatening the life or well-being of the community;
d) any work or service which forms part of normal civic obligations.

Article 4 – Interdiction de l'esclavage et du travail forcé

(1) Nul ne peut être tenu en esclavage ni en servitude.

(2) Nul ne peut être astreint à accomplir un travail forcé ou obligatoire.

(3) N'est pas considéré comme «travail forcé ou obligatoire» au sens du présent article:
a) tout travail requis normalement d'une personne soumise à la détention dans les conditions prévues par l'article 5 de la présente Convention, ou durant sa mise en liberté conditionnelle;
b) tout service de caractère militaire ou, dans le cas d'objecteurs de conscience dans les pays où l'objection de conscience est reconnue comme légitime, à un autre service à la place du service militaire obligatoire;
c) tout service requis dans le cas de crises ou de calamités qui menacent la vie ou le bien-être de la communauté;
d) tout travail ou service formant partie des obligations civiques normales.

Die menschenrechtliche Norm, die sich in Art. 5 GRC spiegelt,[1] sieht eine Reihe grundlegender Verbote vor, die darauf abzielen, jedem Menschen die Freiheit zu erhalten, insbesondere durch Arbeit das eigene Leben gestalten zu können.[2] Da die Norm im deutschen Recht seit langem umgesetzt ist (siehe vor allem Art. 12 Abs. 2 S. 1, Abs. 3 GG) und insbesondere im strafverfahrensrechtlichen Kontext kaum praktische Bedeutung hat, sind hier nur wenige Hinweise zu geben: **1**

Eine gewisse Bedeutung erlangt die Norm, weil sie auch **Schutzpflichten des Staates** begründet, Praktiken von Privatpersonen entgegenzutreten, welche die von Art. 4 EMRK geächteten Zustände jenseits des Rechts faktisch verwirklichen. Entsprechend sind die Vertragsstaaten insbesondere verpflichtet, Phänomenen des Menschenhandels und der sexuellen Ausbeutung effektiv entgegenzutreten, die der EGMR zu den durch Art. 4 EMRK unter- **2**

---

[1] Zur Entsprechung siehe die Erläuterungen zur Charta in ABl. 2007 C 303, 18 f. (33).
[2] Zu den Begriffen der Sklaverei und der Leibeigenschaft, die teilweise in Anlehnung an einschlägige, aber vergleichsweise alte völkerrechtliche Konventionen ausgelegt werden, siehe EGMR 7.1.2010 – 25965/04, NJW 2010, 3003 Rn. 276 ff. – Rantsev/ZYP u. RUS; EGMR 26.7.2005 – 73316/01, NJW 2007, 41 Rn. 122 ff. – Siliadin/FRA; zusf. und auch zur möglichen Einordnung von Kindersoldaten und Brautgeldern *Meyer-Ladewig/Huber* Rn. 2 f., zur Zwangs- und Pflichtarbeit Rn. 4 f.

sagten Verhaltensweisen zählt (siehe auch klarstellend Art. 5 Abs. 3 GRC).[3] Sie müssen damit zum einen materiellrechtlich einschlägige Strafvorschriften schaffen, zum anderen bei zureichenden tatsächlichen Anhaltspunkten effizient durch ihre Strafverfolgungsorgane ermitteln. Zu den Ermittlungspflichten bieten die zu Art. 2 entwickelten Grundsätze Orientierung (→ Art. 2 Rn. 21 ff.). Auch gefahrenabwehrrechtlich sind die Behörden der Vertragsstaaten gehalten, potentielle Opfer vor Ausbeutung und Menschenhandel zu bewahren.[4]

3 Die **Arbeitspflichten im Strafvollzug und während der Sicherungsverwahrung** sind grundsätzlich von Abs. 3 lit. a gedeckt.[5] Dies kann hingegen nicht bedeuten, dass etwa hinsichtlich der Entlohnung auch jede ihrer Bedingungen notwendig Art. 4 und der Konvention im Ganzen entspricht.[6] Nicht außer Streit steht, ob auch im **Untersuchungshaftvollzug** bei jungen Häftlingen eine Arbeitspflicht nach den Landesvollzugsgesetzen gerechtfertigt werden kann.[7] Sie kann jedenfalls nicht mit Erwägungen der Resozialisierung begründet werden, sondern allenfalls unter dem Aspekt einer erzieherischen Notwendigkeit bei Jugendlichen diskutabel sein. Arbeitsauflagen sind insbesondere im Jugendstrafrecht angesichts der mit ihnen regelmäßig vermiedenen Freiheitsentziehung gemäß Abs. 3 lit. a („bedingt entlassen") keine Zwangs- oder Pflichtarbeit im Sinne des Abs. 2.[8]

4 Die **Inpflichtnahme von Rechtsanwälten** als Verteidiger im Rahmen des Strafverfahrens, die nicht notwendig zu vollständig marktgerechten Gebühren geschieht, ist auch angesichts der in Art. 6 Abs. 3 lit. c mitgedachten staatlichen Verteidigerfinanzierung und der freiwilligen Berufswahl nicht als Verletzung des Abs. 2 zu bewerten.[9] Gleiches gilt nach Ansicht des EGMR etwa auch für die Pflicht zur Teilnahme an einem ärztlichen Notdienst[10] oder die Bestellung zum Betreuer für einen Geisteskranken.[11] Insoweit ist festzuhalten, dass die Begriffe der Zwangs- und Pflichtarbeit vom EGMR normativ einschränkend ausgelegt werden.

Art. 5. Recht auf Freiheit und Sicherheit

(1) ¹Jede Person hat das Recht auf Freiheit und Sicherheit. ²Die Freiheit darf nur in den folgenden Fällen und nur auf die gesetzlich vorgeschriebene Weise entzogen werden:

a) rechtmäßige Freiheitsentziehung nach Verurteilung durch ein zuständiges Gericht;

---

[3] Dazu näher und auch zur Bedeutung begrenzter Ressourcen EGMR 7.1.2010 – 25965/04, NJW 2010, 3003 Rn. 283 ff. – Rantsev/ZYP u. RUS; EGMR 31.7.2012 – 40020/03, Rn. 147 f. – M ua/ITA u. BUL; *Pati* NJW 2011, 128 f.; mwN Löwe/Rosenberg/*Esser* Rn. 1 ff., 9 ff., 18; Richtlinie 2011/36/EU zur Verhütung und Bekämpfung des Menschenhandels und zum Schutze seiner Opfer sowie zur Ersetzung des Rahmenbeschlusses 2002/629/JI des Rates vom 5.4.2011 (ABl. 2011 L 101); mwN zum Schutz gegen sexuelle Ausbeutung auch *Brodowski* ZIS 2011, 940 (944 f.).
[4] EGMR 7.1.2010 – 25965/04, NJW 2010, 3003 Rn. 283 ff. – Rantsev/ZYP u. RUS; Löwe/Rosenberg/*Esser* Rn. 18: konkrete Handlungspflichten abgeleitet.
[5] Zur AllgM nur Meyer-Goßner/*Schmitt* Rn. 5; näher mwN Löwe/Rosenberg/*Esser* Rn. 26 ff.
[6] Siehe aber gegen einen Anspruch auf Rentenversicherung EGMR [GK] 7.7.2011 – 37452/02, NJOZ 2012, 1897 Rn. 122 ff. – Stummer/AUT; krit. *Schneiders,* Die Grundrechte der EU und die EMRK (2009), S. 181 ff.
[7] So etwa in Bayern Art. 33 Abs. 2, 3 BayUVollzG, in Niedersachsen § 161 Abs. 1 S. 1 NJVollzG; die Haft offenbar akzeptierend Meyer-Goßner/*Schmitt* Rn. 5; KK-StPO/*Schädler/Jacobs* Rn. 5; aA *Meyer-Ladewig/Huber* Rn. 11; für die Untersuchungshaft allgemein ablehnend *Grabenwarter/Pabel* § 20 Rn. 94; Karpenstein/Mayer/*Behnsen* Rn. 23.
[8] Dazu näher Löwe/Rosenberg/*Esser* Rn. 32.
[9] EGMR 23.11.1983 – 8919/80, EGMR-E 2, 295 Rn. 34 ff., 40 – Van der Mussele/BEL; in diesem Sinne auch zur Bestellung im Zivilprozess schon EGMR 20.9.2011 – 43259/07, Rn. 41 – Bucha/SLO; EKMR 1.4.1974 – 4653/70, EuGRZ 1975, 47 – Husmann/D; Karpenstein/Mayer/*Behnsen* Art. 1 Rn. 37 ff.
[10] EGMR 14.9.2010 – 29878/07 – Steindel/D; Karpenstein/Mayer/*Behnsen* Art. 1 Rn. 42.
[11] Siehe so zur österreichischen Sachwalterschaft der Rechtsanwälte EGMR 18.10.2011 – 31950/06, NJW 2012, 3566 Rn. 36 ff. – Graziani-Weiss/AUT.

b) rechtmäßige Festnahme oder Freiheitsentziehung wegen Nichtbefolgung einer rechtmäßigen gerichtlichen Anordnung oder zur Erzwingung der Erfüllung einer gesetzlichen Verpflichtung;
c) rechtmäßige Festnahme oder Freiheitsentziehung zur Vorführung vor die zuständige Gerichtsbehörde, wenn hinreichender Verdacht besteht, dass die betreffende Person eine Straftat begangen hat, oder wenn begründeter Anlass zu der Annahme besteht, dass es notwendig ist, sie an der Begehung einer Straftat oder an der Flucht nach Begehung einer solchen zu hindern;
d) rechtmäßige Freiheitsentziehung bei Minderjährigen zum Zweck überwachter Erziehung oder zur Vorführung vor die zuständige Behörde;
e) rechtmäßige Freiheitsentziehung mit dem Ziel, eine Verbreitung ansteckender Krankheiten zu verhindern, sowie bei psychisch Kranken, Alkohol- oder Rauschgiftsüchtigen und Landstreichern;
f) rechtmäßige Festnahme oder Freiheitsentziehung zur Verhinderung der unerlaubten Einreise sowie bei Personen, gegen die ein Ausweisungs- oder Auslieferungsverfahren im Gange ist.

(2) Jeder festgenommenen Person muss innerhalb möglichst kurzer Frist in einer ihr verständlichen Sprache mitgeteilt werden, welches die Gründe für ihre Festnahme sind und welche Beschuldigungen gegen sie erhoben werden.

(3) [1]Jede Person, die nach Absatz 1 Buchstabe c von Festnahme oder Freiheitsentziehung betroffen ist, muss unverzüglich einem Richter oder einer anderen gesetzlich zur Wahrnehmung richterlicher Aufgaben ermächtigten Person vorgeführt werden; sie hat Anspruch auf ein Urteil innerhalb angemessener Frist oder auf Entlassung während des Verfahrens. [2]Die Entlassung kann von der Leistung einer Sicherheit für das Erscheinen vor Gericht abhängig gemacht werden.

(4) Jede Person, die festgenommen oder der die Freiheit entzogen ist, hat das Recht zu beantragen, dass ein Gericht innerhalb kurzer Frist über die Rechtmäßigkeit der Freiheitsentziehung entscheidet und ihre Entlassung anordnet, wenn die Freiheitsentziehung nicht rechtmäßig ist.

(5) Jede Person, die unter Verletzung dieses Artikels von Festnahme oder Freiheitsentziehung betroffen ist, hat Anspruch auf Schadensersatz.

Verbindlicher englischer und französischer Normtext:

Article 5 – Right to liberty and security

(1) [1]Everyone has the right to liberty and security of person. [2]No one shall be deprived of his liberty save in the following cases and in accordance with a procedure prescribed by law:
a) the lawful detention of a person after conviction by a competent court;
b) the lawful arrest or detention of a person for non-compliance with the lawful order of a court or in order to secure the fulfilment of any obligation prescribed by law;
c) the lawful arrest or detention of a person effected for the purpose of bringing him before the competent legal authority on reasonable suspicion of having committed an offence or when it is reasonably considered necessary to prevent his committing an offence or fleeing after having done so;
d) the detention of a minor by lawful order for the purpose of educational supervision or his lawful detention for the purpose of bringing him before the competent legal authority;
e) the lawful detention of persons for the prevention of the spreading of infectious diseases, of persons of unsound mind, alcoholics or drug addicts or vagrants;
f) the lawful arrest or detention of a person to prevent his effecting an unauthorised entry into the country or of a person against whom action is being taken with a view to deportation or extradition.

(2) Everyone who is arrested shall be informed promptly, in a language which he understands, of the reasons for his arrest and of any charge against him.

(3) [1]Everyone arrested or detained in accordance with the provisions of paragraph 1 (c) of this Article shall be brought promptly before a judge or other officer authorised by law to exercise

judicial power and shall be entitled to trial within a reasonable time or to release pending trial. ²Release may be conditioned by guarantees to appear for trial.

(4) Everyone who is deprived of his liberty by arrest or detention shall be entitled to take proceedings by which the lawfulness of his detention shall be decided speedily by a court and his release ordered if the detention is not lawful.

(5) Everyone who has been the victim of arrest or detention in contravention of the provisions of this Article shall have an enforceable right to compensation.

Article 5 – Droit à la liberté et à la sûreté

(1) ¹Toute personne a droit à la liberté et à la sûreté. ²Nul ne peut être privé de sa liberté, sauf dans les cas suivants et selon les voies légales:
a) s'il est détenu régulièrement après condamnation par un tribunal compétent;
b) s'il a fait l'objet d'une arrestation ou d'une détention régulières pour insoumission à une ordonnance rendue, conformément à la loi, par un tribunal ou en vue de garantir l'exécution d'une obligation prescrite par la loi;
c) s'il a été arrêté et détenu en vue d'être conduit devant l'autorité judiciaire compétente, lorsqu'il y a des raisons plausibles de soupçonner qu'il a commis une infraction ou qu'il y a des motifs raisonnables de croire à la nécessité de l'empêcher de commettre une infraction ou de s'enfuir après l'accomplissement de celle-ci;
d) s'il s'agit de la détention régulière d'un mineur, décidée pour son éducation surveillée ou de sa détention régulière, afin de le traduire devant l'autorité compétente;
e) s'il s'agit de la détention régulière d'une personne susceptible de propager une maladie contagieuse, d'un aliéné, d'un alcoolique, d'un toxicomane ou d'un vagabond;
f) s'il s'agit de l'arrestation ou de la détention régulières d'une personne pour l'empêcher de pénétrer irrégulièrement dans le territoire, ou contre laquelle une procédure d'expulsion ou d'extradition est en cours.

(2) Toute personne arrêtée doit être informée, dans le plus court délai et dans une langue qu'elle comprend, des raisons de son arrestation et de toute accusation portée contre elle.

(3) ¹Toute personne arrêtée ou détenue, dans les conditions prévues au paragraphe 1 c) du présent article, doit être aussitôt traduite devant un juge ou un autre magistrat habilité par la loi à exercer des fonctions judiciaires et a le droit d'être jugée dans un délai raisonnable, ou libérée pendant la procédure. ²La mise en liberté peut être subordonnée à une garantie assurant la comparution de l'intéressé à l'audience.

(4) Toute personne privée de sa liberté par arrestation ou détention a le droit d'introduire un recours devant un tribunal, afin qu'il statue à bref délai sur la légalité de sa détention et ordonne sa libération si la détention est illégale.

(5) Toute personne victime d'une arrestation ou d'une détention dans des conditions contraires aux dispositions de cet article a droit à réparation.

Schrifttum: *Ambos,* Der Europäische Gerichtshof für Menschenrechte und die Verfahrensrechte, ZStW 115 (2003), 583; *Best,* Das Rückwirkungsverbot nach Art. 103 Abs. 2 GG und die Maßregeln der Besserung und Sicherung (§ 2 Abs. 6 StGB), ZStW 114 (2002), 88; *Brockhaus/Ullrich,* Ungeahnte Möglichkeiten in Haftsachen – Eine Erinnerung an Art. 5 Abs. 5 EMRK, StV 2016, 678; *Demko,* Zum Begriff der „Freiheitsentziehung" des Art. 5 Abs. 1 EMRK im Fall Amuur gegen Frankreich (Anwendung auf sog. Transitzonen), HRRS 2004, 171; *Eidam,* Die strafprozessuale Selbstbelastungsfreiheit am Beginn des 21. Jahrhunderts, 2006; *Esser,* Auf dem Weg zu einem europäischen Strafverfahrensrecht, 2002; *Esser/Gaede/ Tsambikakis,* Übersicht zur Rechtsprechung des EGMR in den Jahren 2008 bis Mitte 2010 (Teil 1), NStZ 2011, 78; *dies.,* Übersicht zur Rechtsprechung des EGMR in den Jahren 2010 bis 2011 (Teil 1), NStZ 2012, 554; *Finger,* Vorbehaltene und Nachträgliche Sicherungsverwahrung, 2008; *Freund,* Die Anordnung von Untersuchungshaft wegen Flucht oder Fluchtgefahr gegen EU-Ausländer, 2010; *Gaede,* Verfahrensverzögerung durch zur Zurückweisung führende staatliche Verfahrensfehler und Detailprüfung des Beschleunigungsgebots in Haftsachen, HRRS 2005, 377; *ders.,* Fairness als Teilhabe – Das Recht auf konkrete und wirksame Teilhabe durch Verteidigung gemäß Art. 6 EMRK, 2007; *ders.,* Sanktion durch Verfahren, ZStW 129 (2017), Heft 4; *Grabenwarter,* Wirkungen eines Urteils des Europäischen Gerichtshofs für Menschenrechte – am Beispiel des Falles M. gegen Deutschland, JZ 2010, 857; *Grabenwarter/ Pabel,* Europäische Menschenrechtskonvention, 6. Aufl. 2016; *Kempf,* Zur Gewährung von Akteneinsicht bei Untersuchungshaft, StV 2001, 206; *Kieschke/Osterwald,* Art 5 IV EMRK contra § 147 StPO, NJW 2002, 2003; *Killinger,* Staatshaftung für rechtswidrige Untersuchungshaft im Lichte von Art. 5 Abs. 5 EMRK, 2015; *Kinzig,* Das Recht der Sicherungsverwahrung nach dem Urteil des EGMR in Sachen M. gegen Deutschland, NStZ 2010, 233; *Kreuzer,* Neuordnung der Sicherungsverwahrung: Fragmentarisch und fragwürdig trotz sinnvoller Ansätze, StV 2011, 123; *Kühne/Esser,* Die Rechtsprechung des Europäischen Gerichtshofs für Menschenrechte (EGMR) zur Untersuchungshaft, StV 2002, 383; *Lange,* Vollständige oder teilweise Akteneinsicht für inhaftierte Beschuldigte in den Fällen des § 147 II StPO? Falsche und richtige Folgerungen aus den Urteilen des EGMR vom 13.2.2001 gegen Deutschland, NStZ 2003, 348; *Merkel,* Die trügerische Rechtssicherheit der vorbehaltenen Sicherungsverwahrung und der nachträglichen Therapieunterbringung, RuP 2011, 205; *Milde,* Die Entwicklung der Normen zur Anordnung der Sicherungsverwahrung in den Jahren von 1998 bis 2004, 2006; *Morgenstern,* Krank – gestört – gefährlich: Wer fällt unter § 1 Therapieunterbringungsgesetz und Art. 5 Abs. 1 lit. e EMRK?, ZIS 2011, 974; *Mosbacher,* Das aktuelle Recht der Sicherungsverwahrung im Überblick, HRRS 2011, 229; *Peters/Altwicker,* Europäische Menschenrechtskonvention, 2. Aufl. 2012; *Pösl,* Die Sicherungsverwahrung im Fokus von BVerfG, EGMR und BGH, ZJS 2011, 132; *Radtke,* Konventionswidrigkeit des Vollzugs erstmaliger Sicherungsverwahrung nach Ablauf der früheren Höchstfrist?, NStZ 2010, 537; *Reindl,* Untersuchungshaft und Menschenrechtskonvention, 1997; *Renzikowski,* Die nachträgliche Sicherungsverwahrung und die Europäische Menschenrechtskonvention, JR 2004, 271; *ders.,* Das Elend mit der rückwirkend verlängerten und der nachträglich angeordneten Sicherungsverwahrung, ZIS 2011, 531; *ders.,* Abstand halten! – Die Neuregelung der Sicherungsverwahrung, NJW 2013, 1638; *Schlothauer/Weider/Nobis,* Untersuchungshaft, 5. Aufl. 2016; *Schmitz,* Das Recht auf Akteneinsicht bei Anordnung der Untersuchungshaft, wistra 1993, 319; *Schöch,* Das Urteil des Bundesverfassungsgerichts zur Sicherungsverwahrung, GA 2012, 14; *Seebode,* Der Vollzug der Untersuchungshaft, 1985; *Sprung,* Nachträgliche Sicherungsverwahrung – verfassungsgemäß?, 2009; *Strafner,* Der Schadensersatzanspruch nach Art. 5 Abs. 5 EMRK in Haftsachen, StV 2010, 275; *Trechsel,* Liberty and Security of Person, in *Macdonald/Matscher/Petzold* (Hrsg.), The European System for the Protection of Human Rights, 1993, S. 277; *ders.,* Akteneinsicht – Information als Grundlage des fairen Verfahrens, FS Druey, 2002, 993; *ders.,* Human Rights in Criminal Proceedings, 2006; *Tsambikakis,* Moderne Einwirkungen auf die Strafprozessordnung – Beispiel: Untersuchungshaft, ZIS 2009, 503; *Ullenbruch,* Walter H. in den Rückfängen des ThUG – aktuellster Spaltpilz zwischen EGMR und BVerfG?, StV 2012, 44; *Vogel,* Der Einfluss der strafrechtlichen Rechtsprechung des EGMR auf das BVerfG und den BGH, in *Jahn/Nack* (Hrsg.), Gegenwartsfragen des europäischen und deutschen Strafrechts, 2012, S. 23; *Windoffer,* Die Maßregel der Sicherungsverwahrung im Spannungsfeld von Europäischer Menschenrechtskonvention und Grundgesetz, DÖV 2011, 590.

Übersicht

	Rn.		Rn.
A. Überblick	1–10	d) Freiheitsentziehung im Falle psychischer Krankheiten oder Suchtgefahren (Abs. 1 S. 2 lit. e)	55–58
I. Schutzrichtung und Struktur der Garantie	1–5	e) Festnahme oder Freiheitsentziehung im Falle eines Auslieferungsverfahrens (Abs. 1 S. 2 lit. f)	59, 60
II. Schutzpflichten	6, 7		
III. Parallelgarantien	8–10	**III. Die Verfahrensrechte der Festgenommenen und Inhaftierten**	61–101
B. Erläuterung	11–109	1. Pflicht zur Information über die Festnahmegründe (Abs. 2)	62–74
I. Der Schutzbereich – Abwehr von Freiheitsentziehungen	11–15	a) Eröffnung der Gründe der Festnahme	63–66
II. Die Voraussetzungen einer legitimen Freiheitsentziehung	16–60	b) Konkretisierung der ggf. erhobenen Beschuldigungen	67, 68
1. Gesetzmäßigkeit der Freiheitsentziehung	18–25	c) Rechtzeitigkeit der Information („innerhalb möglichst kurzer Frist")	69–71
a) Wahrung des nationalen (Gesetzes-)Rechts	19–22	d) Mitteilung in verständlicher Sprache und Form	72–74
b) Autonom völkerrechtliche Qualitätsanforderungen	23–25	2. Zusätzliche Rechte in Verdachtsfällen (Abs. 3 S. 1)	75–83
2. Legitimation durch einen zulässigen Freiheitsentziehungsgrund im Straf- und Sicherungsverfahren	26–60	a) Vorführungsanspruch (Abs. 3 S. 1 Hs. 1)	76–80
a) Freiheitsentziehung nach gerichtlicher Verurteilung (Abs. 1 S. 2 lit. a)	30–34	b) Haftspezifischer Beschleunigungsgrundsatz (Abs. 3 S. 1 Hs. 2)	81–83
b) Festnahme und Freiheitsentziehung zur Durchsetzung einer gerichtlichen Anordnung oder einer gesetzlichen Verpflichtung (Abs. 1 S. 2 lit. b)	35–38	3. Recht auf ein wirksames Haftprüfungsverfahren (Abs. 4)	84–101
		a) Anwendungsbereich – Antragsrechte	85–88
		b) Haftprüfung durch ein zur Freilassung befugtes Gericht	89, 90
c) Festnahme oder Freiheitsentziehung in Verdachtsfällen (Abs. 1 S. 2 lit. c)	39–54	c) Anforderungen an das gerichtliche Verfahren	91–99

	Rn.		Rn.
d) Entscheidung innerhalb kurzer Frist	100, 101	a) Rechtswidrige Festnahme oder Freiheitsentziehung	103–105
IV. Die Kompensation rechtswidriger Freiheitsentziehung	102–109	b) Schadenseintritt	106
1. Anspruchsvoraussetzungen	103–107	c) Kausalität	107
		2. Reichweite und Geltendmachung	108, 109

A. Überblick

I. Schutzrichtung und Struktur der Garantie

1   Mit ihrem Art. 5 verbürgt die EMRK die **Fortbewegungsfreiheit** einer jeden Person und damit insbesondere den historisch traditionsreichen Schutz vor staatlichen Freiheitsentziehungen.[1] Ihm kommt es damit zu, die fundamentale physische Sicherheit jedes Menschen zu sichern.[2] Nicht von der Norm geschützt sind demgegenüber die allgemeine Handlungsfreiheit und die Freizügigkeit als Recht, einen bestimmten Ort aufsuchen und sich niederlassen zu dürfen.[3]

2   Art. 5 hat sich mit dieser Grundausrichtung auch für Deutschland nicht zuletzt bei der Sicherungsverwahrung und bei der Ausgestaltung des Haftprüfungsverfahrens als eine fordernde Garantie erwiesen. Hierfür gab zum einen die im Vergleich zum Grundgesetz zum Teil konkretere Regelungsdichte (siehe den enumerativen Katalog des Abs. 1 S. 2), zum anderen aber auch die seitens des EGMR ernster genommene Zielsetzung den Ausschlag, Individualrechte konkret und wirksam zu gewährleisten. Vermittelt über Art. 6, 52 Abs. 3 GRC ist die Norm zusätzlich für die Europäisierung des Strafrechts und des Strafverfahrensrechts von eminenter Bedeutung.[4]

3   Mit dem Zusatz, neben der Freiheit auch die **Sicherheit** zu schützen, zielt die Garantie originär nicht auf ein etwaiges Recht auf Sicherheit im Sinne eines Rechts ab, nach dem der Staat allgemein zur Herstellung eines bestimmten Sicherheitszustandes verpflichtet wäre. Vielmehr will die Norm vor dem Hintergrund der Erfahrungen mit willkürlichen und menschenverachtenden Regimen absichern, dass sich jeder der Hoheitsgewalt der Vertragsstaaten unterworfene Mensch seiner unmittelbaren Freiheit sicher sein kann:[5] Niemand soll befürchten müssen, dass der Staat missliebige Personen verschwinden lässt.

4   Die **Struktur** der Norm kennzeichnet eine für menschenrechtliche Normen vergleichsweise starke Aufgliederung mit insgesamt fünf, zum Teil detaillierten Absätzen. Sie dient dem Zweck, drei konkretisierende Schutzrichtungen des Rechts auf Freiheit und Sicherheit in einer wirksamen Form zu transportieren:
– *Erstens* eröffnet Abs. 1 einen **Schutz gegen unverhältnismäßige oder willkürliche Freiheitsentziehungen,** der durch die näheren Bestimmungen dieses Absatzes regelmäßig stark ausgeprägt ist (näher → Rn. 11 ff.).
– *Zweitens* zielen die Abs. 2, 3 und 4 darauf ab, den **Inhaftierten** bzw. Festgenommenen, der sich in einer besonders verletzlichen Position befindet, durch ein abgestimmtes und forderndes Set an prozeduralen Rechten **als Rechtssubjekt spürbar zu bestätigen.** Konkrete Rechte sollen ihn befähigen, gegen jede rechtswidrige Haft vorzugehen (näher → Rn. 61 ff.). Dies ist besonders für das Straf- und Sicherungsverfahren von großer Bedeutung (siehe nur Abs. 3).

---

[1] EGMR 8.6.1976 – 5100/76 ua, EGMR-E 1, 181 Rn. 58 – Engel ua/NL; zur Historie IntKomm/*Renzikowski* Rn. 3 ff.
[2] EGMR [GK] 3.10.2006 – 543/03, NJW 2007, 3699 Rn. 30 – McKay/UK; Karpenstein/Mayer/*Elberling* Rn. 1.
[3] MwN SSW/*Satzger* Rn. 5; Löwe/Rosenberg/*Esser* Rn. 8 f., 24; IntKomm/*Renzikowski* Rn. 18.
[4] Siehe nur den Verweis auf Art. 82, 83 AEUV in Erläuterungen ABl. 2007 C 303, 17 (29).
[5] Dazu siehe mwN EGMR 1.6.2004 – 24561/94, Rn. 57 – Altun/TUR; EGMR 30.11.2010 – 2660/03, Rn. 54 – Hajduova/SVK; IntKomm/*Renzikowski* Rn. 19 f.; Löwe/Rosenberg/*Esser* Rn. 11: verfahrensrechtliche Bedeutung; Karpenstein/Mayer/*Elberling* Rn. 5; BeckOK StPO/*Valerius* Rn. 2; für schlicht bedeutungslos hält die Erwähnung der Sicherheit SSW/*Satzger* Rn. 5.

– *Drittens* gewährleistet Abs. 5 dem rechtswidrig Inhaftierten einen **verschuldensunabhängigen Staatshaftungsanspruch**, der auf Schadensersatz gerichtet ist und damit verdeutlicht, dass rechtswidrige Haft den Vertragsstaat ausgleichspflichtig macht (näher → Rn. 102 ff.).

Der bald 70 Jahre alte Text des Art. 5 weist in seinem ersten Absatz insbesondere mit der ausdrücklichen Thematisierung von „Landstreichern" in den konkreten Teilen Spuren einer historisch veralteten, von Vorurteilen geprägten Sichtweise auf, die über die längst Platz greifende einschränkende Auslegung hinaus eine Reform nahe legt.[6] Wenn sich die Garantie indes gegenüber Phänomenen wie Geheimgefängnissen[7] oder rückwirkend ausgedehnter oder verhängter Sicherungsverwahrung[8] insbesondere durch ihre konkreten Grenzen abweisend gezeigt hat, erscheint eine vereinzelte Kritik an einer veralteten Struktur der EMRK[9] aber verfehlt. Vielmehr zeigt die EMRK hier grundsätzlich ihre Kraft, aus schmerzvollen historischen Erfahrungen wertvolle Schlüsse zu ziehen und diese **Erkenntnisse auch zu bewahren**.[10] Darin kommt auch zum Ausdruck, dass die durchaus überzeugende Anerkennung von Schutzpflichten des Staates gegenüber privaten Übergriffen ihrerseits *mit den Menschenrechten im Einklang* stehen muss, die zunächst Abwehrrechte bedeuten. Will der Staat zugunsten seines Schutzzieles in positiv gewährleistete Menschenrechte eingreifen, muss er diese Eingriffe nach deren Bedingungen rechtfertigen. Einer Logik, von einem guten Ziel nahezu ohne weiteres auch auf das zulässige Mittel zu schließen, verweigert sich die EMRK aus gutem Grund auch weiterhin.

II. Schutzpflichten

Zugleich ist aber auch für Art. 5 eine ausdifferenzierte **Schutzpflichtrechtsprechung** zu verzeichnen. Sie ist indes zunächst primär darauf gerichtet, abzusichern, dass die Vertragsstaaten ihren Verpflichtungen zugunsten einer sicheren Freiheit (→ Rn. 3) etwa durch Ermittlungen im Fall des Verdachts auf willkürliche Freiheitsentziehungen tatsächlich effektiv nachkommen.[11] Die Vertragsstaaten müssen Festgenommene und Inhaftierte effektiv vor Schädigungen bewahren und dürfen erst recht zu Freiheitsentziehungen durch Private keine Beiträge leisten.[12] Wenn eine Person in Haft oder festgenommen wird, muss der Staat über ihren Verbleib Rechenschaft ablegen können. Hierzu hat der EGMR den Staaten eingehende **Dokumentations- und Ermittlungspflichten** auferlegt.[13] Hält der Staat seine Pflichten nicht ein, kann dies bei verschwundenen Personen dazu beitragen, dass der EGMR auf Grund von Beweiserleichterungen eine von vornherein willkürliche Haft des Betroffenen feststellt (schon → Art. 2 Rn. 22 f., 28 ff.).[14]

---

[6] Siehe nur mwN Karpenstein/Mayer/*Elberling* Rn. 62, 76 f.
[7] Dazu mwN Karpenstein/Mayer/*Elberling* Rn. 16; zu sog. *extraordinary renditions* EGMR 13.12.2012 – 39630/09, NVwZ 2013, 631 Rn. 236 ff. – El Masri/MAZ; mwN IntKomm/*Renzikowski* Rn. 43.
[8] Dazu nur für die verschiedenen Fallgruppen grundlegend EGMR 17.12.2009 – 19359/04, NJW 2010, 2495 Rn. 90 f. – M./D.
[9] Siehe *Vogel* in *Nack/Jahn*, S. 23, 24 f., 32, der allerdings selbst vor einer Relativierung des Folterverbotes warnt; siehe aber nachvollziehbar auch für kurzzeitige Gefahrenabwehrinsätze eine „Leerstelle" erkennend: mwN Karpenstein/Mayer/*Elberling* Rn. 28a f.
[10] Wie hier iE zum Beispiel auch Löwe/Rosenberg/*Esser* Rn. 52, 54, 81.
[11] Siehe beispielhaft EGMR 25.5.1998 – 15/1997/799/1002, Rn. 125 – Kurt/TUR; EGMR 14.11.2000 – 24396/94, Rn. 84 ff. – Taş/TUR; EGMR [GK] 10.5.2001 – 25781/94, Rn. 147 ff. – Zypern/TUR; *Esser* S. 252 f.; vgl. auch EGMR [GK] 28.5.2002 – 46295/99, NLMR 2002, 102 Rn. 68 – Stafford/UK; einordnend *Gaede*, Fairness als Teilhabe, S. 112 f.
[12] MwN Karpenstein/Mayer/*Elberling* Rn. 13 und EGMR 3.6.2003 – 33343/96, Rn. 190 ff. – Pantea/ROM.
[13] Dazu zum Beispiel mwN EGMR 25.5.1998 – 15/1997/799/1002, Rn. 124 ff. – Kurt/TUR; EGMR [GK] 10.5.2001 – 25781/94, Rn. 147 ff. – Zypern/TUR; EGMR 2.8.2005 – 65899/01, Rn. 200 – Tanis ua/TUR; mwN Grabenwarter/Pabel § 21 Rn. 56, § 19 Rn. 12; IntKomm/*Renzikowski* Rn. 44; zur Dokumentation auch EGMR 15.11.2012 – 33627/06, Rn. 76 ff. – Grinenko/UKR.
[14] Dazu mwN EGMR 13.6.2002 – 38361/97, Rn. 154 ff. – Anguelova/BUL; Karpenstein/Mayer/*Elberling* Rn. 15; mwN Meyer-Ladewig/Harrendorf/König Rn. 67 f.

7 Darüber hinaus sind wie zu Art. 2 (→ Art. 2 Rn. 14 f.) und Art. 3 (→ Art. 3 Rn. 5 f.) auch für Art. 5 Schutzpflichten anerkannt, die sich auf die Abwehr und Ahndung freiheitsentziehender **Übergriffe gegenüber Schutzbedürftigen durch Privatpersonen** richten. Dies umfasst angemessene Maßnahmen, die Freiheitsentziehungen verhindern, von denen die staatlichen Behörden wissen oder von denen sie hätten wissen können.[15] Die Vertragsstaaten sind deshalb zum Beispiel verpflichtet, private Psychiatrieeinrichtungen regelmäßig und kompetent zu überwachen und zu kontrollieren.[16]

Die Schutzpflichten sind jedoch **ihrerseits an die EMRK zurückgebunden.** Die zur Erfüllung der Schutzpflichten ersonnenen Maßnahmen sind an Art. 5 zu messen und damit an die ausgeprägten Grenzen für zulässige Rechtseingriffe gebunden. So können auch Formen der Sicherungsverwahrung nicht ohne weiteres mit dem Verweis auf den gebotenen Schutz zukünftiger potentieller Opfer von Straftätern gerechtfertigt werden.[17] Sie müssen sich insbesondere anhand eines in Art. 5 Abs. 1 S. 2 anerkannten Freiheitsentziehungsgrundes konsequent herleiten lassen (schon → Rn. 5).

III. Parallelgarantien

8 Das Recht auf Freiheit und Sicherheit ist in **Art. 6 GRC** ebenfalls in knapper Form gewährleistet. Sein konkreter Inhalt erschließt sich dabei über die Kohärenzklausel des Art. 52 Abs. 3 GRC, da es sich bei Art. 6 GRC um ein Art. 5 EMRK entsprechendes Recht handelt.[18] Mithin kommt es auch insoweit wieder auf die differenzierte Regelung des Art. 5 EMRK mit all seinen Absätzen an. Dies bedeutet zum einen, dass die konkreteren Schutzrichtungen des Art. 5 EMRK auch über Art. 6 GRC zu sichern sind (zu ihnen schon → Rn. 2). Zum anderen sind Einschränkungen, die Art. 52 Abs. 1 GRC grundsätzlich zulässt, nur nach Maßgabe der in Art. 5 Abs. 1 S. 2 EMRK und Art. 5 Abs. 3 EMRK aufzufindenden konkretisierenden Bestimmungen legitim. Zu beachten ist, dass die GRC insoweit über Art. 5 EMRK hinausgehen kann.

9 Ein Parallelrecht findet sich darüber hinaus in **Art. 9 IPbpR**. Hier fehlt es aber an einem Katalog im Sinne des Art. 5 Abs. 1 S. 2 EMRK. Der von Abs. 5 zugesprochene Schadensersatz ist in Art. 9 Abs. 5 IPbpR einem Entschädigungsanspruch gewichen. In Art. 9 Abs. 3 S. 2 IPbpR ist jedoch über den Wortlaut des Art. 5 EMRK hinaus bereits festgehalten, dass die Inhaftierung von Personen, die auf eine gerichtliche Aburteilung warten, keine allgemeine Regel sein darf.

10 Im nationalen Recht werden die Rechtspositionen des Art. 5 EMRK primär aus **Art. 2 Abs. 2 S. 2 und 104 GG** (Freiheit der Person) abgeleitet. Insofern gibt Art. 104 Abs. 4 GG bereits nach seinem Wortlaut vor, von jeder richterlichen Entscheidung über die Anordnung oder Fortdauer einer Freiheitsentziehung unverzüglich einen Angehörigen des Festgehaltenen oder eine Person seines Vertrauens zu benachrichtigen. In Art. 104 Abs. 1 S. 2 GG wird ein Verbot der seelischen oder körperlichen Misshandlung statuiert, das in der Konvention Art. 3 EMRK zu entnehmen ist.

B. Erläuterung

I. Der Schutzbereich – Abwehr von Freiheitsentziehungen

11 Der von Art. 5 gewährleistete Schutz der Fortbewegungsfreiheit untersagt dem Staat prinzipiell jede Freiheitsentziehung (Abs. 1). Konkret schützt die Norm demzufolge vor

---

[15] Anhand der privaten Psychiatrie mwN EGMR 16.6.2005 – 61603/00, NJW-RR 2006, 308 Rn. 100 ff., insbes. Rn. 103 – Storck/D; näher und auch zum nötigen Gefahrengrad Löwe/Rosenberg/*Esser* Rn. 20 f.
[16] EGMR 16.6.2005 – 61603/00, NJW-RR 2006, 308 Rn. 103 – Storck/D.
[17] Dazu vor allem EGMR 14.4.2011 – 30060/04, Rn. 36 ff. – Jendrowiak/D; EGMR 19.1.2012 – 21906/09, NJW 2013, 1791 Rn. 86 f. – Kronfeldner/D; EGMR 19.4.2012 – 61272/09, EuGRZ 2012, 383 Rn. 88 – B./D; Esser/Gaede/Tsambikakis NStZ 2012, 554 (556); krit. bis abl. *Windoffer* DÖV 2011, 590 ff.; *Vogel* in Nack/Jahn, S. 23, 24 f.
[18] Zur Entsprechung Erläuterungen ABl. 2007 C 303, 17 (19 f., 33); SSW/*Satzger* Rn. 2.

Festnahmen und anderen[19] freiheitsentziehenden Maßnahmen, was auch die Entführung aus einem anderen Staat umfasst, die in besonderem Maße die Sicherheit der Freiheit des Einzelnen in Frage stellt (siehe im Übrigen zur extraterritorialen Anwendung der EMRK → Art. 1 Rn. 25 f.).[20] Insofern ist der Begriff der Freiheitsentziehung entscheidend, um eine **Abgrenzung** von dem durch Art. 5 nicht bezweckten Schutz der Freizügigkeit und einer allgemeinen Handlungsfreiheit zu leisten. Insbesondere unterfallen Regelungen, welche nicht die Fortbewegungsfreiheit nehmen, sondern vielmehr den Kreis möglicher Aufenthalte beschränken, allenfalls der Freizügigkeit gemäß Art. 2 Abs. 1 4. ZP.[21]

Von einer **Freiheitsentziehung** ist auszugehen, wenn eine Person gegen ihren Willen an einem räumlich eng begrenzten Ort für eine nicht unerhebliche Zeit untergebracht wird.[22] Ungenügend ist eine Freiheitsbeschränkung, die Ausschnitte der grundsätzlichen Freiheit entzieht oder deren Ausübung erschwert. Bei der Subsumtion dieses Maßstabes bezieht der EGMR die ggf. besondere Lage des Betroffenen und die besonderen Umstände des Falles einschließlich der Art, Dauer, Auswirkungen und der Durchführung des Eingriffs ein.[23] Insbesondere ist danach aber keine lang andauernde Freiheitsentziehung erforderlich. Das Kriterium dient in der Sache dazu, Bagatellfälle auszuschließen.[24] Der Zwang kann auch durch Verbote und ihre Überwachung vermittelt sein.[25] Dem Betroffenen muss jedoch in jedem Falle die **Bewegungsfreiheit allseitig entzogen** worden sein, indem er etwa durch körperliche Gewalt, wie bei der (vorläufigen) Festnahme, oder eine Inhaftierung festgesetzt wurde.[26] Entscheidend ist der materielle Gehalt der Maßnahme und nicht ihre rechtliche Einstufung im nationalen Recht.[27] Eine ursprünglich etwa wegen eines verbleibenden, vergleichsweise großen Bewegungsspielraums nicht als Freiheitsentziehung eingeordnete Festhaltung auf einem Flughafengelände kann nach der Rechtsprechung des EGMR zu einer Freiheitsentziehung erstarken, wenn sie länger andauert.[28]

Positivbeispiele: Haft in Untersuchungs- oder Strafvollzugsanstalten,[29] Einweisung und Festhaltung in einem (psychiatrischen) Krankenhaus bzw. einer „Entziehungsanstalt", die Hausarreste,[30] die Festhaltung zur Identitätsfeststellung[31] und die Festhaltung auf einer kleinen überwachten Insel,[32] ebenso das Verschwinden von Personen, die sich in staatlicher Obhut befinden.[33]

---

[19] Zur Einordnung als Unterfall siehe nur Karpenstein/Mayer/*Elberling* Rn. 6.
[20] Zu letzterem siehe EGMR 19.3.1991 – 11755/85, Rn. 51, 54 – Stocké/D; EGMR [GK] 12.5.2005 – 46221/99, NVwZ 2006, 1267 Rn. 90 – Öcalan/TUR I; EGMR 20.2.2007 – 35865/03, NVwZ 2008, 761 Rn. 81 ff. – Al-Moayad/D; mwN auch Karpenstein/Mayer/*Elberling* Rn. 26 f.
[21] Radtke/Hohmann/*Ambos* Rn. 3 f.; siehe zur Abgrenzung näher *Demko* HRRS 2004, 171 ff.
[22] MwN EGMR 16.6.2005 – 61603/00, NJW-RR 2006, 308 Rn. 74 f. – Storck/D; Löwe/Rosenberg/*Esser* Rn. 25 ff.; Karpenstein/Mayer/*Elberling* Rn. 6; EuStrR/*Kreicker* § 51 Rn. 42.
[23] EGMR 16.6.2005 – 61603/00, NJW-RR 2006, 308 Rn. 71 – Storck/D; EGMR 6.11.1980 – 7367/77, EGMR-E 1, 492 Rn. 92 – Guzzardi/ITA; *Demko* HRRS 2004, 171 ff.
[24] EGMR 8.6.1976 – 5100/76, EGMR-E 1, 178 Rn. 61 ff. – Engel ua/NL; EGMR 4.11.2003 – 47244/99 – Novotka/SVK (Mitnahme zur Wache); SSW/*Satzger* Rn. 6; näher und weiterführend Löwe/Rosenberg/*Esser* Rn. 32 f.; siehe besonders streng für eine Freiheitsentziehung von acht Minuten: EGMR 24.1.2012 – 61485/08, Rn. 19, 43 – Brega ua/MOL; näher insbesondere zu polizeilichen Maßnahmen mwN Karpenstein/Mayer/*Elberling* Rn. 8, 10b.
[25] Siehe schon EGMR 28.5.1985 – 8225/78, EGMR-E 3, 63 Rn. 24, 41 f. – Ashingdane/UK.
[26] Dazu mwN Löwe/Rosenberg/*Esser* Rn. 8, 24 und 27.
[27] EGMR 25.6.1996 – 19776/92, EuGRZ 1996, 577 Rn. 44 ff. – Amuur/FRA.
[28] EGMR 25.6.1996 – 19776/92, EuGRZ 1996, 577 Rn. 49 – Amuur/FRA; näher und zur weiteren Differenzierung mwN Karpenstein/Mayer/*Elberling* Rn. 7.
[29] Siehe auch bejahend für den gelockerten Vollzug: Frowein/*Peukert* Rn. 12, 20; IntKomm/*Renzikowski* Rn. 55; Löwe/Rosenberg/*Esser* Rn. 26.
[30] EGMR 28.11.2002 – 58442/00, Rn. 63 – Lavents/LAT; mwN *Meyer-Ladewig/Harrendorf/König* Rn. 10; auch zur elektronischen Überwachung Löwe/Rosenberg/*Esser* Rn. 27 f.
[31] Dazu näher mwN Löwe/Rosenberg/*Esser* Rn. 29.
[32] EGMR 6.11.1980 – 7367/77, EGMR-E 1, 492 Rn. 95 ff. – Guzzardi/ITA.
[33] EGMR 27.6.2006 – 69481/01, Rn. 146 ff. – Bazorkina/RUS; Löwe/Rosenberg/*Esser* Rn. 25.

14 **Negativbeispiele:** Keine Freiheitsentziehung ist zum Beispiel die Auflage, sich in einer bestimmten Gemeinde aufhalten[34] und sich regelmäßig bei der Behörde melden zu müssen.[35] Auch eine mehrstündige Einkesselung von Demonstranten soll nicht als Freiheitsentziehung zu erfassen sein.[36]

15 Eine **Einwilligung** der betroffenen und einwilligungsfähigen Person kann eine Verletzung ausschließen, führt aber nicht zu einem pauschalen Schutzentzug (siehe zum Verzicht auch näher → Art. 6 Rn. 77 ff.).[37] Wird zum Beispiel ein anfangs freiwillig inhaftierter Psychiatriepatient am Verlassen der Anstalt gehindert, bedarf die fortdauernde Freiheitsentziehung einer Rechtfertigung.[38]

II. Die Voraussetzungen einer legitimen Freiheitsentziehung

16 Damit eine Freiheitsentziehung im Sinne des Abs. 1 S. 2 rechtmäßig ist, müssen **zwei in sich weiter ausdifferenzierte Voraussetzungen** erfüllt sein: *Erstens* muss die Freiheitsentziehung „auf gesetzlich vorgeschriebene Weise" erfolgen (dazu näher → Rn. 18 ff.). *Zweitens* muss sie durch einen Freiheitsentziehungsgrund des in Abs. 1 S. 2 enumerativ geregelten Kataloges materiell gerechtfertigt werden (dazu näher → Rn. 26 ff.).

17 Von Abs. 1 S. 2 abgesehen ist eine weitergehende Einschränkung in **Notständen** gemäß Art. 15 grundsätzlich möglich. Von einer Darstellung wird jedoch abgesehen, da insoweit für Deutschland auch im Angesicht des Terrorismus keine Anwendungsfälle absehbar sind. Im Übrigen legt der EGMR die mit Art. 15 verbundenen weiteren Eingriffsbefugnisse eng aus.[39]

18 **1. Gesetzmäßigkeit der Freiheitsentziehung.** Jede Freiheitsentziehung kann nur dann im Sinne des Art. 5 Abs. 1 rechtmäßig sein, wenn der in ihr liegende Eingriff auf einer hinreichenden gesetzlichen Basis beruht. Hierzu ist sowohl eine im Einzelfall anwendbare rechtliche Basis im nationalen Recht erforderlich (dazu → Rn. 19 ff.) als auch eine hinreichende Qualität des konkret einschlägigen nationalen Rechts vonnöten, die den autonom bestimmten Ansprüchen der Konvention genügt (dazu → Rn. 23 ff.). Zusammen genommen sollen diese Anforderungen an eine rechtmäßige Freiheitsentziehung absichern, dass alle Eingriffe in Art. 5 auf einer **formal hinreichenden, rechtsstaatlichen Grundlage** beruhen, die willkürlichen Rechtsverletzungen entgegensteht.

19 **a) Wahrung des nationalen (Gesetzes-)Rechts.** Indem die Konvention in Abs. 1 S. 2 auf die „gesetzlich vorgeschriebene Weise" abstellt, verweist sie zunächst inkorporierend auf das einschlägige **innerstaatliche Recht,** also im Falle der BRD auf deutsches Recht.[40] Dieser Binnenverweis auf das nationale Recht führt mit sich, dass die materiell- und verfahrensrechtlichen Bestimmungen eingehalten werden müssen, die das deutsche Recht für die Rechtfertigung einer Freiheitsentziehung zum Beispiel im Kontext der vorläufigen Festnahme (§ 127 StPO) oder der Untersuchungshaft (§§ 112 ff. StPO) vor dem verfassungs-

---

[34] Siehe mwN EGMR [GK] 12.9.2012 – 10593/08, NJOZ 2013, 1183 Rn. 228 ff. – Nada/SWI; *Meyer-Ladewig/Harrendorf/König* Rn. 10.
[35] EGMR 10.2.2000 – 28046/95, Rn. 1 – Poninski/PL; Karpenstein/Mayer/*Elberling* Rn. 11.
[36] Siehe so, erklärtermaßen einzelfallbezogen, EGMR 15.2.2012 – 39692/09 ua, NVwZ-RR 2013, 785 Rn. 63 ff., 68 – Austin ua/UK; dazu krit. mwN Karpenstein/Mayer/*Elberling* Rn. 28 a f.; näher mwN Int-Komm/*Renzikowski* Rn. 51.
[37] EGMR [GK] 17.1.2012 – 36760/06, NJOZ 2013, 1190 Rn. 130, 132 – Stanev/BUL; mwN näher Karpenstein/Mayer/*Elberling* Rn. 10.
[38] EGMR 16.6.2005 – 61603/00, NJW-RR 2006, 308 Rn. 75, 90 f. – Storck/D.
[39] Grundlegend hierfür EGMR 29.11.1988 – 11209/84, EGMR-E 4, 186 Rn. 61 f. – Brogan ua/UK; zu kriegerischen Auseinandersetzungen siehe auch unabhängig von Art. 15 mwN Karpenstein/Mayer/*Elberling* Rn. 28c; *Meyer-Ladewig/Harrendorf/König* Rn. 4: Harmonisierung mit dem humanitären Völkerrecht.
[40] Dazu allgemein etwa EGMR 10.6.1996 – 19380/92, ÖJZ 1996, 915 Rn. 40 ff. – Benham/UK; EGMR 12.5.2005 – 46221/99, NVwZ 2006, 1267 Rn. 86 ff. – Öcalan/TUR; EGMR 3.12.2002 – 30218/96, Rn. 58 ff. – Nowicka/PL; EGMR 27.11.1997 – 144/1996/765/962, NJW 1999, 775 Rn. 53 ff., 72 – K.-F./D; *Esser* S. 203 ff.; *Renzikowski* JR 2004, 271 (274 f.); *Kühne/Esser* StV 2002, 383 (384 f.).

rechtlichen Hintergrund (siehe Art. 2 Abs. 2 S. 2, 104 GG) aufstellt.[41] Da ein Verweis auf nationales Recht vorliegt, ist für die Auslegung des Begriffes „Gesetz" zunächst das nationale Begriffsverständnis maßgeblich, so dass in Deutschland Art. 104 Abs. 1 GG maßgeblich bleibt. Eine reine nationale Übung, die eine Regelungslücke füllt, genügt dem EGMR allgemein nicht.[42]

Abs. 1 S. 2 schließt es dabei nicht aus, eine Freiheitsentziehung in Zukunft auch auf eine **20** unmittelbar anwendbare **Regelung des internationalen Rechts** und damit etwa auf eine EU-Verordnung zu stützen. Entsprechende Regelungen wären zum einen infolge der Übertragung von Hoheitsrechten aus der Perspektive der EMRK funktional (auch) nationales Recht. Zum anderen legt sich Abs. 1 S. 2 nicht explizit auf rein nationales Recht fest, sondern verweist im Kern auf den Bedarf, eine nähere Rechtsgrundlage vorzuhalten.

Streng genommen bedeutet der Binnenverweis, dass eine Verletzung des einschlägigen **21** nationalen Rechts prinzipiell auch eine Verletzung der EMRK darstellt (aber → Rn. 22). Infolge des Mandats, das ihm der Binnenverweis auf nationales Recht gewährt, tritt der EGMR auch im Einzelfall in eine Prüfung ein, ob das einschlägige **nationale Recht tatsächlich gewahrt** worden ist.[43] Er geht insofern zwar davon aus, dass es in erster Linie Sache der nationalen Institutionen ist, das nationale Recht zu interpretieren und anzuwenden. Dies hält ihn indes nicht davon ab, ggf. eine durchaus eingehende Prüfung durchzuführen.[44] Er verschließt sich zwar der Automatik, dass jede Abweichung vom nationalen Recht ohne weiteres zu einer Konventionsverletzung führt, beschränkt sich aber auch nicht vollständig auf eine reine Willkürprüfung.[45] Soweit er konkrete, nicht durch Beurteilungsspielräume zu erklärende Abweichungen vom nationalen Recht feststellt, stellt er auch bei verhältnismäßig geringfügigen Abweichungen eine Verletzung fest. So hat er die kurzfristige Übertretung von Höchstfristen bei der Identitätsfeststellung als Menschenrechtsverletzung eingestuft.[46] Wird die Höchstfrist, die gemäß § 67e StGB für die Überprüfung der Sicherungsverwahrung zur Verfügung steht, um 27 Tage übertreten, ist Abs. 1 erst recht verletzt.[47]

Im Rahmen dieses Ansatzes differenziert der EGMR zu Gerichtsentscheidungen auch **22** zwischen einer nach nationalem Recht rechtswidrigen bzw. in der Begründung korrekturbedürftigen Freiheitsentziehung („*prima facie* rechtsgültige und wirksame Haftbefehle") und Fällen, in denen schon keine **wirksame Grundlage für den Vollzug einer Freiheitsentziehung** vorlag („*ex facie* unwirksame Haftbefehle").[48] So hat der EGMR durch seine Große Kammer – aber mit lediglich einer Stimme Mehrheit – entschieden, dass die nachträgliche Feststellung der Fehlerhaftigkeit eines deutschen Haftbefehls durch ein übergeordnetes Gericht nicht notwendigerweise einen Konventionsverstoß der Vorinstanz belegt.[49] Anderes

---

[41] Dazu siehe anhand der Sicherungsverwahrung mwN EGMR 17.12.2009 – 19359/04, NJW 2010, 2495 Rn. 90 f. – M./D.
[42] MwN EGMR 28.3.2000 – 28358/95, Rn. 53 ff. – Baranowski/PL; siehe aber zur ggf. heilenden Wirkung gefestigter Rechtsprechung bei einem zu weiten Gesetz mwN Löwe/Rosenberg/*Esser* Rn. 42.
[43] Siehe mwN EGMR 19.9.2013 – 17167/11, NLMR 2013, 324 Rn. 65 ff. – H.W./D; mwN *Meyer-Ladewig/Harrendorf/König* Rn. 16.
[44] MwN *Meyer-Ladewig/Harrendorf/König* Rn. 16; siehe auch die Beispiele bei Karpenstein/Mayer/*Elberling* Rn. 21; umfassende Kasuistik bei IntKomm/*Renzikowski* Rn. 96 ff.
[45] MwN Karpenstein/Mayer/*Elberling* Rn. 20 f., 53; vermittelnd Löwe/Rosenberg/*Esser* Rn. 47, 49: Willkür oder sonstiger schwerwiegender Verfahrensverstoß notwendig, im Übrigen wechselhafte Prüfungsdichte; nur eine Willkürprüfung erblicken aber *Peters/Altwicker* § 2 Rn. 7; IntKomm/*Renzikowski* Rn. 94 f.
[46] EGMR 27.11.1997 – 144/1996/765/962, NJW 1999, 775 Rn. 71 ff. – K.-F./D: Verletzung durch Überschreitung um 45 Minuten; EGMR 8.2.2011 – 36988/07, NJW 2011, 3017 Rn. 67 f. – Ignatenco/MOL: 30 Minuten; Löwe/Rosenberg/*Esser* Rn. 49.
[47] EGMR 19.9.2013 – 17167/11, NLMR 2013, 324 Rn. 68 ff. – H.W./D; SSW/*Satzger* Rn. 15: willkürliche Rechtsanwendung.
[48] EGMR [GK] 9.7.2009 – 11364/03, StV 2010, 490 Rn. 73 ff. – Mooren/D; EGMR 16.5.2013 – 20084/07, NJW 2014, 369 Rn. 94 f. – Radu/D; Meyer-Goßner/*Schmitt* Rn. 1a; siehe zuvor auch EGMR 13.12.2007 – 11364/03, StV 2008, 475 Rn. 59 ff. – Mooren/D; grundlegend zum Urteil, das infolge eines Rechtsmittels noch aufgehoben wird, EGMR [GK] 10.6.1996 – 19380/92, ÖJZ 1996, 915 Rn. 42 – Benham/UK.
[49] EGMR [GK] 9.7.2009 – 11364/03, StV 2010, 490 Rn. 73 ff. – Mooren/D; siehe dazu neben dem abl. SV krit. *Esser/Gaede/Tsambikakis* NStZ 2011, 78 (82).

gilt, wenn der Haftbefehl einen groben, offensichtlichen Fehler („*gross and obvious irregularity*") aufweist oder ihn das nachfolgende Gericht aufhebt. Die Mehrheit der Richter wollte einen solchen Fehler zweifelhafterweise aber noch nicht in einer unzureichenden Entscheidungsbegründung erblicken.[50] Liegt kein grober offensichtlicher Fehler vor, können nationale Rechtsmittelgerichte fehlerhafte Haftbefehle damit heilen.

23   **b) Autonom völkerrechtliche Qualitätsanforderungen.** Über den zunächst zu beachtenden Binnenverweis inkorporiert die Konvention nationales Recht, das eine sehr unterschiedliche Qualität aufweisen kann und nicht notwendig mit den Anforderungen an eine rechtsstaatliche und effektive Sicherung der gewährleisteten Menschenrechte übereinstimmen muss. Konsequenterweise prüft der EGMR zusätzlich wie bei anderen Normen der Konvention, die Gesetzesvorbehalte eröffnen (nur → Art. 8 Rn. 18 ff.), ob das einschlägige nationale Recht folgenden **qualitativen Maßstäben** genügt, die dem Risiko willkürlicher Freiheitsentziehungen vorbeugen:[51]

24   Die gesetzliche Grundlage muss den Anforderungen der allen Artikeln der EMRK immanenten *rule of law* genügen. Demnach muss das Gesetz, welches Freiheitsentziehungen nach innerstaatlichem Recht gestattet, hinreichend **zugänglich, bestimmt und vorhersehbar** anzuwenden sein.[52] Die angewendeten Rechtsnormen müssen demnach so präzise sein, dass der Betroffene – nötigenfalls mit der entsprechenden Beratung – die mögliche Freiheitsentziehung als Folge der eigenen Handlungen oder bestimmter Sachverhalte vorhersehen kann.[53] Zum Beispiel darf das nationale Recht nicht nachträglich nach der Erbringung von Arbeitsleistungen, die zur Verkürzung der Haftdauer erbracht werden, die ursprünglich versprochene Verkürzung versagen.[54] Zudem darf das anwendbare Recht nicht diskriminieren (siehe Art. 14).[55]

25   Genügt das nationale Recht bzw. seine Handhabung diesen Anforderungen nicht, kann Abs. 1 wegen eines ungenügenden Willkürschutzes verletzt sein.[56] Ein nationales Gesetz, das Freiheitsentziehungen abweichend vom geregelten Normalfall etwa schlicht bei „außergewöhnlichen Umständen" zulassen würde, wäre danach unzureichend. Ebenso verstößt eine Freiheitsentziehung gegen Art. 5, wenn die nationalen Behörden zwar im Einklang mit innerstaatlichem Recht gehandelt, seine Voraussetzungen jedoch **in bösem Glauben oder mit Täuschung** herbeigeführt haben.[57] Eine Freiheitsentziehung, die auf Richterrecht beruht und der Überprüfung dient, ob eine Sicherungsverwahrung im Anschluss an einen Freiheitsstrafvollzug vollzogen werden sollte, ist jedenfalls dann willkürlich, wenn eine Staatsanwaltschaft sechs Monate benötigt, um die Verfahrensakten zur Entscheidung an das Landgericht zu übersenden, das Landgericht erst nach weiteren sieben Monaten ein Gutachten über die Gefährlichkeit des Betroffenen einholt und dann nochmals vier Monate

---

[50] EGMR [GK] 9.7.2009 – 11364/03, StV 2010, 490 Rn. 75 – Mooren/D.
[51] MwN EGMR 25.6.1996 – 19776/92, EuGRZ 1996, 577 Rn. 50 – Amuur/FRA; EGMR 23.9.1998 – 24838/94, Rn. 54 – Steel ua/UK; EGMR 17.12.2009 – 19359/04, NJW 2010, 2495 Rn. 90 f. – M./D; zum Handeln in bösem Glauben EGMR [GK] 29.1.2008 – 13229/03, NVwZ 2009, 375 Rn. 67 ff. – Saadi/UK.
[52] MwN EGMR [GK] 9.7.2009 – 11364/03, StV 2010, 490 Rn. 76, 90 ff. – Mooren/D; EGMR 17.12.2009 – 19359/04, NJW 2010, 2495 Rn. 90 – M./D.
[53] MwN und nur die nach den Umständen angemessene Bestimmtheit garantierend: EGMR 17.12.2009 – 19359/04, NJW 2010, 2495 Rn. 90 – M./D; mwN SSW/*Satzger* Rn. 13.
[54] EGMR [GK] 21.10.2013 – 42750/09, NJOZ 2014, 1587 Rn. 123 ff., 130 – Del Rio Prada/SPA.
[55] Siehe in diesem Sinne zur Vorenthaltung von sozialtherapeutischen Angeboten infolge einer verfügten Ausweisung EGMR 22.3.2012 – 5123/07, NJW 2013, 2095 Rn. 95, 98, 100 ff. – Rangelov/D; enger aber EGMR 22.3.2012 – 36035/04, Rn. 65 ff. – Ostermünchner/D.
[56] MwN EGMR 19.5.2004 – 70276/01, Rn. 62 ff. – Gusinskiy/RUS; EGMR 17.12.2009 – 19359/04, NJW 2010, 2495 Rn. 91, 104 – M./D; zur Auslieferungshaft mwN EGMR 24.3.2015 – 11620/07, NLMR 2015, 110 Rn. 39 – Gallardo Sanchez/ITA; siehe auch zu verdachtsunabhängigen Kontrollen anhand von Art. 8 EGMR 12.1.2010 – 4158/05, NLMR 2010, 26 Rn. 76 ff. – Gillan u. Quinton/UK.
[57] EGMR 10.5.2007 – 199/05, Rn. 28 ff. – John/GRE; EGMR [GK] 29.1.2008 – 13229/03, NVwZ 2009, 375 Rn. 67 ff. – Saadi/ITA; mwN Karpenstein/Mayer/*Elberling* Rn. 23; zur wiederholten vorläufigen Verhaftung bei praktisch identischem Tatvorwurf EGMR 3.7.2014 – 48929/08, Rn. 46 f. – Dubinskiy/RUS.

verstreichen lässt, um den einfachen Fall zu entscheiden.⁵⁸ Ob die Praxis des BVerfG konventionsgemäß ist, ein von Art. 104 Abs. 1 GG explizit zur Rechtfertigung von Eingriffen in die Freiheit der Person gefordertes Parlamentsgesetz, das aus Kompetenzgründen nichtig ist, durch eine befristete Weitergeltungsanordnung zu ersetzen, hat der EGMR bisher offen gelassen.⁵⁹ Die vom BVerfG für die Fälle der konventionswidrigen Sicherungsverwahrung gestattete Haftfrist zur Prüfung etwaiger weiterer Haftgründe hat der EGMR indes als angemessene Lösung zur Beendigung von Konventionsverstößen hingenommen.⁶⁰

2. Legitimation durch einen zulässigen Freiheitsentziehungsgrund im Straf- und Sicherungsverfahren. Neben der gesetzlichen Grundlage, welche die formelle Rechtsstaatlichkeit der Freiheitsentziehung absichert, muss eine Freiheitsentziehung auf **legitimen Gründen** beruhen, die für eine auch im konkreten Einzelfall verhältnismäßige Freiheitsentziehung streiten. Diesbezüglich kommen allein die legitimen Gründe in Betracht, die in Abs. 1 S. 2 abschließend aufgezählt werden und eng auszulegen sind. Von ihnen muss mindestens einer einschlägig sein.⁶¹ Damit will die EMRK gerade im Umgang mit der Freiheit der Person Willkür effektiv verhindern.⁶² 26

Eine Einschränkung des Rechts auf Freiheit und Sicherheit, die nicht unter einen oder mehrere dieser Gründe zu subsumieren ist, verstößt auch nach der Rechtsprechung gegen Art. 5. Dies führt insbesondere dazu, dass ein **Guantanamo** auf europäischem Boden ebenso wie ein **Geheimgefängnis**⁶³ nach der EMRK nicht rechtmäßig sein kann.⁶⁴ Die bewusste Enumeration ist auch die Grenze, an der die deutsche Strategie der **rückwirkenden Aufhebung der früheren Höchstfrist der Sicherungsverwahrung**⁶⁵ und die **nachträgliche Sicherungsverwahrung**⁶⁶ gescheitert waren (schon → Rn. 2). 27

Selbst wenn ein gemäß Abs. 1 S. 2 legitimer Grund einschlägig ist, führt allein dies noch nicht zu einer im Sinne der Konvention rechtmäßigen Freiheitsentziehung. Vom Erfordernis der gesetzlichen Grundlage abgesehen muss bei allen im Folgenden erläuterten Freiheitsentziehungsgründen auch die **Verhältnismäßigkeit im Einzelfall** gewahrt werden.⁶⁷ Auch in diesem Sinne sind die Gründe der Abs. 1 S. 2 lit. a–f eng auszulegen.⁶⁸ 28

Im Folgenden werden die Freiheitsentziehungsgründe, die im Strafverfahren bedeutsam sind, in Abhängigkeit von ihrer konkreten Relevanz aufgegriffen. Etwa eine Auseinander- 29

---

⁵⁸ EGMR 24.11.2011 – 48038/06, NLMR 2011, 363 Rn. 106 ff. – Schönbrod/D.
⁵⁹ EGMR 13.1.2011 – 6587/04, NJW 2011, 3423 Rn. 64, 96 – Haidn/D; zur Akzeptanz von Gesetzen, die ohne Rückwirkung infolge ihrer Verfassungswidrigkeit aufgehoben worden sind, siehe EGMR 9.6.2011 – 30493/04, NJW 2012, 1707 Rn. 42 – Schmitz/D; EGMR 19.1.2012 – 28527/08, Rn. 103 – Reiner/D; EGMR 22.3.2012 – 36035/04, Rn. 84 – Ostermünchner/D; EGMR 24.11.2011 – 48038/06, NLMR 2011, 363 Rn. 102 – Schönbrod/D.
⁶⁰ Siehe zunächst BVerfG 4.5.2011 – 2 BvR 2365/09 ua, BVerfGE 128, 326 (332 f.) und EGMR 24.11.2011 – 4646/08, NLMR 2011, 360 Rn. 118 – O.H./D; EGMR 19.1.2012 – 21906/09, NJW 2013, 1791 Rn. 102 – Kronfelder/D.
⁶¹ Zur möglichen Überschneidung der Gründe nur mwN Karpenstein/Mayer/*Elberling* Rn. 28 und EGMR 17.12.2009 – 19359/04, NJW 2010, 2495 Rn. 86 – M./D.
⁶² MwN EGMR 3.12.2002 – 30218/96, Rn. 59 – Nowicka/PL.
⁶³ Siehe klar zu den sog. *extraordinary renditions* EGMR [GK] 13.12.2012 – 39630/09, NVwZ 2013, 631 Rn. 238 f. – El Masri/MAZ; Meyer-Goßner/*Schmitt* Rn. 1: selbstverständlich unzulässig.
⁶⁴ EGMR [GK] 19.2.2009 – 3455/05, NJOZ 2010, 1903 Rn. 171 ff. – A. ua/UK; EGMR 29.11.1988 – 11209/84 ua, EGMR-E 4, 186 Rn. 50 ff. – Brogan ua/UK.
⁶⁵ EGMR 17.12.2009 – 19359/04, NJW 2010, 2495 Rn. 93 ff. – M./D; zum Urteil etwa *Kinzig* NStZ 2010, 233; *Müller* StV 2010, 207; *Esser/Gaede/Tsambikakis* NStZ 2011, 78 (79 ff.); siehe früher schon mwN *Renzikowski* JR 2004, 271 (272 ff.).
⁶⁶ EGMR 13.1.2011 – 6587/04, NJW 2011, 3423 Rn. 88 ff. – Haidn/D.
⁶⁷ Siehe etwa mwN EGMR 30.8.1990 – 12244/86 ua, Rn. 28 ff. – Fox ua/UK; EGMR 26.1.1993 – 14379/88, EuGRZ 1993, 384 Rn. 28 ff., insbes. Rn. 30 – W./SWI; EGMR 4.4.2000 – 26629/95, Rn. 78 – Witold Litwa/PL; EGMR 25.9.2003 – 52792/99, Rn. 41 – Vasileva/DNK; EGMR 8.6.2004 – 40905/98, Rn. 51 – Hilda Hafsteinsdóttir/ISL; EGMR 25.1.2005 – 56529/00, NJW 2006, 2313 Rn. 36 – Enhorn/SWE.
⁶⁸ EGMR 24.10.1979 – 6301/73, EGMR-E 1, 427 Rn. 37 – Winterwerp/NL; EGMR 6.11.1980 – 7367/77, EGMR-E 1, 492 Rn. 96 ff. – Guzzardi/ITA; mwN EGMR [GK] 6.4.2000 – 26722/95, Rn. 170 – Labita/ITA.

zung mit Abs. 1 S. 2 lit. d, der die Vorführung Minderjähriger vor die zuständige Behörde und ihre Haft zum Zwecke überwachter Erziehung betrifft,[69] unterbleibt damit.

30 **a) Freiheitsentziehung nach gerichtlicher Verurteilung (Abs. 1 S. 2 lit. a).** Ein strafprozessual besonders zentraler Freiheitsentziehungsgrund liegt in Abs. 1 S. 2 lit. a. Er legitimiert Freiheitsentziehungen, die sich aus einer gerichtlichen Verurteilung ableiten und die den Betroffenen sanktionieren („*after conviction by a competent court*"). Hierunter fallen insbesondere **Freiheitsstrafen,** aber auch Disziplinarstrafen[70] und die Haft im Anschluss an ein Urteil, das noch nicht rechtskräftig wurde.[71]

31 Die autonom auszulegende **Verurteilung** als zentraler Ausgangspunkt erfordert zunächst eine Schuldfeststellung hinsichtlich einer Straftat durch ein zuständiges Gericht.[72] Gemeint ist insoweit ein Gericht, das den Anforderungen des Art. 6 genügen muss (→ Art. 6 Rn. 103 ff.)[73] und infolge einer Eröffnung des nationalen Strafrechts zuständig war.[74] Es genügt auch ein Strafbefehl.[75] Die notwendige Schuldfeststellung impliziert dabei, dass die Unterbringung in einem psychiatrischen Krankenhaus und die Unterbringung in einer Entziehungsanstalt allein nach Abs. 1 S. 2 lit. e gerechtfertigt werden kann.[76] Rechtskräftig muss die Verurteilung noch nicht sein.[77]

32 Zudem muss gerade das gerichtliche Urteil dem Betroffenen eine Strafe oder eine andere freiheitsentziehende Maßnahme auferlegt haben.[78] Das Wort „nach" in Abs. 1 S. 2 lit. a bedeutet nicht nur, dass die Freiheitsentziehung zeitlich auf die Verurteilung folgen muss. Zwischen der Verurteilung und der in Rede stehenden Freiheitsentziehung (Sanktion) muss vielmehr ein **hinreichender Kausalzusammenhang** bestehen. Die Freiheitsentziehung muss sich demnach gerade aus der Verurteilung ergeben, von ihr abhängen oder doch kraft derselben angeordnet sein.

33 Legitimiert werden damit nur Freiheitsentziehungen, die in einer substantiellen Verbindung mit einer Verurteilung stehen.[79] Dies gilt neben der Freiheitsstrafe auch für *unmittelbar durch das konkrete Urteil verhängte* freiheitsentziehende Maßregeln, die wie die Sicherungsverwahrung strafrechtliche Schuld voraussetzen[80] (siehe zudem zu Abs. 1 S. 2 lit. e → Rn. 55 ff.). Selbst die **Ersatzfreiheitsstrafe** genügt bei einer schon im Urteilszeitpunkt klar vorgesehenen und in ihren Bedingungen bestimmten Umwandlungsmöglichkeit dem hinreichenden Kausalzusammenhang.[81] Der hinreichende Kausalzusammenhang ist grundsätzlich – von Extremfällen abgesehen – auch dann noch zu bejahen, wenn eine

---

[69] Siehe allerdings zur partiellen Subsumtion des Jugendstrafrechts unter Art. 5 Abs. 1 S. 2 lit. d EMRK mwN SSW/*Satzger* Rn. 31.
[70] Dazu statt vieler mwN Karpenstein/Mayer/*Elberling* Rn. 29.
[71] EGMR 27.6.1968 – 2122/64, EGMR-E 1, 54 Rn. 9 – Wemhoff/D; mwN Karpenstein/Mayer/*Elberling* Rn. 33.
[72] Dazu EGMR 6.11.1980 – 7367/77, EGMR-E 1, 492 Rn. 100 – Guzzardi/ITA; mwN EGMR 17.12.2009 – 19359/04, NJW 2010, 2495 Rn. 87 f. – M./D; zum Aufschub durch ein Rechtsmittel im Disziplinarrecht Karpenstein/Mayer/*Elberling* Rn. 29.
[73] Siehe nur mwN SSW/*Satzger* Rn. 18.
[74] Zur notwendigen Prüfung EGMR 12.7.2007 – 74613/01, NJOZ 2008, 3605 Rn. 72 – Jorgic/D.
[75] So etwa EGMR 23.11.2010 – 14579/05, Rn. 1 – Wenner/SVK; Meyer-Goßner/*Schmitt* Rn. 2a.
[76] So auch schon mit Recht EGMR 23.2.1984 – 9019/80, NJW 1986, 765 Rn. 25 – Luberti/ITA; Karpenstein/Mayer/*Elberling* Rn. 29; Radtke/Hohmann/*Ambos* Rn. 8; mwN SSW/*Satzger* Rn. 18; aA etwa EGMR 16.5.2013 – 20084/07, NJW 2014, 369 Rn. 86, 108 – Radu/D; Meyer-Goßner/*Schmitt* Rn. 2.
[77] Dafür mwN Löwe/Rosenberg/*Esser* Rn. 64 f.; Meyer-Goßner/*Schmitt* Rn. 2a.
[78] EGMR 24.6.1982 – 7906/77, EGMR-E 2, 83 Rn. 35 – van Droogenbroeck/BEL; mwN EGMR 17.12.2009 – 19359/04, NJW 2010, 2495 Rn. 87 f. – M./D; mwN *Meyer-Ladewig/Harrendorf/König* Rn. 29 f.
[79] Zum vorhergehenden siehe mwN EGMR 17.12.2009 – 19359/04, NJW 2010, 2495 Rn. 88, 93 ff. – M./D; näher mwN *Esser/Gaede/Tsambikakis* NStZ 2012, 554 (555 f.).
[80] Dafür beispielhaft EGMR 21.10.2010 – 24478/03, HRRS 2010, 886 Rn. 46 f. – Grosskopf/D; EGMR 22.3.2012 – 5123/07, NJW 2013, 2095 Rn. 84 – Rangelov/D; SSW/*Satzger* Rn. 20; siehe jedoch mwN zur problematischen vorbehaltenen Sicherungsverwahrung Karpenstein/Mayer/*Elberling* Rn. 37; siehe aber akzeptierend EGMR 10.2.2015 – 264/13, Rn. 50 ff. – Müller/D; *Meyer-Ladewig/Harrendorf/König* Rn. 29 f.
[81] MwN Karpenstein/Mayer/*Elberling* Rn. 30; siehe aber EGMR 27.7.2010 – 28221/08, NLMR 2010, 243 Rn. 43 ff. – Gatt/MAL.

Maßregel erst nach der Vollziehung einer Freiheitsstrafe[82] oder eine Strafe nach dem Widerruf einer vorerst angeordneten Aussetzung zur Bewährung[83] vollzogen wird.[84]

Zu Recht verneint wurde der Kausalzusammenhang hingegen unter anderem[85] im Fall der nachträglichen **Aufhebung der früheren Zehnjahresfrist bei der Sicherungsverwahrung**, obwohl dem Verurteilten im Urteil selbst keine Frist bestimmt wurde. Weder wird hier in einer Folgeentscheidung eine neue, konstitutive Schuld festgestellt, noch ist ein hinreichender, zeitlicher und wertender Zusammenhang gegeben.[86] Nicht das ursprünglich urteilende Strafgericht, sondern das geänderte Gesetz löste in diesem Falle die fortdauernde Sicherungsverwahrung aus. Auch die (frühere) **nachträgliche Sicherungsverwahrung** fällt nicht unter Abs. 1 S. 2 lit. a, weil ihre gerichtliche Anordnung nicht mit einer vorherigen konstitutiven Schuldfeststellung verbunden ist („Verurteilung") und in der ursprünglichen Verurteilung nicht vorgesehen war.[87] 34

b) **Festnahme und Freiheitsentziehung zur Durchsetzung einer gerichtlichen Anordnung oder einer gesetzlichen Verpflichtung (Abs. 1 S. 2 lit. b).** Mit Abs. 1 S. 2 lit. b gestattet die Konvention Festnahmen und Freiheitsentziehungen, die erforderlich sind, weil **eine *rechtmäßige* gerichtliche Anordnung nicht befolgt wurde oder die Erfüllung einer gesetzlichen Verpflichtung** erzwungen werden muss. Diese Gründe für eine Freiheitsentziehung setzen voraus, dass auf der Basis eines Gesetzes oder einer konkretisierenden gerichtlichen Entscheidung eine bislang nicht erfüllte und für den Adressaten vorhersehbare rechtliche Verpflichtung der betroffenen Person existiert.[88] In Betracht kommt im Strafverfahren insbesondere die Vorführung von Zeugen und Beschuldigten nach einer entsprechenden Anordnung.[89] Gleiches gilt für die Ordnungs- und Beugehaft.[90] Außerhalb des Strafrechts sind etwa angeordnete Platzverweise Anwendungsfälle.[91] Die Rechtmäßigkeit der Anordnung des Gerichts unterliegt der Prüfung durch den EGMR (entsprechend → Rn. 18 ff.).[92] 35

Pflichten, die dem Betroffenen noch gar nicht auferlegt worden sind, wie zum Beispiel hypothetische Meldepflichten oder die Auflage, einen zukünftig verhängten Platzverweis einzuhalten, sind keine tauglichen Fälle.[93] Allgemein müssen **konkrete und spezifische Pflichten** betroffen sein, da die Norm anderenfalls zur Generalklausel für die Durchsetzung 36

---

[82] EGMR 19.1.2012 – 28527/08, Rn. 96 – Reiner/D; EGMR 24.11.2011 – 48038/06, NLMR 2011, 363 Rn. 93 – Schönbrod/D; *Esser/Gaede/Tsambikakis* NStZ 2012, 554 (557).
[83] EGMR 19.1.2012 – 28527/08, Rn. 96 – Reiner/D; EGMR 24.11.2011 – 48038/06, NLMR 2011, 363 Rn. 90 – Schönbrod/D; *Esser/Gaede/Tsambikakis* NStZ 2012, 554; zum Extremfall EGMR 28.5.2002 – 46295/99, NLMR 2002, 102 Rn. 81 f. – Stafford/UK: 18 Jahre nach Freilassung Wiederinhaftierung in der lebenslangen Freiheitsstrafe nach späterer Begehung eines Betruges.
[84] EGMR 19.1.2012 – 28527/08, Rn. 95 – Reiner/D: weniger starker Zusammenhang; ähnlich EGMR 24.11.2011 – 48038/06, NLMR 2011, 363 Rn. 90 ff. – Schönbrod/D.
[85] Siehe auch schon EGMR 2.3.1987 – 9787/82, EGMR-E 3, 393 Rn. 42, 49 – Weeks/UK.
[86] Grundlegend mwN EGMR 17.12.2009 – 19359/04, NJW 2010, 2495 Rn. 93 ff. – M./D; später so zB auch EGMR 13.1.2011 – 17792/07, NJOZ 2011, 1494 Rn. 48 ff. – Kallweit/D; EGMR 14.4.2011 – 30060/04, Rn. 33 f. – Jendrowiak/D; EGMR 19.1.2012 – 21906/09, NJW 2013, 1791 Rn. 74 ff. – Kronfeldner/D.
[87] EGMR 13.1.2011 – 6587/04, NJW 2011, 3423 Rn. 84 – Haidn/D; EGMR 19.4.2012 – 61272/09, EuGRZ 2012, 383 Rn. 72 – B./D; *Esser/Gaede/Tsambikakis* NStZ 2002, 554; siehe auch BGH 12.5.2010 – 4 StR 577/09, NStZ 2010, 567 (568).
[88] Dazu und zum Folgenden vgl. zum Beispiel EGMR 3.12.2002 – 30218/96, Rn. 63 f. – Nowicka/PL (Durchsetzung einer psychiatrischen Untersuchung); Radtke/Hohmann/*Ambos* Rn. 10.
[89] Siehe etwa §§ 51 Abs. 1, 127b, 134, 164, 230 Abs. 2, 231 Abs. 1 StPO; Karpenstein/Mayer/*Elberling* Rn. 39.
[90] Siehe §§ 51, 70 Abs. 1, 2, 95 Abs. 2 StPO, § 96 OWiG und mw Beispielen jenseits des Strafprozessrechts SSW/*Satzger* Rn. 25.
[91] Zur Anwendung im Fall eines Verstoßes gegen den Platzverweis EGMR 24.3.2005 – 77909/01, NVwZ 2006, 797 Rn. 35 ff. – Epple/D; zur Pflicht, sich auszuweisen, EGMR 4.12.2003 – 47244/99, Rn. 2 – Novotka/PL.
[92] SSW/*Satzger* Rn. 21.
[93] EGMR 1.12.2011 – 8080/08 u. 8577/08, NVwZ 2012, 1089 Rn. 65, 81 – Schwabe u. M.G./D.

allgemeiner Bürgerpflichten mutieren würde.[94] Dementsprechend fällt die allgemeine Pflicht, keine Straftaten zu begehen, nicht unter Abs. 1 S. 2 lit. b.[95] Anderes kann jedoch gelten, wenn **konkret bevorstehende Straftaten** wie eine nach Zeit und Ort bestimmte Schlägerei unter Hooligans vermieden werden sollen, die betroffenen Personen auch nach einem konkreten Hinweis auf ihre Unterlassungspflicht durch Worte oder Vorbereitungshandlungen den Willen zur Missachtung ihrer Pflicht ausdrücken und der Eingriff auch im Übrigen verhältnismäßig bleibt und damit insbesondere das Angebot gemacht wurde, den entsprechenden Ort (ohne den Plan einer Verlegung des erstrebten Verhaltens) zu verlassen.[96] Die Feststellung einer allgemeinen Gewaltbereitschaft oder Neigung genügt demnach nicht.

37 Schon infolge des geltenden **Verhältnismäßigkeitsgrundsatzes**[97] legitimiert die Vorschrift keine automatisch angeordnete und beliebig lange[98] Freiheitsentziehung. In diese Abwägung ist neben dem Zweck der Verpflichtung insbesondere die Dauer der Freiheitsentziehung als wesentlicher Faktor einzustellen.[99] Zwischen der Bedeutung der (sofortigen) Erfüllung der Verpflichtung und der Bedeutung des Rechts auf Freiheit der Person muss durch eine Interessenabwägung ein Ausgleich hergestellt werden. Es muss vor der Vollziehung festgestellt werden, dass die Person die Verpflichtung nicht erfüllen will und auch noch nicht erfüllt hat.[100] Die Haft nach Abs. 1 S. 2 lit. b darf überdies nicht der Bestrafung, sondern allein der Durchsetzung der rechtlichen Verpflichtung dienen.[101]

38 Sobald die **offene Verpflichtung erfüllt** wurde, entfällt die Grundlage für eine rechtmäßige Freiheitsentziehung, weshalb grundsätzlich eine sofortige Freilassung geboten ist.[102] Gleiches gilt, wenn die Verpflichtung nicht mehr erfüllt werden kann. Allerdings kann im Anschluss ein anderer Freiheitsentziehungsgrund eingreifen. So wird die Festnahme eines Verurteilten, der es versäumt hat, seine Strafhaft termingemäß anzutreten, zwar durch Abs. 1 S. 2 lit. b legitimiert (siehe § 457 Abs. 2 StPO). Die eigentliche Haft legitimiert sich sodann über Abs. 1 S. 2 lit. a (→ Rn. 30 f.).

39 **c) Festnahme oder Freiheitsentziehung in Verdachtsfällen (Abs. 1 S. 2 lit. c).** Abs. 1 S. 2 lit. c gibt den Staaten die Befugnis, einen Menschen in Verdachtsfällen festzunehmen **(vorläufige Festnahme)** und ihm seine Freiheit zugunsten einer **Untersuchungshaft** zu entziehen. Diese Befugnis ist von vornherein auf die Vorführung des Verdächtigen vor die zuständige Gerichtsbehörde zur Haftprüfung oder zur Entscheidung über den Tatvorwurf gerichtet.[103] Dies meint nicht nur die Vorführung zur Entscheidung über einen Haftbefehl, sondern auch die Vorführung zur Verhandlung und mithin die Untersuchungshaft.

---

[94] Siehe schon EGMR 1.7.1961 – 332/57, EGMR-E 1, 10 Rn. 9, 12 – Lawless/IRE III; EGMR 8.6.1976 – 5100/76 ua, EGMR-E 1, 181 Rn. 69 – Engel ua/NL; mwN Karpenstein/Mayer/*Elberling* Rn. 41 f.; wenig präzise insofern Meyer-Goßner/*Schmitt* Rn. 3.
[95] MwN EGMR 1.12.2011 – 8080/08 u. 8577/08, NVwZ 2012, 1089 Rn. 73, 82 – Schwabe u. M.G./D; mwN Karpenstein/Mayer/*Elberling* Rn. 41 f.
[96] MwN EGMR 7.3.2013 – 15598/08, NVwZ 2014, 43 Rn. 93 ff. – Ostendorf/D; Karpenstein/Mayer/*Elberling* Rn. 41a; Meyer-Ladewig/Harrendorf/*König* Rn. 37; siehe auch SSW/*Satzger* Rn. 25: polizeiliche Störerfestnahme. Siehe allerdings zur überdehnten Annahme einer Strafbarkeit mwN *Gaede* ZIS 2014, 489 (491 ff.).
[97] Dazu nur Meyer-Ladewig/Harrendorf/*König* Rn. 20, 34, 36; siehe auch EGMR 24.3.2005 – 77909/01, NVwZ 2006, 797 Rn. 37 – Epple/D.
[98] Zu einer verfrühten Haft EGMR 3.12.2002 – 30218/96, Rn. 63 – Nowicka/PL.
[99] EGMR 27.7.2010 – 28221/08, Rn. 43 ff. – Gatt/MAL; EGMR 24.3.2005 – 77909/01, NVwZ 2006, 797 Rn. 37 – Epple/D; SSW/*Satzger* Rn. 23.
[100] MwN Karpenstein/Mayer/*Elberling* Rn. 39; siehe insbesondere EGMR 19.9.2013 – 16880/08, Rn. 56 – Velinov/MAZ.
[101] MwN EGMR 25.9.2003 – 52792/99, Rn. 36 ff. – Vasileva/DNK; SSW/*Satzger* Rn. 22.
[102] MwN EGMR 3.12.2002 – 30218/96, Rn. 64 – Nowicka/PL.
[103] Siehe wieder zu einem etwaigen Unterbindungsgewahrsam mwN EGMR 1.12.2012 – 8080/08 u. 8577/08, NVwZ 2012, 1089 Rn. 79 – Schwabe u. M.G./D; EGMR 7.3.2013 – 15598/08, NVwZ 2014, 43 Rn. 67 – Ostendorf/D; *Esser* S. 218; Karpenstein/Mayer/*Elberling* Rn. 52; abl. zu einem erfundenen Vorwand, der die Gelegenheit zur anderweitigen Beweisermittlung verschaffen sollte EGMR 7.12.1999 – 40451/98 – Kerr/UK.

aa) **Fallgruppen der Norm.** Nach dem Wortlaut eröffnet die sehr unglücklich formu- **40** lierte Norm **scheinbar drei eigenständige Anwendungsfallgruppen.** Neben die Haft im Fall des hinreichenden Verdachts wegen einer verfolgungsbedürftigen Straftat scheinen als zweite Variante eine allgemeine Präventivhaft bei der Gefahr bevorstehender Straftaten („notwendig ist, sie an der Begehung einer Straftat [...] zu hindern") und für die Flucht im Fall eines hinreichenden Tatverdachts („an der Flucht nach Begehung einer solchen zu hindern") eine dritte Variante zu treten. Im Einklang mit der Rechtsprechung des EGMR ist die Norm aber auch angesichts des zwingenden Bezuges zur Herbeiführung einer gerichtlichen Entscheidung (→ Rn. 39) als Vorschrift zu interpretieren, die **lediglich in Strafverfahren** auf der Grundlage eines strafprozessualen Tatverdachts Eingriffe in Art. 5 gestattet.[104]

In den scheinbar eigenständigen Varianten liegen damit primär Unterfälle der legitimier- **41** ten Untersuchungshaft, die bei der zweiten Variante Konstellationen des Haftgrundes der Wiederholungsgefahr und in der dritten Variante die Erfassung des Haftgrundes der Fluchtgefahr absichern. Vor allem unterfällt Abs. 1 S. 2 lit. c **kein rein gefahrenabwehrrechtlicher Unterbindungsgewahrsam,** soweit er in keiner Weise mit einem Strafverfahren verbunden ist und nur aus der allgemeinen Gefährlichkeit einer Person abgeleitet wird (siehe aber zu lit. b → Rn. 35 f. und zu Maßregeln und lit. e → Rn. 55 ff.).[105]

Falls die Tatverhinderung mit einem Strafverfahren in Verbindung steht, kommt es auch **42** nach Ansicht des EGMR in Betracht, im Fall von **Tatgefahren, die hinreichend konkret und spezifisch sind** (*„sufficiently concrete and specific"*) und folglich insbesondere in Bezug auf den Ort, die Zeit und ggf. die Opfer der Tat konkretisiert sind, eine im Kern präventive Freiheitsentziehung gemäß Abs. 1 S. 2 lit. c zu legitimieren, soweit im Einzelfall die gebotene Verhältnismäßigkeit gewahrt wurde.[106]

bb) **Hinreichender Tatverdacht.** Der für eine Festnahme oder Freiheitsentziehung **43** gemäß Abs. 1 S. 2 lit. c als *condicio sine qua non* erforderliche **hinreichende Tatverdacht** setzt voraus, dass Anhaltspunkte vorliegen, die einen konkreten Verdacht der Straftatbegehung durch die betroffene Person begründen.[107] Der Begriff ist **autonom zu bestimmen** und insbesondere nicht mit dem Begriff gemäß den §§ 170, 203 StPO gleichzusetzen. Eine unmittelbar folgende Anklage oder eine unmittelbare Vorführung vor ein zur Hauptsache entscheidendes Gericht ist nicht erforderlich. Es stellt aber einen essentiellen Bestandteil des Schutzes gegen willkürliche Inhaftierungen dar, dass der Verdacht auf vernünftigen Anhaltspunkten beruhen muss und nicht allein subjektiv vorhanden sein darf.[108] Ein nur in gutem Glauben angenommener Verdacht genügt nicht: Es müssen Fakten oder Informationen vorliegen, die einen **objektiven Betrachter** davon überzeugen können, dass die

---

[104] Siehe EGMR 22.2.1989 [GK] – 11152/84, EGMR-E 4, 329 Rn. 38 ff. – Ciulla/ITA; EGMR 13.1.2011 – 6587/04, NJW 2011, 3423 Rn. 90 – Haidn/D; mwN EGMR 7.3.2013 – 15598/08, NVwZ 2014, 43 Rn. 67 f., 77 ff. – Ostendorf/D (mit abl. SV *Lemmens/Jäderblom*); mwN Karpenstein/Mayer/*Elberling* Rn. 49, 56 f.; siehe aber anders zur Debatte mwN Löwe/Rosenberg/*Esser* Rn. 131 ff.; wie hier aber auch IntKomm/*Renzikowski* Rn. 210 ff.
[105] Siehe anhand des Hooliganismus EGMR 7.3.2013 – 15598/08, NVwZ 2014, 43 Rn. 66 ff., 77 ff. – Ostendorf/D (mit abl. SV *Lemmens/Jäderblom*); zust. Karpenstein/Mayer/*Elberling* Rn. 56; SSW/*Satzger* Rn. 28; Meyer-Goßner/*Schmitt* Rn. 4; siehe auch Radtke/Hohmann/*Ambos* Rn. 13; aA noch BVerfG 4.5.2011 – 2 BvR 2333/08 ua, BVerfGE 128, 326 (395 f.).
[106] Siehe, im Fall selbst abl. zu fünfeinhalb Tagen Verhinderungsgewahrsam nach § 55 Abs. 1 Nr. 2 SOG-MV EGMR 1.12.2012 – 8080/08 u. 8577/08, NVwZ 2012, 1089 Rn. 70 ff., 77 ff. – Schwabe u. M.G./D, allerdings mit einem kaum noch erkennbaren Bezug zu einem konkreten Strafverfahren; EGMR 13.1.2011 – 6587/04, NJW 2011, 3423 Rn. 94 – Haidn/D; siehe auch EGMR 31.7.2000 – 34578/97, Rn. 50 f. – Jecius/LIT und nur auf Art. 5 Abs. 1 S. 2 lit. b EMRK verweisend EGMR 7.3.2013 – 15598/08, NVwZ 2014, 43 Rn. 66 ff. – Ostendorf/D; zur Ablehnung bei der Sicherungsverwahrung siehe nur EGMR 17.12.2009 – 19359/04, NJW 2010, 2495 Rn. 102 – M./D.
[107] EGMR 28.10.1994 – 14310/88, Rn. 55 – Murray/UK.
[108] EGMR 30.8.1990 – 12244/86 ua, Rn. 35 – Fox ua/UK (dort auch dazu, dass frühere einschlägige Verurteilungen den Verdacht allein nicht begründen können); Karpenstein/Mayer/*Elberling* Rn. 50; mwN Löwe/Rosenberg/*Esser* Rn. 119; zur nötigen Überprüfung einer Beschuldigung des Opfers vor der Haftverhängung siehe EGMR 6.11.2007 – 8207/06, Rn. 69 ff. – Stepuleac/MOL.

betroffene Person eine Straftat begangen haben könnte.[109] Der EGMR nimmt dabei eine eigenständige Prüfung vor.[110] Mit voranschreitender **Dauer der Untersuchungshaft** wachsen auch die Anforderungen an den hinreichenden Tatverdacht.[111]

44 Da Abs. 1 S. 2 die nationalen Anforderungen inkorporiert, folgt aus diesen grundsätzlich großzügigeren Anforderungen des Konventionsrechts auch unabhängig von Art. 53 keine Einschränkung: Für die deutsche Untersuchungshaft bleibt stets mindestens der ebenfalls in zeitlicher Hinsicht anspruchsvoll zu begründende dringende Tatverdacht maßgeblich.[112]

45 cc) **Haftgründe bei voranschreitender Haftdauer.** Vergleicht man Abs. 1 lit. c mit den §§ 112, 112a StPO, fällt auf, dass die Konvention Haftgründe wie die Flucht- oder Verdunkelungsgefahr ihrem Wortlaut nach nicht als notwendige Hafterfordernisse verlangt. Flucht- und Wiederholungsgefahr erscheinen hier nur als klarstellende Beispiele (→ Rn. 41).

46 Dies bedeutet jedoch *zum einen* keine Maßstabsabschwächung für das deutsche Recht, weil seine insofern weitergehenden Anforderungen schon gemäß Abs. 1 S. 2 beachtet werden müssen[113] und im Übrigen der Günstigkeitsgrundsatz (Art. 53) Anwendung findet. *Zum anderen* ist von großer Bedeutung, dass die Freiheitsentziehungsgründe jeweils einer **engen Auslegung** und dem Gebot unterliegen, die **Verhältnismäßigkeit** zu wahren, indem ein angemessenes Verhältnis zwischen der grundsätzlichen Geltung des Rechts auf Freiheit und Sicherheit sowie seiner Einschränkung gewährleistet wird.[114] Als Ausprägung dieses Normzugangs genügt der zunächst hinreichende Tatverdacht für eine im Sinne des Abs. 1 S. 2 lit. c rechtmäßige Untersuchungshaft nach einer gewissen Inhaftierungsdauer allein nicht mehr.[115] Damit prüft auch der EGMR in ständiger Rechtsprechung, ob die konkret von den nationalen Behörden aufgeführten Gründe die weitere Freiheitsentziehung jedenfalls grundsätzlich (siehe für diesen Fall aber → Rn. 81 ff.) rechtfertigen. In Frage kommen insoweit hinreichende Anhaltspunkte für eine **Fluchtgefahr,** für die **Verdunkelungsgefahr** und die **Wiederholungsgefahr.**[116] Mit steigender Dauer der Untersuchungshaft steigen auch die Anforderungen an die Darlegung dieser Gründe.[117]

47 Eine **aus der Tatschwere hergeleitete Fluchtgefahr** genügt insbesondere mit voranschreitender Dauer nicht den Ansprüchen des Abs. 1 S. 2 lit. c. Die Fluchtgefahr darf nicht allein aus der Straferwartung hergeleitet werden, sondern muss vielmehr aus einer Gesamtwürdigung unter Einbeziehung der ihr entgegenstehenden Indizien gefolgert werden, die gerade den konkreten Fall analysiert.[118] Etwa bei einer 18 Monate währenden Haft liegt

---

[109] MwN EGMR 16.10.2001 – 37555/97, Rn. 34 – O'Hara/UK; EGMR 30.8.1990 – 12244/86 ua, Rn. 32 – Fox ua/UK; Karpenstein/Mayer/*Elberling* Rn. 50; siehe auch zum Vorgehen gegen eine NGO EGMR 17.3.2016 – 69981/14, Rn. 116 ff., 121 f. – Rasul Jafarov/AZE.

[110] EGMR [GK] 6.4.2000 – 26722/95, Rn. 152 ff. – Labita/ITA; EGMR 24.1.2012 – 61485/08, Rn. 42 – Brega ua/MOL; mwN *Meyer-Ladewig/Harrendorf/König* Rn. 45; zur Ablehnung formelhafter Floskeln EGMR 19.1.2012 – 39884/05, Rn. 34 – Korneykova/UKR.

[111] EGMR [GK] 3.10.2006 – 543/03, NJW 2007, 3699 Rn. 44 – McKay/UK; SSW/*Satzger* Rn. 27; instruktiv zur sinkenden Bedeutung der Aussage eines Kronzeugen EGMR [GK] 6.4.2000 – 26722/95, Rn. 157 ff. – Labita/ITA; siehe zudem zu vertraulichen Quellen bei der Terrorismusverfolgung EGMR 20.10.2015 – 5201/11, Rn. 149 – Sher ua/UK.

[112] Siehe nur *Esser/Gaede/Tsambikakis* NStZ 2011, 78 (81 f.).

[113] Siehe statt vieler mwN Löwe/Rosenberg/*Esser* Rn. 122 und beispielhaft EGMR 27.11.1997 – 144/1996/765/962, NJW 1999, 775 Rn. 63 ff. – K.-F./D.

[114] MwN Karpenstein/Mayer/*Elberling* Rn. 54, 116; zur Geltung auch für Haftfortdauerentscheidungen klarstellend nur mwN EGMR 26.3.2009 – 39298/04 u. 8723/05, Rn. 90 ff. – Krejcir/CZE.

[115] Dazu im Überblick mwN Löwe/Rosenberg/*Esser* Rn. 115, 249 ff. und beispielhaft mwN EGMR [GK] 3.10.2006 – 543/03, NJW 2007, 3699 Rn. 44 – McKay/UK.

[116] EGMR 26.1.1993 – 14379/88, EuGRZ 1993, 384 Rn. 30 – W./SWI; mwN EGMR 29.7.2004 – 49746/99, NJW 2005, 3125 Rn. 37 ff. – Cevizovic/D.

[117] MwN EGMR [GK] 26.10.2000 – 30210/96, NJW 2001, 2694 Rn. 113 ff. – Kudła/PL; näher dazu mwN IntKomm/*Renzikowski* Rn. 195 ff.; siehe auch Löwe/Rosenberg/*Esser* Rn. 252 (zu Folgeentscheidungen) und 256 (zum unzulässigen Nachschieben von Gründen).

[118] MwN EGMR 24.7.2003 – 46133/99 u. 48183/99, Rn. 60 – Smirnova/RUS; EGMR 4.10.2005 – 28904/02, Rn. 57 – Górski/PL; Karpenstein/Mayer/*Elberling* Rn. 118; Löwe/Rosenberg/*Esser* Rn. 266 ff.

in diesem Fall mangels anderer Gründe eine Verletzung vor.[119] Auch die Arbeits- und Obdachlosigkeit führt allein nicht zur Fluchtgefahr.[120]

Die **Verdunkelungsgefahr** muss aus konkreten Anhaltspunkten hergeleitet werden, die sich insbesondere auf das Verhalten des zu Inhaftierenden beziehen sollten.[121] Soweit die Verdunkelungsgefahr aus der Einwirkung auf Zeugen gefolgert wird, ist nach der Aussage im Ermittlungsverfahren – jedenfalls bei einer Verwertbarkeit im Hauptverfahren – die Verdunkelungsgefahr regelmäßig nicht länger ein tauglicher Haftgrund.[122] Zu Beginn der Haft sollen Risiken der Beeinflussung von Zeugen oder sonstiger Verdunkelungsmaßnahmen, die mit dem Vorwurf organisierter Kriminalität im Allgemeinen verbunden werden, problematischerweise zur Begründung fernab konkreter Sachverhaltshinweise unter Umständen genügen können.[123] **48**

Der Haftgrund der **Wiederholungsgefahr** bietet den Vertragsstaaten lediglich ein Mittel, um konkret bevorstehende spezifische Straftaten zu verhüten.[124] Die Gefahr kann nicht allein aus früheren Verurteilungen oder aus der Arbeits- und Obdachlosigkeit des Betroffenen abgeleitet werden.[125] Dies ergibt sich primär aus dem Gebrauch des Singulars („einer Straftat") und aus dem Ziel des Art. 5, willkürliche Freiheitsentziehungen zu verhindern. Auch insoweit konnten die Problemfälle der Sicherungsverwahrung nicht gerechtfertigt werden, da die in Zukunft befürchteten Taten insbesondere hinsichtlich des Orts und der Zeit ihrer Begehung und ihrer Opfer nicht näher konkretisiert waren.[126] **49**

Einen Haftgrund der Gefahr für die **öffentliche Ordnung** hat der EGMR nur ausnahmsweise etwa für eine Dauer von zehn Monaten in einem Fall anerkannt, in dem der Verdacht eines Korruptionsdeliktes gegenüber einem Polizisten zu untersuchen war.[127] **50**

dd) Verhältnismäßigkeit im Einzelfall und absolute Dauer der Haft. Falls die von einem Vertragsstaat genannten Haftgründe prinzipiell stichhaltig und ausreichend sind, vergewissert sich der Gerichtshof zusätzlich darüber, ob die zuständigen nationalen Behörden die gebotene, besondere Sorgfalt bei der Verfahrensführung aufgewendet haben[128] und insbesondere ihrer Pflicht nachgekommen sind, eine taugliche Justiz zu organisieren.[129] Auch insgesamt ist die Fortdauer der Freiheitsentziehung nur gerechtfertigt, wenn es auch in einer Gesamtschau konkrete Hinweise auf ein wirklich bestehendes öffentliches Interesse gibt, das im Einzelfall trotz der **Unschuldsvermutung** das Recht auf persönliche Freiheit auch unter Berücksichtigung der insgesamt erreichten Dauer überwiegt.[130] Die Unschuldsvermutung potenziert insoweit das Anliegen, die Menschenrechtseingriffe bei Art. 5 zu limitieren.[131] Mit steigender Dauer der Untersuchungshaft verlangt der EGMR eine einge- **51**

---

[119] EGMR 30.10.2003 – 38654/97, Rn. 68 f. – Goral/PL.
[120] EGMR 15.2.2005 – 55939/00, Rn. 64 – Sulaoja/EST.
[121] MwN EGMR 24.9.1998 – 27143/95, Rn. 61 – Contrada/ITA.
[122] Dazu EGMR 26.6.1991 – 12369/86, ÖJZ 1991, 789 Rn. 38 f. – Letellier/FRA; mwN Karpenstein/Mayer/*Elberling* Rn. 119.
[123] So jedenfalls erwägend EGMR 4.10.2005 – 28904/02, Rn. 58 – Górski/PL.
[124] EGMR 17.12.2009 – 19359/04, NJW 2010, 2495 Rn. 91 – M./D; bejahend zu Serientaten EGMR 28.10.1998 – 24760/94, Rn. 156 – Assenov ua/BUL. Zur Auslegung siehe auch lehrreich EGMR 1.12.2012 – 8080/08 u. 8577/08, NVwZ 2012, 1089 Rn. 69 ff. – Schwabe u. M.G./D und *Esser/Gaede/Tsambikakis* NStZ 2012, 554 (559).
[125] MwN Karpenstein/Mayer/*Elberling* Rn. 120.
[126] EGMR 17.12.2009 – 19359/04, NJW 2010, 2495 Rn. 102 – M./D.
[127] MwN EGMR 16.7.2013 – 142/04, Rn. 69 f. – Balteanu/ROM; zuvor auch EGMR 23.9.1998 – 28213/95, Rn. 104 – I.A./FRA.
[128] MwN EGMR 5.7.2001 – 38321/97, NJW 2003, 1439 Rn. 39 – Erdem/D; *Gaede* HRRS 2005, 377 ff.
[129] Dazu in anderem Zusammenhang EGMR 13.2.2001 – 25116/94, NJW 2002, 2015 Rn. 47 – Schöps/D; EGMR 25.10.1989 – 11400/85, Rn. 25 – Bezicheri/ITA.
[130] Vgl. mit Aufzählung der anerkannten dauerbezogenen Haftgründe EGMR 29.7.2004 – 49746/99, NJW 2005, 3125 Rn. 37 – Cevizovic/D; SSW/*Satzger* Rn. 56; siehe auch Löwe/Rosenberg/*Esser* Rn. 249 ff.: Zwei-Stufen-Prüfung des EGMR bei der Überprüfung der Dauer der Untersuchungshaft.
[131] Vgl. für die Rechtsprechung zu Art. 5 EMRK beispielhaft mwN EGMR 26.7.2001 – 34097/96, Rn. 41 ff. – Kreps/PL; EGMR [GK] 6.4.2000 – 26722/95, Rn. 152 ff. – Labita/ITA.

hende und überzeugende Darlegung ihrer Notwendigkeit.[132] Den Staat trifft die Beweislast.[133] Wird ein Rechtsanwalt verhaftet, prüft der EGMR die Anforderungen des Art. 5 besonders streng.[134] Gleiches gilt, wenn die Haft gesundheitliche Probleme verursacht.[135] Eine Verletzung kommt auch bei einer vergleichsweise kurzen Haftdauer in Betracht,[136] da es primär auf die **Erforderlichkeit der Haft bei einer sorgfältigen Verfahrensführung** ankommt (dazu näher → Art. 6 Rn. 399 f.).[137] Eine Haft wird auch bei einer sorgfältigen Ermittlung regelmäßig nicht länger als vier Jahre dauern dürfen.[138]

52 Im Rahmen der Verhältnismäßigkeitsprüfung ist insbesondere zu erwägen, ob **mildere Maßnahmen** die Haft entbehrlich werden lassen.[139] Dies kann zum Beispiel die **Freilassung gegen Kaution** sein, die der Flucht nach den einzubeziehenden wirtschaftlichen Verhältnissen des Beschuldigten ausreichend entgegenwirkt. Die Minusmaßnahme der Sicherheitsleistung wird von Abs. 3 S. 2 explizit als zulässiges Mittel bestätigt. Sie ist grundsätzlich **nach dem Zweck der Sicherung zu bemessen,** soll ausnahmsweise aber auch in Beträgen bestehen können, die der Inhaftierte allein nicht bezahlen kann, wenn dies nach der Schwere der Tat und ihren finanziellen Folgen sowie auf Grund zur Zahlung bereiter Dritter angezeigt ist.[140]

53 **ee) Missbrauchsschranken.** In einem Verfahren gegen einen sog. Oligarchen wurde Russland bereits weit vor dem Fall Chodorkowskij verurteilt, weil es Folgendes nicht einzuhalten wusste:[141] Strafverfahren und die **Untersuchungshaft** dürfen durch den Staat **nicht zu verfahrensfremden Zwecken** eingesetzt werden (hier: Einsatz als Druckmittel im Rahmen einer „Vertragsverhandlung"). Wenn ein staatliches Unternehmen einen Untersuchungshäftling zur Unterzeichnung einer die Verfahrenseinstellung umfassenden Abmachung auffordert, die ein Staatsminister mit seiner Unterschrift bestätigt und die von einem staatlichen Untersuchungsbeamten später umgesetzt wird, muss der EGMR davon ausgehen, dass die Strafverfolgung des Betroffenen genutzt wurde, um diesen einzuschüchtern und damit eine Verletzung des Art. 18 iVm Art. 5 annehmen.

54 Auch über Art. 18 hinaus ist bei der Anwendung des Art. 5 Abs. 1 S. 2 lit. c zu beachten, dass die Untersuchungshaft nicht zuletzt unter dem Aspekt der **Selbstbelastungsfreiheit** eindämmungsbedürftig ist. Die Untersuchungshaft entfaltet einen erheblichen und unstreitigen Geständnisdruck, der den Strafverfolgungsinstitutionen in ihren verfolgten Tathypothesen entgegenkommt und ihren Arbeitsaufwand begrenzt.[142] Es muss verhindert werden, dass eine Haft tatsächlich angeordnet und vollzogen wird, um den Willen des Beschuldigten zu brechen, der sich entschlossen hat, sein Schweigerecht auszuüben.[143]

---

[132] MwN EGMR 24.7.2003 – 46133/99 u. 48183/99, Rn. 70 – Smirnova/RUS; mwN Karpenstein/Mayer/*Elberling* Rn. 122.
[133] Dafür nur mwN EGMR 26.7.2001 – 33977/96, Rn. 83 – Ilijkov/BUL.
[134] EGMR 13.11.2003 – 23145/93 u. 25091/94, Rn. 669 – Elci ua/TUR; *Meyer-Ladewig/Harrendorf/König* Rn. 45.
[135] EGMR 19.3.2013 – 43888/08, Rn. 40 f. – X.Y./HUN.
[136] MwN Karpenstein/Mayer/*Elberling* Rn. 125.
[137] Siehe mit zahlreichen Negativbeispielen insofern Karpenstein/Mayer/*Elberling* Rn. 126.
[138] MwN EGMR 26.3.2013 – 43808/07, Rn. 45 ff. – Lukovic/SRB; mwN Löwe/Rosenberg/*Esser* Rn. 253; siehe aber EGMR 26.10.2006 – 65655/01, EuGRZ 2006, 648 Rn. 46 f. – Chraidi/D: fünfeinhalb Jahre im Einzelfall noch angemessen; zu fünf Jahren und acht Monaten EGMR 6.11.2014 – 67522/09, NJW 2015, 3773 Rn. 53 ff. – Ereren/D.
[139] EGMR 27.6.1968 – 2122/64, EGMR-E 1, 54 Rn. 15 – Wemhoff/D; EGMR 15.11.2001 – 25196/94, Rn. 66 ff. – Iwanczuk/PL; SSW/*Satzger* Rn. 58; zur darin liegenden Pflichterwägung zu Recht mwN Karpenstein/Mayer/*Elberling* Rn. 123.
[140] Siehe in diesem Sinne bedenklich EGMR 28.11.2010 – 12050/04, Rn. 83, 90 – Mangouras/SPA: drei Millionen EUR bei Strafverfolgung gegen den Kapitän eines Schiffs wegen großer Ölkatastrophe; zum Grundsatz EGMR 15.11.2001 – 25196/94, Rn. 66 – Iwanczuk/PL; mwN Löwe/Rosenberg/*Esser* Rn. 313.
[141] Siehe EGMR 19.5.2004 – 70276/01, Rn. 52 ff. – Gusinskiy/RUS; siehe auch EGMR 20.2.2007 – 35865/03, NVwZ 2008, 761 Rn. 81 – Al-Moayad/D.
[142] Dazu zum Beispiel mwN *Seebode* S. 65 ff.; *Eidam* S. 303 ff.
[143] Dazu näher mwN *Gaede* ZStW 129 (2017), Heft 4.

d) Freiheitsentziehung im Falle psychischer Krankheiten oder Suchtgefahren **55**
(Abs. 1 S. 2 lit. e). Neben anderen Fällen einer möglicherweise gebotenen Gefahrenabwehr[144] gestattet die EMRK den Vertragsstaaten, Freiheitsentziehungen im Fall von psychisch Kranken, Alkohol- oder Rauschgiftsüchtigen[145] anzuordnen und zu vollziehen. Diese Vorschrift ist für das Strafverfahren bedeutsam, weil sie eine Grundlage für freiheitsentziehende Maßregeln bietet, wie sie das StGB in § 63 StGB (Unterbringung in einem psychiatrischen Krankenhaus) und § 64 StGB (Unterbringung in einer Entziehungsanstalt) vorsieht.[146] Dies schließt die vorläufige Unterbringung (§ 126a StPO)[147] sowie einen unmittelbar erforderlichen Unterbringungsgewahrsam bei krankheits- und suchtbedingten Tatgefahren ein.

Die **psychische Erkrankung** wurde seitens des EGMR bislang nicht autonom defi- **56**
niert. Für ihren Nachweis fordert er eine ärztliche Diagnose ein, welche die Erkrankung attestiert.[148] Er verweist damit im Wesentlichen auf die medizinwissenschaftliche bzw. psychiatrische Eigendefinition und gestattet den Vertragsstaaten einen gewissen Beurteilungsspielraum.[149] Beispiele können in Persönlichkeitsstörungen liegen,[150] während eine krankheitsunabhängige Gefährlichkeitsprognose unzureichend ist.[151] Klar ist zudem, dass das Eingangsmerkmal nicht schon bei einem sozial abweichenden Verhalten vorliegt.[152] Die Krankheit muss von einer solchen Schwere sein, dass sie die Behandlung in einer stationären Einrichtung notwendig macht.[153] Eine Unterbringung gemäß Abs. 1 S. 2 lit. e muss in einem Verfahren verhängt werden, das speziell auf diese Form der Freiheitsentziehung ausgerichtet ist.[154]

Auch für Abs. 1 S. 2 lit. e ist eine freiheitsentziehende Unterbringung aber nur dann **57**
gerechtfertigt, wenn sie erwiesenermaßen infolge einer aus der Krankheit bzw. ihrem Unterfall der Sucht resultierenden Gefahr **notwendig ist, um die öffentliche Sicherheit bzw. Gesundheit zu schützen**.[155] Etwa die Feststellung einer psychischen Erkrankung allein ist nicht ausreichend,[156] sondern nur die *erste* erforderliche Voraussetzung. Die Haft muss *zweitens* insoweit auch im Einzelfall verhältnismäßig sein.[157] Die Haft darf *drittens* nur solange dauern, wie es die Erkrankung erzwingt, was der periodi-

---

[144] Zur Verbreitung ansteckender Krankheiten und zu Landstreichern siehe nur mwN SK-StPO/*Paeffgen* Rn. 39 f. und 44.
[145] Zu diesen Fallgruppen siehe näher mwN Löwe/Rosenberg/*Esser* Rn. 142 f., 157.
[146] Siehe etwa zu § 63 StGB EGMR 18.10.2011 – 53783/09 – Graf/D; EGMR 28.9.2010 – 32705/06 – Frank/D; SSW/*Satzger* Rn. 19, 34 ff.
[147] Siehe hingegen für Art. 5 Abs. 1 S. 2 lit. c EMRK: Meyer-Goßner/*Schmitt* Rn. 4.
[148] EGMR 24.10.1979 – 6301/73, EGMR-E 1, 427 Rn. 39 – Winterwerp/NL; mwN EGMR 12.6.2003 – 44672/98, NJW 2004, 2209 Rn. 47 – Herz/D; EGMR 13.1.2011 – 6587/04, NJW 2011, 3423 – Haidn/D; zum notwendigen Gutachten EGMR 18.2.2014 – 8300/06, NJOZ 2015, 558 Rn. 59 – Ruiz Rivera/SWI; mwN und näher zur erforderlichen Gutachtenqualität Karpenstein/Mayer/*Elberling* Rn. 64, 66; zur zulässigen provisorischen Haft zur Einholung der nötigen Prüfungen mwN Löwe/Rosenberg/*Esser* Rn. 149.
[149] EGMR 24.10.1979 – 6301/73, EGMR-E 1, 427 Rn. 37 – Winterwerp/NL mwN EGMR 28.6.2012 – 3300/10, JR 2013, 78 – S/D.
[150] EGMR 20.2.2003 – 50272/99, Rn. 19 – Hutchison u. Reid/UK; zur dissozialen Persönlichkeit aber einschr. EGMR 28.11.2013 – 7345/12, Rn. 88 f. – Glien/D.
[151] EGMR 13.1.2011 – 6587/04, NJW 2011, 3423 Rn. 77 – Haidn/D; EGMR 28.11.2013 – 7345/12, Rn. 80 – Glien/D.
[152] EGMR 24.10.1979 – 6301/73, EGMR-E 1, 427 Rn. 37 – Winterwerp/NL; Karpenstein/Mayer/*Elberling* Rn. 63.
[153] EGMR 28.11.2013 – 7345/12, Rn. 85, 88 f. – Glien/D; mwN Meyer-Ladewig/*Harrendorf/König* Rn. 54.
[154] EGMR 13.1.2011 – 6587/04, NJW 2011, 3423 – Haidn/D; Meyer-Goßner/*Schmitt* Rn. 6.
[155] Dazu EGMR 6.11.1980 – 7367/77, EGMR-E 1, 492 Rn. 98 – Guzzardi/ITA; mwN Meyer-Ladewig/*Harrendorf/König* Rn. 47, 49; zum subsidiären Schutz des Betroffenen SSW/*Satzger* Rn. 34.
[156] Siehe nur EGMR 24.10.1979 – 6301/73, EGMR-E 1, 427 Rn. 39 – Winterwerp/NL und etwa *Esser/Gaede/Tsambikakis* NStZ 2012, 554 (555).
[157] Siehe insbesondere zum Gebot, mildere Mittel vorrangig einzusetzen EGMR 24.10.1979 – 6301/73, EGMR-E 1, 427 Rn. 39 – Winterwerp/NL; mwN EGMR 25.1.2005 – 56529/00, NJW 2006, 2313 Rn. 44 – Enhorn/FRA; EGMR 5.10.2000 – 31365/96, Rn. 45 f. – Varabanov/BUL.

schen Überprüfung bedarf (zusammen sog. drei **Winterwerp-Kriterien**).[158] Ferner setzt die Rechtfertigung der Freiheitsentziehung in diesem Falle voraus, dass der Betroffene an einem Ort und unter Umständen untergebracht ist, die der Tatsache Rechnung tragen, dass er (auch) auf Grund einer Erkrankung untergebracht ist.[159] Davon ist auch dann keine Ausnahme gerechtfertigt, wenn der Betroffene sich der Therapie verweigert, da auch in diesem Fall noch immer ein angemessenes medizinisches und therapeutisches Umfeld vorzuhalten ist.[160]

58 Die Norm findet ferner in **Altfällen der früheren Sicherungsverwahrung** Anwendung, in denen das BVerfG[161] und der Gesetzgeber eine weitere Haft unter dem Gesichtspunkt einer **„psychischen Störung"** unter veränderten Verhältnismäßigkeitsmaßstäben für geboten halten.[162] Soweit man die Problemlage zu Art. 7 hier außer Acht lässt (zu dieser → Art. 7 Rn. 7f.), stellt sich insbesondere die Frage, ob die hier erfassten Fallgruppen tatsächlich dem Merkmal der „psychischen Krankheit" (*„persons of an unsound mind"*) subsumiert werden können.[163] Der vom Gesetzgeber im Gesetz zur Therapierung und Unterbringung psychisch gestörter Gewalttäter (Therapieunterbringungsgesetz – ThUG) verwendete Begriff der „psychischen Störung" ist nach der Leitentscheidung des BVerfG aber explizit an Abs. 1 lit. e zu orientieren und damit insbesondere nicht schon bei sozial abweichendem Verhalten zu bejahen.[164] Ein Fall des § 20 StGB oder des § 21 StGB soll dabei nicht zugleich vorliegen müssen.[165] Dieser Ansatz ist nicht per se als konventionswidrig zu bezeichnen, weil die Konvention die nähere Strukturierung der nationalen strafrechtlichen Rechtsfolgen nicht als Selbstzweck vorschreibt.[166] Klar muss allerdings bleiben, dass die Absetzung von den §§ 20, 21 StGB in keiner Weise die Maßstäbe senken kann, die tatsächlich aus Art. 5 Abs. 1 lit. e EMRK folgen.[167] Er verlangt als Eingangsmerkmal insofern – wie die parallelen Merkmale der §§ 20, 21 StGB – eine psychische Krankheit. Je weiter die nationale Auslegung die psychische Störung etwa bei dissozialen Persönlichkeitsstörungen

---

[158] EGMR 24.10.1979 – 6301/73, EGMR-E 1, 427 Rn. 37, 39 – Winterwerp/NL; mwN auch zur kumulativen Bedeutung gegenüber der Zustimmung des Betreuers Karpenstein/Mayer/*Elberling* Rn. 63, 67.

[159] EGMR 20.2.2003 – 50272/99, Rn. 48 – Hutchinson u. Reid/UK; mwN EGMR 13.1.2011 – 17792/07, EuGRZ 2011, 255 Rn. 46 – Kallweit/D; EGMR 24.11.2011 – 4646/08, Rn. 79, 84 ff. – O.H./D; EGMR 13.1.2011 – 6587/04, NJW 2011, 3423 Rn. 91 ff. – Haidn/D; BVerfG 4.5.2011 – 2 BvR 2333/08 ua, BVerfGE 128, 326 (398 f.); siehe auch schon zur Haft, die über den Erziehungszweck gerechtfertigt wurde, aber nicht auf ein angemessenes Vollzugssystem zurückgreifen kann, EGMR 29.2.1988 – 9106/80, EGMR-E 4, 1 Rn. 41 ff. – Bouamar/BEL.

[160] EGMR 19.1.2012 – 21906/09, NJW 2013, 1791 Rn. 81 ff. – Kronfeldner/D; EGMR 19.4.2012 – 61272/09, EuGRZ 2012, 383 Rn. 81 ff. – B/D; EGMR 28.11.2013 – 7345/12, Rn. 96 – Glien/D.

[161] BVerfG 4.5.2011 – 2 BvR 2333/08 ua, BVerfGE 128, 326 (332): hochgradige Gefahr schwerster Gewalt- oder Sexualstraftaten, die aus konkreten Umständen in der Person oder dem Verhalten des Untergebrachten sein muss.

[162] Siehe § 1 Abs. 1 Nr. 1 ThUG. Krit. zur Gesamtreform des Gesetzgebers siehe aber *Renzikowski* NJW 2013, 1638 ff.

[163] Im grundlegenden Fall zur Sicherungsverwahrung waren keine ausschlaggebenden psychischen Erkrankungen festgestellt worden, siehe EGMR 17.12.2009 – 19359/04, NJW 2010, 2495 Rn. 103 – M./D. Zur Frage, ob der unterhalb der §§ 20, 21 StGB angesiedelter Begriff der „psychischen Störung" dem Art. 5 Abs. 1 lit. e genügt, mwN *Esser/Gaede/Tsambikakis* NStZ 2012, 554 (555 f.); die deutsche Praxis nun prinzipiell akzeptierend EGMR 7.1.2016 – 23279/14, NJW 2017, 1007 Rn. 123 ff., 133 – Bergmann/D.

[164] BVerfG 4.5.2011 – 2 BvR 2333/08 ua, BVerfGE 128, 326 (370, 388 f., 393 ff., 396 ff., 399); 15.9.2011 – 2 BvR 1516/11, StV 2012, 25 mAnm *Krehl*; Meyer-Goßner/*Schmitt* Rn. 6a.

[165] Dazu etwa BGH 21.6.2011 – 5 StR 52/11, BGHSt 56, 254 mAnm *Schöch* JR 2012, 171; OLG Karlsruhe 14.12.2011 – 2 Ws 43/11, StV 2012, 228 (229); siehe vorzeichnend BVerfG 4.5.2011 – 2 BvR 2333/08 ua, BVerfGE 128, 326 (406); 15.9.2011 – 2 BvR 1516/11, StV 2012, 25; *Schöch* GA 2012, 14 (28 ff.); *Mosbacher* HRRS 2011, 229 (234 ff.). Zu Abs. 1 S. 2 lit. e aber abl. *Morgenstern* ZIS 2011, 974; *Renzikowski* ZIS 2011, 531; *Ullenbruch* StV 2012, 44 (47 f.); zweifelnd *Eisenberg* StV 2012, 235 (236); *Merkel* R&P 2011, 205 (209 ff.).

[166] Siehe bereits mwN *Esser/Gaede/Tsambikakis* NStZ 2012, 554 (557 f.) und etwa EGMR 19.1.2012 – 21906/09, NJW 2013, 1791 Rn. 43, 59, 101 f. – Kronfeldner/D; EGMR 24.11.2011 – 4646/08, Rn. 53, 68, 117 – O.H./D und nun auch EGMR 16.5.2013 – 20084/07, NJW 2014, 369 Rn. 96 ff. – Radu/D.

[167] Siehe auch schon EGMR 28.11.2013 – 7345/12, Rn. 85 und 87 – Glien/D und EGMR 7.1.2016 – 23279/14, NJW 2017, 1007 Rn. 113 – Bergmann/D: Begriff des Abs. 1 S. 2 lit. e enger als der der psychischen Störung; vgl. auch *Renzikowski* NJW 2013, 1638 (1643).

e) Festnahme oder Freiheitsentziehung im Falle eines Auslieferungsverfahrens 59
(Abs. 1 S. 2 lit. f). Mit Abs. 1 S. 2 lit. f eröffnet die Konvention unter anderem[169] für die
Haft in Ausweisungs- und vor allem in laufenden **Auslieferungsverfahren** eine Legitimationsgrundlage.[170] Sie erkennt damit insbesondere das Interesse als legitim an, zur Durchführung fairer Strafverfahren und zur Vollstreckung einer in solchen Verfahren erkannten Strafe den Betroffenen festzunehmen und eine Freiheitsentziehung zu vollziehen.

Da die Konvention Aufenthaltsrechte grundsätzlich nicht regelt (aber etwa → Art. 8 60
Rn. 14 f.) wird die materielle Rechtmäßigkeit der Auslieferungsentscheidung grundsätzlich nicht geprüft.[171] Auch für diesen Freiheitsentziehungsgrund darf die Dauer der Haft aber **nicht unverhältnismäßig** sein.[172] Das formelle Auslieferungsverfahren muss auch bei Personen betrieben werden, die international als Terrorist eingestuft werden.[173] Der Staat darf nicht darauf verzichten, das Auslieferungsprocedere klar zu regeln.[174] Zudem müssen die aus Art. 2 und Art. 3 abgeleiteten Ausweisungs- bzw. **Auslieferungshindernisse** beachtet werden (dazu → Art. 1 Rn. 26 und → Art. 3 Rn. 10 f.)[175] und es muss das nationale Recht gewahrt werden, das ggf. nähere Voraussetzungen aufstellt.[176] Auch innerhalb der EU ist bereits im Vollstreckungsstaat ein wirksamer Rechtsschutz erforderlich.[177]

III. Die Verfahrensrechte der Festgenommenen und Inhaftierten

Das Konventionsrecht sichert die Stellung des Inhaftierten insbesondere im Hinblick auf 61
eine effektive Verteidigung gegen unrechtmäßige oder gar willkürliche staatliche Freiheitsentziehungen durch ein abgestimmtes Set an Rechten ab. Jeder Inhaftierte bzw. Festgenommene kann Informationsrechte (Abs. 2, dazu → Rn. 62 ff.) und das Recht auf eine ggf. wiederholte gerichtliche Haftprüfung (Art. 5 Abs. 4, dazu → Rn. 84 ff.) in Anspruch nehmen. In den Fällen der Verdachtshaft gemäß Art. 5 Abs. 1 S. 2 lit. c gewährt die Konvention zusätzlich den Anspruch auf eine unverzügliche Vorführung (*Habeas Corpus*-Verfahren) und auf eine Entscheidung in angemessener Frist (Abs. 3, dazu → Rn. 75 ff.).

1. Pflicht zur Information über die Festnahmegründe (Abs. 2). Jeder festgenom- 62
menen Person muss unverzüglich in einer ihr verständlichen Sprache mitgeteilt werden, welches die Gründe für ihre Festnahme sind und welche Beschuldigungen gegen sie erhoben werden. Hiermit schützt die Konvention den Betroffenen, der – ggf. für längere Zeit – aus seiner persönlichen Umgebung gerissen und staatlicher Gewalt unterstellt wird, *zum einen* vor einer psychisch zermürbenden und oft **quälenden Ungewissheit,** die ihn nicht selten lähmen wird.[178] *Zum anderen* eröffnen die konkreten Mitteilungen eine Grundlage, anhand derer sich das Verhalten der Behörden beurteilen und die eigene Reaktion entwerfen lässt.

---

[168] Siehe warnend auch Siehe auch schon EGMR 28.11.2013 – 7345/12, Rn. 85 und 87 – Glien/D; zu Fällen, in denen § 63 StGB explizit abgelehnt wurde, siehe schon mwN *Morgenstern* ZIS 2011, 974 (980); *Esser/Gaede/Tsambikakis* NStZ 2012, 554 (558); siehe auch *Meyer-Ladewig/Harrendorf/König* Rn. 50; zur höchst problematischen Abweichung von den Fachwissenschaften *Renzikowski* NJW 2013, 1638 (1643).
[169] Zur ebenso gestatteten Haft zur Verhinderung der unerlaubten Einreise siehe mwN IntKomm/*Renzikowski* Rn. 240 f.
[170] Zum Erfordernis eines laufenden Verfahrens mwN Löwe/Rosenberg/*Esser* Rn. 165 ff.
[171] Zur sog. formellen Garantie vgl. mwN IntKomm/*Renzikowski* Rn. 240 f.; Karpenstein/Mayer/*Elberling* Rn. 85; Radtke/Hohmann/*Ambos* Rn. 18.
[172] MwN EGMR 24.3.2015 – 11620/07, NLMR 2015, 110 Rn. 40 ff. – Gallardo Sanchez/ITA; Karpenstein/Mayer/*Elberling* Rn. 88 ff.; IntKomm/*Renzikowski* Rn. 246; SSW/*Satzger* Rn. 45.
[173] EGMR [GK] 19.2.2009 – 3455/05, NJOZ 2010, 1903 Rn. 170 – A ua/UK; siehe auch IntKomm/*Renzikowski* Rn. 245.
[174] MwN zur dahingehenden Rechtsprechung des EGMR IntKomm/*Renzikowski* Rn. 241.
[175] Siehe auch näher Karpenstein/Mayer/*Elberling* Rn. 87 ff.
[176] IntKomm/*Renzikowski* Rn. 241, 246 f., der zu Recht eine eingehendere Prüfung fordert.
[177] Siehe aber im Einzelnen IntKomm/*Renzikowski* Rn. 252 f.
[178] MwN Karpenstein/Mayer/*Elberling* Rn. 91.

Der Betroffene kann die **Rationalität der Haft prüfen** und Anhaltspunkte finden, wie er sich durch eigene Vorträge gegen letztlich unberechtigte Eingriffe in das Recht auf Freiheit und Sicherheit gemäß Abs. 4 und ggf. Abs. 3 wehren kann.[179]

63 a) **Eröffnung der Gründe der Festnahme.** Dem Festgenommenen müssen die Gründe mitgeteilt werden, die den Rechtseingriff tragen. Mithin müssen dem Betroffenen die wesentlichen Fakten und ihre vom Staat vollzogene rechtliche Einordnung eröffnet werden.[180] Dies gilt für alle Fälle des Abs. 1 S. 2.

64 Infolge von Abs. 1 S. 2 kommen für die Eröffnung von Gründen nur Sachverhalte in Betracht, die sich den Gründen des enumerativen Kataloges subsumieren lassen. Insofern sind die Behörden der Vertragsstaaten indes nicht frei, tatsächlich verfolgte apokryphe Haftgründe[181] durch einen vorgeschobenen Rekurs auf einen Grund des Abs. 1 S. 2 zu verdecken: Anzugeben sind die **wahren Gründe,** die hinter der Festnahme bzw. der geplanten Freiheitsentziehung stehen und ggf. Abs. 1 S. 2 nicht genügen.

65 In seltenen Einzelfällen hat der EGMR angenommen, dass die Information entbehrlich sein kann. Dies gilt zum einen für eine Verhaftung, die direkt aus der Vorlage falscher Personenpapiere herrührt.[182] Zum anderen gilt dies für eine Kenntnis, die sich aus dem Sonderwissen des Betroffenen[183] oder aus der allgemeinen Bekanntheit des Vorwurfs aus den Medien[184] ergibt.

66 Soweit sich die **Gründe** für eine Freiheitsentziehung **während der Haft ändern,** ist der auf die Festnahme zugeschnittene Abs. 2 an sich nicht anwendbar. Da das Verteidigungsrecht des Abs. 4 ohne Kenntnis der zu erörternden Freiheitsentziehungsgründe leerlaufen müsste, ist jedoch von einer dahingehend erforderlichen Information über die eingreifenden Gründe auszugehen (dazu → Rn. 92 f.).[185] Der EGMR hat dies überdies auch aus Abs. 2 abgeleitet.[186]

67 b) **Konkretisierung der ggf. erhobenen Beschuldigungen.** Soweit ein Fall des Abs. 1 S. 2 lit. c Alt. 1[187] eingreift, liegen die Gründe in dem bestehenden Tatverdacht bzw. Gefahrenverdacht. Damit auch hier eine konkrete und wirksame Verteidigung gegen den Eingriff möglich ist, kann sich der Staat nicht nur auf einen nicht näher umrissenen Verdacht beziehen. Bereits der Wortlaut des Abs. 2 verlangt, dass der Staat offenlegt, „welche Beschuldigungen" er zulasten des Betroffenen erhebt.

68 Insoweit muss der Staat durch die festnehmenden Behörden *erstens* eine für den aktuellen Ermittlungsstand **korrekte rechtliche Einordnung** des/der gegen ihn ermittelten Sachverhalts/Sachverhalte mitteilen. *Zweitens* müssen die Behörden den **Sachverhalt angeben,** aus dem sich der Tatvorwurf erschließen soll.[188] Nur damit informiert der Staat über die stets aus einem Sachverhalt herzuleitende „Beschuldigung". Maßstab für eine hinreichende Information ist dabei die Befähigung, eine Haftprüfung gemäß Art. 5 Abs. 4 einleiten zu

---

[179] Dazu siehe schon früh EGMR 21.2.1990 – 11509/85, Rn. 27 f. – van der Leer/NL; EGMR 30.8.1990 – 12244/86 ua, Rn. 40 – Fox ua/UK.
[180] MwN IntKomm/*Renzikowski* Rn. 264 ff.; Radtke/Hohmann/*Ambos* Rn. 20: einschließlich der Beweismittel; Meyer-Goßner/*Schmitt* Rn. 9a.
[181] Dazu umfassend am Beispiel der deutschen Rechtsordnung *Schlothauer/Weider/Nobis* Rn. 680 ff.
[182] EGMR 11.7.2000 – 20869/92, Rn. 54 – Dikme/TUR.
[183] EGMR 5.4.2001 – 26899/95, Rn. 48 – H.B./SWI.
[184] EGMR 14.12.2000 – 46221/99 – Öcalan/TUR.
[185] Siehe aber für eine Pflicht aus Art. 5 Abs. 3 EMRK EGMR [GK] 10.3.2009 – 4378/02, NJW 2010, 213 Rn. 61 ff. – Bykov/RUS; Meyer-Goßner/*Schmitt* Rn. 7; Löwe/Rosenberg/*Esser* Rn. 197.
[186] So EGMR 22.9.2009 – 30471/08, InfAuslR 2010, 47 Rn. 173 – Abdolkhani u. Karimnia/TUR; EGMR 15.12.2009 – 12444/05, Rn. 59 ff. – Leva/MOL; Karpenstein/Mayer/*Elberling* Rn. 92.
[187] Unter Umständen kann, etwa bei einem ggf. noch zulässigen Abwesenheitsurteil, auch ein Fall des Art. 5 Abs. 1 S. 2 lit. a EMRK eingreifen, in dem dann der im Urteil festgestellten Taten einschließlich der diese begründenden Sachverhalts die Beschuldigungen im Sinne des Abs. 2 ausmachen.
[188] Siehe auch EGMR [GK] 28.10.1994 – 14310/88, Rn. 76 – Murray/UK: Angabe des vorgeworfenen Straftatbestands ungenügend; instruktiv EGMR 15.12.2009 – 12444/05, Rn. 60 – Leva/MOL; Löwe/Rosenberg/*Esser* Rn. 196.

können.[189] Die Informationen müssen indes noch nicht so detailliert sein, wie es gemäß Art. 6 Abs. 3 lit. a und b für die Verteidigung im eigentlichen Strafverfahren der Fall sein muss,[190] weshalb etwa nicht jedes Beweismittel benannt werden muss.[191] Ebenso muss bei der ersten, ursprünglichen Information nach der Rechtsprechung des EGMR noch keine Akteneinsicht gewährt werden (siehe aber zu Abs. 4 hier → Rn. 93).[192]

c) Rechtzeitigkeit der Information („innerhalb möglichst kurzer Frist"). Zur Vermeidung der Ungewissheit und eines möglichen Leerlaufs der Verteidigungsrechte muss die Information „innerhalb möglichst kurzer Frist" gegeben werden. Im nationalen Recht knüpfen hieran unter anderem die Belehrungspflicht des § 115 Abs. 3 S. 1 StPO bei der Vorführung vor den zuständigen Richter und die Aushändigungs- und Belehrungspflichten gemäß den §§ 114a, 114b StPO an. 69

Die menschenrechtlich tolerable Frist ist anhand der Normzwecke zu bestimmen. Danach gebieten die Ziele, quälende Ungewissheit zu vermeiden und eine effektive Haftverteidigung zu ermöglichen, eine **grundsätzlich sofortige Unterrichtung**. Entsprechend ist jedenfalls eine knappe Eröffnung der Freiheitsentziehungsgründe mit Beginn der Festnahme geboten. Der EGMR geht davon aus, dass die Mitteilung jedenfalls einige Stunden nach der Festnahme zu geben ist.[193] Indes bringt schon der Wortlaut mit der Rede von einer **„möglichst"** kurzen Frist zum Ausdruck, dass der geforderte Unterrichtungszeitpunkt auch in Relation zu den konkreten Umständen zu bestimmen ist.[194] Es ist insofern denkbar, dass insbesondere (zum Übersetzungsbedarf → Rn. 72) eine akute Gefährdung, der bei einer sofortigen Information nicht sicher begegnet werden kann oder die durch die Information erst begründet würde, der sofortigen Mitteilung entgegensteht. Insofern muss ein Vertragsstaat aber jeweils für den Einzelfall überzeugend nachweisen, weshalb der Informationszeitpunkt auf Grund abzuwehrender Gefahren aufgeschoben werden musste.[195] Dem genügt es nicht, wenn abstrakte Gefahren bemüht werden, deren Annahme auf Vorurteilen beruht. Der Aufschub muss strikt erforderlich sein. 70

Der rechtfertigungsfähige **Aufschub** kann **nicht unbegrenzt** sein. Allerspätestens bei der Überführung in eine Haftanstalt ist dem Betroffenen die Information zu geben, weil der Betroffene erwarten darf, dass der Staat im Rahmen seiner Haftanstalten Gefahren hinreichend abschirmt.[196] Auch mit dem Beginn einer Vernehmung ist die Eröffnung jedenfalls geboten.[197] Bei einer Unterrichtung nach zehn Tagen ist die Garantie in jedem Falle verletzt.[198] 71

d) Mitteilung in verständlicher Sprache und Form. Schließlich verlangt Abs. 2 den Vertragsstaaten ab, die notwendigen Informationen jedem Betroffenen verständlich darzubringen. Dies bedeutet zuvörderst, dass der Vertragsstaat eine Sprache gebrauchen muss, die auch der Betroffene spricht. Entsprechend genügt zum Beispiel in Deutschland die Information in der Verfahrenssprache Deutsch nicht stets, wenn der Betroffene dieser Sprache nicht mächtig ist (siehe entsprechend §§ 114a S. 1 und 2, 114b Abs. 1 S. 1, Abs. 2 S. 3 72

---

[189] MwN EGMR 12.4.2005 – 36378/02, Rn. 427 – Shamayev ua/GEO u. RUS; Karpenstein/Mayer/*Elberling* Rn. 94.
[190] MwN Karpenstein/Mayer/*Elberling* Rn. 94; Löwe/Rosenberg/*Esser* Rn. 196.
[191] Dazu noch weitergehend (nicht jeder Vorwurf müsse mitgeteilt werden) EGMR 8.2.2005 – 49491/99, Rn. 56 f. – Bordovskiy/RUS.
[192] MwN EGMR 12.4.2005 – 36378/02, Rn. 427 – Shamayev ua/GEO u. RUS; IntKomm/*Renzikowski* Rn. 341.
[193] EGMR 19.2.2013 – 16262/05, Rn. 83 f. – Zuyev/RUS (14 Stunden zu lang); EGMR 20.11.2012 – 55421/10, Rn. 97 – Ghiurau/ROM (acht Stunden akzeptabel); Karpenstein/Mayer/*Elberling* Rn. 93.
[194] MwN Löwe/Rosenberg/*Esser* Rn. 177, 183: Umstände des Einzelfalles einzubeziehen; siehe auch SSW/*Satzger* Rn. 48: nicht notwendigerweise mit der Vornahme des Freiheitsentzugs.
[195] Zum nötigen Aufschub infolge von Verschleierungsmaßnahmen EGMR 11.7.2000 – 20869/92, Rn. 56 – Dikme/TUR.
[196] Siehe auch für eine maximale 24-Stundenfrist Löwe/Rosenberg/*Esser* Rn. 180.
[197] So auch Radtke/Hohmann/*Ambos* Rn. 10.
[198] EGMR 21.2.1990 – 11509/85, Rn. 27 f. – van der Leer/NL.

StPO). Es ist eine **Übersetzung** erforderlich,[199] die sich aber grundsätzlich nicht auf den Haftbefehl oder andere schriftliche Texte beziehen muss.[200] Vielmehr ist die Form der Unterrichtung nicht vorgegeben; es besteht kein Anspruch auf die Schriftform.[201]

73   Man muss aus Abs. 2 aber ableiten dürfen, dass auch die **Art und Weise der Information geeignet sein muss, um inhaltlich zum konkret Betroffenen durchzudringen.** Sie muss folglich verständlich gehalten sein[202] und ggf. auf besondere, etwa aus einer Behinderung herrührende Verständnisschwierigkeiten reagieren.[203] Nur auf diesem Wege können die Ziele der Norm erreicht werden (zu ihnen → Rn. 4 f.). Abzulehnen sind dabei Entscheidungen, die eine hinreichende Information aus Äußerungen in Polizeiverhören oder gar aus Morddrohungen seitens der Polizei ableiten.[204] Eine Information des Verteidigers kann ausreichen, wenn eine unverzügliche Weiterleitung gesichert ist.[205]

74   Soweit sich die hinreichende Information des Festgenommenen deshalb verzögert, weil er den nationalen Amtssprachen nicht mächtig ist, ist dies grundsätzlich nicht zu beanstanden. Anderes gilt aber, wenn der Übersetzungsbedarf vorhersehbar war und der vorbereitenden Bereitstellung eines einschlägigen Texts keine tatsächlichen Schwierigkeiten entgegenstanden.

75   **2. Zusätzliche Rechte in Verdachtsfällen (Abs. 3 S. 1).** Für die Haft in Verdachtsfällen (Abs. 1 S. 2 lit. c) hält die Konvention in Abs. 3 S. 1 als Ausprägung ihres Rechtsstaatsprinzips ergänzende Rechte bereit, die verhindern sollen, dass das Recht auf Freiheit und Sicherheit durch überdehnte exekutive Verdachts- oder Gefahrenannahmen geschmälert werden kann. Wenn Art. 5 Abs. 3 S. 2 im Kontext des Abs. 3 S. 1, Abs. 1 S. 2 lit. c bekräftigt, dass eine Haftentlassung von der Leistung einer Sicherheit für das Erscheinen vor Gericht abhängig gemacht werden darf, stellt sie anhand der Sicherheitsleistung die grundsätzliche Befugnis zu milderen Ersatzmaßnahmen klar (schon → Rn. 52).

76   **a) Vorführungsanspruch (Abs. 3 S. 1 Hs. 1).** Jede Person, die nach Abs. 1 S. 2 lit. c von Festnahme oder Freiheitsentziehung betroffen ist, muss unverzüglich einem Richter oder einer anderen gesetzlich zur Wahrnehmung richterlicher Aufgaben ermächtigten Person vorgeführt werden. Der Betroffene muss demzufolge **physisch der überprüfenden Stelle zugeführt werden.** Sie muss ihn **persönlich anhören**.[206]

77   Mit dieser Bestimmung greift die EMRK die klassische *Habeas Corpus*-Garantie auf (siehe auch Art. 104 Abs. 2 S. 2, Abs. 3 GG). Es geht folglich auch darum, die Befugnis der Exekutive, auf Grund von Verdachtsmomenten das Recht auf Freiheit und Sicherheit einzuschränken, durch den Zwang zu einer zeitnahen Kontrolle durch die unabhängige Justiz zu begrenzen.[207] Gerade diese auch der Gewaltenteilung dienende Sinngebung erklärt, weshalb Abs. 3 S. 1 Hs. 1 im Gegensatz zu Abs. 4 nicht von einem Antrag des Betroffenen abhängig

---

[199] Siehe insoweit zu Abs. 1 lit. c auch ergänzend Art. 6 Abs. 3 lit. e und beispielhaft EGMR 5.2.2002 – 51564/99, Rn. 52 – Conka/BEL; zur nicht notwendig gewählten Muttersprache EGMR 26.5.2005 – 45097/04, Rn. 2 – Parlanti/D.

[200] EGMR 5.4.2001 – 26899/95, Rn. 47 – H.B./SWI.; SSW/*Satzger* Rn. 48.

[201] EGMR 8.2.2005 – 49491/99, Rn. 56 f. – Bordovskiy/RUS.

[202] EGMR 30.8.1990 – 12244/86 ua, Rn. 40 – Fox ua/UK; mwN Karpenstein/Mayer/*Elberling* Rn. 97: einfache, nichttechnische Sprache geboten.

[203] Zum Umgang mit Gehörlosen, die auch der Gebärdensprache nicht mächtig sind EGMR 8.11.2012 – 28973/11, Rn. 42 f. – Z.H./HUN.

[204] Zu ersterem EGMR [GK] 28.10.1994 – 14310/88, Rn. 77 – Murray/UK mit abl. SV, zu letzterem EGMR 11.7.2000 – 20869/92, Rn. 55 f. – Dikme/TUR; dazu näher mwN krit. *Trechsel* in Macdonald/Matscher/Petzold S. 317 f.; Karpenstein/Mayer/*Elberling* Rn. 95.

[205] Dazu abstrakt, im konkreten Fall mangels hinreichenden Kontakts für eine Pflichtverteidigung abl. und mwN EGMR 30.5.2013 – 36673/04, Rn. 70 – Malofeyeva/RUS.

[206] EGMR 29.4.1999 – 25642/94, NJW 2001, 51 Rn. 50 – Aquilina/MAL; Karpenstein/Mayer/*Elberling* Rn. 113; mit Kritik an der „symbolischen Vorführung" kranker Personen *Esser* S. 276 f.

[207] Überdies auch zur Prävention hinsichtlich von Misshandlungen EGMR 29.4.1999 – 25642/94, NJW 2001, 51 Rn. 49 – Aquilina/MAL; siehe aber zur Anwendung auf richterliche Haftbefehle EGMR 26.10.1984 – 9017/80, NJW 1986, 1413 Rn. 27 – McGoff/SWE.

gemacht werden darf:[208] Jede festgenommene und sodann inhaftierte Person muss mindestens einmal **von Amts wegen** einer unabhängigen Stelle vorgeführt werden, welche die Inhaftierung prüft und förmlich dokumentiert.

Die klassisch auf den Richter bezogene **unabhängige Kontrolle** wird von der EMRK, anders als nach dem Grundgesetz (Art. 104 Abs. 2, 3 GG), nicht ausschließlich Richtern im formellen Sinne zugetraut. Zunächst kommen zwar **Richter** in Betracht, soweit diese auch mit der ihnen definitionsgemäß zustehenden Unabhängigkeit und Unparteilichkeit (zu den Anforderungen → Art. 6 Rn. 107 ff.) agieren können.[209] Zusätzlich zu Richtern im statusrechtlichen Sinne kommen nach der EMRK aber auch Personen in Frage, die gesetzlich zur Wahrnehmung richterlicher Aufgaben ermächtigt sind. Entgegen dem Wortlaut genügt dem allerdings nicht allein die Zuweisung der richterlichen Entscheidungsaufgabe. Die zweite Personengruppe der ermächtigten Personen muss hinsichtlich der Prüfungsaufgabe dem Richter **funktional** infolge ihrer Kompetenzen und durch ihre Unabhängigkeit von dem Staat sowie den Parteien **vergleichbar** sein.[210] Daran fehlt es etwa dann, wenn die Person in einem kommenden Strafverfahren für die Strafverfolgung auftreten könnte.[211]

78

Sowohl der Richter als auch die ihm gleichgestellten Personen müssen die Haftberechtigung prüfen, über diese nach rechtlichen Kriterien entscheiden und ggf. bei mangelnder Berechtigung die Freilassung **verbindlich** verfügen können.[212] Demnach ist die beschränkte Prüfungskompetenz des sog. nächsten Amtsrichters gemäß § 115a Abs. 2 S. 3 StPO trotz der Weiterleitungsbefugnis in § 115a Abs. 2 S. 4 StPO problematisch.[213]

79

Die Vorführung muss **unverzüglich** („*promptly*", „*aussitôt*") geschehen.[214] In der Regel verlangt der EGMR eine Vorführung binnen 48 Stunden.[215] Der EGMR hält dies auch in Fällen des Terrorismus-Verdachts jedenfalls bei einer verstrichenen Dauer von mehr als vier Tagen nicht mehr für gegeben.[216] Unter gänzlich außergewöhnlichen Umständen (insbesondere: Verhaftung auf hoher See), welche die Vorführung physisch unmöglich machen, sollen allerdings mehr als 16 Tage genügen können.[217] Zu erwägen wäre aber eine technisch unterstützte, vorläufige Vorführung.[218] Im deutschen Recht bleibt der striktere Maßstab des Art. 104 Abs. 2 S. 2 f., Abs. 3 S. 1 GG zu beachten.

80

b) Haftspezifischer Beschleunigungsgrundsatz (Abs. 3 S. 1 Hs. 2). Indem Abs. 3 S. 1 Hs. 2 verlangt, dass der Festgenommene einen Anspruch auf ein Urteil innerhalb

81

---

[208] EGMR 29.4.1999 – 25642/94, NJW 2001, 51 Rn. 49 – Aquilina/MAL; mwN Löwe/Rosenberg/*Esser* Rn. 210.
[209] Karpenstein/Mayer/*Elberling* Rn. 112.
[210] Dazu und zum Folgenden EGMR [GK] 25.3.1999 – 31195/96, NJW 2000, 2883 Rn. 49 ff. – Nikolova/BUL; EGMR [GK] 18.2.1999 – 27267/95, NVwZ 2001, 304 Rn. 57 f. – Hood/UK; mwN Löwe/Rosenberg/*Esser* Rn. 209.
[211] EGMR [GK] 18.2.1999 – 27267/95, NVwZ 2001, 304 Rn. 57 – Hood/UK; mwN *Meyer-Ladewig/Harrendorf/König* Rn. 76 f.; Löwe/Rosenberg/*Esser* Rn. 209.
[212] MwN EGMR 29.4.1999 – 25642/94, NJW 2001, 51 Rn. 43 – Aquilina/MAL; Karpenstein/Mayer/*Elberling* Rn. 113; einschränkend zur Freilassung gegen eine Sicherheitsleistung EGMR [GK] 3.10.2006 – 543/03, NJW 2007, 3699 Rn. 36 ff. – McKay/UK: darf Abs. 4 überlassen werden, wenngleich Einbeziehung wünschenswert sei.
[213] Dazu EGMR 5.3.2013 – 22077/10, Rn. 26 ff. – Salih Salman Kilic/TUR; Karpenstein/Mayer/*Elberling* Rn. 113; IntKomm/*Renzikowski* Rn. 278; siehe aber die Novellierung akzeptierend Löwe/Rosenberg/*Esser* Rn. 213.
[214] Zur Auslegung auch näher mwN Löwe/Rosenberg/*Esser* Rn. 216 ff.; IntKomm/*Renzikowski* Rn. 277 ff.
[215] MwN EGMR 29.4.1999 – 25642/94, NJW 2001, 51 Rn. 51 – Aquilina/MAL; EGMR 10.10.2000 – 37975/97, Rn. 25 – Grauzinis/LIT.
[216] EGMR 29.11.1988 – 11209/84, EGMR-E 4, 186 Rn. 59 ff., 62 – Brogan ua/UK: vier Tage und sechs Stunden; mwN Radtke/Hohmann/*Ambos* Rn. 21; zur Standardsetzung auf vier Tage durch den EGMR mwN Löwe/Rosenberg/*Esser* Rn. 218, zur Bedeutung kürzerer Fristen des nationalen Rechts Rn. 225 f.
[217] MwN EGMR [GK] 29.3.2010 – 3394/03, NJOZ 2011, 231 Rn. 130 ff. – Medvedyev ua/FRA; Löwe/Rosenberg/*Esser* Rn. 220 f.; SSW/*Satzger* Rn. 52; siehe enger nach einer längeren Zeit auf hoher See für zwei Tage Wartezeit auf dem Festland EGMR 5.4.2011 – 8687/08, Rn. 107 – Rahimi/FRA.
[218] MwN Karpenstein/Mayer/*Elberling* Rn. 99.

angemessener Frist oder auf Entlassung während des Verfahrens besitzt, prägt er einen haftspezifischen Beschleunigungsgrundsatz aus. Dieser Grundsatz verfolgt die Ziele, die schon hinter dem Anspruch auf eine Verhandlung in angemessener Frist gemäß Art. 6 Abs. 1 S. 1 stehen (→ Art. 6 Rn. 361 ff.). Angesichts der besonders belastenden Inhaftierung **verschärft** Abs. 3 S. 2 Hs. 2 aber **die Pflicht, die national bestehenden Beschleunigungspotentiale zu nutzen.** Abs. 3 S. 1 Hs. 2 zwingt die zuständigen nationalen Behörden dazu, das Verfahren **besonders zügig und sorgfältig** zu gestalten.[219] Danach ist in Haftfällen insbesondere die konkrete Terminierung der gerichtlichen Verhandlungen durch das Menschenrecht geprägt.[220] So dürfen in Haftfällen nicht nur vier Termine im Monat angesetzt werden, es sei denn, der Angeklagte kann aus gesundheitlichen Gründen nur diese Anzahl an Terminen bewältigen.[221]

82 Die für die Berechnung **maßgebliche Zeitspanne** ist – abweichend von Art. 6 Abs. 1 S. 1 (→ Art. 6 Rn. 368) – die Dauer zwischen der Inhaftierung und Entlassung bzw. der Aburteilung in erster Instanz.[222] Die Zeit, die nach einer noch nicht rechtskräftigen Verurteilung anfällt, fällt nicht unter Abs. 3 S. 1 Hs. 2.[223] Wurde der Betroffene zwischenzeitlich freigelassen und wird er wiederholt inhaftiert, ist die bezüglich des identischen Tatvorwurfs aufgelaufene Zeit zusammenzurechnen.[224] Haft, die als Auslieferungshaft im Ausland verfahrensbezogen angefallen ist, ist nach richtiger Ansicht differenziert einzurechnen, wobei die ggf. beschränkten Einwirkungsmöglichkeiten des ersuchenden Staates berücksichtigt werden sollten.[225] Ggf. können infolge einer Anfechtung/Aufhebung dieses Urteils weitere Haftzeiten hinzukommen.[226]

83 Wie bei Art. 6 Abs. 1 S. 1 lässt sich eine feste zeitliche Grenze für eine eintretende Verletzung nicht angeben. Da es auf die **Umstände des Einzelfalles** ankommt, können jedoch schon vergleichsweise kurze, nicht hinreichend fallbezogen gerechtfertigte Haftzeiten einen Verstoß ausmachen.[227] Mit steigender Dauer der Untersuchungshaft sind spezifische Haftgründe wie die Flucht- oder Verdunkelungsgefahr zur Rechtfertigung der fortdauernden Freiheitsentziehung erforderlich (siehe dazu auch zur konkreten Zeitdauer schon näher → Rn. 45 ff.). Eine notwendige Rechtshilfe, die das Verfahren verzögert, ist den nationalen Behörden grundsätzlich nicht anzulasten. Soweit die Vertragsstaaten das Verfahren aber etwa durch aktive Schritte wie eine realisierbare Reise des Gerichts beschleunigen können, müssen sie dies auch tun.[228] Zur Kompensation von Verletzungen des haftspezifischen Beschleunigungsgrundsatzes, die gemäß Art. 13 geboten ist, → Art. 13 Rn. 27, 34.

84 **3. Recht auf ein wirksames Haftprüfungsverfahren (Abs. 4).** Jede Person, die festgenommen oder der die Freiheit entzogen ist, hat gemäß Abs. 4 das Recht, zu beantragen (näher → Rn. 85 ff.), dass ein Gericht (dazu → Rn. 89 ff.) innerhalb kurzer Frist (dazu

---

[219] MwN EGMR [GK] 26.10.2000 – 30210/96, NJW 2001, 2694 Rn. 110 ff. – Kudła/PL; EGMR 5.7.2001 – 38321/97, NJW 2003, 1439 Rn. 39 – Erdem/D.
[220] Näher EGMR 29.7.2004 – 49746/99, NJW 2005, 3125 Rn. 37 ff. – Cevizovic/D; *Gaede* HRRS 2005, 377 ff.
[221] EGMR 29.7.2004 – 49746/99, NJW 2005, 3125 Rn. 50 f. – Cevizovic/D; Karpenstein/Mayer/*Elberling* Rn. 126.
[222] MwN EGMR [GK] 26.10.2000 – 30210/96, NJW 2001, 2694 Rn. 104 – Kudła/PL; Radtke/Hohmann/*Ambos* Rn. 23: anschließende Phase fällt unter Abs. 1 S. 2 lit. a.
[223] MwN EGMR 6.11.2014 – 67522/09, NJW 2015, 3773 Rn. 53 – Ereren/D.
[224] EGMR 24.7.2003 – 46133/99 u. 48183/99, Rn. 66 ff. – Smirnova/RUS; Radtke/Hohmann/*Ambos* Rn. 23; zur Einbeziehung von Hausarrest siehe EGMR 6.11.2008 – 73281/01, Rn. 74 – Gulub Atanasov/BUL.
[225] EGMR 6.6.2000 – 33644/96, Rn. 61 – Cesky/CZE; *Meyer-Ladewig/Harrendorf/König* Rn. 84; zu einer Individualbeschwerde gegenüber dem zweiten beteiligten Staat rät mwN Löwe/Rosenberg/*Esser* Rn. 242; aA hinsichtlich einer allgemeinen Zurechnung jeder zuvor angefallenen Haft Radtke/Hohmann/*Ambos* Rn. 24.
[226] Dazu und zu weiteren Abgrenzungskonstellationen mwN Karpenstein/Mayer/*Elberling* Rn. 124.
[227] EGMR 8.4.2004 – 39270/98, Rn. 82 – Belchev/BUL: viereinhalb Monate; mwN Karpenstein/Mayer/*Elberling* Rn. 125 f.; zu den Anforderungen siehe zusf. EGMR 29.1.2013 – 38283/04, Rn. 21 ff. – Süleymanoglu/TUR.
[228] So offenbar EGMR 6.11.2014 – 67522/09, NJW 2015, 3773 Rn. 62 – Ereren/D.

→ Rn. 100 f.) über die Rechtmäßigkeit der Freiheitsentziehung entscheidet und ihre Entlassung anordnet, wenn die Freiheitsentziehung nicht rechtmäßig ist. Abs. 4 verlangt den Vertragsstaaten damit ab, dem Betroffenen einen **wirksamen Rechtsbehelf gegen die Inhaftierung** und damit eine effektive Haftprüfung **bereitzustellen** (näher dazu → Rn. 92 ff.).[229] Insofern verdrängt Art. 5 Abs. 4 den Art. 6 unter dem Aspekt des „zivilen Rechts".[230]

a) Anwendungsbereich – Antragsrechte. Der Inhaftierte hat danach das Recht, die Freiheitsentziehung anzufechten und damit auf ihre Beendigung zu dringen. Dies gilt **grundsätzlich für alle Fälle der Freiheitsentziehung gemäß Abs. 1.** Bei Antragstellung vor Entlassung erlischt das Verfahrensrecht durch eine Freilassung nicht, soweit die Haft nicht lediglich sehr kurz andauerte.[231] 85

In systematischer Hinsicht liegt ein Sonderfall demgegenüber in den vollziehbaren Verurteilungen, die **Abs. 1 Nr. 2 lit. a** betrifft.[232] In diesem Fall würde eine vollständige Überprüfung gemäß Abs. 4 jedenfalls bei einer gerichtlichen Entscheidung ein Recht auf ein strafrechtliches Rechtsmittel bedeuten, welches die Konvention grundsätzlich nicht gewährleistet und auch gemäß Art. 2 ZP Nr. 7 nur mit einem erheblichen Regelungsspielraum vorschreibt. Für **Art. 5 Abs. 1 Nr. 2 lit. a** beschränkt sich das Rechtsmittel demzufolge grundsätzlich darauf, die tatsächliche Vollziehbarkeit des Urteils und damit etwa den Bedarf zur Eröffnung eines weiteren Rechtsbehelfs im Fall problematischer Verurteilung in Abwesenheit zu prüfen. Der EGMR tendiert indes auch hier nun dazu, jedenfalls eine **Prüfung auf offensichtliche und schwerwiegende Verstöße** (zum Beispiel sog. flagrante Rechtsverweigerung) durchzuführen.[233] 86

Selbstverständlich ist ein Antrag zunächst zu Beginn der Haft und damit nach der Festnahme zulässig. Das **Antragsrecht** kann jedoch in Abhängigkeit vom einschlägigen Freiheitsentziehungsgrund und der weiteren Sachverhaltsentwicklung **ggf. wiederholt** bestehen.[234] So muss es in regelmäßigen Abständen etwa möglich sein, mit Rücksicht auf neu eingetretene Umstände oder die wachsende Dauer seiner Haft eine erneute Überprüfung zu erwirken.[235] Etwa bei der Untersuchungshaft muss jedenfalls innerhalb eines Zeitraums, der nicht drei Monate erreicht, eine erneute Prüfung möglich sein.[236] Liegen konkrete neue Umstände vor, sind kürzere Fristen maßgeblich.[237] Soweit eine Person nach nationalem Recht nicht antragsfähig ist, sie aber einen natürlichen Willen zur Überprüfung artikuliert, muss der Vertragsstaat eine Vertretung organisieren, die ihrem Willen Ausdruck verleiht.[238] 87

Im **Verhältnis zu Abs. 3 S. 1 Hs. 1** ist zu beachten, dass die Vorführung vor dem Richter oder eine diesem gleichgestellte Person das Haftprüfungsverfahren gemäß Abs. 4 nicht verdrängt. Beide Garantien eröffnen zwar eine Überprüfung der Rechtmäßigkeit der Haft und der Festnahme (dazu → Rn. 77, → Rn. 84). Der Schwerpunkt des Abs. 3 S. 1 88

---

[229] Siehe zusf. Löwe/Rosenberg/*Esser* Rn. 316 ff.
[230] Siehe anhand des Öffentlichkeitsgrundsatzes EGMR 15.11.2005 – 67175/01, ÖJZ 2006, 511 Rn. 41, 55 – Reinprecht/AUT; Meyer-Goßner/*Schmitt* Rn. 13; Löwe/Rosenberg/*Esser* Rn. 321.
[231] Dazu EGMR 9.10.2013 – 48321/99, Rn. 158 – Slivenko/LVA; EGMR 5.2.2002 – 51564/99, Rn. 55 – Conka/BEL; mwN Karpenstein/Mayer/*Elberling* Rn. 99; Radtke/Hohmann/*Ambos* Rn. 27.
[232] Statt vieler mwN Meyer-Ladewig/Harrendorf/*König* Rn. 21, 94; mwN EuStrR/*Kreicker* § 51 Rn. 53.
[233] Siehe mwN EGMR 12.3.2013 – 152/04, Rn. 103 ff. – Yefimenko/RUS; EGMR 6.11.2008 – 74012/01, Rn. 57 ff. – Gavril Yosifov/BUL; EGMR 24.10.1995 – 16462/90, Rn. 32 – Iribarne Perez/FRA; näher Löwe/Rosenberg/*Esser* Rn. 69 ff.; Karpenstein/Mayer/*Elberling* Rn. 24, 31, 99: bisher aber praktisch keine Verhältnismäßigkeitsprüfung; begrenzend EGMR 30.5.2013 – 36673/04, Rn. 95 – Malofeyeva/RUS, enger noch mwN Radtke/Hohmann-StPO/*Ambos* Rn. 7: keine Überprüfungsbefugnis des EGMR.
[234] EGMR 24.10.1979 – 6301/73, EGMR-E 1, 427 Rn. 55 – Winterwerp/NL: regelmäßige Haftprüfung; zur Untersuchungshaft mwN EGMR 28.10.1998 – 24760/94, Rn. 159 ff. – Assenov ua/BUL.
[235] Zur periodischen Gewährleistung mwN EGMR 9.5.2007 – 12788/04, NJW 2008, 2320 – Homann/D; Radtke/Hohmann/*Ambos* Rn. 31; mwN Karpenstein/Mayer/*Elberling* Rn. 100.
[236] EGMR 15.6.2006 – 70923/01, Rn. 61 ff. – Jurjevs/LVA: drei Monate zu lang.
[237] EGMR 2.10.2012 – 14743/11, Rn. 216 – Abdulkhakov/RUS.
[238] EGMR [GK] 17.1.2012 – 36760/06, NJOZ 2013, 1190 Rn. 172 ff. – Stanev/BUL; mwN Karpenstein/Mayer/*Elberling* Rn. 100a.

Hs. 1 liegt jedoch auf einer zeitlich frühen, auf Seiten des Betroffenen *ad hoc* kaum umfassend vorzubereitenden Einschaltung der unabhängigen Justiz. Abs. 4 gewährleistet demgegenüber einen intensiv vorbereiteten und damit regelmäßig potentialreicheren Test des einschlägigen Haftbefehls.

89 **b) Haftprüfung durch ein zur Freilassung befugtes Gericht.** Der Rechtsbehelf muss zu einer begründeten gerichtlichen Entscheidung führen. Hierfür müssen zunächst die organisatorischen Anforderungen gewahrt sein, die an ein Gericht im Sinne der EMRK zu stellen sind (näher → Art. 6 Rn. 103 ff.).[239] Zur Entscheidung muss folglich insbesondere ein Richter oder ein mit Richtern besetzter Spruchkörper zuständig sein.

90 Wesentliches Kennzeichen für einen hinreichenden Zugang zu einem Gericht bzw. Richter ist insofern die **Befugnis**, die vom Staat behauptete **rechtmäßige Freiheitsentziehung grundsätzlich vollständig zu prüfen und** im Fall des Verstoßes gegen Abs. 1 **die Freilassung des Betroffenen** – ggf. gegen Sicherheitsleistung (Abs. 3 S. 2) – **zu verfügen**.[240] Ohne eine solche Entscheidungsbefugnis ist ein eröffneter Rechtsbehelf von vornherein unzureichend und vielmehr ein (zusätzlicher) Verstoß gegen Abs. 4. Darüber hinaus muss jeder Vertragsstaat sichern, dass eine auf Freilassung zielende gerichtliche Entscheidung auch in die Tat umgesetzt wird (näher → Art. 6 Rn. 316 f.).

91 **c) Anforderungen an das gerichtliche Verfahren.** Indem die Konvention die Überprüfung einem Gericht überträgt und damit den Zugang zu einem Gericht eröffnet, trifft sie nicht nur eine Aussage über den notwendigen Spruchkörper. Gemeint ist zugleich ein gerichtliches Verfahren, das **prinzipiell den Anforderungen** genügen muss, die **an das gerichtliche Verfahren gemäß Art. 6** zu stellen sind.[241] Es geht zwar auch in den hier interessierenden Fällen strafprozessualer Sachverhalte nicht darum, im Haftprüfungsverfahren abschließend über die Tat- bzw. Schuldfrage zu entscheiden. Der Verfahrensgegenstand des Haftprüfungsverfahrens, die Frage nach der (fortwährenden) Berechtigung der (Untersuchungs-)Haft, ist hingegen nach den strengen Maßstäben eines gerichtlichen und damit auch fairen Verfahrens zu prüfen. Öffentlich muss das Verfahren aber nicht sein.[242]

92 Aus diesem Befund leitet sich ab, dass die Betroffenen nicht nur den Anspruch auf „irgendein" Haftprüfungsverfahren haben. Vielmehr steht Inhaftierten das **Recht auf ein wirksames und adversatorisches Haftprüfungsverfahren** zu.[243] Hiermit muss der Inhaftierte zu den verfahrensgegenständlichen Tatsachen rechtliches Gehör finden, was bei der Untersuchungshaft (Abs. 1 S. 2 lit. c) auch in einer mündlichen Anhörung bestehen muss.[244] Insoweit ist vom Gebot zu einer persönlichen Anhörung und damit von einem

---

[239] Dazu und zum Folgenden vgl. etwa EGMR 9.1.2003 – 38822/97, Rn. 77 ff. – Shishkov/BUL; EGMR 24.10.1979 – 6301/73, EGMR-E 1, 427 Rn. 55 ff. – Winterwerp/NL; EGMR 9.5.2007 – 12788/04, NJW 2008, 2320 – Homann/D.

[240] Dafür siehe EGMR 28.3.2000 – 28358/95, Rn. 68 ff. – Baranowski/PL; Karpenstein/Mayer/*Elberling* Rn. 101 f.; zur notwendigen Prüfung hinsichtlich der Anforderungen aus Art. 5 EGMR [GK] 25.3.1999 – 31195/96, NJW 2000, 2883 Rn. 59 – Nikolova/BUL.

[241] Dazu und zum Folgenden vgl. etwa mwN EGMR 9.1.2003 – 38822/97, Rn. 77 – Shishkov/BUL: „In view of the dramatic impact of deprivation of liberty on the fundamental rights of the person concerned, proceedings conducted under Article 5 § 4 of the Convention should in principle meet, to the largest extent possible under the circumstances of an on-going investigation, the basic requirements of a fair trial."; EGMR 9.5.2007 – 12788/04, NJW 2008, 2320 – Homann/D; zur nicht notwendig vollständigen Übereinstimmung mit Art. 6 vgl. nur EGMR 4.7.2000 – 27915/95, Rn. 66 – Niedbala/PL; SK-StPO/*Paeffgen* Rn. 67. Siehe zudem zur Übertragbarkeit der im Folgenden geschilderten fordernden Rechtsprechung zu Abs. 4 auf Art. 6 mit beachtlichen Argumenten und wN *Trechsel* FS Druey, 2002, 993 (1006 ff.).

[242] EGMR 15.11.2005 – 67175/01, ÖJZ 2006, 51 Rn. 41 – Reinprecht/AUT; Löwe/Rosenberg/*Esser* Rn. 330.

[243] Zu den Anforderungen etwa mwN EGMR 9.1.2003 – 38822/97, Rn. 51 ff. – Shishkov/BUL; zur praktischen Wirksamkeit und dem Verbot, die Kontrolle etwa durch Verschubungen zu schmälern, Karpenstein/Mayer/*Elberling* Rn. 107.

[244] EGMR [GK] 25.3.1999 – 31195/96, NJW 2000, 2883 Rn. 58 – Nikolova/BUL; Karpenstein/Mayer/*Elberling* Rn. 103, 104; zur Entbehrlichkeit bei einer früheren Anhörung EGMR 19.11.2011 – 31610/08, Rn. 54 ff. – Altinok/TUR.

Anwesenheitsrecht im Fall einer mündlichen Verhandlung auszugehen.[245] Das Verfahren muss im Vergleich zum Staat, der auf eine Haft drängt, **Waffengleichheit** gewährleisten.[246] Dies verlangt insbesondere nach einer Parität der auf allen Seiten vorhandenen Informationen.[247]

Konkret muss der Betroffene die **Gründe** für den Freiheitsentzug **kennen,** um sich angemessen argumentativ verteidigen zu können.[248] Soweit sich im Verlauf des (Ermittlungs-)Verfahrens Änderungen ergeben, müssen auch diese dem Inhaftierten zur Verfügung gestellt werden.[249] Der Inhaftierte muss sodann die **Verfahrensbeiträge anderer Beteiligter** kennen und zu ihnen Stellung nehmen können, selbst wenn das Gericht meint, dass sie keine Reaktion erfordern.[250] Gerade im Strafverfahren muss er[251] zur Vorbereitung der Verhandlung ggf. über den Verteidiger[252] **Akteneinsicht** genießen. Sowohl die Informationen über aktuelle Verfahrensentwicklungen als auch die Akteneinsicht müssen so rechtzeitig eröffnet werden, dass sich der Betroffene und ggf. der Verteidiger noch hinreichend vorbereiten können.[253] Der Verteidigung muss der Zugang zu allen Schriftstücken der Ermittlungsakte ermöglicht werden, die für die wirksame Anfechtung der Freiheitsentziehung ihres Mandanten wesentlich sind.[254] Dies gilt nach zutreffender, aber umstrittener Auffassung grundsätzlich auch dann, wenn ein außer Vollzug gesetzter Haftbefehl betroffen ist.[255]

93

Dies hat **Deutschland lange Zeit nicht hinreichend umgesetzt** und damit infolge unzureichender Herausgabeentscheidungen der Staatsanwaltschaft (§ 147 Abs. 5 S. 1 StPO) wiederholte Verurteilungen wegen der Verletzung eines Menschenrechts auf sich gezogen.[256] Entgegen der Auffassung des BVerfG[257] ist es insofern regelmäßig unzulässig,

94

---

[245] MwN und zu möglichen Differenzierungen bei anderen Freiheitsentziehungsgründen IntKomm/*Renzikowski* Rn. 337.
[246] EGMR 13.2.2001 – 23541/94, NJW 2002, 2018 Rn. 39 – Garcia Alva/D; EGMR [GK] 25.3.1999 – 31195/96, NJW 2000, 2883 Rn. 58 – Nikolova/BUL; EGMR 4.7.2000 – 27915/95, Rn. 66 ff. – Niedbala/PL; EGMR 13.2.2001 – 25116/94, NJW 2002, 2015 Rn. 44 – Schöps/D; EGMR 31.1.2002 – 24430/94, ÖJZ 2002, 433 Rn. 40 ff. – Lanz/AUT; EGMR 25.6.2002 – 24224/94, Rn. 68 ff. – Migon/PL; EGMR 9.1.2001 – 25874/94, Rn. 57 ff. – Kawka/PL; EGMR 21.10.1986 – 9862/82, EGMR-E 3, 279 Rn. 51 – Sanchez-Reisse/SWI; EGMR 30.3.1989 – 10444/83, EGMR-E 4, 262 Rn. 29 – Lamy/BEL; *Schmitz* wistra 1993, 319 (320 f.); *Kempf* StV 2001, 206 f.
[247] Dazu nur nochmals mwN *Esser/Gaede/Tsambikakis* NStZ 2011, 78 (81).
[248] MwN IntKomm/*Renzikowski* Rn. 341; *Esser* S. 343; zum Verhältnis zu § 115 Abs. 3 StPO siehe Radtke/Hohmann/*Tsambikakis* StPO § 115 Rn. 9 ff.; bereits grundsätzlich aA *Lange* NStZ 2003, 348 ff.
[249] Siehe mwN Löwe/Rosenberg/*Esser* Rn. 331, 333: ausreichende Information über die Gründe der Freiheitsentziehung und Ausgleich von Informationsdefiziten.
[250] So zu einem Schriftsatz der Anklagebehörde EGMR 31.1.2002 – 24430/94, ÖJZ 2002, 433 Rn. 40 f. – Lanz/AUT.
[251] Zur Akteneinsicht des Beschuldigten selbst EGMR 11.3.2008 – 41077/04, NStZ 2009, 164 – Falk/D.
[252] Siehe zur ggf. konventionsgemäßen Beschränkung auf den Verteidiger EGMR 19.12.1989 – 9783/82, EGMR-E 4, 450 Rn. 88 – Kamasinski/AUT.
[253] Zur ausreichenden Vorbereitungszeit siehe etwa EGMR 24.6.2004 – 49158/99, Rn. 33 ff. – Frommelt/LIE.
[254] MwN siehe grundlegend bereits früh EGMR 30.3.1989 – 10444/83, EGMR-E 4, 262 Rn. 29 – Lamy/BEL; mwN EGMR [GK] 9.7.2009 – 11364/03, StV 2010, 490 Rn. 124 – Mooren/D; EGMR 9.1.2003 – 38822/97, Rn. 77 – Shishkov/BUL; EGMR 31.1.2002 – 24430/94, ÖJZ 2002, 433 Rn. 40 f. – Lanz/AUT; EGMR 11.3.2008 – 41077/04, NStZ 1999, 164 – Falk/D; zur Auslieferungshaft EGMR 12.4.2005 – 36378/02, Rn. 427 – Shamayev ua/GEO u. RUS; siehe aber zur Frage, ob ggf. die Akten zurückgehalten werden dürfen, auf die das entscheidende Gericht nicht abstellt, näher, mwN SK-StPO/*Wohlers* StPO § 147 Rn. 65; IntKomm/*Renzikowski* Rn. 344.
[255] Dazu näher mwN auch zu abweichenden Ansichten SK-StPO/*Wohlers* StPO § 147 Rn. 66: Ausnahme nur bei Verdunkelungsgefahr.
[256] EGMR 13.2.2001 – 24479/94, NJW 2002, 2013 Rn. 44 ff., 48 – Lietzow/D; EGMR 13.2.2001 – 25116/94, NJW 2002, 2015 Rn. 44 ff., 55 – Schöps/D; EGMR 13.2.2001 – 23541/94, NJW 2002, 2018 Rn. 39 ff., 43 – Garcia Alva/D; *Kempf* NJW 2001, 206 f.; *Kühne/Esser* StV 2002, 383 (390 ff.); EGMR 2.6.2009 – 29705/05, EuGRZ 2009, 472 – Kunkel/D (einseitige Anerkennung durch die BRD); EGMR 13.12.2007 – 11364/03, StV 2008, 475 Rn. 70 ff. – Mooren/D: drei Monate nach dem Antrag Akteneinsicht.
[257] Siehe mwN BVerfG 11.7.1994 – 2 BvR 777/94, NJW 1994, 3219; die Erweiterung gegenüber dem BVerfG betonend *Kühne/Esser* StV 2002, 383 (391 f.).

den Betroffenen mit einem Verweis auf einen nicht zu gefährdenden Untersuchungszweck bzw. auf die noch laufenden Ermittlungen darauf zu beschränken, dass er aus den Händen der Staatsanwaltschaft eine mündliche Zusammenfassung der Akten erhalten könne.[258] Die Waffengleichheit ist grundsätzlich nicht gewahrt, wenn dem Verteidiger die Einsicht in diejenigen Dokumente verweigert wird, die für eine effektive Überprüfung der Rechtmäßigkeit der (Untersuchungs-)Haft insbesondere gemäß Abs. 1 lit. c[259] wesentlich sind und dem (Haft-)Richter vorliegen.[260] Dabei ist das Konzept der Rechtmäßigkeit der Inhaftierung im Sinne der EMRK nicht auf die Einhaltung der prozeduralen Erfordernisse des nationalen Rechts beschränkt: Es betrifft auch den grundlegenden hinreichenden Tatverdacht nach der EMRK, die Legitimität des mit der Inhaftierung verfolgten Zwecks und die Begründung für die fortdauernde Inhaftierung gemäß Art. 5 Abs. 3 EMRK.

95 Der EGMR erkennt zwar an, dass strafrechtliche Ermittlungen effektiv und damit in einem gewissen Rahmen mit einem erheblichen Informationsvorsprung geführt werden müssen. So kann ein Teil der im Rahmen der Ermittlungen zusammengetragenen Informationen geheim bleiben, damit Tatverdächtige kein Beweismaterial manipulieren und den Gang der Rechtspflege auch sonst nicht untergraben.[261] Dieses berechtigte Ziel darf aber, wie der Gerichtshof zu Recht geltend macht, nur unter Achtung der Rechte der Verteidigung verfolgt werden.[262] Informationen, die für die Beurteilung der Rechtmäßigkeit einer Freiheitsentziehung *wesentlich* sind, müssen dem Anwalt des Tatverdächtigen deshalb **„in geeigneter Weise zugänglich gemacht"** werden. In eben diesem Sinne ist der folglich konventionskonform auszulegende § 147 Abs. 2 StPO neu gefasst worden, um die wiederholten Verurteilungen der Bundesrepublik abzustellen.[263] Eine Einschränkung ist danach (ohne ein resultierendes Beweisverwertungsverbot) praktisch allein bei konkret begründeter Verdunkelungsgefahr möglich.[264]

96 Der Fall **Mooren/Deutschland** enthält nochmals detaillierte Vorstellungen des Gerichtshofs, was unter der Information in „geeigneter Weise" zu verstehen ist:[265] Für den Beschuldigten ist es, selbst wenn er anwaltlich unterstützt wird, faktisch unmöglich, die Zuverlässigkeit einer Schilderung in Form von Zusammenfassungen und Teilablichtungen aus den Ermittlungsakten wirksam anzufechten, wenn er die originären Beweismittel nicht

---

[258] Näher EGMR 30.3.1989 – 10444/83, EGMR-E 4, 262 Rn. 29 – Lamy/BEL; EGMR 24.6.2004 – 49158/99, Rn. 33 ff. – Frommelt/LIE; EGMR 25.6.2002 – 24244/94, Rn. 80 – Migon/PL; EGMR 13.2.2001 – 24479/94, NJW 2002, 2013 Rn. 42 – Lietzow/D; *Kühne/Esser* StV 2002, 383 (391 f.). Siehe aus jüngerer Zeit wieder mwN EGMR [GK] 9.7.2009 – 11364/03, StV 2010, 490 Rn. 124 – Mooren/D; *Esser/Gaede/Tsambikakis* NStZ 2011, 78 (81 f.).

[259] Speziell zu diesem Aspekt EGMR 9.1.2003 – 38822/97, Rn. 77 ff. – Shishkov/BUL.

[260] Grundlegend EGMR 30.3.1989 – 10444/83, EGMR-E 4, 262 Rn. 29 – Lamy/BEL: *„Access to these documents [statements or views which the prosecution was based on] was essential for the applicant at this crucial stage in the proceedings, when the court had to decide whether to remand him in custody or to release him."*; bestätigend etwa EGMR [GK] 25.3.1999 – 31195/96, NJW 2000, 2883 Rn. 58 – Nikolova/BUL; EGMR 13.2.2001 – 25116/94, NJW 2002, 2015 Rn. 44 ff., 49 – Schöps/D; EGMR 24.6.2004 – 49158/99, Rn. 33 ff. – Frommelt/LIE; EGMR 19.10.2000 – 27785/95, Rn. 127 ff. – Wloch/PL; EGMR 25.6.2002 – 24244/94, Rn. 78 ff. – Migon/PL; EGMR 30.1.2003 – 38884/97, Rn. 97 ff. – Nikolov/BUL; *Ambos* ZStW 115 (2003), 583 (602); *Esser* S. 351 ff.; *Schmitz* wistra 1993, 319 ff.; *Kempf* StV 2001, 206 (207); *Kieschke/Osterwald* NJW 2002, 2003 ff.

[261] Vgl. etwa EGMR 13.2.2001 – 24479/94, NJW 2002, 2013 Rn. 47 – Lietzow/D; mwN EGMR 13.12.2007 – 11264/03, StV 2008, 475 Rn. 92 – Mooren/D; siehe aber auch EGMR [GK] 19.2.2009 – 3455/05, NJOZ 2010, 1903 Rn. 205 ff. – A ua/UK.

[262] EGMR 25.6.2002 – 24244/94, Rn. 80 – Migon/PL; EGMR 9.1.2003 – 38822/97, Rn. 77 ff. – Shishkov/BUL; EGMR 13.2.2001 – 24479/94, NJW 2002, 2013 Rn. 42 – Lietzow/D; aus der zust. Literatur etwa *Trechsel* FS Druey, 2002, 993 (1003 ff.); *Schmitz* wistra 1993, 319 (320 ff.). Siehe aber nun zu Terrorismusverfahren zum Einsatz eines *special advocate* EGMR [GK] 19.2.2009 – 3455/05, NJOZ 2010, 1903 Rn. 214 ff., 232 ff. – A ua/UK; abl. IntKomm/*Renzikowski* Rn. 345.

[263] BGBl. 2009 I 2274; zur zuvor hartnäckig verweigerten Umsetzung der Konventionsmaßstäbe siehe *Tsambikakis* ZIS 2009, 503 (504 ff.).

[264] EGMR 9.1.2003 – 38822/97, Rn. 77 – Shishkov/BUL.

[265] EGMR [GK] 9.7.2009 – 11364/03, StV 2010, 490 Rn. 117 ff. – Mooren/D; dazu auch *Esser/Gaede/Tsambikakis* NStZ 2011, 78 (81 f.).

kennt. Selbst wenn der Haftbefehl auf Beweismittel gestützt wird, die in der Wohnung des Beschuldigten beschlagnahmt worden waren und diesem daher bekannt sein könnten, muss sich der Verteidiger mit den vorliegenden Aussagen und den anderen Beweismitteln vertraut machen. Eine mündliche Information über die in der Akte enthaltenen Tatsachen und Beweismittel sah der EGMR angesichts der großen Materialmenge erneut nicht als ausreichend an. Dem Anwalt muss vielmehr Einsicht in die Teile der Akte gewährt werden, auf die sich der Tatverdacht stützt. Zur Durchsetzung ihrer Ansprüche steht der Verteidigung gemäß § 147 Abs. 5 S. 2 StPO eine Beschwerde zur Verfügung, die der Betroffene auch zur Wahrung der Individualbeschwerde einlegen sollte.[266]

Allerdings schließt der EGMR damit im Ergebnis nicht aus, dass die **Akteneinsicht** insbesondere **wegen eines gefährdeten Untersuchungserfolges verwehrt** werden darf. Soweit sich die Staatsanwaltschaft aber nach Abwägung aller einschlägigen Gesichtspunkte für diesen Schritt entschieden hat, darf sie nach der Rechtsprechung des EGMR nicht lediglich dem staatlichen Gericht die Informationen zuleiten. Die zurückgehaltenen Akten unterliegen vielmehr auch bei der Überprüfung der eingeforderten Haft und damit bei der Prüfung des Haftbefehls einem **Beweisverwertungsverbot**.[267] **97**

In Abhängigkeit von der Bedeutung des Verfahrens und von nationalen Beschränkungen der Akteneinsicht kann es erforderlich sein, dem Inhaftierten einen unterstützenden **Verteidiger zu bestellen**.[268] Dabei hat er grundsätzlich zur Person ein Wahlrecht.[269] Erst recht ist die Beiziehung eines Verteidigers zulässig.[270] Mindestens wenn die Staatsanwaltschaft ein Anwesenheitsrecht in der gerichtlichen Anhörung hat, verletzt es Abs. 4, wenn der Verteidiger kein ebenbürtiges Recht besitzt.[271] **98**

Die Entscheidung des Gerichts bedarf einer aussagekräftigen **Begründung**. Sie muss nicht jedes Argument des Beschwerdeführers aufgreifen, wohl aber diejenigen Argumente ansprechen, die an der Rechtmäßigkeit der Freiheitsentziehung Zweifel begründen können.[272] Soweit nationales Recht ein Rechtsmittel gegen die Entscheidung gemäß Abs. 4 vorhält, muss auch dieses Rechtsmittel die Anforderungen des Abs. 4 jedenfalls grundsätzlich wahren.[273] **99**

d) Entscheidung innerhalb kurzer Frist. Ferner muss die Entscheidung des Gerichts gemäß Abs. 4 binnen kurzer Frist fallen. Diese Teilbestimmung des Abs. 4 will absichern, dass sich der Vollzug einer rechtswidrigen Freiheitsentziehung nicht durch ein vermeidbar **100**

---

[266] Zu dieser näher SK-StPO/*Wohlers* § 147 Rn. 111 u. 65; zu ihrer Bedeutung hinsichtlich der Rechtswegerschöpfung zur Individualbeschwerde siehe aber *Esser/Gaede/Tsambikakis* NStZ 2011, 78 (81 f.).
[267] MwN SK-StPO/*Wohlers* StPO § 147 Rn. 65; *Ambos* NStZ 2003, 14 (15); *Gaede*, Fairness als Teilhabe, S. 245 ff.; siehe auch BVerfG 11.7.1994 – 2 BvR 777/94, NJW 1994, 3219 und mwN Löwe/Rosenberg/*Esser* Rn. 141 f.; zur möglichen Zurückhaltung von Informationen im Haftprüfungsverfahren, die dann aber die Verteidigungsrechte nicht benachteiligen darf, siehe EGMR 13.2.2001 – 24479/94, NJW 2002, 2013 Rn. 47 f. – Lietzow/D; vgl. nun auch zu einem Steuerstrafverfahren unter Betonung der zügigen Akteneinsicht EGMR 13.12.2007 – 11364/03, StV 2008, 475 Rn. 70 ff. – Mooren/D.
[268] EGMR 12.5.1992 – 13770/88, NJW 1992, 2945 Rn. 22 ff. – Megyeri/D; EGMR 20.6.2002 – 27715/95 u. 30209/96, Rn. 73 ff. – Berlinski/PL; EGMR 29.2.1988 – 9106/80, EGMR-E 4, 1 Rn. 60 ff. – Bouamar/BEL; EGMR 27.4.2004 – 34091/96, Rn. 65 – M.B./PL; *Trechsel* S. 486 f.; bejahend zu Fällen der §§ 63, 67e StGB Meyer-Goßner/*Schmitt* Rn. 13; vertiefend *Gaede*, Fairness als Teilhabe, S. 571 ff.; zur Frage der Kompensation der persönlichen Teilnahme des Inhaftierten durch den Anwalt EGMR 10.10.2000 – 37975/97, Rn. 34 f. – Grauzinis v. LIT; *Kühne/Esser* StV 2002, 383 (390); mwN IntKomm/*Renzikowski* Rn. 340.
[269] EGMR 24.8.2010 – 40451/06 – Prehn/D; auch zur ungestörten Kommunikation Karpenstein/Mayer/*Elberling* Rn. 101.
[270] MwN EGMR 4.7.2000 – 27915/95, Rn. 66 f. – Niedbala/PL; EGMR 19.10.2000 – 27785/95, Rn. 129 ff. – Wloch/PL.
[271] EGMR 19.10.2000 – 27785/95, Rn. 129 ff. – Wloch/PL: im Gegensatz zur Anklagebehörde ausnahmsweise und nur zeitweise gewährtes Anwesenheitsrecht der Verteidigung ungenügend; *Kühne/Esser* StV 2002, 383 (390).
[272] EGMR [GK] 25.3.1999 – 31195/96, NJW 2000, 2883 Rn. 58 – Nikolova/BUL; EGMR 5.6.2012 – 28523/03, Rn. 45 ff. – Ademovic/TUR; Karpenstein/Mayer/*Elberling* Rn. 101, 104; SSW/*Satzger* Rn. 62.
[273] Dazu mwN EGMR 19.5.2005 – 76024/01, Rn. 43 ff. – Rappacciulo/ITA; näher Karpenstein/Mayer/*Elberling* Rn. 108.

langes Haftprüfungsverfahren verlängert. Für die Frist kommt es auf die Zeit zwischen dem Antrag und der Entscheidung an. Bei der Bemessung der angemessenen Frist sind grundsätzlich erneut die von Abs. 3 S. 1 Hs. 2 (→ Rn. 81 ff.) und Art. 6 Abs. 1 S. 1 (→ Art. 6 Rn. 368 ff.) bekannten Kriterien von Bedeutung. Da die Freiheit des Betroffenen auf dem Spiel steht, ist die **Entscheidung** jedoch grundsätzlich **so zügig wie möglich** zu fällen, wobei die Vertragsstaaten für eine hinreichend organisierte Justiz einstehen müssen.[274]

101 Der EGMR hat jedenfalls Fristen von mehr als 20 Tagen bis zur Entscheidung als unverhältnismäßig lang zurückgewiesen.[275] Danach muss die Frist von 14 Tagen gemäß § 118 Abs. 5 StPO, die zwischen dem Antrag und der mündlichen Verhandlung liegen dürfen, als vergleichsweise großzügig und problematisch gelten.[276]

IV. Die Kompensation rechtswidriger Freiheitsentziehung

102 Mit dem fünften Absatz wird dem rechtswidrig Inhaftierten oder Festgenommenen ein **verschuldensunabhängiges Recht auf die Zahlung von Schadensersatz** zugestanden, das der Betroffene auch in Deutschland nach der Ratifikation der EMRK unmittelbar einfordern kann.[277] Mit diesem Staatshaftungsanspruch, der über die allgemeinen Kompensationsverpflichtungen gemäß Art. 13 hinausgeht,[278] drückt die Konvention auch auf der subsidiären Sekundärebene aus, dass sie Verletzungen des Rechts auf Freiheit und Sicherheit im Besonderen vermeiden will. Nationale Gerichte, die mit dem Verweis auf die beendete Haft die Entscheidung über eine möglicherweise rechtswidrige Haft verweigern, verletzen im Fall einer rechtswidrigen Haft auch Abs. 5.[279]

103 **1. Anspruchsvoraussetzungen. a) Rechtswidrige Festnahme oder Freiheitsentziehung.** Zunächst muss eine Verletzung des Art. 5 einschlägig sein. Hierfür sind die zu Abs. 1 S. 2 dargestellten Maßstäbe entscheidend und mithin auch die Verletzung nationalen Rechts ggf. für die Anspruchsentstehung ausschlaggebend, die von einem Gericht – nicht notwendig dem EGMR – festgestellt worden sein muss (→ Rn. 18 ff., → Rn. 26 ff.).[280] Eine Verletzung des Art. 5 kann insofern auch in Fällen festgestellt werden, in denen eine ursprünglich rechtmäßige Haft durch den **weiteren Geschehensablauf** und damit zum Beispiel durch eine unverhältnismäßig gewordene Haftdauer **unrechtmäßig** geworden ist. Insbesondere diese Konstellationen könnten dem Anspruch des Abs. 5 auch in Deutschland eine in Zukunft größere Bedeutung geben.[281] Es bleibt dann allerdings jeweils noch festzustellen, *wann* die Haft in eine Menschenrechtsverletzung übergegangen ist. Nicht immer wird sich etwa ein klares Datum für eine sukzessiv eintretende Unverhältnismäßigkeit der Haft angeben lassen.

104 Hervorzuheben ist dabei, dass die Verletzung des Art. 5 auch unter dem Aspekt des Abs. 5 **nicht von einem Verschulden** konkreter nationaler Staatsorgane **abhängig**

---

[274] EGMR 19.5.2005 – 76024/01, Rn. 32 – Rappacciulo/ITA; EGMR 20.1.2005 – 63378/00, Rn. 49 – Mayzit/RUS; mwN SSW/*Satzger* Rn. 66; Karpenstein/Mayer/*Elberling* Rn. 106.
[275] EGMR 4.10.2005 – 3456/05, Rn. 120 – Sarban/MOL; *Meyer-Ladewig/Harrendorf/König* Rn. 102; für 17 Tage abl. auch EGMR 9.1.2003 – 55263/00, Rn. 44 f. – Kadem/MLT; siehe aber auch EGMR 7.6.2011 – 277/05, NJW 2012, 2331 Rn. 43 – S.T.S./NL und EGMR 3.6.2003 – 33343/96, Rn. 253 – Pantea/ROM.
[276] KK-StPO/*Schädler/Jakobs* Rn. 35; SSW/*Satzger* Rn. 66; siehe auch Meyer-Goßner/*Schmitt* Rn. 13: bei größtmöglicher Beschleunigung erzielbare Minimaldauer anzustreben; ebenso Karpenstein/Mayer/*Elberling* Rn. 106: Faustformel von insgesamt zwei Wochen auszumachen.
[277] Dafür statt vieler BGH 10.1.1966 – III ZR 212/63, BGHZ 45, 30 (34); 31.1.1966 – III ZR 118/64, BGHZ 45, 58 (65); 19.9.2013 – III ZR 405/12, NJW 2014, 67; Meyer-Goßner/*Schmitt* Rn. 14; siehe allerdings zum Kompetenzproblem hinsichtlich Art. 32 GG mwN *Killinger* S. 113 ff.
[278] Zu diesen Wiedergutmachungspflichten siehe nur mwN SSW/*Satzger* Rn. 46.
[279] EGMR 7.6.2011 – 277/05, NJW 2012, 2331 Rn. 61 – S.T.S./NL; Löwe/Rosenberg/*Esser* Rn. 375.
[280] EGMR 20.3.2001 – 33591/96, Rn. 50 – Bouchet/FRA; BGH 14.7.1971 – III ZR 181/69, BGHZ 57, 33; mwN Karpenstein/Mayer/*Elberling* Rn. 131; Meyer-Goßner/*Schmitt* Rn. 14; zur Verletzung des Art. 5 Abs. 2–4 EMRK differenzierend mwN Löwe/Rosenberg/*Esser* Rn. 376.
[281] Siehe näher, allerdings ohne Folgeprobleme voll in den Blick zu nehmen, *Killinger* S. 87 ff., 143 f., 214 ff.; *Brockhaus/Ullrich* StV 2016, 678 (679 ff.).

ist.²⁸² Ebenso gilt der Anspruch nicht nur für Fälle, in denen ein Vertragsstaat wie Deutschland seinen Verpflichtungen gemäß Abs. 1 subjektiv oder objektiv willkürlich nicht nachgekommen ist.²⁸³

Keine Anwendung findet Abs. 5 auf Fälle, in denen der Vollzug der Haft etwa auf 105 Grund unzureichender Unterbringung zwar nicht gegen Art. 5 (dazu aber zur Sicherungsverwahrung → Rn. 33 f.), wohl aber gegen Art. 3 oder Art. 8 verstößt.²⁸⁴ Die Norm beschränkt sich zum einen explizit auf Verletzungen „dieses Artikels". Zum anderen steht insoweit das allgemeine Konventionssystem zur Verfügung, das gemäß den Art. 13 und 34, 41 zu einer (begrenzten) Kompensation führen kann. Möglich sind dann aber etwa Ansprüche gemäß § 839 BGB iVm Art. 34 GG.

b) **Schadenseintritt.** Der Schadensersatz setzt auch im Fall des Abs. 5 voraus, dass ein 106 Schaden eingetreten ist. Jener Schaden kann sowohl in **materiellen Einbußen** und damit etwa in Einnahmeverlusten liegen, die durch die Haftzeit aufgelaufen sind. Ebenso ist bei der Aufhebung der höchstpersönlichen Freiheit des Einzelnen auch ein **immaterieller Schaden** einschlägig.²⁸⁵ An den Nachweis des immateriellen Schadens dürfen keine überspannten Anforderungen gestellt werden.²⁸⁶

c) **Kausalität.** Schließlich muss der eingetretene Schaden auf der Menschenrechtsverletzung beruhen.²⁸⁷ Ein gegebener Ursachenzusammenhang wird bei alledem nach richtiger 107 Ansicht auch nicht deshalb entbehrlich, weil der Betroffene eine schadensminimierende Rechtsschutzoption hat ungenutzt verstreichen lassen, soweit die Behörden schon von Amts wegen eine Freilassung hätten verfügen müssen.²⁸⁸ Ein Zusammenhang von Verletzung und andauernder Inhaftierung ist entbehrlich.²⁸⁹

2. Reichweite und Geltendmachung. Der Anspruch geht über einen aufopferungs- 108 rechtlichen Entschädigungsanspruch etwa nach dem StrEG hinaus und bietet auch im Vergleich mit § 839 BGB iVm Art. 34 GG Vorteile. Zu leisten ist voller Schadensersatz. Er ist gemäß den §§ 249 ff. BGB zu bestimmen und umfasst damit den entgangenen Gewinn (§ 252 BGB). Dies kann auch nicht bei der Bemessung des immateriellen Schadens unterlaufen werden, indem die Sätze des lediglich auf Entschädigung bedachten StrEG kurzerhand – Art. 5 Abs. 5 EMRK nivellierend – übernommen werden.²⁹⁰ Die Verjährung richtet sich in der Praxis nach der dreijährigen Frist des § 195 BGB.²⁹¹

Es handelt sich um einen Staatshaftungsanspruch, der nicht direkt vor dem EGMR, 109 sondern vor den nationalen Behörden und ggf. Gerichten geltend zu machen ist.²⁹² Er ist entsprechend der Zuweisung in § 40 Abs. 2 S. 1 VwGO vor den ordentlichen Gerichten

---

²⁸² Dazu mwN *Meyer-Ladewig/Harrendorf/König* Rn. 108; *Löwe/Rosenberg/Esser* Rn. 375.
²⁸³ Verfehlt aA noch mit einer Willkürschranke trotz einer festgestellten unverhältnismäßigen Unterbringung OLG Hamm 22.4.1988 – 11 W 133/87, NStZ 1989, 327 m. zutr. abl. Anm. *Seebode*; wie hier auch *Karpenstein/Mayer/Eberling* Rn. 135 und BGH 18.5.2006 – III ZR 183/05, NVwZ 2006, 960 (961).
²⁸⁴ MwN BGH 4.7.2013 – III ZR 342/12, NJW 2013, 3176; *Karpenstein/Mayer/Eberling* Rn. 135; *Meyer-Ladewig/Harrendorf/König* Rn. 115.
²⁸⁵ Anerkennend etwa BGH 31.1.1966 – III ZR 118/64, BGHZ 45, 58 (68); 19.9.2013 – III ZR 405/12, NJW 2014, 67; *Meyer-Goßner/Schmitt* Rn. 14: voller Schadensersatz.
²⁸⁶ EGMR 2.9.2010 – 9411/05, Rn. 33 ff. – Danev/BUL; *Strafner* StV 2010, 275; *Meyer-Goßner/Schmitt* Rn. 14.
²⁸⁷ EGMR 27.9.1990 – 12535/86, Rn. 38 – Wassink/NL; *Karpenstein/Mayer/Eberling* Rn. 132.
²⁸⁸ Im Ergebnis auch *Killinger* S. 98 f. und *Karpenstein/Mayer/Eberling* Rn. 136.
²⁸⁹ *Karpenstein/Mayer/Elberling* Rn. 132.
²⁹⁰ Zur entsprechenden Rechtsprechung mit umfangreichen Nachweisen *Meyer-Ladewig/Harrendorf/König* Rn. 114; dagegen krit. *Killinger* S. 100 ff.; siehe auch mit Nachweisen aus der Kasuistik des EGMR *Karpenstein/Mayer/Eberling* Rn. 133 und 136: Tagessätze des § 7 Abs. 3 StrEG ist absolute Untergrenze; vgl. ferner EGMR 17.5.2011 – 2474/06, Rn. 30 f., 32 ff. – Ganea/MOL.
²⁹¹ Statt vieler mwN *Radtke/Hohmann/Ambos* Rn. 32; *Meyer-Goßner/Schmitt* Rn. 14, für eine Verjährung nach 30 Jahren aber mwN *Killinger* S. 149 ff.
²⁹² SSW/*Satzger* Rn. 67.

auf dem **Zivilrechtsweg** zu verfolgen. Zutreffender Anspruchsgegner ist grundsätzlich die Anstellungskörperschaft.[293]

Art. 6. Recht auf ein faires Verfahren

(1) ¹Jede Person hat ein Recht darauf, dass über Streitigkeiten in Bezug auf ihre zivilrechtlichen Ansprüche und Verpflichtungen oder über eine gegen sie erhobene strafrechtliche Anklage von einem unabhängigen und unparteiischen, auf Gesetz beruhenden Gericht in einem fairen Verfahren, öffentlich und innerhalb angemessener Frist verhandelt wird. ²Das Urteil muss öffentlich verkündet werden; Presse und Öffentlichkeit können jedoch während des ganzen oder eines Teiles des Verfahrens ausgeschlossen werden, wenn dies im Interesse der Moral, der öffentlichen Ordnung oder der nationalen Sicherheit in einer demokratischen Gesellschaft liegt, wenn die Interessen von Jugendlichen oder der Schutz des Privatlebens der Prozessparteien es verlangen oder – soweit das Gericht es für unbedingt erforderlich hält – wenn unter besonderen Umständen eine öffentliche Verhandlung die Interessen der Rechtspflege beeinträchtigen würde.

(2) Jede Person, die einer Straftat angeklagt ist, gilt bis zum gesetzlichen Beweis ihrer Schuld als unschuldig.

(3) Jede angeklagte Person hat mindestens folgende Rechte:
a) innerhalb möglichst kurzer Frist in einer ihr verständlichen Sprache in allen Einzelheiten über Art und Grund der gegen sie erhobenen Beschuldigung unterrichtet zu werden;
b) ausreichende Zeit und Gelegenheit zur Vorbereitung ihrer Verteidigung zu haben;
c) sich selbst zu verteidigen, sich durch einen Verteidiger ihrer Wahl verteidigen zu lassen oder, falls ihr die Mittel zur Bezahlung fehlen, unentgeltlich den Beistand eines Verteidigers zu erhalten, wenn dies im Interesse der Rechtspflege erforderlich ist;
d) Fragen an Belastungszeugen zu stellen oder stellen zu lassen und die Ladung und Vernehmung von Entlastungszeugen unter denselben Bedingungen zu erwirken, wie sie für Belastungszeugen gelten;
e) unentgeltliche Unterstützung durch einen Dolmetscher zu erhalten, wenn sie die Verhandlungssprache des Gerichts nicht versteht oder spricht.

Völkerrechtlich verbindlicher englischer und französischer Normtext:

Art. 6 – Right to a fair trial

(1) ¹In the determination of his civil rights and obligations or of any criminal charge against him, everyone is entitled to a fair and public hearing within a reasonable time by an independent and impartial tribunal established by law. ²Judgment shall be pronounced publicly but the press and public may be excluded from all or part of the trial in the interests of morals, public order or national security in a democratic society, where the interests of juveniles or the protection of the private life of the parties so require, or to the extent strictly necessary in the opinion of the court in special circumstances where publicity would prejudice the interests of justice.

(2) Everyone charged with a criminal offence shall be presumed innocent until proved guilty according to law.

(3) Everyone charged with a criminal offence has the following minimum rights:
a) to be informed promptly, in a language which he understands and in detail, of the nature and cause of the accusation against him;
b) to have adequate time and facilities for the preparation of his defence;

---

[293] Zu beiden Fragenkreisen näher mwN Karpenstein/Mayer/*Eberling* Rn. 136; näher und auch dazu, dass weiter der Gesamtstaat völkerrechtlich verpflichtet bleibt, mwN Löwe/Rosenberg/*Esser* Rn. 379 f.

c) to defend himself in person or through legal assistance of his own choosing or, if he has not sufficient means to pay for legal assistance, to be given it free when the interests of justice so require;
d) to examine or have examined witnesses against him and to obtain the attendance and examination of witnesses on his behalf under the same conditions as witnesses against him;
e) to have the free assistance of an interpreter if he cannot understand or speak the language used in court.

Art. 6 – Droit à un procès équitable

(1) ¹Toute personne a droit à ce que sa cause soit entendue équitablement, publiquement et dans un délai raisonnable, par un tribunal indépendant et impartial, établi par la loi, qui décidera, soit des contestations sur ses droits et obligations de caractère civil, soit du bien-fondé de toute accusation en matière pénale dirigée contre elle. ²Le jugement doit être rendu publiquement, mais l'accès de la salle d'audience peut être interdit à la presse et au public pendant la totalité ou une partie du procès dans l'intérêt de la moralité, de l'ordre public ou de la sécurité nationale dans une société démocratique, lorsque les intérêts des mineurs ou la protection de la vie privée des parties au procès l'exigent, ou dans la mesure jugée strictement nécessaire par le tribunal, lorsque dans des circonstances spéciales la publicité serait de nature à porter atteinte aux intérêts de la justice.

(2) Toute personne accusée d'une infraction est présumée innocente jusqu'à ce que sa culpabilité ait été légalement établie.

(3) Tout accusé a droit notamment à:
a) être informé, dans le plus court délai, dans une langue qu'il comprend et d'une manière détaillée, de la nature et de la cause de l'accusation portée contre lui;
b) disposer du temps et des facilités nécessaires à la préparation de sa défense;
c) se défendre lui-même ou avoir l'assistance d'un défenseur de son choix et, s'il n'a pas les moyens de rémunérer un défenseur, pouvoir être assisté gratuitement par un avocat d'office, lorsque les intérêts de la justice l'exigent;
d) interroger ou faire interroger les témoins à charge et obtenir la convocation et l'interrogation des témoins à décharge dans les mêmes conditions que les témoins à charge;
e) se faire assister gratuitement d'un interprète, s'il ne comprend pas ou ne parle pas la langue employée à l'audience.

Schrifttum: *Alsberg,* Der Beweisantrag im Strafprozeß, 1930; *ders.,* Die Philosophie der Verteidigung, 1992; *Ambos,* Europarechtliche Vorgaben für das [deutsche] Strafverfahren – Teil I, NStZ 2002, 628; *ders.,* Europarechtliche Vorgaben für das [deutsche] Strafverfahren – Teil II, NStZ 2003, 14; *ders.,* Der Europäische Gerichtshof für Menschenrechte und die Verfahrensrechte, ZStW 115 (2003), 583; *ders.,* Die transnationale Verwertung von Folterbeweisen, StV 2009, 151; *ders.,* Transnationale Beweiserlangung, ZIS 2010, 557; *Appel,* Verfassung und Strafe – zu den verfassungsrechtlichen Grenzen staatlichen Strafens, 1998; *Appell,* Die Europäische Konvention zum Schutze der Menschenrechte und Grundfreiheiten in ihrer Bedeutung für das deutsche Strafrecht und Strafverfahrensrecht, 1961; *Arndt,* Das rechtliche Gehör, NJW 1959, 6; *ders.,* Umwelt und Recht – Zu den Einsatzgruppen-Prozessen, NJW 1964, 486; *ders.,* Umwelt und Recht – Die Freiheit des Verteidigers (§ 1 I BRAO; Art. 12 und 103 GG), NJW 1964, 2146 f.; *Ashworth,* The Criminal Process, 2. Aufl., 1998; *ders.,* Human Rights, Serious Crime and Criminal Procedure, 2001; *Ashworth/Blake,* Some Ethical Issues in Protecting and Defending Criminal Cases, CrimLR 1998, 16; *Ashworth/Strange,* Criminal Law and Human Rights, EHRLR 2004, 121; *Auer,* Zum Recht des festgenommenen Beschuldigten, einen Verteidiger zu verständigen, ÖJZ 1998, 339; *Augustin,* Das Recht des Beschuldigten auf effektive Verteidigung, 2013; *Barton,* Mindeststandards der Strafverteidigung – die strafprozessuale Fremdkontrolle der Verteidigung und weitere Aspekte der Gewährleistung von Verteidigungsqualität, 1994; *Beckemper,* Durchsetzbarkeit des Verteidigerkonsultationsrechts und die Eigenverantwortlichkeit des Beschuldigten, 2002; *Bennett,* Wrongful Conviction, Lawyer Incompetence and English Law – Some Recent Themes, BrandeisLJ 42 (2003/04), 189; *Berka,* Die Grundrechte – Grundfreiheiten und Menschenrechte in Österreich, 1999; *Berkemann,* Fairneß als Rechtsprinzip, JR 1989, 221; *Berndt,* Die Wiedereinsetzung in den vorigen Stand bei Verteidigerverschulden – Zugleich eine rechtstatsächliche Untersuchung zur Versäumung von Revisionsfristen, 1999; *ders.,* Neue Tendenzen im Recht der Wiedereinsetzung zur Nachholung von Verfahrensrügen?, StraFo 2003, 112; *Beulke,* Der Verteidiger im Strafverfahren – Funktionen und Rechtsstellung, 1980; *ders.,* Die Strafbarkeit des Verteidigers, 1989; *ders.,* Konfrontation und Strafprozessreform, FS Rieß, 2002, 3; *ders.,* Strafprozessrecht, 13. Aufl. 2016; *Bischofberger,* Die Verfahrensgarantien der Europäischen Konvention zum Schutze der Menschenrechte und Grundfreiheiten (Art. 5 und 6) in ihrer Einwirkung auf das schweizerische Strafprozessrecht, 1972; *Bohlander,* Die sogenannte „Widerspruchslösung" des BGH und die Verantwortung des Strafverteidigers – Ansatz zu einem Revisionsgrund der „ineffective assistance of counsel" im deutschen Strafprozeß?, StV 1999, 562; *Bommer,* Öffentlichkeit der Hauptverhandlung zwischen Individualgrundrecht und rechtsstaatlich-demokratischem Strukturprinzip, FS Trechsel, 2002, 671; *Börner,* Das Verwerfungsverbot aus § 329 Abs. 1 S. 1 StPO i.V.m. Art. 6 Abs. 1, Abs. 3 lit. c) EMRK in der Revision, HRRS 2014, 132; *Böse,* (K)ein Akteneinsichtsrecht für den Beschuldigten?, StraFo 1999, 293; *Bottoms/McClean,* Defendants in the criminal process, 1976; *Braitsch,* Gerichtssprache für Sprachunkundige im Lichte des fair trial, 1991;

Brause, Faires Verfahren und Effektivität im Strafprozeß, NJW 1992, 2865; *Brett,* Verfahrensdauer bei Verfassungsbeschwerdeverfahren im Horizont der Rechtsprechung des Europäischen Gerichtshofs für Menschenrechte zu Art. 6 Abs. 1 S. 1 EMRK, 2009; *Breucker,* Verteidigungsfremdes Verhalten: Anträge und Erklärungen im „Baader-Meinhof-Prozeß", 1993; *Breuer,* Von Lyons zu Sejdovic: Auf dem Weg zu einer Wiederaufnahme konventionswidrig zustande gekommener nationaler Urteile?, EuGRZ 2004, 782; *Brooks* (Hrsg.), The Right to a Fair Trial, 2009; *Broß,* Verfahrensdauer und Verfassungsrecht, StraFo 2009, 10; *Brunhöber,* Für ein Grundrecht auf ein faires Verfahren in der strafprozessualen Praxis, ZIS 2010, 761; *Callewaert,* Die Europäische Menschenrechtskonvention und die Verfahrensgarantien, EuGRZ 1996, 366; *Cape,* Incompetent Police Station Advice and the Exclusion of Evidence, CrimLR 2002, 471; *Cape/Hodgson/Prakken/Spronken,* Suspects in Europe – Procedural Rights at the Investigative Stage of the Criminal Process in the European Union, 2007; *Castberg,* The European Convention on Human Rights (Übersetzung des norwegischen Originals 1974), 1971; *Chiavario,* Private parties – The rights of the defendant and the victim, European Criminal Procedures, 2002, S. 541; *Clayton/Tomlinson,* The Law of Human Rights, 2. Aufl. 2009; *Cornelius,* Konfrontationsrecht und Unmittelbarkeitsgrundsatz, NStZ 2008, 244; *Costa,* Concepts juridiques dans la Jurisprudence de la Cour Européenne des Droits de l'Homme: De l'Influence de différentes traditions nationales, RTDH 2004, 101; *Cras/de Matteis,* The Directive on the Right to Interpretation and Translation in Criminal Proceedings – Genesis and Description, eucrim 2010, 153; *Dahs,* Zur Verteidigung im Ermittlungsverfahren, NJW 1985, 1113; *Dann,* Staatliche Tatprovokation im deutschen, englischen und schottischen Recht, 2006; *C. Dannecker,* Der nemo tenetur-Grundsatz – prozessuale Fundierung und Geltung für juristische Personen, ZStW 127 (2015), 370; *Dehne-Niemann,* „Nie sollst du mich befragen" – Zur Behandlung des Rechts zur Konfrontation mitbeschuldigter Belastungszeugen (Art. 6 Abs. 3 lit. d EMRK) durch den BGH, HRRS 2010, 189; *Delmas-Marty/Spencer,* European Criminal Procedures, 2002; *Demko,* Das Fragerecht des Angeklagten nach Art. 6 Abs. 3 lit. d EMRK aus Sicht des Europäischen Gerichtshofs für Menschenrechte, der schweizerischen sowie der deutschen Rechtsprechung, ZStR 122 (2004), 416; *dies.,* Die gerichtliche Fürsorgepflicht zur Wahrung einer „tatsächlichen und wirksamen" Verteidigung im Rahmen des Art. 6 Abs. 3 lit. c EMRK, HRRS 2006, 250; *dies.,* Zur Unschuldsvermutung nach Art. 6 Abs. 2 EMRK bei Einstellung des Strafverfahrens und damit verknüpften Nebenfolgen, HRRS 2007, 286; *dies.,* Menschenrecht auf Verteidigung und Fairness des Strafverfahrens auf nationaler, europäischer und internationaler Ebene, 2014; *Detter,* Der Zeuge vom Hörensagen – eine Bestandsaufnahme, NStZ 2003, 1; *Donatsch,* Die Anonymität des Tatzeugen und der Zeuge vom Hörensagen, ZStR 104 (1987), 397; *ders.,* Der Strafbefehl sowie ähnliche Verfahrenserledigungen mit Einsprachemöglichkeit, insbesondere aus dem Gesichtswinkel des Art. 6 EMRK, ZStR 112 (1994), 317; *ders.,* Die öffentliche Verkündung des Strafurteils gemäss Konventionsrecht, FS Rehberg, 1996, 123; *ders.,* Der amtliche Sachverständige und der Privatgutachter im Zürcher Strafprozess, FS 125 Kassationsgericht des Kantons Zürich, 2000, 363; *Donatsch/Scheidegger,* Entwicklungen im Strafprozessrecht, SJZ 98 (2002), 415; *dies.,* Entwicklungen im Strafprozessrecht, SJZ 99 (2003), 405; *du Bois-Pedain,* Artikel 6 Abs. 3 lit. d EMRK und der nicht verfügbare Zeuge: Weist der modifizierte Lucà-Test den Weg aus der Sackgasse?, HRRS 2012, 120; *Duff,* Trials and punishments, 1986; *Duttge,* Möglichkeiten eines Konsensualprozesses nach deutschem Strafprozeßrecht, ZStW 115 (2003), 539; *Eisele,* Die Berücksichtigung der Beschuldigtenrechte der EMRK im deutschen Strafprozess aus dem Blickwinkel des Revisionsrechts, JR 2004, 12; *Eisenberg/Zötsch,* Der Zeugenbeweis im Strafverfahren – Tendenzen in der höchstrichterlichen Rechtsprechung, NJW 2003, 3676; *El-Ghazi/Zerbes,* Geschichten von staatlicher Komplizenschaft und evidenten Rechtsbrüchen, HRRS 2014, 209; *Emmerson/Ashworth/Macdonald,* Human Rights and Criminal Justice, 3. Aufl. 2012; *Endriß,* Vom Fragerecht des Beschuldigten im Vorverfahren, FS Rieß, 2002, 65; *Engländer,* Das nemo-tenetur-Prinzip als Schranke verdeckter Ermittlungen – Eine Besprechung von BGH 3 StR 104/07, ZIS 2008, 163; *Esser,* Auf dem Weg zu einem europäischen Strafverfahrensrecht, 2002; *ders.,* Mindeststandards einer Europäischen Strafprozessordnung unter Berücksichtigung der Rechtsprechung des Europäischen Gerichtshofes für Menschenrechte, StraFo 2003, 335; *ders.,* Grenzen für verdeckte Ermittlungen gegen inhaftierte Beschuldigte aus dem europäischen Nemo-Tenetur-Grundsatz, JR 2004, 98; *ders.,* Mindestanforderungen der EMRK an den strafprozessualen Beweis, in *Marauhn* (Hrsg.), Bausteine eines europäischen Beweisrechts, 2007, S. 39; *ders.,* (Nichts) Neues aus Straßburg – Effektive Verteidigung bei Nichterscheinen des Angeklagten zu Beginn der Hauptverhandlung in der Berufungsinstanz (§ 329 Abs. 1 S. 1 StPO), StV 2013, 331; *Esser/Gaede/Tsambikakis,* Übersicht zur Rechtsprechung des EGMR in den Jahren 2008 bis Mitte 2010 – Teil II, NStZ 2011, 140; *dies.,* Übersicht zur Rechtsprechung des EGMR in den Jahren 2010 bis 2011 (Teil 2), NStZ 2012, 619; *Fawcett,* The Application of the European Convention on Human Rights, 2. Aufl. 1987; *Ferguson,* Trial in Absence and Waiver of Human Rights, CrimLR 2002, 554; *Fezer,* Strafprozeßrecht, 2. Aufl., 1995; *ders.,* Grundfragen der Beweisverwertungsverbote, 1995; *ders.,* Wider die „Beweiswürdigungs-Lösung" des BGH bei verfahrensfehlerhafter Beweiserhebung, FS Gössel, 2002, 627; *Forster,* Der Anspruch auf unentgeltliche Rechtsverbeiständung in der neueren bundesgerichtlichen Rechtsprechung, ZBl. 92 (1992), 475; *Frei,* Mitwirkungsrechte im Strafprozess, 2001; *Frei-Siponen,* Einfluss der EMRK auf das Strafprozessrecht Finnlands und der Schweiz – eine vergleichende Studie, 2003; *Frisch,* Verwerfung der Berufung ohne Sachverhandlung und Recht auf Verteidigung – Zur Änderung des § 329 StPO, NStZ 2015, 69; *ders.,* Zum Recht des abwesenden Angeklagten auf Verteidigung, insbesondere in der Berufungsinstanz, FS Paeffgen, 2015, 589; *Frister,* Das Verhältnis von Beweisantragsrecht und gerichtlicher Aufklärungspflicht im Strafprozeß, ZStW 105 (1993), 340; *ders.,* Der Anspruch des Beschuldigten auf Mitteilung der Beschuldigung aus Art. 6 Abs. 3 lit. a EMRK, StV 1998, 159; *Frowein/Peukert,* EMRK-Kommentar, 3. Aufl. 2009; *Fuchs,* Verdeckte Ermittler – anonyme Zeugen, ÖJZ 2001, 495; *Gaede,* Ablehnung eines Beweisantrages infolge Prozessverschleppungsabsicht wegen des Versuchs der Aufdeckung einer rechtswidrigen Verfahrensabsprache mit dem tatbeteiligten wesentlichen Belastungszeugen?, HRRS 2003, 93; *ders.,* Nullum judicium sine lege – Die völker-

Recht auf ein faires Verfahren   Art. 6 EMRK

rechtliche Bindung eines gemeinschaftsrechtlichen Sonderstrafverfahrens an das Potential der Europäischen Konvention für Menschenrechte und Grundfreiheiten, ZStW 115 (2003), 845; *ders.*, Menschenrechtliche Fragezeichen hinter der Zurückhaltung von Beweismitteln im deutschen Strafverfahren, HRRS 2004, 44; *ders.*, Das Verbot der Umgehung der EMRK durch den Einsatz von Privatpersonen bei der Strafverfolgung, StV 2004, 46; *ders.*, Das Recht auf Verfahrensbeschleunigung in Steuer- und Wirtschaftsstrafverfahren, wistra 2004, 166; *ders.*, Die besonders vorsichtige Beweiswürdigung bei der exekutiven Sperrung von Beweismaterial im Konflikt mit dem Offenlegungsanspruch des Art. 6 I 1 EMRK, StraFo 2004, 195; *ders.*, Absoluter Revisionsgrund und Besorgnis der Befangenheit bei Überdehnung des § 26a StPO durch den Richter in eigener Sache, HRRS 2005, 319; *ders.*, Licht und Schatten – Verfahrensabschnittsbezogene Prüfung des Rechts auf Verfahrensbeschleunigung (Art. 6 Abs. 1 Satz 1 EMRK) und Außerachtlassung der völkerrechtlichen Organisationspflicht durch den BGH, HRRS 2005, 377; *ders.*, Schranken des fairen Verfahrens gemäß Art. 6 EMRK bei der Sperrung verteidigungsrelevanter Informationen und Zeugen, StV 2006, 599; *ders.*, Deutscher Brechmitteleinsatz menschenrechtswidrig: Begründungsgang und Konsequenzen der Grundsatzentscheidung des EGMR im Fall Jalloh, HRRS 2006, 241; *ders.*, Fairness als Teilhabe – Das Recht auf konkrete und wirksame Teilhabe durch Verteidigung, 2007; *ders.*, Beweisverbote zur Wahrung des fairen Strafverfahrens in der Rechtsprechung des EGMR insbesondere bei verdeckten Ermittlungen, JR 2009, 493; *ders.*, Ungehobene Schätze in der Rechtsprechung des EGMR für die Verteidigung?, HRRS-FG Fezer, 2008, S. 21; *ders.*, Sanktion durch Verfahren – Grenzen der Justizpflicht des Beschuldigten insbesondere in Wirtschaftsstrafverfahren, ZStW 129 (2017), Heft 3; *Gaede/ Buermeyer*, Beweisverwertungsverbote und „Beweislastumkehr" bei unzulässigen Tatprovokationen nach der jüngsten Rechtsprechung des EGMR, HRRS 2008, 279; *Gaede/Rübenstahl*, Die Effektivierung der revisionsgerichtlichen Rechtskontrolle von Urteilsabsprachen durch die Unwirksamkeit des absprachebedingten Rechtsmittelverzichts, HRRS 2004, 342; *Gaede/Wohlers*, Die Revisionserstreckung auf Mitangeklagte – Plädoyer für eine konventionskonforme Auslegung des § 357 StPO, NStZ 2004, 9; *Geppert*, Grundlegendes und Aktuelles zur Unschuldsvermutung des Art. 6 Abs. 2 der Europ. Menschenrechtskonvention, Jura 1993, 160; *Gerdemann*, Die Verwertbarkeit belastender Zeugenaussagen bei Beeinträchtigungen des Fragerechts des Beschuldigten, 2010; *Gerst*, Die Konventionsgarantie des Art. 6 IIIc und die Abwesenheitsverwerfung gemäß § 329 I 1 StPO – Ein kleiner Schritt für Straßburg, ein zu großer für Deutschland?, NStZ 2013, 310; *Gleß*, Zur „Beweiswürdigungs-Lösung" des BGH, NJW 2001, 3606; *dies.*, Beweisrechtsgrundsätze einer grenzüberschreitenden Strafverfolgung, 2006; *dies.*, Sachverhaltsaufklärung mit Auslandszeugen, FS Eisenberg, 2009, 499; *dies.*, Ohn(e)macht – Abschied von der Fiktion einer Waffengleichheit gegenüber europäischer Strafverfolgung?, StV 2013, 317; *Godenzi*, Das strafprozessuale Verbot staatlicher Beweismittelhehlerei: Königsweg oder Luftschloss?, GA 2008, 500; *dies.*, Private Beweisbeschaffung im Strafprozess, 2008; *Grabenwarter*, Die Revisionsbegründungsfrist nach § 345 I StPO und das Recht auf angemessene Vorbereitung der Verteidigung (Art. 6 III lit. b EMRK), NJW 2002, 109; *ders.*, Die Menschenrechtskonvention und Grundrechte-Charta in der europäischen Verfassungsentwicklung, FS Steinberger, 2002, 1129; *Grabenwarter/Pabel*, Europäische Menschenrechtskonvention, 6. Aufl. 2016; *Graf*, Effiziente Verteidigung im Rechtsmittelverfahren, 2000; *Gröger*, Das Akteneinsichtsrecht im Strafverfahren unter besonderer Berücksichtigung der Europäischen Menschenrechtskonvention, 2009; *Gropp*, Zum verfahrenslimitierenden Wirkungsgehalt der Unschuldsvermutung, JZ 1991, 804; *Grosz/Beatson/Duffy*, Human Rights – The 1998 Act and the European Convention, 2000; *Großkopf*, Beweissurrogate und Unmittelbarkeit der Hauptverhandlung, 2007; *Grotian*, Article 6 of the European Convention on Human Rights – The right to a fair trial (Human rights files No. 13), 1994; *Gundel*, Die Krombach-Entscheidung des EGMR: Europäischer Menschenrechtsschutz mit (Durchsetzungs-)Schwächen, NJW 2001, 2380; *Günther*, Der Beweisantrag auf Vernehmung eines Auslandszeugen im Lichte des Art. 6 Abs. 3 Buchst. d EMRK, FS Widmaier, 2008, 253; *Guradze*, Die europäische Menschenrechtskonvention – Konvention zum Schutze der Menschenrechte und Grundfreiheiten nebst Zusatzprotokollen, 1968; *Haase*, Die Anforderungen an ein faires Gerichtsverfahren auf europäischer Ebene, 2007; *Hacker/Hoffmann*, Zur Frage der strafschärfenden Berücksichtigung eines Freispruchs aus einem früheren Strafverfahren, JR 2007, 452; *Haefliger/Schürmann*, Die Europäische Menschenrechtskonvention und die Schweiz, 2. Aufl. 1999; *Haffke*, Zwangsverteidigung – notwendige Verteidigung – Pflichtverteidigung – Ersatzverteidigung, StV 1981, 471; *Hamm*, Die Entdeckung des „fair trial" im deutschen Strafprozeß – ein Fortschritt mit ambivalenten Ursachen, FS Salger, 1995, S. 273; *Harris*, The Right to a Fair Trial in Criminal Proceedings as a Human Right, ICLQ 16 (1967), 352; *Harris/O'Boyle/Warbrick*, Law of the European Convention on Human Rights, 1995; *Hassemer*, Die „Funktionstüchtigkeit der Strafrechtspflege" – ein neuer Rechtsbegriff?, StV 1982, 275; *ders.*, Menschenrechte im Strafprozeß, KritV 1988, 336; *Herrmann*, Überlegungen zur Reform der notwendigen Verteidigung, StV 1996, 396; *Heubel*, Der „fair-trial" – ein Grundsatz des Strafverfahrens?, 1981; *Hörnle*, Justice as Fairness – Ein Modell auch für das Strafverfahren?, Rechtstheorie 2004, 175; *Hug*, Zur Vorbereitung von Konfrontationseinvernahmen aus der Sicht der Verteidigung des Strafverteidigers, FS 125 Kassationsgericht des Kantons Zürich, 2000, 387; *Isfen*, Feststellungen im Strafurteil über gesondert Verfolgte und Unschuldsvermutung, StV 2009, 611; *Jacobs/White/Ovey*, The European Convention on Human Rights, 6. Aufl. 2014; *Jacot-Guillarmod*, Rights Related to Good Administration of Justice (Article 6), in *Macdonald/ Matscher/Petzold* (Hrsg.), The European System for the Protection of Human Rights, 1993, S. 381; *Jahn/Dallmeyer*, Zum heutigen Stand der beweisrechtlichen Berücksichtigung hypothetischer Ermittlungsverläufe im deutschen Strafverfahrensrecht, NStZ 2005, 297; *Jebens*, The Scope of the Presumption of Innocence in Article 6 § 2 of the Convention – Especially on its Reputation-Related Aspect, Liber Amicorum Wildhaber, 2007, S. 207; *Joachim*, Anonyme Zeugen im Strafverfahren – Neue Tendenzen in der Rechtsprechung, StV 1992, 245; *Jung*, Strafverteidigung in Europa, StV 1990, 509; *dies.*, Einführung, Der Strafprozeß im Spiegel ausländischer Verfahrensordnungen, 1990, S. 1; *dies.*, Criminal Justice – a European Perspective, CrimLR 1993, 237; *dies.*,

EMRK Art. 6
Abschnitt I. Rechte und Freiheiten

Einheit und Vielfalt der Reformen des Strafprozessrechts in Europa, GA 2002, 65; *dies.,* "Funktionstüchtigkeit der Strafrechtspflege" contra "schützende Formen" – ein prozessualer "Klassiker" im Lichte der Rechtsprechung des Europäischen Gerichtshofes für Menschenrechte, GA 2003, 191; *dies.,* Faires Verfahren und menschenrechtswidrige Beweiserhebung, GA 2009, 651; *dies.,* Neues zum Konfrontationsrecht? Zugleich Besprechung von EGMR, Urteil vom 20.1.2009, GA 2009, 235; *Kahlo,* Der Begriff der Prozeßsubjektivität und seine Bedeutung im reformierten Strafverfahren, besonders für die Rechtsstellung des Beschuldigten, KritV 1997, 183; *ders.,* Soll es dem Staat im Strafprozeß rechtlich erlaubt sein, Verdachtsklärung durch Täuschungshandlungen zu unternehmen?, FS Wolff, 1998, 153; *Kamardi,* Die Ausformung einer Prozessordnung sui generis durch das ICTY unter Berücksichtigung des Fair-Trial-Prinzips, 2009; *Kidd,* Disciplinary Proceedings and the Right to a Fair Criminal Trial under the European Convention of Human Rights, ICLQ 36 (1987), 856; *Kier,* Das Beschleunigungsgebot in der jüngsten Rechtsprechung des OGH in Strafsachen, ÖJZ 2006, 887; *Kierzkowski,* Die Unparteilichkeit des Richters unter Berücksichtigung des Strafverfahren unter Berücksichtigung von Art. 6 Abs. 1 S. 1 EMRK, 2016; *Kieschke,* Die Praxis des Europäischen Gerichtshofs für Menschenrechte und ihre Auswirkungen auf das deutsche Strafverfahrensrecht, 2003; *Klip,* Die EMRK und die internationale Zusammenarbeit in Strafsachen, in *Renzikowksi* (Hrsg.), Die EMRK im Privat-, Straf- und Öffentlichen Recht, 2004, S. 123; *Knauer/Gaul,* Internal Investigations und fair trial – Überlegungen zu einer Anwendung des Fairnessgedankens, NStZ 2013, 192; *Kohlbacher,* Verteidigung und Verteidigungsrechte unter dem Aspekt der "Waffengleichheit", 1979; *Köhler,* Inquisitionsprinzip und autonome Beweisvorführung (§ 245 StPO), 1979; *Kohlmann,* Waffengleichheit im Strafprozeß?, FS Peters, 1974, 311; *Kolb,* The Jurisprudence of the European Court of Human Rights on Detention and Fair Trial in Criminal Matters from 1992 to the end of 1998, HRLJ 21 (2000), 348; *Konrad,* Die Beschlagnahme von Verteidigungsunterlagen: das deutsche Recht auf dem Prüfstand der Menschenrechte, 2000; *Kortz,* Die Notwendigkeit der Verteidigung im Strafverfahren, 2009; *Kraus,* Der Bewährungswiderruf gemäß § 56f Abs. 1 Satz 1 Nr. 1 StGB und die Unschuldsvermutung – das Urteil des Europäischen Gerichtshofes für Menschenrechte im Fall Böhmer und seine Auswirkungen, 2007; *Krausbeck,* Konfrontative Zeugenbefragung – Vorgaben des Art. 6 Abs. 3 lit. d EMRK für das deutsche Strafverfahren, 2010; *D. Krauß,* Der Grundsatz der Unschuldsvermutung im Strafverfahren, Strafrechtsdogmatik und Kriminalpolitik, 1971, S. 153; *ders.,* Das Prinzip der materiellen Wahrheit im Strafprozeß, FS Schaffstein, 1975, S. 411; *K. Krauß,* V-Leute im Strafprozeß und die Europäische Menschenrechtskonvention, 1999; *Krehl/Eidam,* Die überlange Dauer von Strafverfahren, NStZ 2006, 1; *Krekeler,* Der Beweiserhebungsanspruch des Beschuldigten im Ermittlungsverfahren, NStZ 1991, 367; *Kühl,* Unschuldsvermutung und Einstellung des Strafverfahrens – Die neueste Rechtsprechung des Europäischen Gerichtshofs für Menschenrechte zu Art. 6 II MRK, NJW 1984, 1264; *ders.,* Der Einfluß der Europäischen Menschenrechtskonvention auf das Strafrecht und Strafverfahrensrecht der Bundesrepublik Deutschland, ZStW 100 (1988), 406; *ders.,* Rückschlag für die Unschuldsvermutung aus Straßburg, NJW 1988, 3233; *Kühne,* Anwaltlicher Beistand und das Schweigerecht des Beschuldigten im Strafverfahren, EuGRZ 1996, 571; *ders.,* Die Rechtsprechung des Europäischen Gerichtshofes für Menschenrechte (EGMR) zur Verfahrensdauer in Strafsachen, StV 2001, 529; *ders.,* Die Rechtsprechung des Europäischen Gerichtshofs für Menschenrechte (EGMR) zur Untersuchungshaft, StV 2002, 383; *ders.,* Strafprozessrecht, 9. Aufl., 2015; *Langbein,* The Origins of Adversary Criminal Trial, 2002; *Levi,* Zum Einfluss der Europäischen Menschenrechtskonvention auf das kantonale Prozessrecht, Erwartungen und Ergebnis, ZStR 106 (1989), 225; *Lilie,* Unschuldsvermutung und „Beweislastumkehr", FS Schroeder, 2006, 829; *Loucaides,* Restrictions or Limitations on the Rights Guaranteed by the European Convention on Human Rights, FYIL 4 (1993), 334; *Lubig/Sprenger,* Beweisverwertungsverbote aus dem Fairnessgebot des Art. 6 EMRK in der Rechtsprechung des EGMR, ZIS 2008, 433; *Luhmann,* Legitimation durch Verfahren, 1997; *Lutz,* Die Verteidigung und das Verbot, den Angeschuldigten zu seiner Selbstbelastung zu verpflichten, ZStR 120 (2002), 410; *Macdonald/Matscher/Petzold,* The European System for the Protection of Human Rights, 1993; *Madlener,* Die Institution des Verteidigers in rechtsvergleichender Sicht, ZStW 93 (1981), 275; *Malsch,* Democracy in the Courts – Lay Participation in European Criminal Justice Systems, 2009; *Mansdörfer,* Das Recht des Beschuldigten auf ein unverzögertes Ermittlungsverfahren, GA 2010, 153; *Marczak,* Das Fairneßgebot im Prozeß, 2000; *dies.,* Strafverteidigung und Fair Trial – gerichtliche Fürsorgepflicht und Missbrauchsverbot im Strafprozess, StraFo 2004, 373; *McConville/Hodgson/Bridges/Pavlovic,* Standing Accused – The organisation and practices of criminal defence lawyers in Britain, 1994; *McKechnie,* Magna Charta – a commentary on the great charter of King John, 2. Aufl. 1914; *Merrills/Robertson,* Human Rights in Europe, A study of the European Convention on Human Rights, 4. Aufl. 2001; *Meyer,* Willensmängel beim Rechtsmittelverzicht des Angeklagten im Strafverfahren, 2003; *ders.,* Rechtsstaat und Terrorlisten – Kaltstellung ohne Rechtsschutz?, HRRS 2010, 74; *ders.,* Die „sole or decisive"-Regel zur Würdigung nicht konfrontierter Zeugenaussagen – not so decisive anymore, HRRS 2012, 117; *Meyer/Wohlers,* Tatprovokation quo vadis – zur Verbindlichkeit der Rechtsprechung des EGMR (auch) für das deutsche Strafprozessrecht, JZ 2015, 761; *J. Meyer* (Hrsg.), Kommentar zur Charta der Grundrechte der Europäischen Union, 4. Aufl. 2014; *Meyer-Ladewig/ Nettesheim/von Raumer* (Hrsg.), Konvention zum Schutz der Menschenrechte und Grundfreiheiten Handkommentar, 4. Aufl. 2017; *E. Müller,* Der Grundsatz der Waffengleichheit im Strafverfahren, NJW 1976, 1063; *H. Müller,* Der Verteidiger in der zürcherischen Strafprozessordnung, ZStR 96 (1979), 141; *R. Müller,* Neue Ermittlungsmethoden und das Verbot des Zwanges zur Selbstbelastung, EuGRZ 2002, 546; *Müller-Hasler,* Die Verteidigungsrechte im zürcherischen Strafprozeß, insbesondere deren zeitlicher Geltungsbereich, unter dem Aspekt des fairen Verfahrens, 1998; *Nack,* Deutsches Strafverfahrensrecht und Europäische Menschenrechtskonvention, Sonderheft der NJW für Gerhard Schäfer, 2002, S. 46; *Neubacher,* Der Bewährungswiderruf wegen einer neuen Straftat und die Unschuldsvermutung, GA 2004, 402; *Neuhaus,* Notwendige Verteidigung im Ermittlungsverfahren – BGHSt 46, 93, JuS 2002, 18; *Neumann,* Materiale und prozedurale Gerechtigkeit im

Strafverfahren, ZStW 101 (1989), 52; *ders.*, Mitwirkungs- und Duldungspflichten des Beschuldigten bei körperlichen Eingriffen im Strafverfahren, FS Wolff, 1998, 373; *Norouzi,* Die audiovisuelle Vernehmung von Auslandszeugen, 2010; *Ohrloff,* Der Rechtsschutz bei überlangen Gerichtsverfahren, 2014; *Ott,* Verdeckte Ermittlungen im Strafverfahren, 2008; *Pabel/Schmahl* (Hrsg.), Internationaler Kommentar zur Europäischen Menschenrechtskonvention, 20. Lfg., Oktober 2016; *Partsch,* Die Rechte und Freiheiten der europäischen Menschenrechtskonvention, Die Grundrechte, Handbuch der Theorie und Praxis der Grundrechte, Erster Band, Zweiter Halbband, 1966, S. 235; *Paul,* Das Abwesenheitsverfahren als rechtsstaatliches Problem, 2007; *Peters/Altwicker,* Einführung in die Europäische Menschenrechtskonvention, 2. Aufl. 2012; *Peukert,* Die Garantie des „fair trial" in der Straßburger Rechtsprechung, EuGRZ 1980, 247; *Plankemann,* Überlange Verfahrensdauer im Strafverfahren, 2015; *Poncet,* La protection de l'accusé par la Convention européenne des droits de l'Homme, 1977; *Pöschl,* Recht des Angeklagten auf Vertretung, 2015; *Proff Hauser,* Die Bedeutung des Beschleunigungsgebots im Sinne von Art. 6 Ziff. 1 EMRK für das zürcherische Strafverfahren, 1998; *Radke,* Bestrafungshindernisse aufgrund des Zeitablaufs – Verjährungseintritt und Verfahrensüberlängen im Erwachsenen- und Jugendstrafrecht, 2001; *Ramos Tapia,* Effectiv Remedies for the Violation of the Right to Trial within a Reasonable Time in Criminal Proceedings, eucrim 2010, 168; *Reid,* A practitioner's guide to the European Convention on Human Rights, 1998; *Renzikowski,* Fair trial und anonymer Zeuge, JZ 1999, 605; *ders.,* „Fair trial" im Strafprozeß, FS Lampe, 2003, 791; *ders.,* Fair trial als Waffengleichheit – adversatorische Elemente im Strafprozess?, in *ders.* (Hrsg.), Die EMRK im Privat-, Straf- und Öffentlichen Recht, 2004, S. 97; *ders.,* Das Konfrontationsrecht im Fokus des Anspruchs auf ein faires Verfahren, FS Mehle, 2009, 529; *Ress,* Probleme überlanger Strafverfahren im Lichte der EMRK, FS Müller-Dietz, 2001, 627; *Rieß,* Prozessmaximen und Ermittlungsverfahren, FS Rebmann, 1989, 381; *Rogall,* Das Verwendungsverbot des § 393 II AO, FS Kohlmann, 2003, 465; *Rosbaud,* Aufgedeckt! Muss der verdeckte Ermittler in der Hauptverhandlung aussagen?, HRRS 2005, 131; *Rouiller/Jomini,* L'effet dynamique de la Convention européenne des droits de l'homme, ZStR 109 (1992), 233; *Imme Roxin,* Die Rechtsfolgen schwerwiegender Rechtsstaatsverstöße in der Strafrechtspflege, 4. Aufl. 2004; *Rüping,* Der Schutz der Menschenrechte im Strafverfahren – Wesentliche Erfordernisse eines gerechten Strafverfahrens, ZStW 91 (1979), 351; *Rzepka,* Zur Fairness im deutschen Strafverfahren, 2000; *Safferling,* Audiatur et altera pars – die prozessuale Waffengleichheit als Prozessprinzip?, NStZ 2004, 181; *ders.,* Die EMRK und das Völkerstrafprozessrecht, in *Renzikowski* (Hrsg.), Die EMRK im Privat-, Straf- und Öffentlichen Recht, 2004, S. 145; *ders.,* Verdeckte Ermittler im Strafverfahren – deutsche und europäische Rechtsprechung im Konflikt?, NStZ 2006, 75; *Safferling/Hartwig,* Das Recht zu schweigen und seine Konsequenzen, ZIS 2009, 784; *Salditt,* Rühren an den Schlaf der Welt – Die Plädoyers im Fall Rosa Luxemburg (1914), FS Rieß, 2002, 465; *Satzger,* Chancen und Risiken einer Reform des strafrechtlichen Ermittlungsverfahrens, Verhandlungen des Fünfundsechzigsten Deutschen Juristentages Bonn 2004, Band I Gutachten, C 1, 2004; *ders.,* Gefahren für eine effektive Verteidigung im geplanten europäischen Verfahrensrecht, StV 2003, 137; *Schaden,* Das Fragerecht des Angeklagten, FS Rill, 1995, 213; *Schädler,* Das Konfrontationsrecht des Angeklagten mit dem Zeugen nach der EMRK und die Grenzen des Personalbeweises, StraFo 2008, 229; *Schaefer,* Das Fairnessgebot für den Staatsanwalt, FS Rieß, 2002, 491; *Scheffler,* Die überlange Dauer von Strafverfahren, 1991; *Scheidegger,* Steuerhinterziehungsverfahren und das Recht, zu schweigen und nicht zu seiner eigenen Verurteilung beitragen zu müssen, ZBJV 137 (2001), 808; *Schlauri,* Das Verbot der Selbstbelastungszwangs im Strafverfahren, 2003; *Schlegel,* Das Akteneinsichtsrecht des Beschuldigten im Strafverfahren, HRRS 2004, 411; *ders.,* Die Verwirklichung des Rechts auf Wahlverteidigung, 2011; *Schleiminger,* Konfrontation im Strafprozess – Art. 6 Ziff. 3 lit. d EMRK mit besonderer Berücksichtigung des Verhältnisses zum Opferschutz im Bereich von Sexualdelikten gegen Minderjährige, 2001; *Schlette,* Der Anspruch auf gerichtliche Entscheidung in angemessener Frist – verfassungsrechtliche Grundlagen und praktische Durchsetzung, 1999; *Schlothauer,* Die Auswahl des Pflichtverteidigers, StV 1981, 444; *Schmitt,* Die überlange Verfahrensdauer und das Beschleunigungsgebot in Strafsachen, StraFo 2008, 313; *Schmitz,* Das Recht auf Akteneinsicht bei Anordnung von Untersuchungshaft, wistra 1993, 319; *Schorn,* Die Europäische Konvention zum Schutze der Menschenrechte und Grundfreiheiten und ihr Zusatzprotokoll in Einwirkung auf das deutsche Recht, 1965; *Schroeder,* Die Gesamtprüfung der Verfahrensfairness durch den EGMR, GA 2003, 293; *ders.,* Der Geltungsbereich der Menschenrechte in den Stadien des Strafverfahrens, FS Pötz (140 Jahre GA), 1993, 205; *Schroth,* Europäische Menschenrechtskonvention und Ordnungswidrigkeitenrecht, EuGRZ 1985, 557; *Schubarth,* Zur Problematik des Verbots der Mehrfachverteidigung, FS 150 Jahre Rechtsanwaltsverein Hannover, 1982, 241; *Schulz,* Grenzen prozessualer Normativierung – Aspekte der Unschuldsvermutung, GA 2001, 226; *Schünemann,* Der deutsche Strafprozeß im Spannungsfeld von Zeugenschutz und materieller Wahrheit, StV 1998, 391; *ders.,* Der Richter im Strafverfahren als manipulierter Dritter? Zur empirischen Bestätigung von Perseveranz- und Schulterschlußeffekt, StV 2000, 159; *ders.,* Zeugenbeweis auf dünnem Eis, FS Meyer-Goßner, 2001, 385; *Schürmann,* Prinzipien und Prinzipienlosigkeit der Strassburger Rechtsprechung zum Strafverfahren, ZStR 119 (2001), 352; *Schuska,* Die Rechtsfolgen von Verstößen gegen Art. 6 EMRK und ihre revisionsrechtliche Geltendmachung, 2006; *Schwaighofer,* Der Unmittelbarkeitsgrundsatz beim Zeugenbeweis und seine Ausnahmen, ÖJZ 1996, 124; *Schwenn,* Was wird aus dem Fragerecht?, StraFo 2008, 225; *Seebode,* Der Vollzug der Untersuchungshaft, 1985; *Seher,* Bewährungswiderruf wegen Begehung einer neuen Straftat, ZStW 118 (2006), 101; *Seidel,* Handbuch der Grund- und Menschenrechte auf staatlicher, europäischer und universeller Ebene, 1996; *Simon,* Die Beschuldigtenrechte nach Art. 6 Abs. 3 EMRK – Ein Vergleich zur StPO im Hinblick auf die Auswirkungen der Konventionsrechte auf die deutsche Strafrechtsprechung, 1998; *Sommer,* Die Rezeption der Rechtsprechung des Europäischen Gerichtshofs für Menschenrechte durch die Strafsenate des Bundesgerichtshofs, StraFo 2002, 309; *Sowada,* Der gesetzliche Richter im Strafverfahren, 2002; *ders.,* Zur Notwendigkeit der Verteidigerbeiordnung im Ermittlungsverfahren, NStZ 2005, 1; *Spaniol,* Das Recht auf Verteidigerbeistand im Grundgesetz und in der Europäischen Menschenrechtskonvention, 1990; *Spencer,* Inscrutable verdicts, the duty to give reasons and Article 6 of the ECHR, Archb.News 2001, Heft 1, 5; *ders.,* Did the jury misbehave? Don't ask, because we do not want to know., CLJ 2002, 291; *Starmer/Strange/Whitaker,* Criminal Justice, Police Powers & Human Rights, 2001; *Staudinger,* Dolmetscherzuziehung und/oder Verteidigerbeiordnung bei ausländischen Beschuldigten, StV 2002, 327; *Stavros,* The guarantees for accused persons under article 6 of the European Convention on Human Rights – An analysis of the application of the convention and a comparison with other instruments, 1993; *Strate,* Die Dolmetscherkosten im Strafverfahren, AnwBl 1980, 15; *ders.,* Richterliche Befangenheit und rechtliches Gehör, FG Koch, 1989, 261; *ders.,* Stellungnahme zur Video-Simultanübertragung von Zeugenvernehmungen in Hauptverhandlungen wegen des Vorwurfes von Sexualstraftaten zum Nachteil von Kindern und Jugendlichen, StraFo 1996, 2; *ders.,* Freie Beweiswürdigung und gebundene Beweiserhebung, FS Rieß, 2002, 611; *Strate/ Ventzke,* Unbeachtlichkeit einer Verletzung des § 137 Abs. 1 S. 1 StPO im Ermittlungsverfahren?, StV 1986, 30; *Stuckenberg,* Untersuchungen zur Unschuldsvermutung, 1997; *ders.,* Die normative Aussage der Unschuldsvermutung, ZStW 111 (1999), 422; *ders.,* Strafschärfende Verwertung früherer Einstellungen und Freisprüche – doch ein Verstoß gegen die Unschuldsvermutung?, StV 2007, 655; *Summers,* Fair Trials – The European Criminal Procedural Tradition and the European Court of Human Rights, 2007; *Swart,* Die Europäische Menschenrechtskonvention und das niederländische Strafprozeßrecht, ZStW 105 (1993), 48; *Thienel,* Die angemessene Verfahrensdauer (Art. 6 Abs. 1 MRK) in der Rechtsprechung der Straßburger Organe, ÖJZ 1993, 473; *Thomas,* Die Anwendung europäischen materiellen Rechts im Strafverfahren, NJW 1991, 2233; *Tiwisina,* Rechtsfragen überlanger Verfahrensdauer nach nationalem Recht und der Europäischen Menschenrechtskonvention, 2010; *Tophinke,* Das Grundrecht der Unschuldsvermutung – Aus historischer Sicht und im Lichte der Praxis des schweizerischen Bundesgerichts, der EMRK-Organe und des UNO-Menschenrechtsausschusses, 2000; *Trechsel,* Die Verteidigungsrechte in der Praxis zur Europäischen Menschenrechtskonvention, ZStR 96 (1979), 337; *ders.,* Struktur und Funktion der Vermutung der Schuldlosigkeit, SJZ 77 (1981), 317; *ders.,* Gericht und Richter nach der EMRK, GS Noll, 1984, 385; *ders.,* Der Einfluß der EMRK auf das Strafrecht und Strafverfahrensrecht der Schweiz, ZStW 100 (1988), 667; *ders.,* Why must trials be fair?, Israel Law Review 1997 (Vol. 31), 94; *ders.,* Schutz vor 'Prozessen à la Kafka'? Betrachtungen zu Artikel 6 Ziffer 3 (a) der Europäischen Menschenrechtskonvention, FS Hangartner, 1998, 367; *ders.,* The Scope of Application of Article 6 ECHR in Criminal Matters – Bulletin Des Droits De l'Homme, Numéro 2 (Institut Luxembourgeois Des Droits de l'Homme), 1998; *ders.,* Unmittelbarkeit und Konfrontation als Ausfluss von Art. 6 EMRK, AJP 2000, 1366; *ders.,* Akteneinsicht – Information als Grundlage des fairen Verfahrens, FS Druey, 2002, 993; *ders.,* Human Rights in Criminal Proceedings, 2005; *Trechsel/Schlauri,* Die Praxis des Kassationsgerichts zur EMRK, FS KG, 2000, 423; *Tubis,* Die Öffentlichkeit des Verfahrens nach Art. 6 I EMRK, NJW 2010, 415; *Tyszkiewicz,* Tatprovokation als Ermittlungsmaßnahme, 2014; *Uglow,* Criminal Justice, 2. Aufl. 2002; *van Dijk/van Hoof,* Theory and practice of the European Convention on Human Rights, 3. Aufl., Den Haag 1998; *Vargha,* Die Verteidigung in Strafsachen, Neudruck der Originalausgabe von 1879 (Wien), 1979; *Velu/Ergec,* La Convention Européenne des Droits de l'Homme, 1990; *Villiger,* Handbuch zur EMRK, 2. Aufl. 1999; *Vogler,* Straf- und strafverfahrensrechtliche Fragen in der Spruchpraxis der Europäischen Kommission und des Europäischen Gerichtshofs für Menschenrechte, ZStW 89 (1977), 761; *Volk,* Die Anwesenheitspflicht des Angeklagten – ein Anachronismus, FS Böttcher, 2007, 213; *Volkmer,* Geldentschädigung bei überlanger Verfahrensdauer? – Die Kompensation rechtsstaatswidriger Verfahrensverzögerung als Fallgruppe des öffentlich-rechtlichen Folgenbeseitigungsanspruchs, NStZ 2008, 608; *Wach,* Struktur des Strafprozesses, FG der Leipziger Juristenfakultät für Karl Binding, 1914, 1; *Walischewski,* Probleme des Akteneinsichtsrechts der Verteidigung im Ermittlungsverfahren im Lichte der Rechtsprechung des Bundesverfassungsgerichts und des Europäischen Gerichtshofes für Menschenrechte – Ein Plädoyer für die Offenheit und Transparenz des Ermittlungsverfahrens, 1998; *Walter,* Vermummte Gesichter, verzerrte Stimmen – audiovisuell verfremdete Aussagen von V-Leuten?, StraFo 2004, 224; *ders.,* Die Beweislast im Strafprozess, JZ 2006, 340; *Walther,* Zur Frage eines Rechts des Beschuldigten auf „Konfrontation von Belastungszeugen", GA 2003, 204; *dies.,* U.S. Supreme Court zum Konfrontationsrecht: Ohne Mitwirkung der Verteidigung kein Beweistransfer – also ein Meilenstein für die Beschuldigtenrechte, HRRS 2004, 310; *dies.,* Strafprozessuales Konfrontationsrecht – ade?, JZ 2004, 1107; *Warnking,* Strafprozessuale Beweisverbote in der Rechtsprechung des EGMR und ihre Auswirkungen auf das deutsche Recht, 2009; *Wasek-Wiaderek,* The principle of „equality of arms" in criminal procedure under Art. 6 of the ECHR and its functions in criminal justice of selected European countries; 2000; *Waßmer,* Rechtsstaatswidrige Verfahrensverzögerungen im Strafverfahren als Verfahrenshindernis von Verfassungs wegen, ZStW 118 (2006), 159; *Wattenberg,* Die Rechtsprechung des Europäischen Gerichtshofs zum mittelbaren Zeugenbeweis, StV 2000, 688; *Weigend,* Die Europäische Menschenrechtskonvention als deutsches Recht – Kollisionen und ihre Lösung, StV 2000, 384; *ders.,* Spricht Europa mit zwei Zungen?, StV 2001, 63; *ders.,* Das Konfrontationsrecht des Angeklagten – wesentliches Element eines fairen Verfahrens oder Fremdkörper im deutschen Strafprozess?, FS Wolter, 2013, 1145; *Weiss,* Das Gesetz im Sinne der Europäischen Menschenrechtskonvention, 1996; *Weiß,* Haben juristische Personen ein Aussageverweigerungsrecht?, JZ 1998, 289; *ders.,* Der Schutz des Rechts auf Aussageverweigerung durch die EMRK, NJW 1999, 2236; *Weissbrodt,* The right to a fair trial under the Universal Declaration of Human Rights and the International Covenant on Civil and Political Rights, 2001; *Weissbrodt/Wolfrum,* The right to a fair trial, 1997; *Wewerka,* Internal Investigations, 2012; *Widmaier,* Zu den Folgen der Verletzung von Art. 6 III lit. d EMRK durch unterbliebene Verteidigerbestellung – Beweiswürdigungslösung oder Verwertungsverbot, Sonderheft der NJW für Gerhard Schäfer, 2002, 76; *ders.,* Zum Befragungsrecht nach Art. 6 Abs. 3 Buchst. d EMRK, FS Nehm, 2006, S. 357; *Wohlers,* Rechtsfolgen prozeßordnungswidriger Untätigkeit von Strafverfolgungsorganen, JR 1994, 138; *ders.,* Art. 6 Abs. 3 lit. d) EMRK als Grenze der Einführung des Wissens anonym bleibender Zeugen, FS Trechsel, 2002, 813; *ders.,* Notwendige

Recht auf ein faires Verfahren   **Art. 6 EMRK**

Verteidigung im Ermittlungsverfahren – die Bedeutung des Rechts auf konkrete und wirksame Verteidigung i.S.d. Art. 6 Abs. 3 lit. c) EMRK als Maßstab für die Auslegung des § 141 Abs. 3 StPO, FS Rudolphi, 2004, 713; *ders.*, Das partizipatorische Ermittlungsverfahren – Kriminalpolitische Forderung oder „unverfügbarer" Bestandteil eines fairen Strafverfahrens?, GA 2005, 11; *ders.*, Prozessuale Konsequenzen präjudizierender Medienberichterstattung, StV 2005, 186; *ders.*, Nemo tenetur se ipsum accusare – „an obstruction to the administration of justice"?, FS Küper, 2007, 691; *ders.*, Das Strafverfahren in Zeiten der „Eilkrankheit", NJW 2010, 2470; *ders.*, Vorbefassung durch Erlass des Eröffnungsbeschlusses, FS Roxin II, 2011, 1313; *ders.*, Der Strafverteidiger: Rechtsbeistand oder (auch) Vertreter des Beschuldigten? FS Paeffgen, 2015, 621; *Wohlers/Schlegel*, Zum Umfang des Rechts auf Akteneinsicht der Verteidigung gemäß § 147 I StPO, NStZ 2010, 486; *Zerbes*, Unternehmensinterne Untersuchungen, ZStW 125 (2013), 551; *Ziegenhahn*, Der Schutz der Menschenrechte bei der grenzüberschreitenden Zusammenarbeit in Strafsachen, 2002; *Zimmerlin*, Miranda-Warning und andere Unterrichtungen nach Art. 31 Abs. 2 BV, ZStR 121 (2003), 311; *Zupancic*, The Crown and the Criminal: The Privilege against Self-Incrimination – Towards the General Principles of Criminal Procedure, Nottingham Law Journal 5 (1996), 32.

Übersicht

	Rn.
A. Überblick	1–35
I. Bedeutung der Garantie und unmittelbare Geltung	1–9
II. Charakter als spezielle Rechtsweggarantie – Verhältnis zu den Streitigkeiten über zivile Rechte und Verpflichtungen	10–14
III. Struktur und Einschränkbarkeit der Fairnessgarantie	15–32
1. Das Gesamtrecht und die konstituierenden Teilrechte	16–21
2. Die erforderliche Gesamtbetrachtung	22–27
3. Die Einschränkbarkeit des Rechts auf ein faires Verfahren	28–32
IV. Parallelgarantien	33–35
B. Erläuterung	36–405
I. Strafrechtlicher Anwendungsbereich	37–75
1. Die strafrechtliche Sanktionierung	40–52
a) Formelles nationales Strafrecht – Kernstrafrecht	45, 46
b) Materiell strafrechtliche Sanktionierung – Strafrecht im weiteren Sinne	47–49
c) Weitgehend ausgenommene Sanktionen	50–52
2. Die Anklage im Sinne der EMRK	53–66
a) Maßstäbe der Anklage	54–59
b) Zeitlich differenzierte Geltung der Rechte	60–63
c) Sonderfälle	64–66
3. Die Anwendung auf Rechtsmittel	67–71
4. Die Anwendung in Rechtshilfefällen	72–75
II. Verfahrensverzicht und Verständigungen	76–96
1. Die Anforderungen an einen wirksamen Verzicht	77–89
a) Eindeutige Erklärung des Verzichts	80–83
b) Mindestbedingungen einer freien Verzichtsentscheidung	84–87
c) Beschränkung durch wichtige öffentliche Interessen	88, 89

	Rn.
2. Die Mindestbedingungen für faire Prozessabsprachen	90–96
III. Recht auf ein faires Strafverfahren	97–360
1. Die benannten gerichtsbezogenen Garantien (Abs. 1 S. 1)	100–117
a) Zugang zu einem gerichtlichen Verfahren	101, 102
b) Anforderungen an das Gericht	103–117
2. Die Öffentlichkeit und Mündlichkeit des Gerichtsverfahrens und der Verkündung (Abs. 1 S. 1)	118–125
a) Gewährleistungsgehalte	119–122
b) Einschränkungen	123–125
3. Die Unschuldsvermutung (Abs. 2)	126–139
a) Staatliche Beweislast und gesetzlicher Schuldbeweis	129–132
b) Bedeutung für Ermittlungseingriffe und vorläufige Maßnahmen	133, 134
c) Bedeutung für verfahrensbeendende Entscheidungen	135–139
4. Die benannten Verteidigungsrechte des Abs. 3	140–278
a) Der Informationsanspruch des Abs. 3 lit. a	141–149
b) Das Recht auf die Vorbereitung der Verteidigung des Abs. 3 lit. b	150–167
c) Die Rechte auf effektive Verteidigung gemäß Abs. 3 lit. c	168–230
d) Das Recht auf Konfrontation von Belastungszeugen und die Ladung von Entlastungszeugen (Abs. 3 lit. d)	231–271
e) Das Recht auf die unentgeltliche Beiziehung eines Dolmetschers (Abs. 3 lit. e)	272–278
5. Die unbenannten Rechte des Abs. 1 S. 1	279–360
a) Das Recht auf Anwesenheit	282–294
b) Rechtliches Gehör und Begründungspflicht	295–301
c) Gebot der Waffengleichheit	302–307
d) Verteidigungsteilhabe und Sachverständige	308–311
e) Strafprozessuale Gesetzlichkeitsmaxime – Rechtssicherheit und Vertrauensschutz	312–317

	Rn.		Rn.
f) Selbstbelastungsfreiheit und Schweigerecht	318–333	a) Komplexität des Falles	378–380
g) Verbot der Desavouierung durch eine Tatprovokation	334–345	b) Prozessführung durch die staatlichen Organe – Organisationspflicht	381–388
h) Vorgaben des Art. 6 für das Beweisrecht	346–360	c) Prozessverhalten der Verteidigung	389–393
IV. Recht auf eine Verhandlung in angemessener Frist	361–405	d) Bedeutung des Verfahrens für den Beschuldigten	394–396
1. Die Bestimmung der maßgeblichen Verfahrensfrist	368–370	e) Schwere der Schuld?	397, 398
2. Die angemessene Verfahrensfrist	371–375	f) Insgesamt noch angemessene Dauer?	399–401
3. Die maßgeblichen Kriterien im Einzelnen	376–401	4. Die Kompensation von Verletzungen (Art. 13)	402
		5. Die Bedeutung für die Fairnessgarantie – Rechtskonflikte?	403–405

A. Überblick

I. Bedeutung der Garantie und unmittelbare Geltung

1 In Art. 6 liegt die praktisch bedeutsamste Garantie der EMRK,[1] die auch der EGMR als herausragende und demzufolge nicht eng auszulegende Gewährleistung einstuft.[2] Im hiesigen strafprozessualen Kontext ist sie ebenfalls die wichtigste Norm der EMRK, da sie dem Angeklagten ein **umfassendes Recht auf ein faires Strafverfahren** gewährleistet, das sie zusätzlich mit einer fordernden **Beschleunigungsgarantie** flankiert.

2 In seiner Bestimmung als Fairnessgarantie gibt Art. 6 dem Angeklagten insoweit aber nicht etwa ein zusätzliches allgemeines Rechtsmittel an die Hand, das über die Individualbeschwerde unmittelbar darauf abzielen würde, das materiell einzelfallgerechte Ergebnis zu erzielen.[3] Im Zuge der sog. **4th instance doctrine** prüft der EGMR lediglich, ob prozessuale Fehler aufgetreten sind, die eine Menschenrechtsverletzung darstellen, weil sie das Verfahren insgesamt unfair werden lassen.[4] Das Recht auf ein faires Strafverfahren stellt insofern ein Menschenrecht dar, das gerade der **prozeduralen Legitimation der staatlichen Zuschreibung strafrechtlicher Verantwortlichkeit gegenüber dem Angeklagten** dient:[5] Art. 6 EMRK gewährt dem Angeklagten das Recht, in einem ergebnisoffen zu gestaltenden Verfahren umfassend an der Erarbeitung der Entscheidungsgrundlage mitzuwirken und insofern am Prozess des Richtens teilzuhaben. Zu diesem Zweck tragen zahlreiche im Wortlaut der Norm benannte oder aus der allgemeinen Fairnessgarantie („*fair hea-*

---

[1] Dazu statt vieler mwN *Meyer-Ladewig/Harrendorf/König* Rn. 1. Von den zwischen 1959 bis 2016 ausgesprochenen 16.399 Verurteilungen betrafen insgesamt 10.467 und damit 63,8 % den Art. 6. Es folgt Art. 5 mit großem Abstand, zu dem insgesamt 3.339 Verletzungen festgestellt worden sind, siehe jeweils http://www.echr.coe.int/Documents/Stats_violation_1959_2016_ENG.pdf.

[2] Siehe grundlegend EGMR 17.1.1970 – 2689/65, EGMR-E 1, 100 Rn. 25 – Delcourt/BEL: „In a democratic society within the meaning of the Convention, the right to a fair administration of justice holds such a prominent place that a restrictive interpretation of Article 6 para. 1 (art. 6-1) would not correspond to the aim and the purpose of that provision"; zur Bestätigung durch die folgende StRspr vgl. EGMR 26.3.1982 – 8269/78, EGMR-E 2, 70 Rn. 30 – Adolf/AUT; EGMR 8.12.1983 – 8273/78, EGMR-E 2, 321 Rn. 25 f. – Axen/D; EGMR 23.10.1990 – 11296/84, Rn. 66 – Moreira de Azevedo/POR; EGMR 25.3.1998 – 45/1997/829/1035, ÖJZ 1999, 117 Rn. 37 – Belziuk/POL; EGMR 9.6.1998 – 44/1997/828/1034, NStZ 1999, 47 Rn. 36 – Teixeira de Castro/POR; EGMR 22.6.2000 – 32492/96 ua, Rn. 98 – Coëme ua/BEL; EGMR 12.1.2016 – 57774/13, Rn. 45 – Miracle Europe KFG/HUN; zum Drogenhandel EGMR 20.9.1993 – 14647/89, ÖJZ 1994, 322 Rn. 44 – Saidi/FRA; *Stavros* S. 232; *Esser* S. 53; näher zur Begründung der herausragenden Bedeutung *Gaede*, Fairness als Teilhabe, S. 327 ff., 340 ff., 369 ff., zur weiten Auslegung S. 381 ff.

[3] MwN EGMR 19.4.1994 – 16034/90, ÖJZ 1994, 819 Rn. 47 – Van de Hurk/NL; *Villiger* ZStR 113 (1995), 279 (284).

[4] MwN statt vieler EGMR 5.11.2002 – 48539/99, StV 2003, 257 Rn. 42 ff. – Allan/UK; EGMR 12.5.2000 – 35394/97, JZ 2000, 993 Rn. 34 – Khan/UK; Karpenstein/Mayer/*Meyer* Rn. 3.

[5] Dazu und mwN insbesondere zur Rechtsprechung des EGMR näher *Gaede*, Fairness als Teilhabe, S. 339 ff.

ring") abgeleitete, unbenannte Teilrechte bei. Der EGMR prüft damit, ob die Verurteilung auf einer hinreichenden **Verfahrensgerechtigkeit** beruht.

Für die nationale Rechtspraxis erwächst die erhebliche Bedeutung des Art. 6 zunächst aus dem Umstand, dass es sich in den Rechten des Art. 6 nicht nur um Programmsätze, sondern um **unmittelbar anwendbare Individualrechte** handelt.[6] Trotz des erheblichen Bedürfnisses nach einer Konkretisierung, die insbesondere der EGMR nun rund sechs Jahrzehnte vorangetrieben hat, sind sowohl die Fairnessgarantie als auch die Beschleunigungsgarantie im deutschen Strafprozess wie eine Vorschrift der StPO jedenfalls in dem Sinne zu beachten, den ihnen der EGMR bereits gegeben hat (siehe zur gebotenen Orientierung an der Rechtsprechung des EGMR bereits → Art. 1 Rn. 3 ff.). Um abzusichern, dass die Menschenrechte der EMRK in Deutschland tatsächlich im Sinne der subsidiären Rolle des EGMR geachtet werden, muss insbesondere die höchstrichterliche Rechtsprechung den menschenrechtlichen Standard der Konvention stets durchdenken und bei neuen Fragestellungen ggf. prospektiv fortschreiben.[7]

Die unmittelbare Geltung ist auch für das deutsche Strafprozessrecht in der Vergangenheit eine **Herausforderung** gewesen (siehe nur ganz beispielhaft → Rn. 47, 240 und 366). Bereits jetzt sind Felder absehbar, in denen sie weiterhin als Quelle für Fortentwicklungsimpulse wirken wird (siehe erneut nur beispielhaft → Rn. 61, 200 ff. und 33 ff.).

Hierzu hat *erstens* die vergleichsweise **detaillierte Fassung des Art. 6** beigetragen, die einzelne Teilrechte benennt und entwickelt (→ Rn. 16 ff.).

Zweitens hat die völkerrechtlich grundsätzlich selbstverständliche **autonome Begriffsbildung** zu neuen Sichtweisen geführt, die etwa schon die Begriffe des Angeklagten (→ Rn. 57 f.), der gerade strafrechtlichen Anklage (näher → Rn. 55 f.) oder des Zeugen (dazu → Rn. 239 f.) betreffen. Das auf die Norm des Art. 6 gestützte *Case Law* des EGMR entwickelt sich damit nicht notwendig parallel zum deutschen Gesetzesrecht. Weder der türkische noch der russische oder der deutsche Gesetzgeber können mit einem Federstrich im nationalen Gesetz die Anforderungen der Konvention ohne weiteres wegdefinieren.[8]

Drittens ist die allgemeine Zielsetzung der EMRK, **Rechte** zu gewährleisten, die nicht nur theoretisch und illusorisch sind, sondern auch als **konkret und wirksam** („*practical and effective*") erfahren werden, für Art. 6 von großer Bedeutung.[9] Zum Beispiel beim Verteidigerbeistand genügt dem EGMR nicht nur seine abstrakte Eröffnung im nationalen Recht, sondern allein eine nationale Praxis, die das Recht für den Einzelnen *tatsächlich durchsetzbar* und nicht nur auf dem Papier gewährleistet (näher → Rn. 218 ff.).[10] Im Rahmen dessen bleibt der EGMR nicht bei gänzlich abstrakten Aussagen stehen.[11] Er beachtet, dass sich die wirkliche Wertschätzung für die Verteidi-

---

[6] Hierfür etwa BGH 25.7.2000 – 1 StR 169/00, BGHSt 46, 93 (97); mwN *Weigend* StV 2000, 384 (386 f.); *Gaede* StV 2004, 46 (49).
[7] Dazu schon näher mwN *Gaede*, Fairness als Teilhabe, S. 91 ff., 115 ff., 130 ff., 134 ff.
[8] Siehe nur EGMR 3.4.2003 – 37104/97, Rn. 73 – Kitov/BUL: „the Court reiterates that the enjoyment of the right of every accused person to a trial within a reasonable time […] must be secured by the authorities through all appropriate means, including change of practice or legislative amendments if necessary"; siehe auch zur ggf. unbeachtlichen nationalen Regelung, die bestimmte Verwandtschaftsverhältnisse noch nicht als Grund für die Besorgnis der Befangenheit heranzieht, mwN EGMR [GK] 15.10.2009 – 17056/06, Rn. 100 – Micallef/MAL; *Grabenwarter/Pabel* § 24 Rn. 48.
[9] Siehe grundlegend EGMR 13.5.1980 – 6694/74, EuGRZ 1980, 662 Rn. 33 – Artico/ITA: „The Court recalls that the Convention is intended to guarantee not rights that are theoretical or illusory but rights that are practical and effective; this is particularly so of the rights of the defence in view of the prominent place held in a democratic society by the right to a fair trial."
[10] Siehe neben dem Fall *Artico* auch mwN EGMR 30.1.2001 – 35683/97, Rn. 52 ff. – Vaudelle/FRA; EGMR 16.10.2001 – 39846/98, Rn. 58 ff. – Brennan/UK; näher zur Methode über den Verteidigerbeistand hinaus mwN *Gaede*, Fairness als Teilhabe, S. 106 ff., 116 ff.
[11] Als Beispiele für die eingehende Überprüfung von Urteilen und konkrete Aussagen: EGMR 24.11.1986 – 9120/80, NJW 1987, 3068 Rn. 28 ff. – Unterpertinger/AUT: Überprüfung des Beweiswerts beim Konfrontationsrecht; EGMR 19.6.2001 – 28249/95, ÖJZ 2002, 693 Rn. 57 ff. – Kreuz/POL: Auswirkungen auf die Prozesskostenhilfe; EGMR 10.10.2002 – 38830/97, NJW 2003, 1229 Rn. 60 ff. – Czekalla/POR: Umgang des nationalen Rechts mit Formalien des nationalen Rechts.

gungsrechte ggf. im Umgang mit dem Detail zeigt und versteht Art. 6 in diesem Sinne **nicht allein als Mindeststandard.**[12] So hat der EGMR etwa die Türkei im Fall *Öcalan* auch deshalb verurteilt, weil sie den Verteidigern des auf einer abgelegenen Insel inhaftierten Angeklagten keine Besuchszeiten *inklusive eines Transports auf die Insel* zugestanden hat, die dem Großverfahren angemessen waren.[13]

8 *Viertens* ist bemerkenswert und bei der weiteren Auslegung zu bedenken, dass auch Art. 6 von der **geltungszeitlichen und damit evolutiven Interpretation** der Konvention (schon → Art. 1 Rn. 27) profitiert. Der EGMR erkennt an, dass sich der europäische Menschenrechtsstandard im Lauf der Jahre auch bei den Verteidigungsrechten steigern kann. Es lohnt sich folglich, immer wieder neu zu prüfen, ob es Felder gibt, auf denen der Menschenrechtsstandard den deutschen *Status Quo* in Frage stellt. So fiel etwa der heute auch für Deutschland bedeutsame Schutz des Konfrontationsrechts vor dem Urteil *Unterpertinger v. Österreich* bei weitem geringer aus (siehe zur heutigen, weiter ausdifferenzierten Auslegung → Rn. 231 ff.).[14] Im Rahmen der entwicklungsoffenen Rechtsprechung reagiert der EGMR auch auf Fortentwicklungen der Prozessrealität. So hat der EGMR insbesondere der aufkommenden Tatprovokation Grenzen gesetzt, die nun auch die *mittelbare Tatprovokation* umfassen (eingehend dazu → Rn. 334 ff.).[15] Auch hinsichtlich des europaweiten Trends „*from coercion to deception*"[16] hat der EGMR den Schutzbereich des Art. 6 EMRK im Hinblick auf Hörfallen und V-Leute fortentwickelt und damit die Umgehung des Schweigerechts jedenfalls erschwert (dazu → Rn. 327 ff. und → Art. 8 Rn. 10).[17]

9 Bei alledem wirken über die EMRK andere Prozessverständnisse auf den deutschen Strafprozess ein, was insbesondere die Wertschätzung der Verteidigungsrechte im Parteiprozess betrifft.[18] Dies bedeutet aber kein unbedachtes oder sonst illegitimes Aufzwängen eines in Deutschland von vornherein gar nicht verfolgten Prozessmodells (siehe auch zur Modelloffenheit → Rn. 23 ff.). *Zum einen* ist auch der deutsche Strafprozess zwar weiter inquisitorisch gestaltet, als reformierter Inquisitionsprozess aber schon selbst darauf angelegt, durch die Zulassung von Beteiligungsrechten der Verteidigung und der Staatsanwaltschaft eine zusätzliche Absicherung der Wahrheitsfindung und der Verfahrensgerechtigkeit zu leisten.[19] *Zum anderen* hat sich Deutschland bewusst auf eine autonom auszulegende Konvention eingelassen, die schon in ihrem Wortlaut auf Rechte und Begriffe abhebt (siehe zum Beispiel das Konfrontationsrecht und den Belastungszeugen in Abs. 3 lit. a), die in parteiprozessualen Strafverfahren eine historisch stärkere Ausprägung erfahren haben, im kontinentalen Prozess hingegen lange unterschätzt oder nur mit anderen Grundbegriffen präsent waren.[20]

---

[12] Siehe etwa auch *Grabenwarter* FS Steinberger, 2002, 1129 (1141): Vorstellung der reinen Mindestgarantie unzutreffend; zur Tendenz zu konkreteren Umsetzungsvorgaben *Meyer-Ladewig/Petzold* NJW 2005, 15 (16 ff.); allgemein vertiefend mwN *Gaede,* Fairness als Teilhabe, S. 106 ff., 116 ff., 130 ff.

[13] EGMR 12.3.2003 – 46221/99, EuGRZ 2003, 472 Rn. 153 ff. – Öcalan/TUR; auch EGMR [GK] 12.5.2005 – 46221/99, NVwZ 2006, 1267 Rn. 135 ff. – Öcalan/TUR I; siehe auch zu einem ggf. zu bestellenden zweiten Verteidiger mwN *Grabenwarter/Pabel* § 24 Rn. 126.

[14] Zur Bedeutung des Falles EGMR 24.11.1986 – 9120/80, NJW 1987, 3068 Rn. 110 – Unterpertinger/AUT als Wendemarke der Rechtsprechung siehe *K. Krauß* S. 57 ff., 62 ff.; *Wohlers* FS Trechsel, 2002, 813 (816 f.).

[15] Grundlegend EGMR 9.6.1998 – 44/1997/828/1034, NStZ 1999, 47 Rn. 34 ff. – Teixeira de Castro/POR; erweiternd EGMR [GK] 5.2.2008 – 74420/01, NJW 2009, 3565 Rn. 49 ff. – Ramanauskas/LIT und EGMR 21.2.2008 – 15100/06, HRRS 2008 Nr. 500 Rn. 18 ff. – Pyrgiotakis/GRE.

[16] So etwa anhand des engl. *"pro-active policing" Ashworth,* The Criminal Process, S. 130. Für Deutschland ist an BGH [GS] 13.5.1996 – GSSt 1/96, BGHSt GS 42, 139 zu erinnern.

[17] Dazu EGMR 5.11.2002 – 48539/99, StV 2003, 257 Rn. 49 ff. – Allan/UK mAnm *Esser* JR 2004, 98 ff. und Anm. *Gaede* StV 2003, 260 ff.

[18] Vgl. etwa *Renzikowski* JZ 1999, 605 (612 f.): EGMR als Übersetzer angloamerikanischer Rechtstraditionen.

[19] Dazu eingehend näher *Gaede* StV 2012, 51 (54 ff.).

[20] Zur Nähe des Abs. 3 lit. d zum Parteiprozess siehe auch *Esser* S. 855 f.; *Beulke* FS Rieß, 2002, 3 (6); *Walther* GA 2003, 212 (213).

II. Charakter als spezielle Rechtsweggarantie – Verhältnis zu den Streitigkeiten über zivile Rechte und Verpflichtungen

Zur Einordnung des Art. 6 ist auch für das hier aufgegriffene Strafverfahren zu bedenken, 10 dass die Verfahrensgarantien im Fall strafrechtlicher Anklagen nicht Teil einer allumfassenden Rechtsweggarantie sind. Art. 6 EMRK gewährleistet zwar – anders als Art. 13 (→ Art. 13 Rn. 12) – auch für die strafrechtliche Anklage den **Zugang zu einem Gericht** (näher → Rn. 101 ff.).[21] Er eröffnet den Zugang zu den Gerichten jedoch *nur* für strafrechtliche Anklagen und Streitigkeiten über zivile Ansprüche und Verpflichtungen (*„civil rights and obligations"*). Darin liegt eine bewusste Entscheidung gegen eine allgemeine Rechtsweggarantie, die insbesondere eine umfassende Verwaltungsgerichtsbarkeit impliziert hätte.[22]

Aus der Normstruktur folgt zunächst, dass das **Vorliegen einer gerade strafrechtlichen Anklage** für die Anwendbarkeit aller Verteidigungsrechte des Art. 6 grundsätzlich **konstitutiv** ist (sodann näher → Rn. 40 ff.). Die Garantien des Art. 6 sind insoweit nicht infolge des allgemeinen Bedürfnisses gewährleistet, im Rechtsstaat Rechtsschutz gegenüber der staatlichen Machtausübung bereitzustellen. Vielmehr greift die Norm insoweit das besonders dringliche Bedürfnis auf, strafrechtliche Verantwortung an ein gerichtliches Verfahren zu binden, das Verfahrensgerechtigkeit herstellt. Entsprechend befürwortet auch der EGMR innerhalb der Anwendungsbereiche des Art. 6 im Vergleich zum zweiten Strang der Norm, den Streitigkeiten über zivile Ansprüche und Verpflichtungen, auch über die Differenzierungen der Abs. 2 und 3 hinaus eine **besondere Bedeutung gerade der strafrechtlichen Verfahren.** Dies kommt in seiner ständigen Rechtsprechung zum Ausdruck, nach der in den Verfahren über strafrechtliche Anklagen bei der Verwirklichung von Anforderungen, die für beide Verfahrenstypen gleichermaßen gelten, eine besondere Sorgfalt aufzuwenden ist, die in Verfahren über *civil rights and obligations* nicht in gleichem Maße besteht.[23]

Zu beachten bleibt aber, dass der strafprozessual grundsätzlich nicht erhebliche **zweite** 12 **Anwendungsbereich** der *civil rights and obligations* nicht ohne jede **Bedeutung für das Strafverfahren** ist:[24]

Zum einen ist das Konzept der Streitigkeiten über zivile Ansprüche und Verpflichtungen 13 ebenfalls autonom auszulegen, weshalb die nationale Einordnung einschließlich der Zuordnung zu einer bestimmten Gerichtsbarkeit nur indizielle Bedeutung hat.[25] Es geht nach der Rechtsprechung über das deutsche Zivilrecht hinaus und kann damit etwa für

---

[21] Dazu etwa nur mwN EGMR 19.6.2001– 28249/95, ÖJZ 2002, 693 Rn. 52 ff. – Kreuz/POL.
[22] Dafür etwa mwN *Meyer-Ladewig/Harrendorf/König* Rn. 5, 13; Karpenstein/Mayer/*Meyer* Rn. 12, 17; zu dem Umstand, dass auch die zivilen Rechte keine Auffangfallgruppe sind, siehe EGMR [GK] 12.7.2001 – 44759/98, NJW 2002, 3453 Rn. 24 ff. – Ferrazzini/ITA; EGMR 23.6.1981 – 6878/75 u. 7238/75, NJW 1982, 2714 Rn. 41 f. – Le Compte ua/BEL; *Esser* S. 52; *Stavros* S. 1 f.: *„particular choice of words has a limiting function"*; siehe aber für eine erweiternde Auslegung mit einer Ableitung aus der *rule of law* ua *van Dijk/van Hoof* S. 406; *van Dijk*, European System, S. 345, 375 ff.
[23] EGMR 21.5.2002 – 28856/95, Rn. 68 – Jokela/FIN: „The requirements inherent in the concept of ,fair hearing' are not necessarily the same in cases concerning the determination of civil rights and obligations as they are in cases concerning the determination of a criminal charge. This is borne out by the absence of detailed provisions such as paragraphs 2 and 3 of Article 6 applying to cases of the former category. Thus, although these provisions have a certain relevance outside the strict confines of criminal law, the Contracting States have greater latitude when dealing with civil cases concerning civil rights and obligations than they have when dealing with criminal cases"; EGMR 27.10.1993 – 14448/88, NJW 1995, 1413 Rn. 32 f. – Dombo Beheer B.V./NL; EGMR 18.2.1997 – 18990/91, NLMR 1997, 46 Rn. 28 – Niederöst-Huber/SWI; EGMR [GK] 12.2.2004 – 47287/99, NLMR 2004, 23 Rn. 72 – Perez/FRA; EGMR 1.7.2003 – 37801/97, Rn. 33 – Suominen/FIN.
[24] Siehe auch zum Anspruch Hinterbliebener, welche die Aufhebung einer Verurteilung aus einer Diktaturzeit verlangen, EGMR 25.5.2000 – 31382/96 – Kurzac/PL.
[25] Sie zum Konzept des *civil right* grundlegend EGMR 28.6.1978 – 6232/73, EGMR-E 1, 278 Rn. 88 ff. – König/D; aus jüngerer Zeit insbesondere EGMR [GK] 19.4.2007 – 63235/00, NJOZ 2008, 1188 Rn. 40 ff. – Eskelinen ua/FIN; EGMR [GK] 23.6.2016 – 20261/12, NLMR 2016, 267 Rn. 103 ff. – Baka/HUN; zur autonomen Auslegung und zu den resultierenden Fallgruppen eingehend mwN *Meyer-Ladewig/Harrendorf/König* Rn. 5, 9 ff.

öffentlich-rechtliche Disziplinarsanktionen, die nicht unter die strafrechtliche Anklage fallen, einen verfahrensmäßigen Schutz bieten.[26] In entsprechenden Verfahren erkennt der EGMR sodann in Abhängigkeit von den jeweiligen Verfahrensgegenständen an, dass die Teilrechte der Abs. 2, 3 unter Umständen auch für die Streitigkeiten über zivile Ansprüche und Verpflichtungen aussagekräftig sein können.[27] Ebenfalls unter den Schutz des zivilen Rechts fällt der belastende Zugriff auf **Nebenbeteiligte** im Strafverfahren.[28]

14   Zum anderen fallen **Ausgleichsansprüche, die der Verletzte bzw. das Tatopfer geltend machen kann,** unter die zivilen Ansprüche, die sodann Verpflichtungen des Angeklagten ausmachen.[29] Während ein originäres Recht auf Strafverfolgung, das etwa eine Nebenklagebefugnis gebieten könnte, aus Art. 6 nicht abgeleitet wird,[30] müssen etwa Adhäsionsverfahren oder Schadensersatzprozesse vor den Zivilgerichten die Anforderungen des Art. 6 wahren.[31] So kann es auch in Verfahren über zivile Rechte zwingend geboten sein, den Beistand eines Anwaltes über eine Prozesskostenhilfe zu gewähren, wenn das Anliegen tatsächlich nur so mit Aussicht auf Erfolg vor den an sich zugänglichen Gerichten vertreten werden kann.[32] Schließlich fällt die Durchsetzung von Entschädigungs- und Schadensersatzansprüchen nach einem den Anspruchssteller betreffenden Strafverfahren unter das zivile Recht.[33] Ansprüche auf Ermittlungen und fortführende Schritte können sich darüber hinaus aus **anderen Konventionsnormen** ergeben (beispielhaft → Art. 2 Rn. 21 ff.).

III. Struktur und Einschränkbarkeit der Fairnessgarantie

15   Gerade aus der Perspektive des kontinentalen deutschen Rechts, welches das Fairnesskonzept bis heute im Vertrauen auf die Amtsermittlung eher als Fremdkörper erlebt, ist die Struktur der Fairnessgarantie erläuterungsbedürftig. Dies gilt insbesondere für die zu Art. 6 EMRK vorherrschende und auch notwendige Gesamtbetrachtung. Sie darf nicht als beliebige Einschränkbarkeit des gewährleisteten Gesamtrechts auf Verfahrensfairness und seiner konstituierenden Teilrechte interpretiert werden.

16   **1. Das Gesamtrecht und die konstituierenden Teilrechte.** Jenseits der selbständigen Garantie einer Verhandlung in angemessener Frist (→ Rn. 361 und 403) zielt Art. 6

---

[26] Dazu siehe zunächst EGMR [GK] 19.4.2007 – 63235/00, NJOZ 2008, 1188 Rn. 62 ff. – Eskelinen ua/FIN und EGMR 14.1.2010 – 29889/04, Rn. 31 ff. – Vanjak/CRO; EGMR 16.7.2009 – 8453/04, NVwZ 2010, 1015 Rn. 38 f. – Bayer/D; Karpenstein/Mayer/*Meyer* Rn. 20; *Meyer-Ladewig/Harrendorf/König* Rn. 11; Löwe/Rosenberg/*Esser* Rn. 57 ff. Krit. zur Grundsatzentscheidung etwa *Grabenwarter/Pabel* § 24 Rn. 12.

[27] MwN EGMR 23.6.1981 – 6878/75 u. 7238/75, NJW 1982, 2714 Rn. 30 ff., 39 – Le Compte ua/BEL: Geltung der Unschuldsvermutung für bestimmte Verfahren über zivile Rechte; die Abgrenzung schlicht offenlassend auch mwN EGMR 26.9.1995 – 18160/91, ÖJZ 1996, 115 Rn. 28 – Diennet/FRA.

[28] Dazu näher auch zu § 433 StPO Löwe/Rosenberg/*Esser* Rn. 64 und 69.

[29] EGMR [GK] 12.2.2004 – 47287/99, NLMR 2004, 23 Rn. 62 ff. – Perez/FRA; EGMR 10.6.2004 – 66752/01 – Garimpo/POR; mwN *Meyer-Ladewig/Harrendorf/König* Rn. 12, 41; zur Anwendbarkeit auf den Verfall nach alter Form Löwe/Rosenberg/*Esser* Rn. 64.

[30] So EGMR [GK] 12.2.2004 – 47287/99, NLMR 2004, 23 Rn. 70 ff. – Perez/FRA; EGMR [GK] 17.1.2002 – 32967/96, ÖJZ 2003, 307 Rn. 51 – Calvelli u. Ciglio/ITA; EGMR 29.10.1991 – 11826/85, NJW 1992, 1813 Rn. 29 – Helmers/SWE; *Villiger* Rn. 392; Löwe/Rosenberg/*Esser* Rn. 62 ff.; *Meyer-Ladewig/Harrendorf/König* Rn. 12; BeckOK StPO/*Valerius* Rn. 3; siehe aber im Spannungsverhältnis dazu EGMR 20.4.2006 – 10180/04, Rn. 30, 56 – Patrono, Cascini u. Stefanelli/ITA: Anwendbarkeit für den Strafantrag hinsichtlich der Verteidigung des eigenen guten Rufs.

[31] Dazu siehe bereits für Verletzungen in diesem Kontext EGMR 4.10.2007 – 63610/00 u. 38692/05, Rn. 91 ff. – Forum Maritime S.A./ROM; EGMR 22.1.2009 – 23057/03, Rn. 46 – Dinchev/BUL; Meyer-Goßner/*Schmitt* Rn. 3c.

[32] Dafür siehe EGMR 9.10.1979 – 6289/73, EGMR-E 1, 414 Rn. 24 ff. – Airey/IRE; EGMR 30.7.1998 – 25357/94, Rn. 59 ff. – Aerts/BEL; siehe aber auch EGMR 13.2.2003 – 36378/97, Rn. 23 f. – Bertuzzi/FRA: keine allgemeine Garantie der Prozesskostenhilfe zur Beiziehung eines Anwalts in Verfahren über zivile Rechte; *Meyer-Ladewig/Harrendorf/König* Rn. 42; siehe auch zur gebotenen sorgfältigen Prüfung von Prozesskostenhilfeanträgen EGMR 19.6.2001 – 28249/95, ÖJZ 2002, 693 Rn. 57 ff. – Kreuz/POL.

[33] EGMR 29.5.1997 – 21522/93, ÖJZ 1008, 197 Rn. 35 – Georgiadis/GRE; *Meyer-Ladewig/Harrendorf/König* Rn. 21.

EMRK nach der ständigen Praxis des EGMR auf das eine Ziel ab, im Fall einer strafrechtlichen Anklage ein faires Verfahren zu garantieren.[34] Die Garantie des *fair hearing* („*tribunal équitablement*") wird als allgemeine Garantie des fairen Verfahrens begriffen, die den Inbegriff aller strafprozessualen Verfahrensrechte des Art. 6 ausmacht. Das Recht auf ein faires Verfahren nimmt in diesem Sinne alle übrigen Einzelgarantien des Art. 6 integral in sich auf. Zunächst stellen die spezielleren Garantien des Abs. 1 S. 1, Abs. 2, 3 Ausprägungen der allgemeinen Garantie dar, die konstitutiv zu einem insgesamt fairen Verfahren beitragen („*constituent elements*", benannte Teilrechte).[35] Gleiches gilt für die konkreten Einzelableitungen, die der EGMR etwa in Gestalt der Waffengleichheit aus der Garantie des *fair hearing* auch ohne eine unmittelbare Erwähnung im Wortlaut zusätzlich gefolgert hat (unbenannte Teilrechte).[36]

Eine **Verletzung** kann sich demnach im Rahmen der Gesamtbetrachtung (→ Rn. 22 ff.) **auf zwei Wegen** ergeben:[37] 17

Erstens kann der Regelfall eingreifen, dass ein bestimmtes **benanntes oder unbenanntes Teilrecht** nach seinen jeweiligen Maßstäben **verletzt** ist. Dies gilt, soweit etwa für das Recht auf Verteidigerbeistand keine Einschränkung greift und etwaige anfängliche Gewährleistungsausfälle nicht im Nachhinein geheilt worden sind[38] (siehe aber auch zum Konfrontationsrecht → Rn. 260 f.). Unzählige Entscheidungen des EGMR gelangen entsprechend zu einer Verletzung, indem sie sich der mangelnden Achtung eines Teilrechts des Art. 6 widmen, die angesichts ihrer konstitutiven Bedeutung zugleich bereits für die Verletzung des Gesamtrechts steht.[39] Ein Beschwerdeführer muss hierzu auch nicht nachweisen, dass der Fehler *tatsächlich* das Verfahrensergebnis beeinflusst hat. Ein hinreichender Nachteil kann in der Verletzung eines bestimmten Verfahrensrechts selbst liegen.[40] 18

Zweitens kann eine Verletzung festgestellt werden, wenn sich mehrere prozessuale Unzulänglichkeiten, die verschiedene Teilrechte des Art. 6 EMRK betreffen können, *additiv* zu einer **Verletzung des integral verstandenen Gesamtrechts** auf ein faires Strafverfahren fügen. Der EGMR hält es insoweit – in Abweichung von der nationalen, etwa revisionsrechtlichen Perspektive[41] – für möglich, aus mehreren, für sich genommen nicht zu einer Verletzung führenden Prozessmängeln, die verschiedene Teilrechte betref- 19

---

[34] EGMR 24.5.1991 – 12744/87, ÖJZ 1991, 745 Rn. 30 – Quaranta/SWI; EGMR 16.12.1992 – 12945/87, NJW 1993, 1697 Rn. 33 – Hadjianastassiou/GRE; EGMR 24.11.1993 – 13972/88, ÖJZ 1994, 517 Rn. 38 – Imbrioscia/SWI.

[35] EGMR 27.2.1980 – 6903/75, EGMR-E 1, 463 Rn. 56 – Deweer/BEL; EGMR 10.2.1995 – 15175/89, ÖJZ 1995, 509 Rn. 35 – Allenet de Ribemont/FRA; EGMR 13.5.1980 – 6694/74, EuGRZ 1980, 662 Rn. 32 f. – Artico/ITA; EGMR 25.4.1983 – 8398/78, NStZ 1983, 373 Rn. 42 – Pakelli/D; EGMR 23.2.1994 – 16757/90, ÖJZ 1994, 600 Rn. 26 – Stanford/UK; EGMR 10.10.2002 – 38830/97, NJW 2003, 1229 Rn. 59 – Czekalla/POR; *Esser* S. 400 f.

[36] EGMR 23.2.1994 – 16757/90, ÖJZ 1994, 600 Rn. 26 – Stanford/UK; EGMR 27.2.1980 – 6903/75, EGMR-E 1, 463 Rn. 56 – Deweer/BEL: „non-exhaustive list"; *Esser* S. 400 f.

[37] Zu den zwei Wegen auch wieder mwN EGMR 12.1.2016 – 57774/13, Rn. 46 – Miracle Europe KFG/HUN.

[38] Dazu näher *Gaede*, Fairness als Teilhabe, S. 159 ff., 447 ff., 710 ff.

[39] Beispielhaft: EGMR 13.5.1980 – 6694/74, EuGRZ 1980, 662 Rn. 35 ff. – Artico/ITA; EGMR 16.7.2002 – 56547/00, NLMR 2002, 153 Rn. 96 ff. – P ua/UK; EGMR 28.11.1978 – 6210/73 ua, NJW 1979, 1091 Rn. 35 ff. – Luedicke ua/D; Karpenstein/Mayer/*Meyer* Rn. 7; *Gaede/Buermeyer* HRRS 2008, 279 (283 f.); *Dehne-Niemann* HRRS 2010, 189 (194 f.); siehe besonders deutlich für die eigenständigen, mehrfachen Verletzungsherleitungen, die der EGMR auch in einem einzigen Verfahren ggf. anerkennt, EGMR 12.3.2003 – 46221/99, EuGRZ 2003, 472 Rn. 111 ff. und Rn. 139 ff. – Öcalan/TUR.

[40] EGMR 13.5.1980 – 6694/74, EuGRZ 1980, 662 Rn. 35 – Artico/ITA; EGMR 16.7.2002 – 56547/00, NLMR 2002, 153 Rn. 96 ff. – P ua/UK; EGMR 28.11.1978 – 6210/73 ua, NJW 1979, 1091 Rn. 39 ff. – Luedicke ua/D.

[41] Dazu etwa mit dem Gebot, die Perspektive des EGMR in der deutschen Revision in Zukunft umzusetzen, *Nack*, NJW-Sonderheft Schäfer, S. 46 ff., prägnant S. 50: „Der EGMR würde nicht mit einem Flugzeug fliegen, das veraltet und schlecht gewartet ist, dessen Systeme schon öfter ausgefallen sind und dessen Pilot seine besten Tage schon hinter sich hat. Der BGH würde damit, wenn auch nicht ganz unbesorgt, fliegen, solange jede der Komponenten [...] die vorgeschriebenen Mindestbedingungen erfüllt."

fen, *eine* Verletzung der allgemeinen Fairnessgarantie abzuleiten.[42] Damit vermag der EGMR einzelnen prozessualen Vorkommnissen gerecht zu werden, die zugleich mehrere Teilrechte des Art. 6 tangieren und die Verteidigung kumulativ belasten.[43] Darauf ist zum Beispiel zu achten, wenn ein wesentlicher Zeuge nur ohne vorherige, vollständige Akteneinsicht befragt werden konnte.[44] Ebenso leitet der EGMR ggf. aus disparaten prozessualen Vorkommnissen eine Verletzung des Gesamtrechts über Kumulationseffekte ab.[45] Hier können sich zum Beispiel plötzliche Auswechselungen von Richtern und Beeinträchtigungen der effektiven Mitwirkung im Verfahren zu einer Verletzung summieren, ohne dass der EGMR die Verletzung zum Beispiel explizit auf die Verletzung des Teilrechts aus Abs. 1 S. 1 stützen müsste, das dem Angeklagten die Unparteilichkeit des Gerichts zusichert.[46]

20 Da die Teilrechte in das Gesamtrecht integriert sind und bei der Anerkennung von Einschränkungen zu einem *Teil*recht letztlich noch immer ergänzend zu prüfen bleibt, ob auch das *Gesamt*recht im Übrigen gewahrt wurde, prüft der Gerichtshof oftmals „ökonomisch" sogleich eine Verletzung des Gesamtrechts.[47] Die zweite Fallgruppe und das ökonomische Vorgehen des EGMR **erschweren** dabei unzweifelhaft **die Ausprägung greifbarer Rechtsmaßstäbe.**[48] Wenn sich anhand einer Teilgarantie oder auch durch die Kombination mehrerer Teilrechte konkrete Verfahrensanforderungen aufstellen lassen, ist dies entschieden vorzugswürdig, zumal der bereits überlastete EGMR anderenfalls vermehrt zur Klärung verbleibender Zweifelsfälle gezwungen wäre. Gleichwohl kommt der zweiten Fallgruppe eine zu Recht **anerkannte Auffangfunktion** für kumulative Infragestellungen der Fairnessanforderungen zu. Prozessvorkommnisse, die für sich genommen vielleicht noch tolerabel sein mögen, können in ihrer Gesamtheit doch verdeutlichen, dass ein Prozess nicht als offenes, um Verfahrensgerechtigkeit bemühtes Entscheidungsverfahren geführt wurde oder dass das Ausmaß der von der Verteidigung zu schulternden Erschwernisse ihre Wirksamkeit unverhältnismäßig beschränkt hat.[49] Zudem senkt sie nicht notwendig die Maßstäbe des Art. 6 EMRK (siehe aber bedauerlich zu den Einschränkungen → Rn. 31).

21 Auch der BGH hat die additive Begründungsstruktur in seiner Entscheidung zur Verwertung eines Gesprächs herangezogen, das der Angeklagte mit seiner Ehefrau scheinbar ohne Überwachung in der Untersuchungshaft geführt hat.[50] Obwohl der BGH weder eine Verletzung der Selbstbelastungsfreiheit noch eine Täuschung (§ 136a StPO) anzunehmen vermochte, gelangte er in einer „wertenden Gesamtschau" zu einem Verstoß gegen Art. 6.[51] Für die Verteidigung bietet die zweite Fallgruppe im Einzelfall die Chance, im Sinne des

---

[42] EGMR 24.11.1986 – 9120/80, NJW 1987, 3068 Rn. 28 ff. – Unterpertinger/AUT; EGMR 6.12.1988 – 10590/83, EGMR-E 4, 208 Rn. 67 ff., 89 – Barberà ua/SPA m. abl. SV; EGMR 12.1.2016 – 57774/13, Rn. 46 – Miracle Europe KFG/HUN; umfassend dazu *Gaede*, Fairness als Teilhabe, S. 430 f., 442 ff., 800 ff., 826 ff.

[43] EGMR 24.11.1986 – 9120/80, NJW 1987, 3068 Rn. 28 ff. – Unterpertinger/AUT; EGMR 19.12.2001 – 43373/98, Rn. 35 ff. – C.G./UK; *Eisele* JR 2004, 12 (17).

[44] Vgl. dazu schon *Wohlers* GA 2005, 11 (33 f.); *Gaede* StV 2006, 599 (600 f.); *ders.*, Fairness als Teilhabe, S. 833 f., 836 f., 843 ff.; am Beispiel des anwaltlichen Beistandes etwa BGer 25.4.1990 – BGE 116 Ia 289 (292 ff.).

[45] EGMR 6.12.1988 – 10590/83, EGMR-E 4, 208 Rn. 67 ff., 89 – Barberà ua/SPA, vgl. dort aber die abl. SV; *Nack*, NJW-Sonderheft Schäfer, S. 46, 50, 52; *Nelles* und *Trechsel* bei *Julius* ZStW 115 (2003), 671 (692 f.); begründend *Stavros* S. 43, 337 ff.

[46] EGMR 6.12.1988 – 10590/83, EGMR-E 4, 208 Rn. 67 ff., 89 – Barberà ua/SPA.

[47] Siehe näher mwN *Gaede*, Fairness als Teilhabe, S. 447 ff.

[48] Aus der Diskussion vgl. zum Beispiel *Trechsel* ZStW 101 (1989), 819 (837); *Esser* S. 402 ff., 466 ff., 860 f.; *ders.* NStZ 2007, 104 f. und ablehnend zum Ganzen *Gaede*, Fairness als Teilhabe, S. 427 ff., 442 ff. Siehe beispielhaft für eine unzureichende Erfassung vorhandener Kumulationen EGMR 17.11.2005 – 73047/01, NStZ 2007, 103 – Haas/D m. krit. Anm. *Esser* NStZ 2007, 104 ff. und abl. Anm. *Gaede* JR 2006, 292 ff.

[49] Dazu bereits *Gaede*, Fairness als Teilhabe, S. 430 f., 383 ff.; knapper auch *ders.*, HRRS-FG Fezer, S. 21, 35 ff.

[50] BGH 29.4.209 – 1 StR 701/08, BGHSt 53, 294 ff.

[51] AA etwa mwN *Rogall* HRRS 2010, 289 (291 ff.).

Mandanten ein positives Ergebnis auch dann zu erzielen, wenn das Revisionsgericht eine klare Aussage zu einer einzelnen Verfahrensrüge (noch) scheut, im Ganzen aber „helfen möchte".[52]

2. Die erforderliche Gesamtbetrachtung. Der EGMR prüft das Recht auf ein faires Verfahren einschließlich seiner konstituierenden Teilrechte stets im Wege einer Gesamtbetrachtung.[53] Sie erweist sich zunächst als **notwendiges Prüfungsinstrument:** 22
Die Garantie will Menschenrechte im Strafverfahren verwirklicht sehen. Nicht hingegen 23
gibt sie am abstrakten Reißbrett vor, wie ein Strafverfahren in allen Einzelheiten organisiert sein muss. Grundsätzlich herrscht demnach etwa in der Frage, ob eine inquisitorische oder eine parteiprozessuale Grundstruktur Platz greifen soll, **Wahlfreiheit.** Die Vertragsstaaten dürfen sowohl das Grundmodell des Verfahrens als auch die konkreten prozessualen Instrumente prinzipiell bestimmen.[54] Sie müssen lediglich, aber auch immerhin, die aufgestellten **Teilrechte und die Forderungen des Gesamtrechts im Ergebnis verwirklichen.** Damit kann ein Vertragsstaat etwa ein inquisitorisches Prozesssystem von vornherein nicht ohne autonom wahrnehmbare Verteidigungsrechte ausgestalten[55] und auch Abweichungen vom Konventionsstandard nicht kurzerhand mit dem Verweis auf das eigene, selbst gesetzte System begründen.[56] Solange der Staat den Konventionsstandard aber im Ergebnis herstellt, schreibt Art. 6 nicht als Selbstzweck vor, durch welche Schritte das Ergebnis erzielt werden muss.[57]

Aus diesen Grundkoordinaten ergibt sich, dass der EGMR mit einer **Methodik** prüfen muss, **die für verschiedene Umsetzungsstrategien offen ist.** Er muss grundsätzlich – der Rechtsvergleichung nicht unähnlich – das gesamte Verfahren in den Blick nehmen, um substanziell und nicht nur vorschnell angeben zu können, ob ein Vertragsstaat in einem konkreten Verfahren das jeweils betroffene (Teil-)Recht erfolgreich gewährleistet hat.[58] Nur auf diesem Wege kann er etwa beurteilen, ob die Vorhaltung von Rechtsmitteln oder von Beweisverwertungsverboten zum Beispiel zu einer möglichen **Heilung von Verstößen** führt, die sodann nicht nochmals durch den EGMR festzustellen sind.[59] Ebenso kann er nur durch die Gesamtbetrachtung absichern, dass ein unterschiedlicher Zeitpunkt von Rechtsgewährungen nicht zum Vorwurf einer Verletzung führt, der infolge einer immer noch wirksamen Rechtseröffnung unbegründet wäre (siehe auch zu Abs. 3 lit. d → Rn. 243 f.).[60] Die Gesamtbetrachtung macht schließlich die zum Teil sehr unterschiedlichen Wege sichtbar, mit denen Vertragsstaaten 24

---

[52] Siehe auch die Konstellation BGH 25.10.2000 – 5 StR 408/00, NJW 2001, 237 f. und *Eisele* JR 2004, 12 (17 f.); zur Frage der Darlegungsanforderungen siehe aber *Gaede*, HRRS-FG Fezer, S. 21, 38.
[53] EGMR 17.1.1970 – 2689/65, EGMR-E 1, 100 Rn. 25 ff. – Delcourt/BEL: „Criminal proceedings form an entity"; EGMR 26.5.1988 – 10563/83, Rn. 24 – Ekbatani/SWE; EGMR 12.7.1988 – 10862/84, NJW 1989, 654 Rn. 46 – Schenk/SWI; EGMR 5.11.2002 – 48539/99, StV 2003, 257 Rn. 42 – Allan/UK; *Trechsel* ZStW 101 (1989), 819 (836 f.).
[54] Hierfür nur mwN *Gaede*, Fairness als Teilhabe, S. 461 ff.; siehe knapper auch *Esser* S. 855 f.
[55] Dazu siehe nur beispielhaft EGMR 22.2.1996 – 17358/90, ÖJZ 1996, 430 Rn. 49 – Bulut/AUT; EGMR 27.4.2000 – 27752/95, Rn. 37 – Kuopila/FIN; *Spaniol* S. 1; mwN *Gaede*, Fairness als Teilhabe, S. 460 ff., 477 ff.; *ders.* StV 2012, 51 (54): Auch in einem Verfahren, das von der Aufklärungspflicht und von der Verfahrensherrschaft des Gerichts geprägt ist, *müssen* der Angeklagte und sein Verteidiger in der Lage sein, die Beweisaufnahme aktiv *und* effektiv mitzubestimmen.
[56] Dazu EGMR 2.10.2003 – 41444/98, wistra 2004, 177 Rn. 37 – Hennig/AUT; EGMR 12.2.1985 – 9024/80, EGMR-E 3, 1 Rn. 30 – Colozza ua/ITA; *Gaede*, Fairness als Teilhabe, S. 462 ff., 477 ff.
[57] Siehe nur EGMR 24.5.1991 – 12744/87, ÖJZ 1991, 745 Rn. 30 – Quaranta/SWI; EGMR 16.12.1992 – 12945/87, NJW 1993, 1697 Rn. 33 – Hadjianastassiou/GRE; *Ashworth*, Criminal Process, 1998, S. 46, 311; *Esser* S. 400 ff., 842 f.; *Villiger* Rn. 421 f.
[58] Näher dazu mwN *Gaede*, Fairness als Teilhabe, S. 433 ff., zu Rechtsmitteln S. 436 ff., zur Heilung S. 438 f.
[59] EGMR 30.11.1987 – 8950/80, Rn. 54 – H./BEL; EGMR [GK] 27.10.2004 – 39647/98 u. 40461/98, Rn. 29 ff., 39 – Edwards ua/UK; EGMR 9.6.1998 – 42/1997/826/1032, ÖJZ 1999, 390 Rn. 40 ff. – Twalib/GRE; zu allem näher *Gaede*, Fairness als Teilhabe, S. 427 ff.
[60] Siehe EGMR 26.5.1988 – 10563/83, Rn. 24 ff. – Ekbatani/SWE; EGMR 19.2.1996 – 16206/90, ÖJZ 1996, 675 Rn. 39 – Botten/NOR; *Villiger* Rn. 472, 476.

den Grundgedanken eines Rechts auf verschiedene Art und Weise verwirklichen können.[61]

25   Es kommt hinzu, dass die Verteidigungsrechte in Abhängigkeit von dem national gewählten Prozessmodell im Detail eine unterschiedliche Gestalt annehmen können: Gerade aus bestimmten Grundentscheidungen des nationalen Gesetzgebers können unterschiedliche konkretisierte Anforderungen aus Art. 6 folgen. Im Rahmen dieser **Wechselwirkung zwischen der nationalen Rechtsetzung und den europäischen Garantien** kann zum Beispiel gerade dann, *wenn* ein Staat eine Jury vorsieht, die Verpflichtung folgen, die Jury zur Dokumentation des rechtlichen Gehörs eingehend zum Inhalt der abgeschlossenen Beweisaufnahme zu informieren bzw. zu belehren.[62] Setzt der Staat hingegen auch zur Entscheidung der Tatfrage Berufsrichter ein, fordert Art. 6 eine klassische Entscheidungsbegründung (→ Rn. 299 ff.).

26   Schließlich kann die Gesamtbetrachtung auch einen etwaigen **Rechtsverzicht** sichtbar machen (zum Verzicht näher → Rn. 76 ff.) und die **Bewertung versäumter Obliegenheiten** gestatten, die der EGMR – im Gegensatz zu einem strikten Verwirkungstatbestand – in die Fallprüfung einbeziehet, aber nicht als einen allein fallentscheidenden Aspekt einordnet.[63]

27   Diese Rechtsprechung darf nicht dahin missverstanden werden, als sähe der EGMR zum Beispiel die Teilrechte des Abs. 3 als bloße Vorschläge für ein insgesamt faires Verfahren an. Er nimmt – anders als es etwa der BGH deutet – Verletzungen von Teilrechten nicht allein deshalb hin, weil das Verfahren insgesamt noch „irgendwie fair gewesen ist".[64] Der EGMR legt einzelne Teilgarantien vielmehr unter Umständen so aus, dass sie verhältnismäßigen Einschränkungen zugänglich sind (dazu auch → Rn. 28 ff.). Erachtet er das Teilrecht als solches demzufolge nicht als verletzt, prüft er konsequent auch noch eine etwaige Verletzung des Gesamtrechts auf Verfahrensfairness unter Berücksichtigung des gesamten Verfahrens.[65] Zwischen dem Gesamtrecht des Art. 6, den konstitutiven Teilrechten des Art. 6 und der *für die Prüfung* aller Bestandteile des Art. 6 erforderlichen Gesamtbetrachtung des Verfahrens muss unterschieden werden (aber auch → Rn. 20 f.).

28   **3. Die Einschränkbarkeit des Rechts auf ein faires Verfahren.** Die Rechte des Art. 6 sind mit wenigen Ausnahmen (siehe Art. 6 Abs. 1 S. 2) dem Wortlaut nach ohne

---

[61] Dazu beispielgebend zur funktionalen Ersetzung der nachfolgenden gerichtlichen Begründungspflicht im Jury-Trial durch das *summing up* des Richters: EGMR 8.2.2011 – 35863/10, HRRS 2011 Nr. 473 – Judge/UK.

[62] Zur Wechselwirkung mit den nationalen Prozessinstituten insoweit näher *Gaede*, Fairness als Teilhabe, S. 487 ff.; zum Beispiel EGMR 8.2.2011 – 35863/10, HRRS 2011 Nr. 473 – Judge/UK.

[63] Siehe beispielhaft EGMR 23.11.1993 – 14032/88, ÖJZ 1994, 467 Rn. 34 ff. – Poitrimol/FRA; EGMR 23.3.1999 – 37477/97 – Milone/ITA; EGMR 19.7.1995 – 17506/90, ÖJZ 1996, 37 Rn. 42 f. – Kerojärvi/FIN; EGMR 21.4.1998 – 11/1997/795/997, ÖJZ 1999, 198 Rn. 42 f. – Daud/POR; EGMR 9.6.1998 – 42/1997/826/1032, ÖJZ 1999, 390 Rn. 40 ff. – Twalib/GRE mit abl. SV *Van Dijk*, zust. *Makarczyk/Jambrek*; EGMR [GK] 27.10.2004 – 39647/98 u. 40461/98, Rn. 37 ff. – Edwards ua m. abl. SV *Pettiti* und *de Meyer*; EKMR 15.7.1986 – 9938/82 – Bricmont/BEL; EGMR 9.10.1980 – 8386/78 – X./UK: Verlust der formellen Verteidigung, wenn berufsrechtswidriges Verhalten verlangt wird; zur näheren Einordnung siehe krit. mwN *Gaede*, Fairness als Teilhabe, S. 775 ff., 779 ff.: Obliegenheitsbegründung nicht per se illegitim, aber im Fall ihrer Versäumung als legitimationsbedürftige Einschränkung zu betrachten, die an den allgemeinen Maßstäben für Einschränkungen gemessen werden muss, also vorhersehbar begründet und verhältnismäßig sein muss; krit. auch mit dem Vorwurf der Umgehung der Verzichtsanforderungen mwN etwa *Stavros* S. 198 ff., 234 f., 246 f., 356 f. – zu ihm aber bereits *Gaede*, Fairness als Teilhabe, S. 751 f.

[64] MwN *Wohlers* GA 2005, 11 (33 f.); *Gaede/Buermeyer* HRRS 2008, 279 (283 f.); *Jung* GA 2009, 235 (237); aA in Deutschland etwa BGH 31.12.2004 – 2 StR 156/04, NJW 2005, 1132; KK-StPO/*Schädler/Jakobs* Rn. 3; implizit BVerfG 2.7.2009 – 2 BvR 2225/08, NJW 2009, 3225. In diese Richtung aber nun für das Konfrontationsrecht bedenklich EGMR [GK] 15.12.2011 – 26766/05 u. 22228/06, HRRS 2012 Nr. 1 Rn. 118 ff. – Al-Khawaja u. Tahery/UK; siehe näher *Meyer* HRRS 2012, 117 ff. und *du Bois-Pedain* HRRS 2012, 120 ff.

[65] Näher zu alledem *Gaede*, Fairness als Teilhabe, S. 429 ff. (allgemein zur Gesamtbetrachtung als Prüfungsinstrument), 447 ff. (zur Eigenständigkeit der Teilrechte, siehe auch BGer 2.6.2008 – 6B_45/2008, HRRS 2008 Nr. 824); knapp zusf. *ders*. JR 2006, 292 ff.; mwN zust. zur Eigenständigkeit der Teilrechte *Satzger* IEStR § 11 Rn. 78.

einen Gesetzesvorbehalt geregelt und sind demnach – von Einschränkungen im Falle des Staatsnotstandes abgesehen (Art. 15)[66] – grundsätzlich absolut gewährleistet. Gleichwohl sind in zweierlei Hinsicht auch bei (Teil-)Rechten ohne Gesetzesvorbehalt Grenzziehungen zu beachten:

Zunächst finden sich etwa bei der Beschleunigungsgarantie oder der Garantie eines unabhängigen und unparteilichen Gerichts, das auf einem Gesetz beruht, zwar keine Strukturen, in denen eigentliche Einschränkungen zur Verfolgung anderweitiger und gegenläufiger Ziele zu erörtern sind. So würde der EGMR etwa nicht erörtern, ob die Funktionstüchtigkeit der Rechtspflege unter Umständen auch einmal gebieten kann, auf ein unparteiliches oder unabhängiges Gericht zu verzichten, um damit verhältnismäßige Einschränkungen zu begründen. Ganz allgemein werden die individualrechtlichen Erfordernisse des Art. 6 grundsätzlich nicht unter den Vorbehalt der Funktionstüchtigkeit der ahndenden Rechtspflege gestellt (aber → Rn. 32 f.).[67] Bei der notwendigen **Konkretisierung** des jeweils gewährleisteten Niveaus können aber begrenzende Vorstellungen zu beachten sein, die einer teleologischen Übersteigerung des im Detail geforderten Rechtsinhalts entgegenstehen. So wird etwa die gebotene Beschleunigung des Verfahrens nicht so ausgelegt, als würde sie einer gründlichen Ermittlung des Sachverhalts schon grundsätzlich entgegenstehen (dazu → Rn. 403 ff.). 29

Es finden sich jedoch auch zahlreiche Konstellationen, in denen die Rechte des Art. 6 auf gegenläufige, aber aus der Perspektive der Konvention ebenfalls wertvolle Ziele des Gemeinwohls treffen. In diesen Konstellationen, die am Beispiel des Konfrontationsrechts des Abs. 3 lit. d besonders fassbar werden, kann etwa der Zeugenschutz zu **verhältnismäßigen Einschränkungen** führen. Der EGMR erkennt insoweit Konstellationen an, in denen Abstriche vom grundsätzlich ausgeprägten Schutzniveau zulässig sein können (siehe beispielhaft zum Zeugenbeweis → Rn. 254 ff.). Er gibt dann aber grundsätzlich vor, dass die für die Verteidigung belastenden Einschränkungen durch geeignete prozessuale Schutzinstrumente hinreichend kompensiert werden müssen und dass die Beeinträchtigungen den Wesensgehalt des Rechts nicht verletzen dürfen.[68] 30

Die vom EGMR damit angenommene Beschränkbarkeit des Art. 6 ist zwar grundsätzlich zu akzeptieren, da sie sich insbesondere auf eine systematische Auslegung stützen lässt.[69] Der EGMR muss zum Beispiel Konflikte zwischen Menschenrechten der EMRK lösen. So hat etwa der gefährdete Zeuge die Rechte der Art. 2, 5 und 8 auf seiner Seite.[70] Einschränkungen des fairen Verfahrens, das im Wortlaut keine Einschränkungen zulässt, lassen sich jedoch nur zugunsten wichtiger öffentlicher Interessen im Sinne der EMRK und allein auf der Grundlage eines Gesetzes im Sinne der EMRK begründen. Im Rahmen der auch vom EGMR geforderten strikten Verhältnismäßigkeitsprüfung muss insbesondere das Gebot zu einem prozeduralen Ausgleich eventuell entstandener Verfahrensnachteile tatsächlich ernst genommen werden, auch wenn es Verurteilungen entgegenstehen kann. Obschon der EGMR grundsätzlich auch bei der Prüfung von Einschränkungen bemüht ist, die zum Schutzbereich betonte konkrete und wirksame Auslegung zu bewahren,[71] dürfte der EGMR hier insbesondere in jüngeren Jahren im Übermaß Beschränkungen hingenommen haben, 31

---

[66] Dazu siehe mwN Löwe/Rosenberg/*Esser* Rn. 110 f. und *Gaede*, Fairness als Teilhabe, S. 736 f.
[67] Dazu *Gaede*, Fairness als Teilhabe, S. 393 ff., 693 ff., 723 ff., 733 ff. und etwa EGMR 17.12.1996 – 19187/91, ÖJZ 1998, 32 Rn. 74 – Saunders/UK; EGMR 27.9.1990 – 12489/86, ÖJZ 1991, 25 Rn. 30 – Windisch/AUT; EGMR 20.11.1989 – 11454/85, EGMR-E 4, 420 Rn. 44 – Kostovski/NL.
[68] Dazu näher mwN *Gaede*, Fairness als Teilhabe, S. 685 ff., 723 ff.
[69] Siehe mwN eingehend *Gaede*, Fairness als Teilhabe, S. 669 ff.; zust. etwa *Krausbeck* S. 160 ff.; siehe auch Löwe/Rosenberg/*Esser* Rn. 788 ff.
[70] Vgl. zB EGMR 26.3.1996 – 20524/92, ÖJZ 1996, 715 Rn. 73 ff. – Doorson/NL; EGMR 2.7.2002 – 34209/96, Rn. 43 ff. – S.N./SWE; *Esser* JR 2005, 248 (249 ff.).
[71] Hierfür kann die Entscheidung *Van Mechelen v. Niederlande* als Beispiel stehen. In ihr hat der EGMR eine spezifisch fallbezogene Begründung von Rechtseinschränkungen beim Konfrontationsrecht gefordert, siehe EGMR 23.4.1997 – 21363/93 ua, ÖJZ 1998, 274 Rn. 56 ff. – Van Mechelen ua/NL und auch BGer 2.6.2008 – 6B_45/2008, HRRS 2008 Nr. 824.

indem er es zugelassen hat, auch das Gewicht des öffentlichen Interesses an der Verfolgung der konkreten Tat für Einschränkungen bzw. als Abwägungstopos heranzuziehen (dazu näher etwa → Rn. 88 f.).[72] Ferner ist abzusichern, dass keine diskriminierenden Ausnahmen für bestimmte Gruppen von Angeklagten oder für bestimmte Deliktsgruppen gemacht werden.[73]

32 Schließlich ist zu bedenken, dass der Schutzbereich des Art. 6 auf effektive **Rechte *im* Verfahren** gerichtet ist. Nicht hingegen gibt er Rechte, die das Verfahren als solches destruieren sollen oder mit denen verfahrensfremde Zwecke verfolgt werden können. Allein mit der Behauptung, eine Rechtsausübung sei missbräuchlich, lässt sich ein von Art. 6 gewährleistetes Recht indes noch nicht entziehen.[74] Auch der scharfe Protest gegen konkrete Verfahrensformen muss hingenommen werden (zur Verteidigung → Rn. 171 f.).

IV. Parallelgarantien

33 Das Recht auf ein faires Strafverfahren ist auch über die **Art. 47 und 48 GRC** gewährleistet. Zunächst ist der Zugang zum Gericht Teil der allgemeinen Rechtsweggarantie, welche die Charta für unionsrechtlich radizierende Rechte in Art. 47 GRC begründet. Damit gehen gemäß Art. 47 Abs. 2 S. 1 GRC neben der Fairnessverpflichtung die gerichtsbezogenen Garantien (zu ihnen → Rn. 100 ff.), die Öffentlichkeit (zu ihr → Rn. 118 ff.) und das Recht auf Verhandlung in angemessener Frist (zu diesem → Rn. 361 ff.) einher. Ausdrücklich wird der **Einsatz eines Vertreters** in Art. 47 Abs. 2 S. 2 GRC anerkannt (dazu auch → Rn. 200 ff.) und in Art. 47 Abs. 3 GRC ein Recht auf Prozesskostenhilfe ausgesprochen. Art. 48 GRC gewährleistet jedem Angeklagten die eigentlichen Verteidigungsrechte, indem Absatz 1 die Unschuldsvermutung bestätigt und Absatz 2 „die Achtung der Verteidigungsrechte" vorschreibt. Gemäß Art. 52 Abs. 3 GRC sind damit alle in Art. 6 benannten und aus ihm heute abgeleiteten Teilrechte gewährleistet.[75]

34 Die Parallelgarantien für das Unionsrecht sind insofern von großer Bedeutung, als sich insbesondere bei der unionsrechtlich gewandelten Rechtshilfe und im Rahmen des Einsatzes der Europäischen Staatsanwaltschaft (EStA) eine **Reihe neuer menschenrechtlicher Gefährdungslagen** ergeben. Hier sind nicht nur abstrakt die aus Art. 6 abzuleitenden Rechte zu garantieren. Vielmehr wird es erforderlich sein, die Anforderungen der Verfahrensgerechtigkeit für die veränderten Ausgangsbedingungen in transnational dynamisierten Verfahren geltungszeitlich bedingt fortzuentwickeln.[76] Es ist einzufordern, dass der europäische bzw. der nationale Gesetzgeber, jedenfalls aber der zunächst mit den Fällen befasste EuGH auch innovative Schritte geht, um zum Beispiel das mannigfaltige Zusammenspiel von nationalem Verfahrensrecht und einem vorrangigen Prozessrecht der EStA vorhersehbar zu gestalten.

35 Im deutschen Recht findet sich das Recht auf ein faires Verfahren in der Verfassung nicht ausdrücklich garantiert. Lediglich das rechtliche Gehör **(Art. 103 Abs. 1 GG)** wird neben der Rechtsweggarantie **(Art. 19 Abs. 4 GG)** und dem Rechtsstaatsprinzip **(Art. 20**

---

[72] Siehe EGMR 17.11.2005 – 73047/01, NStZ 2007, 103 Rn. 292 ff. – Haas/D m. abl. Anm. *Gaede* und abl. Anm. *Esser* NStZ 2007, 104; auf dieser Linie später EGMR [GK] 15.12.2011 – 26766/05 u. 22228/06, HRRS 2012 Nr. 1 Rn. 118 ff. – Al-Khawaja u. Tahery/UK; siehe krit. bereits *Meyer* HRRS 2012, 117 ff.; *Esser/Gaede/Tsambikakis* NStZ 2012, 619 (620 ff.). Gleiches gilt etwa für EGMR [GK] 29.6.2007 – 15809/02 u. 25624/02, NJW 2008, 3549 – O'Halloran u. Francis/UK m. abl. Votum *Myjer*. Siehe verfehlt so nun auch mwN EGMR 3.3.2016 – 7215/10 NJW 2017, 28 ff. Rn. 35, 41 – Prade/D.

[73] Hierzu und auch zu gegenteiligen Ansichten mwN *Gaede*, Fairness als Teilhabe, S. 669 ff., 683 ff.; Meyer-Goßner/*Schmitt* Rn. 3a (zu terroristischen Straftaten); Karpenstein/Mayer/*Meyer* Rn. 6, 53; beispielhaft EGMR 9.6.1998 – 44/1997/828/1034, NStZ 1999, 47 Rn. 36 – Teixeira de Castro/POR; EGMR 17.12.1996 – 19187/91, ÖJZ 1998, 32 Rn. 74 – Saunders/UK; siehe aber auch EGMR 8.4.2004 – 38544/97, JR 2005, 423 Rn. 42, 53 ff. – Weh/AUT m. abl. SV *Lorenzen/Levits/Hajiyev*.

[74] Siehe zu alledem mwN *Gaede*, Fairness als Teilhabe, S. 669 ff., 683 ff.

[75] Zur Entsprechung siehe nur die Erläuterungen ABl. 2007 C 303, 17 (30, 34).

[76] Dazu und zum Folgenden bereits mwN EnzykEuR/*Gaede*, Bd. 9, § 3 Rn. 56 f.; *ders.* ZStW 115 (2003), 845 (867 ff.); so auch *Meyer* NStZ 2009, 657 (662 f.): Evolutionsgebot.

Abs. 3 GG) im Normtext sichtbar. Im Wege der Auslegung leitet jedoch auch das BVerfG ein Recht auf ein faires (Straf-)Verfahren aus den **Art. 2 Abs. 1, 20 Abs. 3 GG** ab,[77] das grundsätzlich alle Dimensionen des von Art. 6 eröffneten Schutzes aufbieten kann. Das Gericht schwächt den Wirkungsgrad des Fairnessrechts aber ab, indem es dieses im Rahmen der Ableitung aus dem Rechtsstaatsprinzip von vornherein mit einem Gebot belegt, die Rückwirkungen auf die ahndungsorientiert verstandene Funktionstüchtigkeit der Rechtspflege durch eine Abwägung zu berücksichtigen.[78]

B. Erläuterung

Der Anwendungsbereich des Art. 6 wird im Strafrecht über die autonom auszulegenden Merkmale der strafrechtlichen Anklage bestimmt (näher auch zu Besonderheiten → Rn. 37 ff.). Ein Verzicht ist möglich, aber an anspruchsvolle Bedingungen gebunden (dazu → Rn. 76 ff.). Das Recht auf ein faires Strafverfahren wird mit einer Vielzahl konkretisierender Teilgarantien gewährleistet (eingehend → Rn. 97 ff.). Hinzu tritt das gegenüber dem Fairnessrecht eigenständige Recht auf eine Verhandlung in angemessener Frist (zu diesem näher → Rn. 361 ff.). 36

I. Strafrechtlicher Anwendungsbereich

Um die Anwendung des Art. 6 in seiner Ausprägung als strafprozessuale Garantie auszulösen, muss der Sachverhalt eine strafrechtliche Sanktionierung zum Gegenstand haben (dazu näher → Rn. 40 ff.). Konkret anwendbar wird die Garantie aber grundsätzlich nur dann, wenn eine Anklage im autonomen Sinne der EMRK erhoben wird (→ Rn. 53 ff.). 37

Soweit diese Anforderungen erfüllt sind, eröffnet Art. 6 seine Rechte **jedermann.**[79] Dies betrifft zunächst natürliche Personen. Auf die Staatsbürgerschaft kommt es nicht an. Schutzbereichsbeschränkungen bezüglich einzelner Personen in Sonderstatusverhältnissen, die aus ihrer besonderen Stellung gefolgert werden sollten, können heute als überwunden gelten.[80] 38

Ebenso können sich **juristische Personen** auf die Garantie berufen.[81] Eine ausschließliche Anwendbarkeit auf natürliche Personen ist nicht angezeigt. Dies ergibt sich unter anderem aus dem Umstand, dass der EGMR einen sozialethischen Tadel für die strafrechtliche Natur der Sanktionierung nicht zwingend voraussetzt (→ Rn. 42). Die prozessualen Sinngebungen der Garantien greifen auch gegenüber juristischen Personen ein, hinter denen letztlich Personen stehen, die über die Beeinträchtigung der juristischen Personen in ihren Wirkungsmöglichkeiten beschnitten werden. 39

1. Die strafrechtliche Sanktionierung. Die Anwendung des Art. 6 setzt eine gerade strafrechtliche Sanktionierung voraus (zur funktionalen Bedeutung der Eingangsmerk- 40

---

[77] Zu ihm etwa mwN BVerfG 14.6.2007 – 2 BvR 1447/05 u. 2 BvR 136/05, BVerfGE 118, 212 (231 ff.); 18.12.2014 – 2 BvR 209/14 ua, NStZ 2016, 49.
[78] Zu dieser Praxis BVerfG 15.1.2009 – 2 BvR 2044/07, BVerfGE 122, 248 (271 ff.); 19.3.2013 – 2 BvR 2628/10 ua, BVerfGE 133, 168 (199 f.); 18.12.2014 – 2 BvR 209/14 ua, NStZ 2016, 49; evaluierend mwN bereits *Gaede* wistra 2016, 89 ff.
[79] Siehe allerdings zu Einschränkungen bei Verfahren vor internationalen Gerichtshöfen mwN Löwe/Rosenberg/*Esser* Rn. 30 ff.; *Meyer-Ladewig/Harrendorf/König* Rn. 7.
[80] Dazu mwN Jacobs/*White*/Ovey S. 258 ff.; *Stieglitz* S. 34 ff.; Karpenstein/Mayer/*Meyer* Rn. 29. Zur Anwendung auf Militärangehörige etwa EGMR 8.6.1976 – 5100/71 ua, EGMR-E 1, 178 Rn. 54 – Engel ua/NL.
[81] Für die Anwendbarkeit bei juristischen Personen EGMR 24.9.1997 – 93/1996/712/909, Rn. 28 ff. – Garyfallou AEBE/GRE; *Velu/Ergec* Rn. 395; BeckOK StPO/*Valerius* Rn. 3; Karpenstein/Mayer/*Meyer* Rn. 6; Löwe/Rosenberg/*Esser* Rn. 23, 887 f.; vgl. aber *Esser* S. 70 f.; dazu auch für die Selbstbelastungsfreiheit mwN *Weiß* JZ 1998, 289 ff., ders. NJW 1999, 2236 f.; *C. Dannecker* ZStW 127 (2015), 370 (389 ff.); siehe aber auch EGMR 30.11.1993 – 18465/91, NLMR 1995, 128 Rn. 49 ff. – Air Canada/UK m. vier abl. SV: keine Bestrafung einer Person durch Sanktion gegen eine Gesellschaft; EGMR 22.5.1998 – 21961/93, Rn. 44 – Hozee/NL.

male des Abs. 1 schon → Rn. 10 f.). Der damit maßgebliche Begriff der strafrechtlichen Sanktion wird vom EGMR traditionell und im Sinne der völkerrechtlichen Methodik konsequent **autonom** und damit nicht akzessorisch zur jeweiligen nationalen Begriffsbildung **ausgelegt**.[82] Folglich darf nicht vorschnell *allein* das zum Beispiel in Deutschland vorherrschende Verständnis übernommen werden. Dies bedeutet indes nicht, dass das nationale Recht bei der Subsumtion des Anwendungsbereichs bedeutungslos wäre (→ Rn. 41, 45, 49).

41 Ausgangspunkt sind die *Engel*-**Kriterien,** die der EGMR bereits früh anhand von Militärsanktionen entwickelt hat und die mit geringen Nuancierungen fortgelten.[83] Ob ein Vorwurf als strafrechtlich einzuordnen ist, prüft der EGMR grundsätzlich[84] nach drei alternativ oder kumulativ herangezogenen Kriterien:[85] **der nationalen Einstufung der Verfehlung, der Natur der Verfehlung und/oder der Art und Schwere der drohenden Rechtsfolge** einschließlich der Art und Weise ihrer Verhängung und Vollstreckung. Ist eines der Hauptkriterien verwirklicht, ist ein Verfahren als strafrechtlich zu betrachten.[86] Soweit Unsicherheiten bei einem Kriterium verbleiben, kann auch eine kumulative Gesamtbetrachtung zur Anwendbarkeit des Art. 6 führen.[87]

42 Den expliziten Vorwurf eines sozialethischen Tadels sieht der EGMR damit nicht als zwingendes Element der Strafe an.[88] Er will mit seiner Rechtsprechung insbesondere verhindern, dass Vertragsstaaten sich den Bindungen des Art. 6 entziehen können, indem sie Sanktionen anders etikettieren.[89] Entsprechend stellt er gerade mit den beiden letzten Kriterien auf die materielle Substanz der Tat und ihrer Sanktionierung ab.

43 Das dritte Kriterium der Art und der Schwere der angedrohten Sanktion wird prinzipiell nur geprüft, soweit keines der Vorherigen bereits einschlägig ist.[90] Es wird wesentlich dann eingesetzt, wenn nach Prüfung des zweiten Kriteriums Zweifel verbleiben.[91] Der EGMR stellt für das Kriterium auf die Art und Schwere der für die Zuwiderhandlung angedrohten

---

[82] Dafür siehe schon EGMR 27.6.1968 – 1936/63, Rn. 18 – Neumeister/AUT und danach grundlegend EGMR 8.6.1976 – 5100/71 ua, EGMR-E 1, 178 Rn. 81 ff. – Engel ua/NL.

[83] EGMR 8.6.1976 – 5100/71 ua, EGMR-E 1, 178 Rn. 80 ff. – Engel ua/NL; mwN *Gaede,* Fairness als Teilhabe, S. 166 ff.

[84] Siehe aber auch die überraschende Einbeziehung der Natur des nationalen *Verfahrens* in die Frage nach der *criminal charge* in EGMR [GK] 10.6.1996 – 19380/92, ÖJZ 1996, 915 Rn. 56 – Benham/UK; EGMR 24.2.1994 – 12547/86, ÖJZ 1994, 634 Rn. 47 – Bendenoun/FRA; auch EGMR 21.2.1984 – 8544/79, NJW 1985, 1273 Rn. 51 – Öztürk/D; zu diesen vereinzelten und etwa auch mit Blick auf Art. 53 fraglichen Ansatz abl. *Trechsel* Bull.dr.h. 8 (1998), 6 f.; *Esser* S. 58.

[85] EGMR 8.6.1976 – 5100/71 ua, EGMR-E 1, 178 Rn. 80 ff. – Engel ua/NL; später etwa EGMR 2.9.1998 – 5/1998/908/1120, NLMR 1998, 187 Rn. 50 ff. – Kadubec/SLO; EGMR 15.7.2002 – 39665/98 u. 40086/98, Rn. 56 – Ezeh u. Connors/UK und EGMR [GK] 9.10.2003 – 39665/98 u. 40086/98, NLMR 2003, 260 Rn. 82 ff. – Ezeh u. Connors/UK; EGMR 11.6.2015 – 19844/08, NJW 2016, 2091 Rn. 25 ff. – Becker/AUT; zur indizierenden Wirkung des eingesetzten Verfahrens und dabei etwa des Rückgriffs auf die Polizei oder die Strafgerichte siehe auch SSW-StPO/*Satzger* Rn. 11.

[86] EGMR 23.3.1994 – 14220/88, ÖJZ 1994, 706 Rn. 30 – Ravnsborg/SWE: „the three alternative criteria laid down" in the case law; EGMR 25.8.1987 – 9912/82, EGMR-E 3, 637 Rn. 55 – Lutz/D; EGMR [GK] 9.10.2003 – 39665/98 u. 40086/98, NLMR 2003, 260 Rn. 82 ff. – Ezeh u. Connors/UK; EGMR 23.7.2002 – 34619/97, NLMR 2002, 156 Rn. 67 – Janosevic/SWE; *Trechsel* Bull.dr.h. 8 (1998), 13.

[87] EGMR 24.2.1994 – 12547/86, ÖJZ 1994, 634 Rn. 45 ff., 47 – Bendenoun/FRA; EGMR 11.6.2015 – 19844/08, NJW 2016, 2091 Rn. 25 – Becker/AUT; mwN *Gaede,* Fairness als Teilhabe, S. 173 f.; krit. *Esser* S. 79; *Trechsel* Bull.dr.h. 8 (1998), 6.; *ders.* S. 17 f.; zur ergänzenden, die Alternativität nicht verwerfenden Zielsetzung dieser Judikatur EGMR 2.9.1998 – 5/1998/908/1120, NLMR 1998, 187 Rn. 51 – Kadubec/SLO; EGMR 2.9.1998 – 4/1998/907/1119, Rn. 57 – Lauko/SLO.

[88] Grundlegend EGMR 21.2.1984 – 8544/79, NJW 1985, 1273 Rn. 46 ff. – Öztürk/D.

[89] EGMR 21.2.1984 – 8544/79, NJW 1985, 1273 Rn. 49 – Öztürk/D. Zust. etwa *Kühl* NJW 1984, 1264 (1266); *Stavros* S. 7, 15; *Villiger* Rn. 395; *Trechsel* S. 15 f. Zur Einordnung als Verwaltungssanktion auch EGMR 4.3.2014 – 18640/10 ua, NJOZ 2015, 712 Rn. 98 ff. – Grande Stevens ua/ITA.

[90] EGMR 21.2.1984 – 8544/79, NJW 1985, 1273 Rn. 54 – Öztürk/D; EGMR 2.9.1998 – 5/1998/908/1120, NLMR 1998, 187 Rn. 52 – Kadubec/SLO; EGMR 2.9.1998 – 4/1998/907/1119, Rn. 58 – Lauko/SLO; *Villiger* Rn. 394.

[91] EGMR 15.7.2002 – 39665/98 u. 40086/98, Rn. 70 ff. – Ezeh u. Connors/UK und EGMR [GK] 9.10.2003 – 39665/98 u. 40086/98, NLMR 2003, 260 Rn. 82 ff., 107 ff. – Ezeh u. Connors/UK; *Trechsel* Bull.dr.h. 8 (1998), 9 ff.

Höchstsanktion und damit darauf ab, was für den Betroffenen im Verfahren auf dem Spiel stand.[92]

Auch an sich schwere Sanktionen wie die Degradierung innerhalb der Streitkräfte[93] oder die Entlassung aus dem öffentlichen Dienst[94] führen nicht per se zur Anwendung des Art. 6. **Freiheitsentziehungen** stellen ein wesentliches, aber nicht zwingendes Indiz für die Anwendbarkeit der strafrechtlichen Anklage dar.[95] Die mögliche Umwandlung einer Geldbuße in eine Entziehung von Sachwerten oder eine Freiheitsentziehung ist ein verstärkendes, aber nicht zwingendes Argument für die Einbeziehung der Verfehlung in den strafrechtlichen Anwendungsbereich.[96] Kurzfristige Freiheitsentziehungen in Form eines (scharfen) Arrests wurden nicht als stets allein ausreichende Sanktion betrachtet.[97] Jede Freiheitsentziehung bleibt jedoch weiter an Art. 5 zu messen.[98]

a) Formelles nationales Strafrecht – Kernstrafrecht. Nach den heute tradierten Maßstäben des EGMR findet sich innerhalb des Anwendungsbereichs zunächst das unzweifelhaft und einheitlich als Strafrecht anerkannte Recht der nationalen Rechtsordnung wieder. Mithin ist etwa das deutsche **StGB** ebenso wie das deutsche **Nebenstrafrecht** als Anwendungsfall einbezogen. Eine Überprüfung daraufhin, ob die nationale Inkriminierungsentscheidung missbräuchlich sein könnte, findet nicht statt.[99] Die nationale Einschätzung wird akzessorisch übernommen.[100]

Der so mit dem ersten Kriterium umrissene Anwendungsbereich macht nach der Rechtsprechung des EGMR eine Art Kernstrafrecht aus, zu dem der EGMR für eine **strikte Achtung aller Garantien des Art. 6** eintritt.

b) Materiell strafrechtliche Sanktionierung – Strafrecht im weiteren Sinne. Da die nationale Klassifizierung lediglich den ersten Ausgangspunkt ausmacht,[101] führt die fehlende nationale Klassifizierung als strafrechtlich zur Prüfung der beiden materiellen Prüfungskriterien (schon → Rn. 40 ff.). Zum strafrechtlichen Anwendungsbereich zählen danach im Ergebnis auch die **Ordnungswidrigkeiten** des deutschen Rechts, da ein sozialethischer Tadel

---

[92] EGMR 8.6.1976 – 5100/71 ua, EGMR-E 1, 178 Rn. 82, 85 – Engel ua/NL: „the final outcome of the appeal cannot diminish the importance of what was initially at stake"; EGMR 22.2.1996 – 57/1994/504/586, ÖJZ 1996, 434 Rn. 34 ff. – Putz/AUT; EGMR 21.10.1997 – 120/1996/732/938, NLMR 1997, 269 Rn. 55 ff. – Pierre-Bloch/FRA; *Trechsel* Bull.dr.h. 8 (1998), 10; *Meyer-Ladewig/Harrendorf/König* Rn. 27; einordnend zu Bezugnahmen auf das tatsächliche Verfahrensergebnis mwN *Grabenwarter/Pabel* § 24 Rn. 22.
[93] EKMR 10.7.1981 – 9208/80, DR 26, 262 (267 f.) – Carvalho/POR; *Stavros* S. 14.
[94] EGMR 8.10.1980 – 8496/79 – X./UK; Frowein/*Peukert* Rn. 40; bedauernd *Stavros* S. 21 f.
[95] Dazu und insgesamt zum dritten Kriterium der Schwere der Sanktionen näher *Gaede*, Fairness als Teilhabe, S. 171 ff. und insbesondere EGMR 8.6.1976 – 5100/71 ua, EGMR-E 1, 178 Rn. 82 – Engel ua/NL; EGMR 28.6.1984 – 7819/77 u. 7878/77, EGMR-E 2, 409 Rn. 70 ff. – Campbell u. Fell/UK; EGMR 15.7.2002 – 39665/98 u. 40086/98, Rn. 95 – Ezeh u. Connors/UK und EGMR [GK] 9.10.2003 – 39665/98 u. 40086/98, NLMR 2003, 260 Rn. 126 ff. – Ezeh u. Connors/UK.
[96] EGMR 22.5.1990 – 11034/84, NJW 1991, 623 Rn. 34 – Weber/SWI; EGMR 27.8.1991 – 13057/87, NJW 1992, 2619 Rn. 34 – Demicoli/MAL; EGMR 24.2.1994 – 12547/86, ÖJZ 1994, 634 Rn. 47 – Bendenoun/FRA; EGMR 23.10.1995 – 16841/90, NLMR 1995, 195 Rn. 31 f. – Pfarrmeier/AUT; EGMR 24.9.1997 – 93/1996/712/909, Rn. 34 – Garyfallou AEBE/GRE; mwN für ein gewichtiges Indiz SSW-StPO/*Satzger* Rn. 12; zur nicht zwingenden Natur des Arguments EGMR 23.3.1994 – 14220/88, ÖJZ 1994, 706 Rn. 35 – Ravnsborg/SWE; EGMR 23.7.2002 – 34619/97, NLMR 2002, 156 Rn. 69 – Janosevic/SWE.
[97] EGMR 8.6.1976 – 5100/71 ua, EGMR-E 1, 178 Rn. 85 – Engel ua/NL; EKMR 2.9.1993 – 17571/90, DR 75, 139 (149 ff.) – Borrelli/SWI; *Grabenwarter/Pabel* § 24 Rn. 23.
[98] Siehe auch schon den Hinweis bei *Trechsel* Bull.dr.h. 8 (1998), 11; vgl. aber auch *Esser* S. 604 und zur Bedeutung der Freiheitsentziehung für das dritte Kriterium *Gaede*, Fairness als Teilhabe, S. 171 f.
[99] Zu der aus Sicht des Art. 6 EMRK *grundsätzlich* freien nationalen Entscheidung über eine Inkriminierung EGMR 8.6.1976 – 5100/71 ua, EGMR-E 1, 178 Rn. 81, 85 – Engel ua/NL; EGMR 21.2.1984 – 8544/79, NJW 1985, 1273 Rn. 49 – Öztürk/D; EGMR 25.11.1996 – 17419/90, ÖJZ 1997, 714 Rn. 50, 57 f. – Wingrove/UK; *Trechsel* Bull.dr.h. 8 (1998), 4.
[100] Vgl. mwN EGMR 23.3.1994 – 14220/88, ÖJZ 1994, 706 Rn. 33 – Ravnsborg/SWE; EGMR 14.11.2000 – 27783/95, ÖJZ 2001, 398 Rn. 62 – T./AUT.
[101] Dazu EGMR 8.6.1976 – 5100/71 ua, EGMR-E 1, 178 Rn. 82 – Engel ua/NL: „no more as a starting point [...] only a formal and relative value"; EGMR [GK] 10.6.1996 – 19380/92, ÖJZ 1996, 915 Rn. 56 – Benham/UK; EGMR 15.7.2002 – 39665/98 u. 40086/98, Rn. 62 – Ezeh u. Connors/UK; *Spaniol* S. 134.

entbehrlich und ein Entzug von Verfahrensrechten durch eine Entkriminalisierung aus der Perspektive des Art. 6 für nicht hinnehmbar erachtet wurde.[102] Darüber hinaus sind **ausgewählte Disziplinarverfehlungen** ein Fall der strafrechtlichen Anklage. Dies gilt, soweit dies ihrer Natur und/oder der Art und Schwere der mit ihnen verbundenen Sanktionen entspricht.[103] So geht der EGMR auch in grundsätzlich disziplinarischen Anwendungskontexten von der strafrechtlichen Natur der Verfehlung und damit von der Anwendbarkeit des Art. 6 aus, wenn eine Sanktionsnorm jedermann ein Verhalten untersagt oder gebietet und für den Fall der Zuwiderhandlung eine punitive und abschreckende Sanktion vorsieht.[104] Nach zutreffender Ansicht sind auch die drastische Höhen erreichenden (europäischen) **Kartellsanktionen** als materiell strafrechtliche Sanktionierung zu betrachten.[105]

48   Diese Rechtsprechung hat unter anderem zu der positiven Entwicklung geführt, dass der Anspruch auf die unentgeltliche Hinzuziehung eines Dolmetschers nun auch im deutschen Ordnungswidrigkeitenverfahren strikt gilt.[106] Zugleich nimmt der EGMR an, dass **im sog. erweiterten Anwendungsbereich Besonderheiten** gelten können, die Abschwächungen der geltenden Fairnessmaßstäbe auslösen können, ohne dass er dies näher umreißen würde.[107] Wenngleich er der Geringfügigkeit des Tatvorwurfs für die Frage des Anwendungsbereichs explizit eine nur geringe Bedeutung beimisst,[108] soll es den Vertragsstaaten bei *minor offences* gestattet sein, dem Strafverfahren im Sinne des Art. 6 ein administratives Vorverfahren vorzuschalten und das Strafverfahren von einem Antrag abhängig zu machen.[109]

---

[102] EGMR 21.2.1984 – 8544/79, NJW 1985, 1273 Rn. 49 – Öztürk/D. Vgl. aber auch EKMR 7.12.1990 – 12995/87, DR 67, 204 (208 f.) – Duhs/SWE: strict liability – Ordnungswidrigkeit (Verantwortlichkeit des Halters für Verkehrsvergehen) mit vermindertem Schuldbezug könnte aus dem Anwendungsbereich herausfallen; mwN zum österreichischen Verwaltungsstrafrecht insbesondere bei Steuervergehen *Grabenwarter/Pabel* § 24 Rn. 21.
[103] EGMR 8.6.1976 – 5100/71 ua, EGMR-E 1, 178 Rn. 81 – Engel ua/NL; später etwa EGMR 15.7.2002 – 39665/98 u. 40086/98, Rn. 68 – Ezeh u. Connors/UK und EGMR [GK] 9.10.2003 – 39665/98 u. 40086/98, NLMR 2003, 260 Rn. 82 ff., 100 ff. – Ezeh u. Connors/UK.
[104] Dazu EGMR 8.6.1976 – 5100/71 ua, EGMR-E 1, 178 Rn. 82 – Engel ua/NL; EGMR 21.2.1984 – 8544/79, NJW 1985, 1273 Rn. 53 ff. – Öztürk/D; EGMR 2.9.1998 – 4/1998/907/1119, Rn. 58 – Lauko/SLO; EGMR 20.12.2001 – 32381/96, ÖJZ 2002, 394 Rn. 22 ff. – Baischer/AUT; EGMR 23.7.2002 – 34619/97, NLMR 2002, 156 Rn. 68 – Janosevic/SWE.
[105] EGMR 27.9.2011 – 43509/08, Rn. 38 ff., 45 – Menarini Diagnostics S.R.L/ITA; EuGH 8.7.2008 – T-99/04, Slg. 2008, II-01501 Rn. 139 ff. – AC-Treuhand AG/Kommission der Europäischen Gemeinschaften; mwN *Jarass* GRC Art. 49 Rn. 8; *Meyer-Ladewig/Harrendorf/König* Rn. 137; mwN *Löwe/Rosenberg/Esser* Rn. 76; siehe auch mwN *Grabenwarter/Pabel* § 24 Rn. 31; *C. Dannecker* ZStW 127 (2015), 370 (402 ff.); siehe auch EGMR 4.3.2014 – 18640/10 ua, NJOZ 2015, 712 Rn. 98 ff. – Grande Stevens ua/ITA.
[106] EGMR 21.2.1984 – 8544/79, NJW 1985, 1273 Rn. 46 ff. – Öztürk/D; siehe auch mwN zur Anwesenheit des Angeklagten in der Hauptverhandlung EGMR 12.5.2010 – 32435/06, ÖJZ 2010, 877 Rn. 26 ff. – Kammerer/AUT.
[107] Zusf. mwN EGMR 14.11.2000 – 35115/97, ÖJZ 2001, 357 Rn. 40 – Riepan/AUT; EGMR [GC] 23.11.2006 – 73053/01, NLMR 2006, 243 Rn. 43 – Jussila/FIN; beispielhaft aus der älteren Rechtsprechung EGMR 28.6.1984 – 7819/77 u. 7878/77, EGMR-E 2, 409 Rn. 96 – Campbell u. Fell/UK: Erwartung, dass der Beschuldigte an der Hauptverhandlung teilnehmen werde, soll in Disziplinarverfahren eine *grundsätzlich als erforderlich betrachtete* vorherige Information über die Anklage gemäß Abs. 3 lit. a entbehrlich machen; vgl. EGMR 8.6.1976 – 5100/71 ua, EGMR-E 1, 178 Rn. 91 – Engel ua/NL (mit abl. SV): Ist ausnahmsweise eine Militärsanktion eine Strafe, soll dem Angeklagten das Recht auf Verteidigerbeistand gemäß Abs. 3 lit. c nur eingeschränkt hinsichtlich der Rechtsfragen, nicht aber auch zu streitigen Tatfragen zustehen; mwN *Gaede*, Fairness als Teilhabe, S. 176 ff. Der Rspr. zust. *Meyer-Ladewig/Harrendorf/König* Rn. 30 Fn. 173; krit. wie hier mwN *Karpenstein/Mayer/Meyer* Rn. 27a f.
[108] EGMR 21.2.1984 – 8544/79, NJW 1985, 1273 Rn. 53 – Öztürk/D: „There is nothing to suggest that the criminal offence referred to in the Convention necessarily implies a certain degree of seriousness"; EGMR 25.8.1987 – 9912/82, EGMR-E 3, 637 Rn. 54 ff. – Lutz/D: 125 DM; EGMR 23.10.1995 – 15523/89, NLMR 1995, 195 Rn. 28 – Schmautzer/AUT: 300 Schilling; EGMR 2.9.1998 – 5/1998/908/1120, NLMR 1998, 187 Rn. 52 – Kadubec/SLO; EGMR [GK] 9.10.2003 – 39665/98 u. 40086/98, NLMR 2003, 260 Rn. 104 – Ezeh u. Connors/UK; zust. etwa *Schroth* EuGRZ 1985, 557 (561); krit. *Stavros* S. 26; *Esser* S. 60.
[109] EGMR 21.2.1984 – 8544/79, NJW 1985, 1273 Rn. 56 – Öztürk/D; EGMR 22.11.1995 – 19178/91, NLMR 1995, 222 Rn. 40 – Bryan/UK; EGMR 26.10.1984 – 9186/80, EuGRZ 1985, 407 Rn. 32 – De Cubber/BEL; EGMR 14.11.2000 – 35115/97, ÖJZ 2001, 357 Rn. 39 f. – Riepan/AUT: "39. The Court recalls that in the area of proceedings which are classified neither as ‚civil' nor as ‚criminal' under domestic

Die heute kaum noch zurückzunehmende weite Interpretation der strafrechtlichen Sanktion ist **ambivalent**. Sie wirkt zwar missbräuchlichen Entziehungen von Verfahrensrechten im Sinne eines wirksamen Schutzes entgegen. Zugleich geht sie aber in einer kaum hinreichend bestimmten Form[110] (siehe auch zu Disziplinarsanktionen → Rn. 47, 50) über das notwendige Maß an autonomer Praxiskontrolle hinaus, indem sie nach der konstitutiven Bedeutung gerade der *strafrechtlichen* Sanktion gar nicht mehr fragt.[111] Sie bringt die Gefahr eines *watering down-effects* für die Entwicklung der Verfahrensgarantien im hier sog. Kernstrafrecht mit sich.[112] Dies gilt auch deshalb, weil die Vertragsstaaten mit der ihnen obliegenden Zuordnung zum erweiterten Anwendungsbereich die Abschwächung der Verfahrensrechte nach wie vor auslösen können. Etwa exekutive Vorverfahren können danach nur dann mit Art. 6 vereinbar sein, solange sie die Verwirklichung der von Art. 6 gewährten Rechte im folgenden gerichtlichen Verfahren nicht beeinträchtigen.[113]

49

c) **Weitgehend ausgenommene Sanktionen.** *Grundsätzlich* weiter vom Strafrecht ausgenommen bleiben danach **Disziplinarsanktionen,** da diese nach den ergänzenden, materiellen Kriterien regelmäßig nicht die Anwendung des Art. 6 auslösen.[114] Handelt es sich um eine Norm, welche die Verletzung von Regeln zum Gegenstand hat, die nur unter besonders verbundenen Personen gelten, geht der EGMR grundsätzlich von einer Disziplinarsanktion aus, die Art. 6 nicht unter dem strafrechtlichen Aspekt erfassen soll.[115] Damit ist es im Ausgangspunkt zulässig, etwa in Berufsorganisationen oder bei staatlichen Institutionen wie Vollzugsanstalten Disziplinarsanktionen zu verhängen, ohne die Anforderungen des Art. 6 für das Strafverfahren zu erfüllen. Auch **Ordnungssanktionen** innerhalb gerichtlicher Verfahren werden in diesem Kontext dem Prinzip nach als nicht strafrechtlich beurteilt.[116]

50

Wiederum ausgenommen sind aber jeweils Personen, die nicht generell als dem disziplinarischen Verbund angehörig angesehen werden können.[117] Weitere **Rückausnahmen**

51

---

law, but as disciplinary or administrative, it is well established that the duty of adjudicating disciplinary or minor offences may be conferred on professional or administrative bodies which do not themselves comply with the requirements of Article 6 § 1 of the Convention as long as they are subject to review by a judicial body that has full jurisdiction"; *Esser* S. 602 ff.; *Villiger* Rn. 407.

[110] Zur Kritik der Unbestimmtheit und Inkonsistenz etwa *Esser* S. 58, 62, 76; SK-StPO/*Paeffgen* Rn. 30a.
[111] Dafür schon mwN *Gaede*, Fairness als Teilhabe, S. 179 ff.
[112] Siehe nicht nur *Stavros* S. 14, 29, 41, 141 f., 327 ff., 357 f.; krit. aber mwN *Gaede*, Fairness als Teilhabe, S. 166 ff.; Karpenstein/Mayer/*Meyer* Rn. 23.
[113] Siehe näher *Gaede*, Fairness als Teilhabe, S. 184 ff.
[114] Dazu mwN EGMR 8.6.1976 – 5100/71 ua, EGMR-E 1, 178 Rn. 80 f. – Engel ua/NL; EGMR 22.5.1990 – 11034/84, NJW 1991, 623 Rn. 33 – Weber/SWI; EGMR 27.8.1991 – 13057/87, NJW 1992, 2619 Rn. 30 – Demicoli/MAL; EGMR 19.2.2013 – 47195/06, NJW 2014, 1791 Rn. 42 ff. – Müller-Hartburg/AUT; *Villiger* Rn. 400; *Trechsel* Bull.dr.h. 8 (1998), 2; *Meyer-Ladewig/Harrendorf/König* Rn. 26. Siehe auch Art. 6 abl. bei einem verfassungsrechtlichen Amtsenthebungsverfahren EGMR [GK] 6.1.2011 – 34932/04, NVwZ 2011, 1307 Rn. 67 – Paksas/LIT; zur deutschen Rechtslage auch krit. Löwe/Rosenberg/*Esser* Rn. 84 ff.
[115] EGMR 22.5.1990 – 11034/84, NJW 1991, 623 Rn. 33 – Weber/SWI; EGMR 22.2.1996 – 57/1994/504/586, ÖJZ 1996, 434 Rn. 33 – Putz/AUT; EGMR 2.9.1998 – 4/1998/907/1119, Rn. 58 – Lauko/SLO; EGMR 15.7.2002 – 39665/98 u. 40086/98, Rn. 57 – Ezeh u. Connors/UK und EGMR [GK] 9.10.2003 – 39665/98 u. 40086/98, NLMR 2003, 260 Rn. 82 ff. – Ezeh u. Connors/UK; *Trechsel* Bull.dr.h. 8 (1998), 7 f.; zur Gleichheit unter Wahlkandidaten EGMR 21.10.1997 – 120/1996/732/938, NLMR 1997, 269 Rn. 56 ff. – Pierre-Bloch/FRA; allenfalls im Anschluss an die Fallgruppe erklärlich EGMR 11.1.2001 – 43862/98, Rn. 2 – Inocencio/POR: Nichtanwendung bei Geldbußen im Bereich des Städteplanungsrechts. Zur Erfassung der Disziplinarsanktionen über die zivilen Rechte siehe mwN *Meyer-Ladewig/Harrendorf/König* Rn. 21, 26.
[116] Dazu EGMR 23.3.1994 – 14220/88, ÖJZ 1994, 706 Rn. 34 – Ravnsborg/SWE; EGMR 22.2.1996 – 57/1994/504/586, ÖJZ 1996, 434 Rn. 33 – Putz/AUT; EGMR 2.9.1996 – 25308/94, DR 86-B, 96 (101 f.) – Veriter/FRA; *Villiger* Rn. 400; krit. *Esser* S. 74 f., 76; zur Ausnahme des *contempt of court* aber EGMR 27.1.2004 – 73797/01, Rn. 31 ff. – Kyprianou/ZYP; auch EGMR 14.11.2000 – 27783/95, ÖJZ 2001, 398 Rn. 63 ff. – T./AUT.
[117] Vgl. EGMR 22.5.1990 – 11034/84, NJW 1991, 623 Rn. 33 – Weber/SWI: keine Anwendung auf Parteien des Gerichtsverfahrens; EGMR 27.8.1991 – 13057/87, NJW 1992, 2619 Rn. 33 – Demicoli/MAL; *Stavros* S. 25 f.; siehe auch EGMR 27.1.2004 – 73797/01, Rn. 31 ff. – Kyprianou/ZYP.

sieht der EGMR vor, wenn die zwischen besonders verpflichteten Personen insbesondere in Haftanstalten auftretenden Zuwiderhandlungen auch nach allgemeinem Strafrecht bestraft werden könnten[118] bzw. generelle Interessen der Gesellschaft betroffen sind, die typischerweise auch durch das Strafrecht geschützt werden (schon → Rn. 47).[119] Gleiches gilt für Steuersanktionen oder sonstige Verwaltungszuschläge.[120]

52 Wird nur der objektive Tatbestand einer Tat in einem Verfahren geprüft, um Voraussetzungen für Maßregeln der Besserung und Sicherung zu ergründen, ist Art. 6 nicht allein wegen einer möglichen Herbeiführung eines Freispruchs anwendbar.[121] Allein an Strafverfahren ansetzende besondere Präventionsmaßnahmen fordern grundsätzlich kein strafrechtliches Verfahren nach Art. 6, soweit sie nicht in Wirklichkeit als Strafen eingesetzt werden (auch → Art. 7 Rn. 5 f.).[122]

53 **2. Die Anklage im Sinne der EMRK.** Damit das Recht auf ein faires Strafverfahren auf einen konkreten Fall Anwendung findet, muss darüber hinaus grundsätzlich (→ Rn. 63 ff.) eine Anklage vorliegen (zu ihr → Rn. 54 ff.). Im Einzelnen ist eine ggf. zeitlich weiter differenzierte Rechtsgeltung der einzelnen Teilgarantien zu bedenken (→ Rn. 60 ff.).

54 **a) Maßstäbe der Anklage.** Mit dem Begriff der Anklage, die dem Strafrecht entstammen muss (dazu schon → Rn. 40 ff.), entscheidet sich insbesondere der **zeitliche Anwendungsbereich** der von Art. 6 eröffneten Rechte. Soweit in Abs. 2 und 3 von der angeklagten Person die Rede ist, bezieht sich dies auf die in Abs. 1 bezeichnete strafrechtliche Anklage.

55 Die erforderliche Anklage ist **autonom auszulegen.**[123] Insbesondere ist sie nicht mit der Begriffsbildung der deutschen Strafprozessordnung gleichzuschalten, welche die Begriffe der Beschuldigung und der Anklage sowie den Angeklagten vom Beschuldigten und vom Angeschuldigten unterscheidet (§ 157 StPO). Obschon der Wortlaut des Abs. 1 S. 1 auch in den amtlichen Sprachen gerade auf das gerichtliche Verfahrensstadium und damit insbesondere auf die Hauptverhandlung bezogen ist, ist heute geklärt, dass für den Begriff der Anklage nach dem **Sinn und Zweck der Rechte** des Art. 6 nicht allein auf die formale Anklageerhebung, die sodann die Hauptverhandlung eröffnet, abzustellen ist.[124] Bereits im Ermittlungsverfahren werden zum einen Weichen gestellt, die für die Verfahrensfairness und für eine tatsächlich wirksame Rechtsgewährleistung, so wie sie der EMRK stets vorschwebt, vorentscheidend sind. Zum anderen wäre die Ratio des Rechts auf eine Verhandlung in angemessener Frist von vornherein verfehlt, wenn nur das im Vergleich kurze Stadium der

---

[118] EGMR 28.6.1984 – 7819/77 u. 7878/77, EGMR-E 2, 409 Rn. 71 – Campbell u. Fell/UK; fortführend EGMR 15.7.2002 – 39665/98 u. 40086/98, Rn. 68 ff. – Ezeh u. Connors/UK und EGMR [GK] 9.10.2003 – 39665/98 u. 40086/98, NLMR 2003, 260 Rn. 100 ff. – Ezeh u. Connors/UK; *Spaniol* S. 137.

[119] EGMR 21.2.1984 – 8544/79, NJW 1985, 1273 Rn. 53 – Öztürk/D; EKMR 10.7.1981 – 9208/80, DR 26, 262 (268) – Carvalho/POR; näher *Stavros* S. 10 ff.; abl. *Esser* S. 59.

[120] EGMR 23.7.2002 – 34619/97, NLMR 2002, 156 Rn. 65 ff. – Janosevic/SWE; mwN *Grabenwarter/Pabel* § 24 Rn. 21: Strafzuschläge erfasst; siehe aber einschränkend zum Punktezug bei der Übertretung von Straßenverkehrsregeln, der zum Entzug des Führerscheins führen kann, EGMR 23.9.1998 – 68/1997/852/1059, ÖJZ 1999, 654 Rn. 39 – Malige/FRA; EGMR 11.6.2015 – 19844/08, NJW 2016, 2091 Rn. 25 ff. – Becker/AUT; *Trechsel* S. 25; *Villiger* Rn. 397.

[121] Vgl. EGMR 13.5.2003 – 62960/00 – Antoine/UK: soweit keine Verurteilung möglich ist.

[122] EGMR 22.2.1994 – 12954/87, ÖJZ 1994, 562 Rn. 43 – Raimondo/ITA; EKMR 21.10.1998 – 40146/98 – Ibbotson/UK; EGMR 7.11.2000 – 45282/99, ÖJZ 2002, 316 – Blokker/NL; mit Kritik im Einzelnen *Stavros* S. 32 ff.

[123] Dazu etwa EGMR 26.3.1982 – 8269/78, EGMR-E 2, 70 Rn. 30 – Adolf/AUT: „examine the realities of the procedure in question"; EGMR 28.9.2000 – 25498/94, NLMR 2000, 186 Rn. 25 – Messina/ITA; EGMR 20.10.1997 – 82/1996/671/893, ÖJZ 1998, 629 Rn. 42 – Serves/FRA; *Schroeder* FS Pötz, 1993, 205 (207); *Stavros* S. 78; *Spaniol* S. 139.

[124] Hierfür siehe früh EGMR 27.6.1968 – 1936/63, Rn. 18 – Neumeister/AUT; EGMR 10.12.1982 – 7604/76 ua, EGMR-E 2, 183 Rn. 52 – Foti ua/ITA; mwN EGMR 2.10.2003 – 41444/98, wistra 2004, 177 Rn. 32 – Hennig/AUT; EGMR [GK] 31.3.1998 – 21/1997/805/1008 u. 22/1997/806/1009, ÖJZ 1999, 151 Rn. 93 – Reinhardt u. Slimane-Kaïd/FRA.

Hauptverhandlung von Belang wäre, der Betroffene jedoch vorab unbeschränkt unter dem Damoklesschwert der möglichen Anklage und weiterer Ermittlungen liegen müsste (→ Rn. 368 ff.). Der Gerichtshof betont entsprechend, dass die **Anklage** nicht nur autonom, sondern im Lichte der Bedeutung des Art. 6 auch **nicht eng auszulegen** ist.[125]

Eine Anklage im Sinne des Art. 6 liegt grundsätzlich vor, wenn staatliche Strafverfolgungsorgane eine verdächtige Person beschuldigen. Dies liegt zum einen in der ausdrücklichen **offiziellen Mitteilung an eine Person,** dass gegen sie ein Strafverfahren geführt wird; zum anderen liegt eine Anklage auch in **anderen Maßnahmen, die eine vergleichbare Beschuldigung implizieren** und die den Verdächtigen bereits vergleichbar substantiell betreffen.[126] *Spätestens* beginnt das Verfahren mit der formellen Anklageerhebung gegenüber dem Beschuldigten.[127] Zusätzlich behandelt der EGMR einen Zeugen nach der nationalen Einstufung zum Schutz der Verteidigungsrechte in Vernehmungen dann als Beschuldigten, wenn die nationalen Behörden plausible Gründe hatten, die Tatbeteiligung des Zeugen zu vermuten.[128] Der EGMR tritt damit der **willkürlichen Vorenthaltung von Beschuldigtenrechten in der Vernehmung** entgegen. **56**

Als hoheitliche Maßnahmen, die den Verdächtigen **konkludent beschuldigen** und bereits wesentlich belasten,[129] kommen zum Beispiel die Untersuchungshaft[130] oder die formelle Eröffnung einer Voruntersuchung[131] in Betracht. Erforderlich ist jeweils, dass sich die Maßnahmen objektiv als Ausdruck eines aufgenommenen oder konkret in Aussicht genommenen Strafverfahrens[132] gerade gegen den individuell Betroffenen darstellen.[133] Selbst die Ladung zu einer Vernehmung als Zeuge kann konkludent bei einem tatsächlich bestehenden und weiter verfolgten Tatverdacht als Anklage aufzufassen sein.[134] Insoweit **57**

---

[125] EGMR 26.3.1982 – 8269/78, EGMR-E 2, 70 Rn. 30 – Adolf/AUT; EGMR 27.2.1980 – 6903/75, EGMR-E 1, 463 Rn. 49 – Deweer/BEL: Bejahung der Anwendbarkeit auch nach einer Aufgabe der nationalen Anklage infolge eines Verzichts; siehe auch *Spaniol* S. 142; *Esser* S. 53 ff.

[126] EGMR 10.12.1982 – 7604/76 ua, EGMR-E 2, 183 Rn. 52 – Foti ua/ITA: „‚charge', for the purposes of Article 6 § 1 (art. 6-1), may in general be defined as 'the official notification given to an individual by the competent authority of an allegation that he has committed a criminal offence', it may in some instances take the form of other measures which carry the implication of such an allegation and which likewise substantially affect the situation of the suspect"; EGMR 15.7.1982 – 8130/78, EGMR-E 2, 105 Rn. 73 – Eckle/D; EGMR 27.2.1980 – 6903/75, EGMR-E 1, 463 Rn. 46– Deweer/BEL; EGMR 10.12.1982 – 8304/78, EGMR-E 2, 199 Rn. 34 – Corigliano/ITA; EGMR 21.2.1984 – 8544/79, NJW 1985, 1273 Rn. 55 – Öztürk/D; EGMR 22.5.1998 – 21961/93, Rn. 43 – Hozee/NL; EGMR 19.10.2000 – 27785/95, Rn. 144 ff. – Włoch/POL; EGMR 21.12.2000 – 34720/97, Rn. 41 – Heaney u. McGuinness/IRE; EGMR [GC] 13.9.2016 – 50541/08 ua, JuS 2017, 177 Rn. 214 ff. – Ibrahim ua/UK; abgrenzend zu vorbereitenden Maßnahmen mwN EGMR [GK] 28.10.1999 – 26780/95, ÖJZ 2000, 693 Rn. 34 ff. – Escoubet/BEL.

[127] Siehe dafür mwN EGMR 18.5.1999 – 28972/95 – Ninn-Hansen/DEN.

[128] MwN EGMR 31.10.2013 – 23180/06, Rn. 56 – Bandaletov/UKR (in diesem Fall aber ein Geständnis des Zeugen infolge vorab mangelnder Verdachtsindizien zulassend); mwN Karpenstein/Mayer/*Meyer* Rn. 36; Löwe/Rosenberg/*Esser* Rn. 95.

[129] Zur Fallgruppe siehe nochmals EGMR 20.10.1997 – 82/1996/671/893, ÖJZ 1998, 629 Rn. 42 – Serves/FRA; zu einem Sonderfall EGMR 21.12.2000 – 34720/97, Rn. 41 ff. – Heaney u. McGuinness/IRE; EGMR 21.12.2000 – 36887/97, Rn. 41 ff. – Quinn/IRE; EGMR 21.2.1984 – 8544/79, NJW 1985, 1273 Rn. 55 – Öztürk/D; *Esser* S. 55 ff., 83, 88 f., 682 f.; auf eine negative Wirkung auf den Angeklagten abstellend: EGMR 19.10.2000 – 27785/95, Rn. 144 ff. – Włoch/PL.

[130] EGMR 27.6.1968 – 2122/64, EGMR-E 1, 54 Rn. 19 – Wemhoff/D; EGMR 27.6.1968 – 1936/63, Rn. 18 – Neumeister/AUT; zusf. mwN *Esser* S. 88.

[131] EGMR 27.6.1968 – 1936/63, Rn. 18 – Neumeister/AUT; EGMR 10.12.1982 – 7604/76 ua, EGMR-E 2, 183 Rn. 52 – Foti ua/ITA; EGMR 16.12.1997 – 142/1996/761/962, Rn. 27 f. – Tejedor Garcia/SPA.

[132] EGMR 21.12.2000 – 34720/97, Rn. 43 ff. – Heaney u. McGuinness/IRE; mwN EGMR 21.12.2000 – 36887/97, Rn. 43 ff. – Quinn/IRE; EGMR 8.4.2004 – 38544/97, JR 2005, 423 Rn. 42, 53 ff. – Weh/AUT m. abl. SV *Lorenzen/Levits/Hajiyev*: Genügen des in Aussicht genommenen Verfahrens; siehe näher *Gaede* JR 2005, 426 ff.

[133] EGMR 24.10.1986 – 9118/80, EuGRZ 1988, 513 Rn. 65 f. – AGOSI/UK; EGMR 30.11.1993 – 18465/91, NLMR 1995, 128 Rn. 52 ff. – Air Canada/UK; EGMR [GK] 31.3.1998 – 21/1997/805/1008 u. 22/1997/806/1009, ÖJZ 1999, 151 Rn. 93 – Reinhardt u. Slimane-Kaïd/FRA; EGMR 22.5.1998 – 21961/93, Rn. 44 – Hozee/NL: Verfahren gegen juristische Person genügen nicht; mwN *Esser* S. 70 f., 82 f., 682.

[134] EGMR 20.10.1997 – 82/1996/671/893, ÖJZ 1998, 629 Rn. 42 – Serves/FRA; *Esser* S. 83, 682 ff.: keine formelle Betrachtung, entscheidend ist der objektive Verfahrensstand; *noch* weitergehend *Stavros* S. 80.

kann ein formal als Zeuge befragter Tatverdächtiger als angeklagt zu betrachten sein, falls er sich anderenfalls nicht wirksam auf das ihm von Art. 6 garantierte Schweigerecht hätte berufen können und er im Hinblick auf sein Aussageverhalten strafrechtlichen Konsequenzen ausgesetzt wäre; dies gilt selbst dann, wenn auch später wegen des ursprünglichen Tatverdachts kein Verfahren gegen ihn eingeleitet wird.[135] Die nähere Konkretisierung der substanziellen Betroffenheit durch strafprozessuale Maßnahmen muss anhand der Zielsetzungen der Rechte vorgenommen werden, die Art. 6 eröffnet.[136]

58 Prinzipiell vorausgesetzt ist dabei die **Kenntnis des Betroffenen** von diesen Maßnahmen.[137] Dies entstammt im Wesentlichen der Rechtsprechung, die sich zum Recht auf Verhandlung in angemessener Frist herausgebildet hat. Hier ist aber anzumerken, dass der weithin teleologisch geformte Anklagebegriff nicht nach der Ratio *allein* dieses Rechts konturiert werden darf. Denkbar ist es, dass die Verteidigungsrechte im Übrigen für einen Verzicht auf das Kenntniskriterium streiten (auch → Rn. 141, 143).[138]

59 Untersuchungsmaßnahmen einschließlich Befragungen in einem von Strafverfahren verschiedenen Verwaltungsverfahren genügen nach der Judikatur noch nicht für eine Anklage.[139] Auch in einem Strafverfahren reicht eine Zeugenvernehmung nicht automatisch für eine substanzielle Betroffenheit im Sinne des Art. 6 aus, da in ihr nicht notwendig ein Verfahren gerade gegen den Geladenen zu sehen ist. Präventionsmaßnahmen wie die vorläufige Entziehung der Fahrerlaubnis reichen für sich genommen ebenfalls für eine materielle Anklagebegründung nicht aus.[140]

60 **b) Zeitlich differenzierte Geltung der Rechte.** Liegt die Anklage vor, sind die Rechte des Art. 6 unstreitig in der **Hauptverhandlung** zu beachten. Selbst wenn aber etwa das Fragerecht gemäß Abs. 3 lit. d dort nicht gewährleistet wird, muss Art. 6 in seinen Teilrechten und im Gesamtrecht nicht notwendig verletzt sein, weil den Vertragsstaaten zum einen Wahlmöglichkeiten bei der Organisation des Verfahrens zustehen (→ Rn. 268) und zum anderen Einschränkungen in Abhängigkeit vom konkret betroffenen Recht legitim sein können (→ Rn. 30 f.). Grundsätzlich ist aber davon auszugehen, dass in der Hauptverhandlung alle Gewährleistungen eingreifen, wird doch auf Grund derselben über die erhobene Anklage entschieden.[141]

61 Heute ist jedoch entgegen einer früher im Schrifttum zu findenden Zurückhaltung auch in der Rechtsprechung geklärt, dass die Rechte des Art. 6 – unter Berücksichtigung der

---

[135] EGMR 21.12.2000 – 34720/97, Rn. 41 f. – Heaney u. McGuinness/IRE; EGMR 21.12.2000 – 36887/97, Rn. 41 ff. – Quinn/IRE; zutreffend auch das abl. SV *Lorenzen/Levits/Hajiyev* zu EGMR 8.4.2004 – 38544/97, JR 2005, 423 – Weh/AUT.

[136] Dazu siehe unter Auswertung der verbreiteten Unbestimmtheitskritik mwN *Gaede*, Fairness als Teilhabe, S. 195 ff., 205 ff.

[137] EGMR 15.7.1982 – 8130/78, EGMR-E 2, 105 Rn. 73 – Eckle/D; EGMR 10.12.1982 – 8304/78, EGMR-E 2, 199 Rn. 34 – Corigliano/ITA; EGMR 19.2.1991 – 11557/85, Rn. 15 – Motta/ITA; EGMR 19.10.2000 – 27785/95, Rn. 144 ff. – Włoch/POL; EGMR 31.5.2001 – 37591/97, NJW 2002, 2856 Rn. 31, 33 – Metzger/D; EGMR 16.11.2000 – 37528/97, Rn. 18 f. – Martins u. Garcia Alves/POR; zust. etwa *Konrad* S. 66; *Schmitz* wistra 1993, 319 (321 f.); *Trechsel* S. 139 f.; *T. Vogler* ZStW 89 (1977), 761 (779 f.); *Weigend* StV 2000, 384 (385, 387); zum Schrifttum, das auch Maßnahmen genügen lässt, bei denen die Kenntnis dem Tatverdächtigen nicht offiziell eröffnet wird, *Frei-Siponen* S. 156; *Tophinke* S. 139; *Frei* S. 37, 75; *Simon* S. 9 f.; *Villiger* Rn. 457; *Esser* StV 2004, 221 (224); *ders.* S. 93 f.

[138] Zu diesem Einwand näher *Gaede*, Fairness als Teilhabe, S. 209 ff., zu Abs. 3 lit. a S. 594 ff.; so etwa auch *Esser* StV 2004, 221 (224): Anklage jedenfalls bei nach außen tretenden Ermittlungsmaßnahmen gegen einen konkreten Betroffenen; zu heimlichen Überwachungsmaßnahmen siehe *Esser* S. 93 f.; siehe auch zu Abs. 3 lit. a *Frister* StV 1998, 159 (160); *Villiger* Rn. 457 und *Schroeder* FS Pötz, 1993, 205 (208 f.).

[139] EGMR [GK] 17.12.1996 – 19187/91, ÖJZ 1998, 32 Rn. 67 – Saunders/UK; EGMR 19.9.2000 – 29522/95 ua, Rn. 131 – I.J.L. ua/UK: Interview mit Untersuchungsinspektoren der Verwaltung wegen fehlender Einschaltung in Strafverfahren ungenügend; abl. zu *Saunders* Esser S. 81 ff., für eine Anklage S. 85 ff., 93 f. Im Sinne von Saunders die Mehrheit in EGMR 8.4.2004 – 38544/97, JR 2005, 423 Rn. 42, 53 ff. – Weh/AUT.

[140] EGMR [GK] 28.10.1999 – 26780/95, ÖJZ 2000, 693 Rn. 34 ff. – Escoubet/BEL; EGMR [GK] 17.12.1996 – 19187/91, ÖJZ 1998, 32 Rn. 67 – Saunders/UK; *Rzepka* S. 30 f.; näher *Esser* S. 55 f., 69 f.

[141] Siehe nur EGMR 24.11.1993 – 13972/88, ÖJZ 1994, 517 Rn. 36 – Imbrioscia/SWI: "Certainly the primary purpose of Article 6 (art. 6) as far as criminal matters are concerned is to ensure a fair trial by a ‚tribunal'".

Wahl- und Einschränkungsoptionen der Vertragsstaaten – schon im **Ermittlungsverfahren** gelten.[142] *Erstens* bringt schon die grundsätzliche Definition der Anklage mit sich, dass die Geltung im Ermittlungsverfahren nahe liegt.[143] *Zweitens* hängt die Wirksamkeit der Verteidigungsrechte in der entscheidenden Hauptverhandlung von den früheren Verfahrensstadien ab. Die Verteidigungsrechte können ohne ihre hinreichende Beachtung im Ermittlungsverfahren durchgreifend entwertet sein.[144] *Drittens* sprechen zahlreiche **Zielsetzungen der Verteidigungsrechte** gerade für eine frühe Geltung. So bedarf der regelmäßig rechtsunkundige und bedrängte Beschuldigte insbesondere in der ersten Vernehmung eines Beistandes, der ihm seine Rechte sichert und eine freie Entscheidung über die Verfahrensmitwirkung erhält (näher → Rn. 188 ff.).[145]

Zu beachten bleibt jedoch, dass sich die Geltung im Ermittlungsverfahren nach dem jeweils betroffenen Teilrecht unterscheidet.[146] Während der Verteidigerbeistand hinsichtlich der ersten Beschuldigtenvernehmung heute anerkannt ist, bleibt die Öffentlichkeit, die auf die Kontrolle der Justiz in der entscheidenden Hauptverhandlung bezogen ist, grundsätzlich allein ein Erfordernis der Hauptverhandlung und bestimmter Rechtsmittel.[147] Zudem divergiert die Geltung im Ermittlungsverfahren zum Teil nach der Art und Weise, wie die Vertragsstaaten ihr Verfahren im Rahmen ihrer grundsätzlichen Organisationsfreiheit gestaltet haben. Werden zum Beispiel nachteilige Schlüsse aus dem Schweigen eines Angeklagten im Ermittlungsverfahren in der Hauptverhandlung zugelassen, wirft dies eine besondere Notwendigkeit auf, hinsichtlich der entsprechenden Befragungen den Verteidigerbeistand zu gewährleisten.[148] Wird etwa in der nationalen Hauptverhandlung infolge eines eingeschränkten Unmittelbarkeitsgrundsatzes auf protokollierte Vernehmungen aus dem Ermittlungsverfahren zurückgegriffen, müssen die Verteidigungsrechte diesbezüglich bereits im Ermittlungsverfahren wirksam gewährleistet werden.[149] Die staatliche Ausgestaltung des Verfahrens bestimmt so den konkret zwingenden Geltungszeitpunkt einzelner Rechte wesentlich mit.

---

[142] Siehe früh EKMR 13.7.1983 – 9022/80, DR 33, 21 (35 ff.) – W./SWI; EKMR 14.12.1983 – 9300/81 – Can/AUT und EGMR 30.9.1985 – 9300/81, Rn. 17 – Can/AUT; aus jüngerer Zeit EGMR [GK] 27.11.2008 – 36391/02, NJW 2009, 3707 Rn. 50 – Salduz/TUR; EGMR 24.9.2009 – 7025/04, Rn. 65 – Pishchalnikov/RUS; zu Besonderheiten des Einzelfalles siehe EGMR 15.11.2007 – 26986/03, Rn. 89 – Galstyan/ARM; eingehend mwN zu (früher) abl. Stimmen *Gaede*, Fairness als Teilhabe, S. 187 ff., 660 f.

[143] EGMR 24.11.1993 – 13972/88, ÖJZ 1994, 517 Rn. 36 – Imbrioscia/SWI, hier wird explizit die Anwendung des Rechts auf Verfahrensbeschleunigung mit der materiellen Anklage als Beleg für die mögliche Anwendung *des fairen Verfahrens* in Ermittlungsverfahren herangezogen; *Esser* S. 81 f.; *Kohlbacher* S. 16 f.; *Trechsel* ZStR 96 (1979), 337 (391).

[144] EGMR 24.11.1993 – 13972/88, ÖJZ 1994, 517 Rn. 36 ff., 36 – Imbrioscia/SWI: „Certainly the primary purpose of Article 6 (art. 6) as far as criminal matters are concerned is to ensure a fair trial by a ‚tribunal' competent to determine ‚any criminal charge', but it does not follow that the Article (art. 6) has no application to pre-trial proceedings [...] (art. 6-3) – may also be relevant before a case is sent for trial if and in so far as the fairness of the trial is likely to be seriously prejudiced by an initial failure to comply with them"; später StRspr etwa EGMR 20.6.2002 – 27715/95 u. 30209/96, Rn. 75 f. – Berliński/PL.

[145] Siehe etwa EGMR [GK] 8.2.1996 – 18731/91, EuGRZ 1996, 587 Rn. 62 ff. – John Murray/UK; bemerkenswert auch EGMR 16.10.2001 – 39846/98, Rn. 45 – Brennan/UK: *Gerade* die Verteidigungsrechte des Abs. 3 können typischerweise bereits in den Anfangsstadien des Strafverfahrens bedeutend sein; EGMR 11.7.2000 – 20869/92, Rn. 108 f. – Dikme/TUR.

[146] Dafür siehe mwN EGMR 24.11.1993 – 13972/88, ÖJZ 1994, 517 Rn. 36 – Imbrioscia/SWI; EGMR 24.5.1991 – 12744/87, ÖJZ 1991, 745 Rn. 28, 36 – Quaranta/SWI; EGMR 28.11.1991 – 12629/87 u. 13965/88, NJW 1992, 3090 Rn. 46 ff. – S./SWI; EGMR [GK] 8.2.1996 – 18731/91, EuGRZ 1996, 587 Rn. 62 – John Murray/UK; EGMR 16.10.2001 – 39846/98, Rn. 45 – Brennan/UK; EKMR 14.12.1983 – 9300/81 – Can/AUT und EGMR 30.9.1985 – 9300/81, Rn. 17 – Can/AUT; mwN *Gaede*, Fairness als Teilhabe, S. 205 ff.

[147] Dazu vgl. *Esser* S. 707 f.

[148] Dafür siehe nur EGMR [GK] 8.2.1996 – 18731/91, EuGRZ 1996, 587 Rn. 62 ff. – John Murray/UK.

[149] Dafür beispielgebend EGMR 20.11.1989 – 11454/85, EGMR-E 4, 420 Rn. 41 – Kostovski/NL; zu Deutschland siehe *Wohlers* StV 2002, 585 (587 f.); *Endriß* FS Rieß, 2002, 65 (70 ff.); vgl. auch *Schroeder* FS Pötz, 1993, 205 (212).

63 Bei alledem muss ferner berücksichtigt werden, dass die **Hauptverhandlung** ganz allgemein **stark durch das vorherige Ermittlungsverfahren geprägt** wird.[150] Nicht nur dann, wenn originär in der Hauptverhandlung angesiedelte Rechte etwa durch die Zulassung eines Beweistransfers aus früherer Vernehmungen eingeschränkt werden, müssen die fortwirkenden Ermittlungsstadien daher mit hinreichenden Rechten ausgestattet werden.[151] Die Hauptverhandlung ist – auch im Sinne der Gesamtbetrachtung des EGMR – stets als ein prozedural gewordenes und vorgeformtes Prozessstadium zu sehen, das ohne den Blick auf die ihr vorangehenden Ermittlungsstadien abstrakt betrachtet würde. Es ist auf mögliche hauptverhandlungsunabhängige Schutzzwecke der Teilrechte des Art. 6 besonders Obacht zu geben, die *gerade* eine Anwendung im Ermittlungsverfahren bedingen können.[152] Dies könnte etwa auch geheime Ermittlungen betreffen, von denen der Beschuldigte noch nichts erfahren hat und nichts erfahren soll.[153]

64 c) **Sonderfälle.** Ein Sonderfall ist die gemäß Art. 6 **unzulässige Tatprovokation** (siehe zu weiteren Vorwirkungen des Art. 6 aber auch → Rn. 332 f.). Hier scheint die Geltung des Art. 6 vorauszusetzen, dass die nationalen Strafverfolgungsbehörden erst eine Anklage und damit im Sinne der autonomen Maßstäbe eine Beschuldigung gegen den Betroffenen erheben müssen, damit die Rechte des Art. 6 eingreifen können.[154] Nach der kurzzeitigen Verfolgung des Provozierten hätten sie das Verfahren aber sogleich wieder einzustellen, da das Verfahren *ab initio*[155] nicht mehr fair sein kann (dazu → Rn. 335 ff.).

65 Hier ist aber zu bedenken, dass Art. 6 insoweit bereits untersagt, die Institution des fairen und damit ergebnisoffenen und konstitutiven Verfahrens insgesamt zu desavouieren, indem eine Tat provoziert wird, um eben diese anschließend abzuurteilen.[156] Art. 6 verlangt hier notwendig ein **vorwirkendes Achtungsgebot,** das sich auf eine von den staatlichen Stellen längst in Aussicht genommene und mit dem provozierenden Akt eingeleitete strafrechtliche Anklage bezieht. In diesem Sinne verlangt Art. 6 tatsächlich bereits, die auf die Aburteilung der zukünftigen Tat gerichteten Tatprovokationen zu unterlassen und keine (weiteren) Verfahren zu ihrer Verfolgung einzuleiten. Überdies ließe sich erwägen, dass der zur Tatprovokation entschlossene Staat bereits mit seinem Akt selbst eine Anklage gegen den zu Provozierenden in einem erweiterten Sinn erhebt.

---

[150] Dazu vgl. *McConville/Sanders/Lang* S. 56 ff. („*Case building*"), S. 172: „*The reality [...] means that courts do little more than endorse constructions according to the quality of workmanship, the combativeness of the defence lawyer and the hand of fate*"; *Bennett* BrandeisLJ 42 (2003), 189 (196 f.); *Cape* CrimLR 2002, 471 (484); *Swart* ZStW 105 (1993), 48 (52); im deutschsprachigen Raum grundlegend *K. Peters*, Fehlerquellen Bd. II, S. 195 ff.; heute auch *Ambos* ZStW 115 (2003), 883 (887 ff.); *Krekeler* NStZ 1991, 367 f.; *Walther* HRRS 2004, 126 ff.; *E. Müller* NJW 1981, 1801 (1805 f.); *Rzepka* S. 169, 411 f.; *Rieß* FS Rebmann, 1989, 381 (388 ff.); *Wohlers* FS Rudolphi, 2004, 713 (728 f.); vgl. auch den Fall EGMR 27.5.2003 – 37235/97, NLMR 2003, 130 – Sofri ua/ITA und für die Erkenntnis des EGMR siehe EGMR [GK] 8.2.1996 – 18731/91, EuGRZ 1996, 587 Rn. 62 – John Murray/UK; EGMR 24.11.1993 – 13972/88, ÖJZ 1994, 517 Rn. 36 – Imbrioscia/SWI; EGMR 27.10.2011 – 25303/08, NJW 2012, 3709 Rn. 56 – Stojkovic/FRA u. BEL: entscheidende Anfangsphase des Prozesses; historisch grundlegend zum neuen Fokus auf die Ermittlungsverfahren U. S. Supreme Court 22.6.1964 – 378 U.S. 478 (485 ff.) (1963) – Escobedo/Illinois; U. S. Supreme Court 13.6.1966 – 384 U. S. Supreme Court 436 ff. (461 ff., 466 f.) (1966) – Miranda/Arizona.

[151] Näher bereits mwN *Gaede*, Fairness als Teilhabe, S. 200 ff.

[152] Auch dazu siehe *Gaede*, Fairness als Teilhabe, S. 205 ff. und EGMR 16.10.2001 – 39846/98, Rn. 45 – Brennan/UK; EKMR 14.12.1983 – 9300/81 – Can/AUT und EGMR 30.9.1985 – 9300/81, Rn. 17 – Can/AUT: „The investigation proceedings are of great importance for the preparation of the trial because they determine the framework in which the offence charged will be considered at the trial ... It is therefore essential ... that the basis for [the] defence activity can be laid already at this stage"; siehe ferner beispielhaft *Trechsel* FS Hangartner, 1998, 367 (377 f.); *Ambos* ZStW 115 (2003), 583 (598); *Spaniol* S. 103 ff.; zum Verteidigerbeistand auch *Spaniol* S. 149 f.; *Trechsel* ZStR 96 (1979), 337 (383 f.): humanes Anliegen, den Leidensdruck des Angeklagten zu lindern.

[153] Siehe dazu auch AnwK-StPO/*Sommer* Rn. 17; Löwe/Rosenberg/*Esser* Rn. 336 und *Gaede*, Fairness als Teilhabe, S. 205 ff., 600 f.

[154] So etwa *Esser* S. 84, 93 f., 682, speziell zur Tatprovokation 175 f.

[155] EGMR 9.6.1998 – 44/1997/828/1034, NStZ 1999, 47 Rn. 37 ff., 39 – Teixeira de Castro/POR.

[156] Dazu und zum Folgenden *Gaede*, Fairness als Teilhabe, S. 209 ff.; zust. etwa *Tyszkiewicz* S. 128 ff.

Zum Beispiel auch für den nach einem rechtskräftigen Freispruch bestehenden Schutz **66** gegen schuldzusprechende staatliche Äußerungen[157] muss eine entsprechende Äußerung nicht notwendig als Ankündigung zu interpretieren sein, gegen den Betroffenen ein weiteres Verfahren betreiben zu wollen: Für den insoweit befürworteten Schutz genügt vielmehr die wohlbegründete Ableitung aus Abs. 2 (näher → Rn. 137 f.). Es ist nicht ausgeschlossen, dass sich in Zukunft weitere Vor- bzw. Nachwirkungen des Art. 6 im Zuge der weiteren Normkonkretisierung ergeben, die entsprechende Handlungsgebote bzw. -verbote beinhalten, die nicht zwingend eine bereits aktuell erhobene Anklage voraussetzen.[158]

3. Die Anwendung auf Rechtsmittel. Geklärt ist heute, dass Art. 6 auf nationale **67** Rechtsmittel Anwendung findet. Der EGMR sieht ein Strafverfahren auch insoweit als eine Einheit an.[159] Soweit ohne Rechtsmittel, die sich an die entscheidende Hauptverhandlung anschließen, keine verbindliche und endgültige Entscheidung vorliegt, erfasst Art. 6 das gesamte Strafverfahren einschließlich dieser Rechtsmittel.[160] Dies betrifft auch verfassungsgerichtliche Verfahren.[161]

Der Umstand, dass die Konvention selbst, anders als das 7. Zusatzprotokoll, Rechtsmittel **68** gar nicht vorschreibt (aber → Art. 13 Rn. 9 f.), steht dem nicht entgegen.[162] Soweit Rechtsmittel eröffnet sind, ist der Zugang zu ihnen vom Schutz des Art. 6 umfasst.[163] Ihre Handhabung unterliegt in der Gesamtwürdigung des ganzen Instanzenzuges den Anforderungen des fairen Verfahrens, da sie **keine nachträgliche Beeinträchtigung der zu gewährenden Rechte** herbeiführen dürfen.[164] Im Übrigen stellt sich die Anwendung auf die Rechtsmittel als Ausprägung der Wechselwirkung dar, die bei der Konkretisierung der Anforderungen des Art. 6 mit dem nationalen Recht angesichts der weitgehenden Freiräume der Konstruktion des Strafverfahrens notwendig eintritt.[165]

Einbezogen sind insoweit auch Verfahren, die lediglich noch die **Strafzumessung** oder **69 Konfiskationsmaßnahmen** wie etwa den Verfall (die Einziehung) infolge der Feststellung einer Straftat *gegenüber dem Beschuldigten* zum Gegenstand haben.[166]

---

[157] Vgl. EGMR 25.8.1993 – 13126/87, ÖJZ 1993, 816 Rn. 21 ff. – Sekanina/AUT; EGMR 21.3.2000 – 28389/95, ÖJZ 2001, 155 Rn. 27 ff. – Rushiti/AUT; *Trechsel* S. 189 f.

[158] Siehe auch zur Vorwirkung der Selbstbelastungsfreiheit auf nichtstrafrechtliche Verwaltungsverfahren: *Gaede*, Fairness als Teilhabe, S. 313; vgl. auch *Ambos* NStZ 2002, 628 (633): Geltung des Schweigerechts mit Vorliegen eines strafprozessualen Anfangsverdachts; zum Schutz des unüberwachten Verteidigerkontakts auch für die Kontaktaufnahme zur Herstellung – noch nicht bestehenden – Verteidigungsverhältnisses bei Art. 8 EMRK EGMR 20.6.1988 – 11368/85, Rn. 29 ff. – Schönenberger u. Durmaz/SWI; *Trechsel* S. 281.

[159] Siehe etwa EGMR 26.5.1988 – 10563/83, Rn. 24 u. 27 – Ekbatani/SWE: „criminal proceedings form an entity".

[160] Zur StRspr EGMR 17.1.1970 – 2689/65, EGMR-E 1, 100 Rn. 25 f. – Delcourt/BEL; EGMR [GK] 26.7.2002 – 32911/96 ua, ÖJZ 2003, 732 Rn. 40 ff. – Meftah ua/FRA; EGMR 9.11.2004 – 46300/99, HRRS 2005 Nr. 72 Rn. 55 f. – Marpa Zeeland BV ua/NL; zust. etwa *Stavros* S. 292; *Esser* S. 89 ff.

[161] Dazu EGMR 29.5.1986 – 9384/81, NJW 1989, 652 Rn. 77 – Deumeland/D; EGMR 23.4.1987 – 17/1986/115/163, NJW 1989, 650 Rn. 52 – Poiss/AUT; EGMR 21.10.1997 – 120/1996/732/938, NLMR 1997, 269 Rn. 48 – Pierre-Bloch/FRA; siehe auch EGMR 22.1.2009 – 45749/06 u. 51115/06, StV 2009, 561 Rn. 62 – Kaemena u. Thöneböhn/D und *Gaede* JR 2007, 251 (254 ff.).

[162] Dazu Art. 2 des 7. ZP und EGMR 26.5.1988 – 10563/83, Rn. 26 ff. – Ekbatani/SWE; im Vergleich mit Art. 14 Abs. 5 IPbpR siehe zum 7. ZP krit. *Stavros* S. 268 ff.

[163] Für diese Rspr EGMR 14.12.1999 – 34791/97, Rn. 35, 37 – Khalfaoui/FRA, wobei bei reinen Rechtskontrollen wie Kassationsverfahren die Zugangsanforderungen gesteigert sein können; EGMR 10.10.2002 – 38830/97, NJW 2003, 1229 Rn. 59 ff. – Czekalla/POR; EGMR 20.4.1999 – 29236/95 – Mohr/LUX; *Gaede/Rübenstahl* HRRS 2004, 342 (349 f.).

[164] Grundlegend EGMR 17.1.1970 – 2689/65, EGMR-E 1, 100 Rn. 25 – Delcourt/BEL: auch wenn es nur um Rechtsfragen geht; EGMR 26.5.1988 – 10563/83, Rn. 24 u. 27 – Ekbatani/SWE; EGMR 28.11.1978 – 6210/73 ua, NJW 1979, 1091 Rn. 41 – Luedicke ua/D; EGMR 19.12.1989 – 9783/82, EGMR-E 4, 450 Rn. 106 f. – Kamasinski/AUT; EGMR 25.3.1998 – 45/1997/829/1035, NJW 1999, 117 Rn. 37 ff. – Belziuk/POL; EGMR [GK] 26.10.2000 – 30210/96, NJW 2001, 2694 Rn. 122 – Kudla/POL; zur parallelen Judikatur zu Art. 5 Abs. 4 EMRK siehe EGMR 25.6.2002 – 24244/94, Rn. 67 ff. – Migon/POL.

[165] Dafür und zur entsprechenden Selbstbindung der Vertragsstaaten näher *Gaede*, Fairness als Teilhabe, S. 489 ff.

[166] Dazu EGMR 5.7.2001 – 41087/98, Rn. 34, 39 – Phillips/UK; EGMR 25.2.1997 – 22107/93, NLMR 1997, 52 Rn. 69 – Findlay/UK; EGMR [GK] 16.12.1999 – 24724/94, NLMR 2000, 17 Rn. 106 ff. –

70 Im Einzelnen ergibt sich eine sehr von den nationalen Ausgangsbedingungen abhängige und **nach den einzelnen Teilrechten differenzierte Gewährleistung.** So sind etwa Differenzierungen dahingehend möglich, ob das Rechtsmittel eine reine Rechtskontrolle darstellt oder auch eine weitere Tatsachenüberprüfung impliziert.[167] Die Vertragsstaaten müssen aber hinsichtlich der nationalen Rechtsmittel sorgfältig vorgehen.[168] Sie haben sich eines exzessiven Formalismus zu enthalten.[169] Eröffnete Rechtsmittel müssen Angeklagte tatsächlich sinnvoll wahrnehmen können, ohne dass von staatlicher Seite irreführend auf ihren Verzicht hingewirkt wird.[170]

71 Die Eröffnung von Rechtsmitteln gebietet Art. 6 damit allerdings weiterhin nicht.[171]

72 **4. Die Anwendung in Rechtshilfefällen.** Wenn ein Vertragsstaat ein Strafverfahren betreibt, liegt eine strafrechtliche Anklage vor, die grundsätzlich zur Anwendbarkeit des Art. 6 vorbehaltlich der weiteren Ausdifferenzierung nach seinen einzelnen Garantien führt. Problematisch ist jedoch, inwiefern Rechtshilfeverfahren einschließlich der engeren justiziellen Zusammenarbeit in der EU insoweit dem Maßstab des Art. 6 unterstehen.[172] Hier ist zum einen fraglich, ob und inwiefern ein Vertragsstaat, der um Rechtshilfe in einem anderen Vertragsstaat ersucht, weiterhin vollständig für die Beachtung des Art. 6 verantwortlich bleibt (hierzu → Rn. 73 f.). Zum anderen ist die Frage aufgeworfen, ob ein Vertragsstaat, der einem Drittstaat Rechtshilfe eröffnet, aber nicht selbst eine Anklage erhebt, vollständig oder doch partiell an Art. 6 gebunden ist (hier → Rn. 75). Nachdem lange Zeit eine erhebliche Zurückhaltung geübt wurde, ist nun vermehrt von der Geltung des Art. 6 auszugehen:

73 Wenn ein **Vertragsstaat als ersuchender Staat** agiert, muss er nach der jüngeren Rechtsprechung des EGMR für die Beachtung der Standards des Art. 6 etwa hinsichtlich des Verteidigerbeistandes in einer Beschuldigtenvernehmung eintreten.[173] Dies gilt jedenfalls dann, wenn der ersuchte Staat ebenfalls verpflichtet ist, die Garantien der EMRK zu beach-

---

T./UK; EGMR [GK] 16.12.1999 – 24888/94, NLMR 2000, 17 Rn. 107 ff. – V./UK; insbesondere zu Strafzumessungsverfahren zust. *Esser* S. 91 f.; *Grabenwarter/Pabel* § 24 Rn. 28; *Gaede,* Fairness als Teilhabe, S. 413 f.; siehe aber abgrenzend zum Verfall (zur Einziehung) gegenüber nichtbeschuldigten Dritten *Meyer-Ladewig/Harrendorf/König* Rn. 1; mwN *Löwe/Rosenberg/Esser* Rn. 80: zivilrechtlicher Anwendungsbereich eröffnet.

[167] Beispielhaft dazu EGMR 17.1.1970 – 2689/65, EGMR-E 1, 100 Rn. 26 – Delcourt/BEL; EGMR 8.12.1983 – 7984/77, NJW 1986, 2177 Rn. 25 ff. – Pretto ua/ITA; EGMR 26.5.1988 – 10563/83, Rn. 24 ff. – Ekbatani/SWE; EGMR 19.12.1989 – 9783/82, EGMR-E 4, 450 Rn. 106 f. – Kamasinski/AUT; EGMR 19.2.1996 – 16206/90, ÖJZ 1996, 675 Rn. 39 – Botten/NOR; EGMR 9.6.1998 – 42/1997/826/1032, ÖJZ 1999, 390 Rn. 46 – Twalib/GRE; speziell zu Art. 6 Abs. 3 lit. c EMRK EGMR 22.2.1994 – 13743/88, ÖJZ 1994, 564 Rn. 27 ff. – Tripodi/ITA m. abl. SV; EGMR [GK] 26.7.2002 – 32911/96 ua, ÖJZ 2003, 732 Rn. 40 ff. – Meftah/FRA; zur grundsätzlich entbehrlichen öffentlichen Verhandlung in der Kassation *Villiger* Rn. 445, zum grundsätzlich gleichen Berufungsstandard Rn. 446 f.

[168] Hierfür beispielhaft EGMR 18.12.2001 – 29692/96 u. 34612/97, Rn. 44 – R.D./POL; EGMR 17.12.1996 – 20368/92, Rn. 24, 28 ff. – Vacher/FRA; EGMR 26.2.2002 – 36515/97, FamRZ 2003, 149 Rn. 49 f. – Fretté/FRA.

[169] EGMR 11.1.2001 – 38460/97, Rn. 38 ff., 43, 49 – Platakou/GRE; vgl. auch EGMR 9.1.2003 – 38822/97, Rn. 84 – Shishkov/BUL: „Time-limits are in principle legitimate limitations on the right to a court under Article 6 § 1 of the Convention but their particularly strict interpretation in disregard of relevant practical circumstances may result in a violation of that provision (see ...)"; EGMR 20.4.2004 – 57567/00, Rn. 33 ff. – Bulena/CZE; EGMR 25.5.2004 – 49478/99, Rn. 25 ff. – Kadlec ua/CZE; siehe aber zur an sich gestatteten Formalismen insbes. bei der Revision bzw. Kassation EGMR [GK] 26.7.2002 – 32911/96 ua, ÖJZ 2003, 732 Rn. 40 ff. – Meftah ua/FRA.

[170] EGMR 9.11.2004 – 46300/99, HRRS 2005 Nr. 72 Rn. 48 ff. – Marpa Zeeland BV ua/NL; siehe auch bereits im Kontext der dt. Revision *Gaede/Rübenstahl* HRRS 2004, 342 (349 ff.). Vgl. auch zur Einbeziehung staatlicher Beiträge zur Versäumung von Formerfordernissen EGMR 27.5.2004 – 66294/01, Rn. 24 ff. – Boulougouras/GRE.

[171] Dazu nur EGMR 17.1.1970 – 2689/65, EGMR-E 1, 100 Rn. 25 – Delcourt/BEL; EGMR 14.12.1999 – 34791/97, Rn. 37 – Khalfaoui/FRA; EGMR 9.11.2004 – 46300/99, HRRS 2005 Nr. 72 Rn. 48 – Marpa Zeeland BV ua/NL; *Spaniol* S. 138, 143; *Villiger* Rn. 430, 472.

[172] Eingehend *Löwe/Rosenberg/Esser* Rn. 87 ff.; siehe auch *Karpenstein/Mayer/Meyer* Rn. 31.

[173] EGMR 27.10.2011 – 25303/08, NJW 2012, 3709 Rn. 50, 55 ff. – Stojkovic/FRA u. BEL; siehe auch ohne jede Einschränkung die Anwendbarkeit in Auslieferungsverfahren bejahend *Meyer-Goßner/Schmitt* Rn. 1.

ten.¹⁷⁴ So verletzt es Abs. 3 lit. c, Abs. 1 S. 1, wenn ein französischer Untersuchungsrichter an einer Beschuldigtenvernehmung in Belgien teilnimmt, die zugunsten eines in Frankreich geführten Strafverfahrens und damit auf Grund der Ausübung staatlicher Hoheitsgewalt im Wege der Rechtshilfe anberaumt worden ist, ohne die belgischen Behörden darauf hinzuweisen, dass der Betroffene anwaltlichen Beistand benötigt.¹⁷⁵ Dies gilt jedenfalls dann, wenn die Inhalte der Vernehmung, die zu einem Geständnis geführt hatte, anschließend im Strafverfahren verwertet werden und der Betroffene auch nicht über sein Schweigerecht belehrt wurde.¹⁷⁶ Ebenso ist bei der Durchführung einer Zeugenvernehmung Abs. 3 lit. d, Abs. 1 S. 1 uneingeschränkt zu achten.¹⁷⁷

Zu differenzieren ist in dem Fall, in dem der **ersuchte Staat** sich der Beachtung der **74** etwa in einer Vernehmung erforderlichen Rechte oder auch einer zügigen Verfahrensdurchführung **verweigert**. In diesem Fall kann die Rechtsverletzung dem ersuchenden Vertragsstaat nicht unmittelbar zugerechnet werden. Eine Verletzung durch den Vertragsstaat kommt jedoch in Betracht, wenn er eine durch die menschenrechtlich unzureichende Rechtshilfe eintretende Einschränkung nicht hinreichend durch kompensierende Verfahrensinstrumente ausgleicht und dennoch weiter auf die Ergebnisse der Rechtshilfe zur Ahndung zurückgreift.¹⁷⁸ Überdies muss bei der Verfahrensdauer die insgesamt auch durch die ggf. verzögerte Rechtshilfe eingetretene Verfahrenslänge in die Gesamtwürdigung einbezogen werden.¹⁷⁹

Auch dann, wenn der **Vertragsstaat als ersuchter Staat** auftritt, muss er die Garantien **75** der EMRK beachten, weil er einer gemäß Art. 6 berechtigten Person trotz der bestehenden staatlichen Hoheitsgewalt (→ Art. 1 Rn. 24) anderenfalls die Anerkennung der herausragend wichtigen Fairnessgarantie des Art. 6 verweigern würde. Wenngleich dem ersuchten Vertragsstaat die Anklage regelmäßig nicht zurechenbar ist, ist ihm sein eigener Beitrag zur Art und Weise des geführten Strafverfahrens zuzurechnen. In ihm kann sich eine Missachtung des Art. 6 offenbaren. Insofern ist zum Beispiel das Recht auf Verteidigerbeistand gemäß Abs. 3 lit. c, Abs. 1 S. 1, das grundsätzlich schon im Ermittlungsverfahren zu wahren ist, offenbar auch nach Ansicht des EGMR gemäß der jüngeren Rechtsprechung in Vernehmungen im Wege der Rechtshilfe zu gewährleisten.¹⁸⁰ Nicht geboten ist es hingegen, dem ersuchten Vertragsstaat die Durchführung eines vollständigen Strafverfahrens aufzuerlegen.¹⁸¹ Allenfalls dann, wenn Auslieferungshindernisse eingreifen (dazu etwa → Art. 3 Rn. 9 f.) und sich der Vertragsstaat dann selbst zu einer Anklage entschließt, tritt die volle Geltung des Art. 6 in Kraft.

II. Verfahrensverzicht und Verständigungen

Ist der Anwendungsbereich eröffnet, muss jeder Vertragsstaat der EMRK die Rechte **76** des Art. 6 konkret und wirksam gewährleisten, sofern keine Einschränkungen der Rechte

---

¹⁷⁴ Siehe dafür mwN anhand der Zeugenvernehmung auch *Gaede* JR 2006, 292 (294); siehe auch mwN *Klip* in *Renzikowski* (Hrsg.), Die EMRK in Privat-, Straf- und öffentlichem Recht, 2004, S. 123, 127, 130 ff.; *Ziegenhahn* S. 215 f.: Tendenz der verstärkten Bedeutung des Menschenrechtsschutzes bei der Rechtshilfe, S. 217 ff., 314 ff., S. 402 ff.
¹⁷⁵ So zum „témoin assisté" EGMR 27.10.2011 – 25303/08, NJW 2012, 3709 Rn. 55 ff. – Stojkovic/FRA u. BEL.
¹⁷⁶ EGMR 27.10.2011 – 25303/08, NJW 2012, 3709 Rn. 54, 56 f. – Stojkovic/FRA u. BEL.
¹⁷⁷ Näher schon *Gaede* JR 2006, 292 (294); siehe auch *Schramm* HRRS 2011, 156 (158).
¹⁷⁸ Dazu nur grundsätzlich mit einer unzureichenden Abschwächung des Konfrontationsrechts im Falle der tatsächlichen Unmöglichkeit EGMR 17.11.2005 – 73047/01, NStZ 2007, 103 – Haas/D mAnm *Esser*; krit. → Rn. 265 ff.
¹⁷⁹ Siehe auch schon zu Art. 5 Abs. 3 S. 1 Hs. 2 EMRK EGMR 6.11.2014 – 67522/09, NJW 2015, 3773 Rn. 62 – Ereren/D.
¹⁸⁰ In diesem Sinne, allerdings ohne abschließende Entscheidung zur Sache infolge einer Verfristung gegenüber Belgien als ersuchtem Vertragsstaat, EGMR 27.10.2011 – 25303/08, NJW 2012, 3709 Rn. 38 ff., 50 – Stojkovic/FRA u. BEL; *Esser/Gaede/Tsambikakis* NStZ 2012, 619 (623); zur engeren übrigen Rspr. siehe aber mwN Karpenstein/Mayer/*Meyer* Rn. 31.
¹⁸¹ Siehe auch schon EKMR 5.2.1973 – 5049/71, CD 43, 38 (41 ff.) – X. ua/AUT: Anwendung des Abs. 3 lit. d, nicht aber des Abs. 1 S. 1 bei einer kommissarischen Vernehmung im Wege der Rechtshilfe für einen anderen Vertragsstaat.

eingreifen (dazu → Rn. 28 ff.). Die Gewährleistung der Verfahrensrechte kann aber auch dann unterbleiben, wenn der Angeklagte auf Rechte wirksam verzichtet (zu den Anforderungen → Rn. 77 ff.). Dies stellt auch eine wesentliche Grundlage für Maßstäbe zu Verfahrensverständigungen dar (→ Rn. 90 ff.).

77 **1. Die Anforderungen an einen wirksamen Verzicht.** Der Inhaber eines (Menschen-)Rechts kann grundsätzlich über seine Rechte auch verfügen, indem er von seiner Ausübung Abstand nimmt.[182] Auch zu Art. 6 erkennt der EGMR entsprechend an, dass der Beschuldigte auf seine Rechte prinzipiell verzichten kann.[183]

78 So kann der Angeklagte beispielsweise auf seine Anwesenheit im Verfahren,[184] auf die Beiziehung eines Verteidigers,[185] auf die Selbstbelastungsfreiheit[186] oder auf das Konfrontationsrecht[187] verzichten. Selbst die auch dem Vertrauen der Demokratie in ihre Gerichtsbarkeit dienende Verfahrensöffentlichkeit[188] und die Garantie des unabhängigen und unparteilichen Gerichts[189] werden grundsätzlich als disponibel angesehen.

79 Der EGMR stellt aber die folgenden **drei Voraussetzungen** für einen wirksamen Verzicht auf, deren Darlegung er dem Staat[190] zugunsten der Bewahrung des herausragenden Rechts auf ein faires Strafverfahren grundsätzlich überzeugend[191] abverlangt: Der Verzicht muss *erstens* eindeutig erfolgen, *zweitens* freiwillig sein und ihm dürfen *drittens* keine wichtigen öffentlichen Interessen entgegenstehen.[192] Es muss eine Bekundung vorliegen, die den Verzichtswillen des Angeklagten eindeutig demonstriert und auf hinreichende prozedurale Schutzinstrumente abgestützt ist.[193]

80 **a) Eindeutige Erklärung des Verzichts.** Nach der ständigen Rechtsprechung des EGMR muss für einen wirksamen Verzicht die Äußerung eines Verzichtswillens durch den Rechtsinhaber unmissverständlich und damit eindeutig festgestellt geworden sein (*„must be*

---

[182] Siehe aber zu der vom EGMR angenommenen Abhängigkeit vom betroffenen Recht EGMR 30.11.1987 – 8950/80, EGMR-E 3, 711 Rn. 54 – H./BEL; EGMR 24.6.1993 – 14518/89, EuGRZ 1996, 604 Rn. 58 – Schuler-Zgraggen/SWI; EGMR 18.6.1971 – 2832/66 ua, EGMR-E 1, 110 Rn. 65 – De Wilde ua/BEL.

[183] Zur Rspr etwa EGMR 27.2.1980 – 6903/75, EGMR-E 1, 463 Rn. 49 ff. – Deweer/BEL; EGMR 21.2.1990 – 11855/85, EuGRZ 1992, 5 Rn. 64 ff. – Hakansson u. Sturesson/SWE; EGMR 23.11.1993 – 14032/88, ÖJZ 1994, 467 Rn. 29 ff. – Poitrimol/FRA; EGMR 22.2.1996 – 17358/90, ÖJZ 1996, 430 Rn. 29 ff. – Bulut/AUT; einschränkend EGMR 25.2.1992 – 10802/84, NJW 1992, 1873 Rn. 38 ff. – Pfeifer u. Plankl/AUT; EGMR 23.5.1991 – 11662/85, NJW 1992, 613 Rn. 51 – Oberschlick/AUT; für die Verzichtbarkeit im Schrifttum etwa auch *Ashworth* S. 41 ff.

[184] Dazu mwN EGMR 23.11.1993 – 14032/88, ÖJZ 1994, 467 Rn. 29 ff. – Poitrimol/FRA.

[185] EGMR 22.6.1993 – 12914/87, ÖJZ 1994, 104 Rn. 25 – Melin/FRA; *Konrad* S. 90.

[186] EGMR 18.2.2010 – 39660/02, Rn. 40 – Aleksandr Zaichenko/RUS.

[187] Vgl. EGMR 7.7.1989 – 10857/84, Rn. 88 – Bricmont/BEL: keine Einforderung der Vernehmung; mwN BGE 125 I 127, 134; *Villiger* Rn. 477; *Stavros* S. 246 f., der aber den konkludenten Verzicht in Inquisitionsverfahren eingrenzen möchte, in denen sich der Angeklagte auf die Aufklärungspflicht berufen kann. In diesem Sinne auch EGMR 6.12.1988 – 10590/83, EGMR-E 4, 208 Rn. 75 – Barberà Messegué u. Jabardo/SPA: keine Entlastung von der primären Verpflichtung.

[188] EGMR 12.2.1985 – 9024/80, EGMR-E 3, 1 Rn. 28 – Colozza/ITA; EGMR 21.2.1990 – 11855/85, EuGRZ 1992, 5 Rn. 66 – Hakansson u. Sturesson/SWE; *Villiger* Rn. 443.

[189] Zum grundsätzlich zulässigen Verzicht EGMR 23.5.1991 – 11662/85, NJW 1992, 613 Rn. 51 – Oberschlick/AUT; EGMR 22.2.1996 – 17358/90, ÖJZ 1996, 430 Rn. 29 ff. – Bulut/AUT; *Esser* S. 557 ff.: Voraussetzungen aber hoch angesetzt.

[190] EGMR 28.8.1991 – 12151/86, ÖJZ 1992, 35 Rn. 35 – F.C.B./ITA; EGMR 13.2.2001 – 25116/94, NJW 2002, 2015 Rn. 48 – Schöps/D: kein Verzicht bei begründeten Zweifeln an staatlicher Darlegung; EGMR 6.12.1988 – 10590/83, EGMR-E 4, 208 Rn. 82 – Barberà Messegué u. Jabardo/SPA; EGMR 23.11.1993 – 14032/88, ÖJZ 1994, 467 Rn. 31 – Poitrimol/FRA; *Gaede/Rübenstahl* HRRS 2004, 342 (349 f.).

[191] Siehe evaluierend und weiter konkretisierend *Gaede*, Fairness als Teilhabe, S. 741 ff.

[192] Beispielgebend vor allem zum Zwangsverbot EGMR 27.2.1980 – 6903/75, EGMR-E 1, 463 Rn. 49 ff. – Deweer/BEL.

[193] Zur prozeduralen Absicherung EGMR 25.2.1992 – 10802/84, NJW 1992, 1873 Rn. 38 f. – Pfeifer u. Plankl/AUT; EGMR 23.11.1993 – 14032/88, ÖJZ 1994, 467 Rn. 31 – Poitrimol/FRA; EGMR [GK] 18.10.2006 – 18114/02, NLMR 2006, 248 Rn. 73 – Hermi/ITA; EGMR [GK] 17.9.2009 – 10249/03, NLMR 2009, 260 Rn. 135 – Scoppola/ITA; näher mwN *Gaede/Rübenstahl* HRRS 2004, 341 (349 ff.).

made in an unequivocal manner").¹⁹⁴ Eindeutig meint nicht notwendig eine ausdrückliche Erklärung, doch muss auch dem konkludenten Verhalten des Rechtsinhabers¹⁹⁵ ein **Verzichtswille unmissverständlich zu entnehmen** sein.¹⁹⁶ Damit ist zu fragen, ob *nur* die Deutung als Verzicht in Betracht kommt. Lassen sich Zweifel an der Erklärung oder Missverständnisse hinsichtlich des Erklärungsgehalts nicht ausräumen, scheidet ein konkludenter Verzicht aus. Die Annahme eines stillschweigenden Verzichts setzt damit namentlich voraus, dass von der **Kenntnis des Verzichtenden** hinsichtlich der Ausübbarkeit seines Rechts ausgegangen werden kann.¹⁹⁷

Etwa der Verzicht auf die Unparteilichkeit eines Richters setzt folglich die Kenntnis **81** der Umstände voraus, die legitime Zweifel begründen.¹⁹⁸ Ein wirksamer Verzicht auf das Anwesenheitsrecht kommt nur dann in Betracht, wenn der Angeklagte trotz seiner Ladung der Verhandlung fernbleibt, und gegen die mögliche Kenntnisnahme keine Bedenken bestehen.¹⁹⁹ Hat der Staat auf die Kenntnis des Angeklagten nicht hinreichend hingewirkt, schließt dies einen wirksamen Verzicht selbst bei einer möglicherweise bestehenden Kenntnis aus.²⁰⁰ Ein konkludenter Verzicht infolge einer unterlassenen Geltendmachung des jeweils betroffenen Rechts kommt dann nicht in Betracht, wenn das Recht in der nationalen Rechtsordnung nicht in geeigneter Weise anerkannt oder nicht praktiziert wird, so dass ein Angeklagter nicht erwarten musste, dass seine Geltendmachung erfolgreich sein würde.²⁰¹ Ein Verzicht soll aber für die Beiziehung eines Verteidigers angenommen werden dürfen, wenn der Angeklagte bewusst einen Verteidiger wählt, der bei einem nationalen Obergericht auf Grund eines rechtmäßigen Zugangsmonopols nicht zugelassen ist.²⁰²

Bei der Anwendung dieser Maßstäbe kann das Verhalten so zu interpretieren sein, dass **82** der Angeklagte allein auf einzelne Teilhaberechte des Art. 6, nicht hingegen auf alle oder mehrere Teilhaberechte verzichten will.²⁰³ Der EGMR erkennt die Möglichkeit eines **Teilverzichts** an und sieht in einem Verzicht nicht automatisch einen Verzicht auf alle oder

---

¹⁹⁴ EGMR 23.11.1993 – 14032/88, ÖJZ 1994, 467 Rn. 31 – Poitrimol/FRA; EGMR 24.6.1993 – 14518/89, EuGRZ 1996, 604 Rn. 58 – Schuler-Zgraggen/SWI; EGMR 6.12.1988 – 10590/83, EGMR-E 4, 208 Rn. 82 – Barberà Messegué u. Jabardo/SPA; EGMR 25.2.1992 – 10802/84, NJW 1992, 1873 Rn. 38 – Pfeifer u. Plankl/AUS; EGMR 14.12.1999 – 34791/97, Rn. 51 ff. – Khalfaoui/FRA; EGMR 13.2.2001 – 25116/94, NJW 2002, 2015 Rn. 48 – Schöps/D; *Clayton/Tomlinson*, 6.149; *Villiger* Rn. 443; Frowein/*Peukert* Rn. 3; *Stavros* S. 117 ff.; *Spaniol* S. 169 f.
¹⁹⁵ Hierzu beispielhaft EGMR 21.2.1990 – 11855/85, EuGRZ 1992, 5 Rn. 66 ff. – Hakansson u. Sturesson/SWE m. abl. SV *Walsh*; EGMR 24.6.1993 – 14518/89, EuGRZ 1996, 604 Rn. 58 – Schuler-Zgraggen/SWI; krit. *Stavros* S. 257.
¹⁹⁶ Zu diesem Kernkriterium EGMR 25.2.1992 – 10802/84, NJW 1992, 1873 Rn. 37 – Pfeifer u. Plankl/AUT; EGMR 23.11.1993 – 14032/88, ÖJZ 1994, 467 Rn. 31 – Poitrimol/FRA; EGMR 12.2.1985 – 9024/80, EGMR-E 3, 1 Rn. 28 – Colozza/ITA; mwN EGMR 20.12.2001 – 32381/96, ÖJZ 2002, 394 Rn. 26 ff. – Baischer/AUT; EGMR 3.10.2000 – 29477/95, ÖJZ 2001, 194 Rn. 33 – Eisenstecken/AUT.
¹⁹⁷ EGMR 12.2.1985 – 9024/80, EGMR-E 3, 1 Rn. 28 – Colozza/ITA; EGMR 23.5.1991 – 11662/85, NJW 1992, 613 Rn. 51 – Oberschlick/AUT; EGMR 25.2.1992 – 10802/84, NJW 1992, 1873 Rn. 38 – Pfeifer u. Plankl/AUT: Kenntnis der rechtlichen Bedeutung des Verzichts nach den konkreten Umständen; zust. *Esser* S. 722; *Stavros* S. 198 f.
¹⁹⁸ EGMR 23.5.1991 – 11662/85, NJW 1992, 613 Rn. 51 – Oberschlick/AUT.
¹⁹⁹ EGMR 23.11.1993 – 14032/88, ÖJZ 1994, 467 Rn. 31 – Poitrimol/FRA; EGMR 12.2.1985 – 9024/80, EGMR-E 3, 1 Rn. 28 – Colozza/ITA; *Stavros* S. 198 f.; *Villiger* Rn. 473.
²⁰⁰ Siehe EGMR 28.8.1991 – 12151/86, ÖJZ 1992, 35 Rn. 35 – F.C.B./ITA: trotz Anhaltspunkten für eine Prozessverschleppung keine Prüfung des Verzichts.
²⁰¹ Am Beispiel der öffentlichen Verhandlung EGMR 3.10.2000 – 29477/95, ÖJZ 2001, 194 Rn. 33 – Eisenstecken/AUT; EGMR 26.9.1995 – 18160/91, ÖJZ 1996, 115 Rn. 31 – Diennet/FRA; EGMR 21.2.1990 – 11855/85, EuGRZ 1992, 5 Rn. 66 ff. – Hakansson u. Sturesson/SWE; zum Konfrontationsrecht EGMR 5.12.2002 – 34896/97, NLMR 2002, 272 Rn. 93 – Craxi/ITA; zum Verteidigerbeistand EGMR 26.9.2000 – 33170/96, Rn. 30 f. – Biba/GRE; *Clayton/Tomlinson*, Rn. 6.153; *Emmerson/Ashworth/Macdonald*, Rn. 2–73; näher *Gaede*, Fairness als Teilhabe, S. 753 f.
²⁰² EGMR [GK] 26.7.2002 – 32911/96 ua, ÖJZ 2003, 732 Rn. 46 – Meftah ua/FRA, vgl. aber auch das abl. SV *Loucaides*, der einen ausdrücklichen Ausschluss der Selbstverteidigung zur Bedingung macht.
²⁰³ EGMR [GK] 21.1.1999 – 26103/95, NJW 1999, 2353 Rn. 33 – Van Geyseghem/BEL; EGMR 6.12.1988 – 10590/83, EGMR-E 4, 208 Rn. 82 – Barberà Messegué u. Jabardo/SPA.

auch nur auf mehrere Rechte des Art. 6.[204] Beispielsweise die Teilhabe über einen Verteidiger kann einem Angeklagten nicht allein deshalb infolge eines Verzichts verwehrt werden, weil der Angeklagte auf seine eigene Anwesenheit wirksam verzichtet hat.[205] Auch die Information über Verfahrensbeiträge anderer Verfahrensbeteiligter wird nicht schon wegen der Entscheidung gegen eine formelle Verteidigung lässlich.[206]

83   Problematisch ist dabei, dass der EGMR nicht zwingend auf den Angeklagten als Rechtsinhaber abstellt, sondern vielmehr ohne nähere Darlegungen auch auf eindeutige Verzichtstatbestände abstellt, die der vom Angeklagten unabhängige **Verteidiger** begründet hat.[207] Etwa auf das Konfrontationsrecht soll der Verteidiger selbst verzichten dürfen.[208] Dies kann nur überzeugen, wenn die Verzichtsentscheidung tatsächlich hinreichend mit dem Rechtsinhaber abgestimmt wurde, was nicht selbstverständlich der Fall sein muss.[209]

84   **b) Mindestbedingungen einer freien Verzichtsentscheidung.** Die auf den Verzicht gerichtete Willenskundgabe des Rechtsinhabers muss nicht nur eindeutig sein. Sie muss auch unter Umständen zustande gekommen sein, in denen sie dem Rechtsinhaber als **freie Willenserklärung** und als belastende Rechtsausübung zugerechnet werden kann.[210]

85   Eine derartige Verzichtserklärung setzt insoweit *zum einen* negativ voraus, dass sie **nicht unter staatlichem Zwang** erfolgt ist (*„absence of constraint"*).[211] Hieran fehlt es jedenfalls dann, wenn der Angeklagte nur unter dem Eindruck angedrohter schwerwiegender Nachteile wie zum Beispiel erheblichen ökonomischen Belastungen in eine Geldstrafe einwilligt.[212] Schließt man an die *Deweer*-Entscheidung an, liegt der untersagte staatliche Druck aber nicht schon in der weiteren Durchführung eines Strafverfahrens im Fall der Ablehnung des staatlicherseits angeregten Verzichts; er ist einzelfallbezogen zu prüfen.[213] Auch dem **Staat zurechenbare Irreführungen**, die Rechtsverzichte auslösen, schließen die Wirksamkeit des Verzichts jedenfalls bei einer gravierenden Einwirkung auf den Rechtsinhaber aus.[214]

---

[204] Zur Kasuistik im Einzelnen EGMR [GK] 26.7.2002 – 32911/96 ua, ÖJZ 2003, 732 Rn. 51 – Meftah ua/FRA: Mitteilung einer Stellungnahme trotz „Verteidigerverzichts"; EGMR [GK] 21.1.1999 – 26103/95, NJW 1999, 2353 Rn. 33 ff. – Van Geyseghem/BEL; EGMR 25.4.1983 – 8398/78, NStZ 1983, 373 Rn. 31 – Pakelli/D; EGMR 28.6.1984 – 7819/77 u. 7878/77, EGMR-E 2, 409 Rn. 99 – Campbell u. Fell/UK; EGMR 23.11.1993 – 14032/88, ÖJZ 1994, 467 Rn. 34 – Poitrimol/FRA; EGMR 22.9.1994 – 14861/89, ÖJZ 1995, 196 Rn. 31 ff. – Lala/NL; EGMR 13.2.2001 – 29731/96, NJW 2001, 2387 Rn. 82 ff. – Krombach/FRA; *Esser* S. 463 ff.

[205] Für diese nun StRspr etwa EGMR 23.11.1993 – 14032/88, ÖJZ 1994, 467 Rn. 31 ff. – Poitrimol/FRA; EGMR [GK] 21.1.1999 – 26103/95, NJW 1999, 2353 Rn. 33 ff. – Van Geyseghem/BEL; EGMR 13.2.2001 – 29731/96, NJW 2001, 2387 Rn. 82 ff. – Krombach/FRA; gegenüber Deutschland sodann EGMR 8.12.2012 – 30804/07, StV 2013, 289 Rn. 46 ff. – Neziraj/D.

[206] EGMR 8.2.2000 – 27362/95, Rn. 32 ff. – Voisine/FRA m. abl. SV *Costa/Jungwiert*.

[207] In diesem Sinne EGMR 6.12.1988 – 10590/83, EGMR-E 4, 208 Rn. 82 – Barberà Messegué u. Jabardo/SPA; EGMR 13.2.2001 – 25116/94, NJW 2002, 2015 Rn. 48 – Schöps/D; EGMR 15.2.2001 – 42388/98, Rn. 1a i – S.I. Chissiez Bon Attrait/SWI.

[208] Hierfür EGMR 19.12.1989 – 9783/82, EGMR-E 4, 450 Rn. 91 – Kamasinski/AUT; EGMR [GK] 27.10.2004 – 39647/98, 40461/98, Rn. 37 – Edwards u. Lewis/UK; EGMR 10.6.1996 – 22399/93, ÖJZ 1996, 874 Rn. 46 – Pullar/UK; einbeziehend auch EGMR 2.7.2002 – 34209/96, NLMR 2002, 139 Rn. 49 ff. – S.N./SWE; BG 16.3.2000 – 4C.424/1999, Pra 2001 Nr. 60, S. 355 ff.

[209] Zur Kritik siehe bereits näher *Gaede*, Fairness als Teilhabe, S. 756 ff.: notwendige Zurückführung auf den Willen des Angeklagten; auch schon *Stavros* S. 198 f.

[210] EGMR 10.11.2004 – 56581/00, EuGRZ 2004, 779 Rn. 33 – Sejdovic/ITA; EGMR 15.6.2004 – 36256/97, Rn. 44 – Thompson/UK: „free and unambiguos nature of any choice"; EGMR 27.2.1980 – 6903/75, EGMR-E 1, 463 Rn. 49 ff. – Deweer/BEL; EKMR 6.10.1981 – 9177/80, DR 26, 255 (257 f.) – X./D; *Stavros* S. 117 ff.

[211] Beispielgebend dazu EGMR 27.2.1980 – 6903/75, EGMR-E 1, 463 Rn. 49 ff. – Deweer/BEL; EKMR 25.5.1998 – 36106/97, DR 93-B, 95 (102 f.) – Mihaies/FRA; EKMR 6.10.1981 – 9177/80, DR 26, 255 (257 f.) – X./D; *Jung* EJCL 1997, 112 (119 f.); *Stavros* S. 117 ff.

[212] EGMR 27.2.1980 – 6903/75, EGMR-E 1, 463 Rn. 49 ff. – Deweer/BEL.

[213] Siehe auch *Donatsch* ZStR 112 (1994), 317 (328 f.); *Espenhain* EuGRZ 1981, 15 (16); siehe auch *F. Meyer* S. 137 ff.: für sich genommen legitime Verfahrensmaßnahmen werden nicht ohne weiteres durch Rückwirkungen auf die Rechtsausübung unzulässig; näher *Gaede*, Fairness als Teilhabe, S. 761 ff.

[214] EGMR 9.11.2004 – 46300/99, HRRS 2005 Nr. 72 Rn. 48 ff. – Marpa Zeeland B.V. ua/N; näher mwN *Gaede*, Fairness als Teilhabe, S. 763 f.; siehe auch *ders.* JR 2009, 493 (496).

Zum anderen hat der EGMR im Anschluss an die EKMR über das Verbot hinaus, auf **86** Seiten des Angeklagten Willensmängel auszulösen, insbesondere für Art. 6 verfahrensrechtliche Garantien eingefordert, welche die Belastbarkeit des Verzichts positiv begründen und ohne die eine wirksame Verzichtserklärung ausgeschlossen ist: "*in the case of procedural rights a waiver, in order to be effective for Convention purposes, requires minimum guarantees commensurate to its importance*".[215] Damit kann eine Erklärung, an welcher der Staat den Angeklagten wirksam festhalten kann, nur angenommen werden, wenn der Staat den **Einsatz angemessener Verfahrenssicherungen** darlegen kann.[216] In Relation zur Bedeutung des betroffenen Rechts sind auch für die Umstände des Einzelfalls adäquate Garantien vorzuhalten, wobei Art. 6 auch hier als herausragendes Recht zu betrachten ist.[217] Hierfür kommt insbesondere einer hinreichenden rechtlichen Aufklärung des Rechtsinhabers[218] und mithin der Unterstützung durch den Verteidiger große Bedeutung zu.[219]

Der EGMR hat hiermit eine **grundsätzlich leistungsfähige Lösung** gefunden. **87** Indem er den Vertragsstaaten den Einsatz schützender Verfahrensformen und -instrumente abverlangt, welche die Freiwilligkeit im Sinne einer überlegten Entscheidung fördern, wirkt er einem Unterlaufen der Anforderungen des Art. 6 sinnvoll entgegen, das über eine leicht mögliche Behauptung eines Verzichts eintreten könnte.[220] Zugleich schafft er sowohl zum Ausschluss staatlich begründeter Willensmängel als auch zum Ausgleich nicht minder bedeutsamer, strukturell bestehender Gefährdungslagen[221] Anhaltspunkte, anhand derer die schwierige Aufgabe gelingen kann, eine freie Entscheidung des Einzelnen praktikabel nachträglich festzustellen. Der Vertragsstaat muss insofern geeignete prozedurale Garantien wie Belehrungen, Aufklärungen, Beratungen oder etwa die Schriftform vorsehen, anhand derer für den konkreten Fall nachvollziehbar dargelegt werden kann, dass vom Handelnden eine informierte und der Tragweite des Verzichts entsprechende Verzichtsentscheidung erwartet werden konnte. Sie sind zu Recht nach der Bedeutung des jeweiligen Verzichts zu staffeln, weshalb zum Beispiel für Entscheidungen über einen Rechtsmittelverzicht, der das gesamte Verfahren beendet, besonders strenge Anforderungen zu stellen sind.[222]

c) Beschränkung durch wichtige öffentliche Interessen. Ein Verzicht wird vom **88** EGMR nicht als wirksam bzw. bindend anerkannt, wenn er wichtigen öffentlichen Interes-

---

[215] Siehe grundlegend EGMR 25.2.1992 – 10802/84, NJW 1992, 1873 Rn. 37 ff. – Pfeifer u. Plankl/AUT, auch den Bericht der EKMR Rn. 74 ff.; EGMR 23.11.1993 – 14032/88, ÖJZ 1994, 467 Rn. 31 – Poitrimol/FRA; EGMR 13.2.2001 – 25116/94, NJW 2002, 2015 Rn. 48 – Schöps/D; EGMR 15.6.2004 – 36256/97, Rn. 43 ff. – Thompson/UK; EGMR 24.6.2004 – 49158/99, Rn. 33 ff. – Frommelt/LIE; EKMR 25.5.1998 – 36106/97, DR 93-B, 95 (102 f.) – Mihaies/FRA; EGMR 9.9.2003 – 30900/02 – Jones/UK. Der EGMR hat dieses Prinzip auch für eine auf ein Strafverfahren bezogene Verständigung im Individualbeschwerdeverfahren bestätigt, vgl. EGMR 22.4.1998 – 33441/96, Rn. 46 ff. – Richard/FRA.
[216] EGMR 25.2.1992 – 10802/84, NJW 1992, 1873 Rn. 37 ff. – Pfeifer u. Plankl/AUT; EGMR 23.2.1999 – 34966/97, Rn. 2 – De Groot/NL; auch bereits EKMR 23.3.1972 – 5076/71, CD 40, 64 ff. – X./UK: Bezugnahme auf verfahrensmäßige Sicherungen gegen einen Missbrauch des *guilty plea*-Verfahrens.
[217] EGMR 27.2.1980 – 6903/75, EGMR-E 1, 463 Rn. 49 – Deweer/BEL; EGMR 25.2.1992 – 10802/84, NJW 1992, 1873 Rn. 37 ff. – Pfeifer u. Plankl/AUT; EGMR 13.2.2001 – 25116/94, NJW 2002, 2015 Rn. 48 – Schöps/D; EGMR 23.11.1993 – 14032/88, ÖJZ 1994, 467 Rn. 31 – Poitrimol/FRA; *Spaniol* S. 169 f.; *Gaede/Rübenstahl* HRRS 2004, 342 (349 f.).
[218] EGMR 15.6.2004 – 36256/97, Rn. 43 ff. – Thompson/UK; EGMR 24.6.2004 – 49158/99, Rn. 33 f. – Frommelt/LIE.
[219] EGMR 25.2.1992 – 10802/84, NJW 1992, 1873 Rn. 38 – Pfeifer u. Plankl/AUT; EGMR 15.6.2004 – 36256/97, Rn. 44 f. – Thompson/UK; EGMR 24.6.2004 – 49158/99, Rn. 33 f. – Frommelt/LIE; *F. Meyer* S. 245 ff.; *Gaede/Rübenstahl* HRRS 2004, 342 (349 ff.).
[220] Näher mwN *Gaede*, Fairness als Teilhabe, S. 759 ff.; siehe aber krit. zu einem früheren Rechtsstand *Stavros* S. 198 f., 235, 246 f., 356 f.
[221] Zur regelmäßigen Unkenntnis und Überforderung des Bürgers mit dem technisierten Verfahren des 21. Jahrhunderts EGMR 15.6.2004 – 60958/00, NLMR 2004, 128 Rn. 29 – S.C./UK; im Rahmen der Verfahrensabsprachen EGMR 9.6.2016 – 2308/06, Rn. 56 – Saranchov/UKR.
[222] Dafür bereits *Gaede/Rübenstahl* HRRS 2004, 342 (349); sachlich auch BGH 15.6.2004 – 3 StR 368/02 u. 3 StR 415/02, NJW 2004, 2536 (2539).

sen entgegensteht (*a waiver „must not run counter to an important public interest"*).²²³ Dies wird jedoch selbst beim Verzicht auf das Recht auf ein faires Verfahren im Ganzen nicht prinzipiell angenommen; vielmehr ist auch dieses für den EGMR verzichtbar (dazu näher → Rn. 77 ff.).²²⁴ Bislang blieb offen, wann und nach welcher Ratio derartige Schranken tatsächlich einmal greifen könnten.²²⁵ Für den Verzicht innerhalb eines Verfahrens lassen sich etwa zur Unabhängigkeit und Unparteilichkeit des Gerichts lediglich *obiter dicta* nachweisen, die betonen, dass Erfordernisse des fairen Verfahrens nicht allein in den Händen der Verfahrensparteien liegen sollten.²²⁶ Überdies erscheint das von vornherein auch dem Verfahrenszugang der Allgemeinheit dienende Öffentlichkeitsprinzip ein besonders naheliegendes Beispiel dafür, die Verbindlichkeit eines Verzichts einzuschränken.

89   Im Hinblick auf eine treffende Einordnung des dritten Verzichtskriteriums ist zu bedenken, dass sich die Zurückweisung seines Verzichts nicht selten für den Angeklagten im Rahmen des von Art. 6 gewährten Gesamtrechts auf ein faires Verfahren belastend auswirken wird. So wird etwa mit einem nicht verzichtbaren Verfahrensschritt ggf. das Verfahren verlängert, mit der Pflicht des Angeklagten zur Anwesenheit die faktisch sanktionierende Wirkung des Prozesses zunehmen²²⁷ oder mit dem Zwang zur Öffentlichkeit ggf. die effektive Teilhabe des Angeklagten erschwert (→ Rn. 125). In entsprechenden Fällen können etwaige Zurückweisungen eines Verzichts nicht selbstverständlich befürwortet werden. Sie müssen sich vielmehr insbesondere als **verhältnismäßige Einschränkungen der Rechte des Angeklagten** gemäß Art. 6 legitimieren lassen (mit einem Beispiel auch → Rn. 125).²²⁸ Etwa allein der Umstand, dass hinsichtlich der Durchführung einer öffentlichen Hauptverhandlung ein öffentliches Informations- und Kontrollinteresse angenommen werden kann, rechtfertigt die Ablehnung eines Verzichts auf die Öffentlichkeit der Verhandlung damit noch *nicht in jedem Falle*. Resultierende Nachteile für die nach Art. 6 gebotene effektive Teilhabe wären – etwa bei Kindern oder Jugendlichen – mindestens ausreichend auszugleichen. Ist dies nicht möglich, muss der Verzicht auf die Öffentlichkeit beachtlich sein.²²⁹

90   **2. Die Mindestbedingungen für faire Prozessabsprachen.** Nachdem anfangs kaum Entscheidungen verfügbar waren, hat sich nun auch das Problem der Zulässigkeit von Verfahrensabsprachen vornehmlich unter dem Brennglas der Verzichtsanforderungen und damit unter dem Aspekt der Fairness gegenüber dem Angeklagten in der Rechtsprechung des EGMR niedergeschlagen (zu anderen Aspekten → Rn. 95). Schon seit langem hielt das Gericht auch den Zugang zum Gericht und mithin die gesamten Verfahrensrechte in Strafsachen **grundsätzlich für verzichtbar,** soweit die allgemeinen Verzichtsmaßstäbe gewahrt sind.²³⁰ Auch zum deutschen Strafbefehl hatte der EGMR – problematischerweise – im

---

²²³ EGMR 24.6.1993 – 14518/89, EuGRZ 1996, 604 Rn. 58 – Schuler-Zgraggen/SWI; EGMR 21.2.1990 – 11855/85, EuGRZ 1992, 5 Rn. 66 – Hakansson u. Sturesson/SWE; EGMR 12.2.1985 – 9024/80, EGMR-E 3, 1 Rn. 28 – Colozza/ITA; EGMR 15.6.2004 – 36256/97, Rn. 43 – Thompson/UK; EGMR 5.12.2002 – 34896/97, NLMR 2002, 272 Rn. 91 – Craxi/ITA; *Clayton/Tomlinson*, Rn. 6.153; weit aufgreifend etwa *Donatsch* ZStR 112 (1994), 317 (326, 331 ff.).
²²⁴ Siehe dafür EGMR 16.12.1992 – 12129/86, NJW 1993, 717 Rn. 26 f. – Hennings/D m. abl. SV *Walsh*; EGMR 27.2.1980 – 6903/75, EGMR-E 1, 463 Rn. 49 ff. – Deweer/BEL; vgl. auch für den Verzicht auf Rechtsmittel *Gschwend* ZStR 116 (1998), 174 (185 ff.).
²²⁵ Siehe etwa *Emmerson/Ashworth/Macdonald*, Rn. 2–69; *Ferguson* CrimLR 2002, 554 (561); *Stavros* S. 356 f.; auch *Jacobs/White/Ovey* S. 275 f.
²²⁶ EGMR 23.5.1991 – 11662/85, NJW 1992, 613 Rn. 51 – Oberschlick/AUT: Ausschluss durch das Gesetz; EGMR 25.2.1992 – 10802/84, NJW 1992, 1873 Rn. 38 – Pfeifer u. Plankl/AUT.
²²⁷ Siehe zu dieser mwN *Gaede* ZStW 129 (2017), Heft 4, I.
²²⁸ Dazu bereits mwN *Gaede*, Fairness als Teilhabe, S. 769 ff.
²²⁹ Siehe dahingehend EGMR [GK] 16.12.1999 – 24724/94, NLMR 2000, 17 Rn. 85 – T./UK.
²³⁰ EGMR 27.2.1980 – 6903/75, EGMR-E 1, 463 Rn. 49 ff. – Deweer/BEL: In diesem Fall, in dem der EGMR im Ergebnis den wirksamen Verzicht verneinte, sah sich der Beschuldigte einer ökonomisch untragbaren Belastung durch die Schließung seines Betriebes gegenübergestellt, die ihm nur die Wahl der Anerkennung einer Geldstrafe ließ; EGMR 21.2.1990 – 11855/85, EuGRZ 1992, 5 Rn. 64 ff. – Hakansson u. Sturesson/SWE; zur prinzipiellen Möglichkeit eines das Verfahren modifizierenden *guilty plea* EKMR 23.3.1972 – 5076/71, CD 40, 64 ff. – X./UK; siehe aber *Esser* S. 620 f.: nur Mutmaßungen hinsichtlich Verständigungsverfahren möglich.

Angesicht der bestehenden Wiedereinsetzungsmöglichkeit einen wirksamen Verzicht bejaht, wenn der durch eine zugestellte Belehrung *prima facie* rechtzeitig informierte Angeklagte nicht rechtzeitig Einspruch erhoben hat.[231]

In der jüngeren Rechtsprechung hat sich das Gericht nun auch unmittelbar mit Verfahrensabsprachen im engeren Sinne auseinandergesetzt. In ihnen erkennt der EGMR jedenfalls dann einen Verfahrensverzicht, der an den allgemeinen Voraussetzungen zu messen ist, wenn sie das **Verfahren verkürzen bzw. die Aufklärung einschränken.**[232] Entsprechend der Zulässigkeit des Verzichts im Allgemeinen hat der EGMR sodann auch den verfahrensverkürzenden Verzicht im Rahmen von Verständigungen für *grundsätzlich* legitim erachtet und damit nicht bereits aus der hier vorliegenden Wahlentscheidung aus zweierlei Übeln – sichere Verurteilung nach der Absprache oder mögliche Verurteilung im streitigen Verfahren – gegenteiliges gefolgert.[233] Auf die Einhaltung jeder einschlägigen nationalen Verfahrensregelungen stellt er auch hier nicht ab (schon → Rn. 2 und zum Beweisrecht → Rn. 129 f.).[234] **91**

Konkret fragt der EGMR vor allem, ob das nationale Verfahren **prozedurale Schutzinstrumente** bereitgehalten hat, welche die Annahme eines autonomen Verzichts des Angeklagten rechtfertigen können.[235] Sie müssen insbesondere auf eine hinreichende Informationsbasis des Angeklagten zielen, die eine eigenverantwortliche Entscheidung überhaupt erst ermöglicht.[236] Ebenso müssen Vorkehrungen getroffen werden, die den spezifischen Gefahren entgegenwirken, welche die Freiwilligkeit in einer Kommunikation über Absprachen einschränken können. Neben der Verhinderung eines unzulässigen Geständniszwangs (insoweit → Rn. 325 f.) ist hier die Verlockung eines vergleichsweise einfach scheinenden Auswegs und abermals die Last zu nennen, ein für den Laien schwer überschaubares Dilemma aufzulösen.[237] Betroffen ist hier der Verzicht auf das Recht auf das faire Verfahren überhaupt, was die strikteste Form zu gewährender Schutzinstrumente auslösen muss.[238] **92**

Der EGMR hat zusätzlich zu den Schutzinstrumenten, die unmittelbar in den Gesprächssituationen greifen müssen, verlangt, dass die getroffene **Absprache sowohl in ihrem Ergebnis als auch in ihrer Entstehung einer effektiven richterlichen Kontrolle zugänglich** sein muss.[239] Insoweit scheint der EGMR nach seiner bisherigen Judikatur **93**

---

[231] EGMR 16.12.1992 – 12129/86, NJW 1993, 717 Rn. 26 ff. – Hennings/D m. abl. SV *Walsh*; EKMR 24.7.1970 – 4260/69, CD 35, 155 (157) – X./D; abl. aber zB *Rzepka* S. 36, 101 f.; *Dörr* S. 85 f.; *Thomas* NJW 1991, 2233 (2237 f.); *Trechsel* JR 1981, 133 (137 f.); *Gaede*, Fairness als Teilhabe, S. 768 f.; zweifelnd *Kühne* Rn. 1127; für eine enge Auslegung des Verschuldens bei der Wiedereinsetzung *Esser* S. 611 ff.

[232] MwN EGMR 29.4.2014 – 9043/05, NJW 2015, 1745 Rn. 88 ff. (Ls.) – Natsvlishvili u. Togonidze/GEO; EGMR 23.2.2016 – 46632/13 u. 28671/14, Rn. 100 – Navalnyy u. Ofitserov/RUS. Davon wäre auch für die deutsche Verständigung auszugehen, da insbesondere der EGMR „hinter die Kulissen" schauen würde, weshalb nicht allein das Lippenbekenntnis des § 257c Abs. 1 S. 2 StPO maßgeblich sein sollte, zu diesem etwa *Fezer* HRRS 2013, 117 (118); *Meyer-Goßner*/Schmitt StPO § 257c Rn. 3.

[233] So mit dem Hinweis auf die erhebliche Verbreitung in Europa EGMR 29.4.2014 – 9043/05, NJW 2015, 1745 Rn. 87 – Natsvlishvili u. Togonidze/GEO; ebenso EGMR 3.11.2011 – 29090/06, NJW 2012, 3419 Rn. 38 – Litwin/D.

[234] Siehe so bedenklich auch bei der Verabredung eines dem nationalen Recht widerstreitenden Rechtsmittelverzicht unter Rückgriff auf das regelmäßige Wissen des – an der Absprache beteiligten – Verteidigers: EGMR 3.11.2011 – 29090/06, NJW 2012, 3419 Rn. 38 ff. – Litwin/D; siehe auch zur möglichen Einschränkung von Rechtsmitteln, wenn zuvor ein an der Absprache unbeteiligtes Gericht dieselbe geprüft hat, EGMR 29.4.2014 – 9043/05, NJW 2015, 1745 Rn. 93 (Ls.) – Natsvlishvili u. Togonidze/GEO.

[235] EGMR 29.4.2014 – 9043/05, NJW 2015, 1745 Rn. 88 ff., 94 (Ls.) – Natsvlishvili u. Togonidze/GEO; EGMR 9.6.2016 – 2308/06, Rn. 44 ff. – Saranchov/UKR; ebenso EGMR 3.11.2011 – 29090/06, NJW 2012, 3419 Rn. 38 ff. – Litwin/D.

[236] EGMR 29.4.2014 – 9043/05, NJW 2015, 1745 Rn. 90 (Ls.) – Natsvlishvili u. Togonidze/GEO; EGMR 9.6.2016 – 2308/06, Rn. 46 ff. – Saranchov/UKR.

[237] Entsprechend verlangt auch der EGMR Schutzmechanismen, die der besonderen Situation Rechnung tragen, vgl. EGMR 9.6.2016 – 2308/06, Rn. 56 ff. – Saranchov/UKR.

[238] Zur gebotenen Sorgfalt der Prüfung bei einem Verzicht auf das gesamte Verfahren bereits EGMR 27.2.1980 – 6903/75, EGMR-E 1, 463 Rn. 49 – Deweer/BEL und etwa *Lester/Pannick*, 4.6.20: „particularly careful review".

[239] EGMR 29.4.2014 – 9043/05, NJW 2015, 1745 Rn. 91 ff. (Ls.) – Natsvlishvili u. Togonidze/GEO.

vorauszusetzen, dass das prüfende Gericht die Absprache, die in den bisherigen Fällen von Staatsanwaltschaft und Verteidigung getroffen wurde, auch bezüglich der Strafzumessung vollständig kontrollieren konnte.[240] Er hat verletzungsvermeidend einbezogen, dass der prüfende Richter untersucht hat, ob der Angeklagte die Absprache einschließlich ihrer Folgen zutreffend verstanden hat.[241] Ebenso trage zur hinreichenden Kontrolle bei, dass der Richter sowohl den Angeklagten als auch seinen Verteidiger befragt hatte, ob die Staatsanwaltschaft im Rahmen der Absprachen zu unzulässigem Druck oder zu falschen Versprechungen gegriffen hat.[242] Ferner wurde die schriftliche Niederlegung der Absprache als Überprüfungsbasis hervorgehoben.[243] Hinsichtlich des Wahrheitsgehalts eines abgegebenen Geständnisses hat sich der EGMR bisher mit einer summarischen Überprüfung begnügt,[244] wodurch seine Judikatur ersichtlich vor allem auf eine Sicherung gerade des tragfähigen Verzichts, weniger aber auf eine Sicherung der materiellen Einzelfallgerechtigkeit abzielt (schon → Rn. 2).

94   Mit diesem Problemzugang hat der EGMR zu Recht auch eine **unabhängige Kontrolle von Verfahrensabsprachen durch unbeteiligte Richter** hervorgehoben, die angesichts der divergierenden und etwa hinsichtlich der Arbeitsvermeidung keineswegs ohne weiteres legitimen Interessen der Beteiligten[245] eine besondere Bedeutung erlangt. Für das deutsche Absprachenmodell, welches zweifelhafterweise das Gericht selbst zum ggf. interessengeleiteten Partner von Absprachen macht, ist dieser Ansatz sowohl anspruchsvoll als auch unverzichtbar: Dass allein das selbst beteiligte Gericht die Freiwilligkeit des Verzichts – und auch seine Angemessenheit hinsichtlich der berührten öffentlichen Interessen – unabhängig und unparteilich prüfen können soll, erscheint infolge seiner hier eintretenden Eigenschaft als **Richter in eigener Sache** ausgeschlossen (auch → Rn. 163). Dies erhellt, warum die Eröffnung einer nicht durch Präklusionen geschmälerten und auf einer guten Darlegungsbasis fußenden **Kontrolle durch das Revisionsgericht,** die der deutsche Gesetzgeber mit dem Verständigungsgesetz verfolgt hat,[246] nicht nur in der verfassungsrechtlichen Perspektive, sondern auch konventionsrechtlich von entscheidender Bedeutung ist. Soweit der EGMR das deutsche Absprachenmodell nicht von vornherein verwerfen sollte, womit kaum zu rechnen ist, dürfte dabei aber ein Recht des Revisionsgerichts, die zugemessene Strafe frei zu ändern,[247] angesichts der vorherigen richterlichen Beteiligung entbehrlich sein. Es genügt, dass das Revisionsgericht auch den Schuldspruch aufheben und sodann eine neue Strafzumessung durch einen neuen Tatrichter anordnen kann.

95   Verfahrensabsprachen werfen nicht nur Fragestellungen auf, die eine Unfairness gegenüber dem Angeklagten betreffen. Es kann sich auch das **Problem einer unvertretbar unzureichenden Durchsetzung des staatlichen Strafanspruches** stellen. Da gemäß Art. 6 kein Anrecht des Verletzten und erst Recht keine Popularklage auf eine Strafverfolgung einschlägig ist (nur → Rn. 102), sind entsprechende Problemkreise indes nicht in Art. 6 verankert. Aus der Perspektive der EMRK kann sich in Zukunft aber die Frage stellen, ob nicht im Rahmen der Pönalisierungs- und Ermittlungspflichten nach den **Art. 2, 3, 4 und 8** (dazu → Art. 2 Rn. 21 ff., → Art. 3 Rn. 6 ff., → Art. 4 Rn. 2 und → Art. 8 Rn. 4) Mindestanforderungen zu entwickeln sein werden, die einem unvertretbaren Rückzug bzw. einer ebensolchen Abschwächung der Strafverfolgung entgegenstehen. Etwa eine

---

[240] EGMR 29.4.2014 – 9043/05, NJW 2015, 1745 Rn. 92 (Ls.) – Natsvlishvili u. Togonidze/GEO: keine Bindung des prüfenden Gerichts.
[241] EGMR 29.4.2014 – 9043/05, NJW 2015, 1745 Rn. 90 (Ls.) – Natsvlishvili u. Togonidze/GEO.
[242] EGMR 29.4.2014 – 9043/05, NJW 2015, 1745 Rn. 90 (Ls.) – Natsvlishvili u. Togonidze/GEO.
[243] EGMR 29.4.2014 – 9043/05, NJW 2015, 1745 Rn. 91 (Ls.) – Natsvlishvili u. Togonidze/GEO, siehe insoweit aber krit. SV *Gyulumyan*.
[244] EGMR 29.4.2014 – 9043/05, NJW 2015, 1745 Rn. 89 ff. (Ls.) – Natsvlishvili u. Togonidze/GEO.
[245] Zur Interessenlage bei der Verständigung siehe bereits mwN *Gaede/Rübenstahl* HRRS 2004, 342 (349 ff.).
[246] BVerfG 19.3.2013 – 2 BvR 2628/10 ua, BVerfGE 133, 168 Rn. 65 ff., 71.
[247] Siehe erwähnend, aber nicht als zwingend klarstellend, nochmals EGMR 29.4.2014 – 9043/05, NJW 2015, 1745 Rn. 93 (Ls.) – Natsvlishvili u. Togonidze/GEO.

Verfahrensabsprache, mit der die nationale Strafverfolgung Straftaten von Polizisten zu besonders milden Konditionen „erledigt" oder einstellt, könnte sich als Verstoß gegen die aus anderen Normen folgenden *positive obligations* darstellen.

In entsprechenden Fällen könnte dann auch ein legitimer Grund vorliegen, den Verzicht 96 auf Verfahrensrechte infolge eines Verstoßes gegen öffentliche Interessen, die auch aus der Perspektive der EMRK gewichtig sind, im Wege einer Rechtseinschränkung für unmaßgeblich zu erachten (→ Rn. 88 f.). Dann wäre aber insbesondere hinsichtlich eines möglicherweise absprachebedingt abgegebenen Geständnisses wiederum der gemäß Art. 6 ebenso erforderliche Vertrauensschutz zu wahren (→ Rn. 317).

III. Recht auf ein faires Strafverfahren

Art. 6 prägt mit dem integral zu verstehenden Recht des Angeklagten auf ein faires 97 Verfahren ein herausragendes Menschenrecht aus, das der Legitimation der staatlichen Zuschreibung strafrechtlicher Verantwortlichkeit gegenüber dem Angeklagten dient (schon → Rn. 2).[248] Ihr entspricht die an die Vertragsstaaten komplementär gerichtete Forderung, strafrechtliche Verantwortung ausschließlich auf der Basis eines damit konstitutiven fairen Verfahrens festzustellen (siehe auch Abs. 2).

Im Wesentlichen zielt das Recht dabei auf eine **substantiierte Teilhabe des Angeklag-** 98 **ten.**[249] Das Teilhaberecht des Art. 6 gewährt dem Angeklagten das Recht, in einem ergebnisoffen gestalteten Verfahren umfassend an der prozesshaften Erarbeitung der Urteilsgrundlage mitzuwirken und insofern über die objektive Institution des Gerichts am Urteil selbst teilzuhaben.[250] Ein Verfahren ist danach fair, wenn es zum einen dem Angeklagten das Recht gibt, sein Individualinteresse in unverfälschter Form unbenachteiligt und erschöpfend zur Sprache zu bringen und zum anderen nicht von vornherein durch die Ausgestaltung des Verfahrens die Entscheidung zuungunsten des Einzelnen beeinflusst oder vorgezeichnet wird, sondern vielmehr von der ernsthaften Berücksichtigung seines Vortrags bei der Urteilsfindung ausgegangen werden kann (schon → Rn. 2).

Das Recht lässt sich insoweit in einen **Teilhaberahmen** und in die aktive Teilhabe 99 durch Verteidigung untergliedern und jeweils weiter konkretisieren. Zum Teilhaberahmen gehören die gerichtsbezogenen Garantien (→ Rn. 100 ff.), die notwendige Öffentlichkeit der Hauptverhandlung (→ Rn. 118 ff.) und die Unschuldsvermutung (→ Rn. 126 ff.). Die Rechte, die eine **aktive Teilhabe** ausprägen, teilen sich zum einen in die von Art. 6 Abs. 3 konkret benannten Teilrechte (zu diesen → Rn. 140 ff.). Zum anderen existieren unbenannte Teilrechte, die vornehmlich weitere Verteidigungsrechte ausprägen (→ Rn. 279 ff.), zum Teil aber auch den Teilhaberahmen absichern (→ Rn. 308 ff.). Flankierend tritt das eigenständige Recht auf eine Verhandlung in angemessener Frist hinzu (→ Rn. 361 ff.).

1. Die benannten gerichtsbezogenen Garantien (Abs. 1 S. 1). Der Angeklagte 100 muss sein Recht nicht von jedermann empfangen. Abs. 1 S. 1 verlangt vielmehr, dass für die Entscheidung über eine strafrechtliche Anklage der Weg zu einem Gericht offensteht (→ Rn. 101 f.), das auf einer gesetzlichen Grundlage beruht (→ Rn. 104 ff.) und die Gewähr für Unabhängigkeit (→ Rn. 107 f.) und Unparteilichkeit (→ Rn. 109 ff.) bietet. Ggf. kann insoweit durch ein Rechtsmittel eine Heilung eintreten (→ Rn. 117).

a) Zugang zu einem gerichtlichen Verfahren. Als Grundbedingung für die Eröff- 101 nung eines fairen Verfahrens selbst ist auch im Strafverfahren der **Zugang zu einem gerichtlichen Verfahren** als konstitutive, von Art. 6 vorausgesetzte Garantie anerkannt

---

[248] Siehe näher mwN *Gaede*, Fairness als Teilhabe, S. 369 ff.
[249] Dazu und zum Folgenden näher mwN *Gaede*, Fairness als Teilhabe, S. 290 ff., 339 ff. sowie EGMR [GK] 16.12.1999 – 24724/94, NLMR 2000, 17 Rn. 83 – T./UK: „The Court notes that Article 6, read as a whole, guarantees the right of an accused to participate effectively in his criminal trial"; EGMR [GK] 16.12.1999 – 24888/94, NLMR 2000, 17 Rn. 85 – V./UK.
[250] Dazu und zum Folgenden eingehend bereits *Gaede*, Fairness als Teilhabe, S. 383 ff.

(siehe aber zu zulässigen Vorschaltverfahren im sog. erweiterten Anwendungsbereich → Rn. 47).²⁵¹ Das Zugangsrecht erstreckt sich auch auf national eröffnete Rechtsmittel.²⁵² Für die Rechtsmittel, welche die EMRK gar nicht fordert (→ Rn. 68, 71), ist aber anerkannt, dass die Vertragsstaaten den regelungsbedürftigen Zugang durch verhältnismäßige Form- und Fristvorgaben gestalten dürfen,²⁵³ soweit der Staat über die maßgeblichen Zugangsregeln hinreichend informiert.²⁵⁴ Die sog. *extraordinary renditions* von Terrorverdächtigen, die allenfalls den Zugang zu Militärkommissionen der USA gestatteten und auf Beweisen beruhten, die unter Folter erlangt worden sind, stellen eine flagrante Verletzung auch des Art. 6 dar.²⁵⁵

102 Der Staat muss ein Strafverfahren aber nicht zwingend bis zu einer gerichtlichen Entscheidung durchführen. Er darf insbesondere Verfahren vorsehen, die auf einen **konsensualen Abschluss** abzielen (dazu schon → Rn. 90 ff.) oder in denen er von der Feststellung einer Straftat absieht.²⁵⁶ Beschuldigte haben folglich auch nach Art. 6 nach dem aktuellen Stand der Auslegung keinen prinzipiellen Anspruch auf den Abschluss eines begonnenen gerichtlichen Verfahrens zur Feststellung ihrer Unschuld (zu anderen Verfahrensbeteiligten schon → Rn. 14).²⁵⁷ Ein Verzicht ist nicht nur innerhalb des erweiterten Anwendungsbereichs möglich (näher → Rn. 77 ff.).

103 **b) Anforderungen an das Gericht.** Abs. 1 S. 1 gewährt nicht nur den Zugang zu irgendeiner als Gericht bezeichneten Institution. Die EMRK verlangt den Zugang zu einem Gericht, das die Gewähr für ein faires Verfahren bietet. Hierzu muss ein Gericht **drei Anforderungen** genügen, die dieses als neutrale und allein dem Recht verpflichtete Institution ausprägen, in die vor allem der Angeklagte vertrauen können muss.²⁵⁸ Ihnen kommt eine objektivrechtliche Funktion zu, weil die Anforderungen zugleich das Vertrauen der Demokratie in ihre Gerichte sichern.²⁵⁹ Im erweiterten Anwendungsbereich des Art. 6 (→ Rn. 48 f.) hat der EGMR die Anforderungen abgeschwächt.²⁶⁰

---

²⁵¹ EGMR 27.2.1980 – 6903/75, EGMR-E 1, 463 Rn. 49 ff. – Deweer/BEL; EGMR 23.10.1995 – 16841/90, Rn. 36 ff. – Pfarrmeier/AUT; EGMR 14.12.1999 – 34791/97, Rn. 35 ff. – Khalfaoui/FRA; EGMR 23.7.2002 – 34619/97, NLMR 2002, 156 Rn. 80 – Janosevic/SWE; EGMR 27.6.1997 – 19773/92, Rn. 62 ff. – Philis/GRE: direkter Zugang; siehe auch EGMR 4.3.2014 – 18640/10 ua, NJOZ 2015, 712 Rn. 116 ff. – Grande Stevens ua/ITA.
²⁵² Vgl. etwa mwN EGMR 14.12.1999 – 34791/97, Rn. 35 ff. – Khalfaoui/FRA; EGMR 10.10.2002 – 38830/97, NJW 2003, 1229 Rn. 59 ff. – Czekalla/POR; EGMR 22.3.2007 – 59159/00, NJW 2008, 2317 Rn. 123 ff. – Staroszczyk/POL.
²⁵³ Zusf. EGMR 14.12.1999 – 34791/97, Rn. 35 ff. – Khalfaoui/FRA; EGMR 14.11.2000 – 31819/96 u. 33293/96, Rn. 48 ff. – Annoni di Gussola ua/FRA; EGMR 16.10.2001 – 38055/97, ÖJZ 2003, 197 Rn. 30 ff. – Eliazer/NL; EGMR 23.7.2002 – 34619/97, NLMR 2002, 156 Rn. 80 ff. – Janosevic/SWE; trotz der Einstufung als schwierig die Anforderungen des § 344 Abs. 2 S. 2 StPO akzeptierend: EGMR 1.2.2007 – 78041/01, NJOZ 2008, 1098 Rn. 51 – Paljic/D; *Meyer-Ladewig/Harrendorf/König* Rn. 60; krit. *Karpenstein/Mayer/Meyer* Rn. 55, 178.
²⁵⁴ Dazu mwN *Meyer-Ladewig/Harrendorf/König* Rn. 60.
²⁵⁵ EGMR 24.7.2014 – 7511/13, NVwZ 2015, 955 Rn. 551 ff. – Husayn/POL; *Meyer-Goßner/Schmitt* Rn. 3b; SSW-StPO/*Satzger* Rn. 31.
²⁵⁶ EGMR 27.2.1980 – 6903/75, EGMR-E 1, 463 Rn. 49 – Deweer/BEL; krit. zu Einstellungen unter dem Aspekt der Unschuldsvermutung aber Abs. 2 *Stavros* S. 90 ff.; *Esser* S. 606 ff.
²⁵⁷ EGMR 26.8.2003 – 59493/00 – Withey/UK; EGMR 9.9.2004 – 53329/99 – Toeva/BUL; BGer 9.2.2004 – 1P.551/2003, ZBl 2005, 197 ff.; *Trechsel* S. 178.
²⁵⁸ EGMR 24.2.1993 – 14396/88, ÖJZ 1993, 394 Rn. 30 – Fey/AUT: „the courts [...] must inspire confidence [...] above all [...] in the accused"; für diese Rspr auch EGMR 25.2.1997 – 22299/93, ÖJZ 1998, 194 Rn. 43 – Gregory/UK; EGMR 9.5.2000 – 34129/96, Rn. 22 – Sander/UK; EGMR [GK] 15.12.2005 – 73797/01, NJW 2006, 2901 Rn. 32 ff. – Kyprianou/CYP; *Trechsel* GS Noll, 1984, 385 (393); *Tyler* S. 163 f.
²⁵⁹ EGMR 1.10.1982 – 8692/79, EGMR-E 2, 173 Rn. 30 – Piersack/BEL; EGMR 24.2.1993 – 14396/88, ÖJZ 1993, 394 Rn. 30 – Fey/AUT; EGMR 10.6.1996 – 22399/93, ÖJZ 1996, 874 Rn. 38 – Pullar/UK; EGMR [GK] 9.6.1998 – 22678/93, Rn. 66 – Incal/TUR; *Stavros* S. 161, 315 f.; *Villiger* Rn. 415; krit. *Ashworth* S. 114 f.
²⁶⁰ EGMR 28.6.1984 – 7819/77 u. 7878/77, EGMR-E 2, 409 Rn. 78 ff. – Campbell u. Fell/UK: Ernennung des Gerichts durch Exekutivorgan; krit. bereits *Stavros* S. 301 ff.; vgl. etwa EGMR 8.6.1976 – 5100/71 ua, EGMR-E 1, 178 Rn. 68 f. – Engel ua/NL; krit. bereits *Esser* S. 544: „Richter auf Abruf".

aa) Auf Gesetz beruhendes Gericht – gesetzlicher Richter. *Erstens* muss das 104
Gericht auf einer rechtlichen bzw. **gesetzlichen Grundlage** basieren.[261] Sie muss das
gerichtliche Verfahren und die Zusammensetzung des Gerichts in jedem Einzelfall umfassen.[262] Ein Gericht im Sinne der EMRK ist ferner nur ein Spruchkörper, den die nationale
Rechtsordnung für die verbindliche Entscheidung über die strafrechtliche Anklage nach
hinreichend klaren und Unabhängigkeit von der Exekutive garantierenden[263] Rechtsmaßstäben und in einem festgelegten Verfahren errichtet hat.[264] Dem Spruchkörper muss folglich eine umfassende Kognitionsbefugnis in rechtlicher und tatsächlicher Hinsicht zustehen.[265] Ausschließlich juridische Funktionen muss ein Gericht aber nicht wahrnehmen.[266]

Obschon der heutige Entwicklungsstand noch hinter der Rechtsprechung zu Art. 101 105
Abs. 1 S. 2 GG zurücksteht, liegt in der Sache eine **Garantie des gesetzlichen Richters**
vor. Grundlage sollte ein Parlamentsgesetz sein.[267] Sondergerichte sind zulässig, Ausnahmegerichte hingegen ausgeschlossen.[268] Die nationalen Regelungen, nach denen die Gerichte
errichtet und besetzt werden, müssen – auch wenn es sich nicht um Parlamentsgesetze
handelt – tatsächlich gewahrt werden.[269]

Art. 6 schreibt insbesondere den Einsatz einer *jury* nicht vor.[270] Die Entscheidung zu 106
den Tatfragen darf aber durch eine *jury* oder durch Schöffen getroffen werden. Die *jury*
unterliegt jedoch dann allen an das Gericht gestellten Anforderungen, muss also etwa aus
unabhängigen und unparteilichen Laienrichtern bestehen.[271]

bb) Unabhängigkeit des Gerichts. *Zweitens* muss das Gericht unabhängig sein. Dies 107
erfordert die **sachliche und persönliche Unabhängigkeit** des Gerichts insbesondere

---

[261] EGMR 22.6.2000 – 32492/96 ua, Rn. 98 ff., 107 ff. – Coëme ua/BEL; zum Aspekt möglicherweise erforderlicher Vorlagen EGMR 5.11.2002 – 32576/96, Rn. 41 ff. – Wynen ua/BEL mwN: insbes. Schutz vor Willkür. Vertiefend *Esser* S. 596 ff.; *Trechsel* S. 50 ff.
[262] EGMR 4.3.2003 – 63486/00, Rn. 39 ff. – Posokhov/RUS; EGMR 28.11.2002 – 58442/00, Rn. 114 – Lavents/LAT; EGMR 9.10.2008 – 62936/00, Rn. 177 ff. – Moiseyev/RUS; EGMR 5.10.2010 – 19334/03, Rn. 99, 107 f. – DMD Group ua/SLO: unzulässige Einzelzuweisung durch den Gerichtspräsidenten; EGMR 25.10.2011 – 54809/07 – Richert/POL; EGMR 12.1.2016 – 57774/13, Rn. 49 – Miracle Europe KFG/HUN; mwN zur Bestellung von Laienrichtern *Grabenwarter/Pabel* § 24 Rn. 32; *Meyer-Goßner/Schmitt* Rn. 11; näher zum Ganzen *Gaede*, Fairness als Teilhabe, S. 216 f.; *Trechsel* S. 51 f.; *Peters/Altwickler* S. 145 f.
[263] Hierzu anhand einer Fallzuweisung im Wege einer Ermessensentscheidung mwN EGMR 12.1.2016 – 57774/13, Rn. 57 – Miracle Europe KFG/HUN; siehe auch schon EGMR 25.10.2011 – 54809/07 – Richert/POL.
[264] EGMR 29.4.1988 – 10328/83, EGMR-E, 72 Rn. 64 – Belilos/SWI; EGMR 28.6.1984 – 7819/77 u. 7878/77, EGMR-E 2, 409 Rn. 76 – Campbell u. Fell/UK; EGMR 22.10.1984 – 8790/79, EGMR-E 2, 480 Rn. 26 – Sramek/AUT; EGMR 22.6.2000 – 32492/96 ua, Rn. 99 – Coëme ua/BEL; EGMR 2.6.2005 – 46825/99 ua, Rn. 34 ff. – Claes ua/BEL; zum Militärverfahren EGMR 25.2.1997 – 22107/93, NLMR 1997, 52 Rn. 68 f., 77 – Findlay/UK; die bindende Entscheidung betont mwN EGMR 19.4.1994 – 16034/90, ÖJZ 1994, 819 Rn. 45 ff. – Van de Hurk/NL; EGMR 26.2.2002 – 38784/97, Rn. 58 ff., 73 ff. – Morris/UK.
[265] EGMR 23.6.1981 – 6878/75 u. 7238/75, NJW 1982, 2714 Rn. 51 – Le Compte ua/BEL; EGMR 23.10.1995 – 15963, ÖJZ 1995, 954 Rn. 42 – Gradinger/AUT; EGMR 17.12.1996 – 20641/92, ÖJZ 1998, 69 Rn. 52 ff. – Terra Woningen B.V./NL (keine Bindung an die Exekutive); *Esser* S. 598 ff.; *Villiger* Rn. 427 f.
[266] EGMR 30.11.1987 – 8950/80, EGMR-E 3, 711 Rn. 50 – H./BEL; EGMR 23.6.1981 – 6878/75 u. 7238/75, NJW 1982, 2714 Rn. 26 f. – Le Compte ua/BEL; EGMR 28.6.1984 – 7819/77 u. 7878/77, EGMR-E 2, 409 Rn. 33, 81 – Campbell u. Fell/UK.
[267] Dafür spricht grundsätzlich mwN EGMR 22.6.2000 – 32492/96 ua, Rn. 98 – Coëme ua/BEL; EGMR 12.1.2016 – 57774/13, Rn. 48 – Miracle Europe KFG/HUN; *Gaede*, Fairness als Teilhabe, S. 216 f.; *Meyer-Goßner/Schmitt* Rn. 11; mwN zur zulässigen Delegation *Trechsel* S. 50 f.
[268] MwN EGMR 8.7.1986 – 9006/80 ua, EGMR-E 3, 185 Rn. 201 – Lithgow ua/UK; *Esser* S. 546 ff.; krit. *Stavros* S. 163 ff.: Grundanliegen der Etablierung besonderer, zumeist niedrigerer Verfahrensstandards; *Villiger* Rn. 414.
[269] EGMR 24.10.1979 – 6301/73, EGMR-E 1, 427 Rn. 45 – Winterwerp/NL für Art. 5 Abs. 4; auch über legislatives Recht hinaus EGMR 12.1.2016 – 57774/13, Rn. 48 ff. – Miracle Europe KFG/HUN; zust. *Stavros* S. 162 f.; vgl. auch EGMR 22.6.2000 – 32492/96 ua, Rn. 105 ff. – Coëme ua/BEL; EGMR 2.6.2005 – 46825/99 ua, Rn. 34 ff. – Claes ua/BEL; *Peters/Altwicker* S. 146; siehe aber auch mwN *Esser* S. 555 f.
[270] Dazu EKMR 9.5.1989 – 14739/89, DR 60, 296 (301) – Callaghan ua/UK („Birmingham six"); siehe auch EGMR 8.2.2011 – 35863/10, HRRS 2011 Nr. 473 – Judge/UK.
[271] EGMR 10.6.1996 – 22399/93, ÖJZ 1996, 874 Rn. 30 ff. – Pullar/UK; EGMR 25.2.1997 – 22299/93, ÖJZ 1998, 194 Rn. 43, 45 – Gregory/UK, mit der Möglichkeit einer Heilung bei Rassismusvorwürfen, m. abl. SV *Foighel*; vgl. jetzt aber EGMR 9.5.2000 – 34129/96, Rn. 22 ff. – Sander/UK.

gegenüber dem Staat. Hierzu müssen die Richter einen strukturellen Schutz gegen sachwidrige äußere Einflussnahmen insbesondere des Staates genießen.[272] Dies gilt auch für Laiengerichte[273] und für die Entscheidung über die Strafzumessung.[274] Ob die Wahrnehmung verbleibender staatlicher Einflussoptionen wahrscheinlich war, ist nicht entscheidend; schon der Möglichkeit sachwidriger Beeinflussungen will die Garantie entgegenwirken.[275] Hat ein Mitglied des Gerichts an der Gesetzgebung, über die nun zu entscheiden ist, selbst mitgewirkt, mangelt es an der hinreichenden Unabhängigkeit.[276]

108 Konkret maßgeblich ist die sachliche und persönliche Unabhängigkeit während der Amtszeit,[277] die über eine Gesamtschau anhand der Art und Weise der Richterernennung, der Dauer der Amtszeit, der Garantien gegen äußere Beeinflussungen sowie anhand des äußeren Erscheinungsbildes geprüft wird.[278] Die Unabhängigkeit des Gerichts muss damit nach außen hinreichend ersichtlich sein (siehe zur Anwendung eines diesbezüglichen sog. objektiven Tests → Rn. 111 ff.).[279] Eine Ernennung der Richter auf Lebenszeit ist nach der Rechtsprechung nicht zwingend erforderlich.[280]

109 **cc) Unparteilichkeit des Gerichts.** *Drittens* muss das Gericht der EMRK **unparteiisch** sein. Ein Richter darf weder für noch gegen eine Verfahrenspartei und damit auch nicht gegenüber dem Angeklagten voreingenommen sein (*„the absence of prejudice or bias"*).[281] Wie bei der Unabhängigkeit darf auch nicht der äußere Eindruck einer Parteilichkeit vorherrschen.[282] Das Erfordernis gilt auch für die *jury*.[283] Ob von der Unparteilichkeit eines Richters auszugehen ist, ist nach der Rechtsprechung des EGMR durch zwei nicht stets von einander zu trennende[284] Tests zu ermitteln:

---

[272] EGMR 1.10.1982 – 8692/79, EGMR-E 2, 173 Rn. 27 – Piersack/BEL; EGMR 22.6.2000 – 32492/96 ua, Rn. 120 ff. – Coëme ua/BEL; EGMR 8.2.2000 – 28488/95, Rn. 51 ff. – McGonnell/UK; EGMR 25.2.1997 – 22107/93, NLMR 1997, 52 Rn. 73 ff. – Findlay/UK; *Stavros* S. 125 ff., 139 ff.; *Trechsel* S. 53 ff.
[273] Zur Übertragung auf die *jury* EGMR 10.6.1996 – 22399/93, ÖJZ 1996, 874 Rn. 30 ff. – Pullar/UK; zur Bekanntschaft mit einem zentralen Polizeizeugen EGMR 20.12.2011 – 52999/08, Rn. 142 ff. – Hanif u. Khan/UK.
[274] Zur Geltung bei der Strafzumessung EGMR [GK] 16.12.1999 – 24724/94, NLMR 2000, 17 Rn. 106 f., 111 ff. – T./UK; EGMR [GK] 16.12.1999 – 24888/94, NLMR 2000, 17 Rn. 107 f., 112 ff. – V./UK; EGMR 12.6.2003 – 48015/99, Rn. 26 ff. – Easterbrook/UK.
[275] EGMR 19.4.1994 – 16034/90, ÖJZ 1994, 819 Rn. 44 ff. – Van de Hurk/NL.
[276] EGMR 8.2.2000 – 28488/95, Rn. 51 ff. – McGonnell/UK: Ausschluss bei nicht rein zeremonialer Mitwirkung an einschlägiger Gesetzgebung.
[277] EGMR 28.6.1984 – 7819/77 u. 7878/77, EGMR-E 2, 409 Rn. 80 – Campbell u. Fell/UK; EGMR 2.9.1998 – 27061/95, Rn. 56 – Kadubec/SLO; *Gaede*, Fairness als Teilhabe, S. 218 f.; *Esser* S. 539 ff., 543 f., 614 f.
[278] EGMR 28.6.1984 – 7819/77 u. 7878/77, EGMR-E 2, 409 Rn. 80 – Campbell u. Fell/UK; mwN SSW-StPO/*Satzger* Rn. 23; *Meyer-Ladewig/Harrendorf/König* Rn. 66 f.; *Löwe/Rosenberg/Esser* Rn. 140 ff., auch mit umfangreicher Thematisierung einer Wiederwahloption; zur Einbeziehung der Amtsdauer EGMR 2.9.1998 – 27061/95, Rn. 56 – Kadubec/SLO: „In order to determine whether a body can be considered to be ‚independent' of the executive it is necessary to have regard to the manner of appointment of its members and the duration of their term of office, the existence of guarantees against outside pressures and the question whether the body presents an appearance of independence"; *Villiger* Rn. 417; im Einzelnen *Stavros* S. 125 ff.; *Esser* S. 539 ff., 543 f., zum plötzlichen Besetzungswechsel *Esser* S. 614 f.; zur Art und Weise der Ernennung EGMR 26.2.2002 – 38784/97, Rn. 70 ff. – Morris/UK.
[279] EGMR 28.6.1984 – 7819/77 u. 7878/77, EGMR-E 2, 409 Rn. 78, 81 – Campbell u. Fell/UK; EGMR [GK] 9.6.1998 – 22678/93, Rn. 65 – Incal/TUR; EGMR 22.10.1984 – 8790/79, EGMR-E 2, 480 Rn. 42 – Sramek/AUT; *Trechsel* S. 56 f.
[280] MwN EGMR 26.2.2002 – 38784/97, Rn. 68 – Morris/UK; *Trechsel* S. 55; *Löwe/Rosenberg/Esser* Rn. 145.
[281] EGMR 1.10.1982 – 8692/79, EGMR-E 2, 173 Rn. 30 – Piersack/BEL; mwN etwa EGMR 10.6.1996 – 17602/91, ÖJZ 1996, 874 Rn. 30 f. – Thomann/SWI; zur zentralen Bedeutung siehe *Trechsel* GS Noll, 1984, 385 (393 ff.); *Grabenwarter/Pabel* § 24 Rn. 41 ff.
[282] EGMR 1.10.1982 – 8692/79, EGMR-E 2, 173 Rn. 30 – Piersack/BEL: „exclude any legitimate doubt"; EGMR 24.2.1993 – 14396/88, ÖJZ 1993, Rn. 30 ff. – Fey/AUT; EGMR 7.8.1996 – 19874/92, ÖJZ 1997, 151 Rn. 56 ff. – Ferrantelli u. Santangelo/ITA; EGMR [GK] 15.12.2005 – 73797/01, NJW 2006, 2901 Rn. 32 ff. – Kyprianou/CYP; *Löwe/Rosenberg/Esser* Rn. 157: strukturelle Unparteilichkeit; zur Bedeutung häufiger Richterwechsel EGMR 9.10.2008 – 62936/00, Rn. 179 ff. – Moiseyev/RUS.
[283] EGMR 10.6.1996 – 22399/93, ÖJZ 1996, 874 Rn. 30 ff. – Pullar/UK; *Spencer* CLJ 2002, 291 (292 f.).
[284] EGMR [GK] 15.10.2009 – 17056/06, Rn. 95 – Micallef/MAL; mwN *Grabenwarter/Pabel* § 24 Rn. 44.

Die Garantie ist nach dem ersten, sog. **subjektiven Test** verletzt, wenn die **Parteilich-** 110
keit des konkreten Richters tatsächlich belegt und folglich die vom EGMR grundsätzlich
anerkannte Vermutung der Unparteilichkeit eines Richters überwunden wird.[285]

Nach der Maxime *„justice must not only be done, it must also be seen to be done"* lässt sich 111
eine Verletzung jedoch auch mit einem zweiten, sog. **objektiven Test** nachweisen, der auf
den Nachweis der individuellen Befangenheit verzichtet:[286] Eine mangelnde Gewähr für
eine unparteiliche Entscheidung ist ebenfalls dann festzustellen, wenn hinsichtlich eines
mitwirkenden Richters Umstände vorliegen, welche den **berechtigten Eindruck einer
Befangenheit** (bzw. der Abhängigkeit, *„legitimate doubt"*) hervorrufen.[287]

Der Eindruck der die Unparteilichkeit bezweifelnden Partei ist nicht allein entschei- 112
dend.[288] Die ausschlaggebenden Tatsachen müssen grundsätzlich nachgewiesen sein (schon
→ Art. 1 Rn. 30). Notwendig ist eine konkrete Einzelfallprüfung,[289] in der auch erläu-
ternde Stellungnahmen der betroffenen Richter einzubeziehen sind.[290] Dabei steht der
EGMR wie die deutsche Rechtsprechung grundsätzlich auf dem Standpunkt, dass einzelne
Prozessfehler eines Richters noch nicht zwingend berechtigte Zweifel an der Unparteilichkeit begründen. Eine Besorgnis der Befangenheit im Sinne der EMRK hat der EGMR
nicht daraus gefolgert, dass Schöffen entgegen der im deutschen Strafprozessrecht (noch)
herrschenden Ansicht Kenntnis vom wesentlichen Ergebnis der Ermittlungen erhalten
haben, soweit der Vorsitzende die Maßgeblichkeit der Hauptverhandlung nochmals betont
hat und diese nach der Information noch viele Tage andauerte.[291]

Der EGMR wendet den objektiven Test auch auf die Unabhängigkeit an, um insbeson- 113
dere abzusichern, dass auch in der Außenwahrnehmung keine berechtigten Zweifel an der
Unabhängigkeit existieren.[292]

Aus der immensen Kasuistik des EGMR ist insbesondere die **Fallgruppe der Vorbefas-** 114
sung von großem Interesse. Auch nach den Maßstäben der Konvention führt zwar nicht
jede Vorbefassung zu legitimen Zweifeln.[293] Hat ein Richter zuvor bereits in Verfahren

---

[285] Zur Vermutung und dem subjektiven Ansatz EGMR 1.10.1982 – 8692/79, EGMR-E 2, 173 Rn. 30 – Piersack/BEL; Jacobs/White/Ovey S. 268 ff.; mwN *Grabenwarter/Pabel* § 24 Rn. 45 ff.
[286] Begründend EGMR 17.1.1970 – 2689/65, EGMR-E 1, 100 Rn. 31 – Delcourt/BEL; definierend EGMR 1.10.1982 – 8692/79, EGMR-E 2, 173 Rn. 30 – Piersack/BEL; später dann etwa auch EGMR 24.2.1993 – 14396/88, ÖJZ 1993, 394 Rn. 28 – Fey/AUT; EGMR 6.6.2000 – 34130/96, Rn. 40 – Morel/FRA.
[287] Vgl. EGMR 1.10.1982 – 8692/79, EGMR-E 2, 173 Rn. 30 – Piersack/BEL: „exclude any legitimate doubt"; EGMR 24.5.1989 – 10486/83, EGMR-E 4, 295 Rn. 46, 48 – Hauschildt/DEN; EGMR 27.8.1991 – 13057/87, NJW 1992, 2619 Rn. 40 f. – Demicoli/MAL; EGMR [GK] 12.5.2005 – 46221/99, NVwZ 2006, 1267 Rn. 114 ff. – Öcalan/TUR; EGMR [GK] 15.12.2005 – 73797/01, NJW 2006, 2901 Rn. 32 ff. – Kyprianou/CYP; *Esser* S. 564 ff., 570 ff.; *Villiger* Rn. 418 ff.; beispielhaft zur Abwesenheit des Anklagevertreters in der Hauptverhandlung EGMR 25.6.1992 – 13778/88, ÖJZ 1992, 810 Rn. 52 ff. – Thorgeir Thorgeirson/ICE m. abl. SV; beispielhaft zur Befangenheit des Gerichts infolge einer anscheinend parteischen Einflussnahme des selbst nicht teilnehmenden Gerichtspräsidenten, EGMR 10.10.2000 – 42095/98, Rn. 27 ff. – Daktaras/LIT.
[288] EGMR 23.6.1981 – 6878/75 u. 7238/75, NJW 1982, 2714 Rn. 58 – Le Compte ua/BEL; EGMR 26.10.1984 – 9186/80, EuGRZ 1985, 407 Rn. 25 ff. – De Cubber/BEL; EGMR 25.6.1992 – 13778/88, ÖJZ 1992, 810 Rn. 51 – Thorgeir Thorgeirson/ICE.
[289] MwN EGMR 24.5.1989 – 10486/83, EGMR-E 4, 295 Rn. 48 ff. – Hauschildt/DEN; EGMR 24.2.1993 – 14396/88, ÖJZ 1993, 394 Rn. 28, 30 – Fey/AUT; EGMR 22.2.1996 – 17358/90, ÖJZ 1996, 430 Rn. 33 ff. – Bulut/AUT.
[290] *Esser/Gaede/Tsambikakis* NStZ 2011, 140 (143) und EGMR 12.6.2008 – 26771/03, NJW 2009, 2871 Rn. 51 – Elezi/D.
[291] EGMR 12.6.2008 – 26771/03, NJW 2009, 2871 Rn. 46 ff. – Elezi/D: 20 nachfolgende Hauptverhandlungssitzungen; dazu auch *Esser/Gaede/Tsambikakis* NStZ 2011, 140 (143).
[292] Zur Verbundenheit von Unabhängigkeit und Unparteilichkeit mwN EGMR 26.2.2002 – 38784/97, Rn. 58 – Morris/UK; EGMR [GK] 16.12.2003 – 57067/00, Rn. 69 ff. – Grieves/UK; EGMR 8.2.2000 – 28488/95, Rn. 49 ff. – McGonnell/UK; *Trechsel* S. 56.
[293] EGMR 24.5.1989 – 10486/83, EGMR-E 4, 295 Rn. 48 ff. – Hauschildt/DEN; EGMR 24.2.1993 – 14396/88, ÖJZ 1993, 394 Rn. 30 ff. – Fey/AUT; EGMR 28.10.1998 – 2819/95, Rn. 45 ff. – Castillo Algar/SPA; mwN *Esser* S. 575 ff.; EGMR 23.11.2010 – 21698/06, NJW 2011, 3633 – Kriegisch/D; *Grabenwarter/Pabel* § 24 Rn. 49 f.; mwN und umfassend zur Fallgruppe aus der deutschen Perspektive *Kierzkowski*, 129 ff.; siehe auch großzügig zur früheren Mitwirkung an Haftentscheidungen EGMR 22.4.2010 – 29808/06 – Chesne/FRA; krit. dazu Löwe/Rosenberg/*Esser* Rn. 160.

gegen den jetzigen Angeklagten mitgewirkt, führt der EGMR aber zur autonom auszulegenden (→ Art. 1 Rn. 3 f.) Unparteilichkeitsgarantie eine konkrete Einzelfallprüfung durch, die keine Fallgruppe der Vorbefassung von vornherein ausnimmt und insbesondere darauf abstellt, ob inhaltlich identische Fragen zu entscheiden waren und ihre Beantwortung einer Schuldfeststellung nahekommt.[294]

115 Der deutsche Gesetzgeber unternimmt hingegen den Versuch, einem legitimen Misstrauen die Grundlage zu entziehen, indem er bestimmte Vorbefassungen innerhalb der Strafjustiz durch eine im Umkehrschluss aussagekräftige gesetzliche Regelung freigibt, die allein wenige Fallgruppen für einen Richterausschluss heranzieht (siehe §§ 22 Nr. 4, 23 StPO). Nur wenn „besondere Umstände" noch hinzutreten, die nicht in der Vorbefassung selbst liegen können, soll die Vorbefassung die Besorgnis der Befangenheit als nationales Gegenstück des Tests des EGMR begründen können.[295]

116 Obgleich Deutschland bislang nicht verurteilt wurde, besteht insoweit ein Spannungsverhältnis.[296] Straßburger Richter, die nicht mit der Normalität der deutschen Vorbefassung sozialisiert sind, dürften jedenfalls eher geneigt sein, einen legitimen Zweifel zu formulieren, zumal sie nicht erst aus besonderen Umständen jenseits der Vorbefassung, sondern schon aus der früheren Vorbefassung und etwa aus der Bejahung hinreichender Tatbeweise[297] selbst Schlüsse ziehen können. Die Selbstverständlichkeit, mit der deutsche Richter die Besorgnis der Befangenheit hier zu verwerfen scheinen, dürfte den mitentscheidenden Richtern des EGMR fehlen.[298] Selbst die unter Umständen präjudizierende Beteiligung an der Verfahrenseröffnung ist insofern mindestens dann problematisch, wenn Eröffnungsentscheidungen einer absehbaren Schuldfeststellung nahe kommen.[299] Dies gibt Anlass, die Reformüberlegungen zum deutschen Zwischenverfahren wieder aufzugreifen und die Zuständigkeit für die Eröffnung von derjenigen zur Entscheidung zu trennen.

117 **dd) Ablehnungsverfahren und Heilung.** Zur Durchsetzung des Anspruchs auf ein unabhängiges und unparteiliches Gericht müssen die Vertragsstaaten Ablehnungsverfahren vorhalten.[300] Zunächst berechtigte Zweifel sollen durch geeignete Verfahren ausgeräumt werden können.[301] Zudem kommen als Heilung Verfahrenswiederholungen in Betracht.

118 **2. Die Öffentlichkeit und Mündlichkeit des Gerichtsverfahrens und der Verkündung (Abs. 1 S. 1).** Abs. 1 S. 1 gebietet die **Öffentlichkeit der gerichtlichen Verhandlung sowie die öffentliche Verkündung** der Entscheidung, die auf Grund der Verhandlung getroffen wurde. Entsprechend ist auch als Ausdruck der *fair hearing*-Garantie mit der öffentlichen Verhandlung die **Mündlichkeit** derselben gewährleistet. Während die Öffent-

---

[294] Zur Fallgruppe der Vorbefassung EGMR 24.5.1989 – 10486/83, EGMR-E 4, 295 Rn. 48 ff. – Hauschildt/DEN: ausgedrückte Schuldüberzeugung; EGMR 24.2.1993 – 14396/88, ÖJZ 1993, 394 Rn. 28, 30 ff. – Fey/AUT: Umfang und Art der Einschaltung entscheidend; EGMR 22.2.1996 – 17358/90, ÖJZ 1996, 430 Rn. 33 ff. – Bulut/AUT; mwN Löwe/Rosenberg/*Esser* Rn. 159 ff.; mwN auch *Wohlers* FS Roxin II, 2011, 1313 (1318 ff.).
[295] Siehe BGH 10.8.2005 – 5 StR 180/05, BGHSt 50, 216 ff.; dazu mwN und krit. MüKo-StPO/*Conen/Tsambikakis* § 24 Rn. 52 ff.
[296] Siehe etwa näher bereits mwN *Esser* S. 575 ff.; *Gaede* HRRS 2005, 319 (327).
[297] EGMR 28.10.1998 – 2819/95, Rn. 14, 48 – Castillo Algar/SPA; mwN *Wohlers* FS Roxin II, 2011, 1313 ff.; dazu und auch zur wenig konsistenten Rechtsprechung mwN *Kierzkowski* S. 233 ff., 238 f.
[298] Krit. etwa schon *Esser* S. 575 ff.; *Beulke* StrafProzR Rn. 74; *Gaede* HRRS 2005, 319 (327); siehe auch krit. EGMR 1.2.2005 – 46845/99, Rn. 51 ff. – Indra/SLO; kritisch zur eigenen zeitweisen Ermittlungsleitung EGMR 2.3.2010 – 54729/00, Rn. 102 ff., 108 – Adamkiewicz/POL.
[299] Dazu und weitergehend für eine Verletzung *Wohlers* FS Roxin II, 2011, 1313 ff.: stets Verdachtsprüfung, die einer Schuldfeststellung nahe kommt; *Kierzkowski* S. 229 ff., 238 f.; siehe aber zur verfehlten Ausweichstrategie der Abschwächung des hinreichenden Tatverdachts Löwe/Rosenberg/*Stuckenberg* StPO § 203 Rn. 14; dazu abl. *Gaede* ZStW 129 (2017), Heft 4, II. 3. c) bb).
[300] EGMR 30.11.1987 – 8950/80, EGMR-E 3, 711 Rn. 53 – H./BEL; EGMR 23.6.1981 – 6878/75 u. 7238/75, NJW 1982, 2714 Rn. 31, 58 – Le Compte ua/BEL; *Stavros* S. 159; *Esser* S. 593 ff.; *Gaede* HRRS 2005, 319 (327).
[301] EGMR 25.2.1997 – 22299/93, ÖJZ 1998, 194 Rn. 45 ff. – Gregory/UK m. abl. SV *Foighel*; Löwe/Rosenberg/*Esser* Rn. 158; krit. *Esser* S. 591; obwohl um Differenzierung bemüht, im Ergebnis bedeutend strikter: EGMR 9.5.2000 – 34129/96, Rn. 22 ff., 30 ff. – Sander/U.

lichkeit der Verhandlung Einschränkungen zugänglich ist (dazu → Rn. 123 ff.), wird die Verkündung *prima facie* uneingeschränkt garantiert (dazu aber auch → Rn. 122).

a) Gewährleistungsgehalte. Die Verhandlung muss öffentlich und damit der Allgemeinheit zugänglich sein. Diese Garantie soll aus der Perspektive der EMRK in erster Linie die Einhaltung der Verfahrensrechte in der Hauptverhandlung sichern; sie wird als **Schutz gegen eine unkontrollierbare Geheimjustiz** verstanden.[302] Die Öffentlichkeit leistet damit einen Beitrag zu einem fairen Verfahren.[303] Der EGMR erkennt aber auch, dass sie zugleich generalpräventiv dem Vertrauen in die Gerichtsbarkeit der Demokratie dient.[304] Trotz dieser demokratisch-objektiven Funktion kann der Angeklagte auf das Recht auf die öffentliche Verhandlung gemäß Abs. 1 S. 1 prinzipiell verzichten.[305] Dabei kann aber je nach Ausgestaltung des nationalen Rechts ein ausdrücklicher Verzicht notwendig sein.[306]

Damit die Kontrolle möglich ist, muss die **Hauptverhandlung grundsätzlich die Urteilsgrundlage** darstellen.[307] Allerdings hat der EGMR daraus nicht den Schluss gezogen, dass etwa eine im Ermittlungsverfahren durchgeführte Vernehmung stets in der Hauptverhandlung wiederholt werden müsste (→ Rn. 243). Der Gerichtsraum muss leicht zugänglich sein. Bei besonderen Verhandlungsorten muss der Staat die Öffentlichkeit hinreichend informieren und ggf. einen Transport anbieten.[308]

Garantiert ist eine einmalige öffentliche Hauptverhandlung, die in Abhängigkeit von der Ausgestaltung etwaiger nationaler Rechtsmittelverfahren grundsätzlich ausreichend ist.[309] Eine **zweite öffentliche Verhandlung** ist aber in jedem Falle notwendig, wenn der Angeklagte erstmals in einer zweiten Instanz durch ein mit voller Kognitionsbefugnis ausgestattetes Gericht verurteilt wird.[310] In den Disziplinarverfahren hat der EGMR die Garantie jedenfalls am Beginn seiner Rechtsprechung aus Zweckmäßigkeitsgründen eingeschränkt.[311]

---

[302] Siehe EGMR 26.9.1995 – 18160/91, ÖJZ 1996, 115 Rn. 33 ff. – Diennet/FRA: „This public character protects litigants against the administration of justice in secret with no public scrutiny; it is also one of the means whereby confidence in the courts can be maintained. By rendering the administration of justice transparent, publicity contributes to the achievement of the aim of Article 6 para. 1 [...] namely a fair trial"; EGMR 6.12.1988 – 10590/83, EGMR-E 4, 208 Rn. 89 – Barberà Messegué u. Jabardo/SPA; EGMR 14.11.2000 – 35115/97, ÖJZ 2001, 357 Rn. 27 – Riepan/AUT; *Esser* S. 707; *Gaede*, Fairness als Teilhabe, S. 220 ff.; krit. *Bommer* FS Trechsel, 2002, 671 (674 ff.); *Trechsel* S. 120 f.

[303] EGMR 24.11.1997 – 21835/93, ÖJZ 1998, 233 Rn. 54 ff. – Werner/AUT; EGMR 26.9.1995 – 18160/91, ÖJZ 1996, 115 Rn. 33 – Diennet/FRA; *Velu/Ergec* Rn. 501.

[304] Vgl. zum Beispiel EGMR 8.12.1983 – 8273/78, EGMR-E 2, 321 Rn. 25 – Axen/D; EGMR 26.9.1995 – 18160/91, ÖJZ 1996, 115 Rn. 33 – Diennet/FRA; *Villiger* Rn. 441: demokratische Funktion; *Esser* S. 707: Informationsanspruch der Bürger; einordnend *Trechsel* S. 123.

[305] EGMR 30.11.1987 – 8950/80, EGMR-E 3, 711 Rn. 54 – H./BEL; EGMR 21.2.1990 – 11855/85, EuGRZ 1992, 5 Rn. 66 f. – Hakansson u. Sturesson/SWE; EGMR 26.4.1993 – 14518/89, EuGRZ 1996, 604 Rn. 58 – Schuler-Zgraggen/SWI; näher dazu *Gaede*, Fairness als Teilhabe, S. 220 ff., 741 ff.; zum konkludenten Verzicht EGMR 3.10.2000 – 29477/95, ÖJZ 2001, 194 Rn. 33 – Eisenstecken/AUT; zum Einfluss der nationalen Übung EGMR 24.11.1997 – 21835/93, ÖJZ 1998, 233 Rn. 47 ff. – Werner/AUT.

[306] MwN EGMR 20.12.2001 – 32381/96, ÖJZ 2002, 394 Rn. 26 ff. – Baischer/AUT.

[307] StRspr EMGR 20.11.1989 – 11454/85, EGMR-E 4, 420 Rn. 41 – Kostovski/NL; EGMR 6.12.1988 – 10590/83, EGMR-E 4, 208 Rn. 78 – Barberà Messegué u. Jabardo/SPA; *Trechsel* AJP 11 (2000), 1366 (1369 f.).

[308] EGMR 14.11.2000 – 35115/97, ÖJZ 2001, 357 Rn. 28 ff. – Riepan/AUT; mwN *Meyer-Ladewig/Harrendorf/König* Rn. 184.

[309] EGMR 22.2.1984 – 8209/78, EGMR-E 2, 345 Rn. 28 ff. – Sutter/SWI; EGMR 8.2.2000 – 35396/97, Rn. 19 ff. – Stefanelli/SAN; EGMR 15.7.2003 – 44671/98, Rn. 30 – Arnarsson/ICE; EGMR 29.10.1991 – 1127/84, EuGRZ 1991, 419 Rn. 27 – Andersson/SWE: „However, even where the court of appeal has jurisdiction to review the case both as to facts and as to law, the Court cannot find that Article 6 [...] always requires a right to a public hearing irrespective of the nature of the issues to be decided"; EGMR 22.2.1996 – 17358/90, ÖJZ 1996, 430 Rn. 40 ff. – Bulut/AUT; *Villiger* Rn. 444; *Esser* S. 780 ff.; zur Notwendigkeit einer öffentlichen mündlichen Verhandlung in den Rechtsmittelinstanzen siehe Frowein/*Peukert* Rn. 195.

[310] EGMR 27.6.2000 – 28871/95, Rn. 55 ff. – Constantinescu/ROM; EGMR 15.7.2003 – 44671/98, Rn. 30 ff. – Arnarsson/ICE; vgl. auch EGMR 26.5.1988 – 10563/83, Rn. 32 – Ekbatani/SWE und EGMR 18.5.2004 – 56651/00, Rn. 39 ff. – Destrehem/FRA; *EGMR* 25.7.2000 – 24954/94 ua, Rn. 92 ff. – Tierce ua/SAN.

[311] EGMR 28.6.1984 – 7819/77 u. 7878/77, EGMR-E 2, 409 Rn. 86 ff. – Campbell u. Fell/UK; *Villiger* Rn. 448; *Frei-Siponen* S. 159; abl. *Stavros* S. 190 ff., 301 ff.; *Esser* S. 712; auch → Rn. 47. Anders tendierend aber EGMR 14.11.2000 – 35115/97, ÖJZ 2001, 357 Rn. 34 – Riepan/AUT.

122 Ferner muss die **Verkündung** des Urteils öffentlich sein. Eine mündliche Verlesung des *ganzen* Urteils ist jedoch damit nach der problematischen Rechtsprechung des EGMR nicht notwendig garantiert; es geht dem Gericht insoweit vielmehr nur um die Zugänglichkeit des Urteils.[312] Der Zugang zum vollständigen Urteil kann unter Umständen von einem berechtigten Interesse abhängig gemacht werden.[313] Immanente Einschränkungen lehnt der EGMR im Übrigen jenseits der Öffnung bei der konkreten Umsetzung ab.[314] Anonymisierungen sollen jedoch möglich bleiben.[315]

123 b) **Einschränkungen.** Die öffentliche Verhandlung der strafrechtlichen Anklage, nicht aber auch die öffentliche Verkündung (aber → Rn. 122), kann gemäß **Abs. 1 S. 2 Hs. 2** Einschränkungen erfahren. Nichtöffentliche Verhandlungen, in denen weder die Presse noch die Saalöffentlichkeit zugegen sein darf, können jedoch zulässig sein, „wenn dies im *Interesse der Moral, der öffentlichen Ordnung oder der nationalen Sicherheit* in einer demokratischen Gesellschaft liegt, wenn die Interessen von *Jugendlichen* oder der *Schutz des Privatlebens der Prozessparteien* es verlangen oder – soweit das Gericht es für unbedingt erforderlich hält – wenn unter besonderen Umständen eine öffentliche Verhandlung die *Interessen der Rechtspflege* beeinträchtigen würde". Die Öffentlichkeit darf sowohl ganz oder auch nur in Teilen der Verhandlung ausgeschlossen werden.

124 Mit der Aufzählung zahlreicher und zum Teil weiter Einschränkungsgründe gibt der Wortlaut einen vergleichsweise großen Spielraum. Nicht nur bezüglich der Interessen der Rechtspflege, sondern bei allen Einschränkungsgründen ist aber eine **Verhältnismäßigkeitsprüfung** erforderlich.[316]

125 Zwingend geboten können Einschränkungen sein, soweit der **Verzicht auf eine Öffentlichkeit erforderlich** ist, um eine effektive Teilhabe des Angeklagten zu ermöglichen. Dies hat der EGMR für Verfahren gegen Minderjährige jungen Alters bejaht.[317] Der Schutz der Verfahrensrechte des Angeklagten erweist sich damit nochmals als primärer Sinn der Teilgarantie des Art. 6. Ein grundsätzliches Recht auf Nichtöffentlichkeit leitet der EGMR jedoch nicht aus Art. 6 ab.[318]

126 **3. Die Unschuldsvermutung (Abs. 2).** Die Unschuldsvermutung gebietet, den Angeklagten nicht vor der Gewährung eines fairen Verfahrens, das den **Beweis des Tatvorwurfs** erbringt und in dem die Verteidigungsrechte beachtet worden sind, ausdrücklich oder konkludent als der Tat schuldig zu betrachten.[319] Sie zwingt den Staat, ein **ergebnisoffenes**

---

[312] EGMR 8.12.1983 – 7984/77, NJW 1986, 2177 Rn. 25 ff. – Pretto ua/ITA; EGMR 8.12.1983 – 8273/78, EGMR-E 2, 321 Rn. 31 – Axen/D; EGMR 28.6.1984 – 7819/77 u. 7878/77, EGMR-E 2, 409 Rn. 91 – Campbell u. Fell/UK; mwN SSW-StPO/*Satzger* Rn. 82; scharf krit. mwN SK-StPO/*Paeffgen* Rn. 115.

[313] EGMR 24.4.2001 – 36337/97 u. 35974/97, ÖJZ 2002, 571 Rn. 45 ff. – B. u. P./UK; EGMR 17.1.2008 – 14810/02, NJW 2009, 2873 Rn. 36 – Biryukov/RUS; mwN Löwe/Rosenberg/*Esser* Rn. 421 ff.; mwN Radtke/Hohmann/*Ambos* Rn. 32; mit Kritik an der deutschen Praxis Ladewig/Harrendorf/*König* Rn. 186 f.

[314] Zur Ablehnung immanenter Ausnahmen bei der Verkündung EGMR 28.6.1984 – 7819/77 u. 7878/77, EGMR-E 2, 409 Rn. 86 ff., 90 – Campbell u. Fell/UK; *Donatsch* FS Rehberg, 1996, 123 (128 f.).

[315] So *Donatsch* FS Rehberg, 1996, 123 (128 f.); für Schwärzungen auch mwN zur Rechtsprechung Karpenstein/Mayer/*Meyer* Rn. 71.

[316] Siehe näher zur Auslegung des Art. 6 Abs. 1 S. 2 EGMR 24.4.2001 – 36337/97 u. 35974/97, ÖJZ 2002, 571 Rn. 37 ff. – B. u. P./UK m. SV *Bratza/Loucaides/Tulkens*; EGMR 26.9.1995 – 18160/91, ÖJZ 1996, 115 Rn. 37 f. – Diennet/FRA; *Grabenwarter/Pabel* § 24 Rn. 92 ff.; SSW-StPO/*Satzger* Rn. 85; mwN Meyer-Ladewig/Harrendorf/*König* Rn. 185; mwN Löwe/Rosenberg/*Esser* Rn. 427 ff.

[317] Hierzu siehe EGMR [GK] 16.12.1999 – 24724/94, NLMR 2000, 17 Rn. 85 ff. – T./UK; zu einem in-camera-Verfahren im Zivilrecht auch EGMR 24.4.2001 – 36337/97 u. 35974/97, ÖJZ 2002, 571 Rn. 37 ff. – B. u. P./UK.

[318] Grundsätzlich gegen ein solches Recht EGMR 21.9.1993 – 12235/86, ÖJZ 1993, 782 Rn. 34 – Zumtobel/AUT; Frowein/*Peukert* Rn. 199; *Donatsch* ZStR 112 (1994), 317 (342); *Frei-Siponen* S. 159; eher offen *Esser* S. 623, 628; diff. *Bommer* FS Trechsel, 2002, 671 (684 f.); zur heute erkannten Zweischneidigkeit der Öffentlichkeit auch mwN *Wohlers* StV 2005, 186 (187 f.).

[319] EGMR 10.2.1995 – 15175/89, ÖJZ 1995, 509 Rn. 35 ff. – Allenet de Ribemont/FRA; EGMR 12.7.1988 – 10862/84, EGMR-E 4, 124 Rn. 51 – Schenk/SWI; EGMR 28.10.2003 – 44320/98, HRRS 2004 Nr. 73 Rn. 26 ff. – Baars/NL, insbes. zum Aspekt der vorherigen Gewährung der Verteidigungsrechte;

Verfahren zu gewährleisten.[320] Nur solchen Verfahren muss sich der Angeklagte unterwerfen.[321] Im Kern bedeutet die Unschuldsvermutung damit ein **Desavouierungsverbot** hinsichtlich des teilhabenden Verfahrens, das sich von einer staatlichen Inszenierung unterscheiden muss.[322] Dem Ablauf des Verfahrens und der gerichtlichen Entscheidung auf Grund desselben wird damit konstitutive Bedeutung beigemessen und das Verfahren von einem missbräuchlichen Scheinverfahren abgegrenzt.

Auch die Unschuldsvermutung des Abs. 2 stellt eine konkretisierende Ausprägung bzw. eine inhaltliche Bedingung eines jeden fairen Strafverfahrens dar.[323] Ein Verfahren, das nicht über die Unschuldsvermutung den gesetzlichen Nachweis der Tat in einem offenen Prozess verlangt, wäre ein sinnentleertes Ritual. Zum Beispiel eine noch so gelungene Verteidigung gemäß Abs. 3 lit. c bliebe vor einem voreingenommenen Gericht eine Farce, könnte jedenfalls keine in einem wirksamen und substantiellen Sinn gewährte Verteidigung bedeuten.[324] Die Unschuldsvermutung steht damit auch nach ihrem Wortlaut[325] in einem engen Zusammenhang mit den Verteidigungsrechten im engeren Sinne.[326] Sie trägt zur Ableitung der Selbstbelastungsfreiheit bei (→ Rn. 318 f.).[327] Ferner bestätigt sie das Gebot, dass das Gericht im Sinne des Abs. 1 S. 1 unvoreingenommen sein muss.[328]

127

Die Unschuldsvermutung richtet sich **an alle staatlichen Organe**[329] einschließlich staatlich bestellter Sachverständiger[330] und politischer Amtsträger.[331] Sie gilt im ganzen

128

EGMR 27.1.2004 – 73797/01, NJW 2006, 2901 Rn. 52 ff. – Kyprianou/CYP: Verletzung durch Verkürzung der Verteidigungsrechte auf Stellungnahmen zur Strafzumessung. Zur parallelen Garantie in Art. 48 Abs. 1 GRC siehe Meyer/*Eser* Art. 48 Rn. 4 ff.

[320] Näher hierzu mwN *Gaede*, Fairness als Teilhabe, S. 387 ff.; *Stuckenberg* ZStW 111 (1999), 422 (454 ff.), zu letzterem aber krit. hinsichtlich der rein funktionalen Deutung bereits *Schulz* GA 2001, 226 (234 ff.).

[321] Hierzu und zur Justizpflicht des Angeklagten siehe näher *Gaede* ZStW 129 (2017), Heft 4, II.; zur Bedeutung als Prämisse der Verfahrensunterwerfung insbesondere schon *Luhmann*, Legitimation durch Verfahren, S. 103 f., 114 ff.

[322] Ein Verbot der Desavouierung des Verfahrens sieht auch – unabhängig vom Teilhabeansatz – *Stuckenberg* ZStW 111 (1999), 422 (454 ff.) mit Verweis auf *Luhmann*; *ders*. S. 530 ff.

[323] EGMR 27.2.1980 – 6903/75, EGMR-E 1, 463 Rn. 56 – Deweer/BEL; EGMR 25.3.1983 – 8660/79, EGMR-E 2, 254 Rn. 27 – Minelli/SWI; EGMR 10.2.1995 – 15175/89, ÖJZ 1995, 509 Rn. 35 – Allenet de Ribemont/FRA; EGMR 23.4.1998 – 159/1996/778/979, ÖJZ 1999, 236 Rn. 37 – Bernard/FRA; EGMR 20.3.2001 – 33501/96, ÖJZ 2001, 613 Rn. 15 – Telfner/AUT; EGMR 26.3.2002 – 48297/99, Rn. 49 – Butkevicius/LIT; EGMR 3.10.2002 – 37568/97, NJW 2004, 43 Rn. 53 – Böhmer/D; näher *Gaede*, Fairness als Teilhabe, S. 228 ff.; krit. SK-StPO/*Paeffgen* Rn. 175: ahistorische Einordnung; *Trechsel* S. 155 f.

[324] Siehe auch EGMR 28.10.2004 – 48173/99 u. 48319/99, Rn. 38 – Y.B. ua/TUR und zB *Trechsel* S. 46 f.

[325] Zur Bezugnahme auf die vorherige Gewährleistung gerade der Verteidigungsrechte auch EGMR 28.10.2003 – 44320/98, HRRS 2004 Nr. 73 Rn. 26 ff. – Baars/NL.

[326] EGMR [GK] 17.12.1996 – 19187/91, ÖJZ 1998, 32 Rn. 68 – Saunders/UK; EGMR 21.12.2000 – 34720/97, Rn. 40 ff. – Heaney u. McGuinness/IRE; EGMR 25.3.1983 – 8660/79, EGMR-E 2, 254 Rn. 35 – Minelli/SWI; EGMR 8.6.1997 – 71/1996/690/882, ÖJZ 1998, 588 Rn. 48, 50 – A.P. ua/SWI; *Villiger* Rn. 498; mwN *Gaede*, Fairness als Teilhabe, S. 228, 406 f.; abl. *Stuckenberg* S. 530 ff.

[327] EGMR [GK] 17.12.1996 – 19187/91, ÖJZ 1998, 32 Rn. 68 – Saunders/UK; EGMR 21.12.2000 – 34720/97, Rn. 40 ff. – Heaney u. McGuinness/IRE; EGMR 21.12.2000 – 36887/97, Rn. 40 f., 60 – Quinn/IRE; *Villiger* Rn. 502; den Konnex bereits herstellend *Stavros* S. 70.

[328] Siehe *Trechsel* S. 164 f.; *Rzepka* S. 50 f.: Schutz vor einem voreingenommenen Richter bezweckt; vgl. auch EGMR 6.12.1988 – 10590/83, EGMR-E 4, 208 Rn. 77 – Barberà ua/SPA; EGMR 25.11.1999 – 30509/96, Rn. 2 – Vilhunen/FIN; EGMR 15.2.2000 – 42551/98, Rn. 3c. – Svinarenkov/EST.

[329] MwN EGMR 10.2.1995 – 15175/89, ÖJZ 1995, 509 Rn. 35 ff. – Allenet de Ribemont/FRA; EGMR 28.10.2004 – 48173/99 u. 48319/99, Rn. 43 ff. – Y.B. ua/TUR; EGMR 25.8.1993 – 13126/87, ÖJZ 1993, 816 Rn. 21 ff. – Sekanina/AUT; EGMR 26.3.2002 – 48297/99, Rn. 49 – Butkevicius/LIT: „It will be violated if a statement of a public official concerning a person charged with a criminal offence reflects an opinion that he is guilty before he has been proved so according to law. It suffices, even in the absence of any formal finding, that there is some reasoning to suggest that the official regards the accused as guilty. Moreover, the presumption of innocence may be infringed not only by a judge or court but also by other public authorities"; EGMR 10.10.2000 – 42095/98, Rn. 41 f. – Daktaras/LIT; *Esser* S. 99 f.; *Appell* S. 62; Frowein/*Peukert* Rn. 267 ff.; *Stavros* S. 49, der eine gewichtige Lage des Staatsanwaltes hinweist.

[330] MwN, im Fall aber die Verletzung auf Grund der im Übrigen tragenden Beweise abl., EGMR 23.4.1998 – 159/1996/778/979, ÖJZ 1999, 236 Rn. 37 ff. – Bernard/FRA mit abl. SV *Lohmus*; *Esser* S. 693/707, der wie *Lohmus* eine Verletzung bejaht.

[331] EGMR 10.2.1995 – 15175/89, ÖJZ 1995, 509 Rn. 35 ff. – Allenet de Ribemont/FRA.

Strafverfahren³³² und bei einem rechtskräftigen Freispruch über dieses hinaus (dazu näher → Rn. 137).³³³ Aus der Unschuldsvermutung kann zur Vermeidung von Vorverurteilungen die Schutzpflicht des Staates abzuleiten sein, **aktiv gegen Pressekampagnen vorzugehen,** die das faire Verfahren beeinträchtigen, wenngleich regelmäßig der Einsatz von Berufsrichtern und Belehrungen der Jury zum Schutz der Fairness genügen sollen.³³⁴

129 **a) Staatliche Beweislast und gesetzlicher Schuldbeweis.** Unstreitig wird aus der Unschuldsvermutung das Entscheidungsgebot *in dubio pro reo* und damit die **prinzipielle Beweislast des Staates** abgeleitet,³³⁵ die nicht schon bei irgendeinem Beweisangebot des Staates als überwunden betrachtet werden darf. Es bedarf der Einführung hinreichender Beweise, die für eine Überzeugungsbildung tauglich sind.³³⁶ Dies wird so zu interpretieren sein, dass Beweise einzubringen und vom Gericht zur Begründung der Verurteilung darzulegen sind, bei denen sich die Gewinnung einer Tatüberzeugung als objektiv nachvollziehbar darstellt, also die Überwindung der Unschuldsvermutung hinreichend plausibel gemacht ist. Insoweit kommt entgegen der deutschen Dogmatik³³⁷ prinzipiell auch dann eine Verletzung der Unschuldsvermutung in Betracht, wenn der entscheidende Richter selbst keine Zweifel an der Tatschuld hat, die vorliegenden Beweise jedoch objektiv unzureichend sind.³³⁸ Die gegenteilige deutsche Lehre weist das Bedürfnis zu einer auch objektiv hinreichenden Verurteilungsgrundlage verfehlt allein § 261 StPO zu und verkennt, dass gerade die überprüfbare objektive Verurteilungsgrundlage die entscheidende Voraussetzung darstellt, um die Unschuldsvermutung überwinden zu dürfen. Indes ist zu beachten, dass der EGMR nicht in eine Detailüberprüfung der einzelnen Beweise eintritt (näher → Rn. 347 f.). Die Unschuldsvermutung soll zudem nach einer älteren Grundsatzentschei-

---

³³² Siehe insbesondere zur Geltung im Ermittlungsverfahren EGMR 10.2.1995 – 15175/89, ÖJZ 1995, 509 Rn. 35 ff. – Allenet de Ribemont/FRA; mwN *Gaede,* Fairness als Teilhabe, S. 228 ff.

³³³ EGMR 25.8.1993 – 13126/87, ÖJZ 1993, 816 Rn. 21 ff. – Sekanina/AUT; verstärkend EGMR 21.3.2000 – 28389/95, ÖJZ 2001, 155 Rn. 27 ff., 31 – Rushiti/AUT: „The Court, thus, considers that once an acquittal has become final – be it an acquittal giving the accused the benefit of the doubt in accordance with Article 6 § 2 – the voicing of any suspicions of guilt, including those expressed in the reasons for the acquittal, is incompatible with the presumption of innocence."; EGMR 17.10.2002 – 38549/97, ÖJZ 2003, 196 Rn. 17 ff. – Vostic/AUT; vgl. auch bereits EGMR 25.3.1983 – 8660/79, EGMR-E 2, 254 Rn. 30 – Minelli/SWI; EGMR 25.8.1987 – 9912/82, EGMR-E 3, 637 Rn. 49 ff. – Lutz/D; EGMR 26.3.1996 – 17314/90, ÖJZ 1996, 677 Rn. 29 ff. – Leutscher/NL; *Kühl* NJW 1984, 1264 ff.; *Stavros* S. 119 ff.

³³⁴ MwN EGMR 5.12.2002 – 34896/97, NLMR 2002, 272 Rn. 96 ff. – Craxi/ITA; EGMR 18.5.1999 – 28972/95, Rn. b. iii. – Ninn-Hansen/DEN; EGMR 30.6.2015 – 30971/12, NJW 2016, 3147 Rn. 87 ff. – Abdulla Ali/UK; eingehend *Wohlers* StV 2005, 186 ff.; zust. aber zu Abs. 2 zurückhaltend mwN *Esser* S. 715 ff., der die hier in der Tat zu beachtende Prüfung des Art. 10 betont. Siehe zum Thema und zu etwaigen Kompensationspflichten auch BGH 7.9.2016 – 1 StR 154/16, NJW 2016, 3670.

³³⁵ EGMR 6.12.1988 – 10590/83, EGMR-E 4, 208 Rn. 77 – Barberà ua/SPA; EGMR 20.3.2001 – 33501/96, ÖJZ 2001, 613 Rn. 15 – Telfner/AUT; EGMR 5.7.2001 – 41087/98, Rn. 40 – Phillips/UK; EGMR 23.7.2002 – 34619/97, NLMR 2002, 156 Rn. 97 – Janosevic/SWE; EGMR 27.9.2007 – 35522/04 – Vassilios Stavropoulos/GRE; EGMR 31.7.2014 – 1774/11, NJW 2015, 2095 Rn. 92 – Nemtsov/RUS; IK-*Vogler* Rn. 418; *Esser* S. 403; *Haefliger/Schürmann* S. 211 f.; *Stavros* S. 49, 222 ff.; *Grosz/Beatson/Duffy* C6-81; *Villiger* Rn. 493, 499; *Rzepka* S. 49 f.; vgl. auch BGer 26.4.1994 – BGE 120 Ia, 31 (36 f.); BGer 7.12.2000 – BGE 127 I 38 (41); dazu *Frei-Siponen* S. 206 ff.; zu einer Verletzung durch eine überhöhte Schwelle für Entlastungsbeweise EGMR 31.7.2014 – 1774/11, NJW 2015, 2095 Rn. 92 – Nemtsov/RUS.

³³⁶ EGMR 20.3.2001 – 33501/96, ÖJZ 2001, 613 Rn. 15 – Telfner/AUT; EGMR 6.12.1988 – 10590/83, EGMR-E 4, 208 Rn. 77 – Barberà ua/SPA: „adduce evidence sufficient to convict"; mwN *Tophinke* S. 304 ff.; *Grosz/Beatson/Duffy* C6-81; *Ashworth,* Human Rights, Serious Crime, S. 14 f.; *Esser* S. 403, 742 f.; mwN *Gaede,* Fairness als Teilhabe, S. 229 ff.; vgl. auch EGMR 26.3.2002 – 48297/99, Rn. 47 ff. – Butkevicius/LIT; siehe aber zB auch EGMR 15.2.2000 – 42551/98, Rn. 3a. – Svinarenkov/EST.

³³⁷ Siehe etwa mwN BVerfG 23.9.1987 – 2 BvR 814/87, NJW 1988, 477; *Beulke* Rn. 25: keine Verletzung, weil andere zweifeln können, vgl. aber auch klarstellend Rn. 9 und BVerfG 30.4.2003 – 2 BvR 2045/02, NJW 2003, 2444 (2445): objektiv hohe Wahrscheinlichkeit der Richtigkeit des Beweisergebnisses, 2446: Urteil muss tragfähige Überwindung der Unschuldsvermutung darstellen.

³³⁸ Dazu näher mwN *Gaede,* Fairness als Teilhabe, S. 823 f.; siehe wie hier etwa mwN BGer 7.12.2000 – BGE 127 I 38 (41); BGer 6.3.1998 – BGE 124 IV 86 (88); BGer 26.4.1994 – BGE 120 Ia, 31 (33); BGer – Pra 91 (2002) Nr. 2, S. 4 ff.; KG ZR 102 (2003) Nr. 12, S. 61 (62); *Tophinke* S. 32 f.; *Ashworth,* Criminal Process, S. 50 ff.; *Neuhaus* StV 2002, 43 (50).

dung des EGMR **keine Aussage über die Zulassung und Verwertung einzelner Beweise** treffen.[339]

Kritik: Letzteres ist partiell zurückzuweisen.[340] Es trifft zwar zu, dass Art. 6 allgemein und Art. 6 Abs. 2 im Speziellen kein detailliertes System eines einzig richtigen, harmonisierten Beweisrechts entnommen wird (dazu auch → Rn. 347 f.). Der Verweis auf einen gesetzlichen Schuldbeweis impliziert keine notwendig identische Beweisgrundlage. Schon der Wortlaut wäre jedoch grundlos missachtet, ließe man das Erfordernis eines gerade gesetzlichen Schuldbeweises wie bisher zu einer Art Redaktionsversehen herabsinken,[341] indem man ihm letztlich gar keine Beachtung schenkt.[342] Nach ihm muss der Schuldbeweis vielmehr immerhin auf *einem* gesetzlichen Konzept beruhen, das für die Verteidigung **Vorsehbarkeit zu den Überzeugungsmaßstäben** schafft und eine **grundsätzlich hinreichende Beweisführung** gewährleistet.[343] Dies folgt nicht zuletzt aus dem Umstand, dass alle Verteidigungsanstrengungen in streitigen Verfahren fernab umstrittener Rechtsfragen letztlich auf die Beweisfrage zielen müssen.[344] Verteidigungsrechte, mit denen die Unschuldsvermutung in Verbindung stehen (→ Rn. 127), liefen leer, könnte ihnen durch ein Willkür gestattendes Beweisrecht die Bedeutung genommen werden. Auch der EGMR sieht sich längst berechtigt, den Umgang mit dem nationalen Beweisrecht in die Prüfung der Verfahrensfairness einzubeziehen (näher → Rn. 351 ff.). Ferner muss auch der Gesetzesbegriff des Abs. 2 den qualitativen Maßstäben genügen, die den Vertragsstaaten schon gemäß den Gesetzesvorbehalten etwa der Art. 5 Abs. 1 S. 2, 8 Abs. 2 abverlangt werden und damit einen **hinreichenden Willkürschutz** leisten (→ Art. 5 Rn. 16 ff., → Art. 8 Rn. 25 ff.).[345] Dies spricht für die Anerkennung eines Beweisverwertungsverbotes für belastende Beweise, die unter der Verletzung von Konventionsmenschenrechten gesetzwidrig erlangt worden sind (dazu näher auch → Rn. 356 ff.).[346] Schon auf Grund der deutlich zu sehenden strukturellen Gefahr, dass andere Menschenrechte der EMRK verletzt werden, um das als vorrangig bewertete Ziel der Beweisverwertung im „fairen" Verfahren zu erreichen, ist die Herstellung einer Übereinstimmung auch im Sinne einer teleologischen und damit auf die effektive Rechtsgewährung abhebenden Auslegung vorzugswürdig.

Die Unschuldsvermutung schließt es aus, strafrechtliche Verantwortlichkeit im Wege der Erbfolge zu übertragen.[347] Insofern ist nicht nur bei Art. 7 (dazu → Art. 7 Rn. 26) ein

---

[339] EGMR 12.7.1988 – 10862/84, EGMR-E 4, 124 Rn. 51 – Schenk/SWI; *Esser* S. 185/629, aber auch S. 742.
[340] Siehe abl. auch schon IntKomm/*Vogler* Rn. 393, 398; *Guradze* S. 107: „der Text [...] verlangt [...], daß die Feststellung der Schuld dem materiellen und Prozeßrecht entspricht"; *Ashworth*, Criminal Process, S. 50 ff.: Recht, in einem integren Verfahren und nicht fälschlich verurteilt zu werden.
[341] Vgl. bezeichnend *Trechsel* SJZ 77 (1981), 317 (324): gesetzlicher Schuldbeweis „der Vollständigkeit halber" erwähnt! Als versteckten Schatz deutend *Jacot-Guillarmod*, European System, S. 381, 398.
[342] Siehe auch EGMR 7.10.1988 – 10519/83, EMGR-E 4, 139 Rn. 28 – Salabiaku/FRA. Selbst hier wird betont, dass sich die Bezugnahme auf einen gesetzlichen Schuldbeweis nicht allein auf eine schlichte Übernahme des national für richtig gehaltenen Standards erschöpfen kann, sondern vielmehr eine autonome konventionsrechtliche Bedeutung zu ermitteln ist.
[343] Näher dafür mwN *Gaede*, Fairness als Teilhabe, S. 817 ff.; im Ansatz auch IntKomm/*Kühne* Rn. 427, 434; Meyer-GRC/*Eser* Art. 48 Rn. 16, der einen rechtsstaatlichen Schuldbeweis durch ein positiv-rechtsstaatliches Verfahren einfordert; *Grabenwarter/Pabel* § 24 Rn. 140 f.; mwN *Tophinke* S. 304 ff.; siehe auch schon im Kontext der Unionsgesetzgebung *Gaede* ZStW 115 (2003), 845 (874 ff.).
[344] Siehe schon klassisch *Alsberg*, Beweisantrag, Vorwort: Das Beweisproblem sei „schlechthin das Zentralproblem des Strafprozesses".
[345] *Gaede*, Fairness als Teilhabe, S. 821 ff.; zum grundsätzlich einheitlichen Gesetzesbegriff der EMRK siehe auch mwN S. 720 ff.
[346] *Gaede*, Fairness als Teilhabe, S. 817 ff. Vgl. auch zu früheren Ansätzen der EKMR hinsichtlich der Bedeutung des Abs. 2 für die Beweisverwertung EGMR 10.3.1989 – 12013/86, DR 59, 100 (111) – Alberti/ITA mit Verweis auf den EGMR in der *Barberà*-Entscheidung; *Peukert* EuGRZ 1980, 247 (261); *Dörr* S. 62 f. Noch über die hier vertretene Auffassung hinausgehend zB *Poncet* S. 84: Ausschluss gesetzwidrig erlangter Beweise bei Verstößen gegen nationales und internationales Recht einschließlich der EMRK, vgl. aber auch S. 90 f.
[347] EGMR 29.8.1997 – 71/1996/690/882, ÖJZ 1998, 588 Rn. 48, 50 – A.P. ua/SWI; EGMR 29.8.1997 – 20919/92, NLMR 1997, 220 Rn. 51 ff. – E.L. ua/SWI; *Esser* S. 744, 759; siehe auch *Appell* S. 88 f.: Ableitung eines Schuldstrafrechts aus Art. 6 Abs. 2 EMRK; näher dazu *Tophinke* S. 234 ff., 260 ff.; vgl. aber auch *Trechsel* SJZ 77 (1981), 317 (321).

Ansatz für ein **Schuldprinzip** im Rahmen des Konventionsrechts zu erkennen. Auf dem heutigen Stand der Rechtsprechung sind die Vertragsstaaten aber zweifelhafterweise – im Fall der Beachtung der weiteren Konventionsrechte – befugt, eine **Beweislastumkehr** bis hin zu *strict liability offences*[348] vorzusehen, wenn die Vertragsstaaten die Bedeutung des *Vorwurfs* berücksichtigen und noch immer eine wirksame Verteidigung ermöglichen.[349] Der EGMR will insoweit nur strikt verhältnismäßig bleibende Erschwerungen der Verteidigung hinnehmen, die das nationale Gericht überprüfen muss.[350] Es geht ihm im Sinne der prinzipiellen Ergebnisoffenheit des Verfahrens darum, ein Mindestmaß an Entscheidungshoheit des Gerichts abzusichern, ohne welches die Unschuldsvermutung bzw. die Institution des konstitutiven fairen Verfahrens insgesamt sinnentleert wäre.[351]

132 In der Sache hat der EGMR hiermit indes **kaum eine wirkungsvolle Begrenzung** geleistet. Dies wird insbesondere zu den hingenommenen Beweiserleichterungen und der *strict liability* im Schrifttum regelmäßig kritisiert.[352] Seine Rechtsprechung verhindert nicht, dass Strafe auch ohne den Nachweis einer individuellen Schuld verhängt wird, obwohl sich Abs. 2 auch nach seinem Wortlaut nicht nur auf einen beliebigen Tatnachweis, sondern auf eine Tatschuld bezieht. Gleichwohl bleibt es fraglich, ob gerade der prozessualen Garantie ein näher ausgeprägtes Schuldprinzip überzeugend entnommen werden kann. Es liegt zum einen näher, eine ohne *Schuld*feststellung verhängte Strafe primär als Verstoß gegen Art. 3 zu betrachten (dazu → Art. 3 Rn. 24). Zum anderen ist gemäß Art. 6 Abs. 2 im Sinne der Rechtsprechung des EGMR abzusichern, dass noch immer ein einzelfallbezogener Verfahrensstoff dem Gericht unterbreitet werden muss, der nicht schon durch die gesetzliche Regelung auch der Tatfrage umfassend vorentschieden sein darf. Insbesondere muss die Verteidigung berechtigt sein, Entlastungsbeweise, die Vermutungen entkräften können, frei vorzutragen. Sie muss ggf. **Unterstützung des Staates** erhalten, wenn die Beweiserbringung staatliches Tun voraussetzt, so wie es etwa bei der Zeugenladung notwendig ist (→ Rn. 154).

133 **b) Bedeutung für Ermittlungseingriffe und vorläufige Maßnahmen.** Da die Überwindung der Unschuldsvermutung Voraussetzung einer legitimen Strafe darstellt, liegt in ihr ein **Verbot, vor der Gewährleistung eines fairen Verfahrens zu strafen**.[353] Dies erstreckt sich auf parallel zur Strafe intendierte Sanktionen, die etwa über Verfahrensbelas-

---

[348] EGMR 23.7.2002 – 36985/97, Rn. 112 – Vastberga ua/SWE: „As the Court has previously held […], the Contracting States may, in principle and under certain conditions, penalise a simple or objective fact as such, irrespective of whether it results from criminal intent or from negligence"; abl. zum Beispiel *Ashworth* Principles S. 63 f., S. 67 f., 84 f.; *ders.*, Human Rights, Serious Crime, S. 68 f.; *Stavros* S. 222 ff.; *Trechsel* S. 157 ff., 168 ff.; *Esser* S. 742 ff.
[349] Grundlegend EGMR 7.10.1988 – 10519/83, EMGR-E 4, 139 Rn. 27 ff. – Salabiaku/FRA; EGMR 26.2.1991 – 13191/87, Rn. 34 ff. – Pham Hoang/FRA; EGMR 20.3.2001 – 33501/96, ÖJZ 2001, 613 Rn. 16 – Telfner/AUT; mwN EGMR 23.7.2002 – 34619/97, NLMR 2002, 156 Rn. 100 ff. – Janosevic/SWE; EGMR 30.3.2004 – 53984/00, NLMR 2004, 76 Rn. 24 ff. – Radio France ua/FRA.; siehe auch schon EKMR 11.12.1981 – 8803/79, DR 26, 171 (178 f.) – Lingens u. Leitgeb/AUT; EKMR 7.12.1990 – 12995/87, DR 67, 204 (209 f.) – Duhs/SWE; mwN *Grotrian* S. 43 f.
[350] EGMR 23.7.2002 – 34619/97, NLMR 2002, 156 Rn. 101 ff. – Janosevic/SWE m. weitergehendem SV; EGMR 23.7.2002 – 36985/97, Rn. 113 ff. – Vastberga usw/SWE.
[351] Grundlegend EGMR 7.10.1988 – 10519/83, EMGR-E 4, 139 Rn. 28 – Salabiaku/FRA: „the Convention does […] require the Contracting States to remain within certain limits in this respect as regards criminal law. Above all, the national legislature would be free to strip the trial court of any genuine power of assessment and deprive the presumption of innocence of its substance, if the words, according to law' were construed exclusively with reference to domestic law […] Article 6 para. 2 […] does not therefore regard presumptions of fact or of law provided for in the criminal law with indifference. It requires States to confine them within reasonable limits which take into account the importance of what is at stake and maintain the rights of the defence".
[352] Vgl. *Ashworth* Principles S. 63 f., 67 f., 84 f.; *ders.*, Human Rights, Serious Crime, S. 68 f.; *ders.* CrimLR 1999, 261 (266); *Starmer/Strange/Whitaker/Jennings* S. 170; *Appel* S. 253 ff.; *Stavros* S. 222 ff.; *Trechsel* S. 157 ff., 168 ff.; *Tophinke* S. 214 ff.; *Esser* S. 742 ff.; *Villiger* Rn. 499; SK-StPO/*Paeffgen* Rn. 183, 189 ff.
[353] Dafür etwa BVerfG 15.12.1965 – 1 BvR 513/65, BVerfGE 19, 342 (348); *Saliger* KritV 2013, 173 (178); *Stuckenberg* ZStW 111 (1999), 422 (452 ff.); *Murmann* GA 2004, 65 (74), Fn. 59; SK-StPO/*Rogall* Vor §§ 133 Rn. 76.

tungen vermittelt werden (auch → Rn. 60 f.).³⁵⁴ Zudem potenziert die Unschuldsvermutung das Anliegen, die im Strafverfahren gemäß Art. 5 Abs. 1 S. 2 lit. c notwendigen Eingriffe in das Recht auf Freiheit und Sicherheit zu begrenzen (schon → Art. 5 Rn. 51).³⁵⁵ Allgemein darf der Beschuldigte trotz seiner grundsätzlich begründbaren Justizpflicht nicht bereits durch die Gesamtheit der strafprozessualen Einwirkungen Belastungen erfahren, welche dem Gewicht der Rechtsfolgen entsprechen, die erst nach Abschluss des Verfahrens auf der Grundlage eines gesetzlichen Schuldbeweises verhängt werden dürften.³⁵⁶

Zugleich schließt die Unschuldsvermutung **strafprozessuale Eingriffsmaßnahmen** 134 gegenüber dem Angeklagten, die auf einem Tatverdacht beruhen, aber nicht aus.³⁵⁷ Sie sind grundsätzlich über eine Justizpflicht zu rechtfertigen, solange sie tatsächlich auf legitimen Gründen der Verfahrensdurchführung beruhen und in ihrer konkreten Ausprägung verhältnismäßig sind.³⁵⁸ Dies gilt auch für die **Untersuchungshaft.** Vorläufigen Vollstreckungsmaßnahmen etwa zur Sicherung von Einziehungen steht die Unschuldsvermutung danach – wie auch die EMRK im Übrigen – ebenfalls nicht per se entgegen.³⁵⁹

c) Bedeutung für verfahrensbeendende Entscheidungen. Ein ausnahmsloses Recht 135 darauf, das Strafverfahren bei einem ausbleibenden, jedenfalls bislang nicht erbrachten Tatnachweis bis zu einem Freispruch fortzuführen, ist – etwa im Sinne eines Rehabilitationsanspruchs – in der Rechtsprechung nicht anerkannt.³⁶⁰ Auch ein Verzicht auf das Verfahren oder auf eine bestimmte Rechtswahrnehmung ist durch Abs. 2 nicht per se ausgeschlossen (näher → Rn. 76 ff.).

Die Unschuldsvermutung kann auch durch ein **freisprechendes Urteil** verletzt werden. 136 Es kommt nicht nur auf den Tenor der freisprechenden Entscheidung, sondern ebenso auf die Urteilsbegründung an. Eine Verletzung des Abs. 2 liegt vor, wenn die Urteilsgründe die Haltung des Gerichts zum Ausdruck bringen, dass der Angeklagte tatsächlich schuldig ist.³⁶¹ Eine Verletzung scheidet aber aus, wenn das Strafgericht lediglich einen nach der

---

³⁵⁴ So etwa auch Meyer-GRC/*Eser* Art. 48 Rn. 6; näher *Gaede* ZStW 129 (2017), Heft 4, II. und III. Entsprechend untersagt auch das BVerfG explizit, mit der Untersuchungshaft „nach Art einer Strafe" den Rechtsgüterschutz des materiellen Strafrechts vorwegzunehmen, BVerfG 15.12.1965 – 1 BvR 513/65, BVerfGE 19, 342 (348); 19.3.2013 – 2 BvR 2628/10 ua, BVerfGE 133, 168 (202); *Hassemer* StV 1984, 38 (40 f.); *Stuckenberg* ZStW 111 (1999), 422 (456 f.); *Kühl* S. 15 ff.: Verbot strafähnlicher Diskriminierungen, allerdings zunächst auf Schuldfeststellungen begrenzt; *Volk* FS Böttcher, 2007, 213 (218); *Püschel* StraFo 2012, 493 (495). Offen bleibt damit hingegen, ob Abs. 2 auf die viel diskutierten *smart sanctions* zu erstrecken ist, siehe abl. etwa nach einem hinreichenden Rechtsschutz mwN *Meyer* HRRS 2010, 74 (77 ff.); befürwortend tendiert etwa *Rackow* StV 2009, 721 (724 ff.).
³⁵⁵ Dazu EGMR 26.7.2001 – 34097/96, Rn. 41 ff. – Kreps/POL; EGMR [GK] 29.10.1998 – 26772/95, Rn. 152 ff. – Labita/ITA; *Tophinke* S. 370 ff.
³⁵⁶ Siehe näher *Gaede* ZStW 129 (2017), Heft 4, II. 1., 3. c); allgemein für eine verfahrenslimitierende Funktion der Unschuldsvermutung auch *Gropp* JZ 1991, 804 (807 ff.); für die Ausrichtung an der Unschuldsvermutung als normativer Leitfaktor *E. Müller* NJW 1976, 1063 (1066); *D. Krauß* S. 153, 154 ff.: Grundsatz der Verfahrensgestaltung.
³⁵⁷ Neben dem Wortlaut des Art. 5 Abs. 1 S. 2 lit. c EMRK siehe etwa *Harris/O'Boyle/Warbrick* S. 242; *Stavros* S. 49 ff., 67 f.; *Rzepka* S. 53; *Meyer-Goßner/Schmitt* Rn. 14; *Tophinke* S. 367 ff.; mwN *Gropp* JZ 1991, 804 (807 ff.).
³⁵⁸ Dazu näher *Gaede* ZStW 129 (2017), Heft 4, II. und III.; zum Verhältnismäßigkeitsgebot auch *Stavros* S. 51, 67 f., der überdies für ein Gebot plädiert, den Beschuldigten im Verfahren würdig zu behandeln, S. 50 f., 69 f.; siehe auch *Ashworth*, Human Rights, Serious Crime, S. 14 ff.; siehe auch *Packer* S. 161: „The presumption of innocence is a direction to officials about how they are to proceed"; zu einer allg. Rechtsvermutung dagegen abl. *Geppert* Jura 1993, 160 (161); umfassend zu vergleichbaren Ansichten auch abl. *Stuckenberg* ZStW 111 (1999), 422 (456 ff.).
³⁵⁹ EGMR 23.7.2002 – 34619/97, NLMR 2002, 156 Rn. 106 ff. – Janosevic/SWE m. abl. SV, entschieden für Steuerhinterziehungsverfahren.
³⁶⁰ EGMR 27.2.1980 – 6903/75, EGMR-E 1, 463 Rn. 49 – Deweer/BEL; *Emmerson/Ashworth/Macdonald*, Rn. 2–59; *Stavros* S. 118 ff.; *Meyer-Ladewig/Harrendorf/König* Rn. 58; *Rzepka* S. 55; *Trechsel* SJZ 77 (1981), 317 (319); *Espenhain* EuGRZ 1981, 15 (16); diff. IK-*Kühne* Rn. 476 ff.; vgl. auch SK-StPO/*Paeffgen* Rn. 205 ff., insbes. Rn. 207.
³⁶¹ EGMR 15.1.2015 – 48144/09, NJW 2016, 3225 Rn. 32, 53 – Cleve/D; zu dieser Entscheidung aber nicht überzeugend krit. *Rostalski* HRRS 2015, 315 ff.

Beweiserhebung bestehenden Tatverdacht äußert.³⁶² Es kommt insoweit entscheidend auf die gebrauchten Formulierungen an, die in den Kontext des konkreten nationalen Verfahrens einzubetten sind.³⁶³ Hierbei müssen die Strafgerichte besonders zurückhaltend formulieren, wenn absehbar gerichtliche Folgeverfahren wie zum Beispiel familienrechtliche Verfahren von ihren Äußerungen beeinflusst werden können.³⁶⁴ Verletzt das Gericht durch die Abfassung der Urteilsgründe bei einem Freispruch die Unschuldsvermutung, muss die Beschwer, die für die Einlegung eines Rechtsmittels erforderlich ist, entgegen der insoweit sehr einschränkenden Rechtsprechung des BGH angenommen werden.³⁶⁵

137 Der Schutz der Unschuldsvermutung reicht insbesondere nach einem Freispruch **über anhängige Strafverfahren hinaus**.³⁶⁶ Er schützt den Freigesprochenen ebenso wie den von einer Einstellung Betroffenen davor, dass staatliche Stellen ihn so behandeln, als habe er die Tat tatsächlich begangen.³⁶⁷ Dies gilt auch für familienrechtliche Sorgerechtsverfahren.³⁶⁸ Auch Ausführungen in gesonderten Verfahren gegen ehemalige Mitbeschuldigte können Abs. 2 verletzen, soweit sie sich nicht auf das absolut Notwendige beschränken.³⁶⁹ Sowohl zivilrechtliche Schadensersatz- als auch Disziplinarverfahren sind aber nicht per se ausgeschlossen.³⁷⁰

138 Die **Auferlegung von Verfahrenskosten** sieht der EGMR ebenso wie die Verwehrung einer Entschädigung nach einem freisprechenden Urteil bzw. einer Verfahrenseinstellung nicht automatisch als Verletzung des Abs. 2 an.³⁷¹ Er leitet aus Art. 6 bisher schon keine grundsätzliche Pflicht ab, den Freigesprochenen für die mit dem Verfahren erlittenen Einbußen und die notwendigen Verteidigungsaufwendungen zu entschädigen.³⁷² Dies ist jedoch jedenfalls im Fall erheblicher Belastungen des Angeklagten auch angesichts des hiermit ggf. verbundenen *chilling effects* hinsichtlich einer effektiven Rechtswahrnehmung im Verfahren selbst kritikwürdig.³⁷³ Schon der EGMR erkennt zumindest an, dass negative Kostenentscheidungen nicht mit einem Schuldvorwurf begründet werden dürfen.³⁷⁴ Eine Schuldfest-

---

³⁶² EGMR 15.1.2015 – 48144/09, NJW 2016, 3225 Rn. 53 – Cleve/D.
³⁶³ EGMR 15.1.2015 – 48144/09, NJW 2016, 3225 Rn. 54 f. – Cleve/D.
³⁶⁴ Siehe zu einem Fall der Verletzung durch Äußerungen, nach denen der freigesprochene Angeklagte sexuelle Übergriffe auf seine Tochter begangen habe, dem Gericht wegen einer unzureichenden Zeugenaussage indes die hinreichende Gewissheit hinsichtlich eines bestimmten, für die Verurteilung erforderlichen Tathergangs fehlte, EGMR 15.1.2015 – 48144/09, NJW 2016, 3225 – Cleve/D.
³⁶⁵ Siehe zum Problemkreis anhand des Falles *Mollath* etwa restriktiv BGH 14.10.2015 – 1 StR 56/15, NJW 2016, 728; weiter EGMR 15.1.2015 – 48144/09, NJW 2016, 3225 – Cleve/D.
³⁶⁶ EGMR 15.1.2015 – 48144/09, NJW 2016, 3225 Rn. 35 – Cleve/D; mwN *Meyer-Ladewig/Harrendorf/König* Rn. 215. Der EGMR grenzt insoweit problematisch zwischen einem rechtskräftigen Freispruch und anderen Verfahrensbeendigungen ab, siehe mwN EGMR 21.3.2000 – 28389/95, ÖJZ 2001, 155 Rn. 28 ff. – Rushiti/AUT; EGMR 20.12.2001 – 33730/96, Rn. 24 ff. – Weixelbraun/AUT; zusf. EGMR 28.10.2003 – 44320/98, HRRS 2004 Nr. 73 Rn. 26 ff. – Baars/NL; abl. *Esser* S. 761 f.: Schutzbedarf gerade für den, der nicht auf einen Freispruch verweisen kann.
³⁶⁷ EGMR 15.1.2015 – 48144/09, NJW 2016, 3225 Rn. 35 – Cleve/D.
³⁶⁸ EGMR 15.1.2015 – 48144/09, NJW 2016, 3225 Rn. 62 f. – Cleve/D. Vgl. freilich zur prinzipiellen Freistellung von unabhängigen Zivilklagen der Opfer EGMR 11.2.2003 – 34964/97, Rn. 26 ff. – Ringvold/NOR.
³⁶⁹ EGMR 27.2.2014 – 17103/10, NJW 2015, 37 Rn. 64 ff. – Karaman/D; mwN SSW-StPO/*Satzger* Rn. 109; *Grabenwarter/Pabel* § 24 Rn. 140; vorsichtig aufnehmend Meyer-Goßner/*Schmitt* Rn. 12; abl. BVerfG 3.9.2009 – 2 BvR 2540/04, NJW 2009, 3569 (3570).
³⁷⁰ Dazu näher mwN *Meyer-Ladewig/Harrendorf/König* Rn. 216; mwN auch zum Arbeitsrecht Löwe/Rosenberg/*Esser* Rn. 520 ff., 526 ff.
³⁷¹ EGMR 25.3.1983 – 8660/79, EGMR-E 2, 254 Rn. 35 ff. – Minelli/SWI; *Villiger* Rn. 496 ff.; *Esser* S. 760 ff.; EGMR 25.8.1993 – 13126/87, ÖJZ 1993, 816 Rn. 29 ff. – Sekanina/AUT; EGMR 21.3.2000 – 28389/95, ÖJZ 2001, 155 Rn. 27 ff. – Rushiti/AUT; EGMR 20.12.2001 – 33730/96, Rn. 24 ff. – Weixelbraun/AUT; EGMR 26.3.1996 – 17314/90, ÖJZ 1996, 677 Rn. 29 ff. – Leutscher/NL; EGMR 9.11.2004 – 44760/98, Rn. 30 ff. – Del Latte/NL; zum Ganzen *Stavros* S. 119 ff.; *Emmerson/Ashworth/Macdonald*, Rn. 3–82 mwN; aA *Kolb* HRLJ 2000, 348 (366).
³⁷² Hierfür EGMR 18.11.2004 – 69169/01, Rn. 2 – Reinmüller/AUT; mwN auch zum dt. Verfassungsrecht Löwe/Rosenberg/*Esser* Rn. 510 ff.; SSW-StPO/*Satzger* Rn. 118; zum Verurteilten Karpenstein/Mayer/*Meyer* Rn. 185.
³⁷³ Siehe anhand von Großverfahren *Gaede* ZStW 129 (2017), Heft 4, II. 3. d) cc).
³⁷⁴ EGMR 25.3.1983 – 8660/79, EGMR-E 2, 254 Rn. 35 ff. – Minelli/SWI; EGMR 9.11.2004 – 44760/98, Rn. 30 ff. – Del Latte/NL; *Esser* S. 758 ff.

stellung liegt dabei aber wiederum nicht schon in jeder Prognose über den mutmaßlichen Prozessverlauf oder in mehrdeutigen Ausführungen über einen verbliebenen erheblichen Verdacht.[375] Prima facie verletzende Formulierungen sollen im Kontext hinreichend relativiert werden können; eine nachträgliche klare Richtigstellung im Verfahren soll unter Umständen eine Heilung bewirken können.[376]

Die **Wirkungen der Unschuldsvermutung enden** jedenfalls dann, wenn die Straftat nach einem fairen Verfahren festgestellt worden ist.[377] Für die **Verfolgung einer anderen, neuen Tat** gilt die Unschuldsvermutung wieder uneingeschränkt.[378] Demzufolge darf eine Strafaussetzung zur Bewährung nicht mit dem Verweis auf eine neue Tat begründet werden, hinsichtlich derer weder ein belastbares Geständnis vorliegt noch die Rechte des Art. 6 geachtet worden sind.[379] Ein belastbares Geständnis liegt nicht schon dann vor, wenn der Betroffene ein Geständnis ohne den Beistand eines Verteidigers abgelegt hatte und er dieses vor der Widerrufsentscheidung selbst zurückgezogen hat.[380] **139**

4. Die benannten Verteidigungsrechte des Abs. 3. Die Verteidigungsgarantien des Abs. 3 werden in ständiger Rechtsprechung als Konkretisierungen des Rechts auf ein faires Verfahren verstanden, die **konstitutive,** aber nicht abschließende **Erfordernisse eines fair geführten Strafverfahrens** darstellen.[381] Der Absatz gewährleistet Verteidigungsrechte, die dem Angeklagten mindestens zustehen müssen. Da die Abgrenzung der Absätze des Art. 6 infolge ihrer integralen Einbettung in die Garantie des Abs. 1 S. 1 nicht entscheidend sein soll, wird eine nähere Abgrenzung überwiegend als nicht erforderlich oder auch als unmöglich betrachtet.[382] Die Verteidigungsrechte werden in Art. 47 Abs. 2 S. 2, 48 GRC bestätigt. **140**

a) Der Informationsanspruch des Abs. 3 lit. a. Nach Abs. 3 lit. a steht jedem Angeklagten über Art. 5 Abs. 2 hinaus (zu diesem nur bei Haft greifenden Informationsrecht → Art. 5 Rn. 62 ff.) das Recht zu, „in möglichst kurzer Frist in einer für ihn verständlichen **141**

---

[375] EGMR 25.8.1987 – 9912/82, EGMR-E 3, 637 Rn. 59 ff. – Lutz/D: Abstützung auf den Verdacht nicht ausgeschlossen, soweit keine darüberhinausgehende Sanktion erfolgt, vgl. aber das abl. SV *Cremona;* EGMR 5.4.2001 – 45313/99, Rn. 28 ff. – Marziano/ITA; EGMR 26.3.1996 – 17314/90, ÖJZ 1996, 67 Rn. 29 ff. – Leutscher/NL; krit. *Kühl* NJW 1988, 3233 ff.; *Kieschke* S. 193, 225, 236; *Esser* S. 761 f.; tendenziell wieder strenger EGMR 25.8.1993 – 13126/87, ÖJZ 1993, 816 Rn. 29 ff. – Sekanina/AUT; zusf. EGMR 28.10.2003 – 44320/98, HRRS 2004 Nr. 73 Rn. 26 ff. – Baars/NL.
[376] Dazu EGMR 26.3.1982 – 8269/78, EGMR-E 2, 70 Rn. 40 – Adolf/AUT, aber auch dort das abl. SV *Cremona/Liesch/Pettiti;* EGMR 25.3.1983 – 8660/79, EGMR-E 2, 254 Rn. 40 – Minelli/SWI; im Grundsatz auch EGMR 10.2.2002 – 37568/97, NJW 2004, 43 Rn. 60 ff. – Böhmer/D; *Villiger* Rn. 495; krit. *Stavros* S. 69 f.; zum Ganzen bereits *Kühl* NJW 1984, 1264 ff. Streng siehe EGMR 11.2.2003 – 29327/95, Rn. 39 ff. – O./NOR; EGMR 11.2.2003 – 56568/00, Rn. 43 ff. – Y./NOR.
[377] EGMR 5.7.2001 – 41087/98, Rn. 30 ff. – Phillips/UK, wobei jedoch Konfiskationsverfahren im Zuge der Verurteilung wegen einer Straftat keine zweite Tat belegen; EGMR 3.10.2002 – 37568/97, NJW 2004, 43 Rn. 55 ff. – Böhmer/D und StV 2003, 82 ff. mAnm *Pauly:* Einbeziehung einer noch nicht rechtskräftig festgestellten Tat in eine Strafaussetzungsentscheidung; auch KG 1.3.2000 – 1 AR 28/00 – 5 Ws 58/00, 1 AR 28/00, 5 Ws 58/00, NStZ-RR 2001, 136 (137 f.); *Rzepka* S. 54; *Emmerson/Ashworth/Macdonald,* 15-73; aA mit einer wesentlich kriminalpolitischen und fast rein nationalen Argumentation *Geppert* Jura 1993, 160 (164); zur Frage, ob bereits ein Geständnis die Wirkungen enden lässt, SK-StPO/*Paeffgen* Rn. 182.
[378] EGMR 5.7.2001 – 41087/98, Rn. 30 ff. – Phillips/UK; EGMR 3.10.2002 – 37568/97, NJW 2004, 43 Rn. 55 ff. – Böhmer/D und StV 2003, 82 ff. mAnm *Pauly.*
[379] EGMR 3.10.2002 – 37568/97, NJW 2004, 43 Rn. 55 ff. – Böhmer/D und StV 2003, 82 ff. mAnm *Pauly;* mwN Meyer-Goßner/*Schmitt* Rn. 15; Löwe/Rosenberg/*Esser* Rn. 518.
[380] EGMR 12.11.2015 – 2130/10, NJW 2016, 3645 Rn. 59 ff. – El Kaada/D; Meyer-Goßner/*Schmitt* Rn. 15; mwN zur früher abweichenden hM siehe SSW-StPO/*Satzger* Rn. 116.
[381] Beispielhaft für die stRspr EGMR 13.5.1980 – 6694/74, EGMR-E 1, 480 Rn. 37 – Artico/ITA; EMGR 20.11.1989 – 11454/85, EGMR-E 4, 420 Rn. 39 – Kostovski/NL; EGMR 14.1.2003 – 26891/95, Rn. 48 – Lagerblom/SWE; KK-StPO/*Schädler/Jakobs* Rn. 58: nicht lediglich Beispiele.
[382] *Villiger* Rn. 471; *Trechsel* ZStR 96 (1979), 337 (376); *Rzepka* S. 101: kein lex-specialis-Grundsatz; für die StRspr EGMR 6.5.1985 – 8658/79, EGMR-E 2, 47 Rn. 29 – Bönisch/AUT; EGMR 10.6.1996 – 22399/93, ÖJZ 1996, 874 Rn. 45 – Pullar/UK; siehe aber zur Bedeutung einer konkretisierten Entfaltung des Art. 6 EMRK *Gaede,* Fairness als Teilhabe, S. 447 ff., 462 ff.; siehe krit. für eine Subsidiarität des Abs. 1 aber auch schon *Spaniol* S. 118, 129 f. im Anschluss an EGMR 25.4.1983 – 8398/78, NStZ 1983, 373 Rn. 42 – Pakelli/D und EGMR 27.2.1980 – 6903/75, EGMR-E 1, 463 Rn. 56 – Deweer/BEL; krit. auch *Esser* S. 403.

Sprache in allen Einzelheiten über die Art und den Grund der gegen ihn erhobenen Beschuldigung in Kenntnis gesetzt zu werden". Überwiegend wird das wesentliche Ziel der Norm mit dem **EGMR** darin gesehen, über eine frühzeitige und möglichst umfassende[383] Information eine wirksame Verteidigung zu ermöglichen.[384] Die Information wird als *condicio sine qua non* **einer effektiven Verteidigung** begriffen und daher mit Art. 6 Abs. 3 lit. b in einen engen Zusammenhang gestellt.[385] Eine Verletzung des Art. 6 Abs. 3 lit. a setzt insofern nach überwiegender Ansicht einen Nachteil voraus, der durch eine **Verteidigungsbehinderung** darzulegen ist, jedoch nicht die Darlegung des ergebnisbezogenen Erfolgs der unbehinderten Verteidigung erfordert.[386]

142 Im **Schrifttum** wird Abs. 3 lit. a zum Teil primär als höchstpersönliches Recht des Beschuldigten auf einen Schutz vor Überraschung und Überrumpelung verstanden, der nur reflexiv der Verteidigung diene, weil Abs. 3 lit. a anderenfalls in Abs. 3 lit. b aufgehe und entwertet sei.[387] Nach dieser Auffassung soll der Nachteil einer tatsächlichen Behinderung der Verteidigung wegen des zentral bezweckten Persönlichkeitsschutzes entbehrlich sein und eine Verletzung unabhängig von einem späteren Verteidigungsnachteil vorliegen können.[388] Da Abs. 3 den Informationsanspruch aber explizit als Verteidigungsrecht einführt, muss diese Schutzrichtung doch verfahrensbezogen gedeutet werden. Andere Autoren wollen die Norm als Recht auf eine formelle, schriftliche Anklageschrift interpretieren,[389] verfehlen damit jedoch – trotz des für Art. 6 insgesamt berechtigten Anliegens – die zeitliche Komponente der Norm.[390]

143 Zutreffend wäre es, Abs. 3 lit. a in Zukunft als Norm zu deuten, welche die Vertragsstaaten verpflichtet, den Beschuldigten über die *bereits in der Einleitung eines Strafverfahrens gegen ihn liegende Anklage* unverzüglich in Kenntnis zu setzen, um ihm damit überhaupt die **Chance zu eröffnen, in seinem Strafverfahren als Verfahrenssubjekt teilzuhaben.**[391]

---

[383] Dazu EGMR [GK] 25.3.1999 – 25444/94, NJW 1999, 3545 Rn. 51 – Pélissier u. Sassi/FRA: „information should [...] be detailed"; EGMR 25.7.2000 – 23969/94, NLMR 2000, 146 Rn. 59 ff. – Mattoccia/ITA; EGMR 1.3.2001 – 29082/95, Rn. 47 – Dallos/HUN; EGMR 17.7.2001 – 29900/96 ua, Rn. 48 ff. – Sadak ua/TUR.

[384] EGMR 10.2.1995 – 19160/91, Rn. 25 ff. – Gea Catalán/ITA; EGMR 21.10.1996 – 21625/93, Rn. 27 ff. – De Salvador Torres/SPA; auch EGMR [GK] 25.3.1999 – 25444/94, NJW 1999, 3545 Rn. 52, 54 – Pélissier u. Sassi/FRA; EGMR 25.7.2000 – 23969/94, NLMR 2000, 146 Rn. 59 ff. – Mattoccia/ITA.

[385] EGMR [GK] 25.3.1999 – 25444/94, NJW 1999, 3545 Rn. 51 ff. – Pélissier u. Sassi/FRA: „prerequisite"; EGMR 21.2.2002 – 49093/99, Rn. 27 f. – Sipavicius/LIT: allg. Teil der Gesamtbetrachtung; *Stavros* S. 64, 168; *Spaniol* S. 100; *Esser* S. 437; *Simon* S. 9 f., 16; aA für eine formale Anklage *Fawcett* S. 184: Zeitelement als verfehlte, kaum erklärbare Übernahme von Art. 5 Abs. 2; *Castberg* S. 117, 126; *Trechsel* FS Hangartner, 1998, 367 (372 ff.).

[386] Vgl. EKMR 6.7.1959 – 343/57, YB 1961, 494 (534 ff.) – Nielsen/DEN; EGMR 19.12.1989 – 9783/82, EGMR-E 4, 450 Rn. 81 – Kamasinski/AUT; *Frei-Siponen* S. 215; mwN Karpenstein/Mayer/*Meyer* Rn. 174; aA *Trechsel* FS Hangartner, 1998, 367 (383 ff.): absolutes Recht, mit Bezug auf *Artico*; vermittelnd BGer 21.2.2000 – 1P.796/1999, BGE 126 I 19 (21 ff.): keine Pflicht zur Anhörung, doch Recht zur Stellungnahme bei Aussichtslosigkeit anderer Verteidigung. Siehe aber heute EGMR [GK] 25.3.1999 – 25444/94, NJW 1999, 3545 Rn. 51 ff., 60 – Pélissier u. Sassi/FRA; auch EGMR 15.11.1996 – 15843/90, Rn. 39 – Domenichini/ITA: Verletzung trotz Aussichtslosigkeit des Rechtsmittels.

[387] *Trechsel* S. 193 ff.; *Ambos* ZStW 115 (2003), 583 (598); *Villiger* Rn. 504; *Spaniol* S. 103 ff.; siehe auch *Gaede*, Fairness als Teilhabe, S. 595 ff.

[388] Dazu *Trechsel* S. 194 f.; *Spaniol* S. 103, 107: absoluter Kern; *Stavros* S. 172 ff.

[389] *Fawcett* S. 184: Zeitelement als verfehlte, kaum erklärbare Übernahme von Art. 5 Abs. 2; *Castberg* S. 117, 126; *Trechsel* FS Hangartner, 1998, 367 (372 ff.); *ders.* S. 199 f.; ihm folgend die von ihm betreute Dissertation von *Frei-Siponen* S. 215; *Zimmerlin* ZStR 121 (2003), 311 (324 f.).

[390] Näher schon *Gaede*, Fairness als Teilhabe, S. 595.

[391] Dazu siehe eingehend mwN *Gaede*, Fairness als Teilhabe, S. 595 ff.; siehe im Kontext auch bereits *Frister* StV 1998, 159 (160 ff.); *Walischewski* S. 138 ff.: Pflicht zur Mitteilung der Einleitung eines Ermittlungsverfahrens; *E. Müller* NJW 1976, 1063 (1067); *Gillmeister* StraFo 1996, 114 (115 f.); *Dahs* NJW 1985, 1113 (1115); *Braitsch* S. 145; *Simon* S. 9 f.; offenbar auch *Ambos* ZStW 115 (2003), 583 (598): kein uneinholbarer Informationsvorsprung; *Chiavario*, Delmas-Marty/Spencer S. 541, 554 ff.: „gravest risk [...] of investigations that continue endlessly with no information given to the individual concerned". AA offenbar unter Zugrundlegung des herkömmlichen Anklagebegriffs *Esser* S. 84, 440 f.; wie er bereits in der Sache *Schroeder* FS Pötz, 1993, 205 (208 f., 211). Siehe nun aber Löwe/Rosenberg/*Esser* Rn. 545: Pflicht zur Begründung des Beschuldigtenstatus aus Art. 6 Abs. 1 S. 1 EMRK.

Der Begriff der Anklage ist nicht nur autonom, sondern *auch* zweckbezogen konkret und wirksam auszulegen. Allerdings wäre insofern eine einzelfallbezogen zu begründende Befugnis zum Aufschub aus ermittlungstaktischen Gründen oder bei dem Verdacht auf Verdunkelungsmaßnahmen einzubeziehen. Die zu gewährende Information bezieht sich sodann weiter detailliert auf Art und Grund der Beschuldigung, setzt aber an der aktuellen Ermittlungshypothese an. Unbegründete Zurückhaltungen der schieren Prozesssubjektivität lösen eigenständig festzustellende Verletzungen aus, die keiner Begründung über Abs. 3 lit. b bedürfen.

aa) Zeitpunkt der Information. In „möglichst kurzer Frist" („*promptly*") muss der **144** Beschuldigte informiert werden. Dies wird in der Rechtsprechung des EGMR zunächst so verstanden, dass die Behörden allerspätestens mit der formalen Anklage über Grund und Art der Beschuldigung informieren müssen.[392] Grundsätzlich wird der Zeitpunkt aber an den **materiellen Begriff der Anklage** gebunden, der selbst regelmäßig die prinzipielle Kenntnis des Betroffenen von einem laufenden Ermittlungsverfahren voraussetzt (schon → Rn. 58 f.). Die Information ist danach schon in Ermittlungsverfahren erforderlich,[393] zumal Abs. 3 lit. a auf eine möglichst frühzeitige Information abzielt.[394] Obschon die Garantie eine unverzügliche Information fordert, sollen Mängel in zeitlicher Hinsicht durch **heilende spätere Informationen** ausgeräumt werden können.[395] Dies soll selbst dann gelten, wenn das Urteil der ersten Instanz informiert und ein anschließendes Berufungsverfahren die Verwirklichung der Verteidigungsrechte ermöglicht.[396] Selbst eine summarische Information, die hinter der national vorgesehenen formellen Anklagezustellung zurückbleibt, soll eine Heilung bewirken können.[397] Im erweiterten Anwendungsbereich (dazu → Rn. 48 ff.) sollte die Erwartung, dass der Beschuldigte an der Hauptverhandlung teilnehmen werde, verfehlterweise die grundsätzlich erforderliche vorherige Information entbehrlich machen.[398]

Nach der bereits angesprochenen Kritik an der zu weitgehenden Verbindung mit Abs. 3 **145** lit. b, Abs. 1 S. 1 (→ Rn. 142 f.) ist auch die Zurücksetzung des Zeitelements abzulehnen. Die Information muss nicht nur so schnell wie möglich erfolgen, um Beeinträchtigungen der Verteidigung zu verhindern; es geht in Abs. 3 lit. a schon darum, dass der Betroffene überhaupt zu einem **Verfahrenssubjekt** gemacht wird. Wenngleich ein „*element of surprise*" bzw. ein Ermittlungsvorsprung der Strafverfolgungsbehörden etwa bei legitim geplanten heimlichen Ermittlungsmaßnahmen nicht völlig ausscheiden muss,[399] darf es den Vertragsstaaten nicht beliebig freistehen, dem Betroffenen seine Subjektstellung zu verwehren. Wenn die Behörden den Beschuldigten, gegen den sie ein Ermittlungsverfahren führen, grundlos verspätet informieren, ist die Teilgarantie des Abs. 3 lit. a verletzt, ohne dass dies den Prozess im Übrigen notwendig dauerhaft unfair machen müsste.[400] Nur hinsichtlich Abs. 3 lit. b und bezüglich der Fairness im Übrigen ist die Heilung von Bedeutung.

---

[392] EGMR 19.12.1989 – 9783/82, EGMR-E 4, 450 Rn. 78 ff. – Kamasinski/AUT; *Spaniol* S. 102 f. mwN; *Esser* S. 442 f.

[393] Hierfür insbes. Jacobs/White/Ovey S. 290; *van Dijk/van Hoof* S. 464; IK-*Vogler* Rn. 477; *Trechsel* ZStR 96 (1979), 337 (348); *Poncet* S. 135 f.; *Spaniol* S. 104 f.; offenlassend EGMR 17.12.1981 – 8361/78, DR 27, 37 (41 f.) – X./NL; aA noch *Appell* S. 65 f.; *Bischofberger* S. 130; *Fawcett* S. 184; *Castberg* S. 117; heute wieder *Trechsel* FS Hangartner, 1998, 367 (372 ff.).

[394] EGMR 10.2.1995 – 19160/91, Rn. 25 ff. – Gea Catalán/ITA; EGMR [GK] 25.3.1999 – 25444/94, NJW 1999, 3545 Rn. 52, 54 – Pélissier u. Sassi/FRA.

[395] EGMR 1.3.2001 – 29082/95, Rn. 47 ff. – Dallos/HUN; EGMR 21.2.2002 – 49093/99, Rn. 30 ff. – Sipavicius/LIT; *Villiger* Rn. 507.

[396] EGMR 1.3.2001 – 29082/95, Rn. 47 ff. – Dallos/HUN.

[397] Dazu vgl. EGMR 19.12.1989 – 10964/84, EGMR-E 4, 438 Rn. 42 – Brozicek/ITA.

[398] So noch EGMR 28.6.1984 – 7819/77 u. 7878/77, EGMR-E 2, 409 Rn. 96 – Campbell u. Fell/UK.

[399] Vgl. *Stavros* S. 75; *Esser* S. 440 f.: Aussetzung der Pflicht; für das Ausreichen der Information nach „einigen Tagen" *Haefliger/Schürmann* S. 220; ähnlich EKMR 17.12.1981 – 8361/78, DR 27, 37 (41 f.) – X./NL.

[400] Für die Anerkennung einer eigenständigen Verletzung etwa auch schon *Spaniol* S. 103, 107, 161; *Frister* StV 1998, 159 (162 f.).

146   **bb) Inhaltliche Anforderungen an die Information.** Inhaltlich ist die Information am jeweiligen Verfahrensstand auszurichten.[401] *Erstens* muss die Auskunft den **Grund des Vorwurfs** bzw. den vorgeworfenen Sachverhalt erfassen, also den Ort, die Zeit und den Gegenstand der vorgeworfenen strafbaren Tat darlegen.[402] *Zweitens* ist die **Art der Beschuldigung** offen zu legen, indem mitgeteilt wird, welche gesetzlichen Strafbestimmungen die Strafverfolgungsbehörden für anwendbar halten.[403] Hierbei reicht jeweils eine lediglich abstrakte Klassifikation nicht aus, sondern es muss sich um **detaillierte Informationen** handeln.[404]

147   Fehlleitende Informationen zum vorgeworfenen Verhalten und seiner rechtlichen Qualifizierung führen jedenfalls dann zu einer Verletzung, soweit möglicherweise eine andere Verteidigung ergriffen worden wäre, ohne dass der Gerichtshof deren Erfolg festzustellen hätte.[405] **Etwaige Fehler** im Detail sollen jedoch unbeachtlich sein, falls der Angeklagte sie nach den Fallumständen durch ein Mindestmaß an Aufmerksamkeit hätte bemerken müssen.[406] Allein die Möglichkeit, in die Verfahrensakten Einsicht zu erhalten, macht die Information gemäß Abs. 3 lit. a nicht entbehrlich.[407] Ebenso dürfte eine ausschließliche Information des Verteidigers angesichts der Rechtssubjektivität konstituierenden Bedeutung der Norm unzureichend sein.[408] Beweismittel müssen aber nicht sofort mit der ersten Information offengelegt werden.[409]

148   Ändert sich der Verfahrensstand hinsichtlich des Grundes oder der Art der Beschuldigung, muss der Staat erneut informieren.[410] Hierfür genügt es nicht, wenn privat am Verfahren Beteiligte auf die Veränderung im Verfahren Bezug genommen haben.[411] Die **Aktualisierung der Information** bei gewandelten Verfahrensständen ist schon nach Abs. 3 lit. b geboten, soweit dies für eine sachgerechte Verteidigung erforderlich ist:[412] Während Abs. 3 lit. a die Aufnahme der Verteidigung überhaupt absichert und auch in diesem frühen Sta-

---

[401] EGMR [GK] 25.3.1999 – 25444/94, NJW 1999, 3545 Rn. 51 ff. – Pélissier u. Sassi/FRA; EGMR 25.7.2000 – 23969/94, NLMR 2000, 146 Rn. 61 ff. – Mattoccia/ITA; EGMR 17.7.2001 – 29900/96 ua, Rn. 48 ff. – Sadak ua/TUR; *Villiger* Rn. 507; siehe auch EGMR 19.12.1989 – 10964/84, EGMR-E 4, 438 Rn. 42 – Brozicek/ITA.

[402] EGMR 19.12.1989 – 10964/84, EGMR-E 4, 438 Rn. 42 – Brozicek/ITA; EGMR 25.7.2000 – 23969/94, NLMR 2000, 146 Rn. 62 ff. – Mattoccia/ITA; *Stavros* S. 168; *Villiger* Rn. 507: inklusive der etwaigen Opfer.

[403] EGMR 19.12.1989 – 10964/84, EGMR-E 4, 438 Rn. 42 – Brozicek/ITA; EGMR 21.2.2002 – 49093/99, Rn. 27 ff. – Sipavicius/LIT; *Esser* S. 439 ff.; *Stavros* S. 168.

[404] EGMR [GK] 25.3.1999 – 25444/94, NJW 1999, 3545 Rn. 51 f. – Pélissier u. Sassi/FRA; EGMR 27.1.2004 – 73797/01, Rn. 65 ff. – Kyprianou/CYP; EGMR 1.3.2001 – 29082/95, Rn. 47 – Dallos/HUN; EGMR 17.7.2001 – 29900/96 ua, Rn. 48 ff. – Sadak ua/TUR; vgl. aber auch *Esser* S. 438 f. mit Kritik an der Subsumtion in EGMR 23.9.1998 – 24838/94, Rn. 84 ff. – Steel ua/UK.

[405] EGMR [GK] 25.3.1999 – 25444/94, NJW 1999, 3545 Rn. 67, 60 – Pélissier u. Sassi/FRA: „The Court merely notes that it is plausible to argue that the defence would have been different"; EGMR 25.7.2000 – 23969/94, NLMR 2000, 146 Rn. 63 ff. – Mattoccia/ITA; zust. *Esser* S. 739; zur Erforderlichkeit einer nicht irreführenden Information siehe auch *K. Peters* S. 341.

[406] Siehe auch hierzu EGMR [GK] 25.3.1999 – 25444/94, NJW 1999, 3545 Rn. 51 ff., 60 – Pélissier u. Sassi/FRA; EGMR 25.7.2000 – 23969/94, NLMR 2000, 146 Rn. 68 ff. – Mattoccia/ITA; EGMR 17.7.2001 – 29900/96 ua, Rn. 48 ff. – Sadak ua/TUR; EGMR 1.3.2001 – 29082/95, Rn. 47 ff. – Dallos/HUN; *Villiger* Rn. 509; abl. etwa schon *Trechsel* S. 203.

[407] EGMR 25.7.2000 – 23969/94, NLMR 2000, 146 Rn. 65 – Mattoccia/ITA.

[408] Wie hier *Villiger* Rn. 506; *Spaniol* S. 106 f.; *Stavros* S. 174; *Frei-Siponen* S. 217; vgl. auch EKMR 11.5.1988 – 10889/84, DR 56, 40 (57 f.) – C./ITA: tatsächlicher Zugang beim Betroffenen; offenlassend aber EGMR 19.12.1989 – 9783/82, EGMR-E 4, 450 Rn. 79 – Kamasinski/AUT.

[409] Dazu EGMR 19.12.1989 – 10964/84, EGMR-E 4, 438 Rn. 42 – Brozicek/ITA; EKMR 9.5.1977 – 7628/76, NJW 1977, 2011 – X./BEL; Frowein/*Peukert* Rn. 282; *Esser* S. 438; *Frei-Siponen* S. 215; *Villiger* Rn. 507.

[410] EGMR [GK] 25.3.1999 – 25444/94, NJW 1999, 3545 Rn. 51 ff. – Pélissier u. Sassi/FRA; EGMR 25.7.2000 – 23969/94, NLMR 2000, 146 Rn. 61 ff. – Mattoccia/ITA; EGMR 17.7.2001 – 29900/96 ua, Rn. 48 ff. – Sadak ua/TUR; EGMR 1.3.2001 – 29082/95, Rn. 47 ff. – Dallos/HUN; zum Ganzen *Stavros* S. 170; mwN Löwe/Rosenberg/*Esser* Rn. 550; *Frister* StV 1998, 159 (161 f.); krit. *Rzepka* S. 59 f.: regelmäßig bei Verstoß doch Wirksamkeit der Verteidigung unterstellt.

[411] EGMR [GK] 25.3.1999 – 25444/94, NJW 1999, 3545 Rn. 55, 61 – Pélissier u. Sassi/FRA; *Esser* S. 739.

[412] Zur Zuordnung zu Abs. 3 lit. b näher *Gaede*, Fairness als Teilhabe, S. 595 ff.

dium die Verwässerung der Information und Irreführungen untersagt, sichert Abs. 3 lit. b, dass die Vorbereitung der Verteidigung auch *im* folgenden Verfahren nicht durch die Vorenthaltung von Informationen beeinträchtigt wird. Wird der Angeklagte wegen einer zunächst nicht angeklagten Tat verurteilt, ohne dass er über eine Anklageumstellung informiert worden ist und ihm ausreichende Zeit und Gelegenheit zur Vorbereitung der Verteidigung gewährt worden sind, erkennt der EGMR auf eine Verletzung sowohl des Abs. 3 lit. a als auch des Abs. 3 lit. b.[413]

Zur **Form der Information** sollen dem Abs. 3 lit. a nach Ansicht des EGMR keine Vorgaben zu entnehmen sein.[414] Eine mündliche Information soll grundsätzlich ausreichen, soweit nicht nach den Umständen des Falles in dem Verzicht auf die Schriftform insbesondere bei einem Übersetzungsbedarf eine Benachteiligung der Verteidigung liegt.[415] Selbst die formale Anklage soll nach Abs. 3 lit. a keine Schriftform voraussetzen[416] (aber → Rn. 58). Die Information muss der Verteidigung aber jedenfalls **offiziell** zugekommen sein.[417] Eine Übersetzung der Information kann erforderlich sein (→ Rn. 274).[418]

149

b) Das Recht auf die Vorbereitung der Verteidigung des Abs. 3 lit. b. Die EMRK gewährt dem Angeklagten „ausreichend Zeit und Gelegenheit zur Vorbereitung seiner Verteidigung". Die Garantie wird als eine auf Abs. 3 lit. a aufbauende Garantie verstanden (schon → Rn. 141 ff.): Nachdem der Angeklagte informiert ist, soll er seine Verteidigung angemessen vorbereiten können und damit ein „kurzer Prozess" verhindert werden.[419] Der Angeklagte muss die Möglichkeit haben, **alle relevanten Verteidigungsargumente zu sammeln und vorzutragen.**[420] Die Garantie weist nach der vorherrschenden Auslegung nicht nur mit Abs. 3 lit. a, sondern auch mit Abs. 3 lit. c Überschneidungen auf (dazu → Rn. 174 ff.). Die ausreichende Gelegenheit zur Verteidigung zielt auch auf eine Gleichstellung mit den Strafverfolgungsbehörden und wird demzufolge vom Prinzip der Waffengleichheit überlagert.[421] Zugleich bietet Abs. 3 lit. b die Grundlage für ein tatsächlich wir-

150

---

[413] EGMR [GK] 25.3.1999 – 25444/94, NJW 1999, 3545 Rn. 51 ff., 60 f. – Pélissier u. Sassi/FRA; EGMR 25.7.2000 – 23969/94, NLMR 2000, 146 Rn. 68 ff. – Mattoccia/ITA; EGMR 17.7.2001 – 29900/96 ua, Rn. 48 ff. – Sadak ua/TUR; siehe aber für die Annahme einer ausreichenden Heilung EGMR 1.3.2001 – 29082/95, Rn. 47 ff. – Dallos/HUN; siehe nun aber EGMR 14.11.2000 – 27783/95, ÖJZ 2001, 398 Rn. 68 ff. – T./AUT; *Clayton/Tomlinson*, 11.241.
[414] EGMR [GK] 25.3.1999 – 25444/94, NJW 1999, 3545 Rn. 53 – Pélissier u. Sassi/FRA: „Article 6 § 3 (a) does not impose any special formal requirement as to the manner in which the accused is to be informed of the nature and cause of the accusation against him"; EGMR 24.6.2003 – 65831/01, NJW 2004, 3691 – Garaudy/FRA; EKMR 24.6.1992 – 14723/89, DR 73, 81 (92 f.) – Erdogan/TUR; EKMR 17.12.1981 – 8361/78, DR 27, 37 (41 f.) – X./NL.
[415] Dazu näher EGMR 19.12.1989 – 9783/82, EGMR-E 4, 450 Rn. 79 ff. – Kamasinski/AUT; *Villiger* Rn. 506.
[416] EGMR 19.12.1989 – 9783/82, EGMR-E 4, 450 Rn. 79 ff. – Kamasinski/AUT; EGMR [GK] 25.3.1999 – 25444/94, NJW 1999, 3545 Rn. 53 – Pélissier u. Sassi/FRA; EGMR 9.3.2010 – 60705/08 – Petuhovs/D; siehe auch mwN zum beschleunigten Verfahren *Radtke/Hohmann/Ambos* Rn. 41; aA *Stavros* S. 171 ff.; *Haefliger/Schürmann* S. 220 m. Ausnahme von Bagatellfällen; mwN *Spaniol* S. 102 f. Vgl. aber EGMR 20.9.2001 – 44359/98 – Lakatos/HUN; siehe aber für „written notice" und BGH 23.12.2015 – 2 StR 457/14, NStZ 2017, 63; *Meyer-Goßner/Schmitt* Rn. 18.
[417] EGMR [GK] 25.3.1999 – 25444/94, NJW 1999, 3545 Rn. 55 – Pélissier u. Sassi/FRA; EGMR 12.10.1992 – 14104/88, EuGRZ 1992, 541 Rn. 28 – T./ITA; *Spaniol* S. 103, 107; *Rzepka* S. 59; *Trechsel* ZStR 96 (1979), 337 (344); *Esser* S. 437 f., 739.
[418] Dazu EGMR 19.12.1989 – 10964/84, EGMR-E 4, 438 Rn. 40 ff. – Brozicek/ITA; EGMR 19.12.1989 – 9783/82, EGMR-E 4, 450 Rn. 78 ff. – Kamasinski/AUT; *Stavros* S. 173 ff.
[419] EKMR 12.7.1978 – 7854/77, DR 12, 185 (190) – Bonzi/SWI; EKMR 16.12.1982 – 8463/78, DR 26, 24 (53) – Kröcher u. Möller/SWI; *Villiger* Rn. 509; *Stavros* S. 175; *Esser* S. 619 mit Bezug auf die *Barberà*-Entscheidung zur Hauptverhandlung.
[420] Siehe etwa EGMR 8.12.2009 – 28552/05, Rn. 44 – Janatuinen/FIN: „[T]he substantive defence activity on his behalf may comprise everything which is ‚necessary' to prepare the main trial. The accused must have the opportunity to organise his defence in an appropriate way"; *Spaniol* S. 96 ff.; *Stavros* S. 57, 177 ff.
[421] Siehe entsprechend zum Offenlegungsanspruch EGMR 16.12.1992 – 13071/87, ÖJZ 1993, 391 Rn. 36 – Edwards/UK; EGMR 18.3.1997 – 22209/93, Rn. 34 ff. – Foucher/FRA; EGMR [GK] 16.2.2000 – 28901/95, StraFo 2002, 51 Rn. 60 – Rowe u. Davis/UK.

kungsvolles rechtliches Gehör und damit für eine wirksame Teilhabe durch Verteidigung.[422] Insbesondere mit dem Anspruch auf die Offenlegung von Beweismaterial wird die Verteidigung in die Lage versetzt, auf die Ermittlungstätigkeit des Staates zurückzugreifen. So wird verhindert, dass die Verteidigung durch die Zurückhaltung von Beweisen nur in beeinträchtigter Form Gehör finden kann.[423]

151 Die Garantie zielt nicht nur auf eine Geltung in der **Hauptverhandlung** ab, sondern sie gilt hinsichtlich der gesamten Verteidigungsrechte (zur zeitlichen Geltung → Rn. 165 ff.).[424] Dies schließt die Vorbereitung von **Rechtsmitteln**[425] und prozessualen Rechtsbehelfen ein.[426]

152 **aa) Allgemeine Maßstäbe.** Die „ausreichende Zeit und Gelegenheit" werden als nicht abstrakt bestimmbar, sondern auf den Fall bezogen relativ verstanden.[427] Erheblich ist hierfür, wie dicht die nach Abs. 3 lit. a übermittelten Informationen sind und welches Verfahrensstadium mit entsprechend vorzubereitenden Verteidigungsrechten erreicht ist.[428] Einzubeziehen sind letztlich alle Umstände des konkreten Falles, vor allem seine Komplexität und der Umfang der zu untersuchenden Materialien.[429] Ein Indiz für eine genügende Vorbereitung soll in einem mangelnden Wunsch nach einer Verschiebung liegen können.[430]

153 Die Vorbereitung umfasst etwa die Sicherung von Entlastungsbeweisen und die Kontaktaufnahme mit Entlastungszeugen.[431] Auch die Ausarbeitung von schriftlichen oder mündlichen Stellungnahmen für die Hauptverhandlung ist der Verteidigung frei zu stellen.[432] Die Verhandlungstermine müssen der Verteidigung mitgeteilt werden.[433] Eine detaillierte und

---

[422] Näher *Gaede*, Fairness als Teilhabe, S. 621 ff.; vgl. auch *Spaniol* S. 56: flankierendes Recht; auch S. 160: kein Selbstzweck, sondern auf Abs. 3 lit. c bezogen; *Poncet* S. 131; auch mwN *Schlegel* HRRS 2004, 411: rechtzeitiger Zugang zu Informationen und Beweismitteln als konstitutive Voraussetzungen effektiven rechtlichen Gehörs.

[423] Dafür siehe etwa mwN EGMR [GK] 27.10.2004 – 39647/98, 40461/98, HRRS 2005 Nr. 1 Rn. 46 ff. – Edwards u. Lewis/UK; BGer 13.11.2002 – 1P.396/2002, BGE 129 I 85 (88 ff.); *Gaede* HRRS 2004, 44 (46 f., 52 f.); auch *Trechsel* S. 227.

[424] Siehe EGMR 24.11.1993 – 13972/88, ÖJZ 1994, 517 Rn. 36 – Imbrioscia/SWI; *Spaniol* S. 56.

[425] EGMR 16.12.1992 – 12945/87, Rn. 33 ff. – Hadjianastassiou/GRE; EGMR 22.6.1993 – 12914/87, ÖJZ 1994, 104 Rn. 23 ff. – Melin/FRA; EGMR 17.12.1996 – 20368/92, Rn. 24 ff. – Vacher/FRA: Pflicht zur Information über Fristen für Rechtsmittel; EGMR 21.9.1993 – 12350/86, NLMR 1993, 25 Rn. 49 f. – Kremzow/AUT; *Esser* S. 448 ff.; mwN am Beispiel des öst. und dt. Revisionsrechts krit. *Grabenwarter* NJW 2002, 109 ff.; VfGH 16.3.2000 – G 151/99 ua, NStZ 2000, 668 f. m. zust. Anm. *Hillenkamp*; siehe auch *Meyer-Ladewig/Harrendorf/König* Rn. 63: ggf. Wiedereinsetzung notwendig.

[426] Siehe am Beispiel einer verzögernden Überwachung des Briefverkehrs eines Untersuchungsgefangenen mit seinem Verteidiger EGMR 15.11.1996 – 15843/90, Rn. 39 – Domenichini/ITA; *Esser* S. 504 f.; auch EGMR 15.11.1996 – 15211/89, Rn. 38 – Calogero Diana/ITA (zu Art. 8 EMRK).

[427] EGMR 9.6.1998 – 24294/94, ÖJZ 1999, 390 Rn. 40 – Twalib/GRE: Betrachtung der Komplexität des Falles; zur Relativität im Hinblick auf die konkrete Prozesssituation EGMR 2.10.2001 – 44069/98, StraFo 2002, 81 Rn. 68 ff. – G.B./FRA; Frowein/Peukert Rn. 286 ff.; *Stavros* S. 175 ff.; *Spaniol* S. 94, 98; *Trechsel* S. 211 ff. Zur möglichen Bedeutung für Haftbedingungen EGMR 20.1.2005 – 63378/00, Rn. 81, 83 f. – Mayzit/RUS; *Meyer-Ladewig/Harrendorf/König* Rn. 226.

[428] EGMR [GK] 25.3.1999 – 25444/94, NJW 1999, 3545 Rn. 62 ff. – Pélissier u. Sassi/FRA; EGMR 2.10.2001 – 44069/98, StraFo 2002, 81 Rn. 68 ff. – G.B./FRA; *Villiger* Rn. 510; *Emmerson/Ashworth/Macdonald*, 14-10; zum Prozessstadium siehe etwa EKMR 9.5.1977 – 7628/76, NJW 1977, 2011 – X./BEL; EKMR 3.3.1982 – 9479/81, EuGRZ 1982, 447 ff. – Härdle/D; mwN zur jüngeren Rechtsprechung auch zu Umfangverfahren *Meyer-Ladewig/Harrendorf/König* Rn. 227.

[429] EGMR 9.6.1998 – 24294/94, ÖJZ 1999, 390 Rn. 40 – Twalib/GRE; mwN EGMR 12.3.2003 – 46221/99, EuGRZ 2003, 43 Rn. 153 ff. – Öcalan/TUR; *Esser* S. 447: in erster Linie nach der Schwierigkeit der Angelegenheit bestimmt; *Stavros* S. 175 ff.

[430] So – aber zum Nachteil des Betroffenen – EGMR 28.6.1984 – 7819/77 u. 7878/77, EGMR-E 2, 409 Rn. 98 – Campbell u. Fell/UK; EGMR 25.11.1999 – 30509/96, Rn. 3 – Vilhunen/FIN; *Villiger* Rn. 510; *Esser* S. 447 ff.; *Trechsel* ZStR 96 (1979), 337 (349 f.), der grundsätzlich die Aktivität des Beschuldigten fordert.

[431] *Villiger* Rn. 511; *Merrills/Robertson* S. 122.

[432] EGMR 9.4.1984 – 8966/80, EGMR-E 2, 366 Rn. 31 – Goddi/ITA: „prepare his pleadings"; *Villiger* Rn. 511.

[433] Siehe am Beispiel einer Rechtsmittelhauptverhandlung EGMR 19.2.1991 – 11910/85, Rn. 18 ff. – Alimena/ITA.

verbindliche, formelle Anklageschrift wird vom Schrifttum als Grundlage der Vorbereitung nachdrücklich gefordert (auch → Rn. 141),[434] vom EGMR jedoch noch nicht als zwingendes Erfordernis eines fairen Strafverfahrens anerkannt. Ist die gewährte Vorbereitungszeit zu kurz, kann es erforderlich sein, die Hauptverhandlung zu verschieben, um eine effektive Verteidigung nach Abs. 3 lit. c zu ermöglichen.[435]

Der Verteidigung muss es – ohne Zwangsrechte ausgestattet – in den Grenzen des Rechts für sich genommen auch möglich sein, **eigene Ermittlungen**[436] durchzuführen, um ihrer Stellungnahme im Prozess und damit dem zur Verteidigung wahrgenommenen rechtlichen Gehör Wirksamkeit zu verleihen.[437] Soweit Zwangsrechte etwa zur Herbeiziehung von Beweisen erforderlich sind, muss der Staat nicht nur im Rahmen des Abs. 3 lit. d bei der Ladung von Zeugen, sondern allgemein eine Beweisführung der Verteidigung durch den Einsatz der staatlichen Zwangsbefugnisse ermöglichen.[438] Er darf seine Eingriffsbefugnisse nicht einseitig auf die Ermittlungsmaßnahmen beschränken, die *prima facie* belastend wirkende Beweise erheben sollen, sondern muss hier vielmehr gleiche Bedingungen schaffen. 154

Eine Verletzung setzt nach herrschender Auffassung den **Nachweis eines Nachteils für die Verteidigung** voraus.[439] Allerdings hat der EGMR klargestellt, dass ein Nachteil nicht die Darlegung voraussetzt, dass das Verfahrensergebnis anderenfalls anders ausgefallen wäre bzw. ein Fehlurteil infolge der Beeinträchtigung eingetreten ist.[440] Ein Nachteil kann zum Beispiel vorliegen, wenn Urkunden der Verteidigung erst in der Hauptverhandlung durch eine Verlesung zur Kenntnis gebracht werden.[441] Im Rahmen der Gesamtbetrachtung soll eine Verletzung problematischerweise ausgeschlossen werden können bzw. eine Heilung dadurch möglich sein, dass der Angeklagte Vorbereitungsmängel rügen kann.[442] 155

bb) Anspruch auf Akteneinsicht/Offenlegung. Ein wesentlicher Bestandteil einer hinreichenden Vorbereitung ist der unter anderem Abs. 3 lit. b zugeordnete Anspruch auf Akteneinsicht bzw. auf die Offenlegung der dem Staat zugänglichen Beweismateria- 156

---

[434] Dazu *Stavros* S. 171 ff.: klare Abfassung der Norm, Rahmenfunktion der Anklage; SK-StPO/*Paeffgen* Rn. 129; *Esser* S. 438; *Zimmerlin* ZStR 121 (2003), 311 (324 f.); *Trechsel* S. 205 f.; siehe nun auch OLG Hamm 14.8.2002 – 3 Ss 636/02, StV 2003, 490 f.; OLG Stuttgart 23.4.2003 – 4 Ss 117/03, StV 2003, 490 und EGMR 19.12.1989 – 9783/82, EGMR-E 4, 450 Rn. 79 – Kamasinski/AUT: „crucial role"; EKMR 6.7.1959 – 343/57, YB 1961, 494 (534) – Nielsen/DEN.
[435] EGMR 9.4.1984 – 8966/80, EGMR-E 2, 366 Rn. 27, 30 f. – Goddi/ITA; EGMR [GK] 25.3.1999 – 25444/94, NJW 1999, 3545 Rn. 62 f. – Pélissier u. Sassi/FRA; EGMR 9.6.1998 – 24294/94, ÖJZ 1999, 390 Rn. 40 ff. – Twalib/GRE; *Trechsel* ZStR 96 (1979), 337 (355 ff., 392).
[436] Zur allg. angenommenen grundsätzlichen Zulässigkeit eingriffsfreier eigener Ermittlungen SK-StPO/*Wohlers* Vor § 137 Rn. 57 ff. mwN; KG ZR 103 (2004) Nr. 72, S. 278 (283); über die Waffengleichheit *Trechsel* S. 227.
[437] Für die (Teil-)Ableitung aus dem rechtlichen Gehör auch *Müller-Hasler* S. 145 f.; mwN *Gaede*, Fairness als Teilhabe, S. 621 f.
[438] Näher dafür mwN *Gaede*, Fairness als Teilhabe, S. 622 f.
[439] EGMR [GK] 25.3.1999 – 25444/94, NJW 1999, 3545 Rn. 60 ff. – Pélissier u. Sassi/FRA; *Trechsel* ZStR 96 (1979), 337 (349); *Rzepka* S. 62; zweifelnd bereits *Villiger* Rn. 509; abl. *Kohlbacher* S. 38 f.; diff. *Stavros* S. 57, 178, 186: einige Prozessfehler stellen per se eine Verletzung dar, in anderen Fällen operiere grundsätzlich nach einer prima facie Beurteilung eine Vermutung für einen Nachteil; wie er in der Sache *Spaniol* S. 96, 159 ff.
[440] EGMR 7.1.2003 – 54528/00, Rn. 35 – Korellis/CYP; EGMR 15.11.1996 – 15843/90, Rn. 39 – Domenichini/ITA; EGMR [GK] 25.3.1999 – 25444/94, NJW 1999, 3545 Rn. 60 ff. – Pélissier u. Sassi/FRA: Nachteil beim Vortrag der Verteidigung, nicht hingegen ein anderes Ergebnis; Starmer/Strange/Whitaker/*Jennings* S. 166; *Trechsel* ZStR 96 (1979), 337 (349). Siehe problematisch anders aber bei der Überprüfung des Spruches einer Jury früher EGMR 16.12.1992 – 13071/87, ÖJZ 1993, 391 Rn. 30 ff. – Edwards/UK m. abl. SV *Pettiti* und *de Meyer*; abl. dazu etwa auch *Trechsel* FS Druey, 2002, 993 (999 ff.); *Frei-Siponen* S. 218 ff.
[441] Siehe so schon in einem Zivilverfahren EGMR 3.3.2000 – 35376/97, Rn. 42 ff. – Krčmář ua/CZE.
[442] Hierzu siehe EGMR 1.3.2001 – 29082/95, Rn. 49 ff. – Dallos/HUN; EGMR 9.6.1998 – 24294/94, ÖJZ 1999, 390 Rn. 40 ff. – Twalib/GRE m. abl. SV *Van Dijk*, zust. *Makarczyk/Jambrek*; EGMR 26.9.1996 – 18978/91, Rn. 43 ff. – Miailhe/FRA.

lien, der auch im rechtlichen Gehör und insbesondere in der Waffengleichheit[443] begründet liegt:[444] *„The Court considers that it is a requirement of fairness [...], that the prosecution authorities disclose to the defence all material evidence for or against the accused".*[445] Der Anspruch ist auch im Haftprüfungsverfahren gemäß Art. 5 Abs. 4 von großer Bedeutung (näher → Art. 5 Rn. 93 ff.).

157 **(1) Anspruchsumfang.** Beweismaterial ist dabei nach der Rechtsprechung des EGMR all das, was für die jeweilige Anklage bzw. für die Verteidigung gegen diese von Bedeutung sein kann und damit verfahrensrelevant ist.[446] Das Recht besteht auch bei verhältnismäßig leichten Vergehen.[447] Verteidigt sich der **Angeklagte** selbst, so steht ihm auch das **Recht auf Offenlegung** bzw. **Akteneinsicht** und auf Kopien der Dokumente zu.[448] Dies gilt, soweit dies nach der – zu objektivierenden – Auffassung des Beschuldigten für die Verteidigung erforderlich ist[449] und angesichts des Akteninhalts keine zwingende Verteidigerbestellung geboten ist.[450]

158 Hat der Angeklagte einen Verteidiger, soll grundsätzlich dessen Akteneinsicht genügen,[451] solange die Beweise dem Angeklagten vor der Hauptverhandlung hinlänglich zugänglich gemacht werden.[452] Anders ist die Rechtslage aber bereits dann, wenn der Angeklagte auf Grund der Art der Tatvorwürfe das Material besser einschätzen kann.[453]

159 Der Anspruch bezieht sich unbestritten auf das Beweismaterial, das sich im Besitz der Strafverfolgungsbehörden befindet.[454] Darüber hinaus haben jedenfalls die EKMR und das

---

[443] Zu beiden Ableitungsgrundlagen siehe EGMR 16.12.1992 – 13071/87, ÖJZ 1993, 391 Rn. 36 – Edwards/UK; EGMR [GK] 16.2.2000 – 28901/95, StraFo 2002, 51 Rn. 60 ff. – Rowe u. Davis/UK; EGMR [GK] 16.2.2000 – 29777/96, Rn. 44 – Fitt/UK; EGMR [GK] 16.2.2000 – 27052/95, Rn. 51 ff. – Jasper/UK; EGMR 19.6.2001 – 36533/97, Rn. 40 ff. – Atlan/UK: grundsätzlich umfassender Anspruch; EGMR 25.9.2001 – 44787/98, ÖJZ 2002, 911 Rn. 67 ff. – P.G. u. J.H./UK; EGMR 19.9.2000 – 29522/95 ua, Rn. 112 ff. – I.J.L. ua/UK; EGMR 12.3.2003 – 46221/99, EuGRZ 2003, 47 Rn. 159 ff. – Öcalan/TUR.
[444] Dazu EGMR 16.12.1992 – 13071/87, ÖJZ 1993, 391 Rn. 36 – Edwards/UK; mwN EGMR [GK] 16.2.2000 – 28901/95, StraFo 2002, 51 f. Rn. 60 ff. – Rowe u. Davis/UK; mwN *Gaede*, Fairness als Teilhabe, S. 243 ff.; siehe auch schon EKMR 14.12.1981 – 8403/78, DR 27, 61 Rn. 55 ff., 69 ff. – Jespers/BEL; *Villiger* Rn. 511.
[445] EGMR 16.12.1992 – 13071/87, ÖJZ 1993, 391 Rn. 36 – Edwards/UK; ebenso etwa EGMR 24.6.2003 – 39482/98, Rn. 40 ff. – Dowsett/UK.
[446] EGMR [GK] 27.10.2004 – 39647/98, 40461/98, HRRS 2005 Nr. 1 Rn. 46 ff., 57 – Edwards u. Lewis/UK; EGMR 19.6.2001 – 36533/97, Rn. 40 ff., 45 f. – Atlan/UK; EKMR 21.10.1998 – 36986/97 – Du Bois/NL; siehe auch *Trechsel* FS Druey, 2002, 993 (1001 f.): unabhängige Entscheidung über die Verfahrenserheblichkeit des Beweismaterials; beispielgebend auch unter Abstützung auf das rechtliche Gehör BGer 13.11.2002 – 1P.396/2002, BGE 129 I 85 (88 ff.). Problematisch EGMR 25.5.2004 – 994/03 – Cornelis/NL: keine Relevanz bei Versuch des Belegs einer illegalen Absprache mit einem Mitangeklagten, die im Fall bereits anderweitig vor Gericht zur Sprache gebracht werden konnte; bedenklich auch EGMR 27.1.2004 – 44484/98 – Lorsé/NL (mehrheitlich).
[447] EGMR 18.3.1997 – 22209/93, Rn. 34 ff. – Foucher/FRA; *Schlegel* HRRS 2004, 411 (413 ff.).
[448] EGMR 24.4.2007 – 38184/03, Rn. 58 ff. – Matyjek/POL; mwN Karpenstein/Mayer/*Meyer* Rn. 124.
[449] EGMR 18.3.1997 – 22209/93, Rn. 34 ff. – Foucher/FRA; EGMR 26.4.2001 – 32911/96, Rn. 42 – Meftah ua/FRA; *Deumeland* NStZ 1998, 429; grundsätzlich wie hier einschließlich der Modalitäten *Esser* S. 426 ff.; *Böse* StraFo 1999, 293 (294 f.); zur früheren dt. Haltung krit. *Walischewski* S. 149 ff., 191 ff., 205 ff.
[450] Dazu *Esser* S. 428 ff., der *Foucher* auch wesentlich auf die dort fehlende gerichtliche Voruntersuchung und die spezielle Beweislage im Fall hin auslegt; *Walischewski* S. 192 ff.
[451] EGMR 19.12.1989 – 9783/82, EGMR-E 4, 450 Rn. 87 f. – Kamasinski/AUT; EGMR 21.9.1993 – 12350/86, ÖJZ 1994, 210 Rn. 52 – Kremzow/AUT; *Schlegel* HRRS 2004, 411 (417).
[452] EGMR 12.3.2003 – 46221/99, EuGRZ 2003, 472 Rn. 159 ff. – Öcalan/TUR; EGMR [GK] 12.5.2005 – 46221/99, NVwZ 2006, 1267 Rn. 138 ff. – Öcalan/TUR; EGMR 23.10.2001 – 50720/99, Rn. 2 – Alvarez Sanchez/SPA: „Moreover, the ‚facilities' that all defendants in criminal cases must have include the possibility, in order to prepare their defence, of familiarising themselves with the result of the investigations carried out throughout the proceedings"; *Kühne* JZ 2003, 670 (671 ff.).
[453] EGMR 12.3.2003 – 46221/99, EuGRZ 2003, 472 Rn. 159, 161 ff. – Öcalan/TUR; EGMR [GK] 12.5.2005 – 46221/99, NVwZ 2006, 1267 Rn. 138 ff. – Öcalan/TUR; *Ambos* ZStW 115 (2003), 583 (601); *Schlegel* HRRS 2004, 411 (417); SK-StPO/*Wohlers* § 147 Rn. 12; *Esser* StraFo 2003, 335 (341); *Kühne* JZ 2003, 670 (672 f.).
[454] EGMR [GK] 16.2.2000 – 28901/95, StraFo 2002, 51 Rn. 60 – Rowe u. Davis/UK; mwN *Gaede* HRRS 2004, 44 (46 ff.).

schweizerische Bundesgericht den Anspruch auch ausdrücklich bereits auf Beweismaterial bezogen, das die Strafverfolgungsbehörden hätten beiziehen oder dokumentieren können.[455] Dem ist angesichts der parallelen Ableitung des Offenlegungsanspruchs aus dem nicht in der Waffengleichheit aufgehenden rechtlichen Gehör zuzustimmen.[456] Anderenfalls könnten die Vertragsstaaten die Pflicht, auch entlastenden Beweisen nachzugehen, vernachlässigen und der Verteidigung substanzielle Nachteile bei der Darlegung ihrer Verfahrensposition zuweisen. Die **Verteidigung muss** über die Existenz derartiger Beweismaterialien **informiert werden,** damit sie auf die Beweiserhebung oder – im Fall eines Verlustes – auf Kompensationen drängen kann. Ebenso muss der Staat Beweismittel und die **Dokumentation einschlägiger Ermittlungsmaßnahmen,** die ggf. Entlastendes enthalten können, bis zum rechtskräftigen Abschluss des Verfahrens aufbewahren und bereithalten.[457]

Das Recht soll hinsichtlich belastender Beweismittel unter Umständen entfallen, wenn die Behörden diese nicht zur Belastung des Angeklagten verwenden und die Verteidigung Obliegenheiten zur Einforderung der Verfahrensakten versäumt.[458] Derartige Obliegenheiten dürfen aber nicht so gestaltet sein, dass der Angeklagte das Beweismaterial im Einzelnen bezeichnen muss: Ausreichend ist vielmehr, dass er dargelegt, dass bestimmte Beweise seiner Verteidigung dienen könnten.[459] **160**

(2) Einschränkungen. Der Anspruch auf Offenlegung gilt nicht absolut. Der Zugang **161** zu den Akten soll insbesondere bis zur formellen Anklage eingeschränkt werden können.[460] Eine zunächst geheim geführte Untersuchung wird überwiegend nicht als Verstoß gegen die EMRK gewertet, solange später noch eine wirksame Verteidigung ermöglicht wird.[461] Ein Aufschub der Offenlegung scheidet indes regelmäßig dann aus, wenn das Material im Rahmen einer Haftprüfung für die Verteidigung gegen eine Inhaftierung wesentlich ist, weil die Akten dem Haftrichter vorliegen und zur Haftbegründung beitragen. Eine Beschränkung der Offenlegung allein mit Verweis auf die **noch laufenden Ermittlungen,**

---

[455] EKMR 14.12.1981 – 8403/78, DR 27, 61 Rn. 56, 58, 69 ff. – Jespers/BEL; BGer 13.11.2002 – 1P.396/2002, BGE 129 I 85 (88 ff.): „Das Akteneinsichtsrecht soll sicherstellen, dass der Angeklagte als Verfahrenspartei von den Entscheidgrundlagen Kenntnis nehmen und sich wirksam und sachbezogen verteidigen kann […]. Die effektive Wahrnehmung dieses Anspruchs setzt notwendig voraus, dass die Akten vollständig sind […]). In einem Strafverfahren bedeutet dies, dass die Beweismittel, jedenfalls soweit sie nicht unmittelbar in der gerichtlichen Hauptverhandlung erhoben werden, in den Untersuchungsakten vorhanden sein müssen und dass aktenmäßig belegt sein muss, wie sie produziert wurden, damit der Angeklagte in der Lage ist zu prüfen, ob sie inhaltliche oder formelle Mängel aufweisen und gegebenenfalls Einwände gegen deren Verwertbarkeit erheben kann. Dies ist Voraussetzung dafür, dass er seine Verteidigungsrechte überhaupt wahrnehmen kann"; *Gaede* HRRS 2004, 44 (52 f.).
[456] Siehe näher *Gaede,* Fairness als Teilhabe, S. 243 f., 622 f.; siehe auch *Villiger* Rn. 511; *Trechsel* S. 228 f.; *ders.* FS Druey, 2002, 993 (999): Pflicht zur Aufnahme aller wesentlichen Informationen in die Verfahrensakten; Starmer/Strange/Whitaker/Jennings S. 166; *Velu/Ergec* Rn. 591; *Stavros* S. 178 f. Zur möglichen Bedeutung für die Rechtshilfe insbesondere im Kontext einer möglichen Selektion siehe bereits mwN *Gaede* HRRS 2004, 44 (52 ff.); *ders.* StraFo 2004, 195 (197 f.); speziell zur Zeugenvernehmung *ders.* JR 2006, 292 ff.
[457] EGMR 31.2.2009 – 21022/04, Rn. 39 ff., 46 ff. – Natunen/FIN; mwN Radtke/Hohmann/*Ambos* Rn. 42.
[458] So EGMR 24.2.1994 – 12547/86, ÖJZ 1994, 634 Rn. 49 ff., 52 – Bendenoun/FRA mitberücksichtigt wurde hier eine fehlende spezifische Aufforderung zur Vorlage bestimmter Teile der Akte; auch EGMR 26.9.1996 – 18978/91, Rn. 44 ff. – Miailhe/FRA; *Villiger* Rn. 581; *Esser* S. 404.
[459] So zutreffend *Stavros* S. 179 im Anschluss an EKMR 14.12.1981 – 8403/78, DR 27, 61 Rn. 58 ff. – Jespers/BEL; für die hiesige Argumentation auch EGMR [GK] 27.10.2004 – 39647/98, 40461/98, HRRS 2005 Nr. 1 Rn. 46 ff. – Edwards u. Lewis/UK: Möglichkeit der Belastung durch dem Verfahrensrichter offengelegte Beweise genügt.
[460] Hierfür noch EKMR 22.3.1972 – 4622/70, CD 40, 15 (18) – X./AUT; EGMR 28.3.1963 – 1216/61, CD 11, 1 (5 f.) – X./D; *Ambos* ZStW 115 (2003), 583 (599 f.); *Esser* S. 429 ff.; aA *Stavros* S. 181 f.; *Spaniol* S. 167 f. Siehe nun für die mögliche Aktenzurückhaltung vor einer richterlichen Vernehmung auch EGMR 9.4.2015 – 30460/13, NLMR 2015, 113 Rn. 79 ff. – A.T./LUX.
[461] Dazu EKMR 22.3.1972 – 4622/70, CD 40, 15 (18) – X./AUT; *Stavros* S. 65; *Esser* S. 430, 440 f. Als Beispielsfall für eine Verletzung gerade auf Grund einer später ausgebliebenen Heilung EGMR 7.7.1989 – 10857/84, Rn. 79, 84 – Bricmont/BEL: fehlende Akteneinsicht.

die von der Offenlegung gefährdet werden könnten, ist in diesem Fall ausgeschlossen (schon → Art. 5 Rn. 94 ff.).[462] Jenseits der Untersuchungshaft wird zu Recht bereits geltend gemacht, dass Beschränkungen immer dann ausscheiden müssten, wenn die nachträgliche Offenlegung eine wirksame Verteidigung nicht mehr garantieren kann.[463]

162 Auch hinsichtlich der **Hauptverhandlung** hält der EGMR den Offenlegungsanspruch nicht für absolut: Einschränkungen können zulässig sein, soweit schutzwürdige Gründe des öffentlichen Interesses der Offenlegung im Strafverfahren entgegenstehen, Einschränkungen strikt notwendig *sind* und die entstehenden Beeinträchtigungen für die Verteidigung adäquat ausgeglichen werden (*„counterbalancing"*).[464] Danach bleibt es möglich, Beweismaterial zugunsten des Allgemeinwohls und somit etwa zum Schutz des Lebens eines Zeugen zurückzuhalten. Der EGMR sieht sich zudem weder in der Lage, noch mit der Aufgabe betraut, selbst zu entscheiden, ob eine Zurückhaltung im Einzelfall aus Gründen des öffentlichen Interesses in tatsächlicher Hinsicht berechtigt gewesen ist.[465] Die **Entscheidung über die Zurückhaltung** und den nötigen Nachteilsausgleich muss aber in einem so weit wie möglich **kontradiktorisch und waffengleich** ausgestalteten justiziellen Verfahren erfolgen.[466]

163 Der hiermit geforderte prozedurale Ausgleich (*„counterbalancing"*) liegt nach der stRspr keineswegs schon darin, dass die Strafverfolgungsbehörden selbst abwägen, ob Beweismaterial zurückzuhalten ist.[467] Soll das Verfahren trotz der Zurückhaltung von beweiserheblichem Material noch fair sein, kann der anklagende Staat insoweit nicht selbst entscheiden, ob der mit der Zurückhaltung der Beweismittel eintretende Nachteil für die Verteidigung von den öffentlichen Interessen im konkreten Einzelfall hinreichend gerechtfertigt wird. Dem EGMR genügte bislang nur eine Lösung, bei der einem nicht selbst urteilenden **Verfahrensrichter** seitens der Anklage das vor der Verteidigung zurückgehaltene Material zur Kenntnis gebracht wird, damit er selbst einschätzen kann, ob und inwieweit das Material im öffentlichen Interesse zurückzuhalten oder offenzulegen ist.[468] Der Verfahrensrichter darf sich dabei nicht in einer Lage befinden, in der er selbst über die vom zurückgehaltenen Beweismaterial betroffene Frage entscheidet, weil er ggf. belastendes Beweismaterial zur Kenntnis nimmt, zu dem die Verteidigung nicht adäquat Stellung beziehen kann.[469] Nach

---

[462] Zur Frage der allg. Übertragbarkeit der Rechtsprechung auf Art. 6 EMRK mit beachtlichen Argumenten mwN *Trechsel* FS Druey, 2002, 993 (1006 ff.).

[463] MwN *Spaniol* S. 99 f., 165; siehe auch *Stavros* S. 65 Fn. 89; *Trechsel* S. 232 f.; für die grundsätzliche Offenheit der Akten mit Geltung des Art. 6: *Esser* S. 430, 433; *Simon* S. 10; *Schmitz* wistra 1993, 319 (321 ff.); SK-StPO/*Wohlers* StPO § 147 Rn. 20; *Walischewski* S. 93 ff.; *Trechsel* S. 234 f.; *ders.* FS Druey, 2002, 993 (1007); *Frei-Siponen* S. 219 f.

[464] EGMR 24.6.2003 – 39482/98, Rn. 42 – Dowsett/UK im Anschluss an EGMR 26.3.1996 – 20524/92, ÖJZ 1996, 715 Rn. 70 – Doorson/NL; EGMR [GK] 16.2.2000 – 28901/95, StraFo 2002, 51 Rn. 60 ff. – Rowe u. Davis/UK; mwN *Gaede* HRRS 2004, 44 (46 ff.); krit. zur Einschränkbarkeit IntKomm/*Kühne* Rn. 367.

[465] EGMR [GK] 16.2.2000 – 28901/95, StraFo 2002, 51 Rn. 61 ff. – Rowe u. Davis/UK mAnm *Sommer*; EGMR [GK] 16.2.2000 – 27052/95, Rn. 53 ff. – Jasper/UK; EGMR 24.6.2003 – 39482/98, Rn. 42 f. – Dowsett/UK; EGMR 25.9.2001 – 44787/98, ÖJZ 2002, 911 Rn. 69 ff. – P.G. u. J.H./UK; EGMR 16.12.1992 – 13071/87, ÖJZ 1993, 391 Rn. 34 – Edwards/UK; EGMR 25.5.2004 – 994/03 – Cornelis/NL.

[466] EGMR 24.6.2003 – 39482/98, Rn. 42 f. – Dowsett/UK; EGMR 19.6.2001 – 36533/97, Rn. 40 ff. – Atlan/UK; *Gaede* HRRS 2004, 44 (50 f.).

[467] EGMR [GK] 16.2.2000 – 28901/95, StraFo 2002, 51 Rn. 62 ff. – Rowe u. Davis/UK; best. etwa EGMR 24.6.2003 – 39482/98, Rn. 48 – Dowsett/UK; *Gaede* HRRS 2004, 44 (46 f.); vertiefend *Gaede*, Fairness als Teilhabe, S. 247 ff.

[468] EGMR [GK] 16.2.2000 – 28901/95, StraFo 2002, 51 Rn. 65 f. – Rowe u. Davis/UK: „the prosecution's failure to lay the evidence in question before the trial judge and to permit him to rule on the question of disclosure deprived the applicants of a fair trial".

[469] EGMR [GK] 27.10.2004 – 39647/98, 40461/98, HRRS 2005 Nr. 1 Rn. 46 ff. – Edwards u. Lewis/UK; siehe auch EGMR 22.7.2003 – 3964/98 u. 40461/98, StraFo 2003, 360 Rn. 57 – Edwards u. Lewis/UK. In diesem Fall hatte der Verfahrensrichter zu entscheiden, ob der – ggf. strafausschließende – Einwand des *entrapment* (insbes. Tatprovokation) zutreffend war, so dass er eine Sachentscheidung hätte vorwegnehmen können und zudem war – in einem der beiden Fälle – die Offenbarung belastenden Materials nachträglich bekannt gegeben worden.

der heutigen Rechtsprechung des EGMR ist davon auszugehen, dass diese Entscheidung nicht in einem nachträglich die Verurteilung überprüfenden Rechtsmittelverfahren getroffen werden kann, in dem die Verteidigung nicht uneingeschränkt informiert wird und mitwirken kann.[470]

Die Forderung, in den hiermit geforderten *in camera*-Verfahren auch einen *special counsel* einzusetzen, hat der EGMR mit neun zu acht Stimmen noch abgelehnt.[471] Ein **special counsel** ist ein Verteidiger, der im Zurückhaltungsverfahren das Verteidigungsinteresse in Kenntnis des vorhandenen Beweismaterials einzubringen hat, jedoch die möglicherweise weiterhin gesperrten Beweismittel bei der Kommunikation mit der Verteidigung nicht offenbaren darf.[472] Er gleicht den Umstand aus, dass allein die Anklage auf die Entscheidung durch den Richter in informierter Weise Einfluss nehmen kann, während die Verteidigung nur mutmaßende Stellungnahmen in Unkenntnis des tatsächlichen Beweises einreichen kann.[473] **164**

cc) Vorbereitung und formelle Verteidigung. Der mit der Komplexität des modernen Strafprozesses oft überforderte[474] Beschuldigte bedarf schon zur Vorbereitung seiner Verteidigung regelmäßig der **Unterstützung** durch einen Verteidiger, der explizit von Abs. 3 lit. c gewährleistet wird (dazu → Rn. 179 ff.). Entsprechend streitet auch die Vorbereitungsgarantie des Abs. 3 lit. b für den Zugang zu einem sachkundigen Verteidiger. In diesem Sinne ist auch ihr das Recht zu entnehmen, gerade zur Vorbereitung der Verteidigung einen Verteidiger zu konsultieren.[475] Auch der freie und damit unüberwachte Verkehr mit dem Verteidiger wird nicht nur Abs. 3 lit. c, sondern schon Abs. 3 lit. b entnommen.[476] **165**

Die nach Abs. 3 lit. b eröffnete Vorbereitung soll aber nicht gleichermaßen bzw. nicht mehrfach für den Angeklagten und den etwaigen Verteidiger zu beanspruchen sein: Kann der Verteidiger die Verteidigung sicherstellen, soll nach den Umständen eine Berufung des Beschuldigten auf Abs. 3 lit. b ausgeschlossen sein; der EGMR betrachtet die **Verteidigung als Ganzes** (zur Akteneinsicht schon → Rn. 157).[477] Dies kann aber allenfalls überzeugen, wenn nachgewiesen ist, dass der Verteidiger die Vorbereitungsbefugnisse in Abstimmung mit seinem Mandanten auch tatsächlich wahrgenommen hat (auch **166**

---

[470] So im Anschluss an die EKMR auch EGMR [GK] 16.2.2000 – 28901/95, StraFo 2002, 51 Rn. 65 f. – Rowe u. Davis/UK; EGMR 19.6.2001 – 36533/97, Rn. 40, 45 – Atlan/UK; *Nash* NLJ 2003, 1282; *Starmer/Strange/Whitaker/Owen* S. 149 ff.; vgl. aber abgrenzend zu einer Heilung bei Akteneinsicht/Information im Rechtsmittelverfahren für die Verteidigung EGMR 19.9.2000 – 29522/95 ua, Rn. 118 ff. – I.J.L. ua/UK.
[471] Dazu insbesondere EGMR [GK] 16.2.2000 – 29777/96, Rn. 47 ff. – Fitt/UK; *Waterman* Archb.News 2003, Heft 8, S. 5 f.
[472] Hierzu EGMR [GK] 16.2.2000 – 27052/95, Rn. 55 ff. – Jasper/UK; EGMR [GK] 27.10.2004 – 39647/98, 40461/98, HRRS 2005 Nr. 1 Rn. 43 ff. – Edwards u. Lewis/UK; siehe krit. *Trechsel* S. 226 f., 233.
[473] Siehe die Argumentation der abweichenden Richter in EGMR [GK] 16.2.2000 – 29777/96, Rn. 47 ff. – Fitt/UK und EGMR [GK] 16.2.2000 – 27052/95, Rn. 55 ff. – Jasper/UK; siehe auch BGH 11.2.2000 – 3 StR 377/99, NJW 2000, 1661 (1662 ff.); dazu *Gaede* HRRS 2004, 44 (46 f., 49 ff.); ders., Fairness als Teilhabe, S. 249 f.; SK-StPO/*Wohlers* StPO § 147 Rn. 45; *Gröger* S. 105, 108.
[474] MwN dazu *Gaede*, Fairness als Teilhabe, S. 589 ff.
[475] EGMR 9.4.1984 – 8966/80, EGMR-E 2, 366 Rn. 31 – Goddi/ITA; EGMR 12.3.2003 – 46221/99, EuGRZ 2003, 472 Rn. 153 ff. – Öcalan/TUR; *Villiger* Rn. 511.
[476] Hierzu schon EGMR 30.9.1985 – 9300/81, EGMR-E 3, 102 Rn. 17 – Can/AUT; *Spaniol* S. 107 ff., 111.
[477] EGMR 21.9.1993 – 12350/86, ÖJZ 1994, 210 Rn. 52 – Kremzow/AUT; EGMR 19.12.1989 – 9783/82, EGMR-E 4, 450 Rn. 87 f. – Kamasinski/AUT; EGMR 9.6.1998 – 24294/94, ÖJZ 1999, 390 Rn. 40 ff. – Twalib/GRE: keine Verletzung bei einer vom Verteidiger ungenutzten Rechtsmittelverhandlung; EGMR 29.6.2000 – 36687/97 – Dankovsky/D; EGMR 15.2.2000 – 42551/98, Rn. 3d – Svinarenkov/EST; EGMR 12.7.1979 – 8339/73, DR 17, 180 (225) – Schertenleib/SWI; EGMR 10.7.1985 – 11219/84, DR 42, 287 (291 ff.) – Kurup/DEN; EKMR 18.12.1980 – 8603/79 ua, YB 1980, 222 (254) – Crociani/ITA; EGMR 23.11.1962 – 524/59, YB 1960, 323 (352) – Ofner u. Hopfinger/AUT; bei mehreren Verteidigern EKMR 3.3.1982 – 9479/81, EuGRZ 1982, 447 ff. – Härdle/D; *Esser* S. 425 ff., 616 f., 514; *Villiger* Rn. 511; krit. *Stavros* S. 184 f.; Jacobs/White/*Ovey* S. 291; *Spaniol* S. 91, 155, 157 ff.

→ Rn. 157 ff.).⁴⁷⁸ Nach der Rechtsprechung des EGMR genügt es grundsätzlich, wenn der Angeklagte über seinen Verteidiger zur Verhandlung geladen wird. Bleibt die Verteidigung aber aus, muss festgestellt werden, ob der Angeklagte vom anberaumten Termin tatsächlich Kenntnis erlangt hatte.⁴⁷⁹ Die Vorbereitungszeit wird zusammengefasst. Die dem Beschuldigten gewährte Zeit soll auch seinem Verteidiger zuzurechnen sein,⁴⁸⁰ obschon unter Umständen erst der Verteidiger dem Beschuldigten die Bedeutung von Verfahrenshandlungen verständlich machen kann.

167 Wurde eine angemessene Vorbereitung eröffnet, kann sich der Angeklagte im Nachhinein grundsätzlich nicht auf eine Verletzung berufen, soweit er oder sein Verteidiger diese ungenutzt haben verstreichen lassen.⁴⁸¹ Anderes gilt indes, wenn das Gericht ohne Hinweise der Verteidigung prozedurale Mängel hätte erkennen und beheben müssen.⁴⁸²

168 **c) Die Rechte auf effektive Verteidigung gemäß Abs. 3 lit. c.** Abs. 3 lit. c gewährt dem Angeklagten mit dem Recht auf Selbstverteidigung (dazu → Rn. 174 f.), dem Recht auf Verteidigerbeistand (dazu → Rn. 179 ff.) und dem Anspruch auf eine unentgeltliche Eröffnung des Verteidigerbeistandes (dazu → Rn. 203 ff.) drei eigenständig bedeutsame Verteidigungsrechte.⁴⁸³ Sie stehen jeweils unter dem Gebot, dem Angeklagten eine **konkrete und wirksame Verteidigung** zu vermitteln.⁴⁸⁴ Das Recht auf Verteidigerbeistand umfasst das Recht, sich durch den Verteidiger vertreten zu lassen (dazu → Rn. 200 ff.). Soweit der Verteidiger tatsächlich keine wirksame Unterstützung leistet, ist Abs. 3 lit. c verletzt, falls dieser Zustand dem Vertragsstaat zurechenbar ist (dazu → Rn. 225 ff.).

169 Für die Wahrnehmung der Verteidigungsrechte ist kennzeichnend, dass die Verteidigung die Inhalte und die **Art und Weise ihres Vortrags autonom bestimmen** darf.⁴⁸⁵ Dies impliziert, dass der Staat die Verteidigung weder durch Druck noch durch ein objektiv

---

⁴⁷⁸ Siehe zudem krit. *Gaede*, Fairness als Teilhabe, S. 528 ff., 756 ff.; siehe auch schon *Stavros* S. 184 f.; diff. auch *Spaniol* S. 64: nur bei der Ausübung einzelner Rechte zulässig; siehe auch unter dem Gesichtspunkt der Instruktion und Kontrolle des Verteidigers *Stavros* S. 185, 214, 216; *Frei-Siponen* S. 217; *Trechsel* FS Druey, 2002, 993 (996 f.): Judikatur als Fehlleistung; siehe auch bereits die abl. SV *Weitzel/Hall/Liddy* zum Kommissionsbericht zu EGMR 19.12.1989 – 9783/82, EGMR-E 4, 450 Rn. 68 f. – Kamasinski/AUT: ausreichende – verständliche – Informationen zur umfassenden Instruktion des Verteidigers erforderlich.
⁴⁷⁹ Siehe zu beidem EGMR 27.5.2004 – 46548/99, NLMR 2004, 126 Rn. 49 ff. – Yavuz/AUT.
⁴⁸⁰ So noch EGMR 23.11.1962 – 524/59, YB 1960, 323 (346 ff.) – Ofner u. Hopfinger/AUT; EKMR 11.2.1967 – 2370/64, CD 22, 96 (100 f.) – X./AUT: kurze Vorbereitungszeit des Verteidigers soll genügen, weil der Beschuldigte vier Monate Zeit hatte, die Verhandlung vorzubereiten und kein Aussetzungsantrag gestellt worden ist; dazu aber auch IK-*Vogler* Rn. 497: entscheidend war für die EKMR das Fehlen eines Nachteils; abl. *Spaniol* S. 95 f.: zu restriktive Fristberechnung vor allem im Hinblick auf die eigenständige Bedeutung der formellen Verteidigung; *Trechsel* ZStR 96 (1979), 350 f.
⁴⁸¹ Dazu EGMR 9.6.1998 – 24294/94, ÖJZ 1999, 390 Rn. 40 ff. – Twalib/GRE m. abl. SV *Van Dijk*, zust. *Makarczyk/Jambrek*; EGMR 16.12.1992 – 13071/87, ÖJZ 1993, 391 Rn. 37 ff. – Edwards/UK m. abl. SV *Pettiti* und *de Meyer*; *Trechsel* S. 214 f.; EKMR 9.10.1980 – 8386/78, DR 21, 126 (129 ff.) – X./UK: Verlust der formellen Verteidigung, wenn berufsrechtswidriges Verhalten verlangt wird; EGMR 11.10.1979 – 8251/78, DR 17, 166 (169 f.) – X./AUT: keine Verletzung bei Niederlegung des Mandates aus Protest gegen die zu kurze Vorbereitungszeit; dazu *Spaniol* S. 168; *Villiger* Rn. 509.
⁴⁸² Hierfür siehe EGMR 9.6.1998 – 24294/94, ÖJZ 1999, 390 Rn. 41 f. – Twalib/GRE; EGMR 19.7.1995 – 17506/90, ÖJZ 1996, 37 Rn. 42 – Kerojärvi/FIN; EGMR 18.3.1997 – 22209/93, Rn. 32 – Foucher/FRA.
⁴⁸³ EGMR 25.4.1983 – 8398/78, NStZ 1983, 373 Rn. 31 – Pakelli/D; mwN EGMR [GK] 21.1.1999 – 26103/95, NJW 1999, 2353 Rn. 33 ff. – Van Geyseghem/BEL; EGMR 25.3.1998 – 23103/93, ÖJZ 1999, 117 Rn. 37 ff. – Belziuk/POL; zu früher auch abweichenden Interpretationen mwN *Spaniol* S. 57 ff. und beispielhaft EGMR 8.6.1976 – 5100/71 ua, EGMR-E 1, 178 Rn. 91 – Engel ua/NL; EKMR 30.5.1975 – 6166/73, EuGRZ 1987, 314 – Baader ua/D.
⁴⁸⁴ Dazu etwa EGMR 13.5.1980 – 6694/74, EGMR-E 1, 480 Rn. 33 – Artico/ITA; mwN EGMR 10.10.2002 – 38830/97, NJW 2003, 1229 Rn. 59 ff. – Czekalla/POR; SK-StPO/*Wohlers* StPO Vor § 137 Rn. 32 f.; *Esser* S. 451; mwN *Gaede*, Fairness als Teilhabe, S. 252 f., 574 ff., 846 ff. Vgl. historisch grundlegend U.S. Supreme Court 7.11.1932 – Vol. 287, 45 (71 ff.) – Powell/Alabama und U.S. Supreme Court 14.5.1984 – Vol. 466, 668 (686 ff.) – Strickland/Washington.
⁴⁸⁵ Zur Befugnis, die Verteidigungsnotwendigkeit und den geeigneten Vortrag eigenständig bestimmen zu dürfen, siehe etwa EGMR 21.3.2002 – 31611/96, ÖJZ 2003, 430 Rn. 49 – Nikula/FIN; EGMR 22.2.1996 – 17358/90, ÖJZ 1996, 430 Rn. 49 – Bulut/AUT; *Esser* S. 411.

irreführendes Verhalten insbesondere des Gerichts und der Staatsanwaltschaft bewusst oder versehentlich steuern darf.[486] Damit die Verteidigung einen echten Test der erhobenen Beschuldigungen bedeuten kann, muss sie eine **freie Verteidigung** darstellen: Angeklagter und Verteidiger müssen einzelfallbezogen die nach ihrer Einschätzung wirksamste Verteidigungsstrategie wählen und im Einzelnen umsetzen können. Dabei muss die Verteidigung berechtigt sein, ggf. auch „das Unerhörte zu Gehör zu bringen".[487]

Gleichwohl kann die Verteidigung – ggf. auch durch das Berufsrecht der Rechtsanwälte – aus konkreten Gründen in ihren Handlungsmöglichkeiten eingeschränkt werden.[488] Insoweit sollen nach der Rechtsprechung auch Strafdrohungen etwa zum Schutz der Ehre nicht ausgeschlossen sein, soweit die Verteidigungsrechte durch diese nicht ausgehöhlt werden. Allein die Möglichkeit einer Strafverfolgung hinsichtlich des Verteidigungsvortrags soll eine Verletzung nur dann auslösen können, wenn der nach der nationalen Rechtslage oder Rechtspraxis bestehende Verfolgungsdruck so unangemessen streng ist, dass er den Angeklagten von der freien Ausübung seiner Verteidigungsrechte abhält.[489] Auch umfangreiche und unangemessene Unterbrechungen des Verteidigervortrags vor einer *jury* sollen keine Verletzung des Art. 6 ausmachen, wenn die Verteidigung insgesamt noch ausreichend vorgetragen werden konnte.[490] **Einschränkungen** dürfen jedoch nicht durch exzessive Formalien ausgelöst werden.[491] **170**

Hinsichtlich der Einschränkungen ist zu bedenken, dass die Verteidigung auch in Anlehnung an die Maßstäbe des Art. 10 zu einem Vortrag greifen darf, der provoziert oder schockiert, so dass auch eine **Konfliktverteidigung** zum Schutzbereich des Art. 6 zählt.[492] Im Strafverfahren muss ein freier und energischer Austausch von Argumenten stattfinden können.[493] Obgleich Rechtsanwälte bzw. Verteidiger würdig auftreten und soweit möglich das Vertrauen in die Gerichte erhalten sollten,[494] liegt ihre primäre Rechtspflicht darin, die Interessen ihrer Mandanten engagiert zu vertreten.[495] Insbesondere hinsichtlich Situationen, in denen dem Beschuldigten, wie etwa bei einer zwangsweisen Vernehmung ohne Mitwirkung eines Verteidigers, regelmäßig eine inferiore Stellung zukommt, darf das freie Wort der Verteidigung in der Regel nicht beschnitten werden.[496] Der EGMR hat in diesem Sinne etwa einem Rechtsanwalt gestattet, dem Vernehmenden auch ohne eine vorherige nähere Information durch den Vernommenen den Vorwurf eines inakzeptablen Drucks zur **171**

---

[486] Dazu näher *Gaede*, Fairness als Teilhabe, S. 629 ff.
[487] Vgl. bereits *Ad. Arndt* NJW 1964, 487; *ders.* NJW 1964, 2146; siehe auch die vorherrschende Beschreibung der Verteidigeraufgabe im engl. Strafverfahren *Blake/Ashworth* CrimLR 1998, 16 (17): „*promote fearlessly and by all proper and lawful means the lay client's interest*".
[488] EGMR 28.10.2003 – 39657/98, NJW 2004, 3317 Rn. 36 ff. – Steur/NL; EGMR 21.3.2002 – 31611/96, ÖJZ 2003, 430 Rn. 45 ff. – Nikula/FIN; EGMR 20.5.1998 – 25405/94, ÖJZ 1999, 237 Rn. 28 ff. – Schöpfer/SWI; EKMR 30.5.1975 – 6166/73, EuGRZ 1987, 314 – Baader ua/D; EKMR 9.10.1980 – 8386/78, DR 21, 126 – X./UK; *Villiger* Rn. 524.
[489] EGMR 28.8.1991 – 11170/84 ua, NJW 1992, 3085 Rn. 53 – Brandstetter/AUT; *Simon* S. 47 f.; vgl. auch mit Bedenken *Esser* S. 505 ff.
[490] EGMR 19.12.2001 – 43373/98, Rn. 35 ff. – C.G./UK m. abl. SV *Loucaides*.
[491] EGMR 22.9.1994 – 14861/89, ÖJZ 1995, 196 Rn. 34 – Lala/NL; EGMR 22.9.1994 – 16737/90, Rn. 41 – Pelladoah/NL; EGMR 27.4.2004 – 39001/97, Rn. 51 ff. – Maat/FRA; *Esser* S. 465.
[492] Hierzu näher mwN *Gaede*, Fairness als Teilhabe, S. 638 ff.; zur Verbundenheit der Art. 6 und 10 EMRK siehe auch EGMR 23.4.1992 – 11798/85, ÖJZ 1992, 803 Rn. 47 ff. – Castells/SPA; mwN EGMR 28.10.2003 – 39657/98, NJW 2004, 3317 Rn. 26 ff., 37 – Steur/NL; EGMR 21.3.2002 – 31611/96, ÖJZ 2003, 430 Rn. 49 ff. – Nikula/FIN.
[493] Hierzu siehe nur EGMR 21.3.2002 – 31611/96, ÖJZ 2003, 430 Rn. 49 – Nikula/FIN.
[494] Hierfür EGMR 28.10.2003 – 39657/98, NJW 2004, 3317 Rn. 36 ff. – Steur/NL; EGMR 21.3.2002 – 31611/96, ÖJZ 2003, 430 Rn. 51 ff. – Nikula/FIN; EGMR 20.5.1998 – 25405/94, ÖJZ 1999, 237 Rn. 29 ff. – Schöpfer/SWI; EGMR 20.4.2004 – 60115/00, HRRS 2004 Nr. 868 Rn. 25 ff. – Amihalachioaie/MOL. Zur Differenzierung gegenüber dem Prozessgegner EGMR 21.3.2002 – 31611/96, ÖJZ 2003, 430 Rn. 50 – Nikula/FIN. Siehe einordnend *Gaede*, Fairness als Teilhabe, S. 636 f.
[495] Siehe EGMR 21.3.2002 – 31611/96, ÖJZ 2003, 430 Rn. 54 – Nikula/FIN: „defence counsel's duty to defend their clients' interests zealously".
[496] Hierzu siehe mwN SK-StPO/*Wohlers* StPO Vor § 137 Rn. 135; *Gaede*, Fairness als Teilhabe, S. 636; siehe auch bereits die Ausführungen von *Vargha* S. 624 ff.: umfassende Redefreiheit geboten.

Erlangung eines Geständnisses zu machen, wenn die Vernehmung weder im Beisein eines Rechtsanwalts noch in Anwesenheit eines Dolmetschers durchgeführt wurde und der Vernommene die selbstbelastenden Ausführungen seiner Meinung nach infolge seiner Sprachprobleme gar nicht verstehen konnte.[497]

172   In diesem Sinne ist eine scharf auftretende Verteidigung nicht etwa für sich genommen schon ein Grund, die Verteidigung zu begrenzen. Entgegen der insoweit noch zu offenen Rechtsprechung des EGMR können Einschränkungen, die über das nationale Straf- oder Berufsrecht vermittelt werden, damit nur dann legitim sein, wenn sie einem überzeugenden Ziel dienen, in besonderem Maße bestimmt durch ein Gesetz gerechtfertigt werden, verhältnismäßig sind und nicht darauf zielen, die Wirksamkeit der Verteidigung zu beeinträchtigen.[498] Problematisch sind demnach schon Versuche, insbesondere Anwälte entgegen der ihnen einzuräumenden Freiheit bei der Wahl ihrer tatsächlichen und/oder rechtlichen Argumentation über einen *chilling effect* disziplinieren zu wollen.[499]

173   **Verletzungen** des Abs. 3 lit. c setzen nicht den Nachweis voraus, dass das Verfahrensergebnis ohne den Verstoß für den Angeklagten positiver gewesen wäre, er also durch die Verfahrensgestaltung einen Nachteil erlitten hätte.[500] Die Verletzung liegt bereits in der Entziehung der verfahrensrelevanten Chance, unterstützt durch einen unbehindert agierenden Verteidiger auf ein anderes Verfahrensergebnis hinwirken zu können.[501]

174   **aa) Recht auf Selbstverteidigung.** Der Angeklagte hat das Recht, sich selbst zu verteidigen.[502] Der Staat kann die **Selbstverteidigung** aber nicht erzwingen, da die Wahlverteidigung durch einen Verteidiger selbständig garantiert ist (→ Rn. 184 ff.).[503] Entscheidet sich der Angeklagte für die Selbstverteidigung, soll dem die Obliegenheit zur sorgfältigen Rechtswahrnehmung korrelieren.[504] Gemäß Abs. 3 lit. b sind dem Angeklagten aber zur Vorbereitung seiner Verteidigung in angemessenem Umfang auch der Zugang zu Gesetzestexten und Lehrbüchern zu verschaffen[505] und Akteneinsicht zu gewähren (dazu schon → Rn. 156 ff.). Das Recht, sich selbst zu verteidigen, eröffnet dem Angeklagten nicht die bewusste Verleumdung anderer Verfahrensbeteiligter (näher → Rn. 170 f.).[506]

---

[497] Dazu EGMR 28.10.2003 – 39657/98, NJW 2004, 3317 Rn. 36 ff. – Steur/NL; vgl. auch *Alsberg* Philosophie S. 323, 327 ff.: Kritizismus der Verteidigung – Recht auf Zweifel.
[498] Hierzu siehe bereits eingehend mwN *Gaede*, Fairness als Teilhabe, S. 630 ff., 638 ff.; siehe krit. auch *Trechsel* S. 262.
[499] Siehe näher mwN *Gaede,* Fairness als Teilhabe, S. 638 ff.
[500] Grundlegend EGMR 13.5.1980 – 6694/74, EGMR-E 1, 480 Rn. 35 – Artico/ITA; EGMR 19.2.1991 – 11910/85, Rn. 18 ff. – Alimena/ITA; EGMR [GK] 28.11.1991 – 12629/87 u. 13965/88, NJW 1992, 3090 Rn. 48 – S./SWI (zum freien Verkehr mit dem Verteidiger, auch gegen eine Nachweispflicht zum angeblichen Inhalt abgehörter Gespräche); EGMR [GK] 8.2.1996 – 18731/91, EuGRZ 1996, 587 Rn. 68 – Murray/UK; EGMR 6.6.2000 – 36408/97, Rn. 58 ff. – Averill/UK; EGMR 16.10.2001 – 39464/98, Rn. 58 ff. – Brennan/UK; *Stavros* S. 213 f.; *Spaniol* S. 62 sieht darin einen zutr. partiell absoluten Schutz, der insbes. bei den Beistandsfunktionen gelten muss. Nach den allgemeinen Maßstäben siehe aber verfehlt: EGMR 7.9.2004 – 58753/00, Rn. 1 – Eurofinacom/FRA: Prüfung des konkreten ergebnisbezogenen Nachteils bei unbegründeter Vorenthaltung eines Wahlverteidigers.
[501] Siehe auch schon *Stavros* S. 213.
[502] EGMR 25.9.1992 – 13611/88, EuGRZ 1992, 542 Rn. 29 ff. – Croissant/D; EGMR 25.4.1983 – 8398/78, NStZ 1983, 373 Rn. 31 – Pakelli/D; EGMR 18.3.1997 – 22209/93, Rn. 35 ff. – Foucher/FRA; EGMR 8.2.2000 – 27362/95, Rn. 27 ff. – Voisine/FRA; siehe auch EGMR 10.12.1982 – 8304/78, EGMR-E 2, 199 Rn. 42 – Corigliano/ITA; *Esser* S. 457: kein Vorwurf fehlender Verteidigerwahl.
[503] Klarstellend EGMR 15.6.2004 – 36256/97, Rn. 47 f. – Thompson/UK für ein unzureichendes Wahlangebot; *Grosz/Beatson/Duffy* C6-92; vgl. auch etwa mwN EGMR 13.2.2001 – 29731/96, NJW 2001, 2387 Rn. 82 ff. – Krombach/FRA.
[504] So mehrheitlich – bei einem rechtlich geschulten Angeklagten – EGMR 22.6.1993 – 12914/87, ÖJZ 1994, 104 Rn. 25 – Melin/FRA m. abl. SV *Bernhardt, Pekkanen, Baka* u. *Wildhaber*; *Villiger* Rn. 517; *Esser* S. 772 f.; siehe auch EGMR 16.12.1992 – 12129/86, NJW 1993, 717 Rn. 26 f. – Hennings/D; EGMR 12.11.2002 – 45676/99, Rn. 1 – Maillet/FRA.
[505] Dafür etwa *Villiger* Rn. 511; *Ambos* ZStW 115 (2003), 583 (603 f.).
[506] EGMR 28.8.1991 – 11170/84 ua, NJW 1992, 3085 Rn. 52 ff. – Brandstetter/AUT: Rn. 52: „*It would be overstraining the concept of the right of defence of those charged with a criminal offence if it were to be assumed that they could not be prosecuted when, in exercising that right, they intentionally arouse false suspicions of punishable behaviour concerning a witness or any other person involved in the criminal proceedings*".

175 Auch im Kontext des Rechts auf Selbstverteidigung ist allgemein anerkannt, dass der Angeklagte seinem Strafverfahren in der Hauptverhandlung unmittelbar beiwohnen darf. Der Angeklagte selbst darf die Hauptverhandlung, in der sich der Rechtsgang unter den Augen der Öffentlichkeit vollzieht, unvermittelt wahrnehmen und in eigener Sache unverzögert auf deren Verlauf im Rahmen der ihm zu eröffnenden Mitwirkungsrechte reagieren (zum Anwesenheitsrecht → Rn. 282 ff.). Ein ausnahmsloses **Anwesenheitsrecht** wird aber auch aus dem Recht auf Selbstverteidigung insbesondere für Zeugenvernehmungen nicht abgeleitet (auch → Rn. 252 ff.).[507]

176 Die **Bestellung eines Verteidigers gegen den Willen des Angeklagten** ist eine umfassende Einwirkung auf die Verteidigung und daher rechtfertigungsbedürftig. Der EGMR hält eine zwangsweise Bestellung jedoch für zulässig, soweit diese im Interesse der Rechtspflege aus relevanten und ausreichenden Gründen notwendig ist und der Angeklagte selbst weiter auf das Verfahren einwirken kann.[508]

177 Die Bestellung soll etwa legitim sein können, wenn die Akteneinsicht nach den besonderen Umständen lediglich dem Verteidiger, nicht hingegen dem Angeklagten selbst zugestanden werden kann (hierzu bereits → Rn. 157). Die **Sicherung des Verfahrens** soll ebenfalls ein Grund dafür sein können, gegebenenfalls neben einem Wahlverteidiger einen weiteren amtlichen Verteidiger zu bestellen.[509] Bei besonderen **Rechtsmittelverfahren** soll es den Vertragsstaaten gestattet sein, einen Zwang zur formellen Verteidigung durch ausgewählte Verteidiger vorzusehen.[510] Ein Grund zur Verteidigerbeistellung soll auch darin liegen können, dass sich der Beschuldigte tatsächlich nicht wirksam allein verteidigen kann.[511] Prinzipiell sollte jedoch gelten, dass die Wahl der Form des rechtlichen Gehörs auch in dieser Hinsicht frei ist: Ein aufgeklärter Angeklagter darf die „Attitüde der Wehrlosigkeit" wählen, um seine Verfahrensteilhabe zu effektuieren.[512]

178 Auch bei der aufgedrängten Bestellung ist der Wunsch des Beschuldigten hinsichtlich der zu wählenden Person grundsätzlich zu beachten.[513] Der aufgedrängte Verteidiger darf die Verteidigung des Beschuldigten nicht nachteilig beeinflussen.[514] Soweit ein Verteidiger unter Beachtung der Grundsätze des Art. 6 gegen den Willen des Angeklagten bestellt worden ist, soll die Auferlegung der Verteidigungskosten im Verurteilungsfall grundsätzlich zulässig sein, soweit die Verteidigung nicht tatsächlich beeinträchtigt gewesen ist.[515]

179 **bb) Recht auf den Beistand eines Verteidigers.** Gerade weil der Beschuldigte selten tatsächlich in der Lage sein wird, sich wirksam allein zu verteidigen, erkennt Abs. 3 lit. c

---

[507] Hierzu EGMR 1.7.1991 – 15921/89, DR 71, 236 – R.D./SPA; Frowein/*Peukert* Rn. 311.
[508] EGMR 25.9.1992 – 13611/88, EuGRZ 1992, 542 Rn. 29 ff. – Croissant/D: „notwithstanding the importance of a relationship of confidence between lawyer and client, this right cannot be considered as absolute"; EGMR 14.1.2003 – 26891/95, Rn. 50 ff. – Lagerblom/SWE; EGMR 7.9.2004 – 58753/00, Rn. 1 – Eurofinacom/FRA; EGMR 7.9.1999 – 38072/97, Rn. 1 – Naviede/UK; mwN näher *Gaede*, Fairness als Teilhabe, S. 253 ff., 497 ff.
[509] EGMR 25.9.1992 – 13611/88, EuGRZ 1992, 542 Rn. 27 f. – Croissant/D; *Weigend* StV 2000, 384 (385); *Esser* S. 493 f.
[510] EGMR [GK] 26.7.2002 – 32911/96 ua, ÖJZ 2003, 732 Rn. 45 ff. – Meftah ua/FRA: zulässige Monopolisierung des Zugangs zum Revisionsgericht, soweit Waffengleichheit gewahrt bleibt, vgl. aber auch das SV *Loucaides*: zuvor sei klarer Ausschluss der Selbstverteidigung notwendig; zur nachfolgenden StRspr EGMR 7.10.2003 – 50638/99, Rn. 27 f. – Duriez-Costes/FRA. Zur Möglichkeit, Rechtsmittel an die anwaltliche Abfassung zu binden, EGMR 24.11.1986 – 9063/80, EGMR-E 3, 306 Rn. 69 – Gillow/UK.
[511] *Villiger* Rn. 517; siehe auch Löwe/Rosenberg/*Esser* Rn. 723.
[512] Zur durch Alleinstellung ahndungsdesavouierenden Attitüde der Wehrlosigkeit *Welp* ZStW 90 (1978), 101 (120 f.); *Herrmann* StV 1996, 396 (398); *Seelmann* NJW 1979, 1128 (1130).
[513] Hierzu EGMR 25.9.1992 – 13611/88, EuGRZ 1992, 542 Rn. 28 ff. – Croissant/D; krit. *Esser* S. 494 ff.
[514] EGMR 25.9.1992 – 13611/88, EuGRZ 1992, 542 Rn. 28 ff. – Croissant/D; *Esser* S. 495; siehe auch SK-StPO/*Paeffgen* Rn. 137: keine Beeinträchtigung des fortbestehenden eigenen rechtlichen Gehörs des Beschuldigten.
[515] So EGMR 25.9.1992 – 13611/88, EuGRZ 1992, 542 Rn. 33 ff., 36 – Croissant/D; EGMR 14.1.2003 – 26891/95, Rn. 50 ff. – Lagerblom/SWE; mwN Frowein/*Peukert* Rn. 307; vgl. aber EKMR 30.5.1975 – 6166/73, EuGRZ 1987, 314 – Baader ua/D: Praxis, Pflichtverteidiger neben Wahlverteidigern zu bestellen, sei „eigentümlich"; abl. zur Kostentragung etwa *Beulke* StV 1990, 364 ff.; krit. für den Fall, dass der Beschuldigte keinen Anlass zu der Maßnahme gegeben hat *Kühne* EuGRZ 1992, 547 f.

auch das **zentrale Recht** auf einen Verteidigerbeistand an. Der Angeklagte hat das Recht, sich des Beistands eines Verteidigers zu bedienen, der seinen Standpunkt in Absprache mit dem Angeklagten wirksam zu Gehör bringen kann.[516] Dieses Recht ist auch nach der Rechtsprechung des EGMR von besonderer Bedeutung,[517] weil ihm eine Schlüsselstellung zukommt: Der Verteidigerbeistand lässt sich auch aus der Sicht des EGMR als Prämisse dafür verstehen, dass Angeklagte ihre nach Art. 6 gewährten Rechte *überhaupt* sinnvoll wahrnehmen können.[518]

180 Das Recht dient zugleich der Waffengleichheit, indem es bestehende rechtliche Nachteile gegenüber den Strafverfolgungsbehörden ausgleicht[519] und eine Verfahrensteilhabe „auf Augenhöhe" ermöglicht. Der Verteidiger soll absichern, dass beide Seiten tatsächlich effektiv gehört[520] und die Rechte des Angeklagten gewahrt werden (*„watchdog of procedural regularity"*).[521] Die fundamentale Bedeutung des Rechts ist heute allgemein anerkannt.[522]

181 Auch die formelle Verteidigung erleidet nach der Rechtsprechung des EGMR ggf. Einschränkungen (bereits → Rn. 170 ff.).[523] Dies kann nach zutreffender Ansicht aber nicht dazu führen, schon den insoweit absoluten Verteidigerbeistand selbst zu versagen.[524] Insbesondere kann die formelle Verteidigung nicht allein deshalb verwehrt werden, weil die Selbstverteidigung dem Staat ausreichend erscheint (siehe auch zur Vertretung → Rn. 200 ff.).[525]

182 Wählt der Beschuldigte einen Verteidiger, soll grundsätzlich dieser die Verteidigung führen dürfen, solange sich der Beschuldigte weiter selbst äußern kann.[526] Das Anwesen-

---

[516] Siehe mwN EGMR [GK] 21.1.1999 – 26103/95, NJW 1999, 2353 Rn. 34 – Van Geyseghem/BEL; eingehend *Gaede*, Fairness als Teilhabe, S. 497 ff.

[517] Hierfür vgl. EGMR 13.5.1980 – 6694/74, EGMR-E 1, 513 Rn. 33 – Artico/ITA; EKMR 14.12.1983 – 9300/81, Rn. 54 – Can/AUT und EGMR 30.9.1985 – 9300/81, EGMR-E 3, 102 Rn. 6 – Can/AUT; zur entsprechenden Judikatur des U.S. Supreme Court 14.5.1984 – Vol. 466, 668 (685 ff.) – Strickland/Washington; U.S. Supreme Court 26.6.1986 – Vol. 477, 365 (377) – Kimmelmann/Morrison; zur entsprechenden Erkenntnis auch der Europäischen Kommission KOM(2004) 328 endg., S. 7 f., 10 ff.; siehe auch aus dem Schrifttum *Uglow*, Criminal Justice, S. 146, 149; *Stavros* S. 205 f.; Starmer/*Strange*/Whitaker S. 123; Starmer/Strange/Whitaker/*Jennings* S. 221: „paramount importance".

[518] EGMR 15.6.2004 – 60958/00, NLMR 2004, 128 Rn. 29 – S.C./UK; näher *Gaede*, Fairness als Teilhabe, S. 255 f., 494 ff.

[519] Siehe zur Ableitung des Verteidigers im Strafverfahren (auch) aus der Waffengleichheit EGMR 28.3.1990 – 11932/86, Rn. 47 – Granger/UK; EGMR 25.4.1983 – 8398/78, EGMR-E 2, 271 Rn. 29 ff., 39 – Pakelli/D; EGMR 21.3.2002 – 31611/96, ÖJZ 2003, 430 Rn. 49 – Nikula/FIN.

[520] EGMR 28.3.1990 – 11932/86, Rn. 47 – Granger/UK: „benefit of hearing ... expert legal argument from both sides on a complex issue"; EKMR 30.5.1975 – 6166/73, EuGRZ 1987, 314 – Baader ua/D; *Stavros* S. 202; *Spaniol* S. 57, 212 ff., 219 ff.; *Trechsel* ZStR 96 (1979), 337 (354).

[521] EKMR 14.12.1983 – 9300/81, Rn. 55 – Can/AUT und EGMR 30.9.1985 – 9300/81, EGMR-E 3, 102 Rn. 6 – Can/AUT; EKMR 30.5.1975 – 6166/73, EuGRZ 1987, 314 – Baader ua/D; *Stavros* S. 202; *Spaniol* S. 109; *Poncet* S. 161 f., 180; *Kohlbacher* S. 49 ff.

[522] EGMR 13.5.1980 – 6694/74, EGMR-E 1, 513 Rn. 33 – Artico/ITA; EGMR [GK] 21.1.1999 – 26103/95, NJW 1999, 2353 Rn. 34 – Van Geyseghem/BEL: „The right [...] to be effectively defended by a lawyer is one of the basic features of a fair trial"; EGMR 13.2.2001 – 29731/96, NJW 2001, 2387 Rn. 89 – Krombach/FRA; *Spaniol* S. 56, 131 ff.; *E. Müller* NJW 1976, 1063 (1067); mwN *Gaede*, Fairness als Teilhabe, S. 497 ff.; zu einer weitergehenden allgemeinen Beistandsfunktion: EKMR 14.12.1983 – 9300/81, Rn. 55 – Can/AUT und EGMR 30.9.1985 – 9300/81, EGMR-E 3, 102 Rn. 6 – Can/AUT; *Spaniol* S. 57 f., 109; *Trechsel* ZStR 96 (1979), 337 (353, 383 f.).

[523] EGMR [GK] 26.7.2002 – 32911/96 ua, ÖJZ 2003, 732 Rn. 45 ff. – Meftah ua/FRA; EGMR 14.1.2003 – 26891/95, Rn. 54 ff. – Lagerblom/SWE; EGMR 23.11.1993 – 14032/88, ÖJZ 1994, 467 Rn. 34 – Poitrimol/FRA; EGMR 13.2.2001 – 29731/96, NJW 2001, 2387 Rn. 89 – Krombach/FRA.

[524] Siehe auch *Trechsel* ZStR 96 (1979), 337 (355 ff.); *ders*. S. 247 f.; weitergehend *Dörr* S. 66; *Spaniol* S. 62, 65, 164 ff., 173; *E. Müller* NJW 1976, 1063 (1067); *Lutz* ZStR 120 (2002), 410 (411).

[525] EGMR 25.4.1983 – 8398/78, EGMR-E 2, 271 Rn. 31 – Pakelli/D; EGMR 28.6.1984 – 7819/77 u. 7878/77, EGMR-E 2, 409 Rn. 99 – Campbell u. Fell/UK; *Spaniol* S. 62 f.: keine Implizierung des „Interesses der Rechtspflege" bei Wahlverteidigung, das Recht hängt allein vom Beschuldigtenwillen ab; *Trechsel* ZStR 96 (1979), 337 (356 f.).

[526] Hierfür EGMR 23.2.1994 – 16757/90, ÖJZ 1994, 600 Rn. 27 ff. – Stanford/UK; EGMR 10.6.1996 – 22399/93, ÖJZ 1996, 874 Rn. 46 – Pullar/UK; EKMR 22.10.1997 – 28649/95, VPB 62 (1998) Nr. 106, 938 – Sadiki/SWI; BGer 9.4.2003 – 1P.674/2002; *Ambos* ZStW 115 (2003), 583 (606); *Haefliger/Schürmann* S. 226: Verteidigungsrechte gehen auf den Verteidiger über; *Villiger* Rn. 524; krit. zust. *Spaniol* S. 157 ff.; Frowein/*Peukert* Rn. 293: Recht, im Widerspruch zum Verteidiger vorzutragen, keine Beschränkung zum Nachteil.

heitsrecht des Angeklagten in der Hauptverhandlung bleibt unbenommen.[527] Tatsächlich muss die formelle Verteidigung hingegen in Absprache mit dem Angeklagten betrieben werden, zumal der Angeklagte den Verteidiger nicht beliebig wechseln kann.[528] Da es im Strafprozess um das Schicksal des Angeklagten und nicht um das des Verteidigers geht und der Verteidiger überdies eine zwingend richtige Strategie nicht verbürgen kann, ist der Verteidiger primär als **Prozesssubjektsgehilfe des Angeklagten** zu interpretieren.[529] Er dient der effektiven Verwirklichung des Teilhaberechts des Angeklagten. Er kann dessen Rechte ausüben, muss sich hierbei jedoch auf den aufgeklärten Willen des Angeklagten zurückführen lassen. Sollen seine Rechte eingeschränkt werden, rechtfertigt sich dies nicht schon durch eine bestimmte national vorherrschende Stellung zum Beispiel als Organ der staatlichen Rechtspflege. Die Grenzen des Verteidigerhandelns bestimmen sich allein nach den Maßstäben des Art. 6.[530] Dabei kann dem Verteidiger kein rechtswidriges Vorgehen abverlangt werden, weil der Verteidiger hinsichtlich der *rechtlichen Beurteilung* im Innenverhältnis der Verteidigung **unabhängig** ist und unabhängig sein muss.[531]

Die staatlichen Behörden und das Gericht haben dem Verteidiger durch ausreichende und sorgfältige Informationen die Wahrnehmung seiner Aufgaben zu ermöglichen, indem sie diesem etwa Hauptverhandlungs- und Vernehmungstermine rechtzeitig mitteilen.[532] Auch wenn der Staat aber zum Beispiel die Teilnahme des Verteidigers an Beschuldigtenvernehmungen zunächst nicht ermöglicht hat und der Verteidiger später eröffnete Möglichkeiten schuldhaft nicht wahrnimmt, soll sich der Angeklagte grundsätzlich nicht auf eine unwirksame Verteidigung berufen können, wenn der Verteidiger im Nachhinein an einer Vernehmung – wenn auch ohne ersichtliche aktive Mitwirkung – teilnimmt.[533] **183**

(1) Wahl des Verteidigers. Der Angeklagte kann sich gemäß Abs. 3 lit. c des Beistands durch einen Verteidiger seiner Wahl bedienen. Der Begriff des Verteidigers ist autonom zu bestimmen.[534] Von ihm werden zugelassene Anwälte umfasst, andere Personen wie etwa in der Ausbildung befindliche Referendare aber nicht ausgeschlossen, *soweit* sie die Gewähr für eine effektive Verteidigung bieten.[535] Der Kreis der Verteidiger soll grundsätzlich ohne Eingriff in das Recht des Abs. 3 lit. c durch das nationale Recht bestimmt werden können.[536] Dies kann indes nicht bedeuten, dass die Vertragsstaaten **184**

---

[527] EGMR 23.2.1994 – 16757/90, ÖJZ 1994, 600 Rn. 26 ff., 30 – Stanford/UK; EGMR 13.2.2001 – 29731/96, NJW 2001, 2387 Rn. 84 ff. – Krombach/FRA; EGMR [GK] 25.11.1997 – 18954/91, ÖJZ 1998, 715 Rn. 68 ff. – Zana/TUR; *Stavros* S. 202; *Rzepka* S. 65 f.

[528] Näher mwN *Gaede*, Fairness als Teilhabe, S. 528 ff.; krit. insbesondere bei der staatlichen Finanzierung auch schon *Stavros* S. 216.

[529] Auch hierzu näher mwN *Gaede*, Fairness als Teilhabe, S. 517 ff., 528 ff.

[530] Zu allem näher mwN *Gaede*, Fairness als Teilhabe, S. 554 ff.

[531] Näher mwN *Gaede*, Fairness als Teilhabe, S. 528 ff.; pauschaler und zur Unabhängigkeit ggf. weitergehender EGMR 13.3.2003 – 12663/02, Rn. 2 – Tuncer ua/TUR; EGMR 12.10.1978 – 7909/77, DR 15, 160 – X. u. Y./AUT; *Esser* S. 468; *Haefliger/Schürmann* S. 133; *Spaniol* S. 65; *Madlener* ZStW 93 (1981), 275 (284 ff.); *Beulke* Rn. 150.

[532] EGMR 9.4.1984 – 8966/80, EGMR-E 2, 366 Rn. 26 ff., 30 – Goddi/ITA; EGMR 19.2.1991 – 11910/85, Rn. 18 ff. – Alimena/ITA: Inkenntnissetzung über die Verschiebung einer Rechtsmittelhauptverhandlung; EGMR 5.6.2001 – 33258/96 – Holder/NL; *Villiger* Rn. 518; zur Vernehmung EGMR 24.11.1993 – 13972/88, ÖJZ 1994, 517 Rn. 41 ff. – Imbrioscia/SWI.

[533] So EGMR 24.11.1993 – 13972/88, ÖJZ 1994, 517 Rn. 41 ff. – Imbrioscia/SWI mit den abl. SV *Pettiti, de Meyer, Lopes Rocha*: Heilung, nachdem der Verteidiger mehrfach von den Vernehmungen des Beschuldigten nicht informiert wurde, so dass er abwesend war; *Villiger* Rn. 516; zu Recht krit. bereits *Esser* S. 466 ff.

[534] EGMR 8.6.1976 – 5100/71 ua, EGMR-E 1, 200 Rn. 91 – Engel ua/NL; EKMR 14.12.1961 – 599/59, YB 1960, 174 (180) – X./D; *Villiger* Rn. 514.

[535] EKMR 14.12.1961 – 599/59, YB 1960, 174 (180) – X./D: Fakt allein kein Grund zur Verletzung, solange Unabhängigkeit unbezweifelt; zust. *Fawcett* S. 193; *Villiger* Rn. 514, 518; krit. und weitergehend aber schon *Stavros* S. 220 f.: gefährdete Unabhängigkeit des Verteidigers; *Appell* S. 74 f.; *Gaede*, Fairness als Teilhabe, S. 578 ff.

[536] EKMR 6.3.1962 – 722/60, CD 9, 1 (3) – X./D „full discretion"; BGer 22.8.1994 – BGE 120 Ia 247 (252 ff.): restriktive Auslegung; *Spaniol* S. 68 f., 132: an der Person des Verteidigers anknüpfende Regelungen, 163 f.; *Trechsel* S. 268 f.: Qualifikation.

befugt wären, die Wahlfreiheit durch willkürliche Ausschlüsse vom Kreis der wählbaren Verteidiger zu beschneiden.

185 Der EGMR erkennt heute an, dass das Ermessen der Vertragsstaaten bei der Verteidigerbestellung grundsätzlich an den **Wünschen des Angeklagten** auszurichten ist, soweit keine hinreichenden Sachgründe anderes gebieten.[537] Abs. 3 lit. c zielt auf einen Verteidiger, dem der Angeklagte vertrauen kann.[538] Eine anwaltliche Versorgung auch des „unpopulären Angeklagten" sollen die Vertragsstaaten nicht sichern müssen.[539] Das Recht auf formelle Verteidigung impliziert nach herrschender Auffassung ebenso wenig die Hinzuziehung mehrerer oder gar einer unbeschränkten Anzahl von Verteidigern.[540] Dies muss aber notwendig unter dem Vorbehalt stehen, dass anderes gelten muss, wenn eine wirksame Verteidigung etwa in grenzüberschreitenden Verfahren nur durch eine arbeitsteilig agierende formelle Verteidigung gewährleistet werden kann.[541]

186 Grundsätzlich hat der Angeklagte das **Recht, den Verteidiger zu wechseln;** jedoch erleidet dieses Recht im Ergebnis zur Sicherung der Verfahrensdurchführung erhebliche Einschränkungen.[542] Es soll überdies nicht ausgeschlossen sein, dem Angeklagten trotz einer ausgeübten Verteidigerwahl einen anderen oder weiteren Verteidiger beizuordnen, soweit hierfür hinreichende sachliche Gründe wie die Verfahrenssicherung streiten (schon → Rn. 176 f.).[543] Dies soll insbesondere bei einem Beteiligungsverdacht gegen einen Verteidiger,[544] jedoch verfehlterweise auch zur Wahrung von Vorschriften in Betracht kommen, die das Auftreten vor Gericht regeln.[545]

187 Sicherungsmaßnahmen, die zur aktuellen Mittellosigkeit und damit dazu führen, dass der Angeklagte sein Wahlrecht nicht ausüben kann, sollen mit Abs. 3 lit. c vereinbar sein, wenn sie nicht auf die Vereitelung der freien Verteidigerwahl abzielen.[546]

188 **(2) Zugang zum Verteidiger bei der ersten (polizeilichen) Vernehmung.** Das Recht auf Verteidigerbeistand bezieht sich unstreitig auf die Verfahrensabschnitte nach der formellen Anklageerhebung.[547] Liegt eine Anklage vor, über die noch nicht rechtskräftig entschieden wurde, gilt das Recht auf Verteidigerbeistand aber im gesamten Strafverfahren.[548] Damit ist das Recht auf Verteidigerbeistand entsprechend des autonomen und schon

---

[537] Zusf. EGMR 14.1.2003 – 26891/95, Rn. 57 ff. – Lagerblom/SWE; näher und krit. mwN *Gaede*, Fairness als Teilhabe, S. 580 ff. sowie Art. 14 Abs. 3 lit. d IPbpR.

[538] Siehe auch *Spaniol* S. 107 ff., 111 und *Stratenwerth* SJZ 74 (1978), 217 f.: Vertrauen nehmen heißt den Verteidiger nehmen.

[539] Dazu EKMR 18.12.1963 – 1420/62 ua, YB 1963, 590 (620 f., 628) – De Buck u. Koolen/BEL; zust. *Spaniol* S. 57; *Kohlbacher* S. 48; zum Problem *Stavros* S. 204 f.; vgl. aber auch bedauernd und auf mögliche Divergenzen zum IPbpR hinweisend *Harris* ICLQ 16 (1967), 352 (365, 378).

[540] EKMR 30.5.1975 – 6166/73, EuGRZ 1987, 314 – Baader ua/D; EGMR 5.12.2000 – 35685/97, Rn. 2 – Mills/UK u. D (zur staatlich finanzierten Verteidigung); *Villiger* Rn. 518; *Stavros* S. 205, soweit die Begrenzungen nicht diskriminierend eingesetzt werden.

[541] Vgl. schon zutreffend *Spaniol* S. 66 im Anschluss an EKMR 3.10.1972 – 4681/70 – J.J.M./UK: Verteidigerzahl steht unter dem Vorbehalt der Effektivität der Verteidigung; *Rzepka* S. 66.

[542] EGMR 20.5.1996 – 24667/94 – Frerot/FRA: kein Verfahrensaufschub nach Entlassung des Wahlverteidigers; EKMR 11.10.1979 – 8251/78 – X./AUT; *Emmerson/Ashworth/Macdonald*, 14-07; Frowein/Peukert Rn. 293, 300; *Villiger* Rn. 518.

[543] EGMR 25.9.1992 – 13611/88, EuGRZ 1992, 542 Rn. 27 ff. – Croissant/D; EKMR 6.12.1991 – 14106/88, Rn. 2d – Hayward/SWE; *Villiger* Rn. 518; *Spaniol* S. 59; vgl. aber auch EGMR 9.4.1984 – 8966/80, EGMR-E 2, 366 Rn. 31 – Goddi/ITA: prinzipieller Vorrang der Wahlverteidigung.

[544] EKMR 30.5.1975 – 6166/73, EuGRZ 1987, 314 – Baader ua/D; krit. *Spaniol* S. 68 ff.; *Poncet* S. 170 f.; *Fawcett* S. 191. Hierauf beschränkend und für eine strenge Prüfung *Stavros* S. 205 f.

[545] Dazu EKMR 6.12.1991 – 14106/88, Rn. 2d – Hayward/SWE; EKMR 30.5.1975 – 6166/73, EuGRZ 1987, 314 – Baader ua/D; *Spaniol* S. 66 f.

[546] Dazu – ohne jede Begründung – EKMR 17.12.1970 – 4338/69, CD 36, 79 (82) – X./AUT; mwN *Spaniol* S. 59; krit. mwN *Stavros* S. 209, Fn. 657: bislang nur Missbrauchsschutz; vgl. auch mwN *Trechsel* S. 269 f.

[547] Hierzu siehe nur *Villiger* Rn. 515; zur Geltung im Rechtsmittelverfahren etwa EGMR 25.4.1983 – 8398/78, EGMR-E 2, 271 Rn. 29 – Pakelli/D.

[548] EKMR 14.12.1983 – 9300/81, Rn. 50, 54 – Can/AUT und EGMR 30.9.1985 – 9300/81, EGMR-E 3, 102 Rn. 6 – Can/AUT: „general right to assistance support by a lawyer throughout the whole proceedings"; EGMR 11.7.2000 – 20869/92, Rn. 108 ff. – Dikme/TUR.

bei informellen Beschuldigungen einschlägigen Begriffs der Anklage bereits im **Ermittlungsverfahren** (vgl. schon → Rn. 60 ff.) zu beachten.[549] Dies gilt nach Maßgabe der Gesamtbetrachtung jedenfalls dann, wenn eine Rechtsverweigerung in diesem Stadium die Wahrung der Verfahrensfairness im weiteren Prozess ernsthaft zu beeinträchtigen droht.[550]

Nach diesem Entwicklungsstand beansprucht das Recht auf Verteidigerbeistand insbesondere bereits für die **erste polizeiliche Vernehmung des Beschuldigten** Geltung: Der Beschuldigte hat schon in der polizeilichen Vernehmung das Recht, den Zugang zu einem Verteidiger zu verlangen.[551] Daher ist die Hinzuziehung des Verteidigers bei der oftmals verfahrensentscheidenden ersten Vernehmung durch die Polizei geboten.[552] Dies gilt insbesondere dann, wenn ein entscheidender Einfluss dieser Vernehmung auf die weitere Verteidigung nicht ausgeschlossen werden kann, was vor allem bei einer zulässigen belastenden Verwertung des Schweigens anzunehmen ist.[553] Über die frühere hM zur StPO hinaus ist aus Abs. 3 lit. c auch ein **Recht auf Anwesenheit des Verteidigers während der polizeilichen Vernehmung** abzuleiten.[554] Dies folgt nicht zuletzt daraus, dass der regelmäßig mit dem juristischen Verfahren überforderte und insbesondere in der Vernehmung unterlegene und unter Druck gesetzte Beschuldigte[555] gerade in unmittelbaren Befragungssituationen des Beistandes seines Verteidigers bedarf und eine Verwehrung eben dieses Rechts jenseits der anerkannten Einschränkungsgründe für den Zugang zum Verteidiger faktisch nur mit illegitimen Motiven zu erklären wäre. **Videoaufzeichnungen** der Beschuldigtenvernehmung sollen aus Sicht des EGMR zur wirksamen Gewährleistung der Selbstbelastungsfreiheit aber jedenfalls solange nicht zwingend sein, soweit im konkreten Fall ein

---

[549] Beispielhaft EGMR 24.11.1993 – 13972/88, ÖJZ 1994, 517 Rn. 36 ff. – Imbrioscia/SWI: Verteidigerbestellung in Ermittlungsverfahren; EGMR [GK] 28.11.1991 – 12629/87 u. 13965/88, NJW 1992, 3090 Rn. 46 ff. – S./SWI; EGMR [GK] 27.11.2008 – 36391/02, NJW 2009, 3707 Rn. 50 – Salduz/TUR; EGMR 24.9.2009 – 7025/04, Rn. 65 – Pishchalnikov/RUS; EGMR [GK] 8.2.1996 – 18731/91, EuGRZ 1996, 587 Rn. 62 ff. – Murray/UK; EGMR 20.6.2002 – 27715/95, 30209/96, Rn. 75 f. – Berlinski/POL; EGMR 6.6.2000 – 28135/95, Rn. 39 – Magee/UK; EGMR 6.6.2000 – 36408/97, Rn. 58 ff. – Averill/UK; EGMR 16.10.2001 – 39846/98, Rn. 45 – Brennan/UK; *Esser* S. 452 ff.; *Spaniol* S. 57 f.; *Villiger* Rn. 515; für die einschränkungslose Geltung *Ambos* ZStW 115 (2003), 583 (605).

[550] Zu diesem Ansatz etwa EGMR [GK] 8.2.1996 – 18731/91, EuGRZ 1996, 587 Rn. 62 ff., 66 – Murray/UK, dazu begrüßend *Esser* S. 453; EGMR 6.6.2000 – 36408/97, Rn. 58 ff. – Averill/UK; EGMR 16.10.2001 – 39846/98, Rn. 45 ff. – Brennan/UK; EGMR 22.4.2004 – 36115/97, Rn. 64 ff. – Sarikaya/TUR; EGMR 20.6.2002 – 27715/95, 30209/96, Rn. 75 f. – Berlinski/POL; *Grosz/Beatson/Duffy* C6-93; *Spaniol* S. 57 f.; *Stavros* S. 57 f.; aA noch *Peukert* EuGRZ 1980, 247 (265); *Zimmerlin* ZStR 121 (2003), 311 (319): spätere ausreichende Gelegenheit entscheidet; *Schroeder* FS Pötz, 1993, 205 (211 f.). Im Grunde bereits erheblich weiter EKMR 14.12.1983 – 9300/81, Rn. 50, 54 ff. – Can/AUT und EGMR 30.9.1985 – 9300/81, EGMR-E 3, 102 Rn. 6 – Can/AUT.

[551] Siehe grundlegend EGMR [GK] 27.11.2008 – 36391/02, NJW 2009, 3707 Rn. 52 – Salduz/TUR; folgend etwa EGMR 13.7.2010 – 72250/01, Rn. 130 – Lopata/RUS.

[552] Siehe schon EGMR [GK] 8.2.1996 – 18731/91, EuGRZ 1996, 587 Rn. 62 ff. – Murray/UK; EGMR 6.6.2000 – 28135/95, Rn. 41 ff. – Magee/UK; EGMR 6.6.2000 – 36408/97, Rn. 58 ff. – Averill/UK; EGMR 16.10.2001 – 39846/98, Rn. 45 – Brennan/UK; EGMR 20.6.2002 – 27715/95, 30209/96, Rn. 75 f. – Berlinski/POL; EGMR 27.5.2004 – 25143/94, 27098/95, Rn. 73 ff. – Yurttas/TUR; *Auer* ÖJZ 1998, 339 (340) (für Inhaftierte); SK-StPO/*Paeffgen* Rn. 138b; *Seidel* S. 304; *Esser* S. 452 ff.; *Starmer/Strange/Whitaker* S. 125; *Grosz/Beatson/Duffy* C6-93; *Villiger* Rn. 516; *Trechsel* S. 283.

[553] Dazu EGMR [GK] 8.2.1996 – 18731/91, EuGRZ 1996, 587 Rn. 63 ff. – Murray/UK; dazu *Kühne* EuGRZ 1996, 571 ff.; EGMR 6.6.2000 – 28135/95, Rn. 39 – Magee/UK; EGMR 6.6.2000 – 36408/97, Rn. 58 ff. – Averill/UK; EGMR 11.7.2000 – 20869/92, Rn. 108 ff. – Dikme/TUR; EGMR 16.10.2001 – 39846/98, Rn. 45 ff. – Brennan/UK; EGMR 12.3.2003 – 46221/99, EuGRZ 2003, 472 Rn. 140 ff. – Öcalan/TUR; EGMR [GK] 12.5.2005 – 46221/99, NVwZ 2006, 1267 Rn. 130 – Öcalan/TUR; EGMR 14.9.1999 – 33222/96 – Harper/UK; *Villiger* Rn. 516; vgl. auch die krit. Analyse von *Schlauri* S. 310 ff.

[554] EGMR 11.12.2008 – 4268/04, Rn. 66 f. – Panovits/CYP: „assistance during an applicant's interrogation", „assistance during questioning"; *Esser/Gaede/Tsambikakis* NStZ 2011, 140 (146); siehe auch schon in diesem Sinne mwN *Gaede*, Fairness als Teilhabe, S. 789 ff., 794 f.; ebenso etwa *Arquint* S. 175, 191 ff.; *Cape* CrimLR 2002, 471 (475); SK-StPO/*Wohlers* StPO § 163a Rn. 62; eine Erweiterung fordernd *Esser* S. 452 ff. Siehe noch offenlassend EGMR [GK] 8.2.1996 – 18731/91, EuGRZ 1996, 587 Rn. 69 – Murray/UK.

[555] Siehe klassisch etwa U.S. Supreme Court 13.6.1966 – Vol. 384, 436 (470) – Miranda/Arizona; mwN *Gaede*, Fairness als Teilhabe, S. 792 f., 794 f. und mwN EGMR 31.10.2013 – 23180/06, Rn. 57 – Bandaletov/UKR.

staatlicher Zwang bei der Vernehmung durch eine spätere adversatorische Verhandlung aufgedeckt werden kann.[556]

190 Keine Anwendung findet die Rechtsprechung auf Vernehmungen bzw. vernehmungsähnliche **Gespräche in der Öffentlichkeit,** die in Gegenwart von Zeugen mit dem Beschuldigten stattfinden.[557] Entsprechend gelten die Rechte bis auf weiteres lediglich im staatlichen Gewahrsam. Allerdings können sich auch außerhalb der Haft weiter Fragen der Selbstbelastungsfreiheit stellen (→ Rn. 332 f.). So kann eine amtliche Vernehmung auch außerhalb der Haft den *Nemo-tenetur*-Grundsatz verletzen, wenn der bereits beschuldigte Betroffene vor der Befragung nicht über seine Selbstbelastungsfreiheit und sein Schweigerecht belehrt wurde und die selbstbelastenden Äußerungen für eine Verurteilung herangezogen worden sind.[558]

191 Damit der Beschuldigte seine Rechte insbesondere im Ermittlungsverfahren effektiv ausüben kann, treffen die Konventionsstaaten Pflichten, mit denen sie die tatsächliche Rechtsausübung aktiv fördern müssen.[559] Ist im Vorfeld einer polizeilichen Vernehmung unklar, ob der Beschuldigte sein Recht auf Zugang zu einem Verteidiger kennt, obliegen den Behörden ebenfalls aktive Maßnahmen zur Überwindung des darin liegenden Zugangshindernisses. Letztlich läuft dies – auch im Lichte des Art. 14 Abs. 3 lit. d IPbpR – auf eine **Pflicht zur Belehrung des Beschuldigten über das Zugangsrecht** hinaus.[560] Ebenso sind die Behörden verpflichtet, die Familie des inhaftierten Beschuldigten über seine Festnahme zu informieren, weil dies die Ausübung des Zugangsrechts zu einem Verteidiger erleichtern kann.[561]

192 Hat der Beschuldigte den Wunsch nach Zugang zu einem Verteidiger hinreichend klar geäußert, müssen die nationalen Behörden seinem Wunsch durch geeignete Maßnahmen entsprechen.[562] Ist der vom Beschuldigten bereits benannte Verteidiger nicht erreichbar, muss er Gelegenheit erhalten, sich um einen anderen Verteidiger zu bemühen.[563] Dies kann sogar die Bestellung eines Verteidigers auf Kosten des Staates bedeuten (→ Rn. 203 ff.).[564] Die **Befragung** (Vernehmung) eines Beschuldigten, der sein Recht auf Zugang zu einem Verteidiger einfordert, darf erst dann **fortgesetzt** werden, wenn dem Beschuldigten dieses Recht tatsächlich gewährt worden ist.[565]

193 Das Recht auf Zugang zu einem Verteidiger ist jedoch **nicht** ohne weiteres **absolut.** Es darf eingeschränkt werden, wenn dies im konkreten Einzelfall **zwingende Gründe** („*compelling reasons*") erforderlich machen.[566] Diese Gründe muss die Regierung überzeugend darlegen; Sie unterliegt einer Rechtfertigungspflicht.[567] Unter Umständen können etwa aktuelle Gefahren terroristischer Anschläge aus abwehrrechtlichen und damit präventi-

---

[556] EGMR 16.10.2001 – 39846/98, Rn. 54 – Brennan/UK.
[557] EGMR 18.2.2010 – 39660/02, Rn. 47 ff. – Aleksandr Zaichenko/RUS, abl. aber das SV *Spielmann*.
[558] EGMR 18.2.2010 – 39660/02, Rn. 47 ff., 52 ff. – Aleksandr Zaichenko/RUS.
[559] Dazu und zum Folgenden schon näher *Esser/Gaede/Tsambikakis* NStZ 2011, 140 (144 ff.).
[560] EGMR 11.12.2008 – 4268/04, Rn. 72 f. – Panovits/CYP (aber für ein Verfahren gegen einen Jugendlichen); so schon mwN *Gaede*, Fairness als Teilhabe, S. 257 f.: insbesondere in der Haftsituation schwerlich abzulehnen; enger Löwe/Rosenberg/*Esser* Rn. 757.
[561] EGMR 1.4.2010 – 42371/02, Rn. 106 – Pavlenko/RUS.
[562] EGMR 24.9.2009 – 7025/04, Rn. 73 f. – Pishchalnikov/RUS; EGMR 1.4.2010 – 42371/02, Rn. 107 – Pavlenko/RUS: Eröffnung eines Telefonanrufs.
[563] EGMR 24.9.2009 – 7025/04, Rn. 74 – Pishchalnikov/RUS.
[564] EGMR 24.9.2009 – 7025/04, Rn. 74 – Pishchalnikov/RUS.
[565] EGMR 24.9.2009 – 7025/04, Rn. 79 – Pishchalnikov/RUS; *Esser/Gaede/Tsambikakis* NStZ 2011, 140 (145 f.).
[566] EGMR [GK] 27.11.2008 – 36391/02, NJW 2009, 3707 Rn. 55 f. – Salduz/TUR; EGMR 24.9.2009 – 7025/04, Rn. 70, 73, 76 – Pishchalnikov/RUS. Zur früher großzügigeren Rechtsprechung noch mwN EGMR [GK] 8.2.1996 – 18731/91, EuGRZ 1996, 587 Rn. 63 ff. – Murray/UK; mwN EGMR 16.10.2001 – 39846/98, Rn. 48 – Brennan/UK; mwN *Gaede*, Fairness als Teilhabe, S. 260 f.; als Beispiel für schon früh anerkannte Verletzung EGMR 6.6.2000 – 28135/95, Rn. 41 ff. – Magee/UK: 48 Stunden Verweigerung des Anwalts.
[567] Siehe EGMR [GK] 27.11.2008 – 36391/02, NJW 2009, 3707 Rn. 55 f. – Salduz/TUR; EGMR 24.9.2009 – 7025/04, Rn. 70, 73, 76 – Pishchalnikov/RUS.

ven Gründen auch während eines laufenden Strafverfahrens einen Aufschub begründen.[568] Allgemein muss der Vertragsstaat ein wichtiges öffentliches Interesse im Sinne der EMRK nachweisen, das nicht in der erleichterten Überführung bestehen darf.[569] Der Wahlverteidiger kann aber insbesondere nicht allein deshalb verwehrt werden, weil die Selbstverteidigung ausreichend erscheint.[570] Ausnahmen lassen sich nicht allein mit der Art oder Schwere des Deliktes begründen.[571]

Selbst wenn die Beschränkung des Zugangsrechts infolge eingreifender zwingender Gründe ausnahmsweise gerechtfertigt sein sollte, kann das **Verfahren insgesamt** gesehen dennoch **unfair** sein, weil der Aufschub des Rechts die Verteidigungsrechte nachhaltig und erheblich beeinträchtigt hat.[572] Davon ist auch unter dem Gesichtspunkt der Selbstbelastungsfreiheit etwa auszugehen, wenn die Verurteilung auf eine belastende Aussage gestützt wird, die der Beschuldigte zu einem Zeitpunkt gemacht hat, zu dem er noch keinen Kontakt mit einem Verteidiger hatte.[573] Der Umstand, dass Verteidigerbeistand im weiteren Verlauf des Verfahrens eröffnet wurde, ist angesichts der fortwirkenden Bedeutung der ersten Aussagen bzw. Vernehmungen regelmäßig ungeeignet, den anfänglichen Verstoß gegen die Verfahrensfairness zu heilen.[574] Der frühe Zugang zu einem Verteidiger ist auch ein entscheidendes Kriterium bei der Prüfung, ob ein Geständnis des Beschuldigten unter Verstoß gegen den *Nemo-tenetur*-Grundsatz erlangt wurde.[575] Art. 6 Abs. 3 lit. c kann aber auch dann verletzt sein, wenn der Beschuldigte in der Vernehmung geschwiegen hat.[576] Vorzugswürdig wäre es, *jede* belastende Aussage, zu der sich der Beschuldigte ohne den Beistand des Verteidigers bereitfindet, insbesondere unter dem Gesichtspunkt der anderenfalls notwendig missachteten Waffengleichheit einem Beweisverwertungsverbot zu unterstellen.[577]

Eine Verletzung kann ausscheiden, wenn der Beschuldigte auf den Verteidigerbeistand in der (polizeilichen) Vernehmung verzichtet hat. Ein **wirksamer Verzicht** ist hier indes an hohe Anforderungen zu binden, da die regelmäßig einschüchternde Inhaftierung sowie die strukturell bedingt prekären Nachweismöglichkeiten des Beschuldigten besonderen Anlass zur Vorsicht geben (allgemein schon → Rn. 77 ff.). So kann allein aus dem Umstand, dass der Beschuldigte über sein Schweigerecht und sein Recht auf Zugang zu einem Verteidiger belehrt worden ist, er dies in einem Formular bestätigt und sodann Angaben zur Sache gemacht hat, nicht auf einen eindeutigen bzw. freiwilligen Verzicht geschlossen werden, da der Beschuldigte die Konsequenzen seines Handelns möglicherweise nicht hinreichend vor Augen hat.[578]

---

[568] Siehe zu Einschränkungen im Kontext einer Terrorgefahr nun sehr weitgehend EGMR [GK] 13.9.2016 – 50541/08 ua, JuS 2017, 177 Rn. 199 ff. – Ibrahim ua/UK; siehe enger *Gaede*, Fairness als Teilhabe, S. 706: *special counsel* zu erwägen.
[569] In diesem Sinne präzisierend mwN *Gaede*, Fairness als Teilhabe, S. 706 f.; *Trechsel* S. 284.
[570] EGMR 25.4.1983 – 8398/78, EGMR-E 2, 271 Rn. 31 – Pakelli/D; *Spaniol* S. 62 ff.
[571] EGMR [GK] 8.2.1996 – 18731/91, EuGRZ 1996, 587 Rn. 63 ff. – Murray/UK; EGMR 6.6.2000 – 28135/95, Rn. 41 ff. – Magee/UK.
[572] EGMR 1.4.2010 – 42371/02, Rn. 97, 101 – Pavlenko/RUS; partiell bedenklich hingegen EGMR [GK] 13.9.2016 – 50541/08 ua, JuS 2017, 177 Rn. 193, 195, 204 ff. – Ibrahim ua/UK; dazu krit. *Castorf* HRRS 2017, 169 ff.
[573] EGMR 1.4.2010 – 42371/02, Rn. 97, 101 – Pavlenko/RUS.
[574] Beispielgebend siehe EGMR [GK] 27.11.2008 – 36391/02, NJW 2009, 3707 Rn. 59 – Salduz/TUR; siehe auch näher *Gaede*, Fairness als Teilhabe, S. 797, 798 f.
[575] EGMR 1.4.2010 – 42371/02, Rn. 101 – Pavlenko/RUS; EGMR 13.7.2010 – 72250/01, Rn. 143 f. – Lopata/RUS: möglicher zusätzlicher Fairnessverstoß.
[576] Siehe zu einem Fall, in dem kein hinreichender Grund für die Beschränkung des Zugangs benannt worden ist, EGMR 13.10.2009 – 7377/03, Rn. 33 f. – Dayanan/TUR; mwN zur Rechtsprechung Löwe/Rosenberg/*Esser* Rn. 587 f.
[577] Hierzu näher mwN *Gaede*, Fairness als Teilhabe, S. 797, 798 f.; aA mehrheitlich EGMR 6.7.1999 – 30550/96 – O'Kane/UK: zulässige Durchführung einer Befragung ohne Anwalt, insbesondere nach beträchtlichen Bemühungen des Staates und bei Fortsetzung der Aussage nach späterem Anwaltskontakt; EGMR 16.10.2001 – 39846/98, Rn. 48 – Brennan/UK.
[578] Siehe EGMR [GK] 27.11.2008 – 36391/02, NJW 2009, 3707 Rn. 59 – Salduz/TUR; EGMR 24.9.2009 – 7025/04, Rn. 77, 79 f. – Pishchalnikov/RUS; umfassend zu den Verzichtsanforderungen Löwe/Rosenberg/*Esser* Rn. 595 ff.

196 Es bleibt zu bedenken, dass eine Verletzung nicht notwendig das gesamte Verfahren unfair machen muss, soweit es gelingt, das Verfahren von den Nachteilen des verwehrten Rechtsbeistandes zu befreien.[579] Schließt ein Vertragsstaat etwa durch **effektive Verwertungsverbote** aus, dass eine konventionswidrige Vernehmung aus dem Ermittlungsverfahren in der Hauptverhandlung fortwirkt, indem sie die Teilhabe des Angeklagten durch die eingeführten belastenden Äußerungen beeinträchtigt,[580] sollte die Verletzung des Rechts auf Verteidigerbeistand zwar weiter festgestellt werden,[581] weil der grundlose Entzug eines so zentralen und eng mit der Herbeiführung der Prozesssubjektivität verbundenen Rechts in einem regelmäßig prozessprägenden Stadium eine solche Feststellung gebietet. Der fortgeführte Prozess ist hingegen angesichts der erfolgten Kompensation nicht länger als unfair zu qualifizieren, soweit nicht andere aus dem Ermittlungsverfahren herrührende Behinderungen der Teilhabe etwa in Form der verwehrten Hinwirkung auf die Sicherung von Entlastungsbeweisen ausgleichslos verbleiben.[582]

197 **(3) Freier Verkehr mit dem Verteidiger.** Auch unter Berufung auf Abs. 3 lit. b[583] (→ Rn. 165) sowie im Lichte des Art. 8[584] wird mit einer verstärkenden Wirkung aus Abs. 3 lit. c ein Recht auf freie Kontaktaufnahme und Kommunikation mit dem Verteidiger abgeleitet **(freier Verkehr zwischen dem Beschuldigten und seinem Verteidiger).**[585] Die formelle Verteidigung setzt zu ihrer Wirksamkeit voraus, dass der Angeklagte zu seinem Verteidiger Vertrauen fassen kann und auch von akustischen Überwachungen und einer automatischen Korrespondenzkontrolle in der Untersuchungshaft unbehelligt mit ihm die Verteidigung entwickeln und durchführen kann.[586] Ein weiterer Grund für den freien Kontakt kann die gebotene Verteidigerhilfestellung hinsichtlich der Ausübung des Schweigerechts sein.[587]

198 Der eröffnete Schutz untersagt es auch, Verteidigungsmaterial zu beschlagnahmen.[588] Die Kontaktaufnahme darf ferner nicht anderweitig zur Beweiserlangung ausgenutzt werden.[589]

---

[579] Partiell in diesem Sinne EGMR 27.5.2004 – 25143/94, 27098/95, Rn. 73 ff. – Yurttas/TUR; EGMR 20.4.2004 – 29486/95, 29487/95, Rn. 48 f. – Mamaç ua/TUR, wo aber verfehlt schon die Verletzung des Abs. 3 lit. c an sich verneint wird.

[580] Siehe entsprechend zur Selbstbelastungsfreiheit EGMR 17.12.1996 – 19187/91, ÖJZ 1998, 32 Rn. 71, 73 – Saunders/UK; EGMR 19.9.2000 – 29522/95 ua, Rn. 179 ff. – I.J.L. ua/UK; EGMR 16.5.2000 – 41552/98, Rn. 2 – Staines/UK; EGMR 8.4.2004 – 38544/97, JR 2005, 423 Rn. 4 – Weh/AUT mit SV Lorenzen/Levits/Hajiyev; *Esser* S. 531 f.

[581] In diesem Sinne wohl auch mwN *Trechsel* S. 285 ff. gegen EGMR 27.5.2004 – 25143/94, 27098/95, Rn. 73 ff. – Yurttas/TUR; EGMR 20.4.2004 – 29486/95, 29487/95, Rn. 48 f. – Mamaç ua/TUR.

[582] Siehe etwa *Spaniol* S. 286: Ausweg des Schweigens kann zum Verlust von Beweismitteln führen.

[583] Siehe etwa EGMR 31.1.2002 – 24430/94, ÖJZ 2002, 433 Rn. 47 ff. – Lanz/AUT; EGMR 9.4.1984 – 8966/80, EGMR-E 2, 366 Rn. 31 – Goddi/ITA; EGMR 12.7.1978 – 7854/77 – Bonzi/SWI; explizit für Abs. 3 lit. b als Grundlage Jacobs/White/*Ovey* S. 291; *Peukert* EuGRZ 1980, 247 (264).

[584] Beispielhaft zu Art. 8 EMRK EGMR 20.6.1988 – 11368/85, Rn. 23 ff. – Schönenberger u. Durmaz/SWI; EGMR 28.6.1984 – 7819/77 u. 7878/77, EGMR-E 2, 409 Rn. 48 ff. – Campbell u. Fell/UK; EGMR 16.12.1992 – 13710/88, EuGRZ 1993, 65 Rn. 29 ff., 37 – Niemietz/D; EGMR 25.3.1998 – 23224/94, ÖJZ 1999, 115 Rn. 50 ff. – Kopp/SWI.

[585] EKMR 14.12.1983 – 9300/81, Rn. 54 ff. – Can/AUT und EGMR 30.9.1985 – 9300/81, EGMR-E 3, 102 Rn. 6 – Can/AUT; EGMR [GK] 28.11.1991 – 12629/87 u. 13965/88, NJW 1992, 3090 Rn. 48 – S./SWI: „one of the basic requirements of a fair trial in a democratic society […] follows from Article 6 (3) (c)"; EGMR 5.7.2001 – 38321/97, EuGRZ 2001, 391 Rn. 61 ff. – Erdem/D; EGMR 13.5.2004 – 67500/01, HRRS 2004 Nr. 610 – Atik/D; SK-StPO/*Wohlers* StPO § 148 Rn. 1 ff.; mwN *Gaede*, Fairness als Teilhabe, S. 260 ff.

[586] EKMR 14.12.1983 – 9300/81, Rn. 54 ff. – Can/AUT und EGMR 30.9.1985 – 9300/81, EGMR-E 3, 102 Rn. 6 – Can/AUT; EGMR [GK] 28.11.1991 – 12629/87 u. 13965/88, NJW 1992, 3090 Rn. 48 – S./SWI; EGMR 5.7.2001 – 38321/97, EuGRZ 2001, 391 Rn. 61 – Erdem/D; EGMR 16.10.2001 – 39846/98, Rn. 58 – Brennan/UK; EGMR 31.1.2002 – 24430/94, ÖJZ 2002, 433 Rn. 50 – Lanz/AUT; *Villiger* Rn. 525; *Esser* S. 321 f.; Emmerson/Ashworth/*Macdonald*, 14–14 f.

[587] EGMR 16.10.2001 – 39846/98, Rn. 58 ff. – Brennan/UK; EGMR 6.6.2000 – 36408/97, Rn. 46 ff., 58 ff. – Averill/UK; EGMR [GK] 8.2.1996 – 18731/91, EuGRZ 1996, 587 Rn. 62 ff. – Murray/UK; mwN zu int. Menschenrechtsquellen *Stavros* S. 73 f.: einzig tauglicher Schutz. Vgl. bereits EKMR 14.12.1983 – 9300/81, Rn. 56 – Can/AUT und EGMR 30.9.1985 – 9300/81, EGMR-E 3, 102 Rn. 6 – Can/AUT.

[588] EGMR 15.6.2000 – 45441/99 – Pullicino/MAL (für die Verwendung von Notizen bei der Vernehmung im Kreuzverhör eingeschränkt); BGH 25.2.1998 – 3 StR 490/97, BGHSt 44, 46 ff.; SK-StPO/*Wohlers* § 148 Rn. 30; *Konrad* S. 58 ff.

[589] Hierfür KG ZR 91/92 (1992) Nr. 13, S. 33 (38 ff.): Kopien von Briefen an den Verteidiger zur Anfertigung eines linguistischen Schriftgutachtens; *Trechsel/Schlauri* FS KG, 2000, 423 (436 f.); aA BGer

Auch Schritte zur Herstellung des Kontakts zu einem Verteidiger werden von Abs. 3 lit. c geschützt.[590]

Auch das Kontaktrecht soll jedoch eingeschränkt und insbesondere aufgeschoben werden **199** können, soweit dies verhältnismäßig erfolgt.[591] Einschränkungen setzen tatsächliche Anhaltspunkte für eine Sicherheitsgefährdung oder für eine rechtswidrige Kollusion voraus und können nicht allein mit der möglichen Zusammenarbeit der Anwälte von Mitbeschuldigten begründet werden.[592] Es muss sich um außergewöhnliche Gründe handeln und diese dürfen sich nicht schon in dem Grund erschöpfen, der für die Anordnung der Untersuchungshaft des Beschuldigten spricht.[593] Selbst eine die Kommunikation behindernde strenge Einzelhaft („*mise au secret*", „Kontaktsperre") soll entgegen der zutreffenden Kritik an dieser Praxis[594] unter Umständen legitim sein können, soweit anschließend ein angemessener Verteidigungskontakt ermöglicht wird.[595]

cc) Verteidigerbeistand als Recht auf Vertretung. Das Recht auf einen Verteidiger- **200** beistand umfasst das Recht, sich im Strafverfahren durch den Verteidiger vertreten zu lassen.[596] Der Angeklagte, dem ein Schweigerecht zusteht, kann auf den Verteidiger zurückgreifen, wenn er diese Art der Verteidigung – nach Aufklärung und Absprache mit dem Verteidiger – als vorzugswürdig erachtet. Schon der Wortlaut des Abs. 3 lit. c drückt aus, dass der Angeklagte sich durch den Verteidiger verteidigen lassen kann. In Art. 47 Abs. 2 S. 2 GRC wird das Recht auf eine Vertretung zusätzlich im Rahmen der EU klargestellt. Ergänzend verdeutlicht Abs. 3 lit. d, dass der Angeklagte eigene Fragen an den Belastungszeugen durch den Verteidiger stellen lassen kann. Die Rechtsposition ist für das deutsche Strafverfahren in mehrerlei Hinsicht von Bedeutung:

Das Vertretungsrecht schließt es aus, ein Rechtsmittel oder auch nur die Mitwirkung **201** des Verteidigers[597] allein deshalb zurückzuweisen, weil der Angeklagte selbst die Verteidi-

---

SJIR 46 (1989), 326. Auch EGMR 13.5.2004 – 67500/01, HRRS 2004 Nr. 610 – Atik/D: problematischer Versuch der Verteidigerausforschung durch einen staatlichen Informanten auf dessen eigene Initiative.

[590] EGMR 20.6.1988 – 11368/85, Rn. 29 – Schönenberger u. Durmaz/SWI: „preliminary steps intended to enable the second applicant to have the benefit of the assistance of a defence lawyer of his choice and, thereby, to exercise a right enshrined in another fundamental provision of the Convention, namely Article 6 [...]. In the circumstances of the case, the fact that Mr. Schönenberger [the defence lawyer] had not been formally appointed is therefore of little consequence"; Jacobs/White/Ovey S. 292; Esser S. 321 f., 503 ff. Eingehend zum Thema: *Schlegel,* passim.

[591] EKMR 14.12.1983 – 9300/81, Rn. 57 ff. – Can/AUT und EGMR 30.9.1985 – 9300/81, EGMR-E 3, 102 Rn. 6 – Can/AUT; EGMR [GK] 28.11.1991 – 12629/87 u. 13965/88, NJW 1992, 3090 Rn. 49 – S./SWI; EGMR 16.10.2001 – 39846/98, Rn. 59 – Brennan/UK: Gesamtbetrachtung des Prozesses entscheidend; besonders bedenklich etwa noch EKMR 27.2.1997 – 21842/93, Rn. 1 – Kempers/AUT: Schluss auf Einschränkungen wegen der vermuteten Bandenzugehörigkeit, ohne dass Zweifel am Verteidiger selbst geltend gemacht wurden; krit. zur früheren Praxis *Spaniol* S. 109 ff.

[592] Vgl. EGMR [GK] 28.11.1991 – 12629/87 u. 13965/88, NJW 1992, 3090 Rn. 49 – S./SWI; EGMR 5.7.2001 – 38321/97, EuGRZ 2001, 391 Rn. 61 ff. – Erdem/D; EGMR 31.1.2002 – 24430/94, ÖJZ 2002, 433 Rn. 50 – Lanz/AUT; zur Sicherheitsgefährdung vgl. EGMR 28.6.1984 – 7819/77 u. 7878/77, EGMR-E 2, 409 Rn. 113 – Campbell u. Fell/UK; krit. zu nebulösen Gründen der „*needs of the investigation*" Stavros S. 61 f.; *Spaniol* S. 165 f.; vgl. schon *Trechsel* ZStR 96 (1979), 337 (352). Damit schwer vereinbar EKMR 27.2.1997 – 21842/93, Rn. 1 – Kempers/AUT.

[593] EGMR 31.1.2002 – 24430/94, ÖJZ 2002, 433 Rn. 52 – Lanz/AUT; mit der Bejahung einer Rechtfertigung dagegen EKMR 27.2.1997 – 21842/93, Rn. 1 – Kempers/AUT.

[594] *Spaniol* S. 107 f., 166: Ablehnung, soweit sie durch die allg. Erleichterung der Ermittlungen und Geständnisförderung begründet wird; *Trechsel* ZStR 96 (1979), 337 (352 f.): Relikt mittelalterlicher Inquisitionsprozesse; vgl. auch *Stavros* S. 61 f.

[595] Dazu EGMR 27.5.2004 – 25143/94, 27098/95, Rn. 73 ff. – Yurttas/TUR: bei Unterlassung jeder verwerteten staatlichen Befragung; EKMR 12.7.1979 – 8339/73 – Schertenleib/SWI; EKMR 12.7.1978 – 7854/77 – Bonzi/SWI; *Villiger* Rn. 512; *Bischofsberger* S. 139: freier Kontakt nur in Abhängigkeit vom Untersuchungsstand.

[596] Grundlegend EGMR 23.11.1993 – 14032/88, ÖJZ 1994, 467 Rn. 33 f. – Poitrimol/FRA; später etwa mwN EGMR 8.11.2012 – 30804/07, StV 2013, 289 – Neziraj/D; zu diesem Recht auch *Esser* StV 2013, 331 (334, 339); Löwe/Rosenberg/*Esser* Rn. 708, 711; *Wohlers* FS Paeffgen, 2015, 621 ff.; SSW-StPO/*Satzger* Rn. 57; monographisch *Pöschl,* passim; aA SK-StPO/*Paeffgen* Rn. 138a; *Frisch* FS Paeffgen, 2015, 589 ff.

[597] EGMR 13.2.2001 – 29731/96, NJW 2001, 2387 Rn. 82 ff. – Krombach/FRA; zum Fall *Gundel* NJW 2001, 2380 ff.

gung nicht betreiben will und entsprechend der Verhandlung fern bleibt.[598] Anderes gilt auch nicht deshalb, weil die Vertragsstaaten auf die grundsätzlich verfahrensförderliche Anwesenheit des Angeklagten in der gerichtlichen Hauptverhandlung hinwirken dürfen.[599] Namentlich das **Entfallenlassen eines Rechtsmittels** stellt sich als eine **exzessive Form der Hinwirkung auf die Anwesenheit** dar.[600] Soweit die Anwesenheit des Angeklagten zur Verfahrensdurchführung konkret notwendig ist, müssen die Staaten andere Mittel ergreifen, als ganze Rechtsmittel zulasten des Angeklagten entfallen zulassen.[601] Die Vorschrift des § 329 StPO wurde insofern novelliert, um der Rechtsprechung des EGMR Genüge zu tun und ist nun entsprechend zu interpretieren.[602]

202 Über die Frage der Anwesenheit des Angeklagten in der Hauptverhandlung hinaus ist kritisch zu hinterfragen, mit welchem Recht die deutsche Rechtsprechung ein Recht des Angeklagten zurückweist, **Erklärungen im Prozess durch den Verteidiger** abgeben zu dürfen.[603] Auch insoweit ist nicht ersichtlich, inwiefern die schiere Wahrnehmung einer menschenrechtlichen Garantie Anlass geben könnte, dem Angeklagten einen Beitrag zur Sachaufklärung zu verwehren.[604] Dies gilt insbesondere deshalb, weil das Gericht seinerseits infolge der Selbstbelastungsfreiheit keinen Anspruch darauf hat, dass der Angeklagte sich auf eine bestimmte Art und Weise zur Sache im Prozess einlässt.

203 **dd) Recht auf den unentgeltlichen Beistand eines Verteidigers.** Soweit es im Interesse der Verfahrensgerechtigkeit (→ Rn. 208 ff.) geboten und[605] der Angeklagte mittellos ist, muss der Staat dem Angeklagten (→ Rn. 61 f.) den Beistand eines Verteidigers unentgeltlich vermitteln. Der gewährleistete Beistand darf nicht ohne weiteres hinter die Wahlverteidigung zurückfallen (→ Rn. 214 f.).

204 Die Garantie steht im Spannungsfeld beschränkter öffentlicher Ressourcen auf der einen und der Gleichheit als grundlegendem Gebot der Verfahrensgerechtigkeit auf der anderen Seite.[606] Infolge der regelmäßigen Überforderung, die der moderne Strafprozess des 21. Jahrhunderts für den Laien bedeutet,[607] ist eine weite Auslegung der Garantie jedoch unumgänglich.[608] Zu Recht hat schon 1963 der *US Supreme Court* befunden: *„lawyers in criminal courts are necessities, not luxuries"*.[609]

---

[598] EGMR 25.4.1983 – 8398/78, NStZ 1983, 373 Rn. 31 – Pakelli/D; EGMR 23.11.1993 – 14032/88, ÖJZ 1994, 467 Rn. 34 – Poitrimol/FRA; EGMR 22.9.1994 – 14861/89, ÖJZ 1995, 196 Rn. 33 ff. – Lala/NL; EGMR 22.9.1994 – 16737/90, Rn. 37 ff. – Pelladoah/NL; EGMR [GK] 21.1.1999 – 26103/95, NJW 1999, 2353 Rn. 33 ff. – Van Geyseghem/BEL; EGMR 8.7.2004 – 51338/99, Rn. 35 ff. – Pronk/BEL; EGMR 20.3.2001 – 34989/97, Rn. 25 ff. – Goedhart/BEL; EGMR 23.5.2000 – 31070/96, Rn. 62 ff., 73 ff. – Van Pelt/FRA; EGMR 22.9.2009 – 13566/06 – Kari-Pekka Pietiläinen/FIN; EGMR 8.11.2012 – 30804/07, StV 2013, 289 Rn. 50 – Neziraj/D; vgl. bereits *Trechsel* ZStR 96 (1979), 337 (365); mwN *Esser/Gaede/Tsambikakis* NStZ 2011, 140 (147 f.); aA noch immer BVerfG 27.12.2006 – 2 BvR 1872/03, StraFo 2007, 190 (192); *Frisch* FS *Paeffgen*, 2015, 589 ff.; SK-StPO/*Paeffgen* Rn. 138a.

[599] Dazu etwa mwN EGMR 8.11.2012 – 30804/07, StV 2013, 289 Rn. 47, 51 – Neziraj/D.

[600] Dazu etwa mwN EGMR 8.11.2012 – 30804/07, StV 2013, 289 Rn. 52 ff., 56 – Neziraj/D.

[601] Dazu etwa mwN EGMR 8.11.2012 – 30804/07, StV 2013, 289 Rn. 51, 54 – Neziraj/D.

[602] Siehe dazu etwa BT-Drs. 18/3562; *Frisch* NStZ 2015, 69 und *Meyer-Goßner*/Schmitt § 329 Rn. 1, 14 ff.

[603] *Püschel* StraFo 2012, 493 (495); *Wohlers* FS Paeffgen, 2015, 621 (635).

[604] Siehe näher grundlegend und mwN *Wohlers* FS Paeffgen, 2015, 621 ff.

[605] Zur kumulativen Stellung nur EGMR 17.12.2009 – 20075/03, Rn. 120 – Shilbergs/RUS; Meyer-Goßner/*Schmitt* Rn. 20.

[606] Dazu etwa *Stavros* S. 207 f., 214 mit der Aufforderung zu weiterer dynamischer Ausweitung des Anspruchs angesichts der anerkannten Waffengleichheit; *Rouiller/Jomini* ZStR 109 (1992), 233 (246).

[607] EGMR 15.6.2004 – 60958/00, NLMR 2004, 128 Rn. 29 – S.C./UK: „Given the sophistication of modern legal systems, many adults of normal intelligence are unable fully to comprehend all the intricacies and exchanges which take place in the courtroom: this is why the Convention, in Article 6 § 3 (c), emphasises the importance of the right to legal representation."

[608] Hierzu schon näher *Gaede*, Fairness als Teilhabe, S. 563 ff.; für eine Vermutung zugunsten der Erforderlichkeit des Verteidigerbeistandes *Poncet* S. 162 ff.; *Stavros* S. 208, 221; *Seebode* S. 194; vgl. auch *Merrills/Robertson* S. 127: in allen Fällen, die nicht ganz haltlos sind, sei die Verteidigung erforderlich.

[609] U. S. Supreme Court 18.3.1963 – Vol. 372, 335 (344) – Gideon/Wainwright; im Grunde so schon U.S. Supreme Court 7.11.1932 – Vol. 287, 45 (68 ff.) – Powell/Alabama; siehe auch insoweit für den deutschen Inquisitionsprozess das *Sarstedt*-Zitat bei BGH 14.5.1974 – 1 StR 366/73, BGHSt 25, 325 (332): „Verteidigung ist kein Luxus".

(1) Mittellosigkeit. Der Angeklagte muss mittellos sein.[610] Die Mittellosigkeit wird **205** seitens des EGMR bisher im Anschluss an die nationale Feststellung angenommen bzw. nicht selbst geprüft.[611] Die Mittellosigkeit wird aber auch dann bejaht, wenn die nationalen Instanzen über die Mittellosigkeit nicht entschieden haben.[612] Bestehen **Anzeichen für die Mittellosigkeit** wie etwa die Kostenübernahme der bisherigen Verteidigung – auch durch humanitäre Organisationen – und legt der Staat die Bonität des Angeklagten nicht dar, ist der Angeklagte im Zweifel als mittellos anzusehen.[613] Weshalb der Betroffene mittellos ist, spielt auch im Fall seines eigenen Verschuldens keine Rolle.

Denkbar ist auch eine **partielle Mittellosigkeit.** In diesem Fall dürfen die Vertragsstaaten **206** die Verteidigerbestellung von einer Selbstbeteiligung abhängig machen.[614] Hat der Beschuldigte im Ermittlungsverfahren bereits einen Wahlverteidiger mandatiert und beantragt dieser seine Bestellung zum staatlich getragenen Pflichtverteidiger nach deutschem Prozessrecht, sollen die Vertragsstaaten die Bestellung im Ermittlungsverfahren verweigern können, solange der Wahlverteidiger der Verteidigungsaufgabe effektiv nachkommt.[615]

Die Bestellung führt nach herrschender Meinung nicht zwingend zu einer *dauernden* **207** Freistellung von den Kosten, vielmehr muss die Mittellosigkeit für eine andauernde Kostenbefreiung fortbestehen:[616] Wird der Angeklagte verurteilt und verbessert sich seine finanzielle Lage, dürfen die Vertragsstaaten die Kosten der Bestellung von dem nun nicht mehr mittellosen Verurteilten grundsätzlich erheben.

(2) Erforderlichkeit im Interesse der Rechtspflege (Verfahrensgerechtigkeit). **208** Zweite Voraussetzung der Verteidigerbestellung ist die Erforderlichkeit „im Interesse der Rechtspflege". Da es Art. 6 nicht um die Garantie eines richtigen Verfahrensergebnisses geht, ist diese Bestimmung mit den Wortlauten der maßgeblichen Vertragstexte so zu interpretieren, dass sie „im Interesse der Verfahrensgerechtigkeit" meint.[617] Erst Recht sind gerade nicht die Interessen der ahndenden Rechtspflege gemeint.

Der EGMR legt die zweite Voraussetzung autonom und heute weit aus:[618] Er stellt im **209** Anschluss an die englische Sprachfassung „*interests of justice*" in einer Gesamtbetrachtung des Falles nicht auf die Gesichtspunkte der Rechtspflege im Sinne objektiv-organisatorischer Erfordernisse, sondern vielmehr auf den Aspekt der Verfahrensgerechtigkeit gegenüber dem

---

[610] Siehe EGMR 13.5.1980 – 6694/74, EGMR-E 1, 513 Rn. 34 – Artico/ITA; EGMR 24.5.1991 – 12744/87, ÖJZ 1991, 745 Rn. 27 – Quaranta/SWI; *Villiger* Rn. 519; *Stavros* S. 208 f.; für eine erforderliche Geltendmachung der Mittellosigkeit EKMR 1.7.1992 – 6598/90 – Philis/GRE.

[611] EGMR 19.6.2001– 28249/95, ÖJZ 2002, 693 Rn. 64 – Kreuz/POL; EGMR 18.12.2001 – 29692/96 u. 34612/97, Rn. 45 – R.D./POL; *Esser* S. 475 f.; *Clayton/Tomlinson*, 11.249: „no definition [...] and no case law".

[612] Hierzu im Detail *Stavros* S. 208 f.; *Spaniol* S. 72; vgl. aber auch EGMR 25.4.1983 – 8398/78, NStZ 1983, 373 Rn. 32 ff. – Pakelli/D: notwendige Darlegung der Mittellosigkeit bei der Antragstellung, nicht jedoch nach einer Ablehnung allein wegen des fehlenden Interesses der Rechtspflege.

[613] In diesem Sinne EGMR 9.6.1998 – 24294/94, ÖJZ 1999, 309 Rn. 51 – Twalib/GRE; EGMR 18.12.2001 – 29692/96 u. 34612/97, Rn. 44 ff. – R.D./POL; siehe auch KOM(2004) 328 endg., S. 15 mit Verweis auf Pakelli.

[614] EGMR 26.2.2002 – 38784/97, Rn. 80 f., 88 ff. – Morris/UK.

[615] Siehe so infolge des Zwanges zur Mandatsniederlegung problematisch EGMR 8.12.2009 – 6190/09 – Dzankovic/D.

[616] Dazu für den Fall der Einschränkung der Wahlverteidigung EGMR 25.9.1992 – 13611/88, EuGRZ1992, 542 Rn. 35 ff. – Croissant/D; EKMR 6.5.1982 – 9365/81 – X./D; EKMR 4.7.1983 – 9419/81, DR 33, 153 – P./SWI; OLG Zweibrücken 13.10.1989 – 1 Ws 417/89, NStZ 1990, 51 f.; mwN SSW-StPO/*Satzger* Rn. 54; *Trechsel* ZStR 96 (1979), 337 (362); *Villiger* Rn. 519; *Stavros* S. 210; *Dörr* S. 66 f.; grundsätzlich auch *Gaede*, Fairness als Teilhabe, S. 569 f.; aA *Poncet* S. 164; *Harris/O'Boyle/Warbrick* S. 261; *Spaniol* S. 83 ff.; *Esser* S. 498 f.

[617] MwN schon *Gaede*, Fairness als Teilhabe, S. 264 f., 563 ff. Zum streitigen Einfluss der divergenten Sprachfassungen siehe schon eingehend und zutr. *Spaniol* S. 73 ff.; siehe auch *Esser* S. 476; *Weigend* StV 2000, 384 (385): deutsche Übersetzung missverständlich; zur Erstreckung auf Rechtsmittelverfahren mwN Löwe/Rosenberg/*Esser* Rn. 742.

[618] Hierzu näher *Spaniol* S. 73; *Emmerson/Ashworth/Macdonald*, 9-33: *strict approach;* einen beschuldigtenfreundlichen Maßstab des EGMR erblicken *Schürmann* ZStR 119 (2001), 352 (356); *Esser* S. 476 ff.; *Clayton/Tomlinson*, 11.250; *Müller-Hasler* S. 66.

Angeklagten im Sinne der ihm durch Art. 6 gewährten konkreten und wirksamen Verteidigung ab.[619] Der EGMR will jedem Angeklagten eine *realistische* **Chance auf eine wirksame Verteidigung** gewährleisten.[620] Damit muss konsequent die (Un-)Fähigkeit zur Selbstverteidigung im Angesicht des konkreten Verfahrensgegenstandes das entscheidende Kriterium sein.[621]

210 Ansatzpunkt ist insoweit zunächst die **Bedeutung der Sache für den Beschuldigten** im jeweiligen Verfahrensstadium, die sich wesentlich in der Art der drohenden Bestrafung und im höchstmöglichen[622] Strafmaß widerspiegelt.[623] Droht eine **nicht unerhebliche Freiheitsstrafe,** macht allein dies die Bestellung eines Verteidigers prinzipiell erforderlich.[624] Für die staatliche Verteidigerbestellung spricht ferner eine gewisse faktische oder rechtliche Komplexität des Falles.[625] Können einzelne aufgeworfene Fragen besonders betont durch den rechtlich geschulten Verteidiger dargebracht werden, spricht dies für eine Bestellung.[626] Kann dies *nur* der Anwalt tun, ist die Bestellung

---

[619] EGMR 18.12.2001 – 29692/96 u. 34612/97, Rn. 48 ff. – R.D./POL: „There is, however, a primary, indispensable requirement of the „interests of justice" that must be satisfied in each case. That is the requirement of a fair procedure before courts, which, among other things, imposes on the State authorities an obligation to offer an accused a realistic chance to defend himself throughout the entire trial. In the context of cassation proceedings, that means that the authorities must give an accused the opportunity of putting his case in the cassation court in a concrete and effective way" (Rn. 49); EGMR 24.5.1991 – 12744/87, ÖJZ 1991, 745 Rn. 32 ff. – Quaranta/SWI; EGMR 25.9.1992 – 13191/87, EuGRZ 1992, 472 Rn. 39 ff. – Pham Hoang/FRA; EGMR 28.3.1990 – 11932/86, Rn. 46 ff. – Granger/UK mit Hinweis auf die Gesamtbetrachtung; EGMR 28.10.1994 – 18711/91, ÖJZ 1995, 273 Rn. 36 ff. – Boner/UK; EGMR 28.10.1994 – 18949/91, Rn. 33 ff. – Maxwell/UK; EGMR 25.4.1983 – 8398/78, EGMR-E 2, 271 Rn. 38 f. – Pakelli/D; *Trechsel* S. 272 f.; die Waffengleichheit betonend *Stavros* S. 210 ff., 212; *Haefliger/Schürmann* S. 230; *Rouiller/Jomini* ZStR 109 (1992), 233 (251); *Wohlers* FS Rudolphi, 2004, 713 (725 ff.).

[620] EGMR 18.12.2001 – 29692/96 u. 34612/97, Rn. 49 – R.D./POL; einen beschuldigtenfreundlichen Maßstab erblicken darin *Wohlers* FS Rudolphi, 2004, 713 (725 ff.); *Esser* S. 476 ff.; näher *Gaede*, Fairness als Teilhabe, S. 563 ff.; *Demko*, HRRS-FG Fezer, S. 1, 17.

[621] Siehe mwN *Spaniol* S. 73 ff., 132; *Poncet* S. 162 ff.; *Appell* S. 71 f.; siehe auch näher *Gaede*, Fairness als Teilhabe, S. 265 ff., 663 ff. und wegweisend EGMR 18.12.2001 – 29692/96 u. 34612/97, Rn. 48 ff. – R.D./POL; EGMR 15.6.2004 – 60958/00, NLMR 2004, 128 Rn. 29 – S.C./UK.

[622] Hierzu EGMR 24.5.1991 – 12744/87, ÖJZ 1991, 745 Rn. 33 – Quaranta/SWI; EGMR 10.6.1996 – 19380/92, ÖJZ 1996, 915 Rn. 61, 64 – Benham/UK; *Villiger* ZStR 113 (1995), 279 (289); *Callewaert* EuGRZ 1996, 366 (369); *Stavros* S. 210, 213; mwN *Demko*, HRRS-FG Fezer, S. 12. AA EKMR 27.11.1996 – 31983/96, Rn. 2 – *Wolff/SWI*: im Fall nicht naheliegende Maximalstrafe von drei Jahren Inhaftierung genügte bei einem Volkswirtschaftler nicht, wenn nach den persönlichen Umständen die Selbstverteidigung erwartet werden konnte; *Forster* ZBl 92 (1992), 457 (461): Zusatzerfordernis besonderer rechtlicher oder tatsächlicher Schwierigkeiten; *Haefliger/Schürmann* S. 231 f.; *Trechsel* Bull.dr.h. 8 (1998), 10; *Frei-Siponen* S. 223 f.

[623] EGMR 28.3.1990 – 11932/86, Rn. 47 – Granger/UK; EGMR 24.5.1991 – 12744/87, ÖJZ 1991, 745 Rn. 33 ff., – Quaranta/SWI; EGMR 28.10.1994 – 18711/91, ÖJZ 1995, 273 Rn. 41 ff. – Boner/UK; EGMR 28.10.1994 – 18949/91, Rn. 38 ff. – Maxwell/UK; EGMR 9.6.1998 – 24294/94, ÖJZ 1999, 390 Rn. 52 – Twalib/GRE; EGMR 12.10.1999 – 25277/94 ua, Rn. 76 – Perks ua/UK; EGMR 4.5.2000 – 43550/98, Rn. 1a – Mato Jara/SPA; *Esser* S. 477 ff.; *Spaniol* S. 76; *Stavros* S. 210.

[624] EGMR 10.6.1996 – 19380/92, ÖJZ 1996, 915 Rn. 61 – Benham/UK: „a maximum term of three months' imprisonment"; EGMR 16.11.2004 – 42317/98, Rn. 20 f. – Hooper/UK; EGMR 12.10.1999 – 25277/94 ua, Rn. 76 – Perks ua/UK; EGMR 24.5.1991 – 12744/87, ÖJZ 1991, 745 Rn. 33 – Quaranta/SWI: drei Jahre; EGMR 28.3.1990 – 11932/86, Rn. 47 – Granger/UK; EGMR 9.9.2004 – 53329/99 – Toeva/BUL; EGMR 10.8.2006 – 54784/00, Rn. 43 – Padalov/BUL; EGMR 22.10.2009 – 35185/03, Rn. 59 – Raykov/BUL; *Grosz/Beatson/Duffy* C6-96; Jacobs/White/Ovey S. 293; *Esser* S. 478.

[625] Siehe EGMR 13.5.1980 – 6694/74, EGMR-E 1, 513 Rn. 34 f. – Artico/ITA; EGMR 25.4.1983 – 8398/78, EGMR-E 2, 271 Rn. 38 f. – Pakelli/D; dazu *Stavros* S. 212 f.; EGMR 28.3.1990 – 11932/86, Rn. 47 – Granger/UK; EGMR 25.9.1992 – 13191/87, EuGRZ 1992, 472 Rn. 40 – Pham Hoang/FRA; EGMR 10.6.1996 – 19380/92, ÖJZ 1996, 915 Rn. 60 ff. – Benham/UK; EGMR 9.6.1998 – 24294/94, ÖJZ 1999, 390 Rn. 53 – Twalib/GRE; EGMR 26.9.2000 – 33170/96, Rn. 28 ff. – Biba/GRE; EGMR 12.10.1999 – 25277/94 ua, Rn. 76 – Perks ua/UK; EGMR 18.12.2001 – 29692/96 u. 34612/97, Rn. 48 – R.D./POL; *Esser* S. 478; *Villiger* Rn. 520; weitergehend *Spaniol* S. 75 f.; *Callewaert* EuGRZ 1996, 366 (369); als einziges Kriterium darstellend *Rzepka* S. 68. Zur Bedeutung eines einfach scheinenden Verfahrens EGMR 12.6.2003 – 45681/99, Rn. 1 – Gutfreund/FRA.

[626] Vgl. EGMR 13.5.1980 – 6694/74, EGMR-E 1, 513 Rn. 34 – Artico/ITA; *Stavros* S. 211; bestätigend und erweiternd EGMR 25.4.1983 – 8398/78, EGMR-E 2, 271 Rn. 38 f. – Pakelli/D (mit näherer Analyse bei *Kieschke* S. 120 ff.); EGMR 28.3.1990 – 11932/86, Rn. 47 – Granger/UK; EGMR 25.9.1992 – 13191/87, EuGRZ 1992, 472 Rn. 40 ff. – Pham Hoang/FRA; EGMR 28.10.1994 – 18711/91, ÖJZ 1995, 273

zwingend.⁶²⁷ Ein vom Verteidiger geforderter Verstoß gegen Berufsrecht ist nicht per se ein tragfähiges Argument, eine im Interesse der Verfahrensgerechtigkeit erforderliche Verteidigerbestellung ganz zu verwehren.⁶²⁸

Maßgeblich sind in der Gesamtbetrachtung zudem angesichts der heute erkannten Überforderung vieler Angeklagter durch die komplexen und technisierten Gerichtsverfahren moderner Prägung⁶²⁹ vor allem die **persönlichen Umstände und Fähigkeiten des individuellen Beschuldigten.**⁶³⁰ Sprachliche Defizite des Angeklagten sollen jedoch in Anbetracht des gewährten Dolmetschers nicht automatisch zu einer Verteidigerbestellung führen (infolge der mangelnden Garantie einer vollständigen und schriftlichen Übersetzung zw.).⁶³¹ Wurde die Bestellung im nationalen Strafverfahren für geboten erachtet, hält der Gerichtshof einer Regierung, die im Individualbeschwerdeverfahren vor dem EGMR die gegenteilige Auffassung vertritt, diese nationale Beurteilung als Indiz entgegen.⁶³² 211

Bei einer mündlichen Verhandlung in **Rechtsmittelverfahren,** die auf Rechtsfragen konzentriert ist, ist unter dem Gesichtspunkt der Waffengleichheit zwingend von der Erforderlichkeit im Interesse der Verfahrensgerechtigkeit auszugehen, wenn ein Anklagevertreter teilnehmen kann.⁶³³ Allgemein ist die Bestellung bei einem Anwaltszwang in Rechtsmittelverfahren⁶³⁴ zwingend.⁶³⁵ Selbst bei einer prima facie nach Auffassung der nationalen Instanzen und von Verteidigern aussichtslosen Rechtsmitteleinlegung kann dem Angeklagten eine im Übrigen gebotene Verteidigerbestellung nicht verwehrt werden.⁶³⁶ 212

Wird der Beschuldigte in **Untersuchungshaft** genommen, spricht dies schon zur Kompensation der mit ihr verbundenen Beeinträchtigungen bei der Vorbereitung der eigenen 213

Rn. 41 ff. – *Boner/UK;* EGMR 28.10.1994 – 18949/91, Rn. 38 ff. – *Maxwell/UK;* EGMR 9.6.1998 – 24294/94, ÖJZ 1999, 390 Rn. 53 – *Twalib/GRE;* EGMR 18.12.2001 – 29692/96 u. 34612/97, Rn. 48 – *R.D./POL;* beachte auch *Harris/O'Boyle/Warbrick* S. 263: dadurch nahezu stets notwendig; *Clayton/Tomlinson,* 11.250: Berechtigung, wenn die anwaltliche Vertretung nach den Umständen tatsächlich *hilfreich* sein konnte.

⁶²⁷ Hierzu siehe EGMR 28.10.1994 – 18711/91, ÖJZ 1995, 273 Rn. 41 ff. – *Boner/UK;* EGMR 28.10.1994 – 18949/91, Rn. 38 ff. – *Maxwell/UK;* EGMR 18.12.2001 – 29692/96 u. 34612/97, Rn. 48 – *R.D./POL; Emmerson/Ashworth/Macdonald,* 14-30; *Esser* S. 485. Siehe auch EGMR 30.7.1998 – 25357/94, Rn. 59 f. – *Aerts/BEL.*

⁶²⁸ Hierzu EGMR 28.10.1994 – 18711/91, ÖJZ 1995, 273 Rn. 41 ff. – *Boner/UK;* EGMR 28.10.1994 – 18949/91, Rn. 38 ff. – *Maxwell/UK.*

⁶²⁹ Siehe nochmals EGMR 15.6.2004 – 60958/00, NLMR 2004, 128 Rn. 29 – *S.C./UK.*

⁶³⁰ EGMR 24.5.1991 – 12744/87, ÖJZ 1991, 745 Rn. 35 f. – *Quaranta/SWI;* EGMR 28.10.1994 – 18711/91, ÖJZ 1995, 273 Rn. 41 ff. – *Boner/UK;* EGMR 28.10.1994 – 18949/91, Rn. 38 ff. – *Maxwell/UK;* BGer Pra 93 (2004) Nr. 1, 1, 3 ff.; *Starmer/Strange/Whitaker* S. 127; *Esser* S. 478 f.; *Villiger* Rn. 520; *Spaniol* S. 73, 75.

⁶³¹ So mwN BGH 26.10.2000 – 3 StR 6/00, NJW 2001, 309 ff.; *Beulke* Rn. 167; IK-*Vogler* Rn. 530.

⁶³² Beispielhaft in den Fällen der tatsächlich unzureichenden Verteidigerbeistandes EGMR 13.5.1980 – 6694/74, EGMR-E 1, 513 Rn. 34 – *Artico/ITA;* auch im Kontext ziviler Rechte ebenso EGMR 13.2.2003 – 36378/97, Rn. 29 ff. – *Bertuzzi/FRA.*

⁶³³ EGMR 25.4.1983 – 8398/78, EGMR-E 2, 271 Rn. 29 f., 39 – *Pakelli/D; Frowein/Peukert* Rn. 301 ff.; EGMR 19.2.1991 – 11910/85, Rn. 18 ff. – *Alimena/ITA* (Wahlverteidigung); vgl. auch zur staatlich getragenen anwaltlichen Vertretung des Verletzten im Prozess: BGer 30.5.2005 – 1P.154/2005; BGer 28.2.2005 – 1P.14/2005.

⁶³⁴ Vgl. aber dazu, dass die Verteidigerbestellung für Rechtsmittelverfahren in Abhängigkeit von der konkreten Ausgestaltung dieser Verfahren selbständig neu zu prüfen sein kann mwN *Esser* S. 480 ff.; *Jacobs/White/Ovey* S. 293; zur deutschen Revision siehe insofern SK-StPO/*Wohlers* StPO § 350 Rn. 18 ff.; *Kieschke* S. 137 ff.

⁶³⁵ EGMR 9.6.1998 – 24294/94, ÖJZ 1999, 390 Rn. 53 – *Twalib/GRE;* EGMR 18.12.2001 – 29692/96 u. 34612/97, Rn. 49 ff. – *R.D./POL.*

⁶³⁶ So EGMR 28.3.1990 – 11932/86, Rn. 42 ff. – *Granger/UK;* EGMR 28.10.1994 – 18711/91, ÖJZ 1995, 273 Rn. 36 ff. – *Boner/UK;* EGMR 28.10.1994 – 18949/91, Rn. 33 ff. – *Maxwell/UK;* BGer 9.9.2003 – 1P.326/2003, BGE 129 I 281 (287 ff.); *Esser* S. 487 f.; *Callewaert* EuGRZ 1996, 366 (369); *Villiger* Rn. 520; siehe auch EGMR 22.3.2007 – 59159/00, NJW 2008, 2317 Rn. 127 – *Staroszczyk/POL;* krit. aber *Trechsel* S. 276. Damit nur schwer vereinbar die ältere, offenbar überholte Entscheidung EGMR 2.3.1987 – 9562/81 u. 9818/82, EGMR-E 3, 415 Rn. 67 – *Monnell u. Morris/UK;* vgl. aber auch EGMR 19.10.2000 – 45995/99, Rn. 2 – *Rutkowski/POL.* Siehe auch zu Art. 14 IPbpR mwN *Seidel* S. 312: Anwalt kann vom Rechtsmittel abraten, die Einlegung darf jedoch im Ergebnis nicht durch diesen verhindert werden. Ohne den Hinweis auf eine unsorgfältige Prüfung auf Gründe für die Einlegung von Rechtsmitteln soll die Bestellung eines Anwaltes, der die Einlegung verweigert, Art. 6 EMRK genügen.

Verteidigung und zur Wahrung der von Art. 5 gebotenen Verhältnismäßigkeit dafür, einen Verteidiger gemäß Abs. 3 lit. c zu bestellen (siehe nun auch § 140 Abs. 1 Nr. 4 StPO).[637]

214 **(3) Rechtsstellung und Verteidigerauswahl.** Sind beide Voraussetzungen erfüllt, hat der Staat einen Verteidiger zu bestellen, soweit der Angeklagte – etwa auf Grund externer Unterstützung – nicht bereits einen Verteidiger gewählt hat, der die Aufgabe tatsächlich übernommen hat.[638] Entsprechend des nicht von einer sofortigen amtlichen Bestellung ausgehenden Ansatzes des EGMR wird man für diesen Fall eine **Hinweispflicht** der Strafverfolgungsorgane bejahen müssen.[639] Die staatliche Verteidigerbestellung muss prinzipiell eine der Wahlverteidigung gleichwertige Verteidigung gewähren, sie zielt gerade auf diese Gleichstellung.[640] Auch der staatlich getragene Verteidigerbeistand steht ausdrücklich unter dem Gebot der konkreten und wirksamen Verteidigung (dazu auch → Rn. 219 ff.).[641] Selbstverständlich muss der staatlich bestellte Verteidiger vom Staat unabhängig sein.[642] Dabei kommt es nach dem Schrifttum auch auf den Eindruck des Angeklagten an.[643]

215 Die Bestellung hat zu erfolgen, **sobald** sie zur Wahrnehmung der Verteidigungsrechte des Angeklagten nach Art. 6 mit Blick auf das gesamte Verfahren erforderlich ist, so dass bereits im Ermittlungsverfahren eine Bestellung notwendig sein kann (siehe schon zu den maßstabsetzenden Anforderungen → Rn. 188 ff.).[644]

216 Der Angeklagte soll grundsätzlich noch keinen Anspruch darauf haben, dass ihm eine Person als Verteidiger bestellt wird, die er selbst vorgeschlagen hat.[645] Der EGMR

---

[637] Siehe *Stavros* S. 62; *Gaede*, Fairness als Teilhabe, S. 571 ff.; für eine Vermutung der Erforderlichkeit im Hinblick auf die Lage den Untersuchungshaftgefangenen *Seebode* S. 36 ff.; *Schubarth* S. 53 f.; zur allg. Beistandsfunktion in diesem Zusammenhang *Spaniol* S. 57 f., 109; *Arquint* S. 175, 192 f.

[638] Zur Subsidiarität der staatlichen Verteidigerbestellung gegenüber der Wahlverteidigung siehe EGMR 25.9.1992 – 13611/88, EuGRZ 1992, 542 Rn. 29 – Croissant/D; EGMR 9.4.1984 – 8966/80, EGMR-E 2, 366 Rn. 31 – Goddi/ITA und EKMR 5.3.1982 – 8966/80, Rn. 64 – Goddi/ITA; BGH 6.7.1999 – 1 StR 142/99, StV 1999, 524; *Stavros* S. 202; *Rzepka* S. 67. Siehe auch wieder zweifelhaft EGMR 8.12.2009 – 6190/09 – Dzankovic/D.

[639] So auch unter Berufung auf EGMR 9.6.1998 – 24294/94, ÖJZ 1999, 390 Rn. 44 – Twalib/GRE schon *Esser* S. 474 f. und *Wohlers* FS Rudolphi, 2004, 713 (731).

[640] Siehe EGMR 25.4.1983 – 8398/78, EGMR-E 2, 271 Rn. 31 – Pakelli/D: drei gleichberechtigte alternative Rechte; EGMR 9.4.1984 – 8966/80, EGMR-E 2, 366 Rn. 30 – Goddi/ITA; EKMR 18.5.1977 – 6210/73 ua, NJW 1978, 477 – Luedicke ua/D: Vermeidung *jeder* Ungleichheit unter Angeklagten; *Spaniol* S. 69 f., 81, 132 f.; näher und auch über den EGMR hinausgehend *Gaede*, Fairness als Teilhabe, S. 663 ff., zum Einfluss auf die Verteidigungslinie S. 528 ff., 578 ff.; enger noch zum staatlich finanzierten Beistand EGMR 19.12.1989 – 9783/82, EGMR-E 4, 450 Rn. 70 f. – Kamasinski/AUT; EKMR 9.5.1989 – 12152/86, DR 61, 171 – Favre/SWI; *Haefliger/Schürmann* S. 226; wie hier etwa schon *Trechsel* ZStR 96 (1979), 337 (358).

[641] Grundlegend EGMR 13.5.1980 – 6694/74, EGMR-E 1, 513 Rn. 33 – Artico/ITA; mwN EGMR 9.4.1984 – 8966/80, EGMR-E 2, 366 Rn. 27, 30 – Goddi/ITA; EGMR 10.10.2002 – 38830/97, NJW 2003, 1229 Rn. 59 ff. – Czekalla/POR; EGMR 21.11.2000 – 53590/99, Rn. 1 – Franquesa Freixas/SPA; *Dörr* S. 67; *Spaniol* S. 70, 77, 81. Siehe aber für akzeptierte Schlechterbehandlungen etwa bei der Häufigkeit von Konsultationen *Spaniol* S. 81 ff.; *Guradze* S. 108 f.; *Trechsel* ZStR 96 (1979), 337 (361): verhältnismäßige Qualitätseinbußen zu tragen; *ders.* S. 270; vgl. exemplarisch EKMR 15.7.1983 – 9728/82, DR 36, 155 – M./UK: nur eine Konsultation auch bei erheblichen Divergenzen von *barrister* und *defendant* zur Begrenzung der Kosten.

[642] Siehe dazu EGMR 10.10.2002 – 38830/97, NJW 2003, 1229 Rn. 60 ff. – Czekalla/POR; aber auch EGMR 26.2.2002 – 38784/97, Rn. 88 ff. – Morris/UK.

[643] Hierzu EGMR 17.1.1970 – 2689/65, EGMR-E 1, 100 Rn. 31 – Delcourt/BEL und *Stavros* S. 215: „justice must not only be done, it must also be seen to be done"; EGMR 12.1.2016 – 57774/13, Rn. 53 – Miracle Europe KFG/HUN; vgl. auch *Welp* ZStW 90 (1978), 101 (107): mögliches Misstrauen schon auf Grund gerichtlicher Bestellung.

[644] EGMR 24.5.1991 – 12744/87, ÖJZ 1991, 745 Rn. 36 f. – Quaranta/SWI; EGMR [GK] 8.2.1996 – 18731/91, EuGRZ 1996, 587 Rn. 70 – Murray/UK; EGMR 7.10.2008 – 35228/03, Rn. 47 ff. – Bogumil/POR; *Esser* S. 476 f.; *Stavros* S. 62; *Wohlers* FS Rudolphi, 2004, 713 ff.; vgl. auch den insoweit zutr. Ansatz von BGH 25.7.2000 – 1 StR 169/00, BGHSt 46, 93 ff.

[645] So mwN EGMR 21.11.2000 – 53590/99, Rn. 1 – Franquesa Freixas/SPA; EGMR 25.9.1992 – 13611/88, EuGRZ 1992, 542 Rn. 29 – Croissant/D; EGMR 20.10.2015 – 25703/11, NJOZ 2017, 514 Rn. 81 f., 94 ff. – Dvorski/CRO; *Karpenstein/Mayer/Meyer* Rn. 184; *Meyer-Ladewig/Harrendorf/König* Rn. 229; *Grosz/Beatson/Duffy* C6-97; *Guradze* S. 108; *Faucett* S. 190 ff.; *Peukert* EuGRZ 1980, 247 (266); *Appell* S. 71; *Harris* ICLQ 16 (1967), 352 (366 f.); *Haefliger/Schürmann* S. 232; *Spaniol* S. 77 ff.; *Trechsel* ZStR 96 (1979), 337 (358); *Villiger* Rn. 519.

erkennt heute aber an, dass das **Ermessen** der Vertragsstaaten bei der Verteidigerbestellung **grundsätzlich an den Wünschen des Angeklagten auszurichten** ist, es sei denn, es liegen hinreichende sachliche Gründe für eine Abweichung vor.[646] Etwa eine Verpflichtung, dem Angeklagten den vorgeschlagenen Verteidiger zu bestellen, mit dem er optimal kommunizieren kann, während er die von den übrigen Verteidigern gesprochene Verfahrenssprache nur eingeschränkt spricht, soll nicht existieren.[647] Auch ein Recht auf die Auswechslung des staatlich finanzierten Verteidigers soll grundsätzlich nicht anzuerkennen sein, soweit der bestellte Verteidiger im Verfahren bereits aktiv geworden ist (aber auch → Rn. 185 ff.).[648] Es soll nicht erforderlich sein, den **Beschuldigten vor der Bestellung zu konsultieren**.[649] Soweit der Angeklagte mit der Person des Verteidigers unzufrieden ist, muss er seine Wünsche nach der Judikatur des EGMR hinreichend äußern.[650]

Kritik: Diese Rechtsprechung bedarf einer engen Interpretation zugunsten eines prinzipiellen Rechts des Beschuldigten, den Verteidiger wählen zu dürfen.[651] Mit dem Gebot, dem Angeklagten eine Prozesskostenhilfe hinsichtlich des Verteidigers zur Verfügung zu stellen, darf keine staatliche Einflussnahme auf die von subjektiven Entscheidungen abhängige Führung der Verteidigung einhergehen. Soweit die vom Beschuldigten als Verteidiger ausgewählte Person qualifiziert und zur Verteidigung nach den allgemeinen Sätzen bereit ist, darf der Staat angesichts der für eine effektive Verteidigung notwendigen Vertrauensgrundlage nur nach Maßgabe einer strikten Verhältnismäßigkeit vom Vorschlag des Beschuldigten abweichen. Die Gerichte sind nur dann nicht an den Wunsch gebunden, *wenn sie im Interesse der Rechtspflege* relevante und ausreichende Gründe haben, von ihm abzuweichen.[652] Zudem muss der Beschuldigte angemessen in das Bestellungsverfahren durch eine frühzeitige Befragung nach seinen Wünschen eingebunden werden, damit sich ein **Vertrauensverhältnis** entwickeln kann und unnötiger Aufwand durch Verteidigerwechsel vermieden wird.[653] Dies gilt, soweit die Befragung nicht infolge einer eilig erforderlichen Verteidigungshandlung ausscheidet. Sie ist dann aber nachzuholen. In jedem Falle ist zu verhindern, dass Verteidiger bestellt werden, die regelmäßig vom Gericht für die eigenen Verhandlungen ausgewählt werden und damit eher als „Verurteilungsbeistände des Gerichts" erscheinen müssen.

---

[646] EGMR 25.9.1992 – 13611/88, EuGRZ 1992, 542 Rn. 27 ff. – Croissant/D; EGMR 14.1.2003 – 26891/95, Rn. 57 ff. – Lagerblom/SWE; EGMR 1.4.2010 – 42371/02, Rn. 98 – Pavlenko/RUS; siehe auch EGMR 18.1.2005 – 74153/01, Rn. 171 – Popov/MOL; zur möglichen Einforderung eines juristischen Abschlusses mwN Löwe/Rosenberg/*Esser* Rn. 724.

[647] Hierzu siehe EGMR 14.1.2003 – 26891/95, Rn. 57 ff. – Lagerblom/SWE.

[648] MwN zu entsprechenden Entscheidungen der EKMR siehe EGMR 14.1.2003 – 26891/95, Rn. 55 ff. – Lagerblom/SWE, wobei der EGMR konkret auf angebliche Rügesäumnisse und das fortgeschrittene Prozessstadium rekuriert, § 60: „*The Court does not find it unreasonable, in view of the general desirability of limiting the total costs of legal aid, that national authorities take a restrictive approach to requests to replace public defence counsel once they have been assigned to a case and have undertaken certain activities*"; für die EKMR etwa EKMR 1.3.1991 – 13572/88, DR 69, 198 – Östergren/SWE.

[649] So EGMR 21.11.2000 – 53590/99, Rn. 1 – Franquesa Freixas/SPA: „The Court reiterates first that, according to the established case-law of the Convention institutions, Article 6 § 3 (c) does not guarantee the right to choose an official defence counsel who is appointed by the court, nor does it guarantee a right to be consulted with regard to the choice of an official defence counsel"; EKMR 15.7.1983 – 9728/82, DR 36, 155 – M./UK; EKMR 9.5.1989 – 12152/85, DR 61, 171 – Favre/SWI; *Bischofberger* S. 151; *Dörr* S. 66; *Haefliger/Schürmann* S. 232; *Seidel* S. 304; *Frei-Siponen* S. 225; *Spaniol* S. 79; *Stavros* S. 216.

[650] Hierzu siehe EGMR 14.1.2003 – 26891/95, Rn. 57 ff. – Lagerblom/SWE.

[651] Siehe bereits näher *Gaede*, Fairness als Teilhabe, S. 580 ff.; SSW-StPO/*Satzger* Rn. 55; früher auch schon krit. *Spaniol* S. 80 f., 133, die aber auch die Gefahr einer zu extensiven Fürsorge betont; *Esser* S. 494; SK-StPO/*Paeffgen* Rn. 139: Erst bei Hintertreibung der Bestellung durch den Beschuldigten gehe das Wahlrecht auf den Staat über. Zum Vertrauen als Voraussetzung einer effektiven Verteidigung siehe etwa EGMR [GK] 28.11.1991 – 12629/87 u. 13965/88, NJW 1992, 3090 Rn. 48 – S./SWI; *Schlothauer* StV 1981, 443 (446 f.).

[652] MwN EGMR 20.1.2005 – 63378/00, Rn. 66 – Mayzit/RUS.

[653] Hierzu näher mwN *Gaede*, Fairness als Teilhabe, S. 583 f.; siehe schon *Trechsel* ZStR 96 (1979), 337 (358).

218 ee) **Pflicht zur Herstellung eines tatsächlich wirksamen Verteidigerbeistandes.** Der Verteidiger hat bei der Ausübung seiner Tätigkeit stets die **erforderliche Sorgfalt** walten zu lassen.[654] Die Außerachtlassung dieser Sorgfalt soll aber grundsätzlich vom Angeklagten zu verantworten sein.[655] Mangels einer unmittelbaren Drittwirkung verletzt allein der inakzeptabel agierende oder unterlassende (private) Verteidiger die Konvention nicht.[656]

219 Sowohl die staatlich getragene[657] als auch die privat finanzierte[658] formelle Verteidigung stehen jedoch unter der Anforderung, dass jeder Vertragsstaat dem Angeklagten, den er in das Verfahren zwingt, eine konkrete und wirksame Verteidigung eröffnen muss.[659] Etwa allein die Bestellung eines Pflichtverteidigers genügt den menschenrechtlichen Ansprüchen mitnichten.[660] Es kann Gründe geben, wie den Tod des Verteidigers oder fachliche Fehler, die den Staat je nach Lage des Falles veranlassen müssen, auf die Wahrnehmung der Verteidigeraufgaben hinzuwirken oder gegebenenfalls einen neuen Verteidiger zu bestellen.[661] Deshalb erkennt der EGMR zutreffend an, dass eine **Verletzung des Abs. 3 lit. c** trotz der zu beachtenden Unabhängigkeit des Verteidigers[662] (und der Verteidigung) auch durch einen tatsächlich unzureichenden formellen Verteidigerbeistand eintreten kann. Dies gilt nach der im Einzelnen ausbaubedürftigen[663] Rechtsprechung dann, wenn die Verteidigung nicht konkret und wirksam geführt worden ist (hierzu → Rn. 220 ff.) und die staatlichen Strafverfolgungsbehörden diesen Zustand trotz seiner Offenkundigkeit (hierzu → Rn. 225 ff.) nicht durch geeignete Schritte behoben haben (hierzu → Rn. 230 f.).[664]

220 **(1) Unwirksame Verteidigung.** Wann formelle Verteidigung für den EGMR als unwirksam zu betrachten ist, hat der EGMR nicht definiert. Es lässt sich jedoch festhalten,

---

[654] Vgl. *Villiger* Rn. 524; anhand der Wahrnehmung einer anberaumten Verhandlung EGMR 9.4.2015 – 2870/11, Rn. 39 – Vamvakas/GRE (Nr. 2); zum allgemeinen Gebot der wirksamen Verteidigung siehe hier nur etwa EGMR 9.4.1984 – 8966/80, EGMR-E 2, 366 Rn. 27, 30 – Goddi/ITA; EGMR 10.10.2002 – 38830/97, NJW 2003, 1229 Rn. 59 ff. – Czekalla/POR.

[655] So EGMR 22.2.1994 – 13743/88, ÖJZ 1994, 564 Rn. 30 – Tripodi/ITA m. abl. SV *Ryssdal/de Meyer*; EGMR 19.12.1989 – 9783/82, EGMR-E 4, 450 Rn. 65 ff. – Kamasinski/AUT; EGMR 16.10.2001 – 39846/98, Rn. 47 f. – Brennan/UK; *Villiger* Rn. 518.

[656] Hierzu etwa EGMR 19.10.2000 – 45995/99, Rn. 2 – Rutkowski/POL; EGMR 30.3.1999 – 40140/98, Rn. 1 – Tuzinski/POL; *Villiger* Rn. 521: kein Anspruch gegen den Verteidiger; *Spaniol* S. 99.

[657] Beispielhaft etwa EGMR 13.5.1980 – 6694/74, EGMR-E 1, 513 Rn. 33 – Artico/ITA.

[658] Siehe etwa EGMR 21.4.1998 – 22600/93, ÖJZ 1999, 198 Rn. 38 ff. – Daud/POR; EGMR 23.10.2001 – 50720/99, Rn. 1 – Alvarez Sanchez/SPA; zust. BGer 3.6.1998 – BGE 124 I 185 (189 ff.); BGer SJZ 94 (1998), 443; *Esser* StraFo 2003, 335 (339); aA *Grabenwarter/Pabel* § 24 Rn. 110.

[659] EGMR 13.5.1980 – 6694/74, EGMR-E 1, 513 Rn. 33 – Artico/ITA; EGMR 9.4.1984 – 8966/80, EGMR-E 2, 366 Rn. 27, 30 – Goddi/ITA; EGMR 10.10.2002 – 38830/97, NJW 2003, 1229 Rn. 59 ff. – Czekalla/POR.

[660] So explizit statt vieler EGMR 13.5.1980 – 6694/74, EGMR-E 1, 513 Rn. 33 – Artico/ITA; zum Umgang mit (späten) Weigerungen des Anwalts, ein Rechtsmittel zu vertreten, mwN EGMR 22.3.2007 – 59159/00, NJW 2008, 2317 Rn. 122 ff. – Staroszczyk/POL; *Meyer-Ladewig/Harrendorf/König* Rn. 47, 234.

[661] EGMR 13.5.1980 – 6694/74, EGMR-E 1, 513 Rn. 33, 38 f. – Artico/ITA; EKMR 13.7.1983 – 9022/80, DR 33, 21 – W./SWI; EGMR 9.4.1984 – 8966/80, EGMR-E 2, 366 Rn. 27 ff. – Goddi/ITA; EGMR 23.2.1994 – 16757/90, ÖJZ 1994, 600 Rn. 28 ff. – Stanford/UK; EGMR 21.4.1998 – 22600/93, ÖJZ 1999, 198 Rn. 38 – Daud/POR; *Esser* S. 458; *Spaniol* S. 77 ff.; *Villiger* Rn. 521.

[662] EGMR 19.12.1989 – 9783/82, EGMR-E 4, 450 Rn. 65 – Kamasinski/AUT; EGMR 10.10.2002 – 38830/97, NJW 2003, 1229 Rn. 60 ff. – Czekalla/POR; EGMR 19.10.2000 – 45995/99, Rn. 2 – Rutkowski/POL; EGMR 23.10.2001 – 50720/99, Rn. 1 – Alvarez Sanchez/SPA; auch einschließlich der Wahlverteidigung EGMR 24.9.2002 – 32771/96, Rn. 39 – Cuscani/UK; *Esser* S. 490 f.; *Spaniol* S. 78; siehe aber auch EGMR 20.5.1998 – 25405/94, ÖJZ 1999, 237 Rn. 29 ff. – Schöpfer/SWI.

[663] Hierzu siehe näher *Gaede*, Fairness als Teilhabe, S. 846 ff.; zur unzureichenden deutschen Rechtsprechung *ders.* HRRS 2007, 402 ff.; *ders.*, HRRS-FG Fezer, S. 21, 45 ff.

[664] EGMR 13.5.1980 – 6694/74, EGMR-E 1, 513 Rn. 36 – Artico/ITA; EGMR 19.12.1989 – 9783/82, EGMR-E 4, 450 Rn. 65 – Kamasinski/AUT; EGMR 24.11.1993 – 13972/88, ÖJZ 1994, 517 Rn. 41 – Imbrioscia/SWI aber mit der abl. SV *Pettiti, de Meyer, Lopes Rocha*; EGMR 22.2.1994 – 13743/88, ÖJZ 1994, 564 Rn. 30 – Tripodi/ITA; EGMR 10.10.2002 – 38830/97, NJW 2003, 1229 Rn. 59 ff., 65 ff. – Czekalla/POR; EGMR 30.3.1999 – 40140/98, Rn. 1 – Tuzinski/POL. Auf gleicher Linie EGMR 16.10.2001 – 39846/98, Rn. 47 – Brennan/UK: „It is also apparent that after the 24 hour period in question the applicant was no longer being denied access to his solicitor. The fact that the solicitor did not arrive to see his client until a day later is not attributable to any measure imposed by the authorities".

dass Fälle der **dauerhaften Untätigkeit des Verteidigers oder des Ausfalls des Verteidigers** zur Unwirksamkeit des Verteidigerbeistands führen.[665] Insbesondere die Bestellung eines staatlich finanzierten Verteidigers genügt allein den Anforderungen unstreitig noch nicht.[666]

Hinsichtlich der persönlichen Qualifikation und der Absicherung der Unabhängigkeit 221 eines Verteidigers sind bislang noch keine näheren Anforderungen anerkannt: Namentlich die fehlende Spezialisierung im Strafrecht soll eine Verteidigung nicht per se ineffektiv machen.[667] Für die EKMR konnte auch ein in der Ausbildung befindlicher Referendar im Einzelfall ein ausreichender Verteidiger sein (schon → Rn. 184).

Die Unwirksamkeit der Verteidigung kommt allerdings nicht nur bei Totalausfällen des 222 Verteidigers in Betracht. Der EGMR hat die Unwirksamkeit des Verteidigerbeistands festgestellt, wenn ein Verteidiger zeitweise sein nach den Umständen des Falles zwingend wahrzunehmendes **Anwesenheitsrecht bei der Beschuldigtenvernehmung** im Ermittlungsverfahren ausgelassen hat.[668] Ebenso war die **unzureichende Vorbereitung und Konsultation** durch den Verteidiger Anlass dafür, eine unwirksame Verteidigung anzunehmen.[669] Auch Fehlleistungen des Verteidigers, welche ein Rechtsmittel des Angeklagten vereiteln, können die Unwirksamkeit des Verteidigerbeistands begründen.[670]

Für den EGMR ist jedoch zu Recht **nicht jede ungeschickte oder suboptimale** 223 **Verteidigerhandlung** ein Grund zur Annahme einer Unwirksamkeit:[671] Unwirksam ist der Verteidigerbeistand nur dann, wenn das Verteidigerhandeln tatsächlich Rechte des Art. 6 leerlaufen lässt oder spezifische Funktionen des Verteidigers nicht hinreichend wahrnimmt. Es geht nicht um die Gewährleistung einer bestimmten, möglicherweise optimalen und vom Staat vorzuschreibenden Verteidigungsstrategie. Vielmehr geht es ausschließlich darum, ob der Verteidiger zugunsten des Rechtsinhabers, dem Angeklagten, die Wahrnehmung der Verteidigungsrechte ohne unvertretbare Fehler geprüft und in Absprache mit dem Angeklagten nach einer bewusst gewählten Verteidigungsstrategie vollzogen hat.[672] Insoweit ist entsprechend der auch vom EGMR anerkannten Unabhängigkeit des Verteidigers bzw. der Verteidigung bei der Wahrnehmung der Rechte davon auszugehen, dass der Verteidiger bei der Bestimmung der Verfahrenstaktik, die auch den Verzicht auf Verfahrensrechte beinhalten kann, frei gestellt bleiben muss:[673] Die **Wahl einer bestimmten Taktik** kann prinzipiell nicht nachträglich als unwirksame Verteidigung gerügt werden. Sie berechtigt den Staat

---

[665] EGMR 13.5.1980 – 6694/74, EGMR-E 1, 513 Rn. 33 ff. – Artico/ITA; EGMR 9.4.1984 – 8966/80, EGMR-E 2, 366 Rn. 27 ff. – Goddi/ITA; weitergehend auch EGMR 21.4.1998 – 22600/93, ÖJZ 1999, 198 Rn. 38 ff. – Daud/POR: Verletzung bei Einbußen vor der Hauptverhandlung.

[666] EGMR 13.5.1980 – 6694/74, EGMR-E 1, 513 Rn. 33 – Artico/ITA; EGMR 19.12.1989 – 9783/82, EGMR-E 4, 450 Rn. 65 – Kamasinski/AUT; EGMR 12.3.2003 – 46221/99, EuGRZ 2003, 472 Rn. 153 ff. – Öcalan/TUR; EGMR 14.1.2003 – 26891/95, Rn. 56 ff. – Lagerblom/SWE; *Esser* S. 457, 490; *Spaniol* S. 77; nun umsetzend BGH 28.6.2016 – BGH 2 StR 265/15, HRRS 2016 Nr. 1083.

[667] Siehe ergänzende Erwägungen einbeziehend, EGMR 21.11.2000 – 53590/99, Rn. 1 – Franquesa Freixas/SPA; BGer 30.6.2000 – BGE 126 I 194 (198); *Bischofberger* S. 151.

[668] EGMR 24.11.1993 – 13972/88, ÖJZ 1994, 517 Rn. 41 – Imbrioscia/SWI; siehe auch EGMR 21.4.1998 – 22600/93, ÖJZ 1999, 198 Rn. 38 ff. – Daud/POR.

[669] EGMR 21.4.1998 – 22600/93, ÖJZ 1999, 198 Rn. 38 ff. – Daud/POR; EGMR 22.6.2004 – 17341/03, EHHR 15 (1992) – F./UK (zulässige Beschwerde); siehe aber noch – sehr zurückhaltend – EGMR 19.12.1989 – 9783/82, EGMR-E 4, 450 Rn. 65 f. – Kamasinski/AUT; EGMR 29.6.2000 – 36689/97 – Dankovsky/D; zum Ermessen des Verteidigers noch EKMR 15.7.1983 – 9728/82, DR 36, 155 – M./UK.

[670] EGMR 10.10.2002 – 38830/97, NJW 2003, 1229 Rn. 59 ff. – Czekalla/POR; EGMR 21.4.1998 – 22600/93, ÖJZ 1999, 198 Rn. 38 – Daud/POR; EGMR 27.4.2006 – 30961/03, ÖJZ 2007, 513 Rn. 47 ff. – Sannino/ITA; siehe auch *Graf*, passim und EGMR 22.11.2011 – 48132/07, Rn. 65 ff., 69 ff. – Andreyev/EST.

[671] Dazu insbesondere EGMR 19.12.1989 – 9783/82, EGMR-E 4, 450 Rn. 65 – Kamasinski/AUT; EGMR 14.1.2003 – 26891/95, Rn. 56 ff. – Lagerblom/SWE; EGMR 24.11.1993 – 13972/88, ÖJZ 1994, 517 Rn. 41 – Imbrioscia/SWI m. abl. SV *Pettiti, de Meyer, Lopes Rocha*; EGMR 18.11.2003 – 54109/00, Rn. 1 – Chadwick/UK.

[672] Zu diesem Maßstab näher *Gaede*, Fairness als Teilhabe, S. 574 ff., 895 ff.

[673] Siehe insbes. für den staatlich bestellten Verteidiger EGMR 23.10.2001 – 50720/99, Rn. 1 – Alvarez Sanchez/SPA; siehe näher *Gaede*, Fairness als Teilhabe, S. 884 ff.

nicht, in das freizustellende Innenverhältnis zwischen Angeklagtem und Verteidiger eingreifen darf.[674] Bei der Prüfung dieser Grundmaßstäbe erkennt der EGMR einen Beurteilungsspielraum der Strafverfolgungsbehörden an.[675]

224 Unwirksame Verteidigung liegt danach vor, wenn der Verteidiger Rechtspositionen, die vom fairen Verfahren gewährt sind und die er in Abstimmung mit dem Angeklagten für den Rechtsinhaber wahren und zum Teil selbst wahrnehmen muss, nach Maßgabe dieser Rechte leerlaufen lässt. Gleiches gilt, wenn spezifische Funktionen des Verteidigerbeistandes nach Abs. 3 lit. c praktisch nicht erfüllt worden sind.[676]

225 **(2) Zurechenbarkeit zum Staat.** Nach der ständigen Rechtsprechung ist dem Staat nicht jeder Verteidigungsfehler zuzurechnen, selbst wenn er die Gewährleistung von Rechten des Art. 6 unwirksam werden lässt: Nur bei **offenkundiger Unwirksamkeit** der Verteidigung haben die zuständigen staatlichen Institutionen geeignete Maßnahmen zu ergreifen.[677] Offenkundig ist die Unwirksamkeit, wenn den Strafverfolgungsbehörden durch eigene Beobachtungen oder durch die Information des Angeklagten Umstände bekannt werden, die eine effektive Verteidigung etwa in Gestalt einer Erkrankung oder einer Pflichtverletzung seitens des Verteidigers verhindern.[678]

226 Eine alternativ denkbare grundsätzliche **Überwachungspflicht** wird schon mit dem Verweis auf die Unabhängigkeit des Verteidigers und zum Teil mit Verweis auf etwaige Verletzungen der Waffengleichheit und der Vertraulichkeit des Verkehrs mit dem Anwalt **abgelehnt** (schon → Rn. 197).[679] Die Verteidigung soll damit grundsätzlich eine Sache zwischen dem Angeklagten und dem Verteidiger bleiben.[680]

---

[674] Dazu siehe EGMR 23.10.2001 – 50720/99, Rn. 1 – Alvarez Sanchez/SPA; mwN EGMR 19.10.2000 – 45995/99, Rn. 2 – Rutkowski/POL; EGMR 10.10.2002 – 38830/97, NJW 2003, 1229 Rn. 60 – Czekalla/POR; EGMR 14.1.2003 – 26891/95, Rn. 56 – Lagerblom/SWE.

[675] EGMR 19.12.1989 – 9783/82, EGMR-E 4, 450 Rn. 65 – Kamasinski/AUT; EGMR 14.1.2003 – 26891/95, Rn. 56 ff. – Lagerblom/SWE; EGMR 13.5.1980 – 6694/74, EGMR-E 1, 513 Rn. 36 – Artico/ITA; *Villiger* Rn. 521.

[676] Zu beidem siehe näher *Gaede*, Fairness als Teilhabe, S. 895 ff.

[677] EGMR 13.5.1980 – 6694/74, EGMR-E 1, 513 Rn. 36 – Artico/ITA; EGMR 9.4.1984 – 8966/80, EGMR-E 2, 366 Rn. 27 f. – Goddi/ITA: „Mr. Goddi did not have the benefit of a defence that was ‚practical and effective', as is required by Article 6 para. 3 c […]. Nevertheless, it has to be ascertained whether and to what extent this factual situation is attributable to the Italian State"; EGMR 19.12.1989 – 9783/82, EGMR-E 4, 450 Rn. 65 f. – Kamasinski/AUT; EGMR 24.11.1993 – 13972/88, ÖJZ 1994, 517 Rn. 41 – Imbrioscia/SWI; etwa auch EGMR 23.10.2001 – 50720/99, Rn. 1 – Alvarez Sanchez/SPA: „The Court observes that what has to be determined […] is whether negligent conduct or an omission by one of the applicant's legal representatives, namely his officially assigned attorney, can be regarded as that of an organ of the State whose acts or omissions are directly attributable to a State authority and as such may, except in particular circumstances, engage the latter's responsibility under the Convention." Vgl. auch für die schweizerische Perspektive KG SJZ 79 (1983), 286 (287); KG ZR 82 (1983) Nr. 74, S. 200 ff.; KG ZR 97 (1998) Nr. 108, S. 278 ff.: Erfordernis einer begründeten staatlichen Verantwortlichkeit; *Graf* S. 63 f.

[678] EGMR 13.5.1980 – 6694/74, EGMR-E 1, 513 Rn. 33, 38 ff. – Artico/ITA; EGMR 9.4.1984 – 8966/80, EGMR-E 2, 366 Rn. 27 ff. – Goddi/ITA; EGMR 23.2.1994 – 16757/90, ÖJZ 1994, 600 Rn. 28 ff. – Stanford/UK; EGMR 21.4.1998 – 22600/93, ÖJZ 1999, 198 Rn. 38 – Daud/POR; EGMR 10.10.2002 – 38830/97, NJW 2003, 1229 Rn. 59 ff. – Czekalla/POR; EGMR 14.1.2003 – 26891/95, Rn. 56 – Lagerblom/SWE; *Esser* S. 458; *Spaniol* S. 77 ff.

[679] EGMR 23.10.2001 – 50720/99, Rn. 1 – Alvarez Sanchez/SPA: „The Court considers that in order for a State to be held responsible for the inadequate handling of a case by an officially assigned attorney responsible for representing litigants vis-à-vis the courts but not for pleading their case, it must also be possible for the State to supervise and correct that attorney's conduct where need be. However, such supervision would be incompatible with the independence of the attorneys' professional association from the State. Moreover, it could even give rise to problems in terms of the equality of arms between the parties to judicial proceedings if the judge had, as a matter of course, to point the officially assigned attorney down a particular path"; mwN EGMR 19.12.1989 – 9783/82, EGMR-E 4, 450 Rn. 56 – Kamasinski/AUT; EGMR 10.10.2002 – 38830/97, NJW 2003, 1229 Rn. 60 ff. – Czekalla/POR; EGMR 9.4.1984 – 8966/80, EGMR-E 2, 366 Rn. 31 – Goddi/ITA; EGMR 23.2.1994 – 16757/90, ÖJZ 1994, 600 Rn. 28 – Stanford/UK; *Esser* S. 490 f. Anders aber bereits die Formulierungen bei *Simon* S. 60 f.; *Müller-Hasler* S. 15: gewisse Überwachungspflicht.

[680] EGMR 24.11.1993 – 13972/88, ÖJZ 1994, 517 Rn. 41 – Imbrioscia/SWI m. abl. SV von *Pettiti, de Meyer und Lopes Rocha*; mwN EGMR 19.10.2000 – 45995/99, Rn. 2 – Rutkowski/POL; EGMR

Der **Beschuldigte** soll mit der Konsequenz des anderweitigen Rechtsverlustes **gehalten** 227 sein, **auf die Verteidigungsmängel hinzuweisen,** selbst wenn ihn sein Verteidiger tatsächlich irregeführt haben mag.[681] Auch wenn der Angeklagte den Zugang zu einem spezialisierten Rechtsmittelanwalt ablehnt und sich stattdessen von einem vor dem Rechtsmittelgericht nicht zugelassenen Verteidiger mit der Folge einer mangelnden Vertretung verteidigen lässt, entfällt eine etwaige Verantwortlichkeit des Staates.[682] Obgleich der Verteidiger auch gegenüber dem Angeklagten unabhängig und funktional ein Organ der Rechtspflege sein soll,[683] werden seine Fehler damit *grundsätzlich nicht* dem Organismus der staatlichen Rechtspflege, sondern prinzipiell dem Angeklagten zugerechnet.[684]

Soweit aber nach der zweistufigen Prüfung ein offenkundiger Verteidigerfehler vorliegt, 228 muss der Beschwerdeführer nicht zusätzlich darlegen, dass ein anderer Verteidiger oder eine andere Verteidigung den Verfahrensausgang tatsächlich verändert hätte:[685] Es muss etwa nicht belegt werden, dass ein anderer Verteidiger ein Verfolgungshindernis eingewendet hätte, auf Grund dessen eine Verurteilung entfallen wäre.

Kritik: Der hiermit erreichte Auslegungsstand erkennt zwar zutreffend, dass allein die 229 Feststellung einer unwirksamen Verteidigung noch nicht für eine Verletzung hinreichend ist. Die **Zurechnungslehre des EGMR vermag** indes **nicht zu überzeugen:**[686] Sie rechnet den Ausfall des – sonst – als zentrales Recht des Art. 6 gerühmten Verteidigerbeistandes vorschnell dem Laien zu, der der Hilfe des Verteidigers gerade bedarf und der diesen nach dem Status quo schwerlich effektiv zu überwachen vermag.[687] Da die verfahrensgegründete Legitimation staatlichen Strafens mit einem Ausfall des Verteidigerbeistandes ins Mark getroffen ist, müssen an die Annahme einer Exkulpation des Staates im Wege einer Nichtzurechnung strengere Maßstäbe gelten. Die staatliche Verantwortung darf trotz der tatsächlich zu wahrenden materiellen Unabhängigkeit der Verteidigung nicht als exzeptioneller Tatbestand gedacht werden: Die nationalen Strafverfolgungsorgane haben in jedem Verfahren aktiv dafür Sorge zu tragen, dass die formelle Verteidigung nicht nur

---

10.10.2002 – 38830/97, NJW 2003, 1229 Rn. 60 – Czekalla/POR; EGMR 14.1.2003 – 26891/95, Rn. 56 – Lagerblom/SWE; EGMR 18.11.2003 – 54109/00, Rn. 1 – Chadwick/UK; EGMR 12.11.2002 – 45676/99, Rn. 1 – Maillet/FRA; gänzlich verfehlt EGMR 23.3.1999 – 37477/97 – Milone/ITA.

[681] So EGMR 23.2.1994 – 16757/90, ÖJZ 1994, 600 Rn. 28, 31 – Stanford/UK; EKMR 13.7.1983 – 9022/80, DR 33, 21 – W./SWI; *Villiger* Rn. 521; *Spaniol* S. 78, 82; befürchtet von *Esser* S. 460; vgl. auch EGMR 11.12.1989 – 7641/76, DR 10, 224 – X. u. Y./D: Drängen auf Auswechslung erforderlich; EKMR 13.7.1983 – 9022/80, DR 33, 21 – W./SWI. Wegen des unklaren Erfolgs eines etwaigen Rechtsmittels bedenklich EGMR 14.1.2003 – 26891/95, Rn. 57 – Lagerblom/SWE: Bei Ablehnung einer zwangsweisen notwendigen Verteidigung soll der Wunsch nach einem anderen Wahlverteidiger keine hinreichende Aufforderung der nationalen Behörden darstellen; die Aktivitätspflicht soll an eine schriftliche Darlegung gebunden werden können und der Angeklagte aufgefordert sein, sich in der – weiterlaufenden – Verhandlung gegen seine nun unter den Bedingungen des abgelehnten Verteidigerwechsels von ihm an sich akzeptierte formelle Verteidigung zu wenden, Rn. 58.

[682] EGMR 12.11.2002 – 45676/99, Rn. 1 – Maillet/FRA.

[683] Zur funktionalen Einbeziehung in die Rechtspflege Art. 6 Abs. 3 lit. c EMRK, zur anerkannten Unabhängigkeit des Verteidigers EGMR 9.4.1984 – 8966/80, EGMR-E 2, 366 Rn. 31 – Goddi/ITA; EGMR 19.12.1989 – 9783/82, EGMR-E 4, 450 Rn. 65 – Kamasinski/AUT; EGMR 23.2.1994 – 16757/90, ÖJZ 1994, 600 Rn. 28 – Stanford/UK.

[684] Zur grundsätzlichen Zurechnung zum Angeklagten EGMR 19.12.1989 – 9783/82, EGMR-E 4, 450 Rn. 65 – Kamasinski/AUT; EGMR 19.10.2000 – 45995/99, Rn. 2 – Rutkowski/POL; grundsätzlich auch *Spaniol* S. 170 f.; *Villiger* Rn. 521.

[685] Hierzu nur EGMR 13.5.1980 – 6694/74, EGMR-E 1, 513 Rn. 35 – Artico/ITA.

[686] Siehe zum Folgenden bereits eingehend *Gaede*, Fairness als Teilhabe, S. 877 ff.; krit. gegenüber der Praxis von EKMR und EGMR auch schon *Trechsel* ZStR 96 (1979), 337 (339 f., 364 f.); *Vogler* ZStW 89 (1977), 761 (777 f.); *Partsch* S. 399 f.: Auswahl des Staates und der Bejahung der Erforderlichkeit im Sinne der Rechtspflege muss die Verantwortung des Staates korrelieren; siehe schon allgemein zum Verteidiger *Wach*, FG Binding, S. 1, 34: „Man erklärt die Verteidigung für ‚notwendig'; aber ob der Mann das zu ihr Notwendige kann, darum kümmert man sich nicht; da mag sich der Beschuldigte regen."

[687] Zur allgemeinen Ablehnung einer Pflicht des Angeklagten, den Verteidiger zu überwachen, siehe Meyer-Goßner/*Schmitt* StPO § 44 Rn. 18; mwN *Gaede*, Fairness als Teilhabe, S. 855 f., 881 ff.; problematisch insofern aber EGMR 9.5.2007 – 12788/04, NJW 2008, 2320 – Homann/D mAnm *Meyer-Mews* im Vergleich mit EGMR 22.3.2007 – 59519/00, NJW 2008, 2317 – Staroszczyk/POL.

auf dem Papier wirksam geführt wird. Wird erstens eine unwirksame formelle Verteidigung festgestellt, muss zweitens gefragt werden, weshalb der Staat ein Verfahren überhaupt noch als fair betrachten können soll.[688] Hier ist angesichts des vom Staat erzwungenen Verfahrens, in dem er den konstitutiven Verteidiger zulässt oder bestellt, von der grundsätzlichen Zurechnung zum Staat auszugehen. Er kann sich aber ggf. auf einen wirksamen Verzicht auf eine Rechtsausübung seitens des Angeklagten verweisen lassen oder verhältnismäßige Rechtseinschränkungen geltend machen, um sich des Vorwurfs einer Rechtsverletzung zu erwehren.

230 Entgegen dem ersten Anschein zwingt diese Position weder zur Aufgabe der **Unabhängigkeit der Verteidigung** noch zur Überwachung der Verteidiger:[689] Zum einen bieten sich dem Staat alternative Mechanismen, um den Ausschluss einer Verletzung etwa durch die dokumentierte Belehrung des Angeklagten über seine ggf. vorhandenen Rügepflichten zugunsten eines belastbaren Rechtsverzichts verbessert abzusichern.[690] Zum anderen besteht der Zielmaßstab nicht in der Vorgabe einer bestimmten Verteidigung, sondern darin, die tatsächliche Prüfung und Wahrnehmung der Verteidigungsrechte abzusichern. Im Übrigen sieht auch der EGMR die Unabhängigkeit des Verteidigers nun zum Teil bereits differenzierter: Etwa bei Formfehlern des Verteidigers, wie sie im Fall des § 344 Abs. 2 S. 2 StPO auftreten, spricht die Unabhängigkeit nicht gegen ein Tätigwerden des Staates.[691] In entsprechenden Fällen, in denen nicht positiv eine bestimmte Strategie vorgeschrieben, wohl aber ein offenkundiger Verteidigungsfehler zu rügen ist, wird die Unabhängigkeit nicht gefährdet. Gänzlich unpraktikabel scheint ein weitergehender Schutz zudem nicht zu sein: Die Rechtsprechung des EGMR führt in der Schweiz bereits heute dazu, dass unzureichende Rechtsmittelbegründungen unter Umständen nachgebessert werden müssen.[692]

231 **d) Das Recht auf Konfrontation von Belastungszeugen und die Ladung von Entlastungszeugen (Abs. 3 lit. d).** Mit Abs. 3 lit. d werden dem Angeklagten die Rechte zugesprochen, „Fragen an die Belastungszeugen zu stellen oder stellen zu lassen *und die Ladung und Vernehmung der Entlastungszeugen unter denselben Bedingungen* zu erwirken, wie sie für Belastungszeugen gelten". Zum einen gibt diese Regelung dem Angeklagten das Recht, die Beweisaufnahme über Entlastungszeugen mitzugestalten (zu diesem Recht → Rn. 232 ff.). Zum anderen hat der Angeklagte ein Konfrontationsrecht hinsichtlich der Belastungszeugen. Der EGMR rückt Abs. 3 lit. d in einen besonders engen Zusammenhang zur allgemeinen Fairnessgarantie des Abs. 1 S. 1.[693] Die Norm ist schon nach ihrem Wortlaut

---

[688] Hierzu näher *Gaede,* Fairness als Teilhabe, S. 879 ff., 895 ff.
[689] Zu diesen Problemen vgl. bereits *Gaede,* Fairness als Teilhabe, S. 884 ff., 887 ff.
[690] Hierzu mwN *Gaede* HRRS 2007, 402 (408 ff.).
[691] Siehe EGMR 10.10.2002 – 38830/97, NJW 2003, 1229 Rn. 60 ff., 65 ff. – Czekalla/POR; in gleicher Richtung bereits EGMR 21.4.1998 – 22600/93, ÖJZ 1999, 198 Rn. 39 – Daud/POR: formell unzureichende Anträge als Indiz; EGMR 21.11.2000 – 53590/99, Rn. 2 – Franquesa Freixas/SPA: Frage des Zugangs zum Gericht; EGMR 24.11.1986 – 9063/80, EGMR-E 3, 306 Rn. 69 – Gillow/UK; siehe auch KG ZR 86 (1987), Nr. 90, S. 215 ff. und *Trechsel/Schlauri* FS KG, 2000, 423 (434): Wiedereinsetzung bei Verteidigerfehlern; zur Anwendung auf die deutsche Revision *Gaede,* HRRS-FG Fezer, 2008, 21, 45 ff.; *Meyer-Goßner/Schmitt* StPO § 338 Rn. 41; krit. schon *Esser* S. 491: zu großzügiger Maßstab der Totalverweigerung des Verteidigers. Die Czekalla-Entscheidung dürfte etwa die „Anwaltskringel-Entscheidung" EKMR 21.1.1988 – 12304/86, NJW 1989, 579 – K./D revidiert haben.
[692] Vgl. zum KG Zürich näher *Graf,* passim und S. 228 ff.; siehe allgemein zur weiterzigeren Rechtsprechung in der Schweiz BGer Pra 91 (2002) Nr. 82, S. 465 ff.; BGer 21.3.2001 – 1P.421/2001; *Gaede,* Fairness als Teilhabe, S. 866 ff. und § 358 Abs. 2 SchwStPO; siehe nun auch zur Wiedereinsetzung in den vorigen Stand mwN *Augustin* S. 304 ff.
[693] Für diese Abs. 3 lit. d dominierende Rechtsprechung siehe etwa EGMR 6.5.1985 – 8658/79, EGMR-E 3, 47 Rn. 29 ff. – Bönisch/AUT; EGMR 24.11.1986 – 9120/80, NJW 1987, 3068 Rn. 29 ff., 33 – Unterpertinger/AUT; EGMR 7.7.1989 – 10857/84, Rn. 75 – Bricmont/BEL; EGMR 20.11.1989 – 11454/85, EGMR-E 4, 420 Rn. 39 ff. – Kostovski/NL; EGMR 27.9.1990 – 12489/86, ÖJZ 1991, 25 Rn. 23 – Windisch/AUT; EGMR 26.4.1991 – 12398/86, EuGRZ 1992, 474 Rn. 25 – Asch/AUT; EGMR 27.7.2000 – 36732/97, EHRR 34 (2002) 27 Rn. 21 ff. – Pisano/ITA m. abl. SV *Rozakis/Bonello;* zust. etwa BVerfG 20.12.2000 – 2 BvR 591/00, NJW 2001, 2245 (2246 f.); *Villiger* Rn. 527; *Grosz/Beatson/Duffy* C6-100; abl. etwa *Ambos* NStZ 2003, 14 (17); *K. Krauß* S. 82 ff., 141 ff.

stark parteiprozessual beeinflusst,⁶⁹⁴ jedoch auch in einem Amtsaufklärungsverfahren notwendig und umsetzbar.⁶⁹⁵

aa) Recht auf Ladung und Vernehmung von Entlastungszeugen. Abs. 3 lit. d 232 gewährleistet das Recht, die Ladung und Vernehmung von Entlastungszeugen zu erwirken (zum Begriff des Zeugen → Rn. 239 f.).⁶⁹⁶ Hiermit gewährleistet die Konvention eine zentrale Form der Einwirkung auf die vorentscheidende Urteilsgrundlage. Mit der Erwirkung der Vernehmung von Entlastungszeugen führt der Angeklagte selbst Beweise ein, die Teil der gerichtlichen Würdigung werden und wesentlich zu dem Vortrag beitragen können, mit dem er Gehör finden will.

Dieses Teilrecht des fairen Verfahrens wird überwiegend unter dem Gesichtspunkt der **Waffengleichheit** als „relative Garantie" wahrgenommen:⁶⁹⁷ Der Angeklagte soll danach ein Recht auf Ladung und Vernehmung von Entlastungszeugen *unter gleichen Bedingungen* haben. Soweit der Angeklagte einen Entlastungszeugen vernommen wissen will, obliegt es ihm, die Relevanz der möglichen Aussagen dieses Zeugen aufzuzeigen.⁶⁹⁸ Eine als relevant gezeigte Vernehmung muss der Staat aber mit den geeigneten Schritten ermöglichen.⁶⁹⁹ Das nationale Gericht hat die Aussage des Entlastungszeugen in die Urteilsfindung einzubeziehen.⁷⁰⁰ 233

Das Recht wird **nicht absolut** verstanden. Nicht jeder von der Verteidigung benannte 234 Zeuge muss gehört werden:⁷⁰¹ Über Zulässigkeit und Verwertung der Zeugenaussagen entscheiden primär die nationalen Gerichte.⁷⁰² Eine Beweisantizipation scheint bisher nicht

---

⁶⁹⁴ Hierzu etwa *Beulke* FS Rieß, 2002, 3 (6); *Spaniol* S. 115, 161 ff.; *Schleiminger* S. 143; *Esser* S. 855; *Walther* GA 2003, 212 (213); *Trechsel* ZStR 96 (1979), 337 (366 f.); *Renzikowski* JZ 1999, 605 (612 f.): EGMR als Übersetzer.
⁶⁹⁵ Hierzu mwN *Gaede* StV 2012, 51 (53 ff.); Jacobs/*Ovey/White* S. 294; relativierend dagegen *Appell* S. 75 f.; *Bischofberger* S. 163 f.; *Kohlbacher* S. 24 ff. Zutreffend aber *Spaniol* S. 115, 161 ff.: gesamteuropäische Interpretation weniger auf formelle Waffengleichheit auszurichten, um die Vorschrift anwendbar zu machen.
⁶⁹⁶ Zur Auslegung des Rechts im Überblick mwN *Löwe/Rosenberg/Esser* Rn. 377 ff.; krit. *Gaede*, Fairness als Teilhabe, S. 276 ff., 624 ff.
⁶⁹⁷ Siehe neben den authentischen Wortlauten der Garantie bis heute prägend EGMR 8.6.1976 – 5100/71 ua, EGMR-E 1, 178 Rn. 91 – Engel ua/NL; BGer 2.12.1998 – BGE 125 I 127 (135) und BGer 6.11.2002 – 1P.279/2002, BGE 129 I 151 (154); *Rzepka* S. 78 ff.
⁶⁹⁸ Dazu EGMR 8.6.1976 – 5100/71 ua, EGMR-E 1, 178 Rn. 91 – Engel ua/NL; EGMR 7.7.1989 – 10857/84, Rn. 89 – Bricmont/BEL; EGMR 25.7.2001 – 48898/99, Rn. 26 ff. – Perna/ITA; EGMR [GK] 6.5.2003 – 48898/99, NJW 2004, 2653 Rn. 29 ff. – Perna/ITA; EGMR 5.12.2002 – 34896/97, NLMR 2002, 272 Rn. 83 – Craxi/ITA; EGMR 5.4.2001 – 48799/99, EuGRZ 2001, 387 Rn. 2 – Priebke/ITA.
⁶⁹⁹ Hierzu EGMR 7.7.1989 – 10857/84, Rn. 81 ff. – Bricmont/BEL; mwN EGMR 24.6.2003 – 65831/01, NJW 2004, 3691 Rn. 3b – Garaudy/FRA; anhand des Konfrontationsrechts EGMR 17.7.2001 – 29900/96 ua, Rn. 67 ff. – Sadak ua/TUR I; EGMR 19.2.1991 – 11339/85, Rn. 32 – Isgrò/ITA; EGMR 28.8.1992 – 13161/87, EuGRZ 1992, 476 Rn. 20 ff. – Artner/AUT; EGMR 13.11.2003 – 71846/01, Rn. 23 f. – Rachdad/FRA; *Gaede* HRRS 2004, 44 (48 f.); *Esser* S. 649 f.; Starmer/*Strange*/Whitaker S. 193.
⁷⁰⁰ Dafür siehe EGMR 7.7.1989 – 10857/84, Rn. 81 ff. – Bricmont/BEL; EGMR 22.4.1992 – 12351/86, EuGRZ 1992, 440 Rn. 34 – Vidal/BEL; EGMR 2.9.1994 – 21155/93, EHRR 24 (1997) 59 – M.K./AUT; EGMR 18.5.2004 – 56651/00, Rn. 41 – Destrehem/FRA: ausnahmsweise; siehe auch EGMR 19.2.1991 – 11339/85, Rn. 31 ff. – Isgrò/ITA; EGMR 19.12.1990 – 11444/85, ÖJZ 1991, 425 Rn. 37 – Delta/FRA; enger *Esser* S. 634 f., siehe aber S. 642.
⁷⁰¹ MwN EGMR 27.7.2000 – 36732/97, EHRR 34 (2002) 27 Rn. 21 ff. – Pisano/ITA, siehe aber dort auch das hinsichtlich der möglichen Verabsolutierung dieses Ansatzes abl. SV *Rozakis/Bonello*; EGMR 24.6.2003 – 65831/01, NJW 2004, 3691 Rn. 3b – Garaudy/FRA; BGer 2.12.1998 – BGE 125 I 127 (135); BGer 6.11.2002 – 1P.279/2002, BGE 129 I 151 (154); *Villiger* Rn. 526, 527; *Esser* S. 633; *Spaniol* S. 113 f.; zur Kritik etwa *Wasek-Wiaderek* S. 30 f.; abw. SV *Liddy* zu EGMR 8.12.1988 – 12811/87, Rn. 87 ff. – Radermacher u. Pferrer/D.
⁷⁰² EGMR 8.6.1976 – 5100/71 ua, EGMR-E 1, 178 Rn. 91 – Engel ua/NL: „With this provison, it leaves it to the competent national authorities to decide upon the relevance of proposed evidence insofar as is compatible with the concept of a fair trial which dominates the whole of Article 6"; EGMR [GK] 6.5.2003 – 48898/99, NJW 2004, 2653 Rn. 29 ff. – Perna/ITA; EGMR 27.7.2000 – 36732/97, EHRR 34 (2002) 27 Rn. 21 – Pisano/ITA, aber bereits mit dem Hinweis auf das weitergehende rechtliche Gehör; EGMR 31.10.2001 – 47023/99, Rn. 57 ff. – Solakov/MAC; EGMR 20.11.1989 – 11454/85, EGMR-E 4, 420 Rn. 39 – Kostovski/NL; EGMR 19.2.1991 – 11339/85, Rn. 31 – Isgrò/ITA; EGMR 7.8.1996 – 19874/92, ÖJZ 1997, 151 Rn. 48 – Ferrantelli u. Santangelo/ITA; EGMR 17.7.2001 – 29900/96 ua, Rn. 63 – Sadak ua/TUR I; EGMR 25.7.2001 – 48898/99, Rn. 26 – Perna/ITA; EGMR 16.10.2001 – 39846/98, Rn. 51 – Brennan/UK; EGMR 2.7.2002 – 34209/96, NLMR 2002, 139 Rn. 44 – S.N./SWE; EKMR 20.10.1994 – 16696/90, Rn. 74 ff. – Baegen/NL; zur Zulässigkeit eines Vorhalts EGMR 18.5.1999 – 28972/95, lit. d – Ninn-Hansen/DK; EKMR 4.7.1979 – 8414/78 – X/D.

untersagt zu sein, solange die Gerichte hinsichtlich der nationalen Maßstäbe für Belastungszeugen nicht diskriminieren und die Fairness des gesamten Verfahrens weiter beachten.[703]

235 Der damit bislang entstandene Auslegungsstand bedarf der **Kritik**:[704]

236 *Erstens* wird mit dem Wortlaut des Abs. 3 lit. d zwar gewiss bekräftigt, dass das Recht unter dem Gebot der Waffengleichheit steht. So wie Abs. 1 S. 1 zusätzlich zur Waffengleichheit ein darüber noch hinausgehendes **rechtliche Gehör** verlangt, ist aber auch hinsichtlich des Entlastungszeugen keine Reduktion auf eine gleiche, möglicherweise aber noch immer für die Verteidigung unwirksame Beweisteilhabe zu verfolgen, sondern vielmehr ebenfalls das rechtliche Gehör zu verwirklichen.[705]

237 *Zweitens* muss für die Zukunft besser gesichert werden, dass die nationalen Gerichte das Recht auf die Einführung von Entlastungszeugen über ihre Beurteilungsspielräume nicht leerlaufen lassen können. Hierzu bedarf es einer **nennenswerten Begründungsschwelle** für die Ablehnung von Anträgen auf die Erhebung von Entlastungsbeweisen, die sich einer Beweisantizipation grundsätzlich enthält.[706] Solange auch das Gericht keine erwiesene Wahrheit kennen darf (Abs. 2), kann das erst aus der Urteilsgrundlage zu schöpfende Ergebnis nicht bereits der Grund dafür sein, die Urteilsgrundlage selbst nach dem hypothetisch möglichen Ergebnis zu formen. Erst das Verfahren soll über die gewährten und beachteten Rechte die Legitimation dieses Ergebnisses leisten. Der Angeklagte muss noch immer die Gelegenheit haben, seine Sicht des Sachverhalts unter Rückgriff auf die hierfür maßgeblichen Beweise zunächst darzulegen, *bevor* das Gericht diese insgesamt unter Einbeziehung aller Beweise würdigt.[707] Auch für den Zeugenbeweis muss prinzipiell die Verteidigung einschätzen dürfen, ob eine Verfahrensteilhabe erforderlich ist, wenn es sich um echte Verfahrensrechte handeln soll.[708]

238 **bb) Schutzbereich des Konfrontations- und Fragerechts.** Abs. 3 lit. d gewährleistet das Recht, Fragen an Belastungszeugen zu stellen oder stellen zu lassen. Hierin liegt ein schon angesichts der erheblichen Bedeutung des fragilen Zeugenbeweises[709] zentrales Recht, die Aussage von Belastungszeugen in Frage zu stellen und Fragen an den Zeugen richten zu können („*challenge and question*").[710] Dieses Recht stellt sich als besondere Ausprä-

---

[703] Hierzu EGMR 8.6.1976 – 5100/71 ua, EGMR-E 1, 178 Rn. 91 – Engel ua/NL; EGMR 31.10.2001 – 47023/99, Rn. 26, 65 ff. – Solakov/MAC; EGMR 3.2.2004 – 50230/99, Rn. 35 ff. – Laukkanen u. Manninen/FIN; EGMR 12.2.2004 – 43284/98, Rn. 63 ff. – Morel/FRA II; BGer 17.11.1995 – BGE 121 I 306 (308): mögliche Beweisantizipation; EKMR 15.10.1987 – 10857/84, Rn. 146 – Bricmont/BEL.

[704] Siehe näher bereits *Gaede*, Fairness als Teilhabe, S. 276 ff., 624 ff.; krit. zuvor bereits mwN *Müller-Hasler* S. 225; SK-StPO/*Paeffgen* Rn. 167: mehr als Missbrauchskontrolle nötig, Rn. 168: Plausibilität der Einschränkungen darzulegen; *Dörr* S. 69; *Wasek-Wiaderek* S. 30 f.; *Spaniol* S. 115 f., die zu Recht betont, dass gerade dem Recht auf die Einführung von Entlastungsbeweisen keine zurückgesetzte Bedeutung zugewiesen werden darf.

[705] Siehe auch – mit anderer Begründung – etwa *Walther* GA 2003, 204 (219 ff.); *Neuhaus* JuS 2002, 18 (19); *Frei* S. 58 f.; *Schleiminger* S. 22; BGer 6.11.2002 – 1P.279/2002, BGE 129 I 151 (154). Vgl. auch schon *Velu/Ergec* Rn. 610: Art. 6 Abs. 1 S. 1 EMRK neben Art. 6 Abs. 3 lit. d EMRK anzuwenden. Siehe nun ansatzweise bereits EGMR 24.6.2003 – 65831/01, NJW 2004, 3691 Rn. 3b – Garaudy/FRA; EGMR 12.2.2004 – 43284/98, Rn. 63 – Morel/FRA II; EGMR 18.5.2004 – 56651/00, Rn. 40 – Destrehem/FRA: Waffengleichheit nicht erschöpfend.

[706] Zur Ablehnung eines völlig unbeschränkten Rechts siehe schon *Gaede*, Fairness als Teilhabe, S. 626 f.; wegweisend schon EKMR 15.10.1987 – 10857/84, Rn. 146, 151 f. – Bricmont/BEL, insbes. Rn. 152 „*the right guaranteed by Article 6 § 3 (d) is a specific right and that a court must give the reasons for which it decides not to summon those witnesses whose examination has been expressly requested. A court does not have discretion so extensive that it may deprive Article 6 § 3 (d) of all substance by refraining from demonstrating the irrelevance of the matters on which the examination of the witness is proposed*". Dieses Begründungserfordernis muss sich auf alle anzuerkennenden Ausnahme- bzw. Begrenzungsgründe beziehen. Siehe auch zu zivilen Rechten bereits EGMR 1.7.2003 – 37801/97, Rn. 34 ff. – Suominen/FIN.

[707] Siehe schon *Alsberg*, Beweisantrag, S. 58 ff.: „Verbot der Beweisantizipation als Grundbedingung eines Rechtsanspruchs auf Beweiserhebung".

[708] Siehe auch zur Bedeutung der gerade eigenen Würdigung bei der Einführung der Beweise schon *Köhler* S. 41 ff.; zur eigenständigen Bedeutung gerade des Beweisantragsrechtes *Frister* ZStW 105 (1993), 341 (350 ff.); vgl. auch *Spaniol* S. 100.

[709] Zu Bedeutung und Problematik des Zeugenbeweises siehe etwa *Detter* NStZ 2003, 1; *Gerst* StRR 2011, 168; *Schünemann* FS Meyer-Goßner, 2001, 385 ff.; knapp mwN *Gaede* StV 2012, 51 (57).

[710] Siehe nur EGMR 7.8.1996 – 19874/92, ÖJZ 1997, 151 Rn. 51 – Ferrantelli u. Santangelo/ITA; BGer 25.4.1990 – BGE 116 Ia 289 (292).

gung des rechtlichen Gehörs dar, die für den bedeutsamen Zeugenbeweis klarstellt, dass die Verfahrensteilhabe auch die Einwirkung auf die Aussage und nicht nur die schon allgemein infolge des rechtlichen Gehörs gestattete Stellungnahme hinsichtlich derselben umfasst.[711] Die Verteidigung kann die Aussage des Belastungszeugen selbst einem kritischen Test unterziehen (→ Rn. 242 f.), indem sie insbesondere über Fragen die Aussage des Zeugen in Form dessen Reaktionen mitformt.[712] Sie muss es nicht hinnehmen, dass das weiche Beweismittel der Zeugenaussage aus einer Vernehmung heraus entsteht, die aktenbedingt in der Erwartung des Tatnachweises gestaltet wurde.[713]

(1) Zeugenbegriff – Anwendungsbereich. Das Recht bezieht sich auf Zeugen, deren Aussagen belastend wirken. Der Begriff des Zeugen im Sinne des Abs. 3 lit. d ist autonom zu bestimmen.[714] Jede Person ist Zeuge, deren Aussage durch das Gericht tatsächlich belastend in die Urteilsfindung einbezogen wird.[715] 239

Damit sind insbesondere **Aussagen von Mitbeschuldigten** erfasst.[716] Folglich kann ein deutscher Mitbeschuldigter im formellen Sinne ein Zeuge im Sinne des Konfrontationsrechts sein und die ausbleibende Befragung trotz des Schweigerechts des Mitbeschuldigten Fairnessprobleme aufwerfen.[717] 240

Auch mittelbar über **Zeugen vom Hörensagen** verwertete Zeugenaussagen sind in das Recht einbezogen.[718] Ebenso wurden **Sachverständige** von der EKMR bereits als Zeugen betrachtet.[719] Der EGMR ließ ihre Subsumtion unter Abs. 3 lit. d offen, orientierte sich jedoch vergleichbar an Abs. 1 S. 1.[720] 241

---

[711] Siehe näher mwN *Gaede,* Fairness als Teilhabe, S. 623 f.
[712] Siehe bereits *Schleiminger* AJP 2003, 860 (861): Teilhabe an der Beweiserhebung; *Walther* HRRS 2004, 310 (316 f.); *Neuhaus* JuS 2002, 18 (19); *Fezer* StV 1987, 234 (235); *Demko* ZStR 122 (2004), 416 (426 f.); für die verbreitete Verkennung dieses Umstandes in Deutschland siehe *Wönne* NStZ 1998, 313 (314): Konfrontation ohne weiteres durch spätere Anhörung zur fertigen Aussage ersetzbar; zur Formbarkeit des Zeugenbeweises siehe vielmehr *Schünemann* FS Meyer-Goßner, 2001, 385 ff.
[713] Siehe dazu schon und auch zum Zukunftsschutz *Gaede* StV 2012, 51 (57).
[714] Zur StRspr siehe etwa EGMR 6.5.1985 – 8658/79, EGMR-E 3, 47 Rn. 31 f. – Bönisch/AUT; EGMR 20.11.1989 – 11454/85, EGMR-E 4, 420 Rn. 40 – Kostovski/NL; EGMR 27.9.1990 – 12489/86, ÖJZ 1991, 25 Rn. 23 – Windisch/AUT; EGMR 19.12.1990 – 11444/85, ÖJZ 1991, 425 Rn. 34 – Delta/FRA; EGMR 19.2.1991 – 11339/85, Rn. 33 – Isgrò/ITA; EGMR 26.4.1991 – 12398/86, EuGRZ 1992, 474 Rn. 25 – Asch/AUT; EGMR 7.8.1996 – 19874/92, ÖJZ 1997, 151 Rn. 51 f. – Ferrantelli u. Santangelo/ITA; EGMR 15.6.1992 – 12433/86, NJW 1992, 3088 Rn. 44, 49 – Lüdi/SWI (V-Mann als Zeuge); EGMR 27.2.2001 – 33354/96, HRRS 2006, Nr. 62 Rn. 41 ff. – Lucà/ITA (Mitangeklagter im materiellen Sinne); *Esser* S. 631 f.; *Stavros* S. 231; *Villiger* Rn. 526; vgl. aber offenslassend bei der Vernehmung eines Staatsoberhaupts EKMR 15.10.1987 – 10857/84, Rn. 129 ff. – Bricmont/BEL: Verweis auf Abs. 1.
[715] Siehe explizit EGMR 20.11.1989 – 11454/85, EGMR-E 4, 420 Rn. 40 – Kostovski/NL; EGMR 27.9.1990 – 12489/86, ÖJZ 1991, 25 Rn. 23 – Windisch/AUT; EGMR 19.12.1990 – 11444/85, ÖJZ 1991, 425 Rn. 34 – Delta/FRA; EGMR 19.2.1991 – 11339/85, Rn. 33 – Isgrò/ITA; mwN *Gaede,* Fairness als Teilhabe, S. 276; *Wattenberg/Violet* StV 1997, 620 (621 f.); *Villiger* Rn. 477: „Zeugen und andere Personen, die ihn belasten"; *Simon* S. 104 ff.; krit. *Esser* S. 630.
[716] EGMR 19.2.1991 – 11339/85, Rn. 33 – Isgrò/ITA; EGMR 5.12.2002 – 34896/97, NLMR 2002, 272 Rn. 86 ff. – Craxi/ITA; EGMR 27.2.2001 – 33354/96, HRRS 2006, Nr. 62 Rn. 41 ff. – Lucà/ITA; SK-StPO/*Paeffgen* Rn. 162; *Sommer* StraFo 2002, 309 (312 f.); heute anerkennend etwa BGH 16.4.2014 – 1 StR 638/13, NStZ-RR 2014, 246.
[717] Siehe etwa EGMR 27.2.2001 – 33354/96, HRRS 2006, Nr. 62 Rn. 37 ff. – Lucà/ITA; *Sommer* NJW 2005, 1240 f.
[718] Dazu statt vieler EGMR 31.8.1999 – 35253/97, Rn. 2 – Verdam/NL; siehe aber für die frühere Auffassung der dt. Rechtsprechung mwN BGH 20.11.1990 – 1 StR 562/90, NJW 1991, 646 f.; BVerfG 11.4.1991 – 2 BvR 196/91, NStZ 1991, 445 (446); *Fezer* Rn. 14/53; siehe aber revidierend insbesondere BGH 25.7.2000 – 1 StR 169/00, BGHSt 46, 93 (96).
[719] Siehe zur EKMR etwa EGMR 6.5.1985 – 8658/79, EGMR-E 3, 47 Rn. 32 f. – Bönisch/AUT; EKMR 21.10.1993 – 17265/90, DR 75, 76 (126 f.) – Baragiola/SWI; EKMR 28.2.1996 – 25935/94, EHRLR 1996, 425 (427) – Hardiman/UK; *Frei* S. 131; *Simon* S. 104 f.
[720] EGMR 6.5.1985 – 8658/79, EGMR-E 3, 47 Rn. 29 f. – Bönisch/AUT: privater Sachverständige muss gegenüber dem amtlichen Sachverständigen unbenachteiligt gehört werden; EGMR 28.8.1991 – 11170/84 ua, NJW 1992, 3085 Rn. 42 – Brandstetter/AUT; *Stavros* S. 241 Fn. 768; *Clayton/Tomlinson,* 11.252; *Esser* S. 693 ff.: Abgrenzung nach Objektivität und Neutralität.

242 **(2) Recht auf Infragestellung und Befragung.** Dem Angeklagten steht das Recht zu, Belastungszeugen zu überprüfen oder überprüfen zu lassen, was er insbesondere durch ihre Befragung wahrnehmen kann.[721] Die Garantie gewährt nicht – wie die deutsche Übersetzung glauben machen will – allein ein Fragerecht, sondern eine wirkliche **Examinierung des Belastungszeugen** und damit seiner belastenden Aussage („*right to challenge and question*").[722] Sie zielt darauf ab, dem Angeklagten in keinem Fall den Nachweis eines möglichen Irrtums oder einer falschen Beschuldigung abzuschneiden.[723] Durch die kritische Kommunikation mit dem Zeugen soll es möglich werden, Irrtümer oder Lügen aufzudecken. Das Recht will daher einen **wirklichen Test der belastenden Aussage ermöglichen,** weshalb Abs. 3 lit. d nicht nur auf die reine Befragung im wörtlichen Sinn beschränkt ist.[724] Insofern ähnelt das Recht einem Vernehmungsrecht (siehe auch für Folgerungen → StPO § 241 Rn. 719 ff.).[725] Die Verteidigung darf dem Zeugen gegenüber ausdrücken, dass und warum sie ihm misstraut und ihm seine Aussage nicht glaubt. Erforderlich ist allein, dass die Verteidigung ihre Fragen *und* konfrontierenden Stellungnahmen erkennbar als Teil eines für Dritte nachvollziehbaren Kommunikationsversuchs mit dem Zeugen äußert; sie muss auf Reaktionen zum Verfahrensgegenstand zielen, darf nicht nur das Gericht ansprechen.

243 Geboten ist nach der Rechtsprechung des EGMR, dass der Angeklagte eine *angemessene und geeignete* **Gelegenheit** erhält, die Glaubwürdigkeit eines gegen ihn aussagenden Zeugen in Frage zu stellen *und* ihn zu befragen, sei es in dem Zeitpunkt, in dem der Zeuge seine Aussage ablegt, sei es zu einem späteren Zeitpunkt des Verfahrens.[726] Grundsätzlich muss der volle Beweis in Anwesenheit des Angeklagten unmittelbar in einer öffentlichen und adversatorischen **Hauptverhandlung** erbracht werden.[727] Abs. 3 lit. d soll letztlich aber regelmäßig nur eine auch in Ermittlungsverfahren mögliche *einmalige* Gelegenheit zur Befragung garantieren

---

[721] EGMR 24.11.1986 – 9120/80, NJW 1987, 3068 Rn. 31 – Unterpertinger/AUT; EGMR 20.9.1993 – 14647/89, ÖJZ 1994, 322 Rn. 43 f. – Saidi/FRA; EGMR 19.2.1991 – 11339/85, Rn. 34 – Isgrò/ITA; EGMR 14.12.1999 – 37019/97, StraFo 2000, 374 Rn. 25 ff. – A.M./ITA; EGMR 27.2.2001 – 33354/96, HRRS 2006, Nr. 62 Rn. 39 ff. – Lucà/ITA; EGMR 17.7.2001 – 29900/96 ua, Rn. 64 – Sadak ua/TUR I; *Walther* GA 2003, 204 (212 ff.).

[722] Siehe mwN EGMR 7.8.1996 – 19874/92, ÖJZ 1997, 151 Rn. 51 – Ferrantelli u. Santangelo/ITA: challenge and question; EGMR 22.1.2002 – 42011/98, ÖJZ 2003, 236 – Oyston/UK; EKMR 15.10.1987 – 10857/84, Rn. 135 ff. – Bricmont/BEL; BGer 25.4.1990 – BGE 116 Ia 289 (292): Recht, „belastenden Aussagen entgegenzutreten"; *Walther* GA 2003, 204 ff.; *dies.* JZ 2004, 1107; *Renzikowski* FS Mehle, 2009, 529 (535 ff.); eindrucksvoll auch U.S. Supreme Court 8.4.2004 – 02-9410, HRRS 2004 Nr. 690 Rn. 60 ff. – Crawford/Washington.

[723] Dazu EGMR 20.11.1989 – 11454/85, EGMR-E 4, 420 Rn. 42 ff. – Kostovski/NL; EGMR 27.9.1990 – 12489/86, ÖJZ 1991, 25 Rn. 26 ff. – Windisch/AUT; EGMR 28.3.2002 – 47698/99 u. 48115/99, Rn. 29 ff., 34 – Birutis ua/LIT; *Wohlers* FS Trechsel, 2002, 813 (816); *Villiger* Rn. 478; zur Funktion des Rechts das SV *Trechsel* zu EGMR 24.11.1986 – 9120/80, Kommissionsbericht, EuGRZ 1987, 147 (153) – Unterpertinger/AUT.

[724] Siehe EGMR 7.8.1996 – 19874/92, ÖJZ 1997, 151 Rn. 51 – Ferrantelli u. Santangelo/ITA; EKMR 15.10.1987 – 10857/84, Rn. 135 ff. – Bricmont/BEL; *Walther* GA 2003, 204 (212 ff.); *Renzikowski* FS Mehle, 2009, 529 (535 ff.); *Gaede,* Fairness als Teilhabe, S. 278 f., 829 f., 842 f.

[725] Siehe dazu und zum Folgenden bereits *Gaede* StV 2012, 51 (54, 56 f.); vgl. auch *Renzikowski* FS Mehle, 2009, 529 (535 f.); *Walther* GA 2003, 204 (217 ff.); *Sommer* StraFo 2010, 102 (105); *ders.* NJW 2005, 1240 f.

[726] EGMR 24.11.1986 – 9120/80, NJW 1987, 3068 Rn. 31 – Unterpertinger/AUT; EGMR 20.11.1989 – 11454/85, EGMR-E 4, 420 Rn. 42 ff. – Kostovski/NL; EGMR 23.4.1997 – 21363/93 ua, ÖJZ 1998, 274 Rn. 51 – Van Mechelen ua/NL; EGMR 14.12.1999 – 37019/97, StraFo 2000, 374 Rn. 25 ff. – A.M./ITA; EGMR 27.2.2001 – 33354/96, HRRS 2006, Nr. 62 Rn. 39 ff. – Lucà/ITA; EGMR 2.7.2002 – 34209/96, NLMR 2002, 139 Rn. 44 – S.N./SWE; EGMR 20.12.2001 – 33900/96, NJW 2003, 2893 Rn. 21 ff. – P.S./D; *Esser* S. 638, 673 f.

[727] Zur StRspr EGMR 20.11.1989 – 11454/85, EGMR-E 4, 420 Rn. 41 – Kostovski/NL; EGMR 6.12.1988 – 10590/83, EGMR-E 4, 208 Rn. 78 – Barberà ua/SPA; EGMR 19.2.1991 – 11339/85, Rn. 34 – Isgrò/ITA; EGMR 26.4.1991 – 12398/86, EuGRZ 1992, 474 Rn. 27 – Asch/AUT; EGMR 20.9.1993 – 14647/89, ÖJZ 1994, 322 Rn. 43 – Saidi/FRA; EGMR 15.6.1992 – 12433/86, NJW 1992, 3088 Rn. 47 – Lüdi/SWI; EGMR 7.8.1996 – 19874/92, ÖJZ 1997, 151 Rn. 51 – Ferrantelli u. Santangelo/ITA; EGMR 27.2.2001 – 33354/96, HRRS 2006, Nr. 62 Rn. 39 ff. – Lucà/ITA; EGMR 5.12.2002 – 34896/97, NLMR 2002, 272 Rn. 85 – Craxi/ITA (Grundsatz mit Ausnahmen); *Walther* GA 2003, 204 (214 f.); *Demko* ZStR 122 (2004), 416 (423 f.).

(aber → Rn. 246 f.).[728] Ist im Ermittlungsverfahren keine wirksame Rechtsausübung gewährt worden, muss der Belastungszeuge für eine Verwertung der Aussage geladen und eine Aussage in der Hauptverhandlung unter Wahrung der Verteidigungsrechte grundsätzlich erzwungen werden.[729] Dies gilt jedenfalls dann, wenn sich das Gericht auf den Belastungszeugen stützen will.[730] Im Rahmen der Gesamtbetrachtung ist eine Verletzung grundsätzlich ausgeschlossen, soweit Zeugen noch im Verfahren gehört werden können.[731]

Eine Verpflichtung zur zwingenden Gewährung der Konfrontation im **Ermittlungsverfahren,** die von der Ausgestaltung des gesamten betroffenen Strafprozesses und von der späteren Möglichkeit zur Ausübung des Rechts unabhängig ist, hat der EGMR bislang nicht anerkannt.[732] Gelingt die Konfrontation später jedoch nicht mehr, weil der Zeuge zum Beispiel nicht mehr in Deutschland oder im Ausland erreichbar ist, kann aber gerade dies – insbesondere bei Versäumnissen des Staates – Art. 6 Abs. 3 lit. d, Abs. 1 S. 1 verletzen, wenn der Rechte aufschiebende Vertragsstaat in der Folge auch auf die Aussage zurückgreift.[733] 244

(3) Notwendige Informationen und Akteneinsicht – wiederholte Befragungen. 245
Damit die Verteidigung eine effektive Befragung und einen wirksamen Test[734] leisten kann, muss sie über die **Informationen** verfügen, die ihr eine eingehende Prüfung der Glaubwürdigkeit des Zeugen ermöglichen, so dass insbesondere die Kenntnis der Identität des Zeugen Grundvoraussetzung einer effektiven Garantie darstellt.[735] Auch die optische Wahrnehmung des nonverbalen Aussageverhaltens des Zeugen muss der Verteidigung als Basis der Beurteilung gestattet sein.[736] Schließlich verbürgt schon der Offenlegungsanspruch, dass die Vertei-

---

[728] EGMR 20.11.1989 – 11454/85, EGMR-E 4, 420 Rn. 41 – Kostovski/NL; EGMR 19.2.1991 – 11339/85, Rn. 34 – Isgrò/ITA; EGMR 26.4.1991 – 12398/86, EuGRZ 1992, 474 Rn. 27 – Asch/AUT; EGMR 20.9.1993 – 14647/89, ÖJZ 1994, 322 Rn. 43 – Saïdi/FRA; EGMR 7.8.1996 – 19874/92, ÖJZ 1997, 151 Rn. 51 – Ferrantelli u. Santangelo/ITA; EGMR 14.12.1999 – 37019/97, StraFo 2000, 374 Rn. 25 ff. – A.M./ITA; EGMR 27.2.2001 – 33354/96, HRRS 2006, Nr. 62 Rn. 40 – Lucà/ITA; *Villiger* Rn. 477; siehe auch EGMR 4.7.2000 – 43149/98, Rn. 2 – Kok/NL: Die Zulassung einer einzelnen Frage ist Sache der nationalen Gerichte.
[729] Dazu EGMR 7.7.1989 – 10857/84, Rn. 81 ff. – Bricmont/BEL; EGMR 19.12.1990 – 11444/85, ÖJZ 1991, 425 Rn. 36 f. – Delta/FRA: fehlende Bemühungen um die Zeugen; EGMR 7.8.1996 – 19874/92, ÖJZ 1997, 151 Rn. 51 – Ferrantelli u. Santangelo/ITA; EGMR 17.7.2001 – 29900/96 ua, Rn. 65 – Sadak ua/TUR I; EGMR 2.7.2002 – 34209/96, NLMR 2002, 139 Rn. 44 – S.N./SWE; auch zum Rechtshilfeverkehr EGMR 14.12.1999 – 37019/97, StraFo 2000, 374 Rn. 25 ff. – A.M./ITA; EGMR [GK] 15.12.2015 – 9154/10, StV 2017, 213 Rn. 105 – Schatschaschwili/D; *Gaede* HRRS 2004, 44 (48 f.).
[730] Zu dieser Beschränkung mwN EGMR 5.12.2002 – 34896/97, NLMR 2002, 272 Rn. 83 – Craxi/ITA; EGMR 27.5.2004 – 25143/94 u. 27098/95, Rn. 82 f. – Yurttas/TUR.
[731] Hier EKMR 12.7.1979 – 8339/78, DR 17, 180 Rn. 526 – Schertenleib/SWI.
[732] EGMR 8.12.1998 – 39519/98, Rn. 2 – Padin Gestoso/SPA; EGMR 14.3.1984 – 9627/81, DR 37, 15 (41) – Ferrari-Bravo/ITA; EKMR 4.7.1979 – 8414/78, DR 17, 231 – X/D; *Clayton/Tomlinson*, Rn. 11.252; vgl. aber bereits *Wohlers* StV 2002, 585 (587 f.); *Esser* StraFo 2003, 335 (340): Benachrichtigungs- und Anwesenheitsrecht bei späterer Verwertung der Vernehmungen; für ein grundsätzliches Recht *Trechsel* S. 309.
[733] Dazu siehe etwa EGMR 19.7.2012 – 26171/07, NJW 2013, 3225 Rn. 42 ff. – Hümmer/D; nun auch EGMR [GK] 15.12.2015 – 9154/10, StV 2017, 213 Rn. 160 ff. – Schatschaschwili/D; siehe auch grundsätzlich positiv BGH 25.7.2000 – 1 StR 169/00, BGHSt 46, 93 ff.; früh auch schon mit einer verfehlten Subsumtion EGMR 7.8.1996 – 19874/92, ÖJZ 1997, 151 – Ferrantelli u. Santangelo/ITA und dazu *Wohlers* ZStR 123 (2005), 144 (169).
[734] Siehe auch EGMR 7.8.1996 – 19874/92, ÖJZ 1997, 151 Rn. 51 – Ferrantelli u. Santangelo/ITA: „these rights require that the defendant be given an adequate and proper opportunity to challenge and question a witness against him"; BGH 25.7.2000 – 1 StR 169/00, BGHSt 46, 93 (102); BGer 2.12.1998 – BGE 125 I 127 (137): tatsächlich wirksam mögliche Befragung; *Joachim* StV 1992, 245 (248 f.); *Walther* GA 2003, 204 (217 ff.): effektive, geschulte Befragung; *Stavros* S. 66, 234 f.
[735] Hierzu und besonders zur Identität des Zeugen EGMR 20.11.1989 – 11454/85, EGMR-E 4, 420 Rn. 42 – Kostovski/NL; EGMR 27.9.1990 – 12489/86, ÖJZ 1991, 25 Rn. 28 – Windisch/AUT; EGMR 28.3.2002 – 47698/99 u. 48115/99, Rn. 29 ff. – Birutis ua/LIT; mwN *Wohlers* FS Trechsel, 2002, 813 (816 f.).
[736] EGMR 20.11.1989 – 11454/85, EGMR-E 4, 420 Rn. 43 – Kostovski/NL; EGMR 27.9.1990 – 12489/86, ÖJZ 1991, 25 Rn. 29 – Windisch/AUT; EGMR 23.4.1997 – 21363/93 ua, ÖJZ 1998, 274 Rn. 59 – Van Mechelen ua/NL; EGMR 19.6.2003 – 28490/95, Rn. 95 – Hulki Güneş/TUR; *Fuchs* ÖJZ 2001, 495 (499 f.); *Walther* GA 2003, 204 (216); *Wohlers* FS Trechsel, 2002, 813 (816 ff.).

digung ihre Rechte und damit auch das Konfrontationsrecht gleich informiert ausüben darf (→ Rn. 156 ff.). Entsprechend ist eine vorherige Akteneinsicht Voraussetzung einer wirksamen Rechtsausübung.[737] Zumal auch die Akteneinsicht jedenfalls in der Hauptverhandlung in aller Regel vollständig eröffnet ist, spricht dies für eine regelmäßige Zeugenkonfrontation in der entscheidenden Hauptverhandlung.[738]

246 Schon der Umstand, dass die Wirksamkeit des Konfrontationsrechts von den verfügbaren Informationen abhängt, führt dazu, dass der **Grundsatz einer lediglich einmal gewährleisteten Befragung** (→ Rn. 243) **nicht überzeugend aufrechtzuerhalten** ist. Zum Beispiel eine im Ermittlungsverfahren gewährte Konfrontation stellt hinsichtlich der später konkret verhandelten strafrechtlichen Anklage keineswegs automatisch eine hinreichende Gewährung des Abs. 3 lit. d dar, da sich der Prozessgegenstand regelmäßig dynamisch weiterentwickelt und die Aussagen des Zeugen nicht notwendigerweise konstant sein müssen.[739] Die Strafverfolgungsbehörden, die früh eine größere Fülle an Informationen besitzen, könnten hinsichtlich der Befragung von einem unausgeglichenen Wissensvorsprung zulasten der Verteidigung profitieren. Daraus kann sich der Bedarf nach einer **wiederholten Konfrontation** ergeben, der einem schlichten Beweistransfer aus dem Ermittlungsverfahren entgegenstehen kann.[740] Erst Recht ist eine wiederholte Konfrontation geboten, wenn ein Zeuge zwischenzeitlich **neue Vorwürfe** erhebt und damit weitere belastende Tatsachen behauptet.[741] Auch dann, wenn der Zeuge trotz einer an sich das Konfrontationsrecht wahrenden früheren Vernehmung nunmehr auch in der Hauptverhandlung aussagt und gerade die dort gemachte Aussage der Beurteilung des Gerichts zugrunde gelegt wird, muss das Konfrontationsrecht gewährleistet werden.[742] Verwertet wird nicht der glaubwürdige Belastungszeuge als solcher, sondern es ist seine im Ergebnis als glaubhaft oder unglaubhaft zu beurteilende Aussage, die Eingang in das Urteil findet.

247 **(4) Recht auf Konfrontation und Kreuzverhör.** Uneinheitlich wird beurteilt, ob Abs. 3 lit. d tatsächlich eine persönliche Konfrontation des Angeklagten (bzw. der Verteidigung) mit dem Zeugen gewährleistet und ob ein Kreuzverhör, verstanden als Recht auf eine Vernehmung (auch zu → StPO § 239 Rn. 3 und 5, → StPO § 240 Rn. 7) in der Norm verankert ist. Beides ist grundsätzlich zu bejahen:

---

[737] Wie hier auch schon EGMR 7.7.1989 – 10857/84, Rn. 79, 84 – Bricmont/BEL; *Trechsel* FS Druey, 2002, 993 (1007); *ders.* S. 312; *Beulke* FS Rieß, 2002, 3 (18 f.); *Duttge* ZStW 115 (2003), 539 (567); *Wohlers* GA 2005, 11 (33 f.); *Schlothauer* StV 1999, 47 (49 f.); *Schünemann* StV 1998, 391 (400); *Großkopf* S. 99 ff.; grundsätzlich *Spaniol* S. 99 f., 165: Gewährung vor Abschluss der Ermittlungen garantiert, wenn nur so eine wirksame Verteidigung möglich ist und der Spielraum der Strafverfolgung beachtet ist. Siehe methodisch unzureichend abl. BGH 17.6.2003 – 3 StR 183/03, NJW 2003, 2761 (2762 f.); abl. dazu bereits *Eisenberg/Zötsch* NJW 2003, 3676 (3677 f.); *Gaede* HRRS 2004, 44 (48).
[738] Siehe auch zur regelmäßig maßgeblichen Hauptverhandlung *Trechsel* AJP 11 (2000), 1366 (1369 f.); *Demko* ZStR 122 (2004), 416 (423 f.); *Esser* JR 2005, 248 (249); insbesondere zum zweifelhaften Argument einer Kompensation über die Anwesenheit des Angeklagten *Walther* JZ 2004, 1107 (1108 ff.); für eine Verknüpfung des Art. 6 Abs. 3 lit. d EMRK mit dem Unmittelbarkeitsgrundsatz OGH 18.2.2004 – 13 OS 153/03, NStZ 2005, 346; *Rosbaud* HRRS 2005, 131 (135 f.).
[739] Siehe auch zur teilweise bereits unternommenen Prüfung, ob die einzige Befragung tatsächlich effektiv und damit ausreichend sein konnte, EGMR 7.7.1989 – 10857/84, Rn. 79 – Bricmont/BEL; *Esser* S. 644 ff.
[740] Näher schon mwN *Gaede*, Fairness als Teilhabe, S. 828 ff., 836 f., zu Einschränkungen S. 832 f.; für die möglicherweise mehrfach nötige Vernehmung auch bereits *Ambos* ZStW 115 (2003), 583 (609); *Haefliger/Schürmann* S. 239 f.; siehe auch KG ZR 89 (1990) Nr. 39, S. 68: Recht zur Stellung von Ergänzungsfragen verliert ohne Akteneinsichtsrecht entscheidend an Gehalt; *Walther* JZ 2004, 1107 (1108 ff.); siehe auch die rhetorische Frage bei *Beulke* FS Rieß, 2002, 3 (5 ff.): Wie soll das Beweismittel unter jedem Blickwinkel ohne vollständige Kenntnis der Verfahrensumstände überprüft und ausgeschöpft werden? Für einen Unmittelbarkeitsgrundsatz *Trechsel* AJP 11 (2000), 1366 (1369 f.); *Demko* ZStR 122 (2004), 416 (423 f.); *Esser* JR 2005, 248 (249); siehe auch SK-StPO/*Paeffgen* Rn. 165: erneute Konfrontation bei Änderung in einem wichtigen Punkt.
[741] *Villiger* Rn. 477; *Ambos* ZStW 115 (2003), 583 (609); *Esser* S. 646; siehe selbst BGH 17.6.2003 – 3 StR 183/03, NJW 2003, 2761 (2763): Beweisantragsrecht gilt grundsätzlich, wenn es um neue Tatsachenbehauptungen geht.
[742] Siehe bereits *Trechsel* S. 308; *Wohlers* GA 2005, 11 (33 f.); mwN *Gaede*, Fairness als Teilhabe, S. 834 f.; siehe auch zur Bedeutung der unmittelbaren Wahrnehmung gerade durch das Gericht EKMR 14.12.1989 – 11339/85, Rn. 51 – Isgrò/ITA.

Zunächst ist schon infolge der notwendig zu beobachtenden Reaktion des Zeugen davon **248** auszugehen, dass der Angeklagte prinzipiell berechtigt ist, bei der entsprechenden Befragung zur Wahrnehmung seines Rechts nach Abs. 3 lit. d **anwesend zu sein.**[743] Dies gilt auch deshalb, weil die persönliche Konfrontation die Aufrechterhaltung einer Lüge erschweren dürfte und die Möglichkeit zum Nachweis einer solchen das Recht begründet.[744] Allerdings ist die Anwesenheit des Angeklagten und sein persönliches Befragungsrecht im Vergleich zur Berechtigung, überhaupt autonom Fragen stellen zu können und den Zeugen inhaltlich zu konfrontieren, nicht gleichermaßen gewichtig. Einschränkungen des Anwesenheitsrechts sind insofern leichter zu begründen, da die autonome Befragung durch den Verteidiger weiter möglich bleibt. Auch der Angeklagte kann damit seine Fragen und konfrontierenden Äußerungen in Absprache mit dem Verteidiger weiter zum Ausdruck bringen.

Abs. 3 lit. d ist ebenso das prinzipielle Recht zu entnehmen, den Zeugen selbst befragen und **249** ihn damit ins **Kreuzverhör** nehmen bzw. vernehmen zu dürfen.[745] Der Wortlaut, der auch eine Befragung über einen Dritten eröffnet,[746] ist nicht als Wahlrecht der Vertragsstaaten zu missdeuten, nach dem sie den Angeklagten frei auf eine mittelbare Befragung etwa durch den Richter verweisen dürften. Vielmehr ist schon angesichts der parallelen Gewährleistung einer formellen Verteidigung davon auszugehen, dass die Konvention dem Angeklagten zwei Optionen eröffnet, auf welche Art und Weise er sein Recht gegenüber dem Belastungszeugen wahrnimmt. Es ist lediglich – wie zur Frage nach der direkten Konfrontation – festzustellen, dass Einschränkungen unter diesem Gesichtspunkt etwa bei kindlichen und jugendlichen Zeugen vergleichsweise leichter begründet werden können, da weiter die mittelbare Befragung über den Verteidiger oder bei gewichtigen Gründen durch das Gericht möglich bleibt.[747]

(5) Recht auf Verteidigerbeistand. Zusätzlich steht in Frage, ob das Konfrontations- **250** recht auch ein Wahlrecht umfasst, das Recht durch den rechtskundigen und versierten Verteidiger ausüben zu lassen oder ob der Angeklagte auf eine eigene Befragungsgelegenheit verwiesen werden kann.[748] So soll eine Zeugenaussage ohne Rechtfertigungsbedarf verwertbar sein, wenn der Angeklagte seinen Verteidiger zur Konfrontation nicht beiziehen konnte, soweit der Verteidiger nachträglich Stellung nehmen konnte und die Staatsanwaltschaft bei der Vernehmung nicht anwesend war.[749]

Schon im Hinblick auf Abs. 3 lit. c und angesichts der nicht selten zu beobachtenden emoti- **251** onalen **Überforderung des selbst betroffenen Angeklagten** kann aber kaum bezweifelt werden, dass der Angeklagte befugt sein muss, seinen Verteidiger bei der Vernehmung einzusetzen.[750] Die gewährleistete wirksame Examinierung (→ Rn. 242 f.) wird nicht der ungeschulte Angeklagte, sondern jedenfalls regelmäßig nur der nicht höchstpersönlich belastete und für die

---

[743] EGMR 12.2.1985 – 9024/80, EGMR-E 3, 1 Rn. 27 – Colozza/ITA; EGMR 23.2.1994 – 16757/90, ÖJZ 1994, 600 Rn. 26 – Stanford/UK; EGMR [GK] 25.11.1997 – 18954/91, ÖJZ 1998, 715 Rn. 68 – Zana/TUR; EGMR 19.6.2003 – 28490/95, Rn. 95 – Hulki Günes/TUR; *Villiger* Rn. 473; *Esser* S. 721 f.; IntKomm/*Kühne* Rn. 582; *Krausbeck* S. 114 ff.; *Velu/Ergec* Rn. 616; siehe aber auch *Walther* GA 2003, 204 (216 ff.): keine explizite Entscheidung über ein Recht auf Gegenüberstellung; für ein nur mittelbares Fragerecht BVerfG 21.8.1996 – 2 BvR 715/96, NJW 1996, 3408. Tatsächlich ist die Anwesenheit des Angeklagten der Grundsatz, von dem Ausnahmen erst zu begründen wären.
[744] Zum Wert der unvermittelten Konfrontation siehe auch *Hug* FS KG, 2000, 387 (392 ff.).
[745] Wie hier etwa *Uglow*, Criminal Justice, S. 213; Karpenstein/Mayer/*Meyer* Rn. 198; *Walther* GA 2003, 204 (217 f.); *Renzikowski* FS Mehle, 2009, 529 (535 f.); *Sommer* StraFo 2010, 102 (105); wohl auch Meyer-Goßner/*Schmitt* Rn. 22.
[746] Unter diesem Gesichtspunkt zurückhaltender *Walther* GA 2003, 204 (212 f.); *Stavros* S. 236; *Renzikowski* FS Mehle, 2009, 529 (536).
[747] Siehe für die nicht *stets* zwingend als direktes Kreuzverhör zu verstehenden Garantie insbesondere EGMR 2.7.2002 – 34209/96, NLMR 2002, 139 Rn. 52 ff. – S.N./SWE; *Villiger* Rn. 477, 527.
[748] So EGMR 19.2.1991 – 11339/85, Rn. 36 f. - Isgrò/ITA: „Mr Isgrò […] enjoyed the guarantees secured under Article 6 para. 3 (d) […] to a sufficient extent"; *Esser* S. 645 f.
[749] So mit einer verfehlten Konzentration auf die Waffengleichheit zulasten des rechtlichen Gehörs EGMR 19.2.1991 – 11339/85, Rn. 36 f. - Isgrò/ITA.
[750] Wie hier bereits EGMR 19.2.1991 – 11339/85, Rn. 47 ff. - Isgrò/ITA; BGer 25.4.1990 – BGE 116 Ia 289 (292 ff.); BGer 22.1.1994 – BGE 120 Ia 48 (50 f., 56): ergänzende Konfrontation kann notwendig sein, wenn Verteidiger noch nicht teilnehmen konnte; *Haefliger/Schürmann* S. 240; *Stavros* S. 66, 234 f.: ohne den Verteidiger sei die Befragung nicht gleich wirksam.

Befragung ausgebildete Verteidiger leisten können.⁷⁵¹ Entgegen der insoweit noch zurückhaltenden Rechtsprechung darf die sinnvoll zu stellende Frage nur darin liegen, inwiefern der Ausfall des Verteidigers während der Befragung ggf. infolge einer legitimen Einschränkung hinzunehmen sein könnte (zu ihren Bedingungen sogleich → Rn. 252 ff.). Vielmehr stehen ohne eine Rechtfertigung der Beeinträchtigung sowohl die Verletzung des Abs. 3 lit. d als auch des **Abs. 3 lit. c** im Raum.⁷⁵² Dies gilt nach zutreffender Ansicht regelmäßig auch dann, wenn der Ausfall des Rechts seinen Ursprung zunächst in einer Schlechtverteidigung des Verteidigers hatte (auch → Rn. 218 f.).⁷⁵³ So darf der Verteidiger etwa nicht einer richterlichen Vernehmung absehbar entscheidender Belastungszeugen im Ermittlungsverfahren begründungslos fernbleiben, deren erneute Vernehmung in der Hauptverhandlung ersichtlich gefährdet war.⁷⁵⁴

252 **cc) Einschränkungen des Konfrontationsrechts.** Das Konfrontations- und Fragerecht gilt nach der ständigen Rechtsprechung des EGMR nicht absolut.⁷⁵⁵ **Einschränkungen** dürfen aber nur dann und nur so weit erfolgen, als diese legitimen Zielen dienen (→ Rn. 254 ff.), hinreichend im Verfahren ausgeglichen werden bzw. strikt erforderlich bleiben (→ Rn. 260 f.) und auch insgesamt noch die nötige Verfahrensfairness wahren (dazu → Rn. 263 ff.).⁷⁵⁶ Sie werden demnach einem **dreistufigen Test** unterzogen.

253 Der Angeklagte kann ferner auf das Konfrontationsrecht und insbesondere auf die Befragung verzichten.⁷⁵⁷ Insoweit müssen jedoch insbesondere hinsichtlich eines erforderlichen eindeutigen **Verzichts** die durchaus strengen Konventionsmaßstäbe beachtet werden (schon → Rn. 78 ff.).⁷⁵⁸ Das Recht soll auch an der Nichtausschöpfung von Rechtsmitteln scheitern können, wenn sich der Angeklagte vor den Gerichten nicht auf das Konfrontationsrecht berufen hat.⁷⁵⁹

254 **(1) Legitime Einschränkungsgründe.** Zunächst ist zu prüfen, ob ein Vertragsstaat nach Art, Maß und Form **stichhaltige Gründe** für die konkret eingetretenen Abstriche

---

⁷⁵¹ Siehe entsprechend *Stavros* S. 66, 234 f.; *Haefliger/Schürmann* S. 240; *Frei* S. 63; *Walther* GA 2003, 204 (217 ff.); zur notwendigen rechtlichen Durchdringung, die regelmäßig nur der Verteidiger leisten kann, siehe *Trechsel* AJP 11 (2000), 1366 (1370 f.).
⁷⁵² Siehe schon eingehend *Gaede*, Fairness als Teilhabe, S. 837 ff. und im Ergebnis *Fezer* JZ 2001, 363 (364); *ders.* FS Gössel, 2002, 627 (629 ff.); für ein Verwertungsverbot bei Vereitelung eines Anwesenheitsrechts KG ZR 101 (2002) Nr. 11, S. 42; siehe auch schon für eine Verletzung von Art. 6 Abs. 3 lit. c EMRK in Verbindung mit Abs. 3 lit. d, EGMR 27.5.2004 – 46549/99, ÖJZ 2005, 156 Rn. 49 ff. – Yavuz/AUT.
⁷⁵³ Hierzu schon näher mwN *Gaede* StV 2012, 51 (58 f.).
⁷⁵⁴ Siehe verfehlt etwa BGH 27.1.2005 – 1 StR 396/04, StV 2005, 533 ff. m. abl. Anm. *Wohlers*.
⁷⁵⁵ Siehe für die StRspr mwN EGMR 23.4.1997 – 21363/93 ua, StV 1997, 617 Rn. 58 ff. – Van Mechelen ua/NL; EGMR 20.12.2001 – 33900/96, NJW 2003, 2893 Rn. 22 ff. – P.S./D; EGMR 14.2.2002 – 26668/95, StraFo 2002, 160 Rn. 43 – Visser/NL; EGMR 26.3.1996 – 20524/92, ÖJZ 1996, 715 Rn. 73 ff., 76 – Doorson/NL; *Esser* S. 663 ff.; *Trechsel* S. 321 ff.
⁷⁵⁶ Siehe für die StRspr mwN EGMR 23.4.1997 – 21363/93 ua, StV 1997, 617 Rn. 58 ff. – Van Mechelen ua/NL; EGMR 20.12.2001 – 33900/96, NJW 2003, 2893 Rn. 22 ff. – P.S./D; EGMR 14.2.2002 – 26668/95, StraFo 2002, 160 Rn. 43 – Visser/NL; EGMR 26.3.1996 – 20524/92, ÖJZ 1996, 715 Rn. 73 ff. – Doorson/NL; *Esser* S. 663 ff.; *Trechsel* S. 321 ff.; mit Aufzählung diskutierter Gründe *Demko* ZStR 122 (2004), 416 (419 ff., 430 ff.); teilweises Abbrücken vom Idealbild; krit. präzisierend *Gaede*, Fairness als Teilhabe, S. 683 ff.; *Krausbeck* S. 159 ff.
⁷⁵⁷ EGMR 7.7.1989 – 10857/84, Rn. 88 – Bricmont/BEL: keine Einforderung der Vernehmung; EGMR 5.12.2002 – 34896/97, NLMR 2002, 272 Rn. 90 ff. – Craxi/IT; EGMR 31.10.2001 – 47023/99, Rn. 60 – Solakov/MAC; *Villiger* Rn. 477; krit. *Stavros* S. 246 f. Für den möglichen Verzicht des Verteidigers EGMR 19.12.1989 – 9783/82, EGMR-E 4, 450 Rn. 91 – Kamasinski/AUS; EGMR 16.12.1992 – 13071/87, ÖJZ 1993, 391 Rn. 37 – Edwards/UK; EGMR 10.6.1996 – 22399/93, ÖJZ 1996, 874 Rn. 46 – Pullar/UK; EGMR 29.6.2000 – 36689/97 – Dankovsky/D; einbeziehend EGMR 2.7.2002 – 34209/96, NLMR 2002, 139 Rn. 49 ff. – S.N./SWE; EGMR 25.11.1999 – 30509/96, Rn. 1 – Vilhunen/FIN; krit. *Esser* S. 639 ff. und *Merrills/Robertson* S. 128: mögliche Verletzung des Abs. 3 lit. c zu erwägen (auch → Rn. 178).
⁷⁵⁸ Siehe begrenzend bereits EGMR 6.12.1988 – 10590/83, EGMR-E 4, 208 Rn. 75, 84 ff. – Barberàua/SPA; *Trechsel* S. 299; mwN *Krausbeck* S. 139 ff.
⁷⁵⁹ Hierzu siehe EGMR 7.7.1989 – 10857/84, Rn. 88 – Bricmont/BEL; EGMR 19.3.1991 – 11069/84, Rn. 32 ff. – Cardot/FRA; *Müller-Hasler* S. 182 f.; einschr. schon *Esser* S. 639 ff.; abl. *Stavros* S. 235; enger auch aus jüngerer Zeit etwa EGMR 20.9.1993 – 14647/89, ÖJZ 1994, 322 Rn. 36 ff. – Saidi/FRA; EGMR 14.12.1999 – 37019/97, StraFo 2000, 374 Rn. 25 ff. – A.M./ITA; EGMR 5.12.2002 – 34896/97, NLMR 2002, 272 Rn. 91 ff. – Craxi/ITA.

vom Schutzbereich des Abs. 3 lit. d aufgewiesen hat (zur Rechtsfolge eines fehlenden Grundes aber → Rn. 262).

Der EGMR hat insbesondere den **Zeugenschutz** etwa beim Einsatz von anonym bleibenden V-Personen[760] in Anlehnung an Art. 5 und 8 als legitime Gründe für Einschränkungen herangezogen.[761] 255

Für Einschränkungen, die mit **Gefährdungen des Zeugen** etwa durch Repressalien gegenüber dem Zeugen oder seiner Familie begründet werden, ist eine relevante *und* ausreichende Tatsachengrundlage erforderlich.[762] Eine rein subjektiv begründete Furcht eines Zeugen erkennt der EGMR als Einschränkungsgrund nicht an.[763] Ein Gericht soll nach einer umfassenden Würdigung auch auf frühere Aussagen eines Zeugen abstellen dürfen, die noch ohne eine später erfolgende Konfrontation getroffen worden sind, wenn es davon ausgeht, dass zwischenzeitlich Druck auf den Zeugen ausgeübt wurde, seine Aussage zu ändern.[764] Ist die Angst eines Zeugen infolge von Drohungen dem Angeklagten zurechenbar, soll das Recht ganz entfallen.[765] 256

Ausnahmen vom Zeugniszwang vor Gericht, die aus **familiären** Gründen (Art. 8) zum Schutz der Nähebeziehungen anerkannt werden, werden ebenfalls als mit Abs. 1 S. 1, Abs. 3 lit. d vereinbar angesehen.[766] Ebenso kann das **Schweigerecht** von mitangeklagten Zeugen den Ausfall einer Befragung grundsätzlich rechtfertigen (aber → Rn. 239 f.).[767] 257

Auch **operative Bedürfnisse der Polizei** sollen unter Umständen Beschränkungen begründen können.[768] Hierbei ist aber zu berücksichtigen, dass es grundsätzlich vor allem bei Polizisten zur übernommenen Dienstpflicht gehört, vor Gericht als Zeuge auszusagen, weshalb etwa eine vorschnelle Verweisung auf eine anonyme audiovisuelle Befragung allein durch den zugeschalteten Anwalt unzulässig ist: Allein im Fall belegter, dem Angeklagten zurechenbarer Gefährdungen kann eine derartige Einschränkung eingreifen.[769] 258

---

[760] Der Begriff V-Person wird hier im weitesten Sinne als Oberbegriff auch für Verdeckte Ermittler verstanden. Vgl. zur Problematik der Einführung des Wissens anonym bleibender Zeugen insbes. bei V-Personen *Wohlers* FS Trechsel, 2002, 813 ff.; grundlegend zur Unterscheidung der Benutzung im Ermittlungsverfahren und der Qualität als belastbares Beweismittel das SV *Trechsel* zum Bericht der EKMR 11.10.1984 – 9120/80 – Unterpertinger/AUT (zu EGMR 24.11.1986 – 9120/80, NJW 1987, 3068 – Unterpertinger/AUT); vom EGMR aufgenommen in EGMR 20.11.1989 – 11454/85, EGMR-E 4, 420 Rn. 44 – Kostovski/NL.
[761] EGMR 26.3.1996 – 20524/92, ÖJZ 1996, 715 Rn. 70, 73 ff. – Doorson/NL; EGMR 23.4.1997 – 21363/93 ua, StV1997, 617 Rn. 53 ff., 58 ff. – Van Mechelenua/NL; EGMR 20.12.2001 – 33900/96, NJW 2003, 2893 Rn. 22 ff. – P.S./D; EGMR 2.7.2002 – 34209/96, NLMR 2002, 139 Rn. 47 ff. – S.N./SWE: „Privatleben des Opfers"; EGMR 18.12.2014 – 14212/10, BeckRS 2015, 81215 Rn. 56 – Scholer/D; *Esser* S. 659 ff.; *Villiger* Rn. 478 ff.; *Weigend* DJT 1998-I, C 28.
[762] EGMR 14.2.2002 – 26668/95, StraFo 2002, 160 Rn. 47 ff. – Visser/NL; EGMR 23.4.1997 – 21363/93 ua, StV1997, 617 Rn. 56 ff. – Van Mechelenua/NL; EGMR 28.2.2006 – 51277/99, Rn. 75 ff. – Krasnikj/CZE; eingehend *Wohlers* FS Trechsel, 2002, 813 ff. (829); *Ashworth,* Human Rights, Serious Crime, S. 107, mit Fn. 2; *T. Walter* StraFo 2004, 224 (227); *Esser* S. 658 ff., der dabei auch nicht unmittelbar dem Beschuldigten zurechenbare Gründe als ausreichend ansieht. Weiter aber für V-Personen BGH 11.2.2000 – 3 StR 377/99, NJW 2000, 1661 (1662): auf der Hand liegende Gefährdungen genügen; eher abschwächend auch EGMR 4.7.2000 – 43149/98, Rn. 1 – Kok/NL: Bei privaten Zeugen soll die Gefährdung aus dem speziellen Tatverdacht gegen den Angeklagten folgen können.
[763] EGMR [GK] 15.12.2011 – 26766/05 u. 22228/06, NLMR 2011, 375 Rn. 124 – Al-Khawajau. Tahery/UK; siehe aber auch krit. zu den noch immer weiten Feststellungsmaßstäben des EGMR *du Bois-Pedain* HRRS 2012, 120 (133 ff.).
[764] So mehrheitlich EGMR 16.3.2000 – 51760/99 – Camilleri/MAL; vgl. auch schon EGMR 14.3.1984 – 9627/81, DR 37, 15 (41) – Ferrari-Bravo/ITA; EKMR 4.7.1979 – 8414/78, DR 17, 231 ff. – X./D.
[765] EGMR [GK] 15.12.2011 – 26766/05 u. 22228/06, NLMR 2011, 375 Rn. 123 f. – Al-Khawajau. Tahery/UK.
[766] Siehe EGMR 24.11.1986 – 9120/80, NJW 1987, 3068 Rn. 30 – Unterpertinger/AUT; EGMR 26.4.1991 – 12398/86, EuGRZ1992, 474 Rn. 26 ff. – Asch/AUT; Starmer/*Strange*/Whitaker S. 190; mwN *Demko* ZStR 122 (2004), 416 (420 ff.).
[767] MwN Meyer-Goßner/*Schmitt* Rn. 22c.
[768] MwN zur Rechtsprechung Karpenstein/Mayer/*Meyer* Rn. 203.
[769] EGMR 23.4.1997 – 21363/93 ua, StV1997, 617 Rn. 56 ff. – Van Mechelenua/NL m. zust. Anm. *Sommer* StraFo 1997, 241 (242); EGMR 17.7.2001 – 29900/96 ua, Rn. 67 ff. – Sadakua/TUR I; BGH 26.9.2002 – 1 StR 111/02, NJW 2003, 74 (76); *Hug* FS KG, 2000, 387 (398 f.); *Grosz/Beatson/Duffy* C6-102 f.; *Fuchs* ÖJZ 2001, 495 (502); *Demko* ZStR 122 (2004), 416 (420 f.); weitergehend krit. aber *Kolb* HRLJ

259 Eine Einschränkung kann schließlich aus der **tatsächlichen Unmöglichkeit** der Konfrontation folgen.[770] Die Vertragsstaaten dürfen die tatsächliche Unmöglichkeit jedoch nicht vorschnell aus der Unerreichbarkeit des Zeugen herleiten. Vielmehr müssen sie sich selbst im Fall einer notwendigen Rechtshilfe angemessen darum bemühen, die gebotene Konfrontation zu ermöglichen.[771] Versäumen sie notwendige Schritte, ist der Ausfall des Konfrontationsrechts dem Staat zurechenbar.[772]

260 **(2) Strikte Erforderlichkeit und hinreichende Kompensation.** Auch dann, wenn prinzipiell legitime Gründe für Einschränkungen vorliegen, müssen die gewählten Einschränkungen verhältnismäßig bleiben und damit insbesondere **strikt erforderlich** sein. Jeder Vertragsstaat muss danach streben, die Beeinträchtigungen der Verteidigungen durch prozessuale Schutzinstrumente *hinreichend* auszugleichen und damit so gering wie möglich zu halten (sog. *counterbalancing*).[773] Die vollständige Verwehrung des Konfrontationsrechts muss gegenüber milderen Einschränkungen die *ultima ratio* sein.[774] Im Zuge seiner jüngeren Rechtsprechung sieht der EGMR in diesem ehedem 2. Prüfungsstadium eine stets – nach der Thematisierung der Beweiswürdigungsvorgabe (→ Rn. 263 ff.) – zu prüfende Abwägung.[775]

261 Für etwaig verhältnismäßige Einschränkungen kommen zum Beispiel[776] der Ausschluss der Öffentlichkeit oder der Einsatz von Videotechnologie in Betracht. Bevor der Verteidigung eine Teilhabe an der Vernehmung ganz entzogen wird, ist etwa zu erwägen, ob eine Geheimhaltung auch durch eine abgeschirmte audiovisuelle Vernehmung gewährleistet werden kann, in der die Stimme und das Äußere des Zeugen verfremdet werden.[777] So kann es etwa geboten sein, das Strafverfahren für minderjährige Zeugen und bei Anklagen wegen Sexualstraftaten möglichst schonend zu gestalten, *soweit* dies mit einer konkreten und wirksamen Verteidigung vereinbart werden kann und nicht nur vage am Fall begründet wird.[778] Soweit im Ermittlungsverfahren Zeugen im Kindesalter vernommen werden, sind an die sorgfältige Durchführung der Befragung besonders hohe Anforderungen zu stellen.[779] Die grundsätzliche vorgeschriebene Anwe-

---

2000, 348 (370); *Trechsel* ZStR 118 (2000), 1 (16); siehe aber auch *Esser* S. 660 f.: Differenzierung, die nicht die Familienangehörigen betreffen darf.

[770] EGMR 17.11.2005 – 73047/01, NStZ 2007, 103 – Haas/D; mwN Meyer-Goßner/*Schmitt* Rn. 22c; vgl. auch schon EGMR 7.7.1989 – 10857/84, Rn. 88 – Bricmont/BEL und EKMR 27.5.1997 – 31700/96, Rn. 1 – Trivedi/UK: Zeuge für die Aussage vor Gericht zu krank; siehe auch schon *Schwaighofer* ÖJZ 1996, 124 (127): geringere Strenge bei tatsächlicher Unerreichbarkeit.

[771] MwN EGMR [GK] 15.12.2015 – 9154/10, StV 2017, 213 Rn. 120 ff. – Schatschaschwili/D.

[772] EGMR [GK] 15.12.2015 – 9154/10, StV 2017, 213 Rn. 120 ff. – Schatschaschwili/D; siehe auch krit. *Schumann* HRRS 2017, 354 ff.

[773] Siehe jeweils EGMR 26.3.1996 – 20524/92, ÖJZ 1996, 715 Rn. 73 ff. – Doorson/NL; EGMR 23.4.1997 – 21363/93 ua, StV1997, 617 Rn. 54, 62 – Van Mechelenua/NL; EMGR 20.11.1989 – 11454/85, EGMR-E 4, 420 Rn. 43 – Kostovski/NL; EGMR 20.12.2001 – 33900/96, NJW 2003, 2893 Rn. 23 – P.S./D.; EGMR 14.2.2002 – 26668/95, StraFo 2002, 160 Rn. 43 – Visser/NL; EGMR 2.7.2002 – 34209/96, NLMR 2002, 139 Rn. 47 ff. – S.N./SWE siehe dort die abl. SV *Türmen/Maruste*: keine *ausreichenden* Ausgleichsmaßnahmen; EGMR [GK] 15.12.2011 – 26766/05 u. 22228/06, NLMR 2011, 375 Rn. 147 ff. – Al-Khawaja u. Tahery/UK; *Ashworth*, Human Rights, Serious Crime, S. 57 ff.; *Esser* S. 663 ff.; *Renzikowski* JZ 1999, 605 (609 ff.); für den Fall einer dem Staat nicht zurechenbaren Konfrontationsverhinderung EGMR 7.8.1996 – 19874/92, ÖJZ 1997, 151 Rn. 51 ff. – Ferrantelli u. Santangelo/ITA.

[774] EGMR [GK] 15.12.2011 – 26766/05 u. 22228/06, NLMR 2011, 375 Rn. 125, 147 ff. – Al-Khawaja u. Tahery/UK.

[775] Dazu mwN krit. *Gaede* StV 2018, Heft 3.

[776] Umfassend zu den diversen Zeugenschutzmaßnahmen *Weigend* DJT 1998-I, C 29 ff.; *T. Walter* StraFo 2004, 224 (225 f.); siehe auch BGer 90 (Pra 2001) Nr. 60, S. 355 ff.: Einsatz eines Einwegspiegels.

[777] Dafür etwa mwN VGH Hessen 29.5.2013 – 8 B 1005/13, 8 D 1006/13, DÖV 2013, 779; mwN dazu SSW-StPO/*Satzger* Rn. 65.

[778] Dafür EGMR 20.12.2001 – 33900/96, NJW 2003, 2893 Rn. 28 ff. – P.S./D (im konkreten Fall aber mit einer Verletzung); EGMR 18.10.2001 – 37225/97, NJW 2003, 2297 – N.F.B./D; EGMR 2.7.2002 – 34209/96, NLMR 2002, 139 Rn. 47 ff. – S.N./SWE; mit einem diff. Ansatz BGer 6.11.2002 – 1P.279/2002, BGE 129 I 151 (159): Prüfung des Ausgleichs am konkreten Fall; *Demko* ZStR 122 (2004), 416 (420 ff.); bedenklich EGMR 31.8.1999 – 35253/97, Rn. 2 – Verdam/NL: Genügen einer Befragung durch einen Verteidiger, der sich mit dem Angeklagten nicht beraten konnte.

[779] EGMR 2.7.2002 – 34209/96, NLMR 2002, 139 Rn. 53 – S.N./SWE siehe dazu aber auch die zutr. SV *Türmen/Maruste*, die dem Gericht eine ungenügende Umsetzung eben dieses Gebots attestieren; BGer 6.11.2002 – 1P.279/2002, BGE 129 I 151 ff.

senheit des Angeklagten und seines Verteidigers bei der Vernehmung kann zum Schutz von Zeugen unter Umständen dann entfallen, wenn es ihnen möglich war, die Vernehmung audiovisuell zu verfolgen und den Zeugen über dieses Medium zu befragen.[780] Wird dem Angeklagten die Identität des Zeugen legitim nicht preisgegeben und ist seine Anwesenheit während der Vernehmung des mithin anonymen Zeugen infolge einer drohenden Offenbarung ausgeschlossen, kann es geboten sein, lediglich dem Verteidiger die Anwesenheit bei Zeugenvernehmungen unter der Auflage der Verschwiegenheit über die Identität des Zeugen zu gestatten.[781]

Umstritten ist die **gebotene Rechtsfolge,** wenn für eine vollzogene Einschränkung 262 des Konfrontationsrechts kein legitimer Grund angegeben werden kann oder der einschlägige Grund nicht zu einer strikt erforderlichen Einschränkung (unzureichendes *counterbalancing*) herangezogen wurde. Einzig konsequent und angemessen wäre es, bei der Verwertung einer belastenden Zeugenaussage in jedem Falle auf eine Verletzung des konstitutiven Teilrechts zu erkennen.[782] Nur ein **Beweisverwertungsverbot** hinsichtlich der nicht auf einer (hinreichenden) Konfrontation beruhenden Zeugenaussage kann den Prozess insofern fair werden lassen. Der EGMR hält diesen Schluss jedoch nicht für zwingend: Eine Verletzung des Abs. 1, 3 lit. d kann zwar auch vorliegen, wenn eine unkonfrontierte Aussage nicht das einzige oder das entscheidende Beweismittel gewesen ist.[783] Der EGMR verweist jedoch selbst bei einer Verwertung der Zeugenaussage grundsätzlich auf den Bedarf zu einer Gesamtbetrachtung des gesamten Prozesses, was Raum für Kompensationsstrategien schafft; der mangelnde Grund bzw. die unzureichende Begründung für die konkrete Rechtseinschränkung sind aber ein besonders bedeutsamer Faktor bei der Gesamtbetrachtung.[784]

(3) Partiell absolute Beweiswürdigungsvorgabe. Festzuhalten bleibt indes, dass die 263 Rechtsprechung trotz des geltenden Verhältnismäßigkeitsgrundsatzes weiter zu empfindlichen Einschränkungen der Verteidigungsteilhabe führt. Wenn etwa nur der Verteidiger die Vernehmung verfolgen und betreiben darf, ist es dem Angeklagten wesentlich erschwert, seine oft überlegenen Sachverhaltskenntnisse einzubringen.[785] Ebenso ist die Verteidigung erschwert, wenn man es mit dem EGMR hinnimmt, eine im Ermittlungsverfahren dokumentierte Aussage durch einen Zeugen vom Hörensagen[786] oder durch die Verlesung von Niederschriften[787] in die Hauptverhandlung einzubringen.

---

[780] Hierfür etwa EGMR 2.7.2002 – 34209/96, NLMR 2002, 139 Rn. 47 ff. – S.N./SWE; *T. Walter* StraFo 2004, 224 ff.; für eine Aufwertung der audiovisuellen Vernehmung etwa *Norouzi,* passim; krit. aber etwa *Strate* StraFo 1996, 2 ff.

[781] Hierzu EGMR 26.3.1996 – 20524/92, ÖJZ 1996, 715 Rn. 73 ff. – Doorson/NL; EGMR 28.3.2002 – 47698/99 u. 48115/99, Rn. 29 ff. – Birutis ua/LIT; EKMR 10.7.1985 – 11219/84, DR 42, 287 (291 ff.) – Kurup/DEN; *Villiger* Rn. 512; vgl. bereits EGMR 15.6.1992 – 12433/86, NJW 1992, 3088 Rn. 49 – Lüdi/SWI; BGer 21.3.1995 – 6P.81/1994, 6P.157/1994, EuGRZ 1995, 250 (253 f.). Siehe jedoch zur notwendigen Rücksprache mit dem Mandanten *Gaede,* Fairness als Teilhabe, S. 837 ff., 532 ff. und in diese Richtung auch BGH 15.4.2003 – 1 StR 64/03, NJW 2003, 2761 (2763).

[782] Hierfür näher mwN *Gaede,* Fairness als Teilhabe, S. 839 ff.; *ders.* JR 2006, 292 (293); siehe auch Meyer-Goßner/*Schmitt* Rn. 22c: fehlender legitimer Grund werde in der Gesamtabwägung regelmäßig für die Unfairness des Verfahrens entscheidend sein; siehe beispielhaft in diesem Sinne EGMR 10.4.2012 – 8088/05, Rn. 75 f., 86 f. – Gabrielyan/ARM; EGMR 6.10.2015 – 30582/04 u. 32152/04, Rn. 108 – Karpyuk ua/UKR.

[783] EGMR [GK] 15.12.2011 – 26766/05 u. 22228/06, NLMR 2011, 375 Rn. 119 ff. – Al-Khawaja u. Tahery/UK; EGMR [GK] 15.12.2015 – 9154/10, StV 2017, 213 Rn. 106, 114 ff. – Schatschaschwili/D; EGMR 3.4.2014 – 18475/05, Rn. 47 f. – Chmura/POL. Siehe auch für Verletzungen bei Versäumnissen EGMR 19.12.1990 – 11444/85, ÖJZ 1991, 425 Rn. 34 ff. – Delta/FRA; EGMR 7.7.1989 – 10857/84, Rn. 81 ff. – Bricmont/BEL; *Wohlers* ZStR 123 (2005), 144 (169); *Esser* JR 2005, 248 (250 ff.).

[784] EGMR [GK] 15.12.2011 – 26766/05 u. 22228/06, NLMR 2011, 375 Rn. 147 ff. – Al-Khawaja u. Tahery/UK. Siehe auch *Esser* JR 2005, 248 (251) und nun EGMR [GK] 15.12.2015 – 9154/10, StV 2017, 213 Rn. 111 ff. – Schatschaschwili/D. Krit. zu alledem *Gaede* StV 2018, Heft 3.

[785] Dazu etwa KG ZR 89 (1990) Nr. 39, S. 68 (69): zentrale eigene Anschauung des Angeschuldigten; *Trechsel* AJP 11 (2000), 1366 (1370 f.); *Schleiminger* S. 320 f.

[786] Zur möglichen Zulässigkeit von *hearsay-evidence* problematisch – ohne vorherige Konfrontationsmöglichkeit – EGMR 26.4.1991 – 12398/86, EuGRZ 1992, 474 Rn. 25 ff. – Asch/AUS: persönliche Anhörung „vorzugswürdig"; *Velu/Ergec* Rn. 496; Starmer/*Strange*/Whitaker S. 191 f.; *Esser* S. 642, vgl. aber auch S. 664 ff., 677 ff.

[787] Zur prinzipiellen Zulässigkeit EGMR 24.11.1986 – 9120/80, NJW 1987, 3068 Rn. 30 – Unterpertinger/AUT; EGMR 20.11.1989 – 11454/85, EGMR-E 4, 420 Rn. 41 – Kostovski/NL; EGMR 28.8.1992 –

264 Die nationale Rechtsprechung begnügt sich bei einem Ausfall des Konfrontationsrechts damit, dass sich das Tatgericht bei seiner abschließenden Beweiswürdigung dieses Umstandes besonders erinnert und regelmäßig (!) weitere „nach der Überzeugung des Gerichts" gewichtige Beweisanzeichen außerhalb der unkonfrontierten Aussage heranzieht.[788] Dies gilt, wenn der Staat das Ausbleiben der Befragung nicht geradezu selbst verschuldet hat.[789] Wie diese Berücksichtigung von der Erwähnung im Urteil abgesehen *in praxi* aussehen soll, bleibt bis heute dunkel.[790] Das Konfrontationsrecht bedeutet aber ein menschenrechtlich für Zeugen **zwingend vorgeschriebenes** und im Problemfall ausfallendes **Mittel der Wahrheitssuche**.[791] Auch eine vorsichtige Beweiswürdigung offenbart nicht, ob eine unkonfrontiert belastende Zeugenaussage nach der Ausübung des Rechts noch gleichermaßen belastend gewirkt hätte.[792]

265 Der **EGMR** strebt in diesem Sinne insbesondere zur Bewahrung einer insgesamt hinreichenden Beweisteilhabe bei Einschränkungen an, den Wesensgehalt der Abs. 3 lit. d, Abs. 1 S. 1 zu bewahren.[793] Er hat insoweit im Rahmen der Verbindung des Abs. 3 lit. d mit Abs. 1 S. 1 eine **zunächst absolute Grenze** entwickelt, bei deren Missachtung er eine insgesamt unverhältnismäßige Einschränkung der von Abs. 1 S. 1, Abs. 3 lit. d gebotenen Beweisteilhabe und damit eine Rechtsverletzung feststellt (aber auch → Rn. 267 f.): Eine Verurteilung darf **nicht allein oder in entscheidendem Ausmaß** auf Aussagen von Belastungszeugen gestützt werden, welche die Verteidigung nicht befragen konnte.[794] Damit will der EGMR absichern, dass Abs. 3 lit. d, Abs. 1 S. 1 nicht vollends hinter Gründe der Zweckmäßigkeit bzw. der effektiven Strafverfolgung und des Zeugenschutzes zurücktritt.[795] Auch die Verurteilung auf Grund der Aussage eines Mitangeklagten ohne dessen Konfrontation kann insoweit nicht allein mit dem Verweis auf dessen Schweigerecht begründet werden.[796] Nach

---

13161/87, EuGRZ 1992, 476 Rn. 21 ff. – Artner/AUT; EKMR 6.1.1993 – 20341/92, DR 74, 241 (245 f.) – K./NL: „as a rule"; *Demko* ZStR 122 (2004), 416 (425 f.); *Frowein/Peukert* Rn. 308.

[788] Zusf. BVerfG 8.10.2009 – 2 BvR 547/08, NJW 2010, 925 ff.; mwN schon BVerfG 27.12.2006 – 2 BvR 1814/04, BVerfGK 10, 125 ff.; BGH 29.11.2006 – 1 StR 493/06, BGHSt 51, 150 (154 ff.).

[789] BVerfG 27.12.2006 – 2 BvR 1814/04, BVerfGK 10, 125 ff.; 8.10.2009 – 2 BvR 547/08, NJW 2010, 925 ff.; mwN BGH 29.11.2006 – 1 StR 493/06, BGHSt 51, 150 (154 ff.); 12.1.2011 – 1 StR 540/10, NStZ 2011, 400.

[790] Zur Kritik schon *Fezer* StV 1987, 234 (235); mwN *Gaede*, Fairness als Teilhabe, S. 843 ff.

[791] U.S. Supreme Court 8.4.2004 – 02-9410, HRRS 2004 Nr. 690 Rn. 60 ff. – Crawford/Washington; *Renzikowski* FS Mehle, 2009, 529 ff.; *Gaede* JR 2006, 292 (295).

[792] *Fezer* StV 1987, 234 (235); *Gleß* NJW 2001, 3606 f.; mwN *Gaede,* Fairness als Teilhabe, S. 843 ff.

[793] Hierzu auch schon mwN *Gaede* JR 2006, 292 (293 f.).

[794] Grundlegend EGMR 24.11.1986 – 9120/80, NJW 1987, 3068 Rn. 33 – Unterpertinger/AUT; siehe anschließend etwa EGMR 7.7.1989 – 10857/84, Rn. 78 ff. – Bricmont/BEL; EGMR 20.11.1989 – 11454/85, EGMR-E 4, 420 Rn. 44 – Kostovski/NL; EGMR 5.12.2002 – 34896/97, NLMR 2002, 272 Rn. 86 – Craxi/ITA; EGMR 23.4.1997 – 21363/93 ua, StV1997, 617 Rn. 55 ff. – Van Mechelenua/NL; EGMR 20.9.1993 – 14647/89, ÖJZ 1994, 322 Rn. 44 – Saidi/FRA; EGMR 19.2.1991 – 11339/85, Rn. 33 ff. – Isgrò/ITA; EGMR 19.12.1990 – 11444/85, ÖJZ 1991, 425 Rn. 37 – Delta/FRA; EGMR 14.2.2002 – 26668/95, StraFo 2002, 160 Rn. 43 – Visser/NL; EGMR 27.2.2001 – 33354/96, HRRS 2006, Nr. 62 Rn. 40 – Lucà/ITA; EGMR 20.12.2001 – 33900/96, NJW 2003, 2893 Rn. 24 ff. – P.S./D; EGMR 28.3.2002 – 47698/99 u. 48115/99, Rn. 29 ff. – Birutis ua/LIT; EGMR 13.11.2003 – 71846/01, Rn. 23 ff. – Rachdad/FRA; BGer 6.11.2002 – 1P.279/2002, BGE 129 I 151 ff. m. zust. Anm. *Schleiminger* AJP 2003, 860 ff.; BGer 26.1.2001 – 1P.650/2000, Pra 90/2001 Nr. 93, S. 545 (547 f.): keine Lösung durch Beweisantizipation hinsichtlich der Verteidigungsfragen; *Villiger* Rn. 477; *Esser* 672 f.: Geltung auch bei anonymen Zeugen; *Rosbaud* HRRS 2005, 131 (136); *Stavros* S. 232 f.; *Sommer* StraFo 2002, 309 (314 ff.); Radtke/Hohmann/*Ambos* Rn. 50, 54; mwN auch zur Behandlung rudimentärer Fragegelegenheiten *Gaede* JR 2006, 292 (295).

[795] EGMR 27.9.1990 – 12489/86, ÖJZ 1991, 25 Rn. 30 – Windisch/AUT: „The collaboration of the public is undoubtedly of great importance for the police in their struggle against crime. In this connection the Court notes that the Convention does not preclude reliance, at the investigation stage, on sources such as anonymous informants. However, the subsequent use of their statements by the trial court to found a conviction is another matter […]. The right to a fair administration of justice holds so prominent a place in a democratic society that it cannot be sacrificed to expediency"; siehe auch bereits EGMR 20.11.1989 – 11454/85, EGMR-E 4, 420 Rn. 44 – Kostovski/NL: „irreconcilable"; vgl. auch EGMR 19.6.2003 – 28490/95, Rn. 95 ff. – Hulki Günes/TUR; mwN *Esser* S. 660; *Wohlers* FS Trechsel, 2002, 813 (816 f.).

[796] EGMR 27.2.2001 – 33354/96, HRRS 2006, Nr. 62 Rn. 33 ff. – Lucà/ITA; EGMR 5.12.2002 – 34896/97, NLMR 2002, 272 Rn. 86 – Craxi/ITA; KG ZR 103 (2003) Nr. 3, S. 5 (10 ff.); *Sommer* StraFo 2002, 309 (312 f.).

der – nicht überzeugenden[797] – Entscheidung im Fall *Haas* soll es bei einer **tatsächlich unmöglichen Konfrontation** im Einzelfall aber lediglich untersagt sein, die Verurteilung eines Angeklagten *allein* auf unkonfrontierte Zeugenaussagen zu stützen, wenn die ergänzenden Beweisindizien ihrerseits ohne Einschränkungen der Verteidigungsrechte festgestellt worden sind.[798] Eine ausschließliche Abstützung auf die Zeugenaussage wird dabei nicht schon durch den Verweis auf irgendein bestätigendes Indiz[799] oder durch den Verweis auf weitere Zeugenaussagen ausgeschlossen, hinsichtlich derer die Teilhaberechte beschränkt waren.[800]

Der EGMR greift mit dieser Rechtsprechung grundsätzlich zutreffend auf, dass sich das **266** Maß an Belastungen, welche die Verteidigung infolge verhältnismäßiger Einschränkungen erdulden muss, auch daraus erschließt, wie sich die Einschränkungen auf die gesamte Beweisteilhabe des Angeklagten niederschlagen.[801] Nach dieser Lehre muss mindestens der Beweiswert derartiger Zeugenaussagen begrenzt werden. Im Unterschied zur Rechtsprechung des BGH bedeutet dies, dass eine Verurteilung *nicht* mehr *primär* mit der unkonfrontierten Aussage etwa eines (früheren) Mitangeklagten begründet werden kann, auch wenn zu ihr noch stützende, aber doch eher periphere Beweismittel hinzutreten.[802] Damit wird immerhin schon greifbarer berücksichtigt, dass das in Abs. 3 lit. d und § 240 Abs. 2 StPO vorgeschriebene Verfahren der Beweiserhebung nicht eingehalten worden ist. Noch strengere Lösungen, die Beweisverwertungsverbote befürworten, werden im Schrifttum aber bereits zu Recht gefordert.[803] Dies muss auch für den Fall einer aus tatsächlichen Gründen unmöglichen Konfrontation gelten, jedenfalls soweit die problematische Aussage aus einer staatlichen Vernehmung stammt.[804] *Erst Recht* sollte ein Verwertungsverbot greifen, wenn der Rechtsausfall dem Staat etwa infolge einer versäumten Verteidigerbestellung im Ermittlungsverfahren vorzuhalten ist.[805] Anderes kann nur zutreffen, wenn das Ausbleiben der Zeugenkonfrontation gerade dem Angeklagten zuzurechnen ist.[806]

Eine **entscheidende Bedeutung** misst der **EGMR** einer Aussage aber nicht schon **267** immer dann bei, wenn sie im Urteil verwertet wird, das Urteil also auf ihr beruht.[807]

---

[797] Zur Kritik schon näher mwN *Gaede* JR 2006, 292 (294 f.).
[798] So mehrheitlich entschieden EGMR 17.11.2005 – 73047/01, NStZ 2007, 103 – Haas/D; davon zwischenzeitlich abrückend – von der Großen Kammer jedoch korrigiert – mwN EGMR [GK] 15.12.2011 – 26766/05 u. 22228/06, NLMR 2011, 375 – Al-Khawaja u. Tahery/UK.
[799] Siehe neben der weitere Hörensagenbeweise *problematisierenden* und *nicht* als bestätigendes Indiz anführenden Haas-Entscheidung etwa EGMR 14.6.2005 – 69116/01, Rn. 33 ff. – Mayali/FRA: Glaubhaftigkeitsgutachten keine ausreichenden Indizien. Siehe auch treffend schon *Esser* JR 2005, 248 (255 f.).
[800] Siehe insoweit EGMR 17.11.2005 – 73047/01, NStZ 2007, 103 – Haas/D; mwN *Gaede* JR 2006, 292 (296).
[801] Siehe schon näher, auch zur Bedeutung des gesetzlichen Schuldbeweises, *Gaede* JR 2006, 292 (294).
[802] EGMR 27.2.2001 – 33354/96, HRRS 2006, Nr. 35 ff. – Lucà/ITA; *Sommer* NJW 2005, 1240 ff.; *Dehne-Niemann* HRRS 2010, 189 (191 ff.); zum Unterschied der Lösungen von EGMR und BGH *Demko* ZStR 122 (2004), 416 ff.; aA aber zB weiterhin BGH 15.6.2010 – 3 StR 157/10, NStZ 2010, 589.
[803] *Renzikowski* FS Mehle, 2009, 529 (540 f.); *Gaede*, Fairness als Teilhabe, S. 839 ff.; zust. BeckOK StPO/*Eschelbach* § 257c Vor Rn. 11; *Schwenn* StraFo 2008, 225 (226 ff.); *Krausbeck* S. 190 ff., 223 ff., 322; *Dehne-Niemann* HRRS 2010, 189 (203 f.); mwN SK-StPO/*Wohlers* § 168c Rn. 41 ff.
[804] Siehe über *Haas* hinausgehend näher mwN *Gaede* JR 2006, 292 (295 f.); ders., Fairness als Teilhabe, S. 839 ff.; im Ergebnis wie hier bereits *Schleiminger* S. 37; *dies.* AJP 2003, 860 (861); *Trechsel* S. 315; siehe auch U.S. Supreme Court 8.4.2004 – 02-9410, HRRS 2004 Nr. 690 Rn. 20 ff., 60 ff. – Crawford/Washington; aA aber neuere EGMR 17.11.2005 – 73047/01, NStZ 2007, 103 – Haas/D auch EGMR 28.8.1992 – 13161/87, EuGRZ 1992, 476 Rn. 21 ff. – Artner/AUT; EGMR 7.8.1996 – 19874/92, ÖJZ 1997, 151 Rn. 52 – Ferrantelli u. Santangelo/ITA; bedenklich auch EKMR 6.1.1993 – 20341/92, DR 74, 241 (245 f.) – K./NL: anderes *könne* nicht sein.
[805] AA aber auch hier für eine Beweiswürdigungslösung BGH 25.7.2000 – 1 StR 169/00, BGHSt 46, 93 ff.
[806] *Renzikowski* FS Mehle, 2009, 529 (541); *Gaede*, Fairness als Teilhabe, S. 845.
[807] EGMR [GK] 15.12.2011 – 26766/05 u. 22228/06, NLMR 2011, 375 Rn. 131 f. – Al-Khawaja u. Tahery/UK; zum Begriff des ausschlaggebenden Beweismittels vgl. KG ZR 102 (2003) Nr. 11, S. 58 (59 ff.); krit. dazu *Schleiminger* AJP 2003, 860 (861); *Walter* StraFo 2004, 224 (227); *Esser* JR 2005, 248 (254 f.). Dazu, dass die Wesentlichkeit einer unkonfrontierten Aussage nicht einfach mit der Bezugnahme auf weitere Aussagen des Zeugen auszuschließen ist, siehe aber *Esser* JR 2005, 248 (255).

Maßgeblich sind die Urteilsausführungen, die vorhandenen weiteren Beweismittel und ihr Beweiswert. Stellt die belastende Zeugenaussage nach der Würdigung des EGMR weder das einzige noch das in entscheidendem Ausmaß bedeutsame Beweismittel dar, sollen Art. 6 Abs. 3 lit. d, Abs. 1 S. 1 bei einer grundsätzlich etwa aus familiären Gründen fehlenden Gelegenheit zur Konfrontation des Zeugen im Einzelfall sogar unverletzt sein, wenn der Verteidigung (nur) die Gelegenheit zu einer Stellungnahme zu diesem belastenden Beweismittel geboten wird.[808] Dies soll insbesondere gelten, wenn die ausgebliebene Konfrontation, wie zum Beispiel bei einem plötzlichen Tod des Belastungszeugen oder nach einer vom Staat demonstrierten hinreichenden Hinwirkung auf die Konfrontation, dem Staat nicht zugerechnet werden kann.[809] Eine Verurteilung erfordert in diesen Fällen aber jedenfalls eine **besonders vorsichtige Beweiswürdigung** hinsichtlich der belastenden Aussage.[810]

268 In jüngerer Zeit hat der EGMR die absolute Schranke nochmals stärker für eine verfolgungsorientierte **Einzelfallbewertung** geöffnet: Entgegen einer den bisherigen Linien strikt folgenden Kammerentscheidung[811] hat die Große Kammer des EGMR im Verfahren *Al-Khawaja und Tahery v. UK* – unter dem aktuellen britischen Druck auf den EGMR[812] – ein verfolgungsorientiertes Zugeständnis gemacht, mit dem er auch die Prüfungsfolge geändert hat.[813] Der Gerichtshof erkennt an, dass im konkreten Einzelfall

---

[808] EGMR 26.4.1991 – 12398/86, EuGRZ 1992, 474 Rn. 29 – Asch/AUT; EGMR 28.8.1992 – 13161/87, EuGRZ 1992, 476 Rn. 21 ff. – Artner/AUT; EGMR 7.8.1996 – 19874/92, ÖJZ 1997, 151 Rn. 52 – Ferrantelli u. Santangelo/ITA; *Demko* ZStR 122 (2004), 416 (425 f.); *Esser* S. 648 ff.; auch EGMR 4.7.2000 – 43149/98, Rn. 1 – Kok/NL; EGMR 4.5.2000 – 42965/98 – Berisha/NL; EGMR 14.2.2002 – 26668/95, StraFo 2002, 160 Rn. 46 – Visser/NL: „If this testimony [of an anonymous witness] was not in any respect decisive, the defence was handicapped to a much lesser degree"; krit. zur Subsumtion des entscheidenden Beweismittels etwa *Esser* S. 653 ff.: EGMR sei auf die flexible „Beweiswürdigungsschiene" eingeschwenkt. Zur anderen Ansicht des U.S. Supreme Court 8.4.2004 – 02-9410, HRRS 2004 Nr. 690 Rn. 60 ff. – Crawford/Washington; *Walther* HRRS 2004, 310 ff.

[809] Dazu EGMR 7.8.1996 – 19874/92, ÖJZ 1997, 151 Rn. 51 ff. – Ferrantelli u. Santangelo/ITA; EGMR 5.12.2002 – 34896/97, NLMR 2002, 272 Rn. 86 – Craxi/ITA; EGMR 13.11.2003 – 71846/01, Rn. 24 f. – Rachdad/FRA; EGMR 27.1.2004 – 44484/98 – Lorsé/NL; EGMR 21.3.2002 – 59895/00 – Calabro/ITA u. D (im Rechtshilfekontext); EGMR 2.7.2002 – 34209/96, NLMR 2002, 139 Rn. 47 ff. – S.N./SWE, wonach eine eingeschränkte Zeugenbefragung genügen kann, dazu siehe aber auch die abl. SV *Türmen/Maruste*; zur entsprechenden Judikatur BGH 20.10.2011 – 4 StR 71/11, CCZ 2012, 157; 9.6.2009 – 4 StR 461/08, NStZ 2009, 581 m. abl. Bespr. *Dehne-Niemann* HRRS 2010, 189 ff.; aA zum Beispiel *Gaede*, Fairness als Teilhabe, S. 839 ff.; *Schleiminger* AJP 2003, 860 (861).

[810] Hierfür EGMR 2.7.2002 – 34209/96, NLMR 2002, 139 Rn. 53 – S.N./SWE mwN; EGMR 26.3.1996 – 20524/92, ÖJZ 1996, 715 Rn. 76 – Doorson/NL; EGMR 7.8.1996 – 19874/92, ÖJZ 1997, 151 Rn. 51 ff. – Ferrantelli u. Santangelo/ITA; BGH 20.10.2011 – 4 StR 71/11, CCZ 2012, 157; *Esser* S. 674 f.; *ders.* JR 2005, 248 (255 f.); zur *jury* EKMR 27.5.1997 – 31700/96, Rn. 1 – Trivedi/UK; siehe auch zur tatsächlich unmöglichen Konfrontation EGMR 17.11.2005 – 73047/01, NStZ 2007, 103 – Haas/D. Vgl. auch einbeziehend EGMR 31.10.2001 – 47023/99, Rn. 62 ff. – Solakov/MAC; EGMR 27.1.2004 – 44484/98 – Lorsé/NL: „extreme care". Zur Kritik an der sog. besonders vorsichtigen Beweiswürdigung, welche die Ebene der Beweiserhebung verlässt, siehe schon *Fezer* JZ 1985, 496 (497 f.); *Wohlers* FS Trechsel, 2002, 813 (820 ff.); mwN *Esser* NStZ 2007, 106 f.; *Sommer* StraFo 2002, 309 (314 f.); *Beulke* FS Rieß, 2002, 3 (7); *Trechsel* AJP 11 (2000), 1366 (1368); *ders.* S. 298; *Dehne-Niemann* HRRS 2010, 189 (199 ff.); vgl. auch schon EGMR 20.11.1989 – 11454/85, EGMR-E 4, 420 Rn. 43 – Kostovski/NL; EGMR 19.6.2003 – 28490/95, Rn. 95 – Hulki Güneş/TUR: vorsichtige Beweiswürdigung als Ausgleich allein unzureichend; *Gaede*, Fairness als Teilhabe, S. 730 ff., 845, 482.

[811] MwN EGMR 10.1.2009 – 26766/05, 2228/06, HRRS 2009 Nr. 459 – Al-Khawaja u. Tahery/UK m. Bespr. *Jung* GA 2009, 235 ff. und *Esser/Gaede/Tsambikakis* NStZ 2011, 140 (148).

[812] Vor der Entscheidung der Großen Kammer stellte sich ua der *Supreme Court* als Nachfolger des *House of Lords* in dem Verfahren *Horncastle ua* offen gegen die in *Al-Khawaja und Tahery* vom EGMR zugrunde gelegten und tradierten Grundsätze, siehe U. K. Supreme Court 9.12.2009 – [2009] UKSC 14 – R./Horncastle ua: Der EGMR habe Aspekte des englischen Rechts nicht hinreichend verstanden; so das *House of Lords* an seine Entscheidung nicht gebunden sei; siehe auch schon Court of Appeal 22.5.2009 – 2008/1011/C2 ua, [2009] EWCA Crim 964 – R./Horncastle ua; dazu näher *du Bois-Pedain* HRRS 2012, 120 ff.

[813] EGMR [GK] 15.12.2011 – 26766/05 u. 22228/06, NLMR 2011, 375 Rn. 118 ff. – Al-Khawaja u. Tahery/UK, anders das beachtliche SV *Sajó/Karakas*; siehe näher krit. *Meyer* HRRS 2012, 117 ff.; *Esser/Gaede/Tsambikakis* NStZ 2012, 619 (620 ff.); zust. hingegen *du Bois-Pedain* HRRS 2012, 120 ff. und Meyer-Goßner/*Schmitt* Rn. 3a: Abwägung der widerstreitenden Interessen.

auch eine Abkehr von der damit nicht länger absoluten Regel zulässig sein kann.[814] In Abhängigkeit von den Besonderheiten des nationalen Strafverfahrenssystems können bei der anzustellenden Gesamtprüfung der Fairness hinreichende kompensierende Faktoren zu finden sein. Sie müssen einerseits eine angemessene Beurteilung des Beweiswerts der Aussage ermöglichen und damit die **hinreichende Verlässlichkeit der Aussage** gewährleisten. Andererseits müssen sie absichern, dass der Angeklagte **noch immer eine effektive Chance zur Verteidigung** hat. Der EGMR kündigt indes an, dass er jedes einzelne Verfahren, in dem die Verurteilung allein oder wesentlich auf einer unkonfrontierten Aussage beruht, mit der größtmöglichen Gründlichkeit (*„most searching scrutiny"*) darauf prüfen werde, ob *tatsächlich* hinreichend kompensierende Faktoren in diesem Sinne gegeben waren.[815]

Mit dieser Rechtsprechung hat der EGMR seine besondere Vorsicht vor einer zu starken Einschränkung der Beweisteilhabe der Verteidigung zwar *nicht* aufgegeben. Er hat auch in seiner neuen Leitentscheidung und späteren Entscheidungen Verletzungen des Abs. 3 lit. d, Abs. 1 S. 1 trotz grundsätzlich vorhandener Einschränkungsgründe festgestellt.[816] Indem er sich jedoch unverblümt auf eine unmittelbare Abwägung mit verurteilungsorientierten Interessen der Strafrechtspflege eingelassen und vor allem den Beweiswert der Aussagen zum zentralen Prüfungsfaktor gemacht hat,[817] hat er die konstitutive, auf Verfahrensgerechtigkeit bedachte Bedeutung des Art. 6 insgesamt empfindlich in Frage gestellt. Die Beweisnot bei der Begründung vermeintlich gerechter Bestrafungen scheint nun weithin zu bestimmen, welche Anforderungen an ein legitimierendes faires Verfahren überhaupt noch gestellt werden dürfen.[818] Die konstitutive und immerhin partiell konkretisierende Bedeutung der Mindestrechte steht in Frage,[819] während der EGMR in Zukunft eine Vielzahl von Einzelfällen wird entscheiden müssen, ohne eine vergleichsweise klare Entscheidungsregel heranziehen zu können.[820] Die Beachtung des Rechts des Angeklagten, sich durch eigene Beweisführungen und die Prüfung anderer Zeugenaussagen verteidigen zu dürfen, stellt jedenfalls dann, wenn keine weiteren Augenzeugen gehört werden können, keinen Ausgleich für den Verlust der Gelegenheit dar, den einzigen Belastungszeugen sehen, inhaltlich konfrontieren und befragen zu können.

Die deutsche Rechtsprechung hat diese Rechtsprechung nunmehr „entdeckt" und verfehlt zum Anlass genommen, die zwischenzeitliche – selbst schon verzögerte – Rezeption des Konfrontationsrechts wieder zu begrenzen.[821] Jüngere Verurteilungen Deutschlands zeigen jedoch, dass die Maßstäbe des Abs. 3 lit. d, Abs. 1 S. 1 tatsächlich auch für

---

[814] EGMR [GK] 15.12.2011 – 26766/05 u. 22228/06, NLMR 2011, 375 Rn. 142 ff., 146 f. – Al-Khawaja u. Tahery/UK, zum Fall *Al-Khawaja* mit einer Ablehnung der Verletzung Rn. 153 ff.
[815] EGMR [GK] 15.12.2011 – 26766/05 u. 22228/06, NLMR 2011, 375 Rn. 147 – Al-Khawaja u. Tahery/UK, mit der Folge einer Verletzung Rn. 159 ff.: keine Zeugenaussage, deren Beweiswert nach den Umständen offensichtlich verlässlich war (*„demonstrably reliable"*), keine wesentlichen unterstützenden Beweise.
[816] Siehe schon EGMR [GK] 15.12.2011 – 26766/05 u. 22228/06, NLMR 2011, 375 Rn. 159 ff. – Al-Khawaja u. Tahery/UK: Verletzung im Fall *Tahery*. Siehe auch EGMR [GK] 15.12.2015 – 9154/10, StV 2017, 213 Rn. 161 ff. – Schatschaschwili/D.
[817] EGMR [GK] 15.12.2011 – 26766/05 u. 22228/06, NLMR 2011, 375 Rn. 118, 146 – Al-Khawaja u. Tahery/UK.
[818] Zur Kritik siehe schon *Esser/Gaede/Tsambikakis* NStZ 2012, 619 (620 ff.); siehe zur verfahrensrechtlichen Legitimation näher *Gaede*, Fairness als Teilhabe, S. 839 ff.; *ders.* JR 2006, 292 (294 ff.); zust. *Dehne-Niemann* HRRS 2010, 189 (191 ff.); *Renzikowski* FS Mehle, 2009, 529 (540 ff.); *Meyer* HRRS 2012, 117 (119 f.); zum US-Verfassungsrecht U.S. Supreme Court 8.4.2004 – 02-9410, HRRS 2004 Nr. 690 Rn. 63 – Crawford/Washington, zur Unvereinbarkeit mit der früheren Rechtsprechung siehe auch das SV *Sajó/Karakas*.
[819] Siehe näher dazu *Gaede*, Fairness als Teilhabe, S. 278 ff., 447 ff., 710 ff., 827 ff. Gerade insoweit auch noch anders EGMR 10.1.2009 – 26766/05, 2228/06, HRRS 2009 Nr. 459 Rn. 34 ff. – Al-Khawaja u. Tahery/UK.
[820] Insofern krit. *Esser/Gaede/Tsambikakis* NStZ 2012, 619 (620 ff.); siehe schon zum Grundproblem *Gaede*, Fairness als Teilhabe, S. 809 f., 844 f.
[821] Siehe BGH 4.5.2017 – 3 StR 323/16, BeckRS 2017, 112119 und BGH 26.4.2017 – 1 StR 32/17, StRR 2017, 13; dazu schon treffend abl. *Schumann* HRRS 2017, 354 ff.

deutsche Gerichte eine Herausforderung bleiben.[822] Der EGMR unternimmt weiterhin eine strikte Prüfung, die etwa auch Versäumnisse im Rahmen der Rechtspflege einbezieht.[823] Er hat die Mindestrechte des Art. 6 Abs. 3 nicht explizit zu Regelungsvorschlägen werden lassen und fordert noch immer, dass die Staaten einen rechtfertigenden Grund nachweisen können und den Ausfall der Konfrontation nicht verschuldet haben.[824] Auch die **prinzipielle Regel gegen die ausschließliche oder wesentliche Abstützung auf Aussagen,** hinsichtlich derer die Verteidigungsrechte nicht gewährleistet worden sind, wurde **nicht verworfen.** Noch immer wächst mit der größeren Bedeutung eines Beweismittels, das wie der *hearsay evidence* von Einschränkungen der Verteidigungsrechte betroffen ist, die Gefahr einer insgesamt eintretenden Unfairness des Verfahrens.[825] Notwendig sind kompensierende prozessuale Schutzinstrumente und insbesondere Beweismittel, die im Ergebnis auch die unkonfrontierte Aussage als hinreichend überprüfbar und verlässlich erscheinen lassen. Dabei erklärt der EGMR explizit, dass eine Verletzung nicht schon durch die offenbare Verlässlichkeit der Aussage ausgeschlossen wird.[826]

271 Die heutige Position des EGMR sichert weder einer am „gerechten Ergebnis" orientierten Justiz noch dem auf das Konfrontationsrecht pochenden Verteidiger eine klare „Erfolgsaussicht" zu.[827] Zumal gerade bei der Würdigung einzelner Beweise die Positionen nachvollziehbar auseinandergehen können, kann die begrenzende Regel weiter zu Verurteilungen Deutschlands führen. Soweit keine fraglos besonders starken, unterstützenden Beweise vorliegen, dürfte die Annahme einer Verletzung – so wie sie etwa im Fall *Tahery* weiter bejaht wurde – nach wie vor naheliegen. Jedenfalls die gebotene besonders vorsichtige Beweiswürdigung unkonfrontierter Zeugenaussagen genügt dem EGMR noch immer allein nicht für die Verwerfung einer Verletzung. Auch die deutsche Justiz sollte daher nicht den Fehler machen, das Konfrontationsrecht nach den jüngsten, einschränkenden Signalen des EGMR wieder zurückzusetzen.

272 **e) Das Recht auf die unentgeltliche Beiziehung eines Dolmetschers (Abs. 3 lit. e).** Abs. 3 lit. e gesteht dem Angeklagten die „unentgeltliche Unterstützung durch einen Dolmetscher" zu, „wenn der Angeklagte die Verhandlungssprache des Gerichts nicht versteht oder sich nicht darin ausdrücken kann". Diese Bestimmung verfolgt das Ziel, **Beschuldigte gleichzustellen,** welche die Verfahrenssprache nicht beherrschen.[828] Sie stellt sich folglich als Norm dar, welche die auf das Mittel der Sprache angewiesene effektive Verteidigung überhaupt erst ermöglicht. Die Norm hat wesentlichen Anteil an

---

[822] EGMR 19.7.2012 – 26171/07, NJW 2013, 3225 Rn. 42 ff., 51 ff. – Hümmer/D: unzulässige Einschränkung der Verteidigungsrechte durch Zugeständnis eines familiär bedingten Zeugnisverweigerungsrechts und der Verwertung früherer belastender Aussagen trotz einer unstreitig besonders vorsichtigen Beweiswürdigung in einem Einzelfall, in dem die verwerteten, keinem Kreuzverhör unterzogenen Zeugenaussagen zwar nicht die alleinigen, wohl aber die entscheidenden bzw. ausschlaggebenden Beweismittel waren und die vom Tatgericht herangezogenen bestätigenden Beweise entweder selbst in Hörensagen oder in Indizienbeweisen bestanden und in dem zuvor die gebotene Bestellung eines Verteidigers im Ermittlungsverfahren unterblieben war; EGMR [GK] 15.12.2015 – 9154/10, StV 2017, 213 Rn. 146 ff., 151 ff. – Schatschaschwili/D.

[823] EGMR [GK] 15.12.2015 – 9154/10, StV 2017, 213, HRRS 2016 Nr. 1 Rn. 152 ff., 161 ff. – Schatschaschwili/D und zu Recht krit. zu BGH 4.5.2017 – 3 StR 323/16, BeckRS 2017, 112119 und BGH 26.4.2017 – 1 StR 32/17, StRR 2017, 13; mwN *Schumann* HRRS 2017, 354 ff.

[824] Siehe weiter begründend EGMR [GK] 15.12.2011 – 26766/05 u. 22228/06, NLMR 2011, 375 Rn. 118, 146 – Al-Khawaja u. Tahery/UK.

[825] Siehe weiter begründend EGMR [GK] 15.12.2011 – 26766/05 u. 22228/06, NLMR 2011, 375 Rn. 128, 139 f., 143 – Al-Khawaja u. Tahery/UK; siehe auch bereits *Gaede* JR 2006, 292 (293 f.).

[826] Siehe weiter begründend EGMR [GK] 15.12.2011 – 26766/05 u. 22228/06, NLMR 2011, 375 Rn. 142 – Al-Khawaja u. Tahery/UK; zur Bedeutung der Kriterien in der Subsumtion des EGMR siehe aber schon krit. *Meyer* HRRS 2012, 117 (119 f.); *du Bois-Pedain* HRRS 2012, 120 (133 ff.).

[827] Hierzu und zum Folgenden bereits *Esser/Gaede/Tsambikakis* NStZ 2012, 619 (620 ff.).

[828] Siehe schon EKMR 18.5.1977 – 6210/73 ua, NJW 1978, 477 – Luedicke ua/D: Vermeidung jeder Ungleichheit unter Angeklagten; *Villiger* Rn. 528: kardinales rechtsstaatliches Postulat; umfassend *Braitsch* S. 41 ff., 166 ff.

den Teilgarantien des Art. 6, die darauf gerichtet sind, eine hinreichende Teilhabefähigkeit herzustellen.[829] Ist der Beschuldigte gemäß Abs. 3 lit. c anwaltlich vertreten, schränkt dies die Berufung auf Abs. 3 lit. e nicht mehr maßgeblich ein; vielmehr reagiert diese Garantie auf eine anders begründete, regelmäßig gegebene Hilfsbedürftigkeit des Beschuldigten.[830]

Sind **Anhaltspunkte für Sprachschwierigkeiten** vorhanden, ist sorgfältig zu prüfen, ob ein Dolmetscher erforderlich ist. Diese Prüfung kann nicht allein dem Verteidiger überlassen werden. Sie ist vom Gericht selbst zu verantworten. Die nationalen Behörden und Gerichte haben die Verständnis- oder Sprechfähigkeiten des Angeklagten damit selbst festzustellen.[831] Dabei können sie auch auf prozessfremde Hinweise zurückgreifen.[832] 273

Sind mangelhafte Sprachfähigkeiten festgestellt oder nicht auszuschließen, hat der Angeklagte ein nicht einschränkbares **Recht auf eine unentgeltliche und qualitativ hinreichende Übersetzung**.[833] Es genügt nicht, einen Übersetzer allein formal bereitzustellen, sondern es ist eine tatsächlich effektive Übersetzung erforderlich. Der EGMR erkennt indes keine Pflicht zur ausnahmslos wörtlichen und simultanen Übersetzung an.[834] Die Pflicht des Staates bezieht sich auf alle Dokumente und mündlichen Äußerungen, deren Kenntnis erforderlich ist, um die erhobenen Vorwürfe verstehen und die eigene Verteidigungsposition darlegen zu können.[835] Eine zwingend schriftliche Übersetzung von Unterlagen hat der EGMR bislang nicht anerkannt.[836] Dies gilt problematischerweise selbst für die schriftliche Anklage.[837] 274

Das Recht bezieht sich auf alle Stadien des fairen Verfahrens.[838] Falls Verteidigungsrechte in Ermittlungsverfahren gewährt sind, ist auch hier insbesondere im Hinblick auf Abs. 3 lit. a und Art. 5 Abs. 2, 3 der Dolmetscherbeistand garantiert.[839] Es ist jedoch nicht zwingend jedes Schriftstück zu übersetzen.[840] Die Dolmetscherunterstützung 275

---

[829] Dazu näher *Gaede*, Fairness als Teilhabe, S. 588 ff., 604 f.
[830] Dazu EGMR 24.9.2002 – 32771/96, Rn. 38 ff. – Cuscani/UK; anders noch mwN aus der Kommissionspraxis *Braitsch* S. 169; *Villiger* Rn. 530: nur beschränkte Berufung; siehe zudem *Gaede*, Fairness als Teilhabe, S. 604 f.
[831] EGMR 24.9.2002 – 32771/96, Rn. 38 ff. – Cuscani/UK; EGMR 19.12.1989 – 10964/84, EGMR-E 4, 438 Rn. 40 ff. – Brozicek/ITA; *Villiger* Rn. 508, 528; enger *Esser* S. 511.
[832] Dazu näher *Villiger* Rn. 528; *Trechsel* ZStR 96 (1979), 337 (372).
[833] EGMR 28.11.1978 – 6210/73 ua, EGMR-E 1, 344 Rn. 39 ff., 46 – Luedicke ua/D; EGMR 21.2.1984 – 8544/79, NJW 1985, 1273 Rn. 58 – Öztürk/D; *Stavros* S. 255 f.; zusf. EGMR 14.1.2003 – 26891/95, Rn. 61 – Lagerblom/SWE: „The Court reiterates that the right guaranteed under Article 6 § 3 (e) for an accused who cannot understand or speak the language used in court to have the free assistance of an interpreter extends to all those documents or statements in the criminal proceedings which it is necessary for the accused to understand or to have rendered into the court's language in order to have the benefit of a fair trail. The interpretation assistance provided should be such as to enable the accused to have knowledge of the case against him and to defend himself, notably by being able to put before the court his version of the events".
[834] EGMR 19.12.1989 – 9783/82, EGMR-E 4, 450 Rn. 83 – Kamasinski/AUT; EGMR 6.4.2000 – 50841/99 – Osmani ua/MAC; *Stavros* S. 256 f.; *Esser* S. 512 f.; krit. *Braitsch* S. 577; *Strate* StV 1981, 46 f.: wörtliche Übersetzung von Zeugenaussagen.
[835] EGMR 14.1.2003 – 26891/95, Rn. 61 – Lagerblom/SWE.
[836] Hierzu siehe EGMR 19.12.1989 – 9783/82, EGMR-E 4, 450 Rn. 74, 84 f. – Kamasinski/AUT: nicht zwingend, wenn keine konkrete Behinderung durch die mündliche Übersetzung nachgewiesen wird, wobei die Bestellung eines Verteidigers für das Rechtsmittel in die Betrachtung einbezogen wurde, Rn. 74; EKMR 6.12.1991 – 14106/88 – Hayward/SWE; weitergehend hingegen *Villiger* Rn. 530.
[837] Dazu erneut EGMR 19.12.1989 – 9783/82, EGMR-E 4, 450 Rn. 79 ff. – Kamasinski/AUT; *Villiger* Rn. 508; *Esser* S. 445; dagegen etwa *Stavros* S. 75: „written communication of the appropriate information [...] indispensable", S. 174; *Haefliger/Schürmann* S. 220.
[838] Siehe bereits neben Art. 6 Abs. 3 lit. a EMRK in der Sache EGMR 28.11.1978 – 6210/73 ua, EGMR-E 1, 344 Rn. 48 – Luedicke ua/D; *Esser* S. 508 ff.; *Stavros* S. 66, 254 f.; *Strate* AnwBl 1980, 15 (16); KOM(2004) 328 endg., S. 16; aA *Fawcett* S. 198.
[839] Zur Anwendung in Ermittlungsverfahren siehe etwa EGMR 19.12.1989 – 9783/82, EGMR-E 4, 450 Rn. 76 ff. – Kamasinski/AUT; *Villiger* Rn. 530; *Staudinger* StV 2002, 327 ff.
[840] EGMR 19.12.1989 – 9783/82, EGMR-E 4, 450 Rn. 74 – Kamasinski/AUT: „paragraph 3 (e) [...] does not go so far as to require a written translation of all items of written evidence or official documents in the procedure"; *Esser* S. 510 f.; *Villiger* Rn. 508.

erstreckt sich insbesondere auf die Hauptverhandlung.[841] Auch das Urteil ist zu übersetzen.[842] Die Übersetzung ist auch in Rechtsmittelverfahren von Bedeutung, soweit diese eröffnet sind.[843]

276 Eine Pflicht des Angeklagten, **Kosten** erstatten zu müssen, verletzt Abs. 3 lit. e auch dann, wenn sie für den Fall seiner Verurteilung und nachträglich vorgesehen ist.[844] Zum einen stellt der Wortlaut des Abs. 3 lit. e von vornherein und im Gegensatz zu Abs. 3 lit. c nicht auf eine Mittellosigkeit ab. Zum anderen betrifft die Norm die schiere Grundlage einer jeden wirksamen Verfahrensteilhabe. In diesem Sinne will Abs. 3 lit. e auch einen Verzicht auf den Dolmetscher verhindern, der aus Furcht vor den Übersetzungskosten naheliegt und fortwirkende Fehleinschätzungen über die tatsächliche Bedeutung des Verfahrens begünstigen würde.[845]

277 Die Garantie gilt – jedenfalls abgeleitet über Abs. 1 S. 1 – auch für Fälle, in denen **Gebärden**_sprache_ zum Ausgleich fehlender Sprach- oder Hörfähigkeiten benutzt werden muss: Auch hier dürfen für Dolmetscherleistungen keine Kosten erhoben werden.[846] Es lässt sich nicht überzeugend darlegen, warum etwa dem Taubstummen im Gegensatz zu einem allgemein Sprachunkundigen keine gleichwertige effektive Hilfe zu gewähren sein sollte.[847]

278 Der Verteidiger kann im Verfahren bei der Einbeziehung fremdsprachlicher Texte oder Aussagen ebenfalls auf eine Übersetzung und damit auf einen Dolmetscherbeistand angewiesen sein.[848] In diesem Fall beurteilt sich die Kostentragung nach Abs. 3 lit. e, soweit die Voraussetzungen des Abs. 3 lit. e vorliegen.[849]

279 **5. Die unbenannten Rechte des Abs. 1 S. 1.** Die offene Abfassung des Rechts auf Verfahrensfairness begünstigt die in ständiger Rechtsprechung durch den EGMR verfolgte legitime **Ableitung unbenannter Rechte** aus dem in Abs. 1 S. 1 verankerten und nicht nur als Auslegungsregel garantierten Inbegriff des fairen Verfahrens. Im Wege der Konkretisierung erkennt der EGMR Rechte an, zu denen zentrale Rechte wie das rechtliche Gehör (dazu → Rn. 295 ff.), das Anwesenheitsrecht des Angeklagten (hierzu → Rn. 282 ff.) oder die Selbstbelastungsfreiheit zählen (zu ihr → Rn. 318 ff.). Die oft festgestellte Offenheit des Konzepts des fairen Verfahrens ist zugleich aber auch Argument dafür, ein erhebliches Umsetzungsermessen der Mitgliedstaaten[850] und ggf. implizierte Begrenzungen[851] anzuer-

---

[841] Hierfür siehe etwa EGMR 24.9.2002 – 32771/96, Rn. 38 ff. – Cuscani/UK; _Villiger_ Rn. 530.
[842] Hierfür etwa _Villiger_ Rn. 530; _Stavros_ S. 254 f.: erforderlich bei Rechtsmitteln. Eng hier aber zur schriftlichen Übersetzung EGMR 19.12.1989 – 9783/82, EGMR-E 4, 450 Rn. 74, 84 f. – Kamasinski/AUT; BGer 8.12.1992 – BGE 118 Ia 462 ff.: nicht zwingend; dem grundsätzlich zust. _Esser_ S. 515 f.; OLG Düsseldorf 2.7.2003 – III-2 Ss 88/03-41/03 II, NJW 2003, 2766 f.
[843] Vgl. EGMR 28.11.1978 – 6210/73 ua, EGMR-E 1, 344 Rn. 48 – Luedicke ua/D; _Villiger_ Rn. 530; _Strate_ AnwBl 1980, 15 (16).
[844] Grundlegend EGMR 28.11.1978 – 6210/73 ua, EGMR-E 1, 344 Rn. 39 ff., 46 – Luedicke ua/D; EGMR 25.9.1992 – 13611/88, EuGRZ 1992, 542 Rn. 33 – Croissant/D; _Villiger_ Rn. 529; _Esser_ S. 516 ff.
[845] EGMR 28.11.1978 – 6210/73 ua, EGMR-E 1, 344 Rn. 42 – Luedicke ua/D; EKMR 18.5.1977 – 6210/73 ua, NJW 1978, 477 – Luedicke ua/D; EGMR 25.9.1992 – 13611/88, EuGRZ 1992, 542 Rn. 33 – Croissant/D; _Braitsch_ S. 170 ff.; _Kieschke_ S. 74 f.
[846] Siehe auch KOM(2004) 328 endg., S. 16 und Art. 6 Abs. 3, sowie Erwägung (13); siehe auch zur Übersetzung des Verkehrs mit dem Verteidiger Meyer-Goßner/_Schmitt_ Rn. 25.
[847] MwN _Gaede_, Fairness als Teilhabe, S. 605; siehe auch zu akustischen Defiziten EGMR 23.2.1994 – 16757/90, Rn. 13 ff., 26 ff. – Stanford/UK.
[848] Hierzu siehe _Braitsch_ S. 177 ff.; _Villiger_ Rn. 530.
[849] In diesem Sinne etwa BGH 26.10.2000 – 3 StR 6/00, BGHSt 46, 178 (183 ff.); _Esser_ S. 510; _Strate_ AnwBl 1980, 15 (16); _Kieschke_ S. 85 ff.; _Villiger_ Rn. 530; tendenziell auch EGMR 14.1.2003 – 26891/95, Rn. 61 ff. – Lagerblom/SWE: kein Recht auf Verteidiger, welcher der Zielsprache mächtig ist, jedoch Rechtsgewährung über Abs. 3 lit. e; aA noch EKMR 29.5.1975 – 6185/73, DR 2, 68 (70 f.) – X./AUT.
[850] EGMR 12.2.1985 – 9024/80, EGMR-E 3, 1 Rn. 30 – Colozza/ITA; _Villiger_ Rn. 470.
[851] Siehe etwa grundlegend EGMR 21.2.1975 – 4451/70, EGMR-E 1, 146 Rn. 38 ff. – Golder/UK; beispielhaft im Strafverfahren EGMR 12.2.1985 – 9024/80, EGMR-E 3, 1 Rn. 27, 30 – Colozza/ITA; EGMR 14.12.1999 – 34791/97, Rn. 35, 35 ff. – Khalfaoui/FRA; EGMR 16.10.2001 – 39846/98, Rn. 45, 48 – Brennan/UK.

kennen. Die Ausgangsgarantie des *fair hearing* gewährleistet dabei die **mündliche** und adversatorisch ausgestaltete **Verhandlung** der Anklage.[852]

Bei alledem versteht der EGMR das faire Verfahren als *echte Verfahrensgarantie* und *nicht* als Garantie eines richtigen Verfahrensergebnisses.[853] Ebenso wenig definiert er den Gehalt des fairen Verfahrens im Ganzen.[854] Seine gesamte Rechtsprechung zeigt aber, dass er das Recht auf ein faires Strafverfahren primär als **Recht auf konkrete und wirksame Teilhabe** versteht.[855] Das faire Verfahren nimmt seinen Anfang an der impliziten Grundaussage des Art. 6, das staatliche Strafverfahren als Zwangsverfahren zur Feststellung strafrechtlicher Verantwortung grundsätzlich zuzulassen.[856] Dieser Grundaussage steht durch Art. 6 die Forderung gegenüber, strafrechtliche Verantwortung nur in einem konstitutiven fairen Verfahren festzustellen. Das Teilhaberecht des Art. 6 gewährt dem Angeklagten das Recht, in einem ergebnisoffen zu gestaltenden Verfahren umfassend an der Erarbeitung der Entscheidungsgrundlage mitzuwirken und insofern am Prozess des Richtens teilzuhaben. **280**

Folgende **Einzelrechte bzw. Maßstäbe** hat der EGMR überzeugend aus Abs. 1 S. 1 hergeleitet: **281**

a) Das Recht auf Anwesenheit. Zumal der Verteidiger den Angeklagten nie ganz ersetzen kann[857] und die Möglichkeit der eigenen Einflussnahme auf die in eigener Sache ergehende Entscheidung zwingend für die Anerkennung des Rechts spricht, folgt aus dem fairen Verfahren des Abs. 1 S. 1 unstreitig das Recht des Angeklagten, persönlich am Verfahren teilnehmen zu können.[858] Auch Abs. 3 lit. c („*to defend himself in person*") und Abs. 3 lit. d („*to examine [...] witnesses against him*") sprechen für die Anerkennung des Rechts.[859] Das Recht bezieht sich dabei auf die öffentliche Hauptverhandlung.[860] **282**

---

[852] Hierfür nur EGMR 6.12.1988 – 10590/83, EGMR-E 4, 208 Rn. 78 – Barberà Messegué u. Jabardo/SPA; EGMR 20.11.1989 – 11454/85, EGMR-E 4, 420 Rn. 41 – Kostovski/NL; EGMR 19.12.1989 – 9783/82, EGMR-E 4, 450 Rn. 102 – Kamasinski/AUT; EGMR 20.9.1993 – 14647/89, ÖJZ 1994, 322 Rn. 43 – Saidi/FRA; EGMR 17.7.2001 – 29900/96 ua, Rn. 64 – Sadak ua/TUR I; *Stavros* S. 186 ff.; *Villiger* Rn. 441; *Ashworth*, Human Rights, Serious Crime, S. 35; mwN *Gaede*, Fairness als Teilhabe, S. 290 f.; siehe auch zur Ableitung aus der Öffentlichkeitsgarantie SSW-StPO/*Satzger* Rn. 81.

[853] EGMR 19.4.1994 – 16034/90, ÖJZ 1994, 819 Rn. 47 – Van de Hurk/NL; BGer ZR 99 (2000) Nr. 164, 991, 997; *Trechsel* S. 83 f.; mwN *Gaede*, Fairness als Teilhabe, S. 293 f. Reflektiert wird dies auch in der *4th instance doctrine*, die gerade den Vortrag eines falschen Ergebnisses unter den Vorbehalt der Verletzung der Verfahrensrechte stellt; prägnant EGMR 28.8.1991 – 11170/84 ua, NJW 1992, 3085 Rn. 52 – Brandstetter/AUT: „It is, however, not for the Court to determine whether Mr Brandstetter was rightly found guilty".

[854] Wie hier die Rechtsprechung einschätzend zB *Jacot-Guillarmod*, European System, S. 381, 392; *Stavros* S. 43: „right [...] largely undefined"; *Grosz/Beatson/Duffy* C6-62; *Spaniol* S. 116, 118; SV *Loucaides* zu EGMR 19.12.2001 – 43373/98 – C.G./UK: „There is no definition of the term ‚fairness' for the purposes of the Convention.".

[855] Dazu und zum Folgenden näher mwN *Gaede*, Fairness als Teilhabe, S. 290 ff., 339 ff. sowie EGMR [GK] 16.12.1999 – 24724/94, NLMR 2000, 17 Rn. 83 – T./UK: „The Court notes that Article 6, read as a whole, guarantees the right of an accused to participate effectively in his criminal trial"; EGMR [GK] 16.12.1999 – 24888/94, NLMR 2000, 17 Rn. 85 – V./UK; ursprünglich EGMR 23.2.1994 – 16757/90, ÖJZ 1994, 600 Rn. 26 – Stanford/UK.

[856] Hierzu auch näher mwN *Gaede* ZStW 129 (2017), Heft 4, II. 1. a).

[857] Zur oft vom EGMR betonten Bedeutung der Anwesenheit des Angeklagten gerade gegenüber der Vertretung durch den Verteidiger mwN EGMR 13.2.2001 – 29731/96, NJW 2001, 2387 Rn. 84 ff. – Krombach/FRA: „capital importance"; EGMR [GK] 25.11.1997 – 18954/91, ÖJZ 1998, 715 Rn. 72 – Zana/TUR: kein Ersatz allein durch Verteidiger; *Stavros* S. 195 f.; *Esser* S. 721; *Schürmann* ZStR 119 (2001), 352 (356).

[858] Zur StRspr mwN EGMR 13.2.2001 – 29731/96, NJW 2001, 2387 Rn. 84 ff. – Krombach/FRA; EGMR [GK] 25.11.1997 – 18954/91, ÖJZ 1998, 715 Rn. 72 – Zana/TUR; EGMR 26.5.1988 – 10563/83, Rn. 25 – Ekbatani/SWE; mwN *Gaede*, Fairness als Teilhabe, S. 294 f.

[859] Hierzu etwa EGMR 12.2.1985 – 9024/80, EGMR-E 3, 1 Rn. 27 – Colozza/ITA; EGMR 28.8.1991 – 12151/86, EuGRZ 1992, 539 Rn. 29 ff. – F.C.B./ITA; EGMR 23.2.1994 – 16757/90, ÖJZ 1994, 600 Rn. 26 – Stanford/UK; EGMR [GK] 25.11.1997 – 18954/91, ÖJZ 1998, 715 Rn. 68 – Zana/TUR; *Villiger* Rn. 473; *Esser* S. 721; zu Abs. 3 lit. c besonders SK-StPO/*Paeffgen* Rn. 133, 135 f.

[860] EGMR [GK] 25.11.1997 – 18954/91, ÖJZ 1998, 715 Rn. 68 ff. – Zana/TUR; EGMR 27.10.1998 – 18902/91, Rn. 21, 32 f. – H.N./ITA; *Villiger* Rn. 474; für die grundsätzliche Nichtanwendung im Ermittlungsverfahren hinsichtlich der Zeugenvernehmungen zB *Esser* S. 721 f., 829.

283 Das Anwesenheitsrecht ist für den Angeklagten grundsätzlich disponibel.[861] Allerdings ist auch hier ein eindeutiger und auf prozedurale Schutzinstrumente abgestützter **Verzicht** zwingende Voraussetzung (→ Rn. 77 ff.). Grundsätzlich kommt ein Verzicht dann in Betracht, wenn eine Person trotz erfolgreicher Ladung der Verhandlung fernbleibt[862] und/oder sich für eine Vertretung durch einen Verteidiger entscheidet.[863] Die Vertragsstaaten dürfen nach der Rechtsprechung des EGMR auf die Anwesenheit des Angeklagten grundsätzlich hinwirken; sie müssen sich aber auf verhältnismäßige Maßnahmen beschränken.[864] Die heute oft noch fast flächendeckend geforderte Anwesenheits*pflicht* des Angeklagten dürfte nach diesen Maßstäben nur schwerlich aufrechtzuerhalten sein.[865]

284 **Einschränkungen** des Anwesenheitsrechts sind auch in der ersten Instanz, insbesondere zugunsten des Zeugenschutzes (schon → Rn. 30 f.),[866] bei einer Missachtung des Gerichts[867] und zur Herstellung der Sicherheit in der Verhandlung[868] anerkannt worden. Auch, wenn sich der Angeklagte in einen verhandlungsunfähigen Zustand versetzt oder der Verhandlung unentschuldigt zeitweise fernbleibt, kann die Hauptverhandlung fortgesetzt werden, falls die Interessen des Beschuldigten durch einen Verteidiger effektiv wahrgenommen werden, zu dem der Beschuldigte unbeschränkten Kontakt hatte.[869] Wurde der Angeklagte zeitweise vom Verfahren ausgeschlossen, ist sein Verteidiger weiter zur Teilnahme an der Hauptverhandlung berechtigt. Nach seiner Rückkehr muss der Angeklagte umgehend und umfassend über den zwischenzeitlich erreichten Verfahrensstand informiert werden.[870]

285 **aa) Notwendige Inkenntnissetzung und Abwesenheitsverfahren.** Zur Ausübung des Rechts ist dem inhaftierten Angeklagten die Anwesenheit in der Hauptverhandlung zu ermöglichen und jedem Angeklagten in effektiver Form die **Anberaumung der Hauptverhandlung mitzuteilen**.[871] Bei jener Mitteilung unterliegen die nationalen Strafverfol-

---

[861] Dazu EGMR 14.6.2001 – 20491/92, Rn. 55 ff. – Medenica/SWI; EGMR 23.11.1993 – 14032/88, ÖJZ 1994, 467 Rn. 31 ff. – Poitrimol/FRA; EGMR 10.11.2004 – 56581/00, EuGRZ 2004, 779 Rn. 33 ff. – Sejdovic/ITA; EGMR 28.6.1984 – 7819/77 u. 7878/77, EGMR-E 2, 409 Rn. 99 – Campbell u. Fell/UK; grundsätzlich EGMR 28.8.1991 – 12151/86, EuGRZ 1992, 539 Rn. 29 ff. – F.C.B./ITA; im Einzelnen mwN *Stavros* S. 198 ff.
[862] Hierzu etwa EGMR 12.2.1985 – 9024/80, EGMR-E 3, 1 Rn. 28 – Colozza/ITA; EGMR 27.10.1998 – 18902/91, Rn. 21, 32 f. – H.N./ITA; *Villiger* Rn. 473.
[863] Hierzu grundlegend EGMR 23.11.1993 – 14032/88, ÖJZ 1994, 467 Rn. 31 ff. – Poitrimol/FRA; EGMR 8.11.2012 – 30804/07, StV 2013, 289 Rn. 46 ff. – Neziraj/D.
[864] Hierfür mwN EGMR 23.11.1993 – 14032/88, ÖJZ 1994, 467 Rn. 35 – Poitrimol/FRA; EGMR [GK] 21.1.1999 – 26103/95, NJW 1999, 2353 Rn. 33 f. – Van Geyseghem/BEL, vgl. aber auch abl. SV *Bonello*: Anwesenheitsrecht nicht Pflicht, Schweigerecht des Angeklagten; EGMR 8.11.2012 – 30804/07, StV 2013, 289 Rn. 47, 51 – Neziraj/D.
[865] Siehe näher mwN *Gaede* ZStW 129 (2017), Heft 4, III. 2.; vgl. auch bereits *Püschel* StraFo 2012, 493 (495 f.); *Gerst* NStZ 2013, 310 (311): Frage, ob die Zwangsbefugnisse der §§ 230 ff. StPO im Einzelfall noch verhältnismäßig sind und vom EGMR gestattete Zwecke einschlägig sind; *Esser* StV 2013, 331 (339): völlig offen, ob auch das Bollwerk des § 230 StPO und der Gestellungsmittel fallen müsse, siehe auch EGMR 13.2.2001 – 29731/96, NJW 2001, 2387 Rn. 82 ff., 88 ff. – Krombach/FRA; *Löwe/Rosenberg/Esser* Rn. 711 und *Pöschl* S. 54 ff., differenzierend S. 355 ff.; insoweit konservativer Karpenstein/Mayer/*Meyer* Rn. 192b.
[866] Siehe etwa auch zur Beteiligung im Wege einer Videokonferenz EGMR 5.10.2006 – 45106/04, Rn. 63 ff., 69 ff. – Viola/ITA; mwN *Meyer-Ladewig/Harrendorf/König* Rn. 119.
[867] Dazu Marauhn in *Weissbrodt/Wolfrum* S. 763, 769; Frowein/*Peukert* Rn. 160; *Emmerson/Ashworth/Macdonald*, 11–88; *Stavros* S. 200 f.
[868] Zu Handschellen und weiteren prinzipiell möglichen Sicherheitseinschränkungen EGMR 16.12.1997 – 20972/92, Rn. 55 ff. – Raninen/FIN; EKMR 9.11.1989 – 11837/85, DR 69, 104 (125 ff.) – Auguste/FRA m. abl. SV *Rozakis* S. 132 f. (Unterbringung in einem Glaskasten); siehe aber zum Einsatz eines öffentlich sichtbaren Metallkäfigs als Verletzung schon des Art. 3 EMRK: → Art. 3 Rn. 32.
[869] Hierzu EKMR 8.7.1978 – 7572/76, EuGRZ 1978, 314 (323 f.) – Baader ua/D; Frowein/*Peukert* Rn. 160; *Stavros* S. 199; einschränkend dagegen *Esser* S. 731.
[870] EKMR 16.12.1981 – 8395/78, DR 27, 50 (55) – X./DEN; EGMR 10.7.1985 – 11219/84, DR 42, 287 (291 f.) – Kurup/DEN; näher und krit. *Stavros* S. 201 f.
[871] EGMR 12.2.1985 – 9024/80, EGMR-E 3, 1 Rn. 27 ff. – Colozza/ITA; EGMR 19.12.1989 – 10964/84, EGMR-E 4, 438 Rn. 38 ff., 45 – Brozicek/ITA.

gungsbehörden besonderen Sorgfaltsanforderungen:[872] Eine nur vage inoffizielle Kenntnis von Anklage und Verfahren ersetzt die offizielle und bestimmte Inkenntnissetzung durch den Staat nicht.[873] Sofern der Angeklagte nicht offenbar flüchtig ist oder auf die Anwesenheit wirksam verzichtet hat, sind angemessene Nachforschungen auch im Ausland anzustellen.[874] Ist für den Angeklagten auf Grund seiner mentalen Verfassung eine Betreuung angeordnet, ist die Information des Betreuers erforderlich.[875] Ist der Angeklagte gesundheitlich zur Verhandlung zeitweise nicht in der Lage und die Anwesenheit geboten, ist die Verhandlung zu verschieben.[876]

Lässt sich der Aufenthaltsort nach den obigen Anforderungen nicht ermitteln oder die Anwesenheit des Angeklagten nicht ermöglichen, ist nach ständiger Rechtsprechung des EGMR ein **Verfahren in Abwesenheit** nicht per se ausgeschlossen,[877] soweit diese Verfahren nicht selbst sanktionierend gestaltet werden.[878] In den Abwesenheitsverfahren ist selbst bei einer Verfahrensflucht ein Verteidiger zuzulassen und ggf. zu bestellen.[879] Dieser Verteidigerbeistand muss, wenn kein anschließendes Überprüfungsverfahren zu gewährleisten sein soll, allen Anforderungen des Abs. 3 lit. c, Abs. 1 S. 1 genügen.[880]

Erfährt der Angeklagte nach den obigen Maßstäben erst im Nachhinein von der Verurteilung *in absentia*, muss auch bei einer staatlichen Verteidigerbestellung im Abwesenheitsverfahren auf einen entsprechenden Antrag hin eine **neue vollwertige Hauptverhandlung** in Anwesenheit des Angeklagten durchgeführt werden, ohne dass dieser zuvor einen etwaigen Verdacht seiner Verfahrensflucht ausräumen oder eine unverschuldete Abwesenheit darlegen müsste.[881] Vielmehr hätte der Staat einen etwaigen Verzicht zu belegen, der aber nicht auf die bloße Vermutung der Kenntnisnahme gestützt werden kann, sondern den geschilderten Anforderungen genügen muss (→ Rn. 77 ff., → Rn. 80).[882] Bei einer tatsächlich selbst frei

---

[872] EGMR 12.2.1985 – 9024/80, EGMR-E 3, 1 Rn. 28 – Colozza/ITA; EGMR 28.8.1991 – 12151/86, EuGRZ 1992, 539 Rn. 33 ff. – F.C.B./ITA; EGMR 12.10.1992 – 14104/88, EuGRZ 1992, 541 Rn. 29 – T./ITA; BGer 28.3.2000 – BGE 126 I 36 ff.; *Villiger* Rn. 474.
[873] EGMR 12.10.1992 – 14104/88, EuGRZ 1992, 541 Rn. 28 f. – T./ITA; EGMR 18.5.2004 – 67972/01, Rn. 72 ff. – Somogyi/ITA; EGMR 10.11.2004 – 56581/00, EuGRZ 2004, 779 Rn. 34 f. – Sejdovic/ITA; streng auch BGer 28.3.2000 – BGE 126 I 36 (42 f.).
[874] EGMR 28.8.1991 – 12151/86, EuGRZ 1992, 539 Rn. 33 – F.C.B./ITA; EGMR 12.10.1992 – 14104/88, EuGRZ 1992, 541 Rn. 29 – T./ITA; *Villiger* Rn. 474; *Esser* S. 725.
[875] EGMR 30.1.2001 – 35683/97, Rn. 52 ff., 64 – Vaudelle/FRA; *Esser* S. 723 f.
[876] Hierfür siehe *Stavros* S. 198; EKMR 11.10.1979 – 8251/78, DR 17, 166 (169 f.) – X./AUT; EGMR 22.7.2003 – 52529/99 – Hyvönen/FIN; *Emmerson/Ashworth/Macdonald*, 11-91: Bedeutung insbes. durch den Bedarf, den Verteidiger zu instruieren. Abgrenzend aber zur selbstverschuldeten Abwesenheit EGMR 14.6.2001 – 20491/92, Rn. 55 ff. – Medenica/SWI.
[877] Grundlegend EGMR 12.2.1985 – 9024/80, EGMR-E 3, 1 Rn. 28 f. – Colozza/ITA; später etwa auch EGMR 13.2.2001 – 29731/96, NJW 2001, 2387 Rn. 85 – Krombach/FRA; EGMR 28.8.1991 – 12151/86, EuGRZ 1992, 539 Rn. 33 ff. – F.C.B./ITA; EGMR 14.6.2001 – 20491/92, Rn. 54 ff. – Medenica/SWI; EGMR 27.4.2000 – 33050/96, Rn. 2 – Haser/SWI; EKMR 8.7.1978 – 7572/76, EuGRZ 1978, 314 (324) – Baader ua/D; Herbeiführung der Verhandlungsunfähigkeit durch Hungerstreik; EKMR 25.5.1998 – 36106/97, DR 93-B, 95 (101 ff.) – Mihaies/FRA; *Stavros* S. 264 f.; *Esser* S. 721 ff.
[878] Dies betont mit Fug *Stavros* S. 264, 266 ff.
[879] Zur StRspr EGMR 23.11.1993 – 14032/88, ÖJZ 1994, 467 Rn. 31 ff. – Poitrimol/FRA; EGMR 22.9.1994 – 14861/89, ÖJZ 1995, 196 Rn. 26 ff. – Lala/NL; EGMR [GK] 21.1.1999 – 26103/95, NJW 1999, 2353 Rn. 33 ff. – Van Geyseghem/BEL; EGMR 13.2.2001 – 29731/96, NJW 2001, 2387 Rn. 82 ff. – Krombach/FRA; EGMR 15.11.2007 – 54210/00, NLMR 2002, 159 Rn. 90 ff. – Papon/FRA.
[880] Siehe in diesem Sinne krit. *Gaede* NJW 2013, 1279 (1280 f.) gegen EuGH [GK] 26.2.2013 – C-399/11, NJW 2013, 1215 – Melloni.
[881] EGMR 12.2.1985 – 9024/80, EGMR-E 3, 1 Rn. 28 ff. – Colozza/ITA; EGMR 23.11.1993 – 14032/88, ÖJZ 1994, 467 Rn. 31 – Poitrimol/FRA; EGMR 10.11.2004 – 56581/00, EuGRZ 2004, 779 Rn. 30 ff. – Sejdovic/ITA; BGer 7.9.2001 – BGE I 213 ff.; *Esser* S. 723, 728 f., der zu Recht die Wiederholung eines erstinstanzlichen Verfahrens fordert; vgl. aber auch EGMR 14.6.2001 – 20491/92, Rn. 53 ff. – Medenica/SWI m. abl. SV *Rozakis* und *Bonello*.
[882] EGMR 12.2.1985 – 9024/80, EGMR-E 3, 1 Rn. 28 – Colozza/ITA, auch EKMR 5.5.1983 – 9024/80, Rn. 126 f. – Colozza u. Rubinat/ITA; EGMR 18.5.2004 – 67972/01, Rn. 72 ff. – Somogyi/ITA; EGMR [GK] 18.10.2006 – 18114/02, NLMR 2006, 248 Rn. 74 ff. – Hermi/ITA; *Rzepka* S. 87; *Esser* S. 722 ff.; *Stavros*, S. 264 ff.

gewählten Abwesenheit und einem in jeder Hinsicht fair durchgeführten Abwesenheitsverfahren besteht das Recht grundsätzlich nicht mehr.[883]

288   bb) Verständnis als Recht zur substanziellen Teilhabe. Der EGMR hat die Anwesenheit des Angeklagten über das Recht zu einer rein physischen Teilnahme hinaus zu einem Anspruch auf eine tatsächlich mögliche substanzielle Teilhabe des Angeklagten fortentwickelt („*right of an accused to effective participation*").[884] Ein Verfahren setzt schon zur wirksamen Wahrnehmung der Rechte die **Verhandlungsfähigkeit** des Angeklagten jedenfalls in der gesamten Hauptverhandlung voraus.[885] Der Angeklagte muss das Verfahren hören und verfolgen können.[886] Etwa die wirksame Teilhabe bezüglich belastender Zeugenaussagen ist durch eine ausreichende, die Wahrnehmung der Aussage ermöglichende Akustik zu gewährleisten.[887] Der Angeklagte muss sich Notizen zur Darstellung seiner Verteidigung machen können.[888]

289   Geistige Behinderungen des Angeklagten können prozessuale Sicherungen zur individuell effektiven Garantie der Rechte des Art. 6 erforderlich machen.[889] In **Strafverfahren gegen Minderjährige** fordert Art. 6 eine optimale Abstimmung des Prozesses auf das Gebot, eine ungehemmte und wirksame Teilhabe auch des angeklagten Kindes bzw. Jugendlichen zu ermöglichen.[890] Dem Kind muss es dabei auch grundsätzlich möglich sein, seinen Verteidiger zu instruieren.[891] Auch wenn der Angeklagte nicht jede Rechtsfrage und jedes Beweisdetail notwendig verstehen muss,[892] muss ein Mindestverständnis des Prozesses gesichert sein.[893]

290   Da die **Teilhabefähigkeit** jedoch auch durch Hilfestellungen nicht notwendig herbeigeführt werden kann, ist insbesondere bei Kindern, aber auch Erwachsenen ggf. anzuerkennen, dass die Durchführung des Prozesses mangels einer möglichen fairen Durchführung scheitern kann.[894]

---

[883] So offenbar EGMR 14.6.2001 – 20491/92, Rn. 54 ff. – Medenica/SWI, allerdings mit einer kaum nachvollziehbaren Verzichtsunterstellung infolge eines vorherigen Täuschungsversuchs des Angeklagten, vgl. die abl. SV *Rozakis* und *Bonello*; BGer 7.9.2001 – BGE 127 I 213 (215 f.); *Esser* S. 727 ff.; *Villiger* Rn. 475; siehe aber offenlassend EGMR 12.2.1985 – 9024/80, EGMR-E 3, 1 Rn. 28 – Colozza/ITA.

[884] EGMR 15.6.2004 – 60958/00, NLMR 2004, 128 Rn. 28 ff. – S.C./UK; EGMR 14.1.2003 – 26891/95, Rn. 49 – Lagerblom/SWE: formelle Verteidigung als Aspekt der wirksamen Teilhabe; EGMR 8.1.2008 – 30443/03 – Liebreich/D; mwN *Gaede*, Fairness als Teilhabe, S. 299 f.

[885] Wie hier *Esser* S. 729 ff.; siehe nun auch EGMR 15.6.2004 – 60958/00, NLMR 2004, 128 Rn. 29 ff. – S.C./UK m. SV *Pellonpää/Bratza*; EGMR 19.10.2004 – 59335/00, Rn. 32 ff. – Makhfi/FRA: wirksame Verteidigung ohne Übermüdung von Angeklagten und Verteidigern; näher *Gaede*, Fairness als Teilhabe, S. 299 f., 606 f.

[886] EGMR 15.6.2004 – 60958/00, NLMR 2004, 128 Rn. 28 – S.C./UK; EGMR 23.2.1994 – 16757/90, ÖJZ 1994, 600 Rn. 26 – Stanford/UK; EGMR 14.1.2003 – 26891/95, Rn. 49 – Lagerblom/SWE; EGMR 15.6.2000 – 45441/99 – Pullicino/MAL.

[887] EGMR 23.2.1994 – 16757/90, ÖJZ 1994, 600 Rn. 26 – Stanford/UK; vgl. zur dortigen Ablehnung einer Verletzung aber krit. *Esser* S. 616 ff.; mwN zur Rechtsprechung *Meyer-Ladewig/Harrendorf/König* Rn. 113.

[888] Siehe EGMR 15.6.2000 – 45441/99 – Pullicino/MAL.

[889] Hierzu mwN EGMR 30.1.2001 – 35683/97, Rn. 60 – Vaudelle/FRA.

[890] Vgl. EGMR 15.6.2004 – 60958/00, NLMR 2004, 128 Rn. 28 ff. – S.C./UK; EGMR [GK] 16.12.1999 – 24724/94, NLMR 2000, 17 Rn. 83 ff. – T./UK, hier Rn. 84: "*The Court does, however, agree with the Commission that it is essential that a child charged with an offence is dealt with in a manner which takes full account of his age, level of maturity and intellectual and emotional capacities, and that steps are taken to promote his ability to understand and participate in the proceedings*"; EGMR [GK] 23.3.2016 – 47152/06, NLMR 2016, 118 Rn. 195 ff. – Blokhin/RUS.

[891] EGMR [GK] 16.12.1999 – 24724/94, NLMR 2000, 17 Rn. 83 ff. – T./UK m. abl. SV *Baka*; EGMR 15.6.2004 – 60958/00, NLMR 2004, 128 Rn. 29 ff. – S.C./UK.

[892] So EGMR 15.6.2004 – 60958/00, NLMR 2004, 128 Rn. 29 ff. – S.C./UK.

[893] EGMR 15.6.2004 – 60958/00, NLMR 2004, 128 Rn. 29 ff. – S.C./UK, hier Rn. 29: „‚*effective participation' in this context presupposes that the accused has a broad understanding of the nature of the trial process and of what is at stake for him or her, including the significance of any penalty which may be imposed. It means that he or she, if necessary with the assistance of, for example, an interpreter, lawyer, social worker or friend, should be able to understand the general thrust of what is said in court. The defendant should be able to follow what is said by the prosecution witnesses and, if represented, to explain to his own lawyers his version of events, point out any statements with which he disagrees and make them aware of any facts which should be put forward in his defence*"; vgl. auch bereits EGMR 23.2.1994 – 16757/90, ÖJZ 1994, 600 Rn. 30 – Stanford/UK.

[894] Siehe bereits näher mwN *Gaede*, Fairness als Teilhabe, S. 588 ff., 609 ff.

cc) Geltung in Rechtsmittelverfahren. Das Recht auf Anwesenheit soll nach der 291 Rechtsprechung des EGMR in Rechtsmittelverfahren in Abhängigkeit von deren konkreter Ausgestaltung in besonderem Maße Einschränkungen unterliegen können, weil die Anwesenheit hier grundsätzlich eine geringe Bedeutung haben soll:[895] Den Vertragsstaaten und ihren Behörden soll ein Ermessen dahingehend zukommen, die Erforderlichkeit der Anwesenheit abzuschätzen. Bei Rechtsmitteln, die nicht Tatfragen, sondern ausschließlich **Rechtsfragen** betreffen, soll die Anwesenheit grundsätzlich ausgeschlossen werden können.[896] Selbst dann, wenn dem Rechtsmittelgericht eine volle Beurteilungskompetenz in rechtlicher und tatsächlicher Hinsicht zusteht, soll kein striktes Anwesenheitsrecht bestehen.[897]

Anderes gilt bereits, wenn der Angeklagte **erstmals in zweiter Instanz** durch ein 292 mit voller Kognitionsbefugnis ausgestattetes Gericht **verurteilt** wird.[898] Auch eine zweite Verhandlung, welche die Motive und die Persönlichkeit des Angeklagten, die Art der Ausführung der Tat, die Schuld oder die Strafzumessung zum Gegenstand hat und in diesem Zusammenhang erforderlich ist, muss in Anwesenheit des Angeklagten durchgeführt werden.[899] Nach dem Prinzip der Waffengleichheit muss eine mündliche Stellungnahme in der Verhandlung möglich sein, wenn ein Vertreter der Anklage oder des möglicherweise zu Lasten des Angeklagten auftretenden General(bundes)anwalts in der Verhandlung mündlich Stellung nehmen kann.[900] Wählt der Angeklagte die Selbstverteidigung ohne Verteidigerbeistand, ist die fehlende Repräsentation durch den Verteidiger ein Umstand, der nicht gegen, sondern angesichts der garantierten Waffengleichheit für die Erforderlichkeit der Anwesenheit im Rechtsmittelverfahren spricht.[901]

Diese Rechtsprechung verdient noch immer **Kritik,** weil sie die Bedeutung einer auf den 293 betroffenen Angeklagten zurückführbaren Verteidigung unterschätzt.[902] Auch in Rechtsmittelverhandlungen lässt sich der Angeklagte schon infolge einer möglicherweise aufkommenden neuen Frage nicht vollends durch den Verteidiger *zwangsweise* ersetzen. Der EGMR selbst

---

[895] Hierfür etwa EGMR 19.12.1989 – 9783/82, EGMR-E 4, 450 Rn. 106 – Kamasinski/AUT: „the personal attendance of the defendant does not take on the same crucial significance for an appeal hearing […] as it does for the trial hearing […] Consequently, this is an area where the national authorities enjoy a margin of appreciation in assessing whether and to what extent differences in otherwise similar situations justify a different treatment in law"; EGMR 26.5.1988 – 10563/83, Rn. 24 ff., 31 – Ekbatani/SWE; EGMR 2.3.1987 – 9662/81 u. 9818/82, EGMR-E 3, 415 Rn. 56 – Monnell u. Morris/UK m. den abl. SV *Spielmann/ Pettiti:* soweit es um die Freiheit des Angeklagten geht, sind hinreichende Gründe nötig; *Esser* S. 784 ff.; *Villiger* Rn. 476; krit. *Stavros* S. 277 ff., 280 ff., 295.

[896] Hierzu siehe EGMR 26.5.1988 – 10563/83, Rn. 31 f. – Ekbatani/SWE; EGMR 8.2.2000 – 25878/94, ÖJZ 2000, 775 Rn. 35 ff. – M.E. Cooke/AUT; EGMR 3.10.2000 – 28501/95, ÖJZ 2001, 232 Rn. 26 ff. – Pobornikoff/AUT; mwN EGMR 19.2.1996 – 16206/90, ÖJZ 1996, 675 Rn. 39 – Botten/NOR; EGMR 2.3.1987 – 9662/81 u. 9818/82, EGMR-E 3, 415 Rn. 58 – Monnell u. Morris/UK; EGMR 22.2.1984 – 8209/78, EGMR-E 2, 345 Rn. 30 – Sutter/SWI.

[897] So mwN EGMR 19.2.1996 – 16206/90, ÖJZ 1996, 675 Rn. 39 – Botten/NOR; EGMR 15.7.2003 – 44671/98, Rn. 30 – Arnarsson/ICE; EGMR 27.6.2000 – 28871/95, Rn. 54 ff. – Constantinescu/ROM; einschränkend auch EGMR 3.10.2002 – 40072/98, Rn. 25 ff. – Kucera/AUT; *Villiger* Rn. 476; *Rzepka* S. 88; anders aber *Esser* S. 786.

[898] EGMR 27.6.2000 – 28871/95, Rn. 55 ff. – Constantinescu/ROM; EGMR 15.7.2003 – 44671/98, Rn. 30 – Arnarsson/ICE.

[899] Dazu EGMR 21.9.1993 – 12350/86, Rn. 67 ff. – Kremzow/AUT; EGMR 19.12.1989 – 9783/82, EGMR-E 4, 450 Rn. 107 – Kamasinski/AUT; EGMR 25.3.1998 – 23103/93, ÖJZ 1999, 117 Rn. 37 ff. – Belziuk/POL; EGMR 8.2.2000 – 25878/94, ÖJZ 2000, 775 Rn. 35, 42 f. – M.E. Cooke/AUT; EGMR 8.2.2000 – 23867/94, Rn. 39 ff. – Prinz/AUT mit einer Detailprüfung; EGMR 3.10.2000 – 28501/95, ÖJZ 2001, 232 Rn. 29 ff. – Pobornikoff/AUT; EGMR 3.10.2002 – 40072/98, Rn. 28 – Kucera/AUT: „It is the Court's constant case-law that a court of second instance should order that an accused be brought before it, if his personal presence appears necessary in the interest of justice […] This is in particular the case where the examination of the appeal not only involves an assessment of the accused's character and state of mind at the time of the offence but also of his motive for the offence and evaluations of this kind were to play a significant role for the outcome of these proceedings".

[900] Dazu EGMR 25.3.1998 – 23103/93, ÖJZ 1999, 117 Rn. 37 ff. – Belziuk/POL; ebenso *Esser* S. 415 f.

[901] Siehe EGMR 25.3.1998 – 23103/93, ÖJZ 1999, 117 Rn. 37 f. – Belziuk/POL; *Esser* S. 786 f., 791: Verzahnung der Rechte.

[902] Siehe näher mwN zur Kritik *Gaede,* Fairness als Teilhabe, S. 619 ff., dort auch zum Umstand, dass die Rechtsmittel selbst nicht von der Konvention vorgeschrieben sind.

räumt dem Angeklagten eine Befugnis zur Instruktion seines Verteidigers ein,[903] die in der Rechtsmittelverhandlung verloren gehen soll. Überdies hat der Angeklagte ein explizites Recht auf Selbstverteidigung, das ihm bei der Verwehrung dieser Instruktionsmöglichkeit vollumfänglich und ohne einen einsichtigen Grund entzogen wäre. Es ist nicht ausgeschlossen oder gar untersagt, dass er sich selbst in Rechtsfragen einarbeitet. Im Übrigen genügt bei rein auf Rechtsfragen konzentrierten Rechtsmitteln, dass das Gericht oder der Verteidiger Tatsachenvorträge zurückweisen können, die in diesem Verfahren nicht mehr zu hören sind.[904] Vielmehr muss dem Angeklagten schon angesichts einer auch auf die Erscheinung der Fairness abstellenden Auslegung des Art. 6 die Anwesenheit in *seinem* Verfahren gewährt werden, soweit ein sinnvoller Beitrag des Angeklagten oder ein Bedarf zur Wahrnehmung von Rechten in dieser Verhandlung nicht mit absoluter Sicherheit ausgeschlossen werden kann.

294 Versäumt es der Angeklagte, seine Anwesenheit in der Verhandlung des Rechtsmittelverfahrens einzufordern, ist eine Verletzung des Art. 6 nicht automatisch ausgeschlossen, sondern mit den gesamten weiteren Fallumständen in die Prüfung einzubeziehen.[905] Auch eine vom Verteidiger versäumte Möglichkeit, die Anwesenheit einzufordern, schließt eine Verletzung des Rechts nicht zwingend aus.[906]

295 **b) Rechtliches Gehör und Begründungspflicht.** Als Teilrecht des Abs. 1 S. 1 ist ein Anspruch auf rechtliches Gehör anerkannt, der aus der kontradiktorischen Natur der Verhandlung abgeleitet wird[907] (näher → Rn. 296 ff.) und der sich teilweise mit dem Anspruch auf Waffengleichheit überschneidet.[908] Das rechtliche Gehör umfasst das Gebot, Entscheidungen zu begründen (dazu → Rn. 299 ff.).

296 **aa) Informations- und Mitwirkungsrecht.** Das rechtliche Gehör gewährt dem Angeklagten das Recht, von wesentlichen Verfahrensgeschehnissen[909] und **von den Verfahrensbeiträgen der anderen Verfahrensbeteiligten** – namentlich objektiver Strafverfolgungsbehörden einschließlich gerichtlich bestellter Sachverständiger – **Kenntnis zu erhalten und zu ihnen effektiv Stellung nehmen zu können**.[910] Zumal es im Strafverfahren notwendig um die Einführung einer Anklage durch den Staat geht, stellen sich die konkrete-

---

[903] EGMR 15.6.2004 – 60958/00, NLMR 2004, 128 Rn. 29 – S.C./UK: „The defendant should be able [...] to explain to his own lawyers his version of events, point out any statements with which he disagrees and make them aware of any facts which should be put forward in his defence"; EGMR [GK] 16.12.1999 – 24724/94, NLMR 2000, 17 Rn. 83 ff., 88 – T./UK m. abl. SV *Baka*; EGMR [GK] 16.12.1999 – 24888/94, NLMR 2000, 17 Rn. 90 f. – V./UK.
[904] Siehe auch EGMR 27.5.2004 – 46548/99, NLMR 2004, 126 Rn. 46 – Yavuz/AUT: kein Verzicht auf die persönliche Anhörung allein deshalb, weil es antragsgemäß um Rechtsfragen gehen wird.
[905] Die Einforderung im Fall sieht als unbeachtlich an: EGMR 21.9.1993 – 12350/86, Rn. 67 ff. – Kremzow/AUT; EGMR 3.10.2000 – 28501/95, ÖJZ 2001, 232 Rn. 25 ff. – Pobornikoff/AUT; bedenklich dagegen EGMR 3.10.2002 – 40072/98, Rn. 25 ff. – Kucera/AUT; EGMR 8.2.2000 – 23867/94, Rn. 39 ff. – Prinz/AUT; zu Abwesenheitsverfahren EGMR 16.10.2001 – 38055/97, ÖJZ 2003, 197 Rn. 32 ff. – Eliazer/NL m. abl. SV von *Türmen/Maruste*.
[906] EGMR 8.2.2000 – 25878/94, ÖJZ 2000, 775 Rn. 43 – M.E. Cooke/AUT; EGMR 3.10.2000 – 28501/95, ÖJZ 2001, 232 Rn. 25 ff., 31 f. – Pobornikoff/AUT; vgl. aber EGMR 3.10.2002 – 40072/98, Rn. 25 ff. – Kucera/AUT.
[907] EGMR 19.12.1989 – 9783/82, EMGR-E 4, 450 Rn. 102 – Kamasinski/AUT; EGMR [GK] 16.2.2000 – 29777/96, Rn. 44 ff. – Fitt/UK; EGMR 24.6.2003 – 39482/98, Rn. 41 ff. – Dowsett/UK.
[908] Zu der über die Waffengleichheit hinausgehenden Bedeutung des rechtlichen Gehörs EGMR 17.1.1970 – 2689/65, EMGR-E 1, 100 Rn. 28 – Delcourt/BEL; EGMR 2.3.1987 – 9562/81 u. 9818/82, EGMR-E 3, 415 Rn. 62 – Monnell u. Morris/UK; EGMR 26.5.1988 – 10563/83, Rn. 30 – Ekbatani/SWE; EGMR 28.8.1991 – 11170/84, NJW 1992, 3095 Rn. 66 – Brandstetter/AUT; für eine sich überschneidende Prüfung EGMR 24.11.1997 – 21835/93, ÖJZ 1998, 233 Rn. 63 ff. – Werner/AUT; näher zum Verhältnis *Gaede*, Fairness als Teilhabe, S. 615 ff., 641 ff.
[909] EGMR 19.12.1989 – 9783/82, EMGR-E 4, 450 Rn. 102 – Kamasinski/AUT; *Villiger* Rn. 489.
[910] EGMR 19.12.1989 – 9783/82, EMGR-E 4, 450 Rn. 102 – Kamasinski/AUT; EGMR 28.8.1991 – 11170/84, NJW 1992, 3095 Rn. 66 f. – Brandstetter/AUT: „The right to an adversarial trial means, in a criminal case, that both prosecution and defence must be given the opportunity to have knowledge of and comment on the observations filed and the evidence adduced by the other party"; EGMR 22.2.1996 – 17358/90, ÖJZ 1996, 430 Rn. 46 – Bulut/AUT; EGMR [GK] 16.2.2000 – 28901/95, StraFo 2002, 51 Rn. 60 – Rowe u. Davis/UK; näher mwN *Gaede*, Fairness als Teilhabe, S. 301 ff.; für einen Fallgruppenüberblick *Esser* S. 406 ff.; *Stavros* S. 186 f.; insbesondere zur Effektivität EGMR 18.3.1997 – 21497/93, Rn. 33 ff. – Mantovanelli/FRA.

ren Verteidigungsrechte als Ausprägungen des rechtlichen Gehörs im Sinne des Art. 6 dar.[911] Der Angeklagte muss die Möglichkeit haben, zu jedem vorgelegten Beweis und zu den Ausführungen[912] der Verfahrensbeteiligten eine Stellungnahme abzugeben, um hierdurch seine eigene Position zur Anklage verdeutlichen zu können. Er muss sie unter Umständen vortragen können, die Respekt vor den Verteidigungsrechten ausdrücken, also etwa nicht in einem durch die staatliche Terminierung begründeten Zustand der Übermüdung.[913] Die Kenntnis von einem Termin muss rechtzeitig eröffnet werden.[914]

Will das Gericht die Verwerfung eines Rechtsmittels auf einen nach den Verfahrensumständen überraschenden Grund stützen, muss es dem Angeklagten gesondert Gelegenheit zur Verteidigung geben **(Verbot von Überraschungsentscheidungen)**.[915] Darüber hinaus ist – in Erweiterung des Rechts auf Waffengleichheit (→ Rn. 302 ff.) – ein Recht auf Kenntnisnahme und Stellungnahme hinsichtlich der Verfahrensbeiträge von objektiven Dritten einschließlich der Vorinstanz[916] anerkannt, selbst wenn diese im konkreten Fall weder Verfahrensparteien noch Verfahrensgegner darstellen.[917] Soweit sie auf die Verfahrensentscheidung durch das Gericht Einfluss nehmen, greift das Recht auf ein adversatorisches Verfahren ein. Anders als die Waffengleichheit setzt das rechtliche Gehör gerade nicht nur an einem Vergleich mit der Anklagevertretung an und geht insofern über diese hinaus. 297

Da auch das rechtliche Gehör der verfahrensbezogenen Gesamtbetrachtung unterworfen ist, soll etwa ein konkretes Recht, eine erwidernde Stellungnahme zur Anklageschrift einreichen oder vortragen zu können, nicht anzuerkennen sein.[918] Die Umsetzungsoptionen der Vertragsstaaten können aber nicht darin bestehen, der Verteidigung vorzugeben, ob eine bestimmte Erwägung des Verfahrensgegners für sie von Bedeutung ist und nach einer Reaktion verlangt:[919] Diese **Einschätzung obliegt** einzig und allein der **Verteidigung** selbst. 298

---

[911] Siehe etwa EGMR [GK] 16.2.2000 – 28901/95, StraFo 2002, 51 Rn. 60 – Rowe u. Davis/UK mAnm *Sommer* und näher *Gaede*, Fairness als Teilhabe, S. 613 ff., 615 ff.; siehe auch schon im Ergebnis *Weigend* ZStW 113 (2001), 271 (294).
[912] Siehe insoweit zu umfassten Rechtsausführungen EGMR 17.5.1990 – 12005/86, Rn. 27 – Borgers/BEL; EGMR [GK] 20.2.1996 – 15764/89, NLMR 1996, 42 Rn. 30 ff. – Lobo Machado/POR; *Safferling* NStZ 2004, 181 (182); SK-StPO/*Wohlers* § 349 Rn. 8.
[913] Siehe EGMR 19.10.2004 – 59335/00, Rn. 32 ff. – Makhfi/FRA; vgl. auch EGMR 6.12.1988 – 10590/83, EGMR-E 4, 208 Rn. 70, 89 – Barberà ua/SPA.
[914] EGMR 21.9.1993 – 12350/86, Rn. 45 ff. – Kremzow/AUT; EGMR 3.3.2000 – 35376/97, Rn. 42 ff. – Krčmář ua/CZE; EGMR [GK] 26.7.2002 – 32911/96 ua, ÖJZ 2003, 732 Rn. 51 f. – Meftah ua/FRA; EGMR 18.3.1997 – 21497/93, Rn. 33, 35 f. – Mantovanelli/FRA (auf ein Sachverständigengutachten bezogen); *Esser* S. 412 ff.; *Grosz/Beatson/Duffy* C6-67. Eng aber EGMR 5.11.2002 – 32576/96, Rn. 38 – Wynen ua/BEL: kein Recht, von Verfahrensbeiträgen des Staates vor der mündlichen Verhandlung zu erfahren, soweit die Möglichkeit zu einer Verschiebung bestand.
[915] EGMR 18.12.2003 – 63000/00 ua, Rn. 28 ff. – Skondrianos/GRE: Abweichung vom Vorschlag des Staatsanwalts; vgl. auch *Trechsel* S. 94.
[916] Zur Anwendung auch bei Stellungnahmen der Vorinstanz EGMR 18.2.1997 – 18990/91, NLMR 1997, 46 Rn. 24 ff. – Nideröst-Huber/SWI; EGMR 18.3.1997 – 21497/93, Rn. 33 – Mantovanelli/FRA; EGMR 28.6.2001 – 37292/97, Rn. 34 ff. – F.R./SWI; EGMR 21.2.2002 – 33499/96, Rn. 33 ff. – Ziegler/SWI; *Esser* S. 416 f.
[917] Zusf. mwN EGMR 7.6.2001 – 39594/98, NLMR 2001, 115 Rn. 74 – Kress/FRA: „However, the concept of a fair trial also means in principle the opportunity for the parties to a trial to have knowledge of and comment on all evidence adduced or observations filed, even by an independent member of the national legal service, with a view to influencing the court's decision"; EGMR 18.2.1997 – 18990/91, NLMR 1997, 46 Rn. 24 ff. – Nideröst-Huber/SWI; EGMR 25.6.1997 – 20122/92, Rn. 37 ff. – Van Orshoven/BEL; EGMR 18.3.1997 – 21497/93, Rn. 33 – Mantovanelli/FRA; EGMR 3.3.2000 – 35376/97, Rn. 40 ff. – Krčmář ua/CZE: möglicher Einfluss zählt; *Wohlers/Gaede* NStZ 2004, 9 (13 f.); *Esser* S. 407 ff. Zur denkbaren Anwendung auf *clerks* bzw. Gerichtsschreiber im Fall der Verneinung ihrer Unabhängigkeit und Unparteilichkeit EGMR 6.9.2001 – 44564/98, Rn. B 1b – Mort/UK; *Starmer/Strange/Whitaker/Jennings* S. 181 f.
[918] So BGer bei *Malinverni/Wildhaber* SJIR 47 (1990), 250 f.; *Villiger* Rn. 505.
[919] Siehe zur insoweit verwandten Waffengleichheit EGMR 22.2.1996 – 17358/90, ÖJZ 1996, 430 Rn. 49 – Bulut/AUT; EGMR 31.1.2002 – 24430/94, Rn. 58 – Lanz/AUT: „It is a matter for the defence to assess whether a submission deserves a reaction. It is therefore unfair for the prosecution to make submissions to a court without the knowledge of the defence"; *Safferling* NStZ 2004, 181 (183); SK-StPO/*Wohlers* § 349 Rn. 12; *Esser* S. 411; im Zivilverfahren EGMR 18.2.1997 – 18990/91, NLMR 1997, 46 Rn. 29 – Nideröst-Huber/SWI; EGMR 21.2.2002 – 33499/96, Rn. 33 ff., 38 ff. – Ziegler/SWI.

299 **bb) Würdigungs- und Begründungsgebot.** Die getroffenen Ausführungen des Angeklagten und seines Verteidigers müssen tatsächlich vom Gericht vorurteilsfrei zur Kenntnis genommen und geprüft werden.[920] Im Anschluss an die in anderem Zusammenhang bereits anerkannte Maxime „*Justice must not only be done, it must also be seen to be done*"[921] ist diesbezüglich die **Begründung der Entscheidungen als Gebot des Art. 6** anerkannt worden:[922] Sie ermöglicht vor allem die sichtbare Bestätigung der Gewährung rechtlichen Gehörs. Ferner dient das auf Transparenz ausgerichtete Begründungserfordernis dazu, eine Überprüfung der Rechtmäßigkeit des Urteils durch die im nationalen Recht unter Umständen eröffneten Rechtsmittel und im Rahmen der Individualbeschwerde nach der EMRK zu ermöglichen.[923] Die Begründung muss dann auch so rechtzeitig gegeben werden, dass Verfahrensrechte wie etwa Rechtsmittel effektiv wahrgenommen werden können[924] und demzufolge angeben, welche Umstände für das Urteil berücksichtigt und warum sie als maßgeblich eingestuft worden sind.[925]

300 Jede vorgebrachte Erwägung muss das Gericht dabei nicht aufgreifen. Zugleich sind aber die **maßgeblichen Gründe anzugeben** und auch möglicherweise entscheidende Einwände auszuräumen.[926] Zu begründen sind grundsätzlich auch Verfahrensanordnungen und Rechtsmittelentscheidungen, wobei fallabhängig knappere Begründungen genügen können.[927] Ein Rechtsmittelgericht kann sich aber prinzipiell auf die Bestätigung der zuvor ergangenen Entscheidung durch die Einbeziehung früherer Begründungen beschränken, muss jedoch im Ergebnis die von ihm zu entscheidenden wesentlichen Fragen des Rechtsmittels ersichtlich angesprochen haben[928] und insbesondere den Umfang der gerichtlichen

---

[920] EGMR 19.4.1993 – 13942/88, ÖJZ 1993, 818 Rn. 30 ff. – Kraska/SWI: „to place the ‚tribunal' under a duty to conduct a proper examination of the submissions, arguments and evidence adduced by the parties, without prejudice to its assessments of whether they are relevant to its decision"; EGMR 19.4.1994 – 16034/90, ÖJZ 1994, 819 Rn. 59 ff. – Van de Hurk/NL; EGMR [GK] 12.2.2004 – 47287/99, NLMR 2004, 23 Rn. 80 – Perez/FRA; EGMR 21.3.2000 – 34553/97, Rn. 33 ff. – Dulaurans/FRA: Verletzung, wenn das Gericht das Vorbringen ersichtlich missverstanden hat; EGMR 21.5.2002 – 28856/95, Rn. 72 ff. – Jokela/FIN; EGMR 18.6.2002 – 24541/94, Rn. 39 ff. – Wierzbicki/POL; EGMR 12.6.2003 – 35968/97, Rn. 48 ff. – Van Kück/D; *Strate*, FG Koch, S. 261, 271 ff.: rechtliches Gehör *finden*; zur festlegenden Vorbefassung insoweit krit. *Esser* S. 732 ff.

[921] Vgl. auch *Esser* S. 400; *Fawcett* S. 159 f. Für die allg. Geltung dieses Diktums bei Art. 6 EMRK zB *Peters/Altwicker* § 19 Rn. 2. Vgl. auch EGMR 1.7.2003 – 37801/97, Rn. 37 – Suominen/FIN: „to demonstrate to the parties that they have been heard".

[922] EGMR 19.4.1994 – 16034/90, ÖJZ 1994, 819 Rn. 59 ff. – Van de Hurk/NL; EGMR 19.2.1998 – 20124/92, Rn. 42 ff. – Higgins ua/FRA; EGMR [GK] 21.1.1999 – 30544/96, NJW 1999, 2429 Rn. 26 ff. – Garcia Ruiz/SPA; EGMR 30.11.1987 – 8950/80, ÖJZ 1988, 220 Rn. 53 – H/BEL; EGMR 16.12.1992 – 12945/87, NJW 1993, 1697 Rn. 33 ff. – Hadjianastassiou/GRE; EGMR 22.6.1993 – 12914/87, ÖJZ 1994, 104 Rn. 23 – Melin/FRA; EGMR 9.12.1994 – 18390/91, Rn. 29 ff. – Ruiz Torija/SPA; *Stavros* S. 257 ff.; *Esser* S. 745 ff.

[923] EGMR 22.6.1993 – 12914/87, ÖJZ 1994, 104 Rn. 23 – Melin/FRA; EGMR 21.5.2002 – 28856/95, Rn. 73 – Jokela/FIN; EGMR 1.7.2003 – 37801/97, Rn. 34 ff. – Suominen/FIN; *Villiger* Rn. 491.

[924] EGMR 16.12.1992 – 12945/87, NJW 1993, 1697 Rn. 33 ff. – Hadjianastassiou/GRE; EGMR 22.6.1993 – 12914/87, ÖJZ 1994, 104 Rn. 23 ff. – Melin/FRA; vgl. auch EGMR 22.9.1994 – 13616/88, EuGRZ 1996, 593 Rn. 56 – Hentrich/FRA: Begründung als Voraussetzung, um überhaupt ein adversatorisches Verfahren ergreifen zu können.

[925] In diesem Sinne etwa schon *Esser* S. 746; *Villiger* Rn. 492.

[926] EGMR 19.4.1994 – 16034/90, ÖJZ 1994, 819 Rn. 61 – Van de Hurk/NL; EGMR 9.12.1994 – 18390/91, Rn. 29 f. – Ruiz Torija/SPA; EGMR 9.12.1994 – 18064/91, ÖJZ 1995, 356 Rn. 27 – Hiro Balani/SPA; EGMR 29.5.1997 – 21522/93, ÖJZ 1008, 197 Rn. 43 ff. – Georgiadis/GRE; EGMR 19.2.1998 – 20124/92, Rn. 42 ff. – Higgins ua/FRA; EGMR [GK] 21.1.1999 – 30544/96, NJW 1999, 2429 Rn. 26 ff. – Garcia Ruiz/SPA; EGMR 21.5.2002 – 28856/95, Rn. 72 ff. – Jokela/FIN; *Villiger* Rn. 492. Zu zwingendem Vortrag EGMR 21.7.2009 – 34197/02, Rn. 55 ff. – Luca/ROM; *Jacobs/White/Ovey* S. 266.

[927] Insbesondere zu Urteilen höherer Instanzen EGMR 22.4.1992 – 12351/86, EuGRZ 1992, 440 Rn. 34 – Vidal/BEL; EGMR 19.12.1997 – 157/1996/776/977, ÖJZ 1998, 932 Rn. 55 ff. – Helle/FIN; EGMR 21.5.2002 – 28856/95, Rn. 72 ff. – Jokela/FIN; EGMR 19.2.1998 – 20124/92, Rn. 42 f. – Higgins ua/FRA; zur Abhängigkeit des Umfanges vom Fallkontext EGMR 9.12.1994 – 18390/91, Rn. 29 – Ruiz Torija/SPA; EGMR 9.12.1994 – 18064/91, ÖJZ 1995, 350 Rn. 27 – Hiro Balani/SPA; *Esser* S. 748 ff.

[928] EGMR [GK] 21.1.1999 – 30544/96, NJW 1999, 2429 Rn. 26 ff., 29 – Garcia Ruiz/SPA; EGMR 21.5.2002 – 28856/95, Rn. 73 – Jokela/FIN; EGMR 19.12.1997 – 157/1996/776/977, ÖJZ 1998, 932 Rn. 55 ff., 60 – Helle/FIN: „the Court would emphasise that the notion of a fair procedure requires that a

Entscheidung erkennen lassen.⁹²⁹ Ein besonderer Begründungsbedarf besteht dann, wenn die anzuwendende Norm unbestimmte Begriffe enthält⁹³⁰ oder eine Ermessenentscheidung zu treffen ist.⁹³¹ An der Praxis der weithin unbegründeten **Beschlussverwerfung** gemäß § 349 Abs. 2 StPO hat der EGMR bedauerlicherweise bislang keinen Anstoß genommen.⁹³²

Für die **Jury** hat der EGMR anerkannt, dass das Begründungserfordernis hier nicht durch eine nachträgliche Urteilsbegründung, sondern in funktionaler Entsprechung bereits durch korrekte Belehrungen und Zusammenfassungen des Verfahrensrichters gewahrt werden kann, welche die Funktionen der Begründungspflicht in der Sache bereits erfüllen.⁹³³ **301**

c) Gebot der Waffengleichheit. Das faire Verfahren impliziert nach der ständigen **302** Rechtsprechung über Abs. 3 lit. d hinaus ein verbindliches Prinzip der Waffengleichheit („*principle of equality of arms*") gegenüber dem Verfahrensgegner.⁹³⁴ Der Angeklagte bzw. die Verteidigung soll den Strafverfolgungsbehörden verfahrensrechtlich prinzipiell gleichgestellt sein. Hinsichtlich der Verfahrensrechte **in Hauptverhandlungen und Rechtsmitteln** ist dies als **strikt formale Gleichheit** zu interpretieren, im Übrigen geht es um eine materiell substanziell gleiche Einflusschance.⁹³⁵ Bei alledem setzt die Waffengleichheit für die Begründung von Einflussrechten nicht etwa an ungebundenen, rein parteiisch agierenden Anklagebehörden an, sondern vielmehr an der wahrzunehmenden Aufgabe, gerade die Anklage zu vertreten,⁹³⁶ die psychologisch und prozesssystematisch bedingt eine Anklagebehörde von einer Verteidigungsinstitution unterscheiden muss, falls sie noch immer eine zur Wahrnehmung der Anklage taugliche Behörde sein soll. Ausnahmen für kontinentale Inquisitionsverfahren sind daher nicht angezeigt.⁹³⁷

Gegenüber dem rechtlichen Gehör wirkt die Waffengleichheit **konkretisierend,** indem **303** sie durch die Bezugnahme auf die Strafverfolgungsorgane als Verfahrensgegner einen wesentlichen Gesichtspunkt aufgreift, der bei der Bewertung einer insgesamt hinreichenden Verfahrensteilhabe bedeutsam ist.⁹³⁸ Insoweit wird anders als beim rechtlichen Gehör im Allge-

---

national court which has given sparse reasons for its decisions, whether by incorporating the reasons of a lower court or otherwise, did in fact address the essential issues which were submitted to its jurisdiction and did not merely endorse without further ado the findings reached by a lower court"; EGMR 27.9.2001 – 49684/99, Rn. 30 – Hirvisaari/FIN; *Esser* S. 749 f.; *Löwe/Rosenberg/Esser* Rn. 238; krit. SK-StPO/*Paeffgen* Rn. 78.
⁹²⁹ EGMR 19.2.1998 – 20124/92, Rn. 42 ff. – Higgins ua/FRA: möglicherweise übersehene Prüfung hinsichtlich einer beantragten Anordnung; *Esser* S. 749 f.
⁹³⁰ Zu gesteigerten Anforderungen bei nicht selbsterklärenden offenen Normen EGMR 30.11.1987 – 8950/80, ÖJZ 1988, 220 Rn. 53 – H/BEL: überzeugende Darlegung nötig; SK-StPO/*Paeffgen* Rn. 78; *Frei-Siponen* S. 165.
⁹³¹ EGMR 23.6.1994 – 16997/90, ÖJZ 1995, 73 Rn. 54 f. – De Moor/NL; SK-StPO/*Paeffgen* Rn. 78.
⁹³² MwN EGMR 17.4.2014 – 9154/10, JR 2015, 95 Rn. 82 ff. – Schatschaschwili/D; begrüßend Meyer-Goßner/*Schmitt* Rn. 11a; abl. mwN *Wohlers* HRRS 2015, 271 ff.
⁹³³ MwN EGMR 8.2.2011 – 35863/10, HRRS 2011 Nr. 473 – Judge/UK; *Grabenwarter/Pabel* § 24 Rn. 76; so auch schon *Gaede,* Fairness als Teilhabe, S. 434; zum Problem zuvor etwa *Spencer* Archb. News 2001, Heft 1, S. 5 ff.; mwN *Trechsel* S. 107.
⁹³⁴ EGMR 27.6.1968 – 1936/63, Rn. 22 – Neumeister/AUT; EGMR 17.1.1970 – 2689/65, EGMR-E 1, 100 Rn. 28 f. – Delcourt/BEL: „full equality of treatment"; EGMR 17.5.1991 – 12005/86, Rn. 24, 28 – Borgers/BEL; EGMR 22.2.1996 – 17358/90, ÖJZ 1996, 430 Rn. 46 ff. – Bulut/AUT; EGMR 31.1.2002 – 24430/94, ÖJZ 2002, 433 Rn. 57 ff. – Lanz/AUT; EGMR 6.9.2005 – 65518/01, Rn. 87 ff. – Salov/UKR; EGMR 9.10.2008 – 62936/00, Rn. 208 ff. – Moiseyev/RUS (zur Routinekontrolle bei der Verteidigerpost); EGMR 31.2.2009 – 21022/04, Rn. 39 ff. – Natunen/FIN; mwN *Gaede,* Fairness als Teilhabe, S. 305 ff., 650 ff.
⁹³⁵ Zu dieser Differenzierung näher mwN *Gaede,* Fairness als Teilhabe, S. 652 ff.
⁹³⁶ Siehe grundlegend EGMR 17.5.1990 – 12005/86, Rn. 24 ff. – Borgers/BEL; EGMR 25.4.1983 – 8398/78, NStZ 1983, 373 Rn. 29 ff. – Pakelli/D; mwN *Gaede* HRRS 2004, 44 (51); SK-StPO/*Wohlers* § 147 Rn. 44; *Braitsch* S. 124; *Stavros* S. 243; abl. zur dt. Rechtslage bei der Zurückhaltung von Informationen durch die Strafverfolgungsbehörden auch bereits *Schünemann* StV 1998, 391 (397): „Rechtsstaatsniveau einer früheren orientalischen Despotie".
⁹³⁷ Dazu eingehend mwN *Gaede,* Fairness als Teilhabe, S. 641 ff., 650 ff.
⁹³⁸ Siehe näher mwN *Gaede,* Fairness als Teilhabe, S. 616 ff., 644 ff.; krit. etwa noch *Stavros* S. 339; *Frei-Siponen* S. 163: ungeklärt; für eine Begründung über den Rechtsgrundsatz „*audiatur et altera pars*" etwa Frowein/*Peukert* Rn. 83; *Braitsch* S. 124; *Fawcett* S. 154 f.; *Velu/Ergec* Rn. 469.

meinen⁹³⁹ nicht auf die tatsächliche Ausnutzung eines Vorteils durch den Verfahrensgegner oder auf konkret im Vergleich resultierende Nachteile abgestellt; vielmehr sind die dem Gegner eröffneten Mitwirkungsrechte im Zuge der Rücksichtnahme auf den äußeren Eindruck der Verfahrensgerechtigkeit entscheidend.⁹⁴⁰

304 Waffengleichheit ist mindestens in der **Hauptverhandlung** und in Rechtsmittelverfahren ausnahmslos geboten.⁹⁴¹ Die Waffengleichheit erfordert im Strafverfahren eine geeignete Verteidigung, die nicht im Vergleich zur Anklage substantiell benachteiligt ist.⁹⁴² Entsprechend dürfen auch **Ermittlungsverfahren** jedenfalls nicht so geführt werden, dass eine substantielle Verteidigung materiell betrachtet im Nachhinein gar nicht mehr eröffnet werden kann; dies spricht trotz der Ermittlungsnotwendigkeiten für eine weitgehende Beachtung der Waffengleichheit schon im Ermittlungsverfahren, zumal die Ermittlung gerade nicht einseitig nur die Belastung verfolgen darf.⁹⁴³

305 Beispielsweise die Befristung des Rechts, eine Begründungsschrift in Rechtsmittelverfahren einzureichen und auf etwaige Verfahrensbeiträge der Gegenpartei zu erwidern, stellt eine Verletzung dar, wenn der Gegenseite keine Befristung auferlegt ist.⁹⁴⁴ Gleiches gilt etwa bei einer einseitigen Zurverfügungstellung des Urteilsentwurfs an einen möglicherweise das Verfahren zu Lasten des Angeklagten beeinflussenden und damit nicht mehr rein neutralen Verfahrensbeteiligten, dem überdies noch die Möglichkeit zu einer besonderen Stellungnahme eingeräumt ist.⁹⁴⁵ Das BVerfG hat jedoch fragwürdig ein-

---

⁹³⁹ Hierzu EGMR 20.2.1996 – 19075/91, ÖJZ 1996, 673 Rn. 33 ff. – Vermeulen/BEL; EGMR 25.6.1997 – 20122/92, ÖJZ 1998, 314 Rn. 37 ff. – Van Orshoven/BEL; EGMR 27.3.1998 – 21351/93, Rn. 42 f. – J.J./NL: Möglichkeit der Beeinflussung der Entscheidung; in EGMR 25.3.1998 – 23103/93, ÖJZ 1999, 117 Rn. 37, 39 – Belziuk/POL wird auf das konkrete Verhalten des an sich objektiven Staatsanwaltes abgestellt; zust. etwa SK-StPO/*Paeffgen* Rn. 132.

⁹⁴⁰ EGMR 17.5.1990 – 12005/86, Rn. 28 – Borgers/BEL; EGMR [GK] 20.2.1996 – 15764/89, NLMR 1996, 42 Rn. 32 – Lobo Machado/POR; EGMR 22.2.1996 – 17358/90, ÖJZ 1996, 430 Rn. 49 – Bulut/AUT: „In any event [...] the principle of the equality of arms does not depend on further, quantifiable unfairness flowing from a procedural inequality."; EGMR 27.4.2000 – 27752/95, Rn. 34 ff. – Kuopila/FIN; EGMR 31.1.2002 – 24430/94, ÖJZ 2002, 433 Rn. 58 ff. – Lanz/AUT; EGMR 6.5.2003 – 27569/02, ÖJZ 2003, 816 Rn. 18 ff. – Franz Fischer/AUT; EGMR 12.3.2003 – 46221/99, EuGRZ 2003, 472 Rn. 159 – Öcalan/TUR; EGMR 4.3.2003 – 41784/98, Rn. 55 – A.B./SVK: Eindruck einer Benachteiligung zu vermeiden; SK-StPO/*Paeffgen* Rn. 79; krit. aber *Trechsel* S. 98 f.

⁹⁴¹ EGMR 17.1.1970 – 2689/65, EGMR-E 1, 100 Rn. 25, 28 – Delcourt/BEL; EGMR 17.5.1990 – 12005/86, Rn. 24, 27 – Borgers/BEL; EGMR 25.4.1983 – 8398/78, NStZ 1983, 373 Rn. 39 – Pakelli/D; EGMR 25.3.1998 – 23103/93, ÖJZ 1999, 117 Rn. 37 – Belziuk/POL; EGMR 7.6.2001 – 39594/98, NLMR 2001, 115 Rn. 73 ff. – Kress/FRA; *Villiger* Rn. 483; siehe aber zur teilweise erhobenen Kritik an der Waffengleichheit, die auf Fehlvorstellungen beruht, (siehe näher zur Überzeugungskraft der Waffengleichheit *Gaede*, Fairness als Teilhabe, S. 641 ff., 645 ff., 650 ff.) mwN KMR-StPO/*Lesch* Vor § 133 Rn. 14: Phrase; *Hamm* FS Salger, 1995, 273 (290 f.); *Wach* FG Binding, S. 1, 7: Phrase und 11: Selbstbetrug; KK-StPO/*Schädler/Jakobs* Rn. 21.

⁹⁴² EGMR 18.3.1997 – 22209/93, NStZ 1998, 429 Rn. 34 – Foucher/FRA; EGMR 22.2.1996 – 17358/90, ÖJZ 1996, 430 Rn. 47 – Bulut/AUT; EGMR 24.11.1997 – 21835/93, ÖJZ 1998, 233 Rn. 53 ff. – Werner/AUS; EGMR 27.4.2000 – 27752/95, Rn. 37 – Kuopila/FIN; EGMR 31.1.2002 – 24430/94, ÖJZ 2002, 433 Rn. 57 ff. – Lanz/AUT; EGMR 2.10.2001 – 44069/98, StraFo 2002, 81 Rn. 58 – G.B./FRA: „The principle of equality of arms [...] requires each party to be given a reasonable opportunity to present his case under conditions that do not place him at a substantial disadvantage vis-à-vis his opponent"; EGMR 18.2.1997 – 18990/91, NLMR 1997, 46 Rn. 23 – Nideröst-Huber/SWI; EGMR 22.6.2000 – 32492/96 ua, Rn. 102 – Coëme ua/BEL; EGMR 27.1.2004 – 44484/98 – Lorsé/NL: „This does not mean that the parties must be put in exactly the same position as each other"; *Haefliger/Schürmann* S. 185 f.

⁹⁴³ Siehe näher mwN *Gaede*, Fairness als Teilhabe, S. 660 f.; Radtke/Hohmann-StPO/*Ambos* Rn. 7; zur streitigen und oft abgelehnten Geltung im Ermittlungsverfahren *Spaniol* S. 127 f.; *Dörr* S. 76 ff.; zum Teil auch darüber hinaus ablehnend mwN *Kohlbacher* S. 28, 44 f.; *H. Müller* ZStR 96 (1979), 167 (171 ff., 192 f.) (!); *Levi* ZStR 106 (1989), 225 (240 f.); *E. Müller* NJW 1976, 1063 f.; vgl. auch die Kritik bei *Trechsel* ZStR 96 (1979), 337 (377 f.).

⁹⁴⁴ EGMR 5.11.2002 – 32576/96, Rn. 32 – Wynen ua/BEL, entschieden mit vier zu drei Stimmen. Siehe aber noch die problematische prinzipielle Zulassung unterschiedlicher Rechtsmittelfristen bei EGMR 21.9.1993 – 12350/86, ÖJZ 1994, 210 Rn. 73 ff. – Kremzow/AUS; siehe mwN *Esser* S. 771 f.; *Haefliger/Schürmann* S. 185 f.

⁹⁴⁵ EGMR [GK] 31.3.1998 – 23043/93 u. 22921/93, ÖJZ 1999, 151 Rn. 104 ff. – Reinhardt u. Slimane-Kaïd/FRA; *Esser* S. 418 f.

schränkend vertreten, dass die deutsche Praxis, bei Revisionen der Staatsanwaltschaft stets eine mündliche Verhandlung vorzuhalten, während über Revisionen der Verteidigung regelmäßig nur schriftlich entschieden wird, kein Verstoß gegen die Waffengleichheit darstellen soll.[946]

306 Bei der Umsetzung der Gebote der Waffengleichheit besteht hinsichtlich der gewählten, *wirksamen* Mittel ein Ermessen.[947] Dieses Ermessen ermöglicht es aber nicht, der Verteidigung vorzugeben, ob eine bestimmte Erwägung des Verfahrensgegners von Bedeutung ist und eine Reaktion verlangt: Diese Einschätzung obliegt auch bei der Waffengleichheit ausschließlich der Verteidigung.[948]

307 Das Recht auf Waffengleichheit gilt auch dann, wenn zwar nicht formell, aber *tatsächlich* im konkreten Verfahren eine Gegnerstellung festzustellen ist.[949] Auch die belgische Praxis des an der Urteilsberatung ohne Stimmrecht mitwirkenden[950] *Procureur général*[951] hat der EGMR bei einer fehlenden Möglichkeit zur Stellungnahme der Verteidigung danach als Verletzung anerkannt.[952] Ist die tatsächliche Gegnerstellung hingegen nicht belegt, muss bedacht werden, dass die Forderungen des rechtlichen Gehörs über diejenigen der Waffengleichheit hinausgehen können.[953] In der Folgezeit hat der Gerichtshof vergleichbare Problemstellungen mit dem rechtlichen Gehör über das daraus abgeleitete Recht zur Stellungnahme im gleichen Sinne gelöst, ohne inhaltlich von seiner Position abzurücken.[954]

308 d) **Verteidigungsteilhabe und Sachverständige.** Das rechtliche Gehör umfasst die Befugnis der Verteidigung, verfahrensrelevante **Gutachten in das Verfahren** einzuführen.[955] Im Fall *Bönisch* hat der EGMR klargestellt, dass auch hinsichtlich der Aussagen von amtlich bestellten Sachverständigen in diesem Fall das Gebot der Waffengleichheit

---

[946] So zweifelhaft BVerfG 30.6.2014 – 2 BvR 792/11, NJW 2014, 2563.
[947] EGMR 28.8.1991 – 11170/84, NJW 1992, 3095 Rn. 67 – Brandstetter/AUT; EGMR 25.3.1998 – 23103/93, ÖJZ 1999, 117 Rn. 37, 39 – Belziuk/POL; EGMR 2.10.2001 – 44069/98, StraFo 2002, 81 Rn. 58 – G.B./FRA; *Villiger* Rn. 483.
[948] Für die StRspr EGMR 22.2.1996 – 17358/90, ÖJZ 1996, 430 Rn. 49 – Bulut/AUT; EGMR 27.4.2000 – 27752/95, Rn. 37 – Kuopila/FIN; EGMR 31.5.2002 – 24430/94, ÖJZ 2002, 433 Rn. 58 – Lanz/AUT: „It is a matter for the defence to assess whether a submission deserves a reaction. It is therefore unfair for the prosecution to make submissions to a court without the knowledge of the defence"; EGMR 15.7.2003 – 32559/96, Rn. 42 f. – The Fortum Corporation/FIN; EGMR 6.1.2004 – 59821/00 – Guigue u. SGEN-CFDT/FRA; *Esser* S. 411; *Wasek-Wiaderek* S. 25.
[949] EGMR 17.5.1990 – 12005/86, Rn. 26 – Borgers/BEL: „By recommending that an accused's appeal be allowed or dismissed, the official of the procureur général's department becomes objectively speaking his ally or his opponent. In the latter event, Article 6 para. 1 [...] requires that the rights of the defence and the principle of equality of arms be respected"; EGMR 7.6.2001 – 39594/98, NLMR 2001, 115 Rn. 73 – Kress/FRA; EGMR 25.6.1997 – 20122/92, ÖJZ 1998, 314 Rn. 39 – Van Orshoven/BEL.
[950] Diese Teilnahme verstärkt die Verletzung, siehe mwN *Esser* S. 408 f., 734 ff. und zB EGMR [GK] 20.2.1996 – 15764/89, NLMR 1996, 42 Rn. 32 – Lobo Machado/POR.
[951] Dieser ist ein unabhängiger, neben der allgemeinen, ihm aber unterstellten Staatsanwaltschaft agierender staatlicher Ratgeber in Rechtsfragen. Die Sonderstellung beruht auf einer langjährigen Praxis.
[952] MwN EGMR 17.5.1990 – 12005/86, Rn. 27 ff. – Borgers/BEL mit vielen Verweisen auf die Rechtsprechungsentwicklung und die Teilnahme an der Beratung; anschließend etwa EGMR 25.6.1997 – 20122/92, ÖJZ 1998, 314 Rn. 37 ff. – Van Orshoven/BEL: Verletzung des rechtlichen Gehörs; EGMR 8.7.2003 – 38410/97 u. 40373/98, Rn. 64 ff. – Fontaine u. Bertin/FRA; anders noch EGMR 17.1.1970 – 2689/65, EGMR-E 1, 100 Rn. 27 ff., 41 – Delcourt/BEL, best. noch EKMR 9.12.1986 – 10938/84, DR 50, 98 (115 f., 117 ff.) – Kaufmann/B; zur bereits anderen Bewertung des Generalbundesanwaltes EGMR 25.4.1983 – 8398/78, NStZ 1983, 373 Rn. 36 – Pakelli/D; *Spaniol* S. 121 ff.
[953] Beispielhaft EGMR 17.1.1970 – 2689/65, EGMR-E 1, 100 Rn. 28 – Delcourt/BEL; EGMR 2.3.1987 – 9562/81 u. 9818/82, EGMR-E 3, 415 Rn. 62 ff. – Monnell u. Morris/UK; EGMR 17.5.1990 – 12005/86, Rn. 24 ff. – Borgers/BEL; EGMR [GK] 20.2.1996 – 15764/89, NLMR 1996, 42 Rn. 31 – Lobo Machado/POR; EGMR 25.3.1998 – 23103/93, ÖJZ 1999, 117 Rn. 37 ff. – Belziuk/POL; EGMR 3.3.2000 – 35376/97, Rn. 40 ff. – Krčmář ua/CZE; EGMR 2.10.2001 – 44069/98, StraFo 2002, 81 Rn. 58 ff. – G.B./FRA; EGMR 7.6.2001 – 39594/98, NLMR 2001, 115 Rn. 77 ff. – Kress/FRA.
[954] Siehe dazu mwN EGMR [GK] 20.2.1996 – 15764/89, NLMR 1996, 42 Rn. 30 ff. – Lobo Machado/POR.
[955] MwN *Gaede*, Fairness als Teilhabe, S. 628 f., 656 ff. und EGMR 25.7.2013 – 11082/06 u. 13772/05, Rn. 728 ff. – Khodorkovskiy u. Lebedev/RUS.

gilt,[956] soweit sie sich als Belastungszeugen darstellen:[957] Die von der Verteidigung eingeführten gutachterlichen Stellungnahmen dürfen nicht substantiell gegenüber der amtlichen gutachterlichen Stellungnahme benachteiligt werden.

309 Ein Recht auf einen von der Verteidigung einzuführenden und gerichtlich zu bestellenden und zu finanzierenden eigenen Sachverständigen zu entscheidungserheblichen Fragen wird hingegen auch für kontinentale Amtsaufklärungsverfahren, in denen der amtliche Sachverständige eine besonders starke Stellung erlangt, nur eingeschränkt anerkannt: Das **Bedürfnis nach einem weiteren Sachverständigen** bzw. einem amtlichen Gegengutachten folgt nicht allein daraus, dass der amtlich bestellte Sachverständige die Anklage unterstützt.[958] Ein solches Recht soll grundsätzlich nur bei berechtigten Zweifeln an der Unabhängigkeit des amtlichen Sachverständigen bestehen.[959] Die Einholung eines zweiten Expertengutachtens kann jedoch auch – unter ergänzendem Rückgriff auf Abs. 3 lit. b – geboten sein, wenn ein Gutachter in der Hauptverhandlung mit einem nicht ausschließbar hohen Einfluss auf die Urteilsfindung nach neuen Informationen seine Auffassung zuungunsten des Angeklagten ändert.[960]

310 **Kritik:** Dieser Stand der Rechtsprechung ist unbefriedigend, soweit Sachverständigengutachten Wissenschaften oder Fertigkeiten betreffen, die nicht als im mathematischen Sinne exakt gelten können.[961] Auch über Art. 6 Abs. 3 lit. d hinaus muss verhindert werden, dass das Gericht und insbesondere die Staatsanwaltschaft mit der **Wahl der Person des amtlichen Gutachters verfahrensprägende Vorentscheidungen** zu einschlägigen Prognosen oder Schlüssen in das Verfahren einbringen können. Die weichenstellende Gutachterauswahl muss daher auf einem hinreichenden Einfluss der Verteidigung beruhen und damit jedenfalls das rechtliche Gehör achten.[962] Dies ist insbesondere unter dem Aspekt der Waffengleichheit zu beachten, wenn die Strafverfolgungsbehörde Einfluss auf die Gutachterbestellung ausübt. Wird der Verteidigung nicht das Recht auf einen eigenen Sachverständigen zugestanden, sind in diesem Fall gleiche Teilhaberechte vorzusehen, im Konfliktfall ist eine gerichtliche Entscheidung zu ermöglichen. Ist eine sofortige Verteidigungsteilhabe nicht realisierbar und bestellen Strafverfolgungsbehörden den Gutachter, sollte das Gericht regelmäßig gehalten sein, die Bestellung eines weiteren gerichtlichen Sachverständigen zu finanzieren.

---

[956] EGMR 6.5.1985 – 8658/79, EuGRZ 1987, 78 Rn. 29 ff. – Bönisch/AUT; EGMR 28.8.1991 – 11170/84, NJW 1992, 3095 Rn. 41 ff. – Brandstetter/AUT; Archbold 2004, §§ 16–64; *Esser* S. 693 ff.: Maßstab der objektiven Neutralität, *Esser* geht dabei von der Prämisse aus, der EGMR habe Art. 6 Abs. 3 lit. d EMRK verletzt gesehen, S. 700 ff.; *Villiger* Rn. 483; *Stavros* S. 242. Später auch EGMR 18.3.1997 – 21497/93, Rn. 33 ff. – Mantovanelli/FRA m. zust. SV *Jambrek*.

[957] EGMR 28.8.1991 – 11170/84, NJW 1992, 3095 Rn. 45 – Brandstetter/AUT; BGer 26.2.2001 – BGE 127 I 73 (78 ff.); vgl. auch *Esser* S. 702, der ein Verbot einer dominierenden Stellung ableitet; im zivilen Kontext EGMR 24.7.2003 – 44962/98, Rn. 37 – Yvon/FRA. Für die unmittelbare Anwendung des Art. 6 Abs. 3 lit. d EMRK siehe EGMR 6.5.1985 – 8658/79, EuGRZ 1987, 78 Rn. 87 – Bönisch/AUT; EKMR 21.10.1993 – 17265/90, DR 75, 76 (126 f.) – Baragiola/SWI; EKMR 28.2.1996 – 25935/94, EHRLR 1996, 425 (427) – Hardiman/UK; *Frei* S. 131; *Simon* S. 104 f.; offenlassend EGMR 6.5.1985 – 8658/79, EuGRZ 1987, 78 Rn. 29 f. – Bönisch/AUT; EGMR 28.8.1991 – 11170/84, NJW 1992, 3095 Rn. 42 – Brandstetter/AUT; *Stavros* S. 241 Fn. 768; *Esser* S. 693 ff.: Abgrenzung nach Objektivität und Neutralität.

[958] EGMR 28.8.1991 – 11170/84, NJW 1992, 3095 Rn. 46 – Brandstetter/AUT; EGMR 2.10.2001 – 44069/98, StraFo 2002, 81 Rn. 68 ff. – G.B./FRA; *Rzepka* S. 93; *Esser* S. 694 ff., 698 f.; *Wasek-Wiaderek* S. 32; weitergehend für entsprechende Ansprüche aber *Guradze* S. 110; *Poncet* S. 45 f.; heute auch mit dem Verweis auf Abs. 3 lit. d *Haefliger/Schürmann* S. 240; *Grosz/Beatson/Duffy* C6-104; *Peukert* EuGRZ 1980, 247 (266).

[959] EGMR 6.5.1985 – 8658/79, EuGRZ 1987, 78 Rn. 29 ff. – Bönisch/AUT: Anzeige des Angeklagten durch den mit weitgehenden Rechten ausgestatteten amtlichen Sachverständigen; EGMR 28.8.1991 – 11170/84, NJW 1992, 3095 Rn. 44 ff. – Brandstetter/AUT; BGer 26.2.2001 – BGE 127 I 73 (78 ff.); *Donatsch* FS KG, 2000, 363 (365 ff.).

[960] Siehe so unter Einbeziehung der Einzelfallumstände EGMR 2.10.2001 – 44069/98, StraFo 2002, 81 Rn. 68 ff. – G.B./FRA.

[961] MwN näher *Gaede*, Fairness als Teilhabe, S. 656 ff.; auf das Problem weist auch schon hin EGMR 18.3.1997 – 21497/93, Rn. 36 – Mantovanelli/FRA; zum wertenden Charakter der Begutachtungen etwa *Donatsch* FS KG, 2000, 363 (365); *Barton* StV 2003, 537 (539).

[962] In diese Richtung bereits EGMR 18.3.1997 – 21497/93, Rn. 35 f. – Mantovanelli/FRA.

Ferner muss der Verteidigung – neben den zuvor erörterten Befugnissen – weiterhin die 311 Möglichkeit eingeräumt werden, zu der möglicherweise belastenden Gutachtenerstellung **effektiv Stellung zu nehmen** und den **Gutachter zu befragen**.[963] Da sie die Sinnhaftigkeit ihrer Teilhabe selbst einschätzen darf, kommt dabei insbesondere eine wirksame Konfrontation des gerichtlich bestellten Gutachters mit einem privat getragenen Gutachten in Betracht.[964]

e) Strafprozessuale Gesetzlichkeitsmaxime – Rechtssicherheit und Vertrauens- 312 **schutz.** In der Entscheidung *Coëme* hat der EGMR über die Maxime „*nullum judicium sine lege*" ein von ihm mit dem Gesetzlichkeitsprinzip des Art. 7 verglichenes strafprozessuales Rechtsprinzip anerkannt:

"*The Court reiterates that the principle that the rules of criminal procedure must be laid down by law is a general principle of law. It stands side by side with the requirement that the rules of substantive criminal law must likewise be established by law and is enshrined in the maxim „nullum judicium sine lege". It imposes certain specific requirements regarding the conduct of proceedings, with a view to guaranteeing a fair trial, which entails respect for equality of arms. […] The Court further observes that the primary purpose of procedural rules is to protect the defendant against any abuse of authority and it is therefore the defence which is the most likely to suffer from omissions and lack of clarity in such rules.*"[965]

Konkret erkannte der EGMR in einem im Wesentlichen analog zum nationalen Normal- 313 strafverfahren durchzuführenden Sonderverfahren vor dem belgischen Verfassungsgericht einen Verstoß gegen Art. 6.[966] In diesem wurde zwar grundsätzlich eine analoge Anwendung des nationalen Normalverfahrens verfolgt, das Gericht behielt sich jedoch nicht absehbare Modifikationen vor. Vor dem Hintergrund der hieraus insbesondere für die Verteidigung entstehenden Unsicherheit sah der EGMR in der mangelnden gesetzlichen Regelung eine substantielle Benachteiligung der Verteidigung und das Verfahren daher als unfair an, obschon der Vorbehalt im konkreten Fall nicht beansprucht wurde.

Die demnach auf die Verteidigungsrechte bezogene Maxime ist bisher wenig erschlossen, 314 zumal sie bisher praktisch keine näheren Anknüpfungen erfahren hat.[967] Die Maxime sollte aber so zu deuten sein, dass die Vertragsstaaten gehalten sind, die **Teilhaberechte der Verteidigung** – insbesondere hinsichtlich der Waffengleichheit – **klar und verlässlich gesetzlich auszuprägen**.[968] Dies muss nicht zuletzt für ein originär europäisches Strafverfahren nach dem Modell der EStA gelten.[969]

Eine völlig fehlende oder vom Gericht *ad hoc* für das Verfahren gesetzte **Verjährungsfrist** 315 muss selbst im Kontext europäischer Pönalisierungsgebote als Verstoß gegen Art. 6 bewertet werden.[970] Der EGMR hat bereits in weiteren Fällen anerkannt, dass ein Verstoß aus der angemaßten Befugnis (des Tatgerichts) folgen kann, geltendes Verfahrensrecht *ad hoc* im

---

[963] MwN zu der auf Abs. 1 S. 1 abstellenden Rechtsprechung des EGMR *Grabenwarter/Pabel* § 24 Rn. 75.
[964] AA aber BGer 26.2.2001 – BGE 127 I 73 (80 ff.): Kein Recht auf direkte Replik des Verteidigungsgutachters auf die – bereits zweite – Verfahrensstellungnahme des gerichtlich bestellten Sachverständigen, mit der dieser auf eine Konfrontation durch den Verteidigungsgutachter antwortet.
[965] EGMR 22.6.2000 – 32492/96 ua, Rn. 98 ff., 102 – Coëme ua/BEL; EGMR 2.6.2005 – 46825/99 ua, Rn. 34 ff. – Claes ua/BEL; näher *Gaede*, Fairness als Teilhabe, S. 310 f., 663 ff.
[966] Zum Folgenden siehe EGMR 22.6.2000 – 32492/96 ua, Rn. 98 ff. – Coëme ua/BEL.
[967] Siehe aber auch EGMR 16.12.1997 – 25420/94, Rn. 31 ff. – Tejedor Garcia/SPA „time-limits and procedural rules governing appeals by the prosecution must be adhered to as part of the concept of a fair procedure"; EGMR 25.1.2000 – 38366/97 ua, Rn. 37 ff. – Miragall Escolano ua/SPA: „principle of legal certainty"; zur Vorhersehbarkeit auch EGMR 11.7.2002 – 36534/97, Rn. 37 ff. – Osu/ITA. Die Notwendigkeit, die Rechte des fairen Verfahrens gerade auch bestimmt zu garantieren, betonen zB *Spaniol* S. 64; *Kohlbacher* S. 39 f.; auch SK-StPO/*Paeffgen* Rn. 51: Entscheidung nach Rechtsgrundsätzen impliziert Verfahrensrechte.
[968] Hierfür mwN *Gaede*, Fairness als Teilhabe, S. 310 ff., 663 ff., zusätzlich mit Überlegungen, inwiefern die Maxime die Einhaltung des geschaffenen nationalen (Gesetzes-)Rechts implizieren könnte.
[969] Vgl. hierzu bereits *Gaede* ZStW 115 (2003), 845 ff. und mwN Enzyk-EuR/*Gaede*, Bd. 9, § 3 Rn. 52, 86 f.
[970] Siehe in diesem Sinne *Gaede* wistra 2016, 89 (95 f.); aA EuGH 8.9.2015 – C-105/14 – Taricco ua.

laufenden Verfahren zu ändern.[971] Allgemein mahnt er selbst für zivile Rechte zur Vorsicht, wenn der Gesetzgeber durch Rechtsänderungen auf das Ergebnis laufender Prozesse einwirkt.[972] Schon für Disziplinarverfahren hat er das Fehlen einer gesetzlich festgelegten Verjährung als Verstoß gegen die von Art. 6 gebotene Rechtssicherheit gewertet.[973]

316 Auch im Strafverfahren ist ferner als Ausdruck eines fairen und damit verlässlichen Verfahrens von Bedeutung, dass die Vertragsstaaten gemäß Art. 6 verpflichtet sind, rechtskräftige gerichtliche Entscheidungen effektiv und zeitnah zu vollziehen.[974] **Rechtskräftige Freisprüche** müssen von nationalen Stellen unverzögert beachtet und durchgesetzt werden.[975] Ebenso dürfen gerichtliche Entscheidungen nicht jenseits eines rechtsstaatlichen Rechtsmittelsystems annulliert werden. Darin schlägt sich das Art. 6 immanente und in der Präambel der EMRK verankerte Prinzip der *rule of law* und konkret der Grundsatz der **Rechtssicherheit** nieder.[976]

317 Verlässlichkeit muss für die Verteidigung zudem noch in einer weiteren Hinsicht im Verfahren selbst bestehen, die mangels geeigneter Fälle in der Rechtsprechung des EGMR bislang nur undeutlich entwickelt ist:[977] Strafverfolgungsbehörden und Gerichte dürfen keine Vertrauenstatbestände, welche das Verhalten der Verteidigung prägen können, begründen und sodann enttäuschen.[978] Zwar hat der EGMR einen derartigen **Vertrauensschutz** infolge eines aus seiner Sicht mangelnden Vertrauenstatbestands verneint.[979] Es ist jedoch davon auszugehen, dass der somit bereits vom EGMR geprüfte Vertrauensschutz im Zuge der weiteren Fortentwicklung der Rechtsprechung größere Bedeutung erlangen wird.[980]

318 **f) Selbstbelastungsfreiheit und Schweigerecht.** Zu einem fairen Strafverfahren gehören auch die Selbstbelastungsfreiheit und das von ihr umfasste Schweigerecht. Der EGMR hat das Schweigerecht und die Selbstbelastungsfreiheit des Angeklagten zu Recht[981]

---

[971] So wird eine Verletzung des Art. 6 auch bejaht in: EGMR [GK] 17.9.2009 – 10249/03, NLMR 2009, 260 Rn. 132 ff. – Scoppola/ITA; siehe auch EGMR 9.1.2013 – 21722/11, Rn. 143 ff. – Volkov/UKR.
[972] Dazu mwN und auf das Strafverfahren übertragend EGMR [GK] 17.9.2009 – 10249/03, NLMR 2009, 260 Rn. 132 ff. – Scoppola/ITA; Karpenstein/Mayer/*Meyer* Rn. 118.
[973] EGMR 9.1.2013 – 21722/11, Rn. 136 ff. – Volkov/UKR; nicht auf Disziplinarverfahren begrenzend Karpenstein/Mayer/*Meyer* Rn. 42.
[974] Siehe schon zu Verfahren über zivile Rechte für den Anspruch auf ein wirksames und unverzögertes Vollstreckungsverfahren EGMR [GK] 28.7.1999 – 22774/93, Rn. 63 ff. – Immobiliare Saffi/ITA; EGMR 11.1.2001 – 21463/93, Rn. 42 ff. – Lunari/ITA; EGMR 7.5.2002 – 59498/00, NLMR 2002, 94 Rn. 34 ff. – Burdov/RUS; *Villiger* Rn. 428 ff.
[975] EGMR 8.4.2004 – 71503/01, EuGRZ 2004, 268 Rn. 181 ff. – Assanidze/GEO; *Trechsel* S. 33.
[976] EGMR [GK] 29.10.1999 – 28342/95, NLMR 1999, 185 Rn. 61 ff. – Brumarescu/ROM; mwN EGMR 25.7.2002 – 48553/99, Rn. 72 ff. – Sovtransavto/UKR; *Costa* RTDH 2004, 101 (106 f.); *Wohlers/Gaede* NStZ 2004, 9 (16); siehe aber nun zu Eingriffen des Gesetzgebers EGMR [GK] 17.9.2009 – 10249/03, NLMR 2009, 260 Rn. 139 ff. – Scoppola/ITA; Löwe/Rosenberg/*Esser* Rn. 243.
[977] Näher begründend schon *Gaede*, Fairness als Teilhabe, S. 405 f.
[978] Siehe schon national zum Aspekt des Vertrauensschutzes mwN BVerfG 26.4.1988 – 1 BvR 669/87, BVerfGE 78, 123 (126); 26.2.1969 – 2 BvL 15, 23/68, BVerfGE 25, 269 (289 ff.); BGH 7.6.1989 – 2 StR 66/89, BGHSt 36, 210 (212 ff.); *Rzepka* S. 189 f.; 210 ff.; *Niemöller* StraFo 2000, 361 (363 f.); grundlegend *F. Meyer* S. 104 ff.; siehe auch zu den Grenzen BGH 3.9.1997 – 5 StR 237/97, BGHSt 43, 212 ff.
[979] EGMR 5.3.2009 – 77144/01 u. 35493/05, NJW 2009, 1865 Rn. 29 ff. – Colak u. Tsakiridis/D: Zusicherungen des Kammervorsitzenden außerhalb der Hauptverhandlung, die nicht als für das gesamte Gericht zwingend repräsentativ gelten können, seien nicht bindend und kein Verstoß gegen Art. 6 EMRK, selbst wenn der Vorsitzende eine entsprechende Information für den Fall einer Änderung der rechtlichen Würdigung in Aussicht gestellt hatte; *Spaniol* S. 126; dazu mit Recht bereits abl. *Stavros* S. 46 f.: erwartbare Ausrichtung der Verteidigung auf die Fehlinformationen siehe *Esser* S. 620 ff.; zum Aspekt des Vertrauensschutzes siehe nunmehr auch EGMR 18.12.2003 – 63000/00, Rn. 28 ff. – Skondrianos/GRE.
[980] Siehe auch mwN Meyer-Goßner/*Schmitt* Rn. 3: Verbot des *venire contra factum proprium*; siehe auch zur Einhaltung von Überstellungszusagen aus dem Strafverfahren EGMR 1.2.2010 – 27804/05, NStZ-RR 2011, 113 Rn. 40 ff. – Bijen/D; BeckOK StPO/*Valerius* Rn. 5; auch zur deutschen Rügeverkümmerung mwN Löwe/Rosenberg/*Esser* Rn. 117, 241 ff.
[981] Zust. *Harris/O'Boyle/Warbrick* (1999), S. 214: „filling a gap"; *Esser* S. 829; *Haefliger/Schürmann* S. 185; *Villiger* Rn. 502; schon vor den Entscheidungen des EGMR etwa *Poncet* S. 141; *Guradze* S. 104 f.; *Velu/Ergec* Rn. 561 f.; *Spaniol* S. 166: Folge des Abs. 2; eher abl. *Fawcett* S. 185; aA früher etwa *Rüping* ZStW 91 (1979), 351 (352); *Harris* ICLQ 16 (1967), 352 (369).

aus dem Begriff des fairen Verfahrens selbst abgeleitet und zum **Kernbereich der Verfahrensfairness** gerechnet.[982]

Der Gerichtshof hat hierzu auch auf die Unschuldsvermutung Bezug genommen.[983] Wie **319** die **Unschuldsvermutung** ist auch die Selbstbelastungsfreiheit Teil des Verfahrensrahmens, der eine sinnvolle Teilhabe durch Verteidigung absichert (→ Rn. 127): Das **Konzept eines offenen Verfahrens,** in dem über die Tat erst kommuniziert werden muss, ließe sich nicht widerspruchsfrei denken, wäre der Staat befugt, den Angeklagten zu einer Selbstbelastung zu zwingen. Hiermit dürfte er letztlich ausdrücken, dass er die Schuld des Angeklagten als gegeben setzt und ihren Nachweis auch durch ihn bewerkstelligen kann, wodurch zugleich eine sinnvolle Verteidigung ausscheiden müsste.[984] Zwingt oder instrumentalisiert er den Angeklagten, so behandelt er ihn nicht als unschuldigen Mitbürger, sondern als Schuldigen, den man im Verfahren lediglich zu überführen habe. Will und muss der Staat ein Teilhabe gewährendes Verfahren gegen den Angeklagten führen und die mit der Unschuldsvermutung gestellte Frage nicht auf der Basis einer für ihn zuvor sicheren Schuld des Angeklagten beantworten, muss er sich bei der Wahl seiner diesbezüglichen Mittel insoweit beschränken.

aa) Reichweite des Schutzes vor Zwang. Der EGMR erkennt nicht nur das Verbot **320** des Zwangs zur **verbalen Selbstbezichtigung** und damit ein Schweigerecht an.[985] Er befürwortet ein umfassenderes Verbot, eine **willentliche Mitwirkung des Beschuldigten** an seiner Überführung zu erzwingen.[986] Der Staat muss folglich den Willen des Angeklagten respektieren, weder durch eigene Aussagen noch durch eigene Tätigkeiten die eigene Bestrafung fördern zu wollen (aber → Rn. 323).

Auf **Beweise, die eine vom Willen des Beschuldigten unabhängige Existenz 321 haben,** darf der strafverfolgende Staat jedoch zurückgreifen, auch wenn sie vom Beschuldigten herrühren; der Beschuldigte ist insofern zur **Duldung** verpflichtet.[987] Dies gilt, soweit nicht wie beim Brechmitteleinsatz eine prozesssubjektszerstörende Gewalt zum Einsatz kommt, die Art. 3 verletzt.[988] Anders als nach der herrschenden Ansicht in Deutschland ist die Abgrenzung des verbotenen Zwangs hiermit nicht allein nach der Unterscheidung von

---

[982] EGMR 25.2.1993 – 10828/84, ÖJZ 1993, 532 Rn. 41, 44 – Funke/FRA; siehe danach die Entwicklungsschritte EGMR [GK] 8.2.1996 – 18731/91, EuGRZ 1996, 587 Rn. 45 ff. – Murray/UK; EGMR 17.12.1996 – 19187/91, ÖJZ 1998, 32 Rn. 67 ff. – Saunders/UK; EGMR 21.12.2000 – 34720/97, Rn. 40 – Heaney u. McGuinness/IRE; EGMR 5.11.2002 – 48539/99, StV 2003, 257 Rn. 49 ff. – Allan/UK; EGMR [GK] 11.7.2006 – 54810/00, NJW 2006, 2117 – Jalloh/D m. Bespr. *Gaede* HRRS 2006, 241 ff.; instruktiv *Schlauri* S. 82 ff.; problematisch aber EGMR [GK] 29.6.2007 – 15809/02 u. 25624/02, NJW 2008, 3549 – O'Halloran u. Francis/UK m. abl. SV *Myjer*, SK-StPO/*Wohlers/Greco* StPO § 95 Rn. 13 ff., 18; und EGMR [GK] 10.3.2009 – 4378/02, NJW 2010, 213 Rn. 92 – Bykov/RUS. Siehe auch zur Ablehnung einer allgemeinen Prozessförderungspflicht des Angeklagten EGMR [GK] 25.11.1997 – 18954/91, ÖJZ 1998, 32 Rn. 79 – Zana/TUR; EGMR 15.7.1982 – 8130/78, EGMR-E 2, 105 Rn. 51, 82 – Eckle/D; mwN *Gaede* wistra 2004, 166 (168, 173 f.).

[983] EGMR 17.12.1996 – 19187/91, ÖJZ 1998, 32 Rn. 68 – Saunders/UK; EGMR 14.3.2000 – 47240/99, Rn. 1 – Ebbinge/NL; EGMR 21.12.2000 – 34720/97, Rn. 40 ff. – Heaney u. McGuinness/IRE: „closely linked"; EGMR 21.12.2000 – 36887/97, Rn. 40 ff. – Quinn/IRE; auch das SV *Loucaides* zu EGMR 6.6.2000 – 36408/97 – Averill/UK; begrüßend *Lutz* ZStR 120 (2002), 410 (413); *Schlauri* S. 98 ff.; abl. etwa SK-StPO/*Paeffgen* Rn. 81.

[984] Siehe *Zupancic* Nottingham Law Journal 5 (1996), 32 (47 f.): Selbstbelastungsfreiheit als zwingendes Gebot, ohne das Selbsthilfe und keine rechtliche Konfliktlösung durch ein Verfahren vorläge; mwN *Gaede*, Fairness als Teilhabe, S. 406 f.; *C. Dannecker* ZStW 127 (2015), 370 (389 ff.).

[985] Zu diesem aber etwa EGMR [GK] 8.2.1996 – 18731/91, EuGRZ 1996, 587 Rn. 45 ff. – Murray/UK; mwN EGMR 21.12.2000 – 34720/97, Rn. 40 – Heaney u. McGuinness/IRE.

[986] Dazu etwa EGMR 25.2.1993 – 10828/84, ÖJZ 1993, 532 Rn. 41, 44 – Funke/FRA; EGMR 3.5.2001 – 31827/96, NJW 2002, 499 Rn. 68 ff. – J.B./SWI; *Uglow*, Criminal Justice, S. 145; *Schlauri* S. 165 ff.; *Esser* S. 520 ff.; *Ashworth*, Human Rights, Serious Crime, S. 18; bedenklich noch EKMR 17.5.1995 – 23816/94, DR 81, 42 – Tolmos/SPA, das zum EGMR 8.4.2004 – 38544/97, JR 2005, 423 Rn. 47 f. – Weh/AUT als Ableitungsgrundlage verworfen wird.

[987] EGMR 17.12.1996 – 19187/91, ÖJZ 1998, 32 Rn. 69 – Saunders/UK; BGE 131 IV 36, 41 ff.; *R. Müller* EuGRZ 2001, 546 (553); *Schlauri* S. 169 ff.; zur Abgrenzung krit. Jacobs/White/Ovey S. 283 f.; *Ashworth*, Criminal Process, S. 105 ff.

[988] EGMR [GK] 11.7.2006 – 54810/00, NJW 2006, 2117 – Jalloh/D m. Bespr. *Gaede* HRRS 2006, 241 ff.; mwN *Schlauri* S. 130 ff., 161 f.

Pflichten zur aktiven Mitwirkung und Duldungspflichten zu vollziehen.[989] Der Beschuldigte darf demnach nicht unter einer Strafandrohung gezwungen sein, zum Beispiel Unterlagen herauszugeben.[990] Dem Zugriff des Staates auf diese Akten selbst darf er sich aber grundsätzlich nicht erwehren.

322 Eine strafprozessuale **Verwertung** von selbstbelastenden Äußerungen und anderen Beweismitteln, die durch unerlaubten Zwang gegen den Willen des Beschuldigten erlangt worden sind, kann **bei keinem Delikt** durch ein öffentliches Interesse gerechtfertigt werden.[991] In ihr liegt eine Verletzung des Art. 6. Der Schutz wendet sich nicht nur gegen die Verwertung eines erzwungenen expliziten Geständnisses, sondern er schließt ebenso die dem Angeklagten bei seiner Verteidigung schadende Einführung von erzwungenen Äußerungen in das Strafverfahren aus.[992] Selbstbelastende Äußerungen aus Vernehmungen aus dem Ermittlungsverfahren dürfen nur berücksichtigt werden, wenn nicht offenbar unzureichende prozedurale Schutzmaßnahmen ihre Belastbarkeit abstützen.[993]

323 Die Anwendung verbotenen Zwangs führt aber nicht zwingend zu einem Verfahrenshindernis.[994] Ebenso hält es der EGMR nicht stets für unzulässig, wenn Gerichte das grundsätzlich respektierte Schweigen des Angeklagten bei der Urteilsfindung belastend heranziehen.[995] In der **partiellen Verwertbarkeit des Schweigens** wird damit zugleich kein unzulässiger Redezwang gesehen. Geboten ist aber stets eine besondere Vorsicht erfordernde Einzelfallabwägung, soweit ein nachteiliger Schluss erfolgen soll; jedenfalls dann, wenn es akzeptable Erklärungen gibt, warum auch ein Unschuldiger im konkreten Fall schweigen könnte, sind nachteilige Schlüsse zu verwerfen.[996] Dies kann insbesondere bei einem entsprechenden – nicht nur vorgeschobenen – Rat des Verteidigers der Fall sein.[997] Soweit ein nachteiliger Schluss aus dem Schweigen hiernach überhaupt zulässig

---

[989] Siehe bereits mwN *Neumann* FS Wolff, 1998, 373 (380 f., 387 ff.); näher anhand von Jalloh siehe *Gaede* HRRS 2006, 241 ff.; zur deutschen hM siehe nur *Rogall* NStZ 1998, 66 f.; BVerfG 15.9.1999 – 2 BvR 2360/95, StV 2000, 1.

[990] Dafür siehe etwa EGMR 3.5.2001 – 31827/96, NJW 2002, 499 Rn. 69 – J.B./SWI; mwN Karpenstein/Mayer/*Meyer* Rn. 133.

[991] EGMR 17.12.1996 – 19187/91, ÖJZ 1998, 32 Rn. 74 – Saunders/UK: „The public interest cannot be invoked to justify the use of answers compulsorily obtained [...] to incriminate the accused during the trial proceedings."; EGMR 19.9.2000 – 29522/95 ua, Rn. 79 ff. – I.J.L. ua/UK; EGMR 21.12.2000 – 34720/97, Rn. 54, 57 f. – Heaney u. McGuinness/IRE; EGMR 21.12.2000 – 36887/97, Rn. 45, 58 ff. – Quinn/IRE; EGMR 4.5.2000 – 38642/97, Rn. 25 ff. – Serves/FRA mit Anerkennung von Ausnahmen bei fehlender signifikanter Verwertung; zur Übertragung auf den Umgehungsschutz *Esser* JR 2004, 98 (106); *Gaede* StV 2003, 260 ff.

[992] EGMR 17.12.1996 – 19187/91, ÖJZ 1998, 32 Rn. 71, 73 – Saunders/UK; EGMR 19.9.2000 – 29522/95 ua, Rn. 79 ff. – I.J.L. ua/UK; EGMR 16.5.2000 – 41552/98, Rn. 2 – Staines/UK; SV *Lorenzen/Levits/Hajiyev* zu EGMR 8.4.2004 – 38544/97, JR 2005, 423 – Weh/AUT; *Esser* S. 531 f.: Angaben erfasst, die den Strafverfolgungsbehörden zum Vorteil gereichen können; *Ashworth*, Human Rights, Serious Crime, S. 19 ff.

[993] Dazu EGMR 16.10.2001 – 39846/98, Rn. 51 ff. – Brennan/UK; EGMR 16.12.1992 – 13071/87, ÖJZ 1993, 391 Rn. 34 – Edwards/UK; zur Betonung des Bedarfs nach ausgleichenden *safeguards* auch EGMR 26.9.2002 – 63737/00, Rn. 2 – Perry/UK.

[994] EGMR 14.3.2000 – 47240/99, Rn. 1 – Ebbinge/NL; zu § 393 Abs. 2 AO auch *Rogall* FS Kohlmann, 2003, 465 (485 f.); siehe in diesem Kontext auch EGMR 14.3.2000 – 39195/98, Rn. 2 – Jager/NL.

[995] EGMR [GK] 8.2.1996 – 18731/91, EuGRZ 1996, 587 Rn. 45 ff. – Murray/UK m. den abl. SV *Pettiti/Valticos*; EGMR 2.5.2000 – 35718/97, ÖJZ 2001, 610 Rn. 56 ff. – Condron/UK; EGMR 8.10.2002 – 44652/98, ÖJZ 2004, 67 Rn. 57 ff. – Beckles/UK; EGMR 18.3.2010 – 13201/05, NJW 2011, 201 Rn. 32 ff. – Krumpholz/AUT; EGMR 7.4.2015 – 16667/10, Rn. 48 ff. – O'Donnell/UK; *Lutz* ZStR 120 (2002), 410 (414 f.); krit. zum Beispiel *Esser* S. 524 ff.: Bruch mit dem Tabu, auf den *common sense* abzustellen. Selbstverständlich kann das nationale Recht darüber hinausgehen, vgl. Art. 53 EMRK und BVerfG 6.9.2016 – 2 BvR 890/16, JZ 2016, 1113.

[996] EGMR [GK] 8.2.1996 – 18731/91, EuGRZ 1996, 587 Rn. 47 ff. – Murray/UK; EGMR 6.6.2000 – 36408/97, Rn. 44 ff. – Averill/UK: eine aus politischen Gründen verweigerte Mitarbeit genügt – anders als der Rat des Verteidigers – nicht; EGMR 2.5.2000 – 35718/97, ÖJZ 2001, 610 Rn. 56, 60 ff. – Condron/UK; EGMR 20.3.2001 – 33501/96, ÖJZ 2001, 613 Rn. 17 – Telfner/AUT; zusf. krit. *Ashworth,* Human Rights, Serious Crime, S. 24 ff.

[997] Dazu EGMR 6.6.2000 – 36408/97, Rn. 44 ff. – Averill/UK; EGMR 2.5.2000 – 35718/97, ÖJZ 2001, 610 Rn. 56, 60 ff. – Condron/UK; EGMR 8.10.2002 – 44652/98, ÖJZ 2004, 67 Rn. 58 ff. – Beckles/UK: bei der Instruktion der *jury* muss der Rat des Verteidigers den Anhaltspunkten entspr. gewürdigt werden; vgl. aber die Kritik von *Schlauri* S. 388 f.; *Ashworth/Strange* EHRLR 2004, 121 (134 ff.).

ist, darf er nicht die einzige oder wesentliche Grundlage für die Verurteilung sein.[998] Ebenso ist das Schweigen selbst nur dann ein Beweisindiz, falls die entsprechenden Fallumstände selbst dem Schweigen *einen* bestimmten Schluss zuweisen.[999] Vor allem darf insofern auch die grundsätzliche Beweislast des Staates nicht aufgehoben sein: Die Strafverfolgungsbehörden selbst müssen tatsächlich erst eine durch Beweismittel belegte Anklage erheben, die eine Erklärung seitens des unschuldig Beschuldigten erforderlich macht.[1000] Daran fehlt es etwa, wenn die Behörden ein Fahrzeug des Halters bei einem Verkehrsvergehen aufzeichnen und nun in einem Verfahren wegen des Verkehrsvergehens allein dann auf eine Verurteilung verzichten wollen, wenn der Halter sich überzeugend durch einen Vortrag verteidigt.[1001]

Kritik: Damit fällt der aktuelle Konventionsstandard aber noch immer hinter dem deutschen Rechtsstandard zurück.[1002] Jene Rechtsprechung ist bedauerlich,[1003] weil sie den Eindruck erweckt, dem Angeklagten dürfe die Wahrnehmung eines legitimen Rechts doch vorgehalten werden. Sie muss in der Sache darauf beschränkt sein, in Situationen Verurteilungen zuzulassen, in denen die jenseits des Schweigens vorhandenen Indizien so stark für die Verurteilung sprechen, dass nur eine – regelmäßig von der Verteidigung gegebene – anderweitige Erklärung des Geschehens die Überzeugung von der Tat noch verhindern könnte. Keinesfalls darf in dem Schweigen selbst der eigentliche substanzielle „Beweis" der Tat liegen.

Der *verbotene* **Zwang** ist bislang **nicht abstrakt definiert.** Er ist stattdessen einzelfallbezogen zu prüfen, wobei es wesentlich auf die dem Angeklagten möglicherweise auferlegten Sanktionen für eine ausbleibende Aussage bzw. Mitwirkung ankommt.[1004] Hier bietet der EGMR im Vergleich zur deutschen Rechtsordnung einen deutlich geringeren und problematischen Schutz.[1005] Jedenfalls dann, wenn ein Betroffener für das Schweigen in Anbetracht einer Anklage im Sinne des Art. 6 bestraft wird, ist ein verbotener Zwang anzunehmen.[1006]

---

[998] Dazu EGMR [GK] 8.2.1996 – 18731/91, EuGRZ 1996, 587 Rn. 47 – Murray/UK; EGMR 6.6.2000 – 36408/97, Rn. 45 ff. – Averill/UK; *Esser* S. 524.
[999] Siehe erneut EGMR [GK] 8.2.1996 – 18731/91, EuGRZ 1996, 587 Rn. 48, 51 – Murray/UK; EGMR 20.3.2001 – 33501/96, ÖJZ 2001, 613 Rn. 17 ff. – Telfner/AUT; EGMR 18.3.2010 – 13201/05, NJW 2011, 201 Rn. 32 ff. – Krumpholz/AUT: keine hinreichende Ausgangslage, wenn ein Fahrzeug des Halters bei einem Verkehrsvergehen aufgezeichnet wird, im Übrigen aber keine Beweis vorliegen; Karpenstein/Mayer/*Meyer* Rn. 145; Jacobs/White/*Ovey* S. 284; dazu auch *Kühne* EuGRZ 1996, 571 (572 f.): erlaubt werde der Schluss aus den übrigen Tatumständen; *Esser* S. 524 f.; ähnlich aber nicht identisch *Kolb* HRLJ 2000, 348 (356); krit. SK-StPO/*Paeffgen* Rn. 84. In diese Richtung formuliert EGMR 4.7.2000 – 43149/98, Rn. 5 – Kok/NL.
[1000] Hierzu mwN EGMR 20.3.2001 – 33501/96, ÖJZ 2001, 613 Rn. 17 ff. – Telfner/AUT; EGMR 2.5.2000 – 35718/97, ÖJZ 2001, 610 Rn. 56 ff. – Condron/UK; EGMR 8.10.2002 – 44652/98, ÖJZ 2004, 67 Rn. 58 ff. – Beckles/UK; EGMR 18.3.2010 – 13201/05, NJW 2011, 201 Rn. 32 ff. – Krumpholz/AUT; *Esser* S. 524 f.; *R. Müller* EuGRZ 2001, 546 (550).
[1001] EGMR 18.3.2010 – 13201/05, NJW 2011, 201 Rn. 32 ff. – Krumpholz/AUT: beim Verzicht auf eine mündliche Verhandlung zur Aufklärung des Falles.
[1002] Siehe auch BVerfG 6.9.2016 – 2 BvR 890/16, JZ 2016, 1113 und etwa schon BVerfG 7.7.1995 – 2 BvR 326/92, NStZ 1995, 555.
[1003] Abl. etwa *Rzepka* S. 83; *Kühne* EuGRZ 1996, 571 (572 f.); *Esser* S. 524 ff.; SK-StPO/*Paeffgen* Rn. 84 ff.; zust. aber etwa *Kolb* HRLJ 2000, 348 (356); im Hinblick auf die Beweislage *R. Müller* EuGRZ 2001, 546 (553); *Schlauri* S. 369 f.
[1004] EGMR [GK] 8.2.1996 – 18731/91, EuGRZ 1996, 587 Rn. 45 ff. – Murray/UK; EGMR 6.6.2000 – 36408/97, Rn. 48 – Averill/UK; EGMR 21.12.2000 – 34720/97, Rn. 40 – Heaney u. McGuinness/IRE; EGMR 10.9.2002 – 76574/01, ÖJZ 2003, 909 Rn. 1 – Allen/UK; *Schlauri* S. 203 ff.; allg. krit. zur Abgrenzung *Emmerson/Ashworth/Macdonald*, Rn. 13–33 ff.; *Esser* S. 523 f., 529 ff.; ders. StraFo 2003, 335 (341); ders. JR 2004, 98 (102, 105 f.). Verfehlt EGMR 20.10.1997 – 82/1996/671/893, ÖJZ 1998, 629 Rn. 46 f. – Serves/FRA: kein hinreichender Zwang, den materiell iSd Konvention Beschuldigten als Zeugen unter Eid, zur Wahrheit unter Androhung einer Geldbuße bedroht, vernehmen zu wollen; hierzu das abl. SV *Pekkanen/Wildhaber/Makarczyk* und *Esser* S. 684 ff.
[1005] Siehe vor allem EGMR [GK] 29.6.2007 – 15809/02 u. 25624/02, NJW 2008, 3549 – O'Halloran u. Francis/UK m. abl. SV *Myjer*; SK-StPO/*Wohlers/Greco* StPO § 95 Rn. 13 f., 18; scharf krit. SK-StPO/*Paeffgen* Rn. 84a: an Abwegigkeit grenzende Verfehltheit.
[1006] EGMR 21.12.2000 – 36887/97, Rn. 49 ff. – Quinn/IRE; EGMR 21.12.2000 – 34720/97, Rn. 49 ff. – Heaney u. McGuinness/IRE: weder ein geringeres Strafmaß noch prozedurale Sicherungsmaß-

Zum Beispiel eine durch nicht unerhebliche Sanktionen abgestützte Verpflichtung zur Erklärung über den Fahrer eines Fahrzeugs bei der Untersuchung eines dokumentierten Straßenverkehrsvergehens soll Art. 6 aber nach Ansicht der Mehrheitsmeinung im EGMR nicht verletzen, wenn kein (zusätzlicher) Bezug zu einem eingeleiteten oder in Aussicht genommenen Strafverfahren vorliegt.[1007] Auch die Pflicht, zur Untersuchung eines Straßenverkehrsdelikts einen Atemtest durchzuführen, soll kein verbotener Zwang im Sinne des Art. 6 sein.[1008]

326 Zum effektiven Schutz des Rechts sind im Verfahren prozedurale Vorkehrungen gegen erzwungene Geständnisse und ihre Einführung und Verwertung zu treffen, die nicht offensichtlich unzureichend sein dürfen.[1009] Zu ihnen wird insbesondere die frühzeitige Beteiligung des Verteidigers einschließlich dessen Anwesenheit bei der Vernehmung selbst gezählt (schon → Rn. 188 f.).[1010] Die Verteidigerkonsultation erschöpft die Anforderungen nicht notwendig und sie ersetzt die vorsichtige Prüfung möglicher belastender Schlüsse nicht.[1011] Die als Teil der *Miranda-Warnings*[1012] bekannt gewordene **Belehrungspflicht über das Schweigerecht** hat der EGMR bereits als üblich bezeichnet[1013] und mittlerweile gefordert.[1014]

327 **bb) Umgehungs- und Täuschungsschutz.** Der EGMR hat dem Schutz gegen den offenen Zwang zur Selbstbelastung vor allem in Vernehmungen einen Umgehungsschutz[1015] an die Seite gestellt, der auch vor verdeckten Zugriffen auf den Beschuldigten als potentielle Beweisquelle schützt. Insbesondere hat er damit dem Rückgriff auf Privatpersonen oder Verdeckte Ermittler Grenzen gesetzt, die den Beschuldigten zu selbstbelastenden Angaben bestimmen.[1016] Der Staat muss den Willen des Angeklagten, schweigen zu wollen, respektieren. Die Selbstbelastungsfreiheit umfasst nicht nur den Schutz vor Zwang bei einer offenen staatlichen Vernehmung, sondern sie beinhaltet vielmehr grundsätzlich den **Schutz der freien Entscheidung über die eigene Selbstbelastung.**[1017] Konkret war Art. 6 im Fall

---

nahmen gegen Falschaussagen oder die gewährte Anwaltskonsultation räumen den darin liegenden unzulässigen Zwang aus; zutreffend auch das abl. SV *Lorenzen/Levits/Hajiyev* zu EGMR 8.4.2004 – 38544/97, JR 2005, 423 – Weh/AUT; vgl. auch *Gaede* JR 2005, 426 ff.

[1007] So mit vier zu drei Stimmen für einen legitimen Zwang in Administrativverfahren EGMR 8.4.2004 – 38544/97, JR 2005, 423 Rn. 39 ff., 53 ff. – Weh/AUT m. abl. SV *Lorenzen/Levits/Hajiyev*; zust. Karpenstein/Mayer/*Meyer* Rn. 134; EGMR 10.9.2002 – 76574/01, ÖJZ 2003, 909 Rn. 1 – Allen/UK: Sanktionierung einer unrichtigen Vermögenserklärung als solcher ohne Verwendung erlangter Informationen zum Beleg eines früher begangenen Delikts; EGMR 8.4.2003 – 13881/02, Rn. 2 – King/UK. Siehe zu alledem schon näher abl. *Gaede* JR 2005, 426 ff.

[1008] EGMR 15.6.1999 – 43486/98, Rn. 1 – Tirado Ortiz u. Lozano Martin/SPA; bedenklich auch EGMR 25.9.2001 – 44787/98, ÖJZ 2002, 911 Rn. 80 – P.G. u. J.H./UK: heimliche, nicht selbst belastende Stimmaufnahme kein Eingriff.

[1009] EGMR [GK] 8.2.1996 – 18731/91, EuGRZ 1996, 587 Rn. 45 ff. – Murray/UK; EGMR 16.10.2001 – 39846/98, Rn. 51 ff. – Brennan/UK; EGMR 16.12.1992 – 13071/87, ÖJZ 1993, 391 Rn. 34 – Edwards/UK; EGMR 6.7.1999 – 30550/96 – O'Kane/UK; eingehend *Esser* S. 528 ff.

[1010] Dazu schon EGMR [GK] 8.2.1996 – 18731/91, EuGRZ 1996, 587 Rn. 62 ff. – Murray/UK; EGMR 19.6.2003 – 28490/95, Rn. 92 – Hulki Günes/TUR; EGMR 6.6.2000 – 36408/97, Rn. 44 ff. – Averill/UK, dort wird die Verteidigerkonsultation auch als Frage des Zwangsgrades und der möglichen belastenden Verwertung gewürdigt; zur Anwesenheit des Verteidigers speziell EGMR 2.5.2000 – 35718/97, ÖJZ 2001, 610 Rn. 60 – Condron/UK; EGMR 16.10.2001 – 39846/98, Rn. 54 – Brennan/UK.

[1011] EGMR 6.6.2000 – 36408/97, Rn. 49 – Averill/UK; *Schlauri* S. 371 ff.

[1012] Dazu U.S. Supreme Court 22.6.1962 – 378 U.S. 478 ff. (1964) – Escobedo/Illinois und vor allem U.S. Supreme Court 13.6.1966 – 384 U.S. 436 (437, 467 ff.) (1966) – Miranda/Arizona; *Strate/Ventzke* StV 1985, 30 (33 f.); *Trechsel* FS Hangartner, 1998, 367 (378 f.); *Zimmerlin* ZStR 121 (2003), 311 (318 ff.).

[1013] EGMR 5.11.2002 – 48539/99, StV 2003, 257 Rn. 52 – Allan/UK.

[1014] EGMR 18.2.2010 – 39660/02, Rn. 52 – Aleksandr Zaichenko/RUS; *Esser/Gaede/Tsambikakis* NStZ 2011, 140 (146); Löwe/Rosenberg/*Esser* Rn. 95; SK-StPO/*Paeffgen* Rn. 84d; siehe schon mwN *Gaede*, Fairness als Teilhabe, S. 317 f.

[1015] Siehe darüber hinaus zum Verbot, die EMRK zu umgehen, mwN *Gaede* StV 2004, 46 ff.

[1016] Zur Anwendung auf verdeckte funktional staatliche Vernehmungen grundlegend EGMR 5.11.2002 – 48539/99, StV 2003, 257 Rn. 49 ff. – Allan/UK; *Gaede* StV 2003, 260 ff.

[1017] EGMR 5.11.2002 – 48539/99, StV 2003, 257 Rn. 44 u. 50 – Allan/UK; SK-StPO/*Paeffgen* Rn. 85; *Trechsel* S. 350 f.; *Eidam* S. 71 f., 79 f., 91 ff.; vgl. aber auch *Schlauri* S. 205 ff., die betont, dass der Grundansatz auch hier noch immer in einer besonderen Zwangsform liegt; in diesem Sinne auch EGMR 20.1.2004 – 23414/02 – Wood/UK; siehe auch die Erwägungen zum etwaigen Schutz gegen Irreführungen in EGMR 10.9.2002 – 76574/01, ÖJZ 2003, 909 Rn. 1 – Allen/UK.

Allan verletzt, weil die Polizei einen Informanten dazu instruiert hatte, einen inhaftierten Beschuldigten beharrlich auszufragen, obwohl dieser seinen Willen, Schweigen zu wollen, in diversen Verhören verteidigt hatte.[1018]

Der damit entwickelte **Umgehungsschutz bei Vernehmungsäquivalenten,** der auch 328 für dem Staat zurechenbare *internal investigations* Relevanz entfaltet,[1019] greift ein, wenn eine dem Staat nach den Fallumständen zurechenbare Person auf den Angeklagten willensbeeinträchtigend einwirkt, um dem schweigenden Beschuldigten belastende und sodann im Prozess verwertete Äußerungen zu entlocken. Eine Person ist dem Staat dann zuzurechnen, wenn das Gespräch ohne die Intervention des Staates nicht in gleicher Art und Weise erfolgt wäre. Eine hinreichende Einwirkung und damit ein Entlocken ist anzunehmen, wenn entweder besondere Beziehungen des Informanten zum Beschuldigten ausgenutzt werden, um Druck aufzubauen, *oder* die Umstände das Gespräch mit der verdeckt agierenden Person funktional als staatliche Vernehmung erscheinen lassen.[1020] Entsprechend hat der BGH seine Rechtsprechung zur Selbstbelastungsfreiheit, die mit der Hörfallenentscheidung schwach ausgeprägt war, inzwischen geändert und auch in Fällen *außerhalb der Haft* Verletzungen des Art. 6 in verdeckten Vernehmungen angenommen.[1021] Eine Verletzung muss hier auch in dem Fall eingreifen, in dem der Beschuldigte sein Schweigerecht noch nicht ausgeübt hatte.[1022]

Der EGMR hat aber im **Fall *Bykov*** mit elf zu sechs Stimmen davon Abstand genommen, 329 den Schutz des Art. 6 auch auf Täuschungen außerhalb von Haftanstalten zu erstrecken: Die Verwertung eines von den Behörden inszenierten Gesprächs, das auf einem umfangreichen Täuschungsgebäude der staatlichen Instanzen beruhte, die unter anderem in den Medien einen Doppelmord vortäuschten, soll die Selbstbelastungsfreiheit nicht verletzen, wenn der getäuschte und wegen eines Tötungsauftrages verdächtigte Beschuldigte im konkreten Fall seinem Untergebenen gegenüberstand und er in der Äußerung gerade diesem gegenüber völlig frei blieb.[1023] Die Mehrheit interpretiert die Maßstäbe der *Allan*-Entscheidung mithin so, dass der Beschuldigte für eine Verletzung einem erheblichen Äußerungsdruck ausgesetzt sein müsse.[1024] Dabei bezog der EGMR ein, dass der Betroffene von seinem Recht zu schweigen noch keinen Gebrauch gemacht hatte und dass er seinen Untergebenen auf seinem eigenen Anwesen und umgeben von seinem Wachdienst empfing. Zudem maß der EGMR dem Umstand Gewicht bei, dass sich das Tatgericht bei seiner Würdigung nicht direkt auf das geführte Gespräch gestützt habe.

Diese Mehrheitsentscheidung hat zunächst den Schutz der Selbstbelastungsfreiheit vor 330 Umgehungen nicht erneut auf Inhaftierungsfälle begrenzt, da sie auf den mangelnden Äußerungsdruck im Einzelfall abstellt.[1025] Was der EGMR in *Bykov* deutlich macht, ist der kaum zu bezweifelnde Umstand, dass wesentliche Indizien für die Annahme eines unzulässigen Drucks entfallen, wenn weder eine Inhaftierung noch vorherige Vernehmungen vorliegen.

[1018] EGMR 5.11.2002 – 48539/99, StV 2003, 257 Rn. 49 ff. – Allan/UK; *Gaede* StV 2003, 260 ff.

[1019] Karpenstein/Mayer/*Meyer* Rn. 34b; *Meyer-Ladewig/Harrendorf/König* Rn. 32.

[1020] Zum Vorhergehenden siehe EGMR 5.11.2002 – 48539/99, StV 2003, 257 Rn. 50 ff. – Allan/UK und erläuternd *Gaede* StV 2003, 260 ff.; *ders.* JR 2009, 493 (495 ff.); für den Verdeckten Ermittler anschließend SK-StPO/*Paeffgen* Rn. 86; für eine einschränkende Interpretation, welche die Kriterien ausschließlich für Inhaftierungen für bedeutend hält, siehe aber schon *Esser* JR 2004, 98 (105 f.).

[1021] Siehe etwa BGH 26.7.2007 – 3 StR 104/07, BGHSt 52, 11 (16 ff.); 29.4.2009 – 1 StR 701/08, BGHSt 53, 294 ff.; 27.1.2009 – 4 StR 296/08, NStZ 2009, 343 f.; *Jäger* GA 2008, 473 (482); anders noch BGH 3.5.1996 – GSSt 1/96, BGHSt GS 42, 139 (152); siehe aber nun wieder enger an Bykow angelehnt BGH 31.3.2011 – 3 StR 400/10, NStZ 2011, 596 mAnm *Eisenberg* und *Wolter* ZIS 2012, 238 ff.

[1022] *Gaede* StV 2003, 260; *ders.* JR 2009, 493 (496 f.); *Esser* JR 2004, 98 (106); *Renzikowski* JR 2008, 164 (165); *Roxin,* Sonderheft NStZ Miebach, 2009, 41, 43.

[1023] So EGMR [GK] 10.3.2009 – 4378/02, NJW 2010, 213 Rn. 92 f., 99 ff. – Bykov/RUS; zust. *Rogall* HRRS 2010, 289 (291 ff.); Meyer-Goßner/*Schmitt* Rn. 4.

[1024] Siehe auch schon *Gaede* StV 2003, 260 (261) und im Ergebnis bereits EGMR 1.3.2007 – 5935/02, Rn. 88 ff. – Heglas/CZE.

[1025] Siehe näher schon mwN *Gaede* JR 2009, 493 (497).

331 Darüber hinaus ist der Mehrheitsentscheidung zur Ablehnung einer Verletzung mit den zahlreichen Sondervoten zu widersprechen.[1026] Jedenfalls ein **Verbot derart gravierender Täuschungen** ist als Ausdruck eines fairen Verfahrens als Fortentwicklung geboten. Es war ungenügend, lediglich ein bloßes *distinguishing* der Fälle *Bykov* und *Allan* vorzunehmen und einen vergleichsweise geringeren Rededruck festzustellen. Auch das Schweigerecht soll nach dem Anspruch des EGMR konkret und wirksam garantiert sein. Daran muss es aber fehlen, wenn der Staat die **Freiwilligkeit** zwar nicht durch Druck, wohl aber durch Täuschungen **untergraben** darf. Unternimmt er dies, lässt sich gerade nicht mehr mit *Allan* sagen, dass die Strafverfolgungsbehörden den Willen des Beschuldigten achten würden. Soll die Selbstbelastungsfreiheit dem Beschuldigten ermöglichen, über seine Verfahrensteilhabe *frei* entscheiden zu können, darf das Recht nicht gestatten, seinen Willen durch Täuschungen zu okkupieren. Jedenfalls bei gravierenden Täuschungen wird der Beschuldigte instrumentalisiert, um ein bestimmtes Verfahrensergebnis über seinen Willen zu bewerkstelligen. Den Rückgriff auf Beweise, die aus gravierenden Täuschungen stammen und die damit unfreiwillig erlangt worden sind, muss ein faires Verfahren ausschließen. Über eine Art objektive Zurechnung des Prozessrechts wird für eine gravierende Täuschung grundsätzlich entscheidend sein, ob man *dem Beschuldigten seine selbstbelastende Aussage noch begründetermaßen als frei entschieden vorhalten* kann.[1027] Im Fall *Bykov* liegt eine solche Täuschung vor, wenn man die massive manipulierende Wirkung der inszenierten falschen Tatsachen zur Kenntnis nimmt.

332 **cc) Bedeutung für nichtstrafrechtliche Verfahren und Vorwirkungen.** Die Selbstbelastungsfreiheit gilt nur im Strafverfahren. Art. 6 zwingt nicht dazu, etwa das Steuer- oder andere Verwaltungsverfahren, in denen der Betroffene zur Mitwirkung verpflichtet wird, seinen Anforderungen pauschal zu unterwerfen. Es muss lediglich, aber auch immerhin, die Verwendung der in derartigen Verwaltungsverfahren gewonnenen Beweismittel im Strafverfahren gesichert ausgeschlossen werden.[1028] Der Betroffene ist hier nicht notwendig im eigentlichen Sinne bereits angeklagt; er ist lediglich bei der Prüfung des späteren Strafverfahrens zum Beispiel mit der Annahme eines Verwertungsverbots *als bereits angeklagt zu behandeln,* um das *bezüglich der fairen Entscheidung über eine Anklage* geltende Zwangsmittelverbot des Art. 6 nicht zu verletzen. Das Verbot gilt jedoch nur, soweit die Angaben belastender und lediglich entlastender Natur sind.[1029]

333 Die Selbstbelastungsfreiheit muss aber nicht nur in Ermittlungsverfahren, sondern ggf. schon vor einer Anklage im Sinne der EMRK (→ Rn. 54 ff.) beachtet werden, soweit eine Verwertung des frühen Aussageverhaltens im späteren Strafverfahren erfolgen soll.[1030] Auch, wenn ein erst später eingeleitetes, aber bereits in Aussicht genommenes Verfahren hinsichtlich eines bestimmten Tatverdachts mit einem Freispruch endet, verletzt die Bestrafung

---

[1026] Siehe näher schon mwN *Gaede* JR 2009, 493 (496 ff.) und die Sondervoten von *Costa* und *Spielmann* (getragen von vier weiteren Richtern).

[1027] Dazu näher mwN *Gaede* JR 2009, 493 (497 f.); ähnlich das Sondervotum *Spielmann,* das zwischen freien, spontanen Äußerungen und überwiegend staatlich gesteuerten Äußerungen unterscheidet; Karpenstein/Mayer/*Meyer* Rn. 139 ff.; weitergehend für das Kriterium der finalen Ausrichtung des staatlichen Handelns auf eine Selbstbelastung *Eidam* S. 109, 115 ff.

[1028] EGMR 17.12.1996 – 19187/91, ÖJZ 1998, 32 Rn. 67 ff. – Saunders/UK: keine Aussagepflicht vor den Behörden ohne Privileg im Strafverfahren; EGMR 19.9.2000 – 29522/95 ua, Rn. 79 ff., 100 ff. – I.J.L. ua/UK; EGMR 8.4.2004 – 38544/97, JR 2005, 423 Rn. 44 f. – Weh/AUT; EGMR 27.4.2004 – 21413/02, Rn. 28 ff. – Kansal/UK; EGMR 10.9.2002 – 76574/01, ÖJZ 2003, 909 Rn. 1 – Allen/UK; EGMR 8.4.2003 – 13881/02, Rn. 2 – King/UK; *Rogall* FS Kohlmann, 2003, 465 (470); *R. Müller* EuGRZ 2001, 546 (551); vgl. auch EGMR 22.11.2001 – 41111/98, NJW 2003, 3041 Rn. 3 – Knauth/D: Anwendung nur im Strafprozess.

[1029] EGMR 16.5.2000 – 41552/98, Rn. 2 – Staines/UK.

[1030] Siehe EGMR 17.12.1996 – 19187/91, ÖJZ 1998, 32 Rn. 68 ff., 74 – Saunders/UK: „the fact that statements were made by the applicant prior to his being charged does not prevent their later use in criminal proceedings from constituting an infringement of the right."; EGMR 8.4.2004 – 38544/97, JR 2005, 423 Rn. 42 f. – Weh/AUT mwN; EGMR 27.4.2004 – 21413/02, Rn. 28 ff. – Kansal/UK; Starmer/Strange/Whitaker/*Jennings* S. 208 f.; *Schlauri* S. 85 ff.

eines bereits Verdächtigen für die Verweigerung einer tatverdachtsbezogenen Auskunft das Schweigerecht.[1031]

g) Verbot der Desavouierung durch eine Tatprovokation. Zu den Rechtspositionen, die der EGMR aus Art. 6 abgeleitet hat, gehört ferner das Verbot der Tatprovokation. Der EGMR hat sowohl zur Reichweite dieses Verbots (hierzu → Rn. 335 ff.) als auch zum Umgang mit der Behauptung einer Tatprovokation eingehende Anforderungen aufgestellt (hierzu → Rn. 340 ff.). Die Rechtsfolgen für das deutsche Recht sind umstritten, von der Rechtsprechung des EGMR aber vorgezeichnet (→ Rn. 344 ff.). 334

aa) Reichweite des Verbots. Seit nunmehr zwanzig Jahren erkennt der EGMR in der Provokation einer Tat, die es ohne den staatlichen Anstoß nicht gegeben hätte und die der Vertragsstaat sodann aburteilen will, eine Konventionsverletzung:[1032] Der zu ihrer Aburteilung geführte Strafprozess ist *ab initio* unfair. Dies gilt insbesondere für nicht justiziell überwachte Provokationen, die bislang unverdächtige Personen betreffen.[1033] Dem ist – von weiteren rechtsstaatlichen und kriminalpolitischen Bedenken ganz abgesehen – schon deshalb zuzustimmen, weil hinsichtlich einer seitens des Staates geplanten und überwachten Tat **kein offenes Verfahren möglich** ist; der ehemals legitimierende, offene Prozess denaturiert zu einem reinen Bestrafungsinstrument des Staates.[1034] 335

Das Verbot erfasst zunächst **jedes dem Staat zurechenbare**[1035] **Verhalten,** das eine Tat nach sich zieht, die es ohne die staatliche Einwirkung nicht sicher gegeben hätte.[1036] Anders als es die deutsche Rechtsprechung zum Teil verlangt,[1037] muss die Einwirkung keine erhöhte Intensität aufweisen.[1038] Dies gilt auch dann, wenn die Tat der organisierten Kriminalität zuzurechnen ist.[1039] Insbesondere ist dem Staat jede staatliche Druckausübung untersagt.[1040] Im Fall *Bannikova* hat der EGMR zudem nochmals klargestellt, dass die dem Staat zurechenbare Person ihr Angebot bei einer Ablehnung des Betroffenen weder erneuern, noch auf diesem beharren dürfe.[1041] In dem Ködern mit Preisen, die den Marktwert übersteigen und in der Vorspiegelung von Entzugserscheinungen liegt ebenfalls ein unzuläs- 336

[1031] EGMR 21.12.2000 – 34720/97, Rn. 40 ff. – Heaney u. McGuinness/IRE; EGMR 21.12.2000 – 36887/97, Rn. 40 ff. – Quinn/IRE; *Ashworth,* Human Rights, Serious Crime, S. 18 f.; näher und umfassend *Tyszkiewicz* S. 105 ff., 114 ff.
[1032] EGMR 9.6.1998 – 25829/94, NStZ 1999, 47 Rn. 39 – Teixeira de Castro/POR: „right from the outset, the applicant was definitively deprived of a fair trial"; *Kolb* HRLJ 2000, 348 (356); *Rzepka* S. 89 f.; *Esser* S. 170 ff., 175 ff.; jüngst gegenüber Deutschland bestätigend EGMR 23.10.2014 – 54648/09, NJW 2015, 3631 Rn. 48 – Furcht/D; siehe aber begrenzend EGMR 7.9.2004 – 58753/00, Rn. 1 – Eurofinacom/FRA.
[1033] Siehe erneut EGMR 9.6.1998 – 25829/94, NStZ 1999, 47 Rn. 39 – Teixeira de Castro/POR.
[1034] Hierzu näher bereits *Gaede,* Fairness als Teilhabe, S. 424 f.; *Gaede/Buermeyer* HRRS 2008, 279 (285); mwN *Tyszkiewicz* S. 129 ff.
[1035] Zu den Anforderungen siehe näher EGMR [GK] 5.2.2008 – 74420/01, NJW 2009, 3565 Rn. 55 ff. – Ramanauskas/LIT; mwN *Tyszkiewicz* S. 31 ff.; *Esser* S. 174 f., 180 ff. Zur prinzipiell möglichen Anwendung bei rein privaten Tatprovokationen EGMR 4.10.2005 – 6563/03 – Shannon/UK – im Fall wurde schon die Tatprovokation selbst verneint; zu zurechenbaren Provokationen durch Privatpersonen mwN *Grabenwarter/Pabel* § 24 Rn. 70.
[1036] EGMR [GK] 5.2.2008 – 74420/01, NJW 2009, 3565 Rn. 55 ff. – Ramanauskas/LIT; EGMR 21.2.2008 – 15100/06, HRRS 2008 Nr. 500 Rn. 20 – Pyrgiotakis/GRE; zusf. EGMR 4.11.2010 – 18757/06, HRRS 2011 Nr. 331 Rn. 37 – Bannikova/RUS; siehe ausführlich *Gaede/Buermeyer* HRRS 2008, 279 ff.
[1037] Siehe BGH 18.11.1999 – 1 StR 221/99, BGHSt 45, 321 (341); 30.5.2001 – 1 StR 42/01, BGHSt 47, 44 (47); 11.12.2013 – 5 StR 240/13, NStZ 2014, 277: staatliche Provokation müsse im Einzelfall „unvertretbar übergewichtig" sein; Meyer-Goßner/*Schmitt* Rn. 4a; zweifelnd bereits BGH 10.6.2015 – 2 StR 97/14, NJW 2016, 91; zu den deutschen Maßstäben mwN abl. bereits *Gaede/Buermeyer* HRRS 2008, 279 (284 f.).
[1038] EGMR [GK] 5.2.2008 – 74420/01, NJW 2009, 3565 Rn. 55 ff. – Ramanauskas/LIT; bestätigend über die mittelbare Provokation: EGMR 21.2.2008 – 15100/06, HRRS 2008 Nr. 500 Rn. 18 ff. – Pyrgiotakis/GRE.
[1039] EGMR 9.6.1998 – 25829/94, NStZ 1999, 47 Rn. 36 – Teixeira de Castro/POR; EGMR [GK] 5.2.2008 – 74420/01, NJW 2009, 3565 Rn. 51 – Ramanauskas/LIT.
[1040] Hierfür nur EGMR 4.11.2010 – 18757/06, HRRS 2011 Nr. 331 Rn. 47 – Bannikova/RUS.
[1041] EGMR 4.11.2010 – 18757/06, HRRS 2011 Nr. 331 Rn. 47 – Bannikova/RUS.

siger Druck.[1042] Entgegen der deutschen Rechtsprechung ist insbesondere ein **Scheinkauf** regelmäßig eine von Art. 6 verbotene Tatprovokation, soweit er auf die Aburteilung der seinetwegen begangenen Tathandlungen zielt[1043] und nicht einen bereits laufenden Ankauf betrifft (→ Rn. 339).[1044]

337 Hinzu kommt, dass der EGMR seine Rechtsprechung mit dem Urteil *Pyrgiotakis v. Griechenland* entgegen der früheren deutschen Rechtsprechung[1045] zu Recht auf **mittelbare Tatprovokationen** erstreckt hat.[1046] Danach sind auch Provokationen, die absehbar mehrere Personen zum Beispiel zu einem konkreten Drogenhandelsgeschäft bzw. zur Beteiligung hieran veranlassen, hinsichtlich aller provozierten Personen an den Maßstäben des Art. 6 zu messen. Ist für sie nicht davon auszugehen, dass sie die Tat ohne den staatlichen Anstoß sicher begangen hätten, läge in der Aburteilung ihrer Tatbeteiligung eine Konventionsverletzung. Nicht nur die Person, die unmittelbar mit dem staatlichen Lockspitzel in Kontakt tritt, kann sich damit auf Art. 6 berufen. Ermittlungsbehörden, die einen bereits Tatverdächtigen durch eine Provokation überführen wollen, dürfen dabei folglich weder direkt noch mittelbar eine unverdächtige Person als Mittelsmann in eine Tat verstricken, die diese Person unprovoziert nicht begangen hätte.

338 Keine Tatprovokation stellt es jedoch nach Auffassung des EGMR dar, wenn die Vertragsstaaten **passiv** bleibende Verdeckte Ermittler und V-Leute einsetzen, die nicht zu den beschriebenen Anstoßhandlungen greifen.[1047] Die Passivität versteht der EGMR dabei nicht wörtlich in dem Sinne, dass sich die V-Personen keinesfalls in die Tatbegehungen einbringen dürften. Es kommt darauf an, dass sich die V-Personen **nur in laufende Taten einfügen,** nicht aber konkrete einzelne neue Taten anstoßen („*joined in' the criminal acts rather than instigated them*").[1048]

339 Selbst der Anstoß einer neuen Tat muss aber nicht unter allen Umständen zu einer Verletzung der EMRK führen. Eine justiziell überwachte Tatprovokation, die der Aufklärung bereits begangener Straftaten dient, hinsichtlich derer ein Tatverdacht besteht, kann als **Ermittlungsmaßnahme** etwa in Form eines Scheinkaufs konventionskonform sein, wenn sie die Schranken der Selbstbelastungsfreiheit achtet.[1049] Hierfür wäre in Deutschland jedoch erst eine hinreichende Ermächtigungsgrundlage zu schaffen.[1050]

340 **bb) Anforderungen an die Prüfung einer Tatprovokation.** Der EGMR stellt zudem Maßstäbe auf, die den Umgang mit einem erhobenen Vorwurf der Tatprovokation im nationalen Verfahren betreffen und die in ihrer Bedeutung für eine tatsächliche Eindämmung der Tatprovokation nicht unterschätzt werden dürfen:[1051] Die Behauptungen des Angeklagten genü-

---

[1042] EGMR 4.11.2010 – 18757/06, HRRS 2011 Nr. 331 Rn. 47 – Bannikova/RUS.
[1043] Hierzu schon EGMR 26.10.2006 – 59696/00, Rn. 134 ff. – Khudobin/RUS; *Tyszkiewicz* S. 32 ff., 115 f., 233; mwN *Meyer/Wohlers* JZ 2015, 761 (766 f.).
[1044] Siehe EGMR 4.11.2010 – 18757/06, HRRS 2011 Nr. 331 Rn. 40 ff. – Bannikova/RUS; siehe schon EGMR 6.5.2003 – 73557/01 – Sequeira/POR; *Tyszkiewicz* S. 114 ff.
[1045] Zu ihr BGH 17.8.2004 – 1 StR 315/04, NStZ 2005, 43. Siehe nun aber lehrreich und etwas abschwächend BGH 11.12.2013 – 5 StR 240/13, NStZ 2014, 277.
[1046] EGMR 21.2.2008 – 15100/06, HRRS 2008 Nr. 500 Rn. 18 ff. – Pyrgiotakis/GRE; *Gaede/Buermeyer* HRRS 2008, 279 ff.; *Esser/Gaede/Tsambikakis* NStZ 2011, 142 f.; mwN *Tyszkiewicz* S. 31, 214 f.
[1047] EGMR 9.6.1998 – 25829/94, NStZ 1999, 47 Rn. 37 f. – Teixeira de Castro/POR; EGMR 4.11.2010 – 18757/06, HRRS 2011 Nr. 331 Rn. 37 ff., 68 ff. – Bannikova/RUS; EGMR 6.5.2003 – 73557/01 – Sequeira/POR; EGMR 21.3.2002 – 59895/00 – Calabro/ITA u. D; *Esser* S. 168 ff.
[1048] Hierzu eingehend mwN *Tyszkiewicz* S. 111 ff. Zur entspr. Abgrenzung vgl. EGMR 9.6.1998 – 25829/94, NStZ 1999, 47 Rn. 37 f. – Teixeira de Castro/POR; EGMR 6.5.2003 – 73557/01 – Sequeira/POR; EGMR 21.3.2002 – 59895/00 – Calabro/ITA u. D; EKMR 22.10.1997 – 34225/96, EHRLR 1998, 210 – Shahzad/UK; EGMR 8.12.1988 – 12811/87, Rn. 76 ff. – Radermacher u. Pferrer/D: Initiative vom Beschuldigten ausgegangen; *Esser* S. 170 ff.; *Albrecht* AJP 2002, 632 (633); zum *entrapment* mit Darstellung der nationalen Auffassung *Emmerson/Ashworth/Macdonald*, Rn. 15–29 ff.; *Reid* S. 79. Bedenklich EKMR 6.9.1995 – 21842/93, Rn. 5 – Kempers/AUT: Ablehnung wegen national geregelter Beweisführung.
[1049] Siehe EGMR 7.9.2004 – 58753/00, Rn. 1 – Eurofinacom/FRA; *Esser/Gaede/Tsambikakis* NStZ 2012, 619 f.; eingehend und grundlegend *Tyszkiewicz* S. 114 ff., 142 ff.; enger *Meyer/Wohlers* JZ 2015, 761 (769).
[1050] Hierzu näher mwN *Tyszkiewicz* S. 74 ff., 121 f.
[1051] Siehe schon mwN *Gaede/Buermeyer* HRRS 2008, 279 (286 f.).

gen regelmäßig nicht für einen Beweis und die Akteure auf Seiten des Staates sind nicht selten von der Aussage in der Hauptverhandlung befreit. Hier verlangt der EGMR, dass die Gerichte den **Vorwurf** eines Angeklagten, er sei durch die Polizei (den Staat) zu einer Tat provoziert worden, **im Verfahren sorgfältig aufklären** müssen.[1052] So müssen etwa die konkrete Einflussnahme auf den Betroffenen, einschließlich der Rollen der eingesetzten Personen, und die Gründe für eine heimliche Operation hinreichend aufgeklärt werden.[1053] Dem Angeklagten muss es effektiv möglich sein, eine dem Staat zurechenbare Tatprovokation im Verfahren vorzutragen und nachzuweisen.[1054] Es ist besonderes Gewicht darauf zu legen, dass die Verteidigungsrechte in dem Verfahren, in dem die Tatprovokation verneint wird, adäquat geschützt werden.[1055] Voraussetzung einer hinreichenden gerichtlichen Untersuchung ist zudem, dass das Gericht im Fall einer unzulässigen Tatprovokation einen materiellrechtlichen Ausschluss der Strafbarkeit, ein Verfahrenshindernis, umfassende Beweisverwertungsverbote oder eine ähnliche Rechtsfolge befürworten kann.[1056]

Sind die Behauptungen des Angeklagten nicht völlig unwahrscheinlich („*defendant's alle-* **341** *gations are not wholly improbable*"), trägt der Staat die **Beweislast** dafür, dass *keine* unzulässige Tatprovokation erfolgt ist.[1057] Bei unterbreiteten ernsthaften Anhaltspunkten für eine nicht rein passive Ermittlung muss das Gericht ohne verbleibende ernsthafte Zweifel überzeugt sein, dass tatsächlich keine Provokation vorgelegen hat und dementsprechend verstärkte Aufklärungsbemühungen dazu entfalten. Ein späteres Geständnis des Provozierten, die provozierte Tat begangen zu haben, führt zu keinerlei Einschränkung der Maßstäbe.[1058]

Diese Rechtsprechung ist in Deutschland bislang kaum umgesetzt.[1059] Dazu besteht aber **342** vor allem dann Anlass, wenn der Angeklagte V-Leute als *Entlastungs*zeugen zum Beleg einer Tatprovokation heranziehen möchte: Hier wird die deutsche Rechtsprechung ihren Umgang mit der Sperrung von Akten und Zeugen überdenken müssen.[1060] Es geht insoweit nicht mehr „nur" darum, die Aussage von *Belastungs*zeugen effektiv angreifen zu können, sondern es muss ein ggf. entscheidender Entlastungsvortrag besser als bisher ermöglicht werden oder im Fall seiner Verhinderung *im Verfahren selbst wirksam* kompensiert werden.[1061]

Der „Tatentschluss", der einen Verstoß gegen Art. 6 insoweit ausschließt, muss sich nicht **343** auf die Tatumstände des einzelnen Verkaufs konkretisiert haben.[1062] Vorherige Straftaten des Betroffenen allein genügen dafür indes nicht.[1063]

[1052] EGMR [GK] 27.10.2004 – 39647/98, 40461/98, HRRS 2005 Nr. 1 Rn. 46 ff. – Edwards u. Lewis/UK; EGMR [GK] 5.2.2008 – 74420/01, NJW 2009, 3565 Rn. 60 f., 69 ff. – Ramanauskas/LIT; ausführlich *Gaede* StV 2006, 599 (601 f., 603 ff.); siehe zuvor schon EGMR 22.7.2003 – 39647/98, 40461/98, StraFo 2003, 360 Rn. 49 ff. – Edwards and Lewis/UK mAnm *Sommer*; siehe auch mit vergleichsweise weitgehenden Beweisantizipationen bei der Subsumtion EGMR 4.11.2010 – 18757/06, HRRS 2011 Nr. 331 Rn. 54 ff., 71 ff. – Bannikova/RUS.
[1053] EGMR [GK] 5.2.2008 – 74420/01, NJW 2009, 3565 Rn. 63 f., 71 f. – Ramanauskas/LIT; siehe auch EGMR 4.11.2010 – 18757/06, HRRS 2011 Nr. 331 Rn. 59 – Bannikova/RUS, zur regelmäßig notwendigen Vernehmung der eingesetzten Ermittler Rn. 65.
[1054] MwN EGMR [GK] 5.2.2008 – 74420/01, NJW 2009, 3565 Rn. 69 – Ramanauskas/LIT; zu früheren Entscheidungen auch *Gaede* HRRS 2004, 44 (45 ff.).
[1055] EGMR [GK] 27.10.2004 – 39647/98, 40461/98, HRRS 2005 Nr. 1 Rn. 46 ff. – Edwards u. Lewis/UK; EGMR 4.11.2010 – 18757/06, HRRS 2011 Nr. 331 Rn. 57 ff. – Bannikova/RUS; ausführlich dazu *Gaede* StV 2006, 599 (601 ff.).
[1056] EGMR 4.11.2010 – 18757/06, HRRS 2011 Nr. 331 Rn. 54 ff. – Bannikova/RUS.
[1057] EGMR [GK] 5.2.2008 – 74420/01, NJW 2009, 3565 Rn. 60 f., 70 – Ramanauskas/LIT; EGMR 4.11.2010 – 18757/06, HRRS 2011 Nr. 331 Rn. 48 – Bannikova/RUS; mwN *Grabenwarter/Pabel* § 24 Rn. 70; zu den Konsequenzen und zur Konkretisierung der nötigen Anfangsplausibilität schon *Gaede/Buermeyer* HRRS 2008, 279 (286 f.).
[1058] EGMR [GK] 5.2.2008 – 74420/01, NJW 2009, 3565 Rn. 72 – Ramanauskas/LIT.
[1059] Siehe aber in diese Richtung BGH 17.8.2004 – 1 StR 315/04, NStZ 2005, 43.
[1060] Siehe näher schon *Sommer* StraFo 2003, 363 f.; *Renzikowski*, Die EMRK in Privat-, Straf- und öffentlichem Recht, 2004, S. 97, 100; ausführlich *Gaede* StV 2006, 599 (603 ff.); tendenziell auch *Meyer-Goßner/Schmitt* Einl. Rn. 148a.
[1061] Siehe schon näher mwN *Gaede* StV 2006, 599 (603 ff.).
[1062] EGMR 7.9.2004 – 58753/00 – Eurofinacom/FRA.
[1063] Dazu schon EGMR 29.9.2009 – 23782/06 u. 46629/06, Rn. 55 – Constantin u. Stoian/ROM und EGMR 4.11.2010 – 18757/06, HRRS 2011 Nr. 331 Rn. 38 – Bannikova/RUS.

344 **cc) Rechtsfolgen der Tatprovokation.** In der nationalen Rechtspraxis wird bisher überwiegend angenommen, dass eine Strafzumessungslösung und damit ein konkret ausgewiesener Strafabschlag ausreiche, um die provozierte Tat weiter bestrafen zu können.[1064] Dies wurde von Strafsenaten des BGH auch vor dem Hintergrund der jüngeren Entscheidungen des EGMR bestätigt und dient offenbar dazu, einem vermeintlichen Gebot der materiellen Gerechtigkeit nachzukommen, das eine Berücksichtigung der ggf. frei gebliebenen Tatentscheidung des Provozierten durch eine verhängte Strafe verlangt.[1065] Diesem Gebot könnte bei einem umfassenden Beweisverwertungsverbot oder einem Verfahrenshindernis nicht mehr entsprochen werden. Selbst wenn der Staat dem zu Provozierenden und seiner Familie durch einen V-Mann offenbar mit der „serbischen Mafia" gedroht hat, soll eine Strafzumessungslösung genügen.[1066] Das BVerfG hat diese Maßstäbe erschreckenderweise grundsätzlich bestätigt, für Einzelfälle aber immerhin die Möglichkeit anerkannt, ein Verfahrenshindernis anzunehmen.[1067] Es denkt hierbei primär an Fälle, in denen ein gänzlich Unverdächtiger vom Staat nachhaltig zur Tat gedrängt wird und er mit der Tat ausschließlich die Vorgaben umsetzt, die ihm die Ermittlungsbehörden gemacht haben.

345 Einzig zutreffend ist es jedoch, mindestens die in ständiger Rechtsprechung und nun auch gegenüber Deutschland ausgesprochene Konsequenz anzuerkennen, dass die **Verwertung von Beweisen, die auf der Tatprovokation beruhen, gegen Art. 6 verstößt**.[1068] Entsprechend hat der EGMR im Fall *Furcht* Deutschland erstmals wegen eines Verstoßes durch eine Tatprovokation verurteilt, dem die nationalen Gerichte infolge ihrer unzureichenden Strafzumessungslösung nicht hinreichend abgeholfen hatten.[1069] Es trifft zwar zu, dass dies eine Aburteilung ganz regelmäßig verhindern wird, weil ein exzeptionell raumgreifendes Beweisverwertungsverbot anzuerkennen ist. Dies ist jedoch gerade die Folge der umfassenden und für die Tat selbst ursprungsetzenden staatlichen Rechtsverletzung. Zudem gebietet auch der Topos der funktionstüchtigen Rechtspflege nur dann eine zwingende Bestrafung illegal provozierter Straftaten, wenn man ihn als eine von rechtsstaatlichen Grenzen befreite Ahndungspflicht missversteht.[1070] Sinnvoll ist es vielmehr, das umfassende Beweisverwertungsverbot im Einklang mit den entsprechenden Formulierungen des EGMR (*„ab initio unfair"*) durch ein **Verfahrenshindernis** umzusetzen.[1071] Dem hat sich nun zu Recht auch der **2. Strafsenat des BGH** angeschlossen, der als einziger Senat des BGH die gebotene konventionskonforme Auslegung leistet.[1072]

346 **h) Vorgaben des Art. 6 für das Beweisrecht.** Das Beweisrecht ist *die* Schnittstelle zwischen dem Verfahrenseinfluss der Verfahrensbeteiligten und der Entscheidung des

---

[1064] MwN BGH 18.11.1999 – 1 StR 221/99, BGHSt 45, 321 ff.; zur teilweise erwogenen Umstellung auf die Vollstreckungslösung, die den gleichen Einwänden ausgesetzt ist, siehe erschöpfend *Tyszkiewicz* S. 220 ff.

[1065] Abl. insbesondere noch immer BGH 11.12.2013 – 5 StR 240/13, NStZ 2014, 277; 19.5.2015 – 1 StR 128/15, NStZ 2015, 541.

[1066] BGH 21.1.2009 – 1 StR 727/08, NStZ 2009, 405 f.

[1067] Siehe näher BVerfG 18.12.2014 – 2 BvR 209/14 ua, NStZ 2016, 49 mit einer nur scheinbar Konventionskonformität erzielenden Argumentation.

[1068] EGMR [GK] 5.2.2008 – 74420/01, NJW 2009, 3565 – Ramanauskas/LIT m. Bespr. *Gaede/Buermeyer* HRRS 2008, 279 (285 f.); *Esser/Gaede/Tsambikakis* NStZ 2011, 140 (142 f.); *Meyer/Wohlers* JZ 2015, 761 (764 ff.); *Radtke/Hohmann/Ambos* Rn. 16; so nun zum Beispiel auch BeckOK StPO/StPO-*Hegmann* StPO § 110c Rn. 10; *Warnking* Beweisverbote S. 246 ff., 397; *Jäger* GA 2008, 473 (481); KK-StPO/*Schädler/Jakobs* Rn. 27; *Ott* S. 236 ff., 257 ff.; *El-Ghazi/Zerbes* HRRS 2014, 209 (213 ff.); früh schon *Sinner/Kreuzer* StV 2000, 114 ff.; *Esser* S. 170 ff., 177; *Gaede/Buermeyer* HRRS 2008, 279 (285 f.); nun wohl auch Meyer-Goßner/ *Schmitt* Rn. 4b.

[1069] Bestätigend EGMR 23.10.2014 – 54648/09, NJW 2015, 3631 – Furcht/D.

[1070] Zum rechten Verständnis dieses Gebots siehe schon mwN *Gaede* wistra 2016, 89 (90 ff.).

[1071] Hierfür etwa *Gaede/Buermeyer* HRRS 2008, 279 (285 f.); *Esser/Gaede/Tsambikakis* NStZ 2011, 140 (142 f.); *Warnking* Beweisverbote S. 246 ff., 397; *Sinner/Kreuzer* StV 2000, 114 ff.; *Esser* S. 170 ff., 177; mwN *Tyszkiewicz* S. 223 ff.; siehe hingegen für die Stimmen, die materielle Straffreistellungen bevorzugen, mwN SSW-StPO/*Satzger* Rn. 78.

[1072] BGH 10.6.2015 – 2 StR 97/14, NJW 2016, 91.

Gerichts. Würden für das Beweisrecht und die Prüfung der Beweise selbst keine Rechtsmaßstäbe gelten, ließen sich die übrigen Verteidigungsrechte allzu leicht entwerten. Diese Rechte wären nur wirksam, solange das Verfahren nicht in seine entscheidende Phase eintritt.[1073] Dies macht verständlich, weshalb der EGMR auch das **Beweisrecht und die Beweiswürdigung** in ständiger Rechtsprechung immerhin prinzipiell an Art. 6 misst, indem er diese **in die Frage einbezieht, ob dem Angeklagten ein insgesamt faires Verfahren gewährt worden ist**.[1074]

aa) Zurückhaltende Erstreckung auf das Beweisrecht. Grundsätzlich erlegt sich der EGMR indes zum **Beweisrecht eine große Zurückhaltung** auf. So überprüft er die Beweiswürdigung der nationalen Gerichte im konkreten Fall nur darauf, dass sie nicht ersichtlich willkürlich oder unfair erfolgt ist.[1075] Dies vermag grundsätzlich zu überzeugen, weil Art. 6 Verfahrensrechte und kein „objektiv richtiges" Verfahrensergebnis in jedem Einzelfall garantiert (schon → Rn. 2). Zudem ist der EGMR kein europäisches Revisionsgericht und erst recht **kein Tatrichter, der seine Tatsachenwürdigung an die Stelle des nationalen Tatrichters stellen soll**.[1076] Auch nach diesem Maßstab darf der Bedarf, grundsätzlich hinreichende Beweise zum Nachweis der Tat in das Verfahren einzuführen, nicht durch willkürliche Schlüsse aus den vorgelegten Beweisen umgangen werden (siehe zu den Forderungen der Unschuldsvermutung bereits → Rn. 129).[1077] Zerstört der Staat Beweismittel, die für die Verfahrensentscheidung bedeutend sind und deren Einführung in das Verfahren der Angeklagte eingefordert hat, ist in der Gesamtbetrachtung eine Verletzung anzunehmen.[1078]

Der EGMR geht jedoch in seiner Vorsicht darüber hinaus: Er sieht in Art. 6 *prinzipiell* **348** keine Grundlage dafür, den Konventionsstaaten harmonisierte Regeln für die Beweiserhebung und Beweisverwertung vorzugeben.[1079] Der EGMR verlangt den Vertragsstaaten demnach **kein harmonisiertes Beweisrecht** ab. Die Vertragsstaaten sollen auch die Unzuläs-

---

[1073] Siehe auch nochmals *Alsberg*, Beweisantrag, Vorwort: Das Beweisproblem sei „schlechthin das Zentralproblem des Strafprozesses"; *Stavros* S. 222: „*The assessment of evidence is the central element of the determination of a criminal charge and the area par excellence where unfairness may occur*".
[1074] EGMR [GK] 25.3.1999 – 25444/94, NJW 1999, 3545 Rn. 45 – Pélissier u. Sassi/FRA; EGMR 12.5.2000 – 35394/97, JZ 2000, 993 Rn. 34 – Khan/UK; näher auch schon *Gaede* JR 2009, 403 ff.; *Gless* S. 173 ff. und mwN *Esser* Mindestanforderungen S. 39, 46 f.
[1075] Beispielhaft aus der Fülle an Entscheidungen EGMR 16.12.1992 – 13071/87, ÖJZ 1993, 391 Rn. 34 – Edwards/UK; EGMR 23.4.1997 – 21363/93 ua, ÖJZ 1998, 274 Rn. 50, 55 – Van Mechelen ua/NL; EGMR 16.10.2001 – 39846/98, Rn. 51 ff. – Brennan/UK; weithin parallel BVerfG 30.4.2003 – 2 BvR 2045/02, NJW 2003, 2444 (2445 ff.).
[1076] EGMR 12.7.1988 – 10862/84, EGMR-E 4, 124 Rn. 45 – Schenk/SWI; prägnant auch EGMR 28.8.1991 – 11170/84 ua, NJW 1992, 3085 Rn. 52 – Brandstetter/AUT.
[1077] Dazu siehe etwa EGMR 20.3.2001 – 33501/96, ÖJZ 2001, 613 Rn. 15 – Telfner/AUT; EGMR 6.12.1988 – 10590/83, EGMR-E 4, 208 Rn. 77 – Barberà ua/SPA; EGMR 16.12.1992 – 13071/87, ÖJZ 1993, 391 Rn. 34 – Edwards/UK; EGMR 22.4.1992 – 12351/86, EuGRZ 1992, 440 Rn. 33 f. – Vidal/BEL; EGMR 16.10.2001 – 39846/98, Rn. 51 ff. – Brennan/UK; „arbitrary or capricious"; EGMR 31.7.2014 – 1774/11, NJW 2015, 2095 Rn. 88 ff. – Nemtsov/RUS; EGMR 13.9.2011 – 23674/08 – Köktas/D; mwN *Tophinke* S. 304 ff.; *Stavros* S. 46, 222 ff.; *Grosz/Beatson/Duffy* C6-81; *Ashworth*, Human Rights, Serious Crime, S. 14 f.; *Jacot-Guillarmod*, European System, S. 381, 399; siehe mwN auch zur Verletzung durch eine suggestive Gegenüberstellung *Grabenwarter/Pabel* § 24 Rn. 69.
[1078] EGMR 22.10.1997 – 24628/94, Rn. 36 ff. – Papageorgiou/GRE. Abgrenzend aber EGMR 27.5.2003 – 37235/97 – Sofri ua/ITA: Verlust möglicher Beweismittel begründe eine Verletzung nicht stets, sondern nur bei einer möglichen Verteidigungsbenachteiligung gegenüber der Anklage. Zur Zurückhaltung von Beweisen siehe auch EGMR 22.7.2003 – 39647/98, 40461/98, StraFo 2003, 360 Rn. 40 ff. – Edwards u. Lewis/UK; EGMR [GK] 27.10.2004 – 39647/98, 40461/98, HRRS 2005 Nr. 1 Rn. 43 ff. – Edwards u. Lewis/UK.
[1079] Siehe zum Grundsatz mwN EGMR 12.5.2000 – 35394/97, JZ 2000, 993 Rn. 34 – Khan/UK; EGMR 5.11.2002 – 48539/99, StV 2003, 257 Rn. 42 – Allan/UK und zB EGMR 20.9.1993 – 14647/89, ÖJZ 1994, 322 Rn. 43 – Saidi/FRA: „*The Court reiterates that the taking of evidence is governed primarily by the rules of domestic law and that it is in principle for the national courts to assess the evidence before them. The Court's task under the Convention is to ascertain whether the proceedings in their entirety, including the way in which evidence was taken, were fair*"; mwN *Esser* S. 623 ff.; *Gaede*, Fairness als Teilhabe, S. 319 f., 817 ff.

keit bestimmter Beweismittel vorsehen dürfen.[1080] Der EGMR stellt auch keine Regel auf, nach der jede Verletzung des nationalen Rechts, das für die Beweiserhebung gilt, zugleich eine Menschenrechtsverletzung darstellt. Selbst wenn ein Beweis rechtswidrig oder gar menschenrechtswidrig erhoben wurde, soll Art. 6 nicht stets eine konkrete Ausschlussregel zu entnehmen sein, sondern lediglich eine allgemeine Fairnessprüfung erforderlich sein (dazu näher mit Kritik → Rn. 356 ff.). Fragen der Beweisführung und der Beweiswürdigung werden damit ausdrücklich als Frage der Fairness des gesamten Verfahrens gesehen und im Wege der Gesamtbetrachtung geprüft.[1081] Der EGMR erkennt aber immerhin **in einigen Fallgruppen Beweisverwertungsverbote und beschränkende Beweisregeln** an (zu diesen → Rn. 351 ff.). Im Übrigen muss die Beweisaufnahme grundsätzlich öffentlich in einer kontradiktorischen Hauptverhandlung in Anwesenheit des Angeklagten stattfinden (siehe aber zum Konfrontationsrecht → Rn. 243).[1082]

349 **Kritik:** Der Zurückhaltung ist nur zuzustimmen, soweit der EGMR ein harmonisiertes Beweisrecht für entbehrlich hält. Abs. 2 verlangt nur einen gesetzlichen Schuldbeweis, nicht aber eine uniforme Ausprägung des notwendigen Beweises. Angesichts der zentralen Bedeutung, die das Beweisrecht gerade für die Verteidigung besitzt, muss der EGMR aber doch schon im Sinne der Maxime *nullum judicium sine lege* stärker darauf achten, dass *eine* Vorhersehbarkeit schaffende gesetzliche Ausprägung des Beweisrechts existiert.[1083] Die Verteidigung muss wissen, nach welchen Verfahrensmaßstäben sie zu verteidigen hat. Zudem trifft es gerade nicht zu, dass die EMRK das Beweisrecht den Vertragsstaaten freistellt. Schon der EGMR selbst beansprucht mit seiner Rechtsprechung den Zugriff auf das Beweisrecht einschließlich der Beweiswürdigung. Er hat sich imstande gesehen, sogar Beweisverbote mit Fernwirkung aus Art. 6 abzuleiten (näher → Art. 3 Rn. 35 f., 38 f.). Ein Mandat, auch das Beweisrecht in die Konventionsdogmatik einzubeziehen, folgt vielmehr schon aus Abs. 2, der den gesetzlichen Schuldbeweis explizit zu einem menschenrechtlichen Gegenstand macht (dazu schon → Rn. 129 f.). Schließlich ist die Frage, wie auf verfahrensbezogene Verletzungen der Menschenrechte der EMRK zu reagieren ist, eine gerade von der Konvention und damit vom EGMR zu beantwortende Fragestellung (näher zur Kritik → Rn. 358 ff.).

350 Klarstellend ist festzuhalten, dass das rechtliche Gehör den Angeklagten über Abs. 3 lit. d hinausgehend dazu berechtigt, entlastende Beweismittel in das Verfahren einzuführen.[1084] Der Verteidigung müssen damit **Beweisantragsrechte** zustehen.[1085] Der Verteidigung

---

[1080] Hierzu EGMR 24.11.1986 – 9120/80, NJW 1987, 3068 Rn. 30 – Unterpertinger/AUT; EGMR 27.7.2000 – 36732/97, EHRR 34 (2002) 27 Rn. 21 ff. – Pisano/ITA m. abl. SV *Rozakis/Bonello*; EGMR 7.9.1999 – 38753/97 – Vernon/UK; *Esser* S. 625; hinsichtlich der Konsequenzen krit. *Stavros* S. 248 f.; zum Polygraph *Emmerson/Ashworth/Macdonald*, Rn. 12–28 f.

[1081] Hierfür etwa EGMR 27.7.2000 – 36732/97, EHRR 34 (2002) 27 Rn. 21 ff. – Pisano/ITA m. hinsichtlich der drohenden Verabsolutierung der Ausgangsregeln abl. SV *Rozakis/Bonello*; EGMR 20.12.2001 – 33900/96, NJW 2003, 2893 Rn. 19 ff. – P.S./D; EGMR 25.7.2001 – 48898/99, Rn. 26 – Perna/ITA; EGMR 20.3.2001 – 33501/96, ÖJZ 2001, 613 Rn. 15 – Telfner/AUT; EGMR 25.9.2001 – 44787/98, ÖJZ 2002, 911 Rn. 25 – P.G. u. J.H./UK; EGMR 24.11.1986 – 9120/80, NJW 1987, 3068 Rn. 29 ff. – Unterpertinger/AUT; EGMR 12.7.1988 – 10862/84, EGMR-E 4, 124 Rn. 46 – Schenk/SWI; EGMR 16.12.1992 – 13071/87, ÖJZ 1993, 391 Rn. 34 – Edwards/UK; EGMR 26.9.1996 – 18978/91, ÖJZ 1997, 396 Rn. 43 – Miailhe/FRA; EGMR 23.4.1998 – 22885/93, ÖJZ 1999, 236 Rn. 37 – Bernard/FRA; *Stavros* S. 225; *Tophinke* S. 306 ff.; *Villiger* Rn. 486; *Esser* S. 624.

[1082] EGMR 6.12.1988 – 10590/83, EGMR-E 4, 620 Rn. 78 – Barberà ua/SPA; EGMR 20.12.2001 – 33900/96, NJW 2003, 2893 Rn. 21 – P.S./D; *Esser* StraFo 2003, 335 (336); zur Frage, wann die vom EGMR anerkannte Durchbrechung der Unmittelbarkeit zulässig ist, siehe etwa *Trechsel* AJP 11 (2000), 1366 (1369 f.).

[1083] Siehe schon näher *Gaede*, Fairness als Teilhabe, S. 310 ff., 663 f., 817 ff.; knapp *ders*. JR 2009, 493 (494).

[1084] Siehe etwa EGMR 18.3.1997 – 21497/93, Rn. 33, 35 f. – Mantovanelli/FRA; EGMR 27.7.2000 – 36732/97, EHRR 34 (2002) 27 Rn. 21, 25 ff. – Pisano/ITA; EGMR 24.1.1997 – 19983/92, ÖJZ 1997, 912 Rn. 54 ff. – De Haes u. Gijsels/BEL (unter dem Aspekt der Waffengleichheit); EGMR 4.5.2000 – 46253/99 – Ubach Mortes/AND; *Stavros* S. 238 ff.; *Esser* S. 703; *Grosz/Beatson/Duffy* C6-67.

[1085] Siehe näher mwN *Gaede*, Fairness als Teilhabe, S. 624 ff., 628 f.; *Rzepka* S. 393 f.; siehe auch BVerfG 20.12.2000 – 2 BvR 591/00, NJW 2001, 2245 (2246): „Aus dem Anspruch auf ein faires Verfahren folgt ein Anspruch auf materielle Beweisteilhabe, also auf Zugang zu den Quellen der Sachverhaltsfeststellung", wobei dann jedoch der dt. verfassungsrechtliche Maßstab auf „Unverzichtbares" zurückgeführt wird.

kann aber – frei von Willkür (siehe auch zu den Entlastungszeugen → Rn. 232) – abverlangt werden, die mögliche Beweisrelevanz des Beweismittels darzulegen.[1086]

bb) Bereits anerkannte Fallgruppen von Beweisverwertungsverboten und Beweisregeln. Schon der EGMR selbst vermerkt stets, dass Art. 6 (nur) *im Allgemeinen* keine Regelungen zur Beweiserhebung und -verwertung zu entnehmen seien.[1087] Anhand einzelner Teilrechte und -gebote des Art. 6 hat er bereits konkretere Anforderungen für den Umgang mit Beweisen abgeleitet, die über die wenig operable Willkürprüfung hinsichtlich der Beweiswürdigung und über die allgemeine Fairnessprüfung bei rechts- und ggf. menschenrechtswidrig erlangten Beweismitteln hinausgehen. Vor allem die folgenden Fallgruppen sind zu nennen (siehe auch zu Verletzungen des Art. 3 mwN → Art. 3 Rn. 34 ff.): 351

Zum **Recht auf Verteidigerbeistand** kann eine mangelnde Beachtung im Ermittlungsverfahren dazu führen, dass das Verfahren im Fall einer Verwertung belastender Aussagen, die der Angeklagte in der ersten (polizeilichen) Vernehmung gemacht hat, unfair ist. Die Angaben unterliegen mithin einem Verwertungsverbot (→ Rn. 189). 352

Für das **Konfrontationsrecht** ist der grundsätzliche Rechtsmaßstab festzuhalten, nach dem eine Verurteilung nicht wesentlich oder gar allein auf einer Aussage beruhen darf, hinsichtlich derer der Angeklagte sein Konfrontationsrecht nicht wahrnehmen konnte (dazu näher → Rn. 242 ff.). Dies bedeutet mindestens ein relatives Verwertungsverbot bzw. die Beweisregel für den nationalen Richter, den Beweis nicht als wesentlich heranzuziehen.[1088] 353

Ferner sind zwei Fallgruppen einzubeziehen, die verdeckten Ermittlungen Grenzen setzen: Soweit eine Art. 6 widerstreitende **Tatprovokation** vorliegt, ist es nach der Rechtsprechung des EGMR mindestens ausgeschlossen, alle auf ihr beruhenden Beweismittel für die provozierte Tat zu ihrer Überführung heranzuziehen (näher dazu schon → Rn. 344 ff.).[1089] Zudem dürfen Beweise nicht verwertet werden, die unter Verletzung der **Selbstbelastungsfreiheit** erlangt worden sind (näher → Rn. 318 ff.). 354

Eine Verurteilung kann zwar auch auf **Aussagen von an der Tat beteiligten Personen** beruhen, soweit sich das Tatgericht der besonderen Natur dieses Beweises bewusst ist, nicht allein auf diesen abstellt und eine volle Befragung durch die Verteidigung erfolgen konnte.[1090] Bei tatbeteiligten (Kron-)Zeugen müssen die entsprechenden Absprachen über eine Strafbefreiung oder Strafmilderung offen gelegt werden. Die in dieser Konstellation begründeten Gefahren müssen gewürdigt werden und eine Verurteilung darf sich nicht allein auf die Aussage derartiger Zeugen stützen.[1091] 355

cc) Beweisverwertungsverbote bei rechtswidrig erlangten Beweisen. Nach der Mehrheitsauffassung im EGMR soll Art. 6 die **Verwertung (menschen-)rechts-** 356

[1086] Hierzu teilweise sehr weit EGMR 8.6.1976 – 5100/71 ua, EGMR-E 1, 178 Rn. 91 – Engel ua/NL; EGMR 24.2.1994 – 12547/86, ÖJZ 1994, 634 Rn. 52 f., 52 – Bendenoun/FRA; EKMR 11.3.1982 – 9000/80, DR 28, 127 (135 f.) – X./SWI; *Villiger* Rn. 485; krit. *Stavros* S. 238 ff.

[1087] Für die in StRspr verwendeten Formulierungen siehe mwN EGMR 24.6.2003 – 39482/98, Rn. 43 – Dowsett/UK; EGMR 13.11.2003 – 71846/01, Rn. 23 – Rachdad/FRA.

[1088] Siehe auch *Esser* JR 2005, 248 ff.: keine klassischen Verwertungsverbote bei Abs. 3 lit. d; *Jung* GA 2009, 235 ff.; dazu siehe aber auch *Warnking* S. 404 f.

[1089] Siehe nur nochmals EGMR [GK] 5.2.2008 – 74420/01, NJW 2009, 3565 – Ramanauskas/LIT; so nun zum Beispiel auch BeckOK StPO/*Hegmann* StPO § 110c Rn. 10; *Warnking* Beweisverbote S. 246 ff., 397; *Jäger* GA 2008, 473 (481).

[1090] Dazu EKMR 21.10.1993 – 17265/90, DR 75, 76 (121 f.) – Baragiola/SWI; EGMR 27.1.2004 – 44484/98 – Lorsé/NL; EGMR 27.1.2004 – 54445/00 – Verhoek/NL; zusf. *Emmerson/Ashworth/Macdonald*, 15-53 ff.; vgl. auch EGMR 6.12.1988 – 10590/83, EGMR-E 4, 208 Rn. 81 ff. – Barberà ua/SPA; EGMR 7.8.1996 – 19874/92, ÖJZ 1997, 151 Rn. 51 ff. – Ferrantelli u. Santangelo/ITA; Starmer/*Strange*/Whitaker S. 205; *Haefliger/Schürmann* S. 181 f.; krit. *Stavros* S. 229 f., 237 f.

[1091] EKMR 21.10.1993 – 17265/90, DR 75, 76 (121 f.) – Baragiola/SWI; Starmer/*Strange*/Whitaker S. 205; Frowein/*Peukert* Rn. 165, 173; *Haefliger/Schürmann* S. 181 f.; *Gaede* HRRS 2003, 93 (96). Zur Vorsicht vor „pentiti" bei Art. 5 Abs. 3 EMRK EGMR [GK] 6.4.2000 – 26772/95, Rn. 157 ff. – Labita/ITA: nur am Verfahrensanfang kann für die Haft eine unbestätigte Kronzeugenaussage genügen.

widrig[1092] **erlangter Beweise im nationalen Strafverfahren nicht stets untersagen.**[1093] Die Verwertung (menschen-)rechtswidrig erlangter Beweise kann allerdings im Rahmen der erwähnten Gesamtbetrachtung dazu beitragen, dass das Verfahren insgesamt nicht mehr fair war.[1094] Ob dies der Fall ist, hängt davon ab, ob hinsichtlich des Beweises die zu seiner Kritik nutzbaren Verteidigungsrechte geachtet worden sind, wie die nationale Prüfung der rechtswidrigen Beweiserlangung erfolgte, welche Beweiskraft der Beweis besitzt, auf welche Art und Weise er verwertet wurde, ob weitere unbemakelte Beweise vorhanden waren und welcher Natur die Verletzung eines anderen Konventionsrechts gewesen ist.[1095]

357 Konkret ist für den EGMR damit vor allem bedeutsam, dass der Angeklagte die Rechtswidrigkeit der Beweiserhebung und die existierenden **Zweifel an der Beweiskraft** des umstrittenen Beweises durch seine Verteidigungsrechte in der Hauptverhandlung **umfassend und sinnvoll geltend machen** konnte.[1096] In jüngster Zeit will er auch das Gewicht des öffentlichen Interesses an der Verfolgung der konkreten Tat einbeziehen.[1097] Die Natur der Rechtsverletzung führt jedoch im Fall von Verletzungen des fundamental bedeutsamen **Art. 3** bereits zu – insbesondere im Fall der Folter – strikten Beweisverwertungsverboten, die auch mit einer Fernwirkung versehen sind (dazu schon näher → Art. 3 Rn. 35 ff.).

358 Zunächst ist zu dieser Rechtsprechung herauszustellen, dass sie zum einen eine **intensive Prüfung gerade des rechtswidrig erlangten Beweises** gebietet und zum anderen über die **Gesamtbetrachtung** durchaus zu einer Verletzung des Rechts auf ein faires Verfahren führen kann. Die rechtswidrige Erlangung von Beweisen kann gemeinsam mit anderen Prozessrechtsverletzungen zu einer Konventionsverletzung beitragen.[1098] Es muss deshalb auch geprüft werden, ob sich die Verwertung rechtswidrig zulasten des Angeklagten erhobener Beweise nicht *in Verbindung mit weiteren Verfahrensbeeinträchtigungen* zu einer Verletzung des Art. 6 gleichsam addiert (schon → Rn. 22 ff.). Dies ist insbesondere möglich, wenn neben den bemakelten Beweisen nur wenige oder gar keine anderen unbemakelten Beweise verwertet werden.[1099]

359 Darüber hinaus ist die **Rechtsprechung abzulehnen,** soweit sie auch für Beweiserhebungen, die unter *Verletzung von Menschenrechten der Konvention* und damit etwa unter Missachtung des Art. 8 zustande gekommen sind, ein Beweisverwertungsverbot bzw. eine

---

[1092] Hierzu etwa repräsentativ EGMR [GK] 25.3.1999 – 25444/94, NJW 1999, 3545 Rn. 45 – Pélissier u. Sassi/FRA: „The Court observes that the Convention does not lay down rules on evidence as such. It cannot therefore exclude as a matter of principle and in the abstract that evidence obtained in breach of provisions of domestic law may be admitted. It is for the national courts to assess the evidence they have obtained and the relevance of any evidence that a party wishes to have produced. The Court has nevertheless to ascertain whether the proceedings considered as a whole, including the way in which the evidence was taken, were fair as required by Article 6 § 1"; EGMR 18.3.1997 – 21497/93, Rn. 34 – Mantovanelli/FRA; EGMR 26.9.2002 – 63737/00 – Perry/UK.

[1093] MwN EGMR [GK] 10.3.2009 – 4378/02, NJW 2010, 213 Rn. 88 ff. – Bykov/RUS; EGMR 12.5.2000 – 35394/97, JZ 2000, 993 Rn. 34 – Khan/UK; EGMR 3.3.2016 – 7215/10, NJW 2017, 2811 Rn. 33 ff. – Prade/D; grundlegend EGMR 12.7.1988 – 10862/84, EGMR-E 4, 124 Rn. 45 f. – Schenk/SWI.

[1094] EGMR 12.5.2000 – 35394/97, JZ 2000, 993 Rn. 34 – Khan/UK; EGMR 5.11.2002 – 48539/99, StV 2003, 257 Rn. 42 ff. – Allan/UK.

[1095] EGMR [GK] 10.3.2009 – 4378/02, NJW 2010, 213 Rn. 89 ff. – Bykov/RUS; zum Beispiel EGMR 12.7.1988 – 10862/84, EGMR-E 4, 124 Rn. 47 – Schenk/SWI; EGMR 12.5.2000 – 35394/97, JZ 2000, 993 Rn. 35 ff. – Khan/UK.

[1096] EGMR [GK] 10.3.2009 – 4378/02, NJW 2010, 213 Rn. 89 ff., 95 ff. – Bykov/RUS (zur mangelnden Wahrung schon dieser Anforderung in diesem Fall: *Gaede* JR 2009, 493 (499)); EGMR 1.3.2007 – 5935/02, Rn. 89 ff. – Heglas/CZ; EGMR 17.10.2013 – 36044/09, Rn. 78 – Horvatic/CRO; EGMR 12.7.1988 – 10862/84, EGMR-E 4, 124 Rn. 47 – Schenk/SWI.

[1097] Siehe verfehlt so mwN EGMR 3.3.2016 – 7215/10, NJW 2017, 2811 Rn. 35, 41 – Prade/D; abl. etwa *Byczyk* HRRS 2016, 509 ff.; siehe auch *Gaede* wistra 2016, 89 ff.

[1098] Dazu näher *Gaede* JR 2009, 493 (495); *Nack*, NJW-Sonderheft Schäfer, S. 46, 50 ff.

[1099] Hierfür siehe EGMR 12.7.1988 – 10862/84, EGMR-E 4, 124 Rn. 46 ff. – Schenk/SWI; EGMR 25.9.2001 – 44787/98, ÖJZ 2002, 911 Rn. 76 ff. – P.G. u. J.H./UK; für besonders starke Beweise einschränkend aber mwN EGMR 12.5.2000 – 35394/97, JZ 2000, 993 Rn. 37 ff. – Khan/UK.

Ausschlussregel zurückweist.[1100] Hiermit nimmt der EGMR hin, dass Konventionsmenschenrechte, die stets mehr als eine allgemeine Handlungsfreiheit bedeuten (→ Art. 8 Rn. 1), gebrochen werden, weil die festgestellte Rechtsverletzung im Vergleich zur Hinnahme eines unerwünschten Verfahrensergebnisses als das kleinere Übel betrachtet wird.[1101] Weil das Gericht keine klare Ausschlussregel formuliert und in eine Einzelfallprüfung eintreten muss, die auch den Beweiswert der vorlegten Beweise betrifft, läuft das Gericht gerade Gefahr, sich zur **Superrevisionsinstanz** zu machen.[1102] Die Rechtsprechung wird auch aus dem EGMR selbst heraus in abweichenden Sondervoten vermehrt angegriffen.[1103] Schon der insoweit zu Unrecht leerlaufende gesetzliche Schuldbeweis des Abs. 2 gibt dem EGMR die Befugnis, den Vertragsstaaten in systematischer Auslegung nicht nur bei Art. 3, sondern vor allem auch bei Art. 8 eine Ausschlussregel anzuerkennen.[1104] Dies ist besonders evident, wenn Rechtsverstöße bewusst oder doch objektiv willkürlich eingetreten sind.[1105]

Die Möglichkeit, Belastungsbeweise über die Verteidigungsrechte auf Herz und Nieren **360** prüfen und angreifen zu können, ist demgegenüber lediglich eine Selbstverständlichkeit, welche nicht gegen die zu beachtende gleiche Rechtsbindung aller Verfahrensbeteiligten und den gesetzlichen Schuldbeweis ausgespielt werden kann.[1106] Es muss als schlechthin unmöglich erscheinen, ein faires und materielle Waffengleichheit beanspruchendes Verfahren widerspruchsfrei zu denken, in dem eine „Partei" (die Anklage) ihre Einflussrechte im Hinblick auf die Verfahrensentscheidung durch den Rückgriff auf qualifiziert rechtswidrig erlangte Vorteile verbessern darf. Sieht man das Recht auf ein faires Strafverfahren als konstitutives Erfordernis der Legitimation von Schuldspruch und Strafe selbst, darf die vereitelnde Wirkung *für ein bestimmtes Verfahrensergebnis im Einzelfall* keinen Grund für eine bestimmte Verfahrensauslegung darstellen, weil man das Verfahren hiermit seiner ergebnislegitimierenden Kraft berauben würde. Das Verfahren würde an der verfahrensentscheidenden Stelle zum Instrument degradiert, mit dem ein verfahrensextern entschiedenes Ergebnis erzielt wird.

IV. Recht auf eine Verhandlung in angemessener Frist

Abs. 1 S. 1 gewährleistet jedem Angeklagten das gegenüber dem Recht auf ein faires **361** Verfahren selbständige Recht darauf, dass die gegen ihn erhobene strafrechtliche Anklage

---

[1100] MwN und auch mit Erörterung von Gegenargumenten *Gaede* JR 2009, 493 (498 ff.); *ders.*, Fairness als Teilhabe, S. 405, 800 ff., 807 ff.; *Stavros* S. 222 ff., 249 f., 237; *Jung* GA 2003, 191 (197 f.); *Kühne/Nash* JZ 2000, 996 (997 f.); IntKomm/*Kühne* Rn. 427, 434; *Frei-Siponen* S. 170; siehe auch *Gleß* S. 191 und *Vogel/MattStV* 2007, 206 (211); krit. auch *Esser* S. 122 ff., 182 ff.; dem EGMR zust. *Lubig/Sprenger* ZIS 2008, 433 (439 f.): Eröffnung spezifischer Verteidigungsrechte mache den Gehalt des Art. 6 aus; dazu aber schon *Gaede* JR 2008, 493 (499).
[1101] Siehe schon SV *Spielmann* zu EGMR [GK] 10.3.2009 – 4378/02, NJW 2010, 213 – Bykov/RUS; *Ashworth*, Criminal Process, S. 53 f.; siehe auch House of Lords 24.6.1993 – ex parte Bennett [1994] 1 AC 42, 62 ff. – R./Horseferry Road Magistrates' Court.
[1102] Zu diesem Aspekt siehe schon mwN *Gaede* JR 2009, 493 (501); zutreffend auch schon *Esser* S. 123: Ausschlussregel wäre demgegenüber eine dem EGMR eröffnete Rechtsfrage; *Stavros* S. 43 ff., 48, 353 ff.; einordnend auch zur Subsidiarität *Gaede*, Fairness als Teilhabe, S. 809 f., 131 f.
[1103] Siehe schon SV *Loucaides* zu EGMR 12.5.2000 – 35394/97, JZ 2000, 993 – Khan/UK m. abl. Anm. *Kühne/Nash*; Loucaides folgend schon in *Tulkens* in einem abl. SV zu EGMR 25.9.2001 – 44787/98, ÖJZ 2002, 911 – P.G. u. J.H./UK; siehe auch schon die zahlreichen abl. SV im Fall EGMR 12.7.1988 – 10862/84, EGMR-E 4, 124 – Schenk/SWI (einschließlich des SV von *Trechsel/Vandenberghe* in EKMR 14.5.1987 – 10862/84 – Schenk/SWI); EGMR 27.7.2000 – 36732/97, EHRR 34 (2002) 27 – Pisano/ITA m. abl. SV *Rozakis/Bonello*; auch das SV *Cabral Barreto* fordert nun, dass bei einer Verletzung des Art. 8 eine Vermutung für die Verletzung des Art. 6 streiten sollte.
[1104] Näher schon *Gaede*, Fairness als Teilhabe, S. 817 ff.
[1105] Siehe zur Frage einer Beschränkung auf Willkürfälle aber grundsätzlich abl. mwN zu Gegenansichten *Gaede* JR 2009, 493 (501 f.).
[1106] Zu diesem Aspekt etwa schon *Gaede*, Fairness als Teilhabe, S. 813 ff.; zust. *Warnking* S. 58; siehe auch schon SV *Spielmann*, SV *Loucaides* zu EGMR 12.5.2000 – 35394/97, JZ 2000, 993 – Khan/UK; vgl. auch *Zupancic* Nottingham Law Journal 5 (1996), 32 (42 ff., 52 ff.); *Ashworth*, Human Rights, Serious Crime, S. 35, 81 ff.; *Hassemer* KritV 1988, 336 (342).

„innerhalb angemessener Frist verhandelt wird".[1107] Abs. 1 S. 1 bekennt sich damit zu der bereits in der *magna charta*[1108] ausgesprochenen **Forderung, ein Strafverfahren ohne vermeidbare Verzögerungen durchzuführen.**[1109] Auch Art. 47 Abs. 2 S. 1 GRC greift das Recht auf.[1110]

362 Art. 6 Abs. 1 S. 1 erkennt hierdurch das Anliegen des Einzelnen als menschenrechtlich berechtigt an, **nicht unnötig lange der Ungewissheit und den Belastungen ausgesetzt zu sein,** die mit einem anhängigen Strafverfahren typischerweise verbunden sind.[1111] Die Ratio des Rechts liegt folglich darin, den Einzelnen vor unangemessenen Verzögerungen und mithin vor unbegründeten Belastungen durch das Strafverfahren zu bewahren, indem der Staat zu den Verfahrensförderungsmaßnahmen verpflichtet wird, welche derartige Verzögerungen und Belastungen vermeiden.[1112]

363 Die Norm erweist sich zudem als Vorschrift, die sich einer apokryphen Form der Strafe im Wege verfahrensmäßiger Belastungen entgegenstellt.[1113] Zwar steht Abs. 1 S. 1 der gründlichen Untersuchung des Tatverdachts und der tragfähigen Entscheidung auf der Grundlage einer Hauptverhandlung gerade nicht entgegen.[1114] Die entsprechenden Belastungen sind grundsätzlich zu rechtfertigen und damit keine unangemessene Verfahrensverzögerung.[1115] Da die Norm aber, wie jedes Recht der EMRK, auf eine effektive Beachtung dringt, kann sie auch die Dimension eines **Verfahrensabwehrrechtes** annehmen, wenn die Justiz eine unverhältnismäßig lange Untersuchung betreibt.[1116] Insoweit verlangt Abs. 1 S. 1, das Gebot zur Verhandlung in angemessener Frist zu achten, indem anstehende Entscheidungen über die Prozessfortführung, die regelmäßig zusätzliche Prozessbelastungen auslösen, nur so getroffen werden, dass sie dem Gebot entsprechen.[1117] Ein angemessen lang dauerndes Strafverfahren kann nur aus der Summe angemessener Entscheidungen bei seiner Durchführung resultieren,[1118] was schon angesichts des strafähnlichen Potentials jedes Strafverfahrens[1119] unabhängig von der legitimierbaren Länge des Verfahrens gelten muss.

364 Zudem zieht der EGMR ergänzend heran, dass das Recht demokratisch-funktional als Gebot der zügigen **Herstellung von Rechtsfrieden** bedeutsam ist, welches der Glaubwür-

---

[1107] Näher *Demko* HRRS 2005, 283 ff.; *Gaede* wistra 2004, 166 ff.
[1108] In ihr heißt es *„To none will we sell, to none deny or delay, right or justice"* (Art. 40); die (historische) Auslegung der für Freie geltenden Norm ist jedoch streitig, *McKechnie* S. 104 ff., 395 ff.; *Spencer,* European Criminal Procedures, S. 142, 146; *Gaede,* Fairness als Teilhabe, 2007, S. 223 f.
[1109] Vgl. auch Art. 14 Abs. 3 lit. c IPbpR, der dem Angeklagten ein Recht darauf zugesteht, dass „ohne unangemessene Verzögerung ein Urteil gegen ihn" ergeht.
[1110] Zur Entsprechung siehe Erläuterungen ABl. 2007 C 303, 17 (30, 34).
[1111] EGMR 27.6.1968 – 2122/64, EGMR-E 1, 54 Rn. 18 – Wemhoff/D: „The Court is of opinion that the precise aim of this provision in criminal matters is to ensure that accused persons do not have to lie under a charge for too long"; EGMR 10.11.1989 – 1602/62, Rn. 5 – Stögmüller/AUT; EGMR 27.6.1968 – 1936/63, SV *Zekia* – Neumeister/AUT; *Villiger* Rn. 452; *Stavros* S. 77, 82; *Wohlers/Gaede* NStZ 2004, 9 (14).
[1112] Siehe näher *Proff Hauser* S. 27 f.; mwN *Gaede* wistra 2004, 166 (168 ff.).
[1113] Dazu *Gaede* ZStW 129 (2017), Heft 4, II. 3. c).
[1114] EGMR 27.6.1968 – 1936/63, Rn. 21 – Neumeister/AUT: keine Freistellung von der Amtsermittlungspflicht im Inquisitionsverfahren; EGMR 12.12.1991 – 11894/85, Rn. 77 – Toth/AUT; *Stavros* S. 78; *Proff Hauser* S. 29 ff.; *Rzepka* S. 49; siehe konkretisierend schon EGMR 2.10.2003 – 41444/98, wistra 2004, 177 Rn. 33 ff. – Hennig/AUT und *Gaede* wistra 2004, 166 (173): keine abstrakte, sondern fallkonkrete Darlegung von Ermittlungsnotwendigkeiten.
[1115] Siehe auch hierzu näher *Gaede* ZStW 129 (2017), Heft 4, II. 1.
[1116] Siehe abermals näher *Gaede* ZStW 129 (2017), Heft 4, II. 3. c).
[1117] Dafür siehe bereits *Gaede* wistra 2004, 166 (172); ausbauend *Gaede* ZStW 129 (2017), Heft 4, II. 3. c); ähnlich *Stavros* S. 109 f.; *Wohlers* JR 1994, 138 (139 f.); *Radke,* 57 f.; *Schubarth* FS 150 Jahre Rechtsanwaltsverein Hannover, 1982, 240 (247): Art. 6 Abs. 1 S. 1 EMRK ist auf die einzelne verfahrensverlängernde Disposition bezogen; siehe auch BVerfG 25.7.2003 – 2 BvR 153/03, NJW 2003, 2897: Prüfung in jeder Verfahrenslage geboten.
[1118] Im Ergebnis wie hier *I. Roxin* S. 158 ff.; den Prognosecharakter betonend *Wohlers* JR 1994, 138 (140); *Radke* S. 57 ff.
[1119] Vgl. BVerfG 25.7.2003 – 2 BvR 153/03, NJW 2003, 2897: Belastungen durch das Strafverfahren können der Sanktion gleichkommen; *Schlette* S. 60 f.; *Scheffler* S. 219 ff.; *I. Roxin* S. 232 ff.; *Stavros* S. 91.

digkeit und der Effizienz der Gerichtsbarkeit dient.[1120] Dies macht Abs. 1 S. 1 aber von vornherein nicht zu einem objektivrechtlichen Grundsatz. Abs. 1 S. 1 prägt ein individuelles Menschenrecht aus. Auch der EGMR erwähnt die weiteren Bedeutungsfelder lediglich, um die Bedeutung des Individualrechts zu betonen. Insofern ist in Art. 6 nicht exakt das verfassungsrechtliche Beschleunigungsgebot geregelt, das sich aus verschiedenen Zielrichtungen speist.

Das Menschenrecht des Abs. 1 S. 1 wird von Art. 5 Abs. 3 S. 1 Hs. 2 durch den **besonderen Beschleunigungsgrundsatz in Haftsachen** noch verstärkt, wenn der Angeklagte in Untersuchungshaft genommen wird (zu ihm → Art. 5 Rn. 81 ff., auch schon → Rn. 51 f.). 365

Obschon auch in Deutschland über Art. 2 Abs. 1, 20 Abs. 3 GG ein allgemeiner und gemäß Art. 2 Abs. 2 S. 2 GG ein besonderer Beschleunigungsgrundsatz verfassungsrechtlich anerkannt sind,[1121] hat gerade das Recht auf Verhandlung in angemessener Frist in der deutschen Strafrechtspflege eine geradezu dominante und zum Teil übersteigerte (→ Rn. 397 ff.) Bedeutung erlangt. Vor dem Hintergrund einer – gemessen an der erheblichen Reichweite des Strafrechts – unzureichend erscheinenden personellen und sachlichen Ausstattung ist nicht stets gesichert, dass die deutsche Justiz den zum Teil weitergehenden Anforderungen der Abs. 1 S. 1, 5 Abs. 3 S. 1 Hs. 2 genügt. Die Probleme, die nicht nur in der Strafjustiz[1122] aufgetreten sind,[1123] haben auch den Gesetzgeber veranlasst, die diesbezügliche Staatshaftung zu erweitern und eine erste Verzögerungsrüge nach den §§ 198 ff. GVG zu schaffen (näher → Art. 13 Rn. 30 f.).[1124] 366

Ob eine strafrechtliche Anklage (→ Rn. 40 ff., → Rn. 54 ff.) in angemessener Frist verhandelt worden ist, prüft der EGMR in einer **Gesamtbetrachtung,** in die der Zeitraum einzubeziehen ist, der von der ersten Information des Betroffenen bis zur abschließenden Entscheidung vergeht (siehe zur Bestimmung der insgesamt maßgeblichen Frist → Rn. 368 ff.).[1125] Der EGMR entscheidet über die Angemessenheit der aufgelaufenen Verfahrensdauer im Wege einer Bewertung (zum Grundmaßstab → Rn. 371 ff.), die auf eine Reihe aussagekräftiger und faktisch abschließender Kriterien zurückgreifen kann (näher → Rn. 376 ff.). Verletzungen des Rechts bedürfen einer Kompensation (→ Rn. 402). Das Recht auf eine Verhandlung in angemessener Frist darf nicht ohne weiteres herangezogen werden, um der Verteidigung Verfahrensrechte zu verwehren (näher → Rn. 403 ff.). 367

1. Die Bestimmung der maßgeblichen Verfahrensfrist. Abs. 1 S. 1 garantiert, dass das Gericht im Sinne der EMRK (→ Rn. 103 ff.) über die erhobene Anklage in angemessener Frist verhandelt haben muss. Dies wird einhellig und nach dem Sinn und Zweck der Norm (→ Rn. 362 f.) so interpretiert, dass nicht lediglich die Zeitdauer der Hauptverhandlung vor dem Gericht gemeint ist. Allgemein sind nicht nur einzelne Verfahrensteile erfasst. Vielmehr ist mit der Verhandlung im Sinne der Norm das gesamte Verfahren gemeint, das 368

[1120] Dazu siehe etwa EGMR 23.10.1990 – 11296/84, Rn. 74 – Moreira de Azevedo/POR; EGMR 24.10.1989 – 10073/82, Rn. 58 – H./FRA; *Villiger* Rn. 452. Zum Schutz vor dem Verlust von Beweismitteln siehe auch *Stavros* S. 77; *Scheffler* S. 184 ff.
[1121] Siehe statt vieler BVerfG 5.12.2005 – 2 BvR 1964/05, NJW 2006, 672 ff. mAnm *Gaede* HRRS 2005, 409 ff.; BVerfG 5.2.2003 – 2 BvR 327/10 u, NJW 2003, 2225.
[1122] Zu dieser vgl. EGMR 15.7.1982 – 8130/78, EGMR-E 2, 105 Rn. 66 ff., 87, 94 – Eckle/D; EGMR 31.5.2001 – 37591/97, NJW 2002, 2856 Rn. 34 – Metzger/D; EGMR 22.1.2009 – 45749/06 u. 51115/06, JR 2009, 172 Rn. 61 ff. – Kaemena u. Thöneböhm/D; EGMR 29.9.2009 – 15065/05, NJOZ 2011, 238 – Dzelili/D; EGMR 10.2.2005 – 64387/01, EuGRZ 2005, 121 Rn. 30 ff. – Uhl/D; mwN *Esser/Gaede/Tsambikakis* NStZ 2011, 140 f.
[1123] BGBl. 2011 I 2302; zur Begründung BT-Drs. 17/3802. Zur Umsetzung in anderen Vertragsstaaten siehe mwN *Meyer-Ladewig/Renger* Art. 13 Rn. 24 ff.; *Ohrloff* S. 136 ff.; siehe in Österreich insofern zum Ermittlungsverfahren: §§ 108 Abs. 1 Nr. 2, 108a ÖStPO mit einer dreijährigen, grundsätzlichen Höchstfrist.
[1124] Der EGMR wird allgemein als Impulsgeber für das verfassungsrechtl. Beschleunigungsgebot gesehen *Schlette* S. 25, 32; siehe auch BT-Drs. 17/3802, 16.
[1125] EGMR 15.7.1982 – 8130/78, EGMR-E 2, 105 Rn. 80 ff. – Eckle/D; EGMR 31.5.2001 – 37591/97, NJW 2002, 2856 Rn. 36 ff. – Metzger/D; EGMR 19.2.1991 – 7/1990/198/258, Rn. 18 – Manzoni/ITA; EGMR [GK] 25.3.1999 – 25444/94, NJW 1999, 3545 Rn. 67 ff. – Pélissier u. Sassi/FRA; EGMR 23.7.2002 – 34619/97, NLMR 2002, 156 Rn. 93 ff. – Janosevic/SWE.

zu einer verbindlichen und für den Betroffenen wieder Klarheit herstellenden **Entscheidung über die Anklage führt.**[1126]

369 Für den **Beginn der Frist** ist der bereits dargestellte, autonom auszulegende Begriff der Anklage maßgeblich, der primär anhand der Beschleunigungsgarantie konkretisiert wurde.[1127] Entsprechend beginnt die Frist mit dem Zeitpunkt, an dem der damit **Beschuldigte von der Einleitung von Ermittlungen Kenntnis erlangt** (näher → Rn. 55 ff.).[1128] Insbesondere kommt es nicht auf eine (formelle Anklage) nach nationalem Recht an.[1129]

370 Das **Ende der Frist** tritt mit dem **rechtskräftigen Verfahrensabschluss** ein.[1130] Folglich sind etwa Rechtsmittelverfahren wie das Revisionsverfahren uneingeschränkt erfasst.[1131] Dies macht eine Verfahrensrüge aber grundsätzlich nicht entbehrlich.[1132] Ebenso zählen verfassungsgerichtliche Verfahren zum Verfahren gemäß Art. 6, soweit sie die Entscheidung – wie bei der Verfassungsbeschwerde – *direkt* beeinflussen können (siehe auch §§ 97a ff. BVerfGG).[1133] Ist über das Strafmaß noch nicht entschieden, läuft das Strafverfahren weiterhin.[1134] Ausgenommen bleiben Wiederaufnahmeverfahren.[1135] Sie lösen die Geltung der Garantie aber wieder aus, sofern ein Wiederaufnahmegesuch erfolgreich ist.[1136] Der Verfahrensabschluss kann auch durch eine Verfahrenseinstellung eintreten.[1137]

371 **2. Die angemessene Verfahrensfrist.** Ob die gesamte Verfahrensdauer noch eine angemessene Frist oder eine Verletzung des Abs. 1 S. 1 darstellt, prüft der EGMR prinzipiell im Wege einer Gesamtbetrachtung, in der die folgenden vier Kriterien in ständiger Rechtsprechung maßgeblich sind: **die Komplexität des Falles** (→ Rn. 378 ff.), **die Prozess-**

[1126] Dafür siehe EGMR 17.1.1970 – 2689/65, EGMR-E 1, 100 Rn. 25 – Delcourt/BEL; EGMR 28.11.1978 – 6210/73 ua, EGMR-E 1, 344 Rn. 41 – Luedicke u/D; mwN EGMR 2.10.2003 – 41444/98, wistra 2004, 177 Rn. 38 – Hennig/AUT; *Esser* S. 89 ff.; *Wohlers/Gaede* NStZ 2004, 9 (14 ff.).

[1127] EGMR 2.10.2003 – 41444/98, wistra 2004, 177 Rn. 32 – Hennig/AUT; EGMR 15.7.1982 – 8130/78, EGMR-E 2, 105 Rn. 73 – Eckle/D; EGMR 25.11.1992 – 12728/87, Rn. 19 – Abdoella/NL; *Villiger* Rn. 457.

[1128] MwN EGMR 2.10.2003 – 41444/98, wistra 2004, 177 Rn. 32 – Hennig/AUT; EGMR 15.7.1982 – 8130/78, EGMR-E 2, 105 Rn. 73 f. – Eckle/D; EGMR 21.3.2002 – 44797/98, Rn. 77 ff. – Etcheveste u. Bidart/FRA: direkte Betroffenheit bezüglich des konkreten Verfahrens; EGMR 25.7.2000 – 23969/94, NLMR 2000, 146 Rn. 75 – Mattoccia/ITA; EGMR 23.7.2002 – 34619/97, NLMR 2002, 156 Rn. 92 – Janosevic/SWE; mwN *Gaede* wistra 2004, 166 (168); siehe aber auch die Deutung der Eckle-Entscheidung bei *Proff Hauser* S. 46 ff., 55 f., 59 f.: verdeckte Überwachungsmaßnahmen hinreichend.

[1129] Vgl. EGMR 2.10.2003 – 41444/98, wistra 2004, 177 Rn. 32 – Hennig/AUT; EGMR [GK] 31.3.1998 – 23043/93 22921/93, ÖJZ 1999, 151 Rn. 93 – Reinhardt u. Slimane-Kaïd/FRA.

[1130] EGMR 15.7.1982 – 8130/78, EGMR-E 2, 105 Rn. 77 – Eckle/D; EGMR [GK] 26.10.2000 – 30210/96, NJW 2001, 2694 Rn. 119 ff. – Kudła/POL; mwN EGMR 2.10.2003 – 41444/98, wistra 2004, 177 Rn. 32 – Hennig/AUT; mwN *Gaede* wistra 2004, 166 (168).

[1131] EGMR 27.6.1968 – 2122/64, EGMR-E 1, 54 Rn. 18 – Wemhoff/D; EGMR 15.7.1982 – 8130/78, EGMR-E 2, 105 Rn. 77 – Eckle/D; EGMR 9.11.2004 – 46300/99, HRRS 2005 Nr. 72 Rn. 48 ff., 65 f. – Marpa Zeeland B.V. ua/NL; *Kühne* StV 2001, 529 (530); *Wohlers/Gaede* NStZ 2004, 9 (13 ff.).

[1132] Siehe hierzu mwN Meyer-Goßner/*Schmitt* Rn. 9g.

[1133] MwN EGMR 22.1.2009 – 45749/06 u. 51115/06, JR 2009, 172 Rn. 61 f. – Kaemena u. Thöneböhm; EGMR 31.5.2001 – 37591/97, NJW 2002, 2856 Rn. 34 – Metzger/D; aA BVerfG 21.6.2006 – 2 BvR 750/06 ua, JR 2007, 251 m. abl. Anm. *Gaede*; mwN Meyer-Goßner/*Schmitt* Rn. 8.

[1134] EGMR 15.7.1982 – 8130/78, EGMR-E 2, 105 Rn. 77 – Eckle/D; EGMR 7.8.1996 – 19874/92, ÖJZ 1997, 151 Rn. 42 – Ferrantelli u. Santangelo/ITA; EGMR [GK] 26.10.2000 – 30210/96, NJW 2001, 2694 Rn. 119 ff. – Kudła/POL.

[1135] EGMR 17.1.1970 – 2689/65, EGMR-E 1, 100 Rn. 25 – Delcourt/BEL: „terminate in an enforceable decision"; EGMR 6.1.2000 – 34813/97, B.2. – Sonnleitner/AUT (mit problematischer Erstreckung auf vom Staat gegen einen Freigesprochenen betriebene Verfahren); EGMR 6.5.2003 – 27569/02, ÖJZ 2003, 816 – Franz Fischer/AUT; mwN *Stavros* S. 84 ff., 293 f.; BeckOK StPO/*Valerius* Rn. 2; Karpenstein/Mayer/*Meyer* Rn. 32; krit. *Kohlbacher* S. 21 f.; SK-StPO/*Paeffgen* Rn. 38.

[1136] EGMR 20.7.2004 – 50178/99, NLMR 2004, 190 Rn. 60 – Nikitin/RUS; IK-*Vogler* Rn. 221; SK-StPO/*Paeffgen* Rn. 45; Karpenstein/Mayer/*Meyer* Rn. 32.

[1137] Dazu etwa *Stavros* S. 87 ff.; Löwe/Rosenberg/*Esser* Rn. 338; EGMR 26.8.2003 – 59493/00, A.2. – Withey/UK.

führung durch die staatlichen Organe (→ Rn. 381 ff.), **das Prozessverhalten der Verteidigung** (→ Rn. 389 ff.) **und die Bedeutung des Verfahrens für den Betroffenen** (→ Rn. 394 ff.).[1138]

Auf dieser Basis hat der EGMR weder abstrakte Höchstdauern für bestimmte Strafverfahren festgelegt, noch hat er Mindestverfahrensdauern für die Feststellung einer Verletzung gefordert.[1139] Der EGMR hat beispielsweise Verfahren, die rund zwei Jahre gedauert haben, als Verletzungen eingestuft.[1140] Er hat Verletzungen bejaht, wenn eine Betrachtung des gesamten Verfahrens angesichts seiner Fortdauer noch gar nicht möglich war und er damit nur einzelne Verfahrensabschnitte beurteilen konnte.[1141] Ebenso hat der EGMR Verfahren, die zum Beispiel über sieben Jahre dauerten, nicht als Verletzungen beurteilt.[1142] 372

Will man anhand der praktisch unüberschaubaren Kasuistik eine Orientierung gewinnen und Abs. 1 S. 1 nicht nur zufällig wahren und nicht den EGMR mit der stets nötigen abschließenden Einzelfallentscheidung überlasten, ist eine Orientierung an der **Ratio** unumgänglich, die vorgibt, Strafverfahren ohne vermeidbare Verzögerungen durchzuführen:[1143] Danach ist eine Verletzung immer dann anzunehmen, wenn eine **insgesamt nicht mehr vertretbare, unangemessene Verfahrensdauer erreicht ist**[1144] *oder wenn in einzelnen Verfahrensabschnitten erhebliche, dem Staat zuzurechnende Verzögerungen aufgetreten sind,* die der Staat nicht durch spätere überobligatorische Maßnahmen hinreichend wieder ausgeglichen hat.[1145] 373

Während die erste Fallgruppe notwendig sehr kasuistisch bleibt,[1146] bietet sich für die zweite Fallgruppe anhand der vorliegenden Kriterien durchaus eine vernünftige Orientierung. Klassische Fälle einer Verletzung sind danach sog. Verfahrenslücken, in denen ein Verfahren über längere Zeit überhaupt nicht oder unzureichend betrieben wurde. Insbesondere eine mehrjährige „Verfahrenslücke" infolge überlasteter Gerichte stellt stets einen Verstoß dar (→ Rn. 381 ff.). 374

Gesichert ist, dass für eine Verletzung des Rechts auf Verhandlung in angemessener Frist **kein weiterer Nachteil für die Verteidigung erforderlich** ist.[1147] Insbesondere schließt 375

[1138] MwN EGMR 2.10.2003 – 41444/98, wistra 2004, 177 Rn. 31 ff. – Hennig/AUT; insbesondere bei vollzogener Haft EGMR 29.7.2004 – 49746/99, NJW 2005, 3125 Rn. 58 ff., 36 ff. – Cevizovic/D; EGMR [GK] 10.9.2010 – 31333/06, Rn. 140 – McFarlane/IRE; zur Zurechnung des Verteidigerverhaltens EGMR 14.10.2004 – 68693/01, Rn. 40 ff. – Pedersen u. Pedersen/DEN; zu den Kriterien auch *Demko* HRRS 2005, 283 ff.; mwN *Grabenwarter/Pabel* § 24 Rn. 82 f.; SK-StPO/*Paeffgen* Rn. 118 ff.

[1139] Dazu *Villiger* Rn. 453, 461; *Grabenwarter/Pabel* § 24 Rn. 83; Frowein/*Peukert* Rn. 250; siehe aber für die Faustregel, dass ein Jahr pro Instanz vertretbar sei, EGMR 26.11.2009 – 13591/05, Rn. 126 – Nazarov/RUS.

[1140] EGMR 22.4.1998 – 93/1997/877/1089, Rn. 60 ff. – Pailot/FRA; EGMR 8.6.1995 – 16419/90 u. 16426/90, ÖJZ 1995, 832 Rn. 58 ff. – Yağci u. Sargin/TUR; *Villiger* Rn. 453, 468; siehe auch zu einem Verfahren über zwei Instanzen, das drei Jahre und fünf Monate dauerte, EGMR 13.10.2007 – 4983/04, Rn. 16 – Gjashta/GRE.

[1141] EGMR [GK] 26.10.2000 – 30210/96, NJW 2001, 2694 Rn. 119 ff. – Kudła/POL; EGMR 3.4.2003 – 37104/97, Rn. 66 ff. – Kitov/BUL; EGMR 23.7.2002 – 34619/97, NLMR 2002, 156 Rn. 95 – Janosevic/SWE; *Wohlers/Gaede* NStZ 2004, 9 (15).

[1142] EGMR 27.6.1968 – 1936/63, B. Rn. 20 ff. – Neumeister/AUT; *Villiger* Rn. 468.

[1143] Siehe näher bereits *Gaede* wistra 2004, 166 (168 f.) und Art. 14 Abs. 3 lit. c IPbpR.

[1144] Siehe beispielhaft EGMR 19.6.2003 – 49017/99, Rn. 46 – Pedersen u. Baadsgaard/DEN; *Kühne* StV 2001, 529 (530).

[1145] MwN für entsprechend entschiedene Fälle EGMR 2.10.2003 – 41444/98, wistra 2004, 177 Rn. 31 – Hennig/AUT; EGMR 21.9.2000 – 38081/97, Rn. 25 ff. – Howarth/UK m. abl. SV *Barreto*, der allein auf die Gesamtdauer abstellt; EGMR 17.7.2003 – 57836/00, Rn. 32 ff. – Mellors/UK; EGMR 9.11.2004 – 46300/99, HRRS 2005 Nr. 72 Rn. 60 ff. – Marpa Zeeland B.V. ua/NL; siehe auch mwN *Krehl/Eidam* NStZ 2006, 1 ff.; *Swart* ZStW 105 (1993), 48 (63); *Meyer-Ladewig/Harrendorf/König* Rn. 200 f.; *Thienel* ÖJZ 1993, 473 (480); *Trechsel* S. 146 ff.; SK-StPO/*Paeffgen* Rn. 122.

[1146] Zu ihrer weiteren Berechtigung siehe aber schon *Gaede* wistra 2004, 166 (170 f.); mwN *Scheffler* S. 110 ff., 124 ff., 271.

[1147] Zum eigenständigen Charakter des Rechts EGMR 15.7.1982 – 8130/78, EGMR-E 2, 105 Rn. 66 – Eckle/D; EGMR 10.12.1982 – 8304/78, EuGRZ 1985, 585 Rn. 30 f. – Corigliano/ITA; mwN *Gaede*, Fairness als Teilhabe, S. 223.

ein letztlich erfolgreicher Prozess, der mit einem Freispruch endet, die Verletzung des Rechts nicht aus.[1148]

376 **3. Die maßgeblichen Kriterien im Einzelnen.** Die Kriterien, die der EGMR in ständiger Rechtsprechung heranzieht (siehe zur Komplexität → Rn. 378 ff., zur staatlichen Prozessführung → Rn. 381 ff., zum Prozessverhalten der Verteidigung → Rn. 389 ff. und zur Bedeutung für den Betroffenen → Rn. 394 ff.), stehen in einem strukturell vergleichsweise klaren Sinnzusammenhang. Soweit in der deutschen Praxis zusätzlich die mögliche Schuldschwere (dazu → Rn. 397 ff.) oder eine insgesamt angemessene Verfahrensdauer (dazu → Rn. 399 ff.) maßstabssenkend für die Prüfung einer Verletzung herangezogen werden, ist dies jeweils zurückzuweisen.

377 Erscheint die Gesamtdauer des Verfahrens *prima facie* als lang, legt der *EGMR* den Vertragsstaaten eine **Begründungslast** auf:[1149] Die Vertragsstaaten müssen die angemessene Verfahrensdauer in allen Einzelstadien rechtfertigen und zeigen, dass das Verfahren von staatlicher Seite hinreichend gefördert worden ist. Hat das Verfahren für den Betroffenen eine besondere Bedeutung, steigen die Darlegungsanforderungen (→ Rn. 394, 396). Soweit danach die Dauer des konkreten Verfahrens in seinen Teilen wie im Ganzen vom Staat nicht hinreichend dargelegt wurde oder die Verteidigung selbst erhebliche Versäumnisse aufzeigt, ist mit dem EGMR von einer Verletzung auszugehen.

378 **a) Komplexität des Falles.** Zur Begründung einer erheblichen Verfahrensdauer kommt insbesondere dem Kriterium der Komplexität, die **in rechtlicher und/oder tatsächlicher Hinsicht** bestehen kann, große Bedeutung zu.[1150] Insoweit finden sich Entscheidungen, die von einer eher kursorischen Prüfung des EGMR ausgehen, wenn ein Vertragsstaat einen nicht von vornherein unplausiblen Komplexitätseinwand erhebt.[1151] So gelten etwa Steuer- und Wirtschaftsstrafverfahren grundsätzlich als Beispiele für komplexe Strafverfahren.[1152] Gelingt es dem Staat, das Verfahren als komplex auszuweisen, sind längere Verfahrensdauern im Ganzen sowie hinsichtlich der Verfahrensteile grundsätzlich nachvollziehbarer.

379 Der EGMR hat jedoch insbesondere mit dem Verfahren *Hennig v. Österreich* eine eingehendere Prüfung angestellt und betont, dass sich die Komplexität gerade auf die **verfahrensgegenständliche strafrechtliche Anklage im Einzelfall** beziehen muss.[1153] Die Einordnung eines Falles in eine bestimmte, typischerweise komplexe Verfahrenskategorie genügt nicht mehr, um eine *prima facie* lange Verfahrensdauer zu plausibilisieren.[1154] Ebenso wenig genügt es, dass benachbarte Sachverhaltskomplexe schwierig sind, die zu Vorwürfen gegen andere Beschuldigte Anlass geben.[1155] Solange der Staat nicht darlegt, weshalb und in

---

[1148] EGMR 13.11.2008 – 10597/03, StV 2009, 519 Rn. 74, 81 f. – Ommer/D I; EGMR 27.6.1997 – 19773/92, Rn. 45 (Zivilverfahren) – Philis/GRE II; zur Geltung im Strafverfahren auch *Wohlers/Gaede* NStZ 2004, 9 (14).
[1149] EGMR 15.7.1982 – 8130/78, EGMR-E 2, 105 Rn. 80 – Eckle/D; EGMR 24.9.1997 – 18996/91, Rn. 42 – Garyfallou AEBE/GRE; EGMR 22.5.1998 – 81/1997/865/1076, Rn. 51 f. – Hozee/NL; EGMR 21.12.1999 – 26602/95, ÖJZ 2000, 728 Rn. 34 – W.R./AUT; EGMR 2.10.2003 – 41444/98, wistra 2004, 177 Rn. 35 – Hennig/AUT; *Stavros* S. 92.
[1150] MwN EGMR 2.10.2003 – 41444/98, wistra 2004, 177 Rn. 33, 35 ff. – Hennig/AUT; EGMR 10.12.1982 – 7604/76 ua, NJW 1986, 647 Rn. 56 ff. – Foti ua/ITA; EGMR 10.12.1982 – 8304/78, EuGRZ 1985, 585 Rn. 38 f. – Corigliano/ITA; EGMR 24.10.1989 – 10073/82, Rn. 51 f. – H./FRA; EGMR 19.9.2000 – 29522/95 ua, Rn. 134 – I.J.L. ua/UK; EGMR 31.5.2001 – 37591/97, NJW 2002, 2856 Rn. 39 – Metzger/D; *Stavros* S. 89, 92 ff.; *Villiger* Rn. 453, 461.
[1151] Siehe beispielhaft EGMR 19.2.1991 – 11557/85, Rn. 17 – Motta/ITA; EGMR 28.6.1990 – 11761/85, EuGRZ 1990, 209 Rn. 72 – Obermeier/AUT; EGMR 21.12.1999 – 26602/95, ÖJZ 2000, 728 Rn. 32 ff. – W.R./AUT; *Stavros* S. 93 f.; *Villiger* Rn. 469; *Ress* FS Müller-Dietz, 2001, 627 (637 f.).
[1152] Dazu *Ress* FS Müller-Dietz, 2001, 627 (642); *Villiger* Rn. 461; Frowein/*Peukert* Rn. 252.
[1153] EGMR 2.10.2003 – 41444/98, wistra 2004, 177 Rn. 33 – Hennig/AUT; EGMR 29.4.2003 – 49285/99, Rn. 25 ff. – Rablat/FRA.
[1154] So auch bereits EGMR [GK] 25.3.1999 – 25444/94, NJW 1999, 3545 Rn. 67 ff., 71 – Pélissier u. Sassi/FRA.
[1155] Dazu instruktiv EGMR 2.10.2003 – 41444/98, wistra 2004, 177 Rn. 33 ff. – Hennig/AUT m. SV *Vajic*: Allein die nicht näher belegte Vermutung, dass das Verfahren gegen *Hennig* durch übrige Untersuchungen in einem Gesamtkomplex von Verfahren noch beeinflusst werden konnte, genügt nicht für eine verbundene

welchem Ausmaß ein Einfluss auf das konkret geprüfte Verfahren nahelag, darf nicht schon ein lediglich vermuteter Zusammenhang Verzögerungen auslösen. Vielmehr muss in einem Fall, in dem ein verbesserter Rechtsgüterschutz durch eine verbundene Verfahrensfortführung gar nicht mehr konkret zu erwarten ist, während die mit dem Strafverfahren verbundenen Belastungen gewiss sind, die Entscheidung für eine **Verfahrensabtrennung** fallen.[1156] Auch über Begrenzungen des Verfahrensstoffs ist in Umfangsverfahren nachzudenken.[1157]

Zudem hat der EGMR klargestellt, dass die Einstufung eines Verfahrens als komplex, wie sie etwa in (wirtschaftsstrafrechtlichen) Umfangsverfahren naheliegt, **keine pauschale Freistellung** oder Absenkung von den Maßstäben des Abs. 1 S. 1 rechtfertigt.[1158] Es wird keine deliktsspezifische Ausnahme zugelassen. Dies gilt auch dann, wenn Verfahren gegen mehrere Angeklagte geführt werden.[1159] Vielmehr darf der Staat mit der Erkenntnis der notorischen Komplexität insbesondere von Steuer- und Wirtschaftsstrafverfahren nicht allein passiv umgehen: Die den Vertragsstaaten gerade bekannte spezifische Komplexität muss sie veranlassen, ihre **Justiz so zu organisieren, dass sie derartige Verfahren angemessen bewältigen kann.**[1160]

b) Prozessführung durch die staatlichen Organe – Organisationspflicht. Das mit Abstand bedeutsamste Kriterium besteht sodann in der Art und Weise der Prozessdurchführung durch die nationale Justiz. Der EGMR prüft, ob gebotene beschleunigende Maßnahmen unterblieben oder verzögernde Handlungen aufgetreten sind.[1161] Vor allem unbegründete **Lücken in der Verfahrensdurchführung** arbeitet der EGMR heraus: Sie sind regelmäßig für eine Verletzung ausschlaggebend.[1162]

Versäumnisse werden auch nicht dadurch ausgeräumt, dass sie in anderen Staaten ebenso auftreten.[1163] Vielmehr muss jeder Staat darlegen, dass ein Verfahren auch in *prima facie* unergiebigen Phasen nachvollziehbar gefördert worden ist.[1164] Für das gesamte Strafverfahren ist zu fragen, ob der Staat das Verfahren durchgängig hinreichend gefördert hat (zur Steigerung der Darlegungsanforderungen bei einer besonderen Bedeutung für den Ange-

---

Betrachtung, die vom konkreten Einzelfall absieht und zur ausnahmslosen Bindung des Einzelschicksals an den Gesamtkomplex führt; zust. *Gaede* wistra 2004, 166 (173).

[1156] Dazu siehe wieder EGMR 2.10.2003 – 41444/98, wistra 2004, 177 Rn. 35 – Hennig/AUT.

[1157] EGMR 15.7.1982 – 8130/78, EGMR-E 2, 105 Rn. 84 – Eckle/D; mwN *Gaede* wistra 2004, 166 (173).

[1158] EGMR 31.7.2000 – 35848/97, Rn. 80 – Barfuss/CZ; EGMR 28.11.2000 – 32869/96, Rn. 27 ff. – Rösslhuber/AUT; EGMR 9.10.2001 – 35673/97 ua, Rn. 32 ff. – Schweighofer ua/AUT; EGMR 2.10.2003 – 41444/98, wistra 2004, 177 Rn. 33, 37 f. – Hennig/AUT; EGMR 7.8.1996 – 19874/92, ÖJZ 1997, 151 Rn. 42 – Ferrantelli u. Santangelo/ITA; EGMR [GK] 25.3.1999 – 25444/94, NJW 1999, 3545 Rn. 71 – Pélissier u. Sassi/FRA; *Kühne* StV 2001, 529 (530).

[1159] EGMR 22.9.1994 – 13616/88, EuGRZ 1996, 593 Rn. 61 – Hentrich/FRA; EGMR 27.11.1991 – 41/1990/232/298 u. 53/1990/244/315, Rn. 70 – Kemmache/FRA I u. II; *Wohlers/Gaede* NStZ 2004, 9 (14).

[1160] Dafür nur EGMR 2.10.2003 – 41444/98, wistra 2004, 177 Rn. 37 f. – Hennig/AUT; EGMR 28.11.2000 – 32869/96, Rn. 27, 30 – Rösslhuber/AUT.

[1161] Vgl. im Einzelnen *Stavros* S. 99 ff.; *Villiger* Rn. 465.

[1162] Siehe beispielhaft dafür EGMR 25.1.2000 – 37349/97, Rn. 26 – Agga/GRE; EGMR 2.10.2003 – 41444/98, wistra 2004, 177 Rn. 35 ff. – Hennig/AUT; EGMR 21.9.2000 – 38081/97, Rn. 28 ff. – Howarth/UK; EGMR 31.7.2000 – 35848/97, Rn. 81 – Barfuss/CZ; EGMR 17.1.2004 – 50110/99, Rn. 22 ff. – Maurer/AUT; EGMR 26.5.1993 – 13645/88, Rn. 21 ff. – Bunkate/NL; EGMR 16.3.1981 – 8304/78, EuGRZ 1985, 585 Rn. 47 – Corigliano/ITA; EGMR 10.7.1984 – 8990/80, NJW 1986, 645 Rn. 36 – Guincho/POR; EGMR 7.7.1989 – 11681/85, Rn. 36 – Union Alimentaria Sanders SA/SPA; EGMR 25.11.1992 – 12728/87, Rn. 23 ff. – Abdoella/NL; EGMR 8.6.1995 – 16419/90 u. 16426/90, ÖJZ 1995, 832 Rn. 67 ff. – Yağci u. Sargin/TUR; EGMR 7.8.1996 – 19874/92, ÖJZ 1997, 151 Rn. 42 – Ferrantelli u. Santangelo/ITA; EGMR 27.6.1997 – 19773/92, Rn. 40 – Philis/GRE II; EGMR 23.9.1998 – 28523/95, Rn. 33 f. – Portington/GRE; *Stavros* S. 99 ff., 107; *Kühne* StV 2001, 529 (530); für einen regelmäßigen Verzicht auf eine weitere Gesamtwürdigung des Verfahrens *Grabenwarter/Pabel* § 24 Rn. 83.

[1163] EGMR 26.10.1988 – 11371/85, Rn. 54 – Martins Moreira/POR; *Villiger* Rn. 453; *Stavros* S. 104 f.; vgl. auch EGMR 13.7.1995 – 19382/92, Rn. 49 ff. – Van der Tang/SPA.

[1164] Vgl. EGMR 2.10.2003 – 41444/98, wistra 2004, 177 Rn. 35 – Hennig/AUT; EGMR 21.9.2000 – 38081/97, Rn. 28 ff. – Howarth/UK; EGMR 9.10.2001 – 35673/97 ua, Rn. 32 ff. – Schweighofer ua/AUT; *Villiger*, Rn. 465; auch EGMR 28.6.1978 – 6232/73, EGMR-E 1, 278 Rn. 104 – König/D.

klagten → Rn. 394 ff.). Vor allem bei Verfahren, die bereits mehrere Jahre andauern, muss der Staat etwa durch den Nachweis ihrer besonderen Komplexität aufzeigen, dass die **Dauer des Verfahrens** *im Ganzen wie in seinen einzelnen Abschnitten* **angemessen** ist. Liegen danach mangels ausreichender Begründung nicht unerhebliche Verzögerungen vor, die nicht von der Verteidigung zu verantworten sind und die der Staat nicht spezifisch im weiteren Verfahren ausgeglichen hat oder nicht mehr ausgleichen kann, ist Abs. 1 S. 1 verletzt,[1165] es sei denn, ein Verzicht ließe sich belegen. Wenn ein Verfahren zum Beispiel durch einen unaufgeklärten **Aktenverlust** oder durch eine **unbegründete Verzögerung der Aktenübersendung** über Monate verzögert wurde, dem keine überobligatorischen Anstrengungen des Staates zur Beschleunigung gegenüberstehen, muss eine Verletzung des Abs. 1 S. 1 angenommen werden. Allein der Umstand, dass der Staat in weiteren (späteren) Verfahrensabschnitten keine weiteren Verzögerungen hinzufügt, schließt Verletzungen nicht aus.[1166]

383 Die Darlegungsanforderungen sind dabei aber nicht so zu verstehen, als müsste der Staat stets die *ex post* betrachtet optimale Verfahrensführung darlegen. So ist etwa die Verfolgung einer bestimmten, das Verfahren verlängernden Spur, die sich im Nachhinein als unergiebig erweist, *ex ante* aber Erfolg versprach, grundsätzlich nicht als Verfahrensverzögerung zu bewerten. Entscheidend ist vielmehr, dass **hinsichtlich der Verfahrensförderung** *ex ante* **vertretbare Entscheidungen** getroffen werden: Es darf weder eine Verfahrensuntätigkeit vorliegen, noch darf eine solche durch Alibihandlungen lediglich verdeckt sein.[1167]

384 Eine ständige Praxis oder Vorgaben des nationalen Rechts führen aber allein noch nicht zur Vertretbarkeit der Verfahrensführung.[1168] Konkret ergeben sich danach insbesondere in Haftfällen strenge Anforderungen an die **Terminierung der Hauptverhandlung.**[1169] Auch in komplexen Verfahren müssen Entscheidungen, die von der Fallkomplexität gänzlich unbeeinflusst sind, stets im Sinne des Abs. 1 S. 1 getroffen werden. Etwa die Aufdrängung eines vom Verurteilten unerwünschten und nur hypothetisch vorteilhaften Rechtsmittels gemäß § 357 StPO muss auch in komplexen Verfahren ausscheiden.[1170] Auch die Einlegung von Rechtsmitteln der Staatsanwaltschaft gegen Freisprüche ist an Abs. 1 S. 1 zu messen.[1171]

[1165] Siehe nur nochmals EGMR 2.10.2003 – 41444/98, wistra 2004, 177 Rn. 38 – Hennig/AUT m. abl. SV *Vajic*; EGMR 21.9.2000 – 38081/97, Rn. 28 ff. – Howarth/UK m.abl. SV; EGMR 25.1.2000 – 37439/97, Rn. 26 – Agga/GRE: „In the present case there were excessive delays […] attributable to the national authorities. Consequently, the Court considers that there has been a violation"; *Swart* ZStW 105 (1993), 48 (63); mwN *Gaede* wistra 2004, 166 (169 f., 171 ff.); zust. *Schuska* S. 117 f. Ob dem EGMR dabei ausnahmslos bei der Prüfung einzelner Verzögerungen zu folgen ist, bleibt auf Grund der jeweils nur partiellen Sachverhaltskenntnis fraglich, s. EGMR 2.10.2003 – 41444/98, wistra 2004, 177 Rn. 36 – Hennig/AUT m. abl. SV *Vajic*; EGMR 19.6.2003 – 49017/99, Rn. 40, 43 ff. – Pedersen u. Baadsgaard/DEN m. abl. SV *Kovler*. Zu warnen ist jedoch davor, derartige Zweifelsfälle minimalisiert zum Maßstab zu machen: Aus der Masse der heutigen EGMR-Rechtsprechung ließen sich regelmäßig strenger votierende Gegenbeispiele finden, so dass die Konventionsachtung keineswegs gesichert wäre.

[1166] EGMR 2.10.2003 – 41444/98, wistra 2004, 177 Rn. 36 ff. – Hennig/AUT, wobei selbst das SV betont, dass Verletzungen in Verfahrensabschnitten festgestellt werden; EGMR 21.9.2000 – 38081/97, Rn. 28 ff. – Howarth/UK; EGMR 17.1.2004 – 50110/99, Rn. 22 ff. – Maurer/AUT.

[1167] Vgl. zB wie hier schon *Radke* S. 61 ff., 65; *Wohlers* JR 1994, 138 (139 f.). Zur Überprüfung von Fortführungsprognosen durch den *EGMR* etwa EGMR 28.6.1978 – 6232/73, EGMR-E 1, 278 Rn. 104 – König/D; *Villiger* Rn. 465.

[1168] Siehe auch für ein komplexes Strafverfahren EGMR 3.4.2003 – 37104/97, Rn. 73 – Kitov/BUL: „the Court reiterates that the enjoyment of the right of every accused person to a trial within a reasonable time […] must be secured by the authorities through all appropriate means, including change of practice or legislative amendments if necessary."; betont *Proff Hauser* S. 155: kein Einwand jeweiliger Besonderheiten der nationalen StPO.

[1169] Zur Beeinflussung auch der Terminierung bei Haftsachen EGMR 29.7.2004 – 49746/99, NJW 2005, 3125 Rn. 48 ff., 58 ff. = StV 2005, 136 ff. – Cevizovic/D mAnm *Pauly*; BVerfG 5.12.2005 – 2 BvR 1964/05, NJW 2006, 672; siehe auch zu Aussetzungsanträgen der Staatsanwaltschaft BGH 8.6.2016 – 2 StR 539/15, BeckRS 2016, 13588.

[1170] Dazu siehe bereits mwN eingehend *Wohlers/Gaede* NStZ 2004, 9 (14 ff.).

[1171] Siehe auch schon OLG Karlsruhe 14.4.2004 – 1 Ss 150/03, NJW 2004, 1887: willkürliche Rechtsmitteleinlegung der StA.

Eine vertretbare Verfahrensführung bzw. ein vertretbares Ruhen von Verfahren kann **385** grundsätzlich nicht mit dem Verweis auf **mangelnde nationale Ressourcen** begründet werden. Der EGMR betont in ständiger Rechtsprechung, dass die Staaten auch hinsichtlich der Beschleunigungsgarantie verpflichtet sind, ihre Justiz entsprechend der von ihnen eingegangenen völker- bzw. menschenrechtlichen Verpflichtungen einzurichten.[1172] Rein administrative Schwierigkeiten wie strukturelle Überlastungen rechtfertigen Verzögerungen nicht.[1173] Kurzfristig auftretende unvermeidbare Überlastungen der Gerichte begründen jedoch bei sofortigen und geeigneten Gegenmaßnahmen für sich genommen keine Verletzung.[1174] Eine länger andauernde **Unterbesetzung bei Staatsanwaltschaften oder Gerichten,** die ein Verfahren verzögert, führt damit ganz regelmäßig zu einer Verletzung.[1175]

Kritikwürdig ist die **Behandlung prozessverlängernder Rechtsmittel,** welche die **386** Verteidigung auf Grund von staatlichen Verfahrensfehlern zur Abwehr unbegründeter staatlicher Belastungen einlegt und die ggf. zu einer **Urteilsaufhebung** führen. Hier steht insbesondere die Rechtsprechung auf dem Standpunkt, dass selbst wiederholte Urteilsaufhebungen, die infolge staatlicher Verfahrensfehler notwendig geworden sind, grundsätzlich keine rechtsstaatswidrigen Verzögerungen, sondern Ausdruck eines rechtsstaatlichen Rechtsmittelsystems sein sollen.[1176] Lediglich die Zeit für Rechtsmittel des Angeklagten, die dazu dienen, offensichtlich der Justiz anzulastende Verfahrensfehler zu korrigieren, stufen die Gerichte in Anlehnung an die Praxis des EGMR als rechtsstaatswidrige und damit kompensationspflichtige Verfahrensverzögerung ein.[1177]

Diese **Differenzierung** ist zwar ein Schritt in die richtige Richtung. Sie **bleibt** gleich- **387** wohl **problematisch,** weil sie den Angeklagten nach wie vor mit vermeidbaren Verfahrensverlängerungen belastet, die der Staat diesem über den Verfahrensfehler gleichsam aufgenötigt hat, wenn er nicht Verfahrensunrecht hinnehmen will.[1178] Die Rechtsprechung

---

[1172] Dazu EGMR 10.12.2002 – 49771/99, Rn. 45 ff. – Jordan/UK II; EGMR 25.11.1992 – 12728/87, Rn. 24 – Abdoella/NL: „Article 6 para. 1 [...] imposes on the Contracting States the duty to organise their legal systems in such a way that their courts can meet each of its requirements"; EGMR 6.5.1981 – 7759/77, EGMR-E 1, 521 Rn. 51 – Buchholz/D; EGMR 15.7.1982 – 8130/78, EGMR-E 2, 105 Rn. 84 – Eckle/D; EGMR 27.6.1997 – 19773/92, Rn. 40 – Philis/GRE II; EGMR 24.9.1997 – 18996/91, Rn. 40 – Garyfallou AEBE/GRE; EGMR 23.9.1998 – 28523/95, Rn. 33 – Portington/GRE; EGMR [GK] 25.3.1999 – 25444/94, NJW 1999, 3545 Rn. 80 – Pélissier u. Sassi/FRA; EGMR 26.2.1992 – 12871/87, Rn. 18 – Biondi/ITA; EGMR 2.10.2003 – 41444/98, wistra 2004, 177 Rn. 38 – Hennig/AUT; *Ambos* NStZ 2002, 629 (630); *Emmerson/Ashworth/Macdonald,* Rn. 9–42; *Grosz/Beatson/Duffy* C6-74; SK/*Paeffgen* Rn. 116; mwN krit. zum BGH *Gaede* HRRS 2005, 377 ff.; zu Rechtsmittelverfahren und dem *BVerfG* vgl. EGMR 25.2.2000 – 29357/95, NJW 2001, 211 Rn. 75 ff. – Gast u. Popp/D; EGMR 31.5.2001 – 37591/97, NJW 2002, 2856 Rn. 42 – Metzger/D; *Wohlers/Gaede* NStZ 2004, 9 (16).

[1173] EGMR 22.9.1994 – 13616/88, EuGRZ 1996, 593 Rn. 61 – Hentrich/FRA; EGMR 26.10.1988 – 11371/85, Rn. 53 – Martins Moreira/POR; EGMR 26.7.2005 – 39199/98, Rn. 38 – Podbielski/POL; *Villiger* Rn. 466; *Emmerson/Ashworth/Macdonald* §§ 9–42.

[1174] EGMR 6.5.1981 – 7759/77, EGMR-E 1, 521 Rn. 51, 63 – Buchholz/D; EGMR 10.7.1984 – 8990/80, NJW 1986, 645 Rn. 40 – Guincho/POR; EGMR 26.10.1988 – 11371/85, Rn. 53 – Martins Moreira/POR; *Stavros* S. 104; zB zur Wiedervereinigung EGMR 16.9.1996 – 20024/92, EuGRZ 1996, 514 Rn. 34, 52 ff. – Süßmann/D.

[1175] Siehe mwN EGMR 13.11.2008 – 10597/03, StV 2009, 519 – Ommer/D I.

[1176] BGH 19.7.2000 – 3 StR 259/00, NStZ 2001, 106 f.; 17.12.2003 – 1 StR 445/03, NStZ 2004, 504 (505); 15.3.2011 – 1 StR 260/09, NStZ 2011, 420 (421); 18.4.2002 – 3 StR 79/02, NStZ-RR 2002, 219.

[1177] BVerfG 5.12.2005 – 2 BvR 1964/05, NJW 2006, 672 (674 f.) (ohne Vorbehalt mangelnder Vorwerfbarkeit); *Gaede* HRRS 2005, 409 (410); *Plankemann* S. 76 f.; noch tastender hingegen BVerfG 25.7.2003 – 2 BvR 153/03, NJW 2003, 2897 (2898) im Anschluss an EGMR 31.5.2001 – 37591/97, NJW 2002, 2856 Rn. 41 f. – Metzger/D: Verzögerung von zwei Jahren und drei Monaten infolge einer versäumten Urteilsabsetzungsfrist; Meyer-Goßner/*Schmitt* Rn. 7a f. im Anschluss an die Beurteilung in EGMR 6.11.2014 – 67522/09, NJW 2015, 3773 Rn. 61 – Ereren/D zu Fehlern bei der Beweiswürdigung.

[1178] Krit. schon *Gaede* wistra 2004, 166 (174); siehe auch Radtke/Hohmann-StPO/*Ambos* Rn. 23: Zeit für die Korrektur von Verfahrensfehlern als Verfahrensverzögerung; früh für eine mehrfache Urteilsaufhebung (im Strafausspruch); abgeschwächt IntKomm/*Kühne* Rn. 337; *Schuska* S. 123 f.; BGH 13.1.1995 – 2 StR 717/94, und auch BGH 24.7.1991 – 5 StR 286/91, NStZ 1992, 78 f. mAnm *Scheffler.* Siehe auch für eine verzögernd wirkende, sachwidrige Berufungseinlegung der StA OLG Karlsruhe 14.3.2004 – 1 Ss 150/03, NJW 2004, 1887 f.

dekretiert, dass der Angeklagte eine weitere, oft Jahre umfassende belastende Prozessstage einschließlich etwaiger medialer Reaktualisierungen erdulden muss, die erst infolge eines Fehlers des Staates notwendig wird. Seine Justizpflicht wird ausgedehnt, ohne dass die staatliche Urheberschaft Berücksichtigung findet. Theoretisch könnte einem Angeklagten nach der Rechtsprechung beliebig oft infolge eines vom Revisionsgericht festgestellten staatlichen Rechtsfehlers etwa bei der Beweiswürdigung eine Hauptverhandlung aufgezwungen werden. Dass ein Rechtsmittelsystem rechtsstaatliche Funktionen verwirklicht, ist insofern so richtig wie bedeutungslos. Der Staat kann nicht den Anspruch auf ein gesetzmäßiges und damit von Rechtsverletzungen freies Verfahren gegen den Anspruch auf eine Verhandlung in angemessener Frist ausspielen. Im Fall der Urteilsaufhebung infolge eines staatlichen Verfahrensfehlers schafft gerade der Staat den Bedarf, das Rechtsmittel zu ergreifen; die Aufhebung beruht auf dem Verfahrensfehler des Staates. Sie ist nicht dem Angeklagten zuzurechnen, der mit dem Rechtsmittel lediglich ein individuelles Recht zur Abwehr staatlicher Rechtsverletzungen wahrnimmt. In Zukunft sind Verfahrenszeiten, die infolge staatlicher Verfahrensfehler entstehen, vielmehr grundsätzlich dem Staat als Verfahrensverzögerungen anzulasten. Es kann nur die Frage sein, ob sich für einzelne Verfahrensfehler Gründe aufzeigen lassen, die infolge von Ursachensetzungen durch die Verteidigung einen Zurechnungsausschluss begründen.

388 Ein vom EGMR noch wenig geklärtes Problem liegt ferner darin, ob und inwiefern eine Verletzung des Abs. 1 S. 1 allein oder partiell aus der **Durchführung eines Anfrage- und/oder Vorlageverfahrens** erwachsen kann. Die herrschende Meinung verneint dies grundsätzlich, wenn das Anfrage- und/oder Vorlageverfahren seinerseits berechtigt ist.[1179] Dem ist grundsätzlich zuzustimmen, weil die nämlichen Verfahren notwendige Ausprägungen einer rechtsstaatlich organisierten Justiz darstellen, die nicht zuletzt im Rahmen des Unionsrechts auf eine vorhersehbare und widerspruchsfreie Rechtsprechung achten muss. Unzweifelhaft muss aber sein, dass sowohl Anfrage- als auch Vorlageverfahren **hinreichend zügig durchgeführt** werden müssen.[1180] In diesem Sinne erweist sich etwa der Einsatz des beschleunigten Verfahrens gemäß Art. 267 Abs. 4 AEUV bei Vorabentscheidungsverfahren als notwendig.[1181] Auch über Haftfälle hinaus muss der Staat die **Sonderbelastung** des Angeklagten zum Anlass nehmen, die exzeptionelle Verfahrensverlängerung möglichst kurz zu halten. Eine unvertretbare lange Dauer dieser Verfahren konstituiert eine Verletzung des Abs. 1 S. 1. Darüber hinaus fließt die Dauer der Anfrage- und/oder Vorlageverfahren in die zu rechtfertigende Gesamtfrist ein.[1182] Sie kann so zur Feststellung einer insgesamt exzessiven Verfahrensdauer beitragen.

389 c) **Prozessverhalten der Verteidigung.** Zu den Kriterien, die der EGMR einbezieht, zählt auch das Prozessverhalten der Verteidigung und damit die prozessuale Teilhabe des Angeklagten und seines Verteidigers bzw. seiner Verteidiger. Das Verhalten wird darauf untersucht, ob und inwieweit es den Grund für die besondere Länge des Verfahrens darstellt.[1183] Der Blick auf das Verteidigungsverhalten ist insofern Teil der notwendigen Prüfung, ob die Dauer eines bestimmten Verfahrensabschnittes auf nachvollziehbaren Gründen beruht oder ein staatliches Versäumnis offenbart. Soweit die Verteidigung ihre Verteidigungs- und insbesondere Rechtsmittelbefugnisse ausschöpft, kann die hierfür verstrichene Zeit dem Staat grundsätzlich nicht als unangemessene Verzögerung zugerechnet werden

---

[1179] Zu nationalen Vorlageverfahren eng BGH 15.3.2011 – 1 StR 260/09, NStZ 2011, 420 (421); mwN Meyer-Goßner/*Schmitt* Rn. 7c.
[1180] Siehe bereits krit. *Schomburg* NJW 2000, 1833 (1839); *Heger* HRRS 2008, 413 (417).
[1181] Zum problemeindämmenden Eilverfahren vor dem EuGH in Strafsachen siehe EuStrR/*Böse* § 54 Rn. 15. Siehe im Übrigen zum eingeschränkten Schutz vor einer Verweigerung der gebotenen Vorlage mwN Löwe/Rosenberg/*Esser* Rn. 125; *Grabenwarter/Pabel* § 24 Rn. 63.
[1182] MwN Löwe/Rosenberg/*Esser* Rn. 311, 325.
[1183] Siehe etwa EGMR 2.10.2003 – 41444/98, wistra 2004, 177 Rn. 34, 38 – Hennig/AUT; EGMR 21.12.2000 – 33492/96, Rn. 104f. – Jablonski/POL.

(aber → Rn. 392).[1184] Hierfür muss allerdings gezeigt werden, dass die verstrichene Zeit tatsächlich gerade auf dem Verteidigungsverhalten beruht.[1185] Das Verhalten seines Verteidigers rechnet der EGMR dem Angeklagten hierbei zu.[1186]

An der Einbeziehung des Verteidigungsverhaltens wird oft und grundsätzlich zu Recht **Kritik** geübt, weil die Wahrnehmung seiner Verteidigungsrechte dem Angeklagten nicht zum Nachteil gereichen darf.[1187] Der Wahrnehmung von Verteidigungsrechten ist kein allgemeiner Verzicht auf die Beschleunigungsgarantie zu entnehmen. Es ist insofern problembeladen, wenn der EGMR bei der Entscheidung über eine Verletzung durch seine Formulierungen den Anschein aufkommen lässt, er setze verteidigungsbedingte Verfahrens*verlängerungen* mit staatlicherseits zu verantwortenden Verfahrens*verzögerungen* ins Verhältnis.[1188] Nach der Ratio des Rechts (→ Rn. 362) verbietet es sich, dem Staat zuzurechnende Verfahrensverzögerungen gegen die verfahrensverlängernde Ausübung von Verteidigungsrechten abwägend aufzurechnen.[1189] Erst recht ist die Verteidigung unter dem Aspekt der Beschleunigungsgarantie (zur Selbstbelastungsfreiheit → Rn. 318 ff.) nicht verpflichtet, das gegen den Angeklagten geführte Strafverfahren durch eine belastende aktive Mitwirkung zu fördern.[1190] Selbst eine Verfahrensflucht schließt die Annahme einer Verletzung nicht pauschal aus.[1191] Explizite Nachweise dazu, dass der EGMR mit der Einbeziehung des Kriteriums die verfehlte Aufrechnung tatsächlich verfolgt, liegen jenseits der mehrdeutigen, additiven Begründungsstruktur der Entscheidungen des EGMR nicht vor. In diesem Sinne ist schon die Rechtsprechung des EGMR nicht so zu interpretieren, als gestatte sie dem Staat, nicht unerhebliche Verfahrensverzögerungen durch den Verweis auf die legitime Ausübung von Verteidigungsrechten zu neutralisieren.[1192]

Eine legitime Bedeutung kann die Feststellung einer ausgedehnten Wahrnehmung von Verteidigungsrechten jedoch erlangen, wenn keine fehlerhafte Prozessführung des Staates bzw. Verfahrenslücken den Ausschlag für den Vorwurf einer überlangen Verfahrensdauer geben, sondern die **insgesamt aufgelaufene Verfahrenslänge** *prima facie* bedenklich ist. Soweit in solchen Fällen festgestellt werden kann, dass sich die Verteidigung für die Ausübung von Verfahrensrechten entschieden hat, die das Verfahren erheblich verlängert haben, ist dies bei der Prüfung der Verletzung einzubeziehen. Dies gilt jedenfalls, wenn und soweit der Staat die Rechtsausübung selbst nicht verzögert und er die prozessverlängernde Rechtswahrnehmung nicht durch frühere Fehler gleichsam erzwungen hat (siehe zu eingelegten Rechtsmitteln schon → Rn. 386 f.). Der Angeklagte hat sich dann entschieden, die Aus-

---

[1184] Vgl. EGMR 7.7.1989 – 11681/85, Rn. 34 f. – Union Alimentaria Sanders SA/SPA; EGMR 27.6.1968 – 1936/63, Rn. 21 – Neumeister/AUT; EGMR 15.7.1982 – 8130/78, EGMR-E 2, 105 Rn. 82 – Eckle/D; Karpenstein/Mayer/*Meyer* Rn. 80; *Villiger* Rn. 462; *Stavros* S. 94 f.; *Gaede* wistra 2004, 166 (169).
[1185] Vgl. EGMR 10.12.1982 – 8304/78, EuGRZ 1985, 585 Rn. 40 ff. – Corigliano/ITA; EGMR 8.6.1995 – 16419/90 u. 16426/90, ÖJZ 1995, 832 Rn. 66 – Yağci u. Sargin/TUR; EGMR 26.10.1988 – 11371/85, Rn. 50 – Martins Moreira/POR; EGMR 2.10.2003 – 41444/98, wistra 2004, 177 Rn. 34 – Hennig/AUT; *Stavros* S. 95 f.
[1186] Siehe etwa EGMR 19.6.2003 – 49017/99, Rn. 44 f. – Pedersen u. Baadsgaard/DEN; *Stavros* S. 99; *Emmerson/Ashworth/Macdonald* §§ 9–52; zum Problem der Zurechnung siehe aber auch *Gaede*, Fairness als Teilhabe, S. 532 ff., 549 ff., 756 ff. Soweit etwa beim Einsatz eines sog. Sicherungsverteidigers die Verteidigungsanstrengungen allerdings gegen den Willen des Angeklagten entfaltet werden, muss die Zurechnung scheitern.
[1187] Siehe zur Kritik etwa *Villiger* Rn. 463; eingehend *Stavros* S. 88, 94 ff., 108 ff.
[1188] Vgl. etwa EGMR 2.10.2003 – 41444/98, wistra 2004, 177 Rn. 34, 38 – Hennig/AUT und oben die Fn. 69 ff.
[1189] Gegen eine derartige Lesart der Praxis des EGMR sprachen etwa bereits EGMR 16.3.1981 – 8304/78, EuGRZ 1985, 585 Rn. 40 ff. – Corigliano/ITA; EGMR 15.7.1982 – 8130/78, EGMR-E 2, 105 Rn. 82 – Eckle/D; nunmehr EGMR 21.12.2000 – 33492/96, Rn. 104 ff. – Jablonski/POL.
[1190] Dazu nur EGMR [GK] 25.11.1997 – 18954/91, ÖJZ 1998, 715 Rn. 79 – Zana/TUR; EGMR 8.6.1995 – 16419/90 u. 16426/90, ÖJZ 1995, 832 Rn. 66 – Yağci u. Sargin/TUR; EGMR 15.7.1982 – 8130/78, EGMR-E 2, 105 Rn. 82 – Eckle/D; *Stavros* S. 95, 98 ff.; *Emmerson/Ashworth/Macdonald* §§ 9–50.
[1191] Vgl. EGMR 19.2.1991 – 13324/87, Rn. 15 – Girolami/ITA; zur Verteidigung EGMR 31.7.2000 – 35848/97, Rn. 81 – Barfuss/CZ; sehr streng auch EGMR 21.12.2000 – 33492/96, Rn. 104 f. – Jablonski/POL: EMRK-Verletzung trotz verzögernder Selbstverletzungen.
[1192] Dazu auch schon *Gaede* wistra 2004, 166 (169 f.).

übung seiner Verteidigungsrechte der Aussicht auf einen kürzeren Prozess vorzuziehen (auch → Rn. 404 f.).

392 Eine Verletzung der Beschleunigungsgarantie ist damit aber auch unter dem Gesichtspunkt der insgesamt exzessiven Verfahrensdauer nicht ausgeschlossen, weil sich die weitere Durchführung des Strafverfahrens noch immer als **unverhältnismäßig** erweisen kann (→ Rn. 373 f.). Eine – zunächst feststellungsbedürftige – ausgeprägte Wahrnehmung von Verteidigungsrechten trägt hier aber indiziell dazu bei, das Verdikt der Unverhältnismäßigkeit der andauernden Verfahrensdurchführung nicht vorschnell zu fällen.

393 Ein Sonderfall, der dem Votum für eine Verletzung entgegensteht, kann theoretisch in der Feststellung eines **obstruktiven Verteidigungsverhaltens** liegen,[1193] mit dem die Verteidigung missbräuchlich zur Prozessverschleppung von Verteidigungsrechten Gebrauch macht. Hierfür wäre aber zunächst festzustellen, dass ein solches Verhalten tatsächlich vorliegt. Selbst in diesem Fall gäbe dies dem Staat aber kein Recht, Verzögerungen durch weitere Verzögerungen zu vergelten. Vielmehr kann er einem belegtermaßen prozessverschleppenden Verhalten seinerseits entgegentreten, indem er dieses beendet.[1194] Für einen Verzicht auf die gesamte Beschleunigungsgarantie wären die strengen Anforderungen des Verzichts zu erfüllen (→ Rn. 79 ff.).[1195]

394 **d) Bedeutung des Verfahrens für den Beschuldigten.** Zu den Kriterien des EGMR gehört schließlich die Bedeutung, die das Verfahren für den Beschuldigten im Einzelfall hatte. Hiermit macht der EGMR die etwaige besondere Bedeutung des Verfahrens für den Beschwerdeführer als Kriterium fruchtbar.[1196] Insoweit kommt es vornehmlich darauf an, was für den Betroffenen auf dem Spiel stand und welche belastenden Folgen ihn konkret getroffen haben. Liegt eine besondere Bedeutung vor, sind dem Vertragsstaat zusätzlich **besondere Beschleunigungsanstrengungen** abzuverlangen.[1197] Der EGMR fordert über dieses Kriterium eine gesteigerte Sorgfalt bei der Verfahrensdurchführung.[1198] Die Entscheidungs- bzw. Organisationsspielräume des Vertragsstaates (→ Rn. 23 f.), die zum Beispiel bei der Terminierung von Hauptverhandlungsterminen bestehen, vermindern sich.[1199] Der Staat muss sodann in seiner Begründung für die Verfahrenslänge demonstrieren, besondere Beschleunigungsanstrengungen unternommen zu haben. Folglich sind staatlich begründete Verzögerungen bei einer besonderen Bedeutung letztlich früher anzunehmen.

395 Im Ausgangspunkt kommt prinzipiell jedem Strafverfahren angesichts der mit ihm verbundenen Folgen, wie der stets grundsätzlich ehrabschneidenden Strafe (dazu schon → Art. 3 Rn. 31), eine jedenfalls erhebliche Bedeutung zu.[1200] Eine besonders starke Potenzierung erfährt das Beschleunigungsinteresse und mithin die kritische Prüfung der Verfahrenslänge aber immer dann, wenn der Beschuldigte infolge des geführten Strafverfahrens inhaftiert worden ist und damit **Eingriffe in sein Recht auf Freiheit und Sicherheit**

[1193] Zu der vom EGMR anerkannten Möglichkeit, obstruktives Prozessverhalten festzustellen, vgl. EGMR 8.6.1995 – 16419/90 u. 16426/90, ÖJZ 1995, 832 Rn. 66 – Yağci u. Sargin/TUR; EGMR 15.7.1982 – 8130/78, EGMR-E 2, 105 Rn. 82 – Eckle/D; mwN zur frühen Praxis krit. *Stavros* S. 88, 94 f., S. 98; *Villiger* Rn. 463.

[1194] Siehe schon mwN auch zum EGMR *Stavros* S. 102: Abwehr obstruktiven Verhaltens erforderlich.

[1195] Siehe dazu schon näher *Stavros* S. 111; *Gaede* wistra 2004, 166 (174).

[1196] EGMR 25.11.1992 – 12728/87, Rn. 24 – Abdoella/NL; EGMR 31.3.1992 – 18020/91, ÖJZ 1992, 772 Rn. 32 – X./FRA; EGMR 8.7.1987 – 9580/81, EGMR-E 3, 599 Rn. 71 – H./UK; EGMR 26.2.1992 – 12871/87, Rn. 18 – Biondi/ITA; EGMR 24.9.1997 – 18996/91, Rn. 39 ff. – Garyfallou AEBE/GRE; EGMR [GK] 26.10.2000 – 30210/96, NJW 2001, 2694 Rn. 124, 130 – Kudła/POL.

[1197] EGMR 21.12.2000 – 33492/96, Rn. 102, 104 f. – Jabłoński/POL; EGMR 25.11.1992 – 12728/87, Rn. 24 f. – Abdoella/NL; EGMR 24.9.1992 – 10533/83, EuGRZ 1992, 535 Rn. 71 – Herczegfalvy/AUT; EGMR 26.7.2001 – 34097/96, Rn. 42 ff., 52 ff. – Kreps/POL; *Emmerson/Ashworth/Macdonald* §§ 9–51/53.

[1198] Siehe EGMR 24.9.1992 – 10533/83, EuGRZ 1992, 535 Rn. 71 – Herczegfalvy/AUT: „special dilligence"; *Archbold* 2004, §§ 16–73: „more rigorous".

[1199] EGMR 29.7.2004 – 49746/99, NJW 2005, 3125 Rn. 50 f. – Cevizovic/D; *Karpenstein/Mayer/Elberling* Art. 5 Rn. 126.

[1200] Siehe *Ress* FS Müller-Dietz, 2001, 627 (636) und zur allgemein strengeren Anwendung im Strafverfahren EGMR 21.5.2002 – 28856/95, Rn. 68 f. – Jokela/FIN.

(Art. 5 EMRK) hinnehmen musste.[1201] Dies gilt insbesondere bei Haft zulasten von Jugendlichen, deren Entwicklung Schaden nehmen kann.[1202] Insofern wirkt der **haftspezifische Beschleunigungsgrundsatz des Art. 5 Abs. 3 S. 1 Hs. 2** auch für Art. 6 prägend und im Wege der systematischen Auslegung menschenrechtsverstärkend (zu diesem bereits → Art. 5 Rn. 81 ff., → Rn. 51 f.).

Die besondere Bedeutung erschöpft sich hierin jedoch nicht:[1203] Auch eher vom Beschuldigten als vom Staat ausgehende Gründe wie seine **AIDS-Erkrankung**[1204] oder ein besonders hohes Alter[1205] können eine besondere Bedeutung herbeiführen. Der durch den Staat mit dem Verfahren ausgeübte Zwang bedarf vor dem Hintergrund einer besonderen Verletzlichkeit des Beschuldigten einer eingehenderen Rechtfertigung. Nur wenn eine besondere Beschleunigungspflicht die besonderen individuellen Lasten minimiert, ist der Verfahrenszwang verhältnismäßig und kein übermäßiges Sonderopfer. Der EGMR bezieht die besondere Bedeutung für den Einzelnen zu Recht mit ein, zumal der konkrete und wirksame Schutz *individueller* Menschenrechte den Blick auf exzeptionelle Wirkungen im Einzelfall gebieten muss.[1206]

396

e) Schwere der Schuld? In der nationalen Rechtsprechung findet sich bisweilen zusätzlich als Kriterium die Schwere der nach dem Verdacht im Raum stehenden Schuld des Betroffenen.[1207] Für die Berücksichtigung dieses Kriteriums könnte sprechen, dass die Klärung der Schuld des Angeklagten eine zentrale Frage des Strafverfahrens darstellt, die gerade im Fall einer besonders erheblichen Schuld die (weitere) Verfahrensdurchführung legitimieren könnte. So wie die besondere Bedeutung für den Beschuldigten von Belang ist (→ Rn. 394 ff.), könnte insofern der erheblichen Schuldschwere eine besondere Bedeutung des Verfahrens für die Tataufklärung im Rechtsstaat zukommen. Da sich der EGMR bislang nicht explizit darauf festgelegt hat, dass die vier bisher genannten Kriterien abschließend sind, scheint insofern Raum für eine entsprechende Ergänzung zu bestehen.

397

Es ist aber schon auffällig, dass der EGMR auf jenes Kriterium in ständiger Rechtsprechung gerade nicht abstellt, obschon eine mutmaßlich große Schuld als möglicher Gesichtspunkt in diversen Verfahren auch vor ihm offen zu Tage lag.[1208] Auch in der Sache ist das Kriterium als eigenständiges Kriterium jenseits der Komplexität des Verfahrens zurückzuweisen. Eine im Vergleich größere Tatschuld kann keine Rechtfertigung dafür bieten, ein Verfahren im Übrigen grundlos zu *verzögern*.[1209] Die Schwere der Tatschuld kann allein für die Frage relevant sein, welche kompensierende Rechtsfolge im Einzelfall angemessen ist. Hier kann es durchaus vom Ausmaß der mutmaßlichen Schuld abhängen, ob bereits die Verfahrenseinstellung wegen eines Verfahrenshindernisses angemessen ist. Je geringer die im Raum stehende Schuld ausgeprägt ist, desto eher wird im Angesicht der Strafverwartung die Fortführung des Verfahrens unverhältnismäßig sein.

398

f) Insgesamt noch angemessene Dauer? Ebenso hat die deutsche Rechtsprechung jedenfalls in der Vergangenheit Verletzungen des Art. 6 Abs. 1 S. 1 zurückgewiesen, weil

399

[1201] Dafür mwN EGMR 25.11.1992 – 12728/87, Rn. 24 f. – Abdoella/NL; EGMR 24.9.1992 – 10533/83, EuGRZ 1992, 535 Rn. 71 – Herczegfalvy/AUT; *Grabenwarter/Pabel* § 24 Rn. 82.
[1202] EGMR 28.10.1998 – 24760/94, Rn. 157 f. – Assenov ua/BUL; EGMR 7.8.1996 – 19874/92, ÖJZ 1997, 151 Rn. 42 f. – Ferrantelli u. Santangelo/ITA.
[1203] AA *Radke* S. 57 ff.; *Plankemann* S. 79 ff.
[1204] Zu solchen Fällen etwa mwN *Peters/Altwicker* § 20 Rn. 57; *Villiger* Rn. 460; *Clayton/Tomlinson*, 11.455.
[1205] Zu kranken und älteren Menschen vgl. *Ress* FS Müller-Dietz, 2001, 627 (645).
[1206] Vgl. etwa EGMR [GK] 26.10.2000 – 30210/96, NJW 2001, 2694 Rn. 122 ff. – Kudła/POL.
[1207] BVerfG 2.7.2003 – 2 BvR 273/03, BeckRS 2003, 24461 Rn. 10; 19.4.1993 – 2 BvR 1487/90, NJW 1993, 3254 (3255); 24.11.1983 – 2 BvR 121/83, NStZ 1984, 128.
[1208] Siehe *Villiger* Rn. 459: Die vier Kriterien sind tatsächlich *die* Kriterien, von denen er in nun unzähligen Fällen ausgegangen ist; *Grabenwarter/Pabel* § 24 Rn. 82 f.; *Proff Hauser* S. 150 ff., 160 f.: keine Berücksichtigung der Schuldschwere.
[1209] Siehe abl. auch schon *Thienel* ÖJZ 1993, 473 (481 ff.); *Gaede* wistra 2004, 166 (168 ff., 171 ff.); *ders.* HRRS 2005, 377 (380); *Demko* HRRS 2005, 283 (294 f.); *I. Roxin* StV 2001, 490 (491); *Paeffgen* StV 2007, 487 (494).

die Verfahrensdauer insgesamt noch angemessen erscheine.[1210] Das meint offenbar, dass eine im Vergleich mit Verfahren ähnlicher Art noch vertretbare Verfahrensdauer vorgelegen haben soll. In diesem Falle soll es offenbar hinzunehmen sein, wenn in einzelnen Verfahrensteilen unerklärliche und nicht ganz unerhebliche Verzögerungen festzustellen waren. So kann ein Verfahren zum Beispiel ein halbes Jahr *grundlos* länger geführt worden sein. Nach dieser Rechtsprechung wird die Position des EGMR so wahrgenommen, dass das Recht auf eine Verhandlung in angemessener Frist nur zu einer allgemeinen Gesamtabwägung verpflichtete, die bei einer nicht untypisch erscheinenden Verfahrensdauer nicht zu einer Verletzung führen könne.[1211]

400 Diese Praxis fügt nicht nur ein Kriterium ein, das der EGMR *in dieser Form* nicht heranzieht. Sie widerspricht der Rechtsprechung des EGMR.[1212] Der **EGMR** lässt *erstens* Fehler in einzelnen Verfahrensabschnitten für Verletzungen genügen, und er fordert *zweitens* **für die Anerkennung von Verletzungen keine Mindestverfahrensdauern**.[1213] Die deutschen Gerichte tolerieren vielmehr staatliche Versäumnisse, die vor der Ratio des Art. 6 keinen Bestand haben können. Abs. 1 S. 1 zielt nicht darauf ab, ein Recht auf eine abstrakt vorherbestimmte, im Allgemeinen vertretbare Verfahrenshöchstfrist zu gewähren. Weder lässt sich *für ein individuelles Verfahren* eine übliche Länge feststellen, noch gibt es einen sachlichen Grund, entstandene erhebliche Verfahrenslücken nicht als Verletzung festzustellen. Der Hinweis, dass das Verfahren insgesamt nicht als übermäßig lang erscheint, kaschiert nicht den Umstand, dass *dieses konkrete Verfahren* erheblich kürzer hätte dauern können, wären der nationalen Justiz keine Versäumnisse vorzuwerfen. Ein Staat erlangt etwa durch ein zügig durchgeführtes Ermittlungsverfahren nicht das Recht, ohne Verletzung des Abs. 1 S. 1 seine ihm dauerhaft obliegende Beschleunigungspflicht in den folgenden Verfahrensstadien zu vernachlässigen. Danach ist zum Beispiel allein der Umstand, dass **Wirtschaftsstrafverfahren** wie das gerade geprüfte Verfahren oft vergleichsweise lange Verfahrensdauern aufweisen, kein Argument, mit dem sich eine Verletzung tragfähig zurückweisen ließe.

401 Wenn der weitere Verfahrensablauf nicht von **überobligatorischen Anstrengungen der Justiz** gekennzeichnet war, bedeutet die im Übrigen fehlerfreie Verfahrensfortführung lediglich, dass die Justizorgane einem Versäumnis nicht noch weitere Versäumnisse haben folgen lassen. Fraglich kann allein sein, ob eine verzögernde Prozessführung tatsächlich unangemessen war und ob im Einzelfall nicht eine tatsächlich **bagatelläre Verzögerung** vorliegt. Dies wird man jedoch jedenfalls bei einem halben Jahr Verzögerung nicht annehmen dürfen.[1214]

402 **4. Die Kompensation von Verletzungen (Art. 13).** Ist eine Verletzung des Abs. 1 S. 1 in seiner Ausprägung als Recht auf eine Verhandlung in angemessener Frist eingetreten, kann daraus in Fällen besonders schwerwiegender Verzögerungen ein Verfahrenshindernis folgen (→ Art. 13 Rn. 32 f.). In jedem Falle bedarf es gemäß Art. 13 einer Feststellung des Verstoßes und einer messbaren Kompensation, die eine gemessen an der konkreten Rechtsverletzung angemessene Abhilfe schafft (→ Art. 13 Rn. 34 ff.). Dies gilt nicht nur für den Fall der Verurteilung, sondern auch für Freisprüche und Verfahrenseinstellungen, die nicht gerade auf dieser Verletzung beruhen (zur Kompensation durch das GVG vgl. → Art. 13 Rn. 30 f.).

403 **5. Die Bedeutung für die Fairnessgarantie – Rechtskonflikte?** Obgleich das Recht auf Verhandlung in angemessener Frist als Individualrecht selbständig neben dem Recht auf

---

[1210] BGH 19.7.2000 – 3 StR 259/00, NStZ 2001, 106; 18.4.2002 – 3 StR 79/02, NStZ-RR 2002, 219; 21.7.2005 – 1 StR 78/05, wistra 2006, 25; mwN in diesem Sinne auch Meyer-Goßner/*Schmitt* Rn. 7c.
[1211] Für dieses Verständnis BVerfG 25.7.2003 – 2 BvR 153/03, NJW 2003, 2897; BGH 18.4.2002 – 3 StR 79/02, NStZ-RR 2002, 219; KK-StPO/*Fischer* Einl. Rn. 39; siehe auch *Scheffler* S. 270.
[1212] Dies findet sich schon näher ausgearbeitet bei *Demko* HRRS 2005, 283 (292 ff.); *Krehl/Eidam* NStZ 2006, 1 (4); *Grabenwarter/Pabel* § 24 Rn. 83; siehe so auch schon *Gaede* wistra 2004, 166 (171 ff.).
[1213] IE wie hier schon *Demko* HRRS 2005, 283 (292 f.); *Gaede* HRRS 2005, 377 (380 f.); *Krehl/Eidam* NStZ 2006, 1 (4 f.); *Grabenwarter/Pabel* § 24 Rn. 83; *Schuska* S. 117 f.
[1214] Siehe beispielhaft bereits *Gaede* HRRS 2005, 377 ff.

ein faires Strafverfahren steht (nur → Rn. 3), sind doch Bezüge zwischen beiden Rechten von Bedeutung. So wird von einem in der Sache nicht menschenrechtlichen, sondern objektiv-rechtlichen Standpunkt vertreten, dass beide Rechte hinsichtlich der gründlichen und zielführenden Ermittlung gegenläufig seien.[1215] Darüber hinaus sieht sich etwa die deutsche Rechtsprechung berechtigt, einem Angeklagten mit dem Argument der zu seinen Gunsten notwendigen Beschleunigung **Verfahrensrechte** wie den Anspruch auf einen Verteidiger des Vertrauens (→ Rn. 184) zu entziehen.[1216]

Schon die geltend gemachte Gegenläufigkeit besteht menschenrechtlich nicht:[1217] Art. 6 **404** sieht ausschließlich Individualrechte vor.[1218] Der Inhaber der Rechte des Art. 6 kann und muss sich lediglich entscheiden, ob er seine Verteidigungsrechte uneingeschränkt in Anspruch zu nehmen gedenkt und die damit verbundene Verlängerung des Verfahrens in Kauf nehmen will. Die Verlängerung eines Verfahrens bedeutet gerade nicht zugleich seine Verzögerung. Nicht hingegen kann von einem inneren Normkonflikt ausgegangen werden, den der Staat selbstverständlich wohlmeinend für den Rechtsinhaber entscheiden könnte.

Möglich ist allein, dass im Einzelfall eine mit offen gelegten objektiv-rechtlichen Interes- **405** sen oder Rechten Dritter verhältnismäßig begründete Einschränkung eines Verteidigungsrechts **zu rechtfertigen** sein kann. Hier sind dann zu den entgegenstehenden öffentlichen Interessen Ausführungen erforderlich, *die am konkreten Verfahren festzumachen sind,* und welche die Bedeutung des eingeschränkten Rechts beachten. Dies kommt etwa bei unterschiedlichen Verfahrensinteressen von Mitangeklagten in Betracht, deren Prozess begründetermaßen gemeinsam geführt wird. Hier ist aber jeweils auch die Option einer Verfahrensabtrennung zu erwägen, die etwa dem Recht auf den Verteidiger des Vertrauens verstärkt Rechnung tragen könnte.[1219]

Art. 7. Keine Strafe ohne Gesetz

(1) ¹Niemand darf wegen einer Handlung oder Unterlassung verurteilt werden, die zur Zeit ihrer Begehung nach innerstaatlichem oder internationalem Recht nicht strafbar war. ²Es darf auch keine schwerere als die zur Zeit der Begehung angedrohte Strafe verhängt werden.

(2) Dieser Artikel schließt nicht aus, dass jemand wegen einer Handlung oder Unterlassung verurteilt oder bestraft wird, die zur Zeit ihrer Begehung nach den von den zivilisierten Völkern anerkannten allgemeinen Rechtsgrundsätzen strafbar war.

Völkerrechtlich verbindlicher englischer und französischer Normtext:

Article 7 – No punishment without law

(1) ¹No one shall be held guilty of any criminal offence on account of any act or omission which did not constitute a criminal offence under national or international law at the time when it was committed. ²Nor shall a heavier penalty be imposed than the one that was applicable at the time the criminal offence was committed.

[1215] So aber *Peters/Altwicker* § 19 Rn. 53; *Trechsel* S. 143; SK-StPO/*Paeffgen* Rn. 140: innersystemische Beschränkungen der freien Verteidigerwahl ggü. dem Recht auf Verfahrensbeschleunigung; zum dt. Beschleunigungsgebot BVerfG 6.8.2003 – 2 BvR 1071/03, NJW 2004, 209 (211); *Haffke* StV 1981, 471 (475); mwN *Schmitt* StraFo 2008, 313 f.

[1216] BVerfG 23.1.2008 – 2 BvR 2652/07, StV 2008, 198 (hoch problematisch); BGH 9.11.2006 – 1 StR 474/06, StV 2007, 169 mAnm *Eidam* JR 2007, 209; BGH 7.2.2006 – 3 StR 460/98, NJW 2006, 1529 ff.; dagegen zum Beispiel schon *Fezer* FS Widmaier, 2008, 177 ff.; *Gaede* wistra 2004, 166 (171).

[1217] Im Ergebnis wie hier *Rzepka* S. 107 f., 136, 225 f., 354 ff.; *Wohlers/Gaede* NStZ 2004, 9 (14 ff.); *Proff Hauser* S. 152; *Tepperwien* NStZ 2009, 1 (5 ff.); Karpenstein/Mayer/*Meyer* Rn. 72 f.; *Burhoff* StraFo 2008, 62 (68); siehe auch EGMR 29.7.2004 – 49746/99, NJW 2005, 3125 Rn. 58 ff. – Cevizovic/D.

[1218] Zur Einordnung als Individualrecht bereits mwN *Gaede* wistra 2004, 166 (168); Grabenwarter/*Pabel* § 24 Rn. 84; siehe selbst BVerfG 21.6.2006 – 2 BvR 750/06 ua, JR 2007, 251 (252).

[1219] In diesem Sinne bereits EGMR 2.10.2003 – 41444/98, wistra 2004, 177 Rn. 33 ff. – Hennig/AUT; *Esser* S. 570; *Gaede* wistra 2004, 166 (173).

(2) This Article shall not prejudice the trial and punishment of any person for any act or omission which, at the time when it was committed, was criminal according to the general principles of law recognised by civilised nations.

Article 7 – Pas de peine sans loi

(1) ¹Nul ne peut être condamné pour une action ou une omission qui, au moment où elle a été commise, ne constituait pas une infraction d'après le droit national ou international. ²De même il n'est infligé aucune peine plus forte que celle qui était applicable au moment où l'infraction a été commise.

(2) Le présent article ne portera pas atteinte au jugement et à la punition d'une personne coupable d'une action ou d'une omission qui, au moment où elle a été commise, était criminelle d'après les principes généraux de droit reconnus par les nations civilisées.

Schrifttum: *Ambos,* EMRK, Common Law und die Mauerschützen, KritV 2003, 31; *Amelung,* Zur Heranziehung von Naturrecht für die Bewertung von Tötungshandlungen von Grenzsoldaten der früheren DDR, NStZ 1995, 29; *Bohlander,* Konventionsfreundliche Auslegung von Art. 103 Abs. 2 GG nach Scoppola v Italy (No. 2): Verfassungsrang für das Lex-mitior-Prinzip?, StraFo 2011, 169; *Buermeyer,* Grundrechtsschutz in Deutschland und Europa: Das BVerfG hebt die Umsetzung des Rahmenbeschlusses über den Europäischen Haftbefehl auf, HRRS 2005, 273; *Dannecker,* Die Dynamik des materiellen Strafrechts unter dem Einfluss europäischer und internationaler Entwicklungen, ZStW 117 (2006), 697; *Demko,* Keine Strafe ohne Gesetz – Das Gesetzlichkeitsprinzip des Art. 7 EMRK in der Rechtsprechung des EGMR, HRRS 2004, 19; *Dreier,* Gustav Radbruch und die Mauerschützen, JZ 1997, 421; *Esser/Gaede/Tsambikakis,* Übersicht zur Rechtsprechung des EGMR in den Jahren 2010 bis 2011 (Teil 1), NStZ 2012, 554; *Gaede,* Nullum crimen sine lege – Die völkerrechtliche Bindung eines gemeinschaftsrechtlichen Sonderverfahrens an das Potential der Europäischen Konvention für Menschenrechte und Grundfreiheiten, ZStW 115 (2003), 845; *ders.,* Fairness als Teilhabe – Das Recht auf konkrete und wirksame Teilhabe durch Verteidigung gemäß Art. 6 EMRK, 2007; *ders.,* Zeitgesetze im Wirtschaftsstrafrecht und rückwirkend geschlossene Ahndungslücken, wistra 2011, 365; *ders.,* Der Steuerbetrug, 2016; *ders.,* Das Erwachen der Macht? Die europäisierte Funktionstüchtigkeit der Strafrechtspflege, wistra 2016, 89; *ders.,* Gebotene Sorgfalt bei der europäisierten Strafgesetzgebung – unvermeidliche Ahndungslücke im WpHG?, wistra 2017, 41; *Gaede/Mühlbauer,* Wirtschaftsstrafrecht zwischen europäischem Primärrecht, Verfassungsrecht und der richtlinienkonformen Auslegung am Beispiel des Scalping, wistra 2005, 9; *Grabenwarter,* Wirkungen eines Urteils des Europäischen Gerichtshofs für Menschenrechte am Beispiel des Falles M. gegen Deutschland, JZ 2010, 857; *Gundel,* Der Verlust der bürgerlichen Ehrenrechte als Eingriff in die Grundrechtecharta – Neues zur Reichweite des EU-Grundrechtsschutzes gegenüber den Mitgliedstaaten und zu lex-mitior-Garantie, EuR 2016, 176; *Jakobs,* Untaten des Staates – Unrecht im Staat, GA 1994, 1; *Jäger,* Grund und Grenzen des Gesetzlichkeitsprinzips im Strafprozessrecht, GA 2006, 615; *Jähnke,* Zur Erosion des Verfassungssatzes „Keine Strafe ohne Gesetz", ZIS 2010, 463; *Kinzig,* Schrankenlose Sicherheit? – Das Bundesverfassungsgericht vor der Entscheidung über die Geltung des Rückwirkungsverbots im Maßregelrecht, StV 2000, 330; *ders.,* An den Grenzen des Strafrechts – Die Sicherungsverwahrung nach den Urteilen des BVerfG, NJW 2004, 911; *ders.,* Das Recht der Sicherungsverwahrung nach dem Urteil des EGMR in Sachen M. gegen Deutschland, NStZ 2010, 233; *Kreicker,* Art. 7 EMRK und die Gewalttaten an der deutsch-deutschen Grenze, 2002; *Lagodny,* Eckpunkte für die zukünftige Ausgestaltung des deutschen Auslieferungsverfahrens, StV 2005, 515; *Laubenthal,* Die Renaissance der Sicherungsverwahrung, ZStW 116 (2004), 703; *Paeffgen,* Haus ohne Hüter? Die Justizgrundrechte im Mehr-Ebenen-System von EG-/EU-Vertrag, EMRK und Europäischem Verfassungsvertrags-Entwurf, ZStW 118 (2006), 275; *Pawlik,* Strafrecht und Staatsunrecht, Zur Strafbarkeit der „Mauerschützen", GA 1994, 472; *Renzikowski,* Mala per se et delicta mere prohibita – rechtsphilosophische Bemerkungen zum Rückwirkungsverbot (Art. 7 EMRK), FS Krey, 2010, 407; *Rothenfußer/Jäger,* Generalamnestie im Kapitalmarktrecht durch das Erste Finanzmarktnovellierungsgesetz, NJW 2016, 2689; *Saliger/Gaede,* Rückwirkende Ächtung der Auslandskorruption und Untreue als Korruptionsdelikt – Der Fall Siemens als Startschuss in ein entgrenztes internationalisiertes Wirtschaftsstrafrecht?, HRRS 2008, 57; *Satzger,* Die Internationalisierung des Strafrechts als Herausforderung für den strafrechtlichen Bestimmtheitsgrundsatz, JuS 2004, 943; *ders.,* Der europarechtlich bedingte Bedeutungszuwachs der Meistbegünstigungsklausel (§ 2 Abs. 3 StGB), FS Kühl, 2014, 407; *Schröder,* Europäische Richtlinien und deutsches Strafrecht, 2002; *ders.,* Neue Verteidigungsstrategien im europäisierten Wirtschaftsstrafrecht, FS Mehle, 2009, 597; *Thuergenthal/Geißler,* Zur seltsamen Vernachlässigung der Rechtsfolgen des § 2 Abs. 3 StGB im Rahmen der Entwicklung der Arbeitnehmerfreizügigkeit im EU-Recht, NZWiSt 2014, 412; *Werle,* Rückwirkungsverbot und Staatskriminalität, NJW 2001, 3001; *Zimmermann,* Bewegliche Zuständigkeiten im Strafverfahren: ein deutsches und europäisches Problem, FS Beulke, 2015, 1091.

Übersicht

	Rn.		Rn.
I. Überblick	1–3	**II. Erläuterung**	4–28
1. Bedeutung innerhalb der EMRK	1, 2	1. Die Schutzgegenstände des Gesetzlichkeitsprinzips	5–12
2. Parallelgarantien	3		

	Rn.		Rn.
a) Begründung der Strafbarkeit und Strafschärfungen	10	3. Materiellrechtliche Gewährleistungsdimensionen	18–26
b) Grundsätzlich keine Anwendung auf Verfahrensrecht	11, 12	a) Klassische Gewährleistungen	19–23
2. Der Rechts- bzw. Gesetzesbegriff des Art. 7	13–17	b) Einbeziehung des Meistbegünstigungsgrundsatzes	24, 25
a) Partielle Maßgeblichkeit der nationalen Rechtsordnung	14, 15	c) Annäherung an einen Schuldgrundsatz	26
b) Besonderheit der Gegenstände des Völkerstrafrechts	16, 17	4. Verfahrensrechtliche Gewährleistungsdimensionen	27, 28

I. Überblick

1. Bedeutung innerhalb der EMRK. Art. 7 garantiert mit Besonderheiten, die aus 1 der internationalrechtlichen Natur der EMRK folgen, das für das Strafrecht prägende Gesetzlichkeitsprinzip. Dominant ist dabei die freiheitsrechtliche Säule des Gesetzlichkeitsprinzips und damit das Ziel, die **Freiheitsrechte** eines jeden durch das Gebot zu einem vorhersehbaren Recht vor einem willkürlichen Einsatz des ausgrenzenden Strafrechts zu schützen.[1] Sie führt zu einer für die Konvention fundamentalen Regelung, die notstandsfest ausgestaltet ist (Art. 15 Abs. 2). Bei alledem ist die Garantie nicht gerade darauf ausgerichtet, eine korrekte Anwendung der nationalen Strafnormen abzusichern. Es geht vielmehr darum, ob nach den Maßstäben des Art. 7 (→ Rn. 13 ff.) eine hinreichende rechtliche Basis existierte und ihre Anwendung die Grenzen dieser Basis nicht übertreten hat.

Obschon gewisse Rückwirkungen auf das Verfahrensrecht zu beachten sind (→ Rn. 12 2 und → Rn. 27 f.), zielt die Garantie primär auf Maßstäbe für das **materielle Strafrecht** (→ Rn. 18 ff.). Sie wird deshalb in einem strafprozessualen Kommentar nur in **Grundzügen** dargestellt.[2] In erster Linie wird auf die Besonderheiten gegenüber dem deutschen Verfassungsrecht hingewiesen. Die Anforderungen des Art. 7 können insofern sowohl über die nationalen Garantien hinausgehen als auch diese unterschreiten. In letzterem Fall wirkt sich dies infolge des Günstigkeitsprinzips des Art. 53 aber nicht aus, soweit – was anzunehmen ist – die konventionsrechtlichen Schutzpflichten keine Durchbrechung der nationalen Maßstäbe fordern.

2. Parallelgarantien. Ein Gesetzlichkeitsprinzip kennt auch **Art. 15 IPbpR**.[3] Im Uni- 3 onsrecht wird es mit **Art. 49 GRC** ebenfalls unter Einschluss des Meistbegünstigungsgrundsatzes (Art. 49 Abs. 1 S. 3 GRC) gewährleistet. Das Gesetzlichkeitsprinzip darf insoweit keinen geringeren als den von Art. 7 EMRK gebotenen Schutz gewährleisten.[4] Vor der Schaffung der GRC hatte der EuGH das Gesetzlichkeitsprinzip bereits als allgemeinen Rechtsgrundsatz des Gemeinschaftsrechts in Form des Grundsatzes der Rechtssicherheit und des Rückwirkungsverbots anerkannt.[5] Im nationalen Recht ist der Bestimmtheitsgrundsatz zusätzlich zu seiner traditionellen Anerkennung in § 1 StGB auch in **Art. 103 Abs. 2 GG** verfassungsrechtlich verbürgt.

---

[1] Zum Vertrauensaspekt siehe etwa EGMR 22.11.1995 – 20166/92, ÖJZ 1996, 356 Rn. 34 ff., 43 – S.W./UK; EGMR [GK] 22.3.2001 – 34044/96 ua, NJW 2001, 3035 Rn. 50 – Streletz, Kessler u. Krenz/D; EGMR [GK] 21.10.2013 – 42750/09, NJOZ 2014, 1587 Rn. 91 ff., 112 ff. – Del Rio Prada/SPA; einen Grundsatz der Gewaltenteilung sehen aber ebenso etabliert: *Grabenwarter/Pabel* § 24 Rn. 145.

[2] Zur Auslegung und Bedeutung des Gesetzlichkeitsprinzips siehe im Übrigen schon zur Vermeidung von Wiederholungen mit umfassenden Nachweisen näher mwN AnwK-StGB/*Gaede* § 1 Rn. 1 ff.; zur Bedeutung für komplexe Straftaten des Wirtschafts- und Steuerstrafrechts insbesondere hinsichtlich der Bestimmtheit *Gaede*, Der Steuerbetrug, S. 447 ff.

[3] Dazu mwN Löwe/Rosenberg/*Esser* Rn. 3 ff.

[4] Zur gemäß Art. 52 Abs. 3, 53 EMRK angestrebten Entsprechung siehe die Erläuterungen ABl. 2007 C 303, 17 (30 f., 34).

[5] Siehe etwa EuGH 8.10.1987 – C-80/86, Slg. 1987, 3969 Rn. 13; BeckEuRS 1987, 133225 – Kolpinghuis Nijmegen; EuGH 12.12.1996 – C-74/95 u. C-29/95, Slg. 1996, I-6609 Rn. 24 f.; NZA 1997, 307 – Telecom Italia; EuGH [GK] 16.6.2005 – C-105/03, Slg. 2005, I-5285 Rn. 44, NJW 2005, 2839 – Maria Pupino.

II. Erläuterung

4 Das Gesetzlichkeitsprinzip des Art. 7 garantiert – mit der Schutzbereichsbegrenzung des Art. 7 Abs. 2 – grundsätzlich alle tradierten Ausprägungen des Prinzips *nullum crimen, nulla poena sine lege,* weist dabei aber Besonderheiten auf.[6]

5 **1. Die Schutzgegenstände des Gesetzlichkeitsprinzips.** Zunächst muss die in Rede stehende staatliche Maßnahme stets eine **Strafe** betreffen. Der Begriff der Strafe ist völkerrechtlich **autonom zu bestimmen.** Maßgeblich sind die von Art. 6 bekannten Kriterien (→ Art. 6 Rn. 40 ff.). Damit kommt es nicht allein auf die – allerdings stets hinreichende – Charakterisierung einer Maßnahme nach innerstaatlichem Recht an. In einer Gesamtschau sind die grundsätzlich alternativ herangezogenen Kriterien der Art und des Zwecks der Maßnahme, ihre Schwere, das zur Verhängung gewählte Verfahren sowie der Bezug der Maßnahme zur Verurteilung wegen einer Straftat bzw. zu einer Straftatbegehung ausschlaggebend.[7] Die Schwere der Maßnahme kann insofern jedoch nicht das bereits hinreichende Kriterium sein.[8] Von Art. 7 ausgenommen bleiben damit etwa rein präventive (Verwaltungs-)Maßnahmen,[9] Sanktionen in Ehrengerichtsverfahren[10] und grundsätzlich auch Disziplinarsanktionen.[11] Auf die **Geldbußen** des deutschen Ordnungswidrigkeitenrechts findet Art. 7 EMRK jedoch traditionell Anwendung.[12] Auch für die erheblichen **Kartellbußen** ist die Anwendbarkeit entgegen anderer Stimmen schwerlich zu bestreiten.[13]

6 Nach diesem Maßstab hat der EGMR insbesondere und anders als das BVerfG die **deutsche Sicherungsverwahrung,** die im Konflikt mit dem Abstandsgebot vollzogen wurde, im Kontext der Aufhebung ihrer Höchstfrist und bei ihrer nachträglichen Verhängung nicht als eine – von Art. 103 Abs. 2 GG national freigestellte[14] – Maßregel eingestuft. Er hat sie vielmehr als Strafe und ihre rückwirkende Verhängung als Verstoß gegen Art. 7 gesehen, da sie wie die Freiheitsstrafe eine freiheitsentziehende staatliche Reaktion auf schwere, schuldhaft begangene Taten war, die wie eine Freiheitsstrafe ohne hinreichende Resozialisierungsbemühungen vollzogen wurde.[15] Darin schlägt sich auch nieder, dass der

---

[6] EGMR 25.5.1993 – 14307/88, NLMR 1993, 19 Rn. 52 – Kokkinakis/GRE; EGMR 17.12.2009 – 1935/04, NJW 2010, 2495 Rn. 117 ff. – M/D; siehe auch *Demko* HRRS 2004, 19 ff.

[7] Grundlegend zur autonomen und damit unabhängig vom innerstaatlichen Recht vorzunehmenden Auslegung des Strafbegriffs: EGMR 8.6.1976 – 5100/71 ua, EGMR-E 1, 178 Rn. 80 ff. – Engel ua/NL (geprüft an Art. 6 EMRK); EGMR 9.2.1995 – 17440/90, ÖJZ 1995, 511 Rn. 27 – Welch/UK (geprüft an Art. 7 EMRK); EGMR 17.12.2009 – 1935/04, NJW 2010, 2495 Rn. 120 f., 126 ff. – M/D.

[8] Dazu EGMR 9.2.1995 – 17440/90, ÖJZ 1995, 511 Rn. 32 – Welch/UK; mwN EGMR 17.12.2009 – 1935/04, NJW 2010, 2495 Rn. 120 ff. – M/D: viele rein präventive Eingriffe sind ebenfalls besonders schwer; Löwe/Rosenberg/*Esser* Rn. 27.

[9] *Meyer-Ladewig/Harrendorf/König* Rn. 8 und 10 (andere Maßregeln als die Sicherungsverwahrung); beispielhaft mwN EGMR 7.12.2006 – 29514/05 – Van der Velden/NL: DNA-Speicherung für zukünftige Verfahren nicht erfasst; siehe aber zur sachlichen Prüfung, ob tatsächlich ein rein präventiver Zweck verfolgt wird, EGMR 17.12.2009 – 1935/04, NJW 2010, 2495 Rn. 120 f., 125 f. – M/D und zum Sonderfall der strafersetzenden Ausweisung EGMR 15.12.2009 – 16012/06, NLMR 2009, 362 Rn. 39 ff. – Gurguchiani/SPA.

[10] Meyer-Goßner/*Schmitt* Rn. 1.

[11] Näher dazu bereits → Art. 6 Rn. 49 f. und mwN Löwe/Rosenberg/*Esser* Rn. 29, mit Hinweis auf die national geringe Bedeutung.

[12] Grundlegend EGMR 21.2.1984 – 8544/79, NJW 1985, 1273 Rn. 50 ff., 55 – Öztürk/D.

[13] MwN *Jarass* GRC Art. 49 Rn. 8; zum vorprägenden Strafbegriff des EGMR siehe hier nur mwN *Gaede,* Fairness als Teilhabe, S. 166 ff.

[14] Zu dem strikt auf eine Schuldvergeltung bezogenen Begriff in der Rechtsprechung des BVerfG siehe neben § 2 Abs. 6 StGB insbesondere BVerfG 5.2.2004 – 2 BvR 2029/01, BVerfGE 109, 133 (167 ff.); 4.5.2011 – 2 BvR 2333/08, BVerfGE 128, 326 (392 f.); BGH 9.3.2010 – 1 StR 554/09, NJW 2010, 1539 (1542 f.); mwN krit. AnwK-StGB/*Gaede* § 2 Rn. 17; abl. etwa *Kinzig* StV 2000, 330 (333 ff.); *ders.* NJW 2004, 911 ff.; IntKomm/*Renzikowski* Rn. 30 ff.

[15] EGMR 17.12.2009 – 1935/04, NJW 2010, 2495 Rn. 120, 125 ff. – M/D; zust. etwa *Kinzig* NStZ 2010, 233 (236 ff.); *Müller* StV 2010, 207 ff.; Löwe/Rosenberg/*Esser* Rn. 34; vgl. schon *Laubenthal* ZStW 116 (2004), 703 (722 f.); zur anschließenden Praxis des EGMR in Folgeverfahren mwN zusf. *Esser/Gaede/Tsambikakis* NStZ 2012, 554 (555 ff.).

EGMR zur Gewährleistung konkret und wirksam garantierter Rechte die Realität der vollstreckten Maßnahme einbezieht und insofern bei der rechtlichen Konstruktion nicht Halt macht (schon → Art. 1 Rn. 28).[16]

Das **BVerfG** hat daraufhin seine Rechtsprechung zu den Art. 2 Abs. 2, 20 Abs. 3, 104 Abs. 2 GG anhand der Altfälle im Sinne einer Aufwertung des Verhältnismäßigkeitsgrundsatzes geändert, um der Rechtsprechung des EGMR über einen verstärkten Vertrauensschutz hinsichtlich des ursprünglich geltenden günstigeren Rechts im Ergebnis zu entsprechen.[17] Für die Zukunft soll ein Abstandsgebot zwischen Freiheitsstrafe und Sicherungsverwahrung die Problematik ohne Widersprüche zu den Art. 5 und 7 bewältigen.[18] Die zur Sicherungsverwahrung unterschiedliche Begriffsbildung zu Art. 7 und Art. 103 Abs. 2 GG bleibt damit aber aufrechterhalten und eine mögliche Quelle von Folgeproblemen.[19] 7

Mittlerweile hat der **EGMR** seine grundsätzliche Position zur Begriffsbildung aufrechterhalten, jedoch das neue deutsche Recht *zu den Altfällen* bei einer eingreifenden psychischen Krankheit iSd Art. 5 Abs. 1 S. 2 lit. e grundsätzlich gebilligt und eine Strafe verneint, womit das Rückwirkungsproblem für den noch verbliebenen, deutlich verminderten Personenkreis entfiel.[20] Jenseits der Altfälle bleiben die Anforderungen des Art. 7 damit aber bestehen, da der EGMR nur für die Altfälle eine ausreichende Absetzung von der Freiheitsstrafe anerkannt hat.[21] 8

Weitere Abweichungen könnten sich bei scheinbar rein präventiven **Nebenfolgen** wie der Einziehung (dem früheren Verfall) ergeben, die etwa das deutsche Recht mehrheitlich als bloße Nebenfolgen dogmatisiert.[22] Der EGMR hat bereits die Beschlagnahme eines Grundstücks als Verstoß gegen Art. 7 beurteilt, wenn sie nach der Verjährung des Tatvorwurfs im Hinblick auf die verjährte Tat in einem selbständigen Verfahren ohne Schuldfeststellung angeordnet wurde.[23] 9

a) Begründung der Strafbarkeit und Strafschärfungen. Ist eine Strafe betroffen (→ Rn. 19 f.), gelten die Maßstäbe des Art. 7 zunächst für die Definition der Tat und mithin für die Begründung der Straftat. Ebenso bezieht sich die Garantie auf die Rechtsfolgen und damit auf alle der Tat nachfolgenden Strafen[24] wie zum Beispiel die Freiheits- oder Geldstrafe. Schon Abs. 1 S. 2 stellt insofern klar, dass auch keine schwerere Strafe als die zur Tatzeit angedrohte Strafe verhängt werden darf (siehe zudem zur Meistbegünstigung → Rn. 24 f.). Der EGMR hat dies dahingehend konkretisiert, dass auch die Ausgestaltung der Aussetzung angeordneter Freiheitsstrafe jedenfalls dann Art. 7 untersteht, wenn der Betroffene im Vertrauen auf eine bestimmte, *von der Rechtsprechung* anerkannte Rechtslage Arbeitsleistungen zur Verkürzung der Haftdauer erbringt, ihm die ursprünglich versprochene Verkürzung jedoch durch eine 10

---

[16] MwN EGMR 17.12.2009 – 1935/04, NJW 2010, 2495 Rn. 120 ff., 127 ff. – M/D.
[17] BVerfG 4.5.2011 – 2 BvR 2333/08, BVerfGE 128, 326 ff.; dazu und zu anderen diskutierten Lösungsansätzen AnwK-StGB/*Gaede* § 2 Rn. 18.
[18] BVerfG 4.5.2011 – 2 BvR 2333/08, BVerfGE 128, 326 (372 ff., 379 ff.).
[19] Siehe etwa zu § 66b StGB mwN *Meyer-Ladewig/Harrendorf/König* Rn. 12; Löwe/Rosenberg/*Esser* Rn. 45 f.; offenlassend aber BVerfG 6.2.2013 – 2 BvR 2122/11, BVerfGE 133, 40 (56 f.).
[20] EGMR 7.1.2016 – 23279/14, NJW 2017, 1007 Rn. 153 ff., 164 ff., 181 f. – Bergmann/D.
[21] EGMR 7.1.2016 – 23279/14, NJW 2017, 1007 Rn. 181 – Bergmann/D. Siehe demzufolge weiter krit. etwa mwN *Meyer-Ladewig/Harrendorf/König* Rn. 11 f.; Löwe/Rosenberg/*Esser* Rn. 45 f.
[22] Zu vermeintlich rein präventiven Konfiskationen siehe etwa zur Beschlagnahme eines Grundstücks mwN EGMR 20.1.2009 – 75909/01, Rn. 105 ff., 124 ff. – Sud Fondi SRL/ITA: im Rahmen eines Strafprozesses nach dem nationalen StGB aus Anlass einer Straftat vollzogen; Satzger IEStR § 11 Rn. 83.
[23] EGMR 29.10.2013 – 17475/09, Rn. 59 f., 71 f. – Varvara/ITA. Grundlegend zum autonomen Auslegung des Strafbegriffs EGMR 9.2.1995 – 17440/90, ÖJZ 1995, 511 Rn. 27 ff. – Welch/UK; mwN bestätigend etwa EGMR 17.12.2009 – 1935/04, NJW 2010, 2495 Rn. 120 ff. – M/D; mwN Löwe/Rosenberg/*Esser* Rn. 8 ff., 16.
[24] MwN EGMR 29.10.2013 – 17475/09, Rn. 54 – Varvara/ITA. Grundlegend zum autonomen Auslegung des Strafbegriffs EGMR 9.2.1995 – 17440/90, ÖJZ 1995, 511 Rn. 27 ff. – Welch/UK; mwN bestätigend etwa EGMR 17.12.2009 – 1935/04, NJW 2010, 2495 Rn. 120 ff. – M/D; mwN Löwe/Rosenberg/*Esser* Rn. 8 ff., 16.

Rechtsprechungsänderung entzogen werden.²⁵ Ferner muss der Bürger bei der lebenslangen Freiheitsstrafe klar zwischen der Strafdrohung und der Praxis der Strafvollstreckung unterscheiden können.²⁶

11 b) Grundsätzlich keine Anwendung auf Verfahrensrecht. Keine Anwendung findet Art. 7 grundsätzlich auf das Verfahrensrecht und damit auf Rechtsinstrumente, die den Weg zu einer Bestrafung mitgestalten.²⁷ Entsprechend ist es zum Beispiel auch gemäß Art. 7 zulässig, eine laufende Verjährungsfrist gesetzlich zu verlängern oder aufzuheben.²⁸ Für eine abgelaufene Verjährungsfrist kommt vergleichbares indes auch gemäß Art. 7 schwerlich in Betracht (auch → Rn. 27).²⁹

12 Zu berücksichtigen ist jedoch, dass die Verlässlichkeit und die formelle Ausprägung des anwendbaren Prozessrechts damit auch nach der EMRK nicht belanglos sind. Vielmehr ist gemäß Art. 6 insbesondere der Grundsatz *nullum judicium sine lege* zu beachten³⁰ (siehe auch zur Vollstreckung der Freiheitsstrafe → Rn. 10). So wäre etwa auch das Fehlen jeder Verjährungsregelung problematisch.³¹ Überdies ist im Verfahren darauf zu achten, dass alle materiellrechtlichen Aspekte des Art. 7 gewahrt werden (siehe insoweit zur Verschiebung anwendbarer Strafrahmen durch prozessuale Entscheidungen → Rn. 19, zum Schutz vor willkürlicher Strafverfolgung → Rn. 27 und zur Auslieferung → Rn. 28).

13 2. Der Rechts- bzw. Gesetzesbegriff des Art. 7. Ein Strafrecht, das Art. 7 genügen will, muss qualitativen Anforderungen entsprechen, die insbesondere seine Zugänglichkeit und Vorhersehbarkeit umfassen.³² Das maßgebliche Recht hat insofern nach dem Verständnis des EGMR dieselbe Bedeutung wie der Begriff des Gesetzes, der etwa in Art. 8 Abs. 2 gebraucht wird (hierzu → Art. 8 Rn. 19 ff.).³³

---

²⁵ EGMR [GK] 21.10.2013 – 42750/09, NJOZ 2014, 1587 Rn. 104 ff. – Del Rio Prada/SPA; zu den deutschen Fällen der Sicherungsverwahrung siehe auch *Meyer-Ladewig/Harrendorf/König* Rn. 11; differenzierend *Löwe/Rosenberg/Esser* Rn. 32: Entscheidungen in der Strafvollstreckung und im Strafvollzug dürfen den Charakter einer Sanktion nicht grundlegend ändern. Kategorisch zurückweisend aber noch bei der Strafvollstreckung Meyer-Goßner/*Schmitt* Rn. 1.
²⁶ EGMR [GK] 12.2.2008 – 21906704, NJOZ 2010, 1599 Rn. 144, 150 – Kafkaris/ZYP.
²⁷ EGMR 22.6.2000 – 32492/96 ua, Rn. 149 – Coëme ua/BEL; EGMR 25.7.2013 – 11082/06, NLMR 2013, 282 Rn. 789 – Khodorkovskiy u. Lebedev/RUS; *Meyer-Ladewig/Harrendorf/König* Rn. 11; Löwe/Rosenberg/*Esser* Rn. 33, zum Rückwirkungsverbot SSW/*Satzger* Rn. 21.
²⁸ EGMR 22.6.2000 – 32492/96 ua, Rn. 149 – Coëme ua/BEL; siehe aber zu einer ad-hoc-Verlängerung gerade durch das entscheidende Gericht abl. mwN *Gaede* wistra 2016, 89 (95 f.).
²⁹ Zu Recht abl. Karpenstein/Mayer/*Sinner* Rn. 9; SSW/*Satzger* Rn. 21 und auch im europäischen Rechtskontext überzeugend (wenngleich dort implizit) BVerfG 26.2.1969 – 2 BvL 15/68, BVerfGE 25, 269 (286, 291); noch offenlassend aber EGMR 22.6.2000 – 32492/96 ua, Rn. 149 f. – Coëme ua/BEL; siehe indiziell nun den Schutz in EGMR 29.10.2013 – 17475/09, Rn. 59 f., 71 – Varvara/ITA.
³⁰ EGMR 22.6.2000 – 32492/96 ua, Rn. 102 – Coëme ua/BEL; *Gaede,* Fairness als Teilhabe, S. 310 f., 817 ff.; *ders.* wistra 2016, 89 (96 f.); mwN Sachs/*Degenhart* GG Art. 103 Rn. 54; siehe auch zur gemäß Art. 6 EMRK untersagten Gesetzgebung zur Ergebnissteuerung in konkreten Gerichtsverfahren mwN EGMR [GK] 17.9.2009 – 10249/03, NJOZ 2010, 2726 Rn. 132 ff. – Scoppola/ITA II: Verstoß durch Änderung des Prozessrechts im laufenden Verfahren; siehe über Art. 7 EMRK hinaus *Jäger* GA 2006, 615 ff.; AnwK-StGB/*Gaede* § 1 Rn. 11.
³¹ Zu zivilen Rechten/Disziplinarverfahren EGMR 9.1.2013 – 21722/11, NLMR 2013, 11 Rn. 136 ff. – Volkov/UKR; nicht auf Disziplinarverfahren begrenzend Karpenstein/Mayer/*Meyer* Art. 6 Rn. 42: Verjährung bedarf genauer Grenzen; siehe auch zu einer gerichtlichen Außerkraftsetzung der Verjährung *Gaede* wistra 2016, 89 (95 f.).
³² EGMR 25.5.1993 – 14307/88, NLMR 1993, 19 Rn. 52 – Kokkinakis/GRE; EGMR 13.7.1995 – 18139/91, NLMR 1995, 160 Rn. 37 – Tolstoy Miloslavsky/UK; EGMR 17.12.2009 – 1935/04, NJW 2010, 2495 Rn. 119 ff. – M/D; zur Zugänglichkeit siehe auch im Völkerstrafrecht näher EGMR [GK] 20.10.2015 – 35343/05, NJOZ 2017, 709 Rn. 167 ff. – Vasiliauskas/LIT; mwN Löwe/Rosenberg/*Esser* Rn. 11; siehe auch mwN zur Geltung des auf Vorhersehbarkeit gerichteten Bestimmtheitsgrundsatzes EuGH 12.12.1996 – C-74/95 u. C-29/95, Slg. I-6609 Rn. 25, NZA 1997, 307 – Telecom Italia; eindeutig aus dem Gesetz folgende Strafbarkeit; siehe auch *Dannecker* ZStW 117 (2006), 697 (724 ff.), zum Schutzstandard aber auch S. 737 ff. und besonders problematisch EGMR 22.11.1995 – 20166/92, ÖJZ 1996, 356 Rn. 35 ff., 43 – S.W./UK und EGMR 6.10.2011 – 50425/06, NJW-RR 2012, 1502 Rn. 54 ff. – Soros/FRA.
³³ EGMR 22.11.1995 – 20166/92, ÖJZ 1996, 356 Rn. 35 – S.W./UK.

a) Partielle Maßgeblichkeit der nationalen Rechtsordnung. Schon die Formulie- 14
rung der Garantie, die von „law", „droit" und auch in deutscher Sprache nur von „Recht"
spricht, legt jedoch die Grundlage dafür, dass der Maßstab des Art. 7 nicht allgemein mit
dem nationalen Gesetzesstandard der Art. 103 Abs. 2, 104 GG gleichzusetzen ist.[34] Vielmehr
setzt Art. 7 anerkanntermaßen nicht zwingend geschriebenes Recht oder einen Parlaments-
vorbehalt voraus.[35] Die Norm lässt vielmehr Raum für Rechtsordnungen, die von Deutschland abweichende Rechtsquellenlehren kennen. Entsprechend kann auch ungeschriebenes
case law Art. 7 genügen,[36] soweit es national in einem Common Law-System über die Präjudi-
zienbindung einer *stare decisis* als strafrechtliche Rechtsquelle anerkannt ist.

Indes folgt daraus auch abgesehen von Art. 53 **für Deutschland kein abgeschwächter** 15
Maßstab: Da das deutsche Recht Richterrecht im Strafrecht zur Begründung einer Strafbarkeit oder zur originären Strafschärfung zurückweist, bleibt es auch gemäß Art. 7 bei den
tradierten Maßstäben der Art. 103 Abs. 2, 104 GG.[37]

b) Besonderheit der Gegenstände des Völkerstrafrechts. Schon im Rahmen der 16
Begriffsbildung[38] des erforderlichen Gesetzes bzw. Rechts ist zudem zu beachten, dass Art. 7
mit seinem ersten Absatz unter Umständen auch internationalem Recht zutraut, die nötige
Vorhersehbarkeit der Strafbarkeit und der Strafe bereits zu gewährleisten. Neben Abs. 1 S. 1
betont Abs. 2, dass auch die von „zivilisierten Völkern anerkannten allgemeinen Rechtsgrundsätze" eine hinreichende Strafbarkeitsgrundlage sein können. Diese Klausel zielt aber
nach ihrem historischen Kontext nicht auf ein beliebiges Völkervertragsrecht. Vielmehr
greift sie die mit ihr vorausgesetzten „*mala per se*" des Völkerstrafrechts auf, für die eine
weitere rechtliche Ausprägung auch angesichts der Missbrauchsmöglichkeiten der Staats-
spitze nicht erforderlich sein sollte und die insbesondere Grundlage der Nürnberger Prozesse
waren.[39] Aus der Perspektive des insoweit positivistischen deutschen (Verfassungs-)Rechts
wirkte diese **Klausel für das Völkergewohnheitsrecht** wie eine Ausnahme vom Rückwirkungsverbot.[40] Deutschland hatte zu Abs. 2 bei der Ratifizierung eine als Vorbehalt
gedachte einschränkende Erklärung angebracht, die für Deutschland die Vereinbarkeit mit
dem scheinbar strengeren Art. 103 Abs. 2 GG gewährleisten sollte. Sie ist mittlerweile aber
auch vor dem Hintergrund der Rechtsprechung zu den Mauerschützenfällen und angesichts

---

[34] *Meyer-Ladewig/Harrendorf/König* Rn. 13. Siehe aber unmittelbar von einem notwendigen Gesetz sprechend SSW/*Satzger* Rn. 6.
[35] EGMR [GK] 11.11.1996 – 17862/91, EuGRZ 1999, 193 Rn. 29 – Cantoni/FRA; EGMR
17.12.2009 – 1935/04, NJW 2010, 2495 Rn. 119 – M/D; Löwe/Rosenberg/*Esser* Rn. 12; zu genügenden
untergesetzlichen Normen EGMR [GK] 12.2.2008 – 21906/04, NJOZ 2010, 1599 Rn. 139 – Kafkaris/
ZYP.
[36] EGMR 22.11.1995 – 20166/92, ÖJZ 1996, 356 Rn. 35 f. – S.W./UK; EGMR [GK] 11.11.1996 –
17862/91, EuGRZ 1999, 193 Rn. 29 – Cantoni/FRA; siehe aber für ein Parlamentsgesetz das Manifest zur
Europäischen Kriminalpolitik, abgedruckt in ZIS 2009, 697 (698 f.).
[37] Anders aber wohl und nicht überzeugend *Meyer-Ladewig/Harrendorf/König* Rn. 5. Siehe aber etwa
EGMR 25.5.1993 – 14307/88, NLMR 1993, 19 Rn. 40, 52 – Kokkinakis/GRE und Löwe/Rosenberg/
Esser Rn. 12: Maßgeblichkeit des nationalen Verfassungsrechts bei der Frage, welche Konkretisierung das
einschlägige Recht benötigt; IntKomm/*Renzikowski* Rn. 44 f.
[38] Siehe entsprechend zur klarstellenden Funktion des Art. 7 Abs. 2 EMRK EGMR [GK] 18.7.2013 –
2312/08 u. 34179/08, NLMR 2013, 270 Rn. 72 – Maktouf u. Damjanovic/BOS. Siehe aber Löwe/Rosen-
berg/*Esser* Rn. 48: für Abs. 2 sind verbindliche internationale Rechtssätze entbehrlich.
[39] EGMR [GK] 18.7.2013 – 2312/08 u. 34179/08, NLMR 2013, 270 Rn. 72 – Maktouf u. Damjanovic/
BOS; *Meyer-Ladewig/Harrendorf/König* Rn. 21; *Safferling* IntStR § 13 Rn. 66; SSW/*Satzger* Rn. 4, 7 und 16;
Löwe/Rosenberg/*Esser* Rn. 13, 47. Dazu siehe auch *Renzikowski* FS Krey, 2010, 407 ff., mit dem Hinweis,
dass ebenso Nachkriegsgesetze gegen Kriegsverbrecher und Kollaborateure erfasst werden sollten; krit. *Jähnke*
ZIS 2010, 463 (464 ff.); für einen herabgesetzten Bestimmtheitsmaßstab im Völkerstrafrecht *Satzger* JuS 2004,
943 (944 ff.).
[40] Zu dieser klassischen Einordnung siehe nur Meyer-Goßner/*Schmitt* Rn. 1. Zur Anwendung auf Völkergewohnheitsrecht etwa EGMR [GK] 17.5.2010 – 36376/04, NJOZ 2011, 226 Rn. 221 – Kononov/LET;
Meyer-Ladewig/Harrendorf/König Rn. 5, 19; aA SK-StPO/*Paeffgen* Rn. 2. Siehe aber auch zu Grenzen unter
dem Aspekt der Vorhersehbarkeit: EGMR [GK] 19.9.2008 – 9174/02, NJOZ 2010, 515 Rn. 76 ff., 94 –
Korbely/HUN.

eines bezüglich Art. 15 Abs. 2 IPbpR versäumten parallelen Vorbehalts zurückgezogen worden.[41]

17 Wenn hingegen das internationale Recht in von vornherein umsetzungsbedürftiger Form harmonisierte (Mindest-)Strafbarkeiten gebietet, stellt es nicht schon über Abs. 2 bzw. Abs. 1 S. 1 eine hinreichende Grundlage für eine konkrete Strafe dar. Es bedarf insbesondere in der deutschen Rechtsordnung eines Art. 103 Abs. 2 GG und Art. 7 genügenden Umsetzungsaktes.[42] Auch wenn **EU-Richtlinien** in ein Strafgesetz überführt werden, gelten keine per se abgeschwächten Maßstäbe.[43] Die unionsrechtskonforme Auslegung findet ebenfalls im Strafrecht an den nationalen Schranken der belastenden Rechtsfortbildung und demnach in Deutschland auch in den aus Art. 7 folgenden Anforderungen ihre Grenzen.[44]

18 **3. Materiellrechtliche Gewährleistungsdimensionen.** Der Schutz des Art. 7 umfasst zunächst grundsätzlich alle Ausprägungen, die vom nationalen Gesetzlichkeitsprinzip bekannt sind (→ Rn. 4 ff.).[45] Darüber hinaus kommen aber weitere Ausprägungen mit einem noch wenig deutlichen Umfang in Betracht (→ Rn. 27 f. und → Rn. 12).

19 **a) Klassische Gewährleistungen. aa)** Zu den Garantien des Art. 7 gehört zunächst die Forderung nach einer hinreichenden **Bestimmtheit der Strafbarkeit und der Strafe.**[46] Der Gesetzgeber muss demzufolge eine hinreichend klare Strafbarkeitsgrundlage schaffen. Sie ist – ggf. unter Einschluss des Common Law (→ Rn. 14 f.) – gegeben, wenn die Formulierung des Strafgesetzes keinen Raum für eine willkürliche Rechtsanwendung lässt und das einschlägige Recht dem Bürger zugänglich ist und er anhand desselben die mögliche Bestrafung vorhersehen kann.[47] Art. 7 genügt danach etwa eine Strafnorm mitnichten, welche die Verletzung von Verfahrensregeln für Versammlungen pönalisiert, wenn diese Regeln nicht eindeutig niedergeschrieben sind.[48] Eine Verletzung kann im Hinblick auf die Vorhersehbarkeit der Strafe auch darin liegen, dass das nationale Recht der Anklagebehörde ein freies Ermessen hinsichtlich des angegangenen Gerichts einräumt, wenn die Anklageentscheidung je nach dem gewählten Gericht einen unterschiedlichen Strafrahmen eröffnet.[49]

20 Für die hinreichende Vorhersehbarkeit stellt der EGMR neben weiteren Kriterien[50] – problematisch individualisierend – auf die Perspektive *ex ante* der betroffenen Regelungsad-

---

[41] Siehe zur früheren deutschen „Nürnberg-Klausel" nur SSW/*Satzger* Rn. 5; BVerfG 12.12.2000 – 2 BvR 1290/99, NJW 2001, 1848 (1850 ff.); mit dem Hinweis auf Art. 53 EMRK auch Löwe/Rosenberg/*Esser* Rn. 7.
[42] Dazu vgl. mwN auch im Rahmen der Europäisierung über Art. 38 GG BVerfG 30.6.2009 – 2 BvE 2/08, BVerfGE 123, 267 (360, 408 f.); 15.5.1995 – 2 BvL 19/91, BVerfGE 92, 277 (324 ff.); mwN Löwe/Rosenberg/*Esser* Rn. 13 f.; AnwK-StGB/*Gaede* § 1 Rn. 3.
[43] Dazu EGMR [GK] 11.11.1996 – 17862/91, EuGRZ 1999, 193 Rn. 29 – Cantoni/FRA; *Schröder* S. 355 ff.; *Gaede/Mühlbauer* wistra 2005, 9 (15 f.).
[44] Dazu siehe mwN EuGH 8.10.1987 – C-80/86, Slg. 1987, 3969, BeckEuRS 1987, 133225 Rn. 13 – Kolpinghuis Nijmegen; EuGH [GK] 16.6.2005 – C-105/03, Slg. 2005, I-5285 Rn. 44 ff.; NJW 2005, 2839 – Maria Pupino mwN AnwK-StGB/*Gaede* § 1 Rn. 3; siehe jedoch auch zu den Problemen bei der Blankettgesetzgebung mwN EnzykEuR/*Heger*, Bd. 9, § 5 Rn. 61 ff.
[45] Zur Auslegung des Art. 7 EMRK vgl. in diesem Sinne etwa EGMR [GK] 22.3.2001 – 34044/96 ua, NJW 2001, 3035 Rn. 50 ff. – Streletz, Kessler u. Krenz/D; zusf. *Grabenwarter/Pabel* § 24 Rn. 145 ff.
[46] EGMR 25.5.1993 – 14307/88, NLMR 1993, 19 Rn. 52 – Kokkinakis/GRE; EGMR [GK] 12.2.2008 – 21906704, NJOZ 2010, 1599 Rn. 140 ff., – 150 – Kafkaris/ZYP; EGMR 17.12.2009 – 1935/04, NJW 2010, 2495 Rn. 119 f. – M/D; EGMR 25.6.2009 – 12157/05, Rn. 92 ff. – Liivik/EST; mwN EGMR 29.10.2013 – 17475/09, Rn. 54 – Varvara/ITA.
[47] EGMR [GK] 22.3.2001 – 34044/96 ua, NJW 2001, 3035 Rn. 50 – Streletz, Kessler u. Krenz/D; zur klärenden Bedeutung der Rechtsprechung nach Ansicht des Gerichtshofs für § 240 Abs. 2 StGB EGMR 8.1.2007 – 18397/03, NJW 2008, 2322 – Witt/D; mwN *Meyer-Ladewig/Harrendorf/König* Rn. 16; Löwe/Rosenberg/*Esser* Rn. 11 f.
[48] EGMR 11.4.2013 – 20372/11, Rn. 54 f., 62 ff., 67 – Vyerentsov/UKR.
[49] EGMR 22.1.2013 – 42931/10, NLMR 2013, 27 Rn. 40 ff. – Camilleri/MAL; zu möglichen Folgen im deutschen Recht *F. Zimmermann* FS Beulke, 2015, 1091 (1097 ff.).
[50] Siehe zu diesem etwa mwN EGMR 6.10.2011 – 50425/06, NJW-RR 2012, 1502 Rn. 54 ff. – Soros/FRA; SSW/*Satzger* Rn. 15.

ressaten unter Einschluss des ergriffenen Berufs bzw. der ausgeführten Tätigkeit ab, der ggf. zu umfangreichen Vorsichtsmaßnahmen zwingt.[51] Das Bedürfnis, eine Strafnorm auslegen oder Rechtsrat zu ihrer Konkretisierung einholen zu müssen, steht der Bestimmtheit auch innerhalb des Art. 7 grundsätzlich nicht entgegen.[52] Insbesondere ist die schrittweise Konkretisierung des Bedeutungsgehalts nicht per se ausgeschlossen.[53]

bb) Ebenso etabliert Art. 7 für den Rechtsanwender ein **Verbot der extensiven Auslegung eines Strafgesetzes zum Nachteil des Angeklagten** (erweitertes Analogieverbot[54]) und damit immerhin auch die Achtung der Wortlautgrenze bei Strafrechtsordnungen, die einen gesetzlichen Wortlaut voraussetzen.[55] Die Auslegung ist dabei primär Sache der nationalen Gerichte. Sie ist auch zum Nachteil des Angeklagten möglich. **Belastende Rechtsprechungsänderungen** müssen jedoch an der notwendigen Vorhersehbarkeit gemessen werden.[56] Grundsätzlich gesteht der EGMR den Gerichten jedoch einen großen Spielraum bei der Auslegung zu, der jedenfalls für das Common Law bis hin zur Hinnahme richterlicher Rechtsfortbildung führt. So soll es genügen, wenn eine belastende Weiterentwicklung des Strafrechts vernünftigerweise vorhersehbar, willkürfrei und mit dem Wesen der Tat vereinbar war.[57] So hat es der EGMR hingenommen, durch eine Änderung der Common Law-Judikatur die ehedem in England straflose Vergewaltigung in der Ehe allein durch eine veränderte Rechtsprechung strafbar zu stellen.[58] 21

cc) Ferner gewährleistet Art. 7 das **Rückwirkungsverbot,** soweit die Rückwirkung den Angeklagten benachteiligt.[59] Das Verbot war unter dem Gesichtspunkt einer zusätzlich rückwirkend verhängten Strafe[60] bei der nachträglich verhängten Sicherungsverwahrung und bei der Aufhebung der früheren Höchstfrist der Sicherungsverwahrung einschlägig.[61] Die deutsche Ahndung der Mauerschützenfälle,[62] die den als Rechtfertigungsgrund geschaf- 22

---

[51] EGMR [GK] 11.11.1996 – 17862/91, EuGRZ 1999, 193 Rn. 35 – Cantoni/FRA; für „institutionelle Investoren" EGMR 6.10.2011 – 50425/06, NJW-RR 2012, 1502 Rn. 54 ff. – Soros/FRA; siehe auch zur Anzahl und zum Status der Adressaten EGMR 29.10.2013 – 17475/09, Rn. 59 f., 71 f. – Varvara/ITA.

[52] Beispielgebend in diesem Sinne siehe für den Medizinsektor EGMR [GK] 11.11.1996 – 17862/91, EuGRZ 1999, 193 Rn. 35 – Cantoni/FRA; zum Kapitalmarkt EGMR 6.10.2011 – 50425/06, NJW-RR 2012, 1502 Rn. 54 ff. – Soros/FRA.

[53] EGMR 25.5.1993 – 14307/88, NLMR 1993, 19 Rn. 40, 52 – Kokkinakis/GRE; EGMR 22.11.1995 – 20166/92, ÖJZ 1996, 356 Rn. 36, 43 – S.W./UK; EGMR 8.1.2007 – 18397/03, NJW 2008, 2322 – Witt/D; mwN Löwe/Rosenberg/*Esser* Rn. 17.

[54] Zu ihm in der deutschen Rechtsordnung mwN AnwK-StGB/*Gaede* § 1 Rn. 28 ff.

[55] Zur Anerkennung des Analogieverbotes siehe EGMR 25.5.1993 – 14307/88, NLMR 1993, 19 Rn. 52 – Kokkinakis/GRE; EGMR 17.12.2009 – 1935/04, NJW 2010, 2495 Rn. 118 ff. – M/D; EGMR 11.4.2013 – 20372/11, Rn. 62 – Vyerentsov/UKR; KK-StPO/*Schädler/Jacobs* Rn. 3; Karpenstein/Mayer/*Sinner* Rn. 11.

[56] Siehe großzügig, EGMR 22.11.1995 – 20166/92, ÖJZ 1996, 356 Rn. 36, 43 – S.W./UK: „perceptible line of case-law development"; Löwe/Rosenberg/*Esser* Rn. 17 f.; vgl. nun aber in einem besonderen Vertrauensschutzkontext strenger EGMR [GK] 21.10.2013 – 42750/09, NJOZ 2014, 1587 Rn. 93, 112 ff. – Del Rio Prada/SPA.

[57] EGMR 22.11.1995 – 20166/92, ÖJZ 1996, 356 Rn. 35 ff., 43 – S.W./UK; EGMR [GK] 22.3.2001 – 34044/96 ua, NJW 2001, 3035 Rn. 50 – Streletz, Kessler u. Krenz/D; EGMR [GK] 17.9.2009 – 10249/03, NJOZ 2010, 2726 Rn. 100 ff. – Scoppola/ITA II; zur eigenen Rechtsprechung des EGMR siehe EGMR [GK] 18.9.2009 – 16064/90 ua, NJOZ 2011, 516 Rn. 140 – Varnava ua/TUR; für eine Verletzung aber etwa EGMR 10.10.2006 – 40403/02, Rn. 28 ff., 35 f. – Pessino/FRA.

[58] EGMR 22.11.1995 – 20166/92, ÖJZ 1996, 356 Rn. 35 ff., 43 – S.W./UK. Insofern betraf die Rechtsprechung jedoch die Frage, ob aus der Heirat eine Einwilligung in die Tat zu folgern sei. In dem Fall selbst hatte die betroffene Frau dem Beschwerdeführer vor der Tat mitgeteilt, dass sie die Ehe auflösen wollte und insofern auch die Faktenbasis der angenommenen Einwilligung zusätzlich erschüttert.

[59] EGMR 25.5.1993 – 14307/88, NLMR 1993, 19 Rn. 52 – Kokkinakis/GRE; EGMR 17.12.2009 – 1935/04, NJW 2010, 2495 Rn. 118 ff. – M/D; zum Verbot auch der rückwirkenden Strafschärfung EuStR/*Kreicker* § 51 Rn. 82.

[60] Zu ihrer Erfassung auch mwN EGMR [GK] 18.7.2013 – 2312/08 u. 34179/08, NLMR 2013, 270 Rn. 66 ff., 70 ff. – Maktouf u. Damjanovic/BOS.

[61] Dazu mwN im Rückblick SSW/*Satzger* Rn. 19 f. und grundlegend EGMR 17.12.2009 – 1935/04, NJW 2010, 2495 Rn. 117 ff., 135 – M/D.

[62] Siehe dazu für die herrschende Ansicht mwN BVerfG 24.20.1996 – 2 BvR 1851/94, BVerfGE 95, 96 (133 ff.); mwN dokumentierend AnwK-StGB/*Gaede* § 1 Rn. 42; für die zahlreichen krit. Stimmen etwa *Ambos* KritV 2003, 31 (41 ff.); *Jakobs* GA 1994, 1 (7 ff., 11 ff.); *Pawlik* GA 1994, 472 ff.; *Amelung* NStZ 1995, 29 f.; *Dreier* JZ 1997, 421 ff.; IntKomm/*Renzikowski* Rn. 80 f.

fenen § 27 Abs. 2 GrenzG der DDR infolge eines Widerspruchs zu übrigem Recht der DDR und zu höherrangigen internationalen Konventionen außer Acht ließ, hat der EGMR hingegen auch zur Anwendung auf einfache Soldaten[63] nicht beanstandet.[64] Eine Verletzung des Rückwirkungsverbots kann aber auch schon dann gegeben sein, wenn eine Strafnorm zur Zeit der „Tat" zwar bestanden hatte, bestimmte – von ihrem Wortlaut erfassbare – Verhaltensweisen aber derart akzeptiert waren, dass von einer De-Facto-Entkriminalisierung auszugehen war.[65]

23 **dd)** Jedenfalls für Deutschland ergibt sich – anders als für andere Rechtsordnungen (→ Rn. 14) – ein **Verbot von Gewohnheitsrecht**. Da das deutsche Recht für das Strafrecht nur Gesetzesrecht akzeptiert, scheidet es nach zutreffender Ansicht auch unter dem Aspekt des Art. 7 aus, Strafbarkeiten oder auch nur eine bestimmte Strafe auf ein Richterrecht zu stützen, das zum Gewohnheitsrecht erstarkt ist.

24 **b) Einbeziehung des Meistbegünstigungsgrundsatzes.** Aus deutscher Sicht besonders bemerkenswert ist der Umstand, dass der EGMR den Meistbegünstigungsgrundsatz auch in Reaktion auf seine primärrechtliche Anerkennung in **Art. 49 Abs. 1 S. 3 GRC**[66] nach dem Vorbild des Art. 15 Abs. 1 S. 3 IPbpR als Ausprägung des Gesetzlichkeitsprinzips des Art. 7 EMRK im Rahmen einer evolutiven Auslegung abgeleitet hat.[67] Er erkennt damit einen zusätzlichen Schutz vor willkürlicher oder unverhältnismäßiger Bestrafung an.

25 Die Aufwertung des Meistbegünstigungsgrundsatzes ist grundsätzlich nur zu begrüßen, da ihn tatsächlich verfassungsrechtlich zu verankernden Überlegungen tragen, die unter anderem die vom Angeklagten kaum abzuwehrende Manipulation des Entscheidungszeitpunkts insbesondere bei einem anwendbaren Zwischenrecht betreffen.[68] Da Art. 7 keine Abwägung und keinen Gesetzesvorbehalt eröffnet, könnte die Integration des Meistbegünstigungsgrundsatzes über Art. 52 Abs. 3 GRC auch innerhalb des Unionsrechts zu einer nochmals höheren Bindungskraft führen, indem sie die Anwendung der generellen Schrankenklausel des Art. 52 Abs. 1 GRC in Frage stellt. Die Entscheidung des EGMR wirft aber ebenso die Frage auf, ob der Gerichtshof mit ihr die Grenzen der evolutiven, geltungszeitlichen Auslegung der Konvention übertreten haben könnte.

26 **c) Annäherung an einen Schuldgrundsatz.** Aus der Rechtsprechung des EGMR ergeben sich Andeutungen, dass er eine Strafe, die keine Schuld im Sinne des kognitiven

---

[63] EGMR [GK] 22.3.2001 – 37201/97, NJW 2001, 3042 Rn. 68 ff., 75 – K.-H. W./D: Auch einfache Soldaten hätten infolge der zu unterstellenden Rechtskenntnis nicht auf eine Rechtfertigung vertrauen dürfen, da der geschaffene Rechtfertigungsgrund den Rechtsgrundsätzen des formellen Rechts der DDR offensichtlich widersprochen habe.

[64] EGMR [GK] 22.3.2001 – 34044/96 ua, NJW 2001, 3035 Rn. 50 ff. – Streletz, Kessler u. Krenz/D: GrenzG habe sich nicht unter das Kriterium des „Rechts" im Sinne des Art. 7 subsumieren lassen; zust. etwa *Werle* NJW 2001, 3001 (3003 ff.); *Demko* HRRS 2004, 18 (23 f.); iE auch *Kreicker* S. 12 ff.; krit. zur Einstufung als strafbar nach internationalem Recht *Grabenwarter/Pabel* § 24 Rn. 153. Zu weiteren Fällen der Aufarbeitung von Systemunrecht/Kriegsverbrechen siehe die weiterführenden Nachweise bei *Meyer-Ladewig/Harrendorf/König* Rn. 4, 21.

[65] EGMR 25.7.2013 – 11082/06, NLMR 2013, 282 Rn. 817 – Khodorkovskiy u. Lebedev/RUS; *Meyer-Ladewig/Harrendorf/König* Rn. 18; siehe auch BGH 29.8.2008 – 2 StR 587/07, BGHSt 52, 523 (542 f.) und *Saliger/Gaede* HRRS 2008, 57 (62).

[66] Zu seinem Bedeutungsgehalt siehe bereits zur Vermeidung von Wiederholungen mwN *Gaede* wistra 2011, 365 ff.; *ders.* wistra 2017, 41 (46 ff.); zust. etwa Matt/Renzikowski-StGB/*Basak* § 2 Rn. 6 f.; *Bergmann/Vogt* wistra 2016, 347 (352); *Rothenfußer/Jäger* NJW 2016, 2689 (2694 f.); *Thuergenthal/Geißler* NZWiSt 2014, 412 (415 f.); SSW-StGB/*Satzger* § 2 Rn. 16 f.

[67] MwN EGMR [GK] 17.9.2009 – 10249/03, NJOZ 2010, 2726 Rn. 92 ff., 109 – Scoppola/ITA II; zust. *Bohlander* StraFo 2011, 169 ff.; KK-StPO/*Schädler/Jacobs* Rn. 3; Löwe/Rosenberg/*Esser* Rn. 25: auch Zeitgesetze des § 2 Abs. 4 StGB unzulässig; EuStR/*Kreicker* § 51 Rn. 82; *Polakiewicz* EuGRZ 2010, 11 (12 f.); siehe nun auch *Satzger* FS Kühl, 2014, 407 (413 ff.); vgl. schon *Paeffgen* ZStW 118 (2006), 275 (303); abl. aber mwN *Gundel* EuR 2016, 176 (185 f.).

[68] Siehe NK-StGB/*Hassemer/Kargl* § 2 Rn. 20 ff.; AnwK-StGB/*Gaede* § 2 Rn. 3 f. und mwN *ders.* wistra 2017, 41 (47 ff.); *Satzger* FS Kühl, 2014, 407 (411 ff.); zur gebotenen verfassungsrechtlichen Aufwertung bereits *Dannecker* FS Schroeder, 2006, 761 (772 ff.), *Schröder* FS Mehle, 2009, 597 (604 ff.); *Gaede* wistra 2011, 365 ff.

und voluntativen Mindestelements zur Voraussetzung hat, als Verstoß gegen Art. 7 bewerten könnte.[69] Der EGMR nimmt aber zugleich weiter Vermutungen und Beweislastverlagerungen zu Art. 6 Abs. 2 in einem erheblichen Ausmaß hin (→ Art. 6 Rn. 129 ff.). Danach zielt diese Rechtsprechung bis auf weiteres allein auf eine basale Mindestschuld bzw. betrifft sie allein diejenigen Fälle sicher, in denen das nationale Strafrecht auf der einen Seite Schuld für die Bestrafung fordert, auf der anderen Seite jedoch Sanktionsformen vorhält, die – etwa nach einer eingetretenen Verjährung – verdeckt ermöglichen, die Tat auch ohne die Feststellung dieser Schuld zu ahnden.[70] Überdies bedarf es angesichts der zunächst abweichenden Stoßrichtung des Gesetzlichkeitsprinzips einer weiteren Begründung, ob gerade Art. 7 im Wege der Auslegung ein substanzielles Schuldprinzip entnommen werden könnte. Der Anspruch, dass Strafe Schuld voraussetzt, ist allerdings auch für die Konvention durchaus naheliegend (→ Art. 3 Rn. 24).

4. Verfahrensrechtliche Gewährleistungsdimensionen. Der EGMR hat aus Art. 7 – allerdings bisher ohne nähere Folgen – auch einen **Schutz gegen willkürliche Strafverfolgung** abgeleitet (zudem → Rn. 12).[71] Damit hat er unmittelbar lediglich – wenngleich zu Recht – anerkannt, dass der Rückgriff auf das Strafrecht den Betroffenen zunächst nicht nur materiellrechtlich, sondern insbesondere durch das Verfahren ggf. schwer belastet.[72] Diese Rechtsprechungslinie sollte als Appell verstanden werden, *zum einen* die Bestimmtheitsmaßstäbe nicht zu großzügig zu handhaben, da gerade unklar formulierte Tatbestände einem willkürlichen (Ermittlungs-)Verfahren Vorschub leisten und dieses gleichsam decken können. *Zum anderen* sollten die Bedenken, die sich aus Art. 7 (bzw. Art. 103 Abs. 2 GG) ergeben, von den Strafverfolgungsbehörden selbst früh und ernsthaft in den Blick genommen werden, damit der von Art. 7 bezweckte Schutz nicht erst nach einer vermeidbar langen Serie prozessualer Belastungen wirksam wird.

Im **Auslieferungsrecht** schützt das Rückwirkungsverbot auch im Anwendungskontext des Europäischen Haftbefehls davor, dass sich ein Deutscher in einem EU-Mitgliedsstaat für Taten verantworten muss, die keinen maßgeblichen Auslandsbezug aufweisen und zum Zeitpunkt ihrer Begehung in Deutschland straffrei waren, da die Auslieferung einer materiell rückwirkenden Rechtsänderung gleichsteht.[73]

Art. 8. Recht auf Achtung des Privat- und Familienlebens

(1) Jede Person hat das Recht auf Achtung ihres Privat- und Familienlebens, ihrer Wohnung und ihrer Korrespondenz.

(2) Eine Behörde darf in die Ausübung dieses Rechts nur eingreifen, soweit der Eingriff gesetzlich vorgesehen und in einer demokratischen Gesellschaft notwendig ist für die nationale oder öffentliche Sicherheit, für das wirtschaftliche Wohl des Landes, zur Aufrechterhaltung der Ordnung, zur Verhütung von Straftaten, zum Schutz der Gesundheit oder der Moral oder zum Schutz der Rechte und Freiheiten anderer.

---

[69] Siehe für ein notwendiges voluntatives und kognitives Element des Täters unter dem Rückgriff auf die Wortlaute „guilty" und „coupable" EGMR 20.1.2009 – 75909/01, Rn. 116 – Sud Fondi SRL/ITA; EGMR 29.10.2013 – 17475/09, Rn. 71 f. – Varvara/ITA; siehe in diesem Sinne zu einem aus Art. 7 EMRK folgenden Schuldprinzip mwN *Kreicker* S. 46 ff.; zur Forderung einer *mens rea* SSW/*Satzger* Rn. 1.
[70] Dazu nochmals mwN EGMR 29.10.2013 – 17475/09, Rn. 58 ff. – Varvara/ITA.
[71] EGMR [GK] 22.3.2001 – 34044/96 ua, NJW 2001, 3035 Rn. 50 – Streletz, Kessler u. Krenz/D; mwN IntKomm/*Renzikowski* Rn. 52; ohne Thematisierung übernehmend SSW/*Satzger* Rn. 1; krit. KK-StPO/*Schädler/Jacobs* Rn. 1: zu vage.
[72] Dazu und zur notwendigen Einpreisung in die Schaffung materiellen Strafrechts *Gaede*, Der Steuerbetrug, S. 324 ff.; im Verfahrenskontext näher *Gaede* ZStW 129 (2017), Heft 4.
[73] BVerfG 18.7.2005 – 2 BvR 2236/04, BVerfGE 113, 273 (308 f.); *Buermeyer* HRRS 2005, 273 (281 f.); SSW-StGB/*Satzger* StGB § 1 Rn. 60; zu Recht über Deutsche hinaus erstreckend LK/*Dannecker* StGB § 1 Rn. 422; *Lagodny* StV 2005, 515 (517 f.).

Völkerrechtlich verbindlicher englischer und französischer Normtext:

Article 8 – Right to respect for private and family life

(1) Everyone has the right to respect for his private and family life, his home and his correspondence.

(2) There shall be no interference by a public authority with the exercise of this right except such as is in accordance with the law and is necessary in a democratic society in the interests of national security, public safety or the economic well-being of the country, for the prevention of disorder or crime, for the protection of health or morals, or for the protection of the rights and freedoms of others.

Article 8 – Droit au respect de la vie privée et familiale

(1) Toute personne a droit au respect de sa vie privée et familiale, de son domicile et de sa correspondance.

(2) Il ne peut y avoir ingérence d'une autorité publique dans l'exercice de ce droit que pour autant que cette ingérence est prévue par la loi et qu'elle constitue une mesure qui, dans une société démocratique, est nécessaire à la sécurité nationale, à la sûreté publique, au bien-être économique du pays, à la défense de l'ordre et à la prévention des infractions pénales, à la protection de la santé ou de la morale, ou à la protection des droits et libertés d'autrui.

Schrifttum: *Anders*, Zur Problematik öffentlicher Sexualstraftäterdateien, JR 2011, 190; *Bernhardt*, Internationaler Menschenrechtsschutz und nationaler Gestaltungsspielraum, FS Mosler, 1983, 75; *Breitenmoser*, Der Schutz der Privatsphäre gemäß Art. 8 EMRK, 1986; *Esser*, Auf dem Weg zu einem europäischen Strafverfahrensrecht, 2002; *ders.*, Grenzen für verdeckte Ermittlungen gegen inhaftierte Beschuldigte aus dem europäischen nemo-tenetur-Grundsatz, JR 2004, 98; *ders./Gaede/Tsambikakis*, Übersicht zur Rechtsprechung des EGMR in den Jahren 2010 bis 2011 (Teil 2), NStZ 2012, 619; *Esser/Gruber*, Einsatz von Körperscannern – im Einklang mit der EMRK?, ZIS 2011, 379; *Gaede*, Nullum judicium sine lege – Die völkerrechtliche Bindung eines gemeinschaftsrechtlichen Sonderstrafverfahrens an das Potential der Europäischen Konvention für Menschenrechte und Grundfreiheiten, ZStW 115 (2003), 845; *ders.*, Das Verbot der Umgehung der EMRK durch den Einsatz von Privatpersonen bei der Strafverfolgung, StV 2004, 46; *Guder*, Die repressive Hörfalle im Lichte der Europäischen Menschenrechtskonvention, 2007; *Grabenwarter/Pabel*, Europäische Menschenrechtskonvention, 6. Aufl. 2016; *Jacobs/White/Ovey*, The European Convention on Human Rights, 6. Aufl. 2014; *Kneihs*, Grundrechte und Sterbehilfe, 1998; *Macdonald*, The Margin of Appreciation in the Jurisprudence of the European Court of Human Rights, FS R. Ago, 1987, 187; *Maus*, Der grundrechtliche Schutz des Privaten im europäischen Recht, 2007; *Tietje*, Zulässigkeit des Telefonmithörens durch die Polizei: ein Fall der Art. 10 GG und 8 EMRK, MDR 1994, 1078; *Weiß*, Das Gesetz im Sinne der Europäischen Menschenrechtskonvention, 1996.

Übersicht

	Rn.		Rn.
A. Überblick	1–6	3. Die Achtung der Wohnung	16
I. Schutz spezieller Ausprägungen der Privatsphäre	1, 2	4. Die Achtung der Korrespondenz	17
		II. Der Rückgriff auf den Gesetzesvorbehalt im Strafverfahren	18–31
II. Schutzpflichten	3, 4	1. Die gesetzliche Eingriffsgrundlage	19–23
III. Parallelgarantien	5, 6	2. Das zu verfolgende legitime Ziel	24
B. Erläuterung	7–31	3. Die Notwendigkeit in einer demokratischen Gesellschaft – Verhältnismäßigkeit	25–31
I. Die strafprozessual relevanten Schutzbereiche und Eingriffe	8–17	a) Grundsätze	25
1. Die Achtung des Privatlebens	9–13	b) Strafprozessuale Kasuistik	26–31
2. Die Achtung des Familienlebens	14, 15		

A. Überblick

I. Schutz spezieller Ausprägungen der Privatsphäre

1 Mit ihrem Art. 8 gewährleistet die EMRK spezielle Schutzpositionen des privaten Lebens, welche die Vertragsstaaten zu achten und sich damit insbesondere eingreifender Akte zu enthalten haben. Der Einzelne erhält hiermit einen beträchtlichen **Freiheitsraum**,

der zur freien Entfaltung seiner Persönlichkeit geboten ist und **in dem er den Staat abwehren kann**.[1] Neben das als Oberbegriff fungierende Recht auf Achtung des Privatlebens treten mit dem zu achtenden Familienleben, der Wohnung und der Korrespondenz konkrete und gewichtige Ausprägungen privaten Lebens. Der Normtext gibt damit Leitbeispiele dafür, in welchen Feldern der Schutz der Privatsphäre Platz greifen soll. Dies sperrt aber auch nach Auffassung des EGMR nicht eine Auslegung des Privatlebens, die andere, vergleichbar gewichtige Schutzdimensionen wie den zunehmend bedeutsamen Datenschutz oder die Achtung der körperlichen Unversehrtheit ebenso erfasst (näher → Rn. 9 ff.). Indes sieht sich auch der EGMR nicht berechtigt, die der deutschen Verfassung entnommene allgemeine Handlungsfreiheit im Wege der Auslegung als Garantiegehalt des Art. 8 zu entwickeln, weshalb etwa das Jagdrecht nicht erfasst ist.[2]

Im Vergleich zu anderen Normen der Konvention hat die Garantie des Art. 8 im deutschen Strafverfahren – anders als etwa im Familienrecht – einen bislang eher geringen Einfluss gezeigt. Dies mag erstaunen, können doch „potenziell alle staatlichen Ermittlungs- und Zwangsmaßnahmen, die in der StPO geregelt sind, dem Prüfungsmaßstab des Art. 8 unterworfen werden".[3] Die Ursache liegt zum einen an einem grundsätzlich stark ausgeprägten Schutz, den die deutsche Verfassung und konkret das BVerfG für strafprozessuale Ermittlungseingriffe im Gegensatz zur Beurteilung von Strafnormen aufbietet. Zum anderen liegt die noch eher geringe Bedeutung der Konventionsebene in dem Umstand begründet, dass der EGMR die Anforderungen des Art. 8 nicht durch menschenrechtlich in Verbindung mit Art. 6 hergeleitete Beweisverwertungsverbote abstützt (dazu näher → Art. 6 Rn. 356 ff.).[4] Hierin liegt eine Achillesferse eines tragfähigen Menschenrechtsschutzes, weil allein die nachträgliche Feststellung der Rechts- bzw. Konventionswidrigkeit aus der Perspektive des ermittelnden Staates ein vergleichsweise geringes Übel ausmacht. 2

II. Schutzpflichten

Wie bei zahlreichen weiteren Rechten der EMRK sind auch zu Art. 8 Schutzpflichten („*positive obligations*") anerkannt. Die Norm gewährleistet nicht nur ein Abwehrrecht. Zum Beispiel darf der Staat das Privatleben seiner Bürger nicht dadurch gefährden, dass er Risiken der insbesondere gesundheitsschädlichen Umweltverschmutzung ignoriert.[5] Damit die **Rechte effektiv und wirksam** sind und willkürliche, rechtsstaatswidrige Rechtsverweigerungen verhindert werden, muss der Betroffene zur Durchsetzung seine Rechte Rechtsschutz suchen können.[6] Hinsichtlich der Achtung der Korrespondenz muss der Staat über tatsächlich durchgesetzte Regelungen gewährleisten, dass die eingeschalteten Post- und Telekommunikationsanbieter eine tatsächlich vertrauliche Kommunikation ermöglichen.[7] 3

Der Staat muss ggf. auch gegenüber dem Handeln Privater aktiv werden. Insbesondere leitet der EGMR auch aus Art. 8 bei erheblichen, seinen Rechten widerstreitenden Übergriffen durch Private die Pflicht des Staates her, die Verantwortlichen strafrechtlich zu 4

---

[1] Dafür siehe etwa nur *Grabenwarter/Pabel* § 22 Rn. 1.
[2] Anhand des von Art. 8 EMRK nicht gewährleisteten Jagdrechts EGMR 24.11.2009 – 27809/08, Rn. 41 ff. – Friend u. Countryside Alliance/UK; mwN *Grabenwarter/Pabel* § 22 Rn. 1, 6, 13; siehe auch schon EKMR 13.12.1979 – 8707/79, DR 18, 257 – X./BEL: Gurtpflicht im Auto kein Eingriff in die Privatsphäre; siehe auch zur nicht gewährleisteten Berufsfreiheit mwN *Meyer-Ladewig/Nettesheim* Rn. 49; anders SSW/*Satzger* Rn. 5.
[3] So treffend *Meyer-Goßner/Schmitt* Rn. 1.
[4] Dazu etwa mwN EGMR [GK] 10.3.2009 – 4378/02, NJW 2010, 213 Rn. 88 ff. – Bykov/RUS.
[5] Zu entsprechenden Fällen einschließlich der entwickelten verfahrensrechtlichen Dimensionen des Schutzes mwN *Meyer-Ladewig/Nettesheim* Rn. 18 ff., 121 f.; *Karpenstein/Mayer/Pätzold* Rn. 38 f.
[6] EGMR 20.3.2007 – 5410/03, NJOZ 2009, 3349 Rn. 110 ff. – Tysiac/PL: Durchsetzbarkeit eines gerechtfertigten Schwangerschaftsabbruches; EGMR 26.3.1985 – 8978/80, NJW 1985, 2075 Rn. 23, 25 ff. – X. u. Y./NL; EGMR [GK] 16.12.2010 – 25579/05, NJW 2011, 2107 Rn. 244 ff. – A, B u. C/IRE; mwN auch zur notwendigen Begründungspflicht *Meyer-Ladewig/Nettesheim* Rn. 2 f.; zu Rechten des Verletzten mwN *Löwe/Rosenberg/Esser* Rn. 25.
[7] *Löwe/Rosenberg/Esser* Rn. 165; SSW/*Satzger* Rn. 25; weiterführend *Gaede* StV 2004, 46 (52).

belangen und hierfür taugliche Strafgesetze und Verfahren vorzuhalten.[8] Wenngleich die Staaten insoweit grundsätzlich einen erheblichen Einschätzungsspielraum genießen, mangelt es konkret etwa dann an einem hinreichenden strafrechtlichen Schutz, wenn die **Strafbarkeit wegen Vergewaltigung** nur einschlägig ist, soweit ein physischer Widerstand des Opfers gegen die Tat nachgewiesen wird, es also auf eine bewiesenermaßen fehlende Zustimmung des Opfers nicht ankommt.[9]

III. Parallelgarantien

5   **Art. 7 GRC** gewährleistet im Sinne des Art. 8 EMRK jeder Person die Achtung ihres Privat- und Familienlebens, ihrer Wohnung sowie ihrer Kommunikation, womit der Begriff der Korrespondenz in seiner modernen Form aufgegriffen wird.[10] Zudem garantiert **Art. 8 GRC** erstmals explizit ein Recht auf den Schutz personenbezogener Daten, einschließlich eines Auskunfts- und Berichtigungsanspruchs (Art. 8 Abs. 2 S. 2 GRC). **Art. 3 Abs. 1 GRC** prägt zusätzlich ein Recht auf körperliche und geistige Unversehrtheit aus. Eine Parallelgarantie zu Art. 8 EMRK findet sich zudem in Art. 17 IPbpR, der auch den Ruf und die Ehre einer Person noch gesondert hervorhebt.[11]

6   National finden sich Parallelgarantien in Art. 2 Abs. 1, 1 Abs. 1 GG (Allgemeines Persönlichkeitsrecht einschließlich des Datenschutzes, Grundrecht auf Vertrauen in die Integrität technischer Systeme), Art. 2 Abs. 2 S. 2 GG (körperliche Unversehrtheit), Art. 6 GG (Schutz von Ehe und Familie), Art. 10 GG (Brief- und Fernmeldegeheimnis) und Art. 13 GG (Unverletzlichkeit der Wohnung). Mit der allgemeinen Handlungsfreiheit des Art. 2 Abs. 1 GG geht das deutsche Verfassungsrecht über die EMRK hinsichtlich Art. 8 EMRK und auch im Übrigen hinaus.

B. Erläuterung

7   Die Garantie des Art. 8 EMRK entfaltet in zahlreichen Lebensbereichen Wirkungen. Ihre Erläuterung konzentriert sich im Folgenden aber sowohl hinsichtlich der Schutzbereiche als auch zum Gesetzesvorbehalt des Art. 8 Abs. 2 EMRK entsprechend des strafprozessualen Kontexts auf Fragestellungen des Strafverfahrensrechts oder doch des mit seiner Hilfe verwirklichten Strafrechts. Insbesondere die heute erhebliche Bedeutung des Art. 8 EMRK für das deutsche Familienrecht kommt insoweit in dieser Kommentierung nicht zum Ausdruck.[12]

I. Die strafprozessual relevanten Schutzbereiche und Eingriffe

8   Die Rechte des Art. 8 überschneiden sich,[13] was angesichts ihrer gemeinsamen Grundrichtung (→ Rn. 1) nicht erstaunen kann. Inhaber der Rechte sind zunächst **natürliche Personen unbeschadet ihrer Staatsbürgerschaft.** Es kommen aber etwa bei der Achtung der Wohnung auch **juristische Personen** in Betracht, soweit sie selbst Träger der Rechte und Pflichten sein können.[14]

---

[8] EGMR 4.12.2003 – 39272/98, NLMR 2003, 316 Rn. 150 ff. – M.C./BUL; EGMR 2.12.2008 – 2872/02, NLMR 2008, 351 Rn. 46 – K.U./FIN; mwN SSW/*Satzger* Rn. 7, 24; näher Löwe/Rosenberg/*Esser* Rn. 30 ff.; siehe auch schon zu einer Behinderteneinrichtung EGMR 26.3.1985 – 8978/80, NJW 1985, 2075 Rn. 23, 27 – X. u. Y./NL.
[9] EGMR 4.12.2003 – 39272/98, NLMR 2003, 316 Rn. 148 ff., 154 ff., 166 – M.C./BUL.
[10] Erläuterungen ABl. 2007 C 303, 17 (20, 33); Calliess/Ruffert/*Kingreen* EUV/AEUV GRC Art. 7 Rn. 2 ff.
[11] Dazu Löwe/Rosenberg/*Esser* Rn. 1, 4, 44, zu flankierendem Völkerrecht Rn. 9.
[12] Zu beidem siehe im Überblick mwN Meyer-Ladewig/*Nettesheim* Rn. 23 ff., 67 ff., Rn. 116 ff.
[13] MwN Löwe/Rosenberg/*Esser* Rn. 2, 12, auch zu den Konsequenzen für die Individualbeschwerde: nur Rüge des Art. 8 EMRK erforderlich.
[14] MwN EGMR 28.4.2005 – 41604/98, NJW 2006, 1495 Rn. 31 ff. – Buck/D; Löwe/Rosenberg/*Esser* Rn. 17; SSW/*Satzger* Rn. 8.

1. Die Achtung des Privatlebens. Das Privatleben, das Abs. 1 gewährleistet, wird **9** vom EGMR **umfassend verstanden,** mit der Autonomie des Einzelnen verbunden[15] und bewusst keiner abschließenden Definition zugeführt (allerdings begrenzend schon → Rn. 1).[16] Jedenfalls schützt der EGMR eine Sphäre, innerhalb derer der Einzelne seine Persönlichkeit entwickeln und entfalten kann, was insbesondere über die Aufnahme und Führung von Beziehungen zu anderen Menschen geschieht und geschehen darf.[17] Dies schließt die Identitätsbildung und die Identitätsentfaltung[18] ebenso ein wie das Berufs- und Arbeitsleben.[19] Entsprechend ist auch die Durchsuchung einer Anwaltskanzlei bereits ein Eingriff in das Privatleben (auch → Rn. 26).[20] Gleiches gilt für die Durchsuchung von Personen.[21]

Im Rahmen des Schutzes ist auch das **vertraulich gesprochene Wort** geschützt. Mithin **10** liegt in einer heimlichen Aufnahme seitens des Staates ein Eingriff.[22] Die Aufzeichnung einer Stimmprobe macht hier keine Ausnahme.[23] Dies gilt jeweils auch dann, wenn eine Privatperson den Eingriff vornimmt, soweit ihr Verhalten dem Staat infolge einer maßgeblichen Beteiligung wie zum Beispiel einer dahingehenden Anregung des Staates oder auf Grund einer technischen Unterstützung zugerechnet werden kann.[24] Hiermit gilt auch für eine private **Hörfalle,** die staatlich unterstützt oder durch den Staat instruiert worden ist, der Gesetzesvorbehalt des Abs. 2.[25] Durch den Einsatz von Privatleuten kann der Staat seine **Bindung an die EMRK nicht umgehen.**[26] Ebenso wenig schließt bei der Abhörung

---

[15] EGMR 29.4.2002 – 2346/02, NJW 2002, 2851 Rn. 61 – Pretty/UK; EGMR 12.1.2010 – 4158/05, NLMR 2010, 26 Rn. 61 – Gillan u. Quinton/UK; zur Bedeutung für den grundsätzlichen Schutz einer Embryo-Spende EGMR [GK] 27.8.2015 – 46470/11, NJW 2016, 3705 Rn. 153 ff. – Parrillo/ITA; siehe zu Ausprägungen eines Schutzes der selbstbestimmten Lebensgestaltung mwN *Karpenstein/Mayer/Pätzold* Rn. 14 ff.; zu den Grenzen aber auch EGMR 24.11.2009 – 27809/08, Rn. 42 ff. – Friend u. Countryside Alliance/UK; mwN *Grabenwarter/Pabel* § 22 Rn. 6.
[16] EGMR 20.1.2011 – 31322/07, NJW 2011, 3773 Rn. 50 – Haas/SWI; *Jacobs/Ovey/White* S. 361 ff.; *Meyer-Ladewig/Nettesheim* Rn. 7 ff., mit Verweis auf die geschützte Autonomie des Einzelnen; für eine explizit weite Auslegung sogar etwa EGMR 25.2.1993 – 10828/84, ÖJZ 1993, 532 Rn. 55 – Funke/FRA.
[17] EGMR 25.9.2001 – 44787/98, ÖJZ 2002, 911 Rn. 56 – P.G. u. J.H./UK; dazu und zu weiteren Aspekten mwN *Löwe/Rosenberg/Esser* Rn. 1 ff., 58 ff.
[18] Zu beidem einschließlich der vielseitigen Rechtsausprägungen mwN *Meyer-Ladewig/Nettesheim* Rn. 21 ff.; zum Verstoß, der in der Strafbarkeit homosexueller Sexualität unter Erwachsenen liegt, siehe EGMR 26.10.1988 – 10581/83, EuGRZ 1992, 477 Rn. 46 – Norris/IRE; EGMR 22.10.1981 – 7525/76, NJW 1984, 541 Rn. 60 – Dudgeon/UK; zur grundsätzlichen, aber nicht unbegrenzten Zulässigkeit von SM-Praktiken EGMR 17.2.2005 – 42758/98, 45558/99, NLMR 2005, 30 Rn. 83 ff. – K.A. u. A.D./BEL.
[19] EGMR 16.12.1992 – 13710/88, NJW 1993, 718 Rn. 29 – Niemietz/D; EGMR 12.1.2010 – 4158/05, NLMR 2010, 26 Rn. 61 – Gillan u. Quinton/UK; EGMR 27.4.2017 – 73607/13, BeckRS 2017, 111131, Rn. 47 f. – Sommer/D. mwN *Meyer-Ladewig/Nettesheim* Rn. 49 f.
[20] EGMR 16.12.1992 – 13710/88, NJW 1993, 718 Rn. 29 – Niemietz/D.
[21] Dazu EGMR 12.1.2010 – 4158/05, NLMR 2010, 26 Rn. 67 ff., 87 – Gillan u. Quinton/UK.
[22] Siehe zu heimlichen Tonbandaufnahmen in einer Haftzelle EGMR 25.9.2001 – 44787/98, ÖJZ 2002, 911 Rn. 59 f. – P.G. u. J.H./UK; zu Privatwohnungen EGMR [GK] 10.3.2009 – 4378/02, NJW 2010, 213 Rn. 72, 82 – Bykov/RUS; zur Überwachung in der Öffentlichkeit siehe aber bei einer nicht zu erwartenden Privatsphäre mwN *Löwe/Rosenberg/Esser* Rn. 21, 59.
[23] EGMR 25.9.2001 – 44787/98, ÖJZ 2002, 911 Rn. 59 f. – P.G. u. J.H./UK; Meyer-Goßner/*Schmitt* Rn. 1.
[24] Wegweisend EGMR 8.4.2003 – 39339/98, StV 2004, 1 Rn. 36 ff., insbes. Rn. 40 – M.M./NL; EGMR 25.2.2007 – 38258/03, Rn. 49 – van Vondel/NL; EGMR 8.8.2006 – 5935/02, Rn. 71 – Heglas/TCH; vertiefend im Sinne einer objektiven Zurechnung des Prozessrechts *Gaede* StV 2004, 46 ff., dort auch zum Sondervotum *Palm,* das im Ergebnis zu Unrecht einen mangelnden Opferschutz geltend macht; bereits zu einer Telefonüberwachung EGMR 23.11.1993 – 14838/89, ÖJZ 1994, 392 Rn. 36 – A./FRA; *Esser* S. 145 ff., 148 ff.; *Tietje* MDR 1994, 1078 (1079 ff.).
[25] MwN EGMR 8.4.2003 – 39339/98, StV 2004, 1 Rn. 43, 45 – M.M./NL. In diesem Fall hatte eine Frau behauptet, der Verteidiger ihres inhaftierten Mannes habe sie auf strafrechtlich relevante Art und Weise sexuell belästigt. Nachdem der inhaftierte Mann hierüber einen Rechtsanwalt informiert hatte, beschlossen weitere Polizeibeamte, dem sich um seine Chancen für einen Tatbeweis sorgenden Opfer Hilfe anzubieten: Die Beamten präparierten den Telefonanschluss des Opfers mit Hilfe eines Tonbandgerätes so, dass eingehende Gespräche mit dem Täter aufgenommen werden konnten. Der Frau wurde geraten, das Gespräch auf Äußerungen zu lenken, die den Täter belasteten, was sie dann auch befolgte.
[26] Zu dem daraus resultierenden allgemeineren Umgehungsverbot hinsichtlich der EMRK siehe vertiefend mwN *Gaede* StV 2004, 46 ff.

einer Telekommunikation die Zustimmung eines Kommunikationspartners den Eingriff in das Menschenrecht aus.[27]

11   Unter Umständen kann bereits die Schaffung von Eingriffsgrundlagen als Eingriff zu bewerten sein, soweit eine wahrscheinliche Abhörung das Privatleben aktuell beeinträchtigt (vgl. aber auch → Art. 13 Rn. 8).[28] Auch die Ortung durch einen GPS-Sender, der ein genaues **Bewegungsprofil** der Zielperson gestattet, stellt einen Eingriff in das Privatleben dieser Person dar.[29] Gleiches gilt für Filmaufnahmen von Personen, auch wenn sie auf öffentlichen Plätzen geschehen.[30] Entgegen einer älteren Entscheidung des EGMR ist auch das gezielte Ansetzen eines V-Manns (VE) auf eine bestimmte Person als Eingriff in das Recht auf Privatleben zu bewerten.[31]

12   Im Rahmen der weiten Auslegung hat der EGMR zu Recht auch einen **Schutz personenbezogener Daten** als Aspekt des Privatlebens anerkannt,[32] zumal ohne einen solchen die Privatsphäre in Zeiten der Digitalisierung schwere Einbußen erleiden müsste. Der Schutz erstreckt sich damit insbesondere auf die offene, aber systematische Sammlung von Informationen über eine bestimmte Person einschließlich verdachtsunabhängiger Personenkontrollen.[33] Folglich stellt auch die aus präventiven Gründen durchgeführte Speicherung etwa von DNA-Proben und Fingerabdrücken von Verdächtigen einen Eingriff dar.[34] Der **gute Ruf und die Ehre** einer Person sind ebenso wie ihr Name und das Recht am eigenen Bild ebenfalls Schutzgegenstände des Art. 8.[35]

13   Einen weiteren bedeutsamen Aspekt erkennt der EGMR in der **körperlichen, psychischen und sozialen Integrität** des Einzelnen, welche die Voraussetzung jeder persönlichen Entfaltung darstellt.[36] Hiermit schützt die Konvention – nach Maßgabe des Art. 8 Abs. 2 – auch vor Maßnahmen, die nicht die Schwere aufweisen, die für einen Eingriff in Art. 3 notwendig ist.[37] Eingriffsbeispiele liegen in Zwangsuntersuchungen wie Blutentnahmen[38] und in jeder gegen den Willen durchgeführten, wenn auch *lege artis* ausgeführten medizinischen Behandlung.[39] Zugleich gewährleistet Art. 8 im Rahmen der von ihm vorausgesetzten Autonomie ein

---

[27] Zu diesem aus der Rechtsprechung des EGMR unmittelbar folgenden Schluss EGMR 8.4.2003 – 39339/98, StV 2004, 1 Rn. 41 – *M.M./NL*; *Tietje* MDR 1994, 1078 (1079 ff.); mwN *Gaede* StV 2004, 46 (50 f.); aA noch verfehlt BGH 8.10.1993 – 2 StR 400/93, BGHSt 39, 335 (338 ff.); 13.5.1996 – GSSt 1/96, BGHSt 42, 139 (153 ff.).
[28] Siehe mwN Löwe/Rosenberg/*Esser* Rn. 18 f.; zust. SSW/*Satzger* Rn. 18; Radtke/Hohmann-StPO/*Ambos* Rn. 15; vgl. eine Verletzung abl. EGMR 29.6.2006 – 53934/00, NJW 2007, 1433 Rn. 78 f. – *Weber u. Saravia/D*; ferner EGMR 27.10.2015 – 62498/11, NJW 2016, 2013 Rn. 116 f. – *R.E./UK*.
[29] EGMR 2.9.2010 – 35623/05, NJW 2011, 1333 Rn. 52 – *Uzun/D*; Meyer-Goßner/*Schmitt* Rn. 1.
[30] EGMR 25.9.2001 – 44787/98, ÖJZ 2002, 911 Rn. 56 f. – *P.G. u. J.H./UK*; Meyer-Goßner/*Schmitt* Rn. 1.
[31] Siehe anders noch, soweit die Kontaktaufnahme selbst schon eine Straftat betraf, EGMR 15.6.1992 – 12433/86, NJW 1992, 3088 Rn. 40 f. – *Lüdi/SWI*; näher schon mwN *Gaede* StV 2004, 46 (51); wohl auch Meyer-Goßner/*Schmitt* Rn. 1: alle Eingriffe der StPO am Prüfungsmaßstab der EMRK zu messen, siehe auch die dortige Einordnung der Lüdi-Entscheidung bei der Rechtfertigung von Eingriffen in Rn. 3; KK-StPO/*Schädler/Jakobs* Rn. 5; krit. auch bereits *Esser* S. 170, 174, 181: Problemlösung zum V-Mann-Einsatz nicht nur über Art. 6 zu suchen; siehe auch schon mwN EGMR 6.2.2001 – 44599/98, NVwZ 2002, 453 Rn. 47 – *Bensaid/UK* und EGMR [GK] 13.2.2003 – 42326/98, NJW 2003, 2145 Rn. 29 – *Odiévre/FRA*: Wenn Art. 8 das Recht schützt, „Beziehungen zu anderen Personen und der Außenwelt anzuknüpfen", kann der Staat dieses nicht bindungslos unterminieren, indem er Vertrauen fingiert oder unterwandert.
[32] MwN EGMR 3.7.2012 – 30457/06, NJW 2013, 3081 Rn. 39 – *Robathin/AUT*; Löwe/Rosenberg/*Esser* Rn. 85 ff.; *Meyer-Ladewig/Nettesheim* Rn. 32 ff.
[33] MwN Löwe/Rosenberg/*Esser* Rn. 85; Meyer-Goßner/*Schmitt* Rn. 1.
[34] EGMR [GK] 4.12.2008 – 30562/04 u. 30566/04, NJOZ 2010, 696 Rn. 77, 85 f. – *S. u. Marper/UK*.
[35] Zu alledem im Überblick mwN *Meyer-Ladewig/Nettesheim* Rn. 42 ff.
[36] EGMR 26.3.1985 – 8978/80, NJW 1985, 2075 Rn. 22 – *X u. Y/NL*; EGMR 29.4.2002 – 2346/02, NJW 2002, 2851 Rn. 61 – *Pretty/UK*; EGMR 22.7.2003 – 24209/94, Rn. 33 – *Y.F./TUR*; EGMR 12.1.2010 – 4158/05, NLMR 2010, 26 Rn. 61 – *Gillan u. Quinton/UK*; zum Schutz vor fahrlässigen Verletzungen in medizinischen Einrichtungen siehe etwa mwN EGMR 15.11.2007 – 22750/02, Rn. 60 f. – *Benderskiy/UKR*.
[37] Zu beidem mwN *Meyer-Ladewig/Lehnert* Art. 3 Rn. 85.
[38] EGMR 22.7.2003 – 24209/94, Rn. 33 – *Y.F./TUR*.
[39] Anhand einer psychiatrischen Behandlung EGMR 16.6.2005 – 61603/00, NJW-RR 2006, 308 Rn. 143 f., 168 f. – *Storck/D*; zu weiteren Fällen vgl. EKMR 13.12.1979 – 8278/78, DR 18, 156 –

Recht, über das eigene Leben zu verfügen.[40] Hiernach kann es auch nach Ansicht des EGMR unter Umständen geboten sein, Medikamente zugänglich zu machen, die einen Suizid ermöglichen (aber auch → Art. 2 Rn. 12 und 27).[41] Während ein allgemeines Recht auf eine Abtreibung nicht anerkannt ist, gibt es erste Maßstäbe zum gebotenen Schutz der Schwangeren vor Gefahren, die aus der Schwangerschaft herrühren.[42] Dem ungeborenen Kind kommt insofern jedenfalls bei einer entsprechenden nationalen Bejahung ein Recht auf Leben zu, das in eine Abwägung einzustellen ist.[43]

2. Die Achtung des Familienlebens. Die Achtung des Familienlebens vermittelt ein Recht, zusammenzuleben und die persönlichen Kontakte zu pflegen.[44] Entscheidend für ein zu achtendes Familienleben ist der Umstand, dass **tatsächlich enge persönliche Beziehungen unter den Betroffenen** bestehen.[45] Eine formell wirksam bestehende Ehe hat demgegenüber indizielle Bedeutung. Nach dem Maßstab des EGMR ist eine über allgemeine Sympathie deutlich hinausgehende emotionale Bindung erforderlich und subjektiv die Intention zu verlangen, das Leben gemeinsam verbringen zu wollen.[46] Bei Kindern wird die besondere persönliche Beziehung zu den Eltern zunächst grundsätzlich immer dann bejaht, wenn sie ehelich geboren worden sind.[47] Bei nichtehelich geborenen Kindern soll grundsätzlich ein Zusammenleben mit den Eltern Voraussetzung sein.[48] Eine Scheidung hebt die besondere persönliche Bindung unter Ehepartnern auf, während das Familienverhältnis gegenüber den Kindern grundsätzlich fortbesteht.[49] Mittlerweile werden auch stabile **gleichgeschlechtliche Beziehungen** in den Begriff der Familie einbezogen.[50]

Strafverfahrensrechtlich relevante Eingriffe liegen insbesondere in Regelungen, die den Besuch von Familienangehörigen in der Untersuchungs- oder Strafhaft beeinträchtigen.[51]

X./AUT; EKMR 22.2.1995 – 20872/92, DR 80-B, 70 – A.B./SWI; EGMR 25.3.1993 – 13134/87, ÖJZ 1993, 707 Rn. 36 – Costello-Roberts/UK.

[40] So im Sinne eines Grundsatzes EGMR 29.4.2002 – 2346/02, NJW 2002, 2851 Rn. 61, 65, 76 – Pretty/UK; EGMR 20.1.2011 – 31322/07, NJW 2011, 3773 Rn. 51 – Haas/SWI.

[41] Hierzu siehe EGMR 19.7.2012 – 497/09, NJW 2013, 2953 Rn. 52 – Koch/D.

[42] Zum mangelnden Recht EGMR 30.10.2012 – 57375/08, NJOZ 2014, 709 Rn. 96 ff. – P. u. S./PL; zum Schutz der Gesundheit EGMR [GK] 16.12.2010 – 25579/05, NJW 2011, 2107 Rn. 216 – A, B u. C/IRE.

[43] Zu dem noch weiter konkretisierungsbedürftigen Schutz des Embryos mwN EGMR [GK] 16.12.2010 – 25579/05, NJW 2011, 2107 Rn. 213, 233, 237 – A, B u. C/IRE.

[44] MwN *Karpenstein/Mayer/Pätzold* Rn. 52, 82; siehe konkret auch für das Recht, bei Verhaftung zügig Kontakt zu den Familienangehörigen aufnehmen zu können, EGMR 4.4.2006 – 42596/98 u. 42603/98, Rn. 33 ff., insbes. Rn. 36 – Sari ua/TUR.

[45] MwN *Meyer-Ladewig/Nettesheim* Rn. 54, 56 ff.: Konzept einer auf sozialen Verbindungen beruhenden Familie, keine Konzentration auf biologische oder rechtliche Kriterien; *Löwe/Rosenberg/Esser* Rn. 13, 98; zur problematischen Anwendung auf die Leihmutterschaft EGMR 24.1.2017 – 25358/12, NJW 2017, 941 Rn. 140 ff. – Paradiso u. Campanelli/ITA.

[46] Siehe zu beidem mwN EGMR [GK] 12.7.2001 – 25702/94, NJW 2003, 809 Rn. 150 f. – K. u. T/FIN; zum starken Indiz, dass ein gemeinsames Kind für die enge Bindung steht, EGMR 17.4.2003 – 52853/99, NJW 2004, 2147 Rn. 38 – Yilmaz/D; zum Schutz Verlobter EGMR 23.2.2010 – 1289/09 – Hofmann/D; siehe zudem zum Schutz, wenn erwachsene Kinder und ihre Eltern und Geschwister eine Familie bilden wollen, nachdem diese zuvor unverschuldet nicht hergestellt war, mwN *Karpenstein/Mayer/Pätzold* Rn. 46.

[47] EGMR 19.2.1996 – 23218/94, ÖJZ 1996, 593 Rn. 32 – Gül/SWI: grundsätzlich unauflöslich; *Löwe/Rosenberg/Esser* Rn. 101.

[48] Siehe mit möglichen Ausnahmen insbesondere hinsichtlich des Vaters EGMR 1.6.2004 – 45582/99, Rn. 36 – L./NL; siehe auch EGMR 3.12.2009 – 22028/04, NJW 2010, 501 Rn. 37 f. – Zaunegger/D; mwN *Löwe/Rosenberg/Esser* Rn. 102.

[49] Siehe zu beidem mwN EGMR 11.7.2000 – 29192/95, NVwZ 2001, 547 Rn. 59 f. – Ciliz/NL; *Radtke/Hohmann-StPO/Ambos* Rn. 9.

[50] EGMR 24.6.2010 – 30141/04, NJW 2011, 1421 Rn. 94 f. – Schalk u. Kopf/AUT; EGMR [GK] 7.11.2013 – 29381/09 u. 32684/09, NLMR 2013, 399 Rn. 71 – Vallianatos ua/GRE; *Grabenwarter/Pabel* § 22 Rn. 16.

[51] Siehe etwa EGMR 27.4.1988 – 9659/82 u. 9658/82, EGMR-E 4, 47 Rn. 74 – Boyle u. Rice/UK: nur zwölf Besuche pro Jahr bei Einsatz einer Trennscheibe; zur Diskriminierung von Untersuchungshäftlingen bei Besuchsrechten EGMR 9.7.2013 – 42615/06, Rn. 112 ff. – Varnas/LIT; mwN SSW/*Satzger* Rn. 19, 33. Zum unverhältnismäßigen Vollzug einer Freiheitsstrafe in einer Vollzugsanstalt, die ohne Not extrem weit vom Wohnort der Familie entfernt ist EGMR 25.7.2013 – 11082/06 u. 13772/05, NLMR 2013, 282 Rn. 836 ff. – Khodorkovskiy u. Lebedev/RUS; siehe aber enger *Meyer-Ladewig/Nettesheim* Rn. 66.

16   **3. Die Achtung der Wohnung.** Auch der Begriff der Wohnung wird im Anschluss an den französischen Wortlaut („*domicile*") **weit und autonom verstanden,** wodurch alle Räume oder räumlich abgegrenzte Besitztümer erfasst sind, die dem Privat- oder Familienleben dienen.[53] Folglich sind sowohl Miet- oder Eigentumswohnungen und insbesondere gewerblich oder durch freie Berufe genutzte Räume Wohnungen.[54] Selbst ein Wohnwagen oder ein Hausboot kann als Wohnung anzuerkennen sein.[55] Erforderlich ist aber jeweils eine im Einzelfall bestehende ausreichende und andauernde Verbindung der Person zu dem betroffenen Ort bzw. Raum.[56] Für einen Haftraum wird die Wohnung verneint, wenngleich Maßnahmen in der Haft andere Rechte des Art. 8 und insbesondere das Privatleben beeinträchtigen können.[57] Der typische Eingriff im Strafverfahren liegt in der Durchsuchung.

17   **4. Die Achtung der Korrespondenz.** Mit der zu achtenden Korrespondenz weist die Konvention zunächst im wörtlichen Sinne **vertraulichen schriftlichen Mitteilungen** und damit insbesondere Briefen oder Postkarten Schutz zu. Im Lichte des gesamten, auf die Privatsphäre zielenden Artikels und der technischen Entwicklung, welche die Telekommunikation in mannigfaltigen Formen weitgehend an die Stelle des Briefes hat treten lassen, sind jedoch auch **alle Formen der vertraulichen Kommunikation** über E-Mail, Telefon, Pager etc geschützt.[58] Der Schutz umfasst sodann alle an der Kommunikation Teilnehmenden, ihren Inhalt und die Tatsache, dass die Kommunikation unter den Beteiligten stattgefunden hat.[59] Auch die berufliche Kommunikation bleibt eingeschlossen.[60] Eingriffe liegen in Überwachungsmaßnahmen wie der Briefkontrolle in der Haft,[61] entsprechend der geltungszeitlichen Auslegung, aber auch in der Abhörung von Telefongesprächen oder der Überwachung sonstiger Telekommunikationsmittel. Für die Kommunikation mit dem EGMR müssen einem Gefangenen die nötigen Bedingungen eröffnet werden.

II. Der Rückgriff auf den Gesetzesvorbehalt im Strafverfahren

18   Die Gewährleistungen des Abs. 1 unterliegen einem Gesetzesvorbehalt, anhand dessen sich auch im Strafverfahren erst entscheidet, wie stark die menschenrechtliche Garantie in der Rechtspraxis ausfällt. Kennzeichnend ist das Erfordernis einer gesetzlichen Eingriffsgrundlage (→ Rn. 19 ff.), deren Einsatz zur Förderung legitimer Ziele (→ Rn. 24 ff.) auch im konkreten Einzelfall tatsächlich notwendig und angemessen sein muss (zur konkreten

---

[52] Siehe zu diesen Fällen umfassend Löwe/Rosenberg/*Esser* Rn. 119 ff., 129; beispielhaft EGMR 17.4.2003 –52853/99, NJW 2004, 2147 Rn. 36 ff. – Yilmaz/D.
[53] EGMR 27.9.2005 – 50882/99, NLMR 2005, 230 Rn. 70 – Petri Sallinen ua/FIN; mwN *Meyer-Ladewig/Nettesheim* Rn. 89; zum Schutz auch gegen nichtkörperliche Einwirkungen mwN EGMR 3.7.2007 – 32015/02, NVwZ 2008, 1215 – Gaida/D; zur Erstreckung auf Büroräume innerhalb von Behörden EGMR 26.7.2007 – 64209/01, Rn. 37 ff. – Peev/BUL; auch zu Nebengebäuden Löwe/Rosenberg/*Esser* Rn. 132.
[54] Zur Kanzlei des Rechtsanwalts EGMR 16.12.1992 – 13710/88, NJW 1993, 718 Rn. 29 ff. – Niemietz/D; mwN EGMR 28.4.2005 – 41604/98, NJW 2006, 1495 Rn. 31 ff. – Buck/D; Meyer-Goßner/*Schmitt* Rn. 1.
[55] EGMR 25.9.1996 – 20348/92, ÖJZ 1997, 313 Rn. 34 – Buckley/UK; auch zum Hausboot Löwe/Rosenberg/*Esser* Rn. 132.
[56] MwN EGMR 18.11.2004 – 58255/00, Rn. 36 – Prokopovich/RUS; *Meyer-Ladewig/Nettesheim* Rn. 89.
[57] Näher dazu Löwe/Rosenberg/*Esser* Rn. 133, 136.
[58] Siehe etwa zur telefonischen Kommunikation mwN EGMR 15.6.1992 – 12433/86, NJW 1992, 3088 Rn. 39 – Lüdi/SWI; EGMR 17.7.2003 – 25337/94, NLMR 2003, 211 Rn. 57 – Craxi/ITA II; EGMR 3.4.2007 – 62617/00, EuGRZ 2007, 415 Rn. 41 – Copland/UK; Jacobs/*Ovey*/White S. 364, 370 ff.; Löwe/Rosenberg/*Esser* Rn. 153 f. Zur Erfassung elektronisch gespeicherter Daten EGMR 16.10.2007 – 74336/01, NJW 2008, 3409 Rn. 45 – Wieser ua/AUT.
[59] So mwN Löwe/Rosenberg/*Esser* An. 8 Rn. 153 f., 158.
[60] EGMR 16.2.2000 – 27798/95, ÖJZ 2001, 71 Rn. 44 – Amann/SWI.
[61] Siehe insbesondere anhand des Kontakts zum Verteidiger EGMR 5.7.2001 – 38321/97, NJW 2003, 1439 Rn. 54 – Erdem/D.

Verhältnismäßigkeit nach der EMRK → Rn. 25 ff.). Zudem ist eine etwaige Einschränkung im Notstandsfall gemäß Art. 15 Abs. 1 denkbar.

1. Die gesetzliche Eingriffsgrundlage. Indem die Konvention zunächst eine gesetzliche Grundlage verlangt, versagt sie sich einem allzu oft kurzsichtigen und unausgewogenen Schluss von einem *prima facie* materiell einsichtigen Zweck auf die Gestattung eines Eingriffs in bedeutsame Menschenrechte.[62] Er zwingt die Rechtsordnungen, im Rahmen einer Normgebung die Voraussetzungen und das Maß zulässiger Eingriffe im Vorhinein ohne Ansehung der betroffenen Personen festzulegen. 19

Die gesetzliche bzw. rechtliche Grundlage des Eingriffes („*in accordance with the law*") kann zunächst sowohl in geschriebenem **innerstaatlichem Recht und damit in materiellen Gesetzen** liegen.[63] Sie kann aber in einem Staat, der dem Common Law folgt, grundsätzlich auch in einer dem Gesetz gleich gestellten Rechtsprechung zu erkennen sein.[64] Da in Deutschland jedoch keine strikte Bindung an frühere Rechtsprechung existiert, verweist das Gesetzeserfordernis mittelbar auf die in Deutschland für Grundrechtseingriffe bei Gesetzesvorbehalten bereits geltenden, allerdings zum Teil weiter konkretisierungsbedürftigen Maßstäbe.[65] 20

Ferner muss die gesetzliche Grundlage **hinreichend bestimmt** und damit ihre Rechtsfolgen für den Einzelnen vorhersehbar sein.[66] Davon ist auszugehen, wenn der Betroffene die Reichweite des Gesetzes und damit die Folgen seines Verhaltens jedenfalls bei einer rechtlichen Beratung mit einer nach den Umständen hinreichenden Sicherheit einschätzen kann.[67] Daran mangelt es regelmäßig, wenn Sanktionen für fehlendes Wohlverhalten angedroht werden.[68] Eine richterliche Rechtsfortbildung wird hiermit jedoch auch nach Ansicht des insoweit großzügigen Gerichtshofs nicht ausgeschlossen.[69] Soweit eine Norm den Behörden Ermessen einräumt, muss das Gesetz seinen Umfang und die Art seiner Ausübung hinreichend bestimmen.[70] Damit die Vorhersehbarkeit bejaht werden kann, muss das Gesetz den von ihm Betroffenen auch angemessen **zugänglich** und damit publiziert sein.[71] 21

Besonderheiten gelten für **geheime Überwachungsmaßnahmen,** die auch im Strafprozessrecht wesentliche Bedeutung erlangen. In diesen Fällen muss das Gesetz einen adäquaten Schutz („*safeguards*") gegen willkürliche Rechtseingriffe bieten, da die Heimlichkeit die Kontrolle der geltenden Maßstäbe durch den Betroffenen und die Öffentlichkeit erschwert.[72] Die im Einzelnen erforderlichen Vorkehrungen hängen dabei insbesondere 22

---

[62] Siehe dazu anhand des grundsätzlich legitimen Opferschutzes („Schutz der Rechte und Freiheiten anderer") *Gaede* StV 2004, 46 (47 f.).
[63] Dazu mwN Löwe/Rosenberg/*Esser* Rn. 36: Gesetz im materiellen Sinne einschließlich Satzungsrecht.
[64] Siehe zunächst zu Art. 10 Abs. 2 EGMR 26.4.1979 – 6538/74, EGMR-E 1, 344 Rn. 47 – Sunday Times/UK I; für Art. 8 Abs. 2 EGMR 25.11.1996 – 17419/90, ÖJZ 1997, 714 Rn. 40 – Wingrove/UK; EGMR 25.3.1998 – 13/1997/979/1000, ÖJZ 1999, 115 Rn. 63 ff. – Kopp/SWI; EGMR 20.5.1999 – 25390/94, NVwZ 2000, 421 Rn. 34, 59 – Rekvenyi/HUN; mwN *Weiß* S. 141 ff.
[65] Siehe für Deutschland auf ein geschriebenes Gesetz abstellend etwa EGMR 28.4.2005 – 41604/98, NJW 2006, 1495 Rn. 37 – Buck/D.
[66] Siehe mwN EGMR 27.10.2015 – 62498/11, NJW 2016, 2013 Rn. 120 – R.E./UK; EGMR 2.9.2010 – 35623/05, NJW 2011, 1333 Rn. 60 – Uzun/D; EGMR 24.4.1990 – 11801/85, ÖJZ 1990, 564 Rn. 27 – Kruslin/FRA; EGMR 17.7.2003 – 63737/00, Rn. 45 – Perry/UK.
[67] EGMR 25.11.1996 – 17419/90, ÖJZ 1997, 714 Rn. 40 – Wingrove/UK; EGMR 25.3.1998 – 13/1997/979/1000, ÖJZ 1999, 115 Rn. 63 ff. – Kopp/SWI; mwN *Gaede* ZStW 115 (2003), 845 (863 ff.).
[68] Siehe, vergleichbar zu den „guten Sitten", bzgl. Art. 10 Abs. 2 EMRK mwN EGMR [GK] 25.11.1999 – 25594/94, NLMR 1999, 196 Rn. 31 ff., 41 – Hashman u. Harrup/UK.
[69] Dazu nur mwN EGMR 2.9.2010 – 35623/05, NJW 2011, 1333 Rn. 62 – Uzun/D.
[70] EGMR 2.8.1984 – 8691/79, EuGRZ 1985, 17 Rn. 67 f. – Malone/UK; EGMR [GK] 10.3.2009 – 4378/02, NJW 2010, 213 Rn. 78 – Bykov/RUS; Meyer-Goßner/*Schmitt* Rn. 2.
[71] Zur Publizität des Gesetzes siehe mwN *Weiß* S. 103 ff.; Löwe/Rosenberg/*Esser* Rn. 37: rein interne Verwaltungsvorschriften unzureichend; zur Frage der Sprache im EU-Kontext *Gaede* ZStW 115 (2003), 845 (864 f.).
[72] Dazu erneut mwN EGMR 2.9.2010 – 35623/05, NJW 2011, 1333 Rn. 63 – Uzun/D; EGMR [GK] 10.3.2009 – 4378/02, NJW 2010, 213 Rn. 78 – Bykov/RUS; grundlegend EGMR 6.9.1978 – 5029/71, NJW 1979, 1755 Rn. 50 ff. – Klass ua/D; zur Überwachung von Rechtsanwälten EGMR 25.3.1998 – 13/

von der Art, der Reichweite und der Dauer der Überwachungsmaßnahme ab.[73] Relevante Kriterien bzw. Schutzinstrumente sind die vorgesehenen Anordnungsbefugnisse und die ausführenden sowie überwachenden Instanzen. Beachtlich ist auch der gewährte Rechtsschutz. Strenge Maßstäbe gelten hier insbesondere für eine **Telekommunikationsüberwachung,** bei der die Anlasstaten, der Personenkreis, zeitliche Beschränkungen und die Sichtung, Speicherung, Verwendung (etwa gegenüber zufällig betroffenen Dritten) und Löschung der erhobenen Daten ebenso wie Vorkehrungen zur Datenweitergabe an Dritte gesetzlich bestimmt werden müssen.[74] Die strengen Maßstäbe zu geheimen Abhörmaßnahmen hat der EGMR zu Recht auch auf die Überwachung rechtlicher Konsultationen zwischen dem Beschuldigtem und seinem Verteidiger übertragen.[75] Auch zum **Schutz besonders sensibler Daten,** wie etwa Angaben zur Gesundheit einer Person, müssen einschlägige Gesetze Schutzinstrumente vorsehen, wenn Eingriffe ohne eine grundsätzliche Geringschätzung des Konventionsrechts möglich sein sollen.[76]

23 Die deutschen Eingriffsregelungen hat der EGMR bislang jeweils auch im Kontext der heimlichen Überwachung akzeptiert.[77] Hierbei hat er für die GPS-Überwachung wegen des relativ geringeren Eingriffs in die Privatsphäre nicht die strengen Maßstäbe eingefordert, die er für die TKÜ anerkannt hatte.[78]

24 **2. Das zu verfolgende legitime Ziel.** Ein Eingriff in die Rechte des Art. 8 ist nur zulässig, wenn er zumindest ein im Sinne der Norm legitimes Ziel verfolgt. Die insoweit tragfähigen Ziele legt Abs. 2 enumerativ fest. Eine nennenswert begrenzende Wirkung ist hiermit indes nicht verbunden, da der Gesetzesvorbehalt zahlreiche grundsätzlich legitime Ziele benennt und insbesondere Generalklauseln wie das wirtschaftliche Wohl des Landes, die Aufrechterhaltung der Ordnung und schließlich den im Recht strukturell zweifelbehafteten Schutz der Moral akzeptiert. Dies führt den EGMR gar dazu, festzuhalten, dass die nationalen Stellen die verfolgten Ziele grundsätzlich frei bestimmen könnten.[79] Im Strafverfahren können nicht nur zufällig vor allem die nationale oder öffentliche Sicherheit, die Verhütung von Straftaten, der Schutz der Gesundheit, der Schutz der Moral und der Schutz der Rechte und Freiheiten anderer von Bedeutung sein.

25 **3. Die Notwendigkeit in einer demokratischen Gesellschaft – Verhältnismäßigkeit. a) Grundsätze.** Angesichts des großzügigen Umgangs mit der staatlichen Zielsetzung ist, soweit es nicht an einer hinreichenden gesetzlichen Grundlage scheitert (→ Rn. 19 ff.), regelmäßig entscheidend, ob der Eingriff im Einzelfall „in einer demokratischen Gesell-

---

1997/979/1000, ÖJZ 1999, 115 Rn. 50 ff., 63 ff. – Kopp/SWI; auch zum Zugriff auf umfassende elektronische Daten in einer Anwaltskanzlei EGMR 3.7.2012 – 30457/06, NJW 2013, 3081 Rn. 39 ff. – Robathin/AUT; siehe insoweit zu Problemen einer etwaigen EU-Patchwork-Eingriffsregelung, die ein abgestimmtes Schutzinstrumentarium verhindern könnte Gaede ZStW 115 (2003), 845 (865 f.).
[73] Dazu und auch zum Folgenden erneut mwN EGMR 2.9.2010 – 35623/05, NJW 2011, 1333 Rn. 63 – Uzun/D. Zur Berücksichtigung von Verwaltungsübungen und -anweisungen: EGMR 31.5.2005 – 64330/01, NLMR 2005, 123 Rn. 69 – Antunes Rocha/POR.
[74] EGMR 16.2.2000 – 27798/95, ÖJZ 2001, 71 Rn. 76 ff. – Amann/SWI; EGMR 28.7.2007 – 62540/00, Rn. 76 – Ekimdzhiev ua/BUL; EGMR 29.6.2006 – 54934/00, NJW 2007, 1433 Rn. 93 ff. – Weber u. Saravia/D; EGMR 10.2.2009 – 25198/02, NJW 2010, 2111 Rn. 39 – Iordachi ua/MOL; Esser S. 150 ff.
[75] EGMR 27.10.2015 – 62498/11, NJW 2016, 2013 Rn. 130 ff. – R.E./UK, siehe aber dort zur Überwachung von Gesprächen zwischen einer Vertrauenspersonen und einem Inhaftierten großzügiger Rn. 156 ff. Siehe nun den Kontoabfragen bei Verteidigern EGMR 20.4.2017 – 73607/13, BeckRS 2017, 111131, Rn. 52 ff. – Sommer/D.
[76] Dazu grundlegend mwN EGMR 25.2.1997 – 22009/93, ÖJZ 1998, 152 Rn. 94 ff. – Z/FIN.
[77] Siehe insbesondere zu § 148 StPO EGMR 5.7.2001 – 38321/97, NJW 2003, 1439 Rn. 65 ff. – Erdem/D; zu § 100c Abs. 1 Nr. 1 lit. b StPO aF EGMR 2.9.2010 – 35623/05, NJW 2011, 1333 Rn. 64; Uzun/D; zum Recht der Durchsuchung EGMR 28.4.2005 – 41604/98, NJW 2006, 1495 Rn. 37 f. – Buck/D.
[78] Dazu näher Esser/Gaede/Tsambikakis NStZ 2012, 619 (624 ff.). Insbesondere zum früheren Verzicht auf eine gesetzlich geregelte Befristung und einen Richtervorbehalt EGMR 2.9.2010 – 35623/05, NJW 2011, 1333 Rn. 69 ff. – Uzun/D.
[79] Siehe so EGMR [GK] 18.1.2001 – 27238/95, NLMR 2001, 23 Rn. 82, 91 f. – Chapman/UK; mwN Meyer-Ladewig/Nettesheim Rn. 109.

schaft notwendig" war. In eben diesem Erfordernis kommt das Gebot zu einer heute durch den Gerichtshof näher ausgeprägten **Verhältnismäßigkeitsprüfung** zum Ausdruck,[80] ohne welche die Konvention auch bei Art. 8 ihrem Ziel nicht gerecht werden könnte, konkrete und wirksame Rechte zu gewährleisten (→ Art. 1 Rn. 28).[81] Eingriffe sollen nur zulässig sein, wenn sie einem **dringlichen gesellschaftlichen Bedürfnis** entspringen („*pressing social need*").[82] Die Vertragsstaaten müssen stichhaltig und hinreichend („*relevant and sufficient*") darlegen, dass die von ihnen verfolgten Gründe die Einschränkung der geschützten Menschenrechte rechtfertigen; dies verlangt insbesondere, dass Eingriff und verfolgtes Ziel zueinander im Verhältnis stehen.[83] Allerdings gelten insofern differenzierte Maßstäbe. Insbesondere bei Fragen der Moral und allgemein bei Lebensbereichen, in denen die nationalen Maßstäbe keinen weitreichenden Konsens aufweisen, gesteht der EGMR den Vertragsstaaten eine erhebliche *margin of appreciation* bei der Würdigung des *pressing social need* zu, die er insbesondere aus der besseren, unmittelbaren Kenntnis der nationalen Lebensverhältnisse und Sachverhalte ableitet.[84] Ein Nachschieben von Gründen, die in der nationalen Praxis bislang keinen Niederschlag gefunden haben, nun jedoch gegenüber dem EGMR geltend gemacht werden, weist der EGMR dabei aber grundsätzlich zurück.[85]

b) Strafprozessuale Kasuistik. Bedeutung hat Art. 8 insbesondere für **Durchsuchungen**.[86] So ist der EGMR einzelfallbezogen – anders als das BVerfG – in einem Fall dazu gelangt, eine Durchsuchung zur Aufklärung einer Ordnungswidrigkeit als unverhältnismäßig zu rügen.[87] Wird eine Anwaltskanzlei durchsucht, tritt der EGMR wie das BVerfG in eine besondere Verhältnismäßigkeitsprüfung ein, in der insbesondere die Frage eine Rolle spielt, inwiefern ein hinreichend gewichtiger Tatverdacht gegen den Rechtsanwalt selbst vorlag, hinreichende Vorkehrungen gegen Missbrauch getroffen wurden und der Umfang der Maßnahme begrenzt wurde.[88] Auch auf der Basis einer richterlichen Anordnung, der

---

[80] Zur Verhältnismäßigkeitsprüfung siehe etwa mwN Jacobs/*Ovey/White* S. 366 ff.; *Meyer-Ladewig/Nettesheim* Rn. 110 ff.

[81] Zum allgemeinen Gebot, wirksame Rechte zu erhalten, siehe EGMR 13.6.1979 – 6833/74, NJW 1979, 2449 Rn. 31 – Marckx/BEL; EGMR [GK] 11.7.2002 – 28957/95, NJW-RR 2004, 289 Rn. 74 f., 78 – Goodwin/UK; EGMR 21.5.2002 – 28856/95, Rn. 61 – Jokela/FIN; für eine entsprechende Prüfung, in der ein wirksamer Schutz durch das nationale Recht verneint wurde, EGMR 25.3.1998 – 13/1997/979/1000, ÖJZ 1999, 115 Rn. 63 ff. – Kopp/SWI.

[82] EGMR 26.4.1979 – 6538/74, EGMR-E 1, 344 Rn. 59 – Sunday Times/UK I; EGMR 24.11.1986 – 9063/80, EGMR-E 3, 306 Rn. 1 – Gillow/UK; EGMR 26.3.1987 – 9248/81, EGMR-E 3, 430 Rn. 58 – Leander/SWE; EGMR 3.12.2002 – 30218/96, NLMR 2002, 270 Rn. 69 f. – Nowicka/PL; EGMR 20.3.2007 – 5410/03, NJOZ 2009, 3349 Rn. 109 – Tysiac/PL; mwN EGMR 28.4.2005 – 41604/98, NJW 2006, 1495 Rn. 44 f. – Buck/D; SK-StPO/*Paeffgen* Rn. 123 ff.; Löwe/Rosenberg/*Esser* Rn. 54 ff.; Grabenwarter/*Pabel* § 22 Rn. 43 ff.

[83] Siehe EGMR 25.2.1997 – 22009/93, ÖJZ 1998, 152 Rn. 94 – Z/FIN: „*In determining whether the impugned measures were „necessary in a democratic society", the Court will consider whether, in the light of the case as a whole, the reasons adduced to justify them were relevant and sufficient and whether the measures were proportionate to the legitimate aims pursued*"; mwN EGMR 28.4.2005 — 41604/98, NJW 2006, 1495 Rn. 44 f. - Buck/D; zum strikteren Maßstab bei sexuellen Sachverhalten EGMR 27.9.1999 – 33985/96 u. 33986/96, NJW 2000, 2089 Rn. 89 – Smith u. Grady/UK; Radtke/Hohmann/*Ambos* Rn. 23; zur Prüfung bei der Überwachung von Rechtsanwälten EGMR 25.3.1998 – 13/1997/979/1000, ÖJZ 1997, 714 Rn. 55 ff. – Kopp/SWI; für Durchsuchungen mwN *Esser* S. 117 ff.

[84] Siehe etwa bedenklich großzügig im Inzestfall EGMR 12.4.2012 – 43547/08, NJW 2013, 215 Rn. 58 ff., 66 – Stübing/D; zum Schutz des Embryos und näher auch zur Bedeutung des Konsenses in verschiedenen Lebensbereichen mwN EGMR [GK] 16.12.2010 – 25579/05, NJW 2011, 2107 Rn. 232 ff. – A, B u. C/IRE; mwN insbesondere zur künstlichen Befruchtung *Meyer-Ladewig/Nettesheim* Rn. 112 und zur Embryo-Spende EGMR [GK] 27.8.2015 – 46470/11, NJW 2016, 3705 Rn. 168 ff. – Parrillo/ITA.

[85] EGMR [GK] 9.10.2003 – 48321/99, EuGRZ 2006, 560 Rn. 103 – Slivenko/LET; *Meyer-Ladewig/Nettesheim* Rn. 111.

[86] Zu den Standards siehe näher mwN Löwe/Rosenberg/*Esser* Rn. 145 ff.

[87] Dazu mwN EGMR 28.4.2005 – 41604/98, NJW 2006, 1495 Rn. 45 ff. – Buck/D.

[88] MwN EGMR 9.4.2009 – 19856/04, NJW 2010, 2109 Rn. 31 – Kolesnichenko/RUS; zum Gebot, unabhängige Zeugen zur Durchsetzung der Beschränkung auf die legitim gesuchten Informationen einzusetzen, EGMR 22.12.2008 – 46468/06, Rn. 214 – Aleksanyan/RUS; EGMR 7.6.2007 – 71362/01, Rn. 46, 48 – Smirnov/RUS.

ein tragfähiger Tatverdacht zugrunde liegt, verstoßen die Durchsuchung einer **Anwaltskanzlei** und die in ihr stattfindenden Beschlagnahmen gegen Art. 8 EMRK, wenn die Durchsuchungsanordnung keine hinreichende Begründung dafür angibt, weshalb sie trotz eines auf Kontakte zu zwei Personen beschränkten Tatverdachts eine vollständige Kopie aller vorhandenen elektronischen Daten des verdächtigten Rechtsanwalts veranlasst.[89] Hat kein Richter die Anordnung getroffen, muss eine **effektive nachträgliche richterliche Kontrolle** gewährleistet sein.[90]

27 Soweit es zu einer **Kumulation** von Grundrechtseingriffen nach mehreren Regelungen kommt, muss der Staat verhindern, dass eine widersprüchliche bzw. unverhältnismäßige Kumulation eintritt.[91] Zum Beispiel eine **Totalüberwachung** muss der Staat auch im Rahmen der Strafverfolgung zu vermeiden suchen.[92] Eine GPS-Überwachung, die über längere Zeit ein Bewegungsbild des Betroffenen ermöglicht, hat der EGMR aber trotz zusätzlicher Maßnahmen wie einer Langzeitobservation, einer Telefon- und Postüberwachung und einer beschränkten Videoüberwachung noch nicht als Totalüberwachung eingestuft, wenngleich er die Kumulation für höhere Anforderungen an die letztlich aber ebenfalls bejahte Verhältnismäßigkeit des Eingriffs heranzieht.[93] Für heimliche Überwachungsmaßnahmen ist zu bedenken, dass der EGMR in diesen Fällen wie in Konstellationen zu den Art. 2 und 3 die Anforderungen an den Nachweis eines Verletzungssachverhalts ggf. senkt.[94]

28 Nach Ansicht des EGMR kann Abs. 2 auch herangezogen werden, um den **Kontakt** eines Untersuchungshaftgefangenen zu seiner Mutter oder seiner Ehefrau zu **beschränken,** wenn die genannten Personen Belastungszeugen im laufenden Strafverfahren sind. Insoweit ist aber in besonderem Maße auf eine angemessene Dauer der Beschränkung zu achten.[95]

29 Eine zentrale Datenbank, in der DNA-Profile zugunsten zukünftiger Aufklärungsbedürfnisse gespeichert worden sind und eine Regelung wie § 81g StPO zugrunde legt, ist gerechtfertigt, wenn die Daten ausschließlich von Personen herrühren, die wegen gravierender Straftaten verurteilt worden sind.[96] Eine **Speicherung bzw. Aufbewahrung von DNA-Profilen, Fingerabdrücken und/oder Zellproben,** die von verdächtigen, letztlich aber nicht wegen einer Straftat verurteilten Personen erhoben worden sind, verstößt hingegen auch nach Ansicht des EGMR gegen das Recht auf Achtung des Privatlebens; sie ist in ihrer Pauschalität als unverhältnismäßig zu bewerten.[97] Vielmehr muss die präventive Datensammlung an begrenzenden und konkretisierenden Kriterien ausgerichtet werden, die insbesondere in einer zeitlichen Befristung und in einer Differenzierung nach der Schwere der Straftat bestehen.[98]

30 Der **freie Verkehr zwischen dem Beschuldigten und seinem Verteidiger,** den auch Art. 6 schützt (→ Art. 6 Rn. 165, 197 f.), kann nach dem aktuellen Standard der Rechtsprechung bei einem konkreten, nicht nur hypothetischen Verdacht („*reasonable cause*")

---

[89] MwN EGMR 3.7.2012 – 30457/06, NJW 2013, 3081 Rn. 39 ff. – Robathin/AUT.
[90] EGMR 15.2.2011 – 56720/09, Rn. 45 – Heino/FIN; EGMR 2.10.2014 – 97/11, Rn. 83 – Delta Pekárny/TCH; mwN Löwe/Rosenberg/*Esser* Rn. 142.
[91] EGMR 21.5.2002 – 28856/95, Rn. 61 – Jokela/FIN.
[92] EGMR 2.9.2010 – 35623/05, NJW 2011, 1333 Rn. 73 – Uzun/D: Eine Totalüberwachung, die insbesondere durch eine unkoordinierte Eingriffshäufung entstehen kann, müsse vermieden werden.
[93] Zum Votum für die Verhältnismäßigkeit EGMR 2.9.2010 – 35623/05, NJW 2011, 1333 Rn. 78 ff. – Uzun/D: Überwachung habe einen relativ kurzen Zeitraum betroffen und die Beschattung habe sich nur auf Teile der Woche bezogen, überdies habe es sich um Ermittlungen wegen versuchten Mordes und mehrerer Sprengstoffanschläge gehandelt.
[94] Dazu näher mwN EGMR 22.5.2008 – 65755/01, Rn. 49 f. – Iliya Stefanov/BUL; Löwe/Rosenberg/*Esser* Rn. 19.
[95] EGMR 11.10.2005 – 37444/97, Rn. 96 ff. – Baginski/PL; EGMR 20.5.2008 – 55470/00, Rn. 45 ff. – Ferla/PL.
[96] EGMR 4.6.2013 – 7841/08 u. 57900/12, EuGRZ 2014, 285 Rn. 44, 49 – Peruzzo u. Martens/D.
[97] EGMR [GK] 4.12.2008 – 30562/04 u. 30566/04, NJOZ 2010, 696 Rn. 122, 125 – S. u. Marper/UK; zust. Meyer-Goßner/*Schmitt* Rn. 3.
[98] EGMR [GK] 4.12.2008 – 30562/04 u. 30566/04, NJOZ 2010, 696 Rn. 103, 119 – S. u. Marper/UK; zum zusätzlichen Kriterium der Nichtzugänglichkeit der Daten für die Öffentlichkeit *Anders* JR 2011, 190 (194 ff.).

auf eine Straftat oder eine Gefährdung für die Sicherheit der Anstalt oder Dritter beschränkt werden.[99] Briefe dürfen, soweit Vorkehrungen gegen eine heimliche Kenntnisnahme getroffen werden, geöffnet, aber grundsätzlich nicht gelesen werden.[100] Erst recht darf keine routinemäßige Kontrolle stattfinden.[101] Auch über Kontoabfragen beim Verteidiger darf die berufliche Verschwiegenheit nicht beeinträchtigt werden.[102]

Aus Art. 8 können sich auch in Anbetracht des Abs. 2 **Auslieferungshindernisse** ergeben. So hindert er die Auslieferung etwa in einem Fall gegenüber der Türkei, wenn sie wegen einer nicht kapitalen Jugendverfehlung, die mehr als ein Jahrzehnt zurückliegt, nach eigenen Verfahrensfehlern verlangt wird und die ehemals Jugendliche heute in Deutschland eine Familie mit sechs Kindern einschließlich eines Säuglings zu versorgen hat.[103] Allerdings stehen familiäre Belange wie die Ehe einer Ausländerin mit einem deutschen Staatsangehörigen und im Inland zu versorgende Kinder einer Auslieferung – auch unter dem Gesichtspunkt des Art. 6 GG – nicht regelmäßig entgegen.[104] Dem liegt neben dem Umstand, dass Art. 8 für sich genommen kein originäres Aufenthaltsrecht vermittelt, insbesondere die Überlegung zugrunde, dass auch die nach nationalem Recht zulässige Durchführung eines Strafverfahrens und die in ihm ausgesprochene Sanktion zwingend das Familienleben auch bei zu versorgenden (Klein-)Kindern beeinträchtigen. Dies gilt aber nur dann, solange die mit dem ausländischen Strafverfahren eintretenden Beeinträchtigungen im Wesentlichen denen vergleichbar sind, die bei einer Aburteilung in Deutschland entstehen könnten.[105] Es ist eine Einzelfallentscheidung erforderlich, in der sich die Unverhältnismäßigkeit der Auslieferung erweisen kann.

Art. 9–12 *(nicht abgedruckt)*

Art. 13. Recht auf wirksame Beschwerde

Jede Person, die in ihren in dieser Konvention anerkannten Rechten oder Freiheiten verletzt worden ist, hat das Recht, bei einer innerstaatlichen Instanz eine wirksame Beschwerde zu erheben, auch wenn die Verletzung von Personen begangen worden ist, die in amtlicher Eigenschaft gehandelt haben.

Völkerrechtlich verbindlicher englischer und französischer Normtext:

Article 13 – Right to an effective remedy

Everyone whose rights and freedoms as set forth in this Convention are violated shall have an effective remedy before a national authority notwithstanding that the violation has been committed by persons acting in an official capacity.

Article 13 – Droit à un recours effectif

Toute personne dont les droits et libertés reconnus dans la présente Convention ont été violés, a droit à l'octroi d'un recours effectif devant une instance nationale, alors même que la violation aurait été commise par des personnes agissant dans l'exercice de leurs fonctions officielles.

---

[99] Dazu mwN EGMR 22.8.2008 – 15197/02, Rn. 43 – Petrov/BUL.
[100] EGMR 25.3.1992 – 13590/88, ÖJZ 1992, 595 Rn. 48 – Campbell/UK; EGMR 5.7.2001 – 38321/97, NJW 2003, 1439 Rn. 61 – Erdem/D; EGMR 22.8.2008 – 15197/02, Rn. 43 – Petrov/BUL; Meyer-Goßner/*Schmitt* Rn. 3; mwN Löwe/Rosenberg/*Esser* Rn. 162 ff.
[101] MwN EGMR 22.8.2008 – 15197/02, Rn. 43 ff. – Petrov/BUL; SK-StPO/*Paeffgen* Art. 6 Rn. 146; Löwe/Rosenberg/*Esser* Rn. 162.
[102] EGMR 27.11.2017 – 73607/13, BeckRS 2017, 111131, Rn. 52 ff. – Sommer/D.
[103] Dazu näher mwN OLG Hamm 21.12.2006 – (2) 4 Ausl A 25/06 (313/06), StraFo 2007, 160.
[104] MwN OLG Hamm 23.11.1999 – (2) 4 Ausl 21/99 (95/99), NStZ-RR 2000, 158; OLG Karlsruhe 21.5.1986 – 1 AK 6/86, GA 1987, 30; *Schomburg* NStZ 1999, 359 f.; vertiefend Löwe/Rosenberg/*Esser* Rn. 119 ff.; bestätigend mwN BVerfG 1.12.2003 – 2 BvR 879/03, BVerfGK 2, 165 (171).
[105] Siehe auch schon einschränkend *Lagodny* in Schomburg/Lagodny/Gleß/Hackner § 73 Rn. 105; OLG Karlsruhe 14.2.2005 – 1 AK 23/04, NStZ 2005, 351; siehe auch BVerfG 1.12.2003 – 2 BvR 879/03, BVerfGK 2, 165 (171): notwendige Abwägung.

Schrifttum: *Altermann,* Ermittlungspflichten der Staaten aus der Europäischen Menschenrechtskonvention, 2006; *Breuer,* Staatshaftung für judikatives Unrecht, 2011; *Demko,* Das Recht auf Verfahrensbeschleunigung gemäß Art. 6 Abs. 1 S. 1 EMRK in Strafverfahren und dessen Verhältnis zum Recht auf wirksame Beschwerde gemäß Art. 13 EMRK in der Rechtsprechung des EGMR – Teil 2, HRRS 2005, 403; *Frowein,* Art. 13 as a growing pillar of Convention law, GS Ryssdal, 2000, 545; *Gaede,* Das Recht auf Verfahrensbeschleunigung gemäß Art. 6 I 1 EMRK in Steuer- und Wirtschaftsstrafverfahren, wistra 2004, 166; *ders.,* Ungehobene Schätze in der Rechtsprechung des EGMR für die Verteidigung?, HRRS-FG Fezer, 2008, 21; *Graf,* Das neue Gesetz über den Rechtsschutz bei überlangen Gerichtsverfahren und strafrechtlichen Ermittlungsverfahren – Beschleunigungsimpuls für die Praxis oder neuer Anreiz für Verständigungen im Strafverfahren?, NZWiSt 2012, 121; *Gundel,* Neue Anforderungen des EGMR an die Ausgestaltung des nationalen Rechtsschutzsystems, DVBl. 2004, 217; *Matscher,* Zur Funktion und Tragweite der Bestimmung des Art. 13 EMRK, FS Seidl-Hohenveldern, 1988, 315; *Meyer,* Die Fortsetzungsfeststellungsklage im Strafprozessrecht, HRRS-FG Fezer, 2008, 131; *Meyer-Ladewig,* Rechtsbehelfe gegen Verzögerungen im gerichtlichen Verfahren – zum Urteil des EGMR Kudla/Polen, NJW 2001, 2679; *Ohrloff,* Der Rechtsschutz bei überlangen Gerichtsverfahren, 2014; *Plankemann,* Überlange Verfahrensdauer, 2015; *I. Roxin,* Ambivalente Wirkungen des Beschleunigungsgebotes, GA 2010, 425; *Schilling,* Art. 13 EMRK und der Rechtsschutz gegen den Richter, EuGRZ 2014, 596; *Schubert,* Vorgaben des Grundgesetzes und der Europäischen Menschenrechtskonvention für einen Rechtsschutz gegen überlange Gerichtsverfahren, 2016; *Sommer,* Die Verzögerungsrüge: „Auf der Suche nach der verlorenen Zeit", StV 2012, 107; *Vorwerk,* Kudla gegen Polen – Was kommt danach?, JZ 2004, 553; *Vospernik,* Das Verhältnis zwischen Art 13 und Art 6 EMRK – Absorption oder „Apfel und Birne", ÖJZ 2001, 361.

Übersicht

	Rn.		Rn.
I. Überblick	1–3	3. Die Wirksamkeit des gebotenen Rechtsbehelfs	14–26
1. Bedeutung innerhalb der EMRK	1, 2	a) Befugnis zu Prüfung und Abhilfe	15–18
2. Parallelgarantien	3	b) Notwendige Verfahrensgarantien	19–22
		c) Zumutbare Verfügbarkeit des Rechtsbehelfs	23–26
II. Erläuterung	4–36	4. Die Fälle des Rechts auf Verhandlung in angemessener Frist	27–36
1. Die Prämisse der substantiierten Verletzungsbehauptung	5–8	a) Verzögerungsrüge und Staatshaftung bei Freisprüchen	30, 31
2. Die Beschränkungen des Anwendungsbereichs – Verhältnis zu anderen Artikeln	9–13	b) Vollstreckungslösung bei Verurteilungen	32–36

I. Überblick

1 1. Bedeutung innerhalb der EMRK. In Art. 13 liegt ein bislang in ihrem Potential noch kaum erkanntes[1] partielles Pendant zu nationalen Rechtsweggarantien. Art. 13 gewährt das Recht, innerstaatlich die Beachtung der übrigen Menschenrechte der Konvention im Wege einer Beschwerde **wirksam einfordern** zu können[2] und vermittelt damit ein **Verfahrensrecht.** Er stellt ein zentrales Instrument dar, um der nicht notwendig unmittelbar in geltendes nationales Recht zu überführenden Konvention[3] reale Bedeutung zu verleihen. Nicht der EGMR, sondern primär die Vertragsstaaten müssen die EMRK zugunsten der von ihrem Recht und ihrer Staatsgewalt betroffenen Personen verwirklichen. Wird zum Beispiel eine Art. 6 verletzende Verfahrensverzögerung vertretbar behauptet, so *müssen* nationale Stellen im Sinne der **Subsidiarität** des Konventionsrechtsschutzes (dazu → Art. 1 Rn. 12 f.) in einem wirksam eröffneten Rechtsbehelf über diese mögliche Verletzung befinden und sich ggf. um Abhilfe sorgen, bevor damit der EGMR bemüht wird.[4]

---

[1] Dazu etwa *Meyer,* HRRS-FG Fezer, 2008, 131, 203 ff.
[2] Siehe hier nur *Grabenwarter/Pabel* § 24 Rn. 183 ff.
[3] EGMR 8.7.1986 – 9006/80 ua, EuGRZ 1988, 350 Rn. 206 – Lithgow ua/UK; Karpenstein/Mayer/*Breuer* Rn. 25; siehe auch BGH 20.7.1964 – AnwSt (B) 4/64, BGHSt 20, 68: Aus Art. 13 folge allein kein Rechtsmittel gegenüber einer nach deutschem Recht unanfechtbaren Entscheidung; Löwe/Rosenberg/*Esser* Rn. 25 und 27, 67, siehe aber zur Analogie Rn. 31.
[4] Grundlegend insoweit EGMR [GK] 26.10.2000 – 30210/96, NJW 2001, 2694 Rn. 151 ff. – Kudła/PL; später etwa auch EGMR [GK] 10.9.2010 – 31333/06, NLMR 2010, 278 Rn. 112 ff. – McFarlane/IRE. Siehe etwa krit. zur (früheren,) dies zum Teil missachtenden deutschen Rechtsprechung *Gaede* JR 2007, 253 ff.; die damalige Einschätzung bestätigend EGMR 22.1.2009 – 45749/06 u. 51115/06, HRRS 2009 Nr. 808 Rn. 81 – Kaemena u. Thöneböhn/D, mAnm *Krehl* StV 2009, 561 und *Krawczyk* JR 2009, 172.

Insofern kommt Art. 13 eine eminente Bedeutung zu, da er dem Kollaps des Schutzsystems entgegenwirkt (siehe allerdings zu den Grenzen dieses Auslegungstopos → Rn. 9 ff.).

Bei alledem ist der gebotene Rechtsbehelf im Rahmen der autonomen völkerrechtlichen Auslegung ersichtlich **nicht mit der nationalen Beschwerde** und damit insbesondere nicht mit der strafprozessualen Beschwerde gemäß den §§ 304 ff. StPO **gleichzusetzen**. 2

2. Parallelgarantien. Eine entsprechende Garantie enthält Art. 2 Abs. 3 IPbpR.[5] Eine weitergehende Rechtsweggarantie gewährleistet innerhalb der EU **Art. 47 GRC,** der aber nur für Rechte und Freiheiten zur Verfügung stehen muss, die gerade durch das Unionsrecht garantiert sind.[6] Jedem, dessen Rechte oder Freiheiten verletzt worden sind, muss hiernach ein wirksamer Rechtsbehelf offen stehen, der eine Entscheidung durch ein unabhängiges und unparteiliches Gericht nach Anhörung des Betroffenen in einem fairen und öffentlichen Verfahren in angemessener Frist ermöglicht. In Deutschland sichert **Art. 19 Abs. 4 GG** ab, dass Rechtsschutz gegen staatliche oder dem Staat zurechenbare Verletzungen der Grundrechte verfügbar ist. Er geht insbesondere hinsichtlich der Anforderungen an das Entscheidungsorgan weiter und wird zudem durch das Rechtsstaatsprinzip des **Art. 20 Abs. 3 GG** ergänzt, das ggf. zusätzlich Rechtsschutz gegenüber Entscheidungen der Judikative vermittelt.[7] In einigen Vertragsstaaten steht dem Verurteilten im Strafverfahren gemäß Art. 2 ZP Nr. 7 zusätzlich prinzipiell ein Rechtsmittel zu.[8] 3

II. Erläuterung

Art. 13 gebietet insbesondere in Fällen des Rechts auf eine Verhandlung in angemessener Frist (→ Rn. 27 ff.) einen wirksamen Rechtsbehelf (zu den Kriterien → Rn. 14 ff.), wenn eine substantiierte Verletzungsbehauptung aufgestellt wird (→ Rn. 5 ff.) und keine systematisch bedingte Einschränkung seines Anwendungsbereichs eingreift (→ Rn. 9 ff.). 4

1. Die Prämisse der substantiierten Verletzungsbehauptung. Art. 13 dient dem Zweck, die Verwirklichung der übrigen Konventionsrechte und damit der Art. 2–12 sowie der Rechte aus ratifizierten und in Kraft getretenen Zusatzprotokollen[9] abzustützen. Entsprechend ist die Garantie des Art. 13 **akzessorisch** und stets daran gebunden, dass der Beschwerdeführer eine Verletzung einer anderen Konventionsgarantie geltend macht.[10] 5

Zugleich setzt die Eröffnung des Schutzbereichs des Art. 13 entgegen des eher in die Irre führenden Wortlautes keine tatsächlich eingetretene Verletzung eines substanziellen Konventionsrechts voraus. Die Norm ist entsprechend ihres prozeduralen Zwecks so zu verstehen, dass eine staatliche Prüfung bereits bei **einer substantiierten Behauptung einer Konventionsverletzung** geboten ist.[11] Folglich kann etwa auch der EGMR zwar die geltend gemachte Verletzung eines substanziellen Konventionsrechts zurückweisen, jedoch eine Verletzung des Art. 13 feststellen.[12] 6

---

[5] Dazu näher mwN Löwe/Rosenberg/*Esser* Rn. 2 ff.
[6] Zum Verhältnis zur EMRK und zur insoweit auch beschränkten Reichweite siehe schon mwN EnzykEuropR/*Gaede*, Band 9, § 3 Rn. 84.
[7] Dazu BVerfGE 107, 395 ff.
[8] Zu den Vertragsstaaten, die Deutschland nicht umfassen, vgl. die Ratifikationsliste unter http://conventions.coe.int. Zum Recht im knappen Überblick SSW/*Satzger* ZP Art. 2 Nr. 7 Rn. 4 ff.
[9] Löwe/Rosenberg/*Esser* Rn. 18.
[10] Dafür etwa *Meyer*, HRRS-FG Fezer, 2008, S. 131, 204; Karpenstein/Mayer/*Breuer* Rn. 2.
[11] Zum geltenden Maßstab mwN Löwe/Rosenberg/*Esser* Rn. 20 ff.; *Matscher* FS Seidl-Hohenveldern, 1988, 315 (319 f.); zur indiziellen Bedeutung der Kriterien der offensichtlichen Unbegründetheit des Art. 35 Abs. 2 lit. a mwN Karpenstein/Mayer/*Breuer* Rn. 12 ff.
[12] EGMR 29.11.2005 – 37038/97, Rn. 117 ff. – Nuri Kurt/TUR; EGMR 20.1.2011 – 19606/08, Rn. 127 – Payet/FRA; EGMR 4.9.2014 – 68919/10, NJW 2015, 3359 Rn. 55 – Peter/D; EGMR [GK] 16.2.2000 – 27798/95, ÖJZ 2001, 71 Rn. 88 ff. – Amann/SWI; EGMR 6.9.1978 – 5029/71, NJW 1979, 1755 Rn. 64 f. – Klass ua/D.

7 Konkret setzt der EGMR für Art. 13 einen *„arguable claim"* voraus und damit eine vertretbar zu behauptende Konventionsverletzung.[13] Bei der Subsumtion dieses Erfordernisses berücksichtigt er die Umstände des Einzelfalles,[14] zielt damit aber insgesamt nur darauf ab, missbräuchlich erscheinende Verletzungsbehauptungen zurückzudrängen.[15] Keinesfalls muss der Erfolg der eingeforderten Prüfung sicher erscheinen.[16]

8 Aus dem Erfordernis, eine Konventionsverletzung substantiiert darzulegen, leitet sich ab, dass Art. 13 grundsätzlich keinen **unmittelbar gegen ein (neu eingeführtes) Gesetz** gerichteten Rechtsbehelf gewährleistet,[17] da in diesen Fällen prinzipiell keine bereits individuell konkretisierte Konventionsverletzung vorliegt. Soweit indes plausibel eine solche Verletzung behauptet werden kann, weil schon das Gesetz den Bürger in Freiheiten beschneidet[18] und die Herbeiführung einer Entscheidung etwa wegen drohender Sanktionen unzumutbar erscheint, wirkt die vorherrschende Ansicht, dass Art. 13 keinen Rechtsbehelf gegen Gesetze gebiete,[19] als bislang nicht gerechtfertigte Ausnahme. Momentan führt die Rechtsprechung dazu, dass sich der *arguable claim* im Wesentlichen aus Behörden- und insbesondere aus Gerichtsentscheidungen ableitet.

9 **2. Die Beschränkungen des Anwendungsbereichs – Verhältnis zu anderen Artikeln.** Zusätzlich zur Prämisse der substantiierten Verletzungsbehauptung sind in systematischer Hinsicht Grenzen zu beachten, die der EGMR bei der Handhabung des Art. 13 beachten muss. Mit einer unbegrenzten Auslegung der Norm wäre es etwa möglich, ein Recht auf ein Rechtsmittel im Strafverfahren zu etablieren, obschon ein solches Recht, wie aus dem Art. 2 des 7. Zusatzprotokolls ersichtlich wird, der Konvention selbst noch nicht entnommen werden sollte. Entsprechend hatte der EGMR ursprünglich alle Verfahrensrechte des Art. 6 nicht zusätzlich über die Beschwerde gemäß Art. 13 geschützt. Die Norm sollte selbst als subsidiär zurücktreten, zumal ihre Anforderungen hinter denen des Art. 6 zurückbleiben.

10 Für das **Recht auf Verhandlung in angemessener Frist** hat der EGMR dies indes in heute ständiger und gefestigter Rechtsprechung durchbrochen.[20] Angeregt von der überhand nehmenden Zahl einschlägiger Rügen hat der EGMR die Subsidiarität des Art. 13 für die Garantie folgenreich verworfen: Seit dem *Kudła*-Urteil müssen die Vertragsstaaten auch ihre in Art. 13 angelegten Verpflichtungen erfüllen und damit Rechtsbehelfe im Sinne dieser Norm stellen, die national ausgelösten unangemessenen Verfahrensverzögerungen in

---

[13] EGMR 29.11.2005 – 37038/97, Rn. 117 – Nuri Kurt/TUR; EGMR 26.3.1987 – 9248/81, EGMR-E 3, 430 Rn. 77 – Leander/SWE; EGMR 27.4.1988 – 9659/82 u. 9658/82, EGMR-E 4, 47 Rn. 52 ff. – Boyle u. Rice/UK; EGMR 27.11.2012 – 7222/05, Rn. 63 – Savovi/BUL; EGMR [GK] 28.10.1999 – 28396/95, NJW 2001, 1195 Rn. 75 – Wille/LIE; siehe auch schon EGMR 6.9.1978 – 5029/71, NJW 1979, 1755 Rn. 64 – Klass ua/D; zur erheblichen Bedeutung der angemessenen tatsächlichen Substantiierung EGMR 18.1.2005 – 36217/97, Rn. 88 – Mentese ua/TUR; mwN Löwe/Rosenberg/*Esser* Rn. 23.

[14] EGMR 27.4.1988 – 9659/82 u. 9658/82, EGMR-E 4, 47 Rn. 55 – Boyle u. Rice/UK; EGMR [GK] 16.2.2000 27798/95, ÖJZ 2001, 71 Rn. 88 – Amann/SWI.

[15] Dafür siehe Löwe/Rosenberg/*Esser* Rn. 22; *Meyer*, HRRS-FG-Fezer, 2008, S. 131, 205 f. und EGMR 26.3.1987 – 9248/81, EGMR-E 3, 430 Rn. 77 – Leander/SWE; EGMR 27.4.1988 – 9659/82 u. 9658/82, EGMR-E 4, 47 Rn. 54 – Boyle u. Rice/UK; EGMR 25.3.1993 – 3134/87, ÖJZ 1993, 707 Rn. 40 – Costello-Roberts/UK. Siehe auch zur Anerkennung eines *arguable claim* bei der Geltendmachung des Verschwindens von Personen in staatlichem Gewahrsam EGMR [GK] 13.12.2012 – 39630/09, NVwZ 2013, 631 Rn. 258 – El-Masri/MAZ; EGMR 14.11.2000 – 24396/94, ÖJZ 2001, 398 Rn. 93 – Tas/TUR.

[16] *Meyer-Ladewig/Renger* Rn. 7; EGMR 4.9.2014 – 68919/10, NJW 2015, 3359 Rn. 55 – Peter/D; EGMR 20.1.2011 – 19606/08, Rn. 127 – Payet/FRA; EGMR [GK] 16.2.2000 – 27798/95, ÖJZ 2001, 71 Rn. 88 – Amann/SWI.

[17] MwN EGMR [GK] 12.9.2012 – 10593/08, NJOZ 2013, 1183 Rn. 208 – Nada/SWI; siehe zur EKMR auch EGMR 26.3.1985 – 8978/80, NJW 1985, 2075 Rn. 35 (Teil zu Art. 13 nicht abgedruckt) – X. u. Y./NL; zust. Löwe/Rosenberg/*Esser* Rn. 38.

[18] Siehe nur die Thematisierung von Überwachungsmaßnahmen in den Fällen EGMR 6.9.1978 – 5029/71, NJW 1979, 1755 Rn. 32 ff., 35 ff., 41 ff. – Klass ua/D und EGMR 29.6.2006 – 54934/00, NJW 2007, 1433 Rn. 78 ff. – Weber u. Saravia/D; mwN Löwe/Rosenberg/*Esser* Art. 8 Rn. 18 f.

[19] EGMR 26.3.1987 – 9248/81, EGMR-E 3, 430 Rn. 77 – Leander/SWI; EGMR 8.7.1986 – 9006/80 ua, EuGRZ 1988, 350 Rn. 206 – Lithgow ua/UK; zust. weiter *Meyer-Ladewig/Renger* Rn. 4.

[20] EGMR [GK] 26.10.2000 – 30210/96, NJW 2001, 2694 Rn. 147 ff. – Kudła/PL m. abl. SV *Casadevall*.

geeigneter Weise abhelfen können.[21] Ein Vertragsstaat kann hier dann sowohl wegen Verstoßes gegen Art. 6 als auch wegen Verstoßes gegen Art. 13 verurteilt werden. Diese Entwicklung machte aus dem bisherigen, in Art. 34 verankerten „Recht der Staaten zur Kompensation" über Art. 13 eine menschenrechtliche Pflicht.[22]

Ergänzend ist auch bezüglich **Art. 5 Abs. 3** im Fall einer möglichen Verletzung eine Prüfung gemäß Art. 13 erforderlich.[23] Auch in Fällen, in denen es um Personen geht, die **aus dem staatlichen Gewahrsam heraus verschwunden** sein sollen, tritt Art. 13 neben die aus Art. 2 und 3 folgenden Ermittlungspflichten.[24] **11**

Festzuhalten ist jedoch, dass für andere verfahrensrechtliche Garantien der EMRK weiter **Einschränkungen** zu beachten sind. So nimmt der EGMR nach wie vor an, dass die **Art. 5 Abs. 4**[25] und **Art. 6**[26] soweit es um den Zugang zu einem Gericht und damit zugleich um die Anforderungen an ein angemessenes gerichtliches Verfahren geht, als *lex specialis* zu deuten sind.[27] Hierfür können zum einen die insbesondere bei Art. 6 gegebenen, im Vergleich zu Art. 13 weitergehenden Verfahrensanforderungen angeführt werden. Zum anderen kommt *prima facie* ein Abstandsgebot zum 7. Zusatzprotokoll zur Begründung in Betracht, zumal der Rechtsschutz gegen richterliche Entscheidungen Richtern anzuvertrauen wäre.[28] Die praktisch bedeutsamste Folge dieser Auslegung liegt darin, dass Art. 13 kein Rechtsmittel gegen eine unzutreffende Verurteilung garantiert.[29] Soweit jedoch Rechtspositionen der EMRK betroffen sind, die *weder als ziviles Recht noch als strafrechtliche Anklage* von Art. 6 erfasst sind, bleibt Art. 13 anwendbar.[30] **12**

Kritik: Gleichwohl ist die Rechtsprechung angesichts durchaus hoher Fallzahlen, in denen andere Verletzungen des Art. 6 geltend gemacht werden, nicht frei von Zweifeln: Die Staaten haben sich mit Art. 13 schon dem Wortlaut nach *für jedes Recht der EMRK*[31] verpflichtet, einen die Durchsetzung der Rechte abstützenden Rechtsbehelf vorzuhalten. In den problematischen Fällen geht es gerade darum, dass die weitergehenden Anforderungen etwa des Art. 6 nicht eingehalten worden sind. Auch die Frage, ob die Anforderungen des Art. 6 gewahrt worden sind, lässt sich von der Frage unterscheiden, ob der Betroffene in der nationalen Rechtsordnung einen wirksamen Rechtsbehelf hinsichtlich einer behaupteten dahingehenden Rechtsverletzung besaß.[32] Zur Durchsetzung seiner Rechte wird der Betroffene bislang auf eine im Zweifel langwierigere Individualbeschwerde zum EGMR verwiesen, die das Konventionssystem belastet. Beschränkte man den Rechtsbe- **13**

---

[21] EGMR [GK] 26.10.2000 – 30210/96, NJW 2001, 2694 Rn. 152 ff. – Kudła/PL; bestätigend etwa EGMR 26.7.2001 – 51585/99, Rn. 63 ff. – Horvat/CRO; EGMR [GK] 10.9.2010 – 31333/06, NLMR 2010, 278 Rn. 112 ff. – McFarlane/IRE.
[22] Dazu *Meyer-Ladewig* NJW 2001, 2679; *Gaede* wistra 2004, 166 (171).
[23] Zum gesonderten Kompensationsbedarf, der auch für Art. 13 zu beachten ist, siehe EGMR 10.11.2005 – 657457/01, StV 2006, 474 Rn. 82 ff. – Dzelili/D.
[24] MwN EGMR 24.7.2014 – 28761/11, NVwZ 2015, 955 Rn. 548 – Al Nashiri/PL; EGMR [GK] 13.12.2012 – 39630/09, NVwZ 2013, 631 Rn. 256 – El-Masri/MAZ; mwN *Meyer-Ladewig/Renger* Rn. 28 ff., 40.
[25] Dazu mwN EGMR [GK] 25.3.1999 – 31195/96, NJW 2000, 2883 Rn. 69 – Nikolova/BUL; bestätigend etwa EGMR [GK] 23.2.2016 – 11138/10, Rn. 208 – Mozer/MOL u. RUS.
[26] Für die StRspr EGMR 9.10.1979 – 6289/73, EuGRZ 1979, 626 Rn. 35 – Airey/IRE; bestätigend wieder EGMR [GK] 26.10.2000 – 30210/96, NJW 2001, 2694 Rn. 147 – Kudła/PL. Siehe auch unter dem Aspekt der Vorlagepflicht gegenüber dem EuGH nach Unionsrecht krit. mwN *Schilling* EuGRZ 2014, 596 (598 ff.).
[27] Zust. etwa Meyer-Goßner/*Schmitt* Rn. 1; Löwe/Rosenberg/*Esser* Rn. 14 f., 33 ff.
[28] Siehe etwa mwN und Argumenten wie der möglichen Verzögerung durch den Rechtsbehelf und des unmöglichen ewigen Regresses Löwe/Rosenberg/*Esser* Rn. 36.
[29] Zu diesem Umstand mwN EGMR 9.5.2007 – 12788/04, NJW 2008, 2320 – Homann/D; EuStR/*Kreicker* § 51 Rn. 62 f.; siehe auch zur Verletzung des rechtlichen Gehörs mwN *Schilling* EuGRZ 2014, 596 ff.
[30] Hierzu mwN Löwe/Rosenberg/*Esser* Rn. 36.
[31] Siehe auch, ohne Folgerungen daraus zu ziehen, *Meyer-Ladewig/Renger* Rn. 5: Norm bezieht sich auf alle garantierten Rechte der EMRK. Vgl. zudem *Vospernik* ÖJZ 2001, 361 (362 ff.).
[32] Zu der im Grunde entsprechenden Argumentation des Gerichts im Fall *Kudła* zur Verfahrensverzögerung siehe EGMR [GK] 26.10.2000 – 30210/96, NJW 2001, 2694 Rn. 147 – Kudła/PL; siehe auch *Vospernik* ÖJZ 2001, 361 (367 f.).

helf auf die **Geltendmachung spezifischer Menschrechtsverletzungen,** käme die Anwendung des Art. 13 tatsächlich auch noch nicht in vollem Umfang einem zunächst das nationale Prozessrecht und ggf. die Tatfrage betreffenden Rechtsmittel nach dem 7. Zusatzprotokoll gleich. Allerdings ist zu bedenken, dass ein Rechtsschutz gegen richterliche Entscheidungen insoweit zur Wahrung der richterlichen Unabhängigkeit eine Prüfung durch Richter voraussetzen sollte, auch wenn Art. 13 diesen grundsätzlich nicht gewährleistet.

14 **3. Die Wirksamkeit des gebotenen Rechtsbehelfs.** Art. 13 genügt nicht schon die nationale Eröffnung eines beliebigen Rechtsbehelfs. Der Rechtsbehelf muss gewährleisten, dass zu fairen Verfahrensbedingungen über die aufgestellte substantiierte Verletzungsbehauptung zur Sache entschieden und etwaigen Verletzungen abgeholfen wird. Damit sind verschiedene **Wirksamkeitskriterien** zu beachten. Dennoch ist festzuhalten, dass den Vertragsstaaten erhebliche Spielräume verbleiben, auf welchem Wege sie den Kriterien durch Rechtsbehelfe gerecht werden wollen.[33] So ist es etwa möglich, die nicht zwingend Gerichten anzuvertrauenden (dazu näher → Rn. 20) Sachvorträge in der nationalen Rechtsordnung durch eben diese entscheiden zu lassen.

15 **a) Befugnis zu Prüfung und Abhilfe.** Wirksam ist ein nationaler Rechtsbehelf grundsätzlich immer dann, wenn er entweder die behauptete Rechtsverletzung oder deren Fortdauer verhindern oder bezüglich einer bereits eingetretenen Rechtsverletzung kompensierend eine angemessene Abhilfe schaffen kann.[34] Das nationale Recht muss im Rahmen der Abhilfe grundsätzlich imstande sein, für eine Verletzung verantwortliche staatliche Stellen haftbar zu machen und den Betroffenen eine angemessene Entschädigung zuzusprechen.[35] Zu diesem Zweck muss das Entscheidungsorgan den vorgetragenen **Sachverhalt grundsätzlich unbeschränkt rechtlich und tatsächlich** etwa auch hinsichtlich einer mangelnden Verhältnismäßigkeit des staatlichen Tuns oder Unterlassens **prüfen können.**[36] Davon ist etwa dann nicht auszugehen, wenn zwischen der Anrufung des Gerichts gegen eine bevorstehende Ausweisung und der tatsächlichen Ausweisung nur eine Stunde vergeht.[37] Bei alledem ergeben sich die notwendigen Bedingungen der Wirksamkeit immer auch aus dem **konkret gegenständlichen Konventionsrecht** (dazu exemplarisch → Rn. 27 ff.).[38] So ist etwa hinsichtlich Art. 3 sowohl ein präventiver als auch ein auf Entschädigung gerichteter Rechtsbehelf erforderlich.[39] Die von Art. 2 und

---

[33] Hierfür siehe etwa EGMR 27.9.1999 – 33985/96 u. 33986/96, NJW 2000, 2089 Rn. 135 – Smith u. Grady/UK; zusf. EGMR [GK] 23.2.2016 – 11138/10, Rn. 207 – Mozer/MOL u. RUS; zur Verletzung des Rechts auf Verhandlung in angemessener Frist mwN EGMR 22.1.2009 – 45749/06 u. 51115/06, HRRS 2009 Nr. 808 Rn. 78 f. – Kaemena u. Thöneböhn/D; EGMR 27.1.2005 – 5057/00, Rn. 38 – Sidjimov/BUL.

[34] EGMR [GK] 26.10.2000 – 30210/96, NJW 2001, 2694 Rn. 152, 158 – Kudła/PL; EGMR [GK] 8.6.2006 75529/01, NJW 2006, 2389 Rn. 99 f., 138 f. – Sürmeli/D; EGMR 13.11.2008 – 26073/03, HRRS 2009 Nr. 217 Rn. 54 f. – Ommer/D II; *Grabenwarter/Pabel* § 24 Rn. 197, 203, 205; zur ungenügenden Anrufung beratender Stellen, die selbst keinen Anspruch auf Abhilfe vermitteln können, mwN *Löwe/Rosenberg/Esser* Rn. 46, 48.

[35] EGMR [GK] 10.5.2001 – 28945/95, Rn. 107 – T.P. u. K.M./UK; siehe insbesondere zu Art. 2 und 3 mwN *Meyer-Ladewig/Renger* Rn. 28 ff.: Pflicht zu gründlichen Ermittlungen; zur Möglichkeit, über die Freistellung anderenfalls zu tragender Kosten zu entschädigen, EGMR 18.2.2016 10722/13, NLMR 2016, 70 Rn. 86, 94 ff. – A.K./LIE II; näher zur Frage, inwiefern ein Wahlrecht zwischen dem (teilweise) präventiven Primärrechtsschutz und kompensatorischen Sekundärrechtsschutz besteht und bestehen sollte mwN Karpenstein/Mayer/*Breuer* Rn. 35 ff.

[36] EGMR 27.1.2015 – 36925/10 ua, Rn. 183 ff. – Neshkov ua/BUL; zur Verhältnismäßigkeit staatlicher Eingriffe EGMR 26.7.2011 – 41416/08, NLMR 2011, 235 Rn. 124 f. – M ua/BUL; mwN *Löwe/Rosenberg/Esser* Rn. 49 f.; zur gebotenen strengen Prüfung in Asyl- und Abschiebungsfällen mwN EGMR [GK] 21.1.2011 – 30696/09, NVwZ 2011, 413 Rn. 290 ff. – M.S.S./GRE u. BEL.

[37] In diesem Sinne EGMR [GK] 13.12.2012 – 22689/07, NLMR 2012, 411 Rn. 94 – De Souza Ribeiro/FRA.

[38] MwN EGMR [GK] 10.9.2010 – 31333/06, NLMR 2010, 278 Rn. 108 – McFarlane/IRE; Löwe/Rosenberg/*Esser* Rn. 40.

[39] EGMR 10.3.2015 – 14097/12 ua, NLMR 2015, 160 Rn. 48 f. – Varga ua/HUN; EGMR 27.12015 – 36925/10 ua, Rn. 181 – Neshkov ua/BUL.

3 abgeleiteten Pflichten zur eingehenden Ermittlung von Amts wegen finden so auch in Art. 13 eine weitere Grundlage.[40]

Um die Anforderungen zu erfüllen, muss der Staat nicht zwingend einen einzigen **16** Rechtsbehelf vorsehen. Maßgeblich ist vielmehr grundsätzlich eine Gesamtbetrachtung aller **kombiniert zur Verfügung stehenden Rechtsbehelfe**.[41] Insoweit ist aber jeweils zu prüfen, ob die notwendige Kombination, die eine unübersichtliche Lage und erhebliche Aufwendungen für den Betroffenen bedeuten kann, nicht die Bedingungen einer zumutbar verfügbaren und effektiven Abhilfemöglichkeit verfehlen (→ Rn. 23 ff.).[42]

Soweit national für die zu prüfende Ausgangsentscheidung ein **Beurteilungsspiel-** **17** **raum oder ein Ermessen** anerkannt ist, darf dies die Prüfung in der Sache nicht völlig zurückdrängen.[43] Insbesondere darf nicht nur eine Prüfung daraufhin möglich sein, ob die Entscheidung objektiv unvernünftig war, während eine Prüfung des möglicherweise verletzten Konventionsrechts ausgeschlossen ist.[44] Im Übrigen kann fraglich sein, ob und inwiefern Beurteilungsspielraum und Ermessen mit dem einschlägigen Konventionsrecht vereinbar sind. Soweit Gründe der Geheimhaltung gegen eine vollständige Überprüfung angeführt werden, hat der EGMR am Beispiel des G10-Gesetzes erkennen lassen, dass er Beschränkungen für möglich erachtet.[45] Noch immer muss der Rechtsbehelf aber so wirksam wie möglich ausfallen und damit die Frage aufwerfen und beantworten können, ob die gesetzlichen Voraussetzungen der Eingriffsmaßnahme tatsächlich vorlagen.[46]

Falls eine **Entschädigung** Ziel des Rechtsbehelfs ist und sein darf, bindet der EGMR **18** die Vertragsstaaten nicht an eine konkret erforderliche Höhe. Primär ist es Aufgabe der nationalen Gerichte, über die Höhe der Kompensation zu befinden. Der EGMR überprüft aber weiter auch unter dem Gesichtspunkt der möglicherweise entfallenen Opferstellung im Sinne des Art. 34 EMRK, ob die Entscheidung insgesamt konventionsgemäß war.[47]

b) Notwendige Verfahrensgarantien. Die prinzipielle Befugnis zur Abhilfe im obigen **19** Sinne genügt für eine hinreichende Beschwerde allein noch nicht. Vielmehr müssen auch das Entscheidungsorgan und das von ihm angewendete Verfahren Wirksamkeitskriterien genügen:

Das Entscheidungsorgan muss von der Stelle, deren Entscheidung oder Praxis ange- **20** fochten wird, **hinreichend unabhängig** sein.[48] Sie darf insbesondere nicht Richter in eigener Sache sein.[49] Für den Rechtsbefehl müssen aber nicht zwingend Gerichte

---

[40] Dazu siehe im Überblick mwN *Meyer-Ladewig/Renger* Rn. 29.
[41] Hierzu etwa EGMR 26.3.1987 – 9248/81, EGMR-E 3, 430 Rn. 77 – Leander/SWE; EGMR [GK] 26.10.2000 – 30210/96, NJW 2001, 2694 Rn. 157 – Kudła/PL; mwN EGMR 10.3.2015 – 14097/12 ua, NLMR 2015, 160 Rn. 47 – Varga ua/HUN.
[42] MwN EGMR 6.10.2005 – 23032/02, Rn. 67 f., 86 f. – Lukenda/SLO; Löwe/Rosenberg/*Esser* Rn. 68.
[43] EGMR 26.10.2000 – 30985/96, Rn. 100 – Hasan u. Chaush/BUL.
[44] Dazu siehe EGMR [GK] 8.7.2003 – 36022/97, NVwZ 2004, 1465 Rn. 141 f. – Hatton ua/UK; EGMR 27.9.1999 – 33985/96 u. 33986/96, NJW 2000, 2089 Rn. 136 ff. – Smith u. Grady/UK; mwN und zu unterschiedlichen Ansätzen des EGMR Löwe/Rosenberg/*Esser* Rn. 50.
[45] EGMR 6.9.1978 – 5029/71, NJW 1979, 1755 Rn. 68 ff. – Klass ua/D; mwN EGMR 31.7.2012 – 36662/04, Rn. 67 – Draksas/LIT; Löwe/Rosenberg/*Esser* Rn. 51 f. mit Hinweis auf die Ausnahme für Art. 3 EMRK.
[46] Zu beidem siehe EGMR 27.11.2012 – 7222/05, Rn. 63 ff. – Savovi/BUL: alleinige Prüfung der strafrechtlichen Verantwortlichkeit der staatlich Verantwortlichen ohne Bezug zur Rechtmäßigkeitsfrage ungenügend.
[47] Dazu mwN Löwe/Rosenberg/*Esser* Rn. 58; *Meyer-Ladewig/Renger* Rn. 19 und EGMR [GK] 29.3.2006 – 64897/01, Rn. 84 – Ernestina Zullo/ITA; zur Bedeutung des Art. 41 EGMR 18.2.2016 – 10722/13, NLMR 2016, 70 Rn. 87 – A.K./Liechtenstein II.
[48] EGMR 25.3.1983 – 5947/72 ua, EGMR-E 2, 227 Rn. 116 – Silver ua/UK; aus dem Strafvollzug EGMR 27.1.2015 – 36925/10 ua, Rn. 183 – Neshkov ua/BUL; zu Ermittlungen etwa in Folter-Fällen EGMR [GK] 17.7.2014 – 47848/08, NJW 2015, 2635 Rn. 149 – CLR/ROM; EGMR 14.2.2012 – 9296/06, Rn. 107 – Shumkova/RUS. Zur ausgeschlossenen (teilweisen) Personenidentität: EGMR 13.11.2008 – 64119/00 u. 76292/01, Rn. 121 f. – Kayasu/TUR.
[49] Dazu etwa EGMR 25.3.1983 – 5947/72 ua, EGMR-E 2, 227 Rn. 116 – Silver ua/UK.

zuständig sein.⁵⁰ Genügen kann insbesondere die Prüfung und Entscheidung durch eine andere Behörde, ein Ministerium oder eine zu dem Zweck eingesetzte Kommission.⁵¹ Unzureichend sind allerdings Beschwerden bei vorgesetzten Stellen innerhalb der Staatsanwaltschaft, soweit es um staatsanwaltliche Entscheidungen geht.⁵² Auch Dienstaufsichtsbeschwerden scheiden aus, wenn sich mit ihnen ein Eingreifen in der Sache nicht erreichen lässt.⁵³

21 Das Verfahren muss auch darüber hinaus **prozessuale Mindestgarantien** bieten. Insbesondere muss der Beschwerdeführer den Verletzungssachverhalt mit seinen Argumenten vortragen dürfen und Gehör finden.⁵⁴ Eine mündliche Verhandlung ist grundsätzlich jedoch nicht notwendig. Die Beweisanforderungen dürfen die Chancen der Beschwerde nicht unangemessen beeinträchtigen.⁵⁵ Ebenso muss der Rechtsbehelf mit einer **hinreichenden Beschleunigung** geprüft werden,⁵⁶ um insbesondere eine vermeidbare Schaffung vollendeter Tatsachen bzw. eine Vorwegnahme der Hauptsache zu verhindern.

22 Rechtsbehelfe gegen mögliche Verletzungen des Art. 3 müssen regelmäßig **aufschiebende Wirkung** besitzen.⁵⁷ Dies gilt insbesondere hinsichtlich einer Ausweisung bzw. **Auslieferung**.⁵⁸ Auch hier muss ein Rechtsbehelf noch effektiv möglich sein, weshalb es etwa Art. 13 EMRK nicht genügen kann, wenn der Auszuliefernde von der bevorstehenden Auslieferung erst auf dem Weg zum Flughafen erfährt.⁵⁹

23 **c) Zumutbare Verfügbarkeit des Rechtsbehelfs.** Überdies ist getreu dem allgemeinen Anspruch der Konvention, konkrete und wirksame Rechte zu gewährleisten (→ Art. 1 Rn. 28 f.), nicht nur die formelle Rechtslage von Belang. Der Rechtsbehelf muss vielmehr insbesondere **in der praktischen Rechtsanwendung wirksam** sein.⁶⁰ So kann sich kein Vertragsstaat auf einen nach der Gesetzeslage vertretbaren Rechtsbehelf berufen, der von der nationalen höchstrichterlichen Rechtsprechung tatsächlich gar nicht oder doch nur vereinzelt anerkannt wurde.⁶¹

---

⁵⁰ EGMR 6.9.1978 – 5029/71, NJW 1979, 1755 Rn. 67 – Klass ua/D; EGMR 25.3.1983 – 5947/72 ua, EGMR-E 2, 227 Rn. 113 – Silver ua/UK; EGMR 27.1.2015 – 36925/10 ua, Rn. 182 – Neshkov ua/BUL; *Grabenwarter/Pabel* 24 Rn. 196; *Löwe/Rosenberg/Esser* Rn. 25 ff.

⁵¹ EGMR 25.3.1983 – 5947/72 ua, EGMR-E 2, 227 Rn. 116 – Silver ua/UK; EGMR 28.6.1984 – 7819/77 u. 7878/77, EGMR-E 2, 409 Rn. 127 f. – Campbell u. Fell/UK; *Meyer-Ladewig/Renger* Rn. 13.

⁵² MwN EGMR 7.6.2007 – 71362/01, Rn. 64 – Smirnov/RUS.

⁵³ MwN EGMR [GK] 8.6.2006 – 75529/01, NJW 2006, 2389 Rn. 109 – Sürmeli/D; EGMR 6.10.2005 – 23032/02, Rn. 61 ff. – Lukenda/SLO.

⁵⁴ Dies gilt insbesondere bei Verletzungen der Art. 2 und 3 EMRK, wobei die Rechte ggf. auf die Angehörigen übergehen, siehe EGMR [GK] 13.12.2012 – 39630/09, NVwZ 2013, 631 Rn. 255 – El-Masri/MAZ (geheime Überstellung von Terrorverdächtigen an die CIA); EGMR [GK] 27.6.2000 – 21986/93, NJW 2001, 2001 Rn. 121 – Salman/TUR; EGMR 3.4.2001 – 27229/95, Rn. 123 – Keenan/UK.

⁵⁵ EGMR 26.7.2011 – 41416/08, Rn. 127 – M. ua/BUL.

⁵⁶ Dazu in Asyl- und Abschiebeverfahren mwN EGMR [GK] 21.1.2011 – 30696/09, NVwZ 2011, 413 Rn. 292 f., 320 – M.S.S./GRE u. BEL; EGMR 22.4.2014 – 6528/11, Rn. 87, 89, 102 ff. – A.C. ua/SPA; siehe auch zu Art. 8 bei erheblichen Auswirkungen auf das Familienleben unter dem Aspekt der Vorwegnahme der Hauptsache EGMR 15.1.2015 – 62198/11, NJW 2015, 1433 Rn. 137 – Kuppinger/D; EGMR 22.4.2010 – 4824/06 u. 15512/08, Rn. 48 ff. – Macready/TCH; bei weiterer Verletzung des Art. 3 EGMR 3.6.2004 – 33097/96 u. 57834/00, Rn. 136, 145 ff. – Bati ua/TUR. Zum Vollzug der Entscheidung über eine Entschädigung EGMR [GK] 29.3.2006 – 64897/01, Rn. 91 – Ernestina Zullo/ITA.

⁵⁷ Dazu siehe mwN EGMR [GK] 23.2.2012 – 27765/09, NVwZ 2012, 809 Rn. 199 f. – Hirsi Jamaa ua/ITA; EGMR 26.7.2011 – 41416/08, NLMR 2011, 235 Rn. 128 ff. – M ua/BUL; EGMR [GK] 21.1.2011 – 30696/09, NVwZ 2011, 413 Rn. 293 – M.S.S./GRE u. BEL; siehe hingegen zu Art. 8 EGMR [GK] 13.12.2012 – 22689/07, Rn. 83 – De Souza Ribeiro/FRA.

⁵⁸ MwN anhand der Ausweisung EGMR 5.7.2016 – 29094/09, Rn. 62 f., 67 ff. – A.M./NL.

⁵⁹ EGMR 12.4.2005 – 36378/02, Rn. 460 – Shamayev zu/GEO u. RUS.

⁶⁰ *Löwe/Rosenberg/Esser* Rn. 63; mwN EGMR [GK] 10.9.2010 – 31333/06, NLMR 2010, 278 Rn. 107 – McFarlane/IRE; EGMR [GK] 23.2.2016 – 11138/10, Rn. 207 – Mozer/MOL u. RUS; zur Unabhängigkeit von Ermittlern etwa EGMR 3.6.2004 – 33097/96 u. 57834/00, Rn. 135 – Bati ua/TUR.

⁶¹ EGMR 17.4.2012 – 16967/10, Rn. 33 – Kalinkin ua/RUS; mwN Karpenstein/Mayer/*Breuer* Rn. 43. Siehe auch gemäß Art. 35 EMRK zur Anwendung eines nationalen Rechtsbehelfs mwN EGMR [GK] 29.3.2006 – 36813/97, NJW 2007, 1259 Rn. 142 – Scordino/ITA I; zu einer fehlenden Regelung des Rechtsbehelfs EGMR 25.6.1997 – 20605/92, ÖJZ 1998, 311 Rn. 65 – Halford/UK. Näher dazu mwN *Löwe/Rosenberg/Esser* Rn. 69.

Ferner verlangt Art. 13, dass die staatlichen Stellen die Ausübung des/der national einschlägi- 24
gen Rechtsbehelfs/Rechtsbehelfe **nicht** ohne rechtfertigenden Grund erschweren und damit
behindern.[62] Ein Rechtsbehelf, der auf eine Entschädigung zielt, darf nicht über ein unverhältnismäßiges Kostenrecht entwertet werden.[63] Eine allgemeine Pflicht, über das Rechtsmittel zu
belehren, ist jedoch noch nicht aus Art. 13 abgeleitet worden. Lediglich im Einzelfall kann eine
mangelnde Belehrung dazu führen, dass ein abstrakt vorhandener Rechtsbehelf den Anforderungen des Art. 13 nicht genügt und folglich eine Verletzung vorliegt.[64]

Kein Verstoß gegen Art. 13 liegt grundsätzlich in **Zugangsvoraussetzungen,** welche 25
die Vertragsstaaten vornehmlich in Gestalt von Form- und Fristanforderungen einführen
können.[65] Dies gilt, sofern die Vorschriften nicht unverhältnismäßig sind und den Wesensgehalt des Art. 13 nicht antasten. Damit muss insbesondere eine wirkliche Prüfung noch
immer stattfinden können. Sie darf zum Beispiel nicht infolge der Pflicht leerlaufen, konkrete staatliche Verantwortungsträger nennen zu müssen.[66] Ebenso darf demjenigen, der eine
eingetretene und abgeschlossene Menschenrechtsverletzung geltend macht, im Hinblick auf
eine zeitliche Erledigung nicht ein aktuell mangelndes Rechtsschutzbedürfnis entgegengehalten werden.[67] Allenfalls eine davon strikt zu unterscheidende Verwirkung des Rechtsbehelfs im Einzelfall könnte insoweit den Verstoß gegen Art. 13 verhindern.

Die Prüfung, ob einschlägige Rechtsbehelfe den Ansprüchen des Art. 13 genügen, weist 26
Parallelen zu der Frage auf, welche innerstaatlichen Rechtsbehelfe der Betroffene gemäß
Art. 35 Abs. 1 erschöpfen muss, bevor er sich an den subsidiären EGMR wenden darf.[68]
Beide Prüfungen sind jedoch nicht identisch, zumal es sich bei Art. 13 EMRK nicht um eine
Zulässigkeitsvoraussetzung der Individualbeschwerde handelt, sondern um ein ergänzendes
prozedurales Individualrecht.

4. Die Fälle des Rechts auf Verhandlung in angemessener Frist. Durch die bishe- 27
rige Rechtsprechung wirkt Art. 13 im Strafverfahren bisher nicht als nationales Rechtsmittel
gegenüber Menschenrechtsverletzungen im Verfahrensrecht (dazu schon krit. → Rn. 12 f.).
Umso größere und heute auch vom Gesetzgeber[69] und seitens der Rechtsprechung[70] grundsätzlich anerkannte Bedeutung erlangt Art. 13 indes für das Recht auf Verhandlung in
angemessener Frist. Aus Art. 13 entspringt bei seiner Verletzung die Pflicht, eingetretene
Verletzungen spürbar zu kompensieren.[71] Die Vertragsstaaten der EMRK müssen auch
im Fall eines Freispruchs[72] Verletzungen des Rechts auf Verfahrensbeschleunigung *erstens*
feststellen und *zweitens* dem erlittenen Verfahrensunrecht messbar **abhelfen**.[73] Eine ent-

---

[62] EGMR [GK] 27.6.2000 – 21986/93, NJW 2001, 2001 Rn. 121 – Salman/TUR; EGMR 3.4.2001 – 27229/95, Rn. 123 – Keenan/UK; mwN EGMR 18.1.2005 – 36217/97, Rn. 79 – Mentese ua/TUR; siehe auch zur Furcht vor Nachteilen bei Beschwerden aus dem Strafvollzug EGMR 27.1.2015 – 36925/10 ua, Rn. 191 – Neshkov ua/BUL.
[63] EGMR [GK] 29.3.2006 – 64897/01, Rn. 94 – Ernestina Zullo/ITA; mwN Löwe/Rosenberg/*Esser* Rn. 66.
[64] Siehe hierfür mittelbar EGMR 29.4.2003 – 40679/98, Rn. 110, 170 – Dankewich/UKR; Löwe/Rosenberg/*Esser* Rn. 64; im Asylkontext EGMR [GK] 23.2.2012 – 27765/09, NVwZ 2012, 809 Rn. 204 f. – Hirsi Jamaa ua/ITA; zu Minderjährigen EGMR 5.4.2011 – 8687/08, NLMR 2011, 93 Rn. 76 ff. – Rahimi/GRE.
[65] MwN Löwe/Rosenberg/*Esser* Rn. 63 f.; gegen unangemessen kurze Fristen dabei etwa EGMR 11.7.2000 – 40035/98, NVwZ-Beil. 2001, 97 Rn. 40, 50 – Jabari/TUR.
[66] EGMR 27.1.2015 – 36925/10 ua, Rn. 184 – Neshkov ua/BUL.
[67] EGMR 16.12.1997 – 136/1996/755/954, ÖJZ 1998, 797 Rn. 54 – Camenzind/SWI; Löwe/Rosenberg/*Esser* Rn. 65 und näher *Meyer*, HRRS-FG Fezer, S. 131, 208 ff.
[68] Dazu mwN *Meyer-Ladewig/Renger* Rn. 2.
[69] Zur Vorbildwirkung innerhalb der Gesetzgebung zum GVG BT-Drs. 17/3802, 15 ff.
[70] Grds. anerkennend auch BGH [GS] 17.1.2008 – GSSt 1/07, BGHSt 52, 124 ff.
[71] MwN EGMR [GK] 26.10.2000 – 30210/96, NJW 2001, 2694 Rn. 152 ff. – Kudła/PL; *Demko* HRRS 2005, 403 ff.; *Gaede* wistra 2004, 166 (171).
[72] EGMR 13.11.2008 – 26073/03, HRRS 2009 Nr. 217 Rn. 72 ff. – Ommer/D II; EGMR 25.3.2010 – 30175/07, Rn. 53 ff. – Wetjen/D; *Esser/Gaede/Tsambikakis* NStZ 2011, 140 (141 f.).
[73] EGMR 26.6.2001 – 26390/95, Rn. 27 f. – Beck/NOR; EGMR 10.11.2005 – 65745/01, NVwZ-RR 2006, 513 Rn. 83 – Dzelili/D; EGMR 22.5.2012 – 17603/07, NJOZ 2013, 1558 Rn. 48 ff. – Batuzov/D; mwN *Gaede* JR 2007, 254 ff.; siehe auch schon EGMR 15.7.1982 – 8130/78, EGMR-E 2, 134 Rn. 66 – Eckle/D.

sprechende Kompensation ist zusätzlich hinsichtlich **Art. 5 Abs. 3** erforderlich, wenn auch diese Beschleunigungsgarantie verletzt wurde.[74]

28 Primär zielen Art. 6 Abs. 1 S. 1 und demzufolge Art. 13 auch insoweit darauf ab, ein tatsächlich hinreichend **zügiges Verfahren durchzusetzen.** Die nachträgliche Kompensation ist kein Selbstzweck, sondern vor dem Hintergrund der Normzwecke die zweitbeste Wahl. Vor diesem Hintergrund erkennt auch der EGMR an, dass die Vertragsstaaten in erster Linie dazu verpflichtet sind, Rechtsbehelfe zu schaffen, die geeignet sind, Verzögerungen abzustellen.[75] Vertragsstaaten sind deshalb gehalten, dem Betroffenen eine geeignete Verzögerungsrüge zu eröffnen.[76] In jedem Falle muss aber ein entschädigender Rechtsbehelf verfügbar sein, wenn sich der Verfahrensverzögerung durch zukünftige Anstrengungen nicht mehr abhelfen lässt.[77]

29 Die geschilderten Anforderungen der Norm stehen als Maßstäbe zum einen hinter der in den §§ 198 ff. GVG und in den §§ 97a ff. BVerfGG durch das Gesetz über den Rechtsschutz bei überlangen Gerichtsverfahren und strafrechtlichen Ermittlungsverfahren[78] ausgeprägten Staatshaftung, in welche eine Verzögerungsrüge eingebettet wurde (dazu → Rn. 30 f.). Zum anderen sind sie Maßstäbe der Vollstreckungslösung, die in Verurteilungsfällen im Strafverfahren zur Kompensation herangezogen wird (dazu → Rn. 32 ff.).

30 **a) Verzögerungsrüge und Staatshaftung bei Freisprüchen.** Im Sinne der völkerrechtlichen Pflichten und als Reaktionen auf Verurteilungen Deutschlands wegen der Verletzung des Art. 13[79] gestattet § 198 Abs. 3 S. 1 GVG eine erste Verzögerungsrüge, die überlange Verfahren vermeiden bzw. ihre Fortsetzung im Einklang mit dem Beschleunigungsgebot bewirken soll.[80] Die Rüge ist jedoch primär als Obliegenheit des Betroffenen ausgestaltet.[81] Sie ist Teil des in den §§ 198 ff. GVG auch für das Strafverfahren geschaffenen verschuldensunabhängigen Staatshaftungsanspruchs für materielle und immaterielle Schäden, der grundsätzlich auf Geldleistungen gerichtet ist.[82] Konstitutiv ist dieser Anspruch vor allem bei einem **Freispruch oder einer Verfahrenseinstellung.**[83] Hier eröffnet das geltende Recht nun unabhängig von einer

---

[74] EGMR 10.11.2005 – 65745/01, NVwZ-RR 2006, 513 Rn. 82 ff. – Dzelili/D; zur ggf. nicht notwendigen ausdrücklichen Feststellung EGMR 22.5.2012 – 17603/07, NJOZ 2013, 1558 Rn. 49 – Batuzov/D.

[75] EGMR [GK] 29.3.2006 – 64897/01, Rn. 76 – Ernestina Zullo/ITA; EGMR [GK] 8.6.2006 – 75529/01, NJW 2006, 2389 Rn. 100, 138 f. – Sürmeli/D; erkannt in BT-Drs. 17/3802, 16; *Graf* NZWiSt 2012, 121 (124 f.). Siehe auch früh *Gaede* wistra 2004, 166 (170 f.); die Subsidiarität der Kompensation gegenüber der Prävention scheint auch auf in BGH [GS] 17.1.2008 – GSSt 1/07, BGHSt 52, 124 (137).

[76] Siehe zu Deutschland unter Durchmusterung der bisherigen, unzureichenden Beschleunigungsansätze EGMR [GK] 8.6.2006 – 75529/01, NJW 2006, 2389 Rn. 105 ff., 138 f. – Sürmeli/D. Siehe aber zum allgemeinen, noch offeneren Maßstab EGMR 10.3.2015 – 14097/12 ua, NLMR 2015, 160 Rn. 49 – Varga ua/HUN; EGMR [GK] 29.3.2006 – 64897/01, Rn. 76 ff. – Ernestina Zullo/ITA; siehe nun mit einem Effektivitätsvorbehalt EGMR 28.10.2014 – 18393/09, Rn. 53 – Panju/BEL; *Ladewig/Renger* Rn. 15.

[77] *Meyer-Ladewig/Renger* Rn. 15; siehe auch im Sinne von Kombination als bester Lösung: EGMR [GK] 29.3.2006 – 36813/97, NJW 2007, 1259 Rn. 186 – Scordino/ITA I; EGMR [GK] 8.6.2006 – 75529/01, NJW 2006, 2389 Rn. 100 – Sürmeli/D.

[78] BGBl. 2011 I 2302; zur Begründung BT-Drs. 17/3802. Zur Umsetzung in anderen Vertragsstaaten siehe mwN *Meyer-Ladewig/Renger* Rn. 24 ff.; *Ohrloff* S. 136 ff.; siehe in Österreich insofern zum Ermittlungsverfahren: §§ 108 Abs. 1 Nr. 2, 108a ÖStPO mit einer dreijährigen, grundsätzlichen Höchstfrist.

[79] EGMR [GK] 8.6.2006 – 75529/01, NJW 2006, 2389 Rn. 103 ff., 138 f. – Sürmeli/D; siehe auch in einem Pilotverfahren, das systemische Mängel der deutschen Rechtsordnung feststellte, EGMR 2.9.2010 – 46344/06, NJW 2010, 3355 Rn. 64 ff. – Rumpf/D; EGMR 3.3.2011 – 39641/08, Rn. 36 – Jahnke/D.

[80] Siehe als Ersatz zur früheren Untätigkeitsbeschwerde BT-Drs. 17/3802, 16, 20; BGH 20.11.2012 – VIII ZB 49/12, NJW 2013, 385; *Graf* NZWiSt 2012, 121 f. (123): Recht auf ein zügiges Gerichtsverfahren *durchzusetzen.*

[81] Entsprechend zur Unzulässigkeit einer ohne sie eingelegten Verfassungsbeschwerde BVerfG 21.12.2011 – 1 BvQ 44/11, BeckRS 2012, 45904; 16.10.2014 – 2 BvR 437/12, NStZ-RR 2015, 61 Rn. 14 f.

[82] Dazu im Überblick *Brummund* JA 2012, 213 ff. und *Graf* NZWiSt 2012, 121 ff. Zur Geltung auch im Verfassungsbeschwerdeverfahren siehe §§ 97a ff. BVerfGG und zu dessen Anwendung BVerfG 8.12.2015 – 1 BvR 99/11, NJW 2016, 2021; 20.8.2015 – 1 BvR 2781/13, NJW 2015, 3361. Zur möglichen Ergänzung durch die Amtshaftung, die auch einen Anspruch auf entgangenen Gewinn vermitteln kann, BT-Drs. 17/3802, 16.

[83] Zum Umstand, dass die Vollstreckungslösung bei Entscheidungen ohne Schuldspruch nicht hilft, siehe nur EGMR 13.11.2008 – 26073/03, HRRS 2009 Nr. 217 Rn. 58 f. – Ommer/D II.

verhängten Strafe die Kompensation der erlittenen Rechtsverletzung. Nach wie vor können die Gerichte (ggf. die StA) die Kompensation aber auch durch die Vollstreckungslösung oder durch eine Einstellung vornehmen (§§ 199 Abs. 3 S. 1, 198 Abs. 2 S. 2 GVG: Wiedergutmachung auf andere Art und Weise).

Die Regelungen der §§ 198 ff. GVG werden seitens des EGMR bisher als grundsätzlich **31** hinreichender und damit auch gemäß Art. 34, 35 erforderlicher Rechtsbehelf behandelt.[84] Sie stellen jedoch **nur auf den ersten Blick eine hinreichende Problemlösung** dar. Auch der EGMR behält sich eine weitere Detailprüfung der sich entwickelnden deutschen Praxis explizit vor.[85] Schon abgesehen von der hier nicht aufgegriffenen, aber zu stellenden Frage, ob die Detailregelungen eine hinreichende Entschädigung ermöglichen,[86] erweckt insbesondere die Behandlung der Verzögerungsrüge Zweifel. Indem sie eher dem Staat eine Möglichkeit vermittelt, geltend gemachte Ansprüche zurückzuweisen, aber nicht auf einem klaren Konzept über die erzwingbaren Beschleunigungsschritte beruht, bringt sie möglicherweise nur einen scheinbaren Fortschritt.[87] Darüber hinaus ist in Deutschland ein (verbesserter) Rechtsschutz gegen eine nicht oder nicht mehr gerechtfertigte Durchführung eines Ermittlungsverfahrens zu gewähren.[88]

b) Vollstreckungslösung bei Verurteilungen. Bereits unabhängig von der Regelung **32** in den §§ 198 ff. GVG hatte sich in Deutschland eine nach wie vor praktizierte und ursprünglich vergleichsweise weitreichende Kompensationspraxis über die frühere Strafzumessungslösung herausgebildet.[89] Mit ihr hatte die deutsche Rechtsprechung die vom EGMR im Verfahren *Eckle gegen Deutschland* eröffnete Option[90] ergriffen, eine Verurteilung Deutschlands vor dem EGMR durch eine konkret und hinreichend bemessene Feststellung und Kompensation der entgegen Art. 6 Abs. 1 S. 1 erlittenen Rechtsverletzung etwa bei der Strafzumessung zu verhindern: Feststellung und Kompensation führten dazu, dass der Betroffene nicht länger als Opfer im Sinne der Individualbeschwerde gemäß Art. 34 zu begreifen war, wodurch eine Verurteilung des betroffenen Staates ausgeschlossen war.

Seit gut einem Jahrzehnt wird jene Rechtsprechung mit der sog. **Vollstreckungslösung 33** abgewandelt fortgeführt, die mit der – gar nicht vollständig durchführbaren – Trennung von Strafzumessung und staatshaftungsrechtlicher Kompensation begründet wurde.[91] Die Kompensation wird nun primär durchgeführt, indem zunächst eine Strafe nach allgemeinen Kriterien – unter Einbeziehung der Verfahrensdauer als solcher und der konkreten Belastungen[92] – zugemessen wird. Sodann wird analog § 51 Abs. 1 S. 1, Abs. 4 S. 2 StGB ein **konkret bezifferter**

---

[84] EGMR 29.5.2012 – 53126/07, NVwZ 2013, 47 Rn. 38, 40 f., 48 – Taron/D; EGMR 22.1.2013 – 51314/10, Rn. 17 – Havermann/D; EGMR 22.1.2013 – 33071/10, Rn. 23 – Kurth/D. Siehe auch zu den §§ 97a ff. BVerfGG EGMR 4.9.2014 – 68919/10, NJW 2015, 3359 Rn. 56 ff. – Peter/D.
[85] MwN EGMR 29.5.2012 – 53126/07, NVwZ 2013, 47 Rn. 45 – Taron/D.: Beweislast für die Wirksamkeit der Verzögerungsrüge liegt beim Vertragsstaat.
[86] Dazu siehe etwa zu § 198 Abs. 2 S. 3 und 4 GVG auch mit Kritik ERST/*Gerst* GVG § 198 Rn. 31, 52, 60 f.
[87] Zur Gestaltung als Rügeobliegenheit siehe BT-Drs. 17/3802, 16, deren Unterlassung die Entschädigung verhindern kann; begrenzend *Graf* NZWiSt 2012, 121 (125, 126 f.). Krit. zur praktischen Wirksamkeit mwN *Beulke* StrafPrR Rn. 26a; *Sommer* StV 2012, 107 (109, 112): Alibi-Regelung; ERST/*Gerst* GVG § 198 Rn. 35 f.
[88] Dazu siehe etwa aus jüngerer Zeit mwN MüKo-StPO/*Kölbel* § 160 Rn. 57; *Jahn* FS Strauda, 2006, 335 ff.
[89] Zu ihr siehe im Rückblick BGH [GS] 17.1.2008 – GSSt 1/07, BGHSt 52, 124 (130 ff.) und mwN *Gaede* wistra 2004, 166 (170 f.); *Krehl/Eidam* NStZ 2006, 1 (8); wegweisend BVerfG 24.11.1983 – 2 BvR 121/83, NJW 1984, 967.
[90] Siehe dazu und zum Folgenden grundlegend EGMR 15.7.1982 – 8130/78, EGMR-E 2, 134 Rn. 66 – Eckle/D; später etwa auch EGMR 26.6.2001 – 26390/95, Rn. 27 f. – Beck/NOR.
[91] Siehe grundlegend BGH [GS] 17.1.2008 – GSSt 1/07, BGHSt 52, 124 ff. Der zu beziffernde Strafabschlag wurde zudem als „Fremdkörper der Strafzumessung" gerügt, da er sich nur schwer in die allgemeine Dogmatik der Strafzumessung einfügte, die keine Bezifferung des Gewichts einzelner Erwägungen vorsieht, siehe BGH 7.6.2005 – 3 StR 109/05, HRRS 2005 Nr. 500; *Paeffgen* StV 2007, 487 ff.
[92] Zu dem Umstand, dass die genannten Kriterien im Gegensatz zu ihrer Rechtswidrigkeit weiter jeweils auch Strafzumessungsfaktoren bleiben, siehe nur BGH [GS] 17.1.2008 – GSSt 1/07, BGHSt 52, 124 (138); bestätigend etwa BGH 15.3.2011 – 1 StR 260/09, HRRS 2011 Nr. 497 Rn. 25 ff.

Teil dieser Strafe im Urteil **als vollstreckt erklärt.** Hierbei vertritt der BGH jedoch, dass in Fällen geringerer Verstöße gegen Art. 6 Abs. 1 S. 1 schon eine ausdrückliche Feststellung der Verletzung eine hinreichende Kompensation darstellen könne.[93] Der Große Senat des BGH hat zugleich die schon im Rahmen der Strafzumessungslösung anerkannte Option aufrechterhalten, die Kompensation über die Anwendung der **§§ 153 ff. StPO** oder der **§§ 59, 60 StGB** zu vollziehen.[94] Ebenso erkennt auch die Rechtsprechung für Extremfälle weiter an, dass schwerwiegende Verfahrensverzögerungen zu einem Verfahrenshindernis führen können.[95] Für ein Verfahrenshindernis muss aber in der Praxis ein besonders schwerwiegendes Ausmaß der Verfahrensverzögerung und der dadurch bedingten besonderen Belastungen des Beschuldigten aufgewiesen werden, bei dem auch das Interesse an weiterer Strafverfolgung im Einzelfall nicht mehr besteht.[96] Dies kommt praktisch wohl allein bei geringer gewichtigen Taten in Betracht,[97] zumal etwa bei gewichtigen Delikten wie Tötungsdelikten eine jahrelang verzögerte Abarbeitung kaum auftreten dürfte. In allen diesen Konstellationen setzt die Kompensationsentscheidung indes weiter zumindest materiell eine – vom Großen Senat zugelassene – strafzumessungsrechtliche Beurteilung voraus, zumal selbst bei der Prüfung eines Verfahrenshindernisses eine vorläufige Einschätzung der zu erwartenden Strafe anzustellen und mit dem vorliegenden Verfahrensunrecht ins Verhältnis zu setzen wäre.

34 In der Praxis ist zu bedenken, dass die Rechtsprechung in der Revision zur Geltendmachung des Verstoßes regelmäßig die formgerechte Erhebung einer **Verfahrensrüge** voraussetzt.[98] Zudem kann eine Kompensation einschließlich des Erfordernisses einer expliziten Feststellung der Verletzung *zusätzlich* auch gemäß **Art. 5 Abs. 3** (Art. 2 Abs. 2 S. 2 GG) erforderlich sein.[99] Die insgesamt gewährte Kompensation muss in einem angemessenen Verhältnis zur eingetretenen Verletzung des Art. 6 und ggf. des Art. 5 Abs. 3 stehen: Sie darf weder einen unzureichenden Umfang haben,[100] noch darf sie überzogen erfolgen.[101]

35 Die **Vollstreckungslösung,** die aus der Perspektive der Konvention nicht zwingend war,[102] bedeutet **im Kern eine Verringerung des Kompensationsausmaßes.** Nachdem Deutschland den Anforderungen an Art. 6 Abs. 1 S. 1 offenbar in größerem Umfang nicht genügte und auch in Zukunft nicht genügen konnte, hat die deutsche Rechtsprechung ihre Spielräume genutzt, um wenigstens die unliebsamen Rechtsfolgen der Rechtsverletzungen

---

[93] BGH [GS] 17.1.2008 – GSSt 1/07, BGHSt 52, 124 ff. und nun StRspr Insoweit wohl zust. *Scheffler* ZIS 2008, 269 (276).

[94] BGH [GS] 17.1.2008 – GSSt 1/07, BGHSt 52, 124 (134 f., 145); m. krit. Bespr. *Gaede* JZ 2008, 422 f.; *I. Roxin* GA 2010, 425 ff.; zur früheren Praxis mwN *Krehl/Eidam* NStZ 2006, 1 (9 f.).

[95] MwN BVerfG 5.2.2003 – 2 BvR 327/02, NJW 2003, 2225 f.: besonders schwerwiegende Verfahrensverzögerung und besondere Belastungen des Betroffenen; BGH 25.10.2000 – 2 StR 232/00, BGHSt 46, 159 (168 ff.) (mit beschränkender Präzisierung: außergewöhnliche Einzelfälle, Extremfälle); BGH [GS] 17.1.2008 – GSSt 1/07, BGHSt 52, 124 (133); dazu aus jüngerer Zeit BGH 11.8.2016 – 1 StR 196/16, HRRS 2016 Nr. 1046; *I. Roxin* StV 2001, 490 (492); aA aber etwa mwN *Plankemann* S. 188 ff. Dazu näher *Gaede* ZStW 129 (2017), Heft 4.

[96] Zu den nötigen Darlegungen nur BGH 25.10.2000 – 2 StR 232/00, BGHSt 46, 159 (173 ff.): Im Prozessurteil hat der Tatrichter sowohl die Verfahrenstatsachen als auch Feststellungen zum Schuldumfang des Angeklagten und die der Prognose über die weitere Verfahrensdauer zugrundeliegenden Tatsachen sowie die die Entscheidung tragende Gesamtwürdigung *im Einzelnen und in nachprüfbarer Weise* darzulegen.

[97] Ein geeignetes Beispiel bietet LG Bad Kreuznach 22.6.1992 – 7 Js 8677/87 KLs, NJW 1993, 1725 ff.; siehe auch LG Bremen 1.7.2013 – 6 KLs 150 Js 36478/02, StV 2014, 334 f. (neun Jahre keine Verfahrensförderung).

[98] MwN BGH 20.6.007 – 2 StR 493/06, wistra 2007, 392 f.; BGH [GS] 17.1.2008 – GSSt 1/07, BGHSt 52, 124 ff.

[99] Dazu siehe nur EGMR 10.11.2005 – 65745/01, NVwZ-RR 2006, 513 Rn. 82 ff. – *Dzelili/D.*

[100] Siehe noch auf der Basis der Strafzumessungslösung BGH 23.5.2007 – 5 StR 537/06, HRRS 2007 Nr. 637.

[101] Siehe noch auf der Basis der Strafzumessungslösung mwN BGH 8.8.2006 – 5 StR 189/06, HRRS 2006 Nr. 791; 29.11.2006 – 5 StR 324/06, HRRS 2007 Nr. 60.

[102] Es stand zwar im Raum, dass eine Kompensation etwa in Fällen der verwirkten lebenslangen Freiheitsstrafe und der gesetzlichen Mindeststrafe nicht möglich war (BGH [GS] 17.1.2008 – GSSt 1/07, BGHSt 52, 124 (135 f.)). Hier hätte die Rechtsprechung aber eine beschränkte Analogie vornehmen können, ohne die weiteren, kompensationsbeschränkenden Effekte auslösen zu müssen. Siehe auch krit. zum Wechsel von einer direkten Normanwendung auf eine Analogie: *Salditt* StraFo 2007, 513.

einzudämmen: Zunächst wird die Strafe in einschlägigen Fällen angesichts des Fortfalls des Kompensationsabzuges nun regelmäßig höher bemessen sein. Dies führt – was offenbar ein Ziel des BGH gewesen zu sein scheint[103] – nicht zuletzt in Wirtschafts- und Steuerstrafverfahren dazu, dass eine zur Bewährung aussetzungsfähige Freiheitsstrafe schwieriger zu erreichen ist.[104] Darüber hinaus werden mit der geschaffenen Fallgruppe der leichteren, lediglich durch die Anerkennung der Rechtsverletzung zu kompensierenden Verletzungen die Rechtsfolgenvorteile des Betroffenen offen beschränkt.

Jedenfalls letztere Rechtsprechung ist als **Verstoß gegen Art. 13** zu bewerten,[105] auch wenn heute zu berücksichtigen ist, dass das deutsche Recht nun eine Kombination von präventiven und kompensierenden Rechtsbehelfen anbietet.[106] Nach der Rechtsprechung des BGH soll eine Rechtsfolgenkompensation etwa entbehrlich sein können, wenn in dem Verfahren eine Verfahrensverzögerung von einem Jahr aufgetreten ist.[107] Einen solchen Vorbehalt für vermeintlich geringzuschätzende Menschenrechtsverletzungen hat der EGMR aber bis heute für Art. 13 zu Recht nicht bestätigt. Er fordert vielmehr, dass die Vertragsstaaten eingetretene Verletzungen durch eine „angemessene Abhilfe" *wirksam kompensieren*.[108] Der Gerichtshof würde anderenfalls riskieren, dass ehemals aus dem Individualbeschwerdeverfahren herausgehaltene Fälle nun doch wieder mit der Frage zum EGMR weiter ziehen, ob die Verwehrung der echten Rechtsfolgenkompensation angemessen war. Auf ein solches, kleinmütig anmutendes menschenrechtliches Vabanquespiel hätte sich der BGH nicht einlassen sollen. **36**

Art. 14–59 *(nicht abgedruckt)*

---

[103] Siehe bemerkenswert das Bedauern etwa in BGH 8.8.2006 – 5 StR 189/96, wistra 2006, 428 (429).

[104] Dazu abl. *Salditt* StraFo 2007, 513; *I. Roxin* StV 2008, 16 ff.

[105] Dazu und zur möglichen Bedeutung der Praxis zu Art. 41 bereits mwN *Gaede*, HRRS-FG Fezer, 2008, 21, 38 ff.; vgl. auch Löwe/Rosenberg/*Esser* Art. 6 Rn. 350 f., 356 und Löwe/Rosenberg/*Esser* Rn. 57: bloße Feststellung grundsätzlich unzureichend. Siehe aber *grundsätzlich* die Vollstreckungslösung im Hinblick auf die Kompensation bei lebenslanger Freiheitsstrafe begrüßend: EGMR 22.1.2009 – 45749/06 u. 51115/06, HRRS 2009 Nr. 808 Rn. 86 f. – Kaemena u. Thöneböhn/D. Die Entscheidung des EGMR im Verfahren *Ernestina Zullo v. ITA* (EGMR [GK] 29.3.2006 – 64897/01, Rn. 73, 85, 97 ff.) betrifft *Verfahren über zivile Rechte* und stellt bereits eine starke, Rechtfertigungslasten aufstellende Vermutung dafür auf, dass eine reine Verletzungsfeststellung nicht genügen kann. In ihrer Rn. 81 wird betont, dass keine Gründe geschaffen werden dürfen, die Beschwerdeführer wieder systematisch zum EGMR führen. Gerade letzteres droht aber bei Verletzungen im Strafverfahren, die besonders erbittert umstritten sind. Oft wird hier zusätzlich die Länge der Verzögerung in Streit stehen und den Gang nach Straßburg befördern. Allein der späteren Anerkennung einer Verletzung durch ein fernes Gericht ist jedenfalls kein Abhilfe versprechender Effekt beizumessen.

[106] Dazu EGMR [GK] 29.3.2006 – 64897/01, Rn. 99 – Ernestina Zullo/ITA, allerdings mit dem Gebot, eine schnelle und ausreichend begründete Entscheidung in Übereinstimmung mit der jeweiligen Rechtstradition zu gewährleisten.

[107] BGH 13.6.2008 – 2 StR 200/08, HRRS 2008 Nr. 675.

[108] EGMR [GK] 26.10.2000 – 30210/96, NJW 2001, 2694 Rn. 152 ff. – Kudła/PL; *Meyer-Ladewig/Renger* Rn. 19: angemessene Entschädigung als Mindestforderung; siehe auch wieder EGMR 22.5.2012 – 17603/07, NJOZ 2013, 1558 Rn. 48 ff. – Batuzov/D: Verletzung anerkannt und hinreichend wiedergutgemacht; EGMR 29.5.2012 – 19488/09, Rn. 32 f. – Garcia Cancio/D. Auch das BVerfG fordert bislang eine angemessene Berücksichtigung im Rechtsfolgenausspruch, die ausnahmsweise gar zu einem Verfahrenshindernis führen kann, dazu BVerfG 24.11.1983 – 2 BvR 121/83, NJW 1984, 967 f.; 5.2.2003 – 2 BvR 327/02, NJW 2003, 2225 f.; 25.7.2003 – 2 BvR 153/03, NJW 2003, 2897 f.; 7.3.1997 – 2 BvR 2173/96, NStZ 1997, 591; dazu auch *Ignor/Bertheau* NJW 2006, 2209 (2212 f.).

Einführungsgesetz zur Strafprozeßordnung (EGStPO)

Vom 1.2.1877 (RGBl. S. 346)
FNA 312-1
Zuletzt geändert durch Gesetz zur effektiveren und praxistauglicheren Ausgestaltung des Strafverfahrens vom 17.8.2017 (BGBl. I S. 3202)
– Auszug –

Vorbemerkung zu § 3

Das Einführungsgesetz zur Strafprozessordnung datiert auf den 1.2.1877.[1] Es enthält vor allem Übergangsvorschriften und regelt insoweit die Anwendbarkeit des Strafprozessrechts, vor allem mit Blick auf die Änderung von Verfahrensvorschriften nach Tatbegehung und Verfahrenseinleitung. **1**

§ 3 Anwendungsbereich der Strafprozessordnung

(1) Die Strafprozeßordnung findet auf alle Strafsachen Anwendung, welche vor die ordentlichen Gerichte gehören.

(2) Insoweit die Gerichtsbarkeit in Strafsachen, für welche besondere Gerichte zugelassen sind, durch die Landesgesetzgebung den ordentlichen Gerichten übertragen wird, kann diese ein abweichendes Verfahren gestatten.

(3) Die Landesgesetze können anordnen, daß Forst- und Feldrügesachen durch die Amtsgerichte in einem besonderen Verfahren, sowie ohne Zuziehung von Schöffen verhandelt und entschieden werden.

Durch Art. 11 des Gesetzes zur Umsetzung der Berufsanerkennungsrichtlinie und zur Änderung weiterer Vorschriften im Bereich der rechtsberatenden Berufe vom 12.5.2017 (BGBl. I 1121) hat § 3 die Überschrift erhalten „Anwendungsbereich der Strafprozessordnung". **1**

Übersicht

	Rn.		Rn.
I. Begriff der Strafsache (Abs. 1)	2–6	III. Forst- und Feldrügesachen (Abs. 3)	8–12
II. Abweichende Verfahren (Abs. 2)	7		

I. Begriff der Strafsache (Abs. 1)

Die Norm schreibt für Strafsachen vor den ordentlichen Gerichten (vgl. §§ 12–14 GVG)[1] die alleinige Geltung der Strafprozessordnung vor. Als „**Strafsache**" gilt ein Verfahren, in dem es im Zusammenhang mit einer strafrechtlichen Norm um die Verhängung einer Kriminalstrafe geht.[2] Kriminalstrafen stellen die „am stärksten eingreifende staatliche Sanktion für begangenes Unrecht dar" und sind Ausdruck eines „mit staatlicher Autorität versehene[n], sozialethische[n] Unwerturteil[s]".[3] Zu den **Kriminalstrafen** gehören die Haupt- **2**

---

[1] RGBl. 346.
[1] Zu nennen ist insoweit auch § 9 EGGVG, von dem allerdings – nach Auflösung des Bayerischen Obersten Landesgerichts im Jahr 2006 – derzeit kein Bundesland mehr Gebrauch macht.
[2] Vgl. KK-StPO/*Barthe,* 7. Aufl. 2013, § 13 Rn. 1.
[3] BVerfG 9.7.1997 – 2 BvR 1371/96, BVerfGE 96, 245 = NJW 1998, 443.

und Nebenstrafe,[4] also Freiheits- (§ 38 StGB) und Geldstrafe (§ 40 StGB) sowie das Fahrverbot (§ 44 StGB).

3 Der Begriff der „Strafsache" umfasst neben Verfahren, in denen es um die Verhängung von Kriminalstrafe geht, auch die im Zusammenhang mit strafrechtlichen Normen stehende Festsetzung anderer Rechtsfolgen, etwa von **Maßnahmen im Sinne des § 11 Abs. 1 Nr. 8 StGB,** wozu alle Maßregeln der Besserung und Sicherung, der Verfall, die Einziehung und die Unbrauchbarmachung zählen. Eine Strafsache bedingt kein schuldhaftes Verhalten.

4 **Nicht zu den Strafsachen** zählen nach alledem Verfahren, in denen keine Kriminalstrafen verhängt werden dürfen. Das ist der Fall bei der Festsetzung von sog. **Ordnungsstrafen** (Art. 6 EGStGB: Ordnungs- oder Zwangsgeld sowie Ordnungshaft), obwohl sie „bei Straftaten angedroht" werden (vgl. Art. 5 EGStGB). Ebenso wenig handelt es sich um „Strafsachen" im Zusammenhang mit der Verhängung von **Disziplinarmaßnahmen** wegen der Verletzung von Berufs- oder Standespflichten sowie bei der Ahndung von Rechtsverstößen mittels einer **Geldbuße** nach dem Ordnungswidrigkeitengesetz. Daran ändert sich auch nichts dadurch, dass Regelungen der Strafprozessordnung teilweise für anwendbar erklärt werden.

5 Trotz sinngemäßer Geltung der Strafprozessordnung handelt es sich ebenfalls nicht um „Strafsachen" bei Verfahren nach den **§§ 23 ff. EGGVG,** §§ 109 ff. StVollzG und im Zusammenhang mit der **Auslieferung** eines Beschuldigten an ausländische Justizbehörden (§ 12 IRG).[5]

6 Eine Sonderregelung enthält auch **§ 2 Abs. 2 JGG,** wonach die StPO lediglich subsidiär gilt, nämlich nur dann, wenn das JGG nichts anderes bestimmt.

II. Abweichende Verfahren (Abs. 2)

7 Die (inzwischen bedeutungslose) Vorschrift des § 3 Abs. 2 ergänzt § 3 Abs. 1 EGGVG. Gestattet ist dem Landesgesetzgeber, sowohl teilweise als auch komplett eine von der Strafprozessordnung abweichende Verfahrensgestaltung vorzusehen.

III. Forst- und Feldrügesachen (Abs. 3)

8 Abs. 3 ermächtigt den Landesgesetzgeber, Forst- und Feldrügesachen in einem besonderen Verfahren verhandeln und entscheiden zu lassen. Bei Forst- und Feldrügesachen handelt es sich um Strafsachen, die explizit dem Schutz vor Zuwiderhandlungen gegen Vorschriften zum Schutz von Feld und Forst dienen (vgl. Art. 4 Abs. 4, 5 EGStGB).

9 Gebrauch gemacht haben von der Ermächtigung etwa die Bundesländer Baden-Württemberg, Bremen, Hessen und Sachsen-Anhalt, wo die Materie in speziellen Gesetzen geregelt ist, in Bayern in den Art. 39–41 des Landesstraf- und Verordnungsgesetzes.

10 Obwohl Abs. 3 davon spricht, dass Forst- und Feldrügesachen „durch die Amtsgerichte […] verhandelt und entschieden werden", sind besondere Verfahrensregelungen **nicht auf den ersten Rechtszug beschränkt,** gelten vielmehr auch im zweiten und in der Revisionsinstanz.[6]

11 Werden Verfahren nach Abs. 3 durchgeführt, handelt es sich um **Verfahren der ordentlichen Gerichtsbarkeit,**[7] weshalb grundsätzlich die Vorschriften der StPO gelten, Urteile Strafklageverbrauch bewirken[8] und ein Gericht die Sache nach Eröffnung des Hauptverfahrens im Falle seiner Unzuständigkeit nicht mehr an ein Gericht niedrigerer Ordnung verweisen darf (§ 269 StPO).[9] Zulässig ist nach §§ 2 ff. StPO zudem eine Verbindung einer Forst-

---

[4] Krey/Esser Strafrecht AT, 6. Aufl. 2016, Rn. 168.
[5] Löwe/Rosenberg/Hilger § 3 Rn. 7.
[6] Löwe/Rosenberg/Hilger § 3 Rn. 12.
[7] BGH 19.12.1952 – 1 StR 589/52, NJW 1953, 393.
[8] BGH 19.12.1952 – 1 StR 589/52, NJW 1953, 393.
[9] RGSt 13, 383.

und Feldrügesache mit anderen Strafsachen, wodurch die Sache bei dem Gericht anhängig gemacht werden darf, „dem die höhere Zuständigkeit beiwohnt".

Stuft ein Bundesland Forst- und Feldrügesachen zu **Ordnungswidrigkeiten** herab, ist Abs. 3 nicht anwendbar; dann gelten die Vorschriften des OWiG.[10]

§ 6 Verhältnis zu landesgesetzlichen Vorschriften

(1) ¹Die prozeßrechtlichen Vorschriften der Landesgesetze treten für alle Strafsachen, über die gemäß § 3 nach den Vorschriften der Strafprozeßordnung zu entscheiden ist, außer Kraft, soweit nicht in der Strafprozeßordnung auf sie verwiesen ist. ²Außer Kraft treten insbesondere die Vorschriften über die Befugnis zum Erlaß polizeilicher Strafverfügungen.

(2) Unberührt bleiben landesgesetzliche Vorschriften:
1. über die Voraussetzungen, unter denen gegen Mitglieder eines Organs der Gesetzgebung eine Strafverfolgung eingeleitet oder fortgesetzt werden kann;
2. über das Verfahren bei Zuwiderhandlungen gegen die Vorschriften über die Erhebung öffentlicher Abgaben und Gefälle, soweit sie auf die Abgabenordnung verweisen.

I. Historie

Die Neufassung des § 6 erfolgte durch das Gesetz zur Wiederherstellung der Rechtseinheit auf dem Gebiete der Gerichtsverfassung, der bürgerlichen Rechtspflege, des Strafverfahrens und des Kostenrechts vom 12.9.1950 (BGBl. 455 (501)). Durch Art. 11 Gesetz zur Umsetzung der Berufsanerkennungsrichtlinie und zur Änderung weiterer Vorschriften im Bereich der rechtsberatenden Berufe vom 12.5.2017 (BGBl. I 1121) hat § 6 die Überschrift erhalten „Verhältnis zu landesgesetzlichen Vorschriften".

II. Abs. 1

Abs. 1 S. 1 wirkt nicht nur in die Vergangenheit,[1] sondern auch in die Zukunft: Der Erlass neuer landesgesetzlicher Verfahrensvorschriften auf dem durch die Strafprozessordnung geregeltem Gebiet ist ausgeschlossen, wenn und soweit der Bundesgesetzgeber von seiner Gesetzgebungskompetenz Gebrauch gemacht und eine entsprechende Regelung getroffen hat. **Sperrwirkung** entfaltet Abs. 1 S. 1 bereits dann, wenn der Bund ein Gesetzgebungsverfahren einleitet.[2] Soweit das gerichtliche Verfahren betroffen ist, eine nach Art. 74 Abs. 1 Nr. 1 GG der konkurrierenden Gesetzgebung unterfallende Materie, kann trotz Gesetzgebungszuständigkeit der Länder für eine bestimmte Materie eine ergänzende Gesetzgebungskompetenz des Bundes bestehen.

III. Abs. 2 Nr. 1

Da Art. 46 GG nur für die Mitglieder des Bundestags gilt, bleibt es nach § 6 Abs. 2 Nr. 1 dem Landesrecht überlassen, für die Mitlieder der Gesetzgebungsorgane der Länder Regelungen zur **Immunität der Mandatsträger** zu schaffen.[3] Flankiert wird diese Regelung durch § 152a StPO, der 1953 in die StPO eingefügt wurde. Dadurch erhalten die landesgesetzlichen Immunitätsvorschriften bundesweit Anerkennung.

---

[10] Löwe/Rosenberg/*Hilger* Rn. 11.
[1] Und betraf vor allem landesrechtliche Beweisvermutungen, vgl. *Schweizer* DJZ 1904, 451.
[2] BVerfGE 34, 9 (29).
[3] Vgl. in Bayern etwa die Bekanntmachung des Bayerischen Staatsministeriums der Justiz vom 20.10.1999 (Az.: 1044 – II – 96/88), zuletzt geändert durch Bekanntmachung vom 28.11.2014 (JMBl. 2015, 4).

IV. Abs. 2 Nr. 2

4   Ursprünglich erfasste Abs. 2 Nr. 3 aF vor allem die Praxis des Erlasses von Strafbescheiden durch die Finanzbehörden. Seitdem das Bundesverfassungsgericht entschieden hat, dass Kriminalstrafen nur durch Richter verhängt und Kriminalstrafen selbst geringer gewichtigen strafrechtlichen Unrechtstatbeständen nicht in einem Verwaltungsvorverfahren ausgesprochen werden dürfen,[4] hatte die Regelung, die landesrechtliche Abweichungen zur Strafprozessordnung vorsah, ihre Bedeutung verloren. Nach der endgültigen Beseitigung der Befugnis zum Erlass von Strafbescheiden und angesichts der Regelung in § 385 Abs. 1 StPO ist unter der Geltung der AO 1977 kein Raum mehr für landesgesetzliche Regelungen.

§ 7 Begriff des Gesetzes

Gesetz im Sinne der Strafprozeßordnung und dieses Gesetzes ist jede Rechtsnorm.

1   Durch Art. 11 des Gesetzes zur Umsetzung der Berufsanerkennungsrichtlinie und zur Änderung weiterer Vorschriften im Bereich der rechtsberatenden Berufe vom 12.5.2017 (BGBl. I 1121) hat § 7 die Überschrift erhalten „Begriff des Gesetzes".

2   Zu den Rechtsnormen gehören nicht nur formelle, sondern alle Gesetze im materiellen Sinn, dh solche **Vorschriften sowohl des geschriebenen als auch ungeschriebenen Rechts, die das Merkmal der Allgemeinverbindlichkeit tragen.** Hierzu gehören auch technische Normen.[1]

3   Der Begriff der Rechtsnorm ist identisch mit demjenigen des § 337 Abs. 2 StPO[2] und weit zu verstehen. Es gibt keine Begrenzung auf strafverfahrensrechtliche Vorschriften. Erfasst sind neben dem **Gewohnheitsrecht** auch **Handelsbräuche.**[3]

4   Bei Normen des ausländischen Rechts und Regeln des Völkerrechts ist eine Rechtsnormqualität zu bejahen, soweit sie sich in formellen Gesetzen niedergeschlagen haben (vgl. **Art. 25 GG**) oder für die Beurteilung einer Rechtsfrage im Geltungsbereich des Grundgesetzes relevant sind. Damit können Rechtsnormen im Sinne des § 7 auch Vorschriften des islamischen Rechts (Scharia) sein. Auch die **aufgehobenen Vorschriften** des Rechts der DDR sind Rechtsnormen im Sinne von § 7.

5   Um keine Rechtsnormen handelt es sich bei **internen Dienstanweisungen** und behördeninternen Verhaltensanordnungen (zB die Richtlinien für das Straf- und Bußgeldverfahren) sowie Vereinssatzungen, allgemeine Geschäftsbedingungen, Unfallverhütungsvorschriften der Berufsgenossenschaften oder Geschäftsverteilungsplänen der Gerichte.[4] Ebenso wenig zählen zu Rechtsnormen Natur- und Denkgesetze oder Erfahrungssätze sowie allgemein anerkannte Auslegungsregeln und sonstige Grundsätze der Rechtsanwendung (zB die Rechtsanwendungsregel „in dubio pro reo").

§ 8 Mitteilungen in Strafsachen gegen Mandatsträger

(1) ¹**In Strafsachen gegen Mitglieder der gesetzgebenden Körperschaften des Bundes oder eines Landes oder gegen Mitglieder des Europäischen Parlaments ist dem Präsidenten der Körperschaft, dem das Mitglied angehört, nach nicht nur vorläufiger Einstellung oder nach rechtskräftigem Abschluß des Verfahrens zur Sicherstellung der Funktionsfähigkeit oder zur Wahrung des Ansehens der**

---

[4] BVerfGE 22, 49.
[1] Dazu *Muthorst,* Grundlagen der Rechtswissenschaft, 2011, § 5 Rn. 22 f.
[2] *Bohnert* NStZ 1982, 5 (8).
[3] Vgl. SK-StPO/*Frisch,* 4. Aufl. 2014, StPO § 337 Rn. 29 mwN.
[4] Löwe/Rosenberg/*Franke,* 26. Aufl. 2013, StPO § 337 Rn. 9 ff. mwN.

jeweiligen Körperschaft die das Verfahren abschließende Entscheidung mit Begründung zu übermitteln; ist mit dieser Entscheidung ein Rechtsmittel verworfen worden, so ist auch die angefochtene Entscheidung zu übermitteln. ²Bei Mitgliedern des Deutschen Bundestages oder des Europäischen Parlaments erfolgt die Übermittlung über das Bundesministerium der Justiz und für Verbraucherschutz. ³Die Übermittlung veranlaßt die Strafverfolgungs- oder Strafvollstreckungsbehörde.

(2) Die Übermittlung unterbleibt, wenn die jeweilige Körperschaft darauf verzichtet hat.

§ 8 geht auf die Stellungnahme des Ausschusses für Wahlprüfung, Immunität und Geschäftsordnung vom 17.4.1997 zurück und wurde eingefügt durch Art. 8 JuMiG vom 18.6.1997 (BGBl. I 1430).[1] Durch Art. 11 des Gesetzes zur Umsetzung der Berufsanerkennungsrichtlinie und zur Änderung weiterer Vorschriften im Bereich der rechtsberatenden Berufe vom 12.5.2017 (BGBl. I 1121) hat § 7 die Überschrift erhalten „Mitteilungen in Strafsachen gegen Mandatsträger". 1

§ 8 regelt die Übermittlung von personenbezogenen Daten im Zusammenhang mit Strafverfahren gegen Mitglieder der gesetzgebenden Körperschaften des Bundes oder eines Landes oder gegen Mitglieder des Europäischen Parlaments. 2

„Strafsachen" sind Verfahren, in denen es im Zusammenhang mit der Verletzung einer strafrechtlichen Norm um die Verhängung einer Kriminalstrafe geht. Der Begriff der **„Strafsache"** umfasst neben Verfahren, in denen es um die Verhängung von Kriminalstrafe geht, auch die im Zusammenhang mit strafrechtlichen Normen stehende Festsetzung anderer Rechtsfolgen, etwa von Maßnahmen im Sinne des § 11 Abs. 1 Nr. 8 StGB, wozu alle Maßregeln der Besserung und Sicherung, der Verfall, die Einziehung und die Unbrauchbarmachung zählen. Schuldhaftes Verhalten ist nicht notwendig. 3

Der Mandatsträger muss einer gesetzgebenden Körperschaft des Bundes oder eines Landes oder dem Europäischen Parlament angehören. Ob dies der Fall ist, richtet sich nach den jeweiligen Wahlgesetzen, etwa beim Deutschen Bundestag nach § 45 BWG. Nach dessen Absatz 1 erwirbt ein gewählter Bewerber „die Mitgliedschaft im Deutschen Bundestag nach der abschließenden Feststellung des Ergebnisses für das Wahlgebiet durch den Bundeswahlausschuss […] mit der Eröffnung der ersten Sitzung des Deutschen Bundestages nach der Wahl." Für das Europäische Parlament regelt die Mitgliedschaft § 21 EuWG. 4

Mitteilungspflichtig sind Strafverfahren, nachdem sie endgültig eingestellt oder rechtskräftig abgeschlossen wurden. Bei § 153a StPO setzt dies sowohl die Erfüllung der Auflage als auch einen gerichtlichen Einstellungsbeschluss oder eine staatsanwaltschaftliche Einstellungsverfügung voraus. 5

Weil die Strafsache und deren Abschluss im Zusammenhang mit der Sicherstellung der Funktionsfähigkeit oder der Wahrung des Ansehens der jeweiligen Körperschaft stehen muss, besteht bei Freisprüchen und Einstellungen nach § 260 Abs. 3 StPO keine Mitteilungspflicht. Das gilt auch für Einstellungen nach §§ 154, 154a StPO. 6

§ 8 gewährt **kein Ermessen** („ist … zu übermitteln"); die Übermittlung ist verpflichtend, sobald die in § 8 normierten Voraussetzungen vorliegen (beachte aber die in § 8 Abs. 2 normierte Ausnahme des Verzichts). Nr. 192 Abs. 5 ergänzt § 8 dahingehend, dass die Übermittlung auf dem Dienstweg erfolgen soll. Wird mit der Abschlussentscheidung zugleich ein Rechtsmittel verworfen, ist sowohl diese Entscheidung als auch die angefochtene Entscheidung mit Begründung zu übermitteln. 7

Zuständig für die Mitteilungen sind die **Strafverfolgungs- oder Strafvollstreckungsbehörden.** Einzelheiten regelt Nr. 4 MiStra. Bei Mitgliedern des Deutschen Bundestages oder des Europäischen Parlaments ist die Mitteilung nach § 8 Abs. 1 S. 2 dem Bundesminis- 8

---

[1] Vgl. BT-Drs. 13/7489, 52, 56.

terium der Justiz und für Verbraucherschutz zu übermitteln, das die Übermittlung vornimmt.

9 Adressat der Mitteilung ist der Präsident der jeweiligen Körperschaft. Bei der Übermittlung ist § 12 EGGVG zu beachten. Mit Blick auf die Zweckbindung gilt § 19 EGGVG und hinsichtlich des Auskunftsanspruchs des Betroffenen § 21 EGGVG (§ 20 EGGVG ist nicht anwendbar).[2]

10 Will der Betroffene die Rechtmäßigkeit der Übermittlung überprüfen lassen, gelten die §§ 22, 23, 30 EGGVG.

§ 9 Vorwarnmechanismus

(1) ¹Das Gericht unterrichtet die zuständigen Behörden der anderen Mitgliedstaaten der Europäischen Union, der anderen Vertragsstaaten des Abkommens über den Europäischen Wirtschaftsraum und der Schweiz mittels des durch die Verordnung (EU) Nr. 1024/2012 des Europäischen Parlaments und des Rates vom 25. Oktober 2012 über die Verwaltungszusammenarbeit mit Hilfe des Binnenmarkt-Informationssystems und zur Aufhebung der Entscheidung 2008/49/EG der Kommission („IMI-Verordnung") (ABl. L 316 vom 14.11.2012, S. 1), die zuletzt durch die Richtlinie 2014/67/EU (ABl. L 159 vom 28.5.2014, S. 11) geändert worden ist, in der jeweils geltenden Fassung eingerichteten Binnenmarkt-Informationssystems über Entscheidungen in Strafsachen, durch die ein vorläufiges Berufsverbot nach § 132a der Strafprozessordnung oder ein Berufsverbot nach § 70 des Strafgesetzbuches gegen Angehörige folgender Berufe angeordnet wurde:
1. Heilberufe:
   a) Ärztinnen und Ärzte,
   b) Altenpflegerinnen und -pfleger,
   c) Apothekerinnen und Apotheker,
   d) Diätassistentinnen und -assistenten,
   e) Ergotherapeutinnen und -therapeuten,
   f) Hebammen und Entbindungspfleger,
   g) Heilpraktikerinnen und -praktiker,
   h) Kinder- und Jugendlichenpsychotherapeutinnen und -therapeuten,
   i) Krankenschwestern und -pfleger,
   j) Logopädinnen und Logopäden,
   k) Masseurinnen und Masseure sowie medizinische Bademeisterinnen und -meister,
   l) Medizinisch-technische Assistentinnen und Assistenten,
   m) Notfallsanitäterinnen und -sanitäter,
   n) Orthoptistinnen und Orthoptisten,
   o) Pharmazeutisch-technische Assistentinnen und Assistenten,
   p) Physiotherapeutinnen und -therapeuten,
   q) Podologinnen und Podologen,
   r) Psychologische Psychotherapeutinnen und -therapeuten,
   s) Rettungsassistentinnen und -assistenten,
   t) Tierärztinnen und Tierärzte,
   u) Zahnärztinnen und Zahnärzte und
   v) sonstige Angehörige reglementierter Berufe, die Tätigkeiten ausüben, die Auswirkungen auf die Patientensicherheit haben;
2. Erziehungsberufe:
   a) Erzieherinnen und Erzieher,

---

[2] Vgl. Löwe/Rosenberg/*Hilger* Rn. 2.

b) Lehrerinnen und Lehrer und
c) sonstige Angehörige reglementierter Berufe, die Tätigkeiten im Bereich der Erziehung Minderjähriger ausüben.

²Die Unterrichtung erfolgt im Fall eines vorläufigen Berufsverbots spätestens drei Tage nach dessen Anordnung durch das entscheidende Gericht, im Fall eines Berufsverbots spätestens drei Tage nach dessen Rechtskraft durch das Gericht, bei dem das Verfahren im Zeitpunkt der Rechtskraft anhängig ist. ³Dabei sind folgende Daten mitzuteilen:
1. Angaben zur Identität der betroffenen Person,
2. betroffener Beruf,
3. Angabe des Gerichts, das die Anordnung getroffen hat,
4. Umfang des Berufsverbots und
5. Zeitraum, für den das Berufsverbot gilt.

(2) ¹Wird eine Person verurteilt, weil sie bei einem Antrag auf Anerkennung ihrer Berufsqualifikation nach der Richtlinie 2005/36/EG des Europäischen Parlaments und des Rates vom 7. September 2005 über die Anerkennung von Berufsqualifikationen (ABl. L 255 vom 30.9.2005, S. 22; L 271 vom 16.10.2007, S. 18; L 93 vom 4.4.2008, S. 28; L 33 vom 3.2.2009, S. 49; L 305 vom 24.10.2014, S. 115), die zuletzt durch die Richtlinie 2013/55/EU (ABl. L 354 vom 28.12.2013, S. 132; L 268 vom 15.10.2015, S. 35; L 95 vom 9.4.2016, S. 20) geändert worden ist, in der jeweils geltenden Fassung einen gefälschten Berufsqualifikationsnachweis verwendet hat, unterrichtet das Gericht, bei dem das Verfahren im Zeitpunkt der Rechtskraft der Verurteilung anhängig ist, die zuständigen Behörden der anderen in Absatz 1 Satz 1 genannten Staaten mittels des Binnenmarkt-Informationssystems spätestens drei Tage nach Rechtskraft hierüber. ²Dabei sind folgende Daten mitzuteilen:
1. Angaben zur Identität der betroffenen Person,
2. betroffener Beruf und
3. Angabe des verurteilenden Gerichts.

(3) ¹Unverzüglich nach der Mitteilung nach Absatz 1 oder 2 unterrichtet das Gericht die betroffene Person schriftlich über die Mitteilung und belehrt sie über die Rechtsbehelfe, die ihr gegen die Entscheidung, die Mitteilung zu veranlassen, zustehen. ²Legt die betroffene Person gegen die Entscheidung einen Rechtsbehelf ein, ist die Mitteilung unverzüglich um einen entsprechenden Hinweis zu ergänzen.

(4) ¹Spätestens drei Tage nach der Aufhebung eines vorläufigen Berufsverbots unterrichtet das Gericht die zuständigen Behörden der anderen in Absatz 1 Satz 1 genannten Staaten mittels des Binnenmarkt-Informationssystems hierüber und veranlasst die Löschung der ursprünglichen Mitteilung. ²Wird ein rechtskräftig angeordnetes Berufsverbot aufgehoben, ändert sich der Zeitraum, für den es gilt, oder wird die Vollstreckung unterbrochen, so unterrichtet das Gericht die zuständigen Behörden hierüber und veranlasst gegebenenfalls die Löschung der ursprünglichen Mitteilung. ³Bei einer Aufhebung oder Veränderung des Geltungszeitraums des Berufsverbots auf Grund einer Gnadenentscheidung, auf Grund einer Entscheidung nach § 456c Absatz 2 der Strafprozessordnung oder auf Grund des § 70 Absatz 4 Satz 3 des Strafgesetzbuches nimmt die Staatsanwaltschaft die Unterrichtung vor und veranlasst gegebenenfalls die Löschung der ursprünglichen Mitteilung.

I. § 9 aF

Die bisher in § 9 enthaltene, durch das Gesetz zur Änderung und Ergänzung des Strafverfahrensrechts vom 2.8.2000 (BGBl. I 1253) eingeführte Übergangsvorschrift zu Dateiregelungen hat sich durch Zeitablauf erledigt, weshalb sie durch das Gesetz zur Umsetzung der Berufsanerkennungsrichtlinie und zur Änderung weiterer Vorschriften im Bereich der rechtsberatenden Berufe vom 12.5.2017 (BGBl. I 1121) aufgehoben und durch eine Neuregelung zum „Vorwarnmechanismus" ersetzt wurde.

II. Neuregelung („Berufsanerkennungsrichtlinie")

2   Durch Art. 56a der „Berufsanerkennungsrichtlinie" (Richtlinie 2005/36/EG des Europäischen Parlaments und des Rates vom 7.9.2005 über die Anerkennung von Berufsqualifikationen) wird erstmals ein sogenannter Vorwarnmechanismus eingeführt, der die **zeitnahe Warnung anderer Mitgliedstaaten** vor solchen Angehörigen reglementierter Berufe bezweckt, gegen die ein vorläufiges oder endgültiges Berufsverbot ausgesprochen wurde oder bei denen gerichtlich festgestellt wurde, dass sie gefälschte Berufsqualifikationsnachweise verwendet haben. Für alle strafgerichtlichen Entscheidungen wird dieser Vorwarnmechanismus nach Art. 11 Nr. 5 Gesetz zur Umsetzung der Berufsanerkennungsrichtlinie und zur Änderung weiterer Vorschriften im Bereich der rechtsberatenden Berufe vom 12.5.2017 (BGBl. I 1121) umgesetzt in § 9.

III. Regelungsgehalt

3   Der Gesetzgeber geht mit Blick auf die Abhängigkeit vom „Anerkennungsverfahren" davon aus, „dass es in der Praxis aller Voraussicht nach **so gut wie keine Anwendungsfälle** geben wird."[1]

4   Bislang erfolgt in Deutschland eine Unterrichtung über Berufsverbote im Rahmen von Mitteilungen der Staatsanwaltschaften, der Gerichte oder der Vollstreckungsbehörden an die jeweils für die unterschiedlichen Berufe zuständigen Aufsichtsbehörden. Daran ändert § 9 nichts.

5   Der Vorwarnmechanismus wird zum einen durch ein gerichtliches endgültiges oder vorläufiges Berufsverbot ausgelöst, soweit dies Heil- und Erziehungsberufe betrifft. Die Unterrichtung hat dabei mittels **Eintragung in das europäische Binnenmarkt-Informationssystem („IMI")** zu erfolgen.

§ 11 Übergangsregelung zum Gesetz zur Novellierung der forensischen DNA-Analyse

Für die nach dem DNA-Identitätsfeststellungsgesetz vom 7. September 1998 (BGBl. I S. 2646), das zuletzt durch Artikel 4 des Gesetzes vom 27. Dezember 2003 (BGBl. I S. 3007) geändert worden ist, erhobenen und verwendeten Daten finden ab dem 1. November 2005 die Regelungen der Strafprozessordnung Anwendung.

1   Während sich die Regelung des Abs. 1 aF durch Zeitablauf erledigt hatte, wird die Bestimmung in Abs. 2 aF noch für längere Zeit benötigt, weshalb sie durch das Gesetz zur Umsetzung der Berufsanerkennungsrichtlinie und zur Änderung weiterer Vorschriften im Bereich der rechtsberatenden Berufe vom 12.5.2017 (BGBl. I 1121) zum alleinigen Gegenstand von § 11 gemacht wurde.

2   Die Anwendung der Regelungen der Strafprozessordnung auf nach dem DNA-Identitätsfeststellungsgesetz vom 7.9.1998 (BGBl. I 2646) erhobene und verwendete Daten ist abhängig vom Stichtag 1.11.2005.

§ 12 Übergangsregelung zum Gesetz zur Einführung einer Speicherpflicht und einer Höchstspeicherfrist für Verkehrsdaten

(1) Nach § 96 Absatz 1 Satz 1 Nummer 1 des Telekommunikationsgesetzes gespeicherte Standortdaten dürfen erhoben werden bis zum 29. Juli 2017 auf der

---

[1] BT-Drs. 18/9521, 99.

Grundlage des § 100g Absatz 1 der Strafprozessordnung in der bis zum Inkrafttreten des Gesetzes zur Einführung einer Speicherpflicht und einer Höchstspeicherfrist für Verkehrsdaten vom 10. Dezember 2015 (BGBl. I S. 2218) geltenden Fassung.

(2) ¹Die Übersicht nach § 101b der Strafprozessordnung in der Fassung des Artikels 1 des Gesetzes vom 10. Dezember 2015 (BGBl. I S. 2218) ist erstmalig für das Berichtsjahr 2018 zu erstellen. ²Für die vorangehenden Berichtsjahre ist § 100g Absatz 4 der Strafprozessordnung in der bis zum Inkrafttreten des Gesetzes zur Einführung einer Speicherpflicht und einer Höchstspeicherfrist für Verkehrsdaten geltenden Fassung anzuwenden.

§ 12 enthält Übergangsbestimmungen, in Abs. 1 zur Erhebung von gespeicherten Standortdaten, in Absatz 2 zur statistischen Erfassung von strafprozessualen Maßnahmen der Erhebung von Verkehrsdaten nach § 101b StPO. **1**

Abs. 1 greift lediglich für retrograd erfasste Standortdaten ein.[1] Die mit der Neuregelung des § 101b StPO geschaffenen erweiterten Statistikpflichten greifen erst im Berichtsjahr 2018; für die Berichtsjahre 2015–2018 gilt § 100g Abs. 4 aF. **2**

§ 13 Übergangsvorschrift zum Gesetz zur Novellierung des Rechts der Unterbringung in einem psychiatrischen Krankenhaus gemäß § 63 des Strafgesetzbuches und zur Änderung anderer Vorschriften

¹Auf am 1. August 2016 bereits anhängige Vollstreckungsverfahren ist § 463 Absatz 4 Satz 2 und 8 der Strafprozessordnung in der seit dem 1. August 2016 geltenden Fassung erst ab dem 1. August 2018 anwendbar; die Pflicht des Gerichts zur Sachaufklärung, namentlich für die nach § 67d Absatz 6 Satz 2 und 3 des Strafgesetzbuches in der seit dem 1. August 2016 geltenden Fassung gebotenen Überprüfungen, bleibt unberührt. ²§ 463 Absatz 4 Satz 3 und 4 der Strafprozessordnung in der seit dem 1. August 2016 geltenden Fassung ist auf am 1. August 2016 bereits anhängige Vollstreckungsverfahren erst ab dem 1. Februar 2017 anwendbar. ³Bis zur Anwendbarkeit des neuen Rechts nach Satz 1 ist § 463 Absatz 4 Satz 1 und 5 der Strafprozessordnung und bis zur Anwendbarkeit des neuen Rechts nach Satz 2 ist § 463 Absatz 4 Satz 2 der Strafprozessordnung für die genannten Vollstreckungsverfahren in der jeweils am 31. Juli 2016 geltenden Fassung weiter anzuwenden.

§ 14 Übergangsregelung zum Gesetz zur Reform der strafrechtlichen Vermögensabschöpfung

Das Gesetz zur Reform der strafrechtlichen Vermögensabschöpfung vom 13. April 2017 (BGBl. I S. 872) gilt nicht für Verfahren, in denen bis zum Inkrafttreten dieses Gesetzes im Urteil oder Strafbefehl festgestellt wurde, dass deshalb nicht auf Verfall erkannt wird, weil Ansprüche eines Verletzten im Sinne des § 73 Absatz 1 Satz 2 des Strafgesetzbuches entgegenstehen.

§ 14 wurde eingefügt durch das Gesetz zur Reform der strafrechtlichen Vermögensabschöpfung vom 13.4.2017 (BGBl. I 872 [888]), durch welches das Recht der strafrechtlichen Vermögensabschöpfung vollumfänglich neu geregelt wurde.[1*] Geändert wurden insbesondere die §§ 73 ff. StGB, aber auch viele Vorschriften aus der StPO. Die wichtigste sprachliche Änderung ist die Ersetzung des Begriffs „Verfall" durch den Begriff „Einziehung", der sich **1**

---
[1] BeckOK StPO/*Bär* Rn. 1.
[1*] Vgl. auch BT-Drs. 18/9525, 2.

jetzt erstreckt sowohl auf die Einziehung von Taterträgen als auch auf die Einziehung von Tatmitteln, Tatprodukten und Tatobjekten.²

2   Ursprünglich sollte die neue Regelung in § 13 stehen. Diese Ordnungszahl ist inzwischen aber schon vergeben, sodass sich die Regelung heute in § 14 findet.³

3   Inhaltlich besagt § 14, dass das Gesetz zur Reform der strafrechtlichen Vermögensabschöpfung auf Verfahren unanwendbar ist, in denen bis zum 1.7.2017 ein Urteil oder ein Strafbefehl ergangen ist, in dem festgestellt wurde, dass deshalb nicht auf Verfall erkannt wird, weil Ansprüche des Verletzten iSd § 73 Abs. 1 S. 2 StGB aF entgegenstehen. Gemeint damit sind auch erstinstanzliche Feststellungen.⁴

4   Die Übergangsregelung erklärt sich daraus, dass mit Inkrafttreten des besagten Gesetzes am 1.7.2017 die Vermögensabschöpfung nunmehr nicht mehr ausgeschlossen ist, soweit dem Verletzten aus der Straftat ein Anspruch erwachsen ist, dessen Erfüllung dem Straftäter oder auch dem Teilnehmer den Wert des aus der Tat Erlangten entziehen würde (vgl. § 73 Abs. 1 S. 2 StGB aF). Vielmehr ist die Vermögensabschöpfung jetzt auch bei individuell Geschädigten zulässig.⁵ Denn § 73 Abs. 1 S. 2 StGB aF wurde gestrichen. Damit zusammenhängend wurde außerdem § 111i StPO aF als Regelung zum staatlichen Auffangrechtserwerb, der gerade dann relevant wurde, wenn aufgrund des § 73 Abs. 1 S. 2 StGB aF kein Verfall angeordnet werden konnte, abgeschafft. Bei Altfällen aber, bei denen schon vor dem 1.7.2017 eine Entscheidung über die Anordnung beziehungsweise die Nichtanordnung des Verfalls oder dessen Wertersatzes ergangen ist, bleibt es bei der Anwendung der §§ 73 ff. StGB aF (Art. 316h S. 2 EGStGB). Die Weitergeltung des § 73 Abs. 1 S. 2 StGB aF ohne weiterhin bestehenden staatlichen Auffangrechtserwerb würde jedoch eine Regelungslücke schaffen. Diese zu schließen bezweckt § 14.⁶

§ 15 Übergangsregelung zum Gesetz zur Einführung der elektronischen Akte in der Justiz und zur weiteren Förderung des elektronischen Rechtsverkehrs; Verordnungsermächtigungen

¹Die Bundesregierung und die Landesregierungen können jeweils für ihren Bereich durch Rechtsverordnung bestimmen, dass die Einreichung elektronischer Dokumente abweichend von § 32a der Strafprozessordnung erst zum 1. Januar des Jahres 2019 oder 2020 möglich ist und § 41a der Strafprozessordnung in der am 31. Dezember 2017 geltenden Fassung bis jeweils zum 31. Dezember des Jahres 2018 oder 2019 weiter Anwendung findet. ²Sie können die Ermächtigung nach Satz 1 durch Rechtsverordnung auf die zuständigen Bundes- oder Landesministerien übertragen.

1   Eingefügt wurde die Vorschrift durch das Gesetz zur Einführung der elektronischen Akte in der Justiz und zur weiteren Förderung des elektronischen Rechtsverkehrs vom 5.7.2017 (BGBl. I S. 2208) und ist am 13.7.2017 in Kraft getreten.

2   Die Geltung des durch das Justizkommunikationsgesetz vom 22.3.2005 (BGBl. I 837) eingefügten § 41a StPO endet grundsätzlich mit Wirkung zum 1.1.2018. An seine Stelle kann § 32a StPO treten, wobei der elektronische Rechtsverkehr jeweils nur zum Jahresanfang eingeführt werden darf, um die damit zusammenhängenden Planungen zu erleichtern.¹

3   Den Termin für das Inkrafttreten von § 32a StPO können der Bund und die Länder durch die sog. Opt-Out-Klausel in § 15 EGStPO entweder auf den 1.1.2019 oder den 1.1.2020 verschieben. Dafür sieht § 15 eine Übergangsregelung vor, der eine weitere

---

² Vgl. zur Begriffsänderung auch BT-Drs. 18/9525, 2, 48.
³ Vgl. auch BT-Drs. 18/11640, 91, und vgl. die Gegenüberstellung auf S. 52.
⁴ BT-Drs. 18/9525, 98.
⁵ Vgl. auch BT-Drs. 18/9525, 51.
⁶ BT-Drs. 18/9525, 98.
¹ BT-Drs. 18/9416, 71.

Anwendbarkeit von § 41a StPO erlaubt bis zum Zeitpunkt des Inkrafttretens von § 32a StPO. Ohne diese Übergangsregelung wäre § 41a StPO bei Rückgriff auf die Opt-Out-Klausel ersatzlos entfallen, was in den Ländern, die den elektronischen Rechtsverkehr bereits eröffnet haben, schlagartig zu einem Wegfall der Rechtsgrundlage geführt hätte.[2]

S. 2 enthält eine Subdelegationsmöglichkeit zur Übertragung der Ermächtigung über die Entscheidung zum Inkrafttreten von § 32a StPO auf die jeweils zuständigen Ministerien.

§ 16 Übergangsregelung zum Gesetz zur effektiveren und praxistauglicheren Ausgestaltung des Strafverfahrens

¹Die Übersichten nach § 101b der Strafprozessordnung sind erstmalig für das Berichtsjahr 2019 zu erstellen. ²Für die vorangehenden Berichtsjahre sind § 100b Absatz 6, § 100e Absatz 2 und § 101b Nummer 2 der Strafprozessordnung in der bis zum 23. August 2017 geltenden Fassung weiter anzuwenden.

Nachdem der Gesetzgeber die bisher für die Überwachung der Telekommunikation (§ 100b Abs. 6 StPO), für die Wohnraumüberwachung (§ 100e Abs. 2 StPO) und die Erhebung von Verkehrsdaten (§ 100g StPO) in § 101b StPO aF geregelten Pflichten für die statistischen Erhebungen einheitlich in § 101b StPO zusammengefasst hat, bedurfte es einer Regelung zum Inkrafttreten. Sie enthält § 16 S. 1. Nach dessen Satz 2 gelten für die früheren Berichtsjahre 2017 und 2018 die bisherigen Regelungen. Mangels einer Sonderregelung ist eine statistische Erfassung dieser beiden Jahre zur Online-Durchsuchung (§ 100b StPO) nicht erforderlich.

---

[2] Zu den Anforderungen an einen schriftformersetzenden Versand elektronischer Dokumente ohne qualifizierte Signatur im Opt-Out-Zeitraum siehe *Kegel* JurPC Web-Dok. 155/2017.

Einführungsgesetz zum Strafgesetzbuch (EGStGB)

Vom 2.3.1974 (BGBl. I S. 469, ber. 1975 I S. 1916 und 1976 I S. 507)
FNA 450-16
Zuletzt geändert durch Gesetz zur Änderung des StGB – Ausweitung des Maßregelrechts bei extremistischen Straftätern vom 11.6.2017 (BGBl. I S. 1612)

– Auszug –

Vorbemerkung zu Art. 1

Das Einführungsgesetz zum Strafgesetzbuch datiert auf den 2.3.1974;[1] gemäß Art. 326 Abs. 1 trat es am 1.1.1975 in Kraft. Es stellt in den Art. 1–4 vor allem Regeln auf, die das Verhältnis der Vorschriften des Strafgesetzbuchs zu den sonstigen strafrechtlichen Vorschriften des Bundes- und des Landesrechts klarstellen und zugleich die Schranken für das Landesrecht aufzeigen. Die Art. 5–9 enthalten Vorschriften zu Ordnungs- und Zwangsmitteln, die Art. 10–12 Vorschriften zur Anpassung von Strafvorschriften, die Art. 288–292 zur Anpassung des Landesrechts, die Art. 293 ff. etwa Regelungen zur Ersatzfreiheitsstrafe und Gerichtshilfe sowie die Art. 315 ff. diverse Übergangsvorschriften.

Art. 1 Geltung des Allgemeinen Teils

(1) Die Vorschriften des Allgemeinen Teils des Strafgesetzbuches gelten für das bei seinem Inkrafttreten bestehende und das zukünftige Bundesrecht, soweit das Gesetz nichts anderes bestimmt.

(2) [1]Die Vorschriften des Allgemeinen Teils des Strafgesetzbuches gelten auch für das bei seinem Inkrafttreten bestehende und das zukünftige Landesrecht. [2]Sie gelten nicht, soweit das Bundesrecht besondere Vorschriften des Landesrechts zuläßt und das Landesrecht derartige Vorschriften enthält.

Abs. 1 steht im Dienste der **einheitlichen Rechtsanwendung** und verschafft dem Allgemeinen Teil des StGB (jedenfalls vom Wortlaut her) eine umfassende Reichweite. Obwohl allgemein die Rede ist von „Bundesrecht", ist die Anwendbarkeit auf Strafvorschriften beschränkt. Das entspricht dem explizit geäußerten Willen des damaligen Gesetzgebers, wonach es, „in der Natur der Sache" liege und „sich von selbst [verstehe]", dass die Vorschriften des Allgemeinen Teils sich „nicht auf außerstrafrechtliche Regelungen beziehen".[1]

Ob der Gesetzgeber dabei alle Rechtsgebiete im Blick hatte, ist fraglich. So handelt es sich bei den **Sanktionen des Disziplinarrechts** durchaus um eine Materie, die mit Blick auf ihre Wirkungen gleichwertig sind mit strafrechtlichen Sanktionsnormen.[2] Weil im Disziplinarrecht aber spezifische Regelungen fehlen, etwa zu den Irrtümern, behilft die Rechtsprechung sich in der Regel mit einem Rückgriff auf das Strafrecht: „Es kann nicht zweifelhaft sein, dass diese dem Strafrecht entnommenen Begriffe im Disziplinarrecht denselben Bedeutungsgehalt besitzen und auch hinsichtlich ihrer Rechtsfolgen im materiellen Disziplinarrecht anwendbar sind."[3] Genau genommen handelt es sich dabei um nichts anderes als eine analoge Anwendung der Vorschriften des Allgemeinen Teils, etwa der §§ 16, 17[4] oder

---
[1] BGBl. I 469; 1975 I 1916; 1976 I 507.
[1] BT-Drs. 7/550, 197.
[2] Ausführlich dazu *Brüning*, Das Verhältnis des Strafrechts zum Disziplinarrecht, 2017.
[3] BVerwG 21.2.2008 – 2 B 1.08, BeckRS 2008, 33355.
[4] Dazu etwa BVerwG 21.2.2008 – 2 B 1.08, BeckRS 2008, 33355.

20, 21 StGB.[5] Kurzum: Soweit das Disziplinarrecht keine spezielleren Regelungen bereithält, sind die Vorschriften des Allgemeinen Teils auf disziplinarrechtliche Sachverhalte analog anwendbar.

3 Art. 2 Abs. 2 ist angesichts von Art. 31 GG überflüssig, soweit Bundes- und Landesrecht einen identischen Regelungsgegenstand und einen miteinander unvereinbaren Normbefehl beinhalten.[6] Das ist nach Abs. 2 S. 2 nicht der Fall, soweit das Bundesrecht besondere Vorschriften des Landesrechts zulässt und das Landesrecht derartige Vorschriften enthält.

4 Steht einem Bundesland die Gesetzgebungskompetenz auf außerstrafrechtlichem Gebiet zu und ist der Sachzusammenhang enger als zum Strafrecht, liegt eine speziellere Gesetzgebungszuständigkeit vor, weshalb der Landesgesetzgeber dann ohnehin nicht gehindert ist, eine Regelung zu treffen, die von den Vorschriften des Allgemeinen Teils abweicht.[7] Zu bejahen ist dies etwa, wenn die **Pressegesetze der Länder** die **Verjährung von Pressedelikten** eigenständig und abweichend von den §§ 78 ff. StGB geregelt haben (diese Sonderregelung hat das Bundesverfassungsgericht bereits im Jahr 1957 anerkannt).[8]

Art. 1b Anwendbarkeit der Vorschriften des internationalen Strafrechts

Soweit das deutsche Strafrecht auf im Ausland begangene Taten Anwendung findet und unterschiedliches Strafrecht im Geltungsbereich dieses Gesetzes gilt, finden diejenigen Vorschriften Anwendung, die an dem Ort gelten, an welchem der Täter seine Lebensgrundlage hat.

Art. 1b wurde eingefügt aufgrund des Einigungsvertrags vom 31.8.1990,[1] dürfte inzwischen aber bedeutungslos sein. Mit dem Ort der Lebensgrundlage ist der Ort des gewöhnlichen Aufenthalts gemeint, was in der Regel am Ort des Wohnsitzes der Fall ist.

Art. 2 Vorbehalte für das Landesrecht

Die Vorschriften des Allgemeinen Teils des Strafgesetzbuches lassen Vorschriften des Landesrechts unberührt, die bei einzelnen landesrechtlichen Straftatbeständen
1. **den Geltungsbereich abweichend von den §§ 3 bis 7 des Strafgesetzbuches bestimmen oder**
2. **unter besonderen Voraussetzungen Straflosigkeit vorsehen.**

Art. 2 stellt lediglich eine Konkretisierung von Abs. 1 dar. Das Bedürfnis für abweichende Regelungen kann bei landesrechtlichen Straftatbeständen insbesondere bei der Geltung des Strafrechts relevant werden (Nr. 1) oder wenn etwa das Nebenstrafrecht der Länder in einzelnen Fällen Straflosigkeit vorsieht (Nr. 2).

Art. 3 Zulässige Rechtsfolgen bei Straftaten nach Landesrecht

(1) Vorschriften des Landesrechts dürfen bei Straftaten keine anderen Rechtsfolgen vorsehen als
1. **Freiheitsstrafe bis zu zwei Jahren und wahlweise Geldstrafe bis zum gesetzlichen Höchstmaß (§ 40 Abs. 1 Satz 2, Abs. 2 Satz 3 des Strafgesetzbuches),**

---

[5] Siehe nur BVerwG 11.3.2008 – 2 B 8.08, BeckRS 2008, 33736.
[6] Vgl. BeckOK GG/*Epping/Hillgruber* GG Art. 31 Rn. 13.
[7] Siehe BT-Drs. 7/550, 198.
[8] BVerfG 4.6.1957 – 2 BvL 17/56, BVerfGE 7, 29 ff.; im weiteren Sinne („Scalping") siehe dazu etwa *Kramer* WM 2016, 1163.
[1] BGBl. II 889 (954).

2. Einziehung von Gegenständen im Sinne der §§ 74 bis 74b und 74d des Strafgesetzbuches.

(2) Vorschriften des Landesrechts dürfen
1. weder Freiheitsstrafe noch Geldstrafe allein und
2. bei Freiheitsstrafe kein anderes Mindestmaß als das gesetzliche (§ 38 Abs. 2 des Strafgesetzbuches) und kein niedrigeres Höchstmaß als sechs Monate
androhen.

Art. 3 zieht dem Landesgesetzgeber Grenzen bei der Wahl der Sanktionen. Ohne eine derartige Beschränkung könnte der Landesgesetzgeber sämtliche Sanktionen androhen, die der Allgemeine Teil des Strafgesetzbuchs enthält. Weitergehende Sanktionsbefugnisse sind im Landesrecht nicht geboten, weil Straftatbestände, die andere Sanktionen als die für das Landesrecht erlaubten, ohnehin dem Bundesrecht vorbehalten bleiben sollten.[1]   **1**

Art. 3 Abs. 1 Nr. 1 und 2 sieht vor, dass allein Geld- und Freiheitsstrafe sowie als Mittel zur Vermögensabschöpfung die Einziehung angedroht werden dürfen. Die Verhängung der Nebenstrafe „Fahrverbot" (§ 44 StGB) oder der Nebenfolge „Verlust der Amtsfähigkeit" (§ 45 StGB) ist nicht zulässig. In Angleichung an das Bundesrecht dürften die Sanktionen Geld- oder Freiheitsstrafe ausschließlich wahlweise angedroht werden.   **2**

Bei Freiheitsstrafen ordnet Abs. 1 Nr. 1 eine Höchstgrenze von zwei Jahren an, während Abs. 2 Nr. 2 das Mindestmaß auf einen Monat und Höchstmaß auf mindestens sechs Monate festlegt. Bei Geldstrafen beträgt das zulässige Mindestmaß fünf und das zulässige Höchstmaß 360 volle Tagessätze. Der im Klammerzusatz vorhandene ausdrückliche Verweis auf „§ 40 Abs. 1 Satz 2, Abs. 2 Satz 3" ändert nichts daran, dass dieses für die Strafandrohung geltende Maß im Zusammenhang mit der Bildung einer Gesamtstrafe nach §§ 54, 55 StGB im Einzelfall bei der Strafzumessung überschritten werden darf.   **3**

Art. 4 Verhältnis des Besonderen Teils zum Bundes- und Landesrecht

(1) Die Vorschriften des Besonderen Teils des Strafgesetzbuches lassen die Strafvorschriften des Bundesrechts unberührt, soweit sie nicht durch dieses Gesetz aufgehoben oder geändert werden.

(2) Die Vorschriften des Besonderen Teils des Strafgesetzbuches lassen auch die Straf- und Bußgeldvorschriften des Landesrechts unberührt, soweit diese nicht eine Materie zum Gegenstand haben, die im Strafgesetzbuch abschließend geregelt ist.

(3) Die Vorschriften des Strafgesetzbuches über Betrug, Hehlerei und Begünstigung lassen die Vorschriften des Landesrechts unberührt, die bei Steuern oder anderen Abgaben
1. die Straf- und Bußgeldvorschriften der Abgabenordnung für anwendbar erklären oder
2. entsprechende Straf- und Bußgeldtatbestände wie die Abgabenordnung enthalten; Artikel 3 bleibt unberührt.

(4) Die Vorschriften des Strafgesetzbuches über Diebstahl, Hehlerei und Begünstigung lassen die Vorschriften des Landesrechts zum Schutze von Feld und Forst unberührt, die bestimmen, daß eine Tat in bestimmten Fällen, die unbedeutend erscheinen, nicht strafbar ist oder nicht verfolgt wird.

(5) Die Vorschriften des Strafgesetzbuches über Hausfriedensbruch, Sachbeschädigung und Urkundenfälschung lassen die Vorschriften des Landesrechts zum Schutze von Feld und Forst unberührt, die
1. bestimmte Taten nur mit Geldbuße bedrohen oder

---
[1] So auch BT-Drs. 7/550, 198.

2. bestimmen, daß eine Tat in bestimmten Fällen,
   a) die unbedeutend erscheinen, nicht strafbar ist oder nicht verfolgt wird, oder
   b) die geringfügig erscheinen, nur auf Antrag oder nur dann verfolgt wird, wenn die Strafverfolgungsbehörde wegen des besonderen öffentlichen Interesses an der Strafverfolgung ein Einschreiten von Amts wegen für geboten hält.

1   Während Art. 1–3 das Verhältnis zum Allgemeinen Teil regeln, betrifft Art. 4 dasjenige des Besonderen Teils zum Nebenstrafrecht des Bundes und der Länder.

2   Abs. 1 sieht vor, dass es ab Inkrafttreten des EGStGB mit Blick auf das Nebenstrafrecht keiner zusätzlichen Prüfung bedarf, ob Vorschriften des Besonderen Teils eine bestimmte Materie abschließend regeln. Das **Nebenstrafrecht** gilt unabhängig davon, was im Besonderen Teil wie geregelt ist. Für das Ordnungswidrigkeitenrecht bestimmt das Rangverhältnis § 21 OWiG, der vorsieht, dass „nur das Strafgesetz angewendet" wird, wenn „eine Handlung gleichzeitig Straftat und Ordnungswidrigkeit" ist. Dies schließt allerdings nicht aus, das Verhalten als Ordnungswidrigkeit zu ahnden, wenn keine Strafe verhängt wird (§ 21 Abs. 2 OWiG).

3   Abs. 2 betrifft **Straf- und Bußgeldvorschriften der Länder.** Sie bleiben nur dann unberührt, wenn sie eine Materie beinhalten, die im Strafgesetzbuch nicht abschließend behandelt wird. Den umgekehrten Fall regelt Art. 292. Danach sind Straf- und Bußgeldvorschriften des Landesrechts nicht mehr anzuwenden, wenn sie eine im Strafgesetzbuch abschließend geregelte Materie zum Gegenstand haben und keine Ausnahme nach Abs. 3–5 besteht.

4   Der Gesetzgeber hat ganz bewusst den Begriff „Materie" anstelle von „Rechtsgebiet" gewählt, um die Auslegung zu verhindern, dass eine Sperrwirkung nur dann greift, wenn es sich um einen „größeren, zusammengehörenden Komplex von Vorschriften im Besonderen Teil" handelt.[1]

5   Abs. 3 eröffnet dem Landesgesetzgeber die Möglichkeit, bei Steuern oder anderen Abgaben die Straf- und Bußgeldvorschriften der Abgabenordnung für anwendbar zu erklären oder entsprechende landesrechtliche Straf- und Bußgeldtatbestände, wie diejenigen der Abgabenordnung, zu schaffen (siehe dazu auch § 6 Abs. 2 Nr. 2 EGStPO). Ohne einen solchen Verweis kommt eine Verfolgung des Verhaltens weder wegen Steuerhinterziehung nach § 370 AO noch einer Steuerordnungswidrigkeit nach § 377 ff. AO in Betracht. Als Beispiel für einen solchen Verweis ist § 6 Abs. 1 S. 1 des Kirchensteuerrahmengesetzes Niedersachsen zu nennen, in dem die Vorschriften der Abgabenordnung für entsprechend anwendbar erklärt werden.

6   Erklärt das Landesrecht die Abgabenordnung für anwendbar, bleibt für eine Strafbarkeit wegen **Betrugs, Hehlerei oder Begünstigung** kein Raum – das Landesrecht entwickelt dann in Verbindung mit Art. 4 Abs. 3 eine **Sperrwirkung,** was sich aus der Formulierung „lassen die Vorschriften des Landesrechts unberührt" ergibt.[2] Ohne einen entsprechenden Verweis ist eine Strafbarkeit wegen Betrugs, Hehlerei oder Begünstigung möglich. Denn Art. 4 Abs. 3 lässt sich „ihrem Wortlaut nach nicht [...] entnehmen, dass der Bundesgesetzgeber Straftaten im Zusammenhang mit der Erhebung von Kirchensteuern von der Erfassung durch die Strafvorschriften des Betrugs, der Hehlerei und der Begünstigung ausnehmen und die Entscheidung über die Frage der Strafbarkeit insoweit dem Landesgesetzgeber überlassen wollte."[3] Für eine Annexkompetenz[4] auf dem Gebiet der Kirchensteuer ist insoweit kein Raum.[5]

---

[1] BT-Drs. 7/550, 199.
[2] Dies entspricht explizit dem Willen des Gesetzgebers, vgl. BT-Drs. 7/550, 201: „Der Entwurf will diese besonderen Regelungen, die den Vorschriften des Strafgesetzbuches über Diebstahl, sachliche Begünstigung und Hehlerei oder denen über Hausfriedensbruch, Sachbeschädigung und Urkundenfälschung vorgehen,…"
[3] BGH 17.4.2008 – 5 StR 547/07, NStZ 2009, 157 (159) (Rn. 20).
[4] So Joecks/Jäger/Randt/*Randt*, Steuerstrafrecht, 8. Aufl. 2015, AO § 386 Rn. 21a.
[5] Offen gelassen durch BGH 17.4.2008 – 5 StR 547/07, NStZ 2009, 157 (159) (Rn. 20).

Abs. 4 und 5 betreffen das Landesrecht zum Schutz von Forst und Feld. Es handelt sich 7 dabei um ein Rechtsgebiet, auf dem „die Länder von alters her eigenständige Regelungen getroffen [haben], die den örtlichen Verhältnissen Rechnung tragen sollten".[6] Gibt es **landesrechtliche Vorschriften zum Diebstahl, der sachlichen Begünstigung, Hehlerei oder zum Hausfriedensbruch, der Sachbeschädigung und Urkundenfälschung**, gehen diese Regelungen vor – in dem Maße, wie Abs. 4 und 5 dies zulassen.

Prozessual ergänzt werden diese Regelungen durch § 3 Abs. 3 EGStPO, der den Landesgesetzgeber ermächtigt, Forst- und Feldrügesachen in einem besonderen Verfahren verhandeln und entscheiden zu lassen. Spezielle Regelungen zum Schutz von Forst und Feld gibt es etwa in den Bundesländern Baden-Württemberg, Bayern, Bremen, Hessen und Sachsen-Anhalt. 8

Von Art. 4 Abs. 4 wird landesrechtlichen Regelungen, die bestimmte **unbedeutende Fälle** von der Strafbarkeit ausnehmen oder **Verfolgungshindernisse** vorsehen, in Bezug auf Diebstahl, Hehlerei und Begünstigung Vorrang eingeräumt. Das kann zum Beispiel das Sammeln von Beeren[7] oder die Nachlese auf einem Feld betreffen.[8] Keine Sonderregeln sind zulässig, wenn es um den Diebstahl oder die Unterschlagung geringwertiger Sachen geht – dann gilt uneingeschränkt § 248a StGB.[9] Die Sperrwirkung entfaltet sich allerdings nur dann, wenn das Landesrecht eine Nichtstrafbarkeit oder -verfolgbarkeit vorsieht. Ist zum Beispiel das unbefugte Weidenlassen von Tieren nach dem Landesrecht als Ordnungswidrigkeit ausgestaltet, sperrt dies eine Bestrafung wegen Diebstahls nach § 242 Abs. 1 StGB nicht.[10] 9

Art. 4 Abs. 5 ordnet den Vorrang von landesrechtlichen Vorschriften an, die Sonderregeln enthalten über Hausfriedensbruch, Sachbeschädigung und Urkundenfälschung. Betreffen kann dies Verhaltensweisen wie die Feld- oder Forstschädigung an Bodenerzeugnissen oder Sachen, die dem Schutz der Bodenerzeugnisse dienen, an Wegen, Gruben oder Einfriedungen sowie an Merkzeichen, die zur Abgrenzung, Vermessung oder als Wegweiser angebracht sind.[11] 10

Vorrang genießt das Landesrecht, wenn die betreffenden Verhaltensweisen bloß als Ordnungswidrigkeit mit einer Geldbuße sanktioniert werden (Abs. 5 Nr. 1) oder wenn das Landesrecht Straflosigkeit anordnet oder ein Verfahrenshindernis vorsieht (Abs. 5 Nr. 2a) oder die Bestrafung von einem Strafantrag des Verletzten oder der Bejahung des öffentlichen Interesses an der Strafverfolgung abhängig macht (Abs. 5 Nr. 2b). Art. 4 Abs. 5 Nr. 2b erlaubt damit, den Regelungsgehalt von § 248a StGB auf Sachbeschädigung und Urkundenfälschung zu erstrecken. 11

Art. 5 Bezeichnung der Rechtsnachteile

In Vorschriften des Bundes- und des Landesrechts dürfen Rechtsnachteile, die nicht bei Straftaten angedroht werden, nicht als Freiheitsstrafe, Haftstrafe, Ordnungsstrafe oder Geldstrafe bezeichnet werden.

Dem Bundesgesetzgeber steht für die Regelung der Rechtsnachteile, die bei Straftaten angedroht werden, die Gesetzgebungskompetenz über Art. 74 Nr. 1 GG zu. Die Regelung des Art. 5 hat die Funktion, das Strafrecht im engeren Sinne von dem übrigen Sanktionsrecht abzugrenzen und (bundeseinheitlich, also auch das Landesrecht betreffend) die Verwendung verwechselungsähnlicher Begriffe auszuschließen.

---

[6] BT-Drs. 7/550, 201.
[7] Vgl. hierzu etwa auch Art. 141 Abs. 3 S. 1 Verfassung des Freistaates Bayern (in der Fassung der Bekanntmachung vom 15.12.1998, GVBl. 991 [992], BayRS 100-1-I), der ua die „Aneignung wildwachsender Waldfrüchte" in ortsüblichem Umfang" gestattet.
[8] Vgl. BT-Drs. 7/550, 202.
[9] BT-Drs. 7/550, 202.
[10] Vgl. OLG Stuttgart 9.7.2001 – 2 Ss (26) 298/01, NStZ-RR 2002, 47.
[11] BT-Drs. 7/550, 202.

Art. 6 Mindest- und Höchstmaß von Ordnungs- und Zwangsmitteln

(1) ¹Droht das Bundesgesetz Ordnungsgeld oder Zwangsgeld an, ohne dessen Mindest- oder Höchstmaß zu bestimmen, so beträgt das Mindestmaß fünf, das Höchstmaß tausend Euro. ²Droht das Landesgesetz Ordnungsgeld an, so gilt Satz 1 entsprechend.

(2) ¹Droht das Gesetz Ordnungshaft an, ohne das Mindest- oder Höchstmaß zu bestimmen, so beträgt das Mindestmaß einen Tag, das Höchstmaß sechs Wochen. ²Die Ordnungshaft wird in diesem Fall nach Tagen bemessen.

1   Art. 6 trifft Regelungen zu den Ordnungsmitteln „Ordnungsgeld" und „Ordnungshaft" sowie zu dem Zwangsmittel „Zwangsgeld". Art. 6 gilt für die gesamte Rechtsordnung, ist also – trotz des Standorts der Norm im EGStGB – **nicht beschränkt auf das Strafrecht**. Entsprechende Regelungen, worauf Art. 6 Anwendung findet, sind beispielsweise zu finden in §§ 21 S. 1 SSG, 51 Abs. 1 S. 2 StPO, 33 Abs. 1 S. 1 VwGO, 392 Abs. 1 Nr. 2 FamFG.

2   Weil es sich bei Zwangsgeld um ein Beugemittel, also nicht um eine repressive Maßnahme handelt, sondern um ein Erzwingungsmittel für künftiges Verhalten, hat der Bundesgesetzgeber die Regelung des Art. 6 Abs. 2 wegen seiner beschränkten Gesetzgebungskompetenz nur auf das **Bundesrecht** erstreckt. Hingegen haben Ordnungsmittel repressiven Charakter; sie sanktionieren begangene Ordnungsverstöße, ohne dass es sich um eine Kriminalstrafe handelt (dazu → EGStPO § 3 Rn. 4). Alternativ hätte der Gesetzgeber die Sanktionierung solcher Verstöße auch als Ordnungswidrigkeiten ausgestalten können, hat sich aber wegen des insoweit ungeeigneten Verfahrens dagegen entschieden.[1]

3   Als **Mindestmaß** für Ordnungs- und Zwangsgeld sieht Art. 6 fünf Euro vor, wobei dies nur dann gilt, wenn ein Bundesgesetz kein Mindestmaß bestimmt (vgl. einerseits [keine Bestimmung] §§ 70 Abs. 1 S. 2 StPO, 380 Abs. 1 S. 2 ZPO sowie andererseits § 335 Abs. 1 S. 4 HGB: „mindestens zweitausendfünfhundert […] Euro"). Das gilt auch für das **Höchstmaß**, das ohne anderweitige Bestimmung auf 1.000 Euro begrenzt ist (eine Begrenzung enthält zB § 890 Abs. 1 S. 2 ZPO, in dem als Höchstmaß die Festsetzung von 250.000 Euro erlaubt ist).

4   Die **Vollstreckung des Ordnungsgeldes** richtet sich nach der Justizbeitreibungsordnung (vgl. § 1 Abs. 1 Nr. 3 JBeitrG). Welche Vollstreckungsbehörde zuständig ist, ergibt sich aus § 2 JBeitrG.

5   Die **Umwandlung eines festgesetzten Ordnungsgeldes,** das nicht beigetrieben werden kann, in Ordnungshaft richtet sich nach Art. 8. Zulässig ist die nachträgliche Umwandlung nur dann, wenn die Rechtsgrundlage für die Festsetzung des Ordnungsgeldes zugleich auch die Möglichkeit vorsieht, Ordnungshaft festzusetzen (was zB nicht der Fall ist bei § 335 HGB).[2]

6   Auch bei der Ordnungshaft regelt Art. 6 Abs. 2 das Mindest- und Höchstmaß, soweit das Gesetz anderswo kein Mindest- oder Höchstmaß bestimmt.[3] Bei der **Ordnungshaft** beträgt das **Mindestmaß** einen Tag und das **Höchstmaß** sechs Wochen (42 Tage),[4] wobei die Ordnungshaft nach Abs. 2 S. 2 in Tagen zu bemessen ist. Deren Vollstreckung kann bei Vorliegen einer unbilligen Härte nach Art. 8 Abs. 2 unterbleiben.

7   Die **nachträgliche Anordnung** der Ordnungshaft regelt Art. 8, die Verjährung von Ordnungsmitteln Art. 9.

---

[1] BT-Drs. 7/550, 195.
[2] Vgl. dazu MüKoBilanzrecht/*Wagner* HGB § 335 Rn. 74.
[3] So zB bei § 177 S. 1 GVG, der bei sitzungspolizeilichen Maßnahmen das Höchstmaß der Ordnungshaft auf 24 Stunden begrenzt, oder § 802j Abs. 1 S. 1 ZPO, der als Höchstmaß sechs Monate vorsieht.
[4] BeckOK OWiG/*Meyberg* Rn. 8, spricht seltsamerweise von 49 Tagen, obwohl eine Woche bekanntermaßen nur sieben Tage hat.

Art. 7 Zahlungserleichterungen bei Ordnungsgeld

(1) ¹Ist dem Betroffenen nach seinen wirtschaftlichen Verhältnissen nicht zuzumuten, das Ordnungsgeld sofort zu zahlen, so wird ihm eine Zahlungsfrist bewilligt oder gestattet, das Ordnungsgeld in bestimmten Teilbeträgen zu zahlen. ²Dabei kann angeordnet werden, daß die Vergünstigung, das Ordnungsgeld in bestimmten Teilbeträgen zu zahlen, entfällt, wenn der Betroffene einen Teilbetrag nicht rechtzeitig zahlt.

(2) ¹Nach Festsetzung des Ordnungsgeldes entscheidet über die Bewilligung von Zahlungserleichterungen nach Absatz 1 die Stelle, der die Vollstreckung des Ordnungsgeldes obliegt. ²Sie kann eine Entscheidung über Zahlungserleichterungen nachträglich ändern oder aufheben. ³Dabei darf sie von einer vorausgegangenen Entscheidung zum Nachteil des Betroffenen nur auf Grund neuer Tatsachen oder Beweismittel abweichen.

(3) ¹Entfällt die Vergünstigung nach Absatz 1 Satz 2, das Ordnungsgeld in bestimmten Teilbeträgen zu zahlen, so wird dies in den Akten vermerkt. ²Dem Betroffenen kann erneut eine Zahlungserleichterung bewilligt werden.

(4) Über Einwendungen gegen Anordnungen nach den Absätzen 2 und 3 entscheidet die Stelle, die das Ordnungsgeld festgesetzt hat, wenn einer anderen Stelle die Vollstreckung obliegt.

Wer Ordnungsgeld schuldet, dem können nach Abs. 1 Zahlungserleichterungen bewilligt werden. In Betracht kommen **Stundung** oder **Ratenzahlung,** die alternativ oder kumulativ gewährt werden können.[1] Für die Beurteilung der Zumutbarkeit ist auf die wirtschaftlichen Verhältnisse abzustellen. Insoweit gelten die für § 42 StGB, § 18 OWiG entwickelten Grundsätze.[2] 1

Zuständig für die Bewilligung von Zahlungserleichterungen ist nach Abs. 2 S. 1 die **Vollstreckungsbehörde.** Gewährt werden dürfen Zahlungserleichterungen nicht nur nachträglich, sondern sowohl bereits bei der Festsetzung von Ordnungsgeld als auch bereits in der Ordnungsmittelandrohung.[3] Macht die Vollstreckungsbehörde von Art. 7 Abs. 1 S. 2 Gebrauch, fällt die gewährte Zahlungsbewilligung weg, sobald der Betroffene einen Teilbeitrag nicht rechtzeitig zahlt, ohne dass es eines separaten Widerrufs bedarf. 2

Bewilligte Zahlungserleichterungen dürfen nach Abs. 2 S. 2 **nachträglich geändert oder aufgehoben** werden. Zum Nachteil des Betroffenen ist dies nach Abs. 2 S. 3 nur möglich, wenn der Vollstreckungsbehörde neue Tatsachen und Beweismittel bekannt werden, die relevant für die Bewilligung von Zahlungserleichterungen sind. 3

Der von Abs. 3 S. 1 vorgesehene Aktenvermerk hat nur klarstellende Funktion.[4] 4

Art. 8 Nachträgliche Entscheidungen über die Ordnungshaft

(1) ¹Kann das Ordnungsgeld nicht beigetrieben werden und ist die Festsetzung der für diesen Fall vorgesehenen Ordnungshaft unterblieben, so wandelt das Gericht das Ordnungsgeld nachträglich in Ordnungshaft um. ²Das Gericht entscheidet nach Anhörung der Beteiligten durch Beschluß.

(2) Das Gericht ordnet an, daß die Vollstreckung der Ordnungshaft, die an Stelle eines uneinbringlichen Ordnungsgeldes festgesetzt worden ist, unterbleibt, wenn die Vollstreckung für den Betroffenen eine unbillige Härte wäre.

---
[1] BeckOK OWiG/*Meyberg* Rn. 1.
[2] BeckOK OWiG/*Meyberg* Rn. 1.
[3] BeckOK OWiG/*Meyberg* Rn. 4.
[4] Vgl. zu § 459a StPO KK-StPO/*Appl* StPO § 459a Rn. 7 mwN.

1 Art. 8 schafft eine Rechtsgrundlage für die nachträgliche Festsetzung einer Ordnungshaft, wenn das festgesetzte Ordnungsgeld nicht beigetrieben werden kann. Die Vorschrift dient der Verfahrensökonomie.

2 Voraussetzung für die nachträgliche Festsetzung ist nach Abs. 1 S. 1, dass die Festsetzung von Ordnungshaft zunächst unterblieben ist. Angelehnt ist die Formulierung an § 102 Abs. 2 OWiG.[1] Eines speziellen Grundes für die Nichtfestsetzung bedarf es dafür nicht – die Tatsache der Nichtfestsetzung genügt. Selbst wenn absichtlich unterlassen wurde, die Ordnungshaft festzusetzen, steht dies einer nachträglichen Anordnung nicht entgegen.

3 Zudem muss das Ordnungsgeld nicht beigetrieben werden können, dh **uneinbringlich** sein. Uneinbringlich ist Ordnungsgeld, wenn der Schuldner die Forderung nicht erfüllt und bei objektiver Betrachtung damit zu rechnen ist, dass der Gläubiger (der Staat) die Ordnungsgeldforderung (ganz oder teilweise) jedenfalls auf absehbare Zeit nicht durchsetzen kann.[2]

4 Ergehen darf die nachträgliche Entscheidung über die Festsetzung der Ordnungshaft durch Beschluss erst nach **Anhörung der Beteiligten** (Abs. 1 S. 2). Zuständig ist dafür das Gericht, das für diese Maßnahme ursprünglich zuständig gewesen wäre (zB nach § 161a Abs. 2 S. 2 iVm § 162 StPO). Beteiligte sind dabei diejenigen, deren Interessen in dem jeweiligen Verfahren berührt sind. Das sind im Strafverfahren etwa der betroffene Zeuge sowie die Staatsanwaltschaft (weil ihr über § 296 StPO ein Anfechtungsrecht zusteht). Die Parteien eines Zivilprozesses sind hingegen nicht als Beteiligte anzusehen, weil ihre Interessen von der Ordnungshaftfestsetzung nicht berührt sind.[3]

5 Abs. 2 erlaubt, von der Vollstreckung der nach Abs. 1 S. 1 festgesetzten Ordnungshaft abzusehen, wenn sie für den Betroffenen eine **unbillige Härte** wäre. Es gilt insoweit der gleiche Maßstab wie bei § 459f StPO, der das Absehen von der Vollstreckung einer Ersatzfreiheitsstrafe wegen unbilliger Härte regelt. Es ist anerkannt, dass die selbst verschuldete Zahlungsunfähigkeit noch keine unbillige Härte begründet, sondern eine mit der Vollstreckung verbundene, außerhalb des Strafzwecks liegende Belastung hinzukommen muss.[4]

6 Zuständig für eine Entscheidung nach Abs. 2 ist das Gericht, das die Ordnungshaft angeordnet hat. Im Falle von § 179 GVG ist es derjenige, der die Vollstreckung des Ordnungsmittelbeschlusses zu veranlassen hat.[5]

7 Gegen die nachträgliche Festsetzung der Ordnungshaft ist (zB nach § 304 StPO) das Rechtsmittel der **Beschwerde** statthaft. Das gilt auch bei einem Beschluss, durch den ein wegen Ungebühr (§§ 178, 180 GVG) verhängtes Ordnungsgeld nachträglich gemäß Abs. 1 S. 1 in Ordnungshaft umgewandelt wurde – § 181 GVG ist in dieser Konstellation nicht einschlägig.[6]

Art. 9 Verjährung von Ordnungsmitteln

(1) ¹Die Verjährung schließt die Festsetzung von Ordnungsgeld und Ordnungshaft aus. ²Die Verjährungsfrist beträgt, soweit das Gesetz nichts anderes bestimmt, zwei Jahre. ³Die Verjährung beginnt, sobald die Handlung beendet ist. ⁴Die Verjährung ruht, solange nach dem Gesetz das Verfahren zur Festsetzung des Ordnungsgeldes nicht begonnen oder nicht fortgesetzt werden kann.

(2) ¹Die Verjährung schließt auch die Vollstreckung des Ordnungsgeldes und der Ordnungshaft aus. ²Die Verjährungsfrist beträgt zwei Jahre. ³Die Verjährung beginnt, sobald das Ordnungsmittel vollstreckbar ist. ⁴Die Verjährung ruht, solange
1. nach dem Gesetz die Vollstreckung nicht begonnen oder nicht fortgesetzt werden kann,

---

[1] BT-Drs. 7/550, 203.
[2] Siehe hierzu entfernt BFH 10.3.1983 – V B 46/80, BeckRS 1983, 22006440.
[3] BT-Drs. 7/550, 203.
[4] Vgl. nur OLG Jena 15.12.2005 – 1 Ws 441/05, NStZ-RR 2006, 286 mwN.
[5] BeckOK OWiG/*Meyberg* Rn. 5.
[6] OLG Celle 11.9.1997 – 1 Ws 335/97, NStZ-RR 1998, 210.

2. die Vollstreckung ausgesetzt ist oder
3. eine Zahlungserleichterung bewilligt ist.

Art. 9 regelt, soweit es keine spezielleren Regelungen gibt, die Festsetzungs- (Abs. 1) **1**
und Vollstreckungsverjährung (Abs. 2) bei Ordnungsgeld- und Ordnungshaft.
Nach Abs. 1 S. 1 beträgt die **Festsetzungsverjährungsfrist** zwei Jahre (Abs. 1 S. 1); sie **2**
beginnt nach Abs. 1 S. 2 zu laufen bei jeder einzelnen Handlung, sobald diese beendet
ist. Wann das Verfahren seinen rechtskräftigen Abschluss findet, ist für den Beginn der
Verjährungsfrist und deren Eintritt irrelevant.[1] Abs. 1 S. 3 regelt das Ruhen der Verjährung.
Die **Vollstreckungsverjährung** tritt nach Ablauf von zwei Jahren ein, sobald das Ord- **3**
nungsmittel vollstreckbar ist (Abs. 2 S. 2 und 3). Zu beachten ist insoweit § 307 Abs. 1 StPO
(anwendbar über § 46 Abs. 1 OWiG auch im Ordnungswidrigkeitenverfahren), der zur
Folge hat, dass derartige Ordnungsgeldbeschlüsse sofort vollstreckbar sind.[2] Das Ruhen der
Vollstreckungsverjährung regelt Abs. 2 S. 4.

Art. 10 Geltungsbereich

(1) Die Vorschriften dieses Abschnitts gelten für die Strafvorschriften des Bundesrechts, soweit sie nicht durch Gesetz besonders geändert werden.

(2) Die Vorschriften gelten nicht für die Strafdrohungen des Wehrstrafgesetzes und des Zivildienstgesetzes.

Art. 10 ff. enthalten Generalklauseln. Vermeiden wollte der Gesetzgeber damit im Straf- **1**
gesetzbuch und für das (Bundes-)Nebenstrafrecht Einzelanpassungen.[1]
Keine Geltung haben die Generalklauseln nach Abs. 2 ua für das Wehrstrafgesetz. Das **2**
bezieht sich insbesondere auf Art. 12 Abs. 1 S. 1, der bei einer fehlenden Geldstrafenandrohung anordnet, dass neben eine Freiheitsstrafe wahlweise Geldstrafe tritt. Ohne Abs. 2 wären
fast alle militärischen Straftaten von der Regelung des Art. 12 Abs. 1 S. 1 erfasst, weil dort
überwiegend nur Freiheitsstrafen angedroht werden. Geldstrafen kämen dann nur in dem
von § 47 Abs. 2 StGB geregelten Fall in Betracht. Der Gesetzgeber wollte an dieser Sanktionsstruktur nichts ändern, weil ihm dies zur „Wahrung der Disziplin" erforderlich erschien.[2]

Art. 11 Freiheitsstrafdrohungen

Droht das Gesetz Freiheitsstrafe mit einem besonderen Mindestmaß an, das einen Monat oder weniger beträgt, so entfällt die Androhung dieses Mindestmaßes.

Der Regelung des Art. 11 kam lediglich klarstellende Bedeutung zu: Angesichts von
§ 38 Abs. 2 Alt. 2 (iVm Art. 1 EGStGB), der das gesetzliche Mindestmaß einheitlich auf
einen Monat festsetzt, hat Art. 11 für das Bundesrecht keine Relevanz.

Art. 12 Geldstrafdrohungen

(1) ¹Droht das Gesetz neben Freiheitsstrafe ohne besonderes Mindestmaß wahlweise keine Geldstrafe an, so tritt neben die Freiheitsstrafe die wahlweise Androhung der Geldstrafe. ²Dies gilt auch, wenn die Androhung des besonderen Mindestmaßes der Freiheitsstrafe nach Artikel 11 entfällt.

---

[1] Ebenso BeckOK OWiG/*Meyberg* Rn. 2; aA BFH 26.5.1995 – X B 335/94, BFH/NV 1995, 1004: Die Verjährung des gegen einen nicht erschienenen Zeugen festgesetzten Ordnungsgelds tritt nicht vor dem rechtskräftigen Abschluss des Verfahrens ein.
[2] Dazu s. KK-StPO/*Mitsch* StPO § 89 Rn. 67, 68.
[1] BT-Drs. 7/550, 204.
[2] BT-Drs. 7/550, 204.

(2) An die Stelle einer neben Freiheitsstrafe wahlweise angedrohten Geldstrafe von unbeschränkter Höhe oder mit einem besonderen Höchstmaß oder mit einem Höchstmaß, das in dem Mehrfachen, Einfachen oder Bruchteil eines bestimmten Betrages besteht, tritt Geldstrafe mit dem gesetzlichen Höchstmaß (§ 40 Abs. 1 Satz 2, Abs. 2 Satz 3 des Strafgesetzbuches), soweit Absatz 4 nichts anderes bestimmt.

(3) Ist Geldstrafe neben Freiheitsstrafe vorgeschrieben oder zugelassen, so entfällt diese Androhung.

(4) ¹Droht das Gesetz Freiheitsstrafe bis zu sechs Monaten an, so beträgt das Höchstmaß einer wahlweise angedrohten Geldstrafe einhundertachtzig Tagessätze. ²Dies gilt auch, wenn sich die wahlweise Androhung der Geldstrafe aus Absatz 1 ergibt.

1   Art. 12 erhöht für das Bundesrecht sowohl die Bandbreite möglicher Sanktionen, ermöglicht also eine tat- und schuldangemessenere Bestrafung, als auch begrenzt er den Sanktionsspielraum und sorgt damit zugleich für mehr Rechtssicherheit und größere Klarheit. Für das Landesrecht gilt Art. 290 Abs. 1.

2   Abs. 1 ermöglicht, ohne erst auf die Regelung von § 47 Abs. 2 StGB zurückgreifen zu müssen, die Festsetzung einer Geldstrafe für den Fall, dass das Gesetz neben Freiheitsstrafe ohne besonderes Mindestmaß **wahlweise keine Geldstrafe** androht. Abs. 1 wird allerdings von Art. 10 Abs. 2 verdrängt.

3   Abs. 2 erstreckt das **Tagessatzsystem** des Strafgesetzbuchs (§ 40 Abs. 1 S. 1, Abs. 2 S. 3 StGB), vorbehaltlich Abs. 4, auf sämtliche Geldstrafenandrohungen des Bundesrechts, die diesem System nicht entsprechen. Für das Landesrecht gilt Art. 290 Abs. 2 S. 1, der wegen Art. 3 Abs. 2 Nr. 2 nur eine Regelung zum Höchstmaß getroffen hat.

4   Abs. 3 vereinheitlicht die Regelungen im Zusammenhang mit der Verhängung einer Geldstrafe neben einer Freiheitsstrafe. Zulässig ist die Verhängung von Geldstrafe neben einer Freiheitsstrafe damit nur noch unter den Voraussetzungen des § 41 S. 1 StGB, wonach „der Täter sich durch die Tat bereichert oder zu bereichern versucht" haben muss und diese Kombination „auch unter Berücksichtigung der persönlichen und wirtschaftlichen Verhältnisse des Täters angebracht ist."[1] **Für das Landesrecht gilt Art. 290 Abs. 3,** der nur klarstellende Funktion hat, weil die kumulative Geldstrafenandrohung im Landesrecht wegen Art. 3 Abs. 1 Nr. 1 ohnehin unzulässig wäre.

5   Abs. 4 will verhindern, dass bei Strafnormen, die eine Sanktionierung mit Freiheitsstrafe bis zu sechs Monaten oder Geldstrafe zulassen, die Ersatzfreiheitsstrafe, die nach § 43 S. 1 StGB an die Stelle einer uneinbringlichen Geldstrafe tritt, höher sein kann als das Höchstmaß der angedrohten Freiheitsstrafe von sechs Monaten.[2] Dies erfordert, orientiert an § 43 S. 2 StGB, eine Begrenzung auf 180 Tagessätze. Für das Landesrecht gilt Art. 290 Abs. 2 S. 2.

Art. 13–292 *(nicht abgedruckt)*

Art. 293 Abwendung der Vollstreckung der Ersatzfreiheitsstrafe und Erbringung von Arbeitsleistungen

(1) ¹Die Landesregierungen werden ermächtigt, durch Rechtsverordnung Regelungen zu treffen, wonach die Vollstreckungsbehörde dem Verurteilten gestatten

---

[1] Dass Gerichte sich nicht immer an die gesetzlichen Voraussetzungen von § 41 S. 1 StGB und damit nicht ans geltende Recht halten, zeigt die Strafsache gegen Peter Hartz (Az.: 6 KLs 48/06) in der das LG Braunschweig, trotz fehlender persönlicher Bereicherung des Angeklagten, gegen diesen neben einer Freiheitsstrafe eine Geldstrafe verhängt hat (vgl. dazu Roßmüller, Financial Times Deutschland v. 30.1.2007, S. 29; *Scheinfeld* FS Herzberg, 2008, 843, Fn. 121).

[2] BT-Drs. 7/550, 205.

kann, die Vollstreckung einer Ersatzfreiheitsstrafe nach § 43 des Strafgesetzbuches durch freie Arbeit abzuwenden. ²Soweit der Verurteilte die freie Arbeit geleistet hat, ist die Ersatzfreiheitsstrafe erledigt. ³Die Arbeit muß unentgeltlich sein; sie darf nicht erwerbswirtschaftlichen Zwecken dienen. ⁴Die Landesregierungen können die Ermächtigung durch Rechtsverordnung auf die Landesjustizverwaltungen übertragen.

(2) ¹Durch die freie Arbeit wird kein Arbeitsverhältnis im Sinne des Arbeitsrechts und kein Beschäftigungsverhältnis im Sinne der Sozialversicherung, einschließlich der Arbeitslosenversicherung, oder des Steuerrechts begründet. ²Die Vorschriften über den Arbeitsschutz finden sinngemäße Anwendung.

(3) Absatz 2 gilt entsprechend für freie Arbeit, die aufgrund einer Anordnung im Gnadenwege ausgeübt wird sowie für gemeinnützige Leistungen und Arbeitsleistungen nach § 56b Abs. 2 Satz 1 Nr. 3 des Strafgesetzbuches, § 153a Abs. 1 Satz 1 Nr. 3 der Strafprozeßordnung, § 10 Abs. 1 Satz 3 Nr. 4 und § 15 Abs. 1 Satz 1 Nr. 3 des Jugendgerichtsgesetzes und § 98 Abs. 1 Satz 1 Nr. 1 des Gesetzes über Ordnungswidrigkeiten oder aufgrund einer vom Gesetz vorgesehenen entsprechenden Anwendung der genannten Vorschriften.

Anders als zahlreiche Vorschriften im EGStGB haben die ergänzenden strafrechtlichen Regelungen des siebenten Abschnitts nicht nur den Charakter von Übergangsvorschriften. Sie treten ergänzend zu etwaigen Regelungen des Strafgesetzbuchs hinzu.

Trotz der „mannigfachen, mit der Zuweisung und Überwachung der freien Arbeit zusammenhängenden Schwierigkeiten"[1] hält der Gesetzgeber ganz bewusst an der Möglichkeit fest, die Vollstreckung einer Ersatzfreiheitsstrafe nach § 43 StGB durch freie Arbeit abzuwenden. Die nähere Ausgestaltung der Ableistung überlässt der Bundesgesetzgeber nach Abs. 1 S. 1 jedoch den Landesregierungen.[2] Art. 293 normiert lediglich **Eckpunkte;** jenseits davon hat das speziellere Landesrecht Vorrang.

Diese dürfen die Ermächtigung nach Abs. 1 S. 4 „durch Rechtsverordnung" (was sich genau genommen schon aus Art. 80 Abs. 1 S. 4 GG ergibt) auf die Landesjustizverwaltung übertragen. Im letztgenannten Fall ist die Spitze der Justizverwaltung, also der **Justizminister,** zuständig. Um dem Zitiergebot nach Art. 80 Abs. 1 S. 3 GG zu entsprechen, ist in der Rechtsverordnung (üblicherweise in deren „Eingangsformel") die Rechtsgrundlage anzugeben, also Art. 293 Abs. 1 S. 1.

Bei freier Arbeit im Sinne von Abs. 1 handelt es sich um eine **gemeinnützige und unentgeltliche Tätigkeit, die nicht erwerbswirtschaftlichen Zwecken dient und die sonst nicht oder nicht in diesem Umfang verrichtet würde.**[3] Der Unentgeltlichkeit stehen geringfügige Zuwendungen nicht entgegen, die der Verurteilte im Zusammenhang mit der Arbeitsleistung zum Ausgleich von Auslagen erhält.

Sobald die Uneinbringlichkeit einer Geldstrafe die Anordnung einer Ersatzfreiheitsstrafe zur Folge hatte, ist die Vollstreckungsbehörde verpflichtet,[4] den Verurteilten auf die Möglichkeit hinzuweisen, innerhalb einer bestimmten Frist einen Antrag zu stellen, die Ersatzfreiheitsstrafe durch freie Arbeit abzuleisten.

Ein Tag Ersatzfreiheitsstrafe entspricht in der Regel sechs Stunden[5] freier Arbeit. Wird sie an einem Samstag oder Sonntag, an einem gesetzlichen Feiertag oder zwischen 22 und

---

[1] BT-Drs. 7/550, 455.
[2] In der Regel bestehend aus dem Regierungschef und den Ministern, vgl. etwa Art. 100 Hessische Verfassung.
[3] Ähnlich § 1 Abs. 2 TilgVO Hamburg.
[4] So etwa § 2 Abs. 1 S. 1 Ersatzfreiheitsstrafen-Abwendungsverordnung NRW, § 2 Abs. 1 S. 1 Ersatzfreiheitsstrafe-Abwendungsverordnung Sachsen-Anhalt oder § 1 Abs. 3 TilgVO Hamburg.
[5] Ebenso etwa § 5 Abs. 1 S. 1 Ersatzfreiheitsstrafen-AbwendungsVO Berlin; dahingehend auch *Laubenthal/Nestler*, Strafvollstreckung, 2. Aufl. 2017, Rn. 291: „zumeist fünf oder sechs Stunden Arbeit"; anders zB § 7 Abs. 1 S. 1 ErsFreihStrVOBaden-Württemberg sowie § 5 Abs. 1 Uneinbringliche Geldstrafen-Tilgungsverordnung Bremen: „vier Stunden".

6 Uhr abgeleistet, erscheint es sachgerecht, den **Anrechnungsmaßstab** auf drei Stunden zu bemessen. Soweit eine effektive Kontrolle garantiert ist, spricht nichts dagegen, dass die freie Arbeit in einem anderen Bundesland der Bundesrepublik Deutschland abgeleistet wird.[6]

7 In **Ausnahmefällen** kann der normale **Anrechnungsmaßstab** (sechs Stunden) **herabgesetzt** werden, insbesondere mit Rücksicht auf Inhalt und Umstände der Tätigkeit oder auf die persönlichen Verhältnisse der verurteilten Person. Ein solcher Fall liegt in der Regel vor,[7] wenn der Verurteilte nachweisen kann, schwerbehindert zu sein, durch nicht selbstverschuldete Krankheit auf unbestimmte Zeit nicht mehr als drei Stunden täglich arbeitsfähig zu sein, mindestens im Umfang von 30 Wochenstunden erwerbstätig ist oder sich in einer Bildungs- oder Eingliederungsmaßnahme im Umfang von mindestens 30 Wochenstunden befindet und dabei – ohne Berücksichtigung von Freibeträgen bei Erwerbstätigkeit – keine höheren Einnahmen erreicht, als sie der Regelleistung und gegebenenfalls einem Mehrbedarf nach dem Zweiten Buch des Sozialgesetzbuches entsprechen oder ausweislich der Bescheinigung des zuständigen Sozialleistungsträgers oder einer anderen Behörde mindestens ein Kind allein erzieht, das das zwölfte Lebensjahr noch nicht vollendet hat.

8 Es erscheint nicht sachgerecht, Krankheitszeiten und sonstige, auch entschuldigte, Fehlzeiten auf die Gesamtarbeitszeit anzurechnen.[8]

9 Abs. 1 S. 2 regelt, dass die Ersatzfreiheitsstrafe erledigt ist, sobald der Verurteilte die erforderliche Stundenzahl freier Arbeit geleistet hat. Das ist dem Verurteilten schriftlich mitzuteilen. Da die Ersatzfreiheitsstrafe nach § 43 S. 1 „an die Stelle" einer uneinbringlichen Geldstrafe tritt, gilt die Geldstrafe mit Ableistung der Arbeitsleistung als getilgt, wodurch deren Vollstreckung erledigt und das Vollstreckungsverfahren beendet ist.

10 **Teilleistungen** sind auf die zu vollstreckende Ersatzfreiheitsstrafe anzurechnen. Zu beachten ist dabei § 459e Abs. 3 StPO. Der Verurteilte kann jederzeit die noch nicht getilgte Geldstrafe begleichen (§ 459e Abs. 4 S. 1 Var. 1 StPO),[9] wodurch sich sowohl die restliche freie Arbeit als auch die Ersatzfreiheitsstrafe erledigt.

11 Bei Arbeitsleistung im Sinne von handelt es sich gemäß Abs. 2 S. 1 (iVm Abs. 3) um **kein Arbeitsverhältnis iSd Arbeitsrechts** und um **kein Beschäftigungsverhältnis iSd Sozialversicherung,** einschließlich der Arbeitslosenversicherung, oder des Steuerrechts. Bei Unfallschäden ist § 2 Abs. 1 Nr. 1 SGB VII über § 2 Abs. 2 S. 2 SGB VII anwendbar.[10]

12 Abs. 3 erstreckt die Regelung des Abs. 2 auf Anordnungen im Gnadenwege sowie gemeinnützige Leistungen und Arbeitsleistungen nach § 56b Abs. 2 S. 1 Nr. 3 StGB, § 153a Abs. 1 S. 1 Nr. 3 StPO, § 10 Abs. 1 S. 3 Nr. 4 und § 15 Abs. 1 S. 1 Nr. 3 JGG, auf § 98 Abs. 1 S. 1 Nr. 1 OWiG oder aufgrund einer vom Gesetz vorgesehenen entsprechenden Anwendung der genannten Vorschriften. In den genannten Fällen lässt sich dem Gesetz weder eine Beschränkung auf eine gemeinnützige Arbeitsstelle entnehmen noch muss die Arbeit für den Betroffenen unentgeltlich sein.[11]

Art. 294 Gerichtshilfe

¹**Die Gerichtshilfe (§ 160 Abs. 3 Satz 2 der Strafprozeßordnung) gehört zum Geschäftsbereich der Landesjustizverwaltungen.** ²**Die Landesregierung kann durch**

---

[6] Siehe dazu § 7 Abs. 1 S. 4 Ersatzfreiheitsstrafen-Abwendungsverordnung Schleswig-Holstein.
[7] Vgl. § 5 Abs. 2 S. 2 Uneinbringliche Geldstrafen-Tilgungsverordnung Bremen.
[8] Ebenso etwa § 7 Abs. 2 VO über die Abwendung der Vollstreckung einer Ersatzfreiheitsstrafe durch freie Arbeit Mecklenburg-Vorpommern oder § 5 Abs. 2 Ersatzfreiheitsstrafen-Abwendungsverordnung Niedersachsen.
[9] Siehe hierzu etwa deklaratorisch § 7 Abs. 4 VO über die Abwendung der Vollstreckung einer Ersatzfreiheitsstrafe durch freie Arbeit Mecklenburg-Vorpommern.
[10] Vgl. zu § 15 JGG BeckOK JGG/*Putzke* JGG § 15 Rn. 62; näher zu Haftungsfragen *Brandt* NStZ 2007, 190 (194 f.).
[11] Vgl. zu § 15 Abs. 1 S. 1 Nr. 3 JGG *Trenczek* ZJJ 2004, 57 (60); aA *Laubenthal/Baier/Nestler*, Jugendstrafrecht, Rn. 697; ausführlich dazu BeckOK JGG/*Putzke* JGG § 15 Rn. 61.

Rechtsverordnung eine andere Behörde aus dem Bereich der Sozialverwaltung bestimmen.

Art. 294 überlässt es den Bundesländern, bei welcher Behörde die Gerichtshilfe einge- 1
richtet wird, wobei der Bundesgesetzgeber bei der Gerichtshilfe für Erwachsene eine klare Präferenz zugunsten eines organisatorischen Zusammenhangs mit einer Justizbehörde zum Ausdruck gebracht hat. Gleichzeitig hat er eine Empfehlung ausgesprochen für eine organisatorische Zuordnung der Gerichtshilfe, der Aufsichtsstellen und der Bewährungshilfe zu derselben Justizbehörde.[1]

Art. 295 Aufsichtsstellen bei Führungsaufsicht

(1) Die Aufsichtsstellen (§ 68a des Strafgesetzbuches) gehören zum Geschäftsbereich der Landesjustizverwaltungen.
(2) ¹Die Aufgaben der Aufsichtsstelle werden von Beamten des höheren Dienstes, von staatlich anerkannten Sozialarbeitern oder Sozialpädagogen oder von Beamten des gehobenen Dienstes wahrgenommen. ²Der Leiter der Aufsichtsstelle muß die Befähigung zum Richteramt besitzen oder ein Beamter des höheren Dienstes sein. ³Die Leitung der Aufsichtsstelle kann auch einem Richter übertragen werden.

Mit Abs. 1 definiert der Bundesgesetzgeber lediglich Eckpunkte für die Aufsichtsstellen 1
bei Führungsaufsicht. Dies nicht vollständig den Ländern zu überlassen, sei unter kriminalpolitischen Gesichtspunkten sinnvoll.[1] Innerhalb dieses Rahmens können die Bundesländer ihre Organisationsbefugnis ausüben.

Wegen des Aufgabenfeldes der Aufsichtsstellen hat der Gesetzgeber diese den Landesjus- 2
tizverwaltungen zugewiesen. Dabei überlässt er die Entscheidung, bei welcher Justizbehörde (Landgericht, Staatsanwaltschaft etc) die Aufsichtsstellen eingerichtet werden, den Ländern.

Art. 295 regelt die Besetzung. Wahrnehmen dürfen die Aufgaben nur Beamte des höhe- 3
ren Dienstes, staatlich anerkannte Sozialarbeiter oder Sozialpädagogen oder Beamte des gehobenen Dienstes. Die Leitung der Aufsichtsstelle ist jemandem mit der Befähigung zum Richteramt anzuvertrauen (infrage kommt dafür auch ein Richter) oder einem Beamten des höheren Dienstes.

Art. 296 Einfuhr von Zeitungen und Zeitschriften

§ 86 Abs. 1 des Strafgesetzbuches ist nicht anzuwenden auf Zeitungen und Zeitschriften, die außerhalb des räumlichen Geltungsbereiches dieses Gesetzes in ständiger, regelmäßiger Folge erscheinen und dort allgemein und öffentlich vertrieben werden.

Art. 296 enthielt ursprünglich sowohl eine zeitliche Begrenzung als auch eine Einschrän- 1
kung der Bezugswege und war in erster Linie dazu gedacht, einen großzügigen Zeitungsaustausch zwischen der früheren DDR und der Bundesrepublik Deutschland zu ermöglichen.[1] Es handelt sich um eine Privilegierung sämtlicher periodischer Druckwerke, die im Ausland hergestellt und vor allem für die dortige Leserschaft bestimmt sind.

Ausgestaltet hat der Gesetzgeber das Strafverfolgungshindernis nicht als Rechtfertigungs- 2
grund, sondern als Tatbestandsausschluss („ist nicht anzuwenden").[2] „Allgemein" ist der Vertrieb, wenn das Druckwerk einem individuell nicht bestimmbaren Personenkreis zugäng-

---
[1] Siehe BT-Drs. 7/550, 456.
[1] BT-Drs. 7/550, 503.
[1] BT-Sonderausschuß für die Strafrechtsreform, Schriftlicher Bericht, BT-Drs. V/2860, 9.
[2] HM, vgl. nur *Fischer* Rn. 26; MüKoStGB/*Steinmetz* StGB § 86 Rn. 41.

lich gemacht wird.³ Hat nur ein beschränkter Personenkreis Zugriff, wird das Druckwerk nicht allgemein vertrieben. Kaum trennbar davon ist das Merkmal „öffentlich". Es liegt nur vor, wenn die Druckschrift im Herkunftsland für jedermann überall im Handel erworben werden kann.⁴ Liegt das Druckwerk lediglich in einer Parteizentrale zum Verkauf aus und wird an Besteller im Postweg versandt, ist Art. 296 nicht einschlägig.⁵

3 Nicht anwendbar ist Art. 296 auch dann, wenn das Originaldruckwerk verändert publiziert wird – das gilt selbst für eine wortgetreue deutsche Übersetzung.⁶

4 Wer sich über die Reichweite von Art. 296 EGStGB irrt (Bewertungsirrtum), unterliegt nach hM einem Verbotsirrtum.⁷

Art. 297 Verbot der Prostitution

(1) ¹Die Landesregierung kann zum Schutze der Jugend oder des öffentlichen Anstandes
1. für das ganze Gebiet einer Gemeinde bis zu fünfzigtausend Einwohnern,
2. für Teile des Gebiets einer Gemeinde über zwanzigtausend Einwohner oder eines gemeindefreien Gebiets,
3. unabhängig von der Zahl der Einwohner für öffentliche Straßen, Wege, Plätze, Anlagen und für sonstige Orte, die von dort aus eingesehen werden können, im ganzen Gebiet oder in Teilen des Gebiets einer Gemeinde oder eines gemeindefreien Gebiets

durch Rechtsverordnung verbieten, der Prostitution nachzugehen. ²Sie kann das Verbot nach Satz 1 Nr. 3 auch auf bestimmte Tageszeiten beschränken.

(2) Die Landesregierung kann diese Ermächtigung durch Rechtsverordnung auf eine oberste Landesbehörde oder andere Behörden übertragen.

(3) Wohnungsbeschränkungen auf bestimmte Straßen oder Häuserblocks zum Zwecke der Ausübung der Prostitution (Kasernierungen) sind verboten.

1 Art. 297 ist die Ermächtigungsgrundlage für Sperrgebietsverordnungen, die trotz ihrer Verankerung im EGStGB und der Verknüpfung mit § 120 OWiG sowie § 184f StGB nicht dem Strafrecht zuzuordnen sind. Vielmehr handelt es sich um ein (antiquiertes)¹ Instrument der Gefahrenabwehr zur Unterbindung der Prostitution.

Art. 298–314 (nicht abgedruckt)

Art. 315 Geltung des Strafrechts für in der Deutschen Demokratischen Republik begangene Taten

(1) Auf vor dem Wirksamwerden des Beitritts in der Deutschen Demokratischen Republik begangene Taten findet § 2 des Strafgesetzbuches mit der Maßgabe Anwendung, daß das Gericht von Strafe absieht, wenn nach dem zur Zeit der Tat geltenden Recht der Deutschen Demokratischen Republik weder eine Freiheits-

---

³ BGH 14.2.1979 – 3 StR 412/78 (S), BGHSt 28, 296 (298 ff.) = NJW 1979, 1511 (1512).
⁴ MüKoStGB/*Steinmetz* StGB § 86 Rn. 41.
⁵ BGH 14.2.1979 – 3 StR 412/78 (S), BGHSt 28, 296 (298 ff.) = NJW 1979, 1511 (1512).
⁶ BGH 14.2.1979 – 3 StR 412/78 (S), BGHSt 28, 296 (298) = NJW 1979, 1511 (1512); BeckOK StGB/Ellbogen § 86 Rn. 14; NK-StGB/*Paeffgen* StGB § 86 Rn. 46.
⁷ Schönke/Schröder/*Sternberg-Lieben* StGB § 86 Rn. 16; differenzierend NK-StGB/*Paeffgen* StGB § 86 Rn. 47.
¹ Sowohl der Gesetzgeber (vgl. BT-Drs. 14/5958, 6) als auch die Rechtsprechung (siehe nur BVerwG 6.11.2002 – 6 C 16/02, NVwZ 2003, 603 [604]) sehen die kommerzielle Ausnutzung sexueller Bedürfnisse oder Interessen zurecht nicht mehr als sittenwidrig an.

strafe noch eine Verurteilung auf Bewährung noch eine Geldstrafe verwirkt gewesen wäre.

(2) ¹Die Vorschriften des Strafgesetzbuches über die Geldstrafe (§§ 40 bis 43) gelten auch für die vor dem Wirksamwerden des Beitritts in der Deutschen Demokratischen Republik begangenen Taten, soweit nachfolgend nichts anderes bestimmt ist. ²Die Geldstrafe darf nach Zahl und Höhe der Tagessätze insgesamt das Höchstmaß der bisher angedrohten Geldstrafe nicht übersteigen. ³Es dürfen höchstens dreihundertsechzig Tagessätze verhängt werden.

(3) Die Vorschriften des Strafgesetzbuches über die Aussetzung eines Strafrestes sowie den Widerruf ausgesetzter Strafen finden auf Verurteilungen auf Bewährung (§ 33 des Strafgesetzbuches der Deutschen Demokratischen Republik) sowie auf Freiheitsstrafen Anwendung, die wegen vor dem Wirksamwerden des Beitritts in der Deutschen Demokratischen Republik begangener Taten verhängt worden sind, soweit sich nicht aus den Grundsätzen des § 2 Abs. 3 des Strafgesetzbuches etwas anderes ergibt.

(4) Die Absätze 1 bis 3 finden keine Anwendung, soweit für die Tat das Strafrecht der Bundesrepublik Deutschland schon vor dem Wirksamwerden des Beitritts gegolten hat.

Art. 315 stellt ebenso wie die ihm folgenden Art. 315a–315c eine ursprünglich durch das Einigungsvertragsgesetz vom 23.9.1990 (BGBl. II 885) eingefügte Übergangsbestimmung dar.[1] Mit dem Wirksamwerden des Beitritts der ehemaligen DDR zur Bundesrepublik Deutschland am 3.10.1990 (Art. 1 Abs. 1 EV) traten das StGB und das EGStGB gemäß Art. 8 EV – abgesehen von einigen Ausnahmen (siehe Art. 8 f. EV) – in dem bisherigen Staatsgebiet der DDR in Kraft. Damit stellte sich unter anderem die Frage, wie Straftaten rechtlich zu behandeln sind, die vor dem Beitritt in der ehemaligen DDR begangen worden waren. Die zentralen Übergangsbestimmungen zur Regelung solcher sog. Alttaten enthalten die Art. 315 ff. Art. 315 betrifft in diesem Zusammenhang die Frage des für DDR-Alttaten geltenden Strafrechts. Für die aktuelle Praxis sind die genannten Übergangsvorschriften nur noch von geringer Relevanz, da die weit überwiegende Zahl der in der DDR begangenen Taten inzwischen verjährt ist; daher beschränkt sich die Darstellung auf eine Erläuterung der Grundzüge.[2] 1

Abs. 1 betrifft die Strafbarkeit von vor der Wiedervereinigung in der DDR begangenen Taten, soweit diese zur Tatzeit nach DDR-Recht strafbar waren und die betreffenden DDR-Tatbestände nicht nach dem Beitritt fortgelten.[3] Für diese **Alttaten** sieht Abs. 1 – vorbehaltlich Abs. 4 – vor, dass insoweit grundsätzlich § 2 StGB Anwendung findet.[4] Das frühere DDR-Strafrecht wird im Rahmen von Art. 315 Abs. 1 bezüglich des Beitrittsgebiets somit als gegenüber dem bundesdeutschen Recht vorausgegangenes und durch den Einigungsvertrag aufgehobenes Recht eingeordnet.[5] Für die Strafbarkeit dieser Alttaten ist das zur Zeit der Tat geltende Recht maßgeblich (§ 2 Abs. 1 StGB), soweit nicht nach Tatbeendigung ein milderes Gesetz erlassen wurde (§ 2 Abs. 3 StGB). Dies erfordert einen Gesamtvergleich zwischen dem Tatzeitrecht der DDR und dem zum Zeitpunkt der Aburteilung geltenden 2

---

[1] Siehe Anlage I Kapitel III Sachgebiet C Abschnitt II Nr. 1 lit. b des Einigungsvertrages vom 31.8.1990 (BGBl. II 889 [955]). Die aktuelle Fassung von Art. 315 geht zurück auf Art. 4 des Gesetzes zur Reform der Führungsaufsicht und zur Änderung der Vorschriften über die nachträgliche Sicherungsverwahrung vom 13.4.2007 (BGBl. I 513 [517]); aufgehoben wurden hierdurch die Sätze 2 und 3 des Art. 315 Abs. 1 idF des Einigungsvertrages, die den Ausschluss der Anordnung von Sicherungsverwahrung und Führungsaufsicht nach § 68 Abs. 1 StGB sowie den Nichteintritt der Führungsaufsicht nach § 68f StGB regelten.
[2] Für eine ausführlichere Darstellung der mit der Wiedervereinigung Deutschlands zusammenhängenden Rechtsfragen siehe etwa LK/*Dannecker* StGB § 2 Rn. 142 ff.; Schönke/Schröder/*Eser* StGB Vor §§ 3–7 Rn. 63 ff.; *Lackner/Kühl* StGB § 2 Rn. 11 ff.
[3] Vgl. LK/*Dannecker* StGB § 2 Rn. 156; Schönke/Schröder/*Eser* StGB Vor §§ 3–7 Rn. 96.
[4] LK/*Dannecker* StGB § 2 Rn. 157; Fischer StGB Vor §§ 3–7 Rn. 33.
[5] Siehe nur BGH 3.7.1991 – 5 StR 209/91, BGHSt 38, 18 (20); *Lackner/Kühl* StGB § 2 Rn. 13.

bundesdeutschen Strafrecht bezüglich der konkreten Tat, wobei auch etwaige in der Zwischenzeit eingetretene Rechtsänderungen zu berücksichtigen sind.[6] Hierbei können insbesondere zwei Fragestellungen relevant werden: Angesichts der grundsätzlichen Divergenzen, die zwischen der Rechtsordnung der ehemaligen DDR und derjenigen der Bundesrepublik bestehen, kann sich zum einen die Frage stellen, ob die für einen **Normenvergleich** erforderliche **Kontinuität des Unrechtstyps** zwischen der DDR-Strafvorschrift und dem bundesdeutschen Tatbestand gegeben ist.[7] Zum anderen kann namentlich in Bezug auf an der innerdeutschen Grenze verübte Tötungsdelikte problematisch sein, ob etwaige in der DDR rechtlich gewährte oder tatsächlich angewandte Straffreistellungen in diesem Zusammenhang zu beachten sind.[8]

3   Hinsichtlich der Sanktionierung von DDR-Alttaten sehen die **Abs. 1–3 des Art. 315** einige Modifikationen gegenüber den in § 2 StGB enthaltenen Grundsätzen vor: Nach Art. 315 Abs. 1 ist zwingend von Strafe abzusehen, sofern nach dem Tatzeitrecht weder eine Freiheits- noch eine Geldstrafe noch eine Verurteilung auf Bewährung, sondern eine im StGB nicht vorgesehene mildere Sanktion verwirkt gewesen wäre,[9] etwa in Form einer durch ein „gesellschaftliches Organ der Rechtspflege" festgelegten Erziehungsmaßnahme.[10] Abs. 2 S. 1 ordnet an, dass sich die Verhängung von Geldstrafen für Alttaten grundsätzlich nach den §§ 40–43 StGB richtet. Hierbei wird das Höchstmaß insofern begrenzt, als zum einen gemäß Art. 315 Abs. 2 S. 2 die Geldstrafe nach Zahl und Höhe der Tagessätze insgesamt das Höchstmaß der bisher nach DDR-Recht angedrohten Strafe nicht übersteigen darf und zum anderen gemäß Abs. 2 S. 3 nicht mehr als 360 Tagessätze verhängt werden dürfen. Abs. 3 bestimmt ferner, dass bei Verurteilungen auf Bewährung nach § 33 StGB-DDR und bei Freiheitsstrafen, die wegen DDR-Alttaten verhängt wurden, die §§ 56f, 57, 57a StGB anzuwenden sind, es sei denn, aus dem **Meistbegünstigungsprinzip** nach § 2 Abs. 3 StGB ergibt sich etwas anderes.[11]

4   Die Grundsätze des § 2 StGB einschließlich seiner in Abs. 1–3 vorgenommenen Modifikationen finden nach **Abs. 4** allerdings auf solche Alttaten keine Anwendung, für die das Strafrecht der Bundesrepublik gemäß den Vorschriften des Strafanwendungsrechts (§§ 3 ff. StGB) schon vor dem Beitritt gegolten hat.[12] Die Frage, ob bundesdeutsches Strafrecht bereits vor der Wiedervereinigung anwendbar war, ist daher stets vorab zu untersuchen.[13] In diesem Zusammenhang lässt sich dem Einigungsvertrag die zugrunde liegende Auffassung entnehmen, dass DDR-Bürger bis zur Wiedervereinigung mit Blick auf den Grundlagenvertrag von 1972 im Allgemeinen weder vom Schutzbereich des § 7 Abs. 1 StGB noch vom Anwendungsbereich des § 7 Abs. 2 StGB als erfasst anzusehen sind, da andernfalls für Art. 315 Abs. 1–3 neben der Vorbehaltsklausel des Art. 315 Abs. 4 praktisch nur ein marginaler Anwendungsbereich verbliebe.[14]

5   Abs. 4 stellt zudem ausdrücklich klar, dass das bundesdeutsche Strafrecht, soweit es für in der ehemaligen DDR begangene Taten bereits vor dem Beitritt gegolten hat, auch nach Wirksamwerden des Beitritts fort gilt.[15] Darüber hinaus beinhaltet die **Vorbehaltsklausel**

---

[6] Siehe BGH 3.7.1991 – 5 StR 209/91, BGHSt 38, 18 (20); 38, 66 (67); 40, 272 (275); LK/*Dannecker* StGB § 2 Rn. 156, 163; Schönke/Schröder/*Eser* StGB Vor §§ 3–7 Rn. 96; SK/*Hoyer* StGB Vor § 3 Rn. 46; *Lackner/Kühl* StGB § 2 Rn. 13.
[7] Näher hierzu etwa LK/*Dannecker* StGB § 2 Rn. 156 ff.; Schönke/Schröder/*Eser* StGB Vor §§ 3–7 Rn. 96, 104 ff.; *Lackner/Kühl* StGB § 2 Rn. 14 ff.
[8] Ausführlicher zu dieser Problematik LK/*Dannecker* StGB § 2 Rn. 156, 159; Schönke/Schröder/*Eser* StGB Vor §§ 3–7 Rn. 96, 99 ff.; Fischer StGB Vor §§ 3–7 Rn. 36 ff.; *Lackner/Kühl* StGB § 2 Rn. 16 f.
[9] Siehe *Samson* NJW 1991, 335 (336).
[10] Vgl. §§ 1, 23, 28 f. StGB-DDR; *Schneiders* MDR 1990, 1049 (1050).
[11] Näher hierzu *Lackner/Kühl* StGB § 2 Rn. 31.
[12] Schönke/Schröder/*Eser* StGB Vor § 3–7 Rn. 84; *Lackner/Kühl* StGB § 2 Rn. 22.
[13] Siehe LK/*Dannecker* StGB § 2 Rn. 147 mwN; *Lemke/Hettinger* NStZ 1992, 21 (23).
[14] Siehe BGHSt 39, 1 (7 f.); Schönke/Schröder/*Eser* StGB Vor §§ 3–7 Rn. 70 f. mwN; *Lackner/Kühl* StGB § 2 Rn. 25 f.
[15] Siehe NK/*Hasemer/Kargl* StGB § 2 Rn. 62; näher hierzu LK/*Dannecker* StGB § 2 Rn. 147, 154; Schönke/Schröder/*Eser* StGB Vor §§ 3–7 Rn. 83.

die Klarstellung, dass eine Strafbarkeit, die über Art. 315 Abs. 1 vermittelt würde, daneben zurückzutreten hat.[16] Demnach richtet sich beispielsweise die Strafbarkeit eines Schusswaffengebrauchs an der innerdeutschen Grenze allein nach bundesdeutschem Strafrecht, sofern der tatbestandsmäßige Erfolg auf dem Staatsgebiet der Bundesrepublik eingetreten ist und es sich somit um eine Inlandstat handelt.[17]

Art. 315a Vollstreckungs- und Verfolgungsverjährung für in der Deutschen Demokratischen Republik verfolgte und abgeurteilte Taten; Verjährung für während der Herrschaft des SED-Unrechtsregimes nicht geahndete Taten

(1) ¹Soweit die Verjährung der Verfolgung oder der Vollstreckung nach dem Recht der Deutschen Demokratischen Republik bis zum Wirksamwerden des Beitritts nicht eingetreten war, bleibt es dabei. ²Dies gilt auch, soweit für die Tat vor dem Wirksamwerden des Beitritts auch das Strafrecht der Bundesrepublik Deutschland gegolten hat. ³Die Verfolgungsverjährung gilt als am Tag des Wirksamwerdens des Beitritts unterbrochen; § 78c Abs. 3 des Strafgesetzbuches bleibt unberührt.

(2) Die Verfolgung von Taten, die in dem in Artikel 3 des Einigungsvertrages genannten Gebiet begangen worden sind und die im Höchstmaß mit Freiheitsstrafe von mehr als einem Jahr bis zu fünf Jahren bedroht sind, verjährt frühestens mit Ablauf des 2. Oktober 2000, die Verfolgung der in diesem Gebiet vor Ablauf des 2. Oktober 1990 begangenen und im Höchstmaß mit Freiheitsstrafe bis zu einem Jahr oder mit Geldstrafe bedrohten Taten frühestens mit Ablauf des 31. Dezember 1995.

(3) Verbrechen, die den Tatbestand des Mordes (§ 211 des Strafgesetzbuches) erfüllen, für welche sich die Strafe jedoch nach dem Recht der Deutschen Demokratischen Republik bestimmt, verjähren nicht.

(4) Die Absätze 2 und 3 gelten nicht für Taten, deren Verfolgung am 30. September 1993 bereits verjährt war.

(5) ¹Bei der Berechnung der Verjährungsfrist für die Verfolgung von Taten, die während der Herrschaft des SED-Unrechtsregimes begangen wurden, aber entsprechend dem ausdrücklichen oder mutmaßlichen Willen der Staats- und Parteiführung der ehemaligen Deutschen Demokratischen Republik aus politischen oder sonst mit wesentlichen Grundsätzen einer freiheitlichen rechtsstaatlichen Ordnung unvereinbaren Gründen nicht geahndet worden sind, bleibt die Zeit vom 11. Oktober 1949 bis 2. Oktober 1990 außer Ansatz. ²In dieser Zeit hat die Verjährung geruht.

Art. 315a enthält eine Übergangsregelung, die im Wesentlichen die Verfolgungs- und Vollstreckungsverjährung von vor dem Beitritt am 3.10.1990 in der DDR begangenen Straftaten (sog. DDR-Alttaten) betrifft.[1] Die ursprünglich auf den Einigungsvertrag zurückgehende Vorschrift[2] wurde durch insgesamt drei Verjährungsgesetze ergänzt und geändert; im Einzelnen handelte es sich hierbei um das (erste) Verjährungsgesetz vom 26.3.1993

---

[16] Siehe *LK/Danneker* StGB § 2 Rn. 155; *Fischer* StGB Vor §§ 3–7 Rn. 33; NK/*Hassemer/Kargl* StGB § 2 Rn. 62. Siehe in diesem Zusammenhang aber Art. 315a Abs. 1, der die Fallkonstellation erfasst, dass die Verfolgung einer Alttat nach DDR-Recht im Zeitpunkt des Beitritts noch nicht verjährt war, während nach bundesdeutschem Recht bereits Verjährung eingetreten ist; näher hierzu → Art. 315a Rn. 3.
[17] Siehe *Sauter* DtZ 1992, 169 (170 f.); *Fischer* StGB Vor §§ 3–7 Rn. 33. Zu weiteren Fallkonstellationen siehe etwa *LK/Danneker* StGB § 2 Rn. 147; *Lackner/Kühl* StGB § 2 Rn. 23 ff.
[1] Zur Einordnung von Art. 315a in den Regelungszusammenhang der Art. 315 ff. → Art. 315 Rn. 1.
[2] Siehe Anlage I Kapitel III Sachgebiet C Abschnitt II Nr. 1 lit. c des Einigungsvertrages vom 31.8.1990 (BGBl. II 889 [955]).

(BGBl. I 392), das 2. Verjährungsgesetz vom 27.9.1993 (BGBl. I 1657) sowie das 3. Verjährungsgesetz vom 22.12.1997 (BGBl. I 3223). Das Zweite Gesetz über die Bereinigung von Bundesrecht im Zuständigkeitsbereich des Bundesministeriums der Justiz vom 23.11.2007 (BGBl. I 2614; Art. 51–53) hat die in den Verjährungsgesetzen enthaltenen Regelungen, die bis dahin noch nicht Bestandteil des Art. 315a waren, in diese Hauptvorschrift durch Anfügung der Absätze 4 und 5 überführt; eine inhaltliche Änderung war hierdurch aber nicht bezweckt.[3] Zudem wurde durch die letztgenannte Gesetzesänderung die Überschrift des Art. 315a neu gefasst.

2 Ungeachtet der einschränkenden Formulierung der gesetzlichen Überschrift ist für eine Anwendbarkeit von Art. 315a nicht erforderlich, dass die Tat in der ehemaligen DDR bereits verfolgt oder abgeurteilt worden ist; eine solche Begrenzung ist im Wortlaut der Norm selbst nicht angelegt.[4] Nicht anwendbar ist Art. 315a auf Straftaten, die lediglich einen Bezug auf das staatliche System der DDR hatten, deren Begehungsort aber in der Bundesrepublik liegt.[5] Als spezielle Regelung zur Verjährung geht Abs. 1 dem Art. 315 Abs. 1 vor.[6]

3 Für Alttaten, die vor der Wiedervereinigung nach dem Recht der DDR strafbar waren, bestimmt **Abs. 1 S. 1**, dass, soweit die Verfolgungs- oder Vollstreckungsverjährung nach dem DDR-Recht bis zum Wirksamwerden des Beitritts noch nicht eingetreten war, es dabeibleibt.[7] Die Verfolgungsverjährung gilt in diesen Fällen aber gemäß **Abs. 1 S. 3 Hs. 1**[8] als am 3.10.1990 unterbrochen. Hierbei bleibt § 78c Abs. 3 StGB nach Art. 315a Abs. 1 S. 3 Hs. 2 unberührt, was zur Folge hat, dass die Verjährungsfrist – nunmehr nach Maßgabe der §§ 78 ff. StGB[9] – von Neuem zu laufen beginnt (§ 78 Abs. 3 S. 1 StGB). Zudem ist die in § 78 Abs. 3 S. 2 StGB vorgesehene sog. **absolute Verjährungsfrist** zu beachten, wobei aber Art. 315a Abs. 2 gegenüber dieser Vorschrift vorrangig ist.[10] Umgekehrt ergibt sich damit aus Abs. 1 in Einklang mit anerkannten verfassungsrechtlichen Grundsätzen, dass Taten, die nach dem Recht der DDR am 3.10.1990 bereits verjährt waren, auch nach der Wiedervereinigung nicht mehr verfolgt werden können.[11]

4 Für Abs. 1 S. 1 idF des Einigungsvertrages war im Hinblick auf Art. 315 Abs. 4 umstritten, ob ein Rückgriff auf die nicht verjährte Strafbarkeit nach dem DDR-Recht möglich ist, wenn die betreffende Tat vor dem Beitritt auch nach bundesdeutschem Recht strafbar war und hiernach bereits Verjährung eingetreten ist.[12] Der Gesetzgeber hat diese Frage durch das Verjährungsgesetz vom 26.3.1993, dem lediglich eine klarstellende Funktion zukam,[13] mit der Einfügung des heutigen **Satzes 2 in Abs. 1** zugunsten einer Fortgeltung der Verfolgbarkeit beantwortet. Hiernach gilt Abs. 1 S. 1 – unabhängig von einer etwaigen nach bundesdeutschem Recht bereits eingetretenen Verjährung – auch, soweit für eine Straftat vor dem Beitritt zugleich das Strafrecht der Bundesrepublik gegolten hat.[14]

---

[3] Siehe BT-Drs. 16/5051, 43; LK/*Schmid* StGB § 78c Rn. 39.
[4] BGHSt 39, 353 (356 f.); *Lackner/Kühl* StGB § 2 Rn. 27; *Riedel* DtZ 1992, 162 (164); SK/*Wolter* StGB Vor § 78 Rn. 17.
[5] BGH 12.6.2001 – 5 StR 606/00, NJ 2001, 493; *Fischer* StGB Vor § 78 Rn. 5; SK/*Wolter* StGB Vor § 78 Rn. 17.
[6] Siehe BVerfG 12.5.1998 – 2 BvR 61/96, NStZ 1998, 455 f.; BGHSt 39, 353 (357 f.); 40, 48 (56 f.); *Krehl* DtZ 1992, 13 (14); *Lackner/Kühl* StGB § 2 Rn. 21; LK/*Schmid* StGB § 78c Rn. 43 mwN.
[7] *Lemke/Hettinger* NStZ 1992, 21 (22); LK/*Schmid* StGB § 78c Rn. 43.
[8] Zur Verfassungsmäßigkeit dieser Regelung siehe BGHSt 39, 353 (357).
[9] Siehe BGH 28.8.1997 – 4 StR 110/97, NStZ 1998, 36; Schönke/Schröder/*Eser* StGB Vor §§ 3–7 Rn. 112; *Fischer* StGB Vor § 78 Rn. 6; *Lemke/Hettinger* NStZ 1992, 21 (22); zu weiteren Einzelheiten LK/*Schmid* StGB § 78c Rn. 43 f.
[10] Siehe BGH 12.6.2001 – 5 StR 606/00, NStZ-RR 2001, 328; *Fischer* StGB Vor § 78 Rn. 6 und § 78c Rn. 2b; LK/*Schmid* StGB § 78c Rn. 44.
[11] Siehe Schönke/Schröder/*Eser* StGB Vor §§ 3–7 Rn. 112; *Fischer* StGB Vor § 78 Rn. 6; *Lemke/Hettinger* NStZ 1992, 21 (22); LK/*Schmid* StGB § 78c Rn. 45.
[12] Bejahend etwa *König* NStZ 1992, 185 (186 f.); *Sauter* DtZ 1992, 169 (171); *Riedel* DtZ 1992, 162 (164, 167); anders etwa *Lemke/Hettinger* NStZ 1992, 21 (24).
[13] Siehe Vorlage des Bundesrates, BT-Drs. 12/3080, 6 f., 9; Beschlussempfehlung und Bericht des Rechtsausschusses, BT-Drs. 12/4140, 6; BGHSt 40, 48 (58 f.); *Lackner/Kühl* StGB § 2 Rn. 27a; näher hierzu LK/*Schmid* StGB § 78c Rn. 42, 53.
[14] BGHSt 40, 48 (57 ff.); SK/*Wolter* StGB Vor § 78 Rn. 18 mwN.

Uneinigkeit herrschte zudem hinsichtlich der Frage, inwieweit man bei nach DDR-Recht **strafbaren Taten, die aus politischen Gründen nicht geahndet wurden,** ein **Ruhen der Verjährung** annehmen kann.[15] Der Gesetzgeber führte mit dem Verjährungsgesetz vom 26.3.1993 auch diesbezüglich eine Klarstellung herbei, indem er in Art. 1 des genannten Gesetzes bestimmte, dass bei der Berechnung der Verjährungsfrist für die Verfolgung von Taten, die während der Herrschaft des SED-Unrechtsregimes begangen wurden, aber entsprechend dem ausdrücklichen oder mutmaßlichen Willen der Staats- und Parteiführung der ehemaligen DDR aus politischen oder sonst mit wesentlichen Grundsätzen einer freiheitlichen rechtsstaatlichen Ordnung unvereinbaren Gründen nicht geahndet worden sind, die Zeit vom 11.10.1949 bis 2.10.1990 außer Ansatz bleibt; in dieser Zeit hat die Verjährung geruht (sog. Zweites Gesetz zur Berechnung strafrechtlicher Verjährungsfristen [Zweites BerechnungsG]). Auch hinsichtlich der letztgenannten Rechtsfrage lässt sich dem Verjährungsgesetz allein eine deklaratorische Wirkung entnehmen.[16] Durch das Zweite Gesetz über die Bereinigung von Bundesrecht im Zuständigkeitsbereich des Bundesministeriums der Justiz vom 23.11.2007 wurde Art. 1 des Verjährungsgesetzes vom 26.3.1993 in **Art. 315a** als dessen **Abs. 5** aufgenommen.[17] Bejaht wurde ein Ruhen der Verjährung etwa bei den an der innerdeutschen Grenze begangenen Tötungsdelikten[18] sowie bei Verschleppungen von Bundesbürgern in die DDR, die durch das MfS veranlasst worden waren.[19],[20] Dagegen kann für Taten, die bereits vor dem 3.10.1990 dem Recht der Bundesrepublik unterlagen (Art. 315 Abs. 4), nicht von einem Ruhen der Verjährung ausgegangen werden, da der Strafverfolgung nach bundesdeutschem Recht kein gesetzliches Hindernis entgegenstand.[21]

Abs. 2 sieht für bestimmte Straftaten – soweit sie am 30.9.1993 nicht bereits verjährt waren (Abs. 4) – eine Verlängerung der Verjährungsfrist vor. Diese Regelung wurde Art. 315a durch das 2. Verjährungsgesetz vom 27.9.1993 aufgrund der praktischen Schwierigkeiten im Zusammenhang mit der Ahndung von SED-Unrechtstaten und der sog. Vereinigungskriminalität angefügt.[22] In ihrer ursprünglichen Fassung bestimmte sie, dass die Verfolgung von Taten, die vor Ablauf des 31.12.1992 im Beitrittsgebiet begangen worden waren und die im Höchstmaß mit Freiheitsstrafe von mehr als einem Jahr bis zu fünf Jahren bedroht sind, frühestens mit Ablauf des 31.12.1997 verjährt, während die Verjährung bei Taten, die im Beitrittsgebiet vor Ablauf des 2.10.1990 begangen worden waren und die im Höchstmaß mit Freiheitsstrafe bis zu einem Jahr oder mit Geldstrafe bedroht sind, frühestens mit Ablauf des 31.12.1995 eintritt. Durch das 3. Verjährungsgesetz vom 22.12.1997 wurde die bisherige Verjährungsfrist für Taten, die im Höchstmaß mit Freiheitsstrafe von mehr als einem Jahr bis zu fünf Jahren bedroht sind, bis zum Ablauf des 2.10.2000 erneut verlängert. Zudem wurde hierdurch die zeitliche Begrenzung des Anwendungsbereichs von Art. 315a Abs. 2 auf vor dem 31.12.1992 begangene Straftaten, die bis dahin für Taten mittlerer Kriminalität galt, aufgehoben.[23] Abs. 2 gilt folglich auch für sog. Neutaten, dh Taten, die

---

[15] Für einen Überblick über diese Problematik siehe LK/*Schmid* StGB § 78c Rn. 48, 50; mit abweichender Argumentation Schönke/Schröder/*Eser* StGB Vor §§ 3–7 Rn. 113 f.
[16] Siehe BT-Drs. 12/3080, 5 ff.; BGHSt 40, 48 (55 f.); 40, 113 (115 ff.); Schönke/Schröder/*Eser* StGB Vor §§ 3–7 Rn. 119; *Lackner/Kühl* StGB § 2 Rn. 27a; SK/*Wolter* StGB Vor § 78 Rn. 21 mwN.
[17] Näher zu den Voraussetzungen für das Ruhen der Verjährung siehe SK/*Wolter* StGB Vor § 78 Rn. 22.
[18] BGHSt 40, 48 (55 f.); 40, 113 (115 ff.).
[19] BGHSt 42, 332 (336 ff.).
[20] Zu weiteren Beispielen etwa SK/*Wolter* Vor § 78 Rn. 22.
[21] HM, siehe OLG Frankfurt a. M. StV 1991, 421 mit zust. Anmerkung *Lemke/Hettinger*; *Lackner/Kühl* StGB § 2 Rn. 27; *Lemke/Hettinger* NStZ 1992, 21 (23); LK/*Schmid* StGB § 78c Rn. 54; anders *Cramer* NStZ 1995, 114 f.
[22] BT-Drs. 12/5701, 2, 6; BGH 26.10.2000 – 4 StR 319/00, NStZ 2001, 248; hierzu *Asholt*, Verjährung im Strafrecht, 2016, S. 59 f.
[23] Art. 2 des 3. Verjährungsgesetzes vom 22.12.1997, wonach Art. 315 Abs. 2 idF des genannten Gesetzes nicht für Taten galt, deren Verfolgung bei seinem Inkrafttreten bereits verjährt war, wurde durch Art. 178 des Ersten Gesetzes über die Bereinigung von Bundesrecht im Zuständigkeitsbereich des Bundesministeriums der Justiz vom 19.4.2006 (BGBl. I 866 [888]) aufgehoben.

EGStGB Art. 315b, 315c   Einführungsgesetz zum Strafgesetzbuch

nach dem Wirksamwerden des Beitritts im Beitrittsgebiet verübt wurden, sofern diese mit Freiheitsstrafe zwischen einem Jahr und fünf Jahren bedroht sind.[24] Für den weit überwiegenden Teil der DDR-Alttaten ist inzwischen Verjährung eingetreten.[25]

7   **Abs. 3,** der ebenso wie Abs. 2 durch das 2. Verjährungsgesetz vom 27.9.1993 angefügt wurde, bestimmt, dass Verbrechen, die den Tatbestand des Mordes iSv § 211 StGB erfüllen, für die sich die Strafe jedoch nach dem Recht der DDR richtet, nicht verjähren. Die Änderung der Verjährung gilt nach Abs. 4 aber nicht für solche Taten, die am 30.9.1993 bereits verjährt waren.

Art 315b Strafantrag bei in der Deutschen Demokratischen Republik begangenen Taten

[1]Die Vorschriften des Strafgesetzbuches über den Strafantrag gelten auch für die vor dem Wirksamwerden des Beitritts in der Deutschen Demokratischen Republik begangenen Taten. [2]War nach dem Recht der Deutschen Demokratischen Republik zur Verfolgung ein Antrag erforderlich, so bleibt es dabei. [3]Ein vor dem Wirksamwerden des Beitritts gestellter Antrag bleibt wirksam. [4]War am Tag des Wirksamwerdens des Beitritts das Recht, einen Strafantrag zu stellen, nach dem bisherigen Recht der Deutschen Demokratischen Republik bereits erloschen, so bleibt es dabei. [5]Ist die Tat nach den Vorschriften der Bundesrepublik Deutschland nur auf Antrag verfolgbar, so endet die Antragsfrist frühestens am 31. Dezember 1990.

1   Art. 315b stellt eine durch das Einigungsvertragsgesetz eingefügte Übergangsbestimmung[1] zur Regelung des Strafantrags im Zusammenhang mit der Verfolgung sog. DDR-Alttaten dar.

2   Gemäß S. 1 finden die §§ 77 ff. StGB auch auf die vor dem Wirksamwerden des Beitritts in der ehemaligen DDR begangenen Taten Anwendung. S. 2 bestimmt ferner, dass ein nach dem Recht der DDR geltendes Strafantragserfordernis auch nach Wirksamwerden des Beitritts bestehen bleibt. Sofern hierbei ein Antrag bereits vor dem 3.10.1990 gestellt worden ist, behält dieser nach S. 3 seine Wirksamkeit. Ist das Recht zur Antragstellung hingegen bereits vor dem Wirksamwerden des Beitritts erloschen – was nach dem Recht der DDR zu beurteilen ist –, lebt die bereits abgelaufene Antragsfrist gemäß S. 4 nicht wieder auf.[2] Die Ersetzung eines fehlenden oder nicht rechtzeitig gestellten Strafantrags durch Bejahung eines öffentlichen Interesses an der Strafverfolgung, wie sie durch § 2 Abs. 1 StGB-DDR ermöglicht wurde, kommt nach dem Beitritt nicht mehr in Betracht, da das insofern nach Art. 315b S. 1 anwendbare Strafantragsrecht des StGB eine solche Ersetzung bei absoluten Antragsdelikten nicht vorsieht.[3] S. 5 ordnete zudem an, dass in den Fällen eines nach dem Recht der Bundesrepublik bestehenden Strafantragserfordernisses die Antragsfrist frühestens am 31.12.1990 endete.

Art. 315c Anpassung der Strafdrohungen

[1]Soweit Straftatbestände der Deutschen Demokratischen Republik fortgelten, treten an die Stelle der bisherigen Strafdrohungen die im Strafgesetzbuch vorgese-

---

[24] Siehe LK/*Schmid* StGB § 78c Rn. 40 f.; vgl. auch *Asholt,* Verjährung im Strafrecht, 2016, S. 60.
[25] Schönke/Schröder/*Eser* StGB Vor §§ 3–7 Rn. 115; *Lackner/Kühl* StGB § 2 Rn. 27b; SK/*Wolter* StGB Vor § 78 Rn. 24.
[1] Siehe Anlage I Kapitel III Sachgebiet C Abschnitt II Nr. 1 lit. c des Einigungsvertrages vom 31.8.1990 (BGBl. II 889 [955]).
[2] Siehe OLG Dresden 24.9.1997 – 1 Ss 235/97, NJ 1997, 654; LK/*Danneker* StGB § 2 Rn. 152; Schönke/Schröder/*Eser* StGB Vor §§ 3–7 Rn. 120; anders aber AG Chemnitz 29.8.1996 – 3 Ds 823 Js 32114/95, NJ 1997, 94 mit abl. Anmerkung *Rautenberg.*
[3] So OLG Dresden 24.9.1997 – 1 Ss 235/97, NJ 1997, 654 (655) unter Bezugnahme auf *Rautenberg* NJ 1997, 94 (95).

henen Strafdrohungen der Freiheitsstrafe und der Geldstrafe. ²Die übrigen Strafdrohungen entfallen. ³Die Geldstrafe darf nach Art und Höhe der Tagessätze insgesamt das Höchstmaß der bisher angedrohten Geldstrafe nicht übersteigen. ⁴Es dürfen höchstens dreihundertsechzig Tagessätze verhängt werden.

Bei Art. 315c handelt es sich ebenso wie bei den Art. 315 ff. um eine auf den Einigungsvertrag zurückgehende Übergangsbestimmung.[1] Diese sieht bei fortgeltenden Straftatbeständen des DDR-Rechts[2] eine Anpassung der Strafdrohungen an das bundesdeutsche Recht vor. Da die durch den Einigungsvertrag herbeigeführten Unterschiede hinsichtlich der in den alten und neuen Bundesländern geltenden Strafrechtsvorschriften inzwischen durch nachträgliche Gesetzesänderungen aufgehoben wurden,[3] dürfte Art. 315c seine Bedeutung für die aktuelle Praxis weitgehend verloren haben.

Grundsätzlich ist mit dem Wirksamwerden des Beitritts der DDR zur Bundesrepublik am 3.10.1990 gemäß Art. 8 EV das bundesdeutsche Strafrecht im ehemaligen Staatsgebiet der DDR in Kraft getreten, soweit nicht einzelne Vorschriften des Bundesrechts von einem Inkrafttreten ausgenommen wurden. Das StGB hat im Beitrittsgebiet hierbei mit der Maßgabe Geltung erlangt, dass § 5 Nr. 8 StGB, soweit dort § 175 StGB genannt war, § 5 Nr. 9 StGB, die Vorschriften über die Sicherungsverwahrung sowie §§ 144, 175, 182, 218–219d und § 236 StGB – jeweils aF – nicht anzuwenden waren.[4] Von einer Geltung im Beitrittsgebiet ausgenommen wurde überdies das 5. StrRG.[5]

Art. 9 EV sieht daneben in beschränktem Umfang eine **Fortgeltung des Rechts der DDR** vor. Gemäß Art. 9 Abs. 2 EV iVm Anlage II[6] sind von den DDR-Strafrechtsvorschriften die folgenden Regelungen als partikuläres Bundesrecht[7] in Kraft geblieben:[8] § 149 StGB-DDR (Sexueller Missbrauch von Jugendlichen) sowie die §§ 153–155 StGB-DDR (Unzulässige Schwangerschaftsunterbrechung) einschließlich bestimmter Vorschriften des Gesetzes über die Unterbrechung der Schwangerschaft und der Durchführungsbestimmung zu dem letztgenannten Gesetz[9] haben ihre Geltung bei gleichzeitigem Ausschluss bundesdeutscher Bestimmungen von einer Erstreckung auf das Beitrittsgebiet (siehe soeben) beibehalten. Als Vorschriften, bezüglich derer das bundesdeutsche Recht keine entsprechenden Regelungen enthielt, sind § 84 StGB-DDR (Ausschluss der Verjährung für Verbrechen gegen den Frieden, die Menschlichkeit und die Menschenrechte und Kriegsverbrechen), § 238 StGB-DDR (Beeinträchtigung richterlicher Unabhängigkeit) und § 191a StGB-DDR

---

[1] Siehe Anlage I Kapitel III Sachgebiet C Abschnitt II Nr. 1 Buchst. c des Einigungsvertrages vom 31.8.1990 (BGBl. II 889 [955 f.]). Satz 3 des Art. 315c idF des Einigungsvertrages wurde inzwischen durch Art. 177 des Ersten Gesetzes über die Bereinigung von Bundesrecht im Zuständigkeitsbereich des Bundesministeriums der Justiz vom 19.4.2006 (BGBl. I 866) aufgehoben.
[2] Siehe *Samson* NJ 1991, 143; *Schneiders* MDR 1990, 1049 (1051); anders *Wasmuth* NStZ 1991, 160 (163 f.).
[3] Siehe NK/*Böse* StGB Vor § 3 Rn. 70; Lackner/Kühl/*Heger* StGB § 3 Rn. 10.
[4] Siehe Anlage I Kapitel III Sachgebiet C Abschnitt II Nr. 1 Buchst. b des Einigungsvertrages; gemäß Art. 208 § 1 Abs. 1 Nr. 3 Buchst. b Doppelbuchst. aa des Gesetzes vom 19.4.2006 (BGBl. I 866 [891 f.]) ist diese Maßgabe nicht mehr anzuwenden; für einen Überblick über die rechtliche Entwicklung der einzelnen, in der letztgenannten Maßgabe genannten Vorschriften des StGB nach der Wiedervereinigung siehe *Tröndle/Fischer*, Strafgesetzbuch und Nebengesetze, 51. Aufl. 2003, StGB Vor § 3 Rn. 33.
[5] Anlage I Kapitel III Sachgebiet C Abschnitt I Nr. 1 des Einigungsvertrages.
[6] Siehe Anlage II Kapitel III Sachgebiet C Abschnitt I Nr. 1, 2, 4, 5 und Abschnitt II des Einigungsvertrages.
[7] Siehe *Schönke/Schröder/Eser* Vor §§ 3–7 Rn. 79; *Tröndle/Fischer*, Strafgesetzbuch und Nebengesetze, 51. Aufl. 2003, StGB Vor § 3 Rn. 34; zur Anwendung der Regeln des interlokalen Strafrechts als Folge der Geltung unterschiedlicher Strafrechtsnormen in den neuen und alten Bundesländern siehe MüKoStGB/*Ambos* StGB Vor § 3 Rn. 94 f.; Schönke/Schröder/*Eser* StGB Vor §§ 3–7 Rn. 79.
[8] Näher zum fortgeltenden DDR-Strafrecht vgl. etwa *Geppert* Jura 1991, 610; *Schneiders* MDR 1990, 1049; *Wasmuth* NStZ 1991, 160.
[9] Vgl. in diesem Zusammenhang Art. 31 Abs. 4 EV, wonach dem gesamtdeutschen Gesetzgeber die Aufgabe zugewiesen wurde, spätestens bis zum 31.12.1992 eine Regelung zu treffen, die den Schutz vorgeburtlichen Lebens und die verfassungskonforme Bewältigung von Konfliktsituationen schwangerer Frauen verbessert.

idF des EV (Verursachung einer Umweltgefahr) in Geltung geblieben.[10] Weiterhin Bestand hatten auch die §§ 8–10 des 6. Strafrechtsänderungsgesetzes der DDR (Verwirklichung früherer Strafentscheidungen und Beendigung von Strafverfahren bei Wegfall der strafrechtlichen Verantwortlichkeit).[11]

4 Für die nach dem Wirksamwerden des Beitritts in Kraft gebliebenen DDR-Tatbestände ordnet S. 1 und 2 an, dass statt der bisherigen Rechtsfolgen die im StGB vorgesehenen Strafdrohungen der Freiheitsstrafe und der Geldstrafe anzuwenden sind, während die übrigen Strafdrohungen entfallen. Das Höchstmaß der Geldstrafe wird hierbei in S. 3 und 4 – ähnlich wie in Art. 315 Abs. 2 S. 2 und 3 – dahingehend beschränkt, dass diese weder „nach Art und Höhe der Tagessätze"[12] insgesamt das Höchstmaß der bisher angedrohten Geldstrafe noch die Grenze von 360 Tagessätzen übersteigen darf.

5 Hinsichtlich der Fortgeltung von DDR-Strafrecht gilt inzwischen Folgendes: Aufgehoben wurden § 84 StGB-DDR durch Art. 7 Gesetz zur Einführung des Völkerstrafgesetzbuches vom 26.6.2002 (BGBl. I 2254), § 149 StGB-DDR durch Art. 4 29. StrÄndG vom 31.5.1994 (BGBl. I 1168), § 191a StGB-DDR durch Art. 12 31. StrÄndG – 2. UKG vom 27.6.1994 (BGBl. I 1440), § 238 StGB-DDR durch Art. 5 6. StrRG vom 26.1.1998 (BGBl. I 164) sowie die §§ 8–10 6. Strafrechtsänderungsgesetzes der DDR durch Art. 206 Erstes Gesetz über die Bereinigung von Bundesrecht im Zuständigkeitsbereich des Bundesministeriums der Justiz vom 19.4.2006 (BGBl. I 866). Die §§ 153–155 StGB-DDR sowie das Gesetz über die Unterbrechung der Schwangerschaft und die Durchführungsbestimmung zu diesem Gesetz, soweit diese nach dem Einigungsvertrag in Kraft geblieben sind, wurden durch Art. 16 des Schwangeren- und Familienhilfegesetzes vom 27.7.1992 (BGBl. I 1398) aufgehoben. Dessen Inkrafttreten wurde durch die einstweilige Anordnung des BVerfG vom 4.8.1992[13] und deren Wiederholung durch den Beschluss des BVerfG vom 25.1.1993[14] vorläufig ausgesetzt; durch die im Urteil des BVerfG vom 28.5.1993[15] getroffene Anordnung nach § 35 BVerfGG ist die Aufhebung der letztgenannten DDR-Bestimmungen schließlich ab 16.6.1993 wirksam geworden.

Art. 316 Übergangsvorschrift zum Neunten Strafrechtsänderungsgesetz

(1) § 66 Abs. 2 und § 67 Abs. 1 des Strafgesetzbuches in der Fassung des Artikels 1 des Neunten Strafrechtsänderungsgesetzes vom 4. August 1969 (BGBl. I S. 1065) gelten auch für früher begangene Taten und früher verhängte Strafen, wenn die Verfolgung und Vollstreckung beim Inkrafttreten des Neunten Strafrechtsänderungsgesetzes am 6. August 1969 noch nicht verjährt waren.

(2) § 1 des Gesetzes über die Berechnung strafrechtlicher Verjährungsfristen vom 13. April 1965 (BGBl. I S. 315) bleibt unberührt.

1 Art. 316 wurde vollkommen neu gefasst durch das Erste Gesetz über die Bereinigung von Bundesrecht im Zuständigkeitsbereich des Bundesministeriums der Justiz vom 19.4.2006 (BGBl. I 866 [888]), in Kraft getreten am 25.4.2006. Der bisherige Art. 316 wurde zu Art. 316b. Das heute in Art. 316 Geregelte galt aber schon seit dem 6.8.1969, dem Inkrafttreten des Neunten Strafrechtsänderungsgesetzes (9. StrÄndG) vom 4.8.1969 (BGBl. I 1065 f.). Geregelt war der heutige Art. 316 Abs. 1 damals in Art. 3 des 9. StrÄndG, der heutige Absatz 2 in Art. 4 des 9. StrÄndG.[1]

---

[10] Zu dieser Einteilung der fortgeltenden DDR-Strafrechtsbestimmungen vgl. Schönke/Schröder/*Eser* StGB Vor §§ 3–7 Rn. 74 ff.; *Tröndle/Fischer*, Strafgesetzbuch und Nebengesetze, 51. Aufl. 2003, StGB Vor § 3 Rn. 35 ff.
[11] Ausführlicher hierzu Schönke/Schröder/*Eser* StGB Vor §§ 3–7 Rn. 122 f.; *Schneiders* MDR 1990, 1052 f.
[12] Gemeint sind „Zahl und Höhe der Tagessätze", siehe LK/*Danneker* StGB § 2 Rn. 168.
[13] BGBl. I 1585; BVerfGE 86, 390.
[14] BGBl. I 270; BVerfGE 88, 83.
[15] BGBl. I 820; BVerfGE 88, 203.
[1] Vgl. auch BT-Drs. 16/47, 80.

Um den Inhalt des heutigen Art. 316 zu verstehen, ist es erforderlich, sich zunächst **2** einmal klarzumachen, was die §§ 66 Abs. 2, 67 Abs. 1 StGB idF des 9. StrÄndG und § 1 des Gesetzes über die Berechnung strafrechtlicher Verjährungsfristen (StrVerjFrG) vom 13.4.1965 (BGBl. I 315), in Kraft getreten am 22.4.1965, besagen:

§ 66 Abs. 2 StGB aF:
Die Strafverfolgung von Verbrechen nach § 220a (Völkermord) und die Vollstreckung von Strafen wegen Völkermordes (§ 220a) verjähren nicht.

§ 67 Abs. 1 StGB aF:
Die Strafverfolgung von Verbrechen, die nicht in § 66 Abs. 2 genannt sind, verjährt in
1. *dreißig Jahren, wenn sie mit lebenslanger Freiheitsstrafe bedroht sind,*
2. *zwanzig Jahren, wenn sie im Höchstmaß mit Freiheitsstrafe von mehr als zehn Jahren bedroht sind,*
3. *zehn Jahren, wenn sie mit einer geringeren Freiheitsstrafe bedroht sind.*

§ 1 des StrVerjFrG:
(1) Bei der Berechnung der Verjährungsfrist für die Verfolgung von Verbrechen, die mit lebenslangem Zuchthaus bedroht sind, bleibt die Zeit vom 8. Mai 1945 bis zum 31. Dezember 1949 außer Ansatz. In dieser Zeit hat die Verjährung der Verfolgung dieser Verbrechen geruht.

(2) Absatz 1 gilt nicht für Taten, deren Verfolgung beim Inkrafttreten dieses Gesetzes bereits verjährt ist.

Bis zum Inkrafttreten des 9. StrÄndG galt für den Völkermord noch eine 20-jährige **3** Verjährungsfrist. Mit der Änderung des § 66 Abs. 2 StGB (aF) wurde er für nicht verjährbar erklärt. 20 Jahre entsprachen bis dahin auch der längsten Verjährungsfrist, die durch Änderung des § 67 Abs. 1 StGB (aF) auf 30 Jahre erhöht wurde. Zudem erhielten die Vorschriften zur Verjährung erst mit dem Zweiten Gesetz zur Reform des Strafrechts (2. StrRG) vom 4.7.1969 (BGBl. I 717 ff.), das aber erst am 1.1.1975 in Kraft getreten ist (BGBl. 1973 I 909), den heutigen Standort in den §§ 78 ff. StGB und erst durch das Gesetz zur Einführung des Völkerstrafgesetzbuchs vom 26.6.2002 (BGBl. I 2254 ff.) wurde die Nichtverjährung des Völkermordes nicht mehr im StGB geregelt, sondern nunmehr in § 5 VStGB.

Inhaltlich besagt Art. 316 Abs. 1, dass die Verjährungsfristen der §§ 66 Abs. 2, 67 Abs. 1 **4** StGB idF des 9. StrÄndG – also insbesondere die Nichtverjährbarkeit sowohl des Völkermordes als auch der Vollstreckung diesbezüglich verhängter Strafen und die Höchstverjährungsfrist von 30 Jahren für mit lebenslanger Freiheitsstrafe bedrohte Taten – nicht nur für Straftaten gelten, die nach Inkrafttreten des 9. StrÄndG begangen wurden, beziehungsweise für Strafen, die danach verhängt wurden, sondern auch für davor verübte beziehungsweise verhängte. Ziel dieser Regelung ist es, die Verjährung schwerster Taten gegen die Menschlichkeit aus der Zeit des Nationalsozialismus, bei denen die Verjährung noch nicht unterbrochen wurde, mit Ablauf des 31.12.1969 zu verhindern.[2] Aus **Vertrauensschutzgründen** gelten die neuen Verjährungsfristen aber nur dann für Taten begangen vor Inkrafttreten des 9. StrÄndG, wenn die Verfolgung beziehungsweise die Vollstreckung bei Inkrafttreten am 6.8.1969 noch nicht verjährt waren (sog. **kleine/unechte Rückwirkung**).[3] Dabei sind mit dem Begriff „lebenslange Freiheitsstrafe" auch solche Straftaten gemeint, die damals noch mit lebenslanger Zuchthausstrafe sanktioniert waren,[4] denn früher wurde noch unterschieden zwischen Zuchthaus, Gefängnis und Haft.[5]

---

[2] BT-Drs. 5/4220, 3 f.
[3] Vgl. zudem dazu, dass der Vertrauensschutz lediglich verlangt, dass die Verlängerung der Verjährungsfrist nicht für zu diesem Zeitpunkt schon verjährte Taten gilt, auch BT-Drs. 5/4220, 4 f. Um einen Mord in 15 Fällen durch einen Leutnant der deutschen Wehrmacht, bei denen sich die Frage zur Verjährung stellte, ging es im Urteil des BGH 1.3.1995 – 2 StR 331/94, NJW 1995, 1297 (1298, 1301) (sog. Lehnigk-Emden-Urteil). Weil Verjährung hier bereits vor dem 6.8.1969 eingetreten war, half auch die Verlängerung der Verjährungsfrist nichts.
[4] BT-Drs. 5/4415, 2.
[5] Die Änderung des § 67 Abs. 1 StGB aF dahingehend, dass die damaligen Worte „lebenslangem Zuchthaus" ersetzt werden durch „lebenslanger Freiheitsstrafe", war bereits vorgesehen in Art. 1 Nr. 25 des Ersten

5   Abs. 2 stellt klar, dass § 1 StrVerjFrG durch die Änderungen der §§ 66 Abs. 2, 67 Abs. 1 StGB idF des 9. StrÄndG nicht berührt werden.[6] Die Zeit vom 8.5.1945 bis zum 31.12.1949 darf bei der Verjährungsfristenberechnung nicht mitberücksichtigt werden.[7] Allerdings gilt auch das nur dann, wenn die entsprechende Straftat bei Inkrafttreten des StrVerjFrG am 22.4.1965 noch nicht verjährt war.

Art. 316a Übergangsvorschrift zum Sechzehnten Strafrechtsänderungsgesetz

(1) § 78 Abs. 2 des Strafgesetzbuches in der Fassung des Artikels 1 des Sechzehnten Strafrechtsänderungsgesetzes vom 16. Juli 1979 (BGBl. I S. 1046) gilt auch für früher begangene Taten, wenn die Verfolgung beim Inkrafttreten des Sechzehnten Strafrechtsänderungsgesetzes am 22. Juli 1979 noch nicht verjährt war.

(2) § 1 des Gesetzes über die Berechnung strafrechtlicher Verjährungsfristen vom 13. April 1965 (BGBl. I S. 315) bleibt unberührt.

1   Art. 316a wurde eingefügt durch das Erste Gesetz über die Bereinigung von Bundesrecht im Zuständigkeitsbereich des Bundesministeriums der Justiz vom 19.4.2006 (BGBl. I 866 [888]), in Kraft getreten am 25.4.2006. Das dort Geregelte galt aber schon seit dem 22.7.1979, dem Inkrafttreten des Sechzehnten Strafrechtsänderungsgesetzes (16. StrÄndG) vom 16.7.1979 (BGBl. I 1046), auf das sich Art. 316a Abs. 1 bezieht. Der heutige Abs. 1 war damals geregelt in Art. 2 des 16. StrÄndG und der heutige Abs. 2 in Art. 3 des 16. StrÄndG.[1]

2   Systematisch ist Art. 316a ähnlich ausgestaltet wie Art. 316. Der in Bezug genommene § 78 Abs. 2 StGB idF des 16. StrÄndG lautet folgendermaßen:

§ 78 Abs. 2 StGB aF: Verbrechen nach § 220a (Völkermord) und nach § 211 (Mord) verjähren nicht.

3   Geregelt wird in § 78 Abs. 2 StGB aF lediglich die Verfolgungsverjährung; die Vorschriften zur Vollstreckungsverjährung standen schon damals unter einem eigenen Titel. Zudem wurde die Unverjährbarkeit des Völkermordes nicht erst 1979 eingeführt, sondern bereits mit dem Neunten Strafrechtsänderungsgesetz (9. StrÄndG) vom 4.8.1969 (BGBl. I 1065 f.), in Kraft getreten am 6.8.1969. Neu festgeschrieben wurde durch das 16. StrÄndG folglich nur die Nichtverjährbarkeit auch des Mordes; durch das 9. StrÄndG war die Verjährungsfrist zunächst lediglich von 20 auf 30 Jahre erhöht worden.

4   Abs. 1 besagt, dass das Nichtverjähren der Verfolgung eines Mordes nicht nur dann gilt, wenn er nach Inkrafttreten des 16. StrÄndG am 22.7.1979 begangen wurde, sondern auch für davor verübte Morde.[2] Wie bei der Regelung des Art. 316 war auch hier das Ziel, entsprechende Taten aus der **Zeit des Nationalsozialismus,** bei denen noch keine Verjährungsunterbrechung eingetreten ist, nicht verjähren zu lassen.[3] Aus Vertrauensschutzgründen gilt das Erstrecken auf Taten begangen vor Inkrafttreten des 16. StrÄndG allerdings nur dann, wenn die Verfolgung am 22.7.1979 noch nicht verjährt war (sog. kleine/unechte Rückwirkung).[4] Dasselbe regelt Art. 316a Abs. 1 zwar auch für den Völkermord, da dessen Unverjährbarkeit aber schon früher eingeführt wurde und damals

---

Gesetzes zur Reform des Strafrechts (1. StrRG) vom 25.6.1969. Doch ist dieses Gesetz erst am 1.4.1970, also nach dem 9. StrÄndG, in Kraft getreten. Art. 4 des 1. StrRG sieht denn auch vor, dass dann, wenn „für Verbrechen, Vergehen oder Übertretungen als Strafe Zuchthaus, Gefängnis oder Haft angedroht [wird], […] an die Stelle dieser Strafen Freiheitsstrafe" tritt.

[6] BT-Drs. 5/4415, 3.
[7] Vgl. auch BT-Drs. 5/4415, 3.
[1] Vgl. auch BT-Drs. 16/47, 80.
[2] Vgl. auch BT-Drs. 8/2653 (neu), 4; BT-Drs. 8/3032, 6, wobei deutlich hervorgehoben wird, dass es sich genau genommen nur um eine Klarstellung handelt.
[3] BT-Drs. 8/2539, 2; BT-Drs. 8/2653 (neu), 4; BT-Drs. 8/3032, 1 (3).
[4] Um Beihilfe zum Mord, begangen in einem Konzentrationslager im Jahr 1944, bei dem sich die Frage zur Verjährung stellte, ging es etwa im sog. Thälmann-Urteil, BGH 25.3.1987 – 3 StR 574/86, NJW 1988, 2898.

ebenfalls ein dem heutigen Art. 316 Abs. 1 entsprechender Art. 3 des 9. StRÄndG geschaffen wurde, der die Unverjährbarkeit entsprechend dem Inkrafttreten des 9. StRÄndG sogar auf Taten begangen vor dem 6.8.1969 erstreckte, ist Art. 316a diesbezüglich nicht relevant.

Art. 316a Abs. 2 stellt klar, dass § 1 des Gesetzes über die Berechnung strafrechtlicher 5 Verjährungsfristen (StrVerjFrG)[5] nicht berührt wird.[6] Die Zeit vom 8.5.1945 bis zum 31.12.1949 darf bei der Verjährungsfristenberechnung nicht mitberücksichtigt werden.[7] Allerdings gilt auch das nur dann, wenn die entsprechende Straftat bei Inkrafttreten des StrVerjFrG am 22.4.1965 noch nicht verjährt war.

Art. 316b Übergangsvorschrift zum Dreiundzwanzigsten Strafrechtsänderungsgesetz

(1) § 67 Abs. 4 und § 67d Abs. 5 des Strafgesetzbuches finden keine Anwendung auf Unterbringungen, die vor dem 1. Mai 1986 angeordnet worden sind; für die Anrechnung der Zeit des Vollzugs der Maßregel auf die Strafe gilt das bisherige Recht.

(2) Ist jemand vor dem 1. Mai 1986 zu mehreren lebenslangen Freiheitsstrafen oder zu lebenslanger und zeitiger Freiheitsstrafe verurteilt worden, so ist § 460 der Strafprozeßordnung sinngemäß anzuwenden, wenn nach neuem Recht auf eine lebenslange Freiheitsstrafe als Gesamtstrafe erkannt worden wäre.

Durch das Erste Gesetz über die Bereinigung von Bundesrecht im Zuständigkeitsbereich 1 des Bundesministeriums der Justiz vom 19.4.2006 (BGBl. I 866 [888]), in Kraft getreten am 25.4.2006, wurde der damalige Art. 316 zum heutigen Art. 316b.[1] Art. 316 aF wiederum wurde eingefügt durch das Dreiundzwanzigste Strafrechtsänderungsgesetz (23. StRÄndG) vom 13.4.1986 (BGBl. I 393 [396 f.]), in Kraft getreten am 1.5.1986.

Abs. 1 bestimmt eine Ausnahme zu § 2 Abs. 6 StGB. Gemäß Art. 316b Abs. 1 Hs. 1 sind 2 auf Unterbringungen, die schon vor Inkrafttreten des 23. StRÄndG am 1.5.1986 angeordnet wurden, die §§ 67 Abs. 4, 67d Abs. 5 StGB nicht anzuwenden. Auf sie angewendet werden muss folglich das diesbezüglich vor dem 1.5.1986 geltende Recht. § 67 Abs. 4 StGB[2] hat durch das 23. StRÄndG eine Änderung dahingehend erfahren, dass auf Maßregeln (gemeint sind solche nach §§ 63, 64 StGB), die ganz oder auch nur zum Teil vor der Strafe vollzogen werden, die Zeit des Maßregelvollzugs auf die Strafe nur angerechnet wird bis zur Erledigung von zwei Dritteln der Strafe. Nach altem Recht gab es diese Zweidrittelgrenze nicht. Daher erfolgt über Art. 316b Abs. 1 Hs. 1 iVm Hs. 2 auf Unterbringungen, die vor dem 1.5.1986 angeordnet wurden, weiterhin eine Anrechnung des Maßregelvollzugs auf die *gesamte* Strafe. § 67d Abs. 5 StGB hingegen wurde durch das 23. StRÄndG nicht nur abgeändert, sondern überhaupt erst eingefügt – wobei anzumerken ist, dass der damals geschaffene § 67d Abs. 5 S. 1 StGB verschieden zu der heutigen Regelung ist, sinngemäß jedoch das bestimmt, was heute in § 67d Abs. 5 S. 1 StGB iVm § 64 S. 2 StGB steht.[3] Über Art. 316b Abs. 1 Hs. 1 ist eine Erledigungserklärung für eine Unterbringung in der Entziehungsan-

---

[5] Der Wortlaut des § 1 StrVerjFrG ist abgedruckt in der Kommentierung zu → Art. 316 Rn. 2.
[6] BT-Drs. 8/2653 (neu), 4; BT-Drs. 8/3032, 7.
[7] Vgl. auch BT-Drs. 8/2653 (neu), 4.
[1] Vgl. auch BT-Drs. 16/47, 80.
[2] Der damals neu gefasste § 67 Abs. 4 StGB enthielt, anders als heute, noch zwei Sätze. Das, was heute in Abs. 4 steht, stand damals in Abs. 4 Satz 1; Satz 2 lautete folgendermaßen: „Dies gilt nicht, wenn das Gericht eine Anordnung nach § 67d Abs. 5 Satz 1 trifft." Satz 2 wurde jedoch mit Gesetz vom 16.7.2007 (BGBl. I 1327 [1328]) gestrichen.
[3] § 67d Abs. 5 S. 1 StGB idF des 23. StRÄndG lautete folgendermaßen: „Ist die Unterbringung in einer Entziehungsanstalt mindestens ein Jahr vollzogen worden, so kann das Gericht nachträglich bestimmen, daß sie nicht weiter zu vollziehen ist, wenn ihr Zweck aus Gründen, die in der Person des Untergebrachten liegen, nicht erreicht werden kann."

stalt, deren Zweck aus in der Person des Täters liegenden Gründen nicht mehr erreicht werden kann, demnach nicht zulässig, wenn die Maßregel angeordnet wurde vor dem 1.5.1986.

3   Sinn und Zweck dieser Ausnahmeregelung ergeben sich aus einem Zusammenspiel der Gründe für die Ausgestaltung der §§ 2 Abs. 6, 67 Abs. 4 StGB nF: Um dem Schutzinteresse der Allgemeinheit und der Rehabilitation des Täters Rechnung zu tragen, weicht § 2 Abs. 6 StGB für Maßregeln der Besserung und Sicherung von dem in § 2 Abs. 1–3 StGB normierten Grundsatz (Rückwirkungsverbot und Meistbegünstigungsgebot) ab und lässt eine **rückwirkende Normgeltung** zu.[4] Ein rückwirkendes Anwenden der §§ 67 Abs. 4, 67d Abs. 5 StGB nF samt der damit einhergehenden Benachteiligung des Betroffenen aber kann über diese Interessen nicht legitimiert werden. Denn die Einführung der Zweidrittelgrenze durch den neuen § 67 Abs. 4 StGB beruht darauf, die Mitwirkungsbereitschaft des Untergebrachten an seiner Rehabilitation zu fördern, indem er weiß, dass auch beim Hinauszögern der Therapie der Maßregelvollzug nur auf zwei Drittel der Strafe angerechnet wird, dieses letzte Drittel der Strafe bei entsprechender Mitwirkung jedoch zur Bewährung ausgesetzt werden kann. Da die Zweidrittelgrenze vor Inkrafttreten des 23. StrÄndG aber nicht existierte, kann eine entsprechende Mitwirkungsbereitschaft jedenfalls bei solchen Tätern, die sich vor dem 1.5.1986 schon längere Zeit erfolglos im Maßregelvollzug befunden haben, nicht oder nicht mehr früh genug geweckt werden.[5] Daher nimmt Abs. 1 Hs. 1 den § 67 Abs. 4 StGB von der Rückwirkung aus. Damit zusammen hängt wiederum die nicht rückwirkende Anwendung des § 67d Abs. 5 StGB: Ein untergebrachter Täter nämlich, dessen Strafe wegen vollständiger Anrechnung bereits bei Inkrafttreten des 23. StrÄndG erledigt war, könnte andernfalls die Mitwirkung an seiner Rehabilitation verweigern, um so eine Entlassung aus dem Maßregelvollzug zu bewirken.[6] Aus diesen Gründen normiert Art. 316b Abs. 1 gewissermaßen eine Rückausnahme zur Ausnahme des § 2 Abs. 6 StGB.

4   Festzuhalten ist allerdings, dass Abs. 1 heute kaum noch Bedeutung haben dürfte, insbesondere nicht hinsichtlich solcher Unterbringungen nach § 64 StGB. Denn Unterbringungen in einer Entziehungsanstalt sind zeitlich beschränkt auf zwei Jahre (§ 67d Abs. 1 S. 1 StGB). Zwar darf diese Frist nach § 67d Abs. 1 S. 3 StGB verlängert werden um die Dauer der Freiheitsstrafe, soweit die Zeit des Vollzugs der Maßregel auf die Strafe angerechnet wird, doch selbst bei vollständiger Anrechnung, das heißt nach altem Recht, kann die längste Unterbringung nach § 64 StGB bei einer daneben verhängten zeitigen Freiheitsstrafe höchstens 17 Jahre betragen.[7] Heute kann diese Frist bei einer Unterbringungsanordnung vor dem 1.5.1986 nur dann noch nicht abgelaufen sein, wenn die Unterbringung nach § 64 StGB tatsächlich erst sehr viel später begonnen hat (insbesondere weil der Täter sich dem Maßregel- und Strafvollzug entzogen hat), denn erst der tatsächliche Beginn der Unterbringung ist der für den Fristbeginn nach § 67 Abs. 1 S. 2 StGB entscheidende Zeitpunkt. Und nur bei noch nicht abgelaufener Unterbringungshöchstfrist kann es noch zu einer Anrechnung des Maßregelvollzugs auf die Strafe kraft Gesetzes kommen beziehungsweise ist eine vorzeitige Erledigungserklärung der Unterbringung in einer Entziehungsanstalt noch möglich. Etwas anders sieht die Sache aus, wenn eine Unterbringung nach § 64 StGB angeordnet wurde neben lebenslanger Freiheitsstrafe oder wenn es sich um eine Unterbringung nach § 63 StGB handelt. Letztgenannte Unterbringung unterliegt grundsätzlich keiner Höchstfrist, eine Unterbringung in einer Entziehungsanstalt allerdings ebenso wenig, wenn sie neben einer lebenslangen

---
[4] Zum Sinn und Zweck des § 2 Abs. 6 StGB vgl. nur BT-Drs. 10/2720, 18 f. oder siehe nur (knapp) GS/*Rössner* § 2 Rn. 16.
[5] BT-Drs. 10/2720, 13, 18 f.
[6] BT-Drs. 10/2720, 19; wobei beim Nachlesen beachtet werden muss, dass § 64 Abs. 3 StGB-E später zu § 67d Abs. 5 S. 1 StGB idF des 23. StrÄndG wurde, vgl. auch BT-Drs. 10/4391, S. 8, 12, 18.
[7] Vgl. LK/*Horstkotte,* 10. Aufl. 1985, StGB § 67d Rn. 12: 15 Jahre als höchste (zeitige) Freiheitsstrafe plus 2 Jahre nach § 67d Abs. 1 S. 1 StGB.

Freiheitsstrafe und vor dem 1.5.1986 angeordnet wurde (dies ergibt sich aus § 67d Abs. 1 S. 1, 3 StGB iVm § 67 Abs. 4 StGB aF).[8] Theoretisch kann es daher auch heute noch Fälle geben, in denen ein lebenslänglich Verurteilter nach §§ 63, 64 StGB untergebracht ist und Art. 316b Abs. 1 noch eine Rolle spielt. Solche Fälle dürften aber jedenfalls äußerst selten sein.[9]

Abs. 2 beruht darauf, dass erst mit dem 23. StrÄndG die Gesamtstrafenfähigkeit auch **5** der lebenslangen Freiheitsstrafe eingeführt wurde. Vor dem 1.5.1986 konnte bei einem Täter, der zu mehreren lebenslangen Freiheitsstrafen oder zu einer lebenslangen Freiheitsstrafe und zeitiger Freiheitsstrafe verurteilt wurde, gemäß §§ 53–55 StGB aF, § 460 StPO keine Gesamtstrafe gebildet werden. Doch auch nach Inkrafttreten des 23. StrÄndG ist § 460 StPO für diese Altfälle unanwendbar. Denn es handelt sich nicht um Fälle, bei denen „die Vorschriften über die Zuerkennung einer Gesamtstrafe […] außer Betracht geblieben" sind, vielmehr wurden sie damals bewusst nicht herangezogen, weil sie gar nicht einschlägig waren. Art. 316b Abs. 2 aber überwindet dieses eigentlich Nichteinschlägigsein des § 460 StPO und ordnet an, dass er auf Altfälle sinngemäß Anwendung findet, wenn bei damaliger Geltung des neuen Rechts auf eine lebenslange Freiheitsstrafe als Gesamtstrafe hätte erkannt werden müssen.[10] Heutzutage dürfte diese Gesamtstrafenbildung aber bereits in allen Altfällen nachgeholt worden sein, sodass Art. 316b Abs. 2 keinen Anwendungsfall mehr haben dürfte.

Art. 316c Übergangsvorschrift zum Dreißigsten Strafrechtsänderungsgesetz

§ 78b Abs. 1 des Strafgesetzbuches in der Fassung des Artikels 1 des Dreißigsten Strafrechtsänderungsgesetzes vom 23. Juni 1994 (BGBl. I S. 1310) gilt auch für vor dem Inkrafttreten des Dreißigsten Strafrechtsänderungsgesetzes am 30. Juni 1994 begangene Taten, es sei denn, dass deren Verfolgung zu diesem Zeitpunkt bereits verjährt ist.

Durch das Zweite Gesetz über die Bereinigung von Bundesrecht im Zuständigkeitsbe- **1** reich des Bundesministeriums der Justiz vom 23.11.2007 (BGBl. I 2614 [2621]), in Kraft getreten am 30.11.2007, wurde Art. 316c eingefügt. Zuvor fand sich das dort Geregelte in Art. 2 des Dreißigsten Strafrechtsänderungsgesetzes (30. StrÄndG) vom 23.6.1994 (BGBl. I 1310), in Kraft getreten am 30.6.1994.

Mit dem 30. StrÄndG wurde § 78b Abs. 1 StGB zu § 78b Abs. 1 Nr. 2 StGB, eine **2** Nummer 1 wurde neu eingefügt. In ihr wurde festgelegt, dass der Beginn der (Verfolgungs-)Verjährung bestimmter Straftaten gegen die sexuelle Selbstbestimmung (§§ 176–179 aF) bis zur Vollendung des 18. Lebensjahres des Opfers ruht. Daran anknüpfend bestimmt Art. 316c, dass dies nicht nur dann gilt, wenn die entsprechenden Straftaten nach Inkrafttreten des 30. StrÄndG am 30.6.1994 begangen wurden, sondern auch für davor verübte Taten. Aus Vertrauensschutzgründen gilt Letzteres jedoch nur, wenn die Verfolgung am 30.6.1994 noch nicht verjährt war (sog. kleine/unechte Rückwirkung).[1]

---

[8] Vgl. LG Göttingen 10.1.2008 – 52 StVK 169/07, R&P 2008, 169 (172); dabei handelt es sich zwar um eine Entscheidung zu § 67 Abs. 4 StGB nF (mit der Zweidrittelgrenze), doch selbst zu diesem bringt das Gericht Folgendes an: „mag es – theoretisch – fraglich erscheinen, ob es in Fällen einer neben einer lebenslangen Freiheitsstrafe angeordneten Maßregel […] überhaupt zulässig ist, Zeiten der Maßregelvollstreckung von der Anrechnung auf die Strafe tatsächlich auszunehmen."

[9] Matt/Renzikowski/*Basak* § 2 Rn. 10, schreibt sogar, die Rückausnahme des Art. 316b zu § 2 Abs. 6 StGB würde inzwischen gar nicht mehr gelten.

[10] Vgl. auch BT-Drs. 10/2720, 19.

[1] Explizit zur Zulässigkeit einer solchen Rückwirkung nicht nur hinsichtlich einer Verlängerung/Aufhebung von Verjährungsfristen, sondern auch in Bezug auf ein Ruhenlassen der Verjährung, siehe BGH 31.1.2000 – 2 BvR 104/00, NStZ 2000, 251. Dazu, dass Art. 316b letztlich nur der Klarstellung dient, siehe BT-Drs. 6980, 6 – Explizit dazu, dass das in Art. 316c Gesagte auch für in der ehemaligen DDR verübte Taten gilt: BGH 6.2.2002 – 5 StR 476/01, BGHSt 47, 247 (246 f.) = NJW 2002, 1732 (1733); BGH 15.10.2004 – 2 StR 246/04, BeckRS 2004, 11324.

3 Für Altfälle, bei denen die Strafverfolgung am 30.6.1994 noch nicht verjährt war, könnte für die Frage der noch verbleibenden Verjährungszeit der Umstand eine Rolle spielen, ob das Opfer schon vor oder erst nach diesem Datum volljährig wurde: Im letztgenannten Fall ruht die Verjährung nicht nur bis zur Erreichung des 18. Lebensjahres, vielmehr wird ein vor dem 30.6.1994 bereits verstrichener Zeitraum bei der Verjährungsfrist auch nicht mitberücksichtigt.[2] Aber auch im erstgenannten Fall, also bei Eintritt der Volljährigkeit schon vor Inkrafttreten des 30. StRÄndG, hat die Verjährung bis zur Vollendung des 18. Lebensjahres geruht.[3]

Art. 316d Übergangsvorschrift zum Dreiundvierzigsten Strafrechtsänderungsgesetz

§ 46b des Strafgesetzbuches und § 31 des Betäubungsmittelgesetzes in der Fassung des Artikels 2 des Dreiundvierzigsten Strafrechtsänderungsgesetzes vom 29. Juli 2009 (BGBl. I S. 2288) sind nicht auf Verfahren anzuwenden, in denen vor dem 1. September 2009 die Eröffnung des Hauptverfahrens beschlossen worden ist.

1 Art. 316d wurde durch das Dreiundvierzigste Gesetz zur Änderung des Strafgesetzbuchs (43. StRÄndG) vom 29.7.2009 (BGBl. I 2288 [2289]), in Kraft getreten am 1.9.2009, eingefügt. Ebenfalls erstmals eingefügt durch diese Gesetzesänderung wurde die allgemeine Kronzeugenregelung des § 46b StGB (aF)[1] (sog. „große Kronzeugenregelung"); § 31 BtMG hingegen wurde damals lediglich abgeändert.

2 Art. 316d bezieht sich letztlich auf § 46b Abs. 3 StGB (gegebenenfalls iVm § 31 S. 3 BtMG),[2] wonach sowohl eine Strafmilderung als auch ein Absehen von Strafe nach § 46b Abs. 1 StGB (beziehungsweise nach § 31 S. 1 BtMG) ausgeschlossen sind, wenn der Straftäter sein Wissen zur Aufklärung und/oder Prävention erst offenbart, nachdem die Eröffnung seines Hauptverfahrens gemäß §§ 203, 207 StPO beschlossen worden ist. Es tritt Präklusion ein. Möglich bleibt nur noch ein Berücksichtigen seiner Informationen insbesondere im Rahmen des § 46 Abs. 2 StGB.[3]

3 Art. 316d bestimmt, dass die § 46b StGB, § 31 BtMG idF des 43. StRÄndG nicht anwendbar sind auf Verfahren, bei denen schon vor dem 1.9.2009 der Eröffnungsbeschluss für das Hauptverfahren ergangen ist. Es handelt sich um eine Abweichung von § 2 Abs. 3 StGB.[4] Denn jedenfalls dort, wo bisher keine bereichsspezifische Kronzeugenregelung (sog. „kleine Kronzeugenregelung") existierte, dürfte der Milderungsvergleich ergeben, dass die neue Rechtslage (Anwendung des bereichsübergreifenden § 46b StGB) für den Täter günstiger ist als die alte (Nichtanwendung sowohl einer bereichsspezifischen Regelung als auch des § 46b StGB). Folglich wäre nach dem Meistbegünstigungsprinzip in solchen Altfällen, bei denen das Hauptverfahren am 1.9.2009 bereits eröffnet war, eigentlich § 46b StGB heranzuziehen. Das aber schließt Art. 316d gerade aus. Ähnlich kann der Fall auch bei § 31 BtMG liegen. Denn § 31 BtMG idF des 43. StRÄndG kann insbesondere mit Blick auf die Senkung

---

[2] BGH 31.1.2000 – 2 BvR 104/00, NStZ 2000, 251; 1.4.2008 – 4 StR 642/07, NStZ-RR 2008, 200; vgl. auch BGH 6.2.2002 – 5 StR 476/01, BGHSt 47, 247 (246 f.) = NJW 2002, 1732 (1733).
[3] Str.; offen gelassen noch von BGH 28.5.1997 – 2 StR 149/97, NStZ-RR 1998, 237; auch von *Lackner/Kühl* StGB § 78b Rn. 1a. Wie oben dann aber BGH 21.1.1998 – 2 StR 498/97, BGHR StGB § 78b Abs. 1 Ruhen 5 = BeckRS 1998, 31357338; NK/*Saliger* StGB § 78b Rn. 9; Schönke/Schröder/*Sternberg-Lieben/Bosch* StGB § 78b Rn. 3. AA SK/*Wolter* StGB § 78b Rn. 5.
[1] Später wurde § 46b StGB noch durch das 46. StRÄndG vom 10.6.2013 geändert.
[2] Bei § 31 BtMG idF des 43. StRÄndG steht das heute in Satz 3 Geregelte noch in Satz 2.
[3] Vgl. BT-Drs. 16/6268, 14. Zu weiteren Berücksichtigungsmöglichkeiten nach Eröffnung des Hauptverfahrens siehe etwa Schönke/Schröder/*Kinzig* StGB § 46b Rn. 21.
[4] Vgl. auch BT-Drs. 16/6268, 17. § 2 Abs. 3 StGB ist disponibles Recht, weshalb eine davon abweichende Regelung zulässig ist, siehe nur *Fischer* StGB § 2 Rn. 4, 12. Bezogen explizit auf Art. 316d spricht der BGH davon, es handle sich um eine „verfassungsrechtlich unbedenkliche […] Derogation des Meistbegünstigungsprinzips" (BGH 3.5.2011 – 3 StR 123/11, NStZ 2012, 44 [45]).

des Höchststrafmaßes gemäß § 49 Abs. 1 StGB gegenüber der alten Vorschrift die mildere Regelung sein.[5]

Fast ein Jahrzehnt nach dem 43. StrÄndG dürfte es allerdings nicht mehr allzu viele **4** Verfahren geben, bei denen Art. 316d eine Rolle spielt.

Sinn und Zweck des Art. 316d ist es, insbesondere die Anwendung des § 46b StGB auf **5** noch nicht abgeschlossene Verfahren, bei denen ein Beschluss zur Hauptverfahrenseröffnung bereits vor dem 1.9.2009 ergangen ist, auch dann auszuschließen, wenn der Täter vor dem Eröffnungsbeschluss Aufklärungs- und/oder Präventionshilfe geleistet hat. Denn andernfalls bestünde, so der Gesetzgeber, jedenfalls die Gefahr einer erheblichen Verfahrensverzögerung. Hinsichtlich § 31 BtMG wollte er die unter Umständen schwierige Frage, welche der Fassungen die für den Täter im Einzelfall günstigere ist, vermeiden. Zudem war Ziel des Gesetzgebers, einer späteren Interpretation des § 46b StGB zu entgehen, nach der besagte Vorschrift anwendbar ist auf Verfahren, bei denen der Eröffnungsbeschluss bereits vor dem 1.9.2009 liegt, ohne dass es auf die Frist des § 46b Abs. 3 StGB ankommt.[6]

Nicht geschlossen werden kann aus Art. 316d, dass in allen Verfahren, in denen vor dem **6** 1.9.2009 noch keine Hauptverfahrenseröffnung erfolgt ist, die § 46b StGB, § 31 BtMG idF des 43. StrÄndG ohne Weiteres anwendbar sind. Vielmehr kommt es bei solchen Altfällen für die Frage des anzuwendenden Rechts ganz regulär auf § 2 Abs. 1–3 StGB an, sodass im Grundsatz das zur Tatzeit geltende Recht Anwendung findet, falls nicht das neuere im Einzelfall das für den Täter günstigere ist.[7] Begründet wird dies einerseits mit den Gesetzgebungsmaterialien und andererseits damit, dass andernfalls eine Abänderung des mit Verfassungsrang versehenen § 2 Abs. 1 StGB und folglich eine Verletzung des Rückwirkungsverbots vorläge.[8] In Verfahren allerdings, bei denen es um Straftaten geht, die überhaupt erst nach Inkrafttreten des 43. StrÄndG begangen wurden, sind die § 46b StGB, § 31 BtMG idF dieser Gesetzesänderung selbstverständlich ohne Weiteres anwendbar.

Art. 316e Übergangsvorschrift zum Gesetz zur Neuordnung des Rechts der Sicherungsverwahrung und zu begleitenden Regelungen

(1) ¹Die Vorschriften über die Sicherungsverwahrung in der Fassung des Gesetzes zur Neuordnung des Rechts der Sicherungsverwahrung und zu begleitenden Regelungen vom 22. Dezember 2010 (BGBl. I S. 2300) sind nur anzuwenden, wenn die Tat oder mindestens eine der Taten, wegen deren Begehung die Sicherungsverwahrung angeordnet oder vorbehalten werden soll, nach dem 31. Dezember 2010 begangen worden ist. ²In allen anderen Fällen ist das bisherige Recht anzuwenden, soweit in den Absätzen 2 und 3 sowie in Artikel 316f Absatz 2 und 3 nichts anderes bestimmt ist.

(2) Sind die Taten, wegen deren Begehung die Sicherungsverwahrung nach § 66 des Strafgesetzbuches angeordnet werden soll, vor dem 1. Januar 2011 begangen worden und ist der Täter deswegen noch nicht rechtskräftig verurteilt worden, so ist § 66 des Strafgesetzbuches in der seit dem 1. Januar 2011 geltenden Fassung anzuwenden, wenn diese gegenüber dem bisherigen Recht das mildere Gesetz ist.

(3) ¹Eine nach § 66 des Strafgesetzbuches vor dem 1. Januar 2011 rechtskräftig angeordnete Sicherungsverwahrung erklärt das Gericht für erledigt, wenn die Anordnung ausschließlich auf Taten beruht, die nach § 66 des Strafgesetzbuches in der seit dem 1. Januar 2011 geltenden Fassung nicht mehr Grundlage für eine solche Anordnung sein können. ²Das Gericht kann, soweit dies zur Durchführung von Entlassungsvorbereitungen geboten ist, als Zeitpunkt der Erledigung spätes-

---

[5] Darauf hinweisend Oğlakcıoğlu StraFo 2012, 89 (90).
[6] Zur gesamten Begründung BT-Drs. 16/6268, 17.
[7] StRspr seit BGH 18.3.2010 – 3 StR 65/10, NStZ 2010, 523 (524), mAnm Winkler jurisPR-StrafR 12/2010 Anm. 4; siehe etwa auch BGH 15.3.2011 – 1 StR 75/11, BGHSt 56, 191 (193) = NJW 2011, 2529.
[8] BGH 18.3.2010 – 3 StR 65/10, NStZ 2010, 523 (524).

tens den 1. Juli 2011 festlegen. ³Zuständig für die Entscheidungen nach den Sätzen 1 und 2 ist das nach den §§ 454, 462a Absatz 1 der Strafprozessordnung zuständige Gericht. ⁴Für das Verfahren ist § 454 Absatz 1, 3 und 4 der Strafprozessordnung entsprechend anzuwenden; die Vollstreckungsbehörde übersendet die Akten unverzüglich an die Staatsanwaltschaft des zuständigen Gerichtes, die diese umgehend dem Gericht zur Entscheidung übergibt. ⁵Mit der Entlassung aus dem Vollzug tritt Führungsaufsicht ein.

(4) § 1 des Therapieunterbringungsgesetzes vom 22. Dezember 2010 (BGBl. I S. 2300, 2305) ist unter den dortigen sonstigen Voraussetzungen auch dann anzuwenden, wenn der Betroffene noch nicht in Sicherungsverwahrung untergebracht, gegen ihn aber bereits Sicherungsverwahrung im ersten Rechtszug angeordnet war und aufgrund einer vor dem 4. Mai 2011 ergangenen Revisionsentscheidung festgestellt wurde, dass die Sicherungsverwahrung ausschließlich deshalb nicht rechtskräftig angeordnet werden konnte, weil ein zu berücksichtigendes Verbot rückwirkender Verschärfungen im Recht der Sicherungsverwahrung dem entgegenstand, ohne dass es dabei auf den Grad der Gefährlichkeit des Betroffenen für die Allgemeinheit angekommen wäre.

Art. 316f Übergangsvorschrift zum Gesetz zur bundesrechtlichen Umsetzung des Abstandsgebotes im Recht der Sicherungsverwahrung

(1) Die bisherigen Vorschriften über die Sicherungsverwahrung sind in der ab dem 1. Juni 2013 geltenden Fassung anzuwenden, wenn die Tat oder mindestens eine der Taten, wegen deren Begehung die Sicherungsverwahrung angeordnet oder vorbehalten werden soll (Anlasstat), nach dem 31. Mai 2013 begangen worden ist.

(2) ¹In allen anderen Fällen sind, soweit Absatz 3 nichts anderes bestimmt, die bis zum 31. Mai 2013 geltenden Vorschriften über die Sicherungsverwahrung nach Maßgabe der Sätze 2 bis 4 anzuwenden. ²Die Anordnung oder Fortdauer der Sicherungsverwahrung auf Grund einer gesetzlichen Regelung, die zur Zeit der letzten Anlasstat noch nicht in Kraft getreten war, oder eine nachträgliche Anordnung der Sicherungsverwahrung, die nicht die Erledigung einer Unterbringung in einem psychiatrischen Krankenhaus voraussetzt, oder die Fortdauer einer solchen nachträglich angeordneten Sicherungsverwahrung ist nur zulässig, wenn beim Betroffenen eine psychische Störung vorliegt und aus konkreten Umständen in seiner Person oder seinem Verhalten eine hochgradige Gefahr abzuleiten ist, dass er infolge dieser Störung schwerste Gewalt- oder Sexualstraftaten begehen wird. ³Auf Grund einer gesetzlichen Regelung, die zur Zeit der letzten Anlasstat noch nicht in Kraft getreten war, kann die Anordnung der Sicherungsverwahrung nur vorbehalten werden, wenn beim Betroffenen eine psychische Störung vorliegt und die in Satz 2 genannte Gefahr wahrscheinlich ist oder, wenn es sich bei dem Betroffenen um einen Heranwachsenden handelt, feststeht. ⁴Liegen die Voraussetzungen für eine Fortdauer der Sicherungsverwahrung in den in Satz 2 genannten Fällen nicht mehr vor, erklärt das Gericht die Maßregel für erledigt; mit der Entlassung aus dem Vollzug der Unterbringung tritt Führungsaufsicht ein.

(3) ¹Die durch die Artikel 1, 2 Nummer 1 Buchstabe c Doppelbuchstabe cc und Nummer 4 sowie die Artikel 3 bis 6 des Gesetzes zur bundesrechtlichen Umsetzung des Abstandsgebotes im Recht der Sicherungsverwahrung vom 5. Dezember 2012 (BGBl. I S. 2425) geänderten Vorschriften sind auch auf die in Absatz 2 Satz 1 genannten Fälle anzuwenden, § 67c Absatz 1 Satz 1 Nummer 2 des Strafgesetzbuches jedoch nur dann, wenn nach dem 31. Mai 2013 keine ausreichende Betreuung im Sinne des § 66c des Strafgesetzbuches angeboten worden ist. ²Die Frist des § 119a Absatz 3 des Strafvollzugsgesetzes für die erste Entscheidung von Amts

wegen beginnt am 1. Juni 2013 zu laufen, wenn die Freiheitsstrafe zu diesem Zeitpunkt bereits vollzogen wird.

Die Einführung des Art. 316e durch das Gesetz zur Neuordnung des Rechts der Sicherungsverwahrung und zu begleitenden Regelungen (SichVNOG) vom 22.12.2010 (BGBl. I 2300 [2304]), in Kraft getreten am 1.1.2011, und des Art. 316f durch das Gesetz zur bundesrechtlichen Umsetzung des Abstandsgebotes im Recht der Sicherungsverwahrung (SichVAbstUmsG) vom 5.12.2012 (BGBl. I 2425 [2429 f.]), in Kraft getreten am 1.6.2013, wurde erforderlich durch die umfassende Änderung der Vorschriften über die Sicherungsverwahrung im Anschluss insbesondere an das Urteil des EGMR vom 17.12.2009[1] und dem des BVerfG vom 4.5.2011.[2] Als Übergangsvorschriften regeln sie, wie mit sog. „Altfällen" umzugehen ist. 1

Dabei darf die Bedeutung dieser Übergangsvorschriften nicht unterschätzt werden. Nicht zuletzt wegen der Dauer der Sicherungsverwahrung und der von Straftätern ausgehenden Gefährlichkeit, soweit bei ihnen Sicherungsverwahrung angeordnet wurde oder werden soll, kommt ihnen besondere Bedeutung zu.[3] Und auch ganz allgemein gewinnen Übergangsvorschriften insofern immer mehr an Relevanz, als dass aufgrund neuer Techniken, insbesondere der **DNA-Untersuchungen,** die Zahl der Aburteilungen länger zurückliegender Taten ermöglicht wird und dementsprechend zunimmt.[4] Obwohl gerade deswegen eine klare und verständliche Regelung der Altfälle nötig gewesen wäre, ist es dem Gesetzgeber aber leider nicht nur nicht gelungen, die Vorschriften zur Sicherungsverwahrung entsprechend zu formulieren, sondern ebenso wenig die Art. 316e, 316f zugänglich auszugestalten. 2

Zu unterscheiden ist zunächst zwischen den bereits genannten **„Altfällen"** und den **„Neufällen",** also zwischen den Straftaten, auf die noch das alte Recht, und solchen, auf die schon das neue anwendbar ist. Da die Unterbringung in der Sicherungsverwahrung nach deutschem Recht eine Maßregel der Besserung und Sicherung ist (§ 61 Nr. 3 StGB), wäre an und für sich gemäß § 2 Abs. 6 StGB das Gesetz heranzuziehen, welches zur Zeit der gerichtlichen Entscheidung gilt. Doch gilt dieser Grundsatz nur, wenn das Gesetz nichts anderes bestimmt. Anderes bestimmen aber die Art. 316e, 316f, indem sie nicht auf den Zeitpunkt der Entscheidung abstellen, sondern auf den der Tatbegehung, also den der Begehung derjenigen Straftat, aufgrund derer die Sicherungsverwahrung angeordnet wird oder vorbehalten werden soll (sog. Anlasstat). Es handelt sich um eine von § 2 Abs. 6 StGB abweichende **Stichtagsregelung,**[5] die dazu führt, dass sowohl die Art. 316e, 316f als auch die heute nicht mehr gültigen Vorschriften zur Sicherungsverwahrung noch lange bedeutsam sein werden. Dabei wird durch eine solche Stichtagsregelung vermieden, dass in einem Verfahren unterschiedliche rechtliche Maßstäbe anzuwenden sind, also etwa der eine beim Vorbehalten der Sicherungsverwahrung und der andere beim späteren Anordnen.[6] 3

Dabei gibt es zwei Stichtage: den 1.1.2011 (der sich aus Art. 316e ergibt und der des Inkrafttretens des SichVNOG ist) und den 1.6.2013 (der sich aus Art. 316f ergibt und der des Inkrafttretens des SichVAbstUmsG ist). Relevant ist außerdem der 4.5.2011, das Datum der Entscheidung des BVerfG, bei der es das damals geltende Recht der Sicherungsverwahrung für verfassungswidrig erklärt hatte, es gleichzeitig aber für eine Übergangszeit bis zum 31.5.2011 für weiterhin gültig hielt, allerdings unter engeren Voraussetzungen. Bei dieser Entscheidung ging es einerseits um die sog. „Vertrauensschutzfälle", also Fälle der „rückwirkende[n] Anwendung von Verschärfungen" und der „nachträgliche[n] Sicherungsverwah- 4

---
[1] EGMR 17.12.2009 – 19359/04, NJW 2010, 2495 ff. – M./Deutschland.
[2] BVerfG 4.5.2011 – 2 BvR 2365/09, NJW 2011, 1931 ff.
[3] Siehe auch GS/*Rössner/Best* StGB § 66 Rn. 5, 21; vgl. auch BT-Drs. 17/9874, 32.
[4] Vgl. auch MüKoStGB/*Ullenbruch/Drenkhahn/Morgenstern* StGB § 66 Rn. 257.
[5] Vgl. BT-Drs. 17/3403, 49; vgl. weiterhin BT-Drs. 17/9874, 30.
[6] BT-Drs. 17/3403, 49.

rung nach Strafhaft",⁷ und um die Beachtung des Abstandsgebotes zwischen dem Vollzug einer Freiheitsstrafe und der Unterbringung in der Sicherungsverwahrung. Zusätzlich gibt es freilich weitere relevante Daten, die sich daraus ergeben, wann die einzelnen Vorschriften zur Sicherungsverwahrung anderweitig als durch das SichVNOG und das SichVAbstUmsG eingeführt beziehungsweise geändert wurden.⁸

5   Die Vorschriften zur Sicherungsverwahrung in der Ausgestaltung nach Inkrafttreten des SichVNOG (gemeint sind die Änderungen im StGB, der StPO und die diesbezüglichen Folgeänderungen im GVG und im JGG) sind gemäß **Art. 316e Abs. 1 S. 1** nur anwendbar, wenn die Anlasstat nach dem 31.12.2010 verübt wurde. Ausreichend dabei ist, wenn die letzte von mehreren Anlasstaten nach diesem Datum begangen wurde. In allen anderen Fällen ist nach **Satz 2** das bisherige Recht heranzuziehen, allerdings nur dann, wenn sich aus den Absätzen 2 und 3 und aus Art. 316f Abs. 2 und 3 nichts anderes ergibt. Letzteres zeigt also bereits, dass sich in den Art. 316e, 316f gerade auch Änderungen zum Recht vor dem 1.1.2011 finden – dabei geht es insbesondere darum, bei den Vertrauensschutzfällen die Geltung der diesbezüglich vom BVerfG aufgestellten erhöhten Anforderungen zu gewährleisten.⁹

6   Gemäß **Art. 316e Abs. 2** gilt § 66 StGB in der Fassung vor Inkrafttreten des SichVNOG auch dann, wenn die Tat schon vor dem Jahreswechsel verübt wurde, der Täter diesbezüglich aber noch nicht rechtskräftig verurteilt wurde und das neue Recht für ihn das mildere ist. Milder kann das neue Recht dabei insbesondere deshalb sein, weil durch das SichVNOG der Katalog des § 66 Abs. 1 S. 1 Nr. 1a-c StGB neu eingefügt, die Möglichkeiten zur Anordnung der primären Sicherungsverwahrung mithin eingeschränkt wurden. Das alte Recht kann hingegen insbesondere wegen der **Verlängerung der Rückfallverjährung** für Straftaten gegen die sexuelle Selbstbestimmung durch den neu eingefügten § 66 Abs. 4 S. 3 Hs. 2 StGB milder sein. Nicht zulässig ist aber, die für den Täter bestehenden Vorteile beider Fassungen zu kombinieren.¹⁰ Mit Art. 316e Abs. 2 weicht der Gesetzgeber dabei wieder von § 2 StGB ab, indem er das Meistbegünstigungsprinzip aus § 2 Abs. 3 StGB auch auf § 66 StGB als Vorschrift zur Sicherungsverwahrung und damit zu einer Maßregel der Besserung und Sicherung ausdehnt – wobei der Gesetzgeber das Meistbegünstigungsprinzip bewusst lediglich auf die primäre Sicherungsverwahrung nach § 66 StGB erstreckt hat.¹¹

7   **Art. 316e Abs. 3** ist heute nicht mehr relevant. Dessen Sätze 1 und 2 ordnen an, dass eine gemäß § 66 StGB idF vor dem 1.1.2011 rechtskräftig angeordnete Sicherungsverwahrung bis spätestens zum 1.7.2011 vom zuständigen Gericht für erledigt erklärt werden musste, wenn die Anordnung ausschließlich auf Taten beruhte, die gemäß § 66 StGB idF des seit dem 1.1.2011 in Kraft getretenen SichVNOG nicht mehr Grundlage für eine solche Anordnung sein können.¹² Selbst bei Ausschöpfung des gesetzlich eingeräumten maximalen Zeitraums zur Durchführung von Entlassungsvorbereitungen müssen die davon erfassten Straftäter schon längst aus der Sicherungsverwahrung entlassen worden sein.¹³

8   Um **Absatz 4** wurde **Art. 316e** erst mit Wirkung zum 28.12.2012 (BGBl. I 2756) erweitert. Geschaffen wurde er, weil § 1 des Gesetzes zur Therapierung und Unterbringung psychisch gestörter Gewalttäter (ThUG) nur greift, wenn sich „der Betroffene in der Sicherungsverwahrung befindet oder befunden hat."¹⁴ (vgl. § 1 Abs. 2 ThUG). Nicht erfasst sind folglich diejenigen Fälle, bei denen gegen einen hochgradig gefährlichen

---

⁷ Diese Begriffe verwendet der Gesetzgeber in BT-Drs. 17/9874, 31.
⁸ Siehe dazu die Kommentierungen zu den jeweiligen Paragrafen. Siehe außerdem *Renzikowski* NJW 2013, 1638 ff.
⁹ Vgl. BT-Drs. 17/9874, 30.
¹⁰ BGH 25.1.2012 – 4 StR 605/11, BeckRS 2012, 04735.
¹¹ Vgl. BT-Drs. 17/3403, 49 f.
¹² Die Frage, ob diese Voraussetzungen im Einzelfall erfüllt sind, kann allerdings sehr wohl noch Verfahrensgegenstand sein, vgl. OLG Koblenz 26.4.2016 – 2 Ws 204/16, BeckRS 2016, 15817 Rn. 12.
¹³ Näher zu Art. 316e Abs. 3 GS/*Rössner/Best* StGB § 66 Rn. 26; Schönke/Schröder/*Stree/Kinzig* StGB § 66 Rn. 6; MüKoStGB/*Ullenbruch/Drenkhahn/Morgenstern* StGB § 66 Rn. 255.
¹⁴ BGH 12.7.2012 – V ZB 106/12, NJW 2012, 3181 (3183); siehe auch BT-Drs. 17/11726, 4.

Täter die Sicherungsverwahrung zwar noch nicht vollstreckt wurde, diese jedoch in erster Instanz schon angeordnet und in der Rechtsmittelinstanz nur aufgehoben wurde, weil sich das Revisionsgericht dazu gezwungen sah aufgrund des Urteils des EGMR vom 17.12.2009.[15, 16] Betroffen sind damit nur ganz wenige Fälle, nämlich solche Revisionsentscheidungen, die einerseits zwischen dem 17.12.2009 und dem 4.5.2011 ergangen sind,[17] mithin zwischen dem Urteil des EGMR und dem des BVerfG, und andererseits Vertrauensschutzfälle sind, bei denen aufgrund des Vorliegens der bundesverfassungsrechtlichen Vorgaben die Sicherungsverwahrung aber hätte angeordnet werden können, tatsächlich aber weder diese angeordnet wurde noch das ThUG eine Unterbringung zuließ.[18] Diese Lücke wollte der Gesetzgeber schließen.

Bei **Anlasstaten** (sowohl solche dem allgemeinen Strafrecht als auch solche dem Jugendstrafrecht unterfallende), die nach dem 31.5.2013 begangen wurden, handelt es sich um Neufälle – wobei wieder ausreichend ist, wenn die letzte von mehreren Anlasstaten nach dem 31.5.2013 begangen wurde. Auf sie finden die Vorschriften zur Sicherungsverwahrung in der Fassung des SichVAbstUmsG Anwendung. Das stellt **Art. 316f Abs. 1** klar. Dabei ist anzumerken, dass viele Vorschriften zur Sicherungsverwahrung, insbesondere die §§ 66, 66a, 66b StGB, nicht unmittelbar von dieser Gesetzesänderung betroffen waren, vielmehr ging es nur insgesamt um die Schaffung einer das Abstandsgebot beachtenden Ausgestaltung der Sicherungsverwahrung, die insbesondere durch Einführung des § 66c StGB erreicht wurde. Damit gilt nicht selten für Anlasstaten ab dem 1.6.2013 letztlich wieder die Fassung des SichVNOG.[19] Und gerade weil das SichVAbstUmsG geschaffen wurde, um den Vorgaben des BVerfG zur verfassungsgemäßen Ausgestaltung der Sicherungsverwahrung Rechnung zu tragen,[20] müssen bei diesen neuen Anlasstaten nicht mehr die vom BVerfG aufgestellten erhöhten Anforderungen eingehalten werden.[21]

Wurde die letzte Anlasstat hingegen vor dem 1.6.2013 verübt, so ist gemäß **Art. 316f** 10 **Abs. 2 S. 1** grundsätzlich das alte Recht, also das bis zum 31.5.2013 geltende, anwendbar. Allerdings gilt dies nur, soweit sich in Satz 2 und 3 keine Einschränkungen finden oder soweit nicht Absatz 3 etwas anderes regelt. Die Einschränkungen in Art. 316f Abs. 2 S. 2 und 3 folgen dabei den Vorgaben des BVerfG zu den Vertrauensschutzfällen, Absatz 3 hingegen betrifft das Abstandsgebot. Gewährleistet werden soll durch die Einschränkungen eine strikte Verhältnismäßigkeitsprüfung. Dabei enthält auch Art. 316e Abs. 1 S. 2 Hs. 2 einen Verweis auf Art. 316f Abs. 2 und 3, um sicherzustellen, dass das darin Geregelte auch für (letzte) Anlasstaten vor dem 1.1.2011 gilt.[22]

Innerhalb dieser vor dem 1.6.2013 begangenen Anlasstaten werfen diejenigen Fragen 11 auf, die erst nach dem Urteil des BVerfG vom 4.5.2011 begangen wurden, aber erst nach Inkrafttreten des SichVAbstUmsG (erstinstanzlich oder im Rechtsmittelverfahren) abgeurteilt werden. Zum Tatzeitpunkt galt das damalige Recht nur unter Berücksichtigung der vom BVerfG aufgestellten engeren Voraussetzungen, mithin unter Einhaltung einer „strikten Verhältnismäßigkeitsprüfung […], insbesondere im Hinblick auf die Anforderungen an die Gefahrprognose und die gefährdeten Rechtsgüter." Das heißt, es musste „eine Gefahr schwerer Gewalt- oder Sexualstrafen aus konkreten Umständen in der Person oder dem Verhalten des Betroffenen abzuleiten"[23] sein. Art. 316f Abs. 2 S. 1 allerdings stellt lediglich auf die bis zum 31.5.2013 geltenden Vorschriften zur Sicherungsverwahrung ab, ohne auf

---

[15] EGMR 17.12.2009 – 19359/04, NJW 2010, 2495 ff. – M./Deutschland.
[16] BT-Drs. 17/11726, 1, vgl. auch S. 4.
[17] Vgl. auch *Ullenbruch* StV 2013, 268 (274).
[18] BT-Drs. 17/11726, 4.
[19] Vgl. auch BT-Drs. 17/11388, 24.
[20] Vgl. auch BT-Drs. 17/9874, 1, 12.
[21] Vgl. BT-Drs. 17/11388, 24; vgl. auch BGH 7.1.2005 – 2 StR 292/14, NStZ 2015, 208 (209); BGH 15.1.2015 – 5 StR 473/14, NStZ 2015, 210; jeweils bezogen auf § 66 Abs. 1 StGB.
[22] Vgl. BT-Drs. 17/9874, 30.
[23] BVerfG 4.5.2011 – 2 BvR 2365/09, BVerfGE 128, 326 = NJW 2011, 1931 (1946), dort auch zum vorherigen wörtlichen Zitat.

die engen Voraussetzungen des BVerfG einzugehen. Doch wird durch das Inbezugnehmen der bis zum 31.5.2013 geltenden Regelungen die „zur Tatzeit geltende Rechtslage fortgeschrieben"[24] und damit sogleich die zur Tatzeit geltenden Einschränkungen des BVerfG für weiterhin gültig erklärt. Auf Anlasstaten zwischen dem 4.5.2011 und dem 31.5.2013 ist folglich nach wie vor das alte Recht nur anwendbar unter Einhaltung der bundesverfassungsrechtlichen Vorgaben.[25] Das fordert der **Vertrauensschutz**.[26] Das aber wird teilweise anders gesehen: Weil es das Ziel des Gesetzgebers sei, durch das SichVAbstUmsG den Vorgaben des BVerfG zum Abstandsgebot nachzukommen, und er gleichzeitig anordne, einige der diesbezüglich geschaffenen Änderungen, insbesondere § 66c StGB, auch auf Altfälle anzuwenden (Art. 316f Abs. 3 S. 1; siehe sogleich), seien bei diesen Anlasstaten – wie bei solchen nach dem 31.5.2013 begangenen – die strikten Verhältnismäßigkeitsanforderungen nicht mehr einzuhalten.[27] Begründet wird dieses Ergebnis alternativ auch damit, der Vertrauensschutz sei hier mangels bisher fehlender Bewertung der Gefährlichkeit noch nicht stark genug ausgeprägt.[28]

12 Das im ersten Teil des **Art. 316f Abs. 2 S. 2** – und damit zusammenhängend auch das in Satz 3 – Gesagte beruht darauf, dass Verschärfungen im Rahmen der Sicherungsverwahrung nach dem SichVNOG teilweise auch rückwirkend gelten, also auch hinsichtlich solcher (letzten) Anlasstaten, die vor Inkrafttreten des SichVNOG, das heißt vor dem 1.1.2011, begangen wurden. Bei der primären Sicherungsverwahrung ist dies insbesondere so bei der **rückwirkenden Aufhebung der zehnjährigen Vollstreckungshöchstfrist**. Daher ordnet Art. 316f Abs. 2 S. 2 zunächst an, dass die Anordnung (gemeint ist die primäre, die nachträgliche und die Anordnung der zunächst nur vorbehaltenen Sicherungsverwahrung)[29] oder die Fortdauer der Sicherungsverwahrung aufgrund einer Vorschrift, die zur Zeit der letzten Anlasstat noch nicht in Kraft war,[30] zwar zulässig ist („rückwirkende Anwendung von Verschärfungen"), allerdings nur unter Einhaltung bestimmter Voraussetzungen: Beim Täter muss einerseits eine psychische Störung vorliegen und andererseits muss aus konkreten Umständen in seiner Person oder seinem Verhalten eine hochgradige Gefahr abzuleiten sein, dass er infolge dieser Störung schwerste Gewalt- oder Sexualstraftaten begehen wird. Diese Gefahr muss also sicher festgestellt werden. Was aber genau mit der hochgradigen Gefahr gemeint ist, ist nicht ganz klar. Gemeint ist wohl jedenfalls eine besonders hohe Wahrscheinlichkeit. Der BGH versteht darunter, dass „konkrete Anhaltspunkte für nach einer Entlassung unmittelbar drohende entsprechende schwerste Straftaten, durch die die Opfer physisch oder psychisch massiv geschädigt werden",[31] vorliegen oder dass der Täter

---

[24] BGH 11.3.2014 – 5 StR 563/13, NStZ 2014, 263 (264), dort auch zum restlichen Satz.
[25] BGH 23.4.2013 – 5 StR 610/12, NStZ 2013, 522 (524); 23.4.2013 – 5 StR 617/12, BeckRS 2013, 09608 Rn. 19; 12.6.2013 – 5 StR 129/13, NStZ 2013, 524 (525); 24.10.2013 – 4 StR 124/13, NJW 2013, 3736; 11.3.2014 – 5 StR 563/13, NStZ 2014, 263 (264); 17.4.2014– 3 StR 355/13, NStZ-RR 2014, 207; so auch *Renzikowski* NJW 2013, 1631 (1642).
[26] BGH 11.3.2014 – 5 StR 563/13, NStZ 2014, 263 (264); 17.4.2014– 3 StR 355/13, NStZ-RR 2014, 207.
[27] So SK/*Sinn* StGB § 66a Rn. 31, Fn. 54, anders aber in § 66 Rn. 60; vgl. auch Satzger/Schmitt/Widmaier/*Jehle* StGB § 66a Rn. 20.
[28] Satzger/Schmitt/Widmaier/*Jehle* StGB § 66 Rn. 54. Wobei er bei der vorbehaltenen Sicherungsverwahrung unterscheidet zwischen dem Vorbehalt und der Anordnung: Wurde die Sicherungsverwahrung zwischen dem 4.5.2011 und dem 31.3.2013 vorbehalten, so verlange der Vertrauensschutz, dass die strengen Voraussetzungen des BVerfG auch dann eingehalten werden, wenn die Anordnung derselben erst nach dem 31.5.2013 erfolge, Satzger/Schmitt/Widmaier/*Jehle* StGB § 66a Rn. 20 f.
[29] Dazu, dass Art. 316f Abs. 2 S. 2 auch die Anordnung der zunächst nur vorbehaltenen Sicherungsverwahrung meint, siehe BGH 7.8.2013 – 1 StR 246/13, NStZ 2014, 209 f.
[30] Die Frage, ob eine Vorschrift zum Zeitpunkt der letzten Anlasstat bereits galt, hängt selbstverständlich ab von der jeweiligen Regelung, also davon, um welche Art der Sicherungsverwahrung (primäre, vorbehaltene, nachträgliche) und um welchen Täters (Jugendlicher, Heranwachsender, Erwachsener) es geht. Siehe daher hierzu die Kommentierungen zu den entsprechenden Paragrafen; zu den einzelnen relevanten Daten beziehungsweise Zeitintervallen siehe außerdem *Renzikowski* NJW 2013, 1638 ff.
[31] BGH 9.11.2010 – 5 StR 394/10, BGHSt 56, 73 = NJW 2011, 240 (243); vgl. auch BVerfG 4.5.2011 – 2 BvR 2365/09, BVerfGE 128, 326 (399) = NJW 2011, 1931 (1944).

"mehrere Vortaten im genannten Sinne begangen hat und sich im Rahmen des Vollzugs der Sicherungsverwahrung keine positiven Anhaltspunkte ergeben haben, die eine Reduzierung der im Vorleben des Verurteilten dokumentierten massiven Gefährlichkeit nahelegen."[32] Indem verlangt wird, dass diese Gefahr aus konkreten Umständen in der Person des Täters oder in dessen Verhalten abgeleitet werden muss, wird mehr gefordert als eine bloße „Gesamtwürdigung des Täters und seiner Taten"[33] (vgl. §§ 66 Abs. 1 S. 1 Nr. 4, 66a Abs. 3 S. 2, 66b S. 1 Nr. 2 StGB). Insgesamt wird damit die „vom BVerfG selbst nur für die Übergangszeit bis zu einer Neuregelung vorgesehene Fortgeltung der genannten Regelungen [...] – unter Beachtung der verfassungsrechtlich vorgegebenen verschärften Voraussetzungen – fortgeschrieben."[34] Allerdings verlangt Art. 316f Abs. 2 S. 2 mehr als das BVerfG, denn mit dem Wort „infolge" wird klar, dass es einer Kausalitätsbeziehung zwischen der psychischen Störung und der hochgradigen Gefahr bedarf.[35]

13 Ergänzt wird **Art. 316f Abs. 2 S. 2** durch **Satz 3**, der sich aber ausschließlich auf das Vorbehalten der Sicherungsverwahrung bezieht. Die Sicherungsverwahrung darf auch dann vorbehalten werden, wenn die ihr zugrunde liegende Regelung zur Zeit der (letzten) Anlasstat noch nicht in Kraft getreten war („rückwirkende Anwendung von Verschärfungen"), allerdings – wie bei Satz 2 – nur unter der Bedingung, dass beim Täter eine psychische Störung vorliegt und infolge dieser aus konkreten Umständen in seiner Person oder seinem Verhalten die hochgradige Gefahr abzuleiten ist, dass er schwerste Gewalt- oder Sexualstraftaten begehen wird. Hier muss die Gefahr aber nur – anders als bei Satz 2 – „wahrscheinlich" sein, womit wohl abgegrenzt werden soll zu Satz 2, sodass für das Vorbehalten der Sicherungsverwahrung ein geringerer Wahrscheinlichkeitsgrad ausreicht als für die spätere Anordnung.[36] Laut der gesetzgeberischen Begründung entspricht diese Wahrscheinlichkeit derjenigen aus § 66a Abs. 1 Nr. 3 StGB.[37] Geht es allerdings um einen **Heranwachsenden,** so muss die hochgradige Gefahr schon beim Vorbehalten „feststehen". Weil **Jugendliche** überhaupt nicht erwähnt werden, ist e contrario davon auszugehen, dass eine rückwirkende Anwendung der vorbehaltenen Sicherungsverwahrung bei ihnen generell unzulässig ist.[38] Nicht ganz klar ist allerdings, was diesbezüglich bei Heranwachsenden gilt, auf die Jugendstrafrecht angewendet wird. Der Wortlaut („wenn es sich bei dem Betroffenen um einen Heranwachsenden *handelt*") scheint nicht danach zu differenzieren, ob auf den Heranwachsenden Erwachsenen- oder Jugendstrafrecht angewendet wird. Der Gesetzgeber indes geht in diesem Zusammenhang lediglich auf § 106 JGG ein,[39] was dafür sprechen könnte, dass er bei Schaffung des Art. 316f Abs. 2 S. 3 lediglich an heranwachsende Täter gedacht hat, deren Taten nach allgemeinem Strafrecht zu behandeln sind, und nur sie erfassen wollte.[40] Für Letzteres spricht auch der Umstand, dass die vorbehaltene Sicherungsverwahrung bei Anwendung von Jugendstrafrecht überhaupt erst zum 1.6.2013 eingeführt wurde Der Gesetzgeber hat bei der Frage zur Zulässigkeit der vorbehaltenen Sicherungsverwahrung folglich auch früher schon danach differenziert, welches Recht angewendet wird, nicht welcher Altersstufe der Täter zuzuordnen ist. Daher kann die Sicherungsverwahrung bei Heranziehung von Jugendstrafrecht nur dann vorbehalten werden, wenn es sich um neue Anlasstaten handelt, also solche nach dem 31.5.2013.[41]

14 Zusätzlich zu dem bereits Gesagten ordnet **Art. 316f Abs. 2 S. 2** noch Weiteres an. Die nachträgliche Sicherungsverwahrung wurde durch das SichVNOG abgeschafft, soweit sie

---

[32] BGH 9.11.2010 – 5 StR 394/10, BGHSt 56, 73 = NJW 2011, 240 (243).
[33] BGH 24.1.2012 – 5 StR 535/11, BeckRS 2012, 04459 Rn. 8; 4.8.2011 – 3 StR 175/11, NStZ 2011, 692 (693).
[34] BT-Drs. 17/9874, 31.
[35] BT-Drs. 17/9874, 31.
[36] Vgl. *Renzikowski* NJW 2013, 1638 (1642); MüKoStGB/*Ullenbruch/Morgenstern* StGB § 66a Rn. 138.
[37] BT-Drs. 17/9874, 32.
[38] *Renzikowski* NJW 2013, 1638 (1641); so auch Satzger/Schluckebier/Widmaier/*Jehle* StGB § 66a Rn. 22.
[39] Vgl. BT-Drs. 17/9874, 32.
[40] Darauf verweisend auch Satzger/Schluckebier/Widmaier/*Jehle* StGB § 66a Rn. 22.
[41] So im Ergebnis auch Satzger/Schluckebier/Widmaier/*Jehle* StGB § 66a Rn. 22.

nicht angeordnet wird nach Erledigung der Unterbringung in einem psychiatrischen Krankenhaus nach § 67d Abs. 6 StGB. Trotzdem kann sie oder ihre Fortdauer auch unabhängig von einer solchen Erledigung weiterhin angewendet werden, da gemäß Art. 316e Abs. 1 S. 2 Hs. 1 auf Anlasstaten begangen vor dem 1.1.2011 das alte Recht Anwendung findet („nachträgliche Sicherungsverwahrung nach Strafhaft"). Bei Heranziehung von Jugendstrafrecht ist dies sogar noch möglich bei (letzten) Anlasstaten, die bis zum Inkrafttreten des SichVAbstUmsG, mithin bis zum 31.5.2013, verübt wurden, weil diesbezügliche Änderungen zum Recht der Sicherungsverwahrung im JGG nicht schon im SichVNOG, sondern erst im SichVAbstUmsG vorgenommen wurden.[42] Die Anwendung wird nach Art. 316f Abs. 2 S. 2 aber insofern eingeschränkt, als dass auch die nachträgliche Sicherungsverwahrung nach Strafhaft oder ihre Fortdauer nur dann zulässig sind, wenn beim Täter eine psychische Störung vorliegt und aus konkreten Umständen in seiner Person oder seinem Verhalten eine hochgradige Gefahr abzuleiten ist, dass er infolge dieser Störung schwerste Gewalt- oder Sexualstraftaten begehen wird. Das alte Recht wird diesbezüglich abgeändert.

15 Der sowohl in Art. 316f Abs. 2 S. 2 als auch in Satz 3 verwendete Begriff der „psychischen Störung" knüpft an Art. 5 Abs. 1 S. 2 lit. e EMRK („psychisch Kranken") an[43] und wurde erstmals verwendet in § 1 Nr. 1 ThUG. Er entspricht dem des ThUG.[44] Das Erreichen der Schwelle der §§ 20, 21 StGB ist jedenfalls nicht erforderlich.[45] Dazu, was unter „schwersten Gewalt- oder Sexualstraftaten" zu verstehen ist, macht *Mosbacher* einen Vorschlag:[46] Als Anhaltspunkt diene der Katalog des § 66a Abs. 2 Nr. 1 StGB; zu verlangen sei allerdings, dass es sich auch im Einzelfall um Straftaten handle, bei denen jedenfalls mit einer Freiheitsstrafe von zwei Jahren gerechnet werden müsse, weil nur so auch im Einzelfall besonders schwer wiegende, prognostizierte Straftaten vorlägen; bei gemeingefährlichen Straftaten seien außerdem nur solche mit konkretem Angriff auf Leib oder Leben erfasst. Jedweder Katalog kann aber lediglich eine Orientierung bieten.[47]

16 Liegen die hohen Voraussetzungen für eine Fortdauer der Sicherungsverwahrung, die Art. 316f Abs. 2 S. 2 aufstellt, in den dort genannten Fällen nicht mehr vor, wurde die Sicherungsverwahrung aber schon angeordnet, so muss das zuständige Gericht sie gemäß **Art. 316f Abs. 2 S. 4** für erledigt erklären. Mit der Entlassung tritt Führungsaufsicht ein. Auch diesbezüglich „werden im Ergebnis die einstweiligen Vorgaben aus dem Urteil des BVerfG […] fortgeschrieben".[48]

17 Abweichend von **Art. 316f** Abs. 2 S. 1 ordnet dessen **Absatz 3 Satz 1** an, dass die darin aufgezählten Vorschriften zur Umsetzung des vom BVerfG geforderten Abstandsgebots nicht nur auf Neufälle, sondern auch auf die schon vor dem 1.6.2013 verübten Anlasstaten Anwendung finden, das heißt vollkommen unabhängig vom Begehungszeitpunkt der (letzten) Anlasstat. Aufgezählt werden dabei insbesondere die neu eingefügten § 66c StGB, § 119a StVollzG; genannt sind aber auch andere Vorschriften aus dem StGB und dem StVollzG, außerdem solche aus dem JGG, der StPO, dem GKG und dem RVG. Allerdings gilt das Gesagte nach Art. 316f Abs. 3 S. 1 aE für § 67c Abs. 1 S. 1 Nr. 2 StGB nur, wenn nach dem 31.5.2013 keine ausreichende Betreuung iSd § 66c StGB angeboten worden ist. Dies liegt daran, dass wegen der schwerwiegenden Folgen einer Vollstreckungsaussetzung, wie § 67c Abs. 1 S. 1 Hs. 1 StGB sie fordert, ein Berücksichtigen von Betreuungsversäumnissen

---
[42] Siehe BT-Drs. 17/9874, 31.
[43] BT-Drs. 17/3403, 53; BVerfG 15.9.2011 – 2 BvR 1516/11, StV 2012, 25.
[44] Daher siehe für Näheres zum Begriff der „psychischen Störung" die Kommentierungen zu § 1 ThUG. Dazu, dass beide Begriffe gleich zu verstehen sind, siehe BT-Drs. 17/9874, 31.
[45] BVerfG 15.9.2011 – 2 BvR 1516/11, StV 2012, 25; 11.7.2013 – 2 BvR 2302/11, NJW 2013, 3151 (3156 ff.); BGH 23.5.2011 – 5 StR 394/10, BGHSt 56, 252 = NJW 2011, 1981 (1982); vgl. auch BT-Drs. 17/3403, 53 f. AA Schönke/Schröder/*Stree*/*Kinzig* StGB § 66b Rn. 37 mwN.
[46] *Mosbacher* HRRS 2011, 299 (233 f.). Ähnlich bzw. daran anknüpfend Satzger/Schluckebier/Widmaier/*Jehle* StGB § 66 Rn. 24; Schönke/Schröder/*Stree*/*Kinzing* StGB § 66b Rn. 37; MüKoStGB/*Ullenbruch*/*Drenkhahn* StGB § 66b Rn. 66.
[47] Vgl. BGH 24.1.2012 – 5 StR 535/11, BeckRS 2012, 04459 Rn. 7.
[48] BT-Drs. 17/9874, 32.

aus der Zeit vor dem 1.6.2013 nicht gerechtfertigt wäre, „die entsprechende Infrastruktur [musste] erst geschaffen werden"[49] – schließlich hatte das BVerfG dem Gesetzgeber und der Praxis Zeit gelassen bis zu diesem Datum.[50]

Art. 316f Abs. 3 S. 2 bezieht sich auf § 119a Abs. 3 S. 3 Hs. 1 StVollzG: Die Frist zur von Amts wegen zu erfolgenden ersten Überprüfung des Betreuungsangebots bei angeordneter oder vorbehaltener Sicherungsverwahrung beginnt erst am 1.6.2013 zu laufen, wenn die Freiheitsstrafe zu diesem Zeitpunkt bereits vollzogen wurde. Noch relevant ist diese Regelung daher nur dann, wenn gemäß § 119a Abs. 3 S. 2 StVollzG eine von Satz 1 abweichende längere Frist, die fünf Jahre nicht überschreiten darf, festgesetzt wurde. 18

Art. 316g Übergangsvorschrift zum Gesetz zur Verbesserung des Schutzes der sexuellen Selbstbestimmung

Als Straftat im Sinne von § 66 Absatz 3 Satz 1 des Strafgesetzbuches in der Fassung des Gesetzes zur Verbesserung des Schutzes der sexuellen Selbstbestimmung vom 4. November 2016 (BGBl. I S. 2460) gilt auch eine Straftat nach § 179 Absatz 1 bis 4 des Strafgesetzbuches in der bis zum 9. November 2016 geltenden Fassung.

Der Gesetzgeber hat Art. 316g eingefügt durch das Fünfzigste Gesetz zur Änderung des Strafgesetzbuchs (50. StrÄndG) vom 4.11.2016 zur Verbesserung des Schutzes der sexuellen Selbstbestimmung.[1] Nötig wurde die Vorschrift, weil durch eben diese Gesetzesänderung § 66 Abs. 3 S. 1 StGB insofern geändert wurde, als dass die dortige Inbezugnahme des § 179 Abs. 1–4 StGB aF ersetzt wurde durch die Inbezugnahme des § 177 Abs. 2 Nr. 1, Abs. 3, 6 StGB nF – wobei diese Änderung wegen der Aufhebung von § 179 StGB wiederum erforderlich war. Das ursprünglich dort Geregelte findet sich nunmehr im neu gefassten § 177 StGB. 1

Aufgrund dessen, dass § 179 Abs. 1–4 StGB aF aufgeht in § 177 StGB nF, sind entsprechende Verhaltensweisen weiterhin strafbewehrt und werden weiterhin vom Katalog des § 66 Abs. 3 S. 1 StGB erfasst. Daher ist auch eine vor dem 10.11.2016 gemäß § 179 Abs. 1–4 StGB aF verübte Straftat nach wie vor sowohl taugliche Vor- als auch taugliche Anlassstat iSd § 66 Abs. 3 S. 1 StGB für eine ab dem 10.11.2016 anzuordnende Sicherungsverwahrung. Das stellt Art. 316g klar. Begründet wird die Notwendigkeit dieser Klarstellung mit dem gerade bei Freiheitsentziehungen – wie die Sicherungsverwahrung eine ist – geltenden Gesetzlichkeitsprinzip. Dabei gilt das in Art. 316g Gesagte nicht nur direkt für § 66 Abs. 3 S. 1 StGB, sondern ebenso für alle sonstigen Vorschriften, in denen auf § 66 Abs. 3 S. 1 StGB verwiesen wird, also insbesondere auch für §§ 66 Abs. 3 S. 2, 66a Abs. 1 Nr. 1, 66b S. 1 Nr. 1, 68b Abs. 1 S. 3 Nr. 2 StGB, 454 Abs. 2 S. 1 Nr. 2, 463a Abs. 4 S. 2 Nr. 5 StPO.[2] 2

Art. 316h Übergangsvorschrift zum Gesetz zur Reform der strafrechtlichen Vermögensabschöpfung

[1]Wird über die Anordnung der Einziehung des Tatertrages oder des Wertes des Tatertrages wegen einer Tat, die vor dem 1. Juli 2017 begangen worden ist, nach diesem Zeitpunkt entschieden, sind abweichend von § 2 Absatz 5 des Strafgesetzbuches die §§ 73 bis 73c, 75 Absatz 1 und 3 sowie die §§ 73d, 73e, 76, 76a, 76b und 78 Absatz 1 Satz 2 des Strafgesetzbuches in der Fassung des Gesetzes zur Reform der strafrechtlichen Vermögensabschöpfung vom 13. April 2017 (BGBl. I S. 872) anzuwenden. [2]Die Vorschriften des Gesetzes zur Reform der strafrechtlichen Vermögensabschöpfung vom 13. April 2017 (BGBl. I S. 872) sind nicht in Verfahren

---

[49] GS/*Rössner/Best* StGB § 66 Rn. 31.
[50] BT-Drs. 17/9874, 33.
[1] BGBl. I 2460 (2462 f.), in Kraft getreten am 10.11.2016.
[2] Zum gesamten Absatz: BT-Drs. 18/9097, 34.

anzuwenden, in denen bis zum 1. Juli 2017 bereits eine Entscheidung über die Anordnung des Verfalls oder des Verfalls von Wertersatz ergangen ist.

1   Art. 316h wurde eingefügt durch das Gesetz zur Reform der strafrechtlichen Vermögensabschöpfung vom 13.4.2017,[1] durch welches insbesondere der gesamte siebte Titel des dritten Abschnitts des StGB (§§ 73 ff. StGB) neu gefasst wurde, mithin die Vorschriften zum Verfall und zur Einziehung – wobei der Begriff „Verfall" nunmehr ersetzt wurde durch den Begriff „Einziehung", der sich jetzt erstreckt sowohl auf die Einziehung von Taterträgen als auch auf die Einziehung von Tatmitteln, Tatprodukten und Tatobjekten.[2] Ursprünglich war eine Übergangsvorschrift nur im Rahmen des EGStPO aufgrund der dortigen Änderungen geplant, erst später wurde auch eine für das EGStGB vorgesehen.[3]

2   Wie S. 1 selbst sagt, handelt es sich um eine Abweichung von § 2 Abs. 5 StGB,[4] der auf § 2 Abs. 1–4 StGB verweist und ihre entsprechende Anwendung anordnet. Abgewichen wird folglich sowohl von dem Grundsatz, dass gerade nicht das bei der Entscheidung geltende Recht anwendbar ist, als auch von dem Meistbegünstigungsprinzip. Für Straftaten, die vor Inkrafttreten des Gesetzes zur Reform der strafrechtlichen Vermögensabschöpfung am 1.7.2017 verübt wurden, gilt dann, wenn es um die Anordnung der Einziehung des Tatertrages oder des Wertes des Tatertrages geht, das neue Recht – auch in schon laufenden Verfahren.[5] In Verfahren allerdings, in denen bis zum 1.7.2017 bereits eine Entscheidung (ausreichend ist eine erstinstanzliche)[6] über die Anordnung des Verfalls oder des Verfalls des Wertersatzes ergangen ist, ist nach S. 2 das alte Recht anzuwenden. Zwar spricht Art. 316 S. 2 lediglich von der „Anordnung", wie es aber schon der Gesetzesbegründung zu entnehmen ist, sind auch diejenigen Fälle gemeint, bei denen vor dem 1.7.2017 eine Entscheidung über die *Nicht*anordnung ergangen ist.[7] Denn S. 2 will schließlich gerade verhindert, dass Entscheidungen lediglich aufgrund der zwischenzeitlichen Gesetzesänderung im Rechtsmittelverfahren abgeändert werden müssen.[8] Diese Abänderungspflicht in späteren Instanzen bestünde aber sowohl im Fall der Anordnung als auch der Nichtanordnung des Verfalls beziehungsweise des Wertersatzverfalls.

3   Ausweislich des S. 1 sind jedoch lediglich die §§ 73–73e, 75 Abs. 1, 3, 76–76b, 78 Abs. 1 S. 2 StGB nF auf Altfälle anzuwenden. In Bezug genommen werden folglich nur die neuen Vorschriften zur Einziehung von Taterträgen, die gemeinsamen Vorschriften zur Einziehung sowohl von Taterträgen als auch von Tatprodukten, Tatmitteln und Tatobjekten und die §§ 76b, 78 Abs. 1 S. 2 StGB nF als Verjährungsregelungen – was sich daraus ergibt, dass sich Art. 316h ohnehin nur auf die Einziehung des Tatertrages oder seines Wertes bezieht. Dabei ist besonders hervorzuheben, dass durch die Inbezugnahme der §§ 76a Abs. 2, 76b StGB nF beide auch dann gelten, wenn nach altem Recht der Verfall am 1.7.2017 wegen der Koppelung an die Verjährung der Straftat schon längst verjährt war.[9] Denn die Verjährung des Verfalls richtete sich vormals gemäß § 78 Abs. 1 S. 1 StGB aF iVm § 11 Abs. 1 Nr. 8 StGB aF, der auch den Verfall nannte,[10] nach der Verfolgungsverjährung der Straftat. Anders als bei der Einziehung es gab keine Ausnahme von dieser Koppelung.[11] Heute jedoch verweist § 78 Abs. 1 S. 2 StGB nF auf § 76a Abs. 2 StGB nF, der in Satz 1 nunmehr auch die Fälle der selbständigen Einziehung des Tatertrages beziehungsweise dessen Wertes erfasst

---

[1] BGBl. I 872 (878), in Kraft getreten am 1.7.2017.
[2] Vgl. zur Begriffsänderung auch BT-Drs. 18/9525, 2.
[3] Vgl. die Gegenüberstellung bei BT-Drs. 18/11640, 21 f.
[4] Im Übrigen: Geändert wurde auch § 2 Abs. 5 StGB, indem das Wort „Verfall" gestrichen wurde (BGBl. 2017 I 872).
[5] Vgl. auch BT-Drs. 18/11640, 84.
[6] Vgl. auch BT-Drs. 18/11640, 84.
[7] Vgl. BT-Drs. 18/11640, 84.
[8] Vgl. BT-Drs. 18/11640, 84.
[9] BT-Drs. 18/11640, 84.
[10] Inzwischen wurde der Begriff „Verfall" aus § 11 Abs. 1 Nr. 8 StGB gestrichen (BGBl. 2017, 872).
[11] Für die Einziehung fand sich diese damals in § 78 Abs. 1 S. 2 StGB aF iVm § 76a Abs. 2 S. 1 Nr. 1 StGB aF.

und sie beide auch dann zulässt, wenn die Verfolgung der Straftat bereits verjährt ist. Zudem sieht § 76b StGB nF für die erweiterte und die selbständige Einziehung des Tatertrages oder dessen Wertes eine eigene Verjährungsfrist vor, die länger ist als die Frist für die Verfolgungsverjährung vieler Taten. Damit wird durch Art. 316h S. 1 nicht nur abgewichen von § 2 Abs. 1, 2 StGB und dem Meistbegünstigungsprinzip aus § 2 Abs. 3 StGB (jeweils iVm § 2 Abs. 5 StGB), vielmehr wird auch die Verjährungsverlängerung für die „quasi-bereicherungsrechtliche Vermögensabschöpfung"[12] nicht nur auf noch laufende Verjährungsfristen erstreckt.

Soweit vom **Meistbegünstigungsprinzip** abgewichen wird – was grundsätzlich möglich ist –,[13] geht es darum, dass die gegebenenfalls schwierige Frage vermieden werden soll, welches Recht das jeweils mildere ist und daher eigentlich anzuwenden wäre. Auch soll ein jahrelanges Nebeneinander des alten und des neuen Rechts verhindert werden. Beides vereinfacht die Vermögensabschöpfung, wodurch auch die Akzeptanz der neuen §§ 73 ff. StGB gestärkt werden soll.[14]   **4**

Auch ganz allgemein sieht der Gesetzgeber in Art. 316h S. 1 keinen Verstoß gegen das **Rückwirkungsverbot**: Art. 103 Abs. 2 GG als besondere Vorschrift zum Rückwirkungsverbot im Strafrecht sei gar nicht anwendbar, da der Einziehung des Tatertrages oder des Wertes des Tatertrages kein Strafcharakter innewohne; Art. 20 GG und das in ihm verankerte allgemeine Rückwirkungsverbot sei nicht verletzt, weil „ein etwaiges Vertrauen in den Fortbestand einer strafrechtswidrig geschaffenen Vermögenslage nicht schutzwürdig"[15] sei. Daraus ergebe sich sodann auch die Zulässigkeit der Verjährungsverlängerung auf Fälle nicht mehr laufender Verjährungsfristen.[16]   **5**

Art. 316i Übergangsvorschrift zum Dreiundfünfzigsten Gesetz zur Änderung des Strafgesetzbuches – Ausweitung des Maßregelrechts bei extremistischen Straftätern

¹§ 66 Absatz 3 Satz 1 des Strafgesetzbuches in der Fassung des Dreiundfünfzigsten Gesetzes zur Änderung des Strafgesetzbuches vom 11. Juni 2017 (BGBl. I S. 1612), auch in Verbindung mit § 66 Absatz 3 Satz 2, § 66a Absatz 1 Nummer 1 und § 66b Satz 1 Nummer 1 des Strafgesetzbuches, ist nur anzuwenden, wenn die letzte Anlassstat nach dem 30. Juni 2017 begangen worden ist; in allen anderen Fällen ist das bisherige Recht anzuwenden. ²Soweit in anderen als den in Satz 1 genannten Vorschriften auf § 66 Absatz 3 Satz 1 des Strafgesetzbuches verwiesen wird, ist § 66 Absatz 3 Satz 1 des Strafgesetzbuches in der Fassung des Dreiundfünfzigsten Gesetzes zur Änderung des Strafgesetzbuches vom 11. Juni 2017 (BGBl. I S. 1612) anwendbar. ³Artikel 316g bleibt unberührt.

Art. 316i enthält eine Abweichung zu § 2 Abs. 6 StGB, wonach über Maßregeln der Besserung und Sicherung grundsätzlich „nach dem Gesetz zu entscheiden [ist], das zur Zeit   **1**

---

[12] BT-Drs. 18/11640, 84.
[13] Beim Meistbegünstigungsprinzip des § 2 Abs. 3 StGB handelt es sich um disponibles Recht, weshalb davon abgewichen werden kann (solange noch kein schutzwürdiges Vertrauen geschaffen wurde); siehe dazu nur *Fischer* § 2 Rn. 4, 12.
[14] Insgesamt zu dieser Begründung BT-Drs. 18/11640, 84.
[15] BT-Drs. 18/11640, 84.
[16] Insgesamt zur dahingehenden Begründung des Gesetzgebers BT-Drs. 18/11640, 84. Dazu, dass § 2 Abs. 5 StGB verfassungsrechtlich nicht geboten ist, wenn der vormals sog. Verfall, die Einziehung und die Unbrauchbarmachung keinen strafenden oder strafähnlichen Charakter aufweisen, sondern vielmehr einen quasi-bereicherungsrechtlichen Ausgleich bezwecken, siehe LK/*Dannecker* StGB § 1 Rn. 407. Explizit dazu, dass der erweiterte Verfall nach § 73d StGB aF (und auch der des einfachen Verfalls gemäß § 73 StGB aF) keinen solch strafenden bzw. strafähnlichen Charakter aufweist, siehe BVerfG 14.1.2004 – 2 BvR 564/95, BVerfGE 110, 1 = NJW 2004, 2073 (2074 ff.); auf diese Entscheidung verweist im Übrigen auch BT-Drs. 18/11640, 84; siehe zur Rechtsnatur des (vormaligen) Verfalls außerdem LK/*Schmidt* StGB § 73 Rn. 7 ff., § 73a Rn. 2, StGB § 73d Rn. 4.

der Entscheidung gilt". Vermeiden wollte der Gesetzgeber mit der abweichenden Regelung einen Konflikt mit der EMRK und mit der diesbezüglichen Rechtsprechung des EGMR, der mit Uteil vom 7.1.2016[1] betont hat, dass die Sicherungsverwahrung grds. als Strafe iSv Art. 7 Abs. 1 EMRK anzusehen ist und also das Rückwirkungsverbot gilt.

2 Die Regelung in Art. 316i erfolgte im Zusammenhang mit dem 53. StÄG vom 11.6.2017 (BGBl. I 1612), das am 1.7.2017 in Kraft getreten ist. Ausgeweitet wurde dadurch der Katalog tauglicher Vor- und Anlassstaten für die Sicherungsverwahrung (§ 66 Abs. 3 S. 1 StGB) auf extremistische Taten nach §§ 89a Abs. 1–3, 89c Abs. 1–3, § 129a Abs. 5 S. 1 Alt. 1 StGB (auch iVm § 129b Abs. 1 StGB). Wegen Art. 316i gilt die Erweiterung nur für „Neufälle", was dann der Fall ist, wenn die letzte Anlasstat nach Inkrafttreten des Änderungsgesetzes begangen wurde – andernfalls ist die Anordnung der Sicherungsverwahrung mit Blick auf die neu aufgenommenen Katalogtaten unzulässig. Art. 316i erstreckt sich nicht nur auf sämtliche Konstellationen, in denen Sicherungsverwahrung angeordnet, sondern auch auf diejenigen, in denen sie vorbehalten werden darf.[2]

Art. 317 Überleitung des Verfahrens wegen Ordnungswidrigkeiten nach neuem Recht

(1) ¹Die bei Inkrafttreten des neuen Rechts schwebenden Verfahren wegen einer Zuwiderhandlung, die nach neuem Recht nur noch mit Geldbuße bedroht ist, werden in der Lage, in der sie sich befinden, nach den Vorschriften des Gesetzes über Ordnungswidrigkeiten fortgesetzt, soweit nichts anderes bestimmt ist. ²Hat das Gericht wegen einer solchen Zuwiderhandlung bereits das Hauptverfahren eröffnet oder einen Strafbefehl oder eine Strafverfügung erlassen, so bleibt die Staatsanwaltschaft für die Verfolgung auch im Bußgeldverfahren zuständig. ³§ 72 des Gesetzes über Ordnungswidrigkeiten ist in diesem Fall nicht anzuwenden.

(2) ¹Die §§ 79, 80 des Gesetzes über Ordnungswidrigkeiten gelten nicht, wenn das Urteil vor Inkrafttreten des neuen Rechts wegen einer Zuwiderhandlung ergangen ist, die nach neuem Recht nur noch mit Geldbuße bedroht ist; in diesen Fällen gelten die §§ 313 und 334 der Strafprozeßordnung in der bisherigen Fassung fort. ²Ist das Revisionsgericht der Auffassung, daß ein solches Urteil allein wegen des neuen Rechts dem Gesetz nicht entspricht, so berichtigt es den Schuldspruch und wandelt eine Verurteilung zu einer Geldstrafe in eine solche zu einer entsprechenden Geldbuße um. ³Das Revisionsgericht kann auch in einem Beschluß nach § 349 Abs. 2 der Strafprozeßordnung so verfahren, wenn es die Revision im übrigen einstimmig für offensichtlich unbegründet erachtet. ⁴Hebt das Revisionsgericht das angefochtene Urteil auf, so kann es abweichend von § 354 Abs. 2 der Strafprozeßordnung die Sache an das Gericht, dessen Urteil aufgehoben wird, zurückverweisen.

1 Art. 317 regelt die Überleitung von Verfahren, die sich auf Straftaten beziehen, die durch das Einführungsgesetz in Ordnungswidrigkeiten umgewandelt wurden.[1] Die Fassung der Vorschrift entspricht im Wesentlichen dem inzwischen aufgehobenen[2] Art. 158 EGOWiG.[3] Ungeachtet des Umstands, dass Art. 158 EGOWiG nach im Schrifttum und in der Rechtsprechung vertretener Ansicht ein allgemeiner Rechtsgedanke zugrunde lag, der auch in vergleichbaren Fällen herangezogen werden konnte,[4] wurde mit Art. 317 zu Klarstellungs-

---
[1] EGMR 7.1.2016 – 23279/14, BeckRS 2016, 01211.
[2] BeckOK StGB/*Ziegler* Rn. 1.
[1] Vgl. BT-Drs. 7/550, 464; OLG Frankfurt a. M. 12.7.1974 – 2 Ss 222/74, MDR 1974, 859.
[2] Siehe Art. 57 des Zweiten Gesetzes über die Bereinigung von Bundesrecht im Zuständigkeitsbereich des Bundesministeriums der Justiz vom 23.11.2007 (BGBl. I 2614 (2622)).
[3] Siehe BT-Drs. 7/550, 464.
[4] Vgl. BayObLG 20.2.1696 – RReg. 4 a St 85/68, NJW 1969, 1452; siehe auch OLG Karlsruhe 16.4.1974 – 1 Ss 96/74, MDR 1974, 858; implizit BeckOK OWiG/*Meyberg* EGStGB Art. 317 Rn. 1.

zwecken eine eigene Überleitungsregelung in das EGStGB aufgenommen.[5] Diese sollte auch für spätere Fälle einer Umwandlung von Tatbeständen in Ordnungswidrigkeiten „die Auslegung stützen, daß die wiederholt getroffene Regelung als Ausdruck eines allgemeinen Rechtsgedankens zu verstehen ist".[6] Keine Anwendung findet Art. 317 aufgrund des Einigungsvertrags vom 31.8.1990 (BGBl. II 889 (957)) im Gebiet der ehemaligen DDR.

Gemäß **Abs. 1** S. 1 sind die bei Inkrafttreten des neuen Rechts anhängigen Verfahren, die Straftaten betreffen, die nach neuem Recht nur noch mit Geldbuße bedroht sind, grundsätzlich nach den Verfahrensvorschriften des OWiG fortzuführen; ein anhängiges Strafverfahren geht folglich mit Änderung des materiellen Rechts in ein Bußgeldverfahren über.[7] Eine von dieser Regel abweichende Vorschrift enthält Art. 318 für Taten nach den Gesetzen auf dem Gebiet der Sozialversicherung.[8] Art. 317 Abs. 1 S. 2 bestimmt ferner, dass die Staatsanwaltschaft für die Verfolgung auch im Bußgeldverfahren zuständig bleibt, sofern wegen einer Zuwiderhandlung, die nach neuem Recht nur noch eine Ordnungswidrigkeit darstellt, bereits das Hauptverfahren eröffnet oder ein Strafbefehl oder eine Strafverfügung erlassen wurde. Gemäß Abs. 1 S. 3 ist § 72 OWiG in diesem Fall nicht anzuwenden.

Für Fälle, in denen das Urteil vor Inkrafttreten des neuen Rechts wegen einer Tat, die nach neuem Recht nur noch als Ordnungswidrigkeit geahndet wird, bereits ergangen ist, ordnet **Abs. 2** S. 1 Hs. 2 an, dass insoweit die §§ 313, 334 StPO, die durch Art. 21 aufgehoben wurden, in ihrer bis dahin geltenden Fassung fortgelten. Hierdurch wurde die Rechtsmittelbeschränkung, die nach bisherigem Recht für Verfahren wegen Übertretungen galt, während der Übergangszeit beibehalten.[9] Sofern das Revisionsgericht der Auffassung ist, dass ein solches Urteil ausschließlich wegen des neuen Rechts dem Gesetz nicht entspricht, berichtigt es gemäß Art. 317 Abs. 2 S. 2 den Schuldspruch und wandelt eine Verurteilung zu einer Geldstrafe in eine solche zu einer entsprechenden Geldbuße um. Nach Art. 317 Abs. 2 S. 3 kann das Revisionsgericht auch im Rahmen eines Beschlusses nach § 349 Abs. 2 StPO auf diese Weise verfahren, falls es die Revision im Übrigen einstimmig für offensichtlich unbegründet hält. Im Fall einer Aufhebung des angefochtenen Urteils kann das Revisionsgericht gemäß Art. 317 Abs. 2 S. 4 – abweichend von § 354 Abs. 2 StPO – die Sache an das Gericht, dessen Urteil aufgehoben wird, zurückverweisen.

Art. 318 Zuwiderhandlungen nach den Gesetzen auf dem Gebiet der Sozialversicherung

(1) Auf die vor dem 1. Januar 1975 begangenen Zuwiderhandlungen nach den Gesetzen auf dem Gebiet der Sozialversicherung, die nach bisherigem Recht mit Ordnungsstrafe bedroht waren und nach neuem Recht Ordnungswidrigkeiten sind, ist das neue Recht mit der Beschränkung anzuwenden, daß sich das Höchstmaß der Geldbuße nach dem Höchstmaß der bisherigen Ordnungsstrafe bestimmt.

(2) Ist jedoch vor dem 1. Januar 1975 wegen einer der in Absatz 1 bezeichneten Zuwiderhandlungen ein Ordnungsstrafbescheid erlassen worden, so ist in dem weiteren Verfahren das bisherige Recht anzuwenden.

Geschaffen wurde Art. 318 mit der Einführung des EGStGB durch Gesetz vom 2.3.1974 (BGBl. I 469 [643 f.]). In Kraft getreten ist er damit am 1.1.1975. Aufgrund des Einigungs-

---
[5] Siehe BT-Drs. 7/550, 464; BeckOK OWiG/*Meyberg* Rn. 1.
[6] BT-Drs. 7/550, 464. Zur Heranziehung des den Art. 158 Abs. 1 EGOWiG, Art. 317 Abs. 1 EGStGB und Art. 12 des 2. AOStrafÄndG zugrundeliegenden allgemeinen Rechtsgedankens für den Fall der Umwandlung eines Straftatbestands in eine Ordnungswidrigkeit durch das 4. StrRG siehe OLG Karlsruhe 16.4.1974 – 1 Ss 96/74, MDR 1974, 858.
[7] Siehe BeckOK OWiG/*Meyberg* Rn. 1; vgl. auch OLG Karlsruhe 16.4.1974 – 1 Ss 96/74, MDR 1974, 858; OLG Düsseldorf 11.9.1975 – 3 Ss 531/75, MDR 1976, 75.
[8] Siehe BT-Drs. 7/1261, 60.
[9] BT-Drs. 7/550, 464; BeckOK OWiG/*Meyberg* Rn. 1.

vertrages vom 31.8.1990[1] findet Art. 318 keine Anwendung auf dem Gebiet der ehemaligen DDR.

2   Im ursprünglichen Entwurf zum EGStGB war lediglich eine dem heutigen Art. 317 entsprechende Vorschrift vorgesehen, erst später wurde beschlossen, auch eine dem heutigen Art. 318 entsprechende Norm einzufügen[2] – woraufhin in Art. 317 Abs. 1 S. 1 die Worte „soweit nichts anderes bestimmt ist" aufgenommen wurden, denn Art. 318 trifft für die Gesetze auf dem Gebiet der Sozialversicherung eine Abweichung von Art. 317 Abs. 1 S. 1.[3]

3   Art. 318 **Abs. 1** bestimmt, dass auf vor dem 1.1.1975 begangene Zuwiderhandlungen nach den Gesetzen auf dem Gebiet der Sozialversicherung, die ursprünglich mit Ordnungsstrafe bedroht waren, nunmehr aber Ordnungswidrigkeiten sind, das Bußgeldrecht des OWiG zwar anzuwenden ist, allerdings nur mit der Maßgabe, dass sich das Höchstmaß der Geldbuße nach dem Höchstmaß der bisherigen Ordnungsstrafe richtet. Der Grund für diese Abweichung von Art. 317 Abs. 1 S. 1 liegt darin, dass zwischen einer Ordnungsstrafe und einer Geldbuße, anders als zwischen einer Kriminalstrafe und einer Geldbuße, kein Stufenverhältnis existiert.[4] Insofern wird auch klar, weshalb es sich bei der Beschränkung auf das Höchstmaß der bisherigen Ordnungsstrafe letztlich nur um eine gesetzliche Klarstellung handelt,[5] denn grundsätzlich gilt, dass das Gesetz anzuwenden ist, das bei Vornahme der Handlung galt (§ 4 Abs. 1 OWiG).

4   Art. 318 **Abs. 2** ist eine von Art. 317 Abs. 1 S. 1 und Art. 318 Abs. 1 abweichende Regelung, indem er bestimmt, dass dann, wenn schon vor dem 1.1.1975 wegen einer Zuwiderhandlung nach den Gesetzen auf dem Gebiet der Sozialversicherung ein Ordnungsstrafbescheid erlassen wurde, auch im weiteren Verfahren das bisherige Recht anzuwenden ist, nicht also das Bußgeldrecht des OWiG. Dabei ist mit dem „weiteren Verfahren" die gesamte Zeit „nach Einlegung des Rechtsbehelfs"[6] gemeint.[7] Verhindert werden soll, dass einmal laufende Verfahren an die ordentliche Gerichtsbarkeit abgegeben werden.[8]

5   Festzuhalten ist außerdem, dass Art. 318 sich insgesamt ausschließlich auf das materielle Recht bezieht, wie es jedenfalls dem Wortlaut des Art. 318 Abs. 1 („Auf […] Zuwiderhandlungen […], die […] nach neuem Recht Ordnungswidrigkeiten sind, […] das neue Recht […] anzuwenden [ist]") zu entnehmen ist – wobei sich freilich im Fall eines Abstellens auf den Sachzusammenhang daraus auch ergibt, welches Verfahrensrecht gilt.[9] Auch insofern weicht Art. 318 folglich von Art. 317 ab.

Art. 319 Anwendung des bisherigen Kostenrechts

In Straf- und Bußgeldsachen werden Gebühren nach dem bisherigen Recht erhoben, wenn die über die Kosten ergangene Entscheidung vor dem 1. Januar 1975 rechtskräftig geworden ist.

1   Art. 319 wurde geschaffen mit der Einführung des EGStGB durch Gesetz vom 2.3.1974 (BGBl. I 469 [644]). In Kraft getreten ist er damit am 1.1.1975. Aufgrund des Einigungsver-

---

[1] BGBl. II 889 (957), in Kraft getreten am 29.9.1990.
[2] Vgl. BT-Drs. 7/550, 464, und die Gegenüberstellung bei BT-Drs. 7/1232, 417 f.
[3] Vgl. zum Verhältnis zu Art. 317 BT-Drs. 7/1261, 60.
[4] BT-Drs. 7/1261, 60 f.
[5] Explizit BT-Drs. 7/1261, 61.
[6] BGH 27.10.1977 – 1 RA 77/76, BeckRS 1977, 00581 (Rn. 12).
[7] Anders als es die Gesetzesbegründung auf den ersten Blick vermuten lässt, erfasst Art. 318 Abs. 2 also nicht nur den Fall, dass das Verfahren bereits bei Gericht anhängig ist, vielmehr geht der Gesetzgeber mit den Worten „beim Sozialgericht anhängigen Verfahren" in der Gesetzesbegründung (BT-Drs. 7/1261, 61) nur auf den Hauptanwendungsfall der Vorschrift ein. Siehe dazu BGH 27.10.1977 – 1 RA 77/76, BeckRS 1977, 00581 (Rn. 15).
[8] BT-Drs. 7/1261, 61.
[9] BGH 27.10.1977 – 1 RA 77/76, BeckRS 1977, 00581 (Rn. 12 ff.).

trages vom 31.8.1990[1] findet Art. 319 keine Anwendung auf dem Gebiet der ehemaligen DDR.

Angelehnt ist Art. 319 an Art. 160 des Einführungsgesetzes zum Gesetz über Ordnungswidrigkeiten (EGOWiG) aF.[2] Inhaltlich bestimmt er, dass bei Rechtskrafteintritt einer Kostenentscheidung im Bereich der Straf- und Bußgeldsachen vor dem 1.1.1975, die entsprechenden Gebühren weiterhin nach dem bis dahin geltenden Recht erhoben werden. Der Grund für diese Regelung sind die damaligen grundlegenden Änderungen des Gebührenrechts bei Geldstrafen. Verhindert werden sollte eine Nachprüfung zahlreicher Kostenentscheidungen in Bezug auf ihre richtige Gebührenberechnung.[3] **2**

Art. 320–326 *(nicht abgedruckt)*

In Straf- und Bußgeldsachen werden Gebühren nach dem bisherigen Recht erhoben, wenn die über die Kosten ergangene Entscheidung vor dem 1. Januar 1975 rechtskräftig geworden ist.

---

[1] BGBl. II 889 (957), in Kraft getreten am 29.9.1990.
[2] Vgl. auch BT-Drs. 7/1261, 61. Das gesamte EGOWiG wurde allerdings durch Art. 57 des Zweiten Gesetzes über die Bereinigung von Bundesrecht im Zuständigkeitsbereich des Bundesministeriums der Justiz vom 23.11.2007 (BGBl. I 2614 [2644]) aufgehoben.
[3] Zur Begründung BT-Drs. 7/1261, 61.

Gesetz zur Harmonisierung des Schutzes gefährdeter Zeugen (Zeugenschutz-Harmonisierungsgesetz – ZSHG)

In der Fassung der Bekanntmachung vom 11.12.2001 (BGBl. I S. 3510)
FNA 312-4
Geändert durch Gesetz vom 19.2.2007 (BGBl. I S. 122)

Schrifttum: *Diemer,* Zeugenschutz und Unmittelbarkeitsprinzip bei der gerichtlichen Sachaufklärung im Bereich der organisierten Kriminalität, in: *Griesbaum* (Hrsg.), Strafrecht und Justizgewährung, Festschrift für Kay Nehm, 2006, S. 257 ff.; *Eisenberg,* Zeugenschutzprogramme und Wahrheitsermittlung im Strafprozess, in *Weßlau/Wohlers* (Hrsg.), Festschrift Gerhard Fezer, 2008, 193 ff.; *Eisenberg/Reuther,* Anm. zu BGH, JR 2006, 346 ff.; *Graf,* Im Sinne der Gefahrenabwehr hohe Entscheidungskompetenzen für die Dienststellen, Polizeiheute 2004, 223 ff.; *Hilger,* Überlegungen zum Verhältnis zwischen dem Zeugenschutz-Harmonisierungsgesetz und der StPO, in *Dölling/Erb* (Hrsg.), Festschrift Gössel, 2002, 605 ff.; *Krehl,* Der Schutz von Zeugen im Strafverfahren, GA 1990, 555 ff.; *Mischkewitz,* Das staatliche Zeugenschutzprogramm in Deutschland, Diss. 2014 (zit. als Staatliches Zeugenschutzprogramm); *Rebmann/Schnarr,* Der Schutz gefährdeter Zeugen im Strafverfahren, NJW 1989, 1185 ff.; *Roggan,* Der polizeiliche Zeugenschutz in der Hauptverhandlung, GA 2012, 434 ff.; *Siegismund,* Der Schutz gefährdeter Zeugen in der Bundesrepublik unter besonderer Berücksichtigung des Gesetzes zur Harmonisierung des Schutzes gefährdeter Zeugen (zit. als: Schutz gefährdeter Zeugen), Diss. 2009; *Soiné,* Polizeilicher Zeugenschutz, NJW 1999, 3688 ff.; *Soiné/Engelke,* Das Gesetz zur Harmonisierung des Schutzes gefährdeter Zeugen (Zeugenschutzharmonisierungsgesetz-ZSHG), NJW 2002, 470 ff.; *Soiné/Soukup,* „Identitätsänderung", Anfertigung und Verwendung von „Tarnpapieren", ZRP 1994, 466 ff.; *Weyand,* Die Schutzinteressen des gefährdeten Zeugen und das Strafverfolgungsinteresse des Staates de lege lata (zit. als: Schutzinteressen des gefährdeten Zeugen), Diss. 2008; *Zacharias,* Der gefährdete Zeuge im Strafverfahren (zit. als: Der gefährdete Zeuge), Diss. 1997; *Zöller,* Datenübermittlungen zwischen Polizei, Strafverfolgungsbehörden und Nachrichtendiensten, in *Roggan/Kutscha* (Hrsg.), Handbuch zum Recht der Inneren Sicherheit, 2. Aufl. 2006, S. 448 ff.

Vorbemerkung zu § 1

I. Allgemeines

Das Zeugenschutzharmonisierungsgesetz (ZSHG) regelt den bis zu seinem Inkrafttreten am 31.12.2001 auf allgemeinem Gefahrenabwehrrecht fußenden Schutz von Zeugen,[1] die wegen ihrer persönlichen Nähe zu Tätern oder aus ähnlichen Gründen genaue Kenntnisse über deren Tatbeteiligung sowie die Tatplanung und -ausführung haben. Ihre Aussagen können für die Ermittlungen und das Strafverfahren von entscheidender Bedeutung sein.[2] Es bildet im Wesentlichen die rechtliche Basis für die Tätigkeit der Zeugenschutzdienststellen. Gleichzeitig stellt es eine **Ausprägung der staatlichen Schutzpflicht** dar, die dem Zeugen schon deswegen gebührt, weil er eine staatliche bzw. staatsbürgerliche Aufgabe erfüllt.[3]

1

Jedwede Geheimhaltung von personalen Umständen von Zeugen im Strafverfahren bedeutet eine **Beeinträchtigung der Wahrheitsfindung;**[4] das ZSHG regelt damit insbesondere auch Eingriffe in die Rechte von Beschuldigten bzw. in Verteidigungsrechte und damit rechtfertigungsbedürftige Gefährdungen der Fairness des Verfahrens (Art. 6 Abs. 1 S. 1 EMRK). Weil diese Organisationseinheiten nicht als (Teile von) Strafverfolgungsbehörden zu qualifizieren sind, regelt es auch das **Verhältnis der Zeugenschutzdienststellen zur Staatsanwaltschaft.** Auch bestimmt es den Anlass von zu sperrenden Daten bei öffentlichen und nicht öffentlichen Stellen. Durch die Tarnidentität eines Zeugen ist letztlich

2

---

[1] Zur Gesetzgebungsgeschichte vgl. *Soiné/Engelken* NJW 2002, 470 ff. sowie *Eisenberg* FS Fezer, 2008, 195 ff.; zur Entwicklungsgeschichte des Zeugenschutzes vgl. *Zacharias,* Der gefährdete Zeuge, S. 157 ff.
[2] BT-Drs. 14/6467, 7.
[3] SK-StPO/*Rogall* StPO Vor § 48 Rn. 73; näher auch *Weyand,* Schutzinteressen des gefährdeten Zeugen, S. 40 ff.
[4] So schon *Rebmann/Schnarr* NJW 1989, 1185.

auch die **Allgemeinheit betroffen,** weil etwa bei Vertragabschlüssen die Vertragspartner über die wahre Person ihres Gegenübers (vgl. § 5)[5] getäuscht werden.

3 Die **Anwendbarkeit der länderspezifischen Polizeigesetze** im Zusammenhang mit zeugenschützender Polizeiarbeit wurde mit der Verabschiedung des ZSHG grundsätzlich **beendet.** In der Gesetzesbegründung heisst es diesbezüglich, dass „dem Zeugenschutz" eine klar auf das Strafverfahren bezogene gesetzliche Grundlage gegeben werden solle.[6] Es ist damit diese Regelungsmaterie betreffend als **abschließend** zu betrachten.[7] Andersfalls entstände auch eine „Mischlage" aus Bundes- und Landesrecht für ein und denselben Regelungsgegenstand. Vorhandene Regelungslücken sind dem Bundesgesetzgeber zuzurechnen und nur von diesem zu schließen. Im Verhältnis zu der **Zeugenschutzregelung des § 26 BKAG** ist das ZSHG vorrangig.[8] Allgemeines Gefahrenabwehrrecht soll nur außerhalb des „ZSHG-Zeugenschutzes" gelten (vgl. § 1 Abs. 4 S. 2). Von der insoweit verbliebenen Möglichkeit zur Normsetzung hat bislang nur das Land **Sachsen-Anhalt** in seinem **SOG** Gebrauch gemacht:

4 **§ 48a Zeugenschutz**
Zur Abwehr einer erheblichen Gefahr für eine Person, bei der Maßnahmen nach dem Zeugenschutz-Harmonisierungsgesetz beendet wurden oder bei der erst nach rechtskräftigem Verfahrensabschluss Schutzmaßnahmen erforderlich werden, können zum Aufbau oder zur Aufrechterhaltung einer vorübergehend geänderten Identität Urkunden oder sonstige Dokumente hergestellt oder vorübergehend verändert sowie die geänderten Daten verarbeitet werden, wenn sich die Person für Schutzmaßnahmen eignet.

5 Die quantitative Bedeutung von Zeugenschutzmaßnahmen ist nicht zu unterschätzen: Seit 1995 sollen im **Jahresdurchschnitt ca. 650 Zeugenschutzfälle** durch BKA und LKÄ bearbeitet werden.[9]

II. Gesetzgebungskompetenz des Bundes

6 Das ZSHG ist mit der Kompetenzordnung des Grundgesetzes vereinbar. Es fußt auf Art. 74 Abs. 1 Nr. 1 GG, weil sein Regelungsgehalt einen engen Sachzusammenhang mit dem gerichtlichen Verfahren ausweist. Zutreffend geht die Gesetzesbegründung insoweit von einer Annexkompetenz aus: Der Zeuge ist in aller Regel nur deswegen gefährdet, weil er bereit ist oder war, in einem Strafverfahren auszusagen und mit den Strafverfolgungsbehörden zusammenzuarbeiten.[10] Überdies ist zu bedenken, dass sich die ermittelnde und die zeugenschützende Tätigkeiten der Polizei in der Umsetzung nicht trennungsscharf realisieren lassen.[11] Der Zeugenschutz hat damit trotz **präventiv-polizeilichen Charakters**[12] (was im Ansatz für den Kompetenztitel des Art. 70 GG spricht) einen engen Bezug zum gerichtlichen Verfahren nach Art. 74 Abs. 1 Nr. 1 GG.[13]

7 Bis zur Verabschiedung des ZSHG erfolgte der Schutz gefährdeter Zeugen allein auf der Grundlage der polizeirechtlichen Generalklauseln oder der strafrechtlichen Grundsätze des Notstandes und von Richtlinien der Verwaltung. Zu Recht geht die Gesetzesbegründung davon aus, dass diese für spezifische Maßnahmen des Zeugenschutzes, wie zB die Errichtung und Aufrechterhaltung einer Tarnidentität, nicht ausreichen. Da solche Maßnahmen vielfältige Auswirkungen auf das Strafverfahren haben können, sind darauf bezogene Regelungen erforderlich, die in der Gesetzgebungskompetenz des Bundes liegen.[14]

---

[5] So auch schon *Soiné/Soukup* ZRP 1994, 466 (468).
[6] BT-Drs. 14/6467, 8.
[7] AA VG Regensburg 24.3.2015 – RO 4 K 13.2151, BeckRS 2015, 47303 Rn. 25.
[8] *Graulich* in *Schenke/Graulich/Ruthig* (Hrsg.), Sicherheitsrecht des Bundes, 2014, BKAG § 26 Rn. 6.
[9] BT-Drs. 14/6279 (neu), 8; vgl. auch das Faksimile eines Schreibens des BKA zu den Fallzahlen im Jahr 2006 bei *Siegismund,* Schutz gefährdeter Zeugen, S. 188.
[10] BT-Drs. 14/6467, 8; in diesem Sinne auch *Hilger* FS Gössel, 2002, 605 f.
[11] *Roggan* GA 2012, 434 (442 ff.).
[12] Ebenso VG Gelsenkirchen 12.2.2003 – 17 K 6037/01, juris Rn. 34.
[13] *Soiné/Engelke* NJW 2002, 470 (472); *Roggan* GA 2012, 434 (436).
[14] BT-Drs. 14/6467, 1.

§ 1 Anwendungsbereich

(1) Eine Person, ohne deren Angaben in einem Strafverfahren die Erforschung des Sachverhalts oder die Ermittlung des Aufenthaltsorts des Beschuldigten aussichtslos oder wesentlich erschwert wäre, kann mit ihrem Einverständnis nach Maßgabe dieses Gesetzes geschützt werden, wenn sie auf Grund ihrer Aussagebereitschaft einer Gefährdung von Leib, Leben, Gesundheit, Freiheit oder wesentlicher Vermögenswerte ausgesetzt ist und sich für Zeugenschutzmaßnahmen eignet.

(2) Mit seinem Einverständnis kann ferner nach Maßgabe dieses Gesetzes geschützt werden, wer Angehöriger (§ 11 Abs. 1 Nr. 1 des Strafgesetzbuches) einer in Absatz 1 genannten Person ist oder ihr sonst nahe steht, auf Grund ihrer Aussagebereitschaft einer Gefährdung von Leib, Leben, Gesundheit, Freiheit oder wesentlicher Vermögenswerte ausgesetzt ist und sich für Zeugenschutzmaßnahmen eignet.

(3) Sofern es für den Zeugenschutz erforderlich ist, können Maßnahmen nach diesem Gesetz auf Angehörige (§ 11 Abs. 1 Nr. 1 des Strafgesetzbuches) einer in Absatz 1 oder 2 genannten Person oder ihr sonst nahe stehende Personen erstreckt werden, wenn diese sich hierfür eignen sowie ihr Einverständnis erklären.

(4) ¹Maßnahmen nach diesem Gesetz können beendet werden, wenn eine der in den Absätzen 1 bis 3 genannten Voraussetzungen nicht vorlag oder nachträglich weggefallen ist. ²Soweit eine Gefährdung der zu schützenden Person fortbesteht, richten sich die Schutzmaßnahmen nach allgemeinem Gefahrenabwehrrecht. ³Die Beendigung des Strafverfahrens führt nicht zur Aufhebung der Zeugenschutzmaßnahmen, soweit die Gefährdung fortbesteht.

Übersicht

	Rn.		Rn.
I. Zeugenschutzverfahren	1–4	a) Zweckumwandlung von Daten aus anlassgebendem Verfahren	18, 19
II. Zu schützende Personen	5–14	b) Die potenziell gefährdete Person als Informationsquelle	20–22
1. Zeugen und Beschuldigte (Abs. 1)	6–8		
2. Angehörige von Zeugen und Beschuldigten (Abs. 2)	9–11	IV. Eignung für den Zeugenschutz (Abs. 1–3)	23, 24
3. Weitere Personen (Abs. 3)	12–14	V. Subsidiaritätsgrundsatz („Beweisnotstandsklausel")	25–27
III. Gefährdungsprognose (Abs. 1 und 2)	15–22		
1. Gegenstand der Gefährdungsprognose	15–17		
2. Basis der Gefährdungsprognose: Die Informationserlangung	18–22	VI. Beendigung von Zeugenschutzmaßnahmen (Abs. 4)	28–33

I. Zeugenschutzverfahren

Der Anwendungsbereich des ZSHG erstreckt sich auf alle Deliktsfelder, ist also nicht auf die sog. „Organisierte Kriminalität", terroristische Straftaten etc beschränkt. Erforderlich ist jedoch, dass es sich um **schwere Straftaten** handelt.[1] Das ergibt sich mittelbar aus der Abwägungsentscheidung nach § 2 Abs. 2, wonach ua die Schwere der Tat sowie der Grad der Gefährdung des Zeugen (oder Beschuldigten, näher dazu → Rn. 6) zu berücksichtigen sind. Es ist deswegen sehr fraglich, ob ein Zeugenschutz im gegenständlichen Sinne auch in Verfahren zur Aufklärung von Straftaten von lediglich erheblicher Bedeutung (vgl. etwa § 98a Abs. 1 StPO) in Betracht kommt,[2] denn hierbei kann es sich auch um Straftaten aus dem mittleren Kriminalitätsbereich handeln.[3] Andererseits ist der Anwendungsbereich auch

1

---

[1] *Soiné/Engelke* NJW 2002, 470 (472).
[2] So aber BT-Drs. 14/6467, 10.
[3] BVerfG 12.4.2005 – 2 BvR 581/01, BVerfGE 112, 304 (316); vgl. auch Meyer-Goßner/*Schmitt* StPO § 98a Rn. 5.

nicht auf **Verbrechen** (§ 12 Abs. 1 StGB) **beschränkt.** Vielmehr kommen im Einzelfall auch Verfahren zur Aufklärung besonders schwer wiegender Vergehen mit einem Strafrahmen von bis zu zehn Jahren (vgl. etwa § 129 Abs. 4 StGB) für einen Zeugenschutz in Betracht. Insoweit bietet sich eine Orientierung an den Voraussetzungen für eine TK-Überwachung nach § 100a StPO bzw. den dortigen Katalogtaten an.[4]

2   Für zeugenschützende Maßnahmen, die in anderen Verfahren ergriffen werden sollen, gilt § 2 Abs. 1 S. 2. Diese dürfen dann allerdings nicht die Qualität der nach dem ZSHG zulässigen Maßnahmen erreichen, weil ansonsten seine Regelungen obsolet würden. Unberührt von diesem Gesetz bleiben Betreuungs- und Schutzprogramme für spezielle Personengruppen (zB ausländische Opfer von Menschenhandel), bei denen die Voraussetzungen nach diesem Gesetz nicht vorliegen.[5]

3   Der Schwerpunkt der Verfahren, in denen einer oder mehreren Personen Zeugenschutz gewährt wird, liegt offenbar im Bereich der „Organisierten Kriminalität"[6] und nur zu einem kleinen Anteil im Staatsschutzbereich.[7]

4   Bei der **Aufnahme in das Zeugenschutzprogramm** handelt es sich um eine **Ermessensentscheidung** („kann"). Ebenso wie das beim Ergreifen von polizeirechtlichen Maßnahmen der Fall ist, besteht grundsätzlich auch hier **kein Anspruch** auf die Aufnahme in den Zeugenschutz. Eine **Ausnahme** hiervon existiert nur dann, wenn der Ermessensspielraum der Zeugenschutzbehörde „auf Null" reduziert ist. Das ist dann der Fall, wenn es nur eine einzige ermessensfehlerfreie Entscheidung gibt, nämlich die zur Aufnahme in das Zeugenschutzprogramm.[8]

II. Zu schützende Personen

5   Für alle in Abs. 1–3 genannten Personengruppen gilt, dass Schutzmaßnahmen – anders als das im Zeugenschutz nach § 26 BKAG der Fall sein soll[9] – nur mit ihrem **Einverständnis** ergriffen werden dürfen. Das ist schon deswegen sachgerecht, weil die differenzierten Maßnahmen existentiell auf die Mitwirkung der zu schützenden Personen angewiesen ist. Dieses Einverständnis stellt auch, wenn dies denn im Einzelfall überhaupt in Rede steht, einen **wirksamen Grundrechtsverzicht** dar.[10] Eine Person etwa, die aus Gründen ihres Schutzes in beengten Verhältnissen (ggf. kurzfristig) untergebracht wird, muss mit dieser Freiheitsbeschränkung (Art. 2 Abs. 2 S. 2 GG) einverstanden sein. Ein Widerruf dieses Einverständnisses muss die sofortige Beendigung einer grundrechtsrelevanten Maßnahme nach sich ziehen. Ob der Schutz nach dem ZSHG darüber hinaus gleichfalls beendet werden muss, ist eine Frage der Eignung der Person (näher → Rn. 23 f.). Stellt sich eine Maßnahme allerdings als **Schutzgewahrsam** aufgrund einer akuten Bedrohung durch Dritte dar, so handelt es sich um eine Freiheitsentziehung (mit Eingriffscharakter) und ist nur unter der Voraussetzung des polizeilichen Notstands zulässig.[11]

6   **1. Zeugen und Beschuldigte (Abs. 1).** Das Gesetz verzichtet auf eine nähere Bezeichnung der zu schützenden Personen. Der Name des Gesetzes ist insofern ungenau. Bei der Bezeichnung der Subjekte verwendet es aber durchgehend die Titulierungen der „zu schützenden Person" oder der „geschützten Person". Es besteht damit kein Zweifel, dass es unerheblich ist, ob eine Person in dem Verfahren als **Zeuge** oder als weiterer **Beschuldigter**

---

[4] *Mischkewitz,* Staatliches Zeugenschutzprogramm, S. 62.
[5] BT-Drs. 14/6467, 9; näher dazu auch *Mischkewitz,* Staatliches Zeugenschutzprogramm, S. 113 ff.
[6] Überblick bei *Mischkewitz,* Staatliches Zeugenschutzprogramm, S. 38 ff.; vgl. auch SK-StPO/*Rogall* StPO Vor § 48 Rn. 73.
[7] *Siegismund,* Schutz gefährdeter Zeugen, S. 56.
[8] VG Regensburg 24.3.2015 – RO 4 K 13.2151, BeckRS 2015, 47303 Rn. 25.
[9] *Graulich* in Schenke/Graulich/Ruthig (Hrsg.), Sicherheitsrecht des Bundes, 2014, BKAG § 26 Rn. 7.
[10] Näher dazu etwa *Ohström* NWVBl. 1999, 72.
[11] Vgl. nur *Rachor* in Lisken/Denninger, Handbuch des Polizeirechts, 5. Aufl. 2012, Kap. E Rn. 522.

("Kronzeuge") auftritt.[12] Bei letzteren wird häufig davon auszugehen sein, dass die Motivation eines „kriminellen Aussteigers" nur in wenigen Ausnahmen auf das Interesse an einer Durchsetzung der Rechtsordnung gerichtet sein wird. Vielmehr werden in der Mehrzahl der Fälle sehr eigennützige Beweggründe die Person veranlasst haben, diese Rolle zu übernehmen. Der Qualität seiner Aussage auf der einen stehen daher die (allerdings widerlegbaren) Zweifel an seiner Glaubwürdigkeit auf der anderen Seite gegenüber.[13] Die Einbeziehung von solchen (Mit-)Beschuldigten war vom Gesetzgeber aber gewollt. Ausdrücklich heisst es in der Gesetzesbegründung, dass auch Beschuldigte, die **aufgrund ihrer Aussagebereitschaft** gleichermaßen gefährdet sind, einbezogen werden sollen.[14]

Zentraler Anknüpfungspunkt für Zeugenschutzmaßnahmen ist, dass die zu schützende 7 Person wegen ihrer **Aussagebereitschaft** gefährdet sein muss. Zeugenschutz nach dem ZSHG setzt damit nicht nur „ferner"[15] voraus, dass die betreffenden Personen willens und in der Lage sind, vor Gericht zu erscheinen und eine Aussage zu machen (zur in jedem Einzelfall zu erstellenden Gefährdungsanalyse → Rn. 15). Dies ergibt sich schon aus dem Wortlaut des Abs. 1. Ein ggf. nachträgliches Entfallen der Aussagebereitschaft lässt damit auch das Schutzprogramm des ZSHG enden. In Betracht kommen dann aber andere Schutzmaßnahmen (→ Rn. 31).

Als zu schützende Personen kommen insbesondere auch sog. **„Opferzeugen"** in 8 Betracht. Diese sind Verletzte der (mutmaßlichen) Straftat und können wegen ihrer Aussage Repressalien des Beschuldigten oder dessen Helfern ausgesetzt sein. Zu bedenken ist bei dieser Gruppe, dass sie in einen Widerstreit zwischen Ihrer Aussagepflicht und dem Interesse, ihre Persönlichkeitsbereiche vor der Öffentlichkeit abzuschirmen, geraten können.[16] Für sich genommen kann ein solcher **antizipierter Persönlichkeitsschutz in eigener Sache** eine Aufnahme in ein Zeugenschutzprogramm nach dem ZSHG aber nicht rechtfertigen. Vielmehr hat in solchen Fällen der strafprozessuale Zeugenschutz wirksam zu werden (vgl. etwa §§ 68 Abs. 2–5, 68a, 68b StPO).

2. Angehörige von Zeugen und Beschuldigten (Abs. 2). Über die in Abs. 1 9 genannten, unmittelbar gefährdeten Personen bezieht das ZSHG auch Angehörige des Zeugen oder des Beschuldigten oder ihm sonst nahestehende Personen ein, weil auch diesem Personenkreis Gefahren drohen können.[17] Die Gesetzesbegründung verweist insoweit auf Konstellationen, in denen ein Zeuge oder Beschuldigter zwar bereit wäre, unter Zurückstellen seiner eigenen Gefährdung auszusagen, dies jedoch häufig in Frage gestellt werde, wenn die Gefahr nahestehenden Personen drohe.[18]

Das ZSHG verzichtet auf eine nähere Definition der „sonstigen nahe stehenden Personen". Insoweit bietet sich aber eine begriffliche Anlehnung an Personen des besonderen[19] oder auch höchstpersönlichen Vertrauens[20] an. Hierbei kann es sich beispielsweise auch um enge persönliche Freundschaften handeln.

Der Wortlaut des Gesetzes (kumulatives Vorliegen der Voraussetzungen) lässt es zu, dass 11 der Schutz solcher Personen an eine „eigene" Aussagebereitschaft geknüpft ist. Es handelte sich bei ihnen dann um potentielle Zeugen, deren mögliche Aussage nicht die Verfahrensrelevanz nach Abs. 1 besitzen müsste. Eine solche Auslegung indessen ist nicht nur nicht mit der genannten gesetzgeberischen Intention (→ Rn. 9) zu vereinbaren, sondern würde vor allem auch die Regelung in Abs. 1 unterlaufen. Bei den Angehörigen und sonstigen nahe

---

[12] Soiné/Engelke NJW 2002, 470 (472); Mischkewitz, Staatliches Zeugenschutzprogramm, S. 63 u. 70 ff.; vgl. auch Weyand, Schutzinteressen des gefährdeten Zeugen, S. 26; Zacharias, Der gefährdete Zeuge, S. 165 f.
[13] Ausf. Zacharias, Der gefährdete Zeuge, S. 185 ff.; vgl. auch Siegismund, Schutz gefährdeter Zeugen, S. 5.
[14] BT-Drs. 14/6467, 9.
[15] So aber Soiné/Engelke NJW 2002, 470 (472).
[16] Vgl. etwa Rebmann/Schnarr NJW 1989, 1185 (1186).
[17] Graf Polizei-heute 2004, 223 (224).
[18] BT-Drs. 14/6467, 9.
[19] BVerfG 26.4.1994 – 1 BvR 1968/88, BVerfGE 90, 255 (260).
[20] BVerfG 3.3.2004 – 1 BvR 2378/98, BVerfGE 109, 279 (321).

stehenden Personen muss es sich also **nicht um Personen mit potentieller Aussagebereitschaft** (potentielle Zeugen) handeln. Lässt man demzufolge ein alternatives Vorliegen der Voraussetzungen für Schutzmaßnahmen ausreichen, kommt es nicht einmal darauf an, dass diese Personen nach dem Kenntnisstand der Zeugenschutzdienststelle selbst gefährdet sind.[21] Ausreichend ist vielmehr, dass ihr Schutz die Aussagebereitschaft des gefährdeten Zeugen oder Beschuldigten schafft oder aufrechterhält.

12 **3. Weitere Personen (Abs. 3).** Eine noch weitergehende Ausdehnung des zu schützenden Personenkreises erfolgt durch Abs. 3. Anknüpfungspunkt ist nunmehr **ausschließlich der Belang des Zeugenschutzes** („Soweit es für den Zeugenschutz erforderlich ist …"), ohne dass es auf den Schutz der Aussagebereitschaft eines Zeugen oder Beschuldigten ankäme. Die Gesetzesbegründung hat insoweit (auch nicht gefährdete) Personen im Blick, die von der Wohnsitzverlagerung einer ganzen Familie betroffen sind.[22] Durch den Verweis auf Abs. 1 und 2 kann es sich hierbei also auch um Angehörige von Angehörigen der gefährdeten Auskunftsperson handeln.

13 Die Regelung ist **restriktiv anzuwenden,** weil es sich bei Maßnahmen nach dem ZSHG durchaus auch um solche handeln kann, die Allgemeinwohlbelange empfindlich tangieren können (→ § 5 Rn. 11).

14 **Keine Anwendung** kann das ZSHG dagegen finden, soweit eine Person zwar aus Anlass von Strafverfahren gefährdet ist, dies jedoch nicht in ihrem Status als Auskunftsperson begründet liegt. In entsprechenden Fällen richtet sich deren Schutz weiterhin nach allgemeinem Gefahrenabwehrrecht. Spezifische ZSHG-Maßnahmen, etwa das Ausstellen von Tarnpapieren, sind dann aber aufgrund deren Eingriffsintensität (→ § 5 Rn. 11) nicht zulässig. Andere Maßnahmen des Personen- und Objektschutzes sind dagegen selbst dann zulässig, wenn diese Nachbarn, Mitbewohner etc (ggf. erheblich) belasten.[23]

III. Gefährdungsprognose (Abs. 1 und 2)

15 **1. Gegenstand der Gefährdungsprognose.** Die zu schützende Person nach Abs. 1 (nicht zwingend diejenige nach Abs. 2, vgl. → Rn. 9) muss **aufgrund ihrer Aussagebereitschaft aktuell** und nicht nur abstrakt **gefährdet** sein. Gefährdet ist ein Zeuge, wenn bei Erfüllung der Zeugenpflichten mit einem Angriff auf insbesondere **Leib, Leben oder (Entschließungs-)Freiheit** des Zeugen oder anderer ihm nahe stehenden Personen zu rechnen ist.[24] In jedem Einzelfall ist deshalb eine Gefährdungsanalyse vorzunehmen.[25] Weil die Vorschrift denselben Wortlaut wie § 26 Abs. 1 S. 1 BKAG besitzt, bietet sich insoweit eine Anlehnung an das dortige Verständnis der Anforderungen an die Gefährdungsprognose an. Hiernach bedarf es einer **konkreten Gefahr** für die genannten Schutzgüter, die im Wesentlichen denen der „öffentlichen Sicherheit" iSd üblichen polizeilichen Generalklausel entsprechen.[26]

16 Anhaltspunkte können sich dabei insbesondere auch aus subjektiven Gefährdungsvermutungen der Person ergeben. Dies entbindet die Zeugendienststellen freilich nicht von der Verpflichtung, **objektive Gefährungsindikatoren** zu ermitteln. Dabei ist zwischen Kriterien, die in der Person des potentiell gefährdeten Individuums bzw. seines Umfeldes liegen und solchen, die sich aus dem anlassgebendem Verfahren ergeben (vgl. dazu aber → Rn. 18), zu unterscheiden.[27]

17 Schon aufgrund der in Abs. 1 und 2 genannten Rechtsgüter kommt die Aufnahme einer Person in ein Zeugenschutzprogramm in Fällen „leichterer", wenngleich unzulässiger

---

[21] Ebenso *Soiné/Engelke* NJW 2002, 470 (472).
[22] BT-Drs. 14/6467, 9; zur Bedeutung einer Wohnsitzverlagerung auch *Zacharias*, Der gefährdete Zeuge, S. 162 ff.
[23] OVG Koblenz 8.12.2005 – 12 A 10951/04, NJW 2006, 1830.
[24] SK-StPO/*Rogall* StPO Vor § 48 Rn. 74.
[25] BT-Drs. 14/6467, 9.
[26] *Graulich* in Schenke/Graulich/Ruthig (Hrsg.), Sicherheitsrecht des Bundes, 2014, BKAG § 26 Rn. 9.
[27] Ausführlich dazu *Zacharias*, Der gefährdete Zeuge, S. 168 f.

Beeinflussungen, etwa in Form von Belästigungen (Telefonanrufen, fingierte Warenbestellungen etc),[28] nicht in Betracht. Letztere reichen nicht einmal für eine Entbindung eines Zeugen von der Pflicht zur Angabe seines Wohnorts aus (§ 68 Abs. 2 StPO, dort reicht die Besorgnis einer Gefährdung).[29] Erst recht nicht können solche Einwirkungen dann eine das Verfahren sowie die Allgemeinheit (→ § 5 Rn. 11) (ggf. erheblich) beeinträchtigende Aufnahme einer Person in ein Schutzprogramm rechtfertigen.

2. Basis der Gefährdungsprognose: Die Informationserlangung. a) Zweckumwandlung von Daten aus anlassgebendem Verfahren. Als tatsächliche Basis einer Gefährdungsprognose kommen zuvörderst die Erkenntnisse aus dem anlassgebenden Verfahren in Betracht. Bei der **Übermittlung** der entsprechenden Informationen von der der staatsanwaltschaftlichen Sachleitung unterworfenen, kriminalpolizeilichen Dienststelle zur Zeugenschutzdienststelle handelt es sich um eine **Zweckumwandlung** bzw. Durchbrechung der Zweckbindung[30] der betreffenden Daten. Hierbei handelt es sich um einen Informationseingriff in die Rechte sämtlicher Personen, die in den übermittelten Informationsbeständen erfasst sind. Eine **Rechtsgrundlage** hierfür **existiert nicht.** Sofern Zeugenschutzdienststellen bei der Erstellung ihrer Gefährdungsprognose demzufolge auf Erkenntnisse aus kriminalpolizeilichen Ermittlungen Zugriff erhalten, so liegt hierin eine **Verletzung des Grundrechts auf informationelle Selbstbestimmung** von sämtlichen Personen, die in eine solche zweckgeänderte Nutzung ihrer Daten weder ausdrücklich noch konkludent zugestimmt haben. 18

Im Einzelnen: Es ist von einer **informationellen Trennung** von Zeugenschutzdienststellen einerseits und ermittelnden Dienststellen andererseits auszugehen, denn rechtssystematisch handelt es sich bei ersteren um präventive, bei letzteren um repressiv tätige Behörden(-abteilungen). Ebenso zu qualifizieren sind die jeweils vorhandenen Daten- bzw. Informationsbestände.[31] Eine Zweckänderung kommt nach **§ 481 Abs. 1 S. 2 StPO** im Ansatz durchaus in Betracht, denn bei den Zeugenschutzdienststellen handelt es sich unzweifelhaft um „Polizeibehörden" im Sinne der Vorschrift. Nach dem sog. **„Zwei-Türen-Modell",** bei dem § 481 Abs. 1 S. 2 StPO als „erste Tür" betrachtet wird, bedarf es indessen auf der Seite des Datenempfängers ebenfalls einer Ermächtigung, die die Voraussetzungen und Grenzen der Verwendung der repressiv ermittelten, personbezogenen Informationen für präventiv-polizeiliche Zwecke ausdrücklich bestimmt („zweite Tür").[32] Fehlt eine solche, bleibt § 481 StPO also wirkungslos.[33] Das ist beim ZSHG der Fall. Die Beseitigung dieses grundlegend unbefriedigenden Zustands obliegt dem Gesetzgeber. 19

b) Die potenziell gefährdete Person als Informationsquelle. Als Informationsquelle zur Erstellung der Gefährdungsprognose kommt insbesondere auch eine Informationserhebung bei der (potenziell) gefährdeten Person in Betracht. Je nach Rechtscharakter sind **unterschiedliche Belehrungspflichten** der Mitarbeiter der Zeugenschutzdienststellen zu beachten. Es handelt sich bei einer solchen Informationserhebung um **keine Zeugen- oder Beschuldigtenvernehmung** im Rahmen des Strafverfahrens (§§ 57, 136 StPO), denn ihr Ziel ist ausschließlich die Erstellung einer präventivpolizeilichen Prognose (zum gefahrenabwehrenden Charakter des Zeugenschutzes → Vor § 1 Rn. 5). Von ihrer Rechtsnatur handelt es sich um die **Befragung eines Nichtstörers zur Gefährdungserforschung.** Sie besitzt für sich genommen keinen Eingriffscharakter, daher ist es unschädlich, dass das ZSHG diesbezüglich keine Befugnisnorm enthält. Bei dieser Befragung kommt es regelmäßig auf eine wahrheitsgemäße und vollständige Schilderung von sämtlichen, insbe- 20

---

[28] → StPO § 68 Rn. 48; *Rebmann/Schnarr* NJW 1989, 1185 (1186).
[29] KK-StPO/*Senge* § 68 Rn. 7; Meyer-Goßner/*Schmidt* StPO § 68 Rn. 12 mwN; HK-StPO/*Gercke* StPO § 68 Rn. 14; SSW-StPO/*Franke* StPO § 68 Rn. 12.
[30] Grundlegend BVerfG 15.12.1983 – 1 BvR 209/83, BVerfGE 65, 1 (51 f. und 61 f.).
[31] Näher dazu *Roggan* GA 2012, 444 ff.; zust. *Mischkewitz,* Staatliches Zeugenschutzprogramm, S. 152.
[32] Vgl. SK-StPO/*Weßlau* StPO § 481 Rn. 4 mwN; *Zöller* in HdB z. Recht. d. Inneren Sicherheit, S. 461; ausführl. auch *Paeffgen* FG Hilger, 2003, 153, insbes. S. 162 ff. sowie *Rieß* FG Hilger, 2003, 171 ff.
[33] Radtke/Hohmann/*Hohmann* StPO § 481 Rn. 2.

sondere auch höchstpersönlichen Umständen an. Dies setzt eine **vertrauensvolle Interaktion** zwischen den potenziell gefährdeten Personen einerseits und den Mitarbeitern der Zeugenschutzdienststellen andererseits voraus. Gefährdungsrelevante Bekundungen aber können strafrechtliche Bedeutung besitzen. Damit kann der Zeugenschutz in **Widerstreit mit den Belangen der strafprozessualen Sachverhaltsermittlung** geraten.

21 Das ZSHG enthält keine Vorgaben, wie die **Betroffenen zu belehren** sind. Es enthält *de lege lata* (anders als die „allgemeinen" Polizeigesetze,[34] die aber keine Anwendung finden können, → Vor § 1 Rn. 3) aber auch **keine Befugnis zur zweckändernden Datenübermittlung** an Strafverfolgungsbehörden. Damit kommt eine solche, einem ggf. erheblich belastenden Informationseingriff gleichkommende, Maßnahme nicht in Betracht. Indessen ist nicht zu verkennen, dass die Zeugenschützer im Zuge ihrer Tätigkeit in schwer erträgliche Dilemmata geraten können, wenn sie Kenntnis von bislang unbekannten Straftaten der zu schützenden oder anderer Personen, gegenüber denen ggf. Zeugnisverweigerungsrechte bestehen, erlangen. Eine unmittelbare **Verwertbarkeit** dieser Informationen im Rahmen einer Strafverfolgung **besteht insoweit nicht.** Jedoch kommen die Mitarbeiter der Zeugenschutzdienststellen als **Zeugen vom Hörensagen** in Betracht. Die (potenziell) gefährdeten und andere befragte Personen können damit nicht erwarten, dass offenbarte Sachverhalte eine exklusive Verwendung im Zusammenhang mit dem Zeugenschutz finden. Zu reagieren ist auf diesen Umstand mit einer **Belehrung** von (Mit-)Beschuldigten (insbes. „Kronzeugen") nach § 136 StPO, von gefährdeten Zeugen nach den allgemeinen Regeln (§§ 52, 55, 57 StPO).

22 *De lege ferenda* wäre zu überlegen, ob für den Fall der Kenntniserlangung von bestimmten, namentlich besonders schweren, Straftaten eine explizite Informationsübermittlungsverpflichtung in das ZSHG aufgenommen werden sollte.

IV. Eignung für den Zeugenschutz (Abs. 1–3)

23 Das Gesetz verlangt bei allen zu schützenden Personen deren Eignung für Schutzmaßnahmen. Hieran soll es nach der Gesetzesbegründung fehlen, wenn die zu schützende Person falsche Angaben macht, Zusagen nicht einhält oder hierzu nicht die Fähigkeit besitzt, zur Geheimhaltung[35] nicht bereit ist oder Straftaten begeht.[36]

24 Namentlich bei „Aussteigern" und „Kronzeugen" vermag im Einzelfall die Gefahr nicht auszuschließen sein, dass diese unter dem Zeichen und im Schutze von Zeugenschutzmaßnahmen neue strafbare Handlungen begehen. Die Bedeutung und die Gefährdung des Zeugen einerseits, seine aber nicht außer Acht zu lassende kriminelle Energie andererseits machen hier Kontrollmechanismen erforderlich, die geeignet sind, den **Missbrauch dieser Zeugenschutzmaßnahmen** zu verhindern. Die Verantwortung liegt insoweit ausschließlich bei den Zeugenschutzdienststellen.[37] Indessen ermöglicht das ZSHG **keine** (insbesondere verdeckten) **Datenerhebungen über die zu schützende Person.** Solche Ermittlungen können sich ausschließlich aus der StPO ergeben und sind ausschließlich unter der Sachleitung der Staatsanwaltschaft durch repressiv tätige Ermittlungsabteilungen der Polizei durchzuführen. Indessen ist auch insoweit festzustellen (vgl. auch → Rn. 18 für die Übermittlung von repressiv erlangten Daten an präventiv-polizeiliche Dienststellen), dass es an einer Ermächtigung zur Datenübermittlung fehlt.[38] Kenntnisse, die im Zuge präventiver Maßnahmen erlangt wurden, dürfen *de lege lata* damit nicht an strafverfolgende Abteilungen der Polizei weitergegeben werden (→ Rn. 21). Auch hierbei handelt es sich um ein ausschließlich legislativ zu lösendes Problem.

---

[34] Näher dazu *Petri* in *Lisken/Denninger*, Handbuch des Polizeirechts, 5. Aufl. 2012, Kap. G Rn. 465.
[35] Vgl. etwa VG Regensburg 24.3.2015 – RO 4 K 13.2151, BeckRS 2015, 47303 Rn. 24; VG Berlin 19.7.2012 – 1 L 181.12, juris Rn. 18.
[36] BT-Drs. 14/6467, 9.
[37] Näher dazu *Siegismund*, Schutz gefährdeter Zeugen, S. 6 f.
[38] *Roggan* GA 2012, 446 f.

V. Subsidiaritätsgrundsatz („Beweisnotstandsklausel")

Das ZSHG lässt einen Zeugenschutz nur unter Subsidiaritätsbedingungen zu. Die Formel 25 von der **wesentlichen Erschwerung** oder **Aussichtslosigkeit** der Sachverhaltserforschung oder der Aufenthaltsermittlung des Beschuldigten wird auch in der Strafprozessordnung, dort namentlich bei heimlichen Datenerhebungsbefugnissen, verwandt (vgl. etwa §§ 100a Abs. 1 Nr. 3, 100c Abs. 1 Nr. 4, 100f Abs. 1, 100g Abs. 2 S. 2, 100h Abs. 2 Nr. 2, 110a Abs. 1 S. 3). In einem Vergleich mit anderen Subsidiaritätsklauseln handelt es sich um eine **besonders qualifizierte Variante eines Beweisnotstands** (noch strenger aber § 100g Abs. 1 S. 2: „aussichtslos"; eine einfache Subsidiarität verlangt hingegen etwa § 100h Abs. 1 S. 1). Die Ermittlung des Aufenthaltsorts eines Beschuldigten soll in der Praxis der Zeugenschutzverfahren keine Rolle spielen.[39]

Aussichtslosigkeit meint nach gängigem Verständnis, dass zur Erreichung des Ermittlungs- 26 ziels keine anderen Aufklärungsmittel zur Verfügung stehen. Stehen solche zur Verfügung, so müssen die Erfolgsaussichten, die sie bieten, mit denen einer Aufnahme einer Person in den Zeugenschutz verglichen werden. Wenn diese entscheidend höher zu veranschlagen sind, kommt der Schutz nach dem ZSHG in Betracht.[40]

Eine nicht unwesentliche Relativierung des bei → Rn. 25 genannten Subsidiaritätsmaß- 27 stabs bedeutet die Zulässigkeit des Zeugenschutzes, wenn andernfalls die Erforschung des Sachverhalts oder die Ermittlung des Aufenthaltsorts eines Beschuldigten wesentlich erschwert wäre. Nach wiederum gängigem Verständnis ist diese Bedingung gegeben, wenn die Benutzung anderer Aufklärungsmittel einen erheblich größeren Zeitaufwand erfordern und daher zu einer wesentlichen Verfahrensverzögerung führen würde. Ein größerer Arbeitsaufwand für die Ermittlungsbehörden soll nur dann ausreichen, wenn er so umfangreich wäre, dass die Belange der Strafverfolgung eindeutig überwiegen.[41] In Anbetracht der erheblichen Beeinträchtigung von – insbesondere! – Beschuldigten- und Verteidigungsbelangen ist diese Voraussetzung restriktiv auszulegen.

VI. Beendigung von Zeugenschutzmaßnahmen (Abs. 4)

Die Regelung legt in Satz 1 fest, unter welchen Voraussetzungen der Zeugenschutz 28 beendet werden kann, wobei er an die in Absatz 1–3 genannten Voraussetzungen anknüpft.[42] Eine Beendigung des ZSHG-Zeugenschutzes kommt demnach sowohl dann in Betracht, wenn die betroffene Person ihr Einverständnis widerruft, die Sachverhaltserforschung oder Aufenthaltsermittlung eines Beschuldigten auch auf andere Weise möglich erscheint (der Beweisnotstand sich also nicht mehr als besonders qualifiziert darstellt), die Gefährdungsprognose sich ändert oder die geschützte Person sich als nicht mehr geeignet für Zeugenschutzmaßnahmen herausstellt. Letzteres dürfte etwa dann der Fall sein, wenn Angaben sich als falsch herausstellen, (Geheimhaltungs-)Zusagen nicht eingehalten werden[43] oder unter dem Deckmantel des Zeugenschutzes Straftaten begangen werden (vgl. → Rn. 23 f.).[44]

Die Regelung gilt auch für **Altfälle,** also solche, bei denen die Aufnahme in das Zeugen- 29 schutzprogramm nach der überholten Rechtslage (→ Vor § 1 Rn. 3), also auf der Grundlage der polizeilichen Generalklausel sowie den Richtlinien zum Schutz gefährdeter Zeugen, erfolgte.[45]

---

[39] *Mischkewitz,* Staatliches Zeugenschutzprogramm, S. 150.
[40] Zu § 100a StPO vgl. Meyer-Goßner/*Schmitt* StPO § 100a Rn. 13; HK-StPO/*Gercke* StPO § 100a Rn. 22; KK-StPO/*Bruns* StPO § 100a Rn. 33; *Eisenberg* Beweisrecht Rn. 2494.
[41] Zu § 100a StPO KK-StPO/*Bruns* StPO § 100a Rn. 33; Meyer-Goßner/*Schmitt* StPO § 100a Rn. 13; HK-StPO/*Gercke* StPO § 100a Rn. 22; *Eisenberg* Beweisrecht Rn. 2494.
[42] BT-Drs. 14/6467, 9.
[43] VG Regensburg 24.3.2015 – RO 4 K 13.2151, BeckRS 2015, 47303 Rn. 24; VG Berlin 19.7.2012 – 1 L 181.12, juris Rn. 18.
[44] So auch schon die Praxis vor dem Inkrafttreten des ZSHG, vgl. dazu *Zacharias,* Der gefährdete Zeuge, S. 166 ff.
[45] OVG Lüneburg 22.6.2010 – 11 LA 292/09, BeckRS 2010, 50642 Rn. 17; VG Hannover 26.3.2009 – 6 A 14/09, BeckRS 2009, 33676 Rn. 7.

30 Die Beendigung von Maßnahmen nach dem ZSHG stellt einen belastenden Verwaltungsakt dar,[46] für dessen Anfechtung der **Verwaltungsrechtsweg** gegeben ist, denn es handelt sich nicht um eine Maßnahme auf dem Gebiet der Strafrechtspflege („Justizverwaltungsakt").[47] Die Aufnahme in ein Zeugenschutzprogramm (→ Rn. 4) stellt einen begünstigenden Dauerverwaltungsakt dar, dessen Rechtsfolgen nur durch Aufhebung dieses Verwaltungsakts beseitigt werden können.[48] Bei diesem Aufhebungsakt handelt es sich selber um einen mit einer **Rechtsbehelfsbelehrung** zu versehenden (belastenden) Verwaltungsakt,[49] der demzufolge mit der **Anfechtungsklage** anzugreifen ist.

31 Als Hauptanwendungsfall einer **Beendigung des ZSHG-Zeugenschutzes** dürfte ein Fehlverhalten einer geschützten Person anzusehen sein. Weil § 1 Abs. 4 der Zeugenschutzdienststelle insoweit ein Ermessen einräumt, kommt es für die Frage der Rechtmäßigkeit einer Beendigung des Zeugenschutzes zentral auf die fehlerfreie Ermessenausübung an. Es reicht demnach nicht aus, ein wie auch immer geartetes Fehlverhalten lediglich festzustellen. Die Prüfung einer Beendigung des Zeugenschutzes hat vielmehr zu berücksichtigen, ob eine objektive Gefahrenlage nach wir vor gegeben ist. Jedenfalls in einem solchen Fall darf die Behörde nicht davon befreit werden, das Fehlverhalten der Betroffenen in Bezug zu der ihnen drohenden Gefahr zu setzen, zumal den Betroffenen letztlich das Grundrecht auf Leben und körperliche Unversehrtheit zur Seite steht. Vielmehr ist zu prüfen und schlüssig darzulegen, ob trotz eines Fehlverhaltens ein Weiterführen des Zeugenschutzprogrammes angezeigt ist.[50]

32 Die Regelung des Abs. 4 S. 2, wonach bei **fortbestehender Gefährdung** das allgemeine Gefahrenabwehrrecht (polizeirechtliche Generalklausel oder Spezialregelung, vgl. → Vorb. Rn. 4) als Rechtsgrundlage für Schutzmaßnahmen heranzuziehen ist, ist als Konkretisierung des allgemeinen Verhältnismäßigkeitsgrundsatzes anzusehen. Bei der Beendigung des Zeugenschutzes ist in die Entscheidung mithin einzubeziehen, dass ein Betroffener nicht zwangsläufig schutzlos gestellt wird. Vielmehr ist zu prüfen, ob Maßnahmen, die in ihrer Wirksamkeit hinter denen nach dem ZSHG zurückbleiben, als ausreichend im Sinne des Lebens- und Gesundheitsschutzes (→ Vorb. Rn. 1) betrachtet werden können.

33 Satz 3 verdeutlicht, dass die Zeugenschutzmaßnahmen über die Beendigung des Strafverfahrens hinaus aufrechterhalten bleiben, wenn die Gefahrenlage fortbesteht.[51] Der Zeugenschutzdienststelle wird insoweit **kein Ermessen** eingeräumt. Nach dem Wortlaut der Vorschrift kommt es nach rechtskräftigem Abschluss des Verfahrens bei der Frage einer Maßnahmebeendigung alleine auf die Gefährdungsprognose (→ Rn. 15) an. Nicht übersehen werden darf aber auch hier, dass die Eignung für den Zeugenschutz (→ Rn. 23) ebenso fortzubestehen hat wie das Einverständnis der Betroffenen.

§ 2 Zeugenschutzdienststellen

(1) ¹Der Schutz einer Person nach Maßgabe dieses Gesetzes obliegt der Polizei oder den sonst nach Bundes- oder Landesrecht zuständigen Behörden (Zeugenschutzdienststellen). ²Bundes- und landesrechtliche Regelungen zur Abwehr einer für die zu schützende Person bestehenden Gefahr bleiben unberührt.

(2) ¹**Die Zeugenschutzdienststelle trifft ihre Entscheidungen nach pflichtgemäßem Ermessen.** ²Bei der Abwägung sind insbesondere die Schwere der Tat sowie der Grad der Gefährdung, die Rechte des Beschuldigten und die Auswirkungen der Maßnahmen zu berücksichtigen.

---

[46] *Mischkewitz*, Staatliches Zeugenschutzprogramm, S. 75 f.
[47] VG Gelsenkirchen 12.2.2003 – 17 K 6037/01, juris Rn. 28.
[48] VG Gelsenkirchen 8.10.1997 – 17 K 6872/96, NJW 1999, 3730, NWVBl. 1998, 206 und 12.2.2003 – 17 K 6037/01, juris Rn. 36 f.
[49] VG Gelsenkirchen 12.2.2003 – 17 K 6037/01, juris Rn. 51.
[50] VG Gelsenkirchen 12.2.2003 – 17 K 6037/01, juris Rn. 88.
[51] BT-Drs. 14/6467, 10.

(3) ¹Die im Zusammenhang mit dem Zeugenschutz getroffenen Entscheidungen und Maßnahmen sind aktenkundig zu machen. ²Die Akten werden von der Zeugenschutzdienststelle geführt, unterliegen der Geheimhaltung und sind nicht Bestandteil der Ermittlungsakte. ³Sie sind der Staatsanwaltschaft auf Anforderung zugänglich zu machen. ⁴Die Mitarbeiter der Staatsanwaltschaft und der Zeugenschutzdienststelle sind in Strafverfahren nach den allgemeinen Grundsätzen unter Berücksichtigung des § 54 der Strafprozessordnung zur Auskunft auch über den Zeugenschutz verpflichtet.

(4) ¹Bis zum rechtskräftigen Abschluss eines Strafverfahrens ist über Beginn und Beendigung des Zeugenschutzes das Einvernehmen mit der Staatsanwaltschaft herzustellen. ²Nach diesem Zeitpunkt ist die Staatsanwaltschaft von der beabsichtigten Beendigung des Zeugenschutzes in Kenntnis zu setzen.

Übersicht

	Rn.		Rn.
I. Organisation der Zeugenschutz-Dienststellen (Abs. 1)	1–4	V. Umfang der Aussagepflicht von Mitarbeitern der Zeugenschutzdienststellen und der Staatsanwaltschaft (Abs. 3 S. 4)	14–22
II. Entscheidungen der Zeugenschutzdienststellen (Abs. 2)	5–7	1. Beamtenrechtlicher Genehmigungsvorbehalt	15–20
III. Akten der Zeugenschutzdienststellen (Abs. 3 S. 1 u. 2)	8, 9	2. Gegenstände einer Auskunftspflicht	21, 22
IV. Akteneinsichtsrecht der Staatsanwaltschaft (Abs. 3 S. 3)	10–13	VI. Einvernehmenregelung über Beginn und Ende des Zeugenschutzes (Abs. 4)	23–26

I. Organisation der Zeugenschutz-Dienststellen (Abs. 1)

Zeugenschutzdienststellen im Sinne des ZSHG sind die nach den jeweiligen Bestimmungen des Bundes oder eines Landes für die Durchführung des Zeugenschutzes zuständigen Behörden. Die Länderpolizeien und das Bundeskriminalamt haben Zeugenschutzdienststellen eingerichtet, die nach einer entsprechenden Feststellung der Gesetzesbegründung „in der Regel von der die Ermittlungen führenden Dienststelle organisatorisch getrennt" sind.[1] Diese **organisatorische Trennung** findet im Wortlaut des Gesetzes indessen keinen Niederschlag, war aber im ursprünglichen Gesetzentwurf aus Rheinland-Pfalz für ein Zeugenschutz(harmonisierungs)gesetz (dort § 3 Abs. 2)[2] noch vorgesehen.[3] Ob und wie stark der präventiv ausgerichtete Zeugenschutz von der repressiven Ermittlungstätigkeit organisatorisch getrennt ist, liegt somit in der Entscheidung der LKÄ sowie der anderen Ermittlungsbehörden, die sich ihrerseits von polizeitaktischen Erwägungen[4] leiten lassen können.[5] Dieser Umstand ist insbesondere von erheblicher Bedeutung für die Frage des Umfangs einer **Zeugnispflicht von Mitarbeitern von Zeugenschutzdienststellen** (→ Rn. 14 ff.).

In den einzelnen Bundesländern haben sich in organisatorischer Hinsicht **zwei Formen** herausgebildet. Viele Bundesländer (Baden-Württemberg, Berlin, Brandenburg, Bremen, Hamburg, Mecklenburg-Vorpommern, Niedersachsen, Saarland, Sachsen, Sachsen-Anhalt, Schleswig-Holstein, Thüringen) und der Bund bedienen sich eines **zentralen Systems,** indem beim jeweiligen Landeskriminalamt oder dem jeweiligen Landespolizeipräsidium eine zentrale Zeugenschutzdienststelle (Bund: Zeugenschutzdienststellen beim BKA, Zollkriminalamt etc) eingerichtet wurde. In anderen Landern wurde ein **dezentrales System** etabliert (Bayern, Nordrhein-Westfalen, Rheinland-Pfalz, Hessen), bei dem sich bei den

---

[1] BT-Drs. 14/6467, 10.
[2] BR-Drs. 458/98, 2; deskriptiv *Rebmann/Schnarr* NJW 1989, 1185 (1187).
[3] *Roggan* GA 2012, 434 (443 f.).
[4] *Soiné/Engelke* NJW 2002, 470 (473).
[5] Krit. zur nicht klaren organisatorischen Trennung schon *Zacharias*, Der gefährdete Zeuge, S. 170 f. und 192.

Landeskriminalämtern lediglich eine Koordinierungsstelle befindet.[6] Die Zuständigkeit für die Durchführung der Maßnahmen liegt dann bei den örtlichen Polizeidienststellen.[7]

3 Der Gesetzeswortlaut schließt die Wahrnehmung von Zeugenschutzmaßnahmen etwa durch die **Bundespolizei** und die **Zollbehörden** im Rahmen von deren Zuständigkeit mit ein.

4 Die Vorschrift stellt in Satz 2 klar, dass sich die Aufgabenzuweisung und die Befugnis zu anderen als den nach diesem Gesetz zulässigen Maßnahmen der Gefahrenabwehr aus dem (Bundes- und Landes-)Polizeirecht ergeben.[8]

II. Entscheidungen der Zeugenschutzdienststellen (Abs. 2)

5 Die Entscheidung über **Beginn, Art, Umfang und Beendigung** von Zeugenschutzmaßnahmen setzt eine strikt am Verhältnismäßigkeitsgrundsatz orientierte Abwägung voraus. Dies bedeutet, dass es weder einen Anspruch auf Aufnahme in ein Zeugenschutzprogramm noch auf bestimmte Maßnahmen des Zeugenschutzes gibt.[9] Die Betroffenen haben daher lediglich **Anspruch** auf eine **ermessensfehlerfreie Entscheidung** der Zeugenschutzdienststelle.

6 In inhaltlicher Hinsicht benennt Abs. 2 S. 2 die im Rahmen der Verhältnismäßigkeitsprüfung insbesondere abzuwägenden Gesichtspunkte.

7 Bei der Entscheidung über die Aufnahme in ein Zeugenschutzprogramm handelt es sich um einen Verwaltungsakt.[10] Wird dieser ermessensfehlerhaft verweigert, ist aufgrund des präventiv-polizeilichen Charakters (→ Vor § 1 Rn. 5) der **Verwaltungsrechtsweg** einschlägig, nicht die Strafgerichtsbarkeit. Dasselbe gilt für einzelne Maßnahmen des Zeugenschutzes.

III. Akten der Zeugenschutzdienststellen (Abs. 3 S. 1 u. 2)

8 Alle im Rahmen des Zeugenschutzes getroffenen Maßnahmen, wie zB Aufnahme und Verpflichtung der zu schützenden Person, die Ausstellung von Tarndokumenten, finanzielle Leistungen oder die Beendigung des Zeugenschutzes müssen jederzeit nachvollzogen werden können. Die Zeugenschutzdienststelle ist deshalb zur **lückenlosen Dokumentation** verpflichtet.[11] Diese Lückenlosigkeit ist schon deswegen erforderlich, weil die Maßnahmen des Zeugenschutzes Gegenstand der Beweisaufnahme sein können, soweit nicht Geheimhaltungsbelange dies verhindern. Namentlich bei der Befragung von Mitarbeitern der Zeugenschutzdienststellen in der Hauptverhandlung kann es auf die **vollständige Rekonstruierbarkeit** ihrer Tätigkeit ankommen (zum Umfang der Auskunftspflicht → Rn. 14 ff.).

9 Die im Zuge der Tätigkeit der Zeugenschutzdienststellen entstehenden Unterlagen sind im Hinblick auf die Sicherheit der zu schützenden Person sowie wegen der in ihnen enthaltenen Informationen über das taktische Vorgehen der Polizei beim Zeugenschutz in besonderem Maße geheimhaltungsbedürftig.[12] Es besteht insoweit eine **informationelle Trennung** von ermittelnder und zeugenschützender Polizeitätigkeit, als die Akten nur von der Zeugenschutzdienststelle geführt werden und nicht Bestandteil der Ermittlungsakte sind. Aus diesem Aktentrennungsgebot ergibt sich auch die Notwendigkeit, dass die Staatsanwaltschaft ggf. um Einsicht in die Zeugenschutzakten zu ersuchen hat, sie also keine Aktenhoheit besitzt (dazu näher → Rn. 10).

---

[6] Vgl. dazu *Mischkewitz*, Staatliches Zeugenschutzprogramm, S. 28.
[7] *Weyand*, Schutzinteressen des gefährdeten Zeugen, S. 78 f. mwN.
[8] BT-Drs. 14/6467, 10.
[9] BT-Drs. 14/6467, 10; vgl. auch VG Regensburg 24.3.2015 – RO 4 K 13.2151, BeckRS 2015, 47303 Rn. 25.
[10] Ausf. *Mischkewitz*, Staatliches Zeugenschutzprogramm, S. 73 ff.
[11] BT-Drs. 14/6467, 10; *Soiné/Engelke* NJW 2002, 470 (473).
[12] BT-Drs. 14/6467, 10; *Soiné/Engelke* NJW 2002, 470 (473).

IV. Akteneinsichtsrecht der Staatsanwaltschaft (Abs. 3 S. 3)

Das ZSHG gewährt der Staatsanwaltschaft **Zugang** zu den Akten der Zeugenschutzdienststelle. Der Begriff der Zugänglichkeit wird im Gesetz nicht näher definiert, kann aber nur ein (Akten-)Einsichtsrecht meinen. Der Staatsanwaltschaft wird damit die vollständige Verfügbarkeit über die Akten vermittelt, so dass diese nicht nur die Möglichkeit zur Erlangung der Kenntnis von ihrem Inhalt besitzt sondern auch, beispielsweise Kopien anzufertigen. Mit diesem uneingeschränkten Recht der Staatsanwaltschaft korrespondiert eine ebenso wenig eingeschränkte **Verpflichtung zur Gewährung** der Einsicht auf Seiten der Zeugenschutzdienststellen. Keinen Rückhalt im Gesetz findet die Auffassung, dass bestimmte Aktenbestandteile der Staatsanwaltschaft vorenthalten werden dürften.[13]

10

Regelmäßig wird die Akteneinsicht **in den Räumen der Zeugenschutzdienststellen** zu gewähren sein,[14] wie sich schon aus dem Umstand ergibt, dass dem ZSHG eine dem § 147 Abs. 4 StPO (Mitgabe der Akten in die Geschäftsräume oder Wohnung des Verteidigers) entsprechende Vorschrift nicht zu entnehmen ist. Ein Versand der Zeugenschutzakten (anders als bei den übrigen Verfahrensakten) auf dem Postweg kommt schon aus Geheimhaltungsgründen nicht in Betracht.

11

Die Akteneinsicht nach Abs. 3 S. 3 stellt der Sache nach nicht nur eine Datenübermittlung dar, sondern bewirkt eine **Durchbrechung der Zweckbindung** der bei der Zeugenschutzdienststelle vorhandenen personenbezogenen Daten: Die dort zu präventiven Zwecken erhobenen Informationen werden hiermit zu repressiven Zwecken nutzbar gemacht. Hierin liegt mithin nicht nur ein Verstoß gegen den Leitgedanken der Trennung von Zeugenschutz und Ermittlung,[15] sondern auch ein rechtfertigungsbedürftiger Eingriff in diejenigen Grundrechte, in die durch zeugenschützende Maßnahmen eingegriffen wurde. Dass es sich nicht um einwilligungsbedingt eingriffsloses Handeln geht, ergibt sich schon daraus, dass damit Sachverhalte in die Kenntnis einer (weiteren!) Stelle gelangen, die dem Legalitätsprinzip verpflichtet ist (§ 152 Abs. 2 StPO). Hat die geschützte Person gegenüber den Zeugenschützern mithin Angaben gemacht, die einen Anfangsverdacht einer – eigenen oder fremden – Straftat begründen oder haben diese anderweitig sachverhaltsergänzenden Charakter, so besitzt diese Zweckänderung für die Betroffenen eine ggf. erheblich belastende Wirkung. Auf eine solche Verwertung kann sich das Einverständnis einer Person im Sinne des § 1 Abs. 1–3 – namentlich beim Offenbaren von persönlichen Sachverhalten im Rahmen der Kooperation mit der Zeugenschutzdienststelle – kaum beziehen. Die Vorschrift kann damit im Ergebnis eine **Umgehung der Selbstbelastungsfreiheit** der Betroffenen bedeuten. Sie ist aber auch deswegen **nicht verfassungsgemäß**, weil sie das Akteneinsichtsrecht der Staatsanwaltschaft auf die gesamte Akte der Zeugenschutzdienststelle in einem Verfahren bezieht und damit unterschiedslos ihren vollständigen Informationsbestand, also auch solche Teile, die für die staatsanwaltschaftliche Aufgabenerfüllung nicht erforderlich sind, zum Gegenstand der Informationsübermittlung macht.

12

Solange mit der Möglichkeit der Staatsanwaltschaft zur Anforderung der Akten der Zeugenschutzdienststelle eine Verpflichtung derselben zur uneingeschränkten Einsichtsgewährung korrespondiert, ist hierauf mit einer **umfassenden Unverwertbarkeit** dieser Informationen zu repressiven Zwecken zu reagieren.

13

V. Umfang der Aussagepflicht von Mitarbeitern der Zeugenschutzdienststellen und der Staatsanwaltschaft (Abs. 3 S. 4)

Der einem Genehmigungsvorbehalt unterliegende Umfang der Aussagepflicht von Mitarbeitern der Zeugenschutzdienststellen und der Staatsanwaltschaft markiert in der Hauptverhandlung den **zentralen Konfliktpunkt** zwischen Geheimhaltungsbedürfnissen einerseits und Beschuldigten- und Verteidigungsinteressen und, nicht zuletzt, dem Belang der Wahrheitserforschung andererseits. Dabei lässt sich als Grundsatz formulieren, dass die Ansprüche

14

---
[13] So aber wohl *Mischkewitz*, Staatliches Zeugenschutzprogramm, S. 154.
[14] *Graf* Polizei-heute 2004, 223 (225).
[15] *Mischkewitz*, Staatliches Zeugenschutzprogramm, S. 100.

der Verfahrensbeteiligten auf Auskunft umso weiter reichen, je stärker der Zeugenschutz sich auf die Wahrheitsermittlung auszuwirken vermag. An dieser Stelle wirkt sich aus, dass eine Trennung von zeugenschützender und ermittelnder Polizeiarbeit weder auf organisatorischer noch informationeller Ebene gesetzlich festgeschrieben ist.

15 **1. Beamtenrechtlicher Genehmigungsvorbehalt.** Die Auskunftspflicht besteht nach den allgemeinen beamtenrechtlichen Grundsätzen unter Berücksichtigung des § 54 StPO. Weil es sich bei Zeugenschützern nicht um Ermittlungspersonen der Staatsanwaltschaft, sondern präventiv-polizeilich tätig Beamte handelt, gilt die Regelvermutung, dass Polizeibeamte stets vernommen werden dürfen,[16] sofern ihr Dienstherr nicht angeordnet hat, dass allgemein oder für bestimmte Einzelfälle eine explizite – und nicht nur konkludente[17] – Aussagegenehmigung erforderlich ist, nicht.[18] Vielmehr sind die mit dem Zeugenschutz befassten Personen einer grundsätzlichen Geheimhaltungspflicht unterworfen (vgl. § 3 S. 1). Durchbrochen wird diese Geheimhaltungspflicht von einer **einzelfallbezogenen** Befugnis zur Offenbarung durch eine (vorherige![19]) **Aussagegenehmigung**.[20] Maßgeblich ist das jeweils einschlägige Beamtenrecht. Für Landesbeamte, namentlich also auch LKA-Beamte, gilt nach **§ 37 BeamtStG** (Abdruck, sofern von Bedeutung):

16 § 37 BeamtStG Verschwiegenheitspflicht

(1) Beamtinnen und Beamte haben über die ihnen bei oder bei Gelegenheit ihrer amtlichen Tätigkeit bekannt gewordenen dienstlichen Angelegenheiten Verschwiegenheit zu bewahren. Dies gilt auch über den Bereich eines Dienstherrn hinaus sowie nach Beendigung des Beamtenverhältnisses.

(...)

(3) Beamtinnen und Beamte dürfen ohne Genehmigung über Angelegenheiten, für die Absatz 1 gilt, weder vor Gericht noch außergerichtlich aussagen oder Erklärungen abgeben. Die Genehmigung erteilt der Dienstherr oder, wenn das Beamtenverhältnis beendet ist, der letzte Dienstherr. Hat sich der Vorgang, der den Gegenstand der Äußerung bildet, bei einem früheren Dienstherrn ereignet, darf die Genehmigung nur mit dessen Zustimmung erteilt werden. Durch Landesrecht kann bestimmt werden, dass an die Stelle des in den Sätzen 2 und 3 genannten jeweiligen Dienstherrn eine andere Stelle tritt.

(4) Die Genehmigung, als Zeugin oder Zeuge auszusagen, darf nur versagt werden, wenn die Aussage dem Wohl des Bundes oder eines deutschen Landes erhebliche Nachteile bereiten oder die Erfüllung öffentlicher Aufgaben ernstlich gefährden oder erheblich erschweren würde. ...

(...)

17 Für BKA-Beamte gelten **§§ 67, 68 BBG** (Abdruck, sofern von Bedeutung):

18 § 67 BBG Verschwiegenheitspflicht

(1) Beamtinnen und Beamte haben über die ihnen bei oder bei Gelegenheit ihrer amtlichen Tätigkeit bekannt gewordenen dienstlichen Angelegenheiten Verschwiegenheit zu bewahren. Dies gilt auch über den Bereich eines Dienstherrn hinaus sowie nach Beendigung des Beamtenverhältnisses.

(...)

(3) Beamtinnen und Beamte dürfen ohne Genehmigung über Angelegenheiten nach Absatz 1 weder vor Gericht noch außergerichtlich aussagen oder Erklärungen abgeben. Die Genehmigung erteilt die oder der Dienstvorgesetzte oder, wenn das Beamtenverhältnis beendet ist, die oder der letzte Dienstvorgesetzte. Hat sich der Vorgang, der den Gegenstand der Äußerung bildet, bei einem früheren Dienstherrn ereignet, darf die Genehmigung nur mit dessen Zustimmung erteilt werden.

(...)

---

[16] Vgl. nur Meyer-Goßner/*Schmitt* StPO § 54 Rn. 15.
[17] Näher dazu *Böhm* NStZ 1983, 158 (159).
[18] Näher dazu *Roggan* GA 2012, 434 (438).
[19] *Reich*, BeamtStG, 2009, § 37 Rn. 12.
[20] Vgl. dazu Meyer-Goßner/*Schmitt* StPO § 54 Rn. 16 ff.; KK-StPO/*Senge* StPO § 54 Rn. 13; HK-StPO/ *Gercke* StPO § 54 Rn. 11; SSW-StPO/*Eschelbach* StPO § 54 Rn. 15 ff.; Muster bei *Metzler-Müller ua*, BeamtStG, 2010, S. 328.

§ 68 BBG Versagung der Aussagegenehmigung
(1) Die Genehmigung, als Zeugin oder Zeuge auszusagen, darf nur versagt werden, wenn die Aussage dem Wohle des Bundes oder eines deutschen Landes Nachteile bereiten oder die Erfüllung öffentlicher Aufgaben ernstlich gefährden oder erheblich erschweren würde.
(...)

Die **Aussagegenehmigung** ist unter Berücksichtigung der Zwecke des Zeugenschutzes zu erteilen und **kann ggf. beschränkt** werden.[21] Als Grund für die Verweigerung der Genehmigung können nur Fälle in Betracht kommen, in denen eine Zeugenaussage die künftige Erfüllung der Aufgaben einer Behörde erschwert oder Leben, Gesundheit oder Freiheit von Personen gefährdet wären.[22] So existiert beispielsweise kein umfassendes Offenbarungsgebot über die Arbeitsweise einer Zeugenschutzbehörde.[23] Im Übrigen ist bei der Entscheidung über die Genehmigung eine besonders sorgfältige Abwägung der im Widerstreit stehenden verfassungsrechtlichen Rechtsgüter obligatorisch.[24] Nach der Rechtsprechung des BVerfG gilt, dass es im Rahmen der grundgesetzlichen Kompetenzverteilung grundsätzlich Aufgabe der den Gerichten übertragenen rechtsprechenden Gewalt ist, **frei von Einwirkungen anderer Staatsorgane** selbst darüber zu befinden, welche Beweismittel zur Aufklärung der Sache notwendig sind.[25] Daraus folgt, dass die eigenverantwortliche Entscheidung einer (hier: Zeugenschutz-)Behörde zur Einschränkung des unbeschränkten Zugriffs auf ein Beweismittel an das **Gebot einer Nachvollziehbarkeit für das Gericht** gebunden ist.[26] Eine dem Gericht zu übermittelnde beschränkte Aussagegenehmigung kann sich damit nicht auf allgemeingültige Erörterungen zu Belangen des Zeugenschutzes beschränken, sondern hat einzelfallbezogen schlüssig darzulegen, welche Gründe für die Beschränkung vorliegen.

Zur **Anfechtbarkeit** einer Verweigerung oder Beschränkung einer Aussagegenehmigung vgl. die Kommentierungen zu § 54 StPO.[27]

2. Gegenstände einer Auskunftspflicht. Wegen der unvermeidbaren Wechselwirkung aufgrund fehlender strikter Trennung von Zeugenschutz und ermittelnder Polizeitätigkeit sowie der durch Satz 3 vermittelten Möglichkeit zur Kenntnis der Zeugenschutzakten auf Seiten der Staatsanwaltschaft (→ Rn. 10) muss sich die Auskunftspflicht grundsätzlich auf alle **Sachverhalte** beziehen, die **potentielle Bedeutung für die Wahrheitsermittlung** haben kann. Jede Einschränkung der Auskunftspflicht stellt eine ggf. empfindliche Beeinträchtigung des Gebots zur Wahrheitsforschung dar und kann im Einzelfall zu einem **Verfahrenshindernis** führen.[28]

Gegenstand von zulässigen Fragen an Zeugenschützer oder Staatsanwaltschaft können etwa auf **verfahrenstaktische Zielsetzungen** der Staatsanwaltschaft sowie ihrer Ermittlungspersonen bezogen sein. Dazu zählt auch die Ergründung eines von der herrschenden Auffassung in der Literatur[29] freilich abgelehnte **Rollentauschs**[30] vom Beschuldigten zum Zeugen einschließlich seiner Genese im Einzelfall.[31] Auch die Klärung einer im Einzelfall bestehenden **Gefahr der Förderung von Falschaussagen** gehört zu diesem Problemkreis.[32] Letztere können zu besorgen sein, weil die Aussage des gefährdeten Zeugen „sein"

---

[21] BT-Drs. 14/6467, 10.
[22] *Kugele* in *ders.* (Hrsg.), BeamtStG, 2010, § 37 Rn. 17.
[23] Vgl. etwa BVerfG 26.5.1981 – 2 BvR 215/81, BVerfGE 57, 250 (284 f.).
[24] *Metzler-Müller* ua, BeamtStG, 2010, S. 331.
[25] BVerfG 26.5.1981 – 2 BvR 215/81, BVerfGE 57, 250 (287 f.).
[26] Vgl. dazu auch *Roggan* GA 2012, 434 (439).
[27] Näher etwa → StPO § 54 Rn. 27 ff.; KK-StPO/*Senge* StPO § 54 Rn. 20 f.; Meyer-Goßner/*Schmitt* StPO § 54 Rn. 27 ff.; HK-StPO/*Gercke* StPO § 54 Rn. 22 ff.; SSW-StPO/*Eschelbach* StPO § 54 Rn. 34.
[28] Vgl. insbes. *Kühne* Rn. 827.
[29] Vgl. etwa *Eisenberg* Beweisrecht Rn. 932 ff.; *Kühne* Rn. 803; *Roxin/Schünemann* § 26 Rn. 5, jeweils mwN.
[30] Ausf. *Prittwitz* NStZ 1981, 463 ff.
[31] *Eisenberg* FS Fezer, 2008, 198 ff.
[32] *Eisenberg* FS Fezer, 2008, 200 ff.

Mittel zur Schutzerlangung sein kann (→ § 1 Rn. 7) oder eine einmal getätigte – wie auch immer motivierte – Falschaussage deswegen nicht korrigiert wird, weil sich eine solche Korrektur nicht nur auf den Schutzstatus auswirken kann, sondern auch finanzielle (Rück-)Forderungen der Zeugenschutzdienststelle gemäß § 8 S. 2 ZSHG (vgl. aber dort → § 8 Rn. 9) nach sich ziehen kann. Damit können insbesondere auch die Art sowie die Höhe der einem gefährdeten Zeugen gewährten **Zuwendungen** von Bedeutung sein.[33]

VI. Einvernehmenregelung über Beginn und Ende des Zeugenschutzes (Abs. 4)

23   Mit der Einvernehmensregelung in Satz 1 wird die Staatsanwaltschaft abermals (wie durch das Recht zur Akteneinsicht, → Rn. 10) in den Zeugenschutz einbezogen. Die Gesetzesbegründung geht insofern zu Recht davon aus, dass während eines anhängigen Verfahrens die Entscheidungen über den Zeugenschutz **maßgeblich für die Entwicklung des Verfahrens** sind, für die die Staatsanwaltschaft die Verantwortung trägt. Soll Zeugenschutz in einem eingestellten Ermittlungsverfahren gewährt werden, ist für die Entscheidungen weiterhin das Einvernehmen erforderlich, da ein derartiges Verfahren in der Regel einer Wiederaufnahme zugänglich ist.[34]

24   Der **Begriff des Einvernehmens** ist dem Strafverfahrensrecht im Übrigen fremd und findet in der Strafprozessordnung lediglich im Zusammenhang mit Auskunftsansprüchen (vgl. etwa § 491 Abs. 2 und § 492 Abs. 3 S. 3) Verwendung. Er meint nach allgemeinem Sprachgebrauch „Einigkeit, Übereinstimmung, die auf gegenseitigem Verstehen, auf Verständigungsbereitschaft beruht".[35]

25   Aus der Formulierung zum Einvernehmen wird gefolgert, dass die Sachleitungsbefugnis der Staatsanwaltschaft vom ZSHG unberührt bleibe. Es seien alle wichtigen Entscheidungen im Einvernehmen zwischen Staatsanwaltschaft und Zeugenschutzdienststelle zu treffen.[36] Diese Annahme findet im Wortlaut des Gesetzes indessen keinen Rückhalt, denn dort ist nur von „Beginn" und „Ende" des Zeugenschutzes die Rede. Beschrieben wird damit lediglich ein **Zeitraum**, über den das genannte Einvernehmen herzustellen ist. Es besteht **keine Sachleitungsbefugnis** der Staatsanwaltschaft hinsichtlich des Zeugenschutzes bzw. seiner Ausgestaltung.

26   Nach Satz 2 ist die Staatsanwaltschaft **auch nach rechtskräftigem Abschluss** des Strafverfahrens, das Anlass zu Maßnahmen des Zeugenschutzes gegeben hat, **vor einer Beendigung** des Zeugenschutzes im Wege der vorherigen Unterrichtung zu beteiligen, da ihr Erkenntnisse vorliegen können (zB aus Folgeverfahren), die für diese Entscheidung von wesentlicher Bedeutung sein können.[37]

§ 3 Geheimhaltung, Verpflichtung

¹**Wer mit dem Zeugenschutz befasst wird, darf die ihm bekannt gewordenen Erkenntnisse über Zeugenschutzmaßnahmen auch über den Zeitpunkt der Beendigung des Zeugenschutzes hinaus nicht unbefugt offenbaren.** ²**Personen, die nicht Amtsträger (§ 11 Abs. 1 Nr. 2 des Strafgesetzbuches) sind, sollen nach dem Gesetz über die förmliche Verpflichtung nicht beamteter Personen verpflichtet werden, sofern dies geboten erscheint.**

I. Bedeutung der Vorschrift

1   Ein wirksamer Zeugenschutzes setzt grundsätzlich die Geheimhaltung der Einzelheiten seiner Maßnahmen voraus. Vor diesem Hintergrund sind die Mitarbeiter der Zeugenschutz-

---

[33] *Roggan* GA 2012, 434 (447).
[34] BT-Drs. 14/6467, 10.
[35] Duden, Deutsches Universalwörterbuch, 8. Aufl. 2015, Stichwort „Einvernehmen".
[36] *Soiné/Engelke* NJW 2002, 470 (473); dagegen *Roggan* GA 2012, 434 (437).
[37] BT-Drs. 14/6467, 10.

dienststellen und andere Amtsträger (insbes. der Staatsanwaltschaft) bereits nach dienstrechtlichen Vorschriften zur Verschwiegenheit verpflichtet, so dass **Satz 1** insoweit lediglich **deklaratorische Bedeutung** zukommt.[1]

Von Bedeutung ist hingegen die Verpflichtung zur Geheimhaltung von anderen Personen, zu denen insbesondere **auch die geschützten Personen** gehören. Letztere sind im Sinne der Regelung mit „dem Zeugenschutz befasst".[2] Zu dem zur Geheimhaltung verpflichteten Personenkreis gehören aber auch all jene, die als andere Private für Maßnahmen nach diesem Gesetz in Anspruch genommen werden können (näher dazu → § 4 Rn. 13).

II. Zur Geheimhaltung zu verpflichtende Personen (Satz 2)

Der bei → Rn. 2 genannte Personenkreis soll nach **Satz 2** bei Gebotenheit nach dem Verpflichtungsgesetz vom 2.3.1974 (**VerpflG**)[3] verpflichtet werden. Die maßgeblichen Vorschriften lauten:

§ 1 VerpflG

(...)

(2) Die Verpflichtung wird mündlich vorgenommen. Dabei ist auf die strafrechtlichen Folgen einer Pflichtverletzung hinzuweisen.

§ 2 VerpflG

(...)

(2) Wer, ohne Amtsträger zu sein,

(...)

2. auf Grund eines Gesetzes oder aus einem sonstigen Rechtsgrund

zur gewissenhaften Erfüllung seiner Obliegenheiten verpflichtet worden ist, steht einem nach § 1 Verpflichteten gleich, wenn die Voraussetzungen des § 1 Abs. 2 erfüllt sind.

§ 3 S. 2 stellt die in § 2 Abs. 2 Nr. 2 VerpflG verlangte Rechtsgrundlage dar.

Die Zeugenschutzdienststelle hat in der Frage des **Gebotenseins** einer Verpflichtung ein eingeschränktes Ermessen („soll"). Die Gesetzesbegründung geht insofern davon aus, dass die Verpflichtung **bei zu schützenden Personen** regelmäßig geboten sein wird. Bei anderen Personen soll je nach Umfang der Befassung mit Maßnahmen des Zeugenschutzes zu entscheiden sein. Die Bereitschaft sich verpflichten zu lassen ist ein wichtiges Kriterium für die Geeignetheit (näher dazu → § 1 Rn. 22) einer zu schützenden Person.[4]

Die **Strafbarkeit** einer unbefugten Offenbarung von Kenntnissen über Zeugenschutzmaßnahmen ergibt sich für Amtsträger aus § 353b Abs. 1 Nr. 1 StGB, für nach dem Verpflichtungsgesetz verpflichtete Personen aus § 353b Abs. 2 Nr. 2 StGB. Zum diesbezüglichen **Ermächtigungserfordernis** vgl. die Kommentierungen zum StGB.[5]

§ 4 Verwendung personenbezogener Daten

(1) Die Zeugenschutzdienststelle kann Auskünfte über personenbezogene Daten der zu schützenden Person verweigern, soweit dies für den Zeugenschutz erforderlich ist.

(2) ¹**Öffentliche Stellen sind berechtigt, auf Ersuchen der Zeugenschutzdienststelle personenbezogene Daten der zu schützenden Person zu sperren oder nicht zu übermitteln.** ²**Sie sollen dem Ersuchen entsprechen, soweit entgegenstehende öffentliche Interessen oder schutzwürdige Interessen Dritter nicht überwiegen.**

---

[1] BT-Drs. 14/6467, 10.
[2] BGH 15.12.2005 – 3 StR 281/04, BGHSt 50, 318 (323 f.).
[3] BGBl. I 469 (547), geändert durch § 1 Nr. 4 des Gesetzes v. 15.8.1974 (ÄndG – BGBl. I 1942).
[4] BT-Drs. 14/6467, 11; vgl. auch *Mischkewitz*, Staatliches Zeugenschutzprogramm, S. 156.
[5] Insbes. MüKoStGB/*Graf* StGB § 353b Rn. 87 ff.; *Fischer* StGB § 353b Rn. 32 ff.

³Die Beurteilung der Erforderlichkeit der Maßnahme durch die Zeugenschutzdienststelle ist für die ersuchte Stelle bindend.

(3) Die Zeugenschutzdienststelle kann von nicht öffentlichen Stellen verlangen, personenbezogene Daten der zu schützenden Person zu sperren oder nicht zu übermitteln.

(4) Bei der Datenverarbeitung innerhalb der öffentlichen und nicht öffentlichen Stellen ist sicherzustellen, dass der Zeugenschutz nicht beeinträchtigt wird.

(5) Die §§ 161, 161a der Strafprozessordnung bleiben unberührt.

(6) Die öffentlichen und nicht öffentlichen Stellen teilen der Zeugenschutzdienststelle jedes Ersuchen um Bekanntgabe von gesperrten oder sonst von ihr bestimmten Daten unverzüglich mit.

Übersicht

	Rn.		Rn.
I. Verhältnis der Regelung zur StPO	1–4	V. Datenverarbeitung und Zeugenschutz (Abs. 4)	15, 16
II. Auskunftsverweigerung durch Zeugenschutzdienststellen (Abs. 1)	5–8	VI. Suspendierung der Auskunftspflichten auch bei staatsanwaltschaftlichen Auskunftsersuchen (Abs. 5)	17, 18
III. Datenverarbeitungsbeschränkung bei öffentlichen Stellen (Abs. 2)	9–12		
IV. Verpflichtung von nicht öffentlichen Stellen (Abs. 3)	13, 14	VII. Erkennen von Ausspähversuchen (Abs. 6)	19, 20

I. Verhältnis der Regelung zur StPO

1 Die Regelung des § 4 stellt eine **Einschränkung des Legalitätsprinzips** (§§ 152 Abs. 2, 160, 170 StPO) dar, indem sie Auskunftspflichten von staatlichen und privaten Stellen zum Zwecke des Zeugenschutzes – ggf. auch dauerhaft, vgl. § 1 Abs. 4) – suspendiert.¹ Zur Frage, ob diese Suspendierung auch für staatsanwaltschaftliche Auskunftsverlangen gilt vgl. → Rn. 17.

2 Der Klärung bedarf die Frage, wie sich § 4 zur Regelung über die **Sperrerklärungen in § 96 StPO** verhält. Diese kann sich insbesondere stellen, wenn das Bekanntwerden der auch aktuellen Identität einer geschützten Person in Rede steht. Über die Vorschriften des ZSHG hinausgehend kann in analoger Anwendung von § 96 StPO eine Behörde zB die Auskunft über personenbezogene Daten eines behördlich geheim gehaltenen Zeugen insbesondere dann verweigern, wenn die Auskunft die Person in (konkrete) **Lebens- oder Leibesgefahr**² oder die Gefahr des Freiheitsverlustes³ bringen würde oder eine solche Gefahr schon besteht.⁴ Dies gilt auch im **Verhältnis zur sachleitenden Staatsanwaltschaft** in demjenigen Verfahren, in dem die gefährdete Person aussagen soll oder als Zeuge zur Aussage verpflichtet ist. Dort geht § 96 StPO (analog) als bereichsspezifische und vor allem weitergehende Regelung § 4 vor, wenn dessen Voraussetzungen erfüllt sind.⁵

3 Bei einer **Verweigerung einer § 96 StPO-Sperrerklärung** (ggf. mit nachfolgender verwaltungsgerichtlicher Bestätigung) durch die zuständige oberste Dienstbehörde, kann die Zeugenschutzdienststelle hieran jedoch nur insoweit gebunden sein, als sie einen „**Teilschutz**" mittels ZSHG-Maßnahmen gleichwohl gewähren darf. Dies muss jedenfalls dann gelten, wenn die Zeugenschutzdienststelle im Einzelfall (neben den genannten Gefahren für die Person) auch eine Gefahr für wesentliche Vermögenswerte (vgl. § 1 Abs. 1) bejaht. Letztere könnte eine Sperrerklärung nach § 96 StPO nicht rechtfertigen, wohl aber

---

¹ Ebenso *Hilger* FS Gössel, 2002, 607.
² Vgl. etwa BGH 5.12.1984 – 2 StR 526/84, BGHSt 33, 83 (92); KK-StPO/*Greven* StPO § 96 Rn. 22; HK-StPO/*Gercke* StPO § 96 Rn. 10; SK-StPO/*Wohlers/Greco* § 96 Rn. 26.
³ *Hilger* NStZ 1992, 523 (524).
⁴ Zusammenfassend zu diesem Problemkreis *Siegismund*, Schutz gefährdeter Zeugen, S. 113.
⁵ *Hilger* FS Gössel, 2002, 610; *Siegismund*, Schutz gefährdeter Zeugen, S. 113.

Verwendung personenbezogener Daten 4–10 § 4 ZSHG

eine solche nach dem ZSHG.⁶ Dann bleibt es im Sinne eines effektiven Zeugenschutzes bei den nach § 4 vorgesehenen Auskunftssperren (→ Rn. 9) bzw. den entsprechenden Ersuchen (→ Rn. 13).

Zur Frage, ob § 4 Abs. 5 als **entgegenstehende Verwendungsregelung** iSd § 160 **4** Abs. 4 StPO anzusehen ist vgl. → Rn. 18.

II. Auskunftsverweigerung durch Zeugenschutzdienststellen (Abs. 1)

Keiner näheren Begründung bedarf die Annahme, dass die Bekanntgabe personenbezoge- **5** ner Daten einer zu schützenden Person den Grad ihrer Gefährdung erhöhen kann. Es besteht deshalb im Wege einer **Ermessensentscheidung** („kann") die Möglichkeit zur Auskunftsverweigerung durch die Zeugenschutzdienststelle, wenn dies aus Gründen des Zeugenschutzes erforderlich ist.

Zu berücksichtigen ist andererseits, dass eine Auskunftsverweigerung im Einzelfall von **6** erheblicher, nachteiliger Bedeutung für die auskunftsersuchende (private oder öffentliche) Stelle sein kann. Es bedarf daher einer **einzelfallbezogenen Abwägung** der widerstreitenden Interessen, bei der die Bedeutung der Auskunft für die ersuchende Stelle ins Verhältnis zu der damit ggf. verbundenen Erhöhung der Gefährdung der geschützten Person zu setzen sein wird. Auch wird die Möglichkeit zur sicheren „Abschottung" der Daten beim Empfänger zu berücksichtigen sein.

Bei der Verweigerung einer Auskunft an einen (privaten) Dritten handelt es sich um **7** einen belastenden **Verwaltungsakt, der zu begründen** ist. Es ist also nicht ausreichend, die Auskunft zB „unter Hinweis auf § 4 Abs. 1 ZSHG" zu verweigern oder lediglich den Gesetzestext zu paraphrasieren. Vielmehr sind so weit wie möglich die Tatsachen darzulegen, die zu der ablehnenden Entscheidung geführt haben.⁷ Eine Auskunftsverweigerung ist im Verwaltungsrechtsweg per **Anfechtungsklage** angreifbar.

Im Hinblick auf das **Verhältnis zur Staatsanwaltschaft** gilt § 2 Abs. 3 S. 3 und Abs. 4 **8** (Akteneinsichtsrecht und Einvernehmensregelung, vgl. → § 2 Rn. 10, 23) abschließend. Bedarf an weitergehenden Regelungen, etwa im Sinne von § 110b Abs. 3 S. 2 StPO, sah der Gesetzgeber nicht.⁸

III. Datenverarbeitungsbeschränkung bei öffentlichen Stellen (Abs. 2)

Die generalklauselartige Regelung in **Satz 1** befugt öffentliche Stellen (vgl. § 2 Abs. 1– **9** 3 BDSG) zur **Sperrung** von (die zu schützenden Personen betreffenden) Daten und gestattet, diese nicht an andere (öffentliche und nicht-öffentliche) Stellen zu übermitteln. Erfasst ist von dieser Möglichkeit auch der Ausschluss eines automatisierten Datenabrufs.⁹ Gegenstand einer Datensperrung sind **Daten in öffentlichen Dateien und Registern,** wie zB Melde-, Personalausweis-, Pass-, Personenstands-, Fahrerlaubnis- und Fahrzeugregistern.¹⁰ Diese kann in zeitlicher Hinsicht im Einzelfall (fast) lebenslang erforderlich sein.¹¹

Die **Begriffe** des Sperrens und der (Nicht-)Übermittlung entsprechen dem allgemeinen **10** datenschutzrechtlichen Verständnis. Hiernach ist das **Sperren** das Kennzeichnen gespeicherter personenbezogener Daten, um ihre weitere Verarbeitung oder Nutzung einzuschränken (vgl. § 3 Abs. 4 Nr. 4 BDSG). Daraus folgt, dass diese nur noch bei Vorliegen eines gesetzlichen Erlaubnistatbestands oder Einwilligung (ggf. beschränkt) nutzbar sind.¹² Eine (nach Abs. 2 ggf. unterbleibende) **Übermittlung** meint das Bekanntgeben gespeicherter oder durch Datenverarbeitung gewonnener personenbezogener Daten an einen Dritten in der

---

[6] *Hilger* FS Gössel, 2002, 611.
[7] Vgl. etwa *Roggenkamp* in Plath (Hrsg.), BDSG, Kommentar, 2013, § 19 Rn. 24 (Verweigerung der Auskunft an den Betroffenen).
[8] BT-Drs. 14/6467, 11.
[9] *Soiné/Engelke* NJW 2002, 470 (474).
[10] BT-Drs. 14/6467, 11.
[11] *Mischkewitz,* Staatliches Zeugenschutzprogramm, S. 110 f.
[12] Näher dazu *Plath/Schreiber* in Plath (Hrsg.), BDSG, Kommentar, 2013, § 3 Rn. 48 ff.

Weise, dass die Daten an den Dritten weitergegeben werden oder der Dritte zur Einsicht oder zum Abruf bereitgehaltene Daten einsieht oder abruft (§ 3 Abs. 4 Nr. 3 BDSG).[13]

11 **Satz 2** schränkt das Ermessen der öffentlichen Stellen bei der Entscheidung über eine Datensperrung oder einer Übermittlungsverweigerung im Wege einer **Soll-Vorschrift** ein,[14] knüpft dies aber („soweit") an nicht entgegenstehende öffentliche Interessen oder schutzwürdige Interessen Dritter. Es bedarf mithin der (einzelfallbezogenen) Begründung, warum eine Datensperrung nicht oder Datenübermittlung erfolgen soll.

12 Die Regelung in **Satz 3,** wonach die Beurteilung der Erforderlichkeit der Datensperrung oder Nicht-Übermittlung durch die Zeugenschutzdienststelle für die ersuchte Stelle bindend ist, entlastet letztere insoweit. Das **Verhältnis** zwischen der **Zeugenschutzdienststelle** und anderen öffentlichen Stellen bestimmt sich nach den Regeln der **Amtshilfe,** soweit nicht das Gesetz Besonderes bestimmt.[15]

IV. Verpflichtung von nicht öffentlichen Stellen (Abs. 3)

13 Anders als die Bestimmung zu öffentlichen Stellen gestaltet die Generalklausel des Abs. 3 die Verarbeitung von Daten bei **nicht öffentlichen Stellen** (§ 2 Abs. 4 BDSG) als **Verbot** aus, wenn eine Zeugenschutzdienststelle dies verlangt. Sie besitzen mithin keinen Beurteilungsspielraum.[16] Diese Möglichkeit zur Verpflichtung ist als notwendig zu betrachten, weil gerade im privaten Bereich eine umfangreiche Datenverarbeitung stattfindet. Deshalb können beispielsweise **Versicherungen, Banken, Versorgungsunternehmen**[17] (Elektrizität etc), namentlich aber auch **TK-Diensteanbieter**[18] verpflichtet werden. Kontakte mit der geschützten Person sollen damit nur über die Zeugenschutzdienststelle möglich sein, wie sich insbesondere aus § 9 Abs. 2 ergibt.[19]

14 Zu den Begriffen des Sperrens sowie des Übermittelns von Daten vgl. → Rn. 10.

V. Datenverarbeitung und Zeugenschutz (Abs. 4)

15 Die Regelung ergänzt die Abs. 2 und 3 für den Bereich der internen Datenverarbeitung im Sinne einer Verpflichtung der öffentlichen und nicht öffentlichen Stellen.[20] Damit stellt sich die Frage, wie weit die bei → Rn. 13 genannten, privaten Unternehmen durch **technische, personelle und organisatorische Maßnahmen** dafür Sorge zu tragen haben, dass der Zweck der Auskunftssperren nicht beeinträchtigt wird. Namentlich bei Unternehmen mit „Massengeschäften" düfte es schon aus Gründen der Vertragsdurchführung regelmäßig aber unmöglich sein, den Kreis der Zugriffsberechtigten so weit einzuschränken, dass das Risiko insoweit minimiert wird. Überdies kann eine Kennzeichnung die Auffälligkeit von bestimmten Bestandsdaten etc nachgerade erst erhöhen und damit in Widerstreit mit dem eigentlichen Zweck von Auskunftssperren etc geraten.

16 Vor diesem Hintergrund werden nicht öffentliche Stellen die **Vorgänge in ihrer Datenverarbeitung** gegenüber einer Zeugenschutzdienststelle **transparent zu machen** haben bzw. ggf. darauf hinzuweisen, dass ein (ggf. erneuter) Vertragsabschluss unter einer Tarnidentität (vgl. § 5 Abs. 3) den effektisten Schutz einer gefährdeten Person ermöglicht. Dies kann die Unternehmen freilich nicht von der Pflicht entbinden, in personeller Hinsicht dafür Sorge zu tragen, dass lediglich ausgewählte, spezifisch geschulte Mitarbeiter als Ansprechpartner für Zeugenschutzdienststellen in Betracht kommen.

---

[13] Näher dazu *Plath/Schreiber* in *Plath* (Hrsg.), BDSG, Kommentar, 2013, § 3 Rn. 44 ff.
[14] Vgl. auch *Weyand,* Schutzinteressen des gefährdeten Zeugen, S. 81.
[15] BT-Drs. 14/6467, 11.
[16] *Hilger* FS Gössel, 2002, 609; vgl. auch *Weyand,* Schutzinteressen des gefährdeten Zeugen, S. 82.
[17] *Soiné/Engelke* NJW 2002, 470 (474).
[18] BT-Drs. 14/6467, 11.
[19] Vgl. auch *Siegismund,* Schutz gefährdeter Zeugen, S. 108.
[20] BT-Drs. 14/6467, 11.

VI. Suspendierung der Auskunftspflichten auch bei staatsanwaltschaftlichen Auskunftsersuchen (Abs. 5)

Die Regelung bestimmt die Unberührtheit der staatsanwaltschaftlichen Ermittlungsverpflichtung sowie der Befugnis zur Zeugenbefragung. Die Gesetzesbegründung meint, dass der Hinweis auf die §§ 161, 161a StPO deutlich mache, dass die Einschränkungen des § 4 im Verhältnis zur sachleitenden Staatsanwaltschaft nicht gelten.[21] Das ist insofern missverständlich, als die Vorschrift suggerieren könnte, dass bei sämtlichen staatsanwaltschaftlichen Auskunftsverlangen nach § 161 StPO, also auch solchen, die nicht im Zusammenhang mit dem den Zeugenschutz „auslösenden" Verfahren stehen, die Auskünfte auch erteilt werden müssen. Dem ist nicht so. Tatsächlich meint das Gesetz, dass **ausschließlich die das anlassgebende Verfahren sachleitend führende Staatsanwaltschaft** uneingeschränkt Auskunft über personenbezogene Daten über die gefährdete Person von denen in Abs. 2 und 3 genannten Stellen verlangen kann.[22] Für andere staatsanwaltschaftliche (und sonstige) Auskunftsersuchen bleibt es damit bei einer Suspendierung der Auskunftspflichten und damit einer Beeinträchtigung des Legalitätsprinzips (vgl. → Rn. 1).

17

Aus dem Gesagten ergibt sich auch, dass § 4 insgesamt eine **entgegenstehende Verwendungsregelung** im Sinne des § 160 Abs. 4 StPO und danach auch von § 477 Abs. 2 StPO darstellt. Ungeachtet ihres (ungenauen, → Rn. 17) Wortlauts kann sie also einer Beauskunftung **in anderen Verfahren und aus solchen** gemäß §§ 161, 161a und den Regelungen nach §§ 474 ff. StPO entgegenstehen.[23] Jedoch wird bei der Prüfung einer im Hinblick auf § 4 Abs. 2 möglicherweise zu verweigernden Auskunft zu berücksichtigen sein, dass Abs. 2 S. 2 diese nicht ausnahmslos untersagt. Vielmehr können die dort genannten öffentlichen Interessen oder schutzwürdigen Interessen Dritter (zu denen beispielsweise Beschuldigte in anderen Verfahren zählen können) eine Auskunft durchaus erlauben. Zielführend ist bei der **Begründung von Auskunftsersuchen** deshalb, dass auf das die Zeugenschutzbelange überwiegende Interesse der Allgemeinheit und ggf. des Beschuldigten hingewiesen wird.[24] Diese Erwägungen sind von der ersuchten Stelle dann bei der gebotenen Interessenabwägung zu berücksichtigen.

18

VII. Erkennen von Ausspähversuchen (Abs. 6)

Die Regelung verpflichtet öffentliche und nicht öffentliche Stellen zur Mitteilung von möglichen Versuchen, bspw. den aktuellen Aufenthaltsort von gefährdeten Personen zu ermitteln. Diese Verpflichtung soll damit dem Erkennen und Verhindern von Ausspähversuchen dienen.[25] Daneben ermöglicht sie der Gesetzesbegründung zufolge der Zeugenschutzdienststelle aber auch, ihre Rolle bei der Durchsetzung von Ansprüchen Dritter gegen die zu schützende Person wahrzunehmen.[26]

19

Mit Blick auf die möglichen Folgen einer Nichtweitergabe von Informationen prüft die Zeugenschutzdienststelle in jedem Einzelfall, ob eine Weitergabe erfolgen kann oder ob eine zeitlich befristete Datensperre in Betracht kommt.

20

§ 5 Vorübergehende Tarnidentität

(1) ¹Öffentliche Stellen dürfen auf Ersuchen der Zeugenschutzdienststelle für eine zu schützende Person Urkunden oder sonstige Dokumente zum Aufbau oder zur Aufrechterhaltung einer vorübergehend geänderten Identität (Tarndokumente) mit den von der Zeugenschutzdienststelle mitgeteilten Daten herstellen

---

[21] BT-Drs. 14/6467, 11.
[22] *Hilger* FS Gössel, 2002, 608.
[23] *Hilger* FS Gössel, 2002, 608.
[24] *Hilger* FS Gössel, 2002, 609.
[25] *Soiné/Engelke* NJW 2002, 470 (474).
[26] BT-Drs. 14/6467, 11.

oder vorübergehend verändern sowie die geänderten Daten verarbeiten. ²Sie sollen dem Ersuchen entsprechen, soweit entgegenstehende öffentliche Interessen oder schutzwürdige Interessen Dritter nicht überwiegen. ³Die Beurteilung der Erforderlichkeit der Maßnahme durch die Zeugenschutzdienststelle ist für die ersuchte Stelle bindend. ⁴Für Zwecke des Satzes 1 dürfen Eintragungen in Personenstandsregister nicht vorgenommen werden. ⁵Personalausweise und Pässe dürfen nicht für Personen ausgestellt werden, die nicht Deutsche im Sinne von Artikel 116 des Grundgesetzes sind.

(2) Die Zeugenschutzdienststelle kann von nicht öffentlichen Stellen verlangen, für eine zu schützende Person Tarndokumente mit den mitgeteilten Daten herzustellen oder zu verändern sowie die geänderten Daten zu verarbeiten.

(3) Die zu schützende Person darf unter der vorübergehend geänderten Identität am Rechtsverkehr teilnehmen.

(4) Die Absätze 1 bis 3 gelten in Bezug auf Bedienstete von Zeugenschutzdienststellen entsprechend, soweit dies zur Erfüllung ihrer Aufgaben unerlässlich ist.

Übersicht

	Rn.		Rn.
I. Einleitung	1–7	III. Verpflichtung von nicht öffentlichen Stellen (Abs. 2)	18, 19
II. Herstellung und Veränderung von Dokumenten (Abs. 1)	8–17	IV. Teilnahme am Rechtsverkehr (Abs. 3)	20, 21
1. Zweck der Vorschrift	8–10		
2. Verhältnismäßigkeit und Bestimmtheitsgrundsatz	11–15	V. Geltung „in Bezug" auf Bedienstete von Zeugenschutzdienststellen (Abs. 4)	22, 23
3. Keine Tarnpapiere für ausländische Staatsbürger	16, 17		

I. Einleitung

1   Die Ansicht, das Ausstellen von Tarnpapieren sei in der StPO zu regeln,[1] machte sich der Gesetzgeber ausweislich der Aufnahme der Bestimmung in das ZSHG nicht zu eigen. Tatsächlich ist der **Standort der Regelung** angesichts des engen Sachzusammenhangs mit anderen zeugenschützenden Maßnahmen und damit der Zeugenschutzdienststellen nicht zu beanstanden. Insbesondere hat die Maßnahme auch nur insoweit einen Einfluss auf das Strafverfahren, als die dortigen Beteiligten über die vorübergehend die Person kennzeichnenden Angaben im Unklaren bleiben. Das grundsätzliche Bedürfnis einer solchen **Einschränkung der Wahrheitsermittlung** erkennt die StPO nach § 68 Abs. 3 selber ausdrücklich an.[2] Zu dessen Verhältnis zu § 10 dort → § 10 Rn. 15 ff.

2   Die Regelung ist neben anderen Befugnissen nach diesem Gesetz ein zentraler Bestandteil eines im Einzelfall erforderlichen **Abschottungssystems,** die schon aus Verhältnismäßigkeitsgründen nur in besonders zu begründenden Einzelfällen Anwendung finden sollte (näher → Rn. 11 f.).

3   Schon im Rahmen von früheren Gesetzgebungsverfahren wurde die Forderung erhoben, gefährdete Personen (vorübergehend) mit sog. „Tarnpapieren" ausstatten zu dürfen, um deren **wahre Identität verschleiern** zu können.[3] Bereits bei diesen Anlässen wurde erwogen, auch Änderungen in Personenstandsregistern zu erlauben.[4] Das wäre schon deswegen konsequent gewesen, weil **§ 68 Abs. 3 StPO** ausdrücklich von **früheren Identitäten,** mithin von einer zum Zeitpunkt der Vernehmung nicht mehr existierenden, spricht (vgl. zu diesem Problemkreis auch → § 10 Rn. 4). Seinerzeit wurde hiervon abgesehen, weil eine Einsicht in ein Personenstandsbuch oder die Personenstandsurkunden die frühere Identität

---

[1] *Soiné/Soukup* ZRP 1994, 466 (468 f.).
[2] Näher dazu HK-StPO/*Gercke* StPO § 68 Rn. 18 ff.; vgl. auch KK-StPO/*Senge* StPO § 68 Rn. 8 f.
[3] Ausf. dazu *Zacharias,* Der gefährdete Zeuge, S. 174 f.
[4] BT-Drs. 12/989, 48; vgl. auch *Zacharias,* Der gefährdete Zeuge, S. 164.

unvermeidbar offenbaren würden. Selbst bei der Eintragung von Sperrvermerken könnten kriminelle Organisationen über persönliche Zugänge zu Bediensteten entsprechender Behörden Gelegenheit finden, sich die gewünschten Informationen zu verschaffen.[5] Vor diesem Hintergrund ist es richtig, eine **Beeinträchtigung in den öffentlichen Glauben an die Richtigkeit der Personenstandsregister** für nicht gerechtfertigt zu halten.[6] Dieser Gedanke spiegelt sich in Abs. 1 S. 4 wider.

Das **Verbot der Änderung von Personenstandsregistern** steht damit auch dem Aufbau von neuen Identitäten entgegen. Die Forderung, auch die Ausstellung von neuen Geburtsurkunden, Familienstammbüchern, ärztlichen Zeugnissen etc zu ermöglichen,[7] hat sich der Gesetzgeber mithin nicht zueigen gemacht. Die Regelung zu den Tarnidentitäten ist deshalb als ausschließlich **vorübergehende Maßnahme** ausgestaltet. *De lege lata* ist die Verleihung einer **neuen Identität gesetzeswidrig**; damit machen sich die Beteiligten (Täter und Teilnehmer), die Standesbücher fälschen oder darum ersuchen, nach § 348 StGB, auch iVm §§ 26, 27 StGB **strafbar**.

Mit der Möglichkeit zur vorübergehenden Nutzung von Tarnpapieren wird **keine neue Identität** erworben.[8] Eine von vornherein geplante, dauerhafte Veränderung der Identität, wie sie gelegentlich praktiziert werden soll,[9] ist demnach rechtswidrig. Jedoch kann bei der Frage einer Einziehung von Tarnpapieren im Einzelfall eine besonders sorgfältige Verhältnismäßigkeitsprüfung vorzunehmen sein (u. → § 6 Rn. 6). Nicht ausgeschlossen ist auch, dass **nach dem Ende der ZSHG-Maßnahmen** (und damit außerhalb des Regelungsregimes des ZSHG) eine Änderung von Personenstandsregistern mit den Daten der Tarnidentität vorgenommen wird (**„nachholende Identitätsänderung"**). Diese Maßnahme muss in den Personenstandsbüchern dann aber nachvollziehbar dokumentiert werden.

Bei der Herstellung von objektiv falschen Identitätspapieren handelt es sich nicht nur um einen Eingriff in die Rechtssphäre derjenigen Bürger, die mit der unter vorübergehend verschleierter Identität lebenden Person geschäftlich verkehren (→ Rn. 11), sondern tatbestandlich auch um **Urkundsdelikte** (§§ 267, 269, 271, insbes. 275, 276 und 348 StGB) sowie die Verleitung von Untergebenen zu einer Straftat (§ 357 StGB). Tatbestandlich **nicht erfüllt** ist ein **Missbrauch von Ausweispapieren** (§ 281 StGB), weil das Ausweispapier für die gefährdete Person ausgestellt ist.

Bei § 5 handelt es sich um einen **Rechtfertigungsgrund** bzw. Erlaubnistatbestand, der die Strafbarkeit der Mitarbeiter in den öffentlichen (Abs. 1 S. 1) und nicht öffentlichen (Abs. 2) Stellen entfallen lässt, sofern die Voraussetzungen für diese die gefährdete Person schützende Maßnahme (objektiv) gegeben sind. Eine ggf. bestehende Fehlvorstellung (etwa bei „erschlichenem" Zeugenschutz) ist als Erlaubnistatbestandsirrtum zu behandeln (§ 16 StGB analog).

II. Herstellung und Veränderung von Dokumenten (Abs. 1)

1. Zweck der Vorschrift. Nach der Gesetzesbegründung erweist sich zum Zwecke eines wirksamen Zeugenschutzes häufig der **Aufbau einer Tarnidentität** als unverzichtbar. Hierfür sind auch und vor allem Dokumente mit Tarnpersonalien erforderlich. Dies erlaubt es, die zu schützenden Personen mit Urkunden und Nachweisen auszustatten, mit denen die für die Tarnung angenommenen Lebensläufe nachvollzogen werden können. Tatsächlich kann dies zB für die Aufnahme von Arbeitsverhältnissen oder für die Ein- oder Umschulung

---

[5] Vgl. hierzu auch *Soiné/Soukup* ZRP 1994, 466 (467).
[6] BT-Drs. 12/989, 60.
[7] So etwa ein Beschluss der *ASJ-Bundeskonferenz* RuP 1993, 237 (238).
[8] So wohl auch *Mischkewitz*, Staatliches Zeugenschutzprogramm, S. 160 („(k)eine vollständige Identitätsänderung"); aA wohl *Hilger* FS Gössel, 2002, 614 („neue Identität nach dem ZSHG"); vgl. auch BVerwG 13.1.2016 – 1 A 2/15, juris Rn. 23; BVerwG 7.1.2016 – 1 A 3/15, juris Rn. 29.
[9] So *Siegismund*, Schutz gefährdeter Zeugen, S. 74.

von Kindern erforderlich sein. In dieses **„System der Abschottung"** müssten auch die für die Tarnidentität bedeutsamen Dateien und Register mit einbezogen werden.[10]

9 Die als **Generalklausel** ausgestaltete Regelung des Abs. 1 findet im besonderen Anwendung auf **Dokumente,** wie zB Personalausweis, Reisepass, Führerschein, Haftentlassungsschein, Lohnsteuerkarte oder Zeugnisse sowie die entsprechenden Dateien und Register. Dies macht – so wiederum die Gesetzesbegründung – Änderungen von Spezialgesetzen entbehrlich.[11]

10 Der **Anwendungsbereich** der Vorschrift dürfte hauptsächlich im Schutz von solchen Personen liegen, die selber in Taten verstrickt waren **(Kronzeugen)** oder sich sonst in kriminogenen Szenen bewegen und den Strafverfolgungsorganen Informationen verschaffen **(V-Leute).** Auch deren Angehörige (vgl. → § 1 Rn. 8) kommen als durch vorübergehend verschleierte Identitäten zu schützende Personen in Betracht. Selten dürfte die Maßnahme bei völlig unbeteiligten Personen Anwendung finden, die zufällig Zeugen einer Straftat wurden und wegen einer Aussage mit unkalkulierbaren Reaktionen des Täters oder Täterkreises rechnen müssen.[12] Insofern ist die Annahme nicht fernliegend, dass solche „klassischen Zeugen" in Zeugenschutzverfahren (→ § 1 Rn. 1) eher zu den Ausnahmeerscheinungen zählen dürften.[13] **Keine Anwendung** findet § 5 auf Verdeckte Ermittler (VE), insoweit ist § 110a Abs. 3 StPO *lex specialis*.[14]

11 **2. Verhältnismäßigkeit und Bestimmtheitsgrundsatz.** Unabhängig von einem gesetzlich ohnehin verlangten Einverständnis der betroffenen Personen (vgl. § 1) handelt es sich bei der Identitätsveränderung um einen schwerwiegenden Eingriff in die Rechtssphäre sämtlicher Bürger, denen die auf diese Weise geschützte Person gegenübertritt. Namentlich auch Vertragspartner werden über ihr Gegenüber getäuscht. Zwar ist die **Maßnahme** als **vorübergehende** ausgestaltet, dies schließt indessen nicht aus, dass die Tarnidentität uU über mehrere Jahre aufrechterhalten bleibt und damit auch der betroffene Personenkreis unüberschaubar groß sein kann.

12 In Anbetracht der erheblichen Eingriffsintensität begegnet die Vorschrift unter **Bestimmtheitsgesichtspunkten** schon deshalb **erheblichen Bedenken,** weil sie keinerlei tatbestandliche Einschränkung enthält. Namentlich die Befugnis zur Erstellung von Tarndokumenten **(Satz 1)** ist tatbestandslos ausgestaltet und setzt lediglich ein Ersuchen der Zeugenschutzdienststelle voraus. Allenfalls lässt sich in sie die Erforderlichkeit für Zeugenschutzzwecke – wie dies andere Befugnisnormen des ZSHG allerdings ausdrücklich tun (vgl. etwa § 4 Abs. 1) – hineinlesen (vgl. Satz 3: „… Beurteilung der Erforderlichkeit […] ist […] bindend."). Lediglich in der Gesetzesbegründung findet sich der Hinweis, dass es geboten sein könne, Personenstandsurkunden mit Tarndaten für (nur) begrenzte Zwecke auszustellen.[15] Die mangelnde Normbestimmtheit zieht die **Gefahr einer unverhältnismäßigen Anwendungspraxis** nach sich.

13 Diese Bedenken gelten auch für die **Ermessenseinschränkung** in Satz 2, nach der die öffentlichen Stellen dem Ersuchen der Zeugenschutzdienststellen entsprechen sollen,[16] wenn nicht öffentliche Interessen oder schutzwürdige Interessen Dritter überwiegen. Denn wann zB etwa Interessen Dritter überwiegen, lässt sich in Anbetracht des Umstands, dass die Anzahl von getäuschten Vertragspartnern etc vor allem von der Dauer der Nutzung der Tarnpapiere abhängt, zum Zeitpunkt des Herstellens oder Veränderns von Personaldokumenten überhaupt noch nicht beurteilen. Gerade aber die Größe des betroffenen Personenkreises dürfte

---

[10] BT-Drs. 14/6467, 11.
[11] BT-Drs. 14/6467, 11.
[12] *Rebmann/Schnarr* NJW 1989, 1185 (1186 f.); *Soiné/Soukup* ZRP 1994, 466 (468).
[13] So schon der Beschluss der *ASJ-Bundeskonferenz* RuP 1993, 237 (238); ebenso *Soiné/Soukup* ZRP 1994, 466 (468); anders MüKoStPO/*Maier* § 68 Rn. 60.
[14] *Hilger* FS Gössel, 2002, 611; *Siegismund,* Schutz gefährdeter Zeugen, S. 104.
[15] BT-Drs. 14/6467, 11.
[16] *Weyand,* Schutzinteressen des gefährdeten Zeugen, S. 83.

ein nicht unwesentliches Kriterium bei der Frage eines möglichen Überwiegens von entgegenstehenden Interessen Dritter sein.

Schließlich äußert sich die Vorschrift – abgesehen von Abs. 3 – nicht zur Frage der **14** **Nutzbarkeit der Tarnpapiere** durch die gefährdeten Personen. Lediglich der Gesetzesbegründung lässt sich entnehmen, dass der Gefahr eines Missbrauchs der Tarnpapiere dadurch begegnet werden solle, dass diese der gefährdeten Person nur anlassbezogen zu überlassen seien. Insbesondere dürften die Urkunden nicht dazu verwandt werden, Eintragungen in Personenstandsbücher mit Tarndaten zu erwirken.[17] Diese temporäre Einschränkung einer anlassbezogenen Nutzbarkeit von Tarnpapieren findet im Wortlaut der Vorschrift allerdings keinen Rückhalt. Die Regelung des § 6 S. 3 legt es demgegenüber nahe, dass die Tarndokumente der gefährdeten Person erst nach der Beendigung der Zeugenschutzmaßnahmen wieder entzogen werden und diese ihr bis dahin **ohne temporäre Beschränkung** zur Verfügung stehen sollen. Letzteres läge auch im Interesse einer verbliebenen Selbstbestimmtheit der Lebensführung der Betroffenen.

Vor diesem Hintergrund obliegt es dem Gesetzgeber, namentlich zeitliche Grenzen der **15** Tarnidentität zu bestimmen, die Nutzbarkeit der Tarnpapiere durch die gefährdeten Personen ggf. einschränkend festzulegen sowie den Grad und die Dauer der Gefährung der Personen zum Kriterium der Zulässigkeit von Ersuchen der Zeugenschutzdienststellen gegenüber den öffentlichen Stellen zu machen.

3. Keine Tarnpapiere für ausländische Staatsbürger. Satz 5 der Vorschrift untersagt **16** die Ausstellung von Personalausweisen und Pässen für Nichtdeutsche. Nach dem in Bezug genommenen Art. 116 GG kommt damit eine **Tarnidentität nur für deutsche Staatsangehörige,** Status-Deutsche (Abs. 1) sowie unwirksam Ausgebürgerte (Abs. 2 S. 2) in Betracht. Bei ausländischen Staatsangehörigen verbleibt es mithin bei den sonstigen nach dem ZSHG möglichen Zeugenschutzmaßnahmen. Die Gesetzesbegründung äußert sich zur entsprechenden Motivation in dieser Frage nicht. In ersten Entwürfen für ein „Gesetz zur Regelung des Schutzes gefährdeter Zeugen" war noch eine Vorschrift (§ 9 Abs. 2) vorgesehen, nach der die Zeugenschutzdienststelle prüft, ob die notwendigen Maßnahmen (zusammen) mit den zuständigen öffentlichen Stellen des Herkunftslandes unter Beachtung der Zwecke des Zeugenschutzes durchgeführt werden können, wenn Tarndokumente für ausländische Schutzpersonen erforderlich sind.[18]

Unabhängig davon ist zu bedenken, dass es im Einzelfall veranlasst sein kann, einem **17** Zeugen einen ggf. längerfristigen Aufenthalt in Deutschland zu ermöglichen bzw. seine Ausweisung, Auslieferung etc zu verhindern. Hierzu kann auch die vorübergehende Nutzung eines deutschen Personalausweises oder Passes gehören. Betrachtet man – wie die Gesetzesbegründung (→ Rn. 8) – eine vorübergehende Tarnidentität als unverzichtbaren Bestandteil eines wirksamen Zeugenschutzes, so stellt sich die Frage nach der Rechtfertigung eines methodisch beschränkten, **zweitklassigen Zeugenschutzes** bei Nichtdeutschen.[19] Diese Problematik ist vor dem Hintergrund des Schutzanspruchs der gefährdeten Person (staatliche Schutzpflicht!) auch quantitativ von Bedeutung, weil bis zu ca. 60 % aller von Zeugenschutzprogrammen profitierenden Personen Ausländer sind.[20] Die genannten ersten Entwürfe (→ Rn. 16) gingen unter Vermeidung eines **Verstoßes gegen den allgemeinen Gleichheitssatz** (Art. 3 Abs. 1 GG)[21] auch noch wie selbstverständlich davon aus,

---

[17] BT-Drs. 14/6467, 11 f.
[18] BR-Drs. 458/98, Anlage S. 6; BT-Drs. 14/638, 6.
[19] Wie hier *Mischkewitz,* Staatliches Zeugenschutzprogramm, S. 101.
[20] *Mischkewitz,* Staatliches Zeugenschutzprogramm, S. 42 f.; *Siegismund,* Schutz gefährdeter Zeugen, S. 56; ebenso schon die Annahme eines Beschlusses der *ASJ-Bundeskonferenz* in RuP 1993, 237 (239).
[21] Vgl. etwa *Jarass/Pieroth/Jarass* GG Art. 3 Rn. 127; *Osterloh/Nußberger* in *Sachs* (Hrsg.), GG, 7. Aufl. 2014, GG Art. 3 Rn. 297; *Boysen* in v. *Münch/Kunig,* GG, 6. Aufl. 2012, GG Art. 3 Rn. 182; *Bergmann* in *Hömig* (Hrsg.), GG, 10. Aufl. 2013, GG Art. 3 Rn. 26 zur Frage des Verhältnisses von Abs. 1 und Abs. 3 bei Differenzierungen nach der Staatsangehörigkeit.

dass auch für ausländische zu schützende Personen „regelmäßig" Tarndokumente erforderlich seien.[22]

III. Verpflichtung von nicht öffentlichen Stellen (Abs. 2)

18 Die Vorschrift enthält eine **Verpflichtung von nicht öffentlichen Stellen** zur Herstellung oder Veränderung von Dokumenten. Nachvollziehbar geht die Gesetzesbegründung insofern davon aus, dass auch im nicht öffentlichen Bereich Ausweise, Befähigungs- und Leistungsnachweise oder ähnliche Dokumente ausgestellt werden und ein effektiver Zeugenschutz deshalb erfordert, auch den nicht öffentlichen Bereich einzubeziehen.[23]

19 Die Zusammenarbeit mit privaten Stellen setzt allerdings voraus, dass diese als vertrauenswürdig anzusehen sind und den Umstand der Zusammenarbeit mit einer Zeugenschutzdienststelle geheim halten. Ungeachtet der gesetzlichen Verpflichtung wird es deshalb auf eine **Bereitschaft zur vertrauensvollen Kooperation** ankommen.[24] Untunlich erschiene es demgegenüber, etwa im Wege schriftlicher Anweisungen „unwillige" nicht öffentliche Stellen zur Herstellung von Tarndokumenten oder Änderung von echten Dokumenten zu verpflichten. Ein solcher Bescheid wäre wegen seines Charakters als Verwaltungsakt (§ 35 VwVfG) anfechtbar. Eine ggf. verwaltungsgerichtlich zu bewirkende Durchsetzung der Verpflichtung dürfte mit Zeugenschutzbelangen regelmäßig unvereinbar sein.

IV. Teilnahme am Rechtsverkehr (Abs. 3)

20 Die Vorschrift erlaubt die (uneingeschränkte) Teilnahme der geschützten Personen am Rechtsverkehr unter ihrer Tarnidentität. Erst durch diese Nutzbarkeit der Tarnpapiere wird die Beeinträchtigung der öffentlichen Belange (Identitätstäuschung bei Vertragsabschlüssen etc, vgl. → Rn. 11 ff.) virulent. Diese **Außenwirkung der Tarnidentität** dürfte etwa bei Wohnungs- oder PKW-Anmietungen, Kontoeröffnungen bei Geldinstituten oder Eintragungen in öffentliche Bücher und Register zum Tragen kommen.[25] Daneben kommen bei der Verwendung von Qualifikationsnachweisen etc aber auch Arbeitgeber als getäuschte Vertragspartner in Betracht. Deshalb dürfen solche Nachweise von öffentlichen und nicht öffentlichen Stellen **keine inhaltlich unzutreffenden Befähigungen und Leistungen** enthalten. Andersfalls käme eine Strafbarkeit der zu schützenden Person wegen **Anstellungsbetrugs** in Betracht. Bei den Mitarbeitern der Zeugenschutzdienststellen kämen Beteiligungen (§§ 26, 27 StGB) hieran infrage.

21 Im Verhältnis zu allgemeinen Regelungen (zB § 154 AO – Kontenwahrheit) ist Abs. 3 *lex specialis*.[26]

V. Geltung „in Bezug" auf Bedienstete von Zeugenschutzdienststellen (Abs. 4)

22 Nach Abs. 4 gelten die vorstehenden Absätze von § 5 auch „in Bezug" auf Bedienstete von Zeugenschutzdienststellen. Die Vorschrift ist, was ihren Regelungsgehalt angeht, keineswegs eindeutig und damit unter dem Gesichtspunkt der Normenklarheit unbefriedigend. Namentlich kommt ein Verständnis der Regelung in Betracht, wonach auch die Mitarbeiter der **Zeugenschutzdienststellen dazu befugt** sind, **eigenständig Tarnpapiere** herzustellen oder andere Dokumente, Urkunden etc selbst zu verändern und damit einen Rechtfertigungsgrund für die Begehung der og Urkundsdelikte oÄ (→ Rn. 6) besitzen.[27] Die Annahme der Gesetzesbegründung, dass die Regelung (ausschließlich) die Möglichkeit zur vorübergehenden Ausstattung von **Mitarbeitern von Zeugenschutzdienststellen mit**

---

[22] BR-Drs. 458/98, Anlage S. 34; BT-Drs. 14/638, 14.
[23] BT-Drs. 14/6467, 12.
[24] Ähnlich *Soiné/Engelke* NJW 2002, 470 (474).
[25] BT-Drs. 14/6467, 12.
[26] *Siegismund*, Schutz gefährdeter Zeugen, S. 96.
[27] Eine entsprechende Ergänzung des ZSHG fordert *Mischkewitz*, Staatliches Zeugenschutzprogramm, S. 158.

Tarnidentitäten schaffe, ist somit keineswegs zwingend. Das gilt schon deswegen, weil sich der Gesetzgeber gerade nicht für eine (eindeutige!) Formulierung wie im Ursprungsentwurf („Soweit es für die Durchführung einzelner Maßnahmen erforderlich ist, können auch Mitarbeiter der Zeugenschutzdienststelle mit Tarnpapieren ausgestattet werden")[28] entschied, sondern eine unklarere Verweisungsnorm schuf.

Gleichwohl ist die Annahme der Gesetzesbegründung nachvollziehbar, dass ein offenes Auftreten der Zeugenschutzdienststelle das Interesse Dritter wecken und damit das Risiko für die zu schützende Person oder die Angehörigen der Zeugenschutzdienststelle erhöhen könnte.[29] Solange der Gesetzgeber nicht für eine Klarstellung sorgt, sind beide Verständnisse des Regelungsgehalts von Abs. 4 anzuerkennen. 23

§ 6 Aufhebung von Maßnahmen des Zeugenschutzes

¹Wird der Zeugenschutz insgesamt beendet oder sind einzelne Maßnahmen nicht mehr erforderlich, unterrichtet die Zeugenschutzdienststelle unter Berücksichtigung der Belange des Zeugenschutzes die beteiligten öffentlichen und nicht öffentlichen Stellen. ²Öffentliche Stellen heben die nach den §§ 4 und 5 getroffenen Maßnahmen auf. ³Die Zeugenschutzdienststelle zieht Tarndokumente ein, deren Verwendung nicht mehr erforderlich ist.

I. Allgemeines

Die Vorschrift hat nicht etwa die Voraussetzungen einer Beendigung von Zeugenschutzmaßnahmen zum Gegenstand (diese sind in § 1 Abs. 4 abschließend geregelt, vgl. → § 1 Rn. 27), sondern bestimmt ihre **Konsequenzen**. Die Betitelung ist daher als missverständlich anzusehen. Richtiger müsste sie mit „Folgen einer Aufhebung von Maßnahmen des Zeugenschutzes" oÄ bezeichnet sein. Die Gesetzesbegründung spricht deswegen auch nur davon, dass im Interesse der Rechtsklarheit die praktischen Vorkehrungen, die sich **nach Aufhebung von Zeugenschutzmaßnahmen** oder nach Beendigung des Zeugenschutzes insgesamt ergäben, zumindest für öffentliche Stellen festzulegen seien.[1] 1

Die Vorschrift hat die **Rückabwicklung** des um die gefährdete Person herum errichteten Abschottungssystems zum Gegenstand. Weil die Aufhebung von einzelnen Schutzmaßnahmen sowie die Beendigung des Zeugenschutzes insgesamt eine für den Betroffenen belastende Wirkung haben kann, sind diese aufhebenden Maßnahmen als Verwaltungsakte anzusehen und daher für ihn **anfechtbar**. Einschlägig ist insoweit der **Verwaltungsrechtsweg** (näher → § 1 Rn. 28). 2

II. Bedingte Verpflichtung zur Unterrichtung (Satz 1)

Im Zuge der **Rückabwicklung des Abschottungssystems** hat die Zeugenschutzdienststelle die involvierten öffentlichen und nicht öffentlichen Stellen zu unterrichten, soweit Zeugenschutzbelange nicht entgegenstehen. Die **Berücksichtigung der Zeugenschutzbelange** kann beispielsweise bedeuten, dass Sperrvermerke aufrechterhalten bleiben sollen oder die Zeugenschutzdienststelle weiterhin bei der Abwicklung von Geldtransaktionen unterstützend tätig wird. 3

III. Aufhebung von Maßnahmen durch öffentliche Stellen (Satz 2)

Öffentliche Stellen werden auf Ersuchen der Zeugenschutzdienststellen tätig, namentlich durch die Sperrung von Daten über die gefährdete Person (§ 4 Abs. 2). Durch die Vorschrift werden diese Stellen verpflichtet, diese **Sperrvermerke zu beseitigen** und damit Bekannt- 4

---

[28] BR-Drs. 458/98, Anlage S. 5.
[29] BT-Drs. 14/6467, 12; ohne Problematisierung der Frage *Sigismund*, Schutz gefährdeter Zeugen, S. 96.
[1] BT-Drs. 14/6467, 12.

gabeersuchen (§ 4 Abs. 6) wieder zu entsprechen. Sofern die im Rahmen einer Tarnidentität geänderten Daten verarbeitet wurden, so sind diese falschen Daten, namentlich in Registern,[2] zu **berichtigen**. Die Einziehung von Tarnpapieren obliegt aber nicht den ausstellenden Behörden, sondern der Zeugenschutzdienststelle (Satz 3).

5   Im Gegensatz zu den öffentlichen Stellen werden **nicht öffentliche Stellen,** also etwa Versicherungen, Banken, Versorgungsunternehmen etc (→ § 4 Rn. 13), **nicht** zur Berichtigung von verarbeiteten „Tarndaten" (§ 5 Abs. 2) verpflichtet. Diese Korrekturen liegen somit in deren Entscheidungshoheit.

IV. Einziehung von Tarndokumenten

6   Die Einziehung von Tarndokumenten obliegt den Zeugenschutzdienststellen. Sofern man eine Tarnidentität als wichtigen Baustein eines Abschottungssystems ansieht oder diese gar für regelmäßig unverzichtbar erachtet (→ § 5 Rn. 8), kann die Entziehung der Tarnpapiere für die Betroffenen ggf. eine **erheblich belastende Maßnahme** darstellen. Mit dieser Einziehung endet namentlich auch die Möglichkeit, unter der geänderten Identität am Rechtsverkehr teilzunehmen (vgl. § 5 Abs. 3). Damit einhergehend sind sie gezwungen, ihre wahre Identität gegenüber Geschäftspartnern, einem neuen sozialen Umfeld etc und damit nicht zuletzt den Umstand ihrer Aufnahme in ein Zeugenschutzprogramm zu offenbaren. Hierdurch können ggf. nur schwer erklärbare Brüche im Lebenslauf entstehen, die durch diese Manifestation des Endes ihres Schutzes bewirkt werden.[3] Je nach Dauer der Tarnidentität und des Umfangs der identitätsverändernden Maßnahmen wird deshalb im Einzelfall einer Einziehung von Tarnpapieren eine **besonders strenge Verhältnismäßigkeitsprüfung** vorangehen müssen. Diese kann dazu führen, dass die Personaldokumente etc dauerhaft bei der ehemals gefährdeten Person verbleiben und ihr damit zur Verfügung stehen. Der hierin liegende Widerspruch zu der Intention von § 5, der von einer lediglich vorübergehend geänderten Identität ausgeht, kann dann in Kauf zu nehmen sein. Namentlich besteht die Möglichkeit, auf eine Einziehung zu verzichten und der ehemals gefährdeten Person eine **Identitätsänderung mit den Daten der Tarnidentität** zu ermöglichen (→ § 5 Rn. 5).

§ 7 Ansprüche gegen Dritte

(1) Ansprüche der zu schützenden Personen gegen Dritte werden durch Maßnahmen nach diesem Gesetz nicht berührt.

(2) ¹Soweit es zur Sicherung von Ansprüchen der zu schützenden Person gegenüber öffentlichen Stellen erforderlich ist, setzt die Zeugenschutzdienststelle diese über die Aufnahme in den Zeugenschutz in Kenntnis. ²Die Zeugenschutzdienststelle bestätigt ihnen gegenüber Tatsachen, die zur Entscheidung über den Anspruch von Bedeutung sind.

(3) ¹Wurde eine versicherungspflichtige Beschäftigung oder Tätigkeit einer zu schützenden Person durch Zeugenschutzmaßnahmen unterbrochen oder war eine zu schützende Person durch Zeugenschutzmaßnahmen daran gehindert, Beiträge an die Rentenversicherung zu zahlen, kann sie für die Zeit der Maßnahmen auf Antrag freiwillige Beiträge nachzahlen, sofern diese Zeit nicht bereits mit Beiträgen belegt ist. ²Die nachgezahlten Beiträge gelten als Pflichtbeiträge, wenn durch die Maßnahmen eine versicherungspflichtige Beschäftigung oder Tätigkeit unterbrochen wurde. ³Der Antrag kann nur innerhalb eines Jahres nach Ende der Maßnahmen gestellt werden. ⁴§ 209 des Sechsten Buches Sozialgesetzbuch findet Anwendung.

---

[2] *Siegismund,* Schutz gefährdeter Zeugen, S. 96.
[3] Anschaulich *Siegismund,* Schutz gefährdeter Zeugen, S. 62 ff.

I. Ansprüche gegen Dritte (Abs. 1)

Die Vorschrift dient nach der Gesetzesbegründung der Klarstellung, dass Ansprüche der zu schützenden Personen gegen Dritte, sowohl Private als auch öffentliche Stellen, durch Maßnahmen des Zeugenschutzes nicht berührt werden. Dies bedeutet beispielsweise auch, dass **Zuwendungen der Zeugenschutzdienststelle** nach § 8 sich **nicht anspruchsmindernd** auf Leistungsansprüche auswirken dürfen. Bei solchen Leistungen handelt es sich also nicht um eigene Mittel (vgl. etwa § 27 Abs. 2 S. 1 SGB XII). 1

Die Gewährung **Hilfe zum Lebensunterhalt** richtet sich ausschließlich nach den Leistungsvoraussetzungen des SGB XII und zwar unabhängig davon, ob und inwieweit die anspruchsbegründenden Sachverhalte durch Art und Umfang des Zeugenschutzes bedingt sind.[1] Die bewusste Entscheidung, als Zeuge zur Verfügung zu stehen, gilt damit nicht als verschuldete Herbeiführung oder Aufrechterhaltung einer Unterstützungsbedürftigkeit. **Anspruchsgegner** sind die nach § 3 **SGB XII** zuständigen staatlichen Leistungsträger, nicht die in den Zeugenschutz involvierten Polizei- oder Justizbehörden.[2] 2

II. Mittlerfunktion der Zeugenschutzdienststelle (Abs. 2)

Die Vorschrift begründet zugunsten der zu schützenden Person eine Mittlerfunktion in deren Verhältnis zu öffentlichen Stellen. In diesem Zusammenhang ist namentlich auch die **Zuständigkeit für die Unterrichtung von Leistungsträgern** (Satz 1) zu sehen. Die Zeugenschutzdienststelle hat über ihre Mittlerfunktion hinaus gegenüber den Leistungsträgern die Tatsachen darzulegen und zu bestätigen, die für die Prüfung der Leistungsvoraussetzungen der Hilfegewährung benötigt werden (Satz 2). Die Prüf- und Entscheidungskompetenz über die Anspruchsgewährung haben dabei alleine die für die Leistungsgewährung zuständigen Stellen.[3] Ebensowenig trifft die Zeugenschutzdienststelle eine Verpflichtung zur Überprüfung von durch die gefährdete Person bei solchen Stellen eingereichten Unterlagen. Mit der **Bestätigung von Tatsachen** kann auch nur gemeint sein, dass die zeugenschutzrelevanten Umstände gegenüber den öffentlichen Stellen zu bestätigen sind. 3

Soweit erforderlich kann darüber hinaus ein Bediensteter der Zeugenschutzdienststelle als Zustellungsbevollmächtigter benannt werden.[4] Gegenüber den Leistungsträgern ist sie damit als Teil des auch durch andere Regelungen des ZSHG bewirkten Abschottungssystems anzusehen. 4

III. Nachzahlungen an Rentenversicherung (Abs. 3)

Mit der Vorschrift des Absatzes 3 wird die Möglichkeit einer Nachzahlung von Rentenversicherungsbeiträgen für die Zeit der Zeugenschutzmaßnahmen, in denen die zu schützende Person an der Entrichtung von Beiträgen gehindert war, eröffnet.[5] Sie ist § 205 SGB VI nachgebildet, der für entschädigungspflichtige Strafverfolgungsmaßnahmen gilt. 5

Die **Jahresfrist des Satzes 3** gilt ab dem Zeitpunkt der Beendigung „der Maßnahmen". Dabei bleibt aber unklar, ob dabei ausschließlich auf die zeugenschützenden Maßnahmen nach dem ZSHG, oder auch die darüber hinaus gehenden Maßnahmen bei fortbestehender Gefährdung abzustellen ist, die sich nach allgemeinem Gefahrenabwehrrecht richten (vgl. § 1 Abs. 4 S. 2). Die Gesetzesbegründung enthält hierzu keine Hinweise. Während der Wortlaut eher für erstgenannten Zeitpunkt spricht und damit das Ende der ZSHG-Maßnahmen meinen würde, führt eine teleologische Interpretation, die die zu unterstellende Intention des Gesetzgebers (Vermeidung von Schlechterstellungen von zu schützenden Personen) einbeziehet, zu einem Verständnis, wonach das **Ende von sämtlichen Schutzmaßnahmen** 6

---

[1] BT-Drs. 14/6467, 12.
[2] *Soiné/Engelke* NJW 2002, 470 (474).
[3] *Weyand*, Schutzinteressen des gefährdeten Zeugen, S. 85.
[4] BT-Drs. 14/6467, 12.
[5] BT-Drs. 14/6467, 12.

gemeint ist, die die betroffene Person an der Beitragszahlung hindern. Letztere können somit auch solche nach allgemeinem Gefahrenabwehrrecht umfassen. Nur bei einem solchen Verständnis lässt sich auch die Konsequenz vermeiden, dass derjenige, der seiner staatsbürgerlichen Verpflichtung zur Zeugenaussage nachkommt,[6] hierdurch Nachteile erleidet.[7]

§ 8 Zuwendungen der Zeugenschutzdienststelle

[1]Zuwendungen der Zeugenschutzdienststelle dürfen nur in dem Umfang gewährt werden, als dies für den Zeugenschutz erforderlich ist. [2]Sie können insbesondere zurückgefordert werden, wenn sie auf Grund wissentlich falscher Angaben gewährt worden sind.

I. Allgemeines

1 Die Aufnahme in ein Zeugenschutzprogramm kann für die gefährdete Person namentlich auch bedeuten, den Arbeitsplatz aufzugeben und den Wohnort zu wechseln. Hiermit einhergehend können insbesondere auch wirtschaftliche Notlagen verbunden sein, die durch die Zeugenschutzdienststelle als finanzielle oder sonst geldwerte Zuwendungen zu kompensieren sind. Satz 1 schafft daher die Möglichkeit einer **vorübergehenden wirtschaftlichen Unterstützung**.[1] Diese kann auch als Ergänzung zu anderen staatlichen Leistungen gewährt werden, wie sich aus § 7 Abs. 1 ergibt. Danach werden Ansprüche der zu schützenden Person gegen Dritte, wozu auch Leistungsansprüche nach SGB XII oÄ zählen, durch das ZSHG nicht berührt (näher → § 7 Rn. 1). Es ist deswegen unpräzise, Zuwendungen nach § 8 davon abhängig zu machen, dass Leistungen nach § 7 Abs. 2 (überhaupt) nicht zur Verfügung stehen.[2]

2 Als **Arten von Zuwendungen** kommen etwa Darlehen, Ausgleich für Verdienstausfall, andere Überbrückungshilfen sowie berufsvorbereitende Maßnahmen oder Ähnlichem in Betracht.[3] Selbst die Gewährung von **Hilfe zum Lebensunterhalt** (analog § 27 Abs. 1 SGB XII) kann durch die Zeugenschutzdienststelle gewährt werden, wenn diese anderweitig nicht oder vorübergehend nicht zu erlangen ist (Subsidiarität!).[4] Sie müssen andererseits einen Kompensationscharakter im Sinne des Nachteilsausgleichs besitzen.

3 Der **Umfang der Zuwendungen** ist durch ein **relatives Besserstellungsverbot** begrenzt. Die wirtschaftliche Situation der gefährdeten Person soll sich bei einer saldierenden Betrachtung durch die Aufnahme in den Zeugenschutz also nicht grundsätzlich positiv verändern. Es obliegt der Zeugenschutzdienststelle mithin, nicht nur die gefährdungsbezogenen Umstände, sondern auch die wirtschaftlichen Verhältnisse der zu schützenden Person im Sinne ihres **sozio-ökonomischen Status** zu erkunden.

4 Die Zuwendungen nach § 8 sind nach dem Wortlaut der Vorschrift **nicht** etwa in der Weise „gedeckelt", dass die Unterstützung **zu keinerlei sozio-ökonomischer Besserstellung** der zu schützenden Person führen darf.[5] Denn dies schlösse jedwede Unterstützung aus, die als „Plus" nach dem Ende des Zeugenschutzes bei der ehemals gefährdeten Person verbleibt oder vernünftigerweise verbleiben soll. Zu denken ist insoweit beispielsweise an die Ermöglichung von Mobilität (Finanzierung einer Fahrerlaubnis etc) oder auch die Schaffung von sicherer Unterkunft (Wohnung mit bestimmten Schutzvorrichtungen etc).[6] In Fällen von (praxismäßig wohl kaum relevanter) Wohnungslosigkeit ist nicht einmal die

---

[6] BVerfG 1.10.1987 – 2 BvR 1165/86, BVerfGE 76, 363 (383).
[7] Mit Blick auf zivilrechtliche Nachteile *Siegismund,* Schutz gefährdeter Zeugen, S. 36.
[1] In BT-Drs. 14/6467, 12 ist insoweit fälschlich von „Absatz 1" die Rede.
[2] So aber BT-Drs. 14/6467, 12.
[3] *Siegismund,* Schutz gefährdeter Zeugen, S. 76.
[4] Anschauliches Fallbeispiel bei *Mischkewitz,* Staatliches Zeugenschutzprogramm, S. 45 f.
[5] Anders *Hilger* FS Gössel, 2002, 614; sowie BT-Drs. 14/6467, 12.
[6] *Roggan* GA 2012, 434 (448).

Schaffung von (sicheren) Wohnverhältnissen ausgeschlossen.[7] Eine **strenge Begrenzung von Zuwendungen** ergibt sich dabei aber aus § 2 Abs. 2, wonach die Zeugenschutzdienststelle ihre Entscheidungen (selbstverständlich!) nach pflichtgemäßem Ermessen trifft.[8] Stets müssen die Zuwendungen zeugenschützende Funktion besitzen.

II. Verhältnis zu § 136a StPO

§ 136a Abs. 1 S. 3 Alt. 2 StPO statuiert ein Verbot des Versprechens von **gesetzlich** 5 **nicht vorgesehenen Vorteilen,** das nach § 69 Abs. 3 StPO auch für Zeugen gilt. Dabei darf freilich nicht übersehen werden, dass der **Schutz der Freiheit der Willensentschließung und -betätigung** bei Beschuldigten und Zeugen nicht identisch sein kann und die Verweisung deshalb als verunglückt anzusehen ist.[9]

Solche Vorteile sind nur dann als „gesetzlich nicht vorgesehen" anzusehen, wenn sie 6 nach dem Gesetz überhaupt nicht oder jedenfalls nicht in dem konkreten Fall gewährt werden dürfen.[10] § 8 S. 1 stellt eine **gesetzliche Grundlage für solche Vorteile** dar,[11] beschränkt diese aber freilich auf Zeugenschutzzwecke (→ Rn. 4).[12]

Es ist **zu differenzieren** nach der Art der gefährdeten Person. Hinsichtlich eines 7 „gewöhnlichen" (Tat-) Zeugen ist kaum davon auszugehen, dass Maßnahmen nach dem ZSHG für diesen einen „Vorteil"[13] iSd genannten Vorschriften darstellen. Die genannten Vorschriften können aber berührt sein, wenn ein Zeuge „aus dem Bereich des Beschuldigten"[14] stammt (**Kronzeugen, V-Leute** oÄ) und ihm die Aussage als Mittel dient, um Schutz zu erhalten.[15] In letzterem Fall läge ein unzulässiger Vorteil aber auch nur dann vor, wenn dem Zeugen sein Schutz nur für den Fall einer bestimmten Aussage versprochen würde. Eine Instrumentalisierung des Zeugenschutzes zur Erreichung eines bestimmten Verfahrensergebnisses wäre unzulässig.[16] Solchermaßen motivierte Aussagen wären unverwertbar (§ 136a Abs. 3 StPO).

III. Rückforderung von Zuwendungen (Satz 2)

Im Rahmen einer Ermessensregelung bestimmt Satz 2, dass Zuwendungen der Zeugen- 8 schutzdienststelle zurückgefordert werden können, wenn eine zu schützende Person sich diese Vorteile auf unlautere Art und Weise (zB durch wissentlich unwahre Angaben über die Voraussetzungen für den Zeugenschutz – etwa Gefährdung – oder die bisherigen Lebensumstände) erschlichen hat.[17] Werden etwa im Rahmen der Ermittlung des sozio-ökonomischen Status (→ Rn. 3) **unwahre Angaben** zu **bisherigen Einkommensverhältnissen** gemacht und leistet die Zeugenschutzdienststelle hierauf entsprechende Kompensationszahlungen, so liegt hierin zugleich ein **Betrug** (§ 263 StGB). Dasselbe gilt, wenn eine Person sich den **Zeugenschutz an sich erschlichen** hat, etwa indem eine tatsächlich nicht bestehende Gefährdung vorgespiegelt wurde. Anspruchsgrundlagen für Rückforderungen liegen dann aber auch in allgemeinen zivilrechtlichen Vorschriften (§§ 823, 812 BGB). Die Vorschrift wird deshalb regelmäßig lediglich **deklaratorische Bedeutung** besitzen.

Dagegen kommt eine **Rückforderung nicht in Betracht,** wenn sich die Erwartungen 9 an die Bedeutung der Aussage im gerichtlichen Verfahren nicht erfüllen oder die Person

---

[7] Soiné/Engelke NJW 2002, 470 (475).
[8] Vgl. auch Weyand, Schutzinteressen des gefährdeten Zeugen, S. 86.
[9] Näher dazu SK-StPO/Rogall StPO § 69 Rn. 24.
[10] Näher etwa SK-StPO/Rogall StPO § 136a Rn. 78.
[11] Hilger FS Gössel, 2002, 614; ebenso Graf/Monka StPO § 136a Rn. 26; vgl. auch SK-StPO/Rogall StPO Vor § 48 Rn. 75.
[12] Roggan GA 2012, 434 (448).
[13] Zum Begriff näher KK-StPO/Diemer StPO § 136a Rn. 32; SK-StPO/Rogall StPO § 136a Rn. 77.
[14] So Zacharias, Der gefährdete Zeuge, S. 183 f.
[15] Eisenberg/Reuther JR 2006, 346 (347 f.).
[16] In diesem Sinne auch Eisenberg FS Fezer, 2008, 198.
[17] BT-Drs. 14/6467, 12.

ihr Aussageverhalten ändert oder die Kooperation mit den Strafverfolgungsbehörden aufgrund eines nachträglichen (!) Entschlusses beendet. Dann können zwar im Einzelfall die Zeugenschutzmaßnahmen aufgehoben, nicht jedoch die bis dahin rechtmäßig erlangten Zuwendungen zurückgefordert werden.

§ 9 Ansprüche Dritter

(1) ¹**Ansprüche Dritter gegen die zu schützende Person werden durch Maßnahmen nach diesem Gesetz nicht berührt.** ²**Mit Aufnahme in den Zeugenschutz hat die zu schützende Person sie der Zeugenschutzdienststelle offen zu legen.**

(2) **Die Zeugenschutzdienststelle trägt dafür Sorge, dass die Erreichbarkeit der zu schützenden Person im Rechtsverkehr nicht durch Maßnahmen des Zeugenschutzes vereitelt wird.**

I. Durchsetzung des Justizgewährleistungsanspruchs (Abs. 1)

1   Der Zeugenschutz darf nicht zur Unerreichbarkeit einer gefährdeten Person für ihre Gläubiger führen (**„Befreiung von Altgläubigern"**, weil durch staatliche Maßnahmen andernfalls der Justizgewährleistungsanspruch (zumindest) gefährdet würde.[1] Eine Unerreichbarkeit kann dabei insbesondere aus einer Umsiedelung, namentlich aber auch der Ausstattung mit Tarnpapieren resultieren. Gerade vor dem Hintergrund einer nachvollziehenden Identitätsänderung (→ § 5 Rn. 5) könnten solche Maßnahmen zur Vereitelung der Vollstreckbarkeit von (gerichtlichen) Titeln führen. Ebensowenig darf der Zeugenschutz die (auch außergerichtliche) Geltendmachung von Ansprüchen einschließlich der Durchführung eines **Insolvenzverfahrens** gegen die geschützte Person (jedenfalls nicht endgültig[2]) beeinträchtigen.

2   Zu den zu schützenden **Gläubigern** können neben Privaten auch staatliche Stellen, etwa Finanzämter, Träger von Sozialleistungen etc gehören. Die **Verhinderung der Unerreichbarkeit** ist Regelungsgegenstand von Absatz 2.[3]

II. „Schnittstellenfunktion" der Zeugenschutzdienststelle

3   Zum Zweck der Verhinderung der Unerreichbarkeit einer gefährdeten Person hat die Zeugenschutzdienststelle dafür Sorge zu tragen, dass die Erreichbarkeit der zu schützenden Person im Rechtsverkehr, zB für Zustellungen, gerichtliche Ladungen als Partei oder Zeuge oder für Zwangsvollstreckungsmaßnahmen, nicht vereitelt wird.[4] Die Zeugenschutzdienststelle fungiert insoweit als **Schnittstelle** zwischen Außenwelt und abgeschotteter Person. Wie diese Schnittstellenfunktion bestmöglich erfüllt werden kann, ist eine Frage des **Einzelfalls**.[5] Zu denken ist beispielsweise daran, dass ein Mitarbeiter der Zeugenschutzdienststelle als Zustellungsbevollmächtigter benannt wird.[6] Auch die Begleitung der gefährdeten Person bei der Abholung niedergelegter Schriftstücke kommt in Betracht.[7]

4   Um die Abschottung nicht in Widerspruch mit dem Justizgewährleistungsanspruch geraten zu lassen, muss die Zeugenschutzdienststelle über die gegen die gefährdete Person bestehenden Ansprüche zivil- oder öffentlichrechtlicher Natur informiert sein. Deshalb muss diese sich einerseits (proaktiv) um entsprechende Auskunft bei der geschützten Person kümmern, andererseits ist letztgenannte zur Offenlegung sämtlicher etwa bestehender Ansprüche Dritter verpflichtet. Dabei darf **keine „Filterung"** nach berechtigten und

---

[1] *Zacharias*, Der gefährdete Zeuge, S. 164.
[2] LG Hamburg 14.7.2005 – 326 T 7/05, NZI 2006, 115.
[3] Vgl. dazu auch *Mischkewitz*, Staatliches Zeugenschutzprogramm, S. 162 f.
[4] BT-Drs. 14/6467, 13.
[5] *Soiné/Engelke* NJW 2002, 470 (475).
[6] BT-Drs. 14/6467, 13.
[7] *Soiné/Engelke* NJW 2002, 470 (475).

vermeintlich nicht berechtigten Ansprüchen vorgenommen werden.[8] Bei der Gewährleistung der Erreichbarkeit darf mithin nicht danach unterschieden werden, ob ein geltend gemachter Anspruch mutmaßlich begründet ist oder nicht. Eine Falschinformation durch die gefährdete Person kann die Beendigung des Zeugenschutzes (vgl. → § 1 Rn. 27 ff.) nach sich ziehen.

Mit der Schnittstellenfunktion der Zeugenschutzdienstelle ist es ebenso wenig vereinbar, wenn die Gläubiger einer gefährdeten Person eine Besserstellung erführen, etwa indem die Zeugenschutzstelle für die Durchsetzbarkeit von Ansprüchen einstünde.

§ 10 Zeugenschutz in justizförmigen Verfahren

(1) ¹Eine zu schützende Person, die in einem anderen gerichtlichen Verfahren als einem Strafverfahren oder in einem Verfahren vor einem parlamentarischen Untersuchungsausschuss vernommen werden soll, ist berechtigt, abweichend von den Bestimmungen der jeweiligen Verfahrensordnung, Angaben zur Person nur über eine frühere Identität zu machen und unter Hinweis auf den Zeugenschutz Angaben, die Rückschlüsse auf die gegenwärtigen Personalien sowie den Wohn- und Aufenthaltsort erlauben, zu verweigern. ²An Stelle des Wohn- und Aufenthaltsorts ist die zuständige Zeugenschutzdienststelle zu benennen.

(2) Urkunden und sonstige Unterlagen, die Rückschlüsse auf eine Tarnidentität oder den Wohn- oder Aufenthaltsort einer geschützten Person zulassen, sind nur insoweit zu den Verfahrensakten zu nehmen, als Zwecke des Zeugenschutzes dem nicht entgegenstehen.

(3) Für das Strafverfahren bleibt es bei den Vorschriften der §§ 68, 110b Abs. 3 der Strafprozessordnung.

Übersicht

	Rn.		Rn.
I. Allgemeines	1	4. Zeugenschutz in Verfahren vor Untersuchungsausschüssen	9–13
II. Auskunftspflicht in justizförmigen Verfahren (Abs. 1)	2–13	III. Einschränkung der Aktenvollständigkeit in justizförmigen Verfahren (Abs. 2)	14
1. Keine Geltung in Strafverfahren und Untersuchungsausschüssen	2, 3	IV. Verhältnis von § 10 Abs. 3 zu Vorschriften der StPO	15–21
2. Problem: Angaben über „frühere Identität" (Satz 1)	4, 5	1. Angaben zur Person	16–18
3. Verhinderung von Rückschlüssen auf Tarnexistenz (Satz 1 und 2)	6–8	2. Verwahrung von Schriftstücken mit Bezug zur Tarnidentität	19–21

I. Allgemeines

Während § 10 Aussagepflichten von geschützen Personen im Zusammenhang mit Gerichtsverfahren regelt, enthält § 3 Bestimmungen hinsichtlich des Umgangs mit sämtlichen Personen, die mit Zeugenschutzbelangen befasst werden. Während letztere Vorschrift mithin der **Begründung** der Geheimhaltungsverpflichtung dient, ermöglicht erstere die **Durchsetzung** in bestimmten Vernehmungssituationen und gestaltet dies in bestimmten Verfahren als Recht der zu schützenden Person aus (näher → Rn. 6). Beide Vorschriften dienen der Lösung des Spannungsverhältnisses zwischen der angemessenen Sicherung der Schutzbelange einerseits und dem Recht auf ein faires Verfahren andererseits.[1] Je nach Verfahrensart wird die Durchsetzung der Geheimhaltung differenziert geregelt.

---

[8] Vgl. auch *Weyand*, Schutzinteressen des gefährdeten Zeugen, S. 85 f.
[1] *Soiné/Engelke* NJW 2002, 470 (473).

II. Auskunftspflicht in justizförmigen Verfahren (Abs. 1)

2 1. Keine Geltung in Strafverfahren und Untersuchungsausschüssen. Nach Satz 1 soll die Bestimmung **keine Anwendung** finden in **Strafverfahren** und solchen vor **parlamentarischen Untersuchungsausschüssen**. Weil das Gesetz keine Beschränkung auf Untersuchungsausschüsse des **Bundestages** vornimmt, sind zu letzteren auch solche der **Landesparlamente** zu zählen. Während es für Strafverfahren nach § 10 Abs. 3 bei den Vorschriften der §§ 68 und 110b Abs. 3 StPO bleiben soll, nimmt das ZSHG hinsichtlich der Untersuchungsausschüsse keine Regelung vor. Unklar bleibt daher die Feststellung der Gesetzesbegründung, nach der der Bund eine begrenzte Annexkompetenz zur Regelung des Auskunftsverweigerungsrechts für eine Anhörung vor einem Ausschuss eines Landesparlaments besitze,[2] wenn eine solche Regelung dann gerade nicht getroffen wird.

3 Die Vorschrift statuiert ein **garantiertes Recht** einer zu schützenden Person und gilt **in allen zivil- und öffentlichrechtlichen** (und damit auch verfassungsrechtlichen) **Gerichtsverfahren**.[3] Sie ergänzt die Vorschriften der jeweils einschlägigen Verfahrensordnungen (vgl. etwa § 395 ZPO, § 98 VwGO). Sie nimmt auch keine Beschränkung auf eine Zeugenrolle der geschützten Person vor, vielmehr ist eine Vernehmung auch als Kläger oder Beklagter denkbar (vgl. etwa § 448 ZPO). Die Regelung eröffnet damit die Möglichkeit, **zivil- und öffentlichrechtliche Verfahren unter der wahren Identität** zu führen.

4 2. Problem: Angaben über „frühere Identität" (Satz 1). Der Wortlaut von Absatz 1 spricht von der **Berechtigung** der gefährdeten Person, mithin einem gesetzlich garantierten Anspruch, **Angaben zur Person nur über eine frühere Identität** zu machen. Diese indessen setzt begrifflich eine (vorherige) Identitätsänderung voraus. Diese jedoch ist als Maßnahme nach dem ZSHG gerade nicht zugelassen, vielmehr erlaubt es lediglich die Herstellung von vorübergehend zu nutzenden Tarnpapieren. Eine dauerhafte Identitätsänderung war von gesetzgeberischer Seite nicht gewollt, weil die Personenstandsbücher richtig bleiben sollen (→ § 5 Rn. 3). Die gefährdete Person kann also überhaupt keine neue Identität besitzen. Dieser Umstand führt dazu, dass die Regelung bei allen Personen, die unter vorübergehenden „ZSHG- Tarnidentitäten" leben, **leer läuft.**

5 Die Regelung entfaltet aber auch **keine Wirkung** bei solchen **ehemals gefährdeten Personen,** die nach dem Ende des Zeugenschutzes eine neue Identität angenommen haben, namentlich eine solche mit den Daten der ehemaligen Tarnidentität, weil auf sie das ZSHG keine Anwendung (mehr) findet. Die Ursache für diesen gesetzgeberischen Fehler könnte in der Orientierung am Wortlaut des § 68 Abs. 3 StPO liegen. *De lege ferenda* wäre vorzusehen, dass die zu schützende Person berechtigt ist, Angaben zur Person nur über die durch die Tarnidentität verdeckte, wahre Identität zu machen.

6 3. Verhinderung von Rückschlüssen auf Tarnexistenz (Satz 1 und 2). In zivil- und öffentlichrechtlichen Gerichtsverfahren räumt die Vorschrift der gefährdeten Person das **Recht** ein („ist berechtigt"), alle **Auskünfte zu verweigern,** die zu einer **Offenlegung der Tarnexistenz** führen würden.[4] Sie spricht insoweit von Angaben zu gegenwärtigen Personalien sowie dem (gegenwärtigen) Wohn- und Aufenthaltsort. Die Person hat angelegentlich solcher Vernehmungen aber offen zu legen („Hinweis auf den Zeugenschutz"), dass sie sich in einem Zeugenschutzprogramm befindet. Das ergibt sich schon daraus, dass **Satz 2** ausdrücklich anordnet, dass an Stelle des Wohn- und Aufenthaltsort die zuständige Zeugenschutzdienststelle zu benennen ist. Hierdurch wird für alle Verfahrensbeteiligten sowie das Gericht die **Erreichbarkeit der gefährdeten Person** gewährleistet.

7 Satz 1 erlaubt das Auskunfts- und Zeugnisverweigerungsrecht nicht nur zur Verhinderung der unmittelbaren Offenbarung der Tarnexistenz, sondern will bereits **Rückschlüsse** auf dieselbe ausschließen. Das Recht zur Verweigerung von Angaben geht damit über

---

[2] BT-Drs. 14/6467, 13; ebenso *Soiné/Engelke* NJW 2002, 470 (473).
[3] Vgl. auch *Weyand*, Schutzinteressen des gefährdeten Zeugen, S. 84.
[4] BT-Drs. 14/6467, 13.

solche, die direkt zu einer Enttarnung führen würden, hinaus und setzt nicht nur dem Fragerecht des Gerichts, sondern auch dem anderer Verfahrensbeteiligter Grenzen. Es hat zur **Vermeidung der Rekonstruierbarkeit des Aufbaus der Tarnexistenz** beispielsweise auch solche Fragen im Blick, die eine vorübergehende Unterbringung in einem regelmäßig von der Zeugenschutzdienststelle genutzten Hotel oÄ betreffen.

Die **Wahrnehmung des Rechts** zur Angabenverweigerung setzt allerdings ein **Erkennen** von potentiell Rückschlüsse erlaubenden Angaben voraus. Bedeutung hat diesbezüglich zuvörderst eine **Schulung der gefährdeten Person** durch die Zeugenschutzdienststelle. Je nach Wahrscheinlichkeit von die Tarnexistenz gefährdenden Fragen durch Gericht oder Verfahrensbeteiligte kann auch eine Begleitung der Person durch Mitarbeiter der Zeugenschutzdienststelle veranlasst sein. **8**

4. Zeugenschutz in Verfahren vor Untersuchungsausschüssen. Die Vorschrift enthält keine Regelung zur Angabenverweigerung vor parlamentarischen Untersuchungsausschüssen, sondern klammert solche Verfahren von ihrer Reichweite ausdrücklich aus (näher → Rn. 2). Jedoch muss auch in solchen Verfahren sichergestellt sein, dass eine Tarnexistenz nicht offengelegt wird. Anders als in zivil- und öffentlichrechtlichen Verfahren kommt hier nur eine **Zeugenrolle** der gefährdeten Person in Betracht. **9**

Für **Untersuchungsausschüsse des Bundestags** enthält das Gesetz zur Regelung des Rechts der Untersuchungsausschüsse des Deutschen Bundestages (Untersuchungsausschussgesetz – PUAG) kein Recht eines gefährdeten Zeugen, Angaben zu den gegenwärtig genutzten Personalien sowie dem Wohn- und Aufenthaltsort zu verweigern. Vielmehr ist er umfassend zur wahrheitsgemäßen Auskunft verpflichtet (vgl. § 24 Abs. 3 PUAG) und muss bei einer Verweigerung des Zeugnisses ohne gesetzlichen Grund, den das ZSHG gerade nicht enthält, eine Kostenauferlegung, die Festsetzung eines Ordnungsgeldes bis zu 10.000 EUR sowie die Anordnung einer Erzwingungshaft gewärtigen (§ 27 PUAG). In zeugenschützender Hinsicht enthält das PUAG lediglich die Möglichkeit zum Ausschluss der Öffentlichkeit (§ 14 Abs. 1 Nr. 2) sowie das Versehen des Zeugen (als Beweismittel) mit einem Geheimhaltungsgrad (§ 15 Abs. 1). Der **informierte Personenkreis** kann dann aber alle Mitglieder des Untersuchungsausschusses, die Mitglieder des Bundesrates der Bundesregierung sowie ihre Beauftragten sowie unter bestimmten Voraussetzungen auch Ermittlungsbeauftragte, die von ihnen eingesetzten Hilfskräfte und die Mitarbeiter und Mitarbeiterinnen der Mitglieder des Untersuchungsausschusses, des Sekretariats und der Fraktionen im Untersuchungsausschuss umfassen. Ein solch großer Personenkreis, der auch Kenntnis über die Tarnpersonalien etc hat, ist **mit einem wirksamen Schutz der gefährdeten Person unvereinbar.** *De lege lata* besitzt der gefährdete Zeuge in Verfahren vor einem Untersuchungsausschuss des Bundestages kein Recht zur Beschränkung von Angaben zu seiner Person. **10**

In Anbetracht der gesetzgeberischen Fehlleistung (→ Rn. 4) ist von einer **unbeabsichtigten Regelungslücke** auszugehen, die im Falle einer bereits erfolgten (nachgeholten, → § 5 Rn. 5) Identitätsänderung die analoge Anwendung von § 68 Abs. 3 StPO nahe legt. Bei einem noch bestehenden Zeugenschutz nach dem ZSHG sollte dem Zeugen gestattet werden, Angaben lediglich zu seiner durch die Tarnpapiere verdeckten, wahren Identität zu machen. **11**

Für Aussagen vor **Untersuchungsausschüssen der Landtage** gilt das bei → Rn. 10 Gesagte entsprechend, soweit die Landesgesetze insoweit keine spezifischen Bestimmungen enthalten. **12**

Jeweils wird es auf eine **konsensuale Beschlussfassung** durch die Mitglieder des Untersuchungsausschüsses ankommen. **13**

III. Einschränkung der Aktenvollständigkeit in justizförmigen Verfahren (Abs. 2)

Schriftstücke, die Rückschlüsse auf eine Tarnidentität zulassen, sollen nicht Bestandteil der Verfahrensakten in zivil- oder öffentlichrechtlichen Verfahren sein. Insoweit wird **14**

– jedenfalls temporär – der **Grundsatz der Aktenvollständigkeit eingeschränkt.** Urkunden und sonstige Unterlagen dürfen aber zu diesen Verfahrensakten genommen werden, wenn Zwecke des Zeugenschutzes nicht entgegenstehen. Damit legt die Vorschrift den Zeitpunkt des Fortfalls der Gefährung als denjenigen fest, zu dem diese Schriftstücke in die Verfahrensakten aufgenommen werden dürfen.

IV. Verhältnis von § 10 Abs. 3 zu Vorschriften der StPO

15 Die Regelung beschränkt sich, Strafverfahren betreffend, auf einen Verweis auf die Vorschriften der §§ 68 und 110b Abs. 3 StPO, die damit § 10 vorgehen.[5] Indessen führen die jeweiligen Regelungsgehalte zu Unklarheiten, die der Gesetzesbegründung nicht einmal eine Erwähnung wert waren. Stattdessen beschränkt sie sich auf eine Wiederholung des Gesetzestextes.[6]

16 **1. Angaben zur Person.** Der Verweis auf § 68 Abs. 3 StPO ist, was die Angaben zur Person angeht, schon deswegen verunglückt, weil dort davon die Rede ist, dass dem **Zeugen** gestattet werden kann, Angaben zur Person nicht oder nur über eine frühere Identität zu machen. Weil das ZSHG aber keine Identitätsänderungen erlaubt (näher → § 5 Rn. 5) und „frühere Identitäten" damit in vielen Fällen überhaupt nicht existieren, stellt sich in Strafverfahren die Frage zu den Möglichkeiten der **Verschleierung des vorübergehend genutzten Tarnnamens** sowie des gegenwärtigen Wohnorts (vgl. § 68 Abs. 1 StPO). Die in der Literatur gelegentlich vertretene Auffassung, wonach es sich bei Personen, die gemäß dem ZSHG in einem Zeugenschutzprogramm aufgenommen worden sind, um solche mit veränderter Identität handelt,[7] findet im Gesetz jedenfalls keinen Rückhalt.

17 Selbst wenn man aber „frühere Identität" als „eine durch Tarnpapiere verdeckte wahre Identität" verstände (was mit dem Wortlaut allerdings kaum vereinbar ist), so setzt die Vorschrift immer noch eine **Gestattung durch den Vernehmenden** voraus. Damit kann der Erfolg des Zeugenschutzes nach dem ZSHG abhängig von der Bewertung der Gefahrenlage grundsätzlich in jedem Stadium des Verfahrens in Frage gestellt werden. Diese **Ermessensentscheidung** kann nach der Rechtsprechung des BGH – sollte namentlich ein Strafgericht dies zur Erforschung der Wahrheit für erforderlich erachten – dazu führen, dass auch die **Offenbarung von Kerntatsachen des Zeugenschutzes** verlangt werden kann. Auch Fragen nach sonstigen Umständen des Zeugenschutzes im speziellen Fall oder im Allgemeinen sind nicht von vornherein unzulässig.[8] Im Sinne der Bedeutung der Wahrheitsfindung im Strafprozess ist dies jedoch grundsätzlich hinzunehmen.[9]

18 **Keine Regelung** enthält § 68 Abs. 3 StPO, wenn es sich bei der gefährdeten Person nicht um einen Zeugen, sondern um einen **(Mit-)Beschuldigten** handelt. Solche Personen sind nach den allgemeinen Vorschriften zur Auskunft über ihre persönlichen Verhältnisse verpflichtet. Hierzu gehören alle Angaben im Sinne von § 111 OWiG,[10] mithin auch der Wohnort und die Wohnung. Die **Anwendung von Abs. 1 S. 2,** wonach an Stelle des Wohn- und Aufenthaltsorts die zuständige Zeugenschutzdienststelle zu benennen ist, kommt schon deswegen **nicht in Betracht,** weil diese Regelung gerade nicht in Strafverfahren oder Verfahren vor einem parlamentarischen Untersuchungsausschuss gilt. Auch ein Rückgriff auf die allgemeine **Geheimhaltungsverpflichtung nach § 3** erscheint **problematisch,** weil diese an die **fehlende Befugnis** des Verpflichteten anknüpft, es sich etwa bei der Angabe von Wohnort und Wohnung aber um eine gesetzliche Verpflichtung handelt. Es obliegt dem Gesetzgeber, diesen grundlegend unbefriedigenden Zustand zu beseitigen.

---

[5] Meyer-Goßner/*Schmitt* StPO § 68 Rn. 14; MüKoStPO/*Maier* StPO § 68 Rn. 15; SSW-StPO/*Franke* StPO § 68 Rn. 2.
[6] Lediglich in der Begründung zu Abs. 1 findet Abs. 3 überhaupt Erwähnung, vgl. BT-Drs. 14/6467, 13.
[7] SK-StPO/*Rogall* StPO § 68 Rn. 42.
[8] BGH 15.12.2005 – 3 StR 281/04, BGHSt 50, 318 (325).
[9] → StPO § 68 Rn. 16; SSW-StPO/*Franke* StPO § 68 Rn. 1; *Hilger* FS Gössel, 2002, 612.
[10] Vgl. nur Meyer-Goßner/*Schmitt* StPO § 243 Rn. 11.

2. Verwahrung von Schriftstücken mit Bezug zur Tarnidentität. Nach § 68 Abs. 4 StPO werden die **Unterlagen,** die die Feststellung des Wohnorts, also die genaue postalische Anschrift,[11] oder die Identität des **Zeugen** gewährleisten, **bei der Staatsanwaltschaft verwahrt.** Einen Zeitpunkt, ab dem dies der Fall sein soll, nennt die Vorschrift nicht. Daraus ergibt sich, dass die Anordnung ab dem Beginn des anlassgebenden Strafverfahrens gilt. 19

Der in § 10 Abs. 3 enthaltene Verweis auf die (uneingeschränkte) Geltung von § 68 StPO im Strafverfahren kann damit in einen **Widerspruch zu § 2 Abs. 3** geraten, wonach die Zeugenschutzakten von der Zeugenschutzdienststelle geführt werden, der Geheimhaltung unterliegen und der Staatsanwaltschaft (nur) auf Anforderung zugänglich zu machen sind. Das Prinzip, wonach grundsätzlich nur die Zeugenschutzdienststelle über alle den gefährdeten Zeugen betreffenden Unterlagen einschließlich solcher mit den Informationen über einen aktuellen Wohn- bzw. Aufenthaltsorts verfügen soll, wird mit der genannten Anordnung in der StPO geradezu konterkariert.[12] Nach § 68 Abs. 4 S. 4 StPO sind diese Unterlagen überdies zu den (Verfahrens-)Akten zu nehmen, sobald die Besorgnis der Zeugengefährdung entfällt. Ab diesem Zeitpunkt unterliegen sie auch dem Akteneinsichtsrecht der Verteidigung (§ 147 StPO).[13] 20

Richtigerweise wird man das Verhältnis der in Rede stehenden Vorschriften so zu bestimmen haben, dass **nur solche Unterlagen** zu den Akten der Staatsanwaltschaft zu nehmen sind, die bei oder anlässlich von Vernehmungen durch Polizei, Staatsanwaltschaft und Gericht entstanden sind. Namentlich gilt das auch für solche polizeilichen Zeugenvernehmungen bzw. entsprechende Protokollierungen, bei denen von der Möglichkeit des § 68 Abs. 3 S. 1 StPO bereits Gebrauch gemacht wurde.[14] 21

§ 11 Zeugenschutz bei freiheitsentziehenden Maßnahmen

Entscheidungen der Zeugenschutzdienststelle, die Auswirkungen auf den Vollzug von Untersuchungshaft, Freiheitsstrafe oder einer sonstigen freiheitsentziehenden Maßnahme haben können, dürfen nur im Einvernehmen mit dem Leiter der jeweiligen Vollzugseinrichtung getroffen werden.

Die Vorschrift dient dem Schutz einer gefährdeten Person während eines Aufenthaltes in einer Justizvollzugsanstalt oder einer sonstigen Anstalt, in der freiheitsentziehende Maßnahmen jedweder Art vollzogen werden. Ein wirksamer Zeugenschutz ist gerade bei solchen Personen, die wegen einer Beteiligung an der Tat, auf die sich ihre Aussage bezog oder bezieht, verurteilt wurden **(Strafhaft)** oder verurteilt werden können **(Untersuchungshaft),** von besonderer Bedeutung. Aufgrund von Bekanntschaften bzw. des engen Zusammenlebens in Haftanstalten können „Verräter"[1] dort besonders schnell identifiziert werden. 1

Die Einvernehmensregelung soll dabei sicherstellen, dass die insbesondere im Sicherheits- und Organisationsbereich der Einrichtung möglichen Implikationen beherrscht werden können. **Für die Zeugenschutzdienststelle** ergibt sich hieraus die **Pflicht,** den Leiter der Vollzugseinrichtung, in der sich die zu schützende Person[2] befindet oder in die sie aufgenommen werden soll, von Beginn und Ende des Zeugenschutzes sowie vollzugsrelevanter Maßnahmen nach diesem Gesetz rechtzeitig zu unterrichten. **Für den Leiter der Vollzugseinrichtung** gilt im Sinne einer vertrauensvollen Zusammenarbeit spiegelbildlich die Verpflichtung, die Zeugenschutzdienststelle über alle für die Ausgestaltung und Fortfüh- 2

---

[11] Meyer-Goßner/*Schmitt* StPO § 68 Rn. 8.
[12] Näher zu diesem Problemkreis auch *Siegismund*, Schutz gefährdeter Zeugen, S. 106 f.
[13] HK-StPO/*Gercke* StPO § 68 Rn. 22; Meyer-Goßner/*Schmitt* StPO § 68 Rn. 19; ferner SSW-StPO/*Franke* StPO § 68 Rn. 18.
[14] *Hilger* FS Gössel, 2002, 613.
[1] *Weyand*, Schutzinteressen des gefährdeten Zeugen, S. 86 f.
[2] Die Gesetzesbegründung spricht an dieser Stelle missverständlich nur von „zu schützende(n) Zeuge(n)", BT-Drs. 14/6467, 13.

rung des Zeugenschutzes bedeutsamen Umstände zu informieren.³ Eine erkannte Bedrohung der gefährdeten Person kann beispielsweise eine Verlegung des Betroffenen in eine andere Haftanstalt, ggf. in einem anderen Bundesland, erforderlich machen.⁴

3 Die Zuständigkeit der Landesjustizverwaltungen bei **Verlegung von Gefangenen** in ein anderes Bundesland bleibt durch das Gesetz zur Regelung des Schutzes gefährdeter Zeugen unberührt.

---

³ BT-Drs. 14/6467, 13; präzisierende Regelungen fordert insoweit *Mischkewitz*, Staatliches Zeugenschutzprogramm, S. 164.
⁴ Näher dazu *Weyand*, Schutzinteressen des gefährdeten Zeugen, S. 87; *Zacharias,* Der gefährdete Zeuge, S. 165.

Gesetz über die Entschädigung für Strafverfolgungsmaßnahmen (StrEG)

Vom 8.3.1971 (BGBl. I S. 157)
FNA 313-4
Zuletzt geändert durch Gesetz zur Reform der strafrechtlichen Vermögensabschöpfung vom 13.4.2017 (BGBl. I S. 872)

Einleitung

Schrifttum: *Böing,* Das Recht des Beschuldigten auf Entschädigung für unschuldig erlittene Haft, in: Deutsche strafrechtliche Landesreferate zum IX. Internationalen Kongress für Rechtsvergleichung, Teheran 1974, Beiheft zur Zeitschrift für die gesamte Strafrechtswissenschaft, Hrsg. v. *Hans-Heinrich Jescheck*; *Burlage,* Die Entschädigung der unschuldig Verhafteten und unschuldig Bestraften – Kommentar zu den Reichsgesetzen von 1898, 1904, 1905; *Eisenberg,* Zur Anwendung des Gesetzes über die Entschädigung für Strafverfolgungsmaßnahmen im Jugendstrafverfahren, GA 2004, 385 ff.; *Grau/Blechschmidt,* Ersatzansprüche für Schäden durch strafprozessuale Maßnahmen – insbesondere Durchsuchungsaktionen und Beschlagnahmen, BB 2011, 2378 ff.; *Linckelmann,* Entschädigung für ungerechtfertigte Strafverfolgung – eine rechtsvergleichende und rechtspolitische Untersuchung zur Reform der deutschen Entschädigungsgesetze von 1898 und 1904, Diss. Münster, 1968; *Pieper, Hermann,* Die Entschädigungspflicht des Staates gegenüber unschuldig Verhafteten und Bestraften, 1935; *Riecker, W.* Die Entschädigung unschuldig Verhafteter und Bestrafter, Diss. Heidelberg 1911.

Kurzdarstellungen zum StrEG: *Galke,* Die Entschädigung nach dem StrEG – ein Fall verschuldensunabhängiger Staatshaftung, DVBl. 1990, 145 ff.; *Grohmann,* Führerscheinmaßnahmen im Lichte des Strafrechtsentschädigungsgesetzes, BA 22, 232 ff. (1985); *Kunz,* Hdb StA-Kunz 8. Teil.; *ders.,* Gesetz über die Entschädigung für Strafverfolgungsmaßnahmen, Kommentar, 4. Aufl. 2010; *Matt,* Die Entschädigung für Strafverfolgungsmaßnahmen RPfl. 1997, 466 ff.; *Schaefer,* Entschädigung für Strafverfolgungsmaßnahmen, NJW-Spezial 2009, 344 (nur Grundverfahren); *Schlothauer/Weider,* Untersuchungshaft, Rn. 1150 ff.; *Schütz,* Der Anspruch nach dem StrEG im Zivilprozess, StV 2008, 52 ff.

Übersicht

	Rn.		Rn.
I. Entschädigung für Strafverfolgung im geschichtlichen Überblick	1–17	**V. Nicht unter das StrEG fallende strafrechtliche Sachverhalte**	47–54
1. Europa bis zum Ausgang des 19. Jahrhunderts	2–6	1. Wiedergutmachung nationalsozialistischen Unrechts	48
2. Die Entstehung der Reichsgesetze von 1898 und 1904	7–10	2. Strafverfolgungsmaßnahmen der Besatzungsgerichte- und Behörden	49, 50
3. Die Rechtslage bis zum Inkrafttreten des StrEG	11–17	3. Strafverfolgung im Ausland	51
		4. Strafverfahren bis zum 8.5.1945	52
II. Grundlagen der Reform	18–21	5. Rückzahlung von Geldstrafen, Kosten und eingezogenen Taterträgen	53
III. Inhalt des StrEG	22–31	6. Überlange Verfahrensdauer	54
1. Grundzüge des Gesetzes	22–25	**VI. Nicht unter das StrEG fallende außerstrafrechtliche Sachverhalte**	55–61
2. Terminologie	26–28	1. Kriegsgefangenschaft und Internierung	56
3. Verhältnis zum Strafprozess	29, 30	2. Haft aus politischen Gründen außerhalb der BRD	57
4. Rechtsnatur des Entschädigungsanspruchs	31	3. Unterbringung nach öffentlichem Recht	58
IV. Geltungsbereich des StrEG	32–46	4. Maßnahmen von Verwaltungsbehörden; berufsgerichtliche Verfahren	59
1. Sachlicher Geltungsbereich	32	5. Präventiv-polizeiliche Maßnahmen	60, 61
2. Räumlicher Geltungsbereich	33, 34	**VII. Anspruchsgrundlagen außerhalb des StrEG**	62–76
3. Persönlicher Geltungsbereich	35		
4. Keine Entschädigung Dritter	36–43		
5. Zeitlicher Geltungsbereich	44–46		

	Rn.		Rn.
1. Amtspflichtverletzung, öffentlich-rechtliche Verwahrung, Enteignungsgleicher Eingriff ua	62–68	VIII. Änderungen des StrEG und anderer Gesetze	77–83
a) Amtspflichtverletzung	64	1. Änderungen des StrEG	77–79
b) Öffentlich-rechtliche Verwahrung	65	2. Staatshaftungsgesetz	80
c) Enteignender und enteignungsgleicher Eingriff	66	3. Schuldrechtsreformgesetz und Änderung des Haftungsrechts	81
d) Öffentlich-rechtliche Gefährdungshaftung	67	4. Zivilprozessordnung	82
e) Staatshaftungsgesetz	68	5. Reformbestrebungen	83
2. Allgemeiner Aufopferungsanspruch	69–71	IX. Entwicklung der Entschädigungszahlungen nach dem StrEG	84–86
3. Ansprüche nach der Menschenrechtskonvention (Art. 5 Abs. 5 EMRK)	72–75	X. Internationale Rechtshilfe in Verfahren nach dem StrEG	87
4. Andere Formen der Wiedergutmachung	76		

I. Entschädigung für Strafverfolgung im geschichtlichen Überblick

1 Keine noch so ausgefeilte Rechtordnung kann verhindern, dass es in einem Strafverfahren zu einer Verfolgung und Verurteilung Unschuldiger oder zu Strafverfolgungsmaßnahmen kommt, die durch das Verfahrensergebnis nicht gedeckt sind. Prozessordnungen aller Zeiten haben dies berücksichtigt, aber unterschiedliche Lösungsansätze gewählt.

2 **1. Europa bis zum Ausgang des 19. Jahrhunderts.** Bei den **Römern** und **Germanen** wurde bestraft, wer ungerechtfertigt anklagte.[1] Dies war ein wirksames Mittel; denn man hütete sich anzuklagen, ohne das Recht und genügende Beweise auf seiner Seite zu wissen. Dem Verfolgten half das allerdings wenig: Einen unmittelbaren Schadensersatzanspruch hatte er nicht. Einen solchen sah erstmals der Sachsenspiegel vor. Der Ankläger musste dem zu Unrecht Verhafteten die **Sachsenbuße** leisten: eine Entschädigung in Geld für jeden Tag Haft. Dreihundert Jahre später, 1532, bestimmt Artikel 20 der Constitutio Criminalis Carolina, dem Unschuldigen sei „Ergetzung zu tun" für Schmach, Schmerzen, Kosten und Schaden.

3 Erst in der Aufklärung setzt sich die Auffassung durch, der Staat, der an Stelle des Verletzten die Anklage führt, müsse die Haftung übernehmen, wenn ein Unschuldiger vor Gericht gezogen wird. Jeremy Bentham, der liberale Jurist und Philosoph, findet nicht nur in England Gehör, als er sagt: Ein Justizirrtum ist schon an sich beklagenswert; aber dass dieser Irrtum, einmal erkannt, nicht durch angemessene Entschädigung wieder gutgemacht werden sollte, heißt die soziale Ordnung auf den Kopf stellen.

4 Ein Jahr vor der Revolution erkennt **Ludwig XVI.** die Verpflichtung der Krone zum Schadensersatz öffentlich an. In Preußen verordnet **Friedrich der Große** am 15.1.1776:

> *„Ist eine des Verbrechens verdächtige Person in Untersuchungshaft geraten, und ist, weil sie nicht hat überwiesen werden können, von fernerer Untersuchung abgestanden worden, so soll, wenn im Verlaufe der Zeit durch nachherige Begebenheiten die völlige Unschuld dieser Person entdeckt wird, solche nicht nur vollkommene Restitution der Kosten, sondern auch aus der Sportulkasse desjenigen Collegii, wo die Untersuchung geschwebt, eine nach Bewandtnis der Umstände und der Verschiedenheit des Standes zu arbitrierende Vergütungssumme erhalten, damit die nachher entdeckte Unschuld, wegen allen bei der ersten Untersuchung erlittenen Ungemachs, schadlos gestellt werde."*

5 Im **19. Jahrhundert** finden sich Entschädigungsvorschriften unter anderem in den Prozessordnungen der Toskana und Siziliens, später auch Badens (1864) und Württembergs (1868). Aber die Problematik scheint einer strafverfahrensmäßigen Regelung zu widerstreben. Die preußische Kriminalordnung von 1805 lässt das Thema aus, auch die Strafprozessordnung des Reichs von 1877 enthält keine Vorschriften.

6 Um diese Zeit nimmt sich der **Deutsche Juristentag** des Gegenstandes an. In Salzburg beschließt 1876 der Juristentag mit großer Mehrheit: „Im Falle der Freisprechung oder

---

[1] *Böing* S. 73.

der Zurückziehung der Anklage ist für die erlittene Untersuchungshaft eine angemessene Entschädigung zu leisten, es sei denn, dass der Angekl. durch sein Verschulden während des Verfahrens die Untersuchungshaft oder die Verlängerung derselben verursacht hat."

2. Die Entstehung der Reichsgesetze von 1898 und 1904. Ein erster, aus der Mitte 7 des Reichstags eingebrachter Gesetzentwurf zur Ergänzung der StPO wird **1882** beraten. Sein Ziel, unschuldig Inhaftierte und Verurteilte sowie deren Angehörige für die durch Haft und Verurteilung erwachsenen Nachteile nach Möglichkeit zu entschädigen, „findet bei allen Fraktionen des Hauses große Sympathie". Aber der Entwurf scheitert an dem Widerstand des Regierungsvertreters und dem Ende der Tagungsperiode. Der Reichstag verabschiedet **1886** einen Initiativantrag einstimmig, zusammen mit einem Gesetzentwurf, der das Wiederaufnahmeverfahren erschweren will. Aber der Bundesrat blockiert die Entwürfe und verweigert ein Jahr später seine Zustimmung. Die **Reichsregierung** legt **1894** das erste Mal einen Gesetzentwurf vor. Er betrifft Änderungen und Ergänzungen des Gerichtsverfassungsgesetzes und der Strafprozessordnung und enthält auch gesetzliche Vorschriften über die Entschädigung für unschuldig erlittene Bestrafung.

Ende **1897** legt die Regierung einen von der StPO unabhängigen Entwurf eines Gesetzes 8 betreffend die Entschädigung der im Wiederaufnahmeverfahren freigesprochenen Personen (StHaftEntSchG) vor. Am 28.3.1898 nimmt der **Reichstag den Gesetzentwurf in dritter Lesung an.** Am 27.5. wird das Gesetz verkündet. Mit der Annahme des Gesetzes beschloss der Reichstag einstimmig, „an die verbündeten Regierungen das Ersuchen zu stellen, baldmöglichst einen Gesetzentwurf betreffend die Entschädigung von solchen Personen, welche mit Unrecht **Untersuchungshaft** zu erleiden hatten, dem Reichstage vorzulegen".

Am 3.12.1903 wird in der Thronrede ein Gesetzentwurf über Entschädigung für unschul- 9 dig erlittene **Untersuchungshaft** (UHaftEntschG) angekündigt und vom Reichstag am 13.5.1904 angenommen. Das Gesetz wird am 14.7. vollzogen und am 29.7.1904 verkündet. Nach drei Jahrzehnten voller Anstrengungen und Rückschläge hatte sich der Gedanke durchgesetzt; deshalb gelang es verhältnismäßig schnell, nun auch dieses Problem gesetzgeberisch zu lösen; das Gesetz von 1898 lieferte das Gerüst. Damit wurde erstmals ein Rechtsanspruch für unschuldig erlittene Untersuchungshaft zugebilligt. Ersetzt wurde nur der Vermögensschaden, nicht aber ein immaterieller Schaden. In der Entstehungsgeschichte begründet, aber gesetzestechnisch wenig glücklich war es, dass beide Gesetze, von der materiellen Grundnorm abgesehen, weitgehend gleichlautende Vorschriften enthielten. Die naheliegende Lösung, beide Materien in einem Gesetz zu vereinen, wurde versäumt.

Der Reichstag verbindet die Annahme des Gesetzes mit weiteren Wünschen; er ersucht 10 die verbündeten Regierungen, „in den einzelnen Bundesstaaten dafür Sorge zu tragen, dass aus den bereitgestellten Mitteln denjenigen in **staatsanwaltlichen Ermittlungsverfahren** unschuldig Verhafteten, welchen nach diesem Gesetze ein Entschädigungsanspruch nicht zusteht, unter Anwendung der Grundsätze dieses Gesetzes nach **Billigkeitsrücksichten** eine gleichwertige Entschädigung gewährt werde, sowie bei der bevorstehenden Reform der Strafprozessordnung darauf Bedacht zu nehmen, dass die Entschädigungspflicht des Staates auch auf die vorbezeichneten Verhafteten ausgedehnt werde".

3. Die Rechtslage bis zum Inkrafttreten des StrEG. Die vom Reichstag gewünschte 11 gesetzliche Regelung der Entschädigung bei Einstellung durch die StA blieb aus. Im gerichtlichen Verfahren musste sich die Unschuld ergeben haben oder dargetan sein, dass ein begründeter Verdacht gegen den Angeschuldigten (Verurteilten) nicht (mehr) vorlag. Da weitaus überwiegend aus Mangel an Beweisen freigesprochen, außer Verfolgung gesetzt oder eingestellt wurde, kam es selten zu positiven Entschädigungsentscheidungen. Auch war der Anspruch nach § 2 Abs. 1 des UHaftEntschG ausgeschlossen, wenn der Beschuldigte die Verhaftung „vorsätzlich herbeigeführt" oder „durch grobe Fahrlässigkeit" verschuldet hatte. § 2 Abs. 2 des Gesetzes enthielt weitere Ausschlussmöglichkeiten, die im Ermessen des Gerichts lagen, so wenn die zur Untersuchung gezogene Tat eine grobe Unredlichkeit oder Unsittlichkeit in sich geschlossen hatte oder in einem die freie Willensentschließung ausschließenden Trunkenheitszustand begangen worden war. Es bestanden noch weitere Versagungsgründe. Gelegentlich vergaßen Gerichte, über die Entschädigungsfrage Beschluss zu fassen. Der Betroffene, dem das Urteil deutlich machte, dass er eben noch mangels Beweises davongekommen war, konnte sich von einer nachgeholten Entscheidung nichts erhoffen. Zudem war der Beschluss nicht anfechtbar. So konnte sich strafrechtliche Rechtsprechung zu den Entschädigungsgesetzen nicht entwickeln. Nur in wenigen Fällen kamen die Zivilgerichte in die Lage, über der Höhe nach streitige Entschädigungsansprüche zu entscheiden.

12   Die Entscheidung über die Entschädigungsfrage war nicht Bestandteil des Urteils, sondern musste von dem Gericht in einem besonderen Beschluss getroffen werden, der nicht verkündet werden durfte, sondern durch Zustellung bekannt zu machen war.[2] Zur Ausführung der Gesetze erließen Reich und Länder **Verwaltungsvorschriften** in Form von Allgemeinen Verfügungen. Sie enthielt neben den Vorschriften über die Bearbeitung von Ansprüchen und das Berichtswesen zwei materielle Normen. Die eine lautete: „Das Gesetz gibt nur demjenigen einen Anspruch auf Entschädigung für unschuldig erlittene Untersuchungshaft, der im Strafverfahren freigesprochen oder durch Beschluss des Gerichts außer Verfolgung gesetzt ist. Die Billigkeit erfordert aber, dass auch in den Fällen, in denen der Staatsanwalt das Verfahren eingestellt hat, eine Entschädigung für die erlittene Untersuchungshaft gewährt wird, wenn das Verfahren die Unschuld des Beschuldigten ergeben oder dargetan hat, dass ein begründeter Verdacht gegen ihn nicht vorliegt". Ferner wurde bestimmt, dass eine Billigkeitsentschädigung auch „in anderen Fällen als nach Einstellung des Verfahrens durch die Staatsanwaltschaft" beantragt, und – unter entsprechender Anwendung des Gesetzes vom 14.7.1904 – gewährt werden konnte.

13   Diese beiden Aushilfen waren geeignet, **Lücken des Gesetzes zu füllen** und krasse Ungerechtigkeiten zu verhindern. So konnte im Verwaltungsweg eine Billigkeitsentscheidung gewährt werden, wenn erst nach dem Freispruch mangels Beweises sich die Unschuld herausgestellt hatte, zB dadurch, dass der wirkliche Täter ermittelt und verurteilt wurde. Richtig gehandhabt machten diese gesetzesergänzenden Verwaltungsvorschriften eine Billigkeitsentschädigung in allen Fällen möglich, in denen das Gesetz nicht half, den Anspruch aber auch nicht ausschloss. Aber nicht überall wurden sie so verstanden.

14   Alle Ansätze, für die Fälle der **Einstellung durch die StA** einen gesetzlichen Rechtsanspruch einzuführen, blieben stecken. Solange die vorrangigen Fragen der Neugestaltung des Strafverfahrens offenblieben, konnte es nicht verwundern, dass es zu keiner grundlegenden Änderung der Entschädigungsgesetze kam, vielmehr nur zur Anpassung an die Rechtsentwicklung im Strafrecht und Strafprozessrecht. 1933 erforderte die Einführung der Maßregeln der Sicherung und Besserung eine entsprechende Ergänzung der Entschädigungsgesetze (Art. 5 des Gesetzes vom 24.11.1933, RGBl. I S. 1000). Die gebotene Ausdehnung der Entschädigung auf die Maßregeln wurde mit einer Beschränkung des Entschädigungsanspruchs auf 75.000 Mark Kapital oder 4.500 Mark Jahresrente verbunden.

15   Das Dritte Strafrechtsänderungsgesetz vom 4.8.1953[3] verpflanzte die Grundregel des UHaftEntschG in das **Kostenrecht der StPO;** nach dem neugefassten § 467 Abs. 2 StPO waren die notwendigen Auslagen des Angeschuldigten der Staatskasse aufzuerlegen, wenn das Verfahren seine Unschuld ergeben oder dargetan hatte, dass ein begründeter Verdacht nicht vorliegt; folgerichtig wurden auch die Ausschlussgründe des § 2 UHaftEntschG übernommen.

16   Durch Artikel 10 Nr. 12 des Gesetzes zur Änderung der Strafprozessordnung und des Gerichtsverfassungsgesetzes vom 19.12.1964[4] wurde § 467 StPO erneut geändert und durch eine aus dem UHaftEntschG entnommene Verfahrensregelung ergänzt: Auch über die außergerichtlichen Auslagen musste nun in einem besonderen Beschluss entschieden wer-

---

[2] Einzelheiten zum Betragsverfahren nach diesem Gesetz vgl. bei *Böing* S. 76.
[3] BGBl. I 735.
[4] BGBl. I 1067.

den, der nicht zu verkünden, sondern durch Zustellung bekannt zu machen war. Auf diese Weise, die am Symptom zu bessern suchte und deshalb nicht überzeugen konnte, sollte der Freispruch nicht als solcher „zweiter Klasse" in Erscheinung treten. Die Fassung hatte nur vier Jahre Bestand. Dann wurden die Kostenvorschriften der StPO in weiten Teilen durch das Einführungsgesetz zum OWiG vom 24.5.1968[5] reformiert; das besondere Beschlussverfahren wurde wieder beseitigt und § 467 StPO erhielt eine vom UHaftEntschG gelöste Fassung; die Gründe, die eine Belastung des freigesprochenen Angeschuldigten mit den ihm entstandenen Auslagen zulassen, wurden in Abs. 2–4 UHaftEntschG selbständig normiert. Diese Regelung stand dann bei der Gestaltung der Ausschluss- und Versagungsgründe im StrEG Pate (vgl. §§ 5 und 6).

Das 1. StRG vom 25.7.1969[6] strich die Versagungsgründe des § 2 Abs. 3 UHaftEntschG (Vorstrafe, bestehender Ehrverlust, Polizeiaufsicht), von dem die Gerichte allerdings kaum Gebrauch gemacht hatten. Das Gesetz zur allgemeinen Einführung eines zweiten Rechtszugs in Staatsschutz – Strafsachen vom 8.9.1969[7] strich § 6 StHaftEntschG und § 9 UHaftEntschG, weil die Zuständigkeit des Bundesgerichtshofs in erster Instanz entfiel. **17**

II. Grundlagen der Reform

Die beiden Gesetze von 1898 und 1904 beruhen auf dem Gedanken, Entschädigung für erlittene Strafverfolgung sei **Wiedergutmachung geschehenen Unrechts.** Dass die Unschuldsklausel des bisherigen Rechts etwas weniger als den vollen Beweis der Unschuld forderte, war ein Kompromiss, geboren aus der Einsicht, es wäre weder möglich, das Strafverfahren als Reinigungsverfahren fortzuführen, noch angebracht, das Zivilverfahren zum Vehikel des Unschuldsbeweises zu machen. Dem Strafrichter, der die Sachentscheidung nach dem Grundsatz „in dubio pro reo" zu treffen hatte, war damit aufgegeben, in der Entschädigungsfrage umgekehrt zu verfahren. **18**

Dem individualisierenden und geschärften Gerechtigkeitsdenken unserer Zeit konnte dieses Konzept nicht standhalten. Die **Unschuldsklausel** der Entschädigungsgesetze musste ebenso fallen wie die anderen Vorschriften, auf denen der „Freispruch zweiter Klasse" beruhte. Warum das frühere Recht nicht mehr befriedigen konnte, legt die Begründung zum **Regierungsentwurf des StrEG** wie folgt dar: **19**

„Die Ursache liegt vielmehr in der tiefgreifenden Veränderung der Stellung des einzelnen im Verhältnis zur staatlichen Ordnung, die das Grundgesetz sowie Gesetzgebung und Rechtsprechung bewirkt haben. Im Strafverfahren haben die Konvention zum Schutze der Menschenrechte und Grundfreiheiten sowie das Gesetz zur Änderung der Strafprozessordnung und des Gerichtsverfassungsgesetzes vom 19. Dezember 1964[8] die Rechtsstellung des Beschuldigten in bedeutsamer Weise verstärkt. Die künftige Reform des Strafprozessrechts wird weitere Folgerungen aus dem Rechtsstaatsprinzip ziehen, die in dieselbe Richtung gehen. Angesichts dieser Entwicklung bricht sich die Überzeugung Bahn, dass das geltende Recht die Spannung zwischen dem staatlichen Strafanspruch und der Unschuldsvermutung, zwischen den Belangen der Rechtspflege und den Grundrechten des Bürgers, nicht mehr richtig wertet, wenn es den Ersatzanspruch von der Verdachtslage abhängig macht, die im Zeitpunkt der Entscheidung besteht. Denn es ist nicht Sache des Angeklagten, seine Unschuld zu beweisen, sondern ihm muß seine Schuld nachgewiesen werden. Gelingt das nicht, so endet das Strafverfahren zu seinen Gunsten. Das bedeutet aber zugleich, dass der Angekl. keinen Anspruch und oft auch keine Möglichkeit hat, das Verfahren bis zum Beweis seiner Unschuld fortzuführen. Dann aber ist es unbillig, wenn er trotz der für ihn streitenden und nicht widerlegten Unschuldsvermutung Strafverfolgungsmaßnahmen, die tief in sein Leben eingreifen können, entschädigungslos soll dulden müssen, wenn der Tatverdacht nicht ausgeräumt ist. Hier hatte deshalb die Reform des Entschädigungsrechts anzusetzen."

---

[5] BGBl. I 503.
[6] BGBl. I 645 – Art. 85 Nr. 5 –.
[7] BGBl. I 1582.
[8] BGBl. I 1067.

20 Angelpunkt der neuen Regelung ist hiernach der **Wegfall der Unschuldsklausel.** Folgerichtig sind die Begriffe „Unschuld" und „unschuldig" aus dem Gesetz verschwunden. Gegenstand des Gesetzes ist die Entschädigung des Beschuldigten für Strafverfolgungsmaßnahmen, die er nicht erwiesenermaßen zu Recht erlitten hat. Damit übernimmt der Staat das gesamte Risiko des „non liquet" im Strafverfahren. Er haftet auch für die bloße Möglichkeit, dass Unrecht geschehen sein könnte. Die Unschuldsvermutung ist Ausfluss des Rechtsstaatsprinzips und hat, wiewohl im Grundgesetz nicht ausdrücklich erwähnt, seine Wurzel in Art. 20 Abs. 3 GG,[9] entspricht allgemeiner rechtsstaatlicher Überzeugung und ist durch Art. 6 Abs. 2 EMRK in das positive Recht der Bundesrepublik eingeführt worden.[10] Zur Berücksichtigung von Verdachtserwägungen vgl. aber → § 3 Rn. 24 und → § 6 Rn. 23 ff., zur Versagung von Entschädigung selbst bei erwiesener Unschuld → § 5 Rn. 31.

21 Freilich gilt dies nur **rebus sic stantibus.** Mit einer Lockerung des Wiederaufnahmerechts, wie sie immer wieder gefordert wird, würde das StrEG in seiner gegenwärtigen Gestalt sich nicht vertragen. Es fragt sich sogar, ob eine Erleichterung der Wiederaufnahme des Verfahrens nicht das Grundkonzept des StrEG in Frage stellen würde. Die Entstehungsgeschichte der beiden früheren Gesetze zeigt den engen Zusammenhang der Materie mit dem Wiederaufnahmerecht. Er wird bei allen künftigen Reformüberlegungen im Auge behalten werden müssen.

III. Inhalt des StrEG

22 **1. Grundzüge des Gesetzes.** Die für das Strafverfahren maßgebenden **materiellen Vorschriften** (§§ 1–6) sehen Ersatz für die Folgen einer rechtskräftigen Verurteilung sowie für freiheitsentziehende und andere vorläufige Strafverfolgungsmaßnahmen vor. Die Entschädigung setzt voraus, dass der Beschuldigte freigesprochen oder das Verfahren gegen ihn vom Gericht oder der Staatsanwaltschaft endgültig eingestellt worden ist. Die Unschuld braucht nicht erwiesen zu sein. Bei Wiederaufnahme des rechtskräftig abgeschlossenen Strafverfahrens genügt Milderung des Urteils (§ 1). Billigkeitsentschädigung ist möglich, wenn die Einstellung des Verfahrens vom Ermessen des Gerichts oder der Staatsanwaltschaft abhängt (§ 3), sowie wenn die der Verurteilung vorangegangenen Strafverfolgungsmaßnahmen schwerer wiegen (§ 4). Wer sich die Strafverfolgungsmaßnahme selbst zuzuschreiben hat, erhält insoweit keine Entschädigung, auch wenn er unschuldig ist oder aus anderen Gründen nicht verurteilt wird (vgl. im Einzelnen §§ 5, 6 Abs. 1 Nr. 1, Abs. 2).

23 Wie die Überschrift des Gesetzes und der §§ 1–7 sowie der Text der Vorschriften, auch des § 11, zeigt, wird eine **Entschädigung** gewährt, deren Umfang in § 7 näher beschrieben ist. Entschädigung ist nicht immer gleichbedeutend mit Schadensersatz.

24 Im Umfang der aufgeführten entschädigungspflichtigen Tatbestände wird der volle Vermögensschaden ersetzt. Das StrEG hat die 1933 eingeführte Begrenzung auf 75.000 Mark Kapitalentschädigung und 4.500 Mark jährliche Rente beseitigt.[11] Diese Begrenzung beruhte auf dem Gedanken, die Ersatzleistung an gesetzlich geregelte andere Fälle der Haftung ohne Schuld anzupassen (vgl. die Haftungshöchstbeträge nach §§ 37, 46 Luftverkehrsgesetz und nach § 12 Straßenverkehrsgesetz). Diesen Gedanken hat der Gesetzgeber nicht wieder aufgenommen. Bei Freiheitsentziehung aufgrund gerichtlicher Entscheidung ist der immaterielle Schaden in den Grenzen des § 7 Abs. 3 ersatzfähig, bei anderen Strafverfolgungsmaßnahmen aber ausnahmslos nicht.[12]

25 Über die Entschädigungspflicht der Staatskasse befindet dem Grunde nach (deshalb der Name Grundverfahren) das Strafgericht nach Abschluss eines Strafverfahrens von Amts

---

[9] Vgl. allgemein etwa BVerfG 4.6.2012 – 2 BvR 644/12, BVerfGK 19, 428 ff. (juris Rn. 23); speziell zum StrEG BVerfG 25.11.1991 – 2 BvR 1056/90, NJW 1992, 2011 f.; 21.11.2001 – 2 BvR 1609/02, juris, wo der Verfassungsrang jeweils vorausgesetzt wird.
[10] BVerfG 15.12.1965 – 1 BvR 513/65, NJW 1966, 243 f.
[11] Vgl. die Begründung der Regierungsvorlage, BT-Drs. VI/460, 8.
[12] Vgl. OLG Frankfurt a. M. 20.3.1997 – 1 U 142/95, OLGR 98, 117: kein Schmerzensgeld nach vorläufiger Entziehung der Fahrerlaubnis.

wegen in ähnlicher Weise wie über die Kosten im Rahmen einer Annexentscheidung nach § 8, nach Abschluss eines Ermittlungsverfahrens aber nur auf Antrag nach § 9. Die **Höhe der Entschädigung** wird von der Justizverwaltungsbehörde auf Antrag festgesetzt (Betragsverfahren), § 10. Gegen deren Entscheidung ist der Rechtsweg zu den ordentlichen Gerichten gegeben, aber nur noch zur Höhe der Entschädigung, nicht mehr über den Grund, § 13. Außer dem Beschuldigten haben diejenigen einen selbständigen, auf den entzogenen Unterhalt begrenzten Anspruch, denen er kraft Gesetzes unterhaltspflichtig war, § 11.

2. Terminologie. Das StrEG hält sich in der Terminologie grundsätzlich an den Sprachgebrauch der StPO und des StGB. Der Zweck des Gesetzes erforderte aber einige Abweichungen und eigene Begriffe. Um der Vereinfachung willen spricht das Gesetz zunächst durchweg vom Beschuldigten; das ist wie in § 157 StPO, aber entgegen den Unterscheidungen in der StPO als Oberbegriff gemeint und umfasst den Status des Angeschuldigten und des Angekl., aber auch den nur Tatverdächtigen iSd § 102 StPO[13] sowie den Verurteilten. Den Antragsteller bezeichnet § 9 im Grundverfahren auch noch nach Einstellung des Verfahrens als „Beschuldigten". In den §§ 10 und 14 wird er dann als „Berechtigter" bezeichnet, weil zu seinen Gunsten bereits eine Grundentscheidung ergangen ist. Unter dem der StPO fremden **Begriff Strafverfolgungsmaßnahme** werden gerichtliche und staatsanwaltschaftliche sowie die der Strafverfolgung dienenden (repressiven) polizeilichen Maßnahmen vorläufiger Art verstanden (§ 2), aber auch die endgültig im Strafurteil angeordneten Rechtsfolgen (§ 1), wie die Überschrift von § 2 zeigt. 26

Die **Überschriften** der einzelnen Paragraphen sind Teil des Gesetzestextes, ebenso die Kurzbezeichnung des Gesetzes (Legalabkürzung) StrEG. 27

Zur Ausführung des StrEG erließen Bund und Länder einheitliche **Ausführungsvorschriften** (AV), die sowohl das Verfahren über den Grund wie die Höhe des Anspruchs betreffen, die aber als bloße Verwaltungsvorschriften für die Gerichte nicht verbindlich sind[14] und nach Teil I B II Nr. 2 S. 2 der AV (im Anhang abgedruckt) unter dem Vorbehalt der gesetzlichen Vorschriften und der hierzu ergangenen Rechtsprechung stehen. Seit der Neufassung der Ausführungsvorschriften im Jahre 2003 ist die in der Praxis wohl schon vorher übliche Prüfung aufrechenbarer Forderungen (Teil I B Nr. 2e, B II 2, (im Anhang abgedruckt) vorgeschrieben und die Auszahlung eines Vorschusses in diesen Fällen geregelt (Teil I B II Nr. 4, 5 der AV, im Anhang abgedruckt). 28

3. Verhältnis zum Strafprozess. Die Entschädigungsregelung ist in ihren §§ 1–9 Bestandteil des Strafverfahrens, ebenso wie die Kostenregelung der StPO (§§ 464 ff.). Das gegen die strafgerichtliche Entscheidung zulässige Rechtsmittel der sofortigen Beschwerde richtet sich nach den Vorschriften der StPO (vgl. § 8 Abs. 3, § 9 Abs. 2). Nicht mehr Teil des Strafverfahrens ist das Betragsverfahren des § 10.[15] Es ist der Justizverwaltung zugewiesen. Im Unterschied zum Kostenerstattungsanspruch, der nicht im Zivilprozess geltend gemacht werden kann (vgl. § 464b StPO), ist gegen die Entscheidung über den Entschädigungsanspruch der Rechtsweg zu den Zivilgerichten gegeben (§ 13). 29

Im **ausländischen Recht** ist die Regelung der Entschädigung meist Teil der Strafprozessordnung. In der Entstehungsgeschichte dürften die Gründe liegen, dass dies bei uns nicht der Fall ist. Eine Eingliederung in die StPO wäre möglich und auf längere Sicht auch zweckmäßig. Konkrete Pläne hierfür bestehen derzeit aber nicht. 30

4. Rechtsnatur des Entschädigungsanspruchs. Die Rechtsnatur des Entschädigungsanspruchs nach dem StrEG ist aus der Art des Eingriffs und der Opferlage zu bestimmen. Die Verhängung, Anordnung und Vollziehung von Strafverfolgungsmaßnahmen ist 31

---

[13] Vgl. etwa OLG Stuttgart 7.12.1993 – 5 ARs 44/93, NStZ 1994, 291.
[14] BGH 25.6.1987 – III ZR 244/86, VersR 88, 52; OLG Köln 3.3.1994 – 7 U 191/93, MDR 1994, 658.
[15] Vgl. hierzu auch BGH 31.10.1974 – III ZR 87/73, BGHZ 63, 209 (210) = NJW 1975, 350; 15.2.1979 – III ZR 164/77, JZ 1979, 353; *Matt* Rpfleger 1997, 466.

hoheitliches Handeln in Ausübung der Justizgewährungspflicht, das nicht rechtswidrig, sondern rechtmäßig ist, weshalb das StrEG Entschädigung für **rechtmäßig** angeordnete und vollzogene Akte der Strafrechtspflege gewährt,[16] mögen sie sich auch nachträglich als nicht gerechtfertigt herausstellen.[17] Das Gesetz sieht Entschädigungen vor, ohne dass der Strafverfolgungsbehörde oder dem Gericht ein Fehler unterlaufen sein müsste.[18] Für **rechtswidrige** Strafverfolgungsmaßnahmen,[19] etwa den Vollzug eines bereits aufgehobenen Haftbefehls, ist eine Entschädigung allein nach den Grundsätzen der Amtshaftung[20] oder nach Art. 5 Abs. 5 EMRK → Rn. 72 ff.) möglich. Die Rechtmäßigkeit bezieht sich also nur auf das Handeln, nicht auf die Folgen. Diese können materiell widerrechtlich sein; sie sind es, soweit sie die Rechte einzelner verletzen. Eine solche Verletzung liegt vor, wenn und soweit die Strafverfolgungsmaßnahme nicht durch das Verfahrensergebnis gedeckt wird, das heißt, wenn keine oder keine gleichwertige Rechtsfolge verhängt wird. Der gesetzlich normierte Anspruch auf Entschädigung für Strafverfolgungsmaßnahmen wurzelt demnach im öffentlichen Recht und ist dem Staatshaftungsrecht zuzurechnen. Dem Haftungsgrund nach ist er ein besonders ausgestalteter **Aufopferungsanspruch**.[21] Grundsätzlich muss der Einzelne, wenn er im Zuge strafrechtlicher Ermittlungen von rechtmäßigen Zwangsmaßnahmen betroffen wird, die ihm dadurch zugefügten Nachteile entschädigungslos hinnehmen. Diese Maßnahmen gehören zu den Belastungen, denen in einem Rechtsstaat alle betroffenen Bürger im Interesse des Allgemeinwohls in gleicher Weise unterworfen sein können.[22] Der Anspruch setzt daher ein **Sonderopfer** voraus.[23] Zweifellos ist es nicht mehr dem allgemeinen Lebensrisiko zuzurechnen, wegen des Verdachts einer Straftat in U-Haft genommen zu werden oder nicht unerhebliche wirtschaftliche Nachteile zu erleiden; ein solcher Eingriff überschreitet die Opfergrenze, sofern er sich als materiell nicht gerechtfertigt herausstellt. Freilich bleibt im Einzelfall meist offen, ob wirklich ein Sonderopfer vorliegt. Das StrEG lässt an Stelle des Nachweises die Vermutung gelten, ebenso wie die Vermutung für die Unschuld spricht. Diese Besonderheit kennzeichnet die gesetzliche Entschädigungsregelung gegenüber anderen Fällen gesetzlich normierter oder von der Rechtsprechung entwickelter Aufopferungsansprüche.

IV. Geltungsbereich des StrEG

32 **1. Sachlicher Geltungsbereich.** Sachlich gilt das StrEG in erster Linie für das **Strafverfahren.** Es ist ein allgemeines Gesetz über das Strafverfahren, aber in seinem Geltungsbereich nicht darauf beschränkt. Soweit dies ausdrücklich bestimmt wird, ist es auf rechtsähnliche Sachverhalte entsprechend anzuwenden. Diese finden sich überall da, wo Unrecht gesetzmäßig geahndet wird, die rechtskräftige Sanktion aber nachträglich in einem förmlichen Verfahren zugunsten des Betroffenen korrigiert werden kann. Dass in solchen Fällen das StrEG entsprechend gilt, ergibt sich teils aus dem Gesetz selbst (vgl. etwa § 4 Abs. 2), teils aus den Vorschriften des betreffenden Rechtsgebiets. Insbesondere gilt das StrEG sinngemäß im

---

[16] BGH 21.1.1988 – III ZR 157/86, BGHZ 103, 113 = NJW 1988, 1141; OLG Bamberg 29.3.1999 – 1 W 54/98, VersR 1999, 1407; OLG Düsseldorf 28.8.2000 – 2 Ws 226/00, StraFo 2000, 429; Thüringer OLG 27.6.2000 – 3 U 849/99, JR 2001, 243 (244); *Borggräfe/Schütt* StraFo 2006, 133 (137).
[17] BGH 23.8.1989 – 1 BJs 72/87, BGHSt 36, 236 (238 f.). = NJW 1990, 397 (398); *Borggräfe/Schütt* StraFo 2006, 133 (137).
[18] OLG Karlsruhe 12.11.2015 – 9 U 78/11, VersR 2016, 254 ff. (juris Rn. 57).
[19] Vgl. *Thode* DRiZ 2002, 417.
[20] OLG Düsseldorf 28.8.2000 – 2 Ws 226/00, StraFo 2000, 429; *Borggräfe/Schütt* StraFo 2006, 133 (137).
[21] Ebenso BGH 22.2.1973 – III ZR 162/70, NJW 1973, 1322; 21.1.1988 – III ZR 157/86, BGHZ 103, 113 = NJW 1988, 1141; 26.1.1987 – III ZR 192/87, BGHZ 106, 313 (316) = NJW 1989, 2127; BGH 13.5.1993 – III ZB 1914/93, NJW-RR 1993, 1021; *Galke* DVBl 1990, 145 ff.; Peters S. 368 f., *Schmidhäuser* FS EbSchmidt, 1961, 520; vgl. auch *Tiedemann* MDR 1964, 971; hierzu und zur früher vertretenen – heute überholten – „Billigkeitstheorie", die eine rechtliche Verpflichtung zur Entschädigung nicht anerkannte, vgl. *Böing* S. 78/79.
[22] BGH 21.1.1988 – III ZR 157/86, BGHZ 103, 113 = NJW 1988, 1141 mwN.
[23] BGH 22.2.1973 – III ZR 162/70, NJW 1973, 1323; OLG Karlsruhe 19.12.1975 – 1 Ws 358/75, MDR 1976, 515; Nürnberg 14.2.1975 – Ws 391/74, MDR 1975, 779 (780).

Einleitung   33–36   **Einl. StrEG**

Bußgeldverfahren nach dem OWiG.[24] Das Gesetz findet darüber hinaus entsprechende Anwendung im **beamtenrechtlichen Disziplinarverfahren** nach Bundesrecht (vgl. § 76 BDG [bis 31.12.2001: § 109 BDO]; s. auch bei § 19) und nach Landesrecht (vgl. → § 17 Rn. 2), ferner in **wehrdienstlichen Disziplinarsachen** (vgl. § 54 WDO für die Höhe der immateriellen Entschädigung bei bestimmten Disziplinarmaßnahmen und § 134 Abs. 2 WDO für die Aufhebung von Urteilen im Wiederaufnahmeverfahren). Da das StrEG selbst bzw. die erwähnten Gesetze regeln, wann eine entsprechende Anwendung in Betracht kommt, ergibt ein Umkehrschluss, dass es über diese Fälle hinaus nicht, auch nicht analog anwendbar ist. Das StrEG und der Rechtsweg nach § 13 schließen die Anwendbarkeit des § 23 EGGVG aus, gleichviel ob der Erstattungsanspruch nach dem Gesetz letztlich begründet ist.[25]

2. Räumlicher Geltungsbereich. Räumlich gilt das StrEG in der Bundesrepublik Deutschland. Vor der Wiedervereinigung war auch das Land Berlin eingeschlossen (vgl. Anm. zu § 20). Für Strafverfolgungsmaßnahmen der Gerichte der früheren DDR gilt der durch den Einigungsvertrag eingefügte § 16a mit den Änderungen durch das Erste Gesetz zur Bereinigung von SED-Unrecht.[26] Außerhalb des Bundesgebietes würde das Gesetz anzuwenden sein, soweit deutsche Gerichte Strafgerichtsbarkeit außerhalb des Bundesgebietes ausüben dürfen, was etwa nach dem NATO-Truppenstatut möglich ist, vgl. Art. I (1) f iVm Art. VII.   **33**

Die den Entschädigungsanspruch begründende Strafverfolgungsmaßnahme braucht nicht im räumlichen Geltungsbereich des Gesetzes stattgefunden zu haben. Sie kann auf Ersuchen einer deutschen Behörde im Wege der **Rechtshilfe im Ausland** angeordnet worden sein, etwa im **Auslieferungsverfahren** oder bei Sicherstellung, Beschlagnahme und Durchsuchung (vgl. § 2 Abs. 3). Möglich ist auch die Wiederaufnahme eines Strafverfahrens, das vor einem deutschen Gericht abgeschlossen worden ist, das nicht mehr besteht oder an dessen Sitz deutsche Gerichtsbarkeit nicht mehr ausgeübt wird.[27]   **34**

3. Persönlicher Geltungsbereich. Persönlich gilt das Gesetz für jedermann, soweit deutsche Strafgerichtsbarkeit gegeben ist und ausgeübt wird. Es unterscheidet nicht zwischen Deutschen, Ausländern oder Staatenlosen; die Vorschrift des UHaftEntschG (§ 12), nach der Ausländer nur entschädigt werden konnten, soweit die Gegenseitigkeit verbürgt war, ist ersatzlos weggefallen. Das Gesetz gilt namentlich auch für Soldaten der stationierten Streitkräfte, das zivile Gefolge dieser Streitkräfte sowie die Angehörigen der Mitglieder der Truppe und des zivilen Gefolges, soweit deutsche Strafgerichtsbarkeit über diesen Personenkreis ausgeübt wird.[28]   **35**

4. Keine Entschädigung Dritter. Das Gesetz regelt aber nur die Entschädigung des im Strafverfahren **Beschuldigten** (Angeschuldigten, Angeklagten; im Bußgeldverfahren des Betroffenen, vgl. § 110 OWiG) sowie der Personen, denen er kraft Gesetzes unterhaltspflichtig war (vgl. § 11). Die Entschädigung **Dritter** ist **nicht** im StrEG geregelt.[29] Der Beschuldigte kann solche Ansprüche auch nicht aus abgetretenem Recht nach dem StrEG geltend machen.[30] Bloß **Verdächtigen**, die etwa noch die Stellung eines Zeugen haben, stehen keine Ansprüche nach dem Strafrechtsentschädigungsgesetz zu, auch wenn sie später zu förmlichen Beschuldigten werden. Dieser Status erfordert die Einleitung eines Ermittlungsverfahrens und setzt etwa   **36**

---

[24] Nr. 295 RiStBV und Teil I D Nr. 1 der AV [abgedruckt im Anhang]; näher → § 1 Rn. 4.
[25] OLG Hamburg 4.5.1977 – VAs 2/77, HmbJVBl 1977,78; vgl. auch → § 13 Rn. 1.
[26] 1. SED UnBerG vom 29.10.1992, BGBl. I 1814.
[27] Vgl. §§ 1, 17, 18 des Zuständigkeitsergänzungsgesetzes vom 7.8.1952, BGBl. I 407.
[28] Vgl. Art. VII NATO-Truppenstatut, Art. 19 Zusatzabkommen, BGBl. 1961 II 1190 (1218).
[29] Vgl. etwa BGH 23.8.1989 – 1 BJs 72/87, BGHSt 36, 236; 15.5.1997 – III ZR 46/96, WM 1997, 1755 ff. (juris Rn. 8); OLG Nürnberg 26.8.2002 – 4 W 2125/02, NStZ-RR 2003, 62; OLG Hamm 21.3.2006 – 3 Ws 102/06, wistra 2006, 359; LG Rostock 16.12.2010 – 10 O 141/10, NJW-RR 2011, 878 (879); *Meyer* § 2 Rn. 15.
[30] Vgl. LG Stuttgart 4.3.2008 – 15 O 315/07, juris Rn 41.

eine förmliche Belehrung als Beschuldigter voraus oder Maßnahmen, die objektiv erkennbar darauf abzielen, gegen jemanden wegen einer Straftat vorzugehen.[31] Das Gesetz kann insoweit auch nicht analog angewendet werden.[32] Dieser Grundsatz gilt indes uneingeschränkt nur für Maßnahmen, die vor Erlangung der Beschuldigteneigenschaft abgeschlossen sind, wie etwa eine Durchsuchung. Dauern sie fort, nachdem eine Person die Beschuldigteneigenschaft erhalten hat wie etwa eine Sicherstellung oder Beschlagnahme, so ist sie für Schäden, die nach diesem Zeitpunkt entstehen, nach den Vorschriften des StrEG zu entschädigen. Der Grund für den Ausschluss der Anwendung, nämlich der Ausgang des Strafverfahrens als Maßstab für eine etwaige Entschädigung, ist dann entfallen. **Beim Mitbeschuldigten** können sich Schwierigkeiten zur Abgrenzung der Taten im funktionellen Bezug zu der Strafverfolgungsmaßnahme ergeben. Deshalb ist von mehreren Mitbeschuldigten nur derjenige zu entschädigen, gegen den die Maßnahme gerichtet war.[33]

37   **Dritte** können in höchst vielfältiger Weise von strafprozessualen Maßnahmen betroffen sein. Als Zeugen und als Herausgabepflichtige können **Ordnungsgeld** und **-haft** sowie die **Vorführung**[34] und **Erzwingungshaft**[35] gegen sie verhängt werden (§§ 70, 95 StPO); nach § 103 StPO ist die **Durchsuchung beim unverdächtigen Dritten** zulässig Er kann Aufwendungen haben, wie zB eine Bank, die eine drohende Beschlagnahme von Kontounterlagen durch Herausgabe von Fotokopien abwendet.[36] Einem Dritten können Schäden bei einer Durchsuchung (§ 103 StPO) zB durch Aufbrechen von Türen und Schränken oder nach einer Beschlagnahme bei der kriminaltechnischen Untersuchung[37] entstehen. Die zu Beweiszwecken sichergestellt Sachen können während der Dauer der Sicherstellung nicht benutzt werden,[38] sie altern[39] oder werden beschädigt. Beschlagnahmte Presseerzeugnisse können nicht gewinnbringend veräußert werden.[40] Zeugen müssen nach § 81c StPO eine – auch zwangsweise – **körperliche Untersuchung** hinnehmen. Dass ihm wirtschaftliche Nachteile drohen, hindert die Untersuchung nicht.[41] Dritter in diesem Sinne ist auch eine **GmbH**, deren Geschäftsführer oder Gesellschafter von der Strafverfolgungsmaßnahme betroffen ist, sofern es sich nicht um eine Ein – Mann – GmbH handelt, vgl. hierzu bei § 7. Das Vermögen eines **Arbeitgebers** kann durch die Inhaftierung eines Arbeitnehmers mittelbar geschädigt werden.

38   In der Rechtsprechung wird eine analoge Anwendung auf Dritte nahezu durchgängig abgelehnt, so etwa

39   – für Durchsuchung und Beschlagnahme.[42]
     – für die Vorführung eines Zeugen.[43]

---

[31] Vgl. *Meyer-Goßner/Schmitt* Einl. Rn. 76.
[32] Hamm 21.3.2006 – 3 Ws 102/06, wistra 2006, 359: Durchsuchung und Sicherstellung nach § 103 StPO; LG Flensburg 4.5.2001 – 2 O 105/01, JurBüro 2001, 498 (501) – bei *Meyer*.
[33] OLG Hamburg 13.1.1994 – 2 Ws 620/93, MDR 1994, 310; KG 10.3.2009 – 2 Ws 9/08, StraFo 2009, 437.
[34] KG 16.12.1999 – 4 Ws 175/99, nstz-rr 2000, 145 (146).
[35] Vgl. BGH 15.5.1997 – III ZR 46/96, WM 1997, 1755 ff. (juris Rn. 8).
[36] Düsseldorf 1.5.1985 – 1 Ws 83/85, JurBüro 1985, 1219; 10.4.1984 – 3 Ws 448/83, DB 1985, 911; *Mümmler* JurBüro 1985, 1220; Hamburg 7.11.1980 – 1 Ws 254/80, NStZ 1981, 107.
[37] OLG Saarbrücken 19.4.2011 – 4 U 314/10, MDR 2011, 914 f. (juris Rn. 1 ff., 48).
[38] Frankfurt 19.7.2002 – 3 Ws 737/02, NStZ-RR 2002, 320; LG Flensburg 27.10.1981 – 1 Qs 179/81, JurBüro 1982, 882.
[39] OLG Nürnberg 26.8.2002 – 4 W 2125/02, NStZ-RR 2003, 62; LG Flensburg 21.2.1983 – 1 Qs 48/83, JurBüro 1984, 83; LG Freiburg 4.9.1989 – IV AR 26/89, NJW 1990, 399.
[40] BGH 15.12.2016 – III ZR 387/14 juris Rn. 8 und 12.
[41] *Meyer-Goßner/Schmitt* StPO § 81c Rn. 21.
[42] BGH 15.5.1997 – III ZR 46/96, WM 1997, 1755 ff. (juris Rn. 8); OLG Frankfurt a. M. 19.7.2002 – 3 Ws 737/02, NStZ-RR 2002, 320; OLG Hamburg 28.6.1993 – 2 Ws 322/93, MDR 1993, 948 mit insoweit abl. Anm. *Sojka*; OLG Hamm 21.3.2006 – 3 Ws 102/06, wistra 2006, 359; OLG München 28.1.1993 – 1 U 1722/92, NJW-RR 1993, 1179; OLG Nürnberg 26.8.2002 – 4 W 2125/02, NStZ-RR 2003, 62; OLG Saarbrücken 19.4.2011 – 4 U 314/10, MDR 2011, 914 f. (juris Rn. 1 ff., 48); OLG Schleswig 14.12.1988 – 1 Ws 611/88, SchlHA 1989, 78; LG Flensburg 19.12.1977 – 1 Qs 288/77, JurBüro 1978, 400; 27.10.1981 – 1 Qs 179/81, JurBüro 1982, 882 und 7.2.1984 – I Qs 26/84, JurBüro 1984, 419; LG Freiburg 4.9.1989 – IV AR 26/89, NJW 1990, 399; LG Trier 13.1.1994 – 3 O 10/93, JurBüro 1994, 290.
[43] KG 16.12.1999 – 4 Ws 175/99, NStZ-RR 2000, 145 (146).

– für Erzwingungshaft (Beugehaft) nach § 70 Abs. 2 StPO gegen Zeugen.[44]
– für den Einziehungsbeteiligten;[45] offen gelassen vom Bundesgerichtshof[46] für den Einziehungsinteressenten (vgl § 426 StPO; bis zum 30.6.2017: § 432 StPO).

Der Dritte muss rechtmäßige Strafverfolgungsmaßnahmen **grundsätzlich entschädigungs-** 40 **los** hinnehmen, sofern ihm nicht **andere Anspruchsgrundlagen** zur Seite stehen.[47] Solche Maßnahmen gehören zu den Belastungen, denen in einem Rechtsstaat alle betroffenen Bürger im Interesse des Allgemeinwohls in gleicher Weise unterworfen sein können.[48] Dem Gesetzgeber war das Problem des Drittgeschädigten bekannt. Er hat bewusst davon abgesehen, diesen in das Anwendungsgebiet des StrEG aufzunehmen. Diese Maßnahmen beruhen aber alle nicht auf einem gegen den Dritten gerichteten Tatverdacht. Der im StrEG angelegte Maßstab dafür, ob und ggf. in welchem Umfang ein Beschuldigter zu entschädigen ist, passt nicht, wenn über die Entschädigung eines Nichtbeschuldigten zu entscheiden ist. Der Gesetzgeber knüpft im StrEG die Entschädigungspflicht an den Ausgang des Verfahrens gegen den Beschuldigten.[49] Deshalb kann nicht, wie nach dem StrEG, der Ausgang des Strafverfahrens als Maßstab für eine etwaige Entschädigung herangezogen werden. Die vom Gesetzgeber im StrEG getroffene Abwägung zwischen den Interessen der Allgemeinheit und den Interessen des Beschuldigten für den Fall, dass sich bei Beendigung des Verfahrens rechtmäßige Justizakte gegen ihn nachträglich als nicht gerechtfertigt herausstellen, ist nicht entsprechend übertragbar auf den Ausgleich der Interessen der Allgemeinheit mit denen eines Dritten, der von Maßnahmen in einem gegen einen anderen gerichteten Strafverfahren betroffen wird. Schon aus diesem Grunde ist das StrEG nicht, auch nicht entsprechend, anwendbar.

Der Gesichtspunkt des Ausgangs des Verfahrens gilt auch für **Ordnungsmittel** wegen 41 Ungebühr gegen einen Zeugen.

Nur **als Einziehungsbeteiligter** kann der tatunbeteiligte Dritte entschädigt werden, der 42 durch eine gegen den Beschuldigten gerichtete Einziehung (§§ 74 ff. StGB, §§ 22 ff. OWiG) sein Eigentum oder ein anderes Recht verliert (vgl. § 74e StGB, § 26 OWiG). Doch gilt auch hier nicht das StrEG, sondern es gelten die materiellen Entschädigungsvorschriften des StGB und des OWiG (§ 74f StGB, § 28 OWiG) sowie die Verfahrensvorschriften der StPO (§ 427, 430, 433; bis 30.6.2017: §§ 433, 436 Abs. 3, 442) und des OWiG (§ 87).[50] Auch im objektiven Verfahren ist der Einziehungsbeteiligte nicht nach dem StrEG zu entschädigen.[51]

Eine **analoge Anwendung** des StrEG auf Dritte wird auch in der Literatur nur vereinzelt 43 vertreten.[52] Soweit die Kritik an dieser Rechtslage eine Lücke im StrEG zu sehen glaubt,[53] verkennt sie, dass man die Entschädigung des tatunbeteiligten Dritten nicht abhängig machen kann vom Ausgang des Strafverfahrens gegen den Beschuldigten. Dritte, in deren Rechtskreis zulässigerweise mit Strafverfolgungsmaßnahmen eingegriffen wird, können nur entschädigt werden, wenn und soweit dafür in anderen Gesetzen spezielle Haftungsgrundla-

---

[44] Vgl. BGH 23.8.1989 – 1 BJs 72/87, BGHSt 36, 236 (238 f.). = NJW 1990, 397; zustimmend LR/ *Ignor/Bertheau* StPO § 70 Rn. 32; 15.5.1997 – III ZR 46/96, juris Rn. 8;.
[45] BGH 15.5.1997 – III ZR 46/96, juris Rn. 8; KG 4.7.1979 – 4 Ws 147/78, NJW 1978, 2406; *Meyer* § 2 Rn. 16; *Meyer-Goßner/Schmitt* StPO § 436 Rn. 4; offen gelassen BGH 15.2.1979 – III ZR 164/77, MDR 1979, 562; vgl. weiter unten Rn. 42.
[46] 15.2.1979 – III ZR 164/77, MDR 1979, 562.
[47] Vgl. hierzu unter „Anspruchsgrundlagen außerhalb des StrEG" sowie bei → § 7 Rn. 41.
[48] BGH 9.4.1987 – III ZR 3/86, BGHZ 100, 335 ff. = StV 1988, 326.
[49] BGH 23.8.1989 – 1 BJs 72/87, BGHZ 36, 236 (239) = NJW 1990, 397; KG 4.7.1979 – 4 Ws 147/78, NJW 1978, 2406; OLG Naumburg 7.12.2005 – 6 U 73/05, NJ 2007, 83 (juris Rn. 17 f.); LG Freiburg 4.9.1989 – IV AR 26/89, NJW 1990, 399.
[50] LG Flensburg 22.7.1982 – 1 Qs 169/82, DAR 1982, 339; KG 6.8.1997 – 3 Ws 438/97, LS in juris; vgl. auch *Meyer-Goßner/Schmitt* Vor § 1 Rn. 4 mwN.
[51] KG 4.7.1979 – 4 Ws 147/78, NJW 1978, 2406 mit ausführlicher Begründung und Nachweisen; *Meyer* § 2 Rn. 16; offen gelassen von BGH 15.2.1979 – III ZR 164/77, JZ 1979, 353 (354).
[52] *Ossenbühl*, Staatshaftungsrecht, 5. Aufl., S. 405, 407.
[53] zB *Schöneborn* ZRP 72, 59; auch *Quaritsch* S. 176, der darauf hinweist, dass es vom Zufall abhängen könne, ob gegen den Besitzer einer beschlagnahmten Sache ein Ermittlungsverfahren eingeleitet werde oder nicht.

gen gegeben sind.[54] Es muss also dem Gesetzgeber vorbehalten bleiben, erforderlichenfalls Abhilfe zu schaffen.[55]

44 **5. Zeitlicher Geltungsbereich.** Zeitlich gilt das StrEG seit dem 11.4.1971. Es ist in dem am 11.3.1971 ausgegebenen Bundesgesetzblatt[56] verkündet worden und einen Monat nach seiner Verkündung in Kraft getreten (vgl. § 21), mithin am 11.4.1971. Von diesem Zeitpunkt an ist es in allen anhängigen Strafsachen zu beachten und ggf. von den Gerichten und Staatsanwaltschaften anzuwenden. Im Grundsatz gilt das Gesetz **nicht rückwirkend.** Ein Wiederaufrollen eines abgeschlossenen Straf- oder Ermittlungsverfahrens nur wegen der Entschädigungsfrage ist ausgeschlossen. Im Übrigen vgl. die Erläuterungen zu den Übergangsvorschriften in § 16.

45 Seit dem 3.10.1990 ist das StrEG uneingeschränkt auch für die neuen Bundesländer anzuwenden. Für Strafverfolgungsmaßnahmen von Behörden und Gerichten der früheren DDR gilt § 16a idF des 1. Strafrechtlichen Rehabilitasgesetzes vom 29.10.1992.[57]

46 Für die **Wiederaufnahme** von **vor dem 8.5.1945** abgeschlossenen Strafverfahren gilt das Betragsverfahren des AKG an Stelle der §§ 10 ff. StrEG (vgl. unter „Strafverfahren bis zum 8.5.1945").

V. Nicht unter das StrEG fallende strafrechtliche Sachverhalte

47 Im Strafrecht gibt es eine Reihe von Sachverhalten, die vom StrEG nicht erfasst werden, weil sie zu regeln entweder nicht notwendig oder nicht möglich ist oder weil sie anderweitig geregelt sind.

48 **1. Wiedergutmachung nationalsozialistischen Unrechts.** Die Aufhebung oder Milderung von Strafurteilen nach den Vorschriften über die Wiedergutmachung nationalsozialistischen Unrechts in der Strafrechtspflege begründete keinen Anspruch auf Entschädigung nach dem StHaftEntschG. Die Landes- und Zonengesetzgeber[58] hatten bewusst davon abgesehen, das StHaftEntschG für entsprechend anwendbar zu erklären oder selbständige Vorschriften über eine Entschädigung zu erlassen. Das Entschädigungsproblem ist dann im Gesamtrahmen des Bundesgesetzes zur Entschädigung für Opfer der nationalsozialistischen Verfolgung (Bundesentschädigungsgesetz – BEG) geregelt worden.[59] Seit dem 1.1.1970 können Ansprüche nicht mehr angemeldet werden (Art. VIII BEG – Schlußgesetz vom 14.9.1965[60]). Das Gesetz zur Beseitigung nationalsozialistischen Unrechts vom 25.5.1990[61] begründet unmittelbar keine materiellen Schadensersatzansprüche. Es regelt nur die materiellen und verfahrensrechtlichen Fragen der Aufhebung von Urteilen.

49 **2. Strafverfolgungsmaßnahmen der Besatzungsgerichte- und Behörden.** Strafverfolgungsmaßnahmen der amerikanischen, britischen und französischen Besatzungsgerichte und -behörden sind nach dem StrEG nicht entschädigungsfähig. Denn das StrEG setzt wie das frühere Recht voraus, dass ein deutsches Gericht oder eine deutsche Strafverfolgungsbehörde die Sachentscheidung getroffen hat. Die Besatzungsgerichte waren aber ausländische Gerichte.

50 Für schuldlose wie für widerrechtliche und schuldhafte Handlungen der Besatzungsmächte kann eine Entschädigung nach dem Gesetz über die Abgeltung von **Besatzungsschäden** – BesatzSchG – vom 1.12.1955[62] in Betracht kommen, jedoch nicht für durch Freiheitsentziehung erlittene Vermögensschäden. Diese Einschränkung im BesatzSchG ist

---

[54] Vgl. hierzu unter „Anspruchsgrundlagen außerhalb des StrEG".
[55] KG 4.7.1979 – 4 Ws 147/78, NJW 1978, 2406; LG Flensburg 27.10.1981 – I Qs 179/81, JurBüro 1982, 882 (884).
[56] Teil I S. 157.
[57] BGBl. I 1814.
[58] Vgl. zB VO des Präsidenten des Zentralen Justizamts für die britische Zone vom 3.6.1947, VOBl. S. 68.
[59] Vgl. hierzu KG 15.4.2003 – 5 Ws 63/02, NStZ-RR 2003, 216.
[60] BGBl. I 1315.
[61] BGBl. I 966.
[62] BGBl. I 734; zuletzt geändert durch Art. 10 Abs. 3 Gesetz vom 19.9.2002, BGBl. I 2482.

mit dem Grundgesetz vereinbar.[63] War die Inhaftierung rechtswidrig und schuldhaft, so war nach dem zum 16.5.2008 außer Kraft getretenen § 40 BesatzSchG durch den Bundesminister der Finanzen ein Härteausgleich möglich, wenn durch die Haft die wirtschaftliche Existenz gefährdet wurde und der Schaden wirtschaftlich noch nicht überwunden werden konnte. Zu beachten ist, dass dieses Gesetz im Gebiet der ehemaligen DDR nicht galt.[64]

3. Strafverfolgung im Ausland. Eine Aburteilung durch ein Gericht außerhalb des Geltungsbereichs des Gesetzes, also durch ein ausländisches Gericht, kann nicht zu einer Entschädigung nach dem StrEG führen. Für Urteile der Gerichte der ehemaligen DDR vgl. § 16a. Für Untersuchungshaft und andere vorläufige Strafverfolgungsmaßnahmen, die von ausländischen Gerichten oder Behörden, auch solchen der früheren DDR, angeordnet worden sind, gilt dasselbe, es sei denn, die Strafverfolgungsmaßnahme wurde im Auslieferungs- oder Rechtshilfeverfahren auf Ersuchen einer deutschen Behörde angeordnet; dann ist das StrEG anzuwenden, soweit die Maßnahme zu denjenigen des § 2 Abs. 3 gehört. 51

4. Strafverfahren bis zum 8.5.1945. Besonderheiten gelten, wenn Strafverfahren wiederaufgenommen werden, die von deutschen Gerichten bis zum 8.5.1945 rechtskräftig abgeschlossen worden waren. Das Strafgericht hat dann zwar das StrEG anzuwenden, das Betragsverfahren richtet sich aber nach anderen Vorschriften, vgl. hierzu → § 1 Rn. 45. Die Zuständigkeit für die Wiederaufnahme richtet sich nach § 367 StPO iVm § 140a GVG (es entscheidet ein anderes Gericht als das, dessen Urteil mit dem Antrag angefochten wird), jedoch nach dem Zuständigkeitsergänzungsgesetz vom 7.8.1952,[65] wenn das Strafverfahren bei einem Gericht anhängig gewesen war, das nicht mehr besteht (zB Wehrmachtgericht) oder an dessen Sitz deutsche Gerichtsbarkeit nicht mehr ausgeübt wird (vor allem also in den früheren deutschen Ostgebieten, vgl. § 1 ZustErgG). 52

5. Rückzahlung von Geldstrafen, Kosten und eingezogenen Taterträgen. Eine Geldstrafe samt Kosten ist zurückzuzahlen, wenn das Urteil im Wiederaufnahmeverfahren aufgehoben und der Angekl. freigesprochen worden ist. Dies folgt schon aus dem allgemeinen Rechtsgedanken der ungerechtfertigten Bereicherung gemäß §§ 812 ff. BGB,[66] ist aber auch in § 13 EBAO ausdrücklich geregelt; danach sind Geldstrafen, ggf. damit zusammenhängende Kosten, die zu Unrecht vereinnahmt sind, zurückzuzahlen. Zu Unrecht vereinnahmt ist eine Geldstrafe, wenn sie auf Grund eines Strafkenntnisses gezahlt ist, das später im Wiederaufnahmeverfahren weggefallen ist. Dieser Rückzahlungsanspruch ist unabhängig vom StrEG gegeben, also auch, wenn eine Entscheidung nach § 8 versehentlich nicht ergangen, der Entschädigungsanspruch nicht rechtzeitig (§ 10) angemeldet worden ist oder wenn er nach § 12 nicht mehr geltend gemacht werden kann. Nichts anderes kann für Geldbeträge gelten, deren Einziehung als Taterträge nach §§ 73, 73a oder 73c StGB endgültig angeordnet wurde. Da nach § 73 und 73a StGB auch andere „Gegenstände" als Geldbeträge (zB Sachen, Forderungen, Rechte) der Einziehung als Taterträge unterliegen, wird für die Bestimmung des Wertes des Erlangten § 73d StGB zur Anwendung kommen müssen. Der Entschädigungsanspruch nach dem StrEG geht allerdings weiter als der Rückzahlungsanspruch, und zwar auf vollen Ersatz des Vermögensschadens. Er umfasst also zB den Ersatz von Aufwendungen zur Aufbringung der Geldstrafe, der Kosten sowie einen Zinsausfall, vgl. → § 1 Rn. 37. Für Ersuchen um Vollstreckung einer ausländischen Anordnung des Verfalls enthält § 56a IRG eine Regelung über die Entschädigungspflicht zugunsten Dritter. 53

---

[63] BVerfG 15.1.1970 – 1 BvR 293/62, BVerfGE 27, 326 ff. = NJW 1970, 1035 ff.
[64] Anl. I Kap. IV Sachg. A Abschn. I Nr. 20 EinigVtr 31.8.1990 iVm Art. 1 G 23.9.1990, BGBl. II 885 (965).
[65] BGBl. I 407.
[66] Ebenso *Meyer* MDR 1979, 459; zur Frage der Anwendbarkeit auf dem öffentlichen Recht unterliegende Rechtsverhältnisse vgl. allgemein Palandt/*Sprau* BGB Einf. Rn. 9 vor § 812. Anders etwa die bei OLG Frankfurt a. M. 29.12.2016 – 1 Ws 57/16, juris Rn. 4 und 6 wiedergegebenen Entscheidungen.

54 **6. Überlange Verfahrensdauer.** Keine Anwendung findet das Gesetz auch bei einer überlangen Verfahrensdauer.[67] Eine Entschädigung hierfür sieht der Katalog des § 2 Abs. 2 nicht vor. Nach dieser Vorschrift wird Entschädigung nur für den Einsatz bestimmter Maßnahmen der Strafverfolgung gewährt. Beim Vorliegen der übrigen Voraussetzungen bleibt hier nur ein allgemeiner Staatshaftungsanspruch nach Art. 34 GG iVm § 839 BGB.[68] Um den Anforderungen des Art. 6 Abs. 1 S. 1 EMRK gerecht zu werden, ist der BGH[69] zur Kompensation rechtsstaatswidriger Verfahrensverzögerungen auf die sog. Vollstreckungslösung ausgewichen. Wegen deren Schwächen werden Forderungen nach einer völlig schuldunabhängigen Geldentschädigung laut,[70] wie sie auch in anderen Staaten erfolgt. Ein Amtshaftungsverfahren ist kein wirksamer Rechtsbehelf iSd Art. 13 EMRK. Es erfolgten deshalb auch in strafrechtlichen Sachverhalten zahlreiche Verurteilungen der Bundesrepublik Deutschland wegen überlanger Verfahrensdauer, auch zu Schadensersatz.[71] Der Gesetzgeber hat hierauf mit Gesetz vom 24.11.2011[72] eine Regelung geschaffen und die §§ 198–201 in das GVG eingefügt. Mit strafrechtlichen Sachverhalten befasst sich § 199 GVG.

VI. Nicht unter das StrEG fallende außerstrafrechtliche Sachverhalte

55 Freiheitsentziehung, Beschlagnahme oder andere Maßnahmen, die in der Wirkung den nach dem StrEG entschädigungsfähigen Strafverfolgungsmaßnahmen gleichkommen, gibt es vielfach auch im außerstrafrechtlichen Bereich. Für sie gilt das StrEG nicht, auch nicht entsprechend. Das sagt schon die Überschrift des Gesetzes, geht aber auch aus seinem allein auf das Strafverfahren zugeschnittenen Inhalt hervor. Doch werden gelegentlich wegen außerstrafrechtlicher Maßnahmen Anträge an die Justizbehörden gerichtet. Eine Klarstellung ist daher geboten. Insbesondere in folgenden Fällen ist das StrEG nicht anwendbar:

56 **1. Kriegsgefangenschaft und Internierung.** Freiheitsentziehung im Zusammenhang mit dem Krieg wie Kriegsgefangenschaft und Internierung im Ausland: Hier konnten bis zum 31.12.1993 Leistungen nach dem Kriegsgefangenenentschädigungsgesetz[73] in Betracht kommen.

57 **2. Haft aus politischen Gründen außerhalb der BRD.** Haft aus politischen und nach freiheitlich-demokratischer Auffassung vom Betroffenen nicht zu vertretenden Gründen außerhalb der BRD, vor allem in der ehemaligen sowjetischen Besatzungszone: In diesen Fällen können Leistungen nach dem Häftlingshilfegesetz (HHG)[74] in Betracht kommen.

58 **3. Unterbringung nach öffentlichem Recht.** Unterbringung oder Verwahrung Geisteskranker, Geistesschwacher und Suchtkranker nach den Unterbringungsgesetzen der Länder. Auch die von manchen Bundesländern vorübergehend eingeführte sog. „Unterbringung besonders rückfallgefährdeter Straftäter", auch als nachträgliche Sicherungsverwahrung bezeichnet (zB in Bayern, Baden-Württemberg, Sachsen – Anhalt), ist dem Polizei- und Sicherheitsrecht, nicht dem Strafrecht zuzuordnen und kann keine Ansprüche nach dem StrEG auslösen. Daran ändert auch nichts, dass zB nach Art. 3 Abs. 2 des Bayerischen Gesetzes zur Unterbringung rückfallgefährdeter hochgefährlicher Straftäter v. 24.12.2001[75]

---

[67] BGH 17.1.2008 – GSSt 1/07, NJW 2008, 860 Rn. 41 [offen gelassen noch von BGH 25.9.2007 – 5 StR 475/02, NStZ 2008, 168 (170)]; *Volkmer* NStZ 2008, 608 (613).
[68] Vgl. hierzu für das Strafrecht: *Kraatz* JR 2008, 189 (192); für unzumutbare Verzögerung von Grundbucheinträgen: BGH 11.1.2007 – III ZR 302/05, NJW 2007, 830 ff.
[69] BGH 17.1.2008 – GSSt 1/07, NJW 2008, 860 Rn. 61.
[70] *Kraatz* JR 2008, 189; *Volkmer* NStZ 2008, 613.
[71] Vgl. etwa EGMR 13.11.2008 – 10537/03, StV 2009, 519; 13.11.2008 – 26073/03, StRR 2009, 227 f. vor allem aber 2.9.2013 – 46344/06, NJW 2010, 3355 ff.; vgl. weiter *Meyer-Goßner/Schmitt* GVG Vor § 198 Rn. 1.
[72] BGBl. I 2302.
[73] IdF der Bek. vom 29.9.1969, BGBl. I 1800; aufgehoben durch Art. 5 Kriegsfolgenbereinigungsgesetz vom 21.12.1992 BGBl. I 2094.
[74] IdF 2.6.1993, BGBl. I 838.
[75] GVBl. 978.

auf das Verfahren die Vorschriften der Strafprozessordnung für entsprechend anwendbar erklärt werden, denn damit ist nur das Anordnungsverfahren gemeint.[76] Diese Regelungen sind zwischenzeitlich alle wieder außer Kraft. Sie waren verfassungswidrig.[77] Dagegen gehören die vorbehaltene und die nachträgliche Sicherungsverwahrung nach §§ 66a, 66b StGB, § 7 Abs. 2 JGG zum Strafrecht, nicht dagegen die seit 1.1.2011 geltenden Regeln über die Therapierung und Unterbringung psychisch gestörter Gewalttäter nach dem Therpieunterbringungsgesetz (ThUG).[78]

4. Maßnahmen von Verwaltungsbehörden; berufsgerichtliche Verfahren. Maßnahmen der Verwaltungsbehörden, die nicht auf Vorschriften des Strafrechts oder des Ordnungswidrigkeitenrechts beruhen, zB die Entziehung der Fahrerlaubnis nach § 3 StVG, Verbote oder Einschränkungen der Berufsausübung nach § 35 GewO oder anderen Vorschriften des Verwaltungsrechts, Einziehungen nach § 55 des Lebensmittel- und Bedarfsgegenständegesetzes (LMBG) usw unterfallen nicht dem StrEG. Auch im **berufsgerichtlichen Verfahren** ist für eine unmittelbare oder entsprechende Anwendung des StrEG kein Raum. Diese Regelungen enthalten keine ausdrücklichen Verweisungen auf das Gesetz. Eine entsprechende Anwendung scheitert an der Eigenständigkeit des berufsgerichtlichen Verfahrens.[79]

5. Präventiv-polizeiliche Maßnahmen. Präventive Maßnahmen der Polizei, der Verwaltungsbehörden und der Bundeswehr beruhen auf besonderen Rechtsgrundlagen außerhalb der Strafprozessordnung. Darunter fällt zB die Abschiebehaft nach § 57 AuslG [siehe jetzt § 62 AufenthG],[80] die „nachträgliche Sicherungsverwahrung" nach Landesrecht (→ Rn. 58); Freiheitsentziehungen (meist in der Form von Gewahrsam) aufgrund der polizeilichen Generalklausel oder spezieller landesrechtlicher Vorschriften, ebenso die präventivpolizeiliche Beschlagnahme und Durchsuchung. Ferner gehören hierher die bundesrechtlichen Vorschriften über die Anwendung unmittelbaren Zwanges: Gesetz über den unmittelbaren Zwang bei Ausübung öffentlicher Gewalt durch Vollzugsbeamte des Bundes – UZwG – vom 10.3.1961[81] sowie das Gesetz über die Ausübung unmittelbaren Zwanges und die Ausübung besonderer Befugnisse durch Soldaten der Bundeswehr und verbündeter Streitkräfte sowie zivile Wachpersonen – UZwGBw – vom 12.8.1965.[82] Für den immateriellen Schaden kommen dann bei Rechtswidrigkeit Ersatzansprüche aus Art. 5 Abs. 5 EMRK in Betracht,[83] die gelegentlich nach § 7 Abs. 3 bemessen werden, hierauf aber nicht beschränkt sind,[84] Auch die Zwangsstilllegung eines Fahrzeugs hat präventiv-polizeilichen Charakter. Gleiches gilt für die Sicherstellung der Fahrzeugschlüssel eines Beschuldigten um weitere für strafbar gehaltene Fahrten zu unterbinden.[85] Es handelt sich nicht um eine Sicherstellung oder Beschlagnahme im Sinne des § 2 Abs. 2 Nr. 4.[86]

---

[76] Vgl. hierzu BVerfG 10.2.2004 – 2 BvR 834, 1588/02, NJW 2004, 750 ff.
[77] BVerfG 10.2.2004 – 2 BvR 834, 1588/02, NJW 2004, 750 ff.
[78] Vom 22.12.2010, BGBl. I 2300.
[79] Landesberufsgericht für die Heilberufe BayObLG 6.12.1996 – LBG-AP-2/96, NJW 1997, 2465; OVG Münster 17.1.1997 – 12 A 4289-96.T, NJW 1998, 1809 f.
[80] BayObLG 23.11.1993 – 3 Z BR 271/93, BayObLG 1993, 377; 5.1.1996 – 3 ZBR 359/95, BayOblGR 1996, 13; OLG Hamm 18.5.2001 – 19 W 16/01, NVwZ 2001, Beilage Nr. I 7, 96; OLG Köln 8.7.1996 – 7 W 29/96, NVwZ 1997, 518 f.; AG Kiel 16.2.1984 – XIV 31/83, JurBüro 1984, 1060 mit zust. Anm. *Meyer*.
[81] BGBl. I 165, zuletzt geändert durch Art. 28 Gesetz vom 31.10.2006, BGBl. I 2407.
[82] BGBl. I 796, zuletzt geändert durch Art. 12 Gesetz vom 11.12.2006, BGBl. I 3198.
[83] Vgl. BGH 29.4.1993 – III ZR 3/92, NJW 1993, 2927 ff., (juris Rn. 44 ff.); 18.5.2006 – III ZR 183/05, MDR 2006, 1284 f.; OLG Naumburg 27.12.2011 – 20 W 14/11, NVwZ-RR 2012, 266 ff.; Brandenburgisches Oberlandesgericht 12.9.2013 – 2 W 2/13, juris Rn. 15.
[84] Vgl. BGH 29.4.1993 – III ZR 3/92, NJW 1993, 2927 ff., (juris Rn. 44 ff.); BGH 18.5.2006 – III ZR 183/05, MDR 2006, 1284 f.; OLG Celle 3.11.2006 – 16 W 102/06, NdsRPfl 2007, 11; OLG Frankfurt a. M. 9.4.2013 – 15 W 2/12, NStZ-RR 2013, 295 f., (juris Rn. 13); OLG Hamm 28.11.2013 – 11 W 75/12, Ls. in NStZ-RR 2013, 160; OLG Naumburg 27.12.2011 – 20 W 14/11, NVwZ-RR 2012, 266 ff.: nicht darauf beschränkt, allenfalls Orientierung; Brandenburgisches Oberlandesgericht 12.9.2013 – 2 W 2/13, juris Rn. 15.
[85] OLG Nürnberg 2.4.2013 – 1 StOLG Ss 82/11, unveröffentlicht.
[86] LG Nürnberg-Fürth 11.12.2007 – 4 O 7038/07, unveröffentlicht.

StrEG Einl. 61–65   Gesetz über die Entschädigung für Strafverfolgungsmaßnahmen

61   Präventive Maßnahmen nach diesen Vorschriften sind Verwaltungsakte, gegen die der **Verwaltungsrechtsweg** gegeben ist. Für die Entschädigung gelten die Bestimmungen der Polizei- und Ordnungsbehördengesetze.[87] So löst etwa ein präventiv – polizeiliches Schlachtverbot, das gelegentlich einer Durchsuchung im Rahmen der Strafverfolgung ausgesprochen wird, keine Entschädigungspflicht nach dem StrEG aus.[88] Jedoch kann der Sicherungs- und Schutzzweck zurücktreten und die Zwangsmaßnahme (Festnahme, Durchsuchung usw) gleichzeitig der Strafverfolgung dienen. Dann schließt sich das justizförmliche Verfahren nach der StPO an mit der Folge, dass auch das StrEG anzuwenden ist, soweit danach ein entschädigungsfähiger Tatbestand gegeben ist. Beispiele für den Übergang bieten § 6 Abs. 2, § 7 Abs. 2 und Abs. 3 UZwGBw. Es bedarf hierzu einer Abgrenzung zwischen den präventiven Maßnahmen einerseits und den repressiven Zwecken der Strafverfolgung dienenden Maßnahmen andererseits.[89] Maßgeblich soll dann die überwiegende Zweckbestimmung sein.[90]

VII. Anspruchsgrundlagen außerhalb des StrEG

62   **1. Amtspflichtverletzung, öffentlich-rechtliche Verwahrung, Enteignungsgleicher Eingriff ua.** Unberührt lässt das StrEG Ansprüche aus Amtspflichtverletzung nach § 839 BGB iVm Art. 34 GG,[91] öffentlich-rechtlicher Verwahrung, enteignendem oder enteignungsgleichem Eingriff.[92] Diese Ansprüche können unabhängig von und neben etwaigen Ansprüchen nach dem StrEG gegeben sein. Sie stehen miteinander in Anspruchskonkurrenz.[93] Solche Ansprüche sind im ordentlichen Rechtsweg vor den Zivilgerichten geltend zu machen; ausschließlich zuständig ist das Landgericht (§ 71 Abs. 2 Nr. 2 GVG). Auf diese Anspruchsgrundlagen können vor allem auch **Dritte** zurückgreifen, denen Ansprüche nach dem StrEG verwehrt sind.[94]

63   Für Dritte kommen auch Ansprüche nach §§ 1 Abs. 1 S. 1 Nr. 3, 23 JVEG – früher § 17a ZuSEG) in Betracht, etwa wenn zur Vermeidung der Beschlagnahme Unterlagen in Fotokopie übergeben werden. Auch für denjenigen, der sich nach § 81c StPO einer Untersuchung unterziehen muss, dürften solche Ansprüche bestehen.

64   **a) Amtspflichtverletzung.** Voraussetzung ist zunächst, anders als beim StrEG, eine rechtswidrige und schuldhafte (vorsätzliche oder fahrlässige) Handlung in Ausübung der dem Beamten (oder Richter) gegenüber einem Dritten obliegenden Amtspflicht. Beispiele aus dem Bereich der Strafverfolgung: Infolge schuldhafter Versäumnisse der Ermittlungsbehörden geht ein für die Entlastung des Beschuldigten entscheidendes Beweismittel unter; unsachgemäße Verwahrung führt zum Verlust beschlagnahmter Gegenstände (vgl. Nr. 74 RiStBV); der Gefangene wird nicht rechtzeitig entlassen.

b) Öffentlich-rechtliche Verwahrung.

Literatur: Palandt/*Sprau* § 688 BGB Rn 12; *Quaritsch* S. 169 ff.

65   Die öffentlich-rechtliche Verwahrung beginnt mit der Inbesitznahme durch die Behörde, etwa durch eine Beschlagnahme.[95] Dabei kommt es nicht darauf an, ob die amtliche Besitz-

---

[87] Vgl. hierzu *Geigel/Kapsa* Kap. 21 Rn. 81 ff.
[88] LG Köln 14.11.1986 – 114 Qs 29/86, NJW 1987, 1836.
[89] Vgl. hierzu *Eb. Schmidt* StPO Vor § 94 Rn. 3; *Jess/Mann* Einl. Rn. 17, 18.
[90] *Meyer* Einl. Rn. 41; *Geigel/Kapsa* Kap. 21 Rn. 129.
[91] OLG Karlsruhe 9.7.1987 – 12 U 29/87, Justiz 1988, 87 f.; LG Freiburg 4.9.1989 – IV AR 26/89, NJW 1990, 399 (400); *Böing* S. 79.
[92] LG Freiburg 4.9.1989 – IV AR 26/89, NJW 1990, 399 (400).
[93] BT-Drs. VI/460, 7; BGH 9.11.1979 – III ZR 116/77, BGHZ 72, 302 (305 f.) = NJW 1979, 425 (426) [für Amtspflichtverletzung und öffentl.-rechtl Verwahrung] mit zust. Anm. *Boujong* LM Nr. 7 zu StrEG; *Galke* DVBl 1990, 145 (146); vgl. auch → § 2 Rn. 57 f. Wegen ihrer Voraussetzungen im Einzelnen vgl. Palandt/*Sprau* Erläuterungen zu § 839 BGB.
[94] BGH 9.4.1987 – III ZR 3/86, BGHZ 100, 335 ff. = StV 1988, 326 mAnm *Amelung*; OLG Saarbrücken 19.4.2011 – 4 U 314/10, MDR 2011, 914 f. (juris Rn. 48 f.); LG Freiburg 4.9.1989 – IV AR 26/89, NJW 1990, 399 (400).
[95] OLG Hamburg 12.10.1973 – VAs 15/73, MDR 1974, 510; *Quaritsch* S. 170.

ergreifung rechtmäßig, rechtswidrig oder nichtig ist.⁹⁶ Sie endet mit der tatsächlichen Rückgabe der Sachen.

c) Enteignender und enteignungsgleicher Eingriff. Ein Entschädigungsanspruch 66 aus enteignendem Eingriff kommt in Betracht, wenn rechtmäßige hoheitliche Maßnahmen bei einem Betroffenen zu Nachteilen führen, die er aus rechtlichen oder tatsächlichen Gründen hinnehmen muss, die aber die Schwelle des enteignungsrechtlich Zumutbaren übersteigen.⁹⁷ Selbst wenn der Schaden für sich genommen die Schwelle des Zumutbaren übersteigt, ist ein Entschädigungsanspruch nur gegeben, wenn nicht auf andere Weise Ersatz erlangt werden kann. Von enteignungsgleichem Eingriff spricht die Rspr., wenn rechtswidrig, sei es schuldhaft oder schuldlos, durch hoheitliche Maßnahmen in einen geschützten Gegenstand eingegriffen und dadurch dem Berechtigten ein Sonderopfer für die Allgemeinheit auferlegt wird.⁹⁸ Die Maßnahme muss nicht gewollt und gezielt, aber unmittelbar in den geschützten Gegenstand eingreifen, indem sich eine in der Maßnahme selbst angelegte Gefahr verwirklicht.⁹⁹

d) Öffentlich-rechtliche Gefährdungshaftung. In Anlehnung an Vorschläge von 67 Ernst Forsthoff schlägt *Quaritsch*¹⁰⁰ für die Lösung der Fälle der Beschädigung und Alterung beim Dritten beschlagnahmter Gegenstände den Rückgriff auf eine öffentlich-rechtliche Gefährdungshaftung vor. Diese Rechtsfigur hat sich aber im öffentlichen Recht nicht durchgesetzt.

e) Staatshaftungsgesetz. An die Stelle der genannten Rechtsgrundlagen der Amtshaf- 68 tung sollte am 1.1.1982 das Staatshaftungsgesetz vom 26.6.1981¹⁰¹ treten. Dieses Gesetz fasste die bisherigen Rechtsvorschriften des BGB und anderer Gesetze sowie das Richter- und Gewohnheitsrecht in einem einzigen Haftungstatbestand zusammen (§ 1) und versuchte das Verhältnis zu anderen Regelungen zu klären. Bei rechtswidrigen Strafverfolgungsmaßnahmen sollte danach die Staatshaftung zum Zug kommen, wenn sie auf einer Pflichtverletzung beruhen. Unberührt ließ das Staatshaftungsgesetz die Entschädigungsansprüche wegen Enteignung oder Aufopferung für das gemeine Wohl (§ 14 StHaftG). Mit Beschluss des BVerfG vom 19.10.1982¹⁰² wurde das Gesetz allerdings für verfassungswidrig erklärt.

2. Allgemeiner Aufopferungsanspruch. Ein allgemeiner öffentlich-rechtlicher Auf- 69 opferungsanspruch¹⁰³ für Strafverfolgungsmaßnahmen gegen den **Beschuldigten** ist nicht gegeben, weil diese Materie durch das StrEG – und ergänzend die EMRK – positiv gesetzlich geregelt ist. Diese Vorschriften regeln den Aufopferungsanspruch (vgl. → Rn. 31) speziell und abschließend; sie schließen daher Entschädigungsansprüche aus allgemeiner Aufopferung,¹⁰⁴ insbesondere wegen anderer, im Gesetz nicht genannter Strafverfolgungsmaßnahmen oder Entschädigung in weiterem Umfang aus. So kann wegen der Begrenzung des Anspruchs für immateriellen Schaden durch § 7 Abs. 3 weitergehender immaterieller Schaden nicht aus anderen Rechtsvorschriften hergeleitet werden. Dies ergibt sich aus der subsidiären Natur des allgemeinen Aufopferungsanspruchs.¹⁰⁵

---

⁹⁶ *Quaritsch* S. 172.
⁹⁷ BGH 20.2.1992 – III ZR 188/90, BGZ 117, 240 ff. = MDR 1992, 874 f. (juris Rn. 39); OLG Saarbrücken 19.4.2011 – 4 U 314/10, MDR 2011, 914 f. (juris Rn. 48 f.).
⁹⁸ Vgl. etwa BGH 20.2.1992 – III ZR 188/90, BGZ 117, 240 ff. = MDR 1992, 874 f. (juris Rn. 38); 3.7.1997 – III ZR 205/96, NJW 1997, 3432 ff.; Palandt/*Bassenge* BGB Vor § 903 Rn. 14 mit weiteren Nachweisen und Einzelheiten.
⁹⁹ BGH 27.1.1994 – III ZR 158/91, BGHZ 125, 19 ff. = NJW 1994, 1468 ff.
¹⁰⁰ S. 175 f.
¹⁰¹ BGBl. I 553. Materialien: Gesetzentwurf der Bundesregierung BT-Drs. 8/2079 und 2080; Beschlussempfehlung und Bericht des Rechtsausschusses BT-Drs. 8/4144, 9/25.
¹⁰² BGBl. I 1493.
¹⁰³ Zu Begriff, Inhalt, Voraussetzungen vgl. Palandt/*Bassenge* BGB Vor § 903 Rn. 14 ff.
¹⁰⁴ OLG Karlsruhe 9.7.1987 – 12 U 29/87, Justiz 1988, 87 f.
¹⁰⁵ Vgl. BGH 31.1.1966 – III ZR 118/64, BGHZ 45, 58 (77 f.) = NJW 1966, 1021 ff.; Palandt/*Bassenge* BGB Vor § 903 Rn. 15.

70 Doch können bei Gelegenheit von Strafverfolgungsmaßnahmen **atypische Folgen** eintreten, die zu Schädigungen an Leben und Gesundheit führen. Soweit sie nicht auf rechtswidrige und schuldhafte hoheitliche Eingriffe zurückzuführen sind (dann Ersatzansprüche aus Amtspflichtverletzung, vgl. → Rn. 62), kann ein allgemeiner Aufopferungsanspruch gegeben sein.[106] Doch muss ein wirkliches Sonderopfer vorliegen; geringfügige Beeinträchtigungen oder solche, die das allgemeine Lebensrisiko mit sich bringt, begründen nach der Rechtsprechung keinen Aufopferungsanspruch.[107] Auch die Ausschlussgründe der § 5 Abs. 2 und Abs. 3 sowie des § 6 Abs. 1 hindern regelmäßig das Entstehen eines Aufopferungsanspruchs beim Beschuldigten. Diese Vorschriften enthalten allgemeine Grundsätze des Rechts der Aufopferung.[108] Entschädigungsansprüche aus allgemeiner Aufopferung können zB in Betracht kommen, wenn es aufgrund einer Durchsuchung zu einem Schockschaden kommt,[109] wenn nach § 81a StPO angeordnete körperliche Eingriffe infolge unkontrollierbarer Umstände zu schwerwiegenden Gesundheitsschäden führen (zB Infektion bei Entnahme einer Blutprobe oder Folgeschäden einer Punktion zur Gewinnung einer Liquorprobe), aber unter weiteren Voraussetzungen auch bei körperlicher Schädigung eines Gefangenen während der Haft.[110] Auch andere gesetzlich geregelte Aufopferungsansprüche kommen zugunsten des Geschädigten in Betracht.[111] Hierzu zählen etwa Ansprüche aus Art. 5 Abs. 5 EMRK (→ Rn. 73). Für vermögensrechtliche Ansprüche aus Aufopferung für das gemeine Wohl ist der ordentliche Rechtsweg gegeben (§ 40 Abs. 2 VwGO).[112]

71 Richtet sich eine Maßnahme gegen **Dritte** (Einzelheiten → Einl. Rn. 37), etwa bei zu Unrecht vollstreckter Erzwingungshaft (Beugehaft) nach § 70 StPO, kommt ein allgemeiner Aufopferungsanspruch in Betracht, wobei zu berücksichtigen ist, dass dieser den Ansprüchen aus Art. 5 EMRK gegenüber (→ Rn. 74) subsidiär ist.[113] Der BGH will dabei allerdings für den immateriellen Schaden den Rechtsgedanken des § 7 Abs. 3 anwenden.

72 **3. Ansprüche nach der Menschenrechtskonvention (Art. 5 Abs. 5 EMRK).** Einen Schadensersatzanspruch für Haft sieht auch Art. 5 Abs. 5 der Europäischen Konvention zum Schutze der Menschenrechte und Grundfreiheiten (EMRK) vom 4.11.1950 vor Die EMRK ist durch Zustimmungsgesetz vom 7.8.1952[114] innerstaatliches Recht geworden und am 3.9.1953 in der Bundesrepublik Deutschland in Kraft getreten.[115] Im Unterschied zum StrEG setzt der Anspruch nach Art. 5 Abs. 5 EMRK einen **rechtswidrigen Freiheitsentzug** voraus, aber kein Verschulden.[116] Rechtswidrig bedeutet hier konventionswidrig, damit aber auch im Widerspruch zum innerstaatlichen Recht, welches Art. 5 Abs. 1 EMRK voraussetzt und in Bezug nimmt. Der Katalog des Abs. 1 enthält nur Mindestanforderungen an den Gesetzgeber; die StPO erfüllt sie nicht nur, sondern stellt zum Teil strengere Anforderungen an die Zulässigkeit freiheitsentziehender Strafverfolgungsmaßnahmen. Bei rechtmäßigem Erlass und Vollzug eines Haftbefehls nach den Vorschriften der StPO kann ein Anspruch nach Art. 5 Abs. 5 EMRK daher nicht entstehen.[117]

---

[106] BGH 22.2.1973 – III ZR 162/70, BGHZ 60, 302 ff. = VersR 1973, 741 ff.; OLG Karlsruhe 9.7.1987 – 12 U 29/87, Justiz 1988, 87 f.
[107] Vgl. BGH 16.1.1967 – III ZR 100/65, BGHZ 46, 327 ff. = NJW 1967, 621; OLG München 23.4.2012 – 1 W 364/12 (juris Rn. 4): Depressionen als Folge der Haft.
[108] BGH 22.2.1972 – III ZR 162/70, BGHZ 60, 305 ff.
[109] LG Flensburg 22.2.1985 – 3 O 488/84, JurBüro 1985, 846; zustimmend *Meyer* JurBüro 1987, 1611.
[110] BGH 22.2.1972 – III ZR 162/70, BGHZ 60, 305 ff.
[111] OLG Saarbrücken 3.9.2007 – 4 W 190/07, OLGR 2007, 947 f.; *Meyer* Einl. Rn. 53 ff.
[112] OLG München 5.7.1995 – 1 Ws 289/95, NStZ-RR 1996, 125 (126); Schleswig-Holsteinisches Verwaltungsgericht 8.2.2012 – 9 A 295/11, SchlHA 2012, 147 f.
[113] BGH 23.8.1989 – 1 BJs 72/87, BGHSt 36, 236 (238 f.). = NJW 1990, 397 f.
[114] BGBl. 1952 II 685, 953.
[115] Bek. BGBl. 1954 II 14.
[116] BGH 31.1.1966 – III ZR 118/64, BGHZ 45, 58 (66) = NJW 1966, 1021 (1023).
[117] *Haas* MDR 94, 10 mwN.; vgl. zum Ganzen auch *Krauße* StraFo 2017, 349 ff.

Der Anspruch nach Art. 5 Abs. 5 EMRK ist Aufopferungsanspruch; der BGH[118] ordnet **73** ihn demgegenüber der Gefährdungshaftung zu, ihm folgt *Meyer-Goßner/Schmitt*.[119] Die Vorschrift gewährt dem Betroffenen unmittelbare Ansprüche,[120] die vor den ordentlichen Gerichten geltend gemacht werden müssen.[121] Es handelt sich um echten Schadenersatz, nicht nur um angemessene Entschädigung.[122] Die Zuständigkeit der Strafgerichte kann nicht aus einer analogen Anwendung der §§ 403 ff. StPO, § 8 StrEG hergeleitet werden.[123]

Die EMRK gibt keine Ansprüche für die im StrEG geregelten Fälle, dass die Rechts- **74** grundlage der Haft nachträglich entfällt (§ 1) oder durch das Verfahrensergebnis nicht bestätigt wird. Der Schadenersatzanspruch nach Art. 5 Abs. 5 EMRK, der durch das StrEG nicht ausgeschlossen wird,[124] und der Höhe nach nicht auf die Beträge nach dem StrEG beschränkt wäre,[125] hat daher neben den Ansprüchen nach dem StrEG und neben Ansprüchen aus Amtspflichtverletzung wenig praktische Bedeutung.[126] In Betracht kommt ein solcher Anspruch aber möglicherweise nach Vollstreckung der Ersatzfreiheitsstrafe aus einem vermeintlich rechtskräftigen Strafbefehl,[127] weil Ansprüche aus § 1 an der fehlenden Rechtskraft, aus § 2 wegen der fehlenden Verfolgungsmaßnahme scheitern, bei aufgrund des Urteils des BVerfG vom 4.5.2011[128] erledigter Sicherungsverwahrung[129] (hierzu weiter bei → § 1 Rn. 28) und für tatunbeteiligte Dritte, etwa einen Zeugen, gegen den zu Unrecht Erzwingungshaft (Beugehaft) nach § 70 Abs. StPO vollstreckt wurde.[130] Für andere Ordnungsmittel gegen Zeugen oder Sachverständige kann nichts anderes gelten.

Die Frage der angemessenen **Dauer der U-Haft** (Art. 5 Abs. 3 EMRK), kann bereits **75** vor Beendigung des Strafverfahrens zur Nachprüfung gestellt werden.[131] Die Zubilligung einer Entschädigung nach Art. 41 EMRK setzt überdies voraus, dass das innerstaatliche Recht keine oder nur eine unvollkommene Wiedergutmachung gestattet. An dieser Voraussetzung des Art. 41 EMRK dürfte es mit Bezug auf die Bundesrepublik Deutschland regelmäßig fehlen, weil die U-Haft auf die Strafe anzurechnen ist (also eine Art Naturalrestitution) und die Entschädigungsregelung in §§ 1–4 alle übrigen Fälle deckt, insbesondere auch einen Ausgleich für im Missverhältnis zur Strafe stehende U-Haft zulässt (vgl. § 4 Abs. 1 Nr. 2), aber → Rn. 55.

4. Andere Formen der Wiedergutmachung. Andere Formen der Wiedergutma- **76** chung als durch finanzielle Entschädigung sind denkbar. So sehen ausländische Rechte etwa Unschuldszeugnisse oder eine Veröffentlichungsbefugnis des im Wiederaufnahmeverfahren ergangenen freisprechenden Urteils vor. Nach der StPO gibt es eine Art Rehabilitierung nur bei der postumen Wiederaufnahme des Verfahrens, die ohne Hauptverhandlung stattfindet. Nach § 371 Abs. 4 StPO ist die Aufhebung des früheren Strafurteils auf Verlangen des Antragstellers (Angehörigen, § 361 Abs. 2 StPO) durch den Bundesanzeiger bekannt zu machen und kann nach dem Ermessen des Gerichts auch durch andere Blätter veröffentlicht werden.

---

[118] BGH 31.1.1966 – III ZR 118/64, BGHZ 45, 58 ff. = NJW 1966, 1021 ff.
[119] Anh. 4, EMRK Art. 5 Rn. 14; dort auch weitere Nachweise zum Streitstand.
[120] BGH 31.1.1966 – III ZR 118/64, BGHZ 45, 58 ff. = NJW 1966, 1021 ff.
[121] OLG München 5.7.1995 – 1 Ws 289/95, NStZ-RR 1996, 125 (126); Schleswig-Holsteinisches Verwaltungsgericht 8.2.2012 – 9 A 295/11, SchlHA 2012, 112 f.
[122] BGH 23.8.1989 – 1 BJs 72/87, BGHZ 36, 236 (240) = NJW 1990, 397 f.
[123] OLG München 5.7.1995 – 1 Ws 289/95, NStZ-RR 1996, 125.
[124] *Meyer-Goßner/Schmitt* Anh. 4, EMRK Art. 5 Rn. 14.
[125] BGH 29.4.1993 – III ZR 3/92, BGHZ 122, 268 = MDR 1993, 740 f. (juris Rn. 48); OLG Frankfurt a. M. 9.4.2013 – 15 W 2/12, juris Rn. 13.
[126] Eingehend BGH 14.7.1971 – III ZR 181/69, BGHZ 57, 33 ff. = NJW 1971, 1986 ff.
[127] AG Zittau 19.6.2002 – 1 Cs 15964/94, Ls. in juris.
[128] Vom 4.5.2011 – 2 BvR 2333/08 ua, NJW 2011, 1931 ff.
[129] OLG Celle 14.2.2012 – 2 Ws 32/12, NdsRPfl 2012, 386; OLG Frankfurt a. M. 9.4.2013 – 15 W 2/12, NStZ-RR 2013, 295 ff.; LG Karlsruhe 24.4.2012 – 2 O 278/11, EuGRZ 2012, 260; 24.4.2012 – 2 O 330/11, StraFo 2012, 246 ff.
[130] BGH 23.8.1989 – 1 BJs 72/87, BGHZ 36, 236 (239) = NJW 1990, 397; *Meyer-Goßner/Schmitt* Anh. 4, EMRK Art. 5 Rn. 3.
[131] Vgl. *Golsong* S. 68; *Trechsel* EuGRZ 1980, 514.

VIII. Änderungen des StrEG und anderer Gesetze

77 **1. Änderungen des StrEG.** Das StrEG ist seit seinem Inkrafttreten inhaltlich wiederholt geändert worden. Die Änderungen durch das EGStGB vom 2.3.1974[132] und das Erste Gesetz zur Reform des Strafverfahrensrechts[133] sind technische und redaktionelle Folgeänderungen, die sich aus den Änderungen des StGB und der StPO ergeben. Das EGStGB ersetzte die Begriffe (Maßregeln der) Sicherung und Besserung durch „Besserung und Sicherung" (§ 1 Abs. 2, § 5 Abs. 1 Nr. 2), strafbare Handlung durch Straftat, Zurechnungsunfähigkeit durch Schuldunfähigkeit (§ 6 Abs. 1 Nr. 2), fügte in § 2 Abs. 2 den Arrest nach § 111d StPO und das vorläufige Berufsverbot nach § 132a StPO als neue entschädigungsfähige Maßnahmen ein und änderte als Folge dieser Einfügung § 5 Abs. 1 Nr. 3 durch eine Unterteilung in Nr. 3 und 4. Das 1. StVRG strich die Vorschriften über die Voruntersuchung und das Schlussgehör; demgemäß wurden der Begriff „außer Verfolgung setzen" in den §§ 2 und 14 gestrichen und aus § 9 Abs. 1 Nr. 2 die das Schlussgehör betreffenden Worte herausgenommen. Mit dem StVÄG 87 vom 27.1.1987[134] stellte der Gesetzgeber durch eine Änderung des § 8 Abs. 3 die strittige Frage klar, dass gegen die Entscheidung über die Entschädigungspflicht auch bei Unanfechtbarkeit der das Verfahren abschließenden Entscheidung die sofortige Beschwerde zulässig ist. Mit Gesetz vom 24.5.1988[135] erfolgte durch eine Änderung des § 7 Abs. 3 die Anhebung des Tagessatzes für erlittene Freiheitsentziehung von zehn auf zwanzig Deutsche Mark. Schließlich schaffte der Einigungsvertrag vom 31.8.1990[136] mit der Einführung des § 16a eine erste Regelung der Entschädigung für die Folgen einer rechtskräftigen Verurteilung, einer freiheitsentziehenden oder anderen vorläufigen Strafverfolgungsmaßnahme in der DDR, die dann durch das Erste Gesetz zur Bereinigung von SED-Unrecht[137] ihre jetzige Gestalt erhalten hat. Das Gesetz zur Bekämpfung des illegalen Rauschgifthandels und anderer Erscheinungsformen der Organisierten Kriminalität[138] machte im Hinblick auf die erweiterten Möglichkeiten des Verfalls (§ 111o StPO) und die Einführung der Vermögensbeschlagnahme (§ 111p StPO) eine Anpassung des § 2 Abs. 2 Nr. 4 erforderlich. Beide Vorschriften sind gegenstandslos geworden, nachdem das BVerfG[139] die Vermögensstrafe für verfassungswidrig erklärt hat. Das Gesetz vom 17.7.2015 hat § 2 Abs. 2 Nr. 4 nunmehr an diese Rechtslage angepasst.[140] Das Gesetz zur Reform der strafrechtlichen Vermögensabschöpfung vom 13.4.2017,[141] in Kraft seit 1.7.2017, ersetzte in § 2 Abs. 2 Nr. 4 die Worte „Arrest nach § 111d" durch „der Vermögensarrest nach § 111e" und § 5 Abs. 1 Nr. 4 an die neue Rechtslage hinsichtlich des Vermögensarrests in §§ 111b bis 111h der StPO angepasst.

78 Auf Vorschlag der Landesregierung Hessens hat der Bundesrat in der 7. und 8. Wahlperiode den Entwurf eines Gesetzes zur Änderung des StrEG eingebracht.[142] Er ist nie beraten worden. Der Entwurf gab als Ziel an, „Lücken des Gesetzes" schließen zu wollen, „die nach den bisherigen Erfahrungen in der Praxis zu ungerechtfertigten oder ungerechtfertigt hohen Entschädigungsleistungen geführt haben".[143] Der Entwurf wollte unter anderem die Entschädigung für Durchsuchungen streichen und die Entschädigung von Ausländern ohne Wohnsitz oder ständigen Aufenthalt im Inland von der Gegenseitigkeit abhängig machen.

79 Unter dem 1.7.1992 haben Abgeordnete der FDP und der CDU/CSU-Fraktion einen Entwurf eines Gesetzes zur Änderung des StrEG mit dem Ziel eingebracht, den in § 7

---

[132] BGBl. I 469, Art. 25, S. 525.
[133] 1. StVRG vom 9.12.1974, BGBl. I 3393, Art. 8, S. 3413.
[134] BGBl. I 475.
[135] BGBl. I 638.
[136] BGBl. I 889 (957).
[137] 1. SED UnBerG vom 29.10.1992, BGBl. I 1814.
[138] OrgKG vom 15.7.1992, BGBl. I 1302.
[139] Vom 20.3.2002 – 2 BvR 794/95, NJW 2002, 1779.
[140] BGBl. I 1332 (1336), Art. 4.
[141] BGBl. I 872.
[142] BT-Drs. 7/4552 und 8/473.
[143] BT-Drs. 8/473.

Abs. 3 festgelegten Pauschalbetrag für den immateriellen Schaden von zwanzig Deutsche Mark auf zehn Deutsche Mark herabzusetzen.[144] Der Entwurf ist nicht weiterverfolgt worden. In genau die umgekehrte Richtung gingen Bestrebungen, die Entschädigung für den immateriellen Schaden anzuheben, weil der Betrag nicht mehr als angemessen angesehen wird.[145] Diese waren im Ergebnis nach längerer Diskussion erfolgreich. Mit dem Gesetz vom 30.7.2009,[146] in Kraft seit 5.8.2009, wurde der Entschädigungsbetrag von bisher elf auf nunmehr fünfundzwanzig Euro angehoben.

2. Staatshaftungsgesetz. Zum Staatshaftungsgesetz bereits → Rn. 68.   80

3. Schuldrechtsreformgesetz und Änderung des Haftungsrechts. Das Gesetz zur   81
Modernisierung des Schuldrechts vom 26.11.2001[147] hat das StrEG nicht geändert. Auch die §§ 249 ff. BGB sind nicht geändert worden. Aber auch die Änderungen der §§ 276 ff. BGB sind ohne Auswirkungen, weil die Haftungs- und Zurechnungsmaßstäbe die gleichen geblieben sind. Letztendlich hatte auch die Änderung des Rechts der unerlaubten Handlung durch das Zweite Gesetz zur Änderung schadensersatzrechtlicher Vorschriften vom 15.7.2002[148] keine Auswirkungen auf Fragen der Strafrechtsentschädigung.

4. Zivilprozessordnung. Letztlich ist auch das Zivilprozessrecht reformiert worden.[149]   82
Diese Änderungen sind nur von allgemeiner Bedeutung ohne besondere Regelungen für das Entschädigungsrecht. Das Gesetz zur Reform des Verfahrens bei Zustellungen im gerichtlichen Verfahren vom 25.6.2001[150] wurde in die Kommentierung des § 10 Abs. 2 eingearbeitet.

5. Reformbestrebungen. Reformbestrebungen bestehen derzeit nicht. Aber die Höhe   83
der Entschädigung für den immateriellen Schaden ist weiterhin Gegenstand von Debatten.

IX. Entwicklung der Entschädigungszahlungen nach dem StrEG

Die Höhe der jährlichen Entschädigungszahlungen war ursprünglich mit etwa zehn Mil-   84
lionen DM angenommen worden;[151] es fehlte damals (1970) an hinreichenden Grundlagen, auch nur annähernd richtig einzuschätzen, wie sich die erhebliche Ausdehnung der Entschädigungspflicht in der Praxis auswirken würde. Der Preis für den rechtsstaatlichen Fortschritt betrug noch 1980 nur etwa ein Drittel der geschätzten Summe. Das StrEG ist eines der ganz wenigen Gesetze, deren Kosten geringer sind als erwartet. Die Bundesländer haben insgesamt aufgewendet für Entschädigungen nach dem StrEG (alle Zahlen gerundet):

Jahr	DM	Euro
1973	2,32 Mio.	1,19 Mio.
1980	3,97 Mio.	2,03 Mio.
1985	3,35 Mio.	1,71 Mio.
1990	3,13 Mio.	1,60 Mio.
1994	5,36 Mio.	2,74 Mio.

Im Jahr 1994, dem letzten Jahr der bundeseinheitlich geführten Statistik, also nach dem   85
Beitritt der neuen Bundesländer, betrug die Gesamtsumme der Entschädigungen also immer noch nur die Hälfte der im Gesetzgebungsverfahren geschätzten Beträge.

---

[144] Vgl. hierzu *Meertens* ZRP 1993, 206 ff.; *Meyer* JurBüro 1993, 196.
[145] BT-Drs. 16/12321.
[146] BGBl. I 2478.
[147] BGBl. I 3138.
[148] BGBl. I 2674.
[149] BGBl. 2001 I 1887.
[150] BGBl. I 1206.
[151] BT-Drs. VI/460.

86 Die Zahlungen schlüsseln sich wie folgt auf:

1985:

Grund der Zahlung	Anzahl Fälle	Zahlungen (in TDM)	Zahlungen (in TEuro)
Entschädigung für Urteilsfolgen (§ 1)	6	23	12
Entschädigung für vorläufige Maßnahmen, § 2 (ohne vorl. Entziehung der Fahrerlaubnis)	1.205	2.376	1.215
Entschädigung nach § 2 für vorl. Entziehung der Fahrerlaubnis	469	849	434
Entschädigung aus Billigkeitsgründen, §§ 3 und 4	9	6	3

In den obigen Beträgen enthalten:

Entschädigung für immateriellen Schaden (Freiheitsentziehung)	816	681	348

1990:

Grund der Zahlung	Anzahl Fälle	Zahlungen (in TDM)	Zahlungen (in TEuro)
Entschädigung für Urteilsfolgen (§ 1)	12	79	40
Entschädigung für vorläufige Maßnahmen, § 2 (ohne vorl. Entziehung der Fahrerlaubnis)	1.160	2.464	1.260
Entschädigung nach § 2 für vorl. Entziehung der Fahrerlaubnis	249	574	293
Entschädigung aus Billigkeitsgründen, §§ 3 und 4	11	15	8

In den obigen Beträgen enthalten:

Entschädigung für immateriellen Schaden (Freiheitsentziehung)	673	1.099	562

1994:

Grund der Zahlung	Anzahl Fälle	Zahlungen (in TDM)	Zahlungen (in TEuro)
Entschädigung für Urteilsfolgen (§ 1)	8	66	34
Entschädigung für vorläufige Maßnahmen, § 2 (ohne vorl. Entziehung der Fahrerlaubnis)	1.565	4.551	2.327
Entschädigung nach § 2 für vorl. Entziehung der Fahrerlaubnis	267	724	370
Entschädigung aus Billigkeitsgründen, §§ 3 und 4	11	22	11

In den obigen Beträgen enthalten:

Entschädigung für immateriellen Schaden (Freiheitsentziehung)	1.129	2.042	1.035

Detaillierte statistische Erhebungen über Entschädigungszahlungen werden derzeit – soweit ersichtlich – noch in Hessen, Nordrhein-Westfalen und Sachsen-Anhalt geführt. In Rheinland-Pfalz ist die Pflicht der Generalstaatsanwaltschaften zur Vorlage entsprechender Übersichten zum 1.1.2010 entfallen.

X. Internationale Rechtshilfe in Verfahren nach dem StrEG

Nach § 1 des Gesetzes über die internationale Rechtshilfe (IRG) gilt dieses Gesetz für den „Rechtshilfeverkehr mit dem Ausland in strafrechtlichen Angelegenheiten". Mit der Verwendung des Begriffs „strafrechtliche Angelegenheiten" soll verdeutlicht werden, dass das Gesetz nicht nur bei der Rechtshilfe für Strafverfahren (einschließlich der Ermittlungs- und Vollstreckungsverfahren) Anwendung findet, sondern auch für strafrechtliche Annexverfahren. Dazu gehört auch das Verfahren nach dem StrEG.[152]

---

[152] *Vogler* NJW 1983, 2114 (2115); zur Rechtslage bezüglich einzelner Staaten vgl. RiVASt Anhang II; dort sind die Verfahren über Ansprüche auf Entschädigung für Strafverfolgungsmaßnahmen häufig mit aufgeführt.

StrEG § 1   1   Gesetz über die Entschädigung für Strafverfolgungsmaßnahmen

Vorbemerkung zu § 1

1   Die §§ 1–7 enthalten die materiell rechtlichen Vorschriften des Gesetzes. Dabei enthalten die §§ 1 und 2 die Entschädigungstatbestände dem Grunde nach. Die §§ 3–6 erweitern und begrenzen den Anspruch für besondere Fälle. Die Vorschrift des § 7 enthält schließlich die Vorschriften über die Bemessung der Entschädigung.

§ 1 Entschädigung für Urteilsfolgen

(1) **Wer durch eine strafgerichtliche Verurteilung einen Schaden erlitten hat, wird aus der Staatskasse entschädigt, soweit die Verurteilung im Wiederaufnahmeverfahren oder sonst, nachdem sie rechtskräftig geworden ist, in einem Strafverfahren fortfällt oder gemildert wird.**

(2) **Absatz 1 gilt entsprechend, wenn ohne Verurteilung eine Maßregel der Besserung und Sicherung oder eine Nebenfolge angeordnet worden ist.**

Schrifttum: *Eisenberg*, Zur Anwendung des Gesetzes über die Entschädigung für Strafverfolgungsmaßnahmen im Jugendstrafverfahren, GA 2004, 385 ff.; *Meyer*, Geldstrafen und Geldauflagen als Vermögensschaden i. S. v. §§ 1, 7 StrEG, MDR 1979, 459 ff.

Übersicht

	Rn.		Rn.
I. Allgemeines	1	c) Wiedereinsetzung in den vorigen Stand; Anhörungsrüge	21
II. Anwendungsbereich	2, 3	d) Verfassungsbeschwerde	22
1. Wiederaufnahme und sonstige Durchbrechung der Rechtskraft	2	e) Normenkontrollverfahren	23
2. Nur zugunsten des Beschuldigten	3	f) Europäischer Gerichtshof für Menschenrechte	24
III. Geltung im Bußgeldverfahren	4	g) Unwirksames oder nichtiges Strafurteil	25
IV. Grundsatz und Einschränkungen	5–7	6. Unanwendbarkeit des § 1	26–35
1. Allgemeines	5	a) Nachträgliche Strafaussetzungen nach §§ 57, 57a und 67d StGB	27
2. Ausschluss und Versagung der Entschädigung, §§ 5, 6	6	b) Erledigterklärung einer Maßregel der Besserung und Sicherung	28
3. Einstellung nach Ermessensvorschrift, § 3, und Entschädigung nach Billigkeit, § 4	7	c) Widerruf der Aussetzung einer Strafe oder Maßregel	29
V. Förmliche Anspruchsvoraussetzungen	8–35	d) „Verspätete" Entlassung aus dem Maßregelvollzug	30
1. Strafgerichtliche Verurteilung	8, 9	e) Vergünstigungen nach Jugendrecht	31
2. Rechtskraft der Verurteilung	10	f) Gnadenerweis und Amnestie	32, 33
3. Fortfall oder Milderung der Verurteilung	11–16	g) Straffreiheitsgesetze	34
a) Fortfall der Verurteilung	12	h) Aufhebung eines Ordnungsmittels	35
b) Milderung der Verurteilung	13–16	VI. Die Unschuld muss nicht erwiesen sein	36
4. Im Wiederaufnahmeverfahren oder sonst in einem Strafverfahren	17	VII. Schaden des Beschuldigten als Folge der Verurteilung	37–40
5. Anwendungsfälle des § 1	18–25	VIII. Fälle des Abs. 2	41–44
a) Wiederaufnahmeverfahren	19	IX. Wiederaufnahme bei Rechtskraft bis zum 8.5.1945	45
b) Revision eines Mitangeklagten	20		

I. Allgemeines

1   Die Vorschrift wurde durch das EGStGB vom 2.3.1974[1] lediglich technisch und redaktionell an die Änderungen des StGB angepasst, indem die Worte „Sicherung und Besserung" durch „Besserung und Sicherung" ersetzt wurden. Für Verurteilungen in der früheren DDR

---

[1] BGBl. I 499.

gilt die Vorschrift nicht, vgl. § 16a. Zu Besonderheiten bei der Wiederaufnahme von bis zum 8.5.1945 rechtskräftig abgeschlossenen Strafverfahren vgl. → Rn. 45.

II. Anwendungsbereich

1. Wiederaufnahme und sonstige Durchbrechung der Rechtskraft. Die Vorschrift normiert den Entschädigungsanspruch des rechtskräftig Abgeurteilten, wenn ein späteres Strafverfahren zu seinen Gunsten ausgegangen ist. Er gilt für jede nachträgliche Durchbrechung der Rechtskraft zugunsten des Verurteilten. Hauptfall ist die erfolgreiche Wiederaufnahme des Verfahrens nach den §§ 359 ff. StPO. § 1 berücksichtigt aber auch alle übrigen – wenngleich nicht häufigen – Fälle, in denen die Rechtskraft nachträglich durchbrochen wird, weil das Gebot materieller Gerechtigkeit der Rechtskraftwirkung vorgeht.

2. Nur zugunsten des Beschuldigten. Entschädigt wird nach dem StrEG nur, wer als Beschuldigter verurteilt oder gegen den als Beschuldigten ohne Verurteilung (Abs. 2) eine Maßregel oder eine Nebenregel angeordnet worden war. Wer nicht in dieser Rolle war, hat keinen Anspruch nach dem Gesetz, vgl. Einl. 36. Das gilt namentlich für den am Verfahren nicht beteiligten Dritten, der mittelbar geschädigt sein kann, zB der Arbeitgeber durch den Ausfall des Verurteilten,[2] Das gilt aber auch für den Einziehungsbeteiligten im subjektiven wie im objektiven Verfahren; dessen Entschädigung richtet sich nach § 74f StGB, § 28 OWiG (näheres Einl. 42). Eine Ausnahme gilt nur für den **Unterhaltsberechtigten**, § 11, auch bei postumer Wiederaufnahme.[3]

III. Geltung im Bußgeldverfahren

Für die Wiederaufnahme eines Bußgeldverfahrens nach dem Gesetz über Ordnungswidrigkeiten (vgl. § 85 OWiG) gilt das StrEG.[4] Zwar enthält das StrEG keine besondere Entschädigungsvorschrift für die Fälle, in denen ein rechtskräftiger Bußgeldbescheid im Wiederaufnahmeverfahren oder im Strafverfahren (vgl. § 86 OWiG)[5] fortfällt oder gemildert wird. Sie ist aber nicht notwendig, weil die Vorschriften des StrEG zu denen der allgemeinen Gesetze über das Strafverfahren gehören, die nach § 46 Abs. 1 OWiG für das Bußgeldverfahren sinngemäß gelten, vgl. Nr. 295 RiStBV. Die folgenden Erläuterungen gelten daher auch für das Bußgeldverfahren; an die Stelle des Wortes „Verurteilung" tritt im Verfahren der Verwaltungsbehörde sinngemäß der Begriff „Bußgeldbescheid"; § 4 Abs. 2 enthält für die dort geregelten Fälle eine ausdrückliche Klarstellung. Besondere Verfahrensvorschriften über die Entschädigung im Bußgeldverfahren der Verwaltungsbehörde enthält § 110 OWiG. Siehe hierzu die Erläuterungen zu § 18).

IV. Grundsatz und Einschränkungen

1. Allgemeines. § 1 spricht nur den Grundsatz aus. Entschädigung wird nicht schon aufgrund dieser Vorschrift, sondern nach Maßgabe des Gesetzes gewährt. Ein Ersatzanspruch kann daher nur geltend gemacht werden, wenn die positiven, in § 1 umschriebenen Voraussetzungen gegeben sind, keine Ausschluss- oder Versagungsgründe nach §§ 5, 6 entgegenstehen und das Strafgericht die Entschädigungspflicht der Staatskasse nach § 8 rechtskräftig festgestellt hat. Sind alle diese Bedingungen erfüllt, so muss der Berechtigte seine Ansprüche fristgemäß anmelden, § 10. Macht er Vermögensschaden geltend, so muss er ihn belegen. Die schadensersatzrechtlichen Grundsätze der §§ 249 ff. BGB gelten entsprechend. Näheres in den Erläuterungen zu § 7.

---
[2] Vgl. etwa OLG München 28.1.1993 – 1 U 1722/92, NJW-RR 1993, 1179 (1180), wo indes schon das Entstehen eines Schadens beim Dritten zweifelhaft war; *Peters*, Fehlerquellen, Bd. 3, S. 186.
[3] *Peters*, Fehlerquellen, Bd. 3, S. 186.
[4] *Marxen/Tiemann* Rn. 555.
[5] Hierzu: *Göhler/Seitz* OWiG § 86 Rn. 1–9 und OWiG § 84 Rn. 13.

6 **2. Ausschluss und Versagung der Entschädigung, §§ 5, 6.** Die Anwendung der §§ 5, 6 kommt auch im Wiederaufnahmeverfahren in Betracht.[6] Der Wegfall der Verurteilung zieht also nicht automatisch die Verpflichtung zur Entschädigung nach sich. Als Ausfluss des Grundsatzes des mitwirkenden Verschuldens verlangen diese Vorschriften nicht nur bei den vorläufigen Strafverfolgungsmaßnahmen, sondern auch nach einer rechtskräftigen Verurteilung Geltung.

7 **3. Einstellung nach Ermessensvorschrift, § 3, und Entschädigung nach Billigkeit, § 4.** Beide Vorschriften beziehen sich zwar in erster Linie auf die vorläufigen Strafverfolgungsmaßnahmen des § 2. Das ursprüngliche Strafverfahren und das Wiederaufnahmeverfahren bilden aber eine Einheit. Nach einer Wiederaufnahme kann daher über die Ersatzpflicht für Maßnahmen im ursprünglichen Verfahren zu entscheiden sein.[7] Auch kann es nach Wiederaufnahme zu einer Einstellung des Verfahrens nach einer Ermessensvorschrift kommen, mit der Folge, dass dann die Anwendung des § 3 eröffnet ist (vgl. → § 3 Rn. 4). Eine Entschädigungspflicht kommt aber nur in Betracht, soweit der Anspruch nicht mit dem nach § 1 zusammenfällt.[8]

V. Förmliche Anspruchsvoraussetzungen

8 **1. Strafgerichtliche Verurteilung.** Eine strafgerichtliche Verurteilung muss vorgelegen haben. Auf deren Form kommt es nicht an. Auch ein rechtskräftiger Strafbefehl entfaltet volle Rechtskraftwirkung, § 410 Abs. 3 StPO, und stellt eine strafgerichtliche Verurteilung dar,[9] ebenso ein Gesamtstrafenbeschluss. Die Verurteilung kann nur im Wiederaufnahmeverfahren beseitigt werden,[10] allerdings nach § 373a StPO zuungunsten des Beschuldigten auch dann, wenn neue Tatsachen und Beweise vorliegen, die geeignet sind, die Verurteilung wegen eines Verbrechens zu begründen. Außer durch Wiederaufnahme des Verfahrens konnte ein rechtskräftiger Strafbefehl früher nachträglich (ohne Wiederaufnahme) fortfallen, wenn dieselbe Tat im ordentlichen Verfahren unter einem anderen rechtlichen Gesichtspunkt verfolgt wurde, der eine erhöhte Strafbarkeit begründete. Das StVÄG 1987 hat diese Beschränkung der Rechtskraftwirkung beseitigt. Entschädigung kam ohnehin nur in Betracht, wenn der Angekl. im neuen Strafverfahren freigesprochen oder milder verurteilt wurde.

9 Maßgebend für den **Begriff der Verurteilung** ist der inhaltliche Sachbegriff in der Terminologie der StPO. Nach deren ausdrücklicher Vorschrift (§ 465 Abs. 1) liegt eine Verurteilung auch bei einer Verwarnung mit Strafvorbehalt (§ 59 StGB) und beim Absehen von Strafe (§ 60 StGB) vor. Der Begriff ist aber auch sonst weit auszulegen. Es genügt, dass der Angekl. schuldig gesprochen worden war, wie bei der Straffreierklärung nach § 199 StGB,[11] für die sich aus § 468 StPO ergibt, dass es sich um eine Verurteilung handelt. Gleiches gilt etwa für eine Schuldfeststellung nach § 27 JGG. Auf die angeordneten Rechtsfolgen kommt es nicht an. Aus der sinngemäßen Geltung des StrEG für das Bußgeldverfahren folgt, dass die gerichtliche Bußgeldentscheidung (Urteil oder Beschluss, §§ 71, 72 OWiG) und der Bußgeldbescheid der Verwaltungsbehörde der strafgerichtlichen Verurteilung gleichstehen. Die Verhängung eines Ordnungsmittels gegen den Beschuldigten ist keine Verurteilung, sondern eine Maßnahme der Sitzungspolizei.[12] Auch die selbständige Anordnung einer Maßregel der Besserung und Sicherung ist keine Verurteilung des Beschuldigten, allerdings wird die Maßregel durch Urteil angeordnet, § 414 StPO, das der Wiederaufnahme zugänglich ist. Hier gilt Abs. 2.

---

[6] OLG Saarbrücken 18.9.1974 – Ws 225/74, NJW 1975, 791 (792); *Meyer-Goßner/Schmitt* § 5 Rn. 1; *Meyer* Rn. 32.
[7] Vgl. → § 2 Rn. 2; aA *Meyer* § 3 Rn. 11.
[8] *Meyer-Goßner/Schmitt* Rn. 4; *Meyer* Rn. 35.
[9] Allg. Meinung, vgl. *Meyer-Goßner/Schmitt* Rn. 1; *Matt* Rpfleger 1997, 466 (467).
[10] *Meyer-Goßner/Schmitt* StPO § 410 Rn. 12.
[11] *Meyer* Rn. 19.
[12] → Rn. 35; *Meyer* Rn. 20.

2. Rechtskraft der Verurteilung. Rechtskräftig muss die Verurteilung geworden sein. 10
Zwar ist nicht auszuschließen, dass dem in erster Instanz Verurteilten, der auf Rechtsmittel
freigesprochen worden ist, durch die Verurteilung ein Schaden entstanden ist, der über das
hinausgeht, was ihm nach den Kostenvorschriften der StPO erstattet wird. Solche Schäden
können insbesondere auf der Publizitätswirkung beruhen, die mit dem Strafverfahren verbunden ist. Aber das ist eine unvermeidliche Folge der Öffentlichkeit des Strafverfahrens
und kann keine staatliche Haftung begründen. Der Instanzenzug dient der Korrektur; eine
Haftung des Staates kann nur für das endgültige Ergebnis des Strafverfahrens in Betracht
kommen. Der Rechtsausschuss des Bundestages hat Anlass gesehen, dies in seinem Bericht[13]
klarzustellen: „Der Ausschuss ist sich darüber einig, dass nur der Schaden, der auf einer
rechtskräftigen strafgerichtlichen Entscheidung beruht, zur Entschädigung führen kann. Der
Schaden, der durch eine später in höherer Instanz wieder aufgehobene Verurteilung entsteht,
ist nicht entschädigungsfähig." Entschädigung nach Anspruchsgrundlagen außerhalb des
StrEG bleibt natürlich unberührt (→ Einl. Rn. 62), soweit ihre Voraussetzungen in diesen
Fällen überhaupt denkbar sind.

3. Fortfall oder Milderung der Verurteilung. In einem Strafverfahren fortgefallen 11
oder gemildert muss die strafgerichtliche Verurteilung sein, damit ein Entschädigungsanspruch entstehen kann.

a) Fortfall der Verurteilung. Fortgefallen ist eine Verurteilung, wenn der Schuldspruch 12
beseitigt und der Angekl. freigesprochen worden ist. Gleiches dürfte bei einer Einstellung
des Verfahrens im Wiederaufnahmeverfahren gelten.[14] Bei **Tatmehrheit** genügt dies mit
Bezug auf eine von mehreren Taten.[15] Dies führt im Ergebnis zu einer Milderung des
Urteils, so dass die Ausführungen hierzu sinngemäß gelten.[16] Bei Tatmehrheit muss dies
nicht zu einer Milderung der Rechtsfolgen führen, wenn die weggefallene Einzelstrafe nicht
von Bedeutung war. Allerdings muss dann gerade die Verurteilung wegen dieser Einzeltat
den Schaden verursacht haben.[17] Dagegen genügt es nicht, wenn eine tateinheitliche
Rechtsverletzung fortfällt, der Schuldspruch wegen der übrigen aber bestehen bleibt.

b) Milderung der Verurteilung. Die Verurteilung ist gemildert, wenn im Vergleich 13
zu dem früheren Strafurteil mildere strafrechtliche Rechtsfolgen verhängt worden sind. Dies
ist unter Gesamtabwägung der früheren gegen die neuen Rechtsfolgen zu beurteilen.[18] Die
Grundsätze, welche die Rechtsprechung zum Verschlechterungsverbot (§ 331, § 358 Abs. 2,
§ 373 Abs. 2 StPO) aufgestellt hat,[19] lassen sich umgekehrt auch zur Beurteilung heranziehen, ob die im neuen Verfahren erkannten Rechtsfolgen insgesamt milder sind als die im
Erstverfahren verhängten. Eine Milderung ist es daher, wenn im Wiederaufnahmeverfahren
die gleiche Strafe wieder verhängt, aber nunmehr zur Bewährung ausgesetzt wird.[20] Zweifelhaft ist, ob Entschädigung zu gewähren ist, wenn die Milderung dazu führt, dass nunmehr
eine aussetzungsfähige Strafe verhängt wird, während der Beschuldigte die ursprüngliche
Strafe (teilweise) verbüßt hat, weil die Strafe nicht aussetzungsfähig war.[21] Die Anwendung
der obigen Grundsätze würde wohl zu diesem Ergebnis führen. Wenn statt Strafe eine
freiheitsentziehende Maßregel angeordnet wird, insbesondere eine zeitlich nicht befristete
Unterbringung in einem psychiatrischen Krankenhaus, wird man nicht von einer „Milderung" sprechen können.[22]

---

[13] BT-Drs. VI/1512, 2.
[14] *Marxen/Tiemann* Rn. 557.
[15] OLG Saarbrücken 18.9.1974 – Ws 225/74, NJW 1975, 791 (792).
[16] Vgl. OLG München 17.8.1981 – 1 Ws 175/81, StV 1984, 471 (472).
[17] *Marxen/Tiemann* Rn. 557.
[18] OLG München 17.8.1981 – 1 Ws 175/81, StV 1984, 471 (472) mit zust. Anm. *Schmidt*.
[19] Nachweise etwa bei *Meyer-Goßner/Schmitt* StPO § 331 Rn. 1, 5 ff.
[20] *Meyer-Goßner/Schmitt* StPO § 331 Rn. 17; aA *Meyer* Rn. 27, 30; *Marxen/Tiemann* Rn. 558.
[21] Dafür *Schmidt* StV 1984, 472.
[22] *Meyer* § 5 Rn. 13.

14 Nur die wirklich verhängten Rechtsfolgen des früheren Urteils dürfen in Vergleich gesetzt werden, nicht etwa nur mögliche strengere Rechtsfolgen, die das Erstgericht bei Kenntnis des Wiederaufnahmegrundes hätte verhängen können oder wahrscheinlich verhängt hätte.[23] Bleibt in einem Wiederaufnahmeverfahren die Strafe bestehen, wird die daneben wegen verminderter Schuldfähigkeit angeordnete Unterbringung aber aufgehoben, weil die verminderte Schuldfähigkeit nicht mehr festgestellt werden kann, so kann das Gericht ihn in dem zu seinen Gunsten betriebenen Wiederaufnahmeverfahren nicht schlechter stellen. Es darf also als Ausgleich für den Wegfall der Maßregel weder eine höhere Freiheitsstrafe oder die Sicherungsverwahrung verhängen. Es liegt also eine Milderung der Rechtsfolgen vor. Für die Zeit der Unterbringung ist gleichwohl keine Entschädigung zuzusprechen. Sie kann in analoger Anwendung von § 6 Abs. 1 Nr. 2 (Verfahrenshindernis) versagt werden (vgl. → § 6 Rn. 39).

15 Auf die rechtliche Grundlage der Milderung kommt es nicht an, vielmehr ist nur auf das tatsächliche Ergebnis abzustellen. Bei Tatmehrheit führt der Fortfall der Verurteilung zu einer der Einzelstrafen daher zu einer Milderung.[24] Die Milderung muss nicht auf der Anwendung eines milderen Strafgesetzes beruhen. Zwar ist die Wiederaufnahme zum Zweck einer anderen Strafbemessung auf Grund desselben Strafgesetzes oder einer Strafmilderung wegen verminderter Schuldfähigkeit nicht zulässig (§ 363 StPO); aber es ist durchaus denkbar, dass die einmal zugelassene Wiederaufnahme im Ergebnis zu geringerer Strafe aus demselben oder einem anderen, im Strafrahmen nicht milderen Gesetz führt. Dann ist nach § 1 zu entschädigen. Die nicht sachgerechte Einschränkung des früheren Rechts hat das StrEG beseitigt.

16 Keine Milderung ist es, wenn nur der Schuldspruch geändert wird. Zwar kann ein Schaden, zB eine Behinderung im beruflichen Vorwärtskommen, uU auf einer von mehreren in Tateinheit begangenen Rechtsverletzungen beruhen (zB Hehlerei). Das Gesetz gibt aber keinen Anspruch, wenn mit der Änderung der rechtlichen Wertung nicht auch eine Milderung der Rechtsfolgen verbunden ist.

17 **4. Im Wiederaufnahmeverfahren oder sonst in einem Strafverfahren.** Im Wiederaufnahmeverfahren oder sonst in einem Strafverfahren muss die Verurteilung fortgefallen oder gemildert worden sein. Dem Wiederaufnahmeverfahren werden nur die nachfolgend erörterten Fälle gleichgestellt, die in der Wirkung und im Ergebnis ebenso liegen. Es muss sich um die strafverfahrensmäßige Korrektur einer rechtskräftigen Entscheidung im Interesse der materiellen Gerechtigkeit handeln.[25] Liegen diese Merkmale nicht vor, kommen Entschädigungsansprüche nach § 1 nicht in Betracht.[26] Dies gilt namentlich für Urteilskorrekturen nach Gesetzen zur Wiedergutmachung nationalsozialistischen Unrechts, vgl. → Einl. Rn. 48.

18 **5. Anwendungsfälle des § 1.** In folgenden Fällen ist daher die Verurteilung fortgefallen oder gemildert, so dass das StrEG Anwendung findet:

19 **a) Wiederaufnahmeverfahren.** In erster Linie ist es das Wiederaufnahmeverfahren, das bei für den Angekl. erfolgreichem Ausgang zum Wegfall oder zur Milderung des Straferkenntnisses führt. Ob dieses im verkürzten Verfahren nach § 371 StPO[27] durch Beschluss oder nach erneuter Hauptverhandlung durch Urteil aufgehoben wird, macht keinen Unterschied. Darüber hinaus kommen folgende **sonstige Fälle** in Betracht, in denen eine rechtskräftige Entscheidung nachträglich wegfallen kann:

20 **b) Revision eines Mitangeklagten.** Wenn das Urteil auf die Revision eines Mitangeklagten wegen Gesetzesverletzung bei Anwendung des Strafgesetzes aufgehoben wird (§ 357

---

[23] OLG Nürnberg 14.2.1975 – Ws 391/74, MDR 1975, 779 (780).
[24] OLG München 17.8.1981 – 1 Ws 175/81, StV 1984, 471 bei zwischenzeitlicher Gesetzesänderung mit zust. Anm. *Schmidt*; *Meyer* Rn. 25.
[25] Thüringer OLG 20.7.2009 – 1 Ws 283/09, Ls. in juris.
[26] OLG Karlsruhe 19.12.1975 – 1 Ws 358/75, MDR 1976, 515; 23.2.1977 – 2 Ws 32/77, MDR 1977, 600; *Meyer-Goßner/Schmitt* Rn. 2.
[27] Hierzu *Löwe/Rosenberg/Gössel* StPO § 371 Rn. 25.

StPO), so fällt die Verurteilung fort. Er wird so behandelt, als habe er erfolgreich Revision eingelegt. Mit der Aufhebung des Urteils durch das Revisionsgericht entsteht allerdings noch kein Ersatzanspruch; er hängt davon ab, welche neue Sachentscheidung an die Stelle der nach § 357 StPO entfallenen tritt.

c) Wiedereinsetzung in den vorigen Stand; Anhörungsrüge. Die **Wiedereinsetzung** in den vorigen Stand unterfällt ebenfalls § 1.[28] Auch dabei wird die Rechtskraft durchbrochen (vgl. § 47 Abs. 3 S. 1 StPO). Allerdings hängt auch hier der Ersatzanspruch davon ab, welche neue Sachentscheidung getroffen wird, § 4. Für eine auf Wiedereinsetzung hin erfolgte Strafaussetzung zur Bewährung gegen einen zunächst Strafaussetzung versagenden Beschluss über die nachträgliche Bildung einer Gesamtstrafe und zwischenzeitlicher Teilverbüßung hält das OLG Saarbrücken[29] eine Entscheidung erst später – wohl mit Straferlass – für möglich, da vorher immer noch ein Widerruf in Betracht komme. Die Lage ähnelt der bei § 27 JGG, wo ebenfalls erst im Nachverfahren über die Entschädigungspflicht entschieden wird.[30] Von den Fällen, in denen Entscheidungen auf sofortige Beschwerde hin aufgehoben werden (→ Rn. 29 und → § 2 Rn. 14) unterscheidet sich die Wiedereinsetzung vor allem dadurch, dass der zugrundeliegende Titel in Wegfall gerät. Nur ein Unterfall der Wiedereinsetzung ist die erfolgreiche **Anhörungsrüge** nach §§ 33a, 356a StPO, § 55 Abs. 4 JGG. Auch sie führt zur Zurückversetzung des Verfahrens in den Stand vor Erlass der Entscheidung und damit zur Durchbrechung der Rechtskraft. Das zur Widereinsetzung Ausgeführte gilt daher entsprechend.[31] 21

d) Verfassungsbeschwerde. Ein Strafurteil kann auch dadurch fortfallen, dass das BVerfG es auf Verfassungsbeschwerde aufhebt (§ 95 Abs. 2 BVerfGG).[32] Ob ein Entschädigungsanspruch nach § 1 in Betracht kommt, hängt dann wie bei der Wiederaufnahme von der neuen Entscheidung des Strafgerichts ab, das im Instanzenzug zuständig ist oder an welches das BVerfG die Sache zurückverwiesen hat (weil der Rechtsweg erschöpft war, § 95 Abs. 2, § 90 Abs. 2 S. 1 BVerfGG). Nicht hierher gehört der Fall, dass das BVerfG Ermessensentscheidungen aufhebt, welche die Frage der Fortdauer der Strafhaft oder der Unterbringung nach §§ 57 oder 67d StGB zum Gegenstand haben.[33] Zu Entschädigungspflichten im Zusammenhang mit der Entscheidung des Bundesverfassungsgerichts vom 4.5.2011 über die Sicherungsverwahrung[34] vgl. → Rn. 28. 22

e) Normenkontrollverfahren. Hat das BVerfG im Normenkontrollverfahren eine Norm für nichtig erklärt, auf der ein rechtskräftiges Strafurteil beruht, so fällt das Strafurteil nicht schon dadurch fort; § 79 Abs. 1 BVerfGG eröffnet für diese Fälle die Wiederaufnahme nach den Vorschriften der StPO.[35] Hinsichtlich der Entschädigungspflicht gelten deshalb die Grundsätze über die Wiederaufnahme des Verfahrens. 23

f) Europäischer Gerichtshof für Menschenrechte. Hat der Europäische Gerichtshof für Menschenrechte (EGMR) festgestellt, dass die EMRK durch ein Strafurteil eines deutschen Gerichts verletzt wird, berechtigt dies zur Wiederaufnahme des Verfahrens nach § 359 Nr. 6 StPO.[36] Damit wird nach allgemeinen Grundsätzen auch Entschädigung möglich. 24

---

[28] hM: BayObLG 26.2.1986 – RReg 4 St 256/85, BayObLGSt 1986, 25 = MDR 1986, 609; *Geigel/Kapsa* Kap. 21 Rn. 132; KK-OWiG/*Heidrich* OWiG § 110 Rn. 5; *Cornelius* Rn. 5.1; *Meyer-Goßner/Schmitt* Rn. 2; offen gelassen von OLG Saarbrücken 20.3.1992 – 1 Ws 35/92, NStZ 1992, 442; aA *Meyer* Rn. 11 und *ders.* JurBüro 1987, 1602 (1603).
[29] OLG Saarbrücken 20.3.1992 – 1 Ws 35/92, NStZ 1992, 442.
[30] LG Offenburg 27.5.2003 – 8 Qs 2/03, NStZ-RR 2003, 351 und → § 8 Rn. 2; aA *Eisenberg* § 27 Rn. 24.
[31] AA *Meyer* Rn. 11 aE.
[32] Hierzu OLG Stuttgart 26.7.1996 – 4-3 StE 3/92, NJW 1997, 206.
[33] OLG Hamm 30.1.1986 – 4 Ws 58/86, EuGRZ 1986, 546; vgl. → Rn. 27 ff. und → § 2 Rn. 14.
[34] BVerfG 4.5.2011 – 2 BvR 2365/09 ua, NJW 2011, 1931 ff.
[35] *Meyer-Goßner/Schmitt* StPO Vor § 359 Rn. 7.
[36] Vgl. BGH 27.10.1998 – 1 StR 631/76, NStZ-RR 1999, 176.

Die frühere Kontroverse zu dieser Frage und die ablehnende Haltung der Rechtsprechung[37] sind damit gegenstandslos geworden.

25 **g) Unwirksames oder nichtiges Strafurteil.** Wird ein unwirksames oder nichtiges Strafurteil[38] im Wiederaufnahmeverfahren oder sonst, etwa nach § 458 StPO, strafverfahrensrechtlich korrigiert, können Entschädigungsansprüche nach § 1 in Betracht kommen. Ohne solche verfahrensrechtliche Korrektur ist eine Entschädigung nach dem StrEG ausgeschlossen, Amtshaftungsansprüche sind dagegen möglich.

26 **6. Unanwendbarkeit des § 1.** Namentlich in folgenden Fällen ist das StrEG demgegenüber nicht anzuwenden, weil eine Milderung im Sinne einer strafprozessualen Korrektur der im Urteil angeordneten Rechtsfolgen nicht vorliegt:

27 **a) Nachträgliche Strafaussetzungen nach §§ 57, 57a und 67d StGB.** Auf die nachträglichen gerichtlichen Entscheidungen nach §§ 57, 57a, 67d StGB, welche die Strafe oder Maßregel zur Bewährung aussetzen[39] und nach erfolgreichem Ablauf der Bewährungsfrist die Strafe erlassen, § 56g StGB, ist es unanwendbar. Das Gleiche gilt, wenn nach § 68d StGB die Dauer der Führungsaufsicht nachträglich abgekürzt oder nach 68e StGB beendet wird. Diese Entscheidungen mildern nicht, sie berühren die rechtskräftig entschiedene Schuldfrage nicht und ändern auch nichts an dem Rechtsfolgenausspruch des Urteils. Die nachträglichen gerichtlichen Entscheidungen ergehen vielmehr im Rahmen der kriminalpolitischen Zielsetzungen, die das materielle Strafrecht mit dem Bewährungssystem verfolgt. Sie betreffen allein die Vollstreckung, nicht das Urteil. Hier erbringt der Beschuldigte auch kein nicht veranlasstes Sonderopfer, denn er hat durch seine rechtswidrige Tat, die ihn als Störer der Rechtsordnung ausweist, die Maßnahme selbst ausgelöst.[40]

28 **b) Erledigterklärung einer Maßregel der Besserung und Sicherung.** Wird eine Maßregel der Besserung und Sicherung nachträglich für erledigt erklärt, so ist zu unterscheiden: Wird die Maßregel für erledigt erklärt, weil ihre weitere Vollstreckung unverhältnismäßig wäre (§ 67d Abs. 6 S. 1 Alt. 2 StGB), so lagen bis zur Rechtskraft dieser Entscheidung alle materiellen und prozessualen Voraussetzungen für deren Vollzug vor.[41] Für eine Entschädigung ist unter keinem denkbaren Gesichtspunkt Raum. Gleiches gilt, wenn sie nach § 67d Abs. 6 S. 1 Alt. 1 StGB deshalb beendet wird, weil ihre Voraussetzungen deshalb „nicht mehr" vorliegen, weil die Gefährlichkeit nicht mehr fortbesteht, etwa weil Heilung eingetreten ist oder altersbedingt keine Gefahr mehr droht. Wird sie für erledigt erklärt, weil die Voraussetzungen für die Anordnung von Anfang an nicht gegeben waren (§ 67d Abs. 6 S. 1 Alt. 1 StGB – sog. **Fehleinweisung**), ist auch dies kein der Wiederaufnahme nach § 395 Nr. 5 StPO entsprechender Fall, weil die Vollstreckung der Maßregel nicht im eigentlichen Sinn in Rechtskraft erwächst, wie § 67 Abs. 3 StGB zeigt. In einem solchen Fall ist jedenfalls zunächst § 67 Abs. 4 StGB anzuwenden,[42] wonach eine Anrechnung in Betracht kommt, bis zwei Drittel der Strafe erledigt sind. Hinsichtlich eines verbleibenden Restes vollstreckter Maßregel ist nach dem in § 51 StGB zum Ausdruck gebrachten Grundsatz des Vorrangs der Anrechnung vor Entschädigung (vgl. → § 2 Rn. 35) eher an eine Anrechnung auf die

---

[37] BVerfG 11.10.1985 – 2 BvR 236/85, NJW 1986, 1425 mwN.
[38] Hierzu ausführlich Löwe/Rosenberg/*Kühne* Einl. Abschn. K 105 ff.; *Meyer-Goßner/Schmitt* Einl. Rn. 105 ff.; vgl. auch OLG München 17.5.2013 – 2 Ws 1149, 1150/12, StV 2013, 495 ff. (juris Rn. 79 ff.) mAnm *Förschner* und Aufsatz *Kudlich* NJW 2013, 3216 ff.
[39] OLG Hamm 30.1.1986 – 4 Ws 58/86, EuGRZ 1986, 546; OLG Karlsruhe 19.12.1975 – 1 Ws 358/75, MDR 1976, 515; OLG Köln 10.10.1997 – 2 Ws 550/97, StraFo 1998, 286; offen gelassen für Ausnahmefälle von BVerfG 10.8.1993 – 2 BvR 644/93, NStE Nr. 15 zu § 454 StPO.
[40] OLG Karlsruhe 19.12.1975 – 1 Ws 358/75, MDR 1976, 515.
[41] Vgl. hierzu OLG Hamm 30.1.1986 – 4 Ws 58/86, EuGRZ 1986, 546.
[42] BVerfG 28.12.1994 – 2 BvR 1914/92, 2 BvR 2195/93, NStZ 1995, 174; Thüringer OLG 20.7.2009 – 1 Ws 283/09, juris Rn. 23; aA OLG Frankfurt a. M. 21.9.1992 – 3 Ws 589/92, NStZ 1993, 252 mit krit. Anm. *Loos*; diese Entscheidung ist überholt durch BVerfG 28.12.1994 – 2 BvR 1914/92.

Strafe⁴³ als an den Verweis auf Entschädigung zu denken.⁴⁴ Es verbleiben Fälle, in denen, anders als in den oben angeführten Entscheidungen, entweder keine Begleitstrafe verhängt wurde oder diese wegen Vorwegvollstreckung nicht mehr für eine Anrechnung zur Verfügung steht.⁴⁵ Mit der von § 67d Abs. 6 StGB oder § 316e Abs. 3 S. 1 EGStGB⁴⁶ bewirkten Verschonung des Verurteilten vom weiteren Maßregelvollzug durch dessen Erledigterklärung wird jedoch die rechtskräftige Entscheidung – das zugrunde liegende Urteil – überhaupt nicht in ihrem Bestand angetastet.⁴⁷ Die Entscheidung folgt hier vielmehr aus dem materiellen Recht⁴⁸ durch eine nachträgliche Entscheidung. Entschädigung nach § 1 kommt erst nach durchgeführter Wiederaufnahme des Erkenntnisverfahrens in Betracht,⁴⁹ die daneben möglich bleibt. Entschädigung nach § 1 ist damit ausgeschlossen. Auch das BVerfG⁵⁰ verweist – ohne die von der hessischen Staatsregierung in ihrer Stellungnahme angesprochene Entschädigungsfrage ausdrücklich zu erwähnen, für weitergehende Folgen als die Anrechnung nach § 67 Abs. 6 StGB auf das Wiederaufnahmeverfahren. **Erfolgt die Entscheidung** nach § 67c Abs. 1 StGB **verzögert** und wird deshalb die Rechtswidrigkeit der Vollstreckung während eines bestimmten Zeitraums festgestellt, so begründet dies ebenfalls keinen Anspruch auf Entschädigung nach § 1,⁵¹ weil die rechtskräftige Anordnung der Maßregel (aus dem Urteil) bestehen bleibt.⁵² Ist eine Unterbringung in der **Sicherungsverwahrung** nach den Maßgaben des Urteils des Bundesverfassungsgerichts vom 4.5.2011⁵³ für erledigt zu erklären und der Untergebrachte aus dem Maßregelvollzug zu entlassen, steht dem Untergebrachten keine Entschädigung nach dem StrEG für die mit dem Vollzug der Maßregel der Sicherungsverwahrung verbundene Freiheitsentziehung zu. Diese Entscheidung hat nämlich keine Auswirkungen auf den Bestand des die Vollstreckungsgrundlage bildenden Urteils.⁵⁴ Dieses ist durch das Urteil des BVerfG weder in Fortfall geraten noch sind seine Rechtsfolgen gemildert worden. Nichts anderes gilt dann, wenn der Verurteilte in unzulässiger Weise⁵⁵ nach der Entscheidung über die Erledigung der Maßregel infolge einer von der Strafvollstreckungskammer bestimmten Entlassungsfrist weiterhin im Vollzug der Maßregel verblieb.⁵⁶ Nachdem auch eine analoge Anwendung des StrEG ausscheidet,⁵⁷

---

⁴³ OLG Dresden 8.3.1995 – 2 Ws 230/95, OLG – NL 1996, 23; OLG Hamm 18.7.2017 – 4 Ws 305, 306/16 (juris Rn. 24); KG 27.1.2015 – 2 Ws 3/15, StraFo 2015, 128 ff.; OLG Rostock 16.1.2017 – 20 Ws 173/16, juris Rn. 36 f.; aA Thüringer OLG 20.7.2009 – 1 Ws 283/09, juris Rn. 24: kein Sonderopfer; *Pollähne* StraFo 2007, 486 (493); auch das BVerfG 28.12.1994 – 2 BvR 1914/92, 2 BvR 2195/93, NStZ 1995, 174 fordert keine über § 67 Abs. 4 StGB hinausgehende Anrechnung.
⁴⁴ So aber OLG Frankfurt a. M. 21.9.1992 – 3 Ws 589/92, NStZ 1993, 252 mit krit. Anm. *Loos*; OLG Dresden 8.3.1995 – 2 Ws 230/95, OLG – NL 1996, 23, wo sie nachrangig zur Anrechnung erwogen wird: „Geldentschädigung nur als unvollkommener Ausgleich".
⁴⁵ Für eine Entschädigung in solchen Fällen *Pollähne* StraFo 07, 486 (493), der sich aber zu unrecht auf OLG Frankfurt a. M. 21.9.1992 – 3 Ws 589/92, NStZ 1993, 252 beruft, wo eine Begleitstrafe verhängt war; unklar OLG München 5.7.1995 – 1 Ws 289/95, NStZ-RR 1996, 125: Die Entscheidung der StVK, dass sich der Anspruchsteller einige Zeit zu Unrecht in der Unterbringung befunden habe sei „Grundlage für etwaige Entschädigungsansprüche".
⁴⁶ OLG Köln 13.4.2012 – 2 Ws 280-281/12, juris Rn. 12.
⁴⁷ OLG Hamm 18.7.2017 – 4 Ws 305, 306/16 (juris Rn. 33); OLG Köln 13.4.2012 – 2 Ws 280-281/12, juris Rn. 12; OLG Nürnberg 23.2.2012 – 2 Ws 320/11, NStZ-RR 2012, 223; vgl. auch OLG Dresden 30.3.2005 – 2 Ws 33/05, unveröffentlicht, zitiert nach *Pollähne* StraFo 2007, 486 (493): „nicht frei von Widersprüchen".
⁴⁸ OLG Hamm 30.1.1986 – 4 Ws 58/86, EuGRZ 1986, 546.
⁴⁹ OLG Rostock 16.1.2017 – 20 Ws 173/16, juris Rn. 39.
⁵⁰ 28.12.1994 – 2 BvR 1914/92, 2 BvR 2195/93, NStZ 1995, 174 unter VI 3.
⁵¹ Thüringer OLG 24.2.2009 – 1 Ws 559/08, OLGSt StGB 67e Nr. 4.
⁵² LK/*Rissing-van Saan/Peglau*, 12. Aufl., StGB § 67c Rn. 87.
⁵³ BVerfG 4.5.2011 – 2 BvR 2365/09 ua, NJW 2011, 1931 ff.
⁵⁴ OLG Celle 14.2.2012 – 2 Ws 32/12, NdsRPfl 2012, 286 f.; 19.7.2011 – 2 Ws 380/10, NStZ 2011, 703 (nur Ls.); juris Rn. 44; OLG Köln 13.4.2012 – 2 Ws 280-281/12, juris Rn. 13; OLG Nürnberg 23.2.2012 – 2 Ws 320/11, NStZ-RR 2012, 223; *Cornelius* Rn. 2.1. Vgl. auch OLG Köln 28.2.2013 – 2 Ws 81/13, BeckRS 2013, 8038 und hierzu kritisch *Fornauf/Heger* StraFo 2014, 284 ff.
⁵⁵ BVerfG 15.9.2011 – 2 BvR 1516/11, StV 2012, 25 ff.
⁵⁶ OLG Celle 14.2.2012 – 2 Ws 32/12, NdsRPfl 2012, 286 f.; juris Rn. 8 ff. (10).
⁵⁷ Vgl. allgemein → Einl. Rn. 32 und 55; zur vorliegenden Gestaltung OLG Celle 14.2.2012 – 2 Ws 32/12, NdsRPfl 2012, 286 f.; juris Rn. 13 mwN.

bleibt als Anspruchsgrundlage für eine Entschädigung Art. 5 Abs. 5 EMRK.[58] Dieser Anspruch ist indes im Zivilrechtsweg geltend zu machen.[59] Die Zuständigkeit der Strafgerichte kann nicht aus einer analogen Anwendung der §§ 403 ff. StPO, § 8 StrEG begründet werden.[60]

29 c) **Widerruf der Aussetzung einer Strafe oder Maßregel.** Auch, wenn das Gericht die Aussetzung einer Strafe (§ 56 StGB) oder Maßregel (§ 67b StGB) oder eines Strafrestes (§ 57 StGB) oder des Maßregelvollzugs (§ 67 Abs. 2, § 67e StGB) **widerruft,** aber die Widerrufsentscheidung auf sofortige Beschwerde aufgehoben wird, gibt es für eine Teilvollstreckung zwischen Widerruf und Aufhebung keine Entschädigung nach dem StrEG.[61] Das BVerfG hat eine Verfassungsbeschwerde gegen die Versagung der Entschädigung nicht zur Entscheidung angenommen.[62] Der deswegen angerufene Europäische Gerichtshof für Menschenrechte hat die Beschwerde für nicht begründet erklärt und eine Entschädigung nach Art. 5 Abs. 5 EMRK ebenfalls abgelehnt, weil der Betroffene nach der Verurteilung durch ein zuständiges Gericht rechtmäßig in Haft gehalten worden war.[63] Zur Frage einer irrtümlichen Vollstreckung, in der Annahme, die Strafaussetzung sei rechtskräftig widerrufen worden vgl. → § 2 Rn. 13; dort auch zu weiteren Fragen der Entschädigung nach einem Widerruf.

30 d) **„Verspätete" Entlassung aus dem Maßregelvollzug.** Aus den Gründen zu b) und c) lässt sich ein Entschädigungsanspruch nach dem StrEG auch nicht auf die Behauptung stützen, der Verurteilte hätte früher als geschehen aus dem Maßregelvollzug zur Bewährung entlassen werden müssen. Für die Aussetzung eines Strafrestes gilt das ebenso.

31 e) **Vergünstigungen nach Jugendrecht.** Aus den vorstehenden Gründen ist § 1 auch nicht anwendbar auf die Fälle, in denen das JGG für Jugendliche und Heranwachsende nachträgliche Vergünstigungen vorsieht (Aussetzung des Strafrestes zur Bewährung, § 88 JGG, Beseitigung des Strafmakels, §§ 97, 111 JGG, Tilgung des Schuldspruchs, § 30 Abs. 2 JGG).

32 f) **Gnadenerweis und Amnestie.** Ein **Gnadenerweis** kann zwar die Strafe mildern, sogar erlassen. Aber er kann das Urteil nicht ändern oder aufheben und wird nicht „in einem Strafverfahren" gewährt, sondern außerhalb des Strafverfahrens im Verfahren der Justizverwaltung[64] Deshalb können Entschädigungsansprüche nach dem StrEG aus einem Gnadenakt nicht hergeleitet werden.[65]

33 Auch eine **Amnestie** nach rechtskräftigem Abschluss des Strafverfahrens ist keine strafverfahrensmäßige Korrektur, sondern ein gesetzgeberischer Eingriff in den Gang der Strafrechtspflege. Straffreiheit oder Strafmilderung durch Gesetz berühren den Bestand der Verurteilung ebenso wenig wie ein Gnadenerweis.[66]

---

[58] Vgl. BGH 19.9.2013 – III ZR 405, 406, 407, 408/12, StraFo 2013, 477 ff.; OLG Celle 14.2.2012 – 2 Ws 32/12, NdsRPfl 2012, 286 f.; juris Rn. 14 mwN; OLG Frankfurt a. M. 9.4.2013 – 15 W 2/12, NStZ-RR 2013, 295 f.; LG Karlsruhe 24.4.2012 – 2 O 330/11, StraFo 2012, 246; 24.4.2012 – 2 O 278/12, EuGRZ 2012. 260 ff.

[59] OLG Celle 14.2.2012 – 2 Ws 32/12, NdsRPfl 2012, 286, juris Rn. 14 mwN; OLG Hamm 18.7.2017 – 4 Ws 305, 306/16, juris Rn. 34; OLG Köln 30.9.2013 – 2 Ws 533/13, NStZ-RR 2013, 392; OLG München 5.7.1995 – 1 Ws 289/95, NStZ-RR 1996, 125; LG Karlsruhe 24.4.2012 – 2 O 330/11, StraFo 2012, 246; 24.4.2012 – 2 O 278/12, EuGRZ 2012. 260 ff.; Schleswig-Holsteinisches Verwaltungsgericht 8.2.2012 – 9 A 295/11, SchlHA 2012, 112 f.

[60] OLG München 5.7.1995 – 1 Ws 289/95, NStZ-RR 1996, 125 f.

[61] KG 25.2.2005 – 5 Ws 67/05, juris Rn. 5 ff.

[62] BVerfG 24.7.1973 – 2 BvR 440/73, unveröffentlicht.

[63] Entsch. vom 9.3.1978, Appl. No. 7629/76.

[64] Über den Gnadenakt und seine Wirkungen vgl. *Schätzler,* Handbuch des Gnadenrechts, Abschn. 5; HdB StA/*Kunz,* 7. Teil, 4. Kapitel – Gnadensachen, Rn. 4.

[65] Einhellige Auffassung: HdB StA/*Kunz* 7. Teil, 4. Kapitel – Gnadensachen Rn. 157; *Meyer-Goßner/Schmitt* Rn. 2; *Meyer* Rn. 12.

[66] *Matt* Rpfleger 1997, 466 (467); *Meyer* Rn. 12; *Meyer-Goßner/Schmitt* Rn. 2; vgl. auch Bericht des BT-Rechtsausschusses, Drs. VI/1512, 2.

g) Straffreiheitsgesetze. Ergibt sich während eines Wiederaufnahmeverfahrens, dass 34
das Strafverfahren nach einem Straffreiheitsgesetz einzustellen ist, so liegt ein Verfahrenshindernis vor; ob Entschädigung zuzusprechen ist, richtet sich dann nach der Ermessensvorschrift in § 6 Abs. 1 Nr. 2.

h) Aufhebung eines Ordnungsmittels. Die Aufhebung eines Ordnungsmittels (Ord- 35
nungsgeld, Ordnungshaft) wegen Ungebühr (§ 178 GVG) in der Beschwerdeinstanz (durch
das OLG, § 181 GVG) fällt nicht unter das Gesetz,[67] weil nicht eine strafrechtliche Sanktion
in Rede steht, sondern eine sitzungspolizeiliche Maßnahme.[68] War die Ordnungshaft nach
Anordnung des Vorsitzenden sofort vollstreckt worden und hebt das Oberlandesgericht auf,
so kommt nur Übernahme der Kosten und notwendigen Auslagen durch die Staatskasse in
Betracht (§§ 473, 467, 464, 464a StPO). Die anders lautende Auffassung des OLG Nürnberg,[69] wonach das frühere StHaftEntschG Anwendung finden sollte, widerspricht der
Unanwendbarkeit des StrEG auf Ordnungsmittel.

VI. Die Unschuld muss nicht erwiesen sein

Das Gesetz stellt ausschließlich auf den Fortfall oder die Milderung der Verurteilung ab. 36
Die Unschuldsklausel des früheren Rechts ist weggefallen (→ Einl. Rn. 18–20). Grundregel
ist hiernach, dass das Strafgericht bei der Entscheidung über die Entschädigungspflicht nicht
berücksichtigen darf, ob zur Zeit dieser Entscheidung der Tatverdacht entkräftet ist oder
nicht. Diese Frage darf weder unmittelbar noch mittelbar die Entscheidung beeinflussen.

VII. Schaden des Beschuldigten als Folge der Verurteilung

Eine Vollstreckung setzt der Entschädigungsanspruch nach § 1 im Gegensatz zu den Fällen 37
des § 2 nicht voraus. Die Vollstreckung einer Freiheitsstrafe oder einer freiheitsentziehenden
Maßregel der Besserung und Sicherung ist die wohl einschneidendste Form der Schadensverursachung. Schadensfolgen haben kann auch die gerichtliche Strafaussetzung zur Bewährung,
die nach der Strafverfolgungsstatistik die Masse der Verurteilungen zu Freiheitsstrafe begleitet.
Mit der Strafaussetzung verbundene Auflagen (vgl. § 56b StGB), insbesondere finanzieller Art,
die der Verurteilte erfüllt, beeinträchtigen ihn wirtschaftlich. Fällt die Entscheidung nachträglich weg, sind bezahlte Beträge Urteilsfolgen und, wenn es nicht zu einer Rückerstattung
kommt, ggf. einschließlich nachgewiesener Zinsverluste zu entschädigen.[70] Auch Weisungen
(§§ 56c, 56d, 68b StGB) können solche Folgen haben. Gleichermaßen ist etwa für die
Unbrauchbarmachung und andere Nebenfolgen nach § 73 ff. StGB Ersatz zu leisten, wenn
keine Rückerstattung in Betracht kommt. In all diesen Fällen ist es nicht Sache des Beschuldigten, sondern des Fiskus, sich an einen Begünstigten zu halten.[71] Zu beachten ist aber, ob der
Verurteilte nicht ohnehin zivilrechtlich zu der Leistung verpflichtet gewesen wäre.

Auch ohne Bewährungsauflagen kann die rechtskräftige Verurteilung als solche einen 38
Vermögensschaden verursachen, zB zum **Verlust des Arbeitsplatzes** führen (vgl. → § 2
Rn. 9; → § 7 Rn. 9 und 59). Die Begründung zum Regierungsentwurf legt dar, dass in
solchen Fällen der Schadensausgleich nicht hinter demjenigen zurückstehen darf, den die
Beamtengesetze bei erfolgreicher Wiederaufnahme des Disziplinarverfahrens vorsehen.[72]
Nach § 76 BDG und den entsprechenden Vorschriften der Landesbeamtengesetze hat der
Beamte Anspruch auf volle Wiedereinsetzung in seine frühere Rechts- und Amtsstellung,
wenn die disziplinargerichtliche Bestrafung im Wiederaufnahmeverfahren aufgehoben worden ist. Diese Regelung hat zwar spezifisch beamtenrechtliche Gründe, aber sie beruht vor

---

[67] OLG Frankfurt a. M. 5.11.1975 – 2 Ws 298 – 301/75, NJW 1976, 303; *Kissel/Mayer* GVG § 181
Rn. 18; *Meyer-Goßner/Schmitt* Vor § 1 Rn. 5; aA BLAH/*Hartmann* Rn. 1.
[68] OLG Schleswig 25.5.1982 – 1 Ws 217/82, RuS 1982, 154.
[69] Vom 23.1.1960 – 1 W 3/60, MDR 1960, 500.
[70] Vgl. OLG Stuttgart 26.7.1996 – 4-3 StE 3/92, NJW 1997, 206 (207); *Meyer* MDR 1979, 459.
[71] *Peters*, Fehlerquellen, Bd. 3, S. 188.
[72] Vgl. BT-Drs. VI/460.

allem auf einem Gebot der Gerechtigkeit, so dass nichts entscheidend dagegen spricht, den Grundgedanken auf die Entschädigung für Strafverfolgungsmaßnahmen zu übertragen. Daraus folgt: Der infolge einer rechtskräftigen Verurteilung, beispielsweise wegen Diebstahls oder Untreue, Entlassene soll, wenn die Verurteilung im Wiederaufnahmeverfahren fortfällt, so gestellt werden können, als ob er seinen Arbeitsplatz nicht verloren hätte. Naturalrestitution ist aber ausgeschlossen (vgl. → § 7 Rn. 6).

39 Die weggefallene Verurteilung kann zum **Widerruf der in einer anderen Sache** bewilligten Strafaussetzung geführt haben; dann ist für die Folgen (Strafverbüßung in der anderen Sache) nach § 1 zu entschädigen.[73]

40 **Einzelfragen,** die sich daraus ergeben, dass nicht erst die Vollstreckung, sondern bereits die rechtskräftige Verurteilung anspruchsbegründend ist, hängen mit der Kausalität, dem Umfang und dem Nachweis des Vermögensschadens zusammen; sie werden deshalb bei § 7 behandelt.

VIII. Fälle des Abs. 2

41 Absatz 2 trägt den Fällen Rechnung, in denen das Gericht keine Verurteilung ausgesprochen, aber eine Maßregel der Besserung und Sicherung oder eine Nebenfolge angeordnet hat. Das kann im Strafverfahren geschehen, wenn der Angekl. nicht verurteilt werden kann, weil seine Schuldunfähigkeit (§ 20 StGB) erwiesen oder nicht auszuschließen ist. Dann können die Unterbringung in einem psychiatrischen Krankenhaus (§ 63 StGB) oder in einer Entziehungsanstalt (§ 64 StGB) angeordnet werden. Diese Maßregeln können aber auch im objektiven oder Sicherungsverfahren nach §§ 413 ff. StPO selbständig angeordnet werden, wenn das Strafverfahren wegen Schuldunfähigkeit oder Verhandlungsunfähigkeit des Täters nicht durchführbar ist (§ 71 StGB). Weitere Maßregeln sind die Entziehung der Fahrerlaubnis (§ 69 StGB) sowie das Berufsverbot (§ 70 StGB).

42 Der in Abs. 2 gebrauchte **Begriff Nebenfolge** ist im weitesten Sinn zu verstehen. Gemeint sind alle Rechtsfolgen, die weder Strafe noch Maßregel sind und die nach dem StGB, dem OWiG sowie dem Nebenstrafrecht wegen einer mit Strafe oder Bußgeld bedrohten Handlung zulässig sind und auch ohne Verurteilung verhängt werden können. Das sind namentlich die Einziehung in all ihren Formen und die Unbrauchbarmachung (§§ 73 ff. StGB). Sie können nach §§ 435 ff. StPO (bis 30.6.2017: §§ 440–442 StPO) im selbständigen Verfahren angeordnet werden. Das OWiG enthält entsprechende materielle und Verfahrensvorschriften (§§ 22 ff., 87, 123 OWiG).

43 Führt die **Wiederaufnahme** zur Aufhebung der ohne Verurteilung angeordneten Maßregel der Besserung und Sicherung oder der Nebenfolge, so gilt Abs. 1 entsprechend; auch eine sonstige Form des Fortfalls (vgl. → Rn. 20 ff.) kann zur Entschädigung führen.

44 Der **Einziehungsbeteiligte** kann seine Rechte im Nachverfahren (§ 433 StPO [bis 30.6.2017: § 439 StPO]; § 87 Abs. 4 OWiG) wahren. Er hat auch die durch § 433 Abs. 6 StPO (bis 30.6.2017: § 439 Abs. 6 StPO) eingeschränkte Möglichkeit der Wiederaufnahme; seine Entschädigung richtet sich aber nicht nach dem StREG (näher → Einl. Rn. 42).

IX. Wiederaufnahme bei Rechtskraft bis zum 8.5.1945

45 Da alle deutschen Gerichte seit 1935 unter der Justizhoheit des Reiches standen,[74] trifft bei der erfolgreichen Wiederaufnahme von bis zum 8.5.1945 rechtskräftig abgeschlossenen Strafverfahren die Entschädigungspflicht nicht das Land, dessen Gericht das Wiederaufnahmeverfahren durchgeführt hat, sondern den Bund. Dies ist im Allgemeinen Kriegsfolgengesetz (AKG) vom 5.11.1957[75] geregelt. Nach § 5 Abs. 1 Nr. 2, § 25 AKG haftet der Bund für Schadensersatzansprüche, die auf einer Verletzung der Freiheit beruhen. Letzteres liegt im Sinne des AKG auch vor, wenn Strafhaft verbüßt wurde und das Urteil später im

---

[73] OLG Düsseldorf 28.1.1980 – 5 Ws 160/79, MDR 1980, 958.
[74] Vgl. Drittes Gesetz zur Überleitung der Rechtspflege auf das Reich vom 24.1.1935, RGBl. I 68.
[75] BGBl. I 1747; zuletzt geändert durch Gesetz vom 31.7.2009, BGBl. I 2512.

Wiederaufnahmeverfahren aufgehoben worden ist.[76] Ansprüche sind innerhalb der gesetzlichen Frist (grundsätzlich ein Jahr seit der Entstehung des Anspruchs, vgl. § 28 AKG) bei der Oberfinanzdirektion anzumelden. Lehnt die OFD den Anspruch ab, so kann innerhalb einer Notfrist von sechs Monaten Klage im ordentlichen Rechtsweg erhoben werden (§ 29 AKG). Dieses Verfahren tritt an die Stelle des Justizverwaltungsverfahrens nach §§ 10 ff., nachdem das Wiederaufnahmegericht gemäß § 8 nach den materiellen Vorschriften des StrEG (§§ 1–6) entschieden hat, dass die Staatskasse zur Entschädigung verpflichtet ist.

§ 2 Entschädigung für andere Strafverfolgungsmaßnahmen

(1) Wer durch den Vollzug der Untersuchungshaft oder einer anderen Strafverfolgungsmaßnahme einen Schaden erlitten hat, wird aus der Staatskasse entschädigt, soweit er freigesprochen oder das Verfahren gegen ihn eingestellt wird oder soweit das Gericht die Eröffnung des Hauptverfahrens gegen ihn ablehnt.

(2) Andere Strafverfolgungsmaßnahmen sind
1. die einstweilige Unterbringung und die Unterbringung zur Beobachtung nach den Vorschriften der Strafprozeßordnung und des Jugendgerichtsgesetzes,
2. die vorläufige Festnahme nach § 127 Abs. 2 der Strafprozeßordnung,
3. Maßnahmen des Richters, der den Vollzug des Haftbefehls aussetzt (§ 116 der Strafprozeßordnung),
4. die Sicherstellung, die Beschlagnahme, der Vermögensarrest nach § 111e der Strafprozeßordnung und die Durchsuchung, soweit die Entschädigung nicht in anderen Gesetzen geregelt ist
5. die vorläufige Entziehung der Fahrerlaubnis,
6. das vorläufige Berufsverbot.

(3) Als Strafverfolgungsmaßnahmen im Sinne dieser Vorschrift gelten die Auslieferungshaft, die vorläufige Auslieferungshaft, die Sicherstellung, die Beschlagnahme und die Durchsuchung, die im Ausland auf Ersuchen einer deutschen Behörde angeordnet worden sind.

Schrifttum: *Eisenberg,* Zur Anwendung des Gesetzes über die Entschädigung für Strafverfolgungsmaßnahmen im Jugendstrafverfahren, GA 2004, 385 ff.; *Grau/Blechschmidt,* Ersatzansprüche für Schäden durch strafprozessuale Maßnahmen – insbesondere Durchsuchungsaktionen und Beschlagnahmen, BB 2011, 2378 ff.; *Hofmann,* Zur Systemwidrigen Entschädigungslosigkeit von erlittener Untersuchungshaft bei anschließender Verurteilung zu einer Bewährungsstrafe, StraFo 2007, 52 ff.; *Löffler,* Zur Frage der Nichtanrechnung der erlittenen Haft im Falle der Haftanordnung nach § 230 II StPO; *Sieg,* Entscheidung über Entschädigung nach dem StrEG bei Einstellung nach § 154 II StPO?, MDR 1976, 116 f.

Übersicht

	Rn.		Rn.
I. Allgemeines	1	7. Nicht entschädigungsfähige Maßnahmen	9–14
II. Anwendungsbereich	2–14	a) Ermittlungshandlungen	10, 11
1. Vorläufige Strafverfolgungsmaßnahme; Anwendung im Wiederaufnahmeverfahren	2	b) Zwangs- und Ordnungsmittel	12
		c) Vollstreckungsmaßnahmen	13, 14
2. Ansprüche Dritter	3	III. Förmliche Anspruchsvoraussetzungen	15–41
3. Bußgeldverfahren	4	1. Vollzug der Maßnahme	15, 16
4. Einschränkungen und Erweiterungen, §§ 3–6	5	2. Beendigung des Verfahrens	17–41
		a) Freispruch	18
5. Schaden als Folge des Vollzugs der Maßnahme	6	b) Nichteröffnung des Hauptverfahrens	19
		c) Einstellung des Verfahrens	20–40
6. Abschließende Aufzählung	7–8a	d) Teilweise(r) Freispruch, Einstellung, Nichteröffnung	41

---

[76] Vgl. BGH 21.12.1961 – III ZR 157/60, BGHZ 36, 245.

	Rn.		Rn.
IV. Entschädigungsfähige Maßnahmen	42–70	c) Vermögensarrest	59, 60
		d) Durchsuchung	61, 62
1. Untersuchungshaft, Abs. 1	42	6. Vorläufige Entziehung der Fahrerlaubnis, Abs. 2 Nr. 5	63–68
2. Einstweilige Unterbringung, Abs. 2 Nr. 1	43–45	7. Vorläufiges Berufsverbot, Abs. 2 Nr. 6	69, 70
3. Vorläufige Festnahme, Abs. 2 Nr. 2	46–49	**V. Strafverfolgungsmaßnahmen im Auslieferungs- und Rechtshilfeverkehr, Abs. 3**	71–80
4. Aussetzung des Vollzugs des Haftbefehls, Abs. 2 Nr. 3	50, 50a	1. Auf Ersuchen deutscher Behörden	71–74
		2. Durchlieferung	75
5. Sicherstellung, Beschlagnahme, Vermögensarrest und Durchsuchung, Abs. 2 Nr. 4	51–62	3. Sicherstellung, Beschlagnahme und Durchsuchung	76
a) Sicherstellung und Beschlagnahme	52–57	4. Ersuchen eines anderen Staates	77–80
b) Subsidiarität	58		

I. Allgemeines

1 Die Vorschrift wurde mehrfach geändert. Das EGStGB v. 2.3.1974[1] fügte in § 2 Abs. 2 den Arrest nach § 111d StPO und das vorläufige Berufsverbot nach § 132a StPO als neue entschädigungsfähige Maßnahmen ein. Durch das 1. StVRG vom 9.12.1974[2] erfolgten technische und redaktionelle Folgeänderungen im Hinblick auf Änderungen des StGB und der StPO. Das OrgKG vom 15.7.1992[3] machte im Hinblick auf die erweiterten Möglichkeiten des Verfalls (§ 111o StPO) und die Einführung der Vermögensbeschlagnahme (§ 111p StPO) eine Anpassung des § 2 Abs. 2 Nr. 4 erforderlich. Die beiden Vorschriften sind gegenstandslos geworden, nachdem das BVerfG[4] die Vermögensstrafe für verfassungswidrig erklärt hat. Seit dieser Entscheidung hat die Entschädigung für vorläufige Maßnahmen bezüglich dieser Strafsanktion keine Bedeutung mehr. Mit dem Gesetz vom 17.7.2015[5] erfolgte eine Anpassung des Gesetzestextes an diese Rechtslage. Das Gesetz vom 13.4.2017[6] ersetzte die Bezeichnung „dinglicher Arrest" durch „Vermögensarrest". Der Regelungsinhalt des bisherigen § 111d StPO findet sich nunmehr in § 111e StPO. Für weitere neu eingeführte Strafverfolgungsmaßnahmen, wie die Erhebung von Verkehrsdaten (§ 100g StPO), den Einsatz eines „IMSI-Catchers" (§ 100i StPO) oder verdeckter Ermittler (§ 110a StPO), hat der Gesetzgeber keine Entschädigungspflicht eingeführt. Für Strafverfolgungsmaßnahmen **in der früheren DDR** gilt die Vorschrift nicht, vgl. § 16a.

II. Anwendungsbereich

2 **1. Vorläufige Strafverfolgungsmaßnahme; Anwendung im Wiederaufnahmeverfahren.** § 2 betrifft die vorläufigen Strafverfolgungsmaßnahmen. Auf außerstrafrechtliche Maßnahmen ist die Vorschrift nicht anwendbar, vgl. → Einl. Rn. 55 ff. Sie normiert den Entschädigungsanspruch des Beschuldigten, wenn eine vorläufige Strafverfolgungsmaßnahme durch die endgültige Sachentscheidung nicht gedeckt, bestätigt oder konsumiert wird, vgl. hierzu → § 4 Rn. 9. Anwendungsbereich des § 2 ist daher in der Regel das Ermittlungsverfahren und das Strafverfahren (im Unterschied zum Wiederaufnahmeverfahren). Die Vorschrift kann aber gelegentlich auch **im Wiederaufnahmeverfahren** anzuwenden sein, zB wenn U-Haft (oder eine andere entschädigungsfähige Strafverfolgungsmaßnahme) im Wiederaufnahmeverfahren angeordnet und vollzogen worden ist. Ferner kann § 2 zugunsten des in der Wiederaufnahme Freigesprochenen anzuwenden sein, wenn im ersten Strafverfahren eine vorläufige Strafverfolgungsmaßnahme durch die verhängte Strafe oder Maßregel nicht konsumiert (zB U-Haft wurde nicht angerechnet) oder wenn die

---
[1] BGBl. I 469.
[2] BGBl. I 3393.
[3] BGBl. I 1302.
[4] Vom 20.3.2002 – 2 BvR 794/95, NJW 2002, 1779.
[5] BGBl. I 1332 (1336), Art. 4.
[6] BGBl. I 872.

Maßnahme nicht entschädigt worden war (zB weil Ausschluss- oder Versagungsgründe angenommen wurden); ein dadurch entstandener Schaden kann neben den Schaden treten, den die Verurteilung verursacht hat und der allein nach § 1 zu entschädigen ist.

2. Ansprüche Dritter. Ansprüche Dritter, gegen die sich Strafverfolgungsmaßnahmen richten oder die davon betroffen sind, regelt das StrEG nicht. Es ist hierauf auch nicht entsprechend anwendbar.[7] Eine Ausnahme besteht nur für die Unterhaltsberechtigten in § 11. Auch bei mehreren Mitbeschuldigten in einem Verfahren steht ein Anspruch nur demjenigen zu, gegen den sich die Maßnahme gerichtet hat.[8]

3. Bußgeldverfahren. Im Bußgeldverfahren gilt § 2, soweit die vorläufigen Maßnahmen im Bußgeldverfahren zulässig sind; das sind nur die in Abs. 2 Nr. 4 genannten, nämlich Durchsuchung, Sicherstellung und Beschlagnahme sowie die Einziehung in § 22 OWiG und die Einziehung des Wertes von Taterträgen in § 29a OWiG.[9]

4. Einschränkungen und Erweiterungen, §§ 3–6. § 2 enthält nur die Grundnorm. Ergänzende Vorschriften enthalten § 3, der einschränkt, und § 4, der erweitert. Nach § 3 ist bei Einstellung nach einer Ermessensvorschrift kein Rechtsanspruch, sondern nur ein Billigkeitsanspruch gegeben. § 4 ermöglicht eine Entschädigung nach Billigkeit über die in § 2 Abs. 1 genannten förmlichen Anspruchsvoraussetzungen hinaus für Fälle der Verurteilung, wenn das Gericht von Strafe abgesehen hat oder wenn die vorläufigen Strafverfolgungsmaßnahmen nach § 2 die endgültig angeordneten Rechtsfolgen „überschießen". Eine Entschädigung nach § 2 setzt wie diejenige nach § 1 voraus, dass keine Ausschluss- oder Versagungsgründe (§§ 5, 6) entgegenstehen und dass das Strafgericht die Entschädigungspflicht der Staatskasse nach § 8 oder 9 rechtskräftig festgestellt hat. Weitere Leistungsvoraussetzungen sind fristgemäße Anmeldung und Nachweis des Schadens.

5. Schaden als Folge des Vollzugs der Maßnahme. Der Anspruch nach § 2 setzt voraus, dass durch den Vollzug der Strafverfolgungsmaßnahme ein Schaden verursacht worden ist. Das StrEG stellt dies für die Untersuchungshaft sowie für die übrigen vorläufigen Strafverfolgungsmaßnahmen unmissverständlich klar;[10] im Gegensatz zu der in § 1 geregelten Entschädigung für Urteilsfolgen ist eine Entschädigung nach § 2 für vorläufige Strafverfolgungsmaßnahmen von deren Vollzug abhängig. Die **bloße Anordnung** genügt nicht (dazu → Rn. 15).

6. Abschließende Aufzählung. Nicht alle vorläufige Strafverfolgungsmaßnahmen sind entschädigungsfähig, sondern nur die Untersuchungshaft und die in Absatz 2 einzeln aufgeführten Maßnahmen. Die Aufzählung ist abschließend.[11] Der Gesetzgeber hat sich in bewusster Verfolgung des Zieles einer Begrenzung auf die seiner Ansicht nach entschädigungswürdigen Maßnahmen in einer abschließenden Aufzählung für eine sorgfältige Aussonderung derjenigen Sachverhalte entschieden, in denen er eine Entschädigung für nicht gerechtfertigt erachtete.[12] Dies kommt auch durch den Wortlaut des § 2 Abs. 2 unmissverständlich zum Ausdruck. So fehlt hinter den einleitenden Worten „Andere Strafverfolgungsmaßnahmen sind" das Wort „insbesondere" als charakteristischer Zusatz für eine nur beispielhafte Aufzählung.[13] Der Gesetzgeber hat die Fälle daher auch immer wieder erweitert. Eine **analoge Anwendung** kommt nicht in Betracht.[14] Hierfür fehlt es an einer planwidri-

---

[7] Vgl. → Einl. Rn. 36 und → § 7 Rn. 41.
[8] OLG Hamburg 13.1.1994 – 2 Ws 620/93, MDR 1994, 310.
[9] Zum Vermögensarrest vgl. Göhler/Seitz OWiG Vor § 59 Rn. 107.
[10] Vgl. KG 20.1.2009 – 4 Ws 118/08, juris Rn. 5 ff., StRR 2009, 123 (nur Ls.).
[11] BGH 9.11.1978 – III ZR 116/77, BGHZ 72, 302 (305) = NJW 1979, 425; BGH 17.1.2008 – GSSt 1/07, NJW 2008, 860 Rn. 41; KG 20.1.2009 – 4 Ws 118/08, juris Rn. 5 ff.; Thüringer OLG 27.6.2000 – 3 U 849/99, NStZ-RR 2001, 160; LG Duisburg 27.9.1984 – XVIII Qs 25/83, JurBüro 1984, 244; *Meyer-Goßner/Schmitt* Rn. 1; *Meyer* Rn. 8; aA *Hürxthal* LM Nr. 2 zu StrEG.
[12] Vgl. BT-Drs. 8/473, 5.
[13] Thüringer OLG 27.6.2000 – 3 U 849/99, NStZ-RR 2001, 160.
[14] KG 30.1.2009 – 4 Ausl A 522/03, StV 2009, 423 ff.; allgemein vgl. → Einl. 32 u. 55.

gen Regelungslücke. Der Gesetzgeber hat statt einer umfassenden eine differenzierte Regelung von Entschädigungsmöglichkeiten für Strafverfolgungsmaßnahmen getroffen.[15] Der Katalog enthält eine Wertung nach der Intensität des Eingriffs und der möglichen wirtschaftlichen Nachteile. Obenan stehen naturgemäß die strafprozessualen Formen der Freiheitsentziehung. Aber nicht nur sie können wirtschaftliche Nachteile verursachen, sondern namentlich auch die vorläufige Entziehung der Fahrerlaubnis und die Beschlagnahme. Andererseits zieht § 2 eine Grenze. Ein Mindestmaß an Eingriffen muss der Betroffene hinnehmen, das nur Lästige muss er dulden, ohne liquidieren zu können. Das ist sein Beitrag dazu, dass die Strafrechtspflege dem Schutz aller dient.

8   Aus der abschließenden Aufzählung folgt, dass die Auslieferungshaft auf Ersuchen ausländischer Behörden nicht nach dem StrEG entschädigungsfähig ist (→ Rn. 77 und → § 7 Rn. 5). Nicht zuzustimmen ist auch dem Beschluss des LG Dortmund,[16] das eine entsprechende Anwendung des Gesetzes für geboten erachtet, wenn jemand aufgrund eines Irrtums der Strafverfolgungsbehörden über seine Identität zu einer Hauptverhandlung geladen wird und auch daran teilnimmt. Entschädigung gibt es hier nach allgemeinen Regeln außerhalb des StrEG.

8a   Aus der enumerativen Aufzählung ergibt sich auch, dass **das Ermittlungs- oder Strafverfahren als solches** nicht zu den entschädigungspflichtigen Maßnahmen gehört.[17] Zwar kann auch alleine die Tatsache, dass gegen einen Beschuldigten ein Ermittlungsverfahren geführt wird, materielle Nachteile erleidet, etwa den Verlust des besonders sicherheitsempfindlichen Arbeitsplatzes,[18] die Kündigung des Leiters einer Kinderbetreuungsstelle bei Ermittlungen wegen sexuellen Missbrauchs;[19] die Kündigung von Beratungsverträgen,[20] die Versagung des Waffenscheins an den Inhaber eines Sicherheitsunternehmens,[21] den Ausschluss eines Arztes aus einer Gemeinschaftspraxis[22] oder immaterielle Nachteile mit sich bringen, etwa einen Rufschaden (hierzu → § 7 Rn. 75 ff.). Dies ist aber dem allgemeinen Lebensrisiko zuzurechnen und rechtfertigt keine Entschädigung.[23] Treffen entschädigungspflichtige und nicht entschädigungspflichtige Maßnahmen zusammen, so ist genau zu prüfen, worauf der Schaden beruht: Ist er bereits durch das Ermittlungsverfahren als solchem entstanden, führt das Hinzutreten entschädigungspflichtiger Tatbestände nicht zu einer Entschädigungspflicht.[24] Das folgt aus dem Grundsatz der überholenden Kausalität und aus § 7 Abs. 4. Nach gefestigter Rechtsprechung des EGMR gewährt weder die Unschuldsvermutung des Art. 6 Abs. 2 EMRK noch eine andere Bestimmung der Konvention der „einer Straftat angeklagten Person" – in der Diktion des Gerichtshofs – das Recht auf „Entschädigung" für „unrechtmäßige" Untersuchungshaft, wenn das gegen sie geführte Verfahren eingestellt wird. Die bloße Versagung einer „Entschädigung" verletzt deshalb für sich nicht die Unschuldsvermutung.[25] Vor diesem Hintergrund begegnet es keinen konventionsrechtlichen Bedenken, wenn der Gesetzgeber nicht für alle belastenden Strafverfolgungsmaßnahmen eine Entschädigung gewährt.

---

[15] Thüringer OLG 27.6.2000 – 3 U 849/99, NStZ-RR 2001, 160.
[16] 2.5.1988 – 14 (V) N 3/87, NStE Nr. 2 zu § 2 StrEG unter Bezugnahme auf BGH 9.6.1981 – 4 Ars 4/81, BGHSt 30, 152 = NStZ 1981, 441 f.
[17] BGH 24.1.1991 – III ZR 43/91, BGHR Zivil StrEG § 2 Strafverfolgungsmaßnahme 1; OLG Schleswig 12.3.1998 – 11 U 22/96, juris Rn. 60 = JurBüro 1999, 165 [Ls.]; 12.6.1998 – 4 O 88/98, JurBüro 1999, 108 f.; 30.9.1999 – 11 W 21/99, JurBüro 2000, 208; LG Duisburg 27.9.1984 – XVIII Qs 25/83, JurBüro 1984, 244; LG Flensburg 12.6.1998 – 4 O 88/98, JurBüro 1999, 108.
[18] Vgl. OLG Schleswig 4.8.1981 – 1 OJs 22/80, juris.
[19] LG Flensburg 12.6.1998 – 4 O 88/98, JurBüro 1999, 108.
[20] BGH 24.1.1991 – III ZR 43/91, BGHR Zivil StrEG § 2 Strafverfolgungsmaßnahme 1.
[21] OLG Schleswig 30.9.1999 – 11 W 21/99, JurBüro 2000, 208.
[22] GenStA Nürnberg Rs 34/01, unveröffentlicht.
[23] BGH 15.2.1979 – III ZR 164/77, JZ 1979, 353; OLG Hamburg 28.6.1993 – 2 Ws 322/93, MDR 1993, 948; OLG Köln 14.3.1985 – 7 W 14/84, JurBüro 1986, 247; OLG Schleswig 12.3.1998 – 11 U 22/96, juris Rn. 60 = JurBüro 1999, 165 [Ls.].
[24] Vgl. etwa OLG Schleswig 30.9.1999 – 11 W 21/99, JurBüro 2000, 208; LG Flensburg 24.4.2002 – 2 O 78/01, juris Rn. 13 = JurBüro 2001, 500 [nur Ls.].
[25] EGMR 3.4.2007 – 29453/02, juris Rn. 68 mwN.

7. Nicht entschädigungsfähige Maßnahmen. Namentlich folgende Maßnahmen 9
sind nicht nach § 2 entschädigungsfähig:

a) Ermittlungshandlungen. Die **körperliche Untersuchung,** die **Entnahme einer** 10
Blutprobe oder andere **körperliche Eingriffe** unter den Voraussetzungen des § 81a StPO
sowie das hierzu erfolgende Verbringen zu einer Blutprobenentnahme;[26] das Aufnehmen
von **Lichtbildern** und **Fingerabdrücken;** die Entnahme von Proben und deren Untersuchung zur Gewinnung von **DNA-Identifizierungsmustern** nach § 81e–h StPO; die Vornahme von **Messungen** am Beschuldigten (§ 81b StPO); die **Überwachung der Telekommunikation** (§§ 100a,[27] 100g, 100h, 100i StPO; der **Einsatz technischer Mittel**
(§ 100c StPO), und **verdeckter Ermittler** (§ 110a StPO); die Durchführung von **Fahndungsmaßnahmen** (§§ 131 ff. StPO); die **Rasterfahndung** (§§ 98a ff. StPO); die **Leistung**
einer Sicherheit nach § 127a StPO oder unter den Voraussetzungen des § 132 StPO
(Sicherstellung der Strafverfolgung und Strafvollstreckung). Auch die **vorläufige Festnahme** nach § 127 Abs. 1 StPO nimmt das Gesetz aus; vgl. hierzu → Rn. 47. Auch **Maßnahmen nach § 71 Abs. 1 JGG** bei Jugendlichen verpflichten grundsätzlich nicht zu
Entschädigung. Vgl. hierzu → Rn. 44 und 50. Insoweit wird eine Aufnahme in den Katalog
des § 2 Abs. 2 kriminalpolitisch vorgeschlagen,[28] auch wenn diese nicht den Maßnahmen
nach § 116 StPO in ihrer Funktion entsprächen.

Das Gesetz zur Änderung der Strafprozessordnung vom 14.4.1978[29] lässt für besondere 11
Fahndungs- und Ermittlungsmaßnahmen strafprozessuale Eingriffe zu, die einer wirksameren Bekämpfung des Terrorismus dienen sollen. Es handelt sich dabei um die Einrichtung
von **Kontrollstellen** (§ 111 StPO) und staatsanwaltliche sowie polizeiliche Maßnahmen
nach **§ 163b StPO** zur **Feststellung der Identität,** die sich gegen den einer Straftat
Verdächtigen (Abs. 1) sowie gegen den Unverdächtigen (Abs. 2) richten können. Die Maßnahmen umfassen die Festhaltung, also eine Freiheitsentziehung bis zu zwölf Stunden
(§ 163c StPO), die Durchsuchung der Person und der mitgeführten Sachen sowie erkennungsdienstliche Maßnahmen. Soweit diese Eingriffe sich gegen **Unverdächtige** richten,
sind sie keine Strafverfolgungsmaßnahmen; eine Entschädigung nach dem StrEG ist aus den
in → Einl. Rn. 36 ff. ausgeführten Gründen ausgeschlossen. Wer aufgrund einer solchen
Durchsuchung nach § 103 StPO durch Auffinden von Diebesgut die Beschuldigteneigenschaft erlangt, kann von diesem Zeitpunkt an Ansprüche nach dem StrEG haben,[30] aber
nicht mehr für die Durchsuchung selbst, denn diese erfolgte noch beim Unverdächtigen.
Richten sich die Eingriffe gegen **Verdächtige,** so kommt eine Entschädigung nach dem
StrEG für die Festhaltung zur Identitätsfeststellung – auch wenn sie zwangsweise durchgeführt wird – ebenfalls nicht in Betracht.[31] Diese ist keine – nach Abs. 2 Nr. 2 entschädigungsfähige – vorläufige Festnahme nach § 127 Abs. 2 StPO, sondern gehört zu den Maßnahmen nach § 127 Abs. 1 StPO; das ergibt sich aus dessen zweitem Satz, den das Gesetz
vom 14.4.1978 angefügt hat. Für die Einordnung der Maßnahme kommt es nicht darauf
an, wie sie von der Polizei bezeichnet werden, sondern allein auf die materielle Rechtslage.[32]
Die weiteren Maßnahmen zur Identitätsfeststellung sowie zur Durchsuchung der Person
und der mitgeführten Sachen fallen zwar unter den Begriff Durchsuchung, sind aber der
Identitätsprüfung dienende, unterstützende Maßnahmen, deren Eingriffsintensität im Vergleich zur Festhaltung geringer ist. Der Betroffene erbringt kein Sonderopfer. Dem Sinn
des StrEG würde es daher nicht entsprechen, die mit der Identitätsfeststellung nach den

---

[26] *Meyer-Goßner/Schmitt* Rn. 5.
[27] LG Nürnberg-Fürth 27.8.2001 – 12 Qs 41/01, unveröffentlicht.
[28] *Eisenberg* GA 2004, 385 (386).
[29] BGBl. I 497002.
[30] Vgl. → Einl. Rn. 36 und *Meyer* Rn. 17.
[31] OLG Frankfurt a. M. 26.1.2017 – 1 U 31/15, juris Rn. 48; KG 9.11.2012 – 4 Ws 120/12, juris Rn. 3 mAnm *Rueber* jurisPR-StrafR 7/2013 Nr. 1; *Meyer-Goßner/Schmitt* Rn. 5; zweifelnd beim Eintritt erheblicher Schäden unter verfassungsrechtlichem Blickwinkel LR-*Beulke* § 163b Rn. 35.
[32] KG 9.11.2012 – 4 Ws 120/12, juris Rn. 4 mAnm *Rueber* jurisPR-StrafR 7/2013 Nr. 1.

besonderen Vorschriften der StPO verbundenen Eingriffe als entschädigungsfähig einzustufen. Dagegen ist die Durchsuchung nach § 111 StPO entschädigungsfähig, wenn sie sich gegen den **Verdächtigen** richtet und der **Ergreifung** des Täters oder der Sicherstellung von Beweismitteln für die Straftat dient. Dass diese Durchsuchung auf einer Sammeleingriffsermächtigung beruht, unterscheidet sie zwar von den sonst in der StPO allein vorgesehenen Maßnahmen auf Grund einer Einzeleingriffsermächtigung, ist aber für die Entschädigungsfrage ohne Bedeutung.[33]

12   **b) Zwangs- und Ordnungsmittel.** Für die **Vorführung** und andere in § 2 nicht ausdrücklich genannte **prozessuale Zwangsmaßnahmen** gegen den Beschuldigten gibt es keine Entschädigung, und zwar auch dann nicht, wenn sich später herausstellt, dass die Voraussetzungen für die Maßnahme nicht vorlagen, denn dem Beschuldigten ist eine Obliegenheitsverletzung vorzuwerfen. Nicht entschädigungsfähig sind daher insbesondere: die Vorführung des Beschuldigten zur Vernehmung (§ 134 StPO), die Vorführung des ausgebliebenen Angekl. nach § 230 Abs. 2 StPO zur Hauptverhandlung oder nach § 329 Abs. 4 StPO zur Hauptverhandlung über die Berufung, die Vorführung nach § 236 StPO; Maßnahmen des Vorsitzenden nach § 231 StPO, die verhindern sollen, dass der erschienene Angekl. sich aus der Hauptverhandlung entfernt. Auch wenn für die Vorführung selbst Entschädigung nicht gewährt wird, kann sich ihre Erforderlichkeit verlängernd auf andere, entschädigungsfähige Maßnahmen auswirken, etwa eine Beschlagnahme. Insoweit ist dann Entschädigung für diese Maßnahmen nach § 5 Abs. 3 ausgeschlossen, vgl. → § 5 Rn. 105. Ebenfalls nicht entschädigungsfähig sind alle sitzungspolizeilichen Maßnahmen (§§ 176, 177 GVG) sowie **Ordnungsmittel** wegen Ungebühr nach § 178 GVG, vgl. → § 1 Rn. 35.

13   **c) Vollstreckungsmaßnahmen.** Allen nach § 2 entschädigungsfähigen Maßnahmen ist gemeinsam, dass sie im Ermittlungs- oder Strafverfahren auf Verdacht angeordnet und vollzogen werden. Deshalb scheiden solche Maßnahmen aus, die der Vollstreckung von Strafen und Maßregeln dienen. Auf die Behauptung, der Verurteilte hätte früher als geschehen bedingt aus der Haft entlassen werden können, können Entschädigungsansprüche daher grundsätzlich nicht gestützt werden[34] auch wenn dies irrtümlich,[35] aufgrund einer falschen **Strafzeitberechnung**,[36] unterbliebener Unterbrechung nach § 454b StPO,[37] unterlassener Anrechnung von Abschiebehaft auf die Freiheitsstrafe[38] oder unter Missachtung einer gebotenen Anrechnung von Zeiten des Maßregelvollzugs auf die Strafe erfolgte.[39] Auch der Vollzug von „Organisationshaft" ist eine dem Bereich der Strafvollstreckung zugehörige Maßnahme, für die das StrEG keine Entschädigungsregelung enthält.[40] Eine Entschädigungspflicht nach dem StrEG scheidet auch aus, wenn nach rechtskräftigem Widerruf Strafe vollstreckt wird, aber nach **Wiedereinsetzung**[41] oder im **Verfahren nach § 33a StPO**[42]

---
[33] AA Meyer-Goßner/Schmitt Rn. 7.
[34] BVerfG 10.8.1993 – 2 BvR 644/93, NStE Nr. 15 zu § 454 StPO.
[35] LG Hamburg 18.10.1973 – 33 Qs 977/73, NJW 74, 373; OLG Schleswig 2.2.1989 – 2 Ws 40/89, SchlHA 1990, 132; AG Zittau 19.6.2002 – 1 Cs 15964/94, juris Rn. 10 ff., für Ersatzfreiheitsstrafe, wo auf Art. 5 Abs. 5 EMRK verwiesen wird; Meyer § 8 Rn. 17; aA OLG Oldenburg 15.10.1975 – 1 Ws 181/75, MDR 1976, 166 u. Meyer-Goßner/Schmitt § 8 Rn. 2 bei Vollstreckung einer Freiheitsstrafe in der irrigen Annahme, diese sei rechtskräftig widerrufen.
[36] BGH 2.4.1993 – 2 Ars 83/93, NStZ 1994, 23 (27) bei Kusch; OLG Köln 30.9.2013 – 2 Ws 533/13, NStZ-RR 2013, 392.
[37] BVerfG 10.8.1993 – 2 BvR 644/93, NStE Nr. 15 zu § 454 StPO; Wolf NStZ 1990, 575.
[38] AA OLG Schleswig 26.8.1993 – 1 Ws 218/93, SchlHA 1995, 37.
[39] OLG München 5.7.1995 – 1 Ws 289/95, NStZ-RR 1996, 125; der Hinweis des OLG Dresden 8.3.1995 – 2 Ws 230/95, OLG – NL 1996, 23 = NStZ 95, 520 [nur Ls.], es müsse eine Anrechnung der Zeit des Maßregelvollzugs in möglichst weitem Umfang auf die Strafe erfolgen [hierzu → § 1 Rn. 28] und der Beschuldigte dürfe nicht auf Entschädigung nach dem StrEG verwiesen werden, ist daher jedenfalls irreführend.
[40] OLG Hamm 12.3.2013 – 3 (s) Sbd I – 3/13, juris Rn. 5.
[41] Vgl. → § 1 Rn. 21 ff.: hierzu BayObLG 26.2.1986 – RReg 4 St 256/85, Rpfleger 1986, 276: Entschädigung nach § 1 für Urteilsfolgen; Meyer-Goßner/Schmitt § 1 Rn. 2; Matt Rpfleger 1997, 466; unklar Meyer § 1 Rn. 11: eine Entschädigung dürfte „der Billigkeit" entsprechen.
[42] OLG Düsseldorf 11.2.1993 – 1 Ws 92-93/93, MDR 1993, 808.

diese Entscheidung wieder aufgehoben⁴³ oder im Rahmen einer nachträglichen **Gesamtstrafenbildung** erneut Strafaussetzung zugebilligt wird.⁴⁴ Gleiches gilt für die Beschlagnahme von Führerscheinen und ausländischen Fahrausweisen nach § 463b StPO, § 25 Abs. 2 und Abs. 3 StVG. Auch bei deren **irrtümlicher Vernichtung** durch die Vollstreckungsbehörde in der Annahme, ein Urteil sei rechtskräftig, scheidet die – auch entsprechende – Anwendung des StrEG aus.⁴⁵ In Betracht kommen in all diesen Fällen aber Amtshaftungsansprüche nach Art. 34 GG iVm § 839 BGB, die allerdings Verschulden voraussetzen.⁴⁶ Bei freiheitsentziehenden Maßnahmen wird auch Art. 5 Abs. 5 EMRK zu prüfen sein. Das StrEG ist auch im Zusammenhang mit der **Unbrauchbarmachung** nach § 74b Abs. 2 Nr. 1, §§ 74d, 74f und 76a StGB nicht anwendbar, weil es sich nicht um Strafverfolgungsmaßnahmen nach § 2 handelt.⁴⁷

Die Festnahme auf Grund eines **Haftbefehls** der Vollstreckungsbehörde nach § 457 StPO,⁴⁸ eines **Sicherungshaftbefehls** nach § 453c StPO,⁴⁹ eines Haftbefehls nach Absehen von Vollstreckung bei Auslieferung und Ausweisung nach § 456a StPO⁵⁰ oder eines Sicherungsunterbringungsbefehls nach §§ 463 Abs. 1, 453c StPO,⁵¹ wenn es anschließend nicht zum Widerruf kommt, der Widerruf nachträglich wieder aufgehoben wird⁵² oder irrig in der Annahme eines rechtkräftigen Widerrufs vollstreckt wird,⁵³ löst ebenfalls keine Entschädigungspflicht aus. Dies gilt erst recht, wenn aufgrund des Sicherungshaftbefehls Freiheitsentzug über die Dauer der restlichen Freiheitsstrafe hinaus vollstreckt wurde⁵⁴ und deshalb nicht nach § 453c Abs. 2 StPO auf die Strafe angerechnet werden kann. Diese Grundsätze gelten auch für einen Sicherungshaftbefehl nach § 2 JGG iVm § 453c StPO, also im **Jugendrecht**. In all diesen Fällen fällt weder die Verurteilung im Sinne des § 1 fort noch handelt es sich um eine Strafverfolgungsmaßnahme nach § 2. Auch für eine entsprechende Anwendung der genannten Vorschriften ist kein Raum. Die freiheitsentziehenden Maßnahmen haben ihren Grund nämlich in der rechtskräftigen Verurteilung.⁵⁵ Die Argumentation, jedenfalls wenn der Erlass des Sicherungshaftbefehls auf Verdachtsumständen beruhe, die mit der erkannten Sanktion nichts zu tun hätten, also vor allem in den Fällen des § 26 Abs. 1 Nr. 1 JGG (neue Straftat) werde eine Entschädigungspflicht ausgelöst,⁵⁶ verkennt, dass die Verdachtslage aufgrund deren entschädigungspflichtige Maßnahmen vollzogen werden, immer in dem Verfahren bestehen muss, in dem entschädigt werden soll. Auslöser für einen Sicherungshaftbefehl ist aber die Verdachtslage in einem anderen Verfahren. Sie schiebt auch ohne Not zur Seite, dass bereits eine Verurteilung zu der Strafe vorliegt, die vollstreckt wird. Die Auffassung würde konsequenterweise auch eine Entschädigungspflicht in Fällen auslösen müssen, in denen der Widerruf im Erwachse-

---

⁴³ Vgl. auch *Katzenstein* StV 2003, 359 (363).
⁴⁴ LG Kassel 21.2.1994 – 3 Qs 480/93, NStZ 1994, 497.
⁴⁵ OLG Schleswig 2.2.1989 – 2 Ws 40/89, SchlHA 1990, 132.
⁴⁶ *Wolf* S. 136 ff.; ders. NStZ 1990, 575; offen gelassen BVerfG 10.8.1993 – 2 BvR 644/93, NStE Nr. 15 zu § 454 StPO.
⁴⁷ Vgl. *Pohlmann/Jabel/Wolf* § 63 Rn. 14 f. und StVollstrO § 68a Rn. 2 ff.
⁴⁸ *Meyer* Rn. 11.
⁴⁹ OLG Bamberg 13.4.2011 – 1 Ws 137/11, unveröffentlicht; OLG Düsseldorf 5.6.1981 – 3 Ws 261/81, MDR 1982, 958; OLG Karlsruhe 23.2.1977 – 2 Ws 32/77, MDR 1977, 600; KG 21.5.1980 – 4 Ws 109/80, JR 1981, 87; 25.2.2005 – 5 Ws 67/05, juris; OLG Schleswig 15.9.1981 – 1 Ws 318/81, Ls. in juris; 2.9.2003 – 1 Ws 298/03, SchlHA 2004, 272 [Ls.] Volltext in juris; KK/*Appl* § 453c Rn. 26; *KMR-Stöckel* § 453c Rn. 26; *Löwe/Rosenberg/Graalmann-Scheerer* § 453c Rn. 19 StPO; *Meyer-Goßner/Schmitt* § 2 Rn. 2 und StPO § 453c Rn. 15; *Burmann* StV 1986, 80 (81); *Katzenstein* StV 2003, 359 (363); *Pohlmann/Jabel/Wolf* StVollstrO § 38 Rn. 10; aA *Bringewat* StPO § 453c Rn. 21; *von Meding* NJW 1977, 914.
⁵⁰ OLG Dresden 21.8.2015 – 2 Ws 379/15, StraFo 2015, 394 f.
⁵¹ *Burmann* StV 1986, 80 (81).
⁵² OLG Düsseldorf 11.2.1993 – 1 Ws 92-93/93, MDR 1993, 808; *Katzenstein* StV 2003, 359 (363); *Meyer-Goßner/Schmitt* § 2 Rn. 2.
⁵³ Offen gelassen von OLG Oldenburg 15.10.1975 – 1 Ws 181/75, MDR 1976, 166.
⁵⁴ OLG Schleswig 15.9.1981 – 1 Ws 318/81, juris.
⁵⁵ OLG Düsseldorf 5.6.1981 – 3 Ws 261/81, MDR 1982, 958; *Burmann* StV 1986, 80 (81).
⁵⁶ *Eisenberg* GA 2004, 385 (387); ders. JGG § 58 Rn. 34.

nenrecht auf § 57 Abs. 1 S. 1 Nr. 1 StGB gestützt wird.[57] Hier wie auch im Jugendrecht bleibt eine Entschädigung versagt.[58] Der Gesetzgeber hat mit Art. 8 Abs. 2 Nr. 1 des 1. StVRG im Jahre 1974 den § 2 Abs. 1 neu gefasst, diese Vorschrift aber in dem hier behandelten Punkt unverändert gelassen.[59] Auch bei einer **überlangen Verfahrensdauer** besteht keine Möglichkeit – auch nicht in entsprechender Anwendung des Gesetzes – eine Geldentschädigung zuzusprechen.[60] Entsprechendes gilt, wenn das **Bundesverfassungsgericht** auf Verfassungsbeschwerde hin Ermessensentscheidungen aufhebt, die der Fortdauer der Strafhaft oder des Maßregelvollzugs nach §§ 57, 57a, 67d StGB dienen; vgl. hierzu → § 1 Rn. 22 und 27 f.

III. Förmliche Anspruchsvoraussetzungen

15   **1. Vollzug der Maßnahme.** Anders als bei den Urteilsfolgen wird bei den vorläufigen Strafverfolgungsmaßnahmen deren Vollzug vorausgesetzt. Die bloße Anordnung genügt nicht[61] Missverständlich ist daher die Formulierung des Bundesgerichtshofs in einer älteren Entscheidung,[62] der durch die Klammerbemerkung „Abwendung" den Eindruck entstehen lassen könnte, als ob auch Aufwendungen zur Vermeidung des Erlasses oder Vollzuges erstattungsfähig wären. Dies bedeutet, dass der Schaden unmittelbar durch die tatsächlich erlittene Freiheitsentziehung[63] oder andere Strafverfolgungsmaßnahme entstanden sein muss. Die Kausalität zwischen einer staatlichen Zwangsmaßnahme und nachteiligen Folgen, die nicht unmittelbar aus dem Vollzug der Maßnahme resultieren, wären nur schwer festzustellen.[64] Erst recht nicht genügt es, dass die Maßnahme nur droht, wie bei der Auslieferung[65] oder bei vorsorglicher Einstellung eines Fahrers nach Einleitung eines Ermittlungsverfahrens wegen einer möglichen vorläufigen Entziehung der Fahrerlaubnis.[66]

16   Ob **freiwillige Handlungen** eines Beschuldigten eine Entschädigungspflicht auslösen können, ist im Einzelnen umstritten. Für die besonders häufigen Fälle der Herausgabe des Führerscheins vgl. → Rn. 53. Diese Grundsätze wird man auf andere Fälle übertragen können. Wo nach Abs. 2 nicht entschädigungspflichtige Maßnahmen durch freiwillige Handlungen erfüllt werden, kommt auch Entschädigung nicht in Betracht. Im Übrigen ist darauf abzustellen, ob die Handlung bei ihrer Verweigerung erzwingbar gewesen wäre. Dann sollte die Freiwilligkeit eine Entschädigung nicht hindern.[67]

17   **2. Beendigung des Verfahrens.** Als strafverfahrensmäßige Voraussetzungen des Entschädigungsanspruchs nennt das Gesetz drei Arten der Beendigung des Verfahrens durch eine dem Beschuldigten günstige Sachentscheidung: Freisprechung, Ablehnung, das Haupt-

---

[57] Vgl. hierzu OLG Karlsruhe 23.2.1977 – 2 Ws 32/77, MDR 1977, 600; *Meyer-Goßner/Schmitt* § 2 Rn. 2 und § 453c Rn. 15.
[58] Ebenso im Ergebnis: *Brunner/Dölling* StPO § 453c Rn. 16 (bei § 61 JGG); *Löwe/Rosenberg/Graalmann-Scheerer* (25.) § 453c Rn. 19; *Ostendorf* JGG § 58 Rn. 26.
[59] *Löwe/Rosenberg/Graalmann-Scheerer* StPO § 453c Rn. 19.
[60] BGH 17.1.2008 – GSSt 1/07, NJW 2008, 860 Rn. 41; vgl. schon → Einl. Rn. 54.
[61] BGH 15.2.1979 – III ZR 164/77, JZ 1979, 353; OLG Bamberg 4.11.1988 – Ws 545/88, NStZ 1989, 185 f.; OLG Hamburg 11.12.1981 – 1 Ws 424-425/81, MDR 1982, 519; KG 20.1.2009 – 4 Ws 118/08, StRR 2009, 123 (Ls.);LG Flensburg 19.12.1977 – 1 Qs 288/77, JurBüro 1978, 400; 23.2.1999 – 2 O 451/98, DAR 1999, 279; LG München I 1.4.1981 – 9 O 18749/80, AnwBl 1981, 292 für Verteidigerkosten bei einem erlassenen, aber nicht vollzogenen Haftbefehl; *Böing* S. 83.
[62] 18.9.1975 – III ZR 139/73, BGHZ 65, 170 (179) = NJW 1975, 2341 (2343).
[63] KG 20.1.2009 – 4 Ws 118/08, juris Rn. 5 ff. = StRR 2009, 123 (nur Ls.); *Meyer-Goßner/Schmitt* Rn. 2.
[64] KG 20.1.2009 – 4 Ws 118/08, juris Rn. 12.
[65] So – aber unzutreffend – *Vogler* NStZ 1989, 254 (255) gegen OLG Zweibrücken 17.10.1988 – 1 Ws 417/88, NStZ 1989, 289.
[66] LG Flensburg 28.5.1999 – 2 O 155/99, JurBüro 1999, 500.
[67] BGH 31.10.1974 – III ZR 85/73, BGHZ 63, 203 = NJW 1975, 347; OLG Hamm 14.1.1972 – 4 Ws 345/71, NJW 1972, 1477; VRS 47, 20; einschränkend LG Flensburg 19.12.1977 – 1 Qs 288/77, JurBüro 1978, 400; AG Osnabrück 7.9.1983 – 3 Gs 892/83, DAR 1984, 94; *Cornelius* Rn. 8; *Meyer* Rn. 19 ff.: nur wenn eine Beschlagnahme mit Sicherheit zu erwarten gewesen wäre; allgemein zur Freiwilligkeit von Grundrechtseinschränkungen *Amelung* StV 1985, 257 (261) mwN.

verfahren zu eröffnen, und Einstellung. Die beiden ersten sind gerichtliche Entscheidungen, die letzte umfasst die Einstellung durch Gericht und Staatsanwaltschaft. Die Einstellung muss den Beschuldigten endgültig, nicht nur vorläufig von Verfolgung wegen derselben Tat freistellen. Auf die äußere Form der gerichtlichen Entscheidung (Urteil oder Beschluss) kommt es nicht an. Ob die Sachentscheidung einem Rechtsmittel unterliegt oder unanfechtbar ist, spielt keine Rolle. Demgegenüber ist in einer Entscheidung über eine erfolgreiche sofortige Beschwerde im Verfahren nach § 111a StPO über die vorläufige Entziehung der Fahrerlaubnis kein Raum für eine Entschädigungsentscheidung, weil das Hauptverfahren noch nicht abgeschlossen und dessen Ausgang daher ungewiss ist.[68]

a) Freispruch. Freigesprochen muss der Angekl. sein; es kommt nur auf die formale Tatsache an. Nach den Gründen der Entscheidung zwischen Freispruch mangels Beweises oder wegen erwiesener Unschuld zu unterscheiden lässt das Gesetz nicht zu. Unerheblich ist, ob aus tatsächlichen oder rechtlichen Gründen freigesprochen wurde. Wird neben der Freisprechung die Unterbringung angeordnet, so ist nach § 5 Abs. 1 Nr. 2 Entschädigung ausgeschlossen. Für teilweisen Freispruch vgl. → Rn. 41. An die Stelle der Freisprechung tritt im Sicherungsverfahren die Ablehnung des Antrags der StA, § 414 Abs. 2 S. 4 StPO.[69] Im Sinne des StrEG steht diese Entscheidung der Freisprechung, die im Sicherungsverfahren nicht in Betracht kommt,[70] gleich.[71] Die Norm gilt auch dann, wenn die StA von vorneherein ein Sicherungsverfahren nach § 413 f. StPO betreibt, ihr Ziel der Unterbringung des Beschuldigten nach § 63 StGB jedoch nicht erreicht.[72] Die Ablehnung des Antrags auf Anordnung der nachträglichen Sicherungsverwahrung nach § 66b StGB, § 275a StPO steht dem Freispruch gleich.[73]

b) Nichteröffnung des Hauptverfahrens. Auch der Beschluss des Gerichts, das Hauptverfahren nicht zu eröffnen (§ 204 StPO), stellt eine mögliche förmliche Voraussetzung eines Entschädigungsanspruchs nach § 2 dar.[74] Der Ablehnung, das Hauptverfahren zu eröffnen, steht es gleich, wenn das Gericht die Eröffnung des Sicherungsverfahrens, § 414 StPO, oder den Erlass eines Strafbefehls ablehnt. Der Beschluss nach § 204 StPO muss den Gegenstand der Anklage erschöpfen; wird die Eröffnung nur zum Teil abgelehnt, so hängt die Entschädigungsentscheidung vom Ausgang des Strafverfahrens ab (Grundsatz der Verfahrenseinheit, → Rn. 41).

c) Einstellung des Verfahrens. aa) Begriff der Einstellung. Der Begriff Einstellung des Verfahrens iSd § 2 umfasst die Einstellung durch das Gericht und durch die StA in jedem Stadium des Verfahrens. Stellt die StA nach § 170 Abs. 2 StPO ein, weil die Ermittlungen keinen genügenden Anlass zur Erhebung der öffentlichen Klage bieten, kann ein Entschädigungsanspruch für vollzogene U-Haft oder andere in § 2 genannte Maßnahmen gegeben sein. Das StrEG geht damit weiter als die StPO, nach der bei Einstellung durch die StA dem Beschuldigten seine notwendigen Auslagen nur erstattet werden können, wenn das Ermittlungsverfahren schon abgeschlossen war und die StA die Anklageschrift bei dem zuständigen Gericht eingereicht hatte (vgl. § 467a Abs. 1 StPO). Näher zum Verhältnis zwischen Entschädigung und Auslagenerstattung → § 3 Rn. 8 ff.

---

[68] Unrichtig daher LG Aurich 6.7.2012 – 12 Qs 81/12, ZfSchR 2013, 112 ff.
[69] KG 30.8.2000 – 4 Ws 151/00, juris Rn. 2; OLG Stuttgart 11.2.2000 – 1 Ws 13/00, NStZ-RR 2000, 190; LG Arnsberg 24.7.2009 – 2 KLs 5/09, juris Rn. 5.
[70] *Meyer-Goßner/Schmitt* StPO § 414 Rn. 6.
[71] BGH 10.3.2010 – 5 StR 503/09, NStZ-RR 2010, 296; OLG Köln 2.11.2011 – 2 Ws 686/11, StraFo 2012, 41; OLG Stuttgart 11.2.2000 – 1 Ws 13/00, NStZ-RR 2000, 190; LG Arnsberg 24.7.2009 – 5 KLs 5/09; juris Rn. 5; *Meyer-Goßner/Schmitt* Rn. 1.
[72] BGH 10.3.2010 – 5 StR 503/09, NStZ-RR 2010, 296; OLG Celle 16.2.2011 – 1 Ws 78/11, NStZ-RR 2011, 223 (224); OLG Hamm 26.7.1982 – 1 Ws 264/82, Ls. in juris; OLG Stuttgart 11.2.2000 – 1 Ws 13/00, NStZ-RR 2000, 190; *Meyer-Goßner/Schmitt* Rn. 1.
[73] Vgl. BGH 3.2.2006 – 2 StR 598/05, juris Rn. 17.
[74] Vgl. OLG Karlsruhe 17.3.1978 – 3 Ws 205/77, OLGSt zu § 2 StrEG; LG Ellwangen 27.2.2014 – 1 Ks 9 Js 94162/12, juris Rn. 282; *Löwe/Rosenberg/Graalmann-Scheerer* StPO § 204 Rn. 18.

21 Die Einstellung nach Vorschriften, die diese Entscheidung nach dem **Ermessen** des Gerichts oder der StA zulassen, unterfällt ebenfalls § 2, ist aber in § 3 besonders geregelt. Danach ist in den Fällen der Ermesseneinstellung die Entschädigung davon abhängig, dass Billigkeitsgründe vorliegen. Zum Begriff der Ermesseneinstellung vgl. → § 3 Rn. 12–16.

22 Aus dieser Begriffsbestimmung der Einstellung des Verfahrens iSd § 2 folgt: Die Einstellung muss die **endgültige Beendigung** des Verfahrens bezwecken[75] und den Beschuldigten von der weiteren Strafverfolgung wegen derselben Tat freistellen wollen, eine weitere Strafverfolgung also unzulässig machen, indem sie entweder die Schuldfrage oder die rechtliche oder tatsächliche Möglichkeit der Strafverfolgung verneint. Endgültige Einstellungen in diesem Sinn sind etwa die nach §§ **170 Abs. 2** StPO (ggf. iVm § 46 OWiG), grundsätzlich auch nach § 206a StPO (auch in Verbindung mit § 46 OWiG[76]). Erfolgt sie lediglich wegen fehlenden Eröffnungsbeschlusses muss sie nicht endgültig sein.[77] Der Eröffnungsbeschluss kann, wenn Verfolgungsverjährung noch nicht eingetreten ist, in einem neuen Verfahren nachgeholt werden, sofern ein behebbares Verfahrenshindernis besteht,[78] so dass eine Verurteilung des Beschwerdeführers weiterhin in Betracht kommt. Erst nach rechtskräftigem Abschluss des Verfahrens steht mithin fest, ob und gegebenenfalls in welchem Umfang eine (überschießende) Strafverfolgungsmaßnahme vorhanden ist, für die eine Entschädigung nach dem StrEG möglich ist. Auch die §§ **206b** (dazu aber → § 5 Rn. 99) und **260 Abs. 3** StPO führen zu einer endgültigen Beendigung des Verfahrens. Das Eingreifen des Doppelverwertungsverbots aus Art. 54 SDÜ und eine darauf gestützte gerichtliche Einstellung des Verfahrens muss keine endgültige sein.[79]

23 **bb) § 43 OWiG.** Stellt die StA nach § 43 OWiG ein und gibt die Sache zur Verfolgung als Ordnungswidrigkeit an die Verwaltungsbehörde ab, so liegt keine Einstellung iSd § 2 vor, weil die Verfolgung dadurch nicht beendet wird. Nach § 81 OWiG kann es sogar wieder zu einem Übergang vom Bußgeld- in das Strafverfahren kommen, denn das Gericht entscheidet über die Tat im prozessualen Sinn.[80] Die Ahndung als Ordnungswidrigkeit stellt § 4 Abs. 3 der Verurteilung gleich. Weiteres bei → § 8 Rn. 11, → § 9 Rn. 8 und → Anh. § 18 Rn. 9 ff. (§ 110 OWiG).

24 **cc) §§ 154f, 205 StPO.** Die Einstellung muss ebenso endgültig sein wie die Freisprechung und die Nichteröffnung. Deshalb ist bei nur vorläufiger Einstellung, zB nach §§ 154f, 205 StPO, § 2 nicht anwendbar.

25 **dd) § 154 StPO.** Ob die Einstellungsmöglichkeiten des § 154 StPO eine endgültige Einstellung des Verfahrens bewirken und deshalb bei Vorliegen entschädigungsfähiger Strafverfolgungsmaßnahmen zu einer Entschädigung, ggf. unter Berücksichtigung von § 3 führen, ist seit langem heftig umstritten. Ursache für die aufgeworfenen Streitfragen sind vor allem zwei Gründe:

26 Der **Zweck der Vorschrift** ist es, auf einfache und ökonomische Weise Verfahrensteile auszusondern. In beiden Alternativen des § 154 StPO wird ein bestimmter Sachverhalt („Tat") ausgesondert und zunächst neutralisiert. Das Verfahren bleibt insoweit – zunächst vorläufig, dann endgültig – offen, es wird nicht abgeschlossen; eine Wertung der Schuldfrage findet nicht statt.[81]

27 Der zweite Grund liegt in der **Konstruktion der Vorschrift,** wonach in Fällen, in denen unter Bezugnahme auf ein noch nicht rechtskräftiges Urteil zunächst von der Verfolgung

---

[75] Unstreitig, vgl. *Meyer-Goßner/Schmitt* Rn. 1; *Meyer* Rn. 21.
[76] BGH 8.6.1999 – 4 StR 595/97, BGHSt 45, 108 ff. = NJW 1999, 3644 ff.
[77] BGH 22.6.1994 – 3 StR 457/93, NJW 1994, 2966; 29.9.2011 – 3 StR 280/11, NStZ 2012, 225 (226); OLG Frankfurt a. M. 3.3.2006 – 3 Ws 61/06, NStZ-RR 2006, 159; OLG Nürnberg 4.6.2009 – 1 Ws 285/09, unveröffentlicht; *Meyer* Rn. 21; *Meyer-Goßner/Schmitt* § 8 Rn. 2.
[78] KK/*Ott* StPO § 260 Rn. 49.
[79] BGH 9.6.2017 – 1 StR 39/17, StraFo 2017, 324, 328 f.
[80] Göhler/*Seitz* OWiG § 81 Rn. 1.
[81] *Schätzler* MDR 1974, 163.

abgesehen wird (§ 154 Abs. 1 StPO) oder eine vorläufige Einstellung erfolgt (§ 154 Abs. 2 StPO). Allerdings ist die gerichtliche Einstellung durch Gerichtsbeschluss nach § 154 Abs. 2 StPO endgültig gemeint und beendet die gerichtliche Anhängigkeit.[82] Indes bleibt das Ausgeschiedene der Wiederaufnahme zugänglich. Entweder wird das Verfahren also innerhalb der Dreimonatsfrist des § 154 Abs. 4 StPO wieder aufgenommen oder es tritt kraft Gesetzes ein endgültiges Verfahrenshindernis ein. Damit wird das Verfahren zwar endgültig beendet, aber ohne dass es hierzu einer endgültigen Einstellung bedarf.

Manche meinen deshalb, was auf diese Weise von jeder Wertung ausgenommen und absichtlich nicht abgeschlossen wird, könne man nicht über die Nebenpunkte Kosten, Auslagen und Entschädigung wieder einer Wertung zuführen, ohne gegen den eindeutigen Gesetzeszweck zu handeln. Die Prozessökonomie, die § 154 StPO wolle, werde durch nutzlose Annexentscheidungen entwertet.[83] Prozessökonomie gegen Bezahlung sei sicherlich nicht im Sinne des Gesetzes. Diese Auffassung hat auch in der Rechtsprechung Anhänger gefunden.[84] Nach dieser Ansicht ist auch nach Ablauf der Frist des § 154 Abs. 4 StPO keine Entscheidung über die Entschädigungspflicht zu treffen. 28

Demgegenüber herrscht zwischenzeitlich in Rechtsprechung und Schrifttum die Meinung, für alle Fälle des Absehens von der Verfolgung und der Einstellung nach § 154 StPO, sei es durch die Staatsanwaltschaft oder das Gericht, sei eine Entscheidung über die Entschädigungspflicht zu treffen.[85] 29

Ein Blick in die **Entstehungsgeschichte** des Gesetzes ergibt keine Hinweise auf die eine oder die andere Auffassung. Das Argument der zuerst genannten Meinung, mit der gerichtlichen Einstellung ergingen keine Kosten und Auslagenentscheidungen, ist heute nicht mehr zutreffend.[86] **Prozessökonomie,** die in erster Linie dem Justizfiskus nutzt, darf nicht zu Lasten dessen gehen, der im öffentlichen Interesse ein Sonderopfer erbracht hat.[87] Dies würde dem Geist des Gesetzes widersprechen. Erlittene Haft und Führerscheinmaßnahmen sind zwar anzurechnen, ggf. auch in einem anderen Verfahren (→ Rn. 35). Indes können die im eingestellten Verfahren oder Verfahrensteil erlittenen und nur diesem nützlichen Maßnahmen ein Ausmaß erreicht haben, dass sie die im gleichen Verfahren oder im Bezugsverfahren verhängten übersteigen oder wegen anderer anzurechnender vorläufiger Maßnahmen nichts zum Anrechnen verbleibt. Der Hinweis auf die **Zweigliedrigkeit des Einstellungsvorgangs** in vorläufige Einstellung und Zeitablauf bei unterlassener Wiederaufnahme ist ein rein formales Argument, das den materiellen Entschädigungsanspruch nicht hindern kann. Mit der hM sind daher auch das Absehen von der Verfolgung und die Einstellung nach § 154 StPO Einstellungen im Sinne von § 2 und zwar solche nach Ermessen gemäß § 3. 30

Die hier vertretene Auffassung hat für den **Verfahrensablauf** folgende Konsequenzen: Sieht die **Staatsanwaltschaft** von der Verfolgung einer Tat nach **§ 154 Abs. 1 StPO** wegen einer bereits rechtskräftig verhängten Strafe oder Maßregel ab, so belehrt sie wie nach einer endgültigen Einstellung sofort nach § 9 in der Mitteilung über die Einstellung. Geschieht das Absehen von weiterer Verfolgung in Bezug auf ein noch nicht rechtskräftig 31

---

[82] BGH 9.9.1981 – 3 StR 290/81, BGHSt 30, 197 = NStZ 1982, 40.
[83] *Schätzler* MDR 1974, 162 (163) und *ders.,* Kommentar, 2. Aufl. Rn. 22.
[84] Vgl. KG 13.11.1972 – 2 Ws 201/72, JR 1973, 167; OLG München 17.7.1974 – 2 Ws 361/74, NJW 1975, 68 (70).; LG Berlin 26.10.1982 – 1 Op Js 3260/77, MDR 1983, 159.
[85] OLG Bremen 6.9.1976 – Ws 141/76, NJW 1976, 2357; OLG Düsseldorf 21.11.1980 – 1 Ws 663/80, NJW 1981, 833; 4.2.1987 – 3 Ws 22/87, MDR 1988, 164; OLG Frankfurt a. M. 6.1.1984 – 1 Ws 240/83, JR 1984, 389; OLG Hamm 23.2.1983 – 1 Ws 10/83, juris [nur Ls]; OLG Karlsruhe 21.11.1974 – 1 Ws 355/74, NJW 1975, 321; 28.2.1975 – 3 Ws 126/74, NJW 1975, 1425; 28.2.1980 – 2 Ws 23/80, Justiz 1980, 209; OLG Schleswig 20.8.1979 – 1 Ws 146/79, MDR 1980, 70; OLG Stuttgart 17.10.1991 – 3 Ws 239/91, NJW 1992, 1640; LG Flensburg 4.9.1984 – I KLs 34/83, JurBüro 1985, 1043; OLG Hamburg 18.10.1973 – 33 Qs 977/73, NJW 1974, 373; *Cornelius* § 3 Rn. 1; *Geigel/Kapsa* Kap. 21 Rn. 133; LR.-*Beulke* StPO § 154 Rn. 44 ff.; *Meyer-Goßner/Schmitt* § 8 Rn. 2; → StPO § 154 Rn. 63; *Sieg* MDR 1976, 116; ohne nähere Begründung auch *Grohmann* BA 22, 233 (234).
[86] Vgl. BGH 23.3.1996 – 1 StR 685/95, NJW 1996, 2518 (2519); *Meyer-Goßner/Schmitt* StPO § 154 Rn. 18 StPO.
[87] Vgl. auch Löwe/Rosenberg/*Beulke* StPO § 154 Rn. 45.

abgeschlossenes Verfahren, so wartet sie dessen Rechtskraft und sodann den Ablauf der Frist des § 154 Abs. 4 StPO ab.[88] Zwar kann die Staatsanwaltschaft in den Fällen des § 154 Abs. 1 StPO das Verfahren jederzeit bis zum Ablauf der Verjährungsfrist wieder aufnehmen.[89] Die Frist des § 154 Abs. 4 StPO ist für sie nur Richtlinie, aber keine Beschränkung. Indes kommt dies in der Praxis nur selten vor. Stellt das **Gericht** nach § 154 Abs. 2 StPO das Verfahren nur vorläufig ein, so ergeht zu diesem Zeitpunkt keine Grundentscheidung, denn der Ausgang des Verfahrens bleibt noch im Ungewissen. Es würden sonst der Erlass einer beschwerdefähigen Entscheidung und möglicherweise die Durchführung des Beschwerdeverfahrens erforderlich, obwohl nicht sicher ist, ob das Verfahren nicht wieder aufgenommen wird.[90] Andere wollen bei einem Absehen von einer Verfolgung nach § 154 Abs. 2 StPO eine StrEG-Entscheidung treffen[91] und in Fällen, in denen es zu einer Wiederaufnahme kommt, nach § 14 verfahren.[92] Dies ist indes angesichts der Masse denkbarer Fälle umständlich und risikobehaftet, weil die Rückforderung einer ausbezahlten Entschädigung gefährdet sein kann. Auch müssten die Beteiligten das Kostenrisiko eines Beschwerdeverfahrens tragen.

32 Wird das Verfahren nach einer vorläufigen gerichtlichen Einstellung nicht wieder aufgenommen, ist die **Dreimonatsfrist des § 154 Abs. 4 StPO** zu beachten.[93] Erst nach deren Ablauf ergeht die Grundentscheidung.[94] Anderes gilt nach einem Freispruch aus subjektiven Gründen, wenn die ausgeschiedenen Taten Teile einer stets in gleicher Weise verlaufenden Serie waren und deshalb eine Fortführung des Verfahrens insoweit mangels hinreichenden Tatverdachts nicht in Betracht kommt.[95]

33 Der **Grundsatz der Verfahrenseinheit** und das **Erfordernis einer Gesamtabwägung** bedeuten hier, dass beim Zusammentreffen von (Teil-) Einstellung und anschließender Freisprechung im Übrigen vor dem Ablauf der dreimonatigen Frist eine Entschädigungsentscheidung weder hinsichtlich des eingestellten noch hinsichtlich eines etwa freisprechenden Teils ergehen kann.[96] Vielmehr ist nach Fristablauf oder Eintritt der Verfolgungsverjährung[97] in dem Verfahren, in dem die letzte Entscheidung ergeht, etwa wenn die Staatsanwaltschaft rechtzeitig die Wiederaufnahme eines vorläufig eingestellten Teils beantragt hat,[98] auch über die Entschädigung nach § 8 Abs. 1 S. 2 hinsichtlich ausgeschiedener und abgetrennter Taten zu entscheiden.[99] Hatte die Staatsanwaltschaft nach § 154 Abs. 1 StPO von der Verfolgung abgesehen, erfolgt die Entscheidung nach § 9, insbesondere wenn dies in einem gesonderten Verfahren ohne inneren oder äußeren Bezug zu dem Verfahren geschah, in dem die Verurteilung erfolgte.

34 Wird nach § 154 Abs. 1 StPO von der Staatsanwaltschaft **sofort endgültig** von der Verfolgung abgesehen oder nach § 154 Abs. 2 StPO vom Gericht mit Bezug auf eine andere, bereits rechtskräftig abgeurteilte Tat eingestellt,[100] steht der nach § 9 zu treffenden Grundent-

---

[88] Ebenso *Cornelius* Rn. 12; wohl auch Geigel/*Kapsa* Kap. 21 Rn. 133.
[89] BGH 26.6.1981 – 3 StR 83, 81; 18.4.1990 – 3 StR 252/88 37, 10 (13), BGHSt 30, 165 = NStZ 1990, 399; BGH 21.2.2001 – 5 StR 368/00, juris Rn. 3; *Meyer-Goßner/Schmitt* StPO § 154 Rn. 21a.
[90] OLG Stuttgart 17.10.1991 – 3 Ws 239/91, NJW 1992, 1640; anders für § 154 Abs. 2 StPO LR.-*Beulke* StPO § 154 Rn. 44; *Meyer-Goßner/Schmitt* StPO § 154 Rn. 18: Mit der Einstellungsentscheidung.
[91] KMR/*Plöd* StPO § 154 Rn. 18.
[92] Löwe/Rosenberg/*Beulke* StPO § 154 Rn. 44 ff.
[93] BGH 19.3.1996 – 1 StR 76/96, BGHR Straf § 8 StrEG Verfahrensabschluss 1; OLG Düsseldorf 23.12.1998 – 2 Ws 595/98, StraFo 1999, 176; OLG Frankfurt a. M. 6.1.1984 – 1 Ws 240/83, StV 1984, 575 f.; OLG Schleswig 20.8.1979 – 1 Ws 146/79, MDR 1980, 70; OLG Stuttgart 17.10.1991 – 3 Ws 239/91, NJW 1992, 1640.
[94] Nach OLG Stuttgart 17.10.1991 – 3 Ws 239/91, NJW 1992, 1640, nur auf Antrag.
[95] BGH 21.2.1001 – 5 StR 368/00, BGHR Straf § 8 StrEG Verfahrensabschluss 2.
[96] BGH 22.1.1988 – 2 Str 133/87, NJW 1988, 2483 (2485); 19.3.1996 – 1 StR 76/96, BGHR Straf § 8 StrEG Verfahrensabschluss 1; 21.2.1001 – 5 StR 368/00, BGHR Straf § 8 StrEG Verfahrensabschluss 2; OLG Düsseldorf 23.12.1998 – 2 Ws 595/98, StraFo 1999, 176.
[97] OLG Stuttgart 17.10.1991 – 3 Ws 239/91, NJW 1992, 1640.
[98] OLG Düsseldorf 25.6.2013 – 2 Ws 275/13, juris Rn. 25.
[99] OLG Bremen 6.9.1976 – Ws 141/76, NJW 1976, 2357; OLG Hamm 23.2.1983 – 1 Ws 10/83, juris.
[100] Vgl. LG Hamburg 18.10.1973 – 33 Qs 977/73, NJW 1974, 373; mit abl. Anm. *Schätzler* MDR 1974, 163.

scheidung ohnehin nichts mehr im Weg. Die vorläufige Einstellung nach § 154 Abs. 2 StPO schließt das Verfahren ab, wenn sie mit Rücksicht auf eine wegen einer anderen Tat bereits rechtskräftig erkannte Strafe (oder Maßregel) erfolgt.[101] Das Verfahren kann, sofern nicht Strafverfolgungsverjährung eingetreten ist, nur wieder aufgenommen werden, wenn die Strafe nachträglich wegfällt. Die Fälle des § 154 Abs. 3 StPO, dass die Bezugsstrafe nachträglich wegfällt und die Tat, derentwegen nach § 154 StPO von der Verfolgung abgesehen wurde, weiter verfolgt wird, sind äußerst selten und unterfallen § 14 Abs. 1.

Die zu treffende Grundentscheidung hat folgendes zu beachten: Nach dem **Grundsatz** **des Vorrangs der Anrechnung**[102] vor der Entschädigung, vgl. § 51 Abs. 1, Abs. 3 StGB, §§ 450, 450a StPO, sind Strafverfolgungsmaßnahmen zunächst so weit als möglich in dem Verfahren anzurechnen, auf das bezogen die Entscheidung nach § 154 StPO erging. Eine wegen der nach § 154 StPO ausgesonderten Tat erlittene vorläufige Strafverfolgungsmaßnahme freiheitsentziehender Art, zB Untersuchungshaft,[103] Unterbringung, auch Disziplinararrest bei der Bundeswehr[104] ist auf die erkannte Freiheitsstrafe und auf Geldstrafe anzurechnen (§ 51 Abs. 1 StGB), nach §§ 52, 52a JGG auch auf Jugendarrest und Jugendstrafe.[105] Diese Grundsätze gelten nicht nur, wenn die ausgesonderte Tat Gegenstand desselben Verfahrens gewesen ist, etwa auch durch Verbindung,[106] sondern auch bei einem funktionalen Zusammenhang oder sachlichem Bezug,[107] etwa wenn die Strafverfolgungsmaßnahme in einem anderen Verfahren erlitten wurde, jenes aber mit dem hätte verbunden werden können, welches zur Verurteilung führte.[108] Die Anrechnung muss auch auf ein Verfahren erfolgen, für das Überhaft notiert war[109] oder das sich sonst für das zur Verurteilung führende Verfahren als nützlich erwiesen hat, sog. verfahrensnützliche Haft.[110] Dabei kann es genügen, wenn in einem Verfahren ein bestehender Haftbefehl nicht vollzogen wird, weil in einem anderen ein Haftbefehl besteht und vollzogen wird. 35

Das Freiheitsgrundrecht des Art. 2 Abs. 2 S. 2 GG gebietet es, hier in möglichst großem Umfang eine Anrechnung solcher sogenannter verfahrensfremder Haft vorzunehmen, etwa auch im Gnadenweg.[111] Dem steht weder das StrEG noch ein vorangegangener Verzicht auf Haftentschädigung entgegen.[112] **Entschädigung** nach dem StrEG ist nach einer solchen Anrechnung dann zu versagen,[113] und zwar auch für weitere Vermögensschäden,[114] für die es dann an einem die Entschädigungspflicht auslösenden Tatbestand einer entschädigungspflichtigen Strafverfolgungsmaßnahme fehlt. 36

---

[101] OLG Karlsruhe 21.11.1974 – 2 Ws 355/74, NJW 1975, 321; OLG Stuttgart 17.10.1991 – 3 Ws 239/91, NStZ 1992, 137; Löwe/Rosenberg/*Rieß* StPO § 154 Rn. 42.
[102] OLG Düsseldorf 25.6.2013 – 2 Ws 275/13, juris Rn. 22.
[103] BVerfG 28.9.1998 – 2 BvR 2232/94, NStZ 1999, 24 f.; 7.11.1998 – 2 BvR 2535/95 u. 2 BvR 1761/96, NStZ 1999, 125 f.; OLG Frankfurt a. M. 19.8.1980 – 3 Ws 623/80, MDR 1981, 69; OLG Hamm 12.7.2001 – 2 Ws 155/01, juris Rn. 12; OLG Nürnberg 30.3.1990 – Ws 327/90, NStZ 1990, 406; HdB StA/*Kunz* 8. Teil Rn. 16; *Fischer* StGB § 51 Rn. 6 mwN.
[104] OLG Schleswig 28.9.1978 – 1 Ws 289/78, MDR 1979, 165.
[105] OLG Karlsruhe 17.3.1978 – 3 Ws 205/77, OLGSt zu § 2 StrEG für den Fall der Einstellung nach § 204 StPO; allgemein: *Eisenberg* § 52 Rn. 5, 8 ff.
[106] OLG Düsseldorf 25.6.2013 – 2 Ws 275/13, juris Rn. 26.
[107] OLG Düsseldorf 25.6.2013 – 2 Ws 275/13, juris Rn. 29 mwN.
[108] Vgl. OLG Frankfurt a. M. 19.8.1980 – 3 Ws 623/80, MDR 1981, 69; 10.8.1988 – 3 Ws 461/88, StV 1989, 489; 17.12.1999 – 3 Ws 1122/99, NStZ-RR 2000, 159; OLG Nürnberg 30.3.1990 – Ws 327/90, NStZ 1990, 406; OLG Schleswig 20.8.1979 – 1 Ws 146/79, MDR 1980, 70; KG 6.3.1998 – 4 Ws 44/98, StV 1998, 562; BVerfG 15.5.1999 – 2 BvR 116/99, NStZ 1999, 477; aA noch OLG Düsseldorf 12.12.1990 – 2 Ws 617/90, OLGSt StGB § 51 Nr. 6; OLG Hamburg 28.12.1992 – 2 Ws 580/92, NStZ 1993, 204; OLG Stuttgart 20.1.1982 – 3 Ws 279/81, NJW 1982, 2083; OLG Hamm 22.5.1981 – 6 Ws 145/81, NStZ 1981, 480 f.; OLG Koblenz 18.10.1979 – 1 Ws 573/79, OLGST zu § 51 StGB Nr. 1.
[109] BGH 26.6.1997 – StB 30/96, BGHSt 43, 112 (118) = NStZ 1998, 134.
[110] KG 7.12.1998 – 4 Ws 249/98, Rpfleger 1999, 350.
[111] Vgl. *Meyer-Goßner/Schmitt* § 7 Rn. 10.
[112] BVerfG 28.9.1998 – 2 BvR 2232/94, NStZ 1999, 24 (25); 7.11.1998 – 2 BvR 2535/95 u. 2 BvR 1761/96, NStZ 1999, 125 f.; OLG Hamm 12.7.2001 – 2 Ws 155/01, juris Rn. 12.
[113] OLG Düsseldorf 21.7.2000 – 2 Ws 194/00, StraFo 2001, 434: bei Anrechnung im Gnadenweg: HdB StA/*Kunz* 7. Teil Rn. 122.
[114] OLG Frankfurt a. M. 17.12.1999 – 3 Ws 1122/99, NStZ-RR 2000, 159.

37 Weder der **Verzicht** des Beschuldigten **auf Haftentschädigung** nach dem StrEG (zu dessen Zulässigkeit vgl. → § 8 Rn. 17) vor Verfahrenseinstellung hindert die Anrechnung,[115] noch, dass er für die verfahrensfremde Haft **bereits eine Entschädigung erhalten hat**.[116]

38 Die vorerwähnten Grundsätze sind vorwiegend für die freiheitsentziehenden Strafverfolgungsmaßnahmen entwickelt worden. Sie gelten aber für alle vorläufigen Strafverfolgungsmaßnahmen des § 2 Abs. 2. Die Dauer einer vorläufigen Entziehung der Fahrerlaubnis ist auf das Fahrverbot anzurechnen (§ 51 Abs. 5 StGB). Eine Durchsuchung und Beschlagnahme im vorläufig eingestellten Verfahren kann sich als verfahrensnützlich im zur Verurteilung führenden Verfahren erweisen, etwa wenn die so erlangten Beweismittel Verwendung erlangen. In diesen Fällen ist die vorläufige Maßnahme durch das Verfahrensergebnis im anderen Verfahren gedeckt.

39 ee) **§ 154b StPO.** Das zu § 154 StPO Ausgeführte gilt für die Einstellung nach § 154b StPO entsprechend. Auch hier handelt es sich um eine Einstellung, die eine Entscheidung über die Entschädigungspflicht erfordert.[117] Wie bei § 154 Abs. 2 StPO kann eine Entscheidung aber nicht bereits mit dem Einstellungsbeschluss, sondern erst nach Ablauf der Jahresfrist des Abs. 4 ergehen.[118] Bei der Gegenansicht, die annimmt, die Entscheidung habe zusammen mit dem gerichtlichen Einstellungsbeschluss zu erfolgen,[119] siegt vermeintliche Prozessökonomie.

40 ff) **§ 154a StPO.** Die Beschränkung der Strafverfolgung nach § 154a StPO durch Abtrennung trennbarer Teile einer Tat oder einzelner von mehreren Gesetzesverletzungen ist nach unbestrittener Auffassung der Form und der Sache nach keine Einstellung oder Teileinstellung des Verfahrens im Sinne des StrEG.[120] Dies folgt aus der Möglichkeit, diese Teile jederzeit wieder einzubeziehen. Eine Entscheidung über die Entschädigungspflicht kommt daher grundsätzlich nicht in Betracht.[121] Der BGH hat dabei hat allerdings die Frage offen gelassen, ob es sich ausnahmsweise anders verhält, wenn die Strafverfolgungsmaßnahme (vorläufige Entziehung der Fahrerlaubnis) allein auf den ausgeschiedenen Tatbestand gestützt wird. Dann ist eine Entscheidung erst nach Rechtskraft der abschließenden Entscheidung über die Tat zu treffen.[122] Da auch keine Einstellung vorliegt, kann allenfalls § 4 eingreifen. „Entschädigungsrechtlich bleiben diese Teile so lange Bestandteil des Hauptverfahrens, bis dieses endgültig beendet ist".[123] Zur Zuständigkeit für Entscheidungen in diesen Fällen vgl. → § 8 Rn. 1 ff.

---

[115] BVerfG 28.9.1998 – 2 BvR 2232/94, NStZ 1999, 24 (25).
[116] OLG Düsseldorf 16.10.2000 – 3 Ws 393/00, StV 2001, 517; zur Rückforderung der Entschädigung → § 14 Rn. 7.
[117] OLG Frankfurt a. M. 4.3.1994 – 3 Ws 161/94, MDR 1994, 626; OLG Düsseldorf 30.11.1999 – 3 Ws 873/99, MDR 1990, 568; ähnlich 9.11.1999 – 4 Ausl 160/89, JMBlNW 1990, 142 (144); OLG Hamburg 27.1.1981 – 1 Ws 26-27/81, NStZ 1981, 187 mAnm *zur Megede*; OLG Hamm 3.3.2009 – 1 Ws 48/09, juris; KG 21.1.2002 – 4 Ws 8/02, juris Rn. 4 und 23.1.2002 – 4 Ws 12/02, juris Rn. 3; *Meyer-Goßner/Schmitt* § 3 Rn. 1 und § 8 Rn. 2; KK-*Diemer* StPO § 154b Rn. 9; KMR-*Plöd* § 154b Rn. 4; LR-*Beulke* StPO § 154b Rn. 11 mwN.
[118] OLG Frankfurt a. M. 4.3.1994 – 3 Ws 161/94, MDR 1994; aA → StPO § 154b Rn. 23 mwN.
[119] OLG Düsseldorf 30.11.1999 – 3 Ws 873/99, MDR 1990, 568; ähnlich 9.11.1999 – 4 Ausl 160/89, JMBlNW 1990, 142 (144); 23.1.2002 – 4 Ws 12/02, juris und OLG Hamburg 27.1.1981 – 1 Ws 26-27/81, NStZ 1981, 187 mAnm *zur Megede*; KK/*Diemer* StPO § 154b Rn. 9; KMR/*Plöd* StPO § 154b Rn. 4; *Löwe/Rosenberg/Beulke* StPO § 154b Rn. 11.
[120] BGH 3.11.1998 – 4 StR 428/98, BGHR Straf StrEG § 5 Abs. 2 S. 1 Fahrlässigkeit, grobe 7; *Meyer* JurBüro 1984, 343 (345); *Grohmann* BA 22, 233 (234).
[121] BGH 3.11.1998 – 4 StR 428/98, BGHR Straf StrEG § 5 Abs. 2 S. 1 Fahrlässigkeit, grobe 7; KK-*Diemer* StPO § 154a Rn. 12; *Meyer-Goßner/Schmitt* § 3 Rn. 1 und § 8 Rn. 2; *Meyer* § 3 Rn. 23; *ders.* JurBüro 1984, 343 (345); anders, aber ohne Begründung OLG Düsseldorf 16.9.1983 – 1 Ws 501/83, JurBüro 1984, 84.
[122] *Löwe/Rosenberg/Beulke* StPO § 154a Rn. 21; → StPO § 154a Rn. 25, 33.
[123] *Meyer* JurBüro 1984, 343 (345).

d) Teilweise(r) Freispruch, Einstellung, Nichteröffnung. Das StrEG enthält, ebenso 41 wie die StPO, keine besondere Vorschrift für den Fall, dass teilweise freigesprochen, nicht eröffnet oder eingestellt worden ist. Die Gesetzesfassung („soweit") stellt klar, dass ein Entschädigungsanspruch möglich ist, wenn bei Tatmehrheit teils freigesprochen, teils verurteilt wird.[124] Ob der Anspruch zuzusprechen ist, hängt neben der obligatorischen Anrechnung nach § 51 Abs. 1 S. 1 StGB von einer Gesamtabwägung ab, vgl. → § 4 Rn. 6 ff. Diese wird regelmäßig erst am Ende des gesamten Verfahrens vorgenommen werden können, vgl. → § 3 Rn. 2, → § 4 Rn. 6 und → § 8 Rn. 2.

IV. Entschädigungsfähige Maßnahmen

1. Untersuchungshaft, Abs. 1. Die Untersuchungshaft nennt § 2 Abs. 1 als Hauptfall 42 der vorläufigen Strafverfolgungsmaßnahmen. Ihre gesetzlichen Voraussetzungen richten sich nach der StPO und bei Jugendlichen und Heranwachsenden nach dem JGG. Voraussetzung ist der Vollzug des Haftbefehls. Ein nur erlassener, aber nicht vollstreckter Haftbefehl genügt nicht.[125] Werden mehrere Haftbefehle in verschiedenen Sachen erlassen, kann nur einer von ihnen vollzogen werden. Eine „Doppelhaft" ist ausgeschlossen. Wegen des nicht vollzogenen Haftbefehls wird Überhaft notiert; der Haftbefehl wird erst vollzogen, wenn die Untersuchungshaft in der anderen Sache beendet wird.[126] Ob der Haftbefehl nach §§ 112 ff. StPO ergangen oder ob er erlassen worden ist, um das Erscheinen des Angekl. zu erzwingen (§ 230 Abs. 2, § 236, § 329 Abs. 4 StPO), macht keinen Unterschied.[127] In letzteren Fällen ist aber § 5 Abs. 3 zu beachten; eine Entschädigung wird regelmäßig ausgeschlossen sein, weil diese Maßnahmen eine ordnungsgemäße Ladung voraussetzen. Eine Grundentscheidung, die Entschädigung für erlittene U-Haft zuspricht, umfasst etwaige Ansprüche nach Abs. 2 Nr. 3 – etwa die Kosten für die Aufbringung einer Kaution – nicht mit[128] und eine solche, die Entschädigung für erlittene Untersuchungshaft zuspricht, erfasst eine vorläufige Festnahme nach § 127 Abs. 2 StPO nicht notwendig mit.[129] Die **Ingewahrsamnahme** des Angekl. auf der Grundlage des § 231 StPO ist jedenfalls dann eine der Untersuchungshaft gleichkommende, entschädigungspflichtige Maßnahme, wenn die Frist des § 128 Abs. 1 S. 1 StPO überschritten wird.[130] Wird statt Untersuchungshaft lediglich die **Vorführung** angeordnet, ist diese nicht entschädigungsfähig, vgl. → Rn. 12. Der Vollzug eines Sicherungshaftbefehls nach § 453c StPO ist keine U-Haft im Sinne des StrEG; gleiches gilt für Strafhaft, wenn nachträglich der Widerruf wieder aufgehoben wird, vgl. zu beidem → Rn. 13. Der Vollzug von **„Organisationshaft"** ist eine dem Bereich der Strafvollstreckung zugehörige Maßnahme, für die das StrEG keine Entschädigungsregelung enthält.[131] Für im Ausland aufgrund ausländischer Vorschriften vollzogene Untersuchungs- oder Strafhaft wird eine Entschädigung nicht gewährt, auch wenn sie später in einem inländischen Urteil auf die Strafe angerechnet wird.[132] Zur Auslieferungshaft vgl. § 2 Abs. 3.

2. Einstweilige Unterbringung, Abs. 2 Nr. 1. Die in Abs. 2 Nr. 1 aufgeführten ande- 43 ren Arten der Freiheitsentziehung, nämlich die einstweilige Unterbringung sowie die Unterbringung zur Beobachtung nach den Vorschriften der Strafprozessordnung und des Jugendgerichtsgesetzes kommen in der Wirkung der U-Haft gleich, wenn sie auch auf

---
[124] OLG Hamm 15.1.2008 – 3 Ws 702/07, StV 2008, 365; 3.11.2016 – 5 Ws 318/16, juris Rn. 9.
[125] OLG Bamberg 4.11.1988 – Ws 545/88, NStZ 1989, 185 f.; KG 20.1.2009 – 4 Ws 118/08, StRR 2009, 123 (Ls.); juris Rn. 7 ff.; LG München I 1.4.1981 – 9 O 18749/80, AnwBl 1981, 292 f.
[126] OLG Hamm 17.6.2010 – 2 Ws 150/10, juris Rn. 8.
[127] Vgl. zu § 230 Abs. 2: KG 2.6.2000 – 3 Ws 192/00, juris Rn. 3; LG Arnsberg 24.7.2009 – 2 KLs 5/09, juris Rn. 5.
[128] OLG München 28.4.2011 – 1 U 2652/10, juris Rn. 33 ff.; LG Flensburg 28.5.1991 – 2 O 165/91, NJW-RR 1992, 695.
[129] BGH 24.9.2009 – 3 StR 350/09, StraFo 2010, 87 f. OLG Brandenburg 6.2.1995 – 2 Ws 9/95, JurBüro 1997, 53 bei *Meyer*.
[130] OLG Frankfurt a. M. 30.9.2004 – 3 Ws 1028/04, NStZ-RR 2005, 96.
[131] OLG Hamm 12.3.2013 – 3 (s) Sbd I – 3/13, juris Rn. 5.
[132] OLG Düsseldorf 29.1.1988 – 1 Ws 5/99, NStZ 1988, 371.

anderen rechtlichen Grundlagen beruhen. Dies gilt etwa für die einstweilige Unterbringung nach § 126a StPO[133] im Ermittlungsverfahren in einer Anstalt als Präventivmaßnahme zum Schutz der öffentlichen Sicherheit. Auch die einstweilige Unterbringung nach § 275a StPO zur Sicherung der nachträglichen Sicherungsverwahrung gehört hierher.[134] Auch sie stellt – wie die Untersuchungshaft oder die einstweilige Unterbringung in einem psychiatrischen Krankenhaus oder in einer Entziehungsanstalt – einen längeren und nachhaltigen Eingriff in grundrechtlich abgesicherte Positionen des Betroffenen dar, zieht erfahrungsgemäß unmittelbare Vermögensschäden nach sich und kommt regelmäßig einer Vorwegnahme der im Falle späterer Verurteilung zulässigen Rechtsfolge nahe. Eine entschädigungsrechtliche Ungleichbehandlung mit der einstweiligen Unterbringung nach § 126a StPO wäre nicht zu rechtfertigen.

44 Die einstweilige **Unterbringung des Jugendlichen in einem Heim** der Jugendhilfe (§ 71 Abs. 2, § 72 Abs. 4 JGG) kann anstelle der U-Haft angeordnet werden; sie verbindet mit deren Zwecken die erzieherischen Ziele des Jugendstrafverfahrens und dient zugleich dem Schutz des Jugendlichen sowie der Vorbeugung gegen neue Straftaten. Trotz dieser unterschiedlichen Zwecke und der daraus folgenden abweichenden Vollzugsform handelt es sich aber in allen Fällen um vorläufige Eingriffe in die Freiheit der Person, so dass es nicht gerechtfertigt wäre, sie entschädigungsrechtlich verschieden zu behandeln.[135] Zu den anderen nach §§ 71 Abs. 1 und 72 Abs. 1 und Abs. 2 JGG zulässigen Maßnahmen → Rn. 50.

45 Der U-Haft gleichgestellt werden in Abs. 2 Nr. 1 auch die **Unterbringung zur Beobachtung** zur Vorbereitung eines Gutachtens über den psychischen Zustand des Beschuldigten (§ 81 StPO) und, bei Jugendlichen und Heranwachsenden, die Unterbringung in einer zur Untersuchung Jugendlicher geeigneten Anstalt zur Vorbereitung eines Gutachtens über den Entwicklungsstand des Beschuldigten (§ 73 JGG). Diese Eingriffe in die persönliche Freiheit müssen durch die Bedeutung der Strafsache gerechtfertigt sein. Die gesetzlich auf sechs Wochen begrenzte Zeit der Verwahrung in der Anstalt mindert das Einschneidende der Maßnahme nicht, ebenso wenig der Umstand, dass sie auch dem Interesse des Beschuldigten dient und von ihm selbst und dem Verteidiger – der ggf. zu bestellen ist, § 140 Abs. 1 Nr. 6 StPO – angeregt werden kann.

46 **3. Vorläufige Festnahme, Abs. 2 Nr. 2.** Die vorläufige Festnahme nach **§ 127 Abs. 2 StPO** ist für sich alleine entschädigungsfähig, Abs. 2 Nr. 2, auch wenn kein Haftbefehl erlassen und der Beschuldigte demgemäß innerhalb der gesetzlichen Frist freigelassen wird. Sie kann nämlich erhebliche und unzumutbare Nachteile mit sich bringen, zB wenn die Festnahme zur Versäumung eines Termins, zum Ausfall der Sprechstunde des Arztes, zur Notwendigkeit der Schließung eines Geschäfts oder zu sonstigen Nachteilen führt, die unwiederbringlich sein können. Eine Grundentscheidung, die Entschädigung für erlittene Untersuchungshaft zuspricht, erfasst eine vorläufige Festnahme nicht notwendig mit.[136] Für rechtswidrige Festnahmen ist unabhängig von einem Verschulden nach Art. 5 Abs. 5 EMRK Ersatz zu leisten.[137] Die **Vorführung** nimmt das Gesetz von der Entschädigungspflicht aus (vgl. → Rn. 12). Keine vorläufige Festnahme nach § 127 Abs. 2 StPO ist gegeben, wenn der Beschuldigte aufgrund eines Haftbefehls festgenommen wird.[138]

47 Die vorläufige Festnahme nach **§ 127 Abs. 1 StPO** ist dagegen nicht entschädigungsfähig. Die Voraussetzungen, unter denen sie zulässig ist, haben eine besonders starke Evidenz-

---

[133] Hierzu OLG Stuttgart 11.2.2000 – 1 Ws 13/00, NStZ-RR 2000, 190.
[134] BGH 3.2.2006 – 2 StR 598/05, juris Rn. 17; 11.3.2008 – 3 StR 378/07, StraFo 2008, 266; OLG Koblenz 8.12.2005 – 2 Ws 828/05, NStZ 2007, 56 [Ls.]; juris Rn. 7; OLG Nürnberg 4.1.2006 – 2 Ws 343/05, OLGSt StrEG § 2 Nr. 3; *Meyer-Goßner/Schmitt* Rn. 4.
[135] KG 21.11.2008 – 4 Ws 24/08, NStZ 2010, 284; Eisenberg GA 2004, 385 (386); *Brunner/Döllng* JGG § 72 Rn. 17.
[136] BGH 24.9.2009 – 3 StR 350/09, StraFo 2010, 87 f.; OLG Brandenburg 6.2.1995 – 2 Ws 9/95, JurBüro 1997, 53 bei *Meyer*.
[137] KK/*Schultheis* StPO § 127 Rn. 49.
[138] Löwe/Rosenberg/*Hilger* § StPO § 117 Rn. 6.

wirkung; der Beschuldigte muss auf frischer Tat betroffen oder verfolgt und der Flucht verdächtig oder nicht sofort zu identifizieren sein. Unter solchen Umständen muss der Betroffene es hinnehmen, vorübergehend festgenommen zu werden, ohne hernach Entschädigung fordern zu können. Auch wäre es problematisch, in die entschädigungsfähigen Maßnahmen die vorläufige Festnahme nach § 127 Abs. 1 StPO einzubeziehen, weil jedermann sie vorzunehmen befugt ist. Das StrEG muss sich auf die Übernahme der Haftung für die rechtmäßigen Akte der staatlichen Strafverfolgungsorgane beschränken. Zur Festhaltung vgl. → Rn. 11.

Keine vorläufige Festnahme und daher nicht entschädigungsfähig ist die **Anwendung** **unmittelbaren Zwanges,** um den Beschuldigten der Entnahme einer Speichel- oder Blutprobe (§ 81a StPO) und der erkennungsdienstlichen Behandlung (81b StPO) zuzuführen[139] oder zur Identitätsfeststellung (§ 163b StPO) festzuhalten.[140] Wird die Anwendung des unmittelbaren Zwangs in diesen Fällen von den ausführenden Beamten irrtümlich als vorläufige Festnahme bezeichnet, führt dies nicht zu einer anderen Beurteilung. Entscheidend ist die materielle Rechtslage, nicht die Bezeichnung.[141] Auch die **Vorführung** nimmt das Gesetz aus (vgl. → Rn. 12). 48

Für die **Hauptverhandlungshaft** des § 127b StPO ist zu unterscheiden: Die vorläufige Festnahme nach Abs. 1 ist nicht entschädigungspflichtig:[142] Hierfür spricht nicht nur der abschließende Katalog der entschädigungspflichtigen Maßnahmen in § 2, sondern auch, dass die Fälle des § 127b StPO den Obliegenheitsverletzungen des § 5 Abs. 3 nahe stehen (vgl. § 127b Abs. 1 S. 1 Nr. 2 StPO). Ergeht Haftbefehl nach § 127b Abs. 2 StPO, so ist die Hauptverhandlungshaft der Untersuchungshaft so nahe, dass die Entschädigungspflicht aus Abs. 1 folgt.[143] 49

4. Aussetzung des Vollzugs des Haftbefehls, Abs. 2 Nr. 3. Den Vollzug des Haftbefehls kann der Richter unter den Voraussetzungen des § 116 StPO aussetzen, wenn weniger einschneidende Maßnahmen ausreichen. Doch genügt nicht die bloße Anordnung, vielmehr muss die Maßnahme, wie sich aus Abs. 1 ergibt, vollzogen oder wirksam geworden sein. Das ist zB nicht der Fall, wenn es zur Aufhebung des Haftbefehls kommt, bevor der Beschuldigte eine Meldeauflage erfüllt oder die Sicherheit gestellt hat.[144] Die Maßnahmen, welche die Entschädigungspflicht nach Abs. 2 Nr. 3 auslösen können, sind Anweisungen und Auflagen, welche in der Regel die Bewegungs- und Betätigungsfreiheit einschränken und zu Einschränkungen der beruflichen Tätigkeit führen können[145] oder Aufwendungen erfordern, wie Fahrtkosten zur Erfüllung der Meldeauflage oder Zinsverluste nach sich ziehen,[146] etwa durch die Stellung einer Sicherheit.[147] Es werden alle Maßnahmen als entschädigungsfähig eingestuft, die mit der richterlichen Entscheidung nach § 116 StPO einhergehen, den Vollzug des Haftbefehls auszusetzen. § 116 StPO zählt sie ausführlich, aber nicht abschließend auf. Danach kommen namentlich außerdem etwa in Betracht Hausarrest und Kontaktbeschränkungen, oft auch eine Kombination mehrerer Anweisungen oder Auflagen. Ob die Maßnahmen die Fluchtgefahr, die Verdunkelungs- oder die Wiederholungsgefahr zu mindern bestimmt sind (Absätze 1, 2 (oder 3) des § 116 StPO), macht keinen Unterschied. Da die Entscheidung über die Aussetzung des Vollzugs gegenüber dem Haftbefehl selbstständig ist, besteht die Entschädigungspflicht nach einem Freispruch fort, bis der Haftverscho- 50

---

[139] KG 21.7.1978 – 2 OJs 24/77, GA 1979, 225.
[140] KG 9.11.2012 – 4 Ws 120/12, juris Rn. 4 = StRR 2013, 42 [Ls.] mAnm *Rueber* jurisPR-StrafR 7/2013 Nr. 1; *Meyer-Goßner/Schmitt* Rn. 5.
[141] KG 21.7.1978 – 2 OJs 24/77, GA 1979, 225; 9.11.2012 – 4 Ws 120/12, juris Rn. 4 = StRR 2013, 42 [Ls.] mAnm *Rueber* jurisPR-StrafR 7/2013 Nr. 1 *Meyer* Rn. 44.
[142] AA *Meyer-Goßner/Schmitt* Rn. 5.
[143] Im Ergebnis ebenso *Meyer* Rn. 43 aE.
[144] Ebenso *Meyer* Rn. 47; vgl. auch → Rn. 6.
[145] *Meyer* Rn. 46.
[146] LG Flensburg 28.5.1991 – 2 O 165/91, NJW-RR 1992, 695.
[147] OLG München 28.4.2011 – 1 U 2652/10, juris Rn. 33 ff.

nungsbeschluss aufgehoben worden ist.[148] Eine Grundentscheidung, die Entschädigung für erlittene U-Haft zuspricht, umfasst etwaige Ansprüche nach der Nr. 3 nicht mit.[149] Ob auch die anderen neben der Unterbringung in einem Heim nach **§ 72 Abs. 1 JGG** zulässigen Maßnahmen (vorläufige Anordnung über die Erziehung und „andere" Maßnahmen) zur Abwendung von U-Haft zur Entschädigungspflicht führen können, ist streitig.[150] Während in Abs. 2 Nr. 1 das Jugendgerichtsgesetz ausdrücklich angesprochen wird, bleibt es bei der Nr. 3 unerwähnt. Gegenstand von Erörterungen im Gesetzgebungsverfahren war die Frage ausweislich der Protokolle und Drucksachen nicht. Dogmatisch besteht zwischen § 116 Abs. 1 StPO und § 72 Abs. 1 JGG ein wesentlicher Unterschied: Die letztere Vorschrift hindert bereits die Anordnung von Untersuchungshaft, wenn mildere Mittel ausreichen; § 116 StPO gestattet, den Vollzug von Untersuchungshaft wegen Fluchtgefahr auszusetzen. Maßnahmen über die Erziehung nach § 71 Abs. 1 JGG kommen dem Beschuldigten unabhängig vom Ausgang des Verfahrens zugute und rechtfertigen keine Entschädigung. Nur wo beide Vorschriften funktional gleiche Ziele verfolgen, etwa bei Meldeweisungen, kann Entschädigung erwogen werden. Zur Entschädigungspflicht für Unterbringungsmaßnahmen nach § 71 Abs. 2 vgl. schon → Rn. 44.

50a Auch nicht ausreichend konkretisierte Anordnungen im Zusammenhang mit der Außervollzugsetzung können eine Entschädigungspflicht nach dem StrEG begründen. Soweit angenommen wird, unbestimmte und ungenaue Weisungen würden keinen ausreichenden Haftungsgrund abgeben,[151] ist dem entgegen zu halten, dass es sich dabei um ein Risiko in der Sphäre der Gerichte handelt, das nicht auf denjenigen abgewälzt werden kann, dem sie erteilt werden und der sie befolgt. Zu einer Haftung wegen Amtspflichtverletzung nach § 839 BGB wird es bei der Erteilung von solchen Anweisungen kaum je kommen.

51 **5. Sicherstellung, Beschlagnahme, Vermögensarrest und Durchsuchung, Abs. 2 Nr. 4.** Die Ersatzpflicht für Sicherstellung, Beschlagnahme, Vermögensarrest und Durchsuchung bestimmt Abs. 2 Nr. 4.

52 **a) Sicherstellung und Beschlagnahme.** Die Vorschrift gilt für jede Sicherstellung und Beschlagnahme nach §§ 94 ff. StPO, also auch für die Sicherstellung von Gegenständen, die der Einziehung oder Unbrauchbarmachung unterliegen (§ 111b StPO) und die – nicht mehr zulässige – Vermögensbeschlagnahme nach § 111p StPO.[152] Auch die Postbeschlagnahme nach § 99 StPO fällt darunter,[153] ebenso diejenige von Zufallsfunden nach § 108 Abs. 1 S. 1 StPO. Die Durchsuchung beim Tatverdächtigen iSd § 102 StPO gehört ebenfalls hierher, auch wenn er nicht formell Beschuldigter in einem gegen ihn gerichteten Verfahren wird.[154] Nummer 4 gilt ferner für die übrigen verschiedenen Fälle, in welchen die StPO Sicherstellung und Beschlagnahme zulässt: Beschlagnahme von Beförderungsmitteln und mitgeführten Sachen nach § 132 Abs. 3 StPO, um die Durchführung des Strafverfahrens sicherzustellen; Beschlagnahme des inländischen Vermögens, um den Beschuldigten zu zwingen, sich zu stellen (§§ 290 ff. StPO); Vermögensbeschlagnahme bei bestimmten Staatsschutzdelikten unter den Voraussetzungen des § 443 StPO. Die **Führerscheinbeschlagnahme** nach § 94 Abs. 3 StPO fällt darunter, wenn keine Anordnung nach § 111a StPO getroffen wurde.[155] Bei vorläufiger Entziehung der Fahrerlaubnis nach § 111a StPO gilt

---

[148] OLG Düsseldorf 29.7.1999 – 2 Ws 227/99, NStZ 1999, 585.
[149] OLG München 28.4.2011 – 1 U 2652/10, juris Rn. 33 ff.; LG Flensburg 28.5.1991 – 2 O 165/91, NJW-RR 1992, 695.
[150] Für Entschädigungspflicht etwa *Cornelius* Rn. 6.1; *Meyer* Rn. 50; *Eisenberg* GA 2004, 385 (386); *ders.* JGG § 72 Rn. 3a, wo er sich zu Unrecht auf KG 21.11.2008 – 4 Ws 24/08, NStZ 2010, 284 ff. beruft; die Entscheidung hatte eine Unterbringung nach § 71 Abs. 2 JGG zum Gegenstand; gegen eine Entschädigungspflicht *Meyer-Goßner/Schmitt* Rn. 6.
[151] *Meyer* Rn. 46.
[152] Vgl. hierzu → Rn. 1; zu Entschädigungsfragen vgl. OLG Düsseldorf 26.9.1996 – 1 Ws 828/96, NStZ-RR 1997, 159.
[153] *Meyer-Goßner/Schmitt* Rn. 7.
[154] OLG Stuttgart 7.12.1993 – 5 ARs 44/93, NStZ 1994, 291.
[155] OLG Stuttgart 13.8.1982 – 3 Ws 130/82, VerkMitt 1983, 45; *Meyer-Goßner/Schmitt* Rn. 7.

Nr. 5. **Präventiv-polizeiliche Sicherstellungen** sind nicht nach dem StREG entschädigungsfähig, vgl. → Einl. Rn. 60. Die Beschlagnahme tritt neben die Durchsuchung[156] und ist ein eigener Entschädigtatbestand. Auch hier bilden mehrere Beschlagnahmeanordnungen jeweils eine eigene Maßnahme. Wie bei der Durchsuchung kann die Entscheidung über die Entschädigungspflicht für jede Maßnahme unterschiedlich sein. Dies gilt auch bei einem engen zeitlichen und sachlichen Zusammenhang.[157] Die Ersatzpflicht setzt, wie stets, den Vollzug voraus. Die Anordnung alleine genügt nicht.[158]

Eine **freiwillige Herausgabe**, um die Beschlagnahme abzuwenden (hierzu schon → Rn. 16), steht der Sicherstellung gleich.[159] Es ist auch **nicht erforderlich,** dass der Beschuldigte einer Sicherstellung oder Beschlagnahme **widerspricht**[160] oder nach § 98 Abs. 2 S. 3 StPO gerichtliche Entscheidung beantragt. Dies ergibt sich aus dem Rechtsgedanken des § 5 Abs. 2 S. 2.[161] Denn es obliegt in erster Linie den Strafverfolgungsbehörden, die Rechtmäßigkeit der (weiteren) Sicherstellung im Auge zu behalten. 53

Werden schriftliche Unterlagen zur **Durchsicht nach § 110 StPO** mitgenommen, so ist die Durchsuchung erst nach der Sichtung abgeschlossen,[162] weil die Sichtung noch Teil der Durchsuchung ist. Meldet sich vor dem Abschluss der Durchsicht ein Verteidiger, der sich gegen die Durchsuchung wendet, sind die Anwaltskosten grundsätzlich erstattungsfähig.[163] 54

Zum Vollzug einer Beschlagnahme gehört auch ihre **„Rückabwicklung",** dh die Aufhebung und sodann die Rückgabe der beschlagnahmten Sachen an den Berechtigten. Hat die Polizei auf Anweisung der StA nach § 111k StPO an den vermeintlich Verletzten herausgegeben und stellt sich später heraus, dass die Sachen dem Beschuldigten gehören, gegen den das Verfahren eingestellt worden ist, so hat der durch die Herausgabe an den Nichtberechtigten geschädigte Beschuldigte Anspruch auf Entschädigung nach § 2 Abs. 2 Nr. 4.[164] 55

Zur fehlerhaften **Verwertung oder Vernichtung** von Gegenständen in der irrigen Annahme, eine Entscheidung, die dies anordnet oder zulässt, sei rechtskräftig → Rn. 13. Wird die sichergestellte Sache während der Dauer der Sicherstellung **beschädigt** oder **kommt sie abhanden,** so kommen (konkurrierende) Ansprüche aus Amtspflichtverletzung oder öffentlich-rechtlicher Verwahrung in Betracht.[165] Zu den einzelnen Schadenspositionen und ihrer Entschädigungsfähigkeit vgl. im Einzelnen bei § 7. Dort auch zum Wertverlust. 56

Die Beschlagnahme von Gegenständen im **Eigentum eines Dritten,** etwa nach § 74b Abs. 1 StGB (bis 30.6.2017: § 74 Abs. 2 Nr. 2 StGB) oder als Beweismittel,[166] ist demgegenüber keine entschädigungsfähige Strafverfolgungsmaßnahme nach dem StREG, auch wenn sie im Ermittlungsverfahren gegen den Beschuldigten erfolgt.[167] Dies gilt, obwohl der Dritte hierfür uU nicht unerhebliche Aufwendungen tätigen muss, wie etwa eine Bank, die zur 57

---

[156] Vgl. etwa OLG Koblenz 2.4.2008 – 1 W 831/07, OLGR 2009, 270.
[157] Vgl. etwa OLG Koblenz 2.4.2008 – 1 W 831/07, OLGR 2009, 270.
[158] BGH 15.2.1979 – III ZR 164/77, MDR 1979, 562.
[159] OLG Hamm 14.1.1972 – 4 Ws 345/71, NJW 1972, 1477: Führerschein; LG Bochum 19.8.1971 – 12 Qs 44ß/71, NJW 1974, 502; LG Frankfurt a. M. 5.8.1985 – 5/6 Qs 9/85, StV 1986, 116 [nur Ls.]; 2.9.1994 – 5/17 Qs 51/94, NZV 1995, 164; AG Lörrach 21.5.1973 – 6 Gs 2253/73, MDR 1973, 874: Pistole; *Meyer-Goßner/Schmitt* § 2 Rn. 8; *Sandherr* DAR 2007, 420 (421).
[160] KG 13.10.2015 – 3 Ws 524/15, juris Rn. 7; LG Frankfurt a. M. 2.9.1994 – 5-17 Qs 51/94, NZV 1995, 164; LG Memmingen 12.8.1976 – 1 Qs 155/76, NJW 1977, 347; Löwe/Rosenberg/*Geppert* 12. Aufl., StGB § 69 Rn. 193; *Meyer-Goßner/Schmitt* § 2 Rn. 7.
[161] Anders wohl *Meyer* Rn. 63.
[162] BGH 23.11.1987 – 1 BGs 517/87, StV 1988, 90.
[163] GenStA Bamberg 15.9.1993 – 3 28/93, NStZ 1994, 39.
[164] BGH 9.11.1978 – III ZR 116/77, BGHZ 72, 304 = NJW 1979, 425 (426); Thür. Oberlandesgericht 6.1.2005 – 1 Ws 4/05, NStZ-RR 2005, 125.
[165] OLG Hamburg 12.10.1973 – VAs 15/73, MDR 1974, 510; hierzu auch → Einl. Rn. 62 ff.
[166] OLG Celle 26.11.1985 – 16 U 236/84, NdsRPfl 1986, 38; LG Freiburg 4.9.1989 – IV AR 26/89, NJW 1990, 399.
[167] OLG Schleswig 14.12.1988 – 1 Ws 611/88, SchlHA 1989, 78; LG Flensburg 22.7.1982 – 1 Qs 169/82, DAR 1982, 339; vgl. auch → Einl. Rn. 36 und → § 7 Rn. 41 mwN.

Abwendung der Durchsuchung und Beschlagnahme Fotokopien von Kontounterlagen herstellt.[168] Es kommen aber Ansprüche nach §§ 1 Abs. 1 S. 1 Nr. 3, 23 JVEG – früher § 17a ZuSEG – in Betracht. Keine Ansprüche nach dem StrEG bestehen auch, wenn aufgrund des Ergebnisses dieser Durchsuchung auch gegen den Dritten ein Ermittlungsverfahren eingeleitet wird. Anders nur, wenn dann auch im Verfahren gegen den Dritten eine Beschlagnahmeanordnung ergeht[169] für die Beschlagnahme ab diesem Zeitpunkt. „Dritter" in diesem Sinn ist auch die Firma, in der ein Beschuldigter Geschäftsführer ist oder war.[170] Anderes kann bei einer „Ein – Mann – GmbH" gelten, vgl. → § 7 Rn. 50.

58 **b) Subsidiarität.** Ausnahmsweise gilt das StrEG für alle gegen den Beschuldigten gerichteten Maßnahmen nach den Vorschriften der StPO und der auf sie verweisenden Gesetze (zB OWiG, AO, AWG) nach Nr. 4 nur subsidiär;[171] es ist nicht anzuwenden, soweit die Entschädigung für diese Maßnahmen in anderen Gesetzen geregelt ist. Es bedarf hierzu einer **spezifischen Entschädigungsregelung** in einem formellen Gesetz.[172] Solche Regelungen enthalten zB die Landespressegesetze, die eine angemessene Entschädigung in Geld für die Beschlagnahme von Druckwerken vorsehen, wenn sich die Maßnahme im weiteren Verfahren als unzulässig oder ungerechtfertigt erweist. Ansprüche nach der Nr. 4 werden aber im Übrigen nicht durch Ansprüche aus öffentlich-rechtlicher Verwahrung und Amtshaftung verdrängt.[173]

59 **c) Vermögensarrest.** Der Vermögensarrest nach § 111e StPO (bis 30.6.2017: dinglicher Arrest nach § 111d StPO) ist eine Sonderform der Beschlagnahme. Er dient der Sicherung künftiger Zahlungspflichten des Beschuldigten aus der Anordnung der Einzeichnung des Wertes von Taterträgen (§ 73c, 74c StGB [bis 30.6.2017: §§ 73a, 74c Abs. 1–3 StGB]), sowie wegen einer Geldstrafe und der voraussichtlichen Kosten des Strafverfahrens. Die Maßnahme setzt voraus, dass ohne sie die künftige Vollstreckung vereitelt oder wesentlich erschwert werden würde (§ 111e Abs. 1 StGB; bis 30.6.2017: § 111d Abs. 2 StPO mit § 917 ZPO). Die Anordnung steht dem Strafrichter zu, bei Gefahr im Verzug zunächst auch der StA (§ 111j, bis 30.6.2017: § 111e StPO). Die Anordnung selbst ist nicht entschädigungsfähig, erst ihr Vollzug. Vollzogen wird sie durch Pfändung von beweglichem Vermögen und von Forderungen sowie durch Eintragung einer Sicherungshypothek in das Grundbuch bei Grundstücken und grundstücksgleichen Rechten.

60 Der dingliche Arrest nach § 111o aF StPO diente der Sicherung der späteren Beitreibung einer Vermögensstrafe, die es nicht mehr gibt.[174]

61 **d) Durchsuchung.** Nach Abs. 2 Nr. 4 ist schließlich auch die Durchsuchung der Wohnung und anderer Räume sowie der Person und der Sachen des Verdächtigen (§ 102 StPO) entschädigungsfähig, nicht aber die Durchsuchung zur Identitätsfeststellung.[175] Auch hier gilt der Grundsatz der Subsidiarität. Allerdings sehen die Landespressegesetze Entschädigung nur für die Beschlagnahme von Druckwerken vor, nicht für die Durchsuchung. Nur Regelungen in anderen Gesetzen würden vorgehen, also nicht das Gewohnheitsrecht auf der Grundlage des Art. 14 GG. **Mehrere Durchsuchungen** zu verschiedenen Zeiten[176] und

---

[168] OLG Düsseldorf 1.5.1985 – 1 Ws 83/85, JurBüro 1985, 1219; 10.4.1984 – 3 Ws 448/83, DB 1985, 911; *Mümmler* JurBüro 85, 1220; aA OLG Hamburg 7.11.1980 – 1 Ws 254/80, NStZ 1981, 107. Ergänzend → Einl. Rn. 36.
[169] LG Flensburg 21.2.1983 – I Qs 48/83, JurBüro 1984, 81 (83).
[170] OLG Schleswig 14.12.1988 – 1 Ws 611/88, SchlHA 1989, 78.
[171] BGH 9.11.1979 – III ZR 116/77, BGHZ 72, 302 (305 f.) = NJW 1979, 425 (426); zum Grundsatz: → Einl. Rn. 63.
[172] BGH 9.11.1979 – III ZR 116/77, BGHZ 72, 302 (305 f.) = NJW 1979, 425 (426) mAnm *Boujong* LM Nr. 7 zu StrEG und → Rn. 55.
[173] BGH 9.11.1978 – III ZR 116/77, BGHZ 72, 304 = NJW 1979, 425 (426) mit zust. Anm. *Boujong* BGH LM Nr. 7 zu StrEG; vgl. auch → Einl. 63.
[174] Vgl. hierzu aber → Rn. 1. Zu Entschädigungsfragen vgl. OLG Düsseldorf 26.9.1996 – 1 Ws 828/96, NStZ-RR 1997, 159.
[175] Vgl. schon → Rn. 11.
[176] Vgl. etwa OLG Koblenz 2.4.2008 – 1 W 831/07, OLGR 2009, 270.

an verschiedenen Orten stellen selbständige entschädigungspflichtige Maßnahmen dar mit der Folge, dass für jede von ihnen die Entschädigungspflicht selbstständig festgestellt werden muss und die Entscheidung hierüber unterschiedlich ausfallen kann.

Im Vergleich zu den übrigen entschädigungsfähigen Maßnahmen ist die Durchsuchung ein weniger intensiver Eingriff. In der Regel verursacht sie keine unmittelbaren wirtschaftlichen Einbußen. Ausnahmsweise kann es aber auch anders liegen. Sachschäden können durch das Aufbrechen von Türen und Behältnissen entstehen. In der Praxis wirkt sich die Vorschrift vor allem dahin aus, dass Kosten für die Verteidigung, für die Beseitigung von Sachschäden und für das Aufräumen liquidiert werden. Auch Verdienstausfall während der Dauer der Durchsuchung kommt in Betracht. Die Kosten der Verteidigung sind aber nicht zu entschädigen, wenn sie erst durch eine Tätigkeit nach dem Ende des Vollzugs[177] zB einer Durchsuchung entstanden sind. Zur Erstattung der Auslagen für einen die Rechtswidrigkeit feststellenden Beschluss vgl. → § 7 Rn. 28. Zu den Schadensposten und den Voraussetzungen der Entschädigung im Einzelnen siehe die Kommentierung zu § 7. 62

6. Vorläufige Entziehung der Fahrerlaubnis, Abs. 2 Nr. 5. Die vorläufige Entziehung der Fahrerlaubnis, Abs. 2 Nr. 5 ist eine in Verkehrssachen häufige Maßnahme, die vorbeugend wirkt und zugleich die endgültige Entziehung (§ 69 StGB) vorbereiten und wirksam sichern soll.[178] Die richterliche Anordnung nach **§ 111a StPO** kann für Berufskraftfahrer oder beruflich auf ein Fahrzeug angewiesene Personen, zB Vertreter, erhebliche wirtschaftliche Nachteile mit sich bringen, weshalb sie in Nr. 5 als entschädigungsfähig aufgeführt ist. Die vorläufige Entziehung einer bereits rechtskräftig entzogenen Fahrerlaubnis begründet aber keinen Anspruch auf Entschädigung, selbst wenn dem Betroffenen von der Verwaltungsbehörde zwischenzeitlich irrtümlich ein (Ersatz-) Führerschein ausgestellt wurde.[179] 63

Wird die Anordnung eingeschränkt nach § 111a Abs. 1 S. 2 StPO (Belassen der Fahrerlaubnis für bestimmte Arten von Kraftfahrzeugen), so liegt auch dann eine vorläufige Entziehung vor, wenn der Beschuldigte in der Lage bleibt, notwendige Fahrten auszuführen. Doch kann eine durch Ausnahmen gemilderte vorläufige Entziehung sich schadensmindernd auswirken oder dazu führen, dass dem Beschuldigten überhaupt kein Schaden entsteht. 64

Bei Sicherstellung und Beschlagnahme des Führerscheins **nach § 94 StPO** geht Nr. 5 als Spezialnorm der Nr. 4 vor[180] mit der Wirkung, dass die dem gerichtlichen Beschluss über die vorläufige Entziehung vorausgegangene Zeit der Beschlagnahme in die Zeit einzurechnen ist, für die Entschädigung in Betracht kommen kann. Lehnt der Richter die vorläufige Entziehung der Fahrerlaubnis ab, so ist Entschädigung nach Nr. 4 für die Zeit der Sicherstellung oder Beschlagnahme des Führerscheins möglich. 65

Die Beschlagnahme des **ausländischen Führerscheins** nach § 111a Abs. 6 StPO zum Zweck der Eintragung des Vermerks über die Anordnung ist keine entschädigungsfähige Maßnahme, sondern dient nur dem Vollzug der vorläufigen Entziehung der Fahrerlaubnis.[181] 66

Der **internationale Führerschein** eines Inländers stellt keine amtliche Bescheinigung der Fahrerlaubnis dar. Deshalb tritt bei allein dessen Beschlagnahme weder die Wirkung ein, bis zur endgültigen Entscheidung ein Fahrzeug im öffentlichen Verkehr nicht mehr führen zu dürfen noch die Entschädigungspflicht der Staatskasse nach Nr. 5.[182] 67

Im Jahr 1980 haben die LJVen insgesamt etwa 445.000,– Euro (870.000,– DM) Entschädigung für vorläufige Entziehung der Fahrerlaubnis in 733 Fällen gezahlt, im Durchschnitt 68

---

[177] BGH 11.11.1976 – III ZR 17/76, BGHZ 68, 86 (89)= NJW 1977, 957 (960) für Freiheitsentzug.
[178] Vgl. *Meyer-Goßner/Schmitt* StPO § 111a Rn. 1.
[179] OLG Zweibrücken 15.7.1977 – Ws 400/76, OLGSt zu § 2 StREG.
[180] Vgl. § 111a Abs., 3, Abs. 4 StPO sowie § 69a Abs. 6 StGB und OLG Stuttgart 13.8.1982 – 3 Ws 130/82, VerkMitt 1983, 45.
[181] *Cornelius* Rn. 9; *Meyer-Goßner/Schmitt* Rn. 8; aA *Meyer* Rn. 70.
[182] AG Kassel 11.5.1992 – 3 AR 137/91, NZV 1992, 499 mAnm *Hentschel*.

607,– Euro (1.187,– DM) pro Fall, 1990 waren es 293.500,– Euro (574.000,– DM) für 249 Fälle, also durchschnittlich 1.179,– Euro (2.305,– DM), 1994, im letzten Jahr der bundesweiten Statistik, 370.000,– Euro (724.000,– DM) für 267 Fälle, also durchschnittlich 1.387,– Euro (2.712,– DM).

69 **7. Vorläufiges Berufsverbot, Abs. 2 Nr. 6.** Das vorläufige Berufsverbot, Abs. 2 Nr. 6, nach § 132a StPO (mit § 70 StGB) ist eine einschneidende Maßnahme mit schwerwiegenden wirtschaftlichen Folgen, auch mit der Rechtsfolge, dass der Zuwiderhandelnde sich nach § 145c StGB strafbar macht. Mit der Einführung des vorläufigen Berufsverbots durch das EGStGB von 1974 ist zugleich der Katalog des § 2 um die Nr. 6 ergänzt worden, um die Entschädigung sicherzustellen für den Fall, dass das Ermittlungs- oder Strafverfahren zugunsten des Beschuldigten ausgeht. Das vorläufige Berufsverbot beginnt mit seiner Bekanntmachung. Zu diesem Zeitpunkt setzt gegebenenfalls auch eine Entschädigungspflicht ein. Das vorläufige **Verbot der Tierhaltung** als vorläufige Strafverfolgungsmaßnahme nach § 20a TierSchG unterfällt dagegen nicht dem Anwendungsgebiet der Nr. 6.[183] Hier erzeugt lediglich eine andere, nicht entschädigungspflichtige Strafverfolgungsmaßnahme die Wirkung eines faktischen Berufsverbots.[184]

70 Das StrEG gilt nicht für außerstrafrechtliche Verbote dieses Inhalts, zB verwaltungsbehördliche nach gewerberechtlichen Vorschriften (vgl. § 35 Abs. 1 GewO) oder das vorläufige Berufs- oder Vertretungsverbot der besonderen Ehren- oder Berufsgerichtsbarkeit (etwa nach § 150 Abs. 1 BRAO gegen einen Rechtsanwalt[185]). Auch ein präventiv – polizeiliches **Schlachtverbot** unterfällt nicht dem StrEG.[186]

V. Strafverfolgungsmaßnahmen im Auslieferungs- und Rechtshilfeverkehr, Abs. 3

71 **1. Auf Ersuchen deutscher Behörden.** Absatz 3 regelt die Entschädigung für Strafverfolgungsmaßnahmen, die von ausländischen Gerichten und Behörden im Auslieferungs- und Rechtshilfeverfahren auf Ersuchen deutscher Behörden angeordnet worden sind. Diese Maßnahmen beruhen auf der Ausübung fremder Gerichtsbarkeit. Das Gesetz stellt sie den Strafverfolgungsmaßnahmen im Sinne des StrEG gleich, weil das deutsche Ersuchen die Anordnung der Maßnahme auslöst und deren Wirkungen auf den Beschuldigten dieselben sind. Grundsätzlich soll der im Ausland verfolgte Beschuldigte nicht deshalb schlechter gestellt sein, weil die ihn beschwerenden Strafverfolgungsmaßnahmen nicht unmittelbar auf der Ausübung deutscher Strafgerichtsbarkeit beruhen. Dieser Grundsatz kommt im materiellen Strafrecht unter anderem darin zum Ausdruck, dass Auslieferungshaft auf die Strafe ebenso anzurechnen ist wie U-Haft, vgl. § 51 Abs. 1 und Abs. 3 StGB.[187] Haft ist entschädigungsrechtlich aber immer nur mit ihrer tatsächlichen Dauer anzurechnen. Auslieferungshaft im Straf- oder Vollstreckungsverfahren kann zwar nach § 51 Abs. 3 S. 2 StGB und § 450a StPO in einem anderen Maßstab als 1 : 1 auf die Strafe angerechnet werden. Entschädigungsrechtlich ist dies aber unbeachtlich.[188]

72 Die vorläufige oder endgültige- Auslieferungshaft muss nach Erlass eines deutschen Haftbefehls auf Ersuchen einer deutschen Behörde vollzogen worden sein. Die Erstattungspflicht umfasst dann die Gebühren und Auslagen eines Rechtsanwalts, soweit sie durch die Verteidigung gegen eine entschädigungspflichtige Maßnahme nach Abs. 3 entstanden sind und die §§ 464 ff. StPO eine Erstattungspflicht nicht vorsehen.[189] Die Verteidigung gegen die Anordnung der Auslieferungshaft im Ausland ist aber nicht entschädigungsfähig, wenn noch

---

[183] Thüringer OLG 27.6.2000 – 3 U 849/99, JR 2001, 243 (244) mit zust. Anm. *Meyer*.
[184] *Meyer* JR 2001, 244 (245) und *ders.* Rn. 73.
[185] Zu den Anforderungen an die Zulässigkeit in einem solchen vgl. BVerfG 2.3.1977 – 1 BvR 124/76, NJW 1977, 892.
[186] LG Köln 14.11.1986 – 114 Qs 29/86, NJW 1987, 1836; *Meyer* JR 2001, 244 (245).
[187] Vgl. hierzu *Fischer* StGB § 51 Rn. 15.
[188] OLG Düsseldorf 29.1.1988 – 1 Ws 5/99, NStZ 1988, 371.
[189] OLG Köln 28.1.2003 – 2 Ws 17/03, NStZ-RR 2003, 319.

kein Vollzug der Maßnahme vorliegt.[190] Fehlt das Ersuchen deutscher Behörden, etwa zu einer Maßnahme nach Abs. 2 Nr. 3, besteht keine Entschädigungspflicht nach dem StrEG.[191] Auch im Ausland aufgrund ausländischer Vorschriften vollstreckte Untersuchungs- oder Strafhaft ist nicht entschädigungsfähig, → Rn. 42. Zur Angemessenheit ausländischer Anwaltsgebühren vgl. → § 7 Rn. 36.

Nur die in Abs. 3 enumerativ aufgeführten Maßnahmen der Auslieferungshaft, vorläufigen Auslieferungshaft sowie Sicherstellung, Beschlagnahme und Durchsuchung begründen einen Anspruch. Wo eine solche Maßnahme fehlt, gibt es keine Entschädigung. So sind im Auslieferungsverfahren weder Abs. 2 Nr. 2 noch Abs. 2 Nr. 3 anwendbar.[192] Auch § 5 Abs. 2 verdient Beachtung: Wer sich einem Ermittlungsverfahren durch Flucht ins Ausland zu entziehen sucht und deshalb an die deutschen Behörden ausgeliefert werden muss, riskiert den Ausschluss der Entschädigung.[193] Entschädigung wird aber in Betracht kommen, wenn sich der Beschuldigte unabhängig von der Strafverfolgung im Ausland aufhält oder er dort seinen Wohnsitz hat.[194] 73

Wie jeder Anspruch nach § 2 setzt auch ein solcher nach Abs. 3 eine der in Abs. 1 genannten Arten der Verfahrensbeendigung voraus, also Freispruch, Einstellung oder Ablehnung der Eröffnung des Hauptverfahrens. Lehnt der ausländische Staat die Auslieferung aus einem anderen Grund ab, der nicht mit dem günstigen Ausgang des deutschen Strafverfahrens zusammenhängt, findet die Vorschrift keine Anwendung.[195] 74

2. Durchlieferung. Die Durchlieferung setzt die Zulässigkeit der Auslieferung voraus und unterliegt entsprechenden Verfahrensvorschriften (vgl. § 43 IRG). Die im Ausland vollzogene Durchlieferungshaft ist in Abs. 3 nicht besonders erwähnt, weil sie in Wesen und Wirkung der Auslieferungshaft gleichsteht und wie diese auf die Strafe angerechnet wird.[196] Sie ist daher nach Abs. 3 ebenfalls entschädigungsfähig. 75

3. Sicherstellung, Beschlagnahme und Durchsuchung. Neben der Auslieferungshaft und der vorläufigen Auslieferungshaft (vgl. §§ 15, 16 IRG) sind die im Rechtshilfeverkehr häufigen Maßnahmen Sicherstellung und Beschlagnahme sowie Durchsuchung in die Regelung des Abs. 3 einbezogen worden, um auch insoweit eine Gleichstellung mit der Strafverfolgung im Inland zu erreichen. 76

4. Ersuchen eines anderen Staates. Keine Entschädigung sieht das StrEG vor für den umgekehrten Fall, dass auf Ersuchen eines anderen Staates die deutschen Behörden Auslieferungshaft oder andere der in Abs. 3 genannten vorläufigen Strafverfolgungsmaßnahmen vollzogen haben.[197] Diese Regelung ist von Verfassungs wegen nicht zu beanstanden.[198] Die Verantwortung für die Verfolgungsmaßnahme liegt dann bei den ersuchenden ausländischen Behörden, denn der Regelung liegt das Veranlassungsprinzip zugrunde;[199] eine etwaige Entschädigung richtet sich in erster Linie nach dem Recht des ersuchenden 77

---

[190] AA *Vogler* NStZ 1989, 254 (255).
[191] OLG Hamburg 11.12.1981 – 1 Ws 424-425/81, MDR 1982, 519.
[192] OLG Zweibrücken 17.10.1988 – 1 Ws 417/88, NStZ 1989, 289; *Meyer* Rn. 79.
[193] Vgl. → § 5 Rn. 33; *Vogler* NStZ 1989, 254 (255).
[194] *Vogler* NStZ 1989, 254 (255).
[195] *Vogler* NStZ 1989, 254 (255).
[196] Vgl. zu § 60 StGB aF. BGH 13.8.1968 – 1 StR 299/68, juris Rn. 4, 7.
[197] So ausdrücklich BT-Drs. 9/1338, 97 und 9/2137, 27 zu § 77 IRG; BVerfG 5.6.1992 – 2 BvR 1403/91, juris; OLG Düsseldorf 25.7.1991 – 4 Ausl 231/89, NJW 1992, 646; OLG Frankfurt a. M. 17.11.2005 – 2 Ausl A 45/05, NJW 2006, 166 (167); KG 30.1.2009 – 4 AuslA 522/03, StV 2009, 423 (425); 29.11.2010 – 4 AuslA 915/06, NStZ-RR 2011, 207 (208 f.); grundsätzlich auch OLG Dresden 10.7.2014 – OLG Ausl 53/14, NStZ-RR 2015, 26 f.; OLG Hamm 23.12.1986 – 4 Ausl 27/78, juris Rn. 44; OLG Karlsruhe 29.2.2015 – 1 AK 16/11, NStZ-RR 2015, 355 f. (juris Rn. 19); 19.11.2015 – 1 AK 81/15, juris Rn. 14; zweifelnd OLG Hamm 22.1.2003 – 4 Ausl 275/02, StraFo 2003, 325 f.; OLG Celle 14.6.2010 – 1 Ausl 7/10, StraFo 2010, 431.
[198] BVerfG 5.6.1992 – 2 BvR 1403/91, juris Rn. 2.
[199] OLG Düsseldorf 25.7.1991 – 4 Ausl 231/91, MDR 1992, 288; krit. hierzu *Schomburg/Hackner* in: *Schomburg/Lagodny/Gleß/Hackner* IRG § 40 Rn. 36 f.

Staates.²⁰⁰ Der BGH hat seine abweichende Auffassung später bestätigt,²⁰¹ aber relativiert. Seit dem Inkrafttreten des IRG und der Klarstellung in den Materialien zum IRG scheidet beim Vollzug von Auslieferungshaft durch deutsche Behörden auf Ersuchen eines anderen Staates eine Anwendung des StrEG – auch eine analoge²⁰² – aus.

78 Anders soll es für den Fall sein, dass die deutschen Behörden die unberechtigte Verfolgung zu vertreten haben,²⁰³ etwa weil die Auslieferung von vorneherein unzulässig war²⁰⁴ oder bei einer fehlerhaften Beurteilung der Fluchtgefahr.²⁰⁵ Die Abänderung einer Rechtsauffassung im Laufe des Auslieferungsverfahrens durch das Oberlandesgericht soll aber nicht genügen.²⁰⁶ Das IRG verweist in seinem § 77 ausdrücklich nur auf die sinngemäße Geltung der StPO, dagegen gerade nicht auch auf das StrEG.²⁰⁷ Denn das StrEG gewährt zum einen Entschädigung nur für rechtmäßige Akte der Strafverfolgung. Auch fehlt es häufig an einem Verfahrensausgang, an dem die Strafverfolgungsmaßnahme gemessen werden könnte (vgl. §§ 5, 6). Die Zulässigkeitsentscheidung im Auslieferungsverfahren bedeutet keine Verurteilung.²⁰⁸ Zum anderen setzt sie Maßnahmen gegen einen Beschuldigten voraus. Im erwähnten Fall des LG Berlin hatte sich das Rechtshilfeersuchen nicht auf die Personen bezogen, gegen die sich die Maßnahme gerichtet hatte. Es liegt daher nahe – ohne dass der mitgeteilte Sachverhalt eine abschließende Beurteilung zuließe – dass die Betroffenen wie Dritte zu behandeln waren, denen auch bei Ermittlungsverfahren deutscher Behörden keine Ansprüche nach dem StrEG zustehen würden (vgl. → Einl. Rn. 36). Bei nicht rechtmäßiger Verhaftung zum Zweck der Auslieferung bleiben Entschädigungsansprüche aus Amtshaftung und aus Art. 5 Abs. 1 Buchst. f iVm Abs. 5 EMRK unberührt.²⁰⁹ Bei Verletzung der Vorschriften des Art. 5 Abs. 1–4 EMRK ist neben dem materiellen auch der immaterielle Schaden zu berücksichtigen.²¹⁰

---

²⁰⁰ Vgl. OLG Hamburg 24.3.1980 – Ausl 5/79, NJW 1980, 1239 (1240); OLG Karlsruhe 13.12.1978 – 2 AK 8/78, Justiz 1979, 238; OLG Stuttgart 7.3.1978 – 3 Ausl 40/75, MDR 1978, 779; aA BGHSt 30, 152 = NStZ 1981, 441 [zum früheren § 47 DAG, jedenfalls wenn die Auslieferungshaft von den deutschen Behörden zu vertreten ist] mit. abl. Anm. *Schätzler*; zust. Anm. *Hürxthal* LM Nr. 4 zu StrEG; auch → § 7 Rn. 5.
²⁰¹ BGH 17.1.1984 – 4 ARs 19/83, BGHSt 32, 221 (225) = NJW 1984, 1309 (1310).
²⁰² KG 29.11.2010 – 4 AuslA 915/06, NStZ-RR 2011, 207 (208 f.); OLG Dresden 10.7.2014 – OLG Ausl 53/14, juris Rn. 38; OLG Düsseldorf 23.5.2017 – 3 AR 153/15, juris Rn. 2.
²⁰³ BGH 17.1.1984 – 4 ARs 19/83, BGHSt 32, 221 (225) = NJW 1984, 1309 (1310); OLG Celle 17.1.2002 – 1 ARs 8/01, NdsRPfl 2002, 369 f.; offengelassen 6.12.2016 – 1 (AR) Ausl 55/16, juris Rn. 9 ff. mwN; OLG Dresden 10.7.2014 – OLG Ausl 53/14, juris Rn. 38; OLG Düsseldorf 23.5.2017 – 3 AR 153/15, juris Rn. 3 (offen gelassen); OLG Frankfurt a. M. 4.5.2009 – 1 W 10/09, juris Rn. 14 und hierzu *Teßmer* juris-PR-StrafR 23/2009 Anm. 3; OLG Hamm 17.1.1997 – 4 Ausl 30/91, NStZ 1997, 246 (offen gelassen); Thüringer OLG 25.1.2007 – Ausl 7/06, NJW 2007, 1700 (1701); OLG Karlsruhe 27.2.2003 – I AK 29/02, StV 2004, 444 (445); 10.8.2006 – 1 AK 1/06, StV 2007, 145 (146); 16.10.2006 – 1 AK 35/06, StV 2007, 146 (147); 22.11.2006 – 1 AK 38/06, StV 2007, 151 (152); 26.7.2007 – 1 AK 2/07, StraFo 2007, 478; 4.1.2011 – 1 AK 51/10, juris Rn. 21; 25.3.2013 – 1 AK 102/11, juris Rn. 13; 29.2.2015 – 1 AK 16/11, NStZ-RR 2015, 355 f. (juris Rn. 19); 19.11.2015 – 1 AK 81/15, juris Rn. 14; OLG Köln 4.7.2005 – 6 Ausl 53/05, juris Rn. 5 f. mwN, Ls. in NStZ-RR 2006, 151; OLG Saarbrücken 13.12.2006 – OLG Ausl 35/06, juris Rn. 23; 29.4.2008 – 1 Ausl 30/07, juris Rn. 6; offen gelassen von OLG Celle 14.6.2010 – 1 Ausl 7/10, juris Rn. 6; *Gillmeister* NJW 1991, 2245 (2251); *Schomburg/Hackner* in: *Schomburg/Lagodny/Gleß/Hackner* IRG Vor § 15 Rn. 10; *Vogler* NStZ 1989, 254 (255), der für eine uneingeschränkte Entschädigungspflicht eintritt.
²⁰⁴ *Schomburg/Hackner* in: *Schomburg/Lagodny/Gleß/Hackner* IRG Vor § 15 Rn. 12 gegen OLG Düsseldorf 25.7.1991 – 4 Ausl 231/89, NJW 1992, 646.
²⁰⁵ Vgl. zu beidem OLG Celle 14.6.2010 – 1 Ausl 7/10, StraFo 2010, 431; OLG Köln 4.7.2005 – 6 Ausl 53/05, juris Rn. 1, 5 f. für den deutschen Behörden unbekannt gebliebenen Widerruf einer SIS – Ausschreibung; LG Berlin 28.4.2008 – 501 Qs 56/08, StraFo 2008, 311 mit zust. Anm. *König* für fehlerhafte Beurteilung der Fluchtgefahr.
²⁰⁶ OLG Karlsruhe 25.3.2013 – 1 AK 102/11, juris Rn. 13.
²⁰⁷ BVerfG 5.6.1992 – 2 BvR 1403/91, juris; OLG Hamm 22.1.2003 – 4 Ausl 275/02, juris Rn. 9 ff.; *Schätzler* NStZ 1981, 442 f.
²⁰⁸ OLG Hamm 22.1.2003 – 4 Ausl 275/02, juris Rn. 9 ff.; *Schätzler* NStZ 1981, 442 f.
²⁰⁹ BVerfG 5.6.1992 – 2 BvR 1403/91, juris Rn. 3; BGH 17.1.1984 – 4 ARs 19/83, BGHSt 32, 221 (227); *Schomburg/Hackner* in: *Schomburg/Lagodny/Gleß/Hackner* IRG Vor § 15 Rn. 14 mit weiteren Beispielen aus der Rspr. des EuGMR.
²¹⁰ *Schomburg/Hackner* in: *Schomburg/Lagodny/Gleß Hackner* IRG Vor § 15 Rn. 14.

Für die Frage einer **rechtmäßigen Inhaftierung** im Sinne des hier einschlägigen Art. 5 **79** Abs. 1 Buchst. f EMRK – betreffend Ausweisungs- oder Auslieferungshaft – ist nur auf die Zulässigkeit der Anordnung der Haft abzustellen, nicht auf die Rechtmäßigkeit der Auslieferung.[211] Es genügt, wenn die Haft zur Sicherung eines laufenden Auslieferungsverfahrens entsprechend den materiellen und formellen Bestimmungen des innerstaatlichen Rechts von der dafür zuständigen Stelle frei von Willkür angeordnet worden ist. Dabei ist in der Rechtsprechung des Europäischen Gerichtshofs für Menschenrechte anerkannt, dass eine Freiheitsentziehung grundsätzlich rechtmäßig ist, wenn sie aufgrund einer gerichtlichen Entscheidung stattfindet.[212] Die Haft wird deshalb auch dann von Buchst. f gedeckt, wenn sich im innerstaatlichen Verfahren später ergibt, dass die Auslieferung nicht zulässig ist, es sei denn, der Antrag auf Auslieferung stellt sich prima facie als unzulässig oder unbegründet dar.

Offen bleibt die Frage, ob mit Abs. 3 ein genereller Ausschluss von Ersatzansprüchen, **80** für die rechtmäßige Freiheitsentziehung aus allgemeiner Aufopferung,[213] getroffen ist, die auf einer von einem deutschen Gericht rechtmäßig angeordneten Auslieferungshaft beruht. Soweit der Annahme eines solchen Ausschlusses die Vorstellung zugrunde liegen sollte, dass die Anordnung der Auslieferungshaft auf dem Ersuchen des ausländischen Staates und nicht auf dem Tätigwerden inländischer Stellen beruhe, wäre dies zu kurz gegriffen, weil ein inländisches Gericht zu prüfen hat, ob die Voraussetzungen für die Anordnung von Auslieferungshaft gegeben sind. Das Gericht setzt dieses Ersuchen nicht lediglich um.[214] War die **Auslieferungshaft nicht rechtmäßig,** weil – wie in dem entschiedenen Fall des BGH – ein anderer als der im ausländischen Ersuchen Genannte verhaftet worden war, so hat der Betroffene Anspruch auf Schadensersatz nach Amtshaftungsgrundsätzen und nach Art. 5 Abs. 1 Buchst. f, Abs. 5 EMRK.[215] Trifft deutsche Behörden ein Verschulden, zB bei einer Personenverwechslung oder wenn die Auslieferungshaft sachfremd oder in ihrer Dauer unverhältnismäßig war, so haftet der Träger der öffentlichen Gewalt nach §§ 839 ff. BGB.[216] Weitergehende Entschädigungsansprüche einzuräumen ist von verfassungs wegen nicht geboten.[217] Auch die Verletzung der Pflicht zur Überprüfung des hinreichenden Tatverdachts nach § 10 Abs. 2 IRG oder die in zulässiger Weise vorgenommene Übermittlung von nach deutschem Recht verwertbaren Ermittlungsergebnissen an die ausl. Behörden, die letztlich wesentlich zu dem Auslieferungsverfahren geführt haben, kann keine entsprechende Anwendung des StrEG rechtfertigen.[218]

§ 3 Entschädigung bei Einstellung nach Ermessensvorschrift

Wird das Verfahren nach einer Vorschrift eingestellt, die dies nach dem Ermessen des Gerichts oder der Staatsanwaltschaft zuläßt, so kann für die in § 2 genannten Strafverfolgungsmaßnahmen eine Entschädigung gewährt werden, soweit dies nach den Umständen des Falles der Billigkeit entspricht.

---

[211] OLG Stuttgart 20.7.2005 – 4 U 71/05, OLGR 2005, 746; Löwe/Rosenberg/*Esser* EMRK Art. 5 Rn. 168.
[212] BGH 18.5.2006 – III ZR 183/05, NVwZ 2006, 960; EGMR 4.8.1999 – 31464/96, NJW 2000, 2888 Rn. 44 und 45.
[213] Hierzu OLG Frankfurt a. M. 4.5.2009 – 1 W 10/09, juris Rn. 17 ff.; Ls. in NStZ-RR 2009, 282.
[214] OLG Frankfurt a. M. 4.5.2009 – 1 W 10/09, juris Rn. 17 ff.; Ls. in NStZ-RR 2009, 282.
[215] OLG Frankfurt a. M. 4.5.2009 – 1 W 10/09, juris Rn. 12; KG 29.11.2010 – 4 AuslA 915/06, NStZ-RR 2011, 207 (209).
[216] BVerfG 5.6.1992 – 2 BvR 1403/91, juris Rn. 2; BGH 17.1.1984 – 4 ARs 19/84, BGHSt 32, 221 (227) = NJW 1984, 1309; OLG Düsseldorf 25.7.1991 – 4 Ausl 231/91, MDR 1992, 288; OLG Frankfurt a. M. 4.5.2009 – 1 W 10/09, juris Rn. 8; Ls. in NStZ-RR 2009, 282; OLG Karlsruhe 13.12.1978 – 2 AK 8/78, Justiz 1979, 238; KG 29.11.2010 – 4 AuslA 915/06, NStZ-RR 2011, 207 (209); *Schätzler* NStZ 81, 443; für entsprechende Anwendung des StrEG Geigel/*Kapsa* Kap. 21 Rn. 129.
[217] BVerfG 5.6.1992 – 2 BvR 1403/91, juris Rn. 2.
[218] Zu beidem OLG Hamm 17.1.1997 – 4 Ausl 30/91, NStZ 1997, 246.

Schrifttum: *Demko*, Zur Unschuldsvermutung nach § 6 Abs. 2 EMRK bei Einstellung des Strafverfahrens und damit verknüpften Nebenfolgen, HRRS 2007, 286 ff.; *Kühl*, Rückschlag für die Unschuldsvermutung aus Straßburg, NJW 1988, 3233 ff.; *ders.*, Haftentschädigung und Unschuldsvermutung, NJW 1980, 806 ff.

Übersicht

	Rn.		Rn.
I. Inhalt und Anwendungsbereich	1–7	**V. Zweifelsfälle**	17–23
1. Allgemeines	1, 2	1. Einstellung nach § 153a StPO	17–20
2. Anwendung im Bußgeldverfahren	3	2. Einstellung nach § 154 StPO	21
3. Anwendung im Wiederaufnahmeverfahren	4	3. Einstellung nach § 154b StPO	22
4. Grundsätze	5	4. Beschränkung der Strafverfolgung nach § 154a StPO	23
5. Verhältnis zu Ausschluss- und Versagungsgründen	6, 7	**VI. Ermessenseinstellung und Unschuldsvermutung**	24, 25
II. Verhältnis zur Auslagenerstattung nach §§ 467, 467a StPO	8–11	**VII. Billigkeit nach den Umständen des Falles**	26–32
1. Einstellung durch die Staatsanwaltschaft	9	1. „Billigkeit" als unbestimmter Rechtsbegriff	26
2. Einstellung durch das Gericht	10, 11	2. Ausnahmecharakter der Entschädigung	27, 28
III. Begriff der Einstellung nach Ermessen	12–15	3. Erfordernis besonderer Billigkeitsgründe	29–31
IV. Fälle der Einstellung nach Ermessen	16	4. Teilweise Entschädigung	32

I. Inhalt und Anwendungsbereich

1 **1. Allgemeines.** Die in den §§ 1 und 2 geregelte obligatorische Entschädigung wird in den §§ 3 und 4 durch Vorschriften ergänzt, die eine **Billigkeitsentschädigung** vorsehen. § 3 schränkt für die Fälle der Einstellung nach Ermessen das Prinzip der obligatorischen Entschädigung ein; § 4 macht eine Entschädigung trotz Schuldspruchs möglich. § 3 hat dabei in der Kostenvorschrift des § 467 Abs. 4 StPO ihr Vorbild, die für die Einstellung nach § 153a StPO durch § 467 Abs. 5 StPO ergänzt wird.

2 Zweifelhaft kann das **Verhältnis der beiden Vorschriften** vor allem bei der Einstellung nach **§ 154 StPO** sein. Wegen des Grundsatzes der Gesamtabwägung (hierzu → § 4 Rn. 9, 11 ff.) ist auch **bei Tatmehrheit, mehreren prozessualen Taten** und selbst bei getrennten Verfahren erst am Ende aller Verfahren unter Berücksichtigung des Verfahrensergebnisses (vgl. → 2 Rn. 31 ff.) die Ermessensentscheidung nach der Billigkeit einer Entschädigung zu treffen. Es könnte sich daher aufdrängen, auf **§ 4** zurückzugreifen, wenn die Einstellung im Hinblick auf ein anderes, zur Zeit der vorläufigen Einstellung noch nicht abgeschlossenes Verfahren erfolgt ist und somit eine **„entschädigungsrechtliche Verknüpfung"** beider Verfahren vorliegt.[1] Dem stehen indes rechtliche wie praktische Erwägungen entgegen: Rechtliche deshalb, weil nur § 3, nicht aber § 4 auf das eingestellte Verfahren anwendbar ist, jedenfalls wenn es völlig selbständig und ohne inneren Bezug zu dem Verfahren ist, in dem eine Verurteilung erfolgte. Praktische, weil die Entschädigungsentscheidung mit der abschließenden Sachentscheidung zu ergehen hat, § 8 Abs. 1,[2] bei der Entscheidung aber gar nicht immer bekannt sein wird, welche Verfahren nach § 154 StPO im Hinblick auf dieses Verfahren vorläufig eingestellt wurden. Die in der Praxis am häufigsten zu einer Entschädigungspflicht führenden Maßnahmen, U-Haft und vorläufige Entziehung der Fahrerlaubnis, können in – teils analoger – Anwendung des § 51 StGB im Einzelfall **durch Anrechnung erledigt** werden (vgl. → § 2 Rn. 35 ff. und → § 4 Rn. 7 ff.) so dass sich die Frage nach einer Entschädigung nur für einen etwa überschießenden Rest und andere Maßnahmen stellt. Bei verschiedenen prozessualen Taten und **eindeutiger Zuordnung** zu

---

[1] *Meyer* § 4 Rn. 9 und JurBüro 1984, 1861, Anm. zu LG Flensburg 16.10.1984 – II Qs 199/84, JurBüro 1984, 1860, das § 3 anwendet.

[2] Vgl. → § 8 Rn. 3.

einem Verfahren hat die Entschädigung in dem Verfahren zu erfolgen, für das die Maßnahme vollzogen wurde. Bei einer Einstellung nach Ermessen wird dann eine Entschädigung nur ausnahmsweise zu gewähren sein (→ Rn. 27).

2. Anwendung im Bußgeldverfahren. § 3 gilt sinngemäß im Bußgeldverfahren für die – dort allein zulässigen – vorläufigen Maßnahmen nach § 2 Abs. 2 Nr. 4. Wegen des im Bußgeldverfahren grundsätzlich geltenden Opportunitätsprinzips (§ 47 OWiG) ist die Einstellung nach Ermessen dort häufig. Stellt die Verwaltungsbehörde ein, so entscheidet sie auch über die Entschädigungspflicht (vgl. § 110 Abs. 1 OWiG und → Anh. § 18 Rn. 11 (§ 110 OWiG)).

3. Anwendung im Wiederaufnahmeverfahren. Soweit § 2 im Wiederaufnahmeverfahren angewendet werden kann (vgl. → § 2 Rn. 2), ist auch Billigkeitsentschädigung denkbar, zB wenn das Wiederaufnahmeverfahren nach einer Ermessensvorschrift eingestellt wird.[3] § 3 unterscheidet nicht danach, ob die Einstellung im Ausgangs- oder Wiederaufnahmeverfahren erfolgt. Die Bezugnahme auf § 2 betrifft nur die entschädigungsfähigen Maßnahmen. Schon nach dem Wortlaut gewährt § 1 nur Entschädigung für Urteilsfolgen, nicht für nach dem ersten Urteil im Wiederaufnahmeverfahren neu angeordnete und vollzogene Strafverfolgungsmaßnahmen oder vor dem ersten Urteil vollzogene, die nicht konsumiert wurden.

4. Grundsätze. Bereits aus dem Wortlaut der Vorschrift ergibt sich: Nach einer Ermessenseinstellung (dazu → Rn. 12) ist die Gewährung einer Entschädigung die **Ausnahme** („kann ... gewährt werden"; dazu → Rn. 27); und ob sie gewährt wird, liegt im **Ermessen des Gerichts** (dazu → Rn. 26).

5. Verhältnis zu Ausschluss- und Versagungsgründen. Für die Anwendung des § 3 ist allerdings erst dann Raum, wenn keine Gründe gegeben sind, die eine Entschädigung ausschließen, § 5. Ob diese vorliegen, ist stets vorrangig anhand der einzelnen Ausschlussgründe des § 5 zu prüfen,[4] insbesondere auch der einzelnen Tatbestände des Abs. 1 dieser Vorschrift, die jede Entschädigung verbieten. Auch wenn Gründe für eine Versagung nach § 6 gegeben sind, geht dies der Anwendung des § 3 vor[5] und führt nicht nur zur Berücksichtigung dieser Gründe im Rahmen der Billigkeitserwägungen.[6]

In zweiter Linie sind etwaige Versagungsgründen nach § 6 zu prüfen; liegen solche vor, so wird es in der Regel nicht der Billigkeit entsprechen, in Anwendung des § 3 Entschädigung zu gewähren. Auch ein wirksamer **Verzicht** des Beschuldigten schließt Ansprüche aus, vgl. → § 8 Rn. 17.

II. Verhältnis zur Auslagenerstattung nach §§ 467, 467a StPO

Eine dem § 3 ähnliche Formel enthält § 467 Abs. 4 StPO: „Stellt das Gericht das Verfahren nach einer Vorschrift ein, die dies nach seinem Ermessen zulässt, so kann es davon absehen, die notwendigen Auslagen des Angeschuldigten der Staatskasse aufzuerlegen." Die Vorschrift gilt sinngemäß, wenn die StA das Verfahren nach einer Ermessensvorschrift eingestellt hat, nachdem sie die öffentliche Klage zurückgenommen hat (§ 467a Abs. 1 S. 2 StPO). Zwischen der Regelung der Auslagenerstattung in der StPO und der Entschädigungsregelung in § 3 bestehen aber folgende Unterschiede:

1. Einstellung durch die Staatsanwaltschaft. Hat die StA eingestellt, bevor sie Anklage erhoben hat, so gibt es keine gerichtliche Entscheidung über die Kosten und die notwendigen Auslagen (vgl. §§ 464, 467, 467a StPO). Über die Entschädigung für vorläufige

---

[3] AA *Meyer* Rn. 11, der dies als weggefallene oder geringere Rechtsfolge im Sinne des § 1 ansehen will.
[4] KG 7.12.1998 – 4 Ws 249/98, RPfl 1999, 350; 9.3.1999 – 4 Ws 24/99, juris Rn. 4 ff.
[5] KG 7.12.1998 – 4 Ws 249/98, RPfl 1999, 350; *Meyer-Goßner/Schmitt* Rn. 2; *Meyer* MDR 1979, 77.
[6] So aber *Cornelius* Rn. 6.

Strafverfolgungsmaßnahmen (§ 2) hat das Gericht dagegen auf Antrag des Beschuldigten (§ 9 Abs. 1 S. 3) zu entscheiden.

10 **2. Einstellung durch das Gericht.** Die StPO ermächtigt das Gericht, davon abzusehen, die Auslagenerstattung an den Angeschuldigten anzuordnen, gibt aber keine Richtlinie für die Ausübung des Ermessens. Nach der Struktur des § 467 StPO ist die Übernahme der notwendigen Auslagen durch die Staatskasse die Regel. Dieser Grundsatz ist in Abs. 1 formuliert. Die folgenden Absätze enthalten dann die Ausnahmen, unter denen von der Kostentragung oder Auslagenerstattung abgesehen wird. Bei § 3 und § 4 ist das Verhältnis zwischen Regel und Ausnahme umgekehrt; das Ermessen ist in eine bestimmte Richtung gewiesen: es müssen bestimmte Umstände festgestellt werden, aus denen sich ergibt, dass es billig ist, Entschädigung zuzusprechen (oder umgekehrt: es unbillig wäre, Entschädigung zu versagen).

11 Die Entscheidungen über Auslagen und Entschädigung werden meistens gleichartig, können aber auch verschieden ausfallen. Es ist möglich, dass die Auslagen erstattet werden, eine Entschädigung aber versagt wird. Umgekehrt ist es nicht vorstellbar, weil die Regelungen des StrEG den Entschädigungsanspruch von engeren Voraussetzungen abhängig machen.

III. Begriff der Einstellung nach Ermessen

12 Eine Reihe von Vorschriften der StPO und des JGG räumen dem Gericht und der StA ein Ermessen ein, die Strafverfolgung zu beenden oder von ihr abzusehen. Dieses Ermessen bei der Sachentscheidung fordert auch einen Ermessensspielraum in der Entschädigungsfrage; § 3 räumt ihn ein. Unerheblich ist, ob die Verfahrensnorm den Schritt ausdrücklich als Einstellung bezeichnet. Ob die Einstellung wechselseitig von der Zustimmung des Gerichts oder der StA abhängt und ob die Anhörung des Beschuldigten vorgeschrieben ist, spielt keine Rolle.

13 Die StPO definiert allerdings den Begriff der Einstellung nach Ermessen nicht; er ist nicht eindeutig. Die Zahl der speziellen gesetzlichen Einstellungsgründe hat mit der Zeit immer mehr zugenommen. Der für die Praxis wichtige § 153a StPO ist im Jahr 1974 durch das EGStGB eingefügt worden, und damit erst nach dem Inkrafttreten des StrEG.

14 Nur Entscheidungen nach dem **Opportunitätsprinzip** können hier in Betracht kommen. Eine Alternative muss jeweils möglich und gesetzlich zulässig sein. Kein Merkmal ist, dass zugunsten des Beschuldigten eingestellt wird. Es kann auch um übergeordnete Interessen gehen (politische Gründe, Prozessökonomie, kriminalpolitische Zwecke). Die Einstellung muss die Strafverfolgung **endgültig abschließen**. Die gerichtliche Einstellung muss den Anklagezustand beenden, die staatsanwaltschaftliche das Ermittlungsverfahren. Vorläufige Einstellungsentscheidungen lassen den weiteren Gang des Verfahrens offen und bieten deshalb keine hinreichenden und bestimmten Tatsachen, auf deren Grundlage über Kosten, Auslagen und Entschädigung entschieden werden könnte.

15 Die Einstellungen aus übergeordneten Interessen verzichten darauf, die Schuldfrage zu klären. Andere häufige Einstellungsentscheidungen dagegen **gewichten** die Schuldfrage auf Grund eines vorläufigen Urteils (§ 153a StPO) oder einer Hypothese (§ 153 StPO) über die Schuld.

IV. Fälle der Einstellung nach Ermessen

16 Nach dieser begrifflichen Klärung lassen sich die Fälle der Ermesseneinstellung herausfiltern, die § 3 (und § 467 Abs. 4 StPO) meint. Es sind dies die Einstellungen nach der StPO, nämlich nach
 – § 153 wegen Geringfügigkeit
 – § 153b, wenn das Gericht von Strafe absehen könnte
 – § 153c bei Auslandstaten
 – § 153d aus politischen Gründe bei Staatsschutzdelikten
 – § 153e bei tätiger Reue bei Staatsschutzdelikten

- § 153f bei Straftaten nach dem Völkerstrafgesetzbuch
- § 154c bei dem Opfer einer Nötigung oder Erpressung
- § 383 Abs. 2, § 390 Abs. 5 im Privatklageverfahren

sowie das Absehen von der Verfolgung nach § 45 JGG und die Einstellung durch den Richter nach § 47 JGG.

V. Zweifelsfälle

Zweifelhaft ist es in den nachfolgenden Fällen, ob eine Einstellung nach Ermessen iSd § 3 vorliegt:

1. Einstellung nach § 153a StPO. Die Verfahrenserledigung nach der Vorschrift des durch das EGStGB im Jahr 1974 – und damit nach Inkrafttreten des StrEG – eingeführten § 153a StPO weist Besonderheiten auf. Zunächst wird mit Zustimmung des Beschuldigten, ggf. auch des Gerichts, vorläufig eingestellt, wodurch ein vorläufiges Verfahrenshindernis entsteht. Nach Erfüllung der Auflagen und Weisungen tritt dann ohne weiteres Zutun ein endgültiges Verfahrenshindernis ein. Die „endgültige Einstellung" ist damit keine Ermessensentscheidung. Das Ganze ist ein Ersatz für die Durchführung des Strafverfahrens, und zwar durch Maßnahmen, die im Ergebnis unterhalb der Schwelle einer Bestrafung liegen. Das muss **Konsequenzen für die Kosten** haben. In § 467 Abs. 5 StPO werden sie für die Auslagen dahin gezogen, dass diese der Angeschuldigte zu tragen hat. Das war vom Bundestag nachträglich in das EGStGB eingefügt worden mit der Begründung, dem Sinn der Regelung in § 153a StPO liefe es zuwider, wenn der Beschuldigte die Erstattung seiner notwendigen Auslagen verlangen könnte.[7] Dass die Einführung der Vorschrift auch **Auswirkungen auf die Entschädigungspflicht** haben kann, ist im Gesetzgebungsverfahren nicht bedacht und vor allem nicht geregelt worden. Es ist daher umstritten, ob die Vorschrift zu den Ermessensentscheidungen des § 3 gehört.

Die alleine auf Ermessen beruhende **vorläufige Einstellung** beendet das Verfahren nicht und verbraucht die Strafklage nicht. Es wäre daher nicht nur unpraktisch, zu diesem Zeitpunkt eine Entschädigungsentscheidung zu treffen, die in vielen Fällen später über § 14 korrigiert werden müsste, sondern rechtlich unzulässig.[8] Die **„endgültige Einstellung"**, die zwar nicht in § 153a StPO genannt, wohl aber von § 467 Abs. 5 StPO gefordert wird, ist im gerichtlichen Verfahren nach hM keine solche nach § 206a StPO[9] und im Ermittlungsverfahren keine solche nach § 170 Abs. 2 StPO wegen eines Verfahrenshindernisses, sondern findet ihre Grundlage in § 153a StPO selbst. Der Weg zu einer Versagung der Entschädigung nach § 6 Abs. 1 Nr. 2 Alt. 2 ist daher verbaut.

Die Tatsache, dass bei § 153a StPO nur die vorläufige Einstellung auf Ermessen beruht, es zu einer endgültigen Einstellung nicht mehr kommt, und dass diese Art der Verfahrensbeendigung nur zulässig ist, wenn auch eine Verurteilung wahrscheinlich wäre[10] sowie die kostenrechtlichen Konsequenzen des § 467 Abs. 5 StPO für die Auslagen rechtfertigen es entgegen einer gelegentlich in der Literatur anzutreffenden Ansicht[11] nicht, § 153a StPO nicht als Ermessensvorschrift im Sinne des § 3 anzusehen und Entschädigung zu versagen.[12]

Vielmehr ist auch die Verfahrenserledigung nach § 153a StPO ein Fall der **Ermessenseinstellung** im Sinne des § 3.[13] Wie bei § 154 StPO (vgl. → § 2 Rn. 27) ist es entschädi-

---

[7] Bericht des Sonderausschusses für die Strafrechtsreform, BT-Drs. 7/1261 zu Art. 19 Nr. 130.
[8] Löwe/Rosenberg/*Beulke* StPO § 153a Rn. 125.
[9] *Meyer-Goßner/Schmitt* StPO § 153a Rn. 53 mwN; aA *Meyer* Rn. 40 und § 4 Rn. 9.
[10] *Meyer-Goßner/Schmitt* StPO § 153a Rn. 2, 7 ff.
[11] *Grohmann* BA 22 [1985], 234; *Meyer* Rn. 40: „für den Regelfall".
[12] Ganz hM: OLG Hamburg 28.6.1993 – 2 Ws 322/93, MDR 1993, 948; OLG Stuttgart 5.6.1991 – 1 Ws 73/91, MDR 1991, 978; KMR – *Plöd* StPO § 153a Rn. 70; *Meyer-Goßner/Schmitt* Rn. 1.
[13] OLG Düsseldorf 5.7.1988 – 2 Ws 124/88, NStE Nr. 2 zu § 8 StrEG; OLG Hamm 8.2.1984 – 5 Ws 27/84, juris Ls. 2; OLG Stuttgart 5.6.1991 – 1 Ws 73/91, MDR 1991, 978; OLG Hamburg 28.6.1993 – 2 Ws 322/93, MDR 1993, 948 mwN; LG Flensburg 13.6.1978 – 2 KLs 8/75, MDR 1978, 868; KK/*Schoreit* StPO § 153a Rn. 62; KMR – *Plöd* StPO § 153a Rn. 70; Löwe/Rosenberg/*Beulke* StPO § 153a Rn. 113, 129; *Meyer-Goßner/Schmitt* Rn. 1; *Sojka* MDR 1993, 949.

gungsrechtlich nicht zulässig, den zweiaktigen Einstellungsvorgang aufzugliedern in eine dem Ermessen unterliegende vorläufige Einstellung und eine kraft Gesetzes mit Entstehen des Verfahrenshindernisses eintretende „endgültige Einstellung". Denn ohne die vorgängige Ausübung von Ermessen könnte es auch nicht zu der endgültigen Verfahrensbeendigung kommen. Das Argument, entschädigungsfähige Strafverfolgungsmaßnahmen könnten bei der Höhe der Geldbuße berücksichtigt werden, überbürdet das Risiko dem Beschuldigten, wenn er zu einer Einstellung kommen möchte[14] und führt insbesondere bei vorangegangener längerer Freiheitsentziehung unter Umständen zu ungerechten Ergebnissen und kann im Übrigen im Rahmen der Billigkeitserwägungen berücksichtigt werden. Diese werden ohnehin regelmäßig nicht zu einer Entschädigung führen, weil Entschädigung bei einer Ermessenseinstellung die Ausnahme ist und die Verdachtslage entgegensteht (→ Rn. 24). Die Regelung über die Auslagenerstattung in § 467 Abs. 5 StPO steht nicht entgegen, weil die Entschädigungsfrage bei Einführung des § 153a StPO (nach dem Inkrafttreten des StrEG) gar nicht gesehen wurde. Der Beschuldigte kann allerdings auf Entschädigung verzichten.[15]

21 **2. Einstellung nach § 154 StPO.** Zur Einstellung nach § 154 StPO vgl. → § 2 Rn. 25 ff. Sie ist aus den dort angeführten Gründen eine Ermessenseinstellung iSd § 3.

22 **3. Einstellung nach § 154b StPO.** Die Einstellung nach § 154b StPO wegen Auslieferung an eine ausländische Regierung oder wegen Landesverweisung ist ebenfalls eine solche nach Ermessen iSd § 3 (vgl. → § 2 Rn. 39).

23 **4. Beschränkung der Strafverfolgung nach § 154a StPO.** Eine Beschränkung der Strafverfolgung nach § 154a StPO durch Aussonderung eines abtrennbaren Teils einer Tat oder einer von mehreren Gesetzesverletzungen ist schon formell keine Einstellung (vgl. → § 2 Rn. 40) und fällt daher nicht unter die Ermessenseinstellungen nach § 3. Das gleiche gilt für das Ausscheiden von Maßnahmen der Einziehung in allen ihren Formen nach §§ 421, 439 StPO (bis 30.6.2017: §§ 430, 442 Abs. 1 StPO).[16] Für eine Anordnung nach § 111i StPO i.d. bis zum 30.6.2017 geltenden Fassung über einen „Auffangrechtserwerb" des Staates ist nach Streichung des § 73 Abs. 1 S. 2 StGB über die „Rückgewinnungshilfe" kein Raum mehr. Die in § 422 StPO neu geschaffene Möglichkeit einer Abtrennung des Verfahrens über die Einziehung ist ohnehin keine Einstellung.

VI. Ermessenseinstellung und Unschuldsvermutung

24 Allen Einstellungen nach Ermessen ist gemeinsam dass es nicht zu einer gerichtlichen Feststellung strafrechtlicher Schuld kommt, die Anknüpfungspunkt für die Entscheidung über die Entschädigung sein könnte. Die Unschuldsvermutung, die zwar in der StPO nicht wörtlich zum Ausdruck kommt, ihr aber zugrunde liegt, ist auch in der einfachgesetzlichen Fassung des Art. 6 Abs. 2 EMRK nicht weniger und nicht mehr als eine Maxime für die Behandlung des Angekl. im Strafverfahren, solange dessen Ausgang offen ist. Sie folgt schon aus dem Rechtsstaatsprinzip[17] und hat Verfassungsrang.[18] Auch im Bußgeldverfahren beansprucht sie Geltung.[19] Ein Beschluss, keine Entschädigung zu gewähren, stellt andererseits für sich genommen keine Strafe oder Maßnahme dar, die einer Strafe gleichkommt.[20] Strafprozessuale Ent-

---

[14] OLG Hamburg 28.6.1993 – 2 Ws 322/93, MDR 1993, 948.
[15] KK/*Schoreit* StPO § 153a Rn. 62; KMR/*Plöd* StPO § 153a Rn. 70; Löwe/Rosenberg/*Beulke* StPO § 153a Rn. 129; allgemein zum Verzicht auf Entschädigung → § 8 Rn. 17 ff.
[16] *Meyer-Goßner/Schmitt* Rn. 1; *Meyer* Rn. 25.
[17] BVerfG 29.5.1990 – 2 BvR 254, 1343/88, NJW 1990, 2741 (zu § 467 Abs. 4 StPO).
[18] Bezogen auf Entscheidungen über Strafverfolgungsmaßnahmen vgl. etwa BVerfG 25.11.1991 – 2 BvR 1056/90, NJW 1992, 2011 f.; 21.11.2002 – 2 BvR 1609/02, juris Rn. 3 ff.; VerfGH Leipzig 25.9.2009 – Vf. 45-IV-09, juris Rn. 31.
[19] EGMR 25.8.1987 – 9912/82, Ls. in juris; 25.8.1987 – 8/1986/106/154, Ls. in juris.
[20] EGMR 25.8.1987 – 9/1986/107/155, NJW 1988, 3257 (3258) [Fall Englert]; hierzu ausführlich und kritisch *Kühl* NJW 1988, 3233; ähnlich argumentiert der Gerichtshof in weiteren Entscheidungen vom gleichen Tag: 10282/83, Ls. in juris; 9912/82, Ls. in juris; 8/1986/106/154, EuGRZ 1987, 399 ff.; 10300/83, Ls. in juris; BVerfG 25.11.1991 – 2 BvR 1056/90, NJW 1992, 2011; Löwe/Rosenberg/*Beulke* StPO § 153 Rn. 80.

scheidungen über Entschädigungsansprüche dürfen dann aber nicht mit Feststellungen zur Schuld begründet werden.[21] Ist ein Verfahren nach einer Ermessensvorschrift eingestellt worden, stellten die Gerichte in ihren Entscheidungen, die eine Verpflichtung der Staatskasse zur Übernahme der notwendigen Auslagen und zur Entschädigung verneinen, nicht selten auf die Erwägung ab, der Angeschuldigte wäre bei Fortführung des Verfahrens (wahrscheinlich) verurteilt worden. Wird ein Strafverfahren aber ohne Urteil beendet, so fehlt es an der prozessordnungsgemäßen Grundlage für eine Erkenntnis zur Schuld. Schuldzuweisungen oder Schuldfeststellungen in Entscheidungen über die Entschädigungspflicht für Strafverfolgungsmaßnahmen vermögen dann einen selbständigen Grundrechtsverstoß zu begründen.[22] Nichts anderes gilt, wenn das Verfahren und die Hauptverhandlung bis zur „Schuldspruchreife" gediehen waren,[23] denn dieser Begriff ist verschwommen.[24] Der **EGMR** hat in mehreren Beschwerdeverfahren zu erkennen gegeben, derartige Begründungen widersprächen der Unschuldsvermutung. Für den Fall der Versagung von Haftentschädigung gemäß § 5 Abs. 2 wegen grober Fahrlässigkeit nach Einstellung gemäß **§ 154 Abs. 2 StPO** hat er die Formulierung in dem Einstellungsbeschluss „bei Würdigung des bisherigen Prozessgeschehens überwiegen ... die Umstände, welche die Unschuldsvermutung entkräften derart, dass eine Verurteilung deutlich wahrscheinlicher ist als ein Freispruch" zwar als bedenklich eingestuft, im Ergebnis aber ausgeführt, dies beschreibe lediglich eine **Verdachtslage** und enthalte keine Schuldfeststellung. Ebenso hat der Gerichtshof für **§ 153a StPO** entschieden.[25] Das **BVerfG** hat sich zwar bisher nicht ausdrücklich zur Bedeutung der Unschuldsvermutung bei der Anwendung des § 3 geäußert. Es hat aber im Rahmen der parallelen Problematik bei § 467 Abs. 4 StPO[26] für den Fall einer Einstellung nach **§ 206a StPO** (vgl. → § 2 Rn. 22) und Versagung von Entschädigung nach § 5 Abs. 2[27] ausgeführt, im Rahmen einer nachträglichen Entscheidung über die Entschädigungspflicht könne ein verbleibender Tatverdacht Berücksichtigung finden: Die Versagung von Entschädigung habe keinen Strafcharakter, aus der Begründung müsse sich allerdings deutlich ergeben, dass es sich nicht um eine Schuldzuweisung oder -feststellung, sondern nur um die Beschreibung und Bewertung einer Verdachtslage handle.[28] Auch der **BGH** hat bei der Anwendung von § 467 Abs. 4 StPO Verdachtserwägungen für zulässig erachtet.[29] Für **§ 153 StPO** ist dies ebenfalls angenommen worden. Das LG Flensburg hat Entschädigung für die vorläufige Entziehung der Fahrerlaubnis in einem Fall versagt, in dem offen geblieben war, ob ein während einer Sperrfrist erworbener (tschechischer) Führerschein anzuerkennen war oder nicht.[30] Die Maßnahme könne dann nicht als grob unverhältnismäßig erkannt werden. Gerichte haben sich dem für die Versagung von Entschädigung bei Einstellungen nach § 153a StPO angeschlossen.[31] **Die Unschuldsvermutung des § 6 Abs. 2 EMRK ist daher nur verletzt,** wenn das Gericht über Verdachtserwägungen hinaus geht und strafrechtliche Schuld zuweist,[32] sei es auch nur durch ein Wahrscheinlichkeitsurteil.[33] Das kann etwa der Fall sein, wenn der Beschuldigte einen Teil der Verfahrenskosten und die notwendigen Auslagen der Privatkläger zu tragen hat[34] und vom

---

[21] Löwe/Rosenberg/*Beulke* StPO § 153 Rn. 80 mit zahlreichen Nachweisen in Fußnote 246.
[22] VerfGH Leipzig 25.9.2009 – Vf. 45-IV-09, juris Rn. 31.
[23] So aber BVerfG 21.11.2001 – 2 BvR 1609/02, NJW 1992, 2011 f.; VerfGH Leipzig 25.9.2009 – Vf. 45-IV-09, juris Rn. 31.
[24] LR-*Beulke* StPO § 153a Rn. 80 mwN.
[25] EGMR 28.4.2005 – 72758/01, juris Rn. 34 u. 38 und hierzu *Demko* HRRS 2007, 286 ff.
[26] BVerfG 29.5.1990 – 2 BvR 254, 1343/88, NJW 1990, 2741(mit abl. Anmerkung *Paulus* NStZ 1990, 600); 7.2.2002 – 2 BvR 9/02, juris Rn. 2 (beide zu § 467 Abs. 4 StPO).
[27] 25.11.1991 – 2 BvR 1056/90, NJW 1992, 2011.
[28] VerfGH Leipzig 25.9.2009 – Vf. 45-IV-09, juris Rn. 31;vgl. hierzu auch *Demko* HRRS 2007, 286 ff.
[29] Vgl. BGH 8.7.1998 – 4 StR 254/99, ZfSchR 2000, 38 (juris Rn. 6).
[30] 26.1.2009 – I Qs 91/08, SchlHA 2009, 171.
[31] VerfGH Berlin 20.6.2014 – 128/12, NJW 2014, 3358 ff.; OLG Frankfurt a. M. 22.9.2000 – Ws 900/00, unveröffentlicht.
[32] OLG Braunschweig 13.11.2012 – Ws 321/12, NStZ-RR 2013, 95 (96).
[33] Vgl. *Meyer-Goßner/Schmitt* StPO § 467 Rn. 19; bedenklich etwa BGH 8.7.1998 – 4 StR 254/99, ZfSchR 2000, 38, wo ausgeführt wird, dass im Falle einer Zurückverweisung eine Verurteilung wahrscheinlich wäre.
[34] VerfGH Berlin 20.6.2014 – 128/12, NJW 2014, 3358 ff.

Bestehen einer Schuld ausgegangen wird.³⁵ Durch diese Rechtsprechung dürfte die Bedeutung der Unschuldsvermutung bei einer Ermessenseinstellung für die Praxis weitgehend geklärt sein.

25   Nichts hindert das Gericht im Übrigen, in der Begründung auf das Prozessrisiko abzustellen und die Tatsachen anzuführen, aus denen es sich ergibt. Die Einstellung befreit den Beschuldigten hiervon. Deshalb kann es im Einzelfall angebracht sein, von einer Billigkeitsentschädigung und von der Auslagenerstattung abzusehen. War vor der Eröffnung nach einer Ermessensvorschrift eingestellt worden, so kann der Beschluss, der eine Entschädigung versagt, auch damit begründet werden, dass das Gericht andernfalls das Hauptverfahren hätte eröffnen müssen.

VII. Billigkeit nach den Umständen des Falles

26   **1. „Billigkeit" als unbestimmter Rechtsbegriff.** Die Abwägung, ob es nach den Umständen des Einzelfalles der Billigkeit entspricht, einen Ersatzanspruch zu gewähren, ist dem Richter überlassen. Er hat dabei alle Umstände des Einzelfalls zu berücksichtigen. Der Gesetzgeber hat davon abgesehen, den Ermessensspielraum über das Erfordernis der Billigkeit hinaus einzuengen. Der Begriff der Billigkeit ist ein unbestimmter Rechtsbegriff.³⁶ Die Gestaltung als Kann-Vorschrift besagt aber nicht, dass das Ermessen frei ist. Aus fiskalischen Gründen darf die Entschädigung nicht versagt werden. Die Ermessensentscheidung unterliegt der vollen Überprüfung im Beschwerdeverfahren, vgl. → § 8 Rn. 66. Die Ausschluss- und Versagungsgründe der §§ 5 und 6 sind vorrangig zu berücksichtigen.

27   **2. Ausnahmecharakter der Entschädigung.** Die Entschädigung nach § 3 ist nicht die Regel, sondern die Ausnahme.³⁷ Dies ergibt schon aus der Wortlaut der Vorschrift. Nur bei einem groben Missverhältnis zwischen dem Vollzug der Strafverfolgungsmaßnahme und dem dadurch entstandenen Schaden des Beschuldigten kommt eine positive Entschädigungsentscheidung in Betracht.³⁸ Der Fall muss sich von der Masse ähnlicher Sachverhalte auffallend abheben.³⁹ Die in die Sachentscheidung einfließenden Gründe der Zweckmäßigkeit können vorangegangene Strafverfolgungsmaßnahmen durchaus kompensieren. Das wird besonders deutlich, wenn zugunsten des Beschuldigten das öffentliche Interesse an der Strafverfolgung verneint wird (§ 153 StPO), gilt aber auch, wenn überwiegende öffentliche Interessen der Verfolgung entgegenstehen. Die Gegenmeinung, wonach die Billigkeitsentscheidung die Regel sein soll,⁴⁰ überzeugt nicht. Vielmehr ist eine Sonderopfergrenze zu bestimmen. Erst deren Überschreitung löst eine Entschädigungspflicht aus § 2 und – einschränkend – aus § 3 aus. Bei der erforderlichen Interessenabwägung ist eine Interessenabwägung vorzunehmen, in die auch die Interessen des Ganzen, insbesondere der Strafverfolgung einzustellen sind.⁴¹

28   Der Ausnahmecharakter zeigt sich auch in der Zahl der Entschädigungsfälle in Anwendung der §§ 3 und 4: Im Jahr 1985 wurde für neun Fälle 3.208 Euro (6.274,– DM), im

---

³⁵ EGMR 25.3.1983 – 8660/79, EuGRZ 1983, 475 (479) [Fall Minelli].
³⁶ *Meyer* MDR 1979, 77.
³⁷ ebenso OLG Braunschweig 13.11.2012 – Ws 321/12, NStZ-RR 2013, 95 (96); OLG Frankfurt a. M. 22.9.2000 – Ws 900/00, unveröffentlicht; OLG Hamburg 28.6.1993 – 2 Ws 322/93, MDR 1993, 948 (949); KG 7.12.1998 – 4 Ws 249/98, Rpfl 1999, 350 (351); 23.1.2002 – 4 Ws 12/02, juris Rn. 3; OLG Stuttgart 5.6.1991 – 1 Ws 73/91, MDR 1991, 978;LG Flensburg 4.9.1984 – I KLs 34/83, JurBüro 1985, 1043; *Cornelius* Rn. 3; *Meyer* MDR 1979, 77, ähnlich *Dahs* Rn. 372.
³⁸ OLG Braunschweig 13.11.2012 – Ws 321/12, NStZ-RR 2013, 95 (96); KG 7.12.1998 – 4 Ws 249/98, Rpfl 1999, 350 (351); OLG Stuttgart 5.6.1991 – 1 Ws 73/91, MDR 1991, 978; LG Flensburg 4.9.1984 – I KLs 34/83, JurBüro 1985, 1043; *Böing* S. 73 f.; *Meyer* MDR 1979, 77.
³⁹ OLG Braunschweig 13.11.2012 – Ws 321/12, NStZ-RR 2013, 95 (96); OLG Frankfurt a. M. 22.9.2000 – Ws 900/00, unveröffentlicht; KG 7.12.1998 – 4 Ws 249/98, Rpfl 1999, 350 (351); 23.1.2002 – 4 Ws 12/02, juris Rn. 3; OLG Schleswig 1.4.1998 – 2 Ws 97/98, SchlHA 1999, 204 (bei *Lorenzen* und *Döllel*); OLG Stuttgart 5.6.1991 – 1 Ws 73/91, MDR 1991, 978; *Meyer-Goßner/Schmitt* Rn. 2; *Meyer* Rn. 45; *ders.* MDR 1980, 722.
⁴⁰ *Dahs* Rn. 372 f.; *Kühl* NJW 1980, 806 (810).
⁴¹ OLG Braunschweig 13.11.2012 – Ws 321/12, NStZ-RR 2013, 95 (96).

Jahr 1990 für 11 Fälle 7.863,– Euro (15.378,– DM) und im Jahr 1994, dem letzten Jahr der bundeseinheitlichen Statistik, für 11 Fälle 11.248,– Euro (22.000,– DM) bezahlt.

3. Erfordernis besonderer Billigkeitsgründe. Es müssen besondere Billigkeitsgründe 29 vorliegen, die eine Entschädigung angebracht erscheinen lassen. Bei der Abwägung sind alle festgestellten Tatsachen zu berücksichtigen. Das sind zunächst die Tatumstände, aber nicht sie allein, sondern namentlich auch die Interessenlage des Beschuldigten sowie des Verletzten und die Folgen der Tat.[42] Mehr als geringfügige oder gar schwere Tatfolgen hindern zwar die Einstellung nach **§ 153 StPO** nicht, können aber einer Billigkeitsentschädigung entgegenstehen, etwa wenn die Einstellung nach einem Geständnis alleine wegen der ungewöhnlich langen Verfahrensdauer von acht Jahren erfolgt[43] oder bei einer vorläufigen Entziehung der Fahrerlaubnis, wenn erst ein (weiteres) Sachverständigengutachten in der Berufungsinstanz das Verhalten des Angekl. in einem milderen Licht erscheinen lässt.[44] Zwar streitet auch insofern für den Angekl. die Unschuldsvermutung.[45] Bei erheblichem Tatverdacht, einen langen Zeitraum umfassenden Tatbeiträgen und durch das Handeln drohender erheblicher Gesundheitsschäden für eine Vielzahl von Menschen und die hierdurch drohende finanzielle Belastung der Allgemeinheit, gebieten es nicht, den Staat zu einer Billigkeitsentscheidung zu verpflichten.[46] Bei einer Einstellung nach **§ 153a StPO,** die eine Ermessensentscheidung ist (vgl. → Rn. 17), wird zu berücksichtigen sein, dass sie die Wahrscheinlichkeit einer Verurteilung voraussetzt,[47] also zugunsten des Beschuldigten das öffentliche Interesse verneint wird. Dies hindert eine Grundentscheidung über die Entschädigung zu seinen Gunsten regelmäßig,[48] wenn nicht Art und Ausmaß der überschießenden Strafverfolgungsmaßnahmen sie ausnahmsweise gebieten. Bei einer Einstellung nach § 153a StPO kommt eine Entschädigung in der Regel nicht in Betracht, wenn der nach dem letzten Erkenntnisstand vorliegende Tatverdacht dringend ist und nicht erheblich hinter dem zurück bleibt, der zu der Verfolgungsmaßnahme geführt hat.[49] Bei den in **§ 153e StPO** genannten Staatsschutzdelikten ist ein schadensminderndes Verhalten des Täters Voraussetzung für die Einstellung. Dasselbe Verhalten wird deshalb regelmäßig nicht auch als Billigkeitsgrund gewertet werden können.

In der Regel wird es nicht der Billigkeit entsprechen, bei einer Einstellung nach **§ 154** 30 **Abs. 2 StPO** eine Entschädigung zuzusprechen, wenn die Verdachtslage entgegensteht. Einfacher Tatverdacht genügt aber im Hinblick auf die Unschuldsvermutung des Art. 6 Abs. 2 EMRK nicht.[50] Zu Verdachtserwägungen vgl. auch → Rn. 24. Ohne hierauf einzugehen, versagt das LG Flensburg[51] Entschädigung für eine nur wenige Tage dauernde Entziehung der Fahrerlaubnis, weil der Beschuldigte bereits wenige Tage darauf erneut einschlägig aufgefallen war. Die Entscheidung erscheint problematisch. Bei kurzzeitiger Haft und anschließender Einstellung nach § 154 Abs. 2 StPO kann aber grundsätzlich Entschädigung nicht der Billigkeit entsprechen.[52] Das LG Berlin hatte das Verfahren in der Hauptverhandlung wegen zweier Fälle des Mordes nach **§ 154b StPO** eingestellt, im Übrigen wegen Mitgliedschaft in einer terroristischen Vereinigung aber fortgesetzt, wobei es in dem Einstellungsbeschluss mit der Grundentscheidung über die Entschädigung von einer Straferwartung von drei Jahren für letzteres ausgegangen ist. Für einige wenige Tage die drei Jahre über-

---
[42] OLG Hamburg 28.6.1993 – 2 Ws 322/93, MDR 1993, 948: Höhe des Unterhaltsrückstands.
[43] LG Flensburg 25.7.1978 – I KLs 70/75, MDR 1979, 76; zust. *Meyer* MDR 1979, 77; ablehnend *Kühl* NJW 1980, 806.
[44] OLG Braunschweig 13.11.2012 – Ws 321/12, NStZ-RR 2013, 95 (96).
[45] BGH 4.11.2015 – 4 StR 403/14, juris Rn. 16.
[46] BGH 4.11.2015 – 4 StR 403/14, juris Rn. 16.
[47] *Meyer-Goßner/Schmitt* StPO § 153a Rn. 1, 7 ff.
[48] so LG Flensburg 13.6.1978 – 2 KLs 8/75, MDR 1978, 868.
[49] OLG Stuttgart 5.6.1991 – 1 Ws 73/91, MDR 1991, 978.
[50] OLG Hamm 9.12.2014 – 2 Ws 272/14, juris Rn. 13; OLG Stuttgart 25.11.1997 – 1 Ws 197/97, NStZ-RR 1998, 95.
[51] 16.10.1984 – II Qs 199/84, JurBüro 1984, 1860.
[52] LG Flensburg 4.9.1984 – I KLs 34/83, JurBüro 1985, 1043.

schreitende Untersuchungshaft hat es Entschädigung versagt.[53] Der Entscheidung ist indes nicht zuzustimmen. Sie zeigt deutlich die Probleme auf, die mit verfrühten Entschädigungsentscheidungen entstehen können. Richtigerweise wäre die Entscheidung über die Entschädigungspflicht am Ende des Verfahrens unter Berücksichtigung des Grundsatzes der Verfahrenseinheit (→ § 4 Rn. 8 f.) nach § 4 Abs. 1 Nr. 2 zu treffen gewesen. Denn die zu fordernde klare Zuordnung der Haft zu einem Verfahrensteil war nicht gegeben.

31   Besonders zu berücksichtigen ist es, wenn die Ermittlungen den Verdacht nicht bestätigt haben, welcher zu der Strafverfolgungsmaßnahme führte, die der Beschuldigte erlitten hat, auch wenn grundsätzlich Ausgangspunkt für die Beurteilung die Situation ist, wie sie sich im Zeitpunkt des Vollzugs der Maßnahme darstellt, vgl. → § 5 Rn. 39. Steht diese außer Verhältnis zum übriggebliebenen Ermittlungsgegenstand, so wird Entschädigung insoweit zuzusprechen sein, wenn keine Ausschluss- oder Versagungsgründe vorliegen.

32   **4. Teilweise Entschädigung.** Sind Billigkeitsgründe gegeben, die nach Abwägung aller Gründe für eine Entschädigung sprechen, aber einen vollen Ersatz nicht rechtfertigen, so kommt eine teilweise Entschädigung[54] für bestimmte Zeiträume, ggf. auch eine Quotelung, in Betracht.

§ 4 Entschädigung nach Billigkeit

(1) Für die in § 2 genannten Strafverfolgungsmaßnahmen kann eine Entschädigung gewährt werden, soweit dies nach den Umständen des Falles der Billigkeit entspricht,
1. **wenn das Gericht von Strafe abgesehen hat,**
2. **soweit die in der strafgerichtlichen Verurteilung angeordneten Rechtsfolgen geringer sind als die darauf gerichteten Strafverfolgungsmaßnahmen.**

(2) Der strafgerichtlichen Verurteilung im Sinne des Absatzes 1 Nr. 2 steht es gleich, wenn die Tat nach Einleitung des Strafverfahrens nur unter dem rechtlichen Gesichtspunkt einer Ordnungswidrigkeit geahndet wird.

Schrifttum: *Hofmann,* Zur systemwidrigen Entschädigungslosigkeit von erlittener Untersuchungshaft bei anschließender Verurteilung zu einer Bewährungsstrafe, StraFo 2007, 52 ff.

Übersicht

	Rn.		Rn.
I. Entschädigung trotz Schuldspruchs	1–13	3. Geldstrafe	21
1. Zweck der Vorschrift	1	4. Fahrverbot	22
2. Ausgleich aus Billigkeitsgründen	2–4	5. Maßregeln der Besserung und Sicherung	23
3. Zusammentreffen von Ausschluss- und Versagungsgründen	5	6. Ermessensgrundsätze	24–32
4. Tatmehrheit, Gesamtabwägung	6–8	**IV. Beispiele aus der Rechtsprechung zu Abs. 1 Nr. 2**	33–39
5. Grundsatz der Verfahrenseinheit	9–12	1. Überschießende Untersuchungshaft	33–34
6. Tateinheit, Veränderung des rechtlichen Gesichtspunkts	13	a) In folgenden Fällen wurde Entschädigung gewährt:	33a
II. Absehen von Strafe, Abs. 1 Nr. 1	14–17	b) In folgenden Fällen wurde Entschädigung versagt:	34
1. Fälle des Absehens von Strafe	14, 15	2. Vorläufiger Entziehung der Fahrerlaubnis	35–38
2. Ermessensgrundsätze	16, 17	a) Grundsätze	35a, 36
III. Überschießende Strafverfolgungsmaßnahmen, Abs. 1 Nr. 2	18–32	b) Beispiele für die Gewährung einer Entschädigung:	37
1. Begriff der „Gesamtabwägung"	18	c) Beispiele für die Versagung einer Entschädigung:	38
2. Freiheitsstrafe	19, 20		

---
[53] KG 21.1.2002 – 4 Ws 8/02, juris Rn. 4.
[54] Ebenso *Meyer-Goßner/Schmitt* Rn. 2.

	Rn.		Rn.
3. Sonstige vorläufige Strafverfolgungsmaßnahmen	39	1. Zweck der Vorschrift	40
V. Ahndung als Ordnungswidrigkeit, Abs. 2	40–42	2. Anwendungsbereich	41
		3. Ermessensgrundsätze	42

I. Entschädigung trotz Schuldspruchs

1. Zweck der Vorschrift. Zweck des § 4 ist es, in Fällen „überschießender" Strafverfolgungsmaßnahmen, die aus einem Vergleich der endgültig festgesetzten Rechtsfolgen mit den vollzogenen Strafverfolgungsmaßnahmen erkennbar werden, die Möglichkeit eines Ausgleichs zu schaffen. Die Vorschrift trägt dem Grundsatz der Verhältnismäßigkeit Rechnung.[1] Ausschließungs- und Versagungsgründe nach §§ 5 und 6 sind auch hier vorrangig zu beachten. Die Vorschrift gilt sinngemäß im **Bußgeldverfahren** für die – dort allein zulässigen – vorläufigen Maßnahmen nach § 2 Abs. 2 Nr. 4.

2. Ausgleich aus Billigkeitsgründen. Der Unterschied nach Eingriffsrichtung und Eingriffsintensität zwischen der vorläufigen Strafverfolgungsmaßnahme einerseits und dem endgültigen Ergebnis des Strafverfahrens andererseits lässt sich nicht eindeutig, insbesondere nicht numerisch[2] messen; beim Absehen von Strafe fehlen sogar die Rechtsfolge und damit der Bezugspunkt für einen Vergleich. U-Haft und Freiheitsstrafe lassen sich nicht schon deshalb einander gleichsetzen, weil § 51 Abs. 1 StGB, § 450 Abs. 1 StPO die Regelanrechnung vorsehen; die Unterschiede in der Vollzugsform und im Grad der Einwirkung sind nicht zu leugnen. So beruht denn auch die Regelanrechnung letztlich auf Gründen der Zweckmäßigkeit und auf Billigkeitserwägungen. Billigkeitserwägungen können aber nicht dazu führen, einen nach den allgemeinen Grundsätzen des Gesetzes als Vermögensschaden nicht bezifferbaren Rufschaden, der immaterieller Schaden ist, einer Entschädigung zuzuführen.[3]

In den Fällen des § 4 wird deshalb die Entschädigung in das Ermessen des Gerichts gestellt und davon abhängig gemacht, ob **besondere** Billigkeitsgründe, die außerhalb des Zurechnungsbereichs des Beschuldigten liegen, dafür sprechen. Außergewöhnliche Umstände müssen es aber nicht sein.[4] Das Prinzip der obligatorischen Entschädigung ließe sich bei Abs. 1 Nr. 1 ohnehin nicht durchführen, weil ein Bezugspunkt für die Abwägung fehlt; bei Nr. 2 würde es nur um den Preis eines unerträglichen Perfektionismus aufrechtzuerhalten sein (vgl. → Rn. 28 ff.).

Die **spätere Bildung einer Gesamtstrafe**, vor allem nach § 460 StPO, kann zu überschießenden Strafverfolgungsmaßnahmen führen, weil die Gesamtstrafe hinter der Summe der Einzelstrafen zurückbleibt. Es kann dann bereits mehr Strafe vollstreckt sein, als die neue Gesamtstrafe ausmacht. Um dies möglichst zu verhindern wird nach § 41 Abs. 2 StVollstrO eine nachträgliche Entscheidung über eine Gesamtstrafe nach § 460 StPO schon vor ihrer Rechtskraft der Vollstreckung vorläufig zugrunde gelegt, wenn sie dem Antrag der StA entspricht oder diese von einer sofortigen Beschwerde absieht und dies selbst dann, wenn das Strafende vor der Rechtskraft dieses Beschlusses eintritt. Dem Sinn nachträglicher Gesamtstrafenbildung entspricht es, den Beschuldigten auch entschädigungsrechtlich so zu stellen, als seien alle Taten gemeinsam abgeurteilt worden.[5] Erforderlichenfalls ist daher der Gesamtstrafenbeschluss mit einer Grundentscheidung nach § 8 zu versehen, wenn gerade erst durch diese Entscheidung Billigkeitsgründe nach § 4 neu entstehen.

3. Zusammentreffen von Ausschluss- und Versagungsgründen. Ausschluss- und Versagungsgründe nach §§ 5, 6 sind bei allen Alternativen der Vorschrift vorrangig zu

---

[1] BGH 18.7.1974 – 4 StR 294/74, GA 1974, 208.
[2] *Himmelreich/Hentschel* Rn. 369; *Meyer* Rn. 14.
[3] So aber *Eisenberg* § 2 Rn. 38 für Schmälerung der Entwicklungschancen.
[4] So aber OLG Rostock 11.1.2000 – I Ws 403/99, juris Rn. 10, im Anschluss an *Meyer* Rn. Rn. 26.
[5] Vgl. OLG Rostock 23.8.2012 – Ws 155/12, juris Rn. 30.

berücksichtigen,⁶ denn es besteht kein Grund, den Verurteilten gegenüber dem Freigesprochenen besser zu stellen.⁷ Dann ist aber ein **zweistufiges Vorgehen** erforderlich: Zunächst ist nach den Grundsätzen der §§ 5, 6 festzustellen, ob und in welchem Umfang, insbesondere für welche Zeit, der Beschuldigte die jeweilige Strafverfolgungsmaßnahme verursacht und verschuldet hat. Dieser Teil ist von der überschießenden Maßnahme abzuziehen und erst dann ist nach den Grundsätzen des § 4 zu ermitteln, ob es hinsichtlich des verbliebenen Umfangs billig erscheint, den Beschuldigten zu entschädigen.⁸

6   **4. Tatmehrheit, Gesamtabwägung.** Bei Tatmehrheit ist zu fragen, ob im Rahmen des Abs. 1 Nr. 2 Strafverfolgungsmaßnahme und Rechtsfolge isoliert miteinander in Beziehung gesetzt werden dürfen. Zwar scheint der Wortlaut darauf hinzudeuten („die **darauf** gerichteten Strafverfolgungsmaßnahmen"). Das entspräche aber nicht dem Sinn des Gesetzes. Wird wegen einer Tat, deren Verfolgung eine bestimmte Maßnahme diente (zB U-Haft, Beschlagnahme, Durchsuchung, vorläufige Entziehung der Fahrerlaubnis) freigesprochen (oder etwa auf eine die U-Haft unterschreitende Strafe erkannt), wegen einer anderen Tat aber verurteilt, so kommt es auf die Gesamtabwägung an.⁹ Die insgesamt verhängten Rechtsfolgen sind sämtlichen Strafverfolgungsmaßnahmen gegenüberzustellen.¹⁰ Dies folgt aus dem Grundgedanken der Gesamtstrafenbildung sowie aus der in § 51 StGB vorgesehenen summarischen Anrechnung.¹¹ Das Strafgesetz (§§ 53, 54 StGB) will den Angekl. – zu seinen Gunsten – so stellen, als wären alle Taten von vornherein zusammen abgeurteilt worden. Auf der anderen Seite muss der Beschuldigte diese Gesamtbeurteilung aber auch gegen sich gelten lassen.¹²

7   Erst wenn unter Berücksichtigung möglicher **Anrechnungen** (hierzu → Rn. 9) feststeht, dass die insgesamt in der Verurteilung angeordneten Rechtsfolgen geringer sind als die erlittenen Strafverfolgungsmaßnahmen, folgt der zweite Prüfungsschritt: Was nach den Umständen des Einzelfalles der Billigkeit entspricht, kann nur bei Berücksichtigung aller Umstände zutreffend beurteilt werden.¹³ Insofern gilt auch hier der Grundsatz der Verfahrenseinheit.¹⁴

8   Bei **verschiedenen prozessualen Taten** nach § 264 StPO und einer eindeutigen Ausscheidbarkeit im Sinne einer klaren Zuordnung der Maßnahme zu dem Verfahrensteil, der die Teileinstellung oder dem Teilfreispruch betrifft, ist eine Entschädigung in Anwendung des § 2 (und § 3, vgl. → § 3 Rn. 2) zu prüfen.¹⁵ Allerdings ist § 2 nur dann einschlägig,

---

⁶ OLG Düsseldorf 28.7.1988 – 1 Ws 353, 354/88, StV 1989, 29; 6.2.1991 – 1 Ws 116/91, VerkMitt 1991, 68; 26.9.1996 – 1 Ws 828/96, NStZ-RR 1997, 159; 26.9.2000 – 1 Ws 514/00, DAR 2001, 38; OLG Hamm 13.11.1975 – 2 Ws 314/75, BA 1976, 290; 8.10.1976 – 1 Ws 213/76, VRS 52, 437; OLG Karlsruhe 6.4.1989 – 1 Ws 23/78, Justiz 1978, 373; OLG Schleswig 17.11.1977 – 1 Ws 310, 312/77, JurBüro 1978, 267 (268); LG Flensburg 20.5.1980 – I Qs 85/80, DAR 1980, 281; *Meyer-Goßner/Schmitt* Rn. 5 für den Ausschlussgrund des § 5 Abs. 2.
⁷ OLG Düsseldorf 15.11.1988 – 1 Ws 1066/88, NStZ 1989, 232 mit insoweit zust. Anm. *Schätzler*.
⁸ *Schätzler* NStZ 1989, 233.
⁹ OLG Düsseldorf 17.11.1981 – V 15/80, NStZ 1982, 252; 7.6.1986 – 1 Ws 414/86, MDR 1987, 80; 24.9.1990 – IV 5/90, NStZ 1991, 141; 23.12.1998 – 2 Ws 595/98, StraFo 1999, 176; OLG Frankfurt a. M. 21.3.1983 – 1 Ws 330/83, NJW 1983, 2398; OLG Karlsruhe 15.1.1974 – 1 Ws 411/73, NJW 1974, 1008; OLG Nürnberg 29.5.2009 – 2 Ws 260/09, unveröffentlicht; OLG Schleswig 17.7.2003 – 1 Ws 183/03, juris Rn. 7 ff. = SchlHA 2004, 141 (nur Ls.); *Meyer* JurBüro 1979, 83.
¹⁰ OLG Hamm 15.1.2008 – 3 Ws 702/07, StV 2008, 365.
¹¹ *Schätzler* MDR 1974, 163 und ihm folgend OLG Bremen 6.9.1976 – Ws 141/76, NJW 1976, 2357; OLG Düsseldorf 17.11.1981 – V 15/80, NStZ 1982, 252.
¹² OLG Düsseldorf 17.11.1981 – V 15/80, NStZ 1982, 252.
¹³ OLG Düsseldorf 17.11.1981 – V 15/80, NStZ 1982, 252; OLG Hamm 7.5.1975 – 5 Ws 81/75, JMBlNW 1975, 177; OLG Karlsruhe 15.1.1974 – 1 Ws 411/73, NJW 1974, 1008; 4.12.1974 – 1 Ws 389/74, MDR 1975, 250; OLG Schleswig 20.8.1979 – 1 Ws 146/79, MDR 1980, 70.
¹⁴ Vgl. *Fischer* StGB § 51 Rn. 6 f.; zur ähnlichen Frage der Auslagenaufteilung aus Gründen der Billigkeit vgl. *Meyer-Goßner/Schmitt* StPO § 465 Rn. 5 ff.
¹⁵ OLG Hamm 15.1.2008 – 3 Ws 702/07, StV 2008, 365; KG 28.3.2000 – 4 Ws 62/00, juris Rn. 3; 28.1.2002 – 4 Ws 19/02, – juris; Schleswig 17.7.2003 – 1 Ws 183/03, juris = SchlHA 04, 272 (nur Ls.); vgl. auch *Meyer* JurBüro 1979, 83, Anm. zu LG Flensburg ebenda.

wenn sich die Strafverfolgungsmaßnahme völlig isoliert auf den Verfahrensteil bezogen hat, der mit einem Freispruch beendet wurde.[16] Das hat die Rechtsprechung etwa angenommen bei gleichzeitiger Durchsuchung in zwei getrennten Verfahren,[17] bei vorl. Entziehung der Fahrerlaubnis wegen des Vorwurfs des Handel Treibens mit Betäubungsmitteln in nicht geringer Menge, wovon freigesprochen wurde, aber Verurteilung wegen des mit angeklagten Besitzes von Haschisch als eigener prozessualer Tat, derentwegen Führerscheinmaßnahmen nicht erfolgten[18] oder bei U-Haft nur für eine Tat im prozessualen Sinn.[19] Richtigerweise hätte in letzterem Fall der Gedanke der funktionalen Verfahrenseinheit (→ § 2 Rn. 35) entsprechend angewandt werden müssen, da er auch bei Teilfreispruch gilt, dazu unter → Rn. 9.

5. Grundsatz der Verfahrenseinheit. Beim Vollzug der U-Haft führt der Grundsatz 9 der Verfahrenseinheit (Verfahrensidentität) im Fall eines **Teilfreispruchs** kraft Gesetzes zur Anrechnung der U-Haft auf die Strafe nach § 51 Abs. 1 S. 1 StGB, § 450 Abs. 1 StPO und der vorläufigen Entziehung der Fahrerlaubnis auf das Fahrverbot nach § 51 Abs. 5 StGB (vgl. auch § 450 Abs. 2 StPO), auch wenn die Maßnahmen wegen eines Tatvorwurfs angeordnet worden waren, von dem freigesprochen[20] oder der eingestellt[21] wurde. Für die Anrechnung erlittener Untersuchungshaft genügt es dabei, dass die Tat, wegen der Untersuchungshaft vollzogen worden ist, überhaupt Gegenstand des Verfahrens gewesen ist.[22] Anzurechnen ist selbst dann, wenn die U-Haft schon vor Begehung der Tat beendet war, derentwegen verurteilt wurde.[23] Das gilt auch bei Verurteilung zu Jugendstrafe.[24] Das zur Einstellung nach § 154 StPO bei → § 2 Rn. 35 Ausgeführte gilt hier sinngemäß.

Nichts anderes gilt aber bei **Teileinstellungen** nach **§ 154 Abs. 2 StPO** bei mehreren 10 prozessualen Taten, ja selbst bei getrennten Verfahren (vgl. → § 3 Rn. 2). In analoger Anwendung des § 51 Abs. 1 S. 1 StGB ist auch die in einem nach § 154 Abs. 2 StPO eingestellten Verfahren erlittene U-Haft auf die Strafe in einem anderen Verfahren anzurechnen (vgl. → § 2 Rn. 35). Diese Grundsätze gelten auch, wenn die Staatsanwaltschaft hinsichtlich eines Teils des Verfahrens nach **§ 154 Abs. 1 StPO** verfährt oder ein Teil des Verfahrens nach **§ 170 Abs. 2 StPO** eingestellt wurde, insbesondere nach Abtrennung. Die Möglichkeit eines „Verzichts" auf die Haftanrechnung zugunsten einer geldwerten Entschädigung sieht das Gesetz nicht vor.[25] Betrifft die abschließende Entscheidung nur noch einen Ausschnitt des gesamten Verfahrens, ist § 4 nur dann anwendbar, wenn die Strafe (die insgesamt verhängten Rechtsfolgen) geringer ist als die U-Haft. In entsprechender Anwendung dieser Grundsätze wird, soweit nicht ohnehin § 51 StGB, § 450 StPO dies regelt, auch die Anrechnung einer vorläufigen Entziehung der Fahrerlaubnis auf eine endgültige Entziehung oder ein Fahrverbot in einem anderen Verfahren in Betracht kommen. Auch ungleichartige Strafverfolgungsmaßnahmen können gegeneinander abgewogen werden, etwa vorläufige Entziehung der Fahrerlaubnis und U-Haft. In der Praxis geschieht dies selten.

Eine **Vorabentscheidung über die Entschädigungspflicht** nach § 8 oder § 9 hinsicht- 11 lich des eingestellten Teils ist hier regelmäßig ausgeschlossen. Der Ausgang des Verfahrens

---

[16] OLG Düsseldorf 24.9.1990 – IV 5/90, NStZ 1991, 141 f.; 21.7.2000 – 2 Ws 194/00, StraFo 2001, 434; KG 28.1.2002 – 4 Ws 19/02, juris.
[17] OLG Düsseldorf 24.9.1990 – IV 5/90, NStZ 1991, 141 f.
[18] OLG Düsseldorf 21.7.2000 – 2 Ws 194/00, StraFo 2001, 434; vgl. aber → Rn. 10 aE u. → Rn. 13.
[19] OLG Düsseldorf 18.12.1995 – 1 Ws 884/95, NStZ-RR 1996, 223.
[20] OLG Hamm 15.1.2008 – 3 Ws 702/07, StV 2008, 365 f.; 3.11.2016 – 5 Ws 318/16, juris Rn. 9; KG 28.3.2000 – 4 Ws 62/00, juris Rn. 3.
[21] Unrichtig deshalb KG 21.1.2002 – 4 Ws 8/02, juris.
[22] OLG Hamm 15.1.2008 – 3 Ws 702/07, StV 2008, 365.
[23] BGH 3.5.1978 – 3 StR 143/78, BGHSt 28, 29 = NJW 1978, 1636 mAnm *Tröndle* JR 1979, 73; OLG Hamm 15.1.2008 – 3 Ws 702/07, StV 2008, 365; KG 28.3.2000 – 4 Ws 62/00, juris; OLG Schleswig 3.5.1977 – 1 Ws 71/77, NJW 1978, 115; *Fischer* StGB § 51 Rn. 6 mwN.
[24] LG Offenburg 27.5.2003 – 8 Qs 2/03, NStZ-RR 2003, 351.
[25] OLG Düsseldorf 21.7.2000 – 2 Ws 194/00, StraFo 2001, 434.

insgesamt ist abzuwarten.[26] Teilentscheidungen sieht das Gesetz nicht vor,[27] jedenfalls wenn ein Zusammenhang zwischen den Verfahren besteht (vgl. → § 3 Rn. 2).

12 Die Auffassung, eine solche Gesamtabwägung sei nicht mehr möglich, wenn es nach rechtskräftigem Teilfreispruch aber vor einer abschließenden Sachentscheidung zum **Tod des Beschuldigten** kommt,[28] ist für die Praxis seit der Entscheidung des BGH[29] unter Aufgabe seiner eigenen früheren Rechtsprechung[30] überholt. Es ist nunmehr eine Einstellung des Verfahrens nach § 206a StPO verbunden mit einer Entschädigungsentscheidung nach § 8 geboten; zum Tod des Beschuldigten im einzelnen → § 6 Rn. 35.

13 **6. Tateinheit, Veränderung des rechtlichen Gesichtspunkts.** Eine Gesamtabwägung zwischen Rechtsfolgen und vorangegangenen Strafverfolgungsmaßnahmen ist auch bei Tateinheit oder Veränderung des rechtlichen Gesichtspunktes erforderlich.[31] War zB die Fahrerlaubnis vorläufig entzogen, erweist sich dann der Verdacht der Straßenverkehrsgefährdung als nicht begründet und wird wegen einer Verkehrsordnungswidrigkeit allein auf Bußgeld erkannt, so ist nicht etwa deshalb zu entschädigen, weil keine Rechtsfolge verhängt wurde, auf welche die vorläufige Maßnahme gerichtet war. Vielmehr sind Geldbuße einerseits und vorläufige Entziehung der Fahrerlaubnis andererseits nach Bedeutung und Gewicht für den Betroffenen gegeneinander abzuwägen. Ebenso ist eine Gesamtabwägung zwischen den Rechtsfolgen und den vorläufigen Maßnahmen vorzunehmen, wenn dieselbe Handlung wegen Verletzung eines anderen Strafgesetzes abgeurteilt wird, als bei Anordnung der vorläufigen Maßnahme angenommen wurde.

II. Absehen von Strafe, Abs. 1 Nr. 1

14 **1. Fälle des Absehens von Strafe.** Das Gericht kann nach einer Reihe von Vorschriften des Strafgesetzbuches und des Nebenstrafrechts, zB nach §§ 83a, 84, 85, 86, 86a, 87, 89, 98, 99, 113, 129, 129a, 139, 157, 158, 174, 182, 218a, 314a, 315b StGB, § 20 Abs. 2 VereinsG von Strafe absehen. Ohne Beschränkung auf bestimmte Tatbestände schreibt § 60 StGB das Absehen von Strafe vor – es sei denn, eine Freiheitsstrafe von mehr als einem Jahr ist verwirkt –, wenn die Folgen der Tat, die den Täter getroffen haben, so schwer sind, dass die Verhängung einer Strafe offensichtlich verfehlt wäre. Im Rahmen des Täter-Opfer-Ausgleichs ermöglicht § 46a StGB ein Absehen von Strafe. Alle diese Fälle setzen den Schuldspruch voraus[32] und sind daher Verurteilungen (vgl. § 465 Abs. 1 S. 2 StPO). Auf die **Straffreierklärung** nach § 199 StGB ist Abs. 1 Nr. 1 analog anzuwenden. Nicht hierher gehört die **Verwarnung mit Strafvorbehalt** nach § 59 StGB.[33] Hier wird bereits zu einer bestimmte Strafe verurteilt, wenn diese auch „zur Bewährung" ausgesetzt wird. Anwendung findet daher Abs. 1 Nr. 2. Im Unterschied zur Verwarnung mit Strafvorbehalt, wo eine bestimmte Rechtsfolge vorbehalten, aber noch nicht dazu verurteilt wird, beschränkt sich im Fall des **§ 27 JGG** der Ausspruch auf den Schuldspruch, ohne dass es schon zur Festsetzung einer bestimmten Sanktion kommt. Dies ist dem Verfahren nach § 30 JGG vorbehalten. Die Schuldfeststellung nach § 27 JGG ist eine Verurteilung iSd § 2.[34] Da es an einer konkret angeordneten Rechtsfolge fehlt, liegt an sich die Anwendung der Nr. 1 nahe. Indes bleibt zunächst zum einen offen, ob es zur Verhängung einer Jugendstrafe kommt, sodass die *endgültigen* Rechtsfolgen der teilweisen Verurteilung, auf die es im Rahmen der Gesamtab-

---

[26] OLG Düsseldorf 24.9.1990 – IV 5/90, NStZ 1991, 141; 30.8.1993 – 1 Ws 580/93, VRS 86, 122 (123); 23.12.1998 – 2 Ws 595/98, StraFo 1999, 176.
[27] OLG Frankfurt a. M. 21.3.1983 – 1 Ws 330/83, NJW 1983, 2398.
[28] OLG Düsseldorf 30.8.1993 – 1 Ws 580/93, VRS 86, 122.
[29] 8.6.1999 – 4 StR 595/97, BGHSt 45, 108 (115) = NJW 1999, 3644 (3646).
[30] Vgl. BGH 3.10.1986 – 2 StR 193/86, BGHSt 34, 184 = NStZ 1987, 336 (337).
[31] OLG Düsseldorf 17.11.1981 – V 15/80, NStZ 1982, 252.
[32] Vgl. für § 46a StGB *Fischer* StGB § 46a Rn. 12.
[33] AA *Meyer* Rn. 6 und 31.
[34] *Meyer* Rn. 6.

wägung nach § 4 ankommt,³⁵ noch gar nicht feststehen. Zum anderen wird über die Anrechnung der Untersuchungshaft auf eine etwa zu verhängende Jugendstrafe ebenfalls erst im Nachverfahren entschieden.³⁶ Es ist deshalb erst im Nachverfahren eine Billigkeitsentscheidung nach Nr. 2 zu treffen.³⁷

Abs. 1 Nr. 1 hat in der Praxis anscheinend wenig Bedeutung erlangt. Veröffentlichte Entscheidungen fehlen. **15**

2. Ermessensgrundsätze. Ob eine Entschädigung bei Absehen von Strafe nach den Umständen des Einzelfalles der **Billigkeit** entspricht, ist im Wesentlichen nach den in → § 3 Rn. 26–32 dargelegten Grundsätzen zu prüfen. **16**

Darüber hinaus ist das Maß der richterlich festgestellten Schuld für die Abwägung von besonderer Bedeutung; es kann nach dem vom Strafgesetz gezogenen Rahmen (vgl. § 60 StGB) recht hoch sein. Ergeben sich besondere Billigkeitsgründe, die eine Entschädigung rechtfertigen können, so wird doch der Schuldspruch in der Regel derart ins Gewicht fallen, dass keine volle, sondern nur teilweise Entschädigung in Betracht kommt, die auch in Form einer Quote festgesetzt werden kann (vgl. → § 3 Rn. 32). **17**

III. Überschießende Strafverfolgungsmaßnahmen, Abs. 1 Nr. 2

1. Begriff der „Gesamtabwägung". Absatz 1 Nr. 2 betrifft die „überschießenden" Strafverfolgungsmaßnahmen. In Beziehung und im Vergleich zu der vorläufigen Strafverfolgungsmaßnahme muss die in der strafgerichtlichen Verurteilung angeordnete Rechtsfolge geringer sein. Bei den anrechenbaren Strafverfolgungsmaßnahmen lässt sich ein Vergleich im Maß leicht ziehen. Im Übrigen gilt der **Grundsatz der Gesamtabwägung:**³⁸ die insgesamt erkannten Rechtsfolgen sind den insgesamt getroffenen vorläufigen Maßnahmen gegenüberzustellen.³⁹ **18**

2. Freiheitsstrafe. Hauptanwendungsfall der Nr. 2 ist die Gegenüberstellung zwischen U-Haft und anderer Freiheitsentziehung, die ggf. zusammenzurechnen sind, einerseits und Strafe andererseits. Nicht angerechnete U-Haft bleibt dabei außer Betracht (§ 5 Abs. 1 Nr. 1). Bei der Freiheitsstrafe ist maßgebend, auf welche Dauer erkannt wird; ob die Strafe zur Bewährung ausgesetzt wird⁴⁰ oder ob bei früherem Beginn der Vollstreckung eine Aussetzung der Reststrafe nach § 57 StGB in Betracht gekommen wäre,⁴¹ ist für den anzustellenden Vergleich unerheblich.⁴² Ist auf eine Gesamtstrafe erkannt wegen Straftaten, die dem Haft- oder Unterbringungsbefehl zugrunde liegen, so ist diese Gesamtstrafe maßgebend. Sie ist es auch, wenn nicht alle abgeurteilten Einzeltaten Gegenstand des Haftbefehls waren, sofern die U-Haft oder andere Freiheitsentziehung nach § 51 StGB anzurechnen ist; das ist selbst dann der Fall, wenn wegen der dem Haftbefehl zugrundeliegenden Tat nicht verurteilt wird. Grundregel ist, dass durch Anrechnung konsumierte Strafverfolgungsmaßnahmen nicht entschädigungsfähig sind.⁴³ Auch im Jugendstrafverfahren ist bei einem Teilfreispruch Haftentschädigung nur nach Billigkeit zu gewähren, wenn im Übrigen Jugend- **19**

---

³⁵ Vgl. nur BGH 18.7.1974 – 4 StR 294/74, GA 1975, 208.
³⁶ *Diemer/Schoreit/Sonnen* JGG § 27 Rn. 13 und JGG § 30 Rn. 10; *Brunner/Dölling* JGG § 27 Rn. 10.
³⁷ LG Offenburg 27.5.2003 – 8 Qs 2/03, NStZ-RR 2003, 351 und → § 8 Rn. 2.
³⁸ BGH 11.3.1998 – § StR 43/98, NStZ 1998, 369.
³⁹ Vgl. → Rn. 6 und → Rn. 13 f.; BGH 18.7.1974 – 4 StR 294/74, GA 1974, 208; OLG Hamm 7.5.1975 – 5 Ws 81/75, JMBlNW 1975, 177; OLG Karlsruhe 15.1.1974 – 1 Ws 411/73, NJW 1974, 1008; OLG Oldenburg 11.2.2008 – 1 Ws 686/07, StraFo 2008, 444; OLG Stuttgart 25.11.1997 – 1 Ws 197/97, NStZ-RR 1998, 95.
⁴⁰ Düsseldorf OLG Düsseldorf 5.6.1981 – 3 WS 261/81, MDR 1982, 958; OLG Karlsruhe 23.2.1977 – 2 Ws 32/77, MDR 1977, 600; beide für § 453a StPO; OLG Nürnberg 24.3.2005 – 1 Ws 283/03, unveröffentlicht.
⁴¹ AA anscheinend OLG Hamm 3.4.1974 – 4 Ws 59/74, MDR 1974, 777, das auf die Legalprognose abstellt.
⁴² *Meyer-Goßner/Schmitt* Rn. 4; aA de lege ferenda für Strafaussetzung zur Bewährung: *Hofmann* StraFo 2007, 52: „systemwidrig".
⁴³ Vgl. hierzu → Rn. 6.

strafe verhängt oder die Entscheidung hierüber zur Bewährung ausgesetzt wird (→ Rn. 14). Bei der Prüfung, ob es im Sinne von § 4 Abs. 1 Nr. 2 StrEG zu „überschießender" Untersuchungshaft gekommen ist, bleibt der zum Ausgleich rechtsstaatswidriger Verfahrensverzögerungen gewährte Vollstreckungsnachlass außer Ansatz.[44]

20 **Auslieferungs- und Durchlieferungshaft** sowie andere nach § 51 Abs. 4 S. 2 StGB, § 450a StPO anrechenbare ausländische Freiheitsentziehung und Strafe kann aufgrund des anzuwendenden Anrechnungsmaßstabs, der im Ermessen des Gerichts liegt, dazu führen, dass die tatsächliche Dauer der Freiheitsentziehung die durch Umrechnung ermittelte Freiheitsstrafe übersteigt. Dies führt aber nicht zu einer überschießenden Strafverfolgungsmaßnahme nach Abs. 1 Nr. 2, denn der Anrechnungsmaßstab hat allein Bedeutung für die Frage der Vollstreckung einer etwaigen Reststrafe und kann nicht zu einer entschädigungsfähigen überschießenden Maßnahme führen.[45] Entschädigung wird nur für tatsächlich vollstreckte Haft gewährt.[46] Unrichtig ist es daher, im Rahmen des Entschädigungsverfahrens auch einen Anrechnungsmaßstab für vollstreckte Auslieferungshaft festzusetzen.[47] Andere ausländische Haft kann zwar nach § 51 StGB auf die Strafe angerechnet werden. Einen Billigkeitsgesichtspunkt stellt sie aber nicht dar, weil sie keiner deutschen Behörde zuzurechnen ist.[48]

21 **3. Geldstrafe.** Wird auf Geldstrafe erkannt, so ist die Zahl der Tagessätze maßgebend (§ 43, § 54 Abs. 3 StGB).[49] Wird Geldstrafe neben Freiheitsstrafe verhängt, so sind die Tagessätze mit der Freiheitsstrafe zusammenzuzählen, denn die Strafen sind nebeneinander verhängt. Die U-Haft, die einstweilige Unterbringung oder die Unterbringung zur Beobachtung müssen die so errechnete Dauer der in der strafgerichtlichen Verurteilung angeordneten Rechtsfolgen überschreiten, wenn die Anwendung von § 4 in Betracht kommen soll. Treffen mehrere dieser Maßnahmen zusammen, sind sie zusammenzurechnen. Eine dem Haft- oder Unterbringungsbefehl vorausgegangene Zeit der vorläufigen Festnahme nach § 127 Abs. 2 StPO ist einzurechnen.

22 **4. Fahrverbot.** Wird nur auf Fahrverbot (§ 44 StGB) erkannt, nachdem eine vorläufige Entziehung der Fahrerlaubnis (§ 111a StPO) oder eine Verwahrung, Sicherstellung oder Beschlagnahme des Führerscheins (§ 94 StPO) vorangegangen ist, so kann die Anrechnungsregel des § 51 Abs. 5 StGB dazu führen, dass die Nebenstrafe sich erledigt, wenn die anrechenbare Zeit der vorläufigen Maßnahme die Dauer des Fahrverbots erreicht oder übersteigt. Die Regeln in § 5 Abs. 1 Nr. 3 und § 5 Abs. 2 sind aber vorrangig zu beachten und werden häufig zu einem Ausschluss der Entschädigung für ein überschießende Strafverfolgungsmaßnahme führen. Dies gilt etwa, wenn der Beschuldigte eine Straftat begangen hat, die regelmäßig zur Entziehung der Fahrerlaubnis führt. Denn dann hat er grob fahrlässig gehandelt.[50] Bei einem Übersteigen, das wegen der Höchstfrist des Fahrverbots von drei Monaten nicht selten ist, kann Billigkeitsentschädigung in Betracht kommen, wenn die Fristüberschreitung erheblich ist (vgl. → Rn. 24) und sie durch die Hauptstrafe (eine Gesamtabwägung ist geboten vgl. → Rn. 6 und 13) nicht aufgewogen wird oder dies bei der Bemessung der Hauptstrafe nicht berücksichtigt wurde. Um die Ersatzpflicht in Grenzen zu halten, ist die vorläufige Entziehung erforderlichenfalls rechtzeitig nach § 111a Abs. 2 StPO aufzuheben. Stets ist ähnlich wie bei einer Haftsache auf besondere Beschleunigung[51] und rechtzeitige Rückgabe des Führerschein zu achten.

---

[44] OLG Rostock 23.8.2012 – 1 Ws 155/12, juris Rn. 31 ff.
[45] OLG Celle 8.11.2011 – 1 Ws 533/10, OLGSt StrEG § 8 Nr. 5; OLG Karlsruhe 17.6.1991 – 2 Ws 92/91, NStZ 1991, 497 f.; LG Hamburg 19.10.2012 – 603 KLs 17/10, juris Rn. 955; *Meyer-Goßner/Schmitt* Rn. 3.
[46] OLG Celle 8.11.2011 – 1 Ws 533/10, OLGSt StrEG § 8 Nr. 5; OLG Düsseldorf 29.1.1988 – 1 Ws 5/99, NStZ 1988, 371; OLG Karlsruhe 17.6.1991 – 2 Ws 92/91, NStZ 1991, 497.
[47] So aber AG Bremen 27.3.1992 – 74 Gs 199/91, StV 1992, 429 [Ls.].
[48] *Meyer* Rn. 38.
[49] Vgl. BGH 9.10.2012 – 5 StR 441/12, juris Rn. 3.
[50] Vgl. → § 5 Rn. 67 ff. und *Sandherr* DAR 2007, 420 (422).
[51] *Meyer-Goßner/Schmitt* StPO § 111a Rn. 1.

5. Maßregeln der Besserung und Sicherung. Die Anordnung von Maßregeln der Besserung und Sicherung konsumiert regelmäßig die sie sichernden vorläufigen Maßnahmen, so dass schon aus diesem Grunde eine Billigkeitsentschädigung aus dem Gesichtspunkt der geringeren Rechtsfolge nicht in Betracht kommt. Außerdem sind die besonderen Ausschlussgründe nach § 5 Abs. 1 Nr. 2, 3 und 4 zu beachten.

6. Ermessensgrundsätze. Die Ermessensgrundsätze, nach denen bei überschießenden Maßnahmen die Entschädigungsfrage zu beurteilen ist, können im Gegensatz zu den Fällen der Einstellung nach Ermessen (§ 3) und des Absehens von Strafe (Abs. 1 Nr. 1) an eine bestimmte Größe, nämlich die endgültig verhängten Rechtsfolgen, anknüpfen. Diese sind insgesamt gegenüber den vorläufigen Maßnahmen abzuwägen. Bei geringfügiger Abweichung kann eine Billigkeitsentschädigung nicht in Betracht kommen, bei einem Missverhältnis ist ein Ausgleich aus Billigkeitsgründen geboten.[52] Dabei wird es in der Regel der Billigkeit entsprechen zu entschädigen, wenn die Strafe in keinem angemessenen Verhältnis zu der erlittenen Untersuchungshaft steht.[53]

Eine **Richtlinie** gibt der Bericht des Rechtsausschusses des Bundestages:[54] „Im Fall der überschießenden Strafverfolgungsmaßnahmen hat der Ausschuss ohne Gegenstimmen eine starre Regelung nicht für angezeigt gehalten, vielmehr eine Entschädigung nach Billigkeit vorgesehen, die sich nach den Umständen des Einzelfalles richtet. Nur so sind Entscheidungen zu vermeiden, die ungerechtfertigt erscheinen müssen, z.B. bei geringfügigem Abweichen von der endgültig angeordneten strafrechtlichen Rechtsfolge." Den Vorschlag, bei erheblichem Überschießen der vorläufigen Maßnahmen eine obligatorische Entschädigung beizubehalten, hielt der Ausschuss für nicht praktikabel. Ob ein Missverhältnis vorliegt, kann allerdings nicht allein numerisch bestimmt werden. Sie kann aber mit anderen Gesichtspunkten zusammen Bestandteil der Argumentationskette sein.[55] Der dem Richter durch die Vorschrift eingeräumte Ermessensspielraum ist weit. Ihm obliegt unter Abwägung aller Umstände des Einzelfalls die Entscheidung, ob eine Entschädigung im Einzelfall der Billigkeit entspricht.[56] Er wird allerdings umso enger, je stärker die vorläufigen Maßnahmen die endgültig angeordneten Rechtsfolgen übersteigen.[57] Diese Grundsätze sind von Verfassungs wegen nicht zu beanstanden.[58]

Nur zurechenbare, tatsächlich feststehende Umstände im Sinne einer tragfähigen Tatsachengrundlage,[59] welche die Überlänge, etwa vorläufiger Freiheitsentziehung, verursacht oder mit verursacht haben, können zum Nachteil des Beschuldigten berücksichtigt werden. Zur Bindung an die tatsächlichen Feststellungen im Beschwerdeverfahren vgl. → § 8 Rn. 59 ff. In Betracht kommt das Aussageverhalten, etwa das Verschweigen von wesentlichen entlastenden Umständen,[60] wobei aber verschleiernde Angaben bei der ersten Vernehmung unberücksichtigt bleiben, wenn später umfassende Angaben gemacht werden,

---

[52] BGH 18.7.1974 – 4 StR 294/74, GA 1975, 208; OLG Karlsruhe 15.1.1974 – 1 Ws 411/73, NJW 1974, 1008; 13.6.1977 – 2 Ws 133/77, Justiz 1977, 393; OLG Stuttgart 25.11.1997 – 1 Ws 197/97, NStZ-RR 1998, 95.
[53] BGH 18.7.1974 – 4 StR 294/74, GA 1975, 208; OLG Hamm 9.12.2014 – 2 Ws 272/14, juris Rn. 9; 3.11.2016 – 5 Ws 318/16, juris Rn. 12; OLG Oldenburg 11.2.2008 – 1 Ws 686/07, StraFo 2008, 444; OLG Stuttgart 22.6.2001 – 3 Ws 118/2001, StV 2002, 556 f.
[54] BT-Drs. VI/1512, 2, 3.
[55] Vgl. etwa OLG Oldenburg 11.2.2008 – 1 Ws 686/07, StraFo 2008, 444.
[56] Vgl. BVerfG 30.7.2004 – 2 BvR 993/02, juris Rn. 20; BGH 27.10.1989 – 2 StR 486/89, BGHR StrEG § 4 Abs. 1 Nr. 2 Untersuchungshaft 2; 29.1.1997 – 2 StR 463/96, NStZ-RR 1998, 32; 11.3.1998 – StR 43/98, NStZ 1998, 369; 10.1.2007 – 5 StR 454/06, StV 2008, 369.
[57] BT-Drs. VI/1512, 3; BVerfG 30.7.2004 – 2 BvR 993/02, juris Rn. 21; OLG Karlsruhe 15.1.1974 – 1 Ws 411/73, NJW 1974, 1008; 13.6.1977 – 2 Ws 133/77, Justiz 1977, 39; *Meyer-Goßner/Schmitt* Rn. 4.
[58] BVerfG 30.7.2004 – 2 BvR 993/02, juris Rn. 18, 21.
[59] BVerfG 30.7.2004 – 2 BvR 993/02, juris Rn. 23 ff.; OLG Hamm 15.1.2008 – 3 Ws 702/07, StV 2008, 365; 9.12.2014 – 2 Ws 272/14, juris Rn. 13; OLG Stuttgart 25.11.1997 – 1 Ws 197/97, NStZ-RR 1998, 95 f. (juris Rn. 8).
[60] OLG Hamm 15.1.2008 – 3 Ws 702/07, StV 2008, 365.

weil die zunächst gemachten Angaben dann die Dauer der Haft nicht mehr begründen.[61] Berücksichtigt werden kann auch die Stellung von Beweisanträgen oder ein vergleichbares prozessuales Verhalten, das dazu beiträgt, dass die Freiheitsentziehung ein ungewöhnliches Ausmaß angenommen hat,[62] oder ein grundloser Entzug des Mandats gegenüber dem gewählten Verteidiger, so dass ein Pflichtverteidiger bestellt werden muss, der Einarbeitungszeit benötigt.[63] Zu Lasten des Beschuldigten sind ferner die Schwere der Schuld, die Gefährlichkeit der Tat,[64] das Maß der Fluchtgefahr und die Notwendigkeit der Sicherung des Strafverfahrens[65] zu berücksichtigen Auch anderweitige Vorstrafen rechtfertigen nicht den Schluss, eine Entschädigung sei unbillig.[66] Verzögert sich das Auslieferungsverfahren durch bewusst unwahre Behauptungen, etwa in Deutschland gefoltert worden zu sein und bei einer erneuten Auslieferung befürchten zu müssen, erneut gefoltert zu werden, ist dies dem Beschuldigten im Rahmen der Billigkeitsentscheidung zuzurechnen.[67]

27 Wirkt sich das Verhalten nicht verlängernd aus, sondern war es die Ursache für die Anordnung der Maßnahme, kann es im Rahmen des § 4 keine Berücksichtigung zugunsten des Beschuldigten finden. Strittig ist das bei U-Haft wegen völliger Halt- und Bindungslosigkeit. Manche belasten dann den Beschuldigten mit der Notwendigkeit der Haft,[68] andere nicht, weil dies lediglich den Haftgrund darstelle.[69]

28 **Zu seinen Gunsten** sind insbesondere die Auswirkungen der vorläufigen Maßnahme auf den Betroffenen nach dessen Persönlichkeit und Lebensumständen,[70] insbesondere auch in wirtschaftlicher Hinsicht,[71] oder etwa auch eine zögerliche oder fehlerhafte Sachbehandlung durch die Strafverfolgungsbehörden und Gerichte[72] zu bewerten. Hierzu gehören etwa die Dauer der Untersuchungshaft und die damit verbundenen besonderen Belastungen.[73]

29 In die Erwägungen einzubeziehen ist auch, ob nicht in der Entscheidung Art und Ausmaß der Strafverfolgungsmaßnahmen bereits berücksichtigt sind: Eine **besondere Milde**,[74] oder die besondere und umfassende Berücksichtigung bei der Strafzumessung,[75] insbesondere auch bei einer Gesamtstrafenbildung,[76] wobei dieser Aspekt aber mit Blick auf die übrigen Strafzumessungserwägungen auch erkennbar sein muss,[77] die Annahme eines **minder schweren Falls** gerade wegen der überschießenden Strafverfolgungsmaßnahme[78] oder eine **Strafmilderung nach Ermessen** (§ 49 Abs. 2 StGB) kommen als Gesichtspunkt in Betracht.

30 Im Rahmen der gebotenen Gesamtabwägung kann unter Umständen auch eine etwaige **vorläufige Einstellung** wegen unwesentlicher Nebendelikte (§ 154 StPO) oder eine

---

[61] OLG Oldenburg 11.2.2008 – 1 Ws 686/07, StraFo 2008, 444.
[62] OLG Stuttgart 25.11.1997 – 1 Ws 197/97, NStZ-RR 1998, 95.
[63] OLG Karlsruhe 13.6.1977 – 2 Ws 133/77, Justiz 1977, 39.
[64] BGH 11.3.1998 – § StR 43/98, NStZ 1998, 369.
[65] BGH 12.2.1988 – 3 StR 555/87, BGHR Straf § 4 Abs. 1 Nr. 2 Untersuchungshaft 1.
[66] OLG Oldenburg 11.2.2008 – 1 Ws 686/07, StraFo 2008, 444.
[67] OLG Celle 8.11.2011 – 1 Ws 533/10, OLGSt StrEG § 8 Nr. 5.
[68] OLG Hamburg 25.9.1976 – 2 Ws 436/76, MDR 1977, 74; OLG Karlsruhe 15.1.1974 – 1 Ws 411/73, NJW 1974, 1008.
[69] OLG Stuttgart 25.11.1997 – 1 Ws 197/97, NStZ-RR 1998, 95.
[70] OLG Karlsruhe 13.6.1977 – 2 Ws 133/77, Justiz 1977, 39; OLG Stuttgart 13.8.1982 – 3 Ws 130/82, VerkMitt 1983, 45.
[71] *Himmelreich/Hentschel* Rn. 369.
[72] OLG Stuttgart 13.8.1982 – 3 Ws 130/82, VerkMitt 1983, 45; 25.11.1997 – 1 Ws 197/97, NStZ-RR 1998, 95; vgl. auch → § 5 Rn. 49.
[73] Vgl. BVerfG 30.7.2004 – 2 BvR 993/02, juris Rn. 24; OLG Oldenburg 11.2.2008 – 1 Ws 686/07, StraFo 2008, 444.
[74] OLG Karlsruhe 13.6.1977 – 2 Ws 133/77, Justiz 1977, 39.
[75] BGH 12.2.1988 – 3 StR 555/87, BGHR Straf § 4 Abs. 1 Nr. 2 Untersuchungshaft 1; 29.1.1997 – 2 StR 463/96, NStZ-RR 1998, 32; 9.10.2012 – 2 StR 350/12, juris Rn. 4; OLG Oldenburg 11.2.2008 – 1 Ws 686/07, StraFo 2008, 444; *Meyer* Rn. 44; *Meyer-Goßner/Schmitt* 5; vgl. auch BVerfG 30.7.2004 – 2 BvR 993/02, juris Rn. 24.
[76] BGH 20.11.1990 – 3 StR 259/90, BGHR Straf § 4 Abs. 1 Nr. 2 Untersuchungshaft 3.
[77] BGH 10.1.2007 – 5 StR 454/06, StV 2008, 369.
[78] BGH 11.3.1998 – § StR 43/98, NStZ 1998, 369.

Beschränkung der Strafverfolgung nach § 154a StPO angemessen berücksichtigt werden. Sinngemäß gelten auch hier die bei → § 3 Rn. 26–32 dargelegten Abwägungsgesichtspunkte. Vorrangig ist allerdings der Unschuldsvermutung Rechnung zu tragen (→ § 3 Rn. 24 ff.), Der hinsichtlich dieser Tatvorwürfe verbliebene Tatverdacht kann regelmäßig nicht als Versagungskriterium herangezogen werden.[79]

Ablehnende Entscheidungen werden, auch bei deutlichem Missverhältnis zwischen den erkannten Rechtsfolgen und den erlittenen vorläufigen Maßnahmen, häufig damit begründet, der Verurteilte habe die Maßnahme **fahrlässig selbst verursacht**. Es ist zwar richtig, aus § 5 Abs. 2, wonach Entschädigung bei grob fahrlässiger Verursachung der Maßnahme ausgeschlossen ist zu folgern, dass bei der Abwägung nach Billigkeit auch die (einfach) fahrlässige Verursachung durch den Beschuldigten berücksichtigt werden[80] und zur Versagung der Billigkeitsentschädigung führen kann. Aber es ist weder systematisch richtig noch billig, objektive Umstände (zB den ausländischen Wohnsitz) mit dieser Beurteilung zu vermengen. 31

Eine Billigkeitsentschädigung nach Abs. 1 Nr. 2 ist immer Teilentschädigung, weil sie sich nur auf einen Teil der vorläufigen Strafverfolgungsmaßnahmen, sei es nach ihrer Art oder Dauer, beziehen kann. In der gerichtlichen Entscheidung kann das ausgedrückt werden durch Bezeichnung einer einzelnen vorläufigen Maßnahme, eines bestimmten Zeitraums einer Maßnahme oder als Quote. 32

IV. Beispiele aus der Rechtsprechung zu Abs. 1 Nr. 2

1. Überschießende Untersuchungshaft. Hauptanwendungsfall des Abs. 1 Nr. 2 ist die überschießende U-Haft. 33

a) In folgenden Fällen wurde Entschädigung gewährt:
– Volle Entschädigung, wenn die Untersuchungshaft sechseinhalb Monate gedauert hat, Verurteilung aber nur zu vier Monaten Freiheitsstrafe erfolgte. Unberücksichtigt hat das Gericht gelassen, dass Tatkomplex nach § 154 Abs. 2 StPO ausgeschieden wurden.[81] 33a
– Volle Entschädigung, wenn die Untersuchungshaft (fast fünf Monate) fünfmal so lange gedauert hat wie die ausgesprochene Freiheitsentziehung (vier Wochen Dauerarrest).[82]
– Hat die U-Haft mehr als dreimal so lange gedauert wie die verhängte Freiheitsstrafe, so ist es in der Regel billig, Entschädigung zuzusprechen, weil die Strafe nicht mehr in angemessenem Verhältnis zur U-Haft steht;[83] ohne Bedeutung ist für diese Entscheidung, dass der Verurteilte Ausländer ist, der hier keine familiären Bindungen hat.[84]
– Volle Entschädigung bei Anklage wegen Totschlags und anderem und Verurteilung wegen verbotenen Waffenbesitzes zu einer Geldstrafe, weil der verbliebene und frühzeitig erkennbare Tatvorwurf die über einen Zeitraum von etwa drei Monaten vollzogene U-Haft nicht rechtfertigen konnte.[85]
– Volle Entschädigung für die die Tagessatzzahl übersteigende U-Haft, wenn von vornerein nur eine Geldstrafe zu erwarten war.[86]
– Volle Entschädigung für eine die verhängte Strafe übersteigende Zeit bei Anklage wegen gemeinschaftlichen Mordes und gemeinschaftlicher schwerer Brandstiftung und Verurtei-

---

[79] OLG Hamm 9.12.2014 – 2 Ws 272/14, juris Rn. 13; OLG Stuttgart 25.11.1997– 1 Ws 197/97, NStZ-RR 1998, 95.
[80] Ebenso *Meyer-Goßner/Schmitt* Rn. 5; *Meyer* Rn. 16; offen gelassen LG Bamberg 2.5.2013 – 1 Qs 25/2013, StV 2013, 306.
[81] OLG Hamm 9.12.2014 – 2 Ws 272/14, juris Rn. 13.
[82] OLG Stuttgart 22.6.2001 – 3 Ws 118(2001, StV 2002, 556 f.
[83] BGH 18.7.1974 – 4 StR 294/74, GA 1975, 208; LG Bamberg 2.5.2013 – 1 Qs 25/2013, Strafo 2013, 306.
[84] BGH 18.7.1974 – 4 StR 294/74, GA 1975, 208.
[85] OLG Schleswig 17.11.1977 – 1 Ws 310, 312/77, JurBüro 1978, 267.
[86] BayObLG 5.9.1980 – 1 St 264/80, DAR 1981, 237 (248) bei Rüth.

lung zu einer Jugendstrafe von sechs Monaten wegen unterlassener Hilfeleistung, wobei die U-Haft etwa achteinhalb Monate gedauert hatte.[87]
– Volle Entschädigung für U-Haft und vorläufige Entziehung der Fahrerlaubnis bei Anklage wegen Mordes und anderem und Verwarnung wegen unterlassener Hilfeleistung.[88]
– Volle Entschädigung für eine die Verurteilung zu Geldstrafe von 20 Tagessätzen übersteigende U-Haft von etwa sechs Monaten.[89]
– Volle Entschädigung für U-Haft für die eine Verurteilung zu zwei Monaten Freiheitsstrafe und § 154 Abs. 2 StPO im Übrigen übersteigende U-Haft von weiteren zwei Monaten.[90]
– Volle Entschädigung für eine die Freiheitsstrafe von 16 Monaten um vier Monate übersteigende U-Haft bei Teilfreispruch, wobei der BGH bereits in einer Vorentscheidung auf erhebliche objektivierbare Bedenken gegen die Glaubwürdigkeit des einzigen Belastungszeugen hingewiesen hatte.[91]
– Volle Entschädigung bei Verurteilung zu zwei Jahren drei Monaten Gesamtfreiheitsstrafe für dreieinhalb Monate überschießende U-Haft wegen der besonderen Härte, die durch den faktischen Vorwegvollzug der Strafe im Wege der Untersuchungshaft für den Angekl. entstanden ist. Als nicht vorbestrafter Erstverbüßer hätte er bereits zu einem früheren Zeitpunkt auf Vollzugslockerungen hoffen können, eine Reststrafaussetzung hätte nahe gelegen. Die verbüßte Untersuchungshaft, die Lockerungen nicht erlaubt, stellt im Vergleich hierzu eine zusätzliche Härte dar, zumal der Angekl. weiter durch eine Trennungsanordnung belastet war.[92]
– Teilweise Entschädigung bei einer die verhängte Freiheitsstrafe von sechs Monaten um etwa dreieinhalb Monate übersteigenden U-Haft bei Anklage wegen räuberischer Erpressung und anderem und Verurteilung wegen gefährlicher Körperverletzung, weil völlige Bindungslosigkeit der Aussetzung des Vollzugs des Haftbefehls entgegenstand.[93]

b) In folgenden Fällen wurde Entschädigung versagt:

34 – Keine Entschädigung für eine die verhängte Jugendstrafe von zwei Jahren um acht Tage übersteigende U-Haft mangels Billigkeit.[94]
– Keine Entschädigung für eine neun Monate Freiheitsstrafe um 67 Tage übersteigende U-Haft, weil der Verurteilte mehrfach vorbestraft, halt- und bindungslos war und deshalb Fluchtgefahr bestand.[95]
– Keine Entschädigung für einen ohne Aufenthaltserlaubnis und ohne festen Wohnsitz Angetroffenen bei U-Haft von fünfeinhalb Monaten und Verhängung einer Geldstrafe die durch Anrechnung von zwei Monaten der U-Haft erledigt ist.[96]
– Keine Entschädigung für sechs Monate und eine Woche U-Haft bei Verurteilung zu Geldstrafe von 24 Tagessätzen wegen Erwerbs und Besitzes von zehn Marihuana-Zigaretten, weil der Beschuldigte durch eine strafbare Handlung schuldhaft den dringenden Verdacht einer weitergehenden strafbaren Tätigkeit und damit weitere Ermittlungen und wegen Fehlens persönlicher Bindungen eine U-Haft auslöste, deren Dauer über die verhängte Strafe hinausging.[97] Die Entscheidung stellt zu Unrecht auf den nicht erwiesenen (einfachen) Verdacht ab, der Angekl. habe außerdem über zwei Kilo Marihuana besessen.[98] Möglicherweise wollte das OLG nach § 5 Abs. 2 die Entschädigung versagen; es hat diese Vorschrift aber nicht angewendet.

---
[87] OLG Oldenburg 11.2.2008 – 1 Ws 686/07, StraFo 2008, 444.
[88] BGH 27.5.1983 – 3 StR 153/83, EzSt Nr. 2 zu § 5 StrEG.
[89] OLG Düsseldorf 28.7.1988 – 1 Ws 353, 354/88, StV 1989, 29.
[90] OLG Stuttgart 25.11.1997 – 1 Ws 197/97, NStZ-RR 1998, 95.
[91] BGH 27.10.1989 – 2 StR 486/89, BGHR Straf § 4 Abs. 1 Nr. 2 Untersuchungshaft 2.
[92] BGH 10.1.2007 – 5 StR 454/06, StV 2008, 369.
[93] OLG Hamm 7.5.1975 – 5 Ws 81/75, JMBlNW 1975, 177.
[94] LG Hamburg 19.10.2012 – 603 KLs 17/10, juris Rn. 955.
[95] OLG Hamm 3.4.1974 – 4 Ws 59/74, MDR 1974, 777.
[96] OLG Karlsruhe 15.1.1974 – 1 Ws 411/73, NJW 1974, 1008.
[97] OLG Hamburg 25.9.1976 – 2 Ws 436/76, MDR 1977, 74.
[98] Ablehnend zu dieser Entscheidung deshalb auch OLG Stuttgart 25.11.1997 – 1 Ws 197/97, NStZ-RR 1998, 95.

– Keine Entschädigung bei U-Haft von knapp einem Jahr fünf Monaten und Verurteilung zu einem Jahr drei Monaten, wenn sich erst in der Hauptverhandlung mildernde Umstände herausstellen und der Beschuldigte das Verfahren verzögert hat, weil er seinen Wahlverteidiger entpflichtet hatte, so dass ein Pflichtverteidiger bestellt werden musste.[99]
– Abzulehnen ist die Versagung von Entschädigung für eine die Strafe um 17 Monate überschießende U-Haft.[100]
– Keine Entschädigung für Vollzug eines Haftbefehls wegen Fluchtgefahr, der auch gegen eine angebotene Kaution nicht außer Vollzug gesetzt werden konnte, wenn die überschießende Haft ausdrücklich bei der Strafzumessung berücksichtigt wurde.[101]
– Keine Entschädigung, wenn die U-Haft die verhängte Strafe nur geringfügig überschreitet und der Beschuldigte deshalb erneut in U-Haft genommen werden musste, weil er entgegen der ausdrücklich erteilten Auflage im Haftverschonungsbeschluss Kontakt mit Tatzeugen aufnahm und diese in beeinflussender Weise auf den Gegenstand des Ermittlungsverfahrens ansprach,[102] oder wenn der in Verdacht Geratene Beweismittel beiseite schafft.[103]

2. Vorläufiger Entziehung der Fahrerlaubnis. Billigkeitsentschädigung bei vorläufiger Entziehung der Fahrerlaubnis: 35

a) Grundsätze. Zur Anrechnung einer vorläufigen Entziehung der Fahrerlaubnis auf 35a ein Fahrverbot vgl. schon oben 22. Die grob fahrlässige Verursachung umfasst in der Regel den gesamten Zeitraum des Strafverfahrens, und zwar grundsätzlich auch dann, wenn das Gericht erster Instanz eine nachteilige Entscheidung fällt, die im Rechtsmittelverfahren keinen Bestand hat.[104] Dies gilt etwa für die Wertung, ein Fahrfehler beruhe auf der Alkoholisierung, wenn Alkoholisierung und Fahrfehler feststehen, im Ergebnis aber ein Zusammenhang nicht nachweisbar ist.[105]

Die von einem Beschuldigten grob fahrlässig in Gang gesetzte Ursachenkette (Fahren 36 unter Alkoholeinwirkung und als Folge Entziehung der Fahrerlaubnis) muss aber nicht den gesamten Zeitraum der gegen ihn gerichteten Strafverfolgungsmaßnahme erfassen. Vor allem neue Tatsachen oder Beweisergebnisse können eine Neubeurteilung erforderlich machen, ob die Führerscheinmaßnahme aufrecht erhalten werden darf, etwa das Ergebnis der Blutalkoholbestimmung oder ein Sachverständigengutachten über den Unfallhergang.

b) Beispiele für die Gewährung einer Entschädigung: War die Beschlagnahme 37 eines Führerscheins von Anfang an nicht geboten, weil bei der gegebenen Sachlage mit einer endgültigen Entziehung der Fahrerlaubnis nicht zu rechnen war, so trifft dies einen Berufskraftfahrer erheblich,[106] so dass trotz Verurteilung für Beschlagnahme zu entschädigen ist.[107] Das OLG Stuttgart[108] sprach Entschädigung zu für die Zeit, in der die Fahrerlaubnis infolge eines groben Bearbeitungsfehlers einbehalten worden war: Das AG hatte im Urteil vergessen, die Entziehung anzuordnen; durch einen – unzulässigen und daher unwirksamen – Ergänzungsbeschluss versuchte es, das nachzuholen, hätte aber bei richtiger Sachbehandlung den Führerschein zurückgeben müssen. Das Berufungsgericht konnte wegen des Verschlechterungsverbots (§ 331 StPO) die Entziehung nicht anordnen; bei der Billigkeitsentscheidung nach § 4 war deshalb der in § 6 Abs. 1 Nr. 2 enthaltene Rechtsgedanke zu berücksichtigen. Überhaupt müssen grobe Fehler bei der Bear-

---

[99] OLG Karlsruhe 13.6.1977 – 2 Ws 133/77, Justiz 1977, 39.
[100] So aber OLG Düsseldorf 15.11.1988 – 1 Ws 1066/88, NStZ 1989, 232 mit abl. Anm. *Schätzler*.
[101] BGH 12.2.1988 – 3 StR 555/87, BGHR Straf § 4 Abs. 1 Nr. 2 Untersuchungshaft 1.
[102] BGH 20.11.1990 – 3 StR 259/90, BGHR Straf § 4 Abs. 1 Nr. 2 Untersuchungshaft 3.
[103] BGH 11.3.1998 – 3 StR 43/98, NStZ 1998, 369.
[104] BayObLG 24.5.1989 – RReg 2 St 117/89, JR 1990, 436 mit krit. Anm. *Loos*; OLG Hamm 8.10.1976 – 1 Ws 213/76, VRS 52, 437.
[105] BayObLG 24.5.1989 – RReg 2 St 117/89, JR 1990, 436.
[106] OLG Stuttgart 13.8.1982 – 3 Ws 130/82, VerkMitt 1983, 45.
[107] BayObLG 1.8.1972 – 5 St 77/72, DAR 1973, 197 (211) bei *Rüth*.
[108] 1.10.1976 – 1 Ws 253/76, NJW 1977, 641.

beitung durch die Justizbehörden in der Abwägung dann zugunsten des Beschuldigten berücksichtigt werden. Einzelheiten – gerade auch zu Führerscheinmaßnahmen – vgl. → § 5 Rn. 49.

38 **c) Beispiele für die Versagung einer Entschädigung:** Eine Billigkeitsentschädigung mit ggf. teilweiser Entschädigung nach § 4 kommt nach hM zunächst immer dann nicht in Betracht, wenn nach vorläufiger Entziehung der Fahrerlaubnis von einer endgültigen Anordnung deshalb abgesehen wurde, weil ihre Voraussetzungen nicht mehr vorlagen. Hier geht der Ausschlussgrund des § 5 Abs. 1 Nr. 3 vor, selbst bei unverhältnismäßig langer Dauer.[109] Das gilt auch für den Fall, dass nach vorläufiger Entziehung der Fahrerlaubnis die charakterliche Eignung in der erstinstanzlichen Hauptverhandlung deshalb wieder gegeben war, weil eine Nachschulung stattgefunden hatte.[110] Gegen unverhältnismäßig langes Weiterbestehen der vorläufigen Entziehung sichert § 111a Abs. 2 StPO, der die Aufhebung vorschreibt, wenn der Grund für die Anordnung weggefallen ist. Keine Entschädigung wurde bei Rückgabe des Führerscheins eine Woche nach Ablauf der vom Berufungsgericht festgesetzten Sperrfrist gewährt, wenn noch Revision anhängig ist;[111] auch nicht bei Rückgabe etwa drei Wochen nach Ablauf.[112] Eine übermäßige Dauer liegt selbst bei Überschreiten der in erster Instanz ausgesprochenen Sperrfrist dann nicht vor, wenn sich die Entscheidung aus vom Beschuldigten zu vertretenden Gründen verzögert, etwa durch die Benennung eines Zeugen für eine geänderte falsche Einlassung, Falschaussagen von Zeugen, die Nachermittlungen erforderlich machen, oder unbegründete Rechtsmittel.[113] Die Voraussetzungen des § 4 Abs. 1 Nr. 2 liegen aber dann grundsätzlich vor, wenn für keinen Zeitpunkt des Verfahrens die Ungeeignetheit im Sinne von §§ 69, 69a StGB festgestellt werden kann.[114]

39 **3. Sonstige vorläufige Strafverfolgungsmaßnahmen.** Schon nach ihrem Wortlaut gilt die Vorschrift auch für alle anderen Strafverfolgungsmaßnahmen des § 2. Entscheidungen wegen überschießender Strafverfolgungsmaßnahmen sind hier aber selten. Vorläufige Festnahme, Durchsuchung und Beschlagnahme von Beweismitteln werden regelmäßig als konsumiert angesehen werden können, auch wenn die Rechtsfolge einer Verurteilung nicht erheblich ausfällt. Anders kann es bei einer Beschlagnahme zur Einziehung oder beim Vermögensarrest sein: Bei der Beschlagnahme eines Fahrzeugs zur Einziehung ist Entschädigung zu leisten, wenn eine solche offensichtlich nicht in Betracht kommt.[115] Ansonsten wird, sofern nicht durch § 5 Abs. 2 die Entschädigung ausgeschlossen ist, bei Einziehung in all ihren Formen regelmäßig Konsumtion eingetreten sein.[116]

V. Ahndung als Ordnungswidrigkeit, Abs. 2

40 **1. Zweck der Vorschrift.** Absatz 2 stellt ausdrücklich klar, dass die Ahndung einer Ordnungswidrigkeit durch die Verwaltungsbehörde oder das Gericht (§ 82 OWiG) im Sinne des Abs. 1 Nr. 2 wie eine Verurteilung zu bewerten ist (vgl. § 46 Abs. 1 OWiG; → § 1 Rn. 4). Damit wird zugleich verdeutlicht, dass eine Einstellung des Verfahrens wegen einer Straftat durch die StA (im Steuerstrafverfahren durch die Finanzbehörde, § 386 AO) und die gleichzeitige Abgabe an die Verwaltungsbehörde zur Ahndung als Ordnungswidrigkeit keine das Verfahren beendende Einstellung im Sinne der übrigen Vorschriften des StrEG ist.

---

[109] KG 23.12.1997 – 3 Ws 751/97, juris Rn. 3; aA BayObLG 31.7.1986 – RReg 1 St 79/86, BayObLGSt 1986, 83 = VRS 71, 386.
[110] *Himmelreich/Hentschel* Rn. 368; *Meyer* Rn. 50; aA LG Köln 5.10.1979 – 41-253/79, ZfS 1980, 254.
[111] OLG Frankfurt a. M. 15.11.1972 – 2 Ws 197/72, DAR 1973, 161.
[112] OLG Stuttgart 20.10.2975 – 1 Ss 275/75, VerkMitt 1976, 36.
[113] Vgl. hierzu OLG Düsseldorf 26.9.2000 – 1 Ws 514/00, NZV 2001, 177.
[114] *Meyer* Rn. 40.
[115] AG Braunschweig 15.2.1989 – 5 Ds 702 Js 48324/87, StV 1990, 82.
[116] Vgl. zum Nutzungsausfall → § 7 Rn. 66 und *Rönnau/Hohn* wistra 2002, 445 (448).

2. Anwendungsbereich. Wie sich aus den Worten „nach Einleitung des Strafverfahrens" ergibt, gilt die Vorschrift sowohl für den Fall, dass das Gericht nach Anklageerhebung die Tat unter dem rechtlichen Gesichtspunkt einer Ordnungswidrigkeit beurteilt (§ 81 Abs. 1 OWiG), als auch für den, dass die StA das Verfahren nach § 43 OWiG an die Verwaltungsbehörde abgegeben hat und diese einen Bußgeldbescheid erlässt. 41

3. Ermessensgrundsätze. Wird wegen der Ordnungswidrigkeit auf Geldbuße erkannt, so ist frei zu würdigen, ob diese Rechtsfolge geringer ist als die vorausgegangenen Strafverfolgungsmaßnahmen. Die Höhe der Geldbuße ist wegen der völlig andersartigen Sanktion der Ahndung von Verwaltungsunrecht nur bedingt brauchbar. Die Dauer einer etwa angeordneten Erzwingungshaft kann kein Maßstab sein, weil die Erzwingungshaft nicht von vornherein bestimmt wird, nicht Ersatzstrafe ist und innerhalb der gesetzlichen Höchstgrenze (sechs Wochen, bei mehreren Geldbußen drei Monate, § 96 Abs. 3 OWiG) nach Gesichtspunkten bemessen wird, die nicht allein von der Höhe der Geldbuße abhängen.[117] Doch für das Fahrverbot, das nach § 25 StVG als Nebenfolge neben der Geldbuße verhängt werden kann, gilt das → Rn. 22 Gesagte sinngemäß. 42

Vorbemerkungen zu § 5

I. Anwendungsbereich und praktische Bedeutung

Die Ausschluss- und Versagungsgründe der beiden Vorschriften gelten für alle in den §§ 1 und 2 geregelten Tatbestände, also nicht nur für die „anderen" Strafverfolgungsmaßnahmen des § 2. Während nämlich die §§ 3 und 4 jeweils auf „die in § 2 genannten Strafverfolgungsmaßnahmen" Bezug nehmen, sprechen §§ 5 und 6 vom Ausschluss bzw. der Versagung „der Entschädigung". Sind ihre Voraussetzungen gegeben, ist jede Billigkeitsentschädigung nach §§ 3, 4 unmöglich. Die Rechtsprechung zu den Ausschlussgründen (§ 5) und zu den Versagungsgründen (§ 6) macht mehr als die Hälfte der veröffentlichten Entscheidungen zum StrEG aus. Der überwiegende Teil davon betrifft die Auslegung des § 5. Häufiger Anwendungsfall ist die Entschädigungsfrage bei vorläufiger Entziehung der Fahrerlaubnis wegen des Verdachts der Trunkenheit im Straßenverkehr. 1

II. Regelung des mitwirkenden Verschuldens

In den §§ 5 und 6 sind die vom Strafgericht zu berücksichtigenden Gründe zusammengefasst, die eine Entschädigung zwingend ausschließen (§ 5) oder dazu führen können, dass sie ganz oder zum Teil versagt wird (§ 6). Die Vorschriften stellen eine auf das Strafverfahren und seinen Gegenstand zugeschnittene Ausfüllung des schadensersatzrechtlichen Grundsatzes dar, wonach mitwirkendes Verschulden des Geschädigten, je nach Art und Maß, den Ersatzanspruch ausschließt oder mindert (vgl. **§ 254 BGB**). Das Verschulden besteht entweder darin, dass der Beschuldigte eine mit Strafe bedrohte Handlung begangen oder sich in einer Weise verhalten hat, welche die Strafverfolgungsbehörden nicht unbeachtet lassen durften, oder dass er eine sich aus dem Prozessrecht ergebende allgemeine oder besondere Obliegenheit verletzt hat. Dies festzustellen ist dem Strafgericht vorbehalten, weil solche Umstände und ihre Wertung in engstem Zusammenhang mit dem Strafverfahren stehen. 2

Die §§ 5 und 6 sind nach dem Willen des Gesetzgebers und nach ihrem objektiven, im Zusammenhang zu würdigenden Inhalt nicht neben den, sondern an die Stelle des in § 254 BGB ausgedrückten allgemeinen Rechtssatzes getreten. Sie enthalten mit Bezug auf den Entschädigungsgrund eine **abschließende Regelung** des mitwirkenden Verschuldens. Das bedeutet für den Anwendungsbereich des § 5 den vollständigen Ausschluss der Entschädigung, wenn einer der Ausschlussgründe vorliegt, andererseits volle Entschädigung (ggf. im Rahmen der §§ 3 und 4), wenn keiner dieser Gründe festgestellt wird.[1] Dieses **„Alles oder** 3

---

[117] Zur Erzwingungshaft im Einzelnen vgl. Göhler/*Seitz* zu § 96 OWiG.
[1] *Meyer-Goßner/Schmitt* Rn. 1; *Meyer* Rn. 5; Göhler/*Seitz* OWiG § 110 Rn. 18.

Nichts" – Schema entspricht dem früheren Recht. Eine Abstufung des mitwirkenden Verschuldens und eine daran zu knüpfende Minderung **(Quotelung)** der Entschädigung sieht dagegen § 6 vor.

4   Der Gesetzgeber hat nicht die entsprechende oder sinngemäße Geltung des **§ 254 BGB** angeordnet oder dessen Inhalt in einer sinngemäß umgemünzten Wortfassung übernommen, wie das in anderen Gesetzen geschehen ist (vgl. zB § 93 Abs. 3 BauGB, § 32 Abs. 2 Bundesleistungsgesetz). Er hat vielmehr das mitwirkende Verschulden des Geschädigten speziell geregelt, weil der Aufopferungsanspruch aus Strafverfolgung Eigentümlichkeiten aufweist, welche ihn von anderen Aufopferungsansprüchen unterscheidet. Die Beziehung zwischen dem Bürger und der Staatsgewalt wird hier nämlich nicht durch ein konkretes, öffentlich- oder privatrechtliches Verhältnis bestimmt, aus dem sich entsprechende Handlungs- und Unterlassungspflichten ableiten ließen, sondern sie entsteht allein aus dem Tatverdacht, welcher den Anlass zu einer Strafverfolgungsmaßnahme gegeben hat. Wollte man daran den feinen Maßstab zivilrechtlicher Sorgfaltspflichten anlegen, so liefe das auf nichts anderes als die Forderung hinaus, der Bürger dürfe sich nicht nur nicht strafbar machen, sondern habe die Sorgfaltspflicht in eigenen Angelegenheiten, sich stets so zu verhalten, dass er auch nicht den Anschein eines Verdachts erwecke. Das Strafgericht, das ihn gerade freigesprochen hat, würde ihm dann vorhalten dürfen, er habe ein bisschen Verdacht erregt, und in dem Maße müsse er sich einen Abzug von der Entschädigung gefallen lassen. Es ist klar, dass dies in ein obrigkeitliches Moralisieren hineinführen und geradewegs wieder in Richtung auf den Freispruch zweiter Klasse gehen würde. Eben das will das Gesetz durch die spezielle und abschließende Sonderregelung des mitwirkenden Verschuldens ausschließen. Der Strafrichter darf deshalb einen Entschädigungsanspruch nicht aus § 254 BGB kürzen,[2] vgl. noch → Rn. 63 und 72. Möglich bleibt aber im Rahmen der Zurechnung die Entschädigungspflicht auf einzelne Strafverfolgungsmaßnahmen, → § 5 Rn. 33, und bestimmte Zeiträume, → § 5 Rn. 42 ff., zu beschränken.

5   Diese Vorschriften des StrEG regeln nur, wie das mitwirkende Verschulden des Beschuldigten zu berücksichtigen ist, das sich auf die Einleitung und Durchführung des Strafverfahrens bezieht. Ein etwaiges Verschulden, das die **Entstehung des Schadens und seine Höhe** betrifft, ist nicht nach dem StrEG und nicht vom Strafgericht zu prüfen, sondern erst im Betragsverfahren von der Justizverwaltungsbehörde und im Streitfall von dem ordentlichen Gericht nach den Vorschriften des bürgerlichen Rechts. Dabei ist dann auch § 254 BGB anzuwenden (vgl. hierzu → § 7 Rn. 97, 99).

III. Korrektiv zum Wegfall der Unschuldsklausel

6   Die Unschuldsklausel (→ Einl. Rn. 19) des früheren Rechts war das wichtigste Korrektiv, um materiell ungerechtfertigte Ersatzansprüche ausscheiden zu können. Nach ihrem Fortfall haben die Ausschluss- und Versagungsgründe diese Funktion mit übernommen. Ihnen kommt deshalb erhöhte Bedeutung zu. Der Rechtsausschuss des Bundestages hat das in seinem Bericht[3] besonders zum Ausdruck gebracht: „Der Rechtsausschuss hat die Vorschriften, die eine Entschädigung ausschließen, eingehend beraten. Der Fortfall der Unschuldsklausel nötigt dazu, die Ausschlussgründe so zu gestalten, dass ungerechtfertigte Entschädigungszahlungen vermieden werden."

IV. Kasuistik statt Generalklausel

7   Die Ausschluss- und Versagungsgründe sind im Wesentlichen kasuistisch geregelt. Eine Generalklausel, wonach die Entschädigung sollte versagt werden können, „wenn ihre Gewährung angesichts der besonderen Umstände des Falles offensichtlich unbillig ist", wurde im Bundestag vorgeschlagen, aber abgelehnt. Eine solche Vorschrift wäre zu unbe-

---

[2] Geigel/*Kapsa* Kap. 21 Rn. 137.
[3] BT-Drs. VI/1512, 3.

stimmt, um eine einheitliche Rechtsprechung zu gewährleisten und sicher zu verhindern, dass die Entscheidung von Erwägungen und Annahmen zum Tatverdacht beeinflusst wird. Dagegen ist die vom Rechtsausschuss auf Vorschlag der Bundesregierung beschlossene allgemeine Klausel, wonach die Entschädigung ausgeschlossen wird, soweit der Beschuldigte die Strafverfolgungsmaßnahme vorsätzlich oder grob fahrlässig verursacht hat (§ 5 Abs. 2), hinreichend bestimmt und – zusammen mit den übrigen Ausschlussgründen – geeignet, ungerechtfertigte Ansprüche auszuscheiden.

V. Vorrang des § 5 vor § 6

Die obligatorischen Ausschlussgründe des § 5 gehen, wie sich aus der Entstehungsgeschichte ergibt, den fakultativen Versagungsgründen des § 6 vor.[4] Deshalb ist, wenn eine Entschädigung nach §§ 1 oder 2 oder eine Billigkeitsentschädigung nach §§ 3 oder 4 in Betracht kommt, zunächst zu prüfen, ob einer der Ausschlussgründe des § 5 durchgreift. Erst wenn das nicht der Fall ist, erstreckt sich die weitere Prüfung darauf, ob eine Entschädigung aus den Gründen des § 6 ganz oder teilweise zu versagen ist.[5]

VI. Mehrere Strafverfolgungsmaßnahmen

Treffen mehrere Strafverfolgungsmaßnahmen zusammen, so können Ausschluss- oder Versagungsgründe gegenüber einzelnen Maßnahmen durchgreifen, gegenüber anderen nicht. Auch kann Entschädigung für einen Teil oder einen Teilabschnitt einer Maßnahme ausgeschlossen sein oder versagt werden. Dies bringt bereits der Wortlaut der Vorschrift durch die Formulierung „soweit" zum Ausdruck. Die Ausschluss- und Versagungsgründe sind daher für jede Strafverfolgungsmaßnahme und für jeden Zeitabschnitt gesondert zu untersuchen.

VII. Die Unschuldsvermutung des Art. 6 Abs. 2 EMRK und Ausschluss der Entschädigung

Die bei der Gewährung von Entschädigung nach einer Ermessenseinstellung anzustellenden Erwägungen zur Unschuldsvermutung (→ § 3 Rn. 24 ff.) sind im Rahmen der Anwendung der Ausschlussgründe der §§ 5 Abs. 1 Nr. 1 und 4, Abs. 2,[6] Abs. 3 und § 6 Abs. 1 Nr. 1, Abs. 2 ohne Bedeutung. In diesen Fällen ist entweder eine Verurteilung erfolgt oder der Ausschluss der Entschädigung ist vom Tatverdacht unabhängig. Ging es bei der Billigkeitsentschädigung um Verdachtserwägungen in Bezug auf die begangene Straftat, so geht es hier um die Ursächlichkeit und das Verschulden einer Person in Bezug auf die Herbeiführung von Strafverfolgungsmaßnahmen. Tatschulderwägungen sind dabei nicht anzustellen, daher kann auch die Unschuldsvermutung nicht verletzt sein.[7] Ausnahmen gelten für § 5 Abs. 1 Nr. 2 (vgl. → § 5 Rn. 6), wo mindestens der Nachweis einer rechtswidrigen Tat erbracht sein muss, für § 5 Abs. 1 Nr. 3 Alt. 2 (vgl. → § 5 Rn. 16), wo die Voraussetzungen für die endgültige Entziehung der Fahrerlaubnis während der Dauer der

---

[4] BVerfG 12.9.1995 – 2 BvR 2475/94, NJW 1996, 1049; BGH 19.12.1979 – 3 StR 396/79, BGHSt 29, 168 = JZ 1980, 241 mAnm *Schmidt*; 1.3.1995 – 2 StR 331/94, NJW 1995, 1297 (1301); OLG Düsseldorf 29.3.1988 – 1 Ws 88/88, MDR 1988, 887; OLG Hamburg 19.5.1982 – 1 Ws 185/82, MDR 1982, 870; OLG Karlsruhe 17.5.1977 – 2 Ws 39/77, MDR 1977, 1041; 6.4.1989 – 1 Ws 23/78, Justiz 1978, 373; 16.1.1981 – 3 Ws 298/80, NStZ 1981, 228; KG 23.2.1987 – 5 Ws 12/87, GA 1987, 405 [gegen KG 3.4.1974 – 2 Ws 236/73, GA 1975, 177]; 20.6.2011 – 4 Ws 48/11, NStZ-RR 2012, 30 (31); Nürnberg 4.6.2009 – 1 Ws 285/09, unveröffentlicht; OLG Schleswig 17.11.1977 – 1 Ws 310, 312/77, JurBüro 1978, 267 (268) [unausgesprochen]; OLG Stuttgart 13.7.1981 – 1 Ws 167/80, Justiz 1981, 449 – insoweit in NStZ 81, 484 nicht abgedruckt; LG Ellwangen 27.2.2014 – 1 Ks 9 Js 94162/12, juris Rn. 284; LG Freiburg 30.10.1989 – IV AK 30/89, StV 1990, 80: „Generalklausel"; *Meyer-Goßner/Schmitt* § 6 Rn. 1 für § 5 Abs. 2; heute nicht mehr strittig; aA noch Schleswig 20.1.1976 – 1 Ws 332/75, NJW 76, 1467; LG Flensburg 5.4.1976 – II Qs 116/76, JurBüro 1976, 1407; *Händel* BA 1972, 285.
[5] Vgl. BGH 19.12.1979 – 3 StR 396/79, BGHSt 29, 169 = MDR 1980, 417.
[6] Hierzu näher → Rn. 64.
[7] BVerfG 21.11.2002 – 2 BvR 1609/02, juris Rn. 4 f.

vorläufigen Maßnahme vorgelegen haben müssen, und für § 6 Abs. 1 Nr. 2 (vgl. → § 6 Rn. 23), wo eine Entschädigung ausgeschlossen ist, wenn „nur" wegen der Schuldunfähigkeit oder eines Verfahrenshindernisses keine Verurteilung erfolgte.

§ 5 Ausschluß der Entschädigung

(1) Die Entschädigung ist ausgeschlossen
1. **für die erlittene Untersuchungshaft, eine andere Freiheitsentziehung und für die vorläufige Entziehung der Fahrerlaubnis, soweit deren Anrechnung auf die verhängte Strafe unterbleibt,**
2. **für eine Freiheitsentziehung, wenn eine freiheitsentziehende Maßregel der Besserung und Sicherung angeordnet oder von einer solchen Anordnung nur deshalb abgesehen worden ist, weil der Zweck der Maßregel bereits durch die Freiheitsentziehung erreicht ist,**
3. **für die vorläufige Entziehung der Fahrerlaubnis und das vorläufige Berufsverbot, wenn die Entziehung der Fahrerlaubnis oder das Berufsverbot endgültig angeordnet oder von einer solchen Anordnung nur deshalb abgesehen worden ist, weil ihre Voraussetzungen nicht mehr vorlagen,**
4. **für die Beschlagnahme und den Vermögensarrest (§§ 111b bis 111h der Strafprozeßordnung), wenn die Einziehung einer Sache angeordnet ist.**

(2) ¹**Die Entschädigung ist auch ausgeschlossen, wenn und soweit der Beschuldigte die Strafverfolgungsmaßnahme vorsätzlich oder grob fahrlässig verursacht hat.** ²**Die Entschädigung wird nicht dadurch ausgeschlossen, daß der Beschuldigte sich darauf beschränkt hat, nicht zur Sache auszusagen, oder daß er unterlassen hat, ein Rechtsmittel einzulegen.**

(3) Die Entschädigung ist ferner ausgeschlossen, wenn und soweit der Beschuldigte die Strafverfolgungsmaßnahme dadurch schuldhaft verursacht hat, daß er einer ordnungsgemäßen Ladung vor den Richter nicht Folge geleistet oder einer Anweisung nach § 116 Abs. 1 Nr. 1 bis 3, Abs. 3 der Strafprozeßordnung zuwidergehandelt hat.

Schrifttum: *Eisenberg,* Zur Anwendung des Gesetzes über die Entschädigung für Strafverfolgungsmaßnahmen im Jugendstrafverfahren, GA 2004, 385 ff.; *Grohmann,* Führerscheinmaßnahmen im Lichte des Strafrechtsentschädigungsgesetzes, BA 22, 232 ff. (1985); *Kühl,* Rückschlag für die Unschuldsvermutung aus Straßburg, NJW 1988, 3233 ff.; *Löffler,* Zur Frage der Nichtanrechnung der erlittenen Haft im Falle der Haftanordnung nach § 230 II StPO; *Meyer,* Wann ist bei Trunkenheitsfahrten grobe Fahrlässigkeit im Sinne des § 5 Abs. 2 StrEG anzunehmen?, DAR 1976, 67 f.; *ders.,* Ausschluß der Entschädigung nach dem StrEG bei einem Wegfall der Strafbarkeit im Laufe des Verfahrens, MDR 1978, 367 ff.; *ders.,* Zum Ausschluß der Strafrechtsentschädigung bei Alkohol am Steuer, BA17, 276 ff. (1980); *ders.,* Zum Verhältnis des Ausschlußgrundes des § 5 Abs. 1 Nr. 2 StrEG zur Versagungsmöglichkeit nach § 6 Abs. 1 Nr. 2 StrEG, MDR 1979, 192 ff.; *ders.* Ausschluß und Versagung der Entschädigung nach dem StrEG wegen Aussageverhaltens eines Beschuldigten, MDR 1981, 109; *Sandherr,* Der Entschädigungsausschluss bei Trunkenheitsfahrten, insbesondere nach § 5 Abs. 2 StrEG, DAR 2007, 420 ff.; *Sieg,* Ausschluß und Versagung der Entschädigung nach dem StrEG wegen des Aussageverhaltens eines Beschuldigten, MDR 1980, 907; *ders.,* Teilweiser Ausschluß der Entschädigung nach dem StrEG bei leicht fahrlässiger Verursachung von Strafverfolgungsmaßnahmen?, DAR 1976, 11 f.

Übersicht

	Rn.		Rn.
I. Allgemeines	1	a) Vorläufige Entziehung der Fahrerlaubnis	15–17
II. Ausschlussgründe des Abs. 1	2–27	b) Vorläufiges Berufsverbot	18
1. Nichtanrechnung auf die verhängte Strafe, Abs. 1 Nr. 1	2–5	4. Einziehung, Abs. 1 Nr. 4	19–27
2. Zweckerreichung bei freiheitsentziehenden Maßregeln, Abs. 1 Nr. 2	6–13	a) Anwendungsbereich	19–26
		b) Rechte Dritter	27
3. Entziehung der Fahrerlaubnis und Berufsverbot, Abs. 1 Nr. 3	14–18	**III. Ausschluss wegen Verschuldens, Abs. 2 S. 1**	28–87

	Rn.		Rn.
1. Entstehungsgeschichte und Zweck ...	28–31	b) Unerlaubtes Entfernen vom Unfallort	73
2. Internationaler Pakt über bürgerliche und politische Rechte und Europäische Menschenrechtskonvention	32	c) Nachtrunk .... d) Sonstiges Straßenverkehrsrecht .... e) Fortwirken und Unterbrechung der	74, 75 76
3. Verursachung (haftungsbegründende Kausalität)	33–53	Kausalität bei vorläufiger Entziehung der Fahrerlaubnis	77–79
a) Grundsätze und Beispiele	33–38	f) Verteidigungsverhalten	80–82
b) Maßgebender Zeitpunkt für die Beurteilung der Ursächlichkeit	39–41	g) Andere Fälle der Selbstgefährdung 9. Keine grobe Fahrlässigkeit	83–85 86
c) Fortwirkung der Ursächlichkeit ...	42–45	10. Beweislast	87
d) Fehlende Verursachung und Grenzen der Zurechnung	46–53	IV. Schweigen zur Sache, Abs. 2 S. 2	88–91
4. Verschulden	54–58	V. Unterlassene Rechtsmittel, Abs. 2	
a) Vorsatz	56, 57	S. 2	92, 93
b) Fahrlässigkeit	58	VI. Rechtsmissbrauch	94
5. Grobe Fahrlässigkeit	59–63	VII. Wegfall der Strafbarkeit	95–99
a) Subjektive Merkmale grober Fahrlässigkeit	59–62	VIII. Verfahrenshindernis	100
b) Folgen einfacher Fahrlässigkeit	63	IX. Verletzung prozessualer Obliegenheiten, Abs. 3	101–109
6. Zurechnung fremden Verschuldens ...	64	1. Einfache Fahrlässigkeit ausreichend ...	102
7. Folgen fehlender Belehrung des Beschuldigten	65	2. Nichtbefolgen einer Ladung	103–106
8. Rechtsprechung zur groben Fahrlässigkeit	66–85	3. Nichtbefolgen von Anweisungen nach § 116 StPO	107–109
a) Trunkenheitsdelikte und Drogenkonsum im Straßenverkehr	66–72		

I. Allgemeines

Das EGStGB vom 2.3.1974[1] fügte in Abs. 1 in Nr. 3 das vorläufige Berufsverbot nach § 132a StPO und in Nr. 4 den Arrest nach § 111d StPO als neue entschädigungsfähige Maßnahmen ein, das 1. StVRG vom 9.12.1974[2] ersetzte in Abs. 1 Nr. 1 die Worte „Sicherung und Besserung" durch „Besserung und Sicherung". Das Gesetz zur Reform der strafrechtlichen Vermögensabschöpfung vom 13.4.2017[3] ersetzte die Bezeichnungen „dinglicher Arrest" durch „Vermögensarrest" und „Verfall" durch „Einziehung von Taterträgen". Vor allem aber ist die Regelung über die „Rückgewinnungshilfe" in § 73 Abs. 1 S. 2 StGB aF in Wegfall gekommen und durch eine grundlegende Neuregelung der Opferentschädigung ersetzt worden, welche diese ins Vollstreckungsverfahren verlagert. 1

II. Ausschlussgründe des Abs. 1

1. Nichtanrechnung auf die verhängte Strafe, Abs. 1 Nr. 1. Alle nach § 2 entschädigungsfähigen freiheitsentziehenden Strafverfolgungsmaßnahmen sind auf zeitige Freiheitsstrafe und auf Geldstrafe anrechenbar, die vorläufige Entziehung der Fahrerlaubnis auf das Fahrverbot nach § 44 StGB. Die Anrechnung schreiben § 51 Abs. 1 S. 1 StGB, § 450 Abs. 1 StPO für die Freiheitsstrafe, § 450a StPO für die Auslieferungshaft auf Ersuchen deutscher Behörden zum Zwecke der Strafvollstreckung, § 52a Abs. 1 S. 1 JGG für die Jugendstrafe und § 51 Abs. 5 StGB für die vorläufige Entziehung der Fahrerlaubnis auf das Fahrverbot (vgl. auch § 450 Abs. 2 StPO) als Regel vor. Soweit angerechnet worden ist, kommt eine Entschädigungspflicht nie in Betracht, weil die Anrechnung bewirkt, dass die Strafverfolgungsmaßnahme im Umfang der Anrechnung **konsumiert** ist. Das gilt auch für die Anrechnung außerstrafrechtlicher Maßnahmen auf Strafe (zB Disziplinararrest nach der WDO auf Freiheitsstrafe); Einzelheiten → § 4 Rn. 9. 2

---

[1] BGBl. I 469.
[2] BGBl. I 3393 (3533).
[3] BGBl. I 872.

3   Ordnet das Gericht nach § 51 Abs. 1 S. 2 StGB, §§ 52, 52a Abs. 1 S. 2 JGG oder § 450a Abs. 3 StPO an, dass die Anrechnung ganz oder zum Teil unterbleibt, wenn sie im Hinblick auf das Verhalten des Verurteilten nach der Tat, nach dem Urteil oder bei Jugendlichen und Heranwachsenden auch aus erzieherischen Gründen[4] nicht gerechtfertigt ist, so greift insoweit § 5 Abs. 1 Nr. 1 ein. Die Vorschrift schließt die Entschädigung aus, weil durch die gerichtliche Entscheidung über die **Nichtanrechnung** feststeht, dass der Beschuldigte sich die Strafverfolgungsmaßnahme oder ihre Fortdauer selbst zuzuschreiben, in der Regel grob fahrlässig verursacht hat. Nur für den Fall der Nichtanrechnung der Jugendstrafe aus erzieherischen Gründen wird das in der Regel nicht gelten. Für letzteren Fall wird daher vorgeschlagen, Entschädigung zu gewähren, weil dabei Rechtstatsachen, wie sie der Legitimation der Ausschlussvorschrift zugrunde liegen, nicht entscheidungserheblich seien.[5]

4   Die Nichtanrechnung setzt Verurteilung zu Freiheitsstrafe, Geldstrafe oder Fahrverbot voraus. Nr. 1 ist deshalb nur in den Fällen unmittelbar anzuwenden, in denen eine Billigkeitsentschädigung nach § 4 Abs. 1 Nr. 2 in Betracht kommt. Der nicht angerechnete Teil ist abzuziehen von der Gesamtdauer der Untersuchungshaft (oder der anderen Freiheitsentziehung) oder von der vorläufigen Entziehung der Fahrerlaubnis (eingeschlossen die Zeit der Verwahrung, Sicherstellung oder Beschlagnahme des Führerscheins, vgl. § 51 Abs. 5 S. 2 StGB). Nur der verbleibende Rest ist mit den im Urteil angeordneten Rechtsfolgen in Vergleich zu setzen, wenn im Einzelfall geprüft wird, ob es billig ist, für überschießende Maßnahmen zu entschädigen.

5   Wird das Verfahren nach einer **Ermessensvorschrift** eingestellt, so kann über die Anrechnung oder Nichtanrechnung nicht mehr befunden werden. Bei der Prüfung, ob eine Billigkeitsentschädigung nach § 3 in Betracht kommt, ist Nr. 1 mittelbar anzuwenden in dem Sinn, dass eine Entschädigung insoweit ausscheidet, als Gründe vorliegen, die eine Nichtanrechnung gerechtfertigt hätten.[6] Insoweit entspricht es nicht der Billigkeit, Entschädigung zu gewähren.

6   **2. Zweckerreichung bei freiheitsentziehenden Maßregeln, Abs. 1 Nr. 2.** Nach Nr. 2 ist die Entschädigung ausgeschlossen, wenn die Strafverfolgungsmaßnahme durch das Verfahrensergebnis gedeckt oder gerechtfertigt wird. Voraussetzung ist, dass der Nachweis einer rechtswidrigen Tat erbracht ist. Wird der Antrag auf Unterbringung abgelehnt, weil sich die Unterbringungsanordnung auf eine Tat stützt, hinsichtlich derer die Rechtswidrigkeit nicht festgestellt werden kann, ist Entschädigung zu gewähren, selbst wenn die Unterbringung wegen anderer rechtswidriger Taten angeordnet hätte werden können, denn die Voraussetzungen der Nr. 2 sind dann nicht erfüllt.[7] Die rechtswidrige Tatbestandserfüllung muss also positiv feststehen.[8]

7   Unterbleibt die Unterbringung in einer Entziehungsanstalt, weil keine hinreichend konkrete Aussicht auf ihren Erfolg besteht (§ 64 S. 2 StGB), oder kommt eine Maßregel nach § 63 oder 64 StGB aus Gründen der Verhältnismäßigkeit nicht in Betracht, § 62 StGB, so gilt Nr. 2 nicht;[9] aber Entschädigung wird dann häufig entweder durch Abs. 2 ausgeschlossen sein oder würde nicht der Billigkeit entsprechen.

8   Absatz 1 Nr. 2 gilt auch nicht für den Fall, dass die **Unterbringung rechtsfehlerhaft** nicht angeordnet worden ist, weil der Beschuldigte bereits in anderer Sache untergebracht war; dann wird aber regelmäßig eine volle Versagung nach § 6 Abs. 1 Nr. 2 angebracht sein.[10]

9   Die Nr. 2 betrifft **in der ersten Alternative** (Anordnung einer freiheitsentziehenden Maßregel) folgende Fälle, wobei es ohne Bedeutung ist, ob die Maßregel zugleich mit der Anordnung zur Bewährung ausgesetzt wird, § 67b StGB, oder ob zunächst Strafe vollstreckt

---

[4] Krit. hierzu *Eisenberg* JGG § 2 Rn. 39.
[5] *Eisenberg* GA 2004, 385 (387); gegen ihn *Meyer* Rn. 6.
[6] Dem folgt *Cornelius* Rn. 2.1; aA *Meyer-Goßner/Schmitt* Rn. 2; *Meyer* Rn. 9.
[7] KG 30.8.2000 – 4 Ws 151/00, juris Rn. 3.
[8] *Meyer* Rn. 11.
[9] Ebenso *Meyer* Rn. 18.
[10] OLG Schleswig 28.9.1978 – 1 Ws 289/78, MDR 1979, 165.

wird, § 67 Abs. 2 StGB,[11] denn die Vorschrift stellt nur auf die Anordnung der Maßregel, nicht deren Vollstreckung ab:

Bei dem als schuldunfähig Freigesprochenen oder im Sicherungsverfahren (§§ 413 ff. StPO) wird die Unterbringung angeordnet. Dann ist Entschädigung für vorläufige Freiheitsentziehung ausgeschlossen, weil die aus Gründen der öffentlichen Sicherheit erforderliche Maßregel jede vorangegangene Freiheitsentziehung konsumiert. Die Vorschrift ist insoweit Ausnahme von der Anspruchsnorm des § 2. Sie kann sich auch als Ausnahme von § 1 darstellen, wenn Freiheitsstrafe vollstreckt war und die **Wiederaufnahme** zwar zur Freisprechung führt, die Verurteilung also fortfällt, aber Unterbringung angeordnet wird, sofern man nicht eine Entschädigungspflicht bereits deshalb verneint, weil es in diesem Fall an einer „Milderung" iSd § 1 fehlt (→ § 1 Rn. 13).

Gegen den Verurteilten wird **neben der Strafe** auf eine freiheitsentziehende Maßregel nach §§ 63 ff. StGB erkannt. Die Maßregel konsumiert dann jede vorangegangene Freiheitsentziehung. Die Vorschrift ist insoweit Ausnahme von § 4 Abs. 1 Nr. 2 und, was gelegentlich vorkommen kann, von § 1; die Anordnung einer freiheitsentziehenden Maßregel der Besserung und Sicherung ist keine geringere Rechtsfolge gegenüber der vorangegangenen Freiheitsentziehung; sie ist auch nicht milder im Sinne von § 1.

Die **zweite Alternative der Nr. 2** betrifft ebenfalls Fälle der Freisprechung wegen Schuldunfähigkeit (und der Ablehnung des Antrags im Sicherungsverfahren, § 414 Abs. 2 StPO) sowie der Verurteilung zu Strafe, jedoch mit dem Unterschied, dass zwar keine freiheitsentziehende Maßregel der Besserung und Sicherung angeordnet wird, aber die vorangegangene Freiheitsentziehung dennoch als konsumiert gilt. Das ist der Fall, wenn eine freiheitsentziehende Maßregel zwar früher geboten gewesen wäre, das Gericht von der Anordnung aber allein deshalb absieht, weil der Zweck der Maßregel bereits durch die Freiheitsentziehung erreicht ist. Gegen eine Ausdehnung der die Unterbringung sichernden vorläufigen Freiheitsentziehung über den Zeitpunkt der Zweckerreichung hinaus sichern die Vorschriften der §§ 112 ff. StPO, bei einstweiliger Unterbringung § 126a Abs. 2 S. 2 und Abs. 3 StPO.

Beispiele: Der Sicherungszweck der Unterbringung nach § 63 StGB ist erreicht, wenn der Täter für die Allgemeinheit nicht mehr gefährlich ist; der Zweck der Unterbringung nach § 64 StGB, wenn der Täter von der Trunk- oder Rauschmittelsucht geheilt ist; der Zweck der Sicherungsverwahrung (§ 66 StGB), wenn der Täter für die Allgemeinheit nicht mehr gefährlich ist. Die Maßregelzwecke können schon durch die Freiheitsentziehung (von den Fällen des § 2 wird vor allem die einstweilige Unterbringung nach § 126a StPO in Betracht kommen) erreicht sein. Diese Wirkung muss nicht ausschließlich durch den bloßen Freiheitsentzug eingetreten sein, sondern kann auch auf einer damit verbundenen Therapie (zB Entziehung von Alkohol oder Rauschgift) oder auf einem besonderen ärztlichen Eingriff (zB Kastration) oder sonstiger Behandlung beruhen. Der Zeitpunkt, zu dem der Maßregelzweck erreicht war, muss nicht gerade der des Urteils sein, sondern kann zurückliegen.

3. Entziehung der Fahrerlaubnis und Berufsverbot, Abs. 1 Nr. 3. Auch Nr. 3 beruht auf dem Grundsatz, dass die Entschädigung ausgeschlossen ist, wenn die Strafverfolgungsmaßnahme durch das Verfahrensergebnis gedeckt wird. Damit ist der Fall der Erledigung einer zuvor **materiell berechtigten Maßnahme** gemeint.[12] Der Anwendungsbereich der Vorschrift wäre zB eröffnet, wenn im Zeitpunkt der vorläufigen Führerscheinmaßnahme ein Eignungsmangel tatsächlich vorlag (und nicht nur ein diesbezüglicher dringender Verdacht), der allerdings im Zeitpunkt der Hauptverhandlung und des Urteilerlasses nicht mehr besteht.[13] Nicht anwendbar ist die Vorschrift, wenn die Voraussetzungen deshalb nicht mehr vorliegen, weil der Beschuldigte in der Berufungshauptverhandlung **freigesprochen**[14] (und keine selbständige Anordnung nach §§ 69 Abs. 1, 71 Abs. 2 StGB getroffen wird) oder

---

[11] *Meyer* Rn. 12 aE.
[12] KG 13.10.2015 – 3 Ws 524/15, juris Rn. 8.
[13] BayObLG 31.7.1986 – RReg 1 St 79/86, BayObLGSt 1986, 83 = VRS 71, 386; KG 13.10.2015 – 3 Ws 524/15, juris Rn. 8 f.
[14] So jetzt ebenfalls KG 13.10.2015 – 3 Ws 524/15, juris Rn. 8 f. unter ausdrücklicher Aufgabe der in KG 23.12.1997 – 1 WS 751/97, juris Rn. 3 vertretenen Ansicht unter Anschluss an die hier vertretene Auffassung.

nur wegen einer Ordnungswidrigkeit verurteilt wird, denn dann trifft der Grundgedanke der Vorschrift, eine Art „formlose Anrechnung" vorzunehmen,[15] nicht zu. Hier kommt nur ein Ausschluss nach § 5 Abs. 2 oder eine Versagung nach § 6 in Betracht. Auch an § 4 Abs. 2 ist zu denken.

15   a) **Vorläufige Entziehung der Fahrerlaubnis. Die erste Alternative** der Nr. 3 schließt die Entschädigung aus, wenn die Entziehung endgültig angeordnet wird (§§ 69, 69b StGB). Insoweit besteht Vorrang gegenüber § 6 Abs. 1 Nr. 2 (vgl. → Vor § 5 Rn. 8). Hier ist diese besondere Vorschrift nötig, weil die Anordnung der Maßregel, wie sich aus § 69 Abs. 1, § 71 Abs. 2 StGB ergibt, nicht von einer Verurteilung des Beschuldigten abhängig ist, sondern bei Vorliegen der Voraussetzungen auch selbständig angeordnet werden kann, etwa wenn dieser wegen Schuldunfähigkeit freigesprochen wird. Ordnet das Gericht die Entziehung der Fahrerlaubnis endgültig an, so hat es nach § 69a Abs. 1 StGB zugleich zu bestimmen, wie lange keine neue Fahrerlaubnis erteilt werden darf. Diese Sperre darf auch bei der nach § 69a Abs. 4, Abs. 6 StGB vorgesehenen Berücksichtigung der Zeit der vorläufigen Entziehung (Sicherstellung oder Beschlagnahme des Führerscheins) drei Monate nicht unterschreiten. Damit wird im Zeitpunkt des Urteils die Eignung des Betroffenen zum Führen von Kraftfahrzeugen noch verneint, so dass eine Entschädigung nicht in Betracht kommen kann.

16   Die **zweite Alternative** der Nr. 3 ist wie die der Nr. 2 gestaltet und betrifft die Fälle, in denen die vorläufige Entziehung der Fahrerlaubnis als konsumiert gilt, weil sie ihren Zweck erreicht hat. Das der Fall, wenn die Eignung zum Führen von Kraftfahrzeugen nachträglich wieder eingetreten ist. Das kann geschehen als Folge der vorläufigen Maßnahme, aber auch durch von außen hinzutretende Umstände, zB erfolgreiche Teilnahme an einer Nachschulung. Für den Ausschluss der Entschädigung nach Nr. 3, zweite Alternative, kommt es darauf an, dass die Voraussetzungen für die endgültige Entziehung der Fahrerlaubnis während der Dauer der vorläufigen Maßnahme vorgelegen haben, im Zeitpunkt der Entscheidung, auch in der Berufungsinstanz, aber weggefallen sind.[16] Die Vorschrift schließt damit Entschädigung nach § 2 ebenso aus wie Billigkeitsentschädigung nach § 4 (vgl. → § 4 Rn. 1); diese auch dann, wenn die vorläufige Entziehung der Fahrerlaubnis weiterbestanden hat, nachdem der Grund weggefallen war, selbst bei unverhältnismäßig langer Dauer, vgl. → § 4 Rn. 35.

17   Ist das Berufungsgericht nur wegen des **Verschlechterungsverbots** (§ 331 StPO) gehindert, dem Verurteilten die Fahrerlaubnis zu entziehen, so gilt Nr. 3 nach dem Wortlaut nicht;[17] aber eine Entschädigung für die vorläufige Entziehung kann noch weniger in Betracht kommen, wenn der Eignungsmangel im Zeitpunkt der Entscheidung fortbesteht. Lösen lässt sich das nur über eine Versagung der Entschädigung nach § 6 Abs. 1 Nr. 2.[18]

18   b) **Vorläufiges Berufsverbot.** Nach Nr. 3 ist die Entschädigung für ein vorläufiges Berufsverbot (§ 132a StPO) ausgeschlossen, wenn das Berufsverbot (§§ 70 ff. StGB) endgültig angeordnet, was nach §§ 69 Abs. 1, 71 Abs. 2 StGB auch ohne Verurteilung zu einer Strafe möglich ist, oder von der Anordnung nur abgesehen worden ist, weil die Voraussetzungen für die endgültige Anordnung im Zeitpunkt der Entscheidung nicht mehr vorlagen. Die vorstehend zur vorläufigen Entziehung der Fahrerlaubnis dargelegten Grundsätze gelten entsprechend.

19   **4. Einziehung, Abs. 1 Nr. 4. a) Anwendungsbereich.** Nr. 4 schließt die in § 2 Abs. 2 Nr. 4 vorgesehene Entschädigung für die Sicherstellung und die Beschlagnahme (§§ 111b, 111c StPO) sowie den Vermögensarrest (§ 111e StPO; bis 30.6.2017: Arrest nach § 111d StPO) nach demselben Prinzip aus, das der Nr. 3 zugrunde liegt. Den Begriff Sicherstellung

---

[15] *Meyer-Goßner/Schmitt* Rn. 4.
[16] BayObLG 31.10.1973 – 1 St 158/73, DAR 74, 176 (177) bei *Rüth*; 29.7.1982 – 2 St 203/82, MDR 1983, 155.
[17] OLG Stuttgart 1.10.1976 – 1 Ws 253/76, NJW 1977, 641; *Meyer-Goßner/Schmitt* Rn. 4; *Meyer* Rn. 19 aE; *Himmelreich/Hentschel* Rn. 371.
[18] OLG Stuttgart 1.10.1976 – 1 Ws 253/76, NJW 1977, 641.

nennt Nr. 4 nicht besonders, weil er inhaltlich und verfahrenstechnisch der Beschlagnahme synonym ist (vgl. §§ 111n Abs. 1, 436 Abs. 1, 437 Nr. 2, 473 Abs. 5 StPO).

Die endgültige Einziehung von Taterträgen (§§ 73 ff. StGB, §§ 22 ff. OWiG) oder des Wertersatzes (§ 74c StGB, § 25 OWiG) schließt selbstverständlich jede Entschädigung für die vorläufigen Maßnahmen der Sicherstellung, Beschlagnahme und des Vermögensarrestes aus. Eine besondere Vorschrift enthält das Gesetz nur deshalb, weil die Einziehung auch ohne Verurteilung zu Strafe möglich ist. Sie kann im objektiven Verfahren selbständig angeordnet werden (§ 76a StGB, § 27 OWiG). Im subjektiven Strafverfahren kann sie auch ausgesprochen werden, wenn der Täter ohne Schuld gehandelt hat (Sicherungseinziehung, § 74b Abs. 1 Nr. 1; bis 30.6.2017: § 74 Abs. 3 StGB) oder die Gegenstände einem anderen als dem Tätern oder Teilnehmer gehören oder zustehen, § 74b Abs. 1 Nr. 2; im Bußgeldverfahren § 22 OWiG). 20

Ferner ist Einziehung möglich, wenn von Strafe abgesehen oder das Strafverfahren nach einer Ermessensvorschrift eingestellt wird (§ 76a Abs. 3 StGB); Entsprechendes gilt im Ordnungswidrigkeitenrecht (§ 27 Abs. 3 OWiG). Wird in diesen Fällen Einziehung angeordnet, so ist eine Billigkeitsentschädigung nach § 3 oder § 4 Abs. 1 Nr. 1 ausgeschlossen. 21

Die Nr. 4 spricht von der Einziehung. Dies ist da eine Beschränkung auf bestimmte Formen der Einziehungen fehlt, allumfassend zu verstehen. Sie gilt für die sie ersetzenden oder begleitenden Maßnahmen: **Unbrauchbarmachung** (§ 74d Abs. 1 S. 2, Abs. 3 StGB; § 24 Abs. 2 Nr. 1 OWiG), **Anweisungen** unter Vorbehalt der Einziehung (§ 74f Abs. 1 S. 3 Nr. 2 und 3 StGB, § 24 Abs. 2 Nr. 2 und 3 OWiG), **Einziehung des Wertes** von Taterträgen (§ 73c StGB), Tatprodukten, Tatmitteln und Tatobjekten, § 74c StGB; §§ 24, 25 OWiG. 22

Die Vorschrift nennt ferner nur die Einziehung einer **Sache**. Gemeint ist aber alles, was beschlagnahmt oder mit dem Vermögensarrest belegt und dessen Einziehung dann später angeordnet werden kann, also auch **Forderungen und Rechte** sowie **der Wert von Taterträgen**, § 73c StGB, **Tatprodukten, Tatmitteln. und Tatobjekten**, § 74c StGB.[19] 23

Die Sicherstellung und die Beschlagnahme von **Beweismitteln** beim Beschuldigten (§ 94 StPO), die nicht zugleich Einziehungsgegenstände sind, betrifft Nr. 4 nicht,[20] weil diese Beweismittel immer freizugeben sind, wenn sie für das Strafverfahren entbehrlich geworden sind. Ob nach § 2 zu entschädigen ist, richtet sich dann nach dem Verfahrensergebnis. Wird nur deshalb nicht verurteilt, weil der Beschuldigte im Zustand der Schuldunfähigkeit gehandelt hat oder weil ein Verfahrenshindernis bestand, so kann Entschädigung für die Beschlagnahme von Beweismitteln nach § 6 Abs. 1 Nr. 2 versagt werden. Bei Einstellung nach Ermessen gilt § 3, bei Absehen von Strafe § 4; in diesen Fällen wird eine Billigkeitsentschädigung regelmäßig nicht in Betracht kommen. Die Entschädigung für Sicherstellung und Beschlagnahme von Beweismitteln bei Dritten ist nicht Gegenstand des Gesetzes, vgl. → Einl. Rn. 36. 24

Da die Einziehung von Taterträgen (bis 30.6.2017: Verfall) als Maßnahme zur Abschöpfung rechtswidrig erlangter Vermögensvorteile oder des Wertersatzes (§§ 73, 73c StGB; Abführung des Mehrerlöses anstelle des Verfalls, § 8 Abs. 4, § 10 WiStG) lediglich einen Unterfall der Einziehung darstellt, kann sie selbständig angeordnet werden (§ 76a StGB, § 10 WiStG), wenn ein Strafverfahren oder ein Bußgeldverfahren nicht durchgeführt werden kann. Deshalb bestimmt Nr. 4 ebenso wie für den Fall der endgültigen Einziehung (→ Rn. 20), dass die Anordnung des Verfalls eine Entschädigung für die sie sichernden vorläufigen Maßnahmen (Sicherstellung, Beschlagnahme, Vermögensarrest) ausschließt. 25

Nach der zweiten Alternative der Nr. 4 war die Entschädigung ferner ausgeschlossen, wenn von der – im Einzelfall gebotenen – Anordnung der Einziehung oder des Verfalls nur im Interesse der vorrangigen Befriedigung von Ansprüchen des Verletzten (sog. Rückgewinnungshilfe) abgesehen wird (vgl. § 73 Abs. 1 S. 2 StGB; § 111b Abs. 5, §§ 111g, 111h StPO in der bis zum 30.6.2017 geltenden Fassung). Das Gesetz zur Reform der strafrechtlichen Vermögensabschöpfung vom 13.4.2017[21] hat diese Regelung gestrichen. 26

---

[19] *Meyer-Goßner/Schmitt* Rn. 5; *Meyer* Rn. 31.
[20] *Meyer-Goßner/Schmitt* Rn. 5; *Meyer* Rn. 25.
[21] BGBl. I 872.

27 **b) Rechte Dritter.** Die Rechte Dritter an eingezogenen Sachen und Rechten werden durch die besonderen Entschädigungsvorschriften der § 74f StGB und des § 28 OWiG gewahrt. In deren Rahmen ist der Dritte unter Berücksichtigung des Verkehrswertes angemessen in Geld zu entschädigen.[22] Im StrEG hat die Entschädigung des tatunbeteiligten Dritten nichts zu suchen (vgl. → Einl. Rn. 36).

III. Ausschluss wegen Verschuldens, Abs. 2 S. 1

28 **1. Entstehungsgeschichte und Zweck.** Nach früherem Recht war der Anspruch auf Entschädigung ausgeschlossen, wenn der Verurteilte die Verurteilung (§ 1 Abs. 4 StHaftEntschG) oder der Verhaftete die U-Haft (§ 2 Abs. 2 UHaftEntschG) „vorsätzlich herbeigeführt oder durch grobe Fahrlässigkeit verschuldet" hatte. Neben diesem zwingenden Ausschlussgrund konnte der Anspruch nach dem UHaftEntschG ausgeschlossen werden, „wenn die zur Untersuchung gezogene Tat des Verhafteten eine grobe Unredlichkeit oder Unsittlichkeit in sich geschlossen hat oder in einem die Zurechnungsfähigkeit ausschließenden Rausch begangen worden ist oder wenn aus den Tatumständen erhellt, dass der Verhaftete die Verübung eines Verbrechens oder Vergehens vorbereitet hatte".

29 Die Frage war, wie diese an sich einleuchtenden Ausschlussgründe unter Beachtung der Unschuldsvermutung (→ § 3 Rn. 24) in das neue Recht umzusetzen seien. Der Fall der Schuldunfähigkeit ist in § 6 Abs. 1 Nr. 2 geregelt und als Versagungsgrund ausgestaltet; die Rauschtat kann nach § 323a StGB bestraft werden, insoweit war eine Regelung nicht mehr erforderlich. Aber die beiden anderen Versagungsgründe (grobe Unredlichkeit oder Unsittlichkeit sowie Vorbereitung eines Verbrechens oder Vergehens) haben in den Beratungen zum StrEG reichlich Stoff für Kontroversen geliefert. Es wurde die Meinung vertreten, dass keine Entschädigung verdiene, wer sich in vorwerfbarer Weise sozialwidrig, sozialschädlich oder asozial verhalte, ebenso wenig, wer Wesentliches in Richtung auf die Verwirklichung eines strafrechtlichen Tatbestandes getan habe, zumal dann, wenn er gerade durch die Verhaftung an der Ausführung gehindert wurde. Dem stand die Auffassung gegenüber, eine moralisierende Wertung habe völlig auszuscheiden und was strafrechtlich irrelevant sei, zB die Vorbereitungshandlung (vgl. → Rn. 41; dort auch zum strafbefreienden Rücktritt vom Versuch), rechtfertige eben keine Strafverfolgung und könne deshalb die Entschädigung nicht ausschließen.

30 Das Gesetz folgt einem Mittelweg. Die beiden speziellen Versagungsgründe sind gestrichen worden, aber der generelle Ausschlussgrund „vorsätzlich oder grob fahrlässig verursacht" soll sie in einem Teilbereich ersetzen und der zutreffenden Ansicht Rechnung tragen, dass keine Entschädigung verdient, wer durch sein eigenes Verhalten die Strafverfolgungsmaßnahme ausgelöst hat. Dem allgemeinen Ausschlussgrund des Abs. 2 kommt nach dem Willen des Gesetzgebers die **umfassende Funktion** zu, ungerechtfertigte Ersatzansprüche von vornherein auszuscheiden. Die Gesetzesmaterialien machen das deutlich. Im Bericht des Rechtsausschusses des Bundestages heißt es:[23]

„Mit dem Bundesrat meint der Ausschuss, dass das Strafgericht bei der Entscheidung über die Entschädigungspflicht in stärkerem Maße ein Verschulden oder Mitverschulden des Geschädigten mit Bezug auf die Strafverfolgungsmaßnahmen berücksichtigen muss; damit würde dem auch in diesem Bereich anzuwendenden Grundgedanken des § 254 BGB Rechnung getragen. Anderseits hat der Ausschuß den Antrag abgelehnt, die Versagungsgründe um eine Generalklausel zu ergänzen, wonach die Entschädigung soll versagt werden können, wenn ihre Gewährung „angesichts der besonderen Umstände des Falles offensichtlich unbillig" sei. Nach Auffassung der Mehrheit würde eine solche Klausel dem Gericht einen zu weiten Ermessensspielraum einräumen, aus dem Rechtsanspruch auf Entschädigung praktisch einen Billigkeitsanspruch machen und zudem die Gefahr begründen, daß die Erwägung, der Tatverdacht sei nicht ausgeräumt, die Entscheidung des Gerichts beeinflusst. Der

---

[22] Vgl. im einzelnen *Fischer* zu § 74f StGB, *Göhler/Gürtler* zu § 28 OWiG.
[23] BT-Drs. VI/1512, 3.

Rechtsausschuß hielt es für richtig, an der Systematik der Regierungsvorlage festzuhalten, aber durch Einfügung einer Generalklausel sicherzustellen, daß das Strafgericht, entsprechend dem Grundgedanken des § 254 Abs. 1 BGB, ein Verschulden des Beschuldigten bei der Entstehung des Schadens, soweit die Schadensverursachung sich auf die Strafverfolgungsmaßnahme bezieht, berücksichtigen kann."

Entstehungsgeschichte wie Gesetzeszweck sprechen demnach für eine Auslegung des Abs. 2 als eine **allgemeine Ausschlussklausel,**[24] die das Verhalten des Beschuldigten über den Rahmen des strafrechtlich Verbotenen hinaus zu werten nicht nur zulässt, sondern gebietet. Da das Gesetz nicht gestattet, den Ersatzanspruch auszuschließen, weil ein tatsächliches Sonderopfer nicht erwiesen ist – das war die Funktion der früheren Unschuldsklausel (→ Einl. Rn. 19) –, erscheint es folgerichtig, umso genauer zu prüfen, ob der Beschuldigte sich in einer Weise verhalten hat, die den Strafverfolgungsorganen Anlass zum Tätigwerden gegeben hat. Wer selbst schuldhaft eine Ursache für die ihn treffende Strafverfolgungsmaßnahme gesetzt hat, kann keine Entschädigung beanspruchen. Es geht dabei dann nicht um die Unschuldsvermutung (des Art. 6 EMRK), sondern um die zivilrechtlichen Grundsätze der Zuordnung eigenen Verhaltens.[25] Unter Berufung auf § 254 BGB weisen Gerichte wiederholt darauf hin,[26] dass durch die Vorschrift ungerechtfertigte Entschädigungen vermieden werden sollen. Daher ist die Vorschrift auch anwendbar, wenn der Beschuldigte nur deshalb nicht bestraft werden kann, weil ein **Verfahrenshindernis**, insbesondere Verjährung, vorliegt[27] oder er wegen erwiesener Unschuld freigesprochen wird.[28] Auch auf das Bestehen und den Grad eines Tatverdachts kommt es nicht an.[29]

2. Internationaler Pakt über bürgerliche und politische Rechte und Europäische Menschenrechtskonvention. Der Internationale Pakt über bürgerliche und politische Rechte[30] enthält in Artikel 14 Abs. 6 folgende Vorschrift: „Ist jemand wegen einer strafbaren Handlung rechtskräftig verurteilt und ist das Urteil später aufgehoben ... worden, weil eine neue oder eine neu bekannt gewordene Tatsache schlüssig beweist, dass ein Fehlurteil vorlag, so ist derjenige, der auf Grund eines solchen Urteils eine Strafe verbüßt hat, entsprechend dem Gesetz zu entschädigen, sofern nicht nachgewiesen wird, daß das nicht rechtzeitige Bekanntwerden der betreffenden Tatsache ganz oder teilweise ihm zuzuschreiben ist." Darin ist der Grundgedanke für den Ausschluss des Anspruchs in einfacher und einleuchtender Weise umschrieben. Im Zweifel bietet dieser Gedanke eine Richtschnur auch für die Auslegung des StrEG. Das Fakultativprotokoll vom 19.12.1966,[31] für die Bundesrepublik in Kraft seit 25.11.1993, eröffnet jedermann, der sich in seinen im Zivilpakt[32] geschützten Menschenrechten verletzt fühlt, die Möglichkeit, eine Beschwerde bei dem Ausschuss für Menschenrechte der Vereinten Nationen in Gang zu bringen. Nach gefestigter Rechtsprechung des EGMR gewährt weder die Unschuldsvermutung des Art. 6 Abs. 2 **EMRK** noch eine andere Bestimmung der Konvention einer „einer Straftat angeklagten Person" – in der Diktion des Gerichtshofs – das Recht auf „Entschädigung" für „unrechtmäßige" Untersuchungshaft, wenn das gegen sie geführte Verfahren eingestellt wird. Die bloße

---

[24] Den Gedanken der Generalklausel greifen ausdrücklich auf: BGH 19.12.1979 – 3 StR 396/79, BGHSt 29, 168 ff. = JZ 1980, 241 f.; OLG Rostock 11.1.2000 – I Ws 403/99, juris Rn. 23; LG Freiburg 30.10.1989 – IV AK 30/89, StV 1990, 81.
[25] Brandenburgischer Verfassungsgerichtshof 20.3.2015 – 58/14, juris Rn. 4.
[26] zB OLG Bamberg 13.4.2011 – 1 Ws 137/11, unveröffentlicht; OLG Celle 10.9.1971 – 2 Ws 200/71, NJW 1971, 2322 (2323) und OLG Hamm 1.2.1972 – 3 Ws 19/72, DAR 1972, 165 sowie LG Verden 25.4.1974 – 5-80/74, DAR 1975, 47.
[27] BGH 19.12.1979 – 3 StR 396/79, BGHSt 29, 169 = MDR 1980, 417; LG Ellwangen 27.2.2014 – 1 Ks 9 Js 94162/12, juris Rn. 284.
[28] BGH 19.12.1979 – 3 StR 396/79, BGHSt 29, 169 = MDR 1980, 417.
[29] OLG Celle 21.2.2011 – 1 Ws 76/11, wistra 2011, 238 f. – juris Rn. 10.
[30] BGBl. 73 II 1534; hierzu *Meyer-Goßner/Schmitt* EMRK Vor Art. 1 Rn. 7.
[31] BGBl. 1992 II 1247.
[32] BGBl. 1973 II 1534.

Versagung einer „Entschädigung" verletzt deshalb für sich nicht die Unschuldsvermutung.[33] Die Feststellung, ein Beschuldigter habe grob fahrlässig gehandelt und sei deshalb für die von ihm verursachte Strafverfolgungsmaßnahme verantwortlich, enthält keine Schuldfeststellung. Außerdem stellt die Versagung einer Entschädigung keine Strafe oder strafähnliche Maßnahme dar. Es wird keine Sanktion verhängt, sondern es lediglich abgelehnt, eine Entschädigung anzuordnen.[34]

33 **3. Verursachung (haftungsbegründende Kausalität). a) Grundsätze und Beispiele.** Der Beschuldigte muss die Strafverfolgungsmaßnahme oder ihre Fortdauer ganz[35] selbst verursacht oder zumindest wesentlich[36] oder gar ganz überwiegend mit[37] verursacht haben. Es genügt nicht, dass er sich irgendwie verdächtig gemacht hat[38] und die gesamte Verdachtslage die ergriffene Strafverfolgungsmaßnahme rechtfertigt,[39] sondern er muss durch festgestelltes eigenes Verhalten einen wesentlichen Ursachenbeitrag etwa zur Begründung des nach §§ 112 Abs. 1, 127 Abs. 2 StPO erforderlichen **dringenden Tatverdachts**[40] oder eines **Haftgrundes**[41] oder des für eine Durchsuchung nach § 102 StPO ausreichenden einfachen Tatverdachts geleistet haben. Zur Zurechnung fremden Handelns und Verschuldens → Rn. 64. Die **Kausalität** ist dabei für jede Strafverfolgungsmaßnahme gesondert **nach zivilrechtlichen Grundsätzen** zu beurteilen.[42] Denn die Generalklausel des § 5 Abs. 2 bringt den für jedes Entschädigungsrecht geltenden Grundsatz zum Ausdruck, dass derjenige, der durch sein eigenes zurechenbares Verhalten eine (entschädigungspflichtige) Strafverfolgungsmaßnahme ausgelöst hat, nicht auch noch entschädigt werden darf.[43] Eine Verletzung der dem Beschuldigten obliegenden Schadensminderungspflicht steht daher einer Mitverursachung gleich.[44] Die Ursache kann durch positives Tun, Unterlassen oder schlüssiges Handeln gesetzt werden. Ob er die Maßnahme darüber hinaus auch **verschuldet** hat, ist hier noch nicht zu fragen.[45] Das Verhalten des Beschuldigten muss bei vernünftiger Abwägung zureichende Anhaltspunkte für den Verdacht einer gerichtlich strafbaren und verfolgbaren Handlung ergeben haben,[46] also auf ein objektiv strafbares Verhalten bezogen sein. Ein Einschreiten der Strafverfolgungsorgane muss objektiv[47] sowie nach Art und Maß des Eingriffs[48] gerechtfertigt gewesen sein. Dabei ist das gesamte Ver-

---

[33] EGMR 3.4.2007 – 29453/02, juris Rn. 68 mwN; BVerfG 25.11.1991 – 2 BvR 1056/90, NJW 1992, 2011 f.; VerfGH Leipzig 25.9.2009 – Vf. 45-IV-09, juris Rn. 31.
[34] EGMR 3.4.2007 – 29453/02, juris Rn. 70 mwN.
[35] OLG Koblenz 26.10.2015 – 2 Ws 550/15, juris Rn 14.
[36] BGH 24.9.2009 – 3 StR 350/09, StraFo 2010, 87 f.; OLG Karlsruhe 22.3.2005 – 1 Ws 12/05, NStZ-RR 2005, 255.
[37] OLG Hamm 1.2.1972 – 3 Ws 19/72, DAR 1972, 165 („verursacht oder mitverursacht"); KG 2.4.1998 – 4 Ws 64/98, juris Rn. 5; 10.10.2008 – 4 Ws 74/08, StraFo 2009, 129; OLG Koblenz 11.1.2012 – 2 Ws 351/11, juris Rn. 4 (Ls. NStZ-RR 2013, 192).
[38] BGH 24.9.2009 – 3 StR 350/09, StraFo 2010, 87 f.; KG 11.1.2012 – 2 Ws 351/11, juris Rn. 4 (Ls. NStZ-RR 2013, 192).
[39] BVerfG 12.9.1995 – 2 BvR 2475/94, NJW 1996, 1049 f.; KG 10.10.2008 – 4 Ws 74/08, StraFo 2009, 129; 20.6.2011 – 4 Ws 48/11, NStZ-RR 2012, 30 (31); 11.1.2012 – 2 Ws 351/11, juris Rn. 4 (Ls. NStZ-RR 2013, 192).
[40] BVerfG 12.9.1995 – 2 BvR 2475/94, NJW 1996, 1049; BGH 24.9.2009 – 3 StR 350/09, StraFo 2010, 87 f.; OLG Bamberg 13.7.2011 – 1 Ws 295/11, unveröffentlicht; OLG Brandenburg 5.12.2007 – 1 Ws 273/07, juris Rn. 8; *Meyer* Rn. 38.
[41] OLG Frankfurt a. M. 5.6.1998 – 3 Ws 266/98, NStZ-RR 1998, 341; KG 10.10.2008 – 4 Ws 74/08, StraFo 2009, 129 mwN; OLG Koblenz 26.10.2015 – 2 Ws 550/15, juris Rn. 13; OLG Köln 16.11.2000 – 2 Ws 582/00, StraFo 2001, 146; LG Ellwangen 27.2.2014 – 1 Ks 9 Js 94162/12, juris Rn. 289.
[42] KG 10.10.2008 – 4 Ws 74/08, StraFo 2009, 129; 20.6.2011 – 4 Ws 48/11, NStZ-RR 2012, 30; *Meyer* Vor §§ 5, 6 Rn. 3.
[43] OLG Bamberg 13.4.2011 – 1 Ws 137/11, unveröffentlicht; KG 20.6.2011 – 4 Ws 48/11, NStZ-RR 2012, 30.
[44] KG 10.10.2008 – 4 Ws 74/08, StraFo 2009, 129 mwN; 20.6.2011 – 4 Ws 48/11, NStZ-RR 2012, 30.
[45] Vgl. *Schätzler* NStZ 1989, 233 (234); OLG Karlsruhe 7.3.1988 – 4 Ws 27, 28/87, StV 1988, 447; LG Freiburg 30.10.1989 – IV AK 30/89, StV 1990, 81.
[46] so etwa auch OLG Düsseldorf 11.6.1990 – 1 Ws 464/90, JurBüro 1991, 425; 26.9.1996 – 1 Ws 828/96, NStZ-RR 1997, 159.
[47] OLG Düsseldorf 11.6.1990 – 1 Ws 464/90, JurBüro 1991, 425.
[48] OLG Düsseldorf 12.1.1989 – 5 Ss 337/88, NStZ 1990, 39.

halten des Beschuldigten zu würdigen,[49] das allein oder mit anderen Tatsachen oder Umständen unmittelbar oder mittelbar zu der Verfolgungsmaßnahme geführt hat.[50] Die Verdachtsgründe müssen dabei einen unmittelbaren Bezug zum Tatvorwurf haben.[51] Liegen die Voraussetzungen des § 5 Abs. 2 vor, ist ein Ermessen des Gerichts nicht eröffnet.[52] Die Versagung der Entschädigung ist dann vielmehr zwingend. Neben den Gründen des Abs. 2 S. 1 kann auch die Verletzung von Obliegenheiten nach Abs. 3 die Ursache für eine Verlängerung einer Maßnahme, insbesondere einer Beschlagnahme, darstellen und schließt die Entschädigungspflicht für diese Zeit aus (→ Rn. 103).

Ob das für die Strafverfolgungsmaßnahme ursächliche Verhalten des Beschuldigten bereits **34 vor**[53] oder **in der Tat selbst** lag[54] oder **ihr erst nachfolgte,** macht keinen Unterschied.[55]

Beispiele für die Verursachung: 35
- Der Versuch, sich ein falsches **Alibi** zu verschaffen.[56]
- Das Verfassen von Briefen, die als **Ankündigung eines Amoklaufs** aufgefasst werden können, kann genügen.[57]
- Ein wahrheitswidriges, wechselndes oder widersprüchliches **Aussageverhalten** kann genügen,[58] erst recht verbunden mit dem Versuch, durch eine Anzeige den Tatverdacht auf Unbekannte zu lenken, auch wenn die sonstigen Beweismittel für eine Verhaftung nicht ausreichend gewesen wären.[59]
- Das **Einwirken auf Zeugen** und der dadurch bewirkte Haftgrund der Verdunkelungsgefahr kann zur Versagung der Entschädigung führen,[60] setzt aber einen entsprechenden positiven Nachweis voraus. **Flucht (ins Ausland)**[61] kann eine zureichende Ursache für einen Haftbefehl sein, aber nicht, wenn der Beschuldigte auch ohne die Flucht verhaftet worden wäre (→ Rn. 36).
- **Frühere Verfahren** wegen Staatsschutzdelikten rechtfertigten keinen Rückschluss auf ein konkretes neues Verfahren.[62] Eine ernst zu nehmende **Selbstbezichtigung** gegenüber Dritten[63] wird stets ausreichen.

---

[49] BGH 17.7.1974 – 2 StR 92/74, RzW 1974, 359; 21.6.1983 – 1 StR 93/83, EzSt StGB Nr. 1 zu § 154 StGB; OLG Frankfurt a. M. 4.1.1999 – 3 Ws 1071, 1072/98, NStZ-RR 1999, 127; OLG Karlsruhe 7.3.1988 – 4 Ws 27, 28/87, StV 1988, 447; KG 30.6.1997 – 3 Ws 359/97, juris Rn. 4.
[50] OLG Düsseldorf 26.9.1996 – 1 Ws 828/96, NStZ-RR 1997, 159 (160).
[51] BVerfG 12.9.1995 – 2 BvR 2475/94, NJW 1996, 1049 (1050); BGH 13.9.1988 – 1 StR 447/88, BGHSt StrEG § 5 Abs. 2 S. 1 Ursächlichkeit 1; OLG Frankfurt a. M. 4.1.1999 – 3 Ws 1071, 1072/98, NStZ-RR 1999, 127.
[52] OLG Celle 16.2.2011 – 1 Ws 78/11, NStZ-RR 2011, 223 (224); 21.2.2011 – 1 Ws 76/11, wistra 2011, 238 f.
[53] VerfGH Leipzig 25.9.2009 – Vf. 45-IV-09, juris Rn. 40: früheres gleichartiges Ermittlungsverfahren, das nach § 153 StPO eingestellt worden war; OLG Stuttgart 13.7.1981 – 1 Ws 167/80, NStZ 1981, 484; LG Ellwangen 27.2.2014 – 1 Ks 9 Js 94162/12, juris Rn. 291.
[54] BGH 19.12.1979 – 3 StR 396/79, BGHSt 29, 168 (172) = JZ 1980, 241; OLG Celle 16.2.2011 – 1 Ws 78/11, NStZ-RR 2011, 223 (224); 11.1.2016 – 1 Ws 9/16; juris Rn. 13; OLG Düsseldorf 5.8.1995 – 1 Ws 505/94, NZV 1994, 490 (491); OLG Karlsruhe 12.2.1974 – 2 Ws 2/74, OLGSt zu § 5 StrEG; OLG Nürnberg 4.6.2009 – 1 Ws 285/09, unveröffentlicht; OLG Stuttgart 13.7.1981 – 1 Ws 167/80, NStZ 1981, 484; *Rönnau/Hohn* wistra 2002, 445 (448) für *dinglichen Arrest* zur Sicherung des Verfalls nach früherem Recht.
[55] BGH 17.7.1974 – 2 StR 92/74, RzW 1974, 359; BayObLG 25.4.1973 – RReg 5 St 29/73, NJW 1973, 1938 = JR 1974, 387 mAnm *Händel*; OLG Celle 16.2.2011 – 1 Ws 78/11, NStZ-RR 2011, 223 (224); 21.2.2011 – 1 Ws 76/11, wistra 2011, 239 f.; 11.1.2016 – 1 Ws 9/16, juris Rn. 13; OLG Düsseldorf 14.6.1984 – 1 Ws 507/84, MDR 1984, 1048 (1049); 10.7.1984 – 1 Ws 648/84, JurBüro 1984, 1858 (1859); OLG Düsseldorf 21.12.1984 – 1 Ws 1054/84, JZ 1985, 400; 10.10.1986 – 1 Ws 907, 908/86, AnwBl 1987, 151; 6.8.1987 – 3 Ws 340/87, StV 1988, 446; 28.7.1988 – 1 Ws 353, 354/88, StV 1989, 29; 15.11.1988 – 1 Ws 1066/88, NStZ 1989, 232; 26.9.1996 – 1 Ws 828/96, NStZ-RR 1997, 159, stSpr; OLG Karlsruhe 7.3.1988 – 4 Ws 27, 28/87, StV 1988, 447; KG 7.12.1998 – 4 Ws 249/98, RPfl 1999, 350; KG 11.1.2012 – 2 Ws 351/11, juris Rn. 4 (Ls. NStZ-RR 2013, 192); OLG Oldenburg 9.9.1983 – NdsRPfl 1983, 253; OLG Stuttgart 20.10.1975 – 1 Ss 275/75, VRS 50, 376 (377); 13.7.1981 – 1 Ws 167/80, NStZ 81, 484; LG Freiburg 30.10.1989 – IV AK 30/89, StV 1990, 80; *Meyer-Goßner/Schmitt* Rn. 7.
[56] OLG Karlsruhe 22.10.1974 – 1 Ws 342/74, MDR 1975, 251.
[57] OLG Bamberg 13.4.2011 – 1 Ws 137/11, unveröffentlicht.
[58] Vgl. etwa BGH 3.2.1983 – 1 StR 823/82, MDR 1983, 450 bei Holtz; OLG Düsseldorf 10.3.1993 – 2 Ws 53/93, OLGSt Nr. 6 zu § 5 StrEG: Verschweigen bedeutsamer Umstände; KG 2.4.1998 – 4 Ws 64/98, juris Rn. 5; vgl. hierzu weiter → § 5 Rn. 36 und → § 6 Rn. 5.
[59] KG 23.3.1998 – 4 Ws 54/98, juris Rn. 7.
[60] Vgl. KG 10.10.2008 – 4 Ws 74/08, StraFo 2009, 129.
[61] Vogler NStZ 1989, 254 (255) zu § 2 Abs. 3.
[62] LG Münster 20.10.1988 – 7 Qs 458/88, StV 1990, 81.
[63] KG 25.11.1997 – 5 Ws 723/97, juris Rn. 4 f.; OLG Köln 3.5.2017 – 2 Ws 237/17, juris Rn. 6, 9.

- Die Verursachung eines **Haftgrundes**.[64]
- Wer nach einem Verkehrsunfall mit polizeilichen Ermittlungen rechnen muss und sich nachträglich durch Alkoholgenuss in einen fahruntüchtigen Zustand versetzt **(Nachtrunk)**.[65]
- Im Einzelfall auch **Prozessverschleppung**.[66]
- Verursacht wird eine Strafverfolgungsmaßnahme schon durch die **Tatbegehung**.[67]
- Demgegenüber haben der Konsum von Haschisch und der Besitz von Geräten, die auf den **Umgang mit Haschisch** schließen lassen, keinen unmittelbaren Bezug zum Handeltreiben mit BtMG.[68]
- Auch das bloße **Unterhalten von Kontakten** zu Personen, die Mitglieder einer kriminellen Vereinigung oder einer solchen Mitgliedschaft verdächtig sind, genügt nicht.[69]
- Angaben gegenüber der Polizei, die den **Verdacht einer Straftat** nahe legen.[70]
- Alleine **Vorstrafen** wegen Betäubungsmittelhandels und die Tatsache, dass bekannt sei, jemand handle mit BtMG, begründen keinen Verdacht im Hinblick auf ein konkretes Rauschgiftgeschäft.[71] Gleiches gilt, wenn jemand als arbeitsloser Ausländer verwandtschaftliche Beziehungen zu mit Rauschgift handelnden Personen hat.[72]
- Auch wer nur **als Zeuge** unvollständig ausgesagt und Tatsachen verschwiegen hat, die ihn später in den dringenden Verdacht der Täterschaft geraten ließen[73] oder wer Angaben in einer Diebstahlsanzeige, der Schadensmeldung und seiner Vernehmung als Zeuge macht, die sich später als unzutreffend bzw. unvollständig herausstellen,[74] setzt einen Ausschlussgrund nach § 5 Abs. 2; anders wäre es bei § 6 Abs. 1 Nr. 1, weil dort nur Angaben eines Beschuldigten einen Ausschlussgrund bilden können, vgl. dort → § 6 Rn. 7.
- Grobe Fahrlässigkeit kann auch in unterschiedlichen Angaben zunächst als Zeuge und später als Beschuldigter liegen, sofern gerade die unterschiedlichen Angaben als Zeuge und Beschuldigter Anlass für die Strafverfolgungsmaßnahmen waren.[75]

36 **Verschweigt** der Beschuldigte Umstände, so ist zu prüfen, wie sich der Sachverhalt dargestellt hätte, wenn der verschwiegene Umstand bekannt gewesen wäre.[76] Es sind dabei alle zu diesem Zeitpunkt bekannten Umstände zu würdigen und in Beziehung zu setzen zu dem Verhalten des Beschuldigten und zum jeweiligen Tatvorwurf.[77] Nicht zugestimmt werden kann der Auffassung, ein Verhalten zu einer Zeit, als der spätere **Beschuldigte noch als Zeuge vernommen** wurde, sei nicht zu berücksichtigen,[78] wenn er sich später in seiner Eigenschaft als Beschuldigter „nicht inkorrekt" verhalten habe. Die Verursachung kann auch in einem pflichtwidrigen Unterlassen liegen, auch wenn an sich niemand verpflichtet ist, den Vorwurf einer strafbaren Handlung abzuwehren. Das folgt aus dem zugrundeliegenden zivilrechtlichen Verschuldensbegriff.[79] Weitere Beispiele aus der Rechtsprechung → Rn. 66. Zu den Verhaltenspflichten beim **Entfernen vom Unfallort** → Rn. 73.

37 Das Verhalten des Beschuldigten ist jedoch **nicht ursächlich,** wenn die Strafverfolgungsmaßnahme alleine oder überwiegend aufgrund von anderen Beweisen,[80] etwa von **Zeugen-**

---

[64] KG 7.12.1998 – 4 Ws 249/98, RPfl 1999, 350.
[65] OLG Karlsruhe 6.4.1989 – 1 Ws 23/78, Justiz 1978, 373; OLG Nürnberg 18.11.1996 – Ws 1254/96, NStZ-RR 1997, 189; OLG Stuttgart 25.1.1972 – 3 Ws 4/72, MDR 1972, 539.
[66] *Schätzler* NStZ 1989, 233 (234).
[67] BGH 29.11.1963 – 4 StR 390/63, BGHSt 19, 168; KG 20.6.2011 – 4 Ws 48/11, NStZ-RR 2012, 30; OLG Nürnberg 4.6.2009 – 1 Ws 285/09, unveröffentlicht.
[68] BGH 13.9.1988 – 1 StR 447/88, BGHR StrEG § 5 Abs. 2 S. 1 Ursächlichkeit 1; vgl. auch LG Bamberg 2.5.2013 – 1 Qs 25/13, StV 2013, 306 f.
[69] KG 9.7.1999 – 4 Ws 112/99, juris Rn. 5 f.
[70] OLG Karlsruhe 6.2.1981 – 2 Ws 201/80, Justiz 1981, 374.
[71] So aber OLG Düsseldorf 15.11.1988 – 1 Ws 1066/88, NStZ 1989, 232 mit abl. Anmerkung *Schätzler*.
[72] OLG Düsseldorf 21.12.1984 – 1 Ws 1054/84, JZ 1985, 40.
[73] OLG Frankfurt a. M. 29.4.1999 – 3 Ws 389/99, NStZ-RR 1999, 349; OLG Bamberg 13.7.2011 – 1 Ws 295/11, unveröffentlicht.
[74] KG 28.3.2001 – 3 WS 615/00, juris Rn. 8.
[75] BGH 3.2.1983 – 1 StR 823/82, MDR 1983, 451 bei *Holtz*; OLG Frankfurt a. M. 29.4.1999 – 3 Ws 389/99, NStZ-RR 1999, 349; *Meyer* JurBüro 1992, 518.
[76] KG 23.2.1987 – 5 Ws 12/87, GA 1987, 405 mwN.
[77] BVerfG 12.9.1995 – 2 BvR 2475/94, NJW 1996, 1049; OLG Frankfurt a. M. 4.1.1999 – 3 Ws 1071, 1072/98, NStZ-RR 1999, 127; LG Dortmund 6.5.2014 – 36 Qs 32/14, juris Rn. 2.
[78] So OLG Oldenburg 24.9.1991 – 1 Ws 161/91, NStZ 1992, 245; gegen OLG Oldenburg auch OLG Bamberg 13.7.2011 – 1 Ws 295/11, unveröffentlicht.
[79] KG 1.2.1983 – 3 Ws 12/83, VRS 64, 373.
[80] KG 11.1.2012 – 2 Ws 351/11, juris Rn. 4 (Ls. NStZ-RR 2013, 192).

Ausschluß der Entschädigung 38 § 5 StrEG

aussagen,[81] gar in anderen Verfahren,[82] **Angaben von Mitbeschuldigten**[83] oder aufgrund **objektiver Beweismittel**[84] vollzogen worden ist, mag die Einlassung des Beschuldigten auch widersprüchlich und wechselhaft gewesen sein.[85] Es ist also stets zu prüfen, ob die Maßnahme nicht auch unabhängig von dem Verhalten des Beschuldigten, welches sicher festzustellen ist, angeordnet oder aufrechterhalten worden wäre.[86] Die Frage der Ursächlichkeit des Verschweigens etwa für die Haftfrage wird sich häufig aus der Begründung für den dringenden Tatverdacht im Haftbefehl, in der Anklageschrift und in Haftfortdauerentscheidungen erschließen lassen[87] und daraus, ob nach einer Einlassung in Kenntnis der veränderten Beweislage die Maßnahme aufrechterhalten bleibt.[88]

Da § 5 einen Ausnahmetatbestand darstellt, ist bei der Beurteilung, ob der Beschuldigte 38 einen Anlass für die Strafverfolgungsmaßnahme gegeben hat, **ein strenger Maßstab anzulegen.**[89] Die Vorschrift ist eng auszulegen.[90] Das Verhalten des Beschuldigten muss sicher feststehen.[91] Nur dann ist eine Zurechnung möglich. In Zweifelsfällen ist gegen einen Ausschluss und zugunsten des Beschuldigten zu entscheiden.[92] Ein „in dubio pro reo" ist allerdings den hier anzustellenden zivilrechtlichen Erwägungen fremd.

---

[81] Vgl. hierzu BVerfG 12.9.1995 – 2 BvR 2475/94, NJW 1996, 1049; BGH 20.7.1993 – 1 StR 321/93, BGHR StrEG § 5 Abs. 2 S. 1 Fahrlässigkeit, grobe 4; 23.5.2002 – 3 StR 53/02, juris Rn. 8; OLG Düsseldorf 6.8.1987 – 3 Ws 340/87, StV 1988, 446 f.; 25.6.2013 – 2 Ws 275/13, juris Rn. 9; OLG Hamm 3.11.2016 – 5 Ws 318/16, juris Rn. 14; KG 10.10.2008 – 4 Ws 74/08, StraFo 2009, 129; OLG Köln 16.11.2000 – 2 Ws 582/00, StraFo 2001, 146; LG Bamberg 2.5.2013 – 1 Qs 25/2013, StV 2013, 306 (307);LG Freiburg 30.10.1989 – IV AK 30/89, StV 1990, 80; *Meyer-Goßner/Schmitt* Rn. 7.
[82] BGH 3.3.1989 – 2 StR 564/88, BGHR StrEG § 5 Abs. 2 S. 1 Fahrlässigkeit, grobe 3.
[83] BGH 13.9.1988 – 1 StR 447/88, BGHR StrEG § 5 Abs. 2 S. 1 Ursächlichkeit 1.
[84] BGH 13.9.1988 – 1 StR 447/88, BGHR StrEG § 5 Abs. 2 S. 1 Ursächlichkeit 1; OLG Bamberg 13.7.2011 – 1 Ws 295/11, unveröffentlicht; Handy- und Funkzellenauswertungen; OLG Brandenburg 5.12.2007 – 1 Ws 273/07, juris Rn. 1 u. 8; Fingerspur an Waren im angeblich überfallenen Ladengeschäft; OLG Düsseldorf 28.7.1988 – 1 Ws 353, 354/88, StV 1989, 29; 11.6.1990 – 1 Ws 464/90, JurBüro 1991, 425; KG 17.11.1997 – 4 Ws 246/97, juris Rn. 4, 6 f.; 23.3.1998 – 4 Ws 54/98, juris Rn. 6; 28.1.2002 – 4 Ws 19/02; 10.10.2008 – 4 Ws 74/08, StraFo 2009, 129: ärztliche Stellungnahmen und rechtsmedizinische Gutachten; OLG Oldenburg 9.9.1983 – NdsRPfl 1983, 253; 26.1.2005 – 1 Ws 45/05, StraFo 2005, 384: Zellspuren an Bekleidung und Körper; LG Chemnitz 13.5.2002 – 4 Qs 8/02, wistra 2002, 320: unrichtige Auskunft des Gerichtsvollziehers; LG Ellwangen 27.2.2014 – 1 Ks 9 Js 94162/12, juris Rn. 288: Unterlagen aus Archiven.
[85] OLG Bamberg 13.7.2011 – 1 Ws 295/11, unveröffentlicht; OLG Düsseldorf 28.7.1988 – 1 Ws 353, 354/88, StV 1989, 29; 11.6.1990 – 1 Ws 464/90, JurBüro 1991, 425; KG 17.11.1997 – 4 Ws 246/97, juris Rn. 2 u. 6 f.; 23.3.1998 – 4 Ws 54/98; 10.10.2008 – 4 Ws 74/08, StraFo 2009, 129; OLG Oldenburg 9.9.1983 – NdsRPfl 1983, 253; 26.1.2005 – 1 Ws 45/05, StraFo 2005, 384.; das übersieht möglicherweise OLG Frankfurt a. M. 15.1.1980 – 4 Ws 170/79, MDR 1980, 907 bei Sieg.
[86] BVerfG 12.9.1995 – 2 BvR 2475/94, NJW 1996, 1049; OLG Bamberg 13.7.2011 – 1 Ws 295/11, unveröffentlicht; KG 23.3.1998 – 4 Ws 54/98, juris Rn. 7; 10.10.2008 – 4 Ws 78/08, StraFo 2009, 129; 11.1.2012 – 2 Ws 351/11, juris Rn. 4 (Ls. NStZ-RR 2013, 192); OLG Köln 16.11.2000 – 2 Ws 582/00, StraFo 2001, 146 (147); 3.5.2017 – 2 Ws 237/17, juris Rn. 9; LG Bamberg 2.5.2013 – 1 Qs 25/2013, StV 2013, 306 (307).
[87] OLG Bamberg 13.7.2011 – 1 Ws 295/11, unveröffentlicht; OLG Brandenburg 5.12.2007 – 1 Ws 273/07, juris Rn. 8; KG 10.10.2008 – 4 Ws 74/08, StraFo 2009, 129; OLG Oldenburg 26.1.2005 – 1 Ws 45/05, StraFo 2005, 384; LG Bamberg 2.5.2013 – 1 Qs 25/2013, StV 2013, 306 (307).
[88] OLG Brandenburg 5.12.2007 – 1 Ws 273/07, juris Rn. 8.
[89] BGH 24.9.2009 – 3 StR 350/09, StraFo 2010, 87; OLG Karlsruhe 22.3.2005 – 1 Ws 12/05, NStZ-RR 2005, 255 f.; KG 11.1.2012 – 2 Ws 351/11, juris Rn. 4 (Ls. NStZ-RR 2013, 192); LG Ellwangen 27.2.2014 – 1 Ks 9 Js 94162/12, juris Rn. 283.
[90] KG 10.10.2008 – 4 Ws 74/08, StraFo 2009, 129 mwN; 20.6.2011 – 4 Ws 48/11, NStZ-RR 2012, 30; 11.1.2012 – 2 Ws 351/11, juris Rn. 4.
[91] BVerfG 12.9.1995 – 2 BvR 2475/94, NJW 1996, 1049; OLG Bamberg 3.11.2011 – 1 Ws 560/11, juris Rn. 6; KG 10.10.2008 – 4 Ws 74/08, StraFo 2009, 129; OLG Köln 16.11.2000 – 2 Ws 582/00, StraFo 2001, 146; OLG Oldenburg 26.1.2005 – 1 Ws 45/05, StraFo 2005, 384; LG Ellwangen 27.2.2014 – 1 Ks 9 Js 94162/12, juris Rn. 290.
[92] BVerfG 12.9.1995 – 2 BvR 2475/94, NJW 1996, 1049 f.; OLG Düsseldorf 6.8.1987 – 3 Ws 340/87, StV 1988, 446; KG 30.6.1997 – 3 Ws 359/97, juris Rn. 4; 17.11.1997 – 4 Ws 246/97, juris Rn. 6 aE; 9.3.1999 – 4 Ws 24/99, juris Rn. 6; 9.7.1999 – 4 Ws 112/99, juris Rn. 6; 10.10.2008 – 4 Ws 74/08, StraFo 2009, 129; 20.6.2011 – 4 Ws 48/11, NStZ-RR 2012, 30; LG Freiburg 30.10.1989 – IV AK 30/89, StV 1990, 80; *Meyer* Rn. 38 aE.

39 **b) Maßgebender Zeitpunkt für die Beurteilung der Ursächlichkeit.** Die Verursachung durch den Beschuldigten ist nicht rückschauend aus einem späteren Wissensstand, insbesondere dem des Ergebnisses der Hauptverhandlung,[93] sondern nach der Sachlage zu beurteilen, wie sie sich dem Strafverfolgungsorgan zur Zeit des Eingriffs oder dessen Aufrechterhaltung darstellte.[94] Häufig wird allerdings ungenau und gegen den Wortlaut des Gesetzes auf den Zeitpunkt der Anordnung abgestellt statt auf den Zeitpunkt des Vollzugs,[95] vgl. → § 2 Rn. 15. Diese Ungenauigkeit ist allerdings insofern unschädlich, als die Maßnahme im Zeitpunkt des Vollzugs jedenfalls auch aufrechterhalten wurde. Die hM, die nicht auf den späteren Wissensstand abstellt, führt richtigerweise dazu, dass auch nach einem Freispruch die Entschädigung versagt bleibt. So weit verbreitet diese Auffassung ist, hat sie, insbesondere für besondere Ausgestaltungen, doch auch Gegner gefunden.[96]

40 Ein Tun, das sich im Zeitpunkt des Einschreitens als unmittelbares Ansetzen zur Tat **(Versuch)**, im Nachhinein aber als straflose **Vorbereitungshandlung** darstellt, kann daher eine zureichende Ursache setzen. Zweifelhaft ist, ob Versuch vorliegt, wenn jemand vor einer Bank dabei beobachtet wird, wie er den Rollkragenpullover hoch- und eine Pudelmütze überzieht.[97] Keine Entschädigung erhält, wer den Versuch einer Straftat unternommen hat, aber ein freiwilliger **Rücktritt** nach den Umständen des Falles, insbesondere auch nach einer zunächst gegebenen Einlassung, nicht nahe liegt.[98] Zur Diskussion um diese Fragen im Gesetzgebungsverfahren → Rn. 29.

41 Die **Unschuldsvermutung** der EMRK steht dem nicht entgegen.[99] Die Entschädigung wird bei Abs. 2 nicht deshalb versagt, weil gegen den Beschuldigten ein mehr oder weniger schwerer Tatverdacht fortbesteht, sondern ausschließlich deshalb, weil er sich unter grober Verletzung der ihm obliegenden Sorgfaltspflicht in einer Weise verhalten hat, die ihn zunächst in den eine Strafverfolgungsmaßnahme rechtfertigenden Verdacht einer strafbaren Handlung gebracht hat. Ob dieser sich später bestätigt oder nicht, ist dabei ohne jede Bedeutung.[100] Die Vorschrift knüpft allein an die Ursächlichkeit und das Verschulden einer Person in Bezug auf die Herbeiführung einer Strafverfolgungsmaßnahme an.[101] Lediglich

---

[93] BGH 3.2.1983 – 1 StR 823/82, MDR 1983, 450 bei Holtz; OLG Celle 16.2.2011 – 1 Ws 78/11, NStZ-RR 2011, 223 (224); KG 17.11.1997 – 4 Ws 246/97, juris Rn. 4; 9.3.1999 – 4 Ws 24/99, juris Rn. 5.

[94] hM: BVerfG 12.9.1995 – 2 BvR 2475/94, NJW 1996, 1049 f.; BGH 17.7.1974 – 2 StR 92/74, RzW 1974, 359; 3.2.1983 – 1 StR 823/82, MDR 1983, 450 bei Holtz; 21.6.1983 – 1 StR 93/83, EzSt StGB Nr. 1 zu § 154 StGB; 1.3.1995 – 2 StR 331/94, NJW 1995, 1297 (1301); 1.9.1998 – StR 434/98, StrEG § 5 Abs. 2 S. 1 Fahrlässigkeit, grobe 6; BayObLG 24.5.1989 – RReg 2 St 117/89, JR 1990, 436 [einschränkend]; OLG Braunschweig 9.8.1972 – Ws 86/1, VRS 42, 50; OLG Düsseldorf 14.6.1984 – 1 Ws 507/84, MDR 1984, 1048; 15.11.1988 – 1 Ws 1066/88, NStZ 1989, 232 mAnm *Schätzler*; 12.1.1989 – 5 Ss 337/88, NStZ 1990, 34 = GA 1990, 35 mAnm *Schätzler*; 23.1.1989 – 1 Ws 1150, 1151/88, JurBüro 1989, 1301; 5.8.1994 – 1 Ws 505/94, NZV 1994, 490 (491); 26.9.1996 – 1 Ws 828/96, NStZ-RR 1997, 159; 25.6.2013 – 2 Ws 275/13, juris Rn. 9; stRspr; OLG Frankfurt a. M. 28.6.1977 – 4 Ws 67/77, MDR 1978, 514; OLG Karlsruhe 22.10.1974 – 1 Ws 342/74, MDR 1975, 251; 9.7.1997 – 3 Ws 84/96, NStZ 1998, 211; 21.9.2004 – 1 Ss 102/04, NJW 2004, 3356; 22.3.2005 – 1 Ws 12/05, NStZ-RR 2005, 255; stRspr; KG 1.2.1983 – 3 Ws 12/83, VRS 64, 373; 2.4.1998 – 4 Ws 64/98, juris Rn. 4; 20.6.2011 – 4 Ws 48/11, NStZ-RR 2012, 30; OLG Koblenz 26.10.2015 – 2 Ws 550/15, juris Rn. 15; OLG Oldenburg 10.1.1972 – 1 Ws 144/71, MDR 1972, 349; 18.7.1995 – 1 Ws 94/95, VRS 91, 77; OLG Stuttgart 13.7.1981 – 1 Ws 167/80, NStZ 1981, 484; *Grohmann* BA 22, 233 (235); *Meyer-Goßner/Schmitt* Rn. 10.

[95] zB BVerfG 12.9.1995 – 2 BvR 2475/94, NJW 1996, 1049; KG 10.10.2008 – 4 Ws 74/08, StraFo 2009, 129, stRspr; LG Ellwangen 27.2.2014 – 1 Ks 9 Js 94162/12, juris Rn. 292; *Meyer-Großner/Schmitt* Rn. 10.

[96] Vgl. hierzu etwa *Abramenko* NStZ 98, 176 und näher → Rn. 52.

[97] AG Flensburg 21.9.1985 – 48 Gs 1294/85, JurBüro 1986, 249 nimmt Versuch an.

[98] OLG Hamm 3.7.1986 – 1 Ws 140/86, Ls. in juris.

[99] So noch OLG Schleswig 15.12.1971 – 1 Ws 283/71, und 20.1.1972 – 1 Ws 4/72, beide unveröffentlicht, zitiert nach *Händel* BA 9 (1972), 281 (285).

[100] Vgl. BayObLG 25.4.1973 – RReg 5 St 29/73, NJW 1973, 1938 = JR 1974, 387 mAnm *Händel* und → Rn. 10.

[101] OLG Celle 16.2.2011 – 1 Ws 78/11, NStZ-RR 2011, 223 (224); 21.2.2011 – 1 Ws 76/11, wistra 2011, 239 f. – juris Rn. 10.

wenn die Verursachung in der Tat selbst gesehen wird, muss diese bindend festgestellt sein.[102]

c) Fortwirkung der Ursächlichkeit. aa) Vertretbare Ausübung des Ermessens. 42
Bei vertretbarer Ausübung des Ermessens bei der Anordnung der Strafverfolgungsmaßnahme rechtfertigt die vom Beschuldigten gesetzte Ursache deren Vollzug grundsätzlich bis zum Ende des Strafverfahrens.[103] Vgl. für Führerscheinmaßnahmen näher → Rn. 77 und → § 4 Rn. 36. Entschädigung für eine nachfolgende Vollstreckung ist selbst dann ausgeschlossen, wenn das Urteil auf Wiederaufnahme hin aufgehoben wird.[104] Eine lediglich abweichende, aber vertretbare Beweiswürdigung bei unveränderter Sachlage – etwa im weiteren Verlauf des Ermittlungs- oder Strafverfahrens oder im Rahmen der Wiederaufnahme – kann kaum je einen groben Bearbeitungsfehler darstellen,[105] der die Ursachenkette unterbrechen würde. Hierzu bedarf es vielmehr grober Fehler in der Beweiswürdigung oder gravierender Versäumnisse bei der Beweiserhebung.[106] Manche vertreten den Standpunkt, jedes im Instanzenzug aufgehobene Urteil sei entschädigungsrechtlich als „fehlerhaft" zu bezeichnen; der Zweck des StrEG, die Unschuldsklausel zu beseitigen (→ Einl. Rn. 19), erfordere es, in solchen Fällen das Ergebnis der Beweiswürdigung der nächsten Instanz auf den früheren Rechtszug „zurückzuprojezieren".[107] Dies sei auch geboten, um dem Beschuldigten nicht das volle Risiko der Fortdauer einer Maßnahme bis zum Abschluss des Verfahrens aufzubürden. Diese Auffassung verkennt, dass nach der zivilrechtlichen Adäquanztheorie die Ursachenkette durch ein anderes Ereignis, namentlich die Handlung eines Dritten, nur dann unterbrochen wird, wenn der weitere Geschehensablauf in erster Linie auf dem neuen Ereignis beruht.[108] Der Auffassung, „dass auf die Sachrüge hin in der Revisionsinstanz korrigierte Fehler generell dem Beschuldigten nicht iS des § 5 Abs. 2 StrEG zuzurechnen sind",[109] ist daher nicht zu folgen. Das Risiko einer gewöhnlichen rechtlichen Fehlbehandlung trägt der Beschuldigte, der die Maßnahme (grob fahrlässig) verursacht hat.[110] Nur unter den unter → Rn. 56 ff. dargelegten Umständen wird die Zurechnung unterbrochen.

Beispiele aus dem Bereich der Ermessensausübung: 43
– Die Frage der **konkreten Gefährdung bei Anwendung des § 315c** StGB kann in den Instanzen unterschiedlich bewertet werden.[111]
– Häufig unterschiedlich beurteilt wird auch, **ob ein Fahrfehler alkoholbedingt war.** In der Hauptverhandlung können sich hierzu neue Erkenntnisse, etwa über den allgemeinen psychischen Zustand eines Beschuldigten, ergeben.
– Das **Verfahrenshindernis** der Verjährung kann in der Hauptverhandlung eine andere Beurteilung erfahren als im Zeitpunkt des Vollzugs der Verfolgungsmaßnahme. Steht in einem solchen Fall die Tötung eines

---

[102] BGH 3.3.1989 – 2 StR 564/88, BGHR StrEG § 5 Abs. 2 S. 1 Fahrlässigkeit, grobe 3; vgl. auch BGH 1.3.1995 – 2 StR 331/94, NJW 1995, 1297 (1301); OLG Celle 16.2.2011 – 1 Ws 78/11, NStZ-RR 2011, 223 (224); OLG Stuttgart 13.7.1981 – 1 Ws 167/80, NStZ 1981, 484; vgl. auch LG Ellwangen 27.2.2014 – 1 Ks 9 Js 94162/12, juris Rn. 293 f.
[103] BayObLG 24.5.1989 – RReg 2 St 117/89, JR 1990, 436; OLG Hamm 14.1.1972 – 4 Ws 345/71, NJW 1972, 1477; 8.10.1976 – 1 Ws 213/76, VRS 52, 437; 58, 69 (71 f.); OLG Koblenz 26.8.1975 – 1 Ws 520/75, VRS 50, 303; OLG Nürnberg 18.11.1996 – Ws 1254/96, NStZ-RR 1997, 189 (190); OLG Stuttgart 20.10.1975 – 1 Ss 275/75, VRS 50, 376 (377) gegen OLG Celle 5.7.1973 – 3 Ws 152/73, VRS 45, 375 (376).
[104] KG 10.3.1997 – 4 Ws 217/96, juris Rn. 1, 6 ff.
[105] OLG Hamm 14.1.1972 – 4 Ws 345/71, NJW 1972, 1477 f.; 17.10.1974 – 2 Ws 186/74, MDR 1975, 167; 26.9.1983 – 3 Ws 369/83, MDR 1984, 253; KG 10.3.1997 – 4 Ws 217/96, juris; OLG Karlsruhe 19.6.1975 – 2 Ws 74/75, Justiz 1976, 367; OLG Nürnberg 18.11.1996 – Ws 1254/96, NStZ-RR 1997, 189 (190); LG Flensburg JurBüro 22.8.1980 – I Qs 146/80, 1981, 80.
[106] KG 10.10.2008 – 4 Ws 74/08, StraFo 2009, 129.
[107] OLG Celle 5.7.1973 – 3 Ws 152/73, VRS 45, 375 (376); zustimmend *Sieg* MDR 1975, 515; wohl auch *Himmelreich/Hentschel* Rn. 387; *ders.* VerkMitt 1976, 6; *Loos* JR 1990, 438.
[108] BayObLG 24.5.1989 – RReg 2 St 117/89, JR 1990, 436.
[109] So *Loos* JR 90, 438 in seiner Anm. zu BayObLG 24.5.1989 – RReg 2 St 117/89, JR 1990, 436.
[110] OLG Düsseldorf 23.10.1991 – 2 Ws 507/91, OLGSt Nr. 5 zu § 5 StrEG; KG 10.10.2008 – 4 Ws 74/08, StraFo 2009, 129.
[111] Vgl. OLG Düsseldorf 2.10.1989 – 5 Ss 365/89, NZV 1990, 80.

oder mehrerer Menschen fest, ist aber die (frühere) Verjährungsfrist für Mord abgelaufen[112] oder lässt sich ein Mordmerkmal in der Hauptverhandlung nicht erweisen und ist der nachweisbare Totschlag verjährt,[113] so ist Entschädigung ausgeschlossen. Das gleiche gilt, wenn sich das Verfahrenshindernis erst in der Revisionsinstanz ergibt.[114]

Das **Verfahrenshindernis** der Verjährung kann in der Hauptverhandlung eine andere Beurteilung erfahren als im Zeitpunkt des Vollzugs der Verfolgungsmaßnahme. Steht in einem solchen Fall die Tötung eines oder mehrerer Menschen fest, ist aber die (frühere) Verjährungsfrist für Mord abgelaufen[115] oder lässt sich ein Mordmerkmal in der Hauptverhandlung nicht erweisen und ist der nachweisbare Totschlag verjährt,[116] so ist Entschädigung ausgeschlossen. Das gleiche gilt, wenn sich das Verfahrenshindernis erst in der Revisionsinstanz ergibt.[117]

44 bb) **Unterschiedliche Rechtsauffassungen.** Die Frage, ob Abs. 2 anwendbar ist, wenn zu einer Frage in Rspr. und Literatur unterschiedliche Rechtsauffassungen vertreten werden und der Angekl. nur deshalb freigesprochen wurde, weil das Gericht der ihm günstigeren Ansicht folgte, hat das LG Verden offen gelassen.[118]

45 cc) **Änderung der höchstrichterlichen Rechtsprechung.** Bei einer Änderung der höchstrichterlichen Rechtsprechung bis zum Abschluss des Verfahrens besteht Uneinigkeit über die entschädigungsrechtlichen Folgen. Die einen weisen – zu Unrecht – darauf hin, dass dann das Verhalten tatsächlich nie strafbar und auch bei objektiver Betrachtung ein Einschreiten der Strafverfolgungsbehörden nicht gerechtfertigt gewesen sei.[119] Ähnliches soll bei einer Änderung der Rechtsprechung hinsichtlich des Bestehens von Beweisverwertungsverboten gelten.[120] Indes bindet eine Änderung der Rechtsprechung die Instanzgerichte nicht.[121] Selbst eine Behandlung nach den Grundsätzen über den Wegfall der Strafbarkeit aufgrund einer Gesetzesänderung (→ Rn. 95) führt nicht notwendig zur Entschädigungspflicht. Immerhin war im Zeitpunkt der Tatbegehung mit einer Verurteilung zu rechnen. Steht ein Sachverhalt fest, bei dem nach der bisherigen Rechtslage ein Tun als strafbar anzusehen war, rechtfertigt nichts eine Entschädigung, denn der Beschuldigte musste mit dem Eingreifen der Strafverfolgungsbehörden rechnen[122] und hat deshalb durch sein Verhalten das Einschreiten der Strafverfolgungsbehörden verursacht. Die Strafverfolgungsbehörden ihrerseits haben im Zeitpunkt des Vollzugs der Maßnahme ihr Ermessen zutreffend ausgeübt.

46 d) **Fehlende Verursachung und Grenzen der Zurechnung.** Eine adäquate Verursachung durch den Beschuldigten liegt nicht (mehr) vor, wenn die Strafverfolgungsmaßnahme unter Verletzung des Grundsatzes der Verhältnismäßigkeit oder unrichtigem Gebrauch des Ermessens **fehlerhaft angeordnet und vollzogen wurde oder fortdauerte.** Die Frage, ob der Beschuldigte eine Strafverfolgungsmaßnahme vorsätzlich oder grob fahrlässig verursacht hat, stellt sich also nur, wenn und solange die gesetzlichen Voraussetzungen für deren Anordnung oder Fortdauer vorgelegen haben.[123]

---

[112] BGH 1.3.1995 – 2 StR 331/94, NJW 1995, 1297 (1301).
[113] OLG Stuttgart 13.7.1981 – 1 Ws 167/80, NStZ 1981, 484.
[114] OLG Hamm 26.9.1983 – 3 Ws 369/83, MDR 1984, 253: Strafklageverbrauch.
[115] BGH 1.3.1995 – 2 StR 331/94, NJW 1995, 1297 (1301).
[116] OLG Stuttgart 13.7.1981 – 1 Ws 167/80, NStZ 1981, 484.
[117] OLG Hamm 26.9.1983 – 3 Ws 369/83, MDR 1984, 253: Strafklageverbrauch.
[118] 25.4.1974 – 5-80/74, DAR 1975, 47.
[119] OLG Düsseldorf 12.1.1989 – 5 Ss 337/88, NStZ 1990, 39 = GA 1990, 34 mit abl. Anm. *Schätzler*; zustimmend *Hentschel* JR 1990, 33; aA *Meyer-Goßner/Schmitt* Rn. 10: Anspruch entfällt nicht.
[120] So *Abramenko* NStZ 1998, 176.
[121] *Meyer* NStZ 1990, 40; *Schätzler* GA 1990, 36 (37).
[122] *Schätzler* GA 1990, 36 (37); aA OLG Düsseldorf 12.1.1989 – 5 Ss 337/88, NStZ 1990, 39; *Cornelius* Rn. 26.
[123] BVerfG 12.9.1995 – 2 BvR 2475/94, juris Rn. 33 u. 40; BGH 14.2.1995 – 1 StR 765/94, juris Rn. 5 f.; OLG Düsseldorf 6.6.2012 – 1 Ws 111/12, juris Rn. 7.

Für das Fortdauern einer Strafverfolgungsmaßnahme ist ein Verhalten des Beschuldigten 47
von dem Zeitpunkt an nicht mehr ursächlich, in dem sie hätte aufgehoben werden müssen.[124] Die Entschädigung ist dann nicht (mehr) nach § 5 Abs. 2 ausgeschlossen.

aa) Eigenes Verhalten des Beschuldigten. Die Kausalkette kann durch ein eigenes 48
Verhalten des Beschuldigten unterbrochen werden, so wenn er Maßnahmen ergreift, die ihn nicht mehr als ungeeignet zum Führen von Kraftfahrzeugen erscheinen lassen, vgl. → Rn. 77, oder ein Geständnis ablegt, das die Verdunkelungsgefahr beseitigt. So kann nach einer Flucht ins Ausland, die zunächst die Ursache für einen Haftbefehl wegen Fluchtgefahr gesetzt hatte, die Kausalkette zu einem Zeitpunkt unterbrochen werden, zu dem unabhängig vom vorherigen Verhalten des Beschuldigten nach der Verdachtslage (hierzu → Rn. 37) ohnehin ein Haftbefehl, etwa wegen Flucht- oder Verdunkelungsgefahr oder aufgrund des Haftgrundes nach § 112 Abs. 3 StPO, ergangen wäre.[125]

bb) Bearbeitungsfehler. Auch durch Fehler der Strafverfolgungsbehörden kann die 49
Kausalität unterbrochen werden. Das gilt namentlich für den Fall, dass die Strafverfolgungsmaßnahme infolge eines groben Bearbeitungsfehlers der Strafverfolgungsbehörde vollzogen oder aufrechterhalten worden ist,[126] der bei sorgfältiger Prüfung ohne weiteres erkennbar gewesen wäre.[127] Dies ist nur der Fall, wenn einfachste, ganz naheliegende rechtliche Überlegungen nicht angestellt wurden.[128]

Beispiele für Bearbeitungsfehler: 50
– U-Haft wird angeordnet, obwohl ein **Haftgrund** nicht gegeben ist, etwa weil Verdunkelungsgefahr nach § 112 Abs. 2 Nr. 3 StPO nicht vorliegt,[129] der dringende **Tatverdacht** nach § 112 Abs. 1 S. 1 StPO[130] oder ein erforderlicher Strafantrag fehlt.[131]
– U-Haft wird alleine aufgrund einer Zeugenaussage vollzogen, auf die eine Verurteilung mangels Verwertbarkeit nicht gestützt werden kann.[132]
– Die Strafverfolgungsmaßnahmen wurden nach einer rechtsstaatswidrigen Tatprovokation durch die Ermittlungsbehörden vollzogen.[133]
– Ein Unterbringungsbefehl wird nach einer Entscheidung des Bundesgerichtshofs nicht aufgehoben, obwohl danach eine Unterbringung voraussichtlich nicht mehr in Frage kam, weil zwischen dieser Entscheidung und der Abverfügung der Akten an das Instanzgericht rund fünf Monate vergingen.[134]
– Bereits aus dem vorliegenden Auszug aus dem Bundeszentralregister ergeben sich Hinweise auf einen möglichen **Strafklageverbrauch,** aber die betreffenden Vorstrafenakten werden nicht (unverzüglich) beigezogen[135]
– Eine **Durchsuchung** wird lediglich auf Vermutungen, nicht aber auf Tatsachen gegründet[136]
– Alleine die Tatsache **verkehrswidrigen Verhaltens** ist kein Anlass für eine Führerscheinmaßnahme.
– Bei einem unerlaubten **Entfernen vom Unfallort** müssen bei den Strafverfolgungsbehörden Zweifel an der Bemerkbarkeit des Anstoßes aufkommen, wenn – trotz des entstandenen Schadens – ein deutlich

---

[124] BGH 19.12.1979 – 3 StR 396/79, BGHSt 29, 168 (172, 173) = JZ 1980, 241; OLG Hamm 17.10.1974 – 2 Ws 186/74, MDR 1975, 167; 13.11.1975 – 2 Ws 314/75, BA 1976, 290; KG 9.3.1999 – 4 Ws 24/99, juris Rn. 5.
[125] Vgl. OLG Karlsruhe 22.3.2005 – 1 Ws 12/05, NStZ-RR 2005, 255, wo aber irrig auf den Zeitpunkt der Haftentschädigung abgestellt wird; es kommt aber nur darauf an, ob sich ab diesem Zeitpunkt die Haft wegen der erforderlichen Auslieferung verlängert hat. Diese ist dem Beschuldigten zuzurechnen.
[126] Vgl. OLG Hamm 13.11.1975 – 2 Ws 314/75, BA 1976, 290; 26.9.1983 – 3 Ws 369/83, MDR 1984, 253; KG 17.11.1972 – 3 Ws 144/72, VRs 44, 122 (124); 12.7.1999 – 3 Ws 325/99, juris Rn. 4; VRS 100, 317; 28.1.2002 – 4 Ws 19/02, juris; 1.10.1976 – 1 Ws 253/76, NJW 1977, 641; OLG Karlsruhe 19.6.1975 – 2 Ws 74/75, Justiz 1976, 367; Thür. Oberlandesgericht 6.1.2005 – 1 Ws 4/05, NStZ-RR 2005, 125.
[127] OLG Düsseldorf 26.9.1996 – 1 Ws 828/96, NStZ-RR 1997, 159 (160); OLG Karlsruhe 20.8.1992 – 2 Ws 102/92, Justiz 1993, 148; KG 20.6.2011 – 4 Ws 48/11, NStZ-RR 2012, 30 (31); Thür. Oberlandesgericht 6.1.2005 – 1 Ws 4/05, NStZ-RR 2005, 125; *Meyer-Goßner/Schmitt* Rn. 7.
[128] OLG Düsseldorf 23.10.1991 – 2 Ws 507/91, OLGSt Nr. 5 zu § 5 StrEG.
[129] OLG Celle 15.1.1974 – 3 Ws 331/73, MDR 1974, 513; OLG Hamburg 20.1.1972 – 2 Ws 1/72, MDR 1972, 444.
[130] OLG Hamm 12.1.1979 – 1 Ws 174/78, juris Rn. 5.
[131] BGH 25.4.2017 – 3 StR 453/16, NStZ-RR 2017, 264.
[132] OLG Köln 16.11.2000 – 2 Ws 582/00, StraFo 2001, 146.
[133] OLG Köln 28.2.2017 – 2 Ws 781, 782/16 StraFO 2017, 301 f.
[134] OLG Celle 11.1.2016 – 1 Ws 9/16, juris Rn. 14 ff.
[135] OLG Karlsruhe 20.8.1992 – 2 Ws 102/92, Justiz 1993, 148.
[136] LG Münster 20.10.1988 – 7 Qs 458/88, StV 1990, 81.

schwereres Fahrzeug beim langsamen Zurücksetzen unter Berücksichtigung des Anstoßwinkels an ein nachgiebiges Fahrzeugteil des Unfallgegners anstößt.[137]
– Keine Verursachung soll auch vorliegen, „wenn bereits im Zeitpunkt der Anordnung" ... „bei richtiger rechtlicher Würdigung" nur die Verurteilung wegen einer Ordnungswidrigkeit zu erwarten war.[138] Vgl. zum Merkmal der „Richtigkeit" aber einschränkend → Rn. 42.

51 **Im Laufe des Verfahrens sich ergebende Umstände** müssen berücksichtigt werden, etwa wenn der **dringende Tatverdacht** entfallen ist, so etwa nach dem Bekanntwerden des **Ergebnisses der Blutprobe**[139] oder nach dem **Abschluss der Beweiserhebung**.[140] Auch die **Nichtaufhebung der Sicherstellung** eines zur Einziehung beschlagnahmten PKW bei unterbliebener Einziehung im Urteil 1. Instanz und ausschließlicher Berufung des Beschuldigten[141] sowie die unterlassene Herausgabe beschlagnahmter Gegenstände, sobald feststeht, dass sie für das Verfahren nicht mehr benötigt werden[142] wären solche Umstände

52 In Betracht kommen auch grobe **Fehler oder auch Versäumnisse bei der Beweisermittlung,**[143] der **Beweiserhebung**[144] oder der **Beweiswürdigung**;[145] die das Ergebnis der rechtlichen Würdigung als abwegig oder schlechthin unvertretbar erscheinen lassen[146] oder eine für sich genommen abwegige oder schlechthin unvertretbare rechtliche Würdigung oder eine fehlerhafte Rechtsauffassung, die bei sorgfältiger Prüfung der Rechtslage offen zu Tage getreten wäre.[147] Vgl. hierzu schon → Rn. 42. Das gleiche gilt, wenn **Beweisangeboten des Beschuldigten,** die den Tatverdacht entkräftet hätten, nicht nachgegangen wird[148] oder in der Berufungshauptverhandlung aufgrund der Beweiswürdigung die Kammer die sich aufzeigende Rechtslage hätte erkennen können und müssen.[149]

53 Es ist daher zwar erforderlich, von Amts wegen ständig zu überprüfen, ob und wieweit eine einmal gesetzte Ursache noch fortwirkt.[150] Bei **wechselnden und lückenhaften Einlassungen** zum Trinkverhalten kann aber jedenfalls das Ergebnis einer Hauptverhandlung abgewartet werden, bevor der Führerschein zurückzugeben ist.[151] Ein **Sachverständigengutachten** mit dem vorläufigen Ergebnis einer Schuldunfähigkeit unter Hinweis auf weitere Aufschlüsse durch die Vernehmung von Angehörigen gebietet nicht die sofortige Entlassung des Beschuldigten aus der Untersuchungshaft. Vielmehr kann das Ergebnis dieser Vernehmungen abgewartet werden.[152] Nichts anderes gilt, wenn bei sich widersprechenden Zeugenaussagen eine Aufklärung erst in der Hauptverhandlung erfolgen kann.

---

[137] KG 30.6.1997 – 3 Ws 359/97, juris Rn. 4.
[138] BayObLG 1.8.1972 – 5 St 77/72, DAR 73, 211 f. bei Rüth.
[139] BGH 14.2.1995 – 1 StR 765/94, BGHR StrEG § 5 Abs. 2 S. 1 Ursächlichkeit 2; LG Flensburg 31.5.1976 – II Qs 150/76, MDR 1976, 954 m. zust. Anm. *Meyer*; Einzelheiten → Rn. 87.
[140] LG Hamburg 19.7.1973 – 33 Qs 696/73, MDR 1973, 957; OLG Schleswig 20.1.1976 – 1 Ws 332/75, NJW 1976, 1467 f.: Probationsverfahren.
[141] OLG Schleswig 18.7.1996 – 2 Ws 297/95, SchlHA 1997, 180.
[142] KG 22.10.2002 – 5 Ws 650/01, juris Rn. 8 ff.; OLG Nürnberg 26.8.2002 – 4 W 2125/02, NStZ-RR 2003, 62: jeweils EDV-Anlage.
[143] OLG Hamm 13.11.1975 – 2 Ws 314/75, BA 1976, 290; OLG Karlsruhe 19.6.1975 – 2 Ws 74/75, Justiz 1976, 367.
[144] KG 12.7.1999 – 3 Ws 325/99, juris Rn. 4.
[145] OLG Hamm 1.2.1972 – 3 Ws 19/72, DAR 1972, 165 (166); 17.10.1974 – 2 Ws 186/74, MDR 1975, 167; 13.11.1975 – 2 Ws 314/75, BA 1976, 290; 26.9.1983 – 3 Ws 369/83, MDR 1984, 253; OLG Düsseldorf 2.10.1989 – 5 Ss 365/89, NZV 1990, 80, wo aber offensichtlich schon die polizeilichen Ermittlungen keinen Hinweis auf eine konkrete Gefährdung iSd § 315c Abs. 1 StGB ergeben hatten; OLG Karlsruhe 19.6.1975 – 2 Ws 74/75, Justiz 1976, 367.
[146] KG 10.3.1997 – 4 Ws 217/96, juris Rn. 6; 12.7.1999 – 3 Ws 325/99, juris Rn. 4; vgl. auch OLG Hamm 14.1.1972 – 4 Ws 345/71, NJW 1972, 1477; 26.9.1983 – 3 Ws 369/83, MDR 1984, 253.
[147] KG 20.6.2011 – 4 Ws 48/11, NStZ-RR 2012, 30 (31); OLG Stuttgart 1.10.1976 – 1 Ws 253/76, NJW 1977, 641 f.
[148] OLG Hamm 17.10.1974 – 2 Ws 186/74, MDR 1975, 167; LG Krefeld 15.9.1972 – 8 Qs 436/72, DAR 1973, 108.
[149] OLG Karlsruhe 21.9.2004 – 1 Ss 102/04, NJW 2004, 3356.
[150] *Meyer* MDR 1976, 954 mwN.
[151] OLG Zweibrücken 30.1.1978 – Ws 19/78, VRS 55, 200.
[152] OLG Frankfurt a. M. 8.5.1996 – 3 Ws 272/96, NStZ-RR 1996, 286.

4. Verschulden. Steht fest, ob und in welchem (vor allem auch zeitlichen) Umfang der 54
Beschuldigte die Strafverfolgungsmaßnahme verursacht hat (haftungsbegründende Kausalität), so ist nach seinem Verschulden zu fragen. **Vorsätzlich oder grob fahrlässig** muss
der Beschuldigte die Maßnahme verursacht haben. Die Begriffe sind nicht im strafrechtlichen Sinn zu verstehen, da es hier nicht um strafrechtliche Schuld, sondern um die Zurechenbarkeit in schadensersatzrechtlicher Beziehung geht.[153] Der Ausschlussgrund des § 5
Abs. 2 stellt eine auf das Strafverfahren zugeschnittene Ausfüllung des im Schadensersatzrecht
geltenden Grundsatzes dar, wonach eine dem Geschädigten zurechenbare mitwirkende Verursachung schon bei der Haftungsbegründung nach zivilrechtlichen Grundsätzen berücksichtigt werden muss. Strafrechtliche Schuld im Sinne des Art. 6 Abs. 2 EMRK wird damit
nicht festgestellt.[154] Der Strafrichter muss demnach die **zivilrechtlichen Grundsätze** anzulegen und die §§ 276, 277 BGB sinngemäß anwenden,[155] was den Strafgerichten nicht
immer leicht fällt.[156] Der danach gültige objektive Maßstab schließt es nicht aus, die Handlungsweisen bestimmter Personengruppen, etwa Berufsgruppen[157] oder Altersgruppen,[158]
zu berücksichtigen.

Das führt beim Fahrlässigkeitsbegriff zu bedeutsamen **Unterschieden.** So kann grobe 55
Fahrlässigkeit trotz **unvermeidbaren Verbotsirrtums** vorliegen.[159] Der BGH verneint im
entschiedenen Fall eine grobe Fahrlässigkeit aber wegen der „Geistesverfassung des einfach
strukturierten Beschuldigten". Auch bei einem Freispruch „in dubio pro reo" kann grobe
Fahrlässigkeit vorliegen, wenn im Entschädigungsverfahren die behauptete **Unzurechnungsfähigkeit** nicht bewiesen werden kann.[160] Das kann auch dazu führen, dass die
Fahrlässigkeit im strafrechtlichen Sinn verneint, aber grobe Fahrlässigkeit im Sinne des
§ 5 Abs. 2 angenommen wird.[161] Das Verschulden kann sich sowohl auf den Tatverdacht
als auch auf die strafprozessualen Voraussetzungen der Maßnahme, zB die Haftgründe,
beziehen. Ein vorsätzliches oder grob fahrlässiges Verhalten, das gegen ein Strafgesetz verstößt, rechtfertigt regelmäßig die deswegen ergriffenen angemessenen Strafverfolgungsmaßnahmen gegen den Täter und schließt die Gewährung einer Entschädigung aus.[162]

a) Vorsatz. Vorsätzlich handelt der Beschuldigte, der die Strafverfolgungsmaßnahme als 56
Folge seines Handelns (oder Unterlassens) voraussieht[163] und diesen Erfolg in seinen Willen
aufnimmt. Der Erfolg braucht nicht beabsichtigt zu sein.[164] Der zivilrechtliche Vorsatzbe-

---

[153] OLG Düsseldorf 14.6.1984 – 1 Ws 507/84, MDR 1984, 1048 (1049); 10.7.1984 – 1 Ws 648/84, JurBüro 1984, 1858 (1859); 10.10.1986 – 1 Ws 907-908/86, AnwBl 1987, 151.
[154] BVerfG 21.11.2002 – 2 BvR 1609/02, juris Rn. 4 f.
[155] Nicht mehr streitig, vgl. BGH 3.2.1983 – 1 StR 823/82, MDR 1983, 450 bei Holtz; OLG Celle 10.9.1971 – 2 Ws 200/71, NJW 1971, 2322 (2323); 10.7.1984 – 1 Ws 648/84, JurBüro 1984, 1858 (1859); 21.12.1984 – 1 Ws 1054/84, JZ 1985, 400; 10.10.1986 – 1 Ws 907-908/86, AnwBl 1987, 151; 12.1.1989 – 5 Ss 337/88, NStZ 1990, 39 = GA 1989, 34 mAnm *Schätzler*; 23.1.1989 – 1 Ws 1150, 1151/88, JurBüro 1989, 1301; VRS 89, 63; 11.6.1990 – 1 Ws 464/90, JurBüro 1991, 425; 23.10.1991 – 2 Ws 507/91, OLGSt Nr. 5 zu § 5 StrEG; 16.2.2011 – 1 Ws 78/11, NStZ-RR 2011, 223 (224); OLG Hamburg 19.5.1982 – 1 Ws 187/82, MDR 1982, 870; OLG Hamm 5.5.1972 – 4 Ws 101/72, MDR 1973, 72; OLG Karlsruhe 12.2.1974 – 2 Ws 2/74, OLGSt zu § 5 StrEG; 22.3.2005 – 1 Ws 12/05, NStZ-RR 2005, 255; OLG Köln 21.11.1975 – Ss OWi 262/75, DAR 1976, 81 (82); OLG Saarbrücken 18.9.1974 – Ws 225/74, NJW 1975, 791 (792); *Grohmann* BA 22, 233 (235); *Meyer-Goßner/Schmitt* Rn. 9; *Meyer* Rn. 44; anders noch *Peters*, Fehlerquellen, Bd. 3, S. 185.
[156] *Schätzler* NStZ 1989, 234.
[157] OLG Düsseldorf 25.5.1984 – 1 Ws 509/84, MDR 1984, 1371 (1372); *Cornelius* Rn. 14; Palandt/*Grüneberg* BGB § 276 Rn. 17.
[158] *Eisenberg* § 2 Rn. 39.
[159] BGH 21.11.1986 – 2 StR 364/86, BGHR StrEG § 5 Abs. 2 S. 1 Fahrlässigkeit, grobe 1 und OLG Karlsruhe 12.2.1974 – 2 Ws 2/74, OLGSt zu § 5 StrEG.
[160] OLG Zweibrücken 22.3.1985 – 1 Ws 391/84, NStZ 1986, 129.
[161] BGH 28.9.1988 – 3 StR 310/88, BGHR StrEG § 5 Abs. 2 S. 1 Fahrlässigkeit, grobe 2.
[162] BGH 19.12.1979 – 3 StR 396/79, BGHSt 29, 168 (171) = JZ 1980, 241; OLG Düsseldorf 26.9.1996 – 1 Ws 828/96, NStZ-RR 1997, 159.
[163] AA OLG Düsseldorf 26.9.1996 – 1 Ws 828/96, NStZ-RR 1997, 159 (160), wonach sich das Verschulden nur auf das Verhalten beziehen muss.
[164] KG 20.8.1999 – 4 Ws 132/99, juris Rn. 5; *Grohmann* BA 22, 233 (235).

griff¹⁶⁵ umfasst den bedingten Vorsatz. Es genügt also, wenn der Beschuldigte die Maßnahme als mögliche Folge seines Handelns erkennt und billigend in Kauf nimmt.¹⁶⁶ Einen solchen Vorsatz kann auch haben, wer **im strafrechtlichen Sinn schuldunfähig** ist. Es genügt natürlicher Vorsatz.¹⁶⁷

57 **Beispiele für vorsätzliche Verursachung:**
– Nach einem Unfall infolge Trunkenheit (§ 315c Abs. 1 Nr. 1 StGB) oder verkehrsgefährdender Fahrweise (§ 315c Abs. 1 Nr. 2 StGB) setzt sich der Mitfahrer ans Steuer, um zu verhindern, dass dem Fahrer der Führerschein entzogen wird.¹⁶⁸
– Der Stadtstreicher täuscht eine Straftat vor, um in der warmen Zelle überwintern zu können.
– Ein Beschuldigter, gegen den mehrere Straf- und Vollstreckungsverfahren anhängig sind, wechselt ständig den Wohnsitz und hält sich verborgen.

58 **b) Fahrlässigkeit.** Ob Fahrlässigkeit vorliegt, ist nicht im strafrechtlichen Sinn nach der Person des Beschuldigten und seinen Fähigkeiten, sondern **im zivilrechtlichen Sinn** nach objektivem, abstraktem Maßstab zu bestimmen.¹⁶⁹ Nach der gesetzlichen Definition des § 276 BGB handelt fahrlässig, wer die im Verkehr erforderliche Sorgfalt außer Acht lässt. Da es nicht um ein Verschulden gegenüber dem Vertragspartner, sondern um ein Verschulden gegen sich selbst, in gewissem Sinne um Selbstgefährdung, geht, bedeutet das hier: Der Beschuldigte handelt fahrlässig, wenn er nach rein objektiven und abstrakten Maßstäben¹⁷⁰ diejenige Aufmerksamkeit und Sorgfalt außer Acht lässt, die ein ordentlicher und verständiger Mensch in gleicher Lage aufwenden würde, um sich vor Schaden durch Strafverfolgungsmaßnahmen zu bewahren.¹⁷¹

59 **5. Grobe Fahrlässigkeit. a) Subjektive Merkmale grober Fahrlässigkeit.** Jedoch genügt nach Abs. 2 (anders Abs. 3, vgl. → Rn. 111 ff.) nicht jeder Grad der Fahrlässigkeit, sondern nur grobe Fahrlässigkeit schließt eine Entschädigung aus. Während bei der einfachen Fahrlässigkeit ein rein objektiver Maßstab anzuwenden ist, setzt die Annahme grober Fahrlässigkeit nach der Rechtsprechung des BGH zum Deliktsrecht auf der subjektiven Seite voraus, dass die im Verkehr erforderliche Sorgfalt durch ein auch subjektiv unentschuldbares Verhalten in hohem Maße außer Acht gelassen worden ist.¹⁷² Diese Rechtsprechung übertragen die Gerichte folgerichtig auf das StrEG.¹⁷³

60 Bei einem Vergehen der **Volltrunkenheit** erfordert der Ausschlusstatbestand des Abs. 2 S. 1 grobe Fahrlässigkeit des Beschuldigten nur hinsichtlich der Herbeiführung des Zustan-

---

¹⁶⁵ Vgl. nur Palandt/*Grüneberg* BGB § 276 Rn. 10.
¹⁶⁶ Ebenso zum Ganzen KG 20.8.1999 – 4 Ws 132/99, juris Rn. 5; *Grohmann* BA 22, 233 (235).
¹⁶⁷ OLG Celle 16.2.2011 – 1 Ws 78/11, NStZ-RR 2011, 223 (224); OLG Hamburg 19.5.1982 – 1 Ws 185/82, MDR 1982, 870; KG 21.2.2001 – 3 Ws 614/00, VRS 100, 317; *Meyer-Goßner/Schmitt* Rn. 8; *Peters*, Fehlerquellen, Bd. 3, S. 185; aA LG München I 4.4.2008 – 9 Qs 7/08, StraFo 2008, 266.
¹⁶⁸ OLG Frankfurt a. M. 29.7.1975 – 2 Ss 311/75, NJW 1975, 1895 (1896).
¹⁶⁹ Vgl. Palandt/*Grüneberg* BGB § 276 Rn. 15.
¹⁷⁰ Vgl. zB BGH 17.7.1974 – 2 StR 92/74, RzW 1974, 359; 3.2.1983 – 1 StR 823/82, MDR 1983, 450 bei Holtz; OLG Braunschweig 2.2.1990 – Ws 15/90, StV 1991, 529; OLG Düsseldorf 21.12.1984 – 1 Ws 1054/84, JZ 1985, 400; 23.1.1989 – 1 Ws 1150, 1151/88, JurBüro 1989, 1301; OLG Frankfurt a. M. 28.6.1977 – 4 Ws 67/77, MDR 1978, 514; 4.1.1999 – 3 Ws 1071, 1072/98, NStZ-RR 1999, 127; OLG Karlsruhe 7.3.1988 – 4 Ws 27, 28/87, StV 1988, 447; OLG Nürnberg 18.11.1996 – Ws 1254/96, NStZ-RR 1997, 189; OLG Stuttgart 13.7.1981 – 1 Ws 167/80, NStZ 81, 484; *Meyer-Goßner/Schmitt* Rn. 9.
¹⁷¹ Allg. Meinung, vgl nur BGH 3.2.1983 – 1 StR 823/82, MDR 1983, 450 bei Holtz; 2.4.2008 – 2 StR 19/08, StraFo 2008, 352; 24.9.2009 – 3 StR 350/09, StraFo 2010, 87 f.; OLG Rostock 11.1.2000 – I Ws 403/99, juris Rn. 11; LG Dortmund 6.5.2014 – 36 Qs 32/14, juris Rn. 2; *Meyer-Goßner/Schmitt* Rn. 9 u. 11.
¹⁷² BGH 30.11.1971 – VI ZR 100/70, NJW 1972, 475 (476) zu § 680 BGB; 23.1.1985 – IVa ZR 128/83, NJW 1985, 2648 zu § 627 BGB; OLG Celle 16.2.2011 – 1 Ws 78/11, NStZ-RR 2011, 223 (224); vgl. Palandt/*Grüneberg* BGB § 277 Rn. 5.
¹⁷³ BGH 21.11.1986 – 2 StR 364/86, BGH 28.9.1988 – 3 StR 310/88, BGHR StrEG § 5 Abs. 2 S. 1 Fahrlässigkeit, grobe 2; OLG Braunschweig 2.2.1990 – Ws 15/90, StV 1991, 529 – Fall Düe; OLG Frankfurt a. M. 29.4.1999 – 3 Ws 389/99, NStZ-RR 1999, 349: „schweres Verschulden"; KG 2.4.1998 – 4 Ws 64/98, juris Rn. 10: in grober Weise den eigenen Interessen zuwider; OLG Schleswig 17.11.1977 – 1 Ws 310, 312/77, JurBüro 1978, 267; 16.12.1980 – 1 Ws 339/80, SchlHA 1981, 99 bei *Ernesti/Lorenzen*.

des der Zurechnungsunfähigkeit.[174] Hinsichtlich der Herbeiführung des Verdachts, in diesem Zustand eine mit Strafe bedrohte Handlung begangen zu haben, genügen Handlungen des Volltrunkenen, die objektiv geeignet sind, diesen Verdacht zu bestärken. Bei einem **psychisch Kranken** ist auf seine natürliche Einsichtsfähigkeit abzustellen.[175] So liegt bei einem Geständnis, das ein Beschuldigter mit Sprachschwierigkeiten, offenkundigen Widersprüchen, offenbarer Beobachtungsungenauigkeit und bei fehlender praktischer Urteilsfähigkeit ablegt, keine grobe Fahrlässigkeit vor.[176] Auch bei widersprüchlichen Aussagen eines Beschuldigten müssen Besonderheiten zum Aussageverhalten berücksichtigt werden, die sich aus einer besonderen psychischen Situation ergeben.[177] Einem Beschuldigter, dessen Geistesverfassung eine fanatisch querulatorische Persönlichkeit zeigt[178] oder dessen Einsichts- und Steuerungsfähigkeit aufgrund einer gemischt schizoaffektiven Störung zum Tatzeitpunkt aufgehoben war,[179] mag im strafrechtlichen Sinn nicht vorsätzlich handeln oder schuldunfähig sein. Er handelt nicht grob fahrlässig, wenn ihm die natürliche Einsichtsfähigkeit fehlt, was vom LG München I in der zitierten Entscheidung. nicht geprüft wird. Beim Vorliegen einer paranoid-halluzinatorischen Schizophrenie kann ein subjektiv schweres Verschulden im Einzelfall fehlen.[180] In diesem Rahmen können auch die altersgemäß unterschiedlichen Umstände bei der Vernehmung eines Jugendlichen berücksichtigt werden.[181]

Die Sorgfaltspflicht muss daher **in ungewöhnlich großem Maße** verletzt worden 61 sein, indem schon einfachste, naheliegende Überlegungen anzustellen versäumt wurde oder dasjenige unbeachtet geblieben ist, was im gegebenen Fall jedem einleuchten musste,[182] der Beschuldigte durch sein Tun die Strafverfolgungsmaßnahmen also geradezu herausforderte.[183] Grob fahrlässig handelt also, wer nach objektiven, abstrakten Maßstäben (vgl. oben) in ungewöhnlichem Maß die Sorgfalt außer Acht lässt, die ein verständiger Mensch in gleicher Lage aufwenden würde, um sich vor Schaden durch die Strafverfolgungsmaßnahme zu schützen.[184] Bei einem Jugendlichen und gegebenenfalls auch einem

---

[174] OLG Frankfurt a. M. 28.6.1977 – 4 Ws 67/77, MDR 1978, 514; OLG Oldenburg 10.1.1972 – 1 Ws 144/71, MDR 1972, 349 (350); LG Flensburg 15.1.1976 – II Qs 8/76, MDR 1976, 689.
[175] OLG Hamburg 19.5.1982 – 1 Ws 185/82, NStZ 1983, 30 (31); KG 21.2.2001 – 3 Ws 614/00, VRS 100, 317; *Meyer-Goßner/Schmitt* Rn. 8.
[176] BGH 12.10.1993 – 1 StR 475/93, NJW 1994, 334 (335).
[177] BVerfG 7.12.2006 – 2 BvR 722/06, DVBl 2007, 253.
[178] BGH 21.11.1986 – 2 StR 364/86, BGHR StrEG § 5 Abs. 2 S. 1 Fahrlässigkeit, grobe 1.
[179] Vgl. LG München I 4.4.2008 – 9 Qs 7/08, StraFo 2008, 266; vgl. noch → Rn. 113.
[180] OLG Celle 16.2.2011 – 1 Ws 78/11, NStZ-RR 2011, 223 (224).
[181] Vgl. hierzu *Eisenberg* JGG § 2 Rn. 39.
[182] OLG Celle 10.9.1971 – 2 Ws 200/71, NJW 1971, 2322 (2323); OLG Düsseldorf 18.1.1977 – 3/2 Ss 1524/76, MDR 1977, 866; OLG Hamm 7.11.1974 – 4 Ws 232/74, NJW 1975, 790 mAnm *Meyer* NJW 1975, 1791; OLG Karlsruhe 9.7.1997 – 3 Ws 84/96, NStZ 1998, 211; KG 1.2.1983 – 3 Ws 12/83, VRS 64, 373; 25.11.1997 – 5 Ws 723/97, juris Rn. 5; 21.2.2001 – 3 Ws 614/00, VRS 100, 317; 10.10.2008 – 4 Ws 74/08, StraFo 2009, 129 mwN; OLG Koblenz 26.10.2015 – 2 Ws 550/15, juris Rn. 14; OLG Nürnberg 18.11.1996 – Ws 1254/96, NStZ-RR 1997, 189; LG Dortmund 6.5.2014 – 36 Qs 32/14, juris Rn. 2; LG Flensburg 15.1.1976 – II Qs 8/76, MDR 1976, 689; *Grohmann* BA 22, 233 (235); *Palandt/Grüneberg* BGB § 277 Rn. 5; alle mit weiteren Nachweisen.
[183] KG 11.1.2012 – 2 Ws 351/11, juris Rn. 5; OLG Koblenz 26.10.2015 – 2 Ws 550/15, juris Rn. 14 mwN; OLG Köln 3.5.2017 – 2 Ws 237/17, juris Rn. 10.
[184] BVerfG 12.9.1995 – 2 BvR 2475/94, NJW 1996, 1049; BGH 17.7.1974 – 2 StR 92/74, RzW 1974, 359; 3.2.1983 – 1 StR 823/82, EzSt Nr. 1 zu § 5 StrEG; 27.5.1983 – 3 StR 153/83, EzSt Nr. 2 zu § 5 StrEG; 21.11.1986 – BGHR StrEG § 5 Abs. 2 S. 1 Fahrlässigkeit grobe 1; 2.4.2008 – 2 StR 19/08, StraFo 2008, 352; OLG Düsseldorf 14.6.1984 – 1 Ws 507/84, MDR 1984, 1048 (1049); 10.7.1984 – 1 Ws 648/84, JurBüro 1984, 1859; 23.1.1989 – 1 Ws 1150, 1151/88, JurBüro 1989, 1301; 10.5.1990 – 4 Ws 61-63/90, NStE Nr. 11 zu § 5 StrEG; 23.10.1991 – 2 Ws 507/91, OLGSt Nr. 5 zu § 5 StrEG; 29.5.1991 – 1 Ws 453/91, VRS 81, 399; 4.3.1991 – 3 Ws 100/91, JMBlNW 1991, 262; OLG Frankfurt a. M. 26.9.1977 – 4 Ws 118/77, NJW 1978, 1017; 4.1.1999 – 3 Ws 1071, 1072/98, NStZ-RR 1999, 127; 29.4.1999 – 3 Ws 389/99, NStZ-RR 1999, 349 (350): „einhellige Meinung"; KG 1.2.1983 – 3 Ws 12/83, VRS 64, 373; 2.4.1998 – 4 Ws 64/98, juris Rn. 10; 9.3.1999 – 4 Ws 24/99, juris Rn. 8; 11.1.2012 – 2 Ws 351/11, juris Rn. 5; OLG Karlsruhe 9.7.1997 – 3 Ws 84/96, NStZ 1998, 211; OLG Köln 3.5.2017 – 2 Ws 237/17, juris Rn. 10; *Meyer-Goßner/Schmitt* Rn. 9 mwN.

Heranwachsenden werden die altersgemäß unterschiedlichen Umstände mit zu berücksichtigen sein.[185] Ein mitwirkendes Verschulden kann einem Betroffenen danach angelastet werden, wenn er sich in einer Weise verhält, bei der die Strafverfolgungsbehörden in Erfüllung ihres gesetzlichen Auftrags zur Verfolgung und Aufklärung von Straftaten schlechthin nicht untätig bleiben dürfen oder können.[186] Maßstab für eine **verfassungsgerichtliche Kontrolle** ist Art. 3 Abs. 3 GG; die von den Fachgerichten angeordnete Maßnahme muss objektiv unangemessen gewesen sein im Verhältnis zu der Situation, deren sie Herr werden sollte.[187]

62 Dass der Beschuldigte mit seinem Handeln im Nachhinein **nachvollziehbare** und vielleicht sogar **billigenswerte Motive** verfolgte, kann nicht berücksichtigt werden.[188] Andererseits ist nicht erforderlich, dass die Strafverfolgungsmaßnahme **mutwillig oder sonst unlauter** herbeigeführt wurde.[189] Eine solche Einschränkung ist weder einer Bestimmung des Gesetzes noch der Entstehungsgeschichte zu entnehmen.

63 **b) Folgen einfacher Fahrlässigkeit.** Weil nur grobe Fahrlässigkeit den Anspruch ausschließt, bleibt leichte Fahrlässigkeit folgenlos. Der Strafrichter darf in der Grundentscheidung die Entschädigung nicht aus dem **Gedanken des § 254 BGB** mit der Begründung kürzen, der Beschuldigte habe die Strafverfolgungsmaßnahme leicht fahrlässig verursacht.[190] Dies würde den Gesamtzusammenhang der §§ 5 und 6 als ausschließliche und abschließende Mitverschuldensregelung und die dafür maßgebenden, spezifisch strafverfahrensrechtlichen Gründe verkennen.[191] Auch der Bundesgerichtshof hat in einer länger zurückliegenden Entscheidung[192] bemerkt, dem Strafrichter sei es nicht verwehrt, bei einer nur leicht fahrlässig verursachten Strafverfolgungsmaßnahme lediglich eine teilweise Entschädigung zu bewilligen. Diese Fehlentscheidungen wurden von der übrigen Rechtsprechung mit Recht nicht übernommen. Das Gericht ist hierauf nicht mehr zurückgekommen. Leichte Fahrlässigkeit wirkt sich nur bei § 4, § 5 Abs. 3 und 6 Abs. 1 Nr. 1 aus.

64 **6. Zurechnung fremden Verschuldens.** Dass für das Verschulden zivilrechtliche Maßstäbe anzulegen sind, könnte die Annahme nahe legen, für die Zurechnung fremden Verschuldens, insbesondere des **Verteidigers,** sei § 278 BGB anzuwenden, wonach der Schuldner ein Verschulden seines **gesetzlichen Vertreters** und der Personen, deren er sich zur Erfüllung seiner Verbindlichkeit bedient, in gleichem Umfange zu vertreten hat wie eigenes Verschulden. Und so hat das OLG Frankfurt a. M.[193] denn auch zu § 5 Abs. 2 entschieden, ein Verhalten des Verteidigers und anderer Verrichtungsgehilfen müsse der frühere Angekl. sich nach dem verallgemeinernden Maßstab des Zivilrechts als grobe Fahrlässigkeit mit Ausschlussfolge zurechnen lassen. Der Entscheidung ist nicht ausdrücklich zu entnehmen, ob der Beschuldigte das Verhalten seines Verteidigers (Vorlage eines gefälschten Passes zur Erlangung eines Alibis) kannte. Dies liegt nach dem Zusammenhang der Gründe aber

---

[185] *Eisenberg* § 2 Rn. 39.
[186] BVerfG 21.11.2002 – 2 BvR 1609/02, juris Rn. 5.
[187] BVerfG 21.11.2002 – 2 BvR 1609/02, juris Rn. 6.
[188] So aber OLG Braunschweig 2.2.1990 – Ws 15/90, StV 1991, 529.
[189] BayObLG 25.4.1973 – RReg 5 St 29/73, NJW 1973, 1938 (1939) = JR 1974, 387 mAnm *Händel*; OLG Düsseldorf 14.6.1984 – 1 Ws 507/84, MDR 1984, 1048 (1049); OLG Düsseldorf 21.12.1984 – 1 Ws 1054/84, JZ 1985, 400; OLG Schleswig 4.2.1981 – 1 Ws 423/80, SchlHA 1982, 105 (106) bei *Ernesti/Lorenzen*; OLG Stuttgart 13.7.1981 – 1 Ws 167/80, NStZ 1981, 484; *Himmelreich/Hentschel* Rn. 375; anders noch OLG Schleswig 15.12.1971 – 1 Ws 283/71, und 20.1.1972 – 1 Ws 4/72, zitiert nach *Händel* BA 9 (1972), 281 (285).
[190] So aber OLG Hamm 24.2.1975 – 5 Ws 24/75, NJW 1975, 2033 (2034) mit abl. Anm.*Meyer* NJW 1976, 761; LG Düsseldorf 26.1.1978 – XI Qs 7/78, DAR 1978, 166; wie hier: *Geigel/Kapsa* Kap. 21 Rn. 137; *Meyer-Goßner/Schmitt* Rn. 13; *Göhler/Gürtler* OWiG § 110 Rn. 18.
[191] Vgl. → Rn. 3 und 4 sowie *Meyer* NJW 1976, 761 in seiner Anmerkung zu OLG Hamm 24.2.1975 – 5 Ws 24/75, NJW 1975, 2033.
[192] 31.10.1974 – III ZR 87/73, BGH 31.10.1974 – III ZR 87/73, BGHZ 63, 209 (210) = NJW 1975, 350 mit zust. Anm. *Kreft* LM Nr. 2 zu StrEG.
[193] 5.6.1998 – 3 Ws 266/98, NStZ-RR 1998, 341.

jedenfalls nahe. Auf das Wissen alleine des Verteidigers soll es nicht ankommen.[194] Keine Zurechnung soll auch erfolgen, wenn der Beschuldigte die prozessualen Folgen der Verteidigungsstrategie bzw. -taktik nicht übersehen kann.[195]

7. Folgen fehlender Belehrung des Beschuldigten. Gegenüber den einschreitenden Beamten vor Belehrung nach §§ 163a Abs. 4, 136a Abs. 1 StPO gemachte Äußerungen sollen bei der Beurteilung nicht verwertbar sein.[196] Nach zutreffender Auffassung geht es aber nicht um Zuweisung strafrechtlicher Schuld, sondern um eine auf dem Rechtsgedanken des § 254 BGB beruhende zivilrechtliche Zuordnung.[197] Deshalb ist auch Art. 6 EMRK nicht tangiert. Allerdings müssen die Äußerungen konkret und nachvollziehbar sein und gerade auf ihnen die weiteren Maßnahmen beruhen,[198] damit die Entschädigung ausgeschlossen ist. 65

8. Rechtsprechung zur groben Fahrlässigkeit. a) Trunkenheitsdelikte und Drogenkonsum im Straßenverkehr. Eine Vielzahl von Entscheidungen zu § 5 Abs. 2 betrifft Straßenverkehrsdelikte, insbesondere Trunkenheitsdelikte. Das ist eine Folge der großen Zahl der Strafverfahren und Bußgeldverfahren auf diesem Gebiet und der Tatsache, dass die vorläufige Entziehung der Fahrerlaubnis dabei eine sehr häufige Strafverfolgungsmaßnahme ist.[199] 66

aa) Allgemeines. Das Führen eines Kraftfahrzeuges im angetrunkenen Zustand kann grob fahrlässiges Verhalten darstellen.[200] Manche halten das Fahren unter Alkoholeinfluss wegen der drohenden Strafverfolgungsmaßnahmen grundsätzlich für grob fahrlässig. Andere betonen das Legale einer Fahrt mit einer Blutalkoholkonzentration von weniger als 0,5 Promille, sofern es nicht zu alkoholbedingten Ausfallerscheinungen kommt.[201] Der Grad der festgestellten **Blutalkoholkonzentration** (BAK) bietet einen Maßstab, der umso eindeutiger ist, je näher die BAK dem Grenzwert für die absolute Fahruntüchtigkeit (derzeit 1,1 Promille[202]) kommt. Bei so erheblichem Alkoholkonsum ist es ein Zufall, ob er die Strafbarkeitsgrenze überschreitet. Bei einer BAK von mindestens 0,5 aber deutlich unter 1,1 Promille stellen die Gerichte vor allem darauf ab, ob außer der festgestellten BAK andere Anzeichen für Fahruntüchtigkeit vorgelegen haben oder ob der Beschuldigte sich darüber hinaus vorwerfbar verkehrswidrig verhalten hat. Das entspricht der Rechtsprechung zu §§ 315c, 316 StGB. Mit einem solchen Verhalten hat er den Verdacht schuldhaft so verstärkt, dass der Vollzug der Führerscheinmaßnahme insgesamt als grob fahrlässig herbeigeführt zu beurteilen ist.[203] Maßgebend für die Abgrenzung, ob der Beschuldigte eine Strafverfolgungsmaßnahme grob fahrlässig verursacht hat, ist danach in aller Regel der objektiv festgestellte Grad der Alkoholisierung[204] und der Auffälligkeit des Verhaltens, der zu der vorläufigen Strafverfolgungsmaßnahme Anlass gegeben hat. 67

---

[194] Vgl. → § 6 Rn. 10; OLG Hamm 27.11.1981 – 1 Ws 276/81, StV 1984, 472 [zu § 6 Abs. 1 Nr. 1; Ls.]; zustimmend *Meyer* JurBüro 1987, 1608; differenzierend *ders.* JurBüro 1991, 745 (746) aber von der unrichtigen Annahme ausgehend, auch der insgesamt schweigende Beschuldigte sei zur Offenbarung eines Alibis verpflichtet, vgl. → Rn. 98 und zu § 6 Abs. 1 Nr. 1.
[195] *Meyer* Rn. 45 und JurBüro 1991, 745; *Marxen/Tiemann* Rn. 566.
[196] LG Krefeld 29.5.1972 – 8 Qs 229/72, DAR 1972, 247; *Abramenko* NStZ 98, 177.
[197] OLG Karlsruhe 9.7.1997 – 3 Ws 84/96, NStZ 1998, 211; im Ergebnis ebenso: OLG Hamm 5.5.1972 – 4 Ws 101/72, MDR 1973, 72; OLG Karlsruhe 6.2.1981 – 2 Ws 201/80, Justiz 1981, 374; 9.7.1997 – 3 Ws 84/96, NStZ 1998, 211; LG Flensburg 2.11.1984 – I Qs 256/84, VRS 68, 46.
[198] LG Krefeld 29.5.1972 – 8 Qs 229/72, DAR 1972, 247.
[199] Zu Entschädigungsfragen bei Führerscheinmaßnahmen vgl. auch: *Himmelreich/Hentschel* Rn. 377 ff.; *Hentschel/König*, Straßenverkehrsrecht StPO § 111a Rn. 11 f.; *Meyer-Goßner/Schmitt* Rn. 12; zusammenfassend und ausführlich: *Sandherr* DAR 2007, 420 ff.
[200] BGH 31.10.1974 – III ZR 117/73, VersR 1975, 257.
[201] Vgl. die Nachweise zum Streitstand bei *Sandherr* DAR 2007, 420 (422).
[202] Vgl. BGH 28.6.1990 – 4 StR 297/90, BGHSt 37, 89 = NJW 1990, 2393 ff.
[203] Vgl. im Einzelnen mit Beispielen → Rn. 80 und bei *Sandherr* DAR 2007, 420.
[204] *Sandherr* DAR 207, 420 (423): „Messlatte".

68 **Nicht grob fahrlässig handelt,** wer in einem durch Alkoholgenuss bedingten fahruntüchtigen Zustand seinen verkehrswidrig oder verkehrsstörend abgestellten PKW einige Meter vor- oder zurückfährt, um ihn ordnungsgemäß abzustellen.[205] Grob fahrlässig handelt ein Kraftfahrer aber, wenn er mit dem Fahrzeug in der Absicht, es bei der Rückfahrt zu benutzen, fährt und vor der Rückfahrt alkoholische Getränke in größerem Umfang zu sich nimmt, auch wenn er wegen der Trunkenheitsfahrt aus subjektiven Gründen freigesprochen wird.[206] Muss ein Angekl. freigesprochen werden, weil aus Rechtsgründen eine Wahlfeststellung zwischen fahrlässiger Trunkenheit im Verkehr (316 StGB) und Vollrausch (§ 323a StGB) nicht möglich ist, so ist eine Entschädigung für den durch den Vollzug der Beschlagnahme des Führerscheins und der vorläufigen Entziehung der Fahrerlaubnis erlittenen Schaden ausgeschlossen, da der Angekl. durch seine in erheblich alkoholisiertem Zustand erfolgte Teilnahme am Straßenverkehr die Strafverfolgungsmaßnahme grob fahrlässig verursacht hat.[207]

69 **bb) Absolute Fahruntüchtigkeit und Ordnungswidrigkeit bei festgestellter AAK bzw. BAK ohne sonstige Auffälligkeiten.** Die umfangreiche Rechtsprechung, ab welchem Grad der Anzeige bei **Prüfröhrchen** grobe Fahrlässigkeit anzunehmen ist, ist weitgehend gegenstandslos geworden.[208] Die Festsetzung des Gefahrengrenzwerts auf eine BAK von 0,5 Promille bzw. die entsprechende **Alkoholkonzentration in der Atemluft** in § 24a StVG mit der Folge, dass neben einer Geldbuße in der Regel auch ein Fahrverbot anzuordnen ist (§ 25 Abs. 1 S. 2 StVG), und die damit verbundene Rechtsprechung des BGH,[209] bei Verwendung bestimmter Messgeräte sei der gewonnene Messwert ohne Abschläge verwertbar, soweit es um eine Ordnungswidrigkeit nach § 24a StVG geht, haben die Rechtslage auch im Entschädigungsrecht stabilisiert. Wurde nach den vom BGH aufgestellten Regeln eine Atemalkoholkontrolle durchgeführt und ergibt diese eine AAK von 0,25 mg/l oder mehr Alkohol in der Atemluft, steht die Begehung einer Ordnungswidrigkeit fest. Wird dabei ein Ergebnis festgestellt, das sich dem Grenzwert für eine **Trunkenheit im Verkehr nach § 316 StGB** nähert, und deshalb eine vorläufige Entziehung der Fahrerlaubnis angeordnet, wird die zur Feststellung des Straftatbestands weiterhin erforderliche **Blutalkoholuntersuchung** meist innerhalb weniger Tage vorliegen. Dann steht fest, ob nur eine Ordnungswidrigkeit oder aber ein Straftatbestand verwirklicht wurde. Im ersteren Falle wird es zur Rückgabe des Führerscheins kommen, aber die Zeit der vorläufigen Entziehung wird regelmäßig durch das nach § 25 StVG zu verhängende Fahrverbot konsumiert werden, § 25 Abs. 6 S. 1 StVG. Eine **Entschädigung kann nicht versagt werden,** wenn zu der nicht auf absolute Fahruntüchtigkeit hindeutenden Alkoholisierung keine weiteren Umstände hinzutreten, die den Verdacht relativer Fahruntüchtigkeit begründen. So wäre etwa die Beschlagnahme eines Führerscheins im Rahmen einer allgemeinen Verkehrskontrolle bei einem festgestellten Atemalkohol von 0,6 Promille und unauffälliger Fahrweise rechtswidrig, da sich der Fahrzeugführer lediglich ordnungswidrig verhalten hat.[210] Dies gilt erst recht bei einer Alkoholisierung unterhalb des Grenzwers von § 24a StVG ohne erhebliche weitere Verdachtsmomente.[211] Hier ist in Bezug auf strafbares Verhalten keine grobe Fahrlässigkeit zu erkennen.

70 **cc) BAK unterhalb der Grenzwerte und Fahrfehler oder sonstiger Auffälligkeiten.** Hier ist zu unterscheiden:[212] Grob fahrlässig handelt, wer mit einer BAK von mindestens 0,5 aber deutlich unter 1,1 Promille ein Kraftfahrzeug führt und sich zugleich **vorwerfbar verkehrswidrig verhält** und damit den Verdacht schuldhaft so verstärkt,

---
[205] BayObLG 27.11.1973 – 2 St 171/73, DAR 74, 177 bei *Rüth*.
[206] OLG Hamburg 11.2.1972 – 2 Ws 44/72, DAR 1972, 166.
[207] OLG Karlsruhe 21.9.2004 – 1 Ss 102/04, NJW 2004, 3356.
[208] Vgl. hierzu noch *Himmelreich/Hentschel* Rn. 377 ff.
[209] Beschl. 3.4.2001 – 4 StR 507/00, NZV 2001, 267.
[210] Vgl. auch *Sandherr* DAR 2007, 420 (424).
[211] LG Oldenburg 17.3.2015 – 5 Qs 80/15, BA 52, 223 ff. (2015).
[212] Vgl. *Sandherr* DAR 2007, 420 (423 f.).

dass der Vollzug der Führerscheinmaßnahme insgesamt als grob fahrlässig herbeigeführt zu beurteilen ist. Entschädigung ist dann auch ausgeschlossen, wenn in der späteren Hauptverhandlung der Nachweis nicht gelingt, dass es sich hierbei um eine Folge der Alkoholisierung handelte. Nicht anders zu behandeln sind Fälle, bei denen andere Ausfallerscheinungen auf Fahrunsicherheit hindeuten. Das gleiche sollte aber auch dann gelten, wenn sich der zunächst angenommene Fahrfehler oder das alkoholtypische Fehlverhalten später **überhaupt nicht bestätigt,** der Verdacht aber objektiv plausibel war. Dies bedeutet im Ergebnis, dass bei einer Alkoholisierung ab 0,5 Promille Entschädigung stets ausgeschlossen ist, wenn zugleich konkrete Umstände nahe legen, dass die alkoholische Beeinflussung zur Fahrunsicherheit geführt hat.[213] Alleine eine Überschreitung des Grenzwertes von 0,5 Promille ohne das Hinzutreten weiterer Umstände genügt daher nicht.[214] Bei moderater Alkoholisierung **unterhalb von 0,5 Promille** ist ein vorwerfbares, erheblich verkehrswidriges Verhalten oder andere eindeutige und belastbare Beweisanzeichen für relative Fahruntüchtigkeit zu verlangen. Dies folgt dem Grundsatz, nach dem an die Gewichtung der Beweisanzeichen umso höhere Anforderungen zu stellen sind, je weiter sich der tatsächlich festgestellte Alkoholwert von der Grenze 1,1 Promille oder 0,5 Promille nach unten entfernt.[215]

> Einzelfälle:
> Grob fahrlässige Verursachung der Sicherstellung des Führerscheins wurde angenommen (alle Entscheidungen sind noch zum früheren Grenzwert von 0,8 Promille für Ordnungswidrigkeiten und 1,3 Promille für die absolute Fahruntüchtigkeit ergangen)
> – bei einer BAK von 0,2 Promille, wenn der Beschuldigte eine halb geleerte Bierdose auf dem Dach seines PKW stehen hat und verwirrte und sinnlose Reden führt;[216]
> – bei einer BAK von 0,49 Promille, wenn der Beschuldigte gegenüber der Polizei oder bei der Blutentnahme sich auffällig benimmt, so dass ein objektiver Beobachter auf trunkenheitsbedingte Uneinsichtigkeit schließen muss;[217]
> – bei einer BAK von 0,69 Promille mit Ordnungswidrigkeiten;;[218]
> – bei einer BAK von 0,73 Promille und Fahrfehler;[219]
> – bei einer BAK 0,93 Promille und Fahrfehler;[220]
> – bei einer BAK von 0,9–1,0 Promille und Unfall;[221]
> – bei einer BAK von 1,0 Promille und auffälliger Fahrweise;[222]
> – bei einer BAK von 1,11 Promille verbunden mit einem groben Fahrfehler;[223]
> – bei einer BAK von 1,25 Promille und auffälliger Fahrweise.[224]

dd) Drogenkonsum. Bei einem Drogenkonsum, also bei der Einnahme von Stoffen, **71** die ebenso wie Alkohol auf das zentrale Nervensystem einwirken, gibt es, anders als in den Fällen des Alkoholkonsums, keine festen Beweisgrenzwerte für die Annahme einer absoluten Fahruntüchtigkeit. Gesicherte Erfahrungswerte, die es erlauben, der Blutalkoholkonzentration von 1,1 Promille entsprechend „Grenzwerte" der Blut-Wirkstoff-Konzentrationen für die Annahme „absoluter" Fahruntüchtigkeit nach Drogenkonsum zu bestimmen, liegen bisher nicht vor.[225] Es bedarf für eine Verurteilung der **konkreten**

---

[213] Sandherr SVR 2012, 272 (273).
[214] Nur im Ergebnis richtig daher LG Aachen 30.1.2012 – 71 Ns 227/10, Blutalkohol 49 (2012), 112 f. mAnm *Sandherr* SVR 2012, 272 f.
[215] *Fischer* StGB § 316 Rn. 35.
[216] AG Flensburg 5.9.1984 – 48 Gs 1404/84, JurBüro 1985, 1208.
[217] LG Flensburg 10.11.1978 – I Qs 176/78, DAR 1979, 78.
[218] LG Nürnberg-Fürth 13.2.1973 – 7 Qs 40/73, NJW 1973, 1662 mit abl. Anm. *Schmidt*.
[219] BayObLG 15.10.1975 – 2 St 237/75, DAR 1976, 175 bei *Rüth*.
[220] BayObLG 24.5.1989 – RReg 2 St 117/89, JR 1990, 436.
[221] LG Hamburg 19.7.1973 – 33 Qs 696/73, MDR 1973, 957.
[222] OLG Hamm 17.10.1974 – 2 Ws 186/74, MDR 1974, 775.
[223] OLG Celle 10.9.1971 – 2 Ws 200/71, NJW 1971, 2322 (2323).
[224] OLG Koblenz 26.8.1975 – 1 Ws 520/75, VRS 50, 303.
[225] Vgl. nur BGH 3.11.1998 – 4 StR 395/98, BGHSt 44, 219 = NJW 1999, 226 ff.; 25.5.2000 – 4 StR 171/00, NStZ-RR 2001, 173; 15.4.2008 – 4 StR 639/07, NZV 2008, 528; 21.12.2011 – 4 StR 477/11, StV 2012, 285 f.; OLG Düsseldorf 24.8.1998 – 5 Ss 267/98, JR 1999, 474 mAnm *Hentschel*; weiter *Fischer* StGB § 316 Rn. 39 f.

Feststellung rauschmittelbedingter Ausfallerscheinungen.[226] Im Übrigen ist zwar nicht unbedingt erforderlich, dass sich die rauschmittelbedingten Ausfallerscheinungen in Fahrfehlern ausgewirkt haben müssen; unter Umständen können auch Auffälligkeiten im Verhalten in der Anhaltesituation genügen, die konkrete Hinweise auf eine schwerwiegende Beeinträchtigung der Wahrnehmungs- und Reaktionsfähigkeit geben.[227] Grob fahrlässig im Sinne des Entschädigungsrechts soll nach anderer Ansicht bereits handeln, wer in zeitlichem Zusammenhang mit Drogenkonsum ein Kraftfahrzeug führt.[228] Diese Entscheidungen sind indes nicht schlüssig begründet: Das OLG Düsseldorf führt zwar zunächst – zutreffend – aus, bei der Beurteilung sei allein darauf abzustellen, wie sich der Sachverhalt den Strafverfolgungsbehörden im Zeitpunkt des Eingreifens darstelle. In allen Fällen gab es Hinweise auf Drogenkonsum – aber keine groben Fahrfehler oder sonstige Ausfallerscheinungen. Damit war das Eingreifen der Strafverfolgungsbehörden durch Sicherstellung des Führerscheins nicht gerechtfertigt (→ Rn. 33). Dass sich aus dem erholten Gutachten ein Gehalt an THC „in nicht unbeträchtlicher Menge" (darauf kommt es für die Strafbarkeit nicht an!) ergab, kann die Sicherstellung des Führerscheins nicht nachträglich rechtfertigen und schon gar nicht zu einer groben Fahrlässigkeit mit der Folge des Ausschlusses der Entschädigungsansprüche führen. Zu denken wäre allenfalls daran gewesen, ob die im Fall des BayObLG[229] und des OLG Düsseldorf[230] durch ein rechtsmedizinisches Gutachten gestützte Rechtsauffassung des Erstgerichts nach den → Rn. 42 geschilderten Grundsätzen Entschädigung ausschloss, weil die Annahme des Erstgerichts zur absoluten Fahruntüchtigkeit jedenfalls im Zeitpunkt dieser Entscheidungen nicht unvertretbar gewesen sein könnte. Indes zeigt insbesondere die Entscheidung des BayObLG hinreichend auf, dass dies im Zeitpunkt der Entscheidung nicht der Fall war. Grobe Fahrlässigkeit ist aber anzunehmen, wenn bei festgestellten Auffälligkeiten, die auf einen Drogenkonsum hindeuten, ein vorgenommener Speichel-Schnelltest, wie etwa *„ToxiQUICK"*, ein positives Ergebnis zeigt, dann aber die entnommene Blutprobe keinen Nachweis für die Einnahme von Drogen erbringt. An einen positiven „Drug-Wipe-Test" soll wegen seiner Unzuverlässigkeit der Vorwurf der groben Fahrlässigkeit aber nicht geknüpft werden können, wenn die anschließende Untersuchung der Blutprobe negativ ausfällt.[231] Die Entschädigung kann auch ausgeschlossen sein, wenn ein objektiv feststehendes auffälliges Verhalten[232] vom Rechtsmittelgericht als nicht ausreichend oder ein Fahrfehler als nicht grob oder nicht rauschmittelbedingt eingestuft wird (→ Rn. 43). Im **Bereich der Ordnungswidrigkeit** gelten andere Grundsätze: Hier genügt nach § 24a Abs. 2 StVG jeder Nachweis einer der in der Anlage zu der Vorschrift genannten Substanzen. Eines Fahrfehlers oder sonstiger Auffälligkeiten bedarf es nicht. Andererseits rechtfertigt aber der Verdacht einer Ordnungswidrigkeit die Sicherstellung des Führerscheins nicht.

72 **ee) Keine teilweise Entschädigung.** Das Gesetz schließt die Entschädigung nur bei grob fahrlässigem Verhalten aus. Kompromisse gibt es da nicht. Entgegen der Auffassung des LG Düsseldorf[233] ist es dem Strafrichter verwehrt, in Anwendung des § 254 BGB die Entschädigung **teilweise zu versagen,** wenn er meint, die BAK allein genüge zwar nicht, doch rechtfertigten gewisse Anzeichen auf Fahruntüchtigkeit (zB Fahren in Schlangenli-

---

[226] BGH 3.11.1998 – 4 StR 395/98, BGHSt 44, 219 = NJW 1999, 226 ff.
[227] BGH 3.11.1998 – 4 StR 395/98, BGHSt 44, 219 = NJW 1999, 226 ff.
[228] OLG Düsseldorf 5.8.1995 – 1 Ws 505/94, NZV 1994, 490 (491); BayObLG 14.4.1994 – 1 StR 49/94, NJW 1994, 2427 mwN; vgl. auch BGH 3.11.1998 – 4 StR 428/98, BGHR StrEG § 5 Abs. 2 S. 1, Fahrlässigkeit, grobe 7.
[229] BayObLG 14.4.1994 – 1 St RR 49/94, NJW 1994, 2427.
[230] 24.8.1998 – 5 Ss 267/98, JR 1999, 474.
[231] AG Bremen 22.9.2003 – 94 Gs 123/03, BA 42, 498 (2005); LG Bremen 24.2.2004 – 11 Qs 350/03, BA 42, 498 (2005).
[232] OLG Düsseldorf 5.8.1995 – 1 Ws 505/94, NZV 1994, 490 (491).
[233] 26.1.1978 – XI Qs 7/78, DAR 1978, 166.

nien) eine Kürzung des Entschädigungsanspruchs (vgl. schon → Vor § 5 Rn. 4 und → Rn. 63).

b) Unerlaubtes Entfernen vom Unfallort. Entfernt sich der Unfallverursacher vom **73** Unfallort, nachdem er eine genügend lange Zeit auf das Eintreffen feststellungsbereiter Personen gewartet hat, so handelt er hinsichtlich der vorläufigen Entziehung der Fahrerlaubnis nicht grob fahrlässig,[234] auch nicht, wenn er es unterlassen hat, durch aktives Tun zu seiner Feststellung beizutragen,[235] jedenfalls wenn er nachträgliche Feststellungen ermöglicht. Anders, wenn er, am Unfallort betroffen, sich entfernt und dadurch die Ausräumung des gegen ihn bestehenden Tatverdachts verhindert.[236] Auch wer sich übermüdet ans Steuer setzt und infolge des überlaut aufgedrehten Radios Unfallgeräusche nicht wahrnimmt, handelt grob fahrlässig, selbst wenn er vom Vorwurf des unerlaubten Entfernens vom Unfallort freigesprochen wird.[237]

c) Nachtrunk. Wer durch einen Nachtrunk bewirkt, dass sich eine BAK nahe oder **74** über dem Grenzwert für absolute Fahruntüchtigkeit ergibt, obwohl er im Hinblick auf vorangegangenes Verhalten (Beteiligung an einem Unfall, auffällig verkehrswidrige Fahrweise) mit polizeilichen Ermittlungen rechnen muss, handelt grundsätzlich grob fahrlässig, weil er dadurch sich selbst in den Verdacht bringt, in fahruntüchtigem Zustand am Straßenverkehr teilgenommen zu haben.[238] Andere wollen bereits einen Nachtrunk genügen lassen, der zu einem positiven Alcotest führt.[239] Vgl. hierzu jetzt → Rn. 69. Ein Ausschluss der Entschädigung setzt grundsätzlich den Nachweis voraus, dass der Beschuldigte das Fahrzeug geführt hat. Eine Ausnahme kann gelten, wenn er sich in einer Weise verhalten hat, dass damit zu rechnen ist, er werde für den Fahrer gehalten, etwa wer im ruhenden Verkehr schlafend hinter dem Steuer angetroffen wird.[240] Unter besonderen Umständen ist grobe Fahrlässigkeit nicht anzunehmen. Das ist für den Fall entschieden worden, dass der erheblich verletzte Beschuldigte seinen Arzt nicht erreichen konnte und wegen der Schmerzen Alkohol konsumierte.[241] Mit polizeilichen Ermittlungen muss aber nicht rechnen, wem lediglich Vorhaltungen durch einen Passanten wegen der Fahrweise gemacht werden, wenn dieser sich anschließend, ohne eine Reaktion abzuwarten, entfernt.[242]

Hat der Beschuldigte einen **Nachtrunk verschwiegen,** obwohl er sich zur Beschuldi- **75** gung geäußert hat (zB bestritten hat, gefahren zu sein), und dadurch falsche Schlüsse auf seine Fahrtüchtigkeit zugelassen, so handelt er grob fahrlässig.[243]

d) Sonstiges Straßenverkehrsrecht. Wer die Sorgfalt, die ein verständiger Kraftfahrer **76** aufwenden würde, grob verletzt und sich dadurch dem dringenden Verdacht einer **rücksichtslosen Vorfahrtsverletzung nach § 315c** Abs. 1 Nr. 2a StGB und – im Zusammenhang damit – der mangelnden Eignung zum Führen von Kraftfahrzeugen aussetzt, soll grob fahrlässig selbst Grund zur vorläufigen Entziehung der Fahrerlaubnis geben.[244] Nicht grob

---

[234] BayObLG 28.2.1973 – 5 St 184/72, DAR 74, (180) bei *Rüth.*
[235] KG 28.10.1974 – 3 Ws 148/74, VRS 48, 220.
[236] KG 1.2.1983 – 3 Ws 12/83, VRS 64, 373; OLG Karlsruhe 19.6.1975 – 2 Ws 74/75, Justiz 1976, 367; *Meyer-Goßner/Schmitt* Rn. 12.
[237] OLG Düsseldorf 22.3.1989 – 2 Ws 148/89, VRS 77, 63; zustimmend *Hentschel* Trunkenheit Rn. 1072.
[238] Vgl. OLG Hamm 3.4.1974 – 4 Ws 17/74, BA 11 (1974), 353 (354); 7.11.1974 – 4 Ws 232/74, NJW 1975, 790; 13.7.1979 – 6 Ws 134/79, VRS 58 (1980), 69 (71); KG 17.11.1977 – 3 Ws 144/72, VRS 44 (1973), 122 (123); OLG Karlsruhe 19.6.1975 – 2 Ws 74/75, Justiz 1976, 367; 6.4.1978 – Ws 23/78, Justiz 1978, 373; OLG Nürnberg 18.11.1996 – Ws 1254/96, NStZ-RR 1997, 189; OLG Stuttgart 25.1.1972 – 3 Ws 4/72, MDR 1972, 539; ähnlich OLG Braunschweig 9.8.1972 – Ws 86/1, VRS 42, 50: „hochgradig alkoholisierter Zustand"; LG Flensburg 6.9.1982 – I Qs 239/82, JurBüro 1983, 1348; 6.5.1983 – 3 Us 108/83, BA 21(1984), 89; gefestigte Rechtsprechung; ebenso *Grohmann* BA 22, 233 (237).
[239] *Himmelreich/Hentschel* Rn. 380 und *Hentschel* Trunkenheit Rn. 1071 mwN.
[240] OLG Karlsruhe 21.9.2004 – 1 Ss 102/04, NJW 2004, 3356.
[241] OLG Stuttgart 25.1.1972 – 3 Ws 4/72, MDR 1972, 539.
[242] OLG Schleswig 11.1.1985 – 1 Ws 989/84, SchlHA 1986, 121 (122) bei *Ernesti/Lorenzen.*
[243] OLG Frankfurt a. M. 26.9.1977 – 4 Ws 118/77, NJW 1978, 1017 (1018).
[244] OLG Stuttgart 20.10.1975 – 1 Ss (9) 275/75, VerkMitt 1975, 36 (37); zust. *Hentschel* Trunkenheit Rn. 1072.

fahrlässig verursacht ein Kraftfahrer den Verdacht einer **Urkundenfälschung,** wenn er einen Führerschein mit sich führt, in dem einige Angaben nicht mehr lesbar sind.[245] Grob fahrlässig soll ein Kraftfahrer handeln, der über eine nur minimale Fahrpraxis verfügt und gleichwohl eine **Gewalttour** unternimmt wobei es zu einem Verkehrsunfall kommt.[246] Die Entscheidung ist zweifelhaft, weil die Angekl. vom Vorwurf der Verursachung des Unfalls freigesprochen wurde und das Gericht nicht mitteilt, welche Anknüpfungstatsachen der Strafverfolgungsmaßnahme zugrunde gelegt wurden.

77 e) **Fortwirken und Unterbrechung der Kausalität bei vorläufiger Entziehung der Fahrerlaubnis.** Auch bei der vorläufigen Entziehung der Fahrerlaubnis kann der Ausschluss der Entschädigung nach § 5 Abs. 2 zeitlich immer nur so weit reichen, wie die Strafverfolgungsmaßnahme von dem Beschuldigten adäquat verursacht oder überwiegend verursacht worden ist. Vgl. hierzu schon → Rn. 46, im Anwendungsbereich des § 5 Abs. 1 Nr. 3 vgl. auch → Rn. 16. Die schuldhafte Nichtbefolgung einer ordnungsgemäßen Ladung muss sich der Beschuldigte zurechnen lassen (§ 5 Abs. 3). Das Gericht darf die Hauptverhandlung abwarten, um die Behauptungen in einer schriftlich abgegebenen Einlassung abschließend zu prüfen[247] oder die Frage eines alkoholbedingten Fahrfehlers endgültig zu klären, wenn ein solcher nahe liegt.

78 Ist zum Zeitpunkt einer **Berufungshauptverhandlung** die Sperrfrist bereits seit etwa einem Monat abgelaufen, ohne dass der Führerschein zurückgegeben wurde, und beruht dies auf einer Erkrankung der Erstrichterin, muss dies hingenommen werden,[248] denn gewisse durch den Instanzenzug eingetretene Verzögerungen unterbrechen den Kausalverlauf nicht.

79 Dauert aber zB die Beschlagnahme oder die vorläufige Entziehung der Fahrerlaubnis länger, als nach dem Ergebnis der Blutalkoholuntersuchung oder dem Verfahrensstand zu rechtfertigen ist, so ist von dem Zeitpunkt an, in welchem der Grund für die Aufrechterhaltung der Maßnahme fortgefallen ist, Entschädigung zu leisten. Dies gilt in erster Linie, wenn die BAK die Grenze der absoluten Fahruntüchtigkeit nicht erreicht und ein alkoholbedingter Fahrfehler nicht gegeben[249] oder dies jedenfalls gänzlich offen ist.[250] Auch wenn die Entziehung der Fahrerlaubnis im Urteil versehentlich unterbleibt und eine Nachholung nicht in Betracht kommt, ist der Führerschein unverzüglich zurückzugeben.[251] Dies soll uU auch bei der Teilnahme an einem Nachschulungskurs nach dem **Modell „Mainz 77"** vor der erstinstanzlichen Hauptverhandlung gelten; der Beschuldigte habe damit bereits zum Zeitpunkt dieser Hauptverhandlung bewiesen, dass er nicht mehr ungeeignet zum Führen von Kraftfahrzeugen sei.[252] Nach BayObLG[253] schließt die Tatsache, dass erst in der (Berufungs-) Verhandlung die Frage des Eignungsmangels geprüft werden könne, es nicht aus, dass diese Prüfung ergebe, dass der Eignungsmangel bereits zu einem bestimmten früheren Zeitpunkt entfallen war, mit der Folge, dass zu entschädigen sei.[254] Dies ist mit Abs. 1 Nr. 3 nicht zu vereinbaren (→ Rn. 16, str.).

80 f) **Verteidigungsverhalten.** Grob fahrlässige Verursachung der Strafverfolgungsmaßnahme sehen die Gerichte auch in einem bestimmten Verteidigungsverhalten oder in bestimmten Einlassungen. Dabei darf aber nicht unbeachtet bleiben, dass das Verteidigungs-

---

[245] LG Neuruppin 7.5.1997 – 14 Qs 74/97, MDR 1997, 735.
[246] OLG Karlsruhe 25.9.1975 – 1 Ss 183/75, juris Rn. 33.
[247] OLG Zweibrücken 30.1.1978 – Ws 19/78, VRS 55, 200.
[248] OLG Düsseldorf 6.4.1982 – 1 Ws 239/82, JMBlNW 1982, 184.
[249] OLG Hamm 17.10.1974 – 2 Ws 186/74, MDR 1975, 167; LG Krefeld 18.7.1974 – 8 Qs 288/74, DAR 1975, 25; LG Flensburg 31.5.1976 – II Qs 150/76, MDR 1976, 954; *Händel* BA 9 (1972), 281,(295); *ders.* BA 12 (1975), 238 (250) m. Nachw.
[250] LG Bochum 19.8.1971 – 12 Qs 440/71, NJW 1972, 502.
[251] Vgl. OLG Stuttgart 1.10.1976 – 1 Ws 253/76, NJW 1977, 641.
[252] LG Köln 5.10.1979 – 41-253/79, ZfS 1980, 254 (255).
[253] 31.7.1986 – RReg 1 St 79/86, BayObLGSt 1986, 83(87) = VRS 71, 386.
[254] Ähnlich *Hentschel* Trunkenheit Rn. 1078.

verhalten in erster Linie Sache des Beschuldigten ist. So kann etwa im Antrag, einen Auslandszeugen zu vernehmen, nicht ohne weiteres grobe Fahrlässigkeit gesehen werden.[255] Die Abgrenzung zu den Tatbeständen, die nach § 6 Abs. 1 Nr. 1 eine Versagung der Entschädigung rechtfertigen, wird dabei nicht immer deutlich; doch wird ein Gericht, das die Entschädigung wegen eines grob fahrlässigen Verhaltens abspricht, sie jedenfalls auch nach § 6 Abs. 1 Nr. 1 versagen.

Beispiele aus der Rechtsprechung: 81
– Typisches Beispiel ist etwa das **wahrheitswidrige Geständnis**,[256] selbst wenn dieses vor der Vorführung beim Ermittlungsrichter widerrufen wird und eine abgegebene Personenbeschreibung auf den Beschuldigten nicht zutrifft.[257]
– Erkennt ein Arzt die auf mehreren hundert inhaltlich falschen Arbeitsunfähigkeitsbescheinigungen befindliche Unterschrift „als von ihm stammend" an, ohne irgendwelche Relativierungen zu erklären, ist sein **Aussageverhalten** als grob fahrlässig anzusehen, wenn tatsächlich eine Fälschung durch Dritte vorlag.[258]
– Das gleiche gilt im **Verschaffen eines Alibis** und der Berufung hierauf[259] sowie für falsche Angaben über ein Alibi gegenüber der Polizei[260] oder die Vorlage eines gefälschten Passes, aus dessen Eintragungen es sich ergeben soll.[261]
– Bei wechselnden, widersprüchlichen und lückenhaften Einlassungen über die **Einnahme von Alkohol und Medikamenten** hat das OLG Hamm[262] ebenfalls grobe Fahrlässigkeit angenommen.
– **Im Straßenverkehr** handelt grob fahrlässig, wer unter Alkoholeinwirkung steht und der Polizei erklärt oder anders zu erkennen gibt, er habe das Kraftfahrzeug geführt, obwohl in Wirklichkeit **ein anderer der Fahrer** war;[263] wer mit 2,18 Promille angetroffen erklärt, nicht zu wissen, wie er nach Hause gekommen sei,[264] oder wer in Betrugsabsicht vorgibt, als Kraftfahrer an einem (nur **fingierten**) **Unfall** beteiligt gewesen zu sein.[265]
– Wer (zutreffend) behauptet, nicht gefahren zu sein, aber (unzutreffend) angibt, nicht zu wissen, wer der Fahrer war, soll nicht grob fahrlässig handeln.[266]

Es ist zwar richtig, dass § 5 Abs. 2 als weitergehende Vorschrift dem § 6 vorgeht (vgl.   82
→ Vor § 5 Rn. 8), aber es ist schwer einzusehen, warum manche Gerichte zu der Klassifizierung eines bestimmten Verteidigungsverhaltens als grob fahrlässig greifen, obgleich sie durch **Versagung der Entschädigung nach § 6 Abs. 1 Nr. 1** zum gleichen Ergebnis kommen könnten, so etwa für das Verschweigen eines Alibis[267] oder für das Verschweigen eines Liebesverhältnisses und eines stattgefundenen Geschlechtsverkehrs bei behaupteter Vergewaltigung.[268]

g) Andere Fälle der Selbstgefährdung. Es gibt eine Vielzahl von Möglichkeiten, sich   83
in grob fahrlässiger Weise selbst in den Verdacht einer Straftat zu bringen. Die nachfolgenden Beispiele aus der Rechtsprechung lassen, wie etwa Flucht ins Ausland, illegaler Aufenthalt und Wohnsitzlosigkeit, durchaus häufiger vorkommende Fallgruppen erkennen, andere sind

---

[255] BGH 1.9.1998 – 4 StR 434/98, StrEG § 5 Abs. 2 S. 1 Fahrlässigkeit, grobe 6.
[256] OLG Karlsruhe 17.5.1977 – 1 Ws 39/77, MDR 1977, 1041: Brandlegung; OLG Düsseldorf 26.9.1996 – 1 Ws 828/96, NStZ-RR 1997, 159 (160); OLG Karlsruhe 20.8.1992 – 2 Ws 102/92, Justiz 1993, 148; KG 21.2.2001 – 3 Ws 614/00, VRs 100, 317 ff. (2001); OLG Zweibrücken 22.3.1985 – 1 Ws 391/84, NStZ 1986, 129: Fahrereigenschaft; KG 10.3.1997 – 4 WS 217/96, juris Rn. 2, 6; Mord; 21.2.2001 – 3 Ws 614/00, VRS 100, 317: Erpressung.
[257] OLG Düsseldorf 10.7.1984 – 1 Ws 648/84, JurBüro 1984, 1858 (1859): Vergewaltigung.
[258] BGH 2.4.2008 – 2 StR 19/08, StraFo 2008, 352.
[259] OLG Karlsruhe 22.10.1974 – 1 Ws 342/74, MDR 1975, 251; vgl. auch BGH 14.2.1995 – 1 StR 765/94, BGHR StrEG § 5 Abs. 2 S. 1 Ursächlichkeit 2.
[260] KG 10.10.2008 – 4 Ws 74/08, StraFo 2009, 129; OLG Schleswig 16.12.1980 – 1 Ws 339/80, SchlHA 1981, 99 bei *Ernesti/Lorenzen*.
[261] OLG Frankfurt a. M. 5.6.1998 – 3 Ws 266/98, NStZ-RR 1998, 341.
[262] Vom 19.6.1973 – 4 Ws 159/73, BA 11 (1974), 128 (130).
[263] OLG Hamm 5.5.1972 – 4 Ws 101/72, MDR 1973, 72; OLG Zweibrücken 22.3.1985 – 1 Ws 391/84, NStZ 1986, 129; LG Flensburg 15.1.1976 – II Qs 8/76, MDR 1976, 689; LG Krefeld 15.9.1972 – 8 Qs 436/72, DAR 1973, 108.
[264] LG Flensburg 15.1.1976 – II Qs 8/76, MDR 1976, 689, zw.
[265] OLG Hamm 12.1.1979 – 4 Ws 368/78, juris Rn. 1, 5 ff.
[266] OLG Oldenburg 9.9.1983 – 1 Ws 153/83, NdsRPfl 1984, 253 (254); aA LG Flensburg 2.11.1984 – I Qs 256/84, VRS 68, 46, wenn die Nennung des wahren Fahrers zumutbar war; vgl. hierzu weiter → § 6 Rn. 12.
[267] Vgl. KG 23.2.1987 – 5 Ws 12/87, GA 1987, 405.
[268] OLG Düsseldorf 10.3.1993 – 2 Ws 53/93, OLGSt Nr. 6 zu § 5 StrEG.

sicherlich Einzelentscheidungen. Sie illustrieren aber in anschaulicher Weise die vielfältigen Möglichkeiten, sich vorwerfbar zu verhalten.

Beispiele:
84 – **Abfrage des polizeilichen Informationssystems** und Kontakte zu den Beschuldigten eines verdeckte Ermittlungen auslösenden Verfahrens.[269]
– Versuch, sich ein **falsches Alibi** zu verschaffen[270] und Verwenden **gefälschter Ausweispapiere.**[271]
– **Ankündigung von Straftaten.** Ankündigung von Selbstmord und Fremdtötung mit einem PKW mit anschließendem schweren Verkehrsunfall, wobei eine Spurenauswertung später ergibt, dass freiwilliger Rücktritt vom Versuch des Tötungsdelikts vorliegt.[272]
– **Bestreiten des Tatvorwurfs.** Nicht aber, wer sich zunächst darauf beschränkt, den Tatvorwurf zu bestreiten, dann eine Einlassung abgibt, von der später auch der Tatrichter ausgeht.[273]
– Wer ein **Fahrzeug zum Abtransport von Diebesbeute** verwendet,[274] oder es einem Bezieher von Sozialleistungen für zwei Tage für 200 EUR überlässt, um etwas „zu erledigen"[275] riskiert grundsätzlich dessen Sicherstellung.
– **Fehlender fester Wohnsitz** unabhängig vom Straf- oder Ermittlungsverfahren stellt kein grobes Verschulden dar,[276] denn niemand ist verpflichtet, einen solchen zu begründen.
– **Flucht ins Ausland,** um sich den Ermittlungen zu entziehen, verursacht die Vollstreckung eines Haftbefehls und das Auslieferungsverfahren grob fahrlässig zumindest mit,[277] erst recht, wenn der Beschuldigte sich nach Zustellung einer Anklageschrift ins Ausland absetzt.[278] Dies gilt nicht, wenn er wahrscheinlich ohne Flucht[279] oder andere Verschleierungsmaßnahmen, wie etwa dem Nichterscheinen zu einer Wahlgegenüberstellung und falsche Angaben zu einem Alibi gegenüber der Polizei[280] ebenfalls verhaftet worden wäre, denn dann fehlt die Kausalität zwischen seinem Verhalten und dem Vollzug der Maßnahme.[281] Jedenfalls aber handelt grob fahrlässig, wer im Ausland flieht, nachdem er erneut einschlägig wegen einer schweren Straftat (Vergewaltigung; versuchter Totschlag) in Verdacht gerät.[282]
– **Geheimhaltungsbedürftige Unterlagen** werden verbotswidrig in den privaten Bereich mitgenommen und hierdurch entsteht der Verdacht einer Straftat, der eine Durchsuchung nach sich zieht.[283]
– Wenn jemand ein **Geschäftsgebaren** an den Tag legt, das jeglichen Regeln über das Verhalten eines ordentlichen Kaufmanns widerspricht, und dabei auf einen fremden Namen eine Firma gründet, trotz Verpflichtung hierzu keine Bücher führt, keine Umsatzsteuer zahlt und Belege über die Geschäftstätigkeit nicht aufbewahrt.[284]
– **Gewalttaten.** Wer eine Menge, aus deren Mitte Gewalttaten begangen werden, nicht verlässt, soll grob fahrlässig handeln;[285] nicht aber, wer sich trotz absehbarer Konfrontation mit der gegnerischen Gruppierung auf die Begleitung eines Zeugen zum Gericht einlässt und sich damit in eine für die Strafverfolgungsbehörden von vorneherein erkennbare Nothilfesituation bringt.[286]
– **Illegaler Aufenthalt im Inland** kann verschuldet die Voraussetzungen für den Haftgrund der Fluchtgefahr schaffen.[287]
– Illegaler Aufenthalt im Inland und Tätigkeit beim Umspritzen nicht lackgeschädigter Autos sowie beim Entfernen und neuen Anbringen von Fahrzeugidentitätsnummern.[288]

---

[269] BVerfG 21.11.2002 – 2 BvR 1609/02, juris Rn. 4.
[270] OLG Frankfurt a. M. 5.6.1998 – 3 Ws 266/98, NStZ-RR 1998, 341; OLG Karlsruhe 22.10.1974 – 1 Ws 342/74, MDR 1975, 251.
[271] OLG München 5.1.2010 – 5 St RR 354/09, NStZ-RR 2010, 173 (175).
[272] So wohl OLG Oldenburg 18.7.1995 – 1 Ws 94/95, VRS 91, 77.
[273] BGH 20.7.1993 – 1 StR 321/93, BGHR StrEG § 5 Abs. 2 S. 1 Fahrlässigkeit, grobe 4.
[274] Vgl. den Fall AG Braunschweig 15.2.1989 – 5 Ds 702 Js 48324/87, StV 1990, 82.
[275] OLG Düsseldorf 6.6.2012 – 1 Ws 111/12, juris Rn. 13.
[276] So aber LG Flensburg JurBüro 5.4.1976 – II Qs 116/76, JurBüro 1976, 1407.
[277] OLG Hamburg 16.10.1979 – 2 Ws 349/79, MDR 1980, 79; OLG Karlsruhe 22.3.2005 – 1 Ws 12/05, NStZ-RR 2005, 255.
[278] KG 9.3.1999 – 4 Ws 24/99, juris Rn. 7 ff.
[279] Anders aber OLG Hamburg 16.10.1979 – 2 Ws 349/79, MDR 1980, 79.
[280] Anders aber OLG Schleswig 16.12.1980 – 1 Ws 339/80, SchlHA 1981, 99 bei *Ernesti/Lorenzen*.
[281] So zutreffend OLG Brandenburg 5.12.2007 – 1 Ws 273/07, juris Rn. 10; OLG Karlsruhe 22.3.2005 – 1 Ws 12/05, NStZ-RR 2005, 255 und → Rn. 58.
[282] LG Flensburg 29.8.1984 – I KLs 38/83, JurBüro 1984, 1861 f.; OLG Karlsruhe 22.3.2005 – 1 Ws 12/05, NStZ-RR 2005, 255.
[283] OLG Schleswig 4.8.1981 – 1 OJs 22/80, juris Ls. 2.
[284] OLG Düsseldorf 4.3.1991 – 3 Ws 100/91, JMBlNW 1991, 262.
[285] OLG Düsseldorf 14.6.1984 – 1 Ws 507/84, MDR 1984, 1048 (1049).
[286] BGH 24.9.2009 – 3 StR 350/09, StraFo 2010, 65 f. mit zustimmender Wiedergabe von *Erb* NStZ 2012, 194 (200).
[287] OLG Hamburg 4.11.1974 – 2 Ws 505/74, MDR 1975, 166.
[288] OLG Rostock 11.1.2000 – I Ws 403/99, juris Rn. 11 ff.

- **Inszenierung verbal aggressiver Vorfälle** im Verlauf des Verfahrens der nachträglichen Unterbringung in der Sicherungsverwahrung um die Gefährlichkeit zu untermauern und dadurch die eigenen Ziele zu erreichen.[289]
- **Kontaktaufnahme zu Mitbeschuldigten und Zeugen,** wenn Haftverschonung unter der Auflage gewährt wurde, sie zu unterlassen, der Beschuldigte dann aber vor der Hauptverhandlung nachweislich ein Gespräch mit einem Zeugen führt.[290]
- **Mitnahme von Gegenständen** (erlaubnisfreie Funkgeräte), wobei sich der Verdacht aufdrängte, sie sollten bei der Begehung von Straftaten verwendet werden und die dann beschlagnahmt werden.[291]
- **Mitsichführen von Bargeldmitteln in erheblicher Höhe bei der Einreise** (zusammen mit Mitreisenden ca. 395.000,- EUR eingenäht in speziellen Westen) provoziert grob fahrlässig die Einleitung eines Strafverfahrens wegen Geldwäsche.[292]
- **Nichtvorlage von Beweismitteln.** Auch wer eine Durchsuchung und Beschlagnahme wegen des Verdachts der Hehlerei über sich ergehen lässt, obwohl er im Besitz der Kaufbelege ist, soll grob fahrlässig handeln.[293] Aber niemand ist zur Vorlage ihn entlastender Beweismittel verpflichtet, → Rn. 89.
- **Selbstbezichtigung.** Wer sich selbst wahrheitswidrig in ernst zu nehmender Weise gegenüber Dritten einer schweren Straftat bezichtigt, denn es ist keineswegs ungewöhnlich, dass dies den Strafverfolgungsbehörden zur Kenntnis gelangt.[294]
- Wer straflose **sexuelle Handlungen** vornimmt, dabei und nach deren Abschluss jedoch rabiates Verhalten zeigt, kann nicht alleine dadurch in den Verdacht der sexuellen Nötigung gelangen mit der Folge, dass grob fahrlässige Verursachung in Betracht kommt.[295]
- Wer durch **Telefonate von einem überwachten Telefonanschluss** aus den Behörden Anlass zum Eingreifen wegen des Verdachts eines Verstoßes gegen das BtMG gibt, jedenfalls für den Fall, dass die Telefonierenden mit einer Überwachung rechnen.[296]
- **Unbekannter Aufenthalt** nach vorangegangenem Wohnungswechsel, wenn zuvor eine Anklageschrift persönlich zugestellt wurde, kann zum verschuldeten Vollzug der Untersuchungshaft führen.[297]
- **Unbekannter Aufenthalt** durch Absetzen vom bisherigen Lebensmittelpunkt und langfristiges Leben an einem unbekannten (ausländischen) Ort in Kenntnis des gegen ihn laufenden Strafverfahrens.[298]
- **Untertauchen nach dem Geschehen** nicht unbedingt, wenn belastende Aussagen über ein massives Tatgeschehen und belastende Vorstrafen eine Verhaftung befürchten lassen, nach dem Ergreifen aber alles getan wird, um den Tatverdacht zu entkräften.[299]
- Nicht aber **Verschweigen von Umständen,** aus denen sich eine Notwehrlage ergibt, wenn angesichts der übrigen Umstände ohnehin eine Verhaftung erfolgt wäre.[300]
- **Verstoß gegen eine verwaltungsrechtliche Unterlassungsverfügung,** gegen die nicht der erforderliche verwaltungsrechtliche Rechtsbehelf eingelegt wurde, weshalb die Staatsanwaltschaft nach Fortsetzung des untersagten Verhaltens eine richterliche Durchsuchungsanordnung erwirkte, die vollzogen wurde.[301]
- **Vorstrafen.** Ein einleuchtendes Beispiel bietet auch OLG Hamburg:[302] Ein **wegen schwerer Gewalttaten Vorbestrafter** hatte, mit einem Klappmesser bewaffnet, ein Vergnügungsviertel aufgesucht, wo er als Schläger gefürchtet und gehasst wurde und das er eher hätte meiden und vorher richterlich ermahnt worden war; er wurde dort in eine Schlägerei verwickelt, die zu seiner Verhaftung und einer Anklage wegen versuchten Totschlags führte. Das OLG versagte dem Freigesprochenen die Entschädigung, weil er die U-Haft grob fahrlässig verursacht habe.
- Wer unkritisch wechselnde, sich **widersprechende Angaben** anderer Personen übernimmt, sie noch ausschmückt und objektiv falsche Erklärungen herbeiführt und dadurch in den Verdacht des Betruges gerät.[303]

Eine **entsprechende Anwendung** des Abs. 2 kommt in Betracht, wenn jemand nach einer nicht entschädigungspflichtigen Haft sich weigert, eine ihm nachgelassene Kaution

85

---

[289] LG Magdeburg 13.12.2006 – 25 Ks 12/06, juris Rn. 179 f.
[290] BVerfG 14.8.1997 – 2 BvR 1837/95, juris Rn. 7.
[291] BayObLG 27.10.1975 – Rreg 4 St 96/75, MDR 1979, 512.
[292] LG Dortmund 6.5.2014 – 36 Qs 32/14, juris Rn. 2.
[293] OLG Düsseldorf 23.1.1989 – 1 Ws 1150, 1151/88, JurBüro 1989, 1301; zustimmend *Meyer* JurBüro 1991, 1596.
[294] KG 25.11.1997 – 5 Ws 723/97, juris Rn. 1, 5; OLG Köln 3.5.2017 – 2 Ws 237/17, juris Rn. 6.
[295] OLG Bamberg 3.11.2011 – 1 Ws 560/11, juris Rn. 11 ff.; aA OLG Düsseldorf 10.10.1986 – 1 Ws 907-908/86, AnwBl 1987, 151 (152); *Meyer* Rn. Rn. 51 aE.
[296] OLG Düsseldorf 10.5.1990 – 4 Ws 61-63/90, NStE 91, Nr. 11 zu § 5 StrEG; aA OLG Karlsruhe 7.3.1988 – 4 Ws 27, 28/87, StV 1988, 447.
[297] OLG Koblenz 16.9.1982 – 1 Ws 590/82, juris, nur Ls.
[298] OLG Koblenz 26.10.2015 – 2 Ws 550/15, juris Rn. 19.
[299] OLG Zweibrücken 25.3.2003 – 1 Ws 116/03, juris Rn. 2.
[300] BGH 23.5.2002 – 3 StR 53/02, juris Rn. 7 ff.
[301] LG Berlin 21.8.2006 – 526 Qs 218/06, juris Ls. 2.
[302] Vom 31.7.1981 – 2 Ws 211/81, NStZ 1981, 396.
[303] BGH 17.7.1974 – 2 StR 92/74, RzW 1974, 359.

zu stellen und die Vollzugsanstalt zu verlassen, und schließlich nach Aufhebung dieser Auflage wegen seiner Weigerung unter Anwendung unmittelbaren körperlichen Zwangs aus der Vollzugsanstalt gewiesen werden muss.[304]

9. Keine grobe Fahrlässigkeit

86 **Keine grobe Fahrlässigkeit** wurde in der Rechtsprechung angenommen:
– Beim Verdacht der Vergewaltigung, wenn sich herausstellt, dass das Opfer aufgrund Schwachsinns nicht in der Lage war, gegenüber seinen sexuellen Wünschen Widerstand zu leisten, dies für den Täter aber nicht erkennbar war[305]
– Beim Verdacht des Mordes und anderem, wenn schon wenige Stunden nach der Festnahme vom Beschuldigten in umfangreichen Vernehmungen das Tatgeschehen so geschildert wird, wie es das Gericht schließlich feststellt und weswegen es freispricht.[306]
– Wer einen polnischen Führerschein gebrauchte, der nach Ablauf einer in Deutschland verhängten Sperrfrist zur Wiedererteilung einer Fahrerlaubnis in Polen ausgestellt wurde, handelte nicht grob fahrlässig, weil dies der damaligen Rechtslage entsprach.[307]

87 **10. Beweislast.** Wer die Strafverfolgungsmaßnahme nach objektiven Maßstäben grob fahrlässig verursacht hat, trägt für die Behauptung, sein Verhalten sei wegen krankhafter Störung seiner Geistestätigkeit (zB Unfallschock) nicht zurechenbar, die Beweislast. Dem steht nicht entgegen, dass die Annahme, er habe sich infolge eines Unfallschocks zu Unrecht selbst der Tat bezichtigt, zum Freispruch führt.[308] Dies folgt aus der im Entschädigungsverfahren gebotenen Anlegung zivilrechtlicher Maßstäbe beim Verschulden. Der Zweifelssatz („in dubio pro reo") ist nicht anwendbar.

IV. Schweigen zur Sache, Abs. 2 S. 2

88 Abs. 2 S. 2 stellt zunächst klar, dass das bloße Schweigen zur Sache für sich allein die Entschädigung nicht ausschließt. Dem Schweigen ist es gleichzusetzen, wenn die Vorwürfe nur pauschal bestritten werden.[309] Der Grundgedanke ist, dass dem Beschuldigten kein Nachteil daraus erwachsen soll, wenn er von einem Recht, das ihm die StPO einräumt (vgl. § 136 Abs. 1, § 163a Abs. 3, Abs. 4, § 243 Abs. 4 StPO), Gebrauch macht.[310] Die Regelung folgt damit demselben Prinzip wie die Vorschrift über die Auslagenerstattung (vgl. § 467 Abs. 1, Abs. 3 Nr. 1 aE StPO). Sie war hier zur Klarstellung notwendig, um zu verhindern, dass der Strafrichter in dem bloßen Schweigen des Beschuldigten zur Sache eine vorsätzliche oder grob fahrlässige Verursachung der Strafverfolgungsmaßnahme sieht und dementsprechend den Anspruch ausschließt. Macht der Beschuldigte – auch nur teilweise – Angaben, ist § 6 Abs. 1 Nr. 1 zu beachten.

89 Gegen die Vorschrift hatte im Gesetzgebungsverfahren der Bundesrat eingewendet, der Beschuldigte, der vom Staat Schadensersatz fordere, müsse auch im Strafverfahren das ihm Zumutbare tun, Schaden von sich abzuwenden.[311] Hierzu ist der gänzlich schweigende Beschuldigte aber nach der schließlich Gesetz gewordenen Fassung auch dann nicht verpflichtet, wenn ihm **entlastende Umstände bekannt** sind.[312] Ein Beschuldigter ist daher nicht verpflichtet entlastende Beweismittel zu benennen, etwa einen ihm bekannten Ent-

---

[304] BGH 24.10.1991 – 1 StR 381/91, NStZ 1992, 286 (287).
[305] OLG Düsseldorf 25.5.1984 – 1 Ws 509/84, JurBüro 1984, 1371.
[306] BGH 27.5.1983 – 3 StR 153/83, EzSt Nr. 2 zu § 5 StrEG.
[307] Vgl. LG Neuruppin 4.4.2008 – 11 Qs 19/08, NZV 2009, 250 (251) unter zutreffendem Hinweis auf EuGH 29.4.2004 – C-476/01, NJW 2004, 1725; 6.4.2006 – C-227/05, NJW 2006, 2173.
[308] OLG Zweibrücken 22.3.1985 – 1 Ws 391/84, NStZ 1986, 129.
[309] Vgl. KG 20.3.2000 – 4 Ws 41/00, juris Rn. 5 ff. zu § 6 Abs. 1 Nr. 1; für Fälle außerhalb des StrEG: BGH 29.8.1974 – 4 StR 171/74, BGHSt 25, 365 (368); 26.5.1992 – 5 StR 122/92, BGHSt 38, 302 (307); *Meyer-Goßner/Schmitt* StPO § 261 Rn. 16.
[310] Vgl. KG 10.10.2008 – 4 Ws 74/08, StraFo 2009, 129; OLG Köln 16.11.2000 – 2 Ws 582/00, StraFo 2001, 146.
[311] Vgl. BT-Drs. VI/460, 12 Nr. 5.
[312] LG Flensburg 16.10.1984 – II Qs 199/84, JurBüro 1984, 1860 mit insoweit zust. Anm. *Meyer*; anders offensichtlich *ders.* in JurBüro 1991, 746 unter 1.; LG Frankfurt a. M. 2.9.1994 – 5/17 Qs 51/94, NZV 1995, 164.

Lässt sich der Beschuldigte auch **nur teilweise** zur Sache ein, so liegt kein völliges 90
Schweigen vor. S. 2 ist dann nicht anzuwenden; die Entschädigung kann dann ausgeschlossen sein[315] oder nach § 6 Abs. 1 Nr. 1 ganz oder teilweise versagt werden (→ § 6 Rn. 10).
Eine teilweise Einlassung ist es aber nicht, wenn der Beschuldigte nur pauschal die Vorwürfe
bestreitet.[316] Gegen eine Würdigung von Gestik, Mimik und Ähnlichem für sich allein als
„Einlassung"[317] bestehen durchgreifende Bedenken. Auch bei teilweiser- Einlassung besteht
aber keine Verpflichtung zur Benennung oder Vorlage von Beweismitteln.

Auf die Weigerung, **Angaben zur Person** zu machen, bezieht sich S. 2 nicht. Nach 91
richtiger Ansicht ist der Beschuldigte zu solchen Angaben verpflichtet.[318] Das Verschweigen
der Identität kann daher, wenn es für die Anordnung oder die Fortdauer einer Strafverfolgungsmaßnahme ursächlich war, nach S. 1 den Entschädigungsanspruch ausschließen; hat
der Beschuldigte seine Identität nicht offenbart, aber sich zur Sache geäußert, zB die
Beschuldigung bestritten, so ist § 6 Abs. 1 Nr. 1 anzuwenden.

V. Unterlassene Rechtsmittel, Abs. 2 S. 2

Nach Abs. 2 S. 2 wird ferner die Entschädigung nicht dadurch ausgeschlossen, dass der 92
Beschuldigte es unterlassen hat, ein Rechtsmittel einzulegen. Die Vorschrift deckt sich mit
dem früheren Recht (§ 1 Abs. 4 StHaftEntschG, § 2 Abs. 1 UHaftEntschG). Sie weicht von
der im Amtshaftungsrecht geltenden Regel ab, wonach die Ersatzpflicht nicht eintritt, wenn
der Verletzte es vorsätzlich oder fahrlässig unterlassen hat, den Schaden durch Gebrauch
eines Rechtsmittels abzuwenden (§ 839 Abs. 3 BGB). Die Kritik an dieser Vorschrift des
StrEG[319] verkennt, dass im Amtshaftungsrecht vom Betroffenen verlangt wird, zunächst den
Rechtsschutz durch den Richter anzurufen, während es im StrEG um eine Frage von ganz
anderer Qualität geht, nämlich, ob der Beschuldigte den weiteren Rechtsschutz gegen den
Richter anrufen muss. Nur dies verneint das Gesetz. Die entschädigungsfähigen Strafverfolgungsmaßnahmen dagegen sind sämtlich solche, die auf richterliche Anordnung vollzogen
werden oder – zumindest bei Widerspruch – richterlicher Bestätigung bedürfen. Bei dem
schwerwiegendsten Eingriff, der Haft, sieht die StPO die regelmäßige Überprüfung durch
den Richter von Amts wegen vor.

Rechtsmittel im Sinne der Vorschrift umfasst nicht nur die Rechtsmittel der StPO,[320] 93
sondern ist im weiten Sinn gemeint. Auch der **Widerspruch gegen die Sicherstellung
oder Beschlagnahme** des Führerscheins gehört dazu,[321] mit der Folge, dass die Nichterhebung ebenso wenig zum Ausschluss der Entschädigung nach § 5 Abs. 2 StrEG führen kann,
wie wenn keine richterliche Entscheidung nach § 98 Abs. 2 S. 2 StPO beantragt wird.[322]

---

[313] BGH 23.10.2001 – 1 StR 415/01, NStZ 2002, 161 mwN zu § 261 StPO].
[314] OLG Düsseldorf 4.3.1983 – 1 Ws 157/83, StV 1984, 472; aA OLG Düsseldorf 23.1.1989 – 1 Ws 1150, 1151/88, JurBüro 1989, 1301; zustimmend *Meyer* JurBüro 1991, 1596.
[315] OLG Düsseldorf 10.3.1993 – 2 Ws 53/93, OLGSt Nr. 6 zu § 5 StrEG, wo die Benennung der Ehefrau als Zeugin verlangt wird.
[316] KG 20.3.2000 – 4 Ws 41/00, juris Rn. 5 ff. zu § 6 Abs. 1 Nr. 1.
[317] So *Meyer* Rn. 83.
[318] BGH 10.11.1967 – 4 StR 512/66, BGHSt 21, 364; 29.8.1972 – 2 StR 190/72, BGHSt 25, 17; OLG Düsseldorf 25.3.1970 – 2 Ss 20/70, NJW 1970, 1888 zum Verfahren nach dem OWiG; *Cornelius* Rn. 13; vgl. zum Streitstand *LR – Gleß* StPO § 136 Rn. 15–19.
[319] Vgl. *Händel* BA 1975, 240.
[320] So aber *Meyer* Rn. 84 f.
[321] OLG Düsseldorf 21.7.2000 – 2 Ws 194/00, StraFo 2001, 434; KG 13.10.2015 – 3 Ws 524/15, juris Rn. 7; LG Frankfurt a. M. 2.9.1994 – 5-17 Qs 51/94, NZV 1995, 164; LG Memmingen 12.8.1976 – 1 Qs 155/76, NJW 1977, 347; *Löwe/Rosenberg/Geppert* (12.), StGB § 69 Rn. 193; *Meyer-Goßner/Schmitt* § 2 Rn. 8.
[322] *Meyer-Goßner/Schmitt* § 2 Rn. 7.

Weitere Einzelheiten zu den Folgen freiwilliger Handlungen bei → § 2 Rn. 16 und 53. Hier geht es zwar noch nicht um den Rechtsschutz gegen den Richter, weil die polizeiliche Sicherstellung eine vorläufige Anordnung ist; aber die richterliche Bestätigung ist alsbald herbeizuführen (vgl. § 111a Abs. 5 StPO) oder aber der Führerschein ist zurückzugeben. Ob der Widerspruch gegen die Sicherstellung zu einer früheren Rückgabe oder die nicht freiwillige Herausgabe zu einer Beschlagnahme geführt hätte, lässt sich hinterher kaum sicher bestimmen; das Gesetz will jedenfalls derlei Streit ausschalten. Nach dem klaren Wortlaut ist es auch unerheblich, ob dem Beschuldigten ein Ausnutzen der formlosen Rechtsmittel und der förmlichen Rechtsbehelfe „zumutbar" ist, denn es ist Aufgabe der Strafverfolgungsbehörden, die von ihnen angeordneten Strafverfolgungsmaßnahmen im Auge zu behalten und erforderlichenfalls für ihre Aufhebung Sorge zu tragen.

VI. Rechtsmissbrauch

94 Neben den gesetzlichen Ausschlussgründen des § 5 kann der aus dem bürgerlichen Recht folgende, auch im öffentlichen Recht zu berücksichtigende[323] Ausschlussgrund der missbräuchlichen Rechtsausübung in Betracht kommen. Wer für seinen Schaden trotz eigener Mitverantwortung vollen Ersatz fordert, verstößt gegen das Verbot des venire contra factum proprium.[324] Der vom LG Hannover bestätigte Nichteröffnungsbeschluss des AG Springe[325] betrifft einen solchen Fall: Nach der Einstellung des Verfahrens hatte sich herausgestellt, dass die Beschuldigte die zur Last gelegte Tat tatsächlich begangen hatte. Gleichwohl hatte sie Entschädigung beantragt. Solche Fälle sind an sich in § 14 geregelt. Wenn eine nachträgliche strafrechtliche Verfolgung aus Verfahrensgründen nicht mehr in Frage kommt, kann der allgemeine Gedanke des Rechtsmissbrauchs ergänzend herangezogen werden, auch wenn die formellen Anspruchsvoraussetzungen, Einstellung des Verfahrens und Antrag der Beschuldigten, vorlagen.

VII. Wegfall der Strafbarkeit

95 Eine Entschädigung nach dem StrEG ist auch ausgeschlossen, wenn die Beendigung des Verfahrens alleine darauf beruhte, dass eine ehedem mit Strafe bedrohte Tat auf Grund des 4. Gesetzes zur Reform des Strafrechts vom 23.11.1973[326] nicht mehr strafbar ist. Das bestimmt Art. 9 dieses Gesetzes.

96 Die Vorschrift wollte sicherstellen, dass bei nachträglichem Wegfall der Strafbarkeit keine Entschädigungsansprüche entstehen, mit denen gerade im Bereich dieses Reformgesetzes zu rechnen war (zB weil die Lockerung der Strafvorschriften zur Freigabe beschlagnahmter pornographischer Schriften führen konnte). In diesem Bereich kommt ihr heute keine praktische Bedeutung mehr zu. Diese Sondervorschrift sollte keine präjudizierende Wirkung haben, etwa in dem Sinne, dass Abs. 2 ausgeschlossen werden oder dass in anderen Fällen des nachträglichen Wegfalls der Strafbarkeit das Gegenteil gelten sollte.[327]

97 Keiner Diskussion bedürfen andere Fälle, in denen zwar die Strafbarkeit weggefallen, Vorsatz oder grobe Fahrlässigkeit aber nicht in der Tatbegehung, sondern darin liegt, dass der Beschuldigte in anderer Weise die Strafverfolgungsmaßnahme verursacht hat; denn in letzterem Fall ist Entschädigung nach Abs. 2 unabhängig von einer Tatbegehung immer ausgeschlossen, so dass es auch auf einen Wegfall der Strafbarkeit nicht ankommt.

98 Für die übrigen Fälle schließt das StrEG Entschädigungsansprüche nicht ausdrücklich aus. Es enthält hierfür keine ausdrückliche Regelung. Dass die Strafverfolgung ursprünglich

---

[323] Vgl. Palandt/*Grüneberg* BGB § 242 Rn. 4.
[324] Vgl. hierzu BGH 14.3.1961 – VI ZR 189/59, BGHZ 34, 363; 3.2.1970 – VI ZR 177/68, NJW 1970, 756.
[325] 27.4.1979 – 2 Ds 125/78, MDR 1980, 79.
[326] BGBl. I 1725 (1734).
[327] Vgl. die Begründung in der 6. Sitzung/7. WP des Sonderausschusses für die Strafrechtsreform, Prot. S. 90, 91.

gerechtfertigt war, erfüllt keinen Ausschluss- oder Versagungsgrund nach §§ 5, 6.³²⁸ Das Kammergericht³²⁹ entnimmt Art. 9 des 4. StRG einen allgemeinen Rechtsgedanken, wonach eine Entschädigung nach dem StrEG ausgeschlossen ist, wenn der Angekl. – von den soeben dargestellten Fällen abgesehen – nur wegen einer nach der Tat und dem Ende der Strafverfolgungsmaßnahme eingetretenen Gesetzesänderung freigesprochen wird, wie dies in der Entscheidung des Kammergerichts der Fall war. Richtig ist, dass der Beschuldigte dann kein Sonderopfer erbringt (vgl. → Einl. Rn. 31), denn er hätte ohne die Rechtsänderung bestraft werden müssen. Der Hinweis des Kammergerichts, Art. 9 des 4. Strafrechtsreformgesetzes enthalte einen allgemeinen Rechtsgedanken³³⁰ geht schon deshalb fehl, weil dies dem Willen des historischen Gesetzgebers dieser Vorschrift widerspricht (→ Rn. 96). Sie steht auch im Gegensatz zur Rechtsprechung zu § 467 Abs. 3 StPO. Diese Vorschrift ist auf die Einstellung nach § 206b StPO oder sonst bei Freispruch wegen einer Gesetzesänderung nicht anwendbar.³³¹

Stellt daher die StA das Verfahren wegen der Gesetzesänderung nach § 170 Abs. 2 StPO **99** ein, kommt es deswegen zur Nichteröffnung nach § 204 StPO oder stellt das Gericht es außerhalb der Hauptverhandlung durch Beschluss nach § 206b StPO ein, so lassen diese Einstellungen die Schuldfrage offen. Sofern die grobe Fahrlässigkeit nicht außerhalb der Tatbegehung liegt (→ Rn. 97), wird Entschädigung nicht versagt werden können.³³² Eine Entschädigung ist in diesen Fällen zwar sachlich verfehlt, da die Strafverfolgung gerechtfertigt war, solange das entfallene Strafgesetz noch galt.³³³ Doch ist es Sache des Gesetzgebers, wie mit 4. StRG geschehen, die Entschädigung auszuschließen.³³⁴

VIII. Verfahrenshindernis

§ 5 Abs. 2 ist auch anzuwenden, wenn der Angekl. nur deshalb nicht bestraft werden **100** kann, weil ein Verfahrenshindernis besteht. Aber eine außerhalb der Tatbegehung liegende grobe Fahrlässigkeit führt auch hier zum Ausschluss der Entschädigung (→ Rn. 97). Auch dann kommt § 6 Abs. 1 Nr. 2 nur zum Zug, wenn § 5 Abs. 2 nicht eingreift.³³⁵ Die Entscheidung des BGH befasst sich nur mit dem Verfahrenshindernis der Verjährung und lässt die Frage der Entschädigung für andere Fälle offen; sie sind indes genauso zu behandeln (vgl. auch → § 6 Rn. 4), wenn das Hindernis endgültig ist.

IX. Verletzung prozessualer Obliegenheiten, Abs. 3

Absatz 3 betrifft besondere Fälle der schuldhaften Säumnis, die nach den Verfahrensvor- **101** schriften die Anordnung von entschädigungsfähigen Strafverfolgungsmaßnahmen zur unmittelbaren Folge haben können. Das Gesetz führt diese Fälle besonders an, weil der Verschuldensmaßstab hier unterhalb der Schwelle der groben Fahrlässigkeit liegt.

1. Einfache Fahrlässigkeit ausreichend. Einfache Fahrlässigkeit entsprechend § 276 **102** Abs. 1 S. 2 BGB genügt hier;³³⁶ der Beschuldigte muss die in seiner besonderen prozessualen

---
³²⁸ KK/*Schneider* StPO § 206b Rn. 10; *Meyer-Goßner/Schmitt* Vor § 1 Rn. 1; für die Anwendung von § 6 Abs. 1 Nr. 2 in diesen Fällen: *Schätzler* GA 1990, 34 (37).
³²⁹ 14.2.1977 – (2) Ss 126/75, JR 1977, 334 mit nur im Ergebnis zustimmender Anm. *Meyer* MDR 1978, 367. Ebenso *Schätzler* GA 1990, 37; wie hier auch; KMR/*Seidl* StPO § 206b Rn. 15.
³³⁰ Im Anschluss an *Kleinknecht*, 33. Aufl., StPO § 206b Rn. 6.
³³¹ OLG Hamburg 18.3.1975 – 2 Ws 159/75, MDR 1975, 511; OLG München 11.3.1974 – 2 Ws 119/74, NJW 1974, 873; LG Koblenz 24.9.2007 – 1 Qs 219/07, NStZ-RR 2008, 128 zu § 467 Abs. 3 S. 2 Nr. 2 StPO; *Meyer-Goßner/Schmitt* StPO § 467 Rn. 17.
³³² Vgl. für einen Fall der Wiederaufnahme auch OLG München 17.8.1981 – 1 Ws 175/81, StV 1984, 471, wo die Milderung auf einer Gesetzesänderung beruhte, gleichwohl Entschädigung zugesprochen wurde.
³³³ Löwe/Rosenberg/*Stuckenberg* StPO § 206b Rn. 18; SK/*Paeffgen* StPO § 206 Rn. 13.
³³⁴ KK/*Schneider* StPO § 206b Rn. 12; Löwe/Rosenberg/*Stuckenberg* StPO § 206b Rn. 18; → StPO § 206b Rn. 28; SK-*Paeffgen* StPO § 206b Rn. 13; auch *Schätzler* GA 1990, 34 (38) erwägt klarstellend eine Ergänzung von § 6 Abs. 1.
³³⁵ BGH 19.12.1979 – 3 StR 396/79, BGHSt 29, 168 = JZ 1980, 241.
³³⁶ OLG Saarbrücken 18.9.1974 – Ws 225/74, NJW 1975, 791 (792); *Meyer-Goßner/Schmitt* 14.

Lage erforderliche Sorgfalt außer Acht gelassen haben. Die erhöhte Anforderung an die Sorgfaltspflicht rechtfertigt sich daraus, dass den Beschuldigten prozessuale Obliegenheiten treffen, die ihm bekannt gegeben werden und vor deren Verletzung er gewarnt wird.

103 **2. Nichtbefolgen einer Ladung.** Das Nichtbefolgen einer ordnungsgemäßen Ladung vor den Richter kann die Vorführung sowie die Verhaftung im Gefolge haben. Vor diesen Folgen wird der Beschuldigte in der Ladung ausdrücklich gewarnt (vgl. zB § 216 Abs. 1, § 230 Abs. 2, § 236, § 323 Abs. 1, § 329 Abs. 4 StPO). Fehlt es an der gesetzlich vorgeschriebenen Warnung vor den Folgen, so ist die Ladung nicht ordnungsgemäß. Wird der ausgebliebene Beschuldigte nach ordnungsgemäßer Ladung verhaftet, so ist die Entschädigung ausgeschlossen, soweit der Beschuldigte die Verhaftung schuldhaft verursacht hat.[337] Das ist immer der Fall, wenn das Ausbleiben nicht oder nicht genügend entschuldigt ist.[338] Der Umstand, dass der Beschuldigte **zur Tatzeit schuldunfähig** war, hindert den Erlass des Haftbefehls nach § 230 Abs. 2 StPO nicht.[339] Maßgebend ist, ob dem Angekl. wegen seines Ausbleibens unter Abwägung aller Umstände des Falles billigerweise ein Vorwurf gemacht werden kann.[340] Beruht sein Ausbleiben daher auf denselben Gründen wie seine Schuldunfähigkeit, kann er entschuldigt sein (vgl. aber → Rn. 56 und → Rn. 60). Ob es ausgereicht hätte, statt der Verhaftung lediglich eine Vorführung anzuordnen, wird im Entschädigungsverfahren nicht mehr nachgeprüft.[341] Die Entschädigung ist aber dann nicht ausgeschlossen, wenn der Haftbefehl deshalb keine Rechtsgrundlage hatte, weil bereits in gleicher Sache ein Vorführungsbefehl bestand.[342]

104 Der Haftbefehl, der das Erscheinen des Beschuldigten in der Hauptverhandlung erzwingen soll (§ 230 Abs. 2, § 329 Abs. 4 StPO), wirkt nicht über die Hauptverhandlung hinaus; er wird dann gegenstandslos.[343] Für die Folgezeit wird deshalb die Entschädigung nicht ohne weiteres ausgeschlossen.[344] Allerdings kann das Ausbleiben des Beschuldigten den Verdacht der Flucht begründen oder verstärken und dadurch zur Fortdauer der Haft aus diesem zusätzlichen Grund führen.

105 Das schuldhafte Ausbleiben auf eine ordnungsgemäße Ladung vor den Richter kann auch dann zum Ausschluss der Entschädigung führen, wenn es keine unmittelbare Freiheitsbeschränkung zur Folge hat oder nur eine **Vorführung,** die als solche nicht entschädigungsfähig ist. Denn jedes Ausbleiben auf Ladung führt zu einer **Verzögerung des Verfahrens,** die wiederum mittelbar die Fortdauer oder Verlängerung von Strafverfolgungsmaßnahmen (zB Fortdauer einer Beschlagnahme) zur Folge haben kann. Die Entschädigung ist dann auch insoweit ausgeschlossen, als der Beschuldigte die Säumnis zu vertreten hat.[345] Eine solche Säumnis ist aber dann unbeachtlich, wenn bei Gelegenheit einer Hauptverhandlung (über eine Btm – Straftat) auch die Rückgabe des beschlagnahmten Führerscheins erörtert werden sollte, diese aber nicht vom persönlichen Erscheinen des Beschuldigten abhing und von der Durchführung einer mündlichen Verhandlung unabhängig zu treffen war.[346] Das kann anders sein, wenn es auf das Ergebnis einer Hauptverhandlung ankommt, etwa bei einer Beweiserhebung über die Frage, ob ein Fahrfehler alkoholbedingt war, wenn das Ergebnis der Blutalkoholuntersuchung die Grenze der absoluten Fahruntüchtigkeit nicht erreicht.

106 Für die **Ladung** vor die **Staatsanwaltschaft** gilt Abs. 3 nicht. Der nach Inkrafttreten des StrEG in die StPO eingefügte § 163a sieht in Abs. 3 vor, dass der Beschuldigte verpflichtet ist, auf Ladung vor der Staatsanwaltschaft zu erscheinen. Hier kann die Säumnis aber nur zur Vorführung, die nicht entschädigungsfähig ist, dagegen nicht zur Verhaftung führen.

---

[337] LG Arnsberg 24.7.2009 – 2 KLs 5/09, juris Rn. 6 f.
[338] KG 2.6.2000 – 3 Ws 192/00, juris Rn. 3.
[339] LG Arnsberg 24.7.2009 – 2 KLs 5/09, juris Rn. 7; KG 2.6.2000 – 3 Ws 192/00 nwN., juris Rn. 4.
[340] BVerfG 27.10.2006 – 2 BvR 473/06, NJW 2007, 2318 (2319); KK/*Gmel* StPO § 230 Rn. 11; *Meyer-Goßner/Schmitt* StPO § 230 Rn. 16.
[341] *Meyer* Rn. 90.
[342] KG 3.7.2000 – 4 Ws 123/00, juris Rn. 2.
[343] Vgl. *Meyer-Goßner/Schmitt* StPO § 230 Rn. 23.
[344] Vgl. OLG Saarbrücken 18.9.1974 – Ws 225/74, NJW 1975, 791 (792).
[345] *Meyer* Rn. 89; *Meyer-Goßner/Schmitt* Rn. 14.
[346] OLG Düsseldorf 21.7.2000 – 2 Ws 194/00, StraFo 2001, 434.

Allerdings kann die Säumnis dieselben mittelbaren Folgen haben wie das Nichterscheinen vor dem Richter. Insoweit kommt dann aber nur ein Ausschluss der Entschädigung wegen grob fahrlässiger Verursachung der Strafverfolgungsmaßnahme nach § 5 Abs. 2 in Betracht, soweit das Ausbleiben die mittelbare Ursache der Maßnahme oder ihrer Fortdauer war.

3. Nichtbefolgen von Anweisungen nach § 116 StPO. Eine besondere Pflichtenlage 107 ist auch gegeben, wenn der Richter den Vollzug des Haftbefehls gegen Auflagen und Beschränkungen aussetzt. Damit wird ein gewisses Vertrauen in den Beschuldigten gesetzt. Das gröbliche Zuwiderhandeln gegen die Anweisungen (Pflichten, Beschränkungen) führt nach § 116 Abs. 4 Nr. 1 StPO zum Widerruf der Aussetzung und damit zum Vollzug des Haftbefehls. Die Zuwiderhandlung muss objektiv gröblich sein, dh in besonderem Maße gegen den Sinn der Anweisung verstoßen. Bewusst braucht das dem Beschuldigten nicht zu sein, deshalb sagt das Beiwort gröblich nichts über den Verschuldensgrad. Wird ein Beschuldigter nur deshalb wieder in Haft genommen, weil er sich nicht an die Weisung hält, sich wöchentlich bei der Polizei zu melden, so ist eine Entschädigung ausgeschlossen.[347]

Ein schuldhaftes Verursachen der Strafverfolgungsmaßnahme wird in der Regel auch 108 vorliegen, wenn der Richter den Vollzug des Haftbefehls anordnen muss, weil der Beschuldigte **Anstalten zur Flucht** getroffen hat, auf ordnungsmäßige Ladung unentschuldigt ausgeblieben ist oder sich sonst gezeigt hat, dass das in ihn gesetzte Vertrauen nicht gerechtfertigt war (§ 116 Abs. 4 Nr. 2 StPO). Neu hervorgetretene Umstände (§ 116 Abs. 4 Nr. 3 StPO), welche die Verhaftung erforderlich machen, führen nur dann zum Ausschluss der Entschädigung, wenn sie der Beschuldigte mindestens leicht fahrlässig zu vertreten hat.

Die Auflage, eine Sicherheit zu leisten (§ 116 Abs. 1 Nr. 4 StPO), betrifft Abs. 3 nicht, 109 weil hier eine besondere Pflichtenlage nicht angenommen werden kann. Doch kann ein Beschuldigter, der die Sicherheit leicht aufbringen könnte, grob fahrlässig handeln, wenn er dies nicht tut und es deshalb zum Vollzug des Haftbefehls kommt (Ausschluss der Entschädigung nach Abs. 2).

§ 6 Versagung der Entschädigung

(1) Die Entschädigung kann ganz oder teilweise versagt werden, wenn der Beschuldigte
1. **die Strafverfolgungsmaßnahme dadurch veranlaßt hat, daß er sich selbst in wesentlichen Punkten wahrheitswidrig oder im Widerspruch zu seinen späteren Erklärungen belastet oder wesentliche entlastende Umstände verschwiegen hat, obwohl er sich zur Beschuldigung geäußert hat, oder**
2. **wegen einer Straftat nur deshalb nicht verurteilt oder das Verfahren gegen ihn eingestellt worden ist, weil er im Zustand der Schuldunfähigkeit gehandelt hat oder weil ein Verfahrenshindernis bestand.**

(2) Die Entschädigung für eine Freiheitsentziehung kann ferner ganz oder teilweise versagt werden, wenn das Gericht die für einen Jugendlichen geltenden Vorschriften anwendet und hierbei eine erlittene Freiheitsentziehung berücksichtigt.

Schrifttum: *Eisenberg*, Zur Anwendung des Gesetzes über die Entschädigung für Strafverfolgungsmaßnahmen im Jugendstrafverfahren, GA 2004, 385 ff.; *ders.*, Verfassungswidrige Untersuchungshaftdauer und Entschädigung, GA 2014, 107 ff.; *Eisenberg/Reuther*, Zur Entschädigung für Strafverfolgungsmaßnahmen gegenüber Jugendlichen und Heranwachsenden, erörtert anhand eines mehrinstanzlichen aktuellen Verfahrens, ZKJ 2006, 490 ff.; *Haas*, Verzicht auf Haftentschädigung, MDR 1994, 9 ff.; *Kühl*, Rückschlag für die Unschuldsvermutung aus Straßburg, NJW 1988, 3233 ff.; *Meyer*, Zum Verhältnis des Ausschlußgrundes des § 5 Abs. 1 Nr. 2 StrEG zur Versagungsmöglichkeit nach § 6 Abs. 1 Nr. 2 StrEG, MDR 1979, 192 ff.; *ders.*, Besteht eine Notwendigkeit, § 6 Abs. 1 Nr. 2 StrEG bei dem Vorliegen von Schuldausschließungsgründen *analog* anzuwenden?, MDR 1981, 725 f.; *ders.* Ausschluß und Versagung der Entschädigung nach dem StrEG wegen Aussageverhaltens eines Beschuldigten, MDR 1981, 109; *Sieg*, Ausschluß und Versagung der Entschädigung nach dem StrEG wegen des Aussageverhaltens eines Beschuldigten, MDR 1980, 907.

---
[347] LG Flensburg 25.7.1978 – I KLs 70/75, MDR 1979, 76.

Übersicht

	Rn.		Rn.
I. Allgemeines, Anwendungsbereich ..	1–4	5. Zurechenbarkeit	16, 17
1. Änderungen der Vorschrift	1	6. Ermessensrichtlinien	18–22
2. Inhalt und Anwendungsbereich	2–4	**III. Nichtverurteilung oder Einstellung, Abs. 1 Nr. 2**	23–41
a) Regelung der fakultativen Versagungsgründe	2	1. Schuldunfähigkeit, Abs. 1 Nr. 2 Alt. 1 ..	29–33
b) Unterschiede zur Auslagenentscheidung nach § 467 Abs. 3 S. 2 StPO ..	3	a) Voraussetzungen	29
c) Verhältnis zu den Ausschlussgründen des § 5	4	b) Ermessensgrundsätze	30
		c) Beispiele aus der Rechtsprechung ...	31, 32
II. Verteidigungsverhalten des Beschuldigten, Abs. 1 Nr. 1	5–22	d) Andere Schuldausschließungsgründe	33
1. Verursachung	5, 6	2. Verfahrenshindernis, Abs. 1 Nr. 2 S. Alt. 2	34–41
2. Selbstbelastung	7, 8	**IV. Versagung bei der Anwendung von Jugendrecht, Abs. 2**	42–44
3. Wesentlicher Punkt	9		
4. Verschweigen	10–15	**V. Völlige und teilweise Versagung**	45, 46

I. Allgemeines, Anwendungsbereich

1 **1. Änderungen der Vorschrift.** Das EGStGB vom 2.3.1974[1] ersetzte in § 6 Abs. 1 Nr. 2 die Begriffe „strafbare Handlung" durch „Straftat" und „Zurechnungsunfähigkeit" durch „Schuldunfähigkeit".

2 **2. Inhalt und Anwendungsbereich. a) Regelung der fakultativen Versagungsgründe.** Neben die zwingenden Ausschlussgründe des § 5 treten die fakultativen Versagungsgründe des § 6. Beide Vorschriften zusammen regeln abschließend die vom Strafgericht bei seiner Entscheidung über das Bestehen des Entschädigungsanspruchs zu berücksichtigenden negativen Gründe (vgl. → Vor § 5 Rn. 3 f., zum Rangverhältnis der beiden Vorschriften vgl. → Vor § 5 Rn. 8 und → Rn. 4). Ob die Entschädigung nach § 6 ganz oder teilweise (vgl. → Rn. 45) zu versagen ist, entscheidet das Strafgericht nach pflichtgemäßem Ermessen.

3 **b) Unterschiede zur Auslagenentscheidung nach § 467 Abs. 3 S. 2 StPO.** Die in § 467 Abs. 3 S. 2 StPO formulierten Gründe, nach denen das Gericht davon absehen kann, die notwendigen Auslagen des Angeschuldigten der Staatskasse aufzuerlegen, sind fast wörtlich in § 6 Abs. 1 enthalten, jedoch kann die Rechtsprechung zu jener Vorschrift der StPO nur beschränkt für die Auslegung herangezogen werden. Das gilt vor allem für die Ermessensausübung (vgl. → Rn. 18). Folgende Besonderheiten sind zu beachten: Absatz 1 Nr. 1 weicht von der Parallelvorschrift der StPO dadurch ab, dass nicht gefragt wird, ob der Beschuldigte die Erhebung der öffentlichen Klage, sondern ob er eine bestimmte Strafverfolgungsmaßnahme veranlasst hat. Das kann eine rechtskräftige Verurteilung (Fall des § 1) oder eine andere Strafverfolgungsmaßnahme im Sinne des § 2 sein. Ein die Versagung des Anspruchs begründendes Verhalten des Beschuldigten kann sich auf einzelne von mehreren Strafverfolgungsmaßnahmen beziehen. Nummer 2 bezieht (über § 467 Abs. 3 Nr. 2 iVm § 467a Abs. 1 StPO hinaus) den Fall ein, dass die StA das Ermittlungsverfahren vor Klageerhebung einstellt; als weiteren Versagungsgrund nennt Nr. 2 die Nichtverurteilung wegen Schuldunfähigkeit.

4 **c) Verhältnis zu den Ausschlussgründen des § 5.** Wie → Vor § 5 Rn. 2–5 dargelegt, enthalten § 6 und § 5 zusammen die spezialgesetzliche Regelung des schadensersatzrechtlichen Grundsatzes des mitwirkenden Verschuldens. Soweit sich die Regelungen überschneiden (§ 5 Abs. 2 mit § 6 Abs. 1), geht § 5 vor (vgl. → Vor § 5 Rn. 8). Für die Fälle des Verteidigungsverhaltens (§ 6 Abs. 1 Nr. 1) ist das in der Rechtsprechung zunächst anders

---
[1] BGBl. I 469.

beurteilt worden.² Für den Fall der Einstellung wegen Verjährung (§ 6 Abs. 1 Nr. 2, Verfahrenshindernis) hat der BGH den Vorrang des § 5 Abs. 2 betont. § 6 Abs. 1 Nr. 2 komme nur zum Zuge, wenn § 5 Abs. 2 nicht eingreife.³ Dem ist auch für die Fälle des § 6 Abs. 1 Nr. 1 (Verteidigungsverhalten) zu folgen.⁴ Weitere Einzelheiten → Vor § 5 Rn. 8. Ein „Systemwiderspruch"⁵ liegt in der Regelung nicht, es gibt auch sonst im Recht Überschneidungen (Gesetzeskonkurrenz) und Auffangtatbestände.

II. Verteidigungsverhalten des Beschuldigten, Abs. 1 Nr. 1

1. Verursachung. Im Unterschied zu § 5 Abs. 2, der einerseits auch das vorprozessuale 5 Verhalten, zB die Tatsache der Tatbegehung, in die Wertung einbezieht, andererseits grobe Fahrlässigkeit verlangt, beschränkt sich die Prüfung nach § 6 Abs. 1 Nr. 1 auf das prozessuale oder verfahrensrelevante Verhalten des Beschuldigten, dh sein Verteidigungsverhalten seit dem Beginn der Ermittlungen. Hieraus folgt, dass die Vorschrift nur auf Äußerungen als Beschuldigter anwendbar ist.⁶ Ob diese im Ermittlungs- oder im Strafverfahren gemacht wurden, spielt keine Rolle. Ein Verhalten vor Einleitung des Ermittlungsverfahrens kann aber nicht herangezogen werden.⁷ Wer sich vor Einleitung von Ermittlungen Dritten gegenüber einer Straftat bezichtigt, die er nicht begangen hat,⁸ oder sich durch seine Aussagen als Zeuge verdächtig macht,⁹ fällt nicht unter Nr. 1. Es kommt aber ein Ausschluss der Entschädigung nach § 5 Abs. 2 in Betracht.¹⁰ Auch Äußerungen vor einer Belehrung nach § 136 Abs. 1 S. 2 iVm § 163a Abs. 4 S. 2 StPO können herangezogen werden (vgl. → § 5 Rn. 65). Die Entschädigung kann wegen eines bestimmten Verteidigungsverhaltens versagt werden, wenn und soweit der Beschuldigte dadurch die Strafverfolgungsmaßnahme oder ihre Fortdauer veranlasst hat. Der Beschuldigte muss eine Ursache gesetzt haben, wobei es genügt, wenn sein Verhalten mitursächlich war.¹¹ Es muss sich schon nach dem Wortlaut um eine wesentliche, erhebliche Ursache gehandelt haben.¹² Ob dem Beschuldigten der Vorwurf der „überwiegenden Verursachung"¹³ gemacht werden kann, wird oft nur schwer feststellbar sein. Dagegen greift Nr. 1 nicht ein, wenn die Strafverfolgungsmaßnahme unabhängig von der Einlassung des Beschuldigten angeordnet worden ist oder fortgedauert hat,¹⁴ etwa aufgrund Zeugenaussagen, Belastungen durch Mitbeschuldigte oder Sachbeweisen, vgl. die Beispiele → § 5 Rn. 37. Die Verursachung muss in dem Sinne feststehen, dass das Verhalten – wie schon der Wortlaut sagt – wesentliche Punkte betrifft.¹⁵ Die bloße Möglichkeit des Beruhens genügt für die Versagung der Entschädigung nicht.¹⁶ Dies ergibt sich schon aus dem Wortlaut der Vorschrift, wonach der Beschuldigte die Strafverfolgungsmaßnahme „veranlasst" haben, also eine Ursache gesetzt haben muss. Dies muss dann aber auch feststehen.¹⁷ Es ist deshalb auch nicht ausreichend, dass sich der Beschuldigte durch sein

---

² OLG Schleswig 20.1.1976 – 1 Ws 332/75, NJW 1976, 1467; KG 3.4.1974 – 2 Ws 236/73, GA 1975, 177.
³ Vom 19.12.1979 – 3 StR 396/79, BGHSt 29, 168 = JZ 1980, 241.
⁴ Vgl. OLG Karlsruhe 17.5.1977 – 2 Ws 39/77, MDR 1977, 1041 für den Fall des wahrheitswidrigen Geständnisses einer Brandstiftung.
⁵ *Sieg* MDR 1980, 907.
⁶ *Meyer-Goßner/Schmitt* Rn. 4; *Meyer* JurBüro 1992, 518.
⁷ BVerfG 12.9.1995 – 2 BvR 2475/94, NJW 1996, 1049.
⁸ KG 25.11.1997 – 5 Ws 723/97, juris Rn. 3.
⁹ Insoweit zutreffend OLG Oldenburg 24.9.1991 – 1 Ws 161/91, NStZ 1992, 245.
¹⁰ Vgl. → § 5 Rn. 45; anders OLG Oldenburg 24.9.1991 – 1 Ws 161/91, NStZ 1992, 245.
¹¹ OLG Brandenburg 5.12.2007 – 1 Ws 273/07, juris Rn. 6 ff.
¹² KG 10.10.2008 – 4 Ws 74/08, StraFo 2009, 129; OLG Brandenburg 5.12.2007 – 1 Ws 273/07, juris Rn. 8.
¹³ Eine solche fordert *Meyer-Goßner/Schmitt* Rn. 2.
¹⁴ OLG Düsseldorf 25.6.2013 – 2 Ws 275/13, juris Rn. 20; OLG Oldenburg 26.1.2005 – 1 Ws 45/05, StraFo 2005, 384.
¹⁵ OLG Brandenburg 5.12.2007 – 1 Ws 273/07, juris Rn. 8 aE.
¹⁶ So aber *Meyer* Rn. 11.
¹⁷ Vgl. zu der insoweit parallelen Vorschrift des § 467 Abs. 3 S. 2 Nr. 1 StPO *Meyer-Goßner/Schmitt* StPO § 467 Rn. 3: Feststellung im Freibeweis.

Aussageverhalten in irgendeiner Weise verdächtig gemacht hat.[18] Da insoweit für die Nr. 1 dieselben Voraussetzungen wie für einen Ausschluss nach § 5 Abs. 2 S. 1 gelten gilt das zu → § 5 Rn. 36 Ausgeführte entsprechend. Dort auch zu Möglichkeiten der Feststellung der Ursächlichkeit.

6 Ein Verteidigungsverhalten sollte nicht ohne Not als grob fahrlässig gewertet werden, wenn es genügt, die Voraussetzungen für die Versagung der Entschädigung nach Abs. 1 Nr. 1 objektiv festzustellen und wenn dieses Verhalten für die Strafverfolgungsmaßnahme ursächlich war (vgl. → § 5 Rn. 82).

7 **2. Selbstbelastung.** Die Vorschrift ist nur anwendbar, wenn der Beschuldigte sich überhaupt zur Sache geäußert hat. Dabei ist es unerheblich, ob er zuvor ordnungsgemäß über seine Rechte nach § 163a Abs. 4, § 136a Abs. 1 StPO belehrt wurde,[19] ganz allgemein, ob der Beachtung der Aussage ein Verwertungsverbot für das Strafverfahren entgegensteht[20] oder sein Geständnis später widerruft, mit der Folge, dass das Verfahren eingestellt oder er freigesprochen werden muss, weil weitere (verwertbare) Beweismittel nicht vorhanden sind.[21] Einlassungen, die ihn selbst belasten, können sich auf den Schuldvorwurf, aber auch auf einzelne Haftgründe (Flucht- oder Verdunkelungsgefahr, § 112 Abs. 2 StPO; Katalogtat nach § 112 Abs. 3 StPO) sowie Tatsachen und Umstände beziehen, welche zu einer anderen entschädigungsfähigen Strafverfolgungsmaßnahme im Sinne des § 2 Anlass gegeben haben. Die Selbstbelastung muss objektiv wahrheitswidrig sein. Eine Vortäuschung ist nicht erforderlich. Musterfall ist das wahrheitswidrige Geständnis der Straftat[22] oder die Angabe eines an seinem Fahrzeug betrunken angetroffenen Kraftfahrers, Lenker des Fahrzeugs gewesen zu sein.[23]

8 Im Widerspruch zu seinen späteren Erklärungen belastet sich der Beschuldigte, der zunächst ganz oder teilweise gesteht, später aber widerruft oder gegenteilige Erklärungen abgibt, nicht aber, wenn ein bestimmtes Kerngeschehen von Anfang bis zum Ende im Wesentlichen gleich geschildert wird.[24] In dieser Alternative kommt es nicht darauf an, ob die erste Einlassung wahrheitswidrig war. Denn die – in § 6 vorausgesetzte – freisprechende oder sonst dem Beschuldigten günstige Sachentscheidung muss auch ergehen, wenn das Gericht keiner der beiden Darstellungen glaubt. Die Selbstbelastung muss aber ursächlich für die Strafverfolgungsmaßnahme sein. Ändert der Beschuldigte seine ihn ursprünglich selbst belastende Einlassung, bevor sie Veranlassung zu einer Strafverfolgungsmaßnahme gegeben hat, so ist das für den Entschädigungsanspruch folgenlos. Ebenso, wenn mehrere widersprüchliche Einlassungen des Beschuldigten sämtlich gleichermaßen unglaubwürdig erscheinen und deshalb nicht Grundlage für Strafverfolgungsmaßnahmen waren.[25]

9 **3. Wesentlicher Punkt.** Die Selbstbelastung muss schon nach dem Wortlaut einen wesentlichen Punkt betreffen. Es brauchen nicht mehrere zu sein, wie der Wortlaut nahe legen könnte. Gemeint sind Tatsachen oder Behauptungen, die allein oder in Verbindung mit anderen Umständen die Verurteilung (im Fall des § 1) begründet haben oder geeignet waren, die Anordnung der Strafverfolgungsmaßnahme (im Fall des § 2) zu begründen. Es müssen also für die strafverfahrensmäßige Entscheidung objektiv erhebliche Punkte sein.

10 **4. Verschweigen.** Auch das Verschweigen wesentlicher entlastender Umstände ist ein Versagungsgrund, wenn der Beschuldigte sich zu der Beschuldigung überhaupt geäußert

---

[18] OLG Brandenburg 5.12.2007 – 1 Ws 273/07, juris Rn. 7; KG 10.10.2008 – 4 Ws 74/08, StraFo 2009, 129 (zu § 5).
[19] OLG Karlsruhe 9.7.1997 – 3 Ws 84/96, NStZ 1998, 211; *Meyer-Goßner/Schmitt* Rn. 4; aA *Abramenko* NStZ 1998, 177; vgl. → § 5 Rn. 65.
[20] *Cornelius* Rn. 4, 4.1.
[21] *Meyer* Rn. 10.
[22] OLG Karlsruhe 17.5.1977 – 2 Ws 39/77, MDR 1977, 1041.
[23] OLG Hamm 5.5.1972 – 4 Ws 101/72, MDR 1973, 72 (zu § 5).
[24] OLG Köln 27.6.2002 – 2 Ws 241/02, StraFo 2002, 337.
[25] OLG Düsseldorf 11.6.1990 – 1 Ws 464/90, JurBüro 1991, 425.

hat.²⁶ Ob ein schuldhaftes Verschweigen von entlastenden Umständen Erklärungen des Beschuldigten zur Sache voraussetzt, die dieser in einer förmlichen Vernehmung iSd §§ 136, 163a Abs. 1 S. 1 und 2 StPO abgegeben hat,²⁷ oder ob auch Äußerungen in einer informatorischen Vernehmung oder schriftlichen Erklärung als Grundlage für eine Ermessensentscheidung nach § 467 Abs. 3 S. 2 Nr. 1 StPO dienen können,²⁸ hat der BGH offen gelassen.²⁹ Das pauschale Bestreiten der Vorwürfe ist kein Verschweigen entlastender Umstände.³⁰ Es muss sich um Umstände handeln, die objektiv entscheidungserheblich und geeignet sind, eine dem Beschuldigten günstige Sachentscheidung herbeizuführen. Das Verschweigen setzt bereits begrifflich voraus, dass der Beschuldigte den Umstand selbst kannte (vgl. → Rn. 12) und sich dessen bei der Vernehmung bewusst war.³¹ Typisches Beispiel ist das Verschweigen des Alibis,³² die Nichtbenennung von Zeugen³³ oder der Tatsache und des Umfangs eines Nachtrunks.³⁴ Auf das Wissen alleine des Verteidigers aufgrund dessen eigener Ermittlungen kommt es nicht an.³⁵ Umgekehrt entlastet es den Beschuldigten nicht, wenn er wesentliche Umstände auf Anraten seines Verteidigers verschweigt.³⁶ Wer sich – unwiderlegt – wahrheitsgemäß eingelassen hat, ist darüber hinaus nicht verpflichtet, entlastendes Beweismaterial vorzulegen.³⁷

Es ist ein zulässiges Verteidigungsverhalten, zunächst zur Sache völlig zu schweigen und **11** erst zu einem späteren Zeitpunkt Angaben zu machen. „Schweigen" in diesem Sinn ist die Weigerung gegenüber Polizei, Staatsanwaltschaft oder Gericht überhaupt Angaben zur Sache zu machen. Hierzu zählt auch, dass der Beschuldigte einer Vorladung keine Folge leistet oder einen Einspruch nicht begründet.³⁸ Mit einem solches Verhalten macht ein Beschuldigter von seinen gesetzlichen Rechten Gebrauch. Dies kann nicht zur Versagung der Entschädigung führen,³⁹ mag es auch unter prozesswirtschaftlichen Gesichtspunkten ärgerlich sein. Voraussetzung der Versagung der Entscheidung ist daher zunächst, dass ein Beschuldigter wenigstens teilweise Angaben zur Sache gemacht hat.

Bei **Verkehrsdelikten** behauptet der Beschuldigte nicht selten, **ein Anderer sei** **12** **gefahren,** verschweigt aber dessen Namen. Ein Verschweigen setzt voraus, dass er den Namen oder andere individualisierende Merkmale der Person kennt. Ein Bestreiten der Täterschaft mit der – zutreffenden – Behauptung, nicht zu wissen, wer gefahren sei, ist daher unschädlich. Anders liegt es, wenn ein Beschuldigter zunächst behauptet, ein anderer sei gefahren, dessen Namen er nicht nennen wolle, später im Entschädigungsverfahren dann die Behauptung aufstellt, es müsse erwogen werden, dass es sich dabei um eine Schutzbehauptung gehandelt haben könnte und daher nicht feststehe, dass er einen wesentlichen Umstand verschwiegen habe. Ein solches Taktieren mit ihm bekannten Umständen kann bei der Anwendung der Vorschrift nicht im Sinne des Beschuldigten berücksichtigt werden.⁴⁰

---

[26] OLG Düsseldorf 4.3.1983 – 1 Ws 157/83, StV 1984, 108 (109).
[27] So Löwe/Rosenberg/*Hilger* StPO § 467 Rn. 41 f.
[28] So KK/*Gieg* StPO § 467 Rn. 7; *Meyer-Goßner/Schmitt* StPO § 467 Rn. 8; aA Löwe/Rosenberg/*Hilger* StPO § 457 Rn. 42.
[29] 23.5.2002 – 3 StR 53/02, juris Rn. 8.
[30] KG 20.3.2000 – 4 Ws 41/00, juris Rn. 4 ff.
[31] OLG Düsseldorf 4.3.1983 – 1 Ws 157/83, StV 1984, 108 (109); 25.6.2013 – 2 Ws 275/13, juris Rn. 14; OLG Stuttgart 25.10.1983 – 1 Ws 289/83, MDR 1984, 427; *Meyer-Goßner/Schmitt* Rn. 4.
[32] OLG Hamm 15.10.2013 – 5 RVs 96/13 und 5 Ws 380-381/13, jeweils juris Rn. 22 ff., 26; KG 23.2.1987 – Ws 12/87, GA 1987, 405.
[33] OLG Hamm 15.10.2013 – 5 RVs 96/13 und 5 Ws 380-381/13, jeweils juris Rn. 22 ff., 26.
[34] KG 17.11.1986 – 1 Ss 212/86, VRS 72 (1987), 380; *Grohmann* BA 22 (1985), 233 (238).
[35] OLG Düsseldorf 4.3.1983 – 1 Ws 157/83, StV 1984, 108 (109).
[36] OLG Düsseldorf 18.12.1995 – 1 Ws 884/95, NStZ-RR 1996, 223; *Meyer-Goßner/Schmitt* Rn. 4.
[37] OLG Düsseldorf 4.3.1983 – 1 Ws 157/83, StV 1984, 108 (109); vgl. → § 5 Rn. 89.
[38] Löwe/Rosenberg/*Hilger* StPO § 467 Rn. 41 ff. zur parallelen Frage bei § 467 Abs. 3 StPO.
[39] AA LG Flensburg 2.2.1983 – I Qs 13/83, JurBüro 1983, 1217 das sich mE zu Unrecht auf BVerfG 12.10.1981 – 2 BvR 698/81, NJW 1982, 275 [mit zust. Anm. *Meyer* DAR 1982, 277; *ders.* § 6 Rn. 20] stützt; wie hier auch Löwe/Rosenberg/*Hilger* StPO § 467 Rn. 41 ff. zur parallelen Frage bei § 467 Abs. 3 StPO.
[40] BayVerfGH 15.7.2008 – Vf. 91 – VI – 07, BayVBl. 2008, 693.

13   Manche wollen es genügen lassen, wenn der Beschuldigte darauf hinweist, ein anderer sei gefahren, verlangen aber die **Nennung des Namens** nicht. Die Tatsache, dass ein anderer gefahren sei, sei der entscheidende „Umstand" iSd Nr. 1.[41] Dagegen verlangt die hM in der Rechtsprechung neben der Behauptung, ein anderer sei gefahren, auch die Nennung des Namens,[42] weil die Berufung auf einen unbekannten Dritten regelmäßig für sich allein kein entlastender Umstand ist, sondern häufig die Vermutung einer erfundenen Schutzbehauptung begründet, die nicht überprüft werden kann.[43] Der wesentliche, entlastende Umstand sei die Tatsache, dass eine bestimmte andere Person gefahren ist, die als wahrer Täter festgestellt werden könne. Die hM in der Rspr. verlangt damit aber indirekt die Benennung von Beweismitteln, vgl. – für den schweigenden Beschuldigten – → § 5 Rn. 89. Nur wenn **schutzwürdige Gründe** vorliegen, die es als nicht zumutbar erscheinen lassen, dass der Beschuldigte den anderen preisgibt, führt das Verschweigen nach dieser Auffassung nicht zur Versagung der Entschädigung. Das wird sich dann in der Regel auf **die Angehörigen** beschränken müssen, denen nach § 52 StPO ein Zeugnisverweigerungsrecht zusteht.[44] Danach besteht ein Zeugnisverweigerungsrecht selbst bei einer engen freundschaftlichen (Liebes-) Beziehung außerhalb einer noch bestehenden Ehe nicht.[45] Die Berufung auf ein (normales) **Freundschaftsverhältnis** genügt nach dieser Meinung nicht.[46] Die Anwendung dieser Grundsätze lässt nach Meinung des BayVerfGH sachfremde Erwägungen nicht erkennen.[47] Andere wollen eine normale Freundschaft genügen lassen, weil das einem Verwandtschaftsverhältnis vergleichbare besondere Vertrauensverhältnis zwischen Freunden jedenfalls bei einem Verkehrsdelikt (wohl: unerlaubtes Entfernen vom Unfallort) Schutz verdiene.[48] Dies soll auch für das Verhältnis Freund – Freundin gelten, weil in Bezug auf das in Rede stehende Delikt der Trunkenheit im Verkehr ein einem Verwandtschaftsverhältnis vergleichbares Vertrauensverhältnis gegeben sei.[49] Das LG Frankenthal[50] hat die Erstattung der notwendigen Auslagen aus der Landeskasse versagt, weil der Beschuldigte zunächst bewusst verschwiegen hatte, dass die Ehefrau gefahren war, um dieser gegenüber die Verjährung zu bewirken; es hat zur Begründung § 6 Abs. 1 Nr. 1 StrEG analog herangezogen, obgleich dasselbe Ergebnis bereits aus § 467 Abs. 3 S. 2 StPO folgt.

14   Im Verfahren wegen Trunkenheit im Verkehr kann die Entschädigung für die vorläufige Entziehung der Fahrerlaubnis versagt werden, wenn der Beschuldigte einen **Nachtrunk zunächst verschwiegen** hat,[51] oder wenn er auf Nachfrage des ermittelnden Polizeibeamten Nachtrunk ausdrücklich verneint, diesen nach Sicherstellung des Führerscheins dann aber gleichwohl behauptet hat, was ihm nicht zu widerlegen war.[52]

15   Wer erst im **Wiederaufnahmeverfahren** zur Anklage des Betrugs darlegt, er habe den angeblich Betrogenen über seine schlechten Vermögensverhältnisse aufgeklärt, erhält keine Entschädigung, soweit die Verurteilung gerade auf diesem Umstand beruhte.[53]

---

[41] LG Münster 9.7.2001 – 15 Ns 41 Js 763/00, ZfS 2001, 566 im Anschluss an *Götz* MDR 1977, 1042.
[42] OLG Bremen 5.10.1988 – Ws 138/88, NStE Nr. 3 zu § 6 StrEG; grds. auch OLG Hamm 4.2.1977 – 3 Ws 375/76, MDR 1977, 1042 mit krit. Anm. *Götz*; 8.6.1979 – 1 Ws 146/79, juris Rn. 8 ff.; OLG Schleswig 4.2.1981 – 1 Ws 423/80, SchlHA 1982, 105 bei *Ernesti/Lorenzen*; OLG Stuttgart 2.12.1986 – 1 Ws 314/86, Justiz 1987, 116 ff. (zu § 467 StPO); LG Flensburg 2.11.1984 – I Qs 256/84, VerkMitt 1985, 39 (40); LG Aachen 17.7.1991 – 63 Qs 146/91, MDR 1992, 288; *Cornelius* Rn. 4; aA etwa KG 29.1.1997 – 3 Ws 661/96, juris Rn. 3: die Ermittlungen würden nicht in eine falsche Richtung geleitet; ebenso *Götz* aaO.
[43] LG Aachen 17.7.1991 – 63 Qs 146/91, MDR 1992, 288.
[44] OLG Oldenburg 9.9.1983 – NdsRPfl 1983, 253; LG Aachen 17.7.1991 – 63 Qs 146/91, MDR 1992, 288; *Marxen/Tiemann* Rn. 565.
[45] BVerfG 22.1.1999 – 2 BvR 961/94, JurBüro 1999, 500.
[46] OLG Hamm 8.6.1979 – 1 Ws 146/79, juris Rn. 8 ff.; LG Flensburg 2.11.1984 – I Qs 256/84, VerkMitt 1985, 39 (40).
[47] 15.7.2008 – Vf. 91 – VI – 07, BayVBl. 2008, 693.
[48] OLG Hamm 4.2.1977 – 3 Ws 375/76, MDR 1977, 1042 mAnm *Götz*.
[49] OLG Schleswig 4.2.1981 – 1 Ws 423/80, SchlHA 1982, 105 bei *Ernesti/Lorenzen*.
[50] 9.8.1878 – Qs 500a/78, MDR 1979, 165.
[51] OLG Frankfurt a. M. 26.9.1977 – 4 Ws 118/77, NJW 1978, 1017; KG 17.11.1977 – 3 Ws 144/72, VRS 44 (1973), 122 (123).
[52] KG 17.11.1977 – 3 Ws 144/72, VRS 44 (1973), 122 (123).
[53] OLG Saarbrücken 18.9.1974 – Ws 225/74, NJW 1975, 791 (792).

5. Zurechenbarkeit. Das Verteidigungsverhalten, das zur Versagung der Entschädigung 16 führt, muss dem Beschuldigten zuzurechnen sein. Diese Zurechnung ist aber nicht nur eine objektive, wie der Wortlaut nahe legen könnte, sondern eine verschuldete.[54] Das ist der Fall, wenn der Beschuldigte erkannt hat, dass es sich um einen für seine Verteidigung wesentlichen Punkt handelt, dass seine Einlassung ihn belastet, dass sein Vorbringen unwahr oder widersprüchlich ist und dass der verschwiegene Umstand ihn entlasten kann. Hat der Beschuldigte das nicht erkannt oder nicht erkennen können,[55] so kommt es darauf an, ob er den Irrtum vermeiden konnte. Der hier anzulegende Verschuldensmaßstab ist die leichte (einfache, gewöhnliche) Fahrlässigkeit[56] im zivilrechtlichen Sinn.[57] Dies folgt schon aus der Gegenüberstellung mit § 5 Abs. 2, wonach grobe Fahrlässigkeit zwingend zum Ausschluss der Entschädigung führt. Die Fälle des § 6 Abs. 1 Nr. 1 liegen unterhalb dieser „Haftungsschwelle"; sonst wäre die Vorschrift überflüssig.[58] Der anzuwendende zivilrechtliche Maßstab schließt es nicht aus, die Besonderheiten bestimmter Personengruppen abzustellen. So gilt bei Jugendlichen und Heranwachsenden zwar ebenfalls ein objektiver, aber auf die Altersgruppe abgestellter Maßstab.[59] Auch ist zu berücksichtigen, dass es in erster Linie Aufgabe der Verhörspersonen und des Haftrichters ist, für eine Aufklärung des Sachverhalts durch Vorhalte und Nachfragen zu sorgen. Vom Veschuldigten kann insoweit kein höheres Problembewußtsein und Verständnis erwartet werden.[60]

Der Beschuldigte muss die **objektiv** (nicht die auf seine Person abgestellte) **erforderliche** 17 **Sorgfalt** walten lassen. Die Fahrlässigkeit kann bewusste oder unbewusste sein. Verschweigt der Beschuldigte zB einen entlastenden Umstand in der Hoffnung, er werde ohnehin freigesprochen, so liegt bewusste Fahrlässigkeit vor; erkennt er fahrlässig nicht, dass eine bestimmte Einlassung ihn entlasten (oder belasten) könnte, handelt er unbewusst fahrlässig. Unterlässt er es, eine naheliegende und zumutbare Aufklärung zu geben, so handelt er mindestens leicht fahrlässig. Immer aber ist Voraussetzung, dass dem Beschuldigten die Tatsache selbst bekannt oder bewusst war (→ Rn. 10 und → § 5 Rn. 64).

6. Ermessensrichtlinien. Die Rechtsprechung und das Schrifttum zu der Parallelvor- 18 schrift des § 467 Abs. 3 S. 2 StPO meinen, dem nicht verurteilten Angeschuldigten seien seine notwendigen Auslagen nur dann nicht zu ersetzen, wenn er die Erhebung der öffentlichen Klage **missbräuchlich** oder sonst in **unlauterer Weise** verursacht hat.[61] Diese Auffassung ist – unter Bezug auf das Kostenrecht – auch in die Rechtsprechung zu § 6 StrEG eingegangen.[62] Das ist nicht zu billigen.

Im Bereich der Auslagenerstattung wird der Missbrauch darin gesehen, dass eine mögliche 19 und wirksame Verteidigung erst vorgebracht wird, nachdem die öffentliche Klage bereits erhoben, Einspruch oder Rechtsmittel eingelegt oder mit der Hauptverhandlung begonnen worden ist. Denn ein Auslagenerstattungsanspruch entsteht erst nach Klageerhebung (vgl. § 467a StPO), und die Gebühren des Verteidigers wachsen mit fortschreitendem Verfahrensstand.[63]

Die Bewertung eines Verteidigungsverhaltens als „Missbrauch"[64] oder als „unlauter" ist 20 höchst anfechtbar, vor allem aber unnötig, wenn die wertungsfreie Feststellung genügt, dem Beschuldigten sei zuzumuten gewesen, seine Entlastung früher vorzubringen.

---

[54] OLG Düsseldorf 25.6.2013 – 2 Ws 275/13, juris Rn. 14; OLG Hamm 11.2.1980 – 6 Ws 23/80, juris Rn. 5 f.
[55] Vgl. BGH 12.10.1993 – 1 StR 475/93, NJW 1994, 334 (335).
[56] OLG Stuttgart 25.10.1983 – 1 Ws 289/83, MDR 1984, 427; *Cornelius* Rn. 4; *Meyer* Rn. 19; *Meyer-Goßner/Schmitt* Rn. 4.
[57] OLG Brandenburg 5.12.2007 – 1 Ws 273/07, juris Rn. 7; zum Begriff vgl. Palandt/*Grüneberg* BGB § 276 Rn. 15.
[58] Vgl. Prot. des Rechtsausschusses des Bundestages vom 15.10.1970, 22. Sitzung, 6. WP, S. 18 f.; OLG Karlsruhe 17.5.1977 – 2 Ws 39/77, MDR 1977, 1041.
[59] Palandt/*Grüneberg* BGB § 276 Rn. 17; *Eisenberg* § 2 Rn. 39.
[60] OLG Düsseldorf 25.6.2013 – 2 Ws 275/13, juris Rn. 17 f.
[61] Löwe/Rosenberg/*Hilger* Rn. 48, Meyer-Goßner/*Schmitt* Rn. 9 je zu § 467 StPO, mwN.
[62] Vgl. OLG Hamm 4.2.1977 – 3 Ws 375/76, MDR 1977, 1042 mwN.
[63] Weiter bei Löwe/Rosenberg/*Hilger* StPO § 467 Rn. 44 ff.
[64] Vgl. etwa OLG Schleswig 4.2.1981 – 1 Ws 423/80, SchlHA 1982, 97 (105) bei *Ernesti/Loremzen*.

21 Entscheidend ist vielmehr, ob der Beschuldigte die Strafverfolgungsmaßnahme – oder ihre Fortdauer – hätte **vermeiden** können,
– wenn er die ihn entlastenden wesentlichen Umstände rechtzeitig vorgebracht hätte oder
– wenn er sich nicht wahrheitswidrig selbst belastet hätte oder
– wenn er sich nicht zunächst und im Widerspruch zu seinen späteren Erklärungen selbst belastet hätte.

22 Ist eine dieser Alternativen zu bejahen, so ist noch zu fragen, ob der Beschuldigte vernünftige Gründe für seine Art der Einlassung hatte. Ist diese weitere Frage zu verneinen und war dem Beschuldigten ein anderes Verhalten zuzumuten, so wird die Entschädigung zu versagen sein. Voraussetzung ist aber immer, dass er sich zur Beschuldigung geäußert hat.

III. Nichtverurteilung oder Einstellung, Abs. 1 Nr. 2

23 Nach Nr. 2 kann das Gericht die Entschädigung versagen, wenn der Beschuldigte „nur deshalb" nicht verurteilt oder das Verfahren gegen ihn eingestellt worden ist, weil festgestellt oder nicht auszuschließen ist, dass er schuldunfähig war oder weil ein Verfahrenshindernis bestand. **Schon nach dem Wortlaut ist die Versagung die Ausnahme** („„kann … versagt werden").[65] Es gilt hier nichts anderes als bei der insoweit wortgleichen Vorschrift des § 467 Abs. 3 S. 2 StPO.[66] Die Rechtsprechung hierzu kann daher ergänzend herangezogen werden. Die Vorschrift setzt schon nach ihrer eindeutigen Formulierung voraus, dass der Beschuldigte ohne diese Gründe verurteilt[67] oder untergebracht[68] worden wäre. Dies ist bereits tatbestandliche Voraussetzung des Abs. 2 Nr. 1. Erst wenn dies festgestellt ist, ist Raum für die Ermessensausübung.[69]

24 Eine in Rechtsprechung und Literatur verbreitete Auffassung hielt die tatbestandlichen Voraussetzungen für die Versagung einer Entschädigungsentscheidung nur dann für gegeben, wenn der Angeschuldigte allein wegen des bestehenden Verfahrenshindernisses nicht verurteilt wird. Bei Hinwegdenken des Verfahrenshindernisses muss danach mit Sicherheit von einer Verurteilung auszugehen sein. Voraussetzung war, dass das Verfahren bis zur Schuldspruchreife gediehen sein musste.[70] Blieben Zweifel, so sollte es bei der Entschädigungspflicht des § 2 sein Bewenden haben.[71] Demgegenüber können nach einer anderen in der Rechtsprechung vertretenen Ansicht im Rahmen der zu treffenden Ermessensentscheidung schon verbleibende Verdachtserwägungen einer Entschädigungspflicht entgegenstehen.[72]

---

[65] BGH 8.6.1999 – 4 StR 595/97, BGHSt 45, 108 = NJW 1999, 3644 ff. [zu § 467 Abs. 3 S. 2 Nr. 2 StPO; OLG Schleswig 21.2.2006 – 2 Ws 11/06, SchlHA 2007, 293 (294), juris Rn. 18; aA OLG Düsseldorf 26.4.1985 – 1 Ws 337/85, JurBüro 1986, 249; LG Ellwangen 27.2.2014 – 1 Ks 9 Js 94162/12, juris Rn. 299; *Meyer-Goßner/Schmitt* Rn. 6.

[66] OLG Bamberg 20.7.2010 – 1 Ws 218/10, StraFo 2010, 475 (476); OLG Celle 21.2.2011 – 1 Ws 76/11, wistra 2011, 239 f. – juris Rn. 10: 6.8.2013 – 2 Ws 144/13, juris Rn. 15.

[67] BGH 5.11.1999 – StB 1/99, NStZ 2000, 330 f. (juris Rn. 9); OLG Celle 21.2.2011 – 1 Ws 76/11, wistra 2011, 239 f., juris Rn. 10; OLG Düsseldorf 26.4.1985 – 1 Ws 337/85, JurBüro 1986, 249 (250); OLG Frankfurt a. M. 18.10.1995 – 3 Ws 682/95, NStZ-RR 1996, 62; 8.5.1996 – 3 Ws 272/96, NStZ-RR 1996, 286; OLG Hamm 2.10.1996 – 3 Ws 496/96, NStZ-RR 1997, 127 (128); KG 14.7.1993 – 4 Ws 157/93, NJW 1994, 600 f. [für notwendige Auslagen – Fall Honecker]; 7.12.1998 – 4 Ws 190/98, juris Rn. 5 ff. = NJ 1999, 494 [Ls. – Fall Mielke], beide für dauernde Verhandlungsunfähigkeit; OLG Köln 30.10.1990 – 2 Ws 528/90; NJW 1991, 506 (507 f.) [zu § 467 StPO]; OLG Schleswig 17.11.1977 – 1 Ws 310, 312/77, JurBüro 1978, 267; 26.8.1993 – 1 Ws 218/93, SchlHA 1995, 37; 21.2.1006 – 2 Ws 11/04, SchlHA 2007, 293; LG Berlin 21.7.1993 – 527-12/92, NJW 1993, 2545.

[68] KG 15.6.2012 – 4 Ws 57/12, juris Rn. 8.

[69] OLG Hamm 2.10.1996 – 3 Ws 496/96, NStZ-RR 1927, 127; OLG Zweibrücken 22.3.1985 – 1 Ws 391/84, NStZ 1986, 129.

[70] Wie dies im Fall BGH 1.3.1995 – 2 StR 331/94, NStZ 1995, 406 (407) der Fall war.

[71] OLG Hamm 12.8.1985 – 2 Ws 118/85, NJW 1986, 734 f.; 2.10.1996 – 3 Ws 496/96, NStZ-RR 1997, 127 f.; vgl. auch *Kühl* NJW 1984, 1264 ff. und *Liemersdorf/Miebach* NJW 1980, 371 ff. (für den StrEG); BayObLG 29.9.1969 – RReg 3b St 88/69, NJW 1970, 875; OLG Düsseldorf 5.2.1997 – 2 Ws 25/97, NStZ-RR 1997, 288; KG 14.7.1993 – 4 Ws 157/93, NJW 1994, 600 f. (Fall Honecker); 28.7.2005 – 4 Ws 153/02, StraFo 2005, 483; OLG München 1.8.1988 – 2 Ws 237/88, NStZ 1989, 134); OLG Zweibrücken 21.9.1988 – 1 Ws 402/88, NStZ 1989, 134; kritisch zur hM und ausführlich auch KK/*Gieg* StPO § 467 Rn. 10a (je für die gleichgelagerte Problematik beim Ersatz der notwendigen Auslagen).

[72] Vgl. OLG Karlsruhe 12.5.1980 – 3 Ws 93/80, JR 1981, 38 f.

Die vorgeschilderten Streitfrage kann nicht losgelöst von ihrer zeitlichen Entwicklung **25** betrachtet werden: Der Gedanke der Anknüpfung an eine Verdachtslage kommt bereits in frühen Entscheidungen zum Ausdruck.[73] Nachdem das BVerfG Entscheidungen beanstandet hatte, die die Ausübung des Ermessens an Schuldfeststellungen angeknüpft hatten,[74] kam es zur Ausprägung der strengen Ansicht vom Erfordernis der Schuldspruchreife. Erst die vom Bundesgerichtshof erneut ins Spiel gebrachte Anknüpfung an den verbliebenen Tatverdacht,[75] welche bereits früher vom **EGMR**[76] und vom **BVerfG**[77] vorgezeichnet worden war, führte zu einer Wende hin zur heute ganz herrschenden Auffassung, wonach unter bestimmten Voraussetzungen eine Anknüpfung an Verdachtserwägungen zulässig ist.

Das **BVerfG** hat dargelegt, welcher der beiden verfassungsrechtlich unbedenklichen Aus- **26** legungsalternativen der Vorzug zu geben sei, hätten grundsätzlich die zuständigen Strafgerichte zu entscheiden. Beide Auslegungsalternativen hätten indes der im Rechtsstaatsprinzip des Grundgesetzes wurzelnden Unschuldsvermutung Rechnung zu tragen: Folge man der Auffassung, dass Entschädigung nur versagt werden kann, wenn bei Hinwegdenken des Verfahrenshindernisses eine Verurteilung mit Sicherheit zu erwarten gewesen wäre, so müsse wegen der mit der Entscheidung verbundenen Feststellung und Zuweisung strafrechtlicher Schuld zuvor die Hauptverhandlung bis zur Schuldspruchreife durchgeführt worden sein. Die Anwendung der Vorschrift käme dann nur in Betracht, wenn der Angekl. das letzte Wort hatte.[78] Diese Auffassung geht davon aus, mit der belastenden Entscheidung sei eine Feststellung und Zuweisung von Schuld verbunden.[79] Vor Erreichen dieses Verfahrensstadiums ist von dieser Warte aus für eine Versagung der Entschädigung vor dem Hintergrund der Unschuldsvermutung kein Raum. Erst die bis zur **Schuldspruchreife** durchgeführte Hauptverhandlung erlaubt es dem Richter, sich eine Überzeugung zur Schuldfrage zu bilden.[80] Auf der Grundlage der Rechtsansicht, nach der eine Versagung wegen fortbestehender Verdachtserwägungen in Betracht kommt, könne hingegen auch in den der Schuldspruchreife vorausgehenden Verfahrensabschnitten eine Entscheidung zu Lasten des Beschuldigten getroffen werden. Diese müsse sich dann aber in Verdachtserwägungen erschöpfen und dürfe auch nach ihrer Formulierung keine strafrechtliche Schuld zuweisen.[81] Dieser Auffassung hat sich der **BGH** angeschlossen.[82] Auch die meisten anderen Obergerichte folgen ihr. Andere halten aber weiter am Erfordernis der „Schuldspruchreife" fest.[83]

Anders als bei den Einstellungen nach Ermessen, vgl. → § 3 Rn. 24, oder in Anwendung **27** des § 5 Abs. 2, wo selbst bei erwiesener Unschuld Entschädigung ausgeschlossen sein kann,[84] genügen im Hinblick auf die Unschuldsvermutung, der in großem Umfang Rechnung zu tragen ist, und die auch im Bußgeldverfahren Geltung beansprucht,[85] freilich **einfache Verdachtserwägungen** hier nicht. Die hM hält es für ausreichend, wenn bei dem bei Feststellung des Verfahrenshindernisses gegebenen Verfahrensstand ein zumindest hinrei-

---

[73] Erstmals wohl OLG Karlsruhe 12.5.1980 – 3 Ws 93/80, JR 1981, 38 f.
[74] BVerfG 26.3.1987 – 2 BvR 589/79, NJW 1987, 2427; 29.5.1990 – 2 BvR 254/88 ua, NJW 1990, 2741; 16.12.1991 – 2 BvR 1542/80, NJW 1992, 1612; 16.12.1991 – 2 BvR 1590/89, NStZ 1992, 289. Vgl. auch BVerfG 6.2.1995 – 2 BvR 2588/93, NStZ-RR 1996, 45.
[75] BGH 5.11.1999 – 1 StB 1/99, NStZ 2000, 330 f.
[76] EGMR 25.8.1987 – 9/1986/107/155, NJW 1988, 3257 (3258) [Fall Englert].
[77] Vgl. etwa BVerfG 25.11.1991 – 2 BvR 1056/90, NJW 1992, 2011.
[78] BGH 5.11.1999 – StB 1/99, NStZ 200, 330 (331); OLG Hamm 6.8.2013 – 2 Ws 144/13, juris Rn. 10; OLG Hamm 26.10.2000 – 5 Ws 216/00, VRS 100, 52 (54); 7.4.2010 – 2 Ws 60/10, juris Rn. 5; KG 28.7.2005 – 4 Ws 153/02, StraFo 2005, 483; 2.12.2011 – 1 Ws 82/11, juris Rn. 11.
[79] BGH 1.3.1995 – 2 StR 331/94, NStZ 1995, 406 (407); wohl auch OLG München 1.8.1988 – 2 Ws 237/88, NStZ 1989, 134.
[80] OLG Hamm 21.3.2006 – 3 Ws 102/06, wistra 2006, 359 zu § 467 StPO.
[81] BVerfG 16.12.1991 – 2 BvR 1452/90, NStZ 1992, 289 (290).
[82] BGH 5.11.1999 – StB 1/99, NStZ 2000, 330 ff. (juris Rn. 9 und 13) zu § 467 Abs. 3 Nr. 2 StPO.
[83] So etwa (zu § 467 Abs. 3 S. 2 Nr. 2 StPO): KG 28.7.2005 – 4 Ws 153/02, StraFo 2005, 483 f.; LG Düsseldorf 25.5.2009 – 61 Qs 51/09, StraFo 2009, 396; KK/*Gieg* StPO § 467 Rn. 10a (je für die gleichgelagerte Problematik beim Ersatz der notwendigen Auslagen) mit ausführlicher Darstellung der Einzelfälle.
[84] BGH 19.12.1979 – 3 StR 396/79, BGHSt 29, 169 (171) = MDR 1980, 417; → § 5 Rn. 31.
[85] EGMR 25.8.1987 – 9912/82, Ls. in juris; 25.8.1987 – 8/1986/106/154, Ls. juris.

chender Tatverdacht besteht und keine Umstände erkennbar sind, die bei Durchführung der Hauptverhandlung die Verdichtung des Tatverdachts zur prozessordnungsgemäßen Feststellung der Tatschuld in Frage stellen.[86] Die Unschuldsvermutung schließt es nicht aus, in einer das Strafverfahren beendenden Entscheidung einen verbleibenden Tatverdacht zu bewerten und dies bei der Entscheidung über die Entschädigung zu berücksichtigen. Rechtsfolgen, die keinen Strafcharakter haben, können deshalb auch in einer das Verfahren abschließenden Entscheidung an einen verbleibenden Tatverdacht geknüpft werden. Jedoch muss aus der Begründung deutlich hervorgehen, dass es sich nicht um eine gerichtliche Schuldfeststellung oder Schuldzuweisung handelt, sondern nur um die Beschreibung und Bewertung einer Verdachtslage.[87] Lassen sich keine sicheren Feststellungen zur Verdachtslage treffen, kommt eine Versagung der Entschädigung nicht in Betracht.[88]

28 Für verschiedene Verfahrensstadien bedeutet dies Folgendes: Wird das Verfahren mangels sicheren Tatnachweises nach § 170 Abs. 2 StPO eingestellt, kommt eine Versagung der Entschädigung nicht in Betracht.[89] Die Durchführung und das Ergebnis einer Hauptverhandlung gegen andere des gleichen Sachverhalts Angekl. genügen – jedenfalls für sich alleine – ebenfalls nicht.[90] Ein prozessual ordnungsgemäß zustande gekommenes, glaubhaftes und unter rechtsstaatlichen Gesichtspunkten zuverlässiges Geständnis kann als Grundlage für die Bewertung der Verdachtslage in Betracht kommen.[91] Ausreichend kann die Durchführung des Verfahrens in erster Instanz vor dem Landgericht sein, wenn unter Würdigung der Revisionsbegründungen und Erwiderungen sowie der Stellungnahme des Generalbundesanwalts die Prüfung ergibt, dass die Revision des Angekl. keine Aussicht auf Erfolg hat.[92]

29 **1. Schuldunfähigkeit, Abs. 1 Nr. 2 Alt. 1. a) Voraussetzungen.** Schuldunfähig im Sinne der Nr. 2 ist auch der Jugendliche, der mangels Reife strafrechtlich nicht verantwortlich ist, § 3 S. 1 JGG.[93] Die Vorschrift setzt voraus, dass der Beschuldigte ohne diesen Grund verurteilt worden wäre (→ Rn. 23 ff.). Sie betrifft die Fälle nicht, in denen iSv § 5 Abs. 1 Nr. 2 die Entschädigung ausgeschlossen ist, weil der Beschuldigte untergebracht worden oder eine vorangegangene Freiheitsentziehung konsumiert ist. Dagegen kommen hier Verfahren in Betracht, die ohne Unterbringung enden und in denen andere als freiheitsentziehende Strafverfolgungsmaßnahmen vorangegangen sind (etwa eine vorläufige Entziehung der Fahrerlaubnis; vgl. → § 5 Rn. 15) oder in denen die Freiheitsentziehung nicht nach § 5 Abs. 1 Nr. 2 konsumiert ist. Denn für die Beurteilung der Schuldfähigkeit kommt es auf die Verhältnisse zur Zeit der Tat, für die Frage der Anordnung von Maßregeln auf den Zeitpunkt der Sachentscheidung an. Beispiele: Der Kleptomane ist zur Zeit der Sachentscheidung geheilt, der geisteskranke Totschläger ist nicht mehr gefährlich. Die Bestimmung gilt auch, wenn die Schuldunfähigkeit von Anfang an bekannt und der Beschuldigte nach

---

[86] BGH 5.11.1999 – StB 1/99, NStZ 2000, 330; OLG Celle 6.8.2013 – 2 Ws 144/13, juris Rn. 9; OLG Frankfurt a. M. NJW 1980, 2031 f.; 17.4.2002 – 2 Ws 16/02, NStZ-RR 2002, 246; OLG Hamm 26.10.2000 – 5 Ws 216/00, VRS 100, 52; 7.4.2010 – 2 Ws 60/10, NStZ-RR 2010, 224; OLG Karlsruhe 12.5.1980 – 3 Ws 93/80, JR 1981, 38 f.; 3.2.2003 – 3 Ws 248/02, NStZ-RR 2003, 286; OLG Köln 30.10.1990 – 2 Ws 528/90, NJW 1991, 506 (507); 26.4.2012 – 2 Ws 284/12, juris Rn. 10 f.; OLG Rostock 15.1.2013 – I Ws 342/13, juris Rn. 5. Nach Thüringer OLG 11.1.2007 – 1 Ws 195/05, NStZ-RR 2007, 254 soll ein „erheblicher" Tatverdacht genügen. Der Begriff ist indes der StPO als Grad des Tatverdachts fremd.
[87] EGMR 25.8.1987 – 102882/83, Ls. in juris; 3.4.2007 – 29453/02, juris Rn. 69; BVerfG 16.12.1991 – 2 BvR 1590/89, NStZ 1992, 289 (290); 6.2.1995 – 2 BvR 2588/93, NStZ-RR 1996, 45; BGH 5.11.1999 – StB 1/99, NStZ 2000, 330 mAnm *Hilger*; OLG Hamm 21.3.2006 – 3 Ws 102/06, wistra 2006, 359 (alle zur gleichgelagerten Problematik des § 467 StPO).
[88] LG Ellwangen 27.2.2014 – 1 Ks 9 Js 94162/12, juris Rn. 297 f.
[89] Vgl. LG München I 4.4.2008 – 9 Qs 7/08, StraFo 2008, 266.
[90] LG Berlin 21.7.1993 – 527-12/92, NJW 1993, 2545; teilweise anders OLG Rostock 15.1.2013 – I Ws 342/12, juris Rn. 9.
[91] OLG Hamm 2.10.1996 – 3 Ws 496/96, NStZ-RR 1997, 127 (128); 21.3.2006 – 3 Ws 102/06, wistra 2006, 359; OLG Köln 30.10.1990 – 2 Ws 528/90, NJW 1991, 506 (507 f.); offen gelassen LG Berlin 21.7.1993 – 527-12/92, NJW 1993, 2545.
[92] BGH 16.5.2002 – 1 StR 533/01, NStZ-RR 2003, 103 bei *Becker*.
[93] *Eisenberg* ZKJ 2013, 347; *Meyer-Goßner/Schmitt* Rn. 6.

§ 126a StPO untergebracht war, eine Unterbringung im Sicherungsverfahren (§§ 413 f. StPO) nach § 63 StGB aber dann nicht angeordnet wird, weil die von dem Beschuldigten weiter zu erwartenden rechtswidrigen Taten nicht erheblich sind und von ihnen keine Gefährdung der Allgemeinheit ausgeht.[94] Solche Sachlagen sind vor allem möglich, wenn ein längerer Zeitraum zwischen der Tat und dem Strafverfahren liegt. Die Vorschrift will vermeiden den schuldunfähigen Täter aus der Staatskasse zu entschädigen, was im Hinblick auf den angerichteten Schaden unangemessen und ungerecht sein kann.[95]

b) Ermessensgrundsätze. Auch hier ist eine Gesamtwürdigung erforderlich, in die neben dem angerichteten Schaden und den Folgen der Tat[96] insbesondere auch die Schwere des Tatvorwurfs,[97] der Unrechtsgehalt der rechtswidrigen Taten,[98] das Maß der Störung des Rechtsfriedens,[99] die Gefährlichkeit des Täters[100] sowie das Maß des Sonderopfers[101] einfließen müssen. Bei schwerwiegenden Straftaten wird dies häufig zum völligen Ausschluss der Entschädigung führen.[102] Bei einem Jugendlichen kann die Nicht-Verantwortlichkeit nach § 3 S. 1 JGG ein Versagen von Entschädigung dann rechtfertigen, wenn der Betroffene anlässlich der Unterbringung eine wichtige Förderung erfahren hat.[103] Andererseits lassen sich auch Fälle denken, in denen eine teilweise oder volle Entschädigung in Frage kommt. Deshalb ist dem Gericht hier ein Ermessensspielraum eingeräumt.

c) Beispiele aus der Rechtsprechung
– Entschädigung für U-Haft soll zu gewähren sein, wenn richtigerweise statt der U-Haft von Anfang an die einstweilige Unterbringung zu vollziehen gewesen wäre,[104] oder wenn nach Verbüßung von U-Haft von mehr als drei Monaten und einstweiliger Unterbringung von mehr als einem Jahr die Eröffnung des Hauptverfahrens abgelehnt wird, weil der Beschuldigte zur Tatzeit möglicherweise schuldunfähig war.[105]
– Teilweise Entschädigung für vollzogene U-Haft wurde von dem Zeitpunkt an gewährt, zu dem feststand, dass ein Schuldspruch nicht erfolgen konnte und die Unterbringung aus Gründen der Verhältnismäßigkeit nicht in Betracht kam.[106]
– Keine Entschädigung für eine einstweilige Unterbringung nach § 126a StPO, bei nicht unerheblicher Störung des Rechtsfriedens[107] wenn der Betroffene ohnehin seit mehreren Jahren unter Betreuung stand und in einem Heim lebte[107] oder sich vor und nach der Zeit der einstweiligen Unterbringung auf zivilrechtlicher Grundlage unfreiwillig in stationärer Behandlung einer psychiatrischen Einrichtung befand.[108]
– Keine Entschädigung, wenn die Unterbringung (im Wiederaufnahmeverfahren) alleine deshalb unterbleibt, weil der Betroffene bereits in anderer Sache untergebracht ist.[109]

---

[94] BGH 10.3.2010 – 5 StR 503/09, NStZ-RR 2010, 296; OLG Düsseldorf 26.4.1985 – 1 Ws 337/85, JurBüro 1986, 249; OLG Hamm 26.7.1982 – 1 Ws 264/82, Ls. juris; OLG Stuttgart 11.2.2000 – 1 Ws 13/00, NStZ-RR 2000, 190.
[95] Ebenso OLG Düsseldorf 26.4.1985 – 1 Ws 337/85, JurBüro 1986, 249.
[96] KG 15.6.2012 – 4 Ws 57/12, juris Rn. 5; OLG Frankfurt a. M. 8.5.1996 – 3 Ws 272/96, NStZ-RR 1996, 286.
[97] OLG Frankfurt a. M. 8.5.1996 – 3 Ws 272/96, NStZ-RR 1996, 286.
[98] BGH 10.3.2010 – 5 StR 503/09, NStZ-RR 2010, 296; OLG Hamm 9.7.2012 – 3 RVs 41/12, juris Rn. 10; 30.12.2014 – 1 Ws 518/14, juris Rn. 14; OLG Köln 2.11.2011 – 2 Ws 686/11, StraFo 2012, 41; OLG Stuttgart 11.2.2000 – 1 Ws 13/00, NStZ-RR 2000, 190 f. (juris Rn. 9).
[99] BGH 10.3.2010 – 5 StR 503/09, NStZ-RR 2010, 296: Vertrauen in die Schutzfunktion einer Wohnstätte; KG 15.6.2012 – 4 Ws 57/12, juris Rn. 5; OLG Hamm 9.7.2012 – 3 RVs 41/12, juris Rn. 10; 30.12.2014 – 1 Ws 518/14, juris Rn. 14; OLG Köln 2.11.2011 – 2 Ws 686/11, StraFo 2012, 41; OLG Stuttgart 11.2.2000 – 1 Ws 13/00, NStZ-RR 2000, 190.
[100] KG 15.6.2012 – 4 Ws 57/12, juris Rn. 5; OLG Hamm 17.1.1980 – 3 Ws 802/79, juris Rn. 6; LG Flensburg 21.10.1980 – I Qs 190/80, JurBüro 1981, 1045 (1046).
[101] BGH 10.3.2010 – 5 StR 503/09, NStZ-RR 2010, 296; KG 15.6.2012 – 4 Ws 57/12, juris Rn. 5; OLG Hamm 9.7.2012 – 3 RVs 41/12, juris Rn. 10; 30.12.2014 – 1 Ws 518/14, juris Rn. 14; OLG Köln 2.11.2011 – 2 Ws 686/11, StraFo 2012, 41; OLG Stuttgart 11.2.2000 – 1 Ws 13/00, NStZ-RR 2000, 190 f. (juris Rn. 9).
[102] *Meyer-Goßner/Schmitt* Rn. 6: der Ausschluss sei die Regel.
[103] Vgl. den Hinweis von *Eisenberg* ZKJ 2013, 347.
[104] OLG Stuttgart 11.2.2000 – 1 Ws 13/00, NStZ-RR 2000, 190 (191).
[105] OLG Schleswig 26.8.1993 – 1 Ws 218/93, SchlHA 1995, 37 bei *Lorenzen/Thamm*.
[106] LG Schleswig 25.5.1978 – I Qs 71/78, JurBüro 1978, 1223 ff.
[107] BGH 10.3.2010 – 5 StR 503/09, NStZ-RR 2010, 296.
[108] OLG Köln 2.11.2011 – 2 Ws 686/11, StraFo 2012, 41.
[109] LG Schleswig 3.7.1978 – 2 KLs 7/76, NJW 1978, 2308 [Ls.].

32 Stellt sich die Schuldunfähigkeit erst **im Wiederaufnahmeverfahren** heraus, unterlässt das LG aber rechtsirrig die Unterbringung, weil der Beschuldigte bereits in anderer Sache untergebracht ist, so ist bei der Entscheidung über die Entschädigung nach § 6 Abs. 1 Nr. 2 zu berücksichtigen, dass bei richtiger Entscheidung über die Unterbringung die Entschädigung nach § 5 Abs. 1 Nr. 2 ausgeschlossen gewesen wäre; ferner ist die Schwere des Unrechts (Tatfolgen) in Betracht zu ziehen sowie, welche Entscheidung das LG im Erstverfahren bei Kenntnis der Schuldunfähigkeit getroffen hätte.[110]

33 **d) Andere Schuldausschließungsgründe.** Auf andere Schuldausschließungsgründe, zB unvermeidbaren Verbotsirrtum, § 17 StGB, Notwehrexzess, § 33 StGB, entschuldigenden Notstand, § 35 StGB, ist Nr. 2 nicht anzuwenden.[111] Auch auf Rechtfertigungsgründe, zB Notwehr, ist die Vorschrift nicht anwendbar.[112]

34 **2. Verfahrenshindernis, Abs. 1 Nr. 2 S. Alt. 2.** Ein Ermessensspielraum ist auch erforderlich, wenn das Gericht oder die StA das Verfahren alleine wegen eines Verfahrenshindernisses einstellt. Auch in diesen Fällen wird vorausgesetzt, dass ohne das Hindernis wegen einer Straftat verurteilt worden wäre.[113] Darin liegt der sachliche Grund für die Ausnahme von der Entschädigungspflicht. Auf Einstellungen wegen einer Ermessensvorschrift, die zu einem Verfahrenshindernis führen, zB §§ 153a, 154 StPO, findet die Vorschrift keine Anwendung. Die Entschädigung wird nicht zwingend ausgeschlossen, weil das uU zu einem dem Beschuldigten gegenüber ungerechten Ergebnis führen könnte.

35 Bestand das Verfahrenshindernis **von Anfang an** und blieb es nur unbeachtet oder lag es jedenfalls nahe,[114] so ist zu entschädigen, zB wenn der Beschuldigte trotz fehlendem Strafantrag (vgl. aber § 127 Abs. 3 StPO), offensichtlich eingetretener Strafverfolgungsverjährung oder fehlender Gerichtsbarkeit verhaftet wurde.

36 Tritt das Verfahrenshindernis erst **nachträglich** ein, so wird in der Regel eine Entschädigung nicht in Betracht kommen.[115] Das gilt etwa bei **Zurücknahme des Strafantrags** und ebenso, wenn sich in der Hauptverhandlung ergibt, dass ein Strafantrag nicht formgerecht gestellt wurde,[116] oder bei endgültiger **Verhandlungsunfähigkeit** des Beschuldigten.[117] Ob ein Beschuldigter die Verhandlungsunfähigkeit verschuldet hat oder nicht, ist nur einer unter mehreren in die Ermessensentscheidung einzustellender Gesichtspunkt.[118] Auch kann sich nach einer Beweisaufnahme und nach rechtlicher Würdigung in der Hauptverhandlung eine kürzere **Verjährungsfrist** ergeben.[119]

37 **Ausnahmefälle** sind denkbar, so zB bei unverhältnismäßig langer Haft. Entschädigung kann auch ab dem Zeitpunkt des Ablaufs der Rechtsmittelfrist für die StA nicht mehr versagt werden, wenn ein zum Zweck der Einziehung beschlagnahmter PKW im Urteil erster Instanz nicht eingezogen wird, gegen dieses Urteil nur der Beschuldigte Berufung einlegt und dann eine Einstellung wegen des Verfahrenshindernisses der Verhandlungsunfä-

---

[110] OLG Schleswig 28.9.1978 – 1 Ws 289/78, MDR 1979, 165; ähnlich LG Schleswig 3.7.1978 – 2 KLs 7/76, NJW 1978, 2308 [Ls.]; OLG Saarbrücken 5.8.1975 – Ws 240/75, MDR 1975, 1044 gegen OLG Nürnberg 14.2.1975 – Ws 391/74, MDR 1975, 779 (780), das bei fehlendem Verschulden, Ursächlichkeit oder Mitursächlichkeit infolge Schuldunfähigkeit die Ausschlussgründe des § 5 und die Billigkeitsentscheidung des § 6 Abs. 1 Nr. 2 nicht anwenden will; letzterer Auffassung folgt auch *Meyer* MDR 1979, 192.
[111] Ebenso *Peters* S. 412; *Meyer-Goßner/Schmitt* Rn. 6; *Meyer* Rn. 33 und MDR 1981, 725.
[112] LG Flensburg 22.8.1984 – I KLs 25/84, JurBüro 1985, 1209.
[113] Vgl. → Rn. 23 und OLG Hamm 12.8.1985 – 2 Ws 118/85, NJW 1986, 734 (735).
[114] LG Ellwangen 27.2.2014 – 1 Ks 9 Js 94162/12, juris Rn. 301: Alter des Beschuldigten von 93 Jahren.
[115] Vgl. *Schätzler* NStZ 1981, 229 in der Anm. zu OLG Karlsruhe 16.1.1981 – 3 Ws 298/80, NStZ 1981, 228; *Meyer-Goßner/Schmitt* Rn. 7.
[116] OLG Hamm 12.8.1985 – 2 Ws 118/85, NJW 1986, 734 (735).
[117] OLG Hamm 2.10.1996 – 3 Ws 496/96, NStZ-RR 1997, 127 (128); KG 7.12.1998 – 4 Ws 190/98, juris Rn. 1, 8 = NJ 1999, 494 [Ls. – Fall Mielke]; LG Berlin 21.7.1993 – 527-12/92, NJW 1993, 2545.
[118] OLG Rostock 15.1.2013 – I Ws 345/12, juris Rn. 7 gegen OLG Köln 3.9.1996 – 2 Ws 435/96, StraFo 1997, 18 f.
[119] OLG Karlsruhe 16.1.1981 – 3 Ws 298/80, NStZ 1981, 228.

higkeit nach § 206a StPO erfolgt, weil im Hinblick auf das Verschlechterungsverbot eine Einziehung in der Berufungsinstanz nicht mehr in Betracht gekommen wäre.[120]

Das Verfahrenshindernis des **Verbots der Doppelbestrafung**[121] hat im Verhältnis zu Entscheidungen des Internationalen Strafgerichtshofs eine eigene Regelung gefunden. Wird bekannt, dass eine Person wegen einer Tat durch den Gerichtshof bereits verurteilt oder freigesprochen wurde, so ist das Verfahren einzustellen (§ 69 Abs. 2 IStGHG). Einer zu treffenden Entscheidung über die Entschädigung für Strafverfolgungsmaßnahmen wird dann die Entscheidung des Gerichtshofs zur Schuld- und Straffrage zu Grunde gelegt (§ 69 Abs. 3 IStGHG). In anderen Fällen ist die Untersuchungshaft vorrangig auf die verhängte Strafe anzurechnen.[122]

38

Das **Verschlechterungsverbot** in der Berufungsinstanz, § 331 StPO, ist zwar kein Verfahrenshindernis, aber bei der nach Billigkeit zu treffenden Entschädigungsentscheidung nach § 4 Abs. 1 Nr. 2 kann zB nach einer vorläufigen Entziehung der Fahrerlaubnis der Grundgedanke des § 6 Abs. 1 Nr. 2 herangezogen werden, wenn in erster Instanz die Entziehung der Fahrerlaubnis versehentlich unterblieben war, obwohl die Voraussetzungen hierfür gegeben waren und sich das Berufungsgericht ausschließlich unter dem Gesichtspunkt des Verschlechterungsverbots gehindert gesehen hat, die Fahrerlaubnis in der Berufungsinstanz zu entziehen.[123] Diese Grundsätze gelten auch im Wiederaufnahmeverfahren, weshalb im Fall des OLG Nürnberg[124] eine Entschädigung für die aufgehobene Maßregel hätte versagt werden können. Der **nachträgliche Wegfall der Strafbarkeit** (hierzu → § 5 Rn. 95 ff.) ist kein Verfahrenshindernis iSd § 6 Abs. 1 Nr. 2.[125] Ganz allgemein gilt, dass Sachverhalte, die im Ergebnis die gleichen oder ähnliche Auswirkungen auf das Verfahren haben wie ein Verfahrenshindernis keine entsprechende Anwendung des Abs. 1 Nr. 2 Alt. 2 rechtfertigen.[126] Das gilt etwa für eine **Änderung der höchstrichterlichen Rechtsprechung** (vgl. schon → § 5 Rn. 45 ff.),[127] oder wenn freigesprochen werden muss, weil eine Wahlfeststellung rechtlich unzulässig ist.[128]

39

Die früher vertretene Auffassung,[129] der **Tod des Beschuldigten** sei kein Verfahrenshindernis, es gebe dann nichts mehr zu entscheiden, ist seit den hierzu ergangenen Entscheidungen des BGH[130] für die Praxis gegenstandslos.[131] Ein Ermittlungsverfahren ist nach § 170 Abs. 2 StPO und ein Strafverfahren nach § 206a StPO (vgl. auch → § 2 Rn. 22) einzustellen. Hierdurch wird jeweils die Möglichkeit der Entscheidung über die Entschädigungspflicht eröffnet. Der Bundesgerichtshof begründet seine Entscheidung gerade auch damit, dass durch eine formelle Verfahrensbeendigung „gerechte Nebenentscheidungen" auch zur Entschädigungsfrage möglich würden. Er setzt sich damit zwar in Widerspruch zur Entstehungsgeschichte: Das StrEG schwieg bewusst, weil der Gesetzgeber ein solches Ergebnis nicht wollte.[132] So noch unter ausdrücklicher Berufung auf die Entstehungsgeschichte das OLG Düsseldorf.[133] Zu den Konsequenzen für die gerichtliche Grundentscheidung vgl. → § 8

40

---

[120] OLG Schleswig 18.7.1996 – 2 Ws 297/95, SchlHA 1997, 180.
[121] *Meyer-Goßner/Schmitt* Einl. Rn. 145.
[122] BGH 4.3.1988 – 2 StR 447/87, juris Rn. 10.
[123] OLG Stuttgart 1.10.1976 – 1 Ws 253/76, NJW 1977, 641 f.; *Meyer-Goßner/Schmitt* Rn. 7; aM *Meyer* Rn. 38.
[124] Vgl. den Fall OLG Nürnberg 14.2.1975 – Ws 391/74, MDR 1975, 779 (780).
[125] KG 14.2.1977 – (2) SS 126/75, JR 1977, 334.
[126] *Meyer* Rn. 38.
[127] *Meyer* Rn. 38; *ders.* MDR 1978, 367; aA KG 14.2.1977 – (2) Ss 126/75, JR 1977, 334.
[128] *Meyer* Rn. 38; *Meyer-Goßner/Schmitt* Rn. 7; aA OLG Karlsruhe 16.1.1981 – 3 Ws 298/80, NStZ 1981, 228 (229) mAnm *Schätzler*.
[129] *Schätzler*, StrEG, 2. Aufl., § 13 Rn. 10.
[130] 8.6.1999 – 4 StR 595/97, NJW 1999, 3644; 19.10.2001 – 2 StR 349/01, NStZ-RR 2003, 103 bei *Becker*; 25.9.2007 – 5 StR 475/02, NStZ 2008, 168 (170); 3.5.2011 – 1 StR 465/10, juris Rn. 2; 24.8.2011 – 1 StR 276/11, juris Rn. 2.
[131] Vgl. nunmehr OLG Schleswig 21.2.2006 – 2 Ws 11/04, SchlHA 2007, 293.
[132] Vgl. Deutscher Bundestag, Rechtsausschuss, 6. WP, Prot. Nr. 22, S. 54 ff. und Nr. 24 S. 4 ff.
[133] Vom 30.8.1993 – 1 Ws 580/93, VRS 86, 122 (123).

Rn. 22, für die Einstellungsverfügung der Staatsanwaltschaft → § 9 Rn. 21, zur Vererblichkeit von Ansprüchen → § 13 Rn. 20.

41 Auch beim Tod des Beschuldigten setzt die Versagung von Entschädigung voraus, dass dieser **der einzige Grund** für die Nichtverurteilung war. **Verdachtserwägungen** bleiben aber unter Berücksichtigung der obigen Grundsätze (→ Rn. 23) zulässig. Dies wird häufig dazu führen, dass Entschädigung zu gewähren ist.

IV. Versagung bei der Anwendung von Jugendrecht, Abs. 2

42 Die Vorschrift gilt nicht nur für Jugendliche, wie der Wortlaut nahe legen könnte, sondern auch für Heranwachsende, jedenfalls über § 109 Abs. 2 JGG wenn nach § 105 JGG materielles Jugendstrafrecht Anwendung findet,[134] aber nicht auf im Verfahrenszeitpunkt Erwachsene, weil bei diesen der Erziehungsgedanke nur noch eingeschränkt gilt.[135] Zweifelhaft erscheint, ob die Vorschrift bereits über § 109 Abs. 1 JGG Anwendung finden kann, denn es handelt sich nicht um eine Verfahrensvorschrift, sondern um materielles Entschädigungsrecht.[136] Abs. 2 beruht auf demselben Grundgedanken wie § 5 Abs. 1 Nr. 2,[137] der Entschädigung ausschließt, wenn die Freiheitsentziehung als konsumiert gilt.[138] Doch ist die Vorschrift auf das Jugendstrafrecht zugeschnitten, weil dort der erzieherische Zweck aller Maßnahmen im Vordergrund steht und der **Grundsatz der Subsidiarität** der strengeren Maßnahme gegenüber der milderen gilt (vgl. § 5 JGG, zur U-Haft § 72 JGG). Sie geht daher § 5 Abs. 1 Nr. 2 als speziellere Regelung vor.[139] Der Richter kann statt Jugendstrafe Erziehungsmaßregeln oder Zuchtmittel anordnen oder er kann von einer an sich verwirkten Sanktion absehen, vgl. § 5 Abs. 3, § 45 Abs. 3, § 47 JGG[140] oder zB anordnen, dass Jugendarrest nicht vollstreckt wird (§ 52 JGG). § 6 Abs. 2 ermöglicht es dem Jugendrichter, anders als im Erwachsenenstrafrecht, flexibler und unter Beachtung erzieherischer Gesichtspunkte über die Anrechnung von Freiheitsentzug zu entscheiden.[141] Die Anrechnung der U-Haft oder einer anderen Freiheitsentziehung auf die Jugendstrafe richtet sich nach dem erzieherischen Ziel der Einwirkung (§ 52a JGG).

43 Die formelle Anrechnung der vorläufigen Freiheitsentziehung, wie sie das Erwachsenenstrafrecht vorsieht, tritt damit in den Hintergrund gegenüber der Zweckerreichung. Der Jugendrichter urteilt danach, was nach der erlittenen Freiheitsentziehung vom Erziehungsgedanken her noch an Erziehungsmaßregeln, Zuchtmitteln oder Strafe notwendig ist. Diesem richterlichen Ermessen stellt Abs. 2 ein entsprechendes Ermessen bei der Entscheidung über die Entschädigung an die Seite. Die Vorschrift ermöglicht dem Richter zB, Entschädigung zu versagen, wenn die Freiheitsentziehung sich so günstig ausgewirkt hat, dass aus diesem Grunde Jugendarrest oder Jugendstrafe nicht verhängt zu werden braucht.[142] Das ist dann zwar keine förmliche Anrechnung, doch kommt es der Anrechnung tatsächlich gleich. Freilich darf eine solche positive erzieherische Entwicklung durch Freiheitsentziehung, insbesondere durch Untersuchungshaft, nicht einfach konstruiert oder unterstellt werden.[143] Die Ermessensentscheidung muss bei der Prüfung der erzieherischen Wirksam-

---

[134] *Eisenberg/Reuther* ZKJ 2006, 490 (491); *Eisenberg* GA 2014, 110, Fn. 22.
[135] *Eisenberg/Reuther* ZKJ 2006, 490 (493).
[136] AA *Eisenberg* GA 2014, 110, Fn. 22. „eher als Verfahrensvorschrift zu werten".
[137] OLG Stuttgart 25.9.2013 – 4b Ws 1/13, ZKJ 2013, 508 = juris Rn. 11; *Eisenberg* GA 2014, 110, Fn. 23.
[138] *Eisenberg* GA 2014, 110.
[139] KG 21.11.2008 – 4 Ws 24/08, NStZ 2010, 284 (285); OLG Stuttgart 25.9.2013 – 4b Ws 1/13, ZKJ 2013, 508, juris Rn. 11; *Eisenberg* § 2 Rn. 40.
[140] KG 21.11.2008 – 4 Ws 24/08, NStZ 2010, 284.
[141] Vgl. BVerfG 7.12.2005 – 2 BvR 28/05, juris Rn. 10; KG 21.11.2008 – 4 Ws 24/08, NStZ 2010, 284; OLG Stuttgart 25.9.2013 – 4b Ws 1/13, ZKJ 2013, 508, juris Rn. 11; *Eisenberg* § 2 Rn. 40.
[142] Einwände hiergegen bei *Eisenberg* JGG § 2 Rn. 40.
[143] Vgl. *Eisenberg/Reuther* ZKJ 06, 490 (491); *ders.* JGG § 47 Rn. 16; *Eisenberg* JGG § 2 Rn. 40 bezweifelt im Übrigen die Möglichkeiten des Gerichts, tatsächlich „günstige" Auswirkungen von nur angenommenen zu unterscheiden.

keit erkennen lassen, dass der gesetzliche Erziehungsauftrag berücksichtigt wurde.[144] Dem Gericht steht damit ein erweiterter Spielraum auf der Rechtsfolgenseite zu.[145] Es kann den Erziehungsgedanken nicht nur bei der Frage der Sanktionsauswahl, sondern auch bei einer etwaigen Entschädigung berücksichtigen.[146] Eine rechtsstaatlich bedenkliche Erweiterung des Ermessensspielraums liegt darin nicht.[147]

Abs. 2 ist demgemäß lex specialis gegenüber der Billigkeitsentschädigung bei „überschießenden" Maßnahmen nach § 4 Abs. 1 Nr. 2.[148] Diese Auslegung begründet keine ungerechtfertigte Schlechterstellung gegenüber Erwachsenen. Zwar gilt der Ausschlussgrund nach § 6 Abs. 2 nur für das Jugendstrafrecht. Der darin liegende Nachteil einer eingeschränkten Haftentschädigung wird aber dadurch ausgeglichen, dass der Jugendliche oder Heranwachsende trotz des fortbestehenden Verdachts strafbarer Handlungen in den Genuss einer – bei Erwachsenen so nicht möglichen – sanktionslosen Verfahrenseinstellung nach § 47 Abs. 1 Nr. 2 JGG gelangt.[149] Die mit dem Fortbestehen eines Tatverdachts bei einer Einstellung nach **§ 47 Abs. 2 JGG** möglicherweise verbundenen faktischen Belastungen sind grundsätzlich hinzunehmen. Aufgrund einer solchen Einstellung steht der Betroffene weiter unter dem Schutz der Unschuldsvermutung.[150] Dabei dürfen freilich keine erzieherischen Erwägungen unterstellt oder konstruiert werden, um unzulässigen, etwa von vornherein unverhältnismäßigen Inhaftierungen Jugendlicher nachträglich eine Rechtfertigung zu verschaffen.[151] Dem Billigkeitsgedanken ist daher auch bei der Ausübung des Ermessens nach Abs. 2 erkennbar Rechnung zu tragen.[152] Dagegen bleibt § 5 Abs. 1 Nr. 1 (Ausschluss der Entschädigung, soweit keine Anrechnung) unberührt; eine Entschädigung für einen Zeitraum, der nach § 52a JGG auf die Jugendstrafe nicht angerechnet wird, ist danach ausgeschlossen.

V. Völlige und teilweise Versagung

Ganz oder teilweise kann die Entschädigung versagt werden. Damit stellt das StrEG eine Frage klar, die auch bei der Auslagenerstattung nach § 467 StPO dahin beantwortet wird, dass eine Verteilung der Auslagen möglich ist.[153] Die teilweise Versagung ist möglich mit Bezug auf einen Teil (zB Beschlagnahme einzelner Gegenstände) oder Teilabschnitt einer Strafverfolgungsmaßnahme, mit Bezug auf einzelne von mehreren Maßnahmen oder auch nach Bruchteilen. Die Versagung eines Bruchteils (Quote) der Entschädigung wird vornehmlich dann in Betracht kommen, wenn nur eine Gesamtabwägung zu einer der konkreten Prozesslage angemessenen, vernünftigen und gerechten Entscheidung führt. In der Praxis hat diese letztere Möglichkeit aber nur wenig Bedeutung erlangt. Das OLG Schleswig[154] hat in einem Fall von dieser Möglichkeit Gebrauch gemacht.

Eine teilweise Versagung für einen Zeitraum ist angebracht, wenn das Verhalten des Beschuldigten nur für einen Zeitabschnitt einer länger dauernden Strafverfolgungsmaßnahme (zB vorläufige Entziehung der Fahrerlaubnis, Beschlagnahme, U-Haft) ursächlich war und ihm im Übrigen kein Vorwurf der schuldhaften Verursachung zu machen ist, etwa für den Fall einer Vertagung der Hauptverhandlung erster Instanz[155] oder für die vorläufige

---

[144] Eingehend *Eisenberg* GA 2014, 111. Zum Umfang der Nachprüfung von Ermessensentscheidungen vgl. *Meyer-Goßner/Schmitt* § 8 Rn. 22 und StPO § 309 Rn. 4.
[145] *Eisenberg/Reuther* ZKJ 06, 490 (491); *Meyer* Rn. 42.
[146] BVerfG 7.12.2005 – 2 BvR 228/05, juris Rn. 10.
[147] So aber *Eisenberg/Reuther* ZKJ 06, 490 (491); *Eisenberg* GA 2014, 111.
[148] BVerfG 7.12.2005 – 2 BvR 28/05, juris Rn. 10 gegen *Eisenberg* GA 2004, 385 (388); vgl. auch *ders.* § 2 Rn. 40 f. sowie ZKJ 2006, 490 (für im Verfahrenszeitpunkt Erwachsene).
[149] BVerfG 7.12.2005 – 2 BvR 28/05, juris Rn. 11.
[150] BVerfG 7.12.2005 – 2 BvR 28/05, juris Rn. 3.
[151] Zu solchen Bedenken vgl. *Eisenberg/Reuther* ZKJ 2006, 492; *Eisenberg* GA 2004, 385 (388); *ders.* StraFo 2014, 430 (432 f.); *ders.* GA 2014, 107 (111).
[152] BVerfG 7.12.2005 – 2 BvR 28/05, juris Rn. 11.
[153] LR/*Hilger* Rn. 49, Rn. 56 ff., *Meyer-Goßner/Schmitt* Rn. 21, beide zu § 467 StPO, je mit Nachw.
[154] 20.1.1976 – 1 Ws 332/75, NJW 1976, 1467 (1468).
[155] KG 17.11.1977 – 3 Ws 144/72, VRS 44 (1973), 122 (124).

Entziehung der Fahrerlaubnis nach einem groben Bearbeitungsfehler.[156] Das bei → § 5 Rn. 46 und 77 Ausgeführte gilt hier entsprechend.

§ 7 Umfang des Entschädigungsanspruchs

(1) Gegenstand der Entschädigung ist der durch die Strafverfolgungsmaßnahme verursachte Vermögensschaden, im Falle der Freiheitsentziehung auf Grund gerichtlicher Entscheidung auch der Schaden, der nicht Vermögensschaden ist.

(2) Entschädigung für Vermögensschaden wird nur geleistet, wenn der nachgewiesene Schaden den Betrag von fünfundzwanzig Euro übersteigt.

(3) Für den Schaden, der nicht Vermögensschaden ist, beträgt die Entschädigung 25 Euro für jeden angefangenen Tag der Freiheitsentziehung.

(4) Für einen Schaden, der auch ohne die Strafverfolgungsmaßnahme eingetreten wäre, wird keine Entschädigung geleistet.

Schrifttum: *Bauer/Baeck,* Zurechnungszusammenhang bei der Strafverfolgungsentschädigung, EWiR 1989, 397 f.; *Burhoff,* Anwaltliche Vergütung für die Tätigkeit im strafrechtlichen Entschädigungsverfahren, RVGReport 2007, 372 f.; *ders.* Anwaltsvergütung für die Verteidigung in Verkehrsstrafsachen, RVGReport 2015, 282 ff.; *Meertens,* Entschädigung oder soziale Ausgleichsleistung für zu Unrecht erlittene Freiheitsentziehung?, ZRP 1993, 206 ff.; *Meyer,* Geldstrafen und Geldauflagen als Vermögensschaden i. S. v. §§ 1, 7 StrEG, MDR 1979, 459 ff.; *ders.,* Erstattung der Verteidigergebühren nach dem StrEG im Falle einer Ermessenseinstellung im Straf- und Bußgeldverfahren, JurBüro 1976, 561 ff.; *ders.,* Zur Frage der Entschädigung, wenn eine vorläufige Entziehung der Fahrerlaubnis sich durch Zeitablauf erledigt hat, aber unverhältnismäßig lange dauerte (§ 5 Abs. 1 Nr. 3 StrEG), DAR 1977, 68 f.; *ders.,* Erstattung von Verteidigergebühren auf dem „Umweg" über das Gesetz über die Entschädigung für Strafverfolgungsmaßnahmen (StrEG), JurBüro 1978, 625 ff.; *ders.,* Geldstrafen und Geldauflagen als Vermögensschaden i. S. v. §§ 1, 7 StrEG, MDR 1979, 459; *ders.,* Der Umfang des nach dem „Gesetz über die Entschädigung für Strafverfolgungsmaßnahmen" zu ersetzenden Entschädigung, JurBüro 1981, 801 ff.; *ders.,* Zur Art und Weise der Erstattung der Anwaltskosten im Justizverwaltungsverfahren nach § 10 StrEG, JurBüro 1983, 645 f.; *ders.,* Gedanken zur Erstattungsfähigkeit von Kosten für private Sachverständigengutachten im Strafverfahren, JurBüro 1989, 757 f.; *Rönnau/Hohn,* Wertverlust sichergestellter Gegenstände, wistra 2002, 445 ff.; *Stoll,* Zur Kommerzialisierung der durch Vermögensaufwendungen erkauften Gebrauchs- und Genußmöglichkeiten, sowie zum Umfang der nach StrEG § 7 zu leistenden Entschädigung, JZ 1976, 281.

Übersicht

	Rn.		Rn.
I. Allgemeines	1	6. Anspruch nach oben unbegrenzt	17
II. Inhalt und Anwendungsbereich	2–7	7. Bagatellgrenze, Abs. 2	18
1. Bedeutung der Grundentscheidung	3	8. Kapitalzahlung, Rente	19
2. Geltung für Fälle außerhalb des StrEG	4, 5	9. Vorschusszahlungen	20
		10. Verzinsung	21
3. Entschädigung und Schadensersatz	6	**IV. Einzelfragen zum Vermögensschaden**	22–80
4. Andere Formen der Wiedergutmachung	7	**V. Immaterieller Schaden, Abs. 1, 3**	81–89
III. Vermögensschaden	8–21	**VI. Vorteilsausgleichung**	90–95
1. Begriff	8, 9	**VII. Ansprüche des Berechtigten gegen Dritte**	96
2. Verursachung	10		
3. Mittelbarer Schaden, Zurechnungszusammenhang	11	**VIII. Mitwirkendes Verschulden**	97–99
4. Verstoß gegen gesetzliche Vorschriften oder die guten Sitten	12	**IX. Überholende Kausalität, Abs. 4**	100, 101
5. Beweislast	13–16	**X. Strafrechtliche Folgen unrichtigen Sachvortrags**	102, 103

---

[156] OLG Stuttgart 1.10.1976 – 1 Ws 253/76, NJW 1977, 641.

I. Allgemeines

Mit dem Gesetz vom 24.5.1988[1] wurde der Entschädigungsbetrag für den immateriellen Schaden nach Abs. 3 von zehn auf zwanzig Deutsche Mark angehoben. Mit dem Gesetz zur Einführung des Euro in Rechtspflegegesetzen usw vom 15.12.2001[2] wurde eine geringfügige Erhöhung auf elf Euro vorgenommen. Zu Übergangsfragen → Rn. 86. Mit dem gleichen Gesetz wurde der Mindestbetrag nach Abs. 2 auf fünfundzwanzig Euro umgestellt. Seit dem 5.8.2009 beträgt der Betrag für den immateriellen Schaden fünfundzwanzig Euro.[3] Art und Höhe der Entschädigung für Strafverfolgungsmaßnahmen in der früheren DDR richten sich nicht nach § 7, sondern nach dem StrRehaG, vgl. die Kommentierung bei § 16a.

II. Inhalt und Anwendungsbereich

Den **Umfang des Entschädigungsanspruchs** umschreibt § 7 und enthält damit die notwendige Ergänzung und Erläuterung der vorangehenden Vorschriften, welche die Voraussetzungen für die Entschädigung regeln. Ergänzt wird er durch die Vorschrift des § 11, der den Ersatzanspruch von Unterhaltsberechtigten bestimmt.

1. Bedeutung der Grundentscheidung. Das Strafgericht hat sich in der Grundentscheidung mit dem Inhalt des Entschädigungsanspruchs nicht zu befassen. Es hat nach § 8 oder § 9 nur auszusprechen, ob die Staatskasse eine Entschädigungspflicht trifft oder nicht.[4] Eine Prüfung, ob ein Schaden entstanden ist, dessen Höhe, die Ersatzfähigkeit einzelner Schadenspositionen oder die adäquaten Verursachung eines Schadens durch eine bestimmte Maßnahme hat es nicht vorzunehmen. Einzelheiten bei → § 8 Rn. 6. Umgekehrt sind die Justizverwaltung und das Zivilgericht an die Grundentscheidung insoweit gebunden, als dort die entschädigungspflichtige Maßnahme, der entschädigungspflichtige Zeitraum und der Berechtigte festgestellt sind. Einzelheiten bei → § 8 Rn. 9. Von zentraler Bedeutung ist § 7 daher für die Justizverwaltung, die nach §§ 10 ff. die Höhe der Entschädigung festsetzt, sowie für das Zivilgericht, das im Streitfall angerufen werden kann, § 13.

2. Geltung für Fälle außerhalb des StrEG. Das StrEG gilt für alle Entschädigungsfälle nach §§ 1 und 2. Es ist entsprechend anwendbar, wenn ein anderes Gesetz dies ausdrücklich anordnet (vgl. § 17 Abs. 2, § 19). Das ist in Disziplinargesetzen des Bundes (vgl. etwa § 76 BDG und §§ 54, 134 Abs. 2 WDO) und der Länder (vgl. etwa Art. 99 Abs. 1 Bayerische Disziplinarordnung) der Fall. Führt die Wiederaufnahme eines Disziplinarverfahrens zur Aufhebung der verhängten Disziplinarmaßnahme, so sehen die Disziplinargesetze die Wiedereinsetzung in das frühere Amt, falls es verloren war, sowie die Nachzahlung einbehaltener Bezüge vor. Ein etwa darüber hinausgehender Schaden wird aber nicht in den Disziplinargesetzen geregelt, sondern durch die Verweisung auf das StrEG erfasst. Dann gilt aber nicht dessen Verfahrensteil, sondern nur der materielle Teil; praktisch beschränkt sich das auf die Anwendung des § 7 (Näheres → § 19 Rn. 4).

Ohne eine ausdrückliche Verweisung auf das StrEG kann dieses Gesetz nicht entsprechend angewendet werden. Es ist also kein Lückenfüller. Der Beschluss des BGH,[5] der § 7 im Auslieferungsverfahren entsprechend anwenden wollte, war mit dem Gesetz nicht zu vereinbaren (vgl. → § 2 Rn. 77). Auch bei einer irrtümlichen Ladung eines Angekl. zu einer Hauptverhandlung und dessen Teilnahme hieran ist des StrEG nicht anwendbar (→ § 2 Rn. 8). In der Rechtsprechung wird bei der Bemessung des immateriellen Schadens erlittener menschenunwürdiger Haftbedingungen gelegentlich eine Orientierung an dem Satz

---

[1] BGBl. I 638.
[2] BGBl. I 3762.
[3] BGBl. I 2478.
[4] BGH 31.10.1974 – III ZR 87/73, BGHZ 63, 209 ff. = NJW 1975, 350 f.
[5] 9.6.1981 – 4 ARs 4/81, NStZ 1981, 441 mit abl. Anm. *Schätzler*; zust. Anm. *Hürxthal* LM Nr. 4 zu StrEG.

des Absatzes 3 vorgenommen.[6] Das ist dann aber keine entsprechende Anwendung des Gesetzes.

6 **3. Entschädigung und Schadensersatz.** Das Gesetz gewährt, wie seine Überschrift und der Text der Vorschriften zeigen, einen Anspruch auf „Entschädigung". Entschädigung und (deliktischer) Schadensersatz sind nicht gleichzusetzen. Während die Entschädigungsansprüche nach dem StrEG aus dem allgemeinen Aufopferungsanspruch herkommen (vgl. → Einl. Rn. 31), gewährt das Deliktsrecht regelmäßig echten und vollen Schadensersatz, setzt dafür aber auch regelmäßig Verschulden oder das Eintretenmüssen für eine geschaffene Gefährdung voraus.[7] Darüber darf auch die Formulierung des Abs. 1 nicht hinwegtäuschen, wonach Gegenstand der Entschädigung der durch die Strafverfolgungsmaßnahme verursachte Vermögensschaden ist. Dieser ist, wie die Formulierung zeigt, nur der „Gegenstand". Der Anspruch ist nämlich doppelt begrenzt: Zum einen durch das Bestehen eines entschädigungspflichtigen Tatbestands nach §§ 1 und 2; zum anderen durch die Begrenzung des immateriellen Schadens in § 7 Abs. 3. Entschädigungsrecht und Schadensersatzrecht unterscheiden sich also hier,[8] auch wenn bei den entschädigungsfähigen Tatbeständen hinsichtlich des materiellen Schadens im Übrigen die Grundsätze des Schadensersatzrechts Anwendung finden und der Begriff des Vermögensschadens der des bürgerlichen Rechts ist (→ Rn. 8). Nach gefestigter Rechtsprechung des EGMR gewährt weder die Unschuldsvermutung des Art. 6 Abs. 2 EMRK noch eine andere Bestimmung der Konvention einer „einer Straftat angeklagten Person" – in der Diktion des Gerichtshofs – das Recht auf „Entschädigung" für „unrechtmäßige" Untersuchungshaft, wenn das gegen sie geführte Verfahren eingestellt wird. Die bloße Versagung einer „Entschädigung" verletzt deshalb für sich nicht die Unschuldsvermutung.[9] Vor diesem Hintergrund begegnet es keinen konventionsrechtlichen Bedenken, wenn der Gesetzgeber – im Sprachgebrauch des deutschen Rechts – nicht vollen Schadensersatz, sondern lediglich Entschädigung gewährt.

7 **4. Andere Formen der Wiedergutmachung.** Andere Formen der Wiedergutmachung als die Geldentschädigung sieht das StrEG nicht vor. Ein Anspruch auf **Folgenbeseitigung** oder **Naturalrestitution** besteht nicht. Für Freiheitsentziehung und andere der in §§ 1 und 2 genannten entschädigungsfähigen Strafverfolgungsmaßnahmen wäre eine Naturalrestitution auch nicht denkbar. Eine **öffentliche Rehabilitierung,** etwa durch Bekanntmachung in der Presse oder durch Aushang, kann nicht verlangt werden. Nur im Fall der postumen Wiederaufnahme des Verfahrens sieht die StPO in § 371 Abs. 4 vor, dass die Aufhebung des Strafurteils auf Verlangen des Antragstellers (vgl. § 361 Abs. 2 StPO) durch den Bundesanzeiger bekannt zu machen ist und nach dem Ermessen des Gerichts auch in anderen Blättern veröffentlicht werden kann. Das gilt aber nur für den Fall, dass das frühere Urteil ohne Erneuerung der Hauptverhandlung aufgehoben und der Verstorbene im Beschlussverfahren freigesprochen worden ist. Die öffentliche Bekanntmachung ist dagegen nicht vorgesehen, wenn das Gericht aufgrund einer erneuten Hauptverhandlung erkennt. Die StPO unterstellt, dass die Öffentlichkeit der erneuten Hauptverhandlung hinreichende Rehabilitierungswirkung entfaltet. Für als sensationell behandelte Wiederaufnahmeprozesse mag das zutreffen, in der Regel aber nicht; oft erreicht die Nachricht von der Freisprechung gerade den Teil der Mitwelt nicht, an dessen Urteil den Betroffenen am meisten liegt.

III. Vermögensschaden

8 **1. Begriff.** Der Begriff des Vermögensschadens ist der des bürgerlichen Rechts (unstr.), mit der aus → Rn. 6 f. sich ergebenden Einschränkung (keine Naturalrestitution). Auch

---
[6] LG Berlin 28.3.2012 – 86 O 345/11, juris Rn. 54 und öfter; abl. OLG Hamm 25.3.2009 – 11 W 106/08, NStZ-RR 2009, 326 f.; 29.10.2010 – 11 U 239/09, juris Rn. 43, stRspr.
[7] Vgl. etwa OLG München 10.3.2005 – 1 U 4947/04, juris Rn. 66.
[8] Vgl. hierzu OLG Bamberg 29.3.1999 – 1 W 54/98, VersR 1999, 1407; LG Flensburg 4.5.2001 – 2 O 105/01, JurBüro 2001, 498 (501) – bei *Meyer*.
[9] EGMR 3.4.2007 – 29453/02, juris Rn. 68 mwN.

für Schäden an im Ausland belegenem Vermögen tritt die Ersatzpflicht ein.[10] Vermögensschaden ist jede durch die Strafverfolgungsmaßnahme verursachte Verschlechterung der wirtschaftlichen Lage des Beschuldigten, die sich in Geldwert ausdrücken lässt, eingeschlossen die Nachteile im Fortkommen und Erwerb, vor allem der Verdienstausfall und der entgangene Gewinn, der nach dem gewöhnlichen Lauf der Dinge oder den besonderen Umständen des Falles hätte erwartet werden können.[11] Es sind also grundsätzlich die §§ 249–252 BGB anzuwenden[12] (die durch das Gesetz zur Modernisierung des Schuldrechts nicht geändert wurden), soweit sich aus dem StrEG nichts Gegenteiliges ergibt.[13] Im Bereich der entschädigungspflichtigen Tatbestände ist daher der volle Vermögensschaden zu ersetzen.[14] Hindert aber das zur Entschädigung verpflichtende Ereignis den Berechtigten schlechthin, sein Vermögen zu genießen, so ist nicht der Gebrauchswert des Vermögens zu ersetzen.[15] Bei einer Gebrauchsbeeinträchtigung, die ihre Ursache nicht in einer Einwirkung auf den Nutzungsgegenstand, sondern im subjektiven Bereich des Geschädigten findet, ist ein Vermögensschaden nur gegeben, wenn erfolglose Aufwendungen für einen bestimmten einmaligen Zweck gemacht worden sind, etwa eine Theater- oder Flugkarte;[16] ansonsten handelt es sich um nicht zu ersetzende Kosten der allgemeinen Lebensführung.[17]

Typische Vermögensschäden infolge von Strafverfolgungsmaßnahmen sind der Ausfall **9** des Arbeitslohns oder des Einkommens, sozialversicherungsrechtliche Nachteile, Kosten zur Wiederherstellung der durch eine Haft beeinträchtigten Gesundheit, Kosten der Verteidigung gegen die Strafverfolgungsmaßnahme, soweit sie nicht nach den Kostenvorschriften der StPO zu erstatten sind; Verlust des Arbeitsplatzes und Mindereinkommen infolge Wechsels des Berufs oder des Arbeitsplatzes; Schließung des Gewerbebetriebes, wenn wegen der Verurteilung die Ausübung des Gewerbes untersagt (§ 35 Gewerbeordnung) oder die erforderliche Erlaubnis zurückgenommen wurde. Näheres vgl. die alphabetische Zusammenstellung mit Nachweisen, → Rn. 22 ff.

2. Verursachung. Ersatz wird nur geleistet für einen Vermögensschaden, der beim **10** Beschuldigten adäquat-kausal durch die Strafverfolgungsmaßnahme verursacht worden ist. Es ist folglich ein Schaden im Vermögen des Ersatzberechtigten selbst erforderlich.[18] Andere Schadensursachen, zB Beendigung eines Arbeitsverhältnisses aufgrund freier Entschließung des Arbeitnehmers oder des Arbeitgebers, begründen keinen Entschädigungsanspruch. Es muss eine nach dem StrEG entschädigungsfähige Strafverfolgungsmaßnahme vorliegen und gerade auf dieser muss der Schaden beruhen; das Ermittlungsverfahren selbst ist keine beachtliche Schadensursache iSd StrEG.[19] Ob der Schaden erst entstand, als die Maßnahme

---

[10] BGH 6.10.1988 – III ZR 143/87, NJW-RR 1989, 684.
[11] BT-Drucks. VI/460, S. 8; BGH 31.10.1974 – III ZR 85/73, BGHZ 63, 203 (205) = NJW 1975, 347 (349); 18.9.1975 – III ZR 139/73, BGHZ 65, 170 (173) = NJW 1975, 2341 ff.; 11.11.1976 – III ZR 17/76, BGHZ 68, 86 ff. = NJW 1977, 319 f.; 19.9.1978 – VI ZR 201/77, VersR 1979, 179 f.; 26.1.1989 – III ZR 192/97, BGHZ 106, 313 (315) = NJW 1989, 2127 ff.; OLG Zweibrücken 3.4.2003 – 6 U 7/02, NJW 2004, 2314 f.; *Grohmann* BA 22, 233 (238); *Stoll* JZ 1976, 281 (284); vgl. § 252 BGB.
[12] BGH 31.10.1974 – III ZR 85/73, BGHZ 63, 203 (205) = NJW 1975, 347 (349) = BGH LM Nr. 1 zu StrEG; 18.9.1975 – III ZR 139/73, BGHZ 65, 170 (173) = NJW 1975, 2341 (2342); 6.10.1988 – III ZR 143/87, NJW-RR 1989, 684; OLG Celle 22.6.2004 – 16 U 18/04, NJW 2004, 3347; *Meyer-Goßner/Schmitt* Rn. 1.
[13] BGH 31.10.1974 – III ZR 85/73, BGHZ 63, 203 (205) = NJW 1975, 347 (349) = BGH LM Nr. 1 zu StrEG mAnm *Kreft*; 18.9.1975 – III ZR 139/73, BGHZ 65, 170 (173) = NJW 1975, 2341 (2342); 6.10.1988 – III ZR 143/87, NJW-RR 1989, 684; *Meyer* Rn. 11.
[14] → Einl. Rn. 24 und OLG Celle 22.6.2004 – 16 U 18/04, NJW 2004, 3347.
[15] BGH 31.10.1974 – III ZR 85/73, BGHZ 63, 203 (207) = NJW 1975, 347 (349) = BGH LM Nr. 1 zu StrEG mAnm *Kreft*; LG Stuttgart 17.10.1972 – O 213/72, NJW 1973, 631.
[16] OLG Düsseldorf 8.3.1973 – 18 U 177/72, MDR 1974, 40 (41) mwN.
[17] OLG Düsseldorf 8.3.1973 – 18 U 177/72, MDR 1974, 40 mwN.
[18] OLG Nürnberg 26.8.2002 – 4 W 2125/02, NStZ-RR 2003, 62; LG Stuttgart 4.3.2008 – 15 O 315/07, juris Rn. 37.
[19] BGH 24.10.1991 – 1 StR 381/91, NStZ 1992, 286 (287); LG Flensburg 12.6.1998 – 4 O 88/98, JurBüro 1999, 108 f.

bereits beendet war, ist unerheblich.[20] Entscheidend ist nur, ob er auf deren Vollzug beruht und nicht nur gelegentlich der Strafverfolgungsmaßnahme entstanden ist. Wem durch vollziehbare behördliche Anordnung bestimmte Tätigkeiten verboten werden, kann, wenn er die Anordnung nicht befolgt, den Schaden nicht ersetzt verlangen, der ihm dadurch entsteht, dass bei Fortsetzung der Tätigkeit Betriebsmittel für ein strafrechtliches Ermittlungsverfahren beschlagnahmt werden, er dann aber freigesprochen wird. Denn dann beruht der Schaden nicht auf der Beschlagnahme, sondern auf dem behördlichen Verbot.[21] Einzelfragen sind bei den einzelnen Schadensposten behandelt, → Rn. 22 ff. Zur überholenden Kausalität (Abs. 4) vgl. → Rn. 100.

11 **3. Mittelbarer Schaden, Zurechnungszusammenhang.** Ist der Schaden nur mittelbar durch die Strafverfolgungsmaßnahme verursacht worden, so kommt es darauf an, ob adäquater Ursachenzusammenhang (Zurechnungszusammenhang, Adäquanz) vorliegt.[22] Die Zurechnung eines Schadens ist nicht dadurch ausgeschlossen, dass er unmittelbar erst durch ein weiteres Ereignis, etwa das Eingreifen eines Dritten ausgelöst worden ist, wie etwa bei der Kündigung des Arbeitsverhältnisses wegen Verlusts der Fahrerlaubnis[23] oder durch Streichung von der Dolmetscherliste und deshalb Verlust des Arbeitsplatzes wegen der Benutzung einer Visitenkarte, die anlässlich einer Durchsuchung als Zufallsfund aufgefunden wurde und die unberechtigt mit dem Emblem und Schriftzug des BayLKA versehen war.[24] Dazu ist vielmehr erforderlich, dass die Ursächlichkeit des ersten Umstandes für das zweite Ereignis bei rechtlicher Wertung nach dem Schutzzweck völlig unerheblich war. So dient etwa die Haftungsvorschrift des § 2 Abs. 1 gerade dem Ausgleich von Schäden, die deshalb drohen, weil sich der Inhaftierte nicht mehr frei bewegen und – unter anderem – seine Geschäfte nicht mehr selbst wahrnehmen kann.[25] Der Zurechnungszusammenhang wird durch vertragswidriges Verhalten des Dritten nicht unterbrochen.[26] Ein typisches Beispiel für einen unmittelbaren Schaden aufgrund einer Strafverfolgungsmaßnahme sind die notwendigen Auslagen, die der Beschuldigte zur Verteidigung gegen diese Maßnahme aufgewendet hat, insbesondere die Kosten für seinen Verteidiger. Sie sind nach § 7 zu ersetzen (sofern nicht schon nach der StPO ein Kostenerstattungsanspruch besteht), weil der Ursachenzusammenhang ohne Zweifel adäquat ist.[27] Bei eigenem Handeln des Beschuldigten, das außerhalb aller diskutablen Dispositionen steht, so dass es seinem Risikobereich zuzurechnen ist, wird eine Zurechnung allerdings zu verneinen sein.[28]

12 **4. Verstoß gegen gesetzliche Vorschriften oder die guten Sitten.** Auch bei Eingriffen in Vermögenspositionen, die der Beschuldigte unter Verstoß gegen gesetzliche Vorschriften, eine behördliche Anordnung oder die guten Sitten erworben hatte, ist Entschädigung ausgeschlossen.[29] In Betracht kommt vor allem Schwarzarbeit und illegale Beschäftigung von Ausländern. Zu denken wäre auch an Schäden bei entgegen bestehender Importverbote eingeführten Waren. Bei entgeltlichen Verträgen über sexuelles Verhalten ist wie folgt zu unterscheiden: Der auf die entgeltliche Gewährung des Geschlechtsverkehrs

---

[20] Missverständlich deshalb *Meyer* Rn. 12; gemeint ist wohl, dass die Ursache erst gesetzt wurde, als die Maßnahme bereits beendet war. Dies ist sicher zutreffend.
[21] LG Nürnberg-Fürth 20.10.2011 – 4 O 1106/11 und 4 O 1107/11, unveröffentlicht.
[22] BGH 15.2.1979 – III ZR 164/77, JZ 1979, 353; OLG Hamm 15.1.1988 – 11 W 134/97, MDR 1988, 414; Thüringer OLG 30.4.2012 – 4 W 94/12, juris Rn. 3, 20 ff.; LG Flensburg 24.4.2001 – 2 O 78/01, juris Rn. 13 = JurBüro 2001, 500 (nur Ls.).
[23] BGH 21.1.1988 – III ZR 157/86, BGHZ 103, 113 (116).
[24] OLG Nürnberg 6.11.2006 – 4 W 2361/06, unveröffentlicht; vgl. auch → Rn. 12.
[25] OLG Bremen 8.6.2007 – 1 W 17/07, StraFo 2007, 349; OLG Hamm 15.1.1988 – 11 W 134/97, MDR 1988, 414; OLG München 31.10.1975 – 1 U 1488/74, MDR 1976, 228.
[26] BGH 26.1.1987 – III ZR 192/87, BGHZ 106, 313 (316): Kündigung der geschäftlichen Beziehungen wegen Inhaftierung.
[27] Vgl. BGH 11.11.1976 – III ZR 17/76, BGHZ 68, 86 ff. = NJW 1977, 957 (959) und → Rn. 24–28. Zu Einzelfragen des Ursachenzusammenhangs vgl. Palandt/*Grüneberg* BGB Vor § 249 Rn. 24 ff.
[28] BGH 26.1.1987 – III ZR 192/87, BGHZ 106, 313 (316).
[29] *Meyer* Rn. 44.

gerichtete Vertrag ist sittenwidrig; daran hat das ProstG nichts geändert. Er gewährt der Prostituierten lediglich nach Vornahme der sexuellen Handlungen eine rechtswirksame Forderung auf das vereinbarte Entgelt. Ob das Auftreten in einer Peepshow noch gegen § 134 BGB verstößt, erscheint zweifelhaft; ein Vertrag über Striptease ist nicht unwirksam. Verträge über pornografische Produkte sind nach § 134 BGB unwirksam, soweit sie gegen § 184 StGB verstoßen. Verträge über Zeitungsanzeigen, in denen für Prostitution geworben wird und Telefonsex sind mit § 138 vereinbar. Daraus folgt insbesondere, dass die Prostituierte wegen vollzogener Strafverfolgungsmaßnahmen keine Ansprüche auf entgangene Einkünfte gelten machen kann. Soweit aber von Gesetz- oder Sittenwidrigkeit nicht ausgegangen werden kann, kommt Schadensersatz in Betracht.[30]

5. Beweislast. Die Darlegungs- und Beweislast hat, wer den Anspruch geltend macht, **13** und damit der Beschuldigte.[31] Dass es schwierig sein kann, diesen Beweis zu führen,[32] hat der Entschädigungsanspruch mit anderen Schadensersatzansprüchen gemeinsam. Es gelten die allgemeinen Regeln des Zivilrechts und des Zivilverfahrensrechts.[33] Die Entscheidung des Strafgerichts nach § 8 oder § 9, die Staatskasse sei zur Entschädigung verpflichtet, stellt den Anspruch seinem Grunde nach nur unter der ungeprüft unterstellten Voraussetzung fest, dass wirklich ein Schaden entstanden ist.[34] Damit wird der Anspruchsteller im Rahmen des Betragsverfahrens des Nachweises der haftungsbegründenden Kausalität enthoben (→ § 8 Rn. 6). Er muss aber nach den allgemeinen Grundsätzen des Schadensersatzrechts den Ursachenzusammenhang zwischen dem schädigenden Ereignis, hier der Strafverfolgungsmaßnahme, und dem Eintritt des Schadens (haftungsausfüllende Kausalität) darlegen und beweisen.[35] Kann nicht geklärt werden, ob oder wie weit der geltend gemachte Schaden durch den vom Strafgericht festgestellten Haftungsgrund verursacht ist, kommt eine Entschädigung nicht in Betracht.

Für den Eintritt des Schadens als Folge der Strafverfolgungsmaßnahme spricht im Allgemeinen schon **der erste Anschein,** wenn Freiheitsstrafe, eine freiheitsentziehende Maßregeln der Besserung und Sicherung oder Geldstrafe bereits vollstreckt wurde. Anders kann es liegen, wenn Vermögensschäden auf die bloße Verhängung von Strafe oder Maßregel oder auf von selbst eintretende Nebenfolgen einer rechtskräftigen Verurteilung zurückgeführt werden. Dann muss der Ursachenzusammenhang besonders nachgewiesen werden. Auch wenn freiheitsentziehende vorläufige Maßnahmen nach § 2 vollzogen wurden, spricht der Anschein dafür, dass dies für finanzielle Einbußen des Betroffenen ursächlich war.

An einem solchen Zusammenhang wird es fehlen, wenn zwei Jahre nach einer **15** Verhaftung ein Rechtsanwalt damit beauftragt wird, den Aufenthalt des bei der Verhaftung in eine Pflegestelle gegebenen Kindes zu ermitteln.[36] Wird Entschädigung für den Verlust des Arbeitsplatzes geltend gemacht, trägt der Anspruchsteller die Darlegungs- und Beweislast für den Ursachenzusammenhang zwischen entschädigungspflichtiger Strafverfolgungsmaßnahme und Kündigung. Wird die Kündigung erst zwei Monate nach der Entlassung aus der U-Haft ausgesprochen, wird sie kaum auf dieser, sondern auf dem Ermittlungsverfahren als solchem beruhen, vor allem wenn es sich gegen den Leiter einer Kinderbetreuungsstelle richtet, dem sexueller Missbrauch vorgeworfen wird.[37] Ganz allgemein genügt die zeitliche

---

[30] Vgl. die Einzelheiten bei Palandt/*Ellenberger* BGB § 138 Rn. 52 ff.
[31] BGH 21.1.1988 – III ZR 157/86, BGHZ 103, 113 (117) = NJW 1988, 1141 f.; OLG Koblenz 11.11.1998 – 1 U 1102/97, OLGR Koblenz 1999, 127, juris Rn. 9; LG Flensburg JurBüro 11.6.1991 – 2 O 170/91, 1991, 1382 f.; LG Karlsruhe 27.4.1984 – 2 O 8/84, AnwBl 1985, 158 (159); *Meyer* Rn. 55 f.; *Meyer-Goßner/Schmitt* 1; allg. Meinung.
[32] *Dahs* Rn. 374.
[33] *Böing* S. 87.
[34] BGH 31.10.1974 – III ZR 87/73, BGHZ 63, 209 (210) = NJW 1975, 350 sowie → § 8 Rn. 6.
[35] BGH 21.1.1988 – III ZR 157/86, BGHZ 103, 113 (117) = NJW 1988, 1141 f. OLG Saarbrücken 3.9.2007 – 4 W 190/07, OLGR 2007, 947 f.; OLG Schleswig 15.1.2004 – 11 U 60/02, NJW-RR 2004, 599 (600); 26.6.2003 – 11 U 152/01, juris Rn. 7; LG Saarbrücken 9.9.2008 – 4 O 99/08, juris Rn. 27.
[36] AA LG Köln 8.11.1994 – 5 O 140/94, JurBüro 1997, 203 mit abl. Anm. *Meyer.*
[37] Vgl. LG Flensburg 12.6.1998 – 4 O 88/98, JurBüro 1999, 108.

Nähe der Kündigung zum Vollzug der Maßnahme für die Annahme eines Ursachenzusammenhangs nicht.[38] Die dem Beschuldigten günstigere Beweislastregelung im Kündigungsschutzprozess kommt ihm nicht zugute.[39]

16   Die haftungsausfüllende Kausalität muss der Anspruchsteller auch mit Bezug auf die **Höhe** des durch die Strafverfolgungsmaßnahme verursachten Schadens nachweisen. Lässt sich die Schadenshöhe nicht genau beziffern, so gilt der Grundsatz der freien **Schadensschätzung**, § 287 ZPO. Auch die Justizverwaltung kann im Betragsverfahren nach § 10 die Schadenshöhe nach diesem Grundsatz frei schätzen, wenn kein eindeutiger und voller Nachweis erbracht werden kann; das gilt insbesondere, wenn entgangener Gewinn geltend gemacht wird → § 7 Rn. 44. In Betracht kommt auch eine Schätzung des Verdienstausfalls, wenn zuverlässige Erkenntnisse nicht mehr gewonnen werden können,[40] so zB des Entschädigungsanspruchs des Gesellschafters einer KG, der während der Dauer der zu Unrecht entzogenen Fahrerlaubnis seine von der Firma besoldete Sekretärin als Fahrerin eingesetzt hatte.[41] Eine Schätzung wird häufig auch bei den ersatzfähigen Anteilen der Anwaltskosten → § 7 Rn. 32 und beim Nutzungsausfall → § 7 Rn. 66 erforderlich.

17   **6. Anspruch nach oben unbegrenzt.** Der Anspruch auf Ersatz des Vermögensschadens ist nach oben nicht begrenzt. Zur früheren Rechtslage und zu den Gründen für diese Regelung vgl. → Einl. Rn. 24.

18   **7. Bagatellgrenze, Abs. 2.** Nach Abs. 2 ist der Anspruch aber nach unten begrenzt. Der nachgewiesene Schaden muss fünfundzwanzig Euro übersteigen. Die Grenze ist eingeführt worden, um in Bagatellfällen einen nicht vertretbaren Verwaltungsaufwand zu vermeiden.[42] Die Untergrenze hat nichts zu tun mit der Mindestbeschwerdesumme des Verfahrensrechts (vgl. zB § 304 Abs. 3 StPO). Sie ist daher auch nicht von deren Änderungen abhängig. Die geringe Differenz durch die Umstellung auf den Euro lässt Übergangsprobleme in der Praxis nicht erwarten.

19   **8. Kapitalzahlung, Rente.** Die Geldentschädigung wird in der Regel als Kapitalzahlung geleistet. Statt einer Kapitalzahlung, ggf. neben ihr, kann auch die Zahlung einer Rente, namentlich einer Unterhaltsrente, in Betracht kommen. Dies ergibt sich zwar nicht schon aus §§ 843–845 BGB, wonach Schadensersatz für Personenschäden grundsätzlich in Rentenform zu gewähren ist; denn Haftungsgrund ist nicht eine unerlaubte Handlung. Aber Rentenzahlung ist im Schadensersatzrecht allgemein möglich. Zweckmäßig oder geboten kann sie insbesondere sein bei dauernden Nachteilen (zB bei fortgefallener oder verminderter Erwerbsfähigkeit) und bei sich fortlaufend erneuernden Schäden (zB ein dauernder Gesundheitsschaden infolge einer Freiheitsentziehung). Auch bei einem dauerhaften oder jedenfalls über den Zeitpunkt der Betragsentscheidung hinausgehenden Verlust des Arbeitsplatzes kommt eine regelmäßige Geldzahlung in Betracht. Statt der Rente kann der Geschädigte eine **Abfindung in Kapital** verlangen, wenn ein wichtiger Grund vorliegt (vgl. § 843 Abs. 3 BGB).

20   **9. Vorschusszahlungen.** Vorschusszahlungen sind möglich. Sie kommen insbesondere dann in Betracht, wenn die endgültige Höhe der Ersatzleistung nicht sogleich oder nicht abschließend festgestellt werden kann, dem Berechtigten aber billigerweise nicht zugemutet werden kann, längere Zeit auf die Entschädigung zu warten. Die AV (abgedruckt im Anhang) sieht deshalb in Teil I B II Nr. 6–9 ausdrücklich eine Vorwegentscheidung über Teile des Anspruchs sowie „in dringenden Fällen" die Auszahlung eines Vorschusses vor; der Vorschuss soll allerdings die Hälfte des für begründet erachteten Anspruchs oder

---

[38] LG Flensburg 12.6.1998 – 4 O 88/98, JurBüro 99, 277 (Ls.).
[39] BGH 21.1.1988 – III ZR 157/86, BGHZ 103, 113 (117) = NJW 1988, 1141 f.
[40] OLG München 12.1.1978 – 1 U 3088/77, juris Rn. 48, 54 f.
[41] Vgl. BGH 19.9.1978 – VI ZR 201/77, DAR 1979, 171 f. Zu weiteren Beweisfragen im Einzelnen vgl. Palandt/*Grüneberg* BGB Vor § 249 Rn. 128 ff.
[42] Ausschussbericht, BT-Drs. VI/1512, 3.

Anspruchsteiles nicht übersteigen. Nach Teil I B II Nr. 7 der AV ist ein immaterieller Schaden unverzüglich durch Auszahlung eines Vorschusses zu ersetzen. Da die Höhe des immateriellen Schadens wegen der Pauschalregelung in Abs. 3 von vornherein feststeht, bedeutet das praktisch, dass für den immateriellen Schaden vorweg in voller Höhe gezahlt wird. Die Auffassung, die Justizverwaltungsbehörde müsse auf Antrag einen Vorschuss bezahlen, wenn und soweit die Forderung der Höhe nach unstreitig ist, und diese Verpflichtung sei bei Weigerung oder Untätigkeit im Verwaltungsrechtsweg durchsetzbar,[43] ist abzulehnen. Die Vorschrift von Teil I B II Nr. 8 der AV stellt lediglich eine Ermächtigung dar, aus der subjektive Rechte nicht abgeleitet werden können. Für Fälle der Untätigkeit der Justizverwaltung vgl. im übrigen → § 10 Rn. 30. Die §§ 197 ff. GVG sind nicht einschlägig, weil sie nur für Gerichtsverfahren gelten.

10. Verzinsung. Eine Rechtspflicht zur Verzinsung des Ersatzanspruchs von seiner Entstehung an besteht im Betragsverfahren nicht.[44] Die AV (abgedruckt im Anhang) sieht jedoch in Teil I B II Nr. 2f vor, dass im Einzelfall aufgrund besonderer Umstände im Hinblick auf den Zeitablauf Zuschläge zur Entschädigungssumme berechtigt sein können. Dies ist eine Billigkeitsregelung. Zum Zinsschaden unter dem Gesichtspunkt des entgangenen Gewinns, wenn der Berechtigte ohne den Verdienstausfall oder etwa bei Beschlagnahme von Bargeld diese Beträge verzinslich angelegt hätte, vgl. → Rn. 79. Kommt es zum Rechtsstreit, § 13, so gelten die allgemeinen Vorschriften (vgl. § 291 BGB); danach können die üblichen **Prozesszinsen** vom Eintritt der Rechtshängigkeit an verlangt werden. **Verzugszinsen** können nicht gefordert werden, weil es sich um eine öffentlich – rechtliche Forderung handelt, auf welche die §§ 286 ff. BGB nicht allgemein anwendbar sind.[45] 21

IV. Einzelfragen zum Vermögensschaden

Zur grundsätzlichen Anwendbarkeit der Regeln des Schadensersatzrechts und dessen Ausnahmen vgl. schon → Rn. 8. Typische und immer wiederkehrende Fragen zum Vermögensschaden sind teils von den Zivilgerichten entschieden worden, teils werden sie von den mit der Prüfung und Festsetzung befassten Landesjustizbehörden nach einheitlichen Grundsätzen behandelt. Einige dieser Grundsätze enthält Teil B II der Ausführungsvorschriften (abgedruckt im Anhang), die aber als bloße Verwaltungsvorschriften für die Gerichte nicht verbindlich sind[46] und nach Teil I B II Nr. 2 S. 2 der AV unter dem Vorbehalt der gesetzlichen Vorschriften und der hierzu ergangenen Rechtsprechung stehen. Das ist bei der Anmeldung von Entschädigungsansprüchen zu beachten. Im Einzelnen: 22

– **Abfindungen:** Wenn der Beschuldigte geltend macht, ihm sei aufgrund einer Strafverfolgungsmaßnahme und der darauf beruhenden anschließenden Kündigung ein Abfindungsbetrag entgangen, so ist die entgangene Abfindung dann nicht kausale Folge der Strafverfolgungsmaßnahme und der Kündigung, wenn sich der Beschuldigte wegen der Rechtmäßigkeit der Kündigung (vgl. hierzu → Rn. 59) nicht mit den Mitteln des Kündigungsschutzgesetzes (KSchG) wehrt und damit auch keine gerichtliche Entscheidung iSd Zuerkennung einer Abfindung nach § 9 KSchG ermöglicht hat.[47] 23

– **Anwaltskosten als notwendige Kosten der Verteidigung:** Die gesetzlichen Gebühren und Auslagen für die Inanspruchnahme eines Rechtsanwalts werden als **notwendige Auslagen** dem Angeschuldigten nach § 467 StPO ersetzt, wenn er freigesprochen wird, das Gericht das Hauptverfahren nicht eröffnet oder das Verfahren einstellt, nach § 467a StPO auch, wenn die StA die schon erhobene öffentliche Klage zurücknimmt und das 24

---

[43] Meyer JurBüro 1991, 771.
[44] OLG Köln 11.7.1988 – 7 U 74/88, JMBlNW 1989, 30.
[45] OLG Köln 11.7.1988 – 7 U 74/88, JMBlNW 1989, 30 zu den früheren §§ 284 ff. BGB; *Schütz* StV 2008, 52 (53).
[46] BGH 25.6.1987 – III ZR 244/86, VersR 1988, 52; OLG Köln 3.3.1994 – 7 U 191/93, MDR 1994, 658.
[47] OLG Koblenz 11.11.1998 – 1 U 1102/97, OLGR Koblenz 1999, 127.

Verfahren einstellt. „Einstellung" ist dabei auch eine solche nach einer Ermessensvorschrift.[48] Zum Begriff der Einstellung nach Ermessen vgl. → § 3 Rn. 12. In diesen von der StPO abgedeckten Fällen sind Entschädigungsansprüche nach dem StrEG wegen der Kosten der Verteidigung ausgeschlossen, und zwar auch dann, wenn das Gericht nach § 467 Abs. 2–5 StPO die notwendigen Auslagen des Angeschuldigten nicht der Staatskasse auferlegt hat. Denn die StPO ist, soweit sie den **prozessualen Kostenerstattungsanspruch** regelt, eine abschließende Regelung und geht dem StrEG vor.[49] Werden in einem Anspruchsschreiben nach dem StrEG gleichzeitig Ansprüche auf Erstattung von Auslagen aus dem Strafverfahren geltend gemacht, so veranlasst die Prüfungsstelle die getrennte Bearbeitung der Auslagenerstattung unter Verständigung des Antragstellers (Teil I A II Nr. 3 der AV, abgedruckt im Anhang).

25 Nur in den Fällen der Einstellung durch die StA, in denen die StPO keinen prozessualen Kostenerstattungsanspruch vorsieht, kann sich die Frage stellen, ob die Kosten der anwaltlichen **Vertretung im Ermittlungsverfahren** als Vermögensschaden nach dem StrEG zu ersetzen sind. Das ist die Frage nach dem materiellrechtlichen Kostenerstattungsanspruch.[50] Diesen sachlich-rechtlichen Anspruch schließt die StPO nicht aus. Er kann als Teil des Vermögensschadens nach § 7 geltend gemacht werden.[51] Die Gegenansicht, die die Kostenvorschriften der StPO und damit auch § 467a StPO für eine abschließende Regelung hielten, weshalb eine Erstattung der einem Beschuldigten erwachsenen Verteidigerkosten nicht in Betracht käme,[52] wird heute nicht mehr vertreten.

26 **Der Anspruch umfasst** die Gebühren und Auslagen eines Rechtsanwalts, soweit die Hinzuziehung eines Rechtsanwalts zur zweckentsprechenden Rechtsverteidigung gegen den Vollzug einer entschädigungspflichtigen Maßnahme als erforderlich anzusehen ist,[53] sie also notwendig war gerade zur Verteidigung gegen die U-Haft oder eine andere vorläufige Strafverfolgungsmaßnahme nach § 2.[54] Zweckentsprechend und damit notwendig ist ein Vorgehen gegen die Maßnahme, das vom Standpunkt eines verständigen Verfahrensbeteiligten aus zum Zeitpunkt des Vorgehens als sachdienlich angesehen werden muss.[55] Wann dies der Fall ist, hängt vom Einzelfall ab. Als **berücksichtigungsfähige Tätigkeiten** in diesem Zusammenhang kommen etwa eine telefonische Beratung des Beschuldigten während einer Durchsuchung,[56] nach einer Sicherstellung oder Beschlagnahme, auch durch Akteneinsicht,[57] in Betracht. Zur Aufhebung des Haftbefehls geeignet sind dabei sowohl Tätigkeiten in Bezug auf die Haftgründe, den Tatverdacht und die Verhältnismäßigkeit.

27 **Am ursächlichen Zusammenhang fehlt** es, wenn der Rechtsanwalt mit der Vertretung betraut worden ist, bevor die Strafverfolgungsmaßnahme vollzogen wurde oder

---

[48] *Meyer* JurBüro 1976, 561 ff.
[49] BVerfG 16.11.2009 – 1 BvR 3229/06, NJW 2010, 360; BGH 18.9.1975 – III ZR 139/73, BGHZ 65, 170 (176 ff.) = NJW 1975, 2341 (2343); BGH 16.7.2009 – III ZR 298/08, NJW 2009, 2682; vgl. OLG Schleswig 26.6.1979 – LW 30/96, VersR 1999, 200 (Ls. 1).
[50] Vgl. zu dieser Unterscheidung *H. Schmidt* NJW 1973, 1167.
[51] Grundlegend BGH 18.9.1975 – III ZR 139/73, BGHZ 65, 170 (177 f.) = NJW 1975, 2341 mit zust. Anm. *Kreft* LM Nr. 3/4 zu StrEG; 11.11.1976 – III ZR 17/6, BGHZ 68, 86 ff. = NJW 1977, 957 ff.; vgl. auch BGH 16.7.2009 – III ZR 298/08, NJW 2009, 2682; OLG Nürnberg 27.11.1974 – 4 U 43/74, MDR 1975, 414; LG Braunschweig 18.4.1973 – 12 Qs 30/73, NJW 1973, 1661; LG Karlsruhe 27.4.1984 – 2 O 8/84, AnwBl 1985, 158 (159); *Meyer-Goßner/Schmitt* Rn. 5; *Vogler* NStZ 1989, 254.
[52] Vgl. hierzu OLG München 31.3.1975 – 1 U 1353/75, MDR 1976, 56; LG Essen AnwBl 79, 120; LG München I 5.7.1973 – 9 O 254/73, NJW 1973, 2305; *Händel* Zeitschr. für Verkehrs- und Ordnungswidrigkeitenrecht, 1973, 243 (259).
[53] BGH 11.11.1976 – III ZR 17/76, BGHZ 68, 86 (89) = NJW 1977, 957(959); LG Saarbrücken 9.9.2008 – 4 O 99/08, juris Rn. 29 ff.
[54] Ebenso *H. Schmidt* NJW 1973, 1167; *Vogler* NStZ 1989, 254 (255) gegen OLG Zweibrücken 17.10.1988 – 1 Ws 417/88, NStZ 1989, 289.
[55] BGH BGH 18.9.1975 – III ZR 139/73, BGHZ 65, 170 (181 f.) = NJW 1975, 2341; LG Saarbrücken 9.9.2008 – 4 O 99/08, juris Rn. 30.
[56] BGH 16.7.2009 – III ZR 298/08, NJW 2009, 2682 f.
[57] BGH 16.7.2009 – III ZR 298/08, NJW 2009, 2682 f.

erst, nachdem sie bereits erledigt oder aufgehoben war. Es entspricht einem allgemeinen Grundsatz des StrEG, dass Entschädigung nur für vollzogene Maßnahmen geleistet wird. Denn § 2 setzt schon nach seinem Wortlaut den Vollzug der Maßnahme voraus. Das beachtet auch der BGH in einer älteren Entscheidung nicht,[58] wo durch eine Klammeranmerkung Aufhebung und Abwendung gleichgestellt werden.

Die Verteidigung gegen eine nur **drohende Haft** genügt daher nicht.[59] Ersatz kommt nur **28** in Betracht, soweit die Aufwendungen zur Beendigung des Vollzugs der Haft notwendig gewesen sind. Keine Ansprüche sind daher gegeben, wenn der vorläufig Festgenommene im Zeitpunkt der Beauftragung bereits wieder entlassen worden war oder der erlassene Haftbefehl nicht vollzogen worden ist.[60] Gleiches gilt, wenn die vorläufige Sicherstellung der Fahrerlaubnis durch Rückgabe des Führerscheins bereits erledigt war. Die Einschaltung eines Rechtsanwalts gegen eine **Durchsuchungsmaßnahme** ist dann nicht „notwendig", wenn zum Zeitpunkt der Beauftragung des Rechtsanwalts die Durchsuchungsmaßnahme abgeschlossen ist,[61] sämtliche mit der Durchsuchung konkret verbundenen Belastungen zugleich beendet sind[62] und sie nicht zu einer Sicherstellung oder Beschlagnahme geführt hat.[63] Als auf die Durchsuchung bezogen kommt dann im Wesentlichen nur noch die Stellung eines Antrags auf Feststellung der Rechtswidrigkeit in Betracht. Ein solcher Beschluss war schon bisher mit einer Kosten- und Auslagenentscheidung zu verbinden.[64] Soweit zur Begründung gelegentlich auf die Rechtsprechung des BGH[65] Bezug genommen wurde,[66] wird übersehen, dass dort nicht um eine – beendete – Durchsuchung sondern um eine – fortdauernde – Beschlagnahme ging. Für die Kosten und Auslagen in einem solchen Verfahren – wie auch in anderen Verfahren über die Rechtmäßigkeit einer Ermittlungsmaßnahme oder ihres Vollzugs – gilt nunmehr mit der gleichen Rechtsfolge – § 473a StPO. Die Kostenerstattung folgt daher nicht aus dem StrEG sondern aus der StPO. Werden schriftliche Unterlagen zur **Durchsicht nach § 110 StPO** mitgenommen, so ist die Durchsuchung erst nach der Sichtung abgeschlossen,[67] weil diese noch Teil der Durchsuchung ist. Meldet sich vor deren Abschluss ein Verteidiger, der sich gegen die Durchsuchung wendet, sind die Anwaltskosten grundsätzlich erstattungsfähig.[68]

War die entschädigungsfähige Maßnahme bereits beendet, so kann die Tätigkeit des **29** Verteidigers nicht mehr der Aufhebung oder Beseitigung der speziellen Maßnahme gedient haben; seine Gebühren und Auslagen sind dann Kosten der Verteidigung gegen den Schuldvorwurf und können nicht als Vermögensschäden nach dem StrEG geltend gemacht werden. Es fehlt der ursächliche Zusammenhang mit einer entschädigungsfähigen Strafverfolgungsmaßnahme.[69] Das gleiche gilt, wenn der Verteidiger keine Tätigkeit in Bezug auf die entschädigungsfähige Maßnahme entwickelt, zB die Herausgabe beschlagnahmter Unterlagen oder Gegenstände nicht begehrt oder sich nicht gegen die angeordnete Freiheitsentziehung wendet.

---

[58] BGH 18.9.1975 – III ZR 139/73, BGHZ 65, 170 (179)= NJW 1975, 2341; ebenso *Vogler* NStZ 1989, 254 (255).
[59] LG Bremen 1.4.2003 – 1 O 1288/02, juris Rn. 13 ff. für Auslieferungshaft; anders *Vogler* NStZ 1989, 254 (255).
[60] LG München I 1.4.1981 – 9 O 18749/80, AnwBl 1981, 292 (293).
[61] LG Flensburg 23.4.2004 – 2 O 203/03, JurBüro 2004, 566 f.; LG Stuttgart 26.2.2008 – 15 O 19/08, juris.
[62] Vgl. LG Saarbrücken 9.9.2008 – 4 O 99/08, juris Rn. 30; LG Stuttgart 26.2.2008 – 15 O 9/08, juris Rn. 22 ff.
[63] *Mümmler* JurBüro 1986, 1472.
[64] BVerfG 16.11.2009 – 1 BvR 3229/06, NJW 2010, 360 f.; OLG Frankfurt a. M. 14.7.2008 – 1 W 48/08, OLGR Frankfurt 2009, 464 f.
[65] 16.7.2009 – III ZR 298/08, NJW 2009, 2682 f.
[66] Vgl. etwa *Cornelius* Rn. 6.1; *Meyer-Goßner/Schmitt* Rn. 5a.
[67] BGH 23.11.1987 – 1 BGs 517/87, StV 1988, 90.
[68] GenStA Bamberg 15.9.1993 – 3 28/93, NStZ 1994, 39.
[69] BGH 11.11.1976 – III ZR 17/6, BGHZ 68, 86 ff. = NJW 1977, 957 ff.

30   Die **Bemessung der Entschädigung** für die Verteidigervergütung bereitet immer dann Probleme, wenn der Verteidiger – wie häufig – nicht nur gegen die Strafverfolgungsmaßnahme, sondern darüber hinaus im Ermittlungsverfahren als solchem tätig wird (sogenannte „doppelt gerichtete"[70] oder „deckungsgleiche"[71] Tätigkeit), dessen Einstellung nach § 170 Abs. 2 StPO eine Kostenerstattung nicht nach sich zieht. Denn während sich die Entschädigungspflicht aus §§ 2, 7 ausschließlich auf die Strafverfolgungsmaßnahme erstreckt, gilt die im Ermittlungsverfahren anfallende Grund- und Verfahrensgebühr nach § 14 RVG in Verbindung mit VV 4100 und 4104 RVG in der Regel die gesamte Tätigkeit des Verteidigers pauschal ab.[72] Dabei umfasst die Verfahrensgebühr nach VV 4104 RVG neben den allgemeinen Verteidigungstätigkeiten etwa auch die Teilnahme an Durchsuchungsmaßnahmen[73] oder gemäß § 19 Abs. 1 S. 2 Nr. 10 RVG die Tätigkeit des Verteidigers im Beschwerdeverfahren.[74] Gesonderte Gebühren und ausscheidbare Auslagen (→ Rn. 31), die allein das gegen eine Strafverfolgungsmaßnahme als solche gerichtete Verteidigerhandeln betreffen und deshalb ohne Weiteres in vollem Umfang zu ersetzen sind, fallen demgegenüber nur ausnahmsweise an.

31   **Gesonderte Gebühren und ausscheidbare Kosten.** Gesonderte Gebühren kommen in Betracht, wenn etwa gegen eine Beschlagnahmeanordnung nach § 304 StPO Beschwerde eingelegt und das Rechtsmittel begründet ist[75] oder aber der Verteidiger, dessen Mandant sich in Untersuchungshaft befindet, an einem Haftprüfungstermin teilnimmt und deshalb eine Termingebühr nach Nr. 4102 Nr. 3 VV beanspruchen kann. Ausscheidbare Kosten in diesem Sinne sind etwa Fahrtkosten und Abwesenheitsgeld eines Rechtsanwalts, um eine Aussetzung des Haftbefehls zu erreichen.[76] Solche ausscheidbare Kosten können etwa auch entstehen, wenn der Verteidiger noch während der Durchsuchung hinzugezogen wird, um deren Fortsetzung zu verhindern oder eine Beschlagnahme zu vermeiden. Bei einem **Antrag nach § 98 Abs. 2 S. 2 StPO,** die nachträgliche Rechtswidrigkeit einer vollzogenen Durchsuchungs-[77] oder Beschlagnahmeanordnung oder einer beendeten vorläufigen Festnahme nach § 127 Abs. 2 StPO[78] festzustellen handelt es sich um ein eigenständiges Nebenverfahren, für welches nach schon bisher vorherrschender Auffassung eine eigenständige Kostenentscheidung[79] und damit bei erfolgreicher Beschwerde auch eine Entscheidung bezüglich der notwendigen Auslagen des Beschwerdeführers zu treffen ist.[80] Eine ausdrückliche Anordnung über eine Kosten- und Auslagenentscheidung in Verfahren über die Rechtmäßigkeit einer Ermittlungsmaßnahme oder ihres Vollzugs trifft nunmehr § 473a StPO.[81] Eine solche Erstattungsfähigkeit nach der StPO schließt dann eine Geltendmachung entsprechenden Aufwands im Rahmen des § 7 StrEG aus.[82] Bleibt eine Beschwerde in einem unselbständigen Zwischenver-

---

[70] LG Stuttgart 26.2.2008 – 15 O 9/08, juris Rn. 26.
[71] BGH 16.7.2009 – III ZR 298/08, NJW 2009, 2682 (2683).
[72] BGH 16.7.2009 – III ZR 298/08, NJW 2009, 2682 (2683).
[73] *Burhoff*, RVG, Vergütungs-ABC Rn. 573 und Vorbemerkung Teil 4 Rn. 41.
[74] Gerold/Schmidt/*Burhoff* RVG VV 4104, 4105 Rn. 7; *Burhoff* RVG VV 4104 Rn. 16.
[75] BVerfG 16.11.2010 – 1 BvR 3229/06, NJW 2010, 360 f.
[76] OLG Rostock 6.3.2003 – 1 U 171/02, NStZ-RR 2003, 320.
[77] Hierfür gilt § 98 Abs. 2 S. 2 entsprechend: *Meyer-Goßner/Schmitt* StPO § 105 Rn. 16, wenn die Anordnung von der StA getroffen wurde; bei richterlicher Anordnung gilt § 304 StPO.
[78] Hierfür gilt § 98 Abs. 2 S. 2 ebenfalls entsprechend: BGH 7.2.1980 – 1 BJs 113/79, StV 1981, 597; 5.8.1998 – 5 ARs 1-97, BGHSt 44, 171 = NJW 1998, 3653; KK/*Schultheiß* StPO § 127 Rn. 48; KK/*Hilger* StPO § 473a Rn. 2; *Meyer-Goßner/Schmitt* StPO § 127 Rn. 23.
[79] Vgl. BVerfG 16.11.2009 – 1 BvR 3229/06, NJW 2010, 360 f.; KK/*Gieg* StPO § 464 Rn. 3; Löwe/Rosenberg/*Hilger* StPO § 473 Rn. 13, 14 mwN; vgl. auch BVerfG 16.11.2009 – 1 BvR 3229/06, NJW 2010, 360 f.
[80] OLG Frankfurt a. M. 14.7.2008 – 1 W 48/08, OLGR Frankfurt 2009, 464 f.; Löwe/Rosenberg/*Hilger* StPO § 473 Rn. 13, 14 mwN; allgemein auch *Meyer-Goßner* StPO § 464 Rn. 7a; vgl. auch BVerfG 16.11.2009 – 1 BvR 3229/06, juris Rn. 10.
[81] Die übrigen Anwendungsfälle des § 473a StPO (§ 81g Abs. 5 S. 4, § 101 Abs. 7 S. 2, § 161a Abs. 3, § 163a Abs. 3 S. 4, § 478 Abs. 3 StPO) sind keine dem StrEG unterfallenden Sachverhalte.
[82] OLG Frankfurt a. M. 14.7.2008 – 1 W 48/08, OLGR Frankfurt 2009, 464 f.; vgl. auch BVerfG 16.11.2009 – 1 BvR 3229/06, NJW 2010, 360.

fahren mit der Kostenfolge des § 473 StPO erfolglos, etwa eine Haftbeschwerde, wird der Angekl. sodann im Hauptverfahren freigesprochen, so schränkt dies die im freisprechenden Urteil vorgesehene Auslagenersatzverpflichtung der Staatskasse nicht ein.[83]
Lassen sich im Übrigen die Verteidigungsauslagen, die für Tätigkeiten im Ermittlungsverfahren anfallen, von denen, die für gegen die Strafverfolgungsmaßnahme gerichtete Tätigkeiten entstehen und nach §§ 2, 7 zu entschädigen sind, **nicht abgrenzen,** so ist die Behandlung strittig. Eine Mindermeinung vertritt die Auffassung, dann sei ein Ersatz nicht möglich.[84] Nach anderer Ansicht sollen dann die Kosten der Verteidigung insgesamt zu ersetzen sein.[85] Lassen sich die Verteidigungsauslagen für Tätigkeiten im Ermittlungsverfahren nicht von denen abgrenzen, die für gegen die Strafverfolgungsmaßnahme gerichtete Tätigkeiten entstanden sind, so ist der ersatzfähige Anteil **nach Maßgabe des § 287 ZPO zu schätzen.**[86] Dies gilt auch, wenn während des gesamten Zeitraums, in dem der Verteidiger für seinen Mandanten tätig geworden ist, sowohl das Ermittlungsverfahren lief als auch die entschädigungsfähige Strafverfolgungsmaßnahme, etwa eine Sicherstellung von Sachen, aufrechterhalten wurde.[87] Als Maßstab für die Aufteilung sind entsprechend § 14 Abs. 1 S. 1 RVG insbesondere die Bedeutung der vollzogenen Strafverfolgungsmaßnahme in ihrem Verhältnis zu den sonstigen vom Rechtsanwalt wahrgenommenen Angelegenheiten sowie die Schwierigkeit und der Umfang der anwaltlichen Tätigkeit einerseits für die Aufhebung der Strafverfolgungsmaßnahme und andererseits für die Verteidigung im Übrigen heranzuziehen.[88]

Die gemäß § 287 ZPO vorzunehmende Würdigung kann dabei ergeben, dass die entstandenen Verteidigergebühren voll zu ersetzen sind. Wird nach einer Verhaftung ein Rechtsanwalt beauftragt, der eine umfangreiche Haftbeschwerde fertigt, die zur Aufhebung des Haftbefehls führt,[89] oder stand bei der Tätigkeit die Rückgabe des beschlagnahmten Führerscheins im Vordergrund[90] und beschränkt sich sein weiteres Vorbringen dann darauf, die Einstellung des Verfahrens zu beantragen, weil bereits mit dem früheren Sachvortrag der Tatverdacht erschüttert worden war, so kann es gerechtfertigt sein, von einer Quotelung der Gebühren abzusehen. Andererseits setzt die anteilige Entschädigung nicht voraus, dass der Verteidiger überhaupt spezifisch gegen die Strafverfolgungsmaßnahme vorgegangen ist. Solange die Tätigkeit des Verteidigers objektiv auch dem Zweck diente, der Strafverfolgungsmaßnahme die Grundlage zu entziehen, wie namentlich durch die Entkräftung des Tatverdachts, steht das „ob" der Haftung und damit eine anteilige Haftung nicht in Frage. Inwieweit sich die vom Verteidiger entfalteten Aktivitäten ausdrücklich gegen die Strafverfolgungsmaßnahme gerichtet haben und welche Bedeutung gerade die Abwehr des Vollzugs der Maßnahme für den Betroffenen im Rahmen der Gesamtverteidigung hatte, ist vielmehr erst bei der Ermittlung des Haftungsanteils im Rahmen des § 287 ZPO zu prüfen und zu würdigen.[91]

---

[83] OLG Hamm 22.1.2009 – 5 Ws 300/08, StraFo 2009, 261 f.
[84] LG Stuttgart 26.2.2008 – 15 O 9/08, juris Rn. 23.
[85] LG Karlsruhe 27.4.1984 – 2 O 8/84, AnwBl 1985, 158 (159); LG Braunschweig 10.12.2004 – 5 O 3286/03, juris Rn. 27 ff.; GenStA Bamberg 15.9.1993 – 3 Z 28/93, NStZ 1994, 39 (40).
[86] BGH 11.11.1976 – III ZR 17/76, BGHZ 68, 86 (89) = NJW 1977, 957 (960) mit insoweit krit. Anm. *Meyer* JurBüro 1978, 625 (629); 16.7.2009 – III ZR 298/08, NJW 2009, 2682 f.; OLG Frankfurt a. M. 14.7.2008 – 1 W 48/08, OLGR Frankfurt 2009, 464 f.; OLG München 23.4.2012 – W 364/12, juris Rn. 9; LG Bremen 1.4.2003 – 1 O 1288/02, juris Rn. 16; LG Chemnitz 23.4.2002 – 4 Qs 4/02, wistra 2002, 279; LG Flensburg 18.2.1997 – 2 O 94/96, JurBüro 1998, 266: „anteilig"; ausführlich LG Rostock 6.6.2002 – 4 O 365/01, NStZ-RR 2002, 318 (319), bestätigt durch OLG Rostock 6.3.2003 – 1 U 171/02, NStZ-RR 2003, 320; LG Saarbrücken 9.9.2008 – 4 O 99/08, juris Rn. 33; Geigel/*Kapsa* Kap. 21 Rn. 146.
[87] BGH 16.7.2009 – III ZR 298/08, NJW 2009, 2682 f.; vgl. auch BGH 11.11.1976 – III ZR 17/76, BGHZ 68, 86 (89) = NJW 1977, 957 (960) zu § 12 Abs. 1 BRAGO aF.
[89] BGH 11.11.1976 – III ZR 17/6, BGHZ 68, 86 (89) = NJW 1977, 957 (959); LG Oldenburg 9.7.2008 – 5 O 667/08, StraFo 2008, 486 (487).
[90] Vgl. den Fall LG Braunschweig 10.12.2004 – 5 O 3286/03, juris Rn. 27 ff. – mit nur scheinbar von der hM abweichender Begründung.
[91] Zu letzterem LG Chemnitz 23.4.2002 – 4 Qs 4/02, wistra 2002, 279 (280).

34 Die **Tätigkeit des Vollverteidigers** ist durch die Gebühren nach VV 4100 und 4104 RVG pauschal abgegolten;[92] diese Tätigkeit **umfasst das Grundverfahren einschließlich der Grundentscheidung**[93] und eines sich anschließenden Beschwerdeverfahrens.[94] Gleiches gilt im Strafverfahren auch dann, wenn die Grundentscheidung ausnahmsweise nicht in der das Verfahren abschließenden Entscheidung erfolgt, sondern in einem Nachverfahren.[95] Die erforderliche Mehrarbeit kann bei der Bestimmung der konkreten Gebühr unter Beachtung der § 14 RVG beispielhaft genannten Bewertungsmerkmale Berücksichtigung finden.[96] Bei einer Mandatserteilung nach abgeschlossener Durchsuchung wird dies nur einen geringen Anteil ausmachen.[97] Eine analoge Anwendung der Nr. 4143, 4144 VV-RVG kommt dagegen nicht in Betracht.[98] Für eine analoge Anwendung fehlt es bereits an einer planwidrigen Regelungslücke.[99] Dies ergibt sich schon daraus, dass die Fragestellung nach der Verteidigervergütung für das Entschädigungsgrundverfahren keineswegs erst mit dem Inkrafttreten des RVG auftrat, sondern bereits lange vorher diskutiert wurde – mit überwiegend eine gesonderte Vergütung ablehnendem Ergebnis.[100] Der Gesetzgeber, der zahlreiche neue Gebührentatbestände geschaffen hat, nicht aber für das Grundverfahren nach dem StrEG, hat damit zum Ausdruck gebracht, dass – wie bis dahin schon – diese Tätigkeit normalerweise mit der Regelvergütung abgegolten ist. Daher umfasst die Verfahrensgebühr nach Nr. 4104 VV-RVG neben den allgemeinen Verteidigungstätigkeiten auch die Teilnahme an Durchsuchungsmaßnahmen[101] und gemäß § 19 Abs. 1 S. 2 Nr. 10 RVG die Tätigkeit des Verteidigers im Beschwerdeverfahren.[102] Als Ausnahme kommt nur in Betracht, dass die entfaltete Tätigkeit so umfangreich oder schwierig ist, dass sie beim **Pflichtverteidiger** die Bewilligung einer Pauschgebühr nach § 51 RVG rechtfertigt. Allerdings wird die Auffassung vertreten, dass die Pflichtverteidigerbestellung mit der Rechtskraft enden soll.[103] Das ist für das Grundverfahren aber zweifelhaft, weil die Entschädigungsentscheidung an sich mit der abschließenden Entscheidung zu treffen ist, § 8 Abs. 1 S. 1. Wird sie nach § 7 Abs. 1 S. 2 nachgeholt, muss dies von der Pflichtverteidigung noch erfasst werden.[104] Im Übrigen haben die genannten Gebührentatbestände einen anderen Regelungszweck. Wird der Verteidiger **nur im Grundverfahren** tätig, so handelt es sich um eine Einzeltätigkeit für deren Vergütung Nr. 4302 Ziff. 3 VV-RVG einschlägig ist.[105] Einer Tätigkeit in

---

[92] BGH 16.7.2009 – III ZR 298/08, NJW 2009, 2682; *Schlick* NJW 2009, 3139 (3141).
[93] Ebenso zum früheren § 87 BRAGO: LG Flensburg 3.3.1981 – I Qs 39/81, JurBüro 1981, 1227 (1229); 18.2.1997 – 2 O 94/96, JurBüro 1998, 266; *Mümmler* JurBüro 1986, 1467 (1473).
[94] OLG Düsseldorf 28.10.2010 – 5 Ws 17/10, juris Rn. 7 f.
[95] OLG Bremen 11.3.1975 – Ws 88/74, MDR 1975, 602 [zur BRAGO]; OLG Frankfurt a. M. 26.4.2007 – 2 Ws 36/07, NStZ-RR 2007, 223 (224).
[96] OLG Frankfurt a. M. 26.4.2007 – 2 Ws 36/07, NStZ-RR 2007, 223 (224) mwN; 14.7.2008 – 1 W 48/08, OLGR Frankfurt 2009, 464 f.; OLG Köln 14.8.2009 – 2 Ws 373/09, NStZ-RR 2010, 64 (Ls.). AG Koblenz 26.10.2010 – 25 Ls 2060 Js 29642/09, juris Rn. 2.
[97] OLG Frankfurt a. M. 14.7.2008 – 1 W 48/08, OLGR Frankfurt 2009, 464 f.
[98] OLG Düsseldorf 28.10.2010 – 5 Ws 17/10, juris Rn. 7 f. (für die Beschwerdeverfahen); OLG Frankfurt a. M. 26.4.2007 – 2 Ws 36/07, NStZ-RR 2007, 223 (224); OLG Köln 14.8.2009 – 2 Ws 373/09, NStZ-RR 2010, 64 (Ls.); aA etwa *Burhoff* RVGreport 2007, 372; *ders.* StraFo 2009, 401 (406); *ders.* RVGReort 2015, 281; *ders.* StRR 2015, 230 f. nach vorläufiger Entziehung der Fahrerlaubnis; alle mit zahlreichen Nachweisen zum Streitstand.
[99] OLG Düsseldorf 28.10.2010 – 5 Ws 17/10, juris Rn. 9.
[100] OLG Bremen 11.3.1975 – Ws 88/74, MDR 1975, 602; LG Flensburg JurBüro 81, 1227; 18.2.1997 – 2 O 94/96, JurBüro 1998, 266; *Mümmler* JurBüro 1986, 1473.
[101] BGH 16.7.2009 – III ZR 298/08, NJW 2009, 2682 (2683).
[102] BGH 16.7.2009 – III ZR 298/08, NJW 2009, 2682 (2683); OLG Düsseldorf 28.10.2010 – 5 Ws 17/10, juris Rn. 7 f. mwN; AG Koblenz 26.10.2010 – 25 Ls 2060 Js 29642/09, juris Rn. 2; *Gerold/Schmidt/Burhoff*, RVG, VV 4104, 4105 Rn. 7; *Burhoff* RVG, Vergütungs-ABC Rn. 573 und Vorbemerkung Teil 4 Rn. 41; Hartung/Römermann/Schons/*Hartung*, RVG VV Vorb. 4 Rn. 11 und VV Vorb. 4.1 Rn. 2; ergänzend → Rn. 29b.
[103] Vgl. hierzu aber OLG Hamm 15.6.1998 – 2 Sbd 5-110/98, AnwBk, 1998, 614.
[104] Vgl. OLG Bamberg 29.11.1984 – Ws 621/84, juris [nur Ls.] für die nachträgliche Gesamtstrafenbildung.
[105] LG Bamberg 25.10.1983 – Qs 146/83, JurBüro 1984, 65 f. [zu § 91 Nr. 1 BRAGO]; *Burhoff* RVGreport 2007, 372; vgl. auch → § 9 Rn. 30.

einem nach § 170 Abs. 2 StPO eingestellten Verfahren, die sich darauf beschränkte, einer Durchsuchung oder Beschlagnahme zu widersprechen und die Feststellung der Entschädigungspflicht für eine vor der Mandatserteilung abgeschlossene Durchsuchung bei dem zuständigen Gericht zu beantragen, wird nur geringes Gewicht zukommen. Sie löst die Gebühr nach Nr. 4106 VV-RVG nicht aus, da das Strafverfahren als solches nicht zum Gericht gelangte. Ebenso wenig ist in Bezug auf die Durchsuchung eine Gebühr nach Nr. 4141 Abs. 1 Nr. 1 VV-RVG angefallen.[106] Die Mitwirkung an einer Einstellung nach § 170 Abs. 2 StPO richtet sich ohnehin gegen den Schuldvorwurf als solchen, eine Tätigkeit, die nicht entschädigungsfähig ist.

Die für die Schätzung nach § 287 ZPO erforderliche **Tatsachengrundlage** hat der 35 Antragsteller vorzutragen und ggf. zu beweisen, insbesondere also Art und Intensität der Tätigkeiten, sofern sie sich nicht ohne weiteres aus den Strafakten ergeben. Eine Amtsermittlung findet insoweit nicht statt.

Über die gesetzlichen Gebühren und Auslagen hinausgehende, **vereinbarte Anwalts-** 36 **gebühren** werden nicht erstattet. Der Schutzbereich der zur Entschädigung verpflichtenden Norm reicht nicht so weit, dass er auch die Entschädigung für höhere als die gesetzlichen Gebühren und Auslagen eines Rechtsanwalts einschließen würde.[107] Unter den Voraussetzungen, unter denen die Bestellung eines nicht **nicht ortsansässigen Anwalts** in Betracht kommt, werden regelmäßig auch desssen erhöhte Auslagen für Abwesenheit und Reisen erstattungsfähig sein. Das ist insbesondere der Fall, wenn der Anwalt am Wohnort beauftragt wird und sich dann zur Eröffnung eines Haftbefehls zum Haftgericht begeben muss, wenn der Beschuldigte in der Nähe des Kanzleisitzes inhaftiert ist, der Rechtsanwalt die Sprache des inhaftierten Ausländers beherrscht oder dies mit Rücksicht auf das besondere Vertrauensverhältnis zwischen Beschuldigtem und Verteidiger geboten ist.[108] Fallen im Auslieferungsverfahren nach § 2 Abs. 3 zu ersetzende Kosten eines **ausländischen Verteidigers** an, so wäre die Verweisung des Beschuldigten auf die gesetzlichen Gebühren nach deutschem Recht uU kein Schadensausgleich. Allerdings können – wie dargelegt – vereinbarte Gebühren nicht ohne weiteres zugrunde gelegt werden. Maßgebend muss die Begründetheit und Angemessenheit der Kosten nach dem Recht des ersuchten Staates sein, welche die Justizverwaltungsbehörde bzw. das Gericht ggf. ermitteln müssen.[109]

Beauftragt der Berechtigte einen Rechtsanwalt mit **der Geltendmachung** seiner **Ent-** 37 **schädigungsansprüche nach § 10,** so sind die dafür entstandenen Gebühren grundsätzlich als Teil des Vermögensschadens erstattungsfähig (Teil I B II Nr. 2g der AV, abgedruckt im Anhang). Sie gehören nicht zu den Kosten ds nachfolgenden Rechtsstreits über den Entschädigungsanspruch.[110] Wird aber ausschließlich immaterieller Schaden geltend gemacht, wird die Vertretung durch einen Rechtsanwalt häufig nicht notwendig sein.[111] So jetzt auch grundsätzlich Teil I B II. Nr. 2 Buchst. g der AV in der ab 1.6.2011 geltenden Fassung.[112] Hierbei ist zu beachten, dass anwaltlicher Rat und anwaltliche Hilfe geeignet sind, eine sachgerechte eine sachdienliche Entscheidung herbeizuführen.[113] Es erscheint wenig überzeugend, demjenigen, der durch eine Strafverfolgungsmaßnahme einen Scha-

---

[106] OLG Frankfurt a. M. 14.7.2008 – 1 W 48/08, OLGR Frankfurt 2009, 464 f.
[107] BGH 11.11.1976 – III ZR 17/76, BGHZ 68, 86 (88) = NJW 1977, 957 (960); 25.6.1987 – III ZR 244/86, BGHR Zivil § 7 Abs. 1 Verteidigerkosten 1; BGH 23.1.2014 – III ZR 37/13, AnwBl Online 2014, 237 ff. (Rn. 49); LG Oldenburg 9.7.2008 – 5 O 667/08, StraFo 2008, 486 (487); LG Rostock 6.6.2002 – 4 O 365/01, NStZ-RR 2002, 318 (319); zustimmend *Mediger* MDR 2017, 245 (246).
[108] Vgl. hierzu Einzelheiten bei *Meyer-Goßner/Schmitt* StPO § 142 Rn. 3 und 12.
[109] *Vogler* NStZ 1989, 254 (255).
[110] OLG Stuttgart 30.11.1995 – 8 W 616/95, NStZ-RR 1996, 256.
[111] LG Flensburg 21.1.1997 – 2 O 354/96, JurBüro 1997, 317 ff.; LG Koblenz 3.4.2001 – 1 O 433/00, NStZ 2001, 500 f.
[112] BayJMBl. 2011, 66.
[113] Vgl. BGH 16.7.2009 – III ZR 298/08, BGHZ 182, 92 ff. (juris Rn. 12) = NJW 2009, 2682 (2683) für die Hinzuziehung eines Rechtsanwalts zur Verteidigung gegen Strafverfolgungsmaßnahmen.

den erlitten hat, anwaltschaftlichen Beistand zu versagen. Das wird man nur in ganz einfach gelagerten Fällen bejahen können. Etwa bei einem sprachunkundigen oder sprachungewandten ausländischen Staatsangehörigen wird dies schon nicht mehr der Fall sein. Due Hinzuziehung eines Rechtsanwalts wird stets als erforderlich anzusehen sein, sein, wenn neben dem immateriellen Schaden zahlreiche weitere Ansprüche hinsichtlich des Ersatzes von materiellem Schaden geltend gemacht werden.[114] Die Gebühren sind nicht im Kostenfestsetzungsverfahren nach § 103 ff. ZPO festsetzbar.[115] Sie richten sich nach Nr. 2300 VV-RVG,[116] die einen Rahmen von 0,5 bis 2,5 der Gebühr nach § 13 RVG vorsieht. Regelmäßig erkennen die Landesjustizverwaltungen 1,3 Gebühren (nebst Auslagen) an.[117] Eine Gebühr von mehr als 1,3 kann nur gefordert werden, wenn die Tätigkeit sehr umfangreich oder besonders schwierig war. Sie muss sich zudem auf den zuerkannten Teil des Entschädigungsverlangens beziehen.[118] Als **Gegenstandswert** aus dem das zu erstattende Anwaltshonorar zu berechnen ist, ist allgemeinen Grundsätzen folgend nicht der geforderte Betrag, sondern die Höhe des von Gesetzes wegen zu erstattenden Entschädigungsbetrags zugrunde zu legen.[119] Die Gegenauffassung, wonach sich der Gegenstandswert nach dem angemeldeten[120] oder dem von der Landesjustizverwaltung zuerkannten[121] und nicht dem im Prozess erstrittenen Betrag richten soll, überzeugt nicht. Sie wird den allgemeinen Grundsätzen des Schadensrechts nicht gerecht. Kommt es wegen des nicht zugesprochenen Betrages zum Rechtsstreit, § 13, so richten sich die Gebühren des Rechtsanwalts wie bei jedem Zivilprozess nach Teil 3 VV-RVG, die Gebühr für das vorgeschaltete Betragsverfahren ist darauf nicht anzurechnen. Hatte die Justizverwaltungsbehörde im vorgeschalteten Betragsverfahren überhaupt keinen oder nur einen niedrigeren Schaden anerkannt, so wird die Differenz zur im Betragsverfahren geschuldeten Gebühr im Zivilprozess zuzusprechen sein.[122]

38 – **Arbeitslosenhilfe; Arbeitslosengeld:** Der Verlust von Arbeitslosenhilfe und anderen Sozialleistungen durch eine freiheitsentziehende vorläufige Strafverfolgungsmaßnahme stellt einen von der Entschädigungspflicht umfassten Schaden dar. Wird stattdessen Sozialhilfe gewährt, führt dies nicht dazu, dass der Schaden entfällt, sondern bewirkt den Übergang des Schadensersatzanspruchs auf den Sozialleistungs- bzw. Sozialhilfeträger nach § 116 SGB X.[123]

39 – **Besuche im Fall freiheitsentziehender vorläufiger Strafverfolgungsmaßnahmen oder nach Wiederaufnahme:** Die Kosten für Besuchsreisen (Fahrtkosten, Übernachtungskosten)[124] naher Angehöriger oder von Personen, die mit der inhaftierten Person in Lebensgemeinschaft gewohnt haben, können zu den nach § 7 Abs. 1 zu entschädigenden Aufwendungen gehören und vom Beschuldigten geltend gemacht werden, auch wenn diese Personen nicht unter das Gesetz zur Beendigung der Diskriminierung gleichge-

---

[114] OLG Koblenz 11.4.2000 – 1 W 55/00, OLGR Koblenz 2000, 548 f.
[115] LG Flensburg 11.2.1983 – 3 O 28/83, JurBüro 1983, 1564; *Meyer* JurBüro 1983, 645 (647).
[116] Vgl. OLG Frankfurt a. M. 26.4.2007 – 2 Ws 36/07, NStZ-RR 2007, 223 (224), noch zu Nr. 2400 VV-RVG; *Burhoff* StraFo 2009, 401 (406).
[117] Ebenso LG Karlsruhe 27.4.1984 – 2 O 8/84, AnwBl 1985, 158 (159); *Meyer* JurBüro 1976, 561; *Mümmler* JurBüro 1986, 1474 [alle zu § 118 BRAGO]; vgl. auch OLG Frankfurt a. M. 26.4.2007 – 2 Ws 36/07, NStZ-RR 2007, 223 (224).
[118] OLG Düsseldorf 4.6.1987 – 18 U 51/87, JMBlNW 1987, 198 (199).
[119] BGH 16.7.2009 – III ZR 298/08, NJW 2009, 2682 (2684 f.) mwN; im Ergebnis auch OLG Frankfurt a. M. 14.7.2008 – 1 W 48/08, OLGR Frankfurt 2009, 464 f. wie die Berechnung zeigt, obwohl dort Fundstellen der Gegenansicht aufgeführt sind; 11.5.2017 – 1 U 203/17, juris Rn. 44; LG Bremen 1.4.2003 – 1 O 1288/02, juris Rn. 27; LG Saarbrücken 9.9.2008 – 4 O 99/08, juris Rn. 45.
[120] *Meyer* Rn. 17 Stichwort „Anwaltskosten" unter b), der sich zu Unrecht auf BGH 16.7.2009 – III ZR 298/08, NJW 2009, 2682 beruft.
[121] OLG München 11.11.2004 – 1 U 4066/04, juris Rn. 29; LG Flensburg 8.4.1997 – 2 O 98/97, JurBüro 1997, 501.
[122] BGH 16.7.2009 – III ZR 298/08, NJW 2009, 2682 (2684 f.).
[123] OLG Köln 13.1.2000 – 7 U 137/99, OLGR 2000, 295 (296); dort auch zur Berechnung der Höhe des Schadens.
[124] LG Flensburg 21.10.1980 – I Qs 190/80, JurBüro 1981, 1045 (1046).

schlechtlicher Gemeinschaften: Lebenspartnerschaften (LPartG) fällt und denen der Berechtigte daher nicht gesetzlich zum Unterhalt verpflichtet ist. Voraussetzung ist dann aber, dass die angefallenen Kosten letztlich vom Berechtigten aufgebracht wurden. Denn nur dann ist der Schaden in seinem Vermögen entstanden.[125] In allen anderen Fällen muss der Berechtigte den Angehörigen gesetzlich zum Unterhalt verpflichtet[126] sowie zu dessen Erbringung ohne die Strafverfolgungsmaßnahme in der Lage gewesen sein, § 11.[127] Geltend gemacht werden kann der Anspruch dann nur von dem Angehörigen, der die Kosten selbst aufbringt, denn der Beschuldigte hat sie nicht aus seinem Vermögen bezahlt.[128] Der **Schadensminderungspflicht** des § 254 BGB kommt eine bedeutsame Rolle zu, denn der Angehörige wird gehalten sein, seine Besuche in die arbeitsfreien Zeiten zu legen; auch sind die Besuche über einen angemessenen Umfang hinaus nicht entschädigungsfähig.

– **Durchsuchung, Sicherstellung und Beschlagnahme** bringen typische Schäden mit 40 sich, die als Vermögensschaden zu ersetzen sind. Bei der Durchsuchung von Räumen wird zuweilen erhebliche Unordnung verursacht oder beschlagnahmte Unterlagen müssen bei der Rückgabe wieder eingeräumt werden. Die Kosten hierfür kann der Beschuldigte nach den → Rn. 80 dargestellten Grundsätzen geltend machen. Müssen Räume oder Behältnisse (Türen, Schreibtisch, Safe, Kisten, Koffer) aufgebrochen werden, kann es zu erheblichen Sachschäden kommen; sie sind zu ersetzen. Anders, wenn der bei der Durchsuchung anwesende Beschuldigte sich weigert, die Behältnisse mit ihm zur Verfügung stehenden Schlüsseln zu öffnen, vgl. § 254 BGB. Schäden an dem beschlagnahmten Kfz und die dadurch verursachten Reparaturkosten können auf der Standzeit während der Beschlagnahme beruhen.[129] Zum **Nutzungsausfall** für Kfz und andere Wirtschaftsgüter aufgrund Sicherstellung und Beschlagnahme → Rn. 66.

Gehören die beschädigten Sachen oder die durchsuchten Räume **Dritten** (hierzu bereits 41 → Einl. Rn. 36 und → § 2 Rn. 3), zB dem Ehegatten des Beschuldigten oder dem Vermieter, so kann diesem ein Anspruch auf angemessene Entschädigung zwar nicht nach dem StrEG,[130] aber entsprechend den Grundsätzen der Entschädigung für Enteignung und enteignungsgleiche Eingriffe (Art. 14 Abs. 3 GG) zustehen.[131] Dieser Anspruch kann bei der Polizeibehörde geltend gemacht werden, welche die Durchsuchung ausgeführt oder veranlasst hat. Ist allerdings der Beschuldigte selbst dem Dritten gegenüber zum Schadensersatz verpflichtet, zB aufgrund des Mietvertrages, und hat er den Dritten befriedigt, kann er den Schaden als eigenen nach dem StrEG geltend machen. Keine Entschädigung nach dem StrEG, aber bei Vorliegen der übrigen Anspruchsvoraussetzungen eines enteignenden oder enteignungsgleichen Eingriffs, kann bei Vorliegen der weiteren Voraussetzungen auch erhalten, wessen Sachen während der Beschlagnahme als Beweismittel beschädigt werden.[132] Wird das beschlagnahmte Fahrzeug bei einem privaten Unternehmen unsachgemäß verwahrt, kommen Ansprüche aus einem öffentl.-rechtlichen Schuldverhältnis iVm § 278 BGB in Betracht.[133] Keinen Ersatz gibt es bei vorsätzlicher Fremdeinwirkung auf das im Übrigen ordnungsgemäß verwahrte Fahrzeug (Vanda-

---

[125] OLG München 12.1.1978 – 1 U 3088/77, juris Rn. 42).
[126] Thüringer OLG 30.4.2012 – 4 W 94/12, juris Rn. 3, 17.
[127] Thüringer OLG 30.4.2012 – 4 W 94/12, juris Rn. 3, 18; *Meyer* JurBüro 1976, 149.
[128] OLG Düsseldorf 26.9.1991 – 18 U 49/91, NJW-RR 1993, 35.
[129] Vgl. LG Flensburg 27.2.1004 – 2 O 354/03, JurBüro 2004, 455 (456).
[130] BGH 23.8.1989 – 1 BJs 72/87, NJW 1990, 397 f.; 14.3.2013 – III ZR 253/12, MDR 2013, 581 f. (juris Rn. 6); OLG Rostock 16.12.2010 – 10 O 141/10, NJW-RR 2010, 878 (879): Bei Festnahme beschädigte Wohnungstüre: OLG Saarbrücken 19.4.2011 – 4 U 314/10, juris Rn. 48 = MDR 211, 914 f. (Ls.); kriminaltechnische Untersuchung.
[131] BGH 14.3.2013 – III ZR 253/12, MDR 2013, 581 f. mAnm *Kurk* jurisPR-StrafR 11/2013 Nr. 3.
[132] OLG Naumburg 7.12.2005 – 6 U 73/05, NJ 2007, 83; LG Freiburg 4.9.1989 – IV AR 26/89, NJW 1990, 399 (400).
[133] Geigel/*Kapsa* Kap. 21 Rn. 149 gegen OLG Rostock 7.11.2005 – 3 U 183/04, OLGR Rostock 2006, 218.

lismus).[134] Nichts anderes kann wohl auch für einen nicht nur geringfügigen Wertverlust durch Alterung während der Dauer der Sicherstellung[135] oder bei rechtswidriger Aufrechterhaltung einer Beschlagnahme zum Zweck der Einziehung bei einem Dritten[136] gelten

42 Die Sicherstellung und die Beschlagnahme von Gegenständen, zB **Geschäftspapieren,** können einen Vermögensschaden verursachen, wenn diese zum Erwerb dienten und ihre Nichtverfügbarkeit vermögensrechtlich erfassbare Nachteile mit sich brachte. Das wird oft behauptet, ist aber selten der Fall. An den Nachweis werden mit Recht genaue Anforderungen gestellt.[137] Bei der Sicherstellung oder Beschlagnahme eines Fahrzeugs kann dies der Fall sein,[138] aber nicht, wenn es sich zB lediglich um ein Sammlerstück handelt, bei dem der Gebrauch im Hintergrund steht.[139] Zur Sicherstellung und Beschlagnahme des Führerscheins siehe unter „Entziehung der Fahrerlaubnis".

43 Auch die **Rückgabe** beschlagnahmter Gegenstände gehört zur Beschlagnahme, so dass die Rückgabe an unberechtigte Dritte Schadensersatzansprüche auslösen kann (→ § 2 Rn. 55). Zum Zeitaufwand für das Einräumen von Unterlagen nach ihrer Rückgabe → Rn. 79.

44 – **Entgangener Gewinn:** Auch der entgangene Gewinn ist grundsätzlich entschädigungsfähig, vgl. → Rn. 8. Der Anspruch muss aber schlüssig dargetan werden. Da er häufig nur durch Schätzung wird ermittelt werden können, muss der Anspruchsteller detailliert dartun, in welcher Höhe ein Gewinn im Zeitraum vor, während und nach dem Vollzug der Strafverfolgungsmaßnahme entstanden ist. Gegebenenfalls ist zu berücksichtigen und bedarf entsprechender Darlegung, wenn sich eine Strafverfolgungsmaßnahme (vorläufige Entziehung der Fahrerlaubnis) nur auf einzelne Bereiche der Tätigkeit ausgewirkt hat, etwa bei einer teils ambulanten, teils stationäre Ausübung eines Gewerbes.[140] Entgangener Gewinn aus **Wertpapieren** ist nur dann ein ersatzfähiger Schaden, wenn beim „Wegdenken" des schädigenden Ereignisses der Spekulationsgewinn nicht nur „auf dem Papier geblieben", sondern „glattgestellt" im Sinne von realisiert worden wäre. Reine Buchgewinne können nicht berücksichtigt werden.[141]

45 – **Entziehung der Fahrerlaubnis:** Die vorläufige Entziehung der Fahrerlaubnis (§ 111a StPO) ist eine Maßnahme, die häufig Entschädigungsansprüche begründen kann (vgl. die Statistik → § 2 Rn. 68). Zum Zusammenhang zwischen der Sicherstellung, der Beschlagnahme und der vorläufigen Entziehung der Fahrerlaubnis vgl. → § 2 Rn. 63 ff.

46 Der Betroffene kann als Halter oder Nutzungsberechtigter eines Kraftfahrzeuges Entschädigung nur verlangen, soweit ihm infolge der zeitweiligen Entziehung der Fahrerlaubnis tatsächlich finanzielle Mehraufwendungen oder sonstige wirtschaftliche Nachteile entstanden sind.[142] Tatsächliche **Auslagen** für notwendige Fahrten mit öffentlichen[143] und anderen Verkehrsmitteln, auch mit Taxis, soweit im Einzelfall adäquat, sowie konkrete wirtschaftliche Nachteile oder die Notwendigkeit einer erhöhten Fahrleistung, wie etwa zusätzliche Hin- und Rückfahrt beim Verbringen zur und Abholen von der Arbeitsstelle durch einen Ersatzfahrer[144] → Rn. 50), kann der Betroffene hiernach unter Berücksich-

---

[134] BGH 9.4.1987 – III ZR 3/86, BGHZ 100, 335 ff. = StV 1988, 326 gegen OLG Celle 26.11.1985 – 16 U 236/84, NdsRPfl 1986, 38; mit krit. Stellungnahme Quaritsch S. 175 f. zu beiden Entscheidungen.
[135] LG Freiburg 4.9.1989 – IV AR 26/89, NJW 1990, 399 (400).
[136] BGH 15.5.1997 – III ZR 46/96, WM 1997, 1755.
[137] OLG Düsseldorf 4.6.1987 – 18 U 51/87, JMBlNW 1987, 198.
[138] OLG Koblenz 7.8.2002 – 1 U 1515/01, OLGR Zivil 2002, 405 ff.
[139] OLG Düsseldorf 4.6.1987 – 18 U 51/87, JMBlNW 1987, 198.
[140] LG Flensburg 5.5.1998 – 2 O 124/98, JurBüro 1998, 443 [Ls.].
[141] Im Einzelnen: *Rönnau/Hohn* wistra 2002, 445 (448).
[142] BGH 31.10.1974 – III ZR 85/73, BGHZ 63, 203 = NJW 1975, 347 = BGH LM Nr. 1 zu StrEG mAnm *Kreft*; 18.9.1975 – III ZR 139/73, BGHZ 65, 170 (172) = NJW 1975, 2341 (2342); 31.10.1974 – III ZR 117/73, VersR 1975, 257; OLG Oldenburg 1.11.2013 – 6 U 154/13, juris Rn. 33 ff.
[143] BGH 31.10.1974 – III ZR 117/73, VersR 1975, 257; LG Flensburg 3.4.1990 – 2 O 39/90, JurBüro 1990, 1329 (1330).
[144] LG Flensburg 3.4.1990 – 2 O 39/90, JurBüro 1990, 1329 (1330 f.); *Meyer* JurBüro 1990, 686.

tigung der ihm obliegenden Schadensminderungspflicht geltend machen. Andererseits muss sich der Beschuldigte aber **ersparte Aufwendungen** anrechnen lassen, etwa wegen der Nichtbenutzung des eigenen PKW,[145] denn die Fahrt als solche hätte ja stattgefunden; vgl. zur Vorteilsausgleichung allgemein → Rn. 89. In Betracht kommen auch die Kosten für eine **Zweitwohnung** am Beschäftigungsort.[146] Auch Mehrkosten für **Telefonate** zum Ausgleich der geringeren Mobilität können ersatzfähig sein.[147] Zu **Zeitverlusten** → Rn. 80.

Nicht geltend gemacht werden können aber die Allgemeinkosten des eigenen Fahrzeugs, also zB Leasingraten, Kfz-Steuer, Versicherungsprämien, Abmeldegebühren, Unterstellkosten. Es handelt sich hierbei um laufende Aufwendungen, die der allgemeinen Lebensführung zuzurechnen sind.[148] 47

Dem Beschuldigten steht auch keine Entschädigung für den **Nutzungsausfall,** also den entgangenen Gebrauchsvorteil, zu. Dieser sog. Karenzschaden, von der Rechtsprechung in Fällen der objektiven Unbenutzbarkeit des Kraftfahrzeuges, beispielsweise wegen eines Unfallschadens, zugebilligt,[149] kann nicht geltend gemacht werden, wenn das Fahrzeug objektiv benutzbar bleibt und nur der Beschuldigte infolge der zeitweiligen Entziehung der Fahrerlaubnis es nicht selbst fahren konnte,[150] auch dann nicht, wenn der Pkw zur ausschließlichen, auch privaten, Benutzung überlassen war[151] oder er wegen versicherungsrechtlicher Gründe nicht durch eine andere Person gesteuert werden darf.[152] Diese Grundsätze gelten entsprechend für andere Fälle, in denen der Beschuldigte am Genuss seines Vermögens gehindert ist. Zur Entschädigung für den Nutzungsausfall bei Sicherstellung oder Beschlagnahme des Fahrzeugs → Rn. 66. 48

Die Aufwendungen für eine **Bahncard** will das LG Flensburg[153] mit der Begründung versagen, diese sei nicht nur für Fahrten zwischen Wohn- und Dienstort einsetzbar, sondern für die Nutzung der Deutschen Bahn allgemein. Dies trifft so indes nicht zu: Wurde die Bahncard aus Anlass der vorläufigen Entziehung der Fahrerlaubnis erworben, was sich regelmäßig aus dem Zeitpunkt ergibt, so ist sie ersatzfähig, wenn sie zum Erwerb der Fahrkarten während der Zeit der Entziehung der Fahrerlaubnis auch eingesetzt und soweit sie dabei wertmäßig „abgefahren" wird, also die Summe der Kosten der Bahncard und der einzelnen damit getätigten Fahrten geringer ist als die Kosten für den Erwerb von Einzelfahrkarten. Mag dem Beschuldigten der Vorteil der Bahncard zusätzlich für private Fahrten dienen: Er würde sich den Verstoß gegen die Schadensminderungspflicht vorwerfen lassen müssen, nützte er nicht die günstigsten Tarifangebote! Wurde die Bahncard unabhängig von der Maßnahme erworben, sind ohnehin nur die zum günstigeren Preis erworbenen Einzelfahrkarten ansetzbar. 49

---

[145] LG Schleswig 14.4.1998 – 2 O 115/98, JurBüro 1998, 443 [Ls.].
[146] *Peters,* Fehlerquellen, Bd. 3, S. 187.
[147] LG Schleswig 14.4.1998 – 2 O 115/98, JurBüro 1998, 443 [Ls.].
[148] BGH 15.12.1970 – VI ZR 120/69, BGHZ 55, 146 ff. = JZ 1971, 571 [nicht zum StrEG]; OLG Düsseldorf 8.3.1973 – 18 U 177/72, MDR 1974, 40 (41); LG Flensburg 12.2.1002 – 2 O 20/02, JurBüro 2002, 333 (334); 28.2.2006 – 2 O 542/05, juris Rn. 17.
[149] Grundlegend: BGH 30.9.1963 – III ZR 137/62, BGHZ 40, 345; 15.4.1966 – VI ZR 271/64, BGHZ 45, 212.
[150] BGH 31.10.1974 – III ZR 85/73, BGHZ 63, 203 = NJW 1975, 347 mAnm *Kreft* BGH LM Nr. 1 zu StrEG; BGH 18.9.1975 – III ZR 139/73, BGHZ 65, 170 (173 f.) = NJW 1975, 2341 (2342) mit zust. Anm. *Kreft* LM Nr. 3/4 zu StrEG; OLG Celle 28.2.1973 – 13 U 170/72, NdsRpfl 73, 103 f.; OLG Düsseldorf 8.3.1973 – 18 U 177/72, MDR 1974, 40 f.; OLG Koblenz 18.5.2010 – 1 U 296/10, juris Rn. 3; LG Flensburg 28.2.2006 – 2 O 542/05, juris Rn. 16; LG München I 5.10.1972 – 9 O 411/72, DAR 1973, 98 f. mit zust. Anm. *Löwe*; LG Nürnberg-Fürth 23.9.2008 – 4 O 6123/08, unveröffentlicht; LG Stuttgart 17.10.1972 – 17 O 213/72, NJW 1973, 631; *Meyer* JurBüro 1990, 685; *Händel* VRS 73, 1 (3); *Hentschel* Trunkenheit Rn. 1085; *Meyer-Goßner/Schmitt* Rn. 4; *Löwe* DAR 1972, 272; ebenso OLG München 12.7.2007 – 1 U 2042/07, OLGR München 2007, 976 ff. für Schadensersatzansprüche aus § 839 BGB wegen verwaltungsrechtlichem Entzug der Fahrerlaubnis; aA *Nickel* DAR 1972, 18.
[151] BGH 18.9.1975 – III ZR 139/73, BGHZ 65, 170 (173 f.) = NJW 1975, 2341 (2342).
[152] LG Nürnberg-Fürth 23.9.2008 – 4 O 6123/08, unveröffentlicht.
[153] Vom 23.2.1999 – 2 O 451/98, DAR 1999, 279.

50 Die Kosten für einen **Fahrer** können geltend gemacht werden, sofern sie zu einem angemessenen Ausgleich erforderlich waren; die sich aus § 254 Abs. 2 BGB ergebende Schadensminderungspflicht ist zu beachten (vgl. dazu allgemein → Rn. 97 und 99). Der BGH[154] hat als erstattungsfähigen Vermögensschaden die Aufwendungen dafür anerkannt, dass der Betroffene als persönlich haftender Gesellschafter einer KG sich von einer Sekretärin der KG fahren ließ, soweit sich die Zweckentfremdung dieser Arbeitskraft beim Gesellschafter als Verlust ausgewirkt hat. Auch die Einstellung eines Fahrers durch eine GmbH für einen Geschäftsführer kann für diesen erstattungsfähig sein, wenn er wirtschaftlicher Inhaber der GmbH ist, → Rn. 55. Der Anspruchsteller muss aber beweisen, dass die Einstellung gerade wegen der Führerscheinmaßnahme erfolgt ist,[155] in welchem Umfang gerade der angestellte Fahrer für ihn tätig war, und darüber hinaus den Umfang und die Notwendigkeit der durch den Ersatzfahrer durchgeführten Fahrten ausreichend darlegen.[156] Geringfügige **Hilfeleistungen des Ehegatten oder anderer Verwandter** sind im Rahmen der ehelichen Lebensgemeinschaft[157] oder der familiären Beistandspflicht uU abgegolten.[158] Auch sonst ist zu prüfen, ob die Fahrleistungen gefälligkeitshalber oder im Rahmen einer familiären Beistandspflicht erbracht wurden.[159] Im Übrigen ist bei Ehegatten wie auch bei Leistungen Dritter zu beachten, dass sie in der Regel nicht den Schädiger entlasten wollen.[160] Bei Fahrten von und zur Arbeitsstelle wird die Benutzung öffentlicher Verkehrsmittel regelmäßig zumutbar sein, auch bei etwas größerem Zeitbedarf und wenn dies Unbequemlichkeiten mit sich bringt.[161] Wird gleichwohl auf einen Fahrer oder teurere Verkehrsmittel wie etwa das Taxi zurückgegriffen, können nur fiktiv die Kosten der Benutzung öffentlicher Verkehrsmittel geltend gemacht werden. Da nur vollzogene Strafverfolgungsmaßnahmen entschädigungsfähig sind (→ § 2 Rn. 15), kann selbst nach Einleitung eines Ermittlungsverfahrens für die Anstellung eines vorsorglich für den Fall einer vorläufigen Entziehung der Fahrerlaubnis eingestellten Fahrers kein Ersatz geleistet werden.[162]

51 – Das **Fahrverbot** (§ 44 StGB) ist Nebenstrafe, eine Entschädigung kann daher nur in Betracht kommen, wenn das rechtskräftig verhängte Fahrverbot im Wiederaufnahmeverfahren oder sonst nachträglich wegfällt. Der Fall ist selten, es gelten für die Entschädigung dann dieselben Grundsätze wie bei der vorläufigen Entziehung der Fahrerlaubnis.

52 – **Fotokopierkosten** im Grundverfahren sind den notwendigen Auslagen zuzurechnen und in erster Linie im Kostenfestsetzungsverfahren geltend zu machen.[163] Kosten für Kopien zum Ersatz für **beschlagnahmte Geschäftsunterlagen** sind im Hinblick auf die Schadensminderungspflicht nur ersatzpflichtig, wenn auf die Unabdingbarkeit dieser Unterlagen bei der Durchsuchung und Beschlagnahme hingewiesen und die Stellung von Fotokopien auf Kosten der Staatskasse verlangt worden ist.[164] Der Grundsatz der Verhältnismäßigkeit erfordert es in solchen Fällen, Ablichtungen der beschlagnahmten Schriftstücke auszuhändigen.[165]

53 – **Geldstrafen und Kosten** sowie rechtskräftig als Taterträge eingezogene Geldbeträge werden außerhalb des StrEG zurückbezahlt, vgl. → Einl. Rn. 53. Wegen der Ersatzfähigkeit **gemeinnütziger Arbeit** vgl. → Rn. 53. Zahlungen auf eine Geldauflage nach § 56b

---

[154] 19.9.1978 – VI ZR 201/77, DAR 1979, 171 f.
[155] BGH 19.9.1978 – VI ZR 201/77, VersR 1979, 179 (180).
[156] OLG Oldenburg 1.11.2013 – 6 U 154/13, juris Rn. 33 ff.; OLG Schleswig 26.6.1997 – 11 W 30/96, VersR 1999, 200 [Ls.].
[157] OLG Oldenburg 1.11.2013 – 6 U 154/13, juris Rn. 37.
[158] LG Flensburg 3.4.1990 – 2 O 39/90, JurBüro 1990, 1329 (1331).
[159] OLG Oldenburg 1.11.2013 – 6 U 154/13, juris Rn. 37.
[160] Palandt/*Grüneberg* BGB Vor § 249 Rn. 131.
[161] LG Flensburg 3.4.1990 – 2 O 39/90, JurBüro 1990, 1329 (1331).
[162] LG Flensburg 28.5.1999 – 2 O 155/99, JurBüro 1999, 500 [Ls.].
[163] LG Flensburg 24.4.2001 – 2 O 78/01, JurBüro 2001, 500 f.
[164] LG Flensburg 24.4.2001 – 2 O 78/01, JurBüro 2001, 500 f.
[165] BGH 20.11.1987 – StB 24/87, MDR 88, 358 bei *Schmidt*.

Abs. 2 Nr. 2 u. 4 StGB oder Weisungen nach § 56c Abs. 2 Nr. 1 u. 5 StGB (soweit nicht ohnehin eine zivilrechtliche Verpflichtung vorlag) sowie Zinsen zur Aufbringung von Strafe, Kosten, Geldauflage oder Weisung sind aber Vermögensschäden.[166] Soweit bei der Erteilung von Auflagen und Weisungen möglicherweise ungerechtfertigte Zahlungen an Dritte erfolgten, vgl. → Rn. 96.

– **Gemeinnützige Arbeit** zur Abwendung der Vollstreckung einer Ersatzfreiheitsstrafe **54** oder als Bewährungsauflage. Der Zeitaufwand für die Leistung gemeinnütziger Arbeit zur **Abwendung der Vollstreckung einer Ersatzfreiheitsstrafe** ist nicht ersatzfähig.[167] Arbeitskraft und Erwerbsfähigkeit sind Eigenschaften der Person und keine vermögenswerte Güter.[168] Der bloße Ausfall der Arbeitskraft begründet daher keinen Vermögensschaden. Es handelt sich um ein immaterielles Rechtsgut, das zwar verletzt werden kann, für dessen Verletzung aber im Gesetz über die Entschädigung für Strafverfolgungsmaßnahmen eine Ersatzpflicht nicht vorgesehen ist. Ersatz für immateriellen Schaden gibt es vielmehr nur im Falle zu Unrecht vollzogener Freiheitsentziehung.[169] Auch die Anknüpfung an den Wert der geleisteten Arbeit[170] erscheint problematisch, denn der Verurteilte arbeitet zur Vermeidung der Haft und nicht um einen Verdienst zu erzielen. Das ließe dann für die Schadenshöhe eine Anknüpfung an die Pauschale des § 7 Abs. 3 näherliegend erscheinen. Entschädigung kann aber in Betracht kommen bei entgangenem Verdienst aufgrund der Ableistung der gemeinnützigen Arbeit zur Abwendung der Vollstreckung. Das wird selten sein, denn der Verurteilte wird bei der Vollstreckungsbehörde auf eine Änderung der Modalitäten der Ableistung hinwirken können und müssen. Einen Anspruch auf Ersatz von Fahrtkosten und Arbeitskleidung hat er im Nachhinein jedenfalls dann nicht, wenn deren Höhe die zu zahlende Geldstrafe erreicht oder übersteigt. Denn dann stand ihm offensichtlich ein Betrag zur Verfügung, mit dem er auch die Geldstrafe hätte tilgen können, ohne die gemeinnützige Arbeit zu leisten.[171] Ist gemeinnützige Arbeit als Bewährungsauflage erteilt, § 56b Abs. 2 S. 1 Nr. 3 StGB, wird er sich ebenfalls in erster Linie um eine (nachträgliche) Änderung der Weisung bemühen müssen.

– **Gesellschaftsvermögen:** Eine Gesellschaft, die durch eine gegen ihren Gesellschafter **55** gerichtete Strafverfolgungsmaßnahme einen Vermögensschaden erlitten hat, hat keinen Entschädigungsanspruch.[172] Der geschäftsführende **Alleingesellschafter** einer Kapitalgesellschaft kann einen bei der Gesellschaft infolge einer entschädigungspflichtigen Strafverfolgungsmaßnahme gegen ihn eingetretenen Vermögensnachteil, nicht nur den entgangenen Gewinn, als eigenen Schaden (sog. Reflexschaden) geltend machen.[173] Voraussetzung ist allerdings, dass eigene Rechte des Gesellschafters, nicht nur solche der Gesellschaft, etwa deren Eigentum, verletzt wurden.[174] Dem liegt der Gedanke zugrunde, dass in einer solchen Situation die Einmanngesellschaft im Rahmen der für die Lösung von Schadensersatzfragen gebotenen wirtschaftlichen Betrachtungsweise als ein in besonderer Form verwalteter Teil des dem Alleingesellschafter gehörenden Vermögens anzusehen ist[175] und sich die Einbuße am Gesellschaftsvermögen als Wertverlust in seiner Gesellschaftsbeteiligung darstellt.[176] Die

---

[166] OLG Stuttgart 26.7.1996 – 4-3 StE 3/92, NJW 1997, 206; *Meyer-Goßner/Schmitt* Rn. 2.
[167] OLG Dresden 10.7.2002 – 6 W 674/02, StV 2003, 239.; OLG Zweibrücken 3.4.2003 – 6 U 7/03, NJW 2004, 2314 f.; Palandt/*Grüneberg* BGB § 249 Rn. 65; *Geigel/Kapsa* Kap. 21 Rn. 154; aA *Meyer* StV 2003, 240; *Meyer-Goßner/Schmitt* Rn. 2.
[168] Vgl. Palandt/*Grüneberg* § 249 Rn. 65.
[169] OLG Zweibrücken 3.4.2003 – 6 U 7/03, NJW 2004, 2314 (2315).
[170] So *Meyer* StV 2003, 240 und *Meyer-Goßner/Schmitt* Rn. 2.
[171] OLG Frankfurt 29.12.2016 – 1 Ws 21/16, juris Rn. 10.
[172] OLG München 18.2.2013 – 4 Vas 56/12, juris Rn. 30.
[173] BGH 15.11.1990 – III ZR 246/89, NJW-RR 1991, 551 (552); LG Rostock 24.10.2002 – 4 O 160/02, juris Rn. 38 ff.; anders noch BayObLG 21.3.1990 – RReg 4 St 226/89, juris Rn. 27; vgl. zu Kritik und weiteren Lösungsansätzen auch *Emmrich/Bitter* in *Scholz*, GmbHG, 11. Aufl. 2012-2015, GmbHG § 3 Rn. 177 ff.
[174] OLG München 18.2.2013 – 4 VAs 56/12, juris Rn. 29 ff.; OLG Nürnberg 26.8.2002 – 4 W 2125/02, NStZ-RR 2003, 62 ff.
[175] Vgl. OLG Karlsruhe 20.1.2005 – 12 U 334/04, OLGR Karlsruhe 2005, 125 mwN.
[176] OLG München 18.2.2013 – 4 VAs 56/12, juris Rn. 32.

geringfügige Beteiligung eines Dritten mit 4 % schadet nicht,[177] wohl aber ein Anteil des Dritten von 25 %,[178] rund 33 %[179] etwa 50 %[180] oder gar 96 %.[181] Der Gedanke an ein lediglich getrennt verwaltetes Sondervermögen kommt dann nicht mehr zum Tragen, ebenso, wenn dem eine Entschädigung begehrenden Mitgesellschafter keine beherrschende Stellung zukommt.[182] Er kann dann einen Schaden nur in Höhe seines Prozentanteils ersetzt verlangen.[183] Der Anspruch geht aber nur dahin, Leistung an die Gesellschaft zu verlangen und es müsse hinzukommen dass die Maßnahme eigene Rechte des Gesellschafters, nicht nur solche der Gesellschaft beeinträchtigt habe.[184] Verliert er seinen Anteil durch einen Konkurs, stellt sich die Frage gar nicht.[185] **Die GmbH selbst** kann den bei ihr aufgrund von gegen den Geschäftsführer gerichteten Strafverfolgungsmaßnahmen entstandenen Schaden allenfalls geltend machen, wenn der Geschäftsführer alleiniger Gesellschafter der GmbH ist.[186] Mit der Anerkennung der Rechtsfähigkeit der (Außen-) Gesellschaft bürgerlichen Rechts und der Zuerkennung der Parteifähigkeit im Zivilprozess durch den Bundesgerichtshof[187] ist auch die BGB-Gesellschaft als Trägerin von Rechten und Pflichten anerkannt. Schäden der Gesellschaft sind daher ausschließlich von dieser, nicht von den Gesellschaftern geltend zu machen,[188] auch wenn zu Gunsten eines Gesellschafters eine Grundentscheidung über die Entschädigung ergangen ist und der weitere Gesellschafter seinerseits in einem anderen Zivilprozess Entschädigung geltend macht.[189]

56 – **Gesundheitliche Beeinträchtigungen,** wie sie typischerweise durch eine Inhaftierung entstehen können, sind nach dem StrEG ersatzfähig. In Betracht können vor allem psychische Folgen kommen.[190] Atypische Schäden dagegen, wie etwa die Verletzung durch Mitgefangene, Schäden durch angeordnete körperliche Untersuchungen oder der Schockschaden aufgrund einer Durchsuchung[191] unterliegen mangels adäquat-kausaler Verursachung nicht den Regeln des StrEG, sondern denen über den allgemeinen Aufopferungsanspruch und die Amtshaftung (hierzu → Einl. Rn. 70).

57 – **Haustiere:** Ersatz der Unterbringungskosten für Haustiere in einer Tierpension, Ersatz der notwendigen Aufwendungen Dritter für die Versorgung der Tiere und für die Hausbetreuung sowie anteilige Rechtsanwaltsgebühren sind ersatzfähig, nicht aber Heizkosten für die Wohnung (vgl. hierzu → Rn. 72), Futter- und Impfkosten, weil diese sowieso angefallen wären.[192]

58 – **Kaution:** Wer nach § 2 Abs. 2 Nr. 3 für die Stellung einer Kaution Entschädigung verlangen kann, erhält auch die Kosten erstattet, die durch die Aufnahme eines hierfür erforderlichen Kredits verursacht wurden. Auch die Kosten einer damit in Verbindung stehenden Restschuldversicherung können erstattungsfähig sein, wenn andernfalls der Kredit nicht

---

[177] BGH 6.10.1988 – III ZR 143/87, VersR 1989, 94 (95); 15.11.1990 – III ZR 246/89, NJW-RR 1991, 551 (552).
[178] LG Flensburg 16.10.2001 – 2 O 307/01, JurBüro 2002, 165; vgl. auch OLG Frankfurt a. M. 19.7.2002 – 3 Ws 737/02, NStZ-RR 2002, 320.
[179] OLG Karlsruhe 20.1.2005 – 12 U 334/04, OLGR Karlsruhe 2005, 125; LG Rostock 24.10.2002 – 4 O 160/02, juris Rn. 39.
[180] OLG München 17.2.2003 – 1 U 1599/03, juris.
[181] LG Stuttgart 4.3.2008 – 15 O 315/07, juris Rn. 4, 40.
[182] OLG München 17.2.2003 – 1 U 1599/03, ObLGR 2004, 51 f.
[183] BGH 15.11.1990 – III ZR 246/89, NJW-RR 1991, 551 (552); OLG München 18.2.2013 – 4 VAs 56/12, juris Rn. 27 ff.
[184] OLG Nürnberg 26.8.2002 – 4 W 2125/02, NStZ-RR 2003, 62 ff.
[185] BGH 26.1.1987 – III ZR 192/87, BGHZ 106, 313 (315).
[186] OLG Frankfurt a. M. 19.7.2002 – 3 Ws 737/02, NStZ-RR 2002, 320; LG Flensburg 16.10.2001 – 2 O 307/01, JurBüro 2002, 165.
[187] Vom 29.1.2001 – II ZR 331/00, NJW 2001, 1056.
[188] OLG Nürnberg 23.7.2012 – 4 U 2315/11, juris Rn. 11 ff.
[189] OLG Nürnberg 23.7.2012 – 4 U 2315/11, juris Rn. 13.
[190] OLG München 23.4.2012 – 1 W 364/12, juris Rn. 4.
[191] LG Flensburg 22.2.1985 – 3 O 488/84, 22.2.1985 – 3 O 488/84, JurBüro 1985, 846; zust. *Meyer* JurBüro 1987, 1611.
[192] OLG Bremen 8.6.2007 – 1 W 17/07, StraFo 2007, 349.

gewährt worden wäre. Wie stets werden bei einem Dritten entstandene Schäden nicht erstattet, etwa wenn der Ehegatte, ohne damit seiner Unterhaltspflicht zu genügen, den Kredit aufnimmt.[193]

– **Kündigung:** Der Verlust des Arbeitsplatzes und der damit verbundene Verdienstausfall können grundsätzlich einen ersatzfähigen Schaden darstellen.[194] Wer aufgrund, also gerade wegen (Frage des Zurechnungszusammenhangs, vgl. → Rn. 11) einer entschädigungspflichtigen Strafverfolgungsmaßnahme, etwa wegen U – Haft[195] oder einer vorläufigen Entziehung der Fahrerlaubnis bei einem Berufskraftfahrer oder Außendienstmitarbeiter,[196] eine Kündigung seines Arbeitsverhältnisses erleidet, ist für den daraus entstandenen Ausfall zu entschädigen. Wird dem Arbeitnehmer gekündigt, weil er wegen drohender Strafvollstreckung ins Ausland flieht, beruht der Schaden auf der Flucht, nicht auf der Maßnahme.[197] Der Kündigung steht es gleich, wenn der Beschuldigte aufgrund der Strafverfolgungsmaßnahme ein vertraglich bereits fest vereinbartes Arbeitsverhältnis nicht antreten kann.[198] Eine eigene Kündigung durch den Beschuldigten wird stets den Verlust von Ansprüchen nach sich ziehen, es sei denn, dass er damit einer sonst wegen des Vollzugs der Maßnahme unausweichlichen Kündigung seitens des Arbeitgebers nur zuvorgekommen ist.[199] 59

Voraussetzung bei Kündigung wegen einer vorläufigen Entziehung der Fahrerlaubnis oder einer Freiheitsentziehung ist aber, dass **gerade diese Maßnahmen** den die Kündigung des Arbeitsverhältnisses rechtfertigenden Grund abgeben. Für den Arbeitgeber muss gerade wegen der zeitweiligen Sicherstellung des Führerscheins oder der Freiheitsentziehung und der damit verbundenen Beschränkung der Einsatzfähigkeit des Arbeitnehmers eine weitere Beschäftigung nicht mehr in Betracht kommen.[200] Macht der Arbeitgeber betriebsbedingte und terminliche Gründe geltend, spricht das gegen eine Kündigung wegen der Strafverfolgungsmaßnahme.[201] Dagegen entfällt unter Zurechenbarkeitsgesichtspunkten ein Kausalzusammenhang, wenn der Schaden schon auf Grund des Ermittlungsverfahrens als solchem entstanden ist, weil sich der Arbeitgeber bereits deshalb zur Kündigung entschlossen hat.[202] Über die Berechtigung der Kündigung wird der Betroffene, soweit zumutbar,[203] eine Entscheidung des Arbeitsgerichts in einem **Kündigungsschutzprozess** herbeiführen müssen. Er darf nicht einfach eine unberechtigte Kündigung widerspruchslos hinnehmen und so zum endgültigen Verlust des Arbeitsplatzes beitragen, wenn er den Arbeitsplatzverlust als Nachteil nach § 7 geltend machen will.[204] Eine **einvernehmliche Aufhebung** des Arbeitsvertrages wird regelmäßig Ansprüche ausschlie- 60

---

[193] LG Flensburg 28.5.1991 – 2 O 165/91, NJW-RR 1992, 695.
[194] BGH 21.1.1988 – III ZR 157/86, BGHZ 103, 113 (115) = NJW 1988, 1141; OLG Saarbrücken 3.9.2007 – 4 W 190/07, OLGR 2007, 947 f.; *Meyer-Goßner/Schmitt* Rn. 3.
[195] OLG Düsseldorf 26.9.1991 – 18 U 49/91, NJW-RR 1993, 35 f.; OLG Saarbrücken 3.9.2007 – 4 W 190/07, OLGR 2007, 947 f.
[196] BGH 21.1.1988 – III ZR 157/86, BGHZ 103, 113 (117) = NJW 1988, 1141; Schleswig VersR 97, 841; OLG Schleswig 15.1.2004 – 11 U 60/02, NJW-RR 2004, 599 (600).
[197] OLG Köln 1.6.1989 – 7 U 39/89, OLGZ 1991, 67 (68).
[198] OLG Hamm 23.3.2000 – 28 U 169/99, OLGR 2001, 129 (131).
[199] OLG Schleswig 26.6.2003 – 11 U 152/01, juris Rn. 9 ff. = JurBüro 2004, 567 [Ls.]; LG Flensburg 4.9.2001 – 2 O 244/01, JurBüro 2004, 52 (53).
[200] BGH 21.1.1988 – III ZR 157/86, BGHZ 103, 113 (115) = NJW 1988, 1141; OLG Hamm 15.1.1988 – 11 W 134/97, MDR 1988, 414; OLG Jena 15.8.2011 – 4 U 424/11, juris Rn. 13 ff.; OLG Köln 1.6.1989 – 7 U 39/89, OLGZ 1991, 67 f.; OLG Saarbrücken 3.9.2007 – 4 W 190/07, OLGR 2007, 947 f.; OLG Schleswig 25.4.1996 – 11 U 46/95, VersR 1997, 841; 26.6.2003 – 11 U 152/01, juris Rn. 12 = JurBüro 2004, 567 [Ls.].
[201] Thüringer OLG 15.8.2011 – 4 U 424/11, juris Rn. 16.
[202] OLG Saarbrücken 3.9.2007 – 4 W 190/07, OLGR 2007, 947 f.
[203] OLG Düsseldorf 26.9.1991 – 18 U 49/91, NJW-RR 1993, 35 (36): nicht, wenn sie von vorneherein keinen Erfolg versprach.
[204] grundlegend BGH 21.1.1988 – III ZR 157/86, BGHZ 103, 113 (115) = NJW 1988, 1141 für eine ordentliche Kündigung mit zust. Anm. *Bauer/Baeck* EWiR 1989, 397; OLG Schleswig 26.6.2003 – 11 U 152/01, juris Rn. 12 = JurBüro 2004, 567 [Ls.]; OLG Schleswig 15.1.2004 – 11 U 60/02, NJW-RR 2004, 599 (600).

ßen,²⁰⁵ ebenso ein **vergleichsweiser Verzicht** auf Teile des Einkommens.²⁰⁶ Dass das Arbeitsverhältnis wegen gesundheitlicher Beeinträchtigungen ohnehin hätte beendet werden müssen, stellt eine im Rahmen des § 7 Abs. 4 zu berücksichtigende Reserveursache dar und ist von der Justizverwaltungsbehörde darzulegen und zu beweisen.²⁰⁷

61 Häufig wird sich heraus stellen, dass eine **Kündigung aus anderen Gründen** erfolgt ist, insbesondere, wenn sie nicht darauf gestützt wird, dass der Arbeitnehmer aufgrund der Strafverfolgungsmaßnahme dem Arbeitgeber seine Dienste nicht erbringen kann. Erfolgt die Kündigung daher lediglich „wegen der Entziehung der Fahrerlaubnis", kann dies ein Hinweis darauf sein, dass in Wahrheit eine Kündigung aus Gründen gegeben ist, die in der Person oder dem Verhalten des Arbeitnehmers liegen und durch die Strafverfolgungsmaßnahme erst offenkundig geworden sind.²⁰⁸ Wird gekündigt, weil der Arbeitnehmer verhaftet wurde, liegt es nahe, dass ihm wegen des rufschädigenden Charakters dieser Maßnahme gekündigt wurde, nicht wegen des Ausfalls seiner Arbeitskraft.²⁰⁹ Für den bloßen Rufschaden aufgrund des Ermittlungsverfahrens als solchem ist Entschädigung ausgeschlossen. Vgl. hierzu → Rn. 67. Erst recht nicht genügt eine Kündigung wegen Unzuverlässigkeit lediglich in zeitlichem Zusammenhang mit der U-Haft.²¹⁰ Bei Verlust des Arbeitsplatzes gehört zu der dem Geschädigten obliegenden Darlegungs- und Beweislast im Rahmen seiner Schadensminderungspflicht die Darlegung von Bemühungen um Aufnahme einer neuen Erwerbstätigkeit.²¹¹ Bei einem Unterlassen kann ihm aber kein Vorwurf gemacht werden, wenn angesichts des noch andauernden Strafverfahrens die Anstellungschancen ohnehin gleich null sind.²¹²

62 Schaden ist die **Lohneinbuße** während der Zeit der Maßnahme, der Differenzbetrag zu den Einkünften aus einer nach einer Kündigung etwa nur schlechter bezahlten Stelle oder der Unterschied zu anschließend bezogener Arbeitslosenunterstützung oder Sozialhilfe. Auch für den Verlust von Zulagen ist Ersatz zu leisten.²¹³ Kein Ersatz kann in Betracht kommen, wenn die Einkünfte unter Verstoß gegen gesetzliche Vorschriften erzielt wurden, etwa bei **Schwarzarbeit** oder wenn bei einem Ausländer die erforderliche **Arbeitserlaubnis** fehlte.²¹⁴ Zum Ausgleich von sozialversicherungsrechtlichen Nachteilen vgl. → Rn. 78, zum Mitverschulden → Rn. 97. Inwieweit Folgen einer **Unterrichts- oder Ausbildungsunterbrechung** als entgangener Gewinn geltend gemacht werden können,²¹⁵ hängt von der Bezifferbarkeit ab.

63 Die **Berechnung** der Lohneinbuße bei Freiheitsentziehung erfolgt nach der im Bereich des Verdienstausfalls anerkannten Bruttolohnmethode.²¹⁶ Vom Bruttolohn werden die Arbeitnehmeranteile zur Krankenversicherung und Pflegeversicherung nach den jeweils gültigen Sätzen abgezogen. Insoweit kann für in der Vergangenheit liegende Zeiten ein Schaden nicht entstehen. Soweit für die Zukunft Schadensersatz für Lohneinbuße zu leisten ist, gilt dies nicht.²¹⁷ Auch um den Anteil an der Arbeitslosenversicherung ist zu

---

[205] BGH 21.1.1988 – III ZR 157/86, BGHZ 103, 113 (115) = NJW 1988, 1141; OLG Schleswig 15.1.2004 – 11 U 60/02, NJW-RR 2004, 599 (600).
[206] LG Flensburg 17.7.1990 – 2 O 271/90, JurBüro 1990, 1666 (1667).
[207] OLG Schleswig 15.1.2004 – 11 U 60/02, NJW-RR 2004, 599 (600).
[208] BGH 21.1.1988 – III ZR 157/86, BGHZ 103, 113 (115) = NJW 1988, 1141; OLG Schleswig 25.4.1996 – 11 U 46/95, VersR 1996, 841 f.; LG Flensburg 17.7.1990 – 2 O 271/90, JurBüro 1990, 1666 (1667).
[209] OLG Hamm 15.1.1988 – 11 W 134/97, MDR 1988, 414.
[210] LG Flensburg 17.12.2003 – 2 O 414/02, juris = JurBüro 2004, 567 [jeweils Ls.].
[211] OLG Schleswig 15.1.2004 – 11 U 60/02, NStZ-RR 2004, 599 (600 f.).
[212] OLG Düsseldorf 26.9.1991 – 18 U 49/91, NJW-RR 1993, 35 (36).
[213] Vgl. LG Flensburg 17.7.1990 – 2 O 271/90, JurBüro 1990, 1666 (1667).
[214] *Meyer* Rn. 44.
[215] Vgl. *Eisenberg* GA 2004, 385; *ders.* JGG § 2 Rn. 38; *ders.* GA 2014, 107 (109), der aber irrtümlich verlangt, dass in der Grundentscheidung die Frage eines zu entschädigenden Vermögensschadens zu erörtern wäre, vgl. → § 8 Rn. 6 f.
[216] Vgl. hierzu Palandt/*Grüneberg* BGB § 252 Rn. 8 ff.
[217] Vgl. LG München I 7.11.2007 – 9 O 7163/05, StRR 2008, 114.

kürzen, wenn Nachteile nicht dargelegt sind. Letztendlich erfolgt noch eine Verminderung um die Beiträge zur Rentenversicherung.[218] Zu deren Nachzahlung → Rn. 69. Lohnsteuer, Kirchensteuer und Solidaritätszuschlag sind nicht abzuziehen, weil der Entschädigungsbetrag der Steuerpflicht unterliegt, → Rn. 95. Zur Vorteilsausgleichung → Rn. 90. Aufwendungen für die **Zukunftssicherung** sind nicht erstattungsfähig, weil es sich um einen Aufwand zur Vermögensbildung handelt, für die der Beschuldigte einen entsprechenden Gegenwert erhält.[219]

Aufwendungen für **Wohnraummiete** für die Dauer von Freiheitsentziehung: Die Mietzahlungen beruhen nicht auf der Verhaftung, sondern auf dem Mietvertrag. Sie sind daher wie der Nutzungsausfall eines PKW zu behandeln und nicht zu ersetzen, vgl. → Rn. 48. Häufig wird ohnehin bereits die fehlende Kausalität den Anspruch ausschließen, so wenn andere Personen die Wohnung weiter nutzen oder der Beschuldigte für mehrere Verfahren verhaftet wurde. Zu den Mietkosten zählen auch die Nebenkosten, wie etwa die Heizkosten.[220] **64**

– **Notwendige Auslagen:** s. zunächst unter Anwaltskosten. Für andere Auslagen, soweit überhaupt eine Entschädigung nach dem StrEG und nicht Ersatz nach den Vorschriften der StPO über Auslagen zu leisten ist, gelten die allgemeinen schadensersatzrechtlichen Grundsätze. **65**

– **Nutzungsausfall** des Kfz wegen vorläufiger Entziehung der Fahrerlaubnis → Rn. 48. Entschädigung wegen Nutzungsausfalls kann aber in Betracht kommen, wenn das Fahrzeug oder andere Wirtschaftsgüter sichergestellt, beschlagnahmt oder in Vollziehung eines dinglichen Arrestes zur Sicherung des Verfalls gepfändet[221] waren. Sie beschränkt sich bei einem **Kraftfahrzeug** der Höhe nach nicht auf den Wertverlust gemessen am Zeitwert. Vielmehr kann der zu entschädigende Nutzungswert höher liegen als der Wiederbeschaffungswert, weil der Nutzungswert nicht an den Sachwert gebunden ist.[222] Der Ausgleich für den Entzug der Gebrauchsmöglichkeit ist nach § 287 ZPO zu schätzen, die Tabellen von Sanden/Danner sind hierfür keine geeignete Grundlage, weil es sich meist um Zeiträume handelt, für die üblicherweise keine Ersatzfahrzeuge angemietet werden.[223] Der Anspruch setzt einen Nutzungswillen voraus,[224] für den die allgemeine Lebenserfahrung spricht.[225] Auch Aufwendungen für Kfz-Steuer und Versicherung sind zu ersetzen. Zu einer Stilllegung des Fahrzeugs nach der Beschlagnahme ist der Beschuldigte grundsätzlich nicht verpflichtet.[226] Dem Anspruch steht entgegen, dass die Überlassung eines Fahrzeugs von einem Dritten, etwa dem Dienstherrn, hätte verlangt werden können.[227] Für **andere Wirtschaftsgüter** gelten ebenfalls die hierzu nach den Grundsätzen des Schadensersatzrechts ermittelten Regeln. Maßgeblich ist danach, ob es sich um ein Lebensgut handelt, dessen ständige Verfügbarkeit für die eigenwirtschaftliche Lebenshaltung von zentraler Bedeutung ist.[228] Bejaht wird dies etwa für elementare Haushaltsgegenstände, Fernseher, Computer[229] wobei zur Ermittlung der Schadenshöhe auch hier meist eine Schätzung **66**

---

[218] Vgl. LG München I 7.11.2007 – 9 O 7163/05, StRR 2008, 114.
[219] OLG Schleswig 15.1.2004 – 11 U 60/02, NJW-RR 2004, 599 ff. (juris Rn. 26).
[220] OLG Bremen 8.6.2007 – 1 W 17/07, StraFo 2007, 349.
[221] *Rönnau/Hohn* wistra 2002, 445 (448).
[222] OLG Schleswig 27.9.1985 – 11 U 54/84, NJW-RR 1986, 775 (776); LG Flensburg 4.5.2001 – 2 O 105/01, JurBüro 2001, 498 (501) – bei *Meyer*; OLG Celle 22.6.2004 – 16 U 18/04, NJW 2004, 3347 f.
[223] OLG Celle 22.6.2004 – 16 U 18/04, NJW 2004, 3347 f.: 15 % aus der Nutzungsausfallpauschale nach Sanden und Danner.
[224] OLG Koblenz 7.8.2002 – 1 U 1515/01, OLGR Zivil 2002, 405 ff.; LG Flensburg 4.5.2001 – 2 O 105/01, JurBüro 2001, 498 (501) – bei *Meyer*.
[225] OLG Celle 22.6.2004 – 16 U 18/04, NJW 2004, 3347 f.
[226] OLG Celle 22.6.2004 – 16 U 18/04, NJW 2004, 3347 f.
[227] OLG Koblenz 7.8.2002 – 1 U 1515/01, OLGR Zivil 2002, 405 ff.
[228] OLG München 23.3.2010 – 1 W 2689/09, juris Rn. 5; LG Stuttgart 15.5.2009 – 15 O 306/08, juris Rn. 16.
[229] OLG München 23.3.2010 – 1 W 2689/09, juris Rn. 5 und hierzu *Focke Höhne*, jurisPR-ITR 19/2010 Anm. 4; LG Flensburg 15.6.2005 – 2 O 341/04 – juris Rn. 26; LG Stuttgart 15.5.2009 – 15 O 306/08, juris Rn. 16; *Cornelius* Rn. 8a; GenStA Schleswig-Holstein 14.2.2017 – 422 E-4/2017, juris.

erforderlich wird.²³⁰ Es genügt dabei, wenn der Gegenstand schuldrechtlich zur Nutzung überlassen ist.²³¹ Wenn nur die Anordnung des **Verfalls** unterbleibt, der Angekl. jedoch im Übrigen verurteilt wird, sind bei einem hierauf gerichteten **Arrest** die Ausschlussgründe des § 5 Abs. 2 zu beachten, denn dann wird der Schaden regelmäßig durch die festgestellte Straftat verursacht worden sein. Soweit nicht bereits danach eine Entschädigung ausgeschlossen ist, kommt eine solche nur nach § 4 Abs. 1 Nr. 2 in Betracht, wenn dies nach den Umständen des Falles der Billigkeit entspricht.²³²

67 – Einen **Rufschaden** kann jede Strafverfolgungsmaßnahme zur Folge haben, sofern sie öffentlich oder im Lebenskreis des Betroffenen bekannt wird, und zum Beispiel zum Abbruch geschäftlicher Beziehungen führt.²³³ Soweit der gute Ruf ein immaterielles Gut ist, kommt eine Entschädigung nicht in Betracht, weil das Gesetz den Ersatz für immateriellen Schaden auf die Freiheitsentziehung beschränkt (Abs. 3). Der gute Ruf kann aber durchaus auch ein vermögenswertes Gut sein. Eine Entschädigung nach dem StrEG wurde allerdings auch für den Fall versagt, dass der Vollzug der Untersuchungshaft den guten Ruf des Betroffenen beeinträchtigt und dies zu einem Vermögensschaden geführt hat.²³⁴ Keine Entschädigung wurde gewährt für den Rufschaden beim Angekl. wegen einer Durchsuchung bei Dritten²³⁵ und für eine solche beim Beschuldigten selbst.²³⁶ Es handle sich dabei nicht um spezifische und typische Schäden, deren Ausgleich das StrEG bezwecke. Diese Urteile sehen den Zweck des StrEG zu eng; das hat der Bundesgerichtshof bereits in einer anderen Sache dem OLG München entgegengehalten.²³⁷ Die Entscheidungen verkennen, dass ein mittelbarer Vermögensschaden ebenfalls zu ersetzen ist, sofern er nur adäquat kausal durch die entschädigungspflichtige Strafverfolgungsmaßnahme verursacht worden ist (vgl. → Rn. 11), woran es allerdings oft fehlen wird, weil der Schaden regelmäßig durch das Ermittlungsverfahren als solchem und nicht durch eine bestimmte Strafverfolgungsmaßnahme entstehen wird.²³⁸

68 – **Sicherstellung** s. Durchsuchung.

69 – **Sozialversicherungsrechtliche Nachteile** für Zeiten von Strafverfolgungsmaßnahmen werden regelmäßig dadurch ausgeglichen, dass dem Antragsteller der Betrag erstattet wird, der ohne die Strafverfolgungsmaßnahme an Beiträgen zur gesetzlichen Rentenversicherung entrichtet worden wäre. Die Beschränkung in früheren Fassungen der AV auf Nachteile als Folge von Strafhaft, Untersuchungshaft oder andere Freiheitsentziehung ist richtigerweise entfallen. Sie stand schon immer im Widerspruch zu § 205 SGB VI. Hat der Antragsteller von der Möglichkeit der Nachzahlung von freiwilligen Beiträgen zur Rentenversicherung für Zeiten von Strafverfolgungsmaßnahmen (vgl. § 205 SGB VI) Gebrauch gemacht,²³⁹ so sind ihm diese Beträge, soweit sie ersatzfähig sind, zu erstatten. Hat er rechtzeitig einen Antrag auf Nachzahlung freiwilliger Beiträge gestellt, sind diese Beiträge unmittelbar an den Rentenversicherungsträger auszubezahlen. Hat der Antragsteller einen Antrag auf Nachzahlung freiwilliger Beiträge nicht rechtzeitig gestellt, unterbleibt ein Aus-

---

²³⁰ OLG München 23.3.2010 – 1 W 2689/09, juris Rn. 5 und hierzu *Focke Höhne* jurisPR-ITR 19/2010 Anm. 4; LG Flensburg 15.6.2005 – 2 O 341/04, juris Rn. 26; LG Stuttgart 15.5.2009 – 15 O 306/08, juris Rn. 16; *Cornelius* Rn. 8a.
²³¹ LG Stuttgart 15.5.2009 – 15 O 306/08, juris Rn. 21; *Lorenz* VuR 2011, 337 (338); aA wohl LG Flensburg 15.6.2005 – 2 O 341/04, juris Rn. 26.
²³² Unklar im Verhältnis der beiden Vorschriften zueinander *Rönnau/Hohn* wistra 2002, 445 (448).
²³³ LG Flensburg 24.4.2001 – 2 O 78/01, juris Rn. 13 ff.
²³⁴ OLG München 31.10.1975 – 1 U 1488/74, MDR 1976, 228.
²³⁵ OLG Hamburg 28.6.1993 – 2 Ws 322/93, MDR 1993, 948.
²³⁶ OLG Köln 14.3.1985 – 7 W 14/84, JurBüro 1986, 247; LG Flensburg 24.4.2001 – 2 O 78/01, juris Rn. 13.
²³⁷ BGH 11.11.1976 – III ZR 17/76, NJW 1977, 958 ff.
²³⁸ BGH 15.2.1979 – III ZR 164/77, MDR 1979, 562; OLG Hamburg 28.6.1993 – 2 Ws 322/93, MDR 1993, 948; OLG Hamm 15.1.1988 – 11 W 134/87, MDR 1988, 867; OLG Köln 14.3.1985 – 7 W 14/85, NJW 1985, 2145 (Ls.); OLG München 31.10.1975 – 1 U 1488/74, MDR 1976, 228; OLG Schleswig 12.3.1998 – 11 U 22/96, juris = JurBüro 1999, 165 [Ls.].
²³⁹ Vgl. zu § 205 SGB VI etwa: *Liebich* in *Hauck/Noftz*, SGB, 04/2015, SGB § 205.

gleich.[240] Nach § 26 Abs. 1 Nr. 4 SGB III sind Gefangene unter bestimmten Voraussetzungen zur **Arbeitslosenversicherung** beitragspflichtig. Die Beiträge werden insoweit von dem für die Vollzugsanstalt zuständigen Land entrichtet; soweit das geschieht, bedarf es keines nachträglichen Ausgleichs hinsichtlich der Arbeitslosenversicherung. Wer in der DDR inhaftiert war und später nach den Regeln über die Behandlung von SED-Unrecht rehabilitiert und entschädigt worden ist, hat keinen Anspruch auf Nachzahlung, § 16a.[241]
In der **Krankenversicherung** entstehen durch eine beitragslose Zeit während einer Freiheitsentziehung regelmäßig keine Nachteile.

— Entgangene **Spesen und Auslösungen**, zB bei einem Fernfahrer, rechnen in der Regel nicht zum Verdienstausfall, weil diese einen pauschalierten Ausgleich für erhöhte Lebenshaltungskosten darstellen,[242] welche bei Haft, Entziehung der Fahrerlaubnis oder Fahrverbot aber nicht anfallen. Anderes kann aber gelten, wenn und soweit der Geschädigte die Gelder regelmäßig nicht für typische durch Ortsabwesenheit bedingte Mehraufwendungen verbraucht, sondern sich diese einkommenserhöhend auswirken.[243] Dafür trägt dann aber der Beschuldigte die Beweislast. **70**

— Beiträge zu **Sportvereinen, Fitnessstudios** und ähnliches sind nutzlose Aufwendungen, wenn sie während der Zeit der Haft oder nach einer vorläufigen Entziehung der Fahrerlaubnis wegen der Entfernung nicht wahrgenommen werden können. Hierfür ist aber nach den Grundsätzen über den Nutzungsausfall kein Ersatz zu leisten, weil sie der allgemeinen Lebensführung zuzurechnen sind. **71**

— Die Kosten für einen **Überbrückungskredit** in sicherer Erwartung einer Entschädigungsleistung sollen nicht erstattungsfähig sein, weil auch der Entschädigungsanspruch nach dem StrEG grundsätzlich nicht zu verzinsen ist.[244] Nach anderer Ansicht soll dieses Ergebnis aus der Schadensminderungspflicht des § 254 BGB folgen.[245] **72**

— Eine allgemeine **Unkostenpauschale** kann ein Beschuldigter nicht nach den Vorschriften des StrEG ersetzt verlangen.[246] § 7 Abs. 2 spricht nur vom Ersatz des nachgewiesenen Schadens. **73**

— Für **Unterhaltspflichten** gilt zunächst § 11, soweit es um eine gesetzliche Unterhaltspflicht geht. Die Vorschrift begründet einen eigenen Anspruch des Unterhaltsberechtigten. Im Gegenschluss sind rechtsgeschäftlich begründete Unterhaltsverpflichtungen ebenso wenig wie solche aus unerlaubter Handlung entschädigungspflichtig.[247] **74**

— **Urlaub, Überstunden:** Hier ist zu unterscheiden: Setzt der Arbeitnehmer ihm zustehenden Urlaub – sei er bereits geplant gewesen oder zur Überbrückung der Haftzeit oder etwa der Zeit einer vorläufigen Entziehung der Fahrerlaubnis erst genommen worden – ein, und erhält er hierfür keine geringeren Leistungen, als er ohne den Vollzug der Strafverfolgungsmaßnahme erhalten hätte, so hat er einen materiellen Schaden nicht erlitten. Das vom Arbeitgeber bezogene Urlaubsgeld wird nicht von dem zu ersetzenden entgangenen Arbeitslohn abgezogen, denn auch dieses beruht auf der Tätigkeit des Arbeitnehmers;[248] ein tatsächlich entgangenes Urlaubsgeld ist aber zu ersetzen.[249] Dass der Urlaub nicht zu dem beabsichtigten Zweck der Erholung verwendet werden kann („frustrierter Urlaub"), stellt einen nichtvermögensrechtlichen Schaden dar,[250] der, soweit **75**

---

[240] Teil I B II Nr. 2d der AV, abgedruckt im Anhang.
[241] BSG 17.12.1996 – 12 BK 24/96, VIZ 1997, 315 f.
[242] OLG Düsseldorf 24.1.1972 – 1 U 164/71, VersR 1972, 695 f. für einen Fall außerhalb des StrEG.
[243] OLG München 30.12.1983 – 24 U 154/82, DAR 1984, 117 für einen Fall außerhalb des StrEG; LG Flensburg 11.6.1991 – 2 O 170/91, JurBüro 1991, 1382 f.
[244] LG Flensburg 7.12.1984 – 3 O 281/84, JurBüro 1985, 378 f.
[245] *Meyer* JurBüro 1987, 1610.
[246] LG Flensburg 23.2.1999 – 2 O 451/98, DAR 1999, 279 (280).
[247] anders für rechtsgeschäftliche Unterhaltspflichten unter nicht näher genannten Umständen *Meyer* § 11 Rn. 10; siehe im Übrigen die Erläuterungen zu § 11.
[248] *Meyer-Goßner/Schmitt* Rn. 3.
[249] *Matt* RPfl 1997, 466 (469).
[250] BGH 21.10.1982 – VII ZR 61/82, BGHZ 85, 168 (171 ff.); 11.1.1983 – VI ZR 222/80, BGHZ 86, 212 (216 ff.).

nicht § 7 Abs. 3 eingreift, nicht ersatzfähig ist;[251] im Übrigen hält das LG Flensburg[252] diesen für einen Folgeschaden, der vom Schutzbereich der Bestimmungen des StrEG nicht mehr umfasst sei. Die frühere Regelung in Teil I B II Nr. 2f der AV (abgedruckt im Anhang), wonach für jeden entgangenen Urlaubstag ein Tagesbruttoverdienst erstattet werden sollte, ist zwischenzeitlich im Hinblick auf die Änderung der Rechtsprechung gestrichen worden. Ein Vermögensschaden ist jetzt nur noch zu bejahen, wenn der Urlaubsgenuss unmittelbar oder mittelbar Gegenstand einer vertraglichen Leistung ist. Nimmt der Arbeitnehmer unbezahlten Urlaub oder trifft er eine Vereinbarung, diese Zeit nach Eintritt des Ruhestands nachzuarbeiten,[253] kann hierin ein materieller Schaden liegen. Ob er für den Urlaub, den er zur **Sammlung von Beweismaterial,** Vorbereitung der **Hauptverhandlung** und der Teilnahme hieran nimmt, eine Entschädigung erhält, bestimmt sich nicht nach dem StrEG, sondern nach den Auslagenvorschriften der StPO.[254] Der Verdienstausfall für unbezahlten Urlaub zur Sammlung von Beweismaterial für ein **Wiederaufnahmeverfahren** ist nicht ersatzfähig.[255] Auch wer zur Überbrückung der Zeit der Haft oder einer vorläufigen Entziehung der Fahrerlaubnis **Überstunden** abbaut, erleidet keinen finanziellen Verlust.

76 – **Verlust des Arbeitsplatzes** s. Kündigung
77 – **Verteidigerkosten** s. Anwaltskosten
78 – **Zeitfahrkarten:** Auch hier handelt es sich um Nutzungsausfall, der nicht zu entschädigen ist. Vgl. zur Bahncard → Rn. 49.
79 – Für **Zeitversäumnis** ist der Beschuldigte nach § 464a Abs. 2 Nr. 1 StPO zu entschädigen; die Höhe richtet sich insoweit nach dem Justizvergütungs- und Entschädigungsgesetz – JVEG. Das ist der prozessuale Auslagenerstattungsanspruch. Soweit er nicht reicht, besteht für **Verdienstausfall** ein sachlich-rechtlicher Auslagenerstattungsanspruch in Höhe des nachgewiesenen Schadens. Demgegenüber ist der eigene Zeitaufwand unter Einsatz der **Freizeit** kein zu ersetzender Schaden, weil ein Nachteil, der sich rechnerisch in der Vermögensbilanz zeigt, dann nicht gegeben ist. Es liegt nur ein immaterieller Schaden vor, der nach dem StrEG nicht zu ersetzen ist.[256] Für die Ersatzfähigkeit von **Arbeitszeit** die der Geschädigte nach dem Schadensereignis aufwendet, ist dem allgemeinen Schadensrecht folgend eine differenzierende Beurteilung geboten, die insbesondere berücksichtigt, für welche Art von Arbeiten der Geschädigte seine Zeit verwendet hat: (Arbeits-) Zeit, die der Geschädigte zur Ermittlung des Schadens und zur außergerichtlichen Abwicklung des Schadensfalles aufwendet, ist grundsätzlich nicht als Vermögensschaden ersatzfähig.[257] Dieser Aufwand gehört zur eigenen Sphäre des Geschädigten, zu seinem allgemeinen Lebensrisiko, er wird vom Schutzweck der Haftungsnormen nicht erfasst. (Arbeits-) Zeit, die der Geschädigte zur Beseitigung des Schadens selbst aufwendet, also zur Wiederherstellung eines Zustandes, der dem vor Eintritt des schädigenden Ereignisses nahe kommt, ist demgegenüber grundsätzlich als Vermögensschaden ersatzfähig.[258] Keine Entschädigung ist auch zu leisten, wenn Angestellte im Rahmen ihrer allgemeinen Tätigkeit Zeit zur Beseitigung von Folgen einer Strafverfolgungsmaßnahme aufbringen, wie zB beim Einräumen von Unterlagen nach ihrer Rückgabe.[259] Anders kann es sein, wenn

---

[251] OLG Koblenz 11.4.2000 – 1 W 55/00, OLGR Koblenz 2000, 548 f.; OLG Köln 3.3.1994 – 7 U 191/93, MDR 1994, 658 mit krit. Anm. *Meyer;* LG Flensburg 25.6.1993 – 2 O 124/93, VersR 1996, 115 (116); *Meyer* Rn. 21; *Matt* RPfl 1997, 466 (469).
[252] LG Flensburg 25.6.1993 – 2 O 124/93, VersR 1996, 115 (116).
[253] OLG Köln 3.3.1994 – 7 U 191/93, MDR 1994.
[254] LG Flensburg 23.2.1999 – 2 O 451/98, DAR 1999, 279.
[255] OLG Koblenz 17.1.1973 – 1 Ws 707/72, RPfl 1973, 144; *Meyer-Goßner/Schmitt* Rn. 3.
[256] OLG Köln 21.12.1995 – 7 U 116/95, MDR 1996, 917 f.
[257] OLG Frankfurt a. M. 18.3.2013 – 1 U 179/12, juris Rn. 56 mit zahlreichen Rechtsprechungsnachweisen zum allg. Schadensrecht.
[258] OLG Frankfurt a. M. 18.3.2013 – 1 U 179/12, juris Rn. 56 mit zahlreichen Rechtsprechungsnachweisen zum allg. Schadensrecht.
[259] OLG Köln 21.12.1995 – 7 U 116/95, MDR 1996, 917 f.

von Beschäftigten Überstunden erbracht werden oder zusätzliche Kräfte eingestellt werden.[260] Dann aber muss genau dargelegt und bewiesen werden, dass und in welchem Umfang dies gerade zur Beseitigung der Folgen notwendig war.

– **Zinsverluste:** Vgl. für Zinsverluste zur Aufbringung von Geldstrafen → Einl. Rn. 54 **80** und oben unter „Geldstrafe und Kosten", zur Finanzierung von Auflagen und Weisungen → § 1 Rn. 37, für die Stellung einer Sicherheit → § 2 Rn. 50. Auch entgangene Zinsen für einen beschlagnahmten Geldbetrag sind zu erstatten, wenn er anderweitig gewinnbringend angelegt worden wäre. Es handelt sich letztlich um entgangenen Gewinn.

V. Immaterieller Schaden, Abs. 1, 3

Neben dem Vermögensschaden ist bei Freiheitsentziehung auch der Schaden zu ersetzen, **81** der nicht Vermögensschaden ist. Bei anderen Strafverfolgungsmaßnahmen kommt ein Ersatz des immateriellen Schadens nicht in Betracht[261] (zum Rufschaden → § 2 Rn. 9 und → Rn. 67). Die Freiheit muss tatsächlich entzogen, in den Fällen des § 1 also die Freiheitsstrafe oder die freiheitsentziehende Maßregel der Besserung und Sicherung vollstreckt worden sein. Ersatz des immateriellen Schadens gibt es nur für Freiheitsentziehung auf Grund **gerichtlicher** Entscheidung; die Zeit vor Erlass des Haftbefehls oder Unterbringungsbefehls ist ausgenommen. Für die Zeit einer vorläufigen Festnahme nach § 127 Abs. 2 StPO wird daher nur der etwaige Vermögensschaden ersetzt (→ § 2 Rn. 46). War Abschiebungshaft nach dem AuslG als Überhaft vorgemerkt (vgl. § 116b StPO), wäre der Beschuldigte nicht in Freiheit gesetzt worden, wenn der Vollzug der Untersuchungs- oder Strafhaft entfallen wäre.[262] Eine Entschädigung scheidet daher aus. Dieses Ergebnis folgt auch aus Abs. 4.

Die Einführung einer Entschädigung für immateriellen Schaden geht auf einen Beschluss **82** der Justizminister und -senatoren aus dem Jahr 1965 zurück. Es war als unbillig empfunden worden, dass die Rechtsprechung bei schuldhafter Verletzung von Persönlichkeitsrechten Schmerzensgeld gewährt, während die seelische Unbill der Freiheitsentziehung gesetzlich nicht entschädigt wurde; sie kann schwerwiegend sein und wirkt nicht anders als bei rechtswidriger Freiheitsentziehung, die nach § 847 BGB einen Schmerzensgeldanspruch begründet.

Die schwierige Frage der **Bemessung** löst das Gesetz durch Pauschalierung nach Tages- **83** sätzen. Nachteil dieser Lösung ist, dass weder die individuell verschiedene Gesamtdauer der Haft noch die Haftempfindlichkeit oder die Art und Weise der Unterbringung berücksichtigt werden. Die Vorteile einer Pauschale überwiegen aber bei weitem. Unterschiede in den persönlichen Verhältnissen des Betroffenen bleiben unberücksichtigt.[263] Dadurch werden unterschiedliche Bewertungen, etwa nach der sozialen Stellung oder der psychischen Belastbarkeit werden vermieden. Streit um die Höhe der Entschädigung, der sonst zur Regel würde und eine erhebliche Belastung der Gerichte zur Folge hätte, wird ausgeschaltet. Das ist auch im Interesse des Betroffenen und entspricht dem Zweck des Gesetzes, der auf eine praktikable Erledigung der Ersatzansprüche durch die Justizverwaltung gerichtet ist. Den vorgenannten Erwägungen widerspricht es, eine Erhöhung der Entschädigung vorzunehmen, etwa wegen Haftvollzugs im Ausland.[264] Auch verbietet es sich, den Rechtsgedanken des § 51 Abs. 3 oder Abs. 4 S. 2 StGB heranzuziehen.[265] Es ist dem Beschuldigten aber unbenommen, aufgrund anderer Anspruchsgrundlagen außerhalb des StrEG auch höheren

---

[260] LG Flensburg 15.10.1996 – 2 O 94/96, JurBüro 1997, 147 (148), das aber wegen der Subsidiaritätsklausel Erstattungsforderungen nicht nach dem StrEG, sondern nach GKG iVm KV 9009 Buchst. c (in der damals gültigen Fassung) und §§ 812 ff. BGB gewähren will.
[261] Vgl. OLG Frankfurt a. M. 20.3.1995 – 1 U 142/95, OLGR 98, 117: kein Schmerzensgeld nach vorläufiger Entziehung der Fahrerlaubnis.
[262] LG Flensburg 29.1.2002 – 2 O 4/02, JurBüro 2002, 277 [Ls.] für Untersuchungshaft.
[263] BT-Drs. VI/1512, 3; BR-Drs. 151/09, 4.
[264] LG Bremen 1.4.2003 – 1 O 1288/02, juris Rn. 11.
[265] Vgl. schon → § 4 Rn. 20; *Meyer* Rn. 67; aA AG Bremen 27.3.1992 – 74 Gs 199/91, StV 1992, 429 [Ls.]; zweifelnd auch LG Bremen 1.4.2003 – 1 O 1288/02, juris Rn. 12.

immateriellen Schaden geltend zu machen. Mit der Pauschale sollen nur die üblichen Unzuträglichkeiten, die die Haft mit sich bringt, ausgeglichen werden.[266]

84 Die Höhe der Pauschale ist von 1988 bis 2009 im Wesentlichen unverändert geblieben; lediglich mit Einführung des Euro wurde der Entschädigungssatz geringfügig auf elf Euro angehoben Das stößt in der Öffentlichkeit immer wieder auf Kritik. Auch die nunmehrige Anhebung der Pauschale auf 25 Euro durch das Gesetz vom 30.7.2009[267] ab 5.8.2009 wird diese Kritik nicht verstummen lassen.[268]

85 Jedermann überzeugende Gründe für einen bestimmten Satz gibt es nicht. Vollen Ersatz des in jedem Einzelfall verschieden wirkenden und schwer erfassbaren Schadens braucht der Gesetzgeber nicht zu gewähren.[269] Das will und kann das Gesetz auch nicht festlegen. Es bezweckt nur eine Abgeltung des über den konkret festgestellten und voll zu ersetzenden Vermögensschaden hinausgehenden immateriellen Schadens. Ob ein solcher wirklich vorliegt, hängt von inneren, nicht immer feststellbaren Tatsachen ab. Diese Erwägung rechtfertigt eine zurückhaltende Begrenzung der Pauschale.[270]

86 Die Anhebung der Pauschale von zehn D-Mark auf zwanzig D-Mark, später auf elf Euro und nunmehr auf 25 Euro wirft die Frage nach dem maßgebenden **Zeitpunkt** auf: Entscheidet der Zeitpunkt des Vollzugs der Maßnahme,[271] der Zeitpunkt der Rechtskraft der Grundentscheidung,[272] der Zeitpunkt der Entschädigungsentscheidung oder der in § 16 genannte Zeitpunkt? Das Bay. Staatsministerium der Justiz hat im Hinblick auf den Währungswechsel – und nur hierauf – seinen Justizverwaltungen empfohlen, den Festsetzungen nunmehr den Betrag von elf Euro pro Hafttag zugrunde zu legen, und zwar auch dann, wenn die Haftzeit vor dem 1.1.2002 lag bzw. die gerichtliche Grundentscheidung vor diesem Tag rechtskräftig wurde.[273] Die Materialien gehen aus Anlass der Anhebung der Pauschale auf 25 Euro davon aus, die Justizbehörden sollen ab dem Datum ds Inkrafttretens des Änderungsgesetzes im Betragsverfahren einheitlich und unabhängig vom Zeitpunkt der Inhaftierung die neue Entschädigungspauschale anwenden.[274] Im Zweifel ist der Zeitpunkt des Vollzugs der Haft als Anknüpfung zu wählen, denn diese ist das schädigende Ereignis.

87 **Absatz 3** bestimmt, dass die Pauschale für jeden angefangenen Tag der Freiheitsentziehung zu gewähren ist; Bruchteile für weniger als einen Tag werden damit ausgeschlossen. Doch ist eine niedrigere Bemessung des Tagessatzes – auch nach Bruchteilen – bei der Billigkeitsentschädigung nach §§ 3 und 4 sowie in den Fällen der teilweisen Versagung der Entschädigung nach § 6 möglich. Im Rahmen dieser Vorschriften ist es auch zulässig, Ersatz des Vermögensschadens ganz oder teilweise zuzuerkennen, die Entschädigung für immateriellen Schaden aber zu versagen. Diese Möglichkeiten haben aber in der Praxis anscheinend kaum Bedeutung erlangt.

88 Im Jahre 1980 haben die Justizverwaltungen etwa 347.000,– Euro (679.000,– DM) Entschädigung für immateriellen Schaden nach § 7 Abs. 1, Abs. 3 gezahlt, 1985 waren es etwa 348.000,– Euro (681.000,– DM), 1990 rund 562.400,– Euro (1.100.000,– DM) und 1994, dem letzten Jahr der bundeseinheitlichen Statistik, rund 1.044.000,– Euro (2.042.210,– DM).

89 Für den Ersatz von immateriellen Schäden außerhalb des Anwendungsbereichs des Gesetzes kommt eine – auch entsprechende – Anwendung der Vorschrift weder direkt noch analog in Betracht. Direkt nicht, weil es am Anwendungsbereich der §§ 1 und 2 fehlt, analog

---

[266] OLG Hamm 29.10.2010 – 11 U 239/09, juris Rn. 43.
[267] BGBl. I 2478.
[268] Vgl. etwa *Montag/Busemann* ZRP 2011, 223.
[269] So auch LG Bremen 1.4.2003 – 1 O 1288/02, juris Rn. 11.
[270] LG Bremen 1.4.2003 – 1 O 1288/02, juris Rn. 11: „symbolische Genugtuung".
[271] So OLG München 23.5.1990 – 1 U 4987/90, JurBüro 1990, 1664 (1665); LG München I 27.6.1990 – 9 O 2487/90, JurBüro 1991, 101 f.; *Geigel/Kapsa* Kap. 21 Rn. 159.
[272] So etwa *Meyer* JurBüro 1989, 1343 und JurBüro 1991, 103.
[273] JMS 18.4.2002, 4220 – II – 3951/02.
[274] BR-Drs. 151/09, 4.

nicht, weil keine planwidrige Regelungslücke vorliegt.[275] Die Regelungen im Gesetz bieten keinen Anhaltspunkt für die Bemessung des Schmerzensgeldes in anderen Fällen. Denn das Gesetz sieht Entschädigungen vor, ohne dass der Strafverfolgungsbehörde oder dem Gericht ein Fehler unterlaufen sein müsste.[276] Bei einer Haftung – etwa nach § 839 BGB, geht es hingegen um einen Ausgleich für schuldhafte Pflichtverletzungen. Dabei ist das Maß des Verschuldens von erheblicher Bedeutung für die Höhe des Schmerzensgelds.[277] Demgegenüber lehnen sich manche Gerichte an diese Regelung an, etwa bei der Bemessung des Schadens wegen menschenunwürdiger Unterbringung in der Haft,[278] ohne den Schaden allerdings auf den Betrag nach dem Gesetz zu beschränken, bei unrechtmäßig vollzogener Zurückschiebungs- oder Abschiebehaft;[279] bei Heimunterbringung[280] oder als Vergleichsmaßstab bei unrechtmäßiger Unterbringung in einem Gefangenentransporter.[281] Auch im Rahmen von Klagen auf Schadensersatz wegen konventionswidrig vollstreckter nachträglicher Sicherungsverwahrung[282] und bei der Festsetzung des Streitwerts bei Geltendmachung der Unrechtmäßigkeit der Unterbringung in einer Krisenintervensionsmaßnahme[283] ist eine mehr oder weniger enge Anlehnung an diesen Maßstab vorgenommen worden. Allerdings ist ein Schadensersatzanspruch nach Art. 5 Abs. 5 EMRK jedenfalls der Höhe nach nicht auf eine Entschädigung innerhalb der Grenzen des einen Aufopferungsanspruch regelnden § 7 Abs. 3 beschränkt. Für die Bemessung gelten gänzlich andere Grundsätze.[284]

VI. Vorteilsausgleichung

Vorteile, die dem Berechtigten aus dem schädigenden Ereignis – der Strafverfolgungsmaßnahme – erwachsen, sind nach den allgemeinen Grundsätzen[285] auszugleichen. So sind zB die ersparten Aufwendungen abzuziehen, wenn entgangener Gewinn geltend gemacht wird. Anhaltspunkte für die Bewertung entgangener Sachleistungen können den Rechtsverordnungen gemäß § 17 Abs. 1 S. 1 Nr. 4 SGB IV entnommen werden.[286] Hat der Berechtigte infolge der Freiheitsentziehung Ausgaben für Unterkunft und Verpflegung erspart, so wird die Ersparnis mit zu seinen Gunsten niedrig bemessenen Pauschalsätzen angerechnet. Die AV sieht Bruchteile des täglichen Haftkostensatzes (vgl. §§ 50, 138 Abs. 2 StVollzG bzw. die nunmehrigen Vorschriften des Landesrechts, die den früheren § 10 Abs. 2 JVerwKostO abgelöst haben) vor, 3/4 wenn Verpflegung und Unterkunft, 5/12 wenn nur die Verpfle-

90

---

[275] OLG Hamm 14.11.2014 – 11 U 16/14, juris Rn. 26; 14.11.2014 – 11 U 80/13, juris Rn. 36; 6.3.2015 – 11 U 95/15, juris Rn. 40 f.; OLG Stuttgart 29.11.2012 – 12 U 60/12, VersR 2013, 316 ff.: LG Dortmund 27.5.2014 – 25 O 74/14, juris Rn. 55.
[276] OLG Karlsruhe 12.11.2015 – 9 U 78/11, VersR 2016, 254 ff.
[277] OLG Karlsruhe 12.11.2015 – 9 U 78/11, VersR 2016, 254 ff.
[278] Vgl. etwa OLG Düsseldorf 18.12.2007 – 18/U 189/07, juris Rn. 17; KG 8.7.2011 – 9 W 206/10, unveröffentlicht; LG Berlin 28.3.2012 – 86 O 354/11, juris Rn. 14 f., 54; vgl. hierzu auch OLG Hamm 18.2.2009 – 11 U 88/08, juris Rn. 74 f.; 25.3.2009 – 11 W 106/08, juris Rn. 66 f.; 28.11.2012 – 11 W 75/12, juris Rn. 16 ff.
[279] Brandenburgisches Oberlandesgericht 12.9.2013 – 2 W 2/13, juris Rn. 7, 16; OLG Celle 3.11.2006 – 16 W 102/06, NdsRpfl 2007, 11 f.; OLG München 22.8.2013 – 1 U 1488/13, juris Rn. 61 ff. („Orientierungspunkt"); OLG Naumburg 27.12.2011 – 10 W 14/11, juris Rn. 9.; OLG Oldenburg 12.1.2004 – 6 W 112/03, juris (für sogar entsprechende Anwendung); OLG Schleswig 26.11.2001 – 11 W 23/01, SchlHA 2002, 113.
[280] OLG Nürnberg 2.3.1988 – 9 U 779/85, NJW-RR 1988, 791 (797).
[281] OLG München 7.10.2008 – 1 U 2988/08, juris RN 6.
[282] Vgl. OLG Frankfurt a. M. 9.4.2013 – 15 W 2/12, juris Rn. 13; OLG München 22.8.2013 – 1 U 1488/13, juris Rn. 62; LG Marburg 8.7.2014 – 2 O 63/14, juris Rn. 40 ff.
[283] OLG Hamm 30.4.2015 – 1 Ws 64/15, juris Rn. 6.
[284] Vgl. BGH 29.4.1993 – III ZR 3/92, BGHZ 122, 268 (juris Rn. 48); Brandenburgisches Oberlandesgericht 12.9.2013 – 2 W 2/13, juris Rn. 15; OLG Celle 3.11.2006 – 16 W 102/06, NdsRPfl 2007, 11; OLG Frankfurt a. M. 9.4.2013 – 15 W 2/12, NStZ-RR 2013, 295 f.; OLG Hamm 28.11.2013 – 11 W 75/12, juris Rn. 17; 14.11.2014 – 11 U 16/14, juris Rn. 26; 14.11.2014 – 11 U 80/13, juris Rn. 36; 6.3.2015 – 11 U 95/15, juris Rn. 40 f.; OLG Naumburg 27.12.2011 – 20 W 14/11, NVwZ-RR 2012, 266 ff.
[285] Vgl. Palandt/*Grüneberg* BGB Vor § 249 Rn. 67 ff.
[286] Teil I B II Nr. 2a der AV, abgedruckt im Anhang.

gung, 4/12 wenn nur die Unterkunft eingespart wurde. Aufnahme- und Entlassungstag werden dabei als ein Tag gerechnet.[287]

91 Die Anrechnung des Vorteils scheitert zunächst nicht etwa an Zumutbarkeitserwägungen.[288] Unter diesem Gesichtspunkt bestimmt die AV,[289] der Rechtsprechung des Bundesgerichtshofs[290] folgend, das während der Haft gewährte Arbeitsentgelt sei auf die Entschädigung anzurechnen. Nach der aktuellen Fassung der AV[291] erfolgt die Anrechnung aber nur auf einen Anspruch auf Entschädigung wegen unmittelbar haftbedingter Vermögensschäden. Auch der Zweck der Ersatzpflicht steht einer Vorteilsausgleichung nicht entgegen.[292] Vielmehr handelt es sich bei der Vorteilsausgleichung um eine Wertungsfrage im Rahmen der Schadensberechnung. Der Bundesgerichtshof verlangt zwischen Schaden und Vorteil einen unlösbaren inneren Zusammenhang, also Kongruenz. Einem bestimmten Vorteil muss ein bestimmter Nachteil gegenüber stehen. Daraus folgt, dass eine Vorteilsausgleichung nicht in der Weise vorgenommen werden kann, dass von der Summe der Schadensposten die Summe der Vorteile abgezogen werden könnte.[293] Dem trägt die AV unter Übernahme der bisherigen Praxis der LJVen Rechnung.[294]

92 Auf die Entschädigung für den **immateriellen Schaden** aufgrund der Freiheitsentziehung (→ Rn. 81 ff.) können ersparte Lebenshaltungskosten oder andere vermögenswerte Vorteile daher nicht angerechnet werden.[295] Dies entspricht auch der ständigen Praxis der LJVen und ist in der AV[296] durch den Verweis auf § 7 Abs. 1 klargestellt. Der Grund liegt hier weniger in der Unzumutbarkeit, und auch nicht darin, dass die Anrechnung dem Sinn dieser Ersatzpflicht zuwiderlaufen würde; die Pauschale soll Genugtuung leisten, und nicht vermögensrechtliche Ansprüche ausgleichen. Vermögensschaden und Nichtvermögensschaden können daher niemals kongruent sein.

93 Nach diesen Vorgaben ist es unbedenklich, **ersparte Aufwendungen** für Unterkunft und Verpflegung gegen Einkommenseinbußen zu verrechnen, denn das erzielte Einkommen dient gerade auch dazu, diese Bedürfnisse zu befriedigen. Demgegenüber stehen diese in der Haft ersparten Aufwendungen mit den Kosten der Verteidigung[297] und der **Inanspruchnahme eines Rechtsanwalts** im Entschädigungsverfahren nicht in einem Kongruenzverhältnis.[298]

94 Nutzt ein Beschuldigter während der Zeit der vorläufigen Entziehung der Fahrerlaubnis sein Fahrzeug nicht, so sind ihm die ersparten **Betriebskosten** auf den Ersatz für die Auslagen der Inanspruchnahme öffentlicher Verkehrsmittel im Rahmen der Vorteilsausgleichung anzurechnen.[299]

95 Ersparte **Steuerzahlungen** werden regelmäßig nicht als Vorteilsausgleich angerechnet, weil die infolge eines Verdienstausfalls ersparten Steuerbeträge in der Regel dem Betrag entsprechen, den der Berechtigte für die Entschädigungsleistung als Einkommensteuer zu zahlen hat.[300] Zur Steuerpflicht vgl. → § 10 Rn. 33. Hat der Berechtigte keinen Wohnsitz oder gewöhnlichen Aufenthalt im Inland, behält die Justizbehörde den auf die Entschädi-

---

[287] Teil I B II Nr. 2b der AV, abgedruckt im Anhang.
[288] Vgl. BGH 17.6.1953 – VI ZR 113/52, BGHZ 10, 108; dagegen *Baukelmann* NStZ 1985, 31.
[289] Teil I B II Nr. 2c.
[290] Vom 25.6.1987 – III ZR 244/86, VersR 1988, 52.
[291] Teil I B II Nr. 2c.
[292] *Baukelmann* NStZ 1985, 31.
[293] *Baukelmann* NStZ 1985, 31.
[294] Vgl. Teil I B II Nr. 2b, c und g der AV, abgedruckt im Anhang.
[295] *Meyer-Goßner/Schmitt* Rn. 8; *Matt* RPfl 1997, 466 (469).
[296] Teil I B II Nr. 2b, abgedruckt im Anhang.
[297] *Baukelmann* NStZ 1985, 31.
[298] Allg. Meinung, vgl. OLG Düsseldorf 10.5.2006 – 19 U 12/06, NStZ-RR 2006, 35; LG Flensburg 21.1.1997 – 2 O 354/96, JurBüro 1997, 317 ff.; LG Frankfurt a. M. 29.6.1983 – 4 O 78/83, NStZ 1985, 30 (31); *Baukelmann* NStZ 1985, 31; so auch Teil I B II Nr. 2g der AV, abgedruckt im Anhang.
[299] LG Flensburg 23.2.1999 – 2 O 451/98, DAR 1999, 279; 12.2.1002 – 2 O 20/02, JurBüro 2002, 333 (334).
[300] Teil I B II Nr. 2e der AV, abgedruckt im Anhang.

gung entfallenden, von der zuständigen Finanzbehörde vorher festzusetzenden, Steuerbetrag ein und führt ihn unmittelbar an das Finanzamt ab.

VII. Ansprüche des Berechtigten gegen Dritte

Mit dem Ausgleichszweck der besonderen Aufopferungsansprüche (→ Einl. Rn. 31) lässt es sich weder vereinbaren, dass der von einer Strafverfolgungsmaßnahme Betroffene eine zusätzliche Bereicherung erlangt, indem er neben der Entschädigung noch von einem Dritten die Zahlung von Schadensersatz verlangen kann, noch, dass der weitere Schädiger, der in rechtswidriger und schuldhafter Weise dem Betroffenen aus Anlass der Strafverfolgungsmaßnahme Schaden zugefügt hat, durch die Leistung des Staates von seiner Ersatzpflicht entlastet wird.[301] Die Anwendung des StrEG bedeutet in diesen Fällen der Schuldnerkonkurrenz, dass die Staatskasse für den Schadensersatzpflichtigen lediglich in Vorlage tritt, also dem Gläubiger das Risiko abnimmt, von dem anderen Schuldner keine Leistung erlangen zu können. Das zur Entschädigung verpflichtete Land kann in solchen Fällen in Anwendung des § 255 BGB verlangen, dass der Berechtigte Ersatzansprüche gegen Dritte abtritt. Dieser Anspruch kann gegenüber dem Entschädigungsanspruch einredeweise geltend gemacht werden; die öffentliche Hand ist dann zur Entschädigung nur Zug um Zug gegen Abtretung der Ansprüche gegen Dritte verpflichtet. Im Schadensersatzprozess gegen einen Dritten kann sich dieser nicht auf die geleistete Entschädigung nach § 7 zu seiner Entlastung berufen und der Berechtigte muss sich die erhaltene Entschädigung nicht auf seinen Schadensersatzanspruch anrechnen lassen.[302]

96

VIII. Mitwirkendes Verschulden

In den §§ 5 und 6 sind die Fälle abschließend geregelt, in denen der Beschuldigte es sich selbst zuzuschreiben hat, dass es zur Anordnung einer Strafverfolgungsmaßnahme gekommen ist. Insoweit sind die Vorschriften Ausprägung des Rechtsgrundsatzes, dass mitwirkendes Verschulden des Geschädigten die Schadensersatzpflicht mindert oder ausschließt.[303] Das mitwirkende Verschulden wird damit aber nur berücksichtigt, soweit es sich auf die Strafverfolgungsmaßnahme bezieht **(haftungsbegründende Kausalität)**. Vgl. hierzu im Einzelnen → Vor § 5 Rn. 2–5 und → Rn. 63.

97

Dagegen regelt das Gesetz nicht, wie ein Mitverschulden des Entschädigungsberechtigten mit Bezug auf die Entstehung und den Umfang des Schadens zu berücksichtigen ist **(haftungsausfüllende Kausalität)**. Hier gilt die allgemeine Regel des § 254 BGB, die auf alle Schadensersatzansprüche, sinngemäß auch auf die des öffentlichen Rechts, anzuwenden ist.[304] Der Rechtsausschuss hat dies in seinem Bericht ausdrücklich klargestellt, um einem möglichen Fehlschluss aus § 7 Abs. 4 vorzubeugen: „Der Ausschuß ging ... davon aus, dass der Ausschluß der Entschädigung aus dem Gesichtspunkt der überholenden Kausalität nicht der einzige im Betragsverfahren zu berücksichtigende Gesichtspunkt ist, sondern dass bei der Bemessung des Ersatzbetrages die Justizverwaltung und – wie im Streitfalle – das ordentliche Gericht die Grundsätze des mitwirkenden Verschuldens (§ 254 BGB) sinngemäß zu berücksichtigen hat."[305] Der Bundesgerichtshof hat diese Auffassung mehrfach bestätigt.[306]

98

Entschädigungsansprüche nach dem StrEG sind hiernach nur begründet, soweit der Schaden nicht von dem Anspruchsteller selbst mit zu verantworten ist. Er muss das ihm Mögliche und Zumutbare getan haben, den Schaden abzuwenden oder zu mindern. Was im Einzelnen

99

---

[301] BGH 26.1.1987 – III ZR 192/87, BGHZ 106, 313 (319); zustimmend *Selb* EWiR 1989, 655; OLG Frankfurt a. M. 2.10.2007 – 19 U 8/07, VersR 2008, 649 (652).
[302] OLG Frankfurt a. M. 2.10.2007 – 19 U 8/07, VersR 2008, 649 (651 f.).
[303] Vgl. auch Ausschussbericht BT-Drs. VI/1512, 3 – zu § 4 des Regierungsentwurfs.
[304] Vgl. Palandt/*Grüneberg* BGB § 254 Rn. 5 f.
[305] BT-Drs. VI/1512, 4.
[306] BGH 31.10.1974 – III ZR 87/73, BGHZ 63, 209 (210) = NJW 1975, 350 (351) mit abl. Anm. *Sieg* DAR 1976, 11; 21.1.1988 – III ZR 187/86, BGHZ 103, 113 (120) = NJW 88, 1141 (1142); ebenso LG Flensburg 3.4.1990 – 2 O 39/90, JurBüro 1990, 1329 (1331).

zumutbar ist, richtet sich nach den Umständen.³⁰⁷ So kann den Geschädigten zB die Pflicht treffen, durch Einsatz seiner Arbeitskraft, durch geeignete Maßnahmen in seinem Betrieb oder Gewerbe, etwa eine Vertreterbestellung während der Zeit seiner Haft, den Erwerbsschaden zu vermeiden oder zu mindern. Auch muss er sich im Anschluss an eine Freiheitsentziehung in zumutbarer Weise um die Aufnahme einer neuen Erwerbstätigkeit bemühen.³⁰⁸ Zur Vermeidung des Verlusts einer Abfindung ist er aber nicht verpflichtet, nach der vorläufigen Entziehung der Fahrerlaubnis unter Aufgabe seines bisherigen Angestelltenverhältnisses bei seinem Arbeitgeber eine minderbezahlte Tätigkeit als Lagerarbeiter im Arbeitsverhältnis anzunehmen.³⁰⁹ Die **Darlegungs- und Beweislast** für ein behauptetes Mitverschulden trägt nach allgemeinen Grundsätzen die Justizverwaltung bzw. das beklagte Land.³¹⁰ Aus der Pflicht zur Mitwirkung bei der Sachaufklärung folgt aber, dass es zunächst dem Geschädigten obliegt, die geeigneten Schritte zur Schadensminderung darzulegen, etwa für seine Bemühungen um Aufnahme einer neuen Erwerbstätigkeit,³¹¹ soweit es sich um Umstände aus seiner Sphäre handelt.

IX. Überholende Kausalität, Abs. 4

100 Ein besonderes Ursachenproblem betrifft Abs. 4. Eine Entschädigung wird nicht geleistet, wenn der Schaden früher oder später auf Grund eines anderen Ereignisses eingetreten wäre. Dies entspricht einem allgemeinen Grundsatz des Schadensersatzrechts (Problem der hypothetischen Schadensursachen, auch mit überholender Kausalität oder Reserveursache bezeichnet).³¹² Diese Klarstellung schien besonders deshalb geboten, weil es außerhalb des Strafrechts eine ganze Reihe von Rechtsvorschriften gibt, nach denen Maßnahmen zulässig sind, die strafprozessualen Eingriffen vergleichbar sind und zu Schäden führen können. Das sind etwa solche, die einer Maßregel der Besserung und Sicherung entsprechen. Dazu gehören zB die landesrechtlichen Vorschriften über die Unterbringung Geisteskranker und Süchtiger. Auch die Vorschriften über die Unterbringung nach bürgerlichem Recht gehören dazu. Die **Unterbringung nach Landesrecht** macht die strafgerichtlichen Maßregeln nach §§ 63, 64 StGB grundsätzlich nicht entbehrlich. Diese Maßnahmen sind ihnen gegenüber subsidiär.³¹³ Die Bedeutung der Vorschrift beschränkt sich aber nicht auf maßregelähnliche Maßnahmen: Vorgemerkte **Überhaft** (vgl. § 116b StPO) kann Zweifel aufkommen lassen, ob und wie lange ein Beschuldigter deswegen ohnehin in Haft gewesen wäre.³¹⁴ Für vorgemerkte **Abschiebehaft** vgl. → Rn. 90. Zu nennen sind weiter verwaltungsrechtliche Vorschriften wie § 15 des Gaststättengesetzes (Rücknahme und Widerruf der Erlaubnis zur Ausübung eines Gaststättengewerbes) oder § 3 StVG (Entziehung der Fahrerlaubnis). Eine nach diesen Vorschriften zulässige Maßnahme kann wegen des Strafverfahrens unterblieben sein; sie kann auch zeitlich vor oder nach der strafgerichtlichen Entscheidung getroffen worden sein; die zur Untersuchung gezogene Tat braucht nicht ihr Anlass zu sein. Über das Verhältnis zwischen der Unterbringung nach den Vorschriften des StGB und der Unterbringung nach Landesrecht vgl. → Einl. Rn. 58. Auch rein tatsächliche Vorgänge kommen in Betracht: Nach einer vorläufigen Entziehung der Fahrerlaubnis kann fraglich sein, ob der Beschuldigte überhaupt in der Lage gewesen wäre zu fahren, etwa nach einem Unfall, bei dem er verletzt wurde. In allen diesen Fällen wäre der Schaden auch ohne die Strafverfol-

---

[307] Über den Maßstab für die Sorgfaltspflicht vgl. Palandt/*Grüneberg* BGB § 254 Rn. 8 ff.
[308] OLG Köln 13.1.2000 – 7 U 137/99, OLGR 2000, 295 (298). Damit setzt sich das LG München 7.11.2007 – 9 O 7163/05, StRR 2008, 115 f. nicht auseinander.
[309] OLG Düsseldorf 19.2.1976 – 18 U 137/75, VersR 1976, 1134 f.
[310] Vgl. etwa OLG Köln 13.1.2000 – 7 U 137/99, OLGR 2000, 295 ff.
[311] OLG Schleswig 15.1.2004 – 11 U 60/02, NJW-RR 2004, 599 (601); *Meyer* Rn. 56.
[312] Vgl. im einzelnen Palandt/*Grüneberg* BGB Vor § 249 Rn. 55 ff.
[313] BGH 10.2.1972 – 3 StR 47/70, BGHSt 24, 98 ff.; einschränkend BGH 4.8.1998 – 5 StR 223/98, NStZ-RR 1998, bei bereits bestehender anderweitiger Unterbringung; OLG Düsseldorf 15.6.1983 – 1 Ws 506/83, MDR 1984, 71; *Fischer* StGB § 63 Rn. 23c.
[314] OLG Bamberg 4.11.1988 – Ws 545/88, NStZ 1989, 185 f.

gungsmaßnahme eingetreten. Weitere Einzelheiten sind oben bei den einzelnen Schadenspositionen erläutert.

Der Strafrichter braucht im Rahmen des Grundverfahrens nicht zu prüfen, ob die Voraussetzungen des Abs. 4 vorliegen. Die Frage liegt außerhalb des Strafverfahrens und kann eine Stellungnahme der zuständigen Verwaltungsbehörde erforderlich machen. Im Grunde handelt es sich um eine Frage der Schadensberechnung. Die **Beweislast** hat die Justizverwaltungsbehörde.[315]

X. Strafrechtliche Folgen unrichtigen Sachvortrags

Wer eine ihm günstige Grundentscheidung in Händen hat, ist nicht selten versucht, hieraus im wahrsten Sinne des Wortes „Kapital zu schlagen". Solchen Versuchungen setzt aber das Strafrecht, insbesondere die Vorschrift des § 263 StGB „deutliche Schranken entgegen".[316] Zwar kann ein Vorbringen, das keinerlei greifbaren tatsächlichen Kern enthält oder sich auf die Wiedergabe einer Rechtsmeinung oder die Behauptung einer Rechtsposition beschränkt, keine Täuschungshandlung im Sinne des § 263 StGB darstellen. Eine tatbestandsmäßige Täuschungshandlung kann aber schon vorliegen, wenn das Vorbringen zwar in der Weise „unsubstantiiert" ist, dass es ohne weiteres Zutun des Täters nicht ausreicht, einen Irrtum zu erregen, sondern noch ergänzender Handlungen bedarf, um den Deliktserfolg zu verwirklichen. Eine solche mehraktige Täuschungshandlung stellt es in aller Regel dar, wenn der Täter zunächst der Wahrheit zuwider behauptet und diese Behauptung anschließend erläutern, belegen, glaubhaft machen oder beweisen muss. Der Umstand, dass der Adressat der Erklärung bei der zu erwartenden Überprüfung die Täuschung erkennen kann, ist unerheblich.[317]

Wer lediglich nach Einstellung des Verfahrens und anschließender Belehrung über sein Antragsrecht die Feststellung der Entschädigungspflicht nach dem StrEG dem Grunde nach beantragt, obwohl er die Tat begangen hat, begeht mangels Täuschung keinen Betrug.[318]

Vorbemerkungen zu § 8

Der Gesetzgeber hat eine Zweiteilung des Verfahrens über die Entschädigung für Strafverfolgungsmaßnahmen in das **Grundverfahren** und das **Betragsverfahren** vorgenommen. In den ersten Abschnitt gehört die in die Zuständigkeit des Strafgerichts fallenden Entscheidungen nach §§ 8 und 9 über die Entschädigungspflicht an sich. Die Fragen, die im ersten Verfahrensabschnitt vor den Strafgerichten zu klären sind, werden in diesem Verfahren endgültig erledigt und können im anschließenden Betragsverfahren nicht nochmals aufgerollt werden.[1] Die Entscheidung des Strafgerichts kann allein im Wege der sofortigen Beschwerde nach den Vorschriften der Strafprozessordnung überprüft werden.[2]

Die §§ 8 und 9 enthalten die für das Strafgericht maßgebenden **Verfahrensvorschriften**. § 8 betrifft das bei Gericht abgeschlossene, § 9 das durch die Staatsanwaltschaft eingestellte Verfahren. Im ersten Fall hat das Gericht über die Entschädigungspflicht von Amts wegen zu entscheiden,[3] wenn dazu Anlass besteht; anders als bei den Kosten (§ 464 Abs. 1 StPO) bestimmt das Gesetz nicht, dass jede Sachentscheidung auch einen Ausspruch über die Entschädigungsfrage enthalten müsse. Im zweiten Fall (§ 9) wird das Gericht nur auf Antrag

---

[315] OLG Schleswig 15.1.2004 – 11 U 60/02, NJW-RR 2004, 599 f.; *Meyer-Goßner/Schmitt* Rn. 9; *Meyer* Rn. 76.
[316] *Keller* JR 1989, 391.
[317] OLG Zweibrücken 21.10.1988 – 1 Ss 189/88, JR 1989, 390 f. mit zust. Anm. *Keller*.
[318] AG Springe 27.4.1979 – 2 Ds 125/78, MDR 1980, 79.
[1] BGH 31.10.1974 – III ZR 87/73, BGHZ 63, 209 ff. = NJW 1975, 350; 15.2.1979 – III ZR 164/77, JZ 1979, 353.
[2] BGH 31.10.1974 – III ZR 87/73, BGHZ 63, 209 ff. = NJW 1975, 350.
[3] Vgl. nur OLG Düsseldorf 15.3.1999 – 1 Ws 120/99, NJW 1999, 2830 (2831); KG StraFo 10.3.2009 – 2 Ws 9/08, StraFo 2009, 437.

des Beschuldigten mit der Entschädigungsfrage befasst. In den beiden Vorschriften ist auch festgelegt, welche Belehrungen dem Betroffenen zu erteilen sind.

3 In den zweiten Abschnitt fällt die nach Rechtskraft der Grundentscheidung und Anmeldung des Anspruchs durch die Justizverwaltung nach §§ 10, 11 und die Zivilgerichte nach § 13 zu treffende Entscheidung über die Höhe des Anspruchs.[4]

§ 8 Entscheidung des Strafgerichts

(1) [1]Über die Verpflichtung zur Entschädigung entscheidet das Gericht in dem Urteil oder in dem Beschluß, der das Verfahren abschließt. [2]Ist die Entscheidung in der Hauptverhandlung nicht möglich, so entscheidet das Gericht nach Anhörung der Beteiligten außerhalb der Hauptverhandlung durch Beschluß.

(2) Die Entscheidung muß die Art und gegebenenfalls den Zeitraum der Strafverfolgungsmaßnahme bezeichnen, für die Entschädigung zugesprochen wird.

(3) [1]Gegen die Entscheidung über die Entschädigungspflicht ist auch im Falle der Unanfechtbarkeit der das Verfahren abschließenden Entscheidung die sofortige Beschwerde nach den Vorschriften der Strafprozeßordnung zuläßig. [2]§ 464 Abs. 3 Satz 2 und 3 der Strafprozeßordnung ist entsprechend anzuwenden.

Schrifttum: *Abramenko,* Der Freispruch wegen eines nachträglichen Beweisverwertungsverbotes und die Entschädigung nach §§ 1, 2 StrEG, NStZ 1998, 176; *Eisenberg,* Zur Anwendung des Gesetzes über die Entschädigung für Strafverfolgungsmaßnahmen im Jugendstrafverfahren, GA 2004, 385 ff.; *Haas,* Verzicht auf Haftentschädigung, MDR 1994, 9 ff.; *Meyer,* Zuständigkeit für die Entschädigungsentscheidung bei einer Beschränkung der Strafverfolgung durch die Staatsanwaltschaft, JurBüro 1984, 343 ff.; *ders.,* Der Entschädigungsausspruch im Strafbefehlsverfahren, MDR 1992, 219 f.; *Odenthal,* Die Ergänzung unvollständiger Entschädigungsentscheidungen nach § 8 StrEG, MDR 1990, 961 ff.; *Pflüger,* Entschädigung für Strafverfolgungsmaßnahmen zugunsten des verstorbenen Angeklagten?, GA 1992, 20 ff.; *Seebode,* Verzicht auf Haftentschädigung?, NStZ 1982, 144 ff.; *Sieg,* Entscheidung über Entschädigung nach dem StrEG bei Einstellung nach § 154 II StPO?, MDR 1976, 116 f.

Übersicht

	Rn.		Rn.
I. Die Grundentscheidung	1–11	10. Entscheidung nach Wiederaufnahme	36
1. Entscheidung mit endgültigem Verfahrensabschluss	1–5	**III. Tod des Beschuldigten**	37
2. Entscheidung nur dem Grunde nach	6, 7	**IV. Inhalt der Entscheidung, Abs. 2**	38–43
3. Konstitutive Wirkung der Grundentscheidung	8	1. Vorläufige Strafverfolgungsmaßnahmen nach § 2	39, 40
4. Bindung für das Betragsverfahren	9	a) Bezeichnung der Art der Maßnahme	39
5. Bußgeldverfahren	10, 11	b) Angabe des entschädigungspflichtigen Zeitraums	40
II. Verfahren des Strafgerichts	12–36	2. Erforderlich Angaben nach Wiederaufnahme	41
1. Entscheidung von Amts wegen	12–14	3. Entscheidung über Kosten und Auslagen	42
2. Entscheidung nur bei Anlass	15	4. Begründung der Entscheidung	43
3. Kennzeichnung der Akten	16	**V. Sofortige Beschwerde, Abs. 3**	44–74
4. Verzicht des Berechtigten	17–21	1. Verfahren nach der StPO	44–57
5. Bestandteil der Hauptentscheidung, Abs. 1 S. 1	22	a) Allgemeine Grundsätze des Rechtsmittelrechts	45, 46
6. Entscheidung außerhalb der Hauptverhandlung, Abs. 1 S. 2	23–26	b) Kein Verbot der reformatio in peius	47, 48
7. Nachholung der Entscheidung	27–30	c) Keine sofortige Beschwerde gegen eine unterbliebene Entscheidung	49–51
8. Verfahren des Rechtsmittelgerichts	31–33	d) Fristen, Fristversäumung	52
9. Entscheidungspraxis des Bundesgerichtshofs	34, 35		

---

[4] Vgl. nur BGH 31.10.1974 – III ZR 87/73, BGHZ 63, 209 ff. = NJW 1975, 350; 15.2.1979 – III ZR 164/77, JZ 1979, 353.

	Rn.		Rn.
e) Begründung der sofortigen Beschwerde	53	3. Besonderheiten bei Berufung oder Revision (Rechtsbeschwerde)	67–71
f) Wert des Beschwerdegegenstandes	54	a) Sofortige Beschwerde neben Berufung und Revision erforderlich	67
g) Zuständiges Beschwerdegericht, weitere Beschwerde	55–57	b) Sofortige Beschwerde und Abänderung der Hauptscheidung	68–71
2. Entsprechende Anwendung des § 464 Abs. 3 S. 2 und 3 StPO	58–66	4. Unanfechtbarkeit der Hauptentscheidung	72
a) Bindung an Feststellungen	59, 60	5. Beschwerdeentscheidung	73
b) Fehlende oder widersprüchliche Feststellungen	61–63	6. Anhörungsrüge	74
c) Umfang der Bindungswirkung	64	VI. Rechtskraft der Grundentscheidung	75
d) Eigenes Ermessen des Beschwerdegerichts	65, 66		

I. Die Grundentscheidung

1. Entscheidung mit endgültigem Verfahrensabschluss. Die Entscheidung erfolgt 1
in dem Urteil oder in dem Beschluss, der das Verfahren endgültig abschließt[1] und dort
im Tenor, nicht lediglich in den Gründen. Bei vorangegangenen Teileinstellungen oder
Abtrennungen wird die Entschädigungsfrage erst in der Entscheidung behandelt, die als
letzte ergeht. Auch ein Gesamtstrafenbeschluss ist eine das gesonderte Verfahren nach § 460
StPO vollständig abschließende Entscheidung im Sinne des § 8 der, sofern die Voraussetzungen dafür überhaupt vorliegen, mit einer Entschädigungsentscheidung zu verbinden wäre.[2]
Der **Rechtsweg zu den Verwaltungsgerichten** (§ 40 VwGO) ist für Grundentscheidungen nicht eröffnet. Wird er gleichwohl beschritten, verweist das Verwlatungsgericht den
Rechtsstreit an das nach § 8 zuständige Strafgericht.[3]

Die nach dem Abschluss **des gesamten Verfahrens** zu treffende Entscheidung umfasst – 2
dem **Grundsatz der Verfahrenseinheit** folgend – alle Strafverfolgungsmaßnahmen und
damit **die gesamte Entschädigungsfrage** auch in einem auf verschiedene Tatvorwürfe
gerichteten und sogar in verschiedenen Teilabschnitten durchgeführten Straf- bzw. Ermittlungsverfahren. Bei einem zur gesonderten Verhandlung und Entscheidung abgetrennten
Verfahrensteil ist dessen Ausgang abzuwarten.[4] Zuständig ist daher das Gericht, das den
letzten Verfahrensteil abschließt.[5] Lautet das Urteil auf Teilfreispruch und im Rechtsfolgenausspruch auf **Aussetzung der Verhängung von Jugendstrafe nach § 27 JGG,** so kann
jedenfalls eine positive Entscheidung über die Gewährung von Haftentschädigung erst im
Nachverfahren nach § 30 JGG erfolgen.[6] Dies folgt schon aus dem Grundsatz der Verfahrenseinheit (vgl. → § 4 Rn. 7, 9ff., 11). Eine Entschädigung gemäß § 4 Abs. 1 Nr. 2 (→ § 4
Rn. 18) kann nur gewährt werden, wenn die vorrangige Frage der Anrechnung geklärt ist.
Die Gegenansicht verweist für den Fall einer nachträglichen Anrechnung auf § 14 Abs. 1.[7]
Trifft die StA die abschließende Entscheidung (Einstellung nach § 153a StPO in einem
nach Vollzug von U-Haft abgetrennten Verfahrensteil, wobei im anderen Verfahrensteil
Freispruch erfolgte), ist das Amtsgericht am Sitz der StA zuständig.[8] Bezieht sich eine
Strafverfolgungsmaßnahme, die nicht in einem anderen Verfahren anrechenbar ist, aber
ausschließlich auf eine Tat im prozessualen Sinn (§ 264 Abs. 1 S. 1 StPO) und wird der
Beschuldigte insoweit freigesprochen oder das Verfahren eingestellt, hat mit dieser Entschei-

---

[1] Zu den Fällen des vorläufigen und endgültigen Verfahrensabschlusses → § 2 Rn. 17 ff.
[2] Vgl. OLG Rostock 23.8.2012 – Ws 155/12, juris Rn. 30.
[3] Vgl. etwa VG Augsburg 15.4.2013 – Au 4 K 13.415, juris Rn. 2.
[4] OLG Düsseldorf 17.11.1981 – V 15/80, NStZ 1982, 252; 23.12.1998 – 2 Ws 595/98, StraFo 1999, 176 f.; 25.6.2013 – 2 Ws 275/13, juris Rn. 25; KG 24.1.2000 – 4 Ws 10/00, juris Rn. 2; OLG Koblenz 17.11.1997 – 1 AR 179/97, NStZ-RR 1999, 52; *Meyer* JurBüro 1979, 83.
[5] BGH 19.3.1996 – 1 StR 76/96, BGHR Straf § 8 StrEG Verfahrensabschluss 1; OLG Düsseldorf 24.9.1990 – IV 5/90, NStZ 1991, 141.
[6] LG Offenburg 27.5.2003 – 8 Qs 2/03, NStZ-RR 2003, 351; DSS-*Schoreit* JGG § 62 Rn. 5.
[7] *Meyer* Rn. 14; *Eisenberg* § 27 Rn. 23 und *ders.* GA 2004, 385 (389).
[8] OLG Koblenz 17.11.1997 – 1 AR 179/97, NStZ-RR 1999, 52.

dung auch die nach dem StREG zu erfolgen bzw. ihr in diesem Verfahren nachzufolgen, vgl. → § 3 Rn. 2 und die Beispiele bei → § 4 Rn. 7.

3 Die im Verfahren der StA oder des Gerichts vorgenommene **Ausscheidung von Tatteilen** nach § 154a StPO ist keine Einstellung. Soweit ausnahmsweise in solchen Fällen eine Entschädigungspflicht überhaupt denkbar ist (vgl. hierzu → § 2 Rn. 40), entscheidet hierüber das Strafgericht nach § 8 mit dem endgültigen Abschluss des Verfahrens. § 9 ist insoweit nicht anwendbar, weil die ausgeschiedenen Teile jederzeit wieder hätten einbezogen werden können.[9] Die nur **vorläufige Verfahrenseinstellung** nach § 153a StPO (hierzu → § 3 Rn. 17), § 154 StPO (hierzu → § 2 Rn. 25) und 154b StPO (hierzu → § 2 Rn. 39) geben noch keinen Anlass für eine Entschädigungsentscheidung. Diese wird erst getroffen, wenn eine Wiederaufnahme nicht mehr in Betracht kommt. Bei irriger **Vollstreckung einer Freiheitsstrafe** in der Annahme, sie sei rechtkräftig widerrufen, soll die Entschädigungsentscheidung mit dem endgültigen Erlass der Strafe erfolgen.[10] Richtigerweise ist das StREG nicht anwendbar (→ § 2 Rn. 13).

4 Die Entscheidung über die Entschädigungspflicht ist, ebenso wie die Kostenentscheidung, **Annex zur Sachentscheidung** und Bestandteil des Strafverfahrens.[11] Daher gelten insoweit die Bestellung des Pflichtverteidigers[12] und die übliche Vollmacht des Wahlverteidigers weiter. Zustellungen können und sollten nach § 145a StPO an den Verteidiger erfolgen.[13] Zu den Gebühren des Verteidigers im Grundverfahren vgl. → § 7 Rn. 34.

5 Eine **Zuständigkeit der Strafvollstreckungskammer** besteht, wenn sie eine Vollstreckungsmaßnahme angeordnet hat, für die Entschädigung verlangt wird.[14] Eine Einschränkung dahin, dass das zuständige Gericht im Sinne des Gesetzes über die Entschädigung für Strafverfolgungsmaßnahmen (StREG) ausschließlich das erkennende Gericht sein kann, ist dem Gesetz fremd. Daher entscheidet die Strafvollstreckungskammer etwa bei angeblich falscher Berechnung der Strafzeit,[15] abgelehnter vorzeitiger Entlassung aus der Haft,[16] nach Erlass eines Sicherungshaftbefehls durch die Strafvollstreckungskammer,[17] nach einer Anordnung (nach früherem Recht, § 67 Abs. 4 S. 2 StGB), dass die Anrechnung einer in der Unterbringung verbrachten Zeit auf die Strafe unterbleibt,[18] wenn eine Maßregel nach § 67d Abs. 6 S. 1 StGB für erledigt erklärt wird[19] oder nach Auflagen in einem Aussetzungsbeschluss nach § 67d StGB.[20] Dies entspricht auch der hM in der Literatur.[21] Lediglich vereinzelt wird vertreten, das Gericht der Hauptsache sei zuständig.[22] Zwar erwachsen aus der Strafvollstreckung regelmäßig keine Ansprüche nach dem StREG (vgl. → § 2 Rn. 13). Es bedarf aber in entsprechender Anwendung des § 8 eines Gerichts, das sachlich über den Antrag entscheidet.[23] Dann liegt es wegen § 462a StPO näher, dies der Strafvollstreckungskammer zu übertragen.[24] Das zuständige Gericht ist erforderlichenfalls im Verfahren nach § 14 StPO zu bestimmen.[25]

---

[9] Zutreffend *Meyer* JurBüro 1984, 343 (346) gegen OLG Düsseldorf 16.9.1983 – 1 Ws 501/83, JurBüro 1984, 84.
[10] OLG Oldenburg 15.10.1975 – 1 Ws 181/75, MDR 1976, 166; *Meyer-Goßner/Schmitt* Rn. 2.
[11] Vgl. hierzu BGH 9.12.1975 – 7 BJs 176/74, BGHSt 26, 250 (252) = NJW 1976, 523; 2.4.1993 – 2 Ars 83/93, NStZ 1994, 23 (27) bei *Kusch*; 31.10.1974 – III ZR 87/73, BGHZ 63, 209 (210) = NJW 1975, 350; 15.2.1979 – III ZR 164/77, JZ 1979, 353.
[12] Zweifelnd OLG Hamm 15.6.1998 – 2 Sbd 5-110/98, Anwbl. 1998, 614; vgl. hierzu → § 7 Rn. 34.
[13] OLG Düsseldorf 12.12.2001 – 2 Ws 349/01, NStZ-RR 2002, 109 f.
[14] OLG Köln 30.9.2013 – 2 Ws 533/13, juris Rn. 9; *Meyer-Goßner/Schmitt* 14.
[15] BGH 2.4.1993 – 2 Ars 83/93, NStZ 94, 23 (27) bei *Kusch*.
[16] OLG Köln 30.9.2013 – 2 Ws 533/13, juris Rn. 9.
[17] OLG Düsseldorf 5.6.1981 – 3 Ws 261/81, MDR 1982, 958; OLG Schleswig 2.9.2003 – 1 Ws 298/03, juris Rn. 3.
[18] OLG München 5.7.1995 – 1 Ws 289/95, NStZ-RR 1996, 125.
[19] Thüringer OLG 20.7.2009 – 1 Ws 283/09, juris Rn. 14 ff.
[20] OLG Schleswig bei *Ernesti/Lorenzen* SchlHA 1986, 113 (122).
[21] *Meyer-Goßner/Schmitt* 14; *Matt* Rpfleger 1997, 466.
[22] Vgl. etwa LG Krefeld 16.3.1976 – 12 StVK 228/76, NJW 1977, 117 mAnm *Meding* NJW 1977, 914.
[23] BGH 2.4.1993 – 2 Ars 83/93, NStZ 94, 23 (27) bei *Kusch*; OLG Düsseldorf 5.6.1981 – 3 Ws 261/81, MDR 1982, 958.
[24] BGH 2.4.1993 – 2 Ars 83/93, NStZ 94, 23 (27) bei *Kusch*.
[25] BGH 2.4.1993 – 2 Ars 83/93, NStZ 94, 23 (27) bei *Kusch*.

2. Entscheidung nur dem Grunde nach. Das Gericht entscheidet nur dem Grunde 6 nach, ob die Staatskasse zur Entschädigung des Beschuldigten verpflichtet ist. Es entscheidet damit über die **haftungsbegründende Kausalität**.[26] In diesem Rahmen prüft es, ob die in den §§ 3–6 erwähnten Ausschluss- und Versagungsgründe einem Anspruch entgegenstehen.[27] Die Entscheidung des Strafgerichts steht unter dem Vorbehalt, dass überhaupt ein entschädigungsfähiger Schaden entstanden ist.[28] Grund hierfür ist, dass sich das Strafgericht bei der Entscheidung nur mit der für den Anspruchsgrund bedeutsamen strafrechtlichen Seite des Falles zu befassen hat. Der Strafrichter ist weder verpflichtet noch hat er in der Regel die Möglichkeit, im Rahmen der Entscheidung nach § 8 zu klären, ob und ggf. in welcher Höhe dem Beschuldigten ein **Schaden tatsächlich entstanden** ist.[29] Diese Prüfung bleibt vielmehr dem Betragsverfahren vorbehalten, in welchem die Justizverwaltung über den vom Berechtigten geltend gemachten Anspruch befindet, vgl. § 10. Spricht das Strafgericht daher einem Beschuldigten Entschädigung für im Ermittlungsverfahren in seinen Räumen beschlagnahmte Gegenstände zu, kann er im Betragsverfahren jedoch sein Eigentum hieran nicht beweisen, steht ihm mangels Schadens kein Anspruch zu.[30] Die Auffassungen, es sei bereits im Grundverfahren darauf zu achten, ob der Schadensgrund mit dem Vollzug der Maßnahme kongruent sei[31] und stehe fest, dass durch die Maßnahme kein Schaden entstanden sei, komme eine Grundentscheidung nicht in Betracht,[32] verkennen, dass hierdurch die Grundentscheidung mit der Prüfung einzelner Schadensposten – auch etwa der haftungsausfüllenden Kausalität – belastet würde.[33]

Es steht dem Strafgericht daher im Rahmen der Grundentscheidung nicht an zu prüfen, 7 ob und in welchem Umfang ein Schaden entstanden ist, ob also beispielsweise der Berechtigte Eigentum an der beschlagnahmten Sache hat,[34] oder zumindest zur Nutzung der Sache berechtigt ist, ob der Berechtigte die Rechtsposition während der Dauer der Strafverfolgungsmaßnahme inne hatte,[35] ob bei einer Durchsuchung Verteidigerkosten kausal durch eine Strafverfolgungsmaßnahme entstanden sind,[36] ob und wie lange ein Beschuldigter wegen vorgemerkter Überhaft ohnehin in Haft gewesen wäre[37] oder ob und welche Schadensposten zu ersetzen sind.[38] Denn damit werden Fragen thematisiert, die bereits auf die Prüfung abzielen, ob dem Berechtigten überhaupt ein Schaden entstanden ist und die mit der Ermittlung dessen Höhe zusammenhängen. Dies sind im Betragsverfahren zu klärende

---

[26] OLG Schleswig 15.1.2004 – 11 U 60/02, NStZ-RR 2004, 599.
[27] OLG Celle 18.3.2003 – 16 U 192/02, OLGR 2003, 188 ff.
[28] BGH 21.1.1988 – III ZR 157/86, BGHZ 103, 113 (115) = NJW 1988, 1141; OLG Bamberg 4.11.1988 – Ws 545/88, NStZ 1989, 185 f.
[29] BGH 31.10.1974 – III ZR 117/73, VersR 1975, 257 (258); 31.10.1974 – III ZR 87/73, BGHZ 63, 209 (210) = NJW 1975, 350 mAnm *Kreft* BGH LM Nr. 1 zu StrEG; 26.1.1987 – III ZR 192/87, BGHZ 106, 313 (315); 15.11.1990 – III ZR 246/89, NJW-RR 1991, 551 (552); OLG Celle 18.3.2003 – 16 U 192/02, OLGR 2003, 188 ff.; OLG Dresden 17.1.1996 – 6 U 1450/95, OLG-NL 1996, 216; OLG Düsseldorf 21.2.1996 – 3 Ws 94-97/96, NStZ-RR 1996, 287 f.; OLG München 18.2.2013 – 4 VAs 56/12, juris Rn. 23; OLG Nürnberg 25.3.2008 – 4 U 127/08, unveröffentlicht; OLG Oldenburg 1.11.2013 – 6 U 154/13, juris Rn. 30; OLG Schleswig 15.1.2004 – 11 U 60/02, NJW-RR 2004, 599 (600); 21.2.1006 – 2 Ws 11/04, SchlHA 2007, 293; LG Flensburg 2.6.1983 – 1 Qs 156/83, JurBüro 1983, 1851 f.; LG Krefeld 3.12.1971 – 8 Qs 447/71, DAR 1972, 79 f.; *Meyer-Goßner/Schmitt* Rn. 1; *ders.* StPO § 464 Rn. 10.
[30] LG Flensburg 15.6.2005 – 2 O 341/04, juris Rn. 27.
[31] So *Meyer* § 2 Rn. 37 und *ders.* JurBüro 1987, 1608.
[32] OLG Düsseldorf 7.6.1986 – 1 Ws 414/86, MDR 1987, 80; vgl. auch *Cornelius* Rn. 1.1.; *Geigel/Kapsa* Kap. 21 Rn. 162.
[33] OLG Bamberg 4.11.1988 – Ws 545/88, NStZ 1989, 185 f.
[34] OLG Frankfurt a. M. 11.2.1010 – 3 Ws 111/10, StraFo 2010, 262 f.; LG Flensburg 15.6.2006 – 2 O 341/04, juris Rn. 24 = JurBüro 2005, 559 [Ls.].
[35] OLG Celle 18.3.2003 – 16 U 192/02, OLGR 2003, 188.
[36] So zutreffend LG Flensburg 2.6.1983 – 1 Qs 156/83, JurBüro 1983, 1851 f.; anders *Meyer* § 2 Rn. 37.
[37] So aber OLG Bamberg 4.11.1988 – Ws 545/88, NStZ 1989, 185 f.
[38] Hierzu OLG Düsseldorf 17.4.1984 – 1 Ws 345/84, JurBüro 1984, 1061; 21.2.1996 – 3 Ws 94-97/96, NStZ-RR 1996, 287; OLG Celle 18.3.2003 – 16 U 192/02, OLGR 2003, 188 ff. bezüglich Eigentum an sichergestellten Fahrzeugen.

Fragen, vgl. § 7 Abs. 4 und → § 7 Rn. 100. Eine Entscheidung ist daher auch zu treffen, wenn ein Schaden offensichtlich nicht entstanden,[39] nicht erkennbar ist[40] oder nicht adäquat-kausal auf einer bestimmten Strafverfolgungsmaßnahme beruhend erscheint.[41] Auch die Mindermeinung hält allerdings „im Zweifel" eine Grundentscheidung für erforderlich, wenn „nicht völlig auszuschließen" sei, dass ein Beschuldigter Vermögenseinbußen gehabt haben könnte.[42]

8   **3. Konstitutive Wirkung der Grundentscheidung.** Der Entschädigungsanspruch entsteht nicht schon als aufschiebend bedingter Anspruch mit der Rechtskraft der – später weggefallenen oder gemilderten – Verurteilung oder mit dem Vollzug einer Strafverfolgungsmaßnahme, sondern erst mit der Rechtskraft der zusprechenden Entscheidung des Strafgerichts. Diese Entscheidung hat konstitutive Wirkung[43] und bildet die Grundlage für das Betragsverfahren der Justizverwaltung und des Zivilgerichts.

9   **4. Bindung für das Betragsverfahren.** Die Entscheidung des Strafgerichts ist für das Betragsverfahren bindend[44] und muss deshalb **genau bestimmt** sein.[45] Es handelt sich um ein wesentliches Element des Anspruchsgrundes, über den der Strafrichter abschließend zu entscheiden hat.[46] Der allgemein gehaltene Ausspruch, dass der ehemals Beschuldigte wegen in der jeweiligen Sache erlittener Strafverfolgungsmaßnahmen zu entschädigen sei, reicht hierfür grundsätzlich nicht aus. Etwas anders kann allenfalls dann gelten, wenn nur eine einzige Strafverfolgungsmaßnahme vollzogen worden (weil dann keine Zweifel bestehen können, auf welche von mehreren Maßnahmen sich der Ausspruch beziehen soll) oder der Ausspruch wenigstens in den Gründen soweit näher erläutert ist, dass Zweifel über den Inhalt und den Umfang des Entschädigungsgrundes durch Auslegung behoben werden können.[47] Im Betragsverfahren darf die strafgerichtliche Entscheidung über den Grund des Anspruchs nicht mehr in Zweifel gezogen werden;[48] sie ist für das Betragsverfahren verbindlich.[49] Diese Bindung betrifft alle im Rahmen des Grundverfahrens zu prüfenden Aspekte,[50] also die **Person des Berechtigten,**[51] den Grund des Anspruchs (aus §§ 1, 2, 3 oder 4), die **Art der zu entschädigenden Straf-**

---

[39] OLG Bamberg 4.11.1988 – Ws 646/88, NStZ 1989, 185; LG Flensburg 2.6.1983 – I Qs 156/83, JurBüro 1983, 1851 f.; *Meyer-Goßner/Schmitt* Rn. 1; aA OLG Düsseldorf 7.6.1986 – 1 Ws 414/86, MDR 1987, 80; 15.3.1999 – 1 Ws 120/99, NJW 1999, 2830 (2831): Entschädigungsentscheidung dann „sinnwidrig".
[40] OLG Düsseldorf 21.2.1996 – 3 Ws 94-97/96, NStZ-RR 1996, 287; Thür. Oberlandesgericht 6.1.2005 – 1 Ws 4/05, NStZ-RR 2005, 125; *Meyer* Rn. 6 aE.
[41] So aber OLG Bamberg 4.11.1988 – Ws 646/88, NStZ 1989, 185; OLG Düsseldorf 21.2.1996 – 3 Ws 94-97/96, NStZ-RR 1996, 287.
[42] Thüringer OLG NStZ-RR 2005, 125; LG Flensburg 26.1.2009 – I Qs 91/08, SchlHA 2009, 171; vgl. auch *Meyer* § 7 Rn. 1.
[43] OLG Flensburg 21.10.1980 – I Qs 190/80, JurBüro 1981, 1045 (1046); OLG Karlsruhe 20.1.2005 – 12 U 334/04, OLGR Karlsruhe 2005, 125; vgl. zum früheren Recht BGH 1.12.1952 – III ZR 114/52, BGHZ 8, 169 (171); 8.3.1956 – III ZR 213/54, BGHZ 20, 183 (185); 21.12.1961 – III ZR 157/60, BGHZ 36, 245 (247).
[44] BGH 15.2.1979 – III ZR 164/77, JZ 1979, 353; OLG Schleswig 15.1.2004 – 11 U 60/02, NJW-RR 2004, 599.
[45] OLG Düsseldorf 1.10.1992 – 18 U 65/92, OLGR 1993, 42 [Ls.]; OLG Hamm 23.3.2000 – 28 U 169/99, OLGR 2001, 129 (131); LG Flensburg 28.5.1991 – 2 O 165/91, NJW-RR 1992, 695.
[46] BGH 15.2.1979 – III ZR 164/77, JZ 1979, 353; OLG München 28.4.2011 – 1 U 2652/10, juris Rn. 38.
[47] OLG Karlsruhe 20.1.2005 – 12 U 334/04, OLGR Karlsruhe 2005, 125; *Meyer* Rn. 41 aE u. 44.
[48] BGH 15.2.1979 – III ZR 164/77, JZ 1979, 353; 26.1.1987 – III ZR 192/87, BGHZ 106, 313 (315) = NJW 89, 798; 6.10.1988 – III ZR 143/87, NJW-RR 1989, 684; OLG Dresden 17.1.1996 – 6 U 1450/95, OLG-NL 1996, 216; OLG Düsseldorf 29.11.1984 – 18 U 149/84, MDR 1985, 504; OLG Koblenz 2.4.2008 – 1 W 831/07, OLGR 2009, 270: OLG München 31.10.1975 – 1 U 1488/74, MDR 1976, 228; *Schütz* StV 2008, 52 (54).
[49] BGH 21.1.1988 – III ZR 157/86, BGHZ 103, 113 = NJW 1988, 1141.
[50] *Schütz* StV 08, 52 (53).
[51] BGH 15.2.1979 – III ZR 164/77, JZ 1979, 353; OLG Bamberg 4.11.1988 – Ws 545/88, NStZ 1989, 185 f.; OLG Frankfurt a. M. 11.2.2010 – 3 Ws 111/10, StraFo 2010, 262 f.; OLG Karlsruhe 20.1.2005 – 12 U 334/04, OLGR Karlsruhe 2005, 125.

verfolgungsmaßnahmen,[52] und zwar jede einzeln, wobei es sich bei Durchsuchung und Beschlagnahme um zwei Entschädigungstatbestände handelt (weitere Einzelheiten → § 8 Rn. 52). Ein enger zeitlicher und sachlicher Zusammenhang entbindet von dieser Verpflichtung nicht. Ebenso muss die etwaige teilweise Versagung der Entschädigung, auch nach bestimmten **Quoten** oder **Zeiträumen**[53] aus der Grundentscheidung hervorgehen. Die fehlende Angabe des Zeitraums birgt im Betragsverfahren das Risiko, dass dann Entschädigung nicht zugesprochen werden kann.[54] Hat das Strafgericht ein Mitverschulden des Beschuldigten an der Strafverfolgungsmaßnahme nach § 6 Abs. 1 Nr. 1 festgestellt und zB Entschädigung nur zur Hälfte zuerkannt, so dürfen im Betragsverfahren weder die LJV noch das Zivilgericht hiervon abweichen. Das umgekehrte gilt ebenso: Die **Berücksichtigung eines Mitverschuldens** nach § 254 BGB an der Verursachung der Strafverfolgungsmaßnahme ist im Betragsverfahren nicht mehr möglich.[55] Nur noch ein Mitverschulden bei der Entstehung des Schadens kann nach § 254 BGB berücksichtigt werden. Hat das Strafgericht das Bestehen eines Anspruchs abgelehnt, so bindet auch diese Entscheidung im weiteren Verfahren, auch in dem der Zivilgerichte.[56] Ob das Verfahren durch die Staatsanwaltschaft eingestellt oder bei Gericht beendet wurde, macht für die Bindungswirkung keinen Unterschied.[57] Mängel des Grundverfahrens können nur im Rahmen des vorgesehenen Verfahrens der sofortigen Beschwerde behoben werden. Zu Fällen, in denen die **Bindungswirkung entfällt** und zur **Auslegung und Ergänzung** unvollständiger Grundentscheidungen vgl. → § 10 Rn. 19.

5. Bußgeldverfahren. Im Bußgeldverfahren hat die Verwaltungsbehörde über die Entschädigungspflicht zu entscheiden, wenn sie das Bußgeldverfahren abgeschlossen hat (vgl. bei § 18). Doch ist das Strafgericht zuständig, wenn vom Bußgeldverfahren zum Strafverfahren übergegangen wird (§ 81 OWiG) oder wenn das Gericht auf einen zulässigen Einspruch gegen den Bußgeldbescheid in der Sache entscheidet. In diesen Fällen ist das Gericht auch zuständig, wenn die Maßnahme von der Verwaltungsbehörde oder nach § 53 OWiG von der Polizei vorgenommen worden war. Als Nachprüfungsinstanz ist das Gericht berufen, wenn nach § 62 OWiG Antrag auf gerichtliche Entscheidung gegen den Bescheid der Verwaltungsbehörde über die Entschädigungspflicht gestellt wird. 10

Haben beim **Übergang vom Strafverfahren zum Bußgeldverfahren** vor der Abgabe der Sache an die Verwaltungsbehörde (§ 43 OWiG) Strafverfolgungsmaßnahmen stattgefunden, die nur der Verfolgung als Straftat dienten und im Bußgeldverfahren nicht zulässig sind, zB U-Haft oder vorläufige Festnahme nach § 127 Abs. 2 StPO, so hat das Gericht insoweit über die Entschädigungspflicht zu entscheiden.[58] (vgl. → OWiG § 110 Rn. 8). 11

II. Verfahren des Strafgerichts

1. Entscheidung von Amts wegen. Das Gericht hat von Amts wegen zu entscheiden. Das schließt Anregungen hierzu nicht aus. Diese sind sogar sinnvoll, um Problemen nachträglicher Beschlüsse vorzubeugen. Dass die Verfahrensbeteiligten zu hören sind, ist selbst- 12

---

[52] BGH 15.2.1979 – III ZR 164/77, JZ 1979, 353; OLG Bamberg 4.11.1988 – Ws 545/88, NStZ 1989, 185 f.; OLG Karlsruhe 20.1.2005 – 12 U 334/04, OLGR Karlsruhe 2005, 125; OLG Koblenz 2.4.2008 – 1 W 831/07, OLGR 2009, 270; OLG München 31.10.1975 – 1 U 1488/74, MDR 1976, 228; 28.4.2011 – 1 U 2652/10, juris Rn. 38; LG Saarbrücken 9.9.2008 – 4 O 99/08, juris Rn. 26.

[53] BGH 6.10.1988 – III ZR 143/87, NJW-RR 1989, 684; OLG Bamberg 4.11.1988 – Ws 545/88, NStZ 1989, 185 f.; OLG Dresden 17.1.1996 – 6 U 1450/95, OLG-NL 1996, 216; OLG Düsseldorf 29.11.1984 – 18 U 149/84, MDR 1985, 504; 4.6.1987 – 18 U 51/87, JMBlNW 1987, 198; LG Saarbrücken 9.9.2008 – 4 O 99/08, juris Rn. 26.

[54] OLG Düsseldorf 29.11.1984 – 18 U 149/84, MDR 1985, 504; 4.6.1987 – 18 U 51/87, JMBlNW 1987, 198.

[55] BGH 31.10.1974 – III ZR 117/73, VersR 1975, 257 (258).

[56] Vgl. OLG Frankfurt a. M. 4.5.2009 – 1 W 10/09, juris Rn. 14.

[57] OLG München 28.4.2011 – 1 U 2652/11, juris Rn. 39.

[58] Vgl. → § 18 Rn. 8 (§ 110 OWiG).

verständlich, ergibt sich aber auch aus § 33 Abs. 1–3 StPO, der allgemein und damit auch für diesen Teil des Strafverfahrens gilt. Die Staatsanwaltschaft wirkt darauf hin, dass eine Entscheidung getroffen wird, wenn die Voraussetzungen nach § 1 oder § 2 vorliegen (Nr. 139 Abs. 3 RiStBV); zu der Frage, ob Ausschluss- oder Versagungsgründe gegeben sind, nimmt sie Stellung.[59])

13 Schließt sich an ein Strafverfahren ein objektives Einziehungsverfahren an, bleibt es bei der Zuständigkeit des das Strafverfahren abschließenden Gerichts für die Entschädigungsentscheidung bezüglich der im Strafverfahren angeordneten Maßnahmen.[60]

14 Der Antrag auf Feststellung der Entschädigungspflicht kann nicht infolge einer Abtretung von einem **Dritten** geltend gemacht werden.[61] Dies folgt nicht erst aus einem Erst-Recht-Schluss aus § 13 Abs. 2, denn insoweit ist der zivilrechtliche Anspruch betroffen. Das Ergebnis ergibt sich vielmehr bereits daraus, dass die Grundentscheidung Teil des Strafverfahrens ist, der Abtretungsempfänger aber nicht Verfahrensbeteiligter ist und auch nicht werden kann.

15 **2. Entscheidung nur bei Anlass.** Nur wenn dazu Anlass besteht, ist über die Entschädigungspflicht zu entscheiden. Im Wiederaufnahmeverfahren ist das immer der Fall, wenn es zugunsten des Beschuldigten ausgeht.[62] Vom Fall der Wiederaufnahme abgesehen bedarf es einer Entscheidung nur, wenn eine nach § 2 entschädigungsfähige Strafverfolgungsmaßnahme vollzogen worden ist[63] und kein wirksamer Verzicht auf den Anspruch oder auf die Entscheidung vorliegt (→ Rn. 17). Wer die Maßnahme veranlasst hat und ob das im Ermittlungsverfahren, im Strafverfahren oder im Bußgeldverfahren geschehen ist, spielt keine Rolle. Außer den richterlichen Untersuchungshandlungen und den staatsanwaltlichen Ermittlungshandlungen kommen vor allem in Betracht: Maßnahmen der Polizei im ersten Zugriff (§ 163 StPO, § 53 OWiG) oder auf Ersuchen der StA, wie zB Sicherstellung, Beschlagnahme, Durchsuchung, Festnahme; entsprechende Maßnahmen der Finanzbehörden im Steuerstrafverfahren oder im Steuer-Bußgeldverfahren sowie der Verwaltungsbehörde bei der Verfolgung von Ordnungswidrigkeiten.

16 **3. Kennzeichnung der Akten.** Zuständigkeitswechsel im Laufe eines Verfahrens, der Übergang vom Bußgeldverfahren zum Strafverfahren und umgekehrt sowie Umfang und Dauer des Verfahrens können die Übersicht erschweren, ob und welche entschädigungsfähigen Maßnahmen im Laufe eines Verfahrens getroffen worden sind. Es ist zweckmäßig, durch Anlegen eines Vorblatts oder äußere Kennzeichnung der Akten sicherzustellen, dass die Übersicht jederzeit gewährleistet ist.

17 **4. Verzicht des Berechtigten.** Strittig ist, ob ein Verzicht des Berechtigten auf eine Entschädigung nach dem StrEG möglich ist. Insbesondere im Zusammenhang mit Verfahrenseinstellungen nach §§ 153 ff. StPO, aber auch bei sich abzeichnenden Freisprüchen verzichten Beschuldigte auf Anregung des Gerichts, der Staatsanwaltschaft oder der Verteidigung häufig auf Entschädigungsansprüche. Solche Erklärungen sind wegen der zwangsähnlichen Situation des Beschuldigten problematisch.[64] So wird nicht zu Unrecht darauf hingewiesen, die Einstellungsbereitschaft bei Gericht und Staatsanwaltschaft könne durch einen Verzicht des Beschuldigten auf Entschädigungsansprüche nach § 2 erhöht werden.[65] Die **gerichtliche Praxis** scheint ganz überwiegend einen Verzicht für möglich zu halten. Eine Vielzahl von Verfahren wird in der Hauptverhandlung eingestellt, nachdem ein Verzicht erklärt und protokolliert

---

[59] Teil I A I der AV, abgedruckt im Anhang.
[60] OLG Düsseldorf 9.3.1992 – 1 Ws 104–105/92, VRS 83 (1992), 198 (199).
[61] OLG Celle 8.11.2011 – 1 Ws 533/10, OLGSt StrEG § 8 Nr. 5.
[62] *Meyer-Goßner/Schmitt* Rn. 3.
[63] OLG Düsseldorf 15.3.1999 – 1 Ws 120/99, NJW 1999, 2830 (2831); *Meyer-Goßner/Schmitt* Rn. 3; *Meyer* Rn. 5.
[64] Zum Ganzen *Meyer* Vor §§ 1–6 Rn. 10 ff. mwN, der einen Verzicht zu jeder Zeit und in jeder Lage des Verfahrens für zulässig erachtet; *Friehe*, die jeden abgesprochenen Verzicht für unwirksam erachtet; *Haas* MDR 1994, 9; vgl. für Trunkenheitsfahrten *Sandherr* DAR 2007, 420 (421).
[65] *Meyer* § 3 Rn. 30; *Schlothauer/Wieder* Rn. 1278.

wurde. Ein wirksamer Verzicht wirkt sich aber jedenfalls nicht auf eine mögliche Anrechnung von Haftzeiten (sog. verfahrensfremde U-Haft) in einem anderen Verfahren aus,[66] vgl. → § 2 Rn. 35. Der Bundesgerichtshof hat trotz eines abgegebenen Verzichts die Entschädigung ausdrücklich versagt, sich zur Wirksamkeit des Verzichts aber nicht geäußert.[67]

Zu unterscheiden ist zunächst danach, ob der **Verzicht vor oder nach der Entstehung des Anspruchs** mit dem Erlass der Grundentscheidung erfolgt: Letzteres wird meist für zulässig erachtet,[68] wobei dann noch zu klären ist, ob es eines Vertrages bedarf[69] oder ob eine einseitige Erklärung genügt.[70] Da es sich um einen öffentl. – rechtlichen Anspruch handelt und dort geringere Anforderungen zu stellen sind, dürfte eine einseitige Erklärung genügen.[71] 18

Manche halten einen **Verzicht auf die Grundentscheidung** für unwirksam,[72] weil diese nach dem Gesetzwortlaut von Amts wegen zu ergehen habe.[73] Das Erfordernis eines Entschädigungsausspruches gebiete zudem die Rechtsklarheit und Rechtssicherheit, da bloßes Schweigen keine Versagung der Entschädigung bedeute.[74] Der Berechtigte könne aber, noch bevor sie ergangen sei, darauf verzichten, Ansprüche hieraus herzuleiten,[75] was einen Verzicht auf den materiellen Anspruch bedeutet.[76] Andere verneinen die Zulässigkeit eines Verzichts, weil hierdurch ein möglicher Anspruch von **Unterhaltsberechtigten** nach § 11 unterlaufen werden könnte.[77] Indes wirkt der Verzicht des Beschuldigten auf seinen Anspruch ohne besondere Legitimation nicht zu Lasten des Unterhaltsberechtigten.[78] Der Unterhaltsberechtigte hat nämlich einen eigenen Anspruch, den er ohne eigenes Zutun nicht verliert.[79] Unterbleibt die Grundentscheidung zunächst wegen eines Verzichts, kann sie nachgeholt werden.[80] Manche stellen auf die **unzulässige Selbstbindung** des Beschuldigten ab[81] oder befürchten die Verknüpfung mit einem **sachwidrigen Vorteil**.[82] Indes ist ein einseitiger Verzicht auf Ansprüche auch sonst im öffentl. Recht zulässig.[83] 19

Von der wohl überwiegenden Meinung wird ein **Verzicht schon auf die Grundentscheidung** für **zulässig** erachtet.[84] Die Erklärung muss dabei **frei von sachfremden Erwägungen** abgegeben werden und darf nicht in unfairer Weise oder mit unsauberen Methoden abgenötigt werden.[85] Der Verzicht wäre sonst unwirksam. So wäre es sicherlich unzulässig, eine Einstellung nach § 170 Abs. 2 StPO[86] oder einen Freispruch für den Fall eines Verzichts in Aussicht zu stel- 20

---

[66] BVerfG 28.9.1998 – 2 BvR 2232/94, NStZ 1999, 24.
[67] 3.11.1989 – 2 StR 646/88, NJW 1990, 1000 (1001).
[68] OLG Düsseldorf 5.7.1988 – 2 Ws 124/88, NStE Nr. 2 zu § 8 StrEG; AG Pasewalk 19.2.2004 – 2 Ls 271/02, NStZ-RR 2004, 352; *Haas* MDR 1994, 10; *Seebode* NStZ 1982, 144.
[69] So *Seebode* NStZ 1982, 144; wohl auch *Haas* MDR 1994, 10 unter Hinweis auf § 397 BGB.
[70] So OLG München 6.12.1972 – 2 Ws 52/72, NJW 1973, 721 f.
[71] Vgl. für andere öffentlich-rechtlichen Verhältnisse Palandt/*Grüneberg* BGB § 397 Rn. 4.
[72] OLG Düsseldorf 5.7.1988 – 2 Ws 124/88, NStE Nr. 2 zu § 8 StrEG; KKOWiG-*Heidrich* OWiG § 110 Rn. 38; *Meyer-Goßner*/*Schmitt* Rn. 3 mwN; für Kosten und Auslagen auch BGH 3.11.1989 – 2 StR 646/88, NJW 1990, 1000 (1001).
[73] OLG Düsseldorf 15.3.1999 – 1 Ws 120/99, NJW 1999, 2830 (2831), 2831; KG 17.11.1986 – 1 Ss 212/86, VRS 72 (1987), 380; AG Pasewalk 19.2.2004 – 2 Ls 271/02, NStZ-RR 2004, 352; *Meyer-Goßner*/ *Schmitt* Rn. 3.
[74] AG Pasewalk 19.2.2004 – 2 Ls 271/02, NStZ-RR 2004, 352.
[75] *Meyer-Goßner*/*Schmitt* Rn. 3 und § 3 Rn. 2.
[76] OLG Stuttgart 12.5.1992 – 3 Ws 60/92, MDR 1992, 897 f.
[77] OLG Karlsruhe 19.6.1975 – 2 Ws 74/75, Justiz 1976, 367; OLG München 6.12.1972 – 2 Ws 52/72, NJW 1973, 721; *Matt* RPfl 1997, 144.
[78] Vgl. → § 11 Rn. 2; *Meyer* Vor § 1–6 Rn. 14.
[79] OLG Stuttgart 12.5.1992 – 3 Ws 60/92, MDR 1992, 896 f.; *Himmelreich*/*Hentschel* Rn. 398.
[80] OLG Stuttgart 12.5.1992 – 3 Ws 60/92, MDR 1992, 897 f.).
[81] *Peters*, Fehlerquellen, Bd. 3, S. 187.
[82] *Seebode* NStZ 1982, 144.
[83] Palandt/*Grüneberg* BGB § 397 Rn. 4; *Seebode* NStZ 1982, 144.
[84] OLG Karlsruhe 6.8.1981 – 1 Ws 139/81, Justiz 1981, 450 f.; OLG Stuttgart 12.5.1992 – 3 Ws 60/92, MDR 1992, 897 f.: Entscheidung wäre „leerer Formalismus"; HdB StA/*Kunz* Rn. 26; *Cornelius* Rn. 3; *Meyer* Vor § 1–6 Rn. 14; *Göhler*/*Gürtler* OWiG § 110 Rn. 30; *Himmelreich*/*Hentschel* Rn. 398; KK-*Diemer* StPO § 153a Rn. 63.
[85] *Seebode* NStZ 1982, 145.
[86] Hierzu *Haas* MDR 1994, 10.

len. Im **Jugendrecht** erscheint ein Verzicht gleichsam als Gegenleistung für eine Einstellung kaum je geeignet. Zumindest gelten noch engere Grenzen als im Erwachsenenrecht.[87] Wird er wirksam erklärt, besteht kein Anlass zu einer Entscheidung nach § 8 (→ Rn. 15). Der Verzicht sollte aktenkundig gemacht werden; in Entscheidungen, die mit Gründen versehen werden, empfiehlt sich die ausdrückliche Feststellung, dass verzichtet wurde. In der Zustimmung zur (vorläufigen) Verfahrenseinstellung liegt kein konkludenter Verzicht auf etwaige Entschädigungsansprüche. Denn ein Verzicht setzt stets eine eindeutige und unmissverständliche Erklärung des Verzichtenden voraus, dass er sich bestimmter Ansprüche endgültig begibt.[88] Über die Wirksamkeit eines Verzichts ist entweder im Rahmen der gegen eine Ablehnung einer Entschädigung gerichteten sofortigen Beschwerde[89] zu entscheiden oder sie ergeht, wenn eine Grundentscheidung nicht getroffen wurde, im Verfahren nach § 8 Abs. 1 S. 2. Bei einer **Einstellung nach § 153a StPO** kann die Auflage einer Geldleistung im Sinne des § 153a Abs. 1 Nr. 2 StPO in Form eines Verzichts auf Entschädigung,[90] insbesondere auch auf Haftentschädigung erfolgen.[91] Ein Verzicht kann aber auch bei der Bemessung der Höhe der Geldauflage berücksichtigt werden.[92]

21 Zu klären ist dann, welcher **Vollmacht der Verteidiger** bedarf, um die Erklärung wirksam abgeben zu können. Im Grundverfahren wird hierfür die Verteidigervollmacht genügen, denn die Grundentscheidung ist Teil des Strafverfahrens, obwohl gesehen werden muss, dass damit im Ergebnis auf die Forderung im Ganzen verzichtet wird. Deshalb fordern manche hierzu eine besondere Bevollmächtigung.[93] Nach dem Entstehen des Anspruchs mit der Grundentscheidung wird es aber jedenfalls der besonderen Vollmacht für das Betragsverfahren bedürfen.[94] Bei § 9 spielt die Frage ohnehin keine Rolle, weil die Grundentscheidung dort nur auf Antrag des Beschuldigten ergeht. In der Unterlassung des Antrags liegt aber letztlich auch ein Verzicht. Nach einem Verzicht ist eine gegen die Ablehnung einer Entschädigung gerichtete sofortige Beschwerde wegen fehlenden Rechtsschutzbedürfnisses unzulässig,[95] wobei gegebenenfalls in der Beschwerdeentscheidung über die Wirksamkeit des Verzichts zu befinden ist.[96]

22 **5. Bestandteil der Hauptentscheidung, Abs. 1 S. 1.** Über die Entschädigungspflicht kann das Gericht im Urteil, in dem das Verfahren abschließenden oder in einem besonderen, von der Sachentscheidung getrennten Beschluss entscheiden, etwa bei Einstellung nach §§ 153 Abs. 1,[97] 206a (vgl. auch → § 2 Rn. 22) oder 206b StPO.[98] Auch der Strafbefehl ist eine das Verfahren abschließende Entscheidung, weshalb es zulässig,[99] wenn auch in der Praxis unüblich ist, eine Entschädigungsentscheidung aufzunehmen. Zu weiteren das Verfahren abschließenden Entscheidungen vgl. → § 2 Rn. 17 ff. Grundsätzlich soll der Ausspruch über die Entschädigung, ebenso wie die Kostenentscheidung, Bestandteil der Hauptentscheidung sein. Hierdurch wird das Verfahren insgesamt abgeschlossen und die Rechtslage für alle Beteiligten stabilisiert.[100] Auch erscheint die mit der Entscheidung in der Hauptsache befasste Richterbank aufgrund ihrer in der Hauptverhandlung gewonnenen Sachkunde für die Entscheidung auch über die Entschädigungspflicht besonders geeignet.[101]

---

[87] *Eisenberg* JGG § 2 Rn. 41; *ders.* GA 2004, 385.
[88] OLG Braunschweig 13.11.2012 – Ws 321/12, NStZ-RR 2013, 95 (96).
[89] OLG Karlsruhe 6.8.1981 – 1 Ws 139/81, Justiz 1981, 450 f.
[90] KK/*Diemer* StPO § 153a Rn. 62.
[91] *Friehe* S. 505; LR-*Beulke* StPO § 153a Rn. 79; KMR-*Plöd* StPO § 153a Rn. 23 aE; *Schlothauer/Weider* Rn. 1279: Kritisch *Seebode* NStZ 1982, 144 (147); ablehnend Löwe/Rosenberg/*Rieß*, 24. Aufl. StPO § 153a Rn. 38.
[92] KMR/*Plöd* StPO § 153a Rn. 70; Löwe/Rosenberg/*Beulke* StPO § 153a Rn. 129.
[93] *Schlothauer/Weider* Rn. 1278.
[94] Offen gelassen von OLG München 6.12.1972 – 2 Ws 52/72, NJW 1973, 721.
[95] OLG Karlsruhe 6.8.1981 – 1 Ws 139/81, Justiz 1981, 450 f.
[96] OLG Karlsruhe 6.8.1981 – 1 Ws 139/81, Justiz 1981, 450 f. und *Meyer-Goßner/Schmitt* Rn. 19.
[97] KK/*Diemer* StPO § 153 Rn. 40.
[98] Hierzu ausführlich → § 5 Rn. 95 ff.
[99] *Meyer-Goßner/Schmitt* Rn. 2; *Meyer* MDR 1992, 219.
[100] BGH 21.2.2001 – 5 StR 368/00, juris Rn. 3.
[101] BGH 21.2.2001 – 5 StR 368/00, juris Rn. 3.

Demgegenüber ist in einer Entscheidung über eine sofortige Beschwerde im Verfahren nach § 111a StPO über die vorläufige Entziehung der Fahrerlaubnis kein Raum für eine Entschädigungsentscheidung, weil das Hauptverfahren noch nicht abgeschlossen und dessen Ausgang daher ungewiss ist.[102]

6. Entscheidung außerhalb der Hauptverhandlung, Abs. 1 S. 2. In der Hauptverhandlung können sich Hindernisse ergeben, die einer sofortigen Entscheidung über die Entschädigungsfrage entgegenstehen, während die Sache im Übrigen zur Entscheidung reif ist. Absolute Unmöglichkeit braucht nicht vorzuliegen. Es genügt, wenn zB Beweiserhebungen über die tatsächlichen Grundlagen der Entscheidung, etwa über das Vorliegen von Ausschluss- oder Versagungsgründen, notwendig sind, die eine Aussetzung oder Unterbrechung der Hauptverhandlung erfordern würden, etwa um hierzu einen Zeugen zu hören.[103] Präsente oder sogleich zu beschaffende Beweismittel sind aber immer zu benutzen. Auch können Erörterungen notwendig werden, die vor der Sachentscheidung verfrüht wären, zB hinsichtlich eines – auch teilweisen – Verzichts auf Entschädigung. Es kann zweckmäßig sein, eine schwierige und komplexe Entschädigungsentscheidung zurückzustellen, um die Rechtskraft eines Beschlusses abzuwarten, der die Eröffnung des Verfahrens nach § 210 StPO ablehnt. Nach einem Verzicht des Beschuldigten kann die Entscheidung unterblieben sein. Es kann sich aber nachträglich herausstellen, dass Unterhaltsberechtigten nach § 11 Ansprüche zustehen.[104] Deshalb sieht Abs. 1 S. 2 vor, dass das Gericht nach Anhörung der Beteiligten außerhalb der Hauptverhandlung durch Beschluss entscheidet, wenn die Entscheidung in der Hauptverhandlung nicht möglich ist. Die Entscheidung außerhalb der Hauptverhandlung muss nach dem Sinn der Vorschrift die Ausnahme bleiben.[105]

Auch **Teilentscheidungen** sind möglich, wenn bei der abschließenden Entscheidung hinsichtlich einzelner Strafverfolgungsmaßnahmen Entscheidungsreife vorliegt, hinsichtlich anderer nicht.[106]

Muss nach Abs. 1 S. 2 verfahren werden, so empfiehlt sich ein **Vorbehalt** in der auf die Hauptverhandlung ergehenden abschließenden Sachentscheidung, damit der Anschein vermieden wird, der Ausspruch über die Entschädigungspflicht sei versehentlich oder gar gesetzwidrig unterblieben. Er ist aber nicht notwendig.[107]

Kein das Verfahren abschließender Beschluss ist aber die Entscheidung, durch die ein Verfahren nur vorläufig eingestellt wird, etwa nach § 153a oder § 154 Abs. 2 StPO. Hier kommt die Entschädigungsentscheidung erst in Betracht, wenn das Verfahren endgültig eingestellt wird oder feststeht, dass eine Wiederaufnahme nicht mehr in Betracht kommt, vgl. → § 2 Rn. 20 ff.

7. Nachholung der Entscheidung. Eine in der Sachentscheidung – sei es in, sei es außerhalb[108] der Hauptverhandlung – unterbliebene Entscheidung über die Entschädigungspflicht ist nach hM nachzuholen.[109] Dass die Nachholung möglich ist, folgt daraus, dass das

---

[102] Unrichtig daher LG Aurich 6.7.2012 – 12 Qs 81/12, juris Rn. 8.
[103] Vgl. etwa OLG Frankfurt a. M. 11.10.1977 – 4 Ws 165/77, NJW 1978, 1392 f.
[104] OLG Stuttgart 12.5.1992 – 3 Ws 60/92, MDR 1992, 897 f.
[105] OLG Stuttgart 16.6.1972 – 1 Ws 157/72, Justiz 1972, 327 f.
[106] Vgl. auch *Meyer* Rn. 21; die von ihm in Bezug genommenen Entscheidungen betreffen allerdings durchweg *vergessene* Teile; hierzu → Rn. 28.
[107] OLG Stuttgart 16.6.1972 – 1 Ws 157/72, Justiz 1972, 327 f.
[108] OLG Hamm 5.12.1973 – 3 Ws 515/73, NJW 1974, 374 f.
[109] OLG Celle 8.9.2010 – 32 Ss 207/09, NStZ-RR 2011, 264;OLG Düsseldorf 11.5.1973 – 3 Ws 124/73, NJW 1973, 1660 F.; 15.3.1999 – 1 Ws 120/99, NJW 1999, 2830 f.; KG 21.11.2008 – 4 Ws 24/08, NStZ 2010, 284; OLG Karlsruhe 11.10.1983 – 2 Ws 207/83, NStZ 1984, 474; OLG München 13.9.1977 – 1 Ws 988/77, juris Rn. 7 = NJW 1977, 2090 [Ls.]; OLG Nürnberg 15.11.2005 – 1 Ws 1152/05, NJW 2006, 1826 f.; OLG Stuttgart 24.4.2001 – 2 Ws 61/01, NStZ 2001, 496; LG Bonn 23.10.1974 – 5 KLs 8/73, MDR 1975, 76; Löwe/Rosenberg/*Beulke* StPO § 153a Rn. 79; Meyer-Goßner/*Schmitt* Rn. 7; davon geht ersichtlich auch BGH 21.2.2001 – 5 StR 368/00, juris Rn. 3, aus. Differenzierend OLG Düsseldorf 7.11.2000 – 1 Ws 532/00, NStZ-RR 2001, 159: Nur bei vollständigem Schweigen und wenn eine weitere entschädigungsfähige Strafverfolgungsmaßnahme irrtümlich unberücksichtigt geblieben ist.

Gesetz das isolierte Beschlussverfahren vorsieht,[110] sowie aus dem Umstand, dass das – auch teilweise – Schweigen über die Frage der Entschädigung keine Ablehnung bedeutet.[111] Dies ist anders als beim Fehlen eines Kostenausspruchs,[112] denn die §§ 464 ff. enthalten gerade keine entsprechende Regelung, wonach eine Kostenentscheidung nachgeholt werden könnte.[113] Die rechtsbegründende Entschädigungsentscheidung kann andererseits nicht stillschweigend getroffen oder unterstellt werden.[114] Ohne eine ausdrückliche Grundentscheidung nach § 8 könnte der Beschuldigte keine Zahlung verlangen. **Bedenken gegen eine Nachholung** der unterbliebenen oder vergessenen Entscheidung, die durchaus aus der Entstehungsgeschichte hergeleitet werden können,[115] sind nicht so gewichtig, dass sie eine Abkehr von der inzwischen gefestigten Rechtsprechung rechtfertigen würden.[116] Nur die sofortige Beschwerde ist aber gegeben, wenn mit dem Urteil über das Rechtsmittel der sofortigen Beschwerde „gegen die nicht ausgesprochene Haftentschädigung" belehrt wurde.[117] Schwierigkeiten aus der Praxis sind – insbesondere hinsichtlich der wiederholt als Argument angeführten **Verjährungsprobleme**[118] – nicht bekannt geworden.

28   Bei der Nachholung wird nicht nachgeprüft, ob eine Entscheidung in der Hauptverhandlung möglich gewesen wäre, denn dies würde in der Praxis zu unüberwindlichen Schwierigkeiten führen.[119] Eine Nachholung erfolgt daher, wenn sie ganz[120] oder teilweise[121] **versehentlich unterblieben**,[122] **aus Gründen der Zweckmäßigkeit zurückgestellt** worden war[123] oder zunächst **nicht für erforderlich gehalten**[124] wurde. Die Beteiligten können die Nachholung durch Anregungen oder Gegenvorstellungen veranlassen. Eine **sofortige**

---

[110] *Peters,* Fehlerquellen, Bd. 3, S. 184.
[111] OLG Celle 8.9.2010 – 32 Ss 207/09, NStZ-RR 2011, 264; OLG Köln 20.8.2015 – 2 Ws 523/15, StraFo 2015, 438; OLG Rostock 23.8.2012 – I Ws 155/12, juris Rn. 29; OLG Stuttgart 24.4.2001 – 2 Ws 61/2001, NStZ 2001, 496 f.
[112] Vgl. hierzu *Meyer-Goßner/Schmitt* StPO § 464 Rn. 8.
[113] OLG Celle 8.9.2010 – 32 Ss 207/09, NStZ-RR 2011, 264.
[114] OLG Düsseldorf 11.5.1973 – 3 Ws 124/73, NJW 1973, 1660; 5.7.1988 – 2 Ws 124/88, NStE Nr. 2 zu § 8 StrEG; OLG Hamm 5.12.1973 – 3 Ws 515/73, NJW 1974, 374 f.; OLG Karlsruhe 11.10.1983 – 2 Ws 207/83, StV 1984, 474; OLG Stuttgart 16.6.1972 – 1 Ws 157/72, Justiz 1972, 327 f.; 24.4.2001 – 2 Ws 61/2001, NStZ 2001, 496 f.; OLG Zweibrücken 19.6.1974 – Ws 73/74, VRS 47, 443; LG Bonn 23.10.1974 – 5 KLs 8/73, MDR 1975, 76; LG Braunschweig 5.9.1972 – 11 Qs 181/72, NJW 1973, 210 (211); *Meyer* Rn. 28; *Meyer-Goßner/Schmitt* Rn. 7; aA *Naton* NJW 1973, 479; *Seier* Rn. 25; *ders.* NStZ 1982, 272.
[115] Vgl. hierzu OLG Celle 8.9.2010 – 32 Ss 207/09, NStZ-RR 2011, 264; *Cornelius* Rn. 6.1 *Meyer* Rn. 19.
[116] OLG Stuttgart 24.4.2001 – 2 Ws 61/2001, NStZ 2001, 496 f.
[117] OLG Nürnberg 15.11.2005 – 1 Ws 1152/05, NJW 2006, 1826 f.; *Meyer-Goßner/Schmitt* Rn. 7.
[118] *Meyer* Rn. 26; *Odenthal* MDR 1990, 961 (964).
[119] OLG Düsseldorf 11.5.1973 – 3 Ws 124/73, NJW 1973, 1660 f.; OLG Stuttgart 16.6.1972 – 1 Ws 157/72, Justiz 1972, 327 f.
[120] BayObLG 31.7.1972 – 2 St 26/72, DAR 73, 211 bei Rüth; OLG Celle 8.9.2010 – 32 Ss 207/09, NStZ-RR 2011, 264; OLG Düsseldorf 11.5.1973 – 3 Ws 124/73, NJW 1973, 1660 f.; 4.2.1987 – 3 Ws 22/87, MDR 1988, 164; 5.7.1988 – 2 Ws 124/88, NStE Nr. 2 zu § 8 StrEG; 15.3.1999 – 1 Ws 120/99, NJW 1999, 2830 (2831); OLG Hamm 5.12.1973 – 3 Ws 515/73, NJW 1974, 374 f.; OLG Karlsruhe 11.10.1983 – 2 Ws 207/83, StV 1984, 474; OLG Köln 20.8.2014 – 2 Ws 523/15, juris Rn. 15; KG 21.11.2008 – 4 Ws 24/08, NStZ 2010, 284 (anders wohl noch 30.9.1974 – 1 Ws 309/74, JR 1975, 516 f.); OLG Schleswig 16.11.1982 – 1 Ws 482/82, JurBüro 1983, 1166 f. – Kurzwiedergabe; OLG Stuttgart 16.6.1972 – 1 Ws 157/72, Justiz 1972, 327 f.; 24.4.2001 – 2 Ws 61/2001, NStZ 2001, 496 (497).; OLG Zweibrücken 19.6.1974 – Ws 73/74, VRS 47, 443; LG Braunschweig 5.9.1972 – 11 Qs 181/72, NJW 1973, 210 (211); *Peters,* Fehlerquellen, Bd. 3 S. 184.
[121] OLG Düsseldorf 28.1.1980 – 5 Ws 160/79, MDR 1980, 958; 13.1.1989 – 1 Ws 1129/88, NStE Nr. 3 zu § 8 StrEG; OLG Koblenz 29.1.1985 – 1 Ws 48/85, GA 1985, 461 f.; OLG München 13.9.1977 – 1 Ws 988, 989/77, NJW 1977, 2090 [Ls.]; LG Bonn 23.10.1974 – 5 KLs 8/73, MDR 1975, 76.
[122] OLG Düsseldorf 15.3.1999 – 1 Ws 120/99, NJW 1999, 2830 (2831); OLG Karlsruhe 11.10.1983 – 2 Ws 207/83, StV 1984, 474; KG 21.11.2008 – 4 Ws 24/08, NStZ 2010, 284; OLG Koblenz 29.1.1985 – 1 Ws 48/85, GA 1985, 461 f.; OLG München 13.9.1977 – 1 Ws 988, 989/77, NJW 1977, 2090 [Ls.]; OLG Nürnberg 15.11.2005 – 1 Ws 1152/05, NJW 2006, 1826 (1827); LG Bonn 23.10.1974 – 5 KLs 8/73, MDR 1975, 76.
[123] OLG Düsseldorf 11.5.1973 – 3 Ws 124/73, NJW 1973, 1660 f.; OLG Karlsruhe 11.10.1983 – 2 Ws 207/83, StV 1984, 474.
[124] OLG Düsseldorf 15.3.1999 – 1 Ws 120/99, NJW 1999, 2830 (2831).

Beschwerde ist bei einem fehlenden Ausspruch **unzulässig**,[125] weil es an einer rechtsmittelfähigen Entscheidung gerade fehlt.[126] Ein solcher Fall liegt aber nicht vor, wenn das Gericht in dem fraglichen Urteil mitgeteilt hat, dass es über die Entschädigungspflicht vollständig entschieden hat.[127] **Nach anderer Ansicht** soll gegen eine – auch teilweise – unterbliebene Grundentscheidung nur[128] oder jedenfalls daneben[129] die **sofortige Beschwerde** zulässig sein,[130] jedenfalls wenn der Angekl. über sein Beschwerderecht gegen die unterbliebene Entscheidung belehrt wurde.[131] Hergeleitet wird dies vor allem aus dem Wortlaut und der Entstehungsgeschichte. Wegen der in Fällen vollständig unterlassener Entscheidung regelmäßig unterbliebenen Rechtsmittelbelehrung über das Recht der sofortigen Beschwerde soll regelmäßig von Amts wegen Wiedereinsetzung in den vorigen Stand von Amts wegen zu gewähren sein.[132] Nach anderer Ansicht nur, wenn er infolge der fehlenden Rechtsmittelbelehrung die einzuhaltende Frist nicht gekannt und sie deshalb versäumt habe.[133] **Eine vermittelnde Ansicht** sieht jedenfalls bei versehentlich unvollständigen Entscheidungen zwar die sofortige Beschwerde als statthaft an, lässt alternativ aber auch die Nachholung der Entscheidung zu.[134] Auch eine **teilweise unterbliebene Entscheidung** kann grundsätzlich nachgeholt werden, etwa wenn nicht über alle Maßnahme befunden wurde,[135] jedenfalls wenn den Entscheidungsgründen eindeutig zu entnehmen ist, dass das Gericht ohne Einschränkung entschädigen wollte.[136]

Nach dem Gesagten ist eine **Nachtragsentscheidung aber dann unzulässig**, wenn sich aus der Entscheidung ergibt, dass sie abschließend sein sollte. Denn dann liegt hinsichtlich weiterer Strafverfolgungsmaßnahmen eine Ablehnung vor.[137] Dies gilt auch, wenn der Zeitraum festgelegt wurde, für den zu entschädigen ist. Dieser kann nicht durch eine weitere Entscheidung, sondern nur durch sofortige Beschwerde anders bestimmt werden.[138] Zur Nachholung einer unterbliebenen Entschädigungsentscheidung auf sofortige Beschwerde nur gegen die Sachentscheidung → Rn. 48.

---

[125] OLG Koblenz 29.1.1985 – 1 Ws 48/85, GA 1985, 461 f.; OLG Köln 20.8.2015 – 2 Ws 523/15, StraFo 2015, 438.
[126] OLG Celle 8.9.2010 – 32 Ss 207/09, NStZ-RR 2011, 264; OLG Köln 20.8.2015 – 2 Ws 523/15, StraFo 2015, 438.
[127] OLG Düsseldorf 13.1.1989 – 1 Ws 1129/88, NStE Nr. 3 zu § 8 StrEG; 7.11.2000 – 1 Ws 532/00, NStZ-RR 2001, 159 f. (für Zeitraum der vorläufigen Entziehung der Fahrerlaubnis); OLG Koblenz 29.1.1985 – 1 Ws 48/85, GA 1985, 461 (462); *Cornelius* Rn. 6.1.
[128] OLG Düsseldorf 7.11.2000 – 1 Ws 532/00, NStZ-RR 2001, 152 (für den Fall, dass über einen Teilzeitraum der Dauer der Strafverfolgungsmaßnahme nicht entschieden wurde); KG 23.5.2007 – 2 AR 57/07, NJW 2008, 94; 10.3.2009 – 2 Ws 9/08, StraFo 2009, 437 (438 f.); anders 21.11.2008 – 4 Ws 24/08, NStZ 2010, 284; OLG München 3.12.1996 – 2 Ws 536/96, AnwBl 1998, 50 f.; LG Bautzen 12.2.1996 – 1 Qs 196/95, NStZ 1996, 446 (447); LG Flensburg 22.7.1982 – 1 Qs 169/82, DAR 1982, 339; LG Görlitz 5.1.2004 – 4 Qs 41/03, juris Rn. 8; LG Saarbrücken 17.3.2011 – 2 Qs 6/11, NStZ-RR 2011, 262 ff.; *Meyer* MDR 1980, 720 (724); *ders.* Rn. 24 f.; *Naton* NJW 1973, 479; *Seier* NStZ 82, 272; vgl. hierzu auch → Rn. 48.
[129] OLG Düsseldorf 4.2.1987 – 3 Ws 22/87, MDR 1988, 264 f.; LG Braunschweig 5.9.1972 – 11 Qs 181/72, NJW 1973, 210 f.
[130] KG 23.5.2007 – 2 AR 57/07, NJW 2008, 94; 10.3.2009 – 2 Ws 9/08, StraFo 2009, 437; anders 21.11.2008 – 4 Ws 24/08, NStZ 2010, 284; OLG München 3.12.1996 – 2 Ws 536/96, AnwBl 1998, 50 f.; LG Bautzen 12.2.1996 – 1 Qs 196/95, NStZ 1996, 446 (447); LG Flensburg 22.7.1982 – 1 Qs 169/82, DAR 1982, 339; LG Görlitz 5.1.2004 – 4 Qs 41/03, juris Rn. 8; LG Saarbrücken 17.3.2011 – 2 Qs 6/11, NStZ-RR 2011, 262 ff.; *Meyer* MDR 1980, 724; *Naton* NJW 1973, 479; *Seier* NStZ 82, 272; vgl. hierzu auch → Rn. 48.
[131] OLG Frankfurt a. M. 11.2.2010 – 3 Ws 111/10, StraFo 2010, 262 f.
[132] OLG Hamm 18.6.2013 – 2 Ws 158/13, juris Rn. 17 f.; LG Bautzen 12.2.1996 – 1 Qs 196/95, NStZ 1996, 446 (447); LG Görlitz 5.1.2004 – 4 Qs 41/03, juris Rn. 12 ff.
[133] KG 23.5.2007 – 2 AR 57/07, NJW 2008, 94.
[134] OLG Düsseldorf 4.2.1987 – 3 Ws 22/87, MDR 1988, 164; vgl. auch → Rn. 51.
[135] OLG Düsseldorf 7.11.2000 – 1 Ws 532/00, VRS 100 (2001), 67 f.; OLG Karlsruhe 11.10.1983 – 2 Ws 207/83, StV 1984, 474; OLG Koblenz 29.1.1985 – 1 Ws 48/85, GA 85, 461; OLG München 13.9.1977 – 1 Ws 988, 989/77, NJW 1977, 2090 [Ls.]; LG Bonn 23.10.1974 – 5 KLs 8/73, MDR 1975, 76.
[136] OLG Düsseldorf 28.1.1980 – 5 Ws 160/79, MDR 1980, 958.
[137] OLG Düsseldorf 13.1.1989 – 1 Ws 1129/88, NStE Nr. 3 zu § 8.
[138] OLG Düsseldorf 7.11.2000 – 1 Ws 532/00, VRS 100 (2001), 67 f.

30 Das Gericht entscheidet außerhalb der Hauptverhandlung in der Beschlussbesetzung. Abs. 1 S. 2 bestimmt ausdrücklich, dass die Beteiligten zu hören sind. Dasselbe ergibt sich aus § 33 StPO; doch ist das StrEG nicht Bestandteil der StPO, wenn auch Teil des Strafverfahrens. Eine Klarstellung für das besondere Beschlussverfahren ist daher geeignet, Missverständnissen vorzubeugen und das rechtliche Gehör zu gewährleisten.

31 **8. Verfahren des Rechtsmittelgerichts.** Bietet das Verfahren Anlass zu einer Entschädigungsentscheidung, so gilt für die Rechtsmittelinstanz: Keine neue Entscheidung über die Entschädigungspflicht ist erforderlich, wenn die Berufung als unzulässig,[139] oder die Revision verworfen wird.

32 Das **Berufungsgericht** hat – unabhängig von einer eingelegten sofortigen Beschwerde – zu prüfen, ob entschädigungsfähige Tatbestände und Ausschluss- oder Versagungsgründe vorliegen, auch wenn die Berufung des ausgebliebenen Angeklagten nach § 329 StPO verworfen wird;[140] solche Umstände können sich erst im Berufungsverfahren ergeben, Strafverfolgungsmaßnahmen können sich zeitlich über die Sachentscheidung der ersten Instanz hinaus erstreckt haben. In diesen – und nur in diesen – Fällen bedarf es eines neuen Ausspruchs über den betroffenen Entschädigungspunkt, und zwar auch dann, wenn die Berufung im Übrigen verworfen wird. Bei unveränderter Sachlage darf es die Entschädigungsentscheidung des Erstgerichts nur ändern, wenn sofortige Beschwerde eingelegt wurde, vgl. hierzu → Rn. 67. Hat das Erstgericht über die Entschädigungspflicht statt im Tenor lediglich in den Gründen entschieden, und ist die Berufung unbegründet, dann verwirft das Berufungsgericht die Berufung mit der Maßgabe, dass die Entschädigungsentscheidung in den Tenor aufgenommen wird.

33 Auch das **Revisionsgericht** (im Bußgeldverfahren das Rechtsbeschwerdegericht, § 79 OWiG) muss von Amts wegen über die Entschädigungspflicht nach § 8 Abs. 1 S. 1 entscheiden, wenn es nach § 354 Abs. 1 StPO (Rechtsbeschwerdegericht: § 79 Abs. 6 OWiG) abschließend in der Sache erkennt[141] oder sonst Anlass hat, etwa bei einer endgültigen (Teil-) Einstellung nach §§ 153, 154 oder 206a StPO. Bei vollem oder teilweisem Erfolg der Revision und Rückverweisung ist jedenfalls eine Entscheidung über die Versagung einer Entschädigung nach § 4 aufzuheben,[142] obwohl mit der Aufhebung des Urteils – auch nur im Rechtsfolgenausspruch – die damit verbundene Entschädigungsentscheidung und eine etwaige dagegen gerichtete sofortige Beschwerde gegenstandslos werden, ohne dass es insoweit eines besonderen Ausspruchs bedürfte.[143] Eine in einem freisprechenden Urteil enthaltene Entschädigungsentscheidung zugunsten des Angekl. und eine etwaige hiergegen gerichtete sofortige Beschwerde der Staatsanwaltschaft werden durch die Aufhebung dieses Urteils in der Revisionsinstanz ebenfalls gegenstandslos.[144] Darüber ist nach der neuen Hauptverhandlung wieder zu befinden sein. Nicht zu billigen ist es, wenn das OLG Hamm[145] im Rahmen der Bestimmung der Zuständigkeit die Entschädigungsentscheidung an sich zieht und in der Sache selbst entscheidet; das Gericht hätte sich darauf beschränken müssen, die Zuständigkeitsfrage zu klären.

34 **9. Entscheidungspraxis des Bundesgerichtshofs.** Der Bundesgerichtshof überlässt die Entscheidung nach § 8 Abs. 1 S. 1 häufig dem nach den allgemeinen Regeln zuständigen Instanzgericht. Dies gilt gleichermaßen in Fällen, in denen nach Freispruch oder Einstellung

---

[139] OLG Frankfurt a. M. 15.11.1972 – 2 Ws 197/72, DAR 1972, 161.
[140] Anders noch *Kunz* StrEG Rn. 32.
[141] BayObLG 14.4.1994 – 1 StR 49/94, NJW 1994, 2427 (1428); OLG Düsseldorf 12.1.1989 – 5 Ss 337/88, NStZ 1990, 39 = GA 1990, 34 mAnm *Schätzler*; 6.2.1992 – 1 Ws 116/91, VerkMitt 1991, 68; 5.8.1994 – 1 Ws 505/94, NZV 1994, 490 (491) [stRspr des OLG Düsseldorf]; *Meyer* Rn. 36 ff.
[142] BayObLG 3.5.1972 – RReg 3 St 56/72, MDR 1972, 804.
[143] BGH 16.12.1999 – 4 StR 496/99, juris Rn. 10; OLG Köln 28.12.2000 – Ss 529/00, VRS 100 (2001), 68 (69); OLG Stuttgart 28.6.1976 – 3 Ss 292/76, NJW 1976, 2223 (2225); jeweils für einen Fall der Aufhebung und Zurückverweisung.
[144] BGH 27.1.1998 – 1 StR 727/97, NStZ-RR 1998, 204; 26.5.2011 – 3 StR 492/10, juris Rn. 34; 8.10.2014 – 1 StR 114/14, juris Rn. 96; 16.12.2015 – 1 StR 423/15; juris Rn. 15; *Meyer* Rn. 60.
[145] 30.1.1986 – 4 Ws 58/86, EuGRZ 1986, 546.

erstmals[146] oder nach Abänderung der angefochtenen Entscheidung eine neue Entschädigungsentscheidung zu treffen wäre.

Das Gericht und ihm folgend einzelne Oberlandesgerichte[147] halten es in diesen Fällen **35** für eine „vorrangig tatrichterliche Aufgabe",[148] über Entschädigung für Strafverfolgungsmaßnahmen zu entscheiden. Nur wenn „weitere, vom Tatrichter zu treffende Feststellungen" nicht mehr erforderlich sind und Umstände, die zum Ausschluss oder der Versagung der Entschädigung Anlass geben könnten, nicht vorliegen entscheidet der BGH selbst.[149] Sonst verweisen die genannten Revisionsgerichte die Sache in diesem Umfang an das Landgericht zurück[150] oder behalten diesem die Entscheidung vor, wenn weitere Feststellungen zu treffen sind,[151] etwa im Hinblick auf § 5 Abs. 2 und § 6 Abs. 1 Nr. 2[152] oder wenn Art und Umfang der entschädigungspflichtigen Maßnahmen ohne besondere Anhörung der Beteiligten[153] aus den dem Gericht vorliegenden Akten nicht feststellbar sind.[154] Die Formel „primär tatrichterliche Aufgabe" geht auf eine älter Entscheidung zurück;[155] sie war schon mit dem damaligen Recht (§ 4 Abs. 2 UHaftEntschG) nicht im Einklang und widerspricht der Bestimmung des § 8 Abs. 1 S. 1, denn in all diesen Fällen trifft das Revisionsgericht die das Verfahren abschließende Entscheidung. Es hat daher grundsätzlich über die Entschädigungspflicht zu entscheiden.[156] Die Praxis des BGH, den Entschädigungspunkt offen zu lassen und dann die Sache zur Entscheidung über die Entschädigungsfrage an das LG abzugeben, kann allerdings für sich in Anspruch nehmen, dass weitere Sachaufklärung und die notwendige Anhörung der Beteiligten, denen rechtliches Gehör zu gewähren ist, eine dem Revisionsgericht weitgehend fremde Tätigkeit darstellt. Der mögliche Streit darüber, ob innerhalb eines LG die erkennende Strafkammer zuständig ist oder diejenige, die der Geschäftsplan für zurückverwiesene Sachen (vgl. § 354 Abs. 2 StPO) vorsieht, hat das Gericht entweder ausdrücklich tenoriert[157] oder durch die Formulierung, diese sei dem

---

[146] BGH 22.1.1988 – 2 StR 133/87, NJW 1988, 2483 (2485); 11.4.1995 – 1 StR 64/95, juris Rn. 14; 15.2.2011 – 1 StR 689/10, juris Rn. 3; 10.6.2015 – 2 StR 97/14, NStZ 2016, 83 ff.; anders etwa BGH 10.11.2015 – 3 StR 302/15, StraFo 2016, 172.

[147] OLG Brandenburg 12.11.2008 – 1 Ss 82/08, juris Rn. 17; OLG Zweibrücken 21.9.1988 – 1 Ws 402/88, juris Rn. 14.

[148] BGH 17.8.1976 – 1 StR 397/76, juris Rn. 12; 17.5.1977 – 1 StR 136/77, MDR 1977, 811 bei *Holtz*; 8.12.1983 – 1 StR 274-275/83, NJW 1984, 1311 (1312); 22.5.1985 – 2 StR 261/85, juris Rn. 3 aE; 9.1.1990 – 5 StR 501/89, NJW 1990, 2073; 16.1.1991 – 2 StR 527/90, NJW 1991, 1839 (1840); 3.2.2006 – 2 StR 598/05, juris Rn. 17.

[149] Vgl. BGH 11.3.2008 – 3 StR 378/07, StraFo 2008, 266; 21.12.2016 – 3 StR 453/16, StraFo 2017, 120 (122).

[150] BGH 17.8.1976 – 1 StR 397/76, juris Rn. 12; 8.6.1983 – 3 StR 476/82, juris Rn. 24; 22.5.1985 – 2 StR 261/85, juris Rn. 3 aE; 21.4.1995 – 1 StR 699/94, juris Rn. 12 und 11.4.1995 – 1 StR 64/95, juris Rn. 14: „bleibt dem Landgericht überlassen".

[151] BGH 9.10.1998 – 2 StR 443/98, juris Rn. 11; 24.10.2006 – 1 StR 44/06, NStZ 2007, 218 (221); 28.12.2006 – 1 StR 534/06, juris Rn. 10; 28.10.2010 – 5 StR 263/10, juris Rn. 14; 26.5.2015 – 3 StR 437/12, juris Rn. 2; 10.6.2015 – 2 StR 97/14, NStZ 2016, 83 ff. (juris Rn. 60).

[152] BGH 28.10.2010 – 5 StR 263/10, juris Rn. 14; 26.5.2015 – 3 StR 437/12, juris Rn. 2.

[153] BGH 9.12.1987 – 3 StR 104/87, BGHR StrEG § 8 Zuständigkeit 1 (juris Rn. 56); 9.1.1990 – 5 StR 601/89, NJW 1990, 2073; 16.10.1991 – 5 StR 445/91, juris Rn. 8; 29.1.1992 – 5 StR 338/91, juris Rn. 23; 9.10.1998 – 2 StR 443/98, juris Rn. 11; 25.10.2001 – 1 StR 435/01, NStZ 2002, 140 (141); 28.6.2006 – 2 StR 271/05, juris; 15.3.2007 – 3 StR 486/06, juris Rn. 31; 3.6.2009 – 2 StR 163/09, juris Rn. 5; 12.9.2012 – 5 StR 401/12, juris Rn. 12; 10.6.2015 – 2 StR 97/14, NStZ 2016, 83 ff. (juris Rn. 60); *anders* 21.12.2016 – 3 StR 453/16, StraFo 2017, 120, 122: Eigene Entscheidung nach Anhörung der Beteiligten.

[154] BGH 9.12.1987 – 3 StR 104/87, BGHR StrEG § 8 Zuständigkeit 1 (juris Rn. 56); 9.1.1990 – 5 StR 601/89, NJW 1990, 2073; 16.10.1991 – 5 StR 445/91, juris Rn. 8; 29.1.1992 – 5 StR 338/91, juris Rn. 23; 26.9.1994 – 5 StR 453/94, juris Rn. 15; 9.10.1998 – 2 StR 443/98, juris Rn. 11; 25.10.2001 – 1 StR 435/01, StV 2002, 422 (423) juris Rn. 10; 28.6.2006 – 2 StR 271/05, juris; 24.10.2006 – 1 StR 44/06, juris Rn. 34; 15.3.2007 – 3 StR 486/06, juris Rn. 31; 4.7.2007 – 5 StR 255/06, juris Rn. 1; 3.6.2009 – 2 StR 163/09, juris Rn. 5.

[155] BGH 14.7.1953 – 3 StR 141/51, BGHSt 4, 300 ff.; OLG Brandenburg 12.11.2008 – 1 Ss 82/08, juris Rn. 17.

[156] Ebenso *Meyer* MDR 1978, 284; *Meyer-Goßner/Schmitt* Rn. 16; dem BGH zustimmend KK/*Kuckein* StPO § 354 Rn. 26; KMR/*Momsen* StPO § 354 Rn. 3.

[157] Vgl. etwa BGH 17.8.1976 – 1 StR 397/76, juris.

LG „vorbehalten"[158] oder sie sei „vom Landgericht zu treffen",[159] klargestellt. Zuständig zur Entscheidung ist die Vorinstanz in der für Beschlussentscheidungen zuständigen Besetzung.[160]

36 **10. Entscheidung nach Wiederaufnahme.** Bei einer Wiederaufnahme des Verfahrens obliegt auch bei Aufrechterhaltung des früheren Urteils die Entscheidung über eine Entschädigung dem nach § 140a GVG zuständigen Gericht im Rahmen des § 373 StPO.[161]

III. Tod des Beschuldigten

37 Nach dem Tod des Beschuldigten ist das Strafverfahren wegen eines Verfahrenshindernisses durch Beschluss nach § 206a StPO einzustellen, der auch eine Nebenentscheidung zur Entschädigungsfrage enthalten muss, wenn hierzu Anlass besteht,[162] vgl. weiter → § 6 Rn. 40. Eine beim Tod bereits ergangene, auch noch nicht rechtskräftige Entschädigungsentscheidung kommt den Erben zugute.[163] Die Gegenansicht ist seit den Entscheidungen des Bundesgerichtshofs jedenfalls für die Praxis nicht mehr von Bedeutung. Zu der Frage, wer nach dem Tod des Beschuldigten die zu treffenden Nebenentscheidungen gegebenenfalls anfechten kann, hat sich der Bundesgerichtshof nicht ausdrücklich geäußert. Die Frage ist strittig. Nach Auffassung des OLG Nürnberg[164] ist mit dem Tod des Angekl. die Beauftragung des Wahlverteidigers und die ihm hierbei erteilte Vollmacht gemäß §§ 673 Abs. 1 S. 1, 168 S. 1 BGB nicht erloschen. Der verstorbene Angekl. sei in seiner formellen Verfahrensstellung durch eine ihn belastende Auslagenentscheidung weiterhin beschwert und daher beschwerdebefugt. Zu einem Beschwerderecht der Erben äußert sich die Entscheidung nicht. Nach OLG München[165] endet die Verteidigervollmacht mit dem Tod des Angekl. Durch die Ablehnung einer Erstattungspflicht der Staatskasse hinsichtlich der notwendigen Auslagen des Angekl., der vor rechtskräftigem Abschluss des Verfahrens verstorben ist, seien dessen Erben nicht beschwert. Das OLG Bamberg[166] und die wohl herrschende Auffassung in der Literatur[167] sieht die Erben als beschwert und beschwerdebefugt an.

IV. Inhalt der Entscheidung, Abs. 2

38 Die rechtsgestaltende Entscheidung des Strafgerichts (vgl. → Rn. 8) bildet die Grundlage für die spätere Festsetzung der Höhe der Entschädigung im Justizverwaltungsverfahren. Sie muss daher im Interesse der Rechtsklarheit und wegen der Bindungswirkung (vgl. → Rn. 9) **inhaltlich genau bestimmt sein**[168] und darf nur vollzogene, nicht lediglich angeordnete Maßnahmen betreffen. Deshalb schreibt Abs. 2 vor, dass das Strafgericht die Art der Maßnahme bezeichnen und, wenn diese sich nicht auf einen einzelnen Eingriff beschränkt, auch den Zeitraum angeben muss, für den die Entschädigungspflicht angeordnet wird.[169] Zum Erfordernis der Angabe etwaiger **Quoten** bereits → Rn. 9. Demgegenüber gehört die Angabe, ob materieller oder immaterieller Schaden zu ersetzen ist, oder die Bezeichnung

---

[158] BGH 25.10.2001 – 1 StR 435/01, StV 2002, 422 (423) juris Rn. 10; 3.6.2009 – 2 StR 163/09, juris Rn. 5.
[159] BGH 9.10.1998 – 2 StR 443/98, juris Rn. 11; 24.10.2006 – 1 StR 44/06, juris Rn. 34.
[160] BGH 8.6.1983 – 3 StR 476/82, juris Rn. 24.
[161] OLG Köln 10.12.1991 – 2 Ws 547/91, GA 92, 180.
[162] BGH 8.6.1999 – 4 StR 595/97, BGHSt 45, 108 (115) mwN unter Aufgabe von BGH 3.10.1986 – 2 StR 193/86, BGHSt 34, 184 ff.; 16.5.2002 – 1 StR 533/01, NStZ-RR 2003, 103 f. bei Becker; OLG Schleswig 21.2.1006 – 2 Ws 11/04, SchlHA 2007, 293; *Meyer* Vor §§ 1–6 Rn. 18 f.
[163] *Meyer-Goßner/Schmitt* § 6 Rn. 8.
[164] 30.3.2010 – 1 Ws 113/10, juris Rn. 7.
[165] 5.11.2002 – 2 Ws 672/02, NJW 2003, 1133 f.
[166] 20.7.2010 – 1 Ws 218/10, StraFo 2010, 475 f. mit Darstellung des Streitstandes.
[167] *Laubenthal/Mitsch* NStZ 1988, 108 (113); LR-*Hilger* StPO § 464 Rn. 41; *Meyer-Goßner/Schmitt* StPO § 464 Rn. 22; aA KK/*Gieg* StPO § 464 Rn. 10 mwN zum Streitstand.
[168] so schon BT-Drs. VI/460, 7; BGH 15.2.1979 – III ZR 164/77, JZ 1979, 353.
[169] BGH 21.1.1988 – III ZR 157/86, BGHZ 103, 113 (115) = NJW 1988, 1141; OLG Düsseldorf 7.11.1985 – 18 U 53/85, JMBlNW 1986, 30; *Odenthal* MDR 1990, 961.

einzelner Schadensposten nicht in die Grundentscheidung, → Rn. 6. Dies ist dem Betragsverfahren vorbehalten.

1. Vorläufige Strafverfolgungsmaßnahmen nach § 2. a) Bezeichnung der Art **39**
der Maßnahme. Die Art der Strafverfolgungsmaßnahme ist zu bezeichnen, zB U-Haft, vorläufige Entziehung der Fahrerlaubnis, einstweilige Unterbringung; im Falle des § 2 Abs. 2 Nr. 3 ist die richterliche Maßnahme konkret zu bezeichnen, zB die Anweisung, sich zweimal wöchentlich bei der Polizei zu melden, oder die aufgegebene Leistung einer Sicherheit. Der Ausspruch, dass für U-Haft zu entschädigen sei, schließt Maßnahmen nach § 116 StPO, die nach § 2 Abs. 2 Nr. 3 entschädigungsfähig sein können,[170] und die vorläufige Festnahme, § 2 Abs. 2 Nr. 2[171] nicht mit ein. Eine für Durchsuchungsmaßnahmen zusprechende Entscheidung umfasst die nachfolgende Beschlagnahme nicht mit und umgekehrt. Zweckmäßig wird auch die Angabe sein, an welchem Ort die entschädigungspflichtige Durchsuchung stattgefunden hat. Beschlagnahmte Gegenstände sind aufzuführen oder durch Verweisung auf das Verzeichnis in der Akte genau zu bezeichnen.[172]

b) Angabe des entschädigungspflichtigen Zeitraums. Der Zeitraum ist „gegebe- **40**
nenfalls" anzugeben. Das ist immer notwendig bei den vollzogenen **freiheitsentziehenden Maßnahmen,**[173] weil die Höhe der Entschädigung für den immateriellen Schaden davon abhängt, aber auch die Feststellung des Vermögensschadens auf einwandfreier Grundlage beruhen muss; durch die Angabe des Zeitraums wird ferner ersichtlich, inwieweit Entschädigung nach § 5 ausgeschlossen oder nach § 6 versagt worden ist. Der Bezeichnung nach der Dauer (sechs Monate neun Tage U-Haft) ist die Datumsangabe vorzuziehen, weil das Zweifel im Betragsverfahren ausschließt, insbesondere bei mehrfacher U-Haft, Unterbrechung der U-Haft durch Strafhaft und bei Teilversagung; die Kombination beider Bezeichnungen kann sich empfehlen. Erforderlich ist die Angabe des Zeitraums ferner bei der Sicherstellung und Beschlagnahme des Führerscheins und der vorläufigen Entziehung der Fahrerlaubnis.[174] Sie ist auch **in sonstigen Fällen** nicht ausgeschlossen, vielmehr durchaus zweckmäßig, etwa bei einer Beschlagnahme. Sie ist stets geboten, wenn den Umständen nach Zweifel auftreten können, für welchen Zeitraum die Entschädigung gewährt werden soll.[175] Eine zeitliche Beschränkung der Entschädigungspflicht kommt in Betracht, wenn der Beschuldigte zunächst schweigt, bei einer späteren Einlassung dann aber Umstände nicht angibt (§ 6 Abs. 1 Nr. 1) oder beim Entstehen eines Verfahrenshindernisses (§ 6 Abs. 1 Nr. 2). Auch im Fall des § 5 Abs. 3 ist sie vorstellbar.[176] Sie bindet dann das Zivilgericht.[177] Entbehrlich ist die Bezeichnung des Zeitraums zB bei der Durchsuchung, weil es auf deren Dauer nicht unmittelbar ankommt, und bei der vorläufigen Festnahme nach § 127 Abs. 2 StPO, deren Dauer gesetzlich begrenzt und regelmäßig aktenkundig ist.

2. Erforderlich Angaben nach Wiederaufnahme. Wird im Wiederaufnahmeverfah- **41**
ren ein Strafurteil aufgehoben oder gemildert, so sind das Strafurteil, die fortgefallene Strafe und die etwa sonst ausgesprochenen Rechtsfolgen zu bezeichnen und bei Milderung ist die Differenz anzugeben. Erforderlichenfalls sind auch die Verfolgungsmaßnahmen aus dem später wieder aufgenommenen Verfahren nach Art und Zeitraum anzugeben.[178] Einer aus-

---

[170] OLG München 31.10.1975 – 1 U 1488/74, MDR 1976, 228; LG Flensburg 28.5.1991 – 2 O 165/91, NJW-RR 1992, 695.
[171] BGH 24.9.2009 – 3 StR 350/09, StraFo 2010, 87 (88); OLG Brandenburg 6.2.1995 – 2 Ws 9/95, JurBüro 1997, 53 bei *Meyer.*
[172] zB welche und wie viele Filmkopien, vgl. BGH 15.2.1979 – III ZR 164/77, MDR 1979, 562.
[173] BGH 21.1.1988 – III ZR 157/86, BGHZ 103, 113 (115) = NJW 1988, 1141; 31.10.1974 – III ZR 85/73, NJW 1975, 347 (349); 24.9.2009 – 3 StR 350/09, StraFo 2010, 87 (88); *Meyer-Goßner/Schmitt* Rn. 11.
[174] BGH 31.10.1974 – III ZR 85/73, NJW 1975, 347 (349).
[175] BGH 31.10.1974 – III ZR 85/73, NJW 1975, 347 (349).
[176] *Meyer-Goßner/Schmitt* Rn. 11.
[177] BGH 15.11.1990 – III ZR 246/89, NJW-RR 1991, 551 (552).
[178] *Meyer-Goßner/Schmitt* Rn. 10.

drücklichen Erwähnung eines etwaigen Bewährungswiderrufs in der Beschlussformel soll es daneben nicht bedürfen.[179]

42 **3. Entscheidung über Kosten und Auslagen.** Die Grundentscheidung ist Teil des Hauptverfahrens. Eine eigene Kosten- und Auslagenentscheidung ergeht daher nicht, auch nicht, wenn die Entscheidung nachträglich außerhalb der Hauptverhandlung ergeht.[180] Die im Hinblick auf die Entscheidung nach § 8 entfaltete anwaltliche Tätigkeit ist nur ein Bemessungsfaktor für die Höhe der notwendigen Auslagen des Angekl., deren Verteilung sich nach der Kostenentscheidung der das Hauptverfahren abschließenden Entscheidung richtet.[181]

43 **4. Begründung der Entscheidung.** Die Entscheidung ist zu begründen, gleichviel ob sie isoliert im Beschlussverfahren ergeht oder ob sie Bestandteil des Urteils oder der sonstigen Sachentscheidung ist. Das Rechtsmittelgericht und die Beteiligten müssen zu sachgemäßer Prüfung in der Lage sein.[182] § 34 StPO gilt mittelbar auch hier. Wird der Anspruch trotz Vorliegens der positiven Voraussetzungen ganz oder teilweise versagt (§§ 5, 6), müssen die angewendete Vorschrift und die maßgebenden Erwägungen aus den Gründen klar ersichtlich sein; Ermessensentscheidungen (§§ 3, 4) müssen erkennen lassen, dass die maßgebenden Umstände gegeneinander abgewogen worden sind.[183] Bei teilweiser Entschädigung braucht der Tenor in der Regel nur den zusprechenden Teil (ggf. die Quote) zu enthalten; dann müssen die Gründe zweifelsfrei ergeben, warum und in welchem Umfang der Anspruch versagt wird. Zur Auslegung und Ergänzung unvollständiger Grundentscheidungen vgl. → § 10 Rn. 20.

V. Sofortige Beschwerde, Abs. 3

44 **1. Verfahren nach der StPO.** Absatz 3 lässt gegen die gerichtlichen Entscheidungen über die Entschädigungspflicht das Rechtsmittel der sofortigen Beschwerde zu. Zu Besonderheiten beim Zusammentreffen der sofortigen Beschwerde mit Berufung oder Revision → Rn. 68.

45 **a) Allgemeine Grundsätze des Rechtsmittelrechts.** Die allgemeinen Grundsätze des Rechtsmittelrechts sind zu beachten. **Das Beschwerderecht** hat nur, wer durch die Entscheidung beschwert oder in seinen Rechten verletzt ist. Die sofortige Beschwerde eines Beschuldigten, der auf Haftentschädigung verzichtet hat, gegen eine diese versagende Entscheidung ist mangels Rechtsschutzbedürfnisses unzulässig.[184] Die StA kann Beschwerde einlegen, wenn das Gericht auf Entschädigungspflicht erkannt hat, aber auch zugunsten des Beschuldigten (vgl. § 296 Abs. 2 StPO). Der Beschuldigte kann Beschwerde einlegen, wenn das Gericht die Entschädigungspflicht der Staatskasse ganz oder zum Teil verneint hat. Außer der StA und dem Beschuldigten haben der gesetzliche Vertreter des Beschuldigten und der Erziehungsberechtigte das Beschwerderecht (§ 298 StPO, § 67 Abs. 3 JGG). Kein eigenes Beschwerderecht hat der Einziehungsbeteiligte,[185] denn er gehört nicht zu den nach dem StrEG Entschädigungsberechtigten (vgl. → Einl. Rn. 42). Wer uneingeschränkt auf Rechtsmittel verzichtet, verliert auch das Recht der sofortigen Beschwerde.

46 Die anzuwendenden Vorschriften der StPO sind insbesondere §§ 304 ff. Außerdem sind, auch ohne dass es einer ausdrücklichen Verweisung bedürfte, diejenigen über die **Bekanntmachung** und die **Zustellung** der Entscheidung anzuwenden (§§ 35 ff. StPO). Bei Versäu-

---

[179] OLG Hamm 9.7.2012 – 3 RVs 41/12, juris Rn. 12.
[180] OLG Bremen 11.3.1975 – Ws 88/74, MDR 1975, 602; KK-*Gieg* StPO § 464 Rn. 3; *Meyer-Goßner/Schmitt* Rn. 6; *Meyer* Rn. 22.
[181] OLG Bremen 11.3.1975 – Ws 88/74, MDR 1975, 602. Zu den Gebühren eines Verteidigers vgl. → § 7 Rn. 34.
[182] OLG Hamm 13.6.1979 – 4 Ws 349/79, OLGSt Nr. 2 zu § 34 StPO.
[183] *Meyer-Goßner/Schmitt* Rn. 12.
[184] OLG Karlsruhe 6.8.1981 – 1 Ws 139/81, Justiz 1981, 450 f.
[185] KG 6.8.1997 – 3 Ws 438/97, juris Rn. 2.

b) Kein Verbot der reformatio in peius. Das Beschwerdegericht kann auch zum 47
Nachteil des Beschwerdeführers abändern, die reformatio in peius ist nach hM nicht verboten,[186] weil es sich bei der Entschädigungsfrage nicht um eine strafrechtliche Sanktion handelt. Die StPO enthält entsprechende Vorschriften nur für Berufung, Revision und Wiederaufnahme. Allerdings sollen auch andere Beschlüsse, die Rechtsfolgen endgültig festsetzen und der materiellen Rechtskraft fähig sind, nicht zum Nachteil des Beschwerdeführers der Abänderung unterliegen.[187]

Eine **Nachholung** der in erster Instanz unterbliebenen Entschädigungsentscheidung 48
durch das Beschwerdegericht im Falle der sofortigen Beschwerde der StA nur gegen die Nichteröffnung des Hauptverfahrens kommt nicht in Betracht. Geschieht dies doch, steht dem Angeschuldigten im Falle dessen Beschwer die sofortige Beschwerde offen.[188]

c) Keine sofortige Beschwerde gegen eine unterbliebene Entscheidung. War die 49
Entscheidung über die Entschädigungspflicht versehentlich unterblieben, so ist eine sofortige Beschwerde nicht zulässig (→ Rn. 28).[189] Dem bloßen Schweigen in einer Entscheidung kann nicht die Bedeutung einer Versagung der Entschädigung beigemessen werden. Dem Beschuldigten würde auch das Kostenrisiko einer sofortigen Beschwerde nach § 473 Abs. 1 StPO aufgebürdet[190] und er verliert eine Instanz.

Allerdings unterliegt auch die Unterlassung einer von Amts wegen oder auf Antrag zu 50
treffenden gerichtlichen Entscheidung der Anfechtung, wenn dem Unterlassen die Bedeutung einer endgültigen Ablehnung und nicht einer bloßen Verzögerung der zu treffenden Entscheidung zukommt. Das OLG Düsseldorf hat in einem Fall, in dem es der Vorsitzende der Strafkammer ausdrücklich abgelehnt hatte, eine Entscheidung der Strafkammer herbeizuführen, eine sofortige Beschwerde zugelassen.[191] Auch gegen eine stillschweigend erlassene Entscheidung oder das gesetzwidrige Unterlassen einer Entscheidung soll die sofortige Beschwerde zulässig sein.[192] Bei versehentlich unterbliebener Entscheidung ist infolge der in diesen Fällen zumeist unterbliebenen Rechtsmittelbelehrung regelmäßig Wiedereinsetzung in die versäumte Frist zur Einlegung der sofortigen Beschwerde zu bewilligen,[193] falls die Frist überhaupt zu laufen begonnen hat.

War die Entschädigungsentscheidung unvollständig (weil sie zB nicht alle Strafverfol- 51
gungsmaßnahmen berücksichtigte), spricht nichts gegen die Zulässigkeit einer sofortigen Beschwerde. Daneben sollte es aber in allen Fällen als zulässig angesehen werden, die unterbliebene (Teil-) Entscheidung durch Beschluss nachzuholen[194] oder zu ergänzen.

d) Fristen, Fristversäumung. Die Anwendung der Beschwerdevorschriften der StPO 52
bedeutet im Einzelnen: Die sofortige Beschwerde ist binnen einer Woche seit Bekanntmachung (in Anwesenheit des Betroffenen durch Verkündung, sonst durch Zustellung, § 35

---

[186] KG JR 81, 391 [Kostenfestsetzungsverfahren]; Schleswig JurBüro 85, 1372 [ZuSEG]; LG Schleswig 27.10.1982 – 1 Qs 179/81, JurBüro 1982, 882: jedenfalls bei offensichtlicher Rechtswidrigkeit der Entscheidung; *Meyer-Goßner/Schmitt* Rn. 22; *Meyer* Rn. 58.
[187] Vgl. *Meyer-Goßner/Schmitt* StPO Vor § 304 Rn. 5.
[188] OLG Stuttgart 24.4.2001 – 2 Ws 61/01, NStZ 2001, 497 f.
[189] AA LG Flensburg 22.7.1982 – 1 Qs 169/82, DAR 1982, 339; LG Görlitz 5.1.2004 – 4 Qs 41/03, juris Rn. 8; OLG Düsseldorf 4.2.1987 – 3 Ws 22/87, MDR 1988, 164; OLG Stuttgart 24.4.2001 – 2 Ws 61/01, NStZ 2001, 497 f.: Nachholung entweder aufgrund sofortiger Beschwerde oder auf Antrag.
[190] OLG Stuttgart 16.6.1972 – 1 Ws 157/72, Justiz 1972, 327 f.
[191] 15.3.1999 – 1 Ws 120/99, NJW 1999, 2830 (2831) mwN; zustimmend *Meyer-Goßner/Schmitt* Rn. 19.
[192] *Meyer-Goßner/Schmitt* Rn. 19 und StPO § 311 Rn. 1; ihm folgt – ohne auf die Streitfrage einzugehen – das BVerfG mit Beschl. 27.1.1999 – 2 BvR 609/96, juris Rn. 3.
[193] OLG Düsseldorf 18.6.2013 – 2 Ws 158/13, juris Rn. 17 f.; LG Bautzen 12.2.1996 – 1 Qs 196/95, NStZ 1996, 446 (447).
[194] OLG Düsseldorf 11.5.1973 – 3 Ws 124/73, NJW 1973, 1660 f.; 4.2.1987 – 3 Ws 22/87, MDR 1988, 164; 5.7.1988 – 2 Ws 124/88, NStE Nr. 2 zu § 8 StrEG; OLG München 13.9.1977 – 1 Ws 988, 989/77, NJW 1977, 2090 [Ls.]; 5.9.1972 – 11 Qs 181/72, NJW 1973, 210 (211).

StPO) bei dem Gericht einzulegen, das die Entscheidung erlassen hat, § 306 Abs. 1 StPO. Die Bezeichnung als „Beschwerde" ist nicht erforderlich (vgl. § 300 StPO). Ein gleichzeitig mit der Berufung angebrachter Antrag auf „Haftentschädigung" genügt, wenn das Erstgericht diese versagt hatte.[195] Zur nachträglichen Anfechtung oder Bezeichnung eines Rechtsmittels als „sofortige Beschwerde" → Rn. 67. **Versäumt der Verteidiger** die Frist, so ist sein etwaiges Verschulden dem Mandanten zuzurechnen, weil es nicht um die Anfechtung des Schuld- und Rechtsfolgenausspruchs, sondern um Angelegenheiten geht, die ihrem Wesen nach vermögensrechtlicher Art sind,[196] näheres → § 9 Rn. 27.

53   e) **Begründung der sofortigen Beschwerde.** Die sofortige Beschwerde braucht nach allgemeinen Grundsätzen nicht begründet zu werden. Aber eine Begründung empfiehlt sich in aller Regel, um das Angriffsziel zu verdeutlichen.

54   f) **Wert des Beschwerdegegenstandes.** Die Wertgrenze des § 304 Abs. 3 StPO gilt hier nicht.[197] Das Grundverfahren ist weder bestimmt noch geeignet, die Höhe der Beschwer auch nur annähernd sicher festzustellen; erst im Betragsverfahren geht es um die Höhe. Der Strafrichter ist weder verpflichtet noch hat er in der Regel die Möglichkeit festzustellen, ob und ggf. in welcher Höhe ein Schaden tatsächlich erwachsen ist. Die Streitfrage ist daher praktisch wenig bedeutsam.

55   g) **Zuständiges Beschwerdegericht, weitere Beschwerde.** Hat das Amtsgericht über die Entschädigungspflicht entschieden, so ist das LG **Beschwerdegericht;** hat das LG, in erster Instanz oder als Berufungsgericht, entschieden, so ist das OLG Beschwerdegericht. Der BGH ist als Revisionsgericht zur Entscheidung über die Beschwerde zuständig, wenn das Landgericht als Gericht erster Instanz im Urteil über die Entschädigungspflicht entschieden hat und der BGH über die Revision entscheidet, also nicht bei deren Unzulässigkeit[198] oder nach deren Rücknahme[199] dann ist wieder das Oberlandesgericht zuständig; dies ergibt sich aus § 8 Abs. 3 S. 3 iVm § 464 Abs. 3 S. 3 StPO: „solange". Zur Praxis des Bundesgerichtshofs vgl. auch → Rn. 34 und → Rn. 71. Zum Zusammentreffen von Berufung und Revision mit sofortiger Beschwerde vgl. allgemein → Rn. 68 ff.

56   Gegen Entscheidungen des Bundesgerichtshofes und der Oberlandesgerichte über die Entschädigungspflicht ist eine sofortige Beschwerde nicht zulässig, vgl. § 304 Abs. 4 StPO, auch nicht, wenn das OLG in Staatsschutzstrafsachen Gerichtsbarkeit im ersten Rechtszug ausgeübt hat, § 120 Abs. 1, Abs. 2 GVG.[200]

57   Eine **weitere Beschwerde** gegen die Entscheidung des Beschwerdegerichts ist nicht zulässig, § 310 StPO.[201] Zwar erwähnt die Vorschrift die Verhaftung, die einstweilige Unterbringung und den Vermögensarrest. Gemeint sind aber nur Entscheidungen, die sich unmittelbar auf diese Maßnahmen beziehen, nicht sich hieraus ergebenden Folgeentscheidungen.

58   **2. Entsprechende Anwendung des § 464 Abs. 3 S. 2 und 3 StPO.** Die in Abs. 3 S. 2 vorgesehene entsprechende Anwendung des § 464 Abs. 3 S. 2 und 3 StPO bedeutet im Einzelnen folgendes:

---

[195] OLG Düsseldorf 15.8.1995 – Ws 608, 609/95, JMBlNW 1995, 250.
[196] OLG Düsseldorf 30.12.1983 – 1 Ws 1145/83, OLGSt Nr. 5 zu § 44 StPO; OLG Karlsruhe 14.3.1980 – 3 Ws 56/80, MDR 1980, 693; KG 16.6.1978 – 2 OJs 3/78, JR 1979, 128; 23.5.2007 – 2 AR 57/07, NJW 2008, 94; LG Flensburg 21.2.1983 – I Qs 48/83, JurBüro 1984, 81 (83); *Meyer-Goßner/Schmitt* Rn. 18.
[197] OLG Hamm 8.6.1979 – 1 Ws 146/79, juris Rn. 2; KG 11.5.1981 – 3 Ws 85/81, JR 1981, 524 f.; OLG Karlsruhe 14.3.1980 – 3 Ws 56/80, MDR 1980, 693; OLG München 28.2.1972 – 2 Ws 5/72, MDR 1972, 1056; 6.12.1972 – 2 Ws 52/72, NJW 1973, 721; 17.7.1974 – 2 Ws 361/74, NJW 1975, 68; AG Münster 12.10.1972 – 23 Gs 2752/72, MDR 1973, 249; *Meyer-Goßner/Schmitt* Rn. 20; aA OLG Düsseldorf 30.1.1979 – Ws 7/78, MDR 1978, 781; *Meyer* Rn. 50 (unter unrichtiger Zitierung der hier vertretenen Auffassung); *Seier* Rn. 120.
[198] BGH 10.7.2013 – 1 StR 278/13, StraFo 2013, 428 (429 f.).
[199] Vgl. etwa BGH 25.11.2008 – 4 StR 414/08, NStZ-RR 2009, 96.
[200] BGH 9.12.1975 – 7 BJs 176/74, BGHSt 26, 250 = NJW 76, 523 mAnm A. *Mayer* LM Nr. 2 zu StrEG.
[201] OLG Düsseldorf 23.2.2007 – 5 Ss 201/06, juris Rn. 16 aE.

a) Bindung an Feststellungen. Nach § 464 Abs. 3 S. 2 StPO ist das Beschwerdegericht **59** an die **tatsächlichen Feststellungen,** auf denen die Entscheidung beruht, gebunden.[202] Auch die Feststellung, dass bestimmte tatsächliche Feststellungen nicht getroffen werden konnten, ist eine Feststellung im Sinne von § 464 Abs. 3 S. 2 StPO.[203] Die Bindung des Beschwerdegerichts soll verhindern, dass die tatsächlichen Grundlagen der Sachentscheidung in der Hauptsache (Freisprechung, Einstellung des Verfahrens usw) wegen der Entschädigungsfrage erneut geprüft und möglicherweise anders beurteilt werden.[204] Es soll also ein Auseinanderklaffen der Erkenntnisse des Tatrichters und des Beschwerdegerichts vermieden werden.[205] Denn das ist nicht angängig, wenn die Sachentscheidung in der Hauptsache rechtskräftig geworden ist.

Eine selbstverständliche Folge der Bindungswirkung ist, dass das Beschwerdegericht auch **60** die **rechtliche Wertung,** auf welcher die Hauptentscheidung beruht, nicht in Frage stellen darf.[206] Es darf also nicht feststellen, das Tatgericht hätte aus anderen Gründen als geschehen freisprechen müssen;[207] ebenso wenig ist das Beschwerdegericht befugt, aus den tatsächlichen Feststellungen eines freisprechenden Urteils zu folgern, der Angekl. hätte eigentlich verurteilt werden müssen. Es darf insoweit auch keine eigene Beweiswürdigung oder gar Beweiserhebungen vornehmen. Dem Beschwerdegericht ist es nach einem Freispruch wegen Schuldunfähigkeit verwehrt, die Wertung des Beweisergebnisses und die Subsumtion des § 20 StGB zu hinterfragen[208] und Erörterungen darüber anzustellen, ob richtigerweise eine Maßregel nach § 63 StGB hätte verhängt werden müssen.[209] Es hat all dies ungeprüft hinzunehmen.[210]

b) Fehlende oder widersprüchliche Feststellungen. Fehlende tatsächliche Feststel- **61** lungen in der Entschädigungsentscheidung (wie häufig bei Einstellungsbeschlüssen) oder sind sie unvollständig, so ist es im allgemeinen geboten, die Entscheidung im Ausspruch über die Entschädigung aufzuheben und die Sache insoweit zu neuer Entscheidung zurückzuverweisen,[211] und zwar, wenn das Urteil in der Hauptsache bestehen bleibt, an den für Beschlussentscheidungen zuständigen tatrichterlichen Spruchkörper.[212] Entbehrlich ist die Zurückverweisung, wenn die Sache einfach liegt[213] und sich die maßgebenden Tatsachen aus dem sonstigen **Akteninhalt** zweifelsfrei[214] und nicht nur mutmaßlich[215] ergeben.

---

[202] BGH 17.7.1974 – 2 StR 92/74, RzW 1974, 359; 4.12.1974 – 3 StR 298/74, BGHSt 26, 29 (30 ff.) = NJW 1975, 699 f.; vgl. weiter etwa OLG Bamberg 3.11.2011 – 1 Ws 560/11, juris Rn. 6; OLG Frankfurt a. M. 11.10.1977 – NJW 1978, 1392 f.; OLG Frankfurt a. M. 8.5.1996 – 3 Ws 272/96, NStZ-RR 1996, 286; OLG Karlsruhe 6.2.1981 – 2 Ws 201/80, Justiz 1981, 374; KG 23.2.1987 – 5 Ws 12/87, GA 1987, 405; KG 30.6.1997 – 3 Ws 359/97, juris Rn. 4; KG 10.10.2008 – 4 Ws 74/08, StraFo 2009, 129; OLG Nürnberg 18.11.1996 – Ws 1254/96, NStZ-RR 1997, 189; OLG Schleswig 28.9.1978 – 1 Ws 289/78, MDR 1979, 165; LG Schleswig 25.5.1978 – I Qs 71/78, JurBüro 1978, 1223 (1224).
[203] OLG Bamberg 3.11.2011 – 1 Ws 560/11, juris Rn. 10.
[204] hierzu *Schätzler* NStZ 1981, 229.
[205] BGH 4.12.1974 – 3 StR 298/74, BGHSt 26, 29 (30 ff.) = NJW 1975, 699 (700).
[206] OLG Bamberg 3.11.2011 – 1 Ws 560/11, juris Rn. 6; KG 21.11.2008 – 4 Ws 24/08, NStZ 2010, 284.
[207] Unrichtig deshalb OLG Karlsruhe 16.1.1981 – 3 Ws 298/80, NStZ 1981, 228 mit abl. Anm. *Schätzler*.
[208] OLG Frankfurt a. M. 8.5.1996 – 3 Ws 272/96, NStZ-RR 1996, 286.
[209] OLG Schleswig 28.9.1978 – 1 Ws 289/78, MDR 1979, 165.
[210] Zu den einzelnen Stufen der Akzessorietät strafprozessualer Nebenentscheidungen über Kosten, Auslagen und Entschädigungen vgl. *Seier* GA 80, 405.
[211] BGH 4.12.1974 – 3 StR 298/74, BGHSt 26, 29 (30 ff.) = NJW 1975, 699 f.
[212] BGH 4.12.1974 – 3 StR 298/74, BGHSt 26, 29 (30 ff.) = NJW 1975, 699 f.
[213] BGH 4.12.1974 – 3 StR 298/74, BGHSt 26, 29 (33 f.) = NJW 1975, 699 f.; OLG Koblenz 26.10.2015 – 2 Ws 550/15, juris Rn. 11.
[214] ebenso BGH 21.11.1986 – BGHR StrEG § 5 Abs. 2 S. 1 Fahrlässigkeit grobe 1; BayObLG 25.4.1973 – RReg 5 St 29/73, NJW 1973, 1938 = JR 1974, 387 mAnm *Händel*; OLG Frankfurt a. M. 26.9.1977 – 4 Ws 118/77, NJW 1978, 1017; OLG Karlsruhe 6.2.1981 – 2 Ws 201/80, Justiz 1981, 374; KG 10.10.2008 – 4 Ws 74/08, StraFo 2009, 129.
[215] So aber LG Duisburg 31.7.1973 – VI Qs 162/73, MDR 1974, 68 und noch dazu zu Lasten des Beschuldigten.

62 Dass das Beschwerdegericht **im Wege des Freibeweises** auf den Akteninhalt zurückgreift,[216] zB für Art und Zeitraum der in Betracht kommenden Strafverfolgungsmaßnahme oder sogar beim gänzlichen Fehlen bindender Feststellungen,[217] ist jedenfalls dann zulässig, wenn der Fall einfach gelagert ist und die sich aus den Akten ergebenden Tatsachen[218] zweifelsfrei Entscheidungsgrundlage waren.[219] Es darf sich dabei aber jedenfalls **nicht in Widerspruch** zu den tatsächlichen Feststellungen des Urteils setzen.[220] Die Meinung, die einen solchen Rückgriff auf die Akten ausschließen wollte,[221] hat sich nicht durchgesetzt. Bei sofortiger Beschwerde gegen eine unterlassene Entscheidung wird aber nur die Rückgabe an den Tatrichter in Betracht kommen.[222]

63 Sieht das Beschwerdegericht einen Widerspruch zwischen den einen rechtskräftigen Freispruch tragenden tatsächlichen Feststellungen und der Entschädigungsentscheidung, zB bei Ablehnung wegen grob fahrlässiger Verursachung der Strafverfolgungsmaßnahme nach § 5 Abs. 2, so kann es wegen der Bindung an die tatsächlichen Grundlagen der Sachentscheidung eine diese betreffende **Beweisaufnahme** nicht nachholen; es muss Entschädigung zusprechen, wenn die Versagungsgründe in den Urteilsfeststellungen keine Grundlage finden.[223]

64 c) **Umfang der Bindungswirkung.** Der Umfang der Bindungswirkung wird allerdings nicht einheitlich gesehen. Die Vorschrift wurde zunächst dahin ausgelegt, dass sie nur die tatsächlichen Feststellungen zur Hauptsache, also zur **Schuldfrage,** betrifft.[224] Dieser an sich einleuchtenden Auslegung standen aber schon der Wortlaut und die Entstehungsgeschichte der Vorschrift entgegen. Der BGH[225] bezieht die Bindung des Beschwerdegerichts in einer Entscheidung über die Beschwerde hinsichtlich einer Kosten- und Auslagenentscheidung unter ausdrücklicher Einbeziehung des StrEG auch auf die für diese Entscheidungen maßgebenden Feststellungen des erkennenden Gerichts. Die Bindung gilt demgemäß auch für die tatsächlichen Feststellungen, welche der Entscheidung über die **Entschädigungspflicht** zugrunde liegen. Eine solche Bindung auch an die Sachentscheidung nicht tragenden Feststellungen und Bewertungen verneinen andere: Bei einem Freispruch wegen nicht auszuschließender Schuldunfähigkeit bestehe keine Bindung an die rechtlichen Bewertung der Tat als Körperverletzungs- oder Tötungsdelikt durch das Erstgericht, obwohl dieses hieraus Folgerungen für die Entschädigungsfrage gezogen habe.[226] Eine vom Wortlaut des § 464 Abs. 3 StPO und des § 8 Abs. 3 ausgehende sowie auf Einheitlichkeit dieses besonderen Beschwerderechts zielende Auslegung muss zu dem Ergebnis führen, dass eine „umfassende Bindung" an die nicht nur den Schuldspruch, sondern auch die Entschädigungsentscheidung tragenden Feststellungen anzunehmen ist. Das gilt etwa für die Tatsachen, aufgrund deren eine grobe Fahrlässigkeit zu bejahen ist.[227]

65 d) **Eigenes Ermessen des Beschwerdegerichts.** Sehr strittig ist die Frage des Prüfungsumfangs: Die Bindungswirkung bedeutet in diesem Zusammenhang für das Beschwerdege-

---

[216] KG 23.2.1987 – 5 Ws 12/87, GA 1987, 405; 17.11.1997 – 4 Ws 246/97, juris Rn. 5; OLG Koblenz 26.10.2015 – 2 Ws 550/15, juris Rn. 11.
[217] OLG Düsseldorf 23.1.1989 – 1 Ws 1150, 1151/88, JurBüro 1989, 1301.
[218] OLG Koblenz 26.10.2015 – 2 Ws 550/15, juris Rn. 11; *Meyer-Goßner/Schmitt* Rn. 21.
[219] KG 30.6.1997 – 3 Ws 359/97, juris Rn. 4 aE; 17.11.1997 – 4 Ws 246/97, juris Rn. 5; 11.1.2012 – 2 Ws 351/11, Rn. 8 ff.; OLG Schleswig 20.1.1976 – 1 Ws 332/75, NJW 1976, 1467; OLG Frankfurt a. M. 26.9.1977 – 4 Ws 118/77, NJW 1978, 1017.
[220] OLG Bamberg 3.11.2011 – 1 Ws 560/11, juris Rn. 6; OLG Karlsruhe 6.2.1981 – 2 Ws 201/80, Justiz 1981, 374; KG 20.3.2000 – 4 Ws 41/00, juris Rn. 4; 10.10.2008 – 4 Ws 74/08, StraFo 2009, 129; OLG Nürnberg 18.11.1996 – Ws 1254/96, NStZ-RR 1997, 189; OLG Oldenburg 10.1.1972 – 1 Ws 144/71, MDR 1972, 348; OLG Schleswig 20.1.1976 – 1 Ws 332/75, NJW 1976, 1467; LG Flensburg 5.4.1976 – II Qs 116/76, JurBüro 1976, 1407.
[221] OLG Hamm 24.2.1975 – 5 Ws 24/75, NJW 1975, 2033 (2034).
[222] *Meyer-Goßner/Schmitt* Rn. 21.
[223] Vgl. etwa OLG Frankfurt a. M. 11.10.1977 – 4 Ws 165/77, NJW 1978, 1392 f.
[224] Vgl. etwa KG 17.11.1977 – 3 Ws 144/72, VRS 44 (1973), 122 (123).
[225] 4.12.1974 – 3 StR 298/74, BGHSt 26, 29 = NJW 75, 699 (700).
[226] OLG Frankfurt a. M. 8.5.1996 – 3 Ws 272/96, NStZ-RR 1996, 286.
[227] Vgl. etwa OLG Frankfurt a. M. 11.10.1977 – 4 Ws 165/77, NJW 1978, 1392 f.

richt, dass es nur befugt ist, die tatsächlichen Feststellungen, die der Entschädigungsentscheidung zugrunde liegen, auf ihre Vollständigkeit zu prüfen, sie ggf. zu ergänzen oder durch Zurückverweisung ergänzen zu lassen, und ferner zu überprüfen, ob das Tatgericht die Entschädigungsvorschriften auf die tatsächlichen Feststellungen zutreffend angewandt hat.

War **Entschädigung nach einer Ermessensvorschrift** zugesprochen (§§ 3, 4, 6 Abs. 2), so ist das Beschwerdegericht nicht darauf beschränkt, die Entscheidung darauf zu überprüfen, ob Ermessenswillkür oder Ermessensmissbrauch vorliegt, ob also insbesondere unsachliche, zweck- oder sachfremde Erwägungen angestellt wurden, wesentliche Gesichtspunkte unbeachtet gelassen oder es unterlassen wurde, die Erwägungen anzuführen, von denen das Erstgericht sich bei der Ausübung des Ermessens hat leiten lassen.[228] Das Beschwerdegericht hat vielmehr die Ausgangsentscheidung in vollem Umfang zu prüfen und kann das eigene Ermessen an die Stelle des Ermessens der ersten Instanz setzen.[229] Dies entspricht den allgemeinen Grundsätzen über Beschwerdeentscheidungen nach § 309 StPO. Eine Vorschrift, die dies einschränken würde, wie etwa § 305a Abs. 1 S. 2 oder § 453 Abs. 2 S. 2 StPO enthält das Gesetz nicht.

3. Besonderheiten bei Berufung oder Revision (Rechtsbeschwerde). a) Sofortige Beschwerde neben Berufung und Revision erforderlich. Nur mit der sofortigen Beschwerde angefochten werden kann die Entscheidung über Kosten und Auslagen sowie über die Entschädigung sei es allein, sei es neben einem Rechtsmittel gegen die Hauptentscheidung. Wer sich durch ein Urteil in der Hauptsache und in der Entschädigungsfrage beschwert fühlt, muss gegen das Urteil das zulässige Rechtsmittel (Berufung oder Revision) und zugleich ausdrücklich das speziellere Rechtsmittel der sofortigen Beschwerde gegen die Entschädigungsentscheidung einlegen.[230] In der Einlegung der Berufung oder Revision ist nicht zugleich die Einlegung der sofortigen Beschwerde enthalten. Für beide Rechtsmittel gilt die Wochenfrist, § 311 Abs. 2 StPO bzw. 314 Abs. 1 StPO. Die Zielrichtung der Anfechtung muss schon durch die während der Einlegungsfrist abgegebenen Erklärungen eindeutig erkennbar sein.[231] Eine nachträgliche Anfechtung der Entschädigungsentscheidung, etwa in der Revisionsbegründung, genügt nicht zur Wahrung der Beschwerdefrist.[232] Wer ein Urteil rechtzeitig angefochten hat, ohne Angaben über den Umfang der Anfechtung zu machen (Einlegung eines „Rechtsmittels") kann nach Ansicht des BayObLG[233]

---

[228] So aber OLG Braunschweig 13.11.2012 – Ws 321/12, NStZ-RR 2013, 95 (96); OLG Frankfurt a. M. 18.10.1995 – 3 Ws 682/95, NStZ-RR 1996, 62; 8.5.1996 – 3 Ws 272/96, NStZ-RR 1996, 286; OLG Hamm 5.12.1973 – 3 Ws 515/73, NJW 1974, 374 f. (ausdrücklich aufgegeben 9.7.2012 – 3 RVs 41/12, juris Rn. 9); 17.1.1980 – 3 Ws 802/79, juris Rn. 7; KG 23.1.2002 – 4 Ws 12/02, juris Rn. 3; 21.11.2008 – 4 Ws 24/08, NStZ 2010, 284; OLG München 28.2.1972 – 2 Ws 5/72, MDR 1972, 1056 unter Berufung auf § 211 BEG; OLG Saarbrücken 5.8.1975 – Ws 240/75, MDR 1975, 1044; *MüKo-Teßmer* StPO § 154b Rn. 33 mwN.

[229] BVerfG 7.12.2005 – 2 BvR 28/05, juris; BGH 10.3.2010 – 5 StR 503/09, NStZ-RR 2010, 296 (wenn auch unausgesprochen); KG 13.10.2015 – 3 Ws 524/15, juris Rn. 15; OLG Hamm 9.7.2012 – 3 RVs 41/12, juris Rn. 9; OLG Schleswig 20.1.1976 – 1 Ws 332/75, NJW 1976, 1467 (1468); OLG Stuttgart 11.2.2000 – 1 Ws 13/00, NStZ-RR 2000, 190; LG Flensburg 5.4.1976 – II Qs 116/76, JurBüro 1976, 1407; JurBüro 78, 1223 (1224); *Meyer* Rn. 57 (aA *ders.* § 3 Rn. 47); *KK-Zabeck* StPO § 309 Rn. 6; *Meyer-Goßner/Schmitt* Rn. 22.

[230] BGH 3.12.1972 – 2 StR 29/72, BGHSt 25, 77 ff. = NJW 1973, 336 f. [für Kostenentscheidung]; OLG Celle 12.6.1975 – 1 Ws 68/75, VRS 50, 122 (123); 7.7.1976 – 2 Ws 113/76, MDR 1977, 8.9.2010 – 32 Ss 207/09, NStZ-RR 2011, 264;74; OLG Düsseldorf 4.12.1975 – 3 Ws 421/75, GA 1976, 183; 2.10.1987 – 1 Ws 783/87, JMBlNW 1988, 33 (34); OLG Frankfurt a. M. 24.10.1973 – 3 Ws 346/73, NJW 1974, 202; OLG Hamm 31.8.1990 – 4 Ws 326/90, juris Rn. 5 f.; OLG Karlsruhe 14.8.1972 – 2 Ws 130, 131/72, NJW 1972, 2323; *Löwe/Rosenberg/Jesse*, 26. Aufl., StPO § 300 Rn. 8; *Meyer-Goßner/Schmitt* Rn. 18; *Meyer* Rn. 59; *Seier* S. 43 ff.

[231] *Löwe/Rosenberg/Jesse*, 26. Aufl. StPO § 300 Rn. 8.

[232] BGH 3.12.1972 – 2 StR 29/72, BGHSt 25, 77 ff. = NJW 1973, 336 f. und 6.5.1975 – 5 StR 139/75, BGHSt 26, 126 f. = NJW 1975, 1332 f. [beide für Kosten- und Auslagenentscheidung]; BayObLG NJW 74, 199; OLG Frankfurt a. M. 24.10.1973 – 3 Ws 346/73, NJW 1974, 202; OLG Düsseldorf 4.12.1975 – 3 Ws 421/75, GA 1976, 183.

[233] 20.1.1972 – RReg 5 St 139/71, BayObLGSt 72, 7 (10 ff.); 11.4.1973 – RReg 5 St 51/73, NJW 1973, 1293 [für Kostenentscheidung].

innerhalb der Revisionsbegründungsfrist auch nach Ablauf der Beschwerdeeinlegungsfrist noch wirksam erklären, dass sein Rechtsmittel (zugleich) als sofortige Beschwerde gegen die Entscheidung über die Entschädigungspflicht zu behandeln sein soll.[234] Nach aA soll dies nur innerhalb der Beschwerdefrist möglich sein.[235] Zu weitgehend ist es jedenfalls, bei Einlegung eines als „Revision" bezeichneten Rechtsmittels aus dem „von § 300 StPO zum Ausdruck gebrachten, Art. 19 Abs. 4 GG" verpflichteten allgemeinen Rechtsgedanken zu schließen, diese sei auch als sofortige Beschwerde gegen die Entschädigungsentscheidung auszulegen, wenn sich der „wirkliche Wille" wenigstens aus der Revisionsbegründungsschrift ergebe.[236] Diese Auffassung würde im Ergebnis dazu führen, dass diese unschwer mit der Revisionsbegründung nachgeholt werden könnte, wenn die Einlegung einer sofortigen Beschwerde zunächst übersehen wurde. Um dem vorzubeugen ist, den Gedanken des § 300 StPO aufgreifend, daher zu fordern, dass sich der Wille zur Anfechtung (auch) der Entschädigungsentscheidung bereits aus der Revisionseinlegung eindeutig ergeben muss. Der Rechtsmittelführer könnte sonst auch aufgrund eines späteren Sinneswandels die Zielrichtung seiner Anfechtung trotz Fristablauf noch ergänzen oder erweitern.[237]

68 **b) Sofortige Beschwerde und Abänderung der Hauptentscheidung.** Über die Hauptsache ist zu entscheiden, wenn gegen das Urteil Berufung oder Revision (Rechtsbeschwerde) eingelegt worden ist. Dann sind nach dem gem. Abs. 3 S. 2 entsprechend anzuwendenden § 464 Abs. 3 S. 3 StPO das Berufungsgericht oder das Revisionsgericht auch für die Entscheidung über die sofortige Beschwerde zuständig.[238] Sie haben erforderlichenfalls eine neue Sachentscheidung zu treffen, von der die Entscheidung über die Entschädigungspflicht abhängen kann, aber nicht muss. Auch können sich während des Berufungs- und des Revisionsverfahrens neue Tatsachen ergeben haben, die für die Entscheidung über die Entschädigungspflicht erheblich sind (zB Fortdauer oder Beendigung der U-Haft, Rückgabe des Führerscheins). Solche Tatsachen muss dann auch das Rechtsmittelgericht berücksichtigen, vgl. schon → Rn. 32.

69 **Enthält das Berufungsurteil auch eine Entscheidung über eine sofortige Beschwerde,** findet dagegen keine weitere sofortige Beschwerde statt,[239] auch wenn der Beschuldigte hierdurch erstmals beschwert wird, wenn keiner der Ausnahmefälle des § 310 Abs. 2 StPO vorliegt.[240] **Ändert das Berufungsgericht** die erstinstanzliche Entscheidung über die Entschädigungspflicht **von Amts wegen,** ohne dass sofortige Beschwerde eingelegt war, weil es die Sachentscheidung in der Schuld- oder Straffrage geändert hat oder weil sich im Instanzenzug neu zu berücksichtigende Umstände ergeben haben (→ Rn. 32), steht dem hierdurch Beschwerten dagegen die sofortige Beschwerde zu. Sie ist in einem solchen Fall nicht durch § 310 Abs. 2 StPO ausgeschlossen.[241] Ist die **Berufung unzulässig** so entscheidet über die sofortige Beschwerde grgrn die Entschädigungsentscheidung die nach der Geschäftsverteilung für sofortige Beschwerden zuständige Kammer.

70 Ist die **Revision (Rechtsbeschwerde) unzulässig,** so ist das Revisionsgericht mit der Hauptsache nicht befasst im Sinne des § 464 Abs. 3 S. 3 StPO. Die Entscheidung über die sofortige Beschwerde gegen die Entschädigungsentscheidung obliegt dann dem nach allg. Grundsätzen zuständigen Beschwerdegericht. Gleiches gilt bei Rücknahme des Rechtsmit-

---

[234] Dagegen BGH BGH 3.12.1972 – 2 StR 29/72, BGHSt 25, 77 ff. = NJW 1973, 336 f. (für Kostenentscheidung).
[235] OLG Düsseldorf 4.12.1975 – 3 Ws 421/75, GA 1976, 183.
[236] So OLG Düsseldorf 23.2.2007 – 5 Ss 201/06, juris Rn. 13 ff.
[237] Löwe/Rosenberg/*Jesse*, 26. Aufl. StPO § 300 Rn. 8.
[238] Thüringer OLG 3.3.2009 – 1 Ws 69/09, VRS 117 (2009), 364.
[239] OLG Celle 7.7.1976 – 2 Ws 113/76, MDR 1977, 74; 15.8.1995 – Ws 608, 609/95, JMBlNW 1995, 250 (251); OLG Düsseldorf 23.2.2007 – 5 Ss 201/06, juris Rn. 16 aE; OLG Hamm 31.8.1990 – 4 Ws 326/90, juris Rn. 4 ff.
[240] OLG Düsseldorf 9.3.1992 – 1 Ws 104-105/92, VRS 83 (1992), 198 (199).
[241] OLG Celle 12.6.1975 – 1 Ws 68/75, VRS 50, 122 f.

tels.²⁴² Denn dann besteht der erforderliche enge Zusammenhang zwischen den Rechtsmitteln nicht.²⁴³

Der **BGH** ist nach § 8 Abs. 3 S. 2 iVm § 464 Abs. 3 S. 3 StPO zur Entscheidung über **71** die sofortige Beschwerde gegen eine landgerichtliche Entschädigungsentscheidung berufen. Wenn Gründe, die auf der Basis des Urteils des Landgerichts den Bestand der Entschädigungsentscheidung in Frage stellen könnten, nicht ersichtlich sind und damit keine weitere Sachaufklärung mehr erforderlich ist, entscheidet er selbst.²⁴⁴ Die sofortige Beschwerde wird allerdings gegenstandslos, wenn er das Urteil des Landgerichts – auch nur teilweise – aufhebt.²⁴⁵ Der **BGH entscheidet nicht,** wenn das Verfahren nicht mehr in der Revisionsinstanz anhängig ist und die Klärung von Tatfragen erforderlich wird, weil dies aus dem eigentlichen Aufgabengebiet des Bundesgerichtshofs herausfalle,²⁴⁶ Es handle sich dann um eine „tatrichterliche Aufgabe",²⁴⁷ selbst wenn bei Erlass der Revisionsentscheidung über die Beschwerde hätte befunden werden können;²⁴⁸ Er trifft auch nur dann eine Entscheidung über die sofortige Beschwerde, wenn er über eine vom Beschwerdeführer eingelegte Revision zu entscheiden hat, nicht aber, wenn diese unzulässig ist (vgl. § 464 Abs. 3 S. 3 StPO)²⁴⁹ oder wenn Beschwerdeführer und Revisionsführer auseinanderfallen, weil nur in diesem Falle der erforderliche enge Zusammenhang zwischen den Rechtsmitteln besteht.²⁵⁰

4. Unanfechtbarkeit der Hauptentscheidung. Mit dem StVÄG 1987 vom **72** 27.1.1987²⁵¹ stellte der Gesetzgeber durch eine Änderung des § 8 Abs. 3 die strittige Frage klar, dass gegen die Entscheidung über die Entschädigungspflicht auch bei Unanfechtbarkeit der das Verfahren abschließenden Entscheidung (vgl. § 464 Abs. 3 S. 1 Hs. 2 StPO) die sofortige Beschwerde zulässig ist. Diese Frage war im Schrifttum und zwischen den Oberlandesgerichten für § 464 Abs. 3 S. 2 S. 1 Hs. 2 StPO strittig geworden.²⁵² Die Vorschrift bedeutet aber nur, dass eine Entscheidung über die Entschädigungspflicht nicht schon deshalb unanfechtbar ist, weil gegen die das Verfahren abschließende Entscheidung ein Rechtsmittel nicht statthaft wäre, und will die im Vergleich zu § 464 Abs. 3 StPO erweiterte Anfechtungsmöglichkeit verdeutlichen. Generelle Rechtsmittelbeschränkungen anderer Art, etwa nach § 13 Abs. 1 S. 2 IRG, werden nicht berührt.²⁵³

5. Beschwerdeentscheidung. Treffen sofortige Beschwerde und Berufung zusammen, **73** und verwirft das Berufungsgericht die Berufung, so trifft das Berufungsgericht seine Entscheidung über die sofortige Beschwerde durch gesonderten Beschluss.²⁵⁴ Nach aA soll

---

²⁴² BGH 12.8.2003 – 1 StR 111/03, juris Rn. 2; 25.11.2008 – 4 StR 414/08, NStZ-RR 2009, 96; *Meyer-Goßner/Schmitt* StPO § 464 Rn. 25a.
²⁴³ BGH 25.11.2008 – 4 StR 414/08, NStZ-RR 2009, 96.
²⁴⁴ Vgl. beispielhaft BGH 18.11.1986 – 1 StR 536/86, juris Rn. 1; 16.12.1999 – 4 StR 496/99, juris Rn. 10; 12.8.2003 – 1 StR 111/03, juris Rn. 4; 24.9.2009 – 3 StR 350/09, StraFo 2010, 87 f.; 5.3.2015 – 3 StR 514/14, juris Rn. 3; 8.3.2016 – 3 StR 23/16, juris Rn. 5.
²⁴⁵ BGH 12.9.1989 – 1 StR 415/89, juris Rn. 9; 15.11.2001 – 1 StR 185/01, NStZ 2002, 262 (265); 12.8.2003 – 1 StR 111/03, juris Rn. 2; 18.3.2004 – 4 StR 533/03, juris Rn. 18; 24.1.2006 – 1 StR 357/05, NStZ 2006, 343.
²⁴⁶ BGH 19.12.1979 – 3 StR 396/79, BGHSt 29, 168 (173) = JZ 1980, 241: Revision als unbegründet verworfen.
²⁴⁷ BGH 21.6.1983 – 1 StR 93/83, EzSt StGB Nr. 1 zu § 154 StGB: Revision verworfen.
²⁴⁸ BGH 25.10.1977 – 5 StR 154/77, MDR 1978, 282 bei *Holtz*.
²⁴⁹ BGH 19.4.1984 – 1 StR 212/84, juris Rn. 2; 9.5.2012 – 4 StR 649/11, juris Rn. 7; 10.7.2013 – 1 StR 278/13, juris Rn. 15 f.
²⁵⁰ BGH 26.6.1980 – 4 StR 259/80, MDR 1980, 988 bei Holtz; 8.3.1984 – 1 StR 14/84, StV 1984, 475; 15.4.1987 – 3 StR 130/87, NStE Nr. 8 zu § 464 StPO; 28.9.1988 – 3 StR 310/88, NStE Nr. 75 zu § 261 StPO; 31.3.2006 – 4 StR 110/05, juris Rn. 1 (für Kostenentscheidung); 25.11.2008 – 4 StR 414/08, NStZ-RR 2009, 96.
²⁵¹ BGBl. I 475.
²⁵² Für den Ausschluss der sofortigen Beschwerde etwa OLG Karlsruhe 3.11.1977 – 3 Ws 136/77, NJW 1978, 231 f. mwN.
²⁵³ BGH 8.10.1987 – 2 ARs 254/87, NStE Nr. 1 zu § 8 StrEG.
²⁵⁴ OLG Celle 7.7.1976 – 2 Ws 113/76, MDR 1977, 74; OLG Düsseldorf 15.8.1995 – Ws 608, 609/95, JMBlNW 1995, 250 (251).

die Entscheidung in die Urteilsformel aufgenommen werden.²⁵⁵ Es genügen aber auch Ausführungen in den Urteilsgründen.²⁵⁶ In diesem Fall empfiehlt sich ein nachträglicher klarstellender Ausspruch durch das Gericht oder in der Beschwerdeinstanz.²⁵⁷

74   6. **Anhörungsrüge.** Auch gegen gerichtliche Grundentscheidungen ist die Anhörungsrüge des § 33a StPO zulässig. Wird sie als unzulässig oder unbegründet verworfen, entsteht hierfür die Gerichtsgebühr nach KV 3900 GKG. Für die Erhebung einer Verfassungsbeschwerde ist die Anhörungsrüge Voraussetzung.²⁵⁸

VI. Rechtskraft der Grundentscheidung

75   Die zusprechende Grundentscheidung über die Entschädigungspflicht muss rechtskräftig sein, bevor aus ihr Rechte hergeleitet werden können. Ihre Rechtskraft hängt von derjenigen der Hauptentscheidung ab, mit der sie verbunden ist (§ 8 Abs. 1 S. 1), es sei denn, der Entschädigungspunkt ist getrennt angefochten worden. Hat das Gericht durch isolierten Beschluss nach § 8 Abs. 1 S. 2 oder nach § 9 über die Entschädigungspflicht entschieden, so ist der Ablauf der Beschwerdefrist, ggf. die Beendigung des Beschwerdeverfahrens, abzuwarten, denn die Grundentscheidung erzeugt Bindungswirkung für das Betragsverfahren, vgl. → § 10 Rn. 11 und → Rn. 17. Ein Rechtskraftzeugnis ist nicht vorgesehen, aber natürlich nicht ausgeschlossen und schon im Hinblick auf § 12 zweckmäßig. Wegen der in dieser Vorschrift vorgesehenen Ausschlussfrist ist selbst bei einer begünstigenden Entscheidung eine förmliche Zustellung erforderlich. Weigert sich das Gericht, den Beschluss zuzustellen, steht hiergegen der Staatsanwaltschaft die Beschwerde zu.²⁵⁹

§ 9 Verfahren nach Einstellung durch die Staatsanwaltschaft

(1) ¹Hat die Staatsanwaltschaft das Verfahren eingestellt, so entscheidet das Amtsgericht am Sitz der Staatsanwaltschaft über die Entschädigungspflicht. ²An die Stelle des Amtsgerichts tritt das Gericht, das für die Eröffnung des Hauptverfahrens zuständig gewesen wäre, wenn
1. die Staatsanwaltschaft das Verfahren eingestellt hat, nachdem sie die öffentliche Klage zurückgenommen hat,
2. der Generalbundesanwalt oder die Staatsanwaltschaft beim Oberlandesgericht das Verfahren in einer Strafsache eingestellt hat, für die das Oberlandesgericht im ersten Rechtszug zuständig ist.

³Die Entscheidung ergeht auf Antrag des Beschuldigten. ⁴Der Antrag ist innerhalb einer Frist von einem Monat nach Zustellung der Mitteilung über die Einstellung des Verfahrens zu stellen. ⁵In der Mitteilung ist der Beschuldigte über sein Antragsrecht, die Frist und das zuständige Gericht zu belehren. ⁶Die Vorschriften der §§ 44 bis 46 der Strafprozeßordnung gelten entsprechend.

(2) Gegen die Entscheidung des Gerichts ist die sofortige Beschwerde nach den Vorschriften der Strafprozeßordnung zulässig.

(3) War die Erhebung der öffentlichen Klage von dem Verletzten beantragt, so ist über die Entschädigungspflicht nicht zu entscheiden, solange durch einen Antrag auf gerichtliche Entscheidung die Erhebung der öffentlichen Klage herbeigeführt werden kann.

Schrifttum: *Meyer,* Zuständigkeit für die Entschädigungsentscheidung bei einer Beschränkung der Strafverfolgung durch die Staatsanwaltschaft, JurBüro 1984, 343 ff.; *Pflüger,* Entschädigung für Strafverfolgungsmaßnah-

---

²⁵⁵ OLG Oldenburg 2.11.1983 – 1 Ws 193/83, VRS 67 (1984), 37 f.
²⁵⁶ OLG Düsseldorf 15.8.1995 – Ws 608, 609/95, JMBlNW 1995, 250 (251); OLG Oldenburg 2.11.1983 – 1 Ws 193/83, VRS 67 (1984), 37 f.
²⁵⁷ OLG Oldenburg 2.11.1983 – 1 Ws 193/83, VRS 67 (1984), 37 f.
²⁵⁸ VerfGH Leipzig 27.8.2009 – Vf. 43-IV-09, juris Rn. 13.
²⁵⁹ LG Potsdam 4.12.1995 – 23 Qs 130/95, JurBüro 1997, 53 bei *Meyer.*

men zugunsten des verstorbenen Angeklagten?, GA 1992, 20 ff.; *Seebode,* Verzicht auf Haftentschädigung?, NStZ 1982, 144 ff.; *Sieg,* Entscheidung über Entschädigung nach dem StrEG bei Einstellung nach § 154 II StPO?, MDR 1976, 116 f.

Übersicht

	Rn.		Rn.
I. Allgemeines	1	3. Geschäftsverteilungsplan des Amtsgerichts	17
II. Bedeutung der Vorschrift	2	4. Eröffnungsgericht, Abs. 1 S. 2	18, 19
III. Einstellung des Verfahrens, Abgabe	3–10	5. Eröffnungsgericht in Staatsschutzsachen nach Abs. 1 S. 2 Nr. 2	20
1. Einstellung durch die StA	3	VI. Antrag des Beschuldigten, Abs. 1 S. 3	21–23
2. Einstellung durch andere Strafverfolgungsbehörden	4	1. Antragsberechtigter	21
3. Einstellung des Bußgeldverfahrens durch die Verwaltungsbehörde	5	2. Inhalt des Antrags	22
4. Nur bei endgültiger Einstellung	6, 7	3. Vertretung des Antragstellers	23
5. Einstellung des Ermittlungsverfahrens und Abgabe an die Verwaltungsbehörde, § 43 OWiG	8, 9	VII. Frist, Fristversäumung	24–27
		1. Monatsfrist und Fristbeginn, Abs. 1 S. 4	24
6. Abgabe an die StA nach § 41 OWiG	10	2. Versäumung der Antragsfrist und Wiedereinsetzung	25, 26
IV. Verfahren der StA	11–13	3. Verschulden des Vertreters	27
1. Zustellung der Einstellungsmitteilung, Abs. 1 S. 4	11, 12	VIII. Verfahren des Gerichts	28, 29
2. Belehrung durch die StA, Abs. 1 S. 5	13	IX. Gebühren des Verteidigers; Beratungshilfe	30, 31
V. Zuständiges Gericht	14–20	X. Sofortige Beschwerde, Abs. 2	32, 33
1. Amtsgericht am Sitz der StA, Abs. 1 S. 1	14, 15	XI. Aussetzung der Entscheidung, Abs. 3	34
2. Amtsgericht am Sitz der Finanzbehörde, § 399 Abs. 1 AO	16	XII. Rechtskraft der Entscheidung	35

I. Allgemeines

Das 1. StVRG vom 9.12.1974[1] strich die Vorschriften über die Voruntersuchung und das Schlussgehör und nahm deshalb aus § 9 Abs. 1 S. 2 Nr. 1 die das Schlussgehör betreffenden Worte heraus. **1**

II. Bedeutung der Vorschrift

Wie bei der Entscheidung nach § 8 handelt es sich nur um eine Entscheidung über den Grund der Entschädigung, nicht zugleich über die Höhe. Letztere bleibt dem Betragsverfahren vorbehalten, für welches die Entscheidung nach § 9 Bindungswirkung erzeugt. Das bei → § 8 Rn. 7 und 10 Ausgeführte gilt entsprechend. **2**

III. Einstellung des Verfahrens, Abgabe

1. Einstellung durch die StA. Nach § 2 Abs. 1 ist Entschädigung auch dann vorgesehen, wenn die StA das Ermittlungsverfahren einstellt, nachdem eine entschädigungsfähige Strafverfolgungsmaßnahme vorausgegangen war. Dieser mit dem StrEG neu eingeführten Entschädigungspflicht kommt erhebliche Bedeutung zu, weil die Kosten- und Auslagenvorschriften der StPO, vom Fall des § 467a StPO abgesehen, keine Auslagenerstattung ermöglichen. Der Entschädigungsanspruch ist deshalb für einen Beschuldigten meist die einzige Möglichkeit, seine Anwaltskosten – zumindest teilweise – ersetzt zu erhalten (→ § 7 Rn. 24 ff.). **3**

---
[1] BGBl. I 3393.

4 **2. Einstellung durch andere Strafverfolgungsbehörden.** Der Einstellung durch die StA steht die Einstellung durch die Behörde gleich, die kraft Gesetzes die Rechte und Pflichten wahrnimmt, die der StA im Ermittlungsverfahren zustehen. Bei Steuerstraftaten ist dies die Finanzbehörde (Hauptzollamt, Finanzamt, Bundesamt für Finanzen und Familienkasse), §§ 386, 393, 399 AO. Hier kommen Entschädigung für Durchsuchung, Sicherstellung und Beschlagnahme in Betracht, nicht aber für Haft oder Unterbringung, weil dann die StA das Ermittlungsverfahren zu führen hätte (§ 386 Abs. 3 AO).

5 **3. Einstellung des Bußgeldverfahrens durch die Verwaltungsbehörde.** Hat die Verwaltungsbehörde das Bußgeldverfahren eingestellt, so gilt für sie nicht § 9, sondern die Vorschrift des § 110 OWiG (→ Rn. 11 ff.), weil in diesem Fall die Verwaltungsbehörde selbst über die Entschädigungspflicht sowie die Höhe der Entschädigung zu entscheiden hat.

6 **4. Nur bei endgültiger Einstellung.** Die endgültige Einstellung in jedem Stadium des Ermittlungsverfahrens betrifft § 9, nicht nur die im fortgeschrittenen des § 467a StPO (Einstellung nach Rücknahme der öffentlichen Klage). Neben der nach § 170 Abs. 2 StPO ist das auch die nach § 376 StPO. Auch beim **Tod des Beschuldigten** im Strafverfahren ist eine Einstellung nach § 206a StPO geboten.[2] Ein Ermittlungsverfahren wird nach § 170 Abs. 2 StPO einzustellen sein, vgl. → § 6 Rn. 40, und kann das Verfahren nach § 9 zur Folge haben. Beim Tod bereits ergangene Grundentscheidungen kommen den Erben zugute (vgl. auch → § 8 Rn. 37). Das Ausscheiden von Tatteilen nach § 154a StPO fällt nicht unter die Vorschrift; vielmehr gilt insoweit grundsätzlich § 8, weil das Verfahren im Übrigen ja seinen Fortgang nimmt und nicht durch Einstellung bei der StA endet, vgl. → § 2 Rn. 40 und → § 8 Rn. 1 ff.; zum Begriff der Einstellung vgl. im übrigen → § 2 Rn. 20 ff. Die nur **vorläufige Verfahrenseinstellung** nach § 153a StPO (hierzu → § 3 Rn. 17), § 154 StPO (hierzu → § 2 Rn. 25) oder § 154b StPO (hierzu → § 2 Rn. 39) gibt allerdings noch keinen Anlass für eine Entschädigungsentscheidung. Diese wird erst getroffen, wenn eine Wiederaufnahme nicht mehr in Betracht kommt.

7 Bei einer **Teileinstellung** kommt eine Grundentscheidung regelmäßig erst nach endgültiger Beendigung des gesamten Verfahrens in Betracht, vgl. → § 8 Rn. 2, weil erst dann mögliche Anrechnungen von Verfolgungsmaßnahmen in anderen Verfahren und die erforderliche Gesamtabwägung (vgl. → § 4 Rn. 6 ff.) vorgenommen werden können. Endgültig beendet ist das Verfahren, wenn alle Verfahrensteile, seien sie abgetrennt oder von Anfang an getrennt angezeigt, endgültig eingestellt oder abgeurteilt sind, vgl. → § 3 Rn. 2, → § 4 Rn. 9 und → § 8 Rn. 1.

8 **5. Einstellung des Ermittlungsverfahrens und Abgabe an die Verwaltungsbehörde, § 43 OWiG.** Stellt die StA das Ermittlungsverfahren wegen einer Straftat ein und gibt sie die Sache zur Verfolgung als Ordnungswidrigkeit an die Verwaltungsbehörde ab, § 43 OWiG, so ist das keine Entscheidung, die von der Verfolgung freistellt[3] und das Bußgeldverfahren kann wieder zum Strafverfahren werden, vgl. § 81 OWiG. Über die Entschädigungspflicht wegen einer vor der Abgabe vollzogenen Strafverfolgungsmaßnahme kann deshalb erst entschieden werden, wenn das Bußgeldverfahren abgeschlossen ist[4] und damit das Ergebnis vorliegt. Sonst könnte nicht geprüft werden, ob überhaupt ein Anspruch in Betracht kommt. Die Grundlage für ein Vergleichen zwischen Strafverfolgungsmaßnahme und endgültig angeordneter Rechtsfolge würde fehlen, die nach § 4 Abs. 2 iVm Abs. 1 Nr. 2 gebotene Abwägung wäre nicht möglich. Deshalb hat die StA darauf hinzuwirken, dass das Gericht nicht über die Entschädigungspflicht entscheidet, solange das Bußgeldverfahren nicht abgeschlossen ist.[5] Aus dieser Vorschrift der AV sollte aber nicht gefolgert

---

[2] BGH 8.6.1999 – 4 StR 595/97, BGHSt 45, 108 (115).
[3] Vgl. schon → § 2 Rn. 23 und → § 4 Rn. 40; *Meyer* Rn. 6 ff.; *Göhler/Gürtler* OWiG § 110 Rn. 25; aA *Meyer-Goßner/Schmitt* Rn. 1.
[4] LG Flensburg 4.1.1979 – I Qs 2/79, JurBüro 1979, 562 f.; *Meyer* Rn. 6 ff.
[5] Teil I A II Nr. 2 S. 2 der AV, abgedruckt im Anhang.

werden, die StA müsse mit der Einstellung und Abgabe an die Verwaltungsbehörde schon nach § 9 belehren. Sie kann – und sollte – das bis zur Erledigung des Bußgeldverfahrens zurückstellen,[6] muss aber gewährleisten, dass ihr der Ausgang des Bußgeldverfahrens bekannt wird, und dass dann die Belehrung erfolgt. Sind entschädigungspflichtige Verfolgungsmaßnahmen sowohl im Strafverfahren als auch im Bußgeldverfahren getroffen worden, kommt es zu einem Nebeneinander der Zuständigkeit von Gericht und Verwaltungsbehörde für die Entscheidung über die Entschädigungspflicht. Zur Abgrenzung und zum Übergang zwischen Strafverfahren und Bußgeldverfahren vgl. im Übrigen die Erläuterungen zu § 18; dort auch zur Frage der Entschädigung für Verfolgungsmaßnahmen durch die Verwaltungsbehörde nach Abgabe durch die StA.

Hat das Verfahren der StA **mehrere Taten im prozessualen Sinn** zum Gegenstand, 9 wird aber nur wegen einer dieser Taten an die Verwaltungsbehörde nach § 43 OWiG abgegeben, so kann wegen der anderen Tat(en) ein getrenntes Entschädigungsverfahren in Betracht gezogen werden,[7] sofern nicht der Grundsatz der Verfahrenseinheit entgegensteht. § 4 Abs. 2 steht dem nicht entgegen, vgl. → § 4 Rn. 7.

6. Abgabe an die StA nach § 41 OWiG. Bei Abgabe an die StA nach § 41 OWiG 10 durch die Verwaltungsbehörde entscheidet über die Entschädigung für Verfolgungsmaßnahmen der Verwaltungsbehörde im vorausgegangenen Bußgeldverfahren das Gericht, nicht die Verwaltungsbehörde, denn diese hat das Verfahren nicht abgeschlossen (→ § 19 Rn. 8). Das Verfahren nach § 110 OWiG kommt dann nicht in Betracht.

IV. Verfahren der StA

1. Zustellung der Einstellungsmitteilung, Abs. 1 S. 4. Durch § 9 werden die Vor- 11 schriften der StPO über die Mitteilung der Einstellung des Verfahrens an den Beschuldigten ergänzt und erweitert für die Fälle, in denen eine entschädigungsfähige Strafverfolgungsmaßnahme vorausgegangen ist. Dann muss dem Beschuldigten die Einstellung immer bekannt gemacht werden, und zwar nicht nur durch formlose Mitteilung, sondern durch Zustellung.[8] Dies ordnen Nr. 91 Abs. 1 RiStBV für die Staatsanwaltschaft und Nr. 80 Abs. 3 AStBV für alle Verfahren in denen die Finanzbehörde ermittelt, ausdrücklich an. Sonst könnte die Monatsfrist nicht sicher berechnet werden. Das Zustellungsverfahren richtet sich sinngemäß nach §§ 37–40 StPO. Hat der Beschuldigte einen Verteidiger, so gilt § 145a StPO.[9] Ist der Beschuldigte Jugendlicher, so soll nach § 67 Abs. 1 und 2 JGG auch dem Erziehungsberechtigten bzw. dem gesetzlichen Vertreter zugestellt werden. Eine unterbliebene oder fehlerhafte Zustellung (dazu näher → Rn. 24) setzt die Frist nicht in Lauf. Fehlt der Nachweis der formgerechten Zustellung oder ist das Schriftstück unter Verletzung zwingender Zustellungsvorschriften zugegangen, so gilt es allerdings nach § 189 ZPO in dem Zeitpunkt als zugestellt, in dem das Schriftstück dem Adressaten tatsächlich zugegangen ist.[10]

Bei der Einstellung nach § 170 Abs. 2 StPO erfolgt die Zustellung zusammen mit der 12 Einstellungsmitteilung, in den Fällen der **§ 153a StPO** mit der Feststellung, dass die Auflage erfüllt ist, und bei **§ 154 Abs. 1 StPO**, wenn mit Bezug auf eine bereits verhängte Sanktion von weiterer Verfolgung abgesehen wird zu diesem Zeitpunkt, sonst mit der Entschließung, das Verfahren nicht wieder aufzunehmen.

2. Belehrung durch die StA, Abs. 1 S. 5. Zu belehren hat die StA den Beschuldigten, 13 damit er sein Antragsrecht kennt und wahrnehmen kann, Abs. 1 S. 5.[11] Dies ordnet Nr. 80 Abs. 3 AStBV für alle Verfahren in denen die Finanzbehörde ermittelt, nochmals ausdrück-

---

[6] Göhler/Gürtler OWiG § 110 Rn. 25; Meyer MDR 1980, 724.
[7] So Göhler/Gürtler OWiG § 110 Rn. 25.
[8] KK/Moldenhauer StPO § 170 Rn. 29; Löwe/Rosenberg/Graalmann-Scheerer StPO § 170 Rn. 45; Meyer-Goßner/Schmitt Rn. 2.
[9] Teil I C Nr. 2 der AV, abgedruckt im Anhang.
[10] LG Freiburg 1.8.2002 – 5 Qs 61/02, NStZ-RR 2002, 367 (368).
[11] Vgl. hierzu auch Teil I A II Nr. 1 der AV, abgedruckt im Anhang.

lich unter Hinweis auf § 9 an. Es steht der Strafverfolgungsbehörde nicht zu, Erwägungen darüber anzustellen, ob ein Schaden entstanden ist. Die Belehrung muss die entschädigungsfähigen Strafverfolgungsmaßnahmen nach Art und ggf. Dauer genau bezeichnen und so gestaltet sein, dass überflüssiger Verwaltungsaufwand durch aussichtslose Anträge vermieden wird. Zweckmäßig ist daher der vorsorgliche Hinweis auf die Mindestgrenze des Vermögensschadens, § 7 Abs. 2, sowie auf die Ausschluss- und Versagungsgründe; über die allgemeinen Hinweise hinaus kann es im Einzelfall angebracht sein, einen nach Auffassung der StA konkret gegebenen Ausschlussgrund anzugeben. Die Belehrung muss ferner das zuständige Gericht bezeichnen, bei welchem der Antrag zu stellen ist. Es empfiehlt sich, die Belehrung insgesamt so zu fassen, dass sie nicht als Zusicherung einer Entschädigung missverstanden wird.[12]

V. Zuständiges Gericht

14   **1. Amtsgericht am Sitz der StA, Abs. 1 S. 1.** Das Amtsgericht ist grundsätzlich zuständig, auch in Sachen, die bei Anklageerhebung vor die Strafkammer oder das Schwurgericht gekommen wären. Da sich häufig nicht sicher beurteilen lässt, welches Gericht für die Eröffnung des Hauptverfahrens sachlich zuständig gewesen wäre, stellt die Gesetz gewordene Fassung auf den Sitz der StA ab. Dieses Gericht ist auch dann zuständig, wenn bei einem auf verschiedene Tatvorwürfe gerichteten und in getrennten Verfahrensabschnitten durchgeführten Straf- und Ermittlungsverfahren der letzte Teilakt durch Einstellung durch die StA endet.[13] War also zB zunächst U-Haft wegen Bestechlichkeit und Steuerhinterziehung vollzogen worden und noch im Ermittlungsverfahren eine Abtrennung der Steuerhinterziehung erfolgt und Anklage wegen Bestechlichkeit erhoben worden, erfolgt sodann Freispruch wegen dieses Vorwurfs und wird das Verfahren wegen Steuerhinterziehung dann nach § 153a StPO eingestellt, so ist das Gericht am Sitz der StA nach § 9 für die gesamte Entschädigungsfrage zuständig. Meist wird angenommen, bei einer **Zweig- oder Außenstelle der StA** entscheide deren Sitz.[14] Die Entscheidung des OLG Düsseldorf,[15] wonach bei einer Verurteilung hinsichtlich der bei der StA nach § 154a StPO ausgeschiedenen Gesetzesverletzungen und diesbezüglicher Strafverfolgungsmaßnahmen wieder das Amtsgericht am Sitz der StA zuständig sein soll, ist falsch:[16] Zum einen hatte das Landgericht (das zutreffend eine Entscheidung zur Entschädigungsfrage getroffen hatte) iSd § 8 „abschließend" entschieden, denn hinsichtlich ausgeschiedener Tatteile ist eine weitere (Sach-) Entscheidung nicht möglich, zum anderen entspricht es einhelliger Auffassung, dass es sich hinsichtlich der Beschränkung der Strafverfolgung nach § 154a StPO nicht um eine „Einstellung" handelt. Zur Zuständigkeit bei gleichgerichteten Strafverfolgungsmaßnahmen für verschiedene Verfahren vgl. → § 8 Rn. 2 f.

15   Der Vereinfachung und Beschleunigung soll es dienen, dass das **AG am Sitz der StA** zu entscheiden hat. Demnach kommt es nicht darauf an, bei welchem AG innerhalb des LG-Bezirks die StA nach den Vorschriften über den Gerichtsstand hätte Anklage erheben müssen. Die Regelung hat den Nachteil, dass das AG, welches zB der Einstellung nach § 153 oder § 153a StPO zugestimmt hat, mit der Sache also schon befasst war, nicht immer auch über die Entschädigung zu entscheiden hat.

16   **2. Amtsgericht am Sitz der Finanzbehörde, § 399 Abs. 1 AO.** Hat die **Finanzbehörde** (Finanzamt, Bundesamt für Finanzen, Hauptzollamt, Familienkasse) das **Steuerstrafverfahren** eingestellt, so ist für die Entscheidung nach § 9 das AG an deren Sitz zuständig, weil die Finanzbehörde die Rechte und Pflichten wahrnimmt, die der Staatsanwaltschaft im Ermittlungsverfahren zustehen. Das kann ebenfalls auseinanderfallen mit der örtlichen

---

[12] Teil I A II Nr. 1 Abs. 2 der AV, abgedruckt im Anhang.
[13] OLG Koblenz 17.11.1997 – 1 AR 179/97, NStZ-RR 1999, 52.
[14] *Meyer-Goßner/Schmitt* Rn. 7; *Meyer* Rn. 12.
[15] 16.9.1983 – 1 Ws 501/83, JurBüro 1984, 84.
[16] *Meyer* JurBüro 1984, 343; anders aber *ders.* § 9 Rn. 13.

Zuständigkeit des AG, die sich aus § 391 AO für das vorbereitende Verfahren ergibt; danach ist, vorbehaltlich einer besonderen Zuständigkeitsregelung nach § 58 Abs. 1 GVG oder § 391 Abs. 2 AO, das AG, in dessen Bezirk das LG seinen Sitz hat, für die Zustimmung zur Einstellung nach § 153 Abs. 1 oder § 153a Abs. 1 StPO zuständig.

3. Geschäftsverteilungsplan des Amtsgerichts. In den Fällen des Satzes 1 fehlt, wie die Beispiele → Rn. 14 und 16 zeigen, ein Anknüpfungspunkt für die innergerichtliche Geschäftsverteilung (anders bei S. 2, vgl. → Rn. 18). Deshalb muss der **Geschäftsverteilungsplan des AG** (vgl. § 21e GVG) diese Geschäfte ausdrücklich zuweisen. Nach allgemeiner Auffassung begründet die Bestellung zum Ermittlungsrichter die Zuständigkeit nach Abs. 1 S. 1 nicht.[17]

4. Eröffnungsgericht, Abs. 1 S. 2. In den Fällen des Satzes 2 tritt an die Stelle des Amtsgerichts grundsätzlich das **Eröffnungsgericht, Abs. 1 S. 2 Nr. 1**. Die Vorschrift entspricht der in § 467a Abs. 1 StPO für die Auslagenentscheidung getroffenen Verfahrensregelung. Bei Einstellung nach Zurücknahme der öffentlichen Klage entscheidet das Gericht, bei dem diese erhoben war; war dies das Schöffengericht, so entscheidet der Amtsrichter, war dies das Landgericht, so entscheidet die Strafkammer in der Beschlussbesetzung. Die innergerichtliche Kompetenz ergibt sich hier aus der geschäftsplanmäßigen Verteilung der Strafsachen.

Hatte die StA die öffentliche Klage schon erhoben, sie dann zurückgenommen und anschließend eingestellt, so obliegt dem hypothetischen Eröffnungsgericht auch die Entscheidung über **Kosten und Auslagen nach § 467a StPO**; es empfiehlt sich, beide Entscheidungen in einem Beschluss zu treffen.

5. Eröffnungsgericht in Staatsschutzsachen nach Abs. 1 S. 2 Nr. 2. Abs. 1 S. 2 Nr. 2 betrifft **Staatsschutz-Strafsachen** und folgt demselben Grundsatz wie Abs. 1 S. 2 Nr. 1, doch kommt es hier nicht darauf an, in welchem Stadium des Ermittlungsverfahrens der Generalbundesanwalt oder die StA beim OLG eingestellt hat. Entscheidend ist vielmehr, ob die Strafsache eine der in § 120 Abs. 1 oder Abs. 2 GVG aufgezählten Straftaten zum Gegenstand hat. Zuständig ist dann immer das **OLG im Bezirk des Sitzes der Landesregierung**, vgl. § 120 Abs. 1 GVG, ggf. das zwischen Ländern vereinbarte OLG (§ 120 Abs. 5 GVG). Die Sonderstrafkammer nach § 74a GVG kann nicht befasst werden, auch wenn das OLG im Fall der Eröffnung nach § 120 Abs. 2 GVG an sie verweisen könnte.

VI. Antrag des Beschuldigten, Abs. 1 S. 3

1. Antragsberechtigter. Nur der Beschuldigte (oder Verdächtige bei Durchsuchung nach § 102 StPO[18]) und ein gegenüber dem Beschuldigten **Unterhaltsberechtigter** nach Maßgabe des § 11[19] ist zur Antragstellung berechtigt. Der Antrag eines Dritten, der in eigenem Namen Entschädigungsansprüche geltend macht, insbesondere nach einer Durchsuchung und Beschlagnahme, ist als unzulässig zurückzuweisen,[20] vgl. auch → Einl. Rn. 37. Nach der Rechtsprechung des BGH, auch nach dem Tod des Beschuldigten vor Abschluss des Strafverfahrens werde eine förmliche Einstellung erforderlich, vgl. → § 6 Rn. 40, kommen wohl auch die **Erben** als Antragsteller in Betracht. Da das Verfahren nur auf Antrag des Beschuldigten in Gang kommt und durch Antragsrücknahme beendet werden kann, spielt die Frage der Zulässigkeit eines **Verzichts auf Entschädigung** (vgl. hierzu → § 8 Rn. 17 ff.) bei § 9 keine Rolle.

2. Inhalt des Antrags. An den Inhalt des Antrags sind keine strengen Anforderungen zu stellen. Der Antragsteller kann sich darauf beschränken die Feststellung der Entschädi-

---
[17] Meyer-Goßner/Schmitt Rn. 7; Meyer Rn. 14.
[18] OLG Stuttgart 7.12.1993 – 5 ARs 44/93, NStZ 1994, 291.
[19] LG Flensburg 21.10.1980 – I Qs 190/80, JurBüro 1981, 1045 (1046).
[20] LG Flensburg 7.2.1984 – I Qs 26/84, JurBüro 1984, 419.

gungspflicht der Staatskasse zu beantragen.[21] Er muss zu seiner Zulässigkeit nicht erkennen lassen, für welche Maßnahmen die Feststellung der Entschädigungspflicht beantragt wird,[22] denn er umfasst grundsätzlich sämtliche entschädigungsfähigen Maßnahmen. Ausdrückliche Angaben über Verfolgungsmaßnahmen oder die Schadensentstehung sind entbehrlich,[23] in der Praxis aber natürlich hilfreich. Eine Beschränkung auf bestimmte Maßnahmen ist im Einzelfall aber vorstellbar, wenn deutlich wird, dass auf die Feststellung der Entschädigungspflicht für weitere Maßnahmen verzichtet werden soll (Teilverzicht). Der Schadensumfang wird nach ganz herrschender Auffassung erst im Betragsverfahren geprüft (vgl. → § 8 Rn. 6). Deshalb bedarf es hierzu im Grundverfahren keiner Angaben, auch nicht zur Wertgrenze des § 7 Abs. 2.[24]

23   **3. Vertretung des Antragstellers.** Eine Vertretung des Antragstellers ist nach den allgemeinen Grundsätzen zulässig. Danach kann den Antrag der Beschuldigte selbst, sein gesetzlicher Vertreter oder sein gewählter Verteidiger aufgrund der für das Ermittlungsverfahren erteilten Strafprozessvollmacht stellen, denn das Grundverfahren ist Annex zum Ermittlungsverfahren.[25] Für den Pflichtverteidiger gilt nichts anderes. Im Übrigen sind die allgemeinen Regeln anzuwenden, eine erteilte Vertretungsmacht (Vollmacht) ist nachzuweisen, aber nicht notwendig schon bei der Antragstellung. Die fehlende Vorlage bei der Antragstellung macht diese also nicht unzulässig.[26]

VII. Frist, Fristversäumung

24   **1. Monatsfrist und Fristbeginn, Abs. 1 S. 4.** Der Betroffene muss den Antrag, die Entschädigungspflicht der Staatskasse auszusprechen, **innerhalb eines Monats** stellen. Die kurze Frist soll bewirken, dass er sich gleich schlüssig macht. Die **Frist beginnt erst,** wenn die vollständige Mitteilung einschließlich der Belehrung über das Antragsrecht zugestellt worden ist.[27] Eine formlose Mitteilung der Einstellung setzt die Frist nicht in Lauf, eine Zustellung der Mitteilung ohne Unterrichtung über das Antragsrecht und die Frist ebenso wenig. Die Belehrung ist die Aufforderung der StA, innerhalb der genannten Frist den Antrag auf Entschädigung nach dem StrEG bei dem zuständigen Gericht zu stellen. Die Fristsetzung ist daher notwendiger Bestandteil der zuzustellenden Mitteilung. Eine Handlungsfrist, die nicht gesetzt wird, kann nicht laufen und nicht versäumt werden. Auch ist nicht nachvollziehbar, warum es hier anders sein soll, als beim Antrag auf gerichtliche Entscheidung nach § 172 StPO.[28] Nach überwiegender Ansicht genügt die Zustellung der Einstellungsverfügung, auf die Zustellung der Belehrung komme es nicht an.[29] Nach dieser Auffassung führt die unterlassene Belehrung zur Wiedereinsetzung nach § 44 S. 2 StPO. Die Frist ist aber keine Rechtsmittelfrist, deshalb gilt § 35a StPO nicht. Ein bereits im Ermittlungsverfahren gestellter Antrag ist zulässig und wird wirksam, wenn die Verfahrenseinstellung mitgeteilt wird.[30] Wird das Verfahren nach § 154 Abs. 1 oder Abs. 2 StPO zunächst vorläufig eingestellt, so beginnt die Antragsfrist frühestens mit Ablauf der Frist des § 154 Abs. 4 StPO zu laufen,[31] vgl. auch → Rn. 12.

---

[21] *Meyer-Goßner/Schmitt* Rn. 4.
[22] So aber *Meyer* Rn. 29.
[23] LG Krefeld 3.12.1971 – 8 Qs 447/71, DAR 1972, 79 (80); *Meyer-Goßner/Schmitt* Rn. 4.
[24] *Meyer-Goßner/Schmitt* Rn. 4.
[25] LG Bonn 20.9.1983 – 30 Qs 165/83, StV 1984, 476 (477); *Meyer-Goßner/Schmitt* Rn. 4.
[26] LG Bonn 20.9.1983 – 30 Qs 165/83, StV 1984, 476 (477).
[27] LG Krefeld 3.12.1971 – 8 Qs 447/71, DAR 1972, 79 (80).
[28] Vgl. hierzu *Meyer-Goßner/Schmitt* StPO § 172 Rn. 25.
[29] LG Aschaffenburg 21.10.1981 – Qs 361, 362/81, NStZ 1982, 167; LG Freiburg 1.8.2002 – 5 Qs 61/02, NStZ-RR 2002, 367 (368); *Budach* SchlHA 1973, 203; *Meyer-Goßner/Schmitt* Rn. 5; aA *Meyer* Rn. 24; KK/*Moldenhauer* StPO § 172 Rn. 15.
[30] LG Passau 17.12.1985 – 1 Qs 197/85, JurBüro 1986, 1218 (1219).
[31] *Meyer* JurBüro 1987, 1609.

2. Versäumung der Antragsfrist und Wiedereinsetzung. Gegen die Versäumung 25
der Antragsfrist ist die Wiedereinsetzung in den vorigen Stand statthaft, **Abs. 1 S. 6.** Sie
richtet sich nach §§ 44–46 StPO, die entsprechend anzuwenden sind. Sie ist besonders
geregelt, weil die Antragsfrist keine Rechtsmittelfrist und auch keine gerichtliche Frist im
Sinne der Wiedereinsetzungsvorschriften der StPO ist.

Die Wiedereinsetzung setzt voraus, dass der Antragsteller ohne sein Verschulden verhin- 26
dert war, die Frist einzuhalten. § 44 S. 2 StPO gilt nicht, weil es nicht um die Anfechtung
der Einstellungsentscheidung geht, die gar nicht möglich ist. Ein Verschulden des Antragstellers
liegt nicht vor, wenn die Frist versäumt wurde, weil die Belehrung an wesentlichen
Mängeln litt, zB wenn das zuständige Gericht nicht oder nicht richtig angegeben war.
Die Auffassung, die eine Zustellung der Belehrung für den Beginn der Frist nicht fordert
(→ Rn. 11 und 24), will bei deren Fehlen Wiedereinsetzung gewähren und stellt die Belehrung
einer Rechtsmittelbelehrung gleich (§ 35a StPO). Der Eingang des Antrags bei der
StA wahrt die Frist nicht, wenn ordnungsgemäß belehrt wurde.[32] Ein verspäteter Entschädigungsantrag
ist als unzulässig zu verwerfen, wenn keine Wiedereinsetzung gewährt wird;
bei rechtzeitiger Nachholung innerhalb einer Woche nach Wegfall des Hindernisses kann
Wiedereinsetzung auch ohne einen hierauf gerichteten Antrag gewährt werden (§ 45 Abs. 1
und 2 StPO).

3. Verschulden des Vertreters. Beruht die Versäumung der Antragsfrist auf einem 27
Verschulden eines Bevollmächtigten, insbesondere des Verteidigers oder seines Kanzleipersonals,
so ist dies nach dem Grundsatz des § 85 Abs. 2 ZPO dem Beschuldigten zuzurechnen.[33]
Die Entscheidung über die Entschädigungsfrage ist ihrem Wesen und ihren Auswirkungen
nach Schuldtiteln über Geldforderungen vergleichbar. Das rechtfertigt es, § 85
Abs. 2 ZPO („Das Verschulden des Bevollmächtigten steht dem Verschulden der Partei
gleich") jedenfalls seinem allgemeinen Rechtsgedanken nach anzuwenden. Schuldspruch
und Rechtsfolgenausspruch, die sonst der Grund für eine fehlende Zurechnung sind, stehen
nicht inmitten, das Ermittlungsverfahren ist ohnehin bereits endgültig eingestellt und damit
beendet, auch wenn das Verfahren nach § 9 sicherlich noch zum Straf(Ermittlungs-)verfahren
gehört.

VIII. Verfahren des Gerichts

Das nach Abs. 1 zuständige Gericht entscheidet nie von Amts wegen, sondern **nur auf** 28
Antrag des ehemaligen Beschuldigten. Die Staatsanwaltschaft ist zu hören (§ 33 Abs. 2
StPO) und hat Stellung zu nehmen;[34] ggf. ist dem Beschuldigten Gelegenheit zu einer
Gegenerklärung zu geben (§ 33 Abs. 3 StPO). Das Gericht prüft in Anwendung der §§ 2–
6 die tatsächlichen und rechtlichen Voraussetzungen der Entschädigungspflicht dem Grunde
nach. **Gebunden** ist es dabei nur an die Tatsache der Einstellung, nicht aber an die tatsächlichen
Feststellungen, auf denen sie beruht;[35] § 464 Abs. 3 S. 2 StPO gilt hier nicht.

Die **Entscheidung** ergeht durch Beschluss. Für die zusprechende Entscheidung gilt § 8 29
Abs. 2, wonach die Entscheidung die Art und gegebenenfalls den Zeitraum der Strafverfolgungsmaßnahme
bezeichnen muss (vgl. → § 8 Rn. 38 ff.). Die Entscheidung ist zu begründen.
Zum Begründungsumfang vgl. → § 8 Rn. 43.

IX. Gebühren des Verteidigers; Beratungshilfe

Die **Gebühr** des Vollverteidigers im Entschädigungsgrundverfahren ist durch die Gebüh- 30
ren VV 4100 und 4104 RVG pauschal mit abgegolten, vgl. → § 7 Rn. 34. Wird er lediglich

---

[32] LG Flensburg 21.2.1983 – I Qs 48/83, JurBüro 1984, 81 (83).
[33] OLG Düsseldorf 6.6.1988 – V 7/88, NStE Nr. 1 zu § 9 StrEG; OLG Hamburg 1.8.1990 – 1 BJs 266/
83, NStZ 1990, 191 (192); KG 16.6.1978 – 2 OJs 3/78, JR 1979, 128; 7.3.2011 – 4 Ws 25/11, juris Ls. 2
und Rn. 10; OLG Schleswig 6.6.1978 – 1 OJs 17/76, SchlHA 1978, 163; LG Freiburg 1.8.2002 – 5 Qs 61/
02, NStZ-RR 2002, 367 (368); *Meyer-Goßner/Schmitt* Rn. 5 und StPO § 44 Rn. 19; aA *Löwe/Rosenberg/
Graalmann-Scheerer* StPO § 44 Rn. 62.
[34] Teil I A II Nr. 2 S. 1 der AV.
[35] *Meyer-Goßner/Schmitt* Rn. 9.

für das Grundverfahren nach § 9 beauftragt, so ist seine Tätigkeit als Einzeltätigkeit nach VV 4302 Ziff. 4 RVG zu vergüten.[36]

31 Da die **Grundentscheidung** zum Gebiet des Strafrechts gehört, handelt es sich auch im Bereich der **Beratungshilfe** um eine Strafrechtsangelegenheit, für die nach § 2 Abs. 2 S. 2 BerHG nur eine Beratung gewährt wird. Der Rechtsanwalt kann daher auch nur eine Gebühr gem. VV 2600 RVG erhalten.[37]

X. Sofortige Beschwerde, Abs. 2

32 Gegen die Entscheidung des Amtsgerichts bzw. des Landgerichts können der Betroffene, sein Verteidiger, der Erziehungsberechtigte oder der gesetzliche Vertreter (§ 67 Abs. 1 und 2 JGG, § 298 StPO) sowie die StA sofortige Beschwerde einlegen, die StA auch zugunsten des früheren Beschuldigten (vgl. § 296 StPO). Wegen der zu beachtenden Verfahrensvorschriften der StPO vgl. → § 8 Rn. 46. Auch bei Unanfechtbarkeit der Hauptentscheidung ist die Entschädigungsentscheidung anfechtbar.[38] Hat das OLG im ersten Rechtszug entschieden (Abs. 1 S. 2 Nr. 2), so ist nach § 304 Abs. 1, Abs. 4 S. 2 StPO eine Beschwerde nicht zulässig, auch nicht, wenn das Oberlandesgericht den Antrag auf Wiedereinsetzung in den vorigen Stand wegen Versäumung der Frist für den Entschädigungsantrag verworfen hat.[39]

33 Auch gegen gerichtliche Grundentscheidungen ist die **Anhörungsrüge** des § 33a StPO zulässig. Die Entscheidung hierüber ist mit einer Kostenentscheidung zu verbinden. Bei der Verwerfung als unzulässig oder unbegründet entsteht die Gerichtsgebühr nach Nr. 3920 KV-GVG. Für die Erhebung einer Verfassungsbeschwerde ist dieses Verfahren Voraussetzung.[40]

XI. Aussetzung der Entscheidung, Abs. 3

34 Die Einstellung des Verfahrens kann entfallen, wenn der Verletzte gegen den Einstellungsbescheid Beschwerde einlegt oder gerichtliche Entscheidung durch das OLG beantragt (Klageerzwingungsverfahren, vgl. § 172 StPO). Deshalb bestimmt Abs. 3, dass das Gericht über die Entschädigungspflicht nicht zu entscheiden hat, solange durch einen Antrag auf gerichtliche Entscheidung die öffentliche Klage herbeigeführt werden kann. Die Entscheidung des Gerichts nach § 9 bleibt solange ausgesetzt. Nach Teil I A II Nr. 1 Abs. 2 der AV (abgedruckt im Anhang) ist der Beschuldigte gleichzeitig mit der Einstellungsmitteilung auch hierüber zu belehren. Auf den Lauf der Antragsfrist des Abs. 1 ist das aber ohne Einfluss; der Antrag muss in jedem Fall fristgemäß gestellt werden.

XII. Rechtskraft der Entscheidung

35 Die **Rechtskraft der Entscheidung** ist erforderlich, bevor das Betragsverfahren begonnen werden kann; vgl. hierzu → § 8 Rn. 75.

§ 10 Anmeldung des Anspruchs; Frist

(1) ¹Ist die Entschädigungspflicht der Staatskasse rechtskräftig festgestellt, so ist der Anspruch auf Entschädigung innerhalb von sechs Monaten bei der Staatsanwaltschaft geltend zu machen, welche die Ermittlungen im ersten Rechtszug zuletzt geführt hat. ²Der Anspruch ist ausgeschlossen, wenn der Berechtigte es

---

[36] LG Bamberg 25.10.1983 – Qs 146/83, JurBüro 1984, 65 f. mit zust. Anm. *Mümmler*; ders. JurBüro 1984, 823; 1986, 1473.
[37] LG Osnabrück 15.3.1985 – 9 T 18/85, AnwBl 1985, 335 f. (zu § 132 BRAGO).
[38] *Meyer* Rn. 34.
[39] BGH 9.12.1975 – 7 BJs 176/74, BGHSt 26, 250 = NJW 1976, 525 mAnm *A. Mayer* LM Nr. 2 zu StrEG; *Meyer-Goßner/Schmitt* Rn. 10; *Meyer* Rn. 31.
[40] VerfGH Leipzig 27.8.2009 – Vf. 43-IV-09, juris Rn. 13.

schuldhaft versäumt hat, ihn innerhalb der Frist zu stellen. ³Die Staatsanwaltschaft hat den Berechtigten über sein Antragsrecht und die Frist zu belehren. ⁴Die Frist beginnt mit der Zustellung der Belehrung.

(2) ¹Über den Antrag entscheidet die Landesjustizverwaltung. ²Eine Ausfertigung der Entscheidung ist dem Antragsteller nach den Vorschriften der Zivilprozessordnung zuzustellen.

Schrifttum: *Haas*, Verzicht auf Haftentschädigung, MDR 1994, 9 ff.; *Meyer*, Zur Art und Weise der Erstattung der Anwaltskosten im Justizverwaltungsverfahren nach § 10 StrEG, JurBüro 1983, 645 f.

Übersicht

	Rn.
I. Allgemeines	1, 2
II. Belehrung durch die StA, Abs. 1 S. 3	3–6
1. Inhalt, Bedeutung, Bekanntmachung	3
2. Zuständigkeit für die Belehrung	4
3. Berechtigter	5
4. Zustellung an den Vertreter	6
III. Anmeldung des Anspruchs	7–16
1. Adressat der Anmeldung, Abs. 1 S. 1	7
2. Form und Inhalt der Anmeldung	8–13
a) Vertretung bei der Anmeldung; Form	8
b) Inhalt der Anmeldung	9–13
3. Anmeldefrist, Fristversäumung, Abs. 1 S. 1, 2 u. 4	14, 15
4. Nachschieben von Ansprüchen	16
IV. Verfahren der Justizbehörden	17–28
1. Staatsanwaltschaft	17
2. Prüfungsstelle	18–25
a) Bindung an die Grundentscheidung	19
b) Auslegung und Korrektur unklarer Grundentscheidungen	20
c) Keine Bindung an die Grundentscheidung	21
d) Prüfung des Entschädigungsanspruchs	22–25
3. Entscheidung über den Entschädigungsanspruch, Abs. 2 S. 1	26, 27
4. Abänderung und Rücknahme der Entscheidung	28
V. Vorschuss, Untätigkeit der Prüfungsstelle	29, 30
VI. Zustellung der Betragsentscheidung, Abs. 2 S. 2	31
VII. Zahlung der Entschädigung	32
VIII. Steuerrecht	33
IX. Gebühren und Anwaltskosten im Betragsverfahren; Beratungshilfe	34

I. Allgemeines

Das Betragsverfahren regelt § 10. Es ist nicht mehr Teil des Strafprozesses, sondern ein Justizverwaltungsverfahren, in dem der Ersatzanspruch der Höhe nach geltend gemacht, geprüft und festgesetzt wird.[1] Die StA wird nicht als Strafverfolgungsorgan, sondern als (Justiz-) Verwaltungsbehörde tätig. Der Bundesgerichtshof[2] nennt das Betragsverfahren ein dem Rechtsweg vorgeschaltetes, rechtsförmliches Verwaltungsverfahren. Hierauf sind ausschließlich die Vorschriften des StrEG, der StPO und der ergänzenden Bestimmungen der AV (abgedruckt im Anhang) anwendbar. Soweit die Auffassung vertreten wird, die Verwaltungsverfahrensgesetze des Bundes und der Länder seien jedenfalls entsprechend anzuwenden,[3] steht dem § 2 Abs. 3 Nr. 1 VwVfG entgegen. Das Verwaltungsverfahrensgesetz gilt danach nur, soweit die Tätigkeit der Nachprüfung im verwaltungsgerichtlichen Verfahren unterliegt. Dies ist, wie sich aus § 13 ergibt, gerade nicht der Fall. Auch Abs. 2 S. 2, der die Zustellung nach den Vorschriften der Zivilprozessordnung vorschreibt, ist ein Hinweis. Da die Vorentscheidung der Verwaltungsbehörde für die spätere Klage Sachurteilsvoraussetzung ist, hat die Einreichung des Antrags nach § 204 Abs. 1 Nr. 12 BGB die Hemmung der Verjährung zur Folge.[4] Leistungen nach dem Gesetz sind im Rahmen des

---

[1] Vgl. BGH 15.2.1979 – III ZR 164/77, JZ 1979, 353.
[2] 11.3.1976 – III ZR 113/74, BGHZ 66, 122 (124) = NJW 1976, 1218 (1219).
[3] *Matt* RPfl 1997, 466 (468); *Meyer* Vor § 10 Rn. 4.
[4] *Erman/Westermann*, 14. Aufl. 2014, BGB § 204 Rn. 31; *Staudinger/Peters/Jacoby* BGB § 204 Rn. 105.

Einlagensicherungsgesetzes privilegiert und erhöhen nach § 8 Abs. 2 Nr. 1 Buchst. c, Abs. 4 Nr. 2 EinSiG die Deckungssumme.

2   Voraussetzung für die Durchführung des Betragsverfahrens ist die rechtskräftige Feststellung des Strafgerichts nach §§ 8 oder 9 über die Verpflichtung der Staatskasse zur Entschädigung dem Grunde nach. Im Verfahren wegen Ordnungswidrigkeiten wird die Entscheidung über den Grund und über den Betrag von der Verwaltungsbehörde getroffen, die das Bußgeldverfahren abgeschlossen hat (§ 110 Abs. 3 OWiG; vgl. die Erläuterungen zu § 18). Die Bestimmungen der §§ 10 ff. sind auch anzuwenden, wenn sich der Anspruchsgrund aus den §§ 369–372 StPO – DDR ergibt,[5] aber nicht mehr nach endgültigem Abschluss des Entschädigungsverfahrens nach dem Recht der früheren DDR.[6]

II. Belehrung durch die StA, Abs. 1 S. 3

3   **1. Inhalt, Bedeutung, Bekanntmachung.** Nach Rechtskraft der Grundentscheidung ist der Berechtigte unverzüglich über sein Recht zu belehren, innerhalb von sechs Monaten ab Zustellung der Belehrung seine Ersatzansprüche geltend zu machen,[7] sowie über die Stelle, bei der der Antrag anzubringen ist. Über weitere Einzelheiten des Entschädigungsverfahrens muss er nicht belehrt werden.[8] Es dürfte geboten sein, die Belehrung in einer dem Berechtigten verständlichen Sprache zu erteilen, wenn er der deutschen Sprache nicht oder nicht hinreichend mächtig ist. Ein Verstoß gegen das Gebot der Unverzüglichkeit kann Amtshaftungsansprüche auslösen,[9] vor allem wegen der Ausschlussfrist des § 12. In die Belehrung wird zweckmäßig auch der vorgeschriebene Hinweis auf die Möglichkeit der Nachzahlung von Beiträgen zur Rentenversicherung, insbesondere auf die dabei zu beachtende Antragsfrist (§ 205 Abs. 2 SGB VI) mit aufgenommen.[10] Die Belehrung über das Antragsrecht und die Frist ist durch Zustellung bekannt zu machen, damit der Fristbeginn nachweisbar ist. Die Zustellung kann auch dann nicht unterbleiben, wenn schon ein bezifferter Antrag vorliegt,[11] weil sonst bis zum Ablauf der Frist des § 12 weitere Ansprüche „nachgeschoben" werden könnten. Sind Unterhaltsberechtigte bekannt, so sind sie nach § 11 Abs. 2 ebenfalls zu belehren, denn ihnen steht ein selbständiges Antragsrecht zu. Eine Belehrung vor Rechtskraft der Grundentscheidung setzt die Frist nicht in Lauf,[12] dasselbe gilt, wenn die Frist nicht oder nicht richtig angegeben ist oder wenn es an der Zustellung fehlt. Fehlt der Nachweis der formgerechten Zustellung oder ist das Schriftstück unter Verletzung zwingender Zustellungsvorschriften zugegangen, so gilt es allerdings nach § 189 ZPO in dem Zeitpunkt als zugestellt, in dem das Schriftstück dem Adressaten tatsächlich zugegangen ist. Doch läuft in jedem Fall von der Rechtskraft der Grundentscheidung an die einjährige Ausschlussfrist des § 12.

4   **2. Zuständigkeit für die Belehrung.** Zuständig für die Belehrung ist die StA, welche die Ermittlungen im ersten Rechtszug zuletzt geführt hat, Abs. 1 S. 1, 3. Dies gilt auch, wenn die Ermittlungen durch die Finanzbehörde geführt und deshalb von dieser die Belehrung nach § 9 erteilt wurde, denn das Betragsverfahren des § 10 gehört nicht mehr zum Ermittlungsverfahren iSd § 386 Abs. 2 AO.[13] Bei Zuständigkeitswechsel (vgl. §§ 12, 13 StPO) und bei Abgabe nach § 142a Abs. 4 GVG kommt es also nicht darauf an, dass

---

[5] BGH 9.1.1991 – 2 ARs 465/90, NStZ 1991, 245 f.; LG Berlin 27.12.1990 – 506 Kass 3/90, NStZ 91, 200.
[6] BGH 9.1.1991 – 2 ARs 465/90, NStZ 1991, 245 f.
[7] Vgl. auch Teil I A III Nr. 1 der AV, abgedruckt im Anhang.
[8] OLG München 28.11.2005 – 1 U 3275/05, OLGR 2006, 313 ff. (juris Rn. 5).
[9] *Matt* RPfl 1997, 466 (468); ein Anspruch auf Belehrung besteht aber nicht: OLG Bremen 27.11.2017 – 1 VAs 6/17, juris Rn. 7.
[10] Teil I B II Nr. 2d der AV, abgedruckt im Anhang; Muster einer Belehrung: HdB StA/*Kunz* Teil D Kap. 6 nach Rn. 102.
[11] AA *Meyer* Rn. 5, der die Zustellung lediglich für zweckmäßig hält.
[12] *Meyer-Goßner/Schmitt* Rn. 2.
[13] *Matt* RPfl 1997, 466 (468); *Meyer-Goßner/Schmitt* Rn. 1 und 2; aA *Cornelius* Rn. 2.1, weil noch Bestandteil des Grundverfahrens.

vorübergehend eine andere StA zuständig war, auch nicht, wenn die Strafverfolgungsmaßnahme während der Zuständigkeit jener StA veranlasst oder vollzogen worden war. Auch die StA des Rechtsmittelgerichts scheidet aus, selbst wenn dieses die Grundentscheidung getroffen hat. Bei **Zurückverweisung** durch das Revisionsgericht an ein Gericht im Zuständigkeitsbereich einer anderen StA nach § 354 Abs. 2 StPO wird diese zuständig.[14] Bei **Wiederaufnahme** durch ein Gericht im Bezirk einer anderen StA sollte dies ebenso sein.

3. Berechtigter. Berechtigter ist derjenige, zu dessen Gunsten das Gericht die Entschädigungspflicht der Staatskasse festgestellt hat, also nicht notwendig der frühere Beschuldigte. Berechtigter kann auch ein Dritter sein, wenn rechtsirrig zu seinen Gunsten eine Grundentscheidung ergangen und rechtskräftig geworden ist (→ Rn. 19). Der Anspruch ist nicht übertragbar (§ 13 Abs. 2), wohl aber vererblich, nachdem die Grundentscheidung rechtskräftig geworden ist.[15] Zum Tod des Beschuldigten vgl. im einzelnen → § 6 Rn. 40 und → § 13 Rn. 20; bei Insolvenz fällt ein entstandener Anspruch in die Insolvenzmasse, § 35 InsO; es kann also eine Belehrung der Erben und des Insolvenzverwalters über das Antragsrecht und die Frist sowie eine Zustellung an diese in Betracht kommen. Den gesetzlich **Unterhaltsberechtigten** soll die Belehrung ebenfalls zugestellt werden (§ 11 Abs. 2); ihr Anspruch beruht auf eigenem, nicht auf abgeleitetem Recht (vgl. die Erläuterungen zu § 11). 5

4. Zustellung an den Vertreter. An den Vertreter des Berechtigten kann nach § 10 wirksam nur zugestellt werden, wenn er eine besondere Vollmacht für das Betragsverfahren hat,[16] die häufig aber in den Vollmachtsformularen der Rechtsanwälte bereits mit enthalten ist. Die allgemeine Vollmacht des Verteidigers und die übliche Strafprozessvollmacht sowie die Bestellung zum Pflichtverteidiger berechtigen nicht zur Vertretung im Betragsverfahren. Ist für dieses nicht ausdrücklich Vertretungsvollmacht erteilt und liegt auch kein Fall gesetzlicher Vertretungsmacht vor, so ist dem Berechtigten persönlich zuzustellen.[17] Die Zustellung an den Verteidiger ohne spezielle Vollmacht setzt die Frist nicht in Lauf.[18] Wird an den Verurteilten selbst zugestellt, der im Verfahren einen Verteidiger ohne besondere Vollmacht für das Betragsverfahren hatte, kann es sich empfehlen, dem früheren Verteidiger eine formlose Abschrift unter Hinweis auf die Zustellung an den Berechtigten zu übermitteln. 6

III. Anmeldung des Anspruchs

1. Adressat der Anmeldung, Abs. 1 S. 1. Der Entschädigungsanspruch ist nach Abs. 1 S. 1 immer bei der Staatsanwaltschaft geltend zu machen, welche die Ermittlungen im ersten Rechtszug zuletzt geführt hat, → Rn. 4, auch wenn die Belehrung von den Finanzbehörden erteilt wurde. Dabei kommt es nicht darauf an, wer von der LJV mit der Prüfung des Antrags beauftragt ist. 7

2. Form und Inhalt der Anmeldung. a) Vertretung bei der Anmeldung; Form. Der Berechtige kann sich vertreten lassen,[19] muss aber dann besondere Vollmacht erteilen, → Rn. 6. Eine besondere Form ist für die Anmeldung des Anspruchs nicht vorgeschrieben. Schriftform empfiehlt sich aber immer. 8

b) Inhalt der Anmeldung. Erforderlich, aber auch ausreichend ist es, wenn der Berechtigte mit der Anmeldung die Art und den Umfang der Nachteile, für die er Entschädigung begehrt, unter Angabe von Beweismitteln konkret bezeichnet. Nach ständiger Rechtspre- 9

---

[14] *Peters*, Fehlerquellen, Bd. 3, S. 186.
[15] OLG Oldenburg 1.11.2013 – 6 U 154/13, juris Rn. 26; *Meyer-Goßner/Schmitt* Rn. 3; *Grohmann* BA 22, 233 (239).
[16] Allg. Meinung: *Meyer-Goßner/Schmitt* Rn. 3; *Matt* RPfl 1997, 466 (468).
[17] Vgl. zum Ganzen Teil I C Nr. 1, 2 der AV, abgedruckt im Anhang.
[18] *Meyer-Goßner/Schmitt* Rn. 2.
[19] 11.3.1976 – III ZR 113/74, BGHZ 66, 122 (124)= NJW 1976, 1218 (1219); Teil I B II Nr. 2h der AV.

chung dürfen die Anforderungen an die Vollständigkeit einer Anmeldung nicht überspannt werden.[20] Eine Bezifferung der Schadenshöhe ist nicht unbedingt notwendig. Ebenso wenig schadet das Fehlen einzelner Angaben und Nachweise. Die Bezifferung kann nachgeholt und die Unterlagen später vorgelegt werden. Das Fehlen einzelner Nachweise schadet nicht;[21] eine Ergänzung in Einzelheiten ist möglich[22] und einzelne Schadensposten können nachgeschoben werden (zum Nachschieben selbständiger Ansprüche → Rn. 16). Insgesamt muss die Anmeldung das Entschädigungsbegehren, also die als entschädigungsbedürftig ausgewiesenen Vermögensnachteile, so weit konkretisieren, dass die zuständige Justizverwaltungsbehörde in die Lage versetzt wird, sogleich in eine erste Prüfung des Anspruchs einzutreten.[23] Es kann als Grundregel gelten, dass die Prüfung und die Entscheidung wesentlich beschleunigt werden, wenn von vornherein möglichst vollständige Angaben gemacht und die erforderlichen Nachweise beigefügt werden.

10 **Innerhalb der Sechsmonatsfrist** ist eine konkrete Bezeichnung des Entschädigungsanspruchs unter Angabe von Beweismitteln[24] und eine genaue Darlegung und Bezifferung erforderlich. Rein deskriptive, nur der Abrundung des Vorbringens dienende Schilderungen von Vorgängen sind keine „Anmeldung".[25] Der Antragsteller muss ausdrücklich erklären, dass er auch die Erstattung der ihm im Justizverwaltungsverfahren entstandenen Anwaltskosten verlangt.[26] Nach Fristablauf sind nur noch Ergänzungen in Einzelheiten zulässig.[27] Die Justizverwaltungsbehörde wird aber gehalten sein, den Berechtigten auf das Fehlen von Unterlagen hinzuweisen und ihn aufzufordern, aus ihrer Sicht erforderliche Aufklärung zu geben und Behauptungen zu belegen. Dass nur der nachgewiesene Schaden ersetzt wird, ergibt sich aus § 7 Abs. 2.

11 Auch **nach Fristablauf** sind weitere Erläuterungen und Ergänzungen möglich. War aber innerhalb der Frist nur ganz allgemein „Entschädigung für Strafverfolgungsmaßnahmen"[28] beantragt oder der Anspruch „dem Grunde nach" angemeldet, weitere Ansprüche lediglich vorbehalten[29] und werden sie nach Grund und Höhe erst nach Fristablauf konkretisiert, ist der Anspruch ausgeschlossen.[30]

12 Auch ein **Feststellungsantrag** ist zulässig, wenn die Höhe des eingetretenen Schadens im Justizverwaltungsverfahren nicht endgültig beziffert werden kann. Bei nachträglicher Bezifferbarkeit muss der Anspruchsteller die Höhe des geltend gemachten Betrags im Justizverwaltungsverfahren noch nachschieben.[31]

13 Die Höhe des Ersatzes für den **immateriellen Schaden** der Freiheitsentziehung ergibt sich aus dem Gesetz, § 7 Abs. 3 iVm der Grundentscheidung, die den Zeitraum angibt. Dieser Teil des Anspruchs braucht daher nicht nachgewiesen zu werden, muss aber auch durch Anmeldung bei der StA geltend gemacht werden. Entschädigung wird nur für einen

---

[20] BGH 8.6.1989 – III ZR 82/88, BGHZ 108, 14 (19 f.) = NJW 1989, 2619 (1621); OLG Koblenz 11.11.1998 – 1 U 1102/97, OLGR Koblenz 1999, 127; OLG Nürnberg 26.8.2002 – 4 W 2125/02, NStZ-RR 2003, 62.
[21] BGH 8.6.1989 – III ZR 82/88, BGHZ 108, 14 (19 f.) = NJW 1989, 2619 (1621); *Meyer-Goßner/Schmitt* Rn. 4; *Meyer* Rn. 13.
[22] OLG München 28.11.2005 – 1 U 3275/05, OLGR 2006, 313 ff. (juris Rn. 5).
[23] BGH 8.6.1989 – III ZR 82/88, BGHZ 108, 14 (20) = NJW 1989, 2619 (1621); OLG Bamberg 25.5.2009 – 4 U 198/08, OLGR 2009, 534 ff.; OLG Hamm 23.3.2000 – 28 U 169/99, OLGR 2001, 129 (130).
[24] OLG Koblenz 11.11.1998 – 1 U 1102/97, OLGR Koblenz 1999, 127 ff.; 2.4.2008 – 1 W 831/07, OLGR 2009, 270 ff.; *Schütz* StV 2008, 52 (54).
[25] OLG Bamberg 25.5.2009 – 4 U 198/08, OLGR 2009, 534 ff.
[26] OLG Rostock 6.3.2003 – 1 U 171/02, NStZ-RR 2003, 320; vgl. auch *Meyer* JurBüro 1983, 645 (647).
[27] OLG Düsseldorf 10.3.1988 – 18 U 219/87, JMBlNW 1988, 164 (165); OLG München 28.11.2005 – 1 U 3275/05, OLGR 2006, 313 ff. (juris Rn. 3).
[28] Vgl. OLG Koblenz 11.11.1998 – 1 U 1102/97, OLGR Koblenz 1999, 127 (juris Rn. 12).
[29] OLG München 28.11.2005 – 1 U 3275/05, OLGR 2006, 313 ff. (juris Rn. 3).
[30] BGH 8.6.1989 – III ZR 82/88, BGHZ 108, 14 (19 f.) = NJW 1989, 2619 (1621); OLG Hamm 23.3.2000 – 28 U 169/99, OLGR 2001, 129 (130); KG 13.1.1977 – 9 W 4437/76, juris [Ls.]; *Meyer* JurBüro 1991, 1598.
[31] LG Flensburg 14.4.1998 – 2 O 115/98, JurBüro 1998, 443 [Ls.].

3. Anmeldefrist, Fristversäumung, Abs. 1 S. 1, 2 u. 4. Der Berechtigte muss seinen 14
Ersatzanspruch innerhalb von sechs Monaten seit Zustellung der Belehrung bei der StA
geltend machen. Die Frist dient dazu, dem öffentlichen Interesse an einer möglichst raschen
endgültigen Abwicklung des Entschädigungsverfahrens Rechnung zu tragen und zu verhindern, dass der Berechtigte die Geltendmachung eines Entschädigungsanspruchs unangemessen verzögern kann.[33] Die gesetzliche Anmeldefrist ist keine absolute Ausschlussfrist. Ihre
Versäumung führt nur dann zum Ausschluss des Anspruchs, wenn sie schuldhaft ist. Ein
Verschulden des Bevollmächtigen muss sich der Berechtigte wie eigenes Verschulden
zurechnen lassen;[34] dies gilt als allgemeiner Verfahrensgrundsatz auch nach der Aufhebung
des § 232 Abs. 2 ZPO weiter, vgl. § 85 Abs. 2 ZPO.[35] Das ist anders als bei StPO-Fristen,[36]
weil es hier, wie auch bei §§ 8 und 9, alleine um vermögensrechtliche Ansprüche geht und
nicht um Fragen von Schuld, Ehre und Freiheit.[37] Zur Pflicht des Anwalts gehört es nicht
nur, den Berechtigten über den Fristablauf aufzuklären, sondern auch, ihn rechtzeitig vorher
nochmals daran zu erinnern, damit dieser sich entscheiden kann, wenn noch nicht alles
Erforderliche getan ist.[38]

Bei verspätetem Antrag kann die Justizverwaltung **„Nachsicht"** gewähren, indem sie den 15
Antrag in der Sache bescheidet.[39] Andere wollen nur die Regeln der **Wiedereinsetzung**,[40]
manche nach den Verwaltungsverfahrensgesetzen der Länder[41] anwenden; siehe hierzu
bereits → Rn. 1. Nach einer weiteren Auffassung soll sich die Pflicht zur Berücksichtigung
unverschuldet nach Verstreichen der Sechsmonatsfrist geltend gemachter Ansprüche unmittelbar aus Abs. 1 S. 2 aus dem Tatbestandsmerkmal „schuldhaft versäumt" ergeben.[42] Die
Einhaltung der Frist des § 10 unterliegt der Nachprüfung durch die ordentlichen Gerichte
im Verfahren nach § 13[43] und damit auch die Frage, ob ein Antrag zu Recht als unzulässig
verworfen oder Nachsicht (Wiedereinsetzung) gewährt wurde. Nicht anzuwenden sind
hierauf die §§ 23 ff. EGGVG.[44] Der Anspruch ist aber endgültig ausgeschlossen, wenn die
Jahresfrist des § 12 verstrichen ist.

4. Nachschieben von Ansprüchen. Innerhalb der Frist des Abs. 1 S. 1 kann der 16
Berechtigte jederzeit weitere Ansprüche nachschieben, solange die Frist des § 12 noch nicht
abgelaufen ist. Dabei macht es keinen Unterschied, ob die Landesjustizverwaltung bereits
entschieden hat oder nicht. In letzterem Fall können die Ansprüche noch in die Entscheidung mit einbezogen werden, sofern nicht im Übrigen bereits Entscheidungsreife eingetreten ist und eine Teilentscheidung (→ § 8 Rn. 24) zu treffen ist; dann ergeht über den
nachgeschobenen Anspruch ein neuer Bescheid, für den die Klagefrist des § 13 Abs. 1

---

[32] Teil I B II der AV, abgedruckt im Anhang.
[33] BGH 11.3.1976 – III ZR 113/74, BGHZ 66, 122 (130) = NJW 1976, 1218 (1220); 8.6.1989 – III ZR 82/88, NJW 1989, 2619 (2620).
[34] BGH 11.3.1976 – III ZR 113/74, BGHZ 66, 122 ff. = NJW 76, 1218 ff.; OLG Hamm 23.3.2000 – 28 U 169/99, OLGR 2001, 129 f.; OLG München 28.11.2005 – 1 U 3275/05, OLGR 2006, 313 ff. (juris Rn. 5).
[35] *Kreft* LM Nr. 5 zu StrEG in seiner – zustimmenden – Anm. zu BGH 11.3.1976 – III ZR 113/74, BGHZ 66, 122 ff. = NJW 76, 1218 ff.
[36] Vgl. *Meyer-Goßner/Schmitt* StPO § 44 Rn. 15 ff.
[37] BGH 11.3.1976 – III ZR 113/74, BGHZ 66, 122 (126) = NJW 76, 1218 (1219).
[38] OLG Hamm 23.3.2000 – 28 U 169/99, OLGR 2001, 129 ff.
[39] Ebenso *Meyer-Goßner/Schmitt* Rn. 5; kritisch *Cornelius* Rn. 4.1; offen gelassen von BGH 8.6.1989 – III ZR 82/88, BGHZ 108, 14 (16). = NJW 1989, 2619 (1620).
[40] *Geigel/Kapsa* Kap. 21 Rn. 165; *Kröner* FS Baumann, S. 407 (416).
[41] *Matt* RPfl 1997, 466 (468).
[42] *Meyer* Rn. 14; *Schütz* StV 2008, 52 f.
[43] BGH 8.6.1989 – III ZR 82/88, BGHZ 108, 14 (16 f.) = NJW 1989, 2619 (1620); OLG Düsseldorf 10.3.1988 – 18 U 219/87, JMBlNW 1988, 164 (165).
[44] Vgl. § 23 Abs. 3 EGGVG und OLG Köln 11.7.1988 – 7 U 74/88, JMBlNW 1989, 30; allg. Meinung.

selbständig läuft. Nach Ablauf der Frist ist das Nachschieben selbständiger Ansprüche nicht mehr zulässig.[45]

IV. Verfahren der Justizbehörden

17 **1. Staatsanwaltschaft.** Der Antrag ist immer bei der StA anzubringen. In den einzelnen Bundesländern ist aber unterschiedlich geregelt, ob ihr auch die Prüfung des Anspruchs obliegt.[46] Wo dies der Fall ist, ist die StA gleichzeitig **Prüfungsstelle**. Wo nicht, legt der Leiter der Staatsanwaltschaft der dafür zuständigen Stelle unverzüglich den Antrag mit den Akten und einem Bericht vor. Dessen Inhalt ist in der AV[47] geregelt. Vgl. hierzu → Rn. 25. Werden in dem Anspruchsschreiben gleichzeitig Ansprüche auf **Erstattung von Auslagen** aus dem Strafverfahren geltend gemacht, veranlasst die StA deren getrennte Bearbeitung unter Benachrichtigung des Antragstellers.[48]

18 **2. Prüfungsstelle.** Die genaue Nachprüfung des geltend gemachten Anspruchs obliegt der Prüfungsstelle.[49] Dies ist – je nach landesrechtlicher Ausgestaltung – entweder der Leiter der Staatsanwaltschaft bei dem Landgericht oder dem Oberlandesgericht. Die Aufgaben der Staatsanwaltschaft und der Prüfungsstelle können also zusammenfallen. Die Prüfungsstelle muss aber nicht auch gleichzeitig zur Entscheidung über den Anspruch berufen sein.[50]

19 **a) Bindung an die Grundentscheidung.** Im Betragsverfahren sind die von den Landesjustizverwaltungen mit der Prüfung des Antrags beauftragten Justizbehörden an die Entscheidung des Strafgerichts über die Entschädigungspflicht nach §§ 8, 9 gebunden, vgl. → § 8 Rn. 8 und → § 9 Rn. 2. Die Bindung bezieht sich auf den Anspruchsgrund, auf die Person(en), zu deren Gunsten die Entschädigungspflicht ausgesprochen worden ist, sowie auf die bezeichnete Strafverfolgungsmaßnahme.[51] Diese Bindung gilt auch für die in der strafgerichtlichen Entscheidung angegebene Dauer der U-Haft oder anderer Maßnahmen,[52] denn über mögliche Ausschließungs- und Versagungsgründe nach §§ 5, 6, die den Anspruch auch teilweise beschränken können, hat ausschließlich die Grundentscheidung des Strafgerichts zu befinden.[53] Fehlt die Angabe des Zeitraums, besteht das Risiko, dass Entschädigung ganz versagt wird.[54] Es handelt sich dabei um eine inhaltliche, **materielle Bindungswirkung**. Daneben besteht eine **formelle Bindungswirkung** des Inhalts, dass Mängel des Grundverfahrens, wie etwa die Einhaltung der Antragsfrist des § 9 Abs. 1 S. 4 nicht mehr in Frage gestellt werden dürfen.[55] Mängel des Grundverfahrens können ausschließlich mit dem hierfür zur Verfügung stehenden Rechtsbehelf der sofortigen Beschwerde (§ 8 Abs. 3 S. 1 und 9 Abs. 2) behoben werden.[56] Die Grundentscheidung des Strafgerichts bindet also selbst dann, wenn sie rechtsfehlerhaft ist.

20 **b) Auslegung und Korrektur unklarer Grundentscheidungen.** Die Auslegung unklarer Entscheidungen ist zulässig, etwa, wenn sich aus den Urteilsgründen ergibt, dass

---

[45] OLG Hamm 6.10.1999 – 11 U 80/99, JurBüro 2001, 332 f.; OLG München 28.11.2005 – 1 U 3275/05, OLGR 2006, 313 ff. (juris Rn. 5).
[46] Vgl. zu den landesrechtlichen Vorschriften *Kunz* StrEG Anh. B.1; die aktuellen Fassungen sind in der Regel auf den Internetseiten der Landesjustizministerien zu finden.
[47] Teil I B I Nr. 2 der AV, abgedruckt im Anhang.
[48] Teil I B I Nr. 3 der AV, abgedruckt im Anhang.
[49] Teil I B II der AV, abgedruckt im Anhang.
[50] Vgl. Teil I B III der AV, abgedruckt im Anhang.
[51] BGH 15.2.1979 – III ZR 164/77, JZ 1979, 353; LG München I 1.4.1981 – 9 O 18749/80, AnwBl 1981, 292 (293); weitere Nachweise → § 8 Rn. 9.
[52] BGH 21.1.1988 – III ZR 157/86, BGHZ 103, 113 (115) = NJW 1988, 1141; 15.11.1990 – III ZR 246/89, NJW-RR 1991, 551 (552); OLG Düsseldorf 7.11.1985 – 18 U 53/85, JMBlNW 1986, 30.
[53] OLG Düsseldorf 4.6.1987 – 18 U 51/87, JMBlNW 1987, 198.
[54] OLG Düsseldorf 4.6.1987 – 18 U 51/87, JMBlNW 1987, 198; kritisch *Odenthal* MDR 1990, 961 (962).
[55] Vgl. *Schütz* StV 2008, 52 (54).
[56] BGH 31.10.1974 – III ZR 87/73, BGHZ 63, 209 ff. = NJW 1975, 350.

das Gericht nicht nur für die erlittene Untersuchungshaft, sondern zutreffend auch für die vorläufige Festnahme entschädigen wollte, dies aber im Tenor nicht zum Ausdruck kommt.[57] Sie kommt aber nicht in Betracht, wenn die Gründe der Grundentscheidung keine Hinweise bieten, dass das Gericht für über den Antrag hinausgehende Maßnahmen Entschädigung zusprechen wollte.[58] Eine Auslegung kann aber keine Ermessensentscheidungen zum Haftungsgrund betreffen.[59] Hat das Gericht ausgesprochen, dass der im Wiederaufnahmeverfahren freigesprochene Beschuldigte für die – genau bezeichnete – Zeit seiner Strafhaft zu entschädigen ist, dabei aber übersehen, dass ein Teil dieser Strafhaft für andere Verfahren verbüßt wurde, so soll eine **nachträgliche Korrektur** im Wege der Berichtigung durch den Ausgangsrichter zulässig sein.[60] Auch für andere Fälle soll eine **Ergänzung** der Grundentscheidung innerhalb der Fristen der §§ 10 ff. möglich sein.[61] Das ist bedenklich[62] und zwar wegen der Rechtskraft der Grundentscheidung. Eine analoge Anwendung des **§ 458 Abs. 2 StPO**[63] scheitert daran, dass § 458 StPO nicht Ausdruck eines allgemeinen Rechtsgedankens ist.[64] Zur **Nachholung** – auch teilweise – unterbliebener Grundentscheidungen vgl. → § 8 Rn. 29.

c) Keine Bindung an die Grundentscheidung. Keine Bindungswirkung können aber strafgerichtliche „Grundentscheidungen" bei ihrer Nichtigkeit erzeugen.[65] Hierfür gelten die allgemeinen Grundsätze über die Unwirksamkeit strafgerichtlicher Entscheidungen.[66] Dass diese schlechthin rechtswidrig sind,[67] genügt nicht. Nichtig sind etwa Entscheidungen, die im Gesetz nicht vorgesehene Rechtsfolgen aussprechen. Deshalb wäre eine Grundentscheidung unwirksam, mit der über einzelne Schadensposten (zB Verteidigergebühren) oder gar über die **Höhe des Anspruchs** befunden würde. Für einen solchen Ausspruch fehlt dem Strafgericht die Zuständigkeit. Deshalb hätte im Fall des LG München I[68] eine Bindung an den Ausspruch des Strafgerichts, es seien „die entstandenen Verteidigerkosten" zu ersetzen, nicht bestanden. Aus den obigen Gründen bindet auch eine Entscheidung nicht, die deshalb keine gesetzliche Grundlage hat, weil ein Anspruch für eine nicht entschädigungsfähige Strafverfolgungsmaßnahme zuerkannt wird.[69] Das gleiche soll für eine Grundentscheidung gelten, die Entschädigung für eine – teilweise – nicht vollzogene Strafverfolgungsmaßnahme zuspricht.[70] Das LG Flensburg[71] will diese Rechtsprechung auf Fälle ausdehnen, in denen einem Dritten, der nicht in den Schutzbereich des StrEG fällt,[72] Entschädigung zuerkannt wird. Dieser Entscheidung ist indes nicht zu folgen. Auch der Ausspruch in der Grundentscheidung darüber, wem eine Entschädigung zusteht, ist bindend und kann im Betragsverfahren nicht mehr in Zweifel gezogen werden.[73] Im Falle der Unwirksamkeit

---

[57] BGH 24.9.2009 – 3 StR 350/09, StraFo 2010, 87 (88): Neufassung des Ausspruchs über die Entschädigung im Revisionsverfahren.
[58] OLG München 28.4.2011 – 1 U 2652/10, juris Rn. 38.
[59] *Meyer* Vor § 10 Rn. 6, der aber wegen der Bindungswirkung bei der Auslegung zu weit geht.
[60] OLG Düsseldorf 28.1.1980 – 5 Ws 160/79, MDR 1980, 958.
[61] *Odenthal* MDR 1990, 961.
[62] Ebenso *Meyer* § 8 Rn. 44.
[63] So *Meyer* § 8 Rn. 44 und Vor §§ 10–13 Rn. 6.
[64] *Odenthal* MDR 1990, 961 (963).
[65] Vgl. BGH 15.2.1979 – III ZR 164/77, JZ 1979, 353; LG München I 1.4.1981 – 9 O 18749/80, AnwBl 1981, 292 (293); auch *Schütz* StV 2008, 52 (54).
[66] BGH 15.2.1979 – III ZR 164/77, JZ 1979, 353; zu diesen Gründen allgemein *Meyer-Goßner/Schmitt* Einl. Rn. 105 ff.
[67] So *Meyer* Vor § 10 Rn. 8.
[68] 1.4.1981 – 9 O 18749/80, AnwBl 1981, 292.
[69] OLG Nürnberg 25.3.2008 – 4 U 127/08, unveröffentlicht; OLG Jena 10.2.1999 – 3 W 57/99, JurBüro 2000, 671 [Ls.]; 27.6.2000 – 3 U 849/99, JR 2001, 243 (244) mit zust. Anm. *Meyer*; LG Nürnberg-Fürth 11.12.2007 – 4 O 7038/07: Zwangsstillegung eines Fahrzeugs.
[70] LG Flensburg 28.5.1999 – 2 O 155/99, JurBüro 1999, 500 f. [Ls.]; 12.2.2002 – 2 O 20/02, JurBüro 2002, 333; bedenklich.
[71] 4.5.2001 – 2 O 105/01, JurBüro 2001, 498 (501) – bei *Meyer*; anders noch *ders.* GA 1984, 30.
[72] Vgl. → Einl. Rn. 37 ff.
[73] BGH 15.2.1979 – III ZR 164/77, JZ 1979, 353; OLG Bamberg 4.11.1988 – Ws 545/88, NStZ 1989, 185 f.

muss eine neue Grundentscheidung herbeigeführt werden, da sie im Betragsverfahren nicht nachgeholt werden kann.

22 **d) Prüfung des Entschädigungsanspruchs.** Anhaltspunkte und Richtlinien für die Prüfung, Bewertung und Berechnung enthält Teil I B II der AV. Danach sind die Ansprüche grundsätzlich beschleunigt zu prüfen; von kleinlichen Beanstandungen ist abzusehen. Eine Amtsermittlung findet nicht statt. Vielmehr ist es Sache des Antragstellers, seine Ansprüche darzulegen und nachzuweisen. Die bloße Glaubhaftmachung genügt nicht. Die Prüfungsstelle kann die Angaben des Anspruchstellers in jeder geeigneten Weise nachprüfen und muss nötigenfalls Ermittlungen anstellen. Dabei kann sie Amtshilfe in Anspruch nehmen; soweit sie die Polizei einschaltet, sind deren Beamte nicht Ermittlungspersonen der StA nach § 152 GVG. Bei den Nachforschungen muss so verfahren werden, dass nicht der Eindruck entsteht, es handle sich um ein strafrechtliches Ermittlungsverfahren.[74] Die Behauptung,[75] die Polizei sei mit diesen Ermittlungen „psychologisch überfordert" und führe sie verzögerlich und in erkennbar einseitiger Weise, findet in der Praxis keine Entsprechung. Die Prüfungsstelle wird auch den Akteninhalt in die Überprüfung mit einbeziehen und bei Widersprüchen mit dem Vorbringen des Berechtigten im Entschädigungsverfahren strenge Anforderungen an einen Nachweis stellen. Zwar gehört die Prüfungsstelle nicht zu den in § 35 SGB I genannten Stellen, denen trotz des Sozialgeheimnisses Auskunft erteilt werden muss. Sie ist diesen aber nach § 69 Abs. 2 Nr. 1 SGB X gleich gestellt. § 208 SGB VII regelt die Datenübermittlung durch die Deutsche Post AG soweit sie Aufgaben der Unfallversicherung wahrnimmt. Die Zulässigkeit der Erhebung, Verarbeitung und Nutzung von Daten regelt auch § 18f SGB IV. Nach Abs. 2 Satz 2 gilt Satz 1 für die in § 69 Abs. 2 SGB X genannten Stellen entsprechend; hierzu gehören auch die Stellen, die Leistungen nach dem Gesetz zu erbringen haben.[76] Zur Feststellung und Berechnung des Vermögensschadens; vgl. im Übrigen die Erläuterungen zu § 7.

23 Auch auf **Aufrechnungsmöglichkeiten** wird die Prüfungsstelle achten, denn nicht selten bestehen Ansprüche wegen offener Geldstrafen, Kosten oder Steuerschulden; eine entsprechende Prüfung, Berichterstattung und die Berücksichtigung bei einem etwaigen Vorschuss sieht die AV ausdrücklich vor.[77]

24 Der Frage, ob selbständige Ersatzansprüche gesetzlich **Unterhaltsberechtigter** (§ 11) zu Recht geltend gemacht werden, geht die Prüfungsstelle ebenfalls nach. Sie achtet darauf, dass Doppelzahlungen vermieden werden und führt ggf. eine Einigung der Beteiligten über die Aufteilung der Gesamtentschädigung herbei.[78]

25 **Die Prüfungsstelle berichtet,** wenn sie nicht selbst zur Entscheidung über den Anspruch befugt ist, auf dem Dienstweg an die für die Entscheidung zuständige Stelle.[79] In dem Bericht legt sie das Ergebnis ihrer Ermittlungen dar. Er enthält Angaben dazu, welche Strafverfolgungsmaßnahmen gegen den Berechtigten vollzogen worden sind, welche Entscheidung das Gericht über die Entschädigung getroffen hat und ob der Entschädigungsanspruch rechtzeitig geltend gemacht worden ist und ob und in welcher Höhe nach §§ 7, 11 zu ersetzende Schäden entstanden sind. Er befasst sich auch damit, ob Unterhaltsberechtigte über ihr Antragsrecht belehrt worden sind und ob sie Ansprüche geltend gemacht haben, ob aus dem Strafverfahren Umstände bekannt geworden sind, die für die Bearbeitung des Entschädigungsanspruchs wesentlich sein könnten und ob dem Berechtigten Ersatzansprüche gegen Dritte zustehen könnten, die nach § 15 Abs. 2 auf die Staatskasse übergehen. Zweckmäßig erscheint ein Eingehen auf die Frage, ob die Verfolgung übergegangener Ansprüche erfolgversprechend erscheint.

---

[74] Teil I B II Nr. 4 der AV, abgedruckt im Anhang.
[75] *Dahs* Rn. 375.
[76] *Knospe* in *Hauck/Noftz*, SGB, 07/15, SGB IV § 18f Rn. 28.
[77] Teil I B I Nr. 2e, B II Nr. 2 und 8 der AV abgedruckt im Anhang.
[78] Teil I B II Nr. 3 der AV, abgedruckt im Anhang.
[79] Teil I B II Nr. 5 der AV, abgedruckt im Anhang.

3. Entscheidung über den Entschädigungsanspruch, Abs. 2 S. 1. Über den Antrag 26
entscheidet die Landesjustizverwaltung, Abs. 2 S. 1. Diese kann ihre Befugnis delegieren.
Davon hat die Mehrzahl der Länder Gebrauch gemacht; in einem Teil II der AV haben die
Länder jeweils für ihren Geschäftsbereich besondere Bestimmungen über die Prüfungsstellen, die mit der Entscheidung beauftragten Stellen und den Umfang ihrer Befugnisse sowie
über die Berichtspflichten erlassen.[80] Danach werden beispielsweise der GenStA oder die
StA ermächtigt, Ansprüche abzulehnen und zuerkennende Entscheidungen bis zu einem
bestimmten Betrag zu treffen.

Die Entscheidung über den Entschädigungsanspruch muss erkennen lassen, wie sich der 27
zugesprochene Betrag zusammensetzt und in welchem Umfang und aus welchen Gründen
dem Entschädigungsantrag nicht stattgegeben wird. Ein Verstoß gegen diese Pflicht ist
allerdings folgenlos. Einer Entscheidung bedarf es nicht, wenn über den Ersatzbetrag ein
Vergleich zwischen dem Berechtigten und der LJV geschlossen wird. Eine vergleichsweise
Regelung kann sich insbesondere bei zweifelhaften Beweisfragen empfehlen und hat den
Vorteil, dass ein Rechtsstreit vermieden wird. Nach der AV[81] ist eine Durchschrift der
Entscheidung zu den Strafakten zu geben.

4. Abänderung und Rücknahme der Entscheidung. Ob und unter welchen Voraus- 28
setzungen eine Abänderung oder eine Rücknahme der Entscheidung der LJV zulässig ist,
regelt das Gesetz nicht. Zum Nachschieben weiterer Ansprüche durch den Berechtigten vgl.
bereits → Rn. 16. In § 14 ist lediglich bestimmt, dass die Entscheidung bei nachträglicher
Strafverfolgung außer Kraft tritt. Es gelten daher die allgemeinen Grundsätze: Bei einer
rechtmäßigen Entscheidung ist jede Abänderung zuungunsten des Berechtigten im Nachhinein ausgeschlossen. Eine Abänderung zugunsten des Berechtigten, etwa auf Gegenvorstellungen hin, ist sowohl bei einer rechtmäßigen wie bei einer **rechtswidrigen** Entscheidung möglich. Durch den neuen Bescheid wird aber die Frist des § 13 Abs. 1 nicht berührt,
weil sonst die LJV durch einen neuen Bescheid die Klagefrist verlängern oder gar neu
eröffnen könnte.[82] Dessen bedarf es auch nicht, denn der Berechtigte kann gegen den
Bescheid vorgehen, ohne Gegenvorstellungen zu erheben. Schwierigkeiten bereitet die
Frage der Rücknahme eines **rechtswidrigen begünstigenden** Bescheids. Die Verwaltungsverfahrensgesetze des Bundes[83] und der Länder regeln diese Frage. Diese Bestimmungen enthalten allgemeine Grundsätze, die trotz Unanwendbarkeit dieser Gesetze im Entschädigungsverfahren in entsprechender Anwendung zu beachten sind.[84]

V. Vorschuss, Untätigkeit der Prüfungsstelle

In dringenden Fällen kann ein **Vorschuss**[85] gezahlt werden. Er soll die Hälfte des für 29
begründet erachteten Anspruchs nicht übersteigen;[86] vgl. hierzu auch → § 7 Rn. 20.

Nach Auffassung des OLG Köln[87] kann der Beschuldigte in entsprechender Anwendung 30
von § 75 VwGO, § 13 Abs. 1 eine (zivilrechtliche) **Untätigkeitsklage** erheben, wenn die
Landesjustizverwaltung über einen Antrag auf Entschädigung nach dem StrEG ohne zureichenden Grund in angemessener Frist nicht entschieden hat. Da das Betragsverfahren ein
Justizverwaltungsverfahren ist, vgl. → § 10 Rn. 1), scheidet jedenfalls der Weg zu den Verwaltungsgerichten aus. Naheliegender ist der Weg über §§ 23 ff. EGGVG zu den Zivilgerich-

---

[80] Abgedruckt bei *Kunz* StrEG im Anh. B.1; die aktuelle Fassung der landesrechtlichen Ausführungsbestimmungen findet sich meist auch auf den Internetseiten der Landesjustizministerien.
[81] Teil I B III Nr. 4 der AV, abgedruckt im Anhang.
[82] LG Flensburg 28.5.1991 – 2 O 165/91, NJW-RR 1992, 695.
[83] § 48 VwVfG und hierzu *Meyer* Rn. 27.
[84] OLG München 18.2.2013 – 4 VAs 56/12, juris Rn. 35 ff.
[85] Hierzu *Meyer* JurBüro 1991, 771.
[86] Teil I B II Nr. 8 der AV, abgedruckt im Anhang.
[87] 11.7.1988 – 7 U 74/88, NStZ 1988, 508; Zustimmend *Meyer-Goßner/Schmitt* § 13 Rn. 1; *Meyer* JurBüro 1991, 771; anders *ders.* JurBüro 1991, 1599: Untätigkeitsklage vor dem Verwaltungsgericht.

ten. Unanwendbar sind auch §§ 198 ff. GVG, weil diese nur Verzögerungen in gerichtlichen Verfahren betreffen.

VI. Zustellung der Betragsentscheidung, Abs. 2 S. 2

31 Eine Ausfertigung der Entscheidung ist dem Antragsteller nach den Vorschriften der ZPO (§§ 166–195) zuzustellen.[88] Da es sich hier nicht um eine strafprozessuale Entscheidung handelt, gilt § 37 StPO nicht. Mehreren Berechtigten ist gesondert zuzustellen. Wird der Antrag ganz oder teilweise abgelehnt, so ist der Berechtigte über den Rechtsweg und die Klagefrist des § 13 Abs. 1 zu belehren.[89] Da die Belehrung nicht vom Gesetz sondern nur von der AV vorgeschrieben wird, bleibt ihr Fehlen folgenlos.[90] Wird dem Antrag in vollem Umfang stattgegeben, so ist der Berechtigte nicht beschwert und es wird auch keiner förmlichen Zustellung bedürfen.[91]

VII. Zahlung der Entschädigung

32 Die für die Entscheidung zuständige Stelle ordnet die Auszahlung der zuerkannten Entschädigung an. Die Staatsanwaltschaft wird schnellstmöglich die Aufrechnung mit Ansprüchen wegen offener Geldstrafen und Kosten erklären. Das gleiche gilt für andere zur Aufrechnung berechtigte Stellen. An einen Vertreter darf nur gezahlt werden, wenn er nachweist, dass er von dem Berechtigten zur Entgegennahme der Entschädigung ausdrücklich bevollmächtigt ist;[92] die Vertretungsvollmacht für das Entschädigungsverfahren (vgl. → Rn. 6) genügt nicht, wenn sie nicht auch die ausdrückliche Geldempfangsvollmacht enthält.

VIII. Steuerrecht

33 Die Entschädigungszahlung ist steuerpflichtig, vgl. § 24 Nr. 1a EStG. Bei der Berechnung wird in der Regel davon ausgegangen, dass die infolge eines Verdienstausfalls ersparten Beträge an Einkommen- oder Lohnsteuer dem Betrag entsprechen, den der Berechtigte im Hinblick auf die Entschädigungsleistung als Einkommensteuer zu zahlen hat.[93] Der Empfänger muss sie nachträglich versteuern, § 24 Nr. 1a EStG. Soweit dem Berechtigten aus der Tatsache, dass die Nachversteuerung nach § 34 EStG auf fünf Jahre gestreckt werden kann, Steuervorteile erwachsen, kommen diese dem Schädiger nicht zugute.[94] Andererseits können Kosten, die aufgrund einer Hausdurchsuchung entstanden sind, nicht als außergewöhnliche Belastungen geltend gemacht werden, wenn ein (rechtzeitiger) Antrag auf Entschädigung nicht gestellt worden ist.[95] Um die steuerlich Erfassung von Entschädigungszahlungen sicherzustellen, bestehen Mitteilungspflichten an die Finanzbehörden.[96]

IX. Gebühren und Anwaltskosten im Betragsverfahren; Beratungshilfe

34 Im Justizverwaltungsverfahren werden keine Kosten mit Ausnahme der Dokumentenpauschale erhoben, § 3 Nr. 5 JVKostG.[97] Die **Anwaltskosten** für die Vertretung im Justizverwaltungsverfahren des § 10 ergeben sich aus Nr. 2300 VV-RVG und sind als Teil des materiellen Entschädigungsanspruchs[98] nicht – auch nicht als Vorbereitungskosten – im

---

[88] Teil I B III Nr. 1 der AV, abgedruckt im Anhang.
[89] Teil I B III Nr. 3 der AV, abgedruckt im Anhang.
[90] BGH 17.3.1983 – III ZR 154/81, MDR 1983, 1002.
[91] Meyer Rn. 28.
[92] Teil I C Nr. 3 der AV, abgedruckt im Anhang.
[93] Teil I B II Nr. 2e der AV, abgedruckt im Anhang.
[94] LG München I 7.11.2007 – 9 O 7163/05, StRR 2008, 114 mwN.
[95] SächsFG Anhalt 11.9.2008 – 3 K 873/05, juris Rn. 29.
[96] BMF Schreiben 25.3.2004 – IV D 2-S 0229-11/04, BStBl. I 2004, 418; OFD Magdeburg VV ST OFD Magdeburg 2004-04-29 S 0229-3 St 251 29.4.2004 unter 4.1.1.1. b) und weitere.
[97] 23.7.2013, BGBl. I 2586.
[98] Vgl. Teil I B II Nr. 2h der AV, abgedruckt im Anhang.

Kostenfestsetzungsverfahren nach §§ 103 ff. ZPO festsetzbar.[99] Sie müssen vielmehr im Verfahren nach § 10 angemeldet werden, vgl. → § 10 Rn. 11 ff. Zur Höhe der Gebühren des Rechtsanwalts im Betragsverfahren → § 7 Rn. 31. Auch notwendige Auslagen sind zu ersetzen. Im Rahmen der **Beratungshilfe** sind Streitigkeiten über die Höhe der Entschädigung iSd § 2 Abs. 2 S. 1 BerHG dem Zivilrecht zuzuordnen. Beratungshilfe wird danach für Beratung und Vertretung gewährt.[100]

§ 11 Ersatzanspruch des kraft Gesetzes Unterhaltsberechtigten

(1) ¹Außer demjenigen, zu dessen Gunsten die Entschädigungspflicht der Staatskasse ausgesprochen worden ist, haben die Personen, denen er kraft Gesetzes unterhaltspflichtig war, Anspruch auf Entschädigung. ²Ihnen ist insoweit Ersatz zu leisten, als ihnen durch die Strafverfolgungsmaßnahme der Unterhalt entzogen worden ist.

(2) ¹Sind Unterhaltsberechtigte bekannt, so soll die Staatsanwaltschaft, bei welcher der Anspruch geltend zu machen ist, sie über ihr Antragsrecht und die Frist belehren. ²Im übrigen ist § 10 Abs. 1 anzuwenden.

Übersicht

	Rn.		Rn.
I. Allgemeines	1	4. Verhältnis der Ersatzansprüche	7
II. Zweck der Vorschrift	2	5. Anspruchsübergang	8
III. Der Anspruch des Unterhaltsberechtigten, Abs. 1	3–9	6. Verzicht des Beschuldigten auf Entschädigung	9
1. Gesetzliche Unterhaltspflicht	3	IV. Belehrung durch die StA, Abs. 2 S. 1	10
2. Begrenzung auf entzogenen Unterhalt	4, 5		
3. Entschädigungsanspruch, nicht Unterhaltsanspruch	6	V. Anmeldung des Anspruchs	11

I. Allgemeines

Der selbständige Entschädigungsanspruch[1] des gesetzlich Unterhaltsberechtigten steht neben dem Anspruch des Hauptanspruchsberechtigten. Aus ihm erwächst ein selbständiges Antragsrecht (→ Rn. 11). Der Anspruch ist eine Besonderheit des deutschen Rechts, galt aber schon im früheren Entschädigungsrecht. Auch die frühere DDR hatte in ihrer StPO daran festgehalten (vgl. §§ 370, 371 StPO[2]). **1**

II. Zweck der Vorschrift

Das StrEG gibt dem Unterhaltsberechtigten einen selbständigen Anspruch auf Entschädigung. Leben die gesetzlich Unterhaltsberechtigten im Haushalt des Unterhaltspflichtigen, so wird in der Regel kein Ersatzanspruch nach § 11 geltend gemacht werden; denn die Entschädigungsleistung an den Berechtigten, insbesondere für Einkommenseinbußen, wird auch den Angehörigen zugutekommen. Das ist aber nicht immer sichergestellt. Das Gesetz trifft deshalb Vorsorge, dass die Unterhaltsberechtigten nicht durch die Haft des Beschuldigten oder durch sonstige Strafverfolgungsmaßnahmen gegen ihn in Mitleidenschaft gezogen werden. Die Vorschrift will verhindern, dass der Unterhaltspflichtige die ihm zugesprochene Entschädigung in Empfang nimmt und trotzdem keinen Unterhalt zahlt, wie es insbesondere bei getrennter Lebensführung vorkommen kann. Sie will ferner den Unterhaltsberechtigten schadlos stellen, wenn und soweit er nach bürgerlichem Recht den Unterhaltsanspruch **2**

---

[99] LG Flensburg 11.2.1983 – 3 O 28/83, JurBüro 1983, 1564.
[100] LG Osnabrück 15.3.1985 – 9 T 17/85, AnwBl 85, 35 f.
[1] BT-Drs. VI/460, 9 (dort noch § 9); OLG Düsseldorf 26.9.1991 – 18 U 49/91, NJW-RR 1993, 35.
[2] Abgedruckt im Anhang zu § 16a.

gegen den Pflichtigen für die Vergangenheit nicht mehr geltend machen kann (vgl. § 1613 BGB). Der Anspruch umfasst auch die Aufwendungen Unterhaltsberechtigter für eine Krankenversicherung, wenn die Freiheitsentziehung den Wegfall der Arbeitslosenhilfe und damit den von der Bundesanstalt für Arbeit gewährten Versicherungsschutz zur Folge hat,[3] oder einen Schaden, den der Unterhaltsberechtigte dadurch erleidet, dass er zum Ausgleich der weggefallenen Unterhaltszahlungen Versicherungen mit Verlust kündigen oder einen Kredit aufnehmen muss. Schließlich bezweckt die Vorschrift, dass die kraft Gesetzes Unterhaltsberechtigten auch im Falle der postumen Wiederaufnahme des Strafverfahrens (§§ 361, 371 StPO) schadlos gestellt werden können.[4]

III. Der Anspruch des Unterhaltsberechtigten, Abs. 1

3   **1. Gesetzliche Unterhaltspflicht.** Nur den kraft Gesetzes Unterhaltsberechtigten steht der Anspruch zu. Nach Maßgabe der Vorschriften des bürgerlichen Rechts sind das: Verwandte in gerader Linie (§ 1601 BGB), Ehegatten während der Ehe (§§ 1360 ff. BGB) und nach deren Auflösung (§§ 1569 ff. BGB) sowie die Kinder, für die eine Vaterschaft nach §§ 1592a Nr. 1, 1593 BGB nicht besteht (§§ 1615a ff. BGB). Nach §§ 5, 12, 16 LPartG[5] steht dem Lebenspartner seit dem 1.8.2001 ein gesetzlicher Unterhaltsanspruch zu. Auch ein nach den Regeln des Internationalen Privatrechts zur Anwendung berufenes ausländisches Recht kann eine gesetzliche Unterhaltspflicht begründen, vgl. Art. 18 EGBGB. Durch Rechtsgeschäft unter Lebenden oder von Todes wegen begründete Rechte auf Unterhalt (zB Leibrente, §§ 759 ff. BGB) geben keinen Anspruch nach dem StrEG. Das Gesetz ist auch nicht anwendbar, wenn die Unterhaltspflicht auf unerlaubter Handlung beruht. Ob mit „Unterhalt" nur der Barunterhalt oder aber auch der Betreuungsunterhalt gemeint ist,[6] lässt sich dem Wortlaut und der Entstehungsgeschichte nicht eindeutig entnehmen. Veröffentlichte Entscheidungen hierzu fehlen.

4   **2. Begrenzung auf entzogenen Unterhalt.** Der Ersatzanspruch ist auf den entzogenen Unterhalt begrenzt. Er entfällt, wenn der Betroffene der Strafverfolgungsmaßnahme den Unterhalt erbringt, etwa während der Haft unterbliebene Unterhaltszahlungen nachträglich befriedigt. Die Strafverfolgungsmaßnahme, für die dem Unterhaltspflichtigen eine Entschädigung zugesprochen worden ist, muss ursächlich für den Ausfall des Unterhalts sein. Entzogen ist der Unterhalt, soweit ihn der Unterhaltspflichtige infolge der Maßnahme nicht leisten und der Berechtigte ihn auch nicht nachträglich beanspruchen konnte, zB wegen § 1613 BGB.[7] Dies bedeutet insbesondere, dass nur in dem Umfang ein Ersatzanspruch besteht, in dem der Unterhaltspflichtige auch unabhängig von der Strafverfolgungsmaßnahme **leistungsfähig und leistungspflichtig** gewesen wäre. Das gleiche Ergebnis würde aus § 7 Abs. 4 folgen. Soweit Unterhaltsberechtigte **von Dritten** Unterhalt oder Hilfe erhalten haben, sind diese Beträge anzurechnen. Einen Entschädigungsanspruch hat der Dritte nicht;[8] allerdings kann er geleistete Zahlungen geltend machen, soweit sie kraft Gesetzes auf ihn übergegangen sind, etwa nach § 116 SGB X.[9] Wegen der Aufwendungen für **Besuche** beim Beschuldigten als entgangenem Unterhalt vgl. → § 7 Rn. 39.

5   Seine **Höhe** richtet sich nach dem Umfang der gesetzlichen Unterhaltspflicht; ist diese vertraglich näher bestimmt, so ist das Vereinbarte zu berücksichtigen,[10] denn das Gesetz nennt das Bestehen der gesetzlichen Unterhaltspflicht nur als Anspruchsgrund und fährt fort, diesen sei „insoweit" Ersatz zu leisten, als ihnen durch die Strafverfolgungsmaßnahme „der Unterhalt" entzogen worden sei. Nach engerer Ansicht soll die vertragliche Vereinba-

---

[3] OLG Köln 13.1.2000 – 7 U 137/99, OLGR 2000, 295 (297).
[4] Löwe/Rosenberg/Gössel, 25. Aufl., StPO § 371 Rn. 29; *Peters*, Fehlerquellen, Bd. 3, S. 186.
[5] BGBl. 2001 I 266.
[6] Vgl. Gutachten des Dt. Instituts für Vormundschaftswesen 21.12.1998, Der Amtsvormund 1999, 374.
[7] Teil I B II Nr. 3a der AV, abgedruckt im Anhang.
[8] *Peters*, Fehlerquellen, Bd. 3, S. 189.
[9] OLG Köln 13.1.2000 – 7 U 137/99, OLGR 2000, 295 ff., auch zum Umfang.
[10] Ebenso *Meyer-Goßner/Schmitt* Rn. 1.

rung nur Berücksichtigung finden können, wenn diese sich noch im Rahmen des Üblichen bewegt und keine grobe Unbilligkeit zu Lasten der entschädigungspflichtigen Staatskasse entsteht.[11]

3. Entschädigungsanspruch, nicht Unterhaltsanspruch. Der Anspruch des Unterhaltsberechtigten gegen die Staatskasse ist Entschädigungsanspruch, nicht Unterhaltsanspruch. Er ist dem Grunde wie der Höhe nach von dem des unterhaltspflichtigen Beschuldigten abhängig.[12] Entschädigung wird daher nur insoweit geleistet, als der Hauptberechtigte eine Entschädigung verlangen kann. Deshalb wirken sich eine teilweise Versagung nach § 6[13] und ein Leistungsausschluss nach § 7 Abs. 4 auch auf den Anspruch des Unterhaltsberechtigten aus. Trifft letzteren ein mitwirkendes Verschulden an dem Ausfall seines Unterhalts, so ist dies nach § 254 BGB zu berücksichtigen. 6

4. Verhältnis der Ersatzansprüche. Für das Verhältnis der Entschädigungsansprüche untereinander gilt folgendes: Der Anspruch des Unterhaltsberechtigten gegen die Staatskasse kann denjenigen, der dem Beschuldigten auf Grund des Entschädigungsbeschlusses zusteht, nicht übersteigen.[14] In der Regel ist er ein Teil davon. Die Ansprüche konkurrieren in dem Sinne, dass in Höhe des entzogenen Unterhalts beide Gläubiger die Leistung fordern können, die Staatskasse aber nur einmal zu leisten braucht und durch Leistung an jeden der Gläubiger frei wird. Der aus dem Entschädigungsbeschluss Berechtigte kann den ihm entstandenen Vermögensschaden geltend machen (kein Fall der Vorteilsausgleichung), jedoch nicht einen solchen, der nur im Vermögen des Unterhaltsberechtigten entstanden ist, etwa weil dieser Erwerb oder Vermögen eingesetzt hat.[15] Das ist der Gesamtgläubigerschaft (vgl. § 428 BGB) rechtsähnlich,[16] doch besteht der Unterschied, dass die Staatskasse nicht nach Belieben an jeden der Gläubiger leisten darf, sondern durch das Gesetz gehalten ist, den Anspruch des Unterhaltsberechtigten gesondert zu erfüllen, wenn dies nach Sachlage und unter Berücksichtigung des Gesetzeszwecks angezeigt ist. Die AV enthält Richtlinien,[17] wonach ggf. eine Einigung der Beteiligten über die Aufteilung der Gesamtentschädigung herbeigeführt werden soll und mangels Einigung die Hinterlegung (vgl. §§ 372 ff. BGB) eines etwa streitigen Betrages in Betracht kommt. 7

5. Anspruchsübergang. Die Aktivlegitimation des Unterhaltsberechtigten kann aber fehlen, wenn die Unterhaltsansprüche übergegangen sind. Die besonders häufig denkbaren Fälle der Überleitung auf den Träger der Sozialhilfe regelt § 93 SGB XII SGB X (bis 31.12.2004 § 90 BSHG und den Anspruch auf Kostenersatz in § 92a BSHG). Weitere gesetzliche Regeln über den Anspruchsübergang finden sich beispielsweise in § 37 BaFöG und § 7 UVG. Der Übergang scheitert allerdings oft an den Voraussetzungen der genannten Vorschriften. Bei Verlust der Arbeitslosenhilfe durch Inhaftierung und anschließender Gewährung von Sozialhilfe bewirkt § 116 SGB X einen Übergang des Anspruchs auf den Sozialleistungs- bzw. Sozialhilfeträger.[18] § 13 Abs. 2 steht einem Forderungsübergang nicht entgegen, weil er nur die rechtsgeschäftliche Übertragung umfasst, nicht den gesetzlichen Forderungsübergang. 8

6. Verzicht des Beschuldigten auf Entschädigung. Ein etwaiger Verzicht des Beschuldigten auf seinen Entschädigungsanspruch wirkt nicht zu Lasten eines Unterhaltsberechtigten. Vgl. hierzu zunächst → § 8 Rn. 17. Verzichtet der Beschuldigte und sind zu diesem Zeitpunkt Unterhaltsberechtigte nicht bekannt, kann eine Entscheidung nach § 8 9

---

[11] Cornelius Rn. 3; Meyer Rn. 9.
[12] LG Flensburg 21.10.1980 – I Qs 190/80, JurBüro 1981, 1045 (1046).
[13] LG Flensburg 21.10.1980 – I Qs 190/80, JurBüro 1981, 1045 (1046).
[14] Ebenso OLG Düsseldorf 7.11.1985 – 18 U 53/85, JMBlNW 1986, 30 (31).
[15] OLG Düsseldorf 26.9.1991 – 18 U 49/91, NJW-RR 1993, 35, wo im Übrigen dargelegt wird, dass eine etwaige Abtretung von Ansprüchen an den Beschuldigten an § 13 Abs. 2 scheitert.
[16] Meyer-Goßner/Schmitt Rn. 2; Meyer Rn. 3.
[17] Teil I B II Nr. 3 unter b und c.
[18] Vgl. hierzu OLG Köln 13.1.2000 – 7 U 137/99, OLGR 2000, 295 ff. (zu § 90 BSHG).

unterbleiben und ggf. nachgeholt werden.[19] Nach Einstellung durch die StA haben Unterhaltsberechtigte im Grundverfahren ein eigenes Antragsrecht nach § 9 Abs. 1 S. 3.[20] Die Entscheidung ergeht aber dann im Tenor zu Gunsten des Beschuldigten. Dies ergibt sich auch aus dem Wortlut des § 11, der den Unterhaltberechtigten nur eigene Ansprüche aus einer zugunsten des Beschuldigten ergangenen Entscheidung zubilligt.[21]

IV. Belehrung durch die StA, Abs. 2 S. 1

10   Über ihr Antragsrecht nach Feststellung der Entschädigungspflicht und die sechsmonatige Anmeldefrist soll die StA die gesetzlich Unterhaltsberechtigten, die bekannt sind, **belehren**, wenn nach den Umständen die Möglichkeit besteht, dass den Unterhaltsberechtigten infolge der Strafverfolgungsmaßnahme der Unterhalt entzogen worden ist.[22] Diese sollen dadurch in die Lage versetzt werden, ihre Ansprüche geltend zu machen. Die Sollvorschrift gibt der StA einen gewissen Spielraum. So kann zB eine Belehrung unterbleiben, wenn die Unterhaltsberechtigten im Hausstand des aus dem Entschädigungsbeschluss Berechtigten leben und die Leistung an diesen voraussichtlich auch ihnen zugutekommen wird;[23] von einer Belehrung wird auch abgesehen werden können, wenn wegen der Art oder der Begrenzung der Strafverfolgungsmaßnahme mit einem Ausfall des Unterhalts nicht zu rechnen ist. Im Übrigen muss die StA aber belehren. Doch braucht sie nicht nach Unterhaltsberechtigten zu forschen;[24] nur die – aus den Akten oder sonst – bekannten Unterhaltsberechtigten sind zu belehren. Im Einzelfall kann es zweckmäßig sein, den aus der Grundentscheidung Berechtigten wegen seiner Unterhaltspflichten zu befragen.[25]

V. Anmeldung des Anspruchs

11   Dem selbständigen Anspruch entspricht ein selbständiges Antragsrecht.[26] Der Unterhaltsberechtigte muss seinen Anspruch daher nach § 10 Abs. 2 S. 2 anmelden. Das bei → § 10 Rn. 15 ff. zum Inhalt des Antrags, zur Fristversäumung und zur Vertretung Ausgeführte gilt entsprechend. Der Unterhaltsberechtigte hat eine eigene Ersatzberechtigung,[27] die er nach den allgemeinen Grundsätzen darzulegen und zu beweisen hat. Auch für ihn gilt die sechsmonatige Frist,[28] die mit der Zustellung der Belehrung nach § 11 Abs. 2 an ihn beginnt[29] und die Ausschlussfrist des § 12.

§ 12 Ausschluss der Geltendmachung der Entschädigung

Der Anspruch auf Entschädigung kann nicht mehr geltend gemacht werden, wenn seit dem Ablauf des Tages, an dem die Entschädigungspflicht rechtskräftig festgestellt ist, ein Jahr verstrichen ist, ohne daß ein Antrag nach § 10 Abs. 1 gestellt worden ist.

---

[19] OLG Stuttgart 12.5.1992 – 3 Ws 60/92, MDR 1992, 897 f.
[20] Vgl. LG Flensburg 21.10.1980 – I Qs 190/80, JurBüro 1981, 1045 (1046). Allerdings bezieht sich der in dieser Entscheidung in Bezug genommene Teil I A III Nr. 2 der AV (im Anhang abgedruckt) nicht auf die Belehrung im Grundverfahren, sondern auf die im Betragsverfahren. Ähnlich *Meyer* Rn. 2.
[21] *Meyer* Rn. 2.
[22] Vgl. auch Teil I A III Nr. 2 der AV, abgedruckt im Anhang.
[23] *Meyer-Goßner/Schmitt* Rn. 3; *Meyer* Rn. 19.
[24] *Meyer-Goßner/Schmitt* Rn. 3.
[25] Vgl. hierzu auch Teil I B II Nr. 3b S. 2 der AV (abgedruckt im Anhang), wenn auch im Zusammenhang mit der Gefahr von Doppelzahlungen.
[26] LG Flensburg 21.10.1980 – I Qs 190/80, JurBüro 1981, 1045 (1046).
[27] OLG Düsseldorf 26.9.1991 – 18 U 49/91, NJW-RR 1993, 35.
[28] OLG Düsseldorf 26.9.1991 – 18 U 49/91, NJW-RR 1993, 35.
[29] LG Flensburg 21.10.1980 – I Qs 190/80, JurBüro 1981, 1045 (1046); *Meyer-Goßner/Schmitt* Rn. 3; *Meyer* Rn. 20.

I. Verwirkung des Anspruchs

Der Anspruch auf Zahlung einer Entschädigung ist verwirkt, wenn seit der Rechtskraft 1
der Grundentscheidung (§§ 8 oder 9) ein Jahr vergangen ist, ohne dass der Berechtigte den
Anspruch nach § 10 geltend gemacht hat. Die Vorschrift soll dem öffentlichen Interesse an
einer möglichst raschen endgültigen Abwicklung von Entschädigungsverfahren dienen.[1]
Dies dient einmal fiskalischen Interessen und ermöglicht es dem Staat, sich alsbald einen
Überblick über bestehende Entschädigungspflichten zu verschaffen.[2] Hinter der Vorschrift
steht aber auch die Erfahrung, dass zuweilen nach Jahr und Tag noch versucht wird, gewisse
Unregelmäßigkeiten in der Entwicklung des Einkommens oder im Beruf nachträglich auf
die Strafverfolgung zurückzuführen. Das kann unlösbare Beweisschwierigkeiten verursachen.[3]

II. Absolute Ausschlussfrist

Die Frist ist eine absolute Ausschlussfrist.[4] Nach ihrem Ablauf wird jeder Entschädigungs- 2
antrag unzulässig.[5] Auf Verschulden kommt es nicht an.[6] Wiedereinsetzung gegen ihre
Versäumung kommt ebenso wenig in Betracht[7] wie „Nachsicht". Sie beginnt mit der
Rechtskraft der die Entschädigung für eine bestimmte Strafverfolgungsmaßnahme dem
Grunde nach zusprechenden Entscheidung. Werden für verschiedene Strafverfolgungsmaßnahmen sukzessive mehrere Grundentscheidungen getroffen, laufen die Fristen gesondert.
Wird aber für eine entschädigungspflichtige Maßnahme deren Dauer nachträglich lediglich
klarstellend ausgesprochen, bleibt für die Fristberechnung der Zeitpunkt der Rechtskraft
der ursprünglichen Entscheidung unberührt.[8] Die Frist läuft auch, wenn die Belehrung
über das Antragsrecht und die Antragsfrist oder deren Zustellung nach §§ 10 Abs. 1 und 11
Abs. 2 unterblieben sind.[9] Aber auf die Frist nach § 12 ist § 210 BGB über die Ablaufhemmung gegenüber nicht voll Geschäftsfähigen entsprechend anzuwenden.[10] Die Frist ist in
jeder Lage des gerichtlichen Verfahrens von Amts wegen zu beachten.[11] Zu dieser Prüfung
gehört auch, welche von mehreren strafrichterlichen Entscheidungen die verbindliche
Grundentscheidung nach § 8 darstellt.[12]

§ 13 Rechtsweg; Beschränkung der Übertragbarkeit

(1) ¹Gegen die Entscheidung über den Entschädigungsanspruch ist der Rechtsweg gegeben. ²Die Klage ist innerhalb von drei Monaten nach Zustellung der
Entscheidung zu erheben. ³Für die Ansprüche auf Entschädigung sind die Zivil-
kammern der Landgerichte ohne Rücksicht auf den Wert des Streitgegenstandes
ausschließlich zuständig.

---

[1] BT-Drs. VI/460, 13; Bericht des Rechtsausschusses BT-Drs. VI/1512, 4.
[2] BGH 16.10.1980 – III ZR 94/79, BGHZ 79, 1 (3) = NJW 1981, 285; BGH 8.6.1989 – III ZR 82/
88, BGHZ 108, 14 (19) = NJW 1989, 2619 (1620).
[3] BGH 8.6.1989 – III ZR 82/88, BGHZ 108, 14 (19) = NJW 1989, 2619 (1620).
[4] BGH 16.10.1980 – III ZR 94/79, BGHZ 79, 1 = NJW 1981, 285; OLG Düsseldorf 7.11.1985 – 18
U 53/85, JMBlNW 1986, 30; *Meyer-Goßner/Schmitt* Rn. 1; *Meyer* Rn. 2.
[5] OLG Düsseldorf 7.11.1985 – 18 U 53/85, JMBlNW 1986, 30; *Meyer-Goßner/Schmitt* Rn. 1; *Meyer* Rn. 2.
[6] OLG München 28.11.2005 – 1 U 3275/05, OLGR 2006, 313 ff. (juris Rn. 3).
[7] BGH 8.6.1989 – III ZR 82/88, BGHZ 108, 14 (16) = NJW 1989, 2619 (1620); *Meyer-Goßner/Schmitt*
Rn. 1.
[8] BGH 8.6.1989 – III ZR 82/88, BGHZ 108, 14 (18) = NJW 1989, 2619 (1620).
[9] BGH 8.6.1989 – III ZR 82/88, BGHZ 108, 14 (17) = NJW 1989, 2619 (1620); OLG Düsseldorf
7.11.1985 – 18 U 53/85, JMBlNW 1986, 30.
[10] BGH 16.10.1980 – III ZR 94/79, BGHZ 79, 1 (3) = NJW 1981, 285 f. (zu § 206 BGB aF).
[11] BGH 11.3.1976 – III ZR 113/74, BGHZ 66, 122 (130)= NJW 1976, 1218 (1219); 16.10.1980 – III
ZR 94/79, BGHZ 79, 1 (2) = NJW 81, 285; 8.6.1989 – III ZR 82/88, BGHZ 108, 14 (17) = NJW 1989,
2619 (2620); OLG Düsseldorf 7.11.1985 – 18 U 53/85, JMBlNW 1986, 30 (31); *Meyer* Rn. 2; *Meyer-Goßner/
Schmitt* Rn. 1.
[12] BGH 8.6.1989 – III ZR 82/88, BGHZ 108, 14 (17) = NJW 1989, 2619 (1620).

(2) Bis zur rechtskräftigen Entscheidung über den Antrag ist der Anspruch nicht übertragbar.

Schrifttum: *Meyer,* Zur Frage der entsprechenden Anwendung des § 13 Abs. 2 StrEG (Übertragungsverbot) im Falle der teilweisen Erledigung der Entschädigungsforderung im Justizverwaltungsverfahren, JurBüro 1979, 329 ff.; *ders.,* Strafrechtsentschädigungs- und Amtshaftungsansprüche im Zivilprozeß, JurBüro 1991, 1433 ff.

Übersicht

	Rn.		Rn.
I. Rechtsweg, Abs. 1 S. 1	1	1. Bindung an die strafgerichtliche Entscheidung	11, 12
II. Klagefrist, Abs. 1 S. 2	2–4	2. Keine Bindung an die Betragsentscheidung der Landesjustizverwaltung	13, 14
III. Zuständigkeit und Gerichtsstand, Abs. 1 S. 3	5	IX. Rechtskraftwirkung	15
IV. Klagebefugnis, Klagegegner, Zustellungsadressat	6, 7	X. Übertragbarkeit des Anspruchs, Abs. 2	16–22
V. Anforderungen an die Klageschrift und den Klagevortrag	8	1. Anspruch nicht rechtsgeschäftlich übertragbar	16–18
VI. Gebühren und Auslagen des Rechtsanwalts	9	2. Keine Pfändung, keine Aufrechnung	19
VII. Rechtsschutzversicherung	10	3. Vererblichkeit	20, 21
VIII. Prüfungsumfang	11–14	4. Insolvenz	22
		XI. Einlagensicherung	23

I. Rechtsweg, Abs. 1 S. 1

1   Den Rechtsweg, Abs. 1 S. 1, zu den ordentlichen Gerichten eröffnet § 13. Die Klage setzt voraus, dass die Justizverwaltungsbehörde den vom Berechtigten nach § 10 oder vom Unterhaltsberechtigten nach § 11 geltend gemachten Zahlungsanspruch ganz oder zum Teil abgelehnt hat, gleichviel, ob aus rechtlichen (zB Ausschluss des Anspruchs wegen Fristablaufs) oder tatsächlichen Gründen (zB Beweisfragen). Fehlt es an einem abgeschlossenen Justizverwaltungsverfahren nach § 10 hinsichtlich eines (Teil-) Anspruchs, so ist die Klage (insoweit) unzulässig.[1] Eine Erhöhung der Klageforderung nach Ablauf der Dreimonatsfrist soll dann nicht mehr möglich sein, selbst wenn sie hinter der im Verwaltungsverfahren geltend gemachten zurückbleibt.[2] Der Zivilrechtsweg ist aber nicht gegeben, wenn der Strafrichter den Antrag, die Entschädigungspflicht der Staatskasse festzustellen, als unbegründet oder unzulässig abgewiesen hat.[3] Die Klage ist daher unzulässig, wenn es an einer rechtskräftigen, einen Entschädigungsanspruch bejahenden Grundentscheidung des Strafgerichts nach §§ 8 oder 9 fehlt.[4] Das Justizverwaltungsverfahren muss bezüglich des geltend gemachten Streitgegenstandes abgeschlossen sein, da der Zivilrechtsweg nur „gegen die Entscheidung über den Entschädigungsanspruch" eröffnet ist.[5] Ein bei der Justizverwaltungsbehörde nicht oder nicht ordnungsgemäß, insbesondere nicht rechtzeitig geltend gemachter (Teil-) Anspruch kann vor Gericht daher nicht erstmals beansprucht werden.[6]

---

[1] OLG München 6.9.2004 – 1 Ws 1660/04, OLGR 2006, 207; LG Mainz 1.7.2004 – 4 O 140/04, juris Rn. 5; *Schütz* StV 2008, 52 (53).
[2] LG München I 7.11.2007 – 9 O 7163/05, StRR 2008, 114.
[3] BGH 9.4.1987 – III ZR 3/86, BGHZ 100, 335 ff. = NJW 1987, 2573 (2574); aA LG Mainz 1.7.2004 – 4 O 140/04, juris Rn. 6: unbegründet.
[4] OLG Frankfurt a. M. 4.5.2009 – 1 W 10/09, juris Rn. 14; *Schütz* StV 2008, 52 (53).
[5] OLG München 28.11.2005 – 1 U 3275/05, OLGR 2006, 313 ff. (juris Rn. 8); 18.2.2013 – 4 VAs 56/12, juris Rn. 23; LG Mainz 1.7.2004 – 4 O 140/04, juris Rn. 5.
[6] OLG Hamm 6.10.1999 – 11 U 80/99, JurBüro 2001, 332 f.; OLG Koblenz 11.11.1998 – 1 U 1102/97, OLGR Koblenz 99, 127; OLG München 12.1.1978 – 1 U 3088/77, juris Rn. 40; 28.11.2005 – 1 U 3275/05, OLGR 2006, 313 ff. (juris Rn. 7); OLG Nürnberg 26.8.2002 – 4 W 2125/02, NStZ-RR 2003, 62; OLG Rostock 6.3.2003 – 1 U 171/02, NStZ-RR 2003, 320; LG Flensburg 14.4.1998 – 2 O 115/98, JurBüro 1998, 443 [Ls.]; 6.7.2000 – 2 O 207/00, JurBüro 2000, 613 [Ls.].

Das gilt auch für Anwaltskosten für die Vertretung im Justizverwaltungsverfahren.[7] Sie können auch nicht als Kosten des Rechtsstreits über den Entschädigungsanspruch geltend gemacht werden,[8] vgl. auch Teil I Nr. II Ziff. 2 lit. h der AV. Dies dient nicht nur der Verfahrensökonomie. Auch müsste der Staat andernfalls zur Vermeidung von Kostennachteilen den Anspruch ohne die Möglichkeit einer eingehenden Prüfung gemäß § 94 ZPO innerhalb knapp bemessener prozessualer Fristen anerkennen.[9] Dabei kommt es nicht darauf an, ob die Frist des § 12 abgelaufen ist oder nicht.[10] Die Klage ist – insoweit – unzulässig. Dies gilt auch, wenn der Betrag im Justizverwaltungsverfahren noch nicht beziffert werden konnte, denn in diesem Verfahren ist auch ein Feststellungsbegehren möglich.[11] Vor Ablauf der Fristen der §§ 10, 12 kann aber unter Umständen das Justizverwaltungsverfahren noch nachgeholt und dann Klage erhoben werden. Das für eine Klage erforderliche Rechtsschutzbedürfnis setzt aber nicht voraus, dass bereits bei Klageerhebung eine ablehnende Entscheidung im Verwaltungsverfahren vorliegt; es reicht aus, wenn diese vor der letzten mündlichen Verhandlung ergangen ist.[12] Wird der Anspruch nachträglich bezifferbar, muss er im Verfahren nachgeschoben werden, wenn dies noch möglich ist.[13] War der erhobene Anspruch voll zuerkannt, so fehlt das Rechtsschutzbedürfnis für die Klage. Der Rechtsweg nach § 13 schließt die Anwendung der §§ 23 ff. EGGVG aus.[14] Zum Rechtsweg bei Untätigkeit der Landesjustizverwaltung vgl. → § 10 Rn. 30. Für eine **Klage auf Auszahlung** des Entschädigungsbetrags nach Aufrechnung durch den Fiskus oder an einen Dritten, der etwa eine wirksame Abtretung behauptet, gelten die Vorschrift und damit auch deren Frist nicht.[15]

II. Klagefrist, Abs. 1 S. 2

Die Klagefrist, Abs. 1 S. 2, beträgt drei Monate seit (wirksamer) Zustellung der Entscheidung der Justizverwaltungsbehörde. Die Wahrung der Frist ist eine besondere Zulässigkeitsvoraussetzung.[16] Die Klagefrist ist Ausschlussfrist.[17] Sie will dem öffentlichen Interesse an einer möglichst raschen endgültigen Abwicklung des Entschädigungsverfahrens Rechnung tragen und verhindern, dass der Berechtigte die Geltendmachung eines Entschädigungsanspruchs unangemessen verzögern kann.[18] Die Ausschlussfrist stellt eine mit Art. 14 Abs. 1 S. 2 GG vereinbare gesetzliche Bestimmung von Inhalt und Schranken des Eigentums dar.[19] Ihre Einhaltung ist von Amts wegen zu prüfen; das beklagte Land muss sich auf die Nichteinhaltung der Frist also nicht berufen.[20] Die Klagefrist wird durch den Eingang der Klage[21] oder die Klageerhebung[22] bei einem örtlich und sachlich unzuständigen Gericht gewahrt. Da beim Amtsgericht kein Anwaltszwang besteht, kann dies dort auch durch eine anwaltschaftlich nicht vertretene Partei wirksam erfolgen.[23] Die Beantragung und Zustellung eines

2

---

[7] OLG Rostock 6.3.2003 – 1 U 171/02, NStZ-RR 2003, 320; LG Flensburg 29.1.2002 – 2 O 4/02, JurBüro 2002, 277 [Ls.] und 23.7.2002 – 2 O 136/02, JurBüro 2003, 166 [Ls.].
[8] OLG Stuttgart 30.11.1995 – 8 W 616/95, NStZ-RR 1996, 256.
[9] OLG München 28.11.2005 – 1 U 3275/05, OLGR 2006, 313 ff. (juris Rn. 10).
[10] Insoweit einschränkend OLG München 28.11.2005 – 1 U 3275/05, OLGR 2006, 313 ff. (juris Rn. 6).
[11] *Schütz* StV 2008, 52 (53).
[12] OLG Nürnberg 20.2.2008 – 4 U 1780/07, MDR 2008, 708.
[13] OLG Flensburg 14.4.1998 – 2 O 115/98, JurBüro 1998, 443 [Ls.].
[14] OLG Hamburg 4.5.1977 – VAs 2/77, juris Rn. 3; OLG Köln 11.7.1988 – 7 U 74/88, JMBlNW 1989, 30.
[15] OLG Koblenz 11.2.2008 – 1 W 855/07, OLGR 2008, 415 f.
[16] BGH 17.3.2016 – III ZR 200/15, juris Rn. 16; *Meyer* Rn. 5.
[17] BGH 30.11.2006 – III ZB 22/06, NJW 2007, 439 (441); LG Flensburg 28.5.1991 – 2 O 165/91, NJW-RR 1992, 695.
[18] BGH 11.3.1976 – III ZR 113/74, BGHZ 66, 122 (130) = NJW 1976, 1218 (1220); BGH 8.6.1989 – III ZR 82/88, NJW 1989, 2619 (2620).
[19] BGH 17.3.2016 – III ZR 200/15, juris Rn. 29.
[20] *Schütz* StV 2008, 52 (53).
[21] *Meyer* Rn. 9.
[22] OLG Nürnberg 20.2.2008 – 4 U 1780/07, MDR 2008, 708.
[23] OLG Nürnberg 20.2.2008 – 4 U 1780/07, MDR 2008, 708; LG Stuttgart 4.3.2008 – 15 O 315/07, juris Rn. 34.

Mahnbescheides ist im Falle der alsbaldigen Abgabe der Sache nach Widerspruch an das Streitgericht für die Wahrung der Frist ausreichend. Das Mahnverfahren ist nur eine besondere Art der Prozesseinleitung.[24] Gegen die Versäumung der Frist gibt es **keine Wiedereinsetzung.** Mit ihrem Ablauf ist das Klagerecht verwirkt; eine verspätet erhobene Klage ist als unzulässig abzuweisen. Der Partei sind die Verzögerungen zuzurechnen, die sie oder ihr Prozessbevollmächtigter (§ 85 Abs. 2 ZPO) bei gewissenhafter Prozessführung hätte vermeiden können,[25] vgl. zur ähnlichen Fragestellung bei § 10 → § 10 Rn. 14. Bei schuldhafter Versäumung der Frist durch das Verhalten eines Dritten bleiben dem Berechtigten nur Schadensersatzansprüche nach den allgemeinen Regeln.[26] Die AV sieht vor,[27] dass der Berechtigte über den Rechtsweg und die Klagefrist zu belehren ist, wenn sein Antrag ganz oder teilweise abgelehnt worden ist. Das Fehlen einer Belehrung hindert den Ablauf der Klagefrist aber nicht, weil eine dem § 58 VwGO entsprechende allgemeine Regel dem Verfahren vor den Zivilgerichten fremd ist und § 13 keine Rechtsbehelfsbelehrung vorsieht.[28] Auch § 10 schreibt sie nicht vor. Wenn die Landesjustizverwaltung, die den Anspruch endgültig abgelehnt hat, auf neues Vorbringen erneut ablehnend entscheidet, setzt dies die Klagefrist nicht erneut in Lauf.[29] Sonst könnte die gesetzliche Frist umgangen werden.

3   Für die **Erhebung der Klage** kommt es nach § 253 Abs. 1 ZPO grundsätzlich auf deren Zustellung an. Soll durch die Zustellung – wie hier – eine Frist gewahrt werden, tritt diese Wirkung nach § 167 ZPO bereits mit Eingang des Antrags oder der Erklärung ein, wenn die Zustellung demnächst erfolgt. Diese Bestimmung ist auch auf die Klagefrist des § 13 Abs. 1 S. 2 anwendbar.[30] Ob eine Zustellung „demnächst" im Sinne des § 167 ZPO erfolgt ist, beurteilt sich nach dem Sinn und Zweck dieser Regelung. Danach soll die Partei bei der Zustellung von Amts wegen vor Nachteilen durch Zustellungsverzögerungen innerhalb des gerichtlichen Geschäftsbetriebs bewahrt werden. Denn derartige Verzögerungen liegen außerhalb ihres Einflussbereiches. Dagegen sind der Partei die Verzögerungen zuzurechnen, die sie oder ihr Prozessbevollmächtigter (§ 85 Abs. 2 ZPO) bei gewissenhafter Prozessführung hätte vermeiden können. Eine Zustellung „demnächst" nach der Einreichung oder Anbringung des zuzustellenden Antrags oder der zuzustellenden Erklärung bedeutet daher eine Zustellung innerhalb einer nach den Umständen angemessenen, selbst längeren Frist, wenn die Partei oder ihr Prozessbevollmächtigter unter Berücksichtigung der Gesamtsituation alles Zumutbare für die alsbaldige Zustellung getan hat. Die Zustellung ist dagegen nicht mehr „demnächst" erfolgt, wenn die Partei, der die Fristwahrung obliegt, oder ihr Prozessbevollmächtigter durch nachlässiges – auch leicht fahrlässiges – Verhalten zu einer nicht nur geringfügigen Zustellungsverzögerung beigetragen hat.[31] Die von Klägerseite zu vertretende Verzögerung darf dabei nach allgemeinen Regeln den Zeitraum von 14 Tagen nicht überschreiten. Nicht gewahrt ist die Frist bei Klageeinreichung ohne Einzahlung des **Gerichtskostenvorschusses,** wenn dieser auch sieben Wochen nach Zahlungsaufforderung nicht eingeht.[32] Ist die Zustellung erst sieben Wochen nach der Einreichung der (unbedingten) Klage erfolgt, weil der anwaltlich vertretene Kläger die Zustellung an einen falschen Adressaten (unrichtige Angabe der Vertretungsbehörde) bewirkt hat, so ist die

---

[24] LG Stuttgart 4.3.2008 – 15 O 315/07, juris Rn. 29.
[25] BGH 30.11.2006 – III ZB 22/06, NJW 2007, 439 (441); OLG Koblenz 7.8.2002 – 1 U 1515/01, OLGR Zivil 2002, 405 ff.
[26] Vgl. *Meyer* Rn. 10.
[27] Teil I B III Nr. 2, abgedruckt im Anhang.
[28] BGH 17.3.1983 – III ZR 154/81, MDR 1983, 1002.
[29] LG Flensburg 28.5.1991 – 2 O 165/91, NJW-RR 1992, 695 LG Flensburg 28.5.1991 – 2 O 165/91, NJW-RR 1992, 695.
[30] BGH 17.3.1983 – III ZR 154/81, MDR 1983, 1002 f.; 30.11.2006 – III ZB 22/06, NJW 2007, 439 (441); OLG Bamberg 25.5.2009 – 4 U 198/08, OLGR 2009, 534 ff.; Thüringer OLG 15.8.2011 – 4 U 424/11, juris Rn. 5; KG 9.2.2004 – 9 W 208/03, KGR Berlin 2005, 168; OLG Saarbrücken 3.9.2007 – 4 W 190/07, OLGR 2007, 947 f.
[31] BGH 30.11.2006 – III ZB 22/06, NJW 2007, 439 (440); Thüringer OLG 15.8.2011 – 4 U 424/11, juris Rn. 6.
[32] OLG Koblenz 7.8.2002 – 1 U 1515/01, OLGR Zivil 2002, 405 ff.

Zustellung jedenfalls dann noch „demnächst", wenn der ablehnende Bescheid der Landesjustizverwaltung in der beigefügten Rechtsbehelfsbelehrung keine oder falsche Angaben darüber enthält, gegen wen die Klage zu richten und wem sie zuzustellen ist.[33] Anders bei deren zutreffender Bezeichnung in der Rechtsbehelfsbelehrung.[34]

Die Frist wird durch einen mit einer Klage verbundenen **PKH-Antrag** gewahrt. Hat der Kläger innerhalb der Frist einen PKH – Antrag gestellt, sind Verzögerungen durch das PKH – Verfahren zunächst unschädlich und vom Kläger nicht zu vertreten.[35] Der Berechtigte ist nicht gehalten, einen Antrag nach § 14 Nr. 3 GKG zu stellen und auf diese Weise eine Zustellung der Klage vor einer den Prozesskostenhilfeantrag bescheidenden Entscheidung herbeizuführen.[36] In der Vergangenheit teilweise abweichende Auffassungen zu dieser Frage[37] sind durch die Entscheidung des Bundesgerichtshofs für die Praxis gegenstandslos geworden. Zwar genügen nur die Stellung eines Prozesskostenhilfeantrags und seine Übermittlung an die Gegenseite für sich gesehen nicht, um die Ausschlussfrist des § 13 Abs. 1 S. 2 StrEG zu wahren.[38] Insoweit kommt es vielmehr auf die Zustellung der Klage an. Ausreichend ist, dass der Anspruchsberechtigte innerhalb der Ausschlussfrist des § 13 Abs. 1 S. 2 StrEG Prozesskostenhilfe beantragt und die Klage unverzüglich nach der von ihm nicht verzögerten (vgl. § 167 ZPO) positiven oder negativen Entscheidung über den Prozesskostenhilfeantrag zugestellt wird.[39] Es kann keinen Unterschied machen, ob die Klage nur unter der Bedingung der Bewilligung von Prozesskostenhilfe gestellt wird, also dem Prozesskostenhilfeantrag ein Klageentwurf beigefügt wird, oder ob innerhalb der Frist des § 13 Abs. 1 S. 2 bereits eine Klageschrift eingereicht wird. Die unverzügliche Nachreichung der Klageschrift nach Entscheidung über den Prozesskostenhilfeantrag zum Zweck der Zustellung genügt nach Sinn und Zweck der Vorschrift noch immer den Anforderungen des § 167 ZPO.[40] Es ist als Säumnis zuzurechnen, wenn der Anspruchsberechtigte seine persönlichen und wirtschaftlichen Verhältnisse nicht in der Frist des § 13 Abs. 1 S. 2 unter Einreichung des hierfür vorgesehenen Vordrucks (§ 117 Abs. 4 ZPO) und unter Beifügung der erforderlichen Belege dargelegt hat; das gilt selbst dann, wenn dies den zeitlichen Ablauf des konkreten Prozesskostenhilfeverfahrens, in dem die Parteien über die Erfolgsaussicht der Klage mehrere Schriftsätze gewechselt haben, nicht hinausgezögert haben mag.[41] Das Gericht hat angesichts der knappen Frist des § 13 unmittelbar nach Eingang des Antrags auf fehlende Unterlagen und Formulare, etwa zum PKH-Antrag, hinzuweisen.[42] Trägt die anwaltlich vertretene Partei dadurch zu einer Zustellungsverzögerung bei, dass sie gegen den Prozesskostenhilfe verweigernden Beschluss erst nach fast vier Wochen Beschwerde einlegt,[43] so soll sie nicht alles Erforderliche getan haben. Aufgrund der Neuregelung des § 127 Abs. 2 ZPO ist aber eine Zeitspanne von einem Monat bei Einlegung der Beschwerde als noch hinnehmbar anzusehen, ohne dass einer Partei der Vorwurf durch sie verursachter Zustellungsverzögerung zu machen ist.[44] Regelmäßig schuldhafte Verzögerungen können auch dadurch eintreten, dass der eingereichte Klageentwurf nicht den Anforderungen an die Schlüssigkeit (→ Rn. 8) entspricht.[45]

---

[33] BGH 17.3.1983 – III ZR 154/81, MDR 1983, 1002 (1003); 1.12.2005 – III ZR 43/05, juris Rn. 8 ff.
[34] OLG München 10.6.2002 – 1 W 1405/02, OLGR 2003, 166.
[35] OLG München 10.6.2002 – 1 W 1405/02, OLGR Zivil 2003, 166.
[36] BGH 30.11.2006 – III ZB 22/06, NJW 2007, 439 (441).
[37] LG Flensburg 8.4.1997 – 2 O 98/97, JurBüro 1997, 501 [Ls.]; *Meyer* Rn. 8 bis zur 6. Aufl.; *ders.* JurBüro 1992, 217 (alle zu § 65 Abs. 7 GKG aF); vgl. auch OLG München 10.6.2002 – 1 W 1405/02, OLGR 2003, 166: PKH – Antrag ist zureichender Antrag nach § 65 Abs. 7 GKG aF; 25.10.2006 – 1 W 2247/06, OLGR 2007, 284 ff.: Ablaufhemmung entsprechend § 204 Abs. 1 Nr. 14 BGB.
[38] *Meyer* Rn. 8; *Meyer-Goßner/Schmitt* Rn. 1.
[39] BGH 30.11.2006 – III ZB 22/06, NJW 2007, 439 (441); OLG München 6.9.2004 – 1 W 1660/04, OLGR 2006, 207 f.; so wohl auch OLG Schleswig 30.9.1999 – 11 W 21/99, JurBüro 2000, 208.
[40] OLG Saarbrücken 3.9.2007 – 4 W 190/07, OLGR 2007, 947 ff.
[41] BGH 30.11.2006 – III ZB 23/06, NJW 2007, 441 (442).
[42] OLG München 25.10.2006 – 1 W 2247/06, OLGR 2007, 284 ff.
[43] OLG Hamm 24.7.1992 – 11 W 83/91, MDR 1993, 385.
[44] OLG München 6.9.2004 – 1 W 1660/04, OLGR 2006, 207 f.
[45] *Schütz* StV 2008, 52 (54).

III. Zuständigkeit und Gerichtsstand, Abs. 1 S. 3

5   Die Zivilkammer des Landgerichts ist ohne Rücksicht auf den Wert des Streitgegenstandes ausschließlich zuständig. Die örtliche Zuständigkeit richtet sich nach § 18 ZPO. Die Zuständigkeitsregelung entspricht dem früheren Recht und den Regelungen für Klagen wegen Entschädigung für Pressebeschlagnahme (Landespressegesetze) sowie aus Amtshaftung (vgl. § 71 GVG und → Einl. Rn. 62).

IV. Klagebefugnis, Klagegegner, Zustellungsadressat

6   **Klagen kann** nur, wer aus der strafgerichtlichen Entscheidung nach §§ 8, 9, oder § 11 berechtigt ist, ggf. sein Erbe, vgl. → Rn. 20, auch derjenige, auf den der Anspruch kraft Gesetzes übergegangen ist, → § 11 Rn. 8, nicht aber ein Zessionar, weil die Abtretung nach Abs. 2 ausgeschlossen ist, vgl. → Rn. 16. Eine Klage des Anwalts auf Erstattung seiner Gebühren im – erfolglosen – Betragsverfahren gegen das Land ist daher sowohl in eigenem Namen als auch aus abgetretenem Recht unzulässig.[46]

7   Die Klage richtet sich **gegen das Land** (vgl. § 15), vertreten durch die nach Landesrecht bestimmte Behörde; in der Regel ist das der Generalstaatsanwalt.[47] Bei der Zustellung sind die Vertretungsverordnungen der Länder zu beachten. Ein Verstoß macht die Zustellung unter Umständen unwirksam.[48] Für die Heilung bestimmter Zustellungsmängeln gilt § 189 ZPO.

V. Anforderungen an die Klageschrift und den Klagevortrag

8   Die Klagefrist wird nur durch eine den Anforderungen des § 253 Abs. 2 ZPO genügende Klageschrift gewahrt.[49] Innerhalb der Frist hat der Kläger einen bestimmten Antrag zu stellen und den geltend gemachten Anspruch nach Gegenstand und Grund in einer den **Anforderungen des § 253 Abs. 2 Nr. 2 ZPO** genügenden Weise hinreichend bestimmt zu benennen.[50] Dafür kommt es nicht darauf an, ob der maßgebende Lebenssachverhalt in der Klageschrift vollständig beschrieben oder der Klageanspruch schlüssig und substantiiert dargelegt worden ist. Vielmehr ist es im Allgemeinen ausreichend, wenn der Anspruch als solcher identifizierbar ist. Eine ohne jede Tatsachenangabe erhobene Klage ist unzulässig.[51] Die gebotene Individualisierung der Klagegründe kann grundsätzlich auch durch eine konkrete Bezugnahme auf der Klageschrift beigefügte Anlagen erfolgen.[52] Eine pauschale Bezugnahme auf Behördenakten, etwa Akten des Betragsverfahrens reicht jedenfalls dann nicht aus, wenn ein nur der Höhe nach, nicht aber inhaltlich näher bezeichneter Teil der im behördlichen Verfahren geltend gemachten Ansprüche im Klageverfahren weiterverfolgt wird.[53] Die Bezugnahme auf eine von der Partei selbst gegebene Begründung in einem früher verfassten Schriftstück genügt grundsätzlich nicht.[54] Die Nachholung der Anforderungen des § 253 Abs. 2 Nr. 2 ZPO kann zwar den Mangel der Klageschrift beseitigen. Dies wirkt jedenfalls in den Fällen, in denen die Klage innerhalb einer gesetzlichen Ausschlussfrist erhoben werden muss, jedoch erst vom Zeitpunkt der Behebung des Mangels an.[55] Zur **Schlüssigkeit des Klagevortrags** – auch in Bezug auf die Zulässigkeit – gehören Ausfüh-

---

[46] LG Flensburg 11.12.2001 – 2 O 341/01, JurBüro 2002, 220 f.
[47] Vgl. etwa für Bayern § 4 Abs. 1 Nr. der Vertretungsverordnung; für Rheinland-Pfalz § 1 Nr. 5 der Vertretungsordnung Justiz und Verbraucherschutz.
[48] Vgl. BGH 17.3.1983 – III ZR 154/81, MDR 1983, 1002 (1003) mwN [zu § 187 ZPO aF].
[49] BGH 17.3.2016 – III ZR 200/15, MDR 2016, 514 f. Rn. 18. mAnm Conrad.
[50] BGH 17.3.2016 – III ZR 200/15, MDR 2016, 514 f. Rn. 19 mAnm Conrad; ebenso Vorinstanz: KG 12.6.2015 – 9 U 67/14, JurBüro 2015, 545 f. (juris Rn. 9).
[51] BGH 17.3.2016 – III ZR 200/15, MDR 2016, 514 f. Rn. 19 mAnm Conrad.
[52] BGH 17.3.2016 – III ZR 200/15, MDR 2016, 514 f. Rn. 19 mAnm Conrad.
[53] KG 12.6.2015 – 9 U 67/14, JurBüro 2015, 545 f. (juris Rn. 12).
[54] BGH 17.3.2016 – III ZR 200/15, MDR 2016, 514 f. Rn. 20 mAnm Conrad.
[55] BGH 17.3.2016 – III ZR 200/15, MDR 2016, 514 f. Rn. 27 mAnm Conrad; KG 12.6.2015 – 9 U 67/14, JurBüro 2015, 545 f. (juris Rn. 9).

rungen zu folgenden Punkten:⁵⁶ Art und Dauer der entschädigungspflichtigen Maßnahme unter Bezugnahme auf die Grundentscheidung; Rechtskraft der Grundentscheidung; deren Zustellung; Anmeldung der Ansprüche im Betragsverfahren; Entscheidung der Justizverwaltungsbehörde; deren Zustellung; Art und Umfang der Schäden nach allgemeinen schadensrechtlichen Grundsätzen.

VI. Gebühren und Auslagen des Rechtsanwalts

Die Gebühren und Auslagen eines notwendigerweise vor dem Landgericht hinzuzuziehenden Rechtsanwalts (§ 78 ZPO) richten sich nach VV Teil 3 RVG. Die Kosten des Justizverwaltungsverfahrens nach § 10 gehören nicht zu den Kosten des nachfolgenden Rechtsstreits über den Entschädigungsanspruch,⁵⁷ vgl. auch Teil I Nr. II Ziff. 2 lit. h der AV. **9**

VII. Rechtsschutzversicherung

Die Kosten der gerichtlichen Verfolgung von Ansprüchen auf Entschädigung nach dem StrEG werden nach der einen Auffassung von der Schadensersatz-Rechtsschutzversicherung nicht gedeckt, weil es sich bei dem Anspruch auf Strafverfolgungsentschädigung gemäß StrEG § 7 nicht um einen deliktischen Schadensersatzanspruch, sondern um eine Aufopferungsentschädigung handeln soll, wie die Bezeichnung als Entschädigung zeige.⁵⁸ Auch wird darauf abgestellt, dass ein Schadensersatzanspruch – zumindest vermutetes – Verschulden voraussetze.⁵⁹ Indes gewährt das StrEG grundsätzlich den vollen Vermögensschaden und gewährt darüber hinaus immateriellen Schadensersatz, was dem Aufopferungsanspruch fremd ist. Im Übrigen gibt es auch Gefährdungshaftung ohne vermutetes Verschulden. Nach anderer Ansicht handelt es sich daher um Schadensersatzansprüche im Sinne des Schadensersatz-Rechtsschutzes.⁶⁰ **10**

VIII. Prüfungsumfang

1. Bindung an die strafgerichtliche Entscheidung. Wie die Justizverwaltung ist auch das Zivilgericht gebunden an die Entscheidung des Strafgerichts über den Anspruchsgrund, den oder die Berechtigten sowie die bezeichnete, ggf. nach ihrer Dauer näher bestimmte Strafverfolgungsmaßnahme.⁶¹ Eine nochmalige Nachprüfung im Betragsverfahren darf nicht mehr stattfinden.⁶² Bei Verfolgungsmaßnahmen mit Dauerwirkung muss die Entschädigungszeit unzweideutig festgelegt sein, da Ausschließungs- und Versagungsgründe gemäß §§ 5, 6 den Anspruch auch zeitlich teilweise beschränken können.⁶³ Eine (teilweise) fehlende Grundentscheidung darf das Zivilgericht nicht nachholen⁶⁴ oder ergänzen.⁶⁵ Eine ergänzende **Auslegung** ist ausnahmsweise zulässig,⁶⁶ wenn sich die fehlenden Einzelheiten aus den Gründen der Entscheidung oder aus den damit im Zusammenhang stehenden Anordnungen entnehmen lassen. Das Zivilgericht darf den vom Strafgericht zugesprochenen Anspruch nicht nach § 254 BGB mindern wegen (leicht) fahrlässigen Mitverschuldens des **11**

---

⁵⁶ Vgl. *Schütz* StV 2008, 52 (54).
⁵⁷ OLG Stuttgart 30.11.1995 – 8 W 616/95, NStZ-RR 1996, 256.
⁵⁸ OLG Bamberg 29.3.1999 – 1 W 54/98, VersR 1999, 1407.
⁵⁹ AG Saarbrücken 23.5.1978 – 5 C 133/78, VersR 1978, 1111.
⁶⁰ *Harbauer*, Rechtsschutzversicherung, 8. Aufl. 2010, ARB § 2 Rn. 57 mwN.
⁶¹ BGH 15.2.1979 – III ZR 164/77, JZ 1979, 353; BGH 21.1.1988 – III ZR 157/86, BGHZ 103, 113 (115) = NJW 1988, 1141; 15.11.1990 – NJW-RR 1991, 551 (552); OLG Dresden 17.1.1996 – 6 U 1450/95, OLG-NL 1996, 216; OLG Düsseldorf 29.11.1984 – 18 U 149/84, MDR 1985, 504; 4.6.1987 – 18 U 51/87, JMBlNW 1987, 198; weitere Einzelheiten → § 10 Rn. 19.
⁶² OLG Dresden 17.1.1996 – 6 U 1450/95, OLG-NL 1996, 216.
⁶³ OLG Düsseldorf 4.6.1987 – 18 U 51/87, JMBlNW 1987, 198.
⁶⁴ OLG Karlsruhe 9.7.1987 – 12 U 29/87, Justiz 1988, 87 f.
⁶⁵ OLG Düsseldorf 29.11.1984 – 18 U 149/84, MDR 1985, 504; 4.6.1987 – 18 U 51/87, JMBlNW 1987, 198; 10.3.1988 – 18 U 219/87, JMBlNW 1988, 164 (165).
⁶⁶ BGH 15.2.1979 – III ZR 164/77, JZ 1979, 353.

Beschuldigten bei der Herbeiführung der Strafverfolgungsmaßnahme;[67] die Berücksichtigung des Mitverschuldens ist insoweit in §§ 5, 6 StrEG abschließend geregelt und allein dem Strafgericht vorbehalten. Nur bei der Schadenshöhe (haftungsausfüllende Kausalität) kann ein Mitverschulden des Anspruchstellers im Betragsverfahren und im Zivilprozess bewertet werden.

12 Die Einhaltung der Frist des § 10 (vgl. hierzu → § 10 Rn. 15) unterliegt der Nachprüfung durch die ordentlichen Gerichte,[68] die des § 12 ist in jeder Lage des gerichtlichen Verfahrens von Amts wegen zu beachten.[69]

13 **2. Keine Bindung an die Betragsentscheidung der Landesjustizverwaltung.** Im gerichtlichen Verfahren vor dem Zivilgericht geht es nicht um Bestätigung oder Aufhebung der von der Justizverwaltungsbehörde getroffenen Entscheidung, sondern um einen Zahlungsanspruch; die Klage ist also grundsätzlich eine Leistungsklage, der materiellrechtlich ein Schadensersatzanspruch zugrunde liegt (vgl. → § 7 Rn. 6 ff.; zu den Prozesszinsen → § 7 Rn. 21). Verfehlt wäre daher ein Antrag, der auf Aufhebung der Verwaltungsentscheidung gerichtet ist.[70] Eine Bindung des Zivilgerichts an die Tatsachenfeststellungen oder die Rechtsauffassung der Justizverwaltungsbehörde besteht nicht.[71] Es gelten die allgemeinen Verfahrensvorschriften der ZPO;[72] es besteht Anwaltszwang, § 78 ZPO;[73] der Kläger hat die Beweislast. Daraus folgt, dass er auch im Betragsverfahren der Justizverwaltungsbehörde nicht vorgelegte, also neue Beweismittel anbieten kann. Der Umstand, dass er seinen Anspruch nach § 10 „anzumelden" hat, schließt dies im Einzelfall nicht aus, obwohl er hierbei seine Ansprüche auch belegen muss (→ § 10 Rn. 11). Es wäre allerdings mit dem Verfahrensablauf unvereinbar, wenn der Antragsteller überhaupt erst im Zivilprozess seinen Anspruch schlüssig darlegt und belegt. Anderes kann gelten, wenn er ein an ihn gerichtetes Aufklärungsschreiben der Staatsanwaltschaft ausführlich beantwortet, aufgrund eines erkennbaren Missverständnisses aber der Aufforderung, Belege für einen bestimmten Zeitraum vorzulegen nicht nachkommt und die Justizverwaltungsbehörde ohne weitere Nachfrage den Antrag (insoweit) ablehnt.[74] Ansprüche des früheren Beschuldigten und der Unterhaltsberechtigten können nebeneinander rechtshängig gemacht werden (vgl. §§ 59 ff. ZPO) oder vom Gericht verbunden werden (§ 147 ZPO). Eine Vorabentscheidung über den Grund (§ 304 ZPO) ist möglich.[75] Unter den Voraussetzungen des § 256 ZPO kommt auch eine Feststellungsklage in Betracht, wenn Unsicherheit über die Schadenshöhe besteht,[76] etwa weil die notwendige Reparatur eines Gegenstands mit Risiken verbunden ist, die sich innerhalb der Klagefrist nicht ausräumen lassen.[77] Dies hat auch dann zu gelten, wenn der Kläger im vorgeschalteten Justizverwaltungsverfahren bezifferte Ansprüche angemeldet hatte. Denn es darf ihm nicht zum Nachteil gereichen, dass er die Schlüssigkeitsanforderun-

---

[67] BGH 31.10.1974 – III ZR 87/73, BGHZ 63, 209 (210) = NJW 1975, 350 (351); vgl. hierzu schon → § 5 Rn. 63 und → § 7 Rn. 66.
[68] OLG München 18.2.2013 – 4 VAs 56/12, juris Rn. 23; *Meyer* Rn. 12; offen gelassen BGH 8.6.1989 – III ZR 82/88, NJW 1989, 2619 (2620).
[69] BGH 11.3.1976 – III ZR 113/74, BGHZ 66, 122 (130)= NJW 1976, 1218 (1219); 16.10.1980 – III ZR 94/79, BGHZ 79, 1 (2) = NJW 81, 285; 8.6.1989 – III ZR 82/88, BGHZ 108, 14 (17) = NJW 1989, 2619 (2620); OLG Düsseldorf 7.11.1985 – 18 U 53/85, JMBlNW 1986, 30 (31); OLG München 18.2.2013 – 4 VAs 56/12, juris Rn. 23; *Meyer* Rn. 12.
[70] *Schütz* StV 2008, 52 (53) Fn. 30.
[71] OLG München 18.2.2013 – 4 VAs 56/12, juris Rn. 23; OLG Nürnberg 20.2.2008 – 4 U 1780/07, MDR 2008, 708; LG Dortmund 2.6.1989 – 3 O 14/89, NJW-RR 1989, 1299 (1230).
[72] BGH 11.3.1976 – III ZR 113/74, BGHZ 66, 122 (127) = NJW 1976, 1218 (1219) = LM Nr. 5 zu StrEG [Ls.] mAnm Kreft; BGH 13.5.1993 – III ZB 14/93, NJW-RR 1993, 1021 (1022).
[73] BGH 13.5.1993 – III ZB 14/93, NJW-RR 1993, 1021 (1022); vgl. auch BGH 17.3.1983 – III ZR 154/81, LM Nr. 11 zu StrEG.
[74] OLG Nürnberg 20.2.2008 – 4 U 1780/07, MDR 2008, 708.
[75] Vgl. den Fall LG München 7.11.2007 – 9 O 7163/05, StRR 2008, 115 f.
[76] OLG Bamberg 25.5.2009 – 4 U 198/08, OLGR 2009, 534 ff.; LG Dortmund 2.6.1989 – 3 O 14/89, NJW-RR 1989, 1299.
[77] LG Dortmund 2.6.1989 – 3 O 14/89, NJW-RR 1989, 1299 (1230).

gen an eine Bezifferung seiner Ansprüche nunmehr anders einschätzt und deshalb zunächst nur Feststellungsklage erhebt – zumal dann, wenn die Justizverwaltungsbehörde ihre ablehnende Entscheidung insbesondere auf eine unzureichende Substantiierung des Antragsvorbringens gestützt hat.[78]

Die Fristvorgaben der §§ 10, 12 sollen eine Umgehung des justiziellen Vorverfahrens **14** verhindern und stehen daher grundsätzlich einer Erweiterung der angemeldeten Entschädigung um weitere Schadenspositionen[79] bzw. einer nachgeschobenen Erhöhung eines ausdrücklich bezifferten Schadensumfangs[80] entgegen. In diesem Sinne wird mit der Durchführung des Justizverwaltungsverfahrens bereits der Streitgegenstand des gerichtlichen Verfahrens auch der Höhe nach determiniert.[81] **Streitgegenstand** des gerichtlichen Verfahrens können daher ausschließlich diejenigen Nachteile und Schadenspositionen sein, welche auch Gegenstand der Entscheidung und damit des Verfahrens der Justizverwaltungsbehörde waren. Eine etwa notwendige Aufschlüsselung der einzelnen Teilforderungen kann auch noch nach Ablauf der Ausschlussfrist des § 12 vorgenommen werden. Wenn und soweit die konkreten Schadenspositionen als solche im Vorverfahren angemeldet wurden, die Justizverwaltung aber, weil ein dahingehender Entschädigungsanspruch bereits dem Grunde nach verneint wird, keine Veranlassung gesehen hat, in eine Prüfung zum Forderungsumfang einzutreten, so kann die diesbezügliche Individualisierung auch noch im Klageverfahren nachgeholt werden.[82]

IX. Rechtskraftwirkung

Eine die Klage (teilweise) abweisende Entscheidung, die auf das StrEG gestützt ist, steht **15** einer neuen Klage aus Amtshaftung[83] oder einer der anderen konkurrierenden Anspruchsgrundlagen nicht entgegen. Solche Ansprüche lässt das StrEG unberührt, vgl. → Einl. Rn. 62. Der Streitgegenstand für eine auf solche Ansprüche gestützt Klage ist ein anderer. Hierfür spricht neben der speziellen Ausgestaltung der sachlichen Zuständigkeit in § 13 Abs. 1 S. 3 auch die Bindung an die Grundentscheidung des Strafgerichts. Auch die einzuhaltende Klagefrist in Abs. 1 S. 2 ist hierfür ein Argument, denn vor einer Klageerhebung wegen Amtspflichtverletzung sind oft landesrechtliche Abhilfeverfahren einzuhalten, die uU nicht rechtzeitig abgeschlossen werden können. Eine **Abänderungsklage** ist unter den Voraussetzungen des § 323 ZPO bei künftig fällig werdenden wiederkehrenden Leistungen zulässig.

X. Übertragbarkeit des Anspruchs, Abs. 2

1. Anspruch nicht rechtsgeschäftlich übertragbar. Der Anspruch ist bis zur rechts- **16** kräftigen Entscheidung über den Entschädigungsantrag nicht übertragbar, Abs. 2 und damit unpfändbar (§ 851 ZPO)[84] und unverpfändbar (§ 1274 Abs. 2 BGB). Dies beinhaltet den Ausschluss der Aufrechnung (§ 394 BGB).[85] Die gesetzgeberische Erwägung für das Übertragungsverbot gründet im Schutz der Strafrechtspflege gegen den Einfluss Dritter auf den Ausgang des Entschädigungsverfahrens.[86] Es dient darüber hinaus dem Pfändungsschutz des Berechtigten, der zugleich davor bewahrt werden soll, in Überschätzung der Entschädi-

---

[78] OLG Bamberg 25.5.2009 – 4 U 198/08, OLGR 2009, 534 ff.
[79] OLG Koblenz 11.11.1998 – 1 U 1102/97, OLGR Koblenz 1999, 127; OLG München 28.11.2005 – 1 U 3275/05, OLGR 2006, 313 ff.
[80] LG Flensburg 14.4.1998 – 2 O 115/98, JurBüro 1998, 443 [Ls.].
[81] *Schütz* StV 2008, 52; vgl. auch BGH 8.6.1989 – III ZR 82/88, NJW 1989, 2619 (2620).
[82] OLG Bamberg 25.5.2009 – 4 U 198/08, OLGR 2009, 534 ff.
[83] *Meyer* JurBüro 1991, 1433.
[84] LG Saarbrücken 22.1.2010 – 5 T 611/09, NJW-RR 2010, 1647 (1648).
[85] LG Saarbrücken 22.1.2010 – 5 T 611/09, NJW-RR 2010, 1647 (1648).
[86] BGH 28.1.1982 – III ZR 203/80, NJW 1982, 2504 (2505); OLG Koblenz 11.2.2008 – 1 W 855/07, OLGR 2008, 415 f.; LG Saarbrücken 22.1.2010 – 5 T 611/09, NJW-RR 2010, 1647 (1648).

gungshöhe gegen Sicherungsabtretung einen überhöhten Kredit aufzunehmen.[87] Dem Wortlaut nach gilt dies für den streitbefangenen, gerichtshängigen Anspruch. Die Vorschrift findet nach dem Sinn und Zweck auch Anwendung, wenn es nicht zu gerichtlich anhängigen Ansprüchen über die Entschädigung kommt, weil der Anspruch im Justizverwaltungsverfahren erledigt wird. Die **zusprechende Entscheidung der Landesjustizverwaltung** steht der gerichtlichen in diesem Sinne gleich, soweit hierdurch das Verfahren unabänderbar erledigt ist,[88] also bis zur Bestandskraft des Bescheids in dem Entschädigungsverfahren.[89] Dies gilt etwa auch bei einer nur teilweise zusprechenden Entscheidung, sofern ein Einzelanspruch (Schadensposten) dem Grund und der Höhe nach anerkannt wurde. Ein Anerkenntnis der Landesjustizverwaltung[90] und ein gerichtlich protokollierter oder außergerichtlich geschlossener Vergleich stehen dem gleich.[91] Erkennt die Landesjustizverwaltung den Anspruch dem Grunde nach an, in der Höhe aber nur teilweise, hat dies die gleiche Wirkung, weil das Gericht nicht hinter dem von der Landesjustizverwaltung zugesprochenen Gesamtbetrag zurückbleiben kann,[92] auch wenn eine Bindung an die Betragsentscheidung nicht besteht (→ Rn. 13). Soweit die Gewährung einer Entschädigung im oben dargelegten Sinn endgültig feststeht ist eine Aufrechnung insbesondere auch durch den Fiskus mit offenen Forderungen, zB Geldstrafen, Kosten oder Steuerrückständen, möglich.[93]

17 Der Ausschluss der Übertragbarkeit entspricht der Regelung bei vergleichbaren öffentlich-rechtlichen Entschädigungsansprüchen. Das Gesetz bezweckt den Schutz des Anspruchsberechtigten und will ihn vor Pfändungen schützen; gleichzeitig will er einen unwürdigen, uU der Strafrechtspflege abträglichen Handel mit dem Anspruch verhindern. Im Gesetzgebungsverfahren wurde hervorgehoben, dass es mit dem objektiven Charakter des Strafverfahrens nicht vereinbar wäre, wenn durch Abtretung des – künftigen oder bedingten – Entschädigungsanspruchs ein wirtschaftliches Interesse Dritter oder gar eines Mitangeklagten am Ausgang des Strafverfahrens begründet werden könnte.[94]

18 Die entgegen Abs. 2 vorgenommene Abtretung ist nichtig (§ 134 BGB).[95] Auch eine Abtretung von Ansprüchen an den Beschuldigten, die in der Person des Unterhaltsberechtigten entstanden sind, um diese im Betragsverfahren geltend zu machen, scheitert an der Vorschrift.[96] Verspricht der Entschädigungsberechtigte einem Dritten, mit ihm die Entschädigungssumme zu teilen (Teilungsabrede), ist hierauf Abs. 2 nicht anwendbar, wenn sie nicht ein zusätzliches Interesse Dritter an dem Straf- oder Entschädigungsverfahren schaffen, sondern lediglich Ausdruck der ohnehin gegebenen wirtschaftlichen Interessenlage ist.[97]

19 **2. Keine Pfändung, keine Aufrechnung.** Da der Anspruch vor seiner Rechtskraft nicht übertragbar ist, kann er **nicht gepfändet** (§ 851 ZPO)[98] und auch nicht verpfändet

---

[87] BGH 28.1.1982 – III ZR 203/80, NJW 1982, 2504 (2505); OLG Koblenz 14.7.1998 – 3 U 1516/97, NJW-RR 1999, 508; 11.2.2008 – 1 W 855/07, OLGR 2008, 415 f.; LG Saarbrücken 22.1.2010 – 5 T 611/09, NJW-RR 2010, 1647 (1648).
[88] OLG Hamm 7.2.1975 – 14 W 76/74, NJW 1975, 2075; OLG Koblenz 11.2.2008 – 1 W 855/07, OLGR 2008, 415 f.: Unanfechtbarkeit der Verwaltungsentscheidung; LG Saarbrücken 22.1.2010 – 5 T 611/09, NJW-RR 2010, 1647 (1648); LG Stuttgart 14.2.1980 – 15 O 213/79, MDR 1980, 590 mit zust. Anm. *Schmierer*; *Meyer-Goßner/Schmitt* Rn. 2; vgl. auch BGH 17.3.2016 – III ZR 2014/15, juris Rn. 28 (insoweit in MDR 2016, 541 f. nicht abgedruckt).
[89] LG Saarbrücken 22.1.2010 – 5 T 611/09, NJW-RR 2010, 1647 (1648).
[90] OLG Koblenz 11.2.2008 – 1 W 855/07, OLGR 2008, 415 f.
[91] *Meyer* Rn. 18.
[92] Ebenso OLG Hamm 7.2.1975 – 14 W 76/74, NJW 1975, 2075; LG Stuttgart 14.2.1980 – 15 O 213/79, MDR 1980, 590 mit zust. Anm. *Schmierer*; aA *Meyer* § 10 Rn. 22 und *ders.* JurBüro 1979, 329 (331 f.).
[93] OLG Koblenz 11.2.2008 – 1 W 855/07, OLGR 2008, 415 f.; LG Stuttgart 14.2.1980 – 15 O 213/79, MDR 1980, 590 mit zust. Anm. *Schmierer*; *Meyer-Goßner/Schmitt* Rn. 2.
[94] BT - Prot., 6. WP, vom 9.12.1970, S. 4707.
[95] *Cornelius* Rn. 2; Geigel/*Kapsa* Kap. 21 Rn. 128.
[96] OLG Düsseldorf 26.9.1991 – 18 U 49/91, NJW-RR 1993, 35.
[97] BGH 28.1.1982 – III ZR 203/80, NJW 1982, 2504 (2505); Geigel/*Kapsa* Kap. 21 Rn. 128; *Kröner* FS Baumann, S. 407 (412).
[98] *Cornelius* Rn. 2.

(§ 1274 Abs. 2 BGB) werden; das gilt auch für den Vorschuss.[99] Die **Aufrechnung** gegen ihn ist ausgeschlossen (§ 394 BGB). Auch die Staatskasse kann erst aufrechnen, wenn die Gewährung einer Entschädigung endgültig feststeht. Dann allerdings kann sie vor der Auszahlung des Betrags wegen ihrer Ansprüche auf Zahlung von Kosten, Geldstrafen, Wertersatz, Geldbußen, Steuerrückständen usw aufrechnen.[100] Nach OLG Koblenz[101] wird eine Pfändung in den dem Beschuldigten endgültig zugesprochenen Anspruch vor Rechtskraft, etwa wenn er alleine Rechtsmittel eingelegt hat, um einen vermeintlich höheren Anspruch durchzusetzen, mit Eintritt der Rechtskraft wirksam. Vorher sei sie anfechtbar und müsse auf Anfechtung hin aufgehoben werden. Die Aufrechnung gegenüber einem Schadensersatzanspruch wegen konventionswidriger Sicherungsverwahrung mit einer Kostenforderung aus einem neuen Strafverfahren, in dem erneut Sicherungsverwahrung angeordnet wurde, ist demgegenüber zulässig.[102]

3. Vererblichkeit. Der Anspruch auf Ersatz des Vermögensschadens wie des immateriellen Schadens ist von seiner Entstehung an, also nach Rechtskraft der Grundentscheidung, vererblich. Das ist unstrittig, vgl. → § 10 Rn. 5. Er kann daher im Betragsverfahren von den Erben des Berechtigten in dem Umfang geltend geltend gemacht, gegebenenfalls eingeklagt werden in dem er beim Berechtigten entstanden ist.[103] Zu den Folgen des Todes des Beschuldigten für das Entschädigungsverfahren im einzelnen → § 6 Rn. 40. Daneben können die Erben, falls sie gesetzlich unterhaltsberechtigt waren, einen eigenen Ersatzanspruch nach § 11 haben (aber keine doppelte Leistung fordern, vgl. → § 11 Rn. 7). 20

Stirbt der Angekl. während eines Wiederaufnahmeverfahrens, so können die Angehörigen dieses erneut betreiben, § 361 Abs. 2 StPO. Kommt es zur postumen Freisprechung, so sind die unterhaltsberechtigten Angehörigen nach § 11 iVm § 1 schadlos zu stellen, soweit ihnen durch die Strafverfolgung der Unterhalt entzogen wurde. 21

4. Insolvenz. Die Entschädigung für Strafverfolgungsmaßnahmen fällt von der Rechtskraft des Entscheidung an in die Insolvenzmasse, § 35 InsO.[104] 22

XI. Einlagensicherung

Nach § 8 Abs. 2 Nr. 1c, Abs. 4 Nr. 2 EinSiG erhöht sich die Deckungssumme der Einlagensicherung auf bis zu 500 000 Euro durch Gutschriften, die auf der Auszahlung von Beträgen für durch nicht zu Recht erlittene Strafverfolgungsmaßnahmen verursachte Schäden beruhen. 23

§ 14 Nachträgliche Strafverfolgung

(1) ¹Die Entscheidung über die Entschädigungspflicht tritt außer Kraft, wenn zuungunsten des Freigesprochenen die Wiederaufnahme des Verfahrens angeordnet oder wenn gegen den Berechtigten, gegen den das Verfahren eingestellt worden war oder gegen den das Gericht die Eröffnung des Hauptverfahrens abgelehnt hatte, nachträglich wegen derselben Tat das Hauptverfahren eröffnet wird. ²Eine bereits geleistete Entschädigung kann zurückgefordert werden.

(2) Ist zuungunsten des Freigesprochenen die Wiederaufnahme beantragt oder sind gegen denjenigen, gegen den das Verfahren eingestellt worden war, oder gegen den das Gericht die Eröffnung des Hauptverfahrens abgelehnt hatte, die Untersuchung oder die Ermittlungen wiederaufgenommen worden, so kann die Entscheidung über den Anspruch sowie die Zahlung der Entschädigung ausgesetzt werden.

---

[99] OLG Hamm 7.2.1975 – 14 W 76/74, NJW 1975, 2075.
[100] LG Stuttgart 14.2.1980 – 15 = 213/79, MDR 1980, 590.
[101] 14.7.1998 – 3 U 1516/97, NJW-RR 1999, 508.
[102] BGH 17.3.2016 – III ZR 204/15, juris Rn. 27 f. (insoweit in MDR 2016, 541 f. nicht abgedruckt).
[103] OLG Oldenburg 1.11.2013 – 6 U 154/13, juris Rn. 29.
[104] *Muthorst* in *Bork/Hölzle* Handbuch des Insolvenzrechts, 1. Aufl. 2014, §§ 35–37 Rn. 25.

Übersicht

	Rn.		Rn.
I. Allgemeines	1	4. Nachtragsentscheidung nach § 30 JGG	6
II. Zweck der Vorschrift	2	IV. Nachträgliche Anrechnung verfahrensfremder Haft	7
III. Außerkrafttreten der Entscheidung, Abs. 1 S. 1	3–6	V. Rückforderung, Abs. 1 S. 2	8–10
1. Wiederaufnahme zuungunsten des Beschuldigten	3	1. Grundsätze	8
2. Nachträgliche Eröffnung des Hauptverfahrens	4	2. Zuständigkeit	9
3. Teilweise Wiederaufnahme	5	3. Verfahren	10
		VI. Aussetzung des Betragsverfahrens, Abs. 2	11

I. Allgemeines

1 Das 1. StVRG vom 9.12.1974[1] strich die Vorschriften über die Voruntersuchung und das Schlussgehör; deshalb wurde der frühere Begriff „außer Verfolgung setzen" in § 14 gestrichen.

II. Zweck der Vorschrift

2 Die Vorschrift betrifft die nachträgliche Strafverfolgung unter Durchbrechung der Rechtskraft sowie nach nicht rechtskraftfähigen Sachentscheidungen, zB nach einer Einstellung durch die StA. Nach Abs. 1 tritt eine begünstigende Entscheidung über die Entschädigungspflicht der Staatskasse von selbst außer Kraft, wenn ihre Grundlage nachträglich wegfällt oder in Frage gestellt wird. Diese Grundlage ist die Sachentscheidung; mit ihr steht und fällt die Ersatzpflicht. Dabei kommt es nicht darauf an, ob die Entscheidung über die Entschädigungspflicht zusammen mit oder getrennt von der Sachentscheidung getroffen worden war. Eine Entschädigung ablehnende Entscheidung bleibt in ihrem Bestand jedoch unberührt, mit der Folge, dass nach Abschluss des Wiederaufnahmeverfahrens nur noch aufgrund dieses Verfahrens neu entstandene Umstände zu berücksichtigen sind.[2]

III. Außerkrafttreten der Entscheidung, Abs. 1 S. 1

3 **1. Wiederaufnahme zuungunsten des Beschuldigten.** Mit dem Beschluss, der die Wiederaufnahme zuungunsten des Beschuldigten anordnet (§ 370 Abs. 2 iVm § 362 StPO, im OWi – Verfahren § 85 Abs. 1 und 3 OWiG), tritt die zusprechende Entscheidung über die Entschädigungspflicht, § 8, von selbst, also ohne besonderen Ausspruch,[3] außer Kraft, Abs. 1 S. 1 Alt. 1. War sie isoliert mit sofortiger Beschwerde angefochten, so wird diese gegenstandslos. § 14 betrifft trotz seines Wortlauts nicht nur die Wiederaufnahme gegen den Freispruch, sondern auch die Wiederaufnahme zuungunsten des Verurteilten nach § 362 Nr. 1–3, § 363 StPO,[4] da auch die dem Verurteilten nach § 4 zugesprochene Billigkeitsentschädigung durch die Anordnung der Wiederaufnahme ihre Grundlage verliert.

4 **2. Nachträgliche Eröffnung des Hauptverfahrens.** Die nachträgliche Eröffnung des Hauptverfahrens setzt die nach § 8 oder § 9 getroffene Entscheidung über die Entschädigungspflicht ebenfalls von selbst außer Kraft, Abs. 1 S. 1 Alt. 2. Auch wenn wegen derselben Tat nachträglich ein Strafbefehl oder ein Bußgeldbescheid erlassen wird, verliert die frühere Entscheidung über die Entschädigungspflicht ihre Grundlage. Der Bundesrat hat seine Zustimmung zu dem Gesetz mit folgender Stellungnahme verbunden: „Zu § 14 Abs. 1 geht der Bundesrat davon aus, dass der Eröffnung des Hauptverfahrens der Erlass eines Strafbe-

---

[1] BGBl. I 3393.
[2] Ebenso *Meyer* Rn. 5.
[3] Allg. Meinung: *Meyer-Goßner/Schmitt* Rn. 1; *Meyer* Rn. 2.
[4] Allg. Meinung: *Meyer-Goßner/Schmitt* Rn. 1; *Meyer* Rn. 3.

fehls, einer Strafverfügung oder eines Bußgeldbescheides gleichsteht".[5] Diese Regelung ist in die AV mit Ausnahme der nicht mehr existierenden Strafverfügung aufgenommen worden.[6]

3. Teilweise Wiederaufnahme. Wird eine nur teilweise Wiederaufnahme angeordnet, zB wegen einer von mehreren in Tatmehrheit stehenden oder gar verschiedenen prozessualen Taten, tritt die gesamte Entschädigungsentscheidung außer Kraft, denn nach dem Ergebnis der neuen Hauptverhandlung ist eine neue Gesamtwürdigung erforderlich, die nur unter Blick auf das Gesamtergebnis und alle vollzogenen Strafverfolgungsmaßnahmen zutreffend vorgenommen werden kann. Die Auffassung, wenn Gegenstand des alten Verfahrens mehrere Einzeltaten gewesen seien, könne leicht geprüft werden, inwieweit der Beschluss außer Kraft getreten sei,[7] berücksichtigt dies nicht. Ausnahmen sind aber immerhin denkbar.

4. Nachtragsentscheidung nach § 30 JGG. Die Anrechnung vollzogener U-Haft ist im Falle der Aussetzung der Verhängung von Jugendstrafe nach § 27 JGG nur im Nachtragsverfahren nach § 30 JGG möglich. Nach der hier vertretenen Auffassung[8] ist auch erst zu diesem Zeitpunkt die Entschädigungsentscheidung nach § 8 zu treffen. Wer sie bereits zusammen mit der Entscheidung nach § 27 JGG treffen will, steht vor der Schwierigkeit, dass sich im Verfahren nach § 30 JGG eine Anrechnung nach § 52a JGG ergeben. kann. In diesem Fall soll die Entschädigungsentscheidung entsprechend § 14 Abs. 1 S. 2 außer Kraft treten[9] und die Zahlung nach § 14 Abs. 1 S. 2 zurückgefordert werden können.

IV. Nachträgliche Anrechnung verfahrensfremder Haft

Kommt es nach Auszahlung einer Entschädigung wegen erlittener Freiheitsentziehung nachträglich zu einer Anrechnung verfahrensfremder Haft (vgl. → § 2 Rn. 35), kann das Geleistete zurückgefordert werden.[10] Zwar wird dies vom Wortlaut der Vorschrift nicht unmittelbar gedeckt. Sie ist aber entsprechend für alle Fälle des nachträglichen Wegfalls der Grundlage für den Ersatzanspruch anzuwenden.[11] Dies ist auch bei einer nachträglichen Anrechnung von Haft der Fall.

V. Rückforderung, Abs. 1 S. 2

1. Grundsätze. In den Fällen der nachträglichen Strafverfolgung kann eine bereits geleistete Entschädigung zurückgefordert werden (Abs. 1 S. 2). Gegenüber dieser Spezialvorschrift gilt § 818 Abs. 3 BGB nicht. Die Rückforderung vor rechtskräftigem Abschluss des neuen Verfahrens ist in das freie Ermessen der Justizverwaltungsbehörde gestellt.[12] Sie kann sich auch auf Teile der Entschädigung beschränken.

2. Zuständigkeit. Die Rückforderung (Wiedereinziehung) einer bereits geleisteten Entschädigung betreibt in allen Fällen die für die Entscheidung über den Entschädigungsanspruch zuständige Stelle.[13]

3. Verfahren. Das Gesetz regelt nicht, wie die Justizverwaltung ihren Anspruch durchsetzen und der Berechtigte sich hiergegen verteidigen kann. Da die Grundentscheidung nach §§ 8, 9 ohne weiteres außer Kraft getreten ist, geht es um die Rückabwicklung des Betragsverfahrens. Die Justizverwaltungsbehörde wird die Beitreibung des Anspruchs betreiben.

---

[5] BR, Bericht über die 361. Sitzung vom 29.1.1971, S. 2.
[6] Teil I B IV Nr. 2b, abgedruckt im Anhang.
[7] *Meyer* Rn. 6.
[8] → § 8 Rn. 2 mwN.
[9] *Eisenberg* JGG § 27 Rn. 24.
[10] OLG Düsseldorf 16.10.2000 – 3 Ws 393/00, StV 2001, 517.
[11] BT-Drs. VI/490, 9.
[12] Teil I B IV Nr. 2 der AV, abgedruckt im Anhang.
[13] Teil I B IV Nr. 3 der AV, abgedruckt im Anhang.

Ob für den Klageweg § 13 Abs. 1 mit Ausnahme der Frist in S. 2 entsprechend anzuwenden ist,[14] wurde bisher soweit ersichtlich nicht entschieden.

VI. Aussetzung des Betragsverfahrens, Abs. 2

11 Ist die Wiederaufnahme zuungunsten des Freigesprochenen (in den Fällen des § 362 Nr. 1–3 StPO auch des Verurteilten, vgl. → Rn. 3) erst beantragt oder sind die Ermittlungen oder die Untersuchung erst wieder aufgenommen worden, so berührt das die Grundentscheidung über die Entschädigungspflicht noch nicht. Aber im Betragsverfahren kann innegehalten werden; eine Entscheidung über den Anspruch ergeht dann zunächst nicht, ein schon zuerkannter Betrag wird nicht ausgezahlt. Die Entscheidung über die Aussetzung liegt im pflichtgemäßen Ermessen der Justizverwaltungsbehörde. Über §§ 23 ff. EGGVG dürften zur Nachprüfung die Zivilgerichte berufen sein.[15]

§ 15 Ersatzpflichtige Kasse

(1) Ersatzpflichtig ist das Land, bei dessen Gericht das Strafverfahren im ersten Rechtszug anhängig war oder, wenn das Verfahren bei Gericht noch nicht anhängig war, dessen Gericht nach § 9 Abs. 1 über die Entschädigungspflicht entschieden hat,

(2) ¹Bis zum Betrag der geleisteten Entschädigung gehen die Ansprüche auf die Staatskasse über, welche dem Entschädigten gegen Dritte zustehen, weil durch deren rechtswidrige Handlungen die Strafverfolgungsmaßnahme herbeigeführt worden war. ²Der Übergang kann nicht zum Nachteil des Berechtigten geltend gemacht werden.

I. Ersatzpflichtige Landeskasse, Abs. 1

1 Die positive Entscheidung des Strafgerichts nach § 8 oder § 9 spricht die Verpflichtung der Staatskasse zur Entschädigung aus. § 15 stellt klar, welche Landeskasse gegenüber dem Berechtigten ersatzpflichtig ist. Danach kommt es nicht darauf an, welches Gericht den Haftbefehl erlassen, die Beschlagnahme angeordnet hat usw; allein maßgebend ist, wo das Strafverfahren im ersten Rechtszug anhängig war, oder, wenn es noch nicht anhängig war, welches Gericht nach § 9 Abs. 1 über die Entschädigungspflicht entschieden hat. Im Bußgeldverfahren trifft § 110 Abs. 4 OWiG eine entsprechende Anordnung. Die Ersatzpflicht trifft das Land, dem dieses Gericht zugehört. War das Strafverfahren im ersten Rechtszug nacheinander bei mehreren Gerichten anhängig (vgl. §§ 12 ff. StPO), so kommt nach dem Sinn des Gesetzes nur das in Betracht, das als letztes entschieden hat. Ob es auch die Grundentscheidung nach § 8 getroffen hat, ist ohne Bedeutung.[1]

2 Wie die Sachentscheidung im ersten Rechtszug ausfiel, ist unerheblich; Abs. 1 gilt auch, wenn sie auf Verurteilung lautete und es erst im höheren Rechtszug zum Freispruch oder zur Einstellung kam.

II. Gerichtsbarkeit des Bundes

3 Die Landeskasse haftet im Außenverhältnis, also gegenüber dem Berechtigten auch dann, wenn in einer Staatsschutz-Strafsache das Oberlandesgericht im ersten Rechtszug in Ausübung von Gerichtsbarkeit des Bundes entschieden hat (vgl. Art. 96 Abs. 5 GG, § 120 Abs. 1, Abs. 2 und Abs. 6 GVG, § 142a GVG). Das Oberlandesgericht bleibt dabei Gericht des Landes, auch wenn es im Wege der Organleihe in Anspruch genommen wird, um materiell Gerichtsbarkeit des Bundes auszuüben. Die früheren Vorschriften, nach denen die

---

[14] *Meyer* Rn. 8.
[15] Ohne nähere Begründung ebenso *Meyer* Rn. 10.
[1] So aber *Meyer* 1.

Bundeskasse im Außenverhältnis Kosten und Entschädigung zu tragen hatte (§ 474 StPO aF, § 9 UHaftEntschG, § 6 StHaftEntschG), sind durch das Gesetz zur allgemeinen Einführung eines zweiten Rechtszuges in Staatsschutz-Strafsachen vom 8.9.1969[2] aufgehoben worden.

III. Haftung im Innenverhältnis

Das StrEG regelt nicht, wer im Innenverhältnis zwischen mehreren Ländern oder zwischen Bund und Land für die Entschädigung haftet. Artikel 3 des → Rn. 3 genannten Gesetzes vom 8.9.1969 bestimmt, dass die Länder vom Bund Erstattung verlangen können, soweit sie Entschädigungen zu leisten haben auf Grund von Strafverfahren, in denen die Oberlandesgericht in Ausübung von Gerichtsbarkeit des Bundes entschieden haben. Im Verhältnis zwischen den Ländern stellt sich die Frage der Erstattung oder eines gegenseitigen Verzichts auf Erstattung, zB bei der Abgabe eines Verfahrens an Justizbehörden eines anderen Landes oder wenn ein gemeinschaftliches Gericht vereinbart ist (vgl. § 120 Abs. 5 GVG). Über den Ausgleich in solchen Fällen können **Verwaltungsvereinbarungen** getroffen werden. 4

IV. Gesetzlicher Forderungsübergang, Abs. 2

Abs. 2 betrifft die Ansprüche, die dem Entschädigungsberechtigten nach bürgerlichem Recht (§§ 823 ff. BGB) gegen Dritte zustehen, die durch eine rechtswidrige Handlung die Strafverfolgungsmaßnahme herbeigeführt haben. Die rechtswidrige Handlung kann zB eine falsche Strafanzeige oder eine belastende Falschaussage sein; auch eine Amtspflichtverletzung kommt in Betracht (vgl. die Wiederaufnahmegründe in § 359 Nr. 1–3 StPO). Es genügt, wenn durch die Handlung eine schon angeordnete Strafverfolgungsmaßnahme verlängert worden ist. Zum Anspruch auf Abtretung von Entschädigungsansprüchen gegen Dritte aus anderen Gründen, insbesondere nach § 255 BGB, vgl. → § 7 Rn. 96. 5

Die Forderung gegen den Dritten geht mit der Zahlung der Entschädigung von selbst über, doch nur in Höhe des geleisteten Betrages. Durch den gesetzlichen Forderungsübergang soll vermieden werden, dass der Berechtigte doppelte Entschädigung erlangt; zugleich wird dem Fiskus der Rückgriff auf den Schädiger erleichtert. Nach § 412 BGB sind die §§ 399–404 und 406–410 BGB über die Abtretung einer Forderung entsprechend anwendbar. 6

Der Forderungsübergang kann nicht zum Nachteil des Berechtigten (Gläubigers) geltend gemacht werden (Satz 2). Dies ist auch bei den im BGB geregelten Fällen des gesetzlichen Forderungsübergangs so bestimmt (vgl. zB § 268 Abs. 3, § 426 Abs. 2, § 774 BGB). Dem Berechtigten sollen keine Nachteile erwachsen, die hinsichtlich weitergehender Ansprüche (zB volles Schmerzensgeld für Freiheitsentziehung, § 847 BGB) bei der Geltendmachung und im Falle der Sicherung durch Pfandrechte sonst eintreten könnten. 7

§ 16 Übergangsvorschriften

¹Ist vor Inkrafttreten dieses Gesetzes das Verfahren eingestellt oder der Beschuldigte außer Verfolgung gesetzt worden oder ist die Hauptverhandlung, in welcher die der Entscheidung über die Entschädigungspflicht zugrunde liegenden tatsächlichen Feststellungen letztmals geprüft werden konnten, vor diesem Zeitpunkt beendet worden, so sind die bisherigen Vorschriften anzuwenden. ²Dies gilt nicht für die darin enthaltenen Beschränkungen auf Höchstbeträge. ³Ist bei Inkrafttreten dieses Gesetzes über die Höhe des Entschädigungsanspruchs bereits gerichtlich oder außergerichtlich bestimmt worden, so hat es dabei sein Bewenden. ⁴Dies gilt

---
[2] BGBl. I 1582.

nicht für wiederkehrende Leistungen, soweit sie nach Inkrafttreten dieses Gesetzes fällig werden.

I. Allgemeines

1   Für das Gebiet der ehemaligen DDR findet § 16 nach dem Einigungsvertrag vom 31.8.1990[1] keine Anwendung; vgl. hierzu auch § 16a.

II. Keine rückwirkende Anwendung

2   Das StrEG ist am 11.4.1971 in Kraft getreten, vgl. § 21. Auf abgeschlossene Ermittlungs- und Strafverfahren ist es grundsätzlich nicht rückwirkend anzuwenden.

III. Maßgebender Zeitpunkt

3   Nach § 16 S. 1 ist allein entscheidend, wann die Sachentscheidung getroffen oder die Hauptverhandlung der letzten Tatsacheninstanz beendet worden ist. Liegt dieser Zeitpunkt vor dem 11.4.1971, dem Tag des Inkrafttretens des StrEG, so richtet sich die Entscheidung über die Entschädigungspflicht nach dem bis dahin geltenden Recht. Ab dem 11.4.1971 gilt uneingeschränkt das neue Recht, auch wenn die Strafverfolgungsmaßnahme früher angeordnet oder vollzogen worden ist.[2] Die Fälle des noch nicht abgewickelten Betragsverfahrens sind heute ohne praktische Bedeutung.

IV. Wiederkehrende Leistungen

4   Auch ein bei Inkrafttreten des Gesetzes bereits abgeschlossenes Betragsverfahren soll nicht neu aufgerollt werden können, S. 3. Von diesem Grundsatz macht S. 4 eine Ausnahme für wiederkehrende Leistungen, soweit sie nach Inkrafttreten des Gesetzes fällig werden. Sie unterliegen nicht mehr der früheren Beschränkung auf einen Jahresbetrag von höchstens 4.500 DM. Wiederkehrende Leistungen können und müssen gegebenenfalls unter Berücksichtigung wesentlicher Änderungen der Verhältnisse neu festgesetzt werden; unter den Voraussetzungen des § 323 ZPO ist die Abänderungsklage zulässig (vgl. → § 13 Rn. 13).

§ 16a Entschädigung für die Folgen einer rechtskräftigen Verurteilung, einer freiheitsentziehenden oder anderen vorläufigen Strafverfolgungsmaßnahme in der Deutschen Demokratischen Republik

[1]Die §§ 1 und 2 finden keine Anwendung auf die Folgen einer strafgerichtlichen Verurteilung, einer Maßregel oder Nebenfolge oder einer freiheitsentziehenden oder anderen vorläufigen Strafverfolgungsmaßnahme, die vor dem Wirksamwerden des Beitritts in der Deutschen Demokratischen Republik erfolgte oder angeordnet wurde. [2]Die Voraussetzungen der Entschädigung für diese Folgen richten sich nach den bis zu diesem Zeitpunkt in der Deutschen Demokratischen Republik geltenden Vorschriften über die Entschädigung für Untersuchungshaft und Strafen mit Freiheitsentzug (§§ 369 ff. der Strafprozessordnung der Deutschen Demokratischen Republik), soweit nicht eine Rehabilitierung nach dem Strafrechtlichen Rehabilitierungsgesetz erfolgt oder ein Kassationsverfahren nach den vom 3. Oktober 1990 bis zum Inkrafttreten des Strafrechtlichen Rehabilitierungsgesetzes geltenden Vorschriften abgeschlossen ist. [3]Für Art und Höhe der Entschädigung gelten die Vorschriften des Strafrechtlichen Rehabilitierungsgesetzes entsprechend.

---

[1] BGBl. II 889 (959).
[2] BGH 31.10.1974 – III ZR 117/73, VersR 1975, 257 (258).

I. Allgemeines

Der Einigungsvertrag vom 31.8.1990[1] fügte die Vorschrift neu ein. Die Sätze 1 und 2 erhielten durch Art. 6 des Ersten Gesetzes zur Bereinigung von SED-Unrecht vom 29.10.1992[2] ihre jetzige Fassung. Soweit der Anwendungsbereich des StrRehaG reicht, geht dieses als lex specialis dem StrEG vor.[3] Die Antragsfrist für die Aufhebung rechtsstaatswidriger strafrechtlicher Entscheidungen nach § 7 StrRehaG war ursprünglich bis zum 31.12.1994 festgesetzt. Sie wurde zuletzt durch das Vierte Gesetz zur Verbesserung rehabilitierungsrechtlicher Vorschriften für Opfer der politischen Verfolgung in der ehemaligen DDR v. 2.12.2010[4] bis zum 31.12.2019 verlängert.

II. Nichtanwendung der §§ 1 und 2

Die Nichtanwendung der §§ 1 und 2 nach S. 1 zieht notwendig die Nichtanwendung der §§ 3–6 nach sich, die auf diesen Regelungen aufbauen. § 7 Abs. 2 ist für den immateriellen Schaden nicht entsprechend anwendbar.[5] Die Voraussetzungen einer Entschädigung regeln §§ 369–372 DDR-StPO.[6] Über die Entschädigung für erlittenen Freiheitsentzug wird im Wiederaufnahmeverfahren und wurde im Kassationsverfahren nach dem hierfür vom 3.10.1990 bis zum Inkrafttreten des StrRehaG am 4.11.1992 geltenden Recht, aber nur dem Grunde nach entschieden.[7] Anders nunmehr, wenn die Rehabilitierung nach dem StrRehaG erfolgt, S. 2. Die Versagung einer Haftentschädigung nach § 372 Abs. 2 S. 2, § 374 DDR-StPO ist nicht zu beanstanden, weil ähnliche Ausschlussgründe auch in §§ 5 und 6 enthalten sind.[8]

III. Art und Höhe der Entschädigung

Die in S. 3 angeordnete Geltung des StrRehaG für Art und Höhe der Entschädigung bedeutet die Nichtanwendung des § 7, und zwar unabhängig davon, ob Entschädigung in Anwendung der §§ 369 ff. StPO-DDR oder der Rehabilitierungsgesetze begehrt wird. Wer in der DDR inhaftiert war und später nach den Regeln über die Behandlung von SED-Unrecht rehabilitiert und entschädigt worden ist, hat daher zB keinen Anspruch auf Nachzahlung von Beiträgen nach § 205 SGB VI.[9] Letztlich bleiben nur die Vorschriften für die **Grundentscheidung,** §§ 8, 9, und das **Verfahren,** §§ 10 ff., anwendbar.[10] Ein insgesamt nach dem Recht der früheren DDR abgeschlossenes Entschädigungsverfahren kann nicht mehr anhand der §§ 10 ff. überprüft werden.[11]

IV. Keine Anwendung auf nationalsozialistisches Unrecht

Aus § 16a kann nichts dafür hergeleitet werden, dass das Gesetz auf die Aufhebung von Strafurteilen auf der Grundlage der Gesetze zur Wiedergutmachung nationalsozialistischen Unrechts anwendbar ist. Denn dessen Regelungsgehalt macht deutlich, dass das StrEG (auch) für die Wiedergutmachung von DDR-Unrecht auf strafrechtlichem Gebiet gerade nicht anwendbar ist, sondern (von den hier nicht in Betracht kommenden, in § 16a S. 1 und 2 Hs. 1 StrEG geregelten Fallgestaltungen abgesehen) für die „historischen" Fälle das strafrechtliche Rehabilitierungsgesetz als lex spezialis maßgebend ist. Dass das StrEG eine

---

[1] BGBl. II 889.
[2] BGBl. I 1814 (1820).
[3] Eine Übersicht über den Anwendungsbereich gibt *Meyer* Rn. 1 ff. (auch zur zeitlichen Geltung); *ders.* JurBüro 1991, 899 und 1991, 1593.
[4] BGBl. I 1744.
[5] VG Magdeburg 26.8.2005 – 5 A 125/05, juris Rn. 17.
[6] Vgl. Anhang zu § 16a.
[7] LG Berlin 27.12.1990 – 506 Kass 3/90, NStZ 1991, 200; BezG Dresden 1.11.1991 – BSK (1) 118/91, DtZ 1992, 92 ff.
[8] KG 17.1.1994 – 5 Ws 260/93, VIZ 1994, 258.
[9] BSG 17.12.1996 – 12 Bk 24/96, VIZ 1997, 315.
[10] BGH 9.1.1991 – 2 ARs 465/90, NStZ 1991, 245 f.; LG Berlin 27.12.1990 – 506 Kass 3/90, NStZ 91, 200.
[11] BGH 9.1.1991 – 2 ARs 465/90, NStZ 1991, 245 f.; LG Berlin 27.12.1990 – 506 Kass 3/90, NStZ 91, 200.

entsprechende Regelung bezüglich der Wiedergutmachung nationalsozialistischen Unrechts nicht vorsieht, hat seinen Grund allein darin, dass das StrEG erst am 8.3.1971, also nach dem BEG-Schlussgesetz geschaffen wurde, das – ebenfalls als lex spezialis, (→ Einl. Rn. 48) – insoweit das Entschädigungsrecht (mit Ausnahme der Regelung des Art. VIII Abs. 1 S. 2 BEG – Schlussgesetz zum 31.12.1969) beendet hatte. Demgegenüber bedurfte es nach der Herstellung der Rechtseinheit der gesetzlichen Klarstellung, dass das StrEG auf die nunmehr anstehenden Rehabilitierungsfälle nicht anwendbar ist.[12]

Anhang zu § 16a

Rechtsvorschriften der früheren DDR

1. Strafprozeßordnung der Deutschen Demokratischen Republik
Vom 12.1.1968 (GBl. 1 Nr. 2 S. 49)
idF des 1. Änderungsgesetzes vom 19.12.1974 (GBl. I Nr. 64 S. 597)

Entschädigung für Untersuchungshaft und Strafen mit Freiheitsentzug

Voraussetzungen

§ 369

(1) Dem Beschuldigten oder dem Angeklagten steht ein Anspruch auf Entschädigung durch den Staat für den durch die Untersuchungshaft entstandenen Vermögensschaden zu, wenn der Angeklagte freigesprochen, die Eröffnung des Hauptverfahrens abgelehnt oder das Verfahren endgültig eingestellt wird.

(2) Das gleiche gilt im Wiederaufnahme- und Kassationsverfahren, wenn die im ersten Verfahren gegen den Angeklagten ausgesprochene Strafe mit Freiheitsentzug bereits ganz oder teilweise vollzogen wurde.

§ 370

Wer kraft Gesetzes unterhaltsberechtigt ist, hat einen Anspruch auf Entschädigung, soweit infolge der Untersuchungshaft oder des Freiheitsentzuges des Unterhaltsverpflichteten kein Unterhalt gezahlt worden ist. Insoweit entfällt der Entschädigungsanspruch des Unterhaltsverpflichteten.

§ 371

(1) Hat der Rat der Stadt, des Stadtbezirkes oder der Gemeinde dem Unterhaltsberechtigten während der Inhaftierung des Unterhaltsverpflichteten eine Unterstützung gewährt, steht dem Unterhaltsverpflichteten insoweit keine Entschädigung zu.

(2) Ein Entschädigungsanspruch gemäß § 370 kann von dem Unterhaltsberechtigten dem Staat gegenüber nicht geltend gemacht werden, insoweit er während der Inhaftierung des Unterhaltsverpflichteten vom Rat der Stadt, des Stadtbezirkes oder der Gemeinde eine Unterstützung erhalten hat.

§ 372 Ausschluß

(1) Der Anspruch auf Entschädigung ist ausgeschlossen, wenn
1. das Verfahren gemäß §§ 75, 76, 148 Absatz 1 Ziffer 3 oder 4, 152, 189 Absatz 2 Ziffern 1 bis 3 oder 249 eingestellt wurde;
2. der Beschuldigte oder der Angeklagte durch sein eigenes Verhalten vorsätzlich Anlaß zur Einleitung eines Strafverfahrens oder zur Verhaftung gegeben hat.

(2) Der Anspruch auf Entschädigung kann ausgeschlossen werden, wenn
1. die Eröffnung des Hauptverfahrens nur deshalb abgelehnt oder das Verfahren eingestellt wurde, weil die Voraussetzungen der Strafverfolgung fehlen, der Beschuldigte oder der Angeklagte zurechnungsunfähig ist, bei einem jugendlichen Beschuldigten oder Angeklagten die persönlichen Voraussetzungen für die strafrechtliche Verantwortlichkeit gemäß § 66 des Strafgesetzbuches fehlen oder weil der Staatsanwalt aus diesen Gründen die Anklage zurücknimmt;
2. durch das zur Strafverfolgung führende Verhalten des Beschuldigten oder des Angeklagten die politisch-rnoralischen Anschauungen der Bürger gröblich verletzt worden sind.

---

[12] KG 15.4.2003 – 5 Ws 63/02, NStZ-RR 03, 216.

§ 372a Regreß

Ist die Entschädigung einem Beschuldigten oder Angeklagten gezahlt worden, der auf Grund einer rechtskräftig festgestellten falschen Anschuldigung in Untersuchungs- oder Strafhaft war, hat der Staat gegenüber dem Täter einen Regreßanspruch bis zur Höhe der geleisteten Entschädigung.

Verfahrensweise

§ 373 Entscheidung durch das Gericht

(1) Ergeht ein freisprechendes Urteil oder lehnt das Gericht die Eröffnung des Hauptverfahrens ab oder wird das Verfahren endgültig eingestellt, hat das erkennende Gericht unverzüglich nach seiner Entscheidung durch den Beschluss darüber zu befinden, ob ein Anspruch auf Entschädigung dem Grunde nach besteht oder gemäß § 372 abzulehnen ist. Das Gericht hat vor seiner Entscheidung den Staatsanwalt und den Betroffenen zu hören.

(2) Dieser Beschluss ist nach Rechtskraft des freisprechenden Urteils oder des die Eröffnung des Hauptverfahrens ablehnenden oder des das Verfahren endgültig einstellenden Beschlusses zuzustellen.

§ 374 Entscheidung durch den Staatsanwalt

Wird das Verfahren durch das Untersuchungsorgan oder durch den Staatsanwalt eingestellt, hat der zuständige Staatsanwalt von Amts wegen darüber zu entscheiden, ob ein Anspruch auf Entschädigung dem Grunde nach besteht oder gemäß § 372 abzulehnen ist. Die Entscheidung ist mit der Verfügung über die Einstellung des Verfahrens dem Betroffenen zuzustellen.

§ 375 Rechtsmittel

(1) Gegen die Entscheidung des Gerichts gemäß § 373 steht dem Betroffenen und dem Staatsanwalt die Beschwerde zu.

(2) Gegen die Entscheidung des Staatsanwalts gemäß § 374 steht dem Betroffenen innerhalb einer Woche nach Zustellung die Beschwerde an den übergeordneten Staatsanwalt zu.

(3) Die Entscheidung hat eine Rechtsmittelbelehrung zu enthalten.

§ 376 Entscheidung über die Höhe der Entschädigung

(1) Hat das Gericht gemäß § 373 einen Entschädigungsanspruch anerkannt, hat das Oberste Gericht über die Höhe der Entschädigung zu entscheiden.

(2) Hat der Staatsanwalt gemäß § 374 einen Entschädigungsanspruch zuerkannt, hat der Generalstaatsanwalt über die Höhe der Entschädigung zu entscheiden.

(3) Der Antrag auf Berechnung der Entschädigung ist innerhalb von drei Monaten nach Zustellung der Entscheidung über die Zuerkennung des Anspruchs beim Obersten Gericht (Absatz 1) oder beim Generalstaatsanwalt (Absatz 2) zu stellen.

2. Beschluss des Präsidiums des Obersten Gerichts zur Entschädigung für Untersuchungshaft und Strafen mit Freiheitsentzug gemäß §§ 369 ff. StPO durch die Gerichte der DDR

Vom 22. Januar 1975 – I Pr 1-112-1/75 – (veröffentlicht in Neue Justiz, Beilage 1/75)

1.1. Die Regelung der Entschädigung für vollzogene Untersuchungshaft oder Strafen mit Freiheitsentzug ist eine Konsequenz aus der Präsumtion der Nichtschuld. Ein Entschädigungsanspruch ist im gerichtlichen Verfahren grundsätzlich gegeben, wenn
- der Beschuldigte oder Angeklagte in Untersuchungshaft war und das Gericht das Verfahren endgültig einstellt, weil der Staatsanwalt bzw. der Generalstaatsanwalt der DDR die Anklage zurückgenommen hat §§ 189 Abs. 2 Ziff 4, 193 Abs. 2, 248 Abs. 1 Ziff 4 StPO);
- der Beschuldigte in Untersuchungshaft war und das Gericht die Eröffnung des Hauptverfahrens rechtskräftig abgelehnt hat, weil kein hinreichender Tatverdacht besteht (§ 192 StPO);
- der Angeklagte in Untersuchungshaft war und im erst- oder zweitinstanzlichen Verfahren freigesprochen wurde (§ 244 StPO); – der Verurteilte die gegen ihn erkannte Strafe mit Freiheitsentzug ganz oder teilweise verbüßt hat und im Ergebnis eines Kassations- oder Wiederaufnahmeverfahrens freigesprochen wurde.

Dem Betroffenen kann auch dann ein Entschädigungsanspruch zugebilligt werden, wenn er wegen des Verhaltens, das die Grundlage des Haftbefehls bildete, freigesprochen, jedoch wegen eines Vergehens verurteilt wurde, das nicht den Grund für den Erlaß des Haftbefehls darstellte, und wenn wegen dieses Delikts die Anordnung der Untersuchungshaft von vornherein nicht gerechtfertigt gewesen wäre. Das gilt auch für die entsprechenden Fälle der Ablehnung der Eröffnung des Hauptverfahrens und der endgültigen Einstellung des Verfahrens bei Rücknahme der Anklage durch den Staatsanwalt.

Bei der Berechnung der Dauer der Freiheitsbeschränkung und der Höhe des Schadens ist vom Zeitpunkt der vorläufigen Festnahme (§ 125 StPO) auszugehen.
1.2. Die Entschädigung umfaßt den durch die Untersuchungshaft oder den Vollzug der Strafe mit Freiheitsentzug entstandenen Vermögensschaden. Der Antragsteller ist grundsätzlich so zu stellen, daß ihm durch die Untersuchungs- oder Strafhaft keine finanziellen Nachteile entstehen. Zum Vermögensschaden gehören insbesondere:
– entgangene Einkünfte aus Arbeitsrechtsverhältnissen, Mitgliedschaftsverhältnissen zu sozialistischen Genossenschaften;
– entgangene Einkünfte aus gesetzlich zulässiger freiberuflicher Tätigkeit, nebenberuflicher Honorartätigkeit und Feierabendtätigkeit;
– entgangene Versorgungsleistungen, zB Renten sowie sonstige Geldleistungen der Sozialversicherung, deren Zahlung eingestellt und nachträglich nicht mehr realisiert wurde;
– entgangener Gewinn aus einer Gewerbetätigkeit;
– notwendige Auslagen, die dem Betroffenen durch die Freiheitsbeschränkung entstanden sind;
– notwendige Auslagen, insbesondere Kosten für die Inanspruchnahme eines Rechtsanwalts bei der Durchsetzung des Entschädigungsanspruchs.
Im Wege des Entschädigungsverfahrens für vollzogene Untersuchungs- und Strafhaft werden nicht erstattet:
– notwendige Auslagen, einschließlich der Verteidigerkosten, über die gemäß § 366 StPO zu entscheiden ist;
– Einkommensminderungen, die infolge der Ablösung des Betroffenen von einer höher bezahlten Stellung in eine niedrigere vor oder nach der Inhaftnahme entstehen;
– nicht abgeführte Beiträge zur Sozial- und Zusatzrentenversicherung.
Von der Entschädigungssumme ist der Nettobetrag abzuziehen, den der Betroffene während der Untersuchungs- und Strafhaft für Arbeitsleistungen erhalten hat.
1.3. Der von einem Unterhaltsberechtigten gemäß § 370 StPO selbständig geltend gemachte Entschädigungsanspruch ist vor dem Obersten Gericht zu erheben. Er ist abhängig von der Zuerkennung eines Entschädigungsanspruchs an den Beschuldigten oder Angeklagten. Bei Zuerkennung des Anspruchs an den Unterhaltsberechtigten entfällt in diesem Umfange der Anspruch des Unterhaltsverpflichteten. Anspruch kann bei folgenden Forderungen gegeben sein:
– Familienaufwand für einen Ehegatten und die im Haushalt lebenden Kinder gemäß § 12 FGB;
– Unterhalt für die getrennt lebenden Ehegatten und die Kinder gemäß §§ 17, 18, 19 FGB;
– Unterhalt für den geschiedenen Ehegatten und die Kinder gemäß §§ 25, 29, 31 FGB;
– Unterhalt für ein außer Ehe geborenes Kind nach § 46 FGB;
– Unterhalt zwischen Verwandten nach §§ 81 ff. FGB.
Liegt ein vollstreckbarer Titel vor (Urteil, Vergleich, vollstreckbare Urkunde nach § 55 Abs. 2 FGB), bedarf es insoweit nicht der Prüfung der Höhe des Unterhaltsanspruchs. In den übrigen Fällen bestimmen sich Grund und Höhe des Anspruchs nach den in den obigen Bestimmungen festgelegten Grundsätzen.
Die Zuerkennung eines Anspruchs an den Unterhaltsberechtigten wirkt nur im Rahmen der Entschädigung des Betroffenen, ohne dass daraus weitere rechtliche Konsequenzen hergeleitet werden können.
Der Entschädigungsanspruch ist vererbbar und kann auch von den Erben des Unterhaltsberechtigten geltend gemacht werden.
1.4. Ein Entschädigungsanspruch ist gemäß § 372 Abs. 1 StPO ausgeschlossen, wenn
– die endgültige Einstellung des Verfahrens durch das Gericht auf der Grundlage der §§ 76, 189 Abs. 2 Ziff 1 bis 3 oder 249 StPO beruht;
– der Beschuldigte oder Angeklagte durch falsche Selbstanzeige vorsätzlich die Inhaftierung oder den Vollzug der Strafe mit Freiheitsentzug verursachte. Ein vorsätzliches Anlaßgeben zur Einleitung eines Strafverfahrens oder zur Verhaftung iS des § 372 Abs. 1 Ziff 2 StPO kann vorliegen, wenn der im dringenden Tatverdacht stehende Beschuldigte oder Angeklagte vorsätzlich Handlungen begeht, die eine Verhaftung wegen Fluchtverdachts oder Verdunklungsgefahr zur Folge haben, oder wenn der Beschuldigte oder Angeklagte ein falsches Geständnis ablegt. Dabei sind die Umstände und Motive seines Handelns zu berücksichtigen.
1.5. Ein Entschädigungsanspruch kann unter den Voraussetzungen des § 372 Abs. 2 StPO dann ausgeschlossen werden, wenn
– die Eröffnung des Hauptverfahrens nur deshalb abgelehnt oder das Verfahren eingestellt wurde, weil die Voraussetzung der Strafverfolgung fehlen, insbesondere wenn die Verjährung der Strafverfolgung eingetreten ist §§ 82, 83 StGB);

– der Beschuldigte oder Angeklagte durch sein Verhalten objektiv einen Straftatbestand erfüllte, das Strafverfahren aber wegen Zurechnungsunfähigkeit des Angeklagten oder Beschuldigten oder bei jugendlichen wegen des Fehlens der persönlichen Voraussetzungen der strafrechtlichen Verantwortlichkeit eingestellt wurde. (Bei Zurechnungsunfähigkeit des Beschuldigten oder Angeklagten wird der Anspruch auf Entschädigung insbesondere dann ausgeschlossen sein, wenn der Beschuldigte oder Angeklagte auf Grund der begangenen Handlung in eine psychiatrische Einrichtung eingewiesen wird.
– Beim Fehlen der Schuldfähigkeit eines Jugendlichen wird das insbesondere der Fall sein, wenn wegen des in der Handlung zum Ausdruck kommenden sozialen Fehlverhaltens durch die Organe der Jugendhilfe eine Heimeinweisung angeordnet wurde.);
– das Verfahren endgültig eingestellt wurde, weil der Staatsanwalt aus den in § 372 Abs. 2 Ziff 1 StPO genannten Gründen die Anklage zurückgenommen hat;
– die Handlung strafrechtlich nicht relevant ist, diese aber gröblich die politisch-moralischen Anschauungen der Bürger verletzt (§ 372 Abs. 2 Ziff 2 StPO). Die Handlung muß im krassen Widerspruch zu den Prinzipien der sozialistischen Moral stehen.

Die politisch-moralische Bewertung des Verhaltens im Hinblick auf den Entschädigungsanspruch verlangt eine zusammenhängende Einschätzung der beruflichen, Art. lichen, familiären oder anderen staatsbürgerlichen Pflichten des Bürgers, die mit seinem zur Strafverfolgung bzw. Inhaftierung führenden Verhalten verletzt worden sind.

Nicht jede Pflichtvergessenheit, Disziplinwidrigkeit oder andere kritikwürdige Handlung ist eine gröbliche Verletzung der politisch-moralischen Anschauungen der Bürger iS. von § 372 Abs. 1 Ziff 2 StPO.

2.1. Unverzüglich nach der endgültigen Einstellung des Verfahrens, der Ablehnung der Eröffnung des Hauptverfahrens oder der Verkündung des freisprechenden Urteils hat das Gericht durch Beschluss darüber zu befinden, ob dem Betroffenen ein Anspruch auf Entschädigung dem Grunde nach zusteht oder auszuschließen ist. Die Beteiligten sind zu hören. Im Fall eines Freispruchs ist es zweckmäßig die Beteiligten gemäß § 373 Abs. 1 StPO unverzüglich nach Verkündung des Urteils zu hören.
Wird die Entscheidung, auf der der Beschluss über die Entschädigung beruht, aufgehoben, so wird der Beschluss über die Entschädigung gegenstandslos.

2.2. Wird vom Gericht versäumt, unverzüglich nach der Sachentscheidung auch über den Entschädigungsanspruch zu entscheiden, hat der Betroffene kein formelles Beschwerderecht, aber die Möglichkeit einer Eingabe. Das Gericht hat die unterlassene Entscheidung unverzüglich nachzuholen.
Wird dem Betroffenen ein Entschädigungsanspruch zuerkannt, so ist in einer Belehrung darauf hinzuweisen, dass der Entschädigungsanspruch der Höhe nach innerhalb von drei Monaten durch Antrag an das Oberste Gericht geltend zu machen ist. Der Antrag kann schriftlich oder zu Protokoll der Geschäftsstelle des Gerichts erster Instanz eingereicht werden.

3. Nach Eingang des Antrags hat das Gericht diesen mit den Strafakten und der Bescheinigung der Arbeitsstelle des Antragstellers über dessen Arbeitseinkommen während der letzten drei Monate vor seiner Inhaftierung bzw. bei freiberuflich Tätigen dem Nachweis über das Einkommen des Antragstellers während der letzten sechs Monate vor der Inhaftierung zu übersenden.
Aus den Verdienst- bzw. Einkommensbescheinigungen müssen das Bruttoeinkommen einschließlich der entsprechenden Zuschläge die gesetzlichen Abzüge und das Nettoeinkommen ersichtlich sein. In jedem Fall ist das Bestehen einer Zusatzrentenversicherung zu erfragen bzw. in der Einkommensbescheinigung sichtbar zu machen.
Andere Vermögensschäden sind durch entsprechende Unterlagen nachzuweisen.
In den entsprechenden Fällen ist vom Unterhaltsberechtigten der Nachweis über seine Unterhaltsberechtigung bzw. vom Erben über seine Erbberechtigung zu übersenden.

4.1. Liegen die Voraussetzungen für den Regreß (§ 372a StPO) vor, so sind die Strafakten des Entschädigten und die Strafakten des Täters, der die falsche Anschuldigung begangen hat, dem Obersten Gericht zu übersenden.
Über den Regreßanspruch entscheidet der für die Entscheidung über die Höhe der Entschädigung zuständige Senat des Obersten Gerichts durch Beschluß.

4.2. Ist durch das Oberste Gericht über die Höhe der Entschädigung entschieden, diese an den Antragsteller gezahlt worden und wird der Entschädigte im Wege eines Kassations- oder Wiederaufnahmeverfahrens unter Aufhebung der bisherigen Entscheidung verurteilt, so werden die Beschlüsse über die Entschädigung gegenstandslos.
Die gezahlte Entschädigung ist vom Betroffenen auf dem Verwaltungswege einzuziehen.

5. Dieser Beschluss tritt mit Wirkung vom 1. April 1975 in Kraft. Gleichzeitig werden die Beschlüsse des Präsidiums des Obersten Gerichts der DDR vom 24. Juli 1968 zur Entschädigung für Untersuchungshaft und Strafen mit Freiheitsentzug gemäß §§ 369 ff. StPO – I Pr 1 –

StrEG § 18 Gesetz über die Entschädigung für Strafverfolgungsmaßnahmen

112 – 4/68 – (NJ 1968 S. 505) und vom 25. November 1970 zur Abänderung des Beschlusses des Präsidiums des Obersten Gerichts vom 24. Juli 1968 – 1 Pr 1 – 112 – 3/70 (NJ- Beilage 4/71 zu Heft 3) aufgehoben.

§ 17 *(aufgehoben)*

Fassung bis 14.12.2010:

§ 17 Aufhebung bisherigen Rechts

(1) Es werden aufgehoben
1. *das Gesetz betreffend die Entschädigung der im Wiederaufnahmeverfahren freigesprochenen Personen vom 20. Mai 1898 (Reichsgesetzbl. S. 345), zuletzt geändert durch das Gesetz zur allgemeinen Einführung eines zweiten Rechtszuges in Staatsschutz-Strafsachen vom 8. September 1969 (Bundesgesetzbl. I S. 1582),*
2. *das Gesetz betreffend die Entschädigung für unschuldig erlittene Untersuchungshaft vom 14. Juli 1904 (Reichsgesetzbl. S. 321), zuletzt geändert durch das Gesetz zur allgemeinen Einführung eines zweiten Rechtszuges in Staatsschutz-Strafsachen vom 8. September 1969 (Bundesgesetzbl. I S. 1582).*

(2) Soweit in anderen Vorschriften auf die in Absatz 1 bezeichneten Gesetze verwiesen wird, treten an deren Stelle die entsprechenden Vorschriften dieses Gesetzes.

I. StHaftEntschG und UHaftEntschG

1   Die Vorschrift wurde durch Art. 22 Gesetz vom 8.12.2010[1] **mit Wirkung zum 15.12.2010** aufgehoben. Mit dem Inkrafttreten des StrEG (vgl. § 21) traten das StHaftEntschG und das UHaftEntschG außer Kraft. Im Rahmen des § 16 kam ihre Anwendung in Übergangsfällen noch in Betracht. Die Gegenseitigkeitsklausel bei Ausländern (§ 12 UHaftEntschG) ist ersatzlos weggefallen.

II. Verweisung auf das bisherige Recht

2   Verweisungen auf das bisherige Recht enthielten vor allem die Disziplinargesetze der Länder und des Bundes. Den Verweisungen gab Abs. 2 einen neuen Inhalt. Die frühere Bundesdisziplinarordnung wurde durch § 19 förmlich geändert. Das diese ersetzende Bundesdisziplinargesetz (BDG) enthält bereits die Verweisungen auf das StrEG. Das Landesrecht unterliegt dagegen nicht der Disposition des Bundesgesetzgebers; etwaige Änderungen blieben dem Landesgesetzgeber überlassen.

§ 18 *(aufgehoben)*

Fassung bis 14.12.2010:

§ 18 Änderung des Gesetzes über Ordnungswidrigkeiten

In das Gesetz über Ordnungswidrigkeiten vom 24. Mai 1968 (BGBl I S. 481) wird hinter § 109 folgender Abschnitt eingefügt:
„Elfter Abschnitt
Entschädigung für Verfolgungsmaßnahmen
§ 109a (jetzt) § 110
…

---

[1] BGBl. I 1864.

§ 18 StrEG wurde durch Art. 22 Gesetz vom 8.12.2010[1] **mit Wirkung zum 15.12.2010** 1 aufgehoben. Die vom StrEG als § 109a in das OWiG eingefügte Vorschrift hat im Rahmen der Änderungen durch das EGStGB vom 2.3.1974[2] die Bezeichnung § 110 erhalten. In Abs. 2 des § 110 OWiG wurde durch das Gesetz vom 19.2.1987 (BGBl. I 981) die ursprüngliche Wochenfrist durch eine solche von zwei Wochen ersetzt. Die Vorschrift gilt in den neuen Bundesländern für Ordnungswidrigkeitenverfahren, die ab dem 3.10.1990 abgeschlossen wurden.

Anhang zu § 18

Gesetz über Ordnungswidrigkeiten (OWiG)

In der Fassung der Bekanntmachung vom 19.2.1987 (BGBl. I S. 602)
FNA 454-1
Zuletzt geändert durch Gesetz vom 27.8.2017 (BGBl. I S. 3295)
– Auszug –

§ 110 OWiG [Entschädigung für Verfolgungsmaßnahmen]

(1) Die Entscheidung über die Entschädigungspflicht für einen Vermögensschaden, der durch eine Verfolgungsmaßnahme im Bußgeldverfahren verursacht worden ist (§ 8 des Gesetzes über die Entschädigung für Strafverfolgungsmaßnahmen), trifft die Verwaltungsbehörde, wenn sie das Bußgeldverfahren abgeschlossen hat, in einem selbständigen Bescheid.

(2) ¹Gegen den Bescheid ist innerhalb von zwei Wochen nach Zustellung der Antrag auf gerichtliche Entscheidung nach § 62 zulässig. ²Gegen die Entscheidung des Gerichts ist sofortige Beschwerde zulässig.

(3) Über den Anspruch auf Entschädigung (§ 10 des Gesetzes über die Entschädigung für Strafverfolgungsmaßnahmen) entscheidet in den Fällen des Absatzes 1 die Verwaltungsbehörde.

(4) Ersatzpflichtig ist (§ 15 des Gesetzes über die Entschädigung für Strafverfolgungsmaßnahmen) in den Fällen des Absatzes 1, soweit das Gesetz nichts anderes bestimmt, der Bund, wenn eine Verwaltungsbehörde des Bundes das Verfahren durchführt, sonst das Land."

Übersicht

	Rn.		Rn.
I. Zweck der Vorschrift	1	IV. Entschädigungsverfahren der Verwaltungsbehörde	11–18
II. Bedeutung	2	1. Entscheidung über den Grund	11–16
III. Anwendungsbereich, Abs. 1	3–10	a) Abschluss des Verfahrens durch die Verwaltungsbehörde	11, 12
1. Nur bei Abschluss durch die Verwaltungsbehörde	3, 4	b) Anwendung der §§ 2–6	13
2. Nur bei vorläufigen Maßnahmen	5	c) Anrufung des Amtsgerichts, Abs. 2	14, 15
3. Entschädigungsfähige vorläufige Maßnahmen	6	d) Sofortige Beschwerde, Abs. 2 S. 2	16
4. Übergang zum Strafverfahren	7	2. Entscheidung der Verwaltungsbehörde über den Betrag, Abs. 3	17
5. Übergang vom Straf- zum Bußgeldverfahren	8–10	3. Ersatzpflichtige Kasse, Abs. 4	18

I. Zweck der Vorschrift

Die Vorschrift ergänzt das OWiG in Form eines eigenen Abschnitts unter der Überschrift 1 „Entschädigung für Verfolgungsmaßnahmen". Ihr Zweck ist es, die sinngemäße Anwendung des StrEG, die sich aus § 46 OWiG ergibt, wie Nr. 295 RiStBV und Teil I D Nr. 1 der AV (abgedruckt im Anhang) nochmals hervorheben (näher → Einl. Rn. 32 und → § 1 Rn. 4;

---

[1] BGBl. I 1864.
[2] BGBl. I 469.

zur Geltung des § 2 vgl. → § 2 Rn. 4), in den Fällen möglich zu machen und verfahrensmäßig zu regeln, in denen die Verwaltungsbehörde das Bußgeldverfahren abgeschlossen hat. Wie im Strafverfahren auch, gilt die materielle Entschädigungsregelung bei sinngemäßer Anwendung im Bußgeldverfahren nur zugunsten des Betroffenen, vgl. → Einl. Rn. 36. Dritte können, von der Vorschrift des § 11 abgesehen, aus dem StrEG keine Ansprüche herleiten.[1]

II. Bedeutung

2   Die Vorschrift überträgt der Verwaltungsbehörde die Kompetenz, dem Grund (Abs. 1) und dem Betrag (Abs. 3) nach über die Entschädigung für Verfolgungsmaßnahmen im Bußgeldverfahren zu entscheiden. Ohne diese ausdrückliche Zuweisung der Befugnis könnte die Verwaltungsbehörde diese Entscheidungen nicht treffen, weil die sinngemäße Anwendung des StrEG nicht dazu führt, dass der Verwaltungsbehörde die dem Gericht vorbehaltenen Befugnisse zufallen; die Verwaltungsbehörde hat nur die Rechte und Pflichten wie die StA bei der Verfolgung von Straftaten, § 46 Abs. 2 OWiG.[2] Es bedeutet eine sachgerechte und zweckmäßige Vereinfachung, dass das Gesetz der Verwaltungsbehörde die Zuständigkeit überträgt, Entschädigungsentscheidungen nach dem StrEG zu treffen, weil die Verwaltungsbehörde die Ahndungsbefugnis hat und auch über die Entschädigung des Einziehungsbeteiligten entscheidet (§ 87 Abs. 1 OWiG iVm §§ 424, 425, 428 Abs. 2, 430 Abs. 2, 438 Abs. 1 und 2 StPO). Die materiellen Vorschriften des StrEG, also die §§ 1–7, auch § 11, bleiben durch § 110 OWiG unberührt, vgl. → Rn. 13. Für die Anwendung des § 1 durch die Verwaltungsbehörde ist allerdings kein Raum, → Rn. 6.

III. Anwendungsbereich, Abs. 1

3   **1. Nur bei Abschluss durch die Verwaltungsbehörde.** Nur wenn die Verwaltungsbehörde das Bußgeldverfahren abgeschlossen hat, kommt § 110 OWiG zur Anwendung. Die Verwaltungsbehörde muss also entweder das Bußgeldverfahren mangels hinreichenden Tatverdachts oder nach § 47 Abs. 1 OWiG eingestellt haben, weil nach ihrem Ermessen eine Ahndung nicht geboten ist (Opportunitätsprinzip). § 3 gilt dann sinngemäß. Aber auch bei Erlass eines Bußgeldbescheides, wenn die angeordneten Rechtsfolgen insgesamt geringeres Gewicht besitzen als die vorausgegangenen vorläufigen Maßnahmen, ist eine Entschädigungsentscheidung nach Abschluss des Verfahrens veranlasst, vgl. § 4 Abs. 1 Nr. 2, ggf. iVm Abs. 2. Bleibt es nach Einspruch bei dem Bußgeldbescheid, weil der Einspruch zurückgenommen oder vom Gericht verworfen wird, so bleibt auch die Zuständigkeit der Verwaltungsbehörde erhalten, über die Entschädigung zu entscheiden. Sie entfällt aber und geht auf das Gericht über, wenn nach dem Einspruch die StA das Verfahren einstellt[3] oder das Gericht in der Sache entscheidet.[4] Zum Übergang vom Bußgeld- in das Strafverfahren → Rn. 8.

4   Ein Antrag auf gerichtliche Entscheidung gegen von der Verwaltungsbehörde getroffene Maßnahmen, Anordnungen oder Verfügungen (§ 62 OWiG) begründet nicht die Zuständigkeit des Gerichts, über die Entschädigung für die Maßnahme zu entscheiden. Es ist also zB möglich, dass das Gericht eine von der Verwaltungsbehörde angeordnete Beschlagnahme aufhebt oder bestätigt, über die Entschädigungspflicht aber die Verwaltungsbehörde entscheidet, vorausgesetzt, dass sie auch das Bußgeldverfahren abschließende Entscheidung getroffen hat.[5]

5   **2. Nur bei vorläufigen Maßnahmen.** Die Regelung betrifft nur die Entschädigung für vorläufige Maßnahmen im Bußgeldverfahren. Für endgültige, also rechtskräftig festgesetzte Ahndungsmaßnahmen im Bußgeldverfahren gilt § 110 OWiG nicht. Denn die Geldbuße

---

[1] Göhler/Gürtler OWiG § 110 Rn. 2.
[2] Göhler/Seitz OWiG § 46 Rn. 7.
[3] Göhler/Gürtler OWiG § 110 Rn. 23; KKOWiG-Schmehl OWiG § 110 Rn. 26; vgl. auch Teil I D Nr. 2 der AV, abgedruckt im Anhang.
[4] Göhler/Gürtler OWiG § 110 Rn. 23; allg. Meinung.
[5] Göhler/Gürtler OWiG § 110 Rn. 23.

und die nach dem OWiG (Einziehung von Gegenständen oder des Wertersatzes, §§ 22 ff. OWiG; Anordnung der Einziehung des Wertes von Tatererträgen, § 29a OWiG) oder nach Nebengesetzen (Fahrverbot, § 25 StVG; Abführung des Mehrerlöses, §§ 8 ff. WiStG 1954; Verbot der Jagdausübung, § 39 BJagdG) zulässigen Nebenfolgen[6] können nach Eintritt der Rechtskraft nur durch gerichtliche Entscheidung im **Wiederaufnahmeverfahren** (§ 85 OWiG) oder im Strafverfahren (§ 86 OWiG) aufgehoben werden; ebenso sind dann auch eine Milderung oder eine Ermessenseinstellung nur durch gerichtliche Entscheidung möglich. In diesen Fällen entscheidet das Gericht nach § 8 über die Entschädigung, sofern die Voraussetzungen nach §§ 1–4 vorliegen und Ausschluss- oder Versagungsgründe (§§ 5, 6) nicht entgegenstehen. Insoweit handelt es sich also zwar um eine entschädigungsfähige Maßnahme[7] bzw. einen entschädigungsfähigen Tatbestand.[8] Der Verwaltungsbehörde fehlt aber nach § 110 OWiG die Befugnis zur Entscheidung, weil die eine Entschädigungspflicht auslösende Entscheidung vom Gericht getroffen wird, vgl. schon → § 1 Rn. 4. Nach Aufhebung einer Entscheidung durch Erstreckung der Rechtsbeschwerde auf den Mitbetroffenen gilt das unter → § 1 Rn. 20, bei Aufhebung durch das Bundesverfassungsgericht das → § 1 Rn. 22, nach Wiedereinsetzung in den vorigen Stand das → § 1 Rn. 21 Ausgeführte entsprechend.

3. Entschädigungsfähige vorläufige Maßnahmen. Im Bußgeldverfahren kommen **6** als von der Verwaltungsbehörde zu entschädigende vorläufige Maßnahmen nur die in § 2 Abs. 2 Nr. 4 aufgeführten in Betracht, also die **Sicherstellung**, die **Beschlagnahme**, der **Vermögensarrest** und die **Durchsuchung**. Die folgenden vorläufigen Maßnahmen im Bußgeldverfahren sind **nicht entschädigungsfähig**, weil sie nicht in § 2 genannt sind, der eine abschließende Aufzählung enthält: die **Entnahme einer Blutprobe** oder ein sonstiger geringfügiger Eingriff (§ 46 Abs. 4 OWiG), die **Identitätsfeststellung** (für sie gelten §§ 163b Abs. 1 S. 1 Hs. 1, 163a Abs. 4 S. 1 StPO iVm § 46 Abs. 1 OWiG entsprechend und damit das unter → § 2 Rn. 11 Gesagte), die **Vorführung** vor den Richter (§ 46 Abs. 5 OWiG) sowie die **Leistung einer Sicherheit** für eine zu erwartende Geldbuße und die Kosten nach § 132 StPO iVm § 46 Abs. 1 OWiG. Zur Entschädigung Dritter § 28 OWiG.

4. Übergang zum Strafverfahren. Gibt die Verwaltungsbehörde die Sache an die StA **7** ab (§ 41 OWiG) oder geht das Bußgeldverfahren zum Strafverfahren über (§ 81 OWiG), so entfällt die Zuständigkeit der Verwaltungsbehörde für die Entscheidung über die Entschädigung (vgl. schon → Rn. 3). Das Gericht entscheidet dann nach § 8 auch über Verfolgungsmaßnahmen im Bußgeldverfahren, die von der Verwaltungsbehörde oder zB von einer Zollbehörde (vgl. § 37 AWG) getroffen worden sind.[9] Gibt die Staatsanwaltschaft die Sache nach § 41 Abs. 2 OWiG an die Verwaltungsbehörde zurück, fällt dieser auch die Entscheidungsbefugnis über die Entschädigung wieder zu.[10]

5. Übergang vom Straf- zum Bußgeldverfahren. Gibt die StA das Verfahren nach **8** § 43 OWiG an die Verwaltungsbehörde ab, so wird damit keine Zuständigkeit der Verwaltungsbehörde begründet, über die Entschädigungspflicht wegen einer Verfolgungsmaßnahme außerhalb des Bußgeldverfahrens zu entscheiden. Die Verwaltungsbehörde darf also nicht entscheiden, wenn im Ermittlungsverfahren der StA eine Strafverfolgungsmaßnahme stattgefunden hat, die der Verfolgung der Tat als Straftat diente (zB U-Haft, Führerscheinmaßnahmen). In einem solchen Falle muss die Verwaltungsbehörde, nachdem sie das Bußgeldverfahren mit ihrer Sachentscheidung abgeschlossen hat, die Sache an die StA zurückgeben.[11] Diese verfährt dann sinngemäß nach § 9. Strittig ist dies in Fällen, in denen die Verfolgungsmaßnahme auch im Bußgeldverfahren zulässig gewesen wäre, etwa bei einer

---

[6] Im einzelnen Göhler/*Seitz* § 66 Rn. 20 ff.; Göhler/*Gürtler* OWiG § 110 Rn. 3.
[7] Göhler/*Gürtler* OWiG § 110 Rn. 23.
[8] Göhler/*Gürtler* OWiG § 110 Rn. 24.
[9] Göhler/*Gürtler* OWiG § 110 Rn. 26, 33; KK-OWiG/*Schmehl* OWiG § 110 Rn. 26.
[10] KK-OWiG/*Schmehl* OWiG § 110 Rn. 27; Rebmann/*Roth*/*Hermann* OWiG § 110 Rn. 15.
[11] Göhler/*Gürtler* OWiG § 110 Rn. 26.

Durchsuchung oder Beschlagnahme. Hier soll die Verwaltungsbehörde auch für die Entschädigung zuständig sein, wenn sie nach einer vor Abgabe durchgeführten Verfolgungsmaßnahme das Verfahren endgültig abschließt.[12]

9 Nach Teil I A II Nr. 2 der AV (abgedruckt im Anhang) soll die StA bei der Abgabe an die Verwaltungsbehörde in der Regel darauf hinwirken, dass das **Gericht nicht** über die Entschädigungspflicht **entscheidet,** solange das Bußgeldverfahren nicht abgeschlossen ist. Bei → § 9 Rn. 8 ist dargelegt, dass die Einstellung nur wegen der Straftat bei Abgabe an die Verwaltungsbehörde zur Verfolgung als Ordnungswidrigkeit nach § 43 Abs. 1 OWiG nicht von der Verfolgung freistellt. Das Ergebnis des Verfahrens, an dem allein abzumessen ist, ob eine Entschädigung überhaupt in Betracht kommt, bleibt dabei offen. Kommt es, nachdem ein Strafverfahren eingeleitet war und die StA die Sache dann an die Verwaltungsbehörde abgegeben hat, zur Ahndung unter dem rechtlichen Gesichtspunkt einer Ordnungswidrigkeit, so steht dies einer Verurteilung gleich. § 4 Abs. 2 stellt das klar und schließt damit das mögliche Missverständnis aus, die Einstellung bei gleichzeitiger Abgabe an die Verwaltungsbehörde nach § 43 OWiG sei eine entschädigungsbegründende Einstellung im Sinne des § 2 Abs. 1.[13]

10 In diesem Zusammenhang ist das **Bußgeldverfahren** die **Fortsetzung des Strafverfahrens.** Es kann sogar wieder zum Strafverfahren übergehen (§ 81 OWiG). Deshalb müssen beide Verfahren als Einheit betrachtet werden. Erst am Ende kann abgesehen werden, ob und nach welcher Vorschrift des StrEG eine Entschädigung in Betracht kommt und welche Ausschluss- oder Versagungsgründe entgegenstehen.[14] Daher soll die StA von einer **Belehrung des Betroffenen** über sein Recht, Entschädigung zu beantragen, in solchen Fällen absehen; der Ausgang des Bußgeldverfahrens sollte immer abgewartet werden (vgl. → § 9 Rn. 8). Das kann ausnahmsweise anders sein, wenn das Verfahren der StA **mehrere Taten im prozessualen Sinn** zum Gegenstand hatte und nur wegen einer dieser Taten nach § 43 OWiG verfahren wird.[15] Das bei → § 4 Rn. 6 Ausgeführte gilt auch hier. Damit sichergestellt wird, dass die StA zu gegebener Zeit prüfen kann, ob wegen einer entschädigungsfähigen Strafverfolgungsmaßnahme im Ermittlungsverfahren noch etwas zu veranlassen ist, empfiehlt sich, die Abgabeverfügung mit dem Ersuchen an die Verwaltungsbehörde zu verbinden, die Akten nach Abschluss des Bußgeldverfahrens zurückzuleiten.

IV. Entschädigungsverfahren der Verwaltungsbehörde

11 **1. Entscheidung über den Grund. a) Abschluss des Verfahrens durch die Verwaltungsbehörde.** Hat die Verwaltungsbehörde das Bußgeldverfahren abgeschlossen und waren entschädigungsfähige Maßnahmen vorausgegangen (→ Rn. 6), richtet sich das weitere Verfahren der Verwaltungsbehörde nach § 110 OWiG. Danach hat die Verwaltungsbehörde **von Amts wegen** über die Entschädigungspflicht zu entscheiden. Das Verfahren nach § 9 ist nicht, auch nicht sinngemäß, anzuwenden, weil die Verwaltungsbehörde zugleich Verfolgungs- und Ahndungsbehörde ist sowie selbst dem Grund und dem Betrag nach über die Entschädigung entscheidet.[16] § 9 enthält demgegenüber eine Regelung, die nur deshalb notwendig ist, weil die genannten Funktionen im Strafverfahren auseinanderfallen. Eine Zustellung der Mitteilung über die Einstellung des Verfahrens unter Hinweis auf ein Antragsrecht (§ 9 Abs. 1 S. 2) kommt daher nicht in Betracht. **§ 8 Abs. 1 S. 2 sinngemäß anzuwenden bedeutet,** die Beteiligten anzuhören, also den Betroffenen,[17] ggf. seinen Verteidiger oder Beistand, den Betreuer, sofern dieser gesetzlicher Vertreter des Betreuten ist, §§ 1897, 1902 BGB, bei Jugendlichen auch den Erziehungsberechtigten und den gesetzliche Vertreter (§ 46

---

[12] KK-OWiG/*Schmehl* Rn. 28 ff. mit Beispielen.
[13] Vgl. BT-Drs. VI/460, 11 Nr. 4, 14 zu 4.; Rechtsausschuss BT – Prot. Nr. 21, S. 34 ff.
[14] KK-OWiG/*Schmehl* OWiG § 110 Rn. 31.
[15] Göhler/Gürtler OWiG § 110 Rn. 25; KK-OWiG/*Schmehl* OWiG § 110 Rn. 32; *Rebmann/Roth/Herrmann* OWiG § 110 Rn. 15.
[16] KK-OWiG/*Schmehl* OWiG § 110 Rn. 34.
[17] Zum Begriff Göhler/*Seitz* OWiG Vor § 59 Rn. 49.

Abs. 1 OWiG iVm § 67 JGG). Bei der Anhörung empfiehlt es sich, eine Äußerungsfrist zu setzen und erforderlichenfalls Hinweise im Sinne des bei → § 9 Rn. 13 Ausgeführten zu geben. Die Entscheidung ergeht abweichend von § 8 Abs. 1 S. 1 immer in einem gesonderten, selbständigen Bescheid. Für die Fassung der zusprechenden Entscheidung gilt § 8 Abs. 2.

Abzulehnen ist die gelegentlich anzutreffende Ansicht, eine Entscheidung werde entbehrlich und ein darauf gerichteter **Antrag unzulässig,** falls der Betroffene trotz eines gegebenen Hinweises innerhalb eines Monats keine Entscheidung begehre.[18] Ein **Verzicht** – der möglich ist (vgl. zu dieser streitigen Frage vgl. → § 8 Rn. 17) – liegt in einer nicht fristgemäßen Antragstellung alleine nicht. Die behaupteten praktischen Gründe werden nicht näher dargelegt. Der Widerspruch zur gesetzlichen Regelung in § 110 Abs. 1 OWiG ist offenkundig, und nur sachliche Gründe von Gewicht könnten es rechtfertigen, die vorgeschriebene Entscheidung von Amts wegen zu unterlassen. 12

b) Anwendung der §§ 2–6. Der Entschädigungsbescheid der Verwaltungsbehörde richtet sich materiell nach den §§ 2–6. Wegen der häufigen Ermessenseinstellung nach § 47 OWiG hat vor allem § 3 über die Billigkeitsentschädigung bei Einstellung nach einer Ermessensvorschrift für die Verwaltungsbehörde praktische Bedeutung. Auf die Erläuterungen zu § 3 wird insoweit Bezug genommen. Ferner sind sinngemäß anzuwenden namentlich die weiteren Vorschriften über die Billigkeitsentschädigung, § 4 Abs. 1 Nr. 2, sowie über die **Ausschlussgründe** nach § 5 Abs. 1 Nr. 4, soweit sie die Einziehung betreffen, und § 5 Abs. 2. Der Ausschlussgrund nach § 5 Abs. 3 kommt nur mittelbar in Betracht, weil die Nichtbefolgung einer Ladung vor den Richter im Bußgeldverfahren keine Verhaftung nach sich ziehen kann und regelmäßig nicht die Vorführung des Betroffenen, sondern die Verwerfung des Einspruchs zur Folge hat, § 74 Abs. 2 OWiG; sie kann sich dann wegen der Möglichkeit der Wiedereinsetzung allenfalls verlängernd auf Verfolgungsmaßnahmen, etwa eine Beschlagnahme, auswirken. Soweit eine Vorführung angeordnet werden kann, weil ein Betroffener einer Ladung der Verfolgungsbehörde nicht nachkommt (§ 46 Abs. 5 OWiG), handelt es sich hierbei nicht um eine entschädigungsfähige Maßnahme, vgl. → § 2 Rn. 12. Ferner gelten im Bußgeldverfahren sinngemäß die **Versagungsgründe** des § 6 Abs. 1. Zur Geltung der Unschuldsvermutung im Bußgeldverfahren vgl. → § 3 Rn. 24 und → § 6 Rn. 23 ff. Auf die Erläuterungen zu den genannten materiellen Entschädigungsvorschriften kann im Übrigen Bezug genommen werden. 13

c) Anrufung des Amtsgerichts, Abs. 2. Gegen den Bescheid der Verwaltungsbehörde über die Entschädigungspflicht ist der Antrag auf gerichtliche Entscheidung nach § 62 OWiG zulässig. Abs. 2 weist ihn dem nach § 68 OWiG zuständigen Gericht zu. Dies ist das Amtsgericht. Die örtliche und funktionelle **Zuständigkeit** des Gerichts richtet sich nach § 68 OWiG; danach entscheidet über den Antrag in der Regel das AG, in dessen Bezirk die Verwaltungsbehörde ihren Sitz hat, und dort der Richter alleine. Wird der Antrag nach dem Abschluss eines Bußgeldverfahrens wegen verspäteter Rückgabe eines Führerscheins nach Ablauf des Fahrverbots bei einem Verwaltungsgericht gestellt, verweist dieses nach § 17a Abs. 2 S. 2 GVG an das zuständige Amtsgericht.[19] 14

Der Antrag ist nur **zulässig,** wenn die Entscheidung der Verwaltungsbehörde sich gegen den Betroffenen richtet (§ 62 OWiG), also praktisch nur, wenn Entschädigung ganz oder teilweise versagt worden ist. Er muss – im Unterschied zu dem sonst nicht fristgebundenen Antrag nach § 62 OWiG – innerhalb von zwei Wochen nach Zustellung der Entscheidung gestellt werden, und zwar bei der Verwaltungsbehörde, nur in dringenden Fällen bei dem Gericht (§ 62 Abs. 2 OWiG iVm § 306 Abs. 1 StPO). Bei unverschuldeter Versäumung der Frist ist Wiedereinsetzung in den vorigen Stand möglich (§ 52 OWiG). Trotz Befristung des Rechtsbehelfs kann die Verwaltungsbehörde abhelfen, wenn sie die Anfechtung ihrer 15

---

[18] Göhler/*Gürtler* OWiG § 110 Rn. 28, *Meyer* OWiG § 110 Rn. 16; wie hier KK-OWiG/*Schmehl* OWiG § 110 Rn. 35; *Rebmann/Roth/Herrmann* OWiG § 110 Rn. 16.
[19] VG Braunschweig 5.5.2004 – 6 A 231/04, juris Rn. 9.

Entscheidung für zulässig und begründet hält; dies folgt aus der uneingeschränkten Verweisung auf § 62 OWiG (vgl. dessen Abs. 2 iVm § 306 Abs. 2 StPO).

16   d) **Sofortige Beschwerde, Abs. 2 S. 2.** Gegen die Entscheidung des Gerichts ist die sofortige Beschwerde zulässig. Dies entspricht der Verfahrensregelung, die für die Anfechtung der Entscheidung des Strafgerichts in § 8 Abs. 3 getroffen ist; jedoch gilt dessen S. 2 nicht, da die Hauptsache endgültig von der Verwaltungsbehörde abgeschlossen wurde. Im Übrigen gelten aber die Vorschriften der StPO über die sofortige Beschwerde sinngemäß (§ 46 Abs. 1 OWiG; vgl. → § 8 Rn. 43 ff.).

17   **2. Entscheidung der Verwaltungsbehörde über den Betrag, Abs. 3.** Für das Betragsverfahren gilt § 10 mit dem Unterschied, dass der Anspruch bei der Verwaltungsbehörde geltend zu machen ist und diese auch über die Höhe der Entschädigung befindet, § 110 Abs. 3 OWiG. Grundlage ist die Entscheidung über den Grund, die sie selbst nach Abs. 1 getroffen hat, oder, falls auf gerichtliche Entscheidung angetragen worden war, § 110 Abs. 2 OWiG, die Entscheidung des Gerichts. Für den Umfang des Entschädigungsanspruchs gilt § 7 Abs. 1, Abs. 2 u. Abs. 4 und das dort Ausgeführte. Für § 7 Abs. 3 gibt es zwar keinen unmittelbaren Anwendungsbereich. Im Gegenschluss ergibt sich hieraus aber, dass im Bußgeldverfahren **nur der Vermögensschaden** zu ersetzen ist. Lehnt die Verwaltungsbehörde den Anspruch ganz oder teilweise ab, so ist der Rechtsweg nach § 13 gegeben. Ist der Ausspruch über die Entschädigung dem Grunde nach in einer gerichtlichen Entscheidung enthalten, also wenn das Gericht nach Einspruch in der Sache entscheidet oder bei der Wiederaufnahme gegen einen rechtskräftigen Bußgeldbescheid, so ist die Landesjustizverwaltung auch für das Betragsverfahren nach den allgemeinen Grundsätzen zuständig. Die bis dahin von der Verwaltungsbehörde und ihren Hilfsorganen veranlassten Verfolgungsmaßnahmen werden so angesehen, als wären sie von den Hilfsorganen der Justizbehörden vorgenommen worden.[20]

18   **3. Ersatzpflichtige Kasse, Abs. 4.** Welche Kasse ersatzpflichtig ist, richtet sich grundsätzlich danach, welchem Hoheitsbereich die Verwaltungsbehörde zugehört, die das Bußgeldverfahren durchgeführt hat. Danach ist der Bund ersatzpflichtig, wenn eine Verwaltungsbehörde des Bundes das Verfahren durchgeführt hat, sonst das Land. Die Regelung lehnt sich an § 90 Abs. 2 OWiG an, der nach demselben Grundsatz bestimmt, in welche Kasse die Geldbußen fließen. Doch tritt die Vorschrift zurück, wenn – wie häufig – gesetzlich etwas anderes bestimmt ist.[21] Entgegen Abs. 4 trifft die Ersatzpflicht zB nicht die Staatskasse, sondern die Rechtsanwaltskammerkammer bei Verfolgung von Ordnungswidrigkeiten nach § 6 der Dienstleistungs-Informationspflichten-Verordnung, die durch ihre Mitglieder begangen werden, § 73b Abs. 3 S. 2 BRAO. Die Passivlegitimation im Prozess, § 13, richtet sich danach, welche Kasse ersatzpflichtig ist.

§ 19 *(aufgehoben)*

Fassung bis 14.12.2010:

§ 19 Änderung der Bundesdisziplinarordnung

In § 109 Abs. 1 der Bundesdisziplinarordnung in der Fassung der Bekanntmachung vom 20. Juli 1967,[1] zuletzt geändert durch das Fünfte Gesetz zur Änderung beamtenrechtlicher und besoldungsrechtlicher Vorschriften vom 19. Juli 1968,[2] werden die Worte „Gesetzes, betreffend die Entschädigung der im Wiederaufnahmeverfahren freigesprochenen Personen, vom 20. Mai 1898 (Reichsgesetzbl. S. 345)" durch die Worte „Gesetzes über die Entschädigung für Strafverfolgungsmaßnahmen vom 8. März 1971 (Bundesgesetzbl I S. 157)" ersetzt.

---

[20] *Göhler/Gürtler* OWiG § 110 Rn. 33.
[21] Vgl. die Zusammenstellung bei *Göhler/Gürtler* § 110 Rn. 34.
[1] BGBl. I 750, 984.
[2] BGBl. I 848.

§ 20 StrEG

I. Allgemeines

Die Vorschrift ist **gegenstandslos** geworden, denn die Bundesdiziplinarordnung (BDO) ist zum 1.1.2002 durch das Bundesdisziplinargesetz (BDG) v. 9.7.2001[3] ersetzt worden. Sie wurde durch Art. 22 Gesetz vom 8.12.2010[4] mit Wirkung zum 15.12.2010 aufgehoben. Vergleichbare Regelungen wie das Bundesdisziplinargesetz über eine entsprechende Anwendung des StrEG enthalten auch die Disziplinargesetze der Länder.

II. Wiederaufnahme des gerichtlichen Disziplinarverfahrens

Die Wiederaufnahme des gerichtlichen Disziplinarverfahrens nach dem Bundesdisziplinargesetz ist in §§ 71 ff. BDG geregelt. § 76 BDG befasst sich mit den Rechtswirkungen der Aufhebung des angefochtenen Urteils zugunsten des Beamten. Dieser erhält nach § 76 Abs. 1 BDG grundsätzlich die Rechtsstellung, die er inne hätte, wenn das aufgehobene Urteil der Entscheidung entsprochen hätte, die im Wiederaufnahmeverfahren ergangen ist.

III. Nur materieller Schaden ersatzfähig, § 76 Abs. 2 BDG

Sonstiger Schaden ist hier nur Vermögensschaden, nicht immaterieller Schaden, weil zwar die entsprechende Anwendung des StrEG angeordnet wird, dieses aber – von § 7 Abs. 3 abgesehen – einen Ersatz des immateriellen Schadens nicht vorsieht. Materieller Schaden umfasst insbesondere auch die entgangenen Bezüge. Er kann auch daraus erwachsen sein, dass der Verurteilte oder die Unterhaltsberechtigten für ihren Lebensunterhalt Darlehen aufnehmen oder Vermögenswerte veräußern mussten.

IV. Anwendbare und nicht anwendbare Vorschriften

Die materiellen Entschädigungsvorschriften des StrEG gelten entsprechend, soweit ihre Anwendung in disziplinargerichtlichen Verfahren in Betracht kommen kann. Verfahrensrechtlich gelten jedoch Besonderheiten. Die Vorschriften des StrEG über die Grundentscheidung, § 8, die Anmeldung des Anspruchs, § 10, den Ausschluss der Geltendmachung, § 12, und den Rechtsweg, § 13, sind nicht anwendbar. An ihre Stelle tritt die Spezialregelung in § 76 Abs. 2 S. 2 BDG. Danach ist dieser Entschädigungsanspruch innerhalb einer Ausschlussfrist von drei Monaten nach dem rechtskräftigem Abschluss des Wiederaufnahmeverfahrens bei der für die Erhebung der Disziplinarklage zuständigen Behörde geltend zu machen. Gegen deren ablehnende Entscheidung ist nicht der Rechtsweg zu den ordentlichen Gerichten, sondern der Verwaltungsrechtsweg gegeben (vgl. § 172 BBG, §§ 126, 127 BRRG).

§ 20 (gegenstandslos)

Fassung bis 14.12.2010:

§ 20 Berlin-Klausel

Dieses Gesetz gilt nach Maßgabe des § 13 Abs. 1 des Dritten Überleitungsgesetzes vom 4. Januar 1952 (Bundesgesetzbl. I S. 1) auch im Land Berlin.

Das damalige Berlin (West) hat das StrEG durch Mantelgesetz übernommen: Gesetz zur Übernahme von Gesetzen vom 17.3.1971.[1] Die Klausel ist zwischenzeitlich durch die Wiedervereinigung gegenstandslos geworden. Sie wurde durch Art. 22 des Gesetzes v. 8.12.2010[2] mit Wirkung zum 15.12.2010 aufgehoben.

---

[3] BGBl. I 1510.
[4] BGBl. I 1864.
[1] GVBl. S. 486, Text des StrEG ebenda S. 500.
[2] BGBl. I 1864.

StrEG Anh. Gesetz über die Entschädigung für Strafverfolgungsmaßnahmen

§ 21 *(aufgehoben)*

Fassung bis 14.12.2010:

§ 21 Inkrafttreten
Dieses Gesetz tritt einen Monat nach seiner Verkündung in Kraft.

Die Vorschrift wurde durch Art. 22 des Gesetzes v. 8.12.2010[1] mit Wirkung zum 15.12.2010 aufgehoben. Das StrEG ist am 8.3.1971 ausgefertigt und im Bundesgesetzblatt, Teil I S. 157 verkündet worden. Ausgabetag dieses Gesetzblatts war der 11.3.1971. Mithin ist das StrEG am 11.4.1971 in Kraft getreten.

Anhang

Ausführungsvorschriften zum Gesetz über die Entschädigung für Strafverfolgungsmaßnahmen

A. Verfahren über den Grund des Anspruchs

I. Entscheidung des Strafgerichts

Liegen in einem bei Gericht anhängigen Verfahren die Voraussetzungen der §§ 1, 2 des Gesetzes über die Entschädigung für Strafverfolgungsmaßnahmen (StrEG) vom 8. März 1971 (BGBl. I, S. 157, zuletzt geändert durch das 1. Gesetz zur Bereinigung von SED-Unrecht vom 29. Oktober 1992 – BGBl. I 1814) in der jeweils geltenden Fassung vor, so wirkt die Staatsanwaltschaft darauf hin, dass das Gericht gem. § 8 StrEG über die Entschädigungspflicht entscheidet. Die Staatsanwaltschaft nimmt unter Berücksichtigung der §§ 3 bis 6 StrEG dazu Stellung, ob oder in welchem Umfang eine Verpflichtung zur Entschädigung besteht.

II. Einstellung des Verfahrens durch die Staatsanwaltschaft

1. Stellt die Staatsanwaltschaft ein Verfahren ein, in welchem gegen die beschuldigte Person eine Strafverfolgungsmaßnahme im Sinne des § 2 StrEG vollzogen worden ist, so wird dieser die Mitteilung über die Einstellung zugestellt. In der Einstellungsnachricht wird die beschuldigte Person über ihr Recht, einen Antrag auf Feststellung der Entschädigungspflicht der Staatskasse zu stellen, über die in § 9 Abs. 1 Satz 4 StrEG vorgeschriebene Frist sowie über das nach § 9 Abs. 1 Satz 1 und 2 StrEG zuständige Gericht belehrt. War die Erhebung der öffentlichen Klage von der verletzten Person beantragt, so wird die beschuldigte Person ferner darüber belehrt, dass über die Entschädigungspflicht nicht entschieden wird, so lange durch einen Antrag auf gerichtliche Entscheidung die Erhebung der öffentlichen Klage herbeigeführt werden kann. Bei der Belehrung wird darauf geachtet, dass sie nicht als Zusicherung einer Entschädigung missverstanden wird.
2. Die Staatsanwaltschaft nimmt gegenüber dem zuständigen Gericht zu dem Antrag der verletzten Person, die Entschädigungspflicht der Staatskasse festzustellen, Stellung. Hat die Staatsanwaltschaft nach Einstellung des Verfahrens die Sache gem. § 43 des Gesetzes über Ordnungswidrigkeiten (OWiG) an die Verwaltungsbehörde abgegeben, so wirkt sie in der Regel darauf hin, dass das Gericht nicht über die Entschädigungspflicht entscheidet, so lange das Bußgeldverfahren nicht abgeschlossen ist.

III. Verfahren nach Feststellung der Entschädigungspflicht

1. Ist die Entschädigungspflicht der Staatskasse rechtskräftig festgestellt (vgl § 8 Abs. 1, § 9 Abs. 1 Satz 1 und 2 StrEG), so stellt die Staatsanwaltschaft der berechtigten Person unverzüglich eine Belehrung über ihr Antragsrecht und die Frist zur Antragstellung zu (vgl § 10 Abs. 1 StrEG). Zugleich weist sie sie auf die Möglichkeit der Nachzahlung von Beiträgen zur Rentenversicherung, insbesondere auf die dabei zu beachtende Antragsfrist (§ 205 Abs. 2 SGB Sechstes Buch), hin.
2. Ist der Staatsanwaltschaft bekannt, dass die berechtigte Person kraft Gesetzes unterhaltspflichtig war, und besteht nach den Umständen die Möglichkeit, dass den Unterhaltsberechtigten infolge der Strafverfolgungsmaßnahme der Unterhalt entzogen worden ist (vgl Abschnitt B II Nr. 3 Buchstabe a), so stellt die Staatsanwaltschaft auch diesen Personen eine Belehrung über ihr Antragsrecht und die Frist zur Antragstellung zu (vgl § 11 Abs. 2 StrEG).

---

[1] BGBl. I 1864.

B. Verfahren zur Feststellung der Höhe des Anspruchs
I. Behandlung des Entschädigungsantrages

1. Ist die Entscheidung über die Verpflichtung der Staatskasse zur Entschädigung rechtskräftig und wird daraufhin die Zahlung einer Entschädigung beantragt, so legt der Leiter der Staatsanwaltschaft, wenn er nicht selbst mit der Prüfung des Anspruchs betraut ist, der dafür zuständigen Stelle den Antrag unverzüglich mit einem Bericht vor.
2. In dem Bericht wird ausgeführt,
   a. welche Strafverfolgungsmaßnahmen gegen den Berechtigten vollzogen worden sind,
   b. welche Entscheidung das Gericht über die Entschädigung getroffen hat,
   c. ob der Entschädigungsanspruch rechtzeitig geltend gemacht worden ist,
   d. ob Unterhaltsberechtigte gemäß Abschnitt A III Nr. 2 über ihr Antragsrecht belehrt worden sind und ob sie Ansprüche geltend gemacht haben,
   e. ob aus dem Strafverfahren Umstände bekannt sind, die für die Bearbeitung des Entschädigungsanspruchs wesentlich sein können, und ob beziehungsweise in welcher Höhe aufrechenbare Forderungen (z. B. Geldstrafen und Kosten) bestehen,
   f. ob Anlass zu der Annahme besteht, dass der Berechtigte Ansprüche gegen Dritte hat, die im Falle einer Entschädigung auf das Land übergehen (vgl § 15 Abs. 2 StrEG).

   Dem Bericht werden die Strafakten, soweit tunlich, beigefügt. Andernfalls werden sie unverzüglich nachgereicht. Sofern die Strafakten nicht alsbald entbehrlich sind, sind dem Bericht beglaubigte Abschriften der zu den Buchstaben a, b und e in Betracht kommenden Unterlagen beizufügen.
3. Werden in dem Anspruchsschreiben gleichzeitig Ansprüche auf Erstattung von Auslagen aus dem Strafverfahren geltend gemacht, so wird eine beglaubigte Abschrift des Anspruchsschreibens zu den Strafakten genommen und veranlasst, dass der Anspruch auf Auslagenerstattung getrennt bearbeitet wird. Der Berechtigte wird hiervon unterrichtet.

II. Prüfung des Entschädigungsanspruchs

1. Die mit der Prüfung des Anspruchs beauftragte Stelle (Prüfungsstelle) legt für die Prüfung ein Sonderheft an.
2. Sie prüft, in welcher Höhe der Anspruch des Berechtigten begründet ist sowie ob und in welcher Höhe aufrechenbare Forderungen bestehen. Die Prüfung erstreckt sich auf die Punkte, die nach den Angaben des Berechtigten und nach den einschlägigen gesetzlichen Vorschriften (z. B. §§ 7, 11 StrEG; §§ 249 ff. BGB) sowie der dazu ergangenen Rechtsprechung erheblich sind. Das muss anhand der Umstände des Einzelfalles festgestellt werden. Die nachstehend wiedergegebenen Hinweise zu häufiger auftauchenden Fragen gelten nur unter dem Vorbehalt, dass die Umstände des Einzelfalles keine andere Behandlung erfordern:
   a. Anhaltspunkte für die Bewertung entgangener Sachleistungen können den Rechtsverordnungen gemäß § 17 Abs. 1 Satz 1 Nr. 3 (Anm. d. Verf: richtig ist Nr. 4) SGB Viertes Buch entnommen werden.
   b. Ausgaben, die der Berechtigte infolge einer Haft für Unterkunft und Verpflegung erspart hat, werden allein bei der Geltendmachung von kongruenten Vermögensschäden (§ 7 Abs. 1 StrEG) und nur wie folgt angerechnet:
      aa) Sind dem Berechtigten Ausgaben für Verpflegung und Unterkunft erspart geblieben, so wird je Tag ein Betrag in Höhe von 3/4 aus der Summe des Haftkostensatzes für Einzelunterbringung und des Haftkostensatzes für Verpflegung (Frühstück, Mittagessen und Abendessen) angerechnet.
      bb) Sind ihm nur Ausgaben für Verpflegung oder nur Ausgaben für Unterkunft erspart geblieben, so wird je Tag ein Betrag in Höhe von 3/4 des Haftkostensatzes für Verpflegung (Frühstück, Mittagessen und Abendessen) beziehungsweise des Haftkostensatzes für Einzelunterbringung angerechnet.
      cc) Dabei werden der Aufnahme- und der Entlassungstag als ein Tag gerechnet.
   c. Das während einer Haft gewährte Arbeitsentgelt wird nur auf einen Anspruch auf Entschädigung unmittelbar haftbedingter Vermögensschäden angerechnet.
   d. Durch die Strafverfolgungsmaßnahme erlittenen rentenversicherungsrechtlichen Nachteile werden regelmäßig dadurch ausgeglichen, dass dem Antragsteller nach Maßgabe der Sätze 2 bis 4 der Betrag erstattet wird, der ohne die Strafverfolgungsmaßnahme an Beträgen zur gesetzlichen Rentenversicherung entrichtet worden wäre. Hat der Antragsteller freiwillige Beiträge zur Rentenversicherung für Zeiten von Strafverfolgungsmaßnahmen (vgl § 205 SGB Sechstes Buch) nachgezahlt, so sind ihm die hier gezahlten Beiträge, höchstens jedoch der in Satz 1 genannte Betrag, zu erstatten. Hat er rechtzeitig einen Antrag auf Nachzahlung freiwilliger Beiträge gestellt, die Beiträge aber noch nicht an den Rentenversicherungsträger gezahlt, so sind die Beiträge, höchstens jedoch der in Satz 1 genannte Betrag, unmittelbar

an den Rentenversicherungsträger auszubezahlen. Hat der Antragsteller einen Antrag auf Nachzahlung freiwilliger Beiträge nicht rechtzeitig gestellt, unterbleibt ein Ausgleich.
   e. In der Regel kann davon ausgegangen werden, dass die infolge eines Verdienstausfalls ersparten Beträge an Einkommen oder Lohnsteuer dem Betrag entsprechen, den der Berechtigte im Hinblick auf die Entschädigungsleistung als Einkommensteuer zu zahlen hat (vgl § 2 Abs. 1 und 4, § 24 Nr. 1 Buchstabe a Einkommensteuergesetz).
   f. Es besteht allgemein keine Verpflichtung des Landes, den Entschädigungsbetrag vom Zeitpunkt der Entstehung des Schadens bis zur Auszahlung des Entschädigungsbetrages zu verzinsen. Im Einzelfall können jedoch aufgrund besonderer Umstände im Hinblick auf den Zeitablauf Zuschläge zur Entschädigungssumme berechtigt sein (z. B. unter dem Gesichtspunkt des entgangenen Gewinns, wenn der Berechtigte ohne den Verdienstausfall Beträge verzinslich angelegt hätte).
   g. Beauftragt der Berechtigte einen Rechtsanwalt mit der Geltendmachung seiner Ansprüche, so sind die dafür entstandenen Gebühren (vgl § 118 Bundesrechtsanwaltsgebührenordnung) als Teil des Vermögensschadens in der Regel erstattungsfähig. Eine Vorteilsausgleichung (Nr. 2b) findet insoweit nicht statt.
3. a. Entzogen im Sinne des § 11 Abs. 1 und 2 StrEG ist der Unterhalt, wenn ihn der Unterhaltspflichtige infolge der Strafverfolgungsmaßnahmen nicht leisten und der Unterhaltsberechtigte ihn auch nicht nachträglich beanspruchen konnte (vgl z. B. § 1613 BGB).
   b. Kommen Ansprüche von Unterhaltsberechtigten in Betracht, so widmet die Prüfungsstelle der Gefahr von Doppelzahlungen besondere Aufmerksamkeit. Aus diesem Grund kann es im Einzelfall zweckmäßig sein, den Berechtigten zu einer Erklärung aufzufordern, ob und gegebenenfalls in welcher Höhe er im fraglichen Zeitraum anderen Personen zur Unterhaltsleistung verpflichtet war oder gewesen wäre. Im Interesse der Beschleunigung und Vereinfachung ist anzustreben, dass sich die Beteiligten auf eine bestimmte Aufteilung der Gesamtentschädigung einigen oder einen der Beteiligten oder einen Dritten bevollmächtigen, die Gesamtentschädigung mit schuldbefreiender Wirkung für das Land in Empfang zu nehmen (vgl § 362 Abs. 2 BGB).
   c. Einigen sich die Beteiligten nicht und ist eine Prüfung der Unterhaltsansprüche mit Schwierigkeiten verbunden, verspricht sie kein eindeutiges Ergebnis oder hat eine durchgeführte Prüfung kein eindeutiges Ergebnis gehabt, so kommt die Hinterlegung (vgl §§ 372 ff. BGB) des Entschädigungsbetrages in Betracht, soweit er unter den Beteiligten streitig ist und Zweifel an ihrer Berechtigung bestehen.
4. Die Prüfungsstelle prüft die erheblichen Angaben des Berechtigten nach und stellt erforderlichenfalls über zweifelhafte Punkte Ermittlungen an. Weicht deren Ergebnis von dem Vorbringen des Berechtigten ab, so wird dieser in der Regel zu hören sein. Von kleinlichen Beanstandungen wird abgesehen. Bei den Ermittlungen wird darauf geachtet, dass bei Dritten nicht der Eindruck entsteht, gegen den Berechtigten sei ein strafrechtliches Ermittlungsverfahren anhängig.
5. Die Prüfungsstelle berichtet, wenn sie nicht selbst zur Entscheidung über den Anspruch befugt ist, auf dem Dienstwege an die für die Entscheidung zuständige Stelle. In dem Bericht legt die Prüfungsstelle das Ergebnis ihrer Ermittlungen dar und fügt die einschlägigen Vorgänge bei. Sie führt insbesondere aus,
   a. ob der Antrag rechtzeitig gestellt worden ist,
   b. ob und in welcher Höhe nach §§ 7, 11 StrEG zu ersetzende Schäden entstanden sind,
   c. ob durch die Leistung der Entschädigung nach § 15 Abs. 2 StrEG Ansprüche auf die Staatskasse übergehen und ob und in welcher Höhe deren Verfolgung voraussichtlich zu einem Ersatz führen wird.
6. Die Prüfung der geltend gemachten Ansprüche und die Erstattung des Berichts werden möglichst beschleunigt. Erweisen sich Ermittlungen durch andere Behörden als notwendig, so wird stets auf die Eilbedürftigkeit hingewiesen. Über einen nachgewiesenen Teil des Anspruchs kann die Prüfungsstelle vorab berichten. Sie kann weiter nur über den Anspruch vorab berichten, wenn sie die Ansprüche gegen Dritte noch nicht abschließend geprüft hat. Die weiteren Ermittlungen dürfen durch dieses Verfahren nicht verzögert werden.
7. Ist ein immaterieller Schaden zu ersetzen, so ordnet die Prüfungsstelle im Einvernehmen mit der für die Entscheidung zuständigen Stelle insoweit die Auszahlung eines Vorschusses unter Berücksichtigung aufrechenbarer Forderungen unverzüglich an.
8. Stellt die Prüfungsstelle fest, dass der Anspruch auf Ersatz des Vermögensschadens unter Berücksichtigung aufrechenbarer Forderungen ganz oder teilweise begründet ist, so kann sie im Einvernehmen mit der für die Entscheidung zuständigen Stelle in dringenden Fällen die Auszahlung eines Vorschusses anordnen. Der Vorschuss soll die Hälfte des für begründet erachteten Anspruchs oder Anspruchsteiles nicht übersteigen.

9. Wird ein Vorschuss gewährt, so werden seine Höhe und der Zeitpunkt der Zahlung in dem Bericht angegeben.

III. Entscheidung über den Anspruch

1. Die Entscheidung über den Anspruch wird dem Berechtigten durch die für die Entscheidung zuständige Stelle nach den Vorschriften der Zivilprozessordnung zugestellt (vgl § 10 Abs. 2 Satz 2 StrEG).
2. Wird der Antrag ganz oder teilweise abgelehnt, so wird der Berechtigte über den Rechtsweg und die Klagefrist belehrt (vgl § 13 Abs. 1 StrEG).
3. Die für die Entscheidung zuständige Stelle ordnet die Auszahlung der zuerkannten Entschädigung an.
4. Die für die Entscheidung zuständige Stelle gibt eine Durchschrift der Entscheidung zu den Strafakten.
5. Beschreitet der Berechtigte den Rechtsweg, so ist der für die Entscheidung zuständigen Stelle zu berichten.

IV. Außer-Kraft-Treten der Entscheidung

1. In den Fällen des § 14 Abs. 2 StrEG berichtet der Leiter der Staatsanwaltschaft, sofern er nicht selbst zur Entscheidung über den Anspruch befugt ist, der dafür zuständigen Stelle auf dem Dienstwege unverzüglich von der Einreichung des Wiederaufnahmeantrages oder von der Wiederaufnahme der Untersuchungen oder Ermittlungen und von dem Ausgang des Verfahrens. Ist eine bereits festgesetzte Entschädigung noch nicht gezahlt, so ordnet die für die Entscheidung zuständige Stelle sofort die vorläufige Aussetzung der Zahlung an.
2. a. Tritt in den Fällen des § 14 Abs. 1 StrEG die Entscheidung über die Entschädigungspflicht außer Kraft, so berichtet der Leiter der Staatsanwaltschaft auf dem Dienstwege an die für die Entscheidung zuständige Stelle. Diese entscheidet darüber, ob eine schon gezahlte Entschädigung bereits vor rechtskräftigem Abschluss des neuen Verfahrens zurückgefordert werden soll.
   b. Der Eröffnung des Hauptverfahrens im Sinne des § 14 Abs. 1 StrEG steht der Erlass eines Strafbefehls oder eines Bußgeldbescheides gleich.
3. Die für die Entscheidung zuständige Stelle betreibt die Wiedereinziehung einer geleisteten Entschädigung.

C. Vertretung

1. Gibt der Beschuldigte oder der Berechtigte Erklärungen nicht persönlich ab, so wird die Vollmacht oder gesetzliche Vertretungsmacht des Vertreters geprüft. Grundsätzlich berechtigen weder die Vollmacht des Verteidigers noch die gewöhnliche Strafprozessvollmacht zur Vertretung im Entschädigungsverfahren.
2. Wird der Beschuldigte in dem Ermittlungs- oder Strafverfahren von einem Verteidiger vertreten, der nach § 145a StPO als ermächtigt gilt, Zustellungen in Empfang zu nehmen, so wird diesem das Urteil oder der Beschluss, der das Verfahren abschließt (vgl § 8 Abs. 1 Satz 1 StrEG), oder die Mitteilung über die Einstellung des Verfahrens (vgl § 9 Abs. 1 Satz 4 StrEG) zugestellt. Die sonstigen nach diesem Gesetz vorgesehenen Zustellungen werden, soweit nicht eine Vollmacht für das Entschädigungsverfahren erteilt ist oder ein Fall der gesetzlichen Vertretungsmacht vorliegt, an den Beschuldigten oder Berechtigten persönlich bewirkt.
3. Die Entschädigungssumme darf an einen Vertreter nur gezahlt werden, wenn dieser nachgewiesen hat, dass er von dem Berechtigten zur Entgegennahme der Entschädigung ausdrücklich bevollmächtigt ist.

D. Entschädigung nach Einspruch im Bußgeldverfahren

1. Das Gesetz über die Entschädigung für Strafverfolgungsmaßnahmen gilt sinngemäß für das Bußgeldverfahren (§ 46 Abs. 1 OWiG).
2. Sind in einem Bußgeldverfahren, das von der Verwaltungsbehörde nicht abgeschlossen worden ist (vgl § 110 OWiG), Verfolgungsmaßnahmen nach § 2 StrEG vollzogen worden, so finden die Abschnitte A bis C Anwendung. Daher hat zum Beispiel die Staatsanwaltschaft den Betroffenen nach Maßgabe des Abschnitts A II Nr. 1 zu belehren, wenn sie das Bußgeldverfahren, in dem Verfolgungsmaßnahmen nach § 2 StrEG durchgeführt worden sind, nach Einlegung des Einspruchs einstellt.

Jugendgerichtsgesetz

In der Fassung der Bekanntmachung vom 11.12.1974 (BGBl. I S. 3427)
FNA 451-1
Zuletzt geändert durch Gesetz vom 27.8.2017 (BGBl. I S. 3295)
– Auszug –

Einleitung. Besonderheiten des jugendstrafrechtlichen Verfahrens

Schrifttum: *Bartsch,* Die Rechtsmittel im Jugendstrafverfahren, ZJJ 2016, 112; *Beier,* Zulässigkeit und Modalitäten von Verständigungen im Jugendstrafrecht, Diss. 2014; *Bottke,* Jugendgerichtsgesetz mit Erläuterungen, NJW 1987, 1068; *Böhm,* Aus der neueren Rechtsprechung zum Jugendstrafrecht, NStZ 1987, 442; *Dollinger,* Warum die Forschung nach beschleunigten Maßnahmen bei Delinquenz so plausibel wie ambivalent ist, ZJJ 2015, 192; *Dölling,* Generalprävention durch Jugendstrafrecht, ZJJ 2012, 124; *Dünkel,* Der Beschleunigungsgrundsatz im Jugendstrafverfahrensrecht im europäischen Vergleich, ZJJ 2015, 19; *Dünkel,* Heranwachsende im (Jugend-)Kriminalrecht, ZStW 105 (1993), 137; *Ebert,* Beschleunigung im Jugendstrafverfahren durch örtliche Zuständigkeit bei der Staatsanwaltschaft?, ZJJ 2015, 32; *Eisenberg,* Erziehungsbedürftigkeit und -fähigkeit als Voraussetzungen von Jugendstrafe wegen Schwere der Schuld (§ 17 II Alt. 2 i.V.m. § 2 1 2 JGG), NStZ 2013, 636; *Fahl,* Verbot der Schlechterstellung Jugendlicher gegenüber Erwachsenen?, in: FS Schreiber 2003, S. 63; *Gaupp* „Über moralisches Irrsein und jugendliches Verbrechertum", in: Vorträge geh. auf d. Versammlung von Juristen und Ärzten in Stuttgart, 1903; *Goerdeler,* 100 Jahre – und wie weiter?, ZJJ 2008, 120; *Goerdeler,* Das „Ziel der Anwendung des Jugendstrafrechts" und andere Änderungen des JGG, ZJJ 2008, 137; *Hanft,* Ausbildungsrelevante Besonderheiten in Strafverfahren gegen Jugendliche und Heranwachsende, Jura 2008, 368; *Hinz,* Soziales Gebot oder „Lebenslüge"? – Der Erziehungsgedanke bei der Jugendstrafe, ZRP 2005, 192; *Höffler,* Tätertypen im Jugendstrafrecht in: Schumann/Wappler (Hrsg.) Erziehen und Strafen, Bessern und Bewahren. Entwicklungen und Diskussionen im Jugendrecht im 20. Jhd., 2017, S. 61; *Kaspar,* Jenseits von Erziehung: Generalprävention als komplementärer Sanktionszweck des Jugendstrafrechts, in: FS Schöch 2010, S. 209; *Kemme,* Die Rolle der Eltern im Jugendstrafverfahren im Lichte der EU-Richtlinie über Verfahrensgarantien in Strafsachen für verdächtige oder beschuldigte Kinder, in: BMJV (Hrsg.), Berliner Symposium zum Jugendkriminalrecht und seine Praxis 2017, S. 103; *Kleimann,* Das Reichsjugendgerichtsgesetz vom 6.12.1943, ZJJ 2013, 397; *Kreuzer,* Ursprünge, Gegenwart und Entwicklungen des deutschen Jugendstrafrechts, ZJJ 2008, 122; *Köhler,* Strafrechtliche Verantwortungsreife bei delinquenten Jugendlichen, FPR 2013, 431; *Kusch,* Plädoyer für die Abschaffung des Jugendstrafrechts, NStZ 2006, 65; *Liszt,* Die Kriminalität der Jugendlichen, in: *Liszt,* Strafrechtliche Aufsätze und Vorträge Band 2, 1905, S. 331; *Malmede,* Vom „Genius des Bösen" oder: Die „Entartung" von Minderjährigen Negative Kindheitsbilder und defensive Modernisierung in der Epoche des Deutschen Kaiserreichs 1871-1918, in: Berg (Hrsg.), Kinderwelten, 1991; *Nowak,* Zur Zulässigkeit einer Verständigung im Jugendstrafverfahren, JR 2010, 248; *Oberwittler,* Von der Strafe zur Erziehung, Jugendkriminalpolitik in England und Deutschland, 1850-1920, 2000; *Ohder/ Tausendteufel,* Evaluation des Neuköllner Modells, ZJJ 2015, 38; *Ostendorf,* Beschleunigung im Jugendstrafverfahren – notwendiges Postulat oder Eröffnung des „kurzen Prozesses", ZJJ 2014, 253; *Ostendorf,* Der Ausschluss eines Rechtsmittels in Jugendstrafsachen gem. § 55 Abs. 1 – rechtsstaatswidrig und damit reformbedürftig, ZJJ 2016, 120; *Ostendorf,* Gegen die Abschaffung des Jugendstrafrechts oder seiner Essentialia, NStZ 2006, 320; *Paeffgen,* Zur historischen Entwicklung des „Beschleunigungsgedankens" im Straf(prozeß)recht, ZJJ 2015, 9; *Pankiewicz,* Absprachen im Jugendstrafrecht, Diss. 2007; *Penkuhn,* Ist die Rechtsmittelbeschränkung im Jugendstrafrecht noch zeitgemäß?, ZJJ 2014, 371; *Pfeiffer,* Wird nach Jugendstrafrecht härter gestraft?, StV 1991, 363; *Pieplow,* Auf ein neues JGG?! – Die EU-Richtlinie 2016/800 als Testfall, StV Editorial Heft 1/2017; *Rose,* Wenn die (Jugend-)Strafe der Tat nicht auf dem Fuße folgt: Die Auswirkungen von Verfahrensverzögerungen im Jugendstrafverfahren, NStZ 2013, 315; *Schmidt,* Das beschleunigte vereinfachte Jugendverfahren in Bamberg, ZJJ 2014, 31; *Sommerfeld,* Was kommt auf den deutschen Gesetzgeber, die Landesjustizverwaltungen und die Justizpraxis zu? – EU-Richtlinie über Verfahrensgarantien in Strafverfahren für Kinder, die Verdächtige oder beschuldigte Personen in Strafverfahren sind, in: BMJV (Hrsg.), Berliner Symposium zum Jugendkriminalrecht und seiner Praxis, 2017, S. 63; *Sonnen,* Jugendstrafrecht im 21. Jahrhundert, ZJJ 2009, 214; *Sonnen,* Jugendkriminalität zwischen Glauben und Wissen, StV 2005, 94; *Stolp,* Die geschichtliche Entwicklung des Jugendstrafrechts von 1923 bis heute, Diss. 2015; *Verrel,* Zur (Un)Wirksamkeit schnellerer Reaktionen auf Jugendstraftaten – Erkenntnisse aus der Begleitforschung zum nordrhein-westfälischen Staatsanwalt vor/für den Ort, in: FS Heinz, 2012, S. 521; *Walter,* Das Jugendkriminalrecht in der öffentlichen Diskussion: Fortentwicklung oder Kursänderung zum Erwachsenenstrafrecht?, GA 2002, 431; *Walter/Wilms,* Künftige Voraussetzungen für die Verhängung der Jugendstrafe: Was kommt nach einem Wegfall der „schädlichen Neigungen"?, NStZ 2007, 2; *Weyel,* Geschichte und Wandel des Erziehungsgedankens, ZJJ 2008, 132.

Übersicht

	Rn.		Rn.
I. Historische Entwicklung und aktuelle Reformtendenzen	1–13a	1. Erziehungsgedanke	19–27
II. Systematik und Anwendungsbereich des Jugendstrafverfahrensrechts	14–17	2. Beschleunigungsgebot	28–33
		3. Schlechterstellungsverbot	34–41
III. Verfahrensgrundsätze im Jugendstrafrecht	18–41	IV. Verständigung im Jugendstrafverfahren	42–50

I. Historische Entwicklung und aktuelle Reformtendenzen

1 Eine differenzierte Bestrafung kindlicher und jugendlicher Straftäter lässt sich bereits in vielen **frühen Rechtsordnungen** feststellen,[1] von einem echten eigenständigen Jugendstrafrecht im heutigen Sinn lässt sich in diesem Zusammenhang aber noch nicht sprechen. Bevor ein eigenständiges Recht die jugendlichen und heranwachsenden Täter mit ihren individuellen Reifestufen als solche in den Blick nahm – und eben nicht lediglich als „kleine Erwachsene" – befasste sich die (Jugend-)Kriminologie bzw. die ihr vorausgehenden Disziplinen der Kriminalbiologie und -psychiatrie mit dieser Klientel: Wiederholt wurden unterschiedliche Lehren von Tätertypen entwickelt, die einerseits die Ursachen der Jugendkriminalität erklären, andererseits aber auch Hinweise für die Reaktionen auf diese geben sollten.[2]

2 Die Rechtsordnungen sahen meist lediglich bis zum Erreichen einer gewissen Altersgrenze eine Straffreiheit für den Rechtsbrecher vor oder verzichteten bei jugendlichen Tätern auf die Verhängung der Todesstrafe. Im **RStGB von 1871** fanden sich spezielle Regelungen für Kinder und Jugendliche in den §§ 55–57. So setzte § 55 RStGB die Strafmündigkeitsgrenze auf zwölf Jahre fest. Straftäter, die zwar das zwölfte, aber noch nicht das achtzehnte Lebensjahr vollendet hatten, waren gem. § 56 RStGB relativ strafmündig, dh sie waren freizusprechen, wenn ihnen bei Begehung der Tat die für die Strafbarkeit erforderliche Einsicht fehlte. Bei einem derartigen Freispruch konnten die jugendlichen Täter dann jedoch spätestens bis zur Vollendung des zwanzigsten Lebensjahres in einer Erziehungs- oder Besserungsanstalt untergebracht werden. Soweit sie die erforderliche Einsicht besaßen, kam ein nach unten verschobener Strafrahmen zur Anwendung, § 57 RStGB. Trotz dieser Verschiebung wurden in der Realität häufig Freiheitsstrafen bei Jugendlichen vollstreckt, wobei die Rückfallquoten bei den Straftätern aus dieser Altersgruppe höher waren, als bei volljährigen Entlassenen.[3] Bereits damals wurden Jugendliche, gemessen an deren Anteil in der Bevölkerung, häufiger verurteilt als Erwachsene.[4]

3 Dies alles spielte vor dem Hintergrund des **Industrialisierungsprozesses**; damals entwickelte sich mit dem Proletariat auch die sog. proletarische Jugend. Diese 13- oder 14-jährigen arbeitenden Jungen wurden vom damaligen Bürgertum als „verwildert" eingestuft, der Kriminalitätsanstieg mit diesem „Typus" erklärt.[5] Dies traf zusammen mit den spezialpräventiven Ideen Franz v. Liszts; die „Erziehungsbedürftigkeit" ist in seinem Modell des „Besserungsbedürftigen" wiederzufinden.

3a Die damals sehr dominante **Kriminalpsychiatrie** pathologisierte die Jugendkriminalität; letztere galt als Folge „geistiger Abartigkeit".[6] Diagnosen wie das „moralische Irresein"[7] machen bereits dem Namen nach deutlich, dass das Abweichen von der bürgerlichen Sozial-

---

[1] Vgl. den Hinweis auf das römische Recht und die CCC bei Rn. 1.
[2] Vgl. die Darstellung bei *Höffler* Tätertypen im Jugendstrafrecht 2017, 61 ff.
[3] *Schaffstein/Beulke/Swoboda* Rn. 88.
[4] *Liszt* in *Liszt*, 1905, S. 331 (334).
[5] Zum Ganzen vgl. auch *Oberwittler* S. 25, 32 f.
[6] *Oberwittler* S. 39.
[7] Vgl. den Titel des Vortrags von *Gaupp* „Über moralisches Irresein und jugendliches Verbrechertum", in: Vorträge geh. auf d. Versammlung von Juristen und Ärzten in Stuttgart, 1903, S. 51, 53.

moral mit Normübertritten bereits als Grundlage für die Diagnose selbiger oder auch des „Schwachsinns" genügten. Immerhin entstammt dieser Zeit auch die Erkenntnis, dass das Jugendalter selbst ein kriminogener Faktor ist.[8]

Ein erster Schritt hin zu einem separaten Jugendstrafrecht, das diesen Namen auch verdient, wurde nicht auf der Ebene der Gesetzgebung, sondern in der Praxis vollzogen, namentlich durch Geschäftsverteilungsbeschlüsse bei einzelnen Gerichten.[9] Eine Vorreiterrolle hatte hierbei das Amtsgericht in Frankfurt a. M. inne, das 1908 das erste **Jugendgericht** Deutschlands implementierte.[10] 1912 erfolgte die erste Einrichtung eines Jugendgefängnisses in Wittlich, bei dem strikt auf die räumliche Trennung von jugendlichen und erwachsenen Inhaftierten geachtet wurde. Treibende Kraft hinter dieser Entwicklung waren nordamerikanische Einflüsse[11] vor dem im Hintergrund ausklingenden Schulenstreit des späten 19. Jahrhunderts.[12]

Der wichtigste Grundstein des Jugendstrafrechts war das **Reichsjugendgerichtsgesetz von 1923.** Dem Erlass war eine langwierige Auseinandersetzung vorausgegangen, bei der vor allem die sog. „**Jugendgerichtsbewegung**"[13] eine entscheidende Rolle gespielt hatte.[14] Die bedeutendsten Veränderungen waren in diesem Zusammenhang die Streichung der §§ 55–57 RStGB und die Heraufsetzung der Strafmündigkeit auf vierzehn Jahre durch § 2 RJGG 1923. Außerdem fand der „**Jugendrichter**" Eingang in den Gesetzestext, indem eine ausdrückliche gesetzliche Normierung in §§ 17 f. RJGG 1923 erfolgte.[15] Weitere bedeutende Neuerungen waren die Einführung von Erziehungsmaßregeln, des Subsidiaritätsprinzips im Hinblick auf diese Maßregeln sowie die Möglichkeit der Vollstreckungsaussetzung auf Probe.[16] Insgesamt kann man sagen, dass das RJGG 1923 den von der Jugendgerichtsbewegung geforderten Erziehungsgedanken im Jugendstrafrecht aufnahm und der Persönlichkeit des in seiner Entwicklung noch unfertigen Jugendlichen nunmehr eine viel bedeutendere Rolle zukam, als dies bis dato der Fall gewesen war.[17]

Das Zeitalter des **Nationalsozialismus** war im Hinblick auf das Jugendstrafrecht durch den Erlass einer Vielzahl von Verordnungen[18] gekennzeichnet, bis **1943 ein neues RJGG** erlassen wurde, das am 1.1.1944 in Kraft trat.[19] Das RJGG 1943 war von nationalsozialistischer Ideologie durchdrungen,[20] was nach Kriegsende eine Entfernung dieser ideologischen Einflüsse notwendig machte.[21] So war das JGG beispielsweise gem. § 1 Abs. 2 S. 1 JGG 1943 allein für deutsche Jugendliche anwendbar, auf Angehörige „anderen Volkstums" wurde es nur sinngemäß angewendet, soweit nichts anderes bestimmt war. Straftaten der letztgenannten Gruppe wurden de facto von der Polizei gehandhabt.[22] Auch Tätertypologien hielten Einzug, insbesondere die Figur des „**jugendlichen Schwerverbrechers**", die im Lauf der Zeit immer stärker an Bedeutung gewann. Außerdem gab es Ausnahmen bei den eigentlich vorgesehenen Altersstufen; so konnten auch unter 18-Jährige nach Erwachsenenstrafrecht abgeurteilt werden, wenn der Jugendliche zur Zeit der Tat sittlich und geistig so entwickelt war, dass er einem über achtzehn Jahre alten

---

[8] Vgl. zB *Malmede* in *Berg* S. 187–214.
[9] *Goerdeler* ZJJ 2008, 120 (120); *Stolp* S. 33 f.
[10] *Kreuzer* ZJJ 2008, 122 (122).
[11] LBN/*Laubenthal* Rn. 24.
[12] *Kreuzer* ZJJ 2008, 122 (123).
[13] MwN zur Jugendgerichtsbewegung *Schaffstein/Beulke/Swoboda* Rn. 95 ff.
[14] *Walter* GA 2002, 431 (431).
[15] *Walter* GA 2002, 431 (435).
[16] *Schaffstein/Beulke/Swoboda* Rn. 102 f.
[17] *Kleimann* ZJJ 2013, 397 (397).
[18] S. va die „Verordnung gegen jugendliche Schwerverbrecher" RGBl. 1939 I 2000 oder die „Verordnung gegen Volksschädlinge" RGBl. 1939 I 1679.
[19] Vgl. *Kleimann* ZJJ 2013, 397 (398 f.).
[20] *Kleimann* ZJJ 2013, 397 (406).
[21] *Walter* GA 2002, 431 (435).
[22] LBN/*Laubenthal* Rn. 32.

Täter gleichgestellt werden konnte und das „gesunde Volksempfinden" dies forderte, § 20 Abs. 1 RJGG 1943. Gleiches galt, wenn der Betreffende zwar geistig oder sittlich nicht mit einem 18-Jährigen vergleichbar war, aber die Gesamtwürdigung seiner Persönlichkeit ergab, dass er im Sinne der nationalsozialistischen Ideologie ein „abartiger Schwerverbrecher" und damit „gemeinschaftsunbrauchbar und gemeinschaftsschädlich"[23] war, § 20 Abs. 2 RJGG 1943.

7 Auch die 12- bis 14-Jährigen wurden nun wieder in den Anwendungsbereich des Jugendstrafrechts einbezogen. So sah § 3 Abs. 2 S. 1 RJGG 1943 zwar eine strafrechtliche Verantwortlichkeit grundsätzlich erst ab vierzehn Jahren vor, allerdings konnten **Jugendliche ab zwölf Jahren** strafrechtlich zur Verantwortung gezogen werden, „wenn der Schutz des Volkes wegen der Schwere der Verfehlung eine strafrechtliche Ahndung fordert", § 3 Abs. 2 S. 1 RJGG 1943. Neben der Jugendgerichtshilfe war gem. § 25 Abs. 1 RJGG 1943 auch die Hitlerjugend am Verfahren beteiligt.

7a In § 2 Abs. 1, 2 RJGG 1943 wurden die Reaktionsmöglichkeiten auf strafrechtliche Verfehlungen von Jugendlichen erstmals in die noch heute geltenden Kategorien **Jugendstrafe, Zuchtmittel** und **Erziehungsmaßregeln** unterteilt.[24] Darüber hinaus wurde in § 5 RJGG 1943 ein pauschaler Rahmen für die Dauer der Jugendstrafe zwischen 3 Monaten und 10 Jahren eingefügt; damit wurden die differenzierten Strafrahmen des allgemeinen Strafrechts bedeutungslos.[25]

8 Am **1.10.1953** trat schließlich das **JGG** in Kraft, das, abgesehen von mehreren Änderungsgesetzen, auch heute noch im Wesentlichen gilt.[26] Bei Erlass des JGG 1953 wurden viele der Entwicklungen, die im Zeitalter des Nationalsozialismus stattgefunden hatten (vor allem, soweit sie spezifisch auf dessen Ideologie beruhten) rückgängig gemacht bzw. entfernt;[27] einige behielt man jedoch bei und baute darauf auf.[28] Zu nennen ist etwa die Unterteilung der Folgen der Jugendstraftat in Erziehungsmaßregeln, Zuchtmittel und Jugendstrafe gem. § 5 Abs. 1, 2. Auch die unbestimmte Jugendstrafe wurde (bis zu ihrer Abschaffung im Jahre 1990) gem. § 19 zunächst beibehalten. Noch heute finden wir den Begriff der „schädlichen Neigungen" als eine Anordnungsalternative der Jugendstrafe, hinter dem durchaus das Bild eines (sehr negativ besetzten) Tätertypus ausgemacht werden kann;[29] auch wenn dieser Begriff nicht von den Nationalsozialisten „erfunden", sondern dem österreichischen Recht entnommen wurde,[30] spiegelt er doch den ideengeschichtlichen Hintergrund wieder.

8a Die **Strafmündigkeit** wurde durch § 1 Abs. 3 wieder auf vierzehn Jahre angehoben.[31] Auch die Strafaussetzung zur Bewährung wurde erneut in das JGG integriert, nachdem das Institut 1943 entfernt worden war.[32] Außerdem wurde der Anwendungsbereich des JGG erstmals auf den Bereich der 18- bis unter 21-jährigen Heranwachsenden gem. § 105 ausgedehnt.[33]

9 1990 wurde das JGG durch das sog. „Erste Gesetz zur Änderung des Jugendgerichtsgesetzes" **(JGGÄndG 1990)**[34] reformiert. Hauptantrieb waren dabei vor allem kriminologische Erkenntnisse und die in der Praxis ohnehin schon praktizierte Fokussierung auf ambulante Maßnahmen (sozialer Trainingskurs, Täter-Opfer-Ausgleich etc) anstelle von Freiheitsent-

---

[23] *Peters* Reichsjugendgerichtsgesetz vom 6.11.1943 S. 87.
[24] *Schaffstein/Beulke/Swoboda* Rn. 31.
[25] LBN/*Laubenthal* Rn. 31.
[26] Vgl. *Sonnen* ZJJ 2009, 214 (214); LBN/*Laubenthal* Rn. 34.
[27] *Walter* GA 2002, 431 (435).
[28] *Schaffstein/Beulke/Swoboda* Rn. 106.
[29] Zur Kritik s. nur *Walter/Wilms* NStZ 2007, 2 ff.
[30] Der Begriff wurde durch die Verordnung über die unbestimmte Verurteilung vom 10.9.1941 in das deutsche Recht eingeführt und in das RJGG von 1943 aufgenommen; er ist § 12 des österreichischen JGG vom 18.7.1928 entnommen.
[31] Seit dem 2. StRG ist die Strafmündigkeit bekanntlich in § 19 StGB geregelt.
[32] *Schaffstein/Beulke/Swoboda* Rn. 106.
[33] Vgl. auch *Walter* GA 2002, 431 (435), der von einem der „bedeutendsten Fortschritte" spricht.
[34] BGBl. 1990 I 1853.

zug.³⁵ Dementsprechend stand die Reform ganz im Zeichen der Ausweitung der informellen Reaktionsmöglichkeiten von Staatsanwaltschaft und Gericht. Insbesondere die Vorschriften über die **Diversion** gem. §§ 45–47 wurden umfassend geändert und ausgeweitet.³⁶

Weitere Änderungen sah das „Zweite Gesetz zur Änderung des Jugendgerichtsgesetzes und anderer Gesetze" **(JGGÄndG 2007)**³⁷ vor, das am 1.1.2008 in Kraft trat und eine Entscheidung des Bundesverfassungsgerichts zum Jugendstrafvollzug³⁸ umsetzen sollte. Mit dem Änderungsgesetz wurde die Gelegenheit ergriffen, die Ausrichtung des Jugendstrafrechts am Erziehungsgedanken in § 2 Abs. 1 gesetzlich zu verankern. **10**

Das **Erweiterungsgesetz von 2012**³⁹ schaffte eine gesetzliche Grundlage für die in der Praxis bereits angewendete sog. „Vorbewährung" gem. §§ 61 ff.⁴⁰ Außerdem wurde die Möglichkeit der Verhängung eines mit bedingter Jugendstrafe verbundenen sog. „Warnschuss-" bzw. „Koppelungsarrests" in § 16a gesetzlich festgeschrieben. Gleichzeitig wurde das Höchstmaß der Jugendstrafe im Bereich der Heranwachsenden bei Mord mit besonderer Schwere der Schuld von zehn auf fünfzehn Jahre Freiheitsstrafe angehoben, § 105 Abs. 3. **11**

Im **Oktober 2015** legte die „**Expertenkommission** zur effektiveren und praxistauglicheren Ausgestaltung des allgemeinen Strafverfahrens und des jugendgerichtlichen Verfahrens" des Bundesjustizministeriums einen Bericht vor, der sich auch mit möglichen Reformen des Jugendstrafverfahrens auseinandersetzte. Die Kommission sah dort keinen nennenswerten Reformbedarf.⁴¹ Allein § 55 Abs. 1 sollte nach Ansicht der Kommission überprüft werden, da die Vorschrift fachlichen und rechtsstaatlichen Bedenken ausgesetzt sei.⁴² So könnten die Jugendlichen die Unanfechtbarkeit als ungerecht empfinden, was aus erzieherischer Sicht kontraproduktiv sei. Auch im Hinblick auf internationale Standards⁴³ sei es zumindest zweifelhaft, ob § 55 Abs. 1 in der jetzigen Form beibehalten werden sollte. Dem ist nachdrücklich zuzustimmen.⁴⁴ **12**

Im **September 2016** hat die Bundesregierung einen **Gesetzesentwurf**⁴⁵ in den Bundestag eingebracht, der die Umsetzung der EU-Richtlinie 2013/48/EU zum Gegenstand hatte. Mit Inkrafttreten der Gesetzesänderung am 5.9.2017 wurde der neue § 67a JGG eingeführt, der eine Unterrichtung der Erziehungsberechtigten und des gesetzlichen Vertreters vorsieht, wenn dem Jugendlichen die Freiheit entzogen wird. **13**

Das Europarecht wirft weitere Schatten voraus: Im **Juni 2016** wurde die **EU-Richtlinie 2016/800** über „Verfahrensgarantien in Strafverfahren für Kinder, die Verdächtige oder beschuldigte Personen in Strafverfahren sind" erlassen.⁴⁶ Damit wird auch nach deutschem Recht strafmündige, unter 18-jährige Jugendliche Bezug genommen. Kernstück der Richtlinie ist neben der audiovisuellen Aufzeichnung von Vernehmungen gem. Art. 9 die in Art. 6 enthaltene Forderung nach einem Ausbau der notwendigen Verteidigung in Jugendstrafsachen. Noch weitergehende Vorstellungen im Sinne einer umfassenden und verpflichtenden „Verteidigung der ersten Stunde",⁴⁷ die in früheren Fassungen enthalten **13a**

---

³⁵ BT-Drs. 11/5829, 1.
³⁶ LBN/*Laubenthal* Rn. 45.
³⁷ BGBl. 2007 I 2894.
³⁸ BVerfGE 116, 69 ff.
³⁹ BGBl. 2012 I 1854.
⁴⁰ S. die Erläuterungen dort.
⁴¹ Bericht der Expertenkommission zur effektiveren und praxistauglicheren Ausgestaltung des allgemeinen Strafverfahrens und des jugendgerichtlichen Verfahrens, Berlin 2015, S. 173.
⁴² Dazu Bericht der Expertenkommission zur effektiveren und praxistauglicheren Ausgestaltung des allgemeinen Strafverfahrens und des jugendgerichtlichen Verfahrens, Berlin 2015, S. 174; s. dazu näher die Erläuterungen zu § 55.
⁴³ ZB Art. 7.1 Mindestgrundsätze für die Jugendgerichtsbarkeit der Vereinten Nationen von 1985 oder Art. 40 Abs. 2b) Nr. 5 des Übereinkommens der Vereinten Nationen über die Rechte des Kindes.
⁴⁴ S. näher die Erläuterungen zu § 55.
⁴⁵ BT-Drs. 18/9534.
⁴⁶ Dazu näher *Sommerfeld* S. 63 ff.; zu den Auswirkungen der Richtlinie speziell auf die Rolle der Eltern *Kemme* S. 103 ff.
⁴⁷ *Pieplow* StV 2017, Editorial S. I.

waren, und die ua wegen drohender Verfahrensverzögerungen kritisiert worden waren,[48] haben sich damit nicht durchgesetzt. Dennoch besteht seither in einigen Bereichen wie § 68 nun durchaus Bedarf nach Anpassung und Erweiterung der lex lata, welchem der nationale Gesetzgeber bis 11.6.2019 nachkommen muss.[49]

II. Systematik und Anwendungsbereich des Jugendstrafverfahrensrechts

14 Der Regelungsgehalt des Jugendgerichtsgesetzes umfasst **Sondervorschriften** für Jugendliche und Heranwachsende in Bezug auf das materielle Jugendstrafrecht, die Jugendgerichtsverfassung und das jugendgerichtliche Verfahren einschließlich der Vollstreckung und des Vollzugs in Jugendsachen.[50] Ganz allgemein, aber auch bezüglich des hier zentral zu behandelnden Jugendstrafverfahrens ist das JGG nicht vollständig von den allgemeinen Vorschriften losgelöst, sondern ergänzt und modifiziert diese, soweit dies wegen des jugendlichen Alters des Täters notwendig ist.[51] Dies kommt auch in **§ 2 Abs. 2** zum Ausdruck, der eine **Geltung der allgemeinen Vorschriften** (damit auch derjenigen der StPO, des GVG und anderer für das Verfahren relevanter Gesetze) anordnet, soweit im JGG nichts anderes bestimmt ist.

15 Sowohl der sachliche, als auch der persönliche **Anwendungsbereich des JGG** sind in § 1 Abs. 1 geregelt.[52] Der Anwendungsbereich ist demnach eröffnet, wenn ein Jugendlicher oder Heranwachsender (persönlicher Anwendungsbereich) eine Verfehlung begeht, die nach den allgemeinen Vorschriften mit Strafe bedroht ist (sachlicher Anwendungsbereich). Der sachliche Anwendungsbereich umfasst damit alle Straftaten des StGB und des Nebenstrafrechts;[53] spezielle, nur für jugendliche Täter geltende materielle Verbotsnormen gibt es nicht.[54] Wer Jugendliche und Heranwachsende sind, ist in § 1 Abs. 2 legal definiert: Jugendliche sind Personen zwischen 14 und 18 Jahren, Heranwachsende Personen zwischen 18 und 21 Jahren. Soweit es sich um einen Heranwachsenden handelt, ist das materielle Jugendstrafrecht nur unter den Voraussetzungen von § 105 und das prozessuale Jugendstrafrecht unter Beachtung von § 109 anwendbar.[55]

16 Im „ersten Hauptstück" des JGG geht es um die Verfehlungen Jugendlicher und deren Folgen, §§ 3–32. In systematischer Hinsicht lässt sich zwischen den allgemeinen Vorschriften (§§ 3–8), den einzelnen Folgen der Jugendstraftat (§§ 9–18), der Aussetzung der Jugendstrafe zur Bewährung (§§ 21–26a), der Aussetzung der Verhängung der Jugendstrafe (§§ 27–30) und der Behandlung mehrerer Straftaten (§§ 31, 32) unterscheiden.

16a Jedenfalls theoretisch von zentraler Bedeutung[56] ist dabei § 3, der sich mit der **strafrechtlichen Verantwortlichkeit** Jugendlicher auseinandersetzt. Im Gegensatz zu den Regelungen im allgemeinen Strafrecht (vgl. §§ 20, 21 StGB) muss diese bei Jugendlichen gem. § 3 positiv festgestellt werden.[57] Für Heranwachsende gilt dies nicht. Hier geht der Gesetzgeber wie bei Erwachsenen vom Regelfall der vollen strafrechtlichen Verantwortlichkeit aus, sofern keine Anhaltspunkte für fehlende oder verminderte Schuldfähigkeit gem. §§ 20, 21 StGB im Raum stehen; nur dann wird dies gesondert geprüft.[58]

---

[48] S. auch die (kritische) Stellungnahme des Fachverbands DVJJ, abrufbar unter www.dvjj.de/sites/default/files/medien/imce/documente/dvjj_resolution-eu.pdf.
[49] S. dazu näher *Sommerfeld* S. 63 (80 ff.); s. auch *Pieplow* StV 2017, Editorial S. I.
[50] Diemer/Schatz/Sonnen/*Sonnen* § 1 Rn. 1.
[51] *Hanft* Jura 2008, 368 (368).
[52] S. näher MüKoStGB/*Altenhain/Laue* JGG § 1 Rn. 5 ff.
[53] Ostendorf/*Ostendorf* § 1 Rn. 10.
[54] MüKoStGB/*Altenhain/Laue* JGG § 1 Rn. 13.
[55] Hierzu auch LBN/*Laubenthal* Rn. 57 f. sowie die Erläuterungen zu §§ 105 ff. bei MüKoStGB/*Altenhain/Laue*.
[56] *Köhler* FPR 2013, 431 (431); zur Handhabung in der Praxis, die diesen hohen Anspruch nicht immer einlöst und teilweise mit wenig Begründungsaufwand zur Bejahung von individueller Verantwortlichkeit gelangt s. nur *Schaffstein/Beulke/Swoboda* Rn. 171.
[57] Ostendorf/*Ostendorf* Grdl. z. § 3 Rn. 1; MüKoStGB/*Altenhain/Laue* § 3 Rn. 1.
[58] Diemer/Schatz/Sonnen/*Diemer* § 3 Rn. 1.

Die hier behandelten Vorschriften über das **Verfahren gegen Jugendliche** sind in den 17
§§ 33–81 unter der Überschrift „Zweites Hauptstück" geregelt. Gegenstand der Regelungen sind die Jugendgerichtsverfassung gem. §§ 33–38, die Zuständigkeit des Jugendgerichts gem. §§ 39–42 und die einzelnen Verfahrensabschnitte einschließlich des Rechtsmittelverfahrens in den §§ 43–81a. Regelungen zu Vollstreckung und zum Vollzug befinden sich in den §§ 82–93a, während der „Dritte Teil" des JGG in den §§ 105–112 Sondernormen für die Gruppe der Heranwachsenden enthält.

III. Verfahrensgrundsätze im Jugendstrafrecht

Prinzipiell gelten für das Jugendstrafverfahren dieselben verfassungs- und verfahrens- 18
rechtlichen Grundsätze wie im allgemeinen Strafverfahren gegen erwachsene Täter.[59]
Allerdings sind jugendstrafrechtliche Besonderheiten zu beachten. Von überragender Bedeutung für das Jugendstrafrecht und damit auch für das Jugendstrafverfahren ist zunächst der **Erziehungsgedanke**.[60] Dies spiegelt sich in diversen Verfahrensvorschriften wieder; so nimmt beispielsweise der Verfahrensablauf, insbesondere im Bereich der Hauptverhandlung, das Individuum und die Frage nach persönlichen Bedürfnissen und Problemlagen zentral in den Fokus, und zwar erheblich stärker, als dies im allgemeinen Strafrecht der Fall ist.[61]

Deutlich wird dies unter anderem in § 43, der den Umfang der Ermittlungen auf die 18a
Lebensverhältnisse und die Persönlichkeit des Täters ausdehnt. Weiterhin soll die Beteiligung der **Jugendgerichtshilfe** gem. **§ 38 Abs. 2** „die erzieherischen, sozialen und fürsorgerischen Gesichtspunkte im Verfahren vor den Jugendgerichten zur Geltung" bringen.[62] Auch die herausgehobene Stellung des **Beschleunigungsgebots** im Jugendstrafverfahren wird mit erzieherischen Belangen begründet.[63] Sehr umstritten ist schließlich, ob mit Hinweis auf den Erziehungsgedanken im Einzelfall auch eine Schlechterstellung jugendlicher Straftäter (im Vergleich zu erwachsenen Straftätern) gerechtfertigt werden kann oder ob insoweit ein allgemeines **Verbot der Schlechterstellung** zu berücksichtigen ist.[64]

1. Erziehungsgedanke. Der Erziehungsgedanke ist, auch wenn seine Abschaffung oder 19
Relativierung vereinzelt gefordert wurde,[65] nach wie vor das **beherrschende Prinzip des Jugendstraf- sowie Jugendstrafverfahrensrechts**.[66] Er lässt sich einer ganzen Reihe von Normen des JGG entnehmen,[67] nicht nur im Bereich der eben in → Rn. 18 erwähnten Verfahrensnormen, sondern auch im Hinblick auf materiell-rechtliche Vorschriften wie § 18 Abs. 2 im Bereich der Bemessung der Jugendstrafe oder auch der Bezeichnung der Sanktionskategorie der §§ 9 ff. als „Erziehungsmaßregeln".

In einer übergreifenden generellen Norm ist die Ausrichtung des JGG am Erziehungsge- 19a
danken seit dem 1.1.2008 ausdrücklich in **§ 2 Abs. 1** festgeschrieben. Nach Abs. 1 S. 2 der Vorschrift „sind die Rechtsfolgen und unter Beachtung des elterlichen Erziehungsrechts auch das Verfahren vorrangig am Erziehungsgedanken auszurichten".

Die Details sind sehr umstritten; immerhin ist sich die wohl hM einig, dass es im jugend- 20
strafrechtlichen Kontext nicht um die Erziehung bzw. Persönlichkeitsförderung als Selbstzweck geht; vielmehr soll durch die erzieherische Einwirkung das Ziel der späteren Legalbe-

---

[59] *Beier* S. 56.
[60] *Streng* JugStrR Rn. 15; dazu näher → Rn. 19 ff.
[61] *Beier* S. 65; *Ostendorf* spricht von einem „Prinzip der Individualisierung", *Ostendorf* ZJJ 2014, 253 (253).
[62] S. näher die Erläuterungen dort.
[63] Näher → Rn. 28 ff.
[64] Näher → Rn. 34 ff.
[65] S. nur *Hinz* ZRP 2005, 192; *Kusch* NStZ 2006, 65; dagegen überzeugend *Ostendorf* NStZ 2006, 320; kritisch mit Vorschlag nach mehr am Kriterium der Tatproportionalität ausgerichteten Konzeption *Albrecht*, Gutachten D zum 64. DJT, 2002.
[66] *Streng* JugStrR Rn. 15 ff.; *Eisenberg* JGG Einleitung Rn. 14 und § 2 Rn. 5 ff.; *Böhm* NStZ 1987, 442 (442); *Weyel* ZJJ 2008, 132.
[67] Weitere Beispiele bei *Pankiewicz* S. 32 f.

währung (**jugendgemäße Spezialprävention**[68]) erreicht werden.[69] Bei der Begründung der Neufassung von § 2 Abs. 1 sprach dementsprechend auch der Gesetzgeber davon, dass „nicht Erziehung selbst Ziel oder Anliegen des Jugendstrafrechts ist. Die Bedeutung des Erziehungsgrundsatzes liegt vielmehr darin, dass zur Erreichung des Ziels künftiger Legalbewährung primär erzieherische Mittel eingesetzt werden sollen und dass auch im Übrigen nach Möglichkeit erzieherische Gesichtspunkte berücksichtigt werden müssen".[70]

20a Das Jugendstrafrecht stellt somit kein reines Erziehungs-, sondern Strafrecht dar.[71] Der genaue **Inhalt des Erziehungsbegriffs** bleibt auch vor diesem Hintergrund etwas unscharf,[72] im Kern geht es jedoch darum, dass bei Anwendung der formellen und materiellen Normen des Jugendstrafrechts „kriminologische, pädagogische, jugendpsychologische und andere fachliche Erkenntnisse besondere Beachtung finden"[73] sollen.

21 Durch die Verwendung des Ausdrucks „vor allem" innerhalb von § 2 Abs. 1 S. 1 formulierte der Gesetzgeber zugleich auch eine Art „Öffnungsklausel" für **weitere Sanktionszwecke**.[74] Dies ist jedoch nichts neues, denn schon immer enthielt das System des JGG auch andere Elemente der „klassischen" Strafe.[75] Der Gesetzgeber hatte sich bereits bei dem JGG von 1923 für ein **dualistisches System** entschieden, das eben nicht ausschließlich auf Erziehung im Sinne von Schonung und positiver Förderung ausgerichtet war, sondern auch das nicht in allen Fällen erzieherisch begründbare punitive Element der gezielten „Übelzufügung" enthielt.[76] Das JGG wird vor diesem Hintergrund drastisch als eine Kombination von „Schlagstock" und „Gehilfe" bezeichnet.[77]

22 Bereits der Umstand, dass Anknüpfungspunkt für das „Ob" einer jugendstrafrechtlichen Verfolgung nicht die Erziehungsbedürftigkeit des Täters, sondern die von ihm begangene (in § 1 Abs. 2 als „Verfehlung" bezeichnete) Straftat ist, spricht für die **Relevanz weiterer Sanktionszwecke**. Zudem ist es noch Jahrzehnte nach einer Tat möglich, Personen nach Jugendrecht zu verurteilen, da es gem. § 1 Abs. 2 auf das Alter zum Zeitpunkt der Tat ankommt; mit dem alleinigen Abstellen auf den Erziehungsgedanken wären derartige Konstellationen der Aburteilung von Erwachsenen nicht legitimierbar. Schließlich sieht auch § 17 mit der Möglichkeit der Verhängung von Jugendstrafe wegen „Schwere der Schuld" offensichtlich einen nicht allein vom Erziehungszweck getragenen Anknüpfungspunkt für die Sanktionsmöglichkeit vor.

23 Nach allem kommt man also nicht umhin, neben dem Erziehungszweck weitere Sanktionsziele des Jugendstrafrechts anzuerkennen; welche dies sind, und in welchem Verhältnis diese zueinanderstehen (insbesondere deren **Rangfolge** im Zusammenspiel), ist seit der Änderung 2008 neu zu diskutieren. Der Erziehungsgedanke im Bereich jugendlicher und heranwachsender Täter beinhaltet die bestmögliche Verwirklichung des spezialpräventiven Gedankens; dieser ist nach hier vertretener Auffassung zentral für das gesamte Jugendstrafrecht einschließlich des Verfahrens, weitere Ziele sind stets in seinem Lichte zu deuten. Dies soll den folgenden Überlegungen vorausgeschickt werden.

24 Daneben würde nach klassischer Sicht der absolute Strafzweck des Schuldausgleichs bzw. der **Vergeltung** stehen, der allerdings eine Reihe von (auch verfassungsrechtlichen) Problemen aufwirft,[78] die sich gegenüber jugendlichen Straftätern in gleicher Weise stellen; insbesondere ist fraglich, ob die zweckfreie metaphysische Vergeltung in einem modernen und

---

[68] *Brunner/Dölling* Einf. II Rn. 6.
[69] *Zieger* Rn. 32; *Goerdeler* ZJJ 2008, 137 (140).
[70] BT-Drs. 16/6293, 9.
[71] LBN/*Laubenthal* Rn. 4; *Sonnen* StV 2005, 94.
[72] Vgl. *Beier* S. 130 ff.
[73] LBN/*Laubenthal* Rn. 4.
[74] Vgl. *Kaspar* FS Schöch, 2010, 209 (210); aA *Eisenberg* NStZ 2013, 636 (638), der in der Vorschrift eine Absage des Gesetzgebers an andere Zwecke als den Erziehungsgedanken sieht.
[75] S. dazu näher *Kaspar* FS Schöch, 2010, 209 (211 ff.).
[76] LBN/*Laubenthal* Rn. 28.
[77] *Weyel* ZJJ 2008, 132 (136).
[78] S. nur *Kaspar*, Verhältnismäßigkeit und Grundrechtsschutz im Präventionsstrafrecht, 2014.

säkularen, an den Grundsatz der Verhältnismäßigkeit gebundenen Staat eine befriedigende Begründung für einen so gravierenden Eingriff in Freiheitsgrundrechte sein kann.

Eine vorzugswürdige alternative Deutung ist es, auf **generalpräventive Aspekte** abzustellen,[79] auch wenn dies in der Literatur und der Rechtsprechung bezüglich der negativen Generalprävention größtenteils vehement abgelehnt wird.[80] Begründet wird diese Ablehnung oft mit der Befürchtung von automatisch damit einhergehenden Strafschärfungen. Letztere sind vor dem Hintergrund der empirischen Generalpräventionsforschung allerdings schon im allgemeinen Strafrecht mehr als zweifelhaft, was bei Jugendlichen erst recht gilt.[81] Weiterhin wird vorgebracht, dass das JGG keine Anhaltspunkte für die Berücksichtigung generalpräventiver Gesichtspunkte enthalte;[82] insbesondere das Fehlen des Begriffes der „**Verteidigung der Rechtsordnung**" wird als Argument herangezogen.[83]

Allerdings ist in den Fällen der Diversion gem. § 45 Abs. 1 ein Verweis auf § 153 StPO normiert, so dass auch im Jugendstrafverfahren ein entgegenstehendes öffentliches Interesse, ein Begriff der **positiv-generalpräventive Züge** enthält, eine Einstellung verhindern kann.[84] Darüber hinaus ordnet § 2 Abs. 2 eine Geltung strafbewehrter Verhaltensnormen aus dem StGB auch für Jugendliche an, so dass zumindest mittelbar negativ-generalpräventive Elemente bis in das Jugendstrafrecht hineinreichen: Die Androhung einer Sanktion enthält immer auch die Drohung, dass ein Zuwiderhandeln zur Realisierung der Drohung führt. Schließlich wird die Jugendstrafe wegen „Schwere der Schuld" oft in einer Weise umschrieben, die eine klare Nähe zum Strafzweck der positiven Generalprävention aufweist: Sie sei dann zu verhängen, wenn ein Verzicht auf (Jugend-)Strafe in einem „unerträglichen Widerspruch zum allgemeinen Gerechtigkeitsbedürfnis" stünde.[85]

Ein Leugnen generalpräventiver Züge des Jugendstrafrechts ist damit wenig überzeugend, auch deshalb, weil durch eine pauschale Ablehnung die eben aufgezeigten Umstände eher verschleiert werden. Besser ist es, sich diese klar einzugestehen und auf eine hinreichende Eindämmung im Lichte der Spezialprävention zu achten, denn: Eine ganz andere Frage ist es, wie mögliche **Kollisionen von generalpräventiver und erzieherischer (spezialpräventiver) Zielsetzung** im Jugendstrafrecht aufzulösen sind. Dass hier der Erziehung der Vorrang zukommt, folgt schon aus § 2 Abs. 1 S. 1 und S. 2. Ohnehin betrifft die damit angesprochene Zweckfrage mehr die jugendstrafrechtliche **Sanktionierung,** und selbst hier kann man sich darauf berufen, dass schon allein die Existenz eines Sanktionensystems negativ-generalpräventive Effekte erzielt, eine besondere punitive Aufladung also entbehrlich ist. Gleiches gilt im Rahmen einer positiv-generalpräventiven Betrachtungsweise, da man aus Sicht der Bevölkerung Straftaten von Jugendlichen mit mehr Nachsicht begegnen kann, so dass auch eine insgesamt deutlich mildere, am Erziehungszweck orientierte Strafe in der Regel geeignet sein wird, den Rechtsfrieden wiederherzustellen. Eine erschwerende **Verfahrensgestaltung,** bei der aus generalpräventiven Gründen Abstriche von erzieherisch motivierter Rücksichtnahme und Förderung gemacht werden, wäre sogar evident unsinnig und würde sich zudem schon aus Gründen der Unschuldsvermutung verbieten. Man kann daher festhalten: Das Ziel des Jugendstrafrechts ist klar am Grundsatz der Spezialprävention und am Individuum ausgerichtet, daneben enthält es generalpräventive Elemente, die wiederum durch die erzieherische Ausrichtung eingehegt und begrenzt werden.

2. Beschleunigungsgebot. Immer wieder ist zu lesen, dass bei jugendlichen Tätern „die Strafe auf dem Fuße folgen müsse".[86] Dass die rasche Antwort auf jugendliche Delinquenz

---

[79] Kaspar FS Schöch, 2010, 209 ff.
[80] Vgl. MRTW/*Rössner* § 2 Rn. 4; *Meier/Rössner/Schöch* § 11 Rn. 13.
[81] *Kaspar* FS Schöch, 2010, 209 (215) mwN.
[82] *Dölling* ZJJ 2012, 124 (125).
[83] S. nur Ostendorf/*Ostendorf* Grdl. z. §§ 17 und 18 Rn. 3.
[84] S. näher *Kaspar* FS Schöch, 2010, 209 (216).
[85] *Schaffstein/Beulke/Swoboda* Rn. 457.
[86] Vgl. nur *Rose* NStZ 2013, 315 (315).

in erzieherischer Hinsicht positiv wirken soll, stellt eine weithin anerkannte These dar.[87] Nun ist das Beschleunigungsgebot bekanntermaßen keine Eigenart des jugendstrafrechtlichen Verfahrens, sondern beansprucht auch im Strafverfahren gegen Erwachsene Geltung und ist verfassungsrechtlich untermauert.[88] In enger Verknüpfung mit dem Erziehungsgedanken soll jedoch eine schnelle Reaktion auf jugendliche Verfehlungen eine besonders günstige erzieherische Wirkung entfalten,[89] solange der Jugendliche seine **„innere Beziehung" zur Tat** nicht verloren hat.[90]

29 Klare **empirische Belege** für diese auch in der Praxis vielfach vertretene und auf den ersten Blick durchaus plausible Faustregel existieren allerdings nicht; im Gegenteil hat etwa eine Untersuchung von *Verrel* in Nordrhein-Westfalen keine Hinweise für eine bessere erzieherische Wirksamkeit der schnellen Reaktion auf Straftaten ergeben.[91] Es wundert daher nicht, dass die besondere pädagogische Wirkung der schnellen Sanktionierung nach Ansicht einiger Autoren den Charakter eines „Mythos"[92] aufweist.

30 Dennoch gibt es immer wieder **Modellprojekte,** die eine Beschleunigung des Jugendstrafverfahrens zum Gegenstand haben.[93] Richtig ist, dass eine Beschleunigung des Verfahrens ganz offensichtliche **Vorteile** für die Beteiligten mit sich bringen kann. Sie trägt dazu bei, dass die Belastung hinsichtlich des unsicheren Ausgangs reduziert wird,[94] was in jugendstrafrechtlichen Verfahren gerade aus der Perspektive des Beschuldigten bzw. Angeklagten wünschenswert ist. Auch drohende Beweisverluste bei zu später Hauptverhandlung und Opferinteressen können für ein zügiges Verfahren sprechen.[95]

31 Trotz dieser einleuchtenden möglichen Vorteile sind ein schnell durchgeführtes Verfahren und ein auf dieses Ziel zugeschnittenes Verfahrensrecht auch mit nicht zu unterschätzenden **Risiken** verbunden. Das Beschleunigungsgebot als Ausprägung des Rechtsstaatsprinzips steht mit letzterem zugleich auch in einem Spannungsverhältnis: Das Verfahren muss fair bleiben, der Beschuldigte bzw. Angeklagte seine Rechte wahrnehmen können und eine umfassende Sachverhaltsaufklärung stattfinden, von der keine Abstriche gemacht werden dürfen, vgl. § 78 Abs. 3.[96] Gerade die Arbeit der Jugendgerichtshilfe im Rahmen der Persönlichkeitserforschung des Jugendlichen könnte bei zu starkem Beschleunigungsdruck leiden; auch aus diesem Grund ist ein zu „kurzer Prozess" nicht stets ein Vorteil. Dabei wird nicht übersehen, dass wegen der derzeit bestehenden starken Auslastung, wenn nicht gar Überlast bei den Staatsanwaltschaften und Gerichten in praxi das Risiko des zu kurzen Prozesses eher seltener drohen dürfte als eine Verzögerung des Verfahrens.

32 **Ausprägungen** des Anliegens einer besonderen Beschleunigung sind an mehreren Stellen im JGG zu finden, so wird diese etwa im Zusammenhang mit dem sogenannten vereinfachten Jugendverfahren in § 78 Abs. 3 explizit erwähnt.[97] Auch in Untersuchungshaftsachen muss besonders auf Beschleunigung geachtet werden, vgl. §§ 38 Abs. 2, 72 Abs. 5. Der grundsätzliche Vorrang der Diversion gem. §§ 45, 47 im Jugendstrafverfahren ist ein weiterer Aspekt des Beschleunigungsgebots.[98]

33 Die vermutlich weitreichendste und zugleich umstrittenste Beschleunigung wird durch die sachliche (Abs. 1) und instanzielle (Abs. 2) **Rechtsmittelbeschränkung des § 55**

---

[87] *Dollinger* ZJJ 2015, 192 (192) spricht von einer „Konsensfiktion".
[88] BVerfGE 63, 45; BVerfG 21.6.2006 – 2 BvR 750/06, NStZ 2006, 680; zur historischen Entwicklung des Beschleunigungsgebots im allgemeinen Strafrecht siehe *Paeffgen* ZJJ 2015, 9 ff.
[89] *Dünkel* ZJJ 2015, 19 (19).
[90] MRTW/*Laue* § 55 Rn. 2 ff.
[91] *Verrel* FS Heinz, 2012, 521 (521–530).
[92] *Dünkel* ZJJ 2015, 19 (20).
[93] ZB das „beschleunigte vereinfachte Jugendverfahren in Bamberg", vorgestellt bei *Schmidt* ZJJ 2014, 31; Modellprojekt „Staatsanwalt vor/für den Ort" in NRW, dazu *Ebert* ZJJ 2015, 32; „Neuköllner Modell" in Berlin, vorgestellt von *Ohder/Tausendteufel* ZJJ 2015, 38.
[94] *Dünkel* ZJJ 2015, 19 (20).
[95] *Ostendorf* ZJJ 2014, 253 (254).
[96] S. dazu und zum Folgenden *Rose* NStZ 2013, 315 (317 f.); vgl. auch *Dollinger* ZJJ 2015, 192 (194).
[97] → § 78 Rn. 7 für den Umfang der Beweisaufnahme trotz des Beschleunigungsgebots.
[98] *Dünkel* ZJJ 2015, 19 (20).

erreicht,⁹⁹ die über § 109 Abs. 2 auch für Heranwachsende gilt, die nach Jugendstrafrecht verurteilt wurden. Diese Sonderregelungen sehen sich vielfacher Kritik von allen Seiten ausgesetzt,¹⁰⁰ sowohl in rechtlicher,¹⁰¹ als auch in pädagogischer Hinsicht.¹⁰² Die Expertenkommission zur effektiveren und praxistauglicheren Ausgestaltung des allgemeinen Strafverfahrens und des jugendgerichtlichen Verfahrens hat im Oktober 2015, auf Vorschlag von *Ostendorf,*¹⁰³ „grundlegende rechtsstaatliche Bedenken" geltend gemacht.¹⁰⁴ Das Bundesverfassungsgericht sah in der Norm bisher allerdings kein rechtsstaatliches Problem;¹⁰⁵ ob der Gesetzgeber hier tätig wird, bleibt abzuwarten.

3. Schlechterstellungsverbot. Die Diskussion um das sog. Schlechterstellungsverbot **34** im Jugendstrafrecht¹⁰⁶ geht auf zwei gerichtliche Entscheidungen aus den Jahren 1951¹⁰⁷ und 1961¹⁰⁸ zurück.

In der ersten Entscheidung des **BGH** von **1951** ging es um die rechtliche Geltung von **34a** § 20 Abs. 2 RJGG in seiner Fassung vom 6.11.1943.¹⁰⁹ Der nationalsozialistische Gesetzgeber hatte nach Ansicht des Senats den Grundsatz der Rechtsgleichheit verletzt: „während der Erwachsene grundsätzlich nach dem Maße seiner Schuld bestraft wird, sollte der Jugendliche (...) wegen seiner charakterlichen Abartigkeit, für die er nicht verantwortlich ist, einer schärferen Bestrafung verfallen".¹¹⁰ In der Entscheidung wird ein allgemeines Schlechterstellungsverbot nicht ausdrücklich erwähnt, klingt aber zumindest an.

In der Entscheidung des **BayObLG** von **1961** ging es um die Anwendung von § 233 **35** StGB aF im Falle von Erziehungsmaßregeln und Zuchtmitteln. Entsprechend der Norm konnte bei leichten, gegenseitigen Körperverletzungen etc die Strafe gemildert, oder ganz von ihr abgesehen werden. Da sich der Wortlaut nur auf **Strafen** bezog, wäre der Jugendliche ggü. den erwachsenen Straftätern schlechter gestellt, das Gericht müsste weiterhin auf Zuchtmittel oder Erziehungsmaßregeln erkennen.¹¹¹ Das BayOblG entschied, dass § 233 aF deshalb auch auf Zuchtmittel und Erziehungsmaßregeln anwendbar sei und sprach dabei ausdrücklich von einer unzulässigen Schlechterstellung bei anderweitiger, restriktiver Auslegung.

Mittlerweile wird von vielen Stimmen in der Literatur die Existenz eines derartigen **36** Verbotes anerkannt.¹¹² Es besagt, „dass junge Menschen gegenüber Erwachsenen in vergleichbaren Verfahrenslagen nicht benachteiligt werden dürfen".¹¹³ Eine klare **rechtliche Fundierung** dieses Verbotes ist jedoch fraglich, so dass es immer wieder auch auf Ablehnung stößt.¹¹⁴

Zunächst findet sich auf der Ebene des **einfachen Rechts** kein Anhaltspunkt, der für **37** die Anerkennung eines solchen Verbots sprechen würde. Das Gesetz normiert ganz im Gegenteil an verschiedenen Stellen explizit eine Schlechterstellung der Jugendlichen bzw. Heranwachsenden, zB im Bereich der Rechtsmittel gem. § 55 Abs. 2. Das kann man im jeweiligen Einzelfall mit guten Gründen kritisieren (→ Rn. 41 sowie die Erläuterungen zu

---

⁹⁹ *Nowak* JR 2010, 248 (251); *Penkuhn* ZJJ 2014, 371 (373).
¹⁰⁰ Dazu näher → § 55 Rn. 5 ff.
¹⁰¹ *Ostendorf* ZJJ 2016, 120 ff.; *Bartsch* ZJJ 2016, 112 (116 f.).
¹⁰² *Bartsch* ZJJ 2016, 112 (115).
¹⁰³ *Ostendorf* ZJJ 2016, 120 (120).
¹⁰⁴ Bericht der Expertenkommission zur effektiveren und praxistauglicheren Ausgestaltung des allgemeinen Strafverfahrens und des jugendgerichtlichen Verfahrens, Berlin 2015, S. 174.
¹⁰⁵ BVerfG 23.9.1987 – 2 BvR 814/87, NStZ 1988, 34.
¹⁰⁶ Vgl. nur *Beier* S. 167; *Bottke* NJW 1987, 1068; *Fahl* FS Schreiber, 2003, 63 (64).
¹⁰⁷ BGHSt 2, 88 (90).
¹⁰⁸ BayObLG 13.7.1961 – RReg 4 ST 174/61, NJW 1961, 2029.
¹⁰⁹ BGHSt 2, 88.
¹¹⁰ BGHSt 2, 88 (90).
¹¹¹ Hierzu und im Folgenden BayObLG 13.7.1961 – RReg 4 St 174/61, NJW 1961, 2029.
¹¹² S. vor allem *Eisenberg* JGG § 2 Rn. 6 mwN; weitere Nachweise bei *Beier* S. 167 ff.
¹¹³ *Ostendorf* JugStrR Rn. 61; *Penkuhn* ZJJ 2014, 371 (375).
¹¹⁴ *Fahl* FS Schreiber, 2003, 63 ff.; *Streng* JugStrR Rn. 13, 19.

§ 55), zeigt aber, dass jedenfalls der Gesetzgeber ein allgemeines Schlechterstellungsverbot nicht anerkennt.

38 Auch öffnet das breite und flexibel einsetzbare **Sanktionsspektrum** des Jugendstrafrechts in vielen Fällen die Möglichkeit, eine im Vergleich zum allgemeinen Strafrecht (scheinbar) nachteilige Rechtsfolge zu verhängen, was nach empirischen Studien in der Praxis auch in manchen Fällen tatsächlich relevant wird.[115] Die gesetzliche Möglichkeit einer Schlechterstellung ergibt sich dabei ua aus dem allgemeinen Strafrahmen des § 18, der je nach Schwere des Delikts als Höchststrafe fünf, zehn oder fünfzehn Jahre Jugendstrafe vorsieht. Die Höchststrafe für eine Sachbeschädigung beträgt also zumindest nach den abstrakt-generellen Vorgaben des Gesetzgebers im allgemeinen Strafrecht zwei Jahre Freiheitsstrafe, im Jugendstrafrecht dagegen (vorbehaltlich der spezifischen Voraussetzungen des § 17, die hier zugegebenermaßen schwer vorstellbar sind) fünf Jahre Jugendstrafe.

39 Auch auf den allgemeinen **verfassungsrechtlichen Gleichheitsgrundsatz** in **Art. 3 Abs. 1 GG** kann ein Schlechterstellungsverbot richtigerweise nicht gestützt werden, da eine Ungleichbehandlung von Ungleichem keinen Verstoß gegen Art. 3 Abs. 1 GG darstellt.[116] Entscheidend ist aus verfassungsrechtlicher Sicht letztlich, ob sich für eine Ungleichbehandlung **sachliche Differenzierungsgründe** finden lassen.[117] Das liegt hier durchaus nahe: Das Gesamtkonzept des JGG geht ersichtlich davon aus, dass der Jugendliche bzw. Heranwachsende einem Erwachsenen gerade nicht gleichzustellen ist, da sonst das Gesetz an sich mehr oder weniger obsolet wäre.[118] Die ganze Legitimation des JGG speist sich aus der **Differenzierungsnotwendigkeit,**[119] und mit dem besonderen spezialpräventiven Ziel der Erziehung des Jugendlichen findet sich hier auch ein Sanktionszweck, der im allgemeinen Strafrecht keine unmittelbare Entsprechung findet. Ein sachlicher Grund, zwischen beiden Altersgruppen zu differenzieren, liegt daher schon nach der Grundkonzeption des Gesetzes, die durch die Neufassung von § 2 Abs. 1 bekräftigt wurde, nahe.[120] Auch das Bundesverfassungsgericht betont diesen Unterschied in seiner Entscheidung zur Notwendigkeit eines eigenständigen Jugendstrafvollzugsgesetzes.[121]

40 Nun ist diese grundsätzliche Ablehnung eines generellen, verfassungsrechtlich verbindlichen Schlechterstellungsverbotes jedoch nicht so aufzufassen, dass Jugendliche bzw. Heranwachsende per se anders (und potenziell auch „schlechter") behandelt werden sollten als erwachsene Straftäter. Wie oben ausgeführt ist der Erziehungsgedanke der Ausgangspunkt des Jugendstrafrechts; die Möglichkeit der Erziehung ist das, was den Umgang mit Jugendlichen und Heranwachsenden „anders" macht und damit im jeweiligen Sachzusammenhang eine Ungleichbehandlung zu Gunsten wie zu Lasten der Jugendlichen bzw. Heranwachsenden als **„sachlicher Differenzierungsgrund"** rechtfertigen kann.[122] Die unterschiedliche Behandlung muss sich dann aber konsequenterweise auch **am Erziehungsgedanken messen lassen,** andere (sachfremde) Erwägungen wie zum Beispiel die Verfahrensökonomie können dann nicht als Begründung herangezogen werden.[123]

41 Geht man bspw. davon aus, dass eine für den Jugendlichen im Vergleich zu Erwachsenen nachteilige Regelung im Bereich der Rechtsmittel eher **kontraproduktiv und erziehungsschädlich** ist, weil sich der Jugendliche mit einer gewissen Berechtigung von den staatlichen Behörden unfair behandelt fühlt, dann kann man diese Ungleichbehandlung eben auch nicht überzeugend mit erzieherischen Gründen rechtfertigen; der potenzielle „sachliche Differenzierungsgrund" wäre im vorliegenden Fall also schlicht nicht einschlä-

---

[115] S. nur *Pfeiffer* StV 1991, 363 ff.; *Dünkel* ZStW 105 (1993), 137 (156 ff.).
[116] Dazu näher *Streng* JugStrR Rn. 13; vgl. auch *Brunner/Dölling* Einf. II Rn. 26a; *Diemer/Schatz/Sonnen/Schatz* § 55 Rn. 6.
[117] StRspr, s. nur BVerfGE 55, 72.
[118] *Penkuhn* ZJJ 2014, 371 (376).
[119] *Streng* JugStrR Rn. 13.
[120] S. dazu *Schaffstein/Beulke/Swoboda* Rn. 575.
[121] BVerfG 31.5.2006 – 2 BvR 1673/04 u. BvR 2402/04, NJW 2006, 2093 (2095).
[122] *Penkuhn* ZJJ 2014, 371 (376); *Fahl* FS Schreiber, 2003, 79.
[123] *Penkuhn* ZJJ 2014, 371 (376).

gig.¹²⁴ Gleiches gilt für die im Vergleich zum allgemeinen Strafrecht härtere Bestrafung des Jugendlichen aus „erzieherischen Gründen", deren tatsächliche positive Wirkung man erst plausibel machen müsste. Bei der Jugendstrafe, die den Strafrahmen oder zumindest das übliche Niveau des allgemeinen Strafrechts weit überschreitet, ist der Jugendliche schließlich auch dadurch geschützt, dass auch im Jugendstrafrecht, trotz des Erziehungsgedankens, die Grenzen der schuldangemessenen Strafe nach hM nicht überschritten werden dürfen.¹²⁵

IV. Verständigung im Jugendstrafverfahren

Mit der Einfügung von § 257c StPO und weiteren relevanten Vorschriften im Jahre 2009 hat der Gesetzgeber, wenn auch spät und erst auf Drängen des Großen Senates für Strafsachen,¹²⁶ eine gesetzliche Regelung für die Verständigung im Strafverfahren geschaffen. Bei der vorangegangenen sehr kontroversen Diskussion, wie auch im Rahmen der Gesetzgebung, war allerdings stets das allgemeine Strafverfahren im Fokus gestanden. Der Gesetzgeber sah einen mögliche **Anwendungsbereich** der neuen Regelungen im Jugendstrafverfahren nur in **„besonderen Ausnahmefällen"**, da der Erziehungsgedanke und besondere Sanktionsvorschriften dem entgegenstünden.¹²⁷ Allerdings wollte der Gesetzgeber das Jugendstrafverfahren zugleich nicht komplett aus dem Anwendungsbereich herausnehmen und verwies auf die Akzeptanz der Verständigung im Jugendstrafverfahren in Wissenschaft und Rechtsprechung.¹²⁸ Diese Akzeptanz vor allem in der Praxis stellt keine Besonderheit dar: Die Verständigung hat sich insgesamt durch die Spruchpraxis der Tatgerichte und deren „Absegnung" durch die höchstrichterliche Rechtsprechung entwickelt.¹²⁹ Im Verlauf der Zeit kristallisierten sich in der Rechtsprechung des BGH verschiedene Kriterien einer Verständigung heraus,¹³⁰ die dann später Grundlage der gesetzlichen Regelung waren.

Ausgangspunkt der Frage, ob und in welchem Umfang Verständigungen im Jugendstrafverfahren möglich sind, ist **§ 2 Abs. 2**. § 257c StPO ist eine der dort in Bezug genommenen **„allgemeinen Vorschriften"**, die zur Anwendung kommt, wenn das JGG nichts anderes bestimmt. Im JGG ist keine Norm enthalten, die explizit gegen eine Anwendung spricht.¹³¹ Allerdings ist anerkannt, dass auch übergreifende Wertungen des JGG einen Ausschluss der allgemeinen Vorschriften gem. § 2 Abs. 2 begründen können.

Bezieht man die allgemeinen Wertungen des JGG in die Betrachtung mit ein, stößt man auf einen möglichen **Konflikt** der Verständigung mit dem **Erziehungsgedanken**. Dieser könnte sich, wenn die **Jugendstrafe** als Sanktion in Rede steht, vor allem aus **§ 18 Abs. 2** ergeben. Die Vorschrift sieht vor, dass bei der Bemessung der Jugendstrafe die erzieherische Einwirkung von Bedeutung ist; die Strafzumessungsregel des § 46 StGB gilt im Jugendstrafverfahren nicht.¹³² Allerdings bleiben nach Ansicht des BGH Aspekte des Schuldausgleiches neben dem Erziehungsgedanken relevant,¹³³ „da strafschärfende Gesichtspunkte nicht nur für das Ausmaß der verwirklichten Schuld, sondern auch für den bestehenden Erziehungsbedarf von erheblichem Gewicht sind".¹³⁴

Gem. § 257c Abs. 2 S. 2 StPO „soll" eine Verständigung grundsätzlich ein **Geständnis** des Angeklagten beinhalten. Dafür kommt das Gericht bei der Strafzumessung entgegen und gibt regelmäßig eine (reduzierte) Strafobergrenze für den Fall eines Geständnisses an.

---

¹²⁴ Dazu näher → § 55 Rn. 6.
¹²⁵ S. nur *Meier/Rössner/Schöch* § 11 Rn. 28 f.; s. dazu auch *Streng* GA 2017, 80 (89).
¹²⁶ BGH GSSt 3.3.2005 – GSSt 1/04, NJW 2005, 1440 (1447).
¹²⁷ BT-Drs. 16/11736, 8.
¹²⁸ Vgl. BGH 15.3.2001 – 3 StR 61/01; NStZ 2001, 555 f.; BGH 26.1.2006 – 3 StR 415/02; NStZ-RR 2006, 187 f.; BGH 12.3.2008 – 3 StR 433/07, NJW 2008, 1752 ff.
¹²⁹ BVerfG 27.1.1987 – 2 BvR 1133/86, NJW 1987, 2662; BGHSt 43, 195; 50, 40.
¹³⁰ S. vor allem BGHSt 43, 195.
¹³¹ *Nowak* JR 2010, 248 (250).
¹³² *Beier* S. 143.
¹³³ *Diemer/Schatz/Sonnen/Sonnen* § 18 Rn. 10; BGH 31.8.2004 – 1 StR 213/04, BeckRS 2004, 09104.
¹³⁴ BGH 27.11.2008 – 5 StR 495/08, NStZ 2010, 94 f.

Auch im Jugendstrafrecht dürfte die Zusage einer (reduzierten) Strafobergrenze als „Gegenleistung" für ein Geständnis der Standard sein, ansonsten ergibt das Institut der Verständigung wenig Sinn. Das verstößt im Erwachsenenstrafrecht nicht gegen das Gebot der schuldangemessenen Strafe, weil auch ein **Geständnis** im Rahmen einer Absprache ein **positives Nachtatverhalten** des Täters im Sinne des § 46 Abs. 2 StGB darstellt.[135] Da § 46 Abs. 2 StGB im Jugendstrafrecht aber nicht gilt, ist es hier schwieriger, eine Reduzierung des Strafniveaus zu rechtfertigen. Schon vor Einführung von § 257c StPO hatte der BGH zunächst Bedenken angemeldet, ob die Zusage einer Strafobergrenze im Jugendstrafrecht mit der in § 18 Abs. 2 vorgeschriebenen Strafzumessung anhand der erforderlichen erzieherischen Einwirkung vereinbar ist.[136] So war zwar in der Rechtsprechung durchaus anerkannt, dass ein Geständnis auf ein **verringertes Erziehungsbedürfnis** hinweist,[137] allerdings spielen hierfür Elemente der Schuldeinsicht und Reue eine gewisse Rolle, die bei einem Geständnis im Rahmen einer Verständigung möglicherweise gegenüber den dominanten verfahrensökonomischen Gesichtspunkten eher in den Hintergrund treten.[138] In einer weiteren Entscheidung im Jahr 2008 war von diesen Bedenken jedoch nicht viel übrig geblieben.[139] Auch der Gesetzgeber sieht, wie oben erwähnt, einen Anwendungsbereich für Verständigungen im Jugendstrafrecht, was aufgrund des Erziehungsgedankens aber nur in (nicht näher beschriebenen) Ausnahmefällen relevant werde.[140]

46 Ausgangspunkt für die mögliche Beschränkung auf Ausnahmefälle ist der Wortlaut von § 257c Abs. 1 StPO, nach dem dessen Anwendung nur in „**geeigneten Fällen**" erfolgen darf.[141] Einig ist man sich darin, dass über die Frage der **Anwendung von Jugendstrafrecht** auf Heranwachsende gem. § 105 Abs. 1 keine Verständigung stattfinden darf, da es sich um eine zwingende Rechtsfolgenentscheidung handelt, die einer Disposition entzogen ist.[142] Im Übrigen ist in der Literatur umstritten, wann ein „geeigneter Fall" im Bereich des Jugendstrafrechts vorliegt.[143]

47 Richtigerweise sind die Bedenken zwar ernst zu nehmen, die Diskussion sollte aber **differenziert** und mit Fokus auf die Besonderheiten des im Jugendstrafverfahren geltenden **Erziehungsgedankens** erfolgen. Auch das **Geständnis** eines Jugendlichen verliert (wie das eines Erwachsenen) nicht automatisch an „Wert", wenn es im Rahmen einer Verständigung erfolgt. Rückschlüsse auf einen verringerten Erziehungsbedarf beim geständigen jugendlichen Täter erscheinen daher, sofern keine gegenteiligen Hinweise vorliegen, zulässig. Auch das Argument, wonach es der Erziehung des Jugendlichen abträglich sei, wenn er erfährt, dass über die Bemessung seiner Jugendstrafe wie auf einem Basar „verhandelt" werde, ist nicht überzeugend. Wie im allgemeinen Strafrecht wird auf diese Weise lediglich eine realistische Sicht auf den Vorgang der Strafzumessung eröffnet, bei dem stets ein Spielraum für in Art und/oder Höhe verschiedene Sanktionen besteht, die gleichermaßen „vertretbar" erscheinen. Dem Jugendlichen dies im Gegensatz zum erwachsenen Straftäter aus vermeintlich erzieherischen Gründen vorzuenthalten, könnte daher als evident ungerecht aufgefasst werden und sich dann geradezu in erziehungsschädlicher Weise auswirken. Auch hier wäre dann eine Schlechterstellung von Jugendlichen fragwürdig, da der Erziehungsgedanke als sachlicher Differenzierungsgrund die Ungleichbehandlung in Wahrheit nicht zu stützen vermag.[144]

---

[135] *Beier* S. 140 ff.
[136] BGH 15.3.2001 – 3 StR 61/01, NStZ 2001, 555 (556).
[137] S. etwa BGH 9.11.1990 – 2 StR 509/90, StV 1991, 423.
[138] *Beier* S. 144.
[139] BGH 12.3.2008 – 3 StR 433/07, NJW 2008, 1752 (1753).
[140] BT-Drs. 16/12310, 10.
[141] BT-Drs. 16/12310, 10.
[142] *Schaffstein/Beulke/Swoboda* Rn. 802; *Nowak* JR 2010, 248 (251 f.); schon vor Einführung des § 257c StPO; BGH 15.3.2001 – 3 StR 61/01, NStZ 2001, 555; BGH 12.3.2008 – 3 StR 433/07, NJW 2008, 1752 (1753).
[143] Eine ausführliche Darstellung auch in *Nowak* JR 2010, 248 (251 ff.).
[144] Dazu → Rn. 40 f.

Vielmehr ist gerade auch hier (ganz im Sinne des **Rechtsgedankens von § 70a**) auf die **48**
Art der Kommunikation im Strafverfahren zu achten: So wie im Erwachsenenstrafrecht
nicht basargleich über Sanktionen verhandelt werden sollte, so ist auch und erst recht im
Jugendstrafrecht dem Jugendlichen klar darzulegen, dass wegen des Geständnisses und der
damit postulierten Unrechtseinsicht ein verminderter Bedarf nach Einwirkung angenommen und deshalb auf der Basis eines sachlichen Grundes eine mildere Sanktion ausgeworfen wird.

Dass der Verständigung in Jugendstrafverfahren tatsächlich **praktische Relevanz** **49**
zukommt, hat eine empirische Untersuchung von *Pankiewicz*[145] gezeigt. Diese hatte eine
Befragung von Jugendrichtern, Jugendstaatsanwälten und Verteidigern mit Erfahrungen im
Jugendstrafrecht durchgeführt, die insgesamt 341 Personen umfasste.[146] Von den Befragten
gaben 1,8 % an, dass „sehr häufig" Verständigungen im Jugendstrafverfahren stattfänden,
14,4 % antworteten mit „häufig" und 49,1 % mit „gelegentlich".[147] Nur 37,4 % gaben an,
dass dies „selten" oder „nie" der Fall sei. Die von den Befragten geschätzten Zahlen zur
Anwendungshäufigkeit erscheinen vor dem Hintergrund, dass dem Gesetzgeber eine
Anwendbarkeit nur in Ausnahmefällen vorschwebte, recht hoch. Offenbar werden die vom
Gesetzgeber und manchen Stimmen in der Literatur erhobenen Bedenken in der Richterschaft nicht geteilt.

Bzgl. der Praxis der Verständigungen sahen 81 % der Befragten keinen Unterschied **50**
zwischen Verfahren gegen Jugendliche und Verfahren gegen Heranwachsende.[148] Auch bei
der Verständigung im Jugendstrafverfahren spielt die **Verfahrensökonomie** offenbar die
größte Rolle: Als häufigsten Verständigungsgrund gaben die Befragten den Umfang und
Schwierigkeiten bei der Beweisaufnahme an.[149] Das erzieherische Einwirken als Grund
stand nur an vierter Stelle der Antworten (nach dem Beschleunigungsgebot an zweiter und
dem Opferschutz an dritter Stelle). Hier wäre natürlich zu wünschen, dass in der Praxis
stärker der Erziehungsgedanke als maßgebliche Leitlinie auch bei der Verständigung in den
Vordergrund rückt. Zentral ist, dass in solchen Verfahren, in denen zwar verfahrensökonomische Gründe den Anstoß zur Verständigung geben mögen, die Justiz prüft, dass der Erziehungsgedanke jedenfalls in dem konkreten Einzelfall nicht entgegensteht, sondern erzieherische Belange im Rahmen der dann milderen Sanktionierung genauso gut verfolgt werden
können, wie dies ohne Verständigung der Fall wäre. Wer nicht pauschal an die besonders
erzieherische Wirkung besonders harter Sanktionierung glaubt und zudem den im Verhältnismäßigkeitsgrundsatz enthaltenen ultima-ratio-Gedanken im Auge behält, wird hierfür
gute Argumente finden.

---

[145] *Pankiewicz* S. 245 ff.
[146] *Pankiewicz* S. 249.
[147] *Pankiewicz* S. 265.
[148] *Pankiewicz* S. 271 f.
[149] *Pankiewicz* S. 309 f.

Zweiter Teil. Jugendliche

Zweites Hauptstück. Jugendgerichtsverfassung und Jugendstrafverfahren

Erster Abschnitt. Jugendgerichtsverfassung

§ 33 Jugendgerichte

(1) Über Verfehlungen Jugendlicher entscheiden die Jugendgerichte.

(2) Jugendgerichte sind der Strafrichter als Jugendrichter, das Schöffengericht (Jugendschöffengericht) und die Strafkammer (Jugendkammer).

(3) ¹Die Landesregierungen werden ermächtigt, durch Rechtsverordnung zu regeln, daß ein Richter bei einem Amtsgericht zum Jugendrichter für den Bezirk mehrerer Amtsgerichte (Bezirksjugendrichter) bestellt und daß bei einem Amtsgericht ein gemeinsames Jugendschöffengericht für den Bezirk mehrerer Amtsgerichte eingerichtet wird. ²Die Landesregierungen können die Ermächtigung durch Rechtsverordnung auf die Landesjustizverwaltungen übertragen.

§ 33a Besetzung des Jugendschöffengerichts

(1) ¹Das Jugendschöffengericht besteht aus dem Jugendrichter als Vorsitzenden und zwei Jugendschöffen. ²Als Jugendschöffen sollen zu jeder Hauptverhandlung ein Mann und eine Frau herangezogen werden.

(2) Bei Entscheidungen außerhalb der Hauptverhandlung wirken die Jugendschöffen nicht mit.

§ 33b Besetzung der Jugendkammer

(1) Die Jugendkammer ist mit drei Richtern einschließlich des Vorsitzenden und zwei Jugendschöffen (große Jugendkammer), in Verfahren über Berufungen gegen Urteile des Jugendrichters mit dem Vorsitzenden und zwei Jugendschöffen (kleine Jugendkammer) besetzt.

(2) ¹Bei der Eröffnung des Hauptverfahrens beschließt die große Jugendkammer über ihre Besetzung in der Hauptverhandlung. ²Ist das Hauptverfahren bereits eröffnet, beschließt sie hierüber bei der Anberaumung des Termins zur Hauptverhandlung. ³Sie beschließt eine Besetzung mit drei Richtern einschließlich des Vorsitzenden und zwei Jugendschöffen, wenn
1. die Sache nach den allgemeinen Vorschriften einschließlich der Regelung des § 74e des Gerichtsverfassungsgesetzes zur Zuständigkeit des Schwurgerichts gehört,
2. ihre Zuständigkeit nach § 41 Absatz 1 Nummer 5 begründet ist oder
3. nach dem Umfang oder der Schwierigkeit der Sache die Mitwirkung eines dritten Richters notwendig erscheint.

⁴Im Übrigen beschließt die große Jugendkammer eine Besetzung mit zwei Richtern einschließlich des Vorsitzenden und zwei Jugendschöffen.

(3) Die Mitwirkung eines dritten Richters ist nach Absatz 2 Satz 3 Nummer 3 in der Regel notwendig, wenn

1. die Jugendkammer die Sache nach § 41 Absatz 1 Nummer 2 übernommen hat,
2. die Hauptverhandlung voraussichtlich länger als zehn Tage dauern wird oder
3. die Sache eine der in § 74c Absatz 1 Satz 1 des Gerichtsverfassungsgesetzes genannten Straftaten zum Gegenstand hat.

(4) ¹In Verfahren über die Berufung gegen ein Urteil des Jugendschöffengerichts gilt Absatz 2 entsprechend. ²Die große Jugendkammer beschließt ihre Besetzung mit drei Richtern einschließlich des Vorsitzenden und zwei Jugendschöffen auch dann, wenn mit dem angefochtenen Urteil auf eine Jugendstrafe von mehr als vier Jahren erkannt wurde.

(5) Hat die große Jugendkammer eine Besetzung mit zwei Richtern einschließlich des Vorsitzenden und zwei Jugendschöffen beschlossen und ergeben sich vor Beginn der Hauptverhandlung neue Umstände, die nach Maßgabe der Absätze 2 bis 4 eine Besetzung mit drei Richtern einschließlich des Vorsitzenden und zwei Jugendschöffen erforderlich machen, beschließt sie eine solche Besetzung.

(6) Ist eine Sache vom Revisionsgericht zurückverwiesen oder die Hauptverhandlung ausgesetzt worden, kann die jeweils zuständige Jugendkammer erneut nach Maßgabe der Absätze 2 bis 4 über ihre Besetzung beschließen.

(7) § 33a Abs. 1 Satz 2, Abs. 2 gilt entsprechend.

Schrifttum: *Caspari*, Die Besetzungsreduktion bei den großen Straf- und Jugendkammern, DRiZ 2011, 302; *Dölling u.a.*, Die Besetzungsreduktion bei den großen Straf- und Jugendkammern – Evaluierung der § 76 Abs. 2 JGVG und § 33b Abs. 2 JGG, 2011; *Heß/Wenske*, Die Besetzungsreduktion der Großen Strafkammer auf dem endgültigen gesetzgeberischen Prüfstand, DRiZ 2010, 262; *Freuding*, Unabänderlichkeit einer Entscheidung über die Besetzungsreduktion? – Anmerkungen zum Beschluss des BGH vom 29.1.2009 – 3 StR 567/08 – NStZ 2009, 654, NStZ 2009, 611; *Rzepka*, Besetzung der großen Jugendkammer in Berufungsverfahren, StV 2001, 167; *Salgo/Weber* (Hrsg.), Vom Umgang der Justiz mit Minderjährigen, Neuwied u.a. 1995; *Schlothauer*, Die Besetzung der großen Straf- und Jugendkammern in der Hauptverhandlung, StV 2012, 749; *Schmidt*, Die Besetzung der großen Jugendkammer in Verfahren über Berufungen gegen Urteile des Jugendschöffengerichts (§ 33b JGG), NStZ 1995, 215; *Sowada*, Der gesetzliche Richter im Strafverfahren, 2002.

Übersicht

	Rn.		Rn.
I. Anwendungsbereich	1–3	III. Bezirksjugendgerichte (§ 33 Abs. 3)	6, 7
II. Jugendgerichtsverfassung	4, 5	IV. Besetzung (§§ 33a, 33b)	8–12

I. Anwendungsbereich

§ 33 geht als lex specialis den Regelungen des GVG dort vor, wo über strafrechtlich relevante Verfehlungen Jugendlicher und – Kraft der Verweisung in § 107 – Heranwachsender zu entscheiden ist.[1] Maßgeblich ist das Alter zur Tatzeit (§ 1 Abs. 2). Die JugG sind auch dann zuständig, wenn zu erwarten ist, dass der Heranwachsende nach Erwachsenenstrafrecht abgeurteilt wird (vgl. § 108 Abs. 2), oder wenn nicht zweifelsfrei zu klären ist, ob der Angekl. zur Tatzeit Jugendlicher bzw. Heranwachsender war, oder die Tatzeit nicht ermittelt werden kann.[2] Darüber hinaus ist der Jugendrichter gem. § 68 Abs. 2 OWiG auch im Einspruchsverfahren gegen Bußgeldbescheide zuständig.

In Ausnahmefällen können JugG auch für Strafsachen gegen Erwachsene zuständig sein. Dies ist zum einen im Rahmen von § 103 Abs. 1, Abs. 2 S. 1 der Fall, wenn Verfahren gegen Jugendliche/Heranwachsende und Erwachsene miteinander verbunden werden, und

1

2

---

[1] Da Kinder gem. § 19 StGB absolut strafunmündig sind, kommt für sie auch keinerlei Zuständigkeit von Strafgerichten in Betracht; zu Kindern im Strafverfahren eingehend *Verrel* NStZ 2001, 284 ff.
[2] BGH 23.2.1954 – 1 StR 732/53, BGHSt 5, 366 = NJW 1954, 847; BGH 2.11.1954 – 5 StR 492/54, BGHSt 7, 26 = NJW 1955, 273; BGH 23.5.2002 – 3 StR 58/02, BGHSt 47, 311 (313) = NJW 2002, 2483; *Brunner/Dölling* § 1 Rn. 11; *Eisenberg* JGG Rn. 4; *Meier/Rössner/Schöch* § 13 Rn. 7.

zum anderen iRd §§ 26, 74b GVG bei Jugendschutzsachen. In letzterem Fall kommt der Staatsanwaltschaft nach § 26 Abs. 2 GVG ein Wahlrecht zu.[3]

3 Dagegen ist es nach § 103 Abs. 2 S. 2 auch möglich, dass die JugG nicht zuständig sind, obwohl das Verfahren gegen einen Jugendlichen/Heranwachsenden betrieben wird, und zwar dann, wenn das Verfahren mit einer Erwachsenenstrafsache verbunden wurde und diese Sache vor die Staatsschutz- oder Wirtschaftsstrafkammer gehört (§§ 74a, 74c GVG).

II. Jugendgerichtsverfassung

4 § 33 markiert den Einstieg in das zweite Hauptstück des JGG, mithin auch in die Sonderregelungen zur Jugendgerichtsverfassung. Diese sollen, im Zusammenwirken mit den besonderen Strafverfahrensvorschriften, dazu beitragen, dem Erziehungsgedanken des Jugendstrafrechts in der Praxis Geltung zu verschaffen[4] und ihm so auch im gesamten Verfahren Rechnung zu tragen.

5 Aus § 33 Abs. 2 ergibt sich, dass die JugG Teil der ordentlichen Gerichtsbarkeit sind.[5] Von Gesetzes wegen gelten JugG als gegenüber den Erwachsenengerichten höherrangig, das Verhältnis der beiden Gerichtszweige zueinander wird als Frage der sachlichen Zuständigkeit behandelt.[6] Im Fall der Unzuständigkeit gelten für Abgabe und Verweisung von Verfahren grds. die allg. Regeln.[7]

III. Bezirksjugendgerichte (§ 33 Abs. 3)

6 § 33 Abs. 3 enthält eine Verordnungsermächtigung an die Landesregierungen, Bezirksjugendrichter und JugSchG zu schaffen. Von dieser Möglichkeit haben bisher elf Bundesländer Gebrauch gemacht.[8] Gegen die Verfassungsmäßigkeit der Ermächtigung werden mit Blick auf Art. 80 Abs. 1 S. 2 GG Bedenken erhoben, weil § 33 Abs. 3 zur dort geforderten Bestimmung des Zwecks schweigt.[9] Allerdings wird eine verfassungskonforme Auslegung mit Blick auf § 58 Abs. 1 S. 2 GVG (über § 2 Abs. 2) für möglich gehalten.[10] Der Zweck einer solchen Verordnung müsse dann ebenfalls in der „sachdienlichen Förderung oder schnelleren Erledigung der Verfahren" liegen.[11]

7 Eine sachdienliche Förderung kann insbes. gegeben sein, wenn es gerade durch die örtliche Konzentration der JugG möglich wird, der Bestimmung des § 37 zu genügen,

---

[3] *Ostendorf/Drenkhahn* Jugendstrafrecht Rn. 70; Diemer/Schatz/Sonnen/*Schatz* § 33 Rn. 2; Meyer-Goßner/Schmitt/*Meyer-Goßner* GVG § 26 Rn. 4; zu verfassungsrechtlichen Bedenken gegen § 26 Abs. 2 GVG s. *Eisenberg* JGG Rn. 6 f. mwN.
[4] Vgl. Diemer/Schatz/Sonnen/*Schatz* § 33 Rn. 7.
[5] Inzwischen besteht weitgehend Einigkeit, dass die JugG zur Strafgerichtsbarkeit gehören und in diesem Zusammenhang lediglich einen speziellen sachlichen Bereich ausfüllen, vgl. BGH 5.10.1962 – GSSt 1/62, BGHSt 18, 79 (82 f.) = NJW 1963, 60; *Schaffstein/Beulke/Swoboda* Rn. 582; *Streng* Rn. 90; *Dallinger/Lackner* § 33 Rn. 4; *Eisenberg* JGG Rn. 9 f.; LBN/*Nestler* Rn. 114; MRTW/*Czerner/Habetha* § 33 Rn. 4; früher str., dagegen BGH 2.11.1954 – 5 StR 492/54, BGHSt 7, 26 = NJW 1955, 273; BGH 15.12.1955 – 4 StR 342/55, BGHSt 8, 349 = NJW 1956, 517; BGH 19.10.1956 – 5 StR 142/56, BGHSt 9, 399 = NJW 1957, 390; OLG Frankfurt a. M. 13.4.1956 – 2 Ws 114/56, NJW 1956, 1211; BayObLG 11.1.1957 – BeschwReg. 3 St 130/56, BayObLGSt 57, 1; KG 15.6.1964 – 2 ARs 8/64, NJW 1964, 2347; OLG Saarbrücken 2.12.1965 – Ss 36/65, BayObLG 12.10.1966 – RReg. 1 b St 186/66, NJW 1967, 216; s. auch Grethlein NJW 1961, 2144; *Ostendorf* §§ 33–33b Rn. 7.
[6] Diemer/Schatz/Sonnen/*Schatz* § 33 Rn. 12; zu den revisionsrechtlichen Konsequenzen *Eisenberg* JGG Rn. 38 ff. sowie *Ostendorf* Rn. 8.
[7] *Eisenberg* JGG Rn. 29; zu Besonderheiten ausf. Diemer/Schatz/Sonnen/*Schatz* § 33 Rn. 12 ff.
[8] Baden-Württemberg, Bayern, Berlin, Brandenburg, Hamburg, Hessen, Niedersachsen, Nordrhein-Westfalen, Rheinland-Pfalz, Sachsen-Anhalt, Schleswig-Holstein; vgl. im Schönfelder Nr. 89 Anm. 2 zu 33.
[9] Diemer/Schatz/Sonnen/*Schatz* § 33 Rn. 32; *Ostendorf* §§ 33–33b Rn. 18; aA MRTW/*Czerner/Habetha* § 33 Rn. 16.
[10] BVerfG 1.10.1968 – 2 BvL 6, 7, 8, 9/67, BVerfGE 24, 155 (167 ff.) = NJW 1969, 1291; *Streng* Rn. 89; *Dallinger/Lackner* § 33 Rn. 36; Diemer/Schatz/Sonnen/*Schatz* § 33 Rn. 32; *Eisenberg* JGG Rn. 20; *Ostendorf* §§ 33–33b Rn. 18.
[11] Diemer/Schatz/Sonnen/*Schatz* § 33 Rn. 32.

also sämtliche Stellen mit entspr. qualifizierten Juristen besetzt werden können.[12] Weiterer legitimer Grund wäre die Schaffung eingespielter Kooperations- und Kommunikationsstrukturen auch zur Jugendgerichtshilfe, wodurch eine effektivere und erzieherisch sinnvollere Verfahrenserledigung erreicht werden kann.[13] Ob eine angestrebte Vereinheitlichung der Rechtsprechung ebenfalls als sachdienliche Förderung angesehen werden kann,[14] erscheint jedenfalls auf der hier betroffenen Ebene der Amtsgerichte fraglich.[15] Gleichwohl mag die daraus resultierende Vergleichbarkeit dem jugendlichen Gerechtigkeitsempfinden und damit der Akzeptanz des Urteils entgegenkommen. Die hA steht der Möglichkeit der Errichtung von Jugendbezirksgerichten – trotz möglichen legitimen Gründen – eher zurückhaltend gegenüber; idealerweise sei sie auf demographische Ballungsräume zu beschränken,[16] in nicht-urbanen Gegenden und größeren Flächenstaaten drohe die Gefahr, dass die Jugendrichter (bzw. das JugSchG) nicht mit den jeweiligen örtlichen Verhältnissen vertraut sein könnten.[17]

IV. Besetzung (§§ 33a, 33b)

Die Besetzungsvorschriften bilden das Pendant zu den allg. Vorschriften der §§ 28, 76 **8** GVG. Das JugSchG besteht dabei aus einem Berufsrichter und zwei Jugendschöffen (die geschlechterparitätisch auszuwählen sind, § 33a Abs. 1 S. 2); die JugK umfasst in erster Instanz wie bei Berufungen gegen Urteile des Schöffengerichts drei Berufsrichter und zwei Schöffen (große JugK) oder – nur bei Berufungen gegen Urteile des Jugendrichters – einen Berufsrichter und zwei Schöffen (kleine JugK). Aus § 29 Abs. 1 S. 2 GVG iVm § 2 Abs. 2 ergibt sich, dass ein Richter auf Probe im ersten Jahr nach seiner Benennung nicht Vorsitzender eines JugSchG sein darf; erst recht muss dies natürlich für den Vorsitz der JugK gelten.[18]

Gem. § 33b Abs. 2 S. 4 hat die große JugK die Möglichkeit, in einer Besetzung mit nur **9** zwei Berufsrichtern und zwei Jugendschöffen zu entscheiden. Sie muss aber stets über ihre Besetzung entscheiden (vgl. § 33b Abs. 2 S. 2, S. 1).[19] Die Entscheidung ist spätestens bei der Anberaumung des Termins zur Hauptverhandlung zu treffen (§ 33b Abs. 2 S. 2), in den Fällen von § 33a Abs. 5 und 6 ist ggf. erneut über die Besetzungsfrage zu entscheiden.[20] Dabei nennen Abs. 2 S. 1 und 2 Fälle, in denen die Besetzung mit drei Berufsrichtern zwingend und Abs. 2 S. 2, Abs. 3 solche, in denen sie regelmäßig zu beschließen ist. Diese Fallgruppen entspr. im Wesentlichen § 76 GVG. So ist die Besetzung mit drei Berufsrichtern in Schwurgerichtssachen (Abs. 2 Nr. 1) immer erforderlich, ebenso dann wenn (nach Abs. 2 Nr. 2 iVm § 41 Abs. 1 Nr. 5) eine Jugendstrafe von über fünf Jahren oder die Unterbringung in einem psychiatrischen Krankenhaus zu erwarten ist.

Im Berufungsverfahren gegen Urteile des JugSchG gilt Abs. 2 über Abs. 4 entspr. Bei **10** Berufungen gegen Urteile des Jugendrichters, die eine Jugendstrafe von vier Jahren übersteigen, ist die Besetzung mit drei Berufsrichtern und zwei Schöffen durch Abs. 4 S. 2 vorgeschrieben.

Besetzungsentscheidungen sind immer außerhalb der Hauptverhandlung zu treffen und **11** zwar durch Kammerbeschluss, nicht durch eine Verfügung des Vorsitzenden.[21] Die Jugendschöffen wirken daran nicht mit (§§ 33a Abs. 2, 33b Abs. 7).

---

[12] Vgl. *Ostendorf* §§ 33–33b Rn. 18.
[13] *Diemer/Schatz/Sonnen/Schatz* § 33 Rn. 35; *Ostendorf* §§ 33–33b Rn. 18.
[14] So *Eisenberg* JGG Rn. 22; *MRTW/Czerner/Habetha* § 33 Rn. 17; ähnlich *Dallinger/Lackner* § 33 Rn. 35.
[15] So auch *Ostendorf* §§ 33–33b Rn. 18.
[16] LBN/*Nestler* Rn. 145; *Brunner/Dölling* §§ 33–33b Rn. 10; *Diemer/Schatz/Sonnen/Schatz* § 33 Rn. 36; *Eisenberg* JGG Rn. 23.
[17] Vgl. nur *Eisenberg* JGG Rn. 23.
[18] *Ostendorf* §§ 33–33b Rn. 11.
[19] Also nicht nur im Falle einer Besetzungsreduktion, vgl. BR-Drs. 460/11, 13; *Ostendorf* §§ 33–33b Rn. 12; aA *Diemer/Schatz/Sonnen/Schatz* § 33b Rn. 7.
[20] *MRTW/Czerner/Habetha* § 33b Rn. 12 f.; *Ostendorf* §§ 33–33b Rn. 12.
[21] OLG Brandenburg 19.7.2007 – 2 Ss 43/07, NStZ 2009, 43; *Brunner/Dölling* §§ 33–33b Rn. 9; *Ostendorf* §§ 33–33b Rn. 14.

12 Nach der Rechtsprechung des BGH ist die Entscheidung der Kammer über ihre Besetzung – gleichgültig, ob diese reduziert wird oder nicht – grds. bindend und kann im weiteren Verfahrensverlauf nicht rückgängig gemacht werden.[22] Eine Ausnahme von diesem Grundsatz soll für die Besetzungsreduktion jedoch dann gelten, wenn eine Verfahrensverbindung vorgenommen wird, durch die sich die Schwierigkeit oder der Umfang der Sache derart erhöht, dass eine Besetzung mit zwei Berufsrichtern nicht mehr sachgerecht erscheint.[23] Eine weitere, gesetzlich geregelte Ausnahme findet sich in § 33b Abs. 6, demzufolge die Kammer nach einer Zurückverweisung durch das Revisionsgericht erneut über ihre Besetzung beschließen kann.

§ 34 Aufgaben des Jugendrichters

(1) Dem Jugendrichter obliegen alle Aufgaben, die ein Richter beim Amtsgericht im Strafverfahren hat.

(2) ¹Dem Jugendrichter sollen für die Jugendlichen die familiengerichtlichen Erziehungsaufgaben übertragen werden. ²Aus besonderen Gründen, namentlich wenn der Jugendrichter für den Bezirk mehrerer Amtsgerichte bestellt ist, kann hiervon abgewichen werden.

(3) Familiengerichtliche Erziehungsaufgaben sind
1. die Unterstützung der Eltern, des Vormundes und des Pflegers durch geeignete Maßnahmen (§ 1631 Abs. 3, §§ 1800, 1915 des Bürgerlichen Gesetzbuches),
2. die Maßnahmen zur Abwendung einer Gefährdung des Jugendlichen (§§ 1666, 1666a, 1837 Abs. 4, § 1915 des Bürgerlichen Gesetzbuches).

Schrifttum: *Bezjak/Sommerfeld,* Die örtliche Zuständigkeit des Ermittlungsrichters im Jugendstrafverfahren, ZJJ 2008, 251; *Olof,* Das Bergedorfer Modell, ZJJ 2011, 443; *Reichenbach,* Der Jugendermittlungsrichter, Zugleich Besprechung von BVerfG, Beschl. vom 12.5.2005 – 2 BvR 332/05, NStZ 2005, 617; *Schaffstein,* Zur Situation des Jugendrichters, NStZ 1981, 286; *Schmidt,* Die Personalunion des Jugend- und Familienrichters, 2014.

I. Anwendungsbereich

1 § 34 regelt nur die Aufgaben der JugG, nicht die der allg. Strafgerichte, wenn dort Verfahren gegen Jugendliche oder Heranwachsende verhandelt werden (§§ 104 Abs. 1, 112).[1] Da für volljährige Personen Erziehungsaufgaben nicht in Betracht kommen, sind bei Heranwachsenden die Absätze 2 und 3 – nicht aber Abs. 1 – unbeachtlich (vgl. auch § 107).

2 Jugendrichter iS des § 34 ist nur der Jugendrichter am Amtsgericht, hier aber sowohl der Einzelrichter, als auch der Vorsitzende des JugSchG (vgl. dazu die Bezeichnungen in §§ 33 Abs. 2, 33a Abs. 1 S. 1).

3 § 34, insbes. dessen Abs. 1, entfaltet Bindungswirkung für die Präsidien der Amtsgerichte bei der Geschäftsverteilung; Jugendrichter müssen in allen Stadien des Verfahrens eingesetzt werden.[2]

II. Aufgabenfeld des Jugendrichters (Abs. 1)

4 Abs. 1 gilt für das gesamte jugendgerichtliche Verfahren, also auch für Maßnahmen außerhalb der Hauptverhandlung.[3] Dementsprechend obliegen dem Jugendrichter sämtliche Entscheidungen iS des § 30 Abs. 2 GVG. Er ist bereits im Ermittlungsverfahren nach §§ 162, 165 StPO zuständig. Darüber hinaus ist er Vollstreckungsleiter (§ 82 Abs. 1 S. 1), in den

---

[22] BGH 23.12.1998 – 3 StR 343/98, BGHSt 44, 328 (333) = NJW 1999, 1644; BGH 23.8.2005 – 1 StR 350/05, NStZ-RR 2006, 214; 5.8.2008 – 5 StR 317/08, NStZ 2009, 53.
[23] BGH 29.1.2009 – 3 StR 567/08, BGHSt 53, 169 (173) = NJW 2009, 1760.
[1] *Eisenberg* JGG Rn. 2.
[2] *Ostendorf/Drenkhahn* Jugendstrafrecht Rn. 76; *Brunner/Dölling* Rn. 2a; *Diemer/Schatz/Sonnen/Schatz* Rn. 1; *Eisenberg* JGG Rn. 6.
[3] *Brunner/Dölling* Rn. 2a; *Diemer/Schatz/Sonnen/Schatz* Rn. 7.

Fällen des Jugendarrests ist er Vollzugsleiter (vgl. § 90 Abs. 2 S. 2). Zudem fungiert er im jugendgerichtlichen Verfahren als Rechtshilferichter (vgl. § 157 GVG).

Aufgrund des in Abs. 1 statuierten Konzentrationsprinzips ist es unzulässig (und der Intention der Regelung zuwiderlaufend), einzelne Abschnitte desselben Verfahrens einem bestimmten (anderen) Richter zuzuweisen, der ansonsten nicht als Jugendrichter tätig wird.[4] § 34 verlangt aber nicht, dass alle innerhalb eines Verfahrens vorzunehmenden Handlungen von einem einzigen Richter vorgenommen werden.[5] Vielmehr soll die Vorschrift lediglich gewährleisten, dass in allen Stadien des Verfahrens die in § 37 genannte besondere Qualifikation der im Jugendbereich tätigen Richter und Staatsanwälte zum Tragen kommt.[6] Ob es – wie in der Praxis teilweise nicht unüblich – zulässig ist, sämtliche Ermittlungssachen mit jugendstrafrechtlichem Bezug einem sog. „Jugendermittlungsrichter" zuzuleiten, der ansonsten im weiteren Verfahren nicht als Jugendrichter tätig wird, ist zw.[7] Nach einer Ansicht ist ein solcher Geschäftsverteilungsplan wegen Verstoßes gegen § 34 Abs. 1 rechtswidrig.[8] Eine Heilung gem. § 22d GVG komme nicht in Betracht, weil diese Vorschrift sich auf Abweichungen vom gesetzmäßigen Geschäftsverteilungsplan, nicht aber auf die Fehlerhaftigkeit des Plans selbst beziehe.[9] Das BVerfG hat die Frage nach der Zulässigkeit eines „zentralen" Jugendermittlungsrichters bisher offen gelassen, zugleich aber darauf hingewiesen, dass ein entspr. Geschäftsverteilungsplan bei nicht willkürlicher Handhabung jedenfalls nicht die Garantie des gesetzlichen Richters aus Art. 101 Abs. 1 S. 2 GG verletzt.[10]

III. Familiengerichtliche Erziehungsaufgaben (Abs. 2 und 3)

Die in Abs. 2 vorgesehene Aufgabenübertragung soll die Koordination von familiengerichtlichen und jugendrechtlichen Maßnahmen sicherstellen und fördern.[11] Auf die Personalunion zwischen Jugend- und Vormundschafts- bzw. Familienrichter, wie sie sich noch in Abs. 2 aF fand, hat der Gesetzgeber bei der Neufassung durch das KindRG bewusst verzichtet.[12] Von der als „Soll-Vorschrift" fortbestehenden Regelung betreffend die Aufgabenübertragung kann aus besonderen Gründen abgewichen werden. Diese Ausgestaltung ermöglicht es, Erwägungen der Praktikabilität Rechnung zu tragen.[13]

Andererseits wird die Kompetenzverbindung auch krit. betrachtet. So kann die Gefahr bestehen, dass der Richter nicht vollständig zwischen seiner familien- und strafrechtlichen Funktion zu trennen vermag.[14] Auch wird es als problematisch gesehen, dass das familienrechtliche Verfahren deutlich weniger strengen Formen unterliegt als das Strafverfahren; strafprozessrechtliche Prinzipien könnten dadurch unterlaufen werden.[15] Es wird daher weitgehend eine restriktive Handhabung dieser Ausnahmemöglichkeit gefordert.[16]

---

[4] *Brunner/Dölling* Rn. 2a; *Ostendorf* Rn. 2 u. a.; aA VG Schleswig 13.6.1990 – 9 A 281/89 (93), DRiZ 1991, 98 (99).
[5] LG Berlin 19.12.2005 – 509 AR 10/05, NStZ 2006, 525; vgl. auch die gesetzlichen Ausnahmen in §§ 41, 72 Abs. 6, 102 JGG, 120 GVG; dazu auch *Reichenbach* NStZ 2005, 617 (619); aA wohl OLG Düsseldorf 2.2.2005 – III-2 WS 15/05, BeckRS 2006, 07150.
[6] LG Berlin 19.12.2005 – 509 AR 10/05, NStZ 2006, 525.
[7] Gegen die Zulässigkeit Diemer/Schatz/Sonnen/*Schatz* Rn. 11; *Brunner/Dölling* Rn. 2a; *Ostendorf* Rn. 2 mwN; ebenso OLG Düsseldorf 2.2.2005 – III-2 WS 15/05, BeckRS 2006, 07150; für die Zulässigkeit *Reichenbach* NStZ 2005, 617 (618 ff.); offen gelassen von LG Berlin 19.12.2005 – 509 AR 10/05, NStZ 2006, 525.
[8] VG Schleswig 13.6.1990 – 9 A 281/89 (93), DRiZ 1991, 98 (99); Diemer/Schatz/Sonnen/*Schatz* Rn. 14.
[9] Vgl. Meyer-Goßner/Schmitt/*Meyer-Goßner* GVG § 22d Rn. 1; *Eisenberg* JGG Rn. 7.
[10] BVerfG 12.5.2005 – 2 BvR 332/05, NStZ 2005, 643.
[11] Meier/Rössner/Schöch § 13 Rn. 6; *Ostendorf* Jugendstrafrecht Rn. 76; *Eisenberg* JGG Rn. 8.
[12] BT-Drs. 13/4899, 143.
[13] Diemer/Schatz/Sonnen/*Schatz* Rn. 16; dahinter steht die grdsl. Überlegung, dass es erzieherisch zweckmäßig ist, wenn ein und derselbe Richter einen Jugendlichen umfassend und in allen ihn betreffenden Angelegenheiten des Familien- und Jugendstrafrechts betreut.
[14] LBN/*Nestler* Rn. 130; *Eisenberg* JGG Rn. 8; Diemer/Schatz/Sonnen/*Schatz* Rn. 17 (Gefahr „kognitiver Dissonanz").
[15] Diemer/Schatz/Sonnen/*Schatz* Rn. 17.
[16] *Eisenberg* JGG Rn. 10 spricht von rechtlich bedenklicher Unbestimmtheit; *Ostendorf* Rn. 3 hält die Abweichung nur in Fällen objektiver Unmöglichkeit für zulässig.

8   Am schwersten wiegt wohl die Befürchtung, dass der Richter – entgegen dem Grundsatz der Zweckbindung, § 64 SGB VIII, § 78 SGB X – Daten, die das Jugendamt ihm in seiner Funktion als Familienrichter übermittelt, auch im Strafverfahren berücksichtigen könnte.[17] Diese datenschutzrechtlich brisante Situation bildet die Kehrseite der sehr zu begrüßenden Intention der Vorschrift, dass durch die Bündelung der Aufgaben *in einer Hand* keine sich gegenseitig zuwiderlaufenden Entscheidungen produziert werden, sondern der Jugendliche „mit einer Stimme" angesprochen wird.

9   In der Praxis stellt die Kompetenzverbindung nach wie vor die Ausnahme dar, Abs. 2 und 3 werden also wohl überwiegend als „nicht bindend" angesehen.[18]

§ 35 Jugendschöffen

(1) ¹Die Schöffen der Jugendgerichte (Jugendschöffen) werden auf Vorschlag des Jugendhilfeausschusses für die Dauer von fünf Geschäftsjahren von dem in § 40 des Gerichtsverfassungsgesetzes vorgesehenen Ausschuß gewählt. ²Dieser soll eine gleiche Anzahl von Männern und Frauen wählen.

(2) ¹Der Jugendhilfeausschuß soll ebensoviele Männer wie Frauen und muss mindestens die doppelte Anzahl von Personen vorschlagen, die als Jugendschöffen und -hilfsschöffen benötigt werden. ²Die Vorgeschlagenen sollen erzieherisch befähigt und in der Jugenderziehung erfahren sein.

(3) ¹Die Vorschlagsliste des Jugendhilfeausschusses gilt als Vorschlagsliste im Sinne des § 36 des Gerichtsverfassungsgesetzes. ²Für die Aufnahme in die Liste ist die Zustimmung von zwei Dritteln der anwesenden stimmberechtigten Mitglieder, mindestens jedoch der Hälfte aller stimmberechtigten Mitglieder des Jugendhilfeausschusses erforderlich. ³Die Vorschlagsliste ist im Jugendamt eine Woche lang zu jedermanns Einsicht aufzulegen. ⁴Der Zeitpunkt der Auflegung ist vorher öffentlich bekanntzumachen.

(4) Bei der Entscheidung über Einsprüche gegen die Vorschlagsliste des Jugendhilfeausschusses und bei der Wahl der Jugendschöffen und -hilfsschöffen führt der Jugendrichter den Vorsitz in dem Schöffenwahlausschuß.

(5) Die Jugendschöffen werden in besondere für Männer und Frauen getrennt zu führende Schöffenlisten aufgenommen.

(6) Die Wahl der Jugendschöffen erfolgt gleichzeitig mit der Wahl der Schöffen für die Schöffengerichte und die Strafkammern.

Schrifttum: *Delitzsch,* Empfiehlt es sich, den Jugendschöffen durch einen ehrenamtlich tätigen Jugendfachrichter zu ersetzen?, MschrKrim 1979, 26; *Duttge,* Laienrichter in der Strafgerichtsbarkeit, JR 2006, 358; *Ellbogen,* Das Akteneinsichtsrecht der Schöffen, DRiZ 2010, 136; *Emig/Goerdeler/Lieber/Sonnen/Spahn/Trenczek,* Leitfaden für Jugendschöffen, 5. Aufl. 2008; *Gerstein,* Die Aufgabe von Jugendschöffen im Strafprozess, ZfJ 1997, 47; *Haegert,* Einschaltung der Jugend in Jugendgerichtsbarkeit und Jugendbehörden, NJW 1968, 927; *Klausa,* Zur Typologie der ehrenamtlichen Richter, 1970; *Lemke-Küch,* Der Laienrichter – überlebtes Symbol oder Garant der Wahrheitsfindung?, 2014; *Renning,* Die Entscheidungsfindung durch Schöffen und Berufsrichter in rechtlicher und psychologischer Sicht, 1993; *Volk,* Der Laie als Strafrichter, FS Dünnebier, 1982, 373; *Wagner,* Die Rechtsstellung der Jugendschöffen, ZblJugR 1982, 325; *Wagner,* Jugendschöffen und ihr gesetzlicher Auftrag, Jugendwohl 1994, 438; *Weil/Wilde,* Der Jugendschöffe im Jugendstrafverfahren, Jugendwohl 1983, 303.

I. Anwendungsbereich

1   Die Vorschrift ist dort, wo sie von den allg. Regelungen abweicht, lex specialis zu den §§ 30 ff., 70 GVG. Sie ist beachtlich für die Schöffen am JugSchG sowie an der JugK (vgl.

---

[17] So LBN/*Nestler* Rn. 130; Diemer/Schatz/Sonnen/*Schatz* Rn. 18.
[18] Vgl. *Brunner/Dölling* Rn. 3 mwN; dazu aber *Ostendorf* Rn. 3 „bindend, wenngleich nicht zwingend".

§§ 33a und b). Über § 107 beansprucht sie auch bei Verfahren gegen Heranwachsende Geltung.

II. Aufgaben des Jugendschöffen

Die Schöffen wirken an Entscheidungen außerhalb der Hauptverhandlung nicht mit (§§ 33a Abs. 2, 33b Abs. 7), üben aber ansonsten das Richteramt bis auf wenige gesetzliche Ausnahmen (etwa §§ 27 Abs. 2, 31 Abs. 2 S. 1, 2 StPO) vollumfänglich aus.[1] Die Regeln für die allg. Strafgerichte gelten weitgehend. So haben auch die Jugendschöffen ein volles Stimmrecht und können in der JugK eine nach § 263 Abs. 1 StPO erforderliche Zweidrittelmehrheit verhindern oder den Berufsrichter des JugSchG überstimmen. Sie sind ebenso unabhängig wie die Berufsrichter (§ 45 Abs. 1 S. 1 DRiG). Es steht ihnen ferner ein Fragerecht nach §§ 240 ff. StPO zu.[2]

III. Persönliche Voraussetzungen und Qualifikationen

Gem. § 31 S. 2 GVG darf das Schöffenamt nur von Deutschen iS des Art. 116 Abs. 1 GG bekleidet werden.[3] Die Unfähigkeits- und Ungeeignetheitsvorschriften der §§ 32–34 GVG gelten allerdings nur entspr., da es im Rahmen von § 35 nicht die Gemeinden sind, die die Vorschlagslisten aufstellen, sondern die Jugendhilfeausschüsse, die bei den Jugendämtern eingerichtet sind (§§ 70 ff. SGB VIII).[4] Kritik regt sich vor allem an der Voraussetzung des § 33 Nr. 1 GVG (Mindestalter von 25 Jahren), weil diese Voraussetzung der Beurteilungsfähigkeit des Gerichts nicht zuträglich sein soll.[5] Teilw. wird eine Synchronisierung mit der Volljährigkeit gefordert.[6] Dem könnte entgegengehalten werden, dass dies jedenfalls der Wertung von § 105 widerspräche.[7] Ein Heranwachsender gewinnt nicht plötzlich an sittlicher und geistiger Reife, nur weil er einmal auf der anderen Seite des Richterpultes sitzt.[8] Denkbar wäre aber eine dem § 105 entspr. Regelung (Prüfung im Einzelfall bei Heranwachsenden).[9]

Über die allg. Regeln hinaus verlangt § 35 Abs. 2 S. 2 erzieherische Befähigung und Erfahrung.[10] Gefordert werden nach Möglichkeit Kandidaten, die – ob beruflich oder ehrenamtlich – in der Jugendarbeit tätig und im Umgang mit Jugendlichen erfahren sind.[11] Im Erg. könnte dies auf ein – wenn auch nicht, wie etwa im Sozialrecht, institutionalisiertes – Fachschöffentum hinauslaufen.[12]

IV. Die Wahl des Jugendschöffen

Die Wahl der Schöffen hat nach den Vorschriften des GVG zu erfolgen. Zuständig für die Wahl selbst ist der Schöffenwahlausschuss nach § 40 GVG. Damit dieser auch tatsäch-

---

[1] *Brunner/Dölling* Rn. 1; *Diemer/Schatz/Sonnen/Schatz* Rn. 2; *Ostendorf* Rn. 2.
[2] Zur umstr. Frage, ob und inwieweit den Jugendschöffen ein Akteinsichtsrecht zusteht s. *Ellbogen* DRiZ 2010, 136 ff.
[3] Dies wird mit Verweis auf die mangelnde Inklusion von Minderheiten und die relative Vielzahl ausländischer Angekl. zunehmend kritisiert, vgl. *Ostendorf* Rn. 3; zusammenfassend *Löwe/Rosenberg/Gittermann* GVG § 31 Rn. 8 ff.
[4] *Ostendorf* Rn. 3; sind im Bezirk eines Amtsgerichts mehrere Jugendämter zuständig (insbes. in den Fällen des § 33 Abs. 3), so ist gesetzlich nicht geregelt, welcher Ausschuss welche Anzahl an Kandidaten vorzuschlagen hat. Sachgerecht dürfte es sein, mittels entspr. Anwendung des §§ 43 Abs. 1, 58 Abs. 2 GVG die Entscheidung dem Gerichtspräsidenten zuzuweisen, vgl. OLG Celle 13.11.1979 – 1 Ss 440/79, JR 1981, 169 (170); *Diemer/Schatz/Sonnen/Schatz* Rn. 16; *Eisenberg* JGG Rn. 5; *Ostendorf* Rn. 6.
[5] *Eisenberg* JGG Rn. 7.
[6] *Ostendorf* Grds. zu den §§ 33–38 Rn. 13; wohl auch *Eisenberg* JGG Rn. 3; noch weitergehend *Haegert* NJW 1968, 927 (929): nur Schöffen zwischen 16 und 24 Jahren.
[7] MRTW/*Czerner/Habetha* Rn. 6.
[8] So auch Diemer/Schatz/Sonnen/*Schatz* Rn. 11.
[9] Ausf. zur Altersproblematik *Eisenberg* JGG Rn. 3.
[10] Vgl. zu dieser recht unhandlichen Soll-Vorschrift → § 37 Rn. 2 ff.
[11] Vgl. Diemer/Schatz/Sonnen/*Schatz* Rn. 10; *Eisenberg* JGG Rn. 7; *Ostendorf* Rn. 4.
[12] Ein solches fordert *Ostendorf* Rn. 4; die Praxis ist hiervon weit entfernt: häufig wird bereits der Elternstatus für ausreichend erachtet (dazu LBN/*Nestler* Rn. 134; *Streng* Rn. 105).

lich eine Wahl haben kann, sind mindestens doppelt so viele Kandidaten vorzuschlagen, wie tatsächlich Schöffen benötigt werden. Das Erfordernis, eine gleiche Anzahl an Männern und Frauen vorzuschlagen und zu wählen, ist mit Blick auf § 33a Abs. 1 S. 2 zu sehen; es soll die tatsächliche Machbarkeit der Geschlechterparität sicherstellen. Die Wahl hat gleichzeitig mit derjenigen für die Schöffen der allg. Strafgerichte stattzufinden (Abs. 6).

V. Rechtsmittel

6   Wird ein Jugendschöffe gewählt, der nicht vom Jugendhilfeausschuss vorgeschlagen wurde – etwa wenn der Wahlausschuss aus Mangel an Kandidaten auf die allg. Schöffenliste zurückgreift – so ist diese Wahl rechtswidrig und ungültig.[13] Wirkt ein solcher Jugendschöffe dennoch an einer Verhandlung mit, stellt dies einen Revisionsgrund nach § 338 Nr. 1 StPO dar.[14] Im Übrigen ist bei einem bloßen error in procedendo (Verstoß gegen §§ 2 Abs. 2, 77 Abs. 2 GVG) keine vorschriftswidrige Besetzung anzunehmen, sofern die Rechtswidrigkeit des Verfahrens nicht offensichtlich ist.[15] Es ist auch nicht revisionsbegründend, wenn die Geschlechterparität nicht eingehalten wird.[16]

§ 36 Jugendstaatsanwalt

(1) ¹**Für Verfahren, die zur Zuständigkeit der Jugendgerichte gehören, werden Jugendstaatsanwälte bestellt.** ²**Richter auf Probe und Beamte auf Probe sollen im ersten Jahr nach ihrer Ernennung nicht zum Jugendstaatsanwalt bestellt werden.**

(2) ¹**Jugendstaatsanwaltliche Aufgaben dürfen Amtsanwälten nur übertragen werden, wenn diese die besonderen Anforderungen erfüllen, die für die Wahrnehmung jugendstaatsanwaltlicher Aufgaben an Staatsanwälte gestellt werden.** ²**Referendaren kann im Einzelfall die Wahrnehmung jugendstaatsanwaltlicher Aufgaben unter Aufsicht eines Jugendstaatsanwalts übertragen werden.** ³**Die Sitzungsvertretung in Verfahren vor den Jugendgerichten dürfen Referendare nur unter Aufsicht und im Beisein eines Jugendstaatsanwalts wahrnehmen.**

Schrifttum: *Bittmann,* Referentenentwurf für ein Gesetz zur Stärkung der Rechte von Opfern sexuellen Missbrauchs (StORMG), ZRP 2011, 72; *Eisenberg,* Geschäftsverteilungen im Jugendstrafverfahren – Bestrebungen zu neuerlichen Konflikten der Jugendstrafjustiz mit dem Gesetz, GA 2002, 579; *Eisenberg,* Grundsätzliche Unzulässigkeit der Sitzungsvertretung durch Referendare in Jugendsachen, DRiZ 1998, 161; *Eisenberg,* Referentenentwurf des BMJ „Gesetz zur Stärkung der Rechte von Opfern sexuellen Missbrauchs (StORMG)" 2010, HRRS 2011, 64; *Eisenberg,* Zu einem Konflikt der Staatsanwaltschaft mit dem Gesetz (§ 36 JGG), NStZ 1994, 67; *Gloss,* Standards in der polizeilichen Jugendarbeit, ZJJ 2007, 278; *Helmken,* Der Jugendstaatsanwalt: Anspruch und Wirklichkeit – Sitzungsvertretung durch Rechtsreferendare, ZJJ 2009, 147; *Löhr,* Die reine Lehre und die Erfordernisse der Praxis, DRiZ 1998, 165.

I. Anwendungsbereich; Zuständigkeit

1   Jugendstaatsanwälte werden in allen jugendgerichtlichen Verfahren tätig. Damit beschränkt sich ihre Tätigkeit auf die Ebene der Amts- und Landgerichte, da bei den Obergerichten keine Jugendstrafsenate, mithin keine JugG bestehen.

2   Die allg. Regelungen über die örtliche und sachliche Zuständigkeit der Staatsanwaltschaften (§§ 141 ff. GVG) werden von § 36 (und den weiteren Vorschriften des JGG) nicht berührt.

---

[13] BGH 7.9.1976 – 1 StR 511/76, BGHSt 26, 393 (394 ff.) = NJW 1976, 2357; *Brunner/Dölling* Rn. 4; Diemer/Schatz/Sonnen/*Schatz* Rn. 22.
[14] *Brunner/Dölling* Rn. 4; Diemer/Schatz/Sonnen/*Schatz* Rn. 22; *Eisenberg* JGG §§ 33–33b Rn. 43.
[15] BGH 14.10.1972 – 1 StR 108/75, BGHSt 26, 206 (211) = NJW 1976, 432; BGH 7.9.1976 – 1 StR 511/76, BGHSt 26, 393 (394 ff.) = NJW 1976, 2357; Diemer/Schatz/Sonnen/*Schatz* Rn. 22; zw. *Brunner/Dölling* Rn. 4; *Eisenberg* JGG Rn. 19.
[16] *Brunner/Dölling* Rn. 4; *Eisenberg* JGG §§ 33–33b Rn. 43.

II. Aufgaben

Der Aufgabenbereich der Jugendstaatsanwälte entspr. weitgehend demjenigen nach den allg. Regeln. Jugendstaatsanwälte sind jedenfalls im Grundsatz selbst dann an das Legalitätsprinzip (§ 152 Abs. 2 StPO) gebunden, wenn dessen Ausübung mit dem jugendstrafrechtlichen Erziehungsgedanken in Konflikt gerät.[1] Allerdings ermöglicht die besondere Ausgestaltung des Opportunitätsprinzips (§§ 45, 47) eine erziehungsgerechte Umsetzung des Legalitätsprinzips. 3

Die besondere erzieherische Befähigung, über die die Jugendstaatsanwälte gem. § 37 verfügen sollen (dazu → § 37 Rn. 3 ff.), gewinnt auch bei den Schlussvorträgen (§ 258 Abs. 1, 2 StPO) besondere Bedeutung, weil die Sanktionsvorschläge – gerade gegenüber den Jugendlichen/Heranwachsenden – unter erzieherischen Aspekten nachvollziehbar zu begründen sind.[2] 4

Mit Blick auf die Polizei als Helfer der Staatsanwaltschaften (vgl. § 152 GVG) ist festzustellen, dass eine eigene Jugendpolizei gesetzlich nicht gefordert,[3] in der Praxis aber mit Blick auf die erzieherische Ausgestaltung bereits des Ermittlungsverfahrens mehr als wünschenswert ist.[4] Eine besondere Sachbearbeitung ist zwar als Sollvorschrift in der PDV 382 vorgesehen,[5] in der Praxis aber nach wie vor eher die Ausnahme.[6] 5

III. Reform durch das StORMG

Das Gesetz zur Stärkung der Rechte von Opfern sexuellen Missbrauchs (StORMG) fügte der Regelung Abs. 1 S. 2 sowie Abs. 2 hinzu.[7] Zwar setzte sich der entspr. Regierungsentwurf zum Ziel, die Anforderungen an Jugendstaatsanwälte verbindlicher zu gestalten.[8] Jedoch wurde der urspr. angedachte Wortlaut, dass Richter und Beamte auf Probe im ersten Jahr nach ihrer Ernennung nicht als Jugendstaatsanwälte bestellt werden *dürfen*, nicht beibehalten. Vielmehr wurde mit Blick auf die „Ressourcenlage" gerade bei kleinen Staatsanwaltschaften der aktuelle Wortlaut *sollen* gewählt.[9] Dass dies der beabsichtigten Verbindlichkeit zuwiderläuft, ist offenkundig.[10] Auch ansonsten enthielt der Regierungsentwurf sehr begrüßenswerte Pläne für eine besondere Zusatzausbildung der im Jugendstrafverfahren tätigen Jugendrichter und Staatsanwälte (in § 37);[11] diese wurden leider ebenfalls nicht Gesetz. 6

Abs. 2 S. 1 bestimmt, dass Amtsanwälte, die Aufgaben des Jugendstaatsanwaltes erfüllen sollen, in erzieherischer Hinsicht den gleichen Anforderungen wie diese (also denen des § 37, dazu → § 37 Rn. 3 ff.) genügen müssen. 7

In Abs. 2 S. 2, 3 wird die Wahrnehmung jugendstaatsanwaltschaftlicher Aufgaben durch Rechtsreferendare geregelt. Deren selbstständige Arbeit in diesem Bereich wird ausgeschlossen, weil bei ihnen die Voraussetzungen des § 37 regelmäßig nicht angenommen werden können.[12] So dürfen Referendare Aufgaben des Jugendstaatsanwalts nur unter Aufsicht und gerade die Sitzungsvertretung nur im Beisein eines solchen ausüben. 8

---

[1] Vgl. Diemer/Schatz/Sonnen/*Diemer* Rn. 4; etwas anders *Eisenberg* JGG Rn. 4, wonach das Legalitätsprinzip gegenüber dem Erziehungsgedanken subsidiär sein soll.
[2] Ähnlich MRTW/*Czerner*/Habetha Rn. 5.
[3] *Streng* Rn. 124.
[4] Ebenso LBN/*Nestler* Rn. 157; Schaffstein/Beulke/Swoboda Rn. 602; *Streng* Rn. 124.
[5] Polizeidienstvorschrift zur Bearbeitung v. Jugendsachen; *Gloss* ZJJ 2007, 278 (279).
[6] *Gloss* ZJJ 2007, 278 (279); Schaffstein/Beulke/Swoboda Rn. 602; *Streng* Rn. 124.
[7] BGBl. 2013 I 1806 f.
[8] BT-Drs. 17/6261, 15; MRTW/*Czerner*/Habetha Rn. 7; krit. Bittmann ZRP 2011, 72 (73 f.).
[9] Vgl. BT-Drs. 17/12735, 18; MRTW/*Czerner*/Habetha Rn. 7; *Ostendorf* Rn. 6a.
[10] Krit. dazu auch *Ostendorf* Jugendstrafrecht Rn. 80.
[11] BT-Drs. 17/6261, 6, 18 ff.: vorgesehen waren Fortbildungen auf den Gebieten Kriminologie, Pädagogik, Sozialpädagogik und Jugendpsychologie.
[12] MRTW/*Czerner*/Habetha Rn. 8.

IV. Rechtsmittel

9 Insbes. in der Rechtsprechung, aber auch im Schrifttum wurde § 36 bisher als bloße Ordnungsvorschrift erachtet, sodass ein Verstoß keine Revision zu begründen vermochte.[13] Gleichzeitig wird darauf hingewiesen, dass dies nicht dazu führen dürfe, dass § 36 ignoriert werde.[14] Weitgehend wird auch ein absoluter Revisionsgrund nach § 338 Nr. 5 StPO mit Blick auf § 144 GVG abgelehnt, weil die Staatsanwaltschaft, wenn auch nicht durch einen Jugendstaatsanwalt, eben doch vertreten sei.[15]

10 Richtigerweise ist ein völliger Ausschluss der Revisibilität mit dem Gesetz nicht vereinbar, da dies zu einem völligen Außerachtlassen der gesetzgeberischen Intention (Schutz des Angekl.[16]) führen würde. Vielmehr ist eine Revision dann begründet, wenn das Urteil iS des § 337 StPO auf dem Verstoß gegen § 36 beruht.[17] Dass dies praktisch kaum überprüfbar ist, ist problematisch, aber angesichts der unverbindlichen Ausgestaltung des § 36 nicht verwunderlich. Das weitgehende Fehlen von Konsequenzen im Fall eines Verstoßes gegen § 36 führt in der Praxis zu einer deutlichen Vernachlässigung der Norm (auch bei → § 37 Rn. 7).[18]

§ 37 Auswahl der Jugendrichter und Jugendstaatsanwälte

Die Richter bei den Jugendgerichten und die Jugendstaatsanwälte sollen erzieherisch befähigt und in der Jugenderziehung erfahren sein.

Schrifttum: *Breymann,* Jugendakademie – Zu den Grundlagen der Weiterbildung für Jugendrichter und Jugendstaatsanwälte, ZJJ 2005, 185 und 279; *Drews,* Anspruch und Wirklichkeit von § 37 JGG, ZJJ 2005, 409; *Drews,* Die Aus- und Fortbildungssituation von Jugendrichtern und Jugendstaatsanwälten in der Bundesrepublik Deutschland – Anspruch und Wirklichkeit von § 37 JGG, 2005; *Hauser,* Der Jugendrichter – Idee und Wirklichkeit, 1980; *Helmken,* Rechtspolitische Überlegungen zu § 37 JGG unter besonderer Berücksichtigung des Jugendstaatsanwalts, ZRP 2012, 209; *Höynck/Leuschner,* Das Jugendgerichtsbarometer: Einblicke in die Rechtswirklichkeit des § 37 JGG sowie in die Nutzung ambulanter Maßnahmen durch die Justiz, ZJJ 2014, 364; *Kreuzer,* Aus- und Fortbildung von Jugendrichtern und Jugendstaatsanwälten, ZRP 1987, 235; *Ostendorf,* Jugendstrafrecht und Verfassung, ZJJ 2012, 240; *Simon,* Der Jugendrichter im Zentrum der Jugendgerichtsbarkeit. Ein Beitrag zu Möglichkeiten und Grenzen des jugendrichterlichen Erziehungsauftrages in Hinblick auf § 37 JGG, 2003; *Streng,* „Richter und Erzieher zugleich"? Empirische Befunde zum professionellen Profil in der Jugendjustiz, ZIS 2015, 605.

I. Anwendungsbereich

1 Die Vorschrift erfasst ausschließlich Richter iSd §§ 33–33b sowie Staatsanwälte iSd § 36. Nicht eingeschlossen sind demnach die Revisionsinstanzen sowie Fälle, in denen Erwachsenengerichte für Jugendliche oder Heranwachsende zuständig sind.

2 Für Jugendschöffen findet sich eine inhalts- und wortgleiche Regelung in § 35 Abs. 2 S. 2. Für andere Personen, etwa beteiligte Polizeibeamte, Verteidiger oder auch Bewährungshelfer existiert dagegen keine vergleichbare Vorschrift,[1] obwohl eine entspr. Qualifikation gerade bei den staatlichen Beteiligten wie Polizei und Bewährungshilfe unbedingt zu wünschen wäre (vgl. → § 36 Rn. 6).

---

[13] BGH bei *Herlan* GA 1961, 353 (358); vgl. auch *Brunner/Dölling* Rn. 1; *Eisenberg* JGG Rn. 12; MRTW/*Czerner/Habetha* Rn. 9.
[14] *Brunner/Dölling* Rn. 1.
[15] OLG Karlsruhe 22.10.1987 – 4 Ss 84/87, NStZ 1988, 241 f.; *Ostendorf* Rn. 8; zw. *Eisenberg* JGG Rn. 12.
[16] *Eisenberg* NStZ 1994, 67.
[17] *Ostendorf* Rn. 8; besonders weitgehend *Eisenberg* JGG Rn. 13, der meint, dass es kaum auszuschließen sei, dass das Urteil im Beisein eines Jugendstaatsanwalts anders ausgegangen wäre; ebenso *Eisenberg* NStZ 1994, 67 (69).
[18] Zu Versäumnissen in der Praxis vgl. *Eisenberg* NStZ 1994, 67 (69); LBN/*Nestler* Rn. 154; *Streng* Rn. 122.
[1] Vgl. *Eisenberg* JGG Rn. 3.

II. Erzieherische Befähigung des Jugendrichters

RL Nr. 3 zu § 37 empfiehlt für den Jugendrichter und -staatsanwalt Kenntnisse auf **3** folgenden Gebieten: Pädagogik, Jugendpsychologie, Jugendpsychiatrie, Kriminologie und Soziologie. Entsprechende Fortbildungen sollen ermöglicht werden.[2] Derartige Kenntnisse sind in jedem Fall wünschenswert, können aber nicht mit einer erzieherischen Befähigung gleichgesetzt werden. Auch andere naheliegende Bewertungsmaßstäbe wie Engagement für den Jugendschutz oder eigene Kinder können kaum als zuverlässiger Indikator gesehen werden. Zwar vermögen sie den persönlichen Einsatz des Bewerbers zu belegen, erlauben jedoch keine unmittelbaren Rückschlüsse auf die eigentliche erzieherische Befähigung.[3]

Wohl nicht zuletzt aus diesem Grund finden sich in der Literatur zahlreiche Skizzen des **4** idealen Jugendrichters (oder -staatsanwalts).[4] Teilw. werden diese als utopisch eingestuft, da nach ihnen nur die besten Richter und Staatsanwälte als Kandidaten geeignet wären.[5] Allerdings ist dies mit Blick auf die jungen Betroffenen, die sensible Phase der Adoleszenz und das besondere Präventionspotential, das aus dem jungen Alter folgt, durchaus angezeigt. Wenn besonders qualifizierte Jugendrichter und Jugendstaatsanwälte gemeinsam den Jugendlichen/Heranwachsenden wirksam ansprechen, weil sie aufgrund ihrer besonderen Ausbildung die passende Maßnahme finden, dann ist hier für den Betroffenen *und* die Gesellschaft viel gewonnen.

Die im Regierungsentwurf des StORMG vorgesehenen Fortbildungsverpflichtungen **5** wurden wohl mit Blick auf – tatsächliche oder vermeintliche – ökonomische Zwänge nicht Gesetz (auch → § 36 Rn. 6). So wird in Zeiten überlasteter Gerichte gerne angeführt, es sei unrealistisch, neben der richterlichen Tätigkeit in größerem Umfang aktiv an Fortbildungsmaßnahmen teilzunehmen. Derartige Argumente überzeugen letztlich nicht. Mit Blick auf das im jungen Alter der Betroffenen liegende Präventionspotential dürfen weder Kosten noch Mühen gescheut werden. Anfallende Zusatzkosten würden zudem später eingespart, wenn Rückfälle verhindert werden können.

Dass § 37 bei der Auswahl eines Kandidaten iRd Ermessensentscheidung zu berücksichti- **6** gen ist,[6] ansonsten aber kaum Bedeutung hat, ist daher bedauerlich (s. dazu auch im Abschnitt Rechtsmittel, → Rn. 7 ff.).

III. Rechtsmittel

Obwohl in der höchstrichterlichen Rechtsprechung wiederholt die herausragende **7** Bedeutung der Qualifikationen des § 37 betont wurde[7] und auch das BVerfG der Vorschrift eine gewisse Beachtlichkeit zuerkennt,[8] soll sich auf ihre Verletzung allein keine Revision nach § 338 Nr. 1 StPO stützen lassen.[9] Der BGH sieht in § 37 lediglich eine Ordnungsvorschrift, erkennt aber an, dass eine Aufklärungsrüge erhöhte Erfolgsaussichten hat, wenn ein nicht nach § 37 befähigtes Gericht keinen erzieherisch befähigten Sachverständigen bestellt hat.

Diese Konstruktion wird jedoch zu recht als unpraktikabel kritisiert.[10] Infolge der Tatsa- **8** che, dass das Gesetz keine verbindlichen Voraussetzungen festlegt, unter denen ein Jugendrichter oder -staatsanwalt als erzieherisch befähigt iSd § 37 gelten kann, ist diese Frage auch in der Revision einer gerichtlichen Überprüfung nur schwer zugänglich. Genau wie im

---

[2] Die umfassenden Fortbildungsverpflichtungen im Regierungsentwurf des StORMG wurden bedauerlicherweise nicht Gesetz, → § 36 Rn. 6.
[3] Diemer/Schatz/Sonnen/*Diemer* Rn. 3.
[4] Vgl. nur bei *Brunner/Dölling* Rn. 3; *Hauser* S. 2.
[5] *Brunner/Dölling* Rn. 3; *Dallinger/Lackner* Rn. 3.
[6] So BVerfG 28.11.2007 – 2 BvR 1431/07, NJW 2008, 909 (910).
[7] Vgl. nur BGH 15.12.1955 – 4 StR 342/55, BGHSt 8, 349 (354) = NJW 1956, 517; BGH 19.10.1956 – 5 StR 142/56, BGHSt 9, 399 (402) = NJW 1957, 390.
[8] BVerfG 28.11.2007 – 2 BvR 1431/07, NJW 2008, 909 (910).
[9] *Brunner/Dölling* Rn. 5; Diemer/Schatz/Sonnen/*Diemer* Rn. 4; *Ostendorf* Rn. 7.
[10] Diemer/Schatz/Sonnen/*Diemer* Rn. 4.

Kontext des § 36 (dazu → § 36 Rn. 8) führt das Fehlen von Konsequenzen im Fall einer Missachtung von § 37 zu einer weitgehenden Außerachtlassung der Vorschrift in der Praxis.[11] Eine Ausdehnung der revisionsrechtlichen Erheblichkeit ist vor diesem Hintergrund wünschenswert; dennoch darf hierbei nicht außer Acht gelassen werden, dass Versäumnisse bei der Gesetzgebung nicht uneingeschränkt durch eine Anpassung der obergerichtlichen Rechtsprechung ausgeglichen werden können. Letztlich kann daher nur der Gesetzgeber Abhilfe schaffen, indem er § 37 in eine Muss-Vorschrift umwandelt.[12] Bei dieser Gelegenheit sollte er auch gleich die umfassenden Fortbildungspflichten doch noch normieren (vgl. → Rn. 5).

§ 38 Jugendgerichtshilfe

(1) **Die Jugendgerichtshilfe wird von den Jugendämtern im Zusammenwirken mit den Vereinigungen für Jugendhilfe ausgeübt.**

(2) [1]**Die Vertreter der Jugendgerichtshilfe bringen die erzieherischen, sozialen und fürsorgerischen Gesichtspunkte im Verfahren vor den Jugendgerichten zur Geltung.** [2]**Sie unterstützen zu diesem Zweck die beteiligten Behörden durch Erforschung der Persönlichkeit, der Entwicklung und der Umwelt des Beschuldigten und äußern sich zu den Maßnahmen, die zu ergreifen sind.** [3]**In Haftsachen berichten sie beschleunigt über das Ergebnis ihrer Nachforschungen.** [4]**In die Hauptverhandlung soll der Vertreter der Jugendgerichtshilfe entsandt werden, der die Nachforschungen angestellt hat.** [5]**Soweit nicht ein Bewährungshelfer dazu berufen ist, wachen sie darüber, daß der Jugendliche Weisungen und Auflagen nachkommt.** [6]**Erhebliche Zuwiderhandlungen teilen sie dem Richter mit.** [7]**Im Fall der Unterstellung nach § 10 Abs. 1 Satz 3 Nr. 5 üben sie die Betreuung und Aufsicht aus, wenn der Richter nicht eine andere Person damit betraut.** [8]**Während der Bewährungszeit arbeiten sie eng mit dem Bewährungshelfer zusammen.** [9]**Während des Vollzugs bleiben sie mit dem Jugendlichen in Verbindung und nehmen sich seiner Wiedereingliederung in die Gemeinschaft an.**

(3) [1]**Im gesamten Verfahren gegen einen Jugendlichen ist die Jugendgerichtshilfe heranzuziehen.** [2]**Dies soll so früh wie möglich geschehen.** [3]**Vor der Erteilung von Weisungen (§ 10) sind die Vertreter der Jugendgerichtshilfe stets zu hören; kommt eine Betreuungsweisung in Betracht, sollen sie sich auch dazu äußern, wer als Betreuungshelfer bestellt werden soll.**

Schrifttum: *Böhm,* Aus der neuen Rechtsprechung zum Jugendstrafrecht, NStZ-RR 2000, 321; *Eisenberg,* Beschlagnahme von Akten der Jugendgerichtshilfe durch das Jugendgericht, NStZ 1986, 308; *ders.,* Zur verfahrensrechtlichen Stellung der Jugendgerichtshilfe, StV 1998, 304; *Goerdeler,* Jugendgerichtshilfe durch freie Träger, ZJJ 2005, 422; *Kunkel,* Hat der Jugendgerichtshelfer ein Zeugnisverweigerungsrecht im Strafprozess?, ZJJ 2004, 425; *Laubenthal,* Jugendgerichtshilfe im Strafverfahren, 1993; *Philipp,* Die Wahrnehmung berechtigter Interessen straffällig gewordener junger Menschen, ZJJ 2009, 141; *ders.,* Jugendgerichtshilfe im Laufe der Zeit, ZJJ 2014, 383; *Riekenbrauk,* Die Weitergabe von Daten der Jugendhilfe/Jugendgerichtshilfe (JGH) durch die Jugendgerichte und ihre datenschutzrechtlichen Einschränkungen, ZJJ 2014, 361; *Scherr,* Jugendgerichtshilfe als professionelle Praxis, ZJJ 2011, 175; *Seidel,* Die Jugendgerichtshilfe in ihrer Ermittlungsfunktion und ihr Einfluß auf richterliche Entscheidungen in Jugendstrafverfahren gegen weibliche Jugendliche, 1988; *Sommerfeld,* Zur örtlichen Zuständigkeit der Jugendgerichtshilfe bei im Ausland geborenen und dort ihren Aufenthalt habenden Jugendlichen und Heranwachsenden, ZJJ 2010, 403; *Trenczek,* Fachdienst Jugendgerichtshilfe als Lobby junger Menschen? Ausgewählte Ergebnisse einer bundesweiten JGH-Umfrage, DVJJ-Journal 2000, 217; *ders.,* Stellungnahmen der Jugendhilfe im Strafverfahren – Fachliche Qualitätsanforderungen und strafrechtlicher Umgang, DVJJ-Journal 2003, 35; *ders.,* Jugendgerichtshilfe: Aufgaben und Steuerungsverantwortung, ZJJ 2007, 31; *Ullrich,* Die nachgehende Fürsorge bei strafentlassenen Jugendlichen, RdJ 1956, 75; *ders.,* Arbeitsanleitung für Jugendgerichtshelfer, 1982; *Walter,* Die ermittelnden, berichtenden und beratenden Aufgaben der Jugendgerichtshilfe, Zbl. 1973, 485.

---

[11] *Drews* ZJJ 2005, 409 (410); *Helmken* ZRP 2012, 209; *Ostendorf/Drenkhahn* Jugendstrafrecht Rn. 80; LBN/*Nestler* Rn. 154.

[12] Dies ebenso fordernd *Drews* ZJJ 2005, 409 (412); *Ostendorf* ZJJ 2012, 240 (245).

Übersicht

	Rn.		Rn.
I. Anwendungsbereich	1, 2	IV. Stellung der JGH im Verfahren	10–18
II. Träger (Abs. 1)	3, 4	V. Rechtsmittel	19, 20
III. Aufgaben (Abs. 2)	5–9		

I. Anwendungsbereich

In § 38 finden sich die Regelungen zur Jugendgerichtshilfe (JGH); dieser kommt eine zentrale Bedeutung im Jugendstrafverfahren zu. § 38 gilt in persönlicher Hinsicht für Jugendliche und Heranwachsende (§ 107), und zwar auch vor Gerichten, die für allg. Strafsachen zuständig sind (§§ 104 Abs. 1 Nr. 2, 112 S. 1). Auch Jugendliche und Heranwachsende ohne deutsche Staatsangehörigkeit sind vom Anwendungsbereich umfasst,[1] selbst wenn sie sich nur kurzfristig als „Touristen" in Deutschland aufhalten.[2] **1**

Die Vorschrift gilt für alle Arten von Strafverfahren. Gem. § 78 Abs. 3 S. 1 kann im vereinfachten Verfahren ausnahmsweise von der Heranziehung der JGH abgesehen werden.[3] Allerdings bleiben die Mitteilungspflichten des § 70 auch im vereinfachten Verfahren bestehen (§ 78 Abs. 3 S. 2). Bei Bußgeldverfahren nach dem OWiG besteht die Möglichkeit, auf eine Einbeziehung der JGH zu verzichten, wenn ihre Mitwirkung für eine sachgemäße Durchführung des Verfahrens entbehrlich ist (§ 46 Abs. 6 OWiG). **2**

II. Träger (Abs. 1)

Gem. § 38 Abs. 1 sind Träger die Jugendämter im Zusammenwirken mit den freien Jugendhilfen (s. § 3 Abs. 3 SGB VIII). Die Übertragung von Aufgaben an die freien Jugendhilfen ist widerruflich möglich, allerdings bleiben die Träger der öffentlichen Jugendhilfe weiterhin in der Verantwortung (§ 76 Abs. 2 SGB VIII).[4] Die Integration der JGH in einen allgemeinen Sozialdienst (ASD) ist nicht sinnvoll, da eine sachgerechte Aufgabenwahrnehmung Spezialwissen voraussetzt, das bei den ASD-Mitarbeitern idR nicht vorhanden ist.[5] **3**

Die örtliche Zuständigkeit der Jugendämter richtet sich gem. § 87b SGB VIII iVm § 86 Abs. 1 SGB VIII nach dem gewöhnlichen Aufenthaltsort der Eltern, bzw. gem. § 87b SGB VIII iVm § 86a Abs. 1 SGB VIII nach dem gwöhnlichen Aufenthaltsort des Heranwachsenden (sog. Heimatjugendamt).[6] **4**

III. Aufgaben (Abs. 2)

Die Aufgaben der JGH bestehen einerseits darin, die Gerichte und Ermittlungsbehörden zu unterstützen, andererseits aber auch darin, den Beschuldigten zu überwachen und ihm insbes. zu helfen (§ 38 Abs. 2). Die JGH fungiert daher sowohl als Gerichtshilfe als auch als Beschuldigtenhilfe, sodass ihr eine gewisse Doppelfunktion zukommt.[7] **5**

IRd. Ermittlungshilfe soll die JGH die Persönlichkeit des Angekl. sowie seine Entwicklung und Umwelt erforschen (zum Umfang und zur Ausgestaltung dieser Persönlichkeitsforschung → § 43 Rn. 3). Dies soll insbes. mit Blick auf eine mögliche Rückfallgefahr **6**

---

[1] S. BGH 26.2.1980 – 1 StR 6/80, NStZ 1981, 250 (252); BGH 17.2.1982 – 3 StR 484/81, NStZ 1982, 257.
[2] *Sommerfeld* ZJJ 2010, 403 f.
[3] *Schaffstein/Beulke/Swoboda* Rn. 685; *Dallinger/Lackner* Rn. 57; *Eisenberg* JGG Rn. 4; differenzierend *Ostendorf* Rn. 2, wonach § 78 Abs. 2 S. 1 lediglich von der mündlichen Teilnahme entbinde, eine schriftliche oder zumindest fernmündliche Information aber auch im vereinfachten Verfahren nötig sei.
[4] *Streng* Rn. 108; *Brunner/Dölling* Rn. 2; *Eisenberg* JGG Rn. 6; dazu näher *Goerdeler* ZJJ 2005, 425 ff.
[5] Zum Ganzen *Ostendorf* Rn. 5.
[6] *Laubenthal* 1993, S. 43; *Brunner/Dölling* Rn. 3; *Eisenberg* JGG Rn. 51; *Ostendorf* Rn. 6.
[7] *Meier/Rössner/Schöch* § 13 Rn. 25; *Ostendorf* Jugendstrafrecht Rn. 84; *Brunner/Dölling* Rn. 1; *Dallinger/Lackner* Rn. 5.

sowie erforderliche Sanktionsmaßnahmen geschehen.[8] Wichtigste Erkenntnisquelle sollen dabei immer die Angaben des Beschuldigten selbst sein,[9] Ausgangspunkt ist also ein Gespräch mit dem Jugendlichen.[10] Dieses soll, um mögliche Verfälschungen vorzubeugen, ohne Anwesenheit Dritter erfolgen; Erziehungsberechtigte oder gesetzliche Vertreter sind also nur auf ausdrücklichen Wunsch des Betroffenen anwesend.[11] Daneben können nachrangig auch Bezugs- und Kontaktpersonen befragt werden.[12] Der Bericht an das Gericht hat objektiv und möglichst frei von (subjektiven) Wertungen zu erfolgen.[13]

7 Die JGH soll dem Gericht ferner einen Sanktionsvorschlag machen,[14] im Rahmen dessen konkret Stellung zu den Voraussetzungen der Sanktion sowie zur Art der Durchführung genommen werden soll.[15] Hierfür ist die Aufhellung und Klärung der persönlichen Situation des Jugendlichen, seiner Ressourcen und Problemlagen sowie des Umfelds von elementarer Bedeutung, so dass die Erkenntnisse aus der „Ermittlungshilfe" hier einen weiteren Niederschlag finden.

8 Daneben hat die JGH in ihrer Funktion als Überwachungsorgan darauf zu achten, dass der Betroffene Weisungen (§ 10) und Auflagen (§ 15) nachkommt, soweit hierfür kein Bewährungshelfer bestellt ist.[16] Gem. § 38 Abs. 2 S. 6 werden dem Gericht (nur) „erhebliche" Verstöße mitgeteilt. Dadurch wird deutlich, dass auftretende Probleme zunächst von der JGH und dem Betroffenen gelöst werden sollen.[17] Die „Überwachungsfunktion" sollte zudem immer vor dem Hintergrund der den Jugendlichen/Heranwachsenden unterstützenden Betreuungsaufgabe (dazu → Rn. 9) gesehen werden, da nur bei einem Ineinandergreifen dieser beiden Aufgaben die Intention der unterstützenden Hilfe effektiv erfüllt werden kann.

9 Eine erhebliche Bedeutung kommt eben vor allem der sozialpädagogischen Betreuung des Beschuldigten zu, man könnte (und sollte) von der Hauptaufgabe sprechen;[18] jedenfalls sollte dieser Aufgabe genügend Zeit und Personal eingeräumt werden, da der JGH bei der Erreichung der Ziele des Jugendstrafrechts eine kaum zu überschätzende Bedeutung zukommt. Diese Potentiale werden mangels Ressourcen derzeit nicht hinreichend ausgeschöpft. Die Betreuungsarbeit umfasst erzieherische, fürsorgliche und soziale Komponenten.[19] Sie ist in allen Verfahrensstadien vorzuhalten und eng mit den bereits genannten Aufgaben der Aufhellung des persönlichen Umfelds/Ermittlungsunterstützung sowie Sanktionswahl und -begleitung zu verzahnen. Die JGH soll den Betroffenen stets und im gesamten Verfahren bei der Bewältigung von Problemen im sozialen Umfeld unterstützen.[20] Bereits im Ermittlungsverfahren hat die JGH zu prüfen, ob Möglichkeiten einer informellen Verfahrenserledigung (§ 45) in Betracht kommen; sie soll diese ggf. einleiten und den Strafverfolgungsbehörden darüber berichten.[21] Auch die Möglichkeit der Leistungen der Jugendhilfe (§ 2 Abs. 2 SGB VIII) ist zu prüfen.[22] Die JGH bereitet den Angekl. auf den Ablauf

---

[8] *Ostendorf* Rn. 15.
[9] *Eisenberg* StV 1998, 304 (308); LBN/*Laubenthal* Rn. 183.
[10] MRTW/*Rössner* Rn. 12.
[11] *Eisenberg* StV 1998, 304 (308).
[12] *Eisenberg* StV 1998, 304 (308); LBN/*Laubenthal* Rn. 187; *Eisenberg* JGG Rn. 43b.
[13] LBN/*Laubenthal* Rn. 193; *Schaffstein/Beulke/Swoboda* Rn. 679; *Brunner/Dölling* Rn. 11; *Dallinger/Lackner* Rn. 21; *Seidel* S. 223 fordert zumindest die Kenntlichmachung v. Äußerungen mit einem wertenden Charakter, was in der Praxis jedoch kaum geschieht; selbiges fordernd *Diemer/Schatz/Sonnen/Sonnen* Rn. 31; Beispiele zu gelungenen und weniger gelungenen Berichten bei *Ullrich* S. 97 ff.
[14] Der Studie v. *Seidel* zufolge wird in 62 % aller schriftlichen Berichte jedoch gerade kein Rechtsfolgenvorschlag unterbreitet, *Seidel* S. 152.
[15] So auch *Eisenberg* JGG Rn. 14; *Ostendorf* Rn. 19; aA *Walter* Zbl 1973, 485 (487 f.).
[16] *Meier/Rössner/Schöch* § 13 Rn. 27; *Streng* Rn. 106; *Ostendorf* Rn. 21 nimmt sogar eine Durchführungsverpflichtung der JGH hinsichtlich Auflagen und Weisungen an; aA *Eisenberg* JGG Rn. 15, wonach der JGH nur eine Kontrollfunktion zukomme.
[17] LBN/*Laubenthal* Rn. 165; MRTW/*Rössner* Rn. 17; *Ostendorf* Rn. 23.
[18] *Schaffstein/Beulke/Swoboda* Rn. 678; *Ostendorf* Rn. 25: „vorrangige Betreuungsaufgabe".
[19] LBN/*Laubenthal* Rn. 166.
[20] Vgl. *Diemer/Schatz/Sonnen/Sonnen* Rn. 36.
[21] LBN/*Laubenthal* Rn. 166.
[22] *Meier/Rössner/Schöch* § 13 Rn. 28.

der Hauptverhandlung vor und unterstützt ihn währenddessen.[23] Bei einer Verurteilung zu einer Jugendstrafe mit Bewährung soll der Vertreter der JGH in einem engen Austausch mit dem Bewährungshelfer stehen. Erfolgt eine Verurteilung zu einer Jugendstrafe ohne Bewährung, soll der Kontakt zum Jugendlichen aufrechterhalten werden, um zum einen die Vollzugssituation zu erleichtern und zum anderen die Entlassung vorzubereiten (§ 38 Abs. 2 S. 9).[24]

IV. Stellung der JGH im Verfahren

Die JGH ist „Prozess(hilfe)organ eigener Art" mit gesetzlich normierten Rechten und Pflichten.[25] Sie ist daher weder Organ der Strafverfolgung noch Verteidiger des Jugendlichen oder bloßes Beweismittel. Allerdings kann der Vertreter der JGH als Zeuge vernommen werden (dazu auch → Rn. 13).[26] 10

Die JGH ist, um von ihrem Mitwirkungsrecht im gesamten Verfahren Gebrauch machen zu können, zum frühstmöglichen Zeitpunkt nach Einleitung des Verfahrens einzubeziehen (§ 38 Abs. 3 S. 1 und 2). Allerdings ist mit Blick auf die Privatsphäre des Jugendlichen zu einem Zeitpunkt, zu dem (noch) kein hinreichend konkretisierter Tatvorwurf gegen ihn besteht, Zurückhaltung geboten.[27] In der Praxis erfolgt der Erstkontakt entgegen der gesetzlichen Regelung meist erst nach Anklageerhebung,[28] was dazu führt, dass das Potential des Tätigwerdens im Vorverfahren (so bspw. der Anstoß zu einer Diversion durch die JGH) nicht hinreichend genutzt wird. 11

Wird die JGH in ihrer Funktion als Ermittlungshilfe tätig, muss sie den Beschuldigten auf sein Aussageverweigerungsrecht sowie auf sein Recht, einen Verteidiger zu konsultieren, hinweisen (§§ 136 Abs. 1 S. 2, 163a Abs. 3 S. 2 und Abs. 4 S. 2 StPO analog).[29] Dies wird zwar für die JGH weder durch das JGG noch die StPO direkt gefordert, folgt jedoch aus dem nemo-tenetur-Grundsatz[30] sowie aus dem Gebot des fairen Verfahrens.[31] Tatsachen, die ohne Belehrung offenbart werden, unterfallen grds. einem Verwertungsverbot.[32] 12

Dem Vertreter der JGH kommt ein Äußerungsrecht in jedem Verfahrensstadium (§ 38 Abs. 2 S. 2, Abs. 3 S. 1, S. 3 Hs. 2) sowie ein Anwesenheitsrecht in der Hauptverhandlung (§ 50 Abs. 3) zu. Eine darüberhinausgehende grds. Anwesenheitspflicht obliegt ihm dagegen, mangels gesetzlicher Festschreibung, nicht.[33] Allerdings kann sich das Mitwirkungsrecht im Einzelfall zur Mitwirkungspflicht verdichten; dies ist dann der Fall, wenn die Beteiligung der JGH zur Wahrung der Aufklärungspflicht nach § 244 Abs. 2 StPO erforderlich ist.[34] Das Anwesenheitsrecht erfährt mit Blick auf §§ 243 Abs. 2 S. 1, 58 Abs. 1 StPO Einschrän- 13

---

[23] *Brunner/Dölling* Rn. 4b; *Eisenberg* JGG Rn. 20; *Ostendorf* Rn. 25.
[24] *Ullrich* RdJ 1956, 75 (76); *Meier/Rössner/Schöch* § 13 Rn. 28; *Streng* Rn. 106; *Brunner/Dölling* Rn. 16.
[25] BGH 21.9.2004 – 3 StR 185/04, NJW 2005, 765 (766); *Meier/Rössner/Schöch* § 13 Rn. 25; *Schaffstein/Beulke/Swoboda* Rn. 683; *Brunner/Dölling* Rn. 1b; *Diemer/Schatz/Sonnen/Sonnen* Rn. 25; *Eisenberg* JGG Rn. 23; *Potrykus* § 25 Bem. 5 aE.
[26] *Schaffstein/Beulke/Swoboda* Rn. 698; *Eisenberg* JGG Rn. 23.
[27] *Brunner/Dölling* Rn. 4; *Dallinger/Lackner* Rn. 61; *Eisenberg* JGG Rn. 24a.
[28] Dazu *Trenczek* DVJJ-Journal 2000, 217 (219 f.); zur rechtswidrigen Praxis des LG Berlin vgl. KG Berlin ZJJ 2015, 204 m. Anm. *Eisenberg*.
[29] BGH 21.9.2004 – 3 StR 185/04, NJW 2005, 765 (767); LBN/*Laubenthal* Rn. 184 ff.; *Meier/Rössner/Schöch* § 13 Rn. 29; *Brunner/Dölling* Rn. 11; *Eisenberg* JGG Rn. 43; MRTW/*Rössner* Rn. 12; *Ostendorf* Rn. 11 mwN.
[30] *Ostendorf* Rn. 11.
[31] *Laubenthal* 1993, S. 69.
[32] BGH 21.9.2004 – 3 StR 185/04, NJW 2005, 765 (767); *Eisenberg* StV 1998, 304 (308); LBN/*Laubenthal* Rn. 186; MRTW/*Rössner* Rn. 12; *Ostendorf* Rn. 11.
[33] Vgl. BGH 13.9.1977 – 1 StR 451/77, BGHSt 27, 250 (252); OLG Karlsruhe 30.9.1991 – 3 Ws 56/91, NStZ 1992, 251; LG Frankfurt a. M. 15.5.1984 – 5/3 Qs 15/84, NStZ 85, 42 mAnm *Eisenberg*; *Laubenthal* 1993, S. 110 ff.; *Streng* Rn. 110; *Diemer/Schatz/Sonnen/Sonnen* Rn. 29; *Eisenberg* JGG Rn. 23; aA *Dallinger/Lackner* Rn. 7; *Ostendorf* Rn. 8: „grundsätzlich notwendiger Verfahrensbeteiligter".
[34] So a. OLG Karlsruhe 30.9.1991 – 3 Ws 56/91, NStZ 1992, 251 m. insof. zust. Anm. *Schaffstein*; LBN/*Laubenthal* Rn. 209; *Brunner/Dölling* Rn. 6a; MRTW/*Rössner* Rn. 25 f.; im Erg. ähnlich *Ostendorf* § 50 Rn. 12.

kungen, wenn der Vertreter in der Hauptverhandlung als Zeuge auftreten soll.[35] IRd Hauptverhandlung hat der Vertreter der JGH ein Recht auf Anhörung, insbes. vor der Erteilung von Weisungen (§§ 50 Abs. 3, 38 Abs. 3 S. 3). Insg. ist aber festzuhalten, dass auch ohne gesetzlich ausdrücklich normierte Pflicht eine Anwesenheit grds. mehr als wünschenswert ist, da die besonderen Beobachtungen und das Erfahrungswissen der JGH ansonsten nicht hinreichend in die Verhandlung und das weitere Verfahren einfließen können, was weitreichende Konsequenzen haben kann (man denke nur an die Vorschläge der JGH betreffend die Sanktion, denen oft eine Impulswirkung zukommt).

14 Gem. § 38 Abs. 2 S. 4 soll derjenige Vertreter der JGH in die Hauptverhandlung entsandt werden, der die Nachforschungen angestellt, also derjenige, der sich selbst mit dem Beschuldigten auseinandergesetzt hat. Der Einsatz von sog. „Gerichtsgehern" ist leider üblich, aber nicht wünschenswert.[36]

15 Der Inhalt des von einem Vertreter der JGH angefertigten Berichts ist nach den Grundsätzen der Mündlichkeit und der Unmittelbarkeit in die Hauptverhandlung einzuführen, sodass das bloße Verlesen des Berichts nicht ausreichend ist.[37] Vielmehr sind die von einer Person wahrgenommenen Tatsachen durch den Personalbeweis zu belegen, was mithin auch für den Vertreter der JGH gilt.[38] Eine Verwertung des Berichts der JGH, ohne dass dieser Gegenstand der Hauptverhandlung war, führt ferner zu einer Beinträchtigung des Grundrechts des rechtlichen Gehörs (Art. 103 Abs. 1 GG), da der Jugendliche mangels Kenntnis des Inhalts des Berichts keine Stellung nehmen kann.[39]

16 Weitere Rechte des Vertreters der JGH sind u.a. das Recht auf Information über eine vorläufige Festnahme und über den Erlass eines Haftbefehls sowie die unverzügliche Mitteilung über die Vollstreckung des Haftbefehls (§ 72a), weiter das Verkehrsrecht mit dem Untersuchungsgefangenen (§ 72b iVm § 148 StPO), das Recht auf Kontakt während des Vollzugs der Jugendstrafe (§ 38 Abs. 2 S. 9) und das Recht auf Mitteilung von der Einleitung und dem Ausgang des Strafverfahrens (§ 70 S. 1).[40] Diese (Informations-)Pflichten gegenüber der JGH sind zwingend zu erfüllen, damit diese durch die Kenntnis ihre darausfolgenden Aufgaben überhaupt erfüllen (vgl. bspw. § 38) und auf die jeweils veränderte Situation entspr. mit unterstützenden Interventionen reagieren kann.

17 Ein Recht auf Akteneinsicht hat der Vertreter der JGH nicht.[41] Des Weiteren steht ihm in der Hauptverhandlung kein Fragerecht gegenüber Angeklagten, Zeugen oder Sachverständigen zu, da insofern eine gesetzliche Regelung wie §§ 67, 69 fehlt.[42] Auch ein formelles Beweisantragsrecht hat der Vertreter der JGH nicht, er kann jedoch diesbezügliche Anregungen anbringen.[43] In der Praxis findet freilich oft eine lebhafte Einbeziehung und Beteiligung der JGH in die Hauptverhandlung, die ja auch ein kommunikativer Prozess ist, statt.

---

[35] *Dallinger/Lackner* Rn. 66; *Eisenberg* JGG Rn. 29; *Laubenthal* 1993, S. 107 fordert, dass die Einschränkungen des Anweisenheitsrechts dadurch minimiert werden sollen.

[36] Unter „Gerichtsgehern" sind Vertreter der JGH zu verstehen, die (aus ökonomischen Gründen meist einen Sitzungstag mit mehreren Verhandlungen bei verschiedenen Jugendrichter wahrnehmen und dort) lediglich die Berichte ihrer Kollegen zu den einzelnen Angekl. vortragen, ohne selbst im persönlichen Kontakt zu diesen gestanden zu haben, *Streng* Rn. 110; *Diemer/Schatz/Sonnen/Sonnen* Rn. 26.

[37] *Trenczek* DVJJ-Journal 2003, 35 (38); *Schaffstein/Beulke/Sowobda* Rn. 698; *Streng* Rn. 112; *Dallinger/Lackner* Rn. 33; *Eisenberg* JGG Rn. 48; aA *Ostendorf* Rn. 9 (allerdings einschränkend mit Blick auf die Aufklärungspflicht).

[38] *Laubenthal* 1993, S. 116.; *Streng* Rn. 112; *Eisenberg* JGG Rn. 48 f.; anders BGH 18.4.1984 – 2 StR 103/84, NStZ 1984, 467: Verlesung durch den Gerichtsgeher erlaubt (mit abl. Anm. *Brunner*); die Entscheidung im Erg. ebenso abl. *Schaffstein/Beulke/Swoboda* Rn. 698; in diesem Zusammenhang zum Gerichtsgeher s. *Brunner/Dölling* Rn. 13a: „Zeuge vom Hörensagen".

[39] *Eisenberg* JGG Rn. 49.

[40] Vgl. dazu auch Diemer/Schatz/Sonnen/*Sonnen* Rn. 18 und *Ostendorf* Rn. 26.

[41] hM, *Schaffstein/Beulke/Swoboda* Rn. 687; *Dallinger/Lackner* Rn. 64; *Eisenberg* JGG Rn. 27; MRTW/*Rössner* Rn. 22; *Ostendorf* Rn. 28; aA *Potrykus* § 25 Bem. 5; differenzierend *Brunner/Dölling* Rn. 7: Akteneinsicht der JGH kommt nach § 478 Abs. 2, 3 StPO in Betracht.

[42] *Schaffstein/Beulke/Swoboda* Rn. 689; *Brunner/Dölling* Rn. 7; *Eisenberg* JGG Rn. 28.

[43] *Brunner/Dölling* Rn. 7; *Eisenberg* JGG Rn. 28; MRTW/*Rössner* Rn. 23.

Umstritten ist die Frage, ob dem Vertreter der JGH ein Zeugnisverweigerungsrecht zusteht. **18** Aufgrund der abschließenden Aufzählung in § 53 StPO kann ein solches Verweigerungsrecht daraus nicht abgeleitet werden,[44] allerdings kann es sich im Ausnahmefall aus Art. 2 Abs. 1 iVm Art. 1 Abs. 1 GG ergeben.[45] Der dadurch zum Ausdruck kommende grds. Vorrang der Wahrheitsfindung ist mit Blick auf die Vertrauensbeziehung, die für eine effektive Hilfe zwischen dem Vertreter der JGH und dem Jugendlichen anzustreben ist, problematisch. Zumindest für die Mitarbeiter des Jugendamtes, nicht hingegen für die Mitarbeiter von Trägern der freien Jugendhilfe, kommt darüber hinaus die Möglichkeit der Versagung der Aussagegenehmigung (§ 54 StPO iVm dem jeweiligen Beamtengesetz) in Ausnahmefällen in Betracht.[46] Ein Ausschluss des Jugendlichen von der Hauptverhandlung (§ 51) während der Vernehmung des Vertreters der JGH dürfte eher zu einer Steigerung des Misstrauens führen.[47]

V. Rechtsmittel

Wird die JGH gem. Abs. 3 S. 1 nicht beteiligt, dh wird ihr insbes. Ort und Zeit der **19** Hauptverhandlung gem. § 50 Abs. 3 S. 1 nicht mitgeteilt, liegt ein Gesetzesverstoß iSd § 337 StPO vor, auf dem das Urteil idR auch beruht, sodass eine entsprechende Rüge zur Aufhebung des Urteils führt.[48] Daneben ist regelmäßig auch die Aufklärungspflicht (§ 244 Abs. 2 StPO) verletzt.[49] Da die Einbeziehung der JGH zwingend vorgeschrieben ist, kann auch der Verteidiger (oder ein anderer Verfahrensbeteiligter) nicht wirksam auf ihre Mitwirkung verzichten.[50] Die bloße Abwesenheit der JGH in der Hauptverhandlung begründet hingegen nicht automatisch einen Verstoß; allerdings kann auch dann die Aufklärungspflicht verletzt sein (auch → Rn. 13).[51] Dies ist jedoch nur dann der Fall, wenn konkrete Anhaltspunkte dafür vorliegen, dass die JGH von der Berichterstattung und ihrer Teilnahme an der Hauptverhandlung abgesehen hat, obwohl sie Erkenntnisse hatte oder gewinnen konnte, die für den Ausspruch der Rechtsfolgen der Tat v. Bedeutung gewesen wären.[52]

Eine Beschwerdeberechtigung nach § 304 Abs. 2 StPO kommt für das Jugendamt nicht **20** in Betracht.[53]

Zweiter Abschnitt. Zuständigkeit

§ 39 Sachliche Zuständigkeit des Jugendrichters

(1) ¹**Der Jugendrichter ist zuständig für Verfehlungen Jugendlicher, wenn nur Erziehungsmaßregeln, Zuchtmittel, nach diesem Gesetz zulässige Nebenstrafen**

---

[44] BVerfG 19.7.1972 – 2 BvL 7/71, BVerfGE 33, 367 = NJW 1972, 2214; *Streng* Rn. 112; MRTW/*Rössner* Rn. 29; *Ostendorf* Rn. 12; für ein Zeugnisverweigerungsrecht aus § 35 SGB I *Kunkel* ZJJ 2004, 425 ff. (für ein derartiges Zeugnisverweigerungsrecht nur im Ausnahmefall *Eisenberg* JGG Rn. 30); für die Einführung eines Zeugnisverweigerungsrechts in die StPO oder das JGG Diemer/Schatz/Sonnen/*Sonnen* Rn. 13; dies explizit abl. Schaffstein/Beulke/*Swoboda* Rn. 700.
[45] BVerfG 19.7.1972 – 2 BvL 7/71, BVerfGE 33, 367 = NJW 1972, 2214; *Eisenberg* JGG Rn. 30; MRTW/*Rössner* Rn. 29; *Ostendorf* Rn. 12; grds. abl. Dallinger/*Lackner* Rn. 38.
[46] Brunner/*Dölling* Rn. 14a; *Eisenberg* JGG Rn. 30a; *Ostendorf* Rn. 12.
[47] So ebenfalls *Eisenberg* Rn. 30a; *Ullrich*, 1982, S. 63.
[48] BGH 12.10.1954 – 5 StR 335/54, BGHSt 6, 354 = NJW 1954, 1855; 17.2.1982 – 3 StR 484/81, NStZ 1982, 257; 11.6.1993 – 4 StR 290/93, StV 1993, 536; 29.6.2000 – 5 StR 123/00, NStZ-RR 2001, 27; *Streng* Rn. 109; *Böhm* NStZ-RR 2000, 321 (323); anders aber BGH 3.2.2016 – 1 StR 606/15, NStZ-RR 2017, 14 bei z.Zt. der Hauptverhandlung erwachsenem Angekl.
[49] BGH 10.5.1955 – 5 StR 198/59, EJF C I Nr. 7; OLG Karlsruhe 30.12.1974 – 3 Ss 168/74, MDR 1975, 422.
[50] BGH 30.9.1981 – 2 StR 534/81, StV 1982, 27; OLG Karlsruhe 30.12.1974 – 3 Ss 168/74, MDR 1975, 422.
[51] BGH 13.9.1977 – 1 StR 451/77, BGHSt 27, 250 (252); 6.6.1984 – 2 StR 185/84, bei *Holtz* MDR 1984, 795 (797); Brunner/*Dölling* Rn. 8; *Eisenberg* JGG Rn. 53; *Streng* Rn. 30.
[52] BGH 6.6.1984 – 2 StR 185/84, NStZ 1984, 467.
[53] OLG Frankfurt a. M. 21.2.1995 – 3 Ws 109/95, NStZ-RR 1996, 251.

und Nebenfolgen oder die Entziehung der Fahrerlaubnis zu erwarten sind und der Staatsanwalt Anklage beim Strafrichter erhebt. ²Der Jugendrichter ist nicht zuständig in Sachen, die nach § 103 gegen Jugendliche und Erwachsene verbunden sind, wenn für die Erwachsenen nach allgemeinen Vorschriften der Richter beim Amtsgericht nicht zuständig wäre. ³§ 209 Abs. 2 der Strafprozeßordnung gilt entsprechend.

(2) Der Jugendrichter darf auf Jugendstrafe von mehr als einem Jahr nicht erkennen; die Unterbringung in einem psychiatrischen Krankenhaus darf er nicht anordnen.

Schrifttum: *Arnold*, Die Wahlbefugnis der Staatsanwaltschaft bei Anklageerhebung: insbesondere in Jugendschutzsachen, § 26 GVG, 2007; *Kropp*, Ausweitung der Zuständigkeit des Jugendrichters, ZRP 2004, 57; *Kuba*, Ausweitung der Zuständigkeit des Jugendrichters, ZRP 2004, 28; *Potrykus*, Zweifelsfragen aus dem Jugendstrafrecht, NJW 1957, 1135; *Roestel*, Auswirkungen des StPÄG auf die sachliche Zuständigkeit des Jugendrichters, NJW 1966, 334; *Strewe*, Ausweitung der Zuständigkeit des Jugendrichters, ZRP 2003, 287.

Übersicht

	Rn.		Rn.
I. Anwendungsbereich	1, 2	2. Rechtsfolgen bei Unzuständigkeit	7–11
II. Anklagezuständigkeit	3–11	a) Vor Eröffnung des Hauptverfahrens	8, 9
1. Rechtsfolgenprognose und Auswahlentscheidung der StA	3–6	b) Nach Eröffnung des Hauptverfahrens	10, 11
a) Sanktionsprognose	4	III. Rechtsfolgenkompetenz	12–14
b) Auswahlentscheidung der JStA	5, 6	IV. Revision	15

I. Anwendungsbereich

1   Der persönliche Anwendungsbereich des § 39 erstreckt sich auf alle Angeklagte vor dem JugG, dh auf Jugendliche und Heranwachsende (§ 108 Abs. 1). Gem. § 108 Abs. 2 gilt § 39 für Heranwachsende auch dann, wenn die Anwendung des allg. Strafrechts zu erwarten ist und nach § 25 GVG der Strafrichter zu entscheiden hätte. Im Fall einer Verbindung von Verfahren gegen Jugendliche und Erwachsene gem. § 103 Abs. 1, Abs. 2 S. 1 JGG gilt § 39 auch für Erwachsene. Umgekehrt sind nur unter den Voraussetzungen der §§ 102, 103 Abs. 2 S. 2 die Erwachsenengerichte für Jugendliche zuständig.

2   § 39 Abs. 1 regelt die sachliche Zuständigkeit innerhalb der JugG.[1] Bei Verfahren gegen Jugendliche und Heranwachsende nach dem OWiG richtet sich die sachliche Zuständigkeit des Jugendrichters nach § 68 Abs. 2 OWiG. Für Jugendschutzsachen gelten die §§ 26 Abs. 1 S. 2, 74b S. 2 GVG. § 39 Abs. 2 JGG normiert die Rechtsfolgenkompetenz des Jugendrichters.

II. Anklagezuständigkeit

3   **1. Rechtsfolgenprognose und Auswahlentscheidung der StA.** Die Zuständigkeit des Jugendrichters nach Abs. 1 setzt zweierlei voraus: zum einen die in Abs. 1 genannte Sanktionsprognose, zum anderen eine Anklage des JStA beim Jugendrichter.

4   **a) Sanktionsprognose.** Abs. 1 begründet die Zuständigkeit des Jugendrichters, wenn als Sanktion nur Erziehungsmaßregeln (§§ 9 ff.), Zuchtmittel (§§ 13 ff.), nach dem JGG zulässige Nebenstrafen oder Nebenfolgen (§§ 6, 2 Abs. 2, §§ 44, 73 ff. StGB) oder die Entziehung der Fahrerlaubnis zu erwarten sind. Im Gegensatz zu § 25 GVG ist die Frage, ob ein Vergehen oder ein Verbrechen anzuklagen ist, unerheblich. Für die Prognose kommt es zunächst auf die Sichtweise des anklagenden JStA an. Er hat hierbei stets die konkreten Umstände des Einzelfalls zu berücksichtigen.[2] Dem entscheidenden Gericht muss ein ausreichender Ent-

---
[1] *Schaffstein/Beulke/Swoboda* Rn. 604; *Ostendorf* Rn. 2.
[2] *Eisenberg* JGG Rn. 8a; *Ostendorf* Rn. 3.

scheidungsspielraum verbleiben; zugleich sind Rückverweisungen gem. § 270 Abs. 1 StPO so weit wie möglich zu vermeiden.³

b) Auswahlentscheidung der JStA. Der anklagende JStA hat bei der Entscheidung, 5 ob er beim Jugendrichter oder bei einem höherrangigen Gericht Anklage erhebt, kein Auswahlermessen. Liegen die Voraussetzungen des Abs. 1 vor, so muss die Anklage zum Jugendrichter erfolgen (Art. 101 Abs. 1 S. 2 GG).⁴

Bei Zweifeln der StA an der Zuständigkeit des JugG wird teilw. eine sofortige Anklage 6 zum JugSchG für zulässig erachtet.⁵ Dem ist nicht zuzustimmen. Denn mit der Anklage beim JugSchG gehen möglicherweise höhere Belastungen für den Angeklagten einher (stärkeres Unwerturteil, ggf. längere Verfahrensdauer aufgrund größeren Verfahrensaufwands).⁶ Sollte sich die Prognose im Laufe des Verfahrens tatsächlich als falsch herausstellen, ermöglichen Abs. 2 sowie die Verweisungsmöglichkeiten des Jugendrichters eine sachgerechte Handhabung. Dem Schutz des Angeklagten ist hier eine größere Bedeutung zuzumessen als der Prozessökonomie,⁷ vor allem, weil ja bei einer bestehenden Unsicherheit auch noch nicht gesagt ist, welches Vorgehen letzten Endes ökonomischer ist.

2. Rechtsfolgen bei Unzuständigkeit. Der angegangene Jugendrichter ist verpflichtet, 7 seine sachliche Zuständigkeit eigenständig in jeder Lage des Verfahrens zu überprüfen (§ 2 Abs. 2, § 6 StPO). Er ist an den Antrag der StA nicht gebunden (§ 2 Abs. 2, § 206 StPO).⁸

a) Vor Eröffnung des Hauptverfahrens. Kommt der Jugendrichter noch vor Eröff- 8 nung des Hauptverfahrens zu dem Schluss, dass die Sanktionsprognose der StA unzutr. und er deswegen sachlich unzuständig ist, so kann er der StA eine entspr. Mitteilung machen. Diese kann dann gem. § 2 Abs. 2, § 156 StPO die öffentliche Klage zurücknehmen und bei dem zuständigen Gericht erneut erheben.⁹

Andernfalls ergibt sich folgendes Vorgehen: Beruht seine sachliche Unzuständigkeit 9 lediglich auf einem Verstoß gegen den Geschäftsverteilungsplan und ist deshalb ein anderer Jugendrichter desselben Gerichts zuständig, so gibt der angegangene Jugendrichter das Verfahren an den nach dem Geschäftsverteilungsplan zuständigen Jugendrichter formlos ab.¹⁰ Sobald dieser die Übernahme der Sache erklärt hat, tritt Anhängigkeit ein.¹¹ Führt die Zuständigkeitsprüfung des angegangenen Jugendrichters hingegen zu dem Erg., dass ein Gericht höherer Ordnung, dh das JugSchG, die JugK oder das OLG, sachlich zuständig ist, so muss er nach Abs. 1 S. 3 vorgehen, dh die Akten durch Vermittlung der StA gem. § 209 Abs. 2 StPO dem höheren Gericht vorlegen. Dieses ist wiederum an die Vorlage nicht gebunden, sondern geht seinerseits nach §§ 209 Abs. 1, 2 oder 204 StPO vor.¹²

b) Nach Eröffnung des Hauptverfahrens. Stellt der Jugendrichter nach Eröffnung 10 des Hauptverfahrens, aber außerhalb der Hauptverhandlung seine Unzuständigkeit fest, so

---

³ MRTW/*Czerner/Habetha* Rn. 7.
⁴ *Roestel* NJW 1966, 334; *Ostendorf/Drenkhahn* Jugendstrafrecht Rn. 72; *Eisenberg* JGG Rn. 8; MRTW/*Czerner/Habetha* Rn. 3; *Ostendorf* Rn. 3; für § 24 Abs. 1 Ziff. 3 GVG BVerfG 19.3.1959 – 1 BvR 295/58, BVerfG 9, 223 (229) = NJW 1959, 871 (872); Diemer/Schatz/Sonnen/*Schatz* Rn. 10 f. differenziert danach, ob strengere als die in Abs. 1 S. 1 bezeichneten Folgen zu erwarten sind (dann kein Wahlrecht bzgl. Anklage beim JugendR) oder ob die Voraussetzungen des Abs. 1 S. 1 gegeben sind und die StA dennoch beim JugSchG anklagen will. Dies soll nur bei Vorliegen „besonderer Umstände" möglich sein.
⁵ *Potrykus* NJW 1957, 1135; *Brunner/Dölling* §§ 39–41 Rn. 7; *Dallinger/Lackner* Rn. 4; *Eisenberg* JGG Rn. 8a: „ernsthafte Zweifel"; ähnlich Diemer/Schatz/Sonnen/*Schatz* Rn. 9.
⁶ *Schaffstein/Beulke/Swoboda* Rn. 609; *Eisenberg* JGG Rn. 8a; MRTW/*Czerner/Habetha* Rn. 6; Nix/*Herz* § 39 Rn. 7; *Ostendorf* Rn. 4.
⁷ Nix/*Herz* § 39 Rn. 7; ähnlich *Schaffstein/Beulke/Swoboda* Rn. 609; MRTW/*Czerner/Habetha* Rn. 6 empfiehlt „eher" die Anklage zum Jugendrichter.
⁸ *Eisenberg* JGG Rn. 14; *Ostendorf* Rn. 6.
⁹ *Eisenberg* JGG Rn. 15; MRTW/*Czerner/Habetha* Rn. 8; Nix/*Herz* § 39 Rn. 9.
¹⁰ Diemer/Schatz/Sonnen/*Schatz* Rn. 20; MRTW/*Czerner/Habetha* Rn. 8.
¹¹ Diemer/Schatz/Sonnen/*Schatz* Rn. 20; *Eisenberg* JGG Rn. 16.
¹² Meyer-Goßner/Schmitt/*Meyer-Goßner* StPO § 209 Rn. 3; *Ostendorf* Rn. 6.

legt er gem. § 2 Abs. 2, § 225a Abs. 1 S. 1 StPO das Verfahren einem Gericht höherer Ordnung vor oder gibt es formlos an einen anderen Jugendrichter ab.[13]

11 Sobald die Hauptverhandlung begonnen hat, kann der Jugendrichter, der seine Unzuständigkeit feststellt, die Sache durch Beschluss an das JugG höherer Ordnung oder an das OLG, dessen sachliche Zuständigkeit er für gegeben hält, verweisen (§ 2 Abs. 2, § 270 Abs. 1 S. 1 StPO). Im Gegensatz zu einer Vorlage des Verfahrens außerhalb der Hauptverhandlung ist ein Verweisungsbeschluss nach § 270 Abs. 1 S. 1 StPO grds. bindend, dh mit Erlass des Beschlusses wird das Verfahren unmittelbar bei dem Gericht, an das verwiesen wird, rechtshängig.[14] Eine Ausnahme von dieser Bindungswirkung ist nur für die Fälle anerkannt, in denen der Beschluss mit den Grundsätzen rechtsstaatlicher Ordnung in offensichtlichem Widerspruch steht, zB weil er auf Willkür beruht.[15] In diesen Fällen verbleibt die Sache nur bei dem höheren Gericht, wenn dieses tatsächlich sachlich zuständig ist;[16] in allen anderen Fällen wird zurückverwiesen.[17]

III. Rechtsfolgenkompetenz

12 Abs. 2 limitiert die Rechtsfolgenkompetenz des Jugendrichters auf Jugendstrafe von einem Jahr.[18] Daneben kommt nach allgM auch die AnO der Unterbringung in einer Entziehungsanstalt oder der Führungsaufsicht in Betracht.[19] Will der Jugendrichter nach § 27 vorgehen, so ist dies nur zulässig, wenn feststeht, dass im Fall eines Nachverfahrens allenfalls eine Jugendstrafe von nicht mehr als einem Jahr verhängt werden wird.[20]

13 Die Erweiterung der Rechtsfolgenkompetenz gegenüber Abs. 1 S. 1 nach Eröffnung des Hauptverfahrens hat prozessökonomische Gründe.[21] Der Jugendrichter soll nicht in jedem Fall, in dem sich nach Eröffnung des Hauptverfahrens herausstellt, dass eine höhere Rechtsfolge als urspr. gedacht im Raum steht, das Verfahren an ein höheres Gericht abgeben müssen.

14 Abs. 2 normiert die absolute Grenze der Rechtsfolgenkompetenz des Richters. Er darf diese deswegen auch dann nicht überschreiten, wenn er frühere rechtskräftige Urteile nach § 31 Abs. 2 einbeziehen möchte.[22] Ein Überschreiten der Rechtsfolgenkompetenz führt zum Verlust der sachlichen Zuständigkeit und damit zu einem Verfahrenshindernis (→ Rn. 15).

IV. Revision

15 Die sachliche Zuständigkeit stellt eine Verfahrensvoraussetzung dar, deren Vorliegen in jeder Lage des Verfahrens auch ohne entspr. Rüge von Amts wegen zu prüfen ist, § 2 Abs. 2, § 6 StPO.[23] Fehlt die sachliche Zuständigkeit, so wird das Verfahren iRd Revision gem. § 2

---

[13] BGH 12.1.1977 – 2 StR 662/76, BGHSt 27, 99 (101 ff.) = NJW 1977, 1070; Meyer-Goßner/Schmitt/ Meyer-Goßner StPO § 269 Rn. 6; Ostendorf Rn. 7.
[14] BGH 13.2.1980 – 3 StR 5/80 (S), BGHSt 29, 216 (219) = NJW 1980, 1586; Meyer-Goßner/Schmitt/ Meyer-Goßner StPO § 270 Rn. 18.
[15] BGH 13.2.1980 – 3 StR 5/80 (S), BGHSt 29, 216 (219) = NJW 1980, 1586; BGH 22.4.1999 – 4 StR 19-99, BGHSt 45, 58 (61) = NJW 1999, 2604; BGH 11.12.2008 – 4 StR 376/08, NStZ 2009, 404; OLG Bamberg 13.6.2005 – Ws 338/05, NStZ-RR 2005, 377; KK/Greger StPO § 270 Rn. 26; Meyer-Goßner/ Schmitt/Meyer-Goßner StPO § 270 Rn. 20; SK-StPO/Frister StPO § 270 Rn. 31.
[16] BGH 22.4.1999 – 4 StR 19-99, BGHSt 45, 58 (63) = NJW 1999, 2604.
[17] BGH 22.4.1999 – 4 StR 19-99, BGHSt 45, 58 (63) = NJW 1999, 2604.
[18] Für eine Ausweitung der jugendrichterlichen Kompetenz auf Jugendstrafen bis zu zwei Jahren de lege ferenda Strewe ZRP 2003, 287 (288); abl. Kuba ZRP 2004, 28 und Kropp ZRP 2004, 57 (58).
[19] Eisenberg JGG Rn. 12.
[20] Diemer/Schatz/Sonnen/Schatz Rn. 24; Eisenberg JGG Rn. 12.
[21] LBN/Laubenthal/Nestler Rn. 124; Ostendorf/Drenkhahn Jugendstrafrecht Rn. 72; Schaffstein/Beulke/Swoboda Rn. 606; Eisenberg JGG Rn. 12; Nix/Herz § 39 Rn. 7.
[22] OLG Celle 19.11.1959 – 1 Ss 283/59, GA 1960, 86; OLG Schleswig SchlHA 96, 119; Brunner/Dölling §§ 39–41 Rn. 41; Diemer/Schatz/Sonnen/Schatz Rn. 25, Eisenberg JGG Rn. 13; MRTW/Czerner/Habetha Rn. 3; Nix/Herz § 39 Rn. 11; Ostendorf Rn. 9.
[23] BGH 5.10.1962 – GSSt 1/62, BGHSt 18, 79 (81) = NJW 1963, 60 (61); BayOBLG 29.5.1964 – RevReg. 3 St 52/64, BayObLGSt 1964, 91.

Abs. 2, § 355 StPO an das zuständige Gericht zurückverwiesen.[24] Die sachliche Zuständigkeit fehlt auch dann, wenn der Jugendrichter seine Rechtsfolgenkompetenz nach Abs. 2 überschritten hat.[25]

§ 40 Sachliche Zuständigkeit des Jugendschöffengerichts

(1) [1]Das Jugendschöffengericht ist zuständig für alle Verfehlungen, die nicht zur Zuständigkeit eines anderen Jugendgerichts gehören. [2]§ 209 der Strafprozeßordnung gilt entsprechend.

(2) Das Jugendschöffengericht kann bis zur Eröffnung des Hauptverfahrens von Amts wegen die Entscheidung der Jugendkammer darüber herbeiführen, ob sie eine Sache wegen ihres besonderen Umfangs übernehmen will.

(3) Vor Erlaß des Übernahmebeschlusses fordert der Vorsitzende der Jugendkammer den Angeschuldigten auf, sich innerhalb einer zu bestimmenden Frist zu erklären, ob er die Vornahme einzelner Beweiserhebungen vor der Hauptverhandlung beantragen will.

(4) [1]Der Beschluß, durch den die Jugendkammer die Sache übernimmt oder die Übernahme ablehnt, ist nicht anfechtbar. [2]Der Übernahmebeschluß ist mit dem Eröffnungsbeschluß zu verbinden.

Schrifttum: *Böhm,* Aus der neueren Rechtsprechung zum Jugendstrafrecht, NStZ 1983, 448; *Burscheidt,* Das Verbot der Schlechterstellung Jugendlicher und Heranwachsender gegenüber Erwachsenen in vergleichbarer Verfahrenslage, 2000; *Eisenberg,* Zur Frage der sachlichen Zuständigkeit des Jugendschöffengerichts bei Anordnung der Unterbringung, NJW 1986, 2408; *Nothacker,* „Erziehungsvorrang" und Gesetzesauslegung im Jugendgerichtsgesetz, 1985; *Rose,* Wenn die (Jugend-)Strafe der Tat nicht auf dem Fuße folgt: Die Auswirkung von Verfahrensverzögerungen im Jugendstrafverfahren, NStZ 2013, 315; *Simon,* Das Umfangsverfahren im Jugendstrafrecht, DRiZ 1980, 455.

Übersicht

	Rn.		Rn.
I. Anwendungsbereich	1	IV. Abgabeverfahren	10–17
II. Zuständigkeit des JugSchG	2–4	1. Zweck des Abs. 2	11
III. Rechtsfolgenkompetenz	5–9	2. Übernahmeverfahren	12–14
1. Jugendstrafe	5, 6	3. Entscheidung der JugK	15–17
2. Unterbringung im psychiatrischen Krankenhaus; Sicherungsverwahrung	7–9	V. Revision	18, 19

I. Anwendungsbereich

Zum persönlichen und sachlichen Anwendungsbereich → § 39 Rn. 1. **1**

II. Zuständigkeit des JugSchG

Abs. 1 S. 1 grenzt die sachliche Zuständigkeit des JugSchG negativ ab, indem er das **2** JugSchG immer dann für zuständig erklärt, wenn nicht die Zuständigkeit eines anderen JugG gegeben ist. Im Erg. ist das JugSchG damit sachlich zuständig, wenn schon bei Anklage eine höhere Strafwartung als die in § 39 Abs. 1 genannte gegeben ist bzw. eine über die in § 39 Abs. 2 normierte Rechtsfolgenkompetenz des Jugendrichters hinausgehende Sanktion verhängt werden soll, die Voraussetzungen des § 41 aber nicht vorliegen. Dies gilt gem. § 108 Abs. 1 auch in Verfahren gegen Heranwachsende. Unberührt bleibt eine nach § 102 oder 103 Abs. 2 S. 2 begründete anderweitige Zuständigkeit.

---

[24] BGH 10.1.1957 – 2 StR 575/56, BGHSt 10, 74 (77) = NJW 1957, 511; *Eisenberg* Rn. 25.
[25] BGH 5.10.1962 – GSSt 1/62, BGHSt 18, 79 (83) = NJW 1963, 60 (61); Diemer/Schatz/Sonnen/ Schatz Rn. 27, *Eisenberg* JGG Rn. 24; KK/*Gericke* StPO § 355 Rn. 2; *Ostendorf* Rn. 10.

3 Das JugSchG muss gem. § 2 Abs. 2, § 6 StPO seine sachliche Zuständigkeit in jeder Lage des Verfahrens von Amts wegen prüfen. Hält es den Jugendrichter für sachlich zuständig, so kann es das Verfahren gem. Abs. 1 S. 2, § 209 Abs. 1 StPO vor diesem mit Bindungswirkung eröffnen. Nach Eröffnung des Verfahrens vor dem JugSchG scheidet eine Abgabe an den Jugendrichter gem. § 2 Abs. 2, § 269 StPO aus.

4 Zum Verfahren bei sachlicher Unzuständigkeit im Übrigen → § 39 Rn. 15; zum Verhältnis JugG – Erwachsenengerichte → § 47a Rn. 8.

III. Rechtsfolgenkompetenz

5 **1. Jugendstrafe.** Das JugSchG verfügt über eine grundsätzlich unbeschränkte Rechtsfolgenkompetenz, dh es darf alle Sanktionen des JGG bis zu ihrem Höchstmaß anwenden.[1] Dies bedeutet für Jugendliche Jugendstrafe bis zu zehn Jahren (§ 18 Abs. 1 S. 2), für Heranwachsende bei Anwendung des Jugendstrafrechts Jugendstrafe bis zu 15 Jahren (§ 105 Abs. 3); anders bei Anwendung von Erwachsenenstrafrecht, dann nur Freiheitsstrafe bis zu vier Jahren[2] (§ 108 Abs. 3 S. 1, § 24 Abs. 2 GVG).

6 Gem. § 31 Abs. 2 kann das JugSchG frühere rechtskräftige Urteile auch dann in seine Entscheidung miteinbeziehen, wenn diese von einem höheren Gericht erlassen wurden.[3] Für eine Entscheidung nach § 27 gilt insofern nichts anderes.[4] Dies bedeutet keine Kompetenzüberschreitung, denn bei einer einbezogenen Entscheidung nach § 27 ist bereits eine rechtskräftige Sanktionierung erfolgt, worauf es nach dem Wortlaut des § 31 Abs. 2 S. 1 ankommt.[5]

7 **2. Unterbringung im psychiatrischen Krankenhaus; Sicherungsverwahrung.** Die unbegrenzte Rechtsfolgenkompetenz des JugSchG umfasst nicht nur Strafen, sondern auch Maßregeln; § 24 Abs. 2 GVG findet keine Anwendung. Sofern Jugendstrafrecht angewandt wird, kommt daher auch die AnO der Unterbringung in einem psychiatrischen Krankenhaus in Betracht.[6] Etwas anderes gilt nur für Heranwachsende, die nach Erwachsenenstrafrecht abgeurteilt werden (§ 108 Abs. 3 S. 1, § 24 Abs. 2 GVG). Hier scheidet die Verhängung der Maßregel des § 63 StGB aus.

8 Hinsichtlich der Sicherungsverwahrung gilt dasselbe: Steht nicht schon bei Erhebung der Anklage fest, dass eine Sicherungsverwahrung gem. § 7 Abs. 2 in Betracht kommt (dann § 41 Abs. 1 Nr. 5), sondern stellt sich dies erst während der Hauptverhandlung heraus, so kann das JugSchG die Sicherungsverwahrung für Jugendliche und Heranwachsende, die nach JGG abgeurteilt werden, aussprechen.[7]

9 Die dargestellte Zuständigkeit des JugSchG gilt auch für das Sicherungsverfahren gem. § 413 ff. StPO.[8]

IV. Abgabeverfahren

10 Nach Abs. 2 kann der Vorsitzende des JugSchG (§ 33a Abs. 2) bis zur Eröffnung der Hauptverhandlung bei der JugK die Übernahme der Sache beantragen. Die Entscheidung,

---

[1] LBN/*Nestler* Rn. 136; *Meier/Rössner/Schöch* § 13 Rn. 8; *Schaffstein/Beulke/Swoboda* Rn. 608; *Streng* Rn. 93; *Brunner/Dölling* §§ 39–41 Rn. 15; *Dallinger/Lackner* Rn. 1; *Diemer/Schatz/Sonnen/Schatz* Rn. 2; *Eisenberg* JGG Rn. 7; *Nix/Herz* Rn. 6; *Ostendorf* Rn. 5.

[2] *Meier/Rössner/Schöch* § 13 Rn. 8 spricht von einem Widerspruch bzgl. der unterschiedlich zu verhängenden Höchststrafe und bezweifelt, ob dies rechtspolitisch sinnvoll ist.

[3] *Eisenberg* JGG Rn. 8; *Nix/Herz* Rn. 7.

[4] *Eisenberg* JGG Rn. 8; *Ostendorf* § 31 Rn. 9; aA *Brunner/Dölling* §§ 39–41 Rn. 41; *Dallinger/Lackner* Rn. 2; differenzierend *Diemer/Schatz/Sonnen/Schatz* Rn. 3, § 31 Rn. 53.

[5] *Eisenberg* JGG Rn. 8; *Ostendorf* § 31 Rn. 9.

[6] BVerfG 11.10.1985 – 2 BvR 1173/85, NJW 1986, 771; *Streng* Rn. 93; *Diemer/Schatz/Sonnen/Schatz* Rn. 5 f.; *Ostendorf* Rn. 5 krit. *Eisenberg* JGG Rn. 9 sowie *Eisenberg* NJW 1986, 2408 (2409). Für die entspr. Kompetenz des JugSchG auch bei der Aburteilung von Heranwachsenden nach dem JGG OLG Saarbrücken 15.5.1984 – 1 Ws 42/84, NStZ 1985, 93; OLG Stuttgart 27.10.1987 – 3 Ws 342/87, NStZ 1988, 225; LG Bonn 2.2.1976 – 11 Ms 69/74, NJW 1976, 2312.

[7] *Diemer/Schatz/Sonnen/Schatz* Rn. 7; krit. dazu *Eisenberg* JGG Rn. 9.

[8] *Brunner/Dölling* §§ 39–41 Rn. 16a; s. aber *Eisenberg* JGG Rn. 9, § 7 Rn. 7.

ob er einen solchen Antrag stellt, liegt in seinem freien Ermessen.⁹ Die StA hat hierauf keinen Einfluss.¹⁰

1. Zweck des Abs. 2. Die Vorlagemöglichkeit nach Abs. 2 stellt das Pendant zu § 29 **11** Abs. 2 GVG dar, wonach in allg. Strafsachen beim Schöffengericht die Mitwirkung eines zweiten Richters möglich ist, sofern der Umfang der Sache dies notwendig macht.¹¹

2. Übernahmeverfahren. In zeitlicher Hinsicht ist der Antrag auf Übernahme vom **12** Eingang der Anklageschrift bis zur Eröffnung des Hauptverfahrens möglich.¹² Nach Eröffnung des Hauptverfahrens kann das JugSchG nur noch nach § 2 Abs. 2, § 225a Abs. 1 S. 1 StPO bzw. § 270 Abs. 1 S. 1 StPO vorgehen (→ § 39 Rn. 10). Die Vorlage selbst berührt die sachliche Zuständigkeit des JugSchG nicht.¹³

Als Maßstab für eine Vorlage bezeichnet Abs. 2 den besonderen Umfang der Sache. **13** Gemeint ist damit allein der tatsächliche Umfang. Die besondere Bedeutung des Falles, ein besonderes öffentliches Interesse oder etwa rechtliche Schwierigkeiten sind irrelevant.¹⁴ Wann ein besonderer Umfang vorliegt, wird uneinheitlich beurteilt.¹⁵ Die RL zu §§ 39–41 nennt als Kriterien eine große Anzahl von Beschuldigten oder Zeugen. Jedenfalls dürfen nicht willkürlich mehrere kleinere Verfahren verbunden werden, um einen besonderen Umfang iSd Abs. 2 zu erreichen.¹⁶ Im Übrigen gebietet zwar der Beschleunigungsgrundsatz im Jugendstrafverfahren der JugK, keine allzu große Zurückhaltung bei der Übernahmeentscheidung an den Tag zu legen, um eine Überforderung der JugSchG in zeitlicher, personeller und sachlicher Hinsicht sowie eine damit einhergehende Verfahrensverzögerung zu vermeiden.¹⁷ Dennoch hat die JugK bei der Entscheidung über die Übernahme stets zu berücksichtigen, dass durch die Übernahme eine Tatsacheninstanz verloren geht (§ 2 Abs. 2, §§ 312, 333 StPO), was nicht bedenkenlos in jedem Fall hingenommen werden darf.¹⁸

Das Übernahmeverfahren ist Teil des Zwischenverfahrens.¹⁹ Über die Regelung des § 2 **14** Abs. 2, § 201 Abs. 1 StPO hinaus regelt Abs. 3, dass der Vorsitzende der Kammer im Fall einer Vorlage des Verfahrens zur Übernahme durch die JugK dem Angeschuldigten eine Frist zu setzen hat, innerhalb derer dieser erklären kann, ob er die Vornahme einzelner Beweiserhebungen vor der Hauptverhandlung beantragen will. Abs. 3 dient dem Schutz des Angeschuldigten, der sich in diesem Zusammenhang auch zur Frage der Übernahme

---

⁹ *Eisenberg* JGG Rn. 14; *Ostendorf* Rn. 7.
¹⁰ Vgl. RL zu §§ 39–41; *Dallinger/Lackner* Rn. 11; nach MRTW/*Czerner/Habetha* Rn. 10 sind Anregungen der StA zulässig.
¹¹ HM, vgl. Diemer/Schatz/Sonnen/*Schatz* Rn. 11; *Eisenberg* JGG Rn. 14; *Ostendorf* Rn. 7; krit. zu § 40 Abs. 2 *Simon* DRiZ 1980, 455 (456).
¹² *Brunner/Dölling* §§ 39–41 Rn. 34a; *Dallinger/Lackner* Rn. 13; Diemer/Schatz/Sonnen/*Schatz* Rn. 10; *Eisenberg* JGG Rn. 14; *Ostendorf* Rn. 8; nach BGH 2.9.1960 – 5 StR 297/60, NJW 1960, 2203 kann das Revisionsgericht ein Verfahren der allg. Strafkammer an die JugK zurückverweisen, wenn zwar grds. das JugSchG zuständig wäre, der Fall aber besonders umfangreich ist und eine Verweisung vom JugSchG an die JugK gem. § 40 Abs. 2 wegen des bereits eröffneten Hauptverfahrens nicht mehr in Betracht kommt. Dem Urteil lag allerdings ein Fall zugrunde, in dem erst in der Revision die Zuständigkeit der Jugendgerichtsbarkeit bemerkt wurde.
¹³ OLG Karlsruhe 18.12.1979 – 2 ARs 30/79, MDR 1980, 427.
¹⁴ *Brunner/Dölling* §§ 39–41 Rn. 34a; *Dallinger/Lackner* Rn. 12; Diemer/Schatz/Sonnen/*Schatz* Rn. 13; *Eisenberg* JGG Rn. 14.
¹⁵ *Simon* DRiZ 1980, 455 (456): mehr als ein Verhandlungstag; MRTW/*Czerner/Habetha* Rn. 9: „Umfang einer Tagessache" als Abgrenzungskriterium; BGH 2.9.1960 – 5 StR 297/60, NJW 1960, 2203: zwei Verhandlungstage; dazu krit. Diemer/Schatz/Sonnen/*Schatz* Rn. 12; nach LG Koblenz 19.3.2012 – 2 Qs 9/12 (2070 Js 18204/11 jug 2 Ls. – AG St. Goar), ZJJ 2012, 208 begründen vier Verhandlungstage mit sechs Zeugen und einem Sachverständigen noch keinen besonderen Umfang iSd Abs. 2.
¹⁶ Diemer/Schatz/Sonnen/*Schatz* Rn. 15; *Eisenberg* JGG Rn. 14; MRTW/*Czerner/Habetha* Rn. 11; s. auch BGH 19.8.1982 – 4 StR 387/82, bei *Böhm* NStZ 1983, 448 (449).
¹⁷ *Simon* DRiZ 1980, 455 (456); *Dallinger/Lackner* Rn. 13.
¹⁸ *Burscheidt* S. 40; *Nothacker* S. 318 f.; Nix/*Herz* Rn. 9; *Ostendorf* Rn. 7.
¹⁹ *Dallinger/Lackner* Rn. 14; Diemer/Schatz/Sonnen/*Schatz* Rn. 10; *Eisenberg* JGG Rn. 15; MRTW/*Czerner/Habetha* Rn. 12; *Ostendorf* Rn. 8.

erklären kann.²⁰ Da ein unverteidigter Angeschuldigter idR nicht in der Lage sein dürfte, dieses Recht selbstständig wahrzunehmen, ist die Beiordnung eines Pflichtverteidigers gem. § 68 Nr. 1. iVm § 140 Abs. 2 StPO stets zu prüfen.²¹

15   **3. Entscheidung der JugK.** Die Entscheidung der JugK (§§ 33a Abs. 2, 33b Abs. 3), das Verfahren zu übernehmen oder die Übernahme abzulehnen, ist eine gem. Abs. 4 S. 1 unanfechtbare Ermessensentscheidung. Dies ist mit Blick auf Art. 101 Abs. 1 S. 2 GG äußerst bedenklich.²²

16   Entschließt sich die Kammer zur Übernahme, so hat sie gem. Abs. 4 S. 2 den Übernahmebeschluss mit dem Eröffnungsbeschluss zu verbinden.²³ Der Übernahmebeschluss begründet die sachliche Zuständigkeit der JugK; zugleich entfällt die sachliche Zuständigkeit des JugSchG.²⁴ Nach einer Entscheidung des LG Frankfurt a. M. kann sich die Übernahme durch die Kammer auf das Zwischenverfahren beschränken, wenn am Ende des Zwischenverfahrens ein derart reduzierter Anklageumfang Gegenstand des Hauptverfahrens sein soll, dass eine Entscheidung durch die JugK nicht geboten ist.²⁵ In einem solchen Fall kann die JugK schlussendlich doch vor dem JugSchG eröffnen. Praktische Folge dieses Vorgehens ist, dass nicht erst die JugK nach umfangreicher Aktenprüfung die Übernahme ablehnt und sodann das JugSchG selbst erneut das Zwischenverfahren vollständig durchführen muss.²⁶

17   Lehnt die Kammer die Übernahme ab, so wird das Verfahren vor dem JugSchG fortgeführt.

V. Revision

18   Zur Revision im Fall einer Entscheidung durch ein sachlich unzuständiges Gericht → § 39 Rn. 15.

19   Wegen Abs. 4 S. 1 ist die (stattgebende oder ablehnende) Übernahmeentscheidung der JugK ebensowenig revisibel wie die Unterlassung des Antrags auf Übernahme durch den Vorsitzenden des JugSchG.

§ 41 Sachliche Zuständigkeit der Jugendkammer

(1) Die Jugendkammer ist als erkennendes Gericht des ersten Rechtszuges zuständig in Sachen,
1. **die nach den allgemeinen Vorschriften einschließlich der Regelung des § 74e des Gerichtsverfassungsgesetzes zur Zuständigkeit des Schwurgerichts gehören,**
2. **die sie nach Vorlage durch das Jugendschöffengericht wegen ihres besonderen Umfangs übernimmt (§ 40 Abs. 2),**

---

²⁰ *Dallinger/Lackner* Rn. 14; ob Abs. 3 die Funktion hat, den Verlust einer Tatsacheninstanz für den Angeschuldigten auszugleichen, ist str.; bejahend *Brunner/Dölling* §§ 39–41 Rn. 34a; Diemer/Schatz/Sonnen/*Schatz* Rn. 17; zw. *Eisenberg* JGG Rn. 15; zum Inhalt des Beweisantragsrechts sowie zur Erklärungsfrist s. Diemer/Sonnen/*Schatz* Rn. 18 f.

²¹ Vgl. Diemer/Schatz/Sonnen/*Schatz* Rn. 17; MRTW/*Czerner/Habetha* Rn. 13: Beiordnung eines Pflichtverteidigers erforderlich; *Ostendorf* Rn. 8, § 68 Rn. 9.

²² Krit. dazu *Simon* DRiZ 1980, 455 (456) sowie Diemer/Schatz/Sonnen/*Schatz* Rn. 21; nach OLG Karlsruhe 18.12.1979 – 2 ARs 30/79, MDR 1980, 427 kommt eine Überprüfung der Entscheidung auch nicht gem. § 2 Abs. 2, §§ 14, 19 StPO analog in Betracht, da der Gesetzgeber die Überprüfbarkeit der Ermessensentscheidung bewusst ausgeschlossen hat; für eine Änderung des § 40 Abs. 4 de lege ferenda MRTW/*Czerner/Habetha* Rn. 15.

²³ Der Übernahmebeschluss ersetzt nicht den Eröffnungsbeschluss, BGH 8.10.2002 – 5 StR 349/02, NStZ-RR 2003, 95; 11.1.2011 – 3 StR 484/10, NStZ-RR 2011, 150; LBN/*Nestler* Rn. 131 aE; *Brunner/Dölling* §§ 39–41 Rn. 34a; Diemer/Schatz/Sonnen/*Schatz* Rn. 21; MRTW/*Czerner/Habetha* Rn. 16.

²⁴ OLG Karlsruhe 18.12.1979 – 2 ARs 30/79, MDR 1980, 427.

²⁵ LG Frankfurt a. M. 12.2.1996 – 5/3 KLs 42 Js 17143.3/95, NStZ-RR 1996, 251 (252).

²⁶ I.E. auch *Eisenberg* JGG Rn. 16; aA Diemer/Schatz/Sonnen/*Schatz* Rn. 16, wonach in einem solchen Fall bereits die Übernahme abzulehnen ist; abl. auch *Brunner/Dölling* §§ 39–41 Rn. 34a.

3. die nach § 103 gegen Jugendliche und Erwachsene verbunden sind, wenn für die Erwachsenen nach allgemeinen Vorschriften eine große Strafkammer zuständig wäre,
4. bei denen die Staatsanwaltschaft wegen der besonderen Schutzbedürftigkeit von Verletzten der Straftat, die als Zeugen in Betracht kommen, Anklage bei der Jugendkammer erhebt und
5. bei denen dem Beschuldigten eine Tat der in § 7 Abs. 2 bezeichneten Art vorgeworfen wird und eine höhere Strafe als fünf Jahre Jugendstrafe oder die Unterbringung in einem psychiatrischen Krankenhaus zu erwarten ist.

(2) ¹Die Jugendkammer ist außerdem zuständig für die Verhandlung und Entscheidung über das Rechtsmittel der Berufung gegen die Urteile des Jugendrichters und des Jugendschöffengerichts. ²Sie trifft auch die in § 73 Abs. 1 des Gerichtsverfassungsgesetzes bezeichneten Entscheidungen.

Schrifttum: *Holtz,* Aus der Rechtsprechung des Bundesgerichtshofs in Strafsachen, MDR 1977, 807; *Meyer-Goßner,* Die Verbindung von Strafsachen beim Landgericht, NStZ 2004, 353; *Pentz,* Zweifelsfragen im Strafverfahren gegen Jugendliche, GA 1975, 299; *Rohde,* Die Rechte und Befugnisse des Verletzten im Strafverfahren gegen Jugendliche, Duisburg 2009; *Sowada,* Der gesetzliche Richter im Strafverfahren, Berlin u.a. 2002.

Übersicht

	Rn.		Rn.
I. Anwendungsbereich	1	e) Zuständigkeit bei Anklage wegen einer Tat iSd § 7 Abs. 2, § 41 Abs. 1 Nr. 5	9
II. Zuständigkeit der JugK	2–15	f) Zuständigkeit im Fall des § 108 Abs. 3 S. 2	10
1. Erstinstanzliche Zuständigkeit	2–10	2. Verfahren bei sachlicher Unzuständigkeit der JugK; sonstige Zuständigkeiten	11–11b
a) Zuständigkeit eines Schwurgerichts, Abs. 1 Nr. 1	2–4	3. JugK als Rechtsmittelinstanz	12–15
b) Zuständigkeit nach Übernahmebeschluss, Abs. 1 Nr. 2	5	a) Berufung, Abs. 2 S. 1	12–14
c) Zuständigkeit einer GrStrK im Fall einer Verbindung nach § 103, § 41 Abs. 1 Nr. 3	6, 7	b) Beschwerde, Abs. 2 S. 2, § 73 Abs. 1 GVG	15
d) Zuständigkeit wegen besonderer Schutzbedürftigkeit mutmaßlicher Verletzter, Abs. 1 Nr. 4	8	III. Rechtsfolgenkompetenz	16
		IV. Revision	17

I. Anwendungsbereich

Zum persönlichen und sachlichen Anwendungsbereich → § 39 Rn. 1. **1**

II. Zuständigkeit der JugK

1. Erstinstanzliche Zuständigkeit. a) Zuständigkeit eines Schwurgerichts, Abs. 1 **2** **Nr. 1.** Nach Abs. 1 Nr. 1 ist die JugK in Verfahren gegen Jugendliche und Heranwachsende zuständig, wenn in einem entspr. Verfahren gegen einen Erwachsenen das Schwurgericht gem. §§ 74 Abs. 2 S. 1, 74e GVG zuständig wäre. Dies gilt auch dann, wenn das Verfahren mit einem Verfahren gegen einen Erwachsenen verbunden ist und die Strafsache des Erwachsenen an sich vor dem Schwurgericht (auch in Verdrängung der Wirtschaftsstraf- oder Staatsschutzkammer gem. § 74e GVG) zu verhandeln wäre.¹

Hinsichtlich der Katalogtat des § 74 Abs. 2 GVG muss zum Zeitpunkt der Anklageerhebung ein hinreichender Tatverdacht bestehen.² Ein verbesserter Schutz des Angekl. vor **3**

---
¹ BT-Drs. 8/976, 69; *Brunner/Dölling* §§ 39–41 Rn. 10; Diemer/Schatz/Sonnen/*Schatz* Rn. 6; *Eisenberg* JGG Rn. 5; *Ostendorf* Rn. 3; zur Zuständigkeit bei verbundenen Verfahren, wenn für die Tat der Erwachsenen die Wirtschaftsstraf- oder Staatsschutzkammer zuständig ist s. *Brunner/Dölling* §§ 39–41 Rn. 12a.
² Diemer/Schatz/Sonnen/*Schatz* Rn. 6; MRTW/*Czerner* Rn. 5; *Nix* Rn. 5; *Ostendorf* Rn. 3; weitergehend *Brunner/Dölling* §§ 39–41 Rn. 10: nicht allzu fern liegender Verdacht, unter Berufung auf BGH 13.12.1960 – 5 StR 341/60, GA 1962, 149.

einer unnötigen „Hochstufung" des Verfahrens mit all seinen negativen Konsequenzen[3] (→ § 39 Rn. 6) wäre zwar zu erreichen, wenn mehr als nur ein hinreichender Tatverdacht erforderlich wäre.[4] Allerdings ist dieses „Mehr" nicht rechtssicher abzugrenzen.[5]

4 Ist das Verfahren vor der JugK eröffnet worden und entfällt der Verdacht einer Katalogtat iSd §§ 74 Abs. 2 S. 1, 74e GVG im Lauf des Verfahrens, so hat dies auf die Zuständigkeit der JugK keinen Einfluss.[6]

5 **b) Zuständigkeit nach Übernahmebeschluss, Abs. 1 Nr. 2.** Der Übernahmebeschluss iSd § 40 Abs. 2 begründet die sachliche Zuständigkeit der JugK; zugleich entfällt die sachliche Zuständigkeit des JugSchG.[7]

6 **c) Zuständigkeit einer GrStrK im Fall einer Verbindung nach § 103, § 41 Abs. 1 Nr. 3.** Werden Verfahren gegen Jugendliche bzw. Heranwachsende und Erwachsene gem. § 103 Abs. 1 verbunden, so ist gem. Abs. 1 Nr. 3 die JugK zuständig, wenn für das Verfahren gegen den Erwachsenen allein nach den §§ 74 Abs. 1, 76 Abs. 1 S. 1 Hs. 1 GVG die GrStrK zuständig wäre.[8] Diese Regelung ist erforderlich, weil andernfalls derartig verbundene Verfahren idR vor dem JugSchG verhandelt würden,[9] denn die Strafgewalt des JugSchG geht über die des Strafrichters nach § 24 Abs. 1 GVG hinaus. Um einen Gleichlauf im Jugend- und Erwachsenenstrafrecht zu gewährleisten und angeklagten Erwachsenen auch im Fall einer Verfahrensverbindung nach § 103 in jedem Fall die Zuständigkeit des LG zu erhalten, hat der Gesetzgeber deswegen Abs. 1 Nr. 3 geschaffen.[10] Für die mitangeklagten Jugendlichen und Heranwachsenden führt dies nicht nur zum Verlust einer Tatsacheninstanz, sondern birgt auch die Gefahr einer erhöhten Belastung durch das Verfahren selbst (→ § 39 Rn. 6).[11] In den v. Abs. 1 Nr. 3 ins Auge gefassten Konstellationen muss eine Verfahrensverbindung daher die Ausnahme bleiben.[12]

7 Zur Beantwortung der Frage, ob im Verfahren gegen einen Erwachsenen die GrStrK zuständig wäre, bedarf es einer Rechtsfolgenprognose, die sich am konkreten Fall zu orientieren hat.[13] Maßgeblich ist dabei nicht die wahrscheinlich zu erwartende Strafe, sondern die höchste noch in Betracht kommende Strafe, damit dem entscheidenden Gericht ein ausreichender Entscheidungsspielraum verbleibt und eine Rückverweisung gem. § 270 Abs. 1 StPO von vornherein vermieden wird.[14]

8 **d) Zuständigkeit wegen besonderer Schutzbedürftigkeit mutmaßlicher Verletzter, Abs. 1 Nr. 4.** Abs. 1 Nr. 4 regelt parallel zu § 24 Abs. 1 Nr. 3 GVG eine sog. bewegliche Zuständigkeit.[15] Danach kann die StA Anklage bei der JugK erheben, wenn sie mutmaßliche Verletzte, die als Zeugen in Betracht kommen, für besonders schutzwürdig erachtet.[16] Die besondere Schutzwürdigkeit ist zu bejahen, wenn bei einer weiteren Vernehmung des

---

[3] *Eisenberg* JGG Rn. 5a.
[4] *Eisenberg* JGG Rn. 4: ernsthafter Verdacht.
[5] Ähnlich MRTW/*Czerner/Habetha* Rn. 5.
[6] BGH bei *Holtz* MDR 1977, 807 (810); Diemer/Schatz/Sonnen/*Schatz* Rn. 6; MRTW/*Czerner/Habetha* Rn. 5; *Ostendorf* Rn. 3.
[7] OLG Karlsruhe 18.12.1979 – 2 ARs 30/79, MDR 1980, 427; zur systematisch verfehlten Stellung des § 41 Abs. 1 Nr. 2 s. Diemer/Schatz/Sonnen/*Schatz* Rn. 7.
[8] Wäre hingegen im Erwachsenenverfahren die Wirtschaftsstraf- oder Staatsschutzkammer zuständig, so geht deren Zuständigkeit vor, Diemer/Schatz/Sonnen/*Schatz* Rn. 8.
[9] *Ostendorf* Rn. 5.
[10] BT-Drs. 8/976, 69.
[11] Ebenso *Ostendorf* Rn. 5.
[12] Ebenso *Ostendorf* Rn. 5; *Brunner/Dölling* §§ 39–41 Rn. 12; Diemer/Schatz/Sonnen/*Schatz* Rn. 9.
[13] *Brunner/Dölling* §§ 39–41 Rn. 12.
[14] *Brunner/Dölling* §§ 39–41 Rn. 12; Diemer/Schatz/Sonnen/*Schatz* Rn. 10; *Ostendorf* Rn. 5; nach OLG Köln 11.4.2000 – 2 Ws 166/00, NStZ-RR 2000, 313 ist das Vorliegen eines minder schweren Falls v. Anfang an zu berücksichtigen.
[15] *Ostendorf* Rn. 6; krit. dazu *Eisenberg* JGG Rn. 7a sowie Diemer/Schatz/Sonnen/*Schatz* Rn. 13; zur Verfassungsmäßigkeit von § 24 Abs. 1 Nr. 2 GVG s. BVerfG 19.3.1959 – 1 BvR 295/58, BVerfGE 9, 223, NJW 1959, 871; aA *Sowada* S. 590.
[16] Meier/Rössner/*Schöch* § 13 Rn. 9.

Opferzeugen gravierende psychische Auswirkungen zu befürchten sind, wobei es auf die individuellen Umstände des Einzelfalls ankommt.[17] Die die besondere Schutzwürdigkeit begründenden Umstände sind grds. in der Anklage anzugeben.[18] Die Entscheidung der StA ist keine Ermessensentscheidung;[19] sie ist in vollem Umfang gerichtlich überprüfbar.[20] Die JugK ist daher an die Beurteilung durch die StA nicht gebunden.[21] Hält sie die Voraussetzungen des Abs. 1 Nr. 4 für nicht gegeben, so eröffnet sie das Verfahren gem. § 2 Abs. 2, § 209 Abs. 1 StPO vor dem zuständigen JugG.[22] Klagt die StA zunächst beim Jugendrichter an und bejaht dieser die Vorraussetzungen des Abs. 1 Nr. 4, so verfährt er nach § 2 Abs. 2, § 209 Abs. 2 StPO.[23] Sobald das Hauptverfahren eröffnet ist, scheidet eine weitere Verweisung von der JugK zum Jugendrichter aus, auch wenn sich die Umstände während der Hauptverhandlung verändern (§ 2 Abs. 2, §§ 269, 270 StPO).[24]

e) Zuständigkeit bei Anklage wegen einer Tat iSd § 7 Abs. 2, § 41 Abs. 1 Nr. 5. 9
Die Zuständigkeit der JugK nach Abs. 1 Nr. 5 setzt voraus, dass eine Tat iSd § 7 Abs. 2 angeklagt wird und die Sanktionsprognose eine höhere Strafe als fünf Jahre Jugendstrafe oder die Unterbringung in einem psychiatrischen Krankenhaus beinhaltet.[25] Dabei kann sich die prognostizierte Sanktion auch aus § 31 ergeben.[26] Nach dem Wortlaut des Abs. 1 Nr. 5 muss sie nicht wegen der Tat iSd § 7 Abs. 2 verhängt werden.[27]

f) Zuständigkeit im Fall des § 108 Abs. 3 S. 2. § 108 Abs. 3 S. 2 zieht ähnlich wie 10 Abs. 1 Nr. 3 die Konsequenz daraus, dass das JugSchG über eine größere Strafgewalt verfügt als dies § 24 Abs. 2 GVG im Erwachsenenstrafrecht vorsieht. Um eine damit einhergehende drohende Benachteiligung Heranwachsender, die nach StGB abgeurteilt werden, zu verhindern, normiert § 108 Abs. 3 S. 2 die Zuständigkeit der JugK, wenn im konkreten Fall eine höhere Strafe als vier Jahre Freiheitsstrafe oder die Unterbringung in einem psychiatrischen Krankenhaus (allein oder neben der Strafe) oder in der Sicherungsverwahrung zu erwarten ist. Der Zweck des § 108 Abs. 3 S. 2 macht es deshalb erforderlich, dass die JugK auch dann zuständig ist, wenn eine Verbindung mit einem Verfahren gegen einen Jugendlichen vorliegt.[28]

2. Verfahren bei sachlicher Unzuständigkeit der JugK; sonstige Zuständigkei- 11
ten. Zum Verfahren bei sachlicher Unzuständigkeit der JugK im Verhältnis zu anderen JugG → § 39 Rn. 15.

---

[17] Vgl. BT-Drs. 16/3038, 74; *Brunner/Dölling* §§ 39–41 Rn. 12b; *Diemer/Schatz/Sonnen/Schatz* Rn. 14; *Eisenberg* JGG Rn. 7b; ausf. und krit. zu § 41 Abs. 1 Nr. 4 *Rohde* S. 195 ff.; dem entgegentretend MRTW/*Czerner/Habetha* Rn. 10.
[18] OLG Hamburg 4.3.2005 – 2 Ws 22/05, NStZ 2005, 654 zu § 24 Abs. 1 Nr. 3 GVG; *Brunner/Dölling* §§ 39–41 Rn. 12b; *Diemer/Schatz/Sonnen/Schatz* Rn. 15; MRTW/*Czerner/Habetha* Rn. 9.
[19] *Ostendorf* Rn. 6; *Eisenberg* JGG Rn. 7b mwN.
[20] BVerfG 19.3.1959 – 1 BvR 295/58, BVerfGE 9, 223 = NJW 1959, 871 zu § 24 Abs. 1 Nr. 2 GVG; OLG Hamburg 4.3.2005 – 2 Ws 22/05, NStZ 2005, 654 zu § 24 Abs. 1 Nr. 3 GVG; BT-Drs. 16/3038, 74; *Brunner/Dölling* §§ 39–41 Rn. 12b; *Eisenberg* JGG Rn. 7c; MRTW/*Czerner/Habetha* Rn. 12; für eine nur eingeschränkte gerichtliche Überprüfungsbefugnis OLG Schleswig 15.6.1984 – 1 Ws 366/84, NStZ 1985, 75.
[21] *Diemer/Schatz/Sonnen/Schatz* Rn. 15; *Eisenberg* JGG Rn. 7a; *Ostendorf* Rn. 6.
[22] *Ostendorf/Drenkhahn* Jugendstrafrecht Rn. 72; *Eisenberg* Rn. 7c; *Ostendorf* Rn. 6; gegen diese Entscheidung steht der StA die sofortige Beschwerde gem. § 210 Abs. 2 StPO zu, *Ostendorf* Rn. 6.
[23] LG Koblenz 19.3.2012 – 2 Qs 9/12 (2070 Js 18204/11 jug 2 Ls. – AG St. Goar), ZJJ 2012, 208; ausf. dazu MRTW/*Czerner/Habetha* Rn. 11.
[24] *Diemer/Schatz/Sonnen/Schatz* Rn. 15; *Ostendorf* Rn. 6.
[25] Krit. zu § 41 Abs. 1 Nr. 5 *Eisenberg* JGG Rn. 8.
[26] *Ostendorf* Rn. 7.
[27] *Ostendorf* Rn. 7 folgert jedoch in teleologischer und systematischer Auslegung sowie unter Berücksichtigung der Grundsätze zu § 66 Abs. 3 StGB, dass sich die Sanktionsprognose allein aus Katalogtaten ergeben muss; etwas anders im Erg. *Diemer/Schatz/Sonnen/Schatz* Rn. 19: der Anlasstat muss „für die Höhe der Einheitsjugendstrafe zumindest wesentliche Bedeutung" zukommen.
[28] *Ostendorf* Rn. 8.

11a Die JuGK trifft im OWi-Verfahren die Rechtsmittelentscheidungen (§§ 70 Abs. 2, 104 Abs. 3 S. 1, 108 Abs. 1 S. 2 Hs. 2, 110 Abs. 2 S. 2 OWiG).

11b Hat die JugK als Jugendschutzkammer das Hauptverfahren eröffnet, darf sie das Verfahren nicht mehr unter Verweis auf ihre fehlende Zuständigkeit einstellen, weil das Schwurgericht zuständig wäre. Wurde die Anklage einmal zugelassen, so gelten JugK als Jugendschutzgericht und Schwurgerichtskammer als gleichrangig (§§ 225a Abs. 1 bzw. 270 Abs. 1 S. 1 Hs. 2, 209a Nr. 2a StPO).[29]

12 **3. JugK als Rechtsmittelinstanz. a) Berufung, Abs. 2 S. 1.** Die JugK entscheidet im Rechtsmittelverfahren über Berufungen gegen Urteile des Jugendrichters und des JugSchG. Maßgeblich für die Zuständigkeit der JugK ist dabei allein, welches Gericht in erster Instanz entschieden hat,[30] nicht aber, ob der Rechtsmittelführer Jugendlicher, Heranwachsender oder Erwachsener ist und ob er nach JGG oder StGB abgeurteilt wurde.[31]

13 Bei sachlicher Unzuständigkeit des erstinstanzlichen Gerichts wird die Sache aufgehoben und an das sachlich zuständige Gericht verwiesen (§ 2 Abs. 2, § 328 Abs. 2 StPO). Richtet sich die Berufung gegen ein Urteil der großen JugK und hält sich die angerufene große JugK selbst für sachlich zuständig, so hält der BGH eine „Überleitung an sich selbst" für zulässig.[32] Dem steht die Regelung des § 33b Abs. 2 S. 2 entgegen, wonach die JugK vor Beginn der Hauptverhandlung über ihre Besetzung entscheiden muss und diese Entscheidung nach ihrem Beginn nicht mehr korrigiert werden kann (§ 33b Abs. 5). Wegen möglicherweise abweichender Besetzungserfordernisse der großen JugK bei erst- und zweitinstanzlicher Entscheidung (§ 33b Abs. 2, 3) muss daher stets eine Verweisung an die große JugK als Gericht erster Instanz erfolgen.[33]

14 Eine Verbindung von erst- und zweitinstanzlichen Verfahren vor der sachlich zuständigen großen JugK ist möglich, wenn über die Besetzung noch neu entschieden werden kann (§ 33b Abs. 2 S. 2, Abs. 5).[34]

15 **b) Beschwerde, Abs. 2 S. 2, § 73 Abs. 1 GVG.** Die JugK entscheidet über Beschwerden gegen Verfügungen und Entscheidungen des Jugendrichters und Entscheidungen des JugSchG, § 31 Abs. 2 S. 2, § 73 Abs. 1 GVG sowie in Verfahren gegen Jugendliche und Heranwachsende über Anträge auf gerichtliche Entscheidungen gegen Maßnahmen der StA nach § 2 Abs. 2, § 161a Abs. 2 S. 1, Abs. 3 S. 1 StPO.[35]

III. Rechtsfolgenkompetenz

16 Entscheidet die JugK erstinstanzlich, so verfügt sie über eine unbeschränkte Rechtsfolgenkompetenz. Bei einer Entscheidung als Berufungsgericht muss sie sich iRd Rechtsfol-

---

[29] BGH 31.1.1996 – 2 StR 621/95, NStZ 1996, 346; OLG Saarbrücken 22.8.2003 – 1 Ws 97/03 (H), NStZ-RR 2003, 377; *Eisenberg* JGG Rn. 16.

[30] *Brunner/Dölling* §§ 39–41 Rn. 36; Diemer/Schatz/Sonnen/*Schatz* Rn. 23; *Eisenberg* JGG Rn. 9; *Ostendorf* Rn. 11.

[31] Daher ist die JugK auch dann zuständig, wenn nur ein Erwachsener Berufung einlegt, der wegen Verfahrensverbindung in der ersten Instanz vor dem Jugendgericht angeklagt war, BGH 30.1.1968 – 1 StR 319/67, BGHSt 22, 48 = NJW 1968, 952; anders noch BGH 13.5.1959 – 4 StR 439/58, BGHSt 13, 157 = NJW 1959, 1694: Zuständigkeit der StrK.

[32] BGH 21.3.1967 – 1 StR 60/67, BGHSt 21, 229 = NJW 1967, 1239; BGH 16.6.2009 – 4 StR 647/08, NStZ 2010, 94; zust. Diemer/Schatz/Sonnen/*Schatz* Rn. 25; MRTW/*Czerner* Rn. 15; krit. *Eisenberg* JGG Rn. 11.

[33] Meyer-Goßner/Schmitt/*Meyer-Goßner* StPO § 328 Rn. 11; *Ostendorf* Rn. 13.

[34] BGH 3.2.1976 – 1 StR 694/75, BGHSt 26, 271 = NJW 1976, 720 zum Erwachsenenstrafrecht; anders *Brunner/Dölling* §§ 39–41 Rn. 36a: Zulässigkeit einer Verfahrensverbindung (vor Schaffung des § 33b), ohne auf die Besetzungsentscheidung abzustellen; ebenso Diemer/Schatz/Sonnen/*Schatz* Rn. 27; *Ostendorf* Rn. 13; *Meyer-Goßner* NStZ 2004, 353 (358): kein Vorgehen nach § 4 StPO, sondern nach § 237 StPO.

[35] Zur Zuständigkeit bei sofortiger Beschwerde der StA gegen die Ablehnung der Eröffnung des Hauptverfahrens durch den Strafrichter beim AG, wenn die Zuständigkeit des JugSchG im Raum steht s. OLG Zweibrücken 24.5.1993 – 1 AR 46/93-1, NStZ 1994, 48.

genkompetenz des Ausgangsgerichts halten.[36] Hat eine JugK in der Berufungsverhandlung ihre Rechtsfolgenkomptenz überschritten, so ist nach ständiger Rspr. eine Umdeutung in ein erstinstanzliches Urteil zulässig, wenn insoweit die maßgeblichen Verfahrensvorschriften beachtet wurden.[37]

IV. Revision

Zur Bedeutung der sachlichen Zuständigkeit in der Revision → § 39 Rn. 15. Die Prüfung der sachlichen Zuständigkeit im Revisionsverfahren erstreckt sich auch auf die Einhaltung der Rechtsfolgenkompetenz durch das Berufungsgericht.[38] **17**

§ 42 Örtliche Zuständigkeit

(1) Neben dem Richter, der nach dem allgemeinen Verfahrensrecht oder nach besonderen Vorschriften zuständig ist, sind zuständig
1. der Richter, dem die familiengerichtlichen Erziehungsaufgaben für den Beschuldigten obliegen,
2. der Richter, in dessen Bezirk sich der auf freiem Fuß befindliche Beschuldigte zur Zeit der Erhebung der Anklage aufhält,
3. solange der Beschuldigte eine Jugendstrafe noch nicht vollständig verbüßt hat, der Richter, dem die Aufgaben des Vollstreckungsleiters obliegen.

(2) Der Staatsanwalt soll die Anklage nach Möglichkeit vor dem Richter erheben, dem die familiengerichtlichen Erziehungsaufgaben obliegen, solange aber der Beschuldigte eine Jugendstrafe noch nicht vollständig verbüßt hat, vor dem Richter, dem die Aufgaben des Vollstreckungsleiters obliegen.

(3) ¹Wechselt der Angeklagte seinen Aufenthalt, so kann der Richter das Verfahren mit Zustimmung des Staatsanwalts an den Richter abgeben, in dessen Bezirk sich der Angeklagte aufhält. ²Hat der Richter, an den das Verfahren abgegeben worden ist, gegen die Übernahme Bedenken, so entscheidet das gemeinschaftliche obere Gericht.

Schrifttum: *Becker,* Zweifelsfragen aus dem Jugendgerichtsgesetz, NJW 1954, 335; *Bezjak/Sommerfeld,* Die örtliche Zuständigkeit des Ermittlungsrichters im Jugendstrafverfahren, ZJJ 2008, 251; *Ebert,* Beschleunigung in Jugendstrafverfahren durch örtliche Zuständigkeiten bei der Staatsanwaltschaft?, ZJJ 2015, 32; *Grethlein,* Wann begründet der Aufenthalt in einer Fürsorge-Erziehungsanstalt eine JGG-Zuständigkeit?, DRiZ 1955, 111; *Lackner,* Die Abgabe des Verfahrens nach dem Jugendgerichtsgesetz, GA 1956, 378; *Lange,* Darf und soll die Staatsanwaltschaft bei Gruppendelikten Jugendlicher in besonderen Fällen abweichend von den Gerichtsständen des § 42 JGG eine gemeinsame Anklage zum Tatortgericht erheben? NStZ 1995, 110; *Pentz,* Neue Zweifelsfragen nach dem Jugendgerichtsgesetz, NJW 1954, 1351; *Schnitzerling,* Die Abgabe des Jugendgerichtsverfahrens bei einem Aufenthaltswechsel des Angeklagten, DRiZ 1958, 315.

Übersicht

	Rn.		Rn.
I. Anwendungsbereich	1–4	3. Vollstreckungsleiter, Abs. 1 Nr. 3	8
II. Die einzelnen Gerichtsstände	5–8	III. Auswahl des Gerichtsstandes, Abs. 2	9, 10
1. Familiengerichtliche Zuständigkeit, Abs. 1 Nr. 1	5		
2. Freiwilliger Aufenthaltsort, Abs. 1 Nr. 2	6, 7	IV. Abgabe des Verfahrens, Abs. 3	11–14

---

[36] *Pentz* GA 1975, 299 (302); *Brunner/Dölling* §§ 39–41 Rn. 36a; *Diemer/Schatz/Sonnen/Schatz* Rn. 25; *Eisenberg* Rn. 11; *Ostendorf* Rn. 12.
[37] BGH 23.4.1968 – 3 StR 63/68, GA 1968, 340; BGH 21.3.1967 – 1 StR 60/67, BGHSt 21, 229 = NJW 1967, 1239; BGH 18.6.1970 – 4 StR 141/70, BGHSt 23, 283 = NJW 1970, 1614; BGH 23.4.1996 – 4 StR 142/96, NStZ-RR 1997, 22; 16.6.2009 – 4 StR 647/08, NStZ 2010, 94; zust. *Brunner/Dölling* §§ 39–41 Rn. 36a; *Diemer/Schatz/Sonnen/Schatz* Rn. 26; abl. *Eisenberg* JGG Rn. 11; *Ostendorf* Rn. 13.
[38] BGH 21.10.1969 – 5 StR 435/69, NJW 1970, 155.

I. Anwendungsbereich

1 § 42 gilt uneingeschränkt nur für Jugendliche. Für Heranwachsende, die nach JGG abgeurteilt werden, entfällt Abs. 1 Nr. 1, da familiengerichtliche Maßnahmen für sie nicht mehr in Betracht kommen.[1]

2 § 42 regelt die örtliche Zuständigkeit aller sachlich zuständigen JugG.[2] Die umstr. Anwendbarkeit des § 42 auch im Ermittlungsverfahren ist aus systematischen und teleologischen Gründen jedenfalls de lege ferenda zu befürworten.[3] In Strafverfahren gegen Jugendliche und Heranwachsende vor den Erwachsenengerichten ist § 42 unanwendbar.[4] Richtet sich das Verfahren nach dem OWiG, kommt § 42 hingegen gem. § 46 Abs. 1 OWiG zur Anwendung.[5]

3 Für die örtliche Zuständigkeit der JStA gilt § 42 über § 2 Abs. 2, § 143 Abs. 1 GVG.[6]

4 § 42 bezweckt aus erzieherischen Gründen eine räumliche und personelle Nähe des entscheidenden Gerichts.[7] Gegenüber den Gerichtsständen des allg. Verfahrensrechts sind die besonderen jugendgerichtlichen Gerichtsstände daher gem. Abs. 2 vorrangig,[8] und zwar auch dann, wenn Konzentrationsvorschriften für bestimmte Verfahren und Delikte greifen.[9]

II. Die einzelnen Gerichtsstände

5 **1. Familiengerichtliche Zuständigkeit, Abs. 1 Nr. 1.** Abs. 1 Nr. 1 normiert die örtliche Zuständigkeit desjenigen Gerichts, das nach § 152 Abs. 1–3 (nicht Abs. 4[10]) FamFG zuständig ist oder zuständig wäre, wobei maßgeblich ist, in welchem Gerichtsbezirk die familiengerichtlichen Aufgaben wahrzunehmen sind oder wären.[11] Ob dort ein Verfahren anhängig ist oder nicht, oder ob dem Gericht die familienrichterlichen Erziehungsaufgaben übertragen sind, spielt keine Rolle.[12] Ebensowenig ist eine personelle Identität zwischen familiengerichtlichen und strafrechtlichen Entscheidungsträgern gem. § 34 Abs. 2 erforderlich.[13]

6 **2. Freiwilliger Aufenthaltsort, Abs. 1 Nr. 2.** Mit der Anknüpfung an den freiwilligen Aufenthaltsort hat der Gesetzgeber klargestellt, dass ein Wohnsitz oder gewöhnlicher

---

[1] LBN/*Nestler* Rn. 143; *Meier/Rössner/Schöch* § 13 Rn. 14; *Brunner/Dölling* Rn. 4; *Diemer/Schatz/Sonnen/Schatz* Rn. 2; *Eisenberg* JGG Rn. 2; MRTW/*Czerner/Habetha* Rn. 3; *Ostendorf* Rn. 1.
[2] BGH 20.7.1962 – 4 StR 194/62, BGHSt 18, 1 = NJW 1962, 2116 (2117); *Dallinger/Lackner* Rn. 3; *Diemer/Schatz/Sonnen/Schatz* Rn. 5; *Eisenberg* JGG Rn. 5a; MRTW/*Czerner/Habetha* Rn. 2; *Ostendorf* Rn. 2.
[3] Für eine Geltung de lege lata AG Kiel 12.6.2008 – 29 Gs 81/08, ZJJ 2008, 392; *Ostendorf* Rn. 2 und Grdl. z. den §§ 39–42 Rn. 8; *Brunner/Dölling* Rn. 2; *Eisenberg* JGG Rn. 7; aA LG Köln 30.4.2008 – 104 Qs 84/08, ZJJ 2008, 390 (391); *Diemer/Schatz/Sonnen/Schatz* Rn. 3; *Meyer-Goßner/Schmitt/Meyer-Goßner* StPO § 162 Rn. 12; de lege ferenda zust. *Ostendorf/Drenkhahn* Jugendstrafrecht Rn. 75; MRTW/*Czerner/Habetha* Rn. 3 mwN; *Bezjus/Sommerfeld* ZJJ 2008, 251 (257).
[4] BGH 20.12.1962 – 2 ARs 81/62, BGHSt 18, 173 = NJW 1963, 501; *Diemer/Schatz/Sonnen/Schatz* Rn. 2; *Eisenberg* JGG Rn. 3.
[5] BGH 23.7.1969 – 2 ARs 201/69, BGHSt 23, 79 = NJW 1969, 1820; ausf. dazu *Diemer/Schatz/Sonnen/Schatz* Rn. 6f.; ob § 42 hier vorrangig ist oder gleichrangig neben § 68 Abs. 1 OWiG tritt, ist str.; für einen Vorrang *Ostendorf* Rn. 3 mwN; aA BGH 18.1.1974 – 2 ARs 369/74, BGHSt 25, 263 = NJW 1974, 708; KK-OWiG/*Bohnert* § 68 Rn. 33; *Nix* Rn. 3.
[6] *Brunner/Dölling* Rn. 3; *Dallinger/Lackner* Rn. 1; MRTW/*Czerner/Habetha* Rn. 4.
[7] *Eisenberg* JGG Rn. 7; MRTW/*Czerner/Habetha* Rn. 1.
[8] *Lange* NStZ 1995, 110 (111); LBN/*Nestler* Rn. 141; *Brunner/Dölling* Rn. 1; *Diemer/Schatz/Sonnen/Schatz* Rn. 4; *Eisenberg* JGG Rn. 6; MRTW/*Czerner/Habetha* Rn. 7; *Ostendorf* Rn. 4; aA BGH 26.6.1959 – 2 ARs 158/58, NJW 1959, 1834 (1835); 14.5.2008 – 2 ARs 168/08, NStZ 2008, 695; *Schaffstein/Beulke/Swoboda* Rn. 617f.
[9] *Brunner/Dölling* Rn. 2.
[10] *Brunner/Dölling* Rn. 4.
[11] *Diemer/Schatz/Sonnen/Schatz* Rn. 9; *Eisenberg* JGG Rn. 8; *Ostendorf* Rn. 5.
[12] *Diemer/Schatz/Sonnen/Schatz* Rn. 9; *Eisenberg* JGG Rn. 8; MRTW/*Czerner/Habetha* Rn. 8.
[13] *Ostendorf* Rn. 5.

Aufenthalt von gewisser Dauer für die Begr. der örtlichen Zuständigkeit nicht erforderlich ist.[14] Es genügt vielmehr auch ein nur vorübergehender Aufenthalt.[15] Maßgeblicher Zeitpunkt für die Aufenthaltsbestimmung ist die Anklageerhebung.[16] Danach gilt Abs. 3.

Der Beschuldigte muss sich zur Zeit der Anklageerhebung auf freiem Fuß befinden. **7** Ihm soll nicht durch einen hoheitlichen Freiheitsentzug der gesetzliche Richter iSd Art. 101 Abs. 1 S. 2 GG vorenthalten werden können.[17] Maßgeblich ist daher stets, ob dem Beschuldigten aufgrund eines staatlichen Hoheitsakts die Freiheit iSd Art. 104 GG entzogen wurde.[18] Vor diesem Hintergrund befindet sich daher auch derjenige auf freiem Fuß iSd Abs. 1 Nr. 2, dem ein Aufenthaltsgebot oder -verbot gem. § 10 Abs. 1 S. 3 Nr. 1 auferlegt wurde oder der auf Antrag der Personensorgeberechtigten in einem Heim untergebracht ist[19] (anders aber, wenn die Heimunterbringung auf §§ 9 Nr. 2, 12 Nr. 2 beruht[20]).

3. Vollstreckungsleiter, Abs. 1 Nr. 3. Die örtliche Zuständigkeit des Vollstre- **8** ckungsleiters nach Abs. 1 Nr. 3 ist nur dann gegeben, wenn eine Jugendstrafe gerade vollstreckt wird oder eine Reststrafenaussetzung nach § 88 erfolgt und die Bewährungszeit noch nicht abgelaufen ist (§§ 88 Abs. 6, 26a, 59 Abs. 4).[21] Der Wortlaut setzt die Verbüßung einer Jugendstrafe voraus, weswegen die Vollstreckung eines Jugendarrests oder eine nach § 21 zur Bewährung ausgesetzte Jugendstrafe nicht ausreicht.[22] Nach Abgabe der Vollstreckung gem. § 85 Abs. 5 ist ausschließlich der neue Vollstreckungsleiter zuständig. Die Entscheidung nach § 85 Abs. 5 ist zwar widerruflich, eine Parallelzuständigkeit von altem und neuem Jugendrichter ist jedoch wenig praktikabel und, vor dem Hintergrund, dass die Abgabe idR auf fehlender Vollzugsnähe beruhen wird, auch nicht zweckmäßig.[23]

III. Auswahl des Gerichtsstandes, Abs. 2

Abs. 2 normiert eine „RL für das Auswahlermessen", das der StA bei der Wahl des **9** Gerichtsstands zusteht.[24] Danach steht an erster Stelle der Gerichtsstand des Vollstreckungsleiters, an zweiter Stelle der familiengerichtliche Gerichtsstand und an letzter Stelle der Gerichtsstand des freiwilligen Aufenthaltes.[25] Bei der Entscheidung hat die StA nach pflichtgemäßem Ermessen zu handeln und insbes. den grds. Vorrang der jugendgerichtlichen vor den allg. Gerichtsständen zu beachten.[26]

---

[14] S. BGH 10.1.2007 – 2 ARs 545/06, ZJJ 2007, 82.
[15] Zur Bedeutung der Aufenthaltsdauer vor dem Hintergrund der intendierten Verfahrensbeschleunigung *Brunner/Dölling* Rn. 5; MRTW/*Czerner/Habetha* Rn. 10.
[16] Diemer/Schatz/Sonnen/*Schatz* Rn. 12.
[17] BGH 26.6.1959 – 2 ARs 158/58, NJW 1959, 1834 (1835); BT-Drs. 1/3264, 45; zust. *Eisenberg* JGG Rn. 11; MRTW/*Czerner/Habetha* Rn. 11; weitergehend *Ostendorf* Rn. 8.
[18] *Eisenberg* JGG Rn. 11.
[19] *Brunner/Dölling* Rn. 5; *Dallinger/Lackner* Rn. 9; Diemer/Schatz/Sonnen/*Schatz* Rn. 14; *Eisenberg* JGG Rn. 11; MRTW/*Czerner/Habetha* Rn. 11; aA bzgl. § 10 Abs. 1 S. 3 Nr. 1 *Ostendorf* Rn. 8.
[20] BGH 27.4.1954 – 3 ARs 18/54, NJW 1954, 1775; 26.6.1959 – 2 ARs 158/58, NJW 1959, 1834; OLG Celle 24.4.1958 – Gen. (2 Str. S) 2/58, NJW 1958, 1835; *Pentz* NJW 1954, 1351 (1352); Diemer/Schatz/Sonnen/*Schatz* Rn. 14; *Eisenberg* Rn. 11; aA OLG Hamm 5.1.1959 – 3 Ws 535/58, NJW 1959, 1095; *Grethlein* DRiZ 1955, 111 (112); *Brunner/Dölling* Rn. 5.
[21] *Becker* NJW 1954, 335 (336); *Brunner/Dölling* Rn. 6; MRTW/*Czerner/Habetha* Rn. 14.
[22] *Brunner/Dölling* Rn. 6; Diemer/Schatz/Sonnen/*Schatz* Rn. 17; *Eisenberg* JGG Rn. 14; MRTW/*Czerner/Habetha* Rn. 14; *Ostendorf* Rn. 9.
[23] MRTW/*Czerner/Habetha* Rn. 14; *Ostendorf* Rn. 9; für eine Parallelzuständigkeit hingegen Diemer/Schatz/Sonnen/*Schatz* Rn. 18; *Eisenberg* JGG Rn. 14; zw. *Brunner/Dölling* Rn. 6.
[24] BGH 14.5.2008 – 2 ARs 168/08, NStZ 2008, 695; Schaffstein/Beulke/Swoboda Rn. 622; *Brunner/Dölling* Rn. 7.
[25] Schaffstein/Beulke/Swoboda Rn. 622; zu Einzelfällen *Ostendorf* Rn. 10.
[26] Diemer/Schatz/Sonnen/*Schatz* Rn. 21; *Eisenberg* JGG Rn. 15; der BGH spricht eben allerdings nur von einer „Richtlinie für das Auswahlermessen", BGH 14.5.2008 – 2 ARs 168/08, NStZ 2008, 695. S. ansonsten a. RL 1.

10 Klagt die StA bei einem örtlich unzuständigen Gericht an, so erklärt sich das angegangene Gericht für unzuständig,[27] ggf. Ablehnung der Eröffnung des Verfahrens.[28] Eine Verweisung findet nicht statt.[29] Wurde das Hauptverfahren vor einem örtlich unzuständigen Gericht eröffnet, so gelten §§ 16, 206a, 260 Abs. 3, 338 Nr. 4 StPO.

IV. Abgabe des Verfahrens, Abs. 3

11 Die Abgabemöglichkeit des Abs. 3 dient der Realisierung des Grundsatzes der Entscheidungsnähe.[30] Abs. 3 gilt erst ab Eröffnung des Hauptverfahrens.[31] Im Fall eines Aufenthaltswechsels vor Anklageerhebung kann der JStA das Verfahren formlos an eine andere StA abgeben.[32] Wechselt der Beschuldigte nach Anklageerhebung, aber noch vor Eröffnung des Hauptverfahrens seinen Wohnsitz, so kann das angegangene Gericht nach Erlass des Eröffnungsbeschlusses nach Abs. 3 abgeben.[33] Zur Verhinderung unzulässiger Eingriffe in den Instanzenzug ist die Abgabe nur bis zum Erlass des Urteils in der ersten Instanz zulässig.[34] Bis dahin kann auch eine mehrfache Abgabe erfolgen.[35]

12 Abs. 3 ist auch auf Angekl. anwendbar, die sich nicht auf freiem Fuß befinden.[36] Die Entscheidung über die Abgabe ist eine richterliche Ermessensentscheidung.[37]

---

[27] LG Verden 22.11.2007 – 3-36/07, StV 2008, 118 (119); OLG Hamm 10.9.1998 – 2 Ws 376/98, NStZ-RR 1999, 16 (17); *Ostendorf* Rn. 11.

[28] *Brunner/Dölling* Rn. 8; MRTW/*Czerner/Habetha* Rn. 17: Ablehnung der Eröffnung des Hauptverfahrens; BGH 23.7.1976 – 1 SS (B) 292/76, bei *Bubnoff* GA 1977, 58.

[29] OLG Braunschweig 21.7.1961 – Ss 119/61, JZ 1962, 420; OLG Hamm 12.9.1960 – 2 Ss 476/60, NJW 1961, 232; *Brunner/Dölling* Rn. 8; Diemer/Schatz/Sonnen/*Schatz* Rn. 22; *Eisenberg* JGG Rn. 16; *Ostendorf* Rn. 11.

[30] BGH 12.1.1956 – 3 ARs 172/56, NJW 1956, 520; 26.6.1959 – 2 ARs 158/58, NJW 1959, 1834 (1837); Diemer/Schatz/Sonnen/*Schatz* Rn. 23; *Eisenberg* JGG Rn. 19; eine Durchbrechung dieses Grds. kann, wenn sonst erhebliche Erschwernisse das Verfahren belasten würden, möglich sein, vgl. BGH 8.9.2015 – 2 ARs 142/15, NStZ-RR 2015, 353.

[31] BGH 11.10.1957 – 2 ARs 167/57, BGHSt 10, 391; 8.7.1981 – 2 ARs 156/81, JurionRS 1981, 13935 und 22.1.1982 – 2 Ars 1/82, NStZ 1982, 413 (415); 11.10.1957 – 2 ARs 167/57, BGHSt 10, 391 = NJW 1957, 1809; BGH 26.6.1959 – 2 ARs 158/58, NJW 1959, 1834f.; 31.3.1993 – 2 ARs 98/93, bei *Kusch* NStZ 1994, 23 (26); BGH 10.1.1990 – 2 ARs 592/89, BeckRS 1990, 31098196; BGH 16.7.1997 – 2 ARs 250/97, NStZ-RR 1997, 380; LBN/*Nestler* Rn. 144; *Streng* Rn. 98; *Dallinger/Lackner* Rn. 31; Diemer/Schatz/Sonnen/*Schatz* Rn. 26; *Eisenberg* JGG Rn. 19; *Ostendorf* Rn. 12.

[32] *Brunner/Dölling* Rn. 10; *Dallinger/Lackner* Rn. 25; Diemer/Schatz/Sonnen/*Schatz* Rn. 26; *Eisenberg* JGG Rn. 19; vgl. auch BGH 10.11.1999 – 2 ARs 392/99, bei *Böhm* NStZ-RR 2000, 321 (324); bei Wechsel des Aufenthaltsortes vor Anklageerhebung kommt Abs. 3 nach ständiger Rspr. nicht zur Anwendung, vgl. nur BGH 26.6.1959 – 2 ARs 158/58, NJW 1959, 1834 (1835); 9.8.1995 – 2 ARs 250/95, BeckRS 1995, 05267; BGH 3.7.2003 – 2 ARs 201/03, BeckRS 2003, 06213; 2 AR 125/03, BeckRS 2003, 30322306; BGH 27.10.2010 – 2 ARs 354/10, BeckRS 2010, 28815; 11.5.2011 – 2 ARs 117/11, BeckRS 2011, 13556; 3.7.2013 – 2 ARs 244/13, BeckRS 2013, 13046; krit. dazu *Schnitzerling* DRiZ 1958, 315 (316); *Pentz* NJW 1954, 1351.

[33] BGH 26.6.1959 – 2 ARs 158/58, NJW 1959, 1834 (1836f.); OLG München 4.2.1958 – AR 9/58, NJW 1958, 1056; LG Wiesbaden 2.3.2006 – 3331 Js 3544/04, StraFo 2006, 204; *Schnitzerling* DRiZ 1958, 315 (316); *Dallinger/Lackner* Rn. 29; Diemer/Schatz/Sonnen/*Schatz* Rn. 27; *Eisenberg* JGG Rn. 19; krit.*Ostendorf* Rn. 12.

[34] BGH 4.4.1957 – 2 ARs 49/57, NJW 1957, 838; 15.2.1963 – 2 ARs 26/63, NJW 1963, 965; LBN/*Nestler* Rn. 144; Diemer/Schatz/Sonnen/*Schatz* Rn. 30; *Eisenberg* JGG Rn. 21; MRTW/*Czerner/Habetha* Rn. 20; *Ostendorf* Rn. 13; deswegen darf auch im Fall einer Zurückverweisung durch das Rechtsmittelgericht die örtliche Zuständigkeit nicht mehr gem. Abs. 3 geändert werden. Selbiges gilt für das Verfahren nach § 30, vgl. BGH 5.8.2010 – 2 ARs 260/10, NStZ-RR 2011, 524; krit. *Lackner* GA 1956, 379 (381).

[35] BGH 13.10.1959 – 2 ARs 55/59, BGHSt 13, 284 = NJW 1960, 59; *Brunner/Dölling* Rn. 10; Diemer/Schatz/Sonnen/*Schatz* Rn. 28; MRTW/*Czerner/Habetha* Rn. 22; zur potentiellen Unzweckmäßigkeit vgl. BGH 2.3.2016 – 2 ARs 402/15, BeckRS 2016, 5139; BGH 21.12.2016 – 2 ARs 132/16, BeckRS 2016, 114210.

[36] BGH 13.10.1959 – 2 ARs 55/59, BGHSt 13, 284 = NJW 1960, 59; NJW 1954, 1775 m. abl. Anm. *Dünhaupt*; BGH 26.6.1959 – 2 ARs 158/58, NJW 1959, 1834 (1835); *Brunner/Dölling* Rn. 10; Diemer/Schatz/Sonnen/*Schatz* Rn. 28; zw. *Eisenberg* JGG Rn. 22; krit. *Dallinger/Lackner* Rn. 30.

[37] Diemer/Schatz/Sonnen/*Schatz* Rn. 32; zu Zweckmäßigkeitserwägungen bei der Entscheidung s. Diemer/Schatz/Sonnen/*Schatz* Rn. 32 f. mwN.

Das um Übernahme ersuchte Gericht ist zur Übernahme nicht verpflichtet.[38] Lehnt es 13
die Übernahme ab, entscheidet gem. Abs. 3 S. 2 das gemeinschaftliche obere Gericht.

Weitere Übertragungsmöglichkeiten ergeben sich aus §§ 58 Abs. 3 S. 2, 88 Abs. 5 S. 3, 14
65 Abs. 1 S. 2, S. 3, 72 Abs. 5 sowie § 12 Abs. 2 StPO.

Dritter Abschnitt. Jugendstrafverfahren

Erster Unterabschnitt. Das Vorverfahren

§ 43 Umfang der Ermittlungen

(1) ¹Nach Einleitung des Verfahrens sollen so bald wie möglich die Lebens- und Familienverhältnisse, der Werdegang, das bisherige Verhalten des Beschuldigten und alle übrigen Umstände ermittelt werden, die zur Beurteilung seiner seelischen, geistigen und charakterlichen Eigenart dienen können. ²Der Erziehungsberechtigte und der gesetzliche Vertreter, die Schule und der Ausbildende sollen, soweit möglich, gehört werden. ³Die Anhörung der Schule oder des Ausbildenden unterbleibt, wenn der Jugendliche davon unerwünschte Nachteile, namentlich den Verlust seines Ausbildungs- oder Arbeitsplatzes, zu besorgen hätte. ⁴§ 38 Abs. 3 ist zu beachten.

(2) ¹Soweit erforderlich, ist eine Untersuchung des Beschuldigten, namentlich zur Feststellung seines Entwicklungsstandes oder anderer für das Verfahren wesentlicher Eigenschaften, herbeizuführen. ²Nach Möglichkeit soll ein zur Untersuchung von Jugendlichen befähigter Sachverständiger mit der Durchführung der Anordnung beauftragt werden.

Schrifttum: *Focken/Pfeiffer*, Thesen zur Zusammenarbeit des Jugendrichters mit dem psychiatrisch-psychologischen Sachverständigen, Zbl. 1979, 378; *Hauber*, Der Sachverständige im Jugendstrafverfahren, Zbl. 1981, 92; *Heim*, Jugendstrafverfahren: Psychiatrisch-psychologische Begutachtung am Beispiel von Aggressionstätern, StV 1988, 318; *Mertens*, Schnell oder gut? Die Bedeutung des Beschleunigungsgrundsatzes im Jugendstrafverfahren, 2003; *Mertens/Murges-Kemper*, Muss schnell auch immer gut sein?, ZJJ 2008, 356; *Trenczek*, Risikoeinschätzung und psychosoziale Diagnose der Jugendhilfe (auch) im Jugendstrafverfahren, ZJJ 2010, 249; *Verrel*, Zur (Un)Wirksamkeit schnellerer Reaktionen auf Jugendstrafen, FS Wolfgang Heinz, 2012, 521.

I. Anwendungsbereich

§ 43 gilt für alle Jugendlichen und Heranwachsenden, unabhängig davon, ob sie von 1
einem JugG oder einem für allg. Strafsachen zuständigen Gericht abgeurteilt werden (§§ 104 Abs. 1 Nr. 3, 109 Abs. 1 S. 1, 112 S. 1).

Über § 46 Abs. 1 OWiG kommt § 43 auch in Verfahren nach dem OWiG zur Anwen- 2
dung.[1] Im vereinfachten Jugendverfahren nach § 78 ist die Anwendung des § 43 zwar zulässig (§ 78 Abs. 3 S. 1, S. 2 e contrario), aber mit dem Beschleunigungszweck des vereinfachten Jugendverfahrens nicht vereinbar.[2]

II. Gegenstand und Umfang der Untersuchung

§ 43 dient der Untersuchung[3] der Persönlichkeit des Beschuldigten aus erzieherischen 3
Gründen;[4] diese ist maßgeblich für die Sanktionsauswahl sowie ggf. die Verfahrensausgestal-

---

[38] *Dallinger/Lackner* Rn. 34; *Ostendorf* Rn. 14.
[1] Dazu ausf. *Eisenberg* JGG Rn. 4.
[2] *Ostendorf* Rn. 2; einschränkend MRTW/*Czerner/Habetha* Rn. 2.
[3] Der Begriff „Untersuchung" ist etwas unglücklich, da in gewisser Weise pathologisierend; das gilt aber auch für „soziale Diagnose" (vgl. Fn. 13). Inhaltlich geht es jdfs. im Normalfall grds. erst einmal „nur" um eine Persönlichkeits- und Umfeld-Beleuchtung.
[4] *Diemer/Schatz/Sonnen/Sonnen* Rn. 2.

tung, § 2 Abs. 1 S. 2.⁵ Darüber hinaus bedarf es ggf. auch einer Untersuchung mit Blick auf §§ 3, 105, §§ 20, 21 StGB. Ziel der Untersuchung ist eine Gesamtschau der in Abs. 1 S. 1 – nicht abschließend⁶ – genannten Umstände.⁷ Dabei ist mit Blick auf § 2 Abs. 1 S. 1 auch eine Prognose über die voraussichtliche Entwicklung des Jugendlichen erforderlich.⁸

4   Der Umfang der Ermittlungen richtet sich nach der Aufklärungspflicht (§ 244 Abs. 2 StPO)⁹ sowie nach dem Verhältnismäßigkeitsprinzip.¹⁰ Der Beschleunigungsgrundsatz ist zu berücksichtigen (vgl. RL Nr. 6).¹¹ Auch bei Bagatellfällen darf sich die Untersuchung jedenfalls nicht nur auf den Eindruck beschränken, den das Gericht von dem Angekl. in der Hauptverhandlung gewinnt.¹² Je schwerer die Tat und die im Raum stehende Sanktion sind, desto intensiver muss die Persönlichkeitserforschung ausfallen. Die Begutachtung kann ambulant oder – wenn erforderlich – gem. § 73 stationär erfolgen.

III. Erkenntnisquellen

5   § 43 benennt die für die Persönlichkeitserforschung¹³ relevanten Erkenntnisquellen,¹⁴ wobei diese Aufzählung nicht abschließend ist.¹⁵ Geleitet wird die Untersuchung in der Praxis idR von der JGH,¹⁶ auch wenn an sich die StA als Herrin des Ermittlungsverfahrens hierfür zuständig wäre.¹⁷ Daneben können auch der JStA und ab Anklageerhebung das JugG entspr. Berichte bei den betreffenden Stellen anfordern.¹⁸ Die Nicht-Heranziehung der JGH führt idR zur Verletzung der Aufklärungspflicht.¹⁹ Soll eine – gem. Abs. 2 subsidiäre – Untersuchung durch einen Sachverständigen erfolgen, muss dies von der StA (§ 2 Abs. 2, §§ 161a Abs. 1 S. 1, S. 2 iVm § 73 StPO) bzw. dem Gericht angeordnet werden.²⁰ Als Sachverständiger kann bspw. ein Psychiater oder ein Psychologe herangezogen werden,²¹ der über die erforderlichen Fachkenntnisse hinsichtlich der Beurteilung Jugendlicher und Heranwachsender verfügt,²² auch Kriminologen sind fachkundig; nur wenn es um die Diagnose einer Krankheit geht, muss der Sachverständige zusätzlich über klinische Erfahrung verfügen.²³ Ob ein Sachverständiger herangezogen wird und welcher Profession dieser entstammen soll, liegt genau wie die Bestimmung des konkreten Sachverständigen grds. im

---

⁵ *Brunner/Dölling* Rn. 2; *Dallinger/Lackner* Rn. 7.
⁶ *Diemer/Schatz/Sonnen/Sonnen* Rn. 6.
⁷ *Brunner/Dölling* Rn. 5, 7; *Dallinger/Lackner* Rn. 6; *Eisenberg* JGG Rn. 12.
⁸ *Brunner/Dölling* Rn. 7; zu Schwächen der Prognostik *Trenczek* ZJJ 2010, 249 (258).
⁹ S. dazu Meyer-Goßner/Schmitt/*Meyer-Goßner* StPO § 244 Rn. 12.
¹⁰ *Meier/Rössner/Schöch* § 13 Rn. 33; *Schaffstein/Beulke/Swoboda* Rn. 716; *Streng* Rn. 146; *Brunner/Dölling* Rn. 9; *Dallinger/Lackner* Rn. 7; Diemer/Schatz/Sonnen/*Sonnen* Rn. 2; *Eisenberg* JGG Rn. 11; MRTW/*Czerner/Habetha* Rn. 3; zum Verhältnismäßigkeitsgrundsatz auch BT-Drs. 11/5829, 23.
¹¹ *Streng* Rn. 149; *Brunner/Dölling* Rn. 16 f.; *Dallinger/Lackner* Rn. 7; Diemer/Schatz/Sonnen/*Sonnen* Rn. 11; *Eisenberg* JGG Rn. 11; MRTW/*Czerner/Habetha* Rn. 3; *Ostendorf* Rn. 11 und 14 ff.; krit. zu den Auswirkungen des Beschleunigungsgebots *Mertens/Murges-Kemper* ZJJ 2009, 356 (358); s.a. *Verrel* FS Heinz, S. 521 ff.
¹² *Brunner/Dölling* Rn. 9.
¹³ Krit. zu diesem Begriff *Ostendorf* Rn. 4; Diemer/Schatz/Sonnen/*Sonnen* Rn. 5 bevorzugt den Begriff „psychosoziale Diagnose".
¹⁴ Ausf. dazu *Eisenberg* JGG Rn. 19 ff.
¹⁵ Zu weiteren Erkenntnisquellen *Eisenberg* StV 1998, 304 (309).
¹⁶ LBN/*Laubenthal/Nestler* Rn. 267; *Meier/Rössner/Schöch* § 13 Rn. 34; *Schaffstein/Beulke/Swoboda* Rn. 712; *Streng* Rn. 145; *Brunner/Dölling* Rn. 12; *Dallinger/Lackner* Rn. 11; *Eisenberg* JGG Rn. 16; *Nix* Rn. 5; *Ostendorf* Rn. 12.
¹⁷ Diemer/Schatz/Sonnen/*Sonnen* Rn. 3; MRTW/*Czerner/Habetha* Rn. 14; das Verhältnis v. JGH und StA ist im Einzelnen str., vgl. *Brunner/Dölling* Rn. 3; Diemer/Schatz/Sonnen/*Sonnen* Rn. 3; *Eisenberg* JGG Rn. 16; MRTW/*Czerner/Habetha* Rn. 16; *Ostendorf* Rn. 12.
¹⁸ *Brunner/Dölling* Rn. 14.
¹⁹ *Eisenberg* JA 2016, 623 (626).
²⁰ LBN/*Laubenthal/Nestler* Rn. 270; MRTW/*Czerner/Habetha* Rn. 42; die JGH kann eine solche Untersuchung allerdings anregen, *Eisenberg* JGG Rn. 31.
²¹ Zu weiteren in Betracht kommenden Sachverständigen *Hauber* Zbl. 1981, 92 (94 f.).
²² *Brunner/Dölling* Rn. 15; MRTW/*Czerner/Habetha* Rn. 48; vgl. zu den Anforderungen an Sachverständige auch *Eisenberg* StV 2016, 709 (711).
²³ *Ostendorf* Rn. 24.

Ermessen der StA bzw. des Gerichts.[24] Nach dem Wortlaut des Abs. 2 („soweit erforderlich") gilt auch hier der Verhältnismäßigkeitsgrundsatz.[25] Das erstellte Gutachten darf das Gericht nicht ohne eigene Prüfung übernehmen.[26] Eine Abweichung vom Gutachten ist auch ohne Hinzuziehung eines weiteren Gutachters möglich.[27] In diesem Fall muss das Gericht jedoch die Ausführungen des Sachverständigen aufgreifen, sich mit ihnen auseinandersetzen und seine abweichende Auffassung begründen.[28]

IV. Revision

Da es sich bei § 43 um eine bloße Soll-Vorschrift handelt,[29] kann ein Verstoß allenfalls iRd Aufklärungsrüge Bedeutung erlangen.[30]

§ 44 Vernehmung des Beschuldigten

Ist Jugendstrafe zu erwarten, so soll der Staatsanwalt oder der Vorsitzende des Jugendgerichts den Beschuldigten vernehmen, ehe die Anklage erhoben wird.

I. Anwendungsbereich; Zweck

§ 44 gilt nur für Jugendliche in Verfahren vor den JugG (vgl. §§ 104 Abs. 2, 109 Abs. 2). Die Vorschrift bezweckt nicht nur eine Verbesserung der Sachaufklärung im Vorfeld der Hauptverhandlung. Die Vernehmung soll vor allem einen persönlichen Eindruck vom Beschuldigten vermitteln, was in der Hauptverhandlung selbst wegen der damit häufig einhergehenden Befangenheit des Jugendlichen nur in geringerem Umfang möglich ist.[1]

II. Voraussetzungen und Rechtsfolgen

Die Vorschrift erfasst unmittelbar Fälle, in denen eine (bedingte oder unbedingte)[2] Jugendstrafe zu erwarten ist. Auch in sonstigen Fällen einer im Raum stehenden gravierenden Sanktion kann eine Vernehmung im Vorfeld sinnvoll sein.[3] Wer die Vernehmung durchführt, schreibt § 44 nicht vor. Zwischen Jugendrichter und JStA besteht insofern kein Rangverhältnis.[4] Eine Vernehmung durch den JStA ist insbes. dann angebracht, wenn hierdurch

---

[24] Vgl. BGH 22.7.1959 – 4 StR 250/59, NJW 1959, 2315; 21.11.1969 – 3 StR 249/68, BGHSt 23, 176 = NJW 1970, 523; BGH 21.4.1987 – 1 StR 77/87, BGHSt 34, 355 = NJW 1987, 2593; BGH 15.12.1988 – 4 StR 535/88, NStZ 1989, 190; ausf. zur Wahl des richtigen Sachverständigen *Eisenberg* JGG Rn. 40 ff.; zu beachten sind § 2 Abs. 2, §§ 80a, 246a StPO; zu Problemen bei der Gutachterauswahl *Hauber* Zbl. 1981, 92 (98); zu den Professionen der Sachverständigen allg. und dem Erfordernis interdisziplinärer Forschung und Zusammenarbeit *Brettel/Höffler* medstra 2016, 67 ff.
[25] Ausf. dazu *Eisenberg* JGG Rn. 26 ff.; *Focken/Pfeiffer* Zbl. 1979, 378 (380); in der Praxis ist die Gutachterbeteiligung gering, vgl. *Heim* StV 1988, 318; krit. dazu *Hauber* Zbl. 1981, 92 (96 f.).
[26] BGH 8.3.1955 – 5 StR 49/55, BGHSt 7, 238 = NJW 1955, 840; praktisch gibt es dennoch einen Trend zur nahezu vollständigen Deckungsgleichheit zwischen Gutachten und richterlicher Beurteilung, s. *Eisenberg* JGG Rn. 55 mwN; *Hauber* Zbl. 1981, 92 (99).
[27] BGH 6.12.1988 – 1 StR 620/88, NJW 1989, 1490 (1491); *Schaffstein/Beulke/Swoboda* Rn. 718; *Brunner/Dölling* Rn. 15e.
[28] Ständige Rspr., vgl. nur BGH 15.4.1983 – 2 StR 78/83, NStZ 1983, 377; 6.12.1988 – 1 StR 620/88, BGHSt 36, 37 = NJW 1989, 1490 (1491); BGH 19.6.2012 – 5 StR 181/12, NStZ 2013, 55.
[29] Krit. dazu *Eisenberg* JGG Rn. 9.
[30] BGH 5.10.1954 – 2 StR 194/54, BGHSt 6, 326 = NJW 1954, 1855; *Schaffstein/Beulke/Swoboda* Rn. 711; *Brunner/Dölling* Rn. 4; *Dallinger/Lackner* Rn. 10; *Eisenberg* JGG Rn. 61; MRTW/*Czerner/Habetha* Rn. 61; *Ostendorf* Rn. 27.
[1] RL Nr. 1 zu § 44; LBN/*Laubenthal/Nestler* Rn. 278; *Schaffstein/Beulke/Swoboda* Rn. 715; *Streng* Rn. 147; *Diemer/Schatz/Sonnen/Sonnen* Rn. 2; *Eisenberg* JGG Rn. 3 f.; MRTW/*Blessing/Weik* Rn. 2 f.
[2] *Diemer/Schatz/Sonnen/Sonnen* Rn. 3; *Ostendorf* Rn. 2.
[3] *Schaffstein/Beulke/Swoboda* Rn. 715; *Diemer/Schatz/Sonnen/Sonnen* Rn. 2; *Eisenberg* JGG Rn. 4; *Ostendorf* Rn. 2.
[4] *Brunner/Dölling* Rn. 4; *Dallinger/Lackner* Rn. 4; *Diemer/Schatz/Sonnen/Sonnen* Rn. 4; *Eisenberg* JGG Rn. 7.

Erkenntnisse für die Entscheidung über die Anklageerhebung gewonnen werden können.[5] Im Übrigen sollten stets erzieherische Belange im Vordergrund stehen.[6] Häufig wird jedoch der zuständige Jugendrichter vor Anklageerhebung noch nicht feststehen.[7] § 162 StPO findet keine Anwendung, soweit § 44 speziell ist.[8] Der Antrag auf jugendrichterliche Vernehmung kann dann abgelehnt werden.[9]

3 Bei Durchführung der Vernehmung sind trotz des Zwecks, einen weniger förmlichen Rahmen für die Vernehmung zu schaffen als in der Hauptverhandlung, die dem Schutz des Beschuldigten dienenden Vorschriften, namentlich §§ 67 Abs. 1, 136 Abs. 1 S. 1–3, Abs. 2, 136a, 168c Abs. 1, Abs. 5 S. 1 StPO, zu beachten.[10]

4 Dient die Vernehmung zugleich der Ermittlung des Sachverhalts iSd §§ 133 ff. StPO, so gelten zusätzlich die §§ 162, 166, 168, 168a, 168b, 168c, 169 StPO.[11] Die Rechtsfolgen der richterlichen Vernehmung richten sich nach § 78 Abs. 1 Nr. 2 StGB. § 67 Abs. 1 ist zu beachten

III. Revision

5 Da es sich bei § 44 um eine bloße Soll-Vorschrift handelt, kann ein Verstoß allenfalls iRd Aufklärungsrüge Bedeutung erlangen.[12]

§ 45 Absehen von der Verfolgung

(1) Der Staatsanwalt kann ohne Zustimmung des Richters von der Verfolgung absehen, wenn die Voraussetzungen des § 153 der Strafprozeßordnung vorliegen.

(2) ¹Der Staatsanwalt sieht von der Verfolgung ab, wenn eine erzieherische Maßnahme bereits durchgeführt oder eingeleitet ist und er weder eine Beteiligung des Richters nach Absatz 3 noch die Erhebung der Anklage für erforderlich hält. ²Einer erzieherischen Maßnahme steht das Bemühen des Jugendlichen gleich, einen Ausgleich mit dem Verletzten zu erreichen.

(3) ¹Der Staatsanwalt regt die Erteilung einer Ermahnung, von Weisungen nach § 10 Abs. 1 Satz 3 Nr. 4, 7 und 9 oder von Auflagen durch den Jugendrichter an, wenn der Beschuldigte geständig ist und der Staatsanwalt die Anordnung einer solchen richterlichen Maßnahme für erforderlich, die Erhebung der Anklage aber nicht für geboten hält. ²Entspricht der Jugendrichter der Anregung, so sieht der Staatsanwalt von der Verfolgung ab, bei Erteilung von Weisungen oder Auflagen jedoch nur, nachdem der Jugendliche ihnen nachgekommen ist. ³§ 11 Abs. 3 und § 15 Abs. 3 Satz 2 sind nicht anzuwenden. ⁴§ 47 Abs. 3 findet entsprechende Anwendung.

Schrifttum: *Bareinske,* Sanktion und Legalbewährung im Jugendstrafverfahren in Baden-Württemberg 2004; *Block/Kolberg,* Teen Court – Viel Lärm um Nichts?, ZJJ 2007, 8; *Boettcher/Weber,* Erstes Gesetz zur Änderung des Jugendgerichtsgesetzes, NStZ 1990, 561; *Bohnert,* Die Reichweite der staatsanwaltlichen Einstellung im Jugendstrafrecht, NJW 1980, 1927; *Breymann,* Diversion – für wen eigentlich?, ZfJ 1985, 14; *Englmann,* Kriminalpädagogische Schülerprojekte in Bayern, 2009; *ders.,* Kriminalpädagogische Schülerprojekte in Bayern, ZJJ 2009, 216; *Gräf,* Die Diversion im Jugendstrafrecht im Lichte der Angewandten Kriminologie, 2015; *Haustein/Nithammer,* Das Berliner Büro für Diversionsberatung und -vermittlung,

---

[5] Diemer/Schatz/Sonnen/*Sonnen* Rn. 4; *Eisenberg* JGG Rn. 8.
[6] *Eisenberg* JGG Rn. 8.
[7] MRTW/*Blessing/Weik* Rn. 3; *Ostendorf* Rn. 4.
[8] Differenzierend auch *Eisenberg* JGG Rn. 9; generell Diemer/Schatz/Sonnen/*Sonnen* Rn. 4; MRTW/*Blessing/Weik* Rn. 6; *Ostendorf* Rn. 4.
[9] aA Brunner/*Dölling* Rn. 5; *Dallinger/Lackner* Rn. 5.
[10] Brunner/*Dölling* Rn. 2; *Eisenberg* JGG Rn. 10; *Ostendorf* Rn. 5.
[11] *Eisenberg* JGG Rn. 9.
[12] LBN/*Nestler* Rn. 278; *Dallinger/Lackner* Rn. 3; Diemer/Schatz/Sonnen/*Sonnen* Rn. 6; *Eisenberg* JGG Rn. 14; MRTW/*Blessing/Weik* Rn. 8; *Nix* Rn. 7; *Ostendorf* Rn. 7; zur Aufklärungsrüge Meyer-Goßner/Schmitt/*Meyer-Goßner* StPO § 244 Rn. 79 ff.

DVJJ-J 1999, 427; *Heinz,* Neue ambulante Maßnahmen nach dem Jugendgerichtsgesetz – Empirische Bestandsaufnahme und kriminalpolitische Perspektiven –, MschrKrim 1987, 129; *ders.,* Jugendgerichtshilfe in den 90er Jahren. Notwendigkeit einer neuen Konzeption für die ermittelnden, berichtenden, beratenden und betreuenden Aufgaben?, BewHi 1988, 261; *ders.,* Diversion im Jugendstrafverfahren, ZRP 1990, 7; *ders.,* Diversion im Jugendstrafrecht. Praxis, Chancen, Risiken und rechtsstaatliche Grenzen, ZStW 104 (1992), 591; *ders.,* Diversion im Jugendstrafrecht und im allgemeinen Strafrecht Teil 1, DVJJ-Journal 1998, 245; *ders.,* Diversion im Jugendstrafrecht und im allgemeinen Strafrecht Teil 2, DVJJ-J 1999, 11; *ders.,* Diversion im Jugendstrafrecht und im allgemeinen Strafrecht Teil 3, DVJJ-J 1999, 131; *Heinz/Hügel,* Forschungsvorhaben des Bundesministers der Justiz. „Erzieherische Maßnahmen im deutschen Jugendstrafrecht", 1986; *Heinz/Storz,* Diversion im Jugendstrafverfahren der Bundesrepublik Deutschland, in: Bundesministerium der Justiz (Hrsg.), 1992; *dies.,* Diversion im Jugendstrafverfahren der Bundesrepublik Deutschland, in: Bundesministerium der Justiz (Hrsg.), 1994; *Heiland* Die Wiederaufnahme des nach den §§ 45, 47 JG eingestellten Strafverfahrens, 2008; *Hock-Leydecker* Die Praxis der Verfahrenseinstellung im Jugendstrafverfahren, 1994; *Hombrecher,* Die Einstellung des Verfahrens in Jugendstrafsachen (§§ 45, 47 JGG), JA 2009, 889; *Höffler,* Graffiti -Prävention durch Wiedergutmachung, 2008; *dies.,* Prävention durch Wiedergutmachung – das Münchner Graffiti-Projekt ZJJ 2010, 33; *Kegler,* Das Klientel der Betreuungsprojekte 1988 bis 1990 – Entpoenalisierung oder Netzerweiterung – der Versuch einer quantitativen Evaluation. In: *Sack* (Hrsg.): Entkriminalisierung Jugendlicher durch innere Reform der Jugendgerichtssysteme – Eine Begleitforschung zum Hamburger Diversionsmodell, 1991, S. 283; *Kleinbrahm,* Divergente Diversion im Jugendstrafverfahren, 2015; *Lenz,* Die Rechtsfolgensystematik im Jugendgerichtsgesetz (JGG): eine dogmatische Strukturierung der jugendstrafrechtlichen Reaktionsmöglichkeiten am Maßstab des Verhältnismäßigkeitsgrundsatzes, 2007; *Linke,* Diversionstage in Nordrhein-Westfalen, ZJJ 2011, 296; *ders.,* Diversionsrichtlinien im Jugendstrafverfahren – Bundeseinheitliche Einstellungspraxis durch Verwaltungsvorschriften der Länder? NStZ 2010, 609; *Löffelmann,* Kriminalpädagogisches Schülerprojekt „Fallschirm", ZJJ 2004, 171; *Löhr-Müller,* Diversion durch den Jugendrichter, 2001; *Müller,* Diversion im Jugendstrafrecht und rechtsstaatliches Verfahren, DRiZ 1996, 443; *Nothacker,* Das Absehen von der Verfolgung im Jugendstrafverfahren (§ 45 JGG) – Überlegungen zu Anwendungsproblemen und Anregungen für eine Neugestaltung –, JZ 1982, 57; *Pentz,* Neue Zweifelsfragen nach dem Jugendgerichtsgesetz, NJW 1954, 1351; *ders.,* Ist das Klageerzwingungsverfahren gegen Jugendliche zulässig?, NJW 1958, 819; *Sabaß,* Schülergremien in der Jugendstrafrechtspflege – Ein neuer Diversionsansatz. Das „Kriminalpädagogische Schülerprojekt Aschaffenburg" und die US-amerikanischen Teen Courts, 2004; *Schreckling/Pieplow,* Täter-Opfer-Ausgleich: Eine Zwischenbilanz nach zwei Jahren Fallpraxis beim Modellprojekt „Die Waage", ZRP 1989, 10; *Sessar/Hering,* Bedeutung und Reichweite pädagogisch gemeinter Einstellungen durch den Jugendstaatsanwalt. Das Beispiel des „Lübecker Modells". In: Kury (Hrsg.): Kriminologische Forschung in der Diskussion. Berichte, Standpunkte, Analysen, 1985, 371; *Untersteller,* Der Begriff „öffentliches Interesse" in den §§ 153 StPO und 45 JGG, 2015; *Verrel,* Die regional ungleiche Diversionspraxis im Jugendstrafrecht – wie lange noch? ZIS 2015, 614; *Walter,* Wandlungen in der Reaktion auf Kriminalität, ZStW 95 (1983), 32.

Übersicht

	Rn.		Rn.
I. Allgemeines	1–6	**III. Absehen von der Verfolgung**	12–32
1. Anwendungsbereich	1, 2	1. Ohne Einschaltung des Richters	13–25
2. Diversion im Jugendstrafverfahren	3–6	a) Abs. 1	13–15
		b) Abs. 2	16–25
II. Verhältnis zu Verfahrenseinstellungen außerhalb des JGG	7–11	2. Mit Einschaltung des Richters (Abs. 3)	26–32
1. Einstellungen nach § 170 Abs. 2 StPO	7, 8	**IV. Rechtsfolgen der Entscheidung nach § 45**	33–36
2. Einstellungen nach §§ 153, 153a StPO	9	1. Bindungswirkung/Bestandskraft der Einstellung	33
3. Einstellungen nach §§ 153b Abs. 1; 153c Abs. 1, 2, 4; 153d; 153e Abs. 1; 154 Abs. 1; 154a Abs. 1; 154b; 154c, 154d, 154e Abs. 1, Abs. 3 StPO	10	2. Mitteilung (Bescheidung, Benachrichtigung und Mitteilung sowie Eintragung in das Erziehungsregister)	34–36
4. Einstellungen nach § 31a BtMG und Absehen von der Verfolgung gem. den §§ 38 Abs. 2, 37 Abs. 1 S. 1, 2 BtMG	11	**V. Rechtsbehelfe**	37
		VI. Kritik, Anregungen	38–40

I. Allgemeines

1. Anwendungsbereich. Die Vorschrift gilt in Verfahren gegen Jugendliche auch vor 1 den für allg. Strafsachen zuständigen Gerichten (§ 104 Abs. 1 Nr. 4). Für Heranwachsende gilt dies bei Anwendung von materiellem Jugendstrafrecht sowohl vor den JugG (§§ 105 Abs. 1, 109 Abs. 2 S. 1) als auch vor den für allg. Strafsachen zuständigen Gerichten (§§ 105

Abs. 1, 112 S. 1, 2, 104 Abs. 1 Nr. 4).¹ Das Verfahren nach § 45 geht dem vereinfachten Verfahren gem. § 76 vor.²

2 Im Verfahren wegen Ordnungswidrigkeiten ist, obwohl § 46 Abs. 1 OWiG grds. auch auf das JGG verweist, § 45 nicht anwendbar; die Vorschrift des § 47 OWiG ist gegenüber §§ 45, 47 spezieller.³

3 **2. Diversion im Jugendstrafverfahren.** In § 45 (ebenso in § 47) ist eine speziell für das Jugendstrafverfahren geschaffene Ausprägung des Opportunitätsprinzips normiert, die den JStA bzw. Jugendrichter dazu ermächtigt, in bestimmten Fällen von der Verfolgung abzusehen. Diese Möglichkeit der informellen Verfahrenseinstellung wird meist mit dem Begriff der „Diversion" (lat.: diversus = verschieden; engl.: to divert = ablenken, umlenken; gemeint ist das Wegleiten vom förmlichen Verfahren durch die Umleitung zu einer informellen Verfahrenserledigung) bezeichnet.⁴

4 Das Legalitätsprinzip ist durch den § 45 nicht aufgehoben, vielmehr ist der JStA auch in Verfahren gegen Jugendliche zunächst verpflichtet, hinsichtlich aller verfolgbarer Straftaten ein Verfahren einzuleiten, sofern zureichende tatsächliche Anhaltspunkte bestehen, § 152 Abs. 2 StPO. Insofern ist die Frage, ob überhaupt ein hinreichender Tatverdacht vorliegt, streng von der Frage zu unterscheiden, ob trotz Vorliegens eines solchen Anfangsverdachts von der Verfolgung abgesehen werden kann (dazu auch → Rn. 7).

5 Allerdings wird das Legalitätsprinzip durch § 45 aus erzieherischen Gründen sowie wegen des Grundsatzes der Subsidiarität⁵ durchbrochen.⁶ Dadurch wird der Annahme Rechnung getragen, dass ein formelles Verfahren und eine förmliche Verurteilung oftmals nicht erforderlich erscheinen, ja sogar kontraproduktiv sein können. So hat eine Reihe von Studien gezeigt, dass es erstens normal ist, wenn Jugendliche im Laufe ihrer Entwicklung eine oder mehrere Straftaten begehen, und zweitens dieses delinquente Verhalten regelmäßig nur episodenhaft iRd Entwicklungsprozesses auftritt; mit zunehmender Einbindung in die Gesellschaft kommt es idR zu einer Selbst- oder Spontanbewährung.⁷ Ein Großteil der von Jugendlichen begangenen Straftaten ist jugendtypisches Experimentierverhalten und nicht etwa Ausdruck und Folge individueller Erziehungsbedürftigkeit grdsl. Natur. Sanktionen, die auf die Behebung von solchen Erziehungsdefiziten ausgerichtet sind, sind in diesen Fällen nicht erforderlich. Aufgrund der Bagatellhaftigkeit der meisten Verfehlungen und der zu befürchtenden Stigmatisierung durch eine förmliche Sanktionierung ist auch eine ahnende, als „Denkzettel" wirkende Sanktion idR nicht angezeigt. Beides folgt aus dem Grundsatz der Verhältnismäßigkeit (Art. 20 Abs. 3 GG).⁸ Jugendkriminalität ist regelmäßig normal, ubiquitär und episodenhaft.

6 Es ist zu berücksichtigen, dass förmliche Sanktionierungen – aufgrund der erwähnten Stigmatisierungswirkungen – den Sozialisationsprozess des Jugendlichen erheblich erschweren können.⁹ Darüberhinaus zeigen empirische Untersuchungen, dass die Legalbewährung nach einer Verfahrenseinstellung regelmäßig besser ist als nach einer Verurteilung.¹⁰ Dieses

---

¹ MRTW/*Blessing/Weik* Rn. 1; *Ostendorf* Rn. 1.
² S. RL Nr. 1 S. 3 zu § 76.
³ *Eisenberg* NStZ 1991, 450 (451); *Brunner/Dölling* Rn. 38; *Diemer/Schatz/Sonnen/Diemer* Rn. 12; KK-OWiG/*Bohnert* § 47 Rn. 76; *Ostendorf* Rn. 3.
⁴ Vgl. etwa *Meier/Rössner/Schöch* § 7 Rn. 2; *Schaffstein/Beulke/Swoboda* Rn. 731; MRTW/*Blessing/Weik* Rn. 3.
⁵ Zum Subsidiaritätsprinzip etwa *Streng* Rn. 173.
⁶ *Meier/Rössner/Schöch* § 7 Rn. 1; *Schaffstein/Beulke/Swoboda* Rn. 723; *Brunner/Dölling* Rn. 4; *Eisenberg* JGG Rn. 9; *Ostendorf* Grdl. z. den §§ 45 und 47 Rn. 4.
⁷ *Meier/Rössner/Schöch* § 3 Rn. 3 ff., 6 ff.; *Untersteller* S. 272 f.; *Ostendorf* Grdl. Z. den §§ 45 und 47 Rn. 4; Ausführlich zur Normalität v. Jugenddelinquenz etwa *Heinz* BewHi 1988, 261 (269 ff.).
⁸ Grundlegend zum Verhältnismäßigkeitsgrundsatz im Strafrecht *Kaspar* Verhältnismäßigkeit und Grundrechtsschutz im Präventionsstrafrecht, 2014; speziell für das Jugendstrafrecht *Lenz* Die Rechtsfolgensystematik im Jugendgerichtsgesetz, 2007.
⁹ *Heinz* ZStW 104 (1992), 591 (592); *Walter* ZStW 95 (1983), 32 (44); *Schaffstein/Beulke/Swoboda* Rn. 731; dafür, dass die Stigmatisierung der Hauptverhandlung überbewertet wird *Müller* DRiZ 1996, 443 (446).
¹⁰ *Bareinske* S. 121 ff., 167; *Heinz/Hügel* S. 21 ff., 61 ff., 95; *Heinz* ZRP 1990, 7 (9 ff.); ders. DVJJ-J 1999, 11; ders. ZJJ 2004, 35 (43); (13); *Löhr-Müller* S. 145; *Storz* S. 218.

Erg. kann – jedenfalls teilw. – mit den individuelleren und daher präventiver wirkenden Reaktionsmöglichkeiten des informellen Verfahrens erklärt werden;[11] freilich ist aber auch zu berücksichtigen, dass in den Genuss der Diversion gerade auch diejenigen Beschuldigten kommen, die ohnehin eine recht gute Legalbewährungsprognose haben (Stichwort „positive Auslese").[12] Zur Anwendungshäufigkeit → § 47 Rn. 8.

II. Verhältnis zu Verfahrenseinstellungen außerhalb des JGG

1. Einstellungen nach § 170 Abs. 2 StPO. Damit § 45 überhaupt zur Anwendung 7 kommen kann, muss neben den allg. Prozessvoraussetzungen zunächst ein hinreichender Anfangsverdacht bzgl. einer Straftat vorliegen (§ 152 Abs. 2). Dies ergibt sich schon aus der Formulierung des § 45, weil für ein „Absehen von der Verfolgung" zumindest der Verdacht einer Straftat bestehen muss.[13] Ist dies nicht der Fall, kommt eine Einstellung nach Vorschriften des JGG nicht in Betracht, vielmehr muss dann schon nach § 170 Abs. 2 StPO eingestellt werden (Unschuldsvermutung[14]). Der Vorrang der Einstellung nach § 170 Abs. 2 StPO ist zwingend, weil diese im Gegensatz zur Einstellung nach § 45 für den Beschuldigten folgenlos ist (zu den Folgen einer Einstellung nach § 45 → Rn. 33 ff.).

Nach § 170 Abs. 2 StPO ist auch immer dann einzustellen, wenn die spezielle, positiv 8 festzustellende Verantwortlichkeit gem. § 3 fehlt. Erfolgt die Einstellung einzig aufgrund dieser fehlenden Verantwortungsreife, dann ist das FamG zu unterrichten.[15]

2. Einstellungen nach §§ 153, 153a StPO. Ob eine Einstellung nach den §§ 153, 9 153a StPO neben § 45 JGG möglich ist, ist umstr. Die wohl hM verneint dies. Betont wird von den Vertretern dieser Ansicht, dass die Einstellung nach § 153 StPO in der Diversionsmöglichkeit nach § 45 voll enthalten ist, sodass § 153 StPO in Verfahren gegen Jugendliche und – wenn Jugenstrafrecht angewendet wird – auch in Verfahren gegen Heranwachsende nicht anwendbar sein soll.[16] Auch eine Einstellung nach § 153a StPO scheidet nach genannter Ansicht aus, da § 45 Abs. 2, 3 einen gleichartigen Sachverhalt abschließend regeln soll und mithin lex specialis zu § 153a StPO sei, sodass § 153a StPO ebenfalls nicht anwendbar ist.[17] Die Gegenansicht hält §§ 153, 153a StPO immer dann für anwendbar, wenn dies für den Jugendlichen günstiger ist, namentlich wenn bei Zustimmung des JugG durch die Einstellung nach § 153 StPO eine aus erzieherischen Gründen nicht erforderliche Eintragung ins BZRG unterbleiben würde[18] oder wenn eine Anwendung des § 45 Abs. 3 am fehlenden Geständnis des Jugendlichen scheitert.[19] Für die hM streitet freilich ein Blick auf § 2 und den Grundsatz der Rechtssicherheit und Vorhersehbarkeit, so dass für eine Anwendung der §§ 153, 153a StPO an sich kein Raum bleibt. Dennoch wäre mit Blick auf Art. 3 GG unbedingt zu wünschen, dass die unterschiedliche Eintragungspraxis im BZR durch eine Reform des BZRG abgeschafft wird, damit Jugendliche und Heranwachsende keine Nachteile daraus haben, dass „nur" die §§ 45 ff. JGG

---

[11] So etwa auch *Ostendorf* Grdl. z. den §§ 45 und 47 Rn. 4.
[12] Ähnlich s. nur MRTW/*Blessing/Weik* Rn. 5.
[13] So auch *Meier/Rössner/Schöch* § 7 Rn. 8; Diemer/Schatz/Sonnen/*Diemer* Rn. 7.
[14] *Unsteller* S. 249; KK/*Moldenhauer* StPO § 170 Rn. 18.
[15] *Eisenberg* JGG Rn. 8; *Ostendorf* Rn. 4.
[16] LG Aachen 20.7.1990 – 91 Qs 18/90, NStZ 1991, 450 f.; *Hombrecher* JA 2009, 889 (892); Meier/Rössner/*Schöch* § 7 Rn. 33; *Schaffstein/Beulke/Swoboda* Rn. 725; *Kaiser/Schöch/Kinzig* S. 203; Brunner/*Dölling* Rn. 3; Diemer/Schatz/Sonnen/*Diemer* Rn. 9; MRTW/*Blessing/Weik* Rn. 10.
[17] Ebenso *Verrel* ZIS 2015, 614 (618); Brunner/*Dölling* Rn. 3; Diemer/Schatz/Sonnen/*Diemer* Rn. 9; Meier/Rössner/*Schöch* § 7 Rn. 33; LG Aachen 20.7.1990 – 91 Qs 18/90, NStZ 1991, 450 f.
[18] LG Itzehoe 23.12.1992 – 9 Qs 167/92, StV 1993, 537 f.; *Eisenberg* JGG Rn. 10 f.; *Ostendorf* Rn. 5 f.; eine Einstellung nach § 45 wird – anders als eine Einstellung nach §§ 153, 153a StPO – ins Erziehungsregister eingetragen, § 60 Abs. 1 Nr. 7 BZRG.
[19] *Bohnert* NJW 1980, 1927 (1930 f.); *Nothacker* JZ 1982, 57 (62); *Eisenberg* JGG Rn. 12; Meyer-Goßner/Schmitt/*Meyer-Goßner* StPO § 153a Rn. 4; zusammenfassende Darstellung, aber im Erg. das Argument des Schlechterstellungsverbots abl. *Unsteller* S. 282 ff.

auf sie angewendet werden können.[20] Bis zu einer solchen Änderung erscheint eine Anwendung der Regelungen nebeneinander nachvollziehbar und wird in der Praxis wohl auch gemacht,[21] ist aber an sich systemwidrig.

10 **3. Einstellungen nach §§ 153b Abs. 1; 153c Abs. 1, 2, 4; 153d; 153e Abs. 1; 154 Abs. 1; 154a Abs. 1; 154b; 154c, 154d, 154e Abs. 1, Abs. 3 StPO.** Die sonstigen Einstellungsmöglichkeiten nach der StPO werden von § 45 nicht verdrängt, da die dort geregelten Sachverhalte von § 45 nicht erfasst sind und mithin die Anwendbarkeit über § 2 gegeben ist.[22] Insofern ist darauf hinzuweisen, dass der Grundsatz der Beschleunigung und Konzentration, der den §§ 154 Abs. 1, 154a Abs. 1 StPO zu Grunde liegt, gerade auch im Jugendstrafverfahren von Bedeutung ist.[23]

11 **4. Einstellungen nach § 31a BtMG und Absehen von der Verfolgung gem. den §§ 38 Abs. 2, 37 Abs. 1 S. 1, 2 BtMG.** § 31a BtMG, durch den der StA weitreichende Einstellungsmöglichkeiten in „Konsumentenverfahren" erwachsen, geht § 45 vor.[24] Auch §§ 38 Abs. 2, 37 Abs. 1 BtMG sind als leges speciales dem § 45 vorrangig. Allerdings ist § 45 auch im Betäubungsmittelbereich anwendbar und zwar, wenn die Anwendung der §§ 38 Abs. 2, 37 Abs. 1 BtMG bei Vorliegen von geringer Schuld mit Blick auf zu erwartende Rechtsfolgen unangemessen wäre und die nach § 45 möglichen Sanktionen ausreichend sind.[25] Die für eine Einstellung nach §§ 38 Abs. 2, 37 Abs. 1 BtMG erforderliche Zustimmung des Gerichts darf freilich nicht durch eine Einstellung nach § 45 Abs. 2 (oder gar Abs. 1) umgangen werden.[26]

III. Absehen von der Verfolgung

12 Die Reihung der Absätze 1–3 in § 45 spiegelt quasi den Gang des Verfahrens wider. Die Erledigung durch den StA als eingriffsschwächste Maßnahme hat der Beteiligung des Richters schon aufgrund des Grundsatzes der Subsidiarität vorzugehen. Insofern hat der StA nach Abs. 1 und 2 zu verfahren, wenn deren Voraussetzungen gegeben sind.[27]

13 **1. Ohne Einschaltung des Richters. a) Abs. 1.** Gem. Abs. 1 kann der StA über die Verweisung auf § 153 StPO von der Verfolgung absehen, wenn bei Vergehen (§ 12 StGB) eine „geringe Schuld" vorzufinden ist und kein öffentliches Interesse an der Strafverfolgung besteht. Das Vorliegen der (geringen) Schuld muss nicht abschließend geklärt sein, da es iRd § 153 StPO nur um eine hypothetische Schuldbeurteilung geht. Das Verfahren muss also an sich nicht bis zum Letzten „ausermittelt sein". Dennoch ist wegen der Eintragung ins BZR, die auf eine Anwendung des § 45 folgt (vgl. § 60 Abs. 1 Nr. 7 BZRG), eine sehr sorgfältige Prüfung notwendig.[28] Abweichend v. dem Zustimmungserfordernis in § 153 StPO im allg. Strafverfahrensrecht ist die Einstellung nach § 45 Abs. 1 ohne Zustimmung

---

[20] Zu fordern ist also eine Reform dahingehend, dass Verfahrenseinstellungen nach §§ 45, 47 JGG nicht mehr ins Erziehungsregister eingetragen werden. Ein bedeutender Informationsverlust für die Jungendstaatsanwälte und Richter, die zeitlich nachfolgende Taten zu bearbeiten haben, ist dadurch nicht zu erwarten, da die Einstellungen stets in den staatsanwaltschaftlichen Verfahrensregistern erfasst werden, so dass die entspr. Akten beigezogen und der Hauptakte beigefügt werden können. Da von Jugendlichen auch keine große räumliche Mobilität zu erwarten ist, besteht allenfalls eine sehr geringe Gefahr, dass der lokal begrenzte Informationsgehalt der staatsanwaltschaftlichen Verfahrensregister die Informationsverluste durch eine fehlende Eintragung in Erziehungsregister nicht ausgleichen würde. Zudem ist zu erwarten, dass das *Zentrale Staatsanwaltschaftliche Register* in Zukunft auch besser wird, da die Meldemoral mit zunehmender Implementationsdauer besser werden dürfte, so dass sogar „mobile" Kriminalität erfasst würde.
[21] *Verrel* ZIS 2015, 614 (615); *Kleinbrahm* S. 342 ff.
[22] HM, vgl. etwa Diemer/Schatz/Sonnen/*Diemer* Rn. 10; *Eisenberg* JGG Rn. 13–15; *Ostendorf* Rn. 7; differenzierend *Bohnert* NJW 1980, 1927 (1930).
[23] Diemer/Schatz/Sonnen/*Diemer* Rn. 10; *Eisenberg* JGG Rn. 15; im Erg. ähnlich *Unterstelller* S. 291.
[24] So auch *Brunner*/*Dölling* Rn. 43; *Eisenberg* JGG Rn. 10b; *Ostendorf* Rn. 8.
[25] *Brunner*/*Dölling* Rn. 48; Diemer/Schatz/Sonnen/*Diemer* Rn. 11; *Ostendorf* Rn. 8.
[26] *Brunner*/*Dölling* Rn. 48; Diemer/Schatz/Sonnen/*Diemer* Rn. 11; MRTW/*Blessing*/*Weik* Rn. 14; *Ostendorf* Rn. 8; aA wohl *Nothacker* JZ 1982, 57 (62).
[27] BT-Drs. 11/5829, 24.
[28] *Unterstelller* S. 247 f.; *Brunner*/*Döllinger* Rn. 17.

des Jugendrichters möglich,²⁹ wobei § 153 Abs. 1 S. 2 StPO freilich auch eine Ausnahme vom Zustimmungserfordernis normiert. Auch der Zustimmung des Jugendlichen oder seines Erziehungsberechtigten bedarf es nicht. Mit Blick auf das rechtsstaatliche Fairnessgebot sollte aber auf die registerrechtlichen Folgen hingewiesen werden, wenn ohne Durchführung einer amtlichen Vernehmung nach § 45 Abs. 1 eingestellt werden soll.³⁰

Nach der Vorstellung des Gesetzgebers ist die Anwendung des Abs. 1 sachgerecht, wenn **14** es sich einerseits um eine jugendtypische Verfehlung mit geringem Schuldgehalt und geringen Auswirkungen der Straftat handelt, und wenn andererseits keine weitere erzieherische Einwirkung erforderlich ist, die über das „Erwischtwordensein" und die damit verbundenen Ermittlungsmaßnahmen hinausgeht.³¹ In der Praxis wird Abs. 1 insbes. bei erstmals in Erscheinung tretenden Jugendlichen angewandt. Bei wiederholt straffälligen Jugendlichen kommt Abs. 1 freilich auch in Betracht, nach der Gesetzesbegründung etwa dann, wenn ein erheblicher zeitlicher Abstand zwischen den Taten liegt oder die Straftaten weder hinsichtlich des verletzten Rechtsguts noch der Begehungsart vergleichbar sind.³² Als idR unter Abs. 1 fallende Straftaten werden dort genannt: Diebstahl geringwertiger Sachen und vergleichbare Taten, unbefugter Gebrauch eines Fahrzeugs, leichte Fälle der Sachbeschädigung, Körperverletzungen bei leichten Angriffen und leichten Folgen etc.³³ Insg. hat die StA eine den Umständen des Einzelfalls entspr. Entscheidung zu treffen.

Ein Bericht der JGH ist aufgrund der Bagatellität der Delikte nicht erforderlich, die JGH **15** ist daher idR nicht von der Verfehlung zu unterrichten.³⁴

b) Abs. 2. Nach Abs. 2 sieht der JStA auch dann von der Verfolgung ab, wenn eine **16** erzieherische Maßnahme bereits durchgeführt oder eingeleitet ist und er weder eine Beteiligung des Richters nach Abs. 3 noch die Erhebung der Anklage für erforderlich hält. Dies gilt auch für Straftaten, die als Verbrechen (§ 12 StGB) eingestuft werden.

Vorauszuschicken ist, dass der Begriff der „erzieherischen Maßnahme" nicht gleichbedeutend ist mit dem Begriff der „Erziehungsmaßregel" iSd §§ 9ff. JGG. „Erzieherische **17** Maßnahme" hat eine wesentlich offenere Intention und erfasst alle Maßnahmen, die von öffentlicher oder privater Seite aus Anlass der Tat ergriffen wurden und „darauf abzielen, die Einsicht des Jugendlichen in das Unrecht der Tat und deren Folgen zu fördern und ihn für die Zukunft zu einem normgemäßen Verhalten zu veranlassen".³⁵ Vorrangig kommen dabei insbes. Maßnahmen in Betracht, die von Personen oder Institutionen aus dem sozialen Umfeld des Jugendlichen, wie etwa den Erziehungsberechtigten oder der Schule, ergriffen wurden.³⁶ Aber auch die JGH kann zu Einleitung und Durchführung von Erziehungsmaßnahmen herangezogen werden.³⁷ Das Bemühen des Jugendlichen, einen Ausgleich mit dem Verletzten (Täter-Opfer-Ausgleich) zu erreichen, steht der erzieherischen Maßnahme gleich, § 45 Abs. 2 S. 2. Ein derartiger Ausgleich mit dem Verletzten in Form einer Entschuldigung, eines Geschenks, Arbeitsleistungen, einem persönlichen Gespräch oder ähnlichem wird teilw. als die „hoffnungsvollste Alternative" im Reaktionskatalog des Strafrechts betrachtet.³⁸

---

²⁹ So auch LBN/*Nestler* Rn. 284; *Meier/Rössner/Schöch* § 7 Rn. 8; *Ostendorf* Rn. 10.
³⁰ *Müller* DRiZ 96, 443 (444); *Eisenberg* JGG Rn. 18b; MRTW/*Blessing/Weik* Rn. 20.
³¹ BT-Drs. 11/5829, 23; Nr. 2 RiJGG zu § 45.
³² BT-Drs. 11/5829, 23 f.
³³ BT-Drs. 11/5829, 23.
³⁴ *Ostendorf* Rn. 10.
³⁵ *Meier/Rössner/Schöch* § 7 Rn. 9; s. auch *Untersteller* S. 257; vgl. auch RL Nr. 3 S. 1 zu § 45 JGG; zur Wiedergutmachung bei Graffiti-Delikten s. *Höffler; dies.* ZJJ 2010, 33; zu kriminalpädagogischen Schülerprojekten s. zB *Sabaß; dies.* ZJJ 2009, 216; *Löffelmann* ZJJ 2004, 171; *Block/Kolberg* ZJJ 2007, 8; zu den „Diversionstagen" in Nordrhein-Westfalen s. *Linke* ZJJ 2011, 296.
³⁶ RL Nr. 3 S. 2 zu § 45 JGG; *Schaffstein/Beulke/Swoboda* Rn. 749; *Dallinger/Lackner* Rn. 15; MRTW/*Blessing/Weik* Rn. 28 mit Hinweis auf Art. 6 Abs. 2 S. 1 GG.
³⁷ *Ostendorf* Rn. 13; zu einem Diversionsprogramm unter starker Einbeziehung der JGH etwa *Breymann* ZfJ 1985, 14; zum Modell der Diversionsvermittlung *Haustein/Nithammer* DVJJ-J 1999, 427.
³⁸ Zunächst *Schreckling/Pieplow* ZRP 1989, 10; auch *Brunner/Dölling* Rn. 19; krit. *Schaffstein/Beulke/Swoboda* Rn. 753 mwN.

18 Voraussetzung für das Absehen von der Verfolgung ist an sich, dass die erzieherische Maßnahme bereits eingeleitet oder durchgeführt ist. Ob dies der Fall ist, bringt der StA idR durch die Erhebungen der Polizei oder der JGH in Erfahrung.

19 Umstr. ist nun, ob die StA selbst eine erzieherische Maßnahme einleiten bzw. inwieweit sie bei der Einleitung der Maßnahme mitwirken oder auch diese anregen darf. Weitgehend anerkannt ist, dass dem JStA keine *Anordnungs*kompetenz zusteht, sie kann daher Maßnahmen iRd Abs. 2 nicht – wie etwa der Richter in Abs. 3 – anordnen ieS.[39] Allerdings kommt dem JStA eine *Anregungs*kompetenz zu, wonach er dem Jugendlichen die Einstellung des Verfahrens nach der angeregten Durchführung einer erzieherischen Maßnahme anbieten kann.[40] Ganz in diesem Sinne soll der JStA auch nach dem gesetzgeberischen Willen für den Fall, dass noch keine angemessene erzieherische Reaktion erfolgt ist, ggf. selbst die Voraussetzungen für ein Absehen von der Verfolgung schaffen.[41]

20 Umstr. ist daneben, wie weitreichend diese Anregungskompetenz ist. Teilw. wird vertreten, dass die vom JStA angeregten Maßnahmen unterhalb der Eingriffsintensität des Abs. 3 liegen müssen.[42] Dies widerspricht dem eindeutigen Willen des Gesetzgebers und ist daher abzulehnen.[43] Zudem stellt der Täter-Opfer-Ausgleich, den Abs. 2 S. 2 ausdrücklich den erzieherischen Maßnahmen iSd Abs. 2 S. 1 gleichstellt, eine in Abs. 3 enthaltene Weisung (§ 10 Abs. 1 S. 3 Nr. 7) dar, auf den sich aufgrund der expliziten Nennung in Abs. 2 zweifellos die Anregungskompetenz des JStA bezieht. Nun ist aber kein sachlicher Grund erkennbar, warum einzig die Weisung des Täter-Opfer-Ausgleichs von der Anregungskompetenz des JStA umfasst sein soll.[44] Eine „eingeschränkte Anregungskompetenz" würde dazu führen, dass die Möglichkeiten des JStA so stark eingeschränkt würden, dass er regelmäßig den eingriffsintensiveren Antrag nach Abs. 3 stellen müsste.[45] Des Weiteren würde eine derartige Einschränkung die Systematik des Gesetzes „überinterpretieren"; Abs. 3 knüpft nur an die erwartete pädagogische Wirkung durch Einschaltung eines Richters an, soll aber nicht eine ausschließliche Kompetenz des Richters normieren.[46]

21 Daneben ist weitere Voraussetzung für die Einstellung nach Abs. 2, dass der JStA weder die Beteiligung des Richters nach Abs. 3 noch die Erhebung der Anklage für erforderlich hält. Die Beteiligung eines Richters ist insbes. dann erforderlich, wenn der Schuldgehalt der Tat und das in der Tat zum Ausdruck kommende Erziehungsdefizit ein Ausmaß annimmt, dass ein Verfahren nach Abs. 2 als nicht ausreichend erscheinen lässt. Die Erhebung der Anklage ist erforderlich, wenn die Durchführung einer Hauptverhandlung insbes. bei komplexeren Sachverhalten zur Aufklärung der Tat[47] oder aus sonstigen erzieherischen Gründen geboten erscheint.[48] Der Erhebung der Anklage steht ein Antrag nach § 76 gleich, § 76 S. 2.

22 Darüberhinaus wird teilweise ein Geständnis im Sinne eines „glaubhaften Eingestehens" verlangt.[49] Dem widerspricht jedoch nicht nur die RL zu § 45, sondern auch die Gesetzessystematik, da ein Geständnis explizit nur in Abs. 3 verlangt wird.[50] Soweit geltend macht

---

[39] *Höffler* S. 70; *Brunner/Dölling* Rn. 21; *Diemer/Schatz/Sonnen/Diemer* Rn. 16; MRTW/*Blessing/Weik* Rn. 25.
[40] *Böttcher/Weber* NStZ 1990, 561 (563); *Höffler* S. 70; *Streng* Rn. 178; *Brunner/Dölling* Rn. 21; *Dallinger/Lackner* Rn. 15; *Ostendorf* Rn. 13; aA *Diemer/Schatz/Sonnen/Diemer* Rn. 16, der auf einen dadurch beim Jugendlichen enstehenden Zwang hinweist; *Böhm/Feuerhelm* 2004, S. 103.
[41] RL Nr. 3 zu § 45 JGG.
[42] So etwa *Schaffstein/Beulke/Swoboda* Rn. 757; *Meier/Rössner/Schöch* § 7 Rn. 17; *Eisenberg* JGG Rn. 21; *Ostendorf* Rn. 13.
[43] BT-Drs. 11/5829, 24.
[44] *Höffler* S. 71; LBN/*Nestler* Rn. 296.
[45] *Heinz* DVJJ-J 1999, 131 (137); *Brunner/Dölling* § 45 Rn. 26.
[46] *Höffler* S. 71; *Streng* Rn. 180.
[47] *Meier/Rössner/Schöch* § 7 Rn. 20.
[48] *Diemer/Schatz/Sonnen/Diemer* Rn. 22.
[49] So etwa *Breymann* Zbl. 1985, 16; *Streng* Rn. 181; *Brunner/Dölling* Rn. 24; anders *Meier/Rössner/Schöch* § 7 Rn. 20: kein ernstliches Bestreiten.
[50] RL zu § 45 Nr. 3 S. 4; *Höffler* S. 72; *Meier/Rössner/Schöch* § 7 Rn. 20; *Untersteller* S. 261 f.; *Diemer/Schatz/Sonnen/Diemer* Rn. 19; *Ostendorf* Rn. 14.

wird, dass ein Geständnis zum Schutz des Jugendlichen nötig sei,[51] muss dagegengehalten werden, dass die Geständnisbereitschaft bei Jugendlichen und die Gefahr von falschen Geständnissen besonders hoch ist,[52] sodass die negativen Folgen, die aus einem solchen Geständniserfordernis drohen, besonders zu beachten sind.

Der Nachweis der Schuld muss bei dem Vorgehen nach Abs. 2 allerdings eindeutig geführt sein; das Ermittlungsverfahren muss also faktisch bis zur Anklagereife durchgeführt worden sein.[53] Bei durch die StA angeregten erzieherischen Maßnahmen muss der Betroffene einverstanden sein, er muss also bereit sein, sich auf die jeweilige Maßnahme einzulassen, wobei ausreichend ist, wenn der Jugendliche trotz Gelegenheit zur Ablehnung nicht widerspricht.[54] Daneben dürfen die Erziehungsberechtigten und die gesetzlichen Vertreter keine Einwände vorbringen.[55]

Die vom JStA angeregte und vom Jugendlichen zugesagte Maßnahme kann nicht erzwungen werden, Ungehorsamsarrest ist ausgeschlossen. Ferner darf die Nichterbringung einer Leistung bei späterer Wiederaufnahme des Verfahrens nicht strafschärfend berücksichtigt werden.[56]

Liegen sämtliche Voraussetzungen vor, muss der StA von der Verfolgung absehen („sieht…ab"). Der Wortlaut lässt keinen Raum für ein Ermessen.

2. Mit Einschaltung des Richters (Abs. 3). Kommt eine Verfahrensbeendigung nach Abs. 1 oder 2 nicht in Betracht, muss der StA das sog. (formlose) richterliche Erziehungsverfahren nach Abs. 3 anregen, wenn er die AnO einer richterlichen Maßnahme für erforderlich, die Erhebung der Anklage aber nicht für geboten hält, und der Jugendliche geständig ist. Der in Abs. 3 genannte Katalog an Maßnahmen ist abschließend.[57]

Abs. 3 verlangt nun explizit ein Geständnis. Man mag dieses Erfordernis für sinnvoll halten oder auch nicht – für Letzteres sprechen die oben bei Abs. 2 genannten Gründe (→ Rn. 22). Solange das Gesetz dieses Erfordernis aber aufstellt, kann man „hoffen", dass es – trotz der großen Gefahr von falschen Geständnissen bei Jugendlichen, die dem Vernehmungsdruck oft nur schwer standhalten können – dazu beiträgt, den Tatverdacht gegen den Jugendlichen zu erhärten.[58] Weiter wird angeführt, dass das Verfahren nach Abs. 3 in erzieherischer Hinsicht in diesen Fällen besonders sinnvoll erscheint, da zu erwarten sei, dass die anzuordnenden Maßnahmen auf fruchtbaren Boden fallen.[59] Bestehen erhebliche Zweifel an der Richtigkeit des Geständnisses und damit an der Schuld des Jugendlichen insg., ist das Verfahren nach § 45 ohnehin nicht geeignet; vielmehr muss dann eine Hauptverhandlung stattfinden. Auch ein Ausforschen der Persönlichkeit des Jugendlichen durch Psychiater oder ähnlichen Personen darf nicht im Rahmen eines Verfahrens nach § 45 erfolgen, da die prozessualen Rechte des Jugendlichen im Rahmen dieses Verfahrens nicht hinreichend gesichert sind.[60]

Für die Frage, ob die Beteiligung eines Richters erforderlich ist bzw. die Erhebung der Anklage geboten ist, sind die gleichen Gesichtspunkte ausschlaggebend, auf die im Verfahren nach Abs. 2 abgestellt wird (→ Rn. 21).

---

[51] So etwa *Dallinger/Lackner* Rn. 23.
[52] Vgl. MRTW/*Blessing/Weik* Rn. 39; *Ostendorf* Rn. 14.
[53] *Höffler* S. 72; *Sabaß* 2004 S. 78; *Brunner/Dölling* Rn. 23.
[54] *Höffler* S. 73; LBN/*Nestler* Rn. 297; *Streng* Rn. 181; *Brunner/Dölling* Rn. 25; aA *Meier/Rössner/Schöch* § 7 Rn. 20: Zustimmung des Jugendlichen ist nicht erforderlich.
[55] RL Nr. 3 S. 4 zu § 45; *Höffler* S. 73; *Heinz* DVJJ-J 1999, 131 (136); für die Erforderlichkeit einer Zustimmung der Erziehungsberechtigten/gesetzlichen Vertreter *Streng* Rn. 181 und LBN/*Nestler* Rn. 297; *Brunner/Dölling* Rn. 25 verlangt ebenfalls Zustimmung, wofür aber ein Nicht-Widersprechen genügen soll.
[56] OLG Hamm 24.10.2005 – 2 Ss 381/05, NStZ 2006, 520.
[57] *Meier/Rössner/Schöch* § 7 Rn. 26; *Brunner/Dölling* Rn. 32; *Diemer/Schatz/Sonnen/Diemer* Rn. 20.
[58] *Meier/Rössner/Schöch* § 7 Rn. 25.
[59] So auch *Meier/Rössner/Schöch* § 7 Rn. 25; *Diemer/Schatz/Sonnen/Diemer* § 45 Rn. 21.
[60] *Diemer/Schatz/Sonnen/Diemer* Rn. 21; eine Zusammenarbeit mit der JGH wird hingegen mehrheitlich für zulässig bzw. sinnvoll erachtet, *Brunner/Dölling* Rn. 22; *Eisenberg* JGG Rn. 24 f.; *Ostendorf* Rn. 17.

29 Als erzieherische Maßnahme iRd Abs. 3 kommt zunächst die Ermahnung in Betracht. Diese ist im Gegensatz zur Verwarnung (§ 14) formlos möglich und sollte möglichst mündlich erteilt werden,[61] weil die erzieherische Wirkung dann idR größer ist. Weiter ist die Anregung der in Abs. 3 explizit genannten Weisungen sowie sämtlicher in § 15 genannten Auflagen möglich. Andere Weisungen, wie insbes. Betreuungsweisung und die Weisung, an einem sozialen Trainingskurs teilzunehmen, wurden deshalb nicht in Abs. 3 aufgenommen, weil sie aufgrund ihrer Eingriffsintensität und dem benötigten längeren Zeitraum mit dem Verfahrenszweck des § 45 – das Verfahren so schnell und möglichst wenig belastend zu erledigen – nicht vereinbar sein sollen.[62] Die Weisungen und Auflagen können ausnahmsweise aus erzieherischen Gründen nachträglich geändert werden, wenn dem nicht die gebotene Beschleunigung entgegensteht.[63] Eine Verbindung mehrerer in Abs. 3 genannter Maßnahmen ist möglich, § 8.

30 Der Richter ist in seiner Entscheidung, ob er die von der StA angeregte Maßnahme anordnen möchte oder nicht, frei.

Entspricht der Richter dem Vorschlag des JStA und ist der Jugendliche im Falle der AnO von Weisungen und Auflagen diesen nachgekommen, muss der JStA zwingend von der Verfolgung absehen. Diese Bindungswirkung besteht jedoch nur, wenn der Richter der Anregung des JStA entspricht bzw. eine etwaige Abweichung im Einvernehmen mit dem JStA erfolgt ist, da dessen Zustimmung einer Änderung des Antrages gleichkommt.[64]

31 Entspricht der Richter dem Vorschlag des JStA nicht, trifft er also entweder keine oder eine andere als die vom JStA angeregte Maßnahme, oder erfüllt der Jugendliche die durch den JStA angeregte und vom Richter angeordnete Maßnahme nicht, ist der JStA (an sich) frei.[65] Wenn die vom Richter gewählte Maßnahme allerdings der Eingriffsintensität der Maßnahme, die der JStA vorgeschlagen hat, entspricht, und der Jugendliche die Maßnahme erfüllt, dann sollte die Divergenz zwischen Richter und StA nicht zu Lasten des Jugendlichen gehen. Hier sollten Richter und StA unbedingt eine Einigung erzielen und dann das Verfahren eingestellt werden. Bereits erbrachte Leistungen müssen in einem späteren Verfahren berücksichtigt werden.[66]

32 Die Erfüllung der angeordneten Auflagen und Weisungen wird vom Jugendrichter ggf. mit Hilfe der JGH überwacht. Auch die durch den Richter erteilten Maßnahmen können nicht erzwungen werden, Ungehorsamsarrest ist ausgeschlossen, Abs. 3 S. 3.

IV. Rechtsfolgen der Entscheidung nach § 45

33 **1. Bindungswirkung/Bestandskraft der Einstellung.** Sieht der StA gem. Abs. 3 von der Verfolgung ab, kann das Verfahren wegen derselben Tat nur aufgrund neuer Tatsachen oder Beweismittel wiederaufgenommen werden, Abs. 3 S. 4, § 47 Abs. 3. Es besteht dann also ein begrenztes Prozesshindernis.[67] Dazu im Einzelnen → § 47 Rn. 27. Demgegenüber erwächst die Einstellung nach Abs. 1 und 2 nicht in Rechtskraft.[68] Die StA kann das Verfahren also grds. jederzeit wieder aufnehmen, wobei die StA natürlich nicht zu willkürlichen Entscheidungen entgegen dem Gebot der Verfahrensfairness und der Rechtssicherheit ermächtigt ist.[69] Eine Wiederaufnahme kommt daher etwa nur dann in Betracht, wenn der

---

[61] *Brunner/Dölling* Rn. 31; *Dallinger/Lackner* Rn. 26; *Diemer/Schatz/Sonnen/Diemer* Rn. 23.
[62] BT-Drs. 11/5829, 25.
[63] *Brunner/Dölling* Rn. 31; *Diemer/Schatz/Sonnen/Diemer* Rn. 28.
[64] *Brunner/Dölling* Rn. 34, 33; *Diemer/Schatz/Sonnen/Diemer* Rn. 26.
[65] *Pentz* NJW 1954, 1351 (1352); *Streng* Rn. 188; *Brunner/Dölling* Rn. 33, 37; *Eisenberg* JGG Rn. 32; *Ostendorf* Rn. 18.
[66] *Brunner/Dölling* Rn. 37; *Dallinger/Lackner* Rn. 37; *Eisenberg* JGG Rn. 32.
[67] So auch *Meier/Rössner/Schöch* § 7 Rn. 29.
[68] BGH 15.1.1957 – 5 StR 390/56, BGHSt 10, 104 = NJW 1957, 551.
[69] *Streng* Rn. 186; *Diemer/Schatz/Sonnen/Diemer* Rn. 29; ähnlich auch *Brunner/Dölling* Rn. 20 und *Böttcher/Weber* NStZ 1990, 561 (563), die jedoch auch erzieherische Erfolglosigkeit der Maßnahme als Grund für eine Wiederaufnahme ansehen.

Jugendliche eine angebotene und von ihm zugesagte Leistung nicht erbringt oder wenn neue relevante Tatsachen bekannt werden.[70]

2. Mitteilung (Bescheidung, Benachrichtigung und Mitteilung sowie Eintragung in das Erziehungsregister). Im Falle eines Absehens von der Verfolgung nach § 45 ist zunächst dem Beschuldigten – wie bei einer Einstellung nach § 170 Abs. 2 StPO[71] – ein Bescheid zu erteilen (vgl. Nr. 88, 91 Abs. 1 RiStBV).[72] Daneben ist ebenfalls eine Mitteilung an den Erziehungsberechtigten und den gesetzlichen Vertreter zu machen, § 67 Abs. 2.[73] Für einen etwaigen Antragsteller gilt § 171 StPO.[74] 34

Die Entscheidung einer Einstellung nach § 45 ist ferner gem. §§ 20, 59, 60 Abs. 1 Nr. 7, Abs. 2 BZRG zur Eintragung in das Erziehungsregister mitzuteilen. Eine Eintragung in das Erziehungregister muss spätestens mit Vollendung des 24. Lebensjahres enfernt werden, § 63 Abs. 1 BZRG. Danach darf das Verfahren, in dem nach § 45 von der weiteren Verfolgung abgesehen wurde, in einem neuen Verfahren nicht mehr zum Nachteil des Angekl. verwertet werden.[75] 35

Die Mitteilung an das FamG und ggf. die Schule richtet sich nach §§ 70 S. 1, 109 Abs. 1 S. 2.[76] 36

V. Rechtsbehelfe

Gegen die Entscheidungen des § 45 gibt es kein förmliches Rechtsmittel. Der Rechtsweg nach §§ 23 ff. EGGVG ist ausgeschlossen.[77] Auch steht dem Verletzten, anders als bei einer Einstellung nach § 170 Abs. 2 StPO, das Klageerzwingungsverfahren unter entspr. Anwendung des § 170 Abs. 2 S. 3 StPO nicht zu, da es sich bei dem Vorgehen nach § 45 um eine Ermessensentscheidung handelt.[78] In Betracht kommt nur eine Dienstaufsichtsbeschwerde.[79] 37

VI. Kritik, Anregungen

In der Wissenschaft ist die Diversion teilw. auf Kritik gestoßen.[80] So wird etwa ein sog. „widening of the net"- Effekt befürchtet. Damit ist die Ausweitung des Netzes sozialer Kontrolle, also die Ausdehnung, die Verstärkung und die Substitution dieses Netzes gemeint.[81] Die Befürchtung hat sich in Bezug darauf, dass die Anwendung der §§ 45, 47 zu einem Rückgang der Einstellung nach § 170 Abs. 2 StPO und der Freisprüche führen könnte, bislang empirisch nicht bestätigt.[82] Nicht ganz einheitlich sind die Erg. in Bezug auf die Verstärkung des Netzes sozialer Kontrolle, insofern als die Diversion dazu führt, dass nun informelle erzieherische Maßnahmen nach Abs. 2 oder 3 in solchen Fällen ergriffen werden, die ansonsten iRd § 153 StPO (oder § 45 Abs. 1 JGG) folgenlos eingestellt worden wären.[83] Auch eine Substitution des Netzes durch eine „Auslagerung" der Fälle in ein Kontrollsystem außerhalb der Strafjustiz mit analogen 38

---

[70] *Dallinger/Lackner* Rn. 35 f.; *Eisenberg* Rn. 31; MRTW/*Blessing/Weik* Rn. 45: Wiederaufnahme nur aus „triftigen Gründen".
[71] *Dallniger/Lackner* Rn. 40.
[72] *Brunner/Dölling* Rn. 39; *Eisenberg* JGG Rn. 35.
[73] *Brunner/Dölling* Rn. 39; *Eisenberg* JGG Rn. 36.
[74] *Dallinger/Lackner* Rn. 40; *Eisenberg* JGG Rn. 37.
[75] BGH 29.5.1991 – 3 StR 164/91, StV 1991, 425.
[76] *Eisenberg* JGG Rn. 38.
[77] OLG Hamm 23.9.1982 – 7 VAs 68/82, MDR 1983, 255 f.
[78] OLG Braunschweig 15.12.1959 – Ws 150/59, NJW 1960, 1214; OLG Hamm 8.4.1960 – 1 Ws 55/60, NJW 1960, 1968; *Diemer/Schatz/Sonnen/Diemer* Rn. 30; *Ostendorf* Rn. 23; aA etwa für den Fall, dass der StA die durch § 45 gesteckten Grenzen überschritten hat *Pentz* NJW 1958, 819; *Brunner/Dölling* Rn. 40; *Ostendorf* Rn. 23.
[79] *Dallinger/Lackner* Rn. 40; *Diemer/Schatz/Sonnen/Diemer* Rn. 30; *Ostendorf* Rn. 23.
[80] Vgl. dazu die Nachweise bei *Heinz* MSchrKrim 1987, 129 (131).
[81] So auch *Heinz* S. 92; dazu ausf. *Höffler* S. 89 f.; *Schaffstein/Beulke/Swoboda* Rn. 737; *Brunner/Dölling* Rn. 6.
[82] *Heinz* 1992, S. 93; *Kegler* 1991, S. 297 f.; *Sessar/Hering* 1985, S. 397, 390.
[83] *Heinz* 1992, S. 93 f.

Strukturen konnte bislang nicht empirisch festgestellt werden.[84] Obwohl sich die Befürchtungen bzgl. eines „net widening" bislang nicht empirisch bestätigen lassen, sollte diese Gefahr dennoch nicht in Vergessenheit geraten.

39 Auch die herrschenden regionalen Unterschiede stellen sich als problematisch dar.[85] Aufgrund der unterschiedlichen Diversionsrichtlinien in den einzelnen Bundesländern[86] ist auch nicht davon auszugehen, dass es zu einer Vereinheitlichung kommt.[87] Vor diesem Hintergrund ist der Forderung nach einem gesetzgeberischen Tätigwerden zur Vereinheitlichung der Diversionspraxis nachdrücklich zuzustimmen.[88]

40 Zu Bedenken bzgl. einer Kollision mit der Unschuldsvermutung (Art. 6 Abs. 2 EMRK) und dem Richtervorbehalt (Art. 20 Abs. 2 S. 2, 92 GG) s. ausf. *Höffler* S. 84 ff.

§ 46 Wesentliches Ergebnis der Ermittlungen

Der Staatsanwalt soll das wesentliche Ergebnis der Ermittlungen in der Anklageschrift (§ 200 Abs. 2 der Strafprozeßordnung) so darstellen, daß die Kenntnisnahme durch den Beschuldigten möglichst keine Nachteile für seine Erziehung verursacht.

I. Anwendungsbereich

1 **1. Jugendliche und Heranwachsende.** Die Vorschrift des § 46 gilt unmittelbar nur im Verfahren gegen Jugendliche vor den JugG, vgl. §§ 104, 109. RL Nr. 2 zu § 46 legt jedoch nahe, dass sie jedenfalls ihrem Grundgedanken nach auch in Verfahren gegen Jugendliche vor der allg. Strafgerichtsbarkeit sowie in Verfahren gegen Heranwachsende (gleichgültig vor welcher Gerichtsbarkeit) anzuwenden ist. Dabei wird die Anwendung v. § 46 in Verfahren gegen Jugendliche vor allg. Strafgerichten gem. § 104 Abs. 2 in das Ermessen des Gerichts gestellt. Eine Entscheidung zu Gunsten der Anwendung v. § 46 wird sich aber empfehlen, jedenfalls drängen sich in beiden Fällen keine dagegensprechenden Gründe auf.[1]

2 **2. Grundgedanke und Ausstrahlungswirkung.** § 46 gilt für jede Form der Anklage, also auch für den Antrag auf Entscheidung der StA im vereinfachten Jugendstrafverfahren (vgl. § 76 S. 2)[2] und für die Nachtragsanklage (§ 266 StPO).[3] Bei der mündlich erhobenen Nachtragsanklage ist besonders darauf zu achten, dass der Jugendliche Bedeutung und Tragweite (zB Höherstufung zum JugSchG) uU nicht selbst abschätzen kann, sodass das Zustimmungserfordernis keinen hinreichenden Schutz für den Angekl. bietet.[4] Teilw. wird daher vertreten, dass die mündliche Nachtragsanklage mit Höherstufung nur beim verteidigten Jugendlichen zulässig sein soll.[5]

3 Beim Schlussvortrag sind die identischen pädagogischen Gesichtspunkte zu beachten,[6] auch wenn der Wortlaut des § 46 dazu nichts sagt. Es ist natürlich v. enormer Wichtigkeit,

---

[84] *Heinz* 1992, S. 94.
[85] Dazu *Kleinbrahm* S. 77 ff. mit zahlreichen Nachw. und Zahlen; *Heinz* MschrKrim 1987, 129 (144); *Verrel* ZIS 2015, 614 ff.; *Brunner/Dölling* Rn. 7a.
[86] S. dazu *Linke* NStZ 2010, 609 (611 f.).
[87] *Verrel* ZIS 2015, 614 (615 ff. mwN); Zusammenfassung der Diversionsrichtlinen bei *Ostendorf* Grdl. z. den §§ 45 und 47 Rn. 8.
[88] Dies fordernd *Kleinbrahm* S. 448; *Linke* NStZ 2010, 609 (614); *Verrel* ZIS 2015, 614 (617 f.).
[1] Ähnlich auch *Eisenberg* JGG Rn. 1; abgeschwächt MRTW/*Blessing/Weik* Rn. 1: „hinsichtlich Heranwachsender verbietet sich die Anwendung der Norm zumindest nicht".
[2] Implizit MRTW/*Blessing/Weik* Rn. 4; Diemer/Schatz/Sonnen/*Diemer* Rn. 2; *Eisenberg* JGG Rn. 4; *Ostendorf* Rn. 2.
[3] *Brunner/Dölling* Rn. 9; Diemer/Schatz/Sonnen/*Diemer* Rn. 2; *Eisenberg* JGG Rn. 2; *Ostendorf* Rn. 2; krit. *Roestel* NJW 1966, 334 (335).
[4] *Eisenberg* JGG Rn. 2; *Eisenberg* NStZ 1999, 281 (284) plädiert deswegen dafür, die Nachtragsanklage nur beim verteidigten Angekl. einzusetzen.
[5] So *Eisenberg* JGG Rn. 2; keine Einschränkungen bei *Brunner/Dölling* Rn. 9.
[6] *Ostendorf* Rn. 2; vgl. *Eisenberg* JGG Rn. 3 und JGG § 36 Rn. 5b.

dass der Jugendliche versteht, ob er freigesprochen oder verurteilt wurde, und im Fall der Verurteilung, wegen welcher Delikte er schuldig gesprochen und zu was er verurteilt wurde. Die Situation des mündlich verkündeten Stuhlurteils fordert den Abgeurteilten regelmäßig höchste Aufmerksamkeit ab, um vollumfänglich mitvollziehen zu können, was der Richter sagt; dies ist für Jugendliche noch deutlich schwieriger, mit Blick auf den Erziehungsgedanken im Jugendstrafrecht aber v. höchster Priorität.

II. Das wesentliche Ergebnis der Ermittlungen als Bezugspunkt der Regelung

§ 46 regelt explizit nur die Darstellung des „wesentlichen Ergebnisses der Ermittlungen"; **4** der sonstige nach § 200 StPO (iVm § 2 Abs. 2 JGG) erforderliche Inhalt der Anklageschrift bleibt dem Wortlaut nach unberührt.[7] Deshalb sind der Anklagesatz, die Beweismittel, das Gericht der Hauptverhandlung sowie der etwaige Verteidiger auch im Jugendstrafverfahren zu nennen. Bei den ebenfalls anzuführenden Strafvorschriften ist bei Jugendlichen stets auch § 3 als Schuldvoraussetzung aufzuführen sowie § 105 Abs. 1 bei Heranwachsenden, gegen die Jugendstrafrecht angewendet werden soll.[8] Einzelheiten dazu gehören in das wesentliche Ergebnis der Ermittlungen.[9]

III. Verzicht auf das wesentliche Ergebnis der Ermittlungen

Eine andere mit § 46 mittelbar zusammenhängende Frage ist die, ob und unter welchen **5** Umständen auf das wesentliche Erg. der Ermittlungen im Jugendstrafrecht gem. § 200 Abs. 2 S. 2 StPO (iVm § 2 Abs. 2 JGG) verzichtet werden kann, wenn die Anklage zum Strafrichter erfolgt. Dies wird teilw. bejaht[10] und entspr. der überwiegenden Praxis,[11] wird allerdings den Besonderheiten des materiellen Jugendstrafverfahrensrechts sowie dem Recht des Angeschuldigten auf ein faires Verfahren nicht hinreichend gerecht; bei Verzicht auf das wesentliche Erg. der Ermittlungen entfällt automatisch eine Mitteilung der Erkenntnisse der JGH in der Anklage, was die Verteidigungsmöglichkeiten des Angekl. erheblich einschränkt.[12] Auch die übrigen Erkenntnisse, die normalerweise im wesentlichen Erg. der Ermittlungen festgehalten werden, sind für den Angeschuldigten bestimmt (Zustellung der Anklageschrift, § 2 Abs. 2 iVm § 33 Abs. 3 StPO).[13] Das Unterlassen der Mitteilung tangiert damit zugleich das Recht auf rechtliches Gehör.[14] Vor diesem Hintergrund muss § 46 trotz der Bedeutung der dort genannten erzieherischen Belange hinter den Geboten des effektiven Rechtsschutzes zurückstehen.[15] Das wesentliche Erg. der Ermittlungen ist damit auch bei einer Anklage zum Jugendrichter unverzichtbarer Bestandteil selbiger.

Bei einer Erhebung der Anklage zum Jugendrichter unter Verzicht auf das wesentliche **6** Erg. der Ermittlungen, der aber darauf folgenden Eröffnung des Hauptverfahrens vor dem JugSchG oder einer späteren Übernahme durch selbiges, ist das wesentliche Erg. der Ermittlungen spätestens dann jedenfalls von der JStA zu ergänzen (§ 200 Abs. 2 S. 1 StPO iVm § 2 Abs. 2 JGG).[16]

IV. Bedeutung für die Anklageschrift

Ratio legis des § 46 ist die Beachtung der besonderen Bedürfnisse von Jugendlichen.[17] **7** Dies bedeutet einerseits, dass die Form der Anklageschrift dem Verständnishorizont des

---

[7] *Diemer/Schatz/Sonnen/Diemer* Rn. 3.
[8] *Brunner/Dölling* Rn. 3; *Eisenberg* JGG Rn. 5; KK/*Schneider* StPO § 200 Rn. 22; *Ostendorf* Rn. 3.
[9] *Brunner/Dölling* Rn. 3; *Eisenberg* JGG Rn. 5.
[10] MRTW/*Blessing/Weik* Rn. 2; *Pfeiffer* § 200 Rn. 8: Wesentliches Erg. der Ermittlungen auch bei Anklage zum Jugendrichter lediglich fakultativ; zust., aber krit. → § 200 Rn. 92.
[11] MRTW/*Blessing/Weik* Rn. 2; krit. dazu KK/*Schneider* StPO § 200 Rn. 25.
[12] *Eisenberg* JGG Rn. 8; *Ostendorf* Rn. 4.
[13] *Eisenberg* JGG Rn. 10; MRTW/*Blessing/Weik* Rn. 2; Meyer-Goßner/Schmitt/*Meyer-Goßner* StPO § 200 Rn. 21.
[14] *Eisenberg* JGG Rn. 8.
[15] *Brunner/Dölling* Rn. 6; *Diemer/Schatz/Sonnen/Diemer* Rn. 4; *Eisenberg* JGG Rn. 8; *Ostendorf* Rn. 4.
[16] *Ostendorf* Rn. 4; *Brunner/Dölling* Rn. 5.
[17] MRTW/*Blessing/Weik* Rn. 5.

jeweiligen Beschuldigten angepasst werden sollte.[18] Ein klarer und übersichtlicher Aufbau soll gewählt, schwierige (Fach-)Wörter vermieden und auf eine von den allg. Sprachgewohnheiten zu sehr abweichende formal-juristische Formulierung verzichtet werden.

8   Andererseits soll auch der Inhalt der Anklageschrift so abgefasst sein, dass erzieherische Nachteile vermieden werden. So sollen nach RL Nr. 1 insbes. solche Ausführungen unterbleiben, die die Erziehung durch die Eltern als mangelhaft darstellen,[19] selbst wenn dies der Wahrheit entsprechen mag. Weitere problematische Punkte sind Einzelheiten über Sexualstraftaten sowie „kriminelle Methoden"; hier sollte nur bei „Unerlässlichkeit" berichtet werden.[20] Darüber hinaus sollte insbes. dann auf die detaillierte Darstellung persönlicher Einzelheiten des Beschuldigten verzichtet werden, wenn die Anklageschrift auch einem Mitangeklagten zugestellt werden muss.[21]

V. Mitteilung der Anklage

9   Die Anklageschrift ist dem Beschuldigten vollständig mitzuteilen.[22] Ebenso soll sie seinem gesetzlichen Vertreter sowie dem Erziehungsberechtigten mitgeteilt werden (vgl. § 67 Abs. 2). Auch aus erzieherischen Gründen können einzelne Teile der Anklageschrift nicht zurückgehalten werden.[23] Dem Verteidiger ist eine Abschrift der Anklageschrift formlos zu übermitteln, § 145a Abs. 3 S. 2 StPO iVm § 2 Abs. 2 JGG.[24]

Zweiter Unterabschnitt. Das Hauptverfahren
§ 47 Einstellung des Verfahrens durch den Richter

(1) ¹Ist die Anklage eingereicht, so kann der Richter das Verfahren einstellen, wenn
1. die Voraussetzungen des § 153 der Strafprozeßordnung vorliegen,
2. eine erzieherische Maßnahme im Sinne des § 45 Abs. 2, die eine Entscheidung durch Urteil entbehrlich macht, bereits durchgeführt oder eingeleitet ist,
3. der Richter eine Entscheidung durch Urteil für entbehrlich hält und gegen den geständigen Jugendlichen eine in § 45 Abs. 3 Satz 1 bezeichnete Maßnahme anordnet oder
4. der Angeklagte mangels Reife strafrechtlich nicht verantwortlich ist.
²In den Fällen von Satz 1 Nr. 2 und 3 kann der Richter mit Zustimmung des Staatsanwalts das Verfahren vorläufig einstellen und dem Jugendlichen eine Frist von höchstens sechs Monaten setzen, binnen der er den Auflagen, Weisungen oder erzieherischen Maßnahmen nachzukommen hat. ³Die Entscheidung ergeht durch Beschluß. ⁴Der Beschluß ist nicht anfechtbar. ⁵Kommt der Jugendliche den Auflagen, Weisungen oder erzieherischen Maßnahmen nach, so stellt der Richter das Verfahren ein. ⁶§ 11 Abs. 3 und § 15 Abs. 3 Satz 2 sind nicht anzuwenden.

(2) ¹Die Einstellung bedarf der Zustimmung des Staatsanwalts, soweit er nicht bereits der vorläufigen Einstellung zugestimmt hat. ²Der Einstellungsbeschluß kann auch in der Hauptverhandlung ergehen. ³Er wird mit Gründen versehen und ist nicht anfechtbar. ⁴Die Gründe werden dem Angeklagten nicht mitgeteilt, soweit davon Nachteile für die Erziehung zu befürchten sind.

(3) Wegen derselben Tat kann nur auf Grund neuer Tatsachen oder Beweismittel von neuem Anklage erhoben werden.

Schrifttum: S. Schrifttum zu § 45.

---

[18] Diemer/Schatz/Sonnen/*Diemer* Rn. 4; *Eisenberg* JGG Rn. 7; *Ostendorf* Rn. 5.
[19] So auch *Eisenberg* JGG Rn. 6.
[20] *Eisenberg* JGG Rn. 6.
[21] MRTW/*Blessing*/*Weik* Rn. 5.
[22] *Brunner*/*Dölling* Rn. 8; Diemer/Schatz/Sonnen/*Diemer* Rn. 5; *Eisenberg* JGG Rn. 10.
[23] *Dallinger*/*Lackner* Rn. 6; Diemer/Schatz/Sonnen/*Diemer* Rn. 5; *Eisenberg* JGG Rn. 10.
[24] S. *Eisenberg* JGG Rn. 11.

Übersicht

	Rn.		Rn.
I. Allgemeines	1–10	a) § 47 Abs. 1 Nr. 1	12
1. Anwendungsbereich	1–8	b) § 47 Abs. 1 Nr. 2	13, 13a
a) Persönlicher Anwendungsbereich	1	c) § 47 Abs. 1 Nr. 3	14
b) Verfahrensart und -stadium	2–8	d) § 47 Abs. 1 Nr. 4	15
2. Verhältnis zu Verfahrenserledigungen außerhalb des JGG	9, 10	e) Verhältnis der Nr. 1–4 zueinander	16
		2. Vorläufige Einstellung	17–20
II. Voraussetzungen der Einstellung	11–20	**III. Rechtsfolgen**	21, 22
1. Die Voraussetzungen von § 47 Abs. 1 Nr. 1–4	12–16	**IV. Rechtsmittel**	23

I. Allgemeines

1. Anwendungsbereich. a) Persönlicher Anwendungsbereich. Die Vorschrift findet in Verfahren gegen Jugendliche Anwendung, auch in solchen Verfahren, für die die allg. Gerichte zuständig sind, § 104 Abs. 1 Nr. 4. Auf Heranwachsende kommt die Vorschrift über §§ 105 Abs. 1, 109 Abs. 2, 112 S. 1, 2 iVm § 104 Abs. 1 Nr. 4 eingeschränkt zur Anwendung,[1] vgl. auch RL 3 S. 2, also dann, wenn materielles Jugendstrafrecht zur Anwendung kommt. Keine Anwendung findet gem. § 109 Abs. 2 S. 1 der Abs. 1 S. 1 Nr. 4. In entspr. Anwendung v. § 54 Abs. 2 ist darüber hinaus auch § 47 Abs. 2 S. 4 auf Heranwachsende nicht anzuwenden, obwohl er nicht explizit in § 109 Abs. 2 S. 1 ausgenommen ist.[2]

b) Verfahrensart und -stadium. Eine Einstellung gem. § 47 ist in jeder Lage des Verfahrens, v. der Anklageerhebung bis zum rechtskräftigen Abschluss, also sogar noch im Rechtsmittelverfahren, möglich.[3] Nötig ist die Erhebung der Anklage, die auch bis zur Eröffnung des Hauptverfahrens nicht zurückgenommen worden sein darf. Auch schon vor Erlass des Eröffnungsbeschlusses (§ 203 StPO) kann § 47 angewandt werden, sofern die Voraussetzungen der Eröffnung des Hauptverfahrens vorliegen. Ein förmlicher Eröffnungsbeschluss ist nicht erforderlich, um gem. § 47 einstellen zu können.[4]

Liegen die Voraussetzungen für einen Eröffnungsbeschluss aber nicht vor, so ist der Erlass eines Nichteröffnungsbeschlusses zwingend vorrangig;[5] ein Nichteröffnungsbeschluss belastet den Jugendlichen nämlich weniger stark, da die entspr. Eintragung unterbleibt (§ 60 Abs. 1 Nr. 7, Nr. 6 BZRG).[6] Auch bei fehlender Reife muss dies gelten.[7] Abs. 1 Nr. 4 wurde gerade für solche „Angeklagte" geschaffen, bei denen ein Freispruch vermieden werden soll,[8] daher ist ein Vorgehen nach Nr. 4 auch erst dann geboten, wenn das Hauptverfahren überhaupt eröffnet wurde und dann die fehlende Reife deutlich wird.[9]

Wenn das Gericht plant, einen Eröffnungsbeschluss zu erlassen, um sodann nach Abs. 1 einzustellen, dann sollte das Gericht zuvor stets die Anregung einer Klagerücknahme gem. § 156 StPO bedenken.[10] Die StA kann dann nach erfolgter Klagerücknahme nach § 45 einstellen, was für den Beschuldigten eine geringere Belastung darstellt.[11] Auch ansonsten

---

[1] Ausf. dazu Diemer/Schatz/Sonnen/*Diemer* Rn. 2.
[2] Diemer/Schatz/Sonnen/*Diemer* Rn. 19; *Eisenberg* JGG Rn. 2; MRTW/*Blessing/Weik* Rn. 1; *Ostendorf* Rn. 1.
[3] BGH 7.2.2006 – 3 StR 263/05, BeckRS 2006, 03045.
[4] *Schaffstein/Beulke/Swoboda* Rn. 770; *Dallinger/Lackner* Rn. 7, 16; Diemer/Schatz/Sonnen/*Diemer* Rn. 15; MRTW/*Blessing/Weik* Rn. 3; *Ostendorf* Rn. 6.
[5] *Brunner/Dölling* Rn. 3; *Dallinger/Lackner* Rn. 7; Diemer/Schatz/Sonnen/*Diemer* Rn. 4; *Eisenberg* JGG Rn. 5; *Ostendorf* Rn. 6.
[6] Vgl. *Eisenberg* JGG Rn. 5.
[7] So auch *Eisenberg* JGG Rn. 5; MRTW/*Blessing/Weik* Rn. 11; aA *Dallinger/Lackner* Rn. 7, 16.
[8] Diemer/Schatz/Sonnen/*Diemer* Rn. 14; krit. dazu *Eisenberg* JGG Rn. 12.
[9] Diemer/Schatz/Sonnen/*Diemer* Rn. 14; *Eisenberg* JGG Rn. 5; MRTW/*Blessing/Weik* Rn. 11; *Ostendorf* Rn. 6; s. auch RL Nr. 2 Hs. 2 zu § 3; aA *Dallinger/Lackner* Rn. 7.
[10] *Ostendorf* Rn. 5.
[11] Vgl. *Ostendorf* Rn. 5; *Eisenberg* JGG Rn. 4; *Dallinger/Lackner* Rn. 5.

sollte eine Klagerücknahme erfolgen, wenn eine geeignete und hinreichende erzieherische Maßnahme nach Klageerhebung, aber vor Erlass des Nichteröffnungsbeschlusses durchgeführt wurde, und ein Vorgehen der StA nach § 45 Abs. 2 deshalb das angemessenere Mittel ist.

5 Im Rechtsmittelverfahren ist unerheblich, ob das angefochtene Urteil tatsächlich an einem das Rechtsmittel begründenden Mangel leidet.[12]

6 § 47 gilt auch im vereinfachten Jugendverfahren, denn dort steht der Antrag der JStA der Einreichung der Anklage gem. § 76 Abs. 1 S. 2 gleich.[13] Wenn der JStA v. der gem. § 78 Abs. 2 S. 1 JGG eingeräumten Möglichkeit Gebrauch macht, nicht an der Verhandlung teilzunehmen, dann ist ihre Zustimmung zu einer Einstellung gem. § 78 Abs. 2 S. 2 auch entbehrlich.

7 In Verfahren nach OWiG geht § 47 OWiG § 47 vor;[14] danach kann in jedem Stadium des Verfahrens eingestellt werden.[15]

8 Bei der Anwendungshäufigkeit zeigt sich, dass sich die §§ 45, 47 JGG in der Praxis insg. großer Beliebtheit erfreuen, wobei erhebliche regionale Unterschiede existieren (dazu auch → § 45 Rn. 39). Bezogen auf alle nach JGG sanktionierten Personen stellten sich die Zahlen für das Jahr 2010 nach *Kleinbrahm* exemplarisch wie folgt dar (in %):[16]

	BW	Bay	BE	BB	HB	HH	HE	MV	NI	NW	RP	SL	SN	ST	SH	Thür
§ 45	60,5	45,6	58,2	51,3	59,6	66,6	62,9	61,0	55,8	58,8	63,4	50,2	59,5	54,8	64,5	60,8
§ 47	10,1	15,9	21,5	19,9	29,0	15,8	8,8	15,3	11,5	10,7	7,5	10,0	12,7	16,3	7,3	11,5
Σ	70,6	61,5	79,7	71,2	88,6	82,4	71,7	76,3	67,3	68,5	70,9	60,2	72,2	71,1	71,8	72,3

9 **2. Verhältnis zu Verfahrenserledigungen außerhalb des JGG.** § 47 geht den §§ 153, 153a StPO nach der hM vor,[17] diese betont, dass der Gesetzgeber mit der Schaffung des § 47 eine abschließende Regelung intendiert habe und etwaige Nachteile im Verfahren nach § 47 JGG durch den Erziehungsgedanken gerechtfertigt seien. Die aA verweist auf das Schlechterstellungsverbot. Wie bei § 45 dargelegt, spricht die Systematik für die hM, wünschenswert wäre aber eine Reform des BZRG. S. zum Ganzen auch → § 45 Rn. 9.

10 Zum Verhältnis zu §§ 153 ff. StPO im Übrigen sowie zu §§ 38 Abs. 2, 37 Abs. 1, 2 BtMG → § 45 Rn. 10.

II. Voraussetzungen der Einstellung

11 § 47 wurde im Zuge des 1. JGG-ÄndG mit Blick auf ein Anpassen an § 45 JGG geändert; in § 47 spiegelt sich allerdings das fortgeschrittenere Verfahrensstadium wieder.[18] Bei § 47 gilt also Vieles von dem zu § 45 Ausgeführten, allerdings immer mit der Modifikation des veränderten Verfahrensstadiums.

11a Mit Ausnahme von Abs. 1 Nr. 1 kommt § 47 auch bei Verbrechensvorwürfen (§ 12 StGB iVm § 4) zur Anwendung.[19]

12 **1. Die Voraussetzungen von § 47 Abs. 1 Nr. 1–4. a) § 47 Abs. 1 Nr. 1.** Nach Abs. 1 Nr. 1 kann der Richter das Verfahren unter den Voraussetzungen des § 153 StPO

---

[12] HM: *Brunner/Dölling* Rn. 5; *Dallinger/Lackner* Rn. 9; *Diemer/Schatz/Sonnen/Diemer* Rn. 8; *Ostendorf* Rn. 3; *Eisenberg* JGG Rn. 6 mwN.
[13] Hierzu auch *Eisenberg* JGG Rn. 3; *Ostendorf* Rn. 2.
[14] *Brunner/Dölling* Rn. 6; *KK-OWiG/Mitsch* § 47 Rn. 78; *Ostendorf* Rn. 4; auch → § 45 Rn. 2.
[15] Auch noch im Rechtsbeschwerdeverfahren, vgl. *Göhler-Seitz* OWiG § 47 Rn. 41.
[16] *Kleinbrahm* S. 217 ff.
[17] *Diemer/Schatz/Sonnen/Diemer* Rn. 6; *Meier/Rössner/Schöch* § 7 Rn. 33; *Brunner/Dölling* § 45 Rn. 3; aA *Eisenberg* JGG § 45 Rn. 9 ff., § 47 Rn. 9; LBN/*Nestler* Rn. 311; einschränkend *Ostendorf* Rn. 7; für einen grds. Vorrang v. § 153 StPO *Bohnert* NJW 1980, 1927 (1931); *Dallinger/Lackner* Rn. 1.
[18] Zur Entwicklung und Historie eingehend *Eisenberg* JGG Rn. 10.
[19] *Ostendorf* Rn. 9.

einstellen. Ein Geständnis des Angeschuldigten ist hierfür nicht erforderlich.[20] Vgl. auch bei → § 45 Rn. 22.

b) § 47 Abs. 1 Nr. 2. Bei einem Vorgehen nach Abs. 1 Nr. 2 ist zu beachten, dass die v. der Einstellung in Bezug genommene Einleitung und Durchführung der erforderlichen erzieherischen Maßnahme vor oder nach der Anklageerhebung erfolgt sein/erfolgen kann.[21] Selbst die Ladung zur Hauptverhandlung als solche kann ggf. als erzieherische Maßnahme gelten.[22] Im Übrigen kann der Jugendrichter selbst erzieherische Maßnahmen anregen.[23] Erzieherische Maßnahmen müssen, wie bei § 45 Abs. 2, nicht v. öffentlicher Seite ergriffen werden, sondern können auch, ggf. unabhängig vom Gericht, durch Private eingeleitet werden.[24] Andererseits kann bspw. die teilw. Durchführung der HV eine erzieherische Maßnahme sein.[25] 13

Im Weiteren zur Einstellung nach Abs. 1 Nr. 2 s. auch die eingehenden Ausführungen zu → § 45 Rn. 16 ff. 13a

c) § 47 Abs. 1 Nr. 3. Zur Einstellung nach Abs. 1 Nr. 3 → § 45 Rn. 26 ff. 14

d) § 47 Abs. 1 Nr. 4. Eine Einstellung nach Abs. 1 Nr. 4 setzt voraus, dass sich nach Eröffnung des Hauptverfahrens die mangelnde strafrechtliche Verantwortlichkeit des Angeschuldigten nach § 3 herausstellt.[26] Wird die fehlende Verantwortlichkeit hingegen schon vor Erlass des Eröffnungsbeschlusses offenbar, so ist die Eröffnung gem. § 204 StPO abzulehnen.[27] Liegt ein Fall des § 20 vor, scheidet hingegen eine Anwendung des Abs. 1 Nr. 4 aus; in diesen Fällen hat zwingend ein Freispruch zu ergehen.[28] 15

e) Verhältnis der Nr. 1–4 zueinander. Entspr. dem Verhältnismäßigkeitsgrundsatz hat bei Prüfung der Einstellungsvoraussetzungen nach Abs. 1 die eingriffsschwächste Alternative, dh Abs. 1 Nr. 4, Vorrang vor den anderen Alternativen.[29] Sodann sind die Nr. 1–3 entspr. ihrer Anordnungsreihenfolge im Gesetz auf ihre Einschlägigkeit hin zu überprüfen. 16

2. Vorläufige Einstellung. Abs. 1 S. 2–4 regelt die Modalitäten einer vorläufigen Einstellung. Die Entscheidung über die vorläufige Einstellung trifft das JugG, wobei gem. Abs. 1 S. 2 die Zustimmung der StA erforderlich ist. Auf die Zustimmung des Jugendlichen kommt es hingegen nicht an.[30] Dieser ist jedoch gem. § 33 StPO zu hören.[31] Die Entscheidung der StA steht in deren Ermessen und ist als Prozesshandlung unwiderruflich, bedingungsfeindlich und unanfechtbar (Abs. 1 S. 4).[32] Allerdings kann die StA ihre Zustimmung zur vorläufigen Einstellung auf konkrete erzieherische Maßnahmen beschränken. Werden vom Gericht dann andere Maßnahmen angeordnet bzw. eingeleitet, sollen diese v. der Zustimmung der StA nicht erfasst sein (→ Rn. 23),[33] was jedenfalls bei Gleichwertigkeit der Maßnahmen zw. sein dürfte. 17

---

[20] Diemer/Schatz/Sonnen/*Diemer* Rn. 9; *Eisenberg* JGG Rn. 13.
[21] *Eisenberg* JGG Rn. 14.
[22] *Eisenberg* JGG Rn. 14 mwN.
[23] BT-Drs. 11/5829, 26; *Brunner/Dölling* Rn. 8; *Eisenberg* JGG Rn. 14 mwN.
[24] *Brunner/Dölling* Rn. 8, § 45 Rn. 18; Diemer/Schatz/Sonnen/*Diemer* Rn. 10; *Eisenberg* JGG Rn. 14, § 45 Rn. 20; MRTW/*Blessing/Weik* Rn. 9.
[25] Vgl. zB Anordnung Ltd. OStA Berlin v. 14.8.1989.
[26] *Eisenberg* JGG Rn. 5, 12; *Ostendorf* Rn. 9; MRTW/*Blessing/Weik* Rn. 11.
[27] Diemer/Schatz/Sonnen/*Diemer* Rn. 4; *Eisenberg* JGG Rn. 12; *Ostendorf* Rn. 6; MRTW/*Blessing/Weik* Rn. 11.
[28] *Brunner/Dölling* Rn. 10; *Eisenberg* JGG Rn. 12; *Ostendorf* Rn. 9.
[29] *Ostendorf* Rn. 10.
[30] BVerfG 27.1.1983 – 2 BvR 92/83, zitiert nach juris; *Brunner/Dölling* Rn. 12; *Eisenberg* JGG Rn. 18; MRTW/*Blessing/Weik* Rn. 17; *Ostendorf* Rn. 11.
[31] *Ostendorf* Rn. 11 mwN zur Anhörung sonstiger Verfahrensbeteiligter.
[32] *Eisenberg* JGG Rn. 19; *Ostendorf* Rn. 11.
[33] Diemer/Schatz/Sonnen/*Diemer* Rn. 18; *Eisenberg* JGG Rn. 19; *Ostendorf* Rn. 11.

18 Beschließt das Gericht die endgültige Einstellung (Abs. 1 S. 5), ist eine erneute Zustimmung der StA entbehrlich.³⁴ Sofern der Angeschuldigte die Auflagen, Weisungen oder erzieherischen Maßnahmen innerhalb der gesetzlichen, nicht verlängerbaren Höchstfrist³⁵ v. sechs Monaten erfüllt, ist die endgültige Einstellung zwingend (Abs. 1 S. 5).³⁶ Im Fall der Nichterfüllung kommt nur eine Weiterführung des Verfahrens in Betracht, Ungehorsamsarrest kann nicht verhängt werden (Abs. 1 S. 6),³⁷ da selbiger in diesem Stadium des Verfahrens als Druckmittel unangemessen und der Intention der Diversion zuwiderlaufend wäre.

19 Der Einstellungsbeschluss gem. Abs. 1 S. 3, der im Zwischenverfahren oder in der Hauptverhandlung (Abs. 2 S. 2) ergeht, ist zu begründen (Abs. 2 S. 3). V. Abs. 2 S. 4 ist nur dann Gebrauch zu machen, wenn eine Mitteilung der Gründe an den Angekl. erzieherisch unvertretbar erscheint.³⁸

20 Die Kostenentscheidung richtet sich nach §§ 464, 467 StPO, wobei eine Kostenentscheidung nach § 467 Abs. 4 StPO nur bei Einstellungen nach Abs. 1–3, nicht aber bei einer Entscheidung nach Abs. 4 in Betracht kommt.³⁹ Ganz allgemein ist mit Blick auf § 74 von § 467 Abs. 4 StPO nur in Ausnahmefällen Gebrauch zu machen.⁴⁰

III. Rechtsfolgen

21 Mit der endgültigen Einstellung nach Abs. 1 S. 1 oder S. 5 tritt beschränkte Rechtskraft ein, Abs. 3. Eine erneute Anklage wegen derselben prozessualen Tat (§ 264 Abs. 1 StPO) ist nur möglich, wenn neue Tatsachen oder Beweismittel *bzgl. der Tat* auftauchen. Dabei gelten die Grundsätze des § 211 StPO.⁴¹ Eine bloße Änderung der Rechtsauffassung⁴² genügt ebenso wenig wie eine Änderung der Beurteilung der Persönlichkeit, des sozialen Umfelds und weiterer Umstände betreffend den Täter, auch wenn letztere auf neuen Tatsachen oder Beweismitteln beruht.⁴³ Selbiges gilt für neue Tatsachen oder Beweismittel, die lediglich zu einer anderen Bewertung des Schuldgehalts – sei es auch in Form eines besonders schweren Falles – führen; die in Abs. 3 genannten Nova müssen zwingend zu einer neuen materiell-rechtlichen Beurteilung der angeklagten Tat führen.⁴⁴ Daraus folgt auch, dass eine „schlechte Führung" des Angekl. nach Erlass des Einstellungsbeschlusses eine Wiederaufnahme nach Abs. 3 nicht rechtfertigen kann.⁴⁵ Unerheblich ist hingegen, ob außer dem Gericht noch jemand Kenntnis v. den neuen Tatschen oder Beweismitteln hat.⁴⁶ Ebenso wenig kommt es darauf an, ob die neuen Tatsachen und Beweismittel dem Gericht schon hätten früher bekannt sein können.⁴⁷

22 Zu den erforderlichen Mitteilungen → § 45 Rn. 34 ff.

---

³⁴ Diemer/Schatz/Sonnen/*Diemer* Rn. 16; *Eisenberg* JGG Rn. 19; *Ostendorf* Rn. 11.
³⁵ MRTW/*Blessing/Weik* Rn. 12.
³⁶ *Brunner/Dölling* Rn. 13; *Ostendorf* Rn. 14.
³⁷ Diemer/Schatz/Sonnen/*Diemer* Rn. 17.
³⁸ Ähnlich *Ostendorf* Rn. 13 und MRTW/*Blessing/Weik* Rn. 15; weitergehend *Eisenberg* JGG Rn. 23: Mitteilung unterbleibt auch dann, wenn „Teile [...] der Beschlussbegründung erzieherisch nachteilige Wirkungen hervorrufen könnten"; ähnlich *Brunner/Dölling* Rn. 14; Diemer/Schatz/Sonnen/*Diemer* Rn. 19 verlangt „konkrete Anhaltspunkte" für erzieherische Nachteile; ebenso LBN/*Nestler* Rn. 307.
³⁹ *Brunner/Dölling* Rn. 14a; *Ostendorf* Rn. 13.
⁴⁰ *Brunner/Dölling* Rn. 14a; *Eisenberg* JGG Rn. 22; *Ostendorf* Rn. 13.
⁴¹ *Eisenberg* JGG Rn. 24; *Ostendorf* Rn. 14; MRTW/*Blessing/Weik* Rn. 19.
⁴² Dazu BGH 18.1.1963 – 4 StR 385/62, BGHSt 18, 225 = NJW 1963, 1019; Diemer/Schatz/Sonnen/*Diemer* Rn. 21.
⁴³ Vgl. auch zutr. *Ostendorf* Rn. 14 unter Verweis auf Art. 103 Abs. 3 GG (Verbot der Doppelbestrafung).
⁴⁴ *Brunner/Dölling* Rn. 16; *Eisenberg* JGG Rn. 24 f.; *Ostendorf* Rn. 14.
⁴⁵ *Pentz* NJW 1954, 1349 (1352); *Winterfeld* MDR 1982, 273 (275); *Brunner/Dölling* Rn. 16; Diemer/Schatz/Sonnen/*Diemer* Rn. 21; MRTW/*Blessing/Weik* Rn. 19; *Ostendorf* Rn. 14; dies gilt auch dann, wenn nach Abs. 1 S. 1 endgültig eingestellt wurde und der Angeschuldigte sodann die nach Abs. 1 S. 1 Nr. 3 angeordneten Maßnahmen nicht erfüllt, *Schaffstein* Jugendstrafrecht, 8. Aufl., S. 162; *Brunner/Dölling* Rn. 16; *Dallinger/Lackner* Rn. 25; *Eisenberg* JGG Rn. 24a; *Ostendorf* Rn. 14; aA *Potrykus* § 31 Bem. 5; die aA verkennt, dass der Gesetzgeber zur Vermeidung einer derartigen Konstellation ausschließlich ein Vorgehen nach Abs. 1 S. 2 vorgesehen hat.
⁴⁶ BGH 8.12.1954 – 6 StR 272/54, BGHSt 7, 64 (66) zu § 211 StPO; *Ostendorf* Rn. 14.
⁴⁷ BGH 8.12.1954 – 6 StR 272/54, BGHSt 7, 64 (66) zu § 211 StPO; Diemer/Schatz/Sonnen/*Diemer* Rn. 21.

IV. Rechtsmittel

Nach Abs. 2 S. 3 ist der Einstellungsbeschluss unanfechtbar. Der StA steht nur dann eine 23 Beschwerdeberechtigung gem. § 304 StPO zu, wenn die *rechtlichen* Voraussetzungen der Einstellung nicht vorlagen. Davon ist zB auszugehen, wenn die StA nicht zugestimmt bzw. ihre Zustimmung von der AnO konkreter – anderer als der angeordneten – Maßnahmen abhängig gemacht hat (→ Rn. 17, dort auch zu einer Einschränkung bei gleichermaßen eingriffsintensiven, äquivalenten Maßnahmen, bei denen es auch in erzieherischer Hinsicht kontraproduktiv sein kann, ein Beschwerdeverfahren einzuleiten) oder der Angekl. im Fall von Abs. 1 S. 2 die Maßnahmen nicht erfüllt hat;[48] weiterhin, wenn im Fall von Abs. 1 S. 1 Nr. 1 iVm § 153 StPO, § 12 StGB die Voraussetzungen nicht vorlagen oder wenn im Fall von Abs. 1 S. 1 Nr. 2 iVm § 45 Abs. 2 gesetzlich nicht vorgesehene Maßnahmen angeordnet wurden.[49] In letzterem Fall steht auch dem Angeschuldigten ein Beschwerderecht zu, soweit er durch den Beschluss belastet ist.[50] Wie stets bei der gerichtlichen Überprüfung einer Ermessensentscheidung darf das Beschwerdegericht auch im Fall einer Beschwerde gegen eine Entscheidung nach § 47 nur das Vorliegen der Voraussetzungen der angewandten Norm sowie die rechtlichen Grenzen des Ermessens überprüfen, aber nicht sein eigenes Ermessen an die Stelle des Ermessens des Ausgangsgerichts setzen.[51]

§ 47a Vorrang der Jugendgerichte

¹Ein Jugendgericht darf sich nach Eröffnung des Hauptverfahrens nicht für unzuständig erklären, weil die Sache vor ein für allgemeine Strafsachen zuständiges Gericht gleicher oder niedrigerer Ordnung gehöre. ²§ 103 Abs. 2 Satz 2, 3 bleibt unberührt.

Schrifttum: *Grethlein,* Erwachsene vor Jugendgerichten. Eine Frage der sachlichen Zuständigkeit, NJW 1961, 2144; *Miehe,* Eine Tat oder mehrere Taten im Adoleszenz- und Erwachsenenalter, FS Stutte, 1979, 237; *Mutzbauer,* Gerichtliche Zuständigkeiten nach der Trennung verbundener Strafverfahren, NStZ 1995, 213; *Rieß,* Das Strafverfahrensänderungsgesetz 1979, NJW 78, 2265.

I. Anwendungsbereich

Die Vorschrift ist anwendbar auf Verfahren gegen Jugendliche und Heranwachsende 1 (§ 109 Abs. 1 S. 1).[1] Sie bestimmt das Verhältnis der JugG zu Erwachsenengerichten nach Eröffnung des Hauptverfahrens. Stellt sich nach Eröffnung des Hauptverfahrens heraus, dass der Angekl. das 21. Lebensjahr vollendet hat, so bleibt das JugG dennoch zuständig.[2]

Die durch das StVÄG 1979 (BGBl. I 1654) eingefügte Vorschrift überträgt den Rechtsge- 2 danken des § 269 StPO auf das Verhältnis v. JugG und gleichrangigen Gerichten der Erwachsenengerichtsbarkeit. Dahinter stehen Überlegungen der Prozessökonomie und Verfahrensbeschleunigung. JugG können die Strafrechtspflege ebenso gut ausführen wie gleichrangige Erwachsenengerichte, so dass Erwachsenen dadurch kein Nachteil entsteht.[3]

Der Verweisung an ein Gericht höherer Ordnung steht § 47a nicht entgegen. Da das JugG 3 jedoch jede in die Strafgewalt des Amtsgerichts fallende Strafe verhängen darf, ist im Interesse

---

[48] AG Eggenfelden 7.4.2011 – 12 Ds 24 Js 11608/10 jug., NStZ-RR 2001, 357; *Brunner/Dölling* Rn. 14; Diemer/Schatz/Sonnen/*Diemer* Rn. 20; *Ostendorf* Rn. 16.
[49] LG Krefeld 10.11.1975 – 11 Qs 478/75 = NJW 1976, 815; *Brunner/Dölling* Rn. 14; Diemer/Schatz/Sonnen/*Diemer* Rn. 20; *Eisenberg* JGG Rn. 26; *Ostendorf* Rn. 16.
[50] Diemer/Schatz/Sonnen/*Diemer* Rn. 20.
[51] *Ostendorf* Rn. 16.
[1] Vgl. Diemer/Schatz/Sonnen/*Schatz* Rn. 1.
[2] Vgl. OLG Hamm 1.7.2010 – 3 RVs 55/10, NStZ 2011, 527 (528); *Streng* Rn. 95.
[3] Vgl. BGH 3.12.2003 – 2 ARs 383/03, BGHR JGG § 47a Zuständigkeit 1 = StraFo 2004, 103; OLG Hamm 1.7.2010 – 3 RVs 55/10, NStZ 2011, 527 (528); *Rieß* NJW 1978, 2265 (2267); BT-Drs. 8/976, 69; *Mutzbauer* NStZ 1995, 213 (215); *Miehe* FS Stutte, 1979, 237 (243); *Brunner/Dölling* Rn. 1; MRTW/*Trüg* Rn. 3; in diesem Sinne schon vor Gesetzesänderung durch StVÄG 79: *Grethlein* NJW 1961, 2144 (2146).

einer zügigen Erledigung des Verfahrens eine Verweisung vom JugG an das höherrangige Erwachsenenschöffengericht nach Eröffnung des Hauptverfahrens ebenfalls unzulässig.[4]

II. Verbundene Verfahren

4   Die Vorschrift findet ebenfalls Anwendung auf verbundene Verfahren gegen Jugendliche/Heranwachsende einerseits und Erwachsene andererseits (§ 103 Abs. 1, Abs. 2 S. 1).[5] Eine Ausnahme gilt lediglich dann, wenn gegen den Erwachsenen die Zuständigkeit der Wirtschafts- oder der Staatsschutzstrafkammer begründet ist (§§ 47a S. 2, 103 Abs. 2 S. 2, 3).[6]

5   Trennt das JugG verbundene Strafsachen gegen Jugendliche/Heranwachsende und Erwachsene, so bleibt es auch für das Verfahren gegen die erwachsenen Angekl. zuständig.[7] § 47a ist lex specialis zu § 103 Abs. 3.

III. Nachverfahren

6   § 47a gilt auch für das Nachverfahren nach Schuldspruch. War dem Gericht bei der Zurückstellung der Verhängung einer Jugendstrafe für eine Bewährungszeit gem. § 27 nicht bekannt, dass der Angekl. zum Zeitpunkt der Tat schon das Erwachsenenalter erreicht hatte, wirkt die einmal begründete Zuständigkeit des JugG im Nachverfahren fort (§§ 30, 62).[8]

IV. Rechtsmittel

7   Bei Zurückverweisung an ein Gericht niedrigerer Ordnung durch das Revisionsgericht ist das Revisionsgericht nicht an § 47a JGG gebunden.[9] Unzulässig ist eine aus praktischen Gründen möglicherweise gebotene Zurückverweisung eines Verfahrens gegen Erwachsene an das ursprünglich entscheidende JugG durch ein Revisionsgericht jedoch nicht.[10]

8   Bei Verstößen gegen § 47a ist zu differenzieren zwischen unzulässiger Verweisung an ein Gericht niedrigerer und ein Gericht gleicher Ordnung. Die Verweisung an ein Erwachsenengericht niedrigerer Ordnung unter Verstoß gegen § 47a stellt ein Verfahrenshindernis dar, das in jeder Lage des Verfahrens v. Amts wegen zu beachten ist (§ 6 StPO).[11] Wurde unter Verstoß gegen § 47a an ein Erwachsenengericht gleicher Ordnung verwiesen, ist die Revision gem. § 338 Nr. 4 StPO begründet.[12]

§ 48 Nichtöffentlichkeit

(1) **Die Verhandlung vor dem erkennenden Gericht einschließlich der Verkündung der Entscheidungen ist nicht öffentlich.**

(2) **¹Neben den am Verfahren Beteiligten ist dem Verletzten, seinem Erziehungsberechtigten und seinem gesetzlichen Vertreter und, falls der Angeklagte der Aufsicht und Leitung eines Bewährungshelfers oder der Betreuung und Aufsicht eines Betreuungshelfers untersteht oder für ihn ein Erziehungsbeistand**

---

[4] BGH 6.10.1961 – 2 StR 362/61, BGHSt 16, 248 = NJW 1961, 2316; BGH 30.7.1996 – 5 StR 288/95, BGHSt 42, 205 (213) = NJW 1997, 204 mwN; BGH 3.12.2003 – 2 ARs 383/03, BGHR JGG § 47a Zuständigkeit 1 = StraFo 2004, 103.
[5] Diemer/Schatz/Sonnen/*Schatz* Rn. 1; MRTW/*Trüg* Rn. 4; *Schaffstein/Beulke/Swoboda* Rn. 627.
[6] Vgl. BT-Drs. 8/976, 69.
[7] BGH 4.11.1981 – 2 StR 242/81, BGHSt 30, 260 = NJW 1982, 454; BayObLG 11.6.1980 – RReg 5 St 195/79 = NJW 1980, 2090.
[8] OLG Hamm 1.7.2010 – 3 RVs 55/10, NStZ 2011, 527 (528); Diemer/Schatz/Sonnen/*Schatz* Rn. 1; MRTW/*Trüg* Rn. 4.
[9] Änderung der Rspr. durch BGH 28.4.1988 – 4 StR 33/88, BGHSt 35, 267 = NJW 1988, 3216.
[10] BGH 27.4.1994 – 3 StR 690/93, BGHR StPO § 354 Abs. 2 Jugendkammer 2 = StV 1994, 415; Meyer-Goßner/Schmitt/*Meyer-Goßner* StPO § 355 Rn. 8.
[11] Vgl. Meyer-Goßner/Schmitt/*Meyer-Goßner* StPO § 338 Rn. 32; MRTW/*Trüg* Rn. 3; *Ostendorf* Rn. 6.
[12] BGH 5.10.1962 – GSSt 1/62, BGHSt 18, 79 = NJW 1963, 60; *Ostendorf* Rn. 6.

bestellt ist, dem Helfer und dem Erziehungsbeistand die Anwesenheit gestattet. ²Das gleiche gilt in den Fällen, in denen dem Jugendlichen Hilfe zur Erziehung in einem Heim oder einer vergleichbaren Einrichtung gewährt wird, für den Leiter der Einrichtung. ³Andere Personen kann der Vorsitzende aus besonderen Gründen, namentlich zu Ausbildungszwecken, zulassen.

(3) ¹Sind in dem Verfahren auch Heranwachsende oder Erwachsene angeklagt, so ist die Verhandlung öffentlich. ²Die Öffentlichkeit kann ausgeschlossen werden, wenn dies im Interesse der Erziehung jugendlicher Angeklagter geboten ist.

Schrifttum: *Budelmann*, Jugendstrafrecht für Erwachsene? 2005; *Pelster*, Die nichtöffentliche Verhandlung in der Jugendgerichtsbarkeit, MschrKrim 2006, S. 420 ff.; *Streng*, Das Öffentlichkeitsprinzip im Jugendstrafverfahren, in: *Zöller/Hilger/Küper/Roxin* (Hrsg.), Gesamte Strafrechtswissenschaft in internationaler Dimension, FS Wolter, 2013, 1235 ff.

Übersicht

	Rn.		Rn.
I. Grundlagen	1–3	2. Sachlicher Anwendungsbereich	10–13
1. Durchbrechung des Öffentlichkeitsprinzips	1, 2	**III. Anwesenheitsberechtigte nach Abs. 2 S. 1, 2**	14–16
2. Normzweck	3	**IV. Zulassung anderer Personen nach Abs. 2 S. 3**	17–21
II. Anwendungsbereich der Abs. 1 und 3	4–13	**V. Rechtsmittel**	22–27
1. Persönlicher Anwendungsbereich	4–9	1. Revision	22–25
a) Abs. 1	4–7	2. Beschwerde	26, 27
b) Abs. 3	8, 9	**VI. Reformansätze**	28, 29

I. Grundlagen

1. Durchbrechung des Öffentlichkeitsprinzips. Für das Erwachsenenstrafrecht gilt gem. §§ 169, 173 GVG vor erkennenden Gerichten der Grundsatz der Öffentlichkeit. Dieses Prinzip ist nicht bloß einfachgesetzlich geregelt (und durch § 338 Nr. 6 StPO abgesichert), sondern ergibt sich auch als Menschenrecht aus Art. 6 Abs. 1 EMRK und gilt als „grundlegende Einrichtung des Rechtsstaats".[1] 1

Im Jugendstrafrecht postuliert Abs. 1 dagegen umgekehrt die grds. Nichtöffentlichkeit v. Verhandlung und Entscheidungsverkündung. Einer entspr. Entscheidung des Gerichts bedarf es nicht. Die Vorschrift ist damit lex specialis zu §§ 169 ff. GVG, insbes. § 173 GVG. Die Rechtfertigung dieser Ausnahme ergibt sich aus menschenrechtlicher Perspektive schon aus Art. 6 Abs. 1 EMRK selbst, der Einschränkungen zum Schutze der „Interessen von Jugendlichen gestattet". Verfassungsrechtlich kann der Öffentlichkeitsgrundsatz durch das Persönlichkeitsrecht der Beteiligten sowie aus Gründen einer funktionierenden Rechtspflege eingeschränkt werden, sodass Abs. 1 auch insoweit gerechtfertigt ist.[2] Mit Blick auf das teilw. sehr große Interesse der Medien auch an Jugendstrafsachen hat das BVerfG zudem festgestellt, dass Abs. 1 keinen Eingriff in die Pressefreiheit darstellt.[3] Zur Zulassung von Pressevertretern im Einzelfall → Rn. 18. 2

2. Normzweck. Der wesentliche Zweck des § 48 besteht darin, die Person des Jugendlichen zu schützen;[4] möglichst Wenige sollen Kenntnis von dem den Jugendlichen belastenden Strafverfahren und den diesbezüglichen Einzelheiten bekommen, um den Jugendlichen nicht für die Zukunft zu „stigmatisieren". In gleichem Maße soll aber auch eine jugendge- 3

---

[1] BGH 23.5.1956 – 6 StR 14/56, BGHSt 9, 280 (281); vgl. auch BVerfG 24.1.2001 – 1 BvR 2623/95, 1 BvR 622/99, BVerfGE 103, 44 (63) = NJW 2001, 1633. Siehe auch die Diskussion auf d. 71. Dt. Juristentag 2016 zum Thema „Öffentlichkeit im Strafverfahren."
[2] BVerfG 24.1.2001 – 1 BvR 2623/95, 1 BvR 622/99, BVerfGE 103, 44 (64).
[3] BVerfG 14.10.2009 – 1 BvR 2430/09, 1 BvR 2440/09, NJW 2010, 1739.
[4] *Ostendorf* Grdl. z. §§ 48–51 Rn. 3.

rechte Kommunikationsatmosphäre geschaffen werden und zwar sowohl aus pädagogischen Gründen als auch zur Förderung der Wahrheitsfindung.[5] Gedacht wird dabei einerseits an schüchterne Jugendliche, die sich während einer Beobachtung durch die Öffentlichkeit außer Stande sehen könnten, mit dem Gericht in Aussprache zu treten.[6] Auf der anderen Seite sollen eher geltungsbedürftige Jugendliche keine Gelegenheit erhalten, sich, gerade gegenüber Gleichaltrigen, als Mittelpunkt allg. Interesses „aufzuspielen".[7]

II. Anwendungsbereich der Abs. 1 und 3

4   1. **Persönlicher Anwendungsbereich. a) Abs. 1.** Für Prozesse, die ausschließlich gegen Jugendliche vor den JugG geführt werden, findet Abs. 1 unmittelbar Anwendung, ohne dass es einer Entscheidung des Gerichts bedürfte.[8] Entscheidend ist dabei das Alter zur Tatzeit.[9]

5   Sind Jugendliche vor den Erwachsenengerichten angeklagt, gilt Abs. 1 nicht direkt, seine Anwendung steht aber nach § 104 Abs. 2 im Ermessen des Richters. Zu den Revisionsgerichten → Rn. 10.

6   Auf Verfahren gegen zur Tatzeit Heranwachsende vor den JugG findet § 48 keine Anwendung (vgl. §§ 105, 109). Jedoch ist ein Ausschluss der Öffentlichkeit nach § 109 Abs. 1 S. 4 im Interesse des Heranwachsenden möglich. Ist der Heranwachsende dagegen vor einem allg. Strafgericht angeklagt, kann die Öffentlichkeit nach §§ 112 S. 1, 104 Abs. 2, 48 Abs. 1 ausgeschlossen werden, wenn dies in seinem Interesse geboten ist.[10] Abs. 2 gilt dann ebenfalls entspr.[11]

7   In den Fällen, in denen vor den JugG nur gegen Erwachsene verhandelt wird (insbes. Jugendschutzsachen nach §§ 26, 74b GVG), gilt § 48 nicht,[12] und zwar auch dann nicht, wenn im Verfahren zunächst auch gegen Jugendliche verhandelt wurde, deren Verfahren jedoch später abgetrennt werden oder sich etwa nach § 47 erledigen.[13] Schließlich muss das Verfahren auch dann öffentlich sein, wenn ein zur Tatzeit Erwachsener versehentlich als Jugendlicher belangt wird.[14]

8   **b) Abs. 3.** Abs. 3 ist immer dann anzuwenden, wenn ein Jugendlicher einen oder mehrere heranwachsende oder erwachsene Mitangeklagte hat. Das Gesetz kehrt zum Grundsatz der öffentlichen Verhandlung zurück, eröffnet in Abs. 3 S. 2 jedoch eine über das allg. Recht hinausgehende Ausschlussmöglichkeit im Interesse der Erziehung des Jugendlichen. Erziehungsinteressen können sich sowohl auf den Persönlichkeitsschutz als auch auf präventive Gedanken stützen.[15] Obwohl der Wortlaut Ausnahmecharakter suggeriert, wird es zum Schutz des Jugendlichen häufig, wenn nicht überwiegend, angezeigt sein, die Öffentlichkeit auszuschließen.[16] Erforderlich ist ein Beschluss des Gerichts.[17] Wird die Öffentlichkeit nach dieser Vorschrift ausgeschlossen, gilt wiederum Abs. 2, inklusive der Entscheidungskompetenz des Vorsitzenden an Stelle des Gerichts.[18]

9   Was gelten soll, wenn im Jugendalter begangene Taten und im Heranwachsenden-Alter begangene Taten zusammen verhandelt werden, ist ungeklärt. Der BGH vetritt die Auffassung, dass die Absätze 1 und 2 immer dann gelten, wenn der Angekl. überhaupt als Jugendli-

---

[5] BVerfG 14.10.2009 – 1 BvR 2430/09, 1 BvR 2440/09, NJW 2010, 1739.
[6] Diemer/Schatz/Sonnen/*Schatz* Rn. 2; *Eisenberg* JGG Rn. 8 f.
[7] Diemer/Schatz/Sonnen/*Schatz* Rn. 2; *Schaffstein/Beulke/Swoboda* Rn. 777.
[8] Vgl. *Ostendorf* Rn. 1.
[9] BGH 13.12.1967 – 2 StR 548/67, BGHSt 22, 21 (24); *Brunner/Dölling* Rn. 11; *Ostendorf* Rn. 2.
[10] *Eisenberg* JGG Rn. 2.
[11] *Dallinger/Lackner* § 109 Rn. 4.
[12] Vgl. BGH 11.1.1955 – 1 StR 302/54, MDR 1955, 246; Löwe/Rosenberg/*Wickern* GVG § 169 Rn. 5.
[13] *Eisenberg* JGG Rn. 5.
[14] OLG Hamm 1.7.2010 – 3 RVs 55/10, NStZ 2011, 527 (528 f.).
[15] MRTW/*Trüg* Rn. 5.
[16] Vgl. *Ostendorf* Rn. 18.
[17] S. BGH 11.1.1955 – 1 StR 302/54, MDR 1955, 246.
[18] So schon *Dallinger/Lackner* Rn. 34 f.; *Eisenberg* JGG Rn. 4.

cher belangt wird, da das Gesetz, jedenfalls tendenziell, Erziehung und Jugendschutz höher gewichte als die Öffentlichkeit.[19] Auch eine Entscheidung nach dem Schwerpunkt der Straftaten iSd § 32 kommt so nicht in Betracht. Dem ist die wohl hL gefolgt.[20] Gegen diese Ansicht regt sich jedoch mit beachtlichen Argumenten Widerspruch. So wird eine analoge Anwendung des Abs. 3 in diesen Fällen für naheliegender gehalten, zumal erzieherischen Belangen noch immer durch einen Ausschluss nach Abs. 2 S. 3 Rechnung getragen werden könnte.[21] Eine Analogie zu Abs. 3 würde der gesetzlichen Konzeption tatsächlich besser entsprechen. Denn wenn schon gegen noch zur Zeit der Verhandlung Jugendliche öffentlich verhandelt werden darf, weil die Interessen der volljährigen Mitangeklagten als schwerwiegender eingestuft werden, kann a fortiori nichts anderes für den zur Zeit der Verhandlung (vielleicht schon lange) selbst volljährigen einzigen Angekl. gelten.

2. Sachlicher Anwendungsbereich. § 48 ist für die Verhandlung wie auch für die 10 Verkündung aller gerichtlichen Entscheidungen anwendbar und zwar in sämtlichen Instanzen.[22] Obwohl in der Revisionsinstanz kein JugG mehr entscheidet, wird dieses als „erkennendes Gericht" iSd Vorschrift verstanden.[23] Ob diese Auffassung, jedenfalls in ihrer Allgemeinheit, verfängt, kann mit Blick auf den Schutzzweck der Norm zw. sein, wenn der Angekl. in der Revisionsinstanz nicht einmal anwesend ist (vgl. § 350 StPO). Allerdings greift der Schutzzweck der Vermeidung der Stigmatisierung natürlich weiterhin. Denkbar wäre jedenfalls, da OLG und BGH Erwachsenengerichte sind, die Lösung über eine Ermessensentscheidung nach § 104 Abs. 2.

Der Wortlaut des § 48 erfasst nur Verhandlung und Entscheidungsverkündung des erken- 11 nenden Gerichts. Der hier festgelegte Grundsatz der Nichtöffentlichkeit wirkt nach hA aber über diesen unmittelbaren Anwendungsbereich hinaus. Auch außerhalb der Hauptverhandlung sollen Bekanntmachungen in einer dem bezweckten Schutz des Jugendlichen entspr. Art und Weise erfolgen.[24] Unzulässig wäre etwa, den am Sitzungssaal aushängenden Terminplan mit Name und Tatvorwurf zu versehen.[25] Soweit es möglich ist, sollte auch in Ladungen und Schriftverkehr mit Behörden auf die Nennung von Namen und Tatvorwurf verzichtet werden.[26] Allerdings darf dies nicht dazu führen, dass dem geladenen Zeugen verschleiert wird, wozu er überhaupt aussagen soll.[27]

Vor dem genannten Hintergrund verbietet sich eine öffentliche Zustellung nach § 40 12 StPO.[28]

§§ 48 und 109 Abs. 1 S. 4 gelten im Ordnungswidrigkeitenrecht gem. § 46 Abs. 1 OWiG 13 entspr.

III. Anwesenheitsberechtigte nach Abs. 2 S. 1, 2

Der Hinweis auf das Anwesenheitsrecht der am Verfahren Beteiligten ist rein deklaratori- 14 scher Art, ihr Anwesenheitsrecht ergibt sich regelmäßig aus anderen Vorschriften (vgl. zur gegenüber dem allg. Strafrecht verschärften Anwesenheitspflicht des Angeklagten § 50). Nicht zu den Verfahrensbeteiligten in diesem Sinne zählen die Zeugen, die nur für die Zeit ihrer Aussage ein aus der Natur der Sache herzuleitendes Anwesenheitsrecht haben.[29]

---

[19] BGH 13.12.1967 – 2 StR 548/67, BGHSt 22, 21 (25).
[20] Diemer/Schatz/Sonnen/*Schatz* Rn. 5; *Eisenberg* JGG Rn. 3; MRTW/*Trüg* Rn. 6; *Ostendorf* Rn. 3.
[21] *Streng* FS Wolter, 2013, 1235 (1241); *Mitsch* JURA 2002, 242 (247).
[22] MRTW/*Trüg* Rn. 8.
[23] So schon RG 16.10.1925 – I 503/25, RGSt 59, 374 (375); BGH 20.1.2004 – 5 StR 530/03, BeckRS 2004, 02479; Löwe/Rosenberg/*Wickern* GVG § 169 Rn. 1; aA Meyer-Goßner/Schmitt/*Meyer-Goßner* GVG § 169 Rn. 2.
[24] Diemer/Schatz/Sonnen/*Schatz* Rn. 12; *Eisenberg* JGG Rn. 11; MRTW/*Trüg* Rn. 2.
[25] Diemer/Schatz/Sonnen/*Schatz* Rn. 12; *Eisenberg* JGG Rn. 11.
[26] *Eisenberg* JGG Rn. 12.
[27] Diemer/Schatz/Sonnen/*Schatz* Rn. 11.
[28] Diemer/Schatz/Sonnen/*Schatz* Rn. 12; MRTW/*Trüg* Rn. 2; *Ostendorf* Rn. 7; aA für die Berufungsinstanz KG 27.9.2005 – 4 Ws 128/05, NStZ-RR 2006, 120 (121).
[29] Diemer/Schatz/Sonnen/*Schatz* Rn. 20.

15 Der (vermeintlich) Verletzte ist zusammen mit seinen Erziehungsberechtigten und gesetzlichen Vertretern zugelassen. Kein Anwesenheitsrecht besteht dagegen für einen anwaltlichen Beistand des Verletzten und lässt sich wegen der abschließenden Aufzählung auch nicht analog § 406f Abs. 1 StPO konstruieren.[30]

16 Daneben sind mit dem Bewährungshelfer, dem Betreuungshelfer, dem schon bestellten Erziehungsbeistand und dem Leiter einer Erziehungseinrichtung insbes. solche Personen, die der Erforschung der Persönlichkeit des Jugendlichen dienen sollen, zur Anwesenheit berechtigt. Die Anwesenheitsberechtigten brauchen allerdings nur dann vom Stattfinden der Verhandlung benachrichtigt (bzw. geladen) werden, wenn sich dies aus anderen Vorschriften ergibt.[31]

IV. Zulassung anderer Personen nach Abs. 2 S. 3

17 Namentlich zu Ausbildungszwecken, aber auch aus anderem besonderen Grund kann der Vorsitzende andere Personen als die bisher genannten zulassen. Nach der RL zu § 48 sollen insbes. Studenten der Rechtswissenschaft und Referendare, sowie Auszubildende bei Polizei und in sozialen Diensten zugelassen werden können. Der Besuch einer Schulklasse würde zwar ebenfalls Ausbildungszwecken dienen, ist aber mit Blick auf den Zweck der Norm (jugendgerechte Kommunikation und erzieherische Gründe) kaum empfehlenswert.[32]

18 Krit. zu sehen ist die zuweilen vorkommende Anwesenheit eines Pressevertreters. Die Presse- und Rundfunkfreiheit kann hier gerade nicht als Argument für die Zulassung von Reportern dienen, denn Art. 5 Abs. 1 S. 2 GG enthält keinen Anspruch auf Eröffnung von der Allgemeinheit unzugänglichen Informationsquellen.[33] Da das Grundrecht also gar nicht betroffen ist, muss es vom Vorsitzenden auch nicht in seiner Ermessensausübung berücksichtigt werden.[34] Eine Zulassung wird, wenn überhaupt, nur im absoluten Einzelfall bei außerordentlichem öffentlichem Interesse in Betracht kommen.[35] Auch die RL gehen davon aus, dass die Anwesenheit von Medienvertreten in aller Regel nicht zu empfehlen ist.

19 Sofern Pressevertreter überhaupt zugelassen werden, ist zunächst auf die Art der Berichterstattung zu achten. Reißerischer Boulevardjournalismus würde den Schutzzweck des § 48 ad absurdum führen und ist deshalb unzulässig.[36] Zudem ist auf das überwiegende Persönlichkeitsrecht und Resozialisierungsinteresse des Jugendlichen hinzuweisen, was eine Anonymisierung ge- und eine Identifizierbarkeit verbietet.[37] Insoweit wird iRd Sitzungspolizei nach § 176 GVG auch eine Anonymisierungsanordnung in Betracht kommen. Abwertende Berichterstattung, die sich nur gegen die Verhandlungsführung des Gerichts wendet, aber nicht den Angeklagten betrifft, ist dagegen – mit Blick auf § 48 jedenfalls (andere Normen können verletzt sein) – zulässig und für sich allein auch kein Grund, eine einmal erteilte Zulassung zu widerrufen.[38] Hier ist der besondere Zweck des § 48 eben nicht betroffen.

20 Abweichend von § 175 Abs. 2 GVG entscheidet über die Zulassung von Personen nicht das Gericht, sondern der Vorsitzende und zwar nach pflichtgemäßem Ermessen.[39] Dabei sollte der Vorsitzende insbes. die entwicklungspsychologischen Auswirkungen auf den

---

[30] Vgl. Diemer/Schatz/Sonnen/*Schatz* Rn. 21; aA *Ostendorf* Rn. 12; diff. *Eisenberg* JGG Rn. 16c.
[31] *Ostendorf* Rn. 10.
[32] Statt Vieler: *Dallinger/Lackner* Rn. 20; MRTW/*Trüg* Rn. 23; *Ostendorf* Rn. 15.
[33] BVerfG 24.1.2001 – 1 BvR 2623/95, 1 BvR 622/99, BVerfGE 103, 44 (59).
[34] AA Diemer/Schatz/Sonnen/*Schatz* Rn. 28; *Ostendorf* Rn. 16.
[35] Gänzlich abl. *Pelster* MschrKrim 2006, 420 (428): selbst bei anonymisierter Berichterstattung sei „das vom Gesetz gewollte Maß überschritten".
[36] Die Resozialisierungsschädlichkeit einer Überschrift wie: „Klau-Mädchen Elisabeta schwänzt Gerichtsprozess" (Artikel auf Bild.de vom 2.6.2014, abrufbar unter: http://www.bild.de/regional/ruhrgebiet/jugendstrafe/klaumaedchen-schwaenzt-prozess-36227244.bild.html, zuletzt aufgerufen am 15.1.2018) dürfte außer Frage stehen.
[37] Diemer/Schatz/Sonnen/*Schatz* Rn. 30 f.; *Ostendorf* Rn. 16.
[38] Vgl. BVerfG 6.2.1979 – 2 BvR 154/78, BVerfGE 50, 234 ff. = NJW 1979, 1400.
[39] *Eisenberg* JGG Rn. 18.

Angeklagten im Blick haben.[40] Insg. ist die Zahl der Anwesenden so gering wie möglich zu halten.

Ein Einverständnis des Angekl. wird in der Literatur für gänzlich unerheblich gehalten, da § 48 nicht disponibel ist.[41] Die Indisponibilität des § 48 ist aber gar nicht in Frage gestellt, wenn das Einverständnis bloß in der Ermessensentscheidung des Vorsitzenden berücksichtigt wird. Wenn zudem § 48 gerade dem Schutz der Persönlichkeitsrechte des Jugendlichen dienen soll und auch nicht per se ausgeschlossen werden kann, dass die Anwesenheit bestimmter (Vertrauens-)Personen einer jugendgerechten Kommunikation zuträglich ist, so muss sich die Frage stellen, wieso die Meinung des Jugendlichen für den Vorsitzenden insoweit ohne Belang sein soll. Wichtig ist eben, dass geprüft wird, ob der Jugendliche die Tragweite seiner Entscheidung überblicken kann. 21

V. Rechtsmittel

1. Revision. Dem Wortlaut des § 338 Nr. 6 StPO nach müsste eine Verletzung des § 48, also auch die Zulassung der Öffentlichkeit entgegen Abs. 1, einen absoluten Revisionsgrund darstellen. Nach ständiger Rechtsprechung und hL betrifft § 338 Nr. 6 StPO aber nur gesetzeswidrige Beschränkungen der Öffentlichkeit und gerade nicht deren unzulässige Erweiterung.[42] Dies gilt ausdrücklich auch im Jugendstrafrecht mit Blick auf Abs. 1.[43] Es bleibt dann insoweit also nur ein relativer Revisionsgrund nach § 337 StPO. 22

Mögliche Angriffspunkte wären hier, dass der Angeklagte ein anderes Aussageverhalten an den Tag gelegt oder andere Anträge gestellt hätte, wenn er nicht von der anwesenden Öffentlichkeit eingeschüchtert gewesen wäre.[44] Mit Blick auf den Schutzzweck wäre wohl auch denkbar, dass der Angeklagte sich aus jugendlichem Geltungsbedürfnis heraus besonders ungünstig verhalten, insbes. entlastende Erklärungen unterlassen hat.[45] 23

Wird ein nach Abs. 2 Anwesenheitsberechtigter von der Verhandlung ausgeschlossen, begründet das nicht per se die Revision; diese Personen sind gerade keine Ersatzöffentlichkeit.[46] Vielmehr erfüllen sie bei der Verhandlung eine gewisse Funktion. Daher kann der Ausschluss eines Anwesenheitsberechtigten allenfalls eine Aufklärungsrüge begründen.[47] 24

Gegen einen Ausschluss der Öffentlichkeit nach Abs. 3 S. 2 können nur die heranwachsenden und erwachsenen Mitangeklagten Revision, dann aber nach § 338 Nr. 6 StPO, einlegen. Jugendliche Angeklagte sind dagegen nicht beschwert, da der Ausschluss in ihrem Interesse vorgenommen wird und gegen sie ohnehin grds. nichtöffentlich verhandelt wird.[48] 25

2. Beschwerde. Wird ein Anwesenheitsberechtigter entgegen Abs. 2 nicht zur Verhandlung oder Entscheidungsverkündung zugelassen, ist der Beschwerdeweg nach § 304 StPO eröffnet.[49] Die Entscheidung dient einem justizförmigen Verfahren und hat für den Beschwerdeführer eigenständige Bedeutung, sie unterfällt daher nicht § 305 StPO.[50] 26

---

[40] *Eisenberg* JGG Rn. 18.
[41] S. etwa MRTW/*Trüg* § 48 Rn. 24.
[42] S. schon RG 22.1.1881 – 3471/80, RGSt 3, 295 (297); BGH 8.2.1957 – 1 StR 375/56, NJW 1957, 881; 21.11.1969 – 3 StR 249/68, NJW 1970, 523 (524); dagegen *Roxin/Schünemann* § 47 Rn. 26; s. auch *Eisenberg* JGG Rn. 23.
[43] BGH 21.11.1969 – 3 StR 249/68, BGHSt 23, 176 (178).
[44] Vgl. BGH 21.11.1969 – 3 StR 249/68, BGHSt 23, 176 (180 f.); Diemer/Schatz/Sonnen/*Schatz* Rn. 40; *Ostendorf* Rn. 20.
[45] S. auch *Eisenberg* JGG Rn. 23, der eine Beeinflussung nie für ausgeschlossen hält und daher die Anwendung von § 338 Nr. 6 StPO befürwortet.
[46] Diemer/Schatz/Sonnen/*Schatz* Rn. 40.
[47] S. *Eisenberg* JGG Rn. 23; *Ostendorf* Rn. 20.
[48] *Eisenberg* JGG Rn. 24.
[49] KG 16.3.2006 – 1 AR 1081/05 – 4 Ws 44 – 45/06, 1 AR 1081/05, 4 Ws 44 – 45/06, 4 Ws 44/06, 4 Ws 45/06, StV 2007, 4; *Eisenberg* JGG Rn. 17; Diemer/Schatz/Sonnen/*Schatz* Rn. 39.
[50] KG 16.3.2006 – 1 AR 1081/05 – 4 Ws 44 – 45/06, 1 AR 1081/05, 4 Ws 44 – 45/06, 4 Ws 44/06, 4 Ws 45/06, StV 2007, 4.

27 Gegen die Entscheidung des Vorsitzenden nach Abs. 2 S. 3 existiert dagegen, sowohl bei zulassender als auch zurückweisender Entscheidung, kein Rechtsbehelf, weil es schon an einem subjektiven Recht fehlt und eine reine Prozessleitungsentscheidung vorliegt.[51]

VI. Reformansätze

28 Die Nichtöffentlichkeit der jugendgerichtlichen Verhandlung ist nicht unumstritten geblieben. Immer wieder finden sich Forderungen nach Einschränkungen oder sogar nach völliger Abschaffung des § 48. Soweit dies allerdings unter Ablehnung des jugendstrafrechtlichen Erziehungsgedankens geschieht, ist die Reformbestrebung als insg. systemwidrig abzulehnen.[52] Andere Ansätze wollen durch die Öffentlichkeit des Verfahrens oder wenigstens des Urteils in der Allgemeinheit und insbes. in der medial vernetzten jungen Generation das Verständnis für das Jugendstrafrecht stärken und so verhindern, dass die Deutungshoheit der (Boulevard-)Presse vorbehalten bleibt.[53] Während dieser Ansicht eine gewisse Berechtigung innewohnt, verkennt auch sie die Dominanz des Erziehungsgedankens im Jugendstrafrecht. Selbst bei für Zulässighalten der Berücksichtigung positiv generalpräventiver Zwecke auch im Jugendstrafrecht[54] darf die Generalprävention gerade nicht auf Kosten der Erziehung und des für Jugendliche im Besonderen geltenden Persönlichkeitsschutzes gehen. Somit ist auch in Zukunft und unter Inkaufnahme des Vorwurfs, nicht mit der Zeit zu gehen, die Beibehaltung der grds. Nichtöffentlichkeit vorzugswürdig.

29 Bedenkenswert sind dagegen Reformvorschläge, die eine Orientierung am Alter zur Zeit der Verhandlung und nicht zur Zeit der Tatbegehung fordern.[55] Dafür spricht durchaus, dass der Zweck des § 48 im Erwachsenenalter keine Wirkung mehr entfalten kann bzw. dass der verstärkte Persönlichkeitsschutz jedenfalls keine größere Berechtigung haben kann, als im Verfahren gegen zur Tatzeit Erwachsene. Ob der Schutzzweck des § 48 etwa im Fall eines Fünfzigjährigen, der wegen eines Mordes aus seiner Jugendzeit abgeurteilt wird, noch trägt, darf beweifelt werden.[56] Überdies ist auch fraglich, ob sich die Nichtöffentlichkeit in diesen Fällen noch nach Art. 6 Abs. 1 S. 2 EMRK mit den Interessen von Jugendlichen rechtfertigen lässt.[57]

§ 49 *(aufgehoben)*

§ 50 Anwesenheit in der Hauptverhandlung

(1) Die Hauptverhandlung kann nur dann ohne den Angeklagten stattfinden, wenn dies im allgemeinen Verfahren zulässig wäre, besondere Gründe dafür vorliegen und der Staatsanwalt zustimmt.

(2) [1]**Der Vorsitzende soll auch die Ladung des Erziehungsberechtigten und des gesetzlichen Vertreters anordnen.** [2]**Die Vorschriften über die Ladung, die Folgen des Ausbleibens und die Entschädigung von Zeugen gelten entsprechend.**

(3) [1]**Dem Vertreter der Jugendgerichtshilfe sind Ort und Zeit der Hauptverhandlung mitzuteilen.** [2]**Er erhält auf Verlangen das Wort.**

(4) [1]**Nimmt ein bestellter Bewährungshelfer an der Hauptverhandlung teil, so soll er zu der Entwicklung des Jugendlichen in der Bewährungszeit gehört werden.**

---

[51] KG 14.5.2014 – 4 Ws 33/14, StV 2016, 712; Diemer/Schatz/Sonnen/*Schatz* Rn. 39; BGH 5.8.1975 – 1 StR 283/75, BeckRS 1975, 122.
[52] Vgl. *Hinz* ZRP 2005, 192 (195): „Geheimprozesse zu Gunsten einer wie auch immer gearteten Erziehungsideologie".
[53] *Scholz* ZJJ 2012, 190 (194).
[54] So *Schaffstein/Beulke/Swoboda* Rn. 133 mwN; *Kaspar* FS Schöch, 2010, 209 (225).
[55] S. etwa *Streng* FS Wolter, 2013, 1235 (1242); *Mitsch* JURA 2002, 242 (247).
[56] Vgl. *Streng* FS Wolter, 2013, 1235 (1236). Zur Existenz solcher Fälle: *Budelmann* Jugendstrafe für Erwachsene? S. 3 f.
[57] So auch *Streng* FS Wolter, 2013, 1235 (1242).

²Satz 1 gilt für einen bestellten Betreuungshelfer und den Leiter eines sozialen Trainingskurses, an dem der Jugendliche teilnimmt, entsprechend.

Schrifttum: *Block,* Fehlerquellen im Jugendstrafprozess, 2005; *Brachold,* Der Beitrag der JGH zur strafprozessualen Sachverhaltsermittlung und -bewertung, 1999; *Eisenberg,* Beschlagnahme von Akten der Jugendgerichtshilfe durch das Jugendgericht, NStZ 1986, 308; *ders.,* Verurteilung eines 29-Jährigen nach Jugendstrafrecht, JA 2016, 623; *ders.,* Zur verfahrensrechtlichen Stellung der Jugendgerichtshilfe, StV 1998, 304; *Herz,* Recht persönlich, 2006; *Kremer,* Der Einfluß des Elternrechts aus Art. 6 Abs. II, III GG auf die Rechtmäßigkeit der Maßnahmen des JGG, 1984; *Laubenthal,* Jugendgerichtshilfe im Strafverfahren, 1993; *Northoff,* Einsparungen bei der Jugendgerichtshilfe?, DRiZ 1984, 403; *Nothacker,* „Erziehungsvorrang" und Gesetzesauslegung im Jugendgerichtsgesetz, 1985; *Pfeiffer,* Kriminalprävention im Jugendgerichtsverfahren, 2. Aufl. 1989; *Pruin,* Elternverantwortung und Elternverpflichtung im Jugendstrafverfahren, ZJJ 2014, 316; *Reisenhofer,* Jugendstrafrecht in der anwaltlichen Praxis, 2012; *Richmann,* Die Beteiligung des Erziehungsberechtigten und des gesetzlichen Vertreters am Jugendstrafverfahren, 2002; *Schaffstein,* Aufgabe und verfahrensrechtliche Stellung der Jugendgerichtshilfe, FS Dünnebier, 1982, 661; *Schwer,* Die Stellung der Erziehungsberechtigten und gesetzlichen Vertreter im Jugendstrafverfahren, 2004.

Übersicht

	Rn.		Rn.
I. Anwendungsbereich	1–7	III. Ladung des Erziehungsberechtigten und gesetzlichen Vertreters (Abs. 2)	12–14
1. Persönlicher Anwendungsbereich	1–4		
2. Sachlicher Anwendungsbereich (über die Hauptverhandlung hinaus)	5–7	IV. Beteiligung der Jugendgerichtshilfe (Abs. 3)	15–25
II. Anwesenheit des jugendlichen Angekl. (Abs. 1)	8–11	V. Beteiligung des Bewährungs- und Betreuungshelfers (Abs. 4)	26
		VI. Rechtsmittel	27–32

I. Anwendungsbereich

1. Persönlicher Anwendungsbereich. Abs. 1 gilt im Verfahren gegen jugendliche **1** Angekl. vor JugG. § 104 Abs. 2 stellt die Entscheidung über eine entspr. Anwendung im Verfahren gegen einen jugendlichen Angekl. vor Erwachsenengerichten ins Ermessen des Erwachsenengerichts. Diese sollte regelmäßig zugunsten des Angekl., also für eine Anwendung v. Abs. 1 ausfallen.[1] Auch im Verfahren gegen Heranwachsende ist eine Anwesenheit des Angekl. oftmals unabdingbar, damit sich der Richter oder das Gericht ein umfassendes Bild v. der geistigen Reife des Angekl. verschaffen kann, was für die Beurteilung, ob Jugend- oder Erwachsenenstrafrecht Anwendung findet, elementar ist.[2] Doch insbes. folgt dies aus der Grundkonzeption des Jugendstrafrechts, das den Täter ins Zentrum stellt; daher ist dessen Anwesenheit erforderlich (→ Rn. 10 zu diesem Gedanken). Dementsprechend wird vielfach gefordert, zumindest den Grundgedanken des Abs. 1 im Verfahren gegen Heranwachsende zu berücksichtigen, auch wenn ein Verweis in § 109 Abs. 1 S. 1 auf § 50 Abs. 1 fehlt.[3] Ausnahmen werden nur bei Verkehrsdelikten oder anderen Verfehlungen für möglich gehalten, wenn eine umfassende und zuverlässige Einschätzung der Persönlichkeit des angeklagten Heranwachsenden auf andere Art und Weise, bspw. anhand der Ermittlungsakten, erfolgen kann.[4]

Abs. 2 betrifft die Ladung von Erziehungsberechtigtem und gesetzlichem Vertreter (s.a. **2** → Rn. 12 ff.). Er gilt nicht nur im Verfahren gegen jugendliche Angekl. vor JugG, sondern

---

[1] So auch *Brunner/Dölling* Rn. 5; *Diemer/Schatz/Sonnen/Schatz* Rn. 4; *Eisenberg* JGG Rn. 1; HK-GS/*Schulz* StGB § 231 Rn. 12; MRTW/*Trüg* Rn. 3; *Ostendorf* Rn. 1.
[2] Vgl. OLG Hamburg 2.10.1962 – 2 Ss 62/62, NJW 1963, 67 (68); LBN/*Nestler* Rn. 359; *Streng* Rn. 219; *Just-Dahlmann* MDR 1954, 24 (25); *Brunner/Dölling* Rn. 4; *Dallinger/Lackner* § 109 Rn. 24; *Diemer/Schatz/Sonnen/Schatz* Rn. 4; *Eisenberg* JGG Rn. 2; MRTW/*Trüg* Rn. 3.
[3] LBN/*Nestler* Rn. 359; *Schellenberg* S. 15; *Brunner/Dölling* Rn. 4; *Dallinger/Lackner* § 109 Rn. 24; *Diemer/Schatz/Sonnen/Schatz* Rn. 4; *Eisenberg* JGG Rn. 2; HK-GS/*Schulz* StGB § 231 Rn. 12; MRTW/*Trüg* Rn. 3.
[4] OLG Hamburg 2.10.1962 – 2 Ss 62/62, NJW 1963, 67 (67 f.); *Brunner/Dölling* Rn. 4; *Diemer/Schatz/Sonnen/Schatz* Rn. 4; s. auch RL zu § 50 Nr. 1 S. 2: „(...) geringfügige Verfehlung handelt, (...) ein klares Persönlichkeitsbild vorliegt (...)".

auch vor Erwachsenengerichten, § 104 Abs. 1 Nr. 9. § 104 Abs. 3 gestattet dem Richter in Fällen, in denen „Gründe der Staatssicherheit" es gebieten, ein Unterbleiben der Beteiligung v. Erziehungsberechtigtem und gesetzlichem Vertreter anzuordnen. Im Verfahren gegen einen Heranwachsenden ist Abs. 2 aufgrund der Volljährigkeit des Angekl. nicht anwendbar, §§ 109 Abs. 1, 112.

3 Abs. 3, der in S. 1 die Mitteilung v. Zeit und Ort der Hauptverhandlung an den Vertreter der JGH vorsieht und ihm in S. 2 ein Äußerungsrecht einräumt (s.a. → Rn. 15 ff.), ist sowohl in Verfahren gegen Jugendliche vor JugG als auch in Verfahren vor Erwachsenengerichten anwendbar (§ 104 Abs. 1 Nr. 2). § 104 Abs. 3 ermöglicht dem Richter, das Unterbleiben der Heranziehung der JGH anzuordnen, wenn „Gründe der Staatssicherheit" dies gebieten. Auch in Verfahren gegen Heranwachsende kommt Abs. 3 zur Anwendung, §§ 109 Abs. 1 S. 1, 112 S. 1. Selbst nach Vollendung des 21. Lebensjahrs soll Abs. 3 noch zur Anwendung gelangen, wenn der Angekl. zur Tatzeit noch Heranwachsender war, weil die JGH entscheidende Informationen für die Frage der Anwendbarkeit von Jugendstrafrecht liefern kann.[5]

4 Abs. 4 gilt im Verfahren gegen jugendliche Angekl. vor den JugG. Darüber hinaus findet Abs. 4 auch in Verfahren gegen Heranwachsende Anwendung, §§ 109 Abs. 1 S. 1, 112 S. 1. Im Verfahren gegen Jugendliche vor Erwachsenengerichten steht die Anwendung von Abs. 4 ebenso wie die Anwendung von Abs. 1 im Ermessen des Richters. Wie dort sollte die Entscheidung auch hier zugunsten einer entspr. Anwendung ausfallen (→ Rn. 1).[6]

5 **2. Sachlicher Anwendungsbereich (über die Hauptverhandlung hinaus).** Abs. 1 gilt auch im vereinfachten Verfahren, § 78 Abs. 3 S. 2. Dabei ergibt sich die Besonderheit, dass eine Zustimmung der StA zur Verhandlung in Abwesenheit des Angeklagten, wie sie Abs. 1 grds. fordert, nicht erteilt werden muss, wenn die StA nicht an der mündlichen Verhandlung teilnimmt, § 78 Abs. 2 S. 2. Im Hinblick auf den Erziehungsberechtigten und gesetzlichen Vertreter wird in § 78 Abs. 3 S. 2 auf § 67 verwiesen, wodurch mittelbar auch § 50 Abs. 2 miteinbezogen wird.[7] Auch die JGH ist im vereinfachten Verfahren immer hinzuzuziehen, Abs. 3 also anwendbar.[8] Abs. 4 findet im vereinfachten Verfahren ebenfalls Anwendung.[9]

6 In der Berufungsverhandlung findet Abs. 1 uneingeschränkt Anwendung.[10] IRd Revisionshauptverhandlung verdrängt § 350 Abs. 2 StPO die Regelung in Abs. 1;[11] statt Abs. 2 gilt § 350 Abs. 1 StPO.[12] Nach nahezu allgM gilt auch Abs. 3 nicht in der Hauptverhandlung vor dem Revisionsgericht, da dieses die Entscheidung der Tatsacheninstanz nur in rechtlicher Hinsicht auf Rechtsverletzungen iSd §§ 337, 338 StPO überprüfen kann.[13] In den Tatsacheninstanzen hat die JGH den Auftrag, erzieherische, fürsorgerische Aspekte einzubringen, dafür besteht aber grds. kein Bedarf, wenn es ausschließlich darum geht, eine Entscheidung auf falsche rechtliche Wertungen zu überprüfen.[14] Diese Erwägungen gelten auch für Abs. 4.[15]

---

[5] BGH 12.10.1954 – 5 StR 335/54, BGHSt 6, 354 (356) = NJW 1954, 1855 (1855 f.); BGH 9.3.1982 – 1 StR 842/81, StV 1982, 336 (336) mAnm *Gatzweiler* StV 1982, 337 (337 f.); *Eisenberg* JGG Rn. 5; MRTW/*Trüg* Rn. 5.
[6] Diemer/Schatz/Sonnen/*Schatz* Rn. 7; *Eisenberg* JGG Rn. 6a; HK-GS/*Schulz* StPO § 231 Rn. 15; MRTW/*Trüg* Rn. 6; *Ostendorf* Rn. 4.
[7] Diemer/Schatz/Sonnen/*Schatz* Rn. 11.
[8] S. auch RL zu § 78; wie hier auch *Brunner/Dölling* Rn. 12a; Diemer/Schatz/Sonnen/*Schatz* Rn. 11; *Eisenberg* JGG Rn. 8; *Ostendorf* Rn. 7.
[9] Diemer/Schatz/Sonnen/*Schatz* Rn. 11; *Eisenberg* JGG Rn. 8; *Ostendorf* Rn. 7.
[10] Diemer/Schatz/Sonnen/*Schatz* Rn. 9; MRTW/*Trüg* Rn. 8; *Ostendorf* Rn. 6; aA im Hinblick auf § 50 Abs. 1 *Schäfer* NStZ 1998, 330 (334).
[11] *Dallinger/Lackner* Rn. 10; Diemer/Schatz/Sonnen/*Schatz* Rn. 10; *Ostendorf* Rn. 9.
[12] *Dallinger/Lackner* Rn. 21; *Meyer-Goßner/Schmitt* [*Meyer-Goßner*] StPO § 350 Rn. 1.
[13] *Brunner/Dölling* Rn. 12a; *Dallinger/Lackner* Rn. 32; Diemer/Schatz/Sonnen/*Schatz* Rn. 10; *Eisenberg* JGG Rn. 6; MRTW/*Trüg* Rn. 8; aA *Ostendorf* Rn. 6.
[14] So auch Diemer/Schatz/Sonnen/*Schatz* Rn. 10.
[15] Diemer/Schatz/Sonnen/*Schatz* Rn. 10; MRTW/*Trüg* Rn. 8; *Ostendorf* Rn. 6.

Im Ordnungswidrigkeitsverfahren findet § 50 über § 78 Abs. 3 OWiG iVm § 78 Abs. 3   **7**
S. 2 entsprechend Anwendung. Der Betroffene im Ordnungswidrigkeitsverfahren kann gem.
§ 73 Abs. 2 OWiG von seiner Erscheinenspflicht befreit werden. Gerade wegen des erzieherischen Effekts des Verfahrens sollte aber nur in Ausnahmefällen auf die Anwesenheit des Jugendlichen verzichtet werden.[16] Anders soll das nach überzeugender Ansicht bei zum Zeitpunkt der Tat Heranwachsenden sein, wenn keine konkreten Anhaltspunkte für eine bei Erscheinen des Betroffenen zu erwartende (weitere) Sachverhaltsaufklärung vorliegen, da Heranwachsende auch im Hinblick auf die verhängten Sanktionen wie Erwachsene behandelt werden.[17] Wird der Jugendliche trotz restriktiver Handhabung von der Verpflichtung zum Erscheinen befreit, sind auch Erziehungsberechtigte und gesetzliche Vertreter nicht zu laden; vielmehr genügt dann eine Mitteilung vom Hauptverhandlungstermin und der Hinweis, dass sie an diesem teilnehmen können, aber nicht müssen.[18] Ist der Betroffene aber zum Erscheinen verpflichtet, müssen auch die Erziehungsberechtigten und gesetzlichen Vertreter geladen werden.[19] § 46 Abs. 6 OWiG bietet die Möglichkeit, von der Heranziehung der JGH nach §§ 38, 50 Abs. 3 abzusehen, wenn ihre Mitwirkung für die sachgemäße Durchführung des Verfahrens entbehrlich ist. Das ist bei Routinesachen, bspw. Ordnungswidrigkeiten im Straßenverkehr, regelmäßig zu bejahen.[20]

II. Anwesenheit des jugendlichen Angekl. (Abs. 1)

Für das Strafverfahrensrecht gilt der Grundsatz, dass eine Hauptverhandlung nicht ohne   **8**
den Angekl. stattfindet, vgl. §§ 230 Abs. 1, 285 Abs. 1 S. 1, 338 Nr. 5 StPO. Die StPO enthält aber auch einige Ausnahmen v. diesem Grundsatz, insbes. in §§ 232, 233 StPO. § 50 Abs. 1 stellt darauf bezugnehmend drei spezielle Voraussetzungen für eine Hauptverhandlung in Abwesenheit des angeklagten Jugendlichen auf. Zunächst müssen die allg. Voraussetzungen für eine Hauptverhandlung in Abwesenheit des Angekl. erfüllt sein. Ferner müssen „besondere Gründe" vorliegen und die StA muss dem Vorgehen zustimmen. Durch diese speziellen Voraussetzungen wird insoweit eine gesteigerte Anwesenheitspflicht des Angekl. begründet.[21] Dies dient dem Zweck, eine „erzieherisch sinnvolle Begegnung" zu ermöglichen.[22] Es sollte nur im absoluten Ausnahmefall eine Verhandlung in Abwesenheit erfolgen, damit das Gericht die Möglichkeit hat, sich einen persönlichen Eindruck vom jugendlichen Angeklagten zu verschaffen und die gebotenen Erziehungsmaßnahmen auf diesem Eindruck fußend anzuordnen.[23]

Für die Beurteilung der Zulässigkeit einer Verhandlung in Abwesenheit des Angekl.   **9**
im allg. Strafverfahren sind neben §§ 232, 233 StPO auch §§ 231, 231a, 231b, 231c StPO und hinsichtlich des beweissichernden Verfahrens gegen Abwesende gem. § 285 Abs. 1 S. 2 StPO die §§ 276 ff., 286 ff. StPO relevant.[24] § 329 StPO regelt eine Verhandlung in Abwesenheit des Angekl. in der Berufungshauptverhandlung, in der der Angekl. ebenfalls grds. anwesend sein muss, vgl. § 330 Abs. 2 S. 2 Hs. 2 StPO. In der Revisionshauptverhandlung ist eine Anwesenheit des Angekl. nicht erforderlich, § 350 Abs. 2 StPO. An die

---

[16] *Krumm* NZV 2010, 68 (69); Diemer/Schatz/Sonnen/*Schatz* Rn. 12; *Eisenberg* JGG Rn. 9; MRTW/*Trüg* Rn. 9; s. auch Göhler/*Seitz* OWiG § 71 Rn. 62.
[17] Vgl. OLG Frankfurt a. M. 9.3.2012 – 2 Ss OWi 181/12, NZV 12, 307 (308); *Eisenberg* JGG Rn. 9; aA aber bspw. Diemer/Schatz/Sonnen/*Schatz* Rn. 12.
[18] *Krumm* NZV 2010, 68 (69); Brunner/Dölling Rn. 6; Diemer/Schatz/Sonnen/*Schatz* Rn. 12; *Eisenberg* JGG Rn. 10; Göhler/*Seitz* OWiG § 71 Rn. 63; differenzierender *Ostendorf* Rn. 8.
[19] *Krumm* NZV 2010, 68 (69); Brunner/Dölling Rn. 6; Diemer/Schatz/Sonnen/*Schatz* Rn. 12; *Eisenberg* JGG Rn. 10; MRTW/*Trüg* Rn. 9; *Ostendorf* Rn. 8.
[20] *Krumm* NZV 2010, 68 (69); MRTW/*Trüg* Rn. 9.
[21] S. zum Begriff der gesteigerten Anwesenheitspflicht: Diemer/Schatz/Sonnen/*Schatz* Rn. 3; MRTW/*Trüg* Rn. 1.
[22] Diemer/Schatz/Sonnen/*Schatz* Rn. 3; *Eisenberg* JGG Rn. 11.
[23] *Schaffstein*/Beulke/Swoboda Rn. 782; Dallinger/Lackner Rn. 2; Diemer/Schatz/Sonnen/*Schatz* Rn. 3.
[24] Diemer/Schatz/Sonnen/*Schatz* Rn. 14; *Eisenberg* JGG Rn. 16. Die Anwendbarkeit der Normen über das beweissichernde Verfahren gegen Abwesende verneinen: MRTW/*Trüg* Rn. 10; *Ostendorf* Rn. 9.

Stelle der zu erwartenden Geldstrafe, Freiheitsstrafe bis zu sechs Monaten etc iRd §§ 232, 233 StPO treten nach einhelliger Auffassung die Erwartung v. ambulanten Zuchtmitteln oder Erziehungsmaßregeln.[25] Die Erwartung von Jugendarrest und Jugendstrafe gehört nicht dazu.[26]

10   Besondere Gründe iSd Abs. 1 werden selten vorliegen. In Fällen, in denen eine „geringfügige Verfehlung" iSd RL Nr. 1 zu § 50 vorliegt, wird oftmals dem Diversionsverfahren gem. §§ 45, 47 der Vorzug zu geben sein.[27] Kann das Verfahren nicht durch Diversion erledigt werden, hat es regelmäßig ein solches Gewicht, dass das Gericht sich für die Auswahl adäquater Erziehungsmaßnahmen einen persönlichen Eindruck vom Angekl. verschaffen muss.[28] Fälle zu großer Entfernung kann es aufgrund der besonderen Zuständigkeitsregelungen in § 42 kaum geben.[29] Denkbar sind aber bspw. Konstellationen, in denen der Jugendliche eine Ausbildung oder eine Arbeitsstelle angenommen hat, die er ggf. gefährden würde, wenn er zwecks Teilnahme an der Verhandlung v. der Arbeit fernbliebe und deshalb seinem Vorgesetzten Meldung von dem gegen ihn laufenden Verfahren machen müsste.[30] Auch in solchen Fällen, in denen das Gericht einen ausreichenden Eindruck vom Angekl. erlangt hat, kommt eine Verhandlung in Abwesenheit des Angeklagten in Betracht. Diesbzgl. ist insbes. an die Fälle der §§ 231 Abs. 2, 231a, 231b, 231c StPO zu denken.[31]

11   Darüber hinaus bedarf es der Zustimmung der StA zur Verhandlung in Abwesenheit des Angekl. Das gilt im vereinfachten Verfahren nicht, wenn die StA an diesem nicht teilnimmt, § 78 Abs. 2 S. 2.

III. Ladung des Erziehungsberechtigten und gesetzlichen Vertreters (Abs. 2)

12   § 67 Abs. 1 gewährt dem Erziehungsberechtigten und dem gesetzlichen Vertreter ein Anwesenheitsrecht für die Hauptverhandlung. Die frühzeitige Beteiligung der Eltern am Verfahren ist Ausfluss ihres verfassungsrechtlich gewährleisteten Erziehungsrechts aus Art. 6 Abs. 2 S. 1 GG.[32] Der Durchsetzung dieses Anwesenheitsrechts dient Abs. 2 S. 1, der vorsieht, dass die Ladung v. Erziehungsberechtigtem und gesetzlichem Vertreter angeordnet wird. Für die Ladung gelten gem. Abs. 2 S. 2 die Vorschriften für die Ladung und Entschädigung v. Zeugen und für die Folgen des Ausbleibens (§§ 48, 51, 71 StPO) entspr.

13   Umstr. ist, ob es sich bei Abs. 2 S. 1 entgegen des Wortlauts „soll" um Muss-Vorschriften handelt. Vieles spricht jedenfalls dafür, eine Reduktion des intendierten Ermessens auf Null anzunehmen, wie insbes. das Elternrecht, das sich aus Art. 6 Abs. 2 GG ergibt, der Umstand, dass das Recht zur Anwesenheit des Erziehungsberechtigten und des gesetzlichen Vertreters aus § 48 Abs. 2 S. 1 ansonsten nicht durchgesetzt werden kann, und das Recht des Angekl. auf ein faires Verfahren.[33] Die Anwesenheit des Erziehungsberechtigten und des gesetzlichen Vertreters hat im Jugendstrafverfahren vor allem für die Erforschung der Persönlichkeit des Jugendlichen und den Erfolg der angeordneten Erziehungsmaßnahmen und der mit dem

---

[25] *Brunner/Dölling* Rn. 2; *Dallinger/Lackner* Rn. 4; *Diemer/Schatz/Sonnen/Schatz* Rn. 14; *Eisenberg* JGG Rn. 17; *Löwe/Rosenberg/Gollwitzer*, 25. Aufl., StPO § 232 Rn. 4; *MRTW/Trüg* Rn. 12; *Streng* Rn. 217.
[26] S. dazu *Brunner/Dölling* Rn. 2; *Eisenberg* JGG Rn. 17; *Löwe/Rosenberg/Gollwitzer*, 25. Aufl., StPO § 232 Rn. 4; *MRTW/Trüg* Rn. 12; aA im Hinblick auf Jugendarrest *Diemer/Schatz/Sonnen/Schatz* Rn. 14.
[27] *MRTW/Trüg* Rn. 13; *Ostendorf* Rn. 10; *Zieger* Rn. 215.
[28] So *Diemer/Schatz/Sonnen/Schatz* Rn. 16 mit Verweis auf *Dallinger/Lackner* Rn. 6 und *Ostendorf* Rn. 10.
[29] So auch *MRTW/Trüg* Rn. 13; *Ostendorf* Rn. 10.
[30] Vgl. *Diemer/Schatz/Sonnen/Schatz* Rn. 15: „In bestimmten familiären oder durch die Ausbildung bedingten Situationen kann allerdings die Erzwingung der Anwesenheit in der Hauptverhandlung unzweckmäßig sein."
[31] *Brunner/Dölling* Rn. 2; *Dallinger/Lackner* Rn. 2; *Diemer/Schatz/Sonnen/Schatz* Rn. 15; *MRTW/Trüg* Rn. 13; *Streng* Rn. 218; aA *Eisenberg* JGG Rn. 18, der die geforderten „besonderen Gründe" in diesen Fällen für regelmäßig nicht gegeben hält.
[32] BVerfG 16.1.2003 – 2 BvR 716/01, BVerfGE 107, 104 (104) = NJW 2003, 2004 (2004).
[33] *Eisenberg/Düffer* JR 1997, 80 (81); *Kremer* S. 171 f.; *Nothacker* S. 346; *Richmann* S. 294; *Schwer* S. 111 f.; *Zieger* Rn. 119; *Eisenberg* JGG Rn. 21; *MRTW/Trüg* Rn. 16; *Ostendorf* Rn. 11; aA *Brunner/Dölling* Rn. 9; *Diemer/Schatz/Sonnen/Schatz* Rn. 21; wohl auch *Streng* Rn. 129.

Jugendlichen getroffenen Absprachen über dessen künftige Lebensführung herausragende Bedeutung.[34] In Einzelfällen kann es sich natürlich anders verhalten; dies ist mit Blick auf den Erziehungsgedanken dann entspr. zu berücksichtigen. Das Anwesenheitsrecht kann nach § 67 Abs. 4 entzogen werden, ein vorübergehender Ausschluss gem. § 51 Abs. 2 erfolgen. Gem. § 104 Abs. 3 kann das Anwesenheitsrecht im Einzelfall aus Gründen der Staatssicherheit ausgeschlossen werden.

Leider bleiben Erziehungsberechtigter und gesetzlicher Vertreter in der Praxis der Verhandlung oftmals (unentschuldigt) fern, vor allem in Großstädten, primär wohl aus Desinteresse oder weil sie sich für mitverantwortlich für das Fehlverhalten des Jugendlichen halten.[35] Dennoch wird in den seltensten Fällen eine Vorführung oder die Verhängung v. Ordnungsgeld angeordnet; dahinter steckt wohl der Gedanke, die Wahrnehmung realer Erziehungsverantwortung ließe sich nicht erzwingen. Zwangsmaßnahmen drohen auch die geringste Aussicht auf eine produktive Zusammenarbeit zwischen Gericht und Eltern zunichte machen.[36] 14

IV. Beteiligung der Jugendgerichtshilfe (Abs. 3)

Die JGH ist gem. § 38 Abs. 3 S. 1 im gesamten Verfahren gegen einen Jugendlichen, also gerade auch in der Hauptverhandlung, heranzuziehen, wobei dies gem. § 38 Abs. 3 S. 2 „so früh wie möglich" geschehen soll. § 50 Abs. 3 S. 1 sieht vor, dass eine Terminmitteilung im Hinblick auf die Hauptverhandlung an den Vertreter der JGH ergeht, nach Abs. 3 S. 2 erhält er in der Hauptverhandlung auf Verlangen das Wort (dazu auch → § 38 Rn. 11 und 13). 15

Eine telefonische Mitteilung am Hauptverhandlungstag reicht nicht aus, vielmehr muss der JGH ausreichend Zeit bleiben, sich auf die Hauptverhandlung vorzubereiten, insbes. Gespräche mit den nach § 50 Abs. 1 und 2 Beteiligten zu führen, um ihren Auftrag als Ermittlungshilfe nach Maßgabe des § 38 Abs. 2 S. 1 und 2 erfüllen zu können.[37] Die JGH muss über alle anberaumten Termine informiert werden, wenn für das Verfahren mehrere Hauptverhandlungstage angesetzt sind.[38] 16

Wann der JGH das Wort erteilt wird, liegt im Ermessen des Vorsitzenden als Verhandlungsleiter, § 238 Abs. 1 StPO. Bei Beanstandung der Entscheidung entscheidet das Gericht, § 238 Abs. 2 StPO. Sinnvollerweise ist der JGH das Wort gegen Ende der Beweisaufnahme zu erteilen, bevor es zu den Schlussplädoyers kommt.[39] Zwar muss der Vertreter der JGH nicht gehört werden, wenn er dies verlangt, es wird aber regelmäßig nötig sein, ihn zu befragen, um der Aufklärungspflicht gem. § 244 Abs. 2 StPO zu genügen.[40] 17

Ein über das Äußerungsrecht hinausgehendes Frage- oder Beweisantragsrecht steht der JGH nicht zu.[41] Möglich ist es aber, dass der Vertreter der JGH Beweisanregungen gibt oder darum bittet, den jugendlichen Angekl. direkt befragen zu dürfen.[42] 18

---

[34] *Block* S. 208 (dabei feststellend, dass die Anwesenheit der Erziehungsberechtigten manchmal kontraproduktiv sein kann); *Eisenberg/Düffer* JR 1997, 80 (81); *Brunner/Dölling* Rn. 7; Diemer/Schatz/Sonnen/*Schatz* Rn. 20; *Eisenberg* JGG Rn. 20; MRTW/*Trüg* Rn. 17.

[35] *Pruin* ZJJ 2014, 316 (318); *Richmann* S. 227 f. („Der geschätzte durchschnittlich feststellbare Wert der Nichtmitwirkung liegt bei etwa 70 %."); *Reisenhofer* § 4 Rn. 70; *Streng* Rn. 129; *Zieger* Rn. 121; *Eisenberg* § 50 Rn. 21, § 67 Rn. 3; MRTW/*Trüg* § 50 Rn. 17, § 67 Rn. 1.

[36] *Pruin* ZJJ 2014, 316 (316); Diemer/Schatz/Sonnen/*Schatz* Rn. 22; *Ostendorf* Rn. 11; vgl. auch *Zieger* Rn. 122.

[37] BGH 9.3.1982 – 1 StR 842/81, StV 1982, 336 (336) mAnm *Gatzweiler* StV 1982, 337 (337); *Brunner/Dölling* Rn. 12; Diemer/Schatz/Sonnen/*Schatz* Rn. 24 (hält im Regelfall einen Vorlauf zum Termin v. zwei Wochen für ausreichend); MRTW/*Trüg* Rn. 20; *Ostendorf* Rn. 12.

[38] Diemer/Schatz/Sonnen/*Schatz* Rn. 25 („in der Regel"); MRTW/*Trüg* Rn. 20; *Ostendorf* Rn. 12; aA BGH 1.3.1963 – 4 StR 21/63, bei *Martin* DAR 1964, 100; *Brunner/Dölling* Rn. 12a; *Dallinger/Lackner* Rn. 25.

[39] Vgl. *Brachold* S. 117; MRTW/*Trüg* Rn. 25.

[40] *Brunner/Dölling* Rn. 13; Diemer/Schatz/Sonnen/*Schatz* Rn. 32; *Eisenberg* JGG Rn. 28; *Ostendorf* Rn. 14; MRTW/*Trüg* Rn. 25.

[41] Diemer/Schatz/Sonnen/*Schatz* Rn. 33; *Eisenberg* JGG Rn. 28; *Ostendorf* Rn. 14; MRTW/*Trüg* Rn. 26.

[42] Diemer/Schatz/Sonnen/*Schatz* Rn. 33; *Eisenberg* JGG Rn. 28; *Ostendorf* Rn. 14; MRTW/*Trüg* Rn. 26.

19 Bei Krankheit des Vertreters der JGH ist die Hauptverhandlung zu unterbrechen, da das Gericht sonst Gefahr läuft, seine Aufklärungspflicht aus § 244 Abs. 2 StPO zu verletzen.[43] Zum Problem v. Gerichtsgehern, das auch bei Krankheitsvertretung bei einer Krankheit, die länger anhält als die nach § 229 Abs. 1 StPO zulässige dreiwöchige Höchstdauer einer Unterbrechung, bestehen kann, → § 38 Rn. 14.

20 Es wird teilw. angenommen, dass das Mitwirkungsrecht der JGH zu einer Mitwirkungspflicht wird, wenn das Gericht den Hinweis erteilt, dass es die Anwesenheit der JGH für geboten hält, und dadurch die Anwesenheitspflicht formal konkretisiert.[44] Allerdings gibt es keine gesetzliche Vorschrift, die ausdrücklich eine (durchsetzbare) Anwesenheits- und Mitwirkungspflicht der JGH vorsieht.[45] De lege ferenda wäre sie wünschenswert, um eine Teilnahme der JGH in jedem Fall gewährleisten und durchsetzen zu können.[46]

21 Umstr. ist, ob es andere Möglichkeiten gibt, mit Hilfe derer das Gericht die JGH mittelbar zur Anwesenheit in der Hauptverhandlung zwingen kann. Eine Kostenauferlegung in entspr. Anwendung der §§ 51, 77, 145 Abs. 4, 467 Abs. 2 StPO, 56 GVG kommt wegen des Fehlens einer ausdrücklichen gesetzlichen Regelung der Mitwirkungspflicht, die Mindestvoraussetzung für eine Analogie der Kostenauferlegungsregelung wäre, nicht in Betracht.[47]

22 In Betracht kommt aber eine Ladung des Vertreters der JGH als Zeuge: Wenn er dann fernbleibt, treffen ihn auch die für Zeugen geltenden Regelungen der §§ 48, 51, 71 StPO inklusive Kostentragungsregelungen.[48] Zu beachten ist aber, dass der Vertreter der JGH einerseits eine Aussagegenehmigung seines Dienstherrn benötigt, § 54 Abs. 1 StPO.[49] Andererseits hat der Vertreter der JGH kein Zeugnisverweigerungsrecht, er sollte aber dennoch nur in Ausnahmefällen als Zeuge geladen werden, um das Vertrauensverhältnis des jugendlichen Angekl. zur JGH nicht zu zerrütten.[50] Zum Ganzen auch → § 38 Rn. 18.

23 Als ultima ratio kann auch eine Beschlagnahme der Akte der JGH (nach vorheriger Geltendmachung eines Herausgabeverlangens) in Betracht kommen, wobei aber auf ein etwaiges Beschlagnahmeverbot nach § 97 StPO zu achten und im Hinblick auf das Vertrauensverhältnis zwischen JGH und jugendlichem Angekl. eine sehr sorgfältige Verhältnismäßigkeitsprüfung durchzuführen ist.[51]

---

[43] BGH 13.9.1977 – 1 StR 451/77, BGHSt 27, 250 (251) = JR 1978, 175 (175) mAnm *Brunner* JR 1978, 175 (175 f.); BGH 21.2.1989 – 1 StR 27/89, StV 1989, 308 (308 f.); LBN/*Laubenthal* Rn. 209 ff.; *Eisenberg* JGG Rn. 24; MRTW/*Trüg* Rn. 22.

[44] OLG Karlsruhe 30.9.1991 – 3 Ws 56/91, NStZ 1992, 251 (251) mAnm *Schaffstein* NStZ 1992, 252 (252 f.); Diemer/Schatz/Sonnen/*Schatz* Rn. 26; *Ostendorf* Rn. 12.

[45] BayObLG 26.8.1994 – 2 St RR 155/95, FamRZ 1995, 254 (254); OLG Köln 24.6.1986 – Ss 236/86, NStZ 1986, 569 (570); LG Frankfurt a. M. 15.5.1984 – 5/3 Qs 15/84, NStZ 1985, 42 (42) mAnm *Eisenberg* NStZ 1985, 42 (42 f.) = StV 1985, 158 (158) mAnm *Albrecht* StV 1985, 159 (159 ff.) = ZfJ 1984, 435 (435) mAnm *Rosenthal* ZfJ 1984, 435; *Bex* DVJJ-J 2000, 409 (410); Diemer/Schatz/Sonnen/*Schatz* Rn. 27; *Eisenberg* NStZ 1986, 308 (309); *Eisenberg* JGG § 38 Rn. 23, § 50 Rn. 26; MRTW/*Trüg* Rn. 23; aA OLG Karlsruhe 30.9.1991 – 3 Ws 56/91, NStZ 1992, 251 (251) mAnm *Schaffstein* NStZ 1992, 252 (252 f.); OLG Brandenburg 15.5.2001 – 2 Ss 2/01, DVJJ 2002, 351 (352) mAnm *Trenczek* DVJJ-J 2002, 352 (352 ff.); LG Bremen 22.10.2003 – 15 Qs 329/03, NJW 2003, 3646 (3647); LG Trier 19.1.2000 – 2 a Q 2/00, NStZ-RR 2000, 248 (249); LBN/*Laubenthal* Rn. 209 ff.; *Streng* Rn. 110; *Brunner/Dölling* § 38 Rn. 6a; *Höffler*.

[46] Diemer/Schatz/Sonnen/*Schatz* Rn. 24; *Eisenberg* NStZ 1985, 42 f.; s. auch schon *Dallinger/Lackner* § 38 Rn. 65, § 50 Rn. 24; laut *Deutsches Jugendinstitut* Das Jugendgerichtshilfebarometer, S. 55, nehmen nur 48 % der JGH an allen Hauptverhandlungen, nur 36 % an mehr als zwei Drittel der Hauptverhandlungen teil.

[47] OLG Karlsruhe 30.9.1991 – 3 Ws 56/91, NStZ 1992, 251 (252) mAnm *Schaffstein* NStZ 1992, 252 (252 f.); LG Frankfurt a. M. 15.5.1984 – 5/3 Qs 15/84, NStZ 1985, 42 (42) mAnm *Eisenberg* NStZ 1985, 42 (42 f.) = StV 1985, 158 mAnm *Albrecht* StV 1985, 159 (159 ff.); *Stein* BewH 1985, 87; LBN/*Laubenthal* Rn. 215; *Ostendorf* Jugendstrafrecht Rn. 88; *Brunner/Dölling* Rn. 12; Diemer/Schatz/Sonnen/*Schatz* Rn. 28; *Eisenberg* JGG Rn. 26; *Ostendorf* Rn. 13; MRTW/*Trüg* Rn. 24; aA OLG Köln 24.6.1986 – Ss 236/86, NStZ 1986, 569 (570); *Northoff* DRiZ 1984, 403 (405); *Schaffstein* FS Dünnebier, 1982, 675 f.; *Schaffstein/Beulke/Swoboda* Rn. 691.

[48] *Northoff* DRiZ 1984, 403 (405); *Ostendorf* Jugendstrafrecht Rn. 88; Diemer/Schatz/Sonnen/*Schatz* Rn. 29, 36; MRTW/*Trüg* Rn. 24; *Ostendorf* Rn. 13.

[49] Diemer/Schatz/Sonnen/*Schatz* Rn. 29, 36; MRTW/*Trüg* Rn. 24.

[50] Diemer/Schatz/Sonnen/*Schatz* Rn. 36.

[51] S. dazu bspw. OLG Köln 24.6.1986 – Ss 236/86, NStZ 1986, 569 (570); LG Trier 19.1.2000 – 2 a Q 2/00, NStZ-RR 2000, 248 (250); LG Hamburg 3.3.1992 – 617 Qs 7/72, NStZ 1993, 401 (401 ff.) mAnm *Dölling* NStZ 1993, 402 (402 f.); LG Bonn 29.8.1985 – 32 Qs 59/85, NStZ 1986, 40 (40 f.); *Bex* DVJJ-J

Denkbar ist auch die Beauftragung eines freien Sozialarbeiters oder Sozialpädagogen als **24**
Sachverständigen, in Fällen, in denen der Dienstherr keine Aussagenehmigung erteilt hat
oder zur Beschlagnahme als letztem Mittel gegriffen werden müsste, um eine Aufklärungsrüge bei Entscheidungsfindung ohne Beteiligung der JGH zu vermeiden.[52]

Die bloße Verlesung und der Vorhalt des Berichts der JGH in der Hauptverhandlung **25**
sind jedenfalls unstatthaft, → § 38 Rn. 15.

V. Beteiligung des Bewährungs- und Betreuungshelfers (Abs. 4)

Bewährungs- und Betreuungshelfer haben gem. § 48 Abs. 2 S. 1 das Recht, in der Haupt- **26**
verhandlung anwesend zu sein. Abs. 4 sieht darüber hinaus vor, dass sie, wenn sie an der
Hauptverhandlung teilnehmen, zur Entwicklung des Jugendlichen in der Bewährungs- bzw.
Betreuungszeit gehört werden. Auch der Leiter eines sozialen Trainingskurses, an dem der
Jugendliche teilnimmt, kann gehört werden, Abs. 4 S. 2.[53] Oftmals haben diese Personen
hochaktuelle Kenntnisse über jüngste Veränderungen, die wesentliche Bedeutung für die
richterliche Entscheidungsfindung haben können, weswegen Terminmitteilungen ergehen
und sie ggf. als Zeugen geladen werden müssen.[54] Dementsprechend ist Abs. 4 S. 1 ebenso
wie Abs. 2 S. 1 wegen einer Ermessensreduktion auf Null de facto als Muss-Vorschrift
einzuordnen.[55]

VI. Rechtsmittel

Wenn ein Urteil in Abwesenheit des jugendlichen Angekl. ergeht, ohne dass die Voraus- **27**
setzungen des Abs. 1 erfüllt sind, liegt ein absoluter Revisionsgrund nach § 338 Nr. 5 StPO
vor.[56]

Wenn der Erziehungsberechtigte oder gesetzliche Vertreter nicht an der Hauptverhand- **28**
lung beteiligt wird, stellt dies regelmäßig einen Verstoß gegen § 244 Abs. 2 StPO dar und
kann die Aufklärungsrüge begründen.[57] Das ist vor allem dann anzunehmen, wenn der
Erziehungsberechtigte oder der gesetzliche Vertreter dem Gericht wesentliche Informationen bspw. im Hinblick auf die Person und persönliche Entwicklung des jugendlichen
Angekl., seine Lebensverhältnisse und sein soziales Umfeld hätte geben können, die sich
auf die Entscheidungsfindung und die Urteilsgründe, insbes. die gewählte Erziehungsmaßnahme und die Frage, ob bei Heranwachsenden Jugendstrafrecht anzuwenden ist, ausgewirkt
hätten.[58]

Weil der Erziehungsberechtigte und der gesetzliche Vertreter gem. Abs. 2 S. 1 zu laden **29**
sind (→ Rn. 12 ff.), kann über die Verletzung v. § 244 Abs. 2 StPO hinaus auch in der
Verletzung dieser Vorschrift ein relativer Revisionsgrund nach § 337 StPO liegen. Es lässt
sich idR nicht ausschließen, dass sich eine Ladung des Erziehungsberechtigten und des

---

2000, 409 (412); Diemer/Schatz/Sonnen/*Schatz* Rn. 30; MRTW/*Trüg* Rn. 24; *Ostendorf* Rn. 13; zur Kritik: *Eisenberg* NStZ 1986, 308 (308 ff.).
[52] *Northoff* DRiZ 1984, 403 (405); *Ostendorf* Jugendstrafrecht Rn. 88; Diemer/Schatz/Sonnen/*Schatz* Rn. 30; MRTW/*Trüg* Rn. 24; *Ostendorf* Rn. 13.
[53] Entspr. wird v. Brunner/Dölling Rn. 14 angenommen, dass jede andere nach § 48 zugelassene Person, die „imstande und willens [ist], zur Persönlichkeitserforschung beizutragen", gehört werden soll.
[54] BT-Drs. 11/5829, 26 f.; Diemer/Schatz/Sonnen/*Schatz* Rn. 37; *Eisenberg* JGG Rn. 29; *Ostendorf* Rn. 15.
[55] So überzeugend *Ostendorf* Rn. 15; aA wohl *Eisenberg* JGG Rn. 29 und MRTW/*Trüg* Rn. 27, der § 50 Abs. 4 jeweils nur als „Soll-Vorschrift" bezeichnet, wobei er aber auf die Gefahr einer Aufklärungsrüge im Falle einer Nichtanhörung hinweist.
[56] Brunner/Dölling Rn. 2; Diemer/Schatz/Sonnen/*Schatz* Rn. 39; *Eisenberg* JGG Rn. 31; MRTW/*Trüg* Rn. 35; *Ostendorf* Rn. 16; vgl. auch BGH 2.10.1952 – 3 StR 83/52, BGHSt 3, 187 (189) = NJW 1952, 1306 (1306) (zu § 230 Abs. 1 StPO).
[57] Brunner/Dölling Rn. 9; Dallinger/Lackner Rn. 16; Diemer/Schatz/Sonnen/*Schatz* Rn. 41; *Eisenberg* JGG Rn. 32; MRTW/*Trüg* Rn. 36; *Ostendorf* Rn. 17; vgl. auch BGH 20.6.1996 – 5 StR 602/95, NStZ 1996, 612 (612).
[58] Diemer/Schatz/Sonnen/*Schatz* Rn. 41.

gesetzlichen Vertreters vorteilhaft für den jugendlichen Angekl. ausgewirkt hätten und das Urteil dadurch anders ausgefallen wäre.[59]

30 Wenn einem Antrag auf nachträgliche Ladung des Erziehungsberechtigten bzw. des gesetzlichen Vertreters selbst nach Antrag auf gerichtliche Entscheidung gem. § 238 Abs. 2 StPO nicht entsprochen wird, liegt regelmäßig ein absoluter Revisionsgrund nach § 338 Nr. 8 StPO vor.[60]

31 Zur Frage, inwieweit bei Nichtheranziehung der JGH ein Revisionsgrund gegeben ist, → § 38 Rn. 19. Auch die Einführung des Berichts der JGH durch Verlesung oder Vorhalt in der Hauptverhandlung kann einen Revisionsgrund schaffen, → Rn. 25 und → § 38 Rn. 15.

32 Im Hinblick auf eine fehlende Beteiligung der in Abs. 4 genannten anderen Personen gilt das zur fehlenden Beteiligung des Erziehungsberechtigten und des gesetzlichen Vertreters (§ 50 Abs. 2) Gesagte entspr., → Rn. 30.

§ 51 Zeitweilige Ausschließung von Beteiligten

(1) ¹Der Vorsitzende soll den Angeklagten für die Dauer solcher Erörterungen von der Verhandlung ausschließen, aus denen Nachteile für die Erziehung entstehen können. ²Er hat ihn von dem, was in seiner Abwesenheit verhandelt worden ist, zu unterrichten, soweit es für seine Verteidigung erforderlich ist.

(2) ¹Der Vorsitzende kann auch Erziehungsberechtigte und gesetzliche Vertreter des Angeklagten von der Verhandlung ausschließen, soweit
1. erhebliche erzieherische Nachteile drohen, weil zu befürchten ist, dass durch die Erörterung der persönlichen Verhältnisse des Angeklagten in ihrer Gegenwart eine erforderliche künftige Zusammenarbeit zwischen den genannten Personen und der Jugendgerichtshilfe bei der Umsetzung zu erwartender jugendgerichtlicher Sanktionen in erheblichem Maße erschwert wird,
2. sie verdächtig sind, an der Verfehlung des Angeklagten beteiligt zu sein, oder soweit sie wegen einer Beteiligung verurteilt sind,
3. eine Gefährdung des Lebens, des Leibes oder der Freiheit des Angeklagten, eines Zeugen oder einer anderen Person oder eine sonstige erhebliche Beeinträchtigung des Wohls des Angeklagten zu besorgen ist,
4. zu befürchten ist, dass durch ihre Anwesenheit die Ermittlung der Wahrheit beeinträchtigt wird, oder
5. Umstände aus dem persönlichen Lebensbereich eines Verfahrensbeteiligten, Zeugen oder durch eine rechtswidrige Tat Verletzten zur Sprache kommen, deren Erörterung in ihrer Anwesenheit schutzwürdige Interessen verletzen würde, es sei denn, das Interesse der Erziehungsberechtigten und gesetzlichen Vertreter an der Erörterung dieser Umstände in ihrer Gegenwart überwiegt.
²Der Vorsitzende kann in den Fällen des Satzes 1 Nr. 3 bis 5 auch Erziehungsberechtigte und gesetzliche Vertreter des Verletzten von der Verhandlung ausschließen, im Fall der Nummer 3 auch dann, wenn eine sonstige erhebliche Beeinträchtigung des Wohls des Verletzten zu besorgen ist. ³Erziehungsberechtigte und gesetzliche Vertreter sind auszuschließen, wenn die Voraussetzungen des Satzes 1 Nr. 5 vorliegen und der Ausschluss von der Person, deren Lebensbereich betroffen ist, beantragt wird. ⁴Satz 1 Nr. 5 gilt nicht, soweit die Personen, deren Lebensbereiche betroffen sind, in der Hauptverhandlung dem Ausschluss widersprechen.

(3) § 177 des Gerichtsverfassungsgesetzes gilt entsprechend.

(4) ¹In den Fällen des Absatzes 2 ist vor einem Ausschluss auf ein einvernehmliches Verlassen des Sitzungssaales hinzuwirken. ²Der Vorsitzende hat die Erzie-

---
[59] MRTW/*Trüg* Rn. 36.
[60] Diemer/Schatz/Sonnen/*Schatz* Rn. 42; *Ostendorf* Rn. 17.

hungsberechtigten und gesetzlichen Vertreter des Angeklagten, sobald diese wieder anwesend sind, in geeigneter Weise von dem wesentlichen Inhalt dessen zu unterrichten, was während ihrer Abwesenheit ausgesagt oder sonst verhandelt worden ist.

(5) Der Ausschluss von Erziehungsberechtigten und gesetzlichen Vertretern nach den Absätzen 2 und 3 ist auch zulässig, wenn sie zum Beistand (§ 69) bestellt sind.

Schrifttum: *Bex,* Zu der Möglichkeit und zu den Grenzen der zeitweiligen Ausschließung einzelner Prozeßbeteiligter und der Öffentlichkeit bei verbundenen Strafsachen aufgrund eines sachlichen Zusammenhangs für die Dauer des Jugendgerichtshilfeberichts, DVJJ-Journal 1997, 418; *Eisenberg/Zötsch,* Elternverantwortung für jugendliche Angeklagte – Zugleich Besprechung von BVerfG, Urteil vom 16.1.2003, GA 2003, 226; *Grunewald,* Die besondere Bedeutung des Erziehungsgedanken im Jugendstrafverfahren, NJW 2003, 1995; *Kremer,* Der Einfluss des Elternrechts aus Art. 6 Abs. 2, 3 GG auf die Rechtmäßigkeit von Maßnahmen des JGG, 1984; *Molketin,* Die Schutzfunktion des § 140 Abs. 2 StPO zugunsten des Beschuldigten im Strafverfahren, 1986; *Müller/Kraus,* Erziehungsberechtigte und Rechtsstaatlichkeit im Jugendstrafverfahren. Ein Überblick anlässlich der Entscheidung des BVerfG vom 16.1.2003 – 2 BvR 716/01, JA 2003, 892; *Ostendorf,* Persönlichkeitsschutz im (Jugend-)Strafverfahren bei mehreren Angeklagten, FS Riess, 2002, 845; *Walter/Wilms,* Kriminalrechtlicher Erziehungsgedanke und elterliches Erziehungsrecht, NStZ 2004, 600.

Übersicht

	Rn.		Rn.
I. Anwendungsbereich	1–4	1. Reform	10, 11
1. Persönlicher Anwendungsbereich	1	2. Einzelne Ausschlussgründe	12–16
2. Sachlicher Anwendungsbereich	2–4	3. Weitere Besonderheiten	17–21
II. Ausschluss des Angeklagten	5–9	**IV. Andere Personen**	22–24
III. Ausschluss des Erziehungsberechtigten bzw. des gesetzlichen Vertreters	10–21	**V. Verfahren**	25–29
		VI. Rechtsmittel	30–32

I. Anwendungsbereich

1. Persönlicher Anwendungsbereich. Der persönliche Anwendungsbereich des § 51 **1** ist grds. eröffnet in Verfahren gegen Jugendliche vor JugG. Im Verfahren gegen Jugendliche vor allg. Strafgerichten steht seine Anwendung gem. § 104 Abs. 2 im Ermessen des Richters.[1] Nicht anwendbar ist § 51 hingegen im Verfahren gegen Heranwachsende.[2] Dort gelten nur die Ausschlussmöglichkeiten des allg. Strafprozessrechts, insbes. § 247 StPO.[3]

2. Sachlicher Anwendungsbereich. Der sachliche Anwendungsbereich ist zunächst in **2** der Hauptverhandlung eröffnet. Darüber hinaus ist § 51 aber auch außerhalb der Hauptverhandlung immer dann anwendbar, wenn die Umstände, dh insbes. die Interessenkollisionen, vergleichbar sind, zB bei Untersuchungshandlungen.[4] *Schatz* nimmt dies bspw. bei Verhandlungen über den Ausschluss eines Verteidigers, bei kommissarischen Beweisaufnahmen oder bei Haftprüfungen an.[5]

Über § 46 Abs. 1 OWiG kann § 51 entspr. angewendet werden, sollte dies erforderlich **3** sein, wobei zu beachten ist, dass der Betroffene gem. § 73 Abs. 2 OWiG uU von der Anwesenheitspflicht entbunden werden kann.[6]

---

[1] S. auch RL zu § 51 S. 1.
[2] Umkehrschluss aus § 109; s. auch RL zu § 51 S. 2 Hs. 1.
[3] S. auch RL zu § 51 S. 2 Hs. 2.
[4] *Brunner/Dölling* Rn. 19; *Diemer/Schatz/Sonnen/Schatz* Rn. 2; *Eisenberg* JGG Rn. 3; MRTW/*Trüg* Rn. 5; aA *Ostendorf* Rn. 2.
[5] *Diemer/Schatz/Sonnen/Schatz* Rn. 2.
[6] *Diemer/Schatz/Sonnen/Schatz* Rn. 3; MRTW/*Trüg* Rn. 6; *Ostendorf* Rn. 3; vgl. auch *Eisenberg* JGG Rn. 4; *Göhler/Seitz* OWiG § 71 Rn. 65.

4   Neben § 51 gelten auch die allg. Ausschlussgründe;[7] insbes. § 247 StPO und § 177 GVG sind dabei von Bedeutung.[8]

II. Ausschluss des Angeklagten

5   Gem. Abs. 1 S. 1 soll der Jugendrichter den jugendlichen Angeklagten für die Dauer solcher Erörterungen von der Verhandlung ausschließen, aus denen Nachteile für die Erziehung entstehen können. Schon aus dem Wortlaut ergibt sich, dass ein dauerhafter Ausschluss nicht vorgesehen ist. Der Angeklagte darf vielmehr nur für präzise bestimmte Verhandlungsabschnitte ausgeschlossen werden.[9] Dabei sind die Ausschlussmöglichkeiten wegen des Eingriffs in die Rechte des Angeklagten, dem damit verbundenen Potential, die erzieherische Wirkung zu schmälern, und der Gefahr, Misstrauen in das Gericht zu wecken, sehr restriktiv zu handhaben.[10]

6   Freiwillig darf der Angeklagte den Sitzungssaal nicht verlassen;[11] der Richter darf ihn auch nicht bitten, freiwillig zu gehen.[12] Dies ergibt sich im Umkehrschluss auch aus Abs. 4 S. 1, der einen dem Ausschluss des Erziehungsberechtigten bzw. gesetzlichen Vertreters vorgelagerten Versuch vorsieht, ein einvernehmliches Verlassen des Sitzungssaals herbeizuführen, während eine solche Regelung im Hinblick auf den Angeklagten fehlt.[13]

7   Vom Begriff „Erörterungen" umfasst ist die gesamte Beweisaufnahme, bspw. der Bericht der JGH, die Anhörung von Sachverständigen, die Erstattung von Gutachten, die Einlassungen von Prozessbeteiligten, selbst die Schlussvorträge und die Verhandlung über die Vereidigung und Entlastung von Zeugen.[14] Nicht erfasst sind hingegen die Vereidigung selbst[15] und die Urteilsbegr. und -verkündung.[16]

8   „Nachteile für die Erziehung" kommen nach *Trüg* insbes. dann in Betracht, wenn ein dem Angeklagten nahestehender Zeuge strafrechtlich verstrickt ist, schwere Versäumnisse des Elternhauses zu besprechen sind, bei der Erörterung von Anlagemängeln bzw. von Krankheiten des Jugendlichen oder bei Erstattung eines Sachverständigengutachtens hinsichtlich der Persönlichkeit des Jugendlichen.[17] In jedem Fall muss vor der Annahme erzieherischer Nachteile und dem Ausschluss geprüft werden, ob eine dem jugendlichen Angeklagten gerecht werdende Form der Erörterung gefunden werden kann, die ihm eine durchgängige Anwesenheit ermöglicht.[18]

9   Umstr. ist die Frage, ob ein Angeklagter nach Abs. 1 S. 1 ausgeschlossen werden kann, wenn höchstpersönliche Angelegenheiten eines Mitangeklagten erörtert werden, wodurch möglicherweise für diesen Mitangeklagten erzieherische Nachteile entstehen. Eine solche Ausschlussmöglichkeit ist wohl abzulehnen, denn die erzieherischen Nachteile in Abs. 1 S. 1 beziehen sich eindeutig auf den auszuschließenden Angeklagten selbst,[19] wenngleich dies dennoch eine schwierige Situation mit widerstreitenden Interessen darstellt.[20]

---

[7] BGH 15.11.2001 – 4 StR 215/01, NStZ 2002, 216 (217); Diemer/Schatz/Sonnen/*Schatz* Rn. 7; *Eisenberg* JGG Rn. 5f.; MRTW/*Trüg* Rn. 7; *Ostendorf* Rn. 4.
[8] MRTW/*Trüg* Rn. 7.
[9] *Ostendorf* Rn. 5.
[10] *Albrecht* Jugendstrafrecht S. 370; Meier/Rössner/Schöch § 13 Rn. 39; *Molketin* S. 147f.; *Rössner* Toleranz-Erziehung-Strafe S. 115; Schaffstein/Beulke/Swoboda Rn. 785; Brunner/Dölling Rn. 2; Dallinger/Lackner Rn. 8; Diemer/Schatz/Sonnen/*Schatz* Rn. 10; *Eisenberg* Rn. 6; MRTW/*Trüg* Rn. 1, 11; *Ostendorf* Rn. 7.
[11] Brunner/Dölling Rn. 1; Diemer/Schatz/Sonnen/*Schatz* Rn. 9; MRTW/*Trüg* Rn. 1; *Ostendorf* Rn. 8.
[12] *Böhm/Feuerhelm* Jugendstrafrecht S. 73; Diemer/Schatz/Sonnen/*Schatz* Rn. 9.
[13] Diemer/Schatz/Sonnen/*Schatz* Rn. 9.
[14] BGH 15.11.2001 – 4 StR 215/01, NStZ 2002, 216 (217); Brunner/Dölling Rn. 2; Diemer/Schatz/Sonnen/*Schatz* Rn. 14; *Eisenberg* JGG Rn. 7; MRTW/*Trüg* Rn. 9; *Ostendorf* Rn. 5.
[15] *Eisenberg* JGG Rn. 7; MRTW/*Trüg* Rn. 9; *Ostendorf* Rn. 5.
[16] Brunner/Dölling Rn. 2; Dallinger/Lackner Rn. 4; Diemer/Schatz/Sonnen/*Schatz* Rn. 14; *Eisenberg* JGG Rn. 7; MRTW/*Trüg* Rn. 9; *Ostendorf* Rn. 5.
[17] MRTW/*Trüg* Rn. 10.
[18] *Eisenberg* JGG Rn. 8; MRTW/*Trüg* Rn. 10.
[19] *Bex* DVJJ-Journal 1997, 418 (421); Diemer/Schatz/Sonnen/*Schatz* Rn. 12; *Eisenberg* JGG Rn. 6; MRTW/*Trüg* Rn. 12; aA *Ostendorf* Rn. 6; *ders.* FS Riess, 2002, 853ff.
[20] Wenn möglich, ist dieser Konflikt deshalb schon bei der Entscheidung über die gemeinsame Anklage und Verhandlung zu bedenken.

III. Ausschluss des Erziehungsberechtigten bzw. des gesetzlichen Vertreters

1. Reform. Abs. 2 wurde nach einem Urteil des BVerfG[21] aus dem Jahr 2003, das Abs. 2 aF für verfassungswidrig und nichtig erklärte, mit dem Zweiten Justizmodernisierungsgesetz vom 22.12.2006[22] in eine Kann-Bestimmung gewandelt. Abs. 2 aF enthielt bis zum Urteil des BVerfG eine Soll-Bestimmung, die den Vorsitzenden dazu anhielt, „Angehörige, den Erziehungsberechtigten und den gesetzlichen Vertreter des Angeklagten von der Verhandlung aus[zu]schließen, soweit gegen ihre Anwesenheit Bedenken" bestanden. Dieser Abs. 2 aF mit seinem intendierten Ermessen war nach Ansicht des BVerfG zu unbestimmt und schränkte das Elterngrundrecht aus Art. 6 Abs. 2 S. 1 GG dadurch in verfassungswidriger Weise ein.[23]

Abs. 2 S. 1 sieht nun fünf recht konkret bestimmte Fallgruppen vor, in denen ein Ausschluss des Erziehungsberechtigten bzw. des gesetzlichen Vertreters im Ermessen des Vorsitzenden („kann") steht, wodurch sich schematische Lösungen verbieten und eine Abwägung in jedem Einzelfall mit dem Elternrecht samt Begr. der Entscheidung über den Ausschluss erforderlich werden.[24] Durch Verwendung des Wortes „soweit" wird klargestellt, dass grds. nur eine vorübergehende Ausschließung von Erziehungsberechtigtem bzw. gesetzlichem Vertreter vorgesehen ist, während die dauerhafte Ausschließung eine absolute Ausnahme „im Extremfall" bleiben soll.[25]

2. Einzelne Ausschlussgründe. Abs. 2 S. 1 Nr. 1 gibt dem Jugendrichter die Möglichkeit, den Erziehungsberechtigten bzw. gesetzlichen Vertreter von der Verhandlung auszuschließen, soweit erhebliche erzieherische Nachteile drohen, weil zu befürchten ist, dass durch die Erörterung der persönlichen Verhältnisse des Angeklagten in ihrer Gegenwart eine erforderliche künftige Zusammenarbeit zwischen den genannten Personen und der JGH bei der Umsetzung jugendgerichtlicher Sanktionen in erheblichem Maße erschwert wird. Er soll also einer Erschwerung der Umsetzung der Sanktionen und erzieherischen Maßnahmen, die das Gericht anordnen wird, vorbeugen.[26] Erhebliche erzieherische Nachteile drohen vor allem dann, wenn ein Erziehungsversagen der Eltern im Bericht der JGH angesprochen wird, weshalb diese ggf. eine Durchsetzung der Sanktionen durch Beeinflussung des Jugendlichen zu verhindern suchen.[27] Es muss eine naheliegende und ernsthafte, durch tatsächliche Anhaltspunkte begründete Gefahr dafür bestehen.[28] Bei der Entscheidung über einen Ausschluss muss die Möglichkeit, dass gerade die Ausschließung des Erziehungsberechtigten bzw. gesetzlichen Vertreters Misstrauen beim Angeklagten hervorrufen kann, berücksichtigt werden.[29] Bedenkenswert ist auch, dass klare, an den Erziehungsberechtigten bzw. gesetzlichen Vertreter gerichtete Worte seitens der JGH bzw. des Jugendrichters, wesentlichen Einfluss auf das künftige Verhalten des jugendlichen Angeklagten haben können.[30] Solange der Erziehungsberechtigte bzw. gesetzliche Vertreter nur Verfahrensrechte wahrnimmt oder abweichende erzieherische Vorstellungen zum Ausdruck bringt, kann er jedenfalls nicht von der Hauptverhandlung ausgeschlossen werden.[31]

---

[21] BVerfG 16.1.2003 – 2 BvR 716/01, BVerfGE 107, 104 (104 ff.) = NJW 2003, 2004 (2004 ff.) = DVJJ-Journal 2003, 68 (68 ff.) mAnm *Ostendorf* (76 f.) und *Eisenberg* (77), Bespr. durch *Eisenberg/Zötsch* GA 2003, 226 (226 ff.); *Grunewald* NJW 2003, 1995 (1995 ff.); *Müller/Kraus* JA 2003, 892 (892 ff.); *Walter/Wilms* NStZ 2004, 600 (600 ff.).
[22] BGBl. I 3416; in Kraft getreten am 31.12.2006.
[23] BVerfG 16.1.2003 – 2 BvR 716/01, BVerfGE 107, 104 (117) = NJW 2003, 2004 (2005) = DVJJ-Journal 2003, 68 (71) mAnm *Ostendorf* (76 f.) und *Eisenberg* (77).
[24] BT-Drs. 16/3038, 60; MRTW/*Trüg* Rn. 14.
[25] BT-Drs. 16/3038, 60.
[26] *Ostendorf* Rn. 12.
[27] Diemer/Schatz/Sonnen/*Schatz* Rn. 23; *Ostendorf* Rn. 12.
[28] BT-Drs. 16/3038, 60; LBN/Laubenthal/Nestler Rn. 242; Diemer/Schatz/Sonnen/*Schatz* Rn. 24; MRTW/*Trüg* Rn. 16; vgl. auch Brunner/Dölling § 67 Rn. 14; *Eisenberg* JGG § 67 Rn. 18.
[29] *Eisenberg* JGG Rn. 15; MRTW/*Trüg* Rn. 16.
[30] MRTW/*Trüg* Rn. 16; *Ostendorf* Rn. 12.
[31] BVerfG 16.1.2003 – 2 BvR 716/01, BVerfGE 107, 104 (120 f.) = NJW 2003, 2004 (2006) = DVJJ-Journal 2003, 68 (72) mAnm *Ostendorf* (76 f.) und *Eisenberg* (77); Diemer/Schatz/Sonnen/*Schatz* Rn. 25; MRTW/*Trüg* Rn. 17.

13 Abs. 2 S. 1 Nr. 2 lässt den Ausschluss des Erziehungsberechtigten oder gesetzlichen Vertreters zu, wenn dieser verdächtig ist, an der Verfehlung des Angeklagten beteiligt zu sein (Alt. 1), oder wegen einer solchen Beteiligung verurteilt wurde (Alt. 2). Voraussetzung ist ein konkreter, einfacher Verdacht, wobei es genügt, wenn dieser erst in der Hauptverhandlung entsteht.[32]

14 Abs. 2 S. 1 Nr. 3 ermöglicht den Ausschluss des Erziehungsberechtigten bzw. gesetzlichen Vertreters in solchen Fällen, in denen eine Gefährdung des Lebens, des Leibes oder der Freiheit des Angeklagten, eines Zeugen oder einer anderen Person oder eine sonstige erhebliche Beeinträchtigung des Wohls des Angeklagten zu besorgen ist. Dadurch soll insbes. möglichen Vergeltungsmaßnahmen – bspw. durch Familienangehörige des Angeklagten – gegen Zeugen, andere Personen oder auch den jugendlichen Angeklagten selbst vorgebeugt werden.[33] „Besorgnis" meint dabei eine begründete Möglichkeit bzw. gewisse Wahrscheinlichkeit, die auch allein aufgrund einer Anwendung allg. Erfahrungssätze auf den konkreten Fall hergeleitet werden kann.[34] Die „sonstige erhebliche Beeinträchtigung" ist systematisch als Auffangtatbestand einzuordnen und erfasst vor allem psychische Beeinträchtigungen, die sich noch nicht physisch auswirken.[35]

15 Abs. 2 S. 1 Nr. 4 ist einschlägig, wenn die Befürchtung besteht, dass die Anwesenheit des Erziehungsberechtigten bzw. gesetzlichen Vertreters die Ermittlung der Wahrheit beeinträchtigt. Dadurch soll insbes. vermieden werden, dass auf irgendeinem Wege das Aussageverhalten des jugendlichen Angeklagten beeinflusst wird oder sich dieser aus Angst vor negativen Reaktionen seines Erziehungsberechtigten bzw. gesetzlichen Vertreters in Schweigen hüllt und sich nicht so äußert, wie er gerne würde.[36] Keinesfalls kann ein prozessordnungsgemäßes Verhalten, insbes. die zulässige Wahrnehmung von Verfahrensrechten, einen Ausschluss rechtfertigen.[37] War früher umstr., unter welchen Bedingungen ein Erziehungsberechtigter bzw. gesetzlicher Vertreter, der zugleich als Zeuge in Betracht kommt, von der Verhandlung ausgeschlossen werden kann,[38] so ermöglicht Abs. 2 S. 1 Nr. 4 nun den Ausschluss, soweit im Hinblick auf seine noch ausstehende Zeugenvernehmung zu befürchten ist, dass durch seine Anwesenheit die Ermittlung der Wahrheit beeinträchtigt wird.[39] Bedingung im Hinblick auf Abs. 2 S. 1 Nr. 4 ist jedenfalls, dass eine naheliegende und ernsthafte, durch tatsächliche Anhaltspunkte begründete Gefahr für die Wahrheitsermittlung besteht.[40]

16 Abs. 2 S. 1 Nr. 5 ermöglicht einen Ausschluss, soweit Umstände aus dem persönlichen Lebensbereich eines Verfahrensbeteiligten, Zeugen oder durch eine rechtswidrige Tat Verletzten zur Sprache kommen, deren Erörterung in ihrer Anwesenheit schutzwürdige Interessen verletzen würde, es sei denn, das Interesse der Erziehungsberechtigten und gesetzlichen Vertreter an der Erörterung dieser Umstände in ihrer Gegenwart überwiegt. Die Entscheidung, ob ein Ausschluss statthaft ist, muss im Wege der Abwägung der widerstreitenden Interessen und Grundrechte der Beteiligten erfolgen.[41] In einem Verfahren mit mehreren Angekl. kann Abs. 2 S. 1 Nr. 5 auch Anwendung finden, um Erziehungsberechtigte bzw. gesetzliche Vertreter der Mitangeklagten auszuschließen, während über persönliche Angelegenheiten eines Angeklagten verhandelt wird.[42]

---

[32] Diemer/Schatz/Sonnen/*Schatz* Rn. 26; MRTW/*Trüg* Rn. 18; *Ostendorf* Rn. 12.
[33] MRTW/*Trüg* Rn. 19.
[34] BT-Drs. 16/3038, 62.
[35] MRTW/*Trüg* Rn. 20; s. auch BT-Drs. 16/3038, 61.
[36] BT-Drs. 16/3038, 62; *Brunner/Dölling* Rn. 11; Diemer/Schatz/Sonnen/*Schatz* Rn. 29; MRTW/*Trüg* Rn. 24; *Ostendorf* Rn. 12.
[37] BT-Drs. 16/3038, 62; Diemer/Schatz/Sonnen/*Schatz* Rn. 30; *Eisenberg* JGG Rn. 18; MRTW/*Trüg* Rn. 22; *Ostendorf* Rn. 12.
[38] S. dazu nur BT-Drs. 16/3038, 62 mwN.
[39] BT-Drs. 16/3038, 63.
[40] Wie bei Abs. 2 S. 1 Nr. 1, s. BT-Drs. 16/3038, 60, 63; vgl. LBN/*Laubenthal/Nestler* Rn. 242; Diemer/Schatz/Sonnen/*Schatz* Rn. 24; MRTW/*Trüg* Rn. 16; vgl. auch *Brunner/Dölling* § 67 Rn. 14; *Eisenberg* JGG § 67 Rn. 18.
[41] *Brunner/Dölling* Rn. 12; Diemer/Schatz/Sonnen/*Schatz* Rn. 32.
[42] BT-Drs. 16/3038, 63; *Brunner/Dölling* Rn. 12; Diemer/Schatz/Sonnen/*Schatz* Rn. 33; *Eisenberg* JGG Rn. 19; MRTW/*Trüg* Rn. 27; *Ostendorf* Rn. 12.

3. Weitere Besonderheiten. Abs. 2 S. 2 regelt die Anwendbarkeit der Ausschlussgründe 17
aus Abs. 2 S. 1 Nr. 3–5 für den Erziehungsberechtigten bzw. gesetzlichen Vertreter des
Verletzten. Sie finden allerdings keine Anwendung, wenn der Erziehungsberechtigte bzw.
gesetzliche Vertreter des Verletzten selbst als Nebenkläger gem. § 395 Abs. 2 Nr. 1 StPO
auftritt.[43]

Abs. 2 S. 3 normiert eine Verpflichtung zum Ausschluss von Erziehungsberechtigtem 18
bzw. gesetzlichem Vertreter, wenn die Voraussetzungen von Abs. 2 S. 1 Nr. 5 vorliegen und
der Betroffene einen entspr. Antrag stellt. Ein solcher Ausschluss kommt aber gerade dann
nicht in Betracht, wenn die Interessenabwägung zugunsten des Anwesenheitsrechts des
Erziehungsberechtigten bzw. gesetzlichen Vertreters ausfällt.[44]

Abs. 2 S. 4 ermöglicht dem Betroffenen, auf einen Ausschluss des Erziehungsberechtigten 19
bzw. gesetzlichen Vertreters gem. Abs. 2 S. 1 Nr. 5 und damit auf den Schutz seines Persönlichkeitsrechts zu verzichten.[45] Zu beachten ist allerdings, dass, um einen Ausschluss zu
verhindern, ein Verzicht all derjenigen, deren persönliche Lebensbereiche betroffen sind,
erforderlich ist, sodass ein Ausschluss auch dann geboten ist, wenn nur ein einziger Betroffener nicht verzichtet.[46]

Abs. 3 stellt klar, dass § 177 GVG für den Erziehungsberechtigten bzw. gesetzlichen Vertreter entspr. gilt, da diese nicht in § 177 GVG genannt sind und die Möglichkeit bestehen 20
muss, diese bei erheblichen Störungen aus dem Saal zu entfernen.[47] Umstr. ist, ob § 178
GVG ebenfalls entspr. Anwendung findet.[48] *Ostendorfs* systematisch-genetische Argumentation überzeugt allerdings: Die Gesetzesbegründung spricht allein von einer „Klarstellung"
des Anwendungsbereichs des im Wesentlichen wortgleichen § 177 Abs. 1 S. 1 GVG, und
§ 178 GVG regelt Ordnungsmittel, während sich § 51 Abs. 3 allein auf die Möglichkeiten
eines Ausschlusses aus der laufenden Verhandlung bezieht.[49]

Abs. 5 erklärt den Ausschluss des Erziehungsberechtigten bzw. gesetzlichen Vertreters 21
nach Abs. 2 und 3 auch in solchen Fällen für zulässig, in denen er gem. § 69 zum Beistand
bestellt ist. In diesen Fällen ist aber die Bestellung eines Ersatzbeistands für die Zeit, in
der der Erziehungsberechtigte bzw. gesetzliche Vertreter ausgeschlossen ist, in Betracht zu
ziehen.[50]

IV. Andere Personen

Abs. 2 regelt den Ausschluss von Personen mit elterlicher Verantwortung, denen Art. 6 22
Abs. 2 S. 1 GG eine besondere Rechtsstellung gewährt, weshalb ein Ausschluss von Personen, die diese Verantwortung nicht haben, erst recht möglich ist, wenn die Voraussetzungen
vorliegen.[51] Für Personen, denen gem. § 48 Abs. 2 S. 1 und 2 ein gesetzliches Anwesenheitsrecht zusteht, finden Abs. 2–4 daher entsprechende Anwendung.[52]

Das Anwesenheitsrecht von Personen, die über § 48 Abs. 2 S. 3 ausdrücklich vom Vorsitzenden zugelassen wurden, kann jederzeit widerrufen werden.[53] 23

---

[43] Diemer/Schatz/Sonnen/*Schatz* Rn. 35; *Ostendorf* Rn. 14.
[44] BT-Drs. 16/3038, 63 f.; *Ostendorf* Rn. 12.
[45] BT-Drs. 16/3038, 64; MRTW/*Trüg* Rn. 31; *Ostendorf* Rn. 12.
[46] BT-Drs. 16/3038, 64.
[47] BT-Drs. 16/3038, 64; OLG Dresden 14.9.2009 – 2 Ws 410/09, NStZ 2010, 472 (472); Diemer/Schatz/Sonnen/*Schatz* Rn. 36.
[48] So jedenfalls *Ostendorf* Rn. 4 Fn. 2; aA MRTW/*Trüg* Rn. 32; offen gelassen in OLG Dresden 14.9.2009 – 2 Ws 410/09, NStZ 2010, 472 (472).
[49] *Ostendorf* Rn. 4 Fn. 2 mit Verweis auf BT-Drs. 16/3038, 64.
[50] BT-Drs. 16/3038, 64; Diemer/Schatz/Sonnen/*Schatz* Rn. 38; *Eisenberg* JGG Rn. 25; MRTW/*Trüg* Rn. 36.
[51] Diemer/Schatz/Sonnen/*Schatz* Rn. 18.
[52] *Streng* Rn. 226; Brunner/Dölling Rn. 17; Diemer/Schatz/Sonnen/*Schatz* Rn. 19; *Eisenberg* JGG Rn. 21; MRTW/*Trüg* Rn. 37; *Ostendorf* Rn. 10.
[53] *Streng* Rn. 226; Brunner/Dölling § 48 Rn. 21; Dallinger/Lackner § 48 Rn. 22; Diemer/Schatz/Sonnen/*Schatz* Rn. 19; *Eisenberg* JGG § 48 Rn. 18, § 51 Rn. 26; *Ostendorf* Rn. 10.

24 Niemals dürfen StA, Verteidiger oder JGH von der Hauptverhandlung ausgeschlossen werden – eine analoge Anwendung von Abs. 2 und 3 scheidet für sie aus.[54]

V. Verfahren

25 Zuständig für die Entscheidung über einen Ausschluss nach § 51 ist der Jugendrichter; es ergeht – anders als bspw. bei § 247 StPO – kein Beschluss des Gerichts.[55] Dabei dürfen Prozessbeteiligte jederzeit den Ausschluss von Personen nach Abs. 1, 2 oder 3 anregen; bevor eine Person ausgeschlossen wird, sind alle Prozessbeteiligten, insbes. der Auszuschließende, zu hören.[56] Mit dem Ziel einer Entscheidung des Gerichts über die AnO des Vorsitzenden kann diese gem. § 238 Abs. 2 StPO als unzulässig beanstandet werden.[57] Die AnO eines Ausschlusses bedarf einer Begr. und ist samt dieser in der Sitzungsniederschrift festzuhalten.[58]

26 Für Fälle des Abs. 2 sieht Abs. 4 S. 1 vor, dass vor einem Ausschluss zunächst auf ein „einvernehmliches Verlassen des Sitzungssaales hinzuwirken" ist. Erst dann, wenn das Einvernehmen nicht hergestellt werden kann, kommt als letztes Mittel ein Ausschluss des Erziehungsberechtigten bzw. des gesetzlichen Vertreters in Betracht.[59]

27 Besonders zu beachten ist das zwingende Erfordernis der nachträglichen Unterrichtung sowohl des Angeklagten (Abs. 1 S. 2) als auch des Erziehungsberechtigten bzw. gesetzlichen Vertreters (Abs. 4 S. 2), wobei sich der Umfang der Pflicht zur Unterrichtung schon dem Wortlaut nach unterscheidet.

28 Der Angeklagte ist gem. Abs. 1 S. 2 von dem, was in seiner Abwesenheit verhandelt worden ist, zu unterrichten, soweit es für seine Verteidigung erforderlich ist. Die Unterrichtung soll das Recht des Angeklagten auf rechtliches Gehör aus Art. 103 Abs. 1 GG gewährleisten.[60] Er ist dementsprechend vor allem über ihn belastende, aber auch über solche Tatsachen, die ihn entlasten, zu unterrichten.[61] Die Unterrichtung muss unmittelbar nach Ende der Ausschließung und noch vor weiteren Verfahrenshandlungen[62] erfolgen und im Protokoll dokumentiert werden.[63]

29 Die Unterrichtung des Erziehungsberechtigten bzw. gesetzlichen Vertreters gem. Abs. 4 S. 2 über den wesentlichen Inhalt des während ihrer Abwesenheit Verhandelten soll ermöglichen, (Verteidigungs-)Rechte effektiv wahrzunehmen.[64] Dabei muss die Information aber in geeigneter Weise erfolgen, darf der vorherige Ausschluss also nicht im Nachhinein konterkariert werden.[65] Sollte eine nachträgliche Unterrichtung nicht ausreichen, um einen adäquaten Ausgleich herzustellen, muss gem. § 68 Nr. 3 ein Pflichtverteidiger bestellt werden.[66]

VI. Rechtsmittel

30 Ein Ausschluss des Angeklagten ohne Vorliegen der Voraussetzungen des Abs. 1 S. 1 begründet den absoluten Revisionsgrund aus § 338 Nr. 5 StPO.[67] Ein vorheriges Herbeiführen eines

---

[54] *Brunner/Dölling* Rn. 18; *Eisenberg* JGG Rn. 22; *MRTW/Trüg* Rn. 38; *Ostendorf* Rn. 10.
[55] *MRTW/Trüg* Rn. 41; *Ostendorf* Rn. 8.
[56] *MRTW/Trüg* Rn. 40 f.; *Ostendorf* Rn. 8.
[57] *Streng* Rn. 221; *Brunner/Dölling* Rn. 4; *Eisenberg* JGG Rn. 11; *MRTW/Trüg* Rn. 41.
[58] *Brunner/Dölling* Rn. 3; *Eisenberg* JGG Rn. 11; *MRTW/Trüg* Rn. 41; *Ostendorf* Rn. 7.
[59] BT-Drs. 16/3038, 64; für den Ausnahmefall halten das *Eisenberg/Zötsch* GA 2003, 226 (231); Diemer/Schatz/Sonnen/*Schatz* Rn. 6.
[60] *Brunner/Dölling* Rn. 5; *Eisenberg* JGG Rn. 12; *MRTW/Trüg* Rn. 13.
[61] *Brunner/Dölling* Rn. 5; *Eisenberg* JGG Rn. 12; *MRTW/Trüg* Rn. 13; *Ostendorf* Rn. 7.
[62] Vgl. zu § 247 StPO BGH 9.1.1953 – 1 StR 620/52, BGHSt 3, 384 (386) = NJW 1953, 515 (516); *Brunner/Dölling* Rn. 5; Diemer/Schatz/Sonnen/*Schatz* Rn. 43; *MRTW/Trüg* Rn. 13; *Ostendorf* Rn. 7.
[63] Vgl. zu § 247 StPO BGH 2.10.1951 – 1 StR 434/51, BGHSt 1, 346 (350) = NJW 1952, 192 (193); *Brunner/Dölling* Rn. 5; *MRTW/Trüg* Rn. 13; *Ostendorf* Rn. 7.
[64] BT-Drs. 16/3038, 64; *Brunner/Dölling* Rn. 16; Diemer/Schatz/Sonnen/*Schatz* Rn. 44; *Eisenberg* JGG Rn. 24.
[65] BT-Drs. 16/3038, 64; Diemer/Schatz/Sonnen/*Schatz* Rn. 44; *MRTW/Trüg* Rn. 34.
[66] *MRTW/Trüg* Rn. 35; *Ostendorf* Rn. 13.
[67] *Eisenberg* JGG Rn. 27.

Gerichtsbeschlusses gem. § 238 Abs. 2 StPO ist wegen der hohen Bedeutung der Anwesenheit des Angeklagten nicht erforderlich.[68] Schon dann, wenn keine Begr. für den Ausschluss in der Niederschrift vermerkt ist, liegt der Revisionsgrund aus § 338 Nr. 5 StPO vor.[69]

Ein Verstoß gegen das Gebot aus Abs. 1 S. 2 (bzw. Abs. 4 S. 2), den ausgeschlossenen Jugendlichen (bzw. den Erziehungsberechtigten bzw. gesetzlichen Vertreter) unmittelbar nach seiner Rückkehr in die Verhandlung – noch vor dem nächsten Verhandlungsschritt – über die für die Verteidigung relevanten be- und entlastenden Umstände (bzw. den wesentlichen Inhalt des Verhandelten) zu informieren, stellt einen Revisionsgrund nach § 338 Nr. 8 StPO dar.[70] Die Herbeiführung eines Gerichtsbeschlusses nach § 238 Abs. 2 StPO muss aufgrund der Unabdingbarkeit der Unterrichtung nach richtiger Ansicht nicht erfolgen;[71] gleichwohl empfiehlt es sich für die Praxis eine solche Entscheidung sicherheitshalber herbeizuführen.[72] Unabhängig von der Herbeiführung eines Gerichtsbeschlusses nach § 238 Abs. 2 StPO ist eine Verfahrensrüge nach § 337 StPO im Hinblick auf eine unterlassene oder unvollständige Unterrichtung.[73] 31

Bei (Nicht-)Ausschluss des Erziehungsberechtigten bzw. des gesetzlichen Vertreters kann ein relativer Revisionsgrund nach § 337 StPO vorliegen, wenn das Urteil auf dem Verstoß gegen Abs. 2 beruhen kann.[74] 32

§ 52 Berücksichtigung von Untersuchungshaft bei Jugendarrest

Wird auf Jugendarrest erkannt und ist dessen Zweck durch Untersuchungshaft oder eine andere wegen der Tat erlittene Freiheitsentziehung ganz oder teilweise erreicht, so kann der Richter im Urteil außprechen, daß oder wieweit der Jugendarrest nicht vollstreckt wird.

Schrifttum: *Dünkel,* Reformen des Jugendkriminalrechts als Aufgabe rationaler Kriminalpolitik, RdJB 2014, 294; *Eisenberg,* Anmerkung zu OLG Hamburg, JR 1983, 172; *Flöhr,* Die Anrechnung der Untersuchungshaft auf Jugendarrest und Jugendstrafe, 1995; *Kühndahl-Hensel,* Der individualpräventive Schock im Jugendkriminalrecht, 2014; *Nothacker,* Erziehungsvorrang und Gesetzesauslegung im JGG, 1985; *Walter,* Anmerkung zu OLG Hamburg, NStZ 1983, 367.

Übersicht

	Rn.		Rn.
I. Zweck der Norm	1	1. Jugendarrest	6
II. Anwendungsbereich	2–5	2. Freiheitsentzug	7
1. Persönlicher Anwendungsbereich	2	3. Tatbezug	8
2. Sachlicher Anwendungsbereich	3–5	4. Zweckerreichung	9
		5. Rechtsfolge	10, 11
III. Voraussetzungen	6–11	IV. Rechtsbehelfe	12

I. Zweck der Norm

Der Hauptgedanke von § 52 wird überwiegend im Erziehungsziel des Jugendarrestes erblickt, nach dem ein tatbezogener Ordnungsruf mit Besinnungs- und Schockwirkung im 1

---

[68] Vgl. zu § 247 StPO BGH 9.1.1953 – 1 StR 628/52, BGHSt 3, 368 (370) = NJW 1953, 673 (674); *Brunner/Dölling* Rn. 4; *Dallinger/Lackner* Rn. 12; *Eisenberg* JGG Rn. 27; *MRTW/Trüg* Rn. 42; *Ostendorf* Rn. 15; aA *Diemer/Schatz/Sonnen/Schatz* Rn. 47.
[69] Vgl. zu § 247 StPO BGH 28.9.1960 – 2 StR 429/60, BGHSt 15, 194 (196) = NJW 1961, 132 (132); *Diemer/Schatz/Sonnen/Schatz* Rn. 47; *Eisenberg* JGG Rn. 27; *MRTW/Trüg* Rn. 42; *Ostendorf* Rn. 15.
[70] *Streng* Rn. 221; *Brunner/Dölling* Rn. 5; *Diemer/Schatz/Sonnen/Schatz* Rn. 48; *Eisenberg* JGG Rn. 28.
[71] (Teilw. zu § 247 StPO:) BGH 31.3.1992 – 1 StR 7/92, BGHSt 38, 260 (261) = NJW 1992, 2241 (2242); *Brunner/Dölling* Rn. 5; *Dallinger/Lackner* Rn. 15; *Diemer/Schatz/Sonnen/Schatz* Rn. 48; *Eisenberg* JGG Rn. 28; *Meyer-Goßner/Schmitt/Meyer-Goßner* StPO § 247 Rn. 22; aA BGH 15.3.2000 – 1 StR 45/00, NStZ-RR 2001, 129 (133); 26.4.2006 – 5 StR 118/06, NStZ-RR 2008, 65 (66); *Ostendorf* Rn. 16.
[72] *Diemer/Schatz/Sonnen/Schatz* Rn. 48; *MRTW/Trüg* Rn. 43.
[73] *MRTW/Trüg* Rn. 43.
[74] *Eisenberg* JGG Rn. 28.

Vordergrund steht, bzw. darin, dass Freiheitsentzug eben in aller Regel mit einer solchen Schockwirkung einhergeht.[1] Da der Jugendarrest allerdings heutzutage oftmals bei erheblich Gefährdeten Anwendung findet, kann diese Wirkung teils nur schwer erreicht werden,[2] außerdem haben Arrest und UHaft grds. völlig verschiedene Zielsetzungen.[3] Grundidee ist aber eben, dass – wenn das Erziehungsziel bereits durch UHaft oder eine andere wegen der Tat erlittene Freiheitsentziehung ganz oder teilweise erreicht wurde – dies bei der AnO von Jugendarrest Berücksichtigung finden muss.[4] Dies ist innerhalb der gerichtlichen Einzelfallprüfung zu analysieren.

II. Anwendungsbereich

2   **1. Persönlicher Anwendungsbereich.** Gem. § 104 Abs. 1 Nr. 5 gilt § 52 auch in Verfahren gegen Jugendliche vor den für allg. Strafsachen zuständigen Gerichten. In Verfahren gegen Heranwachsende gilt § 52, sofern materielles Jugendstrafrecht angewandt wird (§§ 109 Abs. 2 S. 1, 112 S. 1, 2; s. auch RL zu §§ 52, 52a Nr. 2), sowohl vor den JugG als auch vor den für allg. Strafsachen zuständigen Gerichten.

3   **2. Sachlicher Anwendungsbereich.** Unstr. gilt § 52 für die Tatgerichte (erste Instanz und Berufungsverfahren). Ob die Vorschrift auch für die Revisionsgerichte gilt, ist dagegen umstr. Sofern eine Orientierung am Erziehungszweck und am Beurteilungsspielraum durch das Tatgericht erfolgt ist, wäre die Anwendung abzulehnen.[5] Das Revisionsgericht dürfte nach dieser Ansicht keine „ersatzweise" Entscheidung treffen.[6] Teilw. wird allerdings davon ausgegangen, dass das Revisionsgericht § 52 selbstständig anwenden kann, sofern gegen die gerichtliche Festsetzung der Strafzeit gem. § 458 Abs. 1 StPO sofortige Beschwerde (vgl. § 462 StPO) eingelegt wurde.[7]

4   Nach Eintritt der Rechtskraft gilt gem. § 82 Abs. 2 § 450 StPO sinngemäß, sodass mit Eintritt der relativen Rechtskraft die unverkürzte Anrechnung der UHaft oder der sonstigen Freiheitsentziehung angeordnet wird, die der Angeklagte erlitten hat, seit er auf die Einlegung des Rechtsmittels verzichtet oder das eingelegte Rechtsmittel zurückgenommen hat. Die über § 52 vorzunehmende Prüfung der Zweckerreichung findet hier eben nicht mehr statt, sodass die iSd § 450 StPO erlittene Freiheitsentziehung vollständig angerechnet wird.[8] Eine Anrechnung findet auch dann statt, wenn nur der Erziehungsberechtigte bzw. gesetzliche Vertreter das Urteil angefochten hat.[9] Übernimmt der Angeklagte, der selbst als Minderjähriger verzichtet hat, allerdings das vom gesetzlichen Vertreter eingelegte Rechtsmittel später, dann ist nur die Zeit anzurechnen, die zwischen seinem erklärten Verzicht und dem Wirksamwerden der Übernahme mit Volljährigkeit liegt.[10]

5   Gesetzlich nicht ausdrücklich geregelt ist hingegen der Zeitraum zwischen letztem Tatsachenurteil und Eintritt der relativen Rechtskraft, sodass die Frage offen bleibt, ob für diesen

---

[1] BGH 9.1.1963 – 4 StR 443/62, BGHSt 18, 207 (209) = NJW 1963, 770 (771); *Dallinger/Lackner* § 16 Rn. 1 ff.; *Diemer/Schatz/Sonnen/Schatz* Rn. 6; vgl. *Eisenberg* JGG Rn. 7; *MRTW/Blessing/Weik* Rn. 6; krit. *Walter* NStZ 1983, 367; zur Intention des Arrests in neuster Zeit *Gernbeck,* Soziales Training im (Warnschuss-)Arrest 2017.

[2] *Schaffstein/Beulke/Swoboda* Rn. 411; vereinzelt wird auf die im Rechtsstaatsgedanken enthaltene Idee der Gerechtigkeit abgestellt, vgl. *Brunner/Dölling,* §§ 52, 52a Rn. 1; *Ostendorf* Grdl. z. §§ 52 und 52a Rn. 4; zu § 52a vgl. BVerfG 4.7.1999 – 2 BvR 1368/98, StV 1999, 663 = NStZ 1999, 570.

[3] *Eisenberg* JGG Rn. 7.

[4] OLG Hamburg 31.8.1982 – 2 Ss 63/82, JR 1983, 170 (171); *Diemer/Schatz/Sonnen/Schatz* Rn. 6; *Schaffstein/Beulke/Swoboda* Rn. 851; krit. *Eisenberg* JGG Rn. 7.

[5] *Brunner/Dölling* §§ 52, 52a Rn. 5 f.; *Diemer/Schatz/Sonnen/Schatz* Rn. 2; zumindest nicht ausgeschlossen *Dallinger/Lackner* Rn. 1; s. dagegen die Möglichkeit der Einlegung der sofortigen Beschwerde gegen die gerichtliche Strafzeitfestsetzung bei *Flöhr* S. 113; *Ostendorf* Rn. 2.

[6] *Diemer/Schatz/Sonnen/Schatz* Rn. 3.

[7] *Flöhr* S. 113; *Ostendorf* Rn. 2.

[8] *Diemer/Schatz/Sonnen/Schatz* Rn. 3.

[9] *Brunner/Dölling* §§ 52, 52a Rn. 7; *Dallinger/Lackner* Rn. 29; *Eisenberg* JGG Rn. 5.

[10] Wie hier *Eisenberg* JGG Rn. 5 mwN.

Zeitraum ebenfalls eine Anrechnung zu erfolgen hat.[11] Da eine Gesetzeslücke besteht, wird eine analoge Anwendung d. § 52 vorgeschlagen.[12] Teilw. wird § 450 StPO (iVm § 87 Abs. 2) sinngemäß angewendet, sodass eine erneute gerichtliche Prüfung nicht nötig ist,[13] teilw. aber eine entspr. Anwendung des § 52 iVm § 458 StPO vertreten.[14] Einigkeit besteht zumindest weitgehend im Erg., dass auch in diesem Fall eine Anrechnung stattfinden soll,[15] zwingend nach dem gesetzgeber. Willen aber nur im Fall von § 450 StPO.[16]

III. Voraussetzungen

1. Jugendarrest. Erste Voraussetzung für die Anwendung des § 52 ist zunächst die AnO von Jugendarrest gem. § 16, in jeglicher Form (Freizeit-, Kurz- oder Dauerarrest). Auch der Jugendarrest neben Jugendstrafe (§ 16a) ist erfasst, sodass grds. auch auf den sog. Warnschussarrest angerechnet werden könnte; praktisch werden sich jedoch die Voraussetzungen für dessen AnO und ein Absehen v. der Vollstreckung nach § 52 eben gerade ausschließen (vgl. die Wertung des § 16a Abs. 2[17]). **6**

2. Freiheitsentzug. Weitere Voraussetzung ist, dass der Jugendliche UHaft (§ 72, §§ 112 ff. StPO) oder eine sonstige Freiheitsentziehung erlitten hat. Die Überschrift von § 52 ist insoweit unvollständig, als eben auch andere Formen der Freiheitsentziehung angerechnet werden können (vgl. § 39 Abs. 1, 3 StVollstrO). Eine andere wegen der Tat erlittene Freiheitsentziehung liegt vor, wenn es sich um eine haftgleiche Freiheitsentziehung und nicht lediglich um eine Freiheitsbeschränkung handelt.[18] Als andere Freiheitsentziehungen, die hoheitlich angeordnete Maßnahmen darstellen müssen, gelten insbes.: die einstweilige Unterbringung in einem Heim der Jugendhilfe (§ 71 Abs. 2; § 72 Abs. 4 iVm § 71 Abs. 2),[19] die Unterbringung zur Beobachtung (§ 73 Abs. 1, § 81 StPO),[20] die einstweilige Unterbringung gem. § 126a StPO,[21] die Unterbringung nach Landesrecht,[22] die vorläufige Festnahme (§ 127 Abs. 1[23] und Abs. 2 StPO, § 19 IRG), die Vorführungshaft (§ 230 Abs. 2 StPO),[24] die Auslieferungshaft (§§ 15, 16 IRG),[25] die Durchlieferungshaft (§ 45 Abs. 2 IRG),[26] die **7**

---

[11] Hierzu OLG München 27.7.1971 – 1 Ws 372/71, NJW 1971, 2275; *Flöhr* S. 114; *Brunner/Dölling* §§ 52, 52a Rn. 6; Diemer/Schatz/Sonnen/*Schatz* Rn. 4; *Eisenberg* JGG Rn. 3 f.; *Ostendorf* Rn. 3.
[12] Vgl. z.B. *Brunner/Dölling* Rn. 6.
[13] Dallinger/Lackner Rn. 9; Diemer/Schatz/Sonnen/*Schatz* Rn. 4; aA *Ostendorf* Rn. 3 unter Hinweis auf den ausdrücklichen Wortlaut.
[14] Vgl. *Ostendorf* Rn. 3; *Eisenberg* JGG Rn. 4; OLG Frankfurt a. M. 20.1.1970 – 3 Ws 3/70, NJW 1970, 1140; OLG München NJW 16.3.1970 – Ws 162/70, 1970, 1141 [Ls.] für das allg. StVR; OLG München 27.7.1971 – 1 Ws 372/71, NJW 1971, 2275 für die Anrechenbarkeit auf Jugendstrafe.
[15] OLG München 27.7.1971 – 1 Ws 372/71, NJW 1971, 2275; *Brunner/Dölling* §§ 52, 52a Rn. 6; *Eisenberg* JGG Rn. 3 f.; *Flöhr* S. 114; *Ostendorf* Rn. 3.
[16] Hierzu s. *Ostendorf* Rn. 3.
[17] Zum Warnschussarrest grundlegend *Gernbeck*, Soziales Training im (Warnschuss-)Arrest, 2017.
[18] Vgl. BGH 25.11.1997 – 1 StR 465/97, StV 1999, 79 = NJW 1998, 767; zum Unterschied zwischen Freiheitsentziehung und Freiheitsbeschränkung vgl. statt vieler Dreier/*Schulze-Fielitz* GG Art. 2 Rn. 101 ff.; hierzu auch BVerfG 8.3.2011 – 1 BvR 47/05, NStZ 2011, 529 (530).
[19] BGH 26.7.2005 – 4 StR 22/05, StV 2007, 5 = NStZ 2007, 43; Zweifel bei OLG Brandenburg 12.3.2003 – 1 Ws 29/03, NStZ-RR 2003, 344, weil der Vollzug in weitgehend offenen Einrichtungen keine der UHaft vergleichbare andere Freiheitsentziehung darstelle.
[20] BGH 17.9.1953 – 4 StR 791/53, BGHSt 4, 325 (326); s. zu §§ 71 Abs. 2, 72 Abs. 4 und 73 auch RL zu §§ 52, 52a Nr. 1.
[21] OLG Düsseldorf 20.1.1984 – 2 Ws 21/84, MDR 1984, 603. Nicht entscheidend ist, dass die Freiheitsentziehung konkret mit Zwangsmitteln durchgesetzt wurde, vgl. BVerfG 4.7.1999 – 2 BvR 1368/98, NStZ 1999, 570; BGH 7.11.2013 – 5 StR 487/13, StV 2014, 749 = NStZ-RR 2014, 59; KG 26.2.2013 – 4 Ws 29/13, NStZ-RR 2013, 291.
[22] OLG Düsseldorf 9.8.1989 – 1 Ws 740/89, MDR 1990, 172 (173).
[23] Ob die Freiheitsentziehung aufgrund einer vorläufigen Festnahme durch eine Privatperson (§ 127 Abs. 1 StPO) berücksichtigungsfähig ist, ist umstr. (vgl. Lackner/Kühl/*Heger* StGB § 51 Rn. 1; aA wohl *Baumgärtner* MDR 1970, 190).
[24] Anders Diemer/Schatz/Sonnen/*Schatz* Rn. 9.
[25] *Flöhr* S. 71.
[26] Diemer/Schatz/Sonnen/*Schatz* Rn. 8.

Abschiebungshaft (§ 62 AufenthG),[27] der Sicherheitsarrest (§ 918 ZPO)[28] und die ausländische Freiheitsentziehung (§ 51 Abs. 3 StGB).

8 **3. Tatbezug.** An sich muss der Freiheitsentzug wegen der Tat erlitten sein, auf die sich die Urteilsfindung richtet.[29] Allerdings ist es doch nicht so streng, sondern zwischen der Tat, die der Verurteilung zu Jugendarrest zugrunde liegt, und der UHaft oder sonstigen Freiheitsentziehungen muss eben „nur" ein sog. Tatbezug bzw. Sachzusammenhang bestehen.[30] Die Voraussetzungen des Tatbezugs werden sehr weit ausgelegt. Nach der Rspr. des BVerfG zu § 51 Abs. 1 S. 1 StGB ist UHaft, soweit sie überhaupt in einem Zusammenhang mit einer verhängten Strafe steht, umfassend anzurechnen,[31] bzw. mit Blick auf das Freiheitsgrundrecht (Art. 2 Abs. 2 GG) eine hiernach verfahrensfremde U-Haft jedenfalls dann anzurechnen, wenn die Strafe, auf die anzurechnen ist, gesamtstrafenfähig wäre.[32] Unter Berücksichtigung des Erziehungszweckes sowie des Prinzips, dass Jugendliche in vergleichbaren Verfahrenssituationen gegenüber Erwachsenen nicht benachteiligt werden dürfen, ist für die Anrechnung maßgeblich, ob zwischen den in Rede stehenden Verfahren eine „funktionale Verfahrenseinheit",[33] dh ein „irgendwie gearteter sachlicher Bezug"[34] gegeben ist.[35] Ein Sachzusammenhang wird bspw. auch angenommen, wenn mehrere Taten einheitlich sanktioniert werden (§ 31 Abs. 1, Abs. 2) und lediglich wegen einer dieser Taten ein Freiheitsentzug vorlag.[36] Eine Anrechenbarkeit wird darüber hinaus bejaht, wenn die Freiheitsentziehung wegen einer anderen Tat, die zur hiesigen Tat in entspr. Zusammenhang steht, bereits zum Zeitpunkt der Begehung dieser Tat beendet war.[37]

9 **4. Zweckerreichung.** Für ein Absehen v. der Vollstreckung muss als weitere Voraussetzung der Zweck des Jugendarrests bereits durch UHaft oder eine andere wegen der Tat erlittene Freiheitsentziehung ganz oder teilw. erreicht worden sein. Im Kern geht es hierbei um die Schockwirkung, die aber regelmäßig anzunehmen sein wird.[38] Innerhalb der gerichtlichen Einzelfallprüfung müssen die Persönlichkeit des Angeklagten, seine Biografie sowie Art und Dauer des infrage stehenden Freiheitsentzugs berücksichtigt werden.[39] Diese Voraussetzungen sind positiv festzustellen.

10 **5. Rechtsfolge.** Sofern die Zweckerreichung positiv festgestellt wird, ist die Nichtvollstreckung des Jugendarrestes ausdrücklich im Tenor auszusprechen (→ § 54 Rn. 13). Dabei erfolgt die Verhängung des Jugendarrests zunächst ohne Rücksicht auf die erlittene Freiheitsentziehung; erst im Anschluss erfolgt die Entscheidung, ob der Jugendarrest zu vollstrecken ist oder ob hiervon abgesehen werden kann.[40] Unter Berücksichtigung

---

[27] OLG Hamm 8.9.1976 – 2 Ws 245/76, NJW 1977, 1019; MRTW/*Blessing/Weik* Rn. 4.
[28] KG 23.6.2005 – 5 Ws 296/05, NStZ-RR 2005, 388.
[29] Vgl. nur *Eisenberg* JGG Rn. 9.
[30] *Brunner/Dölling* §§ 52, 52a Rn. 2; Diemer/Schatz/Sonnen/*Schatz* Rn. 10; *Eisenberg* JGG Rn. 9; MRTW/*Blessing/Weik* Rn. 5; s. zu § 52a BVerfG 15.12.1999 – 2 BvR 1447/99, StV 2000, 252 (253) = NStZ 2000, 277 (278).
[31] BVerfG 15.5.1999 – 2 BvR 116–99, StV 1999, 546 = NStZ 1999, 477; s. auch MRTW/*Blessing/Weik* Rn. 5; vgl. BGH 3.5.1978 – 3 StR 143/78, BGHSt 28, 29 = NJW 1978, 1636.
[32] BVerfG 25.4.2001 – 2 BvQ 15/01, NStZ 2001, 501.
[33] *Eisenberg* JGG Rn. 9; Diemer/Schatz/Sonnen/*Schatz* Rn. 10; MRTW/*Blessing/Weik* Rn. 5.
[34] *Eisenberg* JGG Rn. 9; MRTW/*Blessing/Weik* Rn. 5.
[35] Vgl. BVerfG 15.12.1999 – 2 BvR 1447/99, StV 2000, 252 (253 f.) = NStZ 2000, 277 (278).
[36] *Eisenberg* JGG Rn. 9a; MRTW/*Blessing/Weik* Rn. 5; *Ostendorf* Rn. 7; vgl. BVerfG 15.12.1999 – 2 BvR 1447/99, StV 2000, 252 (253) = NStZ 2000, 277 (278).
[37] *Ostendorf* Rn. 7; Diemer/Schatz/Sonnen/*Schatz* Rn. 12; *Eisenberg* JGG Rn. 9; LG Offenburg 27.4.2003 – 8 Qs 2/03, NStZ-RR 2003, 352 (353); BGH 3.5.1978 – 3 StR 143/78 (2), BGHSt 28, 29 = NJW 1978, 1636, mAnm Sonnen JA 1979, 52 und Tröndle JR 1979, 73; OLG Schleswig 3.5.1977 – 1 Ws 71/77, NJW 1978, 115, jeweils zu § 51 StGB.
[38] Ebenso *Eisenberg* JGG Rn. 10.
[39] Diemer/Schatz/Sonnen/*Schatz* Rn. 13.
[40] OLG Hamburg 31.8.1982 – 2 Ss 63/82, NStZ 1983, 78; *Brunner/Dölling* §§ 52, 52a Rn. 3; *Ostendorf* Rn. 10.

des Wortlauts („erlittene") und vor dem Hintergrund, dass die Zweckerreichung auf den Ist-Zustand abstellt, kann v. Tatgericht lediglich eine bereits erlittene Freiheitsentziehung angerechnet werden.[41]

Angelehnt an den Grundgedanken v. § 51 StGB wird der Jugendarrest nicht voll- **11** streckt, *soweit* eine Freiheitsentziehung erlitten wurde.[42] § 52 greift auch dann, wenn die Freiheitsentziehung kürzer war als der verhängte Jugendarrest;[43] allerdings kann v. der Anrechung dann – bei Vorliegen entspr. Gründe – auch abgesehen werden.[44] Übersteigt die Dauer des Freiheitsentzugs den zeitlichen Umfang des Jugendarrestes, kann nicht mehr angerechnet werden als verhängt wurde[45] – es bleibt dann bei der Zusatzbelastung des Verurteilten.

IV. Rechtsbehelfe

Die hM verneint bei einem Urteil wegen der Entscheidung über die Berücksichtigung **12** eines bereits erlittenen Freiheitsentzugs die Anfechtbarkeit, da insofern die Frage der Nichtvollstreckung des Jugendarrestes einer Überprüfung gem. § 55 Abs. 1 entzogen sei.[46] Anerkannt ist jedoch, dass, sofern der Einwand geltend gemacht wird, die AnO sei gesetzeswidrig, Rechtsmittel grds. zulässig sind.[47]

§ 52a Anrechnung von Untersuchungshaft bei Jugendstrafe

(1) ¹Hat der Angeklagte aus Anlaß einer Tat, die Gegenstand des Verfahrens ist oder gewesen ist, Untersuchungshaft oder eine andere Freiheitsentziehung erlitten, so wird sie auf die Jugendstrafe angerechnet. ²Der Richter kann jedoch anordnen, daß die Anrechnung ganz oder zum Teil unterbleibt, wenn sie im Hinblick auf das Verhalten des Angeklagten nach der Tat oder aus erzieherischen Gründen nicht gerechtfertigt ist. ³Erzieherische Gründe liegen namentlich vor, wenn bei Anrechnung der Freiheitsentziehung die noch erforderliche erzieherische Einwirkung auf den Angeklagten nicht gewährleistet ist.

(2) (aufgehoben)

Schrifttum: *Dencker*, Die Anrechnung der Untersuchungshaft, MDR 1971, 629; *Dreher*, Zweifelsfragen zur Anrechnung der Untersuchungshaft nach der Neufassung des § 60 StGB, MDR 1970, 965; *Flöhr*, Die Anrechnung der Untersuchungshaft auf Jugendarrest und Jugendstrafe, 1995; *Lagodny*, Die Anrechnung ausländischer Haft nach § 51 Abs. 4 S. 2 StGB im Lichte der EMRK, NK 2014, 211; *Zirbeck*, Die U-Haft bei Jugendlichen und Heranwachsenden, 1973.

Übersicht

	Rn.		Rn.
I. Normzweck	1	III. Voraussetzungen	5–9
II. Anwendungsbereich	2–4	IV. Keine ausnahmsweise Versagung	10–12
1. Persönlicher Anwendungsbereich	2		
2. Sachlicher Anwendungsbereich	3, 4	V. Rechtsbehelfe	13

---

[41] Diemer/Schatz/Sonnen/*Schatz* Rn. 2; aA offenbar *Ostendorf* Rn. 2 „Zeit bis zur Rechtskraft des Urteils".
[42] *Eisenberg* JGG Rn. 11; relativierend Diemer/Schatz/Sonnen/*Schatz* Rn. 16.
[43] OLG Hamburg 31.8.1982 – 2 Ss 63/82, NStZ 1983, 78; *Brunner/Dölling* §§ 52, 52a Rn. 10; Diemer/Schatz/Sonnen/*Schatz* Rn. 16; *Ostendorf* Rn. 11; *Schaffstein/Beulke/Swoboda* Rn. 851.
[44] Vgl. *Eisenberg* JGG Rn. 11.
[45] Vgl. BGH 13.2.1974 – 2 StR 622/73, zit. nach *Dallinger* MDR 1974, 544 zu § 60 StGB.
[46] OLG Hamburg 31.8.1982 – 2 Ss 63/82, NStZ 1983, 78; LG Tübingen 26.8.1960 – NS 61/60, MDR 1961, 170; *Brunner/Dölling* §§ 52, 52a Rn. 11; aA *Nothacker* S. 326; *Eisenberg* JGG Rn. 13.
[47] *Dallinger/Lackner* Rn. 18; Diemer/Schatz/Sonnen/*Schatz* Rn. 18; MRTW/*Blessing/Weik* Rn. 8; s. hierzu BGH 9.12.1952 – 1 StR 518/52, BGHSt 3, 327 (330) = NJW 1953, 232 (233).

I. Normzweck

1 Das BVerfG erblickt im § 52a vor allem die im Rechtsstaatsgedanken enthaltene Idee der Gerechtigkeit.[1] Dabei begrenzt das Gesetz die Dauer der Jugendstrafe auf das Maß, das unter dem Vorrang des Erziehungsgedankens im Jugendstrafrecht unbedingt geboten ist, sodass überzogene Sanktionen verhindert werden.[2] § 52a Abs. 1 S. 1 verdeutlicht, dass die Anrechnung von UHaft oder sonstiger Freiheitsentziehung auf Jugendstrafe den Regelfall darstellen soll.[3] § 52a entspr. dem Gedanken nach § 51 Abs. 1 S. 1 StGB. Um dem Verbot der Schlechterstellung Rechnung zu tragen, wird teilw. gefordert, die Möglichkeit der Nichtanrechnung der UHaft aus erzieherischen Gründen (Abs. 1 S. 2 Alt. 2, S. 3) zu streichen.[4]

II. Anwendungsbereich

2 **1. Persönlicher Anwendungsbereich.** § 52a gilt bei Jugendlichen auch in Verfahren vor den für allg. Strafsachen zuständigen Gerichten (§ 104 Abs. 1 Nr. 5). Die Vorschrift gilt außerdem in Verfahren gegen Heranwachsende sowohl vor den JugG als auch vor den für allg. Strafsachen zuständigen Gerichten, sofern Jugendstrafrecht angewendet wird (§§ 109 Abs. 2 S. 1, 112 S. 1, 2; s. auch RL zu §§ 52, 52a Nr. 2). Bestehen bei einem Heranwachsenden Zweifel über den Entwicklungsstand, so dass nach dem Grundsatz „in dubio pro reo" Jugendstrafrecht angewendet wird, können erzieherische Gründe die Nichtanrechnung erlittener Freiheitsentziehung nicht rechtfertigen.[5] Andernfalls wäre der Heranwachsende dann – obwohl das Jugendstrafrecht eben nur wegen des „in dubio pro reo"-Grundsatzes angewandt worden ist – schlechter gestellt als bei der Anwendung von allgemeinem Strafrecht.

3 **2. Sachlicher Anwendungsbereich.** Abs. 1 S. 1 normiert als Regelfall die automatische Anrechnung der erlittenen UHaft bzw. der anderen Freiheitsentziehung; angestrebt ist eine Angleichung an die regelmäßige Anrechnung im allg. Strafrecht.[6] Dies ist mit Blick nicht nur auf den Gleichhheits-, sondern gerade auf den Verhältnismäßigkeitsgrundsatz auch unbedingt angezeigt. Zeitlich erfasst wird hierbei die Freiheitsentziehung während des gesamten Erkenntnisverfahrens bis zum Eintritt der Rechtskraft des Urteils.[7] Dabei kann eine infrage kommende Nichtanrechnung gem. Abs. 1 S. 2 lediglich durch das erstinstanzliche Gericht und das Berufungsgericht erfolgen.[8]

4 Dagegen können die Revisionsgerichte eine unterbliebene Anrechnung nicht anordnen, da es sich hierbei um eine am Erziehungszweck orientierte tatrichterliche Entscheidung mit Beurteilungsspielraum handelt.[9] Wurde hingegen nicht klar zwischen den beiden Versagungsgründen des § 52a Abs. 1 S. 2 unterschieden oder wird nicht erkennbar, dass die Höhe der Jugendstrafe nicht so bemessen wurde, dass auch bei Anrechnung der erlittenen Untersuchungshaft die erforderliche erzieherische Wirkung auf den Angeklagten noch erreicht werden kann und sind hierzu weitere Feststellungen nicht zu erwarten, besteht für das Revisionsgericht gem. § 354 Abs. 1 StPO die Möglichkeit, selbst zu entscheiden, dass die Nichtanrechnung der Untersuchungshaft entfällt.[10]

---

[1] BVerfG 4.7.1999 – 2 BvR 1368/98, NStZ 1999, 570.
[2] S. BVerfG 4.7.1999 – 2 BvR 1368/98, NStZ 1999, 570; 15.12.1999 – 2 BvR 1447/99, NStZ 2000, 277 (278); Diemer/Schatz/Sonnen/*Schatz* Rn. 3; *Ostendorf* Grdl. z. §§ 52, 52a Rn. 4.
[3] BGH 21.6.1990 – 4 StR 122/90, BGHSt 37, 75 (76) = NJW 1990, 2698 (2699); KG 15.2.2013 – 121 Ss 296/12, StV 2013, 762; *Eisenberg* JGG Rn. 6.
[4] *Dünkel* RdJB 2014, 294 (296); vgl. *Eisenberg* JGG Rn. 4.
[5] LG Münster 24.8.1978 – 1 Ns 32 Js 295/78, JA 1979, 391 (392) = NJW 1979, 938 (939); s. auch Anm. v. *Kausch* JA 1979, 392; *Eisenberg* JGG Rn. 2.
[6] Dazu eingehend *Eisenberg* Rn. 4; *Schaffstein/Beulke/Swoboda* Rn. 850.
[7] Diemer/Schatz/Sonnen/*Schatz* Rn. 2; vgl. zu § 51 StGB OLG Frankfurt a. M. 22.8.1979 – 3 Ws 699/79, NJW 1980, 537 (538); OLG Düsseldorf 9.8.1989 – 1 Ws 740/89, MDR 1990, 172.
[8] Diemer/Schatz/Sonnen/*Schatz* Rn. 2.
[9] *Flöhr* S. 153; *Brunner/Dölling* §§ 52, 52a Rn. 5; Diemer/Schatz/Sonnen/*Schatz* Rn. 2.
[10] BGH 21.6.1990 – 4 StR 122/90, BGHSt 37, 75 (79) = NJW 1990, 2698 (2699); Diemer/Schatz/Sonnen/*Schatz* Rn. 2.

III. Voraussetzungen

Voraussetzung für die Anwendung des § 52a ist die Verhängung einer Jugendstrafe. Dass 5
die Vollstreckung der Jugendstrafe zur Bewährung ausgesetzt wurde, spielt für die Anrechnung bei einem Widerruf nach § 26 keine Rolle.[11]

Für die weitere Voraussetzung, dass der Jugendliche UHaft oder eine andere Freiheitsentziehung erlitten hat, → § 52 Rn. 6 f. 6

Der Wortlaut von § 51 StGB stimmt mit dem von § 52a insofern überein, als dass die 7
UHaft oder eine andere Freiheitsentziehung aus Anlass einer Tat vollstreckt worden sein muss, die Gegenstand des Verfahrens ist oder gewesen ist. Abs. 1 S. 2 wurde bewusst dem § 51 Abs. 1 S. 2 StGB nachgebildet.[12] Hinsichtlich des Erfordernisses des Tatbezuges bzw. Sachzusammenhanges ergeben sich inhaltlich keine Unterschiede,[13] → § 52 Rn. 8. Für die Anrechnung von Freiheitsentziehung aus „fremden" Verfahren werden teilweise zeitliche Grenzen für die Zeit gefordert, die seit dessen strafjustitieller Erledigung vergangen sein darf.[14]

Die erkennenden Gerichte entscheiden in eigener Zuständigkeit, ob die (tatsächlichen) 8
Voraussetzungen des Abs. 1 S. 1 im Einzelfall vorliegen oder ob ausnahmsweise eine Anrechnung zu versagen ist.[15] Der Regelfall ist die Anrechnung, diese tritt kraft Gesetzes ein. Zum Tenor in diesen Fällen → § 54 Rn. 13 mwN. V. der Anrechnung erfasst wird hierbei jede berücksichtigungsfähige Freiheitsentziehung bis zum Eintritt der Rechtskraft des Urteils.[16] Die Freiheitsentziehung kann allerdings nicht schon unmittelbar bei der Festsetzung der Jugendstrafe abgezogen werden.[17] Insoweit ergeben sich keine Unterschiede zu § 51 Abs. 1 S. 1 StGB. Hat das Gericht (ausnahmsweise) von einer Anrechnung ganz oder zT abgesehen (Abs. 1 S. 2, → Rn. 10 ff.), muss ein ausdrücklicher Ausspruch erfolgen.[18]

Eine im Ausland erlittene UHaft oder andere Freiheitsentziehung ist ebenfalls anzurechnen, wobei die Anrechnung ebenfalls von Gesetzes wegen erfolgt.[19] Dabei muss das erkennende Gericht den Anrechnungsmaßstab[20] bestimmen. Die unterschiedlichen Anrechnungsmaßstäbe folgen aus den unterschiedlichen ausländischen Haftbedingungen, die oftmals nicht mit den deutschen Haftverhältnissen vergleichbar sind; teils sind es auch dem deutschen Recht fremde Strafarten.[21] Sofern ein Bestimmen unterblieben ist, kann die Entscheidung im Wege des § 458 StPO nachgeholt werden.[22] 9

IV. Keine ausnahmsweise Versagung

Die Vorschrift des § 52a sieht die regelmäßige Anrechnung der UHaft oder einer anderen 10
Freiheitsentziehung vor. Hiervon darf nur ausnahmsweise gem. Abs. 1 S. 2 abgewichen werden, dh die Anrechnung kann nur aus besonderen Gründen versagt werden.[23] Wird bei der Prüfung ein Versagungsgrund positiv festgestellt und unterbleibt daher eine Anrechnung, muss dies explizit begründet werden.[24] Bloß formelhafte Darlegungen genügen nicht.[25]

---

[11] *Ostendorf* Rn. 2.
[12] BT-Drs. 7/550, 330; BGH 21.6.1990 – 4 StR 122/90, BGHSt 37, 75 (77) = NJW 1990, 2698 (2699).
[13] *Diemer/Schatz/Sonnen/Schatz* Rn. 9; *Ostendorf* Rn. 4.
[14] Hierzu *Eisenberg* JGG Rn. 5.
[15] BVerfG 4.7.1999 – 2 BvR 1368/98, NStZ 1999, 570.
[16] Vgl. OLG Frankfurt a. M. 22.8.1979 – 3 Ws 699/79, NJW 1980, 537; OLG Düsseldorf 9.8.1989 – 1 Ws 740/89, MDR 1990, 172.
[17] *Brunner/Dölling* §§ 52, 52a Rn. 3.
[18] Vgl. BGH 11.7.1985 – 4 StR 285/85, NStZ 1985, 497.
[19] BGH 22.12.1987 – 1 StR 423/87, StV 1988, 252 (253); *Brunner/Dölling* §§ 52, 52a Rn. 4; Diemer/Schatz/Sonnen/*Schatz* Rn. 10; *Eisenberg* JGG Rn. 9a; aA OLG Oldenburg 30.4.1982 – 2 Ws 158/82, NJW 1982, 2741.
[20] S. hierzu die Übersicht bei *Lagodny* NK 2014, 211 (219 ff.) mit Informationen zu sehr vielen Ländern; einige Nachweise auch bei *Eisenberg* JGG Rn. 9a.
[21] *Lagodny* NK 2014, 211 (212 ff.); Diemer/Schatz/Sonnen/*Schatz* Rn. 13.
[22] *Eisenberg* JGG Rn. 9a.
[23] *Ostenberg* Rn. 5.
[24] BGH 21.10.1997 – 1 StR 438/97, NStZ 1999, 34 (35) m. krit. Anm. *Brunner*; *Brunner/Dölling* §§ 52, 52a Rn. 14; Diemer/Schatz/Sonnen/*Schatz* Rn. 16; MRTW/*Blessing/Weik* Rn. 4; *Ostendorf* Rn. 8.
[25] MRTW/*Blessing/Weik* Rn. 4.

Gem. Abs. 1 S. 2 kann die Anrechnung aus zwei Gründen versagt werden. Die beiden Alternativen müssen allerdings getrennt voneinander geprüft und dürfen nicht vermengt werden.[26]

11 Gem. Abs. 1 S. 2 Alt. 1 kann die Anrechnung ganz oder zT unterbleiben, wenn besondere Umstände im Verhalten des Angeklagten nach der Tat vorliegen (Nachtatverhalten). Zeitlich erfasst wird hierbei der Zeitraum von der Straftat bis zum Schluss der Hauptverhandlung.[27] Relevant sind nur verfahrensbezogene Umstände,[28] nicht berücksichtigt werden dürfen bspw.: das Verhalten in der U-Haft,[29] zulässiges Verteidigerverhalten und Nichtvornahme von verfahrensfördernden Maßnahmen.[30] Da Abs. 1 S. 2 bewusst § 51 Abs. 1 S. 2 StGB nachgebildet wurde, kann dieser für die Auslegung des § 52a herangezogen werden.[31]

12 Gem. Abs. 1 S. 2 Alt. 2 kann die Anrechnung ganz oder zT unterbleiben, wenn sie aus erzieherischen Gründen nicht gerechtfertigt ist. Für die Versagung aus erzieherischen Gründen nennt Abs. 1 S. 3 ein Bsp. So liegen erzieherische Gründe vor, wenn bei Anrechnung der Freiheitsentziehung die noch erforderliche erzieherische Einwirkung auf den Angeklagten nicht gewährleistet ist.[32] Dies kann nach hM dann der Fall sein, wenn ansonsten aus zeitlichen Gründen eine ausreichende (künftige) erzieherische Wirkung iRd Vollstreckung der Jugendstrafe nicht mehr möglich wäre.[33] Entscheidend ist, ob die verbleibende Restdauer im Jugendstrafvollzug für eine erzieherische Einwirkung als ausreichend erachtet wird.[34] Alles ist aber vor dem Hintergrund zu sehen, dass die erzieherische Einwirkung des Jugendstrafvollzugs an sich immer wieder angezweifelt wird[35] und jedenfalls eine entpr. Ausgestaltung dringend nötig ist.

V. Rechtsbehelfe

13 Die AnO, dass die Anrechnung ganz oder zT unterbleibt bzw. erfolgt, kann selbständig mit der Berufung oder Revision angefochten werden.[36] Die Beschränkung des § 55 Abs. 1 gilt – anders als bei § 52 – nicht.[37] Die Revision kann begründet sein, wenn der Anrechnungsmaßstab für ausländische UHaft oder Freiheitsentziehung nicht bestimmt worden ist.[38] Des Weiteren muss aus den Urteilsgründen erkennbar werden, dass das Gericht den Anrechnungsmaßstab nach pflichtgemäßem Ermessen bestimmt hat (→ Rn. 9).

§ 53 Überweisung an das Familiengericht

¹Der Richter kann dem Familiengericht im Urteil die Auswahl und Anordnung von Erziehungsmaßregeln überlassen, wenn er nicht auf Jugendstrafe erkennt. ²Das Familiengericht muß dann eine Erziehungsmaßregel anordnen, soweit sich nicht die Umstände, die für das Urteil maßgebend waren, verändert haben.

Schrifttum: *Hügel,* Der Familienrichter als Jugendrichter: Ist die Bestimmung des § 53 JGG – Überweisung an das Familiengericht – praxisgerecht?, FS Brudermüller, 2014, 351.

---

[26] OLG Hamm 5.7.2006 – 3 Ss 260/2006, StV 2007, 2 (3); Diemer/Schatz/Sonnen/*Schatz* Rn. 16.
[27] Diemer/Schatz/Sonnen/*Schatz* Rn. 18.
[28] Vgl. BT-Drs. V/4094, 25 zu § 51 Abs. 1 S. 2 StGB entspr.; eingehend auch *Eisenberg* JGG Rn. 7.
[29] BGH 21.6.1990 – 4 StR 122/90, BGHSt 37, 75 = NJW 1990, 2698.
[30] OLG Hamm 5.7.2006 – 3 Ss 260/06, StraFo 2006, 425.
[31] BGH 21.6.1990 – 4 StR 122/90, BGHSt 37, 75 (77) = NJW 1990, 2698 (2699); *Flöhr* S. 54; MRTW/*Blessing/Weik* Rn. 2; *Ostendorf* Rn. 4.
[32] Vgl. hierzu BVerfG 15.12.1999 – 2 BvR 1447/99, NStZ 2000, 277 (278); BGH 21.6.1990 – 4 StR 122/90, BGHSt 37, 75 (78) = NJW 1990, 2698 (2699); BGH 26.7.2005 – 4 StR 22/05, NStZ 2007, 43.
[33] BGH 26.7.2005 – 4 StR 22/05, NStZ 2007, 43; *Brunner/Dölling* §§ 52, 52a Rn. 14; MRTW/*Blessing/Weik* Rn. 6; aA *Walter/Pieplow* NStZ 1991, 332; *Eisenberg* JGG Rn. 8; *Ostendorf* Rn. 7.
[34] Diemer/Schatz/Sonnen/*Schatz* Rn. 20.
[35] S. dazu statt vieler *Eisenberg* JGG § 92 Rn. 36 ff. mwN.
[36] BGH 25.1.1955 – 3 StR 552/54, BGHSt 7, 214 = NJW 1955, 557; *Schäfer* NStZ 1998, 330 (332).
[37] Diemer/Schatz/Sonnen/*Schatz* Rn. 24; MRTW/*Blessing/Weik* Rn. 8; *Ostendorf* Rn. 10.
[38] S. Diemer/Schatz/Sonnen/*Schatz* Rn. 24; vgl. *Böhm* NStZ 2002, 471 (474).

Übersicht

	Rn.		Rn.
I. Grundlagen	1–9	a) Änderung von Umständen; nachträgliche Kenntniserlangung	16, 17
1. Allgemeines	1–4	b) Subsidiaritätsgrundsatz	18
2. Anwendungsbereich	5–9	c) Verfahren	19
a) Persönlicher Anwendungsbereich	5–7	**IV. Urteil**	20
b) Sachlicher Anwendungsbereich	8, 9	**V. Rechtmittel**	21–23
II. Überweisung durch das JugG (S. 1)	10–13	1. Unanfechtbarkeit des Urteils durch das JugG	21
III. Entscheidung durch das Familiengericht (S. 2)	14–19	2. Beschwerde gegen die Entscheidung durch das Familiengericht	22, 23
1. Anordnung von Erziehungsmaßregeln	14		
2. Absehen von der Anordnung	15–19		

I. Grundlagen

1. Allgemeines. Trotz ihrer systematischen Stellung regelt die Norm (teilw.) die funktionelle Zuständigkeit des Familiengerichts sowie die jugendgerichtliche Befugnis einer „Vorausbestimmung" bzgl. der AnO v. Erziehungsmaßregeln.[1] 1

Normzweck ist die Verknüpfung v. Jugendstrafverfahren und familiengerichtlichem Verfahren sowie die Erweiterung der Anordnungsbefugnisse des Familiengerichts um die nur im JGG vorgesehenen Erziehungsmaßregeln (§ 9).[2] Grds. sollen einander widersprechende Maßnahmen vermieden werden.[3] Die Überweisung soll die höhere Sachkenntnis des Familiengerichts bzgl. der familiären und sozialen Verhältnisse[4] für die jugendgerichtliche Anordnungsentscheidung der Erziehungsmaßregel nutzbar machen. Hiergegen ist einzuwenden, dass dem Familienrichter der Jugendliche und dessen Umfeld idR unbekannt sind.[5] Thematische Verwandtschaft besteht zu § 34 Abs. 2, 3, der – als Soll-Vorschrift konzipiert – die jugend- und familienrechtliche Aufgabenverbindung durch Geschäftsverteilung regelt.[6] Systematisch handelt es sich bei § 53 um eine gesetzliche Regelung des sog. Schuldinterlokuts, dh. um eine Zweiteilung des Verfahrens in separate Stadien der Schuld- und Rechtsfolgenentscheidung.[7] 2

In praktischer Hinsicht ist die Ermessensvorschrift von geringer Relevanz.[8] Die Gründe hierfür sind vielgestaltig: Erstens widerspricht die zeitliche Verfahrensausdehnung dem im Jugendstrafrecht geltenden Beschleunigungsgrundsatz.[9] Zweitens geht mit der Verfahrensdopplung eine zusätzliche Belastung sowohl für den Angeklagten (was man aber ggf. durch eine entsprechende informelle Ausgestaltung abfedern könnte) als auch der Ressourcen der Justiz einher.[10] Drittens wird die justizielle Sanktionierung ohne Geltung der besonderen 3

---

[1] *Ostendorf* Grdl. zu § 53 Rn. 1.
[2] *Diemer/Schatz/Sonnen/Schatz* Rn. 3; *Eisenberg* JGG Rn. 6; *Ostendorf* Grdl. zu § 53 Rn. 3.
[3] Soweit das Familiengericht eine familiengerichtliche Maßnahme des Bürgerlichen Rechts anordnet, wird dies bzgl. der AnO einer jugendstrafrechtlichen Erziehungsmaßregel berücksichtigt. Grds. sollte in diesen Fällen §§ 45 Abs. 2 S. 1, 47 Abs. 1 S. 1 Nr. 2 Beachtung finden, *Brunner/Dölling* Rn. 9; *Eisenberg* JGG Rn. 6a.
[4] Bspw. durch eine vormalige Befassung im Kindesalter, *Diemer/Schatz/Sonnen/Schatz* Rn. 3.
[5] *MRTW/Buhr* Rn. 3, Fn. 6.
[6] *Diemer/Schatz/Sonnen/Schatz* Rn. 3; vgl. *Ostendorf* Grdl. zu § 53 Rn. 3.
[7] *Diemer/Schatz/Sonnen/Schatz* Rn. 4; *Ostendorf* Grdl. zu § 53 Rn. 3; zum Schuldinterlokut allg. vgl. *Schöch/Schreiber* ZRP 1978, 63; *Dölling* Die Zweiteilung der Hauptverhandlung, 1978.
[8] *Eisenberg* JGG Rn. 6; *MRTW/Buhr* Rn. 3; *Ostendorf* Grdl. zu § 53 Rn. 3 betont den „Ausnahmecharakter" der Norm; ähnlich *Streng* Rn. 229. Von 1976 bis 2010 lag die Anwendung zwischen 0,00 % und 0,04 % der nach Jugendstrafrecht Abgeurteilten (*Heinz*, Das strafrechtliche Sanktionensystem und die Sanktionierungspraxis in Deutschland 1882 – 2010, S. 61); von insg. 111.861 nach Jugendstrafrecht Abgeurteilten im Jahr 2014 wurden lediglich sechs Fälle an das Familiengericht überwiesen (Statistisches Bundesamt, Fachserie 10, Reihe 3 (Strafverfolgung), 2014, Tab. 2.2 (dort noch geführt als „Überweisung an den Vormundschaftsrichter")).
[9] Zwar sind die Verfahren in „Kindschaftssachen" (s. § 151 Nr. 8 FamFG) nach § 155 FamFG beschleunigt durchzuführen, doch stellt ein weiteres, häufig zeitintensives Verfahren eine „pädagogisch nicht zu verantwortende Verzögerung des gesamten Verfahrens" dar, *MRTW/Buhr* Rn. 3; ähnlich *Eisenberg* JGG Rn. 6; *Ostendorf* Grdl. zu § 53 Rn. 3.
[10] *Diemer/Schatz/Sonnen/Schatz* Rn. 8; *MRTW/Buhr* Rn. 3; *Ostendorf* Grdl. zu § 53 Rn. 3.

Schutzvorschriften der StPO für den Angeklagten und idR ohne besondere jugendkriminologische Fachkenntnisse auf Seiten des Familienrichters durchgeführt.[11] Als denkbarer Anwendungsfall der Überlassung nach § 53 kommt ein von den Eltern getrennt lebender Jugendlicher in Betracht, soweit Maßnahmen nach §§ 10 Abs. 1 Nr. 2, Abs. 2, 12 angezeigt sind; hier erscheint die Anwendung des familiengerichtlichen Verfahrens überzeugender als das jugendstrafrechtliche Äquivalent.[12]

4 Aufgrund der geringen praktischen Bedeutung und der negativen Begleiterscheinungen ist über eine Änderung nachzudenken, die die negativen Konsequezen abfedern würde; denn in § 53 steckt auch eine Schutzfunktion, was man aus der obligatorischen Regelung in § 104 Abs. 4 ablesen kann. Andere fordern jedoch eine Streichung.[13] Es wird auch angedacht, die Zustimmung des Familiengerichts für die jugendgerichtliche Klageerhebung vorauszusetzen.[14] Maßgeblich für eine erfolgreiche Handhabung der Thematik ist eine enge Kooperation und funktionierende Kommunikation (s. § 70) zwischen den beteiligten Institutionen.[15]

5 **2. Anwendungsbereich. a) Persönlicher Anwendungsbereich.** Die Vorschrift gilt für Verfahren gegen Jugendliche vor dem JugG.[16] Soweit ein Verfahren gegen einen Jugendlichen vor den für allg. Strafsachen zuständigen Gerichten verhandelt wird, ist die Überlassung der Erziehungsmaßregelentscheidung an das Familiengericht obligatorisch (§ 104 Abs. 4), selbst wenn das zuständige Strafgericht zu einer Jugendstrafe (§ 8 Abs. 2 S. 1) verurteilt.[17]

6 Im Falle eines Verfahrens gegen einen Heranwachsenden vor einem Erwachsenengericht bei Anwendung sachlichen Jugendstrafrechts (§ 105 Abs. 1) und der richterlichen Einschätzung einer erforderlichen Erteilung von Weisungen wird deren Auswahl und AnO nach § 112 S. 3 dem JugG des Aufenthaltsortes des Heranwachsenden überlassen.[18] In Verfahren gegen Heranwachende gilt § 53 nicht.[19]

7 Für Soldatinnen und Soldaten gelten §§ 112a ff.

8 **b) Sachlicher Anwendungsbereich.** Die Überweisung an das Familiengericht ist auch im vereinfachten Verfahren (§§ 76–78) zulässig.[20] Soweit eine Überlassung erwartet wird, ist der Antrag nach § 76 unzulässig (Beschleunigungsgrundsatz) und die staatsanwaltliche Anregung der Maßnahme unmittelbar beim Familiengericht angezeigt.[21] Dieses kann sogar Heimerziehung (§ 12 Nr. 2) anordnen, obwohl eine solche Maßnahme nach § 78 Abs. 1 S. 2 im vereinfachten Verfahren selbst nicht zulässig wäre.[22]

---

[11] *Eisenberg* JGG Rn. 8; *Ostendorf* Grdl. zu § 53 Rn. 3.
[12] MRTW/*Buhr* Rn. 3.
[13] *Ostendorf* Grdl. zu § 53 Rn. 5 fordert eine Reform des § 34 Abs. 2 in eine Muss-Vorschrift, wodurch § 53 überflüssig würde. Unabhängig hiervon plädiert er alternativ für eine ersatzlose Streichung des § 53; so auch *Nix* Rn. 3; wohl auch *Hügel* FS Brudermüller, 2014, 351 (356); MRTW/*Buhr* Rn. 3 befürwortet das Überdenken der Norm.
[14] Das Verfahren gem. § 53 würde gewissenmaßen umgekehrt, *Eisenberg* JGG Rn. 6; so auch bereits *Peters* Strafprozess S. 594; *Bohnert* JZ 1983, 517 (523) plädiert für eine Vorabentscheidung bzgl. der Zuständigkeit des nachfolgenden Verfahrens; abl. *Hügel* FS Brudermüller, 2014, 351 (356).
[15] So auch *Hügel* FS Brudermüller, 2014, 351 (356).
[16] Diemer/Schatz/Sonnen/*Schatz* Rn. 1; *Eisenberg* JGG Rn. 1; MRTW/*Buhr* Rn. 4; *Ostendorf* Rn. 1.
[17] *Brunner/Dölling* Rn. 1; Diemer/Schatz/Sonnen/*Schatz* Rn. 1; *Eisenberg* JGG Rn. 1; MRTW/*Buhr* Rn. 5; s. RL zu § 53 JGG; soweit gleichzeitig Jugendstrafe verhängt wird, kann die Verbindung v. stationären und ambulanten Sanktionen unzweckmäßig sein, *Ostendorf* Rn. 1.
[18] § 112 S. 3 stellt eine vergleichbare Regelung zu § 104 Abs. 4 dar; LBN/*Nestler* Rn. 372; *Streng* Rn. 232; Diemer/Schatz/Sonnen/*Schatz* Rn. 1; *Eisenberg* JGG Rn. 2; *Ostendorf* Rn. 1.
[19] MRTW/*Buhr* Rn. 6. Das Familiengericht ist aufgrund der Volljährigkeit nicht zuständig (*Brunner/Dölling* 53 Rn. 2; Diemer/Schatz/Sonnen/*Schatz* Rn. 1; *Streng* Rn. 232).
[20] *Streng* Rn. 239; Diemer/Schatz/Sonnen/*Schatz* Rn. 2; MRTW/*Buhr* Rn. 7; Diemer/Schatz/Sonnen/*Schatz* Rn. 2.
[21] Die StA wird im Zuge dessen idR gem. § 45 verfahren, *Brunner/Dölling* § 78 Rn. 3; *Eisenberg* JGG § 78 Rn. 9.
[22] Vgl. *Dallinger/Lackner* § 78 Rn. 19; Diemer/Schatz/Sonnen/*Schatz* § 78 Rn. 7; nach *Streng* Rn. 239 unterliegt das Familiengericht nicht den Beschränkungen nach §§ 76 ff. und umgeht § 78 Abs. 1 S. 2 nicht; Bedenken bzgl. der Umgehung, vgl. *Ostendorf* Rn. 5.

§ 53 gilt grds. ebenso für das Berufungsgericht, wobei eine Überlassung ausscheidet, **9** soweit das Verschlechterungsverbot tangiert wäre.[23] Die Abschätzung der Sanktionsschwere hierfür gestaltet sich idR aber vorab zumindest problematisch, da die anschließende Entscheidung bzgl. der AnO der Erziehungsmaßregeln noch aussteht.[24] Unstr. stellt eine Sanktion nach § 53 stets einen intensiveren Eingriff dar als eine bloße Verwarnung (§ 14).[25]

II. Überweisung durch das JugG (S. 1)

Die Entscheidung, die Auswahl der zu verhängenden Erziehungsmaßregeln an das Famili- **10** engericht zu überweisen, liegt im Ermessen des JugG.[26] Sie setzt zwingend eine jugendgerichtliche Entscheidung hinsichtlich der Schuldfrage iSd § 263 StPO voraus;[27] das JugG muss „Gewissheit über die Schuld"[28] besitzen. Ferner darf das JugG nicht parallel auf Jugendstrafe (mit oder ohne Aussetzung der Vollstreckung zur Bewährung) erkennen.[29] Zudem muss die Erziehungsmaßregel notwendig sein.[30] Die Kombination von Zuchtmittelverhängung und Überweisung durch jugendgerichtliches Urteil ist zwar zulässig (§ 8 Abs. 1), allerdings regelmäßig „wenig sinnvoll".[31]

Eine Überweisung umfasst stets sowohl die Auswahl als auch die AnO der Erziehungs- **11** maßregeln. Eine Vorauswahl von Seiten des JugG kann nicht getroffen werden, Anregungen sind aber zulässig.[32] Soweit familienrechtliche Maßnahmen zweckmäßig erscheinen, kann das JugG diese anregen.[33] Hingegen ist es dem JugG nicht gestattet, Erziehungsmaßregeln zu einem Teil selbst anzuordnen und zu einem anderen Teil zu überweisen.[34]

Eine Überweisung kommt in Betracht, wenn noch weitere Ermittlungen notwendig **12** sind, um eine möglichst geeignete Erziehungsmaßregel zu bestimmen oder deren konkrete Ausgestaltung festzusetzen.[35] Ebenso kann eine Überweisung angezeigt sein, wenn bei Kollegialentscheidungen (JugSchG, JugK) keine Einigung bzgl. der Auswahl der Erziehungsmaßregel erzielt werden kann.[36] § 53 kann ferner in den Fällen Anwendung finden, wenn eine Verwahrlosung des Jugendlichen zu erkennen ist oder wenn die AnO von Hilfe zur Erziehung (§ 12) in Betracht kommt.[37]

---

[23] *Diemer/Schatz/Sonnen/Schatz* Rn. 2; MRTW/*Buhr* Rn. 16.
[24] *Eisenberg* JGG Rn. 5; *Ostendorf* Rn. 4.
[25] *Albrecht* S. 393; *Streng* Rn. 587; *Diemer/Schatz/Sonnen/Schatz* § 55 Rn. 37; *Eisenberg* JGG § 55 Rn. 75, 78; vgl. *Grethlein* S. 112.
[26] *Diemer/Schatz/Sonnen/Schatz* Rn. 8; MRTW/*Buhr* Rn. 8; LBN/*Nestler* Rn. 370.
[27] *Brunner/Dölling* Rn. 2; *Dallinger/Lackner* Rn. 3; *Eisenberg* JGG Rn. 8.
[28] *Diemer/Schatz/Sonnen/Schatz* Rn. 6.
[29] In diesem Fall muss das JugG auch die neben der Jugendstrafe für notwendig gehaltenen Erziehungsmaßregeln selbst auswählen und anordnen, *Dallinger/Lackner* Rn. 7; *Diemer/Schatz/Sonnen/Schatz* Rn. 6; *Eisenberg* Rn. 9; *Ostendorf* Rn. 6.
[30] *Diemer/Schatz/Sonnen/Schatz* Rn. 6; MRTW/*Buhr* Rn. 10.
[31] *Diemer/Schatz/Sonnen/Schatz* Rn. 7.
[32] Anregungen bzgl. bestimmter Erziehungsmaßregeln sind, auch in den Urteilsgründen, zulässig, sollten allerdings in Anbetracht der Selbstständigkeit des familiengerichtlichen Verfahrens zurückhaltend vorgebracht werden; Bindungswirkung tritt nicht ein, *Brunner/Dölling* Rn. 2; *Dallinger/Lackner* Rn. 9; MRTW/*Buhr* Rn. 11; abw. *Potrykus* Bem. 4: Angabe, „in welche Richtung sich die anzuordnenden Maßnahmen bewegen sollen".
[33] *Brunner/Dölling* Rn. 9.
[34] Vgl. *Eisenberg* JGG Rn. 8; MRTW/*Buhr* Rn. 9.
[35] *Brunner/Dölling* Rn. 1; *Dallinger/Lackner* Rn. 3; *Eisenberg* JGG Rn. 7; aA *Ostendorf* Rn. 5, der in der fehlenden eigenen Sachkompetenz für die Beantwortung der Sanktionsfrage den einzig denkbaren Überweisungsgrund sieht.
[36] *Brunner/Dölling* Rn. 1; *Diemer/Schatz/Sonnen/Schatz* Rn. 10; *Eisenberg* JGG Rn. 8; aA *Ostendorf* Rn. 5, eine Regelung bei Uneinigkeit v. Kollegialorganen sei v. § 53 nicht intendiert. Unter Berücksichtigung der hierfür geltenden Vorschriften (s. § 263 StPO; §§ 194 ff. GVG) seien diese Entscheidungen vielmehr vorzugswürdig.
[37] *Brunner/Dölling* Rn. 1; *Dallinger/Lackner* Rn. 3; *Potrykus* Bem. 2, die erkannte Verwahrlosung muss über die verhandelte Straftat hinausgehen; skeptisch *Eisenberg* JGG Rn. 8.

13 Unzulässig ist die Überlassung der AnO von Zuchtmitteln (§ 13).³⁸ Unzweckmäßig ist die Überweisung durch einen Jugendrichter, der zugleich zuständiger Familienrichter ist (§ 34 Abs. 2 S. 1), „an sich selbst".³⁹

III. Entscheidung durch das Familiengericht (S. 2)

14 **1. Anordnung von Erziehungsmaßregeln.** Die Überweisung ist für das Familiengericht grds. bindend und begründet sowohl die Befugnis als auch die Verpflichtung, eine Erziehungsmaßregel (§ 9) anzuordnen.⁴⁰ Die Schuldfrage wird keiner neuerlichen Prüfung unterzogen.⁴¹ Unbeschadet der Überweisung steht dem Familiengericht die Anordnungsmöglichkeit familiengerichtlicher Erziehungsmaßnahmen nach den Vorschriften des Bürgerlichen Rechts in originärer Kompetenz offen, wobei diese mit den strafrechtlichen Rechtsfolgen abzustimmen sind.⁴²

15 **2. Absehen von der Anordnung.** Grds. muss das Familiengericht nach der Überweisung eine Erziehungsmaßregel anordnen, „soweit sich nicht die Umstände, die für das Urteil maßgebend waren, verändert haben" (S. 2).

16 **a) Änderung von Umständen; nachträgliche Kenntniserlangung.** Die für das Urteil maßgeblichen Umstände müssen sich nach dessen Verkündung wesentlich geändert haben.⁴³ Hierzu zählen die tatsächlichen Voraussetzungen (insbes. Veränderungen des häuslichen, schulischen oder beruflichen Umfelds sowie im Suchtmittelkonsum) für die Rückfall- und Sanktionsprognose, die die AnO bedingt haben.⁴⁴ Ebenso kann eine Verhaltensänderung in der Täterpersönlichkeit relevant sein.⁴⁵

17 Nachträgliche Kenntniserlangung von erheblichen Tatsachen – auch die Schuldfrage betreffend –, die dem JugG bei Urteilserlass unbekannt waren, rechtfertigen ebenso ein Absehen von der AnO.⁴⁶ Aufgrund der Bindungswirkung ist die Nichtanordnung unter Berufung auf eine abweichende Beurteilung der urspr. (bekannten) Sachlage unzulässig.⁴⁷ Grds. sollte bei einem Absehen von der AnO das erkennende JugG konsultiert werden.⁴⁸

18 **b) Subsidiaritätsgrundsatz.** Ein Absehen der AnO kann auch unter Berufung auf den Grundsatz der Subsidiarität formeller jugendstrafrechtlicher Interventionen⁴⁹ und die

---

³⁸ *Diemer/Schatz/Sonnen/Schatz* Rn. 6; *Eisenberg* JGG Rn. 9; *Ostendorf* Rn. 6.
³⁹ Hierin liegt eine „rechtswidrige Abkehr vom strafprozessualen Verfahren", *Ostendorf* Rn. 5; nach LBN/*Nestler* Rn. 370 ergibt dies Vorgehen „keinen Sinn"; ähnlich *Streng* Rn. 229; aA *Dallinger/Lackner* Rn. 3; *Diemer/Schatz/Sonnen/Schatz* Rn. 10.
⁴⁰ *Dallinger/Lackner* Rn. 11; *Diemer/Schatz/Sonnen/Schatz* Rn. 12; *Ostendorf* Rn. 8; MRTW/*Buhr* Rn. 20, das Familiengericht darf weder die Übernahme noch die Entscheidung ablehnen.
⁴¹ *Diemer/Schatz/Sonnen/Schatz* Rn. 12; aA *Potrykus* Bem. 6.
⁴² *Dallinger/Lackner* Rn. 15; *Diemer/Schatz/Sonnen/Schatz* Rn. 12: Die Anordnungsmöglichkeiten des Familiengerichts werden um die jugendgerichtlichen Erziehungsmaßregeln erweitert.
⁴³ *Brunner/Dölling* Rn. 7; *Dallinger/Lackner* Rn. 17; *Diemer/Schatz/Sonnen/Schatz* Rn. 13; *Eisenberg* JGG Rn. 10; *Ostendorf* Rn. 8; MRTW/*Buhr* Rn. 26 f.; nach aA ist der maßgebliche Zeitpunkt der Eintritt der Rechtskraft, *Potrykus* Bem. 8.
⁴⁴ *Diemer/Schatz/Sonnen/Schatz* Rn. 13; *Ostendorf* Rn. 8.
⁴⁵ In Ausnahmefällen kann durch das jugendgerichtliche Verfahren samt Urteil bereits eine erzieherische Wirkung eingetreten sein, was ein Absehen rechtfertigen würde bzw. der Jugendliche wurde hinreichend beeindruckt, OLG Stuttgart 19.3.2002 – 2 Ss 651/01, Justiz 2002, 515 (516); *Dallinger/Lackner* Rn. 17; *Brunner/Dölling* Rn. 7; *Eisenberg* JGG Rn. 10; *Ostendorf* Rn. 8.
⁴⁶ *Brunner/Dölling* Rn. 7; *Diemer/Schatz/Sonnen/Schatz* Rn. 15; *Eisenberg* JGG Rn. 10a; *Ostendorf* Rn. 8. Hierbei ist Zurückhaltung angezeigt, da ansonsten dem Familiengericht die Aufgabe einer strafrechtlichen Beweisaufnahme zukommen würde, und dies entgegen der Bindungswirkung des Urteils, MRTW/*Buhr* Rn. 28.
⁴⁷ *Diemer/Schatz/Sonnen/Schatz* Rn. 15; *Ostendorf* Rn. 8.
⁴⁸ *Brunner/Dölling* Rn. 7; *Diemer/Schatz/Sonnen/Schatz* Rn. 16, auch Anhörung der Jugendgerichtshilfe; ebenso *Eisenberg* JGG Rn. 10; RL zu § 53 aF: „Will der Vormundschaftsrichter v. der AnO v. Erziehungsmaßregeln absehen […] so wird er sich nach Anhörung der Jugendgerichtshilfe mit dem erkennenden Richter in Verbindung setzen, um nach Möglichkeit dessen Einverständnis zu erlangen".
⁴⁹ Zum Ausdruck gekommen in § 45 Abs. 2 S. 1.

erzieherische Zweckmäßigkeit erfolgen.⁵⁰ Ordnet das Familiengericht bereits Maßnahmen des Bürgerlichen Rechts oder Hilfen nach dem SGB VIII an, ist dies bei der Entscheidung über die jugendstrafrechtliche Erziehungsmaßregel zu berücksichtigen und deshalb ggf. von einer solchen abzusehen.⁵¹ Ferner gehen freiwillige Hilfen zur Erziehung nach §§ 27–35 SGB VIII gerichtlich angeordneten Maßnahmen vor.⁵² Ebenso kann das Familiengericht mit dem Personensorgeberechtigten eine Maßnahme vereinbaren.⁵³ Die hiermit einhergehende Verfahrensverlängerung ist unter Berücksichtigung von Art. 6. Abs. 2 GG zulässig.

c) Verfahren. Nach der Überlassung an das Familiengericht findet das FamFG Anwendung; das Verfahren gehört zur freiwilligen Gerichtsbarkeit.⁵⁴ Als „Richter des ersten Rechtszuges" iSd § 65 obliegt dem Familiengericht die Vollstreckung der Maßnahme, es ist folglich zuständig für Änderungen, Befreiungen und Verlängerungen der Weisungen.⁵⁵ **19**

IV. Urteil

Sowohl Schuldspruch als auch die Erforderlichkeit der Erziehungsmaßregel muss im Urteil des JugGs (Tenor) festgestellt werden.⁵⁶ Die Umstände, die für die Überweisung maßgeblich waren, sind in die Urteilsgründe aufzunehmen.⁵⁷ **20**

V. Rechtmittel

1. Unanfechtbarkeit des Urteils durch das JugG. Das Urteil, in dem die Überweisung ausgesprochen wird, ist nicht deshalb anfechtbar, weil die Auswahl und AnO dem Familiengericht überlassen wurde (§ 55 Abs. 1 S. 1); eine Anfechtung des Urteils ist nur insoweit zulässig, als sie den Schuldspruch oder eine andere angeordnete Sanktion zum Gegenstand hat.⁵⁸ Das Jugendstrafverfahren endet mit Eintritt der Rechtskraft; Ausnahme hierzu ist die nachträgliche AnO von Ungehorsams- oder Beugearrest nach § 11 Abs. 3, mit der Folge, dass der Grundsatz „ne bis in idem" (Art. 103 Abs. 3 GG) ab diesem Zeitpunkt eingreift.⁵⁹ Bei AnOen nach § 11 Abs. 3 durch das JugG ist eine sofortige Beschwerde nach § 65 Abs. 2 S. 2 zulässig.⁶⁰ **21**

2. Beschwerde gegen die Entscheidung durch das Familiengericht. Die Rechtsmittelbeschränkungen nach § 55 Abs. 1 und 2 finden bzgl. der Entscheidung des Familiengerichts selbst keine Anwendung,⁶¹ die Anfechtbarkeit richtet sich nach §§ 58 ff. FamFG; § 65 Abs. 2 S. 1 gilt im familiengerichtlichen Verfahren nicht.⁶² Bei Nichtanordnung einer Erziehungsmaßregel (oder einer inhaltlich verwandten Maßnahme) entgegen S. 2 besteht **22**

---

⁵⁰ *Eisenberg* JGG Rn. 10b: Ein Absehen ist zulässig, soweit eine inhaltliche Verwandtschaft der angeordnete familiengerichtlichen Maßnahme mit einer Erziehungsmaßregel besteht; aA *Dallinger/Lackner* Rn. 14.
⁵¹ *Brunner/Dölling* Rn. 7; *Diemer/Schatz/Sonnen/Schatz* Rn. 14; *Ostendorf* Rn. 8; aA *Dallinger/Lackner* Rn. 14.
⁵² *Ostendorf* Rn. 9.
⁵³ Ähnlich noch bzgl. des Gesetzes für Jugendwohlfahrt *Dallinger/Lackner* Rn. 13. Der Grundsatz der Subsidiarität angeordneter gegenüber freiwilliger Maßnahmen gilt auch in Verfahren nach dem FamFG, *Eisenberg* JGG Rn. 12; BT-Drs. III/2226, 35.
⁵⁴ *Diemer/Schatz/Sonnen/Schatz* Rn. 17; *Eisenberg* JGG Rn. 11, 18; *Ostendorf* Rn. 7; zur Verhängung eines Jugendarrests (§ 11 Abs. 3) ist das Familiengericht nicht befugt, *Brunner/Dölling* Rn. 8; *Dallinger/Lackner* Rn. 23; *Diemer/Schatz/Sonnen/Schatz* Rn. 17; *Eisenberg* JGG Rn. 14; MRTW/*Buhr* Rn. 30.
⁵⁵ *Dallinger/Lackner* Rn. 22; *Diemer/Schatz/Sonnen/Schatz* Rn. 17; *Eisenberg* JGG Rn. 13; MRTW/*Buhr* Rn. 28 f.; *Ostendorf* Rn. 10; *Streng* Rn. 230.
⁵⁶ *Diemer/Schatz/Sonnen/Schatz* § 54 Rn. 20; *Eisenberg* JGG § 54 Rn. 14; MRTW/*Buhr* Rn. 13.
⁵⁷ *Diemer/Schatz/Sonnen/Schatz* § 54 Rn. 40; MRTW/*Buhr* Rn. 14.
⁵⁸ *Diemer/Schatz/Sonnen/Schatz* Rn. 19; *Eisenberg* JGG Rn. 16; MRTW/*Buhr* Rn. 12; *Ostendorf* Rn. 11.
⁵⁹ *Brunner/Dölling* Rn. 5; *Dallinger/Lackner* Rn. 19; *Eisenberg* JGG Rn. 16; *Ostendorf* Rn. 11.
⁶⁰ *Diemer/Schatz/Sonnen/Schatz* Rn. 21.
⁶¹ So schon *Dallinger/Lackner* Rn. 19.
⁶² *Brunner/Dölling* Rn. 10; *Diemer/Schatz/Sonnen/Schatz* Rn. 20; vgl. *Eisenberg* JGG Rn. 18.

die Beschwerdebefugnis nach dem FamFG auf Seiten von Jugendamt und JugG.[63] Ebenso ist die Dienstaufsichtsbeschwerde durch Jugendamt und JugG zulässig.[64]

23 §§ 58 ff., 70 ff. FamFG gelten auch für die Fälle nachträglicher Änderungen von Weisungen oder Ablehnung einer Weisungsänderung.[65] Wurde eine Erziehungsmaßregel trotz veränderter Umstände (iSv § 53 S. 2) durch das Familiengericht angeordnet, ist der Jugendliche (nicht das JugG) nach dem FamFG beschwerdeberechtigt.[66] Eine selbstständige Beschwerdebefugnis des Erziehungsberechtigten bzw. gesetzlichen Vertreters ist im Falle einer nachträglichen Arrestanordnung (§ 65 Abs. 2 S. 2) gegeben.[67]

§ 54 Urteilsgründe

(1) [1]**Wird der Angeklagte schuldig gesprochen, so wird in den Urteilsgründen auch ausgeführt, welche Umstände für seine Bestrafung, für die angeordneten Maßnahmen, für die Überlassung ihrer Auswahl und Anordnung an das Familiengericht oder für das Absehen von Zuchtmitteln und Strafe bestimmend waren.** [2]**Dabei soll namentlich die seelische, geistige und körperliche Eigenart des Angeklagten berücksichtigt werden.**

(2) Die Urteilsgründe werden dem Angeklagten nicht mitgeteilt, soweit davon Nachteile für die Erziehung zu befürchten sind.

Schrifttum: *Block*, Fehlerquellen im Jugendstrafprozess, 2005; *Hauber/Mayer-Rosa*, Gutachtenerstattung und Urteilsbegründung in der Hauptverhandlung gegen jugendliche Angeklagte, Zbl 1983, 484; *Meyer*, Richterliche Erwägungen bei der Verhängung von Jugendstrafe und deren Berücksichtigung durch Vollzug und Bewährungshilfe, 1994; *Meyer-Goßner/Appl*, Die Urteile in Strafsachen, 29. Aufl. 2014; *Noster*, Die abgekürzte Urteilsbegründung im Strafprozess, 2010; *Rösch*, Handbuch für den Jugendrichter, 2001.

Übersicht

	Rn.		Rn.
I. Anwendungsbereich	1–3	c) Besonderheiten bei einzelnen Sanktionen	9–14
II. Urteil	4–18a	2. Urteilsverkündung	15–17
1. Urteilsformel und -gründe	4–14	3. Mitteilung der schriftlichen Urteilsgründe	18, 18a
a) Tenor	4, 5		
b) Urteilsgründe	6–8	**III. Revision**	19, 20

I. Anwendungsbereich

1 Für Jugendliche gilt § 54 uneingeschränkt (vgl. § 104 Abs. 1 Nr. 6). Abs. 1 gilt auch für Heranwachsende, unabhängig davon, ob sie von einem JugG oder einem für allgemeine Strafsachen zuständigen Gericht abgeurteilt werden (§§ 105 Abs. 1, Abs. 2, 112 S. 1 und 2, 104 Abs. 1 Nr. 6, 109 Abs. 2 S. 1). Abs. 2 hingegen kommt auf Heranwachsende nicht zur Anwendung, dh. ihnen sind die Urteilsgründe stets vollumfänglich mitzuteilen.[1]

2 Abs. 1 ergänzt § 267 StPO,[2] wobei er nur für den Fall eines Schuldspruchs gilt. Im Fall eines Freispruchs oder einer Verfahrenseinstellung gelten die allgemeinen Regeln.[3] Auch

---

[63] HM; vgl. bspw. *Eisenberg* JGG Rn. 17; *Ostendorf* Rn. 11; MRTW/*Buhr* Rn. 21 plädiert sogar für eine Anfechtungsbefugnis der JStA; zw. Diemer/Schatz/Sonnen/*Schatz* Rn. 20 hinsichtlich § 59 FamFG.

[64] *Ostendorf* Rn. 11.

[65] Diemer/Schatz/Sonnen/*Schatz* Rn. 20; *Ostendorf* Rn. 11.

[66] Diemer/Schatz/Sonnen/*Schatz* Rn. 20 bejahen die eigene Beschwerdebefugnis des Erziehungsberechtigten bzw. gesetzlichen Vertreters; krit. *Ostendorf* Rn. 11; vgl. ferner *Eisenberg* JGG Rn. 17.

[67] *Ostendorf* Rn. 11.

[1] *Eisenberg* JGG Rn. 2.

[2] OLG Jena 13.1.1998 – 1 Ss 302/97, NStZ-RR 1998, 119; KG 1.3.2006 – (5) 1 Ss 479/05 (89/05), NStZ 2007, 223; 2.8.2012 – (4) 161 Ss 156/12 (191/12), NStZ 2013, 291; *Brunner/Dölling* Rn. 1; Diemer/Schatz/Sonnen/*Schatz* Rn. 29; MRTW/*Buhr* Rn. 36; *Ostendorf* Rn. 2.

[3] Diemer/Schatz/Sonnen/*Schatz* Rn. 3 und 6; *Eisenberg* JGG Rn. 5; MRTW/*Buhr* Rn. 41; *Ostendorf* Rn. 2.

das Rubrum entspr. dem im allg. Strafrecht.[4] Abs. 2 erweitert §§ 35, 268 StPO (Verkündung und Bekanntgabe des Urteils).[5] Die Norm kommt auch im vereinfachten Jugendverfahren zur Anwendung, da dieses lediglich ein Abweichen von denjenigen Verfahrensvorschriften erlaubt, die Ermittlungsverfahren und Beweisaufnahme betreffen (vgl. § 78 Abs. 3 S. 1).[6] Abgekürzte Urteile gem. § 267 Abs. 4 StPO sind zwar auch im Jugendstrafrecht zulässig,[7] allerdings gilt auch für sie § 54.[8]

Im Einspruchsverfahren gegen einen Bußgeldbescheid nach OWiG gilt § 54 über § 46 Abs. 1 OWiG. Im Beschlussverfahren nach §§ 72, 98 Abs. 1 OWiG ist jedenfalls der Rechtsgedanke des § 54 anwendbar.[9]

II. Urteil

1. Urteilsformel und -gründe. a) Tenor. Die Fassung des Tenors richtet sich nach allg. Recht (§ 2 Abs. 2 iVm §§ 250 Abs. 4 S. 1, 2 und 5, Abs. 5 S. 1 StPO).[10] Zunächst ist die verurteilte Tat mit der gesetzlichen Überschrift zu bezeichnen (§ 260 Abs. 4 S. 1, 2 StPO).[11] Nach der Urteilsformel werden die angewandten Vorschriften nach Paragraph, Absatz, Nummer, Buchstabe und mit der Bezeichnung des Gesetzes aufgeführt (§ 260 Abs. 5 S. 1 StPO). §§ 52, 53 StGB sind dabei anzugeben, auch wenn sie im Jugendstrafrecht für die Strafzumessung keine Rolle spielen.[12] Anderes gilt für besonders schwere und minder schwere Fälle, die nicht zu nennen sind.[13] Die Vorschriften zu den angewandten Sanktionen werden ebenso wenig in die Liste mit aufgenommen.[14] Ist der Angeklagte Jugendlicher, sind die §§ 1, 3 zu nennen, bei Heranwachsenden, auf die materielles Jugendstrafrecht angewandt wird, §§ 1, 105 und auf Heranwachsende, auf die StGB angewandt wird, nur § 1.[15]

Gegen die Verwendung des Begriffs „verurteilt" bestehen nicht von vornherein grundsätzliche Bedenken.[16] Erzieherische Vorteile einer relativierenden, entschärfenden Formulierung gerade nur zur Umgehung dieses Wortes dürften wohl eher theoretischer Natur sein.

Die Kostenentscheidung entspricht der im allg. Strafrecht.[17] Zu Einzelheiten s. § 74 sowie *Eisenberg* JGG Rn. 41.

b) Urteilsgründe. In Ergänzung zu § 267 StPO verlangt Abs. 1 neben einer Tatschilderung auch eine ausf. Täterschilderung sowie eine intensive Begr. der Erforderlichkeit der verhängten Rechtsfolgen.[18] Eine bloße Widergabe des Lebenslaufs genügt nicht.[19] Dies ist

---

[4] *Brunner/Dölling* Rn. 2.
[5] *Ostendorf* Rn. 2.
[6] *Dallinger/Lackner* Rn. 25; *Ostendorf* Rn. 2; s. dazu auch MRTW/*Buhr* Rn. 39.
[7] *Brunner/Dölling* Rn. 17; *Diemer/Schatz/Sonnen/Schatz* Rn. 50; *Eisenberg* JGG Rn. 26; *Ostendorf* Rn. 13; aA MRTW/*Buhr* Rn. 41: nur im Fall eines Freispruchs.
[8] *Brunner/Dölling* Rn. 17; *Diemer/Schatz/Sonnen/Schatz* Rn. 50; *Ostendorf* Rn. 13.
[9] *Diemer/Schatz/Sonnen/Schatz* Rn. 3; *Eisenberg* JGG Rn. 3; *Ostendorf* Rn. 3.
[10] *Eisenberg* JGG Rn. 8; MRTW/*Buhr* Rn. 7.
[11] *Brunner/Dölling* Rn. 2.
[12] *Diemer/Schatz/Sonnen/Schatz* Rn. 8 und 11; *Eisenberg* JGG Rn. 8; *Ostendorf* Rn. 4.
[13] *Brunner/Dölling* Rn. 2; *Diemer/Schatz/Sonnen/Schatz* Rn. 10; *Eisenberg* JGG Rn. 8a; MRTW/*Buhr* Rn. 7; *Ostendorf* Rn. 4; aA für minder schwere Fälle *Eisenberg* JGG Rn. 8a.
[14] *Diemer/Schatz/Sonnen/Schatz* Rn. 8; abw. MRTW/*Wulf* § 16a Rn. 47: Nennung der verhängten Alternative v. § 16a Abs. 1 in der Liste erforderlich.
[15] *Diemer/Schatz/Sonnen/Schatz* Rn. 8.
[16] *Brunner/Dölling* Rn. 2; *Ostendorf* Rn. 4; MRTW/*Buhr* Rn. 9: Begriff „verurteilt" kann verwendet werden; aA *Diemer/Schatz/Sonnen/Schatz* Rn. 13; aA auch *Eisenberg* JGG Rn. 9 ff.: dessen harsche Kritik („verbale Degradierung", „entbehrliche Machtdemonstration", Rn. 9) müsste dann auch bei Erwachsenen bedacht werden, denn es ist nicht einleuchtend, warum die gesetzlich vorgesehene Wortwahl gegenüber Erwachsenen auf kommunikationstheoretischer Ebene anders zu bewerten sein sollte. Dennoch können die Wirkungen des Wortes „verurteilt" durch eine besonnene Formulierung des Urteils im Übrigen wohl aufgefangen werden.
[17] *Brunner/Dölling* Rn. 7; *Eisenberg* JGG Rn. 23; dazu Meyer-Goßner/Schmitt/*Meyer-Goßner* StPO § 464 ff.
[18] OLG Hamm 13.8.2001 – 2 Ss 710/01, StV 2002, 404; OLG Celle 26.6.2012 – 32 Ss 78/12, NStZ 2012, 576 (577); KG 2.8.2012 – (4) 161 Ss 156/12 (191/12), NStZ 2013, 291; *Schaffstein/Beulke/Swoboda* Rn. 793; *Brunner/Dölling* Rn. 15; *Diemer/Schatz/Sonnen/Schatz* Rn. 6; *Eisenberg* JGG Rn. 24; *Ostendorf* Rn. 17.
[19] *Brunner/Dölling* Rn. 11; *Diemer/Schatz/Sonnen/Schatz* Rn. 6.

nicht nur für eine etwaige Überprüfung im Rechtsmittelverfahren relevant, sondern soll vor allem der erzieherischen Bedeutung der Urteilsbegründung für die Durchführung der verhängten Sanktion Rechnung tragen.[20] Das Urteil dient demnach für die mit der Ausführung der Sanktion betrauten Personen (Erziehungsbeistand, Mitarbeiter in der Heimerziehung, im Jugendstrafvollzug und der Jugendarrestanstalt, Bewährungshelfer etc.) als Informationsquelle darüber, worin der Richter die Ursachen für die Straffälligkeit des Angeklagten sieht und wo in der auf das Urteil folgenden Erziehungsarbeit angesetzt werden muss, um diese zu beseitigen (vgl. auch RL Nr. 1 zu § 54).[21] Weiterhin muss die Schilderung des Täters diejenigen Tatsachen enthalten, die für die Sanktionsprognose relevant sind.[22]

7 In der Praxis existiert bisweilen ein etwas einseitiges Bestreben danach, die Urteilsbegründung möglichst „aufhebungsresistent" zu gestalten.[23] Dies darf jedoch nicht dazu führen, dass erzieherisch negative Auswirkungen der gewählten Formulierung außer Acht gelassen oder das Urteil in einer dem Jugendlichen unverständlichen Sprache abgefasst wird.[24] Hier liegt eine besondere Herausforderung, welcher mit Blick auf den Erziehungsgedanken nachzukommen ist. Je eingriffsintensiver die angeordneten Rechtsfolgen sind, desto höher werden die Anforderungen an die Urteilsbegründung.[25] Die Eingriffsintensität richtet sich dabei nicht nach der in § 5 genannten Rangfolge, sondern nach dem materiellen Gehalt der verhängten Sanktion.[26]

8 Der Aufbau der Urteilsgründe entspr. den allg. Vorgaben.[27] Auf die Darstellung des Sachverhalts folgt die Schilderung der Person des Täters, sodann Beweiswürdigung[28] und rechtliche Würdigung.[29] An die rechtliche Würdigung schließt sich bei Heranwachsenden die Begr. der Entscheidung darüber, warum Jugendstrafrecht angewandt wurde, an (§ 105 Abs. 1).[30] Ist der Angeklagte Jugendlicher, muss das Gericht diejenigen Umstände darlegen, die zu einer Bejahung der Strafmündigkeit (§ 3) geführt haben.[31] Die Ausführungen können bei zweifelsfreien Fällen kurz gehalten werden,[32] dürfen aber nicht fehlen,[33] da andernfalls die Revision wegen Verstoßes gegen § 244 Abs. 2 StPO begründet ist.[34] Ausführungen zu §§ 20, 21 StGB sind nur geboten, wenn Zweifel an der uneingeschränkten Schuldfähigkeit bestehen.[35] Im Anschluss an die Ausführungen zur strafrechtlichen Verantwortlichkeit sind Art und Ausmaß der verhängten Sanktion eingehend zu begründen.[36]

---

[20] *Schaffstein/Beulke/Swoboda* Rn. 793; *Brunner/Dölling* Rn. 11.
[21] *Schaffstein/Beulke/Swoboda* Rn. 793; *Dallinger/Lackner* Rn. 1, 4; Diemer/Schatz/Sonnen/*Schatz* Rn. 6; dem steht der Vollzugspraxis entgegen, die sich häufig nicht mit den Aussagen des Urteils auseinandersetzt, *Brunner/Dölling* Rn. 15 mwN; *Meyer,* Richterliche Erwägungen bei der Verhängung von Jugendstrafe und deren Berücksichtigung durch Vollzug und Bewährungshilfe, 1994, S. 78, 80 f., 89, 90 f.
[22] *Brunner/Dölling* Rn. 11; Diemer/Schatz/Sonnen/*Schatz* Rn. 30.
[23] *Eisenberg* JGG Rn. 24.
[24] Diemer/Schatz/Sonnen/*Schatz* Rn. 29; *Eisenberg* JGG Rn. 24 f.; MRTW/*Buhr* Rn. 38; *Ostendorf* Rn. 13.
[25] KG 1.3.2006 – (5) 1 Ss 479/05 (89/05), NStZ 2007, 223 (224); 28.9.2009 – (4) 1 Ss 417/08 (29/09), StV 2011, 582; OLG Celle 26.6.2012 – 32 Ss 78/12, NStZ 2012, 576 (577); KG 15.2.2013 – (4) 121 Ss 296/12 (347/12), StV 2013, 762; *Brunner/Dölling* Rn. 15; Diemer/Schatz/Sonnen/*Schatz* Rn. 39; *Eisenberg* JGG Rn. 25 und 49; *Ostendorf* Rn. 17.
[26] *Ostendorf* Rn. 17.
[27] Diemer/Schatz/Sonnen/*Schatz* Rn. 29; Einzelheiten zum Aufbau bei *Eisenberg* JGG Rn. 28 ff. sowie bei MRTW/*Buhr* Rn. 42 ff.
[28] Zur besonderen Bedeutung der Auseinandersetzung mit der Einlassung des Angeklagte s. *Ostendorf* Rn. 15.
[29] *Brunner/Dölling* Rn. 11 ff.
[30] *Eisenberg* JGG Rn. 30 und 48 mwN; MRTW/*Buhr* Rn. 52; s. dazu auch OLG Celle 26.6.2012 – 32 Ss 78/12, NStZ 2012, 576.
[31] *Brunner/Dölling* Rn. 14; *Eisenberg* JGG Rn. 30; MRTW/*Buhr* Rn. 52.
[32] Diemer/Schatz/Sonnen/*Schatz* Rn. 35; die Beschränkung auf eine Wiedergabe des gesetzlichen Wortlauts wird dabei nur in Ausnahmefällen ausreichend sein, *Eisenberg* JGG Rn. 30.
[33] Diemer/Schatz/Sonnen/*Schatz* Rn. 35.
[34] *Brunner/Dölling* Rn. 14.
[35] *Eisenberg* JGG Rn. 30.
[36] *Brunner/Dölling* Rn. 15; *Eisenberg* JGG Rn. 31; MRTW/*Buhr* Rn. 55.

c) **Besonderheiten bei einzelnen Sanktionen. aa) Erziehungsmaßregel und** 9
Zuchtmittel, §§ 10, 15. Werden Weisungen oder Auflagen gem. §§ 10, 15 verhängt, ist auf eine möglichst präzise Beschreibung der von dem Angeklagten erwarteten Leistungen zu achten.[37] Die Laufzeit der Weisung oder Auflage ist anzugeben.[38] Dies gilt auch für eine AnO gem. § 12 Nr. 1.[39] Eine Verweisung der Auswahl und AnO von Erziehungsmaßregeln an das Familiengericht gem. § 53 ist zu begründen.[40] Werden Zuchtmittel verhängt, so ist entspr. dem Verhältnismäßigkeitsgrundsatz sowie dem Subsidiaritätsprinzip zu erörtern, warum Erziehungsmaßregeln allein nicht für ausreichend erachtet wurden (§ 5 Abs. 2).[41] Ggf. sind Art und Dauer des verhängten Jugendarrests zu begründen.[42] Die Voraussetzungen des § 16a sind zu erörtern.[43] Einer Begr., warum Jugendstrafe nicht geboten ist, bedarf es hingegen nicht.[44]

bb) Jugendstrafe. Die Jugendstrafe als schärfste Sanktion des JGG bedarf stets einer 10 besonders eingehenden Begr.[45] Dies gilt insbes. für das Vorliegen schädlicher Neigungen.[46] Das Urteil muss dazu Stellung nehmen, warum Erziehungsmaßregeln und Zuchtmittel nicht ausgereicht haben.[47] Die Entscheidung über eine Aussetzung der Jugendstrafe zur Bewährung (§ 21) ist zusammen mit der Verhängung der Jugendstrafe in den Tenor aufzunehmen, falls eine Aussetzung erfolgt (s. § 260 Abs. 4 S. 4 StPO iVm § 57 Abs. 4).[48] Alle weiteren mit der Aussetzungen zusammenhängenden Entscheidungen (§§ 22, 23) ergehen in einem gesonderten Beschluss. Wird die Jugendstrafe nicht zur Bewährung ausgesetzt, so ist dies nicht in den Tenor aufzunehmen;[49] die Gründe hierfür sind jedoch, sofern eine Aussetzungsentscheidung rechtlich möglich gewesen wäre, in der Urteilsbegründung darzulegen.[50] Soll die Entscheidung über die Bewährung einem späteren Beschluss vorbehalten bleiben (sog. Vorbewährung, § 61 ff.), ist dies in den Tenor aufzunehmen.[51]

cc) Aussetzung der Verhängung der Jugendstrafe, § 27. Wird die Verhängung der 11 Jugendstrafe gem. § 27 ausgesetzt, so erfolgt im Tenor lediglich ein Schuldspruch sowie die Feststellung, dass die Entscheidung über die Verhängung einer Jugendstrafe zur Bewährung ausgesetzt wird.[52] Die mit der Bewährung zusammenhängenden Entscheidungen, insbes. die Dauer der Bewährungszeit (§ 28), werden in einem gesonderten Beschluss getroffen

---

[37] *Brunner/Dölling* Rn. 4; *Diemer/Schatz/Sonnen/Schatz* Rn. 14; *Eisenberg* JGG Rn. 13; *MRTW/Buhr* Rn. 13 und 18; *Ostendorf* Rn. 6 f.; die Bestimmtheit der angeordneten Weisungen und Auflagen ist insbes. in Ansehung eines ggf. drohenden Ungehorsamsarrests (§§ 11 Abs. 3, 15 Abs. 3) von besonderer Bedeutung. Bei unbestimmten Weisungen und Auflagen wird dieser häufig als unzulässig erachtet, vgl. *Eisenberg* JGG § 11 Rn. 16; *Dölling* ZJJ 2014, 92 (94); LG Bielefeld 4.2.2000 – Qs 81/2000 III, Qs 81/00 III, StV 2001, 175.
[38] *Diemer/Schatz/Sonnen/Schatz* Rn. 14; *Eisenberg* JGG Rn. 13; *MRTW/Buhr* Rn. 13; *Ostendorf* Rn. 6; s. dazu auch OLG Braunschweig 13.6.2012 – Ss 19/12, NStZ 2012, 575.
[39] *MRTW/Buhr* Rn. 15; *Ostendorf* Rn. 6.
[40] *Diemer/Schatz/Sonnen/Schatz* Rn. 20; *Eisenberg* JGG Rn. 32; *MRTW/Buhr* Rn. 57.
[41] *Diemer/Schatz/Sonnen/Schatz* Rn. 40; *Eisenberg* JGG Rn. 33; *MRTW/Buhr* Rn. 59.
[42] *MRTW/Buhr* Rn. 59.
[43] *Diemer/Schatz/Sonnen/Schatz* Rn. 40; *MRTW/Buhr* Rn. 59; dies scheint in der Praxis bisher zu wenig zu geschehen, vgl. nur die in ZJJ 2014, 394 ff. abgedruckten Urteile mit entspr. Anm. *Eisenberg*.
[44] *Eisenberg* JGG Rn. 33; *Ostendorf* Rn. 17; *MRTW/Buhr* Rn. 59; aA *Diemer/Schatz/Sonnen/Schatz* Rn. 40.
[45] OLG Frankfurt a. M. 25.11.2013 – 1 Ss 322/13, StV 2014, 743; *Brunner/Dölling* Rn. 15; *Ostendorf* Rn. 17; ausf. mit Bsp. *Diemer/Schatz/Sonnen/Schatz* Rn. 56.
[46] OLG Hamm 7.12.1999 – 2 Ss 1237/99, StV 2001, 177; *Brunner/Dölling* Rn. 15; *Diemer/Schatz/Sonnen/Schatz* Rn. 41 mwN; *MRTW/Buhr* Rn. 61; ob die Jugendstrafe wegen schädlicher Neigungen oder wegen Schwere der Schuld verhängt wurde, gehört nicht in den Tenor, sondern lediglich in die Urteilsgründe (*Eisenberg* JGG Rn. 17).
[47] *Brunner/Dölling* Rn. 15; *Eisenberg* JGG Rn. 35; *MRTW/Buhr* Rn. 61.
[48] *Diemer/Schatz/Sonnen/Schatz* Rn. 18; *Eisenberg* JGG Rn. 19; *MRTW/Buhr* Rn. 26; *Ostendorf* Rn. 9.
[49] *Eisenberg* JGG Rn. 19; *MRTW/Buhr* Rn. 26.
[50] OLG Hamm 7.12.1999 – 2 Ss 1237/99, StV 2001, 177; *Diemer/Schatz/Sonnen/Schatz* Rn. 42; *Eisenberg* JGG Rn. 36 f.; *MRTW/Buhr* Rn. 61; *Ostendorf* Rn. 9.
[51] *Diemer/Schatz/Sonnen/Schatz* Rn. 19.
[52] *MRTW/Buhr* Rn. 20.

(§§ 58 Abs. 1, 62 Abs. 4).⁵³ Die im Nachverfahren zu treffende Entscheidung enthält für den Fall, dass eine Jugendstrafe verhängt wird, keinen Widerruf der Aussetzung, vielmehr wird lediglich auf Jugendstrafe erkannt.⁵⁴

12 dd) **Einbeziehung einer rechtskräftigen Entscheidung, § 31 Abs. 2.** Wird eine rechtskräftige Entscheidung in die aktuelle Verurteilung gem. § 31 Abs. 2 einbezogen, ist dies zwingend im Tenor festzuhalten.⁵⁵ Dabei müssen das bzw. die einbezogenen Urteile, nicht aber die zugrunde liegenden Taten, im Tenor genau bezeichnet werden.⁵⁶ Soll eine bereits verhängte Rechtsfolge trotz Einbeziehung aufrechterhalten werden, muss sie erneut im Tenor ausgesprochen werden.⁵⁷ Bei Festsetzung einer neuen Einheitsjugendstrafe muss eine bereits aufgrund der alten Verurteilung verbüßte Jugendstrafe zwingend auf die neue Einheitsjugendstrafe angerechnet werden (§ 2 Abs. 2 iVm § 51 Abs. 2 StGB).⁵⁸ Die Anrechnung erfolgt jedoch nicht im Tenor.⁵⁹

13 ee) **Anrechnung von UHaft; Sonstiges.** Bei Anrechnung bereits erlittener UHaft ist zwischen Jugendarrest und Jugendstrafe zu differenzieren. Bei Verhängung von Jugendarrest lautet der Tenor zunächst wie üblich, aber die wegen der erlittenen UHaft (teilw.) unterbleibende Vollstreckung (§ 52) wird sodann im Tenor festgesetzt.⁶⁰ Die Anrechnung der UHaft auf Jugendstrafe ist hingegen nicht in den Tenor aufzunehmen, da sie gem. § 52a S. 1 von Gesetzes wegen erfolgt.⁶¹ Etwas anderes gilt, wenn die Anrechnung gem. § 52a S. 2 unterbleibt; dies ist im Tenor auszusprechen⁶² und im Urteil zu begründen.⁶³ Im Fall einer Verurteilung gem. § 27 erfolgt die etwaige Anrechnung der UHaft erst im Nachverfahren.⁶⁴

14 Besonders eingehender Begr. bedürfen aufgrund ihrer Eingriffsintensität Maßregeln der Besserung und Sicherung⁶⁵ sowie Entscheidungen nach § 5 Abs. 3.⁶⁶

15 **2. Urteilsverkündung.** Die Urteilsverkündung selbst bietet dem Richter die Möglichkeit, dem Angekl. noch einmal eindrücklich das Unrecht seiner Tat vor Augen zu führen und ihm den Sinn und Zweck der verhängten Sanktionen zu erläutern.⁶⁷ Um das erzieherische Potential dieses Vorgangs so effektiv wie möglich zu nutzen, empfiehlt sich eine den Jugendlichen direkt ansprechende Fassung des Urteilsspruchs (im Gegensatz zu der sonst üblichen und auch in der schriftlichen Urteilsbegründung erforderlichen Fassung in der dritten Person);⁶⁸ entscheidend ist eine respektvolle Ansprache.

---

⁵³ MRTW/*Buhr* Rn. 20.
⁵⁴ Diemer/Schatz/Sonnen/*Schatz* Rn. 17; *Eisenberg* JGG Rn. 16; MRTW/*Buhr* Rn. 24.
⁵⁵ MRTW/*Buhr* Rn. 28.
⁵⁶ BGH 25.8.1987 – 4 StR 224, 87, bei *Böhm* NStZ 1988, 490 (492); Diemer/Schatz/Sonnen/*Schatz* Rn. 21; *Eisenberg* JGG Rn. 20 f.; MRTW/*Buhr* Rn. 28.
⁵⁷ *Eisenberg* JGG Rn. 20a; MRTW/*Buhr* Rn. 28.
⁵⁸ Brunner/Dölling Rn. 8.
⁵⁹ BGH 14.11.1995 – 1 StR 483/95, BGHSt 41, 315 = NJW 1996, 865 = NStZ 1996, 279 m. zust. Anm. *Brunner*; Brunner/Dölling Rn. 8; differenzierend *Eisenberg* JGG Rn. 20b: Ausspruch im Tenor kann der „erzieherischen Klarheit dienlich sein"; ebenso MRTW/*Buhr* Rn. 34.
⁶⁰ Brunner/Dölling Rn. 9; Diemer/Schatz/Sonnen/*Schatz* Rn. 26; *Eisenberg* JGG Rn. 21; MRTW/*Buhr* Rn. 33.
⁶¹ Brunner/Dölling Rn. 9; Diemer/Schatz/Sonnen/*Schatz* Rn. 27; aA *Ostendorf* Rn. 12; etwas anders *Eisenberg* JGG Rn. 22: Aufnahme in den Tenor kann unterbleiben, wenn Anrechnung v. Gesetzes wegen erfolgt; ebenso MRTW/*Buhr* Rn. 34.
⁶² Brunner/Dölling Rn. 9; *Eisenberg* JGG Rn. 22.
⁶³ *Eisenberg* JGG Rn. 40.
⁶⁴ Brunner/Dölling Rn. 9; Diemer/Schatz/Sonnen/*Schatz* Rn. 16.
⁶⁵ Diemer/Schatz/Sonnen/*Schatz* Rn. 43; *Ostendorf* Rn. 17.
⁶⁶ Diemer/Schatz/Sonnen/*Schatz* Rn. 43; *Eisenberg* JGG Rn. 35; *Ostendorf* Rn. 17; s. auch BGH 20.5.2003 – 4 StR 152/03, NStZ 2004, 296.
⁶⁷ Schaffstein/Beulke/Swoboda Rn. 794; Diemer/Schatz/Sonnen/*Schatz* Rn. 51.
⁶⁸ Schaffstein/Beulke/Swoboda Rn. 794; *Streng* Rn. 228; Hauber/Mayer-Rosa Zbl 1983, 484 (493); Dallinger/Lackner Rn. 25; die rechtliche Zulässigkeit dieses Vorgehens ergibt sich aus RL Nr. 2 zu § 54; differenzierend *Eisenberg* JGG Rn. 43; aA unter Verweis auf § 268 Abs. 2 S. 1 StPO Diemer/Schatz/Sonnen/*Schatz* Rn. 51; *Ostendorf* Rn. 20; krit. auch MRTW/*Buhr* Rn. 67.

Abs. 2 erlaubt eine im Vergleich zu § 268 StPO verkürzte mündliche Urteilsbegründung, **16** wenn im Fall einer ausführlichen Begründung erzieherische Nachteile für den Angeklagten zu befürchten wären. Ein Ausschluss des Angeklagten während der Verkündung ist nicht vorgesehen (vgl. § 51 Abs. 1).[69] Entscheidet sich der Richter für eine eingeschränkte Verkündung, so betrifft dies zwangsläufig alle Verfahrensbeteiligten.[70] Auch deswegen und weil der erzieherisch kontraproduktive Eindruck von „Heimlichtuerei" beim Angeklagten unbedingt zu vermeiden ist, sollte Abs. 2 nur zurückhaltend angewandt werden.[71]

Am Ende der mündlichen Urteilsverkündung steht die Rechtsmittelbelehrung (§ 35a **17** StPO), sofern nicht auf Rechtsmittel verzichtet wird.[72] § 70a ist zu beachten, auf die Beschränkung nach § 55 Abs. 1 und 2 ist hinzuweisen.[73] Die Belehrung darf aus Gründen der Rechtsstaatlichkeit auch dann nicht entfallen, wenn dies erzieherisch sinnvoll wäre.[74] Ein etwaiger Bewährungsbeschluss wird gem. § 268a Abs. 1 StPO mit dem Urteil verkündet. Im Übrigen gelten die allg. Vorschriften (§§ 268a Abs. 2, 3, 268c, 268d StPO).

3. Mitteilung der schriftlichen Urteilsgründe. Abs. 2 gilt auch für die schriftliche **18** Urteilsbegründung.[75] Die Entscheidung über eine verkürzte Mitteilung der Urteilsgründe trifft der Vorsitzende des erkennenden Gerichts.[76] In diesem Fall erhält der jugendliche Angeklagte nur einen Urteilsauszug.[77] Dies ist auf der Ausfertigung zu vermerken.[78] Um jedoch das Vertrauen des Jugendlichen in die Transparenz der Entscheidung nicht zu gefährden und vor dem Hintergrund, dass in der Praxis kaum eindeutig zu beurteilen sein dürfte, unter welchen Voraussetzungen von einer vollumfänglichen Mitteilung tatsächlich erzieherisch nachteilige Wirkungen zu erwarten sind, ist von Abs. 2 nur in begründeten Ausnahmefällen Gebrauch zu machen.[79]

Erziehungsberechtigte bzw. der gesetzliche Vertreter (§ 67 Abs. 2) haben stets ein Recht **18a** auf vollständige Mitteilung.[80] Selbiges gilt für Heranwachsende, auf die Abs. 2 gem. § 109 Abs. 2 S. 1 nicht zur Anwendung kommt.[81]

III. Revision

Für eine auf die Sachrüge gestützte Revison gelten im Jugendstrafrecht grds. die Regeln **19** des allg. Strafrechts. Das Urteil ist daher im Wege der Sachrüge angreifbar, wenn der festgestellte Sachverhalt die rechtliche Würdigung nicht trägt oder wenn die Feststellungen nicht lückenlos oder widersprüchlich sind.[82] Diese Anforderungen gelten im Jugendstrafrecht auch für die gem. § 54 über § 267 StPO hinausgehenden Begründungserfordernisse, dh. die Schilderung der Täterpersönlichkeit, die Ausführungen zur Strafmündigkeit bei Jugendlichen (§ 3) bzw. zur Auswahl des angewandten Rechts bei Heranwachsenden (§ 105

---

[69] *Brunner/Dölling* Rn. 18; *Diemer/Schatz/Sonnen/Schatz* Rn. 52; *Eisenberg* JGG Rn. 42; MRTW/*Buhr* Rn. 69; *Ostendorf* Rn. 21.
[70] *Streng* Rn. 228; *Diemer/Schatz/Sonnen/Schatz* Rn. 52.
[71] LBN/*Nestler* Rn. 368; *Meier/Rössner/Schöch* Rn. 40; *Streng* Rn. 228; *Eisenberg* JGG Rn. 45a; *Ostendorf* Rn. 21.
[72] *Brunner/Dölling* Rn. 18.
[73] *Diemer/Schatz/Sonnen/Schatz* Rn. 53; MRTW/*Buhr* Rn. 72; *Ostendorf* Rn. 22.
[74] *Brunner/Dölling* Rn. 18; *Diemer/Schatz/Sonnen/Schatz* Rn. 53; *Eisenberg* JGG Rn. 44 mwN; *Ostendorf* Rn. 22 und Grdl. z. §§ 46 und 54 Rn. 5.
[75] *Eisenberg* JGG Rn. 45.
[76] *Eisenberg* JGG Rn. 45; MRTW/*Buhr* Rn. 73; *Ostendorf* Rn. 23.
[77] LBN/*Nestler* Rn. 368.
[78] *Brunner/Dölling* Rn. 19; *Diemer/Schatz/Sonnen/Schatz* Rn. 48; *Eisenberg* JGG Rn. 45; MRTW/*Buhr* Rn. 73; *Ostendorf* Rn. 23.
[79] *Eisenberg* JGG Rn. 45a; *Dallinger/Lackner* Rn. 26; *Diemer/Schatz/Sonnen/Schatz* Rn. 47; MRTW/*Buhr* Rn. 73; *Ostendorf* Rn. 23.
[80] LBN/*Nestler* Rn. 368; *Brunner/Dölling* Rn. 19; *Dallinger/Lackner* Rn. 27; *Eisenberg* JGG Rn. 46; MRTW/*Buhr* Rn. 74; *Ostendorf* Rn. 23.
[81] *Brunner/Dölling* Rn. 19; *Diemer/Schatz/Sonnen/Schatz* Rn. 54.
[82] BGH 19.8.1993 – 4 StR 627/92, BGHSt 39, 291= NStZ 1993, 592 (594); KK/*Gericke* StPO § 344 Rn. 25 ff.; *Meyer-Goßner/Schmitt/Meyer-Goßner* StPO § 337 Rn. 21; *Pfeiffer* StPO § 344 Rn. 6.

Abs. 1) sowie die erzieherische Begr. der gewählten Sanktion.[83] Ein Verstoß hiergegen ist ein sachlich-rechtlicher Fehler, der idR zur Aufhebung des Urteils führen wird.[84] Dass der BGH einen Verstoß gegen das Erfordernis, in der Urteilsbegründung die angewandten Strafvorschriften zu nennen, als „ausnahmsweise hinnehmbar" bezeichnet hat, weil auf den Angeklagten Jugendstrafrecht angewandt wurde,[85] ist äußerst bedenklich.[86]

20 Die Aufklärungsrüge unterliegt den allg. Regeln.[87] Zur (eingeschränkten) Anwendbarkeit von § 354 Abs. 1a S. 1, S. 2, Abs. 1b StPO im Jugendstrafrecht s. ausf. *Eisenberg* JGG Rn. 52 ff. mwN.

Dritter Unterabschnitt. Rechtsmittelverfahren

§ 55 Anfechtung von Entscheidungen

(1) ¹Eine Entscheidung, in der lediglich Erziehungsmaßregeln oder Zuchtmittel angeordnet oder die Auswahl und Anordnung von Erziehungsmaßregeln dem Familiengericht überlassen sind, kann nicht wegen des Umfangs der Maßnahmen und nicht deshalb angefochten werden, weil andere oder weitere Erziehungsmaßregeln oder Zuchtmittel hätten angeordnet werden sollen oder weil die Auswahl und Anordnung der Erziehungsmaßregeln dem Familiengericht überlassen worden sind. ²Diese Vorschrift gilt nicht, wenn der Richter angeordnet hat, Hilfe zur Erziehung nach § 12 Nr. 2 in Anspruch zu nehmen.

(2) ¹Wer eine zulässige Berufung eingelegt hat, kann gegen das Berufungsurteil nicht mehr Revision einlegen. ²Hat der Angeklagte, der Erziehungsberechtigte oder der gesetzliche Vertreter eine zulässige Berufung eingelegt, so steht gegen das Berufungsurteil keinem von ihnen das Rechtsmittel der Revision zu.

(3) Der Erziehungsberechtigte oder der gesetzliche Vertreter kann das von ihm eingelegte Rechtsmittel nur mit Zustimmung des Angeklagten zurücknehmen.

(4) Soweit ein Beteiligter nach Absatz 1 Satz 1 an der Anfechtung einer Entscheidung gehindert ist oder nach Absatz 2 kein Rechtsmittel gegen die Berufungsentscheidung einlegen kann, gilt § 356a der Strafprozessordnung entsprechend.

Schrifttum: *Albrecht,* Ist das deutsche Jugendstrafrecht noch zeitgemäß? Gutachten D zum 64. Deutschen Juristentag, Berlin, 2002; *d'Alquen/Daxhammer/Kudlich,* Wirksamkeit des Rechtsmittelverzichts eines jugendlichen Angeklagten unmittelbar im Anschluss an die Urteilsverkündung?, StV 2006, 220; *Altenhain,* Anm. z. BGH, Beschl. v. 9.5.2006 – 1 StR 57/06, NStZ 2007, 283; *Bode,* das Wahlrechtsmittel im Strafverfahren, Diss. Potsdam 2000; *Baumann,* Das strafprozessuale Verbot der reformatio in peius und seine Besonderheiten im Jugendstrafrecht, Diss. Augsburg 1998; *Bottke,* Zur Ideologie und Teleologie des Jugendstrafverfahrens, ZStW 95 (1983), 69; *Burscheidt,* Das Verbot der Schlechterstellung Jugendlicher und Heranwachsender gegenüber Erwachsenen in vergleichbarer Verfahrenslage, Diss. Heidelberg, 2000; *Dallinger,* § 357 StPO und die Rechtsmittelbeschränkung des § 55 Abs. 2 JGG; *Eisenberg,* Zur Begrenzung der Nichtanfechtbarkeit jugendgerichtlicher Entscheidungen gemäß § 55 S. 1 JGG, FS Weber 2004, 505; *ders,* Anm. z. LG Mainz, Beschl. v. 15.8.1983 – 3 Js 5722/82 jug – 3 Ns, NStZ 1984, 121; *ders,* Anm. z. BGH, Beschl. v. 10.6.2013 – 1 StR 278/13, StraFo 2013, 430; *Eschelbach/Geipel/Weiler,* Anhörungsrügen, StV 2010, 325; *Flöh,* Die Anrechnung der Untersuchungshaft auf Jugendarrest und Jugendstrafe, Diss. Passau 1995; *Fahl,* Der Deal im Jugendstrafverfahren und das sog. Schlechterstellungsverbot, NStZ 2009, 613; *Geisler,* Reformbedarf im Jugendstrafrecht? – Anmerkungen aus der Praxis zur „notwendigen" Verteidigung im Jugendstrafverfahren bei Verbrechensvorwurf, NStZ 2002, 449; *Grethlein,* Die Problematik des Verschlechterungsverbots im Hinblick auf die besonderen Maßnahmen des Jugendrechts, 1963; *Hanft,* Ausbildungsrelevante Besonderheiten in Strafverfahren gegen Jugendliche und Heranwachsende, Jura 2008, 368; *Loos,* Anm. zu LG Hamburg, Beschl. v. 4.3.1980 – 1 Ws 51/80, NStZ 1981, 363; *Meyer-Goßner,* Revisionserstreckung und Jugendstrafrecht, FS Eisenberg, 2009, 399; *Mohr,* Zur Problematik

---

[83] OLG Celle 24.8.2016 – 2 Ss 94/16; Diemer/Schatz/Sonnen/*Schatz* Rn. 54.
[84] OLG Hamm 4.3.2003 – 1 Ss 654/03, StraFo 2004, 213; KG 1.3.2006 – (5) 1 Ss 479/05 (89/05), NStZ 2007, 223 (224); OLG Celle 26.6.2012 – 32 Ss 78/12, NStZ 2012, 576 (577); KG 2.8.2012 – (4) 161 Ss 156/12 (191/12), NStZ 2013, 291; Diemer/Schatz/Sonnen/*Schatz* Rn. 54; MRTW/*Buhr* Rn. 75.
[85] BGH 13.12.2006 – 2 StR 442/06, BeckRS 2007, 01327.
[86] Ähnlich Diemer/Schatz/Sonnen/*Schatz* Rn. 59; *Eisenberg* JGG Rn. 47.
[87] S. dazu nur Meyer-Goßner/Schmitt/*Meyer-Goßner* StPO § 244 Rn. 80 ff.

der Verbindung von Jugend- und Erwachsenenstrafverfahren, JR 2006, 499; *Momsen*, Die Rechtsmittel in Jugendstrafsachen – Beschränkung oder Vereinheitlichung?, ZJJ 2004, 49; *Nothacker*, Zur besonderen Beschränkung der Rechtsmittel im Jugendstrafverfahren (§ 55 JGG), GA 1983, 451; *Ostendorf*, Der Ausschluss eines Rechtsmittels in Jugendstrafsachen gemäß § 55 Abs. 1 JGG – rechtsstaatswidrig und dementsprechend reformbedürftig, ZJJ 2016, 120; *Peglau*, Rechtsmittelverzicht durch unverteidigten Angeklagten im Falle notwendiger Verteidigung, NStZ 2002, 464; *Penkuhn*, Ist die Rechtsmittelbeschränkung im Jugendstrafrecht noch zeitgemäß?, ZJJ 2014, 371; *Prittwitz*, Scheinbegünstigung und Scheinfürsorge, Zur Erstreckung begünstigender Revisionsentscheidungen auf frühere nach JGG verurteilte Mitangeklagte, §§ 357 StPO, 55 Abs. 2 JGG, StV 2007, 52; *Radtke*, Anm. z. Urt. BGH v. 10.7.2013 – 1 StR 278/13, NStZ 2013, 660; *Rogall*, Anm. z. HansOLG Hamburg, Beschl. v. 31.1.1996 – 1 Ws 29/96, StV 1998, 643; *Röhling*, Übertragbarkeit der Rechtsmittelbeschränkung des § 55 II JGG auf das Erwachsenenstrafrecht?, ZRP 2009, 17; *Rose*, Wenn die (Jugend-)Strafe nicht auf dem Fuße folgt: Die Auswirkung von Verfahrensverzögerungen im Jugendstrafverfahren, NStZ 2013, 315 f.; *Satzger*, Überlegungen zur Anwendbarkeit des § 357 StPO auf nach Jugendstrafrecht Verurteilte – gibt es einen abweichenden Maßstab für Gerechtigkeit gegenüber Jugendlichen?, FS Böttcher, 2007, 175; *Schäfer*, Das Berufungsverfahren in Jugendsachen, NStZ 1998, 330; *Schaumann*, Die Rechtsmittelbeschränkung des § 55 JGG, Diss. Göttingen, 2001; *Sengbusch/Schwarz*, Zur Wirksamkeit von Strafanträgen minderjähriger Verletzter, NStZ 2006, 673; *Swoboda*, Zur Frage einer Revisionserstreckung trotz Revisionsausschlusses im Jugendstrafverfahren, HRRS 2007, 376; *Zieger*, Verteidigung in Jugendstrafsachen, 6. Aufl. 2013, Rn. 224 ff.

Übersicht

	Rn.		Rn.
I. Grundlagen	1–12	a) Allgemeines	54
1. Historische Entwicklung	1–3	b) Streitfälle	55–57
2. Inhalt und Zweck der Norm	4	2. Voraussetzungen	58–65
3. Kritik	5–11	a) Unzulässige Anfechtungsziele	59, 60
4. Rechtspraxis	12	b) Zulässige Anfechtungsziele	61–65
II. Allgemeines Rechtsmittelrecht im Jugendstrafverfahren	13–51b	3. Erforderliches Rügevorbringen	66–69
		a) Berufung	67, 68
1. Anfechtungsberechtigung	14–15b	b) Revision	69
2. Teilanfechtung, Verzicht, Rücknahme	16–24	4. Rechtsfolgen	70–73
a) Teilanfechtung	17–21	a) Allgemeines	70–72
b) Rechtsmittelverzicht und -rücknahme	22–24	b) Entscheidungsbefugnis des Rechtsmittelgerichts	73
3. Ausbleiben in der Berufungsverhandlung	25–26	**V. Instanzielle Rechtsmittelbeschränkung gem. Abs. 2**	74–94
4. Verschlechterungsverbot	27–49	1. Reichweite	75–88c
a) Anwendungsbereich	28–33	a) In Bezug auf Anfechtungsberechtigte	75, 76
b) Beurteilungsmaßstab	34–34b	b) In sachlicher Hinsicht	77–87
c) Sanktionen im Vergleich	35–49	c) Heranwachsende	88–88c
5. Wiederaufnahme	50–51b	2. Ausübung des Wahlrechts	89, 90
III. Anwendungsbereich	52–53	3. Entscheidungen des Rechtsmittelgerichts	91–94
IV. Sachliche Rechtsmittelbeschränkung gem. Abs. 1	54–73	a) Verwerfung als unzulässig	92
1. Reichweite	54–57	b) Keine Revisionserstreckung gem. § 357 StPO	93, 94
		VI. Anhörungsrüge gem. Abs. 4	95, 96

I. Grundlagen

1. Historische Entwicklung. Bereits das RJGG von 1923 kannte in § 35 Abs. 1 eine 1 dem heutigen § 55 Abs. 1 JGG inhaltlich sehr nahe kommende **sachliche Rechtsmittelbeschränkung,** wobei seinerzeit ein Ausschluss der Anfechtbarkeit wegen des Umfangs einzelner Erziehungsmaßnahmen noch nicht vorgesehen war.[1] In der Zeit des Nationalsozialismus wurde der Ausschluss der Anfechtbarkeit in bedenklichem Maße ausgeweitet. § 40 RJGG von 1943 ließ die Anfechtung eines Urteils, in dem lediglich Zuchtmittel oder Erziehungsmaßregeln angeordnet wurden oder deren Auswahl und Anordnung (damals noch) dem Vormundschaftsrichter überlassen war, nur zu, wenn gleichzeitig eine Anord-

---

[1] MRTW/*Laue* Rn. 8.

nung von Fürsorgeerziehung erfolgte oder die Anfechtung auf eine Bestrafung des Angeklagten abzielte. Die Beschränkung der Anfechtungsmöglichkeiten im Jugendstrafverfahren entsprach ganz der damals vorherrschenden **rechtspolitischen Tendenz,** die Rechtsmittel – vor allem solche zugunsten des Angeklagten – weitgehend zu begrenzen.

2   Zwar wandte sich der Gesetzgeber der Bundesrepublik von dieser mit rechtsstaatlichen Grundsätzen nicht zu vereinbarenden[2] weiten Einengung der Anfechtbarkeit wieder ab; dennoch stellte die Neufassung des Jugendgerichtsgesetzes vom 4.8.1953 mit § 55 Abs. 1 JGG eine Verschärfung[3] gegenüber der Regelung von 1923 dar. Insbesondere bezog sich der Anfechtungsausschluss nun auch auf den Umfang der Maßnahmen und war auch nicht mehr nur auf Urteile beschränkt. Nach dem Vorbild einer entsprechenden Verordnung des Reichspräsidenten von 1932 wurde zugleich mit § 55 Abs. 2 die bis heute unverändert gebliebene **instanzielle Rechtsmittelbeschränkung** eingeführt. Sie schränkte die Anfechtungsmöglichkeiten weiter ein, hier sogar unabhängig davon, um welche jugendstrafrechtliche Sanktion es sich handelte.

3   Um einen Gleichlauf mit der Regelung des § 302 Abs. 1 S. 3 StPO herzustellen, wonach die StA ein von ihr zugunsten des Angeklagten eingelegtes Rechtsmittel nur mit dessen Zustimmung zurücknehmen darf, wurde mit Wirkung zum 1.1.1975 **Abs. 3** eingeführt, der aus Vertrauensschutzgründen die Rücknahme eines vom Erziehungsberechtigten oder gesetzl. Vertreter eingelegten Rechtsmittels ebenfalls von der **Zustimmung des Jugendlichen** abhängig macht. **Abs. 4** wurde im Zuge des Gesetzes über die Rechtsbehelfe bei **Verletzung des Anspruchs auf rechtliches Gehör** vom 4.9.2004 erlassen und trat zum 1.1.2005 in Kraft.[4]

4   **2. Inhalt und Zweck der Norm.** Mangels entgegenstehender Regelung gelten für das Rechtsmittelrecht im Verfahren gegen Jugendliche grds. die Vorschriften des **allgemeinen Strafverfahrensrechts, § 2 Abs. 2.** In Abweichung dazu sieht § 55 sowohl eine **sachliche (Abs. 1)** wie auch eine **instanzielle (Abs. 2) Einschränkung** für die Anfechtbarkeit von jugendgerichtlichen Entscheidungen vor, die jeweils der **Beschleunigung des Verfahrensabschlusses**[5] dienen sollen, vgl. nur RLJGG zu § 55 Nr. 1 S. 1. So gehen bereits die Gesetzesmaterialien zum JGG von der Annahme aus, dass im Jugendstrafverfahren ein gegenüber dem allgemeinen Strafverfahren besonderes Bedürfnis besteht, Verfahren möglichst zügig rechtskräftig abzuschließen. Dem liegt die Vorstellung zu Grunde, dass jugendstrafrechtliche Sanktionen nur dann ihre notwendige erzieherische Wirkung entfalten können, wenn sie sobald wie möglich auf die Tat folgen[6] und der Jugendliche noch nicht seine innere Beziehung zur Tat verloren hat.[7]

5   **3. Kritik.** Diese Begründung ist allerdings aus rechtlichen wie empirischen Gründen **zweifelhaft.** Zum einen sind Intensität und Ausmaß der behaupteten **erziehungsfeindlichen (zusätzlichen) Verfahrensverzögerung** bei erweiterten Rechtsmittelbefugnissen **zu relativieren.** Zwischen Tatbegehung einerseits und erstinstanzlicher Verurteilung nach entsprechenden Ermittlungen andererseits wird zwangsläufig ein gewisser Zeitraum vergehen, so dass allein auf Grund der Verfahrenswirklichkeit die Maßnahmen des JGG häufig nicht in unmittelbarem Zusammenhang mit der Tat angeordnet werden (können).[8] Dies gilt umso mehr, wenn sich an das amtsgerichtliche noch ein Berufungsverfahren anschließt.[9]

---

[2] BT-Drs. 1/3264, 46.
[3] Dazu *Eisenberg* FS Weber, 2004, 505 (507).
[4] Zur geschichtl. Entwicklung ausführlich *Schaumann* S. 17 ff. sowie Diemer/Schatz/Sonnen/*Schatz* § 55 Rn. 100.
[5] Zum Beschleunigungsgrundsatz allgemein und den Auswirkungen von Verzögerungen im Jugendstrafverfahren *Rose* NStZ 2013, 315 ff. sowie → Einl. Rn. 28 ff.
[6] BT-Drs. 1/3261, 46; sowie dies erneut bekräftigend BVerfG 6.7.2007 – 2 BvR 1824, NStZ-RR 2007, 385 (386); *Ostendorf* ZJJ 2016, 120 (122 f.); *Penkuhn* ZJJ 2014, 371.
[7] Ostendorf/*Schady* Grdl. z. den §§ 55 und 56 Rn. 4; *Streng* JugStrR Rn. 574; ausführl. hierzu auch MRTW/*Laue* § 55 Rn. 2 ff.
[8] Dazu schon *Bottke* ZStW 95 (1983), 69 (102); ebenso Nix/*Nicolai* Rn. 7; *Eisenberg* JGG Rn. 35.
[9] Vgl. *Meyer-Goßner* FS Eisenberg, 2009, 409.

Dem als solchen nicht zu beanstandenden Ziel der Verfahrensbeschleunigung sind also mit anderen Worten ohnehin schon faktische Grenzen gesetzt; dass die Verurteilung in pädagogisch besonders wertvoller Weise tatsächlich „auf dem Fuße folgt", ist also auch de lege lata nur in seltenen Fällen zu erwarten.

Zum anderen kommt das Problem einer **Ungleichbehandlung** gegenüber Erwachsenen, die auf den ersten Blick ungerecht wirkt und daher die beim jugendlichen Straftäter möglicherweise vorhandene ablehnende Einstellung gegenüber staatlichen Autoritäten verstärken kann, hinzu. Das Gefühl der ungerechten Behandlung durch den Staat könnte der erzieherischen „Ansprechbarkeit" des Betroffenen abträglich sein.[10] Im Extremfall droht eine (weitere) Abwertung und Verachtung des Staates und seiner Instanzen, was aus der kriminologischen Forschung als potenziell kriminogene „Neutralisationstechnik" bekannt ist.[11]

Im Gegensatz dazu könnte sich das Erleben eines **fairen Verfahrens,** in dem der jugendliche Straftäter auf **dieselben Rechtsmittelbefugnisse wie ein Erwachsener** zurückgreifen kann, positiv auf die Akzeptanz der Entscheidung und damit auf deren **erzieherischen Erfolg** auswirken.[12] Die von der herrschenden Gegenmeinung ins Feld geführte Befürchtung, eine kritische Überprüfung oder gar Aufhebung der einmal getroffenen staatlichen Entscheidung führe zu Autoritätsverlust,[13] ist mit den Prinzipien eines modernen, entwicklungspsychologisch und pädagogisch jugendgemäß ausgestalteten Jugendstrafrechts, das den konstruktiven Dialog mit dem Jugendlichen sucht, nur schwer in Einklang zu bringen.[14] Der Jugendliche erfährt durch eine umfassende Überprüfung mit all den sich daraus ergebenden Konsequenzen möglicherweise zwar, dass staatliche Autoritäten nicht unfehlbar sind, jedoch lernt er gleichzeitig, dass es ein rechtsstaatliches Verfahren gibt, mit dem (Fehl-)Entscheidungen korrigiert werden können.[15]

Trotz der dargelegten Bedenken hat das **BVerfG** in dem Institut des Wahlrechtsmittels nach Abs. 2 und der damit verbundenen Beschneidung von Rechtsmittelmöglichkeiten keine illegitime Ungleichbehandlung und damit keinen Verstoß gegen den Gleichheitsgrundsatz des Art. 3 Abs. 1 GG gesehen, da „es um der erzieherischen Wirkung willen in besonderem Maße auf eine möglichst baldige rechtskräftige Entscheidung an[komme]."[16] Allein die **erzieherische Zielsetzung** des Jugendstrafrechts soll danach eine ausreichende **Legitimation für die Schlechterstellung des Jugendlichen gegenüber den Erwachsenen** sein.[17] Zur Begründung wird in diesem Zusammenhang vielfach vorgebracht, dass die besondere Lage von jugendl. Straftätern besondere Maßnahmen erforderlich mache. Sie seien als noch junge, in der Entwicklung befindliche Menschen nicht mit Erwachsenen vergleichbar, womit in der Konsequenz auch ein durchgehendes Verbot der Schlechterstellung[18] von Jugendlichen gegenüber Erwachsenen in vergleichbarer Verfahrenslage nicht existiere.[19]

---

[10] In diesem Sinne auch *Neuhaus* NStZ 1990, 140 (141); *Ostendorf* ZJJ 2016, 120 (122) s. dazu auch näher → Einl. Rn. 41.
[11] S. dazu grundlegend *Sykes/Matza* American Sociological Review 1957, 664.
[12] So auch Ostendorf/*Schady* Grdl. z. den §§ 55 und 56 Rn. 4.
[13] *Schaffstein/Beulke/Swoboda* Rn. 805; *Dallinger/Lackner* Rn. 6; *Kaufmann* JZ 1958, 9 (11).
[14] In diese Richtung ebenfalls *Momsen* ZJJ 2004, 49 (55) mwN; ebenso MRTW/*Laue* Rn. 4; *Eisenberg* JGG § 55 Rn. 36.
[15] In diesem Sinne auch *Albrecht* JugStrR S. 388; Ostendorf/*Schady* Grdl. z. den §§ 55 und 56 Rn. 4 aE.
[16] BVerfG 23.9.1987 – 2 BvR 814/87, NStZ 1988, 34.
[17] Diemer/Schatz/Sonnen/*Schatz* § 55 Rn. 6 ff. mit ausführlicher Darstellung mwN; ebenso *Geisler* NStZ 2002, 449 (452).
[18] Diemer/Schatz/Sonnen/*Schatz* § 55 Rn. 6 verweist in diesem Zusammenhang auf die Untauglichkeit der Differenzierung in Schlechter- und Besserstellung, da dies nur bei einem gemeinsamen Bezugsrahmen Sinn ergebe, aber nicht dort, wo es gerade auf eine unterschiedliche Behandlung ankomme. Das kann man bezweifeln, denn als Maßstab (gerade einer auch verfassungsrechtlichen Perspektive) bietet sich das Ausmaß einer Beeinträchtigung von Freiheitsgrundrechten (va Art. 2 Abs. 1 und Abs. 2 GG) an. Der fünfjährige Freiheitsentzug für den Jugendlichen stellt sich vor diesem Hintergrund als klare Schlechterstellung gegenüber einem dreijährigen Freiheitsentzug für einen Erwachsenen dar, auch wenn die Maßnahme im ersten Fall mit einer positiven erzieherischen Wirkung begründet wird. Analog dazu ist vor dem Hintergrund von Art. 2 Abs. 1 GG sowie Art. 19 Abs. 4 GG die Versagung von Rechtsmitteln für Jugendliche im Vergleich zu Erwachsenen eine klare Schlechterstellung, mag sie auch erzieherisch motiviert sein.

8 Zwar ist das **Anliegen** einer aus erzieherischen Gründen gegenüber dem allg. Strafverfahren besonders gebotenen Verfahrensbeschleunigung bei Jugendlichen und Heranwachsenden **nachvollziehbar**.[20] Jedoch scheint insbesondere bei der Rechtsmittelbeschränkung nach Abs. 2 die Vermeidung pädagogischer Nachteile[21] nicht selten gegenüber der verfahrensökonomischen Lenkungsfunktion in den Hintergrund zu treten.[22] Sie kann damit im schlimmsten Fall zu einer ganz offen zu Tage tretenden und eben nicht vorrangig pädagogisch motivierten Schlechterstellung gegenüber Erwachsenen führen.[23] Zu Recht wird daher eine **Streichung der Regelung in Abs. 2 gefordert**.[24]

8a Aber auch die inhaltliche Rechtsmittelbeschränkung des **Abs. 1** ist berechtigter Kritik ausgesetzt; vereinzelt wird ihre Abschaffung[25] gefordert oder zumindest für eine Begrenzung auf nichtstationäre Sanktionen – also insbesondere den Ausschluss des Jugendarrestes – plädiert.[26] Angesichts der tatsächlichen Gerichtspraxis[27] vermag auch die iRd Abs. 1 hinzutretende Begründung, wonach der erstinstanzliche Richter den individuellen Erziehungsbedürfnissen aufgrund seiner besonderen Befähigung (vgl. § 37) am besten für die Sanktionswahl geeignet sei,[28] nicht vollends zu überzeugen.

9 Die Kritik der jugendstrafrechtlichen Literatur hat zumindest teilweise Gehör gefunden. So hat sich mittlerweile auch die vom Bundesjustizministerium eingesetzte **Expertenkommission** in ihrem **Abschlussbericht zur Reform des Strafprozessrechts** für die **Streichung oder Änderung von § 55 Abs. 1 JGG** ausgesprochen.[29] Auch wenn die instanzielle Rechtsmittelbeschränkung (Abs. 2) nicht von dem Reformvorschlag umfasst ist, kann die Empfehlung der Expertenkommission als Schritt in die richtige Richtung gewertet werden. Die vorgebrachten Bedenken zeigen, dass die Vorschrift in Teilen sowohl schwer mit nationalen rechtsstaatlichen Grundsätzen in Einklang zu bringen ist als auch mit diversen internationalen Übereinkommen in Konflikt gerät; exemplarisch sei an dieser Stelle auf Art. 40 Abs. 2 Buchst. b Ziffer V der **Kinderrechtskonvention der Vereinten Nationen** verwiesen.[30] Danach hat jedes Kind, das einer Verletzung der Strafgesetze überführt ist, einen Anspruch darauf, dass diese Entscheidung und alle als Folge davon verhängten Maß-

---

[19] Diemer/Schatz/Sonnen/*Schatz* § 55 Rn. 6; *Schaffstein/Beulke/Swoboda* Rn. 806 sowie allgemein Rn. 575; dazu auch *Grunewald* NStZ 2002, 452 (456); *Beulke* GA 1999, 143 (144); *Streng* JugStrR Rn. 13; *Fahl* NStZ 2009, 613 (615 f. mwN); aA *Burscheidt* S. 31 ff.; auch Ostendorf/*Schady* Grdl. z. den §§ 55 und 56 Rn. 6 aE; Ostendorf/JugStrR Rn. 61; *Albrecht* JugStrR S. 393; LBN Rn. 6; MRTW/*Laue* § 55 Rn. 5.
[20] So letztlich die hM, s. Brunner/Dölling § 55 Rn. 1; Diemer/Schatz/Sonnen/*Schatz* Rn. 3; MRTW/*Laue* Rn. 5; *Eisenberg* JGG Rn. 37; Ostendorf/*Schady* Grdl. z. den §§ 55 und 56 Rn. 4; iE auch *Bode*, der jedoch bei der Verhängung einer JStrafe die durch § 55 Abs. 2 hervorgerufene Beschleunigung nicht für gerechtfertigt hält und darin einen Verstoß gegen den Grundsatz eines rechtsstaatlichen fairen Verfahrens sieht, vgl. *Bode* 2000, S. 119 ff. sowie S. 123.
[21] *Bottke* ZStW 95 (1983), 69 (102).
[22] So auch *Neuhaus* NStZ 1990, 140 (141); *Nothacker* GA 1982, 451 (454 sowie 468); kritisiert wird in diesem Zusammenhang auch, dass die Regelung des Abs. 2 in der Praxis zugunsten der Prozessökonomie zu extensiv angewandt werde, so *Eisenberg/von Wedel* NStZ 1985, 522 (523).
[23] MRTW/*Laue* Rn. 5, der in diesem Zusammenhang auf die intensiv diskutierte Entscheidung des BGH 9.5.2006 – 1 StR 57/06, BGHSt 51, 34 = NStZ 2006, 518 hinweist.
[24] *Meyer-Goßner* FS Eisenberg, 2009, 399 (410); s. auch *Eisenberg* JGG § 55 Rn. 56; im Ergebnis für eine Angleichung an das Erwachsenenstrafrecht *H.-J. Albrecht* 2002, S. 160; für die Schaffung eines Einheitsrechtsmittels *Momsen* ZJJ 2004, 49 (56); zur Frage einer Übertragbarkeit des Wahlrechtsmittels auf das Erwachsenenstrafrecht *Röhling* ZRP 2009, 17 ff.; ausführlich zu den Reformvorschlägen Diemer/Schatz/Sonnen/*Schatz* § 55 Rn. 9; nach *Schäfer* ist Abs. 2 hingegen bereits de lege lata verfassungskonform auszulegen, *Schäfer* NStZ 1998, 330 (335).
[25] Nachweise bei Ostendorf/*Schady* Grdl. z. den §§ 55 und 56 Rn. 6; *Ostendorf* ZJJ 2016, 120.
[26] *Eisenberg* FS Weber, 2004, 505 (516); *Ostendorf* JugStrR Rn. 167; *Schaumann* S. 154; Anmerkung zu OLG Hamm 2.10.2014 – 1 Ws 477/14, NStZ 2016, 106.
[27] *Eisenberg* JGG Rn. 39 sowie → § 37 Rn. 11 f.; hierzu auch *Schaffstein/Beulke/Swoboda* Rn. 586 f.
[28] Dieses Argument zugunsten der sachlichen Rechtsmittelbeschränkung findet sich bereits in der Erläuterung zu § 40 RJGG aus dem Jahre 1943, s. Peters RJGG, 2. Aufl. (1944), § 40 sowie Dallinger/Lackner Rn. 5; dies erneut bestätigend BVerfG 6.7.2007 – 2 BvR 1824/06, NStZ-RR 2007, 385 (386).
[29] *Bundesjustizministerium*, Bericht der Expertenkommission zur effektiveren und praxistauglicheren Ausgestaltung des allgemeinen Strafverfahrens und des jugendgerichtlichen Verfahrens, 2015, S. 173 f. (abrufbar unter www.bjmv.de).
[30] Vgl. auch die Darstellung bei *Ostendorf* ZJJ 2016, 120 (123).

nahmen durch eine zuständige übergeordnete Behörde oder ein zuständiges höheres Gericht entsprechend dem Gesetz nachgeprüft werden.

Auch lässt sich beim **Vergleich der inhaltlichen und der instanziellen Rechtsmittelbeschränkung** ein gewisser **Widerspruch** nicht von der Hand weisen. Denn einerseits werden die besonders eingriffsintensiven Maßnahmen der Hilfe zur Erziehung nach § 12 Nr. 2 sowie die Jugendstrafe aus dem Anwendungsbereich der inhaltlichen Beschränkung des Abs. 1 explizit herausgenommen. Das ist aber nur damit zu erklären, dass bei jenen Sanktionen das Anliegen einer Überprüfung die erzieherische Wirkung eines schnellen Verfahrensabschlusses verdrängt. Gleichwohl ist auch hier das Verfahren auf insg. lediglich zwei Instanzen beschränkt, da Abs. 2 keine diesbezügl. Einschränkung des Anwendungsbereiches vorsieht.[31] Eine überzeugende sachliche Erklärung hierfür lässt sich nur schwer finden.[32] **10**

Abschließend bleibt daher festzuhalten, dass das Jugendstrafrecht nach hier vertretener Auffassung sowohl in materieller wie auch formeller Hinsicht nur dann seine in § 2 Abs. 1 verankerte Aufgabe der erzieherisch sinnvollen Einwirkung erfüllt, wenn seine **täterorientierte und spezialpräventive Ausrichtung** in jedem Stadium des Verfahrens erhalten bleibt und nicht hinter verfahrensökonomischen Erwägungen zurücktritt. Anstelle von (auch aus erzieherischer Sicht letztlich fragwürdigen) Rechtsmittelbeschränkungen sollte das Primat der Erziehung zu einer **verstärkten personellen Ausstattung** der JGerichte und JStaatsanwaltschaften führen. Damit könnte den Ansprüchen des bei Jugendlichen und Heranwachsenden besonders wichtigen Beschleunigungsgebots besser und in rechtsstaatlich unbedenklicher Weise Rechnung getragen werden.[33] **11**

4. Rechtspraxis. Die nachstehende Tabelle, welche auf den Erhebungen des Statistischen Bundesamtes basiert,[34] spiegelt die Rechtswirklichkeit anhand einiger Zahlen für den Zeitraum 1980 bis 2016 wider. Im linken Teil der Tabelle ist die Anzahl der nach Jugendstrafrecht Verurteilten abgebildet, während sich im mittleren und rechten Bereich die Anzahl der vor den Strafgerichten geführten Berufungen und Revisionen findet. Die Jugendkammer umfasst dabei sowohl die große als auch die kleine Jugendkammer. **12**

Jahr	Verurteilungen nach Jugendstrafrecht	Berufungen gegen Urteile des		Revisionen vor dem Oberlandesgericht gegen Urteile		
		Jugendrichters	Jugendschöffengerichts	des Jugendrichters	des Jugendschöffengerichts	der Jugendkammer
1980	132.649	4.886	4.472	136	34	305
1985	119.126	3.874	4.021	101	40	216
1990	77.274	2.759	2.936	36	37	113
1995	76.731	2.514	3.782	22	35	94
2000	93.840	3.223	4.803	44	59	88
2005	106.655	3.492	4.983	46	65	111
2010	108.464	2.870	4.473	41	49	73
2011	102.175	2.863	4.336	43	61	98
2012	91.695	2.533	4.016	40	44	97
2013	81.737	2.300	3.700	37	74	95
2014	72.094	2.176	3.620	45	51	89
2015	65.342	1.849	3.178	41	55	90
2016	61.728	1.854	3.393	43	59	70

---

[31] Dies kann durchaus relevant werden: Wie sich aus § 39 Abs. 2 Alt. 1 JGG ergibt, kann der Jugendrichter trotz der Regelung des § 39 Abs. 1 ausnahmsweise auch Jugendstrafe bis zu einem Jahr verhängen.
[32] Hierzu *Eisenberg* JGG Rn. 36 aE sowie *Nothacker* GA 1982, 451 (453 f.).
[33] In diesem Sinne auch Nix/*Nicolai* Rn. 7.
[34] S. die zusammenfassende Übersicht in Statistisches Bundesamt, Fachserie 10, Reihe 3 (Strafverfolgung), 2016 Tab. 1.2; zu den Berufungen und Revisionen der Jahre 2010 bis 2016 siehe Statistisches Bundesamt, Fachserie 10, Reihe 2.3 (Strafgerichte), jeweils Tab. 5.1 und 8.1.

II. Allgemeines Rechtsmittelrecht im Jugendstrafverfahren

13 Gem. § 2 Abs. 2 richtet sich das Rechtsmittelrecht im Verfahren gegen Jugendliche nach den **allgemeinen Vorschriften** der **§§ 296 ff. StPO, die durch die Sondervorschriften des JGG** und jugendstrafrechtliche Auslegungsgrundsätze[35] ergänzt bzw. beschränkt werden.

14 **1. Anfechtungsberechtigung.** Soweit der **Jugendliche verhandlungsfähig** ist, kann er ohne Bindung an die Maßnahmen der Erziehungsberechtigten oder gesetzlichen Vertreter Rechtsmittel einlegen, unabhängig von seinem Alter oder davon, ob er schuldfähig oder im zivilrechtlichen Sinne geschäftsfähig ist.[36] Im strafrechtlichen Sinne verhandlungsfähig ist, wer „die Fähigkeit hat, in und außerhalb der Verhandlung seine Interessen vernünftig wahrzunehmen, die Verteidigung in verständiger und verständlicher Weise zu führen, Prozesserklärungen abzugeben oder entgegenzunehmen."[37] Wird der Jugendliche noch während offener Revisionsbegründungsfrist volljährig, so kann er ein Rechtsmittel, das die Erziehungsberechtigten oder gesetzlichen Vertreter eingelegt haben, fortführen; das gilt selbst dann, wenn der Jugendliche zuvor auf Rechtsmittel verzichtet hatte.[38] Da die Befugnisse der Erziehungsberechtigten bzw. der gesetzlichen Vertreter mit Eintritt der Volljährigkeit erlöschen, muss der inzwischen volljährig gewordene Jugendliche die Revision dann freilich selbst begründen.[39] Er kann die Erziehungsberechtigten bzw. gesetzlichen Vertreter hierfür jedoch rechtsgeschäftlich bevollmächtigen.[40]

15 Dementsprechend haben bei minderjährigen Tätern auch deren **Erziehungsberechtigte** (§ 67 Abs. 3) und **gesetzliche Vertreter** (§ 298 StPO) ein eigenes Anfechtungsrecht, von dem sie zwar auch gegen den Willen des Jugendlichen, aber dabei nur zu dessen Gunsten, Gebrauch machen können.[41] Da die Erziehungsberechtigten bzw. gesetzlichen Vertreter aus eigenem Recht und in eigenem Namen handeln, wirkt sich ein Rechtsmittelverzicht des Jugendlichen auf deren Anfechtungsberechtigung nicht aus.

Gem. § 297 StPO ist auch der (Wahl- und Pflicht-)**Verteidiger** selbstständig anfechtungsberechtigt. Er darf jedoch nicht gegen den ausdrücklichen Willen des Jugendlichen handeln, auch wenn er vom Erziehungsberechtigten oder dem gesetzlichen Vertreter dazu beauftragt wurde.[42] Legen Verteidiger und Angeklagter unterschiedliche Rechtsmittel ein, gilt das früher bei Gericht eingegangene, da nur ein einheitliches Rechtsmittel möglich ist.[43]

15a Wie im allgemeinen Strafverfahren ist auch der (hier: **Jugend-)Staatsanwalt** anfechtungsberechtigt (§ 296 StPO). Jedoch soll dieser nach Nr. 1 S. 2 RLJGG zu § 55 bei einer Anfechtung zu Ungunsten des Angeklagten besondere **Zurückhaltung** an den Tag legen.

15b **Nicht anfechtungsberechtigt** sind der jugendgerichtliche Beistand gem. § 69, der Vertreter der JGH, der Erziehungsbeistand nach § 12, § 30 KJHG, der Betreuungshelfer sowie die gem. § 12 Nr. 2 für die Hilfe zur Erziehung zuständige Behörde.[44]

16 **2. Teilanfechtung, Verzicht, Rücknahme.** Auch für Teilanfechtung, Verzicht und Rücknahme gelten die **allgemeinen Grundsätze;** jedoch sind **jugendgerichtliche Besonderheiten** zu berücksichtigen.

---

[35] *Nothacker* GA 1982, 451; *Dallinger/Lackner* § 2 Rn. 7; *Eisenberg* JGG § 2 Rn. 20 ff.; *Bode* 2000, S. 119.
[36] BVerfG 24.2.1995 – 2 BvR 345/95, NStZ 1995, 391; *Eisenberg* JGG Rn. 5; *Schwarz/Sengbusch* NStZ 2006, 673 (678).
[37] BGH 8.2.1995 – 5 StR 434/94, BGHSt 41, 16 (18) = NStZ 1995, 388 (391). Zu vertieften Fragen der Verhandlungsfähigkeit, die möglicherweise aufgrund des Eindrucks der Hauptverhandlung und der Urteilsverkündung beeinträchtigt sein bzw. fehlen kann, vgl. Ostendorf/*Schady* § 55 Rn. 3 sowie ausführlich *d'Alquen/Daxhammer/Kudlich* StV 2006, 220 f.
[38] BGH 20.3.1957 – 2 StR 583/56, BGHSt 10, 174 = JZ 1957, 639.
[39] Diemer/Schatz/Sonnen/*Schatz* Rn. 11; *Eisenberg* JGG Rn. 5; *Brunner/Dölling* Rn. 2a.
[40] Ostendorf/*Schady* Rn. 4 mwN.
[41] Ostendorf/*Schady* Rn. 4.
[42] *Eisenberg* JGG Rn. 6; aA *Brunner/Dölling* Rn. 2a.
[43] Diemer/Schatz/Sonnen/*Schatz* Rn. 13.
[44] *Brunner/Dölling* Rn. 2b; Diemer/Schatz/Sonnen/*Schatz* Rn. 14; *Eisenberg* JGG Rn. 9; differenzierend Ostendorf/*Schady* Rn. 4 sowie Ostendorf/*Sommerfeld* § 67 Rn. 4.

a) Teilanfechtung. aa) Allgemeines. Die Rechtsmittelbeschränkung stellt dogmatisch 17 gesehen einen Teilverzicht dar und bedarf daher, erfolgt sie durch den Verteidiger, einer ausdrücklichen Ermächtigung durch den Verurteilten, § 302 Abs. 2 StPO.[45] Fehlt der Nachweis einer solchen Ermächtigung, ist daher von einer umfassenden Rechtsmitteleinlegung auszugehen.[46] Entsprechend der **Trennbarkeitsformel** ist eine Teilanfechtung dann möglich, wenn der angefochtene Teil gegenüber dem verbleibenden Entscheidungsteil auf solche Beschwerdepunkte beschränkt wird, die losgelöst von dem nicht angegriffenen Teil der Entscheidung nach dem inneren Zusammenhang rechtlich und tatsächlich selbstständig beurteilt werden können, § 2 Abs. 2 iVm §§ 318 S. 1, 344 Abs. 1 StPO.[47] Dabei ist darauf zu achten, dass die Beschränkung nicht zu Widersprüchen zwischen den nicht angefochtenen Teilen des Urteils und der Entscheidung des Rechtsmittelgerichts bzw. des neuen Tatrichters führt.[48] Dies gilt insbesondere für das Verhältnis von Schuldfeststellung einerseits und Strafausspruch andererseits. Deshalb erfasst die Anfechtung des Schuldspruchs stets alle weiteren Urteilsbestandteile[49] und führt damit indirekt zu einer Neubewertung der Straffrage.[50]

bb) Einzelfragen. Wie auch im allg. Strafverfahren kann das Rechtsmittel bei **Tateinheit** 18 nicht auf einzelne Aspekte des Schuldspruchs beschränkt werden, da der Schuldspruch hier nicht teilbar ist.[51]

Bei **mehreren voneinander prozessual wie auch materiellrechtlich selbstständigen Taten** 18a kann hingegen der Schuldspruch wegen einer von mehreren Taten isoliert angefochten werden.[52] Wird lediglich eine von mehreren Taten angegriffen, ergeben sich jedoch Besonderheiten wegen des Grundsatzes der **Einheitlichkeit des Rechtsfolgenausspruches gem. § 31**. Zwar lässt die Aufhebung des Schuldspruches bzgl. der angefochtenen Tat den Schuldspruch der anderen unberührt – der Grundsatz der einheitlichen Ahndung mehrerer Taten beschränkt sich auf die Straffrage –, jedoch wird von der erfolgreichen Teilanfechtung des Schuldspruchs bzgl. einer Tat regelmäßig der **gesamte Strafausspruch** der Einheitsstrafe erfasst,[53] da anders als bei der Gesamtstrafe nach §§ 53 f. StGB für die einzelnen Taten vorab keine gesonderten Einzelstrafen gebildet wurden. Dies bedeutet, dass im Falle eines Teilfreispruchs das Berufungsgericht wegen der verbleibenden (nicht angefochtenen) Taten auf eine neue Einheitsstrafe erkennen muss. Ist also bzgl. einer von mehreren Taten die Revision erfolgreich und spricht das Revisionsgericht die Zurückverweisung zu neuer Verhandlung und Entscheidung aus, bleibt wegen der nicht angefochtenen Tat(en) der Schuldspruch bestehen und das neu erkennende Gericht ist daran gebunden.

Entsprechendes gilt auch, wenn es um die Aburteilung von **Straftaten in verschiedenen** 19 **Altersstufen** geht, § 32: Liegt das Schwergewicht der Straftaten bei denen, die nach Jugendstrafrecht zu beurteilen sind und wurde deshalb insgesamt Jugendstrafrecht angewandt und eine Einheitsjugendstrafe gebildet, so wird von der erfolgreichen Teilanfechtung bzgl. einer Tat regelmäßig der gesamte Strafausspruch der Einheitsstrafe erfasst. Wurde hingegen eine Gesamtstrafe gem. §§ 53 ff. StGB gebildet, weil der Schwerpunkt der Taten im allg. Strafrecht lag, können sowohl der Schuldausspruch hinsichtlich der einzelnen Taten wie auch der Rechtsfolgenausspruch isoliert voneinander angefochten werden.[54] § 32 findet

---

[45] Ostendorf/*Schady* Rn. 24.
[46] KK/*Paul* StPO § 318 Rn. 10 mwN.
[47] BGH 29.2.1956 – 2 StR 25/56, BGHSt 10, 100 (101) = NJW 1956, 680 (681).
[48] BayObLG 15.3.1989 – RReg. 3 St 38/89, JR 1990, 209.
[49] Meyer-Goßner/*Schmitt* StPO § 318 Rn. 14.
[50] Ostendorf/*Schady* § 55 Rn. 24.
[51] BGH 24.7.1963 – 4 StR 168/63, BGHSt 19, 46 (48) = NJW 1963, 1987; Diemer/Schatz/Sonnen/ *Schatz* § 55 Rn. 16; *Brunner/Dölling* § 55 Rn. 6.
[52] Allg. Auffassung, s. nur BGH 23.3.2000 – 4 StR 502/99, NStZ 2000, 483 f.
[53] So schon BGH 27.11.1952 – 5 StR 803/52, GA 1953, 83 (84 f.) mit zust. Anm. von *Herlan*; BGH 23.3.2000 – 4 StR 502/99, NStZ 2000, 483; *Böhm* NStZ-RR 2000, 321 (325); MRTW/*Laue* § 55 Rn. 18.
[54] Wird im allg. Strafverfahren das Rechtsmittel innerhalb des Schuldspruchs auf die Verurteilung wegen einzelner von mehreren selbständigen Taten beschränkt, ist stets auch die Entscheidung über die Gesamtstrafe mitangefochten, KK/*Pfeiffer* StPO § 318 Rn. 4; zur Teilanfechtung im Fall des § 32 *Brunner/Dölling* Rn. 6a; *Eisenberg* JGG Rn. 19.

dann entsprechende Anwendung, wenn nach einer begrenzten Anfechtung ein Teil der Taten bereits in (Teil-)Rechtskraft erwachsen ist und die angefochtenen Taten erst in der Rechtsmittel- bzw. Zurückverweisungsinstanz abgeurteilt werden.[55]

20   **Nicht selbstständig anfechtbar** ist die Entscheidung, ob bei **heranwachsenden Angeklagten materielles Jugendstrafrecht** oder allg. Strafrecht Anwendung findet. Denn die zum Strafausspruch gehörende Entscheidung über die Voraussetzungen des **§ 105 Abs. 1**[56] kann regelmäßig nicht unabhängig von der Frage der konkreten Rechtsfolge entschieden werden. Vielmehr ist sie dieser zwingend vorgelagert und erfasst damit stets die Straffrage insgesamt.[57] Demnach kann die Anwendung von Erwachsenenstrafrecht vom Rechtsmittelangriff nach Beschränkung des Rechtsmittels auf den Rechtsfolgenausspruch nicht ausgenommen werden, weil die Entscheidungen über die Höhe der Strafe und über eine Strafaussetzung zur Bewährung mit der Entscheidung über die Anwendung von Jugend- oder Erwachsenenstrafrecht in Beziehung stehen können.[58] Damit ist § 105 Abs. 1 stets erneut in der Rechtsmittel- bzw. Zurückverweisungsinstanz zu prüfen, wenn ein nach allg. Strafrecht verurteilter Heranwachsender sein Rechtsmittel auf den Strafausspruch beschränkt hat.

20a   Andererseits erwächst die Entscheidung über das Vorliegen der Voraussetzungen des § 105 Abs. 1 ausnahmsweise dann **in Teilrechtskraft,** wenn das Rechtsmittel auf solche Teile des Rechtsfolgenausspruchs beschränkt ist, die notwendigerweise erst nach der Straffrage ieS zur Entscheidung anstehen, so die Nichtanwendung einer bestimmten Strafmilderungsvorschrift nach allg. Strafrecht oder im Falle der Anwendung von Erwachsenenstrafrecht die Versagung der Aussetzung der Strafvollstreckung zur Bewährung.[59] Gleichwohl soll nach teilweise vertretener Auffassung[60] das Rechtsmittel- bzw. Zurückverweisungsgericht auch im Falle einer solchen zulässigen Beschränkung nicht daran gehindert sein, in die Überprüfung zu Gunsten des verurteilten Heranwachsenden die Frage mit einzubeziehen, ob nicht doch Jugendstrafrecht anzuwenden war; das ist naheliegend, da das Jugendstrafrecht regelmäßig weitergehende Möglichkeiten zur Strafermäßigung vorsieht.

21   Im Jugendstrafverfahren besteht damit die Möglichkeit, das Rechtsmittel auf den Rechtsfolgenausspruch zu beschränken, nur in begrenztem Maße. Zum einen ist schon gem. § 55 Abs. 1 ein auf die dort genannten Sanktionen beschränktes Rechtsmittel nicht statthaft. Daneben ist grds. auch die Anfechtung einzelner Teile des Rechtsfolgenausspruches unzulässig; idR ist nur der **gesamte Rechtsfolgenausspruch** anfechtbar. Wie im allgemeinen Strafrecht gelten nach der hM allerdings bestimmte **Ausnahmen:** Eine selbstständige Anfechtung ist danach möglich bzgl. der Anordnung bzw. Nichtanordnung von Maßregeln der Besserung und Sicherung[61] sowie Nebenstrafen und Nebenfolgen,[62] bzgl. der Anrechnung von U-Haft.[63] Zur isolierten Anfechtung von Bewährungsbeschlüssen → § 59 Rn. 36.

22   **b) Rechtsmittelverzicht und -rücknahme.** Auch für Rechtsmittelverzicht und -rücknahme gelten die **allg. Regeln.** Soweit der verurteilte Jugendliche oder Heranwach-

---

[55] BGH 17.7.1979 – 1 StR 298/79, BGHSt 29, 67; *Eisenberg* JGG Rn. 19 sowie *Eisenberg* JGG § 32 Rn. 6; aA noch BGH 29.2.1956 – 2 StR 25/56, BGHSt 10, 100.
[56] BGH 9.12.1955 – 2 StR 309/55, JurionRS 1955, 12585.
[57] Ganz hM, vgl. nur BGH 2.4.1963 – 5 StR 83/63, JurionRS 1963, 13568; *Eisenberg* JGG Rn. 20 mwN.
[58] Erneut OLG Celle 14.4.2014 – 32 Ss 36/14, NZV 2014, 374 f.
[59] Dazu ausführlich *Brunner/Dölling* § 105 Rn. 29; *Eisenberg* JGG Rn. 20; zur Beschränkung des Rechtsmittels auf die Strafaussetzung zur Bewährung s. OLG Frankfurt a. M. 31.8.1955 – 1 Ss 576/55, NJW 1956, 223 mit zust. Anmerkung *Schnitzerling* NJW 1956, 233 (234).
[60] Ausdrücklich *Schäfer* NStZ 1998, 330 (331); so tendenziell (allerdings ohne Festlegung) auch BGH 29.2.1984 – 2 StR 604/83, JurionRS 1984, 14428 bei *Böhm* NStZ 1984, 445 (447).
[61] Die Ausnahme gilt jedoch nicht für Fälle des § 5 Abs. 3, da die Anfechtung der Unterbringung in einem psychiatrischen Krankenhaus oder einer Entziehungsanstalt nicht losgelöst von der Anordnung von Zuchtmitteln oder Jugendstrafe beurteilt werden kann.
[62] Zum allgemeinen Strafrecht s. BGH 23.4.1963 – 5 StR 13/63, NJW 1963, 1414; übereinstimmend MRTW/*Laue* Rn. 20; *Eisenberg* JGG Rn. 17; *Brunner/Dölling* Rn. 6c; *Schäfer* NStZ 1998, 330 (332); ablehnend Ostendorf/*Schady* Rn. 9 mwN, der auf die besondere wechselseitige Abhängigkeit der jgerichtl. Sanktionen verweist.
[63] Zum allgemeinen Strafrecht s. BGH 25.1.1955 – 3 StR 552/54, BGHSt 7, 214.

sende verhandlungsfähig ist (vgl. dazu → Rn. 14), kann er deshalb auch wirksam auf Rechtsmittel verzichten[64] und diese zurücknehmen, ohne dass es der Zustimmung seiner Erziehungsberechtigten oder gesetzlichen Vertreter bedarf.[65] Der Verzicht ist neben dem gesetzlich normierten Fall des § 302 Abs. 1 S. 2 StPO[66] ausnahmsweise auch dann unwirksam, wenn ein Fall der notwendigen Verteidigung vorlag und das Gericht es unterlassen hat, dem Verurteilten von Amts wegen einen Verteidiger zu bestellen[67] oder dem Angeklagten nicht ausreichend Gelegenheit gegeben wurde, sich mit seinem Verteidiger über die Konsequenzen einer Verzichtserklärung vor deren Abgabe zu besprechen.[68]

Bei der Rücknahme des Rechtsmittels durch den **Verteidiger** bedarf es der ausdrücklichen Ermächtigung seitens des Jugendlichen, § 302 Abs. 2 StPO; dasselbe gilt auch für einen durch den Verteidiger erklärten Verzicht.[69] Die (auch nur teilweise[70]) Rücknahme eines vom **Erziehungsberechtigten oder gesetzlichen Vertreter** eingelegten Rechtsmittels bedarf gem. **Abs. 3** der **Zustimmung des Jugendlichen,** da dieser darauf vertrauen darf, dass sich seine Verfahrensposition nicht ohne bzw. gegen seinen Willen verschlechtert.[71] Das gilt auch dann, wenn der Jugendliche selbst zuvor auf Rechtsmittel verzichtet hatte.[72] Die Rücknahme eines vom Jugendlichen oder dessen Verteidiger eingelegten Rechtsmittels durch die Erziehungsberechtigten oder gesetzl. Vertreter bedarf damit erst recht dessen Zustimmung.[73]

Die Beschränkung eines Rechtsmittels kann auch nach zunächst unbeschränkter Rechtsmitteleinlegung noch **nachträglich** erklärt werden; es liegt insoweit eine **Teilrücknahme** vor. Erfolgt die Beschränkung innerhalb der Berufungsbegründungsfrist nach § 317 StPO, soll es sich bei der Rechtsmittelbeschränkung nicht um eine Teilrücknahme, sondern lediglich um eine Konkretisierung des Rechtsmittels handeln, die nicht den Anforderungen des § 302 Abs. 2 StPO unterliegt.[74] Die einmal wirksam erklärte Teilrücknahme des Rechtsmittels kann nach Ablauf der Berufungseinlegungsfrist aber nicht mehr ihrerseits zurückgenommen werden, um in der Folge das amtsgerichtliche Urteil dann doch vollumfänglich anzufechten.[75]

3. Ausbleiben in der Berufungsverhandlung. Für die Folgen des Ausbleibens in der Berufsverhandlung kommt es zunächst entsprechend der **allgemeinen Regelungen der §§ 329 f. StPO** darauf an, von wem das Rechtsmittel eingelegt wurde und ob der Jugendliche oder dessen Erziehungsberechtigter bzw. gesetzlicher Vertreter ausgeblieben ist.

Hat allein der **Jugendliche** bzw. sein **Verteidiger Berufung eingelegt** und bleibt er trotz ordnungsgemäßer Ladung ohne genügende Entschuldigung dem Berufungstermin

---

[64] OLG Düsseldorf 2.7.1985 – 1 Ws 568/85, JZ 1985, 960; KK/*Paul* StPO § 302 Rn. 2; *Eisenberg* JGG Rn. 13 f.
[65] Diemer/Schatz/Sonnen/*Schatz* § 55 Rn. 99.
[66] Zu Rechtsmittelverzicht und -rücknahme nach vorausgegangener Verständigung *Niemöller* NStZ 2013, 19 ff.; *Ostendorf* ZJJ 2016, 120 (123); zur Unwirksamkeit auch für den Fall einer informellen Verständigung s. BGH 24.9.2013 – 2 StR 267/13, NStZ 2014, 113 mAnm *Knauer* NStZ 2014, 115.
[67] MRTW/*Laue* Rn. 16; allgemein zur Unwirksamkeit der Verzichtserklärung im Fall der notwendigen Verteidigung KG 2.5.2012 – 4 Ws 41/12 – 141 AR 227/12, StV 2013, 11 = BeckRS 2012, 18318 mwN; differenzierter *Peglau* NStZ 2002, 464 ff.; gegen eine Unwirksamkeit hingegen *Rogall* StV 1998, 643 (644).
[68] Wenn dem Angeklagten eine Rechtsmittelerklärung „abverlangt" wurde, so Ostendorf/*Schady* Rn. 3; BGH 6.5.1999 – 4 StR 79–99, NStZ 1999, 526; s. auch umfassend d'Alquen/Daxhammer/Kudlich StV 2006, 220 f.
[69] Ostendorf/*Schady* Rn. 5; OLG Hamm 2.10.2014 – 1 Ws 477/14, NStZ 2016, 106.
[70] So schon vor Einführung von Abs. 3 speziell für die nachträgliche Beschränkung durch den gesetzl. Vertreter OLG Celle 18.10.1963 – 3 Ws 637/63, NJW 1964, 417 f.; nach Einführung: OLG Nürnberg 8.2.2016 – 1 Ws 36/16, StraFo 2016, 113.
[71] BT-Drs. 7/550, 330.
[72] MRTW/*Laue* Rn. 17; *Eisenberg* JGG Rn. 11 f.; OLG Nürnberg 8.2.2016 – 1 Ws 36/16, StraFo 2016, 113.
[73] Dallinger/Lackner Vor § 55 Rn. 4 mN der Rspr.; *Eisenberg* JGG Rn. 11a.
[74] So erneut OLG Hamm 2.10.2014 – 1 Ws 477/14, NStZ 2016, 106; zuvor bereits OLG Hamm 12.2.2008 – 3 Ss 514/07, BeckRS 2008, 04288 mwN.
[75] BayObLG 22.9.1967 – RReg. 1 a St 312/67, NJW 1968, 66.

25b Über die Regelungen zum allgemeinen Strafverfahren hinaus ist im Verfahren gegen Jugendliche aber zusätzlich die **Wertung des § 50 Abs. 1** zu berücksichtigen, wonach die Hauptverhandlung der Tatsacheninstanzen grds. in Anwesenheit des Jugendlichen stattzufinden hat und dessen (zulässige) Abwesenheit gegenüber dem allg. Strafverfahren noch weiter eingeschränkt ist.[77] Folgende Konstellationen sind damit von besonderer Bedeutung:

26 Wurde die Berufung nur **von den Erziehungsberechtigten** bzw. den **gesetzlichen Vertretern** des Jugendlichen **eingelegt** und erscheinen diese nicht zu Beginn der Berufungsverhandlung, kann gleichwohl gem. § 330 Abs. 2 S. 1 StPO verhandelt werden, wenn der Jugendliche anwesend ist, soweit nicht im Hinblick auf § 50 Abs. 2 eine zwangsweise Vorführung der Erziehungsberechtigten bzw. gesetzlichen Vertreter erforderlich ist.[78] Bleiben in diesem Fall sowohl die Erziehungsberechtigten bzw. gesetzlichen Vertreter als auch der Jugendliche ohne ausreichende Entschuldigung fern, ist die Berufung gem. § 330 Abs. 2 S. 2 StPO entsprechend den allg. Strafverfahrensregeln zu verwerfen. Erscheint hingegen der Berufungsführer, nicht aber der Jugendliche, darf die Berufung nicht gem. § 329 Abs. 1 S. 1 StPO verworfen werden, da es sich um ein selbständiges Rechtsmittel der Erziehungsberechtigten bzw. der gesetzlichen Vertreter handelt, das der Jugendliche nicht durch sein Verhalten beeinflussen kann. Andernfalls hätte es der verurteilte Jugendliche in der Hand, das selbständige Anfechtungsrecht zu konterkarieren.[79] Entsprechend der Wertung des § 50 Abs. 1 darf aber auch nicht ohne den Jugendlichen verhandelt werden, wenn keine besonderen Gründe für dessen Abwesenheit vorliegen; vielmehr ist dieser gem. § 330 Abs. 1 iVm §§ 133 Abs. 2; 134 StPO vorzuführen.[80]

27 **4. Verschlechterungsverbot.** Das von Amts wegen zu beachtende,[81] in § 331 Abs. 1 StPO für die Berufung, in § 358 Abs. 2 StPO für die Revision sowie in § 373 Abs. 2 S. 1 StPO für das Wiederaufnahmeverfahren verankerte **Verbot der reformatio in peius** gilt über § 2 Abs. 2 auch für das jugendstrafrechtliche Rechtsmittelverfahren. Dementsprechend darf das auf Rechtsmittel ergehende Urteil im Hinblick auf Art und Höhe der verhängten Rechtsfolge nicht zum Nachteil des nach Jugendstrafrecht verurteilten Angeklagten verändert werden, wenn lediglich der Angeklagte selbst oder ein anderer Verfahrensbeteiligter zu Gunsten des Angeklagten Rechtsmittel eingelegt haben. Wie auch im allg. Strafverfahren gilt das Verbot der Schlechterstellung hingegen **nicht für den Schuldspruch,** so dass dessen nachteilige Änderung selbst dann zulässig ist, wenn dies zur Verurteilung wegen eines Verbrechens statt eines Vergehens führt – darf sich dann jedoch nicht nachteilig auf den Rechtsfolgenausspruch auswirken.

27a Allerdings ergeben sich aufgrund des abgestuften und insbes. gegenüber dem allgemeinen Strafrecht andersartigen Rechtsfolgensystems einige **Besonderheiten,** für die das Gesetz keine Regelung getroffen hat und die daher im Wege der Auslegung zu lösen sind.

28 **a) Anwendungsbereich.** Bei den jugendstrafrechtlichen Sanktionen stehen in der Praxis nicht Jugendstrafen, sondern **Erziehungsmaßregeln** und **Zuchtmittel** im Vordergrund, die keinen Strafcharakter aufweisen (vgl. für die Zuchtmittel explizit § 13 Abs. 3) Die ganz hM geht jedoch davon aus, dass das Verbot der reformatio in peius auch hierauf anwendbar ist.[82]

---

[76] *Schäfer* NStZ 1998, 330 (334).
[77] Nach zutr. Ansicht gilt § 50 auch für das Berufungsverfahren, vgl. Diemer/Schatz/Sonnen/*Schatz* § 50 Rn. 9; so auch Ostendorf/*Schady* Rn. 10.
[78] Ostendorf/*Schady* Rn. 10.
[79] So die hM, vgl. nur *Eisenberg* JGG Rn. 21; Brunner/Dölling Rn. 4 mwN.
[80] OLG Bremen 13.1.1960 – Ss 105/59, NJW 1960, 1171; *Schäfer* NStZ 1998, 330 (334); Diemer/Schatz/Sonnen/*Schatz* § 55 Rn. 24; eine Verhandlung nicht prinzipiell ausschließend Brunner/Dölling Rn. 4.
[81] Ausdrücklich auch für das Jugendstrafverfahren OLG Brandenburg 16.9.2008 – 1 Ss 60/08, NStZ-RR 2008, 388; MRTW/*Laue* Rn. 43.
[82] BGH 3.4.1957 – 4 StR 517/56, BGHSt 10, 198 (202) = NJW 1957, 998; dazu ausführlich *Baumann* S. 33 ff.; *Schaffstein/Beulke/Swoboda* Rn. 820 mwN; *Hanft* Jura 2008, 368 (371); aA *Potrykus* NJW 1955, 929.

aa) Erweiterter Anwendungsbereich. Über Berufung, Revision und Wiederauf- 29
nahme hinaus gilt das Verbot der Verschlechterung auch hinsichtlich der Anfechtung solcher
Beschlüsse, die Rechtsfolgen endgültig festlegen und damit wie Urteile wirken.[83] Eine
solche **urteilsgleiche Wirkung** wird in folgenden Fällen angenommen:[84]
– Anordnung von Beuge- bzw. Ungehorsamsarrest, §§ 11 Abs. 3 S. 1; 15 Abs. 3 S. 2; 23 Abs. 1 S. 4; 29 S. 2
– Beschlussentscheidung über die Bewährungsanordnung, §§ 21 iVm 57 Abs. 1 S. 1 Alt. 2; 88 Abs. 1
– nachträgliche Anordnung einer Einheitssanktion, §§ 31 iVm 66
– Anordnung der vorzeitigen Entlassung aus dem Jugendarrest, § 87 Abs. 3
– Festsetzung der Sperrfrist, § 88 Abs. 5.

Darüber hinaus gilt das Verschlechterungsverbot mangels entgegenstehender Regelungen 30
im **OWiG-Verfahren** (§ 46 Abs. 1 OWiG) für die Rechtsbeschwerde gegen Entscheidungen des JGerichts,[85] die sowohl in Form eines Urteils (§ 71 OWiG) wie auch eines Beschlusses (§ 72 OWiG) ergehen können, vgl. § 79 Abs. 3 OWiG. Im Verfahren nach Einspruch gegen den Bußgeldbescheid der Verwaltungsbehörde darf das Gericht hingegen bei der Entscheidung in der Hauptverhandlung vom Bußgeldbescheid auch zum Nachteil des Jugendlichen abweichen, § 71 OWiG iVm § 411 Abs. 4 StPO. Wenn die Entscheidung im schriftlichen Verfahren durch Beschluss ergeht, gilt dagegen das Verschlechterungsverbot gem. § 72 Abs. 3 S. 2 OWiG.

Schließlich findet das Verschlechterungsverbot richtigerweise ebenfalls Anwendung auf 31
die **Kostenentscheidung**.[86] Zum einen kann bei der Kostenentscheidung des Jugendstrafverfahrens durchaus von einer Entscheidung über „Rechtsfolgen" (vgl. § 331 Abs. 1 StPO) gesprochen werden, da diese anders als bei Erwachsenen maßgeblich von Präventionsgesichtspunkten getragen ist.[87] Zum anderen folgt dies aus der besonderen jugendstrafrechtlichen Wertung, wonach der Jugendliche im Hinblick auf seinen Resozialisierungserfolg nicht über Gebühr finanziellen Belastungen ausgesetzt werden soll,[88] wie sich aus einer Gesamtschau des Verbots der Geldstrafe sowie der Regelungen in §§ 15 Abs. 2, 74 ergibt. Auch das zur Begründung der Gegenmeinung vorgebrachte Argument, § 74 biete in Bezug auf die Kostenentscheidung ausreichend Schutz vor einer nachteiligen Behandlung,[89] vermag nicht zu überzeugen. Denn mit dem pauschalen Verweis auf § 74 wird übersehen, dass es sich hierbei lediglich um eine Ermessensvorschrift handelt,[90] die keinen sicheren Schutz vor übermäßiger Inanspruchnahme im Einzelfall bietet.

bb) Keine Anwendung. Das Verschlechterungsverbot findet nach hM keine Anwen- 32
dung im Falle der **Änderung von Bewährungsauflagen und -weisungen** (§§ 23 Abs. 1 S. 3; 29) sowie der nachträglichen **Änderung von Weisungen** nach § 11 Abs. 2 Alt. 1. In diesen Fällen ist eine nachträgliche (und potenziell nachteilige) Änderung durch den Erstrichter trotz Rechtskraft des Urteils gesetzlich ausdrücklich erlaubt, so dass schon der Zweck des Verbots der reformatio in peius – die Sicherung der Entschlussfreiheit des Verurteilten bei der Frage der Rechtsmitteleinlegung – nicht einschlägig ist.

Dementsprechend soll auch das Berufungsgericht in einem neuen Bewährungsbeschluss 32a
belastende Auflagen und Weisungen anordnen bzw. abändern können, da die umfangrei-

---

[83] Ausführlich *Baumann* S. 72 ff.; Ostendorf/*Schady* § 55 Rn. 13; Diemer/Schatz/Sonnen/*Schatz* Rn. 29 mwN; für das allgm. Strafrecht *Meyer-Goßner/Schmitt* StPO Vor § 304 Rn. 5 mwN.
[84] Eine ausführliche Auflistung findet sich auch bei Diemer/Schatz/Sonnen/*Schatz* Rn. 39 sowie Ostendorf/*Schady* § 55 Rn. 13; MRTW/*Laue* Rn. 45.
[85] Ausführlich hierzu auch *Brunner/Dölling* Rn. 46.
[86] So bereits *Grethlein* S. 135 ff., der sich für eine sinngemäße Anwendung ausspricht; ebenso *Baumann* S. 67; *Eisenberg* JGG Rn. 95; Diemer/Schatz/Sonnen/*Schatz* Rn. 50; MRTW/*Laue* § 55 Rn. 64; Ostendorf/*Schady* Rn. 23; aA *Albrecht* JugStrR S. 393; *Dallinger/Lackner* § 74 Rn. 17; *Brunner/Dölling* Rn. 37.
[87] Ostendorf/*Schady* Rn. 23.
[88] *Eisenberg* JGG Rn. 95; Diemer/Schatz/Sonnen/*Schatz* Rn. 50.
[89] *Brunner/Dölling* Rn. 37, „wo geholfen werden soll, hilft § 74".
[90] MRTW/*Laue* Rn. 64.

chere Anordnung durch das die Aussetzung bestätigende Berufungsgericht nach hM[91] kein Nachteil iSd Verschlechterungsverbots sein soll.[92] Für diese Sichtweise sprechen zunächst kriminalpolitische Erwägungen, die sowohl für das allgemeine wie auch das Jugendstrafrecht gelten: Als zweite Tatsacheninstanz muss auch dem Berufungsgericht eine möglichst umfassende Reaktionsmöglichkeit eröffnet sein, um die bestmögliche Sanktionskombination zu finden. Denn gerade im Rahmen von zur Bewährung ausgesetzten Jugend- bzw. Freiheitsstrafen stehen die flankierenden Anordnungen mit der Strafe in einem funktionellen Zusammenhang und können daher nur im Zuge einer Gesamtschau sinnvoll gewählt werden.[93] Schließlich ist zu berücksichtigen, dass diese Beschlüsse keine verfahrensbeendigende Wirkung haben. Zumindest aber für den Fall, dass dem Berufungsgericht neue Tatsachen vorliegen, die die durch die nachträgliche Änderung vorgenommenen Verschärfungen rechtfertigen, kann es auf den Vorrang des Verbots der reformatio in peius nicht ankommen.[94]

33   Darüber hinaus gilt das Verschlechterungsverbot nicht für die **vorläufigen Anordnungen über die Erziehung nach § 71**.[95] Da die **Diversionsentscheidungen** nach §§ 45, 47 mangels Erzwingbarkeit der Anordnungen nicht anfechtbar sind, ist auch hier für die Geltung des Verbots der reformatio in peius kein Raum.[96]

34   **b) Beurteilungsmaßstab.** Ob eine Änderung der Entscheidung zum Nachteil des jugendlichen Angeklagten vorliegt, lässt sich regelmäßig nicht ohne weiteres feststellen. Nach der Formel der Rspr. wird gegen das Verschlechterungsverbot dann nicht verstoßen, wenn die **Gesamtschau** der verhängten Ahndungsmaßnahmen keine Veränderung zum Nachteil des Betroffenen erkennen lässt.[97] Im Ergebnis läuft dies auf eine **zweistufige Vorgehensweise** hinaus:

34a   Zunächst sind im Wege einer **generell-abstrakten Beurteilung** der alte und der neue Rechtsfolgenausspruch in Bezug auf die jeweils verhängten Ahndungsmaßnahmen miteinander zu vergleichen.

34b   In einem zweiten Schritt kommt es jedoch entscheidend darauf an, welcher Rechtsfolgenausspruch den Jugendlichen in seinen **rechtlichen und tatsächlichen Wirkungen** im **konkreten Fall** stärker belastet.[98] Ausschlaggebend kann zwar auch die subjektive Einschätzung des Betroffenen vor dem Hintergrund seiner individuellen Situation sein.[99] Fehlt eine solch subjektive Belastungseinschätzung – was nicht selten der Fall ist –, ist bei der Beurteilung der Belastung freilich ein objektiver Maßstab anzulegen, in den sowohl die konkrete Lebenssituation des Angeklagten und dessen individuelle Belastbarkeit als auch die konkreten Auswirkungen (einschließlich der registerrechtlichen Konsequenzen)[100] miteinzubeziehen sind. Als Richtschnur lässt sich festhalten, dass es darauf ankommt, wie ein objektiver Beobachter in Kenntnis aller individuellen Lebensumstände und Einstellungen die im Vergleich stehenden Rechtsfolgenentscheidungen gewichten würde.[101]

---

[91] Hinsichtlich des allgemeinen Rechts zuletzt KG 17.6.2005 – 5 Ws 453/04, NStZ-RR 2006, 137; im Ergebnis auch *Brunner/Dölling* Rn. 32 mwN; kritisch hingegen *Eisenberg* JGG Rn. 82a f., der sich in den dort genannten Fällen zumindest für eine analoge Anwendung des Verschlechterungsverbots ausspricht; im Hinblick auf das Erwachsenenrecht ebenso MüKoStGB/*Groß* StGB § 56b Rn. 38 mwN; gegen eine Bindung an das Verbot der Schlechterstellung wiederum SSW-StGB/*Mosbacher* § 56b Rn. 2.
[92] Ein Verstoß gegen das Verschlechterungsverbot liegt allerdings dann vor, wenn im Rechtsmittelverfahren die vom Erstgericht gewährte Strafaussetzung zur Bewährung gestrichen wird, Ostendorf/*Schady* Rn. 13.
[93] *Loos* NStZ 1981, 363 (364).
[94] BGH 16.2.1982 – 5 StR 1/82, NJW 1982, 1544; ebenso Diemer/Schatz/Sonnen/*Schatz* Rn. 30; *Brunner/Dölling* Rn. 32.
[95] Diemer/Schatz/Sonnen/*Schatz* § 55 Rn. 31; *Albrecht* JugStrR S. 393.
[96] *Grethlein* S. 131; *Brunner/Dölling* Rn. 44 mwN.
[97] BGH 7.5.1980 – 2 StR 10/80, BGHSt 29, 269 (270) = NJW 1980, 1967 mwN.
[98] *Eisenberg* JGG Rn. 74; MRTW/*Laue* § 55 Rn. 46, 57; *Albrecht* JugStrR. S. 393.
[99] So Ostendorf/*Schady* Rn. 15; Diemer/Schatz/Sonnen/*Schatz* Rn. 32; nach Löwe/Rosenberg/*Grollwitzer* StPO § 331 Rn. 34 kommt es hingegen auf das „rein subjektive Empfinden" des Betroffenen nicht an; ebenso SSW-StGB/*Brunner* StPO § 331 Rn. 14.
[100] Diemer/Schatz/Sonnen/*Schatz* Rn. 32.
[101] MRTW/*Laue* Rn. 57.

c) Sanktionen im Vergleich. Nicht selten bereitet es Schwierigkeiten, zu bestimmen, **35** welche der in Betracht kommenden Sanktionsmöglichkeiten im Verhältnis zum alten Rechtsfolgenausspruch als schwerer zu gewichten ist. Im Rahmen einer abstrakt-generellen Betrachtung lässt sich hinsichtlich der Sanktionsmöglichkeiten jedoch ein zumindest grobes Stufenverhältnis ausmachen. Dabei darf aber nicht übersehen werden, dass es sich im konkreten Einzelfall anders verhalten kann, so dass in der Praxis nicht von einem starren Schema ausgegangen werden darf.[102] Vereinfacht kann die Faustformel aufgestellt werden, dass freiheitsentziehende Maßnahmen schwerer wiegen als ambulante[103] und dass im Übrigen die Maßnahmen härter wiegen, die einen intensiveren Eingriff in das Leben des Betroffenen darstellen, indem sie die Entschluss- und Bewegungsfreiheit stärker einschränken.[104]

aa) Verhältnis der Rechtsfolgen des JGG zueinander. Im Bereich der **jugendstraf- 36 rechtlichen Sanktionsmöglichkeiten** ist das Verhältnis der Erziehungsmaßregeln (§§ 9 ff.), Zuchtmittel (§§ 13 ff.) und der Jugendstrafe (§ 17 ff.) zu beachten. Deren Schwereskala ergibt sich jedoch nicht unmittelbar aus der im Gesetz gewählten Rangfolge. Insbesondere ist nicht davon auszugehen, dass Erziehungsmaßregeln stets die leichteren Sanktionen im Vergleich zu Zuchtmitteln sind.[105]

Dies gilt umso mehr, wenn mehrere **Maßnahmen nebeneinander** gem. § 8 angeordnet **36a** sind. In diesem Fall ist stets im Wege der Gesamtschau zu ermitteln, ob die Gesamtheit der neu verhängten Maßnahmen für den Jugendlichen nachteiliger ist als die im ersten Urteil ausgesprochenen Rechtsfolgen.[106]

Dieser auf die einzelne konkrete Sanktion und nicht auf die abstrakte Sanktionskategorie **37** bezogene Blickwinkel zeigt sich bereits daran, dass die **Verwarnung** gem. § 14 unbestrittenermaßen als die eingriffsschwächste jugendstrafrechtliche Sanktion behandelt wird.[107] Da sie nicht über eine bloße Ermahnung durch das Gericht hinausgeht, stellt sie zu keiner anderen Sanktion eine Verschlechterung dar.[108]

Im Anschluss folgt die **Erziehungsbeistandschaft** gem. § 12 Nr. 1, da sie dem Jugendli- **37a** chen keine Handlungsverpflichtung auferlegt, sondern von ihm lediglich ein Dulden der Überwachung abverlangt.[109]

Nach wohl hM sind **Auflagen** von höherer Eingriffsintensität als die Verwarnung und **38** die Erziehungsbeistandschaft,[110] wirken aber weniger nachteilig als alle übrigen Rechtsfolgen des JGG. Dementsprechend sollen **Weisungen** iSd § 10 regelmäßig schwerer wiegen als sämtliche Formen der Auflage. Begründet wird dies mit der stets möglichen Abänderbarkeit und der damit einhergehenden erheblichen freiheitsbeschränkenden Ausgestaltung.[111] Da Weisungen und Auflagen jedoch durchaus sehr unterschiedlich sein können, spricht vieles dafür, auch insoweit kein generelles Stufenverhältnis anzunehmen, sondern dies stets der Beurteilung des konkreten Einzelfalles zu überlassen.[112] Entsprechend ist auch keine abstrakte Schwere-Reihenfolge jeweils innerhalb der verschiedenen Arten von Auflagen bzw. Weisungen auszumachen.[113]

---

[102] So auch Diemer/Schatz/Sonnen/*Schatz* Rn. 33.
[103] So die ganz hM, vgl. dazu Ostendorf/*Schady* Rn. 16; MRTW/*Laue* Rn. 47 mwN.
[104] Brunner/*Dölling* Rn. 22.
[105] Vgl. nur Ostendorf/*Schady* Rn. 16; Meier/Rössner/Schöch § 6 Rn. 5 ff.
[106] Brunner/*Dölling* Rn. 33.
[107] *Grethlein* S. 106; *Dallinger/Lackner* Vor § 55 Rn. 26; *Albrecht* JugStrR S. 394; Brunner/*Dölling* Rn. 22.
[108] MRTW/*Laue* Rn. 48.
[109] MRTW/*Laue* Rn. 48; kritisch hingegen *Baumann* S. 134, der die Erziehungsbeistandschaft nicht generell als milder gegenüber den Auflagen einschätzt.
[110] *Albrecht* JugStrR S. 394; Diemer/Schatz/Sonnen/*Schatz* Rn. 38.
[111] So *Eisenberg* JGG Rn. 75; *Grethlein* S. 111.
[112] *Baumann* S. 133; Schaffstein/Beulke/Swoboda Rn. 821; *Streng* JugStrR Rn. 586; Ostendorf/*Schady* Rn. 16; Diemer/Schatz/Sonnen/*Schatz* § 55 Rn. 34; LBN Rn. 422.
[113] In diesem Sinne verweist Ostendorf/*Schady* Rn. 16 völlig zu Recht darauf, dass eine Entschuldigung im Einzelfall dem Verurteilten mehr abverlangt als eine Geldauflage; so im Ergebnis auch Brunner/*Dölling* Rn. 23; für eine Reihenfolge innerhalb der Auflagen (Entschuldigung, Wiedergutmachung, Geldauflage) indes *Grethlein* S. 109.

39 Im Vergleich zu den Weisungen und Auflagen stellt der **Jugendarrest** gem. § 16 regelmäßig die schwerere Reaktionsform dar; er gilt zugleich als schwächste Form der freiheitsentziehenden Maßnahmen des JGG.[114] Im Verhältnis der verschiedenen Formen untereinander wird die Gesamtdauer der Freiheitsentziehung maßgebliche Entscheidungsgrundlage sein.[115] Das gilt auch für den 2013 neu eingeführten sog. **„Warnschussarrest"** gem. § 16a, der aufgrund seiner Verbindung mit einer Form der bedingten Jugendstrafe auch als „Koppelungsarrest" bezeichnet wird.

40 Die Anordnung der **Hilfe zur Erziehung** gem. § 12 Nr. 2 iVm § 34 SGB VIII stellt gegenüber sämtlichen übrigen Rechtsfolgen des JGG mit Ausnahme der Jugendstrafe eine Verschärfung dar.[116] Ist die Unterbringung in einem geschlossenen Heim angeordnet, wird sie regelmäßig gegenüber der zur Bewährung ausgesetzten Jugendstrafe eine Verschlechterung darstellen.[117]

41 Die **Jugendstrafe** (§ 17 ff.) ist gegenüber den bereits genannten jugendstrafrechtlichen Reaktionsmöglichkeiten die schärfste Sanktionsform.[118] Das gilt nicht nur bzgl. der vollstreckbaren Jugendstrafe, sondern auch hinsichtlich der zur **Bewährung ausgesetzten Jugendstrafe nach § 21**[119] sowie der gem. **§ 27 zur Bewährung ausgesetzten Verhängung der Jugendstrafe.**[120] Im Hinblick auf § 27 ergibt sich dies daraus, dass auch die sichere ambulante Sanktion weniger schwerwiegend ist als die bloß eventuelle stationäre Sanktion;[121] bereits das Damoklesschwert der lediglich drohenden Jugendstrafe stellt eine erhebliche Belastung dar. Im Verhältnis zu der zur Bewährung ausgesetzten Jugendstrafe ist die Aussetzung der Verhängung der Jugendstrafe wiederum weniger einschneidend.[122] Eine Verböserung ist nach allgA stets gegeben, wenn die Aussetzung in der Rechtsmittelinstanz entfällt und die Jugendstrafe vollstreckt wird;[123] das gilt auch für den Fall, dass gleichzeitig die Strafhöhe herabgesetzt oder U-Haft angerechnet wird.[124] Ebenso stellt es eine Verschlechterung dar, wenn gegenüber der zuvor zur Bewährung ausgesetzten Jugendstrafe die Aussetzung in der Rechtsmittelentscheidung zwar nicht ausdrücklich abgelehnt wird, nunmehr aber gem. § 57 Abs. 1 S. 1 Alt. 2 iVm §§ 61 ff. im Wege der sog. **„Vorbewährung"** vorbehalten bleibt, da hier dem Jugendlichen die sichere Bewährung entzogen und durch die bloße Chance hierauf ersetzt wird.[125] Umgekehrt ist es dem Rechtsmittelgericht jedoch nicht verwehrt, bei einer erstinstanzlichen Versagung der Bewährung zu entscheiden, dass über die Strafaussetzung erst nachträglich entschieden wird, §§ 61 ff. Anders als bei dem vorangegangenen Beispiel wird dem Jugendlichen hier erst die Chance auf Bewährung gegeben, die er zuvor noch nicht hatte,[126] so dass die dadurch eingetretene Ungewissheit keine Verschlechterung darstellt. Schließlich darf das Rechtsmittelgericht die Bewährung trotz ablehnender Gegenmeinung[127] auch dann versagen, wenn sich das erstinstanzliche Gericht die Entscheidung hierüber vorbehalten hatte.[128] Denn auch ohne eine erneute Entscheidung des Rechtsmittelgerichts hätte den Jugendlichen dieser „Nachteil" jederzeit

---

[114] Nach *Baumann* S. 135 soll jedoch bzgl. der Weisung nach § 10 Abs. 1 S. 3 Nr. 2 eine Ausnahme gelten, da diese Weisung gewissermaßen mit einem Freiheitsentzug verbunden ist und unter Umständen länger als der auf vier Wochen begrenzte Arrest (§ 16 Abs. 4 S. 1) dauern kann.
[115] *Albrecht* JugStrR S. 394; *Eisenberg* JGG § 55 Rn. 79; *Diemer/Schatz/Sonnen/Schatz* § 55 Rn. 39.
[116] MRTW/*Laue* Rn. 49.
[117] *Diemer/Schatz/Sonnen/Schatz* Rn. 36; *Ostendorf/Schady* Rn. 17; *Eisenberg* JGG Rn. 77b; weniger differenziert *Streng* JugStrR Rn. 586.
[118] *Dallinger/Lackner* Vor § 55 Rn. 23; *Schaffstein/Beulke/Swoboda* Rn. 821; *Eisenberg* JGG Rn. 83.
[119] *Brunner/Dölling* Rn. 26.
[120] *Diemer/Schatz/Sonnen/Schatz* Rn. 41.
[121] *Ostendorf/Schady* Rn. 17.
[122] *Eisenberg* JGG Rn. 81; *Ostendorf/Schady* Rn. 17; *Diemer/Schatz/Sonnen/Schatz* Rn. 41 mwN.
[123] *Dallinger/Lackner* Vor § 55 Rn. 23; *Eisenberg* JGG § 55 Rn. 81a; *Schaffstein/Beulke/Swoboda* Rn. 821.
[124] *Grethlein* S. 49; *Diemer/Schatz/Sonnen/Schatz* Rn. 42; *Meier/Rössner/Schöch* § 16 Rn. 31.
[125] *Grethlein* S. 57; *Baumann* S. 145; *Diemer/Schatz/Sonnen/Schatz* § 55 Rn. 42; *Brunner/Dölling* Rn. 31.
[126] *Baumann* S. 145.
[127] *Diemer/Schatz/Sonnen/Schatz* Rn. 30; *Ostendorf/Schady* Rn. 17; *Eisenberg* JGG § 81.
[128] *Dallinger/Lackner* § 59 Rn. 6; *Brunner/Dölling* Rn. 3; *Grethlein* S. 58; *Baumann* S. 145 ff.

treffen können.[129] Beschlüsse über Bewährungsauflagen und -weisungen unterliegen nach hM nicht dem Verschlechterungsverbot (dazu bereits unter → Rn. 32).

Die in der Berufungsinstanz unterbliebene, erstinstanzlich aber erfolgte **Anrechnung von U-Haft (§ 52a),** stellt einen Nachteil dar.[130] Das muss abweichend vom Erwachsenenrecht[131] auch dann gelten, wenn dafür die Jugendstrafe im Wege einer „Verrechnung" entsprechend verringert wird, da es bei Jugendstrafen von mehr als einem Jahr zu einer nachteiligen Verschiebung der Ein-Drittel-Verbüßung für die Reststrafenaussetzung nach § 88 Abs. 2 S. 2 kommt.[132] Die erstmalige Anrechnung der U-Haft durch das Rechtsmittelgericht unter gleichzeitiger Erhöhung der Jugendstrafe um die angerechnete Zeit stellt hingegen keinen Nachteil dar, da durch die Anrechnung ein früherer Drittelvollzug vorliegt.[133] 42

bb) Verhältnis der Rechtsfolgen des JGG zu Freiheits- und Geldstrafe. Die vollstreckbare **Freiheitsstrafe** (§§ 38 f. StGB) ist grds. die schwerste strafrechtliche Sanktion;[134] jedoch existiert nach allgA kein Grundsatz, dass eine erstmalige Verurteilung nach Erwachsenenstrafrecht in der Rechtsmittelinstanz stets einen Verstoß gegen das Verschlechterungsverbot darstellt. Ob eine (freiheitsentziehende) Sanktion des Jugendstrafrechts oder eine Strafe des Erwachsenenstrafrechts milder ist, hängt davon ab, welche Maßnahme unter Berücksichtigung aller Umstände des Einzelfalles den tieferen Eingriff in die Rechtsstellung des Betroffenen bedeutet.[135] 43

Das Verhältnis von Freiheitsstrafe und Jugendstrafe bildet dabei die zentrale Problematik. Die wohl hM geht von der **Gleichwertigkeit von Freiheitsstrafe und Jugendstrafe** aus.[136] Sie begründet ihre Auffassung damit, dass sich aus den Vorschriften des § 89b Abs. 1 S. 2 und § 114 die Wertung eines strukturell gleichartigen Vollzugs von Jugendstrafe und Freiheitsstrafe entnehmen lasse und dies allgemein für eine Gleichwertigkeit von Jugendstrafe und Freiheitsstrafe spreche.[137] Diese Argumentation ist jedoch erheblichen **Bedenken** ausgesetzt. Zum einen spricht die Tatsache einer „Durchlässigkeit" beider Vollzugsformen nur für das (sinnvolle) Anliegen, flexible und auf die jeweilige konkrete Person zugeschnittene Vollzugsentscheidungen treffen zu können, aber damit nicht zwingend für eine generelle Gleichwertigkeit des jeweiligen Vollzugs. Auch das BVerfG betont in seiner Entscheidung zum Jugendstrafvollzug nicht umsonst dessen Besonderheiten gegenüber dem allgemeinen Strafvollzug.[138] Und selbst wenn man der These von der Gleichwertigkeit beider Vollzugsformen folgen würde, könnte man allein deshalb nicht auf eine prinzipielle Gleichwertigkeit beider Strafarten schließen. Insbesondere die Vorschriften über die Aussetzung der Vollstreckung des Strafrestes (§ 88 Abs. 1, 2 im Vergleich zu § 57 StGB) sowie die günstigeren registerrechtlichen Vorschriften bei der Jugendstrafe (§§ 32, 34, 46 BZRG) und die Möglichkeit der Beseitigung des Strafmakels (§§ 97 ff.), für die es im allgemeinen Strafrecht kein passendes Gegenstück gibt, sprechen gegen die These der Gleichwertigkeit von Jugendstrafe und Freiheitsstrafe und für die Annahme, dass die Freiheitsstrafe idR die härtere Sanktionierungsart darstellt.[139] Letztlich nimmt auch die hM bei einem Wechsel von Jugendstrafe zu einer gleich hohen Freiheitsstrafe einen Nachteil an.[140] 44

---

[129] *Baumann* S. 147.
[130] So allgM Ostendorf/*Schady* Rn. 18; MRTW/*Laue* Rn. 51; *Eisenberg* JGG Rn. 83; Diemer/Schatz/Sonnen/*Schatz* Rn. 43; *Brunner/Dölling* Rn. 30 jeweils mwN.
[131] SSW-StPO/*Brunner* StPO § 331 Rn. 29; *Meyer-Goßner/Schmitt* StPO § 331 Rn. 17 mwN.
[132] So auch die ganz hM im JStrafR, *Baumann* S. 138 ff.; *Grethlein* S. 46 f.; *Eisenberg* JGG Rn. 83; Ostendorf/*Schady* Rn. 18; MRTW/*Laue* Rn. 51 mwN.
[133] *Grethlein* S. 47 f.; *Eisenberg* JGG Rn. 83; Ostendorf/*Schady* Rn. 18; *Brunner/Dölling* Rn. 30.
[134] MRTW/*Laue* Rn. 52.
[135] OLG Köln 20.3.1964 – Ss 494/63, NJW 1964, 1684; MRTW/*Laue* Rn. 52; Ostendorf/*Schady* Rn. 19; *Baumann* S. 161 mwN.
[136] BGH 23.2.1954 – 1 StR 723/53, BGHSt 5, 366 (369); *Grethlein* S. 150; *Brunner/Dölling* Rn. 39 mwN.
[137] Dazu ausführlich *Grethlein* S. 150 f.
[138] BVerfG 31.5.2006 – 2 BvR 1673/04, BVerfGE 116, 69 = NJW 2006, 2093.
[139] Wie hier *Baumann* S. 166 f.; idS wohl auch *Schaffstein/Beulke/Swoboda* Rn. 821; Ostendorf/*Schady* Rn. 20; *Eisenberg* JGG Rn. 88.
[140] BGH 7.5.1980 – 2 StR 10/80, BGHSt 29, 269 = NJW 1980, 1967; Ostendorf/*Schady* Rn. 20; *Brunner/Dölling* Rn. 39.

44a Keinen Nachteil bedeutet es andererseits, wenn in der Rechtsmittelinstanz Freiheitsstrafe durch eine gleich lange Jugendstrafe ersetzt wird;[141] eine längere Jugendstrafe darf jedoch nicht ausgesprochen werden.[142] Wohl ausgehend von dem Gedanken der Gleichwertigkeit soll nach Auffassung der Rspr. eine kürzere Freiheitsstrafe kein Nachteil gegenüber einer längeren Jugendstrafe sein, wenn im konkreten Einzelfall sichergestellt ist, dass der heranwachsende Angeklagte nach demselben Zeitraum die Strafaussetzung zur Bewährung erlangen kann wie bei der erstinstanzlich verhängten Jugendstrafe.[143] Bei Verhängung einer Freiheitsstrafe in der Vorinstanz unter dem Mindestmaß der Jugendstrafe von sechs Monaten (§ 18 Abs. 1 S. 1) soll nach der wohl überwiegenden Ansicht das Rechtsmittelgericht gleichwohl ausnahmsweise eine Jugendstrafe unter dem Mindestmaß wirksam verhängen können.[144] Angesichts des klaren Wortlauts von § 18 Abs. 1 S. 1 ist das abzulehnen; hier muss ggf. auf eine ambulante Sanktionierung oder einen Arrest ausgewichen werden.[145]

45 Die **Aussetzung der Freiheitsstrafe zur Bewährung** (§§ 56 ff. StGB) ist weniger nachteilig als eine vollstreckbare Jugendstrafe, wiegt aber gegenüber einer zur Bewährung ausgesetzten Jugendstrafe (§ 21) schwerer.[146]

46 Die **Geldstrafe** (§§ 40 ff. StGB) ist grundsätzlich von geringerer Eingriffsintensität als die freiheitsentziehenden Rechtsfolgen des JGG.[147] Aufgrund der ähnlichen Zielsetzung und Belastungswirkung ist sie mit der Geldauflage nach § 15 Abs. 1 Nr. 4 vergleichbar.[148] Es ist jedoch zu beachten, dass gem. § 15 Abs. 3 S. 1 Auflagen nachträglich geändert werden können, was für die Geldauflage bedeutet, dass sie auch nachträglich erhöht werden kann. Andererseits ist zu berücksichtigen, dass es bei der Geldstrafe schneller zu einer Ersatzfreiheitsstrafe gem. § 43 StGB kommen kann. Auch bei unverschuldeter Zahlungsunfähigkeit liegt Uneinbringlichkeit iSd § 43 StGB vor, wohingegen nur die schuldhafte Nichterfüllung der Geldauflage einen Verstoß gegen eine Weisung darstellt und mit Jugendarrest geahndet werden kann, sofern der Verurteilte in geeigneter Weise (§ 70a Abs. 1) über diese rechtliche Möglichkeit belehrt worden ist. Ebenso ist zu beachten, dass die Anzahl der Tagessätze in der neuen Entscheidung den nach Tagen berechneten Umfang der erstinstanzlich angeordneten jugendstrafrechtlichen freiheitsentziehenden Rechtsfolge zumindest nicht übersteigt.[149] Damit kommt es letztlich auf die Ausgestaltung im konkreten Einzelfall an, ob ein Nachteil vorliegt oder nicht.[150]

47 **cc) Nebenfolgen und Nebenstrafen.** Soweit sie nicht ausschließlich Sicherungsfunktion haben, gilt hinsichtlich der Nebenstrafen und Nebenfolgen, auf die in einer jugendstrafrechtlichen Entscheidung erkannt werden darf (§§ 44, 45 ff. StGB, §§ 6, 8 Abs. 3), das Verschlechterungsverbot. Dem Jugendlichen entsteht also ein unzulässiger Nachteil, wenn durch das Rechtsmittelgericht die erstmalige Anordnung eines Fahrverbots oder dessen Erhöhung erfolgt.[151] Zu beachten ist allerdings, dass entsprechend dem Erwachsenenstrafrecht Nachteile im Wege einer Gesamtbetrachtung kompensiert werden können. Dementsprechend kann das Rechtsmittelgericht die (Haupt-)Rechtsfolge (im zitierten Fall: Geldbuße) erhöhen, wenn es von der nochmaligen Verhängung eines Fahrverbots absieht.[152]

---

[141] *Eisenberg* JGG Rn. 89; Diemer/Schatz/Sonnen/*Schatz* Rn. 46.
[142] Ostendorf/*Schady* Rn. 20.
[143] BGH 29.2.1956 – 2 StR 25/56, BGHSt 10, 100 (103); Diemer/Schatz/Sonnen/*Schatz* Rn. 46; MRTW/*Laue* Rn. 52; aA *Baumann* S. 167.
[144] Diemer/Schatz/Sonnen/*Schatz* Rn. 47; *Eisenberg* JGG Rn. 89.
[145] Überzeugend Ostendorf/*Schady* Rn. 20.
[146] LBN Rn. 422; MRTW/*Laue* Rn. 54; aA *Eisenberg* JGG Rn. 90, der auf die Widerrufsmöglichkeiten gem. §§ 56 ff. StGB verweist.
[147] *Albrecht* JugStrR S. 395; *Baumann* S. 173 mwN; Diemer/Schatz/Sonnen/*Schatz* Rn. 48 mwN.
[148] *Brunner/Dölling* Rn. 43; MRTW/*Laue* Rn. 55.
[149] Zum allgm. Recht OLG Hamm 22.10.2007 – 3 Ss 437/07, NJW 2008, 1014; *Eisenberg* JGG Rn. 91.
[150] *Albrecht* JugStrR S. 395; MRTW/*Laue* Rn. 55; *Eisenberg* JGG Rn. 91.
[151] Ostendorf/*Schady* Rn. 21.
[152] Im Rahmen eines OWiG-Verfahrens gegen einen Erwachsenen BGH 11.11.1970 – 4 StR 66/70, BGHSt 24, 11 (14); LG Köln 5.2.1996 – 157-167/95, NStZ-RR 1997, 370; darauf bezugnehmend MRTW/*Laue* Rn. 63; Ostendorf/*Schady* Rn. 21 mwN.

Eine Kompensation ist jedoch nur möglich, wenn die Hauptrechtsfolge in ihrer Eingriffsintensität geringer ist.[153]

dd) Maßregeln der Besserung und Sicherung. Zwar findet das Verschlechterungsverbot grds. auch für die im Jugendstrafrecht zulässigen Maßregeln der Besserung und Sicherung (§ 7) Anwendung. Eine gesetzlich angeordnete Ausnahme besteht jedoch hinsichtlich der **Unterbringung in einem psychiatrischen Krankenhaus** oder einer **Entziehungsanstalt** (§§ 331 Abs. 2, 358 Abs. 2 S. 3, 373 Abs. 2 S. 2 StPO); hier steht das Verbot der reformatio in peius einer erstmaligen Anordnung in der Rechtsmittelinstanz nicht entgegen. Nach bislang überwiegender Auffassung ist jedoch umgekehrt ein Wechsel von einer dieser Unterbringungsformen zur Jugendstrafe wegen der anders gearteten Qualität der Rechtsfolgen im Vergleich zur Jugendstrafe nicht zulässig.[154] Dies gilt indes nicht mehr für den Wechsel von der Unterbringung in einem psychiatrischen Krankenhaus zur Jugendstrafe. Durch das Gesetz zur Sicherung der Unterbringung in einem psychiatrischen Krankenhaus und in einer Entziehungsanstalt vom 16.7.2007[155] wurde **§ 358 Abs. 2 S. 2 StPO** eingeführt. Danach ist es dem Revisionsgericht nicht verwehrt, eine (Jugend-)Freiheitsstrafe zu verhängen, wenn die Anordnung der Unterbringung in einem psychiatrischen Krankenhaus aufgehoben wird.[156] Ziel dieser Änderung war es, bei Aufhebung der Unterbringung in einem psychiatrischen Krankenhaus zu verhindern, dass Fehleinweisungen zwingend zur Entlassung führen, sondern dass stattdessen eine Strafe verhängt werden kann. In solchen Konstellationen blieb die Tat nach altem Recht ohne strafrechtliche Sanktion, wenn sich in der neuen Verhandlung herausstellte, dass der Angeklagte bei Begehung der Tat doch schuldfähig war.[157] 48

Zulässig ist es auch, die genannten Unterbringungsformen durch Erziehungsmaßregeln, Zuchtmittel oder andere Maßregeln wie der Entziehung der Fahrerlaubnis zu ersetzen.[158] Das kann jedoch nicht für die Anordnung der vorbehaltenen Sicherungsverwahrung (§ 7 Abs. 2) gelten. Die Möglichkeit, dass dem Jugendlichen in einer späteren Instanz sogar die Anordnung einer Sicherungsverwahrung droht, könnte von der Einlegung von Rechtsmitteln auch dann abschrecken, wenn diese an sich begründet wären.[159] 49

5. Wiederaufnahme. Die Vorschriften des allg. Strafverfahrensrechts über die **Wiederaufnahme gem. den §§ 359 ff. StPO**[160] finden auch auf Jugendliche sowie Heranwachsende Anwendung, § 2 Abs. 2. Unabhängig vom Lebensalter des vormals Jugendlichen bzw. Heranwachsenden bleiben für das Aufnahmeverfahren stets die Jugendgerichte zuständig.[161] Das bereits in → Rn. 14 ff. Gesagte gilt entsprechend.[162] 50

Verurteilter iSd §§ 359 ff. StPO ist auch derjenige, gegen den Erziehungsmaßregeln angeordnet, Zuchtmittel verhängt oder die Aussetzung der Verhängung der Jugendstrafe zur Bewährung gem. § 27 ausgesprochen wurde. 50a

---

[153] *Eisenberg* JGG Rn. 92 mwN.
[154] *Albrecht* JugStrR S. 396; *Eisenberg* JGG Rn. 93; nach *Brunner/Dölling* soll ein Wechsel in den Vollzug der Jugendstrafe von einer der Unterbringungsformen zulässig sein, wenn der Jugendliche darum bittet, mwN; diese Auffassung zu Recht ablehnend *Grethlein* S. 140 ff.; einschränkend auch Ostendorf/*Schady* § 55 Rn. 22, wonach ein Wechsel von der Unterbringung in der Entziehungsanstalt in die Jugendstrafe zulässig sein soll, wenn die zweijährige Dauer nicht überschritten wird.
[155] BGBl. I 1327.
[156] Die Geltung von § 358 Abs. 2 S. 2 StPO ausdrücklich für das Jugendstrafverfahren bejahend BGH 19.12.2012 – 4 StR 494/12, NStZ-RR 2013, 309; so auch Diemer/Schatz/Sonnen/*Schatz* § 55 Rn. 50; differenzierend *Eisenberg* JGG § 55 Rn. 93, der einen Wechsel zur JStrafe dann verneint, wenn bei Annahme der verminderten Schuldfähigkeit im Ersturteil von der Verhängung der Jugendstrafe gemäß § 5 Abs. 3 abgesehen wurde.
[157] Hierzu ausführlich *Schneider* NStZ 2008, 68 (73).
[158] *Dallinger/Lackner* Vor § 55 Rn. 24; MRTW/*Laue* Rn. 61; *Albrecht* JugStrR S. 396.
[159] So auch zum Erwachsenenstrafrecht *Schneider* NStZ 2008, 68 (73).
[160] S. dazu ausführlich SSW-StPO/*Kaspar* Kommentierung zu §§ 359–373a.
[161] Diemer/Schatz/Sonnen/*Schatz* Rn. 52; hinsichtlich der ggf. neuen Hauptverhandlung ist dies streitig, wohl bejahend *Eisenberg* JGG Rn. 26 mwN, hierzu abweichend Meyer-Goßner/*Schmitt* GVG § 140a Rn. 11.
[162] Siehe auch *Eisenberg* JGG Rn. 26 ff.; *Brunner/Dölling* Rn. 48 ff.; *Dallinger/Lackner* Vor § 55 Rn. 29 ff.

51 Da gem. § 365 StPO die allgemeinen Vorschriften über Rechtsmittel auch für den Antrag auf Wiederaufnahme des Verfahrens gelten und das Wiederaufnahmeverfahren im Vergleich zu Rechtsmitteln keine inhaltlich weitergehende Prüfung ermöglichen soll, geht die hM davon aus, dass damit auch die sachliche Rechtsmittelbeschränkung des § 55 Abs. 1 Anwendung findet.[163]

51a Die Regel des allg. Strafverfahrensrechts, wonach das Wiederaufnahmeverfahren grds. keine Anwendung auf **Beschlüsse** findet, mit Ausnahme solcher, denen eine **verfahrensbeendigende Wirkung** zukommt, gilt entsprechend. Demnach ist die Wiederaufnahme zulässig gegen Entscheidungen nach §§ 11 Abs. 3, 15 Abs. 3 S. 2, 57 Abs. 1, 2, 58 Abs. 1, 62 Abs. 2 sowie 66 Abs. 2 S. 2.[164]

51b Mangels automatischen Suspensiveffekts des Wiederaufnahmeverfahrens bleibt die angefochtene Entscheidung grds. vollstreckbar; das Gericht kann jedoch einen Aufschub sowie eine Unterbrechung der Vollstreckung anordnen, § 360 Abs. 2 StPO. Bei Wiederaufnahme nur einzelner von mehreren Taten soll nach hM die Vollstreckung der übrigen Taten in entsprechender Anwendung des § 56 eingeleitet bzw. fortgesetzt werden.[165]

III. Anwendungsbereich

52 § 55 ist immer gegenüber **Jugendlichen** anwendbar, also auch dann, wenn es sich um ein Verfahren vor den für allg. Strafsachen zuständigen Gerichten handelt, § 104 Abs. 1 Nr. 7.

52a Bei **Heranwachsenden** gilt § 55 regelmäßig, sobald materielles Jugendstrafrecht gem. § 105 Abs. 1 angewandt wird, s. § 109 Abs. 2 S. 1, und zwar auch für den Fall, dass der Heranwachsende ausnahmsweise vor einem Gericht für allg. Strafsachen angeklagt wird, § 112 S. 2. Allerdings findet § 55 gem. **§ 109 Abs. 2 S. 3** ausnahmsweise dann keine Anwendung, wenn die Entscheidung im **beschleunigten Verfahren** des allg. Verfahrensrechts nach §§ 417 ff. StPO ergangen ist.

52b Gegenüber **Erwachsenen** findet § 55 hingegen auch dann keine Anwendung, wenn ausnahmsweise Jugendgerichte zuständig sind, vgl. § 103 Abs. 1, 2 sowie §§ 26, 74b GVG.

53 In **sachlicher Hinsicht** findet § 55 sowohl im vereinfachten (§§ 75 ff.) wie auch im regulären Jugendstrafverfahren Anwendung, soweit nicht durch spezielle **Sonderregelungen** (vgl. auch RLJGG zu § 55 Nr. 2) etwas **Abweichendes** bestimmt wird; solche Regelungen finden sich in §§ 47 Abs. 2 S. 3, 59, 63, 65 Abs. 2, 66 Abs. 2 S. 3 iVm § 462 Abs. 3 StPO, § 71 Abs. 2 S. 2 iVm 117 Abs. 2 StPO, § 73 Abs. 2.

IV. Sachliche Rechtsmittelbeschränkung gem. Abs. 1

54 **1. Reichweite. a) Allgemeines.** Unter Bezugnahme auf den Wortlaut („Entscheidungen...angefochten") gilt Abs. 1 nicht nur bei **Urteilen,** sondern darüber hinaus auch bei allen **anderen Aussprüchen,** die Erziehungsmaßregeln und Zuchtmittel anordnen – etwa bei Beschlüssen nach §§ 65, 66, 71 Abs. 1 und 86. Dementsprechend ist die sachliche Rechtsmittelbeschränkung anders als die instanzielle Beschränkung des Abs. 2 auch nicht auf die Rechtsmittel der Berufung und Revision begrenzt und findet entgegen ihrer systematischen Stellung im Unterabschnitt über das Rechtsmittelverfahren auf alle Rechtsbehelfe in jeder Instanz Anwendung.[166]

55 **b) Streitfälle.** In Anbetracht der oben dargelegten Kritikpunkte empfiehlt es sich jedoch, den Anwendungsbereich der Regelung eng zu verstehen und sich im Zweifel für die **anfechtungsfreundlichere Auslegungsvariante** zu entscheiden.[167]

---

[163] Ostendorf/*Schady* Rn. 25; *Eisenberg* JGG Rn. 28; so auch schon *Dallinger/Lackner* Vor § 55 Rn. 29.
[164] Ausführlich hierzu auch *Brunner/Dölling* Rn. 49 f.
[165] Diemer/Schatz/Sonnen/*Schatz* Rn. 52; *Dallinger/Lackner* Vor § 55 Rn. 31.; aA *Eisenberg* JGG Rn. 32.
[166] Dazu mit kritischer Würdigung *Eisenberg* FS Weber, 2004, 505 (510 sowie 512); *Albrecht* JugStrR S. 387.
[167] MRTW/*Laue* Rn. 24; *Eisenberg* FS Weber, 2004, 505 (510 f.).

aa) **Absehen von Strafe.** In diesem Sinne ist auch die Frage der Überprüfbarkeit der **56** Nichtanwendung von Vorschriften über das Absehen von einer Rechtsfolge, so bspw. bei § 29 Abs. 5 BtMG,[168] zu beurteilen. Nach hier vertretener Auffassung soll die Beschränkung des Abs. 1 entgegen der hM[169] dann nicht eingreifen, wenn die Anfechtung beschränkt auf den Sanktionsausspruch mit dem Ziel erfolgt, ein gänzliches **Absehen von Strafe** zu erreichen, obwohl in der Entscheidung lediglich auf Erziehungsmaßregeln oder Zuchtmittel erkannt wurde. Die wesentliche Begründung der hM, zum „Umfang der Maßnahmen" iSv Abs. 1 S. 1 gehöre nach allg. Sprachverständnis auch die Frage, ob Maßnahmen überhaupt angewendet werden, ist nach dem Wortlaut der Norm nicht naheliegend. Zwar handelt es sich bei den betreffenden Vorschriften über das Absehen von Strafe um Bestimmungen des Strafzumessungsrechts, die damit Teil der Sanktionsentscheidung sind. Diese betreffen jedoch nur die allgemein-strafrechtliche Frage, ob es tatsächlich angemessen war, eine Rechtsfolge auszusprechen oder nicht, beschäftigen sich aber gerade nicht mit dem Ausmaß einer konkreten jugendstrafrechtlichen Sanktion.[170] Als jugendstrafrechtliche Sonderregelung sollte die sachliche Rechtsmittelbeschränkung daher hier keine Anwendung finden.

bb) **Erlittene Freiheitsentziehung bei Jugendarrest.** Eine solch restriktive Ausle- **57** gung ist schließlich auch geboten, wenn mit der Anfechtung ausschließlich die **Berücksichtigung** der bereits durch U-Haft (oder einer anderen[171]) **erlittenen Freiheitsentziehung** bei **verhängtem Jugendarrest** gem. § 52 angestrebt wird. Auch hier soll nach hM die sachliche Rechtsmittelbeschränkung des Abs. 1 greifen und zur Unstatthaftigkeit des gegen das Urteil eingelegten Rechtsmittels führen.[172] Dazu wird abermals auf eine (zu) extensive Auslegung der Regelung in Abs. 1 S. 1 zurückgegriffen, wonach mit dem „Umfang der Maßnahme" auch deren Vollstreckung gemeint sein soll. Diese Gesetzesinterpretation findet jedoch schon keine ausreichende Stütze im Wortlaut der Regelung. Dass es sich bei den Modalitäten der Vollstreckung nicht um originär die Bemessung des Jugendarrests betreffende Fragen handelt,[173] zeigt sich anhand von § 52, wo eine selbstständige – wenn auch im Urteil zu treffende[174] – Entscheidung über die (Nicht-)Anrechnung vorgesehen ist, die unabhängig von der Frage der Zulässigkeit, Art und Dauer des bereits zuvor verhängten Jugendarrestes zu treffen ist und dieser denklogisch nachfolgt.[175] Immerhin geht aus § 52 selbst eindeutig hervor, dass es sich hierbei um eine rein vollstreckungsrechtliche Problematik handelt.[176] In systematischer Hinsicht ist zu berücksichtigen, dass die während der U-Haft erlittene Freiheitsentziehung ohne Schuldfeststellung erfolgte und damit gegenüber dem im Urteil angeordneten Arrest einen noch intensiveren Eingriff in das Freiheitsgrundrecht des Jugendlichen darstellt, so dass sie mit den aus der Beschränkung des Abs. 1 S. 1 explizit

---

[168] Eine umfassende Aufzählung der in Betracht kommenden Regelungen findet sich bei *Eisenberg* NStZ 1984, 121 (122).
[169] So auch BGH 22.10.2013 – 3 StR 323/13, NStZ-RR 2014, 11; LG Mainz 15.8.1983 – 3 Js 5722/82 jug – 3 Ns, NStZ 1984, 121 mit abl. Anm. *Eisenberg*; OLG Stuttgart 19.3.2002 – 2 Ss 651/01, Justiz 2002, 515; *Brunner/Dölling* Rn. 10; *Ostendorf/Schady* Rn. 27; *Schaumann* S. 129.
[170] So auch *Eisenberg* NStZ 1984, 121 (122); *ders.* NStZ 2003, 124 (128 f.); sowie *ders.* JGG § 55 Rn. 42.
[171] Vgl. dazu auch § 39 Abs. 1 S. 3 StVollstrO.
[172] Zuletzt BGH 10.7.2013 – 1 StR 278/13, StraFo 2013, 428 ff. mit abl. Anm. *Eisenberg*; *Ostendorf/Schady* § 52 Rn. 12; zumindest als „nicht unbedenklich" bezeichnet dies aber *Diemer/Schatz/Sonnen/Schatz* Rn. 59.
[173] Insoweit ebenfalls kritisch MRTW/*Laue* Rn. 24 „zweifelhaft".
[174] Daher wird argumentiert, dass es sich bei der Verhängung des Jugendarrests einerseits und der Anrechnungsentscheidung andererseits trotz der gesetzlichen Vorgabe nicht um ein zweiaktiges Verfahren handelt, sondern um einen einheitlichen Vorgang; die Anrechnung bestimme letztlich den Umfang des Arrests im Hinblick auf dessen Zweckerreichung, dazu *Ostendorf/Schady* § 52 Rn. 10; LG Tübingen 26.8.1960 – Ns 61/60, MDR 1961, 170.
[175] Mit ausführlicher Darstellung der widerstreitenden Positionen *Flöhr* S. 107 ff.; ebenso *Schaumann* S. 132 ff.; *Eisenberg* StraFo 2013, 430 (431); *ders.* FS Weber, 2004, 505 (510); *Albrecht* JugStrR S. 338.
[176] *Nothacker* GA 1982, 451 (459), der die Position der hM als „bedenklich" bezeichnet; ebenso *Flöhr* S. 109.

ausgenommenen Maßnahmen vergleichbar erscheint.[177] Dieselbe Problematik stellt sich bei der Anfechtung der Nichtanrechnung einer disziplinarischen Arrestanordnung iRd § 26 WDO; auch hier handelt es sich ausschließlich um einen vollstreckungsrechtlichen Aspekt, so dass nach der hier vertretenen Auffassung Abs. 1 S. 1 darauf nicht anwendbar ist.[178]

58 **2. Voraussetzungen.** Die sachlich-rechtliche Rechtsmittelbeschränkung des Abs. 1 S. 1 kommt dann zum Tragen, wenn das **Jugendgericht** in einer Entscheidung **lediglich Erziehungsmaßregeln** – jedoch mit Ausnahme der Heimunterbringung gem. § 12 Nr. 2, vgl. Abs. 1 S. 2 – oder **Zuchtmittel** anordnet oder die Auswahl und Anordnung von Erziehungsmaßregeln gem. § 53 dem Familiengericht überlässt, es sich also allgemein gesprochen um „leichtere" Sanktionen handelt.

59 **a) Unzulässige Anfechtungsziele.** Basierend auf der Annahme, dass der erstinstanzliche Richter den Erziehungsbedürfnissen am besten Rechnung tragen kann, sieht die sachliche Rechtsmittelbeschränkung vor, dass eine ausschließlich Sanktionen nach S. 1 anordnende Entscheidung **nicht** beschränkt auf die **Art und den Umfang dieser Sanktionsentscheidung** angefochten werden kann. Dementsprechend ist die Anfechtung einer Entscheidung, in der lediglich erzieherische Weisungen, Erziehungsbeistandschaft oder Zuchtmittel angeordnet sind, wegen des Umfangs der Maßnahmen oder der Zielsetzung, die Änderung der angeordneten Rechtsfolgen iSv S. 1 selbst, den Wegfall einer von mehreren Rechtsfolgen iSv S. 1 oder deren Ersetzung durch andere zu erstreben, unstatthaft.[179] Wird ein Rechtsmittel entgegen Abs. 1 (wirksam) beschränkt, so führt dies zu seiner Unzulässigkeit.[180]

60 Ebenso wenig angefochten werden kann auch die Entscheidung, dass die Anordnung bzw. Auswahl der Erziehungsmaßregeln dem **Familiengericht** überlassen wird. Das gilt ausweislich des insoweit uneingeschränkten Wortlauts auch dann, wenn das Familiengericht Hilfe zur Erziehung nach § 12 Nr. 2 anordnet. Das kann jedoch dann nicht gelten, wenn die Auswahl förmlich zwar dem Familiengericht überlassen wurde, in den Urteilsgründen diesem aber die Anordnung der Hilfe zur Erziehung gem. § 12 Nr. 2 nahegelegt wird. Hier muss die Anfechtbarkeit bestehen bleiben, da andernfalls die Gefahr bestünde, dass Abs. 1 S. 2 unterlaufen wird.[181]

61 **b) Zulässige Anfechtungsziele. aa) Anfechtung von Entscheidungen mit in S. 1 nicht genannten Sanktionselementen.** Sobald die Entscheidung (aufgrund einer Verbindung von verschiedenen Maßnahmen nach § 8) auch **andere als die durch S. 1 genannten Sanktionen** enthält, findet die sachliche Rechtsmittelbeschränkung keine Anwendung. Dabei handelt es sich namentlich um die Verhängung einer JStrafe (mit und ohne Aussetzung der Strafvollstreckung zur Bewährung), die Aussetzung ihrer Verhängung zur Bewährung (§ 27), die Hilfe zur Erziehung nach § 12 Nr. 2, die Verhängung von Nebenstrafen und Nebenfolgen (§ 6) sowie Maßregeln der Besserung und Sicherung (§ 7). Eine auf den Strafausspruch beschränkte Anfechtung ist in diesen Fällen vollumfänglich zulässig, so dass auch die für sich allein nach S. 1 unanfechtbaren Sanktionen in einer auf den Strafausspruch beschränkten Anfechtung geltend gemacht werden können.[182] Denn aufgrund der zulässigerweise erhobenen Anfechtung kommt es unausweichlich zu einer Verfahrensverzögerung,

---

[177] *Eisenberg* StraFo 2013, 430 f., der abschließend fordert, dass zumindest dann, wenn im Einzelfall der Eingriff aufgrund der Kumulierung der Freiheitsentziehung über das Gewicht der von Abs. 1 erfassten Maßnahmen hinausgeht, eine Beschränkung gem. Abs. 1 ausgeschlossen sein soll.
[178] *Eisenberg* JGG Rn. 45 mwN.
[179] So erneut BGH 10.7.2013 – 1 StR 278/13, NStZ 2013, 659.
[180] OLG Hamm 2.10.2014 – 1 Ws 477/14, NStZ 2016, 106.
[181] Vgl. dazu *Eisenberg* FS Weber, 2004, 505 (511); MRTW/*Laue* Rn. 23.
[182] *Eisenberg* JGG Rn. 50; *Dallinger/Lackner* Rn. 25; *Ostendorf/Schady* Rn. 26; anders hingegen *Potrykus* NJW 1954, 1349 (1350).

so dass das jugendstrafrechtliche Beschleunigungsgebot hinter dem Interesse an vollumfänglicher Überprüfung zurücktritt.[183]

bb) Anfechtung der Schuldfrage. Ebenso ist es den Anfechtungsberechtigten nicht 62 verwehrt, die Entscheidung insgesamt mit der Begründung anzufechten, dass die **Schuldfrage** aus rechtlichen oder tatsächlichen Gründen falsch beantwortet wurde. Mit Prüfung der Schuldfrage ist indirekt auch die Straffrage der erneuten Prüfung zugänglich[184] (zu den Anforderungen an das Rügevorbringen und zur Entscheidungskompetenz des Rechtsmittelgerichts → Rn. 66).

cc) Anfechtung wegen Gesetzeswidrigkeit. Schließlich kann eine Sanktion iSd S. 1 63 stets mit dem Argument der **Gesetzeswidrigkeit** angefochten werden, vgl. § 2 Abs. 2 iVm § 337 StPO.[185] Das ist bspw. dann der Fall, wenn ein Grundrechtsverstoß geltend gemacht wird. Die Weisung, regelmäßig den Gottesdienst zu besuchen, stellt einen rechtswidrigen Eingriff in Art. 4 GG dar. Gesetzeswidrigkeit liegt ebenfalls vor, wenn der verhängte Jugendarrest entgegen der Regelung in § 87 Abs. 1 zur Bewährung ausgesetzt wird,[186] aber auch, wenn – nach der hier vertretenen Auffassung – die Nichtanrechnung zuvor erlittener Freiheitsentziehung geltend gemacht wird[187] (vgl. dazu → Rn. 57; zu den Anforderungen an die Benennung des Anfechtungsziels → Rn. 69).

dd) Anfechtung durch die Staatsanwaltschaft. Die JStA kann unter Berücksichti- 64 gung von Abs. 1 sowohl zu Gunsten wie zu Ungunsten des Jugendlichen Rechtsmittel einlegen, vgl. § 296 StPO. Trotz Nr. 1 S. 2 RLJGG zu § 5, wonach die JStA bei der Anfechtung zu Ungunsten des Angeklagten besondere Zurückhaltung üben sollte, ist es der JStA daher grds. auch nicht verwehrt, das Urteil anzufechten, um eine **strengere,** von S. 1 nicht erfasste **Rechtsfolge,** so zB die Verhängung einer JStrafe, zu erreichen.[188] Denn eine solche Beschränkung lässt sich aus Abs. 1 S. 1 gerade nicht entnehmen.[189] Nach überwiegender Auffassung[190] soll es der JStA im Hinblick auf die von Abs. 1 S. 2 ausgehende Schutzfunktion zugunsten des Jugendlichen jedoch nicht möglich sein, mit der Anfechtung die Anordnung einer Heimunterbringung nach § 12 Nr. 2 zu erstreben.

Im Falle eines **Freispruches** kann regelmäßig nur die **JStA** anfechten; das gilt grds. auch 65 dann, wenn der Freispruch mangels strafrechtlicher Verantwortlichkeit gem. § 3 S. 1 erfolgte. Wurden dabei allerdings Maßnahmen zur Erziehung gem. **§ 3 S. 2** angeordnet, ist auch der angeklagte Jugendliche beschwert und kann gegen das freisprechende Urteil Rechtsmittel einlegen.

3. Erforderliches Rügevorbringen. Aufgrund der Vorgaben der Norm darf die 66 Anfechtung von Entscheidungen, die ausschließlich Maßnahmen iSd Abs. 1 S. 1 anordnen, somit nur darauf gestützt werden, dass die Schuldfrage rechtlich oder tatsächlich falsch beantwortet oder die Sanktion selbst rechtswidrig ist. Dies bedeutet aber auch, dass der Rechtsmittelführer die Zulässigkeit seines Rechtmittels in nicht unerheblichem Maße selbst in der Hand hat. Entscheidend ist die darin zum Ausdruck kommende **Willensrichtung**

---

[183] BGH 3.4.1957 – 4 StR 517/56, BGHSt 10, 198 (200); in diesem Sinne auch *Brunner/Dölling* Rn. 12.
[184] *Schaffstein/Beulke/Swoboda* Rn. 817; *Ostendorf* JugStrR Rn. 162; Ostendorf/*Schady* Rn. 24.
[185] *Hanft* Jura 2008, 368 (371 f.); mit verschiedenen Beispielen *Brunner/Dölling* Rn. 11.
[186] So schon OLG Düsseldorf 10.11.1960 – (1) Ss 695/60 (927), NJW 1961, 891; OLG Frankfurt a. M. 22.11.1962 – 1 Ss 931/62, NJW 1963, 969.
[187] So auch *Eisenberg* JGG § 52 Rn. 13; ablehnend hingegen *Brunner/Dölling* Rn. 11; zumindest im Hinblick auf den disziplinarischen Arrest gem. § 26 WDO bejahend auch Ostendorf/*Schady* Rn. 28, der dies – anders als bei U-Haft – aus verfassungsrechtlichen Gründen unter Verweis auf BVerfGE 27, 184 ff. für erforderlich hält; mit dieser Unterscheidung wohl auch Diemer/Schatz/Sonnen/*Schatz* Rn. 60.
[188] OLG Zweibrücken 19.12.1997 – 1 Ss 237/97, NStZ-RR 1998, 118; Diemer/Schatz/Sonnen/*Schatz* Rn. 62.
[189] *Streng* JugStrR Rn. 581.
[190] So schon *Dallinger/Lackner* Rn. 18; *Eisenberg* JGG Rn. 49; Ostendorf/*Schady* Rn. 27; aA Diemer/Schatz/Sonnen/*Schatz* Rn. 62; LBN Rn. 416.

des Rechtsmittelführers.[191] Dabei unterliegen Berufung und Revision unterschiedlichen Anforderungen an die Rechtsmittel- bzw. Begründungsschrift.

67 a) **Berufung.** Auch im Jugendstrafverfahren ist eine Berufungsbegründung nicht zwingend, § 317 StPO. Aus der Rechtsmittelbeschränkung des Abs. 1 lässt sich **kein Begründungszwang** ableiten, da dies eine weitere und insbesondere gesetzlich nicht angelegte Einschränkung des ohnehin schon eingegrenzten Rechtsmittelrechts bedeuten und damit zu einer endgültig nicht mehr gerechtfertigten prozessualen Schlechterstellung des jugendlichen Straftäters führen würde.[192] Eine ohne Begründung erhobene Berufung gilt damit als vollumfänglich – dh auch die Schuldfrage angreifend – eingelegt (§ 318 S. 2 StPO) und ist nicht unzulässig iSd Abs. 1 S. 1. Daher kann eine Berufung wegen Missachtung von Abs. 1 nur dann als unzulässig verworfen werden, wenn in der Berufungsschrift eindeutig zum Ausdruck kommt, dass lediglich Umfang und/oder Art der in Abs. 1 S. 1 bezeichneten Maßnahmen angegriffen werden. Bestehen Unsicherheiten hinsichtlich der Auslegung einer Berufungsschrift, ist es aufgrund der gerichtlichen Fürsorgepflicht ratsam, einen Termin zur Berufungshauptverhandlung anzuberaumen, um den Jugendlichen nach Art und Ziel der Urteilsanfechtung zu befragen[193] und hierzu ggf. einen Pflichtverteidiger zu bestellen.[194] Auf jeden Fall muss sich der Jugendliche über die Konsequenzen seiner Entscheidung im Klaren sein, so dass zumindest eine Belehrung (§ 70a) über die Folgen einer entsprechenden Rechtsmittelbeschränkung auf die ausgeschlossenen Beschwerdepunkte erforderlich ist.[195] Das Berufungsgericht muss die Erklärung des Angeklagten mit entsprechender Sorgfalt würdigen.[196] Da es sich bei einer hiernach eindeutig erklärten (wegen Abs. 1 S. 1 unzulässigen) Beschränkung um eine unwiderrufliche und unanfechtbare Teilrücknahme des Rechtsmittels handelt,[197] sind zudem Abs. 3 sowie § 302 Abs. 2 StPO zu beachten. Eine zunächst auf den Strafausspruch beschränkt eingelegte Berufung kann nur bis zum Ablauf der Einlegungsfrist erweitert werden.[198]

68 Gerade weil das Rechtsmittelgericht nach Auffassung der hM befugt ist, die Sanktionsentscheidung (unter Beachtung des Verschlechterungsverbots) auch dann abzuändern, wenn der Schuldspruch unverändert bleibt (vgl. hierzu → Rn. 73), ermöglicht die vollumfängliche Anfechtung eine **Umgehung der Beschränkung des Abs. 1.** Ob ein solches Vorgehen jedoch tatsächlich erfolgversprechend ist, um eine von der Anfechtbarkeit nach Abs. 1 an sich ausgeschlossene Maßnahme zur Überprüfung und letztlich zur Abänderung dem Rechtsmittelgericht zur Entscheidung vorzulegen, ist eine Frage des konkreten Einzelfalls, wird aber in den wenigsten Fällen sinnvoll sein.[199]

69 b) **Revision.** Etwas anderes gilt jedoch iRd Revision. Entgegen den Vorgaben zur Sachrüge im Erwachsenenrecht genügt nach zwar nicht unbestrittener,[200] jedoch mittlerweile bundesverfassungsgerichtlich bestätigter Rspr.[201] nicht mehr die bloße Angabe, es werde die Verletzung sachlichen Rechts gerügt. Um eine Umgehung der Rechtsmittelbeschränkung auszuschließen, muss in dem Revisionsantrag das **Angriffsziel eindeutig formuliert** werden, damit die Verfolgung eines unzulässigen Ziels – lediglich die Änderung der Sanktion –

---

[191] *Streng* JugStR Rn. 582; Diemer/Schatz/Sonnen/*Schatz* Rn. 64.
[192] *Schäfer* NStZ 1998, 330 (331).
[193] *Eisenberg* JGG Rn. 52; sowie ausführlich hierzu *Schäfer* NStZ 1998, 330 (331).
[194] Ostendorf/*Schady* Rn. 31; Diemer/Schatz/Sonnen/*Schatz* Rn. 67.
[195] *Eisenberg* JGG Rn. 52.
[196] Dazu ausführlich *Schäfer* NStZ 1998, 330 (331).
[197] OLG Celle 18.10.1963 – 3 Ws 637/63, NJW 1964, 417; *Brunner/Dölling* Rn. 10a mwN; zur Unwiderrufbarkeit der (Teil-)Rücknahme allgemein BGH 11.1.1983 – 1 StR 788/82, NStZ 1983, 280 f. mwN sowie Meyer-Goßner/*Schmitt* StPO § 302 Rn. 9.
[198] Zu Revisionen s. BGH 27.10.1992 – 5 StR 517/92, BGHSt 38, 366 = NStZ 1993, 96 f.; Ostendorf/*Schady* Rn. 31; *Brunner/Dölling* Rn. 10a.
[199] *Zieger* Rn. 225 sowie Diemer/Schatz/Sonnen/*Schatz* StPO Rn. 64 mwN.
[200] *Eisenberg* StraFo 2013, 430 (431) mwN.
[201] BVerfG 6.7.2007 – 2 BvR 1824/06, NStZ-RR 2007, 385 (386).

sicher ausgeschlossen werden kann.[202] Nach Auffassung des BVerfG sind in Fällen der gesetzlichen Rechtsmittelbeschränkung die Revisionsgerichte nicht daran gehindert, erhöhte Anforderungen an die Konkretisierung des Rechtsschutzziels zu stellen, da § 344 Abs. 1 StPO selbst keine Aussage darüber treffe, welche Anforderungen an einen hinreichend bestimmten Revisionsantrag zu stellen sind.[203] Anders als bei der Berufungsschrift, genügt es zur Einlegung einer zulässigen Revision damit nicht, *auch den Schuldspruch anzufechten*.[204]

4. Rechtsfolgen. a) Allgemeines. Ein Rechtsmittel, das die Beschränkung des Abs. 1 **70** S. 1 missachtet – sich also ausschließlich auf nach Abs. 1 S. 1 ausgeschlossene Maßnahmen beschränkt – bzw. dessen Antrag im Falle einer Revision nicht hinreichend bestimmt genug formuliert ist, ist durch Beschluss oder Urteil (§ 260 Abs. 3 StPO) als unzulässig zu verwerfen, vgl. § 2 Abs. 2 iVm § 322 Abs. 1 bzw. § 349 Abs. 1, 5 StPO. Gegen den Beschluss des Berufungsgerichts ist gem. § 322 Abs. 2 StPO die sofortige Beschwerde zulässig, und zwar auch dann, wenn die Berufung eines Erziehungsberechtigten oder gesetzlichen Vertreters als unzulässig verworfen worden ist und der Jugendliche selbst auf Rechtsmittel gegen das Urteil verzichtet hatte.[205] Die Verwerfung der Revision nach § 349 Abs. 1 StPO führt zur Rechtskraft der angefochtenen Entscheidung mit Ablauf des Tages der Beschlussfassung (§ 34a StPO), § 304 Abs. 4 S. 1, 2 StPO.

Eine Revision gegen das Berufungsurteil ist wegen der instanziellen Rechtsmittelbe- **71** schränkung des Abs. 2 unstatthaft. Das gilt für ein Prozessurteil ausnahmsweise dann, wenn die zunächst unbeschränkt eingelegte Berufung des Jugendlichen in der Berufungshauptverhandlung trotz Belehrung auf den nicht anfechtbaren Rechtsfolgenausspruch beschränkt und deshalb von der Jugendkammer als unzulässig iSv § 260 Abs. 3 StPO zu verwerfen war (vgl. hierzu unter → Rn. 67).[206] Da Abs. 2 eindeutig von einer „zulässigen Berufung" spricht, sind in einem solchen Fall die Voraussetzungen der instanziellen Rechtsmittelbeschränkung erfüllt und die Revision ist „*verbraucht*". Dagegen bleibt bei anderen Unzulässigkeitsgründen gegen ein Prozessurteil das Rechtsmittel der Revision grds. statthaft,[207] (dazu → Rn. 82).

Soweit eine Entscheidung wegen Abs. 1 unanfechtbar ist oder die Revision wegen Abs. 2 **72** ausgeschlossen ist, jedoch eine Verletzung des Anspruchs auf rechtliches Gehör im Raum steht, ist an die Anhörungsrüge gem. Abs. 4 bzw. unmittelbar an § 356a StPO zu denken (dazu → Rn. 95); ggf. ist eine Umdeutung gem. § 300 StPO erforderlich.

b) Entscheidungsbefugnis des Rechtsmittelgerichts. Nach hM gilt die Beschrän- **73** kung des Abs. 1 lediglich für den Rechtsmittelführer, bindet aber nicht das Rechtsmittelgericht,[208] dieses ist bei der Abänderung lediglich an das Verschlechterungsverbot gebunden. Der **Grundsatz der Einheitlichkeit des Urteils** gebietet es, dass, selbst wenn die Anfechtung des Schuldspruchs oder der nicht von Abs. 1 S. 1 erfassten Maßnahmen erfolglos bleibt, das Rechtsmittelgericht einen Austausch oder eine Abänderung der zugleich angeordneten Erziehungsmaßregeln oder Zuchtmittel, deren Anfechtung wegen Abs. 1 S. 1 unzulässig wäre, vornehmen kann. Der Einwand der Gegenmeinung, dass eine uneingeschränkte Befugnis des Rechtsmittelgerichts den Angeklagten dazu verleiten würde, ohne hinreichenden Grund auch den Schuldspruch anzufechten, um so eine Milderung der gegen ihn erkannten, aber wegen Abs. 1 unan-

---

[202] BGH 10.7.2013 – 1 StR 278/13, NStZ 2013, 659 f.; ebenso *Dölling* NStZ 2009, 193 (198); so auch schon OLG Celle 10.10.2000 – 33 Ss 92/00, NStZ-RR 2001, 121 mwN.
[203] BVerfG 6.7.2007 – 2 BvR 1824/06, NStZ-RR 2007, 385 (386).
[204] Zur Klarstellung des Angriffsziels im Revisionsantrag *Radtke* NStZ 2013, 660 f.; MRTW/*Laue* Rn. 29.
[205] OLG Celle 18.10.1963 – 3 Ws 637/63, NJW 1964, 417; *Eisenberg* JGG Rn. 51.
[206] OLG Karlsruhe 15.10.1985 – 4 Ss 186/85, Justiz 1986, 28 f.; *Schäfer* NStZ 1998, 330 (331); anders dagegen BayObLG 21.12.1973 – RReg 4 St 186/73, MDR 1974, 602.
[207] Dazu ausführlich Diemer/Schatz/Sonnen/*Schatz* Rn. 71.
[208] BGH 3.4.1957– 4 StR 517/56, BGHSt 10, 198 ff.; MRTW/*Laue* Rn. 31; Diemer/Schatz/Sonnen/ *Schatz* § 55 Rn. 69; *Eisenberg* JGG Rn. 53; *Ostendorf* Rn. 162; LBN Rn. 417; *Schuster* Jura 2010, 551 (555); *Dallinger* MDR 1957, 397 (398).

fechtbaren Maßnahmen zu erreichen,[209] vermag nicht zu überzeugen. Die von der Gegenmeinung ins Feld geführte **Umgehungsproblematik** spielt aufgrund der erhöhten – und iRd Revision durchaus gerechtfertigten (vgl. dazu unter → Rn. 69) – Anforderungen an die Stellung der Revisionsanträge nur bei der Anfechtung mittels Berufung eine Rolle. Und selbst dort sollte die bloße Gefahr missbräuchlicher Umgehungstaktiken nicht zu sehr in den Vordergrund gerückt werden. Aus rechtsstaatlicher Sicht überwiegt das schutzwürdige Interesse daran, dass ein zulässigerweise angerufenes Gericht nicht ohne ausdrückliche Regelung in seiner gerichtlichen Entscheidungsfreiheit eingeengt werden darf, indem es gezwungen wird, eine als falsch erkannte Sanktion sehenden Auges zu bestätigen.[210] Dass dadurch auf indirektem Weg eine Abmilderung oder Aufhebung von an sich unanfechtbaren Maßnahmen ermöglicht wird, ist vor diesem Hintergrund hinzunehmen. Zu Recht hat der BGH überdies darauf hingewiesen, dass das hinter Abs. 1 stehende jugendstrafrechtliche Beschleunigungsgebot durch die zulässig eingelegte Berufung ohnehin hinfällig geworden ist. Hinzu kommt, dass es das Rechtsmittelgericht durch Befragung des Jugendlichen selbst in der Hand hat, zu erforschen, ob es diesem lediglich darauf ankommt, Art und Umfang der verhängten Erziehungsmaßnahmen überprüfen zu lassen.[211]

V. Instanzielle Rechtsmittelbeschränkung gem. Abs. 2

74 Neben die sachliche Rechtsmittelbeschränkung des Abs. 1 tritt in Abs. 2 die **instanzielle Rechtsmittelbeschränkung,** wodurch sich der Instanzenzug im Falle eines amtsgerichtlichen Urteils des Jugendrichters oder Jugendschöffengerichts von drei auf **zwei Instanzen verkürzt** und die Wahl zwischen **Berufung** einerseits **oder Revision** andererseits erforderlich wird. Gegen Urteile der Jugendkammern am LG oder des Strafsenats am OLG besteht ohnehin nur das Rechtsmittel der Revision, vgl. § 333 StPO. Die Ausübung des Wahlrechtsmittels hat zur Folge, dass das jeweils andere Rechtsmittel ausgeschlossen ist; nach Abschluss des gewählten Rechtsmittels ist das Verfahren rechtskräftig beendet.

75 **1. Reichweite. a) In Bezug auf Anfechtungsberechtigte.** Die Regelung des Abs. 2 S. 1 bestimmt, dass jeder Anfechtungsberechtigte, der eine zulässige Berufung eingelegt hat, keine Revision mehr einlegen kann; e contrario bleibt somit grds. demjenigen, der zuvor selbst keine Berufung eingelegt hat, die Möglichkeit der Revision erhalten. Das gilt jedoch nur im Verhältnis von Anklage und Angeklagtem: Um eine Umgehung von Abs. 2 S. 1 zu verhindern,[212] wird auf Seiten des Jugendlichen über Abs. 2 S. 2 die Berufung des Verurteilten, des Erziehungsberechtigten oder des gesetzlichen Vertreters diesen Verfahrensbeteiligten jeweils wechselseitig zugerechnet, so dass für das **„Lager" des Angeklagten** nur ein **einheitliches Wahlrecht** besteht („keinem von ihnen").[213] Über den Wortlaut des Abs. 2 S. 2 hinaus gilt das auch für den Verteidiger.[214] Entsprechend der Regelung des § 335 Abs. 3 S. 1 StPO für die Sprungrevision wird das Rechtsmittel einheitlich als Berufung behandelt, wenn die Beteiligten teils Berufung, teils Revision einlegen. Sein ursprüngliches Revisionsrecht verliert der Angeklagte dadurch jedoch nicht, so dass er nicht gehindert ist, es gegen das Berufungsurteil erneut geltend zu machen.[215] Die Revision lebt als selbstständiges Anfechtungsrecht wieder auf, wenn eine eingelegte Berufung aus dem Lager des Angeklagten als unzulässig verworfen bzw. zurückgenommen wurde.[216]

---

[209] OLG Frankfurt a. M. 17.8.1955 – 1 Ss 439/55, NJW 1956, 32 f. mit zust. Anm. *Schnitzerling; Kaufmann* JZ 1958, 9 (11); so noch in der Vorauflage *Schaffstein/Beulke,* 14. Aufl. 2002, § 38 I 2; anders nun *Schaffstein/Beulke/Swoboda* Rn. 817; *Schaumann* S. 142 f., wonach eine Änderung der Maßnahmen iSd Abs. 1 S. 1 lediglich dann möglich sein soll, wenn das Rechtsmittelgericht zu „anderen Schuldfeststellungen" gelangt.
[210] So auch *Ostendorf* JugStrR Rn. 162; MRTW/*Laue* Rn. 31.
[211] BGH 3.4.1957 – 4 StR 517/56, BGHSt 10, 198 (200).
[212] LBN Rn. 411; Diemer/Schatz/Sonnen/*Schatz* Rn. 89.
[213] Ostendorf/*Schady* Rn. 32.
[214] Diemer/Schatz/Sonnen/*Schatz* Rn. 89.
[215] OLG Koblenz 25.8.2014 – 2 OLG 3 Ss 100/14, StV 2014, 749.
[216] Vgl. dazu KK/*Paul* StPO § 335 Rn. 11.

Nach hM bleibt das Revisionsrecht der in Abs. 2 S. 2 genannten Beteiligten – bspw. des **76** jugendlichen Verurteilten – aber auch dann bestehen, wenn die von ihm bereits eingelegte Revision gegen das erstinstanzliche Urteil nur wegen der Berufung eines anderen Beteiligten aus seinem Lager – bspw. des Erziehungsberechtigten – wegen § 335 Abs. 3 S. 1 StPO zu einer Sachentscheidung der Berufungsinstanz führte.[217] Der Jugendliche kann in diesem Fall trotz Abs. 2 S. 2 gegen das Berufungsurteil noch Revision einlegen; **§ 335 Abs. 3 S. 3 StPO** stellt insoweit eine **Ausnahme** der sich aus Abs. 2 S. 2 ergebenden Beschränkung dar.[218] Der Verweis der Gegenmeinung[219] auf die dadurch eröffnete Möglichkeit der Umgehung der instanziellen Rechtsmittelbeschränkung vermag nicht zu überzeugen: Die Versagung der Revision gegen das Berufungsurteil würde die an Abs. 2 S. 1 anknüpfende Wahlmöglichkeit über die Maßen beeinträchtigen – schließlich wurden Berufung und Revision nicht nacheinander, sondern im selben Verfahrensabschnitt, also von vornherein „uneins" erhoben, so dass allein wegen des Zusammentreffens von Berufung und Revision eine „Rückstellung" der Revision vorzunehmen war. Die Anwendung von Abs. 2 S. 2 würde schließlich auch den Vorrang des S. 1 missachten, wonach gerade der Beschwerdeführer die Berufung (und nicht die Revision) eingelegt haben muss, damit die Rechtsmittelbeschränkung greift.[220] Jedoch muss die Revision erneut eingelegt werden.[221]

b) In sachlicher Hinsicht. Im Gegensatz zum weiten Anwendungsbereich der sachli- **77** chen Rechtsmittelbeschränkung betrifft Abs. 2 nur die Rechtsmittel der **Berufung** und **Revision.**

aa) Rechtswegerschöpfung. Wer eine zulässige Berufung eingelegt hat, darf wegen **78** der instanziellen Rechtsmittelbeschränkung des Abs. 2 keine Revision mehr einlegen. Das Revisionsrecht steht dann nur noch der anderen Seite zu.

Für denjenigen, der eine zulässige Berufung eingelegt hat, ist der Rechtsweg unab- **78a** hängig von deren Ergebnis erschöpft, also auch dann, wenn deswegen ein erstinstanzliches Urteil mit absolutem Revisionsgrund Rechtskraft erlangt.[222] Das gilt auch, wenn das Berufungsurteil nach Anfechtung sowohl von Anklage- wie auch Angeklagtenseite für den Jugendlichen ungünstiger ausfällt als das erstinstanzliche Urteil,[223] denn in diesem Fall hatte auch der Angeklagte Berufung eingelegt und sich somit seine Revisionsmöglichkeit genommen. Das Revisionsrecht ist zudem ausgeschlossen, wenn erst in der Berufungsinstanz eine Einbeziehung von Rechtsfolgen aus einem rechtskräftigen Urteil gem. § 31 Abs. 2 erfolgte.[224]

Selbst wenn der Angeklagte seine **Berufung** in der Hauptverhandlung **zurück-** **79** **nimmt**,[225] führt dies nicht zum „Wiederaufleben" der Revisionsmöglichkeit – es lag ja

---

[217] Diemer/Schatz/Sonnen/*Schatz* Rn. 75 mwN; *Eisenberg* JGG Rn. 67 mwN; die in der Literatur hierzu häufig zitierten Entscheidungen des BayObLG 31.7.2000 – 2 St RR 102/00, NStZ-RR 2001, 49 sowie des OLG Koblenz 8.1.2007 – 1 Ss 381/06, NStZ-RR 2008, 218 betreffen den Sachverhalt, dass sich die Berufung der JStA und die Revision des Angeklagten gegenüberstehen und es somit auf die Auswirkung von Abs. 2 S. 2 gerade nicht ankommt.
[218] *Streng* JugStR Rn. 577.
[219] *Schaumann* S. 181 ff.; *Dallinger/Lackner* Rn. 55.
[220] *Eisenberg* JGG Rn. 67; MRTW/*Laue* Rn. 38; *Nothacker* GA 1982, 451 (465); *Bode* S. 133 mwN; *Streng* JugStrR Rn. 577; dagegen *Dallinger/Lackner* Rn. 35 aE; *Brunner/Dölling* Rn. 19.
[221] Ostendorf/*Schady* Rn. 38; *Brunner/Dölling* Rn. 17.
[222] Dem in der Kommentarliteratur hierzu zitierten Fall lag folgende Konstellation zugrunde: Die Jugendrichterin war nach Urteilsverkündung, aber noch vor Abfassung der schriftlichen Urteilsgründe verstorben. Der Angeklagte hatte zwar eine zulässige Berufung eingelegt, diese wurde jedoch wegen Abwesenheit des Jugendlichen verworfen. Das OLG verwarf die Revision des Jugendlichen wegen § 55 Abs. 2 S. 1, OLG Düsseldorf 15.3.1991 – 2 Ss 80/91 – 25/91, MDR 1992, 71.
[223] OLG Düsseldorf 11.12.1989 – 5 SS 459/89 – 172/89 I, VRS 78 (1990), 292; BayObLG 21.2.1964 – RReg. 1 St 69/64, NJW 1964, 1084 (1085); dazu auch *Bode* S. 125 mwN.
[224] Zuletzt OLG Bamberg 5.5.2011 – 3 Ss 44/11, NStZ 2012, 165 mwN; aA *Schweckendieck* NStZ 2005, 141 (142), der dem Angeklagten das Rechtsmittel der Revision insoweit einräumt, als das Revisionsgericht die Rechtmäßigkeit der Bildung und des Umfangs der einheitlichen Maßnahme überprüfen können soll.
[225] MRTW/*Laue* Rn. 34 mit Verweis auf KG 29.9.2006 – (3) 1 Ss 349/05, NStZ-RR 2007, 216; *Eisenberg* JGG Rn. 64.

zunächst eine seinerseits zulässige Berufung vor (vgl. dazu → Rn. 82). Dementsprechend ist eine Revision auch dann ausgeschlossen, wenn eine zulässig eingelegte Berufung wegen § 329 Abs. 1 StPO[226] verworfen oder über sie in Abwesenheit des Angeklagten nach § 231 Abs. 2 StPO entschieden wird. Für die Ausschlusswirkung des Abs. 2 S. 1 kommt es ausweislich des Wortlauts allein auf die **zulässige Einlegung der Berufung** an, da dadurch die Möglichkeit zur erneuten Sachentscheidung bestanden hat; welchen Verlauf das Berufungsverfahren im Anschluss an eine zulässig Einlegung nimmt, spielt keine Rolle,[227] zumal es sich jeweils um Gründe aus der Sphäre des Angeklagten handelt. Im Falle der Verwerfung nach § 329 Abs. 1 StPO kann zur Abmilderung von Härten auf die Wiedereinsetzung gem. § 329 Abs. 3 StPO verwiesen werden.

80 Nichts anderes gilt im Falle der **Teilanfechtung** bzw. der nachträglichen Beschränkung[228] (s. auch → Rn. 17 ff.): Die Revision gegen ein Berufungsurteil ist auch dann ausgeschlossen, wenn die Berufung entweder auf die Anfechtung einzelner, selbstständig anfechtbarer Nebenpunkte wie bspw. die Einziehung beschränkt wurde[229] oder ein Urteil über mehrere selbstständige Taten nur hinsichtlich einzelner angegriffen wird.[230] Denn wegen des Grundsatzes der einheitlichen Ahndung mehrerer Taten (§ 31 Abs. 1) erstreckt sich die Anfechtung eines selbstständigen Teils des Schuld- oder Rechtsfolgenausspruchs auf den gesamten Rechtsfolgenausspruch.[231] Insbesondere wenn also auch die JStA Berufung (zuungunsten des Angeklagten) einlegt, kann sich eine beschränkte Berufung der Anklageseite nachteilig auswirken; vielmehr sollte dann von der Einlegung der beschränkten Berufung abgesehen werden, um sich die Möglichkeit der Revision offen zu halten. Deshalb gebietet es die gerichtliche Fürsorgepflicht, einem unverteidigten Angeklagten die Folgen einer beschränkten Berufung zu verdeutlichen bzw. ihm einen Pflichtverteidiger zu bestellen.[232]

81 Hat das Berufungsgericht gegen das **Verschlechterungsverbot** (§ 331 StPO) **verstoßen**, besteht Uneinigkeit darüber, ob auch in diesem Fall die Möglichkeit der Revision absolut versperrt ist. Unter Bezugnahme auf das BVerfG[233] vertrat das BayObLG die Auffassung, dass eine an sich nicht mehr nach Abs. 2 S. 1 anfechtbare Entscheidung nur bei „greifbarer Gesetzwidrigkeit" anfechtbar sein soll, was bei einem Verstoß gegen § 331 StPO jedoch gerade nicht der Fall sein soll.[234] Die Befürworter der Auffassung des BayObLG sehen dann aber zumindest die JStA in der Pflicht, Revision zugunsten des Angeklagten einzulegen[235] – sofern diese ihr Revisionsrecht nicht selbst bereits „verbraucht" hat. Die vorzugswürdige Gegenmeinung sieht in jedem Verstoß gegen das Verbot der reformatio in peius einen Fall der „greifbaren Gesetzeswidrigkeit" und erachtet damit eine Revision gegen das Berufungsurteil als geboten, um das Vertrauen in das gesetzmäßige Handeln der Justiz und damit zugleich die erzieherische Ansprechbarkeit zu sichern.[236]

82 **bb) Keine Rechtswegerschöpfung.** Ausweislich des eindeutigen Wortlauts in Abs. 2 S. 1 ist das Revisionsrecht dann nicht verbraucht, wenn die vom Rechtsmittelführer einge-

---

[226] BGH 14.5.1981 – 4 StR 694/80, BGHSt 30, 98 (99 ff.) = NJW 1981, 2422 ff.; zustimmend *Brunner* JR 1982, 124 ff.; erneut OLG Dresden 26.11.2009 – 2 Ss 652/09, BeckRS 2010, 03682; Ostendorf/*Schady* § 55 Rn. 32 mwN; aA noch OLG Celle 13.2.1979 – 1 Ss 760/78, JR 1980, 37 mit abl. Anm. *Brunner* JR 1980, 39 ff.
[227] Diemer/Schatz/Sonnen/*Schatz* Rn. 82.
[228] OLG Karlsruhe 15.10.1985 – 4 Ss 186/85, Justiz 1986, 28.
[229] BayObLG 21.2.1964 – RReg. 1 St 69/64, NJW 1964, 1084 (1085); Diemer/Schatz/Sonnen/*Schatz* Rn. 77.
[230] *Albrecht* JugStrR S. 391; Diemer/Schatz/Sonnen/*Schatz* § 55 Rn. 77; *Eisenberg* JGG Rn. 63.
[231] *Eisenberg* JGG Rn. 63a; *Dallinger/Lackner* Rn. 48; im Hinblick auf die Schwierigkeit, dies dem Jugendlichen verständlich zu machen, kritisch *Nothacker* GA 1982, 451 (463).
[232] *Burscheidt* S. 132; Ostendorf/*Schady* Rn. 36.
[233] Nach dem BVerfG kann es in Ausnahmefällen zur Durchführung sowohl eines Berufungs-, wie auch eines Revisionsverfahrens kommen, BVerfG 23.9.1987 – 2 BvR 814/87, NJW 1988, 477.
[234] BayObLG 9.8.1988 – RReg. 4 St 96/88, NStZ 1989, 194 mit abl. Anm. *Ostendorf*.
[235] *Schäfer* NStZ 1998, 330 (335); *Brunner/Dölling* Rn. 16.
[236] *Ostendorf* NStZ 1989, 194 ff.; *ders.* JugStrR Rn. 168; Ostendorf/*Schady* Rn. 38; LBN Rn. 411; mit ausführlicher Stellungnahme hierzu auch *Schaumann* S. 170 ff.

legte **Berufung** als **unzulässig** verworfen wurde. Nur eine zulässige Berufung löst die Rechtsmittelbeschränkung aus. Eine Revision ist selbst dann zulässig, wenn die Berufung lediglich fehlerhaft als unzulässig verworfen wurde.[237] Die Interessenlage des Rechtsmittelführers ist in einem solchen Fall dieselbe wie bei einer zu Recht erfolgten Verwerfung als unzulässig.

Ebenso ist die Revision als (weiteres) Rechtsmittel zulässig, wenn vor dem AG gegen denselben Angeklagten in verschiedenen Verfahren verhandelt wurde, der Angeklagte und die StA dann jeweils unbeschränkt gegen ein Urteil Berufung eingelegt haben und die Berufungskammer des LG nach Verbindung beider Verfahren eine Einheitsjugendstrafe gem. § 31 verhängt.[238] Das Berufungsgericht wird hier nämlich vielmehr erstinstanzlich tätig, indem es durch die Bildung der Einheitsjugendstrafe das nachholt, was in den Ausgangsverfahren jeweils unterblieben ist.[239] **82a**

Aus dem Vorstehenden lässt sich somit der Grundsatz entnehmen, dass die instanzielle Rechtsmittelbeschränkung nur solche Fälle erfassen soll, in denen **Berufungs- und Revisionsführer personenidentisch** sind bzw. aus **demselben Lager** stammen und die angefochtenen Taten auch schon **Gegenstand der Berufung** waren.[240] Dementsprechend steht dem jugendlichen Angeklagten (bzw. dessen Lager), der im erstinstanzlichen Verfahren wegen einer von mehreren selbstständigen Taten freigesprochen, wegen anderer aber verurteilt wurde, die Revision insoweit zu, als dass er in dem von beiden Seiten – die StA gegen den freisprechenden und der Angeklagte gegen den verurteilenden Teil – eingelegten Berufungsverfahren unter Aufhebung des Teil-Freispruches erstmalig verurteilt wurde.[241] Da der jugendliche Angeklagte den freisprechenden Teil des erstinstanzlichen Urteils mangels Beschwer noch gar nicht anfechten konnte, ist die Revision gegen die Aufhebung des Teil-Freispruchs noch nicht verbraucht; die Beschränkung des Abs. 2 kann daher nicht eingreifen. **83**

Schon vom Wortlaut des Abs. 2 S. 1 nicht umfasst ist die Konstellation, dass das **erstinstanzliche Urteil iRd Revision aufgehoben** und das Verfahren zur erneuten Entscheidung **zurückverwiesen** wurde. Schon im Hinblick auf Art. 19 Abs. 4 GG kann der Angeklagte das neue Urteil erneut entweder mit Berufung oder Revision anfechten. **84**

cc) Entsprechende Anwendung. Wie im Kontext der sachlichen Rechtsmittelbeschränkung des Abs. 1 (→ Rn. 54 ff.) empfiehlt sich auch hinsichtlich des Anwendungsbereichs des Abs. 2 an sich eher eine **restriktive Auslegung** der Norm. Dessen ungeachtet soll nach der Rspr. auch die instanzielle Beschränkung über den Wortlaut hinaus in manchen Fällen **entsprechend angewendet** werden. **85**

So soll nach Auffassung der Rspr. die Beschränkung des Abs. 2 auch im Falle der **sofortigen Beschwerde** nach § 59 Abs. 1 und Abs. 3 gelten. Danach soll derjenige, der eine zulässige Berufung eingelegt hat, keine sofortige Beschwerde mehr gegen die Abänderung des Bewährungsbeschlusses durch die Jugendkammer am LG einlegen können.[242] Zur Begründung wird dabei auf die Gleichartigkeit der wesentlichen Angriffsrichtung von Berufung und sofortiger Beschwerde verwiesen. Unter Verweis auf den eindeutigen Wortlaut und unter Beachtung des Ausnahmecharakters der Vorschrift wird dies von weiten Teilen der Literatur aber zu Recht abgelehnt.[243] **85a**

---

[237] *Eisenberg* JGG Rn. 62 mwN; *Bode* S. 127.
[238] OLG Hamm 28.7.1989 – 2 Ss 724/89, NStZ 1990, 140 mit zust. Anm. *Neuhaus*; Diemer/Schatz/Sonnen/*Schatz* Rn. 79; nach aA soll die Revision nur dann zulässig sein, wenn die JStA gegen das eine und die Seite des Angeklagten gegen das andere Urteil Berufung eingelegt hatten und die Berufungen jeweils auf das Strafmaß beschränkt wurden, dazu ausführlich *Dallinger/Lackner* Rn. 48 mwN.
[239] Hierzu umfassend *Schaumann* S. 175 f. mwN.
[240] In diesem Sinne auch Ostendorf/*Schady* Rn. 37.
[241] KG 29.9.2006 – (3) 1 Ss 349/05 (93/05), NStZ-RR 2007, 216; *Dölling* NStZ 2009, 193 (198); MRTW/*Laue* Rn. 38.
[242] OLG Düsseldorf 2.11.1993 – 3 Ws 596-597/93, NStZ 1994, 198; ebenso OLG Hamm 24.9.2007 – 2 Ws 304/07, ZJJ 2007, 416; ebenso *Streng* JugStrR Rn. 491; mit ausführlicher Stellungnahme *Burscheidt* S. 141 ff.
[243] MRTW/*Laue* Rn. 41; Ostendorf/*Schady* Rn. 33; *Albrecht* JugStrR S. 392; *Nix* NStZ 1993, 401.

86 Einigkeit besteht indes darüber, dass die Rechtsmittelbeschränkung des Abs. 2 einer **Beschwerde nach § 59 Abs. 2** gegen Entscheidungen über die Bewährungszeit, die Bewährungshilfe sowie über Weisungen und Auflagen nicht entgegensteht.[244] Anders als bei einer sofortigen Beschwerde nach § 59 Abs. 1 wird bei einer Beschwerde nach § 59 Abs. 2 nicht das Urteil, sondern der neben diesem verkündete Bewährungsbeschluss angegriffen.[245]

87 **dd) Kostenbeschwerde.** Die Frage nach der Anfechtbarkeit der **Kostenentscheidung** gem. § 464 Abs. 3 S. 1 StPO hat der Gesetzgeber durch das StVÄG von 1987 verbindlich gelöst: Der in diesem Zuge neu eingeführte **§ 464 Abs. 3 S. 1 Hs. 2 StPO** bestimmt, dass die sofortige Beschwerde unzulässig ist, wenn eine Anfechtung der in Absatz 1 genannten Hauptentscheidung durch den Beschwerdeführer nicht statthaft ist. Die Begründung zum Gesetzesentwurf der Neufassung nimmt ausdrücklich Bezug auf § 55 Abs. 2 und stellt dabei klar, dass auch im Jugendstrafrecht die Anfechtbarkeit der Kostenentscheidung von der Anfechtbarkeit der Hauptsache-Entscheidung abhängig ist.[246] Dementsprechend geht die hM[247] davon aus, dass § 464 Abs. 3 S. 1 Hs. 2 StPO gem. § 2 Abs. 2 auch auf das Jugendstrafrecht anwendbar ist. Ist eine Berufungsentscheidung wegen der Beschränkung des Abs. 2 nicht mehr mit der Revision anfechtbar, kann danach auch die Kostenentscheidung wegen der Regelung des § 464 Abs. 3 S. 1 Hs. 2 StPO nicht mehr mit der sofortigen Beschwerde angefochten werden, wenn Jugendstrafrecht Anwendung gefunden hat.

88 **c) Heranwachsende.** Bei Verfahren gegen **Heranwachsende** sind Besonderheiten zu beachten: Ob die instanzielle Rechtsmittelbeschränkung einschlägig ist, hängt davon ab, ob das Berufungsgericht **materielles Jugendstrafrecht** anwendet oder nicht.[248]

88a Wendet das Berufungsgericht **erstmals** gem. § 105 Abs. 1 **materielles Jugendstrafrecht** an, so greift die Rechtsmittelbeschränkung und die Revision ist ausgeschlossen; das gilt selbst dann, wenn erst in der Berufungsinstanz frühere Strafen in die neu gebildete Einheitsjugendstrafe einbezogen werden.[249] Dass dadurch die jugendstrafrechtliche Entscheidung der Überprüfung entzogen ist, wird von der hM hingenommen.[250]

88b Dagegen ist es dem Heranwachsenden nicht verwehrt, Revision gegen ein Urteil einzulegen, in welchem erstmalig allgemeines Strafrecht angewendet wird.[251]

88c Bestätigt das Berufungsurteil hingegen den erstinstanzlichen Freispruch des Angeklagten, wurde über die Frage der Anwendung von materiellem Jugendstrafrecht nicht entschieden, so dass die StA noch Revision einlegen kann.[252]

89 **2. Ausübung des Wahlrechts.** Obgleich es sich bei der Revision gegen ein amtsgerichtliches Urteil im Jugendstrafverfahren nicht um eine Sprung- (§ 335 StPO), sondern um eine **Wahlrevision**[253] handelt, gelten für die Ausübung des Wahlrechtsmittels – mangels eigenständiger Regelung hierzu – dieselben Grundsätze wie für die Abgrenzung von Berufung und Sprungrevision im allg. Strafverfahrensrecht, § 2 Abs. 2.[254] Dementsprechend ist es dem Anfechtungsberechtigten auch möglich, das Urteil innerhalb der Einlegungsfrist

---

[244] OLG Celle 1.9.1992 – 1 Ws 257/92, NStZ 1993, 400 (401).
[245] Dazu Diemer/Schatz/Sonnen/*Schatz* Rn. 95 mwN; sowie *Bode* S. 130.
[246] BT-Drs. 10/1313, 40.
[247] So in stRspr zuletzt OLG Hamm 22.10.2013 – 2 Ws 228/13, NStZ 2014, 412 mwN; ebenso mit ausführlicher Begründung und Stellungnahme MRTW/*Laue* Rn. 42; ebenso Diemer/Schatz/Sonnen/*Schatz* Rn. 96 mwN; *Meyer-Goßner/Schmitt* StPO § 464 Rn. 17; aA Ostendorf/*Schady* Rn. 33; *Eisenberg* JGG Rn. 72.
[248] Diemer/Schatz/Sonnen/*Schatz* Rn. 86; *Eisenberg* JGG § 109 Rn. 33.
[249] OLG Bamberg 5.5.2011 – 3 Ss 44/11, NStZ 2012, 165 f.
[250] OLG Karlsruhe 22.8.2000 – 2 Ss 186/00, StV 2001, 173; MRTW/*Laue* Rn. 36 mwN; damit hat es das Berufungsgericht letztlich selbst in der Hand, durch die Anwendung von materiellem JStR seine eigene Entscheidung unanfechtbar zu machen, ablehnend *Kutschera* StV 2001, 174.
[251] *Eisenberg* JGG § 109 Rn. 34 mwN; *Bode* S. 128.
[252] OLG Frankfurt a. M. 17.12.2002 – 3 Ss 317/02, NStZ-RR 2003, 327.
[253] Dazu ausführlich *Bode* S. 14 sowie 108 ff.; *Brunner/Dölling* Rn. 15; *Nix/Nicolai* Rn. 9.
[254] *Nothacker* GA 1982, 451 (462); *Eisenberg* JGG Rn. 57; sowie ausführlich MRTW/*Laue* Rn. 33.

(§§ 314, 341 StPO) zunächst lediglich unbestimmt anzufechten und die endgültige Wahl des Rechtsmittels erst nach der Zustellung des schriftlichen Urteils, jedoch spätestens bis zum Ablauf der Revisionsbegründungsfrist (§ 345 StPO) zu treffen.[255] Die **Ausübung des Wahlrechts** unterliegt dabei denselben Voraussetzungen wie die Rechtsmitteleinlegung selbst, so dass die Erklärung insbesondere in der dafür vorgesehenen Form und bei dem dafür zuständigen Gericht einzulegen ist.[256] Ebenso ist innerhalb der laufenden Revisionsbegründungsfrist ein **Übergang zu einem anderen Rechtsmittel möglich**.[257] Von einer endgültigen[258] – dh für den Rechtsmittelführer unwiderruflichen[259] – Wahl kann nämlich regelmäßig erst nach Zustellung der schriftlichen Urteilsgründe ausgegangen werden,[260] so dass bis dahin trotz dessen (bloßer) Bezeichnung noch auf ein anderes Rechtsmittel gewechselt werden kann.[261]

Da die Berufung eine umfassende Überprüfung des erstinstanzlichen Urteils ermöglicht, ist bei einer bis zum Ablauf der Revisionsbegründungsfrist unbegründeten bzw. nicht formgerecht begründeten Anfechtung oder einer unterbliebenen Wahl auch im Jugendstrafverfahren stets von einer Berufung auszugehen.[262] Dies führt jedoch wegen Abs. 2 S. 1 zum Ausschluss der Revision, so dass bei (unverschuldet) versäumter Ausübung des Wahlrechts nach rechtzeitiger Rechtsmitteleinlegung entgegen der diesbezüglichen Rechtsauffassung zum allg. StVR[263] nach überwiegender Meinung[264] die **Wiedereinsetzung in den vorherigen Stand** zulässig ist. 90

3. Entscheidungen des Rechtsmittelgerichts. Gem. Abs. 2 macht die Wahl der Berufung die Revision und umgekehrt die Wahl der Revision die Berufung unzulässig. 91

a) Verwerfung als unzulässig. Ist eine eingelegte Revision nach Abs. 2 unzulässig, verwirft sie das Revisionsgericht durch **Beschluss**, § 349 Abs. 1 StPO und nicht etwa das Berufungsgericht nach § 346 Abs. 1 StPO.[265] Die Verwerfungsbefugnis des Berufungsgerichts ist auf die in § 346 Abs. 1 StPO genannten Fälle beschränkt.[266] 92

b) Keine Revisionserstreckung gem. § 357 StPO. In Literatur und Rechtsprechung ist umstritten, ob die Regelung des § 357 StPO auch auf den zusammen mit einem Erwach- 93

---

[255] Statt vieler *Meyer-Goßner/Schmitt* StPO § 335 Rn. 2 ff. mwN.
[256] BayObLG 29.9.1997 – 4 St RR 220/97, NStZ-RR 1998, 51 sowie OLG Bamberg 12.12.2006 – 3 Ss 126/06; *Brunner/Dölling* Rn. 15.
[257] Zum Wechsel von einer ausdrücklich als solcher bezeichneten Revision zur Berufung OLG München 20.11.2006 – 4 St RR 210/06, NStZ-RR 2007, 56 mwN; allgemein zum Übergang auf ein anderes Rechtsmittel *Meyer-Goßner/Schmitt* StPO § 335 Rn. 9 ff.
[258] Eine endgültige Wahl soll aber erst nach späterer Zustellung der schriftlichen Urteilsgründe ausnahmsweise dann vorliegen, „wenn der Beschwerdeführer bereits bei der Einlegung zweifelsfrei zu erkennen gibt, daß er an Stelle der an sich zulässigen Berufung die Revision wählt. Dies kann etwa dann anzunehmen sein, wenn er ausdrücklich erklärt, er wähle die Revision oder wenn er in der Einlegungsschrift schon den Revisionsantrag stellt und Rechtsrügen erhebt (...)", BGH 15.1.1960 – 1 StR 627/59, BGHSt 13, 388 (392) = NJW 1960, 494.
[259] An eine endgültig getroffene Wahl ist der Beschwerdeführer gebunden, BayObLG 29.9.1997 – 4 St RR 220/97, NStZ-RR 1998, 51 mwN; *KK/Paul* StPO § 335 Rn. 5.
[260] BGH 22.1.1962 – 5 StR 442/61, BGHSt 17, 44 (48) = NJW 1962, 820; *Meyer-Goßner/Schmitt* StPO § 335 Rn. 2; *Dallinger/Lackner* Rn. 37; *Ostendorf/Schady* Rn. 35.
[261] *KK/Paul* StPO § 335 Rn. 4 mwN; *Ostendorf/Schady* Rn. 35; MRTW/*Laue* Rn. 33 mwN; *Nothacker* GA 1982, 451 (462) verweist daher auch zu Recht darauf, dass die Annahme einer vor Ablauf der Revisionsbegründungsfrist ausnahmsweise endgültig getroffenen Wahl im Rahmen der Entscheidungsfindung eines Jugendlichen kaum angemessen sein wird.
[262] *Diemer/Schatz/Sonnen/Schatz* Rn. 87; MRTW/*Laue* Rn. 33 mwN.
[263] Hier bleibt dem Beschwerdeführer gegen das Berufungsurteil immer noch die Möglichkeit der Revision, BayObLG 28.7.1970 – RReg. 1 St 18/70, BayObLGSt 1970, 158; *Meyer-Goßner/Schmitt* StPO § 335 Rn. 8.
[264] *KK/Paul* StPO § 335 Rn. 6; *Dallinger/Lackner* Rn. 38; *Diemer/Schatz/Sonnen/Schatz* Rn. 88, *Eisenberg* JGG Rn. 61; MRTW/*Laue* Rn. 33 aE; *Bode* S. 132; *Nothacker* GA 1982, 451 (462 f.).
[265] BGH 21.1.1959 – 4 StR 523/58, MDR 1959, 507; *Ostendorf/Schady* Rn. 39; *Eisenberg* JGG Rn. 68 mwN.
[266] *Diemer/Schatz/Sonnen/Schatz* Rn. 90.

senen nach JGG Verurteilten Anwendung findet, der wegen der Beschränkung aus Abs. 2 nach der Berufung keine Revision mehr einlegen kann. Zwar hat sich der **BGH**[267] auf Vorlage des OLG Karlsruhe[268] ausdrücklich sowohl **gegen** eine **unmittelbare wie auch analoge Anwendung** ausgesprochen und damit die bisherige Rechtspraxis, die auf einer strengen Wortlautinterpretation des § 357 StPO fußt,[269] bestätigt. Nach Auffassung des Senats gebiete es auch der erzieherische Zweck, dass ein jugendlicher Angeklagter, der bereits Berufung eingelegt hat, das Risiko von fehlerhaften Entscheidungen in Kauf nehmen müsse; wenn sich dieses dann tatsächlich verwirkliche, sei dies zwingende Folge der Regelung und diene der Beschleunigung des Verfahrens.[270] Nur wenn der jugendliche Angeklagte keine Berufung eingelegt hatte, soll danach § 357 StPO Anwendung finden.[271]

94   In der jugendstrafrechtlichen **Literatur** ist diese Rechtsprechung jedoch mehrheitlich auf Ablehnung gestoßen.[272] Zu Recht argumentieren die dem BGH widersprechenden Stimmen insbesondere im Hinblick auf eine mögliche **analoge Anwendung** damit, dass das mit Abs. 2 verfolgte Ziel einer beschleunigten Verfahrensbeendigung hinter dem Streben nach Gerechtigkeit zurückzutreten hat. Wie auch das OLG Karlsruhe ausführt, würde die Versagung der Rechtskraftdurchbrechung nach § 357 StPO letztlich auch im **Widerspruch zum Erziehungsgedanken des JGG** stehen:[273] Es ist dem Jugendlichen, der erleben muss, wie ein Mitangeklagter wegen einer Gesetzesverletzung bei der Anwendung des Strafgesetzes, die auch der eigenen Verurteilung zu Grunde liegt, in der Revision erfolgreich ist oder gar freigesprochen wird, schwerlich zu vermitteln, dass sich die aufhebende Revisionsentscheidung allein wegen des dem Jugendstrafrecht zugrunde liegenden Interesses an einem schnellen Verfahrensabschluss nicht auch auf ihn erstreckt.[274] Eine möglicherweise ohnehin schon bestehende Ablehnung des Jugendlichen gegenüber staatlichen Autoritäten wird dadurch wohl eher verstärkt, als dass das Jugendstrafverfahren im konkreten Fall iSe positiven erzieherischen Einwirkung förderlich ist. Zwar handelt es sich bei der Revisionserstreckung des § 357 StPO ebenfalls um eine Vorschrift mit Ausnahmecharakter,[275] so dass eine enge Auslegung der Norm erforderlich ist.[276] Anders als § 55 Abs. 2 dient die Regelung des § 357 StPO jedoch der Vermeidung von Ungleichheiten und veranlasst daher eine **Durchbrechung der Rechtskraft zugunsten der materiellen**

---

[267] BGH 9.5.2006 – 1 StR 57/06, BGHSt 51, 34 = NStZ 2006, 518 (520); so erneut OLG Hamm 17.11.2009 – 3 Ss 447/09, BeckRS 2009, 89367.
[268] OLG Karlsruhe 12.1.2006 – Ss 135/05, ZJJ 2006, 74.
[269] BGH 9.5.2006 – 1 StR 57/06, BGHSt 51, 3 = NStZ 2006, 518; zustimmend der wohl überwiegende Teil der strafprozessualen Kommentarliteratur, s. nur *Meyer-Goßner/Schmitt* StPO § 357 Rn. 7 sowie *Meyer-Goßner* FS Eisenberg, 2009, 399 (404 ff.), der sich jedoch im Anschluss ausdrücklich für eine Streichung des § 55 Abs. 2 ausspricht, vgl. dazu auch Fn. 22; *KK/Gericke* StPO § 357 Rn. 12 mwN; krit. und für eine Anwendung des § 357 StPO hingegen *SSW-StPO/Momsen* § 357 Rn. 12.
[270] Aus § 357 StPO gehe deutlich hervor („die nicht Revision eingelegt haben"), dass die Möglichkeit der Revisionseinlegung durch den nicht revidierenden Angeklagten Voraussetzung für die Anwendung der Vorschrift sei, so bereits OLG Oldenburg 5.3.1957 – Ss 476/56, NJW 1957, 1450; im Falle der Rechtsbeschwerde nach §§ 79 ff. OWiG, auf die die Vorschriften der Strafprozessordnung und des Gerichtsverfassungsgesetzes über die Revision gem. § 79 Abs. 3 S. 1 OWiG entsprechend anwendbar sind, BayObLG 18.3.1999 – 3 ObOWi 32–99, NStZ 1999, 518; ausführlich dazu auch *Prittwitz* StV 2007, 52 f., der zu dem Ergebnis kommt, dass der Wortlaut des § 357 StPO nicht eindeutig gegen die Anwendung gegenüber jugendlichen oder heranwachsenden Mitangeklagten spricht.
[271] OLG Koblenz 28.1.2008 – 1 Ss 331/07, StV 2009, 90.
[272] *Eisenberg* JGG Rn. 70; MRTW/*Laue* Rn. 40; Ostendorf/*Schady* Rn. 41; Brunner/Dölling Rn. 16a; *Satzger* FS Böttcher, 2007, 175 (181 ff.); kritisch auch *Swoboda* HRRS 2007, 376 („an der zentralen Frage vorbei"); *Schaumann* S. 184; *Altenhain* NStZ 2007, 283 (284); *Prittwitz* StV 2007, 52 ff.; *Mohr* JR 2006, 499 (500 f.); *Hanft* Jura 2008, 368 (372); LBN Rn. 411; *Albrecht* JugStrR S. 393; kritisch auch *Streng* JugStrR Rn. 579, wonach der Senat das Risiko von fehlerhaften Verurteilungen und deren Akzeptanz durch den Jugendlichen „leichthin zur Seite geschoben" habe; aA Diemer/Schatz/Sonnen/*Schatz* Rn. 91, der im Falle einer gravierenden Ungleichbehandlung auf die Möglichkeit des Gnadenwegs hinweist.
[273] OLG Karlsruhe 12.1.2006 – Ss 135/05, ZJJ 2006, 74 (75).
[274] In diesem Sinne auch *Schaumann* S. 184; s. auch *Prittwitz* StV 2007, 52 (54), der darauf verweist, dass dadurch dem Jugendlichen und auch der Rechtsgemeinschaft im Zuge der erfolgreichen Revision des Mitangeklagten offiziell mitgeteilt werde, dass er selbst zu Unrecht verurteilt worden ist.
[275] SSW-StPO/*Momsen* StPO § 357 Rn. 1.
[276] BGH 27.10.1955 – 3 StR 316/55, NJW 1955, 1934; Meyer-Goßner/*Schmitt* StPO § 357 Rn. 1.

Gerechtigkeit.[277] Dementsprechend ist der Normkonflikt zwischen § 55 Abs. 2 einerseits und § 357 StPO anderseits zugunsten von Letzterem aufzulösen, zumal § 357 StPO die ältere Vorschrift ist.[278] Etwas anders gilt nur dann, wenn das Urteil nach § 354a StPO auf Grund eines Gesetzes erfolgt, das zu der Zeit, als die angefochtene Entscheidung getroffen wurde, nicht galt. In diesem Fall ist eine Rechtskrafterstreckung auf den nichtrevidierenden Jugendlichen auch nach Auffassung derer, die sich für eine grundsätzliche Anwendbarkeit des § 357 StPO aussprechen, ausgeschlossen.[279]

VI. Anhörungsrüge gem. Abs. 4

Ist eine erstinstanzliche Entscheidung im Hinblick auf die Sanktionsentscheidung wegen Abs. 1 S. 1 unanfechtbar oder hat das Berufungsurteil[280] wegen Abs. 2 letztinstanzlichen Charakter und ist deshalb unanfechtbar, bleibt noch der besondere Rechtsbehelf der **Anhörungsrüge** nach Abs. 4 iVm § 365a StPO (Gehörsrüge), wenn in dem jeweiligen Verfahren der **Anspruch auf rechtliches Gehör** aus Art. 103 Abs. 1 GG verletzt wurde und die Verletzung **entscheidungserheblich** war. Durch den Verweis auf § 365a StPO sind die dort normierten Voraussetzungen bei der Einlegung dieses Rechtsbehelfs zu beachten. Zum Rechtsweg, der grundsätzlich vor Erhebung der Verfassungsbeschwerde zu beschreiten und auszuschöpfen ist, gehört auch die Erhebung der Anhörungsrüge gem. Abs. 4 iVm § 356 StPO.[281] 95

Kommt es erst im Revisionsverfahren zu einer Verletzung des rechtlichen Gehörs, gilt § 365a StPO unmittelbar über § 2 Abs. 2.[282] 96

§ 56 Teilvollstreckung einer Einheitsstrafe

(1) ¹Ist ein Angeklagter wegen mehrerer Straftaten zu einer Einheitsstrafe verurteilt worden, so kann das Rechtsmittelgericht vor der Hauptverhandlung das Urteil für einen Teil der Strafe als vollstreckbar erklären, wenn die Schuldfeststellungen bei einer Straftat oder bei mehreren Straftaten nicht beanstandet worden sind. ²Die Anordnung ist nur zulässig, wenn sie dem wohlverstandenen Interesse des Angeklagten entspricht. ³Der Teil der Strafe darf nicht über die Strafe hinausgehen, die einer Verurteilung wegen der Straftaten entspricht, bei denen die Schuldfeststellungen nicht beanstandet worden sind.

(2) Gegen den Beschluß ist sofortige Beschwerde zulässig.

Schrifttum: *von Beckerath*, Jugendstrafrechtliche Reaktionen bei Mehrfachtäterschaft, 1997; *Bohlander*, Einleitung der Vollstreckung rechtskräftiger Jugendstrafen nach Einbeziehung gemäß § 31 II JGG, aber vor Rechtskraft der einbeziehenden Entscheidung?, NStZ 1998, 236; *Nothacker*, Zur Teilvollstreckung einer einheitlichen Jugendstrafe (§ 56 JGG), MDR 1981, 278; *ders.*, Zur besonderen Beschränkung der Rechtsmittel im Jugendstrafverfahren (§ 55 JGG), GA 1982, 451.

Übersicht

	Rn.		Rn.
I. Grundlagen	1–4	1. Mehrheit von Straftaten gem. Abs. 1 S. 1	5
1. Anwendungsbereich	1	2. Verurteilung zu einer Einheitsstrafe gem. Abs. 1 S. 1	6–7a
2. Historische Entwicklung	2	3. Teilweise rechtskräftiger Schuldspruch gem. Abs. 1 S. 1	8, 8a
3. Inhalt und Zweck der Norm	3–4		
II. Voraussetzungen	5–10		

---

[277] MRTW/*Laue* Rn. 40; SSW-StPO/*Momsen* StPO § 357 Rn. 1.
[278] Ebenso *Prittwitz* StV 2007, 52 (53).
[279] BGH 27.10.1964 – 1 StR 358/64, BGHSt 20, 77 (78 ff.) = NJW 1965, 52 f.; *Eisenberg* JGG Rn. 70.
[280] Zu Besonderheiten im berufungsgerichtlichen Verfahren und einer sich möglicherweise ergebenden Konkurrenz von Rechtsbehelfen ausführlich *Eschelbach/Geipel/Weiler* StV 2010, 325 (329).
[281] VerfGH Sachsen 23.2.2010 – Vf. 126-IV-09.
[282] Siehe dazu auch Diemer/Schatz/Sonnen/*Schatz* Rn. 101.

	Rn.		Rn.
4. Wohlverstandenes Interesse des Jugendlichen gem. Abs. 1 S. 2	9, 9a	III. Verfahren	11–11b
5. Benachteiligungsverbot gem. Abs. 1 S. 3	10	IV. Rechtsmittel	12–14

I. Grundlagen

1 **1. Anwendungsbereich.** Den persönlichen und sachlichen Anwendungsbereich der Norm betreffend kann auf die Ausführungen zu § 55 verwiesen werden (→ § 55 Rn. 52 f.).

2 **2. Historische Entwicklung.** Eine entsprechende Regelung war zwar noch nicht im JGG von 1923 enthalten, allerdings sah bereits die RL Nr. 7 S. 1 zu § 40 RJGG 43 eine Regelung vor, nach welcher das Rechtsmittelgericht schon vor der Hauptverhandlung durch Beschluss einen Teil der in dem angefochtenen Urteil ausgesprochenen Gefängnisstrafe für vollstreckbar erklären konnte, sofern „das Rechtsmittel insoweit offensichtlich keinen Erfolg" verspricht. Auch im RegE-JGG von 1953 war eine entsprechende Regelung in § 40a enthalten.[1] Begründet wurde die Einführung damit, dass sonst eine „missliche Lage" entstünde, wenn das gesamte Urteil angefochten werden müsste, obwohl nur ein Teil der Entscheidung beanstandet werden soll, denn unter diesen Umständen würde der Jugendliche abermals die Rechtsmittelentscheidung abwarten müssen, bevor er die Vollstreckung seiner Jugendstrafe antreten kann.[2]

3 **3. Inhalt und Zweck der Norm.** Die Norm regelt die **Teilvollstreckung** einer Einheitsstrafe schon **vor** deren **Rechtskraft**. Dabei handelt es sich um eine Ausnahme von dem Grundsatz des § 449 StPO, wonach Strafurteile nicht vollstreckbar sind, bevor sie rechtskräftig geworden sind. Obwohl es sich also um eine vollstreckungsrechtliche Vorschrift handelt, befindet sie sich im Unterabschnitt „Rechtsmittelverfahren", was damit begründet wird, dass diese bereits vor der Hauptverhandlung des Rechtsmittelgerichts relevant werden kann.[3]

3a Die Vorschrift enthält die Möglichkeit, dass bei einer Teilanfechtung des Urteils der **unangefochtene Teil** bereits **vollstreckt** werden darf, wenn dies vom Rechtsmittelgericht **angeordnet** wird. Das wird darauf gestützt, dass anzunehmen ist, dass mindestens ein Teil der Strafe sicher vollstreckt werden wird.[4] In diesem Sinne sei es sinnvoll, den Jugendlichen bereits frühzeitig aus der „Schwebesituation" zu „erlösen" und ihm so zu ermöglichen, zumindest die sicher auf ihn zukommende Strafe bereits anzutreten. Damit soll nicht nur dem **Beschleunigungsgrundsatz** Genüge getan, sondern auch dem **Erziehungsgedanken** gedient werden. Der Jugendliche soll möglichst früh der erzieherisch motivierten Sanktion ausgesetzt werden; insbesondere soll er, anstatt weiter in Untersuchungshaft zu verweilen, bereits zu diesem frühen Zeitpunkt den erzieherisch als wirksamer eingeschätzten Jugendstrafvollzug antreten.[5]

3b Von § 56 explizit **nicht erfasst** ist der Fall, dass eine Vollstreckung der Jugendstrafe vor Rechtskraft einer später nach **§ 31 Abs. 2 JGG** gebildeten Einheitsjugendstrafe erfolgt, zumal die Durchbrechung der Rechtskraft des früheren Urteils erst durch die Rechtskraft des dazu neu ergangenen Urteils bewirkt wird.[6]

4 Aufgrund der nicht zu leugnenden Unbestimmtheit der Norm, insbesondere des in Abs. 1 S. 2 verwendeten Begriffs des „wohlverstandenen Interesse[s]", wird oft für eine **zurückhaltende Anwendung** der Norm plädiert, was auch der Vorgabe in Nr. 1 der RLJGG zu § 56 entspricht. Dafür spricht auch die heute unbestrittene Ambivalenz der

---

[1] Vgl. *Eisenberg* JGG Rn. 3.
[2] MRTW/*Laue* Rn. 1.
[3] Diemer/Schatz/Sonnen/*Schatz* Rn. 2; *Nothacker* GA 1982, 451.
[4] *Potrykus* Bem. 3; Diemer/Schatz/Sonnen/*Schatz* Rn. 2.
[5] Schaffstein/Beulke/*Swoboda* Rn. 824 mwN; *Streng* JugStrR Rn. 591; MRTW/*Laue* Rn. 1; *Eisenberg* JGG Rn. 5.
[6] BVerfG 19.3.2001 – 2 BvR 430/01, NStZ 2001, 447 f.

vollzogenen Jugendstrafe, deren positive erzieherische Wirkung auf den Jugendlichen nicht pauschal unterstellt werden darf. Zu Recht wird auch auf stets denkbare Veränderungen des Persönlichkeitsbildes des Jugendlichen im weiteren Verlauf des Verfahrens aufmerksam gemacht, die die Vollstreckung der Jugendstrafe nachträglich möglicherweise als entbehrlich erscheinen lassen. Die vorweggenommene Teilvollstreckung liegt dann offensichtlich gerade nicht im „wohlverstandenen Interesse" des Jugendlichen.[7]

II. Voraussetzungen

1. Mehrheit von Straftaten gem. Abs. 1 S. 1. Zunächst ist erforderlich, dass eine Mehrheit von Straftaten vorlag. Das bedeutet, dass insoweit materiellrechtlich die Straftaten in Tatmehrheit zueinander gestanden haben, mithin mehrere selbstständige Straftaten vorgelegen haben müssen.

2. Verurteilung zu einer Einheitsstrafe gem. Abs. 1 S. 1. Bezüglich dieser Taten muss eine Verurteilung zu einer **Einheitsjugendstrafe** erfolgt sein.[8] Davon erfasst sind zunächst Einheitsstrafen iSv **§ 31 Abs. 1**, wobei mehrere Straftaten gleichzeitig abgeurteilt werden. Erfasst sind aber auch die **nachträgliche Einheitsstrafe gem. § 66** sowie in analoger Anwendung die Einheitsstrafe nach **§ 32**.[9] Festzuhalten ist dabei, dass die vorhergehende Verurteilung nicht zur Bewährung ausgesetzt worden sein darf, da die Teilvollstreckung sonst einen Widerspruch darstellen würde.[10]

Erfasst ist nach hM im Grundsatz auch der Fall einer **Einheitsstrafe nach § 31 Abs. 2**,[11] obwohl nach dem Sinn und Zweck des § 56 Abs. 1 S. 1 eigentlich primär die Fälle erfasst sind, in denen der Verurteilte selbst keinen Anstoß an der Schuldfeststellung als solcher nimmt, und nicht etwa der Fall des § 31 Abs. 2, bei dem ein Rechtsmittel lediglich aufgrund bereits eingetretener Rechtskraft ausscheidet.[12]

Bei der Anwendung des § 31 Abs. 2 ist jedoch festzuhalten, dass für eine Teilvollstreckbarkeitserklärung der früheren Verurteilung iSv § 56 in der Regel **kein Bedarf** besteht, weil diese vorausgehende Verurteilung in ihrer Vollstreckbarkeit ohnehin bestehen bleibt, bis das neue Urteil bezogen auf die Einheitsstrafe rechtskräftig geworden ist.[13] Auf diese Weise kann einem Vollstreckungsdualismus entgegengewirkt werden, bei dem sowohl der Erstrichter als auch das Rechtsmittelgericht die Vollstreckung einleiten können.[14]

3. Teilweise rechtskräftiger Schuldspruch gem. Abs. 1 S. 1. Darüber hinaus muss mindestens eine **Schuldfeststellung rechtskräftig** geworden sein.[15] Diesbezüglich ist jedoch **umstritten**, ob die Vorschrift auch dann angewendet werden kann, wenn der **gesamte Schuldspruch** bereits **rechtskräftig** geworden ist, weil nur die Rechtsfolgen angefochten worden sind. Dies wird teilweise mit dem Argument verneint, dass die Regelung eine Parallele zur vertikalen Teilrechtskraft darstelle,[16] eine solche allerdings bei der Rechtskraft des gesamten Schuldspruchs gerade nicht gegeben sei.[17]

Überzeugender erscheint vor dem Hintergrund des oben erwähnten Normzwecks aber der von der Gegenansicht angenommene Erst-Recht-Schluss, wonach auch der Fall erfasst

---

[7] Eisenberg JGG Rn. 6; MRTW/Laue Rn. 2 sowie MRTW/Laue Rn. 9; Diemer/Schatz/Sonnen/Schatz Rn. 3; Streng JugStrR Rn. 592; Bohlander NStZ 1998, 236 (237).
[8] Ostendorf/Schady Rn. 3.
[9] MRTW/Laue Rn. 5.
[10] Diemer/Schatz/Sonnen/Schatz Rn. 10; Ostendorf/Schady Rn. 9; v. Beckerath S. 168.
[11] Brunner/Dölling Rn. 2; Ostendorf/Schady Rn. 6; Diemer/Schatz/Sonnen/Schatz Rn. 8; Eisenberg JGG Rn. 8.
[12] Nothacker MDR 1982, 278.
[13] OLG Karlsruhe 13.1.1981 – 3 Ws 346/80, MDR 1981, 519; Eisenberg JGG Rn. 8; Nothacker MDR 1982, 278.
[14] Diemer/Schatz/Sonnen/Schatz Rn. 8.
[15] Brunner/Dölling Rn. 3.
[16] Meyer-Goßner/Schmitt StPO § 449 Rn. 12; LBN/Nestler Rn. 412; Schaffstein/Beulke/Swoboda Rn. 823.
[17] Eisenberg JGG Rn. 9; MRTW/Laue Rn. 7.

sein müsse, dass der gesamte Schuldspruch rechtskräftig ist.[18] Auch der diesbezüglich offene Wortlaut des § 56 lässt sich als Argument für diese weite Ansicht heranziehen.

9 **4. Wohlverstandenes Interesse des Jugendlichen gem. Abs. 1 S. 2.** Zudem muss darüber befunden werden, ob die Anordnung auch im „wohlverstandenen Interesse" des Jugendlichen ist. Die Regelung macht den **Ausnahmecharakter** der Vorschrift des § 56 als Durchbrechung des § 449 StPO deutlich.[19] Dem Jugendlichen darf demzufolge kein Nachteil aus der Teilvollstreckung erwachsen.[20] Das Interesse des Jugendlich wird dabei **objektiviert** und dahingehend ausgelegt, dass die **positiven Auswirkungen auf die Resozialisierung des Jugendlichen** ausschlaggebend sind.[21] Die subjektiven Interessen des Jugendlichen, der regelmäßig an einer Verzögerung von Verurteilung und Vollstreckung interessiert sein wird, sind danach nicht unmittelbar maßgeblich für diese Beurteilung. Das lässt sich auch dem Wortlaut entnehmen, der eben gerade auf das „wohlverstandene" Interesse abstellt.

9a Auf dieser Grundlage wird angenommen, dass regelmäßig der erzieherisch ausgelegte **Jugendstrafvollzug** gegenüber der auf Verwahrung ausgerichteten **Untersuchungshaft vorzugswürdig** ist.[22] Auch kann es vorzugswürdig sein, den Jugendlichen schnellstmöglich aus einem ihn **negativ beeinflussenden sozialen Umfeld** herauszunehmen und deshalb entsprechend früh mit dem Vollzug zu beginnen;[23] dieser Aspekt hat neuerdings mit der Kodifikation des sogenannten Herausnahmearrests in § 16a Abs. 1 Nr. 2 eine zusätzliche normative Ausprägung erhalten. Zudem kann ein früher Vollzug für den Jugendlichen vorteilhaft sein, wenn er im Anschluss die konkrete Möglichkeit hat, eine **Ausbildungs- oder Arbeitsstelle** aufzunehmen.[24]

Diese möglichen vorteilhaften Auswirkungen dürfen aber, wie oben (→ Rn. 4) erwähnt, nicht pauschal angenommen werden, sondern sind **im Einzelfall streng zu prüfen.**

10 **5. Benachteiligungsverbot gem. Abs. 1 S. 3.** Um den Jugendlichen nicht durch die Anordnung der Teilvollstreckung zu benachteiligen, ordnet § 56 Abs. 1 S. 3 an, dass der Teil der vorweg vollstreckten Strafe nicht höher sein darf als die Strafe, die den nicht beanstandeten Schuldfeststellungen entspricht.[25] Dabei muss es nahezu ausgeschlossen sein, dass eine Jugendstrafe nach Anfechtung aufgrund eines neuen Gesamteindrucks von dem Jugendlichen vor dem Rechtsmittelgericht als entbehrlich erscheint.[26] Das wird sich selten mit Sicherheit sagen lassen; auch daher ist die zurückhaltende Anwendung der Norm geboten.[27]

III. Verfahren

11 Über die Vollstreckbarkeitserklärung entscheidet das **Rechtsmittelgericht** vor der Hauptverhandlung in Form eines **Beschlusses.**[28] Als Berufungsgericht entscheidet die Jugendkammer gem. § 41 Abs. 2 S. 1; Revisionsgericht ist entweder das OLG oder der BGH nach § 102 S. 1 iVm § 121 Abs. 1 Nr. 1 oder § 135 Abs. 1 GVG. Das Rechtsmittelgericht hat dabei eine pflichtgemäße **Ermessensausübung** vorzunehmen, welche aufgrund der Negativformulierung **gebunden** ist.[29] Dieser Beschluss ist daher auch zu **begründen** gem. § 34 StPO. Eine solche Entscheidung wird jedoch dann überflüssig, wenn bereits nach § 349

---

[18] *Streng* JugStrR Rn. 592; Ostendorf/*Schady* Rn. 4; *Dallinger/Lackner* Rn. 5; *Potrykus* Bem. 3; Diemer/Sonnen/*Schatz* Rn. 11.
[19] So auch Ostendorf/*Schady* Rn. 8; LBN/*Nestler* Rn. 413.
[20] OLG Karlsruhe 13.1.1981 – 3 Ws 346/80, MDR 1981, 519.
[21] MRTW/*Laue* Rn. 8; Diemer/Schatz/Sonnen/*Schatz* Rn. 13.
[22] *Streng* JugStrR Rn. 591.
[23] LBN/*Nestler* Rn. 413; *Brunner/Dölling* Rn. 4.
[24] *Potrykus* Bem. 4.
[25] *Eisenberg* JGG Rn. 12; Ostendorf/*Schady* Rn. 9; *Nothacker* MDR 1982, 278.
[26] OLG Karlsruhe 13.1.1981 – 3 Ws 346/80, MDR 1981, 519; *Brunner/Dölling* Rn. 5.
[27] MRTW/*Laue* Rn. 9.
[28] Diemer/Schatz/Sonnen/*Schatz* Rn. 17; MRTW/*Laue* Rn. 10.
[29] *Eisenberg* JGG Rn. 13; *Dallinger/Lackner* Rn. 13.

Abs. 2 StPO die Revision als offensichtlich unbegründet erachtet wird.[30] Dabei ist zu beachten, dass gem. § 33 Abs. 2, 3 StPO ggf. eine Anhörung zu erfolgen hat.

Bei Zustellung des Beschlusses nach §§ 35 Abs. 2 S. 1, 41 StPO, § 67 Abs. 2 ist dieser mit einer **Rechtsmittelbelehrung** zu versehen nach § 35a StPO. 11a

Festzuhalten ist auch, dass ab Rechtskraft dieses Beschlusses jede Freiheitsentziehung in diesem Verfahren als Jugendstrafhaft anzusehen ist.[31] 11b

IV. Rechtsmittel

Nach § 56 Abs. 2 iVm § 311 StPO hat der Jugendliche die Möglichkeit, gegen den Beschluss des LG als Berufungsinstanz die **sofortige Beschwerde** einzulegen. Gegen Entscheidungen des OLG und des BGH ist eine Beschwerde nach § 304 Abs. 4 StPO demgegenüber nicht statthaft. 12

Nach der hM hat diese Beschwerde durch entsprechende Anwendung des § 449 StPO **aufschiebende Wirkung,** sodass dies eine Ausnahme zum Grundsatz des § 307 Abs. 1 StPO darstellt. Dies wird damit begründet, dass die Vollstreckbarkeit gerade von dem Ergebnis der sofortigen Beschwerde abhängt.[32] Trotzdem ist es nach allgemeiner Auffassung ratsam, § 307 Abs. 2 klarstellend in Anwendung zu bringen.[33] 13

Eine weitere Beschwerde ist gem. § 319 Abs. 2 StPO nicht zulässig. 14

Vierter Unterabschnitt. Verfahren bei Aussetzung der Jugendstrafe zur Bewährung

§ 57 Entscheidung über die Aussetzung

(1) ¹Die Aussetzung der Jugendstrafe zur Bewährung wird im Urteil oder, solange der Strafvollzug noch nicht begonnen hat, nachträglich durch Beschluß angeordnet. ²Ist die Entscheidung über die Aussetzung nicht im Urteil vorbehalten worden, so ist für den nachträglichen Beschluß das Gericht zuständig, das in der Sache im ersten Rechtszug erkannt hat; die Staatsanwaltschaft und der Jugendliche sind zu hören.

(2) Hat das Gericht die Entscheidung über die Aussetzung nicht einem nachträglichen Beschluß vorbehalten oder die Aussetzung im Urteil oder in einem nachträglichen Beschluß abgelehnt, so ist ihre nachträgliche Anordnung nur zulässig, wenn seit Erlaß des Urteils oder des Beschlusses Umstände hervorgetreten sind, die allein oder in Verbindung mit den bereits bekannten Umständen eine Aussetzung der Jugendstrafe zur Bewährung rechtfertigen.

(3) ¹Kommen Weisungen oder Auflagen (§ 23) in Betracht, so ist der Jugendliche in geeigneten Fällen zu befragen, ob er Zusagen für seine künftige Lebensführung macht oder sich zu Leistungen erbietet, die der Genugtuung für das begangene Unrecht dienen. ²Kommt die Weisung in Betracht, sich einer heilerzieherischen Behandlung oder einer Entziehungskur zu unterziehen, so ist der Jugendliche, der das sechzehnte Lebensjahr vollendet hat, zu befragen, ob er hierzu seine Einwilligung gibt.

(4) § 260 Abs. 4 Satz 4 und § 267 Abs. 3 Satz 4 der Strafprozeßordnung gelten entsprechend.

---

[30] MRTW/*Laue* Rn. 10; Ostendorf/*Schady* Rn. 10; *Dallinger/Lackner* Rn. 13.
[31] Diemer/Schatz/Sonnen/*Schatz* Rn. 19; *Eisenberg* JGG Rn. 15.
[32] OLG Karlsruhe 17.1.1964 – 1 Ws 4/64, NJW 1964, 1085; *Eisenberg* JGG Rn. 14 mwN; Diemer/Schatz/Sonnen/*Schatz* Rn. 20; Ostendorf/*Schady* Rn. 12; *Streng* JugStrR Rn. 592.
[33] So *Eisenberg* JGG Rn. 14.

§ 58 Weitere Entscheidungen

(1) ¹Entscheidungen, die infolge der Aussetzung erforderlich werden (§§ 22, 23, 24, 26, 26a), trifft der Richter durch Beschluß. ²Der Staatsanwalt, der Jugendliche und der Bewährungshelfer sind zu hören. ³Wenn eine Entscheidung nach § 26 oder die Verhängung von Jugendarrest in Betracht kommt, ist dem Jugendlichen Gelegenheit zur mündlichen Äußerung vor dem Richter zu geben. ⁴Der Beschluß ist zu begründen.

(2) Der Richter leitet auch die Vollstreckung der vorläufigen Maßnahmen nach § 453c der Strafprozeßordnung.

(3) ¹Zuständig ist der Richter, der die Aussetzung angeordnet hat. ²Er kann die Entscheidungen ganz oder teilweise dem Jugendrichter übertragen, in dessen Bezirk sich der Jugendliche aufhält. ³§ 42 Abs. 3 Satz 2 gilt entsprechend.

§ 59 Anfechtung

(1) ¹Gegen eine Entscheidung, durch welche die Aussetzung der Jugendstrafe angeordnet oder abgelehnt wird, ist, wenn sie für sich allein oder nur gemeinsam mit der Entscheidung über die Anordnung eines Jugendarrests nach § 16a angefochten wird, sofortige Beschwerde zulässig. ²Das gleiche gilt, wenn ein Urteil nur deshalb angefochten wird, weil die Strafe nicht ausgesetzt worden ist.

(2) ¹Gegen eine Entscheidung über die Dauer der Bewährungszeit (§ 22), die Dauer der Unterstellungszeit (§ 24), die erneute Anordnung der Unterstellung in der Bewährungszeit (§ 24 Abs. 2) und über Weisungen oder Auflagen (§ 23) ist Beschwerde zulässig. ²Sie kann nur darauf gestützt werden, daß die Bewährungs- oder die Unterstellungszeit nachträglich verlängert, die Unterstellung erneut angeordnet worden oder daß eine getroffene Anordnung gesetzwidrig ist.

(3) Gegen den Widerruf der Aussetzung der Jugendstrafe (§ 26 Abs. 1) ist sofortige Beschwerde zulässig.

(4) Der Beschluß über den Straferlaß (§ 26a) ist nicht anfechtbar.

(5) Wird gegen ein Urteil eine zulässige Revision und gegen eine Entscheidung, die sich auf eine in dem Urteil angeordnete Aussetzung der Jugendstrafe zur Bewährung bezieht, Beschwerde eingelegt, so ist das Revisionsgericht auch zur Entscheidung über die Beschwerde zuständig.

Schrifttum: *Abel,* Unterschiede zwischen den mit Schuldspruch und Aussetzung zur Bewährung unterstellten Probanden und den Probanden, die aus dem Jugendstrafvollzug zur Bewährung entlassen worden sind, BewHi 1964, 121; *Baier,* Die Bedeutung der Aussetzung der Verhängung der Jugendstrafe nach § 27 JGG und der Vorbewährung in der jugendgerichtlichen Praxis in Bayern, 2015; *Dallinger,* Gerichtsverfassung und Strafverfahren, JZ 1953, 432; *Heinrich,* Zur Anfechtbarkeit der den Widerruf einer Strafaussetzung zur Bewährung ablehnenden Entscheidung im Jugendstrafverfahren, NStZ 2006, 417; *Potrykus,* Zwei Streitfragen aus dem Jugendstrafrecht, NJW 1967, 1789; *Schäfer,* Das Berufungsverfahren in Jugendsachen, NStZ 1998, 330.

Übersicht

	Rn.		Rn.
I. Grundlagen	1–5	3. Zusagen und Anerbieten, heilerzieherische Behandlung und Entziehungskur	12, 13
1. Anwendungsbereich	1		
2. Historische Entwicklung	2	III. Verfahren bei Nachtrags- und Nebenentscheidungen	14–28
3. Inhalt und Zweck der Norm	3–5	1. Zuständigkeit	14–17
II. Entscheidung über die Aussetzung	6–13	2. Verfahren	18–22
1. Entscheidung im Urteil	8, 8a	3. Vorläufige Maßnahmen	23–28
2. Entscheidung im nachträglichen Beschlussverfahren	9–11	IV. Anfechtung der Aussetzungsentscheidung	29–35

	Rn.		Rn.
V. Anfechtung der Nachtrags- und Nebenentscheidungen	36–43	2. Widerruf der Aussetzung	39–41
1. Dauer der Bewährungs- oder Unterstellungszeit, erneute Anordnung der Unterstellung, Weisungen und Auflagen	36–38	3. Straferlass	42
		4. Zusammentreffen von Revision und Beschwerde	43

I. Grundlagen

1. Anwendungsbereich. Die §§ 57–59 gelten in Verfahren gegen **Jugendliche** auch vor den für allgemeine Strafsachen zuständigen Gerichten (§ 104 Abs. 1 Nr. 8).[1] Gleiches gilt für Verfahren gegen **Heranwachsende,** sofern materielles Jugendstrafrecht angewendet wurde (§§ 109 Abs. 2 S. 1, 105 Abs. 1, 112 S. 1, 2).[2]

2. Historische Entwicklung. Bereits im JGG von 1923 existierte mit den §§ 10 ff. eine Strafaussetzung zur Probe, doch erst 1953 wurde dieses Institut in § 57 wieder aufgegriffen, während im Reichsjugendgerichtsgesetz von 1943 noch keine bedingte Strafaussetzung vorgesehen war. Mit Art. 11 Nr. 15 des 1. StrRG kam § 57 Abs. 3 hinzu. § 58 Abs. 2 wurde erst durch Art. 3 Nr. 5a des StVÄG 79 eingefügt, wobei der bisherige Abs. 2 zu Abs. 3 wurde.

3. Inhalt und Zweck der Norm. In den §§ 57 ff. sind die wesentlichen **verfahrensrechtlichen Fragen** bezüglich der **Aussetzung der Jugendstrafe zur Bewährung** geregelt. Die Normen **erweitern** gegenüber dem allgemeinen Strafrecht die diesbezüglichen **Entscheidungsmöglichkeiten,**[3] um dem Umstand Rechnung zu tragen, dass sich die Lebensumstände Jugendlicher etwa durch die Abnabelung von den Eltern, das Ausbildungsende oder den Eintritt in das Berufsleben oft in kurzer Zeit so grundlegend und entwicklungsbestimmend verändern können, dass die Prognose ggf. angepasst werden muss.[4] Daher wird mit § 57 ua die Möglichkeit geschaffen, negative Folgen des Freiheitsentzugs für den Jugendlichen, wie die Entfremdung von Familie und Freunden oder anschließende Wiedereingliederungsprobleme noch bis zu Beginn des Strafvollzugs abzuwenden, indem doch noch (nachträglich) eine Aussetzung zur Bewährung gewährt wird.[5] Dass der Richter die Aussetzungsentscheidung bewusst erst zu einem späteren Zeitpunkt trifft, war als Institut der sog. **„Vorbewährung"** schon seit längerer Zeit zumindest in der Praxis anerkannt und wurde auf den Wortlaut von § 57 Abs. 1 gestützt.[6] Eine ausdrückliche und detaillierte Regelung hat die Vorbewährung allerdings erst in jüngerer Zeit in den **§§ 61 ff.** gefunden (s. die Erläuterungen dort).

§ 58 regelt in Anknüpfung an § 57 den Erlass der **Neben- und Nachtragsentscheidungen,** die infolge der Aussetzung der Jugendstrafe zur Bewährung erforderlich werden. Dabei findet sich in § 58 Abs. 3 S. 1 eine Besonderheit bezüglich der Zuständigkeit: Abweichend vom Erwachsenenverfahren, in dem das Gericht des ersten Rechtszugs bzw. die Strafvollstreckungskammer zuständig ist, liegt die Zuständigkeit in Jugendsachen prinzipiell bei jenem Richter, der die Aussetzung angeordnet hat. Damit kann dessen besondere Sachnähe und -kenntnis genutzt werden, um eine bessere, da einheitliche erzieherische Einwirkung auf den Jugendlichen zu ermöglichen, was letztlich dem Bewährungsziel dient.[7]

§ 59 dient vor allem dazu, mittels gesonderter **Anfechtungsmöglichkeiten** das Rechtsmittelverfahren zu beschleunigen, um dem Jugendlichen möglichst schnell Gewissheit über

---

[1] *Eisenberg* JGG § 57 Rn. 1, § 58 Rn. 1, § 59 Rn. 1; Diemer/Schatz/Sonnen/*Sonnen* § 57 Rn. 1, § 58 Rn. 1, § 59 Rn. 1.
[2] BGH 27.10.2006 – 2 ARs 441/06, StraFo 2007, 87; Diemer/Schatz/Sonnen/*Sonnen* § 57 Rn. 1, § 58 Rn. 1, § 59 Rn. 1; *Eisenberg* JGG § 57 Rn. 2, § 58 Rn. 2, § 59 Rn. 2.
[3] Ostendorf/*Ostendorf* Grdl. z. §§ 57–61b Rn. 3; Diemer/Schatz/Sonnen/*Sonnen* § 57 Rn. 11.
[4] MRTW/*Meier* § 57 Rn. 1.
[5] MRTW/*Meier* § 57 Rn. 1; Diemer/Schatz/Sonnen/*Sonnen* § 57 Rn. 11.
[6] Nachweise (auch zur Kritik in der Literatur) bei *Eisenberg* StV 2013, 44 (49 f.); s. auch *Baier* S. 75 ff.
[7] Diemer/Schatz/Sonnen/*Sonnen* § 58 Rn. 3; *Eisenberg* JGG § 58 Rn. 35.

die Sanktion zu verschaffen. Durch den daraus resultierenden engeren zeitlichen Zusammenhang zwischen Tat und Sanktion soll die erzieherische Wirkung der Strafe erhöht werden.[8]

II. Entscheidung über die Aussetzung

6   Die Entscheidung über die Strafaussetzung kann entweder bereits **im Urteil** oder im Zuge eines **nachträglichen Beschlussverfahrens** erfolgen. Über den Zeitpunkt der Aussetzungsentscheidung beschließt das Gericht nach pflichtgemäßem Ermessen; dies gilt auch für den Fall, dass die Aussetzung ausdrücklich beantragt wurde.[9] Dennoch sollte die Entscheidung im Urteil den Normalfall darstellen; zum einen, da im nachträglichen Beschlussverfahren die Laienrichter nicht mehr beteiligt sind und zum anderen, um den Jugendlichen nicht unnötig der Belastung auszusetzen, über die ihn erwartende Sanktion im Ungewissen zu bleiben.[10] Ein bewusstes Aufschieben der Entscheidung allein aus erzieherischen Gründen, etwa um den Jugendlichen hierdurch zu einer Verhaltensänderung zu bewegen, ist allerdings fraglich, da dies für den Jugendlichen faktisch sanktionierende Wirkung hat, ohne dass eine gesetzliche Grundlage dafür bestünde.[11]

7   Die Beurteilung, ob die Entscheidung über eine Strafaussetzung im Urteil oder nachträglich durch Beschluss getroffen wird, richtet sich vor allem nach der **Spruchreife dieser Entscheidung:** Fehlen zum Urteilszeitpunkt noch Informationen zur Erstellung einer validen Legalprognose, so ist die Aussetzungsentscheidung zu einem späteren Zeitpunkt durch nachträglichen Beschluss zu treffen.[12] Wurden die Tatsachen hingegen hinreichend ermittelt, besteht für einen Aufschub kein Anlass und es ist bereits im Urteil über die Aussetzung zu entscheiden.

8   **1. Entscheidung im Urteil.** Wird die Jugendstrafe zur Bewährung ausgesetzt, so ist dies in der **Urteilsformel** anzuordnen (§ 57 Abs. 4 iVm § 260 Abs. 4 S. 4 StPO) und in den **Urteilsgründen** zu erläutern. Bei der Ablehnung der Aussetzung genügt hingegen die Aufnahme in die Urteilsgründe. Sollte die Strafaussetzung beantragt worden sein, so muss die ablehnende Entscheidung stets ausdrücklich begründet werden, wobei eine nur formelhafte Wiederholung des Gesetzestextes nicht ausreicht (§ 57 Abs. 4 iVm § 267 Abs. 3 S. 4 StPO).

8a **Fehlt** eine **Entscheidung über die Aussetzung** im Urteil, wird man dies (auch nach Einführung von § 61 ff.) nicht als Ablehnung zu verstehen haben, so dass weiterhin die Möglichkeit zum nachträglichen Beschlussverfahren über die Aussetzung besteht (s. auch → §§ 61–61b Rn. 15 f.).[13] Anders verhält es sich, wenn ein ausdrücklicher Antrag auf Aussetzung gestellt wurde: Hier ist die fehlende Entscheidung als Ablehnung der Aussetzung zu verstehen.[14]

9   **2. Entscheidung im nachträglichen Beschlussverfahren.** Bis zum Beginn des Strafvollzugs kann auch in einem **nachträglichen Beschlussverfahren** über die Strafaussetzung entschieden werden (**§ 57 Abs. 1 S. 1**); wurde im Urteil keine Entscheidung über die Strafaussetzung getroffen, ist ein solches Verfahren zwingend durchzuführen.[15] Teilweise wird angenommen, dass das Urteil über die Jugendstrafverhängung dafür bereits rechtskräftig

---

[8] *Eisenberg* JGG § 59 Rn. 3; MRTW/*Meier* § 59 Rn. 1; zu diesem Zusammenhang auch BT-Drs. I/3264, 46.
[9] BGH 13.1.1960 – 2 StR 557/59, BGHSt 14, 74 = NJW 1960, 587; *Eisenberg* JGG § 57 Rn. 4; Brunner/Dölling § 57 Rn. 3.
[10] *Eisenberg* JGG § 57 Rn. 4, 4a; Diemer/Schatz/Sonnen/*Sonnen* § 57 Rn. 28; Ostendorf/*Ostendorf* § 57 Rn. 2; in Bezug auf die Schöffenbeteiligung auch Brunner/Dölling § 57 Rn. 3.
[11] *Eisenberg* JGG § 57 Rn. 4a, §§ 61, 61a Rn. 4; s. auch *ders.* StV 2013, 44 (47).
[12] *Eisenberg* JGG § 57 Rn. 4; MRTW/*Meier* § 57 Rn. 2.
[13] BGH 13.1.1960 – 2 StR 557/59, BGHSt 14, 74 = NJW 1960, 587; Diemer/Schatz/Sonnen/*Sonnen* § 57 Rn. 11; *Eisenberg* JGG § 57 Rn. 11; aA MRTW/*Meier* § 57 Rn. 2.
[14] Ostendorf/*Ostendorf* § 57 Rn. 4.
[15] Brunner/Dölling § 57 Rn. 5; *Eisenberg* JGG § 57 Rn. 12.

geworden sein muss,[16] wobei im Gesetz aber keine Anhaltspunkte für ein solches Erfordernis zu finden sind.

Auch bei einer ablehnenden Aussetzungsentscheidung im Urteil ist eine Neuentscheidung im nachträglichen Beschlussverfahren möglich, wenn die **besonderen Voraussetzungen** des **§ 57 Abs. 2** vorliegen, also neue Umstände aufgetreten oder dem Gericht bekannt geworden sind, die allein oder gemeinsam mit den bereits bekannten Tatsachen eine Strafaussetzung rechtfertigen. Gleiches gilt, wenn die Aussetzung im nachträglichen Beschluss abgelehnt wurde: Auch hier ist eine nachträgliche Anordnung der Aussetzung zulässig, sofern im Nachhinein neue aussetzungsentscheidungsrelevante Umstände hervorgetreten sind (§ 57 Abs. 2).

Zuständig ist das **Gericht des ersten Rechtszugs,** allerdings ohne die Laienrichter; antragsberechtigt sind Staatsanwalt und Verurteilter. Letztere sind im Beschlussverfahren auch zu hören, weshalb eine mündliche Anhörung durchgeführt werden sollte.

3. Zusagen und Anerbieten, heilerzieherische Behandlung und Entziehungskur. Sowohl bei einer Aussetzungsentscheidung im Urteil als auch im Rahmen eines nachträglichen Beschlusses besteht nach **§ 57 Abs. 3** die **Pflicht, den Jugendlichen** bezüglich Zusagen hinsichtlich seiner weiteren Lebensführung sowie eventueller Anerbieten seinerseits **zu befragen.**[17] Sollte der Jugendliche hierzu bereit und die Erfüllung dieser Zusagen bzw. Leistungsversprechen tatsächlich zu erwarten sein, so wird in der Regel von Weisungen und Auflagen vorläufig abgesehen.[18] Dem Jugendlichen wird so die Möglichkeit eröffnet, auf diese Nebenentscheidungen durch eigenes Zutun, nämlich mittels einer freiwilligen und bewussten Verhaltensänderung, Einfluss zu nehmen, was die Rückkehr zu einer sozial angemessenen Lebensführung auch dauerhaft wahrscheinlicher macht.[19]

Soll eine **heilerzieherische Behandlung** oder eine **Entziehungskur** angeordnet werden, besteht die Pflicht, den Jugendlichen, sofern er das 16. Lebensjahr bereits vollendet hat, hinsichtlich seiner **Einwilligung** hierzu zu befragen (§ 57 Abs. 3 S. 2). Inwiefern das **Fehlen der Einwilligung** Einfluss auf die Zulässigkeit einer solchen Maßnahme hat, ist strittig. Die herrschende Lehre nimmt an, dass eine Einwilligung für die Anordnung der genannten Maßnahmen zwingend notwendig ist,[20] während nach einer anderen Ansicht aufgrund der Tatsache, dass in § 57 Abs. 3 S. 2 als Verfahrensvorschrift keine materiellen, sondern nur formelle Voraussetzungen für eine solche Weisung geregelt seien, die Anordnung dieser Maßnahmen nicht von der Einwilligung des Jugendlichen abhängen könne.[21] Für die letztgenannte Ansicht spricht auch der Wortlaut der Norm; eine andere Frage ist, ob die Anordnung solcher Maßnahmen gegen den Willen des Jugdichen sinnvoll ist.

III. Verfahren bei Nachtrags- und Nebenentscheidungen

1. Zuständigkeit. Im Unterschied zur Regelung im Erwachsenenstrafverfahren, wo das Gericht des ersten Rechtszugs bzw. die Strafvollstreckungskammer für die weiteren Entscheidungen zuständig ist (§ 462a Abs. 1, 2 StPO), liegt die **Zuständigkeit** in Jugendsachen bei dem Gericht, welches die Aussetzung zur Bewährung angeordnet hat (§ 58 Abs. 3), um dessen bereits vorhandene Sachkenntnis zu nutzen. Dies kann also auch das Berufungsgericht sein, wenn es selbst erstmals ausgesetzt und nicht lediglich die Aussetzungsanordnung des Erstrichters bestätigt hat.[22]

---

[16] So *Brunner/Dölling* § 57 Rn. 9; *Eisenberg* JGG § 57 Rn. 22; aA *Ostendorf/Ostendorf* § 57 Rn. 6; MRTW/*Meier* § 57 Rn. 5.
[17] *Diemer/Schatz/Sonnen/Sonnen* § 57 Rn. 30; MRTW/*Meier* § 57 Rn. 9.
[18] *Eisenberg* JGG § 57 Rn. 16; *Diemer/Schatz/Sonnen/Sonnen* § 57 Rn. 30; MRTW/*Meier* § 57 Rn. 9.
[19] MRTW/*Meier* § 57 Rn. 9.
[20] *Ostendorf/Ostendorf* § 57 Rn. 10; *Brunner/Dölling* § 57 Rn. 7.
[21] MRTW/*Meier* § 57 Rn. 10.
[22] BGH 1.10.1986 – 2 ARs 239/86, NStZ 1987, 87; BGH 6.12.1963 – 2 ARs 220/63, BGHSt 19, 170 = NJW 1964, 603 (604); *Brunner/Dölling* § 58 Rn. 5; *Ostendorf/Ostendorf* § 58 Rn. 3; aA *Potrykus* § 58 Bem. 2.

15 Der zuständige Richter kann im Rahmen seines pflichtgemäßen Ermessens die weiteren Entscheidungen gemäß § 58 Abs. 3 S. 2 ganz oder teilweise dem **Jugendrichter übertragen,** in dessen Bezirk sich der Jugendliche aufhält, wobei es auf den faktischen **Aufenthaltsort des Jugendlichen** ankommt.[23] Es sind allerdings besondere Gründe vonnöten, die eine solche Übertragung rechtfertigen.[24] Sie ist angezeigt, wenn etwa der Jugendrichter des Aufenthaltsortes aufgrund eines besonders intensiven Kontaktes zum Verurteilten im Einzelfall bereits qualifiziert vorbefasst und daher besser als der zuständige Richter geeignet ist, das gegenwärtige und zukünftige Verhalten des Jugendlichen abzuschätzen und auf diesen einzuwirken.[25] Ist der Aufenthaltsortswechsel des Jugendlichen nur von vorübergehender Natur, so ist aus Zweckmäßigkeitserwägungen von einer Übertragung abzusehen.[26] Bestehen beim Jugendrichter des Aufenthaltsortes Bedenken hinsichtlich der Verfahrensübernahme, so hat hierüber das gemeinschaftliche obere Gericht zu entscheiden (§§ 58 Abs. 3, 42 Abs. 3 S. 2). Hat jedoch ein Erwachsenengericht die Aussetzung angeordnet, so hat die Übertragung zwingend zu erfolgen (§ 104 Abs. 5 Nr. 1) und ist für das übernehmende Gericht bindend.

16 Die Übertragung ist in jeder Lage des Verfahrens nach Aussetzung der Vollstreckung möglich.[27] Soll nur eine **teilweise Übertragung** vorgenommen werden, so ist dies im Abgabebeschluss deutlich zu machen; anderenfalls ist davon auszugehen, dass alle noch ausstehenden Entscheidungen uneingeschränkt übertragen werden sollen.[28]

17 Ein **Widerruf der Übertragungsentscheidung** des abgebenden Gerichts ist nur möglich – und dann auch zwingend erforderlich – wenn der Grund für die Übertragung nachträglich weggefallen ist, etwa bei einem (weiteren) langfristigen Wechsel des Aufenthaltsorts des Jugendlichen.[29] In diesem Fall kann das ursprünglich zuständige Gericht das Verfahren entweder selbst wieder übernehmen oder an ein drittes Gericht abgeben. Aufgrund der grundsätzlichen Bindung an die Übertragungsentscheidung des abgebenden Gerichts kann der übernehmende Richter eine Rück- oder Weiterübertragung der Zuständigkeit bei Wegfall des Abgabegrundes nicht selbst vornehmen, sondern lediglich beim originär zuständigen Gericht anregen.[30] Sollten hierüber Streitigkeiten entstehen, ist wiederum das gemeinschaftliche obere Gericht anzurufen (→ Rn. 15).

18 **2. Verfahren.** Zusätzlich zu den in Abs. 1 explizit genannten Neben- und Nachtragsentscheidungen wird **§ 58** auf die **Aufstellung des Bewährungsplans** sowie die **Bestellung des Bewährungshelfers analog angewendet,** wobei sich dies auf die **Zuständigkeitsregelung des Abs. 3** beschränkt, die eine für diesen Verfahrensabschnitt essentielle einheitliche Zuständigkeit herstellt. Die formellen Anforderungen des Abs. 1 hingegen gelten für diese Maßnahmen nicht und würden auch einen unangemessen hohen Aufwand bedeuten.[31] Sofern Spezialregelungen bestehen, ist eine entsprechende Anwendung des § 58 ausgeschlossen.

19 Da die weiteren Entscheidungen durch **Beschluss** erlassen werden, sind sie nicht in das Urteil über die Verhängung und Aussetzung der Jugendstrafe aufzunehmen.[32]

---

[23] Ostendorf/*Ostendorf* § 58 Rn. 4; Diemer/Schatz/Sonnen/*Schatz* § 58 Rn. 11.
[24] BGH 27.9.2006 – 2 AR 219/06, BeckRS 2006, 12545; 5.2.1958 – 2 ARs 13/58, NJW 1958, 560.
[25] OLG Zweibrücken 18.3.2002 – 1 AR 16/02, NStZ 2002, 498 (499); Diemer/Schatz/Sonnen/*Schatz* § 58 Rn. 12.
[26] BGH 25.5.2005 – 2 ARs 121/05, NStZ-RR 2005, 280; Ostendorf/*Ostendorf* § 58 Rn. 6; Diemer/Schatz/Sonnen/*Schatz* § 58 Rn. 12.
[27] *Dallinger/Lackner* § 58 Rn. 14; *Eisenberg* JGG § 58 Rn. 38; Diemer/Schatz/Sonnen/*Schatz* § 58 Rn. 11.
[28] Allg. Auffassung, siehe nur *Eisenberg* JGG § 58 Rn. 42; Ostendorf/*Ostendorf* § 58 Rn. 5; *Dallinger/Lackner* § 58 Rn. 15; *Potrykus* § 58 Bem. 3.
[29] OLG Nürnberg 19.6.1989 – ARs 659/89, NStE Nr. 3 zu § 58 JGG; Brunner/Dölling § 58 Rn. 7; *Dallinger/Lackner* § 58 Rn. 16; *Eisenberg* JGG § 58 Rn. 48; aA Ostendorf/*Ostendorf* § 58 Rn. 9, der hierin die Gefahr für einen Zuständigkeitsstreit und eine Bedenklichkeit hinsichtlich Art. 101 Abs. 1 S. 2 GG sieht.
[30] BGH 19.4.1972 – 2 ARs 79/72, BGHSt 24, 332 (335) = NJW 1972, 1289; MRTW/*Meier* § 58 Rn. 21; Brunner/Dölling § 58 Rn. 7 mwN.
[31] BGH 6.12.1963 – 2 ARs 220/63, BGHSt 19, 170 (173) = NJW 1964, 603; Diemer/Schatz/Sonnen/*Schatz* § 58 Rn. 5; MRTW/*Meier* § 58 Rn. 2; *Eisenberg* JGG § 58 Rn. 5; aA Ostendorf/*Ostendorf* § 58 Rn. 2.
[32] *Eisenberg* JGG § 58 Rn. 10; *Dallinger/Lackner* § 58 Rn. 3; *Dallinger* JZ 1953, 432 (435); für das allgemeine Strafverfahren BGH 2.2.1954 – 5 StR 686/53, NJW 1954, 522; aA *Potrykus* § 58 Bem. 1.

Gemäß **§ 58 Abs. 1 S. 2** sind zu den weiteren Entscheidungen der Staatsanwalt, der 20 Jugendliche und der Bewährungshelfer sowie gemäß § 67 Abs. 1 die Erziehungsberechtigten und gesetzlichen Vertreter zu hören; zudem ist gemäß § 38 Abs. 3 S. 1 die Jugendgerichtshilfe heranzuziehen. Eine **schriftliche Anhörung** reicht zwar formal aus, jedoch ist bei dem Jugendlichen in der Regel einer mündlichen Anhörung der Vorzug zu geben, da die schriftliche Ausdrucksfähigkeit vieler Jugendlicher unzureichend und ihnen die Bedeutung der Situation im Rahmen einer mündlichen Anhörung besser deutlich zu machen ist.[33] Die Gelegenheit zu einer **mündlichen Anhörung** ist dem Jugendlichen gemäß **§ 58 Abs. 1 S. 3** hingegen **zwingend** zu gewähren, wenn ihm freiheitsentziehende Maßnahmen drohen, wie der Widerruf der Strafaussetzung oder die Verhängung von Jugendarrest. Er ist dann zu einer Anhörung zu laden.[34] Die Anhörung ist jedoch nicht zu erzwingen:[35] Die mündliche Anhörung des Verurteilten bei Verkündung eines Sicherungshaftbefehls gem. § 115 StPO genügt nicht.[36] **Verzichtet** der Jugendliche auf die Wahrnehmung einer zumutbaren Gelegenheit hierzu, können die freiheitsentziehenden Maßnahmen angeordnet werden; allerdings sollte mit Hinblick auf die hohe erzieherische Relevanz der Anhörung zunächst immer – und gegebenenfalls unter Einschaltung der Jugendgerichtshilfe – versucht werden, mit dem Jugendlichen in Kontakt zu treten.[37] Ist der Aufenthaltsort des Jugendlichen unbekannt, weil dieser entgegen einer entsprechenden Weisung den Wechsel seiner Anschrift nicht mitgeteilt hat, sollte zunächst an den Gebrauch einer vorläufigen Maßnahme nach § 453c StPO gedacht werden, bevor auf eine Anhörung verzichtet wird.[38]

Die Anhörung kann nicht durch das Beschwerdegericht nachgeholt werden;[39] die ange- 21 fochtene Entscheidung ist stattdessen zur Nachholung der Anhörung an die Vorinstanz zurückzuverweisen.[40] Anderenfalls würde der Jugendliche eine Instanz verlieren, in der er Gegenargumente gegen den Aussetzungswiderruf vorbringen kann.[41]

Der Beschluss muss gemäß **§ 58 Abs. 1 S. 4 begründet** werden; dies gilt auch für 22 unanfechtbare Beschlüsse.

3. Vorläufige Maßnahmen. Für den Fall, dass ein **Widerruf der Strafaussetzung** 23 **nach § 26** zu erwarten ist, können nach § 2 Abs. 2 iVm § 453c StPO **vorläufige Maßnahmen** vorgenommen werden, um zu verhindern, dass der Verurteilte sich dem Strafprozess entzieht oder weitere Straftaten begeht. Dies erlaubt indirekt auch § 58 Abs. 2, der dem Richter für die Vollstreckung dieser Maßnahmen die Zuständigkeit überträgt.

Zu den möglichen vorläufigen Maßnahmen gehören unter anderem **Meldepflichten,** 24 **Anordnungen über Wohnort und Wohnung** und schließlich auch der Erlass eines **Sicherungshaftbefehls.** Sie dürfen ausschließlich der Sicherung dienen und nicht etwa als Instrument zur eindringlichen Warnung des Jugendlichen oder zur „Krisenintervention" missbraucht werden.[42]

Welche Maßnahme im Einzelfall zu treffen ist, richtet sich nach ihrer Erforderlichkeit 25 hinsichtlich der aus konkreten Tatsachen resultierenden Gefahr, dass sich der Verurteilte der

---

[33] MRTW/*Meier* § 58 Rn. 5; Diemer/Schatz/Sonnen/*Schatz* § 58 Rn. 22.
[34] LG Heidelberg 23.4.2007 – 3 Qs 4/07, ZJJ 2007, 312; Ostendorf/*Ostendorf* § 58 Rn. 11; *Brunner/Dölling* § 58 Rn. 4.
[35] MRTW/*Meier* § 58 Rn. 6.
[36] OLG Koblenz 23.3.2016 – 2 Ws 150/16, JurionRS 2016, 16570.
[37] Ostendorf/*Ostendorf* § 58 Rn. 11; Diemer/Schatz/Sonnen/*Schatz* § 58 Rn. 22.
[38] Ostendorf/*Ostendorf* § 58 Rn. 12; *Eisenberg* JGG § 58 Rn. 9; Diemer/Schatz/Sonnen/*Schatz* § 58 Rn. 22; aA OLG Köln 29.1.1963 – 2 Ws 558/62, NJW 1963, 875; *Potrykus* NJW 1967, 1789 (1790); *Brunner/Dölling* § 58 Rn. 4.
[39] So aber OLG Hamm 20.5.2008 – 3 Ws 187/08, ZJJ 2008, 387 (389); LG Offenburg 12.11.2003 – 8 Qs 10/03, NStZ-RR 2004, 58.
[40] LG Arnsberg 31.1.2006 – 2 Qs 5/06 jug, NStZ 2006, 525 (526); LG Zweibrücken 14.3.2012 – Qs 27/12, ZJJ 2012, 209.
[41] LG Zweibrücken 14.3.2012 – Qs 27/12, ZJJ 2012, 209; *Eisenberg* JGG § 58 Rn. 7; Diemer/Schatz/Sonnen/*Schatz* § 58 Rn. 23; MRTW/*Meier* § 58 Rn. 7.
[42] Ostendorf/*Ostendorf* § 58 Rn. 17; Diemer/Schatz/Sonnen/*Schatz* § 58 Rn. 29; MRTW/*Meier* § 58 Rn. 11; aA *Abel* BewHi 1964, 121 (129).

Vollstreckung zu entziehen versucht.[43] Der Erlass eines **Haftbefehls** ist dann zulässig, wenn der Jugendliche flüchtig ist, sich verborgen hält oder Fluchtgefahr besteht (§ 112 Abs. 2 Nr. 1, 2 StPO) oder wenn konkret damit zu rechnen ist, dass er (erneut) erhebliche Straftaten begehen wird. Als stärkster Eingriff in die Freiheit des Verurteilten kommt die Sicherungshaft nur infrage, falls andere Mittel nicht ausreichen. Neben dem Wortlaut des § 453c Abs. 1 StPO („notfalls") gebietet dies auch schon das Verhältnismäßigkeitsprinzip, welches die Wahl desjenigen Mittels verlangt, das bei vergleichbarer Erfolgsaussicht die geringstmöglichen Interesseneinbußen verursacht. Zudem darf auch hier der jugendstrafrechtliche Erziehungsgedanke nicht außer Acht gelassen werden.[44] Bei der Entscheidung über den Erlass eines Sicherungshaftbefehls sind somit auch die besonderen Belastungen des Vollzugs für den Jugendlichen zu berücksichtigen (§ 72 Abs. 1 S. 2).

26   Gemäß § 453c StPO müssen für das Treffen vorläufiger Maßnahmen **hinreichende Gründe** für die Annahme vorhanden sein, dass die Strafaussetzung zur Bewährung widerrufen wird. Der Widerruf muss also bei einer vorläufigen Bewertung der sachlichen Kriterien des § 26 Abs. 1 mit hoher Wahrscheinlichkeit zu erwarten sein. Polizeiliche Informationen sind mittels Nachfragen bei Bewährungshelfer und Familie des Jugendlichen einer Überprüfung zu unterziehen.[45]

27   Vorläufige Maßnahmen werden in der Regel durch **Beschluss** angeordnet, wenn sie den Jugendlichen zu einem bestimmten Verhalten verpflichten; anderenfalls können sie auch formlos ergehen.[46] Der für die Anordnung zuständige Richter ergibt sich, ebenso wie in Bezug auf die Vollstreckung der Maßnahmen, aus der allgemeinen Zuständigkeitsregel des § 58 Abs. 3.[47]

28   Der Beschluss zur Anordnung einer vorläufigen Maßnahme kann mittels **einfacher Beschwerde** gemäß § 2 Abs. 2 iVm § 304 StPO angefochten werden.

IV. Anfechtung der Aussetzungsentscheidung

29   Um das Rechtsmittelverfahren gegenüber dem allgemeinen Strafverfahren zu beschleunigen, ist in § 59 Abs. 1 festgelegt, dass in den Fällen, in denen ausschließlich die Entscheidung über die Aussetzung der Jugendstrafe zur Bewährung bzw. die Nichtvornahme einer Entscheidung hierüber angefochten wird, nur die **sofortige Beschwerde** nach **§ 311 StPO** zulässig ist. Dies gilt auch dann, wenn die Bewährungsentscheidung nach allgemeinen Grundsätzen von der übrigen Straffrage nicht zu trennen ist.[48] Wird gegen und beschränkt auf die Aussetzungsentscheidung unzulässigerweise Rechtsmittel in Form von Berufung oder Revision eingelegt, so gilt dies nach § 300 StPO als sofortige Beschwerde iSd § 59 Abs. 1.

30   Innerhalb der Revisionsbegründungsfrist kann der Verfahrensbeteiligte, der das Urteil mittels **Revision** angefochten hat, auch noch **zur sofortigen Beschwerde übergehen**, wenn er sein Rechtsmittel auf die Aussetzungsfrage beschränkt, da er erst mit Kenntnisnahme der Urteilsgründe in die Lage versetzt wird, die Erfolgsaussichten der Revision und die eventuelle Vorzugswürdigkeit einer Beschränkung auf die Anfechtung der Aussetzungsentscheidung zu beurteilen.[49]

31   Die Entscheidung über die sofortige Beschwerde ergeht durch **Beschluss** ohne mündliche Verhandlung (§ 2 Abs. 2 iVm § 309 Abs. 1 StPO). Dabei kann das Beschwerdegericht

---

[43] *Eisenberg* JGG § 58 Rn. 22.
[44] MRTW/*Meier* § 58 Rn. 13; *Eisenberg* JGG § 58 Rn. 23.
[45] Ostendorf/*Ostendorf* § 58 Rn. 15; Diemer/Schatz/Sonnen/*Schatz* § 58 Rn. 28.
[46] *Eisenberg* JGG § 58 Rn. 24; Ostendorf/*Ostendorf* § 58 Rn. 21; MRTW/*Meier* § 58 Rn. 16.
[47] Ostendorf/*Ostendorf* § 58 Rn. 20; *Eisenberg* JGG § 58 Rn. 18; MRTW/*Meier* § 58 Rn. 14.
[48] OLG Hamm 8.3.1978 – 4 Ss 927/77, MDR 1979, 253; OLG Schleswig bei *Ernesti/Jürgensen* SchlHA 1973, 180 (193); *Eisenberg* JGG § 59 Rn. 5; Diemer/Schatz/Sonnen/*Schatz* § 59 Rn. 5; *Schäfer* NStZ 1998, 330 (332).
[49] BGH 14.7.1954 – 5 StR 324/54, BGHSt 6, 206 (207) = NJW 1954, 1377; Diemer/Schatz/Sonnen/*Schatz* § 59 Rn. 11; *Eisenberg* JGG § 59 Rn. 9; Ostendorf/*Ostendorf* § 59 Rn. 2.

eigene Feststellungen treffen und eigenes Ermessen ausüben.[50] Eine **weitere Beschwerde** gegen die Entscheidung des Beschwerdegerichts ist **nicht statthaft** (§ 2 Abs. 2 iVm § 310 StPO).

Besonderheiten ergeben sich wenn **mehrere Rechtsmittel** zusammentreffen, also ein Verfahrensbeteiligter Berufung oder Revision und ein anderer, beschränkt auf die Aussetzungsfrage, sofortige Beschwerde einlegt: 32

Im ersten Fall, dem **Zusammentreffen von Berufung und sofortiger Beschwerde**, ist die Jugendkammer für die Entscheidung über beide Rechtsmittel zuständig (§ 41 Abs. 2), wobei in einer Hauptverhandlung eine einheitliche Entscheidung durch Urteil zu ergehen hat.[51] Ähnliches gilt, wenn **gegen ein Berufungsurteil Revision und sofortige Beschwerde** eingelegt worden sind: Für beide Rechtsmittel ist das Revisionsgericht zuständig und eine einheitliche Entscheidung durch Urteil zulässig, wenn auch nicht zwingend.[52] 33

Anders verhält es sich, wenn ein Verfahrensbeteiligter gegen das erstinstanzliche Urteil **Wahlrevision** und ein anderer **sofortige Beschwerde** eingelegt hat: Hier liegt die Zuständigkeit bei verschiedenen Gerichten, zum einen dem Beschwerdegericht und zum anderen dem Revisionsgericht, wobei letzteres erst im Anschluss an die Entscheidung des Beschwerdegerichts tätig werden darf, um dem Grundgedanken des § 335 Abs. 3 StPO, dh dem Vorrang der tatsächlichen Überprüfung des Urteils, Rechnung zu tragen.[53] 34

Wird das Urteil in seiner Gesamtheit angefochten, so ist das nur mittels Berufung oder Revision möglich, in deren Rahmen dann grds. auch die Bewährungsentscheidung überprüft wird. 35

V. Anfechtung der Nachtrags- und Nebenentscheidungen

1. Dauer der Bewährungs- oder Unterstellungszeit, erneute Anordnung der Unterstellung, Weisungen und Auflagen. Gemäß **§ 59 Abs. 2 S. 1** kann gegen Entscheidungen über die Dauer der Bewährungs- (§ 22) oder der Unterstellungszeit (§ 24), die erneute Anordnung der Unterstellung (§ 24 Abs. 2 S. 1) und über Weisungen und Auflagen (§ 23) **einfache Beschwerde** nach **§ 304 StPO** eingelegt werden. Allerdings wird diese Möglichkeit durch **Abs. 2 S. 2** dahingehend **eingeschränkt,** dass die Beschwerde nur darauf gestützt werden kann, dass die Bewährungs- oder die Unterstellungszeit nachträglich verlängert, die Unterstellung erneut angeordnet worden oder dass eine getroffene Anordnung gesetzwidrig ist. Letzteres ist dann gegeben, wenn die Anordnung nach sachlichem Recht unzulässig bzw. wenn sie unverhältnismäßig oder unzumutbar ist, oder die Grenzen des eingeräumten Ermessens in anderer Weise überschreitet.[54] 36

Eine **Teilanfechtung** ist ebenfalls denkbar, wenn der angefochtene Teil unabhängig vom nicht angefochtenen Teil eine in sich selbstständige Prüfung und Beurteilung zulässt.[55] 37

Das **Vorbringen** der in Abs. 2 S. 2 genannten **Beschwerdegründe** ist keine Voraussetzung für die Zulässigkeit der Beschwerde, sondern beschränkt lediglich die Prüfungskompetenz des Beschwerdegerichts; es besteht also **kein Begründungszwang**.[56] Liegt keiner der Beschwerdegründe vor, so ist die Beschwerde als unbegründet zu verwerfen.[57] Ist das Beschwerdegericht jedoch der Ansicht, dass ein Beschwerdegrund gegeben ist, kann es nach 38

---

[50] OLG Düsseldorf 15.4.1981 – 5 Ws 61/81, StV 1981, 527 (528); OLG Schleswig bei *Ernesti/Jürgensen* SchlHA 1973, 180 (193).
[51] *Eisenberg* JGG § 59 Rn. 9; *Ostendorf/Ostendorf* § 59 Rn. 6; MRTW/*Meier* § 59 Rn. 8.
[52] *Dallinger/Lackner* § 59 Rn. 16; *Eisenberg* JGG § 59 Rn. 16; Diemer/Schatz/Sonnen/*Schatz* § 59 Rn. 15.
[53] *Brunner/Dölling* § 59 Rn. 3; MRTW/*Meier* § 59 Rn. 9; *Ostendorf/Ostendorf* § 59 Rn. 7.
[54] OLG Düsseldorf 2.11.1993 – 3 Ws 596 – 597/93, NStZ 1994, 198 (199); *Eisenberg* JGG § 59 Rn. 23; MRTW/*Meier* § 59 Rn. 12.
[55] BGH 29.2.1956 – 2 StR 25/56, BGHSt 10, 100 (101) = NJW 1956, 680 f.; OLG Koblenz 7.1.1985 – 1 Ws 862/84, NStZ 1987, 24 (26); *Brunner/Dölling* § 59 Rn. 6; Diemer/Schatz/Sonnen/*Schatz* § 59 Rn. 21.
[56] *Eisenberg* JGG § 59 Rn. 26; *Ostendorf/Ostendorf* § 59 Rn. 13; Diemer/Schatz/Sonnen/*Schatz* § 59 Rn. 23.
[57] *Eisenberg* JGG § 59 Rn. 26; MRTW/*Meier* § 59 Rn. 13; *Brunner/Dölling* § 59 Rn. 6; aA Diemer/Schatz/Sonnen/*Schatz* § 59 Rn. 23, der die Beschwerde als unzulässig zu verwerfen ansieht.

eigener Prüfung der Sach- und Rechtslage einschließlich der Verhältnismäßigkeit sowie der Zumutbarkeit der Auflagen[58] selbst eine neue Entscheidung in der Sache treffen (§ 2 Abs. 2 iVm § 309 Abs. 2 StPO). In der Regel wird aber aufgrund seiner höheren Sachnähe an den Bewährungsrichter zurückverwiesen.[59]

39   **2. Widerruf der Aussetzung.** Der **Widerruf der Aussetzung nach § 26 Abs. 1** kann gemäß **§ 59 Abs. 3** mittels **sofortiger Beschwerde** entweder durch den verurteilten Jugendlichen oder zu seinen Gunsten durch die Staatsanwaltschaft angefochten werden. Wird dagegen ein Antrag der Staatsanwaltschaft auf Widerruf abgelehnt, so ist diese Entscheidung nicht anfechtbar.[60]

40   Gemäß § 307 Abs. 1 StPO hat die Beschwerde **keine hemmende Wirkung** auf den Vollzug der angefochtenen Entscheidung. Allerdings ist ein Widerrufsbeschluss als urteilsvertretender Beschluss erst mit Eintritt der Rechtskraft vollstreckbar, sodass die sofortige Beschwerde hier dennoch aufschiebend auf die Einleitung der Vollstreckung wirken muss.[61] Bis dahin ist aber das Treffen vorläufiger Maßnahmen nach § 453c StPO möglich (→ Rn. 23 ff.).[62]

41   Liegen Wiederaufnahmegründe vor, kann der Widerrufsbeschluss aufgehoben werden.[63]

42   **3. Straferlass.** § 59 Abs. 4 schließt die Anfechtung des Beschlusses über den **Straferlass nach § 26a** gänzlich aus, wodurch sichergestellt ist, dass für den Jugendlichen baldmöglichst nach Ablauf seiner Bewährungszeit abschließend feststeht, ob ihm die Strafe erlassen wird oder nicht.

43   **4. Zusammentreffen von Revision und Beschwerde.** Zum Zwecke der Verfahrensbeschleunigung spricht **§ 59 Abs. 5** dem **Revisionsgericht** für den Fall, dass Revision und Beschwerde zusammentreffen, eine **Sonderzuständigkeit** auch für die Beschwerde zu, wobei diese gegen eine Entscheidung gerichtet sein muss, die sich auf eine im Urteil angeordnete Aussetzung der Jugendstrafe zur Bewährung bezieht. Dies meint vor allem die Folgeentscheidungen nach den §§ 22–26a; die Beschwerde gegen die Entscheidung über die Anordnung oder Ablehnung der Strafaussetzung als solche ist dagegen nicht erfasst.[64]

§ 60 Bewährungsplan

(1) ¹Der Vorsitzende stellt die erteilten Weisungen und Auflagen in einem Bewährungsplan zusammen. ²Er händigt ihn dem Jugendlichen aus und belehrt ihn zugleich über die Bedeutung der Aussetzung, die Bewährungs- und Unterstellungszeit, die Weisungen und Auflagen sowie über die Möglichkeit des Widerrufs der Aussetzung. ³Zugleich ist ihm aufzugeben, jeden Wechsel seines Aufenthalts, Ausbildungs- oder Arbeitsplatzes während der Bewährungszeit anzuzeigen. ⁴Auch bei nachträglichen Änderungen des Bewährungsplans ist der Jugendliche über den wesentlichen Inhalt zu belehren.

---

[58] OLG Hamm 25.7.1975 – 5 Ws 213/75, MDR 1975, 1041.
[59] *Brunner/Dölling* § 59 Rn. 6; *Ostendorf/Ostendorf* § 59 Rn. 14; *Eisenberg* JGG § 59 Rn. 26; *Diemer/Schatz/Sonnen/Schatz* § 59 Rn. 23.
[60] KG 29.6.1998 – 3 Ws 227/98, JR 1998, 389; *Eisenberg* JGG § 59 Rn. 27a; *Brunner/Dölling* § 59 Rn. 5; *Ostendorf/Ostendorf* § 59 Rn. 15; *Dallinger/Lackner* § 59 Rn. 26; *Schaffstein/Beulke/Swoboda* Rn. 519; aA LG Bückeburg 22.1.2003 – Qs 5/03, NStZ 2005, 168; *Heinrich* NStZ 2006, 417 (423); MRTW/*Meier* § 59 Rn. 14.
[61] *Eisenberg* JGG § 59 Rn. 28; *Brunner/Dölling* §§ 26, 26a Rn. 13; *Ostendorf/Ostendorf* § 59 Rn. 16; *Diemer/Schatz/Sonnen/Schatz* § 59 Rn. 26.
[62] *Eisenberg* JGG § 59 Rn. 28; *Ostendorf/Ostendorf* § 59 Rn. 16; *Brunner/Dölling* §§ 26, 26a Rn. 13.
[63] OLG Oldenburg 22.2.1962 – 1 Ws 42/62, NJW 1962, 1169; *Eisenberg* JGG § 59 Rn. 29; *Diemer/Schatz/Sonnen/Schatz* § 59 Rn. 26.
[64] BGH 14.7.1954 – 5 StR 324/54, BGHSt 6, 206 (208) = NJW 1954, 1377; *Ostendorf/Ostendorf* § 59 Rn. 19; *Brunner/Dölling* § 59 Rn. 11; *Eisenberg* JGG § 59 Rn. 32.

(2) Der Name des Bewährungshelfers wird in den Bewährungsplan eingetragen.

(3) ¹Der Jugendliche soll durch seine Unterschrift bestätigen, daß er den Bewährungsplan gelesen hat, und versprechen, daß er den Weisungen und Auflagen nachkommen will. ²Auch der Erziehungsberechtigte und der gesetzliche Vertreter sollen den Bewährungsplan unterzeichnen.

Schrifttum: *Koch,* Verfahrensfehler beim Bewährungsbeschluß und Widerruf der Strafaussetzung zur Bewährung, NJW 1977, 419.

Übersicht

	Rn.		Rn.
I. Grundlagen	1–3	2. Zuständigkeit	5
1. Anwendungsbereich	1	3. Zeitpunkt	6
2. Historische Entwicklung	2	4. Aushändigung und Belehrung	7
3. Inhalt und Zweck der Norm	3	5. Unterschrift und Versprechen	8–9a
II. Einzelheiten zum Bewährungsplan	4–11	6. Nachträgliche Änderung des Bewährungsplans	10, 10a
1. Rechtsnatur und Inhalt	4, 4a	7. Keine Anfechtbarkeit	11

I. Grundlagen

1. Anwendungsbereich. Der **persönliche Anwendungsbereich** umfasst Verfahren 1 gegen Jugendliche und unter den Voraussetzungen des § 105 Abs. 1 auch Verfahren gegen Heranwachsende. Der **sachliche Anwendungsbereich** erstreckt sich sowohl auf Jugendgerichte als auch auf Gerichte für die allgemeinen Strafsachen nach §§ 104 Abs. 1 Nr. 8, 109 Abs. 2, 112. Die Zuständigkeit für die in § 60 festgesetzten Maßnahmen beurteilt sich dann wiederum separat, da aus der Norm selbst keine entsprechende Regelung hervorgeht (vgl. → Rn. 5).

2. Historische Entwicklung. Die Idee dieser Vorschrift geht zurück auf § 13e des 2 Regierungsentwurfs zur Änderung des Reichsjugendgerichtsgesetzes aus dem Jahr 1952. Darin war die Einführung der Möglichkeit der Aussetzung der Jugendstrafe und der Verhängung der Jugendstrafe zur Bewährung ein bedeutender Teil der geplanten großen Reform gewesen. Orientiert am **Vorbild des angelsächsischen Rechts,** übertrug man den Gedanken, dass die sog. „probation" nur dann fruchtbar sein kann, wenn der Jugendliche den Bewährungsauflagen selbst positiv gegenübersteht.[1] Mit der Vorschrift des § 13e sollte dies dadurch bewirkt werden, dass der Jugendliche sich durch die Unterschrift sozusagen mit dem Bewährungsplan „einverstanden erklärt".

3. Inhalt und Zweck der Norm. Um dem Ziel des mit dem Jugendlichen **einver-** 3 **nehmlichen Vorgehens** Rechnung zu tragen, geht § 60 in seinen Voraussetzungen über die diesbezüglichen Regelungen des allgemeinen Strafrechts hinaus (§§ 268a, 453a StPO). So ist hier ein **schriftlicher Bewährungsplan** auszuhändigen und so dem Jugendlichen im wahrsten Sinne des Wortes „etwas in die Hand zu geben", anhand dessen er sich immer wieder orientieren und informieren kann. Die historisch begründete Zielsetzung des Einvernehmens mit dem Jugendlichen wird durch seine Unterschrift bewirkt. Durch diese gibt er quasi das **„vertragliche Versprechen"** ab, sich an die entsprechenden Bewährungsauflagen zu halten; er soll sich demnach an einen „Pakt" gebunden fühlen.[2] Insoweit wird durch diese jugendgerichtsspezifische Regelung zugleich der verminderten Aufnahmekapazität Jugendlicher Beachtung geschenkt.[3]

---

[1] BT-Drs. Nr. 3264, 42.
[2] *Streng* JugStrR Rn. 488.
[3] MRTW/*Meier* Rn. 1.

II. Einzelheiten zum Bewährungsplan

4 **1. Rechtsnatur und Inhalt.** Der Bewährungsplan selbst ist **keine gerichtliche Entscheidung**,[4] er dokumentiert diese lediglich.[5] Insoweit kann der Bewährungsplan als **Urkunde** angesehen werden.[6]

Der Inhalt orientiert sich am oben genannten Zweck (vgl. → Rn. 3), dem Jugendlichen eine Informationsquelle mitzugeben.[7] Insoweit sind in den Bewährungsplan alle Informationen aufzunehmen, welche die Bewährungszeit ausgestalten und bestimmen. So müssen insbesondere die erteilten **Weisungen und Auflagen (Abs. 1)** und der **Name des Bewährungshelfers (Abs. 2)** aufgenommen werden. Daneben sollten zusätzlich nachträgliche Änderungen, die Verpflichtung, den Wechsel des Aufenthalts, des Ausbildungs- oder Arbeitsplatzes während der Bewährungszeit mitzuteilen, die Dauer, sowie die Folgen von Verstößen vermerkt werden; ebenso sollte auch die Erreichbarkeit des Bewährungshelfers durch entsprechende Angaben der Anschrift oder Telefonnummer sichergestellt werden.[8] Angefochtene Weisungen oder Auflagen müssen jedoch nicht aufgenommen werden,[9] ebenso wenig wie vorläufige Anordnungen.[10]

4a Ein solcher Bewährungsplan ist – auch wenn dies in der Literatur umstritten ist – auch dann aufzustellen, wenn ausnahmsweise **weder Weisungen noch Auflagen** erteilt wurden, da darin zumindest der Bewährungshelfer nach Abs. 2 namentlich genannt sein muss und auch die oben dargestellten Soll-Inhalte aufgeführt sein sollten.[11]

5 **2. Zuständigkeit.** Die Norm selbst enthält **keine explizite Regelung** betreffend der Zuständigkeit. Anerkannt ist, dass sich die **Zuständigkeit nach § 58 Abs. 3** beurteilt, mithin der Richter zuständig ist, der die Aussetzung angeordnet hat.[12] Dies ergibt sich aus dem dringenden Bedürfnis, die in § 58 Abs. 1 vorgesehenen Entscheidungen unmittelbar mit den rein prozessualen Maßnahmen (vgl. → Rn. 7 ff.) des § 60 zu verknüpfen und so prozessökonomisch die Aussetzung der Strafe des Jugendlichen „in eine Hand" zu geben.[13] Die Folge ist dementsprechend, dass bei einer Übertragung der Zuständigkeit nach § 58 Abs. 3 S. 2 an den Jugendrichter auch ein Übergang der Zuständigkeit bei § 60 bewirkt wird.[14] Daneben ist es aus Zweckmäßigkeitserwägungen anerkannt, einen Jugendrichter im Wege der **Rechtshilfe nach §§ 156 f. GVG** zu ersuchen, den Bewährungsplan auszuhändigen und die Belehrung vorzunehmen, wenn sich der Jugendliche gerade nicht in dem Bezirk des zuständigen Jugendrichters aufhält, und die Entscheidungen nach § 58 Abs. 1 auch nicht nach § 58 Abs. 3 S. 2 an den sog. Aufenthaltsrichter übertragen worden sind.[15] Nach allgemeiner Auffassung ist eine Übertragung der Handlungen des § 60 auf den **Rechtspfleger** stets unzulässig.[16]

6 **3. Zeitpunkt.** Welcher Zeitpunkt für das Aufstellen des Bewährungsplans ausschlaggebend sein soll, ist in der Literatur **umstritten.** Anerkannt ist jedoch zunächst, dass unmittelbar im Anschluss an die Hauptverhandlung die Aufstellung des Bewährungsplans ungünstig wäre, zumal der Jugendliche dann noch immer stark unter dem Eindruck der Verhandlung steht und für die Fragen der Strafaussetzung noch nicht aufnahmefähig und -bereit sein wird, mithin einer

---

[4] *Eisenberg* JGG Rn. 4.
[5] *Ostendorf/Ostendorf* Rn. 9.
[6] *Eisenberg* JGG Rn. 4.
[7] MRTW/*Meier* Rn. 2; *Ostendorf/Ostendorf* Rn. 3; *Eisenberg* JGG Rn. 7.
[8] Diemer/Schatz/Sonnen/*Sonnen* Rn. 2.
[9] Diemer/Schatz/Sonnen/*Sonnen* Rn. 4; *Eisenberg* JGG Rn. 6; *Ostendorf/Ostendorf* Rn. 3.
[10] *Eisenberg* JGG Rn. 6; aA *Brunner/Dölling* Rn. 2.
[11] Im Ergebnis so auch *Ostendorf/Ostendorf* Rn. 3; Diemer/Schatz/Sonnen/*Sonnen* Rn. 4; aA *Brunner/Dölling* Rn. 4.
[12] *Ostendorf/Ostendorf* Rn. 1.
[13] *Dallinger/Lackner* Rn. 16; *Eisenberg* JGG Rn. 8.
[14] Zuerst OLG Köln 1.4.1955 – Ws 471/54, NJW 1955, 603 (604).
[15] *Dallinger/Lackner* Rn. 17; *Eisenberg* JGG Rn. 8.
[16] *Eisenberg* JGG Rn. 9.

Überforderung ausgesetzt werden würde.[17] Zu empfehlen ist insoweit stets ein **gesonderter Termin**.[18] Einerseits wird vertreten, auf eine endgültige Klärung hinsichtlich der gebotenen Maßnahmen und deren Ausgestaltung abzustellen.[19] Dieser Ansicht ist allerdings nicht zu folgen, da durch die in Abs. 1 S. 4 festgesetzte Änderungsmöglichkeit des Bewährungsplans deutlich wird, dass systematisch keine abschließende Beurteilung und Festlegung des Bewährungsplans bei erstmaliger Aufstellung gewollt bzw. umsetzbar ist. Vielmehr ist es sinnvoll, den Eintritt der **Rechtskraft des Urteils** als ausschlaggebenden Zeitpunkt anzusehen – auch mit Blick auf § 22 Abs. 2 S. 1 – sodass umgehend danach der Bewährungsplan aufzustellen ist.[20] Insofern ist es notwendig, einen gesonderten weiteren Termin anzuberaumen, in welchem dem Jugendlichen der Bewährungsplan ausgehändigt wird und die weiteren in § 60 vorausgesetzten Handlungen vorgenommen werden (vgl. → Rn. 7 ff.).

4. Aushändigung und Belehrung. Nach Abs. 1 S. 2 ist dem Jugendlichen der Bewäh- 7 rungsplan **auszuhändigen**. Dies bedeutet nach hM, dass tatsächlich eine direkte und persönliche Übergabe zu erfolgen hat und eine Übersendung oder Zustellung mithin gerade nicht ausreichen soll.[21] Dies folgt auch aus dem systematischen Aufbau der Vorschrift, denn in **Abs. 1 S. 2** ist neben der Aushändigung auch die **Belehrung** diesbezüglich festgehalten, sodass davon auszugehen ist, dass beides zusammen und unmittelbar zu erfolgen hat. Insofern ist ein zusätzlicher Termin, der sog. **Bewährungstermin**, zu vereinbaren.[22] Dieser Termin sollte in einer „lockeren" Atmosphäre stattfinden und den Jugendlichen nicht in die Drucksituation eines förmlichen Termins versetzen,[23] damit dieser dem Geschehen auch kooperativ und aufnahmefähig gegenübersteht. An diesem Termin sollten daneben nach **Abs. 3 S. 2** auch die **Erziehungsberechtigten** und **gesetzlichen Vertreter** des Jugendlichen teilnehmen; angebracht und ratsam ist darüber hinaus auch die Teilnahme des Bewährungshelfers, damit hier bereits erste Kontakte geknüpft werden können.[24] Letztlich kann jedoch das Erscheinen des Jugendlichen und der anderen Personen nicht erzwungen werden, zumal es hierfür an einer gesetzlichen Ermächtigung fehlt.[25]

5. Unterschrift und Versprechen. Schließlich soll der Jugendliche noch durch seine 8 **Unterschrift** bestätigen, dass er den Bewährungsplan gelesen hat und insoweit auch das **Versprechen** abgeben, sich an die Weisungen und Auflagen zu halten, **Abs. 3 S. 1**. Einerseits wird vertreten, dass darunter die Unterschrift des Bewährungsplans selbst sowie der Ausfertigung, welche bei den Gerichtsakten verbleibt, zu verstehen ist;[26] nach der Gegenansicht genügt die Unterzeichnung des in den Akten verbleibenden Exemplars.[27] Erforderlich im Sinne des Gesetzes ist wohl lediglich die Unterschrift des in den Gerichtsakten verbleibenden Exemplars, nach dem Sinn und Zweck der Vorschrift ist es jedoch empfehlenswert, den Jugendlichen auch den Bewährungsplan selbst unterschreiben zu lassen, sodass er stets daran erinnert wird, ein diesbezügliches „Versprechen" abgegeben zu haben.

Daneben ist der Bewährungsplan bei Jugendlichen nach Abs. 3 S. 2 auch von dem Erzie- 8a hungsberechtigten und dem gesetzlichen Vertreter zu unterzeichnen, bei Nichtvornahme hat dies allerdings keine rechtlichen Folgen.[28]

Sinn und Zweck dieser Regelung ist es, den Jugendlichen noch einmal unabhängig 9 von dem Druck der Hauptverhandlung die Bedeutung der Anordnung zu vergegenwärti-

---

[17] Diemer/Schatz/Sonnen/*Sonnen* Rn. 3; Ostendorf/*Ostendorf* Rn. 2; MRTW/*Meier* Rn. 4; insofern auch zustimmend *Eisenberg* JGG Rn. 10.
[18] RLJGG zu § 60; LBN/*Baier* Rn. 812.
[19] *Eisenberg* JGG Rn. 10.
[20] Ostendorf/*Ostendorf* Rn. 2; Diemer/Schatz/Sonnen/*Sonnen* Rn. 3.
[21] Ostendorf/*Ostendorf* Rn. 4.
[22] *Eisenberg* JGG Rn. 15; Ostendorf/*Ostendorf* Rn. 4; Diemer/Schatz/Sonnen/*Sonnen* Rn. 6.
[23] Ostendorf/*Ostendorf* Rn. 4.
[24] RLJGG zu § 60.
[25] *Dallinger/Lackner* Rn. 7; *Eisenberg* JGG Rn. 14.
[26] Ostendorf/*Ostendorf* Rn. 7; *Eisenberg* JGG Rn. 16.
[27] *Dallinger/Lackner* Rn. 13; *Brunner/Dölling* Rn. 10.
[28] *Eisenberg* JGG Rn. 18; *Dallinger/Lackner* Rn. 14.

gen. Auch wird dadurch, dass der Jugendliche versprechen soll, sich an die Weisungen und Auflagen zu halten, dem oben genannten historisch gewachsenen Gedanken Rechnung getragen, dass der Jugendliche kooperativ eingebunden werden soll, um letztlich aus eigenem Antrieb und Willen diesen Folge zu leisten.

9a Nichtsdestotrotz sind die in Abs. 3 aufgeführten Handlungen ebenfalls **nicht rechtlich erzwingbar**, da auch insoweit eine gesetzliche Ermächtigung fehlt.[29] Bei Verweigerung des Jugendlichen, die Unterschrift und/oder das Versprechen abzugeben, ist insoweit weder ein Ungehorsamsarrest, noch der Widerruf der Strafaussetzung möglich.[30]

10 **6. Nachträgliche Änderung des Bewährungsplans.** Nach **Abs. 1 S. 4** ist der Jugendliche auch über **nachträgliche Änderungen des Bewährungsplans** zu belehren. **Umstritten** ist insoweit, auf welche **Art und Weise** dies zu erfolgen hat. Einerseits wird vertreten, dass bei nachträglichen Änderungen des Bewährungsplans grundsätzlich eine postalische Übersendung ausreicht, mithin ein persönliches Aushändigen nicht mehr erforderlich ist, was systematisch aus dem unterschiedlichen Wortlaut von Abs. 1 S. 2 und S. 4 abgeleitet wird.[31] Andererseits wird vertreten, dass lediglich in Fällen **geringfügiger Änderungen** iSv Abs. 1 S. 4 ein nochmaliger Termin entbehrlich ist und eine schriftliche Übersendung genügt.[32]

10a Letztere Ansicht ist zwar weniger ökonomisch, hat aber den Gedanken der persönlichen Belehrung aus erzieherischen Gründen, der durch die Einführung von § 70a JGG weiter gestärkt wurde, auf ihrer Seite. Unklar sind dabei allerdings die Voraussetzungen einer Qualifikation als „geringfügig"; zudem ist es fraglich, ob auch der Jugendliche die vorgenommene Änderung als geringfügig betrachtet oder doch lieber in einem Termin die Änderung erklärt bekommen hätte.[33] Zu erzieherischen Zwecken steht es dem Gericht jedenfalls frei, auch hierfür einen nochmaligen Termin anzuberaumen.[34]

11 **7. Keine Anfechtbarkeit.** Der Bewährungsplan selbst ist nach allgemeiner Auffassung **nicht anfechtbar**, da es sich hierbei nicht um eine gerichtliche Entscheidung handelt, sondern um eine Urkunde, in der die gerichtliche Entscheidung lediglich dokumentiert wird (→ Rn. 4).

§ 61 Vorbehalt der nachträglichen Entscheidung über die Aussetzung

(1) Das Gericht kann im Urteil die Entscheidung über die Aussetzung der Jugendstrafe zur Bewährung ausdrücklich einem nachträglichen Beschluss vorbehalten, wenn
1. nach Erschöpfung der Ermittlungsmöglichkeiten die getroffenen Feststellungen noch nicht die in § 21 Absatz 1 Satz 1 vorausgesetzte Erwartung begründen können und
2. auf Grund von Ansätzen in der Lebensführung des Jugendlichen oder sonstiger bestimmter Umstände die Aussicht besteht, dass eine solche Erwartung in absehbarer Zeit (§ 61a Absatz 1) begründet sein wird.

(2) Ein entsprechender Vorbehalt kann auch ausgesprochen werden, wenn
1. in der Hauptverhandlung Umstände der in Absatz 1 Nummer 2 genannten Art hervorgetreten sind, die allein oder in Verbindung mit weiteren Umständen die in § 21 Absatz 1 Satz 1 vorausgesetzte Erwartung begründen könnten,
2. die Feststellungen, die sich auf die nach Nummer 1 bedeutsamen Umstände beziehen, aber weitere Ermittlungen verlangen und

---

[29] Diemer/Schatz/Sonnen/*Sonnen* Rn. 8.
[30] MRTW/*Meier* Rn. 6; *Eisenberg* JGG Rn. 17.
[31] MRTW/*Meier* Rn. 4.
[32] *Eisenberg* JGG Rn. 19; MRTW/*Meier* Rn. 4; Ostendorf/*Ostendorf* Rn. 5.
[33] *Eisenberg* JGG Rn. 19.
[34] MRTW/*Meier* Rn. 4.

3. die Unterbrechung oder Aussetzung der Hauptverhandlung zu erzieherisch nachteiligen oder unverhältnismäßigen Verzögerungen führen würde.

(3) ¹Wird im Urteil der Vorbehalt ausgesprochen, gilt § 16a entsprechend. ²Der Vorbehalt ist in die Urteilsformel aufzunehmen. ³Die Urteilsgründe müssen die dafür bestimmenden Umstände anführen. ⁴Bei der Verkündung des Urteils ist der Jugendliche über die Bedeutung des Vorbehalts und seines Verhaltens in der Zeit bis zu der nachträglichen Entscheidung zu belehren.

§ 61a Frist und Zuständigkeit für die vorbehaltene Entscheidung

(1) ¹Die vorbehaltene Entscheidung ergeht spätestens sechs Monate nach Eintritt der Rechtskraft des Urteils. ²Das Gericht kann mit dem Vorbehalt eine kürzere Höchstfrist festsetzen. ³Aus besonderen Gründen und mit dem Einverständnis des Verurteilten kann die Frist nach Satz 1 oder 2 durch Beschluss auf höchstens neun Monate seit Eintritt der Rechtskraft des Urteils verlängert werden.

(2) Zuständig für die vorbehaltene Entscheidung ist das Gericht, in dessen Urteil die zugrunde liegenden tatsächlichen Feststellungen letztmalig geprüft werden konnten.

§ 61b Weitere Entscheidungen bei Vorbehalt der Entscheidung über die Aussetzung

(1) ¹Das Gericht kann dem Jugendlichen für die Zeit zwischen Eintritt der Rechtskraft des Urteils und dem Ablauf der nach § 61a Absatz 1 maßgeblichen Frist Weisungen und Auflagen erteilen; die §§ 10, 15 Absatz 1 und 2, § 23 Absatz 1 Satz 1 bis 3, Absatz 2 gelten entsprechend. ²Das Gericht soll den Jugendlichen für diese Zeit der Aufsicht und Betreuung eines Bewährungshelfers unterstellen; darauf soll nur verzichtet werden, wenn ausreichende Betreuung und Überwachung durch die Jugendgerichtshilfe gewährleistet sind. ³Im Übrigen sind die §§ 24 und 25 entsprechend anzuwenden. ⁴Bewährungshilfe und Jugendgerichtshilfe arbeiten eng zusammen. ⁵Dabei dürfen sie wechselseitig auch personenbezogene Daten über den Verurteilten übermitteln, soweit dies für eine sachgemäße Erfüllung der Betreuungs- und Überwachungsaufgaben der jeweils anderen Stelle erforderlich ist. ⁶Für die Entscheidungen nach diesem Absatz gelten § 58 Absatz 1 Satz 1, 2 und 4, Absatz 3 Satz 1 und § 59 Absatz 2 und 5 entsprechend. ⁷Die Vorschriften des § 60 sind sinngemäß anzuwenden.

(2) Ergeben sich vor Ablauf der nach § 61a Absatz 1 maßgeblichen Frist hinreichende Gründe für die Annahme, dass eine Aussetzung der Jugendstrafe zur Bewährung abgelehnt wird, so gelten § 453c der Strafprozessordnung und § 58 Absatz 2 und 3 Satz 1 entsprechend.

(3) Wird die Jugendstrafe zur Bewährung ausgesetzt, so wird die Zeit vom Eintritt der Rechtskraft des Urteils, in dem die Aussetzung einer nachträglichen Entscheidung vorbehalten wurde, bis zum Eintritt der Rechtskraft der Entscheidung über die Aussetzung auf die nach § 22 bestimmte Bewährungszeit angerechnet.

(4) ¹Wird die Aussetzung abgelehnt, so kann das Gericht Leistungen, die der Jugendliche zur Erfüllung von Weisungen, Auflagen, Zusagen oder Anerbieten erbracht hat, auf die Jugendstrafe anrechnen. ²Das Gericht hat die Leistungen anzurechnen, wenn die Rechtsfolgen der Tat andernfalls das Maß der Schuld übersteigen würden. ³Im Hinblick auf Jugendarrest, der nach § 16a verhängt wurde (§ 61 Absatz 3 Satz 1), gilt § 26 Absatz 3 Satz 3 entsprechend.

Schrifttum: *Baier*, Die Bedeutung der Aussetzung der Verhängung der Jugendstrafe nach § 27 JGG und der Vorbewährung in der jugendgerichtlichen Praxis in Bayern, 2015; *Eisenberg*, Das Gesetz zur Erweiterung jugendgerichtlicher Handlungsmöglichkeiten, StV 2013, 44; *Eisenberg/Wolski,* Anm. z. OLG Stuttgart, Beschl. v. 15.10.1985 – 4 Ss 650/85, NStZ 1986, 219; *Höynck/Ernst,* Jugendstrafrecht: Ein Vierteljahrhundert schlechte Zeiten für rationale Kriminalpolitk, KJ 2014, 249; *Ostendorf,* Warnung vor dem neuen „Warnschussarrest", ZIS 2012, 608; *Sommerfeld,* „Vorbewährung" nach § 57 JGG in Dogmatik und Praxis, 2007; *Walter/Pieplow,* Zur Zulässigkeit eines Vorbehalts der Vollstreckbarkeitsentscheidung, insbesondere einer „Vorbewährung" gemäß § 57 JGG, NStZ 1988, 165; *Weidinger,* Die Strafaussetzungsmöglichkeiten zur Bewährung im deutschen Jugendstrafrecht, Diss. Passau, 2011; *Werner-Eschenbach,* Jugendstrafrecht, 2005; *Westphal,* Die Aussetzung der Jugendstrafe zur Bewährung gemäß § 21 JGG, Diss. Passau 1994.

Übersicht

	Rn.		Rn.
I. Grundlagen	1–8	a) Frist, § 61a Abs. 1	21, 22
1. Anwendungsbereich	1	b) Zuständigkeit, § 61a Abs. 2	23, 23a
2. Entstehungsgeschichte	2	c) Gegenstand der vorbehaltenen Entscheidung	24
3. Inhalt und Zweck der Norm	3–5	**III. Weitere Entscheidungen im Zusammenhang mit der Vorbehaltsentscheidung**	25–34
4. Kritik	6–8		
II. Vorbehalt der nachträglichen Entscheidung über die Aussetzung	9–24	1. Begleitende Maßnahmen	25–30a
1. Voraussetzungen	9–16	a) Weisungen und Auflagen, § 61b Abs. 1 S. 1	26, 27
a) Verurteilung zu Jugendstrafe	10	b) Bewährungshelfer, § 61b Abs. 1 S. 2	28
b) Prognoseunsicherheit zum Zeitpunkt der Verurteilung	11–13	c) Kombination mit „Warnschussarrest", § 61 Abs. 3 S. 1	29
c) Ermessensentscheidung des Gerichts	14	d) Verfahren und Anfechtung	30, 30a
d) Fehlen eines ausdrücklichen Vorbehalts	15, 16	2. Maßnahmen zur Sicherung der Vollstreckung, § 61b Abs. 2	31
2. Verfahrensfragen	17–19	3. Anrechnung, § 61b Abs. 3 und 4	32–34
a) Tenorierung, § 61 Abs. 3 S. 2, 3	17	a) Anrechnung bei Aussetzung der Jugendstrafe zur Bewährung, § 61b Abs. 3	33
b) Belehrung, § 61 Abs. 3 S. 4	18		
c) Anfechtung der Vorbehaltsentscheidung	19	b) Anrechnung bei Versagen der Aussetzung, § 61b Abs. 4	34
3. Nachträgliche Entscheidung über den Vorbehalt	20–24		

I. Grundlagen

1 **1. Anwendungsbereich.** Gem. § 104 Abs. 1 Nr. 8 findet die Vorschrift bei **Jugendlichen** auch vor den für allgemeine Strafsachen zuständigen Gerichten Anwendung.

Bei **Heranwachsenden** hingegen gilt die Vorschrift gem. § 109 Abs. 2 nur, wenn materielles Jugendstrafrecht zur Anwendung kommt.

2 **2. Entstehungsgeschichte.** Die Vorschriften der §§ 61–61b wurden durch das Gesetz zur Erweiterung der jugendgerichtlichen Handlungsmöglichkeiten vom 4.9.2012 eingeführt[1] und dienen dazu, die bis dahin ungeregelte und daher regional sehr unterschiedlich gehandhabte Praxis[2] des im Zuge richterrechtlicher Rechtsfortbildung entwickelten Instituts der sog. **Vorbewährung**[3] ausdrücklich zu kodifizieren.[4] Diese Möglichkeit wurde zuvor aus dem Wortlaut von § 57 abgeleitet,[5] der dies allerdings nur andeutete und keine genaueren Regelungen zum Verfahren enthielt (dazu auch → §§ 57–59 Rn. 3).

---

[1] Eine umfangreiche Darstellung zur neuen Rechtslage bietet *Baier* S. 96 ff.
[2] Bundesweite empirische Erkenntnisse oder statistische Erhebungen über die praktische Handhabung des Rechtsinstituts der Vorbewährung liegen nicht vor, vgl. dazu BT-Drs. 16/13142, 77. Zahlenmaterial findet sich jedoch bei *Sommerfeld* S. 68 ff., wobei die empirische Untersuchung auf Schleswig-Holstein begrenzt war; dazu auch *Eisenberg* JGG § 61b Rn. 5 f.; aktuell zur praktischen Bedeutung der Vorbewährung in Bayern *Baier* S. 181 ff.
[3] Eine ausführliche Auseinandersetzung mit der alten Rechtslage findet sich ua bei *Walter/Pieplow* NStZ 1988, 165 ff.; ebenso *Eisenberg/Wolski* NStZ 1986, 219 (220 ff.).
[4] BT-Drs. 17/9389, 8.
[5] Dazu ausführlicher mit ablehnender Stellungnahme *Weidinger* S. 135 ff. mwN; s. auch *Zieger* Rn. 83; ebenso kritisch *Westphal* S. 280 f.

3. Inhalt und Zweck der Norm. Die nun Gesetz gewordenen Regelungen zur Vorbewährung – ohne dass der Gesetzgeber diesen Begriff offiziell übernommen hätte – knüpfen an § 57 Abs. 1 S. 1 Alt. 2 an, wonach aufgrund des **jugendstrafrechtlichen Erziehungsauftrags** (vgl. § 2 Abs. 1) gegenüber dem allgemeinen Strafrecht die Besonderheit besteht, die Entscheidung über das „Ob" der Aussetzung der Jugendstrafe zur Bewährung nicht zwingend im Urteil vorzunehmen, sondern darüber erst zu einem späteren Zeitpunkt zu entscheiden (dazu auch → §§ 57–59 Rn. 9 ff.). Ausgehend vom Wortlaut des § 57 Abs. 1 sowie § 61 Abs. 1 ist zwar grds. im Urteil eine Entscheidung über die Aussetzung zu treffen. Liegen jedoch sachliche Gründe iSv § 61 Abs. 1 und Abs. 2 vor, besteht für das Gericht die Möglichkeit, die **Aussetzungsentscheidung** erst **nachträglich** anzuordnen. Hintergrund dieser besonderen Verfahrensgestaltung im Vorfeld des § 21 ist das jugendstrafrechtliche Anliegen, einen Strafvollzug möglichst zu vermeiden, wenn die Legalbewährung auch auf einem anderen Wege erreicht werden kann.[6] Im Hinblick auf eine zukünftige Legalprognose kann nämlich davon ausgegangen werden, dass aufgrund der mit einer vollstreckten Jugendstrafe einhergehenden negativen Auswirkungen die Aussetzung zur Bewährung wesentlich besser abschneidet.[7]

Als **„Bewährung vor der Bewährung"**[8] ermöglicht das Institut der Vorbewährung, die Aussetzung der Jugendstrafe in Aussicht zu stellen, wobei sich der verurteilte Jugendliche die endgültige Aussetzung jedoch erst noch „verdienen" muss.[9] Dazu wurde die Vorbewährungszeit auch schon vor der gesetzlichen Verankerung in den §§ 61 ff. nicht selten mit Weisungen oder Auflagen kombiniert, da die Praxis dies als notwendiges und nützliches Instrument erachtete, Risikoprobanden unter dem Druck der Unsicherheit zu einer strafnormkonformen Lebensführung zu veranlassen und damit „bewährungsgeeignet" zu machen.[10] Die während der Vorbewährungszeit flankierend angeordneten Maßnahmen stellen zusammen mit der nach § 61 Abs. 3 S. 3 erforderlichen Belehrung sicher, dass der Delinquent das Urteil nicht als eine Art Freispruch missinterpretiert.[11]

Die Vorbewährung findet ihren Platz **zwischen § 21,** der die unmittelbare Aussetzung der Jugendstrafe zur Bewährung regelt, **und § 27,** der eine Aussetzung der Entscheidung über die Verhängung der Jugendstrafe ermöglicht. Es handelt sich demnach um solche Konstellationen, bei denen zwar die Erforderlichkeit der Verhängung der Jugendstrafe feststeht, andererseits eine positive Entwicklung möglich erscheint, dem Gericht die Anhaltspunkte hierfür im Zeitpunkt der Hauptverhandlung aber noch nicht ausreichen, um eine abschließende Aussetzungsentscheidung treffen zu können. Bis zum Erlass der endgültigen Bewährungsentscheidung kann das Gericht dem Jugendlichen **Auflagen und Weisungen** erteilen sowie ihn der Aufsicht und Betreuung eines **Bewährungshelfers** unterstellen; selbst die Anordnung eines sog. **„Warnschussarrestes"** (§ 16a) ist möglich, § 61 Abs. 3 S. 1.

4. Kritik. Die Neuregelung ist im Interesse der **Rechtssicherheit** zu begrüßen, da mit dem praeter legem entwickelten Institut der Vorbewährung[12] keine nur unbeachtlichen grundrechtsrelevanten Belastungen für den Jugendlichen verbunden sind und es daher einer gesetzlichen Ausgestaltung bedurfte.[13] Dies gilt in besonderem Maße für die flankierend angeordneten **Weisungen und Auflagen,** die das nachträgliche Beschlussverfahren zu einem **„Sanktionsinstrument eigener Art"**[14] ausgeweitet haben. Daher war es unbestrittenermaßen an der Zeit, die Vorbewährung einer gesetzlichen Regelung zuzuführen und

---

[6] BT-Drs. 17/9389, 8.
[7] *Eisenberg* JGG §§ 61, 61a Rn. 3.
[8] *Meier/Rössner/Schöch* § 12 Rn. 24.
[9] *Schaffstein/Beulke/Swoboda* Rn. 521.
[10] *Werner-Eschenbach* S. 43 ff.; *Weidinger* S. 124 f.; *MRTW/Meier* § 61 Rn. 2.
[11] So auch LBN/*Baier* Rn. 850.
[12] Dazu ausführlich *Baier* S. 77 ff.
[13] In diesem Sinne auch *Ostendorf* ZIS 2012, 608; ebenso *Höynck/Ernst* KJ 2014, 249 (258); s. zum Bedürfnis einer eindeutigen gesetzlichen Regelung bereits auch den Beschluss des 64. Deutschen Juristentages, abgedruckt in NJW 2002, 3073 (3078); ebenso *Baier* S. 214.
[14] MRTW/*Meier* § 61 Rn. 3.

den Anwendungsbereich auf solche Fallkonstellationen zu beschränken, in denen der prognoserelevante Sachverhalt im Zeitpunkt der Urteilsverkündung noch nicht vollständig aufgeklärt ist, § 61 Abs. 1 und Abs. 2. Mit der (Neu-)Regelung hat sich der Gesetzgeber eindeutig dagegen ausgesprochen, die Vorbewährung entweder als Mittel des zusätzlichen Motivationsdrucks für Wohlverhalten und Mitarbeit am Bewährungsziel trotz bereits ausreichender Anhaltspunkte zugunsten einer Bewährungsentscheidung oder gar als letzte Chance trotz fehlender konkreter Anhaltspunkte für eine künftig positive Entwicklung zu verstehen. Ausweislich der Gesetzesbegründung sollen diese zwei Fallgruppen künftig nicht (mehr) von der Vorbewährung erfasst werden.[15] Durch die so erfolgte Einschränkung des Anwendungsbereiches der Vorbewährung wird der **Ausnahmecharakter**[16] der Vorschrift unterstrichen und schafft eine berechenbare Grundlage für die Anwendung in der Praxis, wo es gilt, die widerstreitenden Interessen in Ausgleich zu bringen. So spricht für die Verfahrensgestaltung im Wege der Vorbewährung, dass sich der Jugendrichter eine sichere Tatsachenbasis für die im Rahmen des § 21 anzustellende Aussetzungsprognose schaffen kann,[17] wodurch korrekturbedürftige Entscheidungen vermieden bzw. reduziert werden. Offen bleibt allerdings, ob künftig die Gründe, die nun vom Gesetzgeber als unzulässig eingestuft wurden und daher im Rahmen der Neuregelung für die Anwendung der Vorbwewährung keine Beachtung mehr finden dürfen, nicht doch noch zumindest unterschwellig auch weiterhin eine Rolle spielen werden.[18]

7 Weiterhin darf nicht verkannt werden, dass durch die Vorbewährung das Verfahren gegen den Jugendlichen noch nicht vollständig abgeschlossen ist. Ein Konflikt mit dem jugendstrafrechtlichen **Beschleunigungsgrundsatz** steht damit im Raum.[19] Dieser wird jedoch dadurch entschärft, dass durch die gesetzliche Regelung die **Vorbewährungszeit** auf **sechs Monate**[20] (§ 61a Abs. 1 S. 1) bzw. ausnahmsweise und mit dem Einverständnis des Verurteilten auf **neun Monate** (§ 61a Abs. 1 S. 2) begrenzt ist. Zu berücksichtigen ist zudem, dass ohne die Möglichkeit der Vorbewährung der Jugendliche oftmals schlechter stehen würde, entweder, weil die Bewährung bereits unmittelbar im Urteil abgelehnt wird oder das Verfahren mangels Spruchreife ausgesetzt oder unterbrochen wird. Im Falle der Aussetzung des Verfahrens ist die Belastung für den Jugendlichen jedoch sicherlich größer als während der Schwebezeit der Vorbewährung. Dementsprechend ist der Verweis auf den Beschleunigungsgrundsatz kein durchgreifendes Argument gegen das Institut der Vorbewährung. Vielmehr entspricht dessen ausdrückliche Regelung einem nachvollziehbaren **Bedürfnis der Praxis.** Auch wenn die Vorbewährung in ihrer Anwendungshäufigkeit weiterhin nicht zur täglichen Praxis des Jugendstrafverfahrens zählen wird,[21] hat dieses Institut innerhalb des insgesamt sehr flexiblen Sanktionsspektrums des Jugendstrafrechts seine Berechtigung. Die Vorbewährung ist für den Jugendrichter ein weiteres Instrument, das ihm dabei hilft, für jeden individuellen Fall die passende Maßnahme zu finden. Die zeitlich begrenzte Schwebezeit kann im Wege der positiven Einflussnahme genutzt werden, um die positiven Ansätze in der Lebensführung des jugendlichen Verurteilten aufzugreifen und der Begehung weiterer Straftaten entgegenzuwirken.[22] Damit steht die Vorbewährung vor allem im Interesse des Jugendlichen selbst, da sie dazu dient, den Vollzug der Jugendstrafe zu vermeiden.[23]

---

[15] BT-Drs. 17/9389, 8; so auch ausdrücklich OLG Hamburg 9.9.2014 – 1 Ws 92/14, StraFo 2014, 434 ff.; kritisch hierzu *Eisenberg* StV 2013, 44 (49), nach dem durch diesen Ausschluss eine unerwartete Wende hin zum Legalverhalten keine ausreichende Berücksichtigung finde, was auch durch die Neufassung des § 57 Abs. 2, wonach eine Änderung der Entscheidung nur noch bei Hervortreten neuer Umstände nach dem Urteil möglich ist, nicht ausreichend verhindert werde.
[16] Kritischer fällt hingegen das Urteil von *Ostendorf* aus, der auch nach der gesetzlichen Regelung von einer „Notlösung" spricht, Ostendorf/*Ostendorf* Grdl. zu den §§ 57–61b Rn. 7.
[17] *Weidinger* S. 124.
[18] Zu aktuellen Umfrageergebnissen unter Praktikern in Bayern s. *Baier* S. 201 ff.
[19] *Ostendorf* ZIS 2012, 608.
[20] Mit Verweis auf Art. 6 Abs. 1 EMRK hierzu kritisch *Schaffstein/Beulke/Swoboda* Rn. 526.
[21] Zur Häufigkeit der Vorbewährung in Bayern s. *Baier* S. 182 ff.
[22] In diesem Sinne auch *Sommerfeld* S. 207.
[23] So abschließend auch *Baier* S. 216.

Eher fraglich ist dagegen der Nutzen der gesetzlich vorgesehenen möglichen Kombination mit dem gleichzeitig in § 16a neu eingeführten **„Warnschussarrest"**,[24] **§ 61 Abs. 3 S. 1**.[25] Die beim Vorbehalt bewusst noch offene Bewährungsentscheidung dürfte durch den in seiner Wirkung umstrittenen Warnschussarrest mehr konterkariert werden als dass das Legalverhalten dadurch positiv beeinflusst wird. Die Bedeutung des Vorbehalts und die möglichen Konsequenzen, die dem Jugendlichen im Falle einer negativen Entwicklung erwachsen können, können ihm auch durch die nach § 61 Abs. 3 S. 3 vorgeschriebene Belehrung hinreichend verdeutlicht werden. Zu beachten ist auch der Ausnahmecharakter der Vorbewährung, aufgrund dessen nicht nur hinsichtlich des Anwendungsbereichs eine restriktive Handhabung, sondern auch eine möglichst **eingriffsschonende Gestaltung** im Hinblick auf die Schwebezeit geboten ist. Aufgrund ihrer erzieherischen Konstruktivität werden ambulante Maßnahmen in Form von Auflagen und Weisungen der besonderen Situation des Schwebezustands besser gerecht als eine „sanfte Anvollstreckung"[26] der Jugendstrafe im Wege des Warnschussarrests.

II. Vorbehalt der nachträglichen Entscheidung über die Aussetzung

1. Voraussetzungen. § 61 knüpft an § 57 Abs. 1 Alt. 2 an und ermöglicht es, bei fehlender Spruchreife hinsichtlich der Entscheidung über die Aussetzung der Jugendstrafe zur Bewährung diese ausdrücklich einem nachträglichen Beschluss vorzubehalten. Die Voraussetzungen hierzu sind **abschließend**[27] durch **§ 61 Abs. 1 und Abs. 2** normiert (vgl. dazu → Rn. 6). Aus deren Ausgestaltung ergibt sich, dass bei bestehender Spruchreife die Bewährungsentscheidung im Urteil zu treffen ist, die vorbehaltlose Bewährungsentscheidung also die Regel sein soll[28] (s. auch → Rn. 6).

a) Verurteilung zu Jugendstrafe. Notwendigerweise setzt die vorbehaltene Bewährungsentscheidung die Verhängung einer aussetzungsfähigen Jugendstrafe voraus.

b) Prognoseunsicherheit zum Zeitpunkt der Verurteilung. Entscheidendes Kriterium ist eine im Zeitpunkt der Verurteilung bestehende Prognoseunsicherheit. Diese kann entsprechend der Vorgaben aus § 61 Abs. 1 und 2 in zwei Konstellationen vorliegen:

aa) § 61 Abs. 1. Gem. der Regelung des § 61 Abs. 1 sollen mit der Vorbewährung zunächst diejenigen Fälle erfasst werden, bei denen **trotz Erschöpfung aller Ermittlungsmöglichkeiten** des Gerichts derzeit zwar **(noch) nicht feststeht,** ob dem Jugendlichen eine **günstige Prognose** iSd § 21 Abs. 1 S. 1 gestellt werden kann und daher eine Aussetzung zu diesem Zeitpunkt nicht zu rechtfertigen ist, § 61 Abs. 1 Nr. 1, es aber gleichwohl auf Grund von Ansätzen in der Lebensführung des Jugendlichen oder sonstiger bestimmter Umstände Anzeichen dafür gibt, dass eine solche Erwartung in absehbarer Zeit (dazu → Rn. 24) begründet sein wird, § 61 Abs. 1 Nr. 2.[29] In Betracht kommen allein objektivierbare Umstände, die nicht lediglich Absichtsbekundungen des Angeklagten sind.[30] Solche Umstände können bspw. in Therapiebemühungen oder dem Beginn einer Berufsausbildung liegen.[31]

---

[24] Zum Warnschussarrest bereits vor dessen Einführung kritisch die überwiegende Literatur, vgl. nur *Verrel/Käufel* NStZ 2008, 177 ff. mwN; sowie *Ostendorf* ZIS 2012, 608 ff.; s. auch MüKoStGB/*Altenhain/Laue* JGG § 8 Rn. 17.
[25] So bereits in Bezug auf den Gesetzesantrag der Länder Bayern, Hessen, Niedersachen, Sachsen und Thüringen *Sommerfeld* S. 201.
[26] Ostendorf/*Ostendorf* § 16a Rn. 13.
[27] *Ostendorf* Rn. 268.
[28] *Eisenberg* JGG § 61a Rn. 4; *Schaffstein/Beulke/Swoboda* Rn. 876.
[29] Mit Beispiel hierzu MRTW/*Meier* § 61 Rn. 6; s. KG Berlin 18.12.2015 – 4 Ws 123/15, ZJJ 2016, 175 ff.
[30] KG Berlin 18.12.2015 – 4 Ws 123/15, ZJJ 2016, 175 (177).
[31] Ostendorf/*Ostendorf* § 61 Rn. 3; MRTW/*Meier* § 55 Rn. 6.

13 **bb) § 61 Abs. 2.** § 61 Abs. 2 regelt dagegen Fälle des im Urteil ausdrücklich erklärten Vorbehalts, in denen in der Hauptverhandlung zwar bereits Ansätze für eine günstige Bewährungsprognose in der Lebensführung des Jugendlichen hervorgetreten sind, das Gericht jedoch der Auffassung ist, hierüber **weitere, die gegenwärtige Hauptverhandlung überlastende Ermittlungen** durchführen zu müssen.[32] Die Anordnung des Vorbehalts in diesen Fällen soll verhindern, dass die Unterbrechung oder Aussetzung der Hauptverhandlung zu erzieherisch nachteiligen oder unverhältnismäßigen Verzögerungen führt. Aus der Formulierung des Gesetzes ergibt sich allerdings, dass eine Unterbrechung bzw. Aussetzung nicht per se vermieden werden soll. Diese Gestaltungsmöglichkeiten sind so lange vorrangig, wie von ihnen keine nachteiligen Wirkungen iSd § 61 Abs. 2 Nr. 3 zu erwarten sind.[33]

14 **c) Ermessensentscheidung des Gerichts.** Sowohl die Vorbehaltsentscheidung nach § 61 Abs. 1 wie auch diejenige nach Abs. 2 stehen im **Ermessen des Gerichts,** das sich bei seiner Entscheidung am Erziehungsgedanken (§ 2 Abs. 1) zu orientieren hat.

15 **d) Fehlen eines ausdrücklichen Vorbehalts.** Auch **ohne** einen im Urteil **ausdrücklich erklärten Vorbehalt** soll es weiterhin möglich sein, die Entscheidung über die Aussetzung quasi stillschweigend hinauszuschieben. Der Wortlaut des § 57 Abs. 1 S. 1 steht einer solchen Praxis auch nicht entgegen. Allerdings ist es dem Gericht dann zumindest verwehrt, Weisungen und Auflagen zu erteilen, den Jugendlichen der Aufsicht und Betreuung eines Bewährungshelfers zu unterstellen oder gar einen Warnschussarrest anzuordnen. Auch das **Vollstreckungshindernis** des § 89 greift nicht. Diese flankierenden Regelungen zur Vorbewährung sind aufgrund ihrer gesetzlichen Regelung an den ausdrücklich erklärten Vorbehalt gebunden, vgl. §§ 61 Abs. 3 S. 1, 61b Abs. 1 S. 1 und 2, 89.

16 Geht man davon aus, dass die ergänzend angeordneten Maßnahmen – vom problematischen Warnschussarrest abgesehen (vgl. → Rn. 8) – ein grundsätzlich notwendiges und nützliches Instrument sind, den Jugendlichen zu einer strafnormkonformen Lebensführung zu veranlassen und damit „bewährungsgeeignet" zu machen (vgl. → Rn. 3), erscheint ein solches **Vorgehen außerhalb des Anwendungsbereiches der §§ 61 ff.** allerdings **wenig zielführend.** Schon aus Gründen der Rechtssicherheit sollte sich der Richter um eine klare Entscheidung (ausdrücklicher Vorbehalt oder ausdrückliche Ablehnung) bemühen. Zu weit ginge es allerdings, deshalb nun das **Fehlen** einer solchen **ausdrücklichen Entscheidung** stets pauschal als Ablehnung zu werten;[34] das würde die Flexibilität des Jugendrichters unnötig einschränken und ihm insbesondere eine Reaktion auf möglicherweise unerwartete positive Entwicklungen des Jugendlichen erschweren.[35]

17 **2. Verfahrensfragen. a) Tenorierung, § 61 Abs. 3 S. 2, 3.** Seit der gesetzlichen Regelung muss der Vorbehalt **ausdrücklich in die Urteilformel**[36] mitaufgenommen werden und kann nicht mehr lediglich in den Urteilsgründen ausgesprochen werden. Aus Gründen der Rechtssicherheit ist dies erforderlich, da der Vorbehalt iSd § 61 jedenfalls bis zum Ablauf der nach Maßgabe des § 61a Abs. 1 festgesetzten Frist ein **Vollstreckungshindernis** festsetzt, § 89. In den Urteilsgründen ist auszuführen, welche Umstände für den Vorbehalt maßgeblich waren, **§ 61 Abs. 3 S. 3.** Insbesondere sind die im Zeitpunkt der Hauptverhandlung erkannten Ansätze in den Urteilsgründen in sachlich-rechtlich nachprüfbarer Weise darzustellen, da sie den den notwendigen Entscheidungskorridor und zusammen mit dem von der Jugendgerichtshilfe oder der Bewährungshilfe zu erstattenden Bericht (§ 25 S. 3, vgl. dazu → Rn. 23) die maßgebliche Entscheidungsgrundlage für das nachträgliche Beschlussverfahren darstellen.[37]

---

[32] ZB OLG Hamburg 9.9.2014 – 1 Ws 92/14, ZJJ 2015, 71 ff.
[33] Ostendorf/*Ostendorf* § 61 Rn. 4; MRTW/*Meier* § 55 Rn. 7.
[34] So aber *Schaffstein/Beulke/Swoboda* Rn. 879; MRTW/*Meier* § 61 Rn. 4.
[35] Im Ergebnis auch *Eisenberg* JGG § 57 Rn. 11.
[36] Mit Tenorierungsbeispiel MRTW/*Meier* § 61 Rn. 12.
[37] So ausdrücklich OLG Hamburg 9.9.2014 – 1 Ws 92/14, ZJJ 2015, 71 (73).

b) Belehrung, § 61 Abs. 3 S. 4. Gem. § 61 Abs. 3 S. 4 ist der Jugendliche bei der 18
Verkündung des Urteils über den Vorbehalt und dessen Bedeutung sowie die möglichen
Konsequenzen in geeigneter Weise (§ 70a), also nicht nur formelhaft, zu **belehren**.

c) Anfechtung der Vorbehaltsentscheidung. In den §§ 61–61b finden sich keine spe- 19
ziellen Regelungen hinsichtlich der Anfechtung der Vorbehaltsentscheidung, so dass der
Vorbehalt grundsätzlich nicht angefochten werden kann. Wie auch schon vor der
gesetzlichen Anerkennung der Vorbewährung ist es der Staatsanwaltschaft damit weiterhin
verwehrt, die Vorbehaltsentscheidung isoliert zu Ungunsten des Jugendlichen anzufechten,
also mit dem Ziel, eine sofortige Vollstreckung zu erreichen.[38] Nach **§ 59 Abs. 1 S. 2**
besteht jedoch die Möglichkeit, im Wege der **sofortigen Beschwerde** (§ 2 Abs. 2 iVm
§ 311 StPO) die sofortige Anordnung der Aussetzung der Jugendstrafe zu erreichen[39]
(→ §§ 57–59 Rn. 29). Dementsprechend kann ein Vorbehaltsurteil angefochten werden,
wenn geltend gemacht wird, dass eine Prognoseunsicherheit iSd § 61 Abs. 1 oder 2 gerade
nicht vorlag, sondern die Bewährungsentscheidung schon im Zeitpunkt des Urteils spruchreif gewesen ist. An dieser Stelle wird die Erforderlichkeit einer ausreichenden Vorbehaltsbe-
gründung ersichtlich.

3. Nachträgliche Entscheidung über den Vorbehalt. Durch die Anordnung eines 20
Vorbehalts wird das **Verfahren zweigeteilt,** indem die Bewährungsfrage nachträglich durch
eine weitere Entscheidung zu treffen ist.

a) Frist, § 61a Abs. 1. Wird ein Vorbehalt ausgesprochen, hat das Gericht eine **Frist** 21
zu bestimmen, innerhalb derer die Entscheidung über den Vorbehalt zu treffen ist. Im
Normalfall hat diese spätestens **sechs Monate** nach Eintritt der Rechtskraft des Urteils zu
ergehen, § 61a Abs. 1 S. 1. Der Gesetzgeber erachtet diesen Zeitraum als noch angemessen,
um eine hinreichend sichere Tatsachengrundlage für die Entscheidung über die Aussetzungsfrage zu gewährleisten.[40] Wenn es nach den Umständen des Einzelfalles geboten ist,
kann auch eine **kürzere Frist** gesetzt werden, **§ 61a Abs. 1 S. 2.** Liegt ein **Einverständnis
des Verurteilten** vor, kann die Frist jedoch auch auf **neun Monate** nach Eintritt der
Rechtskraft des Urteils verlängert werden, **§ 61a Abs. 1 S. 3.** Eine solche Verlängerung
kommt insbesondere bei ergebnisoffenen therapeutischen Interventionen in Betracht.[41]

Nicht geregelt ist hingegen, was passiert, wenn das erkennende Gericht bis zum Ablauf 22
der von ihm gesetzten Frist keine Entscheidung trifft. Das Gesetz liefert keinen Anhaltspunkt
dafür, ob die **Untätigkeit des Gerichts** als Ablehnung oder Anordnung der Aussetzung
zu werten ist. Auf eine entsprechende Fiktion hat der Gesetzgeber bewusst verzichtet.[42] In
der Praxis ist davon auszugehen, dass die Staatsanwaltschaft im Rahmen der Wiedervorlage
der Akten auf einen solchen Mangel aufmerksam wird und die gerichtliche Entscheidung
beantragt.[43]

b) Zuständigkeit, § 61a Abs. 2. Nach § 61a Abs. 2 ist für die vorbehaltene nachträgli- 23
che Aussetzungentscheidung einheitlich das **Gericht der letzten Tatsacheninstanz** vorgesehen. Es trifft auch alle weiteren Entscheidungen, die im Zusammenhang mit der Vorbewährung stehen, vgl. § 61b Abs. 1 S. 6 iVm § 58 Abs. 1. Das Gericht trifft die nachträgliche
Aussetzungsentscheidung sowie alle weiteren Entscheidungen durch **Beschluss,** basierend

---

[38] *Schaffstein/Beulke/Swoboda* Rn. 881; MRTW/*Meier* § 59 Rn. 4 mwN.
[39] *Weidinger* S. 143; *Schaffstein/Beulke/Swoboda* Rn. 881.
[40] BT-Drs. 17/9389, 17; nach LBN/*Baier* Rn. 853 sollte eine Zeitspanne von drei bis vier Monaten nicht überschritten werden, wofür rechtsstaatliche Gründe angeführt werden. Allerdings dürfte das Argument der Rechtsstaatlichkeit nach Einführung einer ausdrücklichen Regelung nun nicht mehr ausschlaggebend sein; einen guten Überblick über die unterschiedlichen Auffassungen zur Zeitspanne der Vorbewährungszeit vor Einführung von § 61a Abs. 1 liefert *Weidinger* S. 141 f. mwN.
[41] *Eisenberg* StV 2013, 44 (49).
[42] BT-Drs. 17/9389, 17.
[43] BT-Drs. 17/9389, 17; *Eisenberg* StV 2013, 44 (49); *Schaffstein/Beulke/Swoboda* Rn. 523; ausführlich auch OLG Hamburg 25.2.2013 – 2 Ws 19/13, VRS 124, 355 ff.

auf einem schriftlichen Bericht der Jugendgerichtshilfe bzw. Bewährungshilfe sowie einem schriftlichen Bericht des Jugendlichen und seines Verteidigers.⁴⁴ Zumindest dann, wenn eine negative Entscheidung droht, ist es ratsam, auf eine **mündliche Anhörung** des Jugendlichen hinzuwirken, da die persönliche Begegnung mit dem Jugendlichen den Jugendrichter dazu veranlassen kann, seine Bedenken zu überwinden und sich doch zugunsten der Aussetzung zu entscheiden.⁴⁵

23a Wurde der Vorbehalt erst durch das **Berufungsgericht** angeordnet, ist dieses auch für die spätere Entscheidung über die Aussetzung zuständig, da es letztmalig die zugrunde liegenden tatsächlichen Voraussetzungen geprüft hat. Eine Zurückverweisung an das erstinstanzliche Gericht erfolgt nicht, weil dieses die Entscheidung über die Aussetzungsfrage gerade nicht offen gelassen hat.⁴⁶

24 c) **Gegenstand der vorbehaltenen Entscheidung.** Erfüllt der Jugendliche die in ihn gesetzten Erwartungen und bleibt insbesondere während der Vorbewährungszeit straffrei, wird das Gericht durch Beschluss die Aussetzung der Jugendstrafe zur Bewährung anordnen. Gegenstand der vorbehaltenen Entscheidung ist zunächst das vom Verurteilten während der Vorbewährungszeit gezeigte Verhalten in Bezug auf die im Urteilszeitpunkt konkret festgestellten positiven Ansätze in seiner Lebensführung. Nur wenn diese Ansätze sich im maßgeblichen Entscheidungszeitpunkt nach Ablauf der nach § 61a Abs. 1 gesetzten Frist durch neu hinzugetretene Umstände bestätigen, ist abermals eine umfassende Abwägung sämtlicher bestimmender prognoserelevanter Umstände geboten; anderenfalls führt allein die gegenteilige Feststellung zur Versagung einer Strafaussetzung.⁴⁷

III. Weitere Entscheidungen im Zusammenhang mit der Vorbehaltsentscheidung

25 1. **Begleitende Maßnahmen.** Der ausdrücklich erklärte Vorbehalt einer nachträglichen Entscheidung über die Aussetzung der Vollstreckung der Jugendstrafe zur Bewährung kann entweder ohne oder mit begleitenden Maßnahmen angeordnet werden. Da die Vorbewährung dazu dient, aufgrund gewisser positiver Anzeichen der Frage nachzugehen, ob die gegen den Jugendlichen verhängte Jugendstrafe nicht doch zur Bewährung ausgesetzt werden kann, erscheint es angezeigt, die Lebensführung des Jugendlichen schon während des Vorbewährungszeitraums in den Grenzen des Verhältnismäßigkeitsgrundsatzes mit demselben Maßnahmenkatalog zu unterstützen wie es im Anschluss an die tatsächlich erfolgte Strafaussetzung üblich ist.⁴⁸

26 a) **Weisungen und Auflagen, § 61b Abs. 1 S. 1.** Schon vor der gesetzlichen Anerkennung wurde die Vorbewährungszeit oftmals durch flankierend angeordnete Weisungen und Auflagen ergänzt. Ausdrücklich geregelt ist dies nun durch § 61b Abs. 1 S. 1, wonach die §§ 10, 15 Abs. 1 und 2, § 23 Abs. 1 S. 1–3, Abs. 2 entsprechend anwendbar sind. Dabei handelt es sich um eine **Kann-Regelung,** so dass es im Ermessen des Gerichts steht, Weisungen oder Auflagen anzuordnen oder dies nicht zu tun. Insbesondere im Hinblick auf die Erteilung von Auflagen ist Zurückhaltung geboten, da diese als Zuchtmittel in erster Linie repressiven Charakter haben. Diese Auslegung entspricht auch der Regelung in § 23 Abs. 1 S. 1 und S. 2, auf die in § 61b Abs. 1 S. 2 verwiesen wird. Für die Gestaltung der Bewährungszeit kommen Auflagen mit größerer Eingriffsintensität daher erst sekundär nach den Weisungen mit geringerer Eingriffsintensität in Betracht.⁴⁹ Diese Wertung gilt erst recht für den Vorbewährungszeitraum. Da zum Zeitpunkt der Auflagenerteilung noch unklar ist, ob es überhaupt zur Aussetzung der Vollstreckung der Jugendstrafe zur Bewährung kommen wird, sollte das Gericht nur solche Auflagen erteilen, die auch parallel zur vollstreckten

---

⁴⁴ Dazu auch OLG Hamburg 25.2.2013 – 2 Ws 19/13, VRS 124, 355 ff.
⁴⁵ *Zieger* Rn. 84.
⁴⁶ *Schaffstein/Beulke/Swoboda* Rn. 877.
⁴⁷ So OLG Hamburg 9.9.2014 – 1 Ws 92/14, ZJJ 2015, 71 ff.
⁴⁸ BT-Drs. 17/9389, 17; so auch MRTW/*Meier* § 61b Rn. 1.
⁴⁹ *Ostendorf/Ostendorf* § 23 Rn. 5.

Jugendstrafe sinnvoll sind wie bspw. eine Schadenswiedergutmachung, § 15 Abs. 1 S. 1 Nr. 1.[50]

Aus dem Fehlen einer entsprechenden Verweisung in § 61b Abs. 1 S. 1 ergibt sich, dass ein **Ungehorsamsarrest** gem. § 11 Abs. 3 **nicht verhängt werden darf,** wenn der Jugendliche den Weisungen und Auflagen nicht nachkommt. Zu Recht geht die Gesetzesbegründung in diesem Zusammenhang davon aus, dass es angesichts der drohenden Nichtaussetzung der Jugendstrafe unangemessen wäre, bei der Nichtbefolgung von Auflagen oder Weisungen zusätzlich einen Ungehorsamsarrest zu verhängen. Die Nichtbefolgung von Weisungen oder Auflagen während der Vorbewährungszeit kann mit anderen Worten ausreichende Berücksichtigung im Rahmen der nachträglichen Aussetzungsentscheidung finden. Sie kann als starkes Indiz dafür angesehen werden, dass eine positive Entwicklung iSd § 21 Abs. 1 nicht zu erwarten ist bzw. der Jugendliche die erforderliche Bereitschaft zur Erziehung in Freiheit nicht aufbringen will, so dass die Aussetzung der Vollstreckung der Jugendstrafe zur Bewährung nicht zu gewähren ist.[51] Eines darüber hinausgehenden Anreiz- bzw. Sanktionsmechanismus bedarf es nicht. 27

b) **Bewährungshelfer, § 61b Abs. 1 S. 2.** Hat das Gericht hinsichtlich der Erteilung von Weisungen und Auflagen einen Ermessensspielraum, **soll** der Jugendliche hingegen während der Vorbewährungszeit der Aufsicht und Betreuung eines **Bewährungshelfers** unterstellt werden, § 61b Abs. 1 S. 2. Von dem intendierten Ermessen soll jedoch dann kein Gebrauch gemacht werden, wenn Betreuung und Überwachung durch die Jugendgerichtshilfe in ausreichendem Umfang gewährleistet erscheint. Grundsätzlich sind daher die **Jugendgerichtshilfe bzw. die Jugendhilfe vorrangig** zur Betreuung verpflichtet, § 52 Abs. 3 KJHG, § 38 Abs. 2 S. 8, 9. Allerdings ist zu beobachten, dass einige Jugendämter die Jugendgerichtshilfe als eigenen Dienst aufgelöst haben bzw. auflösen und deren Aufgaben dem allgemeinen Sozialdienst zuweisen. Um zu verhindern, dass es dann an einer ausreichend spezifischen fachlichen Qualifikation und Kapazität für die Betreuung der jugendlichen Verurteilten fehlt, soll nach dem Willen des Gesetzgebers die Bewährungshilfe beauftragt werden, wenn eine ausreichende Betreuung und Überwachung durch die Jugendgerichtshilfe nicht mehr gewährleistet ist.[52] Es bleibt allerdings kritisch anzumerken, dass sich die Jugendgerichtshilfe ihren Pflichten nicht dadurch entziehen darf, dass sie sich aus Gebieten des Jugendstrafverfahrens faktisch zurückzieht.[53] **§ 61b Abs. 1 S. 4** verlangt eine **enge Zusammenarbeit** von Jugendgerichtshilfe und Bewährungshilfe, in deren Rahmen auch **personenbezogene Daten** ausgetauscht werden können, § 61b Abs. 1 S. 5. 28

c) **Kombination mit „Warnschussarrest", § 61 Abs. 3 S. 1.** Nach § 61 Abs. 3 S. 1 hat das Gericht zudem die Möglichkeit, einen sog. **„Warnschussarrest"** nach § 16a zu verhängen. Diese Möglichkeit besteht allerdings nur in Verbindung mit dem Vorbehaltsurteil[54] und nicht mehr bei der späteren Aussetzungsentscheidung durch Beschluss.[55] Dies ergibt sich aus dem Wortlaut der Regelung im Zusammenspiel mit § 8 Abs. 2 S. 2. Ob die von dieser Arrestform erhoffte positive erzieherische Wirkung wirklich eintritt, wird vielfach bezweifelt; empirische Belege hierfür stehen noch aus. Wie erwähnt sollte von dieser Möglichkeit daher bis auf weiteres nur in restriktiver Weise Gebrauch gemacht werden (vgl. hierzu schon → Rn. 8).[56] 29

d) **Verfahren und Anfechtung.** Hinsichtlich des Verfahrens und der Anfechtung von Nebenentscheidungen nach § 61b Abs. 1 regelt **§ 61b Abs. 1 S. 6,** dass die Vorschriften 30

---

[50] MRTW/*Meier* § 61b Rn. 2.
[51] *Eisenberg* StV 2013, 44 (50).
[52] BT-Drs. 17/9389, 18.
[53] *Eisenberg* StV 2013, 44 (50).
[54] Tenorierungsbeispiel bei MRTW/*Wulf* § 16a Rn. 49.
[55] Dazu ausführlich *Eisenberg* JGG §§ 61, 61a Rn. 7; sowie *ders.* StV 2013, 44 (50).
[56] MRTW/*Meier* § 61 Rn. 10.

der § 58 Abs. 1 S. 1, 2 und 4, Abs. 3 S. 1 und § 59 Abs. 2 und 5 entsprechend gelten. Daraus ergibt sich, dass die **Zuständigkeit** für die Nebenentscheidungen stets bei dem die Vorbewährung **anordnenden Gericht** liegt. Die **Anfechtung** von Nebenentscheidungen nach § 61b Abs. 1 ist nach Maßgabe des § 59 Abs. 2 statthaft.

Wurde der **Vorbehalt der Bewährungsentscheidung** gem. § 61 Abs. 3 S. 1 mit einem „**Warnschussarrest**" nach § 16a kombiniert, so können der Vorbehalt und die Verhängung des Arrests nur **gemeinsam angefochten** werden, § 59 Abs. 1 S. 1. Zu Recht wird in der Gesetzesbegründung auf den inneren Zusammenhang zwischen der Anordnung der Aussetzung und dem Jugendarrest hingewiesen.[57] Die entsprechende Wertung gilt auch für die Koppelung von Vorbehalt und Arrest, da das Gericht die Strafaussetzung zur Bewährung in vielen Fällen ohne den Arrest vermutlich im Urteil abgelehnt hätte.[58] Eine isolierte Anfechtung des bloßen Warnschussarrests ist damit zu Recht nicht vorgesehen.

30a Nach § 61b Abs. 1 S. 7 findet die Vorschrift des § 60 über den **Bewährungsplan** entsprechende Anwendung.

31 **2. Maßnahmen zur Sicherung der Vollstreckung, § 61b Abs. 2.** Zeichnet sich während der Vorbewährungszeit ab, dass die Aussetzung der Jugendstrafe abgelehnt werden wird, kann das Gericht geeignete Maßnahmen zur **Sicherung der Vollstreckung** treffen, **§ 61b Abs. 2.** Wie sich aus dem Verweis auf § 453c StPO ergibt, kann als ultima ratio auch ein Sicherungshaftbefehl erlassen werden. Voraussetzung ist, dass sich während des Vorbehaltzeitraums Tatsachen ergeben, aufgrund derer eine Aussetzung abgelehnt werden muss.[59] Gem. des Verweises auf § 58 Abs. 2 und 3 ist hierfür das Gericht zuständig, das den Vorbehalt angeordnet hat.

32 **3. Anrechnung, § 61b Abs. 3 und 4.** Im Rahmen der zunächst vorbehaltenen Aussetzungsentscheidung muss auch über etwaige Anrechnungsfragen entschieden werden.

33 **a) Anrechnung bei Aussetzung der Jugendstrafe zur Bewährung, § 61b Abs. 3.** Wird die Jugendstrafe zur Bewährung ausgesetzt, muss gem. **§ 61b Abs. 3** die **Dauer der Vorbewährungszeit** auf die Bewährungszeit nach § 22 **angerechnet** werden. Dabei darf die Bewährungszeit weder sachwidrig verkürzt werden, noch darf durch die Kumulation von Vorbewährungszeit und Bewährungszeit die Höchstdauer von drei Jahren überschritten werden, § 22 Abs. 1 S. 2. Unzulässig wäre es, die Bewährungszeit aufgrund dessen von vornherein länger zu bemessen; ein solches Vorgehen würde die Anrechnungsverpflichtung konterkarieren.[60]

34 **b) Anrechnung bei Versagung der Aussetzung, § 61b Abs. 4.** Entscheidet sich das Gericht gegen eine Aussetzung der Jugendstrafe zur Bewährung, kann das Gericht **Leistungen,** die der Jugendliche zur Erfüllung von Weisungen, Auflagen, Zusagen oder Anerbieten erbracht hat, auf die Jugendstrafe **anrechnen, § 61b Abs. 4 S. 1.** Dabei ist die Funktion der erbrachten Leistungen zu berücksichtigen,[61] wobei sich eine Anrechnung trotz der im Gesetz vorgesehenen Kann-Regelung schon aus erzieherischen Gründen regelmäßig dringend empfehlen wird.[62] Eine echte **Verpflichtung** besteht nach der gesetzlichen Regelung allerdings erst dann, wenn die Gesamtbelastung des Jugendlichen das Maß seiner Schuld übersteigen würde, **§ 61b Abs. 4 S. 2.** Wurde gem. § 61 Abs. 3 S. 1 iVm § 16a ein „**Warnschussarrest**" verhängt, muss dieser stets angerechnet werden, **§ 61b Abs. 4 S. 3.**

---

[57] BT-Drs. 17/9389, 15.
[58] *Schaffstein/Beulke/Swoboda* Rn. 881; *Eisenberg* StV 2013, 44 (48).
[59] *Eisenberg* JGG §§ 61, 61a Rn. 16; MRTW/*Meier* § 61b Rn. 7.
[60] *Ostendorf/Ostendorf* § 61b Rn. 5 geht sogar von einer regelmäßigen Verdichtung des Ermessens zur Anrechnungspflicht aus. Das ist im Ergebnis zu befürworten, entspricht so aber nicht der gesetzlichen Konzeption.
[61] MRTW/*Meier* § 61b Rn. 8.
[62] *Ostendorf/Ostendorf* § 61b Rn. 6.

Fünfter Unterabschnitt. Verfahren bei Aussetzung der Verhängung der Jugendstrafe

§ 62 Entscheidungen

(1) ¹Entscheidungen nach den §§ 27 und 30 ergehen auf Grund einer Hauptverhandlung durch Urteil. ²Für die Entscheidung über die Aussetzung der Verhängung der Jugendstrafe gilt § 267 Abs. 3 Satz 4 der Strafprozeßordnung sinngemäß.

(2) Mit Zustimmung des Staatsanwalts kann die Tilgung des Schuldspruchs nach Ablauf der Bewährungszeit auch ohne Hauptverhandlung durch Beschluß angeordnet werden.

(3) Ergibt eine während der Bewährungszeit durchgeführte Hauptverhandlung nicht, daß eine Jugendstrafe erforderlich ist (§ 30 Abs. 1), so ergeht der Beschluß, daß die Entscheidung über die Verhängung der Strafe ausgesetzt bleibt.

(4) Für die übrigen Entscheidungen, die infolge einer Aussetzung der Verhängung der Jugendstrafe erforderlich werden, gilt § 58 Abs. 1 Satz 1, 2 und 4 und Abs. 3 Satz 1 sinngemäß.

Schrifttum: *Heublein*, § 27 JGG- eine ungeliebte Vorschrift?, ZfJ 1995, 436.

Übersicht

	Rn.		Rn.
I. Grundlagen	1–2	2. Verhängung der Jugendstrafe oder Tilgung des Schuldspruchs (Abs. 1 iVm § 30)	5–6
1. Anwendungsbereich	1, 1a		
2. Inhalt und Zweck der Norm	2	3. Tilgung des Schuldspruchs ohne Hauptverhandlung (Abs. 2)	7
II. Entscheidungskonstellationen	3–10	4. Sicherungsbeschluss (§ 62 Abs. 3)	8
1. Aussetzung der Verhängung der Jugendstrafe (§ 62 Abs. 1 S. 1 iVm § 27)	3, 4	5. Weitere Entscheidungen (Abs. 4)	9, 10

I. Grundlagen

1. Anwendungsbereich. Die Vorschrift umfasst Verfahren gegen **Jugendliche** – sowohl vor den Jugendgerichten als auch vor Gerichten für allg. Strafsachen nach § 104 Abs. 1 Nr. 8, mit der Einschränkung, dass letztere lediglich für die Entscheidungen nach § 30 zuständig sind. Entscheidungen iSv Abs. 4 sind dem Jugendrichter des Aufenthaltsorts des Jugendlichen nach § 104 Abs. 5 Nr. 2 zu übertragen.[1] **1**

Sofern Jugendstrafrecht anzuwenden ist gem. §§ 109 Abs. 2 S. 1, 105 Abs. 1, 112 S. 1, 2, gilt die Vorschrift auch in Verfahren vor Jugendgerichten oder vor Gerichten für allgemeine Strafsachen gegen **Heranwachsende**, wobei auch hier vor Gerichten für allgemeine Strafsachen die Einschränkung nach §§ 112 S. 1, 104 Abs. 5 Nr. 2 zu beachten ist.[2] **1a**

2. Inhalt und Zweck der Norm. Die spezifischen Regelungen zur **Aussetzung der Verhängung der Jugendstrafe nach §§ 27 ff.** haben kein Äquivalent im allgemeinen Strafrecht. Bei diesem Verfahren wird dem Modell der zweigeteilten Hauptverhandlung gefolgt, welches aus dem anglo-amerikanischen Bereich bekannt ist. Dabei wird zunächst über die Schuld nach § 27 sowie über erforderliche Nebenentscheidungen nach §§ 28 f. entschieden. Erst danach wird in einem zweiten, selbstständigen Schritt gem. § 30 über die Verhängung der Jugendstrafe oder die Tilgung des Schuldspruchs entschieden.[3] Die §§ 62 ff. regeln einige diesbezügliche **Verfahrensfragen**. **2**

---

[1] *Eisenberg* JGG Rn. 1.
[2] *Eisenberg* JGG Rn. 2.
[3] MRTW/*Meier* § 62 Rn. 1.

II. Entscheidungskonstellationen

3 **1. Aussetzung der Verhängung der Jugendstrafe (§ 62 Abs. 1 S. 1 iVm § 27).** Nach **Abs. 1 S. 1** ergeht die Entscheidung über die **Aussetzung der Verhängung der Jugendstrafe** auf Grund einer **Hauptverhandlung durch Urteil.** In der Literatur ist umstritten, welche **Mehrheit** für den Schuldspruch und die Aussetzung der Verhängung erforderlich ist. Einigkeit besteht dahingehend, dass der Schuldspruch entsprechend § 263 Abs. 1 StPO eine 2/3-Mehrheit benötigt, zumal es sich bei dieser Entscheidung unstreitig um eine nachteilige Entscheidungen für den Angeklagten handelt.[4] Darüber hinaus fordert ein Teil der Literatur, dass auch die Aussetzung der Verhängung eine entsprechende Anwendung des § 263 Abs. 1 StPO erfordert, mithin auch hier die 2/3-Mehrheit gelten soll.[5] Überzeugend und mit dem Wortlaut des § 263 Abs. 1 StPO übereinstimmend, der gerade eine „nachteilige Entscheidung" fordert, sollte die Aussetzung der Verhängung nur dann eine 2/3-Mehrheit erfordern, wenn sie versagt wird. Wird sie dagegen gewährt, sollte zugunsten des Angeklagten die einfache Mehrheit ausreichen, denn dann handelt es sich gerade nicht um eine nachteilige Entscheidung.[6]

4 Der Schuldspruch hat zunächst nur den Charakter eines **Zwischenurteils ohne verfahrensbeendende Wirkung,** sodass die Rechtshängigkeit bestehen bleibt, bis die Rechtskraft einer der in § 30 vorgesehenen Entscheidungen eintritt.[7] Nach **§ 62 Abs. 1 S. 2** iVm **§ 267 Abs. 3 S. 4 StPO** ist in den **Urteilsgründen** darzulegen, weshalb die Verhängung der Jugendstrafe nicht zur Bewährung ausgesetzt wurde. Die Entscheidung ist anfechtbar (vgl. auch → § 63 Rn. 1). Darüber hinaus hat eine **Eintragung ins Zentralregister** gem. § 13 Abs. 1 Nr. 1 BZRG zu erfolgen.

5 **2. Verhängung der Jugendstrafe oder Tilgung des Schuldspruchs (Abs. 1 iVm § 30).** Der zweite Verfahrensabschnitt beschäftigt sich mit der **Verhängung der Jugendstrafe** oder der **Tilgung des Schuldspruchs** gem. § 30. Die Entscheidung ist von dem **rechtskräftigen Schuldurteil abhängig,** da dieses die Grundlage für die Entscheidung nach § 30 bildet. Daher ist das Schuldurteil entsprechend § 2 Abs. 2, § 324 Abs. 1 S. 2 StPO auch grds. in der Hauptverhandlung zu verlesen.[8]

5a Das Verfahren ist **von Amts wegen durch das Gericht,** welches die Aussetzung der Verhängung angeordnet hat (§ 62 Abs. 4 iVm § 58 Abs. 3 S. 1) nach pflichtgemäßem Ermessen einzuleiten, oder **auf Antrag der Staatsanwaltschaft durch Beschluss.**[9] Sofern der Antrag der Staatsanwaltschaft abgelehnt wird, besteht nach hM die Möglichkeit einer **einfachen Beschwerde iSv § 304 StPO,** da der Staatsanwaltschaft ein Anspruch auf Prüfung in einer Hauptverhandlung zusteht, was sich aus § 62 Abs. 1 und 2 ergibt.[10] Eine Übertragung der Entscheidung nach § 30 auf den Jugendrichter, sofern das Verfahren bis dahin vor einem Gericht für allgemeine Strafsachen stattfand, ist nicht möglich gem. § 104 Abs. 5 Nr. 2.

6 Grundlage der Entscheidung sind die Voraussetzungen des § 30: Hat sich durch die „schlechte Führung" des Jugendlichen herausgestellt, dass die schädlichen Neigungen in dem für die Verhängung der Jugendstrafe erforderlichen Umfang vorliegen,[11] führt dies zur Verhängung der Jugendstrafe (§ 30 Abs. 1). Ist dies nicht der Fall, etwa, weil die Bewährungszeit ohne negative Vorkommnisse zu Ende gegangen ist, wird der Schuldspruch getilgt (§ 30 Abs. 2), was sich auch auf die Eintragung ins Zentralregister erstreckt (§ 13 Abs. 2 S. 2 Nr. 1 BZRG). Für diese **zweite Hauptverhandlung** gelten die **§§ 213–275 StPO** entspre-

---

[4] Diemer/Schatz/Sonnen/*Schatz* Rn. 4; *Eisenberg* JGG Rn. 4; *Brunner/Dölling* Rn. 1.
[5] Diemer/Schatz/Sonnen/*Schatz* Rn. 4; Ostendorf/*Ostendorf* Rn. 1.
[6] *Eisenberg* JGG Rn. 4.
[7] *Dallinger/Lackner* Rn. 2; *Eisenberg* JGG Rn. 3; MRTW/*Meier* Rn. 2.
[8] *Eisenberg* JGG Rn. 16.
[9] Ostendorf/*Ostendorf* Rn. 4, *Eisenberg* JGG Rn. 17–19.
[10] Ostendorf/*Ostendorf* Rn. 4, *Eisenberg* JGG Rn. 17–19.
[11] Zur Problematik bei Ungewissheit über das Vorliegen der schädlichen Neigungen *Heublein* ZfJ 1995, 436 ff.

chend, zumal diesbezüglich keine speziellen Regelungen im Gesetz existieren.[12] Bei der Einleitung des Verfahrens sind die maßgeblichen Tatsachen und Beweismittel im Beschluss anzugeben.[13]

3. Tilgung des Schuldspruchs ohne Hauptverhandlung (Abs. 2). Die Tilgung des Schuldspruchs gem. § 30 Abs. 2 kann nicht nur nach § 62 Abs. 1 S. 1 auf Grund einer Hauptverhandlung durch Urteil erfolgen (→ Rn. 5), sondern auch gem. **§ 62 Abs. 2 ohne Hauptverhandlung** durch **Beschluss**, sofern die **Staatsanwaltschaft** diesbezüglich **zugestimmt hat**. Der Beschluss erfolgt **ohne Begründung** und ist **nicht anfechtbar** (→ § 63 Rn. 3). Ein reines Beschlussverfahren ist nur dann möglich, wenn das Gericht bereits während der Bewährungszeit umfassend über das Verhalten und die Entwicklung des Jugendlichen informiert wurde[14] und eine Hauptverhandlung daher nicht für erforderlich hält.

4. Sicherungsbeschluss (§ 62 Abs. 3). Zeigt sich in einer Hauptverhandlung, die aufgrund von § 30 Abs. 1 S. 1 während der Bewährungszeit anberaumt wurde, dass die notwendigen Voraussetzungen für die Verhängung der Strafe iSv § 30 Abs. 1 S. 1 nicht vorliegen, ergeht ein **Beschluss** dahingehend, dass die Entscheidung über die Verhängung der Jugendstrafe zur Bewährung weiterhin **ausgesetzt bleibt**. Eine Tilgung des Schuldspruchs darf zu diesem Zeitpunkt den Sicherungsbeschluss nicht ersetzen, es sei denn, die Bewährungszeit ist bereits abgelaufen oder der Ablauf der Bewährungszeit wurde nachträglich durch Verkürzung herbeigeführt.[15] Aus der Sicht des Jugendlichen ist das nicht unproblematisch, da er dann zwangsläufig den psychischen Belastungen einer nochmaligen Hauptverhandlung ausgesetzt wird.[16] Die Entscheidung ist **unanfechtbar** (vgl. → § 63 Rn. 6).

5. Weitere Entscheidungen (Abs. 4). Die **Nebenentscheidungen** iSv Abs. 4 ergehen durch **Beschluss** und sind zu **begründen** gem. § 58 Abs. 1 S. 1 und 4. Dies umfasst alle sonstigen Entscheidungen, die im Rahmen der Aussetzung zur Bewährung relevant werden. Dabei hat eine **Anhörung** des Jugendlichen, der Staatsanwaltschaft und des Bewährungshelfers zu erfolgen gem. Abs. 4 iVm § 58 Abs. 1 S. 2.

Umstritten ist, wie sich dahingehend die **Zuständigkeit** beurteilt. Einerseits wird vertreten, dass die Nebenentscheidungen grds. übertragen werden können, und dies sogar geschehen muss, wenn ein Gericht für allgemeine Strafsachen die Aussetzung angeordnet hat gem. § 104 Abs. 5.[17] Die hM und die Rspr. sind jedoch der Auffassung, dass eine **Übertragung nicht statthaft ist**. Das bedeutet, dass das Jugendgericht, welches die Entscheidung nach § 27 getroffen hat, auch immer für die diesbezüglichen Nebenentscheidungen nach Abs. 4 zuständig ist gem. § 62 Abs. 4 iVm § 58 Abs. 3 S. 1.[18] Schon der Wortlaut des § 62 Abs. 4 verweist ausschließlich auf § 58 Abs. 3 S. 1, und eben nicht auf § 58 Abs. 3 S. 2 und 3, wo die Übertragungsmöglichkeit vorgesehen ist. Der Vorteil dieser Ansicht ist, dass das **gesamte Nachverfahren** durch **denselben Richter** betreut wird und dieser dadurch den Jugendlichen und die Umstände besser beurteilen und somit auch das Verhalten und die Entwicklung des Jugendlichen während der Bewährungszeit stetig mitverfolgen

---

[12] MRTW/*Meier* Rn. 4; Ostendorf/*Ostendorf* Rn. 5.
[13] Diemer/Schatz/Sonnen/*Schatz* Rn. 10; Brunner/Dölling Rn. 3; *Eisenberg* JGG Rn. 20; MRTW/*Meier* Rn. 4.
[14] Dallinger/Lackner Rn. 11.
[15] *Eisenberg* JGG Rn. 13; Brunner/Dölling § 30 Rn. 5; Diemer/Schatz/Sonnen/*Schatz* Rn. 13; aA *Böhm* NStZ 1989, 521 (523); OLG Schleswig 27.8.1957 – O Js 34/56, NJW 1958, 34, wo davon ausgegangen wird, dass aus der Spezialvorschrift des § 30 Abs. 2 nicht darauf geschlossen werden darf, dass ein Schuldspruch nur nach Ablauf der Bewährungszeit getilgt werden darf.
[16] Krit. auch *Eisenberg* JGG Rn. 13.
[17] Ostendorf/*Ostendorf* § 62 Rn. 4.
[18] BGH 9.3.1998 – 2 ARs 44/98, StV 1998, 348; BGH 5.8.2010 – 2 ARs 260/10, NStZ 2011, 524; Brunner/Dölling Rn. 6; *Eisenberg* JGG Rn. 9; Dallinger/Lackner Rn. 8; MRTW/*Meier* Rn. 7; Diemer/Schatz/Sonnen/*Schatz* Rn. 14.

kann. Auf diese Weise wird verhindert, dass gerade in der unklaren Situation des § 27 ein „Bruch" in der Beurteilung stattfindet.[19] Demzufolge können auch nach hier vertretener Ansicht weder die Nebenentscheidungen, noch das Verfahren als Ganzes übertragen werden. Allerdings ist auch hier darauf zu achten, dass bei einer Entscheidung des Gerichts für allgemeine Strafsachen eine Übertragung der Nebenentscheidungen nach § 104 Abs. 5 zu erfolgen hat.

§ 63 Anfechtung

(1) Ein Beschluß, durch den der Schuldspruch nach Ablauf der Bewährungszeit getilgt wird (§ 62 Abs. 2) oder die Entscheidung über die Verhängung der Jugendstrafe ausgesetzt bleibt (§ 62 Abs. 3), ist nicht anfechtbar.
(2) Im übrigen gilt § 59 Abs. 2 und 5 sinngemäß.

I. Grundlagen

1   Die Vorschrift befasst sich mit der **Anfechtbarkeit der Beschlussentscheidungen** des § 62. Sie ist keine abschließende Regelung, sondern geht nur in Bezug auf Beschlussentscheidungen als **lex specialis** der Vorschrift in § 55 sowie dem allgemeinen Rechtsmittelrecht vor.[1] Somit ist festzuhalten, dass das Schuldurteil nach § 27, die nachträgliche Verhängung der Jugendstrafe nach § 30 Abs. 1 S. 1 sowie die Tilgung des Schuldspruchs nach Ablauf der Bewährungszeit gem. § 30 Abs. 2 S. 1 weiterhin nach den allgemeinen Rechtsmittelvorschriften (vgl. va § 55) anfechtbar sind.

2   Der **Zweck** dieser Spezialregelung besteht darin, durch die Beschränkung der Rechtsmittel aus erzieherischen Gründen möglichst bald zu einer bestandskräftigen Entscheidung zu gelangen.[2]

II. Entscheidungskonstellationen

3   **1. Unanfechtbare Entscheidungen (Abs. 1). a) Beschluss iSv § 62 Abs. 2.** § 63 Abs. 1 bestimmt, dass der Beschluss über die **Tilgung des Schuldspruchs** nach Ablauf der Bewährungszeit gem. § 62 Abs. 2 **nicht anfechtbar** ist. Diese Einschränkung kann damit begründet werden, dass der Jugendliche durch die Tilgung des Schuldspruchs gerade nicht beschwert sein kann, sowie damit, dass hier eine zusätzliche Sicherheit durch das Zustimmungserfordernis der Staatsanwaltschaft besteht.[3]

4   Sofern ein Beschluss über die Tilgung des Schuldspuchs **ohne die Zustimmung der Staatsanwaltschaft** erfolgt, geht die hM dagegen von einer grds. Anfechtbarkeit des Beschlusses aus.[4] Insofern soll der Staatsanwaltschaft entgegen § 63 Abs. 1 aus dem Rechtsgedanken des § 453 Abs. 2 S. 1, 2 StPO das Rechtsmittel der sofortigen Beschwerde zustehen.

5   Eine weitere Ausnahme von der grds. Unanfechtbarkeit nach § 63 Abs. 1 besteht dann, wenn die Tilgung des Schuldspruchs **vor Ablauf der Bewährungszeit** erfolgt, ohne dass auch die Bewährungszeit entsprechend verkürzt wurde (→ § 62 Rn. 8); auch in diesem Fall ist gegen die vorzeitige Tilgung die sofortige Beschwerde statthaft.[5]

6   **b) Beschluss iSv § 62 Abs. 3.** Des Weiteren bestimmt § 63 Abs. 1, dass auch **Beschlüsse nach § 62 Abs. 3**, also Entscheidungen darüber, dass die Verhängung der Jugendstrafe zur Bewährung ausgesetzt bleibt, unanfechtbar sind. Auch hier besteht der

---
[19] Dallinger/Lackner Rn. 8.
[1] Eisenberg JGG Rn. 3.
[2] MRTW/Meier Rn. 1.
[3] Dallinger/Lackner Rn. 3; Eisenberg JGG Rn. 4.
[4] Eisenberg JGG Rn. 4; Dallinger/Lackner Rn. 4; Ostendorf/Ostendorf Rn. 1 und Rn. 4; MRTW/Meier Rn. 1; Brunner/Dölling Rn. 2.
[5] LG Hamburg 25.7.1988 – 34 Qs 50/88; Böhm NStZ 1989, 521 (523); MRTW/Meier Rn. 1.

Grund für die Einschränkung darin, dass durch diesen (den status quo lediglich aufrechterhaltenden) Beschluss **keine Beschwer** hervorgerufen wird, zumal der Jugendliche keine für sich günstigere Entscheidung verlangen kann.[6]

Bei **Ablehnung eines staatsanwaltschaftlichen Antrags** auf Durchführung des Verfahrens nach § 30 Abs. 1 S. 1 wird § 63 Abs. 1 **nicht entsprechend** angewendet, zumal es sich erst um einen Antrag auf Prüfung der Rechts- und Sachlage handelt, in den Fällen des § 62 Abs. 3 diese Prüfung jedoch bereits abgeschlossen ist und ein Ergebnis vorliegt. Mithin ist in diesen Fällen unmittelbar eine **einfache Beschwerde** gegeben.[7]

2. Anfechtbare Entscheidungen (Abs. 2). Nach **Abs. 2** ist gegen **Anschlussentscheidungen,** wie beispielsweise die Dauer der Bewährungszeit nach §§ 22, 28, sowie Weisungen und Auflagen iSv § 29 S. 2 iVm § 23, in entsprechender Anwendung von § 59 Abs. 2 die **Beschwerde nach § 304 f. StPO** zulässig, wobei durch das Beschwerdegericht lediglich eine **begrenzte Überprüfung** gem. **§ 59 Abs. 2 S. 2** stattfindet.[8]

Sofern eine Revision gegen das Schuldurteil mit einer Beschwerde gegen eine Anschlussentscheidung zusammenfällt, entscheidet das **Revisionsgericht** auch über die Beschwerde in entsprechender Anwendung von **§ 59 Abs. 5,** auf den in § 63 Abs. 2 auch ausdrücklich verwiesen wird.

§ 64 Bewährungsplan

¹§ 60 gilt sinngemäß. ²Der Jugendliche ist über die Bedeutung der Aussetzung, die Bewährungs- und Unterstellungszeit, die Weisungen und Auflagen sowie darüber zu belehren, daß er die Festsetzung einer Jugendstrafe zu erwarten habe, wenn er sich während der Bewährungs- und Unterstellungszeit schlecht führe.

Schrifttum: *Adam,* „Nicht ausgereizte" Maßnahmen im Jugendgerichtsgesetz, in Die jugendrichterlichen Entscheidungen – Anspruch und Wirklichkeit, DVJJ 12 (1981), 337; *Ostendorf,* Bewährung ohne Freiheitsstrafe – eine Falltür im Jugendstrafrecht, NJW 1981, 378.

I. Grundlagen

Bei der Aussetzung der Verhängung der Jugendstrafe nach §§ 27 ff. wird genauso wie im Rahmen der Strafaussetzung zur Bewährung nach §§ 21 ff. ein **Bewährungsplan** erstellt. Diesen Bewährungsplänen liegen grds. dieselben Anforderungen und Zielrichtungen zugrunde, sodass § 64 allgemein auf § 60 verweist und nur wenige ergänzende, auf die Konstellation der §§ 27 ff. zugeschnittene Inhalte formuliert.

II. Inhalt des Bewährungsplans

Bezüglich der **allgemeinen Anforderungen** an den Inhalt des Bewährungsplans kann auf die Ausführungen zu § 60 verwiesen werden, dessen sinngemäße Anwendung in **S. 1** geregelt ist.

Als **speziellen Inhalt** des Bewährungsplans sieht **S. 2** vor, dass der Jugendliche gerade über die Bedeutung der Sanktion nach §§ 27 ff. zu belehren ist. Im Rahmen dessen ist dem Jugendlichen vor allem der unbestimmte Begriff der „schlechten Führung" verständlich zu erläutern, sodass er weiß, unter welchen Umständen diese als gegeben angesehen wird.[1] Vor allem muss dem Jugendlichen darüber hinaus deutlich gemacht werden, dass er nicht etwa „freigesprochen" worden ist; eine solche falsche Beurteilung der Situation tritt in der

---

[6] *Eisenberg* JGG Rn. 5.
[7] MRTW/*Meier* Rn. 2; Ostendorf/*Ostendorf* Rn. 4; Diemer/Schatz/Sonnen/*Schatz* Rn. 3; *Eisenberg* JGG Rn. 6.
[8] MRTW/*Meier* Rn. 3.
[1] *Eisenberg* JGG Rn. 4.

Praxis offenbar tatsächlich immer wieder auf, wie auch die in jüngerer Zeit eingeführte spezielle Belehrungsvorschrift des § 70a Abs. 2 deutlich macht (s. die Erläuterungen dort). Es ist offensichtlich, dass dies den erzieherischen Erfolg der Maßnahme gefährden könnte.[2] Dem Jugendlichen ist vielmehr zu verdeutlichen, dass nun seine gesamte weitere Entwicklung verfolgt wird und dass bei Ausschluss „schädlicher Neigungen" die greifbare Möglichkeit der Tilgung des Schuldspruchs besteht. Allerdings sind ihm auch die Folgen aufzuzeigen, die durch das Gericht bei „schlechter Führung" angeordnet werden können, insbesondere dann, wenn die Weisungen und Auflagen gerade nicht erfüllt worden sind[3] oder sogar neue Straftaten begangen wurden.

Sechster Unterabschnitt. Ergänzende Entscheidungen

§ 65 Nachträgliche Entscheidungen über Weisungen und Auflagen

(1) [1]Nachträgliche Entscheidungen, die sich auf Weisungen (§ 11 Abs. 2, 3) oder Auflagen (§ 15 Abs. 3) beziehen, trifft der Richter des ersten Rechtszuges nach Anhören des Staatsanwalts und des Jugendlichen durch Beschluß. [2]Soweit erforderlich, sind der Vertreter der Jugendgerichtshilfe, der nach § 10 Abs. 1 Satz 3 Nr. 5 bestellte Betreuungshelfer und der nach § 10 Abs. 1 Satz 3 Nr. 6 tätige Leiter eines sozialen Trainingskurses zu hören. [3]Wenn die Verhängung von Jugendarrest in Betracht kommt, ist dem Jugendlichen Gelegenheit zur mündlichen Äußerung vor dem Richter zu geben. [4]Der Richter kann das Verfahren an den Jugendrichter abgeben, in dessen Bezirk sich der Jugendliche aufhält, wenn dieser seinen Aufenthalt gewechselt hat. [5]§ 42 Abs. 3 Satz 2 gilt entsprechend.

(2) [1]Hat der Richter die Änderung von Weisungen abgelehnt, so ist der Beschluß nicht anfechtbar. [2]Hat er Jugendarrest verhängt, so ist gegen den Beschluß sofortige Beschwerde zulässig. [3]Diese hat aufschiebende Wirkung.

Schrifttum: *Werlich* in *Schumann,* Jugendarrest und/oder Betreuungsweisung, 1985, S. 140 ff.

Übersicht

	Rn.		Rn.
I. Grundlagen	1–6b	b) Anhörung gem. Abs. 1 S. 2	9
1. Anwendungsbereich	1, 1a	c) Anhörung gem. Abs. 1 S. 3	10–12
2. Inhalt und Zweck	2	3. Entscheidung	13–14a
3. Zuständigkeit	3–6b	a) Beschluss	13, 13a
a) Zuständigkeit nach Abs. 1 S. 1	3, 4	b) Unterrichtung und Mitteilung	14, 14a
b) Übertragung gem. Abs. 1 S. 4	5	**III. Anfechtbarkeit und Wiederaufnahme**	15–18
c) Nachträgliche Entscheidungen über das Absehen von der Jugendarrestvollstreckung	6–6b	1. Ablehnung des Antrags auf Änderung von Weisungen	15–15b
II. Voraussetzungen	7–14a	2. Änderung von Weisungen und Auflagen und weitere Fälle	16, 16a
1. Einleitung	7	3. Verhängung von Ungehorsamsarrest	17
2. Durchführung	8–12	4. Wiederaufnahme des Verfahrens	18
a) Anhörung gem. Abs. 1 S. 1	8		

I. Grundlagen

1. Anwendungsbereich. Die Vorschrift findet sowohl in Verfahren gegen **Jugendliche** als auch gem. § 109 Abs. 2 S. 1 in Verfahren gegen **Heranwachsende,** sofern sachlich Jugendstrafrecht anzuwenden ist, vor den Jugendgerichten Anwendung.

---

[2] *Adam* DVJJ 2012, 345; *Ostendorf* NJW 1981, 378 (380); MRTW/*Meier* Rn. 2.
[3] MRTW/*Meier* Rn. 2.

Darüber hinaus wird mangels einer entsprechenden Verweisung in § 104 (ggf. iVm § 112) **1a**
teilweise eine analoge Anwendung von Abs. 1, Abs. 2 S. 2, 3 in Verfahren gegen Jugendliche
und Heranwachsende vor **Gerichten für allgemeine Strafsachen** angenommen.[1]

2. Inhalt und Zweck. Die Vorschrift ist Ausdruck des vom Erziehungsgedanken **2**
geprägten flexiblen jugendstrafrechtlichen Sanktionsinstrumentariums. Sie ermöglicht es
dem Richter, auch **nachträgliche Entscheidungen** in Bezug auf Weisungen und Auflagen
sowie den Ungehorsamsarrest zu treffen.[2] Dies folgt insbesondere daraus, dass erteilte Weisungen gem. § 10 und Auflagen gem. § 15 nicht in Rechtskraft erwachsen und mithin
nachträglich geändert werden können. § 65 regelt einige diesbezügliche **Verfahrensfragen**.[3]

3. Zuständigkeit. a) Zuständigkeit nach Abs. 1 S. 1. Aus dem Telos des § 65 folgt, **3**
dass diese nachträglichen Entscheidungen von dem **Gericht** vorzunehmen sind, welches
ursprünglich die erste Hauptverhandlung geführt hat, zumal hierbei eine bestmögliche
Einschätzung bzgl des Jugendlichen selbst und dessen Entwicklung erfolgen kann. Zu beachten ist hierbei jedoch, dass die **Schöffen** an dieser Entscheidung gem. §§ 33a Abs. 2, 33b
Abs. 3 **nicht mitwirken**.[4]

Sofern eine **Abgabe an das Vormundschaftsgericht/Familiengericht** nach § 53 ggf. **4**
iVm § 104 Abs. 4 erfolgt ist, haben diese Richter mithin auch über Änderungen der Weisungen gem. § 11 Abs. 2 zu entscheiden. Dies gilt jedoch nicht, soweit über einen Ungehorsamsarrest zu entscheiden ist, da diese Entscheidungskompetenz den Familiengerichten gem.
§ 11 Abs. 3 nicht zusteht. Hier fällt die diesbezügliche Entscheidungskompetenz auf den
ursprünglich abgebenden Richter zurück.[5]

b) Übertragung gem. Abs. 1 S. 4. Grundsätzlich können diese Zuständigkeiten **5**
jedoch nach **Abs. 1 S. 4** an den Jugendrichter **übertragen** werden, in dessen Bezirk sich
der Jugendliche aufhält, wobei erforderlich ist, dass der Jugendliche den Aufenthaltswechsel
erst nach seiner Verurteilung vollzogen hat.[6] Diese Übertragung ist insbesondere dann als
zweckmäßig anzuerkennen, wenn die räumliche Entfernung so groß ist, dass der Jugendliche
sein Recht auf mündliche Äußerung gem. Abs. 1 S. 3 nicht mehr in zumutbarer Weise
wahrnehmen kann.

Sofern der übernehmende Richter diesbezüglich Vorbehalte hat, entscheidet darüber das
gemeinschaftliche obere Gericht gem. § 65 Abs. 1 S. 5 iVm § 42 Abs. 3 S. 2.

**c) Nachträgliche Entscheidungen über das Absehen von der Jugendarrestvoll- 6
streckung.** Eine besondere Zuständigkeitsfrage betrifft den Fall, dass **nachträglich** von
einer **Jugendarrestvollstreckung abgesehen** werden soll, sodass im Rahmen dessen zu
klären ist, ob das anordnende Gericht oder aber das mit der Vollstreckung betraute Gericht
hierfür zuständig ist.

In der **Literatur** wird teilweise auf das Vollstreckungsgericht mit der nachvollziehbaren **6a**
Begründung abgestellt, dass die Entscheidung über die Vollstreckung oder das Absehen
davon „in einer Hand liegen solle".[7]

Der **BGH** dagegen erklärte in einer Entscheidung aus dem Jahre 2002 das **anordnende 6b
Gericht** für zuständig. Zur Begründung führte er an, dass der Wortlaut von § 65 Abs. 1
S. 1 dies in Verbindung mit § 15 Abs. 3 S. 2 und § 11 Abs. 3 S. 3 nahelege und die Abgabe

---

[1] *Eisenberg* JGG Rn. 2 ff. mwN zu anderen Ansichten; so auch grds. *Dallinger/Lackner* § 104 Rn. 18, jedoch mit der weiteren Einschränkung, dass Abs. 1 S. 5 nicht entsprechend angewendet werden könne.
[2] So auch *Brunner/Dölling* Rn. 1.
[3] MRTW/*Meier* Rn. 1.
[4] MRTW/*Meier* Rn. 2.
[5] *Eisenberg* JGG § 53 Rn. 14; Diemer/Schatz/Sonnen/*Schatz* Rn. 3; Ostendorf/*Ostendorf* Rn. 1; MRTW/*Meier* Rn. 3.
[6] BGH 30.8.2006 – 2 ARs 361/06, JurionRS 2006, 22627.
[7] *Böttcher/Weber* NStZ 1991, 7 (8); *Brunner/Dölling* § 11 Rn. 8, § 87 Rn. 2a.

der Vollstreckung nach § 90 Abs. 2 S. 2 die Frage der Zuständigkeit für nachträgliche Aufhebungen unberührt lasse.[8]

II. Voraussetzungen

7 1. **Einleitung.** Eine Einleitung des Verfahrens kann einerseits **von Amts wegen** erfolgen, andererseits auf **Antrag eines Verfahrensbeteiligten,** wie bspw. des Jugendlichen, des Staatsanwalts oder der gesetzlichen Vertreter sowie Erziehungsberechtigten des Jugendlichen gem. § 67 Abs. 1. Daneben kann gem. § 38 Abs. 2 S. 5, 6 ein solches Verfahren auch auf Anregung insbesondere der Jugendgerichtshilfe sowie des Bewährungshelfers eingeleitet werden.

8 2. **Durchführung.** a) **Anhörung gem. Abs. 1 S. 1.** Obwohl grds. **keine mündliche Verhandlung** stattfinden muss, was sich aus einem Umkehrschluss aus § 65 Abs. 1 S. 3 folgern lässt,[9] sind die Staatsanwaltschaft und der Verurteilte gem. § 65 Abs. 1 S. 1, sowie dessen gesetzlicher Vertreter und die Erziehungsberechtigten gem. § 67 Abs. 2 in jedem Fall **zu hören.** Es wird vertreten, dass diese Anhörung grds. **mündlich** zu erfolgen hat, da nur so beurteilt werden könne, ob eine schuldhafte Zuwiderhandlung tatsächlich vorliegt.[10] Wortlaut und Systematik des Gesetzes legen das nicht nahe; auch wird die tatsächliche Wahrheitsfindung nicht in jedem Einzelfall zwangsläufig von einer mündlichen Anhörung abhängen. Zu empfehlen ist diese Vorgehensweise gleichwohl, da sie dem Jugendlichen die beste Gelegenheit gibt, sich zu artikulieren.[11]

9 b) **Anhörung gem. Abs. 1 S. 2.** Darüber hinaus hat „soweit erforderlich" auch eine Anhörung des **Vertreters der JGH,** des nach § 10 Abs. 1 S. 3 Nr. 5 bestellten **Betreuungshelfers** und des nach § 10 Abs. 1 S. 3 Nr. 6 tätigen **Leiters eines sozialen Trainingskurses** zu erfolgen. Festzuhalten ist, dass § 38 Abs. 3 S. 1 an sich von einer zwingenden Beteiligung der JGH ausgeht, woraus nach *Eisenberg* folgt, dass „in der Regel" eine Anhörung zu erfolgen habe.[12] *Ostendorf* geht sogar von einer Pflicht zur Anhörung der JGH aufgrund dieser Vorschrift aus.[13] Letzteres geht aufgrund des Vorrangs der speziellen gesetzlichen Regelung in § 65 Abs. 1 S. 2 zu weit. Dennoch erscheint eine Anhörung im Regelfall zweckmäßig; ihre Ablehnung muss gut begründet sein und darf nicht nur aus prozessökonomischen Gründen erfolgen.

10 c) **Anhörung gem. Abs. 1 S. 3.** Soweit die Verhängung von **Jugendarrest** in Betracht kommt, ist dem Jugendlichen gem. § 65 Abs. 1 S. 3 **zwingend** die Möglichkeit einzuräumen, sich **vor dem Richter zu äußern.**[14] Diese Vorschrift gilt auch dann, wenn der Ungehorsamsarrest wiederholt angeordnet wird.[15] Dabei wurde bewusst vom ursprünglichen Gesetzesentwurf abgewichen, in welchem lediglich eine Soll-Vorschrift angedacht war.[16]

11 Soweit der Jugendliche auf die betreffenden schriftlichen Anfragen nicht reagiert, ist dies nicht als ein **Verzicht** auf eine mündliche Anhörung zu werten, da ein solcher **ausdrücklich** und **eindeutig** zu erklären ist.[17] Dem Jugendlichen muss zwar die Möglichkeit zur Anhörung gegeben werden; diese kann jedoch nicht zwangsweise durchgeführt werden.

---

[8] BGH 4.9.2002 – 2 ARs 218/02, BGHSt 48, 1 = NJW 2003, 370.
[9] LBN/*Baier* Rn. 620.
[10] *Schaffstein/Beulke/Swoboda* Rn. 336.
[11] *Brunner/Dölling* § 65 Rn. 5; *Ostendorf/Ostendorf* § 65 Rn. 5; *Werlich* in: Schumann, Jugendarrest und/oder Betreuungsweisung, S. 166.
[12] *Eisenberg* JGG § 11 Rn. 10.
[13] *Ostendorf/Ostendorf* § 65 Rn. 5.
[14] *Brunner/Dölling* § 65 Rn. 6; *Eisenberg* JGG § 65 Rn. 10a.
[15] LG Arnsberg 31.1.2006 – 2 Qs 5/06 jug, NStZ 2006, 525 (526); *Ostendorf/Ostendorf* § 65 Rn. 5.
[16] BT-Drs. 11/5829, 6 Nr. 25.
[17] LG Arnsberg 21.12.2009 – 2 Qs 98/09.

Auch darf ein Nichterscheinen des Jugendlichen nicht nachteilig in die Bewertung miteinbezogen werden.[18]

Kritisiert wird, dass die Arrestanstalten dieses Recht nicht durch Ausschöpfung aller **11a** geeigneten Kontaktmöglichkeiten gewährleisten und dass die Vorschrift daher nur bei ca. 60 % der Anstalten in vollem Umfang beachtet wird.[19]

Die Jugendstaatsanwaltschaft hat die Möglichkeit, durch eine **Untätigkeitsbeschwerde** **12** zu erreichen, dass der Jugendrichter zunächst eine Anhörung des Jugendlichen nach § 65 Abs. 1 S. 3 durchführt und erst danach die Jugendstaatsanwaltschaft zu hören ist, da deren Beurteilung auch maßgeblich durch die Anhörung des Jugendlichen beeinflusst werden kann.[20]

3. Entscheidung. a) Beschluss. Die Entscheidung erfolgt gem. § 65 Abs. 1 S. 1 durch **13** **Beschluss.** Dabei ist mithin eine mündliche Verhandlung nicht verpflichtend, aus oben genannten Erwägungen allerdings empfehlenswert (vgl. → Rn. 8).

Der Beschluss ist zu **begründen** und mit einer **Rechtsmittelbelehrung** zu versehen **13a** gem. §§ 34, 35a StPO iVm § 2 Abs. 2 sowie gem. § 35 StPO iVm § 2 Abs. 2 **bekanntzumachen,** wobei dies gem. § 67 Abs. 2 auch gegenüber den Erziehungsberechtigten und den gesetzlichen Vertretern zu erfolgen hat. Dabei ist jedoch umstritten, ob die **Zustellung** eines schriftlichen Beschlusses zusätzlich geboten ist. Dies wurde in der Rspr. bereits bejaht,[21] ist in der Literatur aber umstritten.[22]

b) Unterrichtung und Mitteilung. Zunächst hat entsprechend der RL III Nr. 1 und **14** IV Nr. 2 S. 1 zu §§ 82–85 eine **Unterrichtung der JGH** durch den Jugendrichter über die Entscheidung zu erfolgen.

Darüber hinaus ist auch eine **Mitteilung an das Bundeszentralregister** durchzuführen **14a** gem. §§ 60 Abs. 1 Nr. 2, 59 S. 2, 20 BZRG.[23] Da der Beschluss selbst auch eine Anordnung beinhaltet, sind die Bedenken *Eisenbergs* bzgl. des Wortlauts der §§ 60 Abs. 1 Nr. 2, 59, 20 BZRG insoweit unbegründet.[24] Um eine Doppeleintragung zu vermeiden, ist im Zuge dessen die ursprüngliche Sanktion zu streichen.[25]

III. Anfechtbarkeit und Wiederaufnahme

1. Ablehnung des Antrags auf Änderung von Weisungen. Soweit der Richter **15** lediglich einen Antrag auf Änderung einer Weisung **abgelehnt** hat, statuiert **Abs. 2 S. 1** diesbezüglich die **Unanfechtbarkeit** dieser Entscheidung. Die Regelung entspricht dem va in § 55 Abs. 1 zum Ausdruck kommenden Grundsatz, dass das JGG Rechtsmittel ausschließt, wenn eine Erziehungsmaßregel oder ein Zuchtmittel durch eine andere gleichwertige Maßnahme ersetzt werden soll.[26]

Die Unanfechtbarkeit gilt ausweislich des klaren und offensichtlich bewusst differenzie- **15a** renden Wortlauts nicht für die Ablehnung eines Antrags auf Änderung einer Auflage und auch nicht für die Ablehnung eines Antrags auf vollständige Befreiung von einer Weisung oder einer Auflage[27] (dazu auch sogleich → Rn. 16).

Eine Abänderung der Entscheidung kann jedoch ausnahmsweise dann gem. §§ 2 Abs. 2, **15b** 33a StPO erfolgen, wenn der betroffene Beteiligte vor der Entscheidung nicht gehört worden ist.[28]

---

[18] Ostendorf/*Ostendorf* § 65 Rn. 5.
[19] *Eisenberg* JGG § 65 Rn. 10a.
[20] *Eisenberg* JGG § 65 Rn. 10b.
[21] KG 5. Strafsenat 24.2.2003 – 5 Ws 78/03, ZJJ 2003, 303 f.
[22] Ostendorf/*Ostendorf* § 65 Rn. 5.
[23] Ostendorf/*Ostendorf* Rn. 5; Brunner/*Dölling* Rn. 7.
[24] *Eisenberg* JGG Rn. 14.
[25] Ostendorf/*Ostendorf* Rn. 5.
[26] *Dallinger/Lackner* Rn. 10.
[27] Ostendorf/*Ostendorf* Rn. 7; Diemer/Schatz/Sonnen/*Schatz* Rn. 9; Brunner/*Dölling* Rn. 9; *Eisenberg* JGG Rn. 20.
[28] *Eisenberg* JGG Rn. 15.

16 **2. Änderung von Weisungen und Auflagen und weitere Fälle.** In den nicht von der Spezialregelung in Abs. 2 S. 1 erfassten Fällen kann gegen den entsprechenden Beschluss nach hM eine **einfache Beschwerde** nach Maßgabe von § 55 Abs. 1 iVm § 304 StPO erhoben werden, soweit eine **Beschwer** gegeben ist.[29]

16a Das betrifft zunächst Fälle, in denen der Jugendrichter in irgendeiner Form eine **Änderung von Weisungen** vorgenommen hat, diese also bspw. inhaltlich modifiziert, verlängert oder von ihnen ganz oder teilweise befreit hat. Anfechtbar sind auch Beschlüsse, in denen eine **Änderung von Auflagen** oder eine teilweise oder vollständige Befreiung von einer Auflage angeordnet wurde. Gleiches gilt, wenn der Jugendrichter einen **Antrag** auf ganze oder teilweise **Befreiung** von einer Weisung oder Auflage **abgelehnt** hat sowie bei **Nicht-Stattgabe eines Antrags auf Verhängung von Jugendarrest**.

17 **3. Verhängung von Ungehorsamsarrest.** Hat der Richter **Jugendarrest** durch Beschluss **angeordnet,** gilt diesbezüglich die Spezialregelung des **Abs. 2 S. 2,** wonach unmittelbar die Zulässigkeit einer **sofortigen Beschwerde gem. § 311 StPO** angeordnet wird. Dabei müssen nach hM zusätzlich die Voraussetzungen von § 55 Abs. 1 beachtet werden.[30] Nach **Abs. 2 S. 3** hat das Rechtsmittel dabei aufgrund der Intensität des Eingriffs auch (abweichend von der allgemeinen Regelung in § 307 Abs. 1 StPO) **aufschiebende Wirkung.** Eine **weitere Beschwerde** ist **nicht** mehr **statthaft**.[31]

18 **4. Wiederaufnahme des Verfahrens.** Umstritten ist, ob bei Bekanntwerden von Umständen, welche bei einer Verurteilung eine Wiederaufnahme rechtfertigen würden, nach Ablauf der Beschwerdefrist auch eine **Wiederaufnahme** im Hinblick auf die **Verhängung von Ungehorsamsarrest** statthaft ist. Hierzu ist einerseits festzuhalten, dass im allg. Strafrecht eine Wiederaufnahme bei Beschlüssen grds. nicht möglich ist und von der hM abgelehnt wird. Ausnahmen werden in diesem Rahmen jedoch für **urteilsgleiche Beschlüsse** gemacht.[32] Zwar wurde vormals auch im Jugendstrafrecht unter Hinweis auf den „Beugecharakter" des Ungehorsamsarrests eine Wiederaufnahme für unzulässig erachtet.[33] Die hM in der Literatur folgt dieser Ansicht heute jedoch zu Recht nicht mehr. Mit Blick auf die Intensität des Eingriffs und darauf, dass einem Erwachsenen in derselben Verfahrenssituation ein solches Unrecht nicht zugemutet wird, sowie der Erwägung, dass der dem JGG zugrunde liegende erzieherische Grundsatz in einem solchen Fall ins Negative gekehrt würde und der Jugendliche gerade nicht darin bestärkt würde, in die Rechtsordnung zu vertrauen, wäre es nicht gerechtfertigt, dem Jugendlichen die Möglichkeit der Wiederaufnahme zu versagen.[34]

§ 66 Ergänzung rechtskräftiger Entscheidungen bei mehrfacher Verurteilung

(1) ¹Ist die einheitliche Festsetzung von Maßnahmen oder Jugendstrafe (§ 31) unterblieben und sind die durch die rechtskräftigen Entscheidungen erkannten Erziehungsmaßregeln, Zuchtmittel und Strafen noch nicht vollständig ausgeführt, verbüßt oder sonst erledigt, so trifft der Richter eine solche Entscheidung nachträglich. ²Dies gilt nicht, soweit der Richter nach § 31 Abs. 3 von der Einbeziehung rechtskräftig abgeurteilter Straftaten abgesehen hatte.

(2) ¹Die Entscheidung ergeht auf Grund einer Hauptverhandlung durch Urteil, wenn der Staatsanwalt es beantragt oder der Vorsitzende es für angemessen hält.

---

[29] *Brunner/Dölling* Rn. 8; *Ostendorf/Ostendorf* Rn. 6; *Eisenberg* JGG Rn. 16; MRTW/*Meier* Rn. 10; Diemer/Schatz/Sonnen/*Schatz* Rn. 8.
[30] *Brunner/Dölling* Rn. 9; zweifelnd *Eisenberg* JGG Rn. 17.
[31] OLG München 22.7.2011 – 1 Ws 598/11, StV 2011, 596.
[32] *Eisenberg* JGG Rn. 19; BayObLG 14.9.1955 – 2 St 196/55, BayObLGSt 1955, 148 = NJW 1955, 1644; zum allgemeinen Strafrecht s. nur SSW/*Kaspar* StPO Vor §§ 359 Rn. 24.
[33] LG Stuttgart 31.8.1957 – II Qs 128/57, NJW 1957, 1686.
[34] *Eisenberg* JGG Rn. 20; MRTW/*Meier* Rn. 12; *Ostendorf/Ostendorf* Rn. 8.

²Wird keine Hauptverhandlung durchgeführt, so entscheidet der Richter durch Beschluß. ³Für die Zuständigkeit und das Beschlußverfahren gilt dasselbe wie für die nachträgliche Bildung einer Gesamtstrafe nach den allgemeinen Vorschriften. ⁴Ist eine Jugendstrafe teilweise verbüßt, so ist der Richter zuständig, dem die Aufgaben des Vollstreckungsleiters obliegen.

Schrifttum: *Dölling* Anm. zu BGH, Beschl. v. 25.10.2006 – 2 ARs 428/06, NStZ 2008, 694 f.

Übersicht

	Rn.		Rn.
I. Grundlagen	1–2a	2. Rechtskraft der Entscheidungen	4
1. Anwendungsbereich	1	3. Keine Erledigung	5–6b
2. Inhalt und Zweck der Norm	2, 2a	III. Nachtragsentscheidung	7–10
		IV. Zuständigkeit und Verfahren	11–15a
II. Voraussetzungen für die nachträgliche Festsetzung	3–6b	1. Zuständigkeit	11–13a
		2. Verfahren	14–15a
1. Keine einheitliche Sanktionierung nach § 31	3	V. Rechtsbehelfe	16, 17

I. Grundlagen

1. Anwendungsbereich. § 66 gilt in Verfahren gegen **Jugendliche** vor den Jugendgerichten. Vor den für allgemeine Strafsachen zuständigen Gerichten findet die Vorschrift gemäß § 104 Abs. 2 nach pflichtgemäßem Ermessen des Richters Anwendung. Der Anwendungsbereich erstreckt sich auch auf Verfahren gegen **Heranwachsende,** sofern Jugendstrafrecht angewendet wurde (§ 109 Abs. 2 S. 1).

2. Inhalt und Zweck der Norm. § 66 ermöglicht eine **Nachtragsentscheidung** für den Fall, dass keine einheitliche Rechtsfestsetzung nach § 31 erfolgt ist und die rechtskräftig verhängten Sanktionen noch nicht vollständig erledigt sind. Damit wird das **jugendstrafrechtliche Einheitsprinzip** auch auf die Fälle erstreckt, in denen Verurteilungen durch verschiedene Gerichte vorliegen, die von den jeweils anderen Verfahren keine Kenntnis hatten oder wenn wegen fehlender Rechtskraft der Vorverurteilung noch keine einheitliche Entscheidung möglich war.[1]

Da durch eine nachträgliche Entscheidung die Ausrichtung auf den **aktuellen Erziehungsbedarf** des Jugendlichen ermöglicht und ein erzieherisch ungünstiges Nebeneinander verschiedener Sanktionen vermieden wird, ist hiermit auch dem Erziehungsziel gedient.[2] Die rückwirkende Beseitigung bereits ausgesprochener Rechtsfolgen wird dabei im Interesse der Resozialisierung und zukünftigen Entwicklung des Jugendlichen durch das Erziehungsprinzip gerechtfertigt.[3]

II. Voraussetzungen für die nachträgliche Festsetzung

1. Keine einheitliche Sanktionierung nach § 31. Die nachträgliche Festsetzung von Maßnahmen oder Jugendstrafe setzt zunächst voraus, dass zwei oder mehr Entscheidungen vorliegen, für die **keine einheitliche Sanktionierung** vorgenommen wurde, obwohl dies nach § 31 möglich gewesen wäre. Der Grund für die Nichtvornahme ist dabei irrelevant; es sind also auch solche Fälle erfasst, in denen das früher entscheidende Gericht eine einheitliche Rechtsfolgenfestsetzung deshalb abgelehnt hat, weil es rechtsirrig davon ausging, dass die Voraussetzungen hierfür nicht vorlagen.[4] Eine **Ausnahme** bildet lediglich der Fall des **Abs. 1 S. 2,** der die nachträgliche Einbeziehung einer vorangegangenen Entscheidung aus-

---

[1] Diemer/Schatz/Sonnen/*Schatz* Rn. 4; LBN/*Baier* Rn. 505; *Schaffstein/Beulke/Swoboda* Rn. 286.
[2] Diemer/Schatz/Sonnen/*Schatz* Rn. 4; MRTW/*Meier* Rn. 1; vgl. auch *Streng* JugStrR Rn. 269.
[3] MRTW/*Meier* Rn. 1; *Eisenberg* JGG Rn. 4; vgl. auch *Streng* JugStrR Rn. 269.
[4] Brunner/*Dölling* Rn. 3; *Eisenberg* JGG Rn. 17; Ostendorf/*Ostendorf* Rn. 3.

schließt, wenn der zuvor zuständige Richter ausdrücklich aus erzieherischen Gründen nach § 31 Abs. 3 von der einheitlichen Sanktionierung abgesehen hat.[5] Kommen allerdings nach einer solchen Ablehnung neue, für eine Einbeziehung geeignete Verurteilungen hinzu, wird die Sperrwirkung des Abs. 1 S. 2 ausgeschaltet,[6] da dann nicht ohne Weiteres davon ausgegangen werden kann, dass der zuvor damit befasste Richter auch bei Einbeziehung der neuen Entscheidung auf die Festlegung einer einheitlichen Maßnahme oder Strafe verzichtet hätte.

4 **2. Rechtskraft der Entscheidungen.** Zur Durchführung des nachträglichen Verfahrens müssen die infrage stehenden früheren Entscheidungen zudem allesamt **rechtskräftig** sein. Dieses Erfordernis soll sicherstellen, dass die einheitliche Sanktionierung nicht vom ungewissen Bestand einer noch veränderbaren Entscheidung abhängt.[7] Sind noch nicht alle einzubeziehenden Urteile in Rechtskraft erwachsen, kann dennoch eine einheitliche Rechtsfolge für die bereits rechtskräftig gewordenen Entscheidungen festgelegt werden, um eine einheitliche Vollstreckung zu gewährleisten.[8] Eine spätere nochmalige Zusammenfassung mit anderen Entscheidungen ist dennoch möglich. Vorzugsweise ist aber die Rechtskraft aller Entscheidungen abzuwarten, sofern daraus für den Jugendlichen keine Nachteile entstehen.[9]

5 **3. Keine Erledigung.** Wenn die in den einzubeziehenden Entscheidungen festgesetzten Sanktionen bereits vollständig ausgeführt, verbüßt oder sonst erledigt sind, so ist keine Einbeziehung mehr möglich, da der Jugendliche ansonsten entgegen Art. 103 Abs. 3 GG aufgrund derselben Tat mehrfach bestraft würde.[10] In jeder der einzubeziehenden Entscheidungen muss also eine Maßnahme oder Strafe enthalten sein, die **noch nicht vollständig erledigt** ist. Auch wenn zum Zeitpunkt des Erlasses der letzten rechtskräftigen Entscheidung noch die Möglichkeit einer Vollstreckung gegeben war, scheidet eine Einbeziehung mit Eintritt der Erledigung aus.[11] Insoweit weicht diese Voraussetzung von der allgemeinen Regelung des § 460 StPO ab.[12]

6 **Umstritten** ist, ob auch eine **Schuldfeststellung nach § 27** als eine noch nicht vollständig erledigte Entscheidung iSd § 66 Abs. 1 S. 1 zu werten ist.

6a Der **BGH** verneint dies zu Recht mit dem Hinweis auf den Wortlaut des § 66, welcher im Gegensatz zu § 31 Abs. 2 S. 1 die Schuldfeststellung nach § 27 nicht ausdrücklich einschließt.[13] Zudem liegt das Anberaumen einer Hauptverhandlung nach § 66 Abs. 2 S. 1 im Ermessen des entscheidenden Richters, wohingegen gemäß § 62 Abs. 1 bei einer Entscheidung nach § 30 Abs. 1 über die Verhängung einer Jugendstrafe eine Hauptverhandlung zwingend zu erfolgen hat. Somit würde der Jugendliche schlechter gestellt, wenn Schuldfeststellung und rechtskräftige Entscheidung zusammengefasst würden, da ihm im Fall einer Nachtragsentscheidung im Verfahren nach § 66 dann keine Hauptverhandlung zustünde.[14]

6b **Teile der Literatur** sind über die Einbeziehung der Schuldfeststellung jedoch anderer Ansicht: § 66 beziehe sich auf § 31 und verweise generell auf die darin aufgeführten Maßnahmen und Strafen, sodass auch die in § 31 Abs. 2 S. 1 genannte Schuldfeststellung als rechtskräftige Entscheidung in § 66 einzubeziehen sei.[15] Dem ist entgegenzuhalten, dass der Ver-

---

[5] BGH 25.10.2006 – 2 ARs 428/06, BGHSt 51, 136 = NStZ 2008, 693; *Dallinger/Lackner* Rn. 4; *Streng* JugStrR Rn. 281.
[6] *Streng* JugStrR Rn. 281; *Dallinger/Lackner* Rn. 4; *Ostendorf/Ostendorf* Rn. 4.
[7] Vgl. *Dallinger/Lackner* § 31 Rn. 8.
[8] *Dallinger/Lackner* Rn. 6; *Eisenberg* JGG Rn. 19; *Ostendorf/Ostendorf* Rn. 5.
[9] *Eisenberg* JGG Rn. 19; *Dallinger/Lackner* Rn. 6.
[10] Diemer/Schatz/Sonnen/*Schatz* Rn. 11, § 31 Rn. 25.
[11] Diemer/Schatz/Sonnen/*Schatz* Rn. 11; *Eisenberg* JGG Rn. 21; *Ostendorf/Ostendorf* Rn. 6.
[12] *Eisenberg* JGG Rn. 21; *Dallinger/Lackner* Rn. 7.
[13] BGH 25.10.2006 – 2 ARs 428/06, BGHSt 51, 136 = NStZ 2008, 693; so auch *Eisenberg* JGG Rn. 22a.
[14] BGH 25.10.2006 – 2 ARs 428/06, BGHSt 51, 136 = NStZ 2008, 693; *Eisenberg* JGG § 66 Rn. 22a f.; MRTW/*Meier* Rn. 4; Diemer/Schatz/Sonnen/*Schatz* Rn. 7.
[15] *Ostendorf/Ostendorf* Rn. 7; *Brunner/Dölling* Rn. 2.

weis in § 66 nur für eines von mehreren Tatbestandsmerkmalen gilt.[16] Auch das Argument, es würden anderenfalls zwei richterliche Entscheidungen notwendig werden, diejenige nach § 30 und diejenige nach § 66, was dem Grundsatz der Prozessökonomie widerspräche,[17] überzeugt insofern nicht, als dass es auch bei einem Ausschluss einer Nachtragsentscheidung nach § 66 Abs. 1 bei nur einer Entscheidung bleibt, da die andere rechtskräftige Entscheidung nach § 31 Abs. 2 einbezogen werden kann.[18]

III. Nachtragsentscheidung

Liegen die genannten Voraussetzungen vor, so ist das **Verfahren des § 66 zwingend** einzuleiten.[19] Wenn allerdings absehbar ist, dass zum Zeitpunkt der Entscheidungsreife die nachträgliche Rechtsfolgenvereinheitlichung nicht mehr zulässig sein wird, kann auf die Einleitung des Verfahrens verzichtet werden.[20] Wie oben (→ Rn. 4) bereits erwähnt, sollte gegebenenfalls die Rechtskraft einer weiteren Entscheidung abgewartet werden, um widerstreitende Nachtragsentscheidungen zu umgehen, sofern dem verurteilten Jugendlichen durch das Abwarten keine Nachteile entstehen.[21]   **7**

Die nachträgliche Entscheidung nach § 66 **beseitigt rückwirkend** alle in den früheren Entscheidungen ausgesprochenen **Rechtsfolgen**.[22] Das Gericht ist dabei an die Schuldsprüche und die zugrundeliegenden Feststellungen zur Straffrage der vorgehenden Entscheidungen gebunden; die Feststellungen zum Rechtsfolgenausspruch hingegen unterliegen der freien Beweiswürdigung.[23] Maßregeln und Strafen, die weiter aufrechterhalten werden sollen, sind nach eigener Sachprüfung noch einmal neu anzuordnen.[24]   **8**

Das **Verschlechterungsverbot gilt** hierbei **nicht**. Die Nachtragsentscheidung nach § 66 kann den Jugendlichen also stärker belasten als die nebeneinander bestehenden vorherigen Entscheidungen insgesamt. § 54 Abs. 2 S. 1 StGB findet keine Anwendung,[25] schließlich darf die auf Basis des jugendstrafrechtlichen Erziehungsaspekts im konkreten Fall gebotene Rechtsfolge nicht durch eine rein rechnerische Aufaddierung bereits bestehender Maßregeln oder Strafen beschränkt werden, da dies den erzieherischen Effekt begrenzen würde. Dies ist dann von Bedeutung, wenn sich gerade erst aus der Häufung der durch den Jugendlichen begangenen Straftaten eine so ungünstige Beurteilung seiner Persönlichkeit und seiner künftigen Neigung zu schädlichem Verhalten ergibt, dass erstmals eine Jugendstrafe gegen ihn verhängt wird.[26]   **9**

Sieht das Gericht gem. **§ 31 Abs. 3** aus erzieherischen Gründen von einer Einbeziehung früherer Entscheidungen ab, so muss dies aufgrund der oben (→ Rn. 3) bereits genannten Sperrwirkung nach § 66 Abs. 1 S. 2 ausdrücklich ausgesprochen und begründet werden.[27]   **10**

IV. Zuständigkeit und Verfahren

1. Zuständigkeit. Grundsätzlich richtet sich die Zuständigkeit gemäß **Abs. 2 S. 3** wie bei der Gesamtstrafenbildung im allgemeinen Strafrecht nach § 462a Abs. 3 S. 1, 2 StPO,   **11**

---

[16] LBN/*Baier* Rn. 506.
[17] Anm. *Dölling* zu BGH 25.10.2006 – 2 ARs 428/06, BGHSt 51, 136 in NStZ 2008, 694 f.
[18] BGH 25.10.2006 – 2 ARs 428/06, BGHSt 51, 136 = NStZ 2008, 693; so auch *Eisenberg* JGG Rn. 22b; *Streng* JugStrR Rn. 282.
[19] Vgl. RL zum JGG zu § 66 Nr. 1 S. 1.
[20] Dallinger/Lackner Rn. 12; Diemer/Schatz/Sonnen/*Schatz* Rn. 12.
[21] Diemer/Schatz/Sonnen/*Schatz* Rn. 12; *Eisenberg* JGG Rn. 23.
[22] BGH 12.6.1996 – 2 ARs 130/96, NStZ 1997, 100 (101); MRTW/*Meier* Rn. 8; *Eisenberg* JGG Rn. 4; Diemer/Schatz/Sonnen/*Schatz* Rn. 14.
[23] Diemer/Schatz/Sonnen/*Schatz* Rn. 14.
[24] BGH 12.6.1996 – 2 ARs 130/96, NStZ 1997, 100 (101); Diemer/Schatz/Sonnen/*Schatz* § 66 Rn. 14.
[25] Diemer/Schatz/Sonnen/*Schatz* Rn. 15; Brunner/*Dölling* Rn. 5; *Streng* JugStrR Rn. 283; aA Ostendorf/*Ostendorf* Rn. 11, der eine analoge Anwendung des § 54 Abs. 2 S. 1 StGB verlangt.
[26] Brunner/*Dölling* Rn. 5; Diemer/Schatz/Sonnen/*Schatz* Rn. 15; *Streng* JugStrR Rn. 283.
[27] BGH 25.10.2006 – 2 ARs 428/06, BGHSt 51, 136 (137) = NJW 2007, 447; OLG Celle 22.9.2009 – 2 Ws 206/09, NStZ-RR 2010, 27 (Ls.); Brunner/*Dölling* Rn. 6; Diemer/Schatz/Sonnen/*Schatz* Rn. 16.

wonach grds. das **Gericht des ersten Rechtszugs** entscheidet. Bei verschiedenen an den Urteilen beteiligten Gerichten entscheidet dementsprechend dasjenige, welches auf die schwerste Strafart bzw. bei Strafen gleicher Art auf die höchste Strafe erkannt hat. Sollten auch hiernach mehrere Gerichte zuständig sein, obliegt die Entscheidung dem Gericht, dessen Urteil zuletzt ergangen ist.

12 Etwas anderes gilt im **Ausnahmefall des Abs. 2 S. 4,** wenn der Jugendliche bereits einen Teil der Jugendstrafe verbüßt hat; hier ist der **Richter zuständig,** der die Funktion des **Vollstreckungsleiters** innehat.[28] Für den Vollstreckungsleiter des Jugendarrests gilt die Vorschrift aufgrund ihres Ausnahmecharakters jedoch nicht.[29]

12a Eine **teilweise Vollstreckung iSd Abs. 2 S. 4** liegt vor, wenn sie zwar schon begonnen hat, aber noch nicht beendet ist. Bei einer bloßen Anrechnung von Untersuchungshaft liegt keine teilweise Vollstreckung vor, da es für die Spezialzuständigkeit auf die besondere Sachkompetenz des Vollstreckungsleiters ankommt, die ihm die Beurteilungsgrundlage für eine einheitliche Sanktionierung verschafft und die dieser erst durch das Befassen mit dem Jugendlichen im Vollzug erwirbt.[30]

12b Bei **Erlass der Strafe** oder im Fall einer **vollständigen Verbüßung** gilt auch die Spezialzuständigkeit nicht mehr; wird die restliche Jugendstrafe hingegen nach **§ 88** ausgesetzt, so bleibt die besondere Zuständigkeit bestehen.[31]

13 Die **örtliche Zuständigkeit** ist an die Vollstreckungszuständigkeit gekoppelt: Wechselt die örtliche Zuständigkeit auf einen anderen Vollstreckungsleiter oder wird sie auf den Jugendrichter des Aufenthaltsortes übertragen, so wechselt sie auch hinsichtlich der Entscheidungen nach § 66.[32]

13a Auch eine nur **teilweise Übertragung der Zuständigkeit** ist möglich, sodass dann zwei Richter zuständig sind. Sinnvollerweise sollte der Entscheidungsvorrang in diesem Fall beim abgebenden Vollstreckungsleiter bleiben, da er das Widerrufsrecht nach § 85 Abs. 5 innehat.[33] Sind mehrere Jugendstrafen ausgesprochen worden und lediglich teilweise verbüßt, so kann auch hier eine **parallele Zuständigkeit** verschiedener Vollstreckungsleiter bestehen. Die vorrangige Kompetenz kommt dann demjenigen zu, der zuerst das Verfahren nach § 66 einleitet.[34]

14 **2. Verfahren.** Die Entscheidung nach § 66 ergeht entweder durch **Urteil** aufgrund einer Hauptverhandlung oder durch **Beschluss.**

14a Aufgrund einer Hauptverhandlung ergeht die Entscheidung gem. Abs. 2 S. 1 dann, wenn entweder der **Staatsanwalt** einen entsprechenden **Antrag** gestellt hat oder der **Vorsitzende** es für **angemessen** hält. Die nicht antragsberechtigten Verfahrensbeteiligten, zu denen auch der Jugendliche und sein gesetzlicher Vertreter gehören, können nur eine unverbindliche Anregung zur Durchführung einer Hauptverhandlung geben.[35] Die Ermessensentscheidung des Vorsitzenden ist als solche nicht angreifbar.[36]

14b Regelmäßig empfiehlt sich eine Hauptverhandlung, da hierbei im Rahmen der umfassenden Erörterung des Falles die Persönlichkeit des Jugendlichen besser beurteilt werden kann und der mögliche erzieherische Effekt durch die verstärkte Beteiligung intensiviert wird.[37]

15 Ist keine Hauptverhandlung durchzuführen, so ergeht die Entscheidung durch **Beschluss, § 66 Abs. 2 S. 2.** Das **Verfahren** richtet sich dabei gem. **§ 66 Abs. 2 S. 3** nach

---

[28] S. etwa KG 15.6.2015 – 4 Ws 49/15 – 141 AR 239/15, ZJJ 2015, 420 f.
[29] *Dallinger/Lackner* Rn. 20; *Eisenberg* JGG Rn. 12.
[30] *Eisenberg* JGG Rn. 10; Ostendorf/*Ostendorf* Rn. 14; Diemer/Schatz/Sonnen/*Schatz* Rn. 18.
[31] Ostendorf/*Ostendorf* Rn. 14; MRTW/*Meier* Rn. 12; Diemer/Schatz/Sonnen/*Schatz* Rn. 18.
[32] *Eisenberg* JGG Rn. 11a; Ostendorf/*Ostendorf* Rn. 16; Diemer/Schatz/Sonnen/*Schatz* Rn. 19.
[33] Ostendorf/*Ostendorf* Rn. 16; *Eisenberg* JGG Rn. 11b; *Brunner/Dölling* Rn. 10.
[34] Ostendorf/*Ostendorf* Rn. 16; Ostendorf/*Ostendorf* Rn. 11b; Diemer/Schatz/Sonnen/*Schatz* Rn. 19.
[35] Diemer/Schatz/Sonnen/*Schatz* Rn. 22, der dies für eine bedenkliche Ungleichbehandlung hält; Ostendorf/*Ostendorf* Rn. 17; *Brunner/Dölling* Rn. 7.
[36] LG Zweibrücken 2.4.1993 – 1 Qs 12/93, MDR 1993, 679; *Eisenberg* JGG Rn. 25; Ostendorf/*Ostendorf* Rn. 23.
[37] Diemer/Schatz/Sonnen/*Schatz* Rn. 22; Ostendorf/*Ostendorf* Rn. 17.

den allgemeinen Vorschriften über die nachträgliche Bildung einer Gesamtstrafe; somit ist **§ 462 StPO entsprechend anwendbar.** Demnach ist keine mündliche Verhandlung durchzuführen (§ 462 Abs. 1 S. 1 StPO), Staatsanwalt und Jugendlicher sind jedoch vor der Entscheidung zu hören (§ 462 Abs. 2 S. 1), ebenso wie der Erziehungsberechtigte und der gesetzliche Vertreter (§ 67 Abs. 1). Auch die Jugendgerichtshilfe ist gem. § 38 Abs. 3 S. 1 zu beteiligen.

Nach § 34 StPO ist für den Beschluss eine **Begründung** notwendig, wobei sich deren Form nach §§ 54 Abs. 1, 267 Abs. 3 S. 1 StPO zu richten hat, da der Beschluss urteilsgleichen Charakter hat.[38]

15a

V. Rechtsbehelfe

Das **Urteil** ist nach den Maßgaben des § 55 Abs. 1 mittels Berufung oder Revision **anfechtbar.** Dies betrifft aber nur den neuen, einheitlichen Rechtsfolgenausspruch, da die zugrundeliegenden Schuldsprüche bereits rechtskräftig sind.[39]

16

Gegen den **Beschluss** ist nach § 66 Abs. 2 S. 3 iVm § 462 Abs. 3 StPO **sofortige Beschwerde** zulässig; allerdings müssen die Rechtsmittelbeschränkungen nach § 55 Abs. 1 berücksichtigt werden, da der Beschluss, wie oben (→ Rn. 15) bereits erwähnt, urteilsvertretend wirkt.[40] Auch gilt hier das Verschlechterungsverbot.[41]

17

Siebenter Unterabschnitt. Gemeinsame Verfahrensvorschriften

§ 67 Stellung des Erziehungsberechtigten und des gesetzlichen Vertreters

(1) Soweit der Beschuldigte ein Recht darauf hat, gehört zu werden, Fragen und Anträge zu stellen oder bei Untersuchungshandlungen anwesend zu sein, steht dieses Recht auch dem Erziehungsberechtigten und dem gesetzlichen Vertreter zu.

(2) Ist eine Mitteilung an den Beschuldigten vorgeschrieben, so soll die entsprechende Mitteilung an den Erziehungsberechtigten und den gesetzlichen Vertreter gerichtet werden.

(3) Die Rechte des gesetzlichen Vertreters zur Wahl eines Verteidigers und zur Einlegung von Rechtsbehelfen stehen auch dem Erziehungsberechtigten zu.

(4) ¹Der Richter kann diese Rechte dem Erziehungsberechtigten und dem gesetzlichen Vertreter entziehen, soweit sie verdächtig sind, an der Verfehlung des Beschuldigten beteiligt zu sein, oder soweit sie wegen einer Beteiligung verurteilt sind. ²Liegen die Voraussetzungen des Satzes 1 bei dem Erziehungsberechtigten oder dem gesetzlichen Vertreter vor, so kann der Richter die Entziehung gegen beide aussprechen, wenn ein Mißbrauch der Rechte zu befürchten ist. ³Stehen dem Erziehungsberechtigten und dem gesetzlichen Vertreter ihre Rechte nicht mehr zu, so bestellt das Familiengericht einen Pfleger zur Wahrnehmung der Interessen des Beschuldigten im anhängigen Strafverfahren. ⁴Die Hauptverhandlung wird bis zur Bestellung des Pflegers ausgesetzt.

(5) ¹Sind mehrere erziehungsberechtigt, so kann jeder von ihnen die in diesem Gesetz bestimmten Rechte des Erziehungsberechtigten ausüben. ²In der Hauptverhandlung oder in einer sonstigen Verhandlung vor dem Richter wird der abwesende Erziehungsberechtigte als durch den anwesenden vertreten angesehen. ³Sind Mitteilungen oder Ladungen vorgeschrieben, so genügt es, wenn sie an einen Erziehungsberechtigten gerichtet werden.

---

[38] Diemer/Schatz/Sonnen/*Schatz* Rn. 24; *Eisenberg* JGG Rn. 29; Ostendorf/*Ostendorf* Rn. 20.
[39] MRTW/*Meier* Rn. 15; Brunner/*Dölling* Rn. 7; Diemer/Schatz/Sonnen/*Schatz* Rn. 25.
[40] Ostendorf/*Ostendorf* Rn. 22; Diemer/Schatz/Sonnen/*Schatz* Rn. 25; Brunner/*Dölling* Rn. 7.
[41] Ostendorf/*Ostendorf* Rn. 22; *Eisenberg* JGG Rn. 32, § 55 Rn. 24; Diemer/Schatz/Sonnen/*Schatz* Rn. 25, § 55 Rn. 29.

Schrifttum: *Grunewald,* Die besondere Bedeutung des Erziehungsgedankens im Jugendstrafverfahren, NJW 2003, 1995; *Möller,* Führen Verstöße gegen § 67 I JGG bei polizeilichen Vernehmungen eines jugendlichen Beschuldigten zu einem Beweisverwertungsverbot? – Zugleich Besprechung des Urteils des LG Saarbrücken – NStZ 2012, 167 –, NStZ 2012, 113; *Richmann,* Die Beteiligung des Erziehungsberechtigten und des gesetzlichen Vertreters am Jugendstrafverfahren, 2002; *Schwer,* Die Stellung der Erziehungsberechtigten und gesetzlichen Vertreter im Jugendstrafverfahren. Dargestellt am Ablauf des Strafverfahrens unter Berücksichtigung materieller Aspekte, 2004; *Zieger,* Verteidigung in Jugendstrafsachen, 6. Aufl. 2013, Rn 119 ff.

Übersicht

	Rn.		Rn.
I. Grundlagen	1–4	1. Rechtliches Gehör (Abs. 1)	12–15
1. Inhalt und Zweck der Norm	1	2. Frage- und Antragsrecht (Abs. 1)	16, 16a
2. Stellung der Verfahrensbeteiligten	2, 3	3. Anwesenheitsrecht (Abs. 1)	17–19
3. Rechtspraxis	4	4. Mitteilungspflicht (Abs. 2)	20, 21
II. Geltungsbereich	5–11	5. Recht zur Wahl eines Verteidigers;	
1. Verfahren gegen Jugendliche	5, 5a	Anfechtungsrecht (Abs. 3)	22, 23
2. Erziehungsberechtigter/gesetzlicher Vertreter	6–11	**IV. Entzug der Rechte (Abs. 4)**	24–28
III. Rechte der Erziehungsberechtigten und gesetzlichen Vertreter (Abs. 1–3)	12–23	**V. Mehrere Erziehungsberechtigte (Abs. 5)**	29

I. Grundlagen

1 **1. Inhalt und Zweck der Norm.** Ausgehend von der **besonderen Schutzbedürftigkeit** junger Beschuldigter[1] verfolgt die Norm den Zweck, dem Jugendlichen anlässlich einer im Raum stehenden Straftat Unterstützung in der Person des **Erziehungsberechtigten** bzw. des **gesetzlichen Vertreters** zuzusichern. Zugleich sollen durch deren **aktive Einbindung** ein möglichst breites Verständnis für die anzuordnenden Maßnahmen erzeugt und damit der das Jugendstrafrecht prägende Erziehungsgedanke iSv § 2 Abs. 1 gefördert werden.[2] Verfassungsrechtlich ist § 67 eine einfachgesetzliche Ausprägung der in Art. 6 Abs. 2 S. 1 GG verbrieften Elternrechte, die ua die **Wahrnehmung der Schutz- und Beistandsfunktion** für das Kind zum Inhalt haben[3] und zugleich dem erzieherisch motivierten staatlichen Zugriff auf den jugendlichen Straftäter Grenzen setzen.[4]

2 **2. Stellung der Verfahrensbeteiligten.** § 67 weist dem Erziehungsberechtigten bzw. gesetzlichen Vertreter eine **autonome Rechtsstellung** als selbstständige Prozessbeteiligte im Strafverfahren mit eigenen Befugnissen zu.[5] Dies lässt die Stellung des Jugendlichen gleichwohl unberührt. Jener verfügt als Betroffener im Verfahren über eine unabhängige, die gleichen Rechte wie ein Volljähriger umfassende Rechtsposition (näher → Rn. 12 ff.), sofern er natürliche Verhandlungsfähigkeit[6] besitzt, die keine Geschäftsfähigkeit voraussetzt.[7]

3 **Konfliktträchtig** ist die selbstständige Rechteausübung durch den oder die Erziehungsberechtigten bzw. gesetzlichen Vertreter einerseits und durch den Jugendlichen auf der anderen Seite, sofern dies in einem **gegenläufigen Prozessverhalten** mündet. Wie eine etwaige Interessenkollision aufzulösen ist, wird vom Gesetz nicht ausdrücklich geregelt. Teilweise wird vertreten, die Schutzbelange des Jugendlichen hätten im Zweifel Vorrang.[8]

---

[1] Dazu nur *Zieger* Rn. 117 f.
[2] Vgl. Diemer/Schatz/Sonnen/*Schatz* Rn. 5.
[3] So in ständiger Rspr. BVerfG 16.1.2003 – 2 BvR 716/01, BVerfGE 107, 104 = NJW 2003, 2004 ff.
[4] S. MüKoStGB/*Altenhain/Laue* JGG § 2 Rn. 9.
[5] Statt vieler LBN/*Nestler* Rn. 232.
[6] So auch Diemer/Schatz/Sonnen/*Schatz* Rn. 6; Brunner/Dölling Rn. 4 sprechen dbzgl von natürlicher Urteilsfähigkeit; *Eisenberg* JGG Rn. 3 spricht von natürlicher Beurteilungsfähigkeit.
[7] Vgl. Meyer-Goßner/Schmitt StPO Einl. Rn. 97.
[8] So *Eisenberg* JGG Rn. 4; krit. MRTW/*Trüg* Rn. 1, der den Vorrang der Position des Jugendlichen auf der Ebene des JStrafverfahrens und der damit zusammenhängenden Fokussierung des JGerichts auf die Belange des Jugendlichen ansiedelt.

Nach anderer, überzeugenderer Auffassung ist von einer prinzipiellen **Gleichrangigkeit der Interessen** auszugehen; Konflikte sind danach im Wege der Abwägung aufzulösen,[9] wobei hier insbes. das Alter des Jugendlichen und die damit im Zusammenhang stehende Selbstbestimmungsfähigkeit und Willensautonomie bei gleichzeitig abnehmender Erziehungsbedürftigkeit zu berücksichtigen sind.[10] Aus **Verteidigersicht** stellt sich zudem die Frage, ob eine Einbindung der Erziehungsberechtigten mit Blick auf die Rechtsfolgenentscheidung des Gerichts dem jugendlichen Mandanten im Einzelfall zum Nachteil gereichen kann. So wird ein Verteidiger jedenfalls dann nicht bestrebt sein, auf die Anwesenheit und Befragung der Eltern zu drängen, wenn zu befürchten steht, dass jene dem Jugendlichen durch ihre Äußerungen oder durch ihr Auftreten schaden könnten.[11]

3. Rechtspraxis. In der Praxis des Jugendstrafverfahrens kommt der Norm trotz der 4 gewichtigen Rechtsstellung der Erziehungsberechtigten/gesetzlichen Vertreter offenbar eine **tendenziell untergeordnete Bedeutung** zu.[12] Dies liegt wohl vornehmlich darin begründet, dass sich die Erziehungsberechtigten/gesetzlichen Vertreter ihrer umfangreichen Rechtsposition nicht gewahr sind[13] oder aber aus verschiedenen Gründen davon absehen, ihre Rechte in den verschiedenen Verfahrensstadien[14] wahrzunehmen. Letzteres dürfte insbesondere an den oftmals problematischen Familienverhältnissen liegen.[15]

II. Geltungsbereich

1. Verfahren gegen Jugendliche. § 67 gilt nur für **Jugendliche, nicht** hingegen für 5 **Heranwachsende,** da bei letzteren mit Erreichen der Volljährigkeit die Personensorge endet. Maßgeblich ist das Alter zur Zeit der Hauptverhandlung, nicht dasjenige bei Tatbegehung.[16]

Die Vorschrift findet Anwendung sowohl im Verfahren vor den **Jugendgerichten** als 5a auch vor den für **allgemeine Strafsachen zuständigen Gerichten** (§ 104 Abs. 1 Nr. 9). Jedoch kann der Richter gem. § 104 Abs. 3 anordnen, dass die Beteiligung des Erziehungsberechtigten bzw. des gesetzlichen Vertreters unterbleibt, soweit dies aus Gründen der Staatssicherheit geboten ist. Weiterhin ist § 67 im **vereinfachten Jugendverfahren** (§ 78 Abs. 3 S. 2), sowie im **Vollstreckungsverfahren** (§ 83 Abs. 3 S. 2) und im **Ordnungswidrigkeitenverfahren** (§ 51 Abs. 2 OWiG) zu beachten.

2. Erziehungsberechtigter/gesetzlicher Vertreter. Wer Erziehungsberechtigter bzw. 6 gesetzlicher Vertreter ist, richtet sich nach den **Vorschriften des Bürgerlichen Rechts.** Ausgehend von der elterlichen Sorge (§ 1626 Abs. 1 S. 1 BGB), welche die Personen- und Vermögenssorge des Kindes umfasst (§ 1626 Abs. 1 S. 2 BGB), sind die **leiblichen Eltern** in aller Regel zugleich die Erziehungsberechtigten (§ 1631 Abs. 1 BGB) und die gesetzlichen Vertreter (§ 1629 Abs. 1 S. 1 BGB) des Kindes; für ein Auseinanderfallen vgl. etwa § 1633 BGB sowie § 1673 Abs. 2 S. 2 BGB. Im Falle der Annahme eines Minderjährigen als Kind (vgl. §§ 1741 ff. BGB) stehen **Adoptiveltern** den leiblichen Eltern gleich (§ 1754 BGB).

---

[9] Diemer/Schatz/Sonnen/*Schatz* Rn. 7 geht im Konfliktfall ebenfalls nicht von einem Vorrangverhältnis zwischen den Rechten des Jugendlichen und denen des Erziehungsberechtigten/gesetzlichen Vertreters aus und verweist auf die Erforderlichkeit einer Abwägung.
[10] Eingehend *Grunewald* NJW 2003, 1995 (1997); *Schwer* S. 39.
[11] *Zieger* Rn. 122 zu den Chancen und Risiken einer Befragung der Eltern aus Sicht der Verteidigung.
[12] So ergab die nichtrepräsentative Befragung von 20 Jugendrichtern aus Niedersachsen bei *Richmann* (dort S. 226 ff.), dass etwa 70 % der Erziehungsberechtigten bzw. gesetzlichen Vertreter nicht am Verfahren mitwirken; nach *Eisenberg* JGG § 50 Rn. 21 erscheint in der Praxis etwa in der Hälfte der Verfahren kein Elternteil in der Hauptverhandlung.
[13] Diesen Verdacht äußern ua auch MRTW/*Trüg* Rn. 1 sowie *Zieger* Rn. 121 mit Blick auf die polizeiliche Praxis im Vorfeld der ersten Beschuldigtenvernahme.
[14] Zur Relevanz der Mitwirkung von Eltern und gesetzlichen Vertretern in der ersten polizeilichen Vernehmung vgl. Ostendorf/*Sommerfeld* Grdl. z. den §§ 67–69 Rn. 5 mwN.
[15] *Zieger* Rn. 121 nennt neben Erziehungsfehlern, Vernachlässigung und Lieblosigkeit auch überbehütendes Verhalten („overprotection") als mögliche Ursache.
[16] BGH 9.8.1956 – 1 StR 269/56, NJW 1956, 1607 Ls.; MRTW/*Trüg* Rn. 2 mwN.

6a Im Grundsatz vertreten beide Elternteile das Kind **gemeinschaftlich** (vgl. § 1627 BGB, § 1629 Abs. 1 S. 2 Hs. 1 BGB). Daran ändert auch ein nicht nur vorübergehendes **Getrenntleben** oder eine **Scheidung** nichts, es sei denn, einem Elternteil wurde die elterliche Sorge allein übertragen (§§ 1671, 1687 BGB).

7 Falls die Eltern bei der Geburt des Kindes **nicht miteinander verheiratet** sind, ist **§ 1626a BGB** zu berücksichtigen. Diese Vorschrift wurde mit Wirkung vom 19.5.2013 durch Art. 1 Gesetz vom 16.4.2013 (BGBl. I 795) neu gefasst, im Zuge dessen wurden § 1626a Abs. 1 Nr. 3 BGB sowie Abs. 2 eingefügt.[17] Den Anlass für die **Neufassung** gab das BVerfG im Jahr 2010, indem es die Regelung in 1626a Abs. 1 Nr. 1 BGB (aF) für unvereinbar mit dem Elternrecht des Vaters aus Art. 6 Abs. 2 GG erklärte.[18] Nunmehr steht **beiden Elternteilen die elterliche Sorge gemeinsam** zu, wenn sie erklären, dass sie die Sorge gemeinsam übernehmen wollen (sog. Sorgeerklärungen, § 1626a Abs. 1 Nr. 1 BGB), später die Ehe schließen (§ 1626a Abs. 1 Nr. 2 BGB) oder wenn, die Wahrung des Kindeswohls vorausgesetzt, das Familiengericht die elterliche Sorge beiden Elternteilen gem. § 1626a Abs. 1 Nr. 3 BGB iVm § 1626a Abs. 2 BGB überträgt. Im Übrigen steht der Mutter die elterliche Sorge nach § 1626a Abs. 3 BGB alleine zu.

8 Ein **Elternteil** vertritt den Jugendlichen **alleine,** wenn die elterliche Sorge des anderen Elternteils aufgrund eines rechtlichen oder tatsächlichen Hindernisses ruht (§§ 1673 f. BGB). Weiterhin sieht der mit Wirkung vom 1.5.2014 eingefügte § 1674a BGB ein Ruhen des elterlichen Sorgerechts der Mutter für ein vertraulich geborenes Kind vor. In den Fällen, in denen ein Elternteil für tot erklärt (§ 1677 BGB), tatsächlich verhindert (§ 1678 Abs. 1 Alt. 1 BGB), gestorben (§ 1680 BGB) oder jenem die Personensorge vollständig oder teilweise entzogen ist (§§ 1666 Abs. 1, 3 Nr. 6, 1680 Abs. 3 BGB), liegt die Vertretung des Jugendlichen ebenfalls bei nur einem Elternteil.

9 In den Adressatenkreis des § 67 ist außerdem die Person des **Vormunds** einzubeziehen. Als ein in vollem Umfang sorge- und erziehungsberechtigter Vormund (§§ 1773 ff., 1793 Abs. 1, 1800 BGB) können neben einer volljährigen, geschäftsfähigen, unbetreuten Einzelperson (§ 1780 f. BGB), auch mehrere Personen, bspw. ein Ehepaar (§ 1775 S. 1 BGB), sowie ein Verein (sog. **Vereinsvormundschaft**, § 1791a BGB) oder das Jugendamt (sog. **Amtsvormundschaft**, § 1791b BGB, § 55 SGB VIII) bestellt werden. Auch der **Pfleger** ist – soweit ihm die Personensorge zumindest im Wesentlichen übertragen wurde (§§ 1909 ff., 1915 Abs. 1 S. 1, 1630 BGB) – erziehungsberechtigt iSd § 67.[19]

10 Nicht Erziehungsberechtigte iSv § 67 sind **Pflegeeltern** (§ 1688 BGB[20]), außer das Familiengericht hat ihnen nach § 1630 Abs. 3 BGB Angelegenheiten der elterlichen Sorge übertragen,[21] **Mitarbeiter von Erziehungseinrichtungen** (§§ 33, 34 SGB VIII) sowie der **Erziehungsbeistand** und der **Betreuungshelfer** (§ 30 SGB VIII). Diese haben keine eigenen, sich aus dem Sorgerecht ergebenden Befugnisse zur Vertretung des Jugendlichen, ihr Aufgabenkreis beschränkt sich vielmehr auf erzieherische Aspekte.[22] Daran vermag auch die Vorschrift des **§ 1688 Abs. 1, 2 BGB** nichts zu ändern, da sich die Vertretung bereits ihrem Wortlaut nach einzig auf diejenige des Inhabers der elterlichen Sorge bezieht, nicht hingegen auf die Vertretung des Jugendlichen.[23] Zudem räumt die Norm Entscheidungsbefugnisse lediglich im Hinblick auf Angelegenheiten des täglichen Lebens ein, die Wahrneh-

---

[17] S. auch die Übergangsvorschrift in Art. 229 § 30 EGBGB. Hiernach gilt ein von einem Elternteil vor dem 19.5.2013 beim Familiengericht gestellter Antrag auf Ersetzung der Sorgeerklärung des anderen Elternteils als ein Antrag auf Übertragung der elterlichen Sorge nach § 1626a Abs. 2 BGB (nF).
[18] BVerfG 21.7.2010 – 1 BvR 420/09, BVerfGE 127, 132 = NJW 2010, 3008.
[19] Dazu Diemer/Schatz/Sonnen/*Schatz* Rn. 12 mwN.
[20] In § 1688 Abs. 2 BGB hat eine entsprechende Berichtigung der Verweisung auf den abgeänderten § 35a Abs. 2 Nr. 3 und 4 SGB VIII (nF) nicht stattgefunden; s. MüKoBGB/*Hennemann* BGB § 1688 Rn. 8 (dort Fn. 27).
[21] Diemer/Schatz/Sonnen/*Schatz* Rn. 14.
[22] Den Erziehungsbeistand daher ausschließend OLG Hamburg 12.12.1963 – 1 Ws 458/03, NJW 1964, 605.
[23] S. auch *Eisenberg* JGG Rn. 6 und MRTW/*Trüg* Rn. 6.

mung von Rechten im Jugendstrafverfahren ist hiervon erkennbar nicht umfasst.[24] Gleichwohl mag es bisweilen sinnvoll sein, diese Personen zur Hauptverhandlung zuzulassen und anzuhören, soweit dies den erzieherischen Belangen des Jugendlichen entgegenkommt.[25] Ausbildungsleiter, Internatserzieher und sonstige **auf privatrechtlicher Basis mit Erziehungsaufgaben betraute Personen** scheiden als Normadressaten ebenfalls aus.[26]

Aufgrund der im Jugendstrafverfahren angestrebten **persönlichen Mitwirkung** der Erziehungsberechtigten und gesetzlichen Vertreter (vgl. → Rn. 1), können sich diese in der Hauptverhandlung – soweit es sich nicht um die im gesetzlichen Rahmen zulässige Tätigkeit eines beauftragten Verteidigers geht – bei der Wahrnehmung ihrer Rechte aus § 67 (dazu → Rn. 12 ff.) **nicht wirksam durch Dritte vertreten** lassen.[27] **11**

III. Rechte der Erziehungsberechtigten und gesetzlichen Vertreter (Abs. 1–3)

1. Rechtliches Gehör (Abs. 1). Das **Recht auf Gehör** (vgl. Art. 103 Abs. 1 GG sowie insbes. § 57 Abs. 1, 58 Abs. 1, 62 Abs. 4, 65 Abs. 1, § 65 Abs. 1, 88 Abs. 4 JGG; weiterhin §§ 33 Abs. 3, 4, 33a, 118a Abs. 3, 257 Abs. 1, 258, 265, 308, 311a, 326, 351 StPO)[28] steht dem Erziehungsberechtigten bzw. dem gesetzlichen Vertreter **im selben Umfang** („soweit") zu wie dem Jugendlichen selbst und gewährt den Verfahrensbeteiligten die Möglichkeit, sich in sachlicher und rechtlicher Hinsicht zu äußern.[29] **12**

Die Frage, ob das **Äußerungsrecht** des als Sollvorschrift ausgestalteten **§ 257 Abs. 1 StPO** für Erziehungsberechtigte und gesetzliche Vertreter ebenfalls gilt oder ob die Befragung des jugendlichen Angeklagten nach jeder einzelnen Beweiserhebung genügt, wird unterschiedlich beantwortet.[30] In Anbetracht des Wortlauts des § 257 Abs. 1 StPO, der den Angeklagten als den vom Vorsitzenden zu Befragenden nennt, sowie unter Berücksichtigung des § 67 Abs. 1, der das Recht auf Gehör im Jugendstrafverfahren auf Erziehungsberechtigte und gesetzliche Vertreter **gleichermaßen** erweitert, ist eine Einschränkung des Äußerungsrechts zu Lasten von letzteren nicht angezeigt. **13**

Vorausgesetzt die Erziehungsberechtigten bzw. gesetzlichen Vertreter nehmen an der Hauptverhandlung teil, ist ihnen nach Schluss der Beweisaufnahme[31] das **letzte Wort (§ 258 Abs. 2, 3 StPO iVm § 67 Abs. 1)** von Amts wegen und nicht nur auf Verlangen zu gewähren,[32] unabhängig davon, ob sie in einem früheren Verfahrensabschnitt als Zeugen vernommen wurden oder von ihrem Zeugnisverweigerungsrecht Gebrauch gemacht haben.[33] Da dem jugendlichen Angeklagten als dem letzten Verfahrensbeteiligten[34] das „allerletzte" Wort vor Eintritt in die gerichtliche Beratung zusteht, gebührt dem Erziehungsberechtigten bzw. gesetzlichen Vertreter das **„vorletzte" Wort**.[35] Tritt das Gericht nach dem letzten Wort des jugendlichen Angeklagten erneut in die Beweisaufnahme ein, **14**

---

[24] MRTW/*Trüg* Rn. 6 hält die Ableitung einer derartigen Rechtewahrnehmung aus § 1688 BGB jedenfalls für fraglich; vgl. auch MüKoBGB/*Hennemann* BGB § 1688 Rn. 5 f. mwN.
[25] Vgl. *Eisenberg* JGG Rn. 6; MRTW/*Trüg* Rn. 7 führt § 48 Abs. 2 S. 3 JGG ins Feld; Brunner/*Dölling* Rn. 2a nennen bspw. die Großeltern.
[26] Vgl. Ostendorf/*Sommerfeld* Rn. 4 (bzgl. Internatserzieher).
[27] Ausf. KG 14.5.2014 – 4 Ws 33/14, BeckRS 2015, 00436 mwN.
[28] Ausf. MRTW/*Trüg* Rn. 9.
[29] Zum Inhalt des Anspruchs auf rechtliches Gehör etwa Maunz/Dürig/*Schmidt-Aßmann* GG Art. 103 Abs. 1 Rn. 66 mwN.
[30] Gegen eine Einschränkung insbes. *Eisenberg* JGG Rn. 9; Diemer/Schatz/Sonnen/*Schatz* § 67 Rn. 23; Ostendorf/*Sommerfeld* Rn. 11; MRTW/*Trüg* § 67 Rn. 10; SSW-StPO/*Franke* StPO § 257 Rn. 3; *Schwer* S. 125 f.; aA etwa Brunner/*Dölling* Rn. 6; KK/*Diemer* StPO § 257 Rn. 2; Meyer-Goßner/*Schmitt* StPO § 257 Rn. 3; BGH 1.7.1976 – 4 StR 207/76, DAR 1977, 176.
[31] Meyer-Goßner/*Schmitt* StPO § 258 Rn. 2.
[32] BGH 8.8.1967 – 1 StR 279/67, BGHSt 21, 288 = NJW 1967, 2070 [Ls.]; BGH 14.5.2002 – 5 StR 98/02, NStZ-RR 2002, 346.
[33] BGH 28.5.2008 – 2 StR 164/08, NStZ-RR 2008, 291.
[34] Meyer-Goßner/*Schmitt* StPO § 258 Rn. 21.
[35] Zur Reihenfolge und Terminologie Diemer/Schatz/Sonnen/*Schatz* StPO § 67 Rn. 21.

ist nicht nur diesem, sondern auch den Erziehungsberechtigen bzw. gesetzlichen Vertretern erneut das letzte Wort zu erteilen.[36]

15 Im Falle der Nichterteilung oder der unzulässigen Beschränkung des letzten Wortes kommt diesem Umstand **revisionsrechtliche Bedeutung** zu, sofern der Schuldspruch oder der Strafausspruch hierauf iSv § 337 StPO beruhen kann, was sich nur selten ausschließen lassen wird.[37] Ein solcher Verfahrensverstoß kann etwa den **Schuldspruch** berühren, wenn das letzte Wort der Eltern des zum Tatzeitpunkt 14-jährigen Angeklagten die Entscheidungsfindung über dessen strafrechtliche Verantwortlichkeit nach § 3 hätte beeinflussen können.[38] Der **Strafausspruch** ist häufig dann aufzuheben, wenn dem Erziehungsberechtigten bzw. gesetzlichen Vertreter schon gar keine Gelegenheit zur Äußerung gegeben wurde.[39] Ausführungen zum Inhalt des letzten Wortes, wäre es erteilt worden, sind kein notwendiger Bestandteil der **Revisionsrüge**, damit diese den Anforderungen des § 344 Abs. 2 S. 2 StPO genügt.[40] Insoweit genügt bereits die knappe Mitteilung der Tatsache, die Gewährung des letzten Wortes sei unterblieben.[41] Als höchstpersönliches Recht ist das letzte Wort auch **nicht** auf einen anderen **übertragbar**.[42]

16 **2. Frage- und Antragsrecht (Abs. 1).** Abs. 1 räumt dem Erziehungsberechtigten bzw. gesetzlichen Vertreter ausdrücklich das Recht ein, Fragen und Anträge zu stellen. Das **Fragerecht** besteht nicht nur in der Hauptverhandlung (§ 240 Abs. 2 StPO), auch wenn es dort von hervorgehobener Bedeutung ist, sondern gilt auch bei sämtlichen Untersuchungshandlungen.

16a Das **Antragsrecht** umfasst Anträge jeglicher Art, darunter Beweisanträge (s. etwa §§ 219 Abs. 1, 244 StPO), Anträge anlässlich der Haftprüfung und deren mündlicher Verhandlung (§§ 117, 118, 118b StPO) und den Antrag auf Bestellung eines Verteidigers (§ 67 iVm § 137 Abs. 2 StPO). Sofern über die Person des Verteidigers kein Konsens zwischen dem Jugendlichen und den Erziehungsberechtigten/gesetzlichen Vertretern besteht, setzt sich, vor dem Hintergrund, dass dem jugendlichen Beschuldigten das Recht der **selbstständigen Verteidigerwahl** zusteht (→ Rn. 2), in aller Regel auch sein Votum durch. Die Erziehungsberechtigten/gesetzlichen Vertreter können dann aber innerhalb der Grenzen der § 137 Abs. 2 S. 2 iVm § 137 Abs. 1 S. 2 StPO einen eigenen, weiteren Verteidiger bestellen[43] (s. auch → Rn. 22).

Bezüglich des **Selbstleseverfahrens** (§ 249 Abs. 2 StPO) wird teilweise ein Widerspruchsrecht des Erziehungsberechtigten/gesetzlichen Vertreters angenommen.[44]

17 **3. Anwesenheitsrecht (Abs. 1).** Das Anwesenheitsrecht des Erziehungsberechtigten/ gesetzlichen Vertreters bei Untersuchungshandlungen ist umfassend zu verstehen und bezieht sich auf sämtliche Verfahrensabschnitte des Strafverfahrens. Als zwingend erforderliches Pendant setzt das Anwesenheitsrecht die **Benachrichtigungspflicht** seitens obrigkeitlicher Stellen voraus, damit der Erziehungsberechtigte bzw. gesetzliche Vertreter effektiv in der Lage ist, das ihm zustehende Anwesenheitsrecht tatsächlich auch ausüben zu können.[45] Zentrale Bedeutung erlangt die Benachrichtigungspflicht bereits im **Vorverfahren bei polizeilichen Vernehmungen** (vgl. § 163a Abs. 4 iVm § 136 StPO) sowie bei Vernehmungen durch Staatsanwalt (vgl. § 163a Abs. 3 iVm § 168c Abs. 5 StPO) und Jugendrichter (vgl. § 168c Abs. 5 StPO), da kriminologisch gesicherten Erkenntnissen zufolge jugendliche

---

[36] Aus jüngerer Zeit BGH 24.10.2012 – 5 StR 503/12 = NStZ 2013, 289 [Ls. d. Schriftltg.].
[37] BGH 8.8.1967 – 1 StR 279/67, BGHSt 21, 288 = NJW 1967, 2070 (2071).
[38] BGH 7.6.2000 – 1 StR 226/00, NStZ 2000, 553.
[39] BGH 16.3.1999 – 4 StR 588/98, NStZ 1999, 426.
[40] OLG Hamm 24.10.2006 – 2 Ss 381/05, NStZ-RR 2007, 123.
[41] OLG Hamm, aaO NStZ-RR 2007, 123.
[42] SSW-StPO/*Franke* StPO § 258 Rn. 7.
[43] Vgl. Diemer/Schatz/Sonnen/*Schatz* Rn. 24; Ostendorf/*Sommerfeld* Rn. 12; MRTW/*Trüg* Rn. 11.
[44] Ausf. *Eisenberg* JGG Rn. 10 mwN; zustimmend MRTW/*Trüg* Rn. 11; aA KK/*Diemer* StPO § 249 Rn. 35.
[45] Vgl. Diemer/Schatz/Sonnen/*Schatz* Rn. 26 f.; MRTW/*Trüg* Rn. 12 mwN.

Beschuldigte Erwachsenen gegenüber eine deutlich erhöhte Geständnisfreudigkeit[46] aufweisen und demgemäß die Tendenz zu unbedachten selbstbelastenden Angaben besonders hoch ist.[47] Mit diesem Faktum eng verwoben ist die Frage nach einem **Beweisverwertungsverbot** im Falle eines Verstoßes gegen § 67 Abs. 1 bei der Vernehmung Minderjähriger durch die Polizei. Denn mit dem Anwesenheitsrecht der Eltern korrespondiert neben der polizeilichen Benachrichtigungspflicht auch das Recht des jugendlichen Beschuldigten auf **Elternkonsultation,** welches die Entschließungsfreiheit des Jugendlichen in Bezug auf sein Schweigerecht schützen soll und gleichzeitig der oben angesprochenen elterlichen Schutz- und Beistandsfunktion zu dienen bestimmt ist.[48] Der Jugendliche ist daher in entsprechender Anwendung der §§ 163a Abs. 4, 136 Abs. 1 StPO **ausdrücklich** darüber **zu belehren,** dass er sich vor dem Tätigen jeglicher Angaben mit seinen Erziehungsberechtigten bzw. gesetzlichen Vertretern darüber beraten kann, ob er sich zur Sache äußern möchte.[49] Dementsprechend ist ein Verwertungsverbot für die unbelehrt erfolgten Angaben zu bejahen.[50]

Eine **Einschränkung** erfährt das Anwesenheitsrecht in **§ 51 Abs. 2.** Das Gesetz sieht 18 bei Vorliegen eines der in den Nr. 1–5 genannten Fälle die Möglichkeit einer zeitweiligen Ausschließung der Erziehungsberechtigten und gesetzlichen Vetreter von der Hauptverhandlung vor,[51] so etwa, wenn nach **§ 51 Abs. 2 S. 1 Nr. 4** zu befürchten steht, dass sich der jugendliche Angeklagte durch die Anwesenheit der genannten Personen aus Scham oder aus Angst vor der elterlichen Reaktion zu einer wahrheitswidrigen Aussage hinreißen lässt.[52] Außerdem besteht bspw. nach den **§§ 51 Abs. 2 S. 1 Nr. 2, 67 Abs. 4** die Möglichkeit einer Entziehung des Anwesenheitsrechts, soweit der Erziehungsberechtigte oder gesetzliche Vertreter verdächtig ist, an der Verfehlung des Jugendlichen **beteiligt** zu sein, oder er sogar wegen einer Beteiligung verurteilt wurde (dazu auch → Rn. 24 ff.).

Für die **Hauptverhandlung** ordnet die Sollvorschrift des **§ 50 Abs. 2 S. 1,** die nicht 19 zuletzt vor dem Hintergrund des Elternrechts gem. Art. 6 Abs. 2 GG[53] als **Mussvorschrift** auszulegen ist,[54] die über die bloße Benachrichtigungspflicht hinausgehende[55] **Ladung** des Erziehungsberechtigten bzw. gesetzlichen Vertreters ausdrücklich an. Diese Ladung richtet sich nach den Zeugenvorschriften (insbes. §§ 48, 51, 71 StPO).[56] Jenseits von dieser verbindlichen und ggf. mit Zwangsmitteln durchsetzbaren Aufforderung, vor Gericht zu erscheinen, existiert für diesen Personenkreis aber keine generelle Anwesenheitspflicht.[57]

4. Mitteilungspflicht (Abs. 2). Wie aus **Abs. 2** ersichtlich, soll dem Erziehungsberech- 20 tigten und gesetzlichen Vertreter in all denjenigen Fällen eine **Mitteilung** gemacht werden, in denen eine solche an den Beschuldigten vorgeschrieben ist. Dahinter steht der Gedanke, dass, wo immer der Strafrichter erzieherisch eingreift, er an den kraft Familienbindung und Gesetz erziehungs- bzw. vertretungsberechtigten Personen nicht vorbeigehen soll.[58] Die

---

[46] *Eisenberg* JGG Rn. 11c fürchtet einen Geständnisdruck.
[47] Vgl. LG Saarbrücken 31.7.2009 – 3 Ns 20 Js 26/08 (32/09), NStZ 2012, 167 sowie die Urteilsbesprechung bei *Möller* NStZ 2012, 113 (115); *MRTW/Trüg* Rn. 12 spricht dbzgl. von einer „rechtstatsächlichen Offenkundigkeit"; s. auch *Zieger* Rn. 117.
[48] Vgl. LG Saarbrücken 31.7.2009 – 3 Ns 20 Js 26/08 (32/09), NStZ 2012, 167; dazu ausf. *Möller* NStZ 2012, 113 (116); s. auch *Meier/Rössner/Schöch* § 13 Rn. 20; *Eisenberg* JGG Rn. 11c.
[49] *Diemer/Schatz/Sonnen/Schatz* Rn. 28 mwN; das LG Saarbrücken 31.7.2009 – 3 Ns 20 Js 26/08 (32/09), NStZ 2012, 167 ordnet das Recht auf Elternkonsultation als ein dem Recht auf Verteidigerkonsultation ähnliches Recht ein.
[50] Vgl. LG Saarbrücken 31.7.2009 – 3 Ns 20 Js 26/08 (32/09), NStZ 2012, 167 [1. Ls.]; ausf. *Möller* NStZ 2012, 113 (116 ff.).
[51] BT-Drs. 16/3038, 2 und 25; so auch Ostendorf/*Schady* § 51 Rn. 2.
[52] BT-Drs. 16/3038, 62.
[53] Vgl. *Brunner/Dölling* § 50 Rn. 7.
[54] Ausf. Ostendorf/*Schady* § 50 Rn. 11 mwN.
[55] So auch Ostendorf/*Sommerfeld* Rn. 10.
[56] So auch *Brunner/Dölling* § 50 Rn. 7.
[57] *MRTW/Trüg* Rn. 13.
[58] So bereits BGH 25.9.1962 – 1 StR 368/62, BGHSt 18, 21 = NJW 1962, 2262 (2263); s. auch OLG Hamm 15.1.2008 – 3 Ws 10, 11/08, NStZ 2009, 44 (45).

Vorschrift erlangt in der Praxis insbes. Relevanz für die Bekanntgabe des Haftbefehls (§ 114b StPO), die Mitteilung der Anklageschrift (§ 201 StPO), die Bekanntmachung der Ablehnung der Eröffnung des Hauptverfahrens (§ 204 Abs. 2 StPO), die Zustellung des Beschlusses über die Eröffnung des Hauptverfahrens (§ 215 StPO), die Namhaftmachung der Zeugen und Sachverständigen (§ 222 Abs. 1 StPO), die Benachrichtigung von der kommissarischen Vernehmung (§§ 224, 225 StPO) sowie die Zustellung des Urteils im Berufungsverfahren an den Beschwerdeführer (§ 316 Abs. 2 StPO).[59]

21 Ergehen Entscheidungen **in Anwesenheit** des Erziehungsberechtigten oder gesetzlichen Vertreters durch Verkündung, bedarf es **keiner gesonderten Mitteilung;** auf Verlangen ist ggf. eine **Abschrift** zu erteilen (vgl. § 35 Abs. 1 S. 2 StPO).[60] Ergeht eine Entscheidungsverkündung zwar in Anwesenheit des Angeklagten, aber **in Abwesenheit** des Erziehungsberechtigten bzw. gesetzlichen Vertreters, ist jenem die Entscheidung im Anschluss mitzuteilen. Teilweise wird darüber hinaus eine **förmliche Zustellung** verlangt, sofern hierdurch, so etwa bei Urteilen, eine Frist in Gang gesetzt wird.[61] Damit ist die Überlegung verknüpft, ob zudem eine verpflichtende **Rechtsmittelbelehrung** gem. § 35a StPO zu erteilen ist.[62] Eine derartige Pflicht besteht nach hM nicht, denn die vom Gesetzgeber bewusst in Sollform gefasste Mitteilungspflicht hat mit der Ermöglichung von Rechtsmitteleinlegungen nicht ohne weiteres, sondern allenfalls mittelbar etwas zu tun: § 67 Abs. 2 beruht in Einklang mit dem Normzweck der Vorschrift insgesamt auf dem im Jugendstrafrecht zentralen Erziehungsgedanken, während § 35a StPO mit Blick auf den Lauf der Rechtsmittelfrist, die in einer überwiegenden Zahl der Fälle bereits verstrichen ist, bis das verkündete Urteil mit einer schriftlichen Begründung zugestellt werden kann, in aller Regel ins Leere läuft,[63] zumal für den Erziehungsberechtigten und gesetzlichen Vertreter im Einklang mit **§ 298 Abs. 1 StPO** die für den Jugendlichen relevanten **Rechtsmittelfristen** gelten.[64]

22 **5. Recht zur Wahl eines Verteidigers; Anfechtungsrecht (Abs. 3).** Das **Recht zur Wahl eines Verteidigers** (s. auch oben im Zusammenhang mit dem Antragsrecht → Rn. 16a) ist in Abs. 3 näher ausgestaltet. Hiernach steht neben dem gesetzlichen Vertreter (§§ 137 Abs. 2, 298 Abs. 1 StPO) auch dem Erziehungsberechtigten das Recht zur Verteidigerwahl zu. Sofern der Beschuldigte und der Erziehungsberechtigte bzw. gesetzliche Vertreter jeweils separat von seinem **Auswahlrecht** (vgl. § 142 Abs. 1 S. 1 StPO) Gebrauch macht, ist zu beachten, dass die maximale Anzahl von drei Wahlverteidigern (§ 137 Abs. 1 S. 1 StPO), nicht überschritten werden darf. Was die **Kostentragungsfrage** betrifft, wird in der Praxis regelmäßig der Erziehungsberechtigte/gesetzliche Vertreter die Verteidigerkosten für den jugendlichen Beschuldigten tragen.[65]

23 Die Erziehungsberechtigten und gesetzlichen Vertreter haben schließlich ein eigenes Recht zur **Einlegung von Rechtsbehelfen** (nicht nur von Rechtsmitteln).[66] Diese Rechtsstellung ergibt sich aus § 67 Abs. 3 iVm § 298 StPO, wobei sich die letztgenannte

---

[59] Weitere Beispiele bei Diemer/Schatz/Sonnen/*Schatz* Rn. 30.
[60] Vgl. auch Diemer/Schatz/Sonnen/*Schatz* Rn. 32; Ostendorf/*Sommerfeld* Rn. 8.
[61] So etwa MRTW/*Trüg* Rn. 16; Ostendorf/*Sommerfeld* Rn. 8; Brunner/Dölling Rn. 11: aA OLG Hamm 15.1.2008 – 3 Ws 10, 11/08, NStZ 2009, 44 (45); *Eisenberg* JGG Rn. 24; Diemer/Schatz/Sonnen/*Schatz* Rn. 33; aA *Dallinger/Lackner* Rn. 11.
[62] So Ostendorf/*Sommerfeld* Rn. 8 unter Hinweis auf § 35a StPO; vgl. auch BayOLG 25.5.1954 – BReg. 2 St. 30/54, NJW 1954, 1378 (1379).
[63] Vgl. OLG Hamm 15.1.2008 – 3 Ws 10, 11/08, NStZ 2009, 44; BGH 25.9.1962 – 1 StR 368/62, NJW 1962, 2262 (2263 f.); s. auch MRTW/*Trüg* Rn. 16; *Eisenberg* JGG Rn. 24 mwN; Diemer/Schatz/Sonnen/*Schatz* Rn. 33 f.; *Dallinger/Lackner* Rn. 11 und 15 f.; Meyer-Goßner/*Schmitt* StPO § 35a Rn. 4; SSW-StPO/*Franke* StPO § 35a Rn. 3.
[64] S. etwa BGH 25.9.1962 – 1 StR 368/62, NJW 1962, 2262 (2263); BayOLG 25.5.1954 – BReg. 2 St. 30/54, NJW 1954, 1378; *Eisenberg* JGG Rn. 24; Diemer/Schatz/Sonnen/*Schatz* Rn. 34; MRTW/*Trüg* Rn. 16.
[65] Dazu Ostendorf/*Sommerfeld* Rn. 12.
[66] *Eisenberg* JGG Rn. 12; MRTW/*Trüg* Rn. 17; s. auch Ostendorf/*Sommerfeld* Rn. 13; Diemer/Schatz/Sonnen/*Schatz*; Rn. 38; Brunner/Dölling Rn. 10.

Vorschrift entgegen ihrem Wortlaut nicht auf den gesetzlichen Vertreter beschränkt, sondern im Zusammenhang mit § 67 Abs. 3 auch für den Erziehungsberechtigten gilt.[67] Der Antrag auf **Wiedereinsetzung** in den vorigen Stand (§§ 44 ff. StPO) zählt ebenfalls zu den (außerordentlichen) Rechtsbehelfen.[68] Die Ausübung dieser Rechte ist nur **zugunsten des Beschuldigten** möglich;[69] dies folgt aus der Aufgabenstellung der über § 67 Berechtigten, die Interessen des Jugendlichen wahrzunehmen.[70] Da die Ausübung des Anfechtungsrechts auch hier **selbstständig** erfolgen kann, können sich Abweichungen bei der Rechtsbehelfseinlegung ergeben. So können die Erziehungsberechtigten bzw. gesetzlichen Vertreter einen Rechtsbehelf auch dann einlegen, wenn der Jugendliche hierauf verzichtet oder einen solchen zurückgenommen hat; Gleiches gilt – konsequenterweise – unter umgekehrten Vorzeichen. Bei selbstständiger Rechtsausübung sind die **Einschränkungen des § 55 Abs. 2 S. 2 und Abs. 3** zu beachten, so etwa in der Konstellation, dass der Erziehungsberechtigte oder gesetzliche Vertreter ein durch ihn selbstständig eingelegtes Rechtsmittel zurücknehmen will. Gemäß § 55 Abs. 3 bedarf die Rücknahme der **Zustimmung des jugendlichen Angeklagten**.

IV. Entzug der Rechte (Abs. 4)

Abs. 4 S. 1 stellt es in das pflichtgemäße Ermessen des Richters, dem Erziehungsberechtigten und dem gesetzlichen Vertreter die in den Absätzen 1–3 genannten Rechte **vollständig oder partiell** zu entziehen,[71] soweit diese verdächtig sind, an der prozessgegenständlichen Verfehlung des Jugendlichen beteiligt zu sein, oder soweit sie wegen einer solchen Beteiligung rechtskräftig verurteilt sind. 24

Das Tatbestandsmerkmal der „**Beteiligung**" umfasst in Übereinstimmung mit der Legaldefinition des Beteiligten in § 28 Abs. 2 StGB sowohl Täterschaft als auch Teilnahme. Darüber hinaus will der überwiegende Teil der Literatur auch die Beteiligung nach der Tat in Form eines **Anschlussdelikts** durch Begünstigung (§ 257 StGB), Strafvereitelung (§ 258 StGB) oder Hehlerei (§ 259 StGB) als eine Beteiligung iSv § 67 Abs. 4 verstanden wissen.[72] Begründet wird dies zum einen damit, dass eine Beteiligung iSd Vorschrift jegliches strafrechtlich relevantes Verhalten sein kann, das **in Verbindung mit der Verfehlung** des jugendlichen Beschuldigten im Sinne einer Tat im prozessualen Sinn gem. § 264 StPO[73] steht. Zum anderen wird auf § 60 Nr. 2 StPO verwiesen, der neben der Beteiligung iSv Täterschaft und Teilnahme auch die vorstehenden Anschlussdelikte als Gründe für ein Vereidigungsverbot des Zeugen anführt.[74] 24a

Für den **Verdachtsgrad** der Beteiligung genügt bereits ein **einfacher Anfangsverdacht** iSv § 152 Abs. 2 StPO.[75] Dementsprechend ist der Erziehungsberechtigte bzw. gesetzliche Vertreter einer Beteiligung an der Tat dann verdächtig, wenn zureichende tatsächliche Anhaltspunkte hierfür zu verzeichnen sind.[76] Ein zur Zeit der Entziehung angenommener Verdacht, der sich nachträglich als unbegründet erweist, macht die Rechtsentziehung nicht prozessordnungswidrig.[77] 25

---

[67] SSW-StPO/*Hoch* StPO § 298 Rn. 5.
[68] Vgl. SSW-StPO/*Tsambikakis* § 44 Rn. 1.
[69] Statt vieler OLG Celle 18.10.1963 – 3 Ws 637/63, NJW 1964, 417; *Brunner/Dölling* Rn. 10; *Eisenberg* JGG Rn. 12; Ostendorf/*Sommerfeld* Rn. 13; MRTW/*Trüg* Rn. 17.
[70] So auch OLG Düsseldorf 1.2.1957 – 2 Ws 5/57 (7), NJW 1957, 940; s. weiterhin Ostendorf/*Sommerfeld* Rn. 13, der auf die Aufgabenstellung des Erziehungsberechtigten und gesetzlichen Vertreters abstellt.
[71] So die hM mit Hinweis auf den Verhältnismäßigkeitsgrundsatz; vgl. etwa *Eisenberg* JGG Rn. 19 sowie Diemer/Schatz/Sonnen/*Schatz* Rn. 41 jeweils mwN.
[72] *Brunner/Dölling* Rn. 13; *Dallinger/Lackner* Rn. 27; *Eisenberg* JGG Rn. 17; Diemer/Schatz/Sonnen/*Schatz* Rn. 44.
[73] *Eisenberg* JGG Rn. 17; MRTW/*Trüg* Rn. 19.
[74] Kritisch zur Heranziehung des § 60 Nr. 2 StPO und einen Entzug der Rechte bei Begünstigung, Strafvereitelung und Hehlerei ablehnend aber Ostendorf/*Sommerfeld* Rn. 15; ebenso MRTW/*Trüg* Rn. 18.
[75] S. MRTW/*Trüg* Rn. 19; vgl. auch *Eisenberg* JGG Rn. 17; Diemer/Schatz/Sonnen/*Schatz* Rn. 44.
[76] *Richmann* S. 210.
[77] Vgl. *Eisenberg* JGG Rn. 17 die Bedeutung einer sorgfältigen Prüfung betonend; so auch *Brunner/Dölling* Rn. 13.

26 Abs. 4 S. 2 ermöglicht in Erweiterung des Abs. 4 S. 1 einen Entzug der Rechte auch bei demjenigen Erziehungsberechtigten bzw. gesetzlichen Vertreter, in dessen Person zwar keine Anhaltspunkte für eine Tatbeteiligung bestehen, aber ein **Missbrauch der Rechte zu befürchten** ist. **Notwendig** ist eine ernsthafte und nahe liegende, durch tatsächliche Anhaltspunkte begründete Gefahr eines Rechtsmissbrauchs,[78] so etwa, wenn anzunehmen ist, dass die Mutter derart dem Einfluss des tatbeteiligten Vaters unterliegt, dass die alleinige Entziehung ihm gegenüber den mit der Maßnahme angestrebten Zweck nicht erreichen würde.[79] **Unzureichend** sind hingegen generelle Vermutungen, bspw. dass Eheleute einander beistehen,[80] ebenso wie ein bloß „missliebiges" Verhalten, etwa eine (befürchtete) Verdunkelung des Sachverhalts oder eine sonstige Erschwerung der Wahrheitsermittlung, soweit sie im straffreien Raum anzusiedeln ist.[81]

27 Sofern alle Berechtigten zumindest teilweise von ihren Rechten ausgeschlossen sind, hat das Familiengericht gem. Abs. 4 S. 3 dem Jugendlichen für das anhängige Strafverfahren einen **Prozesspfleger** (§§ 1693, 1909 BGB) zu bestellen,[82] welchem dann für das konkrete Verfahren die Rechte aus § 67 zur Wahrnehmung der Interessen des Beschuldigten zustehen.[83] Die Hauptverhandlung ist bis zur Bestellung des Pflegers auszusetzen, Abs. 4 S. 4.[84] Zudem schreibt **§ 68 Nr. 2** die Beiordnung eines **Pflichtverteidigers** zwingend vor.[85]

28 Die Entscheidung über den Entzug der Rechte ergeht durch einen begründungsbedürftigen **Beschluss** (vgl. § 34 StPO), der mittels einfacher **Beschwerde** nach § 304 StPO anfechtbar ist. Die Beschwerde hat keine aufschiebende Wirkung (§ 307 StPO) und kann sowohl vom Jugendlichen als auch vom unmittelbar Betroffenen (Erziehungsberechtigter oder gesetzlicher Vertreter) eingelegt werden.[86]

V. Mehrere Erziehungsberechtigte (Abs. 5)

29 Existieren mehrere Erziehungsberechtigte, so gesteht Abs. 5 S. 1 die **Rechteausübung** jedem von ihnen **selbstständig** zu. Die Möglichkeit des einen Elternteils, den anderen (formlos) zu **ermächtigen,** für ihn mitzuhandeln, wird hierdurch nicht ausgeschlossen.[87] Für die Hauptverhandlung fingiert S. 2 eine **gesetzliche Vertretungsregelung** dergestalt, dass der abwesende Erziehungsberechtigte durch den anwesenden als vertreten angesehen wird. Einen potenziell bestehenden Interessenkonflikt zwischen den Erziehungsberechtigten blendet die Regelung mit der Folge aus, dass etwa ein Rechtsmittelverzicht durch den anwesenden Erziehungsberechtigten auch für den anderen gilt.[88] Für vorgeschriebene **Mitteilungen** oder **Ladungen** genügt es ausweislich S. 3, dass sie an einen der Erziehungsberechtigten gerichtet werden.[89]

§ 67a Unterrichtung bei Freiheitsentzug

(1) Wird dem Jugendlichen die Freiheit entzogen, sind der Erziehungsberechtigte und der gesetzliche Vertreter so bald wie möglich über den Freiheitsentzug und die Gründe hierfür zu unterrichten.

---

[78] *Eisenberg* JGG § 6 Rn. 18; LBN/*Nestler* Rn. 242.
[79] *Dallinger/Lackner* Rn. 28.
[80] Ostendorf/*Sommerfeld* Rn. 15.
[81] *Dallinger/Lackner* Rn. 28; *Eisenberg* JGG Rn. 18; MRTW/*Trüg* Rn. 20.
[82] Vgl. Diemer/Schatz/Sonnen/*Schatz* Rn. 46.
[83] Vgl. MRTW/*Trüg* Rn. 21.
[84] Nach Diemer/Schatz/Sonnen/*Schatz* Rn. 46 dürfte idR eine Unterbrechung gem. §§ 228 f. StPO genügen.
[85] Statt vieler *Eisenberg* JGG Rn. 21.
[86] Ostendorf/*Sommerfeld* Rn. 21.
[87] *Brunner/Dölling* Rn. 1a; Diemer/Schatz/Sonnen/*Schatz* Rn. 48; MRTW/*Trüg* Rn. 22; Bedenken anmeldend *Eisenberg* JGG Rn. 16; ähnlich *Schwer* S. 142.
[88] Vgl. Diemer/Schatz/Sonnen/*Schatz* Rn. 39; Ostendorf/*Sommerfeld* Rn. 13; krit. *Eisenberg* JGG Rn. 16; MRTW/*Trüg* Rn. 22.
[89] Vgl. nur *Brunner/Dölling* Rn. 3; Ostendorf/*Sommerfeld* Rn. 9 erachtet dagegen eine Mitteilung an alle als verpflichtend, wenn die Erziehungsberechtigten nicht unter derselben postalischen Anschrift zu erreichen sind oder die Eltern getrennt leben; vgl. ferner *Eisenberg* JGG Rn. 23.

(2) ¹Die Unterrichtung des Erziehungsberechtigten und des gesetzlichen Vertreters kann unter den Voraussetzungen des § 67 Absatz 4 Satz 1 und 2 unterbleiben, soweit auf Grund der Unterrichtung eine erhebliche Gefährdung des Kindeswohls zu besorgen wäre. ²Wird weder der Erziehungsberechtigte noch der gesetzliche Vertreter unterrichtet, so ist eine andere für den Schutz der Interessen des Jugendlichen geeignete volljährige Person zu unterrichten. ³Dem Jugendlichen soll zuvor Gelegenheit gegeben werden, eine volljährige Person seines Vertrauens zu bezeichnen.

(3) ¹Im Übrigen darf die nach Absatz 1 oder Absatz 2 vorzunehmende Unterrichtung nur unterbleiben, sofern der Zweck der Untersuchung durch sie erheblich gefährdet würde. ²In diesem Fall ist unverzüglich die Jugendgerichtshilfe über den Freiheitsentzug sowie darüber zu unterrichten, dass eine Unterrichtung des Erziehungsberechtigten und des gesetzlichen Vertreters oder einer anderen geeigneten volljährigen Person unterblieben ist.

Übersicht

	Rn.		Rn.
I. Grundlagen	1–5	1. Unterbleiben der Unterrichtung	9, 10
1. Entstehungsgeschichte	1, 2	2. Unterrichtung einer anderen volljährigen Person	11
2. Anwendungsbereich	3–5	3. Person des Vertrauens	12
II. Unterrichtung (Abs. 1)	6–8	IV. Erhebliche Gefährdung des Zwecks der Untersuchung (Abs. 3)	13, 14
III. Verfahren bei erheblicher Gefährdung des Wohls des Jugendlichen (Abs. 2)	9–12	1. Voraussetzungen des Satz 1	13
		2. Unterrichtung der Jugendgerichtshilfe	14

I. Grundlagen

1. Entstehungsgeschichte. Die Vorschrift wurde im Rahmen der Umsetzung der **1** Richtlinie 2013/48/EU des Europäischen Parlaments und des Rates vom 22. Oktober 2013 über das Recht auf Zugang zu einem Rechtsbeistand in Strafverfahren und in Verfahren zur Vollstreckung des Europäischen Haftbefehls sowie über das Recht auf Benachrichtigung eines Dritten bei Freiheitsentzug und das Recht auf Kommunikation mit Dritten und mit Konsularbehörden während des Freiheitsentzugs (ABl. L 294 vom 6.11.2013, S. 1) geschaffen. Die Neuregelung des § 67a entspricht dabei der Umsetzung des Artikels 5 Abs. 2 bis 4 RL 2013/48/EU. Durch die Umsetzung der Richtlinie sollen auf Ebene der Europäischen Union zur Stärkung der Verfahrensrechte von Verdächtigen oder Beschuldigten gemeinsame Mindeststandards etabliert werden.[1]

Mit Inkrafttreten dieser Regelung am 5.9.2017 sind nun für den Fall des Freiheitsentzugs **2** verbindliche Mitteilungspflichten gegenüber dem Erziehungsberechtigten und dem gesetzlichen Vertreter ausdrücklich normiert.[2]

2. Anwendungsbereich. § 67a gilt nur für **Jugendliche, nicht** hingegen für **Heran- 3 wachsende.** Maßgeblich ist das Alter zum Zeitpunkt der Freiheitsentziehung, nicht dasjenige bei Tatbegehung.[3]

Die Vorschrift findet sowohl im Verfahren vor den **Jugendgerichten** als auch vor den **4** für **allgemeine Strafsachen zuständigen Gerichten** (§ 104 Abs. 1 Nr. 9; Ausnahme § 104 Abs. 3) Anwendung.

Weiterhin ist § 67a im **vereinfachten Jugendverfahren** (§ 78 Abs. 3 S. 2), sowie im **5 Vollstreckungsverfahren** (§ 83 Abs. 3 S. 2) zu beachten.

---
[1] BT-Drs. 18/9534, 1.
[2] BT-Drs. 18/9534, 28.
[3] *Eisenberg* JGG Rn. 1.

II. Unterrichtung (Abs. 1)

6 In Abs. 1 wird die obligatorische Mitteilungspflicht über den Freiheitsentzug mit den dazugehörigen Gründen gegenüber dem Erziehungsberechtigten und dem gesetzlichen Vertreter normiert. Die Mitteilung soll dabei **„so bald wie möglich"** erfolgen. Diese Formulierung bleibt dabei hinter dem Wortlaut des Art. 5 Abs. 1 und 2 RL 2013/48/EU („unverzüglich" und „möglichst rasch") zurück, um besondere Schwierigkeiten bei der Feststellung, wem die elterliche Sorge obliegt bzw. wer den Jugendlichen gesetzlich vertritt und wie diese Personen zu erreichen sind, zu berücksichtigen.[4] Sind diese Informationen allerdings bekannt, so muss unverzüglich eine Unterrichtung erfolgen.[5]

7 In entsprechender Anwendung von **§ 67 Abs. 5 S. 3** genügt es, dass nur ein Erziehungsberechtigter unterrichtet wird. Gleichwohl empfiehlt sich eine Unterrichtung aller Erziehungsberechtigten,[6] vor allem unter Berücksichtigung, dass hier gerade über die Freiheitsentziehung selbst, also eine besonders eingriffsintensive Maßnahme, unterrichtet wird.

8 Unter **Freiheitsentziehung** fallen die Verhaftung (§ 2 Abs. 2 StPO, § 114c Abs. 1 StPO), vorläufige Festnahme (§ 2 Abs. 2 StPO, § 126a Abs. 2. S 1 StPO, § 127 Abs. 4 StPO, § 127b Abs. 1 S. 2 StPO) sowie das Festhalten (§ 163c Abs. 1 S. 3 StPO).[7] Auf sonstige Fälle (regelmäßig) nur kurzer Freiheitsbeeinträchtigungen, zB im Rahmen einer körperlichen Untersuchung des Beschuldigten (§ 81a StPO), findet die Vorschrift keine Anwendung.[8]

III. Verfahren bei erheblicher Gefährdung des Wohls des Jugendlichen (Abs. 2)

9 **1. Unterbleiben der Unterrichtung.** Nach Abs. 2 kann die Unterrichtungspflicht unterbleiben, wenn die **Voraussetzungen des § 67 Abs. 4 S. 1 und 2** vorliegen und aufgrund der Unterrichtung eine **erhebliche Gefährdung für das Kindeswohl** zu besorgen wäre. Gemeint ist damit das Wohl des Jugendlichen, da „Kind" iSd Art. 5 Abs. 2 RL 2013/48/EU ist, wer das 18. Lebensjahr noch nicht vollendet hat.

10 Wann eine erhebliche Gefährdung vorliegen soll, wird bereits maßgeblich durch den Verweis auf § 67 Abs. 4 klargestellt. Eine Gefährdung ist dann zu befürchten, wenn die Mitteilungsberechtigten verdächtig sind, an der Verfehlung des Beschuldigten selbst beteiligt zu sein oder gar aufgrund der Beteiligung bereits verurteilt sind. In diesen Konstellationen besteht die naheliegende Gefahr, dass die Mitteilungsberechtigten von ihren eigenen Interessen geleitet werden und das Wohl des Jugendlichen dahinter zurücksteht.[9] Insoweit können den Mitteilungsberechtigten, unter Ausübung pflichtgemäßen **Ermessens**, ihre eingeräumten Verfahrensrechte entzogen werden.

11 **2. Unterrichtung einer anderen volljährigen Person.** Unterbleibt eine Unterrichtung des Erziehungsberechtigten wie auch des gesetzlichen Vertreters, so ist nach Abs. 2 S. 2 (Art. 5 Abs. 2 RL 2013/48/EU) ein **anderer geeigneter Erwachsener** zu unterrichten. Wann ein anderer Erwachsener „geeignet" ist, wird durch Art. 5 RL 2013/48/EU nicht ausdrücklich bestimmt. Zur Auslegung kann aber der Erwägungsgrund Nr. 55 der Richtlinie herangezogen werden, der beispielhaft einen **Angehörigen** als geeignete Person benennt.[10] Begründet wird dies vor allem mit der Erwartung, ein Angehöriger wirke, ebenso wie die Erziehungsberechtigten und gesetzlichen Vertreter, als Schutzgarant für die Interessen des Jugendlichen.[11] Überlegungen zur Geeignetheit im Einzelfall sind an diesem Maßstab des Schutzes des Jugendlichen auszurichten, der ausdrücklicher Zweck der Richtlinie ist.

---

[4] BT-Drs. 18/9534, 28 f.
[5] *Eisenberg* JGG Rn 5.
[6] *Eisenberg* JGG Rn 6, § 67 Rn 23.
[7] BeckOK StPO/*Walther* JGG § 67a Rn 7.
[8] *Sommerfeld* ZJJ 2016, 36 (37).
[9] BT-Drs. 18/9534, 29.
[10] RL 2013/48/EU, Erwägungsgrund Nr. 55, 10.
[11] BT-Drs. 18/9534, 29.

3. Person des Vertrauens. Diesem Schutzgedanken folgend gibt Abs. 2 S. 3 dem 12
Jugendlichen die Gelegenheit, eine volljährige Person seines Vertrauens zu bezeichnen (vgl
auch § 114c Abs. 1 und 2 StPO, Art. 104 Abs. 4 GG). Der Ausgestaltung der Norm als Soll-
Vorschrift kann entnommen werden, dass dem Vorschlag des Jugendlichen nicht zwingend
entsprochen werden muss. Die objektive Eignung der bezeichneten Person ist weiterhin
maßgeblich.[12] Nach überzeugender Ansicht sollte aber nur dann vom Vorschlag des Jugendlichen abgewichen werden, wenn der Nachweis der Nichteignung der bezeichneten Person
erbracht ist.[13]

IV. Erhebliche Gefährdung des Zwecks der Untersuchung (Abs. 3)

1. Voraussetzungen des Satz 1. Als Ausnahmevorschrift zu den Unterrichtungspflich- 13
ten des Abs. 1 und 2 sieht Abs. 3 S. 1 (Art. 5 Abs. 3 Buchst. b RL 2013/48/EU) die Möglichkeit vor, von der Unterrichtung abzusehen, wenn ansonsten der **Zweck der Untersuchung erheblich gefährdet** würde. Dies entspricht der Einschränkung des § 114c Abs. 1
StPO, womit einerseits auf die Begründung zu § 114c Abs. 1 StPO-E und andererseits auf
die allgemeinen Ausführungen des Art. 8 Abs. 1 RL 2013/48/EU zurückgegriffen werden
kann.[14] Letzterer statuiert neben der Verhältnismäßigkeit auch eine zeitliche Begrenzung,
die Unzulässigkeit einer ausschließlichen Begründung anhand der Art und Schwere der
mutmaßlichen Straftat und das Gebot eines faires Verfahrens. So kann das Absehen von
einer Unterrichtung nur solange zulässig sein, wie die Gefährdung anhält.[15]

2. Unterrichtung der Jugendgerichtshilfe. Für den Fall des Absehens von einer 14
Unterrichtung nach Abs. 3 S. 1 muss gem Abs. 3 S. 2 (Art. 5 Abs. 4 RL 2013/48/EU)
unverzüglich die JGH unterrichtet werden. Die Pflichten zur Heranziehung der JGH in
Haftsachen gem § 72a werden durch Abs. 3 S. 2 nicht berührt. Möglich ist aber, dass die
verschiedenen Unterrichtungspflichten nebeneinander bestehen.[16]

§ 68 Notwendige Verteidigung

Der Vorsitzende bestellt dem Beschuldigten einen Verteidiger, wenn
1. einem Erwachsenen ein Verteidiger zu bestellen wäre,
2. dem Erziehungsberechtigten und dem gesetzlichen Vertreter ihre Rechte nach diesem Gesetz entzogen sind,
3. der Erziehungsberechtigte und der gesetzliche Vertreter nach § 51 Abs. 2 von der Verhandlung ausgeschlossen worden sind und die Beeinträchtigung in der Wahrnehmung ihrer Rechte durch eine nachträgliche Unterrichtung (§ 51 Abs. 4 Satz 2) nicht hinreichend ausgeglichen werden kann,
4. zur Vorbereitung eines Gutachtens über den Entwicklungsstand des Beschuldigten (§ 73) seine Unterbringung in einer Anstalt in Frage kommt oder
5. gegen ihn Untersuchungshaft oder einstweilige Unterbringung gemäß § 126a der Strafprozeßordnung vollstreckt wird, solange er das achtzehnte Lebensjahr nicht vollendet hat; der Verteidiger wird unverzüglich bestellt.

Schrifttum: *Eisenberg*, Der Verteidiger im Jugendstrafverfahren, NJW 1984, 2913; *Lam/Meyer-Mews*, Die gestörte Verteidigung – Möglichkeiten und Grenzen des Widerrufs der Pflichtverteidigerbestellung, NJW 2012, 177; *Mager*, Strafverteidigung in Jugendsachen. Hat der Erziehungsgedanke des JGG Auswirkungen auf die Tätigkeit des Verteidigers?, BRJ 1/2009, S. 14 ff; *Zieger*, Verteidigung in Jugendstrafsachen, 6. Aufl. (2013), Rn 163 ff.

---

[12] BT-Drs. 18/9534, 29.
[13] *Eisenberg* JGG Rn 11.
[14] BT-Drs. 18/9534, 29.
[15] *Eisenberg* JGG Rn 11.
[16] BT-Drs. 18/9534, 29.

Übersicht

	Rn.		Rn.
I. Grundlagen	1–6	c) § 68 Nr. 2 (Entzug der Rechte,	
1. Anwendungsbereich	1, 2	§ 67 Abs. 4)	18
2. Aufgaben der Verteidigung im Jugendstrafverfahren	3–6	d) § 68 Nr. 3 (Verhandlungsausschluss, § 51 Abs. 2)	19, 20
II. Notwendige Verteidigung	7–22	e) § 68 Nr. 4 (Unterbringung zur Vorbereitung eines Gutachtens, § 73)	21
1. Zeitpunkt der Bestellung	7, 8	f) § 68 Nr. 5 (Untersuchungshaft; einstweilige Unterbringung)	22
2. Zusammenspiel von § 68 JGG und § 140 StPO	9		
3. Voraussetzungen	10–22	III. Beendigung/Entpflichtung	23, 24
a) § 68 Nr. 1 iVm § 140 Abs. 1 StPO	10–13	IV. Weitere Verfahrensfragen	25–27
b) § 68 Nr. 1 iVm § 140 Abs. 2 S. 1 StPO	14–17a	V. Rechtspolitische Entwicklungen	28

I. Grundlagen

1 1. Anwendungsbereich. § 68 ist in Verfahren gegen **Jugendliche** und **Heranwachsende** (bei letzteren ohne die Nr. 2, 3 und 5; vgl. § 109 Abs. 1)[1] anwendbar. Das gilt auch vor den für **allgemeine Strafsachen zuständigen Gerichten** (§§ 104 Abs. 1 Nr. 10, 112 S. 1, 2).

2 Im **vereinfachten Jugendverfahren** (§§ 76–78) gilt die Vorschrift ebenfalls.[2] Gleichwohl dürfte sich die Frage der Pflichtverteidigerbestellung hier eher selten stellen, da das vereinfachte Verfahren in einer Vielzahl der Fallkonstellationen ungeeignet ist (vgl. auch § 77 Abs. 1 S. 1), so etwa wenn dem Angeklagten ein Verbrechen zur Last gelegt wird[3] oder in den Fällen des § 140 Abs. 2 StPO (Schwere der Tat, Schwierigkeit der Sach- oder Rechtslage, eingeschränkte Verteidigungsfähigkeit oder -möglichkeit). Für das **Strafvollstreckungsverfahren** ordnet § 83 Abs. 3 S. 2 die sinngemäße Anwendung des § 68 an. Im **Ordnungswidrigkeitenverfahren** ist für die Verwaltungsbehörden nur die Nr. 1 von praktischer Relevanz, da etwa ein Entzug der Rechte nach der Nr. 2 in die richterliche Zuständigkeit fällt (vgl. § 67 Abs. 4).[4]

3 2. Aufgaben der Verteidigung im Jugendstrafverfahren. Die Aufgaben des Verteidigers in Jugendstrafsachen[5] sind im Gesetz nicht näher umrissen. Die Vorschriften der §§ 68, 83 Abs. 3 S. 2 erweitern den Bereich der Pflichtverteidigung gegenüber der Verteidigung im allgemeinen Strafverfahren.[6] Im Ausgangspunkt stimmt der Aufgabenkatalog mit demjenigen des allgemeinen Strafverfahrens daher überein.[7] So ist auch der Pflichtverteidiger im Jugendstrafverfahren **unabhängiges Organ der** am Rechtsstaatsgedanken ausgerichteten **Strafrechtspflege** (vgl. § 1 BRAO)[8] und **Interessenvertreter des Beschuldigten**.[9]

4 Umstritten ist das **Verhältnis von Verteidigertätigkeit und Erziehungsauftrag** (§ 2 Abs. 1) und die daraus resultierende Fragestellung, ob und inwiefern der Verteidiger über seine Beistandsfunktion hinaus dem Erziehungsgedanken verpflichtet ist.[10] Diskutiert wird dabei ua, ob dem Verteidiger in Jugendsachen eine **erzieherische Befähigung** abzuverlangen ist und

---

[1] Näher bei LBN/*Nestler* Rn. 246.
[2] Vgl. etwa Ostendorf/*Sommerfeld* Rn. 2; einschränkend Diemer/Schatz/Sonnen/*Diemer* Rn. 3: „sofern ein Bedarf dafür besteht".
[3] OLG Düsseldorf 8.12.1998 – 5 Ss 383–98 – 98–98 I, NStZ 1999, 211; aA Brunner/*Dölling* § 67 Rn. 26.
[4] Näher *Eisenberg* JGG Rn. 5.
[5] S. dazu umfassend *Zieger* Rn. 163 ff.
[6] Vgl. *Zieger* Rn. 165.
[7] Vgl. Diemer/Schatz/Sonnen/*Diemer* Rn. 6; MRTW/*Trüg* Rn. 2.
[8] S. *Eisenberg* NJW 1984, 2913 (2914).
[9] StRspr vgl. BVerfG 29.9.1997 – 2 BvR 1676/97, NJW 1998, 296; BGH 7.11.1991 – 4 StR 252/91, BGHSt 38, 111 = NJW 1992, 1245; OLG Hamburg 17.11.1997 – 2 Ws 255/97, NJW 1998, 621.
[10] Zum Diskussionsstand Brunner/*Dölling* Rn. 8 ff.; weiterhin *Eisenberg* JGG Rn. 6 und 9 ff.

ob im Falle einer notwendigen Verteidigung das Gericht diejenigen Personen bei der **Auswahl des Pflichtverteidigers** zu übergehen hat, die es für erzieherisch ungeeignet hält.[11]

Während das Jugendgerichtsgesetz mit § 37 eine bei der Auswahl der Jugendrichter und Jugendstaatsanwälte zu berücksichtigende **Soll-Vorschrift** bereithält – nach dieser sollen die vorgenannten Verfahrensbeteiligten erzieherisch befähigt und in der Jugenderziehung erfahren sein[12] – existiert eine derartige Eignungsbeschreibung für den Jugendstrafverteidiger nicht. Die ehemals in § 42 Abs. 2 des JGG von 1943 anzutreffende Nennung erzieherischer Aufgaben des Verteidigers in Jugendsachen hat weder in der Neufassung des JGG von 1953 noch in den der früheren Richtlinie 1 zu § 68 JGG nachfolgenden Richtlinien eine Entsprechung gefunden.[13] Damit kennt das heutige JGG **keinen besonderen Jugendverteidiger**, so dass jeder zugelassene Anwalt als Verteidiger im Jugendstrafverfahren mitwirken kann.[14] Selbstverständlich muss der Verteidiger eines Jugendlichen oder Heranwachsenden mit den Besonderheiten des Jugendstrafrechts und -verfahrens vertraut sein, um überhaupt effektiv arbeiten zu können.[15] Nur so wird dem aus dem Rechtsstaatsprinzip sowie aus Art. 103 Abs. 1 GG und Art. 6 Abs. 3c EMRK ableitbaren **Recht** des Beschuldigten **auf effektive Verteidigung** Rechnung getragen.[16]

Aus all dem folgt, dass auch der Pflichtverteidiger ausschließlich als **Interessenvertreter des jugendlichen Mandanten** zur Abwendung von Strafe sowie zur Abwehr sonstiger auch erzieherischer Maßnahmen auftritt und ihn gerade **keine erzieherische Verpflichtung** trifft.[17] Folgerichtig hat der Vorsitzende unter Beachtung von **§ 142 StPO** bei der Verteidigerauswahl nicht auf etwaige erzieherische Fähigkeiten der zur Auswahl stehenden Verteidiger, sondern auf die (zu erwartenden) Kenntnisse und Erfahrungswerte im Jugendstrafrecht abzustellen.[18] In der Praxis orientiert sich die richterliche Auswahl häufig an von den Rechtsanwaltskammern geführten Pflichtverteidiger-Listen.[19] **Rechtstatsächlich** nehmen in Jugendstrafverfahren deutlich weniger Strafverteidiger teil als in allgemeinen Strafverfahren.[20]

II. Notwendige Verteidigung

1. Zeitpunkt der Bestellung. Als ersten Anknüpfungspunkt für die Bestellung des Pflichtverteidigers nennt § 141 Abs. 1 StPO die Aufforderung zur Erklärung über die Anklageschrift gem. § 201 StPO. Wenn sich die Notwendigkeit der Bestellung hingegen erst später ergibt, ist ein Verteidiger sofort zu bestellen, § 2 Abs. 2, § 141 Abs. 2 StPO. Von besonderer Relevanz im Jugendstrafverfahren sind die **§ 2 Abs. 2, § 141 Abs. 3 S. 1 StPO.** Hiernach kann ein Pflichtverteidiger auch schon während des Vorverfahrens bestellt werden.

Für eine möglichst frühzeitige Einbindung des Pflichtverteidigers plädierte bereits 1988 eine aus Wissenschafts- und Praxiskreisen bestehende Arbeitsgrupppe der DVJJ im Rahmen der sog. „**Kölner Richtlinien**".[21] Verwiesen wurde insbesondere auf die gesteigerte Fürsorgepflicht des Staates im Umgang mit (straffällig gewordenen) jungen Menschen sowie

---

[11] Eingehend aus der Sicht eines Rechtsanwalts *Mager* S. 16 ff.
[12] Entsprechendes schreibt § 35 Abs. 2 S. 2 JGG für die Jugendschöffen vor.
[13] Zum Hintergrund Ostendorf/*Sommerfeld* Rn. 3; s. auch *Mager* S. 17.
[14] Vgl. LBN/*Nestler* Rn. 254; *Streng* JugStR Rn. 135.
[15] AllgA, vgl. nur Diemer/Schatz/Sonnen/*Diemer* § 68 Rn. 6; MRTW/*Trüg* Rn. 2; *Eisenberg* JGG Rn. 9a vor dem Hintergrund des Erziehungsauftrags.
[16] Zum Verhältnis von Art. 103 GG und Art. 6 EMRK s. Maunz/Dürig/*Schmidt-Aßmann*, Grundgesetz-Kommentar, GG Art. 103 Rn. 24 ff.; vgl. auch *Eisenberg* JGG Rn. 10.
[17] Wie hier Diemer/Schatz/Sonnen/*Diemer* Rn. 6; Ostendorf/*Sommerfeld* Rn. 3 mwN; MRTW/*Trüg* Rn. 2; *Meier/Rössner/Schöch* § 13 Rn. 22; s. auch *Zieger* Rn. 149.
[18] So zu Recht Diemer/Schatz/Sonnen/*Diemer* Rn. 6; s. mwN und ua unter Verweis auf die in der Praxis nur schwer feststellbare erzieherische (Nicht-)Eignung *Eisenberg* JGG § 68 Rn. 12; aA noch *Dallinger/Lackner* Rn. 16 vor dem Hintergrund der Richtlinie 1 zu § 68 JGG.
[19] Beispielhaft seien die von der Rechtsanwaltskammer Hamm für die jeweiligen Landgerichtsbezirke geführten Listen der Pflichtverteidiger genannt; generell MRTW/*Trüg* Rn. 18 mwN.
[20] Dazu mit Zahlenmaterial *Eisenberg* JGG Rn. 8.
[21] Diese sind von der Arbeitsgruppe DVJJ unter Nennung ihrer Autoren abgedruckt in NJW 1989, 1024.

auf die beachtliche Bedeutung des Strafverfahrens für deren weitere Entwicklung.[22] Während der Bestellungszeitpunkt in den Varianten des § 68 Nr. 2–5 bereits der Sache nach vorgegeben ist,[23] stellt sich in den Fällen des **§ 68 Nr. 1 iVm § 140 Abs. 1, 2 StPO** die bis dato nicht abschließend entschiedene Frage, ob der Vorsitzende einen Pflichtverteidiger auch schon zu Beginn der Strafverfolgungstätigkeit – ggf. auf Antrag der Jugendstaatsanwaltschaft (vgl. **§ 141 Abs. 3 S. 2 StPO**) – zu bestellen hat.[24] Jedenfalls in denjenigen Fällen, in denen ex ante nach Lage der Dinge vom Vorliegen der gesetzlichen Bestellungsgründe im gerichtlichen Verfahren ausgegangen werden kann, ist die Hinzuziehung eines Pflichtverteidigers **schon im vorgerichtlichen Stadium** vorzunehmen.[25]

9   **2. Zusammenspiel von § 68 JGG und § 140 StPO.** Nach **Nr. 1** ist dem jugendlichen Beschuldigten in all denjenigen Fällen ein Verteidiger zu bestellen, in welchen sich im Erwachsenenstrafrecht eine Verteidigung als notwendig erweist. Das JGG verweist an dieser Stelle uneingeschränkt auf die Vorschriften des allgemeinen Strafprozessrechts über die notwendige Verteidigung; damit gelten für die Beurteilung der Notwendigkeit der Pflichtverteidigerbestellung im Jugendstrafverfahren zunächst die **Grundsätze,** die auch bei der Bestellung des Pflichtverteidigers **im Strafverfahren gegen Erwachsene** gelten.[26] Bei der Anwendung des § 68 ist damit auch die Vorschrift des § 140 StPO in ihren beiden Absätzen zu beachten.[27] Der Katalog des § 140 Abs. 1 StPO enthält neun Fälle notwendiger Verteidigung. Eigens für das Jugendstrafverfahren finden sich **vier weitere Bestellungsgründe** in den Nr. 2–5 des § 68. Ein Pflichtverteidiger ist gemäß § 68 Nr. 1 iVm der Generalklausel des § 140 Abs. 2 S. 1 StPO auch dann zu bestellen, wenn wegen der Schwere der Tat, wegen der Schwierigkeit der Sach- oder Rechtslage oder wegen der Unfähigkeit des Beschuldigten, sich selbst zu verteidigen, die Mitwirkung eines Verteidigers geboten erscheint. § 140 Abs. 2 StPO ist damit **Auffangtatbestand** für alle durch § 140 Abs. 1 StPO und sonstige speziellen Vorschriften nicht expressis verbis erfassten Fälle.[28] In Verbindung mit § 68 bedarf § 140 Abs. 2 S. 1 StPO zudem der **jugendspezifischen Auslegung** (sogleich näher → Rn. 14).

10 **3. Voraussetzungen. a) § 68 Nr. 1 iVm § 140 Abs. 1 StPO.** Nr. 1 nimmt auf das **allgemeine Strafverfahrensrecht** und damit (hauptsächlich) auf **§ 140 StPO** Bezug.[29] Bei der Anwendung der Fallgruppen des § 140 Abs. 1 StPO ergeben sich im Jugendstrafverfahren in der Regel keine jugendstrafspezifischen Auslegungsschwierigkeiten,[30] so dass die allgemeinen Kommentierungen zu § 140 StPO grds. herangezogen werden können.[31] Auf etwaige **Besonderheiten** bei der Verklammerung von § 68 Nr. 1 mit den einzelnen Fallgruppen des § 140 Abs. 1 Nr. 1–9 StPO wird nachstehend hingewiesen.

11 So ist die Konstellation des **§ 140 Abs. 1 Nr. 1 StPO,** welche die Mitwirkung eines Verteidigers notwendig macht, wenn die Hauptverhandlung im ersten Rechtszug vor dem Oberlandesgericht oder dem Landgericht stattfindet, im Falle eines jugendlichen[32] Angeklagten in der Praxis eher selten anzutreffen. Der Grund liegt darin, dass die Kompetenzbeschränkung des Jugendschöffengerichts auf Freiheitsstrafe bis zu vier Jahren (vgl. § 24 Abs. 2 GVG) grds. nicht besteht, da das Jugendschöffengericht den Zuständigkeitsbereich der Strafkammer in Teilen

---

[22] NJW 1989, 1024 (1025).
[23] So auch Diemer/Schatz/Sonnen/*Diemer* Rn. 4.
[24] Ausf. zum gegenwärtigen Meinungsstand und mwN *Eisenberg* JGG Rn. 37 ff.; s. auch MRTW/*Trüg* Rn. 7 mit zutreffendem Hinweis auf die prägende Rolle des Ermittlungsverfahrens für das weitere Strafverfahren.
[25] Ähnlich Diemer/Schatz/Sonnen/*Diemer* Rn. 4.
[26] KG 7.5.2013 – 4 Ws 47/13, NStZ-RR 2013, 357; OLG Schleswig 18.4.2008 – 2 Ss 32/08, StV 2009, 86; LBN/*Nestler* Rn. 248.
[27] Vgl. nur OLG Hamm 17.9.2007 – 2 Ss 380/07, StV 2008, 120.
[28] Vgl. *Beulke,* Strafprozessrecht, S. 112.
[29] Diemer/Schatz/Sonnen/*Diemer* Rn. 9; Ostendorf/*Sommerfeld* Rn. 7; MRTW/*Trüg* Rn. 6.
[30] Ostendorf/*Sommerfeld* Rn. 7; MRTW/*Trüg* Rn. 6.
[31] Diemer/Schatz/Sonnen/*Diemer* Rn. 9.
[32] Bei Verfahren gegen Heranwachsende ist stets § 108 Abs. 3 zu beachten.

abdeckt.³³ Diese weitergehende **Zuständigkeit des Jugendschöffengerichts** kann daher zu einer Benachteiligung des jugendlichen im Vergleich zum erwachsenen Angeklagten führen.³⁴ Zum Teil wird daher formuliert, vor dem Jugendschöffengericht sei die Verteidigung immer eine notwendige.³⁵ Jedenfalls in Fällen, in denen das Strafverfahren unter Zugrundelegung des allgemeinen Strafrechts vor der Strafkammer stattfände, ist die Verteidigung unter Rückgriff auf die Generalklausel des § 140 Abs. 2 StPO als notwendig zu beurteilen.³⁶

Neben **§ 140 Abs. 1 Nr. 2 StPO**³⁷ (dem Beschuldigten wird ein Verbrechen zur Last 12 gelegt) ist im Jugendstrafverfahren auch **§ 140 Abs. 1 Nr. 4 StPO** (Vollstreckung von Untersuchungshaft oder einstweiliger Unterbringung) besonders relevant. Die Nr. 4 wurde durch Gesetz vom 29.7.2009 (BGBl. I 2274, in Kraft getreten am 1.10.2010) in den Katalog des § 140 Abs. 1 StPO aufgenommen.³⁸ Bereits zuvor erfasste **§ 68 Nr. 5,** sofern es sich bei dem Beschuldigten um einen **strafmündigen Jugendlichen** handelte („solange er das 18. Lebensjahr nicht vollendet hat"), die Vollstreckung von Untersuchungshaft sowie die einstweilige Unterbringung gem. § 126a StPO³⁹ als einen Fall notwendiger Verteidigung. Hinsichtlich des Verhältnisses von § 140 Abs. 1 Nr. 4 StPO und § 68 Nr. 5 ist nunmehr aufgrund der Inbezugnahme des § 68 Nr. 1 auf die Neuregelung des § 140 Abs. 1 Nr. 4 StPO davon auszugehen, dass dem **§ 68 Nr. 5 kein eigenständiger Anwendungsbereich** mehr verbleibt.⁴⁰ Für die Verteidigerbestellung nach § 68 Nr. 1 iVm § 140 Abs. 1 Nr. 4 StPO kommt es nicht darauf an, in welchem Verfahren die Freiheitsentziehung bzw. Untersuchungshaft angeordnet ist, sondern lediglich, dass sich der Beschuldigte in zumindest einem gegen ihn gerichteten Verfahren in Untersuchungshaft befindet.⁴¹

Schließlich ist bei **§ 140 Abs. 1 Nr. 5 StPO** festzuhalten, dass die Vorschrift über ihren 13 Wortlaut hinaus neben dem Anstaltsaufenthalt auch den Aufenthalt in einem **Erziehungsheim** erfasst, sofern die persönliche Freiheit durch einen solchen Aufenthalt in vergleichbarer Weise eingeschränkt ist.⁴²

b) § 68 Nr. 1 iVm § 140 Abs. 2 S. 1 StPO. Auf die **jugendspezifische Auslegungs-** 14 **bedürftigkeit** des § 140 Abs. 2 S. 1 im Jugendstrafverfahren wurde oben (→ Rn. 9) bereits hingewiesen. Hiernach sind bei der Auslegung und Konkretisierung der unbestimmten Rechtsbegriffe **„Schwere der Tat", „Schwierigkeit der Sach- oder Rechtslage"** und **„Unfähigkeit zur selbstständigen Verteidigung",** über die im Erwachsenenstrafrecht hierzu entwickelten Grundsätze hinaus, die besonderen Problemlagen junger Menschen dem Einzelfall entsprechend zu berücksichtigen.⁴³ Als Kriterien kommen insbesondere die

---

³³ *Eisenberg* JGG Rn. 21b; MRTW/*Trüg* Rn. 6.
³⁴ Dazu *Brunner/Dölling* Rn. 16: „Die weitergehende Zuständigkeit des Jugendschöffengerichts entspricht allerdings nicht dem Verhältnis AG-Schöffengericht-Strafkammer des Erwachsenenrechts und lässt die ‚Kölner Richtlinien' […] Pflichtverteidigung in jeder Schöffensache fordern".
³⁵ So etwa die Arbeitsgruppe DVJJ NJW 1989, 1024 (1025); zustimmend MRTW/*Trüg* Rn. 9; aA und auf den Einzelfall abstellend *Brunner/Dölling* Rn. 16.
³⁶ Ähnlich Diemer/Schatz/Sonnen/*Diemer* Rn. 9; *Eisenberg* JGG Rn. 21b.
³⁷ Hierzu sei auf die allgemeine Kommentarliteratur verwiesen.
³⁸ Die Vorgängerregelungen des § 117 Abs. 4 StPO aF und § 140 Abs. 1 Nr. 5 StPO, welche eine Pflichtverteidigerbestellung erst nach dreimonatiger Haftzeit vorsahen, erachtete der Gesetzgeber in Anbetracht des mit der Inhaftierung verbundenen erheblichen Grundrechtseingriffs zulasten des Betroffenen als ungenügend (vgl. BT-Drs. 16/13097, 18).
³⁹ Eine einstweilige Unterbringung nach § 126a StPO steht im Raum, wenn dringende Gründe für die Annahme vorhanden sind, dass der Beschuldigte eine rechtswidrige Tat im Zustand der Schuldunfähigkeit oder der verminderten Schuldfähigkeit (vgl. §§ 20, 21 StGB) begangen hat und dass die Unterbringung in einem psychiatrischen Krankenhaus oder einer Entziehungsanstalt angeordnet werden wird, weil die öffentliche Sicherheit dies erfordert.
⁴⁰ Vgl. OLG Frankfurt a. M. 22.4.2010 – 3 Ws 351/10, NStZ-RR 2011, 19; *Eisenberg* JGG Rn. 22a; MRTW/*Trüg* Rn. 6.
⁴¹ Vgl. OLG Frankfurt a. M. 22.4.2010 – 3 Ws 351/10, NStZ-RR 2011, 19 mwN; MRTW/*Trüg* Rn. 6.
⁴² Vgl. LG Braunschweig 11.2.1985 – 32 Qs 14/85, StV 1986, 472; Diemer/Schatz/Sonnen/*Diemer* Rn. 10.
⁴³ Dazu in jüngerer Zeit KG 7.5.2013 – 4 Ws 47/13, NStZ-RR 2013, 357; vgl. auch MRTW/*Trüg* Rn. 1 und 7.

Unerfahrenheit im Umgang mit staatlichen Instanzen sowie die eingeschränkten sprachlichen Ausdrucksmöglichkeiten junger Menschen in Betracht.[44] Dadurch können sie in ihrer Interessenwahrnehmung vor Gericht beeinträchtigt sein, so dass eine **extensive Interpretation** im Hinblick auf die Notwendigkeit einer Verteidigerbestellung zugunsten junger Beschuldigter geboten ist.[45]

15 Im allgemeinen Strafverfahren beurteilt sich die **Schwere der Tat** (vgl. § 140 Abs. 2 S. 1 Alt. 1 StPO) vor allem anhand der **zu erwartenden Rechtsfolgenentscheidung** und nicht anhand der Schwere der Rechtsgutsverletzung.[46] So ist nach überwiegender Auffassung in Rechtsprechung und Literatur die Mitwirkung eines Pflichtverteidigers im Erwachsenenstrafrecht regelmäßig dann geboten, wenn nach den Gesamtumständen eine **Straferwartung von mindestens einem Jahr Freiheitsstrafe** im Raume steht.[47] Im Falle einer Gesamtstrafenbildung ist auf die zu erwartende Gesamtstrafe, nicht auf die jeweilige Einzelstrafe abzustellen.[48] Selbiges gilt auch im Jugendstrafrecht.[49] Diese Mindeststraferwartung ist indes nicht als starre Grenze zu begreifen.[50] Hinzutretende Gesichtspunkte, wie etwa die idR geringere Lebenserfahrung junger und heranwachsender Menschen und die damit zusammenhängende **größere Schutzbedürftigkeit** dieser Personengruppen können dazu führen, dass die Bestellung eines Pflichtverteidigers auch schon bei einer geringeren Strafe geboten erscheint.[51] Zu berücksichtigen ist auch, wie einschneidend sich die zu erwartende Rechtsfolge angesichts des bisherigen Lebens des jungen Angeklagten darstellt.[52] Zu erwartender Freiheitsentzug wiegt für Jugendliche und wohl auch für Heranwachsende ungleich schwerer als für Erwachsene.[53] Das LG Essen führt hierzu zutreffend aus, dass in diesem Lebensabschnitt wesentliche, von Labilität und Verletzlichkeit bestimmte Teile der Persönlichkeitsentwicklung vonstatten gehen und jeder Eingriff insofern richtungsweisend sei und – gefährdend oder fördernd – Dauerwirkungen erzielen könne.[54] Unter diesen Vorzeichen sollte die Bestellung eines Pflichtverteidigers notwendigerweise auch dann erfolgen, wenn mit **freiheitsentziehenden Maßregeln** der Besserung und Sicherung iSv § 7 (Unterbringung in einem psychiatrischen Krankenhaus, einer Entziehungsanstalt oder in der Sicherungsverwahrung) zu rechnen ist.[55] Von der antizipierten Straferwartung unabhängig ist

---

[44] OLG Schleswig 18.4.2008 – 2 Ss 32/08, StV 2009, 86 mAnm *Gubitz*; vgl. auch Ostendorf/*Sommerfeld* Rn. 7.

[45] OLG Schleswig 18.4.2008 – 2 Ss 32/08, StV 2009, 86 mAnm *Gubitz*; zust. *Neubacher* ZJJ 2010, 385; eine weite Auslegung des § 140 Abs. 2 StPO befürwortend Diemer/Schatz/Sonnen/*Diemer* § 68 Rn. 11; Ostendorf/*Sommerfeld* Rn. 7 jeweils mwN; s. auch MRTW/*Trüg* § 68 Rn. 8; *Dölling* NStZ 2009, 193 (199); *Eisenberg* JGG Rn. 23.

[46] Statt vieler OLG Hamm 17.9.2007 – 2 Ss 380/07, StV 2008, 120; Meyer-Goßner/*Schmitt* StPO § 140 Rn. 23 mwN; SSW-StPO/*Beulke* StPO § 140 Rn. 36.

[47] Dazu jüngst im jugendstrafrechtlichen Verfahren KG 7.5.2013 – 4 Ws 47/13, NStZ-RR 2013, 357; weiterhin etwa OLG Schleswig 18.4.2008 – 2 Ss 32/08, StV 2009, 86; OLG Hamm 17.9.2007 – 2 Ss 380/07, StV 2008, 120. Ostendorf/*Sommerfeld* Rn. 8; aA Diemer/Schatz/Sonnen/*Diemer* Rn. 11 auf die Auswirkungen der Jugendstrafe im konkreten Fall abstellend; zT wird auch vertreten, die Beiordnung eines Pflichtverteidigers sei schon im Falle einer drohenden Jugendstrafe erforderlich (so LG Gera 25.5.1998 – 651 Js 40638/97-4 Ns, StV 1999, 654).

[48] Vgl. SSW-StPO/*Beulke* StPO § 140 Rn. 36 mwN; so auch Brunner/*Dölling* Rn. 20.

[49] OLG Hamm 17.9.2007 – 2 Ss 380/07, StV 2008, 120; Diemer/Schatz/Sonnen/*Diemer* Rn. 11; MRTW/*Trüg* Rn. 8.

[50] So in aller Deutlichkeit OLG Schleswig 18.4.2008 – 2 Ss 32/08, StV 2009, 86.

[51] Vgl. KG 7.5.2013 – 4 Ws 47/13, NStZ-RR 2013, 357; OLG Schleswig 18.4.2008 – 2 Ss 32/08, StV 2009, 86; OLG Hamm 17.9.2007 – 2 Ss 380/07, StV 2008, 120.

[52] Vgl. zur Subsumtion im konkreten Fall OLG Schleswig 18.4.2008 – 2 Ss 32/08, StV 2009, 86.

[53] Vgl. *Eisenberg* JGG Rn. 24; MRTW/*Trüg* Rn. 8 bringt entwicklungspsychologische und biographische Aspekte zur Sprache; auf die noch in der Entwicklung befindliche, ungefestigte Persönlichkeit junger Menschen weist auch die Bundesregierung (Drs. 11/5829, 28) im Zusammenhang mit der Vollstreckung von Untersuchungshaft an Jugendlichen (dazu → § 72 Rn. 4) hin.

[54] LG Essen 27.10.1986 – 23a (121/86) = NStZ, 184; zust. etwa Brunner/*Dölling* Rn. 20.

[55] Vgl. Diemer/Schatz/Sonnen/*Diemer* Rn. 11; Ostendorf/*Sommerfeld* Rn. 8; *Eisenberg* JGG Rn. 25a befürwortet dies auch, sofern Hilfeleistungen nach § 34 KHJG zu erwarten sind; MRTW/*Trüg* Rn. 8 fordert die Bestellung entgegen der hM und unabhängig von dessen Ausgestaltung auch im Falle von Jugendarrest (§ 16).

in diesem Zusammenhang nach hM, ob eine Strafaussetzung zur **Bewährung** oder eine Aussetzung der Verhängung gem. § 27 erfolgen wird.[56]

Die zwingende Mitwirkung eines Verteidigers kann weiterhin wegen der **Schwierigkeit** **16 der Sach- oder Rechtslage** (§ 140 Abs. 2 S. 1 Alt. 2 StPO) veranlasst sein. Eine schwierige Sachlage ist insbesondere bei einer langen Verfahrensdauer mit **zahlreichen Zeugenvernehmungen** anzunehmen[57] oder wenn mehrere Zeugen vernommen und aufgrund der getroffenen Aussagen eine „zumindest nicht einfache **Beweiswürdigung**"[58] erforderlich wird. Weiterhin kann die Notwendigkeit einer Verteidigerbestellung in tatsächlicher Hinsicht auch daraus resultieren, dass schwierige, ein **Sachverständigengutachten** erfordernde Sachfragen zu klären sind.[59] Eine besondere Schwierigkeit kann auch in Aussage-gegen-Aussage-Konstellationen begründet sein, in denen eine sachgerechte Verteidigung nur bei Gewährung von **Akteneinsicht** (§ 147 Abs. 1 StPO) sichergestellt ist[60] sowie bei **Indizienprozessen**.[61] Schwierigkeiten auf rechtlichem Terrain liegen zB dann vor, wenn komplexe, uU höchstrichterlich bis dato nicht (abschließend) geklärte **Rechtsfragen** einer Beurteilung im konkreten Fall bedürfen.[62] Im konkreten Fall können bspw. Rechtfertigungs- und Entschuldigungsgründe, Irrtumsfragen oder Fragen nach der Verantwortlichkeit bzw. hinsichtlich fehlender oder verminderter Schuldfähigkeit (§ 3, §§ 20, 21 StGB) zu erörtern sein.[63] Die Bestellung eines Pflichtverteidigers ist fernerhin angezeigt, sofern der Jugendliche zur Einlegung von **Rechtsmitteln** (vgl. § 55) entschlossen ist[64] oder wenn die StA das Rechtsmittel führt.[65] Wird im Jugendverfahren eine Verständigung iSd strafprozessualen Vorschriften vorgenommen (bspw. **verfahrensbeendigende Verständigung** über die Rechtsfolgen gem. § 2 JGG, § 257c StPO), stellt dies idR ebenfalls einen Fall der notwendigen Verteidigung dar.[66] Sprachbedingte Verständigungsschwierigkeiten eines der Gerichtssprache nicht kundigen Angeklagten hingegen begründen für sich gesehen keine notwendige Verteidigung, da Art. 6 Abs. 3 lit. e EMRK dem **nichtdeutschen Angeklagten** in solchen Fällen unabhängig von seiner finanziellen Lage für das gesamte Strafverfahren einen Anspruch auf unentgeltliche Hinzuziehung eines Dolmetschers einräumt, auch wenn ein Fall notwendiger Verteidigung iSd § 140 Abs. 2 StPO nicht vorliegt.[67]

Ein Pflichtverteidiger muss schließlich bestellt werden, wenn der Angeklagte ersichtlich **17 unfähig** ist, **sich selbst zu verteidigen** (§ 140 Abs. 2 S. 1 Alt. 3 StPO). Die Grenze zwischen der „Schwierigkeit der Sach- und Rechtslage" einerseits und der „Unfähigkeit zur selbstständigen Verteidigung" andererseits lässt sich mitunter nicht eindeutig ziehen, da letztere durch eine schwierige tatsächliche und/oder materiellrechtliche Lage bedingt sein kann.[68] Neben dem Alter als einem Anhaltspunkt für eine Verteidigungsunfähigkeit[69] können ua die geistige

---

[56] Statt vieler OLG Saarbrücken 24.4.2007 – Ss 25/07 (28/07), BeckRS 2008, 013; Diemer/Schatz/Sonnen/*Diemer* Rn. 11; *Eisenberg* JGG Rn. 24a; MRTW/*Trüg* Rn. 8 jeweils mwN.
[57] So LG Düsseldorf 25.6.1997 – VII Qs 41-44/97, StV 1999, 309 [Ls.] in einem Verfahren vor dem Jugendschöffengericht gegen 15 Angeklagte mit mehr als 30 benannten Zeugen; s. auch LG Düsseldorf 27.1.2015 – 5 Qs 20/14, BeckRS 2015, 12306.
[58] OLG Hamm 17.9.2007 – 2 Ss 380/07, StV 2008, 120; vgl. auch MRTW/*Trüg* Rn. 9.
[59] Vgl. nur OLG Schleswig 7.3.1996 – 2 Ss 43/96 bei *Böhm* NStZ-RR 1998, 293.
[60] OLG Koblenz 11.2.1999 – 1 Ws 43/99, NStZ-RR 2000, 176.
[61] Brunner/Dölling Rn. 21; *Eisenberg* JGG Rn. 26.
[62] *Eisenberg* JGG Rn. 26b; MRTW/*Trüg* Rn. 9 mwN.
[63] Vgl. zu letzterem Ostendorf/*Sommerfeld* Rn. 9 f., der diesen Fall zugleich als eine persönliche Verhinderung einordnet; zur möglichen Anwendung von § 21 StGB LG Düsseldorf 27.1.2015 – 5 Qs 20/14, BeckRS 2015, 12306.
[64] Dazu *Eisenberg* JGG Rn. 26b.
[65] Dazu sowie für den Fall einer Anklage zum Jugendschöffengericht MRTW/*Trüg* Rn. 9.
[66] So die amtliche Begründung zum Entwurf eines Gesetzes zur Regelung der Verständigung im Strafverfahren, BT-Drs. 16/11736, 8.
[67] BGH 26.10.2000 – 3 StR 6/00, BGHSt 46, 178 = NJW 2001, 309 [Ls. 1]; Diemer/Schatz/Sonnen/*Diemer* Rn. 12; *Eisenberg* JGG § 68 Rn. 27d; MRTW/*Trüg* Rn. 9.
[68] Ebenso MRTW/*Trüg* Rn. 10.
[69] Brunner/Dölling § 67 Rn. 21 mwN weisen zu Recht darauf hin, dass im Allgemeinen ein Verteidiger umso eher notwendig sein wird, je jünger der Angeklagte ist.

und körperliche Verfassung des jungen Angeklagten (bspw. bei BtM-Abhängigkeit),[70] Defizite im schulischen Bereich (bspw. bei Legasthenie)[71] sowie der Grad seiner Sozialisation relevant sein.[72] Bei **Mitangeklagten** ist eine Unfähigkeit zur selbstständigen Verteidigung jedenfalls dann unter dem Gesichtspunkt der „Waffengleichheit" anzunehmen, wenn der junge Angeklagte im Unterschied zu weiteren Angeklagten unverteidigt ist und von einem der verteidigten Mitangeklagten belastet wird[73] oder wenn zu befürchten steht, dass gruppendynamische Verhaltensweisen selbstschädigende Auswirkungen im Prozess zeitigen können.[74] Ein allgemeiner Grundsatz mit dem Inhalt, dass einem Angeklagten ein Pflichtverteidiger schon allein deswegen beizuordnen ist, weil auch der Mitangeklagte einen hat, existiert hingegen nicht,[75] wenngleich sich hier das in **§ 240 Abs. 2 S. 2 StPO** normierte Verbot der Befragung eines Mitangeklagten durch einen anderen benachteiligend auswirken kann.[76]

17a Fehlende Verteidigungsfähigkeit ist im Allgemeinen auch dann zu bejahen, wenn die **Erziehungsberechtigten** bzw. gesetzlichen Vertreter ihrer **Schutz- und Beistandsfunktion** (vgl. § 67) **nicht nachkommen** oder dem Ausgang des Verfahrens gleichgültig gegenüberstehen.[77] Das Faktum, dass der Beschuldigte in der Vergangenheit mehrfach vor Gericht gestanden hat, also „**gerichtserfahren**" ist, lässt keinen Rückschluss auf die Frage der Verteidigungsfähigkeit zu.[78]

18 **c) § 68 Nr. 2 (Entzug der Rechte, § 67 Abs. 4).** Eine Anwendung des Nr. 2 setzt voraus, dass **sämtlichen Erziehungsberechtigten** und (sofern sich Abweichungen ergeben)[79] auch den **gesetzlichen Vertetern** ihre **Rechte** nach diesem Gesetz, mithin aufgrund von **§ 67 Abs. 4,** vollständig oder jedenfalls partiell **entzogen** worden und diese damit von der Vertretung ausgeschlossen sind (dazu → § 67 Rn. 24 ff.). Betrifft der Rechteentzug lediglich **eine der vertretungsberechtigten Personen,** liegt zwar dem Wortlaut nach kein Fall des § 67 Abs. 4 vor; dann ist jedoch zu prüfen, ob nicht Verteidigungsunfähigkeit iSv § 140 Abs. 2 Alt. 3 StPO vorliegt.[80] Entsprechendes gilt im Falle des § 104 Abs. 3, wenn also die Beteiligung der vorbezeichneten Personen aus Gründen der Staatssicherheit zu unterbleiben hat.[81] Sollten die Erziehungsberechtigten und gesetzlichen Verteter aus tatsächlichen Gründen (zB wegen unbekannten Aufenthalts oder ausländischen Wohnorts) verhindert sein, ihre Rechte aus § 67 wahrzunehmen, kann auch dies nach allgemeiner Ansicht einen Fall notwendiger Verteidigung begründen.[82]

19 **d) § 68 Nr. 3 (Verhandlungsausschluss, § 51 Abs. 2).** Flankierend zu Nr. 2 deckt § 68 Nr. 3 einen weiteren Fall der notwendigen Verteidigung ab. Hier liegt die Konstellation zugrunde, dass alle Erziehungsberechtigten und gesetzlichen Vertreter ihre Rechte und Befugnisse aufgrund eines **Verhandlungsausschlusses nach § 51 Abs. 2** nicht (mehr) ausüben dürfen und die damit verbundene Beeinträchtigung durch eine nachträgliche Unterrichtung iSd § 51 Abs. 4 S. 2 nicht hinreichend ausgeglichen werden kann. Die durch das 2. JuMoG

---

[70] Zum Fall notwendiger Verteidigung bei Drogenabhängigkeit auch zum Zeitpunkt der Hauptverhandlung vgl. OLG Düsseldorf 22.11.2000 – 2a Ss 332/00 – 83/00 II, StV 2002, 236.
[71] Vgl. OLG Köln 21.11.1989 – Ss 572/89, StV 1991, 151.
[72] Vgl. nur OLG Karlsruhe 28.9.2006 – 3 Ss 140/06, StV 2007, 3; MRTW/*Trüg* Rn. 10 mwN.
[73] Dazu LG Stade 1.10.2013 – 11d Qs 121 Js.11862/13 (11/13), BeckRS 2014, 06042; LG Braunschweig 18.5.2015 – 3 Qs 51/15, StV 2015, 543.
[74] Diemer/Schatz/Sonnen/*Diemer* Rn. 13; *Eisenberg* JGG Rn. 27c mwN; MRTW/*Trüg* Rn. 10.
[75] So in aller Deutlichkeit OLG Köln 20.6.2012 – 2 Ws 466/12, NStZ-RR 2012, 351 [Ls. 1].
[76] Zu diesem Einwand Ostendorf/*Sommerfeld* Rn. 10.
[77] MRTW/*Trüg* Rn. 10; *Eisenberg* JGG Rn. 27b, jeweils mwN; zur tendenziell untergeordneten rechtspraktischen Bedeutung des § 67 vgl. dort → § 67 Rn. 4.
[78] *Eisenberg* JGG Rn. 27b; Ostendorf/*Sommerfeld* Rn. 10; MRTW/*Trüg* Rn. 10.
[79] Für ein Auseinanderfallen beider Positionen vgl. etwa § 1633 BGB sowie § 1673 Abs. 2 S. 2 BGB.
[80] Diemer/Schatz/Sonnen/*Diemer* Rn. 14; Ostendorf/*Sommerfeld* Rn. 11; MRTW/*Trüg* Rn. 11.
[81] *Dallinger*/*Lackner* § 104 Rn. 20.
[82] Vgl. LG Braunschweig 22.7.1996 – 33 Qs 14/94, StV 1998, 325 [Ls.]; LG Lüneburg 22.8.1996 – 20 Qs 17/96, StV 1998, 326 (selbst wenn dem jugendlichen Angeklagten für das laufende Verfahren ein Pfleger bestellt worden ist); einschränkend LG Rottweil 31.3.2005 – 3 Qs 34/05, NStZ-RR 2005, 220 (bzgl. nicht schwerwiegender Vorwürfe); s. auch MRTW/*Trüg* Rn. 11.

v. 22.12.2006 (BGBl. I 3416) eingeführte Nr. 3 hat kompensatorischen Charakter und soll verhindern, dass der jugendliche Beschuldigte nach Ausschluss der näheren Bezugspersonen ohne ausreichende Hilfe und Unterstützung im weiteren Verfahren zurückbleibt.[83]

Ein **Ausschluss nach § 51 Abs. 3 iVm § 177 GVG** begründet hingegen (mangels 20 ausdrücklicher Nennung) **keinen Fall notwendiger Verteidigung** nach § 68 Nr. 3. Nach dem gesetzgeberischen Willen soll nämlich verhindert werden, dass Erziehungsberechtigte oder gesetzliche Vertreter durch erhebliche Störungen der Verhandlung eine Pflichtverteidigerbestellung erreichen können, indem sie durch bewusstes und fortgesetztes Störerverhalten willentlich ihre Entfernung aus dem Sitzungszimmer nach § 177 GVG missbräuchlich herbeiführen.[84] Eine Notwendigkeit der Bestellung wird jedoch in einem solchen Fall regelmäßig aus § 68 Nr. 1 iVm § 140 Abs. 2 S. 1 Alt. 2, 3 StPO folgen.[85]

e) **§ 68 Nr. 4 (Unterbringung zur Vorbereitung eines Gutachtens, § 73)**. Sofern 21 die **Unterbringung** in einer Anstalt zur **Vorbereitung eines Gutachtens** über den Entwicklungsstand des Beschuldigten (vgl. § 73 sowie § 140 Abs. 1 Nr. 6 StPO iVm § 81 StPO) in Frage kommt, bedarf es der Bestellung eines Pflichtverteidigers nach Nr. 4. Diese Variante ist ihrem Wortlaut nach („in Frage kommt") bereits in dem Zeitpunkt einschlägig, in dem die Unterbringungsmaßnahme in Betracht gezogen wird und nicht erst im Beschlussverfahren.[86] Dies ist spätestens dann der Fall, wenn ein ernstgemeinter und mit sachlichen Gründen versehener Antrag eines Prozessbeteiligten auf Unterbringung vorliegt.[87] Ist die Verteidigerbestellung einmal notwendig geworden, bleibt sie für das weitere Verfahren bis zur rechtskräftigen Erledigung bestehen und zwar unabhängig davon, ob eine Unterbringung nach § 73 tatsächlich angeordnet wurde oder nicht.[88]

f) **§ 68 Nr. 5 (Untersuchungshaft; einstweilige Unterbringung)**. Schließlich ist 22 nach Nr. 5 ein Pflichtverteidiger zu bestellen, wenn gegen den Beschuldigten **Untersuchungshaft** oder **einstweilige Unterbringung gem. § 126a StPO** vollstreckt wird. Aufgrund von § 72 Abs. 2, der die Verhängung und Vollstreckung von Untersuchungshaft wegen Fluchtgefahr gegenüber Jugendlichen, die das sechzehnte Lebensjahr noch nicht vollendet haben, nur in Ausnahmefällen zulässt, dürfte die Regelung des Nr. 5 vorrangig 16- und 17-Jährige betreffen.[89] Maßgeblicher Bezugspunkt ist das **Alter zum Zeitpunkt des Beginns der Vollstreckung**.[90] Ein Abstellen auf den Zeitpunkt der Anordnung der Untersuchungshaft bzw. der einstweiligen Unterbringung hat der Gesetzgeber hingegen mit dem Argument verworfen, der Haftbefehl werde nicht selten unmittelbar nach Erlass außer Vollzug gesetzt.[91] Werden die genannten freiheitsentziehenden Maßnahmen tatsächlich vollstreckt, so hat die Verteidigerbestellung gemäß Nr. 5 Hs. 2 **unverzüglich** zu erfolgen. In der Gesetzesbegründung heißt es dazu, der Verteidiger sei in Anbetracht der erheblichen psychischen Belastungen und der negativen Auswirkungen, etwa im Ausbildungsbereich, gegebenenfalls noch am gleichen Tag zu bestellen.[92] Um der in aller Regel eingeschränkten Verteidigungsfähigkeit sowie der geringeren Handlungskompetenz Jugendlicher und Heranwachsender gegenüber Erwachsenen Rechnung zu tragen, erscheint es erforderlich, den Verteidiger bereits **vor der Entscheidung des Haftrichters** zu bestel-

---

[83] Vgl. auch *Brunner/Dölling* Rn. 14; *Diemer/Schatz/Sonnen/Diemer* Rn. 15.
[84] Vgl. BT-Drs. 16/3038, 65; krit. *Eisenberg* JGG Rn. 29a.
[85] So überzeugend *Eisenberg* JGG Rn. 29a.
[86] *Brunner/Dölling* Rn. 24; *Ostendorf/Sommerfeld* Rn. 13.
[87] BGH 17.4.1952 – 5 StR 349/52, NJW 1952, 797 zu § 140 Abs. 1 Nr. 6 StPO; vgl. auch *Diemer/Schatz/Sonnen/Diemer* § 68 Rn. 17; MRTW/*Trüg* § 68 Rn. 13 bejaht die Vorschrift auch dann, wenn eine Prüfung von Amts wegen naheliegt.
[88] BGH 17.4.1952 – 5 StR 349/52, NJW 1952, 797 zu § 140 Abs. 1 Nr. 6 StPO; *Eisenberg* JGG Rn. 30; MRTW/*Trüg* Rn. 13.
[89] *Eisenberg* JGG Rn. 31a.
[90] BT-Drs. 11/5829, 28.
[91] BT-Drs. 11/5829, 28; aA *Ostendorf/Sommerfeld* Rn. 14, der auf die Anordnung der U-Haft abstellt; kritisch mit Blick auf das in der Gesetzesbegründung angeführte Argument *Eisenberg* JGG Rn. 31a.
[92] Vgl. BT-Drs. 11/5829, 28.

len.⁹³ Im Einzelfall kann die Verteidigerbestellung schon mit Erlass des Haftbefehls angezeigt sein.⁹⁴

III. Beendigung/Entpflichtung

23 Im Grunde **endet** die notwendige Verteidigung mit der **Rechtskraft des Urteils**.⁹⁵ Sie bleibt aber für solche dem Urteil nachfolgenden Entscheidungen wirksam, die geeignet sind, den Inhalt der getroffenen, in Rechtskraft erwachsenen Entscheidung zu ändern, und wirkt daher im Zuge eines **Nachverfahren**s (vgl. etwa § 27 und § 57) fort.⁹⁶

24 Aus gegebenem Anlass⁹⁷ wird an dieser Stelle in der gebotenen Kürze auf die Möglichkeit einer **Entpflichtung** auch im jugendstrafrechtlichen Verfahren eingegangen. Dahinter steht der Gedanke, einem Pflichtverteidiger das Mandat während des laufenden Verfahrens – wenngleich unter strengen Voraussetzungen – zu entziehen, sofern das Verteidigungsverhältnis zwischen Verteidiger und Mandant derart belastet ist, dass ein vertrauensvoller Umgang nicht länger gewährleistet ist.⁹⁸ Zu verlangen ist eine **ernsthafte und nicht mehr zu beseitigende Vertrauenskrise,** aufgrund derer zu besorgen ist, dass die Verteidigung objektiv nicht (mehr) sachgerecht geführt werden kann; dies muss durch konkrete Umstände vorgetragen und gegebenenfalls nachgewiesen werden.⁹⁹ Allein Meinungsverschiedenheiten, etwa über die Verteidigungsstrategie, stellen ebenso wenig einen wichtigen Grund für eine Entpflichtung dar wie die bloße Behauptung fehlenden Vertrauens.¹⁰⁰ Liegt ein wichtiger Grund im obigen Sinne vor, kann der Pflichtverteidiger entsprechend § 48 Abs. 2 BRAO selbst einen Antrag auf Aufhebung der Beiordnung stellen.

IV. Weitere Verfahrensfragen

25 Über die **Bestellung** entscheidet der **Vorsitzende** des für das Hauptverfahren zuständigen oder des verfahrensanhängigen Gerichts, vgl. §§ 68 Hs. 1 iVm 140 Abs. 4 StPO, der auch über die Zurücknahme nach § 143 StPO verfügt. Die Bestellung erfolgt **von Amts wegen** oder **auf Antrag**.¹⁰¹ Die **Auswahl** des Pflichtverteidigers, die in § 68 iVm § 142 StPO gesetzlich geregelt ist, hat der Vorsitzende grds. nach pflichtgemäßem Ermessen zu treffen. Sofern der jugendliche Beschuldigte einen Verteidiger seiner Wahl und seines Vertrauens (sog. **Vertrauensanwalt**) auf Frage des Vorsitzenden hin und innerhalb einer zu bestimmenden zeitlichen Grenze bezeichnet, ist diesem Wunsch zu entsprechen, wenn keine wichtigen Gründe entgegenstehen (vgl. § 68 iVm § 142 Abs. 1 S. 1, 2 StPO). Falls der Angeklagte die Bestellung eines auswärtigen Verteidigers wünscht, sollen die damit verbundenen (ggf. höheren) Kosten künftig keinen wichtigen Grund iSd § 142 Abs. 1 S. 2 StPO mehr darstellen.¹⁰² Ist die Bestellung erfolgt, besteht eine **standesrechtliche Verpflichtung** des Rechtsanwalts zur Übernahme der Verteidigung gem. § 49 Abs. 1 BRAO.

---

⁹³ So zu Recht bereits Arbeitsgruppe DVJJ NJW 1989, 1024 (1027); MRTW/*Trüg* Rn. 14: „regelmäßig (…) erforderlich"; *Eisenberg* JGG Rn. 31b: „wenn irgend möglich".
⁹⁴ *Brunner/Dölling* Rn. 25; die Arbeitsgruppe DVJJ NJW 1989, 1024 (1027) hält dies für „wünschenswert"; wortgleich auch BT-Drs. 11/5829, 28.
⁹⁵ HM, vgl. etwa *Brunner/Dölling* Rn. 27; *Eisenberg* JGG Rn. 20b; MRTW/*Trüg* Rn. 16 mit Hinweis auf die Ausnahme der Revisionshauptverhandlung (vgl. § 350 Abs. 3 StPO).
⁹⁶ OLG Karlsruhe 24.3.1998 – 3 Ws 53/98, StV 1998, 348 [bzgl. § 57]; *Brunner/Dölling* Rn. 27; *Eisenberg* JGG Rn. 20b; MRTW/*Trüg* Rn. 16.
⁹⁷ Das vor dem OLG München geführte NSU-Verfahren gegen die Hauptangeklagte Beate Zschäpe wegen Verdachts der Bildung einer terroristischen Vereinigung ist durchzogen von einem Streit über die Verteidiger-Entpflichtung, s. dazu nur FD-StrafR 2015, Ausgabe 15, Editorial.
⁹⁸ Anschaulich *Lam/Meyer-Mews* NJW 2012, 177: Der Verteidiger als „Insel des Vertrauens".
⁹⁹ BGH 26.8.1993 – 4 StR 364/93, BGHSt 39, 310 = NStZ 1993, 600 mwN.
¹⁰⁰ BGH 26.8.1993 – 4 StR 364/93, BGHSt 39, 310 = NStZ 1993, 600 mwN.
¹⁰¹ Dazu MRTW/*Trüg* Rn. 17.
¹⁰² Ausführlich dazu *Eisenberg* JGG Rn. 34.

Die **Beschwerde** des Beschuldigten nach § 304 StPO ist statthaftes Rechtsmittel gegen 26
alle Beschlüsse und Verfügungen des Vorsitzenden, soweit dieser durch die angefochtene
Entscheidung in seinen Rechten verletzt ist. Hierher gehören die Ablehnung einer Bestellung (Nichtbestellung) sowie deren Aufhebung,[103] aber auch der Fall einer – aus Sicht
des Beschuldigten – unerwünschten Pflichtverteidigung, wobei die Beschwerde auch erst
während der laufenden Hauptverhandlung erfolgen kann.[104]

Unterbleibt die Pflichtverteidigerbestellung trotz Notwendigkeit, besteht ein **absoluter** 27
Revisionsgrund gem. § 338 Nr. 5 StPO.[105] Zugleich kann, da die pflichtwidrig unterlassene Verteidigerbestellung einen Verstoß gegen das Rechtsstaatsprinzip in seiner Ausprägung
als Gebot der fairen Verfahrensführung darstellt, nach Erschöpfung des Rechtswegs eine
Verfassungsbeschwerde erhoben werden.[106]

V. Rechtspolitische Entwicklungen

Auf unionsrechtlicher Ebene wurde 2016 eine **Richtlinie über Verfahrensgarantien** 28
in Strafverfahren für verdächtige oder beschuldigte Kinder erlassen, die bis zum
11.6.2019 umzusetzen ist. Dort ist ein Rechtsbeistand für Kinder, die Verdächtige oder
Beschuldigte in einem Strafverfahren sind, zwingend vorgesehen. Ob und inwiefern diese
Regelung eine Neuerung für die im deutschen Jugendstrafrecht etablierte Verteidigungspraxis mit sich bringt, bleibt abzuwarten. Die bisherigen Stellungnahmen in der Literatur
sind eher kritisch (s. → Einf. Rn. 13a).

§ 69 Beistand

(1) Der Vorsitzende kann dem Beschuldigten in jeder Lage des Verfahrens einen
Beistand bestellen, wenn kein Fall der notwendigen Verteidigung vorliegt.

(2) Der Erziehungsberechtigte und der gesetzliche Vertreter dürfen nicht zum
Beistand bestellt werden, wenn hierdurch ein Nachteil für die Erziehung zu erwarten wäre.

(3) ¹Dem Beistand kann Akteneinsicht gewährt werden. ²Im übrigen hat er in
der Hauptverhandlung die Rechte eines Verteidigers. ³Zu einer Vertretung des
Angeklagten ist er nicht befugt.

Schrifttum: *Hauber*, Der Beistand als Sachwalter des Jugendlichen im Strafprozeß, ZblJugR 1982, 215;
ders., Die Beistandschaft. Möglichkeiten der Interessenwahrnehmung im Jugendstrafverfahren, RdJB 1988,
399; *Wollweber*, Beistand in allen Lebens- und Prozeßlagen?, NJW 1999, 622.

Übersicht

	Rn.		Rn.
I. Grundlagen	1–3	III. Rechte des Beistands	6–9
1. Anwendungsbereich	1, 1a	1. Vor der Hauptverhandlung	6
2. Historische Entwicklung	2	2. Während der Hauptverhandlung	7–9
3. Inhalt und Zweck der Norm	3		
II. Voraussetzungen der Bestellung	4, 5	IV. Rechtsmittel	10

I. Grundlagen

1. Anwendungsbereich. § 69 JGG gilt für **Jugendliche, nicht** jedoch **für Heran-** 1
wachsende (§ 109 Abs. 1 S. 1 JGG), da die fürsorgliche Betreuung durch einen Beistand

---
[103] Wie hier MRTW/*Trüg* Rn. 20.
[104] Vgl. Ostendorf/*Sommerfeld* Rn. 21 (zum Verhältnis zu § 305 StPO); s. auch MRTW/*Trüg* Rn. 22 mwN.
[105] StRspr.; s. nur BGH 24.1.1961 – 1 StR 132/60, BGHSt 15, 307; OLG Schleswig 18.4.2008 – 2 Ss
32/08, StV 2009, 86.
[106] Vgl. BVerfG 19.10.1977 – 2 BvR 462/77, BVerfGE 46, 202 = NJW 1987, 151.

bei einem Volljährigen nicht mehr geboten ist. Sollte der Jugendliche im Laufe des Verfahrens volljährig werden, so endet damit die Beistandschaft und es kann stattdessen ein Beistand nach § 149 StPO bzw. ein Verteidiger bestellt werden.[1]

1a Grundsätzlich gibt es den Beistand nach § 69 JGG nur im Jugendstrafverfahren. Obgleich in § 104 JGG nicht genannt, kann der zuständige Richter im Rahmen seines pflichtgemäßen Ermessens die Bestellung eines solchen Beistands jedoch auch in einem Verfahren gegen Jugendliche vor den für **allgemeine Strafsachen zuständigen Gerichten** zulassen (**§ 104 Abs. 2 JGG**).[2]

2 **2. Historische Entwicklung.** Bereits im Entwurf eines Jugendgerichtsgesetzes von 1912 war eine **obligatorische Beistandschaft** vorgesehen, wenn der Jugendliche keinen Verteidiger hatte.[3] Zwar wurde diese Vorschrift nicht in das JGG von 1923 übernommen, in § 29 Abs. 3 JGG 1923 war jedoch die Möglichkeit der Beistandsbestellung in jeder Lage des Verfahrens vorgesehen, wobei die rechtliche Stellung des Beistands derjenigen des Verteidigers entsprach. Diese Stellung behielt er auch 1943, als die Möglichkeit der Beistandsbestellung auf solche Fälle beschränkt wurde, in denen die Voraussetzungen der notwendigen Verteidigung nicht gegeben waren (§ 43 RJGG 1943). Auch wurden hier bereits Erziehungsberechtigte und gesetzliche Vertreter von der Bestellung ausgeschlossen, sofern dies dem Jugendlichen voraussichtlich zum Nachteil gereicht hätte. Der heute gültige § 69 JGG ist maßgeblich an dieser Version von 1943 orientiert, wobei das dem Beistand damals zugesprochene Akteneinsichtsrecht nun auf eine **Kann-Vorschrift** reduziert wurde. Seit der Herabsetzung des Volljährigkeitsalters im Jahre 1975 ist der § 69 zudem nur noch für **14- bis 17-Jährige** relevant.

3 **3. Inhalt und Zweck der Norm.** Der Beistand nach § 69 dient als **Verfahrensbeteiligter mit prozessualer Stellung eigener Art** dem Jugendlichen als **Vertrauensperson** und **Unterstützung** im Verfahren.[4] Er soll den Jugendlichen beraten und betreuen, hat dabei aber im Gegensatz zum Erziehungsbeistand nach § 12 JGG keine erzieherischen Aufgaben;[5] vielmehr soll er dem Jugendlichen helfen, seine Interessen zu vertreten, eventuelle Ängste abzubauen und sich im Verfahren zu artikulieren. Zudem hat er im Sinne des Jugendlichen die vorhandenen Optionen zur möglichst frühzeitigen Konflikterledigung und Diversion auszuschöpfen.[6]

II. Voraussetzungen der Bestellung

4 Sofern **kein Fall der notwendigen Verteidigung** (§ 68) vorliegt, kann der Beistand **in jeder Lage des Verfahrens** durch den Vorsitzenden nach dessen **pflichtgemäßem Ermessen** bestellt werden. Hierbei ist vor allem die **Beistandseignung** der betreffenden Person zu prüfen, die insbesondere dann nicht gegeben ist, wenn sie eine der Ausschlusskriterien des § 51 Abs. 2 erfüllt oder dies zu erwarten ist.[7] In diesen Fällen ist von einer Bestellung der Person abzusehen. Sollten die eine Beistandschaft ausschließenden Merkmale erst nach der Bestellung zu Tage treten oder bekannt werden, so ist die **Bestellung zurückzunehmen**.[8] Das Gleiche gilt in dem Fall, dass der zwar grundsätzlich geeignete Beistand seiner Unterstützungsfunktion im Verfahren nicht gerecht wird.[9] Grundsätzlich kann bei

---

[1] OLG Stuttgart 18.11.1975 – Ws 397/75, Justiz 1976, 267; Ostendorf/*Sommerfeld* Rn. 1; MRTW/*Trüg* Rn. 2; *Brunner/Dölling* Rn. 10.
[2] MRTW/*Trüg* Rn. 2; Ostendorf/*Sommerfeld* Rn. 1; aA Diemer/Schatz/Sonnen/*Diemer* Rn. 1.
[3] *Francke* Das Jugendgerichtsgesetz vom 16.2.1923, 2. Aufl. 1926, § 29 Anm. III; zur gesetzeshistorischen Entwicklung ausführlich *Hauber* RdJB 1988, 399 (405 f.).
[4] *Dallinger/Lackner* Rn. 1; MRTW/*Trüg* Rn. 1; *Hauber* ZblJugR 1982, 215 (217).
[5] Diemer/Schatz/Sonnen/*Diemer* Rn. 2; Ostendorf/*Sommerfeld* Rn. 2; *Wollweber* NJW 1999, 620 (621); aA *Dallinger/Lackner* Rn. 1; MRTW/*Trüg* Rn. 1; *Hauber* ZblJugR 1982, 215 (217).
[6] Ostendorf/*Sommerfeld* Rn. 2; *Hauber* RdJB 1988, 399 (408 f.); MRTW/*Trüg* Rn. 1.
[7] Diemer/Schatz/Sonnen/*Diemer* Rn. 8; *Brunner/Dölling* Rn. 6.
[8] Diemer/Schatz/Sonnen/*Diemer* Rn. 8; *Eisenberg* JGG Rn. 12.
[9] MRTW/*Trüg* Rn. 3.

Zurücknahme der Beistandsbestellung ein neuer Beistand bestellt werden, es sei denn, die Zurücknahme erfolgte aufgrund der sich nachträglich ergebenden Notwendigkeit der Mitwirkung eines Verteidigers (§ 68).[10]

Wegen der persönlichen Unterstützungs- und Beratungsfunktion sollte als Beistand eine **5** Person bestellt werden, zu welcher der Jugendliche Vertrauen hat oder voraussichtlich fassen wird.[11] Zu diesen **Vertrauenspersonen** gehören typischerweise Verwandte oder Freunde, denkbar wären aber etwa auch Lehrer oder Sozialarbeiter. Vetreter von Jugendamt oder Jugendhilfevereinigungen sind hingegen kaum geeignet, da sie zum einen in der Regel vom Jugendlichen nicht als Vertrauensperson wahrgenommen werden[12] und zum anderen die Beistandsperson nicht gleichzeitig die JGH vertreten kann, da letztere streng objektive Ermittlungshilfe zu leisten hat; anders als der insoweit verteidigerähnliche Beistand hat sie nicht die Aufgabe, den Jugendlichen zum Zwecke seiner Interessenvertretung einseitig zu unterstützen und zu beraten.[13] Zur Sicherstellung einer sinnvollen Auswahl und einer daraus resultierenden effektiven Beistandschaftsausübung sollte der **Jugendliche** hinsichtlich seiner Präferenzen bezüglich der Person des Beistands **befragt** werden.[14] Grundsätzlich ist auch die Bestellung von **Erziehungsberechtigten** oder **gesetzlichen Vertretern** möglich, allerdings nur, wenn hierdurch kein Nachteil für die Erziehung zu erwarten ist (**§ 69 Abs. 2**).

III. Rechte des Beistands

1. Vor der Hauptverhandlung. Gemäß **Abs. 3 S. 1** kann dem Beistand **Aktenein-** **6** **sicht** gewährt werden, worüber im Vorverfahren der Staatsanwalt, im weiteren Verfahren der Vorsitzende des mit der Sache befassten Gerichts in pflichtgemäßem Ermessen zu entscheiden hat (§ 147 Abs. 5 StPO analog).[15] Dabei ist zum einen maßgeblich, ob der Beistand zur sachgemäßen Erfüllung seiner Aufgabe tatsächlich Einsicht in die Akten benötigt und zum anderen, dass keine Anhaltspunkte für eine Missbrauchsgefahr bestehen.[16] Vorbehalte gegen die Person des Beistands hinsichtlich einer solchen Missbrauchsgefahr sind allerdings auch schon bei der Bestellung einzubeziehen (→ Rn. 4).[17] Gegen die **Verweigerung der Akteneinsicht** ist **Beschwerde nach § 304 StPO** zulässig. Unabhängig von der Möglichkeit, Einsicht in die Akten zu gewähren, können Richter bzw. Staatsanwalt dem Beistand nach ihrem Ermessen stets auch mündlich Auskünfte über den wesentlichen Inhalt der Akten erteilen.[18]

2. Während der Hauptverhandlung. Während der Hauptverhandlung hat der Bei- **7** stand die gleichen **Rechte wie der Verteidiger (Abs. 3 S. 2 JGG)**, wobei sich seine Befugnisse auch auf die vorweggenommenen Teile der Hauptverhandlung, wie bspw. kommissarische Vernehmungen, richterliche Augenscheinseinnahmen oder Durchsuchungshandlungen erstrecken.[19]

Als Verfahrensbeteiligter hat er das Recht auf **Anwesenheit in der Hauptverhand-** **7a** **lung** und ist zu dieser zu laden (§ 218 StPO).[20] Ein **Ausschluss** von der Verhandlung ist nur dann möglich, wenn als Beistand ein Erziehungsberechtigter oder gesetzlicher Vertre-

---

[10] *Dallinger/Lackner* Rn. 24.
[11] *Brunner/Dölling* Rn. 6; *Eisenberg* JGG Rn. 6; MRTW/*Trüg* Rn. 4; *Hauber* RdJB 1988, 399 (408).
[12] So auch MRTW/*Trüg* Rn. 4.
[13] *Dallinger/Lackner* § 38 Rn. 6; *Eisenberg* JGG Rn. 6.
[14] *Diemer/Schatz/Sonnen/Diemer* Rn. 7; *Ostendorf/Sommerfeld* Rn. 5.
[15] *Dallinger/Lackner* Rn. 14; *Eisenberg* JGG Rn. 7; MRTW/*Trüg* Rn. 6; ebenso Diemer/Schatz/Sonnen/ *Diemer* Rn. 10, der jedoch eine analoge Anwendung des § 147 Abs. 5 StPO ablehnt und stattdessen die Grundsätze des § 475 StPO heranzieht; aA Ostendorf/*Sommerfeld* Rn. 6.
[16] *Eisenberg* JGG Rn. 7; *Dallinger/Lackner* Rn. 14.
[17] *Ostendorf/Sommerfeld* Rn. 6; MRTW/*Trüg* Rn. 6.
[18] *Dallinger/Lackner* Rn. 14; *Eisenberg* JGG Rn. 7; MRTW/*Trüg* Rn. 6.
[19] *Diemer/Schatz/Sonnen/Diemer* Rn. 12; *Dallinger/Lackner* Rn. 17; *Eisenberg* JGG Rn. 8.
[20] *Brunner/Dölling* Rn. 9; *Dallinger/Lackner* Rn. 18; MRTW/*Trüg* Rn. 7.

ter bestellt wurde und ein Fall des § 51 Abs. 2 oder 3 JGG vorliegt (§ 51 Abs. 5 JGG).[21] Dann ist aber ohnehin keine Beistandseignung (mehr) gegeben und die Beistandsbestellung zurückzunehmen.[22] Ist der Beistand weder Erziehungsberechtigter noch gesetzlicher Vertreter, so wird sein Anwesenheitsrecht auch nicht von § 51 Abs. 2 oder 3 JGG beschränkt; anderenfalls könnte er seiner Unterstützungsfunktion im Verfahren nicht nachkommen.[23]

8 Aufgrund der ihm gewährten Verteidigerrechte hat der Beistand insbesondere ein **Rede- und Fragerecht** (§ 240 Abs. 2 StPO), er kann **Beweisanträge** stellen (§ 244 StPO) und einen **Schlussvortrag** halten (§ 258 StPO).[24]

9 Der Beistand kann als **Zeuge** vernommen werden, ist dann aber möglichst gleich zu Beginn der Beweisaufnahme zu vernehmen, da ihm die effektive Beistandschaftsausübung unmöglich gemacht wird, wenn er bis zu seiner Vernehmung gemäß den §§ 58 Abs. 2, 243 Abs. 2 S. 1 StPO den Sitzungssaal verlassen muss.[25] Er darf über Äußerungen und Informationen, die der beschuldigte Jugendliche ihm in seiner Eigenschaft als Beistand anvertraut, das **Zeugnis verweigern (§ 53 Abs. 1 Nr. 2 StPO analog)**.[26] Würden dem Jugendlichen durch die Kundgabe dieser Informationen Nachteile entstehen, ist der Beistand zur Zeugnisverweigerung sogar verpflichtet.[27]

IV. Rechtsmittel

10 Gegen die Bestellung als Beistand kann aufgrund fehlender Beschwer kein Rechtsmittel eingelegt werden.[28] Anders verhält es sich mit der **Auswahl** und der **Nichtbestellung** des Beistands, welche mittels **Beschwerde (§ 304 StPO)** anfechtbar sind.[29]

§ 70 Mitteilungen

¹Die Jugendgerichtshilfe, in geeigneten Fällen auch das Familiengericht und die Schule werden von der Einleitung und dem Ausgang des Verfahrens unterrichtet. ²Sie benachrichtigen den Staatsanwalt, wenn ihnen bekannt wird, daß gegen den Beschuldigten noch ein anderes Strafverfahren anhängig ist. ³Das Familiengericht teilt dem Staatsanwalt ferner familiengerichtliche Maßnahmen sowie ihre Änderung und Aufhebung mit, soweit nicht für das Familiengericht erkennbar ist, daß schutzwürdige Interessen des Beschuldigten oder des sonst von der Mitteilung Betroffenen an dem Ausschluß der Übermittlung überwiegen.

I. Grundlagen

1 Die Vorschrift gilt in **persönlicher Hinsicht** für **Jugendliche,** auch vor Gerichten, die für allgemeine Strafsachen zuständig sind, § 104 Abs. 1 Nr. 11. Für **Heranwachsende** gelten, abgesehen von der hier naturgemäß nicht einschlägigen Mitteilung durch bzw. an das Familiengericht, die im Übrigen gleich lautenden Vorschriften in **§ 109 Abs. 1 S. 2 und 3**. Eine Benachrichtigung des Familiengerichts kommt ggf. nach § 22a FamFG in Betracht.[1]

---

[21] Ostendorf/*Sommerfeld* Rn. 7; Diemer/Schatz/Sonnen/*Diemer* § 69 Rn. 11; aA *Eisenberg* JGG Rn. 8b; Dallinger/Lackner Rn. 18.
[22] Diemer/Schatz/Sonnen/*Diemer* Rn. 11; MRTW/*Trüg* Rn. 7.
[23] Ostendorf/*Sommerfeld* Rn. 7; Diemer/Schatz/Sonnen/*Diemer* Rn. 11.
[24] Diemer/Schatz/Sonnen/*Diemer* Rn. 11; *Dallinger/Lackner* Rn. 19; MRTW/*Trüg* Rn. 7.
[25] *Eisenberg* JGG Rn. 8b; MRTW/*Trüg* Rn. 7.
[26] Ostendorf/*Sommerfeld* Rn. 7; *Dallinger/Lackner* Rn. 21; MRTW/*Trüg* Rn. 7.
[27] Ostendorf/*Sommerfeld* Rn. 7.
[28] MRTW/*Trüg* § 69 Rn. 8; Ostendorf/*Sommerfeld* § 69 Rn. 10.
[29] OLG Stuttgart 18.11.1975 – Ws 397/75, Justiz 1976, 267 (268); *Eisenberg* § 69 Rn. 10; Ostendorf/*Sommerfeld* § 69 Rn. 10; betr. die Nichtbestellung auch MRTW/*Trüg* § 69 Rn. 8; aA Diemer/Schatz/Sonnen/*Diemer* § 69 Rn. 13.
[1] *Eisenberg* JGG § 70 Rn. 2, 3.

Die Regelung gilt in **sachlicher Hinsicht** auch im **vereinfachten Jugendverfahren** 2
(**§ 78 Abs. 3 S. 2**) sowie im **Ordungswidrigkeitenverfahren** (wobei hier eine Mitteilung
der JGH seitens der Behörde gem. **§ 46 Abs. 1, Abs. 6 OWiG** unterbleiben kann, wenn
davon auszugehen ist, dass die Mitteilung für deren Arbeit ohne Bedeutung ist, was regelmäßig der Fall ist).[2]

Neben § 67 dient auch die Regelung über die erforderlichen Mitteilungen in § 70 der 3
Koordination der Erziehungs- und Fürsorgemaßnahmen.[3] Details zu den genauen
Anforderungen (im Hinblick auf Zeitpunkt und Inhalt der Mitteilungen) folgen aus **Nr. 6**
sowie **31–33** der bundeseinheitlichen Verwaltungsvorschriften über Mitteilungen in Strafsachen (**MiStra**). Neben den gesetzlich normierten Mitteilungspflichten werden auch sonstige, nur auf Verwaltungsvorschriften gestützte Mitteilungspflichten angenommen, was unter
rechtsstaatlichen Gesichtspunkten (Gesetzes- bzw. Wesentlichkeitsvorbehalt) im Einzelfall
bedenklich sein kann, zumal dem Daten- und Persönlichkeitsschutz bei Jugendlichen besondere Bedeutung zukommt.[4]

Bei den Benachrichtigungen und Mitteilungen seitens der StA sowie der Gerichte handelt 4
es sich um **Justizverwaltungsakte**, die nach **§§ 23 ff. EGGVG** gerichtlich überprüft werden können. Benachrichtigungen durch die Behörden, die Schulen sowie die JGH sind
dagegen Verwaltungsakte, deren Anfechtung nach den Regelungen der VwGO erfolgt.[5]

II. Inhalt der Mitteilungspflichten

1. Mitteilung durch Staatsanwaltschaft und Gericht (S. 1). Während die **Unter-** 5
richtung der JGH über die Einleitung und den Ausgang des Strafverfahrens als **zwingend**
ausgestaltet ist, wird im Übrigen eine Abwägung der Schutzinteressen des Beschuldigten
sowie der Informationsinteressen des **Familiengerichts** bzw. des **Familienrichters** sowie
der **Schule** vorgenommen, sodass deren Inkenntnissetzung auf „**geeignete Fälle**" begrenzt
wird. Vor allem im Hinblick auf die Information der Schule ist die Gefahr der Stigmatisierung des Beschuldigten von besonderer Relevanz.[6]

Sowohl die **Staatsanwaltschaft** als auch das **Gericht** haben die genannten Stellen nach § 70 6
S. 1 über die Einleitung sowie den rechtskräftigen Ausgang des Verfahrens zu informieren.

2. Mitteilung an die StA. In S. 2 ist umgekehrt die Pflicht von JGH und Familienge- 7
richt geregelt, ihrerseits der StA von **anderen anhängigen Strafverfahren** (nicht etwa
Straftaten als solchen[7]) zu berichten. Die Regelung soll eine Verbindung mehrerer Verfahren ermöglichen. Ihre **praktische Bedeutung** ist aufgrund des Bestehens der länderübergreifenden staatsanwaltschaftlichen Verfahrensregister gem. **§§ 492 ff. StPO** allerdings als **gering**
einzustufen.

Das **Familiengericht** hat weiterhin gem. S. 3 der StA **familiengerichtliche Maßnah-** 8
men sowie deren Änderung und Aufhebung mitzuteilen. Auch hier steht erkennbar die
Koordination von jugendstraf- und fürsorgerechtlichen Maßnahmen im Vordergrund. Allerdings hat eine Mitteilung zu unterbleiben, wenn für das Gericht erkennbar ist, dass schutzwürdige Geheimhaltungsinteressen des jugendlichen Beschuldigten oder eines sonst von
der Mitteilung Betroffenen überwiegen.

§ 70a Belehrungen

(1) ¹Vorgeschriebene Belehrungen des Jugendlichen müssen in einer Weise erfolgen, die seinem Entwicklungs- und Bildungsstand entspricht. ²Sie sind auch an

---

[2] MRTW/*Trüg* § 70 Rn. 2.
[3] Vgl. Diemer/Schatz/Sonnen/*Schatz* § 70 Rn. 4; instruktiv zu den gesetzlich nicht normierten Fallkonferenzen *ders.* Rn. 15 ff.
[4] S. näher *Eisenberg* JGG § 70 Rn. 8.
[5] MRTW/*Blessing*/*Weik* § 70 Rn. 10.
[6] Vgl. Ostendorf/*Sommerfeld* Rn. 3; *Eisenberg* JGG Rn. 15.
[7] *Eisenberg* JGG Rn. 22.

seine anwesenden Erziehungsberechtigten und gesetzlichen Vertreter zu richten und müssen dabei in einer Weise erfolgen, die es diesen ermöglicht, ihrer Verantwortung im Hinblick auf den Gegenstand der Belehrung gerecht zu werden. ³Sind Erziehungsberechtigte und gesetzliche Vertreter bei der Belehrung des Jugendlichen über die Bedeutung vom Gericht angeordneter Rechtsfolgen nicht anwesend, muss ihnen die Belehrung darüber schriftlich erteilt werden.

(2) Sind bei einer Belehrung über die Bedeutung der Aussetzung einer Jugendstrafe zur Bewährung oder über die Bedeutung des Vorbehalts einer diesbezüglichen nachträglichen Entscheidung auch jugendliche oder heranwachsende Mitangeklagte anwesend, die nur zu Erziehungsmaßregeln oder Zuchtmitteln verurteilt werden, soll die Belehrung auch ihnen ein Verständnis von der Bedeutung der Entscheidung vermitteln.

Schrifttum: *Eisenberg,* Das Gesetz zur Erweiterung jugendgerichtlicher Handlungsmöglichkeiten, StV 2013, 44; *Riekenbrauck,* „Haben Sie mich verstanden?!" … oder über die Pflicht, sich im Jugendstrafverfahren verständlich zu machen, ZJJ 2014, 200.

I. Grundlagen

1   Die seit dem Gesetz zur Erweiterung jugendgerichtlicher Handlungsmöglichkeiten vom 4.9.2012[1] in § 70a gesetzlich normierten besonderen **Anforderungen an die jugendstrafrechtlichen Belehrungen** sollen sicherstellen, dass diese „empfängergerecht" und damit möglichst verständlich erfolgen.[2] Sie gelten für **Jugendliche,** wobei in Verfahren vor den für allgemeine Strafsachen zuständigen Gerichten die Anwendung der Norm nicht ausdrücklich geregelt ist und vielmehr gem. § 140 Abs. 2 im Ermessen des Richters steht. In Verfahren gegen **Heranwachsende** vor Jugendgerichten ist gem. § 109 Abs. 1 S. 1 (unabhängig von der Anwendung von Jugendstrafrecht) § 70a Abs. 1 S. 1 und Abs. 2 anzuwenden.

2   Der **Grund für die Normierung** einer an sich vorauszusetzenden Handhabung im Umgang mit jugendlichen Beschuldigten besteht in festgestellten **kommunikativen Defiziten** in Jugendstrafverfahren.[3] Insbesondere für die Vermittlung der Bedeutung der Möglichkeiten der „Vorbewährung" in § 61[4] sowie des „Warnschussarrests" in § 16a Abs. 1 Nr. 1 hat diese Vorschrift Eingang in das Gesetz gefunden (dazu → Rn. 7).

3   Auf Unionsebene ist der 2016 erfolgte Erlass einer **Richtlinie über Verfahrensgarantien in Strafverfahren** für verdächtige oder beschuldigte Kinder relevant (s. dazu auch → Einl. Rn. 13a). Für die vorstehende Belehrungspflicht sind insbesondere Art. 4, 19 der RL von Belang.

II. Inhalt der Belehrungen

4   **1. Belehrung des Jugendlichen sowie seiner Erziehungsberechtigten und gesetzlichen Vertreter (Abs. 1).** Die allgemeine Regel in **Abs. 1 S. 1** besagt, dass vorgeschriebene Belehrungen des Jugendlichen an dessen Entwicklungs- und Bildungsstand zu orientieren sind, um ihre **Verständlichkeit** sicherzustellen.

5   In Ergänzung von § 67 Abs. 2 regelt **Abs. 1 S. 2,** dass die Belehrung den **Erziehungsberechtigten** und **gesetzlichen Vertretern** gegenüber in einer Weise erfolgen soll, die es ihnen ermöglicht, ihrer „Verantwortung im Hinblick auf den Gegenstand der Belehrung gerecht zu werden". Durch Art und Inhalt der (auch in Bezug auf diese Adressaten möglichst verständlichen) Belehrung soll also idealerweise eine Akzeptanz oder sogar Unterstützung der entsprechenden Maßnahmen seitens des genannten Personenkreises erzielt werden, was

---
[1] BGBl. I 1854.
[2] S. näher *Eisenberg* StV 2013, 44; *Riekenbrauk* ZJJ 2014, 200.
[3] Vgl. BT-Drs. 17/9389, 19.
[4] § 61 Abs. 3 S. 4 gab den Anstoß zur Aufnahme in das JGG, vgl. BT-Drs. 17/9389, 18.

deren erzieherische Wirkung fördern kann. Zugleich wird damit dem durch Art. 6 Abs. 2 GG geschützten **elterlichen Erziehungsrecht** Rechnung getragen.[5]

Sind sie bei der Belehrung des Jugendlichen über die Bedeutung der vom Gericht **6** angeordneten Rechtsfolgen nicht anwesend, ist den Erziehungsberechtigten bzw. gesetzlichen Vertretern eine **schriftliche Belehrung** zu erteilen **(Abs. 1 S. 3)**.

2. Belehrung von Mitangeklagten (Abs. 2). Eine **besondere Belehrungspflicht** **7** auch gegenüber Mitangeklagten enthält **Abs. 2**. Wird von mehreren Angeklagten mindestens einer zu einer Jugendstrafe verurteilt, die zur Bewährung ausgesetzt wird (bzw. deren Aussetzung vorbehalten wird), während die anderen lediglich zu Zuchtmitteln oder Erziehungsmaßregeln verurteilt werden, soll auch letzteren gegenüber die Bedeutung der Aussetzungsentscheidung erklärt werden. Der Hintergrund sind vor allem im Zusammenhang mit dem sog. „Warnschussarrest" vorgebrachte Berichte von Praktikern, wonach es von den Betroffenen oft als **„Ungerechtigkeit"**[6] empfunden werde, wenn die Hauptverantwortlichen mit der ausgesetzten Jugendstrafe scheinbar leicht und ohne Freiheitsentzug davonkämen, während die an sich milder beurteilten Mitläufer mit dem Jugendarrest eine sofort spürbare Freiheitsentziehung zu erdulden hätten. Dieses **Missverständnis** von der bedingten Jugendstrafe als **„Quasi-Freispruch"** soll nunmehr durch die Regelung des Abs. 2 möglichst vermieden werden. Gleichwohl sieht der neu eingeführte § 16a Abs. 1 Nr. 1 die Möglichkeit vor, aus Gründen der Unrechtsverdeutlichung neben der bedingten Jugendstrafe auch den sog. „Warnschussarrest" zu verhängen. Immerhin wird dort ausdrücklich auf die zwingend vorrangige Belehrung nach § 70a hingewiesen, deren Möglichkeiten auszuschöpfen sind, bevor (insoweit) zur ultima ratio des § 16a gegriffen wird.[7]

§ 71 Vorläufige Anordnungen über die Erziehung

(1) Bis zur Rechtskraft des Urteils kann der Richter vorläufige Anordnungen über die Erziehung des Jugendlichen treffen oder die Gewährung von Leistungen nach dem Achten Buch Sozialgesetzbuch anregen.

(2) ¹**Der Richter kann die einstweilige Unterbringung in einem geeigneten Heim der Jugendhilfe anordnen, wenn dies auch im Hinblick auf die zu erwartenden Maßnahmen geboten ist, um den Jugendlichen vor einer weiteren Gefährdung seiner Entwicklung, insbesondere vor der Begehung neuer Straftaten, zu bewahren.** ²**Für die einstweilige Unterbringung gelten die §§ 114 bis 115a, 117 bis 118b, 120, 125 und 126 der Strafprozeßordnung sinngemäß.** ³**Die Ausführung der einstweiligen Unterbringung richtet sich nach den für das Heim der Jugendhilfe geltenden Regelungen.**

Schrifttum: *Smok, Robin,* Vorläufige Anordnungen über die Erziehung nach § 71 JGG – Eine vernachlässigte Vorschrift?, 2009.

Übersicht

	Rn.		Rn.
I. Grundlagen	1–2a	2. Anregung der Gewährung von Leistungen (Abs. 1 S. 1 Alt. 2)	5
1. Anwendungsbereich	1		
2. Inhalt und Zweck der Norm	2, 2a	3. Einstweilige Unterbringung (Abs. 2)	6–7
II. Maßnahmearten	3–7	**III. Voraussetzungen**	8–9
1. Vorläufige Anordnungen über die Erziehung (Abs. 1 S. 1 Alt. 1)	3–4	**IV. Verfahrensrechtliches**	10–14

---

[5] *Eisenberg* StV 2013, 44.
[6] S. dazu auch *Eisenberg* JGG Rn. 3.
[7] Vgl. *Eisenberg* StV 2013, 44 (46).

I. Grundlagen

1 1. Anwendungsbereich. Die in § 71 geregelten vorläufigen Anordnungen zur Erziehung können **nicht gegenüber Heranwachsenden**, sondern nur gegenüber **Jugendlichen** getroffen werden; die Anwendbarkeit der Norm in Verfahren gegen Jugendliche vor den für allgemeine Strafsachen zuständigen Gerichten steht im Ermessen des Richters, § 104 Abs. 2.

2 2. Inhalt und Zweck der Norm. Zweck der Vorschrift ist es, während des gesamten Verfahrenszeitraumes – von der Einleitung des Ermittlungsverfahrens bis zum rechtskräftigen Urteil – die **Gewährleistung der erzieherischen Ziele** des Jugendstrafverfahrens sicherzustellen und den Jugendlichen vor einer weiteren Eskalation seiner Situation zu bewahren.[1] Von der Vorschrift wird in der **Praxis** offenbar auch aufgrund von finanziellen Aspekten (Selbstverantwortung der Jugendhilfe § 36a SGB VIII) nur **selten Gebrauch** gemacht.[2]

2a Der Regelungszweck speziell der **§§ 72 Abs. 4, 71 Abs. 2** ist es, durch die vorrangige Unterbringung in einem Heim der Jugendhilfe dafür zu sorgen, die **nachteilige Wirkung von Untersuchungshaft zu vermeiden**. Auch dies wurde in der Praxis teilweise vernachlässigt, allerdings hat sich in den letzten Jahren offenbar eine verstärkte kooperative Tendenz der Heime und eine häufigere Anwendung gezeigt.[3]

II. Maßnahmearten

3 1. Vorläufige Anordnungen über die Erziehung (Abs. 1 S. 1 Alt. 1). Als denkbare anzuordnende vorläufige Maßnahmen kommen grundsätzlich die **Inhalte des Weisungskatalogs gem. § 10** in Betracht.[4] Allerdings sollen nur solche Anordnungen getroffen werden, die der erzieherischen Wirkung des Jugendstrafverfahrens dienen und gerade **für den Zeitraum bis zum rechtskräftigen Urteil** angemessen und sinnvoll erscheinen.[5] Vor allem aufgrund dieser zeitlichen Beschränkung sind nicht alle der in § 10 Abs. 1 beispielhaft aufgezählten Ausgestaltungen für eine Anordnung im Sinne der Vorschrift geeignet.

3a Als besonders **geeignet** wird vor allem die Anordnung eines **Betreuungshelfers (§ 10 Abs. 1 S. 3 Nr. 5)** bezeichnet.[6] Auch Weisungen in Bezug auf den **Aufenthaltsort (Nr. 1)**, die **Ausbildungs- und Arbeitsstelle (Nr. 3)** sowie die Teilnahme an einem **sozialen Trainingskurs (Nr. 6)** kommen in Betracht.[7]

3b Die Geeignetheit der **Heimunterbringung** gemäß § 10 Abs. 1 S. 3 Nr. 2 Alt. 2 wird eher kritisch beurteilt.[8] Jedenfalls muss das betroffene Heim in Abgrenzung zu § 71 Abs. 2 ein offenes sein und es darf mit dieser Anordnung kein zwangsweiser Freiheitsentzug ergehen.[9] **Nicht geeignet** sind Sanktionen, die wie die Arbeitsleistung nach Nr. 4 (auch) sanktionierende Wirkung haben.[10] Aus diesem Grund ist auch die Anordnung eines **Täter-Opfer-Ausgleichs (§ 10 Abs. 1 S. 3 Nr. 7)** sowie eines **Verkehrsunterrichts** (§ 10 Abs. 1 S. 3 Nr. 9) zweifelhaft.

4 Die Anordnung ist **keine formelle Sanktion** und darf daher keinesfalls zur (vorweggenommenen) Ahndung eingesetzt werden.[11] Sie kann **nicht zwangsweise durchgesetzt** werden, auch nicht im Wege des Ungehorsamsarrests gem. § 11 Abs. 3.

---

[1] Vgl. *Dallinger/Lackner* Rn. 1; OLG Celle 5.7.1965 – Hes 24/65, NJW 1965, 2069; *Smok* S. 7.
[2] Vgl. näher *Smok* S. 7; *Schaffstein/Beulke/Swoboda* Rn. 842.
[3] *Schaffstein/Beulke/Swoboda* Rn. 844.
[4] Vgl. *Brunner/Dölling* Rn. 2; *Diemer/Schatz/Sonnen/Diemer* Rn. 6; *Ostendorf/Sommerfeld* Rn. 6.
[5] *Diemer/Schatz/Sonnen/Diemer* Rn. 6.
[6] Vgl. *Brunner/Dölling* Rn. 2; *Diemer/Schatz/Sonnen/Diemer* Rn. 6; *Ostendorf/Sommerfeld* Rn. 6; *MRTW/Blessing/Weik* Rn. 9.
[7] S. auch *MRTW/Blessing/Weik* Rn. 9.
[8] *Ostendorf/Sommerfeld* Rn. 6; aA *Diemer/Schatz/Sonnen/Diemer* Rn. 7.
[9] *Smok* S. 137; *Diemer/Schatz/Sonnen/Diemer* Rn. 7; s. auch *MRTW/Blessing/Weik* Rn. 11.
[10] *MRTW/Blessing/Weik* Rn. 10.
[11] *Eisenberg* JGG Rn. 3.

2. Anregung der Gewährung von Leistungen (Abs. 1 S. 1 Alt. 2). Basierend auf 5
der wesentlichen Neuregelung der öffentlichen Erziehungshilfe durch das SGB VIII, darf
der Richter darüber hinaus die **Gewährung von Leistungen** nach dem **SGB VIII anregen**.[12] Da der Richter über die bloße Anregung hinaus keine weiteren Befugnisse hat,
kann er keinen Einfluss auf die konkrete Durchführung nehmen, die vielmehr vom örtlich
zuständigen Jugendamt vorgenommen wird.[13] Erst recht ist es ihm auch hier verwehrt,
einen Ungehorsamsarrest zu verhängen, wenn der Jugendliche den Anordnungen nicht
folgt.[14]

3. Einstweilige Unterbringung (Abs. 2). Für die einstweilige Unterbringung nach 6
Abs. 2 kommen ausschließlich **Heime der Jugendhilfe** in Betracht, die nicht zwingend
ausdrücklich „Erziehungsheime" sein müssen. Andere Einrichtungen kommen allerdings
nicht in Betracht.[15] Auch diesbezüglich hat der Richter keinen Einfluss auf die inhaltliche
Ausgestaltung des Heimaufenthalts; vielmehr regelt Abs. 2 S. 3, dass sich die Ausführung
der Unterbringung „nach den für das Heim der Jugendhilfe geltenden Regelungen" richtet.
Das sind neben § 34 KJHG vor allem Verwaltungsvorschriften der entsprechenden Aufsichtsbehörden sowie die individuellen Hausordnungen der einzelnen Heime.[16]

Ob das jeweilige Heim seiner baulichen und organisatorischen Begebenheit nach **flucht-** 6a
sicher ausgestaltet sein muss, ist **umstritten**.[17] Da die Heime der Jugendhilfe aber in der
Regel nicht vergleichbar fluchtsicher wie die Jugendstrafanstalten sind, muss sich das Gericht
ohnehin auf den Jugendlichen verlassen, wenn es anstelle von Untersuchungshaft bei Fluchtgefahr die einstweilige Unterbringung anordnet.[18]

Die tatsächliche Geeignetheit des konkreten Heims folgt letztlich aus dem **Norm-** 7
zweck (Bewahrung des Jugendlichen vor weiterer Delinquenz).[19] Allein die Bestrebung,
Erkenntnisse über die Persönlichkeit des Jugendlichen zu erlangen, ist für die einstweilige
Unterbringung kein ausreichender Grund, da in diesem Fall § 73 einschlägig ist, dessen
Voraussetzungen nicht unterlaufen werden dürfen.[20] Eine Unterbringung im **Jugendstrafvollzug** ist weder nach Abs. 1, noch nach Abs. 2 zulässig, da ansonsten der Gedanke
der erzieherisch motivierten größtmöglichen Schonung des Jugendlichen konterkariert
würde.[21]

III. Voraussetzungen

Welcher Verdachtsgrad vorausgesetzt wird, ist umstritten. Teilweise wird ein **Anfangs-** 8
verdacht im Sinne von § 152 Abs. 2 StPO für ausreichend gehalten;[22] überzeugender ist
es dagegen, angesichts des im Einzelfall durchaus gewichtigen Inhalts der zu treffenden
Anordnungen zumindest einen **hinreichenden Tatverdacht** gem. § 203 StPO zu fordern.[23] Ein dringender Tatverdacht gem. § 112 StPO ist nicht erforderlich, was sich nicht
zuletzt e contrario aus der fehlenden Verweisung in § 71 Abs. 2 S. 2 ableiten lässt.

---

[12] Diemer/Schatz/Sonnen/*Diemer* Rn. 5.
[13] Diemer/Schatz/Sonnen/*Diemer* Rn. 10.
[14] Diemer/Schatz/Sonnen/*Diemer* Rn. 9.
[15] Dies wird aufgrund der Anrechnungsmöglichkeit nach §§ 52, 52a begründet, vgl. OLG Hamm 1.10.1998 –
2 Ws 407/98, NJW 1999, 230.
[16] *Eisenberg* JGG Rn. 10c.
[17] Ablehnend *Eisenberg* JGG Rn. 10a; Ostendorf/*Sommerfeld* Rn. 7; Brunner/*Dölling* Rn. 5: Aufgrund der
Neufassung – keine Erwartung von Jugendstrafe sowie Kennzeichnung durch Vorläufigkeit – stelle sich die
Streitfrage nicht mehr. Siehe aber auch KG Beschluss vom. 15.9.2009 – 4 Ws 103/09, ZJJ 2010, 74; zum
Ganzen auch MRTW/*Blessing/Weik* Rn. 18 f. mit Hinweis auf die Praxis der Unterbringung.
[18] KG 15.9.2009 – 4 Ws 103/09, NStZ-RR 2010, 156.
[19] Diemer/Schatz/Sonnen/*Diemer* Rn. 20.
[20] Diemer/Schatz/Sonnen/*Diemer* Rn. 17; *Eisenberg* JGG Rn. 3.
[21] S. auch *Eisenberg* JGG Rn. 3.
[22] Vgl. Diemer/Schatz/Sonnen/*Diemer* Rn. 3.
[23] Vgl. Ostendorf/*Sommerfeld* Rn. 2; *Eisenberg* JGG Rn. 4; MRTW/*Blessing/Weik* Rn. 2.

8a Erforderlich ist weiterhin die Feststellung einer **dringenden Erziehungsbedürftigkeit** des Jugendlichen; das setzt voraus, dass ein Abwarten bis zum Urteilserlass nicht ausreicht, um einer akuten Gefährdung des Jugendlichen zu begegnen.[24]

8b Im Rahmen von **Abs. 2** ergibt sich das schon aus der zusätzlichen Voraussetzung einer **„weiteren Gefährdung"** des Jugendlichen, die sich insbesondere aus einer **konkreten Rückfallgefahr** im Hinblick auf Straftaten von einigem Gewicht (nicht nur Bagatelltaten)[25] ergibt. Einer darüber hinausgehenden Feststellung von „Erziehungsbedürftigkeit" bedarf es dann nicht;[26] dafür spricht auch die Formulierung von § 2 Abs. 1 JGG, der zeigt, dass die Erziehung des Jugendlichen kein Selbstzweck ist, sondern stets auf das Ziel der Legalbewährung ausgerichtet ist.

8c Für die einstweilige Heimunterbringung nach Abs. 2 sind die **Voraussetzungen eines Haftbefehls** richtigerweise **nicht erforderlich**.[27]

9 Wie bei allen in Freiheitsgrundrechte eingreifenden staatlichen Maßnahmen ist auch bei den vorläufigen Anordnungen der **Verhältnismäßigkeitsgrundsatz** zu beachten. Es muss also insbesondere die mildeste, zur Erreichung des angestrebten Zwecks gleich geeignete und zugleich mit Blick auf die Intensität des Eingriffs noch angemessene Maßnahme gewählt werden.[28] Ist im späteren Verfahren nicht mit freiheitsentziehenden Sanktionen zu rechnen, kommt eine einstweilige Unterbringung nicht in Frage.[29] Eine **Zustimmung der Erziehungsberechtigten** ist gesetzlich nicht vorgesehen und daher de lege lata **keine zwingende Voraussetzung**. Sie sollte aber schon aus Zweckmäßigkeitsgründen und nicht zuletzt im Hinblick auf das elterliche Erziehungsrecht in Art. 6 Abs. 2 GG stets angestrebt werden.[30]

IV. Verfahrensrechtliches

10 Aufgrund der Verweisung in Abs. 2 S. 2 gelten für die einstweilige Unterbringung die **§§ 114–115a, 117–118b, 120, 125** und **126 StPO** entsprechend. Eine Außervollzugsetzung gem. § 116 StPO ist also nicht vorgesehen.[31] Die Anordnung nach Abs. 1 unterliegt der **Beschwerde, §§ 304, 307 StPO**, wobei die Beschränkung aus § 55 Abs. 1 richtigerweise nicht zu berücksichtigen ist,[32] da sie restriktiv auszulegen ist und ihr Wortlaut hier nicht unmittelbar einschlägig ist. Gegenüber der Verhängung der einstweiligen Unterbringung kann die **weitere Beschwerde** nach § 310 Abs. 1 StPO eingelegt werden.[33]

11 Bevor der Richter eine vorläufige Anordnung nach Abs. 1 trifft, sollen die Staatsanwaltschaft (§ 33 Abs. 2 StPO), die Jugendgerichtshilfe (§ 38 Abs. 2) und die Erziehungsberechtigten (§ 33 Abs. 3 StPO, § 67 Abs. 1) **angehört** werden.[34] Für die einstweilige Unterbringung nach § 71 Abs. 2 muss ein **schriftlicher Beschluss** des Richters nach Maßgabe des § 114 StPO ergehen.[35] Maßnahmen können ebenso wieder nur durch Beschluss aufgehoben werden. Gründe für die **Aufhebung** können Unzweckmäßigkeit, Ersatz durch andere Maßnahmen oder ein rechtskräftiges Urteil sein.[36]

12 Zwar sollen die Vorschriften über die Untersuchungshaft für die einstweilige Unterbringung (Abs. 2) sinngemäß angewendet werden, jedoch finden die **§§ 121, 122 StPO** in der

---
[24] Vgl. MRTW/*Blessing/Weik* Rn. 3.
[25] MRTW/*Blessing/Weik* Rn. 14.
[26] Ostendorf/*Sommerfeld* Rn. 3.
[27] *Schaffstein/Beulke/Swoboda* Rn. 843.
[28] Diemer/Schatz/Sonnen/*Diemer* Rn. 3.
[29] Diemer/Schatz/Sonnen/*Diemer* Rn. 14.
[30] Ähnlich Diemer/Schatz/Sonnen/*Diemer* Rn. 4; Brunner/*Dölling* Rn. 9a; weitergehend und für ein zwingendes Zustimmungserfordernis *Eisenberg* JGG Rn. 4a; s. auch die rechtsstaatlichen Bedenken in dieser Hinsicht bei *Zieger* Rn. 193.
[31] LG Zweibrücken 8.12.2003 – 4029 Js 3984/03, NStZ-RR 2004, 348.
[32] Wie hier *Eisenberg* JGG § 71 Rn. 15; aA Brunner/*Dölling* Rn. 11.
[33] Vgl. etwa MRTW/*Blessing/Weik* Rn. 23.
[34] Diemer/Schatz/Sonnen/*Diemer* Rn. 11.
[35] Diemer/Schatz/Sonnen/*Diemer* Rn. 21.
[36] Diemer/Schatz/Sonnen/*Diemer* Rn. 13.

Verweisung keine Erwähnung, womit das **Haftprüfungsverfahren vor dem OLG** hierfür **nicht gilt**. Das wird teilweise auch damit begründet, dass es weder geeignet noch bestimmt sei, die erzieherischen Ziele des Jugendstrafverfahrens zu sichern.[37] Dagegen wird im Anwendungsbereich von **§ 72 Abs. 4 (iVm § 71 Abs. 2)** auch von der Anwendbarkeit der §§ 121, 122 StPO ausgegangen.[38]

Stellt sich die Heimunterbringung nach Abs. 2 als **ungeeignet** heraus und liegen die Voraussetzungen für einen **Haftbefehl** vor, so soll der Unterbringungsbefehl durch einen Haftbefehl ersetzt werden.[39]   12a

Grundsätzlich sollen Untersuchungshaft oder sonstige Freiheitsentziehungen wie die einstweilige Unterbringung nach Abs. 2 gem. § 52a S. 1 in Anlehnung des § 51 StGB bei dem Umfang der **Vollstreckung einer Freiheitsentziehung angerechnet** werden.[40] Im Einzelfall soll die Fortdauer der Heimunterbringung über das Maß der Jugendstrafe hinaus bei vorliegenden gewichtigen erzieherischen Gesichtspunkten gerechtfertigt sein.[41] Das ist als erzieherisch motivierte Überschreitung der an sich (schuld-)angemessenen Freiheitsentziehung fragwürdig.   13

Kosten, die aufgrund einer nicht erzwingbaren jugendrichterlichen Weisung aufkommen (nicht aber solche nach Abs. 2), sind nicht von der Justiz, sondern vom Träger der öffentlichen Jugendhilfe (sowie ggf. in Form von Kostenbeiträgen vom Jugendlichen selbst) zu tragen, da es sich nicht um gerichtliche Auslagen handelt.[42]   14

§ 72 Untersuchungshaft

(1) ¹Untersuchungshaft darf nur verhängt und vollstreckt werden, wenn ihr Zweck nicht durch eine vorläufige Anordnung über die Erziehung oder durch andere Maßnahmen erreicht werden kann. ²Bei der Prüfung der Verhältnismäßigkeit (§ 112 Abs. 1 Satz 2 der Strafprozeßordnung) sind auch die besonderen Belastungen des Vollzuges für Jugendliche zu berücksichtigen. ³Wird Untersuchungshaft verhängt, so sind im Haftbefehl die Gründe anzuführen, aus denen sich ergibt, daß andere Maßnahmen, insbesondere die einstweilige Unterbringung in einem Heim der Jugendhilfe, nicht ausreichen und die Untersuchungshaft nicht unverhältnismäßig ist.

(2) Solange der Jugendliche das sechzehnte Lebensjahr noch nicht vollendet hat, ist die Verhängung von Untersuchungshaft wegen Fluchtgefahr nur zulässig, wenn er
1. sich dem Verfahren bereits entzogen hatte oder Anstalten zur Flucht getroffen hat oder
2. im Geltungsbereich dieses Gesetzes keinen festen Wohnsitz oder Aufenthalt hat.

(3) Über die Vollstreckung eines Haftbefehls und über die Maßnahmen zur Abwendung seiner Vollstreckung entscheidet der Richter, der den Haftbefehl erlassen hat, in dringenden Fällen der Jugendrichter, in dessen Bezirk die Untersuchungshaft vollzogen werden müßte.

(4) ¹Unter denselben Voraussetzungen, unter denen ein Haftbefehl erlassen werden kann, kann auch die einstweilige Unterbringung in einem Heim der Jugendhilfe (§ 71 Abs. 2) angeordnet werden. ²In diesem Falle kann der Richter den Unterbringungsbefehl nachträglich durch einen Haftbefehl ersetzen, wenn sich dies als notwendig erweist.

---

[37] OLG Bamberg 23.6.2015 – 1 Ws 319/15 = BeckRS 2015, 12779.
[38] MRTW/*Blessing/Weik* Rn. 22.
[39] Nr. 4 der Richtlinie zu § 71 (abgedruckt bei MRTW/*Blessing/Weik*).
[40] BVerfG 4.7.1999 – 2 BvR 1368 – 98, NStZ 1999, 570; BGH 7.11.2013 – 5 StR 487/13, NStZ-RR 2014, 59; s. auch Richtlinie 1 zu §§ 52, 52a.
[41] OLG Brandenburg 12.3.2003 – 1 Ws 29/03, NStZ-RR 2003, 344.
[42] OLG Koblenz 23.6.2008 – 2 VAs 5/08, NStZ-RR 2009, 160 [Ls.]; OLG Jena 27.5.1997 – VAS 2/97, NStZ-RR 1997, 320 [Ls.]; weitere Nachweise bei MRTW/*Blessing/Weik* Rn. 24; s. näher auch *Eisenberg* JGG Rn. 19 f.

(5) Befindet sich ein Jugendlicher in Untersuchungshaft, so ist das Verfahren mit besonderer Beschleunigung durchzuführen.

(6) Die richterlichen Entscheidungen, welche die Untersuchungshaft betreffen, kann der zuständige Richter aus wichtigen Gründen sämtlich oder zum Teil einem anderen Jugendrichter übertragen.

Übersicht

	Rn.		Rn.
I. Grundlagen	1–2b	III. Jugendstrafrechtliche Besonderheiten der Haftgründe	5–7b
II. Spezifisch jugendstrafrechtliche Voraussetzungen	3, 4	IV. Einstweilige Unterbringung	8–10
1. Subsidiaritätsgrundsatz	3	V. Rechtsbehelfe	11, 12
2. Verhältnismäßigkeitsgrundsatz	4		

I. Grundlagen

1   Die Vorschrift gilt nur für **Jugendliche,** auch für Verfahren vor den für allgemeine Strafsachen zuständigen Gerichten, **§ 104 Abs. 1 Nr. 5.** Die Frage der Anwendbarkeit des § 72 Abs. 4 und ob diese im Ermessen des Richters liegt oder nicht, ist wegen der dortigen Inbezugnahme des § 71 umstritten.[1]

Für **Heranwachsende** ist § 72 nicht unmittelbar anwendbar (s. § 109 Abs. 1), auch wenn dessen Gedanke im Rahmen des § 112 Abs. 1 S. 2 StPO angemessen zu berücksichtigen ist. So richten sich die allgemeinen Rechtmäßigkeitsvoraussetzungen wie der dringende Tatverdacht,[2] die besonderen Haftgründe sowie die Beachtung des Verhältnismäßigkeitsgrundsatzes nach §§ 112 ff. StPO. Es verbleibt somit grundsätzlich bei der Geltung der **allgemeinen Vorschriften.**[3]

2   Im Juni 2016 wurde eine **EU-Richtlinie zu Verfahrensgarantien in Strafverfahren für verdächtige oder beschuldigte Kinder** erlassen (s. dazu auch → Einf. Rn. 13a). Dabei handelt es sich um recht konkrete Regelungen, die ohne nennenswerten Ermessensspielraum in nationales Recht umzusetzen sein werden.

2a Die Richtlinie verfolgt das Ziel, Jugendlichen in einem Strafverfahren bestimmte Rechte zu ihrem Schutz zu garantieren. Jedoch wurde auch die Befürchtung geäußert, die Regelungen beinhalteten die große Gefahr, „kontraproduktiv im Sinne der Ziele des Richtlinienvorhabens – nämlich der effektiven Gewährleistung von Schutzrechten für beschuldigte Kinder – zu wirken. Sie würden zur Folge haben, dass Jugendstrafverfahren unnötig in die Länge gezogen, formalisiert und aufgebläht werden und damit dem Kindeswohl gerade nicht gedient wird".[4]

2b Für § 72 besonders relevant sind die **Art. 10–12 der Richtlinie.** Während Art. 10 die Begrenzung der Inhaftierung und Anwendung von alternativen Maßnahmen festlegt und damit die Inhaftierung eines Jugendlichen oder eines Heranwachsenden als ultima ratio erachtet, normiert Art. 12 das Erfordernis einer besonderen und schonenden Behandlung für den Fall der Inhaftierung.

II. Spezifisch jugendstrafrechtliche Voraussetzungen

3   **1. Subsidiaritätsgrundsatz.** Eine Akzentuierung des Verhältnismäßigkeitsgrundsatzes[5] in der Ausprägung strikter **Subsidiarität** findet sich in **Abs. 1.**[6] Dabei wird der Vorrang

---

[1] MRTW/*Weik/Blessing* Rn. 1 erachtet die Anwendbarkeit für zwingend, da § 104 Abs. 1 Nr. 5 den gesamten § 72 umfasst; die Richtlinie zu § 104 ist insofern missverständlich, s. auch Diemer/Schatz/Sonnen/*Diemer* Rn. 1.
[2] Im Rahmen des Jugendstrafverfahrens muss sich dieser auch auf die jugendstrafrechtliche Verantwortung gem. § 3 S. 1 beziehen; vgl. *Eisenberg* JGG Rn. 6a.
[3] Diemer/Schatz/Sonnen/*Diemer* Rn. 1 spricht sich jedoch für eine Beachtung der Grundsätze des § 72 aus.
[4] S. dazu www.dvjj.de/resolution-zur-eurichtlinie-ueber-verfahrensgarantien-strafverfahren-fuer-verdaechtige-oder-beschuldigte-kinder.
[5] Vgl. § 112 Abs. 1 S. 2 StPO.
[6] Die Grundsätze sind auch bei der Anwendbarkeit des § 112a StPO zu beachten, vgl. OLG Hamm 20.8.2004 – 3 OBL 69/04, ZJJ 2004, 435.

anderer Maßnahmen vor der Verhängung von U-Haft ausdrücklich normiert, sofern diese zur Zweckerreichung[7] gleich geeignet sind. Es handelt sich dabei um vorläufige Anordnungen des § 71 Abs. 1 und 2[8] sowie um „andere Maßnahmen", worunter etwa die Haftverschonung unter Auflagen gemäß § 116 Abs. 1 S. 2 StPO,[9] Meldepflichten oder regelmäßige Treffen mit geeigneten Personen[10] zu verstehen sind. Mittels der **obligatorischen Begründungspflicht, Abs. 1 S. 3** wird dieses Prioritätsverhältnis überdies bestärkt.[11] So ist ein Haftbefehl aufzuheben, wenn die Gründe, weshalb die Anordnung der U-Haft notwendig und erforderlich ist und nicht durch weniger einschneidende Maßnahmen ersetzt werden kann, fehlen.[12] Diese Pflicht dient mitunter auch der Eindämmung der Verhängung von Untersuchungshaft aus sogenannten **verdeckten Haftgründen** oder aus **erzieherischen Gründen,** da die U-Haft ausschließlich zur Sicherung des Strafverfahrens und zur Vermeidung der Wiederholungsgefahr herangezogen werden darf.[13]

2. **Verhältnismäßigkeitsgrundsatz.** Eine weitere jugendstrafrechtliche Konkretisierung des Verhältnismäßigkeitsgrundsatzes ist in **Abs. 2 S. 2** normiert. Unter „besondere Belastungen des Vollzuges für den Jugendlichen" sind insbesondere **erzieherisch negative Folgen der Untersuchungshaft** zu verstehen, welche sich in dauerhaften seelischen Störungen äußern oder sogar zu einem Identitätsverlust führen können. Dem liegt die Vorstellung zugrunde, dass sich Jugendliche noch in der Entwicklung befinden und eine noch nicht gefestigte Persönlichkeit den Belastungen, die mit einer Trennung von der gewohnten Umgebung einhergehen, weniger effektiv standhalten kann als es bei Erwachsenen der Fall ist.[14] Daher ist bei der Prüfung der Haftvoraussetzungen diesen jugendspezifischen Besonderheiten besondere Beachtung zu schenken. Regelmäßig ist von einer Unverhältnismäßigkeit der Verhängung der Untersuchungshaft auszugehen, sofern die **zu erwartende Sanktion** nicht in der **Verurteilung zu einer Jugendstrafe** besteht, sondern lediglich die Anordnung von Weisungen oder Zuchtmitteln zu erwarten ist.[15] In diesem Kontext fällt weiterhin das in § 72 Abs. 5 JGG normierte Beschleunigungsgebot; die Anforderungen sind im Vergleich zu den allgemein geltenden Maßstäben als erhöht anzusehen.[16] Bei Verzögerungen kann auch dies zu einer Aufhebung des Haftbefehls führen.

III. Jugendstrafrechtliche Besonderheiten der Haftgründe

Auch bei Jugendlichen gelten grundsätzlich die **Haftgründe aus dem allgemeinen Strafrecht,** namentlich die Flucht, die Fluchtgefahr, die Verdunkelungsgefahr und die Wiederholungsgefahr, **§§ 112, 112a StPO.** Im Verhältnis zu § 71 Abs. 2 JGG ist bei Bejahung des Haftgrundes der Wiederholungsgefahr[17] das konkurrenzrechtliche Verhältnis zwischen

---

[7] Die Untersuchungshaft dient ausschließlich der Sicherung des Verfahrens, mitunter auch durch Gewährleistung einer kompletten Aufklärung der Tat, vgl. BVerfG 27.7.1966 – 1 BvR 296/66, BVerfGE 20, 144 (147) = NJW 1966, 1703. Weder generalpräventive Erwägungen noch erzieherische Zwecke sind dabei relevant, vgl. LG Hamburg 14.4.1994 – 643 Qs 20/94, MDR 1994, 822.
[8] → § 71 Rn. 3 ff.; zur Verweisung in § 72 Abs. 4 auf § 71 Abs. 2 vgl. → § 71 Rn. 2; der Erlass eines Unterbringungsbefehls ist dabei als mildere Maßnahme vorrangig, vgl. OLG Hamm 22.10.2001 – 2 BL 195/01, StV 2002, 432.
[9] Vgl. Diemer/Schatz/Sonnen/*Diemer* Rn. 6.
[10] Vgl. *Eisenberg* JGG Rn. 3a.
[11] Vgl. etwa OLG Hamm 17.3.2009 – 3 Ws 86/09, NStZ 2010, 281; OLG Karlsruhe 26.2.2010 – 2 Ws 60/10, StraFo 2010, 206.
[12] OLG Hamm 17.3.2009 – 3 Ws 86/09, NStZ 2010, 281; MRTW/*Weik/Blessing* Rn. 9; Diemer/Schatz/Sonnen/*Diemer* Rn. 8 f.; als nicht ausreichend erachtet werden lediglich formelhafte Begründungen, vgl. Ostendorf/*Sommerfeld* Rn. 6.
[13] Diemer/Schatz/Sonnen/*Diemer* Rn. 5.
[14] Vgl. BT-Drs. 11/5829, 30.
[15] Vgl. OLG Zweibrücken 3.12.1998 – 1 Qs 162/98, StV 1999, 161.
[16] Vgl. OLG Zweibrücken 9.4.2002 – 1 HPL 12/02, StV 2002, 433; OLG Hamm 20.8.2004 – 3 OBL 69/04, ZJJ 2004, 435 (436).
[17] Zur restriktiven Normanwendung s. *Nerée* StV 1993, 218; OLG Frankfurt a. M. 12.1.2000 – 1 Ws 161/99, 1 Ws 162/99, StV 2000, 209; *Neubacher* ZJJ 2010, 386.

den Vorschriften vorrangig durch eine Anordnung weniger einschneidender Reaktionen wie der einstweiligen Unterbringung zu lösen.[18] Demgemäß ist der Haftgrund der Wiederholungsgefahr nicht etwa durch § 71 Abs. 2 im Rahmen der Verhängung der Untersuchungshaft gesperrt.[19]

6 Die **Fluchtgefahr** stellt in der Praxis derweil den häufigsten Grund zur Verhängung der Untersuchungshaft dar.[20] Das ist insofern problematisch, als bei der Prüfung der Fluchtgefahr an sich die regelmäßig geringere Handlungskompetenz Jugendlicher stärker berücksichtigt werden müsste, bspw. im Hinblick auf die geringeren finanziellen Mittel zur Realisierung einer Flucht.[21]

7 Mit **Abs. 2** hat der Gesetzgeber eine mit § 113 Abs. 2 Nr. 1 StPO gleichlautende **Einschränkung** für die Annahme der Fluchtgefahr bei **unter 16-jährigen** eingeführt. Die Schwere der Tat ist im Rahmen des Abs. 2 nicht von Relevanz, da Abs. 2 für alle, somit auch für schwerste Straftaten gilt. Nr. 1 und Nr. 2 stehen dabei in einem Alternativverhältnis zueinander.[22]

7a Nach **Abs. 2 Nr. 1** muss sich der Jugendliche dem **Verfahren** bereits **entzogen** oder **Anstalten zur Flucht** gemacht haben, wobei die Entziehung oder Anstalt dazu in früheren Verfahren nicht ausreicht. Aus welchen Gründen der Beschuldigte sich entzieht, ist unbeachtlich.

7b **Abs. 2 Nr. 2** verlangt, dass der Beschuldigte **keinen festen Wohnsitz** oder Aufenthalt hat. Dies kommt in erster Linie bei wohnsitzlosen Banden-, oder Serientätern, die keinerlei sozialen Bindungen unterliegen[23] oder bei Jugendlichen in Betracht, bei denen die Unterbringung in Erziehungsheimen nur wenig Aussicht auf Erfolg verspricht. Mehrtägiges nächtliches Verschwinden und Herumtreiben wird dabei nicht als ausreichend erachtet, um die Voraussetzungen als erfüllt anzusehen.[24]

IV. Einstweilige Unterbringung

8 Unter denselben **Voraussetzungen,** unter welchen ein **Haftbefehl** erlassen werden kann,[25] kann auch die **einstweilige Unterbringung** in einem Heim gem. § 71 Abs. 2 angeordnet werden, wobei ausschließlich Heime der Jugendhilfe erfasst werden.[26] Auf Grund dieser Alternative kommt selbst dann eine Unterbringung nach § 71 in Betracht, wenn alle Voraussetzungen für die U-Haft vorliegen, wobei die Befugnis zur Anordnung dahingehend erweitert wird, dass sie nun nicht mehr ausschließlich aus erzieherischen Gründen ergehen darf, § 71 Abs. 2, sondern auch zur **Sicherung des Strafverfahrens** angeordnet werden kann. Das Ermessen ist jedoch im Hinblick auf das Subsidiaritätsprinzip dahingehend reduziert, dass die Unterbringung angeordnet werden muss, wenn diese zur Sicherung des Strafverfahrens oder zur Vermeidung der Wiederholungsgefahr ausreicht.[27]

9 Wird die Unterbringung angeordnet, kann sie **nachträglich** durch den **Erlass eines Haftbefehls** ersetzt werden, wenn sich dies als notwendig erweisen sollte. Nicht zuletzt diese Möglichkeit führt zu der Annahme, dass es sich um eine freiheitsentziehende Maßnahme handelt, die hohen verfassungsrechtlichen Hürden unterworfen ist.[28] Wann sich eine

---

[18] Vgl. OLG Hamm 22.10.2001 – 2 BL 195/01, NStZ-RR 2002, 120; weiter gehend *Weber* RdJB 1999, 311.
[19] So aber *Weber* RdJ 1999, 311.
[20] Vgl. Ostendorf/*Sommerfeld* Rn. 3: Eine entsprechende Begründung des oftmals hinsichtlich der vorzuliegenden Voraussetzungen anzuzweifelnden Haftgrundes findet sich etwa bei OLG Karlsruhe 26.2.2010 – 2 Ws 60/10, ZJJ 2011, 327 = StV 2011, 596; instruktiv zu den sog. apokryphen Haftgründen Ostendorf/*Sommerfeld* Rn. 4.
[21] OLG Hamm 12.10.1995 – 3 Ws 540/95, NStZ 1997, 115.
[22] Diemer/Schatz/Sonnen/*Diemer* Rn. 10.
[23] Vgl. *Brunner/Dölling* Rn. 9.
[24] Vgl. OLG Hamm 12.10.1995 – 3 Ws 540/95, NStZ 1997, 115.
[25] VerfG Bbg 19.12.2002 – VfGBbg 104/02, NJW 2003, 2009.
[26] Vgl. OLG Hamm 1.10.1998 – 2 Ws 407-98, NJW 1999, 230; dazu auch → § 71 Rn. 6.
[27] OLG Hamm 22.10.2001 – 2 Bl 195/01, NStZ-RR 2002, 120 [Ls.].
[28] Vgl. VerfG Bbg 19.12.2002 – VfGBbg 104/02, NJW 2003, 2009.

nachträgliche **Umwandlung** als **notwendig** erweist, ist umstritten. Nach überwiegender Ansicht müssen sich nicht die zugrunde liegenden Fakten geändert haben;[29] vielmehr soll eine andere Beurteilung der (als solche unveränderten) Sachlage genügen.[30] Das kann im Einzelfall schwer vermittelbar und daher auch aus erzieherischen Gründen bedenklich sein.[31] Die Entscheidung erfordert in jedem Fall eine dezidierte Aufführung der ausschlaggebenden **Gründe, Abs. 1 S. 3**.

Über die Voraussetzungen des § 114c StPO hinaus sind auch die **Erziehungsberechtig-** 10 **ten** und die **gesetzlichen Vertreter** von einer Verhaftung in Kenntnis zu setzen. Hierbei ist eine Belehrung des Jugendlichen erforderlich, § 114b Abs. 2 S. 1 Nr. 6 StPO.

V. Rechtsbehelfe

Gegen den Haftbefehl sind die **Beschwerde nach §§ 304, 305 StPO**, die **weitere** 11 **Beschwerde nach § 310 StPO** und im Falle des Vollzugs die **Haftprüfung gem. § 117 StPO** statthaft. Letztere ist bei gleichzeitig ergriffenen Rechtsbehelfen stets vorrangig, unabhängig von der Frage, von wem sie beantragt wurde. Die Rechtsmittel können sowohl vom Jugendlichen selbst als auch von dessen Verteidiger oder seinen gesetzlichen Vertretern und Erziehungsberechtigten eingelegt werden, § 67 Abs. 1, §§ 118b, 298 StPO. Gegen die auf die Haftprüfung ergangene Entscheidung sind grundsätzlich dieselben Rechtsmittel wie gegen den Haftbefehl statthaft, § 117 Abs. 2 S. 2 StPO.[32]

Die **weitere Beschwerde** ist immer dann zulässig, wenn sie sich gegen den Bestand 12 und den Vollzug des Haftbefehls richtet.[33]

§ 72a Heranziehung der Jugendgerichtshilfe in Haftsachen

¹**Die Jugendgerichtshilfe ist unverzüglich von der Vollstreckung eines Haftbefehls zu unterrichten; ihr soll bereits der Erlass eines Haftbefehls mitgeteilt werden.** ²**Von der vorläufigen Festnahme eines Jugendlichen ist die Jugendgerichtshilfe zu unterrichten, wenn nach dem Stand der Ermittlungen zu erwarten ist, daß der Jugendliche gemäß § 128 der Strafprozeßordnung dem Richter vorgeführt wird.**

I. Grundlagen

Die Vorschrift bezieht sich ausschließlich auf **Haftsachen gegenüber Jugendlichen**. 1 In Verfahren vor den für allgemeine Strafsachen zuständigen Gerichten liegt die Anwendbarkeit im Ermessen des Gerichts, **§ 104 Abs. 2, § 112 S. 1**.[1]

Für **Heranwachsende** gilt § 72a seit der Gesetzesreform von 2009[2] gem. § 109 Abs. 1 2 S. 1 entsprechend.[3]

Zweck der Vorschrift ist es, durch die **Einbindung der Jugendgerichtshilfe** eine res- 3 triktive Verhängung und verkürzte Dauer von U-Haft gegen Jugendliche und Heranwachsende zu erreichen.[4] So liegt die Aufgabe der Jugendgerichtshilfe insbesondere darin, den Richter über die soziale Situation des festgenommenen Jugendlichen zu informieren und

---

[29] So aber *Brunner/Dölling* Rn. 6.
[30] So *Dallinger/Lackner* Rn. 12; *Ostendorf/Sommerfeld* Rn. 6.
[31] Vgl. *Eisenberg* JGG Rn. 3d.
[32] *Diemer/Schatz/Sonnen/Diemer* § 72 Rn. 19.
[33] BGH 25.1.1973 – 7 BJs 316/70, BGHSt 25, 120 f. = BeckRS 1973, 00157; OLG Koblenz 31.7.1986 – 2 Ws 519/86, StV 1986, 442; s. auch *Paeffgen* NStZ 1992, 534; abweichend OLG Düsseldorf 15.6.1989 – 3 Ws 417/89, JMBlNW 1990, 21.
[1] Teilweise wird eine zwingende Anwendbarkeit aufgrund des Sachzusammenhanges zu § 72 vertreten; *Ostendorf/Sommerfeld* § 72a Rn. 1.
[2] BGBl. I 2274.
[3] LBN/*Laubenthal* Rn. 220; *Eisenberg* JGG Rn. 2.
[4] LBN/*Laubenthal* Rn. 221.

ihn in Bezug auf die Möglichkeit der Haftvermeidung und über weniger einschneidende Maßnahmen der Verfahrenssicherung zu beraten.[5]

II. Unterrichtungspflicht

4   Die **Unterrichtung der JGH,** welche bei der Haftbefehlsvollstreckung sowie der Vollziehung einer vorläufigen Festnahme zwingend erfolgen muss, ist im Zeitraum vor der Umsetzung, mithin bei Erlass des Haftbefehls, als Soll-Vorschrift ausgestaltet. Die Vorschrift dient somit lediglich in den ersten beiden Fällen der Haftverkürzung.[6] Eine echte und effektive Haftvermeidung kann § 72a auf Grund der Staffelung von Muss- und Soll-Ausgestaltung kaum zugeschrieben werden. Zu einer Aufhebung des Haftbefehls auf Grund einer Verletzung der Unterrichtungspflicht kann es nur dann kommen, wenn diese gänzlich, also auch bei der Vollstreckung, unterbleibt.[7]

5   Unabhängig von einer normierten Pflicht erscheint es als Aufgabe der Staatsanwaltschaft und des Richters, gegebenenfalls durch die Polizei, für eine **frühzeitige Unterrichtung** der JGH zu sorgen.[8]

§ 72b Verkehr mit Vertretern der Jugendgerichtshilfe, dem Betreuungshelfer und dem Erziehungsbeistand

[1]Befindet sich ein Jugendlicher in Untersuchungshaft, so ist auch den Vertretern der Jugendgerichtshilfe der Verkehr mit dem Beschuldigten in demselben Umfang wie einem Verteidiger gestattet. [2]Entsprechendes gilt, wenn der Beschuldigte der Betreuung und Aufsicht eines Betreuungshelfers untersteht oder für ihn ein Erziehungsbeistand bestellt ist, für den Helfer oder den Erziehungsbeistand.

1   Die Vorschrift gilt für **Jugendliche und Heranwachsende** gleichermaßen. Sie regelt den **Verkehr des Untersuchungsgefangenen** mit der **Jugendgerichtshilfe,** einem **Betreuungshelfer** oder einem **Erziehungsbeistand,** welcher dem Beschuldigten in demselben Umfang gestattet wird, wie derjenige mit einem Verteidiger. Damit soll vor allem den Personen, welche zu dem sich in Untersuchungshaft befindenden Jugendlichen ein besonderes Vertrauensverhältnis aufbauen können, der Zugang erleichtert werden.

2   Die Gewährung dieser Befugnisse bringt jedoch nicht nur die Einräumung von Rechten mit sich, sondern enthält auch dieselben Beschränkungen. Die genannten Personen unterliegen nach der wohl hM ua auch der **Beschränkung des § 148 Abs. 2 StPO.**[1] Ebenfalls können die Rechte jener Personen in Verfahren vor den für allgemeine Strafsachen zuständigen Gerichten gem. § 104 Abs. 3 aus Gründen der Staatssicherheit beschränkt oder ausgeschlossen werden. Jene Vorschrift geht insoweit § 72b vor.[2]

§ 73 Unterbringung zur Beobachtung

(1) [1]Zur Vorbereitung eines Gutachtens über den Entwicklungsstand des Beschuldigten kann der Richter nach Anhören eines Sachverständigen und des Verteidigers anordnen, daß der Beschuldigte in eine zur Untersuchung Jugendlicher geeignete Anstalt gebracht und dort beobachtet wird. [2]Im vorbereitenden Verfahren entscheidet der Richter, der für die Eröffnung des Hauptverfahrens zuständig wäre.

---

[5] MRTW/*Weik/Blessing* Rn. 1.
[6] Vgl. etwa *Eisenberg* JGG Rn. 4.
[7] Diemer/Schatz/Sonnen/*Sonnen* Rn. 8.
[8] *Brunner/Dölling* § 72b Rn. 1.
[1] Vgl. Diemer/Schatz/Sonnen/*Diemer* Rn. 2; Brunner/Dölling Rn. 2; Ostendorf/*Sommerfeld* Rn. 3 hält die Einschränkungen für nicht anwendbar. § 72b hätte bereits vor Einführung der Beschränkungen des Verkehrs mit Inhaftierten bestanden, und auch Sinn und Zweck widersprächen einer Übertragbarkeit. Ebenso *Eisenberg* JGG Rn. 3.
[2] Diemer/Schatz/Sonnen/*Diemer* Rn. 2.

(2) ¹Gegen den Beschluß ist sofortige Beschwerde zulässig. ²Sie hat aufschiebende Wirkung.

(3) Die Verwahrung in der Anstalt darf die Dauer von sechs Wochen nicht überschreiten.

Schrifttum: *Schüler Springorum,* Jugendpsychiatrie und Recht, FS Stutte, 1979, S. 307; *Nothacker,* „Erziehungsvorrang" und Gesetzesauslegung im Jugendgerichtsgesetz, 1985.

Übersicht

	Rn.		Rn.
I. Grundlagen	1–3a	3. Dauer	6
1. Anwendungsbereich	1	**III. Verfahren**	7–11
2. Inhalt und Zweck der Norm	2–3a	1. Zuständigkeit	7
II. Voraussetzungen und Dauer der Unterbringung	4–6	2. Anhörung	8
1. Verhältnismäßigkeit; dringender Tatverdacht	4	3. Entscheidung	9
2. Ermessen	5	4. Beschwerde	10
		5. Sonstiges	11

I. Grundlagen

1. Anwendungsbereich. Die Vorschrift findet bei **Jugendlichen und Heranwachsenden** (§ 109 Abs. 1) Anwendung und zwar sowohl vor Jugendgerichten als auch vor den für allgemeine Strafsachen zuständigen Gerichten (§§ 104 Abs. 1 Nr. 12, 109 Abs. 1 S. 1, 112 S. 1). Nach § 48 Abs. 3 S. 1 OWiG ist § 73 jedoch nicht im Bußgeldverfahren anwendbar. **1**

2. Inhalt und Zweck der Norm. Die Vorschrift regelt die Voraussetzungen für eine **Unterbringung** zum Zweck der Vorbereitung eines **Gutachtens über den Entwicklungsstand** des Beschuldigten. **2**

Die Unterbringung des Jugendlichen oder des Heranwachsenden verfolgt ausschließlich das spezielle Ziel der Feststellung des Entwicklungsstandes. Sie darf **nicht** aus Gründen der **Erziehung** oder **Sicherung** oder zur **Aufklärung des Tathergangs** angeordnet werden. Lediglich freiwillige Angaben des Beschuldigten zum Tatgeschehen dürfen unter Einbeziehung der allgemeinen Verfahrensgrundsätze (insbesondere § 70a Abs. 1) verwertet werden.¹ **2a**

Das anzufertigende Gutachten kann sich auf die **strafrechtliche Verantwortlichkeit** des Jugendlichen zur Tatzeit iSv **§ 3** oder die **Anwendbarkeit von Jugendstrafrecht** bei Heranwachsenden **(§ 105)** beziehen. Die vom Richter anzuordnende Unterbringung ermächtigt hingegen nicht zur Vornahme körperlicher Untersuchungen oder Eingriffe, vielmehr sind hier die §§ 81a, 81b StPO anzuwenden. Für die Feststellung des **psychischen Zustandes** (im Hinblick auf die Voraussetzungen von §§ 20, 21 StGB) gilt **§ 81 StPO iVm § 2 Abs. 2,** wobei die Beobachtung des Entwicklungsstandes und Geisteszustandes (§§ 73, 81 StPO) im Rahmen der gleichen Unterbringung stattfinden kann.² Unterschiedliche Auffassungen bestehen jedoch hinsichtlich der Frage, ob in derartigen Fällen auch zwei aufeinander folgende Unterbringungen von jeweils maximal sechs Wochen Dauer durchgeführt werden dürfen;³ der Wortlaut des Gesetzes steht dem nicht entgegen, jedoch sollte eine Überschreitung der Sechs-Wochen-Frist, die auch für eine Begutachtung mit „doppelter Zielrichtung" ausreichend erscheint, schon aus Gründen der Verhältnismäßigkeit möglichst vermieden werden. **3**

---

¹ Vgl. *Brunner/Dölling* Rn. 4; *Eisenberg* JGG Rn. 7, welche in der Person des Sachverständigen einen gerichtlich Beauftragten und keine Vetrauensperson sieht; dieser habe hinsichtlich der getätigten Angaben des Beschuldigten daher kein Zeugnisverweigerungsrecht nach § 2 Abs. 2, § 53 Abs. 1 Nr. 3 StPO.
² Vgl. *Schüler Springorum* FS Stutte, 1979, 307 (313 f.); *Eisenberg* JGG Rn. 6; *Ostendorf/Sommerfeld* Rn. 4.
³ Die Möglichkeit der nacheinander erfolgenden Unterbringung bejahend *Brunner/Dölling* Rn. 4; ablehnend hingegen *Ostendorf/Sommerfeld* Rn. 4; *Diemer/Schatz/Sonnen/Diemer* Rn. 14; *Nothacker* S. 330.

3a Des Weiteren kann eine Unterbringung des Jugendlichen nach **§ 126a StPO iVm § 2 Abs. 2** erfolgen,[4] welche jedoch nicht eine Beobachtung iSv § 73 umfasst. Hierzu ist eine eigene richterliche Anordnung vonnöten.

II. Voraussetzungen und Dauer der Unterbringung

4 **1. Verhältnismäßigkeit; dringender Tatverdacht.** Wie generell bei freiheitsentziehenden Maßnahmen ist auch hier der **Verhältnismäßigkeitsgrundsatz** zu beachten. Auch aus diesem Grund muss hier nach überzeugender (wenn auch umstrittener) Ansicht ein **dringender Tatverdacht** vorliegen,[5] der sich zudem auf eine **gewichtige Tat** beziehen muss.[6] Es bedarf einer unumgänglichen Notwendigkeit zur Verfolgung des Zwecks der Unterbringung, namentlich der Klärung des Entwicklungsstandes, sofern dessen Beurteilung fraglich ist.[7] Soweit **mildere Maßnahmen** wie eine ambulante Unterbringung nach § 43 Abs. 2 oder § 80 StPO ebenso zielführend zur Beurteilung des Entwicklungsstandes sind, folgt aus dem Verhältnismäßigkeitsgrundsatz, dass diese vorrangig sind und eine Unterbringungsanordnung nach § 73 nicht in Betracht kommt.[8]

5 **2. Ermessen.** Die Entscheidung fällt nach **pflichtgemäßem Ermessen** des jeweilig zuständigen Gerichtes. Auch der hohe Rang des Persönlichkeitsschutzes des Jugendlichen gebietet es, dass konkrete Anhaltspunkte bezüglich der Verantwortlichkeit des Jugendlichen für die in Rede stehende Tat vorliegen und sein Entwicklungsstand zugleich unklar ist. Der Schutz des Jugendlichen ist vor allem dann vorrangig, wenn Befürchtungen dahingehend auftreten, dass die freiheitsentziehende Maßnahme Schäden nach sich ziehen wird.[9]

6 **3. Dauer.** Die Unterbringung darf **höchstens für sechs Wochen** angeordnet werden **(Abs. 3)**.[10] Entsprechend der obigen Ausführungen zur Berücksichtigung des Verhältnismäßigkeitsgrundsatzes ist jedoch zu beachten, dass die Dauer im Hinblick auf die zweckmäßige Erstellung des Gutachtens möglichst kurz bemessen werden sollte.[11] Nach Fertigstellung des Gutachtens ist der Jugendliche umgehend zu entlassen. Wird jedoch für die Untersuchung mehr Zeit benötigt und wurde die Frist folglich zu kurz angesetzt, ist eine **Verlängerung** bis zur Höchstdauer von sechs Wochen zulässig.[12] Zweifel in Bezug auf die Angemessenheit der Vorgehensweise ergeben sich hingegen bei einer **erneuten Einweisung** bis zum Erreichen der sechs Wochen Höchstdauer.[13]

---

[4] S. *Eisenberg* JGG Rn. 6a.
[5] Vgl. *Eisenberg* JGG Rn. 8 mit dem zutreffenden Hinweis, dass sich dies nicht auf die (hier naturgemäß unsichere) Frage der Verantwortlichkeit gem. § 3 beziehen muss; vgl. auch Ostendorf/*Sommerfeld* Rn. 3. Nach OLG Düsseldorf JMBl. NRW 1958, 213 genügen dagegen ausreichende Anhaltspunkte für die Begehung der Tat.
[6] Vgl. *Brunner/Dölling* Rn. 3; MRTW/*Blessing/Weik* Rn. 6; Ostendorf/*Sommerfeld* Rn. 4, die allesamt die Erwartung einer Jugend-, oder Freiheitsstrafe voraussetzen, gegebenenfalls eine Maßnahme nach § 12 Nr. 2 jedoch genügen lassen. Diemer/Schatz/Sonnen/*Diemer* § 73 Rn. 6 stellt auf den Einzelfall ab und schließt auch bei einem zu erwartenden Jugendarrest die Bejahung der Verhältnismäßigkeit nicht von vornherein aus.
[7] *Brunner/Dölling* Rn. 2; *Eisenberg* JGG Rn. 8; MRTW/*Blessing/Weik* Rn. 3 sprechen von einer Abweichung vom normalen Entwicklungsstand, während Ostendorf/*Sommerfeld* Rn. 3 dies für verfehlt hält, da eine Begutachtung dann ja überflüssig sei. Es müsse sich daher um einen ungeklärten Entwicklungsstand des Beschuldigten handeln.
[8] Vgl. *Eisenberg* JGG Rn. 8a; Ostendorf/*Sommerfeld* Rn. 4; MRTW/*Blessing/Weik* Rn. 7; OLG Düsseldorf LMBl. NW 1961, 45 für einen Fall des § 81 StPO.
[9] *Eisenberg* JGG Rn. 9; Diemer/Schatz/Sonnen/*Diemer* Rn. 7.
[10] Zeitliche Verlängerung nur bei U-Haft, vgl. hierzu RG 34, 306 (308 ff.).
[11] Vgl. MRTW/*Blessing/Weik* Rn. 10; Ostendorf/*Sommerfeld* Rn. 4, beide ziehen die Anordnung einer möglichst kurzen Frist der vorsorglichen Anordnung der Höchstdauer vor und erklären letzteres für unzulässig.
[12] *Eisenberg* JGG Rn. 8; MRTW/*Blessing/Weik* Rn. 10; Ostendorf/*Sommerfeld* Rn. 4.
[13] Vgl. MRTW/*Blessing/Weik* Rn. 10; bejahend Dallinger/Lackner Vor Rn. 8, kritisch Ostendorf/*Sommerfeld* Rn. 4, welcher in der erneuten Einweisung zu Recht einen größeren Eingriff als in der Verlängerung sieht.

III. Verfahren

1. Zuständigkeit. Die Zuständigkeit liegt bei dem Gericht, bei dem das Verfahren anhängig ist oder das für die Eröffnung des Hauptverfahrens zuständig wäre **(Abs. 1 S. 2)**.

2. Anhörung. Nach **Abs. 1 S. 1** wird die **Anhörung** eines **Sachverständigen** sowie eines **Verteidigers**[14] vorausgesetzt. Ersterem obliegt die Pflicht, den Beschuldigten vorab zu untersuchen und nicht lediglich auf bereits getätigte Untersuchungen zu verweisen.[15] Es bedarf folglich der Verschaffung eines persönlichen Eindrucks, eine Entscheidung rein nach Aktenlage ist mithin ausgeschlossen.[16] Der Verteidiger ist nach Gewährung von Akteneinsicht und der Stellungnahme des Sachverständigen zu hören, um ihm die Möglichkeit weiterer Erkundigungen zu bieten.[17] Des Weiteren sind in der Hauptverhandlung der **Jugendliche**, der **Erziehungsberechtigte** und der **gesetzliche Vertreter (§ 67 Abs. 1)** zu hören. Außerhalb der Hauptverhandlung gilt dies ebenfalls.[18] Die Anhörung erstreckt sich darüber hinaus auf die **JStaatsanwaltschaft** (§ 2 Abs. 2; § 33 Abs. 2 StPO) sowie die **JGH** (§ 38 Abs. 2).

3. Entscheidung. Die Entscheidung ergeht durch **richterlichen Beschluss,** welcher zu begründen ist (§ 2 Abs. 2; § 34 StPO) und mit einer Rechtsmittelbelehrung (§ 2 Abs. 2; § 35a StPO) versehen sein muss. Ist der Anordnungsbeschluss in Abwesenheit des Beschuldigten erfolgt, so ist dieser zuzustellen (§ 67 Abs. 2; § 35 Abs. 1, 2 S. 1 StPO) bzw. bei Ablehnung bekannt zu machen (§ 35 Abs. 1, Abs. 2 S. 1 StPO). Der Beschluss enthält neben der Dauer der Unterbringung und dem zu den Untersuchungen und Beobachtungen bestimmten Sachverständigen auch die Unterbringungsanstalt. Dafür kommen insbesondere geschlossene psychiatrische Krankenhäuser oder vergleichbare Einrichtungen in Betracht.[19]

4. Beschwerde. Nach **Abs. 2** kann der Anordnungsbeschluss mit **sofortiger Beschwerde** angefochten werden, die **aufschiebende Wirkung** hat. Abs. 2 ist hierbei eine Sonderbestimmung zu § 305 S. 1 StPO und entfaltet als lex specialis eine ausschließende Wirkung.[20] Hinsichtlich der **Anfechtungsberechtigung** sei auf die Ausführungen in → § 55 Rn. 14 f. verwiesen. Ein Unterschied zu § 81 StPO besteht darin, dass lediglich der Entwicklungszustand und nicht der Geisteszustand des Beschuldigten in Frage steht und der Verteidiger somit nicht gegen den Willen des Jugendlichen Beschwerde einlegen darf. Dies gilt selbst bei einem Auftrag des Erziehungsberechtigten oder gesetzlichen Vertreters.[21] Aufgrund des offenen Wortlautes des § 73 Abs. 2 S. 1 untersucht das für die Beschwerde zuständige Gericht nicht nur die Zulässigkeit, sondern auch die Rechtmäßigkeit einschließlich der Ausübung des Ermessens und der Einhaltung der Zweckmäßigkeit des Unterbringungsbeschlusses.[22] Eine **weitere Beschwerde** ist **nicht zulässig**.[23] Ein etwaiger Ablehnungsbeschluss ist unanfechtbar.[24] Liegt gegebenenfalls eine Verletzung der Aufklärungspflicht (§ 244 Abs. 2 StPO) aufgrund des Unterlassens der Unterbringung vor, so kann dies jedoch gegen das Urteil selbst eingewendet werden.[25]

---

[14] Dabei handelt es sich um einen Fall der notwendigen Verteidigung nach § 68 Nr. 4.
[15] *Eisenberg* JGG Rn. 16; eine frühere Untersuchung halten *Brunner/Dölling* Rn. 8 dagegen für ausreichend.
[16] *Eisenberg* JGG Rn. 16; *Ostendorf/Sommerfeld* Rn. 48; *Brunner/Dölling* Rn. 8; ebenso OLG Oldenburg 1.3.1961 – 1 Ws 58/61, NJW 1961, 981; aA hingegen *Dallinger/Lackner* Rn. 11.
[17] *Ostendorf/Sommerfeld* Rn. 8; *Eisenberg* JGG Rn. 14.
[18] So *Ostendorf/Sommerfeld* Rn. 8; weniger obligat *Eisenberg* JGG Rn. 14; *Brunner/Dölling* Rn. 8.
[19] *Brunner/Dölling* Rn. 8; *Ostendorf/Sommerfeld* Rn. 8, welcher ebenso offene stationäre Einrichtungen für geeignet hält.
[20] Vgl. zur hM OLG Schleswig 23.12.1958 – Ws 436/58, MDR 1959, 415.
[21] *Ostendorf/Sommerfeld* Rn. 12; einen Antrag der betreffenden Personen halten dagegen *Brunner/Dölling* Rn. 11 für ausreichend.
[22] *Dallinger/Lackner* Rn. 19; *Eisenberg* JGG Rn. 23; *Ostendorf/Sommerfeld* Rn. 12, welcher die Überprüfung der Auswahl des Sachverständigen mit einschließt; aA *Brunner/Dölling* Rn. 10; OLG Celle 27.7.1966 – 4 Ws 252/66, MDR 1966, 949.
[23] *Eisenberg* JGG Rn. 24; *Brunner/Dölling* Rn. 10.
[24] *Eisenberg* JGG Rn. 25; *Brunner/Dölling* Rn. 10; aA *Ostendorf/Sommerfeld* Rn. 8.
[25] BGH 29.11.1960 – 5 StR 263/60, RdJ 1961, 313.

11 **5. Sonstiges.** Die **Vollstreckung** der Anordnung ist Aufgabe der JStaatsanwaltschaft (§ 36 Abs. 2 S. 1 StPO) und erst nach Rechtskraft durchführbar. Für die **Kosten** gilt § 74, wobei diese dem Jugendlichen nur ausnahmsweise auferlegt werden sollten.[26]

§ 74 Kosten und Auslagen

Im Verfahren gegen einen Jugendlichen kann davon abgesehen werden, dem Angeklagten Kosten und Auslagen aufzuerlegen.

Schrifttum: *Körner,* Die Kostentragung im Jugendstrafverfahren, 2004.

Übersicht

	Rn.		Rn.
I. Anwendungsbereich	1–1c	IV. Kostenentscheidung im Urteil	6, 6a
II. Inhalt und Zweck der Norm	2–3a		
III. Reichweite	4–5a	V. Rechtsmittel	7–9

I. Anwendungsbereich

1 Die Vorschrift findet in Verfahren gegen **Jugendliche** Anwendung. Sie gilt auch vor den Gerichten, die für das allgemeine Strafrecht zuständig sind, § 104 Abs. 1 Nr. 13. Das gilt auch für den in der Praxis seltenen Fall der **Widerklage gem. § 80 Abs. 2.**[1]

1a Für **Heranwachsende** gilt die Kostenvorschrift nur, sofern materielles Jugendstrafrecht gem. § 105 JGG angewendet wird, § 109 Abs. 2.[2] Für die Beurteilung der Altersstufe gilt auch hier die allgemeine Regel in § 1 Abs. 2, wonach der **Zeitpunkt der Tat** entscheidend ist.[3] Die Norm für solche Personen auszuschließen, die im Zeitpunkt der Hauptverhandlung Erwachsene sind, ist contra legem und daher abzulehnen.[4]

1b Auf Grund ausdrücklichen Verweises ist § 74 auch bei **Ordnungswidrigkeiten (§ 105 Abs. 1 OWiG)**[5] sowie darüber hinaus im Vollstreckungsverfahren,[6] bei Rechtsbehelfen im Vollzug der Jugendstrafe und des Jugendarrests sowie im Rahmen einer Unterbringung im psychiatrischen Krankenhaus oder einer Erziehungsanstalt anwendbar.[7]

1c Auch die **Kosten der Nebenklage** fallen unter § 74.[8] Für den Fall, dass der Jugendliche selbst als **Privat- oder Nebenkläger** auftritt, ist § 74 dagegen **nicht anwendbar,** was jedoch auf Grund der gesetzlichen Vertretung gem. §§ 374 Abs. 3, 395 Abs. 1 StPO auch sachlich nicht geboten ist.[9]

II. Inhalt und Zweck der Norm

2 Die Vorschrift des § 74 ergänzt die **allgemeinen Vorschriften** nach §§ 464 ff. StPO. Diese gelten gem. § 2 Abs. 2 auch für die Kostenentscheidung im Jugendstrafverfahren, so dass im Grundsatz der Verurteilte die Kosten und seine Auslagen zu tragen hat (§ 465 StPO) und im Falle eines Freispruchs die Kosten und Auslagen der Staatskasse auferlegt werden (§ 467 StPO). § 74 eröffnet demgegenüber dem Richter die Möglichkeit, auch im Falle einer Verurteilung von einer gänzlichen oder teilweisen **Auferlegung der Kosten abzusehen.**[10]

---

[26] *Eisenberg* JGG Rn. 29.
[1] MRTW/*Blessing/Weik* Rn. 1.
[2] Diemer/Schatz/Sonnen/*Schatz* § 74 Rn. 1.
[3] S. näher MüKoStGB/*Altenhain/Laue* JGG § 1 Rn. 6.
[4] AA AG Memmingen 8.6.2014 – 4 Ls 220 Js 1830/13 jug, ZJJ 2014, 397 m. krit. Anm. *Eisenberg.*
[5] MRTW/*Blessing/Weik* Rn. 1; *Krumm* NZV 2010, 68 (71).
[6] Ostendorf/*Sommerfeld* Rn. 2; Nix/*Nicolai* Rn. 2.
[7] Diemer/Schatz/Sonnen/*Schatz* Rn. 3.
[8] Vgl. näher MRTW/*Blessing/Weik* Rn. 17, der bzgl. der notwendigen Auslagen des Nebenklägers nicht § 74, aber ggf. § 472 Abs. 1 S. 2 StPO iVm § 2 Abs. 2 für einschlägig hält.
[9] Ostendorf/*Sommerfeld* Rn. 3.
[10] Vgl. *Brunner/Dölling* Rn. 3; Ostendorf/*Sommerfeld* Rn. 6.

Unter Verurteilung im Sinne der Norm fällt auch die Anordnung von Erziehungsmaßregeln oder Zuchtmitteln,[11] da es bei einer „Verurteilung" iSd § 465 Abs. 1 StPO allein auf den Schuld-, nicht auf den Strafausspruch ankommt.

Die Norm eröffnet die Möglichkeit[12] der **gänzlichen Freistellung** des Verurteilten von 3 sämtlichen, auch seiner eigenen, notwendig entstandenen Kosten und Auslagen, die das Verfahren betreffen.[13] Der Grund für diese weitgehende, den jugendlichen Angeklagten äußerst begünstigende Vorschrift besteht in **erzieherischen Erwägungen:** Die unter Umständen gravierenden finanziellen Belastungen erweisen sich als zusätzlicher schädlicher Faktor im Hinblick auf die Resozialisierung des Jugendlichen.[14] Demgegenüber kann es im Einzelfall gerade im Hinblick auf diesen Zweck lehrreich sein, dem Angeklagten die Kostentragung aufzubürden.[15] Zu denken ist dabei etwa an besser verdienende Heranwachsende.[16] Entscheidend ist somit vor allem der spezialpräventive Zweck des JGG,[17] welcher bei voller Kostentragung gefährdet sein kann.

Das **Ermessen** ist somit dahingehend auszuüben, dass von der Auferlegung der Kosten 3a und Auflagen lediglich dann nicht abzusehen ist, wenn der Verurteilte selbst so vermögend ist, dass die Kostentragung für ihn nicht ins Gewicht fällt[18] (vgl. auch Nr. 1 RLJGG zu § 74), wobei Kosten für eine Begutachtung gem. §§ 3, 105 Abs. 1 grundsätzlich nicht auferlegt werden sollen, da jene allein von der gesetzgeberischen Verfahrensordnung verursacht werden[19] (s. auch → § 73 Rn. 11).

III. Reichweite

Kosten des Verfahrens sind die Gebühren und Auslagen der Staatskasse einschließlich 4 der Kosten der Ermittlungen und der Vollstreckung, **§ 464a Abs. 1 S. 1, S. 2 StPO**.[20] Während die Gebühren eines beigeordneten Verteidigers Kosten des Verfahrens darstellen,[21] sind Kosten, die dem Jugendlichen durch die Befolgung von Weisungen und Auflagen entstehen und die Kosten für die Heimunterbringung als Weisung im Rahmen eines Außervollzugsetzungsbeschlusses nach Nr. 5 der RLJGG zu § 74 nicht hierunter zu subsumieren.[22]

Notwendige Auslagen der Beteiligten, insbesondere auch des Angeklagten, sind gem. 5 § 464a StPO unter anderem die Gebühren eines Rechtsanwalts, soweit sie nach § 91 Abs. 2 ZPO zu erstatten sind. Dies gilt auch dann, wenn der Verteidiger von den gesetzlichen Vertretern oder Erziehungsberechtigten beauftragt wurde, da er auch dann im Interesse des Jugendlichen agiert.[23]

Nach der vom BGH[24] und dem überwiegenden Teil der Rechtsprechung vertretenen 5a Meinung, können die beim **Jugendlichen selbst** entstandenen **notwendigen Auslagen** nicht nach § 74 der Staatskasse auferlegt werden. Das ist vor dem Hintergrund der oben erwähnten ratio der Norm mit der überwiegenden Ansicht in der Literatur abzulehnen.[25]

---

[11] Vgl. KG 12.2.1962 – 2 Ws 8/62, JR 1962, 271.
[12] Für die Einführung einer grundsätzlichen Befreiung von der Kostentragungspflicht de lege ferenda *Körner* S. 326.
[13] Vgl. *Brunner/Dölling* Rn. 7; *Ostendorf/Sommerfeld* Rn. 10.
[14] Vgl. etwa LG Saarbrücken 8.5.2009 – 3 Qs 33/09, ZJJ 2009, 263.
[15] OLG Düsseldorf 25.10.1994 – 3 Ws 621/94, NStZ-RR 1996, 24: Dem Jugendlichen war die Bestreitung der Kosten aus eigenen Mitteln möglich.
[16] Vgl. OLG Hamm 7.1.2008 – 2 Ws 384/07, ZJJ 2008, 193 (194).
[17] Dazu *Grotenbeck* Zbl 1980, 439 f.; BGH 10.7.1996 – 2 StR 142/96, StV 1998, 351.
[18] OLG Saarbrücken 27.5.2008 – 1 Ws 107/08, ZJJ 2009, 262; *Dallinger/Lackner* Rn. 13; *Ostendorf/Sommerfeld* Rn. 7.
[19] So bereits *Kahlert* Verteidigung in Jugendstrafsachen S. 104.
[20] MRTW/*Blessing/Weik* Rn. 9.
[21] Meyer-Goßner/*Schmitt* StPO § 464a Rn. 1.
[22] OLG Koblenz 23.6.2008 – 2 VAs 5/08, NStZ-RR 2009, 160 [Ls.].
[23] *Ostendorf/Sommerfeld* Rn. 5; abweichend *Eisenberg* JGG Rn. 7.
[24] BGH 16.3.2006 – 4 StR 594/05, NStZ-RR 2006, 224; BGH 15.11.1988 – 4 StR 528/88, NStZ 1989, 239 m. abl. Anm. *Brunner*; KG 17.1.2008 – 1 Ws 11/08, NStZ-RR 2008, 291.
[25] Vgl. *Eisenberg* Rn. 15 ff.; *Brunner/Dölling* Rn. 7, 7a; *Schaffstein/Beulke/Swoboda* Rn. 798; s. auch *Mellinghoff* NStZ 1982, 405.

Zwar ist zuzugeben, dass der Wortlaut der Norm hier nicht ganz passt: Da es keine Regelung zur Tragung der entsprechenden Kosten gibt, kann auch nicht von einer solchen Kostentragung im Sinne der Norm „abgesehen" werden.[26] Das schließt aber eine **analoge Anwendung von § 74** nicht aus; letztlich sollte der Gesetzgeber in diesem Sinne tätig werden und eine entsprechende klarstellende Regelung schaffen.[27]

IV. Kostenentscheidung im Urteil

6 Sowohl die Auferlegung von Kosten und Auslagen als auch das Absehen hiervon ist im **Urteilstenor** auszusprechen, da diese Entscheidungen grundsätzlich in diesem und nicht in der Begründung getroffen werden.[28] Im Falle einer Entscheidung im **Nachverfahren gem. § 30** ist eine erneute Kostenentscheidung erforderlich.[29]

6a Die Urteilsgründe müssen erkennen lassen, dass **§ 74 geprüft** und die Situation des Angeklagten, insbesondere die eventuellen erzieherischen Auswirkungen, bedacht wurden.[30] Insgesamt ist die Rechtsprechung diesbezüglich eher großzügig und nimmt eine fehlende Begründung der Kostenentscheidung hin, wenn aus dem Gesamtzusammenhang der Urteilsgründe zu entnehmen ist, dass dem Gericht bewusst war, dass eine Ermessensentscheidung zu treffen war und es von dem gegebenen Ermessen auch rechtsfehlerfreien Gebrauch gemacht hat.[31]

V. Rechtsmittel

7 Gem. **§ 464 Abs. 3 S. 1 StPO** ist **sofortige Beschwerde** gegen die Entscheidung über Kosten und notwendige Auslagen möglich. Wird neben der Kostenbeschwerde ein Rechtsmittel eingelegt, so ist das Rechtsmittelgericht in dem Zeitraum, in dem es mit der Berufung oder Revision befasst ist, auch für die Kostenbeschwerde zuständig. Dabei kommt jedoch **§ 55 Abs. 2** zur Anwendung, wonach ausschließlich derjenige die Kostenbeschwerde einlegen kann, dem noch ein Rechtsmittel zusteht.[32] Eine nur wegen der Kostenentscheidung eingelegte Revision ist in eine Kostenbeschwerde umzudeuten.[33]

8 Hinsichtlich der Kostenentscheidung gilt nach **hM** das **Verschlechterungsverbot nicht,**[34] da sich jenes nur auf die Rechtsfolgen der Tat bezieht, zu denen der Kostenausspruch nicht gehört. Das überzeugt nicht, wenn man die jugendstrafrechtliche Besonderheit berücksichtigt, dass sowohl die Sanktion als auch die Kostenentscheidung am Erziehungsgrundsatz ausgerichtet sind.

9 Das Revisionsgericht kann schließlich die Entscheidung hinsichtlich der Anwendung des § 74 nur auf einen **Ermessensfehlgebrauch** überprüfen,[35] wobei dem Tatgericht ein weiter Spielraum zusteht.[36] Dass eine andere Entscheidung ebenso hätte getroffen werden können, führt somit nicht dazu, die Entscheidung als ermessensfehlerhaft anzusehen.[37]

---

[26] So BGH 15.11.1988 – 4 StR 528/88, NStZ 1989, 239; vgl. auch MRTW/*Blessing/Weik* Rn. 13 ff.
[27] So auch MRTW/*Blessing/Weik* Rn. 16 sowie (mit konkretem Regelungsvorschlag) *Körner* S. 326.
[28] Ostendorf/*Sommerfeld* Rn. 13; Diemer/Schatz/Sonnen/*Schatz* § 74 Rn. 44. S. auch das Tenorierungsbeispiel bei MRTW/*Blessing/Weik* Rn. 19.
[29] MRTW/*Blessing/Weik* Rn. 2.
[30] OLG Hamm 7.1.2008 – 2 Ws 384/07, ZJJ 2008, 193; *Brunner/Dölling* Rn. 13.
[31] BGH 16.3.2006 – 4 StR 594/05, NStZ-RR 2006, 224.
[32] OLG Dresden 9.3.2000 – 1 Ws 65/00, NStZ-RR 2000, 224; *Brunner/Dölling* § 55 Rn. 14; aA Ostendorf/*Sommerfeld* Rn. 14.
[33] OLG Düsseldorf 4.3.1999 – 5 Ss 28-99 – 13-99 I, NStZ-RR 1999, 252.
[34] BGH 13.10.1953 – 1 StR 710/52; BGHSt 5, 52, NJW 1954, 122; *Brunner/Dölling* § 55 Rn. 37; MRTW/*Blessing-Weik* Rn. 22; *Dallinger/Lackner* Rn. 17; aA *Eisenberg* JGG § 55 Rn. 95; Ostendorf/*Schady* § 55 Rn. 24.
[35] BGH 8.3.1963 – 4 StR 6/63, GA 1964, 135; OLG Hamm 7.1.2008 – 2 Ws 384/07, ZJJ 2008, 193; *Dallinger/Lackner* § 74 Rn. 26; Diemer/Schatz/Sonnen/*Schatz* Rn. 50.
[36] KG 17.1.2008 – 1 Ws 11/08, NStZ-RR 2008, 291.
[37] OLG Hamm 7.1.2008 – 2 Ws 384/07, ZJJ 2008, 193.

Achter Unterabschnitt. Vereinfachtes Jugendverfahren

§ 75 (weggefallen)

§ 76 Voraussetzungen des vereinfachten Jugendverfahrens
¹Der Staatsanwalt kann bei dem Jugendrichter schriftlich oder mündlich beantragen, im vereinfachten Jugendverfahren zu entscheiden, wenn zu erwarten ist, daß der Jugendrichter ausschließlich Weisungen erteilen, Hilfe zur Erziehung im Sinne des § 12 Nr. 1 anordnen, Zuchtmittel verhängen, auf ein Fahrverbot erkennen, die Fahrerlaubnis entziehen und eine Sperre von nicht mehr als zwei Jahren festsetzen oder die Einziehung aussprechen wird. ²Der Antrag des Staatsanwalts steht der Anklage gleich.

I. Grundlagen

1. Anwendungsbereich. Das vereinfachte Jugendverfahren nach §§ 76–78 ist ausschließlich bei **Jugendlichen, nicht bei Heranwachsenden** zulässig (§§ 104, 109). Ferner findet es nur vor dem Jugendrichter und **nicht** vor den für **allgemeine Strafsachen zuständigen Gerichten** statt.[1]   1

Im **Ordnungswidrigkeitsverfahren** gilt bei Jugendlichen nach zulässigem Einspruch gem. §§ 46 Abs. 1, 78 Abs. 3, 4 OWiG stets § 78 Abs. 3.[2]   1a

2. Inhalt und Zweck der Norm. Als eine **besondere jugendstrafrechtliche Verfahrensart**[3] kennzeichnet das vereinfachte Jugendverfahren eine beschleunigte und jugendadäquate Gestaltung des Verfahrens mit **eingeschränkter Sanktionsmöglichkeit**.[4] Es unterscheidet sich von dem jugendrichterlichen Erziehungsverfahren gem. §§ 45, 47 dadurch, dass nach der mündlichen Verhandlung mittels Urteil (§ 78 Abs. 1 S. 1) entschieden wird und die Rechtsfolgen umfangreicher sind.[5] Als **zulässige zu erwartende Rechtsfolgen** nennt das Gesetz Weisungen, Hilfe zur Erziehung nach § 12 Nr. 1, Zuchtmittel, Fahrverbot, Entziehung der Fahrerlaubnis sowie die Einziehung.   2

Das vereinfachte Jugendverfahren kann beantragt werden, wenn das (vorrangige[6]) **informelle Erziehungsverfahren nach § 45 nicht mehr ausreichend** erscheint. Das wird insbesondere dann angenommen, wenn bei vorgeworfenen Bagatelldelikten eine Wiederholungstat vorliegt. Zudem wurde durch das 1. JGGÄndG die Möglichkeit eröffnet, gegen **leichte bis mittelschwere Jugendkriminalität** wie bspw. eine folgenlose Trunkenheitsfahrt im Wege des vereinfachten Jugendverfahrens vorzugehen, solange keine allzu umfangreiche Beweisaufnahme erforderlich ist.[7]   3

II. Antrag des Jugendstaatsanwaltes

Das vereinfachte Jugendverfahren setzt den Antrag des Jugendstaatsanwaltes **(Abs. 1 S. 1)** voraus; der Richter kann insoweit lediglich eine Anregung aussprechen.[8] Der Antrag richtet sich nach der Rechtsfolgenerwartung und danach, ob sich die Sache für ein vereinfachtes   4

---
[1] Diemer/Schatz/Sonnen/*Schatz* Rn. 1.
[2] MRTW/*Buhr* Rn. 6.
[3] Vgl. *Schmidt* ZJJ 2014, 31 für eine Studie über das beschleunigte vereinfachte Jugendverfahren nach dem sog. „Bamberger – Modell". Dort wurde untersucht, ob die Verfahrensbeschleunigung tatsächlich einen besonderen präventiven Effekt erzielt, oder ob sie mit dem Erziehungsgedanken kollidiert. Im Ergebnis konnte dies nicht eindeutig beantwortet werden, da sich sowohl Aspekte für als auch solche gegen das beschleunigte Verfahren in der vorliegenden Form zeigten.
[4] MRTW/*Buhr* Rn. 1.
[5] BeckOK JGG/*Allgayer* Rn. 1; *Eisenberg* JGG §§ 76–78 Rn. 3.
[6] Ostendorf/*Sommerfeld* §§ 76–78 Rn. 7.
[7] MRTW/*Buhr* Rn. 3.
[8] *Eisenberg* JGG §§ 76–78 Rn. 7.

Verfahren eignet, § 77 Abs. 1. Dies ist grundsätzlich der Fall, wenn die formlose Erledigung gem. § 45 nicht erreichbar oder vertretbar ist, eine nicht allzu umfangreiche und schwierige Beweisaufnahme zu erwarten ist und kein besonderes Erziehungsbedürfnis besteht, welches eine förmliche Hauptverhandlung notwendig machen würde.[9]

5 Der Antrag wird je nach Ermessen des Jugendstaatsanwaltes **schriftlich, mündlich oder fernmündlich** beim Jugendrichter gestellt und leitet das Verfahren ein. Dabei ist die mündliche Form der Antragsstellung insbesondere bei besonderer Eilbedürftigkeit geboten, während im Übrigen aus Gründen der verfahrensrechtlichen Transparenz und der Begrenzung des Gegenstandes des Verfahrens, vor allem wenn der Staatsanwalt nicht an der Verhandlung teilnehmen wird, die **Schriftform vorzugswürdig** erscheint.[10]

5a Auch für das vereinfachte Jugendverfahren müssen die Sache **anklagereif**, die **Verfahrensvoraussetzungen** gegeben und der **Abschluss der Ermittlungen** in den Akten vermerkt sein. Für den Fall, dass der Staatsanwalt davon überzeugt ist, dass jene Voraussetzungen gegeben sind, hat er pflichtgemäß einen entsprechenden Antrag zu stellen.[11]

6 **Unzulässig** ist der Antrag auf Entscheidung im vereinfachten Jugendverfahren, wenn als Rechtsfolge Hilfe zur Erziehung gem. § 12 Nr. 2, Jugendstrafe oder Schuldspruch gem. § 27, Unterbringung in einer Erziehungsanstalt (§ 78 Abs. 1 S. 2), Maßregeln der Besserung und Sicherung gemäß § 7 Abs. 1 und Abs. 2 (mit Ausnahme der Entziehung der Fahrerlaubnis) oder andere als die in § 76 Abs. 1 S. 1 genannten Nebenstrafen oder Nebenfolgen zu erwarten sind.[12]

7 Inhaltlich muss der Antrag den gesetzlichen **Mindestanforderungen nach § 2 Abs. 2, § 200 Abs. 1 StPO** entsprechen und somit den Beschuldigten, die ihm zur Last gelegte Tat iSd § 264 StPO sowie das anzuwendende Strafgesetz bezeichnen. Darüber hinaus können weitere Angaben, wie beispielsweise über die Beweismittel oder die nach Meinung des Jugendstaatsanwaltes in Betracht kommenden Maßnahmen, nützlich sein.[13]

8 **Zurücknehmen** kann der Staatsanwalt den Antrag bis zur Vernehmung des Angeklagten zur Sache.[14] Mit der Rücknahme des Antrags tritt **Verfahrenserledigung** ein. Das heißt, dass die Staatsanwaltschaft Anklage erheben muss, sollte sie das Verfahren weiter betreiben wollen.[15]

§ 77 Ablehnung des Antrags

(1) ¹Der Jugendrichter lehnt die Entscheidung im vereinfachten Verfahren ab, wenn sich die Sache hierzu nicht eignet, namentlich wenn die Anordnung von Hilfe zur Erziehung im Sinne des § 12 Nr. 2 oder die Verhängung von Jugendstrafe wahrscheinlich oder eine umfangreiche Beweisaufnahme erforderlich ist. ²Der Beschluß kann bis zur Verkündung des Urteils ergehen. ³Er ist nicht anfechtbar.

(2) Lehnt der Jugendrichter die Entscheidung im vereinfachten Verfahren ab, so reicht der Staatsanwalt eine Anklageschrift ein.

I. Grundlagen

1 § 77 regelt mit der **Ablehnung des Antrags** eine Art der Verfahrenserledigung durch den Jugendrichter, die nur für das vereinfachte Jugendverfahren von Bedeutung ist. Daraus folgt, dass die Entscheidung nicht der materiellen Rechtskraft fähig ist und mithin auch

---

[9] Diemer/Schatz/Sonnen/*Schatz* Rn. 11 f.
[10] *Eisenberg* JGG §§ 76, 78 Rn. 11.
[11] Diemer/Schatz/Sonnen/*Schatz* Rn. 18.
[12] *Eisenberg* JGG §§ 76–78 Rn. 9.
[13] Diemer/Schatz/Sonnen/*Schatz* § 76 Rn. 13.
[14] *Dallinger/Lackner* § 76 Rn. 11; Diemer/Schatz/Sonnen/*Schatz* § 76 Rn. 15; *Eisenberg* JGG §§ 76–78 Rn. 13; *Brunner/Dölling* § 78 Rn. 9.
[15] *Eisenberg* JGG §§ 76–78 Rn. 13.

nicht zum Strafklageverbrauch führt.[1] Die Vorschrift modifiziert die Regelungen über die Eröffnung des Hauptverfahrens nach der StPO, die hier auch nicht analog Anwendung finden. Im vereinfachten Verfahren ist daher **kein Eröffnungsbeschluss erforderlich.**

II. Jugendrichterliche Prüfung

Der Jugendrichter prüft eigenständig, als besondere Sachurteilsvoraussetzung, ob sich die Sache für das vereinfachte Jugendverfahren eignet. An die Auffassung der Staatsanwaltschaft ist er dabei nicht gebunden.[2]

1. Sanktionsprognose. Über Abs. 1 S. 1 hinaus überprüft der Jugendrichter, ob die **Sanktionsprognose** im Rahmen des § 76 S. 1 zutrifft. Auch wenn die ersten beiden Negativbeispiele des § 77 Abs. 1 S. 1 den Schluss nahelegen, sein Prüfungsumfang beschränke sich lediglich darauf, ob die Rechtsfolge wahrscheinlich zu verhängen sein werde, sollte die Sanktionsprognose im Interesse eines effektiven Rechtsschutzes einer vollumfänglichen gerichtlichen Prüfung unterliegen.[3]

2. Verfahrensvoraussetzungen. Des Weiteren sind über die besonderen Verfahrensvoraussetzungen hinaus auch die **allgemeinen Sachurteilsvoraussetzungen** zu prüfen. So hat das Gericht gem. § 77 Abs. 1 die Entscheidung im vereinfachten Verfahren abzulehnen, wenn es sich für unzuständig erachtet. Eine **Verfahrensabgabe** nach § 42 Abs. 3 ist jedoch **nicht zulässig.**[4] Für den Fall, dass sonstige Verfahrenshindernisse wie bspw. Strafunmündigkeit oder Verjährung vorliegen, kann das Gericht im Rahmen einer Prozessentscheidung entweder entsprechend § 204 StPO die Verhandlung ablehnen oder das Verfahren entsprechend § 206a StPO einstellen.[5]

3. Hinreichender Tatverdacht. Umstritten ist, wie der Jugendrichter zu verfahren hat, wenn er aus tatsächlichen oder rechtlichen Gründen den **hinreichenden Tatverdacht ablehnt.** So verweist § 77 Abs. 1 S. 1 zwar nicht auf § 203 StPO, womit ein Eröffnungsbeschluss gerade nicht erforderlich ist, jedoch kann §§ 203, 204 StPO entnommen werden, dass sich eine Sache gegen einen nicht hinreichend Angeschuldigten überhaupt nicht für eine gerichtliche Verhandlung eignet. Aus diesen Gründen hat das Gericht auch richtigerweise den hinreichenden Tatverdacht zu prüfen[6] und ggf. die Entscheidung im vereinfachten Jugendverfahren **durch Beschluss abzulehnen,** welcher auszusprechen hat, ob die Ablehnung aus tatsächlichen oder aus rechtlichen Gründen erfolgt ist.[7]

Diesem Beschluss kommt allerdings **keine beschränkte Rechtskraft** nach § 211 StPO zu; zum einen würden Unsicherheiten darüber entstehen, welches Beweismittel neu iSd § 211 StPO ist, da anders als in der Anklage der Antrag nach § 76 S. 1 die Beweismittel nicht zwingend angeben muss, zum anderen setzt das vereinfachte Jugendverfahren gerade keinen Eröffnungsbeschluss voraus.[8]

III. Rechtswirkung des Ablehnungsbeschlusses

Der Ablehnungsbeschluss kann **bis zur Verkündung des Urteils** ergehen, wobei er **keiner Begründung** bedarf. Um jedoch eine etwaige weitere strafrechtliche Verfolgung des Jugendlichen zu vermeiden, erscheint es vorteilhaft, der Jugendstaatsanwaltschaft den

---

[1] Diemer/Schatz/Sonnen/*Schatz* Rn. 1.
[2] Diemer/Schatz/Sonnen/*Schatz* Rn. 7.
[3] Diemer/Schatz/Sonnen/*Schatz* Rn. 4.
[4] Ostendorf/*Sommerfeld* §§ 76–78 Rn. 17.
[5] Brunner/Dölling §§ 76–78 Rn. 12.
[6] Diemer/Schatz/Sonnen/*Schatz* Rn. 6; aA *Dallinger/Lackner* § 77 Rn. 3; *Brunner* §§ 76–78 Rn. 11, 13.
[7] AG Sigmaringen 7.5.1976 – 5 Ds 130/76, NJW 1976, 2084.
[8] Diemer/Schatz/Sonnen/*Schatz* Rn. 6.

Grund der Ablehnung mitzuteilen.[9] Der ergangene Ablehnungsbeschluss ist **nicht anfechtbar** (Abs. 1 S. 3).[10]

7 Ist der Ablehnungsbeschluss erst einmal ergangen, wird die Sache in das Ermittlungsverfahren zurückversetzt,[11] womit die Staatsanwaltschaft ihre volle Entschließungsfreiheit wiedererlangt. Ein **erneuter Antrag** gem. § 76 ist zwar **ausgeschlossen**.[12] Die Staatsanwaltschaft kann aber, für den Fall, dass sie die Tat weiter gerichtlich verfolgen will, eine **Anklageschrift gem. § 77 Abs. 2** einreichen, wozu sie entgegen dem Wortlaut jedoch richtigerweise nicht verpflichtet ist.[13] Vielmehr hat sie auch die Möglichkeit, das Verfahren einzustellen, abzugeben oder nach § 45 zu verfahren.[14]

§ 78 Verfahren und Entscheidung

(1) ¹Der Jugendrichter entscheidet im vereinfachten Jugendverfahren auf Grund einer mündlichen Verhandlung durch Urteil. ²Er darf auf Hilfe zur Erziehung im Sinne des § 12 Nr. 2, Jugendstrafe oder Unterbringung in einer Entziehungsanstalt nicht erkennen.

(2) ¹Der Staatsanwalt ist nicht verpflichtet, an der Verhandlung teilzunehmen. ²Nimmt er nicht teil, so bedarf es seiner Zustimmung zu einer Einstellung des Verfahrens in der Verhandlung oder zur Durchführung der Verhandlung in Abwesenheit des Angeklagten nicht.

(3) ¹Zur Vereinfachung, Beschleunigung und jugendgemäßen Gestaltung des Verfahrens darf von Verfahrensvorschriften abgewichen werden, soweit dadurch die Erforschung der Wahrheit nicht beeinträchtigt wird. ²Die Vorschriften über die Anwesenheit des Angeklagten (§ 50), die Stellung des Erziehungsberechtigten und des gesetzlichen Vertreters (§ 67), die Unterrichtung bei Freiheitsentzug (§ 67a) und die Mitteilung von Entscheidungen (§ 70) müssen beachtet werden. ³Bleibt der Beschuldigte der mündlichen Verhandlung fern und ist sein Fernbleiben nicht genügend entschuldigt, so kann die Vorführung angeordnet werden, wenn dies mit der Ladung angedroht worden ist.

Übersicht

	Rn.		Rn.
I. Grundlagen	1	3. Fristen	9
II. Teilnahme der Staatsanwaltschaft	2–2b	4. Jugendgerichtshilfe	10
		5. Nichterscheinen des Jugendlichen	11
III. Entscheidungsgewalt des Jugendrichters	3–4	6. Sonstige Verfahrensabweichungen	12–13a
		V. Entscheidung des Gerichts	14, 15
IV. Verfahren	5–13a	VI. Rechtsmittel	16, 17
1. Verteidigung	5a, 5b	VII. Ordnungswidrigkeitenverfahren	18, 19
2. Beweisaufnahme	6–8		

I. Grundlagen

1 Abs. 1 normiert zum einen die **Entscheidungsgewalt des Jugendrichters** im vereinfachten Verfahren und legt zum anderen fest, dass durch **Urteil** auf Grund einer **mündlichen Verhandlung** zu entscheiden ist. Dies gilt jedoch nur insoweit, als eine Entscheidung durch Urteil überhaupt erforderlich ist. Der Richter kann auch das Erziehungsverfahren

---

[9] MRTW/*Buhr* Rn. 4.
[10] MRTW/*Buhr* Rn. 4.
[11] BGH 14.11.1958 – 2 ARs 182/58, BGHSt 12, 180 = NJW 1959, 396.
[12] *Eisenberg* JGG §§ 76–78 Rn. 17.
[13] BGH 14.11.1958 – 2 ARs 182/58, BGHSt 12, 180 (184) = NJW 1959, 396.
[14] Diemer/Schatz/Sonnen/*Schatz* Rn. 7.

gem. § 47 wählen,¹ wozu er gem. § 47 Abs. 3 die Zustimmung der Jugendstaatsanwaltschaft benötigt.² Abs. 2 und 3 regeln, in welchem Umfang Abweichungen vom regulären Verfahren zulässig sind. **Abs. 3** gilt auch in Verfahren gegen Jugendliche wegen **Ordnungswidrigkeiten**.³

II. Teilnahme der Staatsanwaltschaft

Nach **Abs. 2 S. 1** ist der **Staatsanwalt nicht verpflichtet** an der mündlichen Verhandlung **teilzunehmen.** Der Jugendrichter hat ihm jedoch den Termin der Verhandlung mitzuteilen, und zwar auch dann, wenn im Vorwege bereits ein Verzicht erklärt worden ist.⁴ Die Folge der Nichtteilnahme ist nach Abs. 2 S. 2, dass der Jugendrichter das Verfahren auch ohne die Zustimmung der Staatsanwaltschaft einstellen kann. 2

Es ist nicht notwendig, dass der für das Verfahren zuständige Dezernent an der mündlichen Verhandlung teilnimmt. Vielmehr ist es ausreichend, dass ein Sitzungsvertreter der Staatsanwaltschaft anwesend ist, unabhängig von dessen dienstinterner Entscheidungsbefugnis.⁵ Der Wortlaut des Abs. 2 S. 2 schränkt die **möglichen Einstellungsarten** dabei nicht ein. Wird die Anwendung der allgemeinen Opportunitätsvorschriften für statthaft erachtet, so gilt die Entbehrlichkeit der Zustimmung daher über § 47 Abs. 1 S. 2, Abs. 2 S. 1 hinaus auch für §§ 153 Abs. 2 S. 1, 153a Abs. 2 S. 1 StPO.⁶ 2a

Will der Jugendrichter jedoch, unabhängig davon, ob von der Staatsanwaltschaft bereits eine Nichtteilnahme angekündigt ist, das Verfahren **vor der mündlichen Verhandlung** einstellen, ist die **Zustimmung** indes **nicht entbehrlich**.⁷ Ein etwaiger bereits bei Antragsstellung angebrachter Widerspruch gegen eine Einstellung ist dagegen unbeachtlich.⁸ 2b

III. Entscheidungsgewalt des Jugendrichters

Anders als der Katalog des § 76 S. 1, welcher den Jugendrichter in seiner Entscheidung nicht bindet, da es sich dabei lediglich um eine Sanktionsprognose zum Zeitpunkt der Verfahrenseinleitung handelt, regelt § 78 Abs. 1 die **Aburteilungszuständigkeit,** sprich die Strafgewalt.⁹ 3

Von der Entscheidungsgewalt sind **grundsätzlich alle Rechtsfolgen** umfasst, die dem **Jugendrichter nach § 39** zugewiesen sind. **Ausgenommen** sind jedoch die in **§ 78 Abs. 1 S. 2** benannten Sanktionen (Hilfe zur Erziehung gem. § 12 Nr. 2, Jugendstrafe, Unterbringung gem. § 64 StGB). Darüber hinaus ist auch die **Unterbringung im psychiatrischen Krankenhaus gem. § 63** ausgeschlossen, da diese auch im Regelfall nicht getroffen werden könnte, vgl. § 39 Abs. 2 Hs. 2. Des Weiteren darf die **Jugendstrafe** auch dann nicht angeordnet werden, wenn deren Vollstreckung zur Bewährung ausgesetzt wird (§§ 21 ff.) oder die Aussetzungsentscheidung einem späteren Beschluss vorbehalten bleibt. Dem steht der sog. Schuldspruch gem. § 27 gleich, da im Fall der Nichttilgung die Verhängung von Jugendstrafe unumgänglich ist.¹⁰ Spricht der Jugendrichter dennoch eine bedingte Verurteilung aus, so fehlt eine Prozessvoraussetzung und das Verfahren ist auch noch im Revisionsrechtszug einzustellen.¹¹ 3a

Trotz des Wortlauts von § 78 Abs. 1 S. 1, welcher von einer Entscheidung „durch Urteil" spricht, folgt aus § 78 Abs. 2 S. 2, dass auch stets die **Einstellung des Verfahrens** zu prüfen 4

---

¹ Ostendorf/*Sommerfeld* §§ 76–78 Rn. 12.
² Diemer/Schatz/Sonnen/*Schatz* Rn. 1.
³ MRTW/*Buhr* Rn. 5.
⁴ Diemer/Schatz/Sonnen/*Schatz* Rn. 2; aA Ostendorf/*Sommerfeld* §§ 76–78 Rn. 17.
⁵ Ostendorf/*Sommerfeld* §§ 76–78 Rn. 12.
⁶ *Eisenberg* JGG §§ 76–78 Rn. 18.
⁷ *Dallinger/Lackner* Rn. 18.
⁸ *Streng* JugStrR Rn. 237.
⁹ Diemer/Schatz/Sonnen/*Schatz* Rn. 6.
¹⁰ *Streng* JugStrR Rn. 239.
¹¹ BayObLG 29.10.1970 – RReg. 8 St 134/70; BayObLGSt 1970, 213.

ist.¹² Dies kann insbesondere nach § 47 erfolgen, da der Anklage der Antrag im vereinfachten Jugendverfahren nach § 76 S. 2 gleichsteht. Des Weiteren ist auch eine Überweisung an das Familiengericht gem. § 53 zulässig, welches nicht daran gehindert ist, Heimerziehung nach § 12 Nr. 2, § 34 SGB VIII anzuordnen, auch wenn dies nach § 78 Abs. 1 S. 2 im vereinfachten Jugendverfahren selbst unzulässig wäre.¹³

IV. Verfahren

5 Nach **Abs. 3 S. 2** sind bestimmte **Verfahrensrechte** wie die Anwesenheits- und Mitwirkungsrechte des Jugendlichen nach § 50 und die seiner Erziehungsberechtigten bzw. seiner gesetzlichen Vertreter gem. § 67, 67a ausdrücklich für **unverzichtbar** erklärt. Darüber hinaus wird die **Mitteilung** von Entscheidungen nach § 70 für **zwingend** anwendbar erachtet. Ansonsten darf gem. § 78 Abs. 3 S. 1 zur Vereinfachung, Beschleunigung und jugendgemäßen Gestaltung des Verfahrens von den allgemeinen Verfahrensvorschriften abgewichen werden. In welchem Umfang jedoch genau von den Grundsätzen des Prozessrechts abgewichen werden darf, ist streitig, da Abs. 3 S. 1 diesbezüglich eben nur die vage Voraussetzung formuliert, dass die Wahrheitsfindung unter der Entförmlichung des Verfahrens nicht leiden darf.¹⁴

5a **1. Verteidigung.** Dem Verteidiger ist grundsätzlich gem. §§ 147, 148 StPO **Akteneinsicht** und **Verkehr mit dem Beschuldigten** zu gestatten, da anerkannt ist, dass die Mitwirkungsrechte der Verteidigung auch im vereinfachten Verfahren nicht beschränkt werden dürfen.¹⁵

5b Unabhängig davon, ob ein Vertreter der Staatsanwaltschaft teilnimmt oder nicht, ist nach § 68 Nr. 1 iVm § 140 StPO auch im vereinfachten Jugendverfahren ein **Pflichtverteidiger** zu bestellen.¹⁶ Vereinzelt wird vertreten, dass bei sog. jugendtypischen Verbrechen im vereinfachten Jugendverfahren entgegen § 140 Abs. 1 Nr. 2 StPO kein Verteidiger zu bestellen sei.¹⁷ Dies würde jedoch zu einer Abweichung von dem in § 68 Nr. 1 normierten Grundgedanken führen, der dafür spricht, dass der Jugendliche nicht schlechter gestellt werden darf als ein Erwachsener. Zudem ändert die Beschränkung der Sanktionen nichts an der möglichen Schwere der Verurteilung wegen eines Verbrechens und deren weitreichenden Folgen.¹⁸

6 **2. Beweisaufnahme.** Das Gericht hat auch im Wege des vereinfachten Jugendverfahrens gem. **§ 244 Abs. 2 StPO** von Amts wegen alle Beweise zu erheben, die für die Entscheidung von Bedeutung sind. Des Weiteren dürfen die Verfahrensbeteiligten **Beweisanträge** stellen, wobei es fraglich ist, ob diese nach §§ 244 Abs. 3–5, 245 StPO zu bescheiden sind.¹⁹ Die Vorschrift des § 420 Abs. 4 StPO, welche von der Regelungssituation her vergleichbar ist, lässt als Maßstab für die Entscheidung allein die **Aufklärungspflicht** ausreichen. Beweisanträge dürfen somit auch dann abgelehnt werden, wenn der Sachverhalt nach Überzeugung des Gerichts ausreichend geklärt ist und auch eine weitere Beweiserhebung daran nichts mehr ändern würde.²⁰

6a Dabei ist jedoch nicht auf die subjektive Überzeugung des Gerichts abzustellen. Maßgeblich ist vielmehr, dass sich nach **objektiver Betrachtung** die Erhebung des Beweises aufdrängt oder zumindest naheliegt. Jene Beweisanträge sind auch in das Sitzungsprotokoll aufzunehmen und obligatorisch in Form des Gerichtsbeschlusses gem. § 244 Abs. 6 StPO abzulehnen.

---

[12] *Eisenberg* JGG §§ 76–78 Rn. 18.
[13] *Brunner/Dölling* §§ 76–78 Rn. 3.
[14] *Diemer/Schatz/Sonnen/Schatz* Rn. 8.
[15] *Brunner/Dölling* §§ 76–78 Rn. 20.
[16] OLG Düsseldorf 8.12.1998 – 5 Ss 383-98 – 98-98 I, NStZ 1999, 211 f.
[17] *Brunner/Dölling* § 68 Rn. 26; *Grethlein* NJW 1965, 1365 f.
[18] OLG Düsseldorf 8.12.1998 – 5 Ss 383-98 – 98-98 I, NStZ 1999, 211 f.
[19] Bejahend *Eisenberg* JGG §§ 76–78 Rn. 23; *Ostendorf/Sommerfeld* §§ 76–78 Rn. 15; ablehnend *Brunner/Dölling* §§ 76–78 Rn. 20; *Dallinger/Lackner* Rn. 15.
[20] *KK/Graf* StPO § 420 Rn. 7.

Trotz vielfacher Kritik an dieser Regelung für das beschleunigte Verfahren lässt sich 7 nur schwer vertreten, dass im vereinfachten Jugendverfahren die vollen Beweisrechte zur Verfügung stehen sollen, während im beschleunigten Verfahren gegenüber Heranwachsenden und Erwachsenen sogar Freiheitsstrafen ohne Geltung eines formellen Beweisantragsrechts verhängt werden können. Vorzugswürdig erscheint es daher, als Bezugsmaßstab für das Gebot, dass die „Erforschung der Wahrheit" nicht beeinträchtigt werden darf, die **Amtsaufklärungspflicht gem. § 244 Abs. 2 StPO** heranzuziehen. Da die Amtsaufklärungspflicht und das Beweisantragsrecht jedoch nicht deckungsgleich sind, ist von der Möglichkeit einer beschleunigten Beweisaufnahme nur zurückhaltend Gebrauch zu machen. Im Fall, dass umfangreiche Beweisanträge das Verfahren komplizieren, sollte daher entschieden werden, dass sich die Sache nicht (mehr) für das vereinfachte Verfahren nach § 77 Abs. 1 S. 1 eignet.[21]

Die gleiche Parallelität mit § 420 StPO ist im Hinblick auf den Grundsatz der **Unmittel-** 8 **barkeit der Beweisaufnahme** anzunehmen. Somit gelten auch im vereinfachten Verfahren die **Durchbrechungsmöglichkeiten** des § 420 Abs. 1 und 2 StPO. Zu beachten ist jedoch, dass gem. § 420 Abs. 3 StPO die Durchbrechung ua an die Zustimmung des Angeklagten anknüpft. Eine derartige rechtseinschränkende Zustimmung kann im Regelfall von einem Jugendlichen aber nicht verlangt werden, womit eine Lockerung nur in den seltenen Ausnahmefällen in Betracht kommt, in denen der Jugendliche einen Verteidiger hat und dieser zustimmt.[22]

3. Fristen. Auch wenn weitgehend ohne Einhaltung von Fristen verhandelt werden 9 kann,[23] muss stets gewährleistet werden, dass zum einen dem Jugendlichen genügend Zeit zur Vorbereitung seiner Verteidigung und zur Besprechung mit seinem Erziehungsberechtigten bzw. gesetzlichen Vertreter gewährt wird und zum anderen die Jugendgerichtshilfe (dazu sogleich näher → Rn. 10) ihre Aufgaben erfüllen kann.[24]

4. Jugendgerichtshilfe. Da de lege lata bereits für das herkömmliche Verfahren kein 10 Teilnahmezwang besteht, ist die Jugendgerichtshilfe (erst recht) im vereinfachten **Jugendverfahren nicht zur Teilnahme verpflichtet**. Sie ist jedoch gem. §§ 78 Abs. 3 S. 2, 50 Abs. 3, 70 von der Einleitung und dem Ausgang des Verfahrens **zu benachrichtigen.** Ferner sollte sie rechtzeitig, zumindest fernmündlich, vom Termin unterrichtet werden. Nach § 50 Abs. 3 ist dabei zu bedenken, dass die Mitteilung über Ort und Zeit der Verhandlung derart rechtzeitig zu erfolgen hat, dass der Jugendgerichtshilfe genügend Zeitraum zu erforderlichen Nachforschungen gelassen wird. Dem Erfordernis wird meist Genüge getan, wenn der Jugendgerichtshilfe Zeit für ein Gespräch mit dem Jugendlichen und dessen Erziehungsberechtigten bzw. dessen gesetzlichen Vertreter eingeräumt wird. Eine telefonische Benachrichtigung am Tag der Verhandlung kann daher ausschließlich dann genügen, wenn die Jugendgerichtshilfe davor schon mit der Sache betraut war.[25] Teilweise wird jedoch entgegen dem Wortlaut von § 70 als ausreichend erachtet, dass im Hinblick auf eine andernfalls drohende Verfahrensverzögerung die Jugendgerichtshilfe erst nachträglich informiert wird.[26] Dagegen spricht jedoch, dass dies die wichtige Funktion der Jugendgerichtshilfe nach § 38 Abs. 2 S. 1 und 2 erheblich beeinträchtigt.[27] Eine gewisse Verzögerung des Verfahrens wird man demgegenüber in Kauf nehmen können.

5. Nichterscheinen des Jugendlichen. Erscheint der ordnungsgemäß geladene Jugend- 11 liche nicht zu der mündlichen Verhandlung ohne dafür genügend entschuldigt zu sein, kann gem. **Abs. 3 S. 3** seine **polizeiliche Vorführung** angeordnet werden, wenn dies in der

---

[21] Zum Ganzen Diemer/Schatz/Sonnen/*Schatz* Rn. 11.
[22] Diemer/Schatz/Sonnen/*Schatz* Rn. 12.
[23] Brunner/Dölling §§ 76–78 Rn. 18.
[24] Diemer/Schatz/Sonnen/*Schatz* Rn. 13.
[25] BGH 9.3.1982 – I StR 842/81, StV 1982, 336; Brunner/Dölling § 50 Rn. 12.
[26] Brunner/Dölling §§ 76–78 Rn. 18; Eisenberg JGG §§ 76–78 Rn. 26.
[27] Ostendorf/*Sommerfeld* §§ 76–78 Rn. 16; Diemer/Schatz/Sonnen/*Schatz* Rn. 14.

Ladung zum Termin vorher angedroht wurde. Dabei ist es nicht entscheidend, ob der Jugendliche sich entschuldigt hat, sondern allein, ob er genügend entschuldigt ist, sprich ob ihm bezüglich des Fernbleibens ein **Vorwurf** gemacht werden kann.[28] § 230 Abs. 2 StPO ist demgegenüber nicht anwendbar, da die mündliche Verhandlung keine Hauptverhandlung darstellt. Ein Haftbefehl darf daher lediglich nach §§ 112 ff. StPO, § 72 ergehen.[29]

12   **6. Sonstige Verfahrensabweichungen.** Im Interesse jugendgerechter Verfahrensgestaltung kann auf die **äußeren Formen** der Verhandlung **verzichtet** werden. Der Richter muss demnach keine Robe tragen und die Verhandlung kann auch im Arbeitszimmer des Jugendrichters stattfinden, sog. **Zimmertermin**. Des Weiteren kann der Jugendrichter, statt die Anklage von der Staatsanwaltschaft verlesen zu lassen, selbst in einer freien Rede vortragen, was dem Jugendlichen zu Last gelegt wird und auf einen Protokollführer verzichten, wobei er im Falle des Verzichts das Protokoll selbst mittels Mitschrift oder Tonbanddiktat zu verfassen hat, da auf ein Protokoll an sich nicht verzichtet werden kann.[30]

13   Nicht einschränkbar ist dahingegen nach allgemeiner Meinung das **Recht auf rechtliches Gehör** nach Art. 103 Abs. 1 GG einschließlich des letzten Wortes, § 258 Abs. 2 Hs. 2, Abs. 3 StPO.[31] Zudem ist der Jugendliche nach § 243 Abs. 5 S. 1 StPO auf seine Aussagefreiheit hinzuweisen, wobei gleiches auch für die Rechtsmittelbelehrung gilt.[32]

13a Die **Urteilsbegründung** muss zwar den Mindestanforderungen des § 54 Abs. 1 genügen und demnach eine Tatschilderung, eine Persönlichkeitsbeurteilung sowie die Bestimmung der Rechtsfolgen enthalten, kann jedoch im Vergleich zum Regelverfahren kürzer ausfallen.[33]

V. Entscheidung des Gerichts

14   Das vereinfachte Jugendverfahren kann durch **Urteil** oder **Beschluss** abgeschlossen werden, wobei der Jugendrichter gem. § 78 Abs. 1 im Urteil auf alle Strafen und Maßnahmen erkennen darf, welche nicht ausdrücklich ausgenommen sind, wie Erziehungsmaßregeln, §§ 9 ff., Zuchtmittel, §§ 13 ff., Nebenstrafen und -folgen, wie zB das Fahrverbot, §§ 6, 8 Abs. 3, der Entzug der Fahrerlaubnis, § 7 und eine Entscheidung gem. § 53 (bereits → Rn. 3a). Des Weiteren sind **Rechtsmittelbelehrungen** und **Hinweise** nach §§ 11 Abs. 3 S. 1, 15 Abs. 3 S. 2 und § 268b StPO grundsätzlich zu erteilen und im Protokoll festzuhalten.

15   Der Richter kann auch durch Beschluss gem. §§ 47, 45 nach Anhörung der anwesenden Beteiligten und ohne Zustimmung der abwesenden Jugendstaatsanwaltschaft das **Verfahren einstellen** (s. bereits → Rn. 4). Dieser Beschluss ist dann der Jugendstaatsanwaltschaft zuzustellen.[34]

VI. Rechtsmittel

16   Erstinstanzliche Urteile sind im vereinfachten Jugendverfahren **in gleicher Weise anfechtbar** wie Urteile in herkömmlichen Verfahren.[35] Dies gilt auch im Falle des Abs. 2 S. 1 bei Nichterscheinen der Staatsanwaltschaft in der mündlichen Verhandlung.[36]

Die **Rechtsmittelfrist** beginnt für einen nicht anwesenden Beteiligten nicht mit der Verkündung des Urteils, sondern erst mit dessen Zustellung an die Staatsanwaltschaft.[37] Grundsätzlich ist ein **Rechtsmittelverzicht** nach Erlass des Urteils, welcher in der Ver-

---

[28] *Eisenberg* JGG §§ 76–78 Rn. 21; MRTW/*Buhr* Rn. 17 ff.
[29] *Kolbe* MDR 1978, 800 ff.; Diemer/Schatz/Sonnen/*Schatz* Rn. 15.
[30] Ostendorf/*Sommerfeld* §§ 76–78 Rn. 17.
[31] Brunner/*Dölling* §§ 76–78 Rn. 20.
[32] Dallinger/*Lackner* Rn. 11.
[33] *Eisenberg* JGG §§ 76–78 Rn. 31; Diemer/Schatz/Sonnen/*Schatz* § 78 Rn. 18; aA Nix/*Rzepka* Rn. 5.
[34] Zum Ganzen MRTW/*Buhr* Rn. 16.
[35] Ostendorf/*Sommerfeld* §§ 76–78 Rn. 18.
[36] Dallinger/*Lackner* Rn. 7.
[37] OLG Neustadt 9.1.1963 – Ws 247/62, NJW 1963, 1074 (1075).

handlung protokolliert werden muss, möglich. Hängt jedoch von der Rechtskraft des Urteils der Lauf einer Frist ab wie bspw. der Beginn eines Fahrverbots, so kann es aus erzieherischen Gründen angezeigt sein, dass der Jugendrichter vor Zustellung des Urteils auf einen Rechtsmittelverzicht der Jugendstaatsanwaltschaft hinwirkt.[38]

Das **Rechtsmittelgericht** prüft sodann, ob die besonderen Sachurteilsvoraussetzungen 17 für die Entscheidung im vereinfachten Jugendverfahren vorgelegen haben. Kommt das Rechtsmittelgericht zu der Auffassung, dass das vereinfachte Verfahren nicht geeignet war, so muss es das Verfahren nach § 260 Abs. 3 StPO einstellen, da eine Prozessvoraussetzung fehlt.[39] Selbiges gilt für den Fall, dass nach umfangreicher Beweisaufnahme die Eignung abgelehnt wird. Nach der Aufhebung des Urteils hat die Staatsanwaltschaft wie nach einer Ablehnung ihres Antrags durch den Jugendrichter zu entscheiden.[40]

VII. Ordnungswidrigkeitenverfahren

Im **Ordnungswidrigkeitenverfahren** gilt nach zulässigem Einspruch gegen den Buß- 18 geldbescheid der Verwaltungsbehörde für das Verfahren vor dem Jugendrichter stets **§ 78 Abs. 3,** ohne dass es dabei auf die Voraussetzungen des § 76 ankommt. Dabei muss der Einspruch vor der Hauptverhandlung ergehen, §§ 67 ff., 71 OWiG.[41]

Entscheidet der Jugendrichter nach dem Einspruch mittels Urteil, so ist das **Verschlech-** 19 **terungsverbot** des § 72 Abs. 3 S. 2 OWiG nicht zu beachten, § 71 Abs. 1 OWiG iVm § 411 Abs. 4 StPO. Entscheidet er jedoch mittels Beschluss gem. § 72 Abs. 1 OWiG, darf er von der im Bußgeldbescheid getroffenen Entscheidung nicht zum Nachteil des Betroffenen abweichen.[42]

Neunter Unterabschnitt. Ausschluß von Vorschriften des allgemeinen Verfahrensrechts

§ 79 Strafbefehl und beschleunigtes Verfahren

(1) Gegen einen Jugendlichen darf kein Strafbefehl erlassen werden.
(2) Das beschleunigte Verfahren des allgemeinen Verfahrensrechts ist unzulässig.

I. Grundlagen

1. Anwendungsbereich. Die Norm gilt nur bei **Jugendlichen** ungeachtet dessen, ob 1 das Verfahren vor den für allgemeine Strafsachen zuständigen Gerichten durchgeführt wird (§ 104 Abs. 1 Nr. 14).[1] Bei **Heranwachsenden** hingegen gilt gem. § 109 Abs. 2 lediglich der Abs. 1 des § 79 entsprechend, wenn der Richter im konkreten Fall Jugendstrafrecht anwendet (§ 105). In diesem Fall darf also auch gegen den Heranwachsenden kein Strafbefehl erlassen werden.[2] § 79 Abs. 2 gilt für Heranwachsende auch bei Anwendung des Jugendstrafrechts nicht, so dass das beschleunigte Verfahren nach §§ 417 ff. StPO hier ohne Einschränkung zulässig ist.[3]

2. Inhalt und Zweck der Norm. Die Norm untersagt die Anwendung von besonderen 2 Verfahrensarten bei Jugendlichen.

In **Abs. 1** wird das **Strafbefehlsverfahren** (§§ 407 ff. StPO) gegen Jugendliche ausge- 2a schlossen, da es als schriftliches Verfahren ohne Hauptverhandlung dem Bedürfnis der Erziehung des Jugendlichen und der Einschätzung seiner Persönlichkeit und Lebensverhältnisse

---
[38] MRTW/*Buhr* Rn. 18.
[39] BayObLG 29.10.1970 – RReg. 8 St 134/70, BayObLGSt 1970, 218.
[40] Zum Ganzen Ostendorf/*Sommerfeld* §§ 76–78 Rn. 19.
[41] Diemer/Schatz/Sonnen/*Schatz* Rn. 21.
[42] *Brunner/Dölling* Rn. 23 f.
[1] Diemer/Schatz/Sonnen/*Schatz* Rn. 1; *Eisenberg* JGG Rn. 1.
[2] MRTW/*Rössner* Rn. 2.
[3] Diemer/Schatz/Sonnen/*Schatz* Rn. 1.

nicht gerecht wird.⁴ Das erzieherische Anliegen, den Jugendlichen mit seiner Tat ausreichend zu konfrontieren, um so die Übernahme von Verantwortung für die Tat hervorzurufen, ginge im Rahmen des Strafbefehlsverfahrens unter. Bei einem Jugendlichen bestünde einerseits die Gefahr, dass er den schriftlichen Strafbefehl nicht hinreichend ernst nimmt; denkbar ist aber auch, dass ein an sich unschuldiger Jugendlicher aus Gründen wie Scham, Angst oder Leichtsinn häufiger als ein Erwachsener⁵ die Erhebung des Einspruchs unterlässt.⁶

3   Gem. **Abs. 2** ist die Anwendung des **beschleunigten Verfahrens** nach §§ 417 ff. StPO bei Jugendlichen unzulässig. Aufgrund der Existenz des vereinfachten Jugendverfahrens gem. §§ 76 ff. und des informellen Erziehungsverfahrens gem. § 45 Abs. 3 besteht hier richtigerweise keine Notwendigkeit für das beschleunigte Verfahren.⁷

II. Rechtsfolgen bei unzulässigem Verfahren

4   Die Frage, ob die Entscheidung nach Abschluss eines der in § 79 untersagten Verfahren bloß rechtswidrig oder sogar nichtig ist, wird unterschiedlich beantwortet. Die **hM** wertet die Entscheidung als **rechtswidrig, nicht** aber als **nichtig**.⁸ Dem Jugendlichen stehen dann die je nach Entscheidungsform einschlägigen Rechtsmittel zu.⁹ Überzeugender ist dagegen die **Gegenansicht**,¹⁰ nach der die Anwendung eines untersagten Verfahrens bei sicherer Feststellung des Alters eine so evident falsche Rechtsanwendung beinhaltet, dass nur die Nichtigkeit als Folge in Betracht kommt. Zudem ist bedenklich, dass der Jugendliche erst Einspruch gegen die rechtswidrige Entscheidung erheben muss und dem Jugendlichen somit zum einen die Beachtung der zweiwöchigen Frist¹¹ und zum anderen eine grundsätzliche Rechtsmittelkompetenz abverlangt wird.¹²

5   Wurde ein untersagtes Verfahren allerdings aufgrund einer **falschen Feststellung des tatsächlichen Alters** bzw. des tatsächlichen Tatzeitpunktes gewählt, so ist die Entscheidung lediglich als rechtswidrig zu bewerten.¹³ Ist in dem Fall der fehlerhaften Alters- oder Tatzeitfeststellung ein Strafbefehl gegen einen Jugendlichen erlassen worden, so kann die **Wiederaufnahme des Verfahrens** gem. § 373a Abs. 2 iVm § 359 Nr. 5 StPO zulässig sein, wenn das wirkliche Alter als neue Tatsache iSd § 359 Nr. 5 StPO erachtet wird und somit das JGG als milderes Strafgesetz angewendet wird.¹⁴

6   Wird der hM gefolgt und hat der Jugendliche rechtzeitig **Einspruch gegen einen Strafbefehl** erhoben, so wird zur Hauptverhandlung übergegangen. Bei dem regulären Strafbefehlsverfahren gegen Erwachsene werden die Verfahrensvoraussetzungen der Anklage und des Eröffnungsbeschlusses durch den Strafbefehlsantrag und den Strafbefehl ersetzt, wonach im Normalfall eine Revision nur Erfolg hätte, wenn der Strafbefehlsantrag oder der Strafbefehl unheilbar nichtig wären. Wird davon ausgegangen, dass auch bei einem Jugendlichen der eigentlich unzulässige Strafbefehlsantrag die Anklage und der Strafbefehl den Eröffnungsbeschluss ersetzt,¹⁵ stellt sich wiederum die Ausgangsfrage, ob grundsätzlich die untersagte Anwendung des Strafbefehlsverfahrens gegen einen Jugendlichen unheilbar nichtig ist. Das BayOLG verneinte die unheilbare Nichtigkeit, da der Normzweck wegen des Stattfindens der Hauptverhandlung letztlich doch gewahrt werde und durch die Haupt-

---

⁴ MRTW/*Rössner* Rn. 1.
⁵ *Eisenberg* JGG Rn. 3.
⁶ *Streng* JugStrR Rn. 201; Diemer/Schatz/Sonnen/*Schatz* Rn. 2.
⁷ Diemer/Schatz/Sonnen/*Schatz* Rn. 12; *Streng* JugStrR Rn. 201.
⁸ *Eisenberg* JGG Rn. 6; Diemer/Schatz/Sonnen/*Schatz* Rn. 6: BayObLG 15.3.1957 – RevReg. 3 St 53/57, BayObLGSt 1957, 59; Brunner/*Dölling* Rn. 3.
⁹ Ostendorf/*Sommerfeld* Rn. 4.
¹⁰ MRTW/*Rössner* Rn. 4; Ostendorf/*Sommerfeld* Rn. 3.
¹¹ Ostendorf/*Sommerfeld* Rn. 4.
¹² MRTW/*Rössner* Rn. 4.
¹³ MRTW/*Rössner* Rn. 4.
¹⁴ LG Landau i.d. Pfalz 11.6.2002 – 2 Qs 19/02, NStZ-RR 2003, 28; Diemer/Schatz/Sonnen/*Schatz* § 79 Rn. 8; *Eisenberg* JGG Rn. 6.
¹⁵ *Eisenberg* JGG Rn. 7.

verhandlung die angestrebte Möglichkeit für den richtigen Umgang des Jugendlichen mit seiner Tat geschaffen werde.[16]

§ 80 Privatklage und Nebenklage

(1) ¹Gegen einen Jugendlichen kann Privatklage nicht erhoben werden. ²Eine Verfehlung, die nach den allgemeinen Vorschriften durch Privatklage verfolgt werden kann, verfolgt der Staatsanwalt auch dann, wenn Gründe der Erziehung oder ein berechtigtes Interesse des Verletzten, das dem Erziehungszweck nicht entgegensteht, es erfordern.

(2) ¹Gegen einen jugendlichen Privatkläger ist Widerklage zulässig. ²Auf Jugendstrafe darf nicht erkannt werden.

(3) ¹Der erhobenen öffentlichen Klage kann sich als Nebenkläger nur anschließen, wer durch ein Verbrechen gegen das Leben, die körperliche Unversehrtheit oder die sexuelle Selbstbestimmung oder nach § 239 Abs. 3, § 239a oder § 239b des Strafgesetzbuchs, durch welches das Opfer seelisch oder körperlich schwer geschädigt oder einer solchen Gefahr ausgesetzt worden ist, oder durch ein Verbrechen nach § 251 des Strafgesetzbuchs, auch in Verbindung mit § 252 oder § 255 des Strafgesetzbuchs, verletzt worden ist. ²Im Übrigen gelten § 395 Absatz 2 Nummer 1, Absatz 4 und 5 und §§ 396 bis 402 der Strafprozessordnung entsprechend.

Schrifttum: *Brocke,* KG Berlin: Unzulässigkeit der Nebenklage im Jugendstrafverfahren bei teilweiser Tatbegehung als Jugendlicher und Heranwachsender – Opferschutz kontra Erziehungsgedanke, NStZ 2007, 8; *Hüls,* Die Rolle des Opferzeugen im Strafverfahren gegen Jugendliche, ZJJ 2005, 22; *Höynck,* Stärkung der Opferrolle im Jugendstrafverfahren?, ZJJ 2005, 34; *Jahn/Bung,* Die Grenzen der Nebenklagebefugnis, StV 2012, 754; *Kölbel,* Opferorientierte Elemente des Jugendstrafrechts, in: BMJV (Hrsg.), Berliner Symposium zum Jugendkriminalrecht und seiner Praxis, 2017, S. 9 ff.; *Mitsch,* Nebenklage im Strafverfahren gegen Jugendliche und Heranwachsende, GA 1998, 159; *Noack,* Nebenklage gegen Jugendliche und Heranwachsende, ZRP 2009, 15; *Schöch,* Opferperspektive und Jugendstrafrecht, ZJJ 2012, 246; *Sieveking/Eisenberg/Heid,* Politische Bestrebungen zu Lasten des Jugendstrafrechts, ZRP 2005, 188; *Sommerfeld,* Anmerkung zu LG Oldenburg – 6 Qs 37/10 – Beschluss vom 19.7.2010, ZJJ 2011, 92; *Wölfl,* Die Einschränkung der strafprozessualen Verletztenrechte durch das Jugendstrafverfahren, Jura 2000, 10; *Zapf,* Opferschutz und Erziehungsgedanke im Jugendstrafverfahren, 2012.

Übersicht

	Rn.		Rn.
I. Grundlagen	1–4	3. Rechtsfolgen	17
1. Anwendungsbereich	1, 1a	**IV. Nebenklage**	18–39
2. Opferorientierung und Erziehungsgrundsatz	2–4	1. Kriminalpolitischer Hintergrund	18–21
		2. Anwendungsbereich	22–25
II. Ausschluss der Privatklage	5–14	3. Partielle Zulässigkeit der Nebenklage	26–34
1. Unzulässigkeit der Privatklage gegen Jugendliche	5, 6	a) Begrenzung auf schwere Delikte mit erheblicher Opferbetroffenheit	27–30a
2. Verfolgung durch die Jugendstaatsanwaltschaft	7–14	b) Weitere Antragsberechtigte, Abs. 3 S. 2	31
a) Voraussetzungen	8–12	c) Keine Nebenklage im Sicherungsverfahren	32, 32a
b) Weiteres Verfahren und Rechtsbehelfe	13, 14	d) Reformbestrebungen	33, 34
III. Widerklage	15–17	4. Rechtsfolgen	35–37
1. Zulässigkeit der privaten Widerklage	15	5. Weitere Mitwirkungsrechte des Verletzten	38, 39
2. Zuständigkeit	16		

I. Grundlagen

1. Anwendungsbereich. Die Vorschrift findet bei **Jugendlichen stets Anwendung** 1 und erklärt Privatklagen gegen diese gem. § 104 Abs. 1 Nr. 14, auch in Verfahren vor den

---

[16] BayObLG 15.3.1957 – RevReg. 3 St 53/57, BayObLGSt 1957, 59; aA Ostendorf/*Sommerfeld* Rn. 5.

für allgemeine Strafsachen zuständigen Gerichten, für **nicht zulässig**. Eine Nebenklage ist hingegen unter der Berücksichtigung spezieller Voraussetzungen (Abs. 3) erlaubt. In umgekehrter Perspektive sind sowohl die Privat- wie auch die Nebenklage von Seiten des Jugendlichen zulässig; deren Erhebung hat durch den gesetzlichen Vertreter zu erfolgen, s. für die Privatklage § 374 Abs. 3 StPO.

1a Bei **Heranwachsenden** (§§ 109, 112 S. 2) findet die Vorschrift hingegen **keine Anwendung,** so dass gegen diese sowohl Privat- als auch Nebenklagen ohne Einschränkung erhoben werden können. Dies gilt unabhängig davon, ob Jugendstrafrecht zur Anwendung kommt oder nicht.

2 **2. Opferorientierung und Erziehungsgrundsatz.** Im Vergleich zum allgemeinen Strafrecht ist das Jugendstrafrecht durch seine besondere **Täterorientierung** und verstärkt **spezialpräventive** Ausrichtung gekennzeichnet. Dies hat zur Folge, dass die **Beteiligungsmöglichkeiten des Opfers** gegenüber dem allgemeinen Strafrecht **eingeschränkt** sind. In diesem Sinne sind der Ausschluss der Privatklage und die Einschränkung der Nebenklage als jugendspezifische Regelungen zu verstehen, die den Vorrang des Erziehungsgedankens im Jugendstrafrecht gewährleisten sollen.[1] Lange Zeit galt eine Einbeziehung des Opfers als weiteren Verfahrensbeteiligten sogar als erziehungsfeindlich und war daher auch nicht vorgesehen.[2] Die Bedenken gegen eine verfahrensrechtlich starke Aktivrolle des Opfers im Verfahren gegen Jugendliche stützen sich in besonderem Maße auf die damit einhergehende weniger steuerbare Verfahrensdynamik, die eine Ablenkung von der Persönlichkeit des Jugendlichen zur Folge haben kann.[3]

3 Andererseits war das Jugendstrafrecht mit der Etablierung des **Täter-Opfer-Ausgleichs** in einem anderen Bereich geradezu der Vorreiter im Hinblick auf eine stärkere Berücksichtigung der Opferperspektive. Beim Täter-Opfer-Ausgleich wird die Konfrontation mit dem Opfer und dessen Perspektive sogar als **besonders erzieherisch wirksam** bezeichnet. Schon daher verbietet sich eine pauschale Einordnung der Opferorientierung als „erziehungsfeindlich" (näher → Rn. 20). Auch zeigt der Wortlaut von § 80 Abs. 1, dass der Gesetzgeber selbst davon ausgeht, dass die Opferperspektive nicht stets im Widerspruch zum Erziehungsgedanken steht.

4 Diese Erkenntnis mag auch eine Rolle gespielt haben bei der Entwicklung der **Nebenklage**. Im Rahmen des 2. JuMoG vom 22.12.2006 wurde die bislang in Verfahren gegen Jugendliche generell ausgeschlossene **Nebenklage** fortan bei besonders schweren Delikten gegen das Leben, die körperliche Unversehrtheit oder die sexuelle Selbstbestimmung zugelassen, vgl. Abs. 3. Die begrenzte Zulassung der Nebenklage im Verfahren gegen Jugendliche war auch von dem Gedanken getragen, dass bei den in Abs. 3 normierten Verbrechen, die regelmäßig mit einer schwerwiegenden Schädigung des Opfers verbunden sind, eine weitgehend passive Rolle des Verletzten bzw. seiner Hinterbliebenen nicht sachgerecht wäre, unabhängig vom Alter des Täters[4] (dazu näher → Rn. 18 ff.).

II. Ausschluss der Privatklage

5 **1. Unzulässigkeit der Privatklage gegen Jugendliche.** Die Privatklage gegen einen Jugendlichen, der zur Zeit der ihm vorgeworfenen Tat nicht mindestens 18 Jahre alt war, ist wegen **fehlender Prozessvoraussetzung unzulässig,** Abs. 1 S. 1. Eine gleichwohl erhobene Privatklage ist gem. § 383 Abs. 1 S. 1 StPO zurückzuweisen, ein etwa eröffnetes Hauptverfahren ist wegen eines bestehenden Verfahrenshindernisses je nach Verfahrensstadium einzustellen, §§ 206a, 260 Abs. 3, 389 StPO. Ergeht trotz des Verstoßes gegen Abs. 1

---

[1] MRTW/*Rössner* Rn. 1; LBN/*Nestler* Rn. 375.
[2] Ausführliche Darstellungen zur historischen Entwicklung finden sich ua bei Ostendorf/*Sommerfeld* Grdl. z. den §§ 79–81 Rn. 2 ff. sowie speziell zur der Rechtsstellung des Verletzten *Schöch* ZJJ 2012, 246 ff.
[3] LBN/*Nestler* Rn. 375.
[4] BT-Drs. 16/3640, 54. Kritisch zum Genugtuungsinteresse des Opfers allgemein *Jahn/Bung* StV 2012, 754 (760 ff.); speziell in Bezug auf das Jugendstrafverfahren kritisch *Kölbel* S. 9 ff.

S. 1 ein Urteil, ist dieses nach zutreffender Ansicht nichtig;[5] die hM geht dagegen von bloßer Anfechtbarkeit aus (s. dazu bereits → § 79 Rn. 4).[6]

Wegen der Unzulässigkeit der Privatklage ist auch ein **Sühneversuch gem. § 380 StPO** **ausgeschlossen,** da dieser nur auf das Privatklageverfahren bezogen ist. Der Ausschluss der Privatklage gibt dem erziehungsorientierten Konfliktregelungspotenzial des Täter-Opfer-Ausgleichs den Vorzug, §§ 45 Abs. 2 S. 2, 1; 10 Abs. 1 S. 2 Nr. 7.[7] Dementsprechend sind freiwillige Konfliktregelungsbemühungen erforderlichenfalls unter Einschaltung einer Schiedsperson, einer Rechtsauskunftsstelle oder einer TOA-Stelle zu begrüßen.[8]

2. Verfolgung durch die Jugendstaatsanwaltschaft. Gegenüber dem allgemeinen Strafverfahren erweitert Abs. 1 S. 2 die **Handlungsmöglichkeiten der Jugendstaatsanwaltschaft,** die auch über die Voraussetzungen des öffentlichen Interesses (§ 376 StPO) hinaus Privatklagedelikte verfolgen kann, wenn es Gründe der Erziehung oder ein berechtigtes Interesse des Verletzten, das dem Erziehungszweck nicht entgegensteht, erfordern. Stets ist jedoch Voraussetzung, dass die **sonstigen Straftat- und Strafverfolgungsvoraussetzungen** vorliegen. Dementsprechend kann bei reinen Antragsdelikten ein fehlender Strafantrag auch nicht durch die Entscheidung der Staatsanwaltschaft ersetzt werden.[9] Indem die Staatsanwaltschaft die Opferinteressen aus dem Bereich der Privatklage wahrnimmt, entfaltet die Regelung auch kompensatorische Wirkung gegenüber dem Verletzten.[10] Hinter der Ersetzung des Privatklageverfahrens durch das Offizialprinzip steht jedoch vor allem die Erwägung, dass die Strafverfolgung während der jugendlichen Entwicklung, die besonders wichtig für den Norminternalisierungsprozess ist, nicht von der Beliebigkeit einer Privatperson abhängen soll.[11]

a) Voraussetzungen. aa) Gründe der Erziehung. Gründe der Erziehung liegen vor, wenn gerade die Strafverfolgung dazu dient, die künftige Straffreiheit des Jugendlichen zu fördern.[12] Nach RiJGG zu § 80 Nr. 1 soll das dann der Fall sein, wenn Jugendliche wiederholt oder schwere Straftaten begangen haben und eine Ahndung zur Einwirkung auf sie geboten ist.[13] Allerdings muss berücksichtigt werden, dass die Konfrontation mit dem Fehlverhalten und eine konsequente (nicht notwendig eingriffsintensive) Reaktion hierauf entscheidende Elemente des Normenlernens sind. Von diesem Standpunkt aus betrachtet, werden in den **seltensten Fällen Gründe** vorliegen, die **gegen eine Strafverfolgung** überhaupt sprechen. Im Hinblick auf geringfügige Privatklagedelikte wie zB Beleidigung, Sachbeschädigung oder Hausfriedensbruch ist vielmehr an die erziehungsorientierten besonderen Einstellungsmöglichkeiten im Jugendstrafverfahren nach §§ 45, 47 oder den Täter-Opfer-Ausgleich zu denken.[14]

Für die Abwägung ebenfalls von Bedeutung sind grundsätzlich auch die **Erziehungsverhältnisse.** Je nachdem, ob die Eltern positiven oder negativen Einfluss auf den Jugendlichen nehmen, ist dies bei der Entscheidung der Staatsanwaltschaft, zu berücksichtigen. Zu beachten ist jedoch, dass hierbei die Gefahr besteht, durch ein allzu „schematisch-selektives Vorgehen je nach den elternbezogenen Gegebenheiten"[15] den tatsächlichen Erziehungserfordernissen des jeweiligen Einzelfalls nicht mehr gerecht zu werden. Insbesondere darf hiermit nicht

---

[5] Für Nichtigkeit, wenn „wesentliche Elemente des Jugendstrafverfahrens (Beiziehung der JGH, Ladung der gesetzlichen Vertreter und Erziehungsberechtigten, Sanktionsfolge aus dem JGG) nicht beachtet wurden", Ostendorf/*Sommerfeld* Rn. 6. Ebenfalls für Nichtigkeit MRTW/*Rössner* Rn. 4.
[6] *Eisenberg* JGG Rn. 4; Diemer/Schatz/Sonnen/*Schatz* Rn. 11; Brunner/*Dölling* Rn. 1.
[7] MRTW/*Rössner* Rn. 3.
[8] Ostendorf/*Sommerfeld* Rn. 1; kritisch Diemer/Schatz/Sonnen/*Schatz* Rn. 5.
[9] Ostendorf/*Sommerfeld* Rn. 7.
[10] Von dem „Interesse des Verletzten an einer angemessenen Genugtuung" sprechen Schaffstein/Beulke/*Swoboda* Rn. 862.
[11] MRTW/*Rössner* Rn. 6.
[12] Diemer/Schatz/Sonnen/*Schatz* Rn. 7.
[13] S. *Eisenberg* JGG Rn. 6. Für eine Streichung *Walter* NStZ 1992, 470 (471).
[14] Ebenso MRTW/*Rössner* Rn. 5 f.
[15] *Eisenberg* JGG Rn. 6; Diemer/Schatz/Sonnen/*Schatz* Rn. 7.

eine für lediglich falsch angesehene Erziehungsmethode korrigiert werden, soweit diese nicht unmittelbaren Einfluss auf das abweichende Verhalten des Jugendlichen hatte bzw. hat.[16]

10 **bb) Berechtigtes Interesse des Verletzten.** Des Weiteren soll eine Strafverfolgung von Amts wegen erfolgen, wenn ein berechtigtes Interesse des Verletzten es erfordert. Das berechtigte Interesse darf den Erziehungszweck jedoch nicht beeinträchtigen. Die Formulierung des Gesetzes sowie der hohe Rang des in § 2 Abs. 1 kodifizierten Erziehungsgrundsatzes legen nahe, dass bereits eher **geringfügigen erzieherischen Bedenken** gegenüber einem an sich überwiegenden Interesse des Verletzten der **Vorrang** einzuräumen ist.[17] Berechtigt sind all jene Interessen, die dem materiellen oder immateriellen Ausgleich oder der Vermeidung der Wiederholung dienen. Weder Rache- und Vergeltungsgelüste, noch die bloße Verfolgung zivilrechtlicher Ansprüche lassen sich in diesem Kontext als vernüftiger Grund zur Strafverfolgung interpretieren.[18]

11 **Verletzter** ist zum einen derjenige, der durch die behauptete Tat unmittelbar in einem durch die Privatklage geschützten Rechtsgut beeinträchtigt ist, zum anderen auch derjenige, der im Hinblick auf den Schutzbereich der verletzten Norm ein berechtigtes Verlangen nach Strafverfolgung hat.[19] Damit ist der Begriff des berechtigten Interesses entprechend dem Verständnis im Bereich von § 374 StPO bzw. § 172 StPO **weit auszulegen.**[20]

12 **cc) Entscheidung.** Die Staatsanwaltschaft entscheidet nach pflichtgemäßem **Ermessen,** ob sie Anklage erhebt. Bejaht die Staatsanwaltschaft das Vorliegen der Voraussetzungen iSd Abs. 1 S. 2, hat sie jedoch noch zu berücksichtigen, ob den weniger einschneidenden Diversionsmaßnahmen (§ 45) der Vorzug zu gewähren ist.[21]

13 **b) Weiteres Verfahren und Rechtsbehelfe.** Bejaht die Staatsanwaltschaft die Voraussetzungen des Abs. 1 S. 2 und **erhebt Anklage,** ist diese Entscheidung **gerichtlich nicht überprüfbar.**[22] Dem Gericht ist es aber nicht verwehrt, das Verfahren gem. § 47 einzustellen. Ebenso kann der Jugendrichter auf Jugendstrafe erkennen. Die Ausschlussregelung des Abs. 2 S. 2 gilt nur für die Widerklage gegen einen jugendlichen Privatkläger im Fall des Abs. 2 S. 1.

14 Lehnt die Staatsanwaltschaft die Verfolgung des Privatklagedelikts wegen mangelnder Voraussetzungen des Abs. 1 S. 2 ab, ist ein **Klageerzwingungsverfahren** (§ 172 ff. SPO) nach hM **unzulässig,** da das Legalitätsprinzip bereits durch die Sonderregelung des Abs. 1 S. 2 suspendiert ist.[23] Da die Ablehnung auf der pflichtgemäßen Anwendung des staatsanwaltschaftlichen Ermessens beruht, ist eine gerichtliche Überprüfung nicht zulässig. Gegen die ablehnende Entscheidung kann allerdings mit der Gegenvorstellung und/oder Dienstaufsichtsbeschwerde vorgegangen werden.[24] Stellt die Staatsanwaltschaft das Verfahren aus rechtlichen oder tatsächlichen Gründen gem. § 170 Abs. 2 ein, ist das Klageerzwingungsverfahren indes zulässig.[25]

III. Widerklage

15 **1. Zulässigkeit der privaten Widerklage.** Jugendliche können gegenüber Heranwachsenden und Erwachsenen Privatklage erheben. Ob dafür ein Jugendgericht oder ein

---

[16] Ostendorf/*Sommerfeld* Rn. 8.
[17] So *Eisenberg* JGG Rn. 7; Ostendorf/*Sommerfeld* Rn. 10; anders hingegen *Brunner/Dölling* Rn. 2; Diemer/Schatz/Sonnen/*Schatz* Rn. 8.
[18] Ostendorf/*Sommerfeld* § 80 Rn. 10; Diemer/Schatz/Sonnen/*Schatz* Rn. 8.
[19] Diemer/Schatz/Sonnen/*Schatz* Rn. 8.
[20] *Eisenberg* JGG Rn. 7; Diemer/Schatz/Sonnen/*Schatz* Rn. 8. Kritisch hingegen Ostendorf/*Sommerfeld* Rn. 9, nach dem Verletzter nur derjenige ist, der vom Schutzzweck der Norm selbst erfasst ist.
[21] MRTW/*Rössner* Rn. 8; Ostendorf/*Sommerfeld* Rn. 12.
[22] *Brunner/Dölling* Rn. 3; *Eisenberg* JGG Rn. 9; Ostendorf/*Sommerfeld* Rn. 12.
[23] MRTW/*Rössner* Rn. 9; *Eisenberg* JGG Rn. 8; Ostendorf/*Sommerfeld* Rn. 13; Diemer/Schatz/Sonnen/*Schatz* Rn. 9; *Streng* JugStrR Rn. 203.
[24] Diemer/Schatz/Sonnen/*Schatz* Rn. 9; MRTW/*Rössner* Rn. 9.
[25] BGH 11.8.1988 – 4 Ws 206/88 137, NStZ 1989, 136 mit abl. Anm. *Brunner*; *Eisenberg* JGG Rn. 8; Ostendorf/*Sommerfeld* Rn. 13; aA *Schaffstein/Beulke/Swoboda* Rn. 864, Fn. 1218.

für allgemeine Strafsachen zuständiges Gericht zuständig ist, richtet sich nach dem Alter, das der jugendliche Privatkläger zur Zeit der vorgeworfenen Tat hatte. Die in **Abs. 2** enthaltene Regelung ist in diesem Kontext zu lesen, da sie eine Ausnahme vom Verbot der Privatklage gegen Jugendliche vorsieht: Im Rahmen der Privatklage eines Jugendlichen kann der volljährige Beschuldigte ausnahmsweise **private Widerklage** gegen diesen erheben. Für diese gilt die allgemeine Vorschrift in § 388 StPO iVm § 2 Abs. 2.

2. Zuständigkeit. Die Zuständigkeit im Rahmen der Widerklage richtet sich nach der Zuständigkeit des mit der Privatklage befassten Gerichts, § 388 Abs. 3 StPO. Handelt es sich um ein für allgemeine Strafsachen zuständiges Gericht, gilt für den jugendlichen Widerbeklagten § 104, so dass im Wesentlichen das JGG Anwendung findet.

3. Rechtsfolgen. Wie sich aus § 104 Abs. 1 ergibt, muss ein für allgemeine Strafsachen zuständiges Gericht, sofern es **Erziehungsmaßregeln** für erforderlich hält, deren Auswahl und Anordnung dem **Familiengericht** überlassen.[26] Gegen einen jugendlichen Privatkläger darf **nicht auf Jugendstrafe erkannt** werden, **Abs. 2 S. 2.** Auch dürfen **Maßregeln der Besserung und Sicherung** nicht gegen den Jugendlichen angeordnet werden, § 384 Abs. 1 S. 2 StPO.

Nimmt der Jugendliche die ursprüngliche **Privatklage zurück** (§ 391 Abs. 1 StPO) oder entfällt sie auf andere Weise, dann hat die Widerklage entgegen der allgemeinen Regelung des § 388 Abs. 4 StPO keinen Bestand. Als lex specialis gilt sodann der Ausschluss der Privatklage gem. § 80 Abs. 1 S. 1. Die Widerklage ist in diesem Fall einzustellen, §§ 206a bzw. 260 Abs. 3 StPO.[27]

IV. Nebenklage

1. Kriminalpolitischer Hintergrund. Die nunmehr **eingeschränkte Zulässigkeit** der Nebenklage, auch in Verfahren gegen Jugendliche, geht auf das 2. JuMoG v. 22.12.2006 zurück, durch das der bis dahin geltende vollständige Ausschluss für diesen Personenkreis aufgehoben wurde.[28] Das 1943 für das Jugendstrafrecht eingeführte Verbot der Nebenklage im Jugendstrafverfahren beruhte auf dem Gedanken, dass keine jugendfremden Gesichtspunkte in das Verfahren hineingezogen werden sollten.[29] Mit Blick auf das tradierte Verständnis der Nebenklage, das in erster Linie den Genugtuungs- und Vergeltungsbedürfnissen des Opfers bzw. seiner Angehörigen Ausdruck verleihen sollte, waren diese Erwägungen zumindest nachvollziehbar,[30] auch wenn die Konfrontation mit dem Opfer und seinen durch die Tat verursachten Emotionen nicht einseitig als erziehungsfeindlich bezeichnet werden kann (bereits → Rn. 4 sowie → Rn. 20).

Heutzutage haben die Bedenken jedenfalls ihre Berechtigung verloren.[31] Der **Funktionswandel der Nebenklage** hat den Weg für eine **opferbezogene Verfahrensgestaltung** auch im Jugendstrafrecht bereitet. Das moderne Bild der Nebenklage zeichnet sich nicht mehr durch den auf Vergeltung oder gar Rache pochenden Verletzten aus; vielmehr geht es darum, dem Opfer die Möglichkeit zu geben, durch die aktive Teilnahme am Verfahren die Tat besser zu verarbeiten und einer sekundären Viktimisierung durch ungerechtfertigte Verantwortungszuweisung entgegenzuwirken.[32] Abgesehen davon, dass Opferschutz in diesem Sinne ein Wert an sich ist, erscheint es nicht ausgeschlossen, dass die Demonstration eines rücksichts- und respektvollen Umgangs mit dem Opfer der Tat seitens

---

[26] *Eisenberg* JGG Rn. 12; MRTW/*Rössner* Rn. 11.
[27] Zu der Ausnahme siehe Ostendorf/*Sommerfeld* Rn. 16.
[28] Zu dem kontroversen Gesetzgebungsverfahren *Schöch* ZJJ 2012, 246 (249); *Eisenberg* JGG Rn. 16 ff.
[29] Vgl. nur *Peters* RJGG § 53.
[30] Damit stehe die Nebenklage „obersten Prinzipien des Jugendrechts" entgegen, so *Franze* StV 1996, 289 (290).
[31] Ausführlich *Schöch* ZJJ 2012, 246 (249 f.).
[32] SSW-StPO/*Schöch* StPO Vor § 395 Rn. 6.

des Staates ihrerseits **Vorbildcharakter** entfaltet und für sich genommen einen positiven **erzieherischen Effekt** erzielt.

20 Aufgrund der Neujustierung der Nebenklage und der daraus resultierenden partiellen Zulässigkeit der Nebenklage im Verfahren gegen Jugendliche ist es möglich, ein **ausgewogenes Verhältnis** zwischen den Beschuldigtenrechten einerseits und den Interessen von Opfern besonders schwerer Straftaten andererseits herzustellen, ohne den im Jugendstrafverfahren vorherrschenden Erziehungsgedanken preiszugeben.[33] Aus kriminologischer Sicht gilt vielmehr, dass es einem erfolgreichen Erziehungsprozess grundsätzlich dienlich sein kann, wenn sich der jugendliche Täter in personam mit dem Opferleid auseinanderzusetzen hat.[34] Freilich liegt es sowohl in der Verantwortung des Gerichts als auch in derjenigen der Nebenklagevertreter, einer erziehungsfeindlichen Polarisierung hin zu einem Parteiverfahren entgegenzuwirken.

21 Die strengen formalen Vorgaben der Nebenklage gewährleisten, dass deren opferschützende Funktion nicht für bloße Rachegelüste missbraucht wird. Das zeigt sich auch an der **eingeschränkten Rechtsmittelbefugnis** des Nebenklägers, wonach es dem Nebenkläger gem. § 400 Abs. 1 Var. 1 StPO verwehrt ist, das Urteil im Rechtsfolgenausspruch anzugreifen. Dass er im Vergleich zum früheren Recht nun keine Möglichkeit mehr hat, durch Einlegung eines Rechtsmittels auf eine schärfere Bestrafung hinzuwirken, bestätigt vielmehr die Abkehr vom Vergeltungsgedanken. Gleichwohl ist die partielle Zulassung der Nebenklage im Jugendstrafverfahren vor allem im Schrifttum auf Ablehnung gestoßen.[35]

22 **2. Anwendungsbereich.** Für die Zulässigkeit der Nebenklage ist – der allgemeinen Regel des § 1 Abs. 2 JGG entsprechend – stets das **Alter zur Tatzeit** ausschlaggebend. Steht nicht fest, ob der Beschuldigte zur Tatzeit noch Jugendlicher oder schon Heranwachsender bzw. Erwachsener war, ist der Anschluss des Verletzten als Nebenkläger gleichwohl zulässig.[36] Dadurch soll dem Nebenkläger die Möglichkeit gegeben werden, seine Auffassung, der Angeklagte sei zum Tatzeitpunkt bereits Heranwachsender gewesen, weiterzuverfolgen.[37]

23 Dagegen soll nach der Rspr. die Nebenklage unzulässig sein, wenn gegen ein und denselben Angeklagten wegen Taten aus **verschiedenen Altersstufen** verhandelt wird und kein Fall des Abs. 3 vorliegt.[38] Diese Auffassung wird jedoch zu Recht kritisiert.[39] Liegen Taten aus mehreren Altersstufen vor, ist der Schutzzweck, der mit dem Ausschluss der Nebenklage verfolgt wird, nicht mehr betroffen. Da es in dem Verfahren zumindest auch um eine Tat geht, die der Beschuldigte als Heranwachsender begangen hat, ist dieser auf jeden Fall 18 Jahre alt oder älter. Die spezielle Schutzbedürftigkeit eines Jugendlichen, die den Ausschluss der Nebenklage und die damit verbundene Einschränkung der Opferrechte nach hM rechtfertigt, ist damit nicht mehr gegeben. Die Auffassung des BGH kann überdies zu einer sachlich nicht gerechtfertigten Ungleichbehandlung führen: Der Serientäter, der

---

[33] So auch *Zapf* S. 387, die die geltende Regelung als „angemessenen Kompromiss zwischen Verletzten und Beschuldigteninteressen" bezeichnet.
[34] Kritisch dagegen *Eisenberg* JGG Rn. 16a; vgl. auch *Schaffstein/Beulke/Swoboda* Rn. 860. Wie hier MRTW/*Rössner* Rn. 12; *Schöch* ZJJ 2012, 246 (249f.).
[35] Kritisch *Höynck* ZJJ 2005, 1 (39ff.); *Eisenberg* JGG Rn. 16f.; *Zieger* Rn. 235; *Sieveking/Eisenberg/Heid* ZRP 2005, 188 (192); ausführlich dazu auch *Sommerfeld* ZJJ 2011, 92 (93).
[36] BGH 5.9.2007 – 2 StR 306/07, ZJJ 2007, 414; Diemer/Schatz/Sonnen/*Schatz* Rn. 1.
[37] Dazu bereits ausführlich *Mitsch* GA 1998, 159 (175f.); *Streng* JugStrR Rn. 205; *Dölling* NStZ 2009, 193 (200).
[38] KG 3.5.2006 – 4 Ws 73/06, NStZ 2007, 44f.; zustimmend *Eisenberg* JGG Rn. 13b; Ostendorf/*Sommerfeld* Rn. 1; *Schaffstein/Beulke/Swoboda* Rn. 859.
[39] *Streng* JugStrR Rn. 205; *Mitsch* GA 1998, 159 (169ff.); MRTW/*Rössner* Rn. 19; s. auch *Brocke* NStZ 2007, 8f., der sich entsprechend § 32 JGG für eine Schwerpunktbildung ausspricht: Um Widersprüche und Zufälligkeiten zu vermeiden, müsse darauf abgestellt werden, in welchem Altersabschnitt des Tatverdächtigen der Schwerpunkt der strafrechtlichen Vorwerfbarkeit liege. Eine Nebenklage bleibe gem. § 80 Abs. 3 JGG ausgeschlossen, wenn dem Tatverdächtigen Straftaten zur Last gelegt werden, die er im Schwerpunkt als Jugendlicher begangen hat.

bereits als Jugendlicher schwere Straftaten begangen hat, würde gegenüber dem Heranwachsenden bzw. Erwachsenen ohne entsprechende Vortaten privilegiert.[40] Daher ist jedenfalls in Bezug auf die Taten, die nicht als Jugendlicher begangen wurden, von einer Zulässigkeit der Nebenklage auszugehen.

Gegen **Heranwachsende** ist die Nebenklage **uneingeschränkt zulässig.** Schwierigkeiten können sich allerdings in **verbundenen Verfahren** ergeben, wenn gegen einen Jugendlichen und einen Heranwachsenden bzw. Erwachsenen gleichzeitig verhandelt wird. Dies gilt dann, wenn das Verfahren Delikte betrifft, bei denen eine Nebenklage gegen den Jugendlichen nicht ausnahmsweise nach Abs. 3 in Betracht kommt. Bereits vor Einführung der **partiellen Zulässigkeit** der Nebenklage im Jugendstrafverfahren ging die überwiegende Meinung[41] davon aus, dass in verbundenen Verfahren die **(„gespaltene") Nebenklage** gegen Heranwachsende bzw. Erwachsene zulässig sei, was auch höchstrichterlich bestätigt wurde.[42]

Nach der gesetzgeberischen Entscheidung, Nebenklagen in besonderen Fällen gegen Jugendliche zuzulassen, ist nun **erst recht** davon auszugehen, dass Jugendlichen auch zugemutet werden kann, die Situation der Nebenklage gegen ihre (heranwachsenden) Mitangeklagten zu ertragen.[43] Ein genereller Ausschluss[44] der Nebenklage in verbundenen Verfahren würde die Verletztenrechte unsachgemäß verkürzen. Allerdings darf sich auch in einem solchen verbundenen Verfahren die Nebenklage dann nur gegen den nicht-jugendlichen Täter richten; die Sondervorschrift des § 80 Abs. 3 darf nicht unterlaufen werden. Aufgrund möglicher Komplikationen, die sich durch Aktivitäten seitens der Nebenklage ergeben können, bleibt es dem Verteidiger des Jugendlichen unbenommen, eine **Abtrennung des Verfahrens** gem. § 103 Abs. 3 zu beantragen.[45] Zudem obliegt dem Gericht die Aufgabe, durch eine entsprechende Verhandlungsführung einem ggf. nicht jugendgemäßen Verfahrensablauf entgegenzuwirken oder erforderlichenfalls die Verfahren zu trennen.[46]

3. Partielle Zulässigkeit der Nebenklage. Der Gesetzgeber hat die Nebenklage im Verfahren gegen Jugendliche sachlich auf einen Bereich **besonders schwerer Delikte** eingegrenzt und damit den Ausschluss der Nebenklage nur partiell aufgehoben. Da es sich insoweit um eine Ausnahmevorschrift handelt, ist der durch Abs. 3 enumerativ abgegrenzte Anwendungsbereich eher restriktiv[47] auszulegen.

a) Begrenzung auf schwere Delikte mit erheblicher Opferbetroffenheit. Die **Antragsberechtigung** zum Anschluss als Nebenkläger im Jugendstrafverfahren richtet sich nach der Verletzteneigenschaft auf Grund der dem Verfahren zu Grunde liegenden Taten und ist dabei auf solche Taten beschränkt, die eine besondere Opferbetroffenheit ausgelöst haben. Diese auch als **materielle Qualifizierung**[48] bezeichnete zusätzliche Voraussetzung hat eine begrenzende Funktion und gilt daher für alle vorstehenden Delikte.[49]

---

[40] So auch SSW-StPO/*Schöch* StPO Vor § 395 Rn. 5.
[41] S. nur *Mitsch* GA 1998, 158 (161 ff.); *Wölfl* Jura 2000, 10 (14); *Höynck* ZJJ 2005, 34 (37); *Brunner/Dölling* § 109 Rn. 6; MRTW/*Rössner* Rn. 19; aA *Franze* StV 1996, 289 (291 f.); *Eisenberg* JGG Rn. 13.
[42] BGH 18.10.1995 – 2 StR 470/95, BGHSt 41, 288 = NJW 1996, 1007.
[43] *Noak* ZRP 2009, 15 (17) mwN; Meyer-Goßner/*Schmitt* StPO Vor § 395 Rn. 6; LBN/*Nestler* Rn. 378; *Streng* JugStrR Rn. 204.
[44] So jedoch *Eisenberg* JGG Rn. 13; s. auch LG Zweibrücken 29.10.2008 – Qs 125/08, StV 2009, 88 sowie zuletzt AG Ebersberg 7.5.2014 – 3 Ls 24 Js 3529/13, ZJJ 2014, 297 mwN, jeweils mit der Begründung, dass die anderslautende Entscheidung des BGH noch im Rahmen der früheren Rechtslage ergangen sei. Das missachtet den in → Rn. 25 erwähnten (naheliegenderen) Erst-Recht-Schluss; differenzierend *Schaffstein/Beulke/Swoboda* Rn. 859; für eine Nebenklage gegen den mitangeklagten Heranwachsenden bzw. Erwachsenen nur in Fällen des § 80 Abs. 3 JGG Ostendorf/*Sommerfeld* Rn. 3.
[45] Widmaier/*Böttcher/Müller* MAH Strafverteidigung § 51 Rn. 178; *Zieger* Rn. 237.
[46] Ausführlich dazu Diemer/Schatz/Sonnen/*Schatz* Rn. 26 mwN.
[47] Dazu *Sommerfeld* ZJJ 2011, 92 (93); *Eisenberg* JGG Rn. 17.
[48] Diemer/Schatz/Sonnen/*Schatz* Rn. 17.
[49] AA *Noak* ZRP 2009, 15 f.

28 **aa) Verbrechen gegen höchstpersönliche Rechtsgüter.** Wie sich aus **Abs. 3 S. 1** ergibt, muss sich der Tatvorwurf auf ein **Verbrechen** der dort bezeichneten Art beziehen. Die Aufzählung ist abschließend,[50] so dass in Betracht kommen:
- Verbrechen **gegen das Leben** (§§ 211, 212, 213, 221 Abs. 2–4 StGB)
- Verbrechen **gegen die körperliche Unversehrtheit** (§§ 225 Abs. 3, 226, 226a, 227 StGB)
- Verbrechen **gegen die sexuelle Selbstbestimmung** (§§ 176a, 176b, 177, 178 StGB)
- Verbrechen **gegen die persönliche Freiheit** (§§ 239 Abs. 3, 239a, 239b StGB)

Ausweislich des Wortlauts muss das dem Tatvorwurf zu Grunde liegende Verbrechen eine besondere Opferbezogenheit aufweisen. Dabei handelt es sich um eine zusätzliche Nebenklagevoraussetzung, die über die reine Verletzteneigenschaft hinausgeht und der Prüfung im Einzelfall bedarf.[51] Den Gerichten fällt somit die Aufgabe zu, darauf zu achten, dass gerade die **besondere Opferbetroffenheit** nicht zu einer Scheinhürde verkommt.[52] Eine solche Betroffenheit weist der Tatvorwurf auf, wenn das Opfer durch die Tat seelisch oder körperlich schwer geschädigt oder einer solchen Gefahr, die konkret sein muss,[53] ausgesetzt wurde.[54] Diese Schäden bzw. die konkrete Gefahr für die betreffenden Rechtsgüter müssen eine besonders hohe Beeinträchtigung der Lebensqualität mit sich bringen.[55]

Es versteht sich von selbst, dass bei **Tötungsdelikten** dieses im Versuchsstadium stecken geblieben sein muss, damit das Opfer selbst als Nebenkläger auftreten kann. Bei Vollendung kommt eine Nebenklage der hinterbliebenen Angehörigen in Betracht (→ Rn. 31).

29 **bb) Raub mit Todesfolge.** Besondere Erwähnung verdient § 251 StGB bzw. § 251 iVm §§ 252, 255 StGB. Ausgehend vom Wortlaut ist bzgl. eines solchen Tatvorwurfes die besondere Opferbetroffenheit keine zusätzliche Voraussetzung.[56] Diese Differenzierung erscheint jedoch wenig einleuchtend.[57] Daher wird teilweise verlangt, dass auch hier auf Seiten des Nebenklägers eine **besondere Opferbetroffenheit** gegeben ist, deren Schwere mit den anderen in Abs. 3 S. 1 genannten Tatvorwürfen vergleichbar ist.[58] Das dürfte allerdings selten relevant werden, da diese besondere Betroffenheit hier angesichts des gravierenden Vorwurfs regelmäßig vorliegen wird, auch im Bereich der versuchten Erfolgsqualifikation, bei der per definitionem auch ein versuchter Totschlag bzw. Mord im Raum steht.

29a Die Begrenzung auf Taten gem. § 251 StGB aus dem Bereich der Raubdelikte ist ein weiteres Argument dafür, dass Abs. 3 S. 1 eher restriktiv auszulegen ist und nicht auf (andere) Delikte, die allein oder vorrangig das Eigentum schützen, anzuwenden ist.[59]

30 **cc) Ausschluss von Vergehen.** Der abschließende Katalog zeigt, dass die Nebenklage im Jugendstrafverfahren auf Verbrechen beschränkt ist. Bezieht sich der Tatvorwurf hingegen auf **Vergehen**, ist eine Nebenklage weiterhin **unzulässig**. Das gilt auch für den Tatvorwurf der fahrlässigen Tötung, § 222 StGB und der fahrlässigen Körperverletzung, § 229 StGB. Abs. 3 S. 1 ist gegenüber § 396 Abs. 2 S. 2 StPO lex specialis.

30a Die Begrenzung auf Verbrechen bewirkt, dass die Nebenklage nur in solchen Verfahren zulässig ist, bei denen sichergestellt ist, dass der jugendliche Angeklagte einen **Verteidiger**

---

[50] So ausdrücklich LG Köln 17.12.2013 – 104 Qs 97/13, ZJJ 2014, 175; LBN/*Nestler* Rn. 378; *Schaffstein/Beulke/Swoboda* Rn. 859.
[51] Ostendorf/*Sommerfeld* Rn. 2; *Sommerfeld* ZJJ 2011, 92 (93); LBN/*Nestler* Rn. 378; dazu kritisch *Hinz* JR 2007, 142 (144).
[52] *Noak* ZRP 2009, 15 (16), der jedoch die zusätzliche Opferbetroffenheit auf die §§ 239 Abs. 3, 239a und 239b begrenzt sieht; *Sommerfeld* ZJJ 2011, 92 (94).
[53] LG Oldenburg 19.7.2010 – 6 Qs 37/10, ZJJ 2011, 92.
[54] LG Saarbrücken 14.2.2014 – 3 Qs 20/14, NStZ 2015, 231.
[55] MRTW/*Rössner* Rn. 15; für eine weite Auslegung indes BeckOK StPO/*Weiner* JGG § 80 Rn. 5b.
[56] So im Ergebnis ua *Streng* JugStrR Rn. 204; LBN/*Nestler* Rn. 378.
[57] MRTW/*Rössner* Rn. 15; Ostendorf/*Sommerfeld* Rn. 2.
[58] So ausdrücklich *Eisenberg* JGG Rn. 17.
[59] Jüngst LG Köln 17.12.2013 – 104 Qs 97/13, ZJJ 2014, 175. Für eine Erstreckung der Nebenklage auf schweren Raub und schwere räuberische Erpressung *Noak* ZRP 2009, 15 (16) wonach die Einbeziehung der §§ 249, 255 „zwingend" sei; ebenso *Schöch* ZJJ 2012, 246 (250).

an seiner Seite hat, **§ 68 Nr. 1 iVm § 140 Abs. 1 Nr. 2 StPO** und er sich nicht allein einem Staatsanwalt und einem Nebenklagevertreter gegenüber sieht.[60]

b) Weitere Antragsberechtigte, Abs. 3 S. 2. Antragsberechtigt sind auch Personen, 31 deren Kinder, Eltern, Geschwister, Ehegatten oder Lebenspartner durch eine rechtswidrige Tat getötet wurden, **§ 80 Abs. 3 S. 2 iVm § 395 Abs. 2 Nr. 1 StPO**. In diesen Fällen kommt es verständlicherweise auch nicht auf das Merkmal der zusätzlichen Opferbetroffenheit an.[61]

c) Keine Nebenklage im Sicherungsverfahren. Im Gegensatz zum allgemeinen Straf- 32 recht berechtigt die Nebenklage gem. Abs. 3 **nicht** auch zum **Anschluss im Sicherungsverfahren** gem. §§ 413 ff. StPO. Seit der Änderung durch das 1. OpferRRG vom 24.6.2004 ist zwar die gewöhnliche Nebenklage auch im Sicherungsverfahren zulässig, womit der Gesetzgeber der Aufgabe der vormals anderweitigen Rechtsprechung des BGH[62] gefolgt ist.[63] Dies gilt jedoch nicht für das Jugendstrafrecht. Das ergibt sich unmittelbar aus der gesetzlichen Regelung, da Abs. 3 anders als § 395 Abs. 1 StPO das Sicherungsverfahren nicht nennt.

Die Differenzierung ist im Ergebnis jedoch **wenig überzeugend,** da keine sachlichen 32a Gründe für die Entscheidung des Gesetzgebers erkenntlich sind.[64] Bei einem schuldunfähigen jugendlichen Täter dürften Erziehungserwägungen regelmäßig sogar weniger zum Tragen kommen. Damit kann der Ausschluss der Nebenklage im Sicherungsverfahren gegen einen Jugendlichen auch nicht mit dem das Jugendstrafrecht prägenden Erziehungsgedanken begründet werden.[65]

d) Reformbestrebungen. Die im Jugendstrafverfahren zusammentreffenden unter- 33 schiedlichen Interessenlagen und vom allgemeinen Strafrecht abweichenden Zielsetzungen rechtfertigen eine gegenüber dem Erwachsenenstrafrecht eingeschränkte Möglichkeit der Nebenklage. Nicht ausgeschlossen ist jedoch, dass der Anwendungsbereich künftig hinsichtlich einzelner Deliktsgruppen erweitert wird.[66] Zwar kommt die vom Bundesjustizministerium eingesetzte Expertenkommission zur Reform des Strafverfahrens zu dem Ergebnis, dass sich im Jugendstrafrecht derzeit kein nennenswerter Reformbedarf im Bereich des Verfahrensrechts aufdränge.[67] Dennoch wäre es erwägenswert, den **Deliktskatalog des Abs. 3** um bislang noch nicht erfasste Vergehen gegen die sexuelle Selbstbestimmung **zu erweitern** und den Nebenklageberechtigten weitere Befugnisse einzuräumen, soweit deren Geltendmachung weder dem Erziehungsgedanken noch dem Beschleunigungsgrundsatz entgegensteht. Eine Ausweitung auf weitere Deliktsgruppen wie Eigentums- und Vermögensdelikte (dazu bereits → Rn. 29 f.) bietet sich dagegen weniger an. Aufgrund der besonderen Opferbetroffenheit sollte die Anschlussberechtigung weiterhin auf solche Delikte konzentriert werden, die sich gegen höchstpersönliche Rechtsgüter wie Leben, körperliche Integrität und sexuelle Selbstbestimmung richten.

Dringend erforderlich wären umfassende **empirische Untersuchungen** der Rechts- 34 wirklichkeit der Nebenklage im Jugendstrafverfahren, um zu überprüfen, ob sich der Vorwurf einer negativen Auswirkung auf den Jugendlichen (oder sonstiger negativer Begleiterscheinungen für die Sanktionierung oder Verfahrensdauer) bestätigen lässt.[68]

---

[60] MRTW/*Rössner* Rn. 13.
[61] BeckOK StPO/*Weiner* JGG § 80 Rn. 5b.
[62] BGH 18.12.2001 – 1 StR 268/01, BGHSt 47, 202 (204), NJW 2002, 692.
[63] Dazu auch SSW-StPO/*Schöch* StPO Vor § 395 Rn. 3: Dazu kritisch SK-StPO/*Velten* StPO Vor §§ 395 Rn. 25.
[64] Von einem „Redaktionsversehen" spricht daher auch Meyer-Goßner/*Schmitt* StPO Vor § 395 Rn. 5; ebenso Diemer/Schatz/Sonnen/*Schatz* Rn. 21; MRTW/*Rössner* JGG § 80 Rn. 14.
[65] So auch *Hinz* JR 2007, 142; MRTW/*Rössner* Rn. 14; BeckOK StPO/*Weiner* JGG Rn. 1b; anders indes ausdrücklich *Eisenberg* JGG Rn. 16b.
[66] So auch das Ergebnis der umfassenden Analyse von *Zapf* S. 388.
[67] So ausdrücklich *Höynck*, Bericht der Expertenkommission Anlagenband I – Gutachten, S. 717, abrufbar unter http://www.bmjv.de/SharedDocs/Downloads/DE/PDF/Anlage_1_StPO_Kommission.pdf?__blob= publicationFile&v=4.
[68] *Zapf* S. 388 sieht dafür keine Belege. Sie selbst hat in ihrer Studie etwa 180 Justizpraktiker sowie Rechtsanwälte in Niedersachsen befragt; überwiegend hatten diese keine grundsätzlichen Bedenken gegenüber der Nebenklage im Jugendstrafrecht und sprachen sich für deren zumindest eingeschränkte Zulässigkeit aus (*Zapf* S. 388 f.).

35 **4. Rechtsfolgen.** Der Anschluss kann auch im Jugendstrafverfahren **in jeder Lage des Verfahrens** erklärt werden, Abs. 3 S. 2 iVm § 395 Abs. 4 StPO.[69] Die Rechtsfolgen einer zulässigen Nebenklage ergeben sich über die Verweisung in Abs. 3 S. 2 aus den §§ 396 ff. StPO, so dass dem Nebenkläger auch im Verfahren gegen einen Jugendlichen verschiedene **Aktivrechte**, wie das Frage-, das Äußerungs- und das Beweisantragsrecht zustehen, vgl. insbesondere § 397 Abs. 1 StPO.[70]

36 Aus der Perspektive des Angeklagten kann insbesondere das **Recht auf Akteneinsicht** als unangenehm empfunden werden. Wie alle Verletzten kann auch der Nebenkläger das Recht auf Akteneinsicht (§ 406e StPO) nur durch einen Rechtsanwalt wahrnehmen,[71] allerdings bedarf es im Falle der Nebenklage nicht der Darlegung eines berechtigten Interesses, § 406e Abs. 2 S. 2 StPO. Das Akteneinsichtsrecht ist zwar grundsätzlich notwendige Voraussetzung für eine effektive Verteidigung,[72] jedoch kann dies auch zu Interessenskonflikten mit dem jugendlichen Angeklagten führen. Denn der Nebenkläger erhält durch die Inanspruchnahme der Akteneinsicht vielfältigen Zugang zu Informationen aus der Privatsphäre des Angeklagten, darunter auch auf den Bericht der Jugendgerichtshilfe und eventuelle Sachverständigengutachten. Darauf, wie der Nebenkläger außerhalb des Verfahrens mit diesen sensiblen Daten umgeht, hat das Gericht jedoch keinen Einfluss.[73] Ob es sich dabei um einen wirklich praktisch relevanten Kritikpunkt handelt, ist vorläufig offen und sollte noch genauer empirisch erforscht werden. Jedenfalls ist es die Aufgabe des Gerichts, im Rahmen seiner Verhandlungsleitung (§ 238 StPO) einer missbräuchlichen und erziehungsfeindlichen Ausnutzung der Nebenklagebefugnisse entgegenzuwirken.[74] Dies kann auch im Falle der Nebenklage bedeuten, dass das Gericht die Akteneinsicht wegen widerstreitender schutzwürdiger Interessen gem. § 406e Abs. 2 S. 1 StPO verweigert bzw. diese nicht vollumfänglich gewährt, wenn erzieherische Belange entgegenstehen.[75]

37 Hinzuweisen ist an dieser Stelle auch auf **§ 397a StPO**, wonach dem Nebenkläger bei besonders schweren Delikten obligatorisch ein **Beistand** zu bestellen ist, was auch als „Opferanwalt auf Staatskosten" bezeichnet wird. Die im Fall von § 397a StPO aufgezählten Delikte korrespondieren mit denen aus Abs. 3 S. 1. In der Rechtspraxis ist davon auszugehen, dass regelmäßig beide Seiten anwaltlich unterstützt werden und damit „Waffengleichheit" herrscht. Da es sich bei den in Abs. 3 genannten Delikten um Verbrechen handelt, ist dem jugendlichen Angeklagten bereits von Rechts wegen ein Verteidiger zu bestellen, § 68 Nr. 1 iVm § 140 Abs. 1 Nr. 2 StPO. **§ 406g Abs. 3 StPO** erstreckt diese Privilegierung zu Gunsten des Verletzten unter bestimmten Voraussetzungen auf das **vorbereitende Verfahren** (dazu aber auch → Rn. 39).

38 **5. Weitere Mitwirkungsrechte des Verletzten.** Neben den besonderen Aktivrechten der Privat- und Nebenklage wird dem Verletzten, seinem Erziehungsberechtigten und seinem gesetzlichen Vertreter gem. **§ 48 Abs. 2** die **Anwesenheit in der Hauptverhandlung** gestattet. Darüber hinaus sind die Rechte des Verletzten und seine Mitwirkungsbefugnisse stetig erweitert worden, vgl. insbesondere §§ 406d ff. StPO. Die §§ 406d, 406e (zu beachten ist jedoch Abs. 1 S. 2), 406f und 406h StPO gelten kraft der generellen Verweisung in § 2 Abs. 2 grundsätzlich uneingeschränkt, da sie nicht von einer bestehenden Anschlussbefugnis abhängen. Sie finden jedoch dann ihre Grenzen, wenn sie entweder ausdrücklich durch spezielle Regelungen des JGG ausgeschlossen sind oder ihre Anwendung den Erziehungsgedanken konterkarieren würde (vgl. dazu auch → Rn. 36).

---

[69] Kritisch hierzu *Eisenberg* JGG Rn. 19.
[70] Für eine Einschränkung des Fragerechts entsprechend § 241a StPO de lege ferenda *Zapf* S. 389.
[71] Diese Regelung entspricht § 147 StPO für den Beschuldigten und dient damit dem Datenschutz sowie der Sicherung des Akteninhalts vor Missbrauch, BT-Drs. 10/5305, 18.
[72] So ausdrücklich auch Diemer/Schatz/Sonnen/*Schatz* Rn. 22; Ostendorf/*Sommerfeld* Rn. 6.
[73] Dazu *Streng* JugStrR Rn. 204.
[74] MRTW/*Rössner* Rn. 17; dazu ausführlich auch *Eisenberg* JGG Rn. 20 f.
[75] Dazu ausführlich *Wölfl* Jura 2000, 10 (11 f.); ebenso *Schaffstein/Beulke/Swoboda* Rn. 867. *Zapf* S. 389 schlägt vor, den Bericht der Jugendgerichtshilfe vom Akteneinsichtsrecht auszunehmen.

Die Bestellung eines Rechtsanwalts als **Beistand** des mutmaßlichen Verletzten im **vorbereitenden Verfahren** gegen Jugendliche erfordert, dass **vorgetragen** wird, aus welchen Umständen sich eine schwere seelische oder körperliche Schädigung oder eine entsprechende Gefahr ergeben soll.[76] Denn die Verletztenrechte gem. §§ 406e Abs. 1 S. 2, 406g StPO setzen nach hM voraus, dass eine **Anschlussbefugnis** besteht[77] – nicht aber, dass der Anschluss auch (schon) tatsächlich erfolgt ist. Da diese Rechte also an das Bestehen der Nebenklagebefugnis anknüpfen, würde eine extensive Anwendung der gesetzgeberischen Grundkonzeption zuwiderlaufen.[78] Um eine ablehnende Entscheidung zu vermeiden, sollte der bzw. die Verletzte daher bereits möglichst frühzeitig und substantiiert zu den Zulassungsvoraussetzungen vortragen.[79] Die Darlegung eines ausreichend ermittlungsfähigen Tatverdachts im vorbereitenden Verfahren ist Ausdruck der Sonderstellung der Nebenklage im Jugendstrafverfahren und aufgrund des Erziehungsgedankens gerechtfertigt.[80]

§ 81 Entschädigung des Verletzten

Die Vorschriften der Strafprozeßordnung über die Entschädigung des Verletzten (§§ 403 bis 406c der Strafprozeßordnung) werden im Verfahren gegen einen Jugendlichen nicht angewendet.

I. Grundlagen

1. Anwendungsbereich. Gem. § 104 Abs. 1 Nr. 14 findet die Vorschrift bei **Jugendlichen** auch vor den für allgemeine Strafsachen zuständigen Gerichten Anwendung. Maßgeblich ist auch hier das Alter zur Tatzeit.[1]

Auf **Heranwachsende** findet die Norm keine Anwendung (§§ 109 Abs. 2 S. 1, 112 S. 2). Seit der Herausnahme des Verweises auf § 81 in § 109 Abs. 2 S. 1 durch das 2. JuMoG[2] gilt das auch dann, wenn materielles Jugendstrafrecht zur Anwendung kommt. RiJGG Nr. 2 zu § 81 ist insoweit überholt.

2. Inhalt und Zweck der Norm. Die Vorschrift schließt in Verfahren gegenüber Jugendlichen das Adhäsionsverfahren (§§ 403 ff. StPO), das der Geltendmachung der zivilrechtlichen Ansprüche des Verletzten im Strafverfahren dient, vollständig aus. Allgemein wird angenommen, der Normzweck sei die Konzentration des Verfahrens auf den **Erziehungsgedanken (§ 2 Abs. 1)**.[3] Auch der BGH verweist insoweit auf die „Erwägung des Gesetzgebers, dass der Erziehungsgedanke [...] Vorrang vor den Interessen des Geschädigten haben soll und zivilrechtliche Auseinandersetzungen in der Regel dem vorrangigen Anliegen abträglich sein werden."[4]

Allerdings ist zu beachten, dass die Möglichkeit eines Adhäsionsverfahrens nach der aktuellen Gesetzeslage eines der letzten Opferrechte ist, das dem Verletzten im Jugendgerichtsverfahren vollständig versagt bleibt[5] (zur Entwicklung im Bereich der Nebenklage

---

[76] LG Oldenburg 19.7.2010 – 6 Qs 37/10, ZJJ 2011, 92.
[77] So ausdrücklich zur Anwendung von § 406g StPO im Jugendstrafverfahren, BVerfG 23.10.2001 – 2 BvR 1236/01, NJW 2002, 1487; ebenso Ostendorf/*Sommerfeld* Rn. 1; Diemer/Schatz/Sonnen/*Schatz* Rn. 29; SSW-StPO/*Schöch* StPO Vorb. zu § 406d Rn. 5; Meyer-Goßner/*Schmitt* StPO Vor § 406d Rn. 3; *Schaffstein*/*Beulke*/*Swoboda* Rn. 869; ausführlich zur weiteren Zulassung der Nebenklage *Schöch* ZJJ 2012, 246 (251 f.); s. auch (noch vor der partiellen Zulassung der Nebenklage) *Hüls* 2005, 22 (26 f.); *Höynck* ZJJ 2005, 34 (35 f.); aA *Eisenberg* JGG Rn. 14 mwN; für eine generelle Anwendung MRTW/*Rössner* Rn. 18.
[78] So ausdrücklich LBN/*Nestler* Rn. 383.
[79] BeckOK StPO/*Weiner* Rn. 5d.
[80] *Sommerfeld* ZJJ 2011, 92 (93).
[1] BGH 30.5.2012 – 2 StR 98/12, StV 2013, 563. S. dazu allgemein MüKoStGB/*Altenhain*/*Laue* JGG § 1 Rn. 6.
[2] BGBl. I 3416.
[3] MRTW/*Rössner* Rn. 1; *Eisenberg* JGG Rn. 4; Brunner/*Dölling* Rn. 1.
[4] BGH 25.1.1991 – 2 StR 614/90, NStZ 1991, 235.
[5] *Kölbel* ZJJ 2015, 58 (60).

→ § 80 Rn. 4, 19 f.). Auch hat der Reformgesetzgeber an anderer Stelle bezeichnenderweise gerade die **erzieherischen Vorzüge des Adhäsionsverfahrens** herausgestellt: Die vollständige Herausnahme des Heranwachsenden aus dem Anwendungsbereich der Vorschrift durch das 2. JuMoG begründete er mit dem Hinweis darauf, dass ein Adhäsionsverfahren der Erziehung des Heranwachsenden förderlich sei, da es ihm das gesamte Unrecht seiner Tat vor Augen führe und ein belastendes zusätzliches Zivilverfahren erspare.[6]

4   Warum aber – wie es dort im unmittelbaren Anschluss heißt – für den Jugendlichen das Gegenteil gelten soll, leuchtet nicht vollends ein: Der Gesetzgeber begründet dies mit dem Hinweis darauf, dass ein Vorgehen auf dem Zivilrechtsweg gegen die oftmals mittellosen Jugendlichen mangels Aussicht auf Vollstreckbarkeit ohnehin unterbleiben wird. Bei Mittellosigkeit und fehlender Vollstreckbarkeit läuft aber letztlich auch ein Adhäsionsverfahren ins Leere. Darüber hinaus ist zu bedenken, dass vom Adhäsionsverfahren auch im allgemeinen Strafrecht eher selten Gebrauch gemacht wird. Eine Flut an (die Jugendlichen zusätzlich belastenden) Adhäsionsverfahren wäre also bei einer Streichung von § 81 JGG kaum zu befürchten. Die Erwägungen des Gesetzgebers zum Adhäsionsverfahren für Heranwachsende verdienen allgemeine Zustimmung, denn eine vollständige Konflikterledigung liegt ebenso im Interesse des Jugendlichen. Freilich sollte diese, insofern ist den Kritikern recht zu geben, **vorrangig** durch einen **Täter-Opfer-Ausgleich** erstrebt werden (→ Rn. 7). Dennoch sollte man de lege ferenda über die Streichung von § 81 JGG nachdenken.[7]

II. Ausschluss des Adhäsionsverfahrens gegen Jugendliche

5   **1. Unstatthaftigkeit des Antrags.** Das Recht des Verletzten (oder seines Erben), Entschädigung im Rahmen eines Adhäsionsverfahrens gem. §§ 403–406c StPO geltend zu machen ist gegenüber einem Jugendlichen ausgeschlossen. Ein entsprechender **Antrag** des Verletzten gem. § 404 StPO ist als **unzulässig** zurückzuweisen. Die dadurch entstandenen Auslagen des Gerichts und des Beschuldigten hat gem. § 472a Abs. 2 StPO der Antragsteller zu tragen.[8]

6   **2. Fehlerfolgen.** Ein erfolgter Ausspruch über die Entschädigung ist nach einer überzeugenden Ansicht in der Literatur mit dem Hinweis auf die generelle Unstatthaftigkeit des Verfahrens sowie die evidente Fehlerhaftigkeit als **nichtig** anzusehen.[9] Der BGH geht stattdessen von bloßer Anfechtbarkeit aus (s. dazu auch → § 79 Rn. 4).[10]

7   **3. Alternative Möglichkeiten der Wiedergutmachung.** In Betracht kommen aber ein Täter-Opfer-Ausgleich gem. § 10 Abs. 1 S. 3 Nr. 7 sowie Schadenswiedergutmachung gem. § 15 Abs. 1 Nr. 1, worauf auch RiJGG Nr. 1 zu § 81 hinweist. Praktisch noch wichtiger sind die freiwilligen Formen des Täter-Opfer-Ausgleichs und der Schadenswiedergutmachung, die nicht im Wege einer Sanktion auferlegt werden, aber bei der Sanktionsentscheidung zugunsten des Jugendlichen zu berücksichtigen sind (ua nach §§ 45, 47 JGG sowie § 46a StGB iVm § 2 Abs. 2).

III. Adhäsionsverfahren bei Heranwachsenden

8   Mangels Bezugnahme auf § 81 in § 109 gelten die Vorschriften über das Adhäsionsverfahren für Heranwachsende ohne Einschränkung, §§ 403 ff. StPO iVm § 2 Abs. 2. § 74 findet bei der Entscheidung über die Auslagen des Verletzten keine Anwendung, wie sich aus § 109

---

[6] BT-Drs. 16/3038, 67; zust. MRTW/*Rössner* Rn. 1.
[7] Für eine Zulassung des Adhäsionsverfahrens „in modifizierter Form" gegenüber Jugendlichen auch *Zapf* S. 389 f., die zugleich über die (nach den Erfahrungen im allgemeinen Strafrecht wenig überraschende) tendenziell ablehnende Haltung der von ihr befragten Praktiker berichtet. Das dürfte, wie auch *Zapf* S. 389 f. vermutet, kaum an spezifisch jugendstrafrechtlichen Bedenken liegen.
[8] Ostendorf/*Ostendorf* Rn. 3.
[9] MRTW/*Rössner* Rn. 3; Ostendorf/*Ostendorf* Rn. 3.
[10] BGH 30.5.2012 – 2 StR 98/12, StV 2013, 563.

Abs. 2 S. 4 ergibt. *Diemer* plädiert aber für eine Berücksichtigung dieses Rechtsgedankens bei der Ermessensentscheidung im Rahmen des § 472a Abs. 2 StPO.[11]

Zehnter Unterabschnitt. Anordnung des Sicherungsverwahrung

§ 81a Verfahren und Entscheidung

Für das Verfahren und die Entscheidung über die Anordnung der Unterbringung in der Sicherungsverwahrung gelten § 275a der Strafprozessordnung und die §§ 74f und 120a des Gerichtsverfassungsgesetzes sinngemäß.

Schrifttum: *Frister/Kliegel*, Probleme der Zuständigkeit bei vorbehaltener oder nachträglicher Anordnung der Sicherungsverwahrung gemäß § 74f GVG, NStZ 2010, 484.

Übersicht

	Rn.		Rn.
I. Grundlagen	1–5	II. Verfahren und Zuständigkeit	6–8
1. Anwendungsbereich	1		
2. Sicherungsverwahrung im Jugendstrafrecht	2–5	III. Altfallregelung	9–11

I. Grundlagen

1. Anwendungsbereich. Die Vorschrift findet Anwendung auf **Jugendliche,** auch in 1 Verfahren vor den für allgemeine Strafsachen zuständigen Gerichten (§ 104 Abs. 1 Nr. 15), sowie bei Verfahren gegen **Heranwachsende** sowohl vor Jugendgerichten (§ 109 Abs. 1) als auch vor den für allgemeine Strafsachen zuständigen Gerichten (§ 112 S. 1).

2. Sicherungsverwahrung im Jugendstrafrecht. Anders als im allgemeinen Strafrecht 2 gab und gibt es im Jugendstrafrecht nicht die Möglichkeit, unmittelbar im erkennenden Urteil Sicherungsverwahrung anzuordnen.[1] Bei Verurteilungen nach Jugendstrafrecht wurde die **Sicherungsverwahrung** erstmalig 2008 eingeführt,[2] und zwar in ihrer **nachträglichen Anordnungsvariante** vgl. **§ 7 Abs. 2–4 aF.** Bei Heranwachsenden, gegen die das allgemeine Strafrecht Anwendung findet, wurde die nachträgliche Anordnung der Sicherungsverwahrung bereits zuvor mit ihrer Einführung in das allgemeine Strafrecht im Jahre 2004 ermöglicht.[3]

Mit dem **Gesetz zur Neuordnung des Rechts der Sicherungsverwahrung** vom 3 22.12.2010[4] wurden die bis dahin in § 7 Abs. 4 S. 1 aF sowie § 106 Abs. 7 aF enthaltenen Regelungen mit den Verweisen auf § 275a StPO betreffend den Ablauf der vorbehaltenen bzw. nachträglichen Anordnung der Sicherungsverwahrung sowie auf die §§ 74f und 120 GVG betreffend die gerichtliche Zuständigkeit aus Gründen der Gesetzessystematik in den Bereich der Verfahrensvorschriften verschoben.[5] Gleichzeitig wurde für das allgemeine Strafrecht die nachträgliche Anordnung der Sicherungsverwahrung für sog. „Neufälle", dh Verfahren wegen einer Tatbegehung nach Inkrafttreten dieser Anordnungsvariante, weitestgehend abgeschafft, vgl. § 66b Abs. 1 und 2 StGB aF. Im Jugendstrafrecht blieb es jedoch, entgegen der sonst für das Jugendstrafrecht gegenüber dem allgemeinen Strafrecht üblichen Vorreiterrolle, zunächst bei der **Beibehaltung der nachträglichen Sicherungsverwahrung,** vgl. **§ 7 Abs. 2 aF und 106 Abs. 5 aF.**

---

[11] Diemer/Schatz/Sonnen/*Diemer* Rn. 4.
[1] Vgl. dazu und zur historischen Entwicklung der Sicherungsverwahrung im Jugendstrafrecht auch MüKoStGB/*Altenhain/Laue* JGG § 7 Rn. 3 ff.
[2] Gesetz zur Einführung der nachträglichen Sicherungsverwahrung bei Verurteilung nach Jugendstrafrecht vom 12.7.2008, BGBl. I 1212.
[3] Gesetz zur Einführung der nachträglichen Sicherungsverwahrung vom 23.7.2004, BGBl. I 1838.
[4] Gesetz zur Neuordnung des Rechts der Sicherungsverwahrung und zu begleitenden Regelungen vom 22.12.2010, BGBl. I 3200.
[5] Vgl. BT-Drs. 17/3403, 48.

4 Erst die Grundsatzentscheidung des **BVerfG** vom **4.5.2011**[6] und das daraufhin erlassene **Gesetz zur Umsetzung des Abstandsgebots**[7] führte zu einer Anpassung an das allgemeine Strafrecht und damit zu einer grundlegenden **Neugestaltung des § 7**.[8] Seitdem sieht die geltende Regelung auch im Jugendstrafrecht die nachträgliche Sicherungsverwahrung nur noch unter sehr engen Voraussetzungen in sog. **„Erledigungsfällen"**, vgl. **§ 7 Abs. 4, § 106 Abs. 7**, vor. Danach kann die Sicherungsverwahrung weiterhin nachträglich angeordnet werden, wenn der Betroffene nach § 63 StGB in einem psychiatrischen Krankenhaus untergebracht worden war und die Unterbringung nach § 67d Abs. 4 StGB für erledigt erklärt worden ist. Diese Regelung entspricht damit der aktuellen Fassung des § 66b StGB und unterliegt denselben Bedenken.[9] Speziell zum Ablauf des Nachverfahrens der Erledigungsfälle sind in § 275a Abs. 1 S. 3–5 StPO Regelungen getroffen. Eine anfängliche Sicherungsverwahrung ist im Jugendstrafrecht weiterhin nicht vorgesehen; das ergibt sich im Umkehrschluss aus § 7 Abs. 1 und 2 sowie aus § 106 Abs. 3 S. 1.

5 Seit dem **1.6.2013** regelt nun **§ 7 Abs. 2 und 3**, dass das Jugendgericht die **Anordnung der Sicherungsverwahrung vorbehalten** kann, wenn der Jugendliche zu einer Jugendstrafe von mindestens sieben Jahren verurteilt wird und das Urteil aufgrund einer der in § 7 Abs. 2 S. 1 Nr. 1 genannten Anlasstaten ergeht. Die Einführung der vorbehaltenen Sicherungsverwahrung ins Jugendstrafrecht ersetzt hier die nachträgliche Anordnungsvariante.

II. Verfahren und Zuständigkeit

6 § 81a bewirkt eine Verknüpfung mit dem allgemeinen Strafrecht, da die **sinngemäße Anwendung von § 275a StPO und §§ 74f und 120 GVG** angeordnet wird.[10] An die Stelle der dort zitierten StGB-Vorschriften treten hier die Regelungen des § 7 und des § 106.

7 **§ 275a Abs. 1 StPO** stellt sicher, dass bei der Anordnung der vorbehaltenen oder der nachträglichen Anordnung der Sicherungsverwahrung **die gleichen Verfahrensgarantien** gelten wie bei der primären Anordnung der Sicherungsverwahrung. Deshalb ist sowohl über die vorbehaltene Anordnung wie auch über die nachträgliche Anordnung im Rahmen einer zweiten Hauptverhandlung durch Urteil zu entscheiden. Dieses Verfahren wird durch die Vollstreckungsbehörde eingeleitet, indem sie die Akten rechtzeitig (§ 275a Abs. 5 StPO) an die Staatsanwaltschaft des zuständigen Gerichts übersendet. Bis zur Vollendung des 21. Lebensjahres des Betroffenen ist gem. § 82 Abs. 1 S. 1 JGG der Jugendrichter **Vollstreckungsleiter,** danach die Staatsanwaltschaft, § 82 Abs. 3, § 451 Abs. 1 StPO. Die Vollstreckungsbehörde hat dann die Vorgänge an den Vorsitzenden des zuständigen Gerichts weiterzuleiten, so dass dieses spätestens sechs Monate vor der vollständigen Vollstreckung der verbleibenden Reststrafe über die Anordnung der Sicherungsverwahrung zu entscheiden hat.

8 **Zuständig** ist das Gericht des ersten Rechtszuges. Die Verweisung auf § 74f GVG bewirkt, dass in jedem Fall eine **Jugendkammer beim Landgericht** über die Anordnung der Sicherungsverwahrung entscheidet, auch wenn ursprünglich ausnahmsweise das Jugendschöffengericht entschieden hatte.[11] Im Hinblick auf die Regelung des § 41 Abs. 1 Nr. 5 –

---

[6] BVerfG 4.5.2011 – 2 BvR 2365/09, 740/10, 2333/08, 1152/10, 571/10, BVerfGE 128, 326, NJW 2011, 1931 ff.
[7] Gesetz zur bundesgesetzlichen Umsetzung des Abstandsgebots im Recht der Sicherungsverwahrung vom 5.12.2012, BGBl. I 2425.
[8] Ausführliche Darstellungen über die Entwicklung der Sicherungsverwahrung finden sich ua bei *Zimmermann* HRRS 2013, 164 ff.; *Renzikowski* NJW 2013, 1638 (1640); *Eisenberg* JGG § 7 Rn. 30 ff.; MüKoStGB/ *Ullenbruch/Drenkhahn/Morgenstern* StGB § 66 Rn. 16 ff.
[9] *Renzikowski* NJW 2013, 1638 (1642); SSW-StGB/*Jehle* StGB § 66b Rn. 5; Matt/*Renzikowski/Eschelbach* StGB § 66b Rn. 16 ff.; MüKoStGB/*Ullenbruch/Drenkhahn* StGB § 66b Rn. 23 ff.
[10] MRTW/*Rössner* Rn. 3; kritisch *Eisenberg* JGG § 81a Rn. 5 mwN.
[11] Ausführlich zu den Problemen der Zuständigkeit bei vorbehaltener oder nachträglicher Anordnung der Sicherungsverwahrung gemäß § 74f GVG *Frister/Kliegel* NStZ 2010, 484 ff.

der gem. § 108 Abs. 3 S. 2 auch in Verfahren gegen Heranwachsende gilt – ist jedoch ein solcher Fall kaum denkbar.[12]

III. Altfallregelung

Infolge der weitgehenden Aufhebung der nachträglichen Anordnung der Sicherungsverwahrung im allgemeinen Strafrecht entfiel auch die Notwendigkeit für eine darauf bezogene verfahrensrechtliche Regelung in § 257a StPO. Weil im Jugendstrafrecht die nachträgliche Anordnung der Sicherungsverwahrung über die Erledigungsfälle hinaus zunächst jedoch bestehen blieb, wurde für die Fälle des § 7 Abs. 2 aF und des § 106 Abs. 5 aF die entfallene Verfahrensregelung aus § 275a StPO in § 81 Abs. 2 überführt. 9

Durch das Gesetz zur Umsetzung des Abstandsgebots wurden die nachträgliche Sicherungsverwahrung schließlich auch für das Jugendstrafrecht ausgenommen, die Erledigungsfälle abgeschafft und die Regelung des § 81 Abs. 2 aufgehoben, so dass sich die bisherige Verfahrensregelung des Abs. 2 erübrigt hat. 10

Im Wege der **Übergangsvorschriften** ist gleichwohl auch noch im Jugendstrafrecht eine nachträgliche Anordnung der Sicherungsverwahrung nach § 7 Abs. 2 aF möglich – wenn auch unter verschärften Voraussetzungen, vgl. **§§ 316e Abs. 1 S. 2, 316f Abs. 2 S. 2 EGStGB.** Aufgrund der Übergangsvorschriften ist vorbehaltlich der einschränkenden Sonderregelungen das Recht anzuwenden, das im Zeitpunkt der Begehung der Anlasstat gegolten hat. 11

§§ 82–106 *(nicht abgedruckt)*

---

[12] Kritisch zu dieser Zuständigkeitsverlagerung unabhängig von Anhaltspunkten für eine Prognose iSd § 7 Abs. 2 *Eisenberg* JGG § 41 Rn. 8.

Dritter Teil. Heranwachsende

Zweiter Abschnitt. Gerichtsverfassung und Verfahren

§ 107 Gerichtsverfassung

Von den Vorschriften über die Jugendgerichtsverfassung gelten die §§ 33 bis 34 Abs. 1 und §§ 35 bis 38 für Heranwachsende entsprechend.

§ 108 Zuständigkeit

(1) Die Vorschriften über die Zuständigkeit der Jugendgerichte (§§ 39 bis 42) gelten auch bei Verfehlungen Heranwachsender.

(2) Der Jugendrichter ist für Verfehlungen Heranwachsender auch zuständig, wenn die Anwendung des allgemeinen Strafrechts zu erwarten ist und nach § 25 des Gerichtsverfassungsgesetzes der Strafrichter zu entscheiden hätte.

(3) ¹Ist wegen der rechtswidrigen Tat eines Heranwachsenden das allgemeine Strafrecht anzuwenden, so gilt § 24 Abs. 2 des Gerichtsverfassungsgesetzes. ²Ist im Einzelfall eine höhere Strafe als vier Jahre Freiheitsstrafe oder die Unterbringung des Beschuldigten in einem psychiatrischen Krankenhaus, allein oder neben einer Strafe, oder in der Sicherungsverwahrung (§ 106 Absatz 3, 4, 7) zu erwarten, so ist die Jugendkammer zuständig. ³Der Beschluss einer verminderten Besetzung in der Hauptverhandlung (§ 33b) ist nicht zulässig, wenn die Anordnung der Unterbringung in der Sicherungsverwahrung, deren Vorbehalt oder die Anordnung der Unterbringung in einem psychiatrischen Krankenhaus zu erwarten ist.

Übersicht

	Rn.		Rn.
I. Grundlagen	1–3	III. Sachliche Zuständigkeit	7–10a
1. Anwendungsbereich und Inhalt der Normen	1, 1a	1. Zuständigkeit des Jugendrichters	8, 8a
2. Entstehungsgeschichte	2	2. Zuständigkeit des Jugendschöffengerichts	9
3. Sinn und Zweck	3	3. Zuständigkeit der Jugendkammer	10, 10a
II. Jugendgerichtshilfe, § 38 iVm § 107 Abs. 1	4–6	IV. Örtliche Zuständigkeit	11–13
		V. Prozessuales	14

I. Grundlagen

1 1. **Anwendungsbereich und Inhalt der Normen.** Beide Normen gelten für **Verfahren gegen einen Heranwachsenden**. Neben § 107, der die Heranwachsenden grundsätzlich in die Jugendgerichtsverfassung mit einbindet, regelt § 108 explizit die **Zuständigkeit der Jugendgerichte** in Verfahren gegen Heranwachsende,[1] und zwar sowohl in örtlicher als auch in sachlicher Hinsicht. Auch hier ist nicht das Alter zum Zeitpunkt der Hauptverhandlung, sondern der Zeitpunkt der Tat entscheidend.[2] Die **Zuständigkeit der Gerichte für allgemeine Strafsachen** ist in § 108 nicht explizit geregelt und ergibt sich aus §§ 102, 103 Abs. 2 S. 2, 3 iVm § 112 S. 1.[3]

1a § 107 bezieht die Heranwachsenden in die Jugendgerichtsverfassung mit ein, indem die aufgezählten **Vorschriften (§§ 33–34 Abs. 1, 35–38)** auch für Heranwachsende für

---

[1] Ostendorf/*Goerdeler* § 108 Rn. 1.
[2] MTRW/*Czerner/Habetha* § 107 Rn. 1.
[3] Diemer/Schatz/Sonnen/*Sonnen* § 108 Rn. 1.

anwendbar erklärt werden. Die Jugendgerichte entscheiden grundsätzlich über die Verfehlungen von Heranwachsenden (§ 107 iVm § 33 Abs. 1), wobei es irrelevant ist, ob Jugendstrafrecht oder allgemeines Strafrecht angewendet wird. Die Jugendgerichte sind ebenso zuständig, wenn bei mehreren Taten ein Teil im Heranwachsendenstadium und ein anderer Teil im Erwachsenenalter begangen wurden, auch, wenn letzterer Teil im Verhältnis überwiegt.[4]

2. Entstehungsgeschichte. Die Einbeziehung der Heranwachsenden in die Jugendgerichtsverfassung und in das Jugendgerichtsverfahren wurde erst **1953** (im Zuge einer allgemeinen Ausweitung des tendenziell milderen Jugendstrafrechts) **eingeführt;** sie war ein besonderes Anliegen des damaligen Gesetzgebers.[5] 2

3. Sinn und Zweck. Hinter den Normen steht die Überlegung, dem Heranwachsenden in ähnlicher Weise wie dem Jugendlichen ein an die **Entwicklungsstufen angepasstes Verfahren** zu ermöglichen, das die entwicklungspsychologischen Aspekte bei jungen Menschen kennt und berücksichtigt. Eine Ausprägung dieses Gedankens ist es etwa, dass der Richter bei den Jugendgerichten und die Jugendstaatsanwälte wie bei Jugendlichen erzieherisch befähigt (§ 37) und in der Lage sein sollen, sich auch in die Lebenswelt von Heranwachsenden hineinzuversetzen.[6] 3

II. Jugendgerichtshilfe, § 38 iVm § 107 Abs. 1

Die Mitwirkung der Jugendgerichtshilfe (§ 38) ist richtigerweise auch in Verfahren gegen Heranwachsende sinnvoll. Sie ist (auch entsprechend im Strafbefehlsverfahren)[7] zwingend, unabhängig davon, ob Jugend- oder allgemeines Strafrecht angewendet wird.[8] Gerade für diese Entscheidung ist die Heranziehung und Mitwirkung der Jugendgerichtshilfe von besonderer Bedeutung,[9] da sie dem Gericht einen ausführlichen **Überblick über** die **Persönlichkeit** und **Entwicklung** des Heranwachsenden und über dessen **Lebensweise** und **soziales Umfeld** verschaffen soll.[10] 4

Die Berichterstattung muss (wie bei Jugendlichen) nicht der Sachbearbeiter persönlich leisten; dies kann auch von dessen **Vertreter** durch Vortragen des Gutachtens des Sachbearbeiters vorgenommen werden.[11] 4a

Die Heranziehung der Jugendgerichtshilfe ist auch dann erforderlich, wenn der Beschuldigte **zum Verfahrenszeitpunkt nicht mehr Heranwachsender** ist[12] oder wenn ein Teilakt einer einheitlichen Tat nach Vollendung des 21. Lebensjahres begangen wurde.[13] Wird über die Anwendung des allgemeinen Strafrechts trotz **Nichtbeteiligung** der Jugendgerichtshilfe entschieden, liegt ein Rechtsverstoß vor, so dass das Urteil im Revisionsverfahren aufgehoben werden muss[14] (s. auch → Rn. 14). 5

Eine **Mitwirkungsverweigerung**[15] seitens der Jugendgerichtshilfe, trotz Hinweises und Aufforderung des Gerichts zum Tätigwerden, ist rechtswidrig. Dies führt allerdings nicht zur Verfahrenseinstellung. Vielmehr muss das Gericht, wenn ein Verzicht auf die Mitwirkung der Jugendgerichtshilfe nicht gerechtfertigt scheint, diesem Bedürfnis durch andere Maßnahmen wie beispielsweise die Ladung des zuständigen Beamten als Zeugen, die 6

---

[4] *Eisenberg* JGG § 107 Rn. 5; OLG Jena 2.6.2015 – 1 Ws 111/15, BeckRS 2015, 19800 Rn. 9.
[5] *Eisenberg* JGG § 107 Rn. 2.
[6] Diemer/Schatz/Sonnen/*Sonnen* § 107 Rn. 1; MRTW/*Czerner/Habetha* § 107 Rn. 1.
[7] *Eisenberg* JGG § 107 Rn. 13.
[8] Ostendorf/*Goerdeler* § 107 Rn. 5; Diemer/Schatz/Sonnen/*Sonnen* § 107 Rn. 5; *Eisenberg* JGG § 107 Rn. 13.
[9] *Eisenberg* JGG § 107 Rn. 14.
[10] MRTW/*Czerner/Habetha* § 107 Rn. 4.
[11] BGH 18.4.1984 – 2 StR 103/84, NStZ 1984, 467.
[12] BGH 12.10.1954 – 5 StR 335/54, BGHSt 6, 354, NJW 1954, 1855.
[13] *Eisenberg* JGG § 107 Rn. 13.
[14] Ostendorf/*Goerdeler* § 107 Rn. 5; *Eisenberg* JGG § 107 Rn. 15.
[15] OLG Köln 24.6.1986 – Ss 236/86, NStZ 1986, 569.

Beschlagnahme von Unterlagen oder sonstige Kostenauferlegungen und Dienstaufsichtsbeschwerden nachkommen.[16]

III. Sachliche Zuständigkeit

7 Anders als bei § 107 ist es bei der Frage der **Zuständigkeit nach § 108** von Bedeutung, ob die Anwendung des Jugendstrafrechts oder des allgemeinen Strafrechts zu erwarten ist. Wenn die **Anwendung des Jugendstrafrechts zu erwarten** ist (was überwiegend der Fall ist), so ist **Abs. 1** einschlägig und die Vorschriften über die Zuständigkeit der Jugendgerichte gelten bei Heranwachsenden ebenso wie bei Verfahren gegen Jugendliche. Ist dagegen die **Anwendung des allgemeinen Strafrechts zu erwarten,** so kommen die ergänzenden Regelungen des **Abs. 2 und Abs. 3** zur Geltung.[17]

7a Wenn nicht klar vorausgesagt werden kann, ob Jugend- oder Erwachsenenstrafrecht zur Anwendung kommt, so muss die Zuständigkeit für beides geprüft werden und im Fall der Zuständigkeit verschiedener Gerichte vor dem höheren Gericht angeklagt werden.[18]

8 **1. Zuständigkeit des Jugendrichters.** Bei zu erwartender **Anwendung des Jugendstrafrechts** ist der Jugendrichter gem. **§ 108 Abs. 1 iVm § 39 Abs. 1** zuständig. Jedoch prüft die StA vor Anklageerhebung nicht nur, ob die Anwendung des Jugendstrafrechts zu erwarten ist, sondern auch, ob mit der Verhängung einer Jugendstrafe (und wenn ja, in welcher Höhe) zu rechnen ist; denn nach § 39 Abs. 2 darf der Jugendrichter nicht auf eine Jugendstrafe von mehr als einem Jahr erkennen.[19]

8a Ist die **Anwendung des allgemeinen Strafrechts** zu erwarten, gilt **§ 108 Abs. 2.** Danach soll bei Verfehlungen (aber nur bei Vergehen) von Heranwachsenden ebenfalls der Jugendrichter entscheiden, dessen sachliche Zuständigkeit sich aus § 108 Abs. 2 iVm § 25 GVG ergibt.[20]

9 **2. Zuständigkeit des Jugendschöffengerichts.** Das Jugendschöffengericht ist in allen (übrigen) Verfahren gegen Heranwachsende zuständig, in welchen weder der Jugendrichter (→ Rn. 8) noch explizit die Jugendkammer (→ Rn. 10) zuständig sind.[21] Bei Anwendung des Erwachsenenstrafrechts darf das Jugendschöffengericht nicht auf mehr als vier Jahre Freiheitsstrafe[22] oder auf die Unterbringung in einem psychiatrischen Krankenhaus oder in der Sicherungsverwahrung erkennen, da gem. § 108 Abs. 3 die entsprechende Beschränkung gem. § 24 Abs. 2 GVG gilt.

10 **3. Zuständigkeit der Jugendkammer.** Da die Zuständigkeit des Jugendschöffengerichts bei Anwendung des Erwachsenenstrafrechts in dem zuletzt genannten Fall entfällt, regelt § 108 Abs. 3 explizit, dass bei der Erwartung der Verhängung einer **höheren Strafe als vier Jahre Freiheitsstrafe** oder der **Unterbringung** in einem psychiatrischen Krankenhaus oder in der **Sicherungsverwahrung** die **Jugendkammer zuständig** ist.[23]

10a Die Zuständigkeit der Jugendkammer kann sich weiterhin aus der **Verbindung von Strafsachen** gegen Erwachsene und Heranwachsende[24] sowie dann ergeben, wenn das Jugendschöffengericht ihr einen Fall aufgrund seines Umfangs vorlegt.[25] Schließlich ist die Jugendkammer auch in **Schwurgerichtssachen**[26] zuständig.

---

[16] OLG Köln 24.6.1986 – Ss 236/86, NStZ 1986, 569.
[17] MRTW/*Czerner/Habetha* § 108 Rn. 2.
[18] *Brunner/Dölling* § 108 Rn. 3.
[19] Diemer/Schatz/Sonnen/*Sonnen* § 108 Rn. 3.
[20] Diemer/Schatz/Sonnen/*Sonnen* § 108 Rn. 3; *Brunner/Dölling* § 108 Rn. 2.
[21] *Brunner/Dölling* § 108 Rn. 2a.
[22] BGH 16.6.2009 – 4 StR 647/08, NStZ 2010, 94.
[23] *Brunner/Dölling* § 108 Rn. 2.
[24] Diemer/Schatz/Sonnen/*Sonnen* § 108 Rn. 5.
[25] Diemer/Schatz/Sonnen/*Sonnen* § 108 Rn. 5.
[26] *Brunner/Dölling* § 108 Rn. 2; Diemer/Schatz/Sonnen/*Sonnen* § 108 Rn. 5.

IV. Örtliche Zuständigkeit

Die **örtliche Zuständigkeit** bei Verfahren gegen Heranwachsende ergibt sich aus **§ 108 Abs. 1 iVm § 42**,[27] wobei § 42 Abs. 1 Nr. 1 und Abs. 2 bei Heranwachsenden wegen deren Volljährigkeit und des dadurch erloschenen elterlichen Erziehungsrechts nicht gilt.[28] 11

Aus § 42 Abs. 1 Nr. 2 und Abs. 3 folgt der Grundsatz, dass die Anklage vor jenem Gericht erhoben werden soll, welches sich im Bezirk des **freiwilligen Aufenthalts** des Beschuldigten zum Zeitpunkt der Anklageerhebung befindet.[29] Dies hat den Hintergrund, dass im Jugendstrafrecht der Einbindung des Heranwachsenden in sein näheres Umfeld und damit zugleich den besseren Erkenntnismöglichkeiten „vor Ort" hohe Bedeutung zugemessen wird.[30] Abgestellt wird auf den **faktischen Aufenthaltsort**, nicht auf den Wohnsitz oder die Meldeanschrift.[31]

Abweichend von diesem Grundsatz[32] kann eine Abgabe des Verfahrens nur erfolgen, wenn der Beschuldigte nach Anklageerhebung seinen ständigen **Aufenthaltsort wechselt**[33] oder erhebliche Zweckmäßigkeitsgründe es erfordern bzw. erhebliche Erschwernisse das Verfahren belasten würden.[34] Eine Anklage vor dem **für den Tatort zuständigen Gericht** kommt dann in Frage, wenn beispielsweise ein Großteil der Zeugen in der Umgebung des Tatortes wohnt oder die Lage von Augenscheinobjekten berücksichtigt werden muss (zB bei Verkehrsstraftaten, so explizit die Richtlinie zu § 108 JGG).[35] 12

Wohnen zwei Mittäter in einem jeweils anderen Bezirk oder ist der Tatort auf zwei Gerichtsbezirke hälftig verteilt, so hat die Staatsanwaltschaft ein freies Auswahlermessen.[36]

Nach der hM soll die Zuständigkeit des **Vollstreckungsleiters** dem Wortlaut des § 42 Abs. 1 Nr. 3 entsprechend neben dem zuständigen Richter gegeben sein, wenn die neue Tat zu einem Zeitpunkt begangen wurde, in welchem die Jugendstrafe (keine Freiheitsstrafe) für eine vorherige Verfehlung noch nicht vollständig verbüßt worden ist und der Täter das 21. Lebensjahr noch nicht vollendet hat.[37] Die Anklage muss vor Vollendung des 21. Lebensjahres erfolgen. Ist allerdings bei der neuen Verfehlung eine Freiheitsstrafe von mehr als drei Jahren zu erwarten, so ist die Zuständigkeit der dem in § 85 Abs. 2, 3 bezeichneten Richter örtlich übergeordneten Jugendkammer gegeben.[38] 13

V. Prozessuales

Hat die **allgemeine Strafkammer** trotz Zuständigkeit der Jugendkammer entschieden, so liegt ein **absoluter Revisionsgrund** gem. **§ 338 Nr. 4 StPO** vor; ebenso bei **falscher örtlicher Zuständigkeit**.[39] Unterbleibt die Heranziehung der JGH, liegt eine Verletzung von §§ 107, 38 Abs. 3 S. 1 vor, gegen die mit einer revisionsrechtlichen Verfahrensrüge vorgegangen werden kann.[40] 14

---

[27] MRTW/*Czerner*/*Habetha* § 108 Rn. 8.
[28] MRTW/*Czerner*/*Habetha* § 108 Rn. 9; Diemer/Schatz/Sonnen/*Sonnen* § 108 Rn. 8; *Brunner*/*Dölling* § 108 Rn. 5.
[29] *Eisenberg* JGG § 108 Rn. 18a; Diemer/Schatz/Sonnen/*Sonnen* § 108 Rn. 8.
[30] Diemer/Schatz/Sonnen/*Sonnen* § 108 Rn. 8.
[31] BGH 8.9.2015 – 2 Ars 142/15, NStZ-RR 2015, 353.
[32] OLG Celle 6.12.2007 – 2 Ws 383/07, NdsRpfl 2008, 194.
[33] BGH 18.8.2010 – 2 Ars 241/10, BeckRS 2010, 23040; OLG Hamm 19.11.2012 – 3(s) Sdb. I. 10/12, BeckRS 2013, 11364; Diemer/Schatz/Sonnen/*Sonnen* § 108 Rn. 8.
[34] BGH 8.9.2015 – 2 Ars 142/15, NStZ-RR 2015, 353; BGH 18.8.2010 – 2 Ars 241/10 = BeckRS 2010, 23040; OLG Celle 6.12.2007 – 2 Ws 383/07, NdsRpfl 2008, 194; Diemer/Schatz/Sonnen/*Sonnen* § 108 Rn. 11.
[35] Diemer/Schatz/Sonnen/*Sonnen* § 108 Rn. 11; MRTW/*Czerner*/*Habetha* § 108 Rn. 9; Ostendorf/*Goerdeler* § 108 Rn. 6; *Eisenberg* JGG § 108 Rn. 18a; *Brunner*/*Dölling* § 108 Rn. 5.
[36] OLG Jena 29.1.2009 – 1 Ws 30/09, BeckRS 2009, 11626; Diemer/Schatz/Sonnen/*Sonnen* § 108 Rn. 8.
[37] *Eisenberg* JGG § 108 Rn. 19.
[38] *Eisenberg* JGG § 108 Rn. 19; Diemer/Schatz/Sonnen/*Sonnen* § 108 Rn. 10.
[39] BGH 30.1.2013 – 4 StR 380/12, NStZ-RR 2013, 186; BGH 17.8.2010 – 4 StR 347/10, BeckRS 2010, 21243; BGH 11.4.2007 – 2 StR 107/07, NStZ-RR 2007, 282.
[40] BGH 12.10.1954 – 5 StR 335/54, BGHSt 6, 354 = NJW 1954, 1855.

§ 109 Verfahren

(1) ¹Von den Vorschriften über das Jugendstrafverfahren (§§ 43 bis 81a) sind im Verfahren gegen einen Heranwachsenden die §§ 43, 47a, 50 Abs. 3 und 4, § 68 Nr. 1 und 4, § 70a Absatz 1 Satz 1, Absatz 2 sowie die §§ 72a bis 73 und § 81a entsprechend anzuwenden. ²Die Jugendgerichtshilfe und in geeigneten Fällen auch die Schule werden von der Einleitung und dem Ausgang des Verfahrens unterrichtet. ³Sie benachrichtigen den Staatsanwalt, wenn ihnen bekannt wird, daß gegen den Beschuldigten noch ein anderes Strafverfahren anhängig ist. ⁴Die Öffentlichkeit kann ausgeschlossen werden, wenn dies im Interesse des Heranwachsenden geboten ist.

(2) ¹Wendet der Richter Jugendstrafrecht an (§ 105), so gelten auch die §§ 45, 47 Abs. 1 Satz 1 Nr. 1, 2 und 3, Abs. 2, 3, §§ 52, 52a, 54 Abs. 1, §§ 55 bis 66, 74 und 79 Abs. 1 entsprechend. ²§ 66 ist auch dann anzuwenden, wenn die einheitliche Festsetzung von Maßnahmen oder Jugendstrafe nach § 105 Abs. 2 unterblieben ist. ³§ 55 Abs. 1 und 2 ist nicht anzuwenden, wenn die Entscheidung im beschleunigten Verfahren des allgemeinen Verfahrensrechts ergangen ist. ⁴§ 74 ist im Rahmen einer Entscheidung über die Auslagen des Verletzten nach § 472a der Strafprozessordnung nicht anzuwenden.

(3) In einem Verfahren gegen einen Heranwachsenden findet § 407 Abs. 2 Satz 2 der Strafprozeßordnung keine Anwendung.

Schrifttum: *Eisenberg,* Anm. zu BGH Urt. v. 6.11.1996 – 2 StR 391/96, NStZ 1998, 53-55; *Jung-Pätzold/Pruin/Jetter-Schröder,* Heranwachsende, Untersuchungshaft und Baden-Württemberg, ZJJ 2010, 301.

Übersicht

	Rn.
I. Grundlagen	1–8
1. Inhalt und Systematik	1
2. Anwendungsbereich	2–4
a) Grundsätzliches	2
b) Tatbegehung in verschiedenen Altersstufen	3
c) Verbindung von Strafsachen gegen Jugendliche und Heranwachsende	4
3. Normzweck	5
4. Reformdiskussion	6, 7
5. Anwendungspraxis	8
II. Anwendbare Verfahrensvorschriften	9–34
1. Generell geltende Vorschriften (Abs. 1)	9–20
a) Ermittlung der Persönlichkeitsentwicklung	10
b) Besonderer Schutz von U-Haft-Gefangenen	11
c) Vorrang der Jugendgerichte	12
d) Notwendige Verteidigung	13
e) Mitteilungspflichten nach Abs. 1 S. 2, 3	14
f) Belehrungspflichten	15
g) Ausschluss der Öffentlichkeit nach Abs. 1 S. 4	16–19
h) Sicherungsverwahrung	20
2. Nur bei Anwendung von Jugendstrafrecht geltende Vorschriften (Abs. 2)	21–27
a) Diversion	22–24
b) Anrechnung von Untersuchungshaft	25
c) Verfahrensvorschriften	26
d) Kosten und Auslagen	27
3. Nicht anwendbare Vorschriften	28
4. Besondere Verfahrensarten	29–34
a) Beschleunigtes Verfahren	29
b) Vereinfachtes Jugendverfahren	30
c) Privat- und Nebenklage	31
d) Strafbefehlsverfahren	32, 33
e) Adhäsionsverfahren	34

I. Grundlagen

1. Inhalt und Systematik. Prinzipiell kommen in **Verfahren gegen Heranwachsende** die **Vorschriften des allgemeinen Strafverfahrensrechts** zur Anwendung, soweit § 109 nicht die Vorschriften des Jugendstrafverfahrens für entsprechend anwendbar erklärt. Dabei ist zwischen zwei Konstellationen zu unterscheiden. Bei **Anwendung des allgemeinen Strafrechts** sind allein die Verweisungen des **Abs. 1** maßgeblich, wohingegen die in **Abs. 2** genannten Vorschriften zusätzlich gelten, wenn **materiellrechtlich Jugendstrafrecht** angewendet wird.

2. Anwendungsbereich. a) Grundsätzliches. Die Norm gilt nur für Verfahren gegen 2
einen **Heranwachsenden**. Dabei ist der allgemeinen Regel in § 1 Abs. 2 entsprechend das
Alter zur Tatzeit ausschlaggebend.[1] § 109 regelt das Verfahren gegen Heranwachsende vor
den Jugendgerichten; über §§ 112 S. 1, 104 gelangt man auch zu einer entsprechenden
Anwendung in Verfahren gegen Heranwachsende vor den für **allgemeine Strafsachen
zuständigen Gerichten**.

b) Tatbegehung in verschiedenen Altersstufen. Sofern es sich um **Straftaten aus** 3
verschiedenen Altersstufen handelt, die zusammen verhandelt werden, gilt für jede
Tat das jeweils einschlägige Verfahrensrecht[2] und gerade nicht einheitlich das spezielle
Jugendverfahrensgesetz für das gesamte Verfahren.[3] Dabei wird vertreten, dass solche
Verfahrensformen ausscheiden, die sich für eine einheitliche Vorgehensweise nicht eignen.[4] Das wird man differenziert je nach in Rede stehender Verfahrensnorm entscheiden
müssen; zur Nebenklage s. → § 80 Rn. 23. Zur Regelung über die Nichtöffentlichkeit
speziell → Rn. 18 f.

c) Verbindung von Strafsachen gegen Jugendliche und Heranwachsende. Auch 4
hier gilt der in → Rn. 3 erwähnte **Grundsatz,** dh bei jedem Angeklagten gelten die
jeweils anwendbaren Verfahrensvorschriften separat, solange sie nicht unvereinbar
sind. Ein streitiger Fall ist die Nebenklage (dazu näher → § 80 Rn. 24 f.). Hier sollen
nach einer Ansicht einheitlich die vorrangigen Regelungen des Jugendverfahrensgesetzes
anwendbar sein, die eine nur partielle Zulässigkeit der Nebenklage vorsehen.[5] Überzeugender ist die hM, nach der eine Nebenklage gegen den Heranwachsenden bzw. den Erwachsenen stets möglich ist, auch wenn sie in Bezug auf den Jugendlichen ausgeschlossen ist.[6]

3. Normzweck. Die Vorschrift soll ein für den Heranwachsenden **altersgemäßes Verfahren** 5
sicherstellen. Sein Reifestatus und seine in der Entwicklung befindliche Persönlichkeit sollen angemessen Berücksichtigung finden und auf diese Weise eine adäquate Strafe
auch im Hinblick auf die Motive und Zusammenhänge der Kriminalitätsentwicklung des
Heranwachsenden gefunden werden.

4. Reformdiskussion. Immer wieder werden **Reformvorschläge in Bezug auf § 109** 6
vorgebracht, meist mit dem Ziel, zusätzliche Schutzvorschriften aus dem JGG zu übernehmen.[7] Auf konkrete Kritik stößt dabei u.a. eine **fehlende Verweisung auf § 51,** wo
die zeitweilige Ausschließung von Beteiligten geregelt ist.[8] Auch die Persönlichkeit eines
Heranwachsenden weist oft noch nicht die Stabilität eines Erwachsenen auf, sie befindet
sich ggf. nach wie vor in einer Entwicklungs- und Reifephase. Es ist daher durchaus denkbar,
dass auch hier die weitere Entwicklung durch die ununterbrochene Anwesenheit des Heranwachsenden selbst oder anderer Beteiligter Schaden nehmen kann. Darüber hinaus wird
vor allem die **Nichtverweisung auf §§ 71, 72** zu Recht kritisiert, weil diese Regelungen
u.a. im Sinne des Verhältnismäßigkeitsgrundsatzes die Suche nach vorrangigen Alternativen
zur U-Haft festschreiben sowie eine besonders beschleunigte Verfahrenserledigung verlangen.[9] Beides erscheint auch bei Heranwachsenden (unabhängig von der Anwendung von
allgemeinem oder Jugendstrafrecht) sinnvoll.

---

[1] S. näher MüKoStGB/*Altenhain/Laue* JGG § 1 Rn. 6.
[2] So die überwiegende Ansicht, MRTW/*Verrel/Linke* Rn. 2; *Brunner/Dölling* Rn. 14; *Eisenberg* JGG
Rn. 42; *Dallinger/Lackner* Rn. 46; Diemer/Schatz/Sonnen/*Sonnen* Rn. 2.
[3] So aber Ostendorf/*Goerdeler* Rn. 2.
[4] *Eisenberg* JGG Rn. 39; s. auch LG Hamburg 8.6.1988 – (34) 70/87 KLs; *Böhm* NStZ 1989, 521 (523).
[5] *Eisenberg* NStZ 2003, 124 (132); *ders.* JGG § 109 Rn. 40; Diemer/Schatz/Sonnen/*Sonnen* Rn. 2; Ostendorf/*Goerdeler* Rn. 2.
[6] OLG Düsseldorf 22.2.1994 – VI 13/93, NStZ 1994, 299 mAnm *Eisenberg*; BGH 18.10.1995 – 2 StR
470/95, BGHSt 41, 288, NJW 1996, 1007; *Brunner/Dölling* Rn. 6.
[7] Siehe hierzu mwN *Eisenberg* JGG Rn. 6.
[8] *Eisenberg* JGG Rn. 8c.
[9] *Jung-Pätzold/Pruin/Jetter-Schröder* ZJJ 2010, 301 (302); Ostendorf/*Goerdeler* Rn. 4; s. auch *Bussmann/
England* ZJJ 2004, 280 ff.

7   Auf Unionsebene wurde die **Richtlinie über Verfahrensgarantien in Strafverfahren für verdächtige oder beschuldigte Kinder** erlassen. Aus dem Erwägungsgrund (12) der Richtlinie des Europäischen Parlaments und des Rates geht hervor, dass sich der Anwendungsbereich der vorgesehenen Verfahrensgarantien aus der Richtlinie auch auf Heranwachsende erstrecken soll. Dies soll zumindest für Straftaten gelten, „die derselbe Verdächtige oder dieselbe beschuldigte Person begangen hat und die gemeinsam untersucht und strafrechtlich verfolgt werden, da sie untrennbar mit Straftaten verknüpft sind, die gegen die betreffende Person eingeleitet wurden, bevor diese das 18. Lebensjahr vollendet hatte."[10] Ob sich daraus neue Verfahrensgarantien ergeben, die auch für Heranwachsende gelten (müssen), bleibt abzuwarten.

8   **5. Anwendungspraxis.** Nachdem in der Praxis häufiger Heranwachsende vor Jugendgerichten als Jugendliche selbst abgeurteilt werden, ist die Anwendung von allgemeinem Strafverfahrensrecht häufiger als die Anwendung der speziellen Regelungen des JGG.[11]

II. Anwendbare Verfahrensvorschriften

9   **1. Generell geltende Vorschriften (Abs. 1).** Abs. 1 verweist zunächst auf eine geringe Anzahl an Vorschriften die **stets anzuwenden** sind, unabhängig davon, ob materiellrechtlich Jugendstrafrecht anzuwenden ist. Die Vorschriften beziehen sich vor allem auf die „**Persönlichkeitserforschung**",[12] da diese gerade im Rahmen einer Entscheidung nach § 105 relevant ist und auch im Rahmen der Strafzumessung Bedeutung erlangt.[13]

10 **a) Ermittlung der Persönlichkeitsentwicklung.** Die Verweisung auf die Vorschriften §§ 43, 50 Abs. 3, 4 und ggf. § 73 macht deutlich, dass eine **Erforschung der Persönlichkeit** auch bei einem Heranwachsenden wichtig ist, um letztlich eine Gesamtwürdigung seines Reifegrades und seiner Persönlichkeitsentwicklung im Rahmen der Entscheidung nach § 105 Abs. 1 gewährleisten zu können.[14] Sogar im Falle der Anwendung von allgemeinem Strafrecht hat die Gesamtwürdigung der Persönlichkeit nach der Rspr. Auswirkung auf die Strafzumessung und ist somit in jedem Fall relevant.[15] Eine fehlende Information nach § 50 Abs. 4 zieht nach der Rspr. eine Anfechtungsmöglichkeit nach sich.[16]

11 **b) Besonderer Schutz von U-Haft-Gefangenen.** §§ 72a, 72b befassen sich jeweils mit den Belangen von jugendlichen U-Haft-Gefangenen. Den dort geregelten besonderen Schutz, vor allem durch die **Haftentscheidungshilfe seitens der JGH**[17] sollen aufgrund ihrer in der Entwicklung befindlichen Persönlichkeit auch noch Heranwachsende genießen, zumal deren Wesen noch nicht die Stabilität eines Erwachsenen aufweist, was zu einer besonderen Belastung durch die U-Haft führen kann.

12 **c) Vorrang der Jugendgerichte.** Der in § 47a geregelte **Vorrang der Jugendgerichte** gilt über die Verweisung des § 109 Abs. 1 auch in Verfahren gegen Heranwachsende. Auch hier darf sich ein Jugendgericht daher nach Eröffnung des Hauptverfahrens nicht für unzuständig erklären, weil die Sache vor ein für allgemeine Strafsachen zuständiges Gericht gleicher oder niedrigerer Ordnung gehöre. Hintergrund ist das (auch bei Heranwachsenden angebrachte) Interesse an einer **zügigen Verfahrenserledigung**.[18]

13 **d) Notwendige Verteidigung.** Über die Verweisung auf § 68 Nr. 1 erfolgt eine für Jugendliche und Heranwachsende parallele Regelung bzgl. der **notwendigen Verteidi-**

---

[10] RL 2016/800/EU, Erwägungsgrund Nr. 12.
[11] S. hierzu mwN *Eisenberg* JGG Rn. 6a.
[12] *Eisenberg* JGG Rn. 4.
[13] BGH 29.6.2000 – 1 StR 123/00, NStZ-RR 2001, 27; *Eisenberg* JGG Rn. 4.
[14] *Eisenberg* JGG Rn. 4.
[15] BGH 29.6.2000 – 1 StR 123/00, NStZ-RR 2001, 27.
[16] BGH 11.6.1993 – 4 StR 290/93, StV 1993, 536.
[17] S. dazu *Eisenberg* JGG § 72a Rn. 4.
[18] *Eisenberg* JGG § 47a Rn. 5.

gung.¹⁹ Dabei wird auch explizit auf § 68 Nr. 4 verwiesen, was dazu führt, dass auch im Falle einer Unterbringung zur Beobachtung nach § 73 zwingend ein Verteidiger zu bestellen ist.

e) Mitteilungspflichten nach Abs. 1 S. 2, 3. Abs. 1 enthält keine unmittelbare Verweisung auf § 70, da die Norm selbst **modifizierte Mitteilungspflichten** in den Sätzen 2 und 3 regelt. Demzufolge müssen die JGH und in geeigneten Fällen auch die Schule von der Einleitung und dem Ausgang des Verfahrens unterrichtet werden. Die Jugendgerichtshilfe hat dann auch entsprechend nach § 109 Abs. 1 S. 3 die Staatsanwaltschaft über ihr bekannte oder bekannt werdende andere Strafverfahren gegen den Heranwachsenden zu informieren. Sofern die Schule unterrichtet wird, ist zu beachten, dass hier die Gefahr einer Vorverurteilung und gesellschaftlichen Stigmatisierung und Ausgrenzung sehr hoch ist²⁰ (auch → § 70 Rn. 5).

f) Belehrungspflichten. Die Verweisung auf **§ 70a Abs. 1 S. 1** und **Abs. 2** führt zu einer **umfassenden Belehrungspflicht** gegenüber dem Heranwachsenden und dessen Erziehungsberechtigten bzw. gesetzlichen Vertretern (s. näher die Erläuterungen zu § 70a), soweit die Anwendung der Vorschrift nicht wegen Volljährigkeit ausgeschlossen ist.²¹ Die früher noch vorhandene fehlerhafte Verweisung auf § 70a Abs. 1 S. 3 wurde durch Art. 3 StORMG korrigiert.²²

g) Ausschluss der Öffentlichkeit nach Abs. 1 S. 4. aa) Besonderer Ausschlussgrund. Auch wenn Abs. 1 auf das Prinzip der Nichtöffentlichkeit nach **§ 48 nicht verweist** und somit das Verfahren gegen Heranwachsende im Gegensatz zum Verfahren gegen Jugendliche **grds. öffentlich nach §§ 169 ff. GVG** ist, gelten als Ausschlussgründe nicht nur die §§ 171a, 172 GVG, sondern auch die Spezialregelung des **§ 109 Abs. 1 S. 4**. Danach kann die Öffentlichkeit ausgeschlossen werden, wenn „dies im Interesse des Heranwachsenden geboten ist".²³ Dabei ist nach allgemeiner Auffassung eine **weite Auslegung** vorzunehmen.²⁴ Dass es im Einzelfall dem Angeklagten lieber wäre, einer öffentlichen Verhandlung ausgesetzt zu sein, um mentale Unterstützung seines Freundes- oder Familienkreises zu erfahren, kann einer Ansicht zufolge uU in den Entscheidungsprozess miteinbezogen werden.²⁵ Dem kann entgegengehalten werden, dass es hier an sich nur auf den Entwicklungsstand des Heranwachsenden ankommt.²⁶ Der Wortlaut der Norm legt eine daran orientierte, objektive Bestimmung des „Interesses" des Heranwachsenden nahe, so dass jedenfalls der subjektive Wunsch des Betroffenen nicht ausschlaggebend sein kann.

Entschärft wird die Problematik dadurch, dass im Interesse des Heranwachsenden eine **analoge Anwendung von § 48 Abs. 2** erfolgen kann, sodass die dort genannten Personen ggf. trotz Ausschließung der Öffentlichkeit der Verhandlung beiwohnen können.²⁷

bb) Umfang des Ausschlusses. Nach der Rspr. gilt der Ausschluss (soweit nichts anderes entschieden wird) für die **gesamte Verhandlung**, also **auch für die Urteilsverkündung**.²⁸ Das wird von *Eisenberg* mit der Begründung bestritten, dass § 173 Abs. 1 GVG die Öffentlichkeit bei der Urteilsbegründung zwingend vorschreibe und kein exklusiver Grund

---

[19] Siehe hierzu auch Diemer/Schatz/Sonnen/*Sonnen* Rn. 7; OLG Hamm 14.5.2003 – 3 Ss 1163/02, NJW 2004, 1338.
[20] Diemer/Schatz/Sonnen/*Sonnen* Rn. 8.
[21] MRTW/*Verrel/Linke* Rn. 8.
[22] BT-Drs. 17/12735, 13; MRTW/*Verrel/Linke* Rn. 8.
[23] So erläuternd auch RiJGG Nr. 1 zu § 109.
[24] Vgl. nur BGH 25.2.1998 – 3 StR 362/97, BGHSt 44, 43, NJW 1998, 2066; *Eisenberg* JGG Rn. 42; Ostendorf/*Goerdeler* Rn. 3; *Brunner/Dölling* § 109 Rn. 4; Diemer/Schatz/Sonnen/*Sonnen* Rn. 9; MRTW/*Verrel/Linke* Rn. 7.
[25] Ostendorf/*Goerdeler* Rn. 3.
[26] *Eisenberg* JGG Rn. 4; MRTW/*Verrel/Linke* Rn. 7.
[27] Dallinger/Lackner Rn. 4.
[28] BGH 6.11.1996 – 2 StR 391/96, BGHSt 42, 294, NStZ 1998, 53; s. auch Ostendorf/*Goerdeler* § 109 Rn. 3; *Brunner/Dölling* § 48 Rn. 23; MRTW/*Verrel/Linke* Rn. 7.

nach § 173 Abs. 2 GVG iVm §§ 171b, 172 GVG vorläge, der einen Ausschluss der Öffentlichkeit von der in besonderem Maße für die Öffentlichkeit bestimmten Urteilsverkündung begründet.[29] Dabei wird aber vorausgesetzt, was gerade strittig ist, nämlich dass § 109 Abs. 1 S. 4 als spezielle Regelung nicht auch § 173 GVG vorgeht. Auch spricht der Persönlichkeitsschutz des Heranwachsenden (wenn man ihn im konkreten Fall schon für überwiegend hält) dafür, auch die Urteilsverkündung nicht öffentlich zu gestalten.

18 cc) **Tatbegehung teils als Jugendlicher teils als Heranwachsender.** Gegenüber Abs. 1 S. 4 ist **§ 48 vorrangig,** wenn die Delikte bzw. die Einzelakte innerhalb eines Delikts **teils als Jugendlicher und teils als Heranwachsender** begangen wurden.[30] Sofern das Verfahren wegen der als Jugendlicher begangener Straftaten gem. § 154 Abs. 2 StPO während des Verfahrens eingestellt wurde, ist die Hauptverhandlung in Anwendung von § 109 Abs. 1 S. 4 weiterhin unter Ausschluss der Öffentlichkeit zu führen, zumal nach § 154 Abs. 4 StPO diese Einstellung noch während der Hauptverhandlung jederzeit rückgängig gemacht werden kann.[31]

19 dd) **Mehrere Angeklagte aus verschiedenen Altersstufen.** Sofern mehrere Mitbeschuldigte aus **verschiedenen Altersstufen** angeklagt sind, mithin eine **Verfahrensverbindung** vorliegt, gilt **§ 48 Abs. 3 S. 1,** wo geregelt ist, dass bei mitangeklagten Heranwachsenden oder Erwachsenen die Verhandlung **grds. öffentlich** ist, diese jedoch im Interesse der Erziehung des jugendlichen Angeklagten ausgeschlossen werden kann, sofern dies geboten ist.[32]

20 h) **Sicherungsverwahrung.** Abs. 1 verweist auch auf den 2010 neu eingefügten[33] **§ 81a,** was dazu führt, dass in diesem Rahmen nicht nur Fälle des § 106 Abs. 3, 5 und 6 erfasst werden, sondern auch die Fälle des §§ 105 Abs. 1; 7 Abs. 2, 3.[34]

21 2. **Nur bei Anwendung von Jugendstrafrecht geltende Vorschriften (Abs. 2).** Grundsätzlich werden nach § 109 Abs. 2 **weitere JGG-Verfahrensvorschriften** für anwendbar erklärt, sofern materiellrechtlich der Heranwachsende gem. § 105 Abs. 1 nach Jugendstrafrecht abgeurteilt wird. Allerdings sind hierbei gewisse **Modifikationen** zu beachten, die im Folgenden erläutert werden.

22 a) **Diversion.** Um den Vorrang des Erziehungsgedankens auch bei Heranwachsenden zur Geltung kommen zu lassen,[35] wird durch die Verweisung auf die §§ 45, 47 dem Richter die Möglichkeit eingeräumt, auch bei dieser Personengruppe unter Vermeidung eines förmlichen Verfahrens im Wege der Diversion von der Verfolgung abzusehen bzw. das Verfahren einzustellen.

23 Festzuhalten ist dabei, dass nach § 45 Abs. 1, 2 auch eine **Einstellung durch die StA** möglich ist, obwohl der Wortlaut des § 109 Abs. 2 S. 1 insofern Missverständnisse produzieren könnte, indem er auf die Sichtweise des Richters abstellt („wendet der Richter Jugendstrafrecht an").[36] Dabei wird nach Nr. 5 der Richtlinie zu § 109 JGG auf die **Auffassung des StA** abgestellt, ob Jugendstrafrecht anzuwenden sein wird oder nicht. Problematisch ist in diesem Rahmen jedoch die Frage, wie zu verfahren ist, wenn die **Anwendung von Jugendstrafrecht zweifelhaft** ist. Einerseits könnte man sagen, dass dann „in dubio pro Jugendstrafrecht" zu verfahren ist; dies könnte allerdings zu einer Benachteiligung des Heranwachsenden insofern führen, als die jugendstrafrechtliche Einstellung in das Erzie-

---

[29] *Eisenberg* Anm. zu BGH 6.11.1996 – 2 StR 391/96, BGHSt 42, 294 = NStZ 1998, 53.
[30] BGH 13.12.1967 – 2 StR 548/67, BGHSt 22, 21 = NJW 1968, 457.
[31] BGH 25.2.1998 – 3 StR 362/97, BGHSt 44, 43 = NJW 1998, 2066; abl. *Streng* FS Wolter, 2013, 1241 f., *Wölfl* JR 1991, 11.
[32] *Eisenberg* JGG Rn. 47.
[33] BGBl. I 2300.
[34] Diemer/Schatz/Sonnen/*Sonnen* Rn. 10a.
[35] BT-Drs. 7/550, 333 Nr. 44.
[36] Ostendorf/*Goerdeler* Rn. 6; Diemer/Schatz/Sonnen/*Sonnen* Rn. 13; *Eisenberg* JGG Rn. 15.

hungsregister einzutragen ist, während die Einstellung nach den §§ 153, 153a StPO nicht in das Bundeszentralregister eingetragen wird. Daher soll nach einer anderen Auffassung in diesem Fall die Anwendung der §§ 153, 153a StPO Vorrang haben.[37]

Brunner/Dölling plädieren vor allem für eine Anwendung im Fall geständiger Heranwachsender bei geringfügigen Vergehen, wohingegen eine Anwendung in sonstigen Fällen **eher zurückhaltend** erfolgen soll, um eine falsche erzieherische Wirkung zu vermeiden.[38] Dagegen kann jedoch angeführt werden, dass Belege für eine kriminogene „Anreizwirkung" der informellen Verfahrenserledigung fehlen, sondern letztere auch in vergleichenden Rückfallstudien tendenziell besser abschneidet. Auch **widerspricht** eine zu restriktive Handhabung der §§ 45, 47 der **Zielsetzung des 1. JGGÄndG von 1990**. Dort wurde klargestellt, dass die Einstellungsmöglichkeit nicht nur bei Bagatelldelikten Anwendung finden soll und dass ein weiterer Abbau des förmlichen Verfahrens anzustreben sei.[39] 24

b) Anrechnung von Untersuchungshaft. Die Verweisung auf **§ 52 und § 52a** führt dazu, dass Untersuchungshaft und andere Formen der Freiheitsentziehung die **Vollstreckung des Jugendarrests entbehrlich** machen können bzw. auf **Jugendstrafe angerechnet** werden, soweit „erzieherische Gründe" dem nicht entgegenstehen (§ 52a Abs. 1 S. 2). Um dem Heranwachsenden durch die entsprechende Anwendung von § 52a und dessen Einschränkungen in Bezug auf eine Versagung der Anrechnung aus „erzieherischen Gründen" keine Nachteile zuzufügen, darf bei Heranwachsenden von dieser Einschränkung kein Gebrauch gemacht werden, sofern Jugendstrafrecht (lediglich) in dubio pro reo angewendet wird, zumal § 51 Abs. 1 S. 2 StGB eine solche Ausnahme für Erwachsene nicht kennt.[40] 25

c) Verfahrensvorschriften. Die Verweisung des Abs. 2 auf die **§§ 55–66** führt zu einer entsprechenden Anwendbarkeit besonderer **Verfahrensvorschriften** über das Rechtsmittelverfahren, das Verfahren bei Aussetzung der Jugendstrafe, das Verfahren zur nachträglichen Anordnung von Weisungen und Auflagen, sowie das Verfahren zur Ergänzung rechtskräftiger Entscheidungen bei mehrfacher Verurteilung. Für Einzelheiten kann auf die dortigen Erläuterungen verwiesen werden. 26

d) Kosten und Auslagen. Die entsprechende Anwendbarkeit des **§ 74** ermöglicht es, auch bei Heranwachsenden von der Auferlegung von Kosten und Auslagen abzusehen. Dabei handelt es sich um eine Ermessensentscheidung, bei der die „wirtschaftlichen Verhältnisse des Angeklagten, die Art der Tat, das Verhalten im Verfahren, die Unrechtseinsicht und der Besserungswille ebenso zu berücksichtigen sind wie zukunftsorientierte erzieherische Überlegungen."[41] Entscheidendes Kriterium sollte darüber hinaus auch sein, ob der Angeklagte die Kosten und Auslagen überhaupt aus eigenen Mitteln zahlen könnte.[42] Festzuhalten ist in diesem Zusammenhang, dass die Auferlegung **keinen** über die Strafe hinausgehenden **Sanktionscharakter** haben darf.[43] Ein Absehen von der Auferlegung der Kosten und Auslagen ist vor allem dann zu empfehlen, wenn andernfalls eine geldstrafenähnliche Wirkung eintreten würde.[44] 27

3. Nicht anwendbare Vorschriften. § 44 und § 46 sind mangels Erwähnung in § 109 bei Heranwachsenden **nicht anwendbar**.[45] Wird allerdings die Anwendung von Jugendstrafrecht erwartet, so erscheint eine Vernehmung des Beschuldigten vor Anklageerhebung 28

---

[37] Diemer/Schatz/Sonnen/*Sonnen* Rn. 13; Ostendorf/*Goerdeler* Rn. 6.
[38] *Brunner/Dölling* Rn. 5.
[39] S. hierzu mit weiteren Nachweisen Diemer/Schatz/Sonnen/*Sonnen* Rn. 13.
[40] MRTW/*Verrel/Linke* Rn. 12; Ostendorf/*Goerdeler* Rn. 7; Eisenberg JGG Rn. 25; Diemer/Schatz/Sonnen/*Sonnen* Rn. 14.
[41] KG 13.1.1991 – 3 AR 82/98 – 5 Ws 720/98, NStZ-RR 1999, 121.
[42] OLG Düsseldorf 14.2.2011 – III-4 Ws 59/11, NStZ-RR 2011, 293 (294).
[43] KG 13.1.1991 – 3 AR 82/98 – 5 Ws 720/98, NStZ-RR 1999, 121; Diemer/Schatz/Sonnen/*Sonnen* Rn. 16.
[44] *Eisenberg* JGG Rn. 30.
[45] MRTW/*Verrel/Linke* Rn. 18.

nach § 44 durchaus sinnvoll.[46] Auch der **Grundgedanke** des § 46, welcher verlangt, dass die Anklageschrift so dargestellt wird, dass sie möglichst keine Nachteile für die Erziehung des Beschuldigten hervorruft, soll trotz der fehlenden ausdrücklichen Anwendung der Norm auch bei Heranwachsenden **berücksichtigt** werden.[47] Obwohl § 109 nicht auf **§ 50 Abs. 1** verweist, erscheint es weiterhin sachgerecht, auch bei Heranwachsenden höhere Anforderungen an die Zulässigkeit der Abwesenheit in der Hauptverhandlung zu stellen, da die Anwesenheit des Heranwachsenden gerade für die Prüfung nach § 105 Abs. 1 grundsätzlich erforderlich ist.[48] Die zwingende Ladung der Erziehungsberechtigten zur Hauptverhandlung bei Jugendlichen nach **§§ 50 Abs. 2, 67** ist bei Heranwachsenden nicht vorgesehen. Mit *Eisenberg* kann man diese Soll-Vorschrift aber sinnvoll als Kann-Vorschrift heranziehen, so dass bei Zustimmung des Heranwachsenden auch die (früheren) Erziehungsberechtigten bzw. gesetzlichen Vertreter geladen werden können.[49] Die Bestellung eines Beistandes nach § 69 ist für Heranwachsende ausgeschlossen. Allerdings besteht die Möglichkeit, den gesetzlichen Vertreter oder Ehegatten als Beistand gem. § 149 StPO iVm § 2 Abs. 2 zuzulassen.[50] Problematisch ist vor allem die Nichtanwendbarkeit der Haftvermeidungsvorschriften des § 72[51] (zur Reformdiskussion → Rn. 6); zu Recht wird bei Heranwachsenden vor allem die Berücksichtigung eines besonderen Beschleunigungsgebots im Sinne von § 72 Abs. 5 angemahnt.[52]

29 **4. Besondere Verfahrensarten. a) Beschleunigtes Verfahren.** Bei Heranwachsenden ist im Gegensatz zu Jugendlichen das beschleunigte Verfahren (§§ 417 ff. StPO) **zulässig**, da § 109 Abs. 2 lediglich die Anwendung von § 79 Abs. 1 für Heranwachsende vorschreibt. Eine Besonderheit ist, dass die **Rechtsmittelbeschränkungen** des § 55 Abs. 1 und 2 nicht gelten, vgl. **§ 109 Abs. 2 S. 3.** Der Gesetzgeber begründet dies mit der zutreffenden Erwägung, dass eine Rechtsmittelbeschränkung hier angesichts der vereinfachten Beweisaufnahme nicht angebracht wäre.[53]

30 **b) Vereinfachtes Jugendverfahren.** Aus der Nichterwähnung der §§ 76–78 in § 109 folgt die **Unzulässigkeit** des vereinfachten Jugendverfahrens bei Heranwachsenden,[54] an dessen Stelle das in → Rn. 29 erwähnte beschleunigte Verfahren tritt.

31 **c) Privat- und Nebenklage.** Da auch § 80 nicht in § 109 einbezogen wurde, ist die Privat- und Nebenklage gegen einen Heranwachsenden ohne Einschränkung gestattet. Hierbei ist grds. der **Jugendrichter zuständig** (§§ 107, 33 Abs. 1, 108 Abs. 1 und §§ 39, 108 Abs. 2 und § 25 Nr. 1 GVG), allerdings gilt dies nicht nach §§ 112, 103 und § 80 Abs. 2.[55] Bei der Entscheidung über die Auferlegung der Kosten der Nebenklage handelt es sich um eine Ermessensentscheidung, welche auf Ermessensfehler überprüft werden kann.[56]

Werden in einem Verfahren mehrere Taten verbunden, die der Täter in **mehreren Altersstufen,** also teils im jugendlichen, teils im heranwachsenden Alter begangen hat, soll die Nebenklage nach der Rspr. insgesamt nicht zulässig sein;[57] überzeugender ist allerdings die in der Literatur vielfach vertretene Gegenposition, wonach hier mehr für die zumindest partielle Zulässigkeit der Nebenklage spricht (näher → § 80 Rn. 23).

---

[46] *Eisenberg* JGG Rn. 8.
[47] *Eisenberg* JGG Rn. 8a.
[48] *Eisenberg* JGG Rn. 8b.
[49] *Eisenberg* JGG Rn. 8b.
[50] MRTW/*Verrel/Linke* Rn. 18.
[51] MRTW/*Verrel/Linke* Rn. 18.
[52] *Eisenberg* JGG Rn. 8e.
[53] BT-Drs. 12/6853, 40 f.
[54] Diemer/Schatz/Sonnen/*Sonnen* Rn. 23.
[55] Diemer/Schatz/Sonnen/*Sonnen* Rn. 23.
[56] Diemer/Schatz/Sonnen/*Sonnen* Rn. 24; OLG Düsseldorf 14.2.2011 – 4 Ws 59/11, BeckRS 2011, 05965.
[57] KG 3.5.2006 – 4 Ws 73/06, NStZ 2007, 44; OLG Hamm 12.5.2005 – 4 Ws 205/05, ZJJ 2005, 446.

d) **Strafbefehlsverfahren.** Wird **Jugendstrafrecht** angewendet, so ist das Strafbefehls- 32
verfahren gegen Heranwachsende aufgrund der Verweisung in Abs. 2 S. 1 auf § 79 Abs. 1
unzulässig. Demnach kommt das Strafbefehlsverfahren gegen Heranwachsende nur bei
Anwendung des **allgemeinen Strafrechts** in Betracht. Die Verhängung einer **Freiheitsstrafe** ist in diesem Fall allerdings **nicht möglich,** da **Abs. 3** die Anwendbarkeit von § 407
Abs. 2 S. 2 ausdrücklich ausschließt.

Teilweise wird für eine **vollständige Abschaffung** der Möglichkeit eines Strafbefehls- 33
verfahrens bei Heranwachsenden plädiert.[58] Das würde das Problem lösen, dass in der
Praxis offenbar teilweise die Entscheidung über die Anwendung von Jugendstrafrecht oder
allgemeinem Strafrecht sachwidrig mit der Frage der Möglichkeit einer Erledigung per
Strafbefehl verknüpft wird, insbesondere im Bereich der Straßenverkehrsdelikte.[59]

e) **Adhäsionsverfahren.** Während das Adhäsionsverfahren gegenüber Jugendlichen 34
pauschal ausgeschlossen ist (s. dazu die Erläuterungen zu § 81), wurde es im Jahre 2006 im
Wege des 2. JuMoG auch bei **Heranwachsenden,** auf die **materielles Jugendstrafrecht**
angewendet wird, für **zulässig** erklärt.[60] Dies folgt aus der nun **fehlenden Verweisung
auf § 81,** was dazu führt, dass die Vorschriften der §§ 403-406c StPO Anwendung finden.
Kritiker bringen vor, dass es zum einen vorzugswürdigere Alternativen zum Adhäsionsverfahren wie beispielsweise den Täter-Opfer-Ausgleich gibt, und zum anderen eine Verzögerung des Verfahrens droht.[61] Ersteres ist richtig, begründet aber keinen pauschalen Ausschluss des Adhäsionsverfahrens, das sich zudem mit seinem Fokus auf materielle Ansprüche
des Verletzten nur teilweise mit den Inhalten eines Täter-Opfer-Ausgleichs deckt. Auch
eine Verzögerung des Verfahrens wird man in gewissen Grenzen zur Wahrung der Verletztenrechte in Kauf nehmen müssen, zumal die Gerichte in solchen Fällen ohnehin dazu
neigen, das Adhäsionsverfahren wegen fehlender „Eignung" gem. § 406 Abs. 1 S. 3 StPO
abzulehnen.

§§ 110-125 *(nicht abgedruckt)*

---

[58] Nachweise bei *Eisenberg* JGG Rn. 6.
[59] Dazu *Eisenberg* JGG Rn. 18 ff. sowie *Eisenberg* JGG § 105 Rn. 5 mwN.
[60] BGBl. I 3416; aus der Rechtsprechung: OLG Koblenz 19.11.2010 – 1 Ss 197/10, BeckRS 2011, 01376;
zur alten Rechtslage s. noch BGH 23.5.2006 – 4 StR 145/06, BeckRS 2006, 07542; BGH 13.7.2005 – 1
StR 226/05, StraFo 2005, 470.
[61] *Eisenberg* JGG Rn. 12.

Gesetz zur Beschränkung des Brief-, Post- und Fernmeldegeheimnisses (Artikel 10-Gesetz – G 10)

Vom 26.6.2001 (BGBl. I S. 1254, ber. S. 2298, 2017 S. 154)
FNA 190-4
Zuletzt geändert durch Gesetz zur effektiveren und praxistauglicheren Ausgestaltung des Strafverfahrens vom 17.8.2017 (BGBl. I S. 3202)

Abschnitt 1. Allgemeine Bestimmungen

§ 1 Gegenstand des Gesetzes

(1) Es sind
1. die Verfassungsschutzbehörden des Bundes und der Länder, der Militärische Abschirmdienst und der Bundesnachrichtendienst zur Abwehr von drohenden Gefahren für die freiheitliche demokratische Grundordnung oder den Bestand oder die Sicherheit des Bundes oder eines Landes einschließlich der Sicherheit der in der Bundesrepublik Deutschland stationierten Truppen der nichtdeutschen Vertragsstaaten des Nordatlantikvertrages,
2. der Bundesnachrichtendienst im Rahmen seiner Aufgaben nach § 1 Abs. 2 des BND-Gesetzes auch zu den in § 5 Abs. 1 Satz 3 Nr. 2 bis 8 und § 8 Abs. 1 Satz 1 bestimmten Zwecken

berechtigt, die Telekommunikation zu überwachen und aufzuzeichnen, in den Fällen der Nummer 1 auch die dem Brief- oder Postgeheimnis unterliegenden Sendungen zu öffnen und einzusehen.

(2) Soweit Maßnahmen nach Absatz 1 von Behörden des Bundes durchgeführt werden, unterliegen sie der Kontrolle durch das Parlamentarische Kontrollgremium und durch eine besondere Kommission (G 10-Kommission).

Schrifttum: *Arndt,* Die „strategische Kontrolle" von Post- und Fernmeldeanlagen, NJW 1995, 107; *Borgs/Ebert,* Das Recht der Geheimdienste, Kommentar, 1986; *Düx,* Globale Sicherheitsgesetze und weltweite Erosion von Grundrechten – Statt „Feindstrafrecht" globaler Ausbau demokratischer Rechte, ZRP 2003, 189; *Gramlich,* Die Zweite Novelle des G 10-Gesetzes, NJW 1997, 1400; *Gusy,* Der Schutz vor Überwachungsmaßnamen nach dem Gesetz zur Beschränkung des Art. 10 GG, NJW 1981, 1581; *Huber,* Die Reform der parlamentarischen Kontrolle der Nachrichtendienste und des Gesetzes nach Art. 10 GG, NVwZ 2009, 1321; *ders.,* Das neue G 10-Gesetz, NJW 2001, 3296; *Pfeiffer,* Telefongespräche im Visier der elektronischen Rasterfahndung, ZRP 1994, 253; *Riegel,* Gesetz zur Beschränkung des Brief-, Post- und Fernmeldegeheimnisses (G10), 1997; *Roggan,* G-10-Gesetz, Kommentar, 2012; *Scheffczyk,* Das Recht auf Auskunftserteilung gegenüber den Nachrichtendiensten, NVwZ 2008, 1316; *Rux,* Ausforschung privater Rechner durch die Polizei- und Sicherheitsbehörden, JZ 2007, 285; *Selzer,* Globale Sicherheitspolitik und weltweite Erosion von Grundrechten, ZRP 2003, 296; *Wollweber,* Die G 10-Novelle: Ungeahnte Folgen eines Richterspruchs, ZRP 2001, 213.

Übersicht

	Rn.		Rn.
A. Vorbemerkung	1	2. Bundesnachrichtendienst (BND)	8
B. Erläuterung	2–32	3. Militärische Abschirmdienst (MAD)	9
I. Regelungsinhalt des Abs. 1	2–5	III. Zulässige Zwecke	10–16
II. Berechtigten Stellen	6–9	1. Zwecke in Nr. 1	10–14
1. Verfassungsschutzbehörden des Bundes und der Länder	7	a) Freiheitlich demokratische Grundordnung	11

	Rn.		Rn.
b) Bestand oder Sicherheit des Bundes oder eines Landes	12	a) Zum Begriff der Telekommunikation	18–27
c) Sicherheit der NATO-Truppen	13	b) Überwachung und Aufzeichnung	28–30
d) Drohende Gefahr	14	2. Öffnung und Sichtung von Postsendungen	31
2. Zwecke in Nr. 2	15, 16		
IV. Gegenstand der Eingriffsbefugnis	17–31		
1. Überwachung und Aufzeichnung der Telekommunikation	18–30	**V. Kontrolle durch die G 10-Kommission (Abs. 2)**	32

A. Vorbemerkung

1   Die Vorschrift des § 1 wurde, wie das Artikel 10-Gesetz („G 10") insgesamt, durch das **Gesetz zur Neuregelung von Beschränkungen des Brief-, Post- und Fernmeldegeheimnisses vom 26.6.2001**[1] grundlegend novelliert. Grund hierfür war das Urteil des BVerfG vom 14.7.1999,[2] durch welches ua § 3 Abs. 1 S. 1 und S. 2 Nr. 5, Abs. 3 und 4, Abs. 5 S. 1, Abs. 7 S. 1, Abs. 8 S. 2 und § 9 Abs. 2 S. 3 des G 10 idF vom 28.10.1994 für verfassungswidrig erklärt wurden.[3] Der Gesetzgeber hat das G 10 bei dieser Gelegenheit verständlicher formuliert und übersichtlicher gestaltet.[4] Erklärtes Ziel der Novellierung war, die „Pflichten der beteiligten Behörden beim Umgang mit personenbezogenen Daten" sowohl im Bereich der strategischen Fernmeldekontrolle als auch bei der Individualüberwachung strenger auszugestalten. Des Weiteren sollten die Bestimmungen über die Kontrolltätigkeit der G 10-Kommission erweitert werden.[5] Ihre jetzige, lediglich redaktionell überarbeitete Fassung erhielt die Vorschrift durch das Gesetz zur Verbesserung der Zusammenarbeit im Bereich des Verfassungsschutzes vom 17.11.2015.[6]

B. Erläuterung

I. Regelungsinhalt des Abs. 1

2   Abs. 1 enthält die grundlegende Ermächtigungsnorm – die **„Grundbestimmung"**[7] – für Maßnahmen nach dem G 10-Gesetz. Die Vorschrift umschreibt allgemein, indes gleichwohl abschließend, wer zu welchen Zwecken Überwachungsmaßnahmen nach dem G 10-Gesetz durchführen darf und berechtigt die Verfassungsschutzbehörden des Bundes und der Länder, den Militärischen Abschirmdienst (MAD) und den Bundesnachrichtendienst (BND) sowohl die Telekommunikation zu überwachen und aufzuzeichnen als auch dem Postgeheimnis unterliegende Sendungen zu öffnen und einzusehen.

3   § 1 enthält die Ermächtigung („berechtigt") zu Eingriffen in die durch **Art. 10 GG** gewährleisteten Freiheitsrechte des Brief-, Post- und Fernmeldegeheimnisses. Namentlich das Fernmeldegeheimnis erlangt seine besondere Bedeutung auf Grund der Tatsache, dass der Staat in den vergangenen Jahrzehnten immer wieder unter Berufung auf die Sicherheit seiner Institutionen sowie seiner Bürger zum Mittel der Überwachung privater Telekommunikationen gegriffen hat.[8] Dies, obwohl Art. 10 GG in seiner Auslegung durch das BVerfG besondere Bedeutung zukommt, weil er den freien Meinungs- und Informationsaustausch

---

[1] BGBl. I 1254; zur Kritik an der Neuregelung auch hinsichtlich der Geheimdienste vgl. *Düx* ZRP 2003, 189 (190).
[2] BVerfG 14.7.1999 – 1 BvR 2226/94, NJW 2000, 55.
[3] Vgl. BT-Drs. 14/5655, 1.
[4] So zutreffend *Huber* NJW 2001, 3296.
[5] BT-Drs. 14/5655, 1.
[6] BGBl. I 1938.
[7] So BT-Drs. 14/5655, 14.
[8] BVerfG 25.3.1992 – 1 BvR 1430/88, BVerfGE 85, 386 (396).

gewährleisten soll[9] und seine Freiheitsrechte nicht nur in einem persönlichen, sondern zugleich in einem politischen Kontext zu sehen sind. So bedarf es für die freie politische Meinungsbildung in einer Demokratie neben den in Art. 5 GG enthaltenen Gewährleistungen auch denen des Art. 10 GG. Des Weiteren ist die Vertraulichkeit der Kommunikation von herausragender wirtschaftlicher Bedeutung zum Schutze von Patenten, Betriebs- und sonstigen Geschäftsgeheimnissen.[10]

§ 1 findet ausschließlich auf solche Maßnahmen Anwendung, die mit **einem Eingriff in den Schutzbereich des Art. 10 GG** einhergehen. Ist dieser nicht berührt, ist die betreffende Maßnahme auch nicht an den in Abs. 1 bzw. an den weiteren Voraussetzungen der in diesem Gesetz enthaltenen Eingriffsermächtigungen zu messen.

§ 1 stellt eine **unselbstständige Eingriffsnorm** dar. Die Vorschrift enthält, anders etwa als die der §§ 100a StPO und 100g StPO, die zu strafprozessualen Zwecken ebenfalls Eingriffe in das Fernmeldegeheimnis gestatten, nicht sämtliche materiellen Eingriffsvoraussetzungen. § 1 ist vielmehr im Kontext mit denen der §§ 3, 5 und 8 zu sehen. In ihnen bzw. den nachfolgenden Vorschriften sind weitere materielle und formelle Voraussetzungen für die sogenannte „Einzelüberwachung" (§ 3) sowie die „strategische Überwachung" (§ 5)[11] geregelt. Verfahrensrechtliche Regelungen enthalten die §§ 9 ff. § 1 Abs. 1 enthält für die Maßnahmen nach §§ 3 und 5 eine **gemeinsame Zweckbindung.** Ausschließlich zu deren Erreichung dürfen die (ebenfalls durch Abs. 1) berechtigten Stellen in die durch Art. 10 GG geschützten Rechtspositionen Dritter eingreifen. § 8 gestattet schließlich die Überwachung internationaler Telekommunikationsbeziehungen, um eine im Einzelfall bestehende Gefahr für Leib oder Leben einer Person im Ausland erkennen bzw. dieser Gefahr begegnen zu können.

II. Berechtigten Stellen

Abs. 1 ermächtigt ausschließlich die **Verfassungsschutzbehörden des Bundes und der Länder, den MAD** sowie **den BND** zu Eingriffen in das Brief-, Post- und Fernmeldegeheimnis.

1. Verfassungsschutzbehörden des Bundes und der Länder. Verfassungsschutzbehörden sind das Bundesamt für Verfassungsschutz (BfV) sowie die einzelnen Landesämter für Verfassungsschutz. Diese haben nach § 3 BVerfSchG für ihren jeweiligen Zuständigkeitsbereich die gemeinsame Aufgabe, ua **inlandsbezogene** Informationen über Bestrebungen gegen die freiheitlich demokratische Grundordnung, gegen den Bestand oder die Sicherheit des Bundes oder der Länder oder über sicherheitsgefährdende bzw. geheimdienstliche Tätigkeiten im Geltungsbereich des BVerfSchG zu sammeln. Sie bilden die Inlandsnachrichtendienste

2. Bundesnachrichtendienst (BND). Der BND als Auslandsnachrichtendienst hat nach § 1 Abs. 2 Gesetz über den BND (BNDG)[12] die Aufgabe, solche Informationen über das **Ausland** zu sammeln und auszuwerten, die von außen- und sicherheitspolitischer Bedeutung für die Bundesrepublik Deutschland sind.

3. Militärische Abschirmdienst (MAD). Der MAD als Nachrichtendienst der Bundeswehr hat gemäß § 1 Gesetz über den militärischen Abschirmdienst (MADG)[13] ua die Funktion, Informationen über Bestrebungen gegen die freiheitlich demokratische Grundordnung bzw. sicherheitsgefährdende Bestrebungen zu sammeln und auszuwerten, wenn

---
[9] BVerfG 14.7.1999 – 1 BvR 2226/94, 2420/95, 2437/96, BVerfGE 100, 313 (358).
[10] Vgl. Maunz/Dürig/*Durner* GG Art. 10 Rn. 1 ff.
[11] Vgl. zur strategischen Überwachung *Arndt* NJW 1985, 107.
[12] Gesetz vom 20.12.1990 (BGBl. I 2954 (2977)), zuletzt geändert durch Gesetz vom 31.7.2009 (BGBl. I 2499).
[13] Gesetz vom 20.12.1990 (BGBl. I 2954 (2977)), zuletzt geändert durch das Gesetz vom 5.1.2007 (BGBl. I 2).

sich diese gegen **Personen, Dienststellen oder Einrichtungen im Geschäftsbereich des Bundesministeriums der Verteidigung** richten.

III. Zulässige Zwecke

10 **1. Zwecke in Nr. 1.** Die Eingriffe in das Brief-, Post und Fernmeldegeheimnis müssen der Abwehr von **drohenden Gefahren** für die **freiheitliche demokratische Grundordnung** oder den Bestand oder die **Sicherheit des Bundes oder eines Landes** einschließlich der Sicherheit der in der Bundesrepublik stationierten **NATO-Truppen** dienen.

11 **a) Freiheitlich demokratische Grundordnung.** Das BVerfG hat zu diesem – auch in den Art. 18 GG und 21 GG verwendeten – Begriff in seiner Entscheidung vom 23.10.1952[14] ausgeführt, dass darunter eine Ordnung zu verstehen sei, die „unter Ausschluss jeder Gewalt- und Willkürherrschaft eine **rechtsstaatliche Herrschaftsordnung auf der Grundlage der Selbstbestimmung** des Volkes nach dem Willen der jeweiligen Mehrheit und der Freiheit und Gleichheit darstellt." Zu dieser Herrschaftsordnung gehören, so das BVerfG weiter, die Achtung der Menschenrechte, die Volkssouveränität, die Gesetzmäßigkeit der Verwaltung, die Gewaltenteilung, die Unabhängigkeit der Gerichte, das Mehrparteienprinzip sowie die Chancengleichheit für alle politischen Parteien mit dem Recht auf Bildung und Ausübung der Opposition. Diese Definition stimmt, jedenfalls in wesentlichen Punkten, mit den in § 92 Abs. 2 StGB genannten Verfassungsgrundsätzen überein.

12 **b) Bestand oder Sicherheit des Bundes oder eines Landes.** Insoweit kann auf die Begriffsbestimmung des § 4 Abs. 1 S. 1 lit. a und b BVerfSchG sowie die entsprechenden Regelungen in den Gesetzen der Landesämter für Verfassungsschutz[15] zurückgegriffen werden. Danach können solche Bestrebungen eine Gefahr für den **Bestand des Bundes oder eines Landes** begründen, die darauf ausgerichtet sind, die Freiheit des Bundes oder eines Landes von fremder Herrschaft aufzuheben, die staatliche Einheit zu beseitigen oder ein zu ihm gehörendes Gebiet abzutrennen. Bestrebungen gegen **die Sicherheit des Bundes oder eines Landes** sind politisch bestimmte, ziel- und zweckgerichtete Verhaltensweisen, die darauf abzielen, den Bund bzw. die Länder oder deren Einrichtungen in ihrer Funktionsfähigkeit erheblich zu beeinträchtigen.

13 **c) Sicherheit der NATO-Truppen.** Die Sicherheit der in der Bundesrepublik stationierten NATO-Truppen bezieht sich **allein auf den militärischen Bereich**. Gefahren für die zivilen Einrichtungen bzw. Mitarbeiter der NATO-Truppen sind mithin nicht geeignet, Maßnahmen nach diesem Gesetz zu begründen. Diese Auslegung ergibt sich aus dem NATO-Truppenstatut iVm dem entsprechenden Zusatzabkommen.[16]

14 **d) Drohende Gefahr.** Den vorstehend genannten Schutzgütern zu a) bis c) muss eine Gefahr drohen, wobei der Begriff der drohenden Gefahr **nicht bereits eine konkrete Gefahr** für eines der in § 3 Abs. 1 genannten Rechtsgüter voraussetzt.[17] Begrifflich handelt es sich bei der drohenden Gefahr vielmehr um „eine der konkret gefährlichen Situation vorgelagerte Konstellation".[18] Einzig diese Auslegung des Gefahrenbegriffs in Abs. 1 Nr. 1 korrespondiert mit der den Nachrichtendiensten gesetzlich zugewiesenen Aufgabe, wonach sie im Vorfeld einer konkreten polizeirechtlichen Gefahrenlage zur Gefahrenerforschung tätig werden sollen (vgl. etwa § 1 Abs. 2, § 2 Abs. 3 BNDG und § 3 BVerfSchG). Erforderlich hierfür ist eine Situation, die sich bei einer Betrachtung ex ante zu einer konkreten Gefahr im polizeirechtlichen Sinne verdichten könnte, wenn nicht rechtzeitig Vorkehrungen zu

---

[14] BVerfG 23.10.1952 – 1 BvB 1/51, BVerfGE 2, 1 (12).
[15] Vgl. § 5 Abs. 1 Nr. 1 SVerfSchG, § 4 Abs. 1 Nr. 1 BbgVerfSchG.
[16] BGBl. 1961 II 1183 (1218).
[17] Erbs/Kohlhaas/*Huber* Rn. 14, *Roggan* Rn. 4; aA wohl OVG Münster 27.10.1982 – 20 A 348/81, NJW 1983, 2346 (2347).
[18] So zutreffend *Roggan* Rn. 4.

ihrer Verhütung oder Abwehr getroffen werden.[19] Die Annahme einer drohenden Gefahr erfordert indes ebenso wie die eines Anfangsverdachts nach § 152 Abs. 2 StPO das Vorliegen entsprechender **tatsächlicher Anhaltspunkte**.[20] Bloße nicht durch tatsächliche Umstände gestützte Vermutungen genügen nicht. Es bedarf mithin eines schlüssigen Tatsachenmaterials.

2. Zwecke in Nr. 2. Durch die Vorschrift in Nr. 2, eingeführt durch Art. 13 des Verbrechensbekämpfungsgesetzes vom 28.10.1994,[21] wurde die Befugnis des BND über die bis dahin einzig zulässigen und nunmehr in Nr. 1 enthaltenen Zwecke hinaus erheblich ausgedehnt. Der BND wurde ermächtigt, nunmehr internationale Kommunikationsbeziehungen auch ohne konkreten Verdacht zu überwachen, um die **Gefahr der Planung oder Begehung bestimmter Straftaten,** etwa der Gefahr der Begehung eines internationalen terroristischen Anschlages (§ 5 Abs. 1 S. 3 Nr. 2), der internationalen Verbreitung von Kriegswaffen (§ 5 Abs. 1 S. 3 Nr. 3), der unbefugten Verbringung von Betäubungsmitteln in nicht geringer Menge in die Bundesrepublik (§ 5 Abs. 1 S. 3 Nr. 4) oder eine im Einzelfall bestehende **Gefahr für Leib oder Leben einer Person im Ausland** (§ 8) rechtzeitig erkennen zu können.

15

Gegen die – mit der jetzigen weitestgehend identischen – Vorgängerregelung des § 1 Nr. 2 iVm § 5 Abs. 1 S. 3 Nr. 2–6 aF war eingewandt worden, sie dehne die Tätigkeiten der Nachrichtendienste auf bestimmte Zwecke der allgemeinen Gefahrenabwehr sowie der Strafverfolgung aus, wofür die Nachrichtendienste nicht zuständig seien.[22] Dies widerspreche dem Trennungsprinzip zwischen Nachrichtendiensten einerseits und Polizei und Strafverfolgungsbehörden andererseits. Auch besitze der Bund insoweit keine Gesetzgebungskompetenz.[23] Das BVerfG hat in seinem Urteil vom 14.7.1999[24] indes festgestellt, dass die vorgenannten, damals noch in § 3 Abs. 1 Nr. 2–6 aF enthaltenen Regelungen mit Art. 10 GG im Wesentlichen im Einklang stehen, auch wenn in diesen Vorschriften Gefahrenlagen auf Grund strafrechtlich relevanter Verhaltensweisen beschrieben würden und durch § 3 Abs. 5 (aF) zugelassen werde, strafrechtlich relevante Erkenntnisse an mit polizeilichen Aufgaben betraute Behörden zu übermitteln. Im Vordergrund der Regelungen des § 3 Abs. 1 S. 2 Nr. 1–6 aF stünde die **Aufklärung auswärtiger Gefahren.** Über auswärtige Angelegenheit stehe indes nach Art. 73 Abs. 1 Nr. 1 GG dem Bund und nicht den Ländern die Gesetzgebungskompetenz zu.[25]

16

IV. Gegenstand der Eingriffsbefugnis

§ 1 gestattet iVm § 3 bzw. § 5 die Überwachung und Aufzeichnung der **Telekommunikation** sowie die Öffnung und Sichtung der dem **Brief- oder Postgeheimnis** unterliegenden Sendungen.

17

1. Überwachung und Aufzeichnung der Telekommunikation. a) Zum Begriff der Telekommunikation. § 1 Abs. 1 gestattet einen Eingriff in die „Telekommunikation". Der Begriff der Telekommunikation ist hier ebenso wie in § 100a StPO und anders als nach der Rspr.[26] des BGH, der den in § 100a StPO enthaltenen Begriff in einem rein telekommunikationsgesetzlichen Sinne auslegt, in einem **technisch-funktionalen** Sinne zu verstehen. Jede Telekommunikation im Sinne des § 1 setzt freilich zunächst einen Telekommunikationsvorgang im Sinne des Telekommunikationsgesetzes (TKG) voraus. Dieses definiert den Begriff Telekommunikation entsprechend seiner technisch-wettbewerbsrecht-

18

---

[19] *Riegel* Rn. 10; *Borgs/Ebert* Rn. 4, *Roggan* Rn. 4.
[20] *Gusy* NJW 1981, 1581 (1582).
[21] BGBl. I 3186 (3194).
[22] *Pfeiffer* ZRP 1994, 253.
[23] *Riedel* Vorbemerkung Rn. 20 ff.
[24] BVerfG 14.7.1999 – 1 BvR 2226/94, NJW 2000, 55 (60).
[25] BVerfG 14.7.1999 – 1 BvR 2226/94, NJW 2000, 55 (60).
[26] BGH 31.1.2007 – StB 18/06, NJW 2007, 930.

lichen Ausrichtung in § 3 Nr. 22 TKG als den technischen Vorgang des Aussendens, Übermittelns und Empfangens von Signalen mittels Telekommunikationsanlagen.

19 Von dieser **technischen** Telekommunikation werden aber nur solche Telekommunikationsdaten zugleich auch von § 1 erfasst, denen die **Funktion** zukommt, Nachrichten und damit eine individuelle Kommunikation von Grundrechtsträgern darzustellen. Sie können als **„qualifizierte Telekommunikationsdaten"** bezeichnet werden, weil sie vom gegenständlichen Schutzbereich des Art. 10 GG erfasst werden. Dies unterscheidet sie von den **„schlichten Telekommunikationsdaten",** die ebenfalls mittels Telekommunikationsanlagen übertragen werden, indes weder die näheren Umstände noch die Inhalte individueller Nachrichten zum Gegenstand haben. Um solche „schlichten Telekommunikationsdaten" handelt es sich etwa, wenn sich der Betroffene von einem allgemein zugänglichen Internetportal durch schlichten Abruf mittels „Mausklick" Daten downloadet.

20 Bei Berücksichtigung dieser Grundsätze wäre der BGH aller Voraussicht nach nicht bereits anlässlich einer seiner ersten Entscheidungen im Zusammenhang mit der Überwachung moderner Telekommunikationstechniken im Zusammenhang mit § 100a StPO an der dogmatischen Fragestellung gescheitert, welche Kommunikationsdaten von Art. 10 GG und damit von § 100a StPO wie von § 1 dieses Gesetzes erfasst werden. In dem entschiedenen Fall ging es um die Frage, unter welchen Voraussetzungen die von einem lediglich aktiv geschalteten Mobiltelefon automatisch generierten Stand-by-Daten zu strafprozessualen Zwecken erhoben werden dürfen. Sie war durch den Ermittlungsrichter beim BGH[27] in Verkennung der Reichweite des verfassungsrechtlich geschützten Fernmeldegeheimnisses dahingehend beantwortet worden, die Erhebung von Stand-by-Daten stelle einen Eingriff in das Fernmeldegeheimnis dar. Bei diesen Daten handelt es sich nach richtiger Auffassung ausschließlich um Telekommunikation im technischen Sinne, die von Art. 10 GG nicht erfasst werden. Dies hat das BVerfG im Rahmen seiner IMSI-Catcher- Entscheidung vom 22.8.2006[28] klargestellt. Nach hier vertretener Auffassung wird **der Anwendungsbereich des §§ 3, 5 und 8 ebenso wie der des 100a StPO nicht vom gegenständlichen Schutzbereich des durch Art. 10 GG geschützten Fernmeldegeheimnisses abgekoppelt.** Die Erhebung von Telekommunikationsdaten, die keine Individualkommunikation zum Inhalt haben, ist nicht an den vorgenannten Normen zu messen. Dass die durch § 2 verpflichteten Telekommunikationsdienstleister gleichwohl sämtliche Telekommunikationsdaten iSd § 3 Nr. 22 TKG, mithin nicht nur die Individualkommunikation tatsächlich ausleiten und rechtlich auszuleiten verpflichtet sind, hat technische Gründe. Sie sind zu einer Selektion des Datenstroms weder rechtlich verpflichtet noch tatsächlich in der Lage. Zur Verwertung auch dieser Daten sind die berechtigten Stellen auf Grund der hohen Eingriffsschwelle der §§ 3 und 5 nach dem Grundsatz **„maiore ad minus"** berechtigt. Gegen die Anwendung dieses Grundsatzes bestehen vorliegend bereits deshalb keine Bedenken, weil der Erhebung schlichter Telekommunikationsdaten als allgemein zugänglicher Daten kein Eingriffscharakter zukommt. Die von §§ 3 und 5 erfassten Telekommunikationsdaten können – ebenso wie im Zusammenhang mit §§ 100a, 100g StPO – auf Grund ihrer gemeinsamen verfassungsrechtlichen Ableitung aus Art. 10 GG unterschieden werden in Inhalts-, Verkehrs- und Bestandsdaten.

21 **aa) Inhaltsdaten.** Mit dem nicht legaldefinierten Begriff der Inhaltsdaten werden allgemein die **Inhalte der Individualkommunikation** und damit diejenigen Daten bezeichnet, um deretwillen der Übermittelsvorgang mittels Telekommunikation überhaupt stattfindet. Es kann sich dabei, wie etwa bei der klassischen Sprachtelefonie, um Töne, um Zeichen wie bei der Versendung einer SMS (Short Message Service) oder um Bilder wie bei der Versendung einer MMS (Multimedia Messaging Service) handeln. Wird während des Übertragungsvorgangs solche – hier nur beispielhaft genannten -Daten, so bedarf es einer Anordnung nach § 10.

---

[27] BGH 21.2.2001 – 2 BGs 42/2001, StV 2001, 214.
[28] BVerfG 22.8.2006 – 2 BvR 1345/03, NJW 2007, 351.

bb) Verkehrsdaten. Unter den Begriff der Verkehrsdaten fallen sämtliche für die Herstellung und Aufrechterhaltung einer Telekommunikationsverbindung erforderlichen Daten. In § 3 Nr. 30 TKG werden **Verkehrsdaten als solche Daten bezeichnet, „die bei der Erbringung eines Telekommunikationsdienstes erhoben, verarbeitet oder genutzt werden"**. Verkehrsdaten werden, anders als die Inhaltsdaten, rein technisch generiert, sodass insoweit auf die Vorschrift des § 96 TKG Bezug genommen wird, in der die verschiedenen Verkehrsdaten aufgezählt sind. Dort sind diejenigen Verkehrsdaten aufgelistet, die nach dem TKG zulässigerweise erhoben und verwertet werden dürfen.[29] In Abgrenzung zu den Inhaltsdaten erfassen Verkehrsdaten gerade nicht die Inhalte, sondern die näheren Umstände der Telekommunikation und geben, vereinfacht ausgedrückt, Aufschluss darüber, **wer wann wie lange** und **wo mit wem auf welche Art und Weise** telekommuniziert hat. 22

Zu den Vekehrsdaten, auf die zu strafprozessualen Zwecken zugegriffen werden kann, gehören nach § 96 Abs. 1 TKG ua die **Nummer oder Kennung** der beteiligten Anschlüsse (Nr. 1), **Beginn und Ende der jeweiligen Verbindung** nach Datum und Uhrzeit sowie ggf. die übermittelte Datenmenge (Nr. 2), der in Anspruch genommene **Telekommunikationsdienst** (Nr. 3) sowie die **Endpunkte von festgeschalteten Verbindungen** (Nr. 4). Diese Daten sind, ebenso wie etwa im Falle der §§ 100a, 100g StPO, auch bei Maßnahmen nach § 3 zu beauskunften. 23

cc) Bestandsdaten. Der Begriff der „Bestandsdaten" wird durch § 3 Nr. 3 TKG definiert als Daten eines Teilnehmers, „die für die **Begründung, inhaltliche Ausgestaltung, Änderung oder Beendigung eines Vertragsverhältnisses über Telekommunikationsdienste** erhoben werden". Es handelt sich hierbei um eine allgemein gehaltene Definition, die sowohl von einem abschließenden Katalog als auch von einer beispielhaften Aufzählung absieht. Teilnehmer kann sowohl eine natürliche als auch eine juristische Person sein, wobei diesen kennzeichnet, dass er mit dem Anbieter von Telekommunikationsdiensten **einen Vertrag über die Erbringung derartiger Dienste** geschlossen hat (§ 3 Nr. 20 TKG). Im telekommunikationsrechtlichen Sinne sind Bestandsdaten deshalb ausschließlich Kundendaten.[30] Zu den Bestandsdaten gehören mithin bspw. die von dem Kunden bei Vertragsschluss angegebenen **Personalien** und seine **Adresse** sowie die ihm durch den Diensteanbieter zugewiesene Kennung wie etwa eine Telefonnummer. 24

Nicht zu den Bestandsdaten zählt die **IP-Adresse** (Internet-Protocol-Adresse). Es handelt sich dabei um eine normierte Ziffernfolge, über die jeder Rechner in einem Netzwerk, das mit dem TCP/IP (Transmission Control Protocol), einem speziellen Programm für die Datenübertragung, arbeitet, eindeutig identifiziert wird. 25

Rechtsgrundlage für die Erhebung von Bestandsdaten sind die Vorschriften der §§ 112, 113 TKG über das sogenannte automatisierte bzw. manuelle Auskunftsverfahren iVm §§ 1, 3 ff. Für diejenigen, die geschäftsmäßig Telekommunikationsdienste erbringen oder daran mitwirken, wird deren Verpflichtung in den Regelungen über die vorgenannten Auskunftsverfahren konkretisiert und datenschutzrechtlich sanktioniert.[31] § 113 TKG stellt jedoch keine selbstständige Ermächtigungsgrundlage für Auskunftsverlangen der berechtigten Stellen dar, zu denen nach § 113 Abs. 3 Nr. 3 TKG auch die Verfassungsschutzbehörden des Bundes und der Länder, der Militärische Abschirmdienst und der Bundesnachrichtendienst zählen. Eine inhaltsgleiche Regelung für das manuellen Auskunftsverfahrens enthält übrigens § 112 Abs. 2 Nr. 4 TKG. In seiner Entscheidung vom 24.1.2012[32] hat das BVerfG entsprechend des von ihm verwendeten Bildes einer „Doppeltür" ausgeführt, § 113 Abs. 1 S. 1 TKG sei sowohl aus kompetenz- wie aus rechtsstaatlichen Gründen so auszulegen, „dass dieser für sich allein Auskunftspflichten der Telekommunikationsunternehmen noch nicht zu begründen vermöge. Vielmehr setzte er für die abschließende Begründung einer 26

---

[29] So zutreffend Beck'scher TKG-Kommentar/*Braun* TKG § 96 Rn. 6.
[30] Vgl. Beck'scher TKG-Kommentar/*Büttgen* TKG § 3 Rn. 6.
[31] Beck'scher TKG-Kommentar/*Eckhardt* § 113 TKG Rn. 12 ff.
[32] BVerfG 24.1.2012 – 1 BvR 1299/05, BeckRS 2012, 47666 Rn. 164.

Auskunftspflicht eine eigene fachrechtliche Ermächtigungsgrundlage (hier die §§ 3 und 5) voraus, die eine Verpflichtung der Telekommunikationsanbieter gegenüber den jeweils auskunftsberechtigten Behörden normenklar begründe. Die Strafverfolgungsbehörden können die Herausgabe von Bestandsdaten nach Maßgabe von § 100j StPO verlangen.

27 Auf welcher Rechtsgrundlage die **Personalien des hinter einer dynamischen IP stehenden Kunden** und damit der – mutmaßlichen Nutzers – erhoben werden können, war lange Zeit umstritten. In seinem vorgenannten Beschluss vom 24.1.2012 hat das BVerfG zu dieser Frage ebenfalls Stellung bezogen. Es hat im Leitsatz der Entscheidung ausgeführt, die Vorschrift des § 113 TKG dürfe „nicht zur Zuordnung dynamischer IP-Adressen angewendet werden" (amtlicher Leitsatz).[33] Begründet hat es diese Auffassung mit dem Umstand, dass die Telekommunikationsdienstleister für die Feststellung der einer dynamischen IP zuzuordnenden Personalien „in einem Zwischenschritt die entsprechenden Verbindungsdaten ihrer Kunden sichten müssen, also auf konkrete Telekommunikationsvorgänge zugreifen" müssen. Diese von den Diensteanbietern gespeicherten Verbindungsdaten, so das BVerfG weiter, fielen unabhängig davon, ob sie auf Grund gesetzlicher oder vertraglicher Grundlage gespeichert wären, unter das Telekommunikationsgeheimnis.[34]

28 **b) Überwachung und Aufzeichnung.** § 1 iVm §§ 3 ff. gestatten einen Eingriff in Form der „Überwachung" und „Aufzeichnung" der Telekommunikation. Beide Begriffe haben zwar einen unterschiedlichen semantischen Bedeutungsinhalt und sind dahingehend auszulegen, dass die **Überwachung** als „Mittel der Aufklärung des Sachverhalts"[35] die Kenntniserlangung der Telekommunikationsdaten sowie deren spätere Verwertung zur Erfüllung der gesetzlichen Aufgaben, die **Aufzeichnung** hingegen die Perpetuierung dieser Daten – gleich in welcher Form – bedeuten. Doch kommt der Befugnis zur Aufzeichnung bei teleologischer Auslegung letztlich **keine eigenständige Bedeutung** zu. Sie ist lediglich Mittel zum Zweck der Aufklärung und damit integrativer Bestandteil der Überwachungsbefugnis.

29 Die durch diese Vorschrift ermächtigten Behörden sind zur Aufzeichnung auch dann berechtigt, wenn sie in der Überwachungsanordnung hierzu nicht ausdrücklich ermächtigt werden. Die Überwachung und damit die Aufklärung des Sachverhalts setzt in all den Fällen, in denen die überwachte Kommunikation des Betroffenen nicht in Echtzeit mitgehört wird, mithin in der ganz überwiegenden Mehrzahl der Überwachungsmaßnahmen, **eine Aufzeichnung zur späteren Kenntniserlangung** zwingend voraus.

30 Weiter ist zu beachten, dass anders als zur Zeit des Inkrafttretens des G 10-Gesetzes im Jahre 1968 die zu überwachende Telekommunikation heute nicht mehr aus analog übertragener Sprachtelefonie und ebenso vermitteltem Fernschreibverkehr, sondern in **Folge der Digitalisierung der Telekommunikationstechnik aus einer Fülle digitaler Inhalts- und Verkehrsdaten** besteht, die auch bei einer Überwachung in Echtzeit ohne Aufzeichnung bereits aufgrund der Datenmenge ohne eine solche Aufzeichnung nicht mehr wahrnehmbar und damit auch nicht mehr überwachbar wären.

31 **2. Öffnung und Sichtung von Postsendungen.** Abs. 1 ermächtigt iVm § 2 Abs. 1 die Inlandsnachrichtendienste sowie den MAD, die dem „Brief- und Postgeheimnis unterliegenden Sendungen zu öffnen und einzusehen". Die berechtigten Stellen sind indes, anders als im Falle der Postbeschlagnahme nach §§ 99 f. StPO, nicht berechtigt, derartige Sendungen von der weiteren Beförderung auszuschließen bzw. zu beschlagnahmen. Die Postsendungen dürfen durch die Dienste lediglich **geöffnet** und **eingesehen** werden. Diese Befugnis umfasst nach wohl hM auch die Herstellung von Kopien zum Zwecke der nachträglichen Auswertung.[36] Andernfalls wäre eine sinnvolle Auswertung in angemessener Zeit nicht möglich.[37]

---

[33] BVerfG 24.1.2012 – 1 BvR 1299/05, BeckRS 2012, 47666.
[34] BVerfG 24.1.2012 – 1 BvR 1299/05, BeckRS 2012, 47666, Rn. 116.
[35] BT-Drs. V/1880, 11.
[36] *Riegel* Rn. 14; *Borgs/Ebert* Rn. 18.
[37] So zutreffend *Borgs/Ebert* Rn. 18.

V. Kontrolle durch die G 10-Kommission (Abs. 2)

Nach Abs. 2 unterliegen Maßnahmen nach Abs. 1 der Kontrolle durch das **Parlamentarische Kontrollgremium** nach § 14 sowie durch die **G 10-Kommission** nach § 15. Durch die Erwähnung beider Stellen bereits in der ersten Vorschrift des G 10-Gesetzes wollte der Gesetzgeber die besondere Bedeutung beider Gremien hervorheben.[38]

32

§ 2 Pflichten der Anbieter von Post- und Telekommunikationsdiensten

(1) ¹Wer geschäftsmäßig Postdienste erbringt oder an der Erbringung solcher Dienste mitwirkt, hat der berechtigten Stelle auf Anordnung Auskunft über die näheren Umstände des Postverkehrs zu erteilen und Sendungen, die ihm zum Einsammeln, Weiterleiten oder Ausliefern anvertraut sind, auszuhändigen. ²Der nach Satz 1 Verpflichtete hat der berechtigten Stelle auf Verlangen die zur Vorbereitung einer Anordnung erforderlichen Auskünfte zu Postfächern zu erteilen, ohne dass es hierzu einer gesonderten Anordnung bedarf. ³Wer geschäftsmäßig Telekommunikationsdienste erbringt oder an der Erbringung solcher Dienste mitwirkt, hat der berechtigten Stelle auf Anordnung Auskunft über die näheren Umstände der nach Wirksamwerden der Anordnung durchgeführten Telekommunikation zu erteilen, Sendungen, die ihm zur Übermittlung auf dem Telekommunikationsweg anvertraut sind, auszuhändigen sowie die Überwachung und Aufzeichnung der Telekommunikation zu ermöglichen. ⁴§ 8a Absatz 2 Satz 1 Nummer 4 des Bundesverfassungsschutzgesetzes, § 4a des MAD-Gesetzes und § 3 des BND-Gesetzes bleiben unberührt. ⁵Ob und in welchem Umfang der nach Satz 3 Verpflichtete Vorkehrungen für die technische und organisatorische Umsetzung der Überwachungsmaßnahme zu treffen hat, bestimmt sich nach § 110 des Telekommunikationsgesetzes und der dazu erlassenen Rechtsverordnung.

(2) ¹Der nach Absatz 1 Satz 1 oder 3 Verpflichtete hat vor Durchführung einer beabsichtigten Beschränkungsmaßnahme unverzüglich die Personen, die mit der Durchführung der Maßnahme betraut werden sollen,
1. auszuwählen,
2. einer einfachen Sicherheitsüberprüfung unterziehen zu lassen und
3. über Mitteilungsverbote nach § 17 sowie die Strafbarkeit eines Verstoßes nach § 18 zu belehren; die Belehrung ist aktenkundig zu machen.

²Mit der Durchführung einer Beschränkungsmaßnahme dürfen nur Personen betraut werden, die nach Maßgabe des Satzes 1 überprüft und belehrt worden sind. ³Nach Zustimmung des Bundesministeriums des Innern, bei Beschränkungsmaßnahmen einer Landesbehörde des zuständigen Landesministeriums, kann der Behördenleiter der berechtigten Stelle oder dessen Stellvertreter die nach Absatz 1 Satz 1 oder 3 Verpflichteten schriftlich auffordern, die Beschränkungsmaßnahme bereits vor Abschluss der Sicherheitsüberprüfung durchzuführen. ⁴Der nach Absatz 1 Satz 1 oder Satz 3 Verpflichtete hat sicherzustellen, dass die Geheimschutzmaßnahmen zum Schutz als VS-NUR FÜR DEN DIENSTGEBRAUCH eingestufter Informationen gemäß der nach § 35 Absatz 1 des Sicherheitsprüfungsgesetzes zu erlassenden allgemeinen Verwaltungsvorschrift zum materiellen Geheimschutz in der jeweils geltenden Fassung getroffen werden.

(3) ¹Die Sicherheitsüberprüfung nach Absatz 2 Satz 1 Nr. 2 ist entsprechend dem Sicherheitsüberprüfungsgesetz durchzuführen. ²Für Beschränkungsmaßnahmen einer Landesbehörde gilt dies nicht, soweit Rechtsvorschriften des Landes vergleichbare Bestimmungen enthalten; in diesem Fall sind die Rechtsvorschriften des Landes entsprechend anzuwenden. ³Zuständig ist bei Beschränkungsmaßnah-

---
[38] BT-Drs. 14/5655, 14.

men von Bundesbehörden das Bundesministerium des Innern; im Übrigen sind die nach Landesrecht bestimmten Behörden zuständig. ⁴Soll mit der Durchführung einer Beschränkungsmaßnahme eine Person betraut werden, für die innerhalb der letzten fünf Jahre bereits eine gleich- oder höherwertige Sicherheitsüberprüfung nach Bundes- oder Landesrecht durchgeführt worden ist, soll von einer erneuten Sicherheitsüberprüfung abgesehen werden.

Schrifttum: s. § 1.

Übersicht

	Rn.		Rn.
I. Regelungsinhalt des § 2	1, 2	2. Telekommunikationsdienstleister (S. 3–5)	7–11
II. Pflichten der Dienstleister (Abs. 1)	3–11	III. Sicherheitsüberprüfungen (Abs. 2 und 3)	12, 13
1. Postdienstleister (S. 1 und 2)	3–6		

I. Regelungsinhalt des § 2

1 § 2 regelt die **Mitwirkungspflichten der Anbieter von Post- und Telekommunikationsdiensten.** Die Vorschrift wurde durch das Gesetz zur Neuregelung von Beschränkungen des Brief-, Post- und Fernmeldegeheimnisses vom 26.6.2001[1] dahingehend neu gefasst, dass die bisher in § 1 Abs. 2–4 aF enthaltenen Regelungen aus dieser Vorschrift herausgelöst, redaktionell überarbeitet und als nunmehr selbstständige Regelung in das Artikel 10-Gesetz eingestellt wurden.

2 Die Vorschrift trägt dem Umstand Rechnung, dass die Post- und Telekommunikationsdienstleister im Zuge der Postreform privatisiert wurden und deshalb nicht mehr im Wege der Amtshilfe in die Pflicht genommen werden können. Den von S. 1 und 2 erfassten Dienstleistern selbst steht **keine Prüfkompetenz** dahingehend zu, ob die an sie gerichteten Anfragen sachgerecht sind.

II. Pflichten der Dienstleister (Abs. 1)

3 **1. Postdienstleister (S. 1 und 2).** Wer geschäftsmäßig Postdienste erbringt, wird durch S. 1 verpflichtet, den berechtigten Stellen Auskunft über die näheren Umstände des Postverkehrs zu erteilen. Hierzu gehört insbesondere die Beantwortung der Frage, ob sich Postsendungen einer bestimmten Art, mithin **an bestimmte Personen gerichtete bzw. von diesen stammende Sendungen,** im Beförderungskreislauf des Unternehmens befinden. Können Postsendungen der gesuchten Art festgestellt werden, sind diese den berechtigten Stellen auszuhändigen, dh körperlich zu übergeben. Die Auskunftspflicht ist somit die Voraussetzung für einen zielgerichteten Zugriff der berechtigten Stellen und besteht bereits vor Erlass einer entsprechenden Anordnung nach § 10 (vgl. insoweit → Rn. 5).

4 Zur Bestimmung des Begriffs **„geschäftsmäßig"** – allein solche Postdienstleister werden durch S. 1 verpflichtet – kann auf § 4 Nr. 4 PostG zurückgegriffen werden. Danach ist unter dem geschäftsmäßigen Erbringen von Postdiensten das nachhaltige Betreiben der Beförderung von Postsendungen für andere mit oder ohne Gewinnerzielungsabsicht zu verstehen. Der Vorschrift unterfallen mithin all diejenigen Unternehmen, die an der Übermittlung von Sendungen beteiligt sind, die von dem durch Art. 10 GG verbürgten Briefgeheimnis erfasst werden.[2]

5 Der Begriff der **„Sendung"** in S. 1 ist vorrangig an Art. 10 GG und weniger an der Begriffsbestimmung des § 4 Nr. 5 PostG auszurichten und weit auszulegen. Er umfasst nicht nur die dort genannten Postsendungen wie Briefsendungen, Bücher, Kataloge etc und Pakete bis 20 kg, sondern **alle Gegenstände,** die dem verpflichteten Postdienstleister zur Beförderung übergeben wurden.

---

[1] BGBl. I 1254.
[2] BT-Drs. 13/575, 5 f.

S. 2 verpflichtet den Postdienstleister, „die **zur Vorbereitung einer Anordnung erforderlichen Auskünfte** zu Postfächern zu erteilen", ohne dass es einer gesonderten Anordnung hierzu bedarf. Welche konkreten Mitteilungen im Einzelfall tatsächlich erforderlich sind, entscheidet die berechtigte Stelle nach pflichtgemäßem Ermessen. Regelmäßig wird Gegenstand des Auskunftsersuchens, welches dem Grundsatz der Verhältnismäßigkeit entsprechend gezieltere und damit weniger eingriffsintensive Anordnungen ermöglichen soll, die Beantwortung der Frage sein, ob bzw. welche Postfächer eine bestimmte Person nutzt oder wer Nutzer eines bestimmten Postfachs ist.

2. Telekommunikationsdienstleister (S. 3–5). Nach S. 3 haben diejenigen, die „geschäftsmäßig Telekommunikationsdienste" erbringen oder an der Erbringung solcher Dienste mitwirken, der berechtigten Stelle auf Anordnung Auskunft „über die näheren Umstände der nach Wirksamwerden der Anordnung durchgeführten Telekommunikation" zu erteilen. Anders als § 100a Abs. 4 S. 1 StPO wurde dieses Gesetz nicht im Hinblick auf die nationale Umsetzung der Regelungen in Art. 17 iVm Art. 16 des Übereinkommens des Europarats über Computerkriminalität, der sogenannten Cybercrime-Konvention,[3] hinsichtlich der gesetzlichen Mitwirkungspflicht der Telekommunikationsdienstleister modifiziert. Im Gegensatz zu § 100a Abs. 4 S. 1 StPO enthält S. 3 mithin noch eine Beschränkung auf ausschließlich solche Dienstleister, die ihre Dienste geschäftsmäßig erbringen.[4]

Telekommunikationsdienste erbringt nach § 3 Nr. 24 TKG derjenige, der – in der Regel gegen Entgelt – Dienste anbietet, die zumindest in der Übertragung von Signalen über Telekommunikationsanlagen bestehen, einschließlich der Übertragung in Rundfunknetzen. Unter dem Begriff **„geschäftsmäßig"** ist nach der in § 3 Nr. 10 TKG enthaltenen Legaldefinition, auf die vorliegend zurückgegriffen werden kann, das nachhaltige Angebot von Telekommunikation für Dritte mit oder ohne Gewinnerzielungsabsicht zu verstehen. **Nachhaltig** ist dabei jedes Angebot, welches auf Dauer ausgerichtet ist und eine gewisse Häufigkeit aufweist, während das Merkmal **„für Dritte"** ein Mindestmaß an Außenwirkung voraussetzt.[5] Danach fallen Dienstleister, die lediglich ein geschlossenes System für den Eigenbedarf betreiben, wie etwa Hotels, Krankenhäusern, größere Firmen etc, nicht unter den Anwendungsbereich von S. 3.

Die Verpflichtung zur Auskunft über die näheren Umstände der Telekommunikation, wozu die von § 96 Abs. 1 Nr. 1–5 TKG erfassten Verkehrsdaten zählen – mithin wer wann mit wem über welche Anschlüsse oder Endeinrichtungen telekommuniziert hat –, bezieht sich nach S. 3 auf die Umstände derjenigen Telekommunikation, die nach Wirksamwerden der Anordnung durchgeführt wurde. Eine **retrograde Auskunftserteilung** hinsichtlich der vor der Anordnung erfolgten Telekommunikationen ist mithin auf Grund dieser Vorschrift nicht zulässig (vgl. aber → Rn. 11).

S. 3 verpflichtet die Telekommunikationsdienstleister weiterhin, **im konkreten Einzelfall** die „Überwachung und Aufzeichnung der Telekommunikation" zu ermöglichen. Hinsichtlich dieser Begrifflichkeiten wird auf → § 1 Rn. 18 ff. Bezug genommen. Die grundsätzliche Verpflichtung der Telekommunikationsdienstleister, die entsprechende Überwachungstechnik zur Durchführung derartiger Maßnahmen vorzuhalten, ergibt sich aus § 110 TKG und der dazu erlassenen Rechtsverordnung (worauf S. 5 klarstellend hinweist). § 110 TKG berücksichtigt, dass die Errichtung und Erhaltung effektiver systemintegrierter Vorrichtungen zur Umsetzung von Überwachungsanordnungen aus tatsächlichen Gründen allein dem Netzbetreiber möglich ist. Die technologische Entwicklung der vergangenen Jahre ermöglicht es, Überwachungsmaßnahmen auch ohne Rückgriff auf diese systemintegrierte Technik selbständig, dh ohne Mitwirkung der Telekommunikationsdienstleister und damit **ohne deren technisches Equipment** durchzuführen. Eine solche Vorgehensweise lässt § 2 ebenso wie § 100a StPO zu (vgl. → § 100b aF Rn. 52 f.).

---

[3] BGBl. 2008 II 1242.
[4] Vgl. BT-Drs. 16/5846, 47.
[5] Beck'scher TKG-Kommentar/*Schütz* TKG § 3 Rn. 32.

11 S. 4 verweist deklaratorisch auf die in §§ 8a Abs. 2 S. 1 Nr. 4 BVerfSchG, § 4a MADG und § 3 BNDG enthaltene Berechtigung zur Erhebung von Verkehrsdaten bei Post- und Telekommunikationsdienstleistern. Die Berechtigung zur Erhebung von **Bestandsdaten** (vgl. → § 1 Rn. 24 ff.) bei Postdienstleistern und Telediensten ist in § 8a Abs. 1 BVerfSchG geregelt.

III. Sicherheitsüberprüfungen (Abs. 2 und 3)

12 Die Abs. 2 und 3 enthalten ohne wesentliche inhaltliche Änderungen die vormals in § 1 Abs. 3 und 4 aF enthaltenen Vorschriften hinsichtlich der Sicherheitsüberprüfung derjenigen Personen, die auf Seiten der Dienstleister mit der Durchführung der Beschränkungsmaßnahmen betraut werden sollen. Diese Regelungen tragen dem Umstand Rechnung, dass die nunmehr privaten Betreiber von Telekommunikationsanlagen grundsätzlich einen Anspruch auf Zulassung ihrer Anlagen haben und eine Sicherheitsüberprüfung ihres Personals nur auf Grund einer entsprechenden gesonderten gesetzlichen Verpflichtung durchgesetzt werden kann.[6] Abs. 2 S. 1 enthält die Einzelheiten zur **Sicherungsüberprüfung** sowie die Verpflichtung zur **Belehrung** des Personals über den Inhalt der Mitteilungsverbote des § 17 sowie der nach § 18 gegebenen Strafbarkeit eines Verstoßes gegen diese Mitteilungsverbote.

13 Abs. 3 enthält detaillierte Regelungen der nach Abs. 2 S. 1 Nr. 2 durchzuführenden einfachen Sicherheitsüberprüfung des Personals und legt in S. 1 fest, dass die Überprüfung entsprechend dem **Sicherheitsüberprüfungsgesetz** (SÜG) durchzuführen ist. Nach den §§ 8 und 12 SÜG hat eine sicherheitsmäßige Bewertung der Angaben des Mitarbeiters in dessen Sicherheitserklärung nach § 13 SÜG zu erfolgen und sind Auskünfte aus dem BZR sowie vom BKA einzuholen. Die S. 2 und 3 enthalten Anwendungs- und Zuständigkeitsregelungen. Danach gilt für Anordnungsmaßnahmen der Länder das jeweilige Landes-SÜG, sofern in dem betreffenden Bundesland vergleichbare Regelungen existieren.

---

[6] Vgl. BT-Drs. 11/4316, 90.

Abschnitt 2. Beschränkungen in Einzelfällen

§ 3 Voraussetzungen

(1) ¹Beschränkungen nach § 1 Abs. 1 Nr. 1 dürfen unter den dort bezeichneten Voraussetzungen angeordnet werden, wenn tatsächliche Anhaltspunkte für den Verdacht bestehen, dass jemand
1. Straftaten des Friedensverrats oder des Hochverrats (§§ 80a bis 83 des Strafgesetzbuches),
2. Straftaten der Gefährdung des demokratischen Rechtsstaates (§§ 84 bis 86, 87 bis 89b, 89c Absatz 1 bis 4 des Strafgesetzbuches, § 20 Abs. 1 Nr. 1 bis 4 des Vereinsgesetzes),
3. Straftaten des Landesverrats und der Gefährdung der äußeren Sicherheit (§§ 94 bis 96, 97a bis 100a des Strafgesetzbuches),
4. Straftaten gegen die Landesverteidigung (§§ 109e bis 109g des Strafgesetzbuches),
5. Straftaten gegen die Sicherheit der in der Bundesrepublik Deutschland stationierten Truppen der nichtdeutschen Vertragsstaaten des Nordatlantikvertrages (§§ 87, 89, 94 bis 96, 98 bis 100, 109e bis 109g des Strafgesetzbuches in Verbindung mit § 1 des NATO-Truppen-Schutzgesetzes),
6. Straftaten nach
   a) den §§ 129a bis 130 des Strafgesetzbuches sowie
   b) den §§ 211, 212, 239a, 239b, 306 bis 306c, 308 Abs. 1 bis 3, § 315 Abs. 3, § 316b Abs. 3 und § 316c Abs. 1 und 3 des Strafgesetzbuches, soweit diese sich gegen die freiheitliche demokratische Grundordnung, den Bestand oder die Sicherheit des Bundes oder eines Landes richten,
7. Straftaten nach § 95 Abs. 1 Nr. 8 des Aufenthaltsgesetzes,
8. Straftaten nach den §§ 202a, 202b und 303a, 303b des Strafgesetzbuches, soweit sich die Straftat gegen die innere oder äußere Sicherheit der Bundesrepublik Deutschland, insbesondere gegen sicherheitsempfindliche Stellen von lebenswichtigen Einrichtungen richtet, oder
9. Straftaten nach § 13 des Völkerstrafgesetzbuches

plant, begeht oder begangen hat. ²Gleiches gilt, wenn tatsächliche Anhaltspunkte für den Verdacht bestehen, dass jemand Mitglied einer Vereinigung ist, deren Zwecke oder deren Tätigkeit darauf gerichtet sind, Straftaten zu begehen, die gegen die freiheitliche demokratische Grundordnung, den Bestand oder die Sicherheit des Bundes oder eines Landes gerichtet sind.

(1a) Beschränkungen nach § 1 Abs. 1 Nr. 1 dürfen unter den dort bezeichneten Voraussetzungen für den Bundesnachrichtendienst auch für Telekommunikationsanschlüsse, die sich an Bord deutscher Schiffe außerhalb deutscher Hoheitsgewässer befinden, angeordnet werden, wenn tatsächliche Anhaltspunkte bestehen, dass jemand eine der in § 23a Abs. 1 und 3 des Zollfahndungsdienstgesetzes genannten Straftaten plant, begeht oder begangen hat.

(2) ¹Die Anordnung ist nur zulässig, wenn die Erforschung des Sachverhalts auf andere Weise aussichtslos oder wesentlich erschwert wäre. ²Sie darf sich nur gegen den Verdächtigen oder gegen Personen richten, von denen auf Grund bestimmter Tatsachen anzunehmen ist, dass sie für den Verdächtigen bestimmte oder von ihm herrührende Mitteilungen entgegennehmen oder weitergeben oder dass der Verdächtige ihren Anschluss benutzt. ³Maßnahmen, die sich auf Sendungen beziehen, sind nur hinsichtlich solcher Sendungen zulässig, bei denen Tatsachen die Annahme rechtfertigen, dass sie von dem, gegen den sich die Anordnung richtet,

herrühren oder für ihn bestimmt sind. ⁴Abgeordnetenpost von Mitgliedern des Deutschen Bundestages und der Parlamente der Länder darf nicht in eine Maßnahme einbezogen werden, die sich gegen einen Dritten richtet.

Schrifttum: *Bäcker*, Das G 10 und die Kompetenzordnung, DÖV 2011, 840; *Gusy*, Das Grundrecht des Post- und Fernmeldegeheimnisses, JuS 1986, 89; *Riegel*, Das Dirnhofer-Urteil des BGH und seine Konsequenzen für die Zusammenarbeit der Sicherheits- und Strafverfolgungsbehörden, JZ 1980, 757; *ders.*, §§ 32, 34 als hoheitliche Befugnisgrundlage?, NVwZ 1985, 639; *Roggan*, G-10-Gesetz, 2012.

Übersicht

	Rn.		Rn.
A. Erläuterung	1–20	c) Nutzung fremder Anschlüsse	12
I. Regelungsinhalt des § 3	1–3a	4. Betroffene der Postüberwachungsmaßnahme (Abs. 2 S. 3 und 4)	13, 14
II. Materielle Anordnungsvoraussetzungen (Abs. 1 und 2)	4–16	5. Subsidiaritätsklausel (Abs. 2 S. 1)	15, 16
1. Tatsächliche Anhaltspunkte	5, 6	III. Individualüberwachung deutscher Schiffe (Abs. 1a)	17, 18
2. Katalogstraftaten (Abs. 1 S. 1 Nr. 1–9, S. 2)	7–7c	IV. Verwertungsverbote	19, 20
3. Betroffener der Telekommunikationsmaßnahme (Abs. 2 S. 2)	8–12	1. Zulässige Überwachungsmaßnahmen	19
a) Verdächtige	9	2. Rechtswidrige Überwachungsmaßnahmen	20
b) Mitteilungsmittler	10, 11	B. Rechtsbehelfe	21

A. Erläuterung

I. Regelungsinhalt des § 3

1 § 3 enthält die maßgeblichen **materiellrechtlichen Konkretisierungen**[1] der unselbstständigen Eingriffsnorm des § 1 Abs. 1 Nr. 1. § 3 Abs. 1 beinhaltet einen enumerativen, sprich abschließenden Katalog derjenigen Straftatbestände bzw. Sachverhalte, zu deren Aufklärung zwecks Abwehr der in § 1 Abs. 1 Nr. 1 genannten Gefahren Beschränkungsmaßnahmen durchgeführt werden dürfen. Die Regelung des § 3 ist schließlich auch insoweit abschließend, als auf sie nur bei Vorliegen der gesetzlichen Voraussetzungen und nicht etwa auf der Grundlage des rechtfertigenden Notstandes nach § 34 StGB oder sonstiger allgemeiner Erwägungen eines übergesetzlichen Notstandes zurückgegriffen werden kann.[2]

2 Beschränkungsmaßnahmen nach § 3 dürfen sich anders als die der strategischen Überwachung des § 5 gemäß Abs. 2 S. 2 nur „gegen den Verdächtigen oder gegen (andere) Personen" und damit gegen individualisierte Dritte richten. Maßnahmen nach § 3 werden deshalb auch als „Einzelfallüberwachung" bzw. **„Individualkontrolle"**[3] bezeichnet. Die Individualkontrolle berechtigt sowohl zur Überwachung der Telekommunikation als auch zur Überwachung des Brief- bzw. des Postverkehrs.

3 Zu Maßnahmen nach § 3 sind entsprechend dem in S. 1 enthaltenen Verweis auf § 1 Abs. 1 Nr. 1 **alle Nachrichtendienste,** mithin die Verfassungsschutzbehörden des Bundes und der Länder, der MAD sowie der BND berechtigt. Zudem soll durch diesen Verweis klargestellt werden, dass sich die Ermächtigung der vorgenannten Nachrichtendienste durch § 3 nicht auch auf die erweiterten Befugnisse des BND nach § 1 Abs. 1 Nr. 2 bezieht. Die hiervon erfassten Maßnahmen der strategischen Überwachung nach § 5 dürfen mithin allein durch den BND durchgeführt werden.

3a In der jüngeren Literatur[4] werden Bedenken vorgebracht, ob § 3 mit den vom **GG vorgegebenen Gesetzgebungs- und Verwaltungskompetenzen im Einklang** steht, als

---

[1] BT-Drs. 14/5655, 14.
[2] So zutreffend *Riegel* § 2 aF Rn. 2; *ders.* NVwZ 1985, 639; *Roggan* Rn. 1.
[3] Vgl. etwa *Roggan* Rn. 1.
[4] *Bäcker* DÖV 2011, 840 (841 ff.), *Roggan* Rn. 3.

er nicht nur den BND sowie den MAD, sondern alle Nachrichtendienste zu entsprechenden Beschränkungen ermächtige. Begründet wird dies ua mit der Erwägung, der Bund besitze keine Gesetzgebungskompetenz, auch die Landesverfassungsschutzbehörden zur Durchführung von Beschränkungsmaßnahmen nach den §§ 3 ff. zu ermächtigen. Eine solche könne insbesondere auch nicht aus Art. 73 Abs. 1 Nr. 10 GG abgeleitet werden, da es diese Vorschrift dem Bund lediglich gestatte, in Angelegenheit des Verfassungsschutzes Regelungen zur Zusammenarbeit von Bund und Ländern zu treffen.[5] In seiner Entscheidung vom 15.12.1970[6] hatte das BVerfG indes noch festgestellt, die Gesetzgebungskompetenz des Bundes ergebe sich hinsichtlich der in § 3 enthaltenen Ermächtigungen (Gegenstand der Entscheidung war dessen Vorgängerregelung, § 2 aF) unmittelbar auf Art. 74 Nr. 1 GG (aF, nunmehr Art. 74 Abs. 1 GG).

II. Materielle Anordnungsvoraussetzungen (Abs. 1 und 2)

Beschränkungen nach Abs. 1 dürfen bei Vorliegen der weiteren **Voraussetzungen des** **§ 1 Abs. 1 Nr. 1,** mithin zur Abwehr von drohenden Gefahren für die freiheitliche demokratische Grundordnung oder die Sicherheit des Bundes oder eines Landes einschließlich der Sicherheit der in der BRep. stationierten Truppen der nichtdeutschen Vertragsstaaten des Nordatlantikvertrages angeordnet werden, wenn „tatsächliche Anhaltspunkte für den Verdacht bestehen, dass jemand" eine der in den S. 1 Nr. 1. bis 7 aufgeführten Straftaten „plant, begeht oder begangen hat". 4

1. Tatsächliche Anhaltspunkte. „Tatsächliche Anhaltspunkte" im iSv Abs. 1 S. 1 liegen vor, wenn konkrete, nachprüfbare und damit **tatsachenbasierte, mithin sinnlich wahrnehmbare Umstände** festzustellen sind, die einzeln oder in ihrer Gesamtheit darauf hindeuten, dass jemand eine der im Katalog des Abs. 1 S. 1 Nr. 1–9 bzw. eine der in Abs. 1a aufgeführten Straftaten plant, begeht oder begangen hat. Die Tatsachengrundlage, die die Annahme eines solchen Verdachts rechtfertigt, ist im Vergleich zu dem sich auf „bestimmte Tatsachen" stützenden Verdacht nach § 100a StPO indes „relativ niedrig angesetzt".[7] Bereits im Gesetzgebungsverfahren war durch den Rechtsausschuss das Erfordernis des Vorliegens „bestimmter Tatsachen" abgelehnt und darauf hingewiesen worden, dass Maßnahmen nach dem G 10-Gesetz „weit in das Vorfeld der Straftat vorverlegt" seien und deshalb für deren Anordnung bereits zureichende tatsächliche Anhaltspunkte genügen müssen. Gleichwohl verlangt auch das Tatbestandsmerkmal „tatsächliche Anhaltspunkte" mehr als bloße Vermutungen. Auch wenn die Anhaltspunkte nach § 3 nicht bereits eine Subsumtion unter ein objektives oder subjektives Tatbestandsmerkmal ermöglichen müssen und damit auch Indiztatsachen ausreichen, müssen die vorliegenden Tatsachen in ihrer Gesamtschau gleichwohl die Bewertung tragen, dass **mehr als nur die abstrakte Möglichkeit** besteht, dass jemand eine der von den Katalogen dieser Vorschrift erfassten Straftaten plant oder etwa begeht. Das faktische Substrat dieser Tatsachen wird in aller Regel erst in Verbindung mit nachrichtendienstlichen Erfahrungen und Bewertungen die Verdachtslage zu begründen vermögen,[8] zumal die Verdachtsmomente bei einer nachrichtendienstlichen Tätigkeit regelmäßig noch vor der Schwelle des polizeirechtlichen Gefahrenbegriffs liegen.[9] Rechtfertigen die Umstände jedoch lediglich den Schluss, dass möglicherweise ein Verdacht begründet sein könnte, reichen sie als Grundlage für eine Maßnahme nach § 3 nicht aus.[10] Entgegen vereinzelter Stimmen in der Lit.[11] dürfte die Vorschrift bei der gebotenen engen Auslegung dem verfassungsmäßigen Bestimmtheitsgebot noch genügen (vgl. → Rn. 7). 5

---

[5] *Bäcker* DÖV 2011, 840 (844).
[6] BVerfG 15.12.1970 – 2 BvF 1/69, 2 BvR 629/68 und 308/69, BVerfGE 30, 1 (29).
[7] BVerfG 14.7.1999 – 1 BvR 2226/94, 2420/95 und 2427/95, NJW 2000, 55 (66).
[8] So zutreffend *Borgs/Ebert* § 2 aF Rn. 8.
[9] So *Riegel* § 2 aF Rn. 6.
[10] Vgl. BVerwG 21.7.2010 – 6 C 22/09, NVwZ 2011, 161 Abs.-Nr. 30 f. zu § 4 Abs. 1 S. 3 BVerfSchG.
[11] *Roggan* Rn. 6.

6 § 3 fordert ebenso wie § 100a StPO **keinen erhöhten Verdachtsgrund** in dem Sinne, dass es wahrscheinlich oder gar sehr wahrscheinlich sein muss, dass jemand eine der Katalogtaten plant, begeht oder begangen hat.

7 **2. Katalogstraftaten (Abs. 1 S. 1 Nr. 1–9, S. 2).** Hinsichtlich der in Abs. 1 S. 1 Nr. 1–9 aufgeführten **Straftatbestände** kann auf die gängige Kommentarliteratur des StGB verwiesen werden. Bei der Prüfung der im Katalog des S. 1 enthaltenen Straftatbestände ist von den durch die Rspr. der Strafgerichte geprägten Grundsätzen und Auslegungsergebnissen auszugehen. Sie unterliegen bei ihrer Anwendung im Rahmen dieses Gesetzes nicht deshalb einer erweiterten Auslegung, weil das G 10-Gesetz anders als das StGB nicht repressiv sondern präventiv wirken soll. Die enumerative Aufzählung der einzelnen Straftatbestände, die Gesetzesgeschichte der Individualkontrolle und das zähe Ringen um die Ausgestaltung des Kataloges in Abs. 1 S. 1 sowie der bei allen Eingriffsmaßnahmen zu beachtende Grundsatz des Gesetzesvorbehalts erfordern eine strenge Ausrichtung „an die durch Rechtsprechung und Schrifttum strafrechtsdogmatisch erschlossenen Straftatbestände".[12]

7a Durch Nr. 8, eingefügt durch das Gesetz zur Verbesserung der Zusammenarbeit im Bereich des Verfassungsschutzes vom 17.11.2015,[13] wurde der Straftatenkatalog um die Vorschriften der §§ 202a, 202b, 303a und 303b StGB erweitert. Damit sollen Beschränkungen im Einzelfall auch dann möglich sein, wenn tatsächliche Anhaltspunkte dafür vorliegen, dass jemand Straftaten im Zusammenhang mit **Cyberbedrohungen** plant, begeht oder begangen hat. Als mögliche Angriffsziele für das Ausspähen und Abfangen von Daten bzw. die Datenveränderung und -sabotage hatte der Gesetzgeber unter anderem Unternehmen der Rüstung- und Raumfahrtindustrie, Betreiber von kritischer Infrastruktur, Telekommunikationsunternehmen bzw. staatliche Einrichtungen wie zB Sicherheitsbehörden im Blick.[14] Aufgrund der allgemeinen Verweisung in Abs. 1 S. 1 auf die Voraussetzungen des § 1 Abs. 1 Nr. 1 ist auch diese Befugnis nur zur Abwehr drohender Gefahren für herausragend wichtige Schutzgüter der Allgemeinheit zulässig. Wie im Falle von Nr. 6 lit. b wird dieser Bezug auch hier ausdrücklich aufgegriffen und konkretisiert. Der Gesetzgeber wollte damit normenklar verdeutlichen, dass es auch hier originär nicht um Strafverfolgung, sondern um die Abwehr besonders schwerer Gefahren geht. Nr. 9 wurde durch das Gesetz zur Änderung des Völkerstrafgesetzbuches vom 28.12.2016[15] eingeführt. Die Vorschrift des § 13 VStGB stellt Angriffskriege oder sonstige Angriffshandlungen unter Strafe.

7b Als möglicher **Täterkreis** sollen nicht nur staatliche Stellen in Betracht kommen. Maßnahmen nach § 3 dürfen vielmehr auch bei Straftaten mit terroristischem Hintergrund durchgeführt werden. Indes ergeben sich aus den Aufgaben der verschiedenen Behörden entsprechende Beschränkungen. So hat der BND die Aufgabe, Vorgänge von außen- und sicherheitspolitischer Bedeutung und somit uU auch kriminelle Angriffe aufzuklären. Für das BfV sind hingegen nur Bestrebungen oder Tätigkeiten mit den in § 3 Abs. 1 BVerfSchG genannten Zielrichtungen relevant. Es stehen mitten Angriffe fremder Mächte im Vordergrund, wenngleich der Gesetzgeber auch mit Angriffen terroristischer Vereinigungen rechnete.[16]

7c Die Regelung in **Abs. 1 S. 2** soll in sämtlichen Fällen von S. 1 Nr. 1–9 die Möglichkeit der Individualüberwachung auch in den Fällen gewährleisten, in denen Anhaltspunkte dafür vorliegen, dass der Betroffene Mitglied einer Vereinigung ist, deren Zwecke oder Tätigkeit darauf gerichtet sind, Straftaten mit **extremistischer Zielsetzung** zu begehen.

8 **3. Betroffener der Telekommunikationsmaßnahme (Abs. 2 S. 2).** Abs. 2 S. 2 bestimmt den personalen Anwendungsbereich der Norm. Die Vorschrift ist inhaltsgleich mit der entsprechenden Regelung in § 100a Abs. 3 StPO zur strafprozessualen Telekommu-

---

[12] BVerwG 27.10.1982 – 20 A 348/81, NJW 1983, 2346 (2347); *Borgs/Ebert* § 2 aF Rn. 5.
[13] BGBl. I 1938.
[14] BT-Drs. 18/4654, 40.
[15] BGBl. I S. 3150.
[16] BT-Drs. 18/4654, 40.

nikationsüberwachung (vgl. → StPO § 100a Rn. 95 ff.). Nach Abs. 2 S. 2 darf sich die Anordnung nur gegen den **Verdächtigen** oder gegen Personen richten, von denen auf Grund bestimmter Tatsachen, mithin auch hier auf der Grundlage tatsächlicher Anhaltspunkte, anzunehmen ist, dass sie für den Verdächtigen bestimmte oder von diesem herrührende Mitteilungen entgegennehmen oder weitergeben **(Mitteilungsmittler)** oder dass der Verdächtige ihren Anschluss benutzt **(Anschlussinhaber).**

a) Verdächtige. Die Vorschrift ist im Zusammenhang mit Abs. 1 S. 1, wonach sich der 9 Verdacht gegen „jemand" richten muss, dahingehend auszulegen, dass Anordnungen nach § 3 erst zulässig sind, wenn sich der Verdacht gegen eine **bestimmte Person** richtet. Diese braucht indes noch nicht identifiziert zu sein, dh ihre Identität muss den Nachrichtendiensten noch nicht bekannt sein. Gleichgültig ist, in welcher Form die Person im Verdacht steht, sich an der Planung oder Begehung einer Katalogtat zu beteiligen. Sie kann Randfigur ebenso wie Zentralgestalt des mutmaßlichen Geschehens sein.

b) Mitteilungsmittler. Für den Verdächtigen bestimmte oder von diesem herrührende 10 **Mitteilungen** der Mitteilungsmittler können im Hinblick auf die von Verfassungs wegen gebotene enge Auslegung und orientiert am Zweck der Vorschrift nur solche Informationen sein, die einen Bezug zur Verdachtslage haben und damit geeignet sind, zur Abwehr der in § 1 Abs. 1 Nr. 1 genannten Gefahren beizutragen. Maßnahmen gegen Dritte als Mitteilungsmittler sind daher nicht bereits dann zulässig, wenn der Verdächtige mit diesen in Kontakt steht. Vielmehr müssen insoweit „bestimmte Tatsachen" und damit tatsächliche Anhaltspunkte iS einer erhöhten Erkenntnisdichte dafür vorliegen, dass die zwischen dem Verdächtigen und dem Mitteilungsmittler ausgetauschten Informationen einen Bezug zur ermittlungsgegenständlichen Gefahrenlage haben.

Mitteilungsmittler brauchen weder um den Grund bzw. die näheren Hintergründe der 11 Mitteilung noch um deren Bezug zur Gefahrenlage zu wissen. Auch müssen weder die Entgegennahme vom noch die Weiterleitung an den Verdächtigen freiwillig erfolgen. Das Gesetz verlangt lediglich eine Entgegennahme oder Weiterleitung, diese kann mithin **auch unfreiwillig** erfolgen.

c) Nutzung fremder Anschlüsse. Schließlich dürfen auch die Anschlüsse derjenigen 12 nicht verdächtigen Personen überwacht werden, von denen auf Grund „bestimmter Tatsachen" davon auszugehen ist, dass der Verdächtige **ihren Anschluss benutzt.** Nicht erforderlich ist, dass der Anschlussinhaber hiervon Kenntnis hat. Betroffene von Anordnungen nach § 3 können mithin sowohl die um die Nutzung ihres Anschlusses wissende Freundin des Verdächtigen als auch der Dritte sein, dessen E-Mail-Account der Verdächtige „geknackt" hat und um dessen missbräuchliche Nutzung der betroffene Dritte nicht weiß. Fremde Anschlüsse in diesem Sinne stellen auch **öffentliche Telefonzellen** dar (vgl. → StPO § 100a Rn. 107).

4. Betroffene der Postüberwachungsmaßnahme (Abs. 2 S. 3 und 4). Nach Abs. 2 13 S. 3 dürfen ausschließlich solche Sendungen geöffnet und eingesehen werden, hinsichtlich derer „Tatsachen die Annahme rechtfertigen", dass sie **von dem Verdächtigen herrühren** oder **für diesen bestimmt** sind. Das Tatbestandsmerkmal „Tatsachen" ist gleichbedeutend mit dem der „tatsächlichen Anhaltspunkte" in Abs. 1 S. 1 (→ Rn. 5).

Abs. 2 S. 4 nimmt bei Maßnahmen, die „gegen einen Dritten" gerichtet sind, Postsen- 14 dungen von **Mitgliedern des Deutschen Bundestages oder eines Parlaments der Länder** von der Überwachung des Brief- und Postverkehrs aus. Grund für diese Regelung, die durch das Gesetz zur Änderung des PKKG sowie des G 10 vom 27.5.1992[17] eingeführt worden wurde, war der Umstand, dass nach Art. 47 Abs. 2 GG die Beschlagnahme von Schriftstücken eines Mitgliedes des Deutschen Bundestages unzulässig ist, soweit diesem ein Zeugnisverweigerungsrecht zusteht. Dieses Beschlagnahmeverbot soll auch bei der Einzie-

---

[17] BGBl. I 997.

hung postalischer Sendungen in G 10-Maßnahmen, die nicht gegen einen Abgeordneten selbst gerichtet sind, Beachtung finden.[18]

15 **5. Subsidiaritätsklausel (Abs. 2 S. 1).** Beschränkungsmaßnahmen sind nach der Subsidiaritätsklausel in Abs. 2 S. 1 nur zulässig, wenn die Erforschung des Sachverhalts auf andere Weise aussichtslos oder wesentlich erschwert wäre. Entgegen einzelner Stimmen in der Lit.[19] läuft diese Schranke nicht leer, weil die Antragsteller auch insoweit eine Darlegungslast trifft.[20] **Aussichtslosigkeit** liegt vor, wenn andere Erkenntnismöglichkeiten entweder fehlen oder aber mit sehr hoher Wahrscheinlichkeit keinen Erfolg versprechen. **Wesentlich erschwert** wäre die Erforschung des Sachverhalts, wenn mit anderen Mitteln erheblich mehr Zeit aufgewendet werden müsste bzw. wenn von diesen kein annähernd vergleichbarer Erkenntniswert zu erwarten wäre (vgl. → StPO § 100a Rn. 91 ff.)

16 Es handelt sich hierbei um **unbestimmte Rechtsbegriffe,** die der vollen gerichtlichen Nachprüfung unterliegen.[21] Aus diesem Grund trifft den Antragsteller ebenso wie die die Beschränkung anordnende Stelle eine ausführliche Darlegungslast. Nur so ist den Gerichten eine Überprüfung „ex ante" möglich, ob die anordnende Stelle zum Zeitpunkt ihrer Entscheidung von zutreffenden tatsächlichen und rechtlichen Voraussetzungen ausgegangen ist.

III. Individualüberwachung deutscher Schiffe (Abs. 1a)

17 Durch diesen Absatz, eingeführt durch das Erste Gesetz zur Änderung des Art. 10-Gesetzes vom 31.7.2009,[22] wird der BND ermächtigt, Maßnahmen der Individualüberwachung auch auf deutschen Schiffen **außerhalb deutscher Hoheitsgewässer** durchzuführen. Die Vorschrift soll dem Umstand Rechnung tragen, dass namentlich **Kriegswaffen bzw. sogenannte Dual-use-Güter** häufig auf dem Seeweg transportiert werden und deshalb ein Bedürfnis für die Möglichkeit der Überwachung dieser Schiffe gesehen wurde.[23] Die Ermächtigung deckt sich mit der Aufgabenzuweisung durch § 1 Abs. 2 BNDG. Danach ist der BND berufen, solche Erkenntnisse über das Ausland zu gewinnen und auszuwerten, die von außen- oder sicherheitspolitischer Bedeutung für die BRep. sind. Hierzu gehört zweifelsfrei die Aufklärung der Proliferation sowie der Fälle des internationalen Waffenhandels. Zudem ergänzt die Vorschrift die bereits nach geltendem Recht bestehende Möglichkeit des BND, Fälle der Proliferation nach Maßgabe von § 5 Abs. 1 S. 3 Nr. 3 strategisch zu überwachen.

18 Dem BND war bislang eine **gezielte Überwachung** deutscher Hochseeschiffe weder auf der Grundlage des § 5 noch auf der des § 3 möglich. So dürfen bei Maßnahmen nach § 5 inländische Anschlussnummern nicht als Suchbegriffe verwendet werden, sodass keine Möglichkeit bestand, die Kommunikation an Bord deutscher Schiffe außerhalb deutscher Hoheitsgewässer zu erfassen. Für Maßnahmen nach § 3 lagen die Voraussetzungen nicht vor, weil die Straftaten des § 23a Abs. 1 und 3 ZFdG bislang nicht im Katalog des § 3 Abs. 1 enthalten waren.

IV. Verwertungsverbote

19 **1. Zulässige Überwachungsmaßnahmen.** Die Verwertung der durch Maßnahmen nach § 3 gewonnenen Erkenntnisse setzt das Vorliegen einer **materiell und formell rechtmäßigen** Anordnung voraus. Ist dies der Fall, so sind die durch Maßnahmen nach § 3 erlangten Erkenntnisse auch dann in einem etwaigen Strafverfahren verwertbar, wenn sich der zum Zeitpunkt der Anordnung vorliegende Verdacht einer der in Abs. 1 genannten Straftaten im Verlauf der weiteren Ermittlungen nicht bestätigen sollte. Den Vorschriften

---

[18] BT-Drs. 12/1643, 4.
[19] *Gusy* JuS 1986, 89 (93).
[20] So schon zutreffend *Riegel* § 2 aF Rn. 17.
[21] OVG Münster 27.10.1982 – 20 A 348/81, NJW 1983, 2346 (2349).
[22] BGBl. I 2499.
[23] Vgl. BT-Drs. 16/509, 7, 8.

der §§ 3 und 4 kann nicht entnommen werden, dass die Verwertung der gewonnenen Erkenntnisse vom **Fortbestand des Verdachts einer dieser Katalogtaten** abhängen soll. Insofern finden auf das G 10-Gesetz 2001 dieselben Grundsätze Anwendung, die das BVerfG in seiner Entscheidung vom 18.8.1987[24] aufgestellt hat. Im Rahmen dieser Entscheidung hat das BVerfG im Zusammenhang mit der Verwendungsregelung für Maßnahmen der Individualkontrollen in § 7 Abs. 3 aF, wonach erlangte Erkenntnisse „nicht zur Erforschung und Verfolgung anderer als der in § 2 (aF) oder § 3 Abs. 2 (aF) genannten Straftaten benutzt werden" dürfen, ausgeführt, das Fernmeldegeheimnis des Art. 10 GG gebiete es nicht, § 7 Abs. 3 (aF) über seinen Wortlaut dahingehend auszulegen, dass der nachträgliche Wegfall des ursprünglich begründeten Verdachts stets zur Unverwertbarkeit der Erkenntnisse führe.[25] Zu beachten ist indes die in **§ 4 Abs. 2 S. 2 enthaltene Verwendungsregelung,** wonach die Daten ausschließlich zu den in § 1 Abs. 1 Nr. 1 und § 4 Abs. 4 genannten Zwecken verwendet werden dürfen.

2. Rechtswidrige Überwachungsmaßnahmen. Erkenntnisse aus rechtswidrigen **20** Maßnahmen unterliegen jedenfalls grundsätzlich **einem Beweisverwertungsverbot.** Inwieweit hiervon entsprechend den zu § 100a entwickelten Grundsätzen (vgl. → StPO § 100a Rn. 188 ff.) eine Ausnahme gemacht werden kann, soll hier nicht näher erörtert werden.[26] Einem solchen Beweisverwertungsverbot soll nach älterer Rspr. auch **Fernwirkung** zukommen. So hat jedenfalls das OLG Köln in seiner Entscheidung vom 15.12.1978 die Auffassung vertreten, ein Verwertungsverbot bei unzulässiger nachrichtendienstlicher Tätigkeit erfasse nicht nur die unmittelbar aus der Verletzung von Art. 10 GG erlangten Beweismittel, sondern auch alle weiteren Beweismittel, die durch die weiteren Ermittlungen erlangt worden seien.[27] In seiner Entscheidung vom 18.4.1980[28] hat der BGH bei der Auslegung des § 7 Abs. 3 aF die Auffassung vertreten, die anlässlich einer Individualmaßnahme gewonnenen Erkenntnisse seien **nur zur Erforschung von Katalogtaten** zulässig verwertbar.

B. Rechtsbehelfe

Gegen die Anordnung von Beschränkungsmaßnahmen nach § 3 und die Art und Weise **21** ihres Vollzuges wird durch **§ 13** der Rechtsweg eröffnet (vgl. hierzu § 13).

§ 3a Schutz des Kernbereichs privater Lebensgestaltung

¹Beschränkungen nach § 1 Abs. 1 Nr. 1 sind unzulässig, soweit tatsächliche Anhaltspunkte für die Annahme vorliegen, dass durch sie allein Erkenntnisse aus dem Kernbereich privater Lebensgestaltung erfasst würden. ²Soweit im Rahmen von Beschränkungen nach § 1 Abs. 1 Nr. 1 neben einer automatischen Aufzeichnung eine unmittelbare Kenntnisnahme erfolgt, ist die Maßnahme unverzüglich zu unterbrechen, soweit sich während der Überwachung tatsächliche Anhaltspunkte dafür ergeben, dass Inhalte, die dem Kernbereich privater Lebensgestaltung zuzurechnen sind, erfasst werden. ³Bestehen insoweit Zweifel, darf nur eine automatische Aufzeichnung fortgesetzt werden. ⁴Automatische Aufzeichnungen nach Satz 3 sind unverzüglich einem bestimmten Mitglied der G10-Kommission oder seinem Stellvertreter zur Entscheidung über die Verwertbarkeit oder Löschung der Daten vorzulegen. ⁵Das Nähere regelt die Geschäftsordnung. ⁶Die Entschei-

---
[24] BVerfG 18.8.1987 – 2 BvR 400/98, NJW 1988, 1075.
[25] BVerfG 18.8.1987 – 2 BvR 400/98, NJW 1988, 1075.
[26] Zur Problematik vgl. *Riegel* JZ 1980, 757.
[27] OLG Köln 15.12.1978 – 3 Ws 234/78, NJW 1979, 1216.
[28] BGH 18.4.1980 – 2 StR 731/79, NJW 1980, 1700.

dung des Mitglieds der Kommission, dass eine Verwertung erfolgen darf, ist unverzüglich durch die Kommission zu bestätigen. [7]Ist die Maßnahme nach Satz 2 unterbrochen worden, so darf sie für den Fall, dass sie nicht nach Satz 1 unzulässig ist, fortgeführt werden. [8]Erkenntnisse aus dem Kernbereich privater Lebensgestaltung, die durch eine Beschränkung nach § 1 Abs. 1 Nr. 1 erlangt worden sind, dürfen nicht verwertet werden. [9]Aufzeichnungen hierüber sind unverzüglich zu löschen. [10]Die Tatsachen der Erfassung der Daten und der Löschung sind zu dokumentieren. [11]Die Dokumentation darf ausschließlich für Zwecke der Datenschutzkontrolle verwendet werden. [12]Sie ist zu löschen, wenn sie für diese Zwecke nicht mehr erforderlich ist, spätestens jedoch am Ende des Kalenderjahres, das dem Jahr der Dokumentation folgt.

Schrifttum: *Huber*, Die Reform der parlamentarischen Kontrolle der Nachrichtendienste und des Gesetzes nach Art. 10 GG, NVwZ 2009, 1321; *Hoffmann-Riem*, Der grundrechtliche Schutz der Vertraulichkeit und Integrität eigengenutzter informationstechnischer Systeme, JZ 2008, 1009; *Roggan*, Das neue BKA-Gesetz – Zur weiteren Zentralisierung der deutschen Sicherheitsarchitektur, NJW 2009, 257.

Übersicht

	Rn.		Rn.
I. Allgemeines	1–5	2. Regelungen zur Telekommunikationsüberwachung (S. 2–7)	7–10
1. Anwendungsbereich	2, 3	3. Regelungen zur Post- und Telekommunikationsüberwachung	11–15
2. Gegenstand des Kernbereichs	4, 5	a) Verwertungsverbot (S. 8 und 9)	11
II. Die Regelungen im Einzelnen	6–15	b) Dokumentation und Löschung der Daten (S. 10–12)	12–15
1. Unzulässigkeit der Anordnung (S. 1)	6, 6a		

I. Allgemeines

1 Die Vorschrift wurde durch das Erste Gesetz zur Änderung des Art. 10-Gesetzes vom 31.7.2009[1] eingefügt und regelt den Schutz des Kernbereichs privater Lebensgestaltung bei Beschränkungen nach § 1 Abs. 1 Nr. 1. Sie trägt der Rspr. des BVerfG Rechnung, welches in seiner Entscheidung zur strafprozessualen akustischen Wohnraumüberwachung vom 3.3.2004[2] erstmals einfachgesetzliche Vorschriften zum Schutz des **Kernbereichs privater Lebensgestaltung** eingefordert und in seinem weiteren Urteil vom 27.7.2005[3] entsprechende Regelungen auch für Maßnahmen der gefahrenabwehrrechtlichen Telekommunikationsüberwachung angemahnt hat. Zugleich hat das BVerfG darauf hingewiesen, dass zur Gewährleistung eines entsprechenden Schutzes im Rahmen von Maßnahmen der Telekommunikationsüberwachung andere, weniger strenge Maßstäbe anzulegen seien als bei Maßnahmen der Wohnraumüberwachung.

2 **1. Anwendungsbereich.** § 3a findet sowohl auf Maßnahmen der **Telekommunikationsüberwachung** als auch auf solche der **Postüberwachung** Anwendung. Wenngleich sich die Regelungen der S. 2–7 ausschließlich auf Maßnahmen der Telekommunikationsüberwachung beziehen und die Materialien im Zusammenhang mit § 3a allein diese Maßnahme thematisieren, erfasst die Vorschrift nach ihrem insoweit eindeutigen Wortlaut „(alle) Beschränkungen nach § 1 Abs. 1 Nr. 1", wozu auch die Maßnahmen der Postüberwachung zählen. Die in den S. 8–12 enthaltenen Regelungen lassen sich sinnvoll auch auf diese Maßnahmen anwenden.

3 Die Vorschrift erfasst ausschließlich **Maßnahmen der Individualüberwachung** nach § 3. Dies ergibt der Abgleich mit der entsprechenden und allein auf Beschränkungen nach § 5 anwendbaren Regelung des § 5a. Ebenso wie § 3 Abs. 1 und Abs. 1a findet § 3a ausschließlich auf Beschränkungen nach § 1 Abs. 1 Nr. 1 Anwendung. § 5a gilt indes ausschließ-

---

[1] BGBl. I 2499.
[2] BVerfG 3.3.2004 – 1 BvR 2378/98 und 1 BvR 1084/99, NJW 2004, 999.
[3] BVerfG 27.7.2005 – 1 BvR 668/04, NJW 2005, 2603.

lich für Beschränkungen nach § 1 Abs. 1 Nr. 2 und damit für solche nach Maßgabe der §§ 5 und 8 dieses Gesetzes.

2. Gegenstand des Kernbereichs. Zur Entfaltung des Kernbereichs der Persönlichkeit 4 eines Menschen gehört die Möglichkeit, **innere Vorgänge wie Gefühle, Überlegungen, Ansichten und Erlebnisse höchstpersönlicher Art** ohne Angst davor zum Ausdruck zu bringen, dass staatliche Stellen derartige Äußerungen überwachen. Von diesem Schutz umfasst sind bspw. intimste Gesprächsinhalte über die eigene Sexualität, eigene schwere Erkrankungen, über zwischenmenschliche Beziehungen sowie über sonstige innerste Empfindungen, Gedanken etc.[4] Ob eine bestimmte Kommunikation den Kernbereich privater Lebensgestaltung berührt, hängt in der Gesamtschau indes nicht nur von ihrem Inhalt, sondern auch von der Art und dem situativem Kontext ab, in dem die Kommunikation erfolgt.[5] Vereinfacht ausgedrückt gilt, dass eine Kernbereichsrelevanz regelmäßig hinsichtlich solcher Inhalte zu bejahen ist, mit denen eine Person gleichsam „ihr Innerstes nach außen kehrt".

Äußerungen, die einen **unmittelbaren Bezug zu konkreten Straftaten** haben, etwa 5 Angaben über geplante oder begangene Straftaten, kommt nach der Rspr. des BVerfG regelmäßig keine Kernbereichsrelevanz zu.[6] Dies gilt selbst dann, wenn sie wie etwa Äußerungen einer Person über von ihr bevorzugte Sexualpraktiken, zwar grundsätzlich dem Kernbereich zuzuordnen wären, zugleich jedoch auch strafrechtliche Relevanz besitzen. Dies wäre der Fall, wenn sich die Äußerungen auf einen Sachverhalt bezögen, der sich als schwerer sexueller Missbrauch eines Kindes darstellen würde, mithin § 176a StGB einschlägig wäre. Indes gilt auch hier, dass bei der Prüfung einer möglichen Kernbereichsrelevanz stets eine Abwägung und Gesamtbetrachtung der maßgeblichen Umstände des konkreten Einzelfalles vorzunehmen ist. So ist nach der Entscheidung des BGH vom 22.12.2011[7] eine Kernbereichsrelevanz jedenfalls dann zu bejahen, wenn sich der Beschuldigte im Rahmen eines Selbstgesprächs, bei welchem er sich „allein mit sich selbst wähnt", zur Tat äußert. Kriterien zur Prüfung der Frage, ob Äußerungen in Selbstgesprächen dem Kernbereich zuzuordnen sind, sind nach Auffassung des BGH ua die Eindimensionalität der Selbstkommunikation oder – anders ausgedrückt – Äußerungen ohne kommunikativen Bezug, die Nichtöffentlichkeit der Äußerungssituation und damit zusammenhängend das Vertrauen der sich äußernden Person darauf, an dem betreffenden Ort vor staatlicher Überwachung geschützt zu sein, die mögliche Unbewusstheit der Äußerung sowie die Identität der Äußerung mit inneren Gedanken.[8]

II. Die Regelungen im Einzelnen

1. Unzulässigkeit der Anordnung (S. 1). Gemäß der § 100a Abs. 4 S. 1 StPO entspre- 6 chenden Regelung in S. 1 sind bereits die Anordnung der Telekommunikations- bzw. der Postüberwachung, mithin nicht erst deren Vollziehung unzulässig, „soweit tatsächliche Anhaltspunkte" dafür vorliegen, dass bei der Vollziehung der Maßnahme **allein** Erkenntnisse aus dem Kernbereich privater Lebensgestaltung erlangt würden. Ein besonders hoher Grad der Wahrscheinlichkeit wird hier ebenso wie in § 100a Abs. 4 S. 1 StPO nicht vorausgesetzt, weshalb bereits eine entsprechende Möglichkeit ausreicht. Allerdings brauchen zur Vorbereitung dieser Prognose **keine gesonderten Ermittlungen** getätigt zu werden.[9] Nach dem eindeutigen Wortlaut können entsprechende Überwachungsmaßnahmen auch durchgeführt werden, wenn die Prognose ergibt, dass neben kernbereichsrelevanten Daten auch und überwiegend andere, dem unantastbaren Kernbereich nicht zuzuordnende und möglicherweise beweisrelevante Daten erhoben werden.

---

[4] Vgl. BVerfG 3.3.2004 – 1 BvR 2378/98 und 1 BvR 1084/99, NJW 2004, 999; 27.7.2005 – 1 BvR 668/04, NJW 2005, 2603.
[5] BVerfG 3.3.2004 – 1 BvR 2378/98 und 1 BvR 1084/99, NJW 2004, 999 (1003).
[6] BVerfG 27.7.2005 – 1 BvR 668/04, NJW 2005, 2603 (2612).
[7] BGH 22.12.2011 – 2 StR 509/10, NStZ 2012, 277.
[8] BGH 22.12.2011 – 2 StR 509/10, NStZ 2012, 277 (278).
[9] Vgl. BT-Drs. 16/12448, 10.

6a Bei kritischer Betrachtung handelt es sich um eine „Schaufensterregelung", die der Forderung des BVerfG nach der Implementierung auch einfachgesetzlicher Vorschriften zum Schutz des Kernbereichs privater Lebensgestaltung[10] Rechnung tragen soll, indes so ausgestaltet ist, dass einschlägige Fälle, in denen Beschränkungen nach S. 1 unzulässig wären, kaum vorkommen dürften. S. 1 dürfte damit mit den entsprechen **verfassungsgerichtlichen Vorgaben nur schwer vereinbar** sein.[11]

7 **2. Regelungen zur Telekommunikationsüberwachung (S. 2–7).** Nach den S. 2 und 3 ist **die Maßnahme im Falle einer „Echtzeit-Überwachung" unverzüglich zu unterbrechen,** wenn sich während der Überwachung tatsächliche Anhaltspunkte dafür ergeben, dass kernbereichsrelevante Daten erfasst werden, und darf die automatische Aufzeichnung einzig fortgeführt werden, wenn „insoweit Zweifel bestehen". Von echten Evidenzfällen abgesehen kann die Bewertung der hier einschlägigen Fragestellung, nämlich die, ob bestimmten Kommunikationsinhalten eine Kernbereichsrelevanz zukommt, nicht der „Auswerterebene" bzw. den Sachbearbeitern überlassen werden.[12] Diese sind ist hierzu im Hinblick auf die sich dabei stellenden verfassungsrechtlichen Aspekte und Fragestellungen regelmäßig und nicht nur in Zweifelsfällen nicht in der Lage. Dies konzedieren in tatsächlicher Hinsicht auch die Materialien, indem dort zutreffend angemerkt wird, es sei häufig bei einem nur einmaligen Anhören nicht möglich, das Geschehen vollständig zu erfassen und den Inhalt im Hinblick auf Betonungen und Nuancen richtig zu bewerten.[13] Vor diesem Hintergrund sollte eine Löschung der Daten von wirklichen Evidenzfällen abgesehen **regelmäßig erst nach Rücksprache mit dem G 10-Beauftragten** erfolgen. Indes darf es dadurch zu keiner erheblichen Verzögerung kommen.[14] Nach alledem darf bezweifelt werden, ob die Regelung in S. 3 zu einem Mehr an „materiellem Grundrechtsschutz" führt. Zudem hört der Auswerter regelmäßig nicht „live" mit, sodass ist es ihm dadurch auch verwehrt ist, bereits während der Aufzeichnung auftretende evidente Kernbereichsfälle nicht weiter aufzuzeichnen und dadurch erst gar nicht zu „konservieren".

8 Nach S. 4 sind die Aufzeichnungen der „Zweifelsfälle **unverzüglich**", mithin nach der subjektiv erforderlichen Vorbereitungszeit, einem bestimmten **Mitglied der G 10-Kommission** oder seinem Stellvertreter vorzulegen. Durch diese ist sodann die Entscheidung über die weitere Verwendung der Daten zu nachrichtendienstlichen Zwecken oder über deren Löschung zu treffen, wobei allein im Falle der Entscheidung, dass die Daten zu verwenden sind, nach S. 6 unverzüglich eine Bestätigung durch die Kommission zu erfolgen hat. Die Löschungsentscheidung bedarf mithin keiner Bestätigung. Welche Mitglieder für diese Entscheidung zuständig sind, muss nach S. 5 ähnlich einem Geschäftsverteilungsplan, der im Gerichtsbereich den gesetzlichen Richter (Art. 101 Abs. 1 S. 2 GG) gewährleistet, in der Geschäftsordnung der Kommission (vgl. § 15 Abs. 4 S. 2) vorab festgelegt werden.

9 Es erscheint zweifelhaft, ob die vorstehenden Regelungen **praktikabel** sind, insbesondere ob eine unverzügliche Entscheidung nach S. 4 durch ein Mitglied der G 10-Kommission möglich ist. So wurde in der parlamentarischen Diskussion zutreffend darauf hingewiesen, dass die ehrenamtlich tätigen Mitglieder der G 10-Kommission für ihre unverzügliche Hinzuziehung vielfach nicht zur Verfügung stünden.[15] Die unverzügliche Bestätigung durch die Kommission nach S. 6 kann zudem erst in deren nächsten Sitzung erfolgen.

10 S. 7 enthält mit dem Hinweis, dass eine nach S. 2 unterbrochene **Maßnahme fortgeführt** werden darf, wenn sie nicht nach S. 1 unzulässig ist, eine letztlich selbstverständliche, sich bereits aus dem Regelungskontext von S. 1 und 2 ergebende und damit überflüssige Vorschrift.

---

[10] Vgl. BVerfG 27.7.2005 – 1 BvR 668/04, NJW 2005, 2603 (2611).
[11] Kritisch auch *Roggan* NJW 2009, 257 (261); *Hoffmann-Riem* JZ 2008, 1009 (1021).
[12] So in der Tendenz jedoch für Maßnahmen nach § 100a BT-Drs. 16/5846, 45.
[13] BT-Drs. 16/12448, 10.
[14] So zutreffend auch BeckOKStPO/*Graf* StPO § 100a Rn. 57 für Maßnahmen nach § 100a.
[15] *Huber* NVwZ 2009, 1321 (1325); auch BT-PlenProt 16/215 S. 23424.

3. Regelungen zur Post- und Telekommunikationsüberwachung. a) Verwer- 11
tungsverbot (S. 8 und 9). Nach der Regelung in S. 8 dürfen Erkenntnisse aus dem Kernbereich privater Lebensgestaltung nicht verwertet werden. Die Regelung enthält ein **absolutes Beweisverwertungsverbot**.[16] Erkenntnisse aus dem unantastbaren Kernbereich privater Lebensgestaltung sind einem Zugriff durch die öffentliche Gewalt schlechthin entzogen. Selbst schwerwiegende Interessen der Allgemeinheit vermögen einen Zugriff auf diese Daten nach der Rspr. des BVerfG nicht zu rechtfertigen.[17] Eine Abwägung nach Maßgabe des Verhältnismäßigkeitsgrundsatzes findet mithin nicht statt. In Konsequenz dessen sind nach S. 9 die entsprechenden Aufzeichnungen unverzüglich zu löschen.

b) Dokumentation und Löschung der Daten (S. 10–12). Nach S. 10 ist die Tatsache 12
der Erfassung sowie der Löschung kernbereichsrelevanter Daten zu dokumentieren. Sowohl das Gesetz als auch die Materialien[18] schweigen indes zur näheren Ausgestaltung dieser Dokumentationspflicht.

Folgendes kann und sollte im Falle der **Telekommunikationsüberwachung** dokumen- 13
tiert werden: die **Betroffenen** der entsprechenden Telekommunikation, die Bezeichnung der **Kommunikationsart** (etwa Sprachtelefonie bzw. Fax oder SMS) und ob der Datensatz **vollständig oder lediglich teilweise** gelöscht wurde und wer die Löschung angeordnet bzw. durchgeführt hat. Den Verkehrsdaten (vgl. § 96 TKG) einer Telekommunikation, mithin den näheren Umständen, dürfte regelmäßig keine Kernbereichsrelevanz zukommen, weshalb diese Daten auch nicht gelöscht werden müssen.

Im Falle der **Postüberwachung** können **Absender und Adressat**, die **Art** der Postsen- 14
dung sowie **Zeitpunkt und Art des Zugriffs** dokumentiert werden. Im Rahmen einer Briefüberwachung sollten mithin der Absender und Adressat, die Tatsache, dass ein Brief überwacht wurde, wann und wie dies geschah, ob der Brief mithin gelesen und damit inhaltlich erfasst oder nur auf seinen möglichen weiteren Inhalt in Augenschein genommen wurde, dokumentiert werden.

Die S. 11 und 12 enthaltenen wiederum **Verwendungsregelungen bzgl. der vorste-** 15
henden Dokumentationsdaten und legen fest, dass diese ausschließlich für Zwecke der Dokumentationskontrolle verwendet werden dürfen und spätestens am Ende des auf die Dokumentation folgenden Kalenderjahres zu löschen sind. Für die Berechnung dieser Frist ist nach dem insoweit eindeutigen Wortlaut in S. 12 nicht der Zeitpunkt der Datenerhebung, sondern der stets spätere Zeitpunkt der Dokumentation der Erfassung und Löschung der Kernbereichsdaten maßgeblich.

§ 3b Schutz zeugnisverweigerungsberechtigter Personen

(1) Maßnahmen nach § 1 Abs. 1 Nr. 1, die sich gegen eine in § 53 Abs. 1 Satz 1 Nr. 1, 2 oder Nr. 4 der Strafprozessordnung genannte Person richten und voraussichtlich Erkenntnisse erbringen würden, über die diese Person das Zeugnis verweigern dürfte, sind unzulässig. ²Dennoch erlangte Erkenntnisse dürfen nicht verwertet werden. ³Aufzeichnungen hierüber sind unverzüglich zu löschen. ⁴Die Tatsache ihrer Erlangung und Löschung ist zu dokumentieren. ⁵Die Sätze 2 bis 3 gelten entsprechend, wenn durch eine Maßnahme, die sich nicht gegen eine in § 53 Abs. 1 Satz 1 Nr. 1, 2 oder Nr. 4 der Strafprozessordnung genannte Person richtet, von einer dort genannten Person Erkenntnisse erlangt werden, über die sie das Zeugnis verweigern dürfte.

(2) ¹Soweit durch eine Beschränkung eine in § 53 Abs. 1 Satz 1 Nr. 3 bis 3b oder Nr. 5 der Strafprozessordnung genannte Person betroffen wäre und dadurch voraussichtlich Erkenntnisse erlangt würden, über die diese Person das Zeugnis

---
[16] BT-Drs. 16/12448, 10.
[17] BVerfG 14.9.1989 – 2 BvR 1026/87, NJW 1990, 563.
[18] Vgl. BT-Drs. 16/12448, 10.

verweigern dürfte, ist dies im Rahmen der Prüfung der Verhältnismäßigkeit unter Würdigung des öffentlichen Interesses an den von dieser Person wahrgenommenen Aufgaben und des Interesses an der Geheimhaltung der dieser Person anvertrauten oder bekannt gewordenen Tatsachen besonders zu berücksichtigen. ²Soweit hiernach geboten, ist die Maßnahme zu unterlassen oder, soweit dies nach der Art der Maßnahme möglich ist, zu beschränken.

(3) Die Absätze 1 und 2 gelten entsprechend, soweit die in § 53a der Strafprozessordnung Genannten das Zeugnis verweigern dürften.

(4) Die Absätze 1 bis 3 gelten nicht, sofern die zeugnisverweigerungsberechtigte Person Verdächtiger im Sinne des § 3 Abs. 2 Satz 2 ist oder tatsächliche Anhaltspunkte den Verdacht begründen, dass sie dessen in § 3 Abs. 1 bezeichnete Bestrebungen durch Entgegennahme oder Weitergabe von Mitteilungen bewusst unterstützt.

Schrifttum: *Baum/Schantz,* Die Novelle des BKA-Gesetzes – Eine rechtspolitische und verfassungsrechtliche Kritik, ZRP 2008, 137; *Huber,* Die Reform der parlamentarischen Kontrolle der Nachrichtendienste und des Gesetzes nach Art. 10 GG, NVwZ 2009, 1321

Übersicht

	Rn.		Rn.
I. Schutz der Berufsgeheimnisträger des § 53 Abs. 1 S. 1 Nr. 1, 2 und 4 StPO (Abs. 1)	2–11	II. Schutz der weiteren Berufsgeheimnisträger des § 53 Abs. 1 S. 1 Nr. 3–3b oder 5 StPO (Abs. 2)	12–16
1. Geschützte Berufsgruppen (S. 1 und 5)	2–5	1. Geschützten Berufsgruppen (S. 1)	12
a) Geistliche	3	2. Erhebungs- und Verwertungsverbot	13–15
b) Verteidiger	4	3. Dokumentations- und Löschungspflicht	16
c) Abgeordnete	5		
2. Maßnahmenspezifische Prognose (S. 1)	6–8	III. Berufshelfer (Abs. 3)	17
3. Verwertungsver- und Löschungsgebot (S. 2 und 3)	9, 10	IV. Verstrickungsregelung (Abs. 4)	18, 19
4. Dokumentationspflicht (S. 4)	11		

1 § 3b regelt ebenso wie die Vorschriften des § 20u BKAG[1] bzw. des § 160 StPO und sich an diesem orientierend den Schutz zeugnisverweigerungsberechtiger Personen.[2]

I. Schutz der Berufsgeheimnisträger des § 53 Abs. 1 S. 1 Nr. 1, 2 und 4 StPO (Abs. 1)

2 **1. Geschützte Berufsgruppen (S. 1 und 5).** Gemäß S. 1 sind sämtliche Maßnahmen nach § 1 Abs. 1 Nr. 1, die sich gegen die von § 53 Abs. 1 S. 1 Nr. 1, 2 und 4 StPO erfassten Berufsgeheimnisträger und damit **gegen Geistliche, Verteidiger und Abgeordnete richten** (vgl. → Rn. 4 ff.), unzulässig, wenn die Maßnahmen voraussichtlich Erkenntnisse erbringen würden, über die diese Personen das Zeugnis verweigern dürften. Nach S. 5 finden die nachfolgend erläuterten Vorschriften der S. 2–3 auch Anwendung, wenn sich eine Maßnahme der vorgenannten Art zwar nicht gegen ein Mitglied dieser Berufsgruppen als Zielperson richtet, bei Durchführung der Maßnahme jedoch Erkenntnisse von einem Geistlichen, Verteidiger oder Abgeordneten erlangt wurden, über die diese das Zeugnis verweigern dürfen.

3 **a) Geistliche.** Durch den Verweis auf § 53 StPO sollen die dort von **Rspr. und Lehre entwickelten berufsspezifischen Konkretisierungen** hinsichtlich des geschützten Personenkreises auch auf Maßnahmen nach diesem Gesetz Anwendung finden, so dass vom Erhebungsverbot in S. 1 ebenso wie vom Zeugnisverweigerungsrecht des § 53 Abs. 1 S. 1

---

[1] Beachte Urteil des BVerfG 20.4.2016 (BGBl. I S. 1136).
[2] Vgl. *Huber* NVwZ 2009, 1321 (1325).

Nr. 1 StPO nur **Geistliche** der öffentlich-rechtlichen Religionsgemeinschaften erfasst werden und nur insoweit, als sie entsprechend dieser Regelung „in ihrer Eigenschaft als Seelsorger" tätig wurden.[3] Soweit hieran Kritik geübt und darauf verwiesen wird, die Nichteinbeziehung solcher Geistlicher, die nicht öffentlich-rechtlichen Religionsgemeinschaften angehörten, stelle eine „Diskriminierung" dar,[4] kann dem nicht gefolgt werden. Zwar trifft es zu, dass die Vertrauensbeziehung zwischen Geistlichem und Gläubigem auf der Glaubensfreiheit basiere und dieser diese Beziehung des Schutzes bedürfe. Dem Gesetzgeber war es gleichwohl nicht verwehrt, lediglich Geistliche der öffentlich-rechtlichen Religionsgemeinschaften in den Schutz durch § 3 Abs. 1 S. 1 iVm § 53 Abs. 1 S. 1 Nr. 1 StPO einzubeziehen. Der Kreis der privilegierten Geistlichen würde ohne diese Einschränkung keine ausreichend scharfe Konturierung erfahren. Nach der Rspr. des BVerfG ist es verfassungsrechtlich nicht zu beanstanden, dass auf Grund des Ausnahmecharakters von Zeugnisverweigerungsrechten Voraussetzung für deren Zuerkennung hinsichtlich bestimmter Berufsbilder deren hinreichend konkrete Spezifizierung sei.[5]

b) Verteidiger. Ebenso wie § 160a Abs. 1 S. 1 StPO erfasst auch Abs. 1 nicht alle 4 Rechtsanwälte, sondern lediglich den **gewählten bzw. bestellten Verteidiger.** Darauf, ob dieser sein Mandat tatsächlich auch aktiv ausübt, kommt es nicht an.[6] Gegen Verteidiger sind Maßnahmen nach § 1 Abs. 1 Nr. 1, die voraussichtlich Erkenntnisse erbringen würden, über die Verteidiger das Zeugnis verweigern dürften, unzulässig. Da ein Rechtsanwalt freilich stets auch als Verteidiger tätig sein kann und dies vielfach auch ist, ist allgemein bei der Überwachung anwaltlicher Kommunikationen größtmögliche Zurückhaltung geboten.[7]

c) Abgeordnete. Für die Berufsgruppe der Abgeordneten sind deren Zeugnisverweige- 5 rungsrecht bereits in Art. 47 GG sowie in den entsprechenden Regelungen der Landesverfassungen niedergelegt. Geschützt wird das **mandatsbezogenen Vertrauensverhältnis** zwischen dem Abgeordneten und dritten Personen.

2. Maßnahmenspezifische Prognose (S. 1). Die Vorschrift enthält bereits ein Erhe- 6 bungs- und nicht erst ein Verwertungsverbot. Dieses greift indes nur, wenn im Rahmen einer Prognose eine Einschätzung dahingehend getroffen werden kann, dass durch die Maßnahme „voraussichtlich" berufsgeheimnisspezifische Erkenntnisse erlangt würden. Wenngleich sich Abs. 1 hierzu nicht verhält, sind auch bei dieser Prognose ebenso wie bei der nach § 3a S. 1 zunächst die tatsächlichen und sich **aus den konkreten Umständen des Einzelfalls ergebenden Anhaltspunkte** zu berücksichtigen. Sodann sind abstrakte Erwägungen in die Prognose mit einzubeziehen. Anders als § 3a S. 1 enthält § 3b keine Einschränkung dahingehend, dass Maßnahmen nach § 1 Abs. 1 Nr. 1 nur dann unzulässig sind, wenn Anhaltspunkte dafür vorliegen, dass durch solche Maßnahmen „allein Erkenntnisse" der vorgenannten Art erfasst würden. Das Erhebungsverbot greift mithin bereits, wenn voraussichtlich neben anderen, verwendbaren Erkenntnissen auch solche erlangt würden, über die Geistliche, Verteidiger und Abgeordnete das Zeugnis verweigern dürften.

Die gemäß S. 1 vorzunehmende Prognose kann und wird vielfach hinsichtlich der nach 7 § 1 Abs. 1 Nr. 1 zulässigen Maßnahmen der Telekommunikations- sowie der Postüberwachung **unterschiedlich** ausfallen und die Maßnahme der Postüberwachung häufiger ermöglichen. So dürfte die Überwachung des Diensttelefons eines Geistlichen vorbehaltlich der Regelung in Abs. 4 regelmäßig unzulässig, die Kontrolle seiner Postsendungen hingegen regelmäßig zulässig sein, sofern sich diese zunächst auf die äußere Sichtung beschränkt und ein Zugriff auf die Inhalte ausgewählter Sendungen nur vorgenommen wird, wenn die nach S. 1 vorzunehmende Prognose negativ ausfällt.

---

[3] BT-Drs. 16/12448, 10.
[4] *Baum/Schantz* ZRP 2008, 137 (139).
[5] BVerfG 25.7.2007 – 2 BvR 26/07, NJW 2007, 1865 (1866).
[6] So zutreffend Meyer-Goßner/*Schmitt* StPO § 53 Rn. 13.
[7] Zur Überwachung von Verteidigerkommunikation vgl. Löwe/Rosenberg/*Hauck* StPO § 100a Rn. 94, kritisch auch *Baum/Schantz* ZRP 2008, 137 (139).

8   Maßnahmen gegen **andere Personen,** etwa den Verdächtigen oder dessen Nachrichtenmittler (vgl. → § 3 Rn. 9 f.) sind hingegen zulässig, auch wenn bereits bei Anordnung der Maßnahme davon auszugehen ist, dass durch diese auch Kommunikationen mit den durch S. 1 privilegierten Berufsgeheimnisträgern und mit solchen Inhalten erfasst werden, auf die sich deren Zeugnisverweigerungsrecht erstreckt.

9   **3. Verwertungsver- und Löschungsgebot (S. 2 und 3).** Durch die in S. 2 und 3 enthaltenen Regelungen, wonach dennoch erlangte Erkenntnisse nicht verwertet werden dürfen und Aufzeichnungen hierüber unverzüglich zu löschen sind, soll die Vertraulichkeit der Kommunikation mit Geistlichen, Verteidigern und Abgeordneten gewährleistet bzw. abgesichert werden. Das Verwertungsverbot ist in Anbetracht der geschützten Berufsgruppen ebenso wie das des § 160a Abs. 1 S. 2 StPO **absolut ausgestaltet.** Es hängt mithin nicht von einer Abwägung im Einzelfall ab. Dies deshalb, weil die Gewährleistung einer effektiven Verteidigung des Beschuldigten dem Rechtsstaat immanent ist. Von entsprechender grundlegender Bedeutung ist auch der ungestörte und damit nicht überwachte Verkehr mit Seelsorger.[8]

10 Die Regelungen der S. 2 und 3 gelten nach S. 5 entsprechend, wenn sich die Maßnahmen nicht gegen Geistliche, Verteidiger oder Abgeordnete richten und diese somit **nur zufällig betroffen** werden. Auch derlei Erkenntnisse unterliegen einem absoluten Beweisverwertungsverbot, sofern es sich um Berufsgeheimnisse handelt. Wird in den von S. 5 erfassten Fällen anlässlich einer „Live-Überwachung" festgestellt, dass die Maßnahme ein durch S. 1 privilegiertes Gespräch erfasst, so ist die Überwachungsmaßnahme – vorübergehend – zu unterbrechen.[9]

11 **4. Dokumentationspflicht (S. 4).** Soweit nach S. 4 die Tatsache der Erlangung sowie der Löschung der dem Verwertungsverbot des S. 1 unterliegenden Erkenntnisse zu dokumentieren ist, kann auf die entsprechenden Ausführungen zu § 3a S. 10 verwiesen werden (vgl. → 3a Rn. 12 ff.). S. 4 dient der Einhaltung der Löschungspflicht, vorrangig soll dessen Dokumentationspflicht jedoch die spätere Nachvollziehbarkeit der Maßnahme im Hinblick auf mögliche Rechtsschutzbegehren Betroffener gewährleisten.[10]

II. Schutz der weiteren Berufsgeheimnisträger des § 53 Abs. 1 S. 1 Nr. 3–3b oder 5 StPO (Abs. 2)

12 **1. Geschützten Berufsgruppen (S. 1).** Abs. 2 regelt wie Abs. 1 den Schutz von (weiteren) Berufsgeheimnisträgern, nämlich den von **Rechtsanwälten, Ärzten** und **vergleichbaren Berufen** (§ 53 Abs. 1 S. 1 Nr. 3 StPO), von **Schwangerschaftsberatern** (§ 53 Abs. 1 S. 1 Nr. 3a StPO), **Beratern für Fragen der Betäubungsmittelabhängigkeit** (§ 53 Abs. 1 S. 1 Nr. 3b StPO) und von **Medienvertretern** (§ 53 Abs. 1 S. 1 Nr. 5 StPO).

13 **2. Erhebungs- und Verwertungsverbot.** Im Gegensatz zu Abs. 1 setzt Abs. 2 nicht voraus, dass sich Überwachungsmaßnahmen gegen die von ihm erfassten Berufsgeheimnisträger „richten", Abs. 2 findet vielmehr Anwendung, wenn und **„soweit durch eine Beschränkung"** ein entsprechender Berufsgeheimnisträger betroffen wäre und durch die Maßnahme voraussichtlich Erkenntnisse erlangt würden, über die dieser das Zeugnis verweigern dürfte.

14 Im Unterschied zu Abs. 1 enthält Abs. 2 lediglich eine **relatives Erhebungs- und Verwertungsverbot.**[11] Sich an Verhältnismäßigkeitsgesichtspunkten orientierend greift dieses im Einzelfall bei den durch Abs. 1 nicht erfassten Berufsgeheimnisträgern, denen das Gesetz ebenfalls ein Zeugnisverweigerungsrecht zubilligt. Im Rahmen der hier vorzunehmenden Abwägung ist das primär öffentliche Interesse an dem Schutz der von § 1 Abs. 1 Nr. 1

---

[8] Vgl. BVerfG 3.3.2004 – 1 BvR 2368/98, 1 BvR 1984/99, NStZ 2004, 270.
[9] Vgl. BT-Drs. 16/12448, 11.
[10] BT-Drs. 16/12448, 11.
[11] BT-Drs. 16/12448, 11.

erfassten Rechtsgüter einerseits dem öffentlichen Interesse an den durch die zeugnisverweigerungsberechtigten Personen wahrgenommenen Aufgaben und dem individuellen Interesse an der Geheimhaltung der einem von Abs. 2 erfassten Berufsgeheimnisträgern anvertrauten oder aber bekannt gewordenen Tatsachen andererseits gegenüberzustellen und zu gewichten. Je nach dem Ergebnis dieser Abwägung sind nach S. 2 Überwachungsmaßnahmen zu unterlassen oder aber zu beschränken.

Werden entgegen der zunächst vorgenommenen Prognose, gleich ob diese bei einer Betrachtung ex ante rechtsfehlerfrei vorgenommen worden war oder nicht, Erkenntnisse erlangt, bzgl. derer die Abwägung ein Überwiegen öffentlicher Interessen nicht ergibt, so dürfen auch diese Erkenntnisse **nicht verwertet** werden. Wenngleich Abs. 2 keine Abs. 1 S. 2 vergleichbare Vorschrift enthält und somit auch kein ausdrückliches Verwertungsverbot statuiert, sind dessen Regelungen im Hinblick auf historische und systematische Aspekte dahingehend auszulegen, dass Abs. 1 S. 2 entsprechend gilt, wenn das öffentliche Interesse am Schutze der von § 1 Abs. 1 Nr. 1 erfassten Rechtsgüter nicht überwiegt. 15

3. Dokumentations- und Löschungspflicht. Entsprechend den vorstehenden Erläuterungen sind auch im Falle des Abs. 2 Aufzeichnungen über berufsspezifische Erkenntnisse der von S. 1 erfassten Berufsgeheimnisträger, bzgl. derer ein Beweisverwertungsverbot anzunehmen ist, **unverzüglich** zu löschen und ist die Tatsache ihrer Erlangung und Löschung zu dokumentieren. 16

III. Berufshelfer (Abs. 3)

Nach Abs. 3 finden die Vorschriften der Abs. 1 und 2 auch auf die Berufshelfer der jeweiligen Berufsgruppen entsprechende Anwendung. 17

IV. Verstrickungsregelung (Abs. 4)

Die durch Abs. 1–3 für die jeweiligen Berufsgeheimnisträger und deren Berufshelfer begründeten **Erhebungs- und Verwertungsverbote entfallen** nach Abs. 4 sämtlich, wenn der von einer Beschränkung betroffene Berufsgeheimnisträger bzw. Berufshelfer Verdächtiger iSd § 3 Abs. 2 S. 2 ist oder aber tatsächliche Anhaltspunkte den Verdacht begründen, dass ein Mitglied der von Abs. 1–3 erfassten Berufsgruppen die in § 3 Abs. 1 bezeichneten Bestrebungen des Verdächtigen durch Entgegennahme oder Weitergabe von Mitteilungen bewusst unterstützt. Der Gesetzgeber will mit dieser Regelung verhindern, dass sich im Schutze der von Abs. 1–3 erfassten Vertrauensverhältnisse Geheimbereiche entwickeln können, „in denen die Verursachung von Gefahren einer staatlichen Aufklärung schlechthin entzogen" wäre.[12] 18

Voraussetzung für eine entsprechende „Entprivilegierung" ist im Falle des so genannten Mitteilungsmittlers, dass dieser den Verdächtigen **bewusst** unterstützt. Dies setzt entsprechend dem intellektuellen Element beim strafprozessualen Vorsatz lediglich voraus, dass sich der Mittler der Tatsache bewusst ist, dass die Entgegennahme oder Weitergabe der Mitteilung für den Verdächtigen im Zusammenhang mit der Gefahrverursachung nützlich ist. Eines voluntativen Elementes bedarf es hingegen nicht, er muss es mithin nicht auch wollen. Maßnahmen nach § 1 Abs. 1 Nr. 1 sind deshalb auch gegen solche Berufsgeheimnisträger bzw. deren Berufshelfer möglich, die etwa im Wissen um ihre Privilegierung von Dritten, etwa dem Verdächtigen oder dessen Unterstützerumfeld, gezwungen werden, als Mitteilungsmittler zu fungieren. 19

§ 4 Prüf-, Kennzeichnungs- und Löschungspflichten, Übermittlungen, Zweckbindung

(1) ¹Die erhebende Stelle prüft unverzüglich und sodann in Abständen von höchstens sechs Monaten, ob die erhobenen personenbezogenen Daten im Rah-

---

[12] BT-Drs. 16/12448, 11.

men ihrer Aufgaben allein oder zusammen mit bereits vorliegenden Daten für die in § 1 Abs. 1 Nr. 1 bestimmten Zwecke erforderlich sind. ²Soweit die Daten für diese Zwecke nicht erforderlich sind und nicht für eine Übermittlung an andere Stellen benötigt werden, sind sie unverzüglich unter Aufsicht eines Bediensteten, der die Befähigung zum Richteramt hat, zu löschen. ³Die Löschung ist zu protokollieren. ⁴Die Protokolldaten dürfen ausschließlich zur Durchführung der Datenschutzkontrolle verwendet werden. ⁵Die Protokolldaten sind am Ende des Kalenderjahres, das dem Jahr der Protokollierung folgt, zu löschen. ⁶Die Löschung der Daten unterbleibt, soweit die Daten für eine Mitteilung nach § 12 Abs. 1 oder für eine gerichtliche Nachprüfung der Rechtmäßigkeit der Beschränkungsmaßnahme von Bedeutung sein können. ⁷In diesem Fall sind die Daten zu sperren; sie dürfen nur zu diesen Zwecken verwendet werden.

(2) ¹Die verbleibenden Daten sind zu kennzeichnen. ²Nach einer Übermittlung ist die Kennzeichnung durch den Empfänger aufrechtzuerhalten. ³Die Daten dürfen nur zu den in § 1 Abs. 1 Nr. 1 und den in Absatz 4 genannten Zwecken verwendet werden.

(3) ¹Der Behördenleiter oder sein Stellvertreter kann anordnen, dass bei der Übermittlung auf die Kennzeichnung verzichtet wird, wenn dies unerlässlich ist, um die Geheimhaltung einer Beschränkungsmaßnahme nicht zu gefährden, und die G 10-Kommission oder, soweit es sich um die Übermittlung durch eine Landesbehörde handelt, die nach Landesrecht zuständige Stelle zugestimmt hat. ²Bei Gefahr im Verzuge kann die Anordnung bereits vor der Zustimmung getroffen werden. ³Wird die Zustimmung versagt, ist die Kennzeichnung durch den Übermittlungsempfänger unverzüglich nachzuholen; die übermittelnde Behörde hat ihn hiervon zu unterrichten.

(4) Die Daten dürfen nur übermittelt werden
1. zur Verhinderung oder Aufklärung von Straftaten, wenn
   a) tatsächliche Anhaltspunkte für den Verdacht bestehen, dass jemand eine der in § 3 Abs. 1 und 1a genannten Straftaten plant oder begeht,
   b) bestimmte Tatsachen den Verdacht begründen, dass jemand eine sonstige in § 7 Abs. 4 Satz 1 genannte Straftat plant oder begeht,
2. zur Verfolgung von Straftaten, wenn bestimmte Tatsachen den Verdacht begründen, dass jemand eine in Nummer 1 bezeichnete Straftat begeht oder begangen hat, oder
3. zur Vorbereitung und Durchführung eines Verfahrens nach Artikel 21 Abs. 2 Satz 2 des Grundgesetzes oder einer Maßnahme nach § 3 Abs. 1 Satz 1 des Vereinsgesetzes,
soweit sie zur Erfüllung der Aufgaben des Empfängers erforderlich sind.

(5) ¹Sind mit personenbezogenen Daten, die übermittelt werden dürfen, weitere Daten des Betroffenen oder eines Dritten in Akten so verbunden, dass eine Trennung nicht oder nur mit unvertretbarem Aufwand möglich ist, ist die Übermittlung auch dieser Daten zulässig; eine Verwendung dieser Daten ist unzulässig. ²Über die Übermittlung entscheidet ein Bediensteter der übermittelnden Stelle, der die Befähigung zum Richteramt hat. ³Die Übermittlung ist zu protokollieren.

(6) ¹Der Empfänger darf die übermittelten Daten nur für die Zwecke verwenden, zu deren Erfüllung sie ihm übermittelt worden sind. ²Er prüft unverzüglich und sodann in Abständen von höchstens sechs Monaten, ob die übermittelten Daten für diese Zwecke erforderlich sind. ³Absatz 1 Satz 2 und 3 gilt entsprechend. ⁴Der Empfänger unterrichtet die übermittelnde Stelle unverzüglich über die erfolgte Löschung.

Schrifttum: *Hilger,* Über Vernichtungsregelungen in der StPO, NStZ 1997, 371; *Günther,* Telekommunikationsüberwachung und Auskunftsersuchen über Telekommunikationsverbindungen, Kriminalistik 2006, 683; *Wollweber,* Die G 10-Novelle: Ungeahnte Folgen eines Richterspruchs, ZRP 2001, 213.

Übersicht

	Rn.		Rn.
I. Regelungsinhalt des Abs. 1	5–17	**III. Zweckbindungs- und Verwendungsregelung (Abs. 2 S. 3, Abs. 4)**	19–25
1. Erforderlichkeit (S. 1)	6, 7	1. Zwecke des § 1 Abs. 1 Nr. 1	20
2. Löschungsverpflichtung (S. 2)	8–17	2. Verwendungsregelung des Abs. 4	21–25
a) Unverzüglich	9	a) Abs. 4 Nr. 1 und 2	21–24
b) Löschungsumfang	10, 11	b) Abs. 4 Nr. 3	25
c) Löschungsfristen (S. 1)	12–14	**IV. Übermittlung der Daten (Abs. 3)**	26, 27
d) Zuständigkeit für die Löschungsanordnung (S. 2)	15	**V. Übermittlung von „Verbunddaten" (Abs. 5)**	28, 29
e) Löschungsvermerk (S. 3)	16		
f) Verwendung- und Löschungsregelung bzgl. der Protokolldaten (S. 4 und 5)	17	**VI. Zweckbindung auf Empfängerseite (Abs. 6)**	30
II. Kennzeichnungspflicht (Abs. 2 S. 1)	18		

Das G 10-Gesetz enthielt in § 7 aF,[1] der sowohl für Individualmaßnahmen nach § 2 aF als auch für Maßnahmen der strategischen Überwachung gemäß § 3 aF galt, nur wenige **Vorschriften über den Umgang mit personenbezogenen Daten** aus Individualmaßnahmen. **1**

Dies hat das BVerfG beanstandet und in seiner Entscheidung vom 14.7.1999[2] ua ausgeführt, das G 10-Gesetz biete hinsichtlich nicht gelöschter personenbezogener Daten keine ausreichende Gewähr dafür, dass diese Daten nicht zu anderen Zwecken als denjenigen, die ihre Erhebung gerechtfertigt haben, nämlich die Früherkennung der im G 10-Gesetz aufgezählten Gefahren und die Unterrichtung der Bundesregierung,[3] verwendet würden. Art. 10 GG, so das BVerfG weiter, schütze nicht nur vor der staatlichen Kenntnisnahme von Telekommunikationsdaten. Sein Schutz erstrecke sich vielmehr auch auf den sich daran anschließenden Informations- und Datenverarbeitungsprozess sowie den weiteren Gebrauch der erlangten Daten. Das BVerfG hat zudem darauf hingewiesen, dass die vom BND nach § 3 Abs. 4 aF vorzunehmende Relevanzprüfung, die verlange, dass der BND die aus Maßnahmen nach § 3 aF erlangten Erkenntnisse auf deren Zweckentsprechung prüfe, und die weitere Regelung in § 3 Abs. 6 S. 1 aF, wonach die Daten zu löschen seien, wenn diese nicht mehr benötigt würden, zwar dem Grundsatz der Zweckbindung genügten. Die aus Art. 10 GG abzuleitende **Kennzeichnungspflicht,** ohne die der Gegenstand des Grundrechtsschutzes bei einer weiteren Verwendung der Daten nicht mehr identifizierbar sei, würde durch die Regelungen des G 10-Gesetzes indes nur unzureichend berücksichtigt. **2**

Diesen Vorgaben des BVerfG wollte der Gesetzgeber mit den **§§ 4 und 6,** letzterer enthält entsprechende Verarbeitungs- und Verwendungsregelungen für Daten aus Maßnahmen der strategischen Überwachung, entsprechen.[4] In diesen Vorschriften hat er anlässlich der Novellierung des G 10-Gesetzes durch das Gesetz zur Neuregelung von Beschränkungen des Brief-, Post- und Fernmeldegeheimnisses vom 26.6.2001[5] die bis dato verstreuten Datenschutzregelungen zusammengefasst. Wenngleich sich die vorstehend zitierte Entscheidung des BVerfG allein auf die strategische Kontrolle durch den BND nach § 3 aF bezog, ergriff der Gesetzgeber anlässlich der vorgenannten Neuregelung die Gelegenheit, die durch das BVerfG entwickelten datenschutzrechtlichen Grundsätze auch **auf die Maßnahmen der Individualkontrolle anzuwenden.**[6] **3**

---

[1] Gesetz vom 13.8.1968, zuletzt geändert durch das 2. Gesetz zur Änderung des Gesetzes zu Artikel 10 GG vom 28.4.1997, BGBl. I 966.
[2] BVerfG 14.7.1999 – 1 BvR 2226/94, 2420/95 und 2347/95, NJW 2000, 55 (64).
[3] An der Verfassungskonformität der Norm zweifelnd *Roggan* Rn. 4; *Wollweber* ZRP 2001, 213 (215).
[4] Vgl. BT-Drs. 14/5655, 20.
[5] BGBl. I 1254.
[6] Vgl. BT-Drs. 14/5655, 16.

4   Die Vorschrift des § 4 gilt sowohl für Maßnahmen der **Telekommunikationsüberwachung** nach § 3 als auch für Maßnahmen der **Postüberwachung**.

I. Regelungsinhalt des Abs. 1

5   Abs. 1 legt fest, wie die **erhebenden Stellen,** etwa das Bundesamt für Verfassungsschutz (BfV) oder das entsprechende Landesamt mit personenbezogenen Daten umzugehen haben. S. 1 verpflichtet sie, „**unverzüglich** und sodann in Abständen von höchstens sechs Monaten" zu prüfen, ob die erhobenen und noch gespeicherten personenbezogenen Daten „für die in § 1 Abs. 1 Nr. 1 bestimmten Zwecke noch **erforderlich** sind". Ist dies nicht der Fall, so sind die Daten nach S. 2 unter Aufsicht eines Bediensteten, der die Befähigung zum Richteramt hat, zu **löschen**. Gemäß S. 3 ist die erfolgte Löschung zu **protokollieren,** wobei die dabei erstellten „Protokolldaten" nach S. 4 ausschließlich zur Durchführung der **Datenschutzkontrolle** verwendet werden dürfen und ihrerseits gemäß S. 5 am Ende des auf die Protokollierung folgenden Kalenderjahres zu löschen sind.

6   **1. Erforderlichkeit (S. 1).** Die gemäß S. 1 für eine weitere Speicherung und Nutzung personenbezogener Daten vorausgesetzte Erforderlichkeit zur Abwehr drohender Gefahren für die freiheitlich demokratische Grundordnung oder den Bestand oder die Sicherheit des Bundes oder eines Landes einschließlich der NATO-Truppen setzt **mehr voraus als die bloße Geeignetheit** zur Erreichung der vorgenannten Zwecke. Allein auf die Geeignetheit abzustellen hieße, personenbezogene Daten selbst dann weiterhin speichern zu dürfen, wenn noch andere Datensätze vorhanden wären, von denen jeder für sich, mithin alternativ, zur Zweckerreichung ebenfalls geeignet wäre. Vor diesem Hintergrund ist als erforderlich nur eine solche Situation anzusehen, die mit der Subsidiaritätsregelung in § 3 Abs. 2 vergleichbar ist, mithin die Erforschung des Sachverhalts bzw. die Abwehr der drohenden Gefahr ohne die weitere Speicherung der Daten **aussichtslos oder wesentlich erschwert** wäre.

7   Nach S. 1 reicht es aus, wenn den durch Maßnahmen nach § 3 erlangten personenbezogenen Daten eine Erforderlichkeit nicht allein, sondern nur im **Zusammenhang mit anderen** bereits „vorliegenden Daten" zukommt. Bei diesen Daten kann es sich nach dem Wortlaut von S. 1 auch um andere als personenbezogene Daten handeln.

8   **2. Löschungsverpflichtung (S. 2).** Sind die durch Maßnahmen nach § 3 erhobenen Daten zur Zweckerreichung nicht mehr erforderlich und werden sie auch sonst nicht mehr benötigt, so sind die Daten nach S. 2 unverzüglich zu löschen. Von dieser Löschung darf einzig in den folgenden **vier Fällen abgesehen** werden, nämlich wenn die Daten noch für die in § 1 Abs. 1 Nr. 1 genannten Zwecke oder für ihre Übermittlung an andere Stellen benötigt werden bzw. wenn ihre weitere Speicherung noch für die Mitteilung der Beschränkungsmaßnahme an den Betroffen gemäß § 12 Abs. 1 oder aber für die gerichtliche Überprüfung der Rechtmäßigkeit einer nach § 3 durchgeführten Individualmaßnahme erforderlich ist.

9   a) **Unverzüglich.** Unverzüglich bedeutet, dass die Daten in dem Moment zu löschen sind, in dem die speichernde Stelle nicht durch noch vordringlichere Aufgaben daran gehindert ist, mithin ohne **schuldhaftes Zögern.** Dabei wird der speichernden Stelle ein angemessener, dh nach deren subjektiven Fähig- und Möglichkeiten zu bemessender Zeitraum zuzubilligen sein, innerhalb dessen sie das Vorliegen der Löschungsvoraussetzungen prüfen kann.

10 b) **Löschungsumfang.** Die Vorschrift gebietet nach ihrem Wortlaut die Löschung der „Daten". Sie ist teleologisch indes dahingehend auszulegen, dass die berechtigten Stellen grundsätzlich sämtliche personenbezogene Erkenntnisse aus Maßnahmen der Individualkontrolle nach § 3 sowie der Postüberwachung zu löschen haben, **gleich in welcher Form die Daten verkörpert sind** und wo sich diese innerhalb der Behörde befinden. Hierzu gehören auch diejenigen Daten, die im Wege der Transformation Eingang in die (schriftli-

chen) Akten gefunden haben.⁷ S. 2 dient dem Schutz des Persönlichkeitsrechts der von Maßnahmen nach § 3 Betroffenen. In dieses greift ein auf Papier gedrucktes und damit verkörpertes personenbezogenes Datum in gleicher Weise ein wie ein elektronisches.⁸ Da unter „Löschung" im Sinne von S. 2 weiter nur die dauerhafte Vernichtung zu verstehen ist, sind elektronische Dateien nicht nur lediglich logisch, sondern so zu löschen, dass eine Rekonstruktion des Datenbestandes ausgeschlossen ist.

Indes wird es vielfach **nicht möglich sein, dieser Löschungspflicht ausnahmslos nachzukommen.** So finden löschungspflichtige personenbezogene Daten auch Eingang in Anträge bzw. Anordnungen nach §§ 9 und 10 und machen diese vielfach erst „schlüssig". Werden sie etwa an Strafverfolgungsbehörden übermittelt, können sie auch Eingang in beweis- und rechtskraftfähige gerichtliche Entscheidungen finden. Auch hieraus können die Daten nicht nachträglich entfernt werden. **11**

c) Löschungsfristen (S. 1). Fallen die personenbezogenen Daten nicht ihrer „unverzüglichen" Löschung anheim, so hat die erhebende Stelle gemäß S. 1 in Abständen „von höchstens sechs Monaten" deren Löschungseignung zu prüfen. Der Gesetzgeber hat mit Verwendung der Formulierung „höchstens" zum Ausdruck gebracht, dass hinsichtlich des Eintritts der Löschungsvoraussetzungen eine **fortlaufende Kontrolle** durch die speichernde Stelle, dahingehend zu erfolgen hat, ob und in welchem Umfang die Daten zu vernichten sind. An diese regelmäßige Kontrolle, die in aller Regel bei Gelegenheit der Nutzung der Daten erfolgen wird, dürfen indes keine überzogenen Anforderungen gestellt werden. Spätestens nach sechs Monaten hat indes eine eigenständige Prüfung stattzufinden, die, auch wenn sie von der Protokollierungsregelung in S. 3 nicht erfasst wird, aus Gründen der Rechtssicherheit ebenfalls hinsichtlich ihres Ergebnisses und des Umfangs einer ev. erfolgten Löschung zu protokollieren ist. **12**

Wenngleich es sich bei Maßnahmen nach dem G 10-Gesetz nicht um strafprozessuale Maßnahmen handelt, erscheint es sachgerecht, die **Berechnung der 6-Monats-Frist** in S. 1 entsprechend der Vorschrift des § 43 StPO vorzunehmen. Die Gründe, warum dort von der Einbeziehung von Sonnabenden und Wochenenden in den Fristablauf abgesehen wurde, treffen auch auf die Maßnahmen nach dem G 10-Gesetz zu.⁹ Auch die Dienststellen der Nachrichtendienste sind an diesen Tagen vielfach nicht (ausreichend) besetzt. **13**

Fraglich ist, welches als das den **Fristenlauf in Gang setzende Ereignis** anzusehen ist. Vielfach wird auf den Zeitpunkt abgehoben, in dem die entsprechenden Daten von der die eigentliche Maßnahme durchführenden „G 10-Stelle" der überwachenden Behörde in die entsprechenden Fachbereich bzw. Sachgebiete derselben Behörde weitergereicht werden. Dies scheint aus Gründen der Rechtssicherheit sowie eines effektiven Grundrechtsschutzes jedoch nicht vertretbar, sonst könnte etwa die speichernde Stelle die Fristenlauf durch eine verzögernde Weitergabe nach hinten verschieben. Abzuheben ist vielmehr auf den Zeitpunkt der Datenerhebung, mithin den Moment, in dem das Datum durch die berechtigte Stelle erhoben wird. **14**

d) Zuständigkeit für die Löschungsanordnung (S. 2). Auch wenn § 4 keine ausdrückliche Regelung enthält, wer für die Anordnung der Löschung zuständig ist, kann aus der in S. 2 enthaltenen Aufsichtspflicht zwanglos abgeleitet werden, dass auch hierfür derjenige Bedienstete zuständig ist, der die Befähigung zum Richteramt besitzt, mithin der so genannte „**G 10-Beauftragte**". Dessen Aufsichtspflicht setzt indes ebenso wenig wie die der Staatsanwaltschaft im Zusammenhang mit Maßnahmen nach § 100a StPO voraus, dass dieser bei der Löschung auch tatsächlich anwesend ist.¹⁰ **15**

e) Löschungsvermerk (S. 3). Nach S. 3 ist die „Löschung zu protokollieren". Die Vorschrift verhält sich weder dazu, wie die Löschung konkret durchzuführen und der Ver- **16**

---
⁷ BT-Drs. 14/5655, 16.
⁸ Vgl. *Hilger* NStZ 1997, 371 (372).
⁹ Vgl. *Günther* Kriminalistik 2006, 683.
¹⁰ Für Maßnahmen nach § 100a StPO vgl. BT-Drs. 15/4533, 17.

merk inhaltlich auszugestalten noch wo der Löschungsvermerk anzubringen ist. In den insoweit zu fertigenden Aktenvermerk ist indes aufzunehmen, auf Grund welcher der in § 1 Abs. 1 Nr. 1 genannten **Maßnahmen** die gelöschten Daten erhoben wurden, der **Umfang** der gelöschten Daten bzw. der **Zeitraum**, innerhalb dessen die Daten erhoben sowie der **Zeitpunkt**, zu dem sie gelöscht wurden. Die einzelnen Löschungsvermerke sind weiter so ausgestaltet, dass bei einer Sichtung auch nachvollzogen werden kann, ob **sämtliche** auf Grund der Maßnahme erhobenen Daten gelöscht wurden.

17 f) **Verwendung- und Löschungsregelung bzgl. der Protokolldaten (S. 4 und 5).** Hinsichtlich der in Abs. 1 S. 4 und 5 enthaltenen Verwendungs- und Löschungsregelungen kann auf die **inhaltsgleichen Vorschriften in § 3a S. 11 und 12** verwiesen werden (vgl. → § 3a Rn. 15). S. 4 dient dem Zweck, eine effektive gerichtliche Kontrolle der Rechtmäßigkeit der Überwachungsmaßnahme als solcher sowie der Art und Weise ihrer Durchführung zu ermöglichen.[11]

II. Kennzeichnungspflicht (Abs. 2 S. 1)

18 Abs. 2 S. 1 enthält die vom BVerfG in seiner Entscheidung vom 14.7.1999[12] für die strategische Überwachung geforderte grundsätzliche Kennzeichnungspflicht auch für Maßnahmen der **Individualkontrolle nach § 3 bzw. der Postkontrolle.** Wie diese Kennzeichnung vorzunehmen ist, hat der Gesetzgeber wohl aus Praktikabilitätserwägungen ebenso wie bei Maßnahmen nach § 100a StPO den erhebenden Stellen überlassen.

III. Zweckbindungs- und Verwendungsregelung (Abs. 2 S. 3, Abs. 4)

19 Nach der gesetzestechnisch missglückten **Zweckbindungsvorschrift** in Abs. 2 S. 3 dürfen die durch die berechtigten Stellen nach § 3 erhobenen bzw. an eine andere Stelle übermittelten Daten ausschließlich zu den in § 1 Abs. 1 Nr. 1 oder zu den in Abs. 4 genannten Zwecken verwendet werden.

20 **1. Zwecke des § 1 Abs. 1 Nr. 1.** Der Verweis auf § 1 Abs. 1 Nr. 1 ist überflüssig und auch in verfassungsrechtlicher Hinsicht nicht geboten. Es handelt sich hierbei um den **eigentlichen Erhebungszweck,** nämlich der Abwehr von drohenden Gefahren für die freiheitliche demokratische Grundordnung oder den Bestand oder die Sicherheit des Bundes oder eines Landes bzw. der NATO-Truppen, auf den bereits § 3 Abs. 1 S. 1 ausdrücklich Bezug nimmt („unter den dort genannten Voraussetzungen"). Es entspricht allgemeinen datenschutzrechtlichen und im Hinblick auf Art. 2 Abs. 1 iVm Art. 1 Abs. 1 GG auch verfassungsrechtlichen Grundsätzen, dass Daten zu dem Zweck, zu dem sie erhoben wurden, auch verwendet werden dürfen.

21 **2. Verwendungsregelung des Abs. 4. a) Abs. 4 Nr. 1 und 2.** Die Vorschrift des Abs. 4 regelt, zu welchen anderen als den Erhebungszwecken personenbezogene Daten, die durch Maßnahmen nach § 3 erlangt wurden, noch verwendet werden dürfen. Sie lassen eine weitere Verwendung sowohl zu präventiven als auch zu repressiven Zwecken zu. So dürfen die erhobenen Daten gemäß Abs. 4 **Nr. 1 zu präventiven Zwecken,** nämlich zur Verhinderung oder Aufklärung von Straftaten verwendet werden, wenn tatsächliche Anhaltspunkte dafür bestehen, dass jemand eine der in § 3 Abs. 1 und 1a genannten Straftaten plant oder begeht bzw. bestimmte Tatsachen den Verdacht begründen, dass eine sonstige in § 7 Abs. 4 S. 1 genannte Straftat geplant oder begangen wird.

22 Die Vorschrift des Abs. 4 **Nr. 2** gestattet hingegen die Verwendung der Daten **zu repressiven Zwecken,** nämlich wenn bestimmte Tatsachen den Verdacht begründen, dass jemand eine der in Nr. 1 bezeichneten Straftaten begeht oder begangen hat.

---

[11] VG Köln 12.6.2012 – 22 K 1487/10, BeckRS 2013, 51711.
[12] BVerfG 14.7.1999 – 1 BvR 2226/94, 2420/95 und 2347/95, NJW 2000, 55 (64).

Die Kataloge der Normen, zu deren Verhinderung und Aufklärung (Nr. 1) oder Verfolgung (Nr. 2) personenbezogene Daten übermittelt werden dürfen, sind **heterogen** zusammengesetzt und erfassen Tatbestände des StGB, AufenthG, ZFdG, BtMG sowie des VereinsG und mit §§ 130, 261 StGB Vergehen ebenso wie mit §§ 211, 212 StGB (Mord und Totschlag) schwerste Verbrechen.

Der Grund, warum im Falle der Verwendung zu Zwecken der Strafverfolgung nach Abs. 4 Nr. 2 „**bestimmte Tatsachen**" den Verdacht begründen müssen, während im Falle der Gefahrenabwehr nach Abs. 4 Nr. 1 bereits „**tatsächliche Anhaltspunkte**" ausreichen, liegt darin begründet, dass im Falle der Verwendung zum Zwecke der Strafverfolgung die Verletzung des Rechtsguts (mutmaßlich) bereits stattgefunden hat und es daher nicht mehr gerechtfertigt erscheint, die Schwelle für die Übermittlung der Daten, die aus Maßnahmen gemäß § 3 stammen, unter diejenige Schwelle abzusenken, die in der StPO nach Maßgabe der §§ 100a, 100g auch sonst für Eingriffe in das Fernmeldegeheimnis gilt.[13] Dort wird jeweils ein Verdacht auf Grund bestimmter Tatsachen vorausgesetzt.

b) Abs. 4 Nr. 3. Nr. 3 stellt klar, dass die Weiterleitung personenbezogener Daten auch zur Vorbereitung bzw. Durchführung eines **Vereinverbotsverfahrens** statthaft ist. Zweck des G 10-Gesetzes ist die Abwehr drohender Gefahren für die freiheitlich demokratische Grundordnung bzw. den Bestand oder die Sicherheit des Bundes oder eines Landes. Aus diesem Grunde ist es auch zulässig, Erkenntnisse, die für die Feststellung der Verfassungswidrigkeit von Parteien von „ausschlaggebender Bedeutung" sind, an die zuständigen Stellen zur Vorbereitung eines Verbotsverfahrens weiterzuleiten.[14]

IV. Übermittlung der Daten (Abs. 3)

Abs. 3 regelt die **Voraussetzungen für die Weiterleitung** personenbezogener Daten aus Maßnahmen der Individualkontrolle. Da die Kennzeichnungspflicht des Abs. 2 S. 1 bei Beschränkungsmaßnahmen dieser Art im Einzelfall mit unverzichtbaren **Geheimhaltungsbedürfnissen** kollidieren kann, ermöglicht es Abs. 3 S. 1, in derartigen Fällen bei der Übermittlung personenbezogener Daten auf eine entsprechende Kennzeichnung zu verzichten. Voraussetzung hierfür ist nach Abs. 3 S. 1 indes, dass die Anordnung des Verzichts der Kennzeichnung entweder durch den **Behördenleiter oder dessen Stellvertreter** erfolgt und die **G 10-Kommission** oder, sofern es sich um eine Landesbehörde handelt, die nach dem jeweiligen Landesrecht zuständige Stelle dem Verzicht auf die Kennzeichnung vor Übermittlung der Daten zugestimmt hat.

Gemäß Abs. 3 S. 2 können bei Gefahr im Verzug die **Anordnung des Verzichts der Kennzeichnung** sowie die **Übermittlung** bereits vor der Zustimmung durch die G 10-Kommission oder die entsprechende nach Landesrecht zuständige Stelle getroffen werden. Wird die Zustimmung gleichwohl versagt, ist nach S. 3 die zunächst unterbliebene Kennzeichnung durch den Übermittlungsempfänger nachzuholen. Dieser ist durch die übermittelnde Behörde entsprechend zu benachrichtigen.

V. Übermittlung von „Verbunddaten" (Abs. 5)

Abs. 5 erlaubt als Ausnahme die Übermittlung auch solcher personenbezogener Daten, hinsichtlich derer die Übermittlungsvoraussetzungen zwar nicht vorliegen, die indes „in den Akten so mit übermittlungsfähigen Daten verbunden sind, dass eine Trennung nicht oder nur mit unvertretbarem Aufwand möglich" wäre. Die Vorschrift, die **Praktikabilitätsgesichtspunkten** Rechnung trägt, ist auf elektronische Datenbestände entsprechend anzuwenden.

Nach S. 1 Hs. 2 dürfen diese Verbunddaten **nicht verwertet** werden. Über ihre Übermittlung entscheidet nach S. 2 ein Bediensteter der übermittelnden Stelle, der die Befähi-

---

[13] BVerfG 14.7.1999 – 1 BvR 2226/94, 2420/95 und 2347/95, NJW 2000, 55 (66).
[14] Vgl. BT-Drs. 14/5655, 16.

gung zum Richteramt hat. Nach S. 3 ist die Übermittlung (durch die übermittelnde Stelle) zu protokollieren.

VI. Zweckbindung auf Empfängerseite (Abs. 6)

30   Abs. 6 enthält eine strenge Zweckbindungsvorschrift. So legt S. 1 fest, dass die übermittelten Daten durch den Empfänger **ausschließlich** für diejenigen Zwecke verwendet werden dürfen, zu deren Erfüllung sie ihm übermittelt wurden. Nach den S. 2 und 3 unterliegt der Empfänger den gleichen Prüfungs-, Löschungs- und Protokollierungspflichten wie die die Daten erhebende Stelle. Hat er die ihm übermittelten Daten gelöscht, so ist er nach S. 4 verpflichtet, die übermittelnde Stelle über die erfolgte Löschung zu unterrichten.

Abschnitt 3. Strategische Beschränkungen

§ 5 Voraussetzungen

(1) ¹Auf Antrag des Bundesnachrichtendienstes dürfen Beschränkungen nach § 1 für internationale Telekommunikationsbeziehungen, soweit eine gebündelte Übertragung erfolgt, angeordnet werden. ²Die jeweiligen Telekommunikationsbeziehungen werden von dem nach § 10 Abs. 1 zuständigen Bundesministerium mit Zustimmung des Parlamentarischen Kontrollgremiums bestimmt. ³Beschränkungen nach Satz 1 sind nur zulässig zur Sammlung von Informationen über Sachverhalte, deren Kenntnis notwendig ist, um die Gefahr
1. eines bewaffneten Angriffs auf die Bundesrepublik Deutschland,
2. der Begehung internationaler terroristischer Anschläge mit unmittelbarem Bezug zur Bundesrepublik Deutschland,
3. der internationalen Verbreitung von Kriegswaffen im Sinne des Gesetzes über die Kontrolle von Kriegswaffen sowie des unerlaubten Außenwirtschaftsverkehrs mit Waren, Datenverarbeitungsprogrammen und Technologien in Fällen von erheblicher Bedeutung,
4. der unbefugten gewerbs- oder bandenmäßig organisierten Verbringung von Betäubungsmitteln in das Gebiet der Europäischen Union in Fällen von erheblicher Bedeutung mit Bezug zur Bundesrepublik Deutschland,
5. der Beeinträchtigung der Geldwertstabilität im Euro-Währungsraum durch im Ausland begangene Geldfälschungen,
6. der international organisierten Geldwäsche in Fällen von erheblicher Bedeutung,
7. des gewerbs- oder bandenmäßig organisierten Einschleusens von ausländischen Personen in das Gebiet der Europäischen Union in Fällen von erheblicher Bedeutung mit Bezug zur Bundesrepublik Deutschland
    a) bei unmittelbarem Bezug zu den Gefahrenbereichen nach Nr. 1 bis 3 oder
    b) in Fällen, in denen eine erhebliche Anzahl geschleuster Personen betroffen ist, insbesondere wenn durch die Art der Schleusung von einer Gefahr für ihr Leib oder Leben auszugehen ist, oder
    c) in Fällen von unmittelbarer oder mittelbarer Unterstützung oder Duldung durch ausländische öffentliche Stellen oder
8. des internationalen kriminellen, terroristischen oder staatlichen Angriffs mittels Schadprogrammen oder vergleichbaren schädlich wirkenden informationstechnischen Mitteln auf die Vertraulichkeit, Integrität oder Verfügbarkeit von IT-Systemen in Fällen von erheblicher Bedeutung mit Bezug zur Bundesrepublik Deutschland

rechtzeitig zu erkennen und einer solchen Gefahr zu begegnen. ⁴In den Fällen von Satz 3 Nr. 1 dürfen Beschränkungen auch für Postverkehrsbeziehungen angeordnet werden; Satz 2 gilt entsprechend.

(2) ¹Bei Beschränkungen von Telekommunikationsbeziehungen darf der Bundesnachrichtendienst nur Suchbegriffe verwenden, die zur Aufklärung von Sachverhalten über den in der Anordnung bezeichneten Gefahrenbereich bestimmt und geeignet sind. ²Es dürfen keine Suchbegriffe verwendet werden, die
1. Identifizierungsmerkmale enthalten, die zu einer gezielten Erfassung bestimmter Telekommunikationsanschlüsse führen, oder
2. den Kernbereich der privaten Lebensgestaltung betreffen.

³Dies gilt nicht für Telekommunikationsanschlüsse im Ausland, sofern ausgeschlossen werden kann, dass Anschlüsse, deren Inhaber oder regelmäßige Nutzer

deutsche Staatsangehörige sind, gezielt erfasst werden. ⁴Die Durchführung ist zu protokollieren. ⁵Die Protokolldaten dürfen ausschließlich zu Zwecken der Datenschutzkontrolle verwendet werden. ⁶Sie sind am Ende des Kalenderjahres, das dem Jahr der Protokollierung folgt, zu löschen.

Schrifttum: *Arndt,* Die Fernmeldekontrolle im Verbrechensbekämpfungsgesetz, NJW 1995, 169; *ders.,* Grundrechtsschutz bei der Fernmeldeüberwachung, DÖV 1996, 459; *Gröpl,* Das Fernmeldegeheimnis des Art. 10 GG vor dem Hintergrund des internationalen Aufklärungsauftrages des Bundesnachrichtendienstes, ZRP 1995, 13; *Huber,* Die strategische Rasterfahndung des Bundesnachrichtendienstes – Eingriffsbefugnisse und Regelungsdefizite; NJW 2013, 2572; *ders.,* Die Reform der parlamentarischen Kontrolle der Nachrichtendienste und des Gesetzes nach Art. 10 GG, NVwZ 2009, 1321; *Pfeifer,* Telefongespräche im Visier der elektronischen Rasterfahndung; *Riegel,* Der Quantensprung des Gesetzes zur Art. 10 GG (G 10); *Soiné,* Aufklärung der Organisierten Kriminalität – (k)eine Aufgabe für die Nachrichtendienste?, ZRP 2008, 108.

Übersicht

	Rn.		Rn.
I. Regelungsinhalt	1, 2	e) Beeinträchtigung der Geldwertstabilität (Nr. 5)	16
II. Beschränkungsgegenstand	3–6	f) Geldwäsche (Nr. 6)	17
1. Telekommunikationsverkehr (Abs. 1 S. 1–3)	3–5	g) Einschleusen von ausländischen Personen (Nr. 7)	18, 19
2. Postverkehr (Abs. 1 S. 4)	6	h) Cyberbedrohungen (Nr. 8)	19a, 19b
III. Beschränkungsvoraussetzungen (Abs. 1 S. 3)	7–19b	**IV. Durchführung der Beschränkung (Abs. 2)**	20–26
a) Gefahr eines bewaffneten Angriffs (Nr. 1)	8	1. Suchbegriffe (Abs. 2 S. 1 und 2)	20–22
b) Internationale terroristische Anschläge (Nr. 2)	9	a) Zulässige Suchbegriffe	20
c) Internationale Verbreitung von Kriegswaffen (Nr. 3)	10, 11	b) Unzulässige Suchbegriffe	21, 22
d) Unbefugte Verbringung von Betäubungsmitteln (Nr. 4)	12–15	2. Telekommunikationsanschlüsse im Ausland (Abs. 2 S. 3)	23–25
		3. Protokollierung (Abs. 2 S. 4–6)	26
		V. Verfahrensrechtliche Aspekte	27

I. Regelungsinhalt

1 § 5 ermächtigt den Bundesnachrichtendienst (BND), Beschränkungen nach § 1 für internationale Telekommunikationsbeziehungen durchzuführen. Die Vorschrift regelt die sogenannte **strategische Beschränkung bzw. Überwachung.**[1] Charakteristisch für diese Maßnahme ist, dass sie anders als die der Individualkontrolle nach § 3 nicht der Überwachung des individuellen Kommunikationsanschlusses einer bestimmten Person dient. Sie ist mithin nicht auf die Erhebung personenbezogener Daten ausgerichtet. Mit der strategischen Beschränkung sollen vielmehr im Wege einer „Massenkontrolle" zahlreiche Kommunikationen der verschiedensten Kommunikationsteilnehmer auf bestimmte, zuvor mittels so genannter **Suchbegriffe** (vgl. Abs. 2) definierte Telekommunikationsinhalte überprüft werden. Ziel der Beschränkung ist somit, sachbezogene Erkenntnisse von strategischer bzw. verteidigungs-, sicherheits- oder gar kriminalpolitischer Relevanz iSv Abs. 1 S. 3 zu erhalten. Hierunter können im Hinblick auf Abs. 1 S. 3 Nr. 1 bspw. Informationen über den Bau von militärisch nutzbaren Straßen bzw. über Truppenbewegungen[2] ebenso zählen wie hinsichtlich Nr. 3 Erkenntnisse über die Verbringung bestimmter Waffensysteme bzw. mit Blick auf Nr. 4 Informationen über den Transport bestimmter chemischer Substanzen, die typischerweise zur Herstellung synthetischer Drogen verwendet werden.

2 Maßnahmen nach § 5 zielen darauf ab, nicht jede Einzelerkenntnis, der ohnehin regelmäßig nur eine fragmentarische und damit hinsichtlich der nach Abs. 1 zulässigen Aufklärungsziele noch keine Bedeutung zukommt, sondern die **Gesamtheit** der Informationen, ggf.

---

[1] Vgl. hierzu *Pfeiffer* ZRP 1994, 253; *Riegel* ZRP 1995, 176; grundlegend mit kritischer Anmerkung insbesondere zu Abs. 2 S. 3 *Huber* NJW 2013, 2572 (82574).
[2] *Riedel* § 3 aF Rn. 12.

auch in der Gesamtschau mit Erkenntnissen aus anderen Quellen, zu betrachten und im Hinblick auf die von Abs. 1 S. 3 erfassten Gefahrenlagen auszuwerten.

II. Beschränkungsgegenstand

1. Telekommunikationsverkehr (Abs. 1 S. 1–3). § 5 gestattet in Abweichung von der Vorgängerregelung des § 3 Abs. 1 S. 1 aF,[3] der lediglich einen Eingriff in „internationale nicht leitungsgebundene Fernmeldebeziehungen" ermöglichte, nunmehr eine Beschränkung **internationaler Kommunikationsbeziehungen, soweit eine gebündelte Übertragung** erfolgt. Der Grund für diese Ausweitung ist allein technisch-tatsächlicher Natur. Während noch in den 1990er Jahren die internationale Telekommunikation ganz überwiegend über Satelliten und Richtfunk übertragen wurde, wird der internationale Telekommunikationsverkehr bedingt durch die digitale Datenverarbeitung heutzutage zumeist über Lichtwellenkabel abgewickelt. Satellitenverbindungen hingegen werden nur noch selten genutzt.[4]

Bedingt durch die paketvermittelte digitale Datenübertragung wird die Gesamtheit der die Information enthaltenden Daten in verschiedene Datenblöcke (Pakete) zerlegt, mit Steuerinformationen versehen und anschließend versandt. Zudem erfolgt vielfach ein kombinierter Datentransfer, im Rahmen dessen einzelne Datenpakete sowohl über Kabel als auch mittels Satelliten und damit sowohl **leitungs- als auch nicht leitungsgebunden** übertragen werden. Durch die Beschränkung der Maßnahme auf gebündelt übertragene Telekommunikationsbeziehungen soll gewährleistet werden, dass Kabel, die zu individuellen Teilnehmeranschlüssen führen, von der Beschränkungsmaßnahme ausgenommen sind.[5]

Mit der Begrenzung der Eingriffsbefugnis auf **internationale** Kommunikationsbeziehungen soll weiter sichergestellt werden, dass die Überwachungsmaßnahmen des BND lediglich den internationalen Telekommunikationsverkehr erfassen, sodass eine Überwachung inländischer Telekommunikationsbeziehungen ausgeschlossen ist.[6]

2. Postverkehr (Abs. 1 S. 4). Im Falle von S. 3 Nr. 1, mithin zur Gefahrerkennung hinsichtlich eines **bewaffneten Angriffs auf die Bundesrepublik Deutschland** und somit im Falle der wohl schwersten Gefahrenlage, dürfen gemäß Abs. 1 S. 4 Beschränkungen auch für Postverkehrsbeziehungen angeordnet werden.

III. Beschränkungsvoraussetzungen (Abs. 1 S. 3)

Abs. 1 enthält die materiellrechtlichen Voraussetzungen für Beschränkungen nach § 5. Danach dürfen derartige Maßnahmen nur durchgeführt werden, um Informationen über Sachverhalte zu erlangen, deren Kenntnis erforderlich ist, um eine der in Abs. 1 S. 3 Nr. 1–8 genannten **Gefahren** zu erkennen bzw. einer dieser Gefahren zu begegnen. Durch Abs. 1 soll dem BND die Möglichkeit der Durchführung von Beschränkungen für solche Bereiche eröffnet werden, die in hohem Maße die Sicherheitsinteressen der Bundesrepublik Deutschland berühren und hinsichtlich derer allein der BND technisch in der Lage ist, Informationen zum Zwecke der Erkennung von bzw. der Begegnung entsprechender Gefahren durch Überwachung der Telekommunikation sowie des Postverkehrs zu gewinnen.[7]

a) Gefahr eines bewaffneten Angriffs (Nr. 1). Es existiert weder ein allgemein anerkannten völkerrechtlicher Begriff des „Angriffskrieges" iSv Art. 26 Abs. 1 GG[8] bzw. eine Legaldefinition dieses Begriffs in § 80 StGB, der die Vorbereitung eines Angriffskrieges

---
[3] In der Fassung des 2. Gesetzes zur Änderung des Gesetzes zu Art. 10 Grundgesetz vom 28.4.1997 (BGBl. I 966).
[4] BT-Drs. 14/5655, 17.
[5] BT-Drs. 14/5655, 18.
[6] BT-Drs. 12/6853, 43.
[7] BT-Drs. 12/6853, 43.
[8] Vgl. Maunz/Dürig/*Herdegen* GG Art. 26 Rn. 18.

unter Strafe stellt, noch teilen das G 10-Gesetz bzw. andere Rechtsvorschriften mit, was unter dem sinnverwandten Begriff des „bewaffneten Angriffs" bzw. der Gefahr eines solchen zu verstehen ist. Einigkeit besteht insoweit, als dass von Nr. 1 ebenso wie von dem Begriff des „Angriffskrieges" ausschließlich Gefahren für die **äußere Sicherheit** der Bundesrepublik Deutschland erfasst werden.[9] Anders hingegen als der in § 80 StGB verwendete Begriff des „Angriffskrieges" dürften die Gefahrenlagen eines „bewaffneten Angriffs" hingegen nicht auf völkerrechtswidrige Aggressionen[10] beschränkt und qualitativ grundsätzlich unterhalb der Schwelle eines „Angriffskrieges" einzuordnen sein. Die Tatsache, dass der Begriff des „bewaffneten Angriffs" ebenso wie der des „Angriffskrieges"[11] Probleme hinsichtlich seiner Bestimmtheit aufwirft und es sich bei Nr. 1 „um eine nur schwer eingrenzbare, sehr vage Generalklausel"[12] handelt, wird tatsächlich dadurch abgefedert, dass Maßnahmen zur Erkennung der Gefahr eines bewaffneten Angriffs gegen die Bundesrepublik Deutschland angesichts der gegenwärtigen politischen Situation keine Rolle spielen und deshalb zzt. auch nicht genehmigt werden dürften.[13]

9 **b) Internationale terroristische Anschläge (Nr. 2).** Die Regelung in Nr. 2 dient der Abwehr von internationalen terroristischen Anschlägen. Dabei muss nicht die Gefahr bestehen, dass derartige Anschläge in der Bundesrepublik Deutschland erfolgen könnten. Ausreichend aber auch erforderlich ist vielmehr, dass ein **unmittelbarer Bezug** zur Bundesrepublik Deutschland besteht. Dies ist der Fall, wenn ein terroristischer Anschlag dadurch Auswirkungen auf die Bundesrepublik Deutschland haben könnte, dass der Anschlag selbst zwar im Ausland erfolgen, sich dort aber gegen deutsche Einrichtungen, Streitkräfte oder Bürger richten soll. Ein entsprechender Bezug bestünde weiter, wenn eine terroristische Gruppierung im Ausland von Deutschland aus finanziell oder logistisch unterstützt würde.[14]

10 **c) Internationale Verbreitung von Kriegswaffen (Nr. 3).** Durch die Regelung in Nr. 3 wird der BND ermächtigt, auch solche Gefahren aus dem Bereich der **Proliferation** aufzuklären, die sich durch die internationale Weitergabe bzw. durch die Verbreitung von Kriegswaffen iSd Kriegswaffenkontrollgesetzes sowie den unerlaubten Außenwirtschaftsverkehr mit Waren, Datenverarbeitungsprogrammen und Technologien von erheblicher Bedeutung ergeben.

11 Weder das Gesetz noch die Materialien geben Anhaltspunkte dafür, wie der unbestimmte Rechtsbegriff **„von erheblicher Bedeutung"** auszulegen ist. Die in Nr. 3 aF enthaltene Beschränkung im Zusammenhang mit dem Außenwirtschaftsverkehr auf entsprechende Gegenstände bzw. Technologien iSv Teil I der Ausfuhrliste wurde als zu eng empfunden und aufgegeben. Grund hierfür war, dass der einschlägige Straftatbestand des § 34 AWG lediglich in § 34 Abs. 1 AWG den unerlaubten Außenwirtschaftsverkehr mit Gütern iSv Teil I der Ausfuhrliste erfasst, während andere Absätze dieser Vorschrift weitere Verstöße gegen Ausfuhrverbote und Embargomaßnahmen unter Strafe stellen, die nach dem Gesetzeszweck des G 10 von der strategischen Beschränkung des § 5 ebenfalls erfasst werden sollen.[15] Fälle von „erheblicher Bedeutung" sind hier wie in den Fällen der Nr. 4, 6 und 7 solche, die einen **außen- oder sicherheitspolitischen Bezug** haben.[16]

12 **d) Unbefugte Verbringung von Betäubungsmitteln (Nr. 4).** Durch diese Vorschrift sollen Gefahrenlagen im Zusammenhang mit der gewerbs- oder bandenmäßigen organisierten Verbringung von Betäubungsmitteln in das Gebiet der Europäischen Union in Fällen von erheblicher Bedeutung mit Bezug zur Bundesrepublik Deutschland erfasst werden.

---

[9] So *Roggan* Rn. 11 für den Begriff der „Gefahr eines bewaffneten Angriffs".
[10] So hinsichtlich § 80 StGB *Fischer* in Rn. 3.
[11] Vgl. insoweit *Fischer* StGB § 80 Rn. 3.
[12] *Riegel* § 3 aF Rn. 9.
[13] Ebenso *Riegel* § 3 aF Rn. 15.
[14] BT-Drs. 14/5655, 19.
[15] Vgl. BT-Drs. 14/5655, 19.
[16] Vgl. BT-Drs. 16/509, 8.

Die Regelung gestattet dem BND somit, Lieferungen zu beobachten, die **nicht in die Bundesrepublik Deutschland,** sondern in andere Staaten der Europäischen Union erfolgen sollen. Während von kritischen Stimmen[17] insoweit angemerkt wird, auch bei einer frühzeitigen Aufklärung der Einfuhr von Betäubungsmitteln in das Gebiet der EU sein ein Bezug zur eigentlichen Aufgabenstellung des BND nicht mehr erkennbar, verweisen andere darauf, dass die Organisierte (Betäubungsmittel-)Kriminalität zwischenzeitlich eine Qualität erreicht habe, die einen Staat als solchen bzw. seine ureigensten Interessen und Schutzgüter gefährden könne.[18]

Hinsichtlich der Tatbestandsmerkmale der gewerbs- oder bandenmäßigen Verbringung kann auf die Auslegung dieser Rechtsbegriffe im Zusammenhang mit den entsprechenden Strafvorschriften im BtMG verwiesen werden. Danach handelt **gewerbsmäßig,** wer die Absicht hat, sich durch die wiederholte Tatbegehung eine fortlaufende Einnahmequelle von einiger Dauer und einigem Umfang zu verschaffen.[19] 13

Unter dem Begriff der **Bande,** der sowohl im StGB als auch im Nebenstrafrecht wie etwa dem BtMG oder der AO einheitlich ausgelegt wird, versteht man basierend auf der Entscheidung des GSSt vom 22.3.2001[20] eine Verbindung von mindestens drei Personen, die sich für eine gewisse Dauer zur fortgesetzten Begehung mehrerer selbstständiger, im Einzelnen noch unbestimmter Straftaten zusammengeschlossen haben. 14

Das Merkmal „organisiert" dürfte sich aus grammatikalischer Sicht sowohl auf das Merkmal der gewerbs- als auch der bandenmäßigen Begehungsweise beziehen. Ihm kommt eine selbstständige Bedeutung zu, da die Begriffe gewerbs- bzw. bandenmäßig jeweils kein Synonym zu dem Begriff „organisiert" darstellen. Zudem erfährt die Vorschrift hierdurch die im Hinblick auf Art. 10 GG gebotene restriktive Auslegung. Der Begriff „organisiert" ist weder in diesem Gesetz noch im StGB bzw. der StPO legaldefiniert. Zu seiner Auslegung kann auf Ziffer 2.1 der Richtlinien für die Zusammenarbeit von Staatsanwaltschaft und Polizei bei der Verfolgung der Organisierten Kriminalität zurückgegriffen werden.[21] Danach versteht man unter „Organisierter Kriminalität" die von Gewinn- und Machtstreben bestimmte planmäßige Begehung von Straftaten von mehr als zwei Personen, die auf längere oder unbestimmte Zeit arbeitsteilig unter Verwendung gewerblicher Strukturen bzw. unter Anwendung von Gewalt oder unter Einflussnahme auf Politik, Medien, öffentliche Verwaltung, Justiz oder Wirtschaft zusammenwirken. 15

e) Beeinträchtigung der Geldwertstabilität (Nr. 5). Diese Vorschrift regelt den Gefahrentatbestand der Beeinträchtigung der Geldwertstabilität im Euro-Währungsraum durch im Ausland begangene Geldfälschungen. Erfasst werden sollen damit nach der Rspr. des BVerfG[22] insbesondere **Geldfälschungen im großen Stil,** die im Ausland erfolgen und damit die Wirtschaftskraft des Landes in einer Weise beeinträchtigen, die den übrigen im G 10-Gesetz aufgeführten Gefahren nahe kommt. 16

f) Geldwäsche (Nr. 6). Die Regelung in Nr. 6 trägt dem Umstand Rechnung, dass die Geldwäsche eine typische Erscheinungsform Organisierter Kriminalität darstellt. Erfasst werden sollen Fälle der international organisierten Geldwäsche unter den Voraussetzungen des **§ 261 StGB,** beschränkt wie Fälle der Nr. 3. und 4. auf solche von erheblicher Bedeutung. Eine weitere Beschränkung erfolgt dadurch, dass der BND die von Nr. 6 erfassten Gefahrenlagen wie alle übrigen auch nur im Rahmen seiner Aufgaben nach § 1 Abs. 2 BNDG durchführen darf und die Gefahrenlage damit von außen- und sicherheitspolitischer Bedeutung sein muss.[23] 17

---

[17] *Roggan* Rn. 14.
[18] *Soiné* ZRP 2008, 108 (110).
[19] *Körner* BtMG § 29 Rn. 1990.
[20] BGH 22.3.2001 – GSSt 1/00, NJW 2001, 266 = NStZ 2001, 421.
[21] Vgl. Anlage E zu den RiStBV.
[22] BVerfG 14.7.1999 – 1 BvR 2226/94, 2420/95 und 2437/95, NJW 2000, 55.
[23] Vgl. BT-Drs. 14/5655, 19.

18   g) **Einschleusen von ausländischen Personen (Nr. 7).** Die Vorschrift in Nr. 7 berechtigt den BND zur strategischen Überwachung besonders schwerer Fälle der illegalen Schleuserkriminalität.[24] So muss es sich wie im Falle von Nr. 3 um „**gewerbs- oder bandenmäßig organisierte**" bzw. wie in den Nr. 3, 4 und 6 um Fälle von **erheblicher Bedeutung** (vgl. Nr. 3) handeln. Die im Gesetzentwurf der Bundesregierung zunächst vorgesehene Eingrenzung auf „Fälle von erheblicher außen- und sicherheitspolitischer Bedeutung für die Bundesrepublik Deutschland",[25] wodurch weit weniger Fälle erfasst worden wären, ist nicht Gesetz geworden. Die sich hierauf jedoch beziehenden Gesetzesmaterialien[26] können deshalb nur bedingt zur Auslegung der Regelung herangezogen werden.

19   Von der Vorschrift werden nach Buchstabe **a** Gefahrenlagen erfasst, die einen Bezug zu den Gefahrenbereichen der Nr. 1–3 aufweisen. So nutzen etwa terroristische Gruppierungen und deren Unterstützerumfeld vielfach organisierte Schleuserbanden, um schnell und sicher, mithin verlässlich zu den gewünschten Trainingscamps oder gar Anschlagsorten zu gelangen. Von der Vorschrift werden gemäß Buchstabe **b** weiter Fälle von so genannten „Großschleusungen" erfasst, die Leib und Leben einer Vielzahl von Personen gefährden. Schließlich findet Nr. 7 nach Buchstabe **c** auf solche Fälle Anwendung, in denen die Schleusungen in den Ausgangs- oder Transitstaaten von öffentlichen Stellen geduldet oder gar unterstützt werden. Fälle dieser Art widersprechen auf Grund ihrer unterstützungsbedingten Effektivität deutschen außen- und sicherheitspolitischen Interessen.

19a   h) **Cyberbedrohungen (Nr. 8).** Da sich die vorstehend unter den Nr. 1–7. genannten Bereiche im Hinblick auf die neuen Gefahren der Cyberkriminalität als „defizitär" erwiesen haben, wurde durch das Gesetz zur Verbesserung der Zusammenarbeit im Bereich des Verfassungsschutzes vom 17.11.2015[27] zur Anpassung an die neuen Bedrohungsszenarien dem BND eine entsprechende gesetzliche Befugnis zur **Aufklärung schadbehafteter internationaler Telekommunikationsverkehre** eingeräumt.[28] Der Gesetzgeber wollte mit der Regelung keinen grundsätzlich neuen technischen Aufklärungsansatz implementieren. Vielmehr ging es ihm darum, den Einsatz bereits vorhandener technischer Mittel der strategischen Fernmeldeaufklärung inhaltlich an die neue Gefahrenlage anzupassen. Die Aufklärung des Gefahrenbereichs „Cyber" hat mithin ausschließlich im Rahmen des gesetzlichen Auftrages des BND gemäß § 1 Abs. 2 BNDG zu erfolgen. Beabsichtigt ist, den BND durch den in Nr. 8 genannten Gefahrenbereich in die Lage zu versetzen, die technisch nur durch ihn generierbaren Erkenntnisse zur Cyber-Bedrohungslage und -Abwehr beizusteuern. Hierdurch soll die Sicherheit von IT-Systemen verbessert sowie die Vertraulichkeit, Integrität und Verfügbarkeit von IT-Systemen gewährleistet werden.[29]

19b   Unter dem Begriff „**vergleichbar schädlich wirkende informationstechnische Mittel**" fallen Maßnahmen, die zwar keinen eindeutigen bzw. direkten Bezug zu Cyberangriffen mittels Schadsoftware aufweisen, indes auch zum Themenfeld Cyber-Angriff gehören. Zur Gruppe der vergleichbar schädlich wirkenden informationstechnischen Mittel gehören ua Angriffe gegen die Verfügbarkeit von IT-Systemen mittels Überlastungsangriffe mit dem Ziel der Sabotage, das Vortäuschen einer Identität, um an Zugangsinformationen zu gelangen, Angriffe auf IT-Systeme unter Umgehung von physikalischen Grenzen (Abzug von Informationen von Systemen ohne Netzwerkanbindung unter Ausnutzung der Abstrahlung ua) sowie Hardwaremanipulationen von Netzwerkgeräten.[30]

IV. Durchführung der Beschränkung (Abs. 2)

20   1. **Suchbegriffe (Abs. 2 S. 1 und 2). a) Zulässige Suchbegriffe.** Abs. 2 legt fest, wie die Beschränkung technisch durchzuführen ist. Durch S. 1 soll sichergestellt werden, dass

---

[24] *Huber* NVwZ 2009, 1321 (1324).
[25] Vgl. BT-Drs. 16/509, 5.
[26] Vgl. BT-Drs. 16/509, 8.
[27] BGBl. I 1938.
[28] BT-Drs. 18/4654, 41.
[29] BT-Drs. 18/4654, 41.
[30] BT-Drs. 18/4654, 41.

aus der Fülle all derjenigen Informationen, die auf Grund der Beschränkungsmaßnahme zunächst ausgeleitet werden, nur diejenigen ausgewertet werden dürfen, die zur Aufklärung der in der Anordnung bezeichneten **Gefahrenlagen (bestimmt und) geeignet** sind. Zu diesem Zweck werden entsprechende „Suchbegriffe" in die Datenverarbeitungsprogramme eingegeben. Diese Suchbegriffe sind mithin die „Weichenstellung" für diejenigen Daten, die vom BND registriert, ausgewertet und unter den Voraussetzungen des § 7 übermittelt werden dürfen.[31]

b) Unzulässige Suchbegriffe. Der operativen Ausrichtung der Beschränkungsmaßnahme des § 5 entsprechend als Mittel zur Gewinnung sachbezogener Informationen sieht S. 2 Nr. 1 vor, dass keine Suchbegriffe verwendet werden dürfen, die zu einer **gezielten Erfassung bestimmter Telekommunikationsanschlüsse** und damit zur Erhebung personenbezogener Daten führen würden. Derartige unzulässige Suchbegriffe wären etwa Namen oder Anschlusskennungen wie etwa eine Telefonnummer. Zugleich wird dadurch gewährleistet, dass keine gezielten Eingriffe in das durch Art. 10 GG geschützte Fernmeldegeheimnis erfolgen und der BND als Auslandsnachrichtendienst keine Inlandsaufklärung betreibt. 21

Unzulässig ist gemäß S. 2 Nr. 2 weiter die Verwendung solcher Suchbegriffe, „die den **Kernbereich der privaten Lebensgestaltung betreffen**". Die Regelung ist im Zusammenhang mit § 5a zu sehen und dient den Schutz der Menschenwürde. 22

2. Telekommunikationsanschlüsse im Ausland (Abs. 2 S. 3). S. 3 lässt in bestimmten Fällen Ausnahmen von dem in S. 2 enthaltenen Verbot der Verwendung solcher Suchbegriffe zu, die zur gezielten Erfassung bestimmter Telekommunikationsanschlüsse führen können. Danach findet das Verbot in S. 2 keine Anwendung auf ausländische Telekommunikationsanschlüsse, sofern nur ausgeschlossen werden kann, dass dadurch nicht gezielt solche Anschlüsse erfasst werden, deren **Inhaber oder regelmäßige Nutzer deutsche Staatsangehörige** sind. Damit sollen einzelne Deutsche, die bei einer Gesellschaft mit Sitz im Ausland arbeiten, geschützt werden, ohne dass es auf die Kapital- oder Kontrollverhältnisse der Gesellschaft ankäme.[32] Ein vollständiger Schutz von Gesellschaften im Ausland, selbst wenn deren Kapital oder Kontrolle überwiegend in der Hand deutscher Staatsangehöriger liegt, ist nicht geboten. Art. 10 GG findet auf ausländische juristische Personen keine Anwendung.[33] 23

Die Ausnahmeregelung des S. 3 trägt offenbar dem Umstand Rechnung, dass Art. 10 GG nicht nur Deutsche iSv Art. 116 GG schützt, sondern seinen Schutz auch alle ausländischen Privatpersonen genießen, **dies indes nur im Geltungsbereich des Grundgesetzes**.[34] Allein vor diesem Hintergrund mag die Ausnahmeregelung des S. 3 keinen durchgreifenden Bedenken unterliegen. Problematischer hingegen könnte erscheinen, dass nach S. 3 zulässig ist, Daten ausländischer Kommunikationen zwischen regelmäßig ausländischen Kommunikationsteilnehmern im Inland zu verwenden und dadurch Ausländer gegenüber Deutschen, deren Kommunikation im Ausland gerade nicht erfasst werden soll, diskriminiert werden könnten.[35] In diesem Zusammenhang wird indes auch zu berücksichtigen sein, dass der BND als Auslandsnachrichtendienst tätig ist und vom Ausland ausgehende Gefahren vielfach auch von Ausländern ausgehen dürften. 24

Die Ausnahmevorschrift des S. 3 enthält **keine Suspendierung von dem in S. 2 Nr. 2 enthaltenen Verbot** der Verwendung kernbereichsrelevanter Suchbegriffe. Kernbereichsrelevante Daten unterliegen nach § 5a ausnahmslos einem Erhebungsverbot. 25

---

[31] So zutreffend *Riegel* § 3 aF Rn. 23.
[32] BT-Drs. 14/5655, 20.
[33] BVerfG 14.7.1999 – 1 BvR 2226/94, 2420/95 und 2437/95, NJW 2000, 55.
[34] Maunz/Dürig/*Durner* GG Art. 10 Rn. 100.
[35] So *Riegel* § 3aF Rn. 28; *Gröpl* ZRP 1995, 13; *Arndt* NJW 1995, 169 (172); *ders.* DÖV 1996, 459 (461); *Huber* NJW 2013, 2572 (2574).

26 **3. Protokollierung (Abs. 2 S. 4–6).** Die nach S. 3 vorzunehmende Protokollierung der Durchführung der Beschränkungsmaßnahme soll der **Kontrolle ihrer korrekten Handhabung** dienen. Die Protokollierung hat dabei „lückenlos" zu erfolgen.[36] S. 4 enthält eine Verwendungsregelung und sieht entsprechend den Regelungen in § 3a S. 11 und § 4 Abs. 1 S. 4 vor, dass die Protokolldaten ausschließlich für Zwecke der Datenschutzkontrolle verwendet werden dürfen. Nach der Regelung in S. 5 sind die Protokolldaten am Ende des auf die Protokollierung folgenden Kalenderjahres zu löschen.

V. Verfahrensrechtliche Aspekte

27 Nach Abs. 1 S. 1 dürfen Beschränkungen nur **„auf Antrag"** des BND angeordnet werden. Antragsberechtigt sind gemäß § 9 Abs. 2 der Behördenleiter und dessen Stellvertreter. Die Entscheidung über diesen Antrag und damit die Anordnung der Beschränkung trifft gemäß § 10 Abs. 1 Hs. 2 das Bundesministerium des Innern (vgl. → § 10 Rn. 2 ff.). ¹Gemäß § 14 Abs. 1 S. 1 hat das Bundesinnenministerium als zuständige Ministerium in Abständen von höchstens sechs Monaten das Parlamentarische Kontrollgremium auch über die Durchführung von Beschränkungen nach § 5 zu unterrichten.

§ 5a Schutz des Kernbereichs privater Lebensgestaltung

¹Durch Beschränkungen nach § 1 Abs. 1 Nr. 2 dürfen keine Kommunikationsinhalte aus dem Kernbereich privater Lebensgestaltung erfasst werden. ²Sind durch eine Beschränkung nach § 1 Abs. 1 Nr. 2 Kommunikationsinhalte aus dem Kernbereich privater Lebensgestaltung erfasst worden, dürfen diese nicht verwertet werden. ³Sie sind unverzüglich unter Aufsicht eines Bediensteten, der die Befähigung zum Richteramt hat, zu löschen. ⁴§ 3a Satz 2 bis 7 gilt entsprechend. ⁵Die Tatsache der Erfassung der Daten und ihrer Löschung ist zu protokollieren. ⁶Die Protokolldaten dürfen ausschließlich zum Zwecke der Durchführung der Datenschutzkontrolle verwendet werden. ⁷Sie sind zu löschen, wenn sie für diese Zwecke nicht mehr erforderlich sind, spätestens jedoch am Ende des Kalenderjahres, das dem Jahr der Protokollierung folgt.

Schrifttum: s. § 5.

1 **1. Allgemeines.** Die Vorschrift des § 5a wurde durch Art. 1 des Ersten Gesetzes zur Änderung des Artikel 10-Gesetzes vom 31.7.2009[1] in das G 10-Gesetz eingefügt. Mit ihr hat der Gesetzgeber die zum **Schutz des Kernbereichs privater Lebensgestaltung erforderlichen Vorkehrungen** nunmehr auch für Maßnahmen der strategischen Fernmeldeaufklärung getroffen. Ebenso wie die entsprechende Vorschrift des § 3a für Maßnahmen der Individualkontrolle trägt auch § 5a der Rspr. des BVerfG Rechnung. Dieses hatte in seiner Entscheidung zur strafprozessualen akustischen Wohnraumüberwachung vom 3.3.2004[2] erstmals einfachgesetzliche Vorschriften zum Schutz des **Kernbereichs privater Lebensgestaltung** eingefordert und in seinem Urteil vom 27.7.2005[3] entsprechende Regelungen auch für Maßnahmen der (gefahrenabwehrrechtlichen) Telekommunikationsüberwachung angemahnt.

2 **2. Anwendungsbereich.** Die Vorschrift findet **ausschließlich auf Maßnahmen der strategischen Überwachung** und damit nicht auf solche der Individualüberwachung nach § 3 Anwendung. Dies ergibt sich zunächst aus dem in S. 1 enthaltenen Verweis allein auf die Maßnahmen des § 1 Abs. 1 Nr. 2. Die Vorschrift erfasst somit Beschränkungen des Bundesnachrichtendienstes (BND), die dieser im Rahmen seiner Aufgaben nach § 1 Abs. 2 BNDG durchführt. Hierzu zählen Tätigkeiten zur Gewinnung von Erkenntnissen über das Ausland,

---

[36] Vgl. BT-Drs. 12/6853, 43.
[1] BGBl. I 2499.
[2] BVerfG 3.3.2004 – 1 BvR 2378/98 und 1 BvR 1084/99, NJW 2004, 999.
[3] BVerfG 27.7.2005 – 1 BvR 668/04, NJW 2005, 2603.

die von außen- oder sicherheitspolitischer Bedeutung für die Bundesrepublik Deutschland sind sowie Maßnahmen zur Erreichung der in § 5 Abs. 1 S. 3 Nr. 2–8 und § 8 Abs. 1 S. 1 bestimmten Zwecke, mithin zur Erkennung und Begegnung der dort beschriebenen Gefahrenlagen. Auf die nicht praxisrelevanten Fälle der Gefahr eines bewaffneten Angriffs auf die Bundesrepublik Deutschland findet § 5a, da dieser in S. 1 auf § 1 Abs. 1 Nr. 2 und dieser wiederum bzgl. § 5 Abs. 1 S. 3 lediglich auf die Nr. 2–8 verweist, hingegen keine Anwendung.

§ 5a findet wie die strategische Überwachung nach § 5 Abs. 1 S. 1 und S. 4 sowohl auf die Überwachung des **Telekommunikations- als auch auf die des Postverkehrs** Anwendung.[4] Im Hinblick auf den absoluten Schutz des Kernbereichs privater Lebensgestaltung kann es keinen Unterschied machen, ob kernbereichsrelevante Daten Gegenstand des Telekommunikations- oder des Postverkehrs sind. **3**

3. Regelungsinhalt. Die Vorschrift des § 5a trifft für den Fall, dass durch Maßnahmen nach § 5 kernbereichsrelevante Daten **erfasst werden könnten (S. 1) bzw. tatsächlich erfasst wurden** (S. 2–7) die entsprechenden Vorschriften zum Schutze des Kernbereichs privater Lebensgestaltung ebenso wie § 3a für Maßnahmen der Individualüberwachung nach § 3. Folgerichtig enthält S. 2 ein § 3a S. 8 entsprechendes Verwertungsverbot und S. 3 ebenso wie § 3a S. 9 ein Löschungsgebot. Nach S. 4 sind die Vorschriften des § 3a S. 2–7 entsprechend anzuwenden und enthalten die S. 6 und 7 den Vorschriften des § 3a S. 10–12 vergleichbare Protokollierungsvorschriften. **4**

Gesetzestechnisch hätte es sich empfohlen, **für die Beschränkungen nach §§ 3, 5 und 8 eine gemeinsame Regelung** zum Schutz des Kernbereichs privater Lebensgestaltung zu treffen. Hierdurch hätten sich auch sachlich nicht nachvollziehbare Regelungsunterschiede vermeiden lassen. So sieht S. 3 vor, dass durch Maßnahmen nach den §§ 5 und 8 gleichwohl erfasste Daten aus dem Kernbereich privater Lebensgestaltung unter Aufsicht eines Bediensteten, der die Befähigung zum Richteramt hat, zu löschen sind, während § 3a für Maßnahmen der Individualkontrolle eine entsprechende Beaufsichtigung bei der Löschung nicht vorschreibt. Dort hätte eine solche Regelung noch näher gelegen, weil die Kernbereichsdaten im Falle des § 3 anders als in den Fällen etwa des § 5 einen unmittelbaren personalen Bezug aufweisen. **5**

a) Erhebungsverbot (S. 1). S. 1 statuiert ein Erhebungsverbot. Dieses ist im Kontext mit § 5 Abs. 2 S. 2 Nr. 2 zu sehen, wonach bei strategischen Beschränkungen keine Suchbegriffe verwendet werden dürfen, die den Kernbereich privater Lebensgestaltung betreffen. Die Regelung des § 5 Abs. 2 S. 2 Nr. 2 soll gleichsam als vorgeschalteter Filter das in S. 1 enthaltene Postulat, wonach durch Maßnahmen der strategischen Überwachung **keine kernbereichsrelevanten Daten** erfasst werden dürfen, gewährleisten. Als Konsequenz aus der Regelung in S. 1 hat der BND jede Beschränkungsmaßnahme so auszugestalten, dass durch diese **voraussichtlich** keine kernbereichsrelevanten Daten erfasst werden. Anders indes als im Falle der strafprozessualen Wohnraumüberwachung nach § 100c Abs. 4 S. 1 StPO bedarf es hier ebenso wie im Falle der strafprozessualen Telekommunikationsüberwachung nach § 100a StPO vor der Anordnung der Beschränkung nicht „tatsächlicher Anhaltspunkte", dass keine kernbereichsrelevanten Daten erfasst werden. **6**

b) Verwertungsverbot (S. 2). Ebenso wie § 3a S. 8 enthält auch S. 2 ein **absolutes** Verwertungsverbot hinsichtlich der durch die Beschränkung erlangten kernbereichsrelevanten Daten (vgl. → § 3a Rn. 11). **7**

c) Löschungs- und Protokollierungsregelungen (S. 3–7). Hinsichtlich der Löschungs- und Protokollierungsregelungen in S. 3–7, wonach die dennoch erlangten kernbereichsrelevanten Daten unverzüglich zu löschen sind, die Tatsache der Erfassung derartiger Daten zu protokollieren ist, die Protokolldaten ausschließlich zum Zwecke der Durchführung der Datenschutzkontrolle zu verwenden und die Protokolldaten schließlich am Ende **8**

---

[4] AA Erbs/Kohlhaas/*Huber* Rn. 3.

des auf die Protokollierung folgenden Kalenderjahres zu löschen sind, kann ebenfalls auf die entsprechenden Ausführungen zu § 3a Bezug (vgl. → § 3a Rn. 15) genommen werden.

§ 6 Prüf-, Kennzeichnungs- und Löschungspflichten, Zweckbindung

(1) ¹Der Bundesnachrichtendienst prüft unverzüglich und sodann in Abständen von höchstens sechs Monaten, ob die erhobenen personenbezogenen Daten im Rahmen seiner Aufgaben allein oder zusammen mit bereits vorliegenden Daten für die in § 5 Abs. 1 Satz 3 bestimmten Zwecke erforderlich sind. ²Soweit die Daten für diese Zwecke nicht erforderlich sind und nicht für eine Übermittlung an andere Stellen benötigt werden, sind sie unverzüglich unter Aufsicht eines Bediensteten, der die Befähigung zum Richteramt hat, zu löschen. ³Die Löschung ist zu protokollieren. ⁴Die Protokolldaten dürfen ausschließlich zur Durchführung der Datenschutzkontrolle verwendet werden. ⁵Die Protokolldaten sind am Ende des Kalenderjahres zu löschen, das dem Jahr der Protokollierung folgt. ⁶Außer in den Fällen der erstmaligen Prüfung nach Satz 1 unterbleibt die Löschung, soweit die Daten für eine Mitteilung nach § 12 Abs. 2 oder für eine gerichtliche Nachprüfung der Rechtmäßigkeit der Beschränkungsmaßnahme von Bedeutung sein können. ⁷In diesem Fall sind die Daten zu sperren; sie dürfen nur zu diesen Zwecken verwendet werden.

(2) ¹Die verbleibenden Daten sind zu kennzeichnen. ²Nach einer Übermittlung ist die Kennzeichnung durch den Empfänger aufrechtzuerhalten. ³Die Daten dürfen nur zu den in § 5 Abs. 1 Satz 3 genannten Zwecken und für Übermittlungen nach § 7 Abs. 1 bis 4a und § 7a verwendet werden.

(3) ¹Auf Antrag des Bundesnachrichtendienstes dürfen zur Prüfung der Relevanz erfasster Telekommunikationsverkehre auf Anordnung des nach § 10 Abs. 1 zuständigen Bundesministeriums die erhobenen Daten in einem automatisierten Verfahren mit bereits vorliegenden Rufnummern oder anderen Kennungen bestimmter Telekommunikationsanschlüsse abgeglichen werden, bei denen tatsächliche Anhaltspunkte dafür bestehen, dass sie in einem Zusammenhang mit dem Gefahrenbereich stehen, für den die Überwachungsmaßnahme angeordnet wurde. ²Zu diesem Abgleich darf der Bundesnachrichtendienst auch Rufnummern oder andere Kennungen bestimmter Telekommunikationsanschlüsse im Inland verwenden. ³Die zu diesem Abgleich genutzten Daten dürfen nicht als Suchbegriffe im Sinne des § 5 Abs. 2 Satz 1 verwendet werden. ⁴Der Abgleich und die Gründe für die Verwendung der für den Abgleich genutzten Daten sind zu protokollieren. ⁵Die Protokolldaten dürfen ausschließlich zu Zwecken der Datenschutzkontrolle verwendet werden. ⁶Sie sind am Ende des Kalenderjahres, das dem Jahr der Protokollierung folgt, zu vernichten.

Schrifttum: *Huber,* Die Reform der parlamentarischen Kontrolle der Nachrichtendienste und des Gesetzes nach Art. 10 GG, NVwZ 2009, 1321.

Übersicht

	Rn.		Rn.
I. Regelungsinhalt des Abs. 1	2–6	III. Automatisierter Datenabgleich (Abs. 3)	9–15
a) Zweckbindung (Abs. 1 S. 1)	2–4	1. Abgleichsverfahren (S. 1, §§ 9, 15)	11
b) Löschungs- und Protokollierungspflicht (Abs. 1 S. 2–5)	5	2. Abgleichdaten – „erhobene Daten" (S. 1)	12
c) Weitere Speicherung der Daten (Abs. 1 S. 6 und 7)	6	3. Vergleichsdaten – „vorhandenen Nummern" (S. 1–3)	13, 14
II. Übermittlungs- und Verwendungsregelung (Abs. 2)	7, 8	4. Protokollierung (S. 4–6)	15

Das BVerfG hatte in seiner Entscheidung vom 14.7.1999[1] beanstandet, das G 10-Gesetz **1** genüge den datenschutzrechtlichen Anforderungen nicht. Insbesondere berücksichtige § 3 Abs. 4 aF, der datenschutzrechtliche Bestimmungen zu der nunmehr in § 5 enthaltenen strategischen Beschränkung zum Gegenstand hatte, nicht der sich unmittelbar aus Art. 10 GG ergebenden Kennzeichnungspflicht all derjenigen Daten, die auf Grund einer solchen Beschränkungsmaßnahme erhoben wurden. Ohne eine entsprechende Kennzeichnung, so das BVerfG weiter, könne der gegenständliche Schutzbereich der betroffenen Grundrechte des Brief-, Post- und Fernmeldegeheimnisses bei einer weiteren Verwendung bzw. Weitergabe der Daten nicht beachtet werden, weil die Daten nicht mehr als durch entsprechende Maßnahmen gewonnene erkennbar wären. In seiner vorgenannten Entscheidung hat das BVerfG zugleich die Anforderungen beschrieben, die vom Bundesnachrichtendienst (BND) beim Umgang mit personenbezogenen Daten zu beachten sind. Diesen Anforderungen hat der Gesetzgeber zu entsprechen versucht.[2] § 6, eingefügt durch das Gesetz zur Neuregelung des Brief-, Post- und Fernmeldegeheimnisses vom 26.6.2001,[3] enthält die **zentrale Vorschrift für den Umgang mit personenbezogenen Daten im Zusammenhang mit Maßnahmen der strategischen Beschränkung.** Die entsprechende Regelung für Maßnahmen der Individualüberwachung nach § 3 befindet sich in § 4.

I. Regelungsinhalt des Abs. 1

a) **Zweckbindung (Abs. 1 S. 1).** Durch Abs. 1 S. 1 wird der BND verpflichtet, „unver- **2** züglich" und sodann in Abständen von längstens sechs Monaten zu überprüfen, ob die erhobenen personenbezogenen Daten noch benötigt werden. Bei dieser Prüfung gilt eine **strenge Zweckbindung.** Die Daten dürfen nur für diejenigen Zwecke weiter gespeichert werden, die auch ihre Erhebung gerechtfertigt haben. Dies ergibt sich unmittelbar aus dem in S. 1 enthaltenen Verweis auf § 5 Abs. 1 S. 3. Von dieser Vorschrift werden Maßnahmen zugelassen, die dazu dienen, die Gefahr eines bewaffneten Angriffs (§ 5 Abs. 1 S. 3 Nr. 1), terroristischer Anschläge (§ 5 Abs. 1 S. 3 Nr. 2), der Verbreitung von Kriegswaffen (§ 5 Abs. 1 S. 3 Nr. 3), der Verbringung von Betäubungsmitteln (§ 5 Abs. 1 S. 3 Nr. 4), der Beeinträchtigung der Geldwertstabilität (§ 5 Abs. 1 S. 3 Nr. 5), der internationalen Geldwäsche (§ 5 Abs. 1 S. 3 Nr. 6), des gewerbs- und bandenmäßigen Einschleusens von ausländischen Personen (§ 5 Abs. 1 S. 3 Nr. 1) sowie die Gefahren des Cyberraums (§ 5 Abs. 1 S. 3 Nr. 8) zu erkennen oder einer solchen Gefahren zu begegnen.

Der Begriff **„unverzüglich"** ist dabei nicht iSd Legaldefinition des § 121 BGB („ohne **3** schuldhaftes Zögern"), sondern vielmehr dahingehend auszulegen, dass die Prüfung der Erforderlichkeit der weiteren Speicherung der Daten „ohne jede Verzögerung, die sich nicht aus sachlichen (tatsächlichen oder rechtlichen) Gründen rechtfertigen" lässt, durchgeführt werden muss.[4]

Wenngleich eine weitere Speicherung für andere als die vorstehend (vgl. → Rn. 2) **4** genannten Zwecke ausscheidet, dürfte gegen einen **Wechsel zwischen den nach § 5 Abs. 1 S. 3 zulässigen Zwecken** auch aus verfassungsrechtlicher Sicht nichts einzuwenden sein. Sämtliche der vorgenannten Zwecke gestatten Eingriffe in das Grundrecht des Art. 10 GG. Somit dürfen personenbezogene Daten, die etwa zum Zwecke von § 5 Abs. 1 S. 3 Nr. 7 erhoben wurden, auch für die anderen der von § 5 Abs. 1 S. 3 genannten Zwecke weiter verwendet werden. Ein solcher Fall läge etwa vor, wenn sich aus erhobenen „Schleusungsdaten" tatsächliche Anhaltspunkte auf eine gewerbsmäßige Verbringung von Betäubungsmitteln ergäben, die Gefahrenlage hinsichtlich des Einschleusens von ausländischen Personen hingegen entfallen wäre. In diesem Fall muss jedoch eine dem neuen Gefahrenbereich entsprechende Umwidmung der Daten erfolgen. Nur so kann später der nach den

---

[1] BVerfG 14.7.1999 – 1 BvR 2226/94, 2420/95 und 2347/95, NJW 2000, 55 (64).
[2] Vgl. BT-Drs. 14/5655, 20.
[3] BGBl. I 1254.
[4] BVerwG 26.2.1974 – I C 31/72, NJW 1997, 807 (810); *Roggan* Rn. 3.

jeweiligen Gefahrenbereichen differenzierende automatisierte Datenabgleich nach Abs. 3 vorgenommen werden.

5 **b) Löschungs- und Protokollierungspflicht (Abs. 1 S. 2–5).** Gemäß S. 2 sind die Daten, soweit ihre Speicherung zu den vorstehend genannten Zwecken nicht mehr erforderlich ist, unter Aufsicht eines Bediensteten, der die Befähigung zum Richteramt hat, zu löschen. Nach S. 3 ist die Löschung zu protokollieren, die dabei erstellten „Protokolldaten" dürfen nach der Regelung in S. 4 **ausschließlich zur Durchführung der Datenschutzkontrolle verwendet** werden und sind ihrerseits gemäß S. 5 am Ende des auf die Protokollierung folgenden Kalenderjahres zu löschen. Insoweit kann auf die Ausführungen zu den gleichlautenden Vorschriften bei § 3a S. 11 und 12 (vgl. → § 3a Rn. 15) verwiesen werden.

6 **c) Weitere Speicherung der Daten (Abs. 1 S. 6 und 7).** Nach S. 6 und 7 dürfen die Daten weiter gespeichert werden, soweit sie für die **Mitteilung der Beschränkungsmaßnahme** nach deren Einstellung oder für die **gerichtliche Nachprüfung der Rechtmäßigkeit** der Beschränkungsmaßnahme von Bedeutung sein können. Von der unverzüglichen Löschung der Daten darf somit einzig abgesehen werden, wenn die Daten für diese, die in § 5 Abs. 1 S. 3 genannten Zwecke oder aber für ihre Übermittlung an andere Stellen noch benötigt werden.

II. Übermittlungs- und Verwendungsregelung (Abs. 2)

7 Abs. 2 beinhaltet die vom BVerfG in seiner Entscheidung vom 14.7.1999[5] reklamierte **Kennzeichnungs- und Zweckbindungsregelung.** In dieser Entscheidung hat das BVerfG festgestellt, dass sich der Schutz durch Art. 10 GG auch auf den Datenverarbeitungsprozess erstrecke, der sich an die eigentliche Datenerhebung anschließe. Gespeicherte Daten dürften nur zu dem Zweck weiter verwendet werden, der auch ihre Erhebung gerechtfertigt habe.

8 Die Beachtung dieser Grundsätze setzt zunächst eine entsprechende **maßnahmenspezifische Kennzeichnung** der Daten voraus. Diese will S. 1 gewährleisten, indem er festlegt, dass die „verbleidenden", mithin die nicht gelöschten Daten zu kennzeichnen und diese Kennzeichnung nach S. 2 auch durch den Empfänger aufrechtzuerhalten ist. S. 2 gewährleistet mithin die Wahrung des Grundsatzes der Zweckbindung auch durch den Empfänger. S. 3 bestimmt schließlich, dass die Daten nur zu den in § 5 Abs. 1 S. 3 genannten Zwecken und für Übermittlungen nach § 7 Abs. 1–4 und § 7a verwendet werden dürfen. Da die Zweckbindung der erhebenden bzw. übermittelnden Stelle bereits durch Abs. 1 S. 1 und 2 festgeschrieben ist, verpflichtet S. 3, soweit er auf § 5 Abs. 1 S. 3 Bezug nimmt, allein die die Daten empfangende Stelle.

III. Automatisierter Datenabgleich (Abs. 3)

9 Die Regelungen in Abs. 3 tragen bei den Telekommunikationsverkehr betreffenden Beschränkungen den **praktischen Bedürfnissen des BND** sowie einem **effektiveren Grundrechtsschutz der Betroffenen** Rechnung. Bislang musste der BND sämtliche Telekommunikationen, die einen der angeordneten Suchbegriffe enthielten, abhören. Diese Prozedur war äußerst zeitaufwendig. Zudem führte sie dazu, dass die Mitarbeiter des Dienstes zahlreiche Kommunikationsinhalte zur Kenntnis nahmen, die mit dem Erhebungszweck in keinerlei sachlichem Zusammenhang standen und deshalb unmittelbar danach gelöscht wurden. Beides, die „manuelle Auswertung" als auch die überflüssige Kenntnisnahme irrelevanter Inhalte sollen durch Abs. 3 vermieden werden.[6]

10 Zu diesem Zweck gestattet Abs. 3 dem BND die Durchführung eines automatisierten Verfahrens zum Zwecke des Abgleichs zwischen den durch Beschränkungsmaßnahmen **nach § 5 erhobenen Daten** einerseits und **„bereits vorliegenden Rufnummern oder**

---

[5] BVerfG 14.7.1999 – 1 BvR 2226/94, 2420/95 und 2347/95, NJW 2000, 55 (64).
[6] *Huber* NVwZ 2009, 1321 (1325 f.).

anderen Kennungen bestimmter Telekommunikationsanschlüsse" andererseits. Dieser automatisierte Abgleich bewirkt zugleich, dass die Mitarbeiter des Dienstes von deutlich weniger Kommunikationsinhalten Kenntnis erlangen.

1. Abgleichsverfahren (S. 1, §§ 9, 15). Die Maßnahme des automatisierten Datenabgleichs setzt einen **Antrag** voraus. Auf diesen findet § 9 Anwendung, sodass im Hinblick auf dessen Abs. 3 S. 2 gewährleistet ist, dass vor Durchführung des Abgleichs alle einen solchen automatisierten Abgleich rechtfertigenden Umstände **schriftlich fixiert** werden müssen. Die Durchführung des Abgleichs unterliegt zudem gemäß § 15 Abs. 5 S. 2 der umfassenden **Kontrolle der G 10 Kommission**. 11

2. Abgleichdaten – „erhobene Daten" (S. 1). S. 1 stellt klar, dass nur solche Daten automatisiert abgeglichen werden dürfen, die bereits an Hand eines angeordneten Suchbegriffs durch die Erfassungssysteme des BND **selektiert** wurden. Dies erfolgt dergestalt, dass zunächst Telekommunikationsverkehre eines bestimmten Übertragungsweges erfasst und mittels der Suchbegriffe abgeglichen werden. All diejenigen Kommunikationen, die einen angeordneten Suchbegriff enthalten, werden sodann automatisch herausgefiltert und schließlich durch Mitarbeiter des BND auf ihre Relevanz überprüft. Ausschließlich solche als relevant eingestuften Kommunikationsdaten dürfen in den automatisierten Abgleich eingestellt und mit den bereits vorliegenden Rufnummern bzw. anderen Kennungen abgeglichen werden. 12

3. Vergleichsdaten – „vorhandenen Nummern" (S. 1–3). Eine **Rufnummer** ist nach § 3 Nr. 18 TKG eine Nummer, durch deren Wahl im öffentlichen Telefonnetz eine Verbindung zu einem bestimmten Ziel aufgebaut wird. Die **Kennung eines Telekommunikationsanschlusses** ist entsprechend der bedeutungsgleichen Legaldefinition des „Teilnehmeranschlusses" die Kennung der physischen Verbindung, mit dem der Netzanschluss in den Räumlichkeiten des Teilnehmers mit dem Hauptverteilerknoten im festen öffentlichen Telefonnetz verbunden ist (vgl. § 3 Nr. 21 TKG). Hinsichtlich dieser Kennungen müssen des Weiteren tatsächliche Anhaltspunkte dafür bestehen, dass sie in einem **Zusammenhang mit demjenigen Gefahrenbereich** stehen, für den die Beschränkungsmaßnahme angeordnet wurde. Abgleich- und Vergleichsdaten müssen von den verschiedenen in § 5 Abs. 1 S. 3 genannten Bereichen demselben Gefahrenbereich zuzuordnen sein. 13

S. 3 stellt weiter klar, dass die zu dem Abgleich herangezogenen, beim BND bereits vorliegenden Vergleichsdaten **nicht als Suchbegriffe** bei der strategischen Überwachung verwendet werden dürfen. Dies wird indes bereits, da es sich bei den Vergleichsdaten um Rufnummern bzw. Anschlusskennungen handelt, durch § 5 Abs. 2 S. 2 Nr. 1 gewährleistet. Nach dieser Regelung dürfen derartige Daten nicht als Suchbegriffe verwendet werden, da es sonst zu einer gezielten Erfassung dieser Anschlüsse käme. 14

4. Protokollierung (S. 4–6). Soweit nach S. 4–6 der **Abgleich sowie die Gründe** hierfür zu protokollieren sind, die Protokolldaten ausschließlich zu Zwecken des Datenschutzes verwendet werden dürfen und am Ende des auf die Protokollierung folgenden Kalenderjahres zu löschen sind, wird auf die Ausführungen zu § 3a S. 10–12 Bezug genommen (vgl. → § 3a Rn. 12 ff.) 15

§ 7 Übermittlungen durch den Bundesnachrichtendienst

(1) Durch Beschränkungen nach § 5 erhobene personenbezogene Daten dürfen nach § 33 des BND-Gesetzes zur Unterrichtung über die in § 5 Abs. 1 Satz 3 genannten Gefahren übermittelt werden.

(2) Durch Beschränkungen nach § 5 erhobene personenbezogene Daten dürfen an die Verfassungsschutzbehörden des Bundes und der Länder sowie an den Militärischen Abschirmdienst übermittelt werden, wenn
1. tatsächliche Anhaltspunkte dafür bestehen, dass die Daten erforderlich sind zur Sammlung und Auswertung von Informationen über Bestrebungen in der

Bundesrepublik Deutschland, die durch Anwendung von Gewalt oder darauf gerichtete Vorbereitungshandlungen gegen die in § 3 Abs. 1 Nr. 1, 3 und 4 des Bundesverfassungsschutzgesetzes genannten Schutzgüter gerichtet sind,
2. bestimmte Tatsachen den Verdacht sicherheitsgefährdender oder geheimdienstlicher Tätigkeiten für eine fremde Macht begründen oder
3. im Falle des § 5 Absatz 1 Satz 1 in Verbindung mit Satz 3 Nummer 8 tatsächliche Anhaltspunkte dafür bestehen, dass die Angriffe von Bestrebungen oder Tätigkeiten nach § 3 Absatz 1 des Bundesverfassungsschutzgesetzes ausgehen.

(3) Durch Beschränkungen nach § 5 Abs. 1 Satz 1 in Verbindung mit Satz 3 Nr. 3 erhobene personenbezogene Daten dürfen an das Bundesamt für Wirtschaft und Ausfuhrkontrolle (BAFA) übermittelt werden, wenn tatsächliche Anhaltspunkte dafür bestehen, dass die Kenntnis dieser Daten erforderlich ist
1. zur Aufklärung von Teilnehmern am Außenwirtschaftsverkehr über Umstände, die für die Einhaltung von Beschränkungen des Außenwirtschaftsverkehrs von Bedeutung sind, oder
2. im Rahmen eines Verfahrens zur Erteilung einer ausfuhrrechtlichen Genehmigung oder zur Unterrichtung von Teilnehmern am Außenwirtschaftsverkehr, soweit hierdurch eine Genehmigungspflicht für die Ausfuhr von Gütern begründet wird.

(4) ¹Durch Beschränkungen nach § 5 erhobene personenbezogene Daten dürfen zur Verhinderung von Straftaten an die mit polizeilichen Aufgaben betrauten Behörden übermittelt werden, wenn
1. tatsächliche Anhaltspunkte für den Verdacht bestehen, dass jemand
    a) Straftaten nach §§ 89a, 89b, 89c Absatz 1 bis 4 oder § 129a, auch in Verbindung mit § 129b Abs. 1, sowie den §§ 146, 151 bis 152a oder § 261 des Strafgesetzbuches,
    b) vorsätzliche Straftaten nach den §§ 17 und 18 des Außenwirtschaftsgesetzes, §§ 19 bis 21 oder § 22a Abs. 1 Nr. 4, 5 und 7 des Gesetzes über die Kontrolle von Kriegswaffen oder
    c) Straftaten nach § 29a Abs. 1 Nr. 2, § 30 Abs. 1 Nr. 1, 4 oder § 30a des Betäubungsmittelgesetzes
    plant oder begeht oder
2. bestimmte Tatsachen den Verdacht begründen, dass jemand eine der in § 3 Absatz 1 Satz 1 Nummer 1, 2, 5, 7 und 9, Satz 2 oder Absatz 1a dieses Gesetzes oder eine sonstige der in § 100a Absatz 2 der Strafprozessordnung genannten Straftaten plant oder begeht.
²Die Daten dürfen zur Verfolgung von Straftaten an die zuständigen Behörden übermittelt werden, wenn bestimmte Tatsachen den Verdacht begründen, dass jemand eine in Satz 1 bezeichnete Straftat begeht oder begangen hat.

(4a) Durch Beschränkungen nach § 5 Absatz 1 Satz 1 in Verbindung mit Satz 3 Nummer 8 erhobene personenbezogene Daten dürfen an das Bundesamt für Sicherheit in der Informationstechnik übermittelt werden, wenn tatsächliche Anhaltspunkte dafür bestehen, dass die Daten erforderlich sind zur Abwehr von Gefahren für die Sicherheit der Informationstechnik des Bundes oder zur Sammlung und Auswertung von Informationen über Sicherheitsrisiken auch für andere Stellen und Dritte.

(5) ¹Die Übermittlung ist nur zulässig, soweit sie zur Erfüllung der Aufgaben des Empfängers erforderlich ist. ²Sind mit personenbezogenen Daten, die übermittelt werden dürfen, weitere Daten des Betroffenen oder eines Dritten in Akten so verbunden, dass eine Trennung nicht oder nur mit unvertretbarem Aufwand möglich ist, ist die Übermittlung auch dieser Daten zulässig; eine Verwendung dieser Daten ist unzulässig. ³Über die Übermittlung entscheidet ein Bediensteter des

Bundesnachrichtendienstes, der die Befähigung zum Richteramt hat. ⁴Die Übermittlung ist zu protokollieren.

(6) ¹Der Empfänger darf die Daten nur für die Zwecke verwenden, zu deren Erfüllung sie ihm übermittelt worden sind. ²Er prüft unverzüglich und sodann in Abständen von höchstens sechs Monaten, ob die übermittelten Daten für diese Zwecke erforderlich sind. ³§ 4 Abs. 6 Satz 4 und § 6 Abs. 1 Satz 2 und 3 gelten entsprechend.

Schrifttum: s. § 1 und *Soiné*, Die Aufklärung der Organisierten Kriminalität durch den Bundesnachrichtendienst, DÖV 2006, 204.

Übersicht

	Rn.		Rn.
I. Allgemeines	1, 2	a) Daten aus Beschränkungen nach § 5 Abs. 1 S. 1 iVm S. 3 Nr. 3	13
II. Gegenstand der Übermittlung (Abs. 1 S. 1)	3–5	b) Erforderlichkeit der Übermittlung (Abs. 3 Nr. 1 und 2)	14
III. Übermittlung an Verfassungsschutzbehörden und Militärischen Abschirmdienst (Abs. 2)	6–9b	V. Verhinderung bzw. Verfolgung von Straftaten (Abs. 4)	15–19
1. Erkenntnisse über terroristische Bestrebungen (Nr. 1)	7, 8	1. Verhinderung von Straftaten (S. 1)	16–18a
		a) Straftaten nach Nr. 1a bis c	17
2. Erkenntnisse über sicherheitsgefährdende bzw. geheimdienstliche Tätigkeiten (Nr. 2)	9	b) Straftaten nach Nr. 2	18, 18a
		2. Verfolgung von Straftaten (S. 2)	19
3. Erkenntnisse zu Cyber-Gefahren (Nr. 3)	9a, 9b	VI. Datenübermittlung an das Bundesamt für die Sicherheit in der Informationstechnik (Abs. 4a)	19a
IV. Übermittlung an das BAFA (Abs. 3)	10–14	VII. Berechtigung des Empfänger (Abs. 5)	20, 21
1. Voraussetzung einer Übermittlung	13, 14	VIII. Zweckbindung des Empfängers (Abs. 6)	22

I. Allgemeines

Durch § 7 wird der Bundesnachrichtendienst (BND) ermächtigt, durch Maßnahmen der **1** strategischen Beschränkung gemäß § 5 erhobene personenbezogene Daten nach Maßgabe des § 33 Abs. 2 BNDG zur Unterrichtung über die in § 5 Abs. 1 S. 3 genannten Gefahren unter bestimmten Voraussetzungen an die Verfassungsschutzbehörden des Bundes und der Länder sowie den Militärischen Abschirmdienst (Abs. 2), an das Bundesamt für Wirtschaft und Ausfuhrkontrolle (Abs. 3) sowie an mit polizeilichen und Aufgaben der Strafverfolgung betraute **Behörden** (Abs. 4) **zu übermitteln.**

Die Voraussetzungen, unter denen der BND personenbezogene Daten an **ausländische** **2** **öffentliche Stellen** übermitteln darf, sind in § 7a gesondert geregelt. § 7 ist hinsichtlich von Erkenntnissen aus Maßnahmen der strategischen Überwachung gegenüber § 9 BNDG, der die Übermittlung von sonstigen Informationen einschließlich personenbezogener Daten an inländische öffentliche Stellen regelt, lex specialis.[1]

II. Gegenstand der Übermittlung (Abs. 1 S. 1)

Gegenstand der Übermittlung sind nach S. 1 **personenbezogene** Daten, die nach § 5, **3** mithin auf Grund von Maßnahmen der strategischen Beschränkung, erhoben wurden. Nicht personenbezogene Daten und damit solche, die keine Einzelangaben über eine bekannte bzw. zumindest identifizierbare Person enthalten,[2] unterliegen nicht den Beschränkungen der §§ 7 und 7a.

---
[1] So zutreffend Erbs/Kohlhaas/*Huber* Rn. 1.
[2] Zum Begriff der personenbezogenen Daten vgl. Gola/*Schomerus* BGSG § 3 Rn. 2.

4   Ferner müssen die Daten durch eine Beschränkung nach § 5 erhoben worden sein. Als **„Übermittlungsgrundtatbestand"** enthält Abs. 1 anders als die Regelungen in den Abs. 2–4 keine weitergehende Beschränkung auf einzelne der nach § 5 Abs. 1 S. 3 Nr. 1–7 zulässigen Gefahren, zu deren Erkennung bzw. Begegnung Maßnahmen der strategischen Überwachung durchgeführt werden dürfen.

5   Gegenstand der Übermittlung können auch **Zufallsfunde** sein.[3] So wurde in dem Gesetzentwurf der Bundesregierung vom 26.3.2001[4] zum Gesetz zur Neuregelung von Beschränkungen des Brief-, Post- und Fernmeldegeheimnisses auch der Umstand bedacht, dass eine Beschränkungsmaßnahme zu dem angeordneten Zweck selbst zwar unergiebig sein, indes Informationen zu einem anderen Gefahrenbereichen oder gar den Verdacht auf eine sonstige schwere Straftat begründen könne. Es wäre in solchen Fällen nicht hinnehmbar, wenn die entsprechenden Daten der Löschungsverpflichtung nach § 6 Abs. 1 S. 2 anheimfielen. Aus diesem Grunde wollte der Gesetzgeber mit § 7 „ein differenziertes System (schaffen), innerhalb dessen auch Zufallsfunde übermittelt werden dürfen".[5]

III. Übermittlung an Verfassungsschutzbehörden und Militärischen Abschirmdienst (Abs. 2)

6   Abs. 2 beinhaltet in Nr. 1 und 2 zwei **verschiedene Übermittlungstatbestände.** Entsprechend ihrem unterschiedlichen Zweck sind auch die Übermittlungsvoraussetzungen ausgestaltet.

7   **1. Erkenntnisse über terroristische Bestrebungen (Nr. 1).** Erlangt der BND aus Maßnahmen nach § 5 Erkenntnisse, die erforderlich sind, um Informationen über mit der Anwendung von Gewalt verbundene terroristische Bestrebungen in der Bundesrepublik Deutschland zu **sammeln und auszuwerten,** so dürfen diese Erkenntnisse den Verfassungsschutzbehörden sowie dem Militärischen Abschirmdienst (MAD) übermittelt werden. Weitere Voraussetzung nach Abs. 2 Nr. 1 ist, dass sich diese Bestrebungen gegen die **in § 3 Abs. 1 S. 1 Nr. 1, 3 und 4 BVerfSchG genannten Schutzgüter,** mithin gegen die freiheitliche demokratische Grundordnung oder den Bestand oder die Sicherheit des Bundes oder eines Landes oder gegen die Amtsführung der Verfassungsorgane (§ 3 Abs. 1 S. 1 Nr. 1 BVerfSchG), gegen auswärtige Belange der Bundesrepublik Deutschland (§ 3 Abs. 1 S. 1 Nr. 3 BVerfSchG) oder gegen den Gedanken der Völkerverständigung, insbesondere gegen das friedliche Zusammenleben der Völker (§ 3 Abs. 1 S. 1 Nr. 4 BVerfSchG) richten.

8   Für die Übermittlung der Daten genügen im Fall von Nr. 1 und anders als bei Nr. 2 bereits **tatsächliche Anhaltspunkte** dafür, dass die Daten zur Sammlung und Auswertung von Informationen über die von Nr. 1 erfassten Bestrebungen erforderlich sind. Tatsächliche Anhaltspunkte bedeutet, dass konkrete, nachprüfbare Hinweise vorliegen müssen.[6] Rein spekulative bzw. hypothetische Erwägungen reichen mithin nicht aus. Diese niedrigere Übermittlungsschwelle findet ihre Rechtfertigung in dem Umstand, dass einer der nach § 5 Abs. 1 S. 3 zulässigen Zwecke, nämlich die von § 5 Abs. 1 S. 3 Nr. 2 erfasste Begegnung der Gefahr internationaler terroristischer Anschläge, auf die Gewinnung von § 7 Abs. 2 Nr. 1 entsprechender Erkenntnisse ausgerichtet ist.

9   **2. Erkenntnisse über sicherheitsgefährdende bzw. geheimdienstliche Tätigkeiten (Nr. 2).** Werden im Rahmen strategischer Beschränkungen Hinweise auf sicherheitsgefährdende oder geheimdienstliche Tätigkeiten für eine fremde Macht gefunden, erfordert die Übermittlung der Erkenntnisse gemäß Nr. 2 einen durch **bestimmte Tatsachen** begründeten Verdacht. Der Grund hierfür liegt darin begründet, dass Maßnahmen nach § 5 nicht dazu dienen, derartige Tätigkeiten aufzuklären und die Weitergabe der Daten deshalb mit einer Zweckänderung verbunden ist.

---

[3] Ebenso *Roggan* Rn. 2.
[4] BT-Drs. 14/5655.
[5] BT-Drs. 14/5655, 20.
[6] Vgl. *Riegel* § 2 aF Rn. 6.

3. Erkenntnisse zu Cyber-Gefahren (Nr. 3). Als Folge des in § 5 Abs. 1 S. 3 Nr. 8 9a neu aufgenommen Gefahrenbereichs der internationalen Cybergefahren eröffnet die ebenfalls durch das Gesetz zur Verbesserung der Zusammenarbeit im Bereich des Verfassungsschutzes vom 17.11.2015[7] implementierte Regelung in Nr. 3 die Möglichkeit, mittels Beschränkungen nach § 5 erhobene personenbezogene Daten an die Verfassungsschutzbehörden und den MAD zu übermitteln. Voraussetzung für eine solche Übermittlung ist, dass tatsächliche Anhaltspunkte dafür bestehen, dass die Cyber-Gefahren von Bestrebungen oder Tätigkeiten ausgehen, die der Aufklärung des BfV nach § 3 Abs. 1 BVerfSchG unterliegen. Die Übermittlung soll der **weiteren Aufklärung zur Abwehr drohender Cyber-Gefahren** dienen.

Die bisherige Regelung in Abs. 2 Nr. 1 und 2 hätte eine solche Übermittlung vielfach 9b nicht ermöglicht. Wäre der Angriff von extremistischen Bestrebungen ausgegangen, wäre eine Übermittlung faktisch ausgeschlossen gewesen, weil § 7 Abs. 2 Nr. 1 einen Gewaltbezug voraussetzt, der bei Cyberangriffen indes typischerweise fehlt. Wäre der Angriff hingegen von fremden Mächten ausgegangen, würde eine Übermittlung nach § 7 Abs. 2 Nr. 2 vielfach am Erfordernis des Vorliegens „bestimmten Tatsachen" und damit einer bereits erhöhten Erkenntnisdichte scheitern. In Nr. 3 hat der Gesetzgeber eine neue Regelung geschaffen, die für den speziellen Fall der durch Beschränkungen nach § 5 Abs. 1 S. 3 Nr. 8 gewonnenen Daten **den allgemeinen Regelungen der Nr. 1 und 2 vorgeht.**[8]

IV. Übermittlung an das BAFA (Abs. 3)

Abs. 3 normiert die **Voraussetzungen,** unter denen der BND personenbezogene Daten 10 an das Bundesamt für Wirtschaft und Ausfuhrkontrolle (BAFA) übermitteln darf.[9] Das BAFA setzt als zentral zuständige Genehmigungsbehörde im Rahmen der politischen Vorgaben der Bundesregierung die sicherheits- und außenpolitischen Interessen der Bundesrepublik Deutschland auf dem Gebiet des Außenwirtschaftsrechts um. Es prüft somit, ob die Ausfuhr eines bestimmten Gutes genehmigungspflichtig und, sollte dies der Fall sein, auch genehmigungsfähig ist. Als Genehmigungsbehörde setzt das BAFA auch Embargos wie etwa Waffenembargos administrativ um.

Die Erfahrungen mit der strategischen Überwachung haben gezeigt, dass durch derartige 11 Maßnahmen immer wieder wertvolle Informationen über Versuche erlangt werden, **in Deutschland Kriegswaffen oder sonstige Güter zu beschaffen,** die der Ausfuhrkontrolle durch das BAFA unterliegen. Zudem gehen Kaufanfragen hinsichtlich solcher Güter häufig von Firmen und Institutionen aus, die dem BND als Beschaffungsorganisationen für ausländische Rüstungsprogramme bekannt sind. Den deutschen Herstellern der entsprechenden Güter fehlt diese Kenntnis vielfach, zumal Kaufanfragen häufig über Tarnfirmen bzw. Mittelsmänner erfolgen. Wenn der BND das BAFA über entsprechende Erkenntnisse unterrichten darf, ist dieses seinerseits in der Lage, die Herstellerfirmen zu informieren bzw. zu warnen.[10] Diese Möglichkeit soll durch Abs. 3 eröffnet werden.

Die Vorschrift des Abs. 3 setzt **dabei nicht voraus, dass Anhaltspunkte für eine** 12 **Straftat vorliegen.** Verstöße gegen das Kriegswaffenkontrollgesetz bzw. gegen das Außenwirtschaftsgesetz sind zwar vielfach strafbewehrt. Bloße Lieferanfragen entsprechender Tarnfirmen sind indes noch nicht strafbar. Aus diesem Grunde reicht es bereits aus, dass tatsächliche Anhaltspunkte eine Unterrichtung zu den in Nr. 1 und 2 genannten Zwecken erforderlich erscheinen lassen.

1. Voraussetzung einer Übermittlung. a) Daten aus Beschränkungen nach § 5 13 **Abs. 1 S. 1 iVm S. 3 Nr. 3.** Abs. 3 erlaubt orientiert am Zuständigkeitsbereich des BAFA die Übermittlung solcher personenbezogener Daten, die durch Maßnahmen der strategi-

---

[7] BGBl. I 1938.
[8] Vgl. BT-Drs. 18/4654, 41.
[9] Vgl. *Soiné* DÖV 2006, 204, 209.
[10] Vgl. BT-Drs. 14/5655, 21.

schen Beschränkung zur Erkennung und Abwehr der Gefahr der **internationalen Verbreitung von Kriegswaffen sowie des unerlaubten Außenwirtschaftsverkehrs** mit Waren, Datenverarbeitungsanlagen und Technologien gewonnen wurden.

14 **b) Erforderlichkeit der Übermittlung (Abs. 3 Nr. 1 und 2).** Daten der vorstehend unter a) genannten Art dürfen nur übermittelt werden, wenn tatsächliche Anhaltspunkte dafür vorliegen, dass ihre Kenntnis zur Aufklärung von Teilnehmern am Außenwirtschaftsverkehr über solche Umstände erforderlich ist, die für die **Einhaltung von Beschränkungen des Außenwirtschaftsverkehrs** von Bedeutung sind (Nr. 1). Weiterhin dürfen solche Daten weitergegeben werden, wenn ihre Kenntnis im Zusammenhang mit der Erteilung einer ausfuhrrechtlichen Genehmigung oder zur Unterrichtung von Teilnehmern am Außenwirtschaftsverkehr, soweit hierdurch eine **Genehmigungspflicht für die Ausfuhr** begründet wird (Nr. 2), erforderlich ist. Unter Nr. 2 fallen insbesondere Fälle der Ausfuhr von Gütern mit doppeltem Verwendungszweck, so genannte „dual-use-Güter". Güter dieser Art sind nicht bereits von sich aus rüstungsrelevant. Eine solche Relevanz erlangen sie vielmehr erst durch ihren konkret beabsichtigten Verwendungszweck. Dieser ist dem Hersteller indes vielfach nicht bekannt. Wird der Hersteller aber durch den BND entsprechend unterrichtet, löst die dadurch gegebene Situation eine außenwirtschaftliche Genehmigungspflicht aus.

V. Verhinderung bzw. Verfolgung von Straftaten (Abs. 4)

15 Abs. 4 gestattet die Übermittlung personenbezogener Daten aus Maßnahmen der strategischen Beschränkung sowohl zur **Verhinderung** als auch zur **Verfolgung** von Straftaten. Hinsichtlich der weiteren Übermittlungsvoraussetzungen hat der Gesetzgeber eine in mehrfacher Hinsicht differenzierende Regelung getroffen. In seiner Entscheidung vom 14.7.1999[11] hat das BVerfG klargestellt, dass die Verhütung von Straftaten dem Bereich der Gefahrenabwehr zuzuordnen sei, während es sich bei der Verfolgung von Straftaten um die Sanktionierung bereits begangener und somit nicht mehr vermeidbarer Rechtsgutverletzungen gehe.

16 **1. Verhinderung von Straftaten (S. 1).** S. 1 regelt die Übermittlung der Daten zur Verhinderung von Straftaten und lässt dabei hinsichtlich der die Übermittlung rechtfertigenden Sacherhalte in **Nr. 1 das Vorliegen tatsächlicher Anhaltspunkte** genügen, während in **Nr. 2 das Vorliegen bestimmter Tatsachen** vorausgesetzt wird. Bei Vorliegen der entsprechenden Voraussetzungen lässt S. 1 eine Übermittlung der Daten an die mit „polizeilichen Aufgaben" betrauten Behörden und damit ausschließlich an solche Stellen zu, die mit **präventiv-polizeilichen** Aufgaben befasst sind.

17 **a) Straftaten nach Nr. 1a bis c.** Bei den von Nr. 1 erfassten Straftaten handelt es sich um solche, die die in § 5 Abs. 1 S. 3 beschriebenen Gefahrenbereiche berühren und damit in einer engen Beziehung zu dem Erhebungszweck der übermittelten Daten stehen. Dies rechtfertigt nach den in der Entscheidung des BVerfG vom 14.7.1999[12] aufgestellten Grundsätzen auch im Hinblick auf den Grundsatz der Verhältnismäßigkeit eine niedrigere Übermittlungsschwelle. Nach dem Willen des Gesetzgebers soll der BND im Rahmen der strategischen Überwachung gewonnene Erkenntnisse hinsichtlich der Planung oder Vorbereitung von Straftaten aus dem Bereich des **Terrorismus und der Proliferation** selbst dann weitergeben können, wenn sich diese Erkenntnisse noch nicht zu „bestimmten Tatsachen" verdichtet haben.[13]

18 **b) Straftaten nach Nr. 2.** Für die von Nr. 2 erfassten Sachverhalte gilt hingegen die höhere Übermittlungsschwelle der „bestimmten Tatsachen". Damit wollte der Gesetzgeber

---

[11] BVerfG 14.7.1999 – 1 BvR 2226/94, 2420/95 und 2437/94, NJW 2000, 55.
[12] BVerfG 14.7.1999 – 1 BvR 2226/94, 2420/95 und 2437/94, NJW 2000, 55 (67 f.).
[13] BT-Drs. 14/5655, 22.

dem Umstand Rechnung tragen, dass die die einschlägige Verdachtslage jeweils begründenden Erkenntnisse **keine unmittelbare Beziehung zu den nach § 5 Abs. 1 S. 3** zulässigen Erhebungszwecken aufweisen.

Der in dieser Vorschrift vormals enthaltene Katalog wurde durch das Gesetz zur Verbesserung der Zusammenarbeit im Bereich des Verfassungsschutzes vom 17.11.2015[14] sowie zuletzt durch das Gesetz zur Änderung des Völkerstrafgesetzbuches vom 22.12.2016[15] novelliert. Anders als in Nr. 2 aF verweist die Vorschrift nicht mehr auf einzelne Straftatbestände des StGB, sondern auf den in 100a Abs. 2 StPO enthaltenen Katalog. Der Gesetzgeber griff damit eine Empfehlung im Abschlussbericht der „Bund-Länder-Kommission Rechtsterrorismus" (BLKR) vom 30.4.2013[16] auf. Diese empfahl eine entsprechende Anpassung des Kataloges der Übermittlungsvorschriften. Das G10, so die BLRK, regele die heimliche Überwachung der Telekommunikation für die Nachrichtendienste des Bundes und der Länder. In den Fällen, in denen es um die Übermittlung von personenbezogenen Daten an die Strafverfolgungsbehörden gehe, könne daher die **Zulässigkeit der Übermittlung an den Katalog § 100a StPO** geknüpft werden, der die heimliche Überwachung der Telekommunikation für Zwecke der Strafverfolgung regele.[17] Auch wenn sich diese Empfehlung auf die Übermittlung von Erkenntnissen aus Maßnahmen der Individualüberwachung nach § 4 bezog, übernahm der Gesetzgeber sie auch für Beschränkungen nach § 5, weil er hierfür ein sachliches Bedürfnis sah.[18]

2. Verfolgung von Straftaten (S. 2). Zum Zwecke der Verfolgung der in S. 1 genannten Straftaten lässt S. 2 eine Datenübermittlung hingegen erst beim Vorliegen „bestimmte(r) Tatsachen" und damit eines **strafprozessualen Anfangsverdachts** zu. In diesem Fall dürfen die Daten „an die zuständigen Behörden" übermittelt werden. Hierzu zählen anders als im Falle des S. 1 auch die Staatsanwaltschaften. Besteht nach sorgfältiger Prüfung der bestimmten Tatsachen lediglich der Verdacht einer straflosen Vorbereitungshandlung hinsichtlich der von S. 1 erfassten Straftaten, ist eine Übermittlung der Daten an die Strafverfolgungsbehörden nicht zulässig. Wohl aber kann insoweit eine Unterrichtung der Gefahrenabwehrbehörden erfolgen.[19]

VI. Datenübermittlung an das Bundesamt für die Sicherheit in der Informationstechnik (Abs. 4a)

Gemäß § 3 Abs. 1 Nr. 1 und 2 Gesetz über das Bundesamt für Sicherheit in der Informationstechnik (BSIG) gehört es zu den Aufgaben dieses Bundesamtes (abgekürzt BSI), Gefahren für die Sicherheit der Informationstechnik des Bundes abzuwehren sowie Informationen über Sicherheitsrisiken und Sicherheitsvorkehrungen zu sammeln und auszuwerten sowie die so gewonnenen Erkenntnisse für andere Stellen bzw. Dritte zur Verfügung zu stellen, soweit dies zur Erfüllung ihrer Aufgaben oder zur Wahrung ihrer Sicherheitsinteressen erforderlich ist. Die sich hieraus ergebende Aufgabe, als zentrale Meldestelle für die Sicherheit in der Informationstechnik **Dritte über aktuelle Cybergefährdungslagen zu unterrichten,** kann das BSI hingegen nur wahrnehmen, wenn es seinerseits alle hierfür relevanten Informationen erhält. Zum Erfordernis des Vorliegens „tatsächlicher Anhaltspunkte" als Voraussetzung für eine entsprechende Übermittlung vgl. → Rn. 8.

VII. Berechtigung des Empfänger (Abs. 5)

In Abs. 5 versucht der Gesetzgeber der Tatsache Rechnung zu tragen, dass die Schutzwirkung von Art. 10 GG nicht nur die erhebende, sondern auch die die Daten empfangende

---

[14] BGBl. I 1938.
[15] BGBl. I S. 3150.
[16] Abrufbar unter: www.bmi.bund.de/SharedDocs/Pressemitteilungen/DE/2013/05/kommission-rechtsterrorismus.html.
[17] Abschlussbericht der BLRK, Rn. 559.
[18] Vgl. BT-Drs. 18/4654, 42.
[19] So zutreffend Erbs/Kohlhaas/*Huber* Rn. 10.

Stelle verpflichtet. Er hat deshalb auch für diese Stellen **Regelungen hinsichtlich der weiteren Verwendung** der Daten schaffen müssen. Gegenüber der empfangenden Stelle ist das Schutzbedürfnis der betroffenen Grundrechtsträger sogar noch größer, weil das Bundeskanzleramt bzw. die Bundesministerien als empfangende Stellen und Spitze der staatlichen Exekutive auf Bundesebene über vielfältige Mittel verfügen, die ihnen übermittelten Erkenntnisse in Maßnahmen umzusetzen, die die von der Beschränkungsmaßnahme betroffenen Personen erheblich belasten könnten.[20]

21 Vor diesem Hintergrund sieht S. 1 vor, dass eine Übermittlung nur zulässig ist, wenn sie zur **Erfüllung der Aufgaben des Empfängers erforderlich** ist. Die entsprechende Prüfung hat die versendende Stelle vorzunehmen. Die weiteren in S. 2–4 enthaltenen Übermittlungs- und Protokollierungsvorschriften entsprechen denen der Individualkontrolle in § 4 Abs. 5, sodass an dieser Stelle auf die entsprechenden Ausführungen verwiesen werden kann (vgl. → § 4 Rn. 28 f.).

VIII. Zweckbindung des Empfängers (Abs. 6)

22 Abs. 6 legt schließlich fest, dass der Empfänger die Daten ausschließlich **für die Zwecke verwenden darf, zu deren Erfüllung sie ihm übersandt wurden.** Die Vorschrift entspricht den Regelungen in § 4 Abs. 6 für die Individualkontrolle, auf die insoweit Bezug genommen wird (vgl. → § 4 Rn. 30).

§ 7a Übermittlungen durch den Bundesnachrichtendienst an ausländische öffentliche Stellen

(1) ¹Der Bundesnachrichtendienst darf durch Beschränkungen nach § 5 Abs. 1 Satz 3 Nr. 2, 3, 7 und 8 erhobene personenbezogene Daten an die mit nachrichtendienstlichen Aufgaben betrauten ausländischen öffentlichen Stellen übermitteln, soweit
1. die Übermittlung zur Wahrung außen- oder sicherheitspolitischer Belange der Bundesrepublik Deutschland oder erheblicher Sicherheitsinteressen des ausländischen Staates erforderlich ist,
2. überwiegende schutzwürdige Interessen des Betroffenen nicht entgegenstehen, insbesondere in dem ausländischen Staat ein angemessenes Datenschutzniveau gewährleistet ist sowie davon auszugehen ist, dass die Verwendung der Daten durch den Empfänger in Einklang mit grundlegenden rechtsstaatlichen Prinzipien erfolgt, und
3. das Prinzip der Gegenseitigkeit gewahrt ist.
²Die Übermittlung bedarf der Zustimmung des Bundeskanzleramtes.

(2) Der Bundesnachrichtendienst darf unter den Voraussetzungen des Absatzes 1 durch Beschränkungen nach § 5 Abs. 1 Satz 3 Nr. 2, 3, 7 und 8 erhobene personenbezogene Daten ferner im Rahmen von Artikel 3 des Zusatzabkommens zu dem Abkommen zwischen den Parteien des Nordatlantikvertrages über die Rechtsstellung ihrer Truppen hinsichtlich der in der Bundesrepublik Deutschland stationierten ausländischen Truppen vom 3. August 1959 (BGBl. 1961 II S. 1183, 1218) an Dienststellen der Stationierungsstreitkräfte übermitteln, soweit dies zur Erfüllung der in deren Zuständigkeit liegenden Aufgaben erforderlich ist.

(3) ¹Über die Übermittlung entscheidet ein Bediensteter des Bundesnachrichtendienstes, der die Befähigung zum Richteramt hat. ²Die Übermittlung ist zu protokollieren. ³Der Bundesnachrichtendienst führt einen Nachweis über den Zweck, die Veranlassung, die Aktenfundstelle und die Empfänger der Übermittlungen nach Absatz 1 und 2. ⁴Die Nachweise sind gesondert aufzubewahren, gegen

---

[20] Vgl. BVerfG 14.7.1999 – 1 BvR 2226/94, 2420/95 und 2437/95, NJW 2000, 55 (64).

unberechtigten Zugriff zu sichern und am Ende des Kalenderjahres, das dem Jahr ihrer Erstellung folgt, zu vernichten.

(4) Der Empfänger ist zu verpflichten,
1. die übermittelten Daten nur zu dem Zweck zu verwenden, zu dem sie ihm übermittelt wurden,
2. eine angebrachte Kennzeichnung beizubehalten und
3. dem Bundesnachrichtendienst auf Ersuchen Auskunft über die Verwendung zu erteilen.

(5) Das zuständige Bundesministerium unterrichtet monatlich die G10-Kommission über Übermittlungen nach Absatz 1 und 2.

(6) Das Parlamentarische Kontrollgremium ist in Abständen von höchstens sechs Monaten über die vorgenommenen Übermittlungen nach Absatz 1 und 2 zu unterrichten.

Schrifttum: *Huber,* Die Reform der parlamentarischen Kontrolle der Nachrichtendienste und des Gesetzes nach Art. 10 GG, NVwZ 2009, 1321.

Übersicht

	Rn.		Rn.
I. Regelungszweck und Überblick	1–3a	6. Zustimmung des Bundeskanzleramtes (S. 2)	11
II. Übermittlung an ausländische Nachrichtendienste (Abs. 1)	4–11	**III. Übermittlung an Stationierungsstreitkräfte (Abs. 2)**	12
1. Ausländische öffentliche Stellen (S. 1) ..	5	**IV. Übermittlungsverfahren**	13–15
2. Gegenstand der Übermittlung (S. 1)	6	1. Protokollierung (Abs. 3)	13
3. Übermittlungsgrund (S. 1 Nr. 1)	7	2. Verpflichtung des Empfängers (Abs. 4) ...	14
4. Schutzwürdige Interessen des Betroffenen (S. 1 Nr. 2)	8, 9	3. Unterrichtung der G 10-Kommission (Abs. 5)	15
5. Prinzip der Gegenseitigkeit (S. 1 Nr. 3)	10	**V. Unterrichtung des Parlamentarischen Kontrollgremiums (Abs. 6)**	16

I. Regelungszweck und Überblick

Die Vorschrift des § 7a wurde durch das Erste Gesetz zur Änderung des Artikel 10-Gesetzes vom 31.7.2009[1] eingeführt. Mit ihr schuf der Gesetzgeber die rechtliche Grundlage für die bis dahin nicht gegebene Möglichkeit, durch Maßnahmen der strategischen Überwachung gewonnene Erkenntnisse an **ausländische öffentliche Stellen** zu übermitteln. Veranlasst sah er sich hierzu durch die Tatsache, dass sich auf Grund der insbesondere vom internationalen Terrorismus ausgehenden Gefahren die Notwendigkeit einer verstärkten internationalen Zusammenarbeit und damit eines wechselseitigen Informationsaustauschs ergeben hat. 1

Die Vorschrift enthält eine **nach Empfängern differenzierende** Regelung und gestattet in Abs. 1 die Übermittlung personenbezogener Daten an mit nachrichtendienstlichen Aufgaben betraute ausländische Stellen, in Abs. 2 an Dienststellen der Stationierungsstreitkräfte. Die in den Abs. 3–6 enthaltenen Regelungen betreffen das im Zusammenhang mit der Übermittlung zu beachtende Verfahren und dienen dem Datenschutz sowie der Kontrolle der Übermittlung durch die G 10-Kommission. 2

§ 7a gestattet von den durch § 5 Abs. 1 S. 1 Nr. 1–8 erfassten Gefahrenlagen lediglich die Übermittlungen solcher personenbezogener Daten, die durch **Beschränkungen nach § 5 Abs. 1 S. 3 Nr. 2, 3, 7 und 8** erlangt wurden. 3

Aufgrund der durch das Gesetz zur Verbesserung der Zusammenarbeit im Bereich des Verfassungsschutzes vom 17.11.2015[2] neu geschaffenen Regelung des § 5 Abs. 1 S. 3 Nr. 8 3a

---
[1] BGBl. I 2499; vgl. zur Neuregelung *Huber* NVwZ 2009, 1321 (1326).
[2] BGBl. I 1938.

sowie dessen Einbeziehung durch Abs. 1 S. 1 darf der BND nunmehr auch personenbezogene Daten im Zusammenhang mit **Cybergefahren** an mit nachrichtendienstlichen Aufgaben betraute ausländische Stellen übermitteln. Diese Ermächtigung beruht auf der Erkenntnis, dass aufgrund der Komplexität und internationalen Durchdringung Cybergefahren nicht allein national entgegengetreten werden kann.[3]

II. Übermittlung an ausländische Nachrichtendienste (Abs. 1)

4   Abs. 1 gestattet dem Bundesnachrichtendienst (BND) durch Maßnahmen **nach § 5 Abs. 1 S. 3 Nr. 2, 3, 7** und **8** erhobene personenbezogene Daten (vgl. → § 5 Rn. 9, 10 und 18) unter den in Nr. 1–3 genannten weiteren Voraussetzungen an ausländische öffentliche Stellen zu übermitteln, die ebenfalls mit nachrichtendienstlichen Aufgaben betraut sind.

5   **1. Ausländische öffentliche Stellen (S. 1).** Aufbau und Organisation von Nachrichtendiensten sind im internationalen Vergleich unterschiedlich ausgestaltet. Ausländische Staaten besitzen vielfach nicht die in Deutschland von Verfassungs wegen gebotene Trennung zwischen Nachrichtendiensten einer- und Polizei andererseits. Vor diesem Hintergrund enthält S. 1 keine konkretere Bestimmung des Empfängers, sondern umschreibt den Empfängerkreis als mit nachrichtendienstlichen Aufgaben betraute ausländische öffentliche Stellen. Gemeint sind damit entsprechend der Regelung in § 1 Abs. 4 VwVfG und in Abgrenzung zu den natürlichen und juristischen Personen des Privatrechts staatliche Stellen, die als öffentliche Aufgabe entsprechend der Regelung in § 1 Abs. 2 BNDG mit der Gewinnung von Erkenntnissen betraut sind, **die für den jeweiligen Staat von außen- und sicherheitspolitischer Bedeutung** sind. Bei diesen Stellen muss es sich nicht wie beim BND ebenfalls um einen Auslandsnachrichtendienst handeln, wenngleich dies regelmäßig der Fall sein dürfte. Eine entsprechende Einschränkung kann weder dem Wortlaut noch Sinn und Zweck des § 7a entnommen werden.

6   **2. Gegenstand der Übermittlung (S. 1).** § 7a gestattet sowohl in Abs. 1 wie in Abs. 2 allein die Übermittlung solcher personenbezogenen Daten, die durch Beschränkungen nach § 5 Abs. 1 S. 3 Nr. 2, 3 und 7 erhoben wurden und damit den Gefahrenbereichen des **Terrorismus**, der **Proliferation** und der **Schleusung** zuzuordnen sind. Die Vorschrift beschränkt die Möglichkeit einer Datenübermittlung mithin auf die für die internationale Zusammenarbeit praktisch besonders bedeutsamen Bereiche.

7   **3. Übermittlungsgrund (S. 1 Nr. 1).** Eine Datenübermittlung ist nach S. 1 Nr. 1 nur zulässig, wenn diese zur Wahrung der außen- und sicherheitspolitischen Belange der Bundesrepublik Deutschland oder erheblicher Sicherheitsinteressen des ausländischen Staates erforderlich ist. Derartige **außen- und sicherheitspolitische Belange** können insbesondere dann betroffen sein, wenn einer terroristischen Gefahr mit Bezug zur Bundesrepublik Deutschland nur durch Übermittlung der aus der strategischen Überwachung gewonnenen Erkenntnisse an die ausländische Stelle begegnet werden kann. Erhebliche **Sicherheitsinteressen eines ausländischen Staates** wären etwa dann berührt, wenn der BND im Rahmen seiner Aufklärung Kenntnis über einen unmittelbar bevorstehenden oder sich in der frühen Planungsphase befindlichen terroristischen Anschlag in einem ausländischen Staat erlangt und die ihm vorliegenden Informationen geeignet sein könnten, dieser Gefahr von Seiten der staatlichen ausländischen Stellen noch rechtzeitig zu begegnen.[4]

8   **4. Schutzwürdige Interessen des Betroffenen (S. 1 Nr. 2).** Eine Übermittlung ist ferner nur zulässig, wenn ihr überwiegende schutzwürdige Interessen des Betroffenen nicht entgegenstehen. Die Regelung in Nr. 2 nennt dabei als zu berücksichtigende Kriterien ein angemessenes Datenschutzniveau im Empfängerstaat und die Erwartung, dass die Verwendung der Daten durch den Empfängerstaat im Einklang mit grundlegenden rechtsstaatlichen

---

[3] BT-Drs. 18/4654, 42.
[4] Vgl. BT-Drs. 16/509, 10.

Prinzipien steht. Bei der Überprüfung, ob ein **angemessenes Datenschutzniveau** vorliegt, kann unmittelbar auf die durch das BDSG gesetzten Standards und damit auf § 4b BDSG zurückgegriffen werden. Nach § 4b Abs. 3 ist die Angemessenheit des Datenschutzniveaus unter Berücksichtigung aller Umstände des Einzelfalls zu beurteilen. Dabei können insbesondere die Art der übermittelten Daten, deren konkreter Verwendungszweck, der Dauer der geplanten Verarbeitung und das Endbestimmungsland berücksichtigt werden.

Zu den grundlegenden **rechtsstaatlichen Prinzipien**, die ein Empfängerstaat erfüllen 9 muss, gehören das Demokratieprinzip, der Schutz der Menschenwürde und – rechte sowie die Möglichkeit der Erlangung gerichtlichen Rechtsschutzes. Das Wort „insbesondere" in Nr. 2 soll sich nach dem Willen des Gesetzgebers sowohl auf ein angemessenes Datenschutzniveau als auch auf rechtsstaatliche Grundsätze beziehen.[5] Beide Kriterien finden damit keine beispielhafte Erwähnung, sondern sind gleichsam als Grundvoraussetzung zu verstehen.

5. Prinzip der Gegenseitigkeit (S. 1 Nr. 3). Als weitere Voraussetzung für eine 10 Datenübermittlung muss nach Nr. 3 das Prinzip der Gegenseitigkeit gewahrt und damit gewährleistet sein, dass nur solchen Staaten Erkenntnisse aus der strategischen Fernmeldeüberwachung des BND übermittelt werden, die **ihrerseits die Bundesrepublik** Deutschland über entsprechende nachrichtendienstliche Erkenntnisse unterrichten.

6. Zustimmung des Bundeskanzleramtes (S. 2). Eine Datenübermittlung nach 11 Abs. 1 S. 2 ist schließlich nur zulässig, wenn das Bundeskanzleramt ihr im Einzelfall **zugestimmt** hat. Auch gegen die Zulässigkeit einer generellen Zustimmung für bestimmte Arten von Einzelfällen dürften keine durchgreifenden Bedenken bestehen, sofern diese generelle Zustimmung so ausgestaltet ist, dass sie eine Subsumtion dahingehend ermöglicht, ob eine konkreter Fall von ihr erfasst wird oder nicht. Erforderlich ist weiter stets eine ausdrückliche Erklärung. Durch das Zustimmungserfordernis soll sichergestellt werden, dass nicht nur eine Prüfung der materiellen Übermittlungsvoraussetzungen durch den BND, sondern auch eine fachaufsichtsrechtliche Prüfung durch die vorgesetzte Behörde erfolgt.[6]

III. Übermittlung an Stationierungsstreitkräfte (Abs. 2)

Abs. 2 gestattet „unter den Voraussetzungen des Absatzes 1," eine Übermittlung der durch 12 Beschränkungen nach § 5 Abs. 1 S. 3 Nr. 2, 3 und 7 gewonnenen personenbezogenen Daten an Dienststellen der Stationierungsstreitkräfte. Weitere Voraussetzung ist hier, dass die Übermittlung **im Rahmen von Artikel 3 des Zusatzabkommens** zu dem Abkommen zwischen den Parteien des Nordatlantikvertrages über die Rechtsstellung der Truppen vom 3.8.1959 erfolgt. Art. 3 dieses Zusatzabkommens regelt die Zusammenarbeit der deutschen Behörden mit den Truppenbehörden und lässt zur Wahrung der Sicherheit und des Schutzes des Vermögens der Bundesrepublik Deutschland sowie der Entsendetruppen den Austausch aller diesem Zweck dienenden Nachrichten zu. Ein danach einschlägiger Fall läge vor, wenn dem BND etwa Anschlagspläne auf eine Einrichtung der NATO-Truppen in Deutschland bekannt würden.

IV. Übermittlungsverfahren

1. Protokollierung (Abs. 3). Die in Abs. 3 enthaltenen Verfahrensregelungen sollen 13 die **Einhaltung des Datenschutzes** durch den BND gewährleisten. So soll nach S. 1 ein Bediensteter, der die Befähigung zum Richteramt hat, die Entscheidung darüber treffen, ob eine Übermittlung an die in Abs. 1 und 2 genannten Stellen erfolgen soll. Diese Entscheidung ist vor Einholung der Zustimmung durch das Bundeskanzleramt zu treffen. Nach S. 2 ist die Übermittlung zu protokollieren, gemäß § 3 sind der Zweck dieser Übermittlung,

---

[5] BT-Drs. 16/509, 10.
[6] BT-Drs. 16/509, 10.

die Veranlassung, die Aktenfundstelle sowie der Empfänger der Daten nachzuweisen und damit zu protokollieren. Durch den Nachweis auch der „Aktenfundstelle" soll gewährleistet werden, dass der Inhalt der übermittelten personenbezogenen Daten nachvollzogen werden kann. Welche Daten übermittelt wurden, muss daher zweifelsfrei dokumentiert werden.

14 **2. Verpflichtung des Empfängers (Abs. 4).** Entsprechend dem gegenständlichen Schutzbereich des Art. 10 GG, der sich auch auf die weitere Verwendung der übermittelten Daten erstreckt, sieht Abs. 4 verbindlich vor, dass der Empfänger der Daten zu verpflichten ist, die Daten **nur zu dem Zweck zu verwenden, zu dem sie ihm übermittelt wurden,** die Kennzeichnung der Daten beizubehalten und dem BND auf dessen Ersuchen Auskunft über die Verwendung der Daten zu erteilen. Wenngleich ein Verstoß gegen diese Auflagen durch den Empfängerstaat nicht unmittelbar geahndet werden kann, würde es einen Verstoß gegen internationale Gepflogenheiten darstellen und könnte dazu führen, dass zukünftig eine Übermittlung von Daten an diesen Staat nicht mehr in Frage kommt.

15 **3. Unterrichtung der G 10-Kommission (Abs. 5).** Nach Abs. 5 unterrichtet das zuständige **Bundesministerium** monatlich die G 10-Kommission über sämtliche Übermittlungen.

V. Unterrichtung des Parlamentarischen Kontrollgremiums (Abs. 6)

16 Gemäß Abs. 6 ist schließlich das Parlamentarische Kontrollgremium in Abständen von höchstens **sechs Monaten** über sämtliche Übermittlungen zu unterrichten.

§ 8 Gefahr für Leib oder Leben einer Person im Ausland

(1) Auf Antrag des Bundesnachrichtendienstes dürfen Beschränkungen nach § 1 für internationale Telekommunikationsbeziehungen im Sinne des § 5 Abs. 1 Satz 1 angeordnet werden, wenn dies erforderlich ist, um eine im Einzelfall bestehende Gefahr für Leib oder Leben einer Person im Ausland rechtzeitig zu erkennen oder ihr zu begegnen und dadurch Belange der Bundesrepublik Deutschland unmittelbar in besonderer Weise berührt sind.

(2) ^{1}Die jeweiligen Telekommunikationsbeziehungen werden von dem nach § 10 Abs. 1 zuständigen Bundesministerium mit Zustimmung des Parlamentarischen Kontrollgremiums bestimmt. ^{2}Die Zustimmung bedarf der Mehrheit von zwei Dritteln seiner Mitglieder. ^{3}Die Bestimmung tritt spätestens nach zwei Monaten außer Kraft. ^{4}Eine erneute Bestimmung ist zulässig, soweit ihre Voraussetzungen fortbestehen.

(3) ^{1}Die Anordnung ist nur zulässig, wenn die Erforschung des Sachverhalts auf andere Weise aussichtslos oder wesentlich erschwert wäre. ^{2}Der Bundesnachrichtendienst darf nur Suchbegriffe verwenden, die zur Erlangung von Informationen über die in der Anordnung bezeichnete Gefahr bestimmt und geeignet sind. ^{3}§ 5 Abs. 2 Satz 2 bis 6 gilt entsprechend. ^{4}Ist die Überwachungsmaßnahme erforderlich, um einer im Einzelfall bestehenden Gefahr für Leib oder Leben einer Person zu begegnen, dürfen die Suchbegriffe auch Identifizierungsmerkmale enthalten, die zu einer gezielten Erfassung der Rufnummer oder einer anderen Kennung des Telekommunikationsanschlusses dieser Person im Ausland führen.

(4) ^{1}Der Bundesnachrichtendienst prüft unverzüglich und sodann in Abständen von höchstens sechs Monaten, ob die erhobenen personenbezogenen Daten im Rahmen seiner Aufgaben allein oder zusammen mit bereits vorliegenden Daten zu dem in Absatz 1 bestimmten Zweck erforderlich sind. ^{2}Soweit die Daten für diesen Zweck nicht erforderlich sind, sind sie unverzüglich unter Aufsicht eines Bediensteten, der die Befähigung zum Richteramt hat, zu löschen. ^{3}Die Löschung

ist zu protokollieren. [4]§ 6 Abs. 1 Satz 4 und 5, Abs. 2 Satz 1 und 2 gilt entsprechend. [5]Die Daten dürfen nur zu den in den Absätzen 1, 5 und 6 genannten Zwecken verwendet werden.

(5) Die erhobenen personenbezogenen Daten dürfen nach § 33 des BND-Gesetzes zur Unterrichtung über die in Absatz 1 genannte Gefahr übermittelt werden.

(6) [1]Die erhobenen personenbezogenen Daten dürfen zur Verhinderung von Straftaten an die zuständigen Behörden übermittelt werden, wenn tatsächliche Anhaltspunkte den Verdacht begründen, dass jemand eine Straftat plant oder begeht, die geeignet ist, zu der Entstehung oder Aufrechterhaltung der in Absatz 1 bezeichneten Gefahr beizutragen. [2]Die Daten dürfen zur Verfolgung von Straftaten an die zuständigen Behörden übermittelt werden, wenn bestimmte Tatsachen den Verdacht begründen, dass jemand eine in Satz 1 bezeichnete Straftat begeht oder begangen hat. [3]§ 7 Abs. 5 und 6 sowie § 7a Abs. 1 und 3 bis 6 gelten entsprechend.

Schrifttum: *Huber*, Das neue G 10-Gesetz; NJW 2001, 3296; *Voßkuhle*, Grundwissen – Öffentliches Recht: Der Gefahrenbegriff im Polizei- und Ordnungsrecht, JuS 2007, 908.

Übersicht

	Rn.		Rn.
I. Regelungsinhalt des Abs. 1	2–8	1. Suchbegriffe	11
1. Eingriffsvoraussetzungen	3–8	2. Gezielte Rufnummernfassung (Abs. 3 S. 4)	12
a) Gefahr für Leib oder Leben einer Person	3, 4		
b) Auslandsbezug	5	IV. Löschungsverpflichtung/Verwendungsregelung (Abs. 4)	13
c) Belange der Bundesrepublik Deutschland	6		
d) Subsidiarität (Abs. 3 S. 1)	7, 8	V. Übermittlung nach § 33 BNDG (Abs. 5)	14
II. Bestimmung der Kommunikationsbeziehungen (Abs. 2)	9, 10		
III. Auswahl der Suchbegriffe, Rufnummernerfassung (Abs. 3 S. 2)	11, 12	VI. Verwendung zur Gefahrenabwehr bzw. Strafverfolgung (Abs. 6)	15–17

Die Vorschrift wurde durch das Gesetz zur Neuregelung von Beschränkungen des Brief-, Post und Fernmeldegeheimnisses vom 26.6.2001 eingeführt.[1] Grund hierfür war die Erwägung, dass bei **Gefahren für Leib oder Leben Dritter im Ausland**, insbesondere in Fällen von Geiselnahmen, die Möglichkeiten des Bundesnachrichtendienstes (BND) zur strategischen Fernmeldekontrolle auch zur Erkennung und Begegnung solcher Gefahrenlagen und damit über die durch § 5 Abs. 1 umrissenen Bereiche hinaus eingesetzt werden sollten. Ziel der Maßnahme ist es, bei Gefahren für Leib oder Leben Erkenntnisse über den Aufenthaltsort einer entführten Person bzw. über die Verhandlungsziele der Entführer zu gewinnen.[2] Im Ergebnis handelt es sich um eine Individualmaßnahme mit Mitteln der strategischen Beschränkung.[3]

I. Regelungsinhalt des Abs. 1

§ 8 ermächtigt den BND zu Eingriffen in das Brief-, Post- und Fernmeldegeheimnis, wenn und soweit derartige Maßnahmen erforderlich sind, um eine **im Einzelfall bestehende Gefahr** für **Leib oder Leben** einer **Person im Ausland** rechtzeitig zu erkennen oder ihr zu begegnen und durch die Gefahrenlage Belange der Bundesrepublik Deutschland unmittelbar in besonderer Weise berührt sind.

---

[1] BGBl. I 1254; zu den damit verbundenen Neuerungen vgl. *Huber* NJW 2001, 3296.
[2] BT-Drs. 14/5655, 22.
[3] So zutreffend Erbs/Kohlhaas/*Huber* Rn. 1.

3 **1. Eingriffsvoraussetzungen. a) Gefahr für Leib oder Leben einer Person.** § 8 dient dem **Schutz jeder Person.** Diese wird vielfach, muss jedoch nicht die deutsche Staatsangehörigkeit besitzen. Es könnte sich etwa auch um einen ständig in Deutschland lebenden und nur vorübergehend ausgereisten Ausländer bzw. um eine Person handeln, die weder Deutscher ist noch in der Bundesrepublik lebt, die Forderungen der Geiselnehmer sich jedoch gegen Deutsche richten. Dies könnte der deutsche Arbeitgeber einer Geisel sein; die Forderungen könnten sich auch gegen deutsche Familienangehörige einer nicht die deutsche Staatsbürgerschaft besitzenden Geisel richten. Denkbar sind weiter Fälle, in denen sich eine Geiselnahme sowohl gegen Deutsche wie Ausländer richtet und sich die Bundesregierung nach der Befreiung der deutschen Geiseln aus humanitären Gründen weiter um die verbliebenen Geiseln kümmert.

4 Der Begriff der Gefahr kann in Anlehnung an das Polizeirecht[4] bestimmt werden. Danach versteht man unter Gefahr einen Zustand, der nach allgemeiner Lebenserfahrung mit hinreichender Wahrscheinlichkeit den Eintritt eines Schadens für Leib oder Leben erwarten lässt. Je bedeutsamer das Rechtsgut ist, desto geringere Anforderungen sind an die Wahrscheinlichkeit eines Schadenseintritts zu stellen. Abs. 1 verlangt dabei eine „im Einzelfall bestehende", mithin eine **konkrete Gefahr.**[5]

5 **b) Auslandsbezug.** Der Wortlaut der Vorschrift, die der „Gefahr (...) einer Person im Ausland" begegnen soll, könnte auf den ersten Blick dafür streiten, dass sich die Person selbst im Ausland befinden muss. Notwendig und ausreichend ist jedoch, dass sich **die Gefahrenquelle, nicht die Person selbst im Ausland** befindet. Dies kann zwanglos daraus abgeleitet werden, dass die Vorschrift der Erkennung und Begegnung der Gefahr, nicht hingegen der gefährdeten Person dient.

6 **c) Belange der Bundesrepublik Deutschland.** Der Begriff „Belange der Bundesrepublik Deutschland" ist entsprechend der Rspr. des BVerwG in einem weiten Sinne zu verstehen und umfasst mehr als lediglich die öffentliche Sicherheit und Ordnung im polizeirechtlichen Sinne.[6] Vielmehr erfasst er eine Vielzahl öffentlicher Interessen, die zudem hinsichtlich ihres Gewichts einem zeitlichen und örtlichen Wandel unterworfen sein können. Diese Belange sind in den von § 8 erfassten Fällen zweifelsfrei berührt, wenn es um das Wohl eines Staatsbürgers, mithin eines Deutschen, geht und diesem Gefahr droht. In **besonderer Weise** sind die Belange berührt, wenn sie von herausragendem Gewicht sind und ein Einschreiten des Staates zum Schutze der gefährdeten Person zwingend geboten ist. Hierfür reicht allein ein krimineller Übergriff auf deutsche Staatsangehörige im Ausland nicht aus.[7]

7 **d) Subsidiarität (Abs. 3 S. 1).** Eine Anordnung nach § 8 ist gemäß Abs. 3 S. 1 nur zulässig, wenn die Erforschung des Sachverhalts auf andere Weise aussichtslos oder wesentlich erschwert wäre. Eine solche **Aussichtslosigkeit** liegt entsprechend der vergleichbaren Regelung in § 100a StPO vor, wenn keine andere Maßnahme als die der Beschränkung internationaler Telekommunikationsbeziehungen zur Sachverhaltsaufklärung zur Verfügung steht.[8] Da die Beschränkung nach § 8 Gefahren ausländischen Gefahrenquellen für Leib oder Leben einer Person begegnen soll, scheiden insbesondere exekutive Maßnahmen deutscher Behörden vor Ort aus, sodass bereits aus diesem Grunde regelmäßig keine Handlungsalternative zur Überwachung der Telekommunikation bestehen dürfte.

8 **Wesentlich erschwert** wäre die Sachverhalterforschung, wenn mit anderen zur Verfügung stehenden Maßnahmen bzw. Mitteln zur Zweckerreichung erheblich mehr Zeit aufgewendet werden müsste bzw. diese zwar gleich schnell durchgeführt werden könnten, indes zu wesentlich schlechteren Ergebnissen führen würden.

---

[4] S. *Voßkuhle* JuS 2007, 908.
[5] Ebenso Erbs/Kohlhaas/*Huber* Rn. 2.
[6] BVerwG 27.9.1978 – 1 C 48/77, NJW 1979, 1112 (1112).
[7] Erbs/Kohlhaas/*Huber* Rn. 5.
[8] Vgl. BeckOK StPO/*Graf* StPO § 100a Rn. 40; KK-StPO/*Bruns* StPO § 100a Rn. 35.

II. Bestimmung der Kommunikationsbeziehungen (Abs. 2)

Nach Abs. 2 S. 1 werden die jeweiligen Kommunikationsbeziehungen ebenso wie im Falle der strategischen Überwachung gemäß § 5 Abs. 1 S. 2 von dem nach § 10 Abs. 1 zuständigen Bundesministerium des Innern mit Zustimmung des Parlamentarischen Kontrollgremiums bestimmt. Dass für dessen Zustimmung nach S. 2 und anders als im Falle des § 5 eine Mehrheit von zwei Dritteln der Mitglieder dieses Gremiums erforderlich ist, liegt darin begründet, dass die Beschränkungsmaßnahme hier auf Grund einer konkreten Krisensituation durchgeführt wird und die Aufklärungsdichte bzw. die Zahl der erfassten Kommunikationen deshalb regelmäßig höher ist als bei entsprechenden Maßnahmen nach § 5. Dieser Umstand soll durch die **Verschärfung der Anordnungsvoraussetzungen** ausgeglichen werden.[9]

Nach S. 3 tritt die Bestimmung der Kommunikationsbeziehungen nach S. 1 spätestens nach **zwei Monaten** außer Kraft, wobei sie gemäß S. 4 so oft wiederholt werden kann, wie ihre Voraussetzungen weiterhin gegeben sind. Auch in diesem Fall bedarf es der Zustimmung von zwei Dritteln der Mitglieder des Parlamentarischen Kontrollgremiums. Durch die Befristung soll dem Umstand Rechnung getragen werden, dass in den Fällen des § 8 anders als in denen des § 5 die Maßnahme auf einzelne, lokal und zeitlich beschränkte Krisensituationen zugeschnitten ist.

III. Auswahl der Suchbegriffe, Rufnummererfassung (Abs. 3 S. 2)

1. Suchbegriffe. Nach Abs. 3 S. 2 darf der BND nur Suchbegriffe verwenden, die zur Erlangung von Informationen über die in der Anordnung bezeichnete Gefahr „bestimmt und geeignet" sind. Die Verwendung von Suchbegriffen soll den Eingriff beschränken und gewährleisten, dass aus der großen Menge an überwachten Telekommunikationsbeziehungen nur diejenigen ausgewertet werden, die sich auf den in der Beschränkungsanordnung **genannten Gefahrenbereich beziehen** (vgl. hierzu → § 5 Rn. 20 ff.). Bei der Auswahl der Suchbegriffe steht dem BND auf der Grundlage seiner bisher in vergleichbaren Fällen gewonnen Erfahrungen eine Einschätzungsprärogative zu. Diese unterliegt freilich der uneingeschränkten Kontrolle der G 10-Kommission.[10]

2. Gezielte Rufnummerfassung (Abs. 3 S. 4). Abs. 3 S. 4, eingeführt durch das Erste Gesetz zur Änderung des Artikel 10-Gesetzes vom 31.7.2009,[11] gestattet es dem BND, gezielt Telekommunikationsanschlüsse im Ausland zu erfassen, um einer im Einzelfall bestehenden Gefahr für Leib oder Leben einer Person begegnen zu können. Durch Maßnahmen dieser Art soll es in Fällen von Geiselnahmen, sonstigen Entführungen oder Naturkatastrophen ermöglicht werden, über das Endgerät **den Aufenthaltsort sowohl der gefährdeten Personen als auch etwaiger Geiselnehmer** zu ermitteln. Die Erfahrung der vergangenen Jahre hat gezeigt, dass Entführer ihren Opfern vielfach deren Kommunikationsmittel abnehmen, um diese selbst zu nutzen.[12] S. 4 setzt eine „im Einzelfall bestehende" und damit eine bereits eingetretene Gefahr voraus. Die Maßnahme ist mithin nicht zulässig, um eine möglicherweise bestehende Gefahr lediglich erkennen zu können.

IV. Löschungsverpflichtung/Verwendungsregelung (Abs. 4)

Nach Abs. 4 S. 1 hat der BND unverzüglich und sodann in Abständen von längstens 6 Monaten zu überprüfen, ob die durch die Maßnahme erlangten personenbezogenen Daten zur weiteren Erfüllung seiner Aufgaben noch benötigt werden bzw. ob sie gelöscht werden können. Soweit S. 2 vorschreibt, nicht mehr benötigte Daten seien unverzüglich unter der **Aufsicht eines Bediensteten, der die Befähigung zum Richteramt** besitzt, zu löschen,

---

[9] Vgl. BT-Drs. 14/5655, 22.
[10] So zutreffend Erbs/Kohlhaas/*Huber* Rn. 10.
[11] BGBl. I 2499.
[12] BT-Drs. 16/509, 11.

bedeutet dies weder, dass dieser Bedienstete die Löschung selbst vornehmen noch dass er zwingend dabei anwesend sein muss. Bleibt er ihr fern, so muss er die Löschung anordnen und sich danach von ihrer ordnungsgemäßen Durchführung verlässlich überzeugen. S. 5 stellt klar, dass die erlangten Daten ausschließlich zu den in den Abs. 1 sowie 5 und 6 genannten Zwecken verwendet werden dürfen.

V. Übermittlung nach § 33 BNDG (Abs. 5)

14 Nach Abs. 5 darf der BND personenbezogene Daten zur **Unterrichtung über seine Tätigkeit** nach § 33 BNDG dem Bundeskanzleramt sowie den Bundesministerien übermitteln. Die Daten unterliegen somit einer strengen Zweckbindung.

VI. Verwendung zur Gefahrenabwehr bzw. Strafverfolgung (Abs. 6)

15 Abs. 6 lässt eine weitergehende Verwendung der personenbezogenen Daten zu. Nach S. 1 dürfen sie zur Verhinderung von Straftaten und damit zur (weiteren) **Gefahrenabwehr** an die zuständigen Behörden übermittelt werden, wenn tatsächliche Anhaltspunkte dafür vorliegen, dass jemand eine Straftat plant oder begeht, die geeignet ist, zur Entstehung oder Aufrechterhaltung einer im Einzelfall bestehenden Gefahr für Leib oder Leben einer Person im Ausland beizutragen.

16 Gemäß S. 2 dürfen personenbezogene Daten an die **Strafverfolgungsbehörden** übermittelt werden, wenn „bestimmte Tatsachen den Verdacht begründen" und somit ein Anfangsverdacht iSd § 152 Abs. 2 StPO besteht, dass eine Straftat gegen Leib oder Leben und damit eine solche nach den §§ 211–222 bzw. 223–231 StGB begangen wurde. Über den dargestellten Umfang hinaus ist die Übermittlung von Zufallserkenntnissen nicht zulässig.[13]

17 S. 3, ebenfalls neu gefasst durch das Erste Gesetz zur Änderung des Artikel 10-Gesetzes, ermöglicht schließlich durch seinen Verweis die Übermittlung der aus Maßnahmen nach § 8 gewonnen Erkenntnisse an **ausländische öffentliche Stellen** iSd § 7a Abs. 1. Grund hierfür ist, dass insbesondere Geiselnahmen im Ausland eine enge Abstimmung mit den dortigen lokalen Behörden erforderlich machen.

---

[13] Vgl. BT-Drs. 14/5655, 23.

Abschnitt 4. Verfahren

§ 9 Antrag

(1) Beschränkungsmaßnahmen nach diesem Gesetz dürfen nur auf Antrag angeordnet werden.

(2) Antragsberechtigt sind im Rahmen ihres Geschäftsbereichs
1. das Bundesamt für Verfassungsschutz,
2. die Verfassungsschutzbehörden der Länder,
3. der Militärische Abschirmdienst und
4. der Bundesnachrichtendienst

durch den Behördenleiter oder seinen Stellvertreter.

(3) ¹Der Antrag ist schriftlich zu stellen und zu begründen. ²Er muss alle für die Anordnung erforderlichen Angaben enthalten. ³In den Fällen der §§ 3 und 8 hat der Antragsteller darzulegen, dass die Erforschung des Sachverhalts auf andere Weise aussichtslos oder wesentlich erschwert wäre.

Schrifttum: Arndt, Die „strategische Kontrolle" von Post- und Fernmeldeverkehrsbeziehungen, NJW 1985, 107; *Jahn,* Strafprozessuale Eingriffsmaßnahmen im Lichte der aktuellen Rechtsprechung des BVerfG – Unter besonderer Berücksichtigung der in BVerfGK 1-5 veröffentlichten Entscheidungen, NStZ 2007, 255.

I. Regelungsinhalt

Die Vorschrift des § 9 enthält für alle Beschränkungsmaßnahmen geltende **Verfahrensbestimmungen.** Sie legt fest, dass Beschränkungsmaßnahmen „nur auf Antrag" angeordnet werden dürfen (Abs. 1), welche Stellen bzw. Personen antragsberechtigt sind (Abs. 2) sowie in welcher Form der Antrag zu stellen ist und welche Angaben dieser zu enthalten hat (Abs. 3). 1

II. Erforderlichkeit eines Antrages (Abs. 1)

Gemäß Abs. 1 dürfen Beschränkungen nach diesem Gesetz **nur auf Antrag** angeordnet werden. Ohne einen Antrag der nach Abs. 2 Antragsberechtigten darf eine Anordnung nach § 10 selbst dann nicht ergehen, wenn die Anordnungsvoraussetzungen evident vorliegen und sich die Gefahrenlage ohne sofortige Anordnung und Vollzug der Beschränkungsmaßnahme zu einem Schaden „verdichten" würde. Das G 10 enthält somit keine dem Notstaatsanwalt des § 165 StPO entsprechende Regelung, wonach der Anordnungsberechtigte eine Beschränkungsmaßnahme bei Gefahr im Verzug auch ohne entsprechenden Antrag anordnen kann. 2

III. Antragsberechtigte (Abs. 2)

Abs. 2 zählt die berechtigten Stellen und Personen, nämlich das Bundesamt für Verfassungsschutz (BfV), die Verfassungsschutzbehörden der Länder, das Amt für den militärischen Abschirmdienst (MAD) und den Bundesnachrichtendienst (BND) **enumerativ** auf. Innerhalb dieser Behörden sind jeweils der Behördenleiter sowie dessen Stellvertreter antragsberechtigt. 3

Andere Personen sind nicht antragsbefugt. Ein durch eine nicht berechtigte Person gestellter Antrag wäre ebenso rechtswidrig wie eine daraufhin ergangene Anordnung. Anders als in der Lit.[1] vereinzelt vertreten, würde ein solcher Verstoß indes nicht zwangsläufig zu einem Verwertungsverbot hinsichtlich derjenigen Erkenntnisse führen, die durch eine derartige Beschränkungsmaßnahme gewonnen wurden. Ein Verwertungsverbot ist insbeson- 4

---

[1] *Riegel* § 4 aF Rn. 4.

dere dann nicht anzunehmen, wenn die materiellen Voraussetzungen der Beschränkungsmaßnahme vorgelegen haben und sich die den Antrag stellende Person irrtümlich für zuständig hielt. Insoweit kann auf die durch die Rspr. im Zusammenhang mit den § 100a StPO entwickelte **„Abwägungslehre"**[2] zurückgegriffen werden. Nach dieser wohl überzeugendsten Beweisverbotstheorie[3] hat eine Abwägung stattzufinden zwischen dem Gewicht des Verfahrensverstoßes und dessen Bedeutung für die rechtlich geschützte Sphäre des Betroffenen einerseits und den öffentlichen Belangen, hier der Begegnung von den in §§ 3, 5 und 8 umschriebenen Gefahren, andererseits.[4]

IV. Form und Inhalt des Antrages (Abs. 3)

5   Der Antrag ist gemäß Abs. 3 S. 1 **schriftlich** zu stellen und zu **begründen.** Nach Abs. 3 S. 2 muss der Antrag sämtliche für die Anordnung erforderlichen Angaben enthalten. Es muss mithin eine konkrete Maßnahme nach §§ 3, 5 oder 8 beantragt und dargelegt werden, auf Grund welcher **tatsächlichen Anhaltspunkte** die beantragte Beschränkungsmaßnahme erforderlich ist, **wie genau** und **durch wen** – im Fall von § 3 auch gegen wen – sie durchgeführt werden soll. Weiter muss der Antrag im Hinblick auf den Grundsatz **der Verhältnismäßigkeit**[5] – nicht nur in den Fällen der §§ 3 und 8 sondern auch bei Maßnahmen der strategischen Überwachung[6] – Angaben dazu enthalten, dass die beabsichtigten Maßnahmen zur Förderung des gewünschten Erfolges geeignet und erforderlich sind, mithin keine gleich wirksamen aber weniger einschränkenden Mitteln bzw. Maßnahmen zur Verfügung stehen und warum die Gesamtabwägung zwischen der Schwere des Eingriffs und dem Gewicht sowie der Dringlichkeit der Beschränkung die Grenze der Zumutbarkeit nicht überschreitet. In Konkretisierung des Verhältnismäßigkeitsgrundsatzes bestimmt S. 3, dass in den Fällen der §§ 3 und 8 durch den Antragsteller auch darzulegen ist, dass die Erforschung des Sachverhalts auf andere Weise aussichtslos oder wesentlich erschwert wäre.

6   Weiter muss sich der Antrag im Hinblick auf die durch § 10 festgelegten inhaltlichen Anforderungen an eine Anordnung zur voraussichtlich erforderlichen **Dauer** sowie zum **Umfang** der Beschränkungsmaßnahme, im Falle des § 3 zur **Person des Betroffenen** und seiner **Rufnummer** oder **Kennung**, in den Fällen der §§ 5 und 8 zu den anzuwendenden **Suchbegriffen**, dem **Suchgebiet**, den **Übertragungswegen** sowie zu dem **Anteil der zu überwachenden Übertragungskapazität** verhalten (vgl. → § 10 Rn. 15).

7   Handelt es sich um einen Antrag auf Erlass einer die Erstanordnung verlängernden Beschränkungsmaßnahme, mithin um eine **„Kettenanordnung"**, so haben Antrag wie Anordnung darzulegen, dass und warum die Voraussetzungen für die Anordnung noch immer fortbestehen. Bei wiederholten Anträgen auf Verlängerung ist eine vertiefte Auseinandersetzung mit der Frage der Eignung der konkreten Beschränkungsmaßnahme geboten, weil die bisher vollzogenen Maßnahmen den gewünschte Aufklärungserfolg noch nicht bzw. nicht in dem beabsichtigten Umfang herbeizuführen vermochten.

§ 10 Anordnung

(1) Zuständig für die Anordnung von Beschränkungsmaßnahmen ist bei Anträgen der Verfassungsschutzbehörden der Länder die zuständige oberste Landesbehörde, im Übrigen das Bundesministerium des Innern.

(2) [1]Die Anordnung ergeht schriftlich. [2]In ihr sind der Grund der Anordnung und die zur Überwachung berechtigte Stelle anzugeben sowie Art, Umfang und Dauer der Beschränkungsmaßnahme zu bestimmen.

---

[2] → § 100a Rn. 191.
[3] Zur Kritik an dieser vgl. *Jahn* NStZ 2007, 255.
[4] Vgl. im Zusammenhang mit strafprozessualen Maßnahmen BVerfG 2.7.2009 – 2 BvR 2225/08, NJW 2009, 3225; BGH 27.2.1992 – 5 StR 190/91, NJW 1992, 1463; KK-StPO/*Bruns* StPO vor § 94 Rn. 15.
[5] So auch *Arndt* NJW 1985, 107 (110).
[6] BVerfG 20.6.1984 – 1 BvR 1494/78, NJW 1985, 121 (122).

(3) ¹In den Fällen des § 3 muss die Anordnung denjenigen bezeichnen, gegen den sich die Beschränkungsmaßnahme richtet. ²Bei einer Überwachung der Telekommunikation ist auch die Rufnummer oder eine andere Kennung des Telekommunikationsanschlusses oder die Kennung des Endgerätes, wenn diese allein diesem Endgerät zuzuordnen ist, anzugeben.

(4) ¹In den Fällen der §§ 5 und 8 sind die Suchbegriffe in der Anordnung zu benennen. ²Ferner sind das Gebiet, über das Informationen gesammelt werden sollen, und die Übertragungswege, die der Beschränkung unterliegen, zu bezeichnen. ³Weiterhin ist festzulegen, welcher Anteil der auf diesen Übertragungswegen zur Verfügung stehenden Übertragungskapazität überwacht werden darf. ⁴In den Fällen des § 5 darf dieser Anteil höchstens 20 vom Hundert betragen.

(5) ¹In den Fällen der §§ 3 und 5 ist die Anordnung auf höchstens drei Monate zu befristen. ²Verlängerungen um jeweils nicht mehr als drei weitere Monate sind auf Antrag zulässig, soweit die Voraussetzungen der Anordnung fortbestehen.

(6) ¹Die Anordnung ist dem nach § 2 Abs. 1 Satz 1 oder 3 Verpflichteten insoweit mitzuteilen, als dies erforderlich ist, um ihm die Erfüllung seiner Verpflichtungen zu ermöglichen. ²Die Mitteilung entfällt, wenn die Anordnung ohne seine Mitwirkung ausgeführt werden kann.

(7) ¹Das Bundesamt für Verfassungsschutz unterrichtet die jeweilige Landesbehörde für Verfassungsschutz über die in deren Bereich getroffenen Beschränkungsanordnungen. ²Die Landesbehörden für Verfassungsschutz teilen dem Bundesamt für Verfassungsschutz die in ihrem Bereich getroffenen Beschränkungsanordnungen mit.

Schrifttum: s. § 9.

Übersicht

	Rn.		Rn.
I. Regelungsinhalt	1	a) Bezeichnung der Person (Abs. 3 S. 1)	8
II. Zuständigkeit für die Anordnung (Abs. 1)	2–4	b) Angabe der Rufnummer oder einer anderen Kennung (Abs. 3 S. 2)	9–10a
1. Maßnahmen der Länder	3	c) Angabe der Suchbegriffe, des Suchgebietes, der Übertragungswege sowie der -kapazitäten (Abs. 4)	11–17
2. Maßnahmen des Bundes	4	d) Befristung (Abs. 5)	18–20
III. Form und Inhalt der Anordnung (Abs. 2–5)	5–20	IV. Mitteilung an den Verpflichteten (Abs. 6)	21, 22
1. Schriftform (Abs. 2)	5, 6	V. Gegenseitige Unterrichtungspflicht (Abs. 7)	23
2. Inhalt der Anordnung (Abs. 2–4)	7–20		

I. Regelungsinhalt

§ 10 stellt die **zentrale Verfahrensvorschrift für Anordnungen** nach §§ 3, 5 und 8 dar. Sie regelt ua die Zuständigkeit für die Anordnung (Abs. 1), deren Form und Inhalt (Abs. 2–4), ihre Befristung (Abs. 5), den Umfang der Unterrichtung des zur Umsetzung der Anordnung Verpflichteten (Abs. 6) sowie die Verpflichtung zur wechselseitigen Unterrichtung der Verfassungsschutzbehörden über getroffene Beschränkungsanordnungen (Abs. 7).

II. Zuständigkeit für die Anordnung (Abs. 1)

Nach Abs. 1 Hs. 1 ist für die Entscheidung über einen Antrag der Verfassungsschutzbehörden der Länder auf Erlass einer Beschränkungsmaßnahme die jeweils zuständige **oberste Landesbehörde,** mithin das jeweilige Innenministerium bzw. der Senator für Inneres zuständig. Im Übrigen, dh zur Entscheidung über Anträge der Nachrichtendienste des Bundes, ist gemäß Hs. 2 das **Bundesministerium des Innern** zur Entscheidung berufen.

3   **1. Maßnahmen der Länder.** Da die Bundesländer allein Individualkontrollen nach § 3 durchführen können, entscheidet über deren Anträge der jeweilige Innenminister bzw. Innensenator. Diesen haben sämtliche Bundesländer in ihren jeweiligen **Ausführungsgesetzen** zum Artikel 10-Gesetz als oberste Landesbehörde iSv Art. 10 Abs. 1 bestimmt.[1] Maßnahmen der strategischen Überwachung nach § 5 bzw. solche zum Schutze einer Person nach § 8 werden allein auf Antrag des BND durchgeführt.

4   **2. Maßnahmen des Bundes.** Über Anträge des **BND**, des **Bundesamtes für Verfassungsschutz (BfV)** sowie des **Militärischen Abschirmdienstes (MAD)** auf Durchführung von Beschränkungsmaßnahmen gleich welcher Art entscheidet nach Hs. 2 das Bundesministerium des Innern. Diese Vorschrift wurde durch das Gesetz zur Änderung des Bundesverfassungsschutzgesetzes vom 7.12.2011[2] neu gefasst. Gegenüber der Vorgängerregelung in § 10 Hs. 2 aF, der die Zuständigkeit noch einem vom Bundeskanzler beauftragten Ministerium zuwies, entfällt damit das Erfordernis einer gesonderten entsprechenden Beauftragung durch das Bundeskanzleramt.

III. Form und Inhalt der Anordnung (Abs. 2–5)

5   **1. Schriftform (Abs. 2).** Nach Abs. 2 S. 1 hat die Anordnung zwingend schriftlich zu ergehen. Zur Wahrung der Schriftform würde es bereits ausreichen, die Anordnung **handschriftlich** abzufassen.[3] Bei den Beschränkungsmaßnahmen nach diesem Gesetz dürfte hierfür jedoch anders als etwa bei den vereinzelt besonders eilbedürftigen Maßnahmen nach §§ 100a, 100b StPO keine praktische Notwendigkeit bestehen. Allenfalls Beschränkungsanordnungen nach § 8 könnten sich im Einzelfall als besonders eilbedürftig darstellen.

6   Das Erfordernis der Schriftform beschränkt sich dabei nicht auf die eigentliche **Entscheidungsformel**. Auch die **Gründe der Anordnung** sind schriftlich niederzulegen. Die gegenteilige Auffassung in Lit.[4] und Rechtsprechung[5] dürfte seit der Neuregelung des notwendigen Inhalts von Anordnungen in § 10 durch das Gesetz zur Neuregelung von Beschränkungen des Brief-, Post- und Fernmeldegeheimnisses vom 26.6.2001[6] nicht mehr haltbar sein. Durch dieses wurde die bisherige in § 5 aF enthaltene Regelung dahingehend ergänzt, dass Anordnungen nunmehr auch Angaben zum Grund der Maßnahme enthalten müssen. Derartige Angaben sind von Rechts wegen geboten, weil nicht nur Anordnungen der Individualüberwachung nach § 3, sondern auch solche nach §§ 5[7] und 8 anfechtbar sind und nur anhand der Gründe den Verwaltungsgerichten bzw. dem BVerfG eine Überprüfung dahingehend ermöglicht wird, ob der Anordnende zum Zeitpunkt seiner Entscheidung von zutreffenden tatsächlichen und rechtlichen Voraussetzungen ausgegangen ist. Vor diesem Hintergrund kann die Auffassung, Beschränkungsanordnungen bedürften keiner inhaltlichen Begründung, nicht mit der Erwägung begründet werden, den Verpflichteten stünde kein inhaltliches Prüfungsrecht zu bzw. der Betroffene würde durch die fehlende Begründung der Anordnung nicht benachteiligt.[8]

7   **2. Inhalt der Anordnung (Abs. 2–4).** Nach Abs. 2 S. 2 sind neben dem Grund der Anordnung die zur Überwachung **berechtigte Stelle** anzugeben. Ferner müssen **Umfang** und **Dauer** der Beschränkungsmaßnahme bestimmt werden. Als Art der Beschränkung

---

[1] Vgl. § 1 Nds. AG G 10 v. 27.1.2004, Nds. GVBl. Nr. 3/2004, 35; geändert durch Art. 3 des Gesetzes v. 12.7.2007, Nds. GVBl. Nr. 21/2007, 319.
[2] BGBl. I 2476.
[3] → StPO § 163f Rn. 27.
[4] *Riedel* § 5aF Rn. 5; *Roggan* Rn. 8.
[5] OVG Münster 27.10.1982 – 20 A 348/81, NJW 1983, 2346.
[6] BGBl. I 1254.
[7] Vgl. BVerfG 20.6.1984 – 1 BvR 1494/78, NJW 1985, 121 zu § 3 aF.
[8] So *Roggan* Rn. 8.

kommen sowohl Maßnahmen der Überwachung der Telekommunikation als auch solche der Überwachung des Brief- und Postverkehrs in Betracht.

a) Bezeichnung der Person (Abs. 3 S. 1). Für Fälle der Individualkontrolle nach § 3 bestimmt Abs. 3 S. 1, dass die Anordnung „denjenigen bezeichnen" muss, gegen den sich die Beschränkungsmaßnahme richtet. Dies setzt indes **nicht voraus, dass bereits die Identität dieser Person** bzw. ihre Personalien bekannt sein müssen. Zureichende tatsächliche Anhaltspunkte, dass jemand eine der im Katalog des § 3 Abs. 1 S. 1 Nr. 1–8 enthaltenen Straftaten plant, begeht oder begangen hat, können auch im Hinblick auf noch nicht identifizierte Personen vorliegen. „Bezeichnen" im iSd S. 1 bedeutet daher lediglich, dass die Person mittels individueller Merkmale bestimmt, mithin individualisiert werden muss. Für diese Auslegung streitet auch der Wortlaut der Norm. So verlangt S. 1 keine Benennung, sondern lediglich eine Bezeichnung der Person.

b) Angabe der Rufnummer oder einer anderen Kennung (Abs. 3 S. 2). Für die Bedeutung des Begriffs **„Rufnummer"** kann auf die Definition in § 3 Nr. 18 TKG zurückgegriffen werden. Es handelt sich mithin um die Nummer, durch deren Wahl im öffentlichen Telefondienst eine Verbindung zu einem bestimmten Ziel aufgebaut wird.

Unter einer **anderen Kennung** des Telefonanschlusses ist jede sonstige Kennzeichnung des zu überwachenden Anschlusses oder Endgerätes zu verstehen. Im Frage kommt hier in erster Linie die so genannte IMEI, die International Mobile Equipment Identity, eine 15-stellige Seriennummer, mit deren Hilfe jedes Mobilfunkendgerät im GSM- bzw. UMTS-Standard erkannt und damit die Überwachungsmaßnahme nicht karten- sondern endgerätebezogen durchgeführt werden kann.

Im Falle der Überwachung des Brief- und Postverkehrs sind die entsprechenden **Zustelladressen bzw. Post- und Schließfächer** zu benennen.

c) Angabe der Suchbegriffe, des Suchgebietes, der Übertragungswege sowie der -kapazitäten (Abs. 4). In den Fällen der strategischen Überwachung nach **§ 5** sowie von Maßnahmen nach **§ 8** sind gemäß Abs. 4 in der Anordnung zudem die Suchbegriffe, das Gebiet, über das Informationen gesammelt werden soll, die Übertragungswege sowie die Übertragungskapazitäten zu benennen bzw. festzulegen.

aa) Suchbegriffe (S. 1). Wenn die Beschränkungsmaßnahmen anders als bei der Individualüberwachung nach § 3 nicht darauf abzielen, einzelne Personen zu überwachen, sondern personenunabhängig bestimmte Telekommunikationsinhalte zu erfassen, bedarf es entsprechender **Anknüpfungspunkte,** um derartige Inhalte „maschinell herausfiltern" zu können. Dies geschieht mit bestimmten Suchbegriffen. S. 1 legt deshalb fest, dass in der Anordnung diese Suchbegriffe anzugeben sind.

bb) Suchgebiet (S. 2). Nach S. 2 ist in der Anordnung weiter das Suchgebiet zu benennen. Entsprechend der Aufgabe des BND, außen- und sicherheitspolitisch bedeutsame Erkenntnisse über das Ausland zu gewinnen, gingen jedenfalls die Verfasser der Gesetzmaterialien davon aus, dass es sich dabei **„nur um eine nachrichtendienstlich relevante Region des Auslands handeln"** kann.[9] Das Suchgebiet soll durch Aufzählung des bzw. der betreffenden Staaten, ggf. auch durch die Benennung lediglich eines bestimmten Teilgebietes einzelner Staates festgelegt werden. Dabei soll durch den BND auch begründet werden, warum jedes der betreffenden Gebiete in die Überwachungsmaßnahme einzubeziehen ist.[10]

cc) Übertragungswege (S. 2). § 3 Abs. 1 S. 1 aF ließ im Rahmen der strategischen Kontrolle Beschränkungen einzig „für internationale nicht leitungsgebundene Fernmeldebeziehungen" zu; sie waren damit auf Satelliten- und Richtfunkverkehre beschränkt. Diese Einschränkung enthält die aktuelle Regelung in § 5 Abs. 1 S. 1 nicht mehr. Sie erweitert

---

[9] BT-Drs. 14/5655, 23.
[10] BT-Drs. 14/5655, 23.

den Anwendungsbereich von Beschränkungen auf **jede Form der „gebündelte(n) Übertragung"** und damit auf die Fälle von mittels Lichtwellenleiter oder Koaxialkabel übertragener Telekommunikation. Nach S. 2 sind in der Anordnung nunmehr auch die entsprechenden Übertragungswege anzugeben, mithin welche konkreten Satelittenverbindungen (zB über den Satelliten X) und welche konkreten internationalen Kabelverbindungen (zB das Lichtwellenleiterkabel von A nach B) Gegenstand der Maßnahme sein sollen.[11]

15 **dd) Anteil der Übertragungskapazität (S. 3 und 4).** Schließlich ist in der Anordnung nach S. 3 festzulegen, welcher Anteil der **auf dem jeweiligen Übertragungsweg** zur Verfügung stehenden Übertragungskapazität überwacht werden darf. Diese Regelung liegt in der Tatsache begründet, dass das GG eine globale und pauschale Überwachung gleich zu welchem Zweck nicht zulässt[12] und deshalb jedwede Beschränkung sowohl in tatsächlicher als auch rechtlicher Hinsicht begrenzt sein muss.[13] In seinem Urteil vom 14.7.1999[14] ging das BVerfG davon aus, dass nur etwa 10 % der gesamten Telekommunikation über Satellit bzw. mittels Richtfunk übertragen wird und die strategische Überwachung, die 1999 noch auf die nicht leitungsgebundene Telekommunikation beschränkt war, somit nur diesen kleinen Teil des Gesamtaufkommens betraf. Diese tatsächliche Begrenzung, die mit der Zulassung der strategischen Kontrolle auch in den Fällen der leitungsgebundenen Übertragung entfallen ist, soll durch eine rechtliche Beschränkung wieder gewährleistet werden. Aus diesem Grunde ist der Anteil der Übertragungskapazität festzulegen.

16 Die konkrete Bestimmung der Höhe des zu überwachenden Anteils der Übertragungskapazität erfolgt durch das nach Abs. 1 zuständige Ministerium. Im Falle der strategischen Fernmeldekontrolle **nach § 5 ist dieser Anteil nach S. 4 auf höchstens 20 von Hundert** zu begrenzen. Aus § 9 Abs. 3 S. 1 und 2, wonach der Antrag für eine Anordnung nach § 10 alle für eine solche Anordnung erforderlichen Angaben enthalten muss und der Antrag zu begründen ist, kann zwanglos gefolgert werden, dass der Antrag auch Vorschläge für eine angemessene Obergrenze und die diese begründenden Umstände enthalten muss.[15]

17 Für Fälle des **§ 8 sieht Abs. 4 keine Beschränkung** der Übertragungskapazität vor. Bei dieser Maßnahme kann der entsprechende Anteil damit über 20 von Hundert hinausgehen.

18 **d) Befristung (Abs. 5).** Gemäß Abs. 5 ist die Anordnung in den Fällen der Individualkontrolle nach § 3 sowie der strategischen Beschränkung gemäß § 5 auf höchstens 3 Monate zu befristen. Wenngleich Abs. 5 anders als § 100e Abs. 3 Nr. 3 für strafprozessuale Maßnahmen der Kommunikationsüberwachung keine Benennung des Endzeitpunktes vorsieht, an dem die Frist abläuft, sollte die **Fristberechnung** bei Maßnahmen nach diesem Gesetz auch nach den in § 43 StPO enthaltenen Grundsätzen erfolgen. Eine nach Wochen oder Monaten bestimmte Frist endet mithin mit Ablauf des Tages der letzten Woche oder des letzten Monats, der durch seine Benennung oder Zahl dem Tag entspricht, an dem die Frist begonnen hat. Fehlt dieser Tag in dem letzten Monat, so endet die Frist mit Ablauf des letzten Tages dieses Monats (§ 43 Abs. 1 StPO). Fällt das Ende der Frist auf einen Sonntag, einen allgemeinen Feiertag oder einen Sonnabend, so endet die Frist mit Ablauf des nächsten Werktages (§ 43 Abs. 2 StPO). Eine Übernahme dieser Grundsätze scheint geboten, weil die nach diesem Gesetz zuständigen Behörden ebenso wie die nach der StPO zuständigen Gerichte an den Wochenenden nicht bzw. nur mit Notdiensten besetzt sind, sodass ein Fristablauf an einem Sonnabend, Sonntag oder Feiertag untunlich erscheint.

19 Für Maßnahmen nach § 8 erschien dem Gesetzgeber die Notwendigkeit einer Befristung entbehrlich. Sie treten nach Abs. 2 S. 3 dieser Norm nach (spätestens) zwei Monaten außer Kraft. Dies schließt freilich nicht aus, dass Maßnahmen dieser Art im Einzelfall (kürzer) befristet werden.

---

[11] Vgl. BT-Drs. 14/5655, 23.
[12] BVerfG 20.6.1984 – 1 BvR 1494/78, BVerfGE 67, 157 (174) = NJW 1985, 121.
[13] BVerfG 14.7.1999 – 1 BvR 2226/94, 2420/95, NJW 2000, 55 (61).
[14] BVerfG 14.7.1999 – 1 BvR 2226/94, 2420/95, NJW 2000, 55.
[15] So BT-Drs. 14/5655, 24.

Absolute **zeitliche Obergrenzen** sieht Abs. 5 entgegen kritischen Stimmen[16] zu Recht 20
nicht vor. Einzelfallbezogene Obergrenzen ergeben sich bereits aus dem mit Verfassungsrang
ausgestatteten Grundsatz der Verhältnismäßigkeit. Eine konkrete Maßnahme wird ungeeignet, wenn sich nach einem angemessenen und nur anhand des konkreten Einzelfalls
bestimmbaren Zeitraum herausstellt, dass sich der beabsichtigte Aufklärungserfolg entgegen
der begründeten anfänglichen Prognose nicht einstellt.

IV. Mitteilung an den Verpflichteten (Abs. 6)

Nach Abs. 6 S. 1 ist die Anordnung dem zur Mitwirkung verpflichteten Telekommunika- 21
tions- oder Postdienstleister lediglich **„insoweit" mitzuteilen**, als dies erforderlich ist, um
ihm die Erfüllung seiner Mitwirkungspflichten zu ermöglichen. Es reicht somit aus, wenn
dem Verpflichteten lediglich der Tenor der Anordnung, nicht hingegen deren Begründung
mitgeteilt wird. Zu diesem Zweck empfiehlt es sich, von der Anordnung eine „gekürzte
Ausfertigung" zu erstellen, die keine Begründung enthält.

Kann die zuständige Stelle die Überwachungsmaßnahme mit eigenen technischen Mit- 22
teln durchführen, bedarf es keiner Mitwirkung eines Post- oder Telekommunikationsdienstleisters und ist somit auch deren **Benachrichtigung entbehrlich**.

V. Gegenseitige Unterrichtungspflicht (Abs. 7)

Die Regelung in Abs. 7, wonach sich das **BfV einerseits und die Landesämter für** 23
Verfassungsschutz andererseits über die durch sie jeweils durchgeführten Beschränkungsanordnungen wechselseitig zu unterrichten haben, dient sowohl der Effizienz der
Arbeit der Verfassungsschutzbehörden als auch der Vermeidung von Mehrfachbelastungen
der von Maßnahmen bereits Betroffenen. Auch wenn sich dies nicht unmittelbar dem
Wortlaut des Abs. 7 entnehmen lässt, rechtfertigt es der zweitgenannte Aspekt, nämlich
die Vermeidung von wiederholten Grundrechtseingriffen zum Nachteil ein und derselben
Personen dass sich Landesämter für Verfassungsschutz im Einzelfall auch untereinander über
ihre Beschränkungsanordnungen unterrichten.

§ 11 Durchführung

(1) Die aus der Anordnung sich ergebenden Beschränkungsmaßnahmen sind unter Verantwortung der Behörde, auf deren Antrag die Anordnung ergangen ist, und unter Aufsicht eines Bediensteten vorzunehmen, der die Befähigung zum Richteramt hat.

(2) ¹Die Maßnahmen sind unverzüglich zu beenden, wenn sie nicht mehr erforderlich sind oder die Voraussetzungen der Anordnung nicht mehr vorliegen. ²Die Beendigung ist der Stelle, die die Anordnung getroffen hat, und dem nach § 2 Abs. 1 Satz 1 oder 3 Verpflichteten, dem die Anordnung mitgeteilt worden ist, anzuzeigen. ³Die Anzeige an den Verpflichteten entfällt, wenn die Anordnung ohne seine Mitwirkung ausgeführt wurde.

(3) ¹Postsendungen, die zur Öffnung und Einsichtnahme ausgehändigt worden sind, sind dem Postverkehr unverzüglich wieder zuzuführen. ²Telegramme dürfen dem Postverkehr nicht entzogen werden. ³Der zur Einsichtnahme berechtigten Stelle ist eine Abschrift des Telegramms zu übergeben.

Schrifttum: *Huber,* Das neue G 10-Gesetz, NJW 2001, 3296.

---

[16] *Riegel* § 5 aF Rn. 15.

I. Regelungsinhalt

1 § 11 ist die zentrale Vorschrift über die Durchführung **aller Beschränkungsmaßnahmen** nach diesem Gesetz.[1] Sie findet mithin sowohl auf die Individualkontrolle nach § 3, die strategische Überwachung nach § 5 sowie auf Maßnahmen zum Schutz von Leib oder Leben von Personen im Ausland nach Maßgabe des § 8 Anwendung.

II. Vornahme der Maßnahme (Abs. 1)

2 Abs. 1 Hs. 2 schreibt vor, dass die Vornahme der Maßnahme unter **Aufsicht eines Bediensteten,** der die Befähigung zum Richteramt hat, durchzuführen ist. Aus dem Sachzusammenhang der Regelung ergibt sich, dass dieser Bedienstete der den Antrag stellenden Behörde angehören muss. Seine Befähigung zum Richteramt soll Gewähr dafür bieten, dass er insbesondere in der Lage ist, die materielle Rechtmäßigkeit der konkreten Durchführungshandlungen zu überwachen. Hierzu gehört insbesondere auch die Frage, ob die Voraussetzung des Abs. 2 S. 1 gegeben und die Maßnahme mithin weiterhin erforderlich oder aber ob sie zu beenden ist.[2] Die die Maßnahme beantragende Behörde, so der weitere und rein deklaratorische Regelungsinhalt in Abs. 1 Hs. 1, trägt für die rechtmäßige Durchführung der Maßnahme ebenfalls die Verantwortung. Abs. 1 regelt somit die „interne Kontrolle", während die externe Kontrolle durch die G 10-Kommission erfolgt.[3]

III. Beendigung der Maßnahme (Abs. 2)

3 Nach Abs. 2 S. 1 ist die Maßnahme **unverzüglich zu beenden,** wenn sie nicht mehr erforderlich ist oder die Voraussetzungen für ihre Anordnung nicht (mehr) vorliegen. Beide Aufhebungsgründe lassen sich nicht trennscharf voneinander abgrenzen bzw. überschneiden sich. So entfällt mit der Erforderlichkeit der Maßnahme zugleich eine materielle Anordnungsvoraussetzung.

4 Unverzüglich bedeutet nicht augenblicklich, sondern vielmehr ein **Handeln ohne schuldhaftes Zögern.**[4] Dabei ist dem die Aufsicht durchführenden Bediensteten und den die Maßnahme technisch umsetzenden und die erlangten Daten auswertenden Personen ein dem Einzelfall angemessener Zeitraum zuzubilligen, innerhalb dessen sie ihre Entscheidung zu treffen haben. Dieser Zeitraum ist abhängig von der konkreten Maßnahme, ihrem Zweck, dem Erkenntniswert der bisher erlangten Daten und der aktuellen Gefahrenlage, die sich seit dem Zeitpunkt der Anordnung der Beschränkung verändert haben kann. Berücksichtigt man weiter, dass die Umstände, die die Voraussetzungen für die Anordnung entfallen lassen, vielfach zunächst von anderen als der entscheidungsbefugten Person wahrgenommen und dieser erst noch vermittelt werden müssen, so bedeutet „unverzüglich" entgegen anderslautender Meinungen in der Lit.[5] nicht „sofort".

5 Welche Person zur **Entscheidung über die Beendigung** der Beschränkungsmaßnahme berechtigt ist, wird weder durch das Gesetz noch, soweit ersichtlich, durch die landesrechtlichen Ausführungsgesetze zum Artikel 10-Gesetz bestimmt. Von Rechts wegen könnte sie von jeder an der Durchführung der Beschränkung beteiligten Personen getroffen werden. Sinnvoll dürfte es hingegen sein, diese Entscheidung im Rahmen einer innerdienstlichen Weisung dem gemäß Abs. 1 Hs. 2 die Aufsicht führenden Bediensteten vorzubehalten.

6 Nach Abs. 2 S. 2 ist die Beendigung der Beschränkung stets und damit nicht nur im Falle ihres vorzeitigen Abbruchs der die Maßnahme **anordnenden Stelle** und den nach § 2 Abs. 1 S. 1 und 3 Verpflichteten mitzuteilen. Bei diesen Verpflichteten handelt es sich um die zur Mitwirkung bzw. Beauskunftung **verpflichteten Telekommunikations-** und

---

[1] Zur Neuregelung des G 10-Gesetzes durch das G zur Neuregelung von Beschränkungen des Brief-, Post- und Fernmeldegeheimnisses vgl. *Huber* NJW 2001, 3296.
[2] Vgl. BT-Drs. V/1880, 10.
[3] So zutreffend Erbs/Kohlhaas/*Huber* Rn. 2.
[4] Ebenso Erbs/Kohlhaas/*Huber* Rn. 3.
[5] *Riegel* § 7aF Rn. 6a.

Postdienstleister. Wirken sie an der Beschränkungsmaßnahme mit, so ist deren Beendigung den Dienstleistern schon deshalb zwingend anzuzeigen, damit diese ihre entsprechenden Unterstützungsmaßnahmen und damit den der Datengewinnung dienenden Grundrechtseingriff de facto augenblicklich beenden können. Konsequenterweise entfällt nach S. 3 eine entsprechende Anzeigepflicht an die Verpflichteten, wenn die Beschränkungsmaßnahme ohne ihre Mitwirkung durchgeführt wurde.

IV. Regelung für Postsendungen (Abs. 3)

Abs. 3 S. 1 bestimmt sowohl im **Interesse der von der Beschränkung betroffenen** 7 **Personen als auch im Interesse der die Maßnahme durchführenden Stelle,** dass die geöffneten und eingesehenen Postsendungen unverzüglich wieder dem Postverkehr zuzuführen sind. So wird einerseits gewährleistet, dass der Postverkehr mit Blick auf seine Nutzer nicht länger als notwendig behindert wird. Andererseits verringert die Vermeidung größerer zeitlicher Verzögerungen im Postversand das Risiko, dass die Maßnahme vom Absender bzw. Empfänger bemerkt werden könnte.

§ 11 gibt den berechtigten Stellen **nicht die Befugnis, Postsendungen oder Tele-** 8 **gramme dauerhaft zurückzuhalten** und damit dem Postverkehr zu entziehen. Was in S. 2 für Telegramme ausdrücklich geregelt ist, gilt im Hinblick auf den vorstehend dargelegten Regelungsinhalts von Abs. 3 S. 1 auch für Postsendungen. Nach S. 3 ist schließlich der zur Einsicht berechtigten Stelle eine Abschrift des Telegramms zu übergeben. Praktische Relevanz dürfte den Regelungen in S. 2 und 3 in Anbetracht moderner Kommunikationsformen kaum noch zukommen.

§ 12 Mitteilungen an Betroffene

(1) ¹Beschränkungsmaßnahmen nach § 3 sind dem Betroffenen nach ihrer Einstellung mitzuteilen. ²Die Mitteilung unterbleibt, solange eine Gefährdung des Zwecks der Beschränkung nicht ausgeschlossen werden kann oder solange der Eintritt übergreifender Nachteile für das Wohl des Bundes oder eines Landes absehbar ist. ³Erfolgt die nach Satz 2 zurückgestellte Mitteilung nicht binnen zwölf Monaten nach Beendigung der Maßnahme, bedarf die weitere Zurückstellung der Zustimmung der G10-Kommission. ⁴Die G10-Kommission bestimmt die Dauer der weiteren Zurückstellung. ⁵Einer Mitteilung bedarf es nicht, wenn die G10-Kommission einstimmig festgestellt hat, dass
1. eine der Voraussetzungen in Satz 2 auch nach fünf Jahren nach Beendigung der Maßnahme noch vorliegt,
2. sie mit an Sicherheit grenzender Wahrscheinlichkeit auch in Zukunft vorliegt und
3. die Voraussetzungen für eine Löschung sowohl bei der erhebenden Stelle als auch beim Empfänger vorliegen.

(2) ¹Absatz 1 gilt entsprechend für Beschränkungsmaßnahmen nach den §§ 5 und 8, sofern die personenbezogenen Daten nicht unverzüglich gelöscht wurden. ²Die Frist von fünf Jahren beginnt mit der Erhebung der personenbezogenen Daten.

(3) ¹Die Mitteilung obliegt der Behörde, auf deren Antrag die Anordnung ergangen ist. ²Wurden personenbezogene Daten übermittelt, erfolgt die Mitteilung im Benehmen mit dem Empfänger.

Schrifttum: *Huber,* Die Reform der parlamentarischen Kontrolle der Nachrichtendienste und des Gesetzes nach Art. 10 GG, NVwZ 2009, 1321; *ders.,* Effektiver Grundrechtsschutz mit Verfallsdatum – Die präventive Überwachung der Telekommunikation und Post nach dem novellierten Zollfahndungsdienstgesetz, NJW 2005, 2260; *ders.,* Das neue G 10-Gesetz, NJW 2001, 3296; *Kaysers,* Die Unterrichtung Betroffener über

Beschränkungen des Brief-, Post- und Fernmeldegeheimnisses, AöR Bd. 129, 121; *Scheffczyk/Wolff*, Das Recht auf Auskunftserteilung gegenüber den Nachrichtendiensten, NVwZ 2008, 1316.

Übersicht

	Rn.		Rn.
I. Entstehungsgeschichte, verfassungsrechtliche Aspekte	1, 2	b) Nachteile für das Wohl des Bundes oder eines Landes	7, 7a
II. Mitteilung an Betroffene von Individualmaßnahmen (Abs. 1)	3–11	c) Zuständigkeit für die Entscheidung über die Zurückstellung	8
1. Mitteilungszeitpunkt (S. 1)	4	d) Zurückstellung für mehr als zwölf Monate (S. 3 und 4)	9, 10
2. Ausnahmen von der Mitteilungspflicht (S. 2–5)	5–11	e) Entbehrlichkeit der Mitteilung (S. 5)	11
a) Gefährdung des Zwecks der Beschränkung (S. 2)	6, 6a	**III. Mitteilung an Betroffene in den Fällen der §§ 5 und 8 (Abs. 2)**	12, 13
		IV. Zuständigkeit für die Mitteilung (Abs. 3)	14

I. Entstehungsgeschichte, verfassungsrechtliche Aspekte

1   Art. 10 Abs. 2 S. 2 GG ermächtigt den Gesetzgeber in denjenigen Fällen, in denen eine Beschränkung des Grundrechts des Brief-, Post und Fernmeldegeheimnisses dem Schutze der freiheitlichen demokratischen Grundordnung oder des Bestandes oder der Sicherung des Bundes oder eines Landes dient, durch Gesetz zu bestimmen, dass Eingriffe in diese Rechtspositionen dem Betroffenen nicht mitgeteilt werden müssen und dass an die Stelle des Rechtsweges eine Nachprüfung durch von der Volksvertretung bestellte Organe und Hilfsorgane tritt. Die Vorschrift des § 12 hinsichtlich der Mitteilungen an Betroffene geht auf Art. 10 Abs. 2 S. 2 GG zurück. § 12 wurde durch das Gesetz zur Neuregelung von Beschränkungen des Brief-, Post- und Fernmeldegeheimnisses vom 26.6.2001[1] eingefügt und durch das Erste Gesetz zur Änderung des Artikel 10-Gesetzes vom 31.7.2009[2] neu gefasst.[3] Die Vorschrift konzentriert nicht nur die vor dem 26.6.2001 in verschiedenen Vorschriften wie etwa § 9 Abs. 3 S. 1 aF[4] bzw. § 3 Abs. 8 S. 3 aF[5] enthaltenen **Regelungen über die Mitteilungspflichten** gegenüber den Betroffenen, § 12 enthält nunmehr auch eine einheitliche Zuständigkeitsregelung, als nach Abs. 3 S. 1 für die Mitteilung diejenige Behörde zuständig ist, auf deren Antrag die Beschränkungsanordnung ergangen ist.

2   Die Vorschrift konkretisiert die **Rechtsweggarantie des Art. 19 Abs. 4 GG** und beruht, wie so viele Regelungen dieses Gesetzes, auf der Rspr. des BVerfG. Dieses hatte in seinem Urteil v. 15.12.1970[6] festgestellt, dass die vorstehend dargestellte Regelung in Art. 10 Abs. 2 S. 2 GG die Benachrichtigung des Überwachten gebiete, wenn eine Gefährdung der freiheitlich demokratischen Grundordnung ausgeschlossen werden könne. Zudem habe die Benachrichtigung zu erfolgen, sobald damit nicht mehr eine Gefährdung des Zweckes der Überwachungsmaßnahme verbunden sei. Bereits zuvor, nämlich in seinem „Volkszählungsurteil" vom 15.12.1983[7] hatte das BVerfG klargestellt, dass in sämtlichen Fällen verdeckter Informationseingriffe eine Unterrichtung der Betroffenen nach Wegfall der Zweckgefährdung von Verfassungs wegen geboten sei. Die Vorschrift findet nicht nur auf Maßnahmen der Individualkontrolle nach § 3 sondern kraft ausdrücklicher gesetzlicher Regelung in Abs. 2 S. 1 entsprechende Anwendung auch auf Maßnahmen der strategischen Überwachung nach § 5 bzw. auf Beschränkungen zur Abwendung einer Gefahr für Leib oder Leben einer Person im Ausland nach § 8.

---

[1] BGBl. I 1254; vgl. hierzu *Huber* NJW 2001, 3296 (3300).
[2] BGBl. I 2499.
[3] Vgl. zu § 12 *Huber* NVwZ 2009, 1321 (1327).
[4] IdF des Gesetzes vom 13.8.1968 (BGBl. I 949), zuletzt geändert durch das 2. Gesetz zur Änderung des Gesetzes zu Art. 10 GG vom 28.4.1997 (BGBl. I 966).
[5] IdF des Gesetzes vom 13.8.1968 (BGBl. I 949), zuletzt geändert durch das 2. Gesetz zur Änderung des Gesetzes zu Art. 10 GG vom 28.4.1997 (BGBl. I 966).
[6] BVerfG 15.12.1970 – 2 BvF 1/69, 2 BvR 629/68, 308/69, NJW 1971, 275.
[7] BVerfG 15.12.1983 – 1 BvR 209/83, NJW 1984, 419.

II. Mitteilung an Betroffene von Individualmaßnahmen (Abs. 1)

Abs. 1 enthält die Voraussetzungen für die Mitteilungen an den Betroffenen und regelt 3
das Mitteilungsverfahren für sämtliche Maßnahmen der Individualkontrolle gemäß § 3. Er
statuiert eine grundsätzliche **Mitteilungspflicht,** es bedarf mithin keines Antrages des
Betroffenen.[8] Der Gesetzgeber[9] hat sich bei der Fassung des Abs. 1 an der Entscheidung
des BVerfG vom 14.7.1999[10] orientiert, in der dieses die Regelung des § 3 Abs. 8 S. 2 aF,
wonach eine Mitteilung der Betroffenen unterbleiben könne, sofern die erhobenen Daten
binnen einer bestimmter Frist gelöscht würden, für verfassungswidrig erklärt, zugleich allerdings
festgestellt hat, es sei mit Art. 10 Abs. 2 S. 2 GG iVm Art. 19 Abs. 4 S. 3 GG vereinbar,
jedenfalls in Ausnahmefällen von einer Mitteilung abzusehen.[11]

Anders als § 101 StPO, welcher in seinem Abs. 4 im Einzelnen aufzählt, welche Personen 3a
bei den verschiedenen verdeckten strafprozessualen Ermittlungsmaßnahmen enthält zu
benachrichtigen sind bzw. die vergleichbare Regelung in § 23c Abs. 4 S. 3 ZFdG enthält
dieses Gesetz keine entsprechenden Regelungen. Es beschränkt sich in Abs. 1 S. 1 iVm
Abs. 2 S. 1 auf die allgemeine Vorgabe, wonach Beschränkungsmaßnahmen **„dem Betroffenen"**
mitzuteilen seien. Folge dieses mit Blick auf Art. 10 GG verfassungsdefizitären
Umstandes soll die Tatsache sein, dass bislang diejenigen Gesprächspartner einer Telekommunikation,
die in der Beschränkungsanordnung weder namentlich benannt würde noch
durch andere tatsächliche Umstände wie die Auflistung ihrer Telefonnummer bestimmbar
wären, auch nicht benachrichtigt würden.[12] Eine verfassungskonforme Benachrichtigungspraxis
der betroffenen Kommunikationsteilnehmer wird sich daher hinsichtlich der Telekommunikation
im Rahmen von Individualmaßnahmen an der Regelung in § 101 Abs. 4
S. 1 Nr. 3 StPO zu orientieren haben, wonach die „Beteiligten der überwachten Telekommunikation"
zu unterrichten sind. Ein Orientierung an § 23c Abs. 4 S. 3 ZFdG führte zu
keinem anderen Ergebnis. Auch nach dessen – durch Auslegung zu ermittelnden materiellen –
Regelungsgehalt ist jeder Beteiligte an der geschützten Kommunikation zu benachrichtigen.[13]

1. Mitteilungszeitpunkt (S. 1). Nach S. 1 sind Maßnahmen der Individualkontrolle 4
den Betroffenen **nach ihrer Einstellung** mitzuteilen. Aus dem Regelungszusammenhang
mit S. 2 und 3 ergibt sich, dass die Mitteilung **unverzüglich** nach Einstellung der Maßnahme
zu veranlassen ist. Die Mitteilungspflicht des S. 1 besteht dabei, sofern nicht die
Ausnahmeregelung des S. 4 greift, zeitlich unbegrenzt.

2. Ausnahmen von der Mitteilungspflicht (S. 2–5). Nach S. 2 unterbleibt die Mittei- 5
lung, wenn eine Gefährdung des **Zwecks der Beschränkung** nicht ausgeschlossen werden
kann oder solange der Eintritt **übergreifender Nachteile für das Wohl des Bundes oder
eines Landes** absehbar ist. Da eine Mitteilungspflicht erst nach Einstellung der Maßnahme
besteht, beginnt der **Zeitraum,** während dessen eine Gefährdung des Zwecks der Beschränkung
iSv S. 2 bestehen kann oder der Eintritt übergreifender Nachteile zu besorgen ist, mit
der Einstellung der Beschränkungsmaßnahme und endet vielfach entweder mit dem Wegfall
der in § 3 Abs. 1 beschriebenen Verdachtslage oder aber mit deren endgültiger Aufklärung.

a) Gefährdung des Zwecks der Beschränkung (S. 2). Nach S. 2 unterbleibt die 6
Mitteilung, solange eine Gefährdung des Zwecks der Beschränkung nicht ausgeschlossen
werden kann. Die insoweit **„berücksichtigungsfähigen"** Zwecke bestehen vorrangig in
der Aufklärung der von § 3 Abs. 1 Nr. 1–8 erfassten Gefahrenlagen. Sind personenbezogene
Daten auf der Grundlage des § 4 an andere Stellen übermittelt worden, so rechtfertigen

---

[8] So auch *Scheffczyk/Wolff* NVwZ 2008, 1316 (1319).
[9] Vgl. BT-Drs. 16/12448, 12.
[10] BVerfG 14.7.1999 – 1 BvR 2226/94, 2420/95 und 2437/95, NJW 2000, 55 (67).
[11] Zu zuvor bereits geäußerten Bedenken vgl. *Kaysers* AöR Bd. 129, 121 ff.
[12] So Erbs/Kohlhaas/*Huber* Rn. 4.
[13] So überzeugend *Huber* NJW 2005, 2260 (2262).

auch die Geheimhaltungsinteressen dieser Behörden, etwa der Strafverfolgungsbehörden, eine Zurückstellung der Mitteilung nach diesem Gesetz.[14]

6a Richtet sich die Anordnung einer Beschränkungsmaßnahme gleich ob kumulativ oder sukzessiv gegen **mehrere Personen,** so ist die Frage der Mitteilung bzw. der Gefährdung des Zwecks der Beschränkung zwar hinsichtlich eines jeden Betroffenen zunächst gesondert zu prüfen und nicht erst, nachdem die Überwachungsmaßnahmen hinsichtlich sämtlicher Personen beendet wurden.[15] Gleichwohl kann sich aus der Fortführung der Maßnahme gegen eine Person eine Ausnahme von der Mitteilungspflicht hinsichtlich einer anderen Person ergeben, gegen die die Maßnahme bereits eingestellt wurde.

7 **b) Nachteile für das Wohl des Bundes oder eines Landes.** Über die durch den „Zweck der Beschränkung" umschriebene behördliche Aufgabenwahrnehmung hinaus können auch andere Gesichtspunkte einer Mitteilung entgegenstehen. Diese sollen von dem Zurückstellungsgrund der übergreifenden Nachteile für das Wohl des Bundes oder eines Landes erfasst werden. Der Gesetzgeber hatte dabei ua an die Fälle gedacht, in denen etwa mit der Offenlegung von Erkenntnissen oder auch von eingesetzten Methoden, die im konkreten Fall noch geheim gehalten werden müssen, die **Aufgabenwahrnehmung über den Einzelfall hinaus gefährdet würde** oder an den Fall, dass an der Aufklärung auch ausländische Nachrichtendienste beteiligt (gewesen) sind, deren Interessen es zu wahren gilt.[16] Zu den eine Zurückstellung rechtfertigenden Belangen soll nach Auffassung des BVerfG darüber hinaus auch der Schutz von Informationsquellen zählen.[17] Folgerichtig wird deshalb die Auffassung vertreten, das wohl des Bundes (oder eines Landes) könne auch tangiert sein, wenn eine Beschränkung ihre tatsächliche Grundlage in Erkenntnissen eines ausländischen Nachrichtendienstes habe, diese Erkenntnisse indes als vertraulich eingestuft worden seien bzw. ohne Zustimmung der ausländischen Stelle nicht an andere Stellen übermittelt werden dürften.[18]

7a Als **„übergreifend"** ist ein Nachteil anzusehen, wenn die öffentlichen Interessen an einer weiteren Geheimhaltung gegenüber den privaten Interessen des Betroffenen an einer Unterrichtung über die Beschränkungsmaßnahme deutlich überwiegen.[19]

8 **c) Zuständigkeit für die Entscheidung über die Zurückstellung.** Der Gesetzgeber hat hinsichtlich der Zuständigkeit für die Entscheidung über das Unterbleiben der Mitteilung nach S. 2 und anders als in Abs. 3 S. 1 hinsichtlich der Zustimmung für „die weitere Zurückstellung" keine ausdrückliche Zuständigkeitsregelung getroffen. Indes ist auch hierfür die die Beschränkung **beantragende Stelle** zuständig. Dies folgt unmittelbar aus Abs. 3 S. 1 (vgl. → Rn. 14) sowie Abs. 1 S. 3. Nach dieser Vorschrift bedürfen erst Zurückstellungen für mehr als zwölf Monate der Zustimmung der G 10-Kommission.

9 **d) Zurückstellung für mehr als zwölf Monate (S. 3 und 4).** Eine Zurückstellung der Mitteilung für mehr als zwölf Monate bedarf nach Abs. 1 S. 3 der Zustimmung der G10-Kommission. Der **Fristenlauf** für diese zwölf Monate beginnt, wie sich aus dem Regelungszusammenhang mit Abs. 1 S. 1 ergibt, mit der Einstellung der Beschränkungsmaßnahme. Gleiches gilt auch, abweichend von dem Fristenlauf im Falle von Abs. 2 S. 2, für die Fünf-Jahres-Frist in Abs. 1 S. 5 Nr. 1. Gemäß S. 4 bestimmt in diesen Fällen die G10-Kommission auch die Dauer der weiteren Zurückstellung.

10 Solange eine Mitteilung nicht erfolgt bzw. nicht endgültig von ihr abgesehen worden ist, dürfen die durch die Beschränkungsmaßnahme gewonnen **personenbezogenen Daten nicht gelöscht** werden. Hierdurch soll dem Betroffenen die Möglichkeit erhalten bleiben,

---

[14] Im Ergebnis ebenso BVerwG 23.1.2008 – 6 A 1/07, NJW 2008, 2135.
[15] So zutreffend *Huber* Rn. 8.
[16] BT-Drs. 16/12448, 12.
[17] BVerfG 14.7.1999 – 1 BvR 2226/94, 2420/95 und 2437/95, NJW 2000, 55 (67).
[18] So Erbs/Kohlhaas/*Huber* Rn. 16.
[19] In Ergebnis wohl ebenso Erbs/Kohlhaas/*Huber* Rn. 19.

selbst nach einer sehr späten Mitteilung noch die gerichtliche Überprüfung der Anordnung und des Vollzugs der Maßnahme veranlassen zu können.

e) Entbehrlichkeit der Mitteilung (S. 5). Nach S. 5 kann eine Mitteilung dauerhaft unterbleiben, wenn die in Abs. 1 S. 2 genannten Voraussetzungen für das Absehen von einer Mitteilung auch nach fünf Jahren noch vorliegen (Nr. 1). Hinzukommen muss, dass diese Voraussetzungen mit „an Sicherheit grenzender Wahrscheinlichkeit" (Nr. 2) auch in Zukunft vorliegen werden und die Voraussetzungen für eine Löschung der Daten sowohl bei der erhebenden Stelle als auch beim Empfänger vorliegen (Nr. 3). Wann aus Maßnahmen der Individualkontrolle erlangte personenbezogene Daten zu löschen sind, regelt § 4 Abs. 1 S. 2. Danach sind diese Daten zu löschen, wenn sie für die in § 1 Abs. 1 Nr. 1 genannten Zwecke nicht mehr erforderlich sind und auch nicht für eine Übermittlung an andere Stellen benötigt werden. Bei der Regelung in Nr. 3 überrascht, dass der Gesetzgeber das Absehen von der Mitteilung nicht mit der tatsächlichen Löschung verknüpft hat. Das – **kumulative** – Vorliegen der in Abs. 1 S. 5 Nr. 1–3 genannten Umstände muss von der G10-Kommission einstimmig festgestellt werden.

III. Mitteilung an Betroffene in den Fällen der §§ 5 und 8 (Abs. 2)

Gemäß Abs. 2 S. 1 sind die Regelungen des Abs. 1 auf Beschränkungsmaßnahmen nach den §§ 5 und 8 entsprechend anwendbar, sofern die personenbezogenen Daten nicht unverzüglich gelöscht wurden. Wurden sie unverzüglich gelöscht, bedarf es mithin keiner Mitteilung. Dieser Regelung liegt die Erwägung zu Grunde, dass zwar bereits die Erhebung personenbezogener Daten einen Eingriff darstellt, die Betroffenen indes in der Regel die Verwendung der Daten als besonders belastend empfinden und als den eigentlichen Eingriff ansehen. Offenbar vor diesem Hintergrund hat das BVerfG in seiner bereits zitierten Entscheidung vom 14.7.1999 (vgl. → Rn. 3) die Auffassung vertreten, ein Verzicht auf eine Benachrichtigung ließe sich „allenfalls dann rechtfertigen, wenn **die erfassten Daten ohne weitere Schritte sogleich als irrelevant vernichtet**" werden.[20] In diesem Sinne ist S. 1 auszulegen; nur in einem solchen Fall kann von einer Unterrichtung des Betroffenen abgesehen werden.

Nach S. 2 beginnt die **Frist von fünf Jahren mit der Erhebung** der personenbezogenen Daten. Diese Vorschrift regelt allein den Fristenlauf in den Fällen des Abs. 2, nicht hingegen in den von Abs. 1 erfassten Fällen. Zwar könnte die Regelung auf Grund ihres nicht eindeutigen Wortlautes auch anders ausgelegt werden; aus den Materialen ergibt sich jedoch, dass die Verfasser des Gesetzentwurfs die später auch Gesetz gewordene Regelung „im Unterschied zu Abs. 1" und damit anders verstanden wissen wollten.[21]

IV. Zuständigkeit für die Mitteilung (Abs. 3)

Die Mitteilungen gemäß Abs. 1 S. 1 bzw. Abs. 2 S. 1 obliegen nach Abs. 3 S. 1 in allen Fällen jeweils derjenigen **Behörde, auf deren Antrag die Anordnung ergangen ist.** Hierbei handelt es sich um die in § 9 Abs. 2 genannten Stellen, auf Bundesebene mithin um das Bundesamt für Verfassungsschutz, den Bundesnachrichtendienst bzw. den Militärischen Abschirmdienst, auf Landesebene obliegt die Zuständigkeit dem jeweiligen Landesamt für Verfassungsschutz. Nach Abs. 2 S. 2 hat im Falle der Übermittlung von Daten an Empfängerbehörden die Mitteilung im Benehmen mit diesen Behörden zu erfolgen. Durch diese Regelung soll gewährleistet werden, dass die Belange der Empfängerbehörden im Zusammenhang mit der Benachrichtigung der Betroffenen ebenfalls Berücksichtigung finden.

---

[20] BVerfG 14.7.1999 – 1 BvR 2226/94, 2420/95 und 2437/95, NJW 2000, 55 (67).
[21] BT-Drs. 14/5655, 24.

§ 13 Rechtsweg

Gegen die Anordnung von Beschränkungsmaßnahmen nach den §§ 3 und 5 Abs. 1 Satz 3 Nr. 1 und ihren Vollzug ist der Rechtsweg vor der Mitteilung an den Betroffenen nicht zulässig.

Schrifttum: *Huber*, Das neue G 10-Gesetz, NJW 2001, 3297; *Redeker/v. Oertzen*, Verwaltungsgerichtsordnung, 15. Aufl. 2010; *Wollweber*, Die G 10-Novelle: Ungeahnte Folgen eines Richterspruchs, ZRP 2001, 213;

I. Allgemeines

1 Die zuvor in § 5 Abs. 5 S. 3aF[1] und § 9 Abs. 6 aF[2] enthaltenen Regelungen über die Zulässigkeit des Rechtsweges gegen Beschränkungen nach diesem Gesetz sind durch Art. 1 des Gesetzes zur Beschränkung des Brief-, Post- und Fernmeldegeheimnisses vom 26.6.2001[3] in § 13 zusammengefasst worden. Beabsichtigt war mit dieser **Konzentration** auch eine Verdeutlichung des Regelungsinhalts. Dies dürfte dem Gesetzgeber – zurückhaltend formuliert – nur bedingt gelungen sein.

2 § 13 ist negativ formuliert und damit schwer verständlich. Er legt fest dass gegen die Anordnung von Beschränkungsmaßnahmen nach § 3, mithin bei Individualmaßnahmen, sowie Maßnahmen nach § 5 Abs. 1 S. 3 Nr. 1, also der strategischen Beschränkung zur Erkennung bzw. Begegnung der Gefahr eines bewaffneten Angriffs auf die Bundesrepublik Deutschland, und deren jeweiligen Vollzuges der Rechtsweg vor der Mitteilung an den Betroffenen nicht zulässig ist. Der Gesetzgeber hat damit positiv formuliert bestimmt, dass gegen Anordnungen der vorgenannten Art der Rechtsweg **erst ab dem Zeitpunkt der Mitteilung an den Betroffenen** eröffnet ist. Bis zu diesem Zeitpunkt bleibt dem Betroffenen allein die Möglichkeit, die G 10-Kommission anzurufen (vgl. § 15). Für die übrigen Maßnahmen der strategischen Beschränkung nach § 5 Abs. 1 S. 3 Nr. 2–8 sowie im Falle einer Maßnahme nach § 8 zur Abwendung einer Gefahr für Leib oder Leben einer Person im Ausland bedeutet dies im Umkehrschluss, dass hier der Verwaltungsrechtsweg unmittelbar eröffnet ist.

3 Zwar wird die **Beschränkung nach § 8 in § 13 nicht ausdrücklich erwähnt**, jedoch durch den dort genannten § 5 mit erfasst. Bei Maßnahmen nach § 8 handelt es sich gemäß § 8 Abs. 1 ebenfalls um Fälle der strategischen Beschränkung, die dazu dienen, im Einzelfall bestehende Gefahren für Leib oder Leben einer Person im Ausland zu erkennen bzw. diesen zu begegnen. Zudem verbietet sich im Hinblick auf die überragende Bedeutung der durch die Verfassung in Art. 19 Abs. 4 GG verbürgten Rechtsschutzgarantie eine exzessive Auslegung des § 13 und dessen Erstreckung auch auf die Maßnahme des § 8.

II. Rechtsnatur von Beschränkungsmaßnahmen

4 Das BVerwG hat in früheren Entscheidungen wiederholt – so etwa in seinem Urteil vom 17.10.1990[4] – Anordnungen der Individualkontrolle als **Verwaltungsakt qualifiziert** und deshalb Feststellungsklagen für zulässig erachtet. In seiner Entscheidung vom 23.1.2008[5] greift das BVerwG diese ältere Rspr. und die ihr in der Lit. entgegengebrachte Kritik auf, wonach sich Anordnungen der Individualkontrollen auf das tatsächliche Geschehen der heimlichen Gewinnung von Informationen beschränkten und die nachträgliche Unterrichtung über ein solches Geschehen nicht mit der Bekanntgabe eines Verwaltungsaktes gleichgesetzt werden könne. Dieser Umstand könnte als Anhaltspunkt dafür angesehen werden,

---

[1] IdF des 2. Gesetzes zur Änderung des Gesetzes zu Artikel 10 GG vom 28.4.1997 (BGBl. I 966).
[2] IdF des 2. Gesetzes zur Änderung des Gesetzes zu Artikel 10 GG vom 28.4.1997 (BGBl. I 966).
[3] BGBl. I 1254; zur Neuregelung vgl. *Huber* NJW 2001, 3296 (3300).
[4] BVerwG 17.10.1990 – 1 C 12/88, NJW 1991, 581.
[5] BVerwG 23.1.2008 – 6 A 1/07, NJW 2008, 2135 (3136).

dass das BVerwG im Zusammenhang mit Beschränkungen nach § 3 seine bisherige Rechtsauffassung zu modifizieren gedenkt.

III. Rechtsweg

1. Verwaltungsrechtsweg, Zuständigkeit. Gegen Beschränkungsmaßnahmen nach diesem Gesetz ist der Verwaltungsrechtsweg eröffnet. Gemäß § 50 Abs. 1 Nr. 4 VwGO ist in erster Instanz **das BVerwG für alle Klagen zuständig, denen Vorgänge im Geschäftsbereich des BND** zu Grunde liegen. Hierdurch werden diese Verfahren dem Instanzenzug entzogen. Dadurch soll der mit einem Instanzenzug regelmäßig verbundenen erhöhten Gefahr des Bekanntwerdens sensibler Informationen begegnet werden.[6] Zwar wird in der Lit. nicht ohne Berechtigung darauf hingewiesen, eine „funktionelle Interpretation" gebiete es, die Vorschrift des § 50 Abs. 1 Nr. 4 VwGO auf alle Nachrichtendienste des Bundes anzuwenden, weil der Schutz von Geheimnissen auch im Zusammenhang mit Vorgängen des Bundesamtes für Verfassungsschutz (BfV) bzw. des Militärischen Abschirmdienstes (MAD) zu bedenken sei.[7] Eine solche Auslegung wäre indes mit dem Vorlaut nicht mehr zu vereinbaren. Auch hat der Gesetzgeber ausweislich der Materialien allein den BND im Blick gehabt.[8] Für Klagen gegen Maßnahmen des Bundesamtes für Verfassungsschutz ist demgemäß das Verwaltungsgericht Berlin zuständig, da entsprechende Beschränkungen durch das Bundesinnenministerium angeordnet werden.

2. Verfassungsbeschwerde. Gegen Beschränkungsmaßnahmen nach § 3 wie nach § 5 ist nach Ausschöpfung des Rechtsweges die Verfassungsbeschwerde statthaft. Im Zusammenhang mit Maßnahmen der strategischen Beschränkung nach § 5 reicht es nach der Rspr. des BVerfG aus, wenn der Beschwerdeführer darlegt, dass er **mit einiger Wahrscheinlichkeit** durch die Anordnung des Bundesminister des Innern in seinen Grundrechten aus Art. 10 Abs. 1 GG verletzt ist.[9]

---

[6] BT-Drs. 14/4659, 55.
[7] Redeker/v. Oertzen/*Redeker* VwGO § 50 Rn. 4.
[8] BT-Drs. 14/4659, 55; BT-Drs. 14/7474, 14 ff.
[9] BVerfG 20.6.1984 – 1 BvR 1494/78, NJW 1985, 121.

Abschnitt 5. Kontrolle

§ 14 Parlamentarisches Kontrollgremium

(1) ¹Das nach § 10 Abs. 1 für die Anordnung von Beschränkungsmaßnahmen zuständige Bundesministerium unterrichtet in Abständen von höchstens sechs Monaten das Parlamentarische Kontrollgremium über die Durchführung dieses Gesetzes. ²Das Gremium erstattet dem Deutschen Bundestag jährlich einen Bericht über Durchführung sowie Art und Umfang der Maßnahmen nach den §§ 3, 5, 7a und 8; dabei sind die Grundsätze des § 10 Absatz 1 des Kontrollgremiumgesetzes zu beachten.

(2) ¹Bei Gefahr im Verzug kann das zuständige Bundesministerium die Bestimmungen nach den §§ 5 und 8 vorläufig treffen und das Parlamentarische Kontrollgremium durch seinen Vorsitzenden und dessen Stellvertreter vorläufig zustimmen. ²Die Zustimmung des Parlamentarischen Kontrollgremiums ist unverzüglich einzuholen. ³Die Bestimmung tritt außer Kraft, wenn die vorläufige Zustimmung nicht binnen drei Tagen und die Zustimmung nicht binnen zwei Wochen erfolgt.

Schrifttum: *Huber,* Die Reform der parlamentarischen Kontrolle der Nachrichtendienste und des Gesetzes nach Art. 10 GG, NVwZ 2009, 1321.

1 Die Vorschrift des § 14 Abs. 1 führt zwei vormals in § 9 Abs. 1 aF und § 3 Abs. 10 aF enthaltene Regelungen zusammen. Sie legt in Abs. 1 S. 1 entsprechend § 9 Abs. 1 aF fest, dass das nach § 10 Abs. 1 für die Anordnung **jeweils zuständige Bundesministerium,** mithin das Bundesministerium des Innern, das Parlamentarische Kontrollgremium (PKGr) in Abständen von höchstens sechs Monaten „über die Durchführung dieses Gesetzes" zu unterrichten hat.[1] Der materielle Regelungsgehalt der Norm blieb unverändert. Ebenso wie § 9 Abs. 1 aF verpflichtet auch Abs. 1 S. 1 zur Unterrichtung „über die Durchführung dieses Gesetzes" und beschränkt sich damit nicht auf die Maßnahmen der §§ 3, 5 und 8, sondern erfasst auch das übrige Handeln der Nachrichtendienste des Bundes in „Durchführung dieses Gesetzes". Abs. 1 S. 2 enthält die bislang in § 3 Abs. 10 aF normierte **Berichtspflicht des PKGr** gegenüber dem Deutschen Bundestag. Anders als die in Abs. 1 S. 1 normierte Pflicht zur Unterrichtung bezieht sich die Berichtspflicht des Abs. 1 S. 2 entsprechend seiner enumerativen ausschließlich auf Maßnahmen nach §§ 3, 5, 7a und 8.

2 Abs. 2 regelt die Zuständigkeit bei **Gefahr im Verzug** und legt ua fest, dass in einem solchen Fall die Bestimmung der Fernmeldeverkehrsbeziehungen zunächst durch das zuständige Bundesministerium erfolgen kann, die Bestätigung durch den Vorsitzenden des PKGr und seinen Stellvertreter indes kurzfristig erfolgen muss.

I. Unterrichtung des Parlamentarischen Kontrollgremiums (PKGr) und des Deutschen Bundestages (Abs. 1)

3 **1. Unterrichtung des Parlamentarischen Kontrollgremiums (Abs. 1 S. 1).** Die gemäß Abs. 1 S. 1 durch das Bundesministerium des Innern zu erstattenden Berichte entsprechen den nach § 101b StPO durch die Staatsanwaltschaften gegenüber ihrer obersten Dienstbehörde abzugebenden Berichten. Sie sollen vorrangig einen Überblick über die Beschränkungsmaßnahmen hinsichtlich des **Grundes** ihrer Anordnung, ihres **Umfangs** und damit auch darüber geben, **wie viele Kommunikationen** von einer jeden Beschränkungsmaßnahme betroffen waren, **wie lange** die Beschränkung durchgeführt wurde, zu

---

[1] Allgemein zur Neuregelung der parlamentarischen Kontrolle der Nachrichtendienste *Huber* NVwZ 2009, 1231.

welchen **Ergebnissen** die Maßnahme geführt und welche **Kosten** sie verursacht hat. Des Weiteren verhalten sich die Berichte dazu, ob die von der Beschränkung Betroffen bereits über die Maßnahme unterrichtet wurden bzw., sollte dies noch nicht der Fall sein, warum von einer solchen Benachrichtigung bisher abgesehen wurde. Die Berichte des Bundesministeriums des Innern dienen ausschließlich der Unterrichtung des PKGr und damit der Kontrolle der BReg. hinsichtlich der Tätigkeit der Nachrichtendienste durch das PKGr.

Weiterhin wird von der Berichtspflicht **das übrige Handeln** der jeweiligen Nachrichtendienste bei der Umsetzung dieses Gesetzes erfasst, also etwa die weitere Verwendung und Übermittlung von Erkenntnissen, die durch G 10-Maßnahmen gewonnen wurden.[2]

2. Unterrichtung des Deutschen Bundestages (Abs. 1 S. 2). Auf der Grundlage dieser Berichte hat das PKGr nach Abs. 1 S. 2 seinerseits jährlich den Bundestag **über die Durchführung sowie Art und Umfang der Maßnahmen nach §§ 3, 5, 7a und 8** zu unterrichten. Die Berichtspflicht des PKGr erstreckt sich mit der Individualkontrolle nach § 3, der strategischen Beschränkung nach § 5 sowie der Beschränkung zur Erkennung bzw. Begegnung von Gefahren für Leib oder Leben einer im Ausland lebenden Person nach § 8 auf alle nach diesem Gesetz statthaften Beschränkungsmaßnahmen. Des Weiteren schließt sie mit § 7a auch diejenigen Fälle mit ein, in denen der Bundesnachrichtendienst (BND) durch Beschränkungen nach § 5 Abs. 1 S. 3 Nr. 2, 3 und 7 gewonnene personenbezogene Daten an ausländische öffentliche Stellen übermittelt hat.

In der Berichtspflicht des PKGr nach Abs. 1 S. 2 liegt neben seiner Kontrollfunktion die zweite zentrale Aufgabe dieses Gremiums. Es unterrichtet den Bundestag kontinuierlich und umfassend über die Tätigkeit der Nachrichtendienste. Damit soll eine Kontrollücke geschlossen werden, weil **weder das Parlament noch die Öffentlichkeit von der geheimen nachrichtendienstlichen Tätigkeit selbst Kenntnis erlangen.** Das PKGr. ist seit dem Jahre 2009 in Art. 45d GG verankert. Seine Aufgaben sowie Zusammensetzung sind im Gesetz über die parlamentarische Kontrolle nachrichtendienstlicher Tätigkeit des Bundes (Kontrollgremiumgesetz – PKGrG) vom 29.7.2009 geregelt.[3] Nach § 5 PKGrG kann das PKGr von der Bundesregierung sowie von den Nachrichtendiensten des Bundes verlangen, Akten und andere sich in amtlicher Verwahrung befindliche Schriftstücke ggf. auch im Original herauszugeben, in Dateien gespeicherte Daten zu übermitteln und zu sämtlichen Dienststellen der Nachrichtendienste des Bundes Zutritt zu erhalten.

Mit dem in Abs. 1 S. 2 Hs. 2 enthaltenen Verweis auf die Grundsätze des § 10 Abs. 1 des Kontrollgremiumgesetzes (PKGrG) wird darauf hingewiesen, dass das PKGr in seinen Berichten die **Grundsätze des Geheimschutzes** zu beachten hat. § 10 Abs. 1 PKGrG bestimmt, dass die Beratungen des Parlamentarischen Kontrollgremiums geheim und die Mitglieder dieses Gremiums und die an den Sitzungen teilnehmenden Mitglieder des Vertrauensgremiums nach § 10a Bundeshaushaltsordnung zur Geheimhaltung verpflichtet sind. Damit darf das PKGr keine geheimhaltungspflichtigen Tatsachen mitteilen bzw. übermitteln. Es hat sich letztlich darauf zu beschränken, das Verhalten der Nachrichtendienste einer wertenden Betrachtung zu unterziehen und auf rechtsfehlerhafte Vorgehensweisen hinzuweisen. Es kann damit gezielte weitere Kontrollen, etwa durch einen Untersuchungsausschuss, anstoßen. Einzelne Abgeordnete, die Fraktionen sowie das Plenum des Deutschen Bundestages können somit nicht auf die Informationen zugreifen, die die Bundesministerien dem PKGr übermittelt haben.[4] Die Berichte des PKGr. werden als **BT-Drs.** veröffentlicht.[5]

II. Gefahr im Verzug (Abs. 2)

Nach § 5 Abs. 1 S. 2 bzw. der gleichlautenden Vorschrift des § 8 Abs. 2 S. 1 werden die jeweiligen Telekommunikationsbeziehungen bei Maßnahmen der strategischen Überwa-

---

[2] So zutreffend Erbs/Kohlhaas/*Huber* Rn. 1.
[3] BGBl. I 2346.
[4] BVerfG 1.7.2009 – 2 BvE 5/06, NVwZ 2009, 1092 (1094, Abs.-Nr. 128).
[5] Vgl. BT-Drs. 17/8247.

chung von dem jeweils zuständigen Bundesministerium **mit Zustimmung des PKGr** bestimmt. An diese Regelungen knüpft Abs. 2 an und trägt dem Umstand Rechnung, dass der BND zur Begegnung aktueller Gefahrenlagen vielfach innerhalb eines so kurzen Zeitraums die Bestimmung der einschlägigen Telekommunikationsbeziehungen benötigt, dass das Parlamentarische Kontrollgremium in Anbetracht des für seine Zusammenkunft erforderlichen organisatorischen Vorlaufs nicht schnell genug zusammentreten und seine Zustimmung somit auch nicht rechtzeitig erteilen könnte. Aus diesem Grunde sieht Abs. 2 ein Eilverfahren vor, bei dem die Zustimmung des PKGr durch dessen Vorsitzenden und seinen Stellvertreter ersetzt wird.

8 **Gefahr im Verzug** ist in Fällen der hier vorliegenden Art gegeben, wenn der Erfolg der Beschränkungsmaßnahme durch die Einholung der Zustimmung des PKGr gefährdet würde. Wird die Zustimmung auf Grund von Gefahr im Verzug erteilt, ist nach Abs. 2 S. 2 die Zustimmung des PKGr **unverzüglich** nachzuholen. Die Bestimmung tritt nach Abs. 2 S. 3 außer Kraft, wenn die vorläufige Zustimmung nicht binnen 3 Tagen und die Zustimmung nicht binnen 2 Wochen erfolgt. Die Drei-Tages-Frist ist dabei angelehnt an die entsprechende Fristenregelung in § 15 Abs. 6 S. 7 Die Berechnung der Fristen hat auch hier entsprechend den Vorschrift der §§ 42, 43 StPO zu erfolgen (vgl. → StPO § 100b aF Rn. 26 f.).

§ 15 G 10-Kommission

(1) ¹Die G 10-Kommission besteht aus dem Vorsitzenden, der die Befähigung zum Richteramt besitzen muss, und drei Beisitzern sowie vier stellvertretenden Mitgliedern, die an den Sitzungen mit Rede- und Fragerecht teilnehmen können. ²Bei Stimmengleichheit entscheidet die Stimme des Vorsitzenden. ³Die Mitglieder der G 10-Kommission sind in ihrer Amtsführung unabhängig und Weisungen nicht unterworfen. ⁴Sie nehmen ein öffentliches Ehrenamt wahr und werden von dem Parlamentarischen Kontrollgremium nach Anhörung der Bundesregierung für die Dauer einer Wahlperiode des Deutschen Bundestages mit der Maßgabe bestellt, dass ihre Amtszeit erst mit der Neubestimmung der Mitglieder der Kommission, spätestens jedoch drei Monate nach Ablauf der Wahlperiode endet. ⁵Die oder der Ständige Bevollmächtigte des Parlametarischen Kontrollgremiums nimmt regelmäßig an den Sitzungen der G 10-Kommission teil.

(2) ¹Die Beratungen der G 10-Kommission sind geheim. ²Die Mitglieder der Kommission sind zur Geheimhaltung der Angelegenheiten verpflichtet, die ihnen bei ihrer Tätigkeit in der Kommission bekannt geworden sind. ³Dies gilt auch für die Zeit nach ihrem Ausscheiden aus der Kommission.

(3) ¹Der G 10-Kommission ist die für die Erfüllung ihrer Aufgaben notwendige Personal- und Sachausstattung zur Verfügung zu stellen; sie ist im Einzelplan des Deutschen Bundestages gesondert im Kapitel für die parlamentarische Kontrolle der Nachrichtendienste auszuweisen. ²Der Kommission sind Mitarbeiter mit technischem Sachverstand zur Verfügung zu stellen.

(4) ¹Die G 10-Kommission tritt mindestens einmal im Monat zusammen. ²Sie gibt sich eine Geschäftsordnung, die der Zustimmung des Parlamentarischen Kontrollgremiums bedarf. ³Vor der Zustimmung ist die Bundesregierung zu hören.

(5) ¹Die G 10-Kommission entscheidet von Amts wegen oder auf Grund von Beschwerden über die Zulässigkeit und Notwendigkeit von Beschränkungsmaßnahmen. ²Die Kontrollbefugnis der Kommission erstreckt sich auf die gesamte Erhebung, Verarbeitung und Nutzung der nach diesem Gesetz erlangten personenbezogenen Daten durch Nachrichtendienste des Bundes einschließlich der

Entscheidung über die Mitteilung an Betroffene. ³Der Kommission und ihren Mitarbeitern ist dabei insbesondere
1. Auskunft zu ihren Fragen zu erteilen,
2. Einsicht in alle Unterlagen, insbesondere in die gespeicherten Daten und in die Datenverarbeitungsprogramme, zu gewähren, die im Zusammenhang mit der Beschränkungsmaßnahme stehen, und
3. jederzeit Zutritt in alle Diensträume zu gewähren.

⁴Die Kommission kann dem Bundesbeauftragten für den Datenschutz Gelegenheit zur Stellungnahme in Fragen des Datenschutzes geben.

(6) ¹Das zuständige Bundesministerium unterrichtet monatlich die G 10-Kommission über die von ihm angeordneten Beschränkungsmaßnahmen vor deren Vollzug. ²Bei Gefahr im Verzuge kann es den Vollzug der Beschränkungsmaßnahmen auch bereits vor der Unterrichtung der Kommission anordnen. ³Bei Gefahr im Verzug darf am Tag der Beantragung bereits vor der Anordnung der Beschränkungsmaßnahme mit der Datenerhebung begonnen werden. ⁴Die bereits erhobenen Daten dürfen erst nach der Anordnung genutzt werden. ⁵Erfolgt die Anordnung nicht binnen 24 Stunden nach Beantragung, sind die erhobenen Daten unverzüglich automatisiert und unwiederbringlich zu löschen. ⁶Anordnungen, die die Kommission für unzulässig oder nicht notwendig erklärt, hat das zuständige Bundesministerium unverzüglich aufzuheben. ⁷In den Fällen des § 8 tritt die Anordnung außer Kraft, wenn sie nicht binnen drei Tagen vom Vorsitzenden oder seinem Stellvertreter bestätigt wird. ⁸Die Bestätigung der Kommission ist unverzüglich nachzuholen.

(7) ¹Das zuständige Bundesministerium unterrichtet monatlich die G 10-Kommission über Mitteilungen von Bundesbehörden nach § 12 Abs. 1 und 2 oder über die Gründe, die einer Mitteilung entgegenstehen. ²Hält die Kommission eine Mitteilung für geboten, ist diese unverzüglich vorzunehmen. ³§ 12 Abs. 3 Satz 2 bleibt unberührt, soweit das Benehmen einer Landesbehörde erforderlich ist.

(8) Die G 10-Kommission und das Parlamentarische Kontrollgremium tauschen sich regelmäßig unter Wahrung der jeweils geltenden Geheimhaltungsvorschriften über allgemeine Angelegenheiten ihrer Kontrolltätigkeit aus.

Schrifttum: *Huber,* Das neue G 10-Gesetz, NJW 2001, 3296; *Roßnagel,* Das neue G 10 Gesetz und die Bekämpfung des Terrorismus, MMR 2001, 633.

Übersicht

	Rn.		Rn.
I. Allgemeines, verfassungsrechtliche Aspekte	1–2	3. Kontrollbefugnisse des einzelnen Kommissionsmitglieds	10
II. Kontrollbefugnisse der G 10 Kommission (Abs. 5 und 6)	3–10	**III. Verfahrensrechtliche Aspekte**	11–14
		1. Zusammensetzung und Ausstattung der Kommission (Abs. 1, 3)	11, 12
1. Anordnung der Beschränkung	3–6	a) Zusammensetzung (Abs. 1 S. 1–5)	11
a) Überprüfung der Rechtmäßigkeit (Abs. 5 S. 1)	3–4a	b) Ausstattung (Abs. 3)	12
b) Erfordernis der Zustimmung (Abs. 6 S. 1)	5	2. Verfahren und Geheimhaltung (Abs. 2 und 4)	13, 14
c) Gefahr im Verzug (Abs. 6 S. 2 und 8)	6	**IV. Unterrichtung der G 10-Kommission (Abs. 7)**	15–17
2. Vollzug der Beschränkung (Abs. 5 S. 2 und 3)	7–9	**V. Austausch zwischen G 10-Kommission und Parlamentarischem Kontrollgremium (Abs. 8)**	18

I. Allgemeines, verfassungsrechtliche Aspekte

Die G 10-Komission **kontrolliert** gemäß § 1 Abs. 2 die durch die Nachrichtendienste **1** des Bundes, mithin die durch den Bundesnachrichtendienst (BND), das Bundesamt für

Verfassungsschutz (BfV) sowie durch den Militärischen Abschirmdienst (MAD) durchgeführten Beschränkungsmaßnahmen im Bereich des Brief-, Post- und Fernmeldegeheimnisses.[1] Dabei beschränkt sich diese Kontrolle nicht nur auf die Zustimmung zu den Anordnungen der nach § 10 zuständigen Behörden, sie erfasst vielmehr den gesamten Prozess der Erhebung und Verarbeitung der durch die Beschränkungsmaßnahmen erlangten personenbezogenen Daten.[2] Die Kontrolltätigkeit der G 10-Kommission erfasst darüber hinaus weitere Maßnahmen bzw. Kompetenzen, die den Nachrichtendiensten des Bundes durch andere Gesetze eingeräumt werden, so etwa dem BfV zur Erhebung von Verkehrsdaten iSd § 96 Abs. 1 Nr. 1–4 TKG nach § 8a Abs. 2 Nr. 4 Bundesverfassungsschutzgesetz (BVerfSchG). Gemäß § 8b Abs. 2 BVerfSchG hat das Bundesministerium des Innern auch über derartige Anordnungen die G 10-Kommission zu unterrichten.

1a **Verfassungsrechtlich** ist die Funktion der G 10 Kommission in Art. 10 Abs. 2 S. 2 GG verankert. Danach kann bei Beschränkungen, die ua dem Schutz der freiheitlichen demokratischen Grundordnung dienen, durch Gesetz bestimmt werden, dass sie dem Betroffenen nicht mitgeteilt werden und dass an die Stelle des Rechtsweges die Nachprüfung durch von der Volksvertretung bestellte Organe oder Hilfsorgane tritt. Ein derartiges Hilfsorgan ist die G 10-Kommission.

2 Die G 10-Kommission hat, auch im Vergleich zum Parlamentarischen Kontrollgremium (PKGr), welches die Mitglieder der G 10-Kommission bestellt, eine **starke Stellung.** Zwar ist diese nicht mit der eines Ermittlungsrichters vergleichbar, sie weist indes gleichwohl gewisse Parallelen auf. So dürfen Beschränkungsmaßnahmen nach Abs. 6 S. 2 grundsätzlich, dh außer bei Gefahr im Verzug, nicht vor Unterrichtung der Kommission vollzogen werden, nach Abs. 6 S. 3 können Beschränkungsmaßnahmen von der Kommission für unzulässig erklärt werden. Ebenso wie der Ermittlungsrichter der StPO ist auch die G 10-Kommission dazu berufen, über die Rechtmäßigkeit der von der Exekutive veranlassten Beschränkungsmaßnahmen (hier derjenigen nach dem G 10-Gesetz) zu befinden. Ebenso wie dieser ist auch die G 10-Kommission gemäß Abs. 1 S. 3 „in ihrer Amtsführung unabhängig und Weisungen nicht unterworfen". Bereits in seiner Entscheidung v. 15.12.1970[3] hatte das BVerfG zu Art. 10 Abs. 2 S. 2 GG angemerkt, „dass das zu seiner Ausführung ergehende Gesetz ein Organ vorsehen muss, das in richterlicher Unabhängigkeit und für alle an der Vorbereitung, verwaltungsmäßigen Entscheidung und Durchführung der Überwachung Beteiligten verbindlich über die Zulässigkeit der Überwachungsmaßnahme und über die Frage, ob der Betroffene zu benachrichtigen ist, entscheidet und die Überwachungsmaßnahme untersagt, wenn es an den rechtlichen Voraussetzungen dazu fehlt".

II. Kontrollbefugnisse der G 10 Kommission (Abs. 5 und 6)

3 **1. Anordnung der Beschränkung. a) Überprüfung der Rechtmäßigkeit (Abs. 5 S. 1).** Nach Abs. 5 S. 1 – eine der zentralen Regelungen des § 15 – entscheidet die Kommission von Amts wegen oder auf Grund von Beschwerden über die **Zulässigkeit und Notwendigkeit von Beschränkungsmaßnamen.** Der Gesetzgeber hat sich bei der Formulierung der in Abs. 5 S. 1 enthaltenen Vorschrift an der Regelung des § 9 Abs. 2 S. 3 aF orientiert und diese unverändert übernommen. Um den materiellen Regelungsgehalt deutlicher zum Ausdruck zu bringen, hätte der Gesetzgeber statt der Begriffe „Zulässigkeit und Notwendigkeit" besser den Begriff der Rechtmäßigkeit verwenden sollen. Grund für die gewählte Formulierung ist mutmaßlich der, dass das G 10-Gesetz einen Richtervorbehalt nicht kennt und der Gesetzgeber anderen Personen als Richtern jedenfalls formal eine Überprüfung der Rechtmäßigkeit exekutiver Entscheidungen nicht hat übertragen wollen.

---

[1] Vgl. zur Neuregelung durch das Gesetz zur Neuregelung von Beschränkungen des Brief-, Post- und Fernmeldegeheimnisses vom 26.6.2001 (BGBl. I 1254); *Huber* NJW 2001, 3296 (3301); *Roßnagel* MM 2001, 633.
[2] So auch VG Berlin 1.3.2012 – VG 1 A 391/08, NJOZ 2013, 123 (125).
[3] BVerfG 15.12.1970 – 2 BvR 629/68, 308/69, NJW 1971, 275 (280).

Doch exakt dies ist die Aufgabe der G 10-Kommission (vgl. → Rn. 2). Sie hat sowohl die **formelle als auch die materielle Rechtmäßigkeit der ministeriellen Anordnungen** zu überprüfen. Dies schließt die Überprüfung der Verhältnismäßigkeit der Maßnahme mit ein.

Die Kommission ist **nicht befugt, die Zweckmäßigkeit** der Maßnahme einer Prüfung zu unterziehen.[4] Soweit Abs. 5 S. 1 die Kommission berechtigt, die Zulässigkeit oder Notwendigkeit einer Maßnahme zu überprüfen, darf „Notwendigkeit" nicht mit „Zweckmäßigkeit" gleichgesetzt werden. Aus dem Regelungszusammenhang mit Abs. 6 S. 3 ergibt sich vielmehr, dass der dort verwendete Begriff „notwendig" mit „erforderlich" und damit letztlich mit „verhältnismäßig" gleichzusetzen ist. Andernfalls ginge die Kontrollfunktion der Kommission über die des Ermittlungsrichters in der StPO hinaus; auch dieser ist nicht berechtigt, die Zweckmäßigkeit einer beantragten Untersuchungshandlung zu überprüfen.[5]   **4**

Notwendig ist eine Beschränkungsmaßnahme, wenn weniger belastende Mittel zur Aufklärung des Sachverhaltes keinen Erfolg versprechen oder einen derartigen Aufwand an Personal oder Zeit verlangten, dass die übrigen Aufgaben in einem nicht mehr verantwortbaren Umfang beeinträchtigt werden würden.[6]   **4a**

b) Erfordernis der Zustimmung (Abs. 6 S. 1). Die Anordnung einer Beschränkungsmaßnahme bedarf nach Abs. 6 S. 1 vor ihrem Vollzug der die **Rechtmäßigkeit bestätigenden** Zustimmung durch die G 10-Kommission. Hält die Kommission die Anordnung „für unzulässig oder nicht notwendig", so hat das zuständige Bundesministerium nach Abs. 6 S. 3 die Anordnung unverzüglich aufzuheben. Die Entscheidung der Kommission ist für das betreffende Ministerium **bindend**.   **5**

c) Gefahr im Verzug (Abs. 6 S. 2 und 8). Bei Gefahr im Verzug kann der Vollzug der Beschränkungsmaßnahme bereits **vor einer Unterrichtung der Kommission** angeordnet werden. In diesem Fall ist die nachträgliche Zustimmung, die Bestätigung nach Abs. 6 S. 8, unverzüglich einzuholen. Die Pflicht zur Unterrichtung der Kommission besteht auch dann, wenn die Beschränkungsmaßnahme wegen Gefahr im Verzug zunächst ohne vorherige Unterrichtung der Kommission vollzogen, indes wenig später und noch bevor die Bestätigung durch die Kommission eingeholt werden konnte, wieder beendet wurde. Die Gründe für die Annahme der Eilbedürftigkeit sind in der Anordnung zu dokumentieren, da auch diese Entscheidung der nachträglichen Kontrolle durch die G 10-Kommission unterliegt.[7] Die Vorschriften der S. 3 bis 5, wonach bei Gefahr im Verzug bereits am Tag der Beantragung und noch vor der Anordnung der Beschränkungsmaßnahme mit der Datenerhebung begonnen werden darf (S. 3), die dergestalt erhobenen Daten indes erst nach der Anordnung genutzt werden dürfen (S. 4) und unverzüglich automatisiert und unwiederbringlich zu löschen sind, wenn die Anforderung nicht binnen 24 Stunden nach Beantragung erfolgt (S. 5), wurden durch das Gesetz zum besseren Informationsaustausch bei der Bekämpfung des internationalen Terrorismus vom 26.6.2016 eingeführt.[8] Diese Regelungen begründen keine Mitwirkungspflichten der Anbieter von Post- und Telekommunikationsdiensten wie sie etwa in § 2 Abs. 1 enthalten sind, sondern **lediglich eine Befugnis zur Datenerhebung**.[9] Die Vorschriften der S. 3 bis 5 erlangen mithin praktische Bedeutung, wenn der überwachende Nachrichtendienst selbst die in dem Antrag bezeichnete Filterung vornimmt. Dass die aufgrund von Gefahr im Verzug erhobenen Daten erst nach der Anordnung genutzt werden dürfen, bedingt zunächst deren rein technische Erfassung ohne jede menschliche Kenntnisnahme. Wird die beantragte Beschränkungsmaßnahme sodann nicht binnen   **6**

---

[4] AA Erbs/Kohlhaas/*Huber* Rn. 4.
[5] Vgl. Meyer-Goßner/*Schmitt* StPO § 162 Rn. 14.
[6] VG Berlin 1.3.2012 – VG 1 A 391/08, NJOZ 2013, 123 (124); *Huber* Rn. 22.
[7] So auch Erbs/Kohlhaas/*Huber* Rn. 29.
[8] BGBl. I S. 1818.
[9] Vgl. BT-Drs. 18/8702, 21.

24 Stunden nach Beantragung angeordnet, hat jedwede Kenntnisnahme zu unterbleiben und sind die Daten unverzüglich und unwiederbringlich zu löschen.

7 **2. Vollzug der Beschränkung (Abs. 5 S. 2 und 3).** Der Kontrolle durch die G 10-Kommission obliegt nicht nur die Überprüfung der Rechtmäßigkeit einer Anordnung, sondern nach Abs. 5 S. 2 auch deren Vollzug und damit der **gesamte Vorgang der Erhebung, Verarbeitung und Nutzung der erlangten personenbezogenen Daten** (vgl. → Rn. 1) einschließlich der Entscheidung darüber, ob bzw. wann Betroffene Mitteilung von der Beschränkungsmaßnahme erhalten. Um diese Kontrolle auf einer ausreichenden Tatsachengrundlage durchführen und damit alle entscheidungserheblichen Umstände berücksichtigen zu können, räumt S. 3 den Kommissionsmitgliedern und ihren Mitarbeitern umfangreiche Rechte ein. Zu diesen gehört nach S. 3 Nr. 1 das Recht auf Auskunft bzw. nach S. 3 Nr. 2 das Recht auf Einsicht in alle Unterlagen einschließlich elektronischer Datenspeicher sowie in die entsprechenden Datenverarbeitungsprogramme. Den vorgenannten Personen ist nach S. 3 Nr. 3 schließlich Zutritt in alle Diensträume zu gewähren. Dieses Zutrittsrecht erstreckt sich zuvörderst auf die Diensträume der Nachrichtendienste. Es gilt darüber hinaus aber auch für alle übrigen nationalen Stellen, denen personenbezogene Daten aus Maßnahmen nach diesem Gesetz übermittelt wurden. Nur so kann die Kommission ihrer Aufgabe nachkommen, sowohl die Erhebung als auch die Erarbeitung und Nutzung der nach dem G 10-Gesetz erhobenen Daten zu kontrollieren.[10]

8 Die **Kontrolltätigkeit der Kommission beginnt** in dem Moment, in dem die Anordnung nach § 10 erlassen wurde. Dies ergibt sich ua aus dem Zusammenhang mit § 1 Abs. 2, wonach die „durchgeführten" Maßnahmen des Bundes der Kontrolle der Kommission unterliegen. Für Beschränkungsmaßnahmen lediglich vorbereitende Handlungen gilt dies nicht und ist von Verfassungs wegen auch nicht geboten. Beschränkungen lediglich vorbereitenden Maßnahmen kommt im Hinblick auf Art. 10 GG ein Eingriffscharakter nicht zu. Entsprechendes gilt für das durch Art. 2 Abs. 1 iVm Art. 1 Abs. 1 GG geschützte allgemeine Persönlichkeitsrecht.

9 Mit Erlass der Anordnung obliegt der G 10-Kommission eine **umfassende Kontrollbefugnis.** Die Rechte der Kommission gehen über die in Abs. 5 S. 3 Nr. 1–3 aufgezählten Befugnisse hinaus; diese sind vielmehr nur beispielhaft aufgezählt, wie sich unmittelbar aus der Formulierung „insbesondere" ergibt. Die Kommission kann die für die Auswahl der Suchbegriffe maßgeblichen Kriterien ebenso überprüfen wie die Kriterien selbst, sie kann den Vorgang der Datenerhebung und -verarbeitung kontrollieren und die Einhaltung der datenschutzrechtlichen Bestimmungen überprüfen.

10 **3. Kontrollbefugnisse des einzelnen Kommissionsmitglieds.** Die Kontrollbefugnis nach Abs. 5 steht der „G 10 Kommission" als Gesamtheit ihrer Mitglieder und damit als Gremium zu. Dies kann unmittelbar aus Abs. 1 S. 2 abgeleitet werden, wonach sie ihre Entscheidungen mit einfacher Mehrheit trifft. Tätigkeiten **außerhalb ihrer Funktion als „Spruchkörper"** kann die Kommission auch einzelnen ihrer Mitglieder übertragen. So kann ein einzelnes Mitglied von der Kommission damit beauftragt werden, die Einhaltung datenschutzrechtlicher Vorschriften zu überprüfen. Einem Mitarbeiter der Kommission können derartige Befugnisse nicht übertragen werden. Dieser ist indes, wie sich aus Abs. 5 S. 3 ergibt, berechtigt, die in Nr. 1–3 aufgezählten Kontrollrechte auszuüben.

III. Verfahrensrechtliche Aspekte

11 **1. Zusammensetzung und Ausstattung der Kommission (Abs. 1, 3). a) Zusammensetzung (Abs. 1 S. 1–5).** Die Vorschrift des Abs. 1 regelt in S. 1 die personelle Zusammensetzung der G 10-Kommission und bestimmt, dass diese aus dem Vorsitzenden, der die Befähigung zum Richteramt besitzen muss, sowie drei Beisitzern und vier stellvertretenden Mitgliedern besteht. Anders als beim PKGr, dessen Mitglieder zwingend dem Deut-

---

[10] Erbs/Kohlhaas/*Huber* Rn. 26.

schen Bundestag angehören müssen, gilt dies für die G 10-Kommission nicht. Im Weiteren regelt S. 2, dass bei Stimmengleichheit die Stimme des Vorsitzenden entscheidet, erklärt S. 3 die Mitglieder der Kommission für **unabhängig und Weisungen nicht unterworfen** (vgl. → Rn. 2) und bestimmt S. 4, dass sie ein öffentliches Amt wahrnehmen und vom PKGr nach Anhörung der Bundesregierung für die Dauer einer Wahlperiode des Deutschen Bundestages bestellt werden. Mit S. 5, eingeführt durch das Gesetz zur weiteren Fortentwicklung der parlamentarischen Kontrolle der Nachrichtendienste des Bundes v. 30.11.2016,[11] soll das in § 5a Abs. 4 S. 2 PKGrG verankerte Recht der bzw. des Ständigen Bevollmächtigten, regelmäßig nicht nur an den Sitzungen des Parlamentarischen Kontrollgremiums sondern auch an den Sitzungen der G 10-Kommission teilnehmen zu dürfen, auch im G 10-Gesetz selbst verankert werden. Die Vorschrift dient lediglich der Klarstellung.[12]

b) Ausstattung (Abs. 3). Auch die in Abs. 3 enthaltenen Regelungen sind unmittelbar auf die Entscheidung des BVerfG vom 14.7.1999[13] zurückzuführen. In dieser hat das BVerfG im Hinblick auf § 9 Abs. 2 S. 3 aF, worin entsprechend der jetzigen Vorschrift des Abs. 5 S. 1 geregelt war, dass die Kommission von Amts wegen oder auf Antrag über die Zulässigkeit und Notwendigkeit von Beschränkungen entscheidet, zum Ausdruck gebracht, dass die Kontrolle durch die Kommission den gesamten Prozess der Erfassung und Verwertung der Daten erfasst und die Kommission mit Blick auf ihre durch das Verbrechensbekämpfungsgesetz erheblich ausgeweitete Überwachungstätigkeit so ausgestattet sein müsse, „dass sie ihren Aufgaben in effektiver Weise nachzukommen vermag".[14] Dem entsprechend postuliert Abs. 3 S. 1, dass der Kommission die notwendige **Personal- und Sachausstattung** zur Verfügung zu stellen und dass die Kommission im Einzelplan des Bundestages im Kapitel für die parlamentarische Kontrolle der Nachrichtendienste gesondert auszuweisen ist. Des Weiteren sollen der Kommission nach Abs. 3 S. 2 geeignete Mitarbeiter mit technischem Sachverstand zur Verfügung stehen. Abs. 3 kommt überwiegend ein appellativer Charakter zu. 12

2. Verfahren und Geheimhaltung (Abs. 2 und 4). Abs. 2 bestimmt, dass die Beratungen der G 10-Kommission **geheim** (S. 1 und 2) und ihre Mitglieder auch nach ihrem Ausscheiden aus der Kommission zur Geheimhaltung verpflichtet sind (S. 3). Den Kommissionsmitgliedern ist es deshalb verwehrt, sich etwa mit den Vorsitzenden der Bundestagsfraktionen oder anderen Parlamentariern über die Arbeit der Kommission auszutauschen.[15] Anders als § 10 Abs. 2 PKGrG für die Mitglieder der Parlamentarischen Kontrollgremiums sieht das G 10-Gesetz für die Mitglieder der Kommission keine Ausnahmen von dieser Geheimhaltungspflicht vor. Diese ist durch § 203 StGB zudem strafbewehrt. 13

Die in **Abs. 4** S. 1 enthaltene Regelung, wonach die Kommission mindestens einmal im Monat zusammentritt, korrespondiert mit den Vorschriften in Abs. 6 S. 1 und Abs. 7 S. 1 bzw. den in § 8b Abs. 2 BVerfSchG enthaltenen Regelungen, wonach die zuständigen Ministerien die G 10-Kommission **monatlich** zu unterrichten haben. 14

IV. Unterrichtung der G 10-Kommission (Abs. 7)

Nach Abs. 7 **S. 1** unterrichtet das zuständige Bundesministerium monatlich der G 10-Kommission über die Mitteilungen der Bundesbehörden nach § 12 Abs. 1 und 2 und damit über die nach dieser Vorschrift vorzunehmenden Mitteilungen gegenüber den Betroffenen von Beschränkungsmaßnahmen. Auch diese Vorschrift dient der Kontrolle, hier der **Einhaltung der sich aus § 12 ergebenden Verpflichtung** zur Unterrichtung der Betroffenen. 15

---
[11] BGBl. I S. 2746.
[12] BT-Drs. 18/9040, 15.
[13] BVerfG 14.7.1999 – 1 BvR 2226/94, 2429/95 und 2437/95, NJW 2000, 55.
[14] BVerfG 14.7.1999 – 1 BvR 2226/94, 2429/95 und 2437/95, NJW 2000, 55 (68).
[15] Erbs/Kohlhaas/*Huber* Rn. 8.

16 Gemäß Abs. 7 **S. 2** ist eine Mitteilung an den Betroffenen **unverzüglich** vorzunehmen, sofern die Kommission eine solche für geboten hält. Diese Entscheidung, die die Kommission mit der Mehrheit der Stimmen ihrer Mitglieder treffen kann, ist nach dem insoweit eindeutigen Wortlaut von S. 2 für die zuständige Behörde verbindlich.

17 Wurden personenbezogene Daten an Landesbehörden übermittelt und hält die Kommission eine Mitteilung für geboten, so ist nach **S. 3** das „Benehmen", sprich Einverständnis dieser Behörde erforderlich. Eine Mitteilung darf mithin nur nach **vorheriger Zustimmung** der Landesbehörde erfolgen.

V. Austausch zwischen G 10-Kommission und Parlamentarischem Kontrollgremium (Abs. 8)

18 Die Regelung des Abs. 8 wurde ebenso wie Abs. 1 S. 5 durch Gesetz zur weiteren Fortentwicklung der parlamentarischen Kontrolle der Nachrichtendienste des Bundes (vgl. → Rn. 11) eingeführt und sieht nunmehr einen regelmäßigen Austausch zwischen der G 10-Kommission sowie dem Parlamentarischen Kontrollgremium über **„allgemeine Angelegenheiten ihrer Kontrolltätigkeit"** vor. Thematisch muss der Austausch mithin Kontrollthemen zum Gegenstand haben. Bei diesem Austausch bleiben die jeweiligen Vertreter der Gremien an die jeweils für sie geltenden Geheimhaltungsvorschriften gebunden. Etwaige Kontrollthemen und -erkenntnisse dürfen mithin nur in allgemeiner Form erörtert bzw. ausgetauscht werden. Ein Austausch bzgl. konkreter Einzelfälle ist mithin nicht zulässig.[16]

§ 16 Parlamentarische Kontrolle in den Ländern

¹Durch den Landesgesetzgeber wird die parlamentarische Kontrolle der nach § 10 Abs. 1 für die Anordnung von Beschränkungsmaßnahmen zuständigen obersten Landesbehörden und die Überprüfung der von ihnen angeordneten Beschränkungsmaßnahmen geregelt. ²Personenbezogene Daten dürfen nur dann an Landesbehörden übermittelt werden, wenn die Kontrolle ihrer Verarbeitung und Nutzung durch den Landesgesetzgeber geregelt ist.

Schrifttum: *Huber*, Die Parlamentarische Kontrolle der Nachrichtendienste und des Gesetzes nach Art. 19 GG, NVwZ 2009, 1321.

1 § 16 regelt – wie bereits unmittelbar aus seiner Überschrift hervorgeht – die **parlamentarische Kontrolle** von Beschränkungsmaßnahmen durch die Länder (vgl. → Rn. 3 ff.). In Umsetzung dieser Verpflichtung haben sämtliche Bundesländer jeweils Ausführungsgesetze zum G 10-Gesetz erlassen.

I. Organisation und Rechtsgrundlagen des Verfassungsschutzes

1a § 1 Abs. 1 ermächtigt das Bundesamt für Verfassungsschutz (BfV), den Militärischen Abschirmdienst (MAD), den Bundesnachrichtendienst (BND) sowie die Verfassungsschutzbehörden der Länder gemeinsam, mithin **Bundes- wie Landesbehörden** zur Abwehr der dort genannten drohenden Gefahren die Telekommunikation zu überwachen und aufzuzeichnen sowie die dem Brief- oder Postgeheimnis unterliegenden Sendungen zu öffnen und einzusehen. Der Verfassungsschutz in der Bundesrepublik Deutschland ist **föderal** strukturiert. Neben dem BfV, welches die Verfassungsschutzaufgaben auf Bundesebene wahrnimmt und als zentrale Kommunikationsstelle fungiert, verfügt jedes der sechzehn Bundesländer über seine eigene Verfassungsschutzbehörde. In den meisten Ländern wie etwa Bayern und Baden-Württemberg existieren eigenständige Landesämter für Verfas-

---
[16] Vgl. BT-Drs. 18/9040, 15, 16.

sungsschutz als obere Landesbehörden, in anderen Ländern wie etwa in Niedersachsen sind diese Behörden als eigenständige Abteilung in die Innenministerien integriert.

Hinsichtlich der **Rechtsgrundlage** sei in aller Kürze Folgendes angemerkt: Der Verfassungsschutz in Deutschland ist verfassungsrechtlich in Art. 73 Abs. 1 Nr. 10 lit. b und c sowie in Art. 87 Abs. 1 S. 2 GG verankert. Die Aufgaben und Eingriffsbefugnisse sind sodann einfachgesetzlich geregelt. So regelt das Gesetz über die Zusammenarbeit des Bundes und der Länder in Angelegenheit des Verfassungsschutzes und über das Bundesamt für Verfassungsschutz (BVerfSchG) die von Bund und Ländern insoweit gemeinsam wahrzunehmenden Aufgaben. Zugleich bildet es die (einfach-) gesetzliche Grundlage für die Tätigkeit des BfV. Rechtsgrundlage für die Tätigkeit der Verfassungsschutzbehörden der Länder sind neben dem BVerfSchG die Landesverfassungsschutzgesetze sowie die Ausführungsgesetze der Länder zum G 10-Gesetz. Entsprechend der Regelung in § 1 Abs. 1 dieses Gesetzes wird auch in den Verfassungsschutzgesetzen der Länder der Zweck des Verfassungsschutzes im Schutz der freiheitlichen demokratischen Grundordnung sowie im Bestand und in der Sicherheit des Bundes und der Länder gesehen.[1] Darüber hinaus obliegen den Landesämtern für Verfassungsschutz weitere Aufgaben. So wirken sie bei der Sicherheitsüberprüfung von Personen in sicherheitsempfindlichen Bereichen mit. Rechtgrundlage hierfür sind die jeweiligen Sicherheitsüberprüfungsgesetze der Länder.[2]

II. Regelungsgehalt des § 16

S. 1 weist darauf hin, dass für die Regelung der **parlamentarischen Kontrolle der durch die Landesverfassungsschutzbehörden** angeordneten Beschränkungsmaßnahmen der Landesgesetzgeber zuständig ist.[3] Von den Beschränkungen nach diesem Gesetz können die zuständigen Landesbehörden für Verfassungsschutz einzig Maßnahmen der Individualkontrolle nach § 3 durchführen. Die Beschränkungsmaßnahmen der strategischen Kontrolle nach § 5 bzw. Beschränkungen nach § 8 sind allein dem BND vorbehalten.

Alle Länder[4] haben **Ausführungsgesetze zum Artikel 10-Gesetz** erlassen. In diesen ist ua geregelt, wer die zuständige oberste Landesbehörde iSv § 10 Abs. 1 dieses Gesetzes ist. Des Weiteren sehen die verschiedenen Ausführungsgesetze entsprechend dem in Abs. 1 S. 1 dieser Norm enthaltenen Hinweis in unterschiedlicher Ausgestaltung eine parlamentarische Kontrolle vor. So bestimmt etwa § 2 Abs. 1 des Ausführungsgesetzes zum Artikel 10-Gesetz Baden Württemberg (AG G10 BW), dass das Innenministerium in Abständen von sechs Monaten ein Gremium aus fünf vom Landtag zu bestimmenden Abgeordneten über die Durchführung des G 10-Gesetzes unterrichtet. Diese Regelung entspricht § 14 Abs. 1 S. 1 des Gesetzes über das **Parlamentarische Kontrollgremium.** Darüber hinaus sieht § 2 Abs. 2 AG G10 BW vor, dass das Innenministerium unverzüglich eine Kommission über die von ihm angeordneten Beschränkungsmaßnahmen unterrichtet. Beschränkungen, die die Kommission für unzulässig oder nicht notwendig erklärt, hat das Innenministerium unverzüglich aufzuheben. Diese Regelung entspricht der in § 15 Abs. 6 des Gesetzes über die **G 10-Kommission.** Vergleichbare Regelungen finden sich ua in §§ 2 und 3 des Verfassungsschutzgesetzes Nordrhein-Westfalen (VSG NRW)[5] bzw. §§ 2–4 SächsAG G10.[6]

S. 2 stellt klar, dass personenbezogene Daten nur dann an Landesbehörden übermittelt werden dürfen, wenn zuvor die Kontrolle der Verarbeitung und Nutzung dieser Daten

---

[1] Vgl. etwa § 1 LVSG BW; § 1 NVerfSchG.
[2] Vgl. bspw. Gesetz über die Sicherheitsüberprüfung aus Gründen des Geheimschutzes (Landessicherheitsgesetz – LSÜG) BW.
[3] Zur parlamentarischen Kontrolle der Nachrichtendienste und des G 10-Gesetzes vgl. *Huber* NVwZ 2009, 1321.
[4] Ausführungsgesetz zum Artikel 10-Gesetz vom 13.5.1969 – AG G 10 BW, BGl. 1969, S. 79 idF vom 11.10.2005, GBl. 661 (665).
[5] Gesetz über den Verfassungsschutz in Nordrhein-Westfalen vom 20.1.21994, GV. NW. 1995 S. 23, zuletzt geändert durch Art. 1 des Gesetzes zur Neuausrichtung des Verfassungsschutzes von Nordrhein-Westfalen vom 21.6.2013, GV. NRW. 367.
[6] Gesetz zur Ausführung des Artikel 10-Gesetzes im Freistaat Sachsen vom 15.8.2003, SächsGVBl. 313.

durch den Landesgesetzgeber geregelt wurde. Zwar haben die Länder den **Schutz personenbezogener Daten** in ihren Ausführungsgesetzen zum G 10-Gesetz thematisiert, insoweit wird ua auf § 3 AG G10 BW, § 3 Abs. 2 AG G10 Thrg[7] bzw. § 2 Abs. 2 SächsAG G 10 verwiesen. Es erscheint indes zweifelhaft, ob der in den Landesgesetzen enthaltene Schutz personenbezogener Daten namentlich im Hinblick auf die erforderliche Zweckbindung den Anforderungen der Entscheidung des BVerfG vom 14.7.1999[8] genügt.

---

[7] Thüringer Gesetz zur Ausführung des Artikel 10-Gesetzes vom 16.7.2008, GVBl. 245).
[8] BVerfG 14.7.19991 – BvR 2226/94, 2420/94 und 2437/95, NJW 2000, 55 (64 ff.).

Abschnitt 6. Straf- und Bußgeldvorschriften

§ 17 Mitteilungsverbote

(1) **Wird die Telekommunikation nach diesem Gesetz oder nach den §§ 100a, 100e der Strafprozessordnung überwacht, darf diese Tatsache von Personen, die Telekommunikationsdienste erbringen oder an der Erbringung solcher Dienste mitwirken, anderen nicht mitgeteilt werden.**

(2) **Wird die Aushändigung von Sendungen nach § 2 Abs. 1 Satz 1 oder 3 angeordnet, darf diese Tatsache von Personen, die zur Aushändigung verpflichtet oder mit der Sendungsübermittlung betraut sind oder hieran mitwirken, anderen nicht mitgeteilt werden.**

(3) **Erfolgt ein Auskunftsersuchen oder eine Auskunftserteilung nach § 2 Abs. 1, darf diese Tatsache oder der Inhalt des Ersuchens oder der erteilten Auskunft von Personen, die zur Beantwortung verpflichtet oder mit der Beantwortung betraut sind oder hieran mitwirken, anderen nicht mitgeteilt werden.**

Schrifttum: s. § 1.

I. Regelungsinhalt

Für die privaten Post- und Telekommunikationsdienstleister und deren Angehörige gilt anders als für Amtsträger keine Verpflichtung zur Amtsverschwiegenheit.[1] Dem trägt § 17 Rechnung und verpflichtet deshalb alle privaten Betreiber, die mit der Durchführung von Beschränkungsmaßnahmen „nach diesem Gesetz oder nach den §§ 100a, 100e der Strafprozessordnung" vertraut sind, zur **Geheimhaltung**. 1

II. Verpflichteter Personenkreis (Abs. 1 und 2)

§ 17 enthält ein Geheimhaltungsgebot für private Betreiber, die Telekommunikationsdienste erbringen oder darin mitwirken (Abs. 1) bzw. die mit der Übermittlung von Postsendungen betraut sind oder hieran mitwirken (Abs. 2). Innerhalb dieser Unternehmen werden freilich nicht nur diejenigen Personen verpflichtet, deren Tätigkeit unmittelbar in der Bearbeitung oder Umsetzung einer Beschränkungsmaßnahme bzw. eines Auskunftsersuchens besteht. Entsprechend der ratio legis der Vorschrift, nämlich der Gewährleistung der Geheimhaltung der Maßnahme und damit ihrer Effizienz kommt es auf die konkrete Befassung mit der Überwachungsmaßnahme nicht an. Das Geheimhaltungsgebot gilt vielmehr gegenüber allen Personen, die **kraft ihrer Funktion,** mithin ihres privatrechtlichen Amtes mit der Telekommunikationseinrichtung bzw. dem Postversand befasst sind.[2] Es erfasst natürliche wie juristische Personen in gleicher Weise.[3] 2

1. Beschäftigte bei Telekommunikationsdienstleistern (Abs. 1). Verpflichtet werden nach Abs. 1 S. 1 all diejenigen Personen, die die entsprechenden Dienste erbringen oder an der Erbringung mitwirken, mithin den Dienst **betreiben, beaufsichtigen, bedienen oder bei dem Betrieb tätig sind** und von der Maßnahme Kenntnis erlangt haben. Diese Auslegung ergibt sich im Hinblick auf die Vorgängerregelung dieser Vorschrift, § 10 aF. Dessen Abs. 1 beschrieb den verpflichteten Personenkreis in der vorstehend dargelegten Weise. An diesem materiellen Regelungsgehalt wollte der Gesetzgeber mit der Neufassung in § 17 durch das Gesetz zur Neuregelung von Beschränkungen des Brief-, Post- und 3

---
[1] Vgl. BT-Drs. 11/4316, 90.
[2] *Riedel* § 10 aF Rn. 6.
[3] So auch Erbs/Kohlhaas/*Huber* Rn. 1.

Fernmeldegeheimnisses vom 26.6.2001[4] keine Änderungen vornehmen. Beabsichtigt waren vielmehr nur geringfügige redaktionelle Änderungen.[5] Diese Auslegung lässt sich zudem zwanglos mit dem Wortlaut in Abs. 1 S. 1 vereinbaren.

4   **2. Beschäftigte bei Postdienstleistern (Abs. 2).** Von den Beschäftigten der Postdienstleister werden nach Abs. 2 diejenigen Personen erfasst, die zur **Aushändigung verpflichtet oder mit der Sendungsübermittlung betraut sind bzw. darin mitwirken.** Die Aushändigungspflicht bezieht sich stets auf eine konkrete Sendung und erfasst somit lediglich denjenigen Personenkreis, in dessen tätigkeitsbezogenem „Herrschaftsbereich" sich die zu übergebende Sendung auch tatsächlich befindet. Demgegenüber bezieht sich das Merkmal „mit der Sendungsüberwachung betraut" sowohl auf die generelle Zuweisung des betreffenden Aufgabengebietes durch den Arbeitgeber und damit losgelöst von einem konkreten Einzelfall als auch auf die konkrete Überwachung des Versandweges einer ganz bestimmten Postsendung.[6]

III. Geheimhaltungspflichtige Umstände

5   **1. Überwachung der Telekommunikation (Abs. 1). a) Sachlich-gegenständlicher Anwendungsbereich.** § 17 verpflichtet im Falle der Überwachung der **Telekommunikation** nach diesem Gesetz oder nach §§ 100a, 100b StPO diejenigen, die Telekommunikationsdienste erbringen oder daran mitwirken, zum Stillschweigen. Es gilt daher zunächst den Begriff der Telekommunikation kurz zu beleuchten. Sein Umfang bestimmt auch den der Geheimhaltung und bildet gleichsam den Kern der geheim zu haltenden Daten, wenngleich das Geheimhaltungsgebot des § 17 noch darüber hinausgeht (vgl. → Rn. 7).

6   Das G 10-Gesetz gestattet ebenso wie die §§ 100a, 100b StPO Eingriffe in das verfassungsrechtlich in Art. 10 GG verankerte Brief-, Post- und Fernmeldegeheimnis. Art. 10 GG begründet ein Abwehrrecht gegen die Kenntnisnahme von Inhalt und näheren Umständen individueller Telekommunikationen durch den Staat. Es gewährleistet die freie Entfaltung der Persönlichkeit durch einen privaten und vor den Augen der Öffentlichkeit verborgenen Austausch von Nachrichten, Gedanken und Meinungen und wahrt damit die Würde des denkenden und freiheitlich handelnden Menschen.[7] Art. 10 GG dient der Sicherung einer „formalisierten Vertraulichkeitssphäre".[8] Es kommt mithin nicht darauf an, ob der Inhalt der Kommunikation vertraulich bzw. privater, geschäftlicher oder politischer Art ist. Entscheidet ist vielmehr, ob es sich um einen **individuellen Telekommunikationsvorgang handelt.** Ein Grundrechtseingriff ist mithin überall dort anzunehmen, wo eine Individualisierung der erhobenen Kommunikationsdaten möglich ist. Es muss sich mithin um die (Tele)Kommunikation zwischen einzelnen Personen bzw. zwischen individualisierbaren und damit begrenzbaren Personenkreisen handeln.[9] Eine Informationsübertragung an eine unbestimmte Vielzahl von Personen, etwa die Übertragung von Rundfunk und Fernsehen an die Allgemeinheit, berührt hingegen nicht den gegenständlichen Schutzbereich von Art. 10 GG. Die Auslegung des Begriffes „Telekommunikation" iS dieses Gesetzes hat sich deshalb ebenso wie die Auslegung dieses Begriffes in der StPO an Art. 10 GG und nicht an der technisch orientierten Definition dieses Begriffes durch § 3 Nr. 22 TKG zu orientieren. Dort wird der Begriff definiert als der technische Vorgang des Aussendens, Übermittelns und Empfangens von Signalen mittels Telekommunikationsanlagen. Von diesem Telekommunikationsbegriff des TKG werden anders als durch diese Vorschrift bzw. die §§ 100a, 100b auch durch Rundfunk und Fernsehen bzw. mittels Internet an die die Allgemeinheit gerichtete Informationsangebote erfasst (vgl. weiterführend → StPO § 100a Rn. 26 ff.).

---

[4] BGBl. I 1254.
[5] BT-Drs. 14/5655, 26.
[6] So zutreffend *Riedel* § 10 aF Rn. 13 ff.
[7] Maunz/Dürig/*Durner* GG Art. 10 Rn. 1.
[8] Maunz/Dürig/*Durner* GG Art. 10 Rn. 41.
[9] Maunz/Dürig/*Durner* GG Art. 10 Rn. 122.

b) Tatsache der Überwachung. Abs. 1 verpflichtet den vorstehend genannten Personenkreis (vgl. → Rn. 2–4) bereits zur Verschwiegenheit hinsichtlich der Tatsache, dass die Telekommunikation nach diesem Gesetz bzw. den §§ 100a, 100b StPO überwacht wird. Nach Abs. 1 darf **bereits dieser Umstand** „anderen nicht mitgeteilt werden". Die zur Verschwiegenheit Verpflichteten dürfen sich zu diesem Umstand mithin überhaupt nicht äußern und somit auch keine Erklärung dahingehend abgeben, dass eine Beschränkung nach diesem Gesetz bzw. eine Überwachung nach Maßgabe der StPO nicht stattgefunden hat.

2. Postüberwachung (Abs. 2). Auch das Postgeheimnis schützt ebenso wie das Fernmeldegeheimnis den Nachrichtenverkehr zwischen **einzelnen Personen bzw. einem eingrenzbaren Personenkreis.** Nicht erfasst werden mithin mangels individueller Kommunikation etwa der Versand oder das Austragen von Zeitschriften oder Massenwerbesendungen.[10] Abs. 2 verbietet hinsichtlich solcher Art von Postsendungen die Weitergabe der Tatsache, dass die Aushändigung von Sendungen nach § 2 Abs. 1 S. 1 angeordnet wurde. Der Hinweis auch auf § 2 Abs. 1 S. 3 innerhalb des Abs. 2 erfolgte offenkundig vor dem Hintergrund, dass in § 2 Abs. 1 S. 3 hinsichtlich der den Telekommunikationsdienstleistern auferlegten Pflichten auch von „Sendungen" die Rede ist, die diesen zur Übermittlung anvertraut wurden. Nach richtiger Auflassung unterfallen derart verkörperte individuelle Nachrichten dem Post- und nicht dem Fernmeldegeheimnis.

IV. Geheimhaltung hinsichtlich von Auskunftsersuchen (Abs. 3)

Durch Abs. 3 soll das Mitteilungsverbot des § 17 in sachlicher Hinsicht über die Tatsache der Überwachung oder des Ersuchens um Aushändigung hinaus ausgedehnt werden auf den **Inhalt des Ersuchens bzw. der erteilten Auskünfte.**[11] In personaler Hinsicht soll das Mitteilungsverbot auch auf diejenigen erstreckt werden, die „**geschäftsmäßig**" **Post- oder Telekommunikationsdienste** erbringen. Damit soll klargestellt werden, dass sich die Geheimhaltungspflicht auf alle Handlungen erstreckt, zu denen die geschäftsmäßigen Post- und Telekommunikationsdienstleister verpflichtet sind.

§ 18 Straftaten

Mit Freiheitsstrafe bis zu zwei Jahren oder mit Geldstrafe wird bestraft, wer entgegen § 17 eine Mitteilung macht.

Schrifttum: s. § 1.

I. Allgemeine Anmerkungen

§ 18 stellt einen **Verstoß gegen das Mitteilungsverbot des § 17 unter Strafe** und droht Geld- oder Freiheitsstrafe bis zu zwei Jahren an. Der Gesetzgeber hielt eine solche Sanktionierung zur Durchsetzung der Verschwiegenheitspflicht für geboten, weil zur Umsetzung von Beschränkungsmaßnahmen nicht mehr wie früher für den öffentlichen Dienst besonders verpflichtete Amtsträger berufen sind. Zur Mitwirkung sind nunmehr die Beschäftigten der privaten Post- und Telekommunikationsdienstleister verpflichtet, für die ein Verstoß gegen das Mitteilungsverbot des § 17 nicht nach § 353b StGB strafbar ist.[1] Sie sind weder Amtsträger oder für den öffentlichen Dienst besonders Verpflichtete noch nehmen sie Aufgaben nach dem Personalvertretungsrecht wahr.

Da der Straftatbestand des § 18 ausschließlich auf Beschäftigte der geschäftsmäßigen Post- und Telekommunikationsdienstleister Anwendung findet, handelt es sich um ein **echtes Sonderdelikt** iSd § 28 Abs. 1 StGB.[2]

---

[10] Maunz/Dürig/*Durner* GG Art. 10 Rn. 66.
[11] Vgl. BT-Drs. 13/5753, 7 für § 10 aF.
[1] Vgl. BT-Drs. 13/5753, 7.
[2] Ebenso *Roggan* Rn. 2.

II. Tatbestandliche Voraussetzungen

3 **1. § 17 Abs. 1.** Tatbestandlich setzt § 18 Abs. 1 zunächst in objektiver Hinsicht voraus, dass die **Telekommunikation nach diesem Gesetz oder nach §§ 100a, 100b StPO** überwacht wird. Die Vorschrift findet mithin auf andere nach der StPO ebenfalls statthafte Maßnahmen im Zusammenhang mit der Telekommunikationsüberwachung – wie etwa die Erhebung von Verkehrsdaten nach § 100g StPO bzw. der Einsatz eines IMSI-Catchers nach § 100i StPO – keine Anwendung. Letztere wird zudem vielfach ohne Wirkung des Telekommunikationsdienstleisters durchgeführt. Maßnahmen der Telekommunikationsüberwachung nach diesem Gesetz sind solche gemäß §§ 3, 5 und 8.

4 Weitere Voraussetzung ist, dass die **Tatsache der Durchführung einer Beschränkung** anderen Personen mitgeteilt wird. Dies kann ausdrücklich oder konkludent erfolgen. Der Wortlaut der Norm, insbesondere die Formulierung „wird die Telekommunikation (...) überwacht" spricht dafür, ausschließlich solche Handlungen als tatbestandlich iSd Abs. 1 anzusehen, die bis zur Beendigung der Maßnahme durchgeführt werden. Für diese Auslegung streiten auch die Materialien. Dort wird ausgeführt, eine Überwachung sei nur effektiv, wenn die Betroffenen nicht vorzeitig über die Maßnahme informiert würden.[3] Dem kriminalpolitisch anzuerkennenden Interesse, die Geheimhaltung der Beschränkungsmaßnahme auch nach deren Beendigung strafbewehrt zu gewährleisten, etwa in den Fällen, in denen noch weitere verdeckte Ermittlungsmaßnahmen durchgeführt werden sollen, dürfte nur durch eine Gesetzesänderung Rechnung getragen werden können.

5 In subjektiver Hinsicht ist im Hinblick auf § 15 StGB **Vorsatz** erforderlich, wobei bedingter Vorsatz genügt. Eine mögliche Strafbarkeit hängt nicht davon ab, dass der Beschäftigte zuvor über seine Verschwiegenheitspflicht bzw. das Mitteilungsverbot des § 17 ausdrücklich belehrt wurde. Dies kann allenfalls für die Frage eines möglichen Verbotsirrtums von Bedeutung sein.[4]

6 Der **Versuch** ist im Hinblick auf § 23 Abs. 1 StGB nicht strafbar. Es handelt sich bei § 18 um einen Vergehenstatbestand, der den Versuch nicht unter Strafe stellt. Im Falle der **Beteiligung** Dritter an der Tat gilt § 28 Abs. 2 StGB.

7 **2. § 17 Abs. 2 und 3.** In den Fällen der § 17 Abs. 2 und 3 gelten die vorstehenden Ausführungen entsprechend. Von § 17 **Abs. 2** werden alle Handlungen erfasst, die ausdrücklich oder konkludent die Mitteilung enthalten, dass die Aushändigung von Sendungen angeordnet wurde. **Abs. 3** schließlich erfasst Handlungen, durch die entweder der Inhalt des Ersuchens oder der erteilten Auskunft Dritten mitgeteilt wird.

§ 19 Ordnungswidrigkeiten

(1) Ordnungswidrig handelt, wer
1. einer vollziehbaren Anordnung nach § 2 Abs. 1 Satz 1 oder 3 zuwiderhandelt,
2. entgegen § 2 Abs. 2 Satz 2 eine Person betraut oder
3. entgegen § 2 Abs. 2 Satz 3 nicht sicherstellt, dass eine Geheimschutzmaßnahme getroffen wird.

(2) Die Ordnungswidrigkeit kann mit einer Geldbuße bis zu fünfzehntausend Euro geahndet werden.

(3) Bußgeldbehörde im Sinne des § 36 Abs. 1 Nr. 1 des Gesetzes über Ordnungswidrigkeiten ist die nach § 10 Abs. 1 zuständige Stelle.

Schrifttum: *Huber*, Das neue G 10-Gesetz, NJW 2001, 3296.

---

[3] BT-Drs. 13/573, 7.
[4] So zutreffend *Riedel* § 10 aF Rn. 5.

I. Allgemeine Anmerkungen

Die Vorschrift des § 19, durch das Gesetz zur Neuregelung von Beschränkungen des Brief-, Post- und Fernmeldegeheimnisses vom 26.6.2001[1] redaktionell überarbeitet[2] und zuletzt geändert durch das Terrorismusbekämpfungsgesetz vom 9.1.2002,[3] dient der **Sicherung und Durchsetzung der durch § 2 begründeten Mitwirkungspflichten** der Telekommunikations- und Postdienstleister. Eine effektive Durchsetzung auch gesetzlich begründeter Mitwirkungspflichten ist erfahrungsgemäß nur möglich, wenn diese Pflichten auch mit Ordnungsmitteln durchgesetzt werden können. § 19 erfasst durch seine Bezugnahme auf § 2 Abs. 1 und 2 diejenigen Unternehmen bzw. Personen, die geschäftsmäßig Post- oder Telekommunikationsdienste erbringen oder an einem solchen Dienst mitwirken. § 19 enthält **drei Ordnungswidrigkeitstatbestände**.

II. Anordnung nach § 2 Abs. 1 S. 1 und 3 (Abs. 1 Nr. 1)

Anordnungen nach Abs. 1 Nr. 1 sind solche auf **Auskunft über die näheren Umstände des Postverkehrs** bzw. auf **Aushändigung solcher Sendungen,** die dem Dienstleister zum Einsammeln, Weiterleiten oder Ausliefern anvertraut wurden. Des Weiteren werden von Nr. 1 **Auskunftsverlangen** über die näheren Umstände der nach Wirksamwerden der Anordnung durchgeführten Telekommunikation, **Anordnungen auf Aushändigung** von anvertrauten Sendungen zur Übermittlung auf dem Telekommunikationsweg und, von besonderer praktischer Bedeutung, **Anordnungen zur Überwachung und Aufzeichnung der Telekommunikation** erfasst.

Weitere Voraussetzung ist nach Abs. 1 Nr. 1, dass es sich um eine **vollziehbare** Anordnung handelt.

III. Anordnung nach § 2 Abs. 2 S. 2 (Abs. 1 Nr. 2)

Durch Abs. 1 Nr. 2 werden die Fälle erfasst, in denen der verpflichtete Dienstleister mit der Durchführung von Beschränkungsmaßnahmen entgegen § 2 Abs. 2 S. 2 Personen betraut, die **keiner einfachen Sicherheitsüberprüfung** unterzogen und nicht gemäß § 2 Abs. 2 S. 1 Nr. 3 **über die Mitteilungsverbote nach § 17 sowie über die Strafbarkeit eines Verstoßes hiergegen gemäß § 18** belehrt wurden.

IV. Anordnung nach § 2 Abs. 2 S. 3 (Abs. 1 Nr. 3)

Bei der Regelung des Abs. 1 Nr. 3 dürfte dem Gesetzgeber ein Fehler bei der Abfassung unterlaufen sein. Ordnungswidrig handelt nicht, wer entgegen § 2 Abs. 2 S. 3, sondern wer entgegen § 2 Abs. 2 S. 4 nicht sicherstellt, dass **Geheimschutzmaßnahmen** getroffen werden. S. 4, nicht S. 3 enthält die Verpflichtung der geschäftsmäßigen Post- oder Telekommunikationsdiensteister, sicherzustellen, dass die Geheimschutzmaßnahmen nach den Abschnitten 1.1 bis 1.4, 1.6, 2.1 bis 2.5 der Anlage 7 zur Allgemeinen Verwaltungsvorschrift zum materiellen und organisatorischen Schutz von Verschlusssachen vom 29.4.1994 (GMBl. 674) auch tatsächlich getroffen werden. Der Gesetzgeber ist zur Korrektur berufen, § 19 Abs. 1 Nr. 3 bis zu diesem Zeitpunkt schon im Hinblick auf Art. 103 Abs. 2 GG, wonach eine Tat nur bestraft werden kann, wenn deren Strafbarkeit gesetzlich bestimmt war, bevor die Tat begangen wurde und der auch auf Bußgeldtatbestände Anwendung findet, keine verfassungsmäßige Grundlage für die Verhängung von Geldbußen.

V. Bußgeldrahmen, Bußgeldbehörde (Abs. 2 und 3)

Abs. 2 legt den Rahmen der Geldbuße fest, so dass der Regelrahmen des § 17 Abs. 1 OWiG von mindestens fünf und höchstens eintausend Euro nicht zur Anwendung kommt.

---
[1] BGBl. I 1254.
[2] *Huber* NJW 2001, 3297 (3301).
[3] BGBl. I 361.

Der hier gewählte Rahmen setzt als Höchstmaß der Geldbuße einen Betrag von **fünfzehntausend Euro** fest.

7   Da § 19 fahrlässiges Handeln nicht ausdrücklich mit Geldbuße bedroht, kann entsprechend § 10 OWiG nur ein **vorsätzliches** Handeln als Ordnungswidrigkeit geahndet werden. Abs. 3 legt schließlich fest, dass Bußgeldbehörde iSd § 36 Abs. 1 Nr. 1 OWiG die für die Anordnung der Beschränkungsmaßnahme zuständige Stelle ist.

Abschnitt 7. Schlussvorschriften

§ 20 Entschädigung

¹Die nach § 1 Abs. 1 berechtigten Stellen haben für die Leistungen nach § 2 Abs. 1 eine Entschädigung zu gewähren, deren Umfang sich nach § 23 des Justizvergütungs- und -entschädigungsgesetzes bemisst. ²In den Fällen der §§ 5 und 8 ist eine Entschädigung zu vereinbaren, deren Höhe sich an den nachgewiesenen tatsächlichen Kosten orientiert.

Schrifttum: s. § 1.

§ 20 bestimmt, das die zur Durchführung von Beschränkungsmaßnahmen berechtigten Stellen, mithin die Verfassungsschutzbehörden des Bundes und der Länder, der Militärische Abschirmdienst (MAD) sowie der Bundesnachrichtendienst (BND), für die Leistungen der Telekommunikations- und Postdienstleister nach § 2 Abs. 1 diesen eine **Entschädigung** zu zahlen erhaben. Die Vorschrift wurde zuletzt durch Art. 2 Gesetz zur Neuordnung der Entschädigung von Telekommunikationsunternehmen für die Heranziehung im Rahmen der Strafverfolgung vom 29.4.2009[1] (TK-Entschädigungs-Neuordnungsgesetz – (TK EntschNeuOG) geändert.[2]   1

Entschädigungspflichtig sind somit zum einen Aufwendungen für Auskünfte über die näheren Umstände des **Postverkehrs** und zu Postfächern bzw. all diejenigen Aufwendungen, die den Postdienstleistern im Zusammenhang mit der Aushändigung derjenigen Postsendungen entstanden sind, die ihnen zuvor zum Einsammeln, Weiterleiten bzw. Ausliefern durch ihre Kunden anvertraut worden waren.   2

Zu entschädigen sind zum anderen Leistungen im Zusammenhang mit Auskunftsverlangen über die näheren Umstände der nach Wirksamwerden der Anordnung durchgeführten **Telekommunikation** und Aufwendungen, die dem Dienstleister anlässlich der Umsetzung von Anordnungen zur Überwachung und Aufzeichnung der Telekommunikation entstanden sind.   3

Nach S. 1 bemisst sich der Umfang der Entschädigung für Beschränkungen der **Individualkontrollen** gemäß § 3 nach § 23 Abs. 1 JVEG (Justizvergütungs- und -entschädigungsgesetz). Dieser legt wiederum fest, dass denjenigen, die Telekommunikationsdienste erbringen oder daran mitwirken bzw. Anordnungen zur Überwachung der Telekommunikation umsetzen oder Auskünfte erteilen, eine Entschädigung nach Maßgabe der Anlage 3 des JVEG zu zahlen ist. Danach (Stand: 3.3.2016) ist etwa für die Umsetzung einer Anordnung zur Überwachung der Telekommunikation je Anschluss und unabhängig von der Anzahl der diesem zugewiesenen Kennungen eine pauschale Entschädigung in Höhe von 100 EUR, für die Verlängerung einer solchen Maßnahme eine Vergütung in Höhe von 35 EUR zu zahlen. Für Maßnahmen der **strategischen Beschränkung** nach den §§ 5 und 8 erfolgt die Entschädigung hingegen nicht pauschal. Sie hat sich nach S. 2 an der Höhe der tatsächlich entstandenen und nachgewiesenen Kosten zu orientieren.   4

§ 21 Einschränkung von Grundrechten

Das Grundrecht des Brief-, Post- und Fernmeldegeheimnisses (Artikel 10 des Grundgesetzes) wird durch dieses Gesetz eingeschränkt.

Schrifttum: s. § 1.

---

[1] BGBl. I 994.
[2] Vgl. weiterführend zu den Motiven des Gesetzgebers BT-Drs. 16/7103.

§ 21 trägt dem Zitiergebot des Art. 19 Abs. 1 S. 2 GG und damit dem Umstand Rechnung, dass mit den Beschränkungsmaßnahmen nach den §§ 3, 5 und 8 und den Ersuchen auf Aushändigung von Postsendungen bzw. der Erteilung von Auskünften über die näheren Umstände des Post- und Telekommunikationsverkehrs nach § 2 Abs. 1 Eingriffe in das Brief-, Post- und Fernmeldgeheimnis des Art. 10 GG verbunden sind.

Abgabenordnung (AO)

In der Fassung der Bekanntmachung vom 1.10.2002 (BGBl. I S. 3866, ber. I 2003 S. 61)
FNA 610-1-3
Zuletzt geändert durch Gesetz vom 18.7.2017 (BGBl. I S. 2745)

– Auszug –

Verwaltungsvorschriften: Allgemeine Verwaltungsvorschrift für die Betriebsprüfung – Betriebsprüfungsordnung (BpO), BStBl. I 2000, 368, zuletzt geändert BStBl. I 2011, 710; Anweisungen für das Straf- und Bußgeldverfahren (Steuer) 2017 – AStBV(St) 2017, BStBl. I 2016, 1338; Anwendungserlass zur Abgabenordnung – AEAO, BStBl. I 2014, 290, zuletzt geändert BStBl. I 2018, 258.

Schrifttum: *Beermann/Gosch,* Abgabenordnung – Finanzgerichtsordnung, Loseblatt; *Joecks/Jäger/Randt,* Steuerstrafrecht, 8. Aufl. 2015; *Graf/Jäger/Wittig,* Wirtschafts- und Steuerstrafrecht, 2. Aufl. 2017; *Hellmann,* Das Neben-Strafverfahrensrecht der AO, Habil. Osnabrück, 1995; *Hübschmann/Hepp/Spitaler,* Abgabenordnung – Finanzgerichtsordnung, Loseblatt; *Klein,* Abgabenordnung, 13. Aufl. 2016; *Kohlmann,* Steuerstrafrecht, Loseblatt; *Tipke/Kruse,* Abgabenordnung/Finanzgerichtsordnung, Loseblatt.

Erster Teil. Einleitende Vorschriften

Vierter Abschnitt. Steuergeheimnis

§ 30 Steuergeheimnis

(1) Amtsträger haben das Steuergeheimnis zu wahren.

(2) Ein Amtsträger verletzt das Steuergeheimnis, wenn er
1. Verhältnisse eines anderen, die ihm
   a) in einem Verwaltungsverfahren, einem Rechnungsprüfungsverfahren oder einem gerichtlichen Verfahren in Steuersachen,
   b) in einem Strafverfahren wegen einer Steuerstraftat oder einem Bußgeldverfahren wegen einer Steuerordnungswidrigkeit,
   c) aus anderem Anlass durch Mitteilung einer Finanzbehörde oder durch die gesetzlich vorgeschriebene Vorlage eines Steuerbescheids oder einer Bescheinigung über die bei der Besteuerung getroffenen Feststellungen
   bekannt geworden sind, oder
2. ein fremdes Betriebs- oder Geschäftsgeheimnis, das ihm in einem der in Nummer 1 genannten Verfahren bekannt geworden ist,
3. unbefugt offenbart oder verwertet oder nach Nummer 1 oder Nummer 2 geschützte Daten im automatisierten Verfahren unbefugt abruft, wenn sie für eines der in Nummer 1 genannten Verfahren in einer Datei gespeichert sind.

(3) Den Amtsträgern stehen gleich
1. die für den öffentlichen Dienst besonders Verpflichteten (§ 11 Abs. 1 Nr. 4 des Strafgesetzbuchs),
1a. die in § 193 Abs. 2 des Gerichtsverfassungsgesetzes genannten Personen,
2. amtlich zugezogene Sachverständige,
3. die Träger von Ämtern der Kirchen und anderen Religionsgemeinschaften, die Körperschaften des öffentlichen Rechts sind.

(4) Die Offenbarung der nach Absatz 2 erlangten Kenntnisse ist zulässig, soweit
1. sie der Durchführung eines Verfahrens im Sinne des Absatzes 2 Nr. 1 Buchstaben a und b dient,

2. sie durch Gesetz ausdrücklich zugelassen ist,
3. der Betroffene zustimmt,
4. sie der Durchführung eines Strafverfahrens wegen einer Tat dient, die keine Steuerstraftat ist, und die Kenntnisse
   a) in einem Verfahren wegen einer Steuerstraftat oder Steuerordnungswidrigkeit erlangt worden sind; dies gilt jedoch nicht für solche Tatsachen, die der Steuerpflichtige in Unkenntnis der Einleitung des Strafverfahrens oder des Bußgeldverfahrens offenbart hat oder die bereits vor Einleitung des Strafverfahrens oder des Bußgeldverfahrens im Besteuerungsverfahren bekannt geworden sind, oder
   b) ohne Bestehen einer steuerlichen Verpflichtung oder unter Verzicht auf ein Auskunftsverweigerungsrecht erlangt worden sind,
5. für sie ein zwingendes öffentliches Interesse besteht; ein zwingendes öffentliches Interesse ist namentlich gegeben, wenn
   a) Verbrechen und vorsätzliche schwere Vergehen gegen Leib und Leben oder gegen den Staat und seine Einrichtungen verfolgt werden oder verfolgt werden sollen,
   b) Wirtschaftsstraftaten verfolgt werden oder verfolgt werden sollen, die nach ihrer Begehungsweise oder wegen des Umfangs des durch sie verursachten Schadens geeignet sind, die wirtschaftliche Ordnung erheblich zu stören oder das Vertrauen der Allgemeinheit auf die Redlichkeit des geschäftlichen Verkehrs oder auf die ordnungsgemäße Arbeit der Behörden und der öffentlichen Einrichtungen erheblich zu erschüttern, oder
   c) die Offenbarung erforderlich ist zur Richtigstellung in der Öffentlichkeit verbreiteter unwahrer Tatsachen, die geeignet sind, das Vertrauen in die Verwaltung erheblich zu erschüttern; die Entscheidung trifft die zuständige oberste Finanzbehörde im Einvernehmen mit dem Bundesministerium der Finanzen; vor der Richtigstellung soll der Steuerpflichtige gehört werden.

(5) Vorsätzlich falsche Angaben des Betroffenen dürfen den Strafverfolgungsbehörden gegenüber offenbart werden.

(6) ¹Der automatisierte Abruf von Daten, die für eines der in Absatz 2 Nr. 1 genannten Verfahren in einer Datei gespeichert sind, ist nur zulässig, soweit er der Durchführung eines Verfahrens im Sinne des Absatzes 2 Nr. 1 Buchstaben a und b oder der zulässigen Weitergabe von Daten dient. ²Zur Wahrung des Steuergeheimnisses kann das Bundesministerium der Finanzen durch Rechtsverordnung mit Zustimmung des Bundesrates bestimmen, welche technischen und organisatorischen Maßnahmen gegen den unbefugten Abruf von Daten zu treffen sind. ³Insbesondere kann es nähere Regelungen treffen über die Art der Daten, deren Abruf zulässig ist, sowie über den Kreis der Amtsträger, die zum Abruf solcher Daten berechtigt sind. ⁴Die Rechtsverordnung bedarf nicht der Zustimmung des Bundesrates, soweit sie die Kraftfahrzeugsteuer, die Luftverkehrsteuer, die Versicherungsteuer sowie Einfuhr- und Ausfuhrabgaben und Verbrauchsteuern, mit Ausnahme der Biersteuer, betrifft.

(7) Werden dem Steuergeheimnis unterliegende Daten durch einen Amtsträger oder diesem nach Absatz 3 gleichgestellte Personen nach Maßgabe des § 87a Absatz 4 über De-Mail-Dienste im Sinne des § 1 des De-Mail-Gesetzes versendet, liegt keine unbefugte Offenbarung, Verwertung und kein unbefugter Abruf von dem Steuergeheimnis unterliegenden Daten vor, wenn beim Versenden eine kurzzeitige automatisierte Entschlüsselung durch den akkreditierten Diensteanbieter zum Zweck der Überprüfung auf Schadsoftware und zum Zweck der Weiterleitung an den Adressaten der De-Mail-Nachricht stattfindet.

Schrifttum: *Blesinger,* Das Steuergeheimnis und Erkenntnisse der Finanzbehörden über Insolvenzdelikte und Straftaten gegen die Gesetzmäßigkeit der Steuererhebung, wistra 2008, 416; *Brauns,* Disziplinarische

Verfolgung von Beamten nach strafbefreiender Selbstanzeige, FS Kohlmann, 2003, 387 ff.; *Dörn,* Mitteilung von Steuerhinterziehungen von Beamten und Richtern, wistra 2002, 170; *Drüen,* Disziplinarverfahren und Steuergeheimnis, ZBR 2002, 115; *Jehke/Gallert,* Disziplinarrechtliche Konsequenzen von Steuerhinterziehung und Selbstanzeige durch Beamte, DStR 2014, 1476; *Jehke/Haselmann,* DStR 2015, 1036; *Kemper,* Die Offenbarung außersteuerlicher Gesetzesverstöße im Steuerstrafverfahren, wistra 2005, 290; *Ossenbühl,* Staatliche Finanzgewalt und Strafgewalt, FS Selmer, 2004, 859; *Pflaum,* Voraussetzungen der Durchbrechung des Steuergeheimnisses zur Durchführung von Disziplinarverfahren, wistra 2011, 55; *Reiß,* Besteuerungsverfahren und Strafverfahren, 1987; *Sahan,* Korruption als steuerstrafrechtliches Risiko, FS Samson, 2010, 599; *Sauerland,* Informationsrechte der Praxis in Steuerstrafsachen, DStR 2015, 1569; *Schneider,* Zur Anzeigepflicht nichtsteuerlicher Straftaten durch Finanzbeamte als Hilfsbeamte der Staatsanwaltschaft, wistra 2004, 1; *Seer,* Der Vollzug der Steuergesetze unter den Bedingungen einer Massenverwaltung, DStJG 31 (2008), 7; *Stahl/Demuth,* Strafrechtliches Verwertungsverbot bei Verletzung des Steuergeheimnisses, DStR 2008, 600.

Übersicht

	Rn.		Rn.
I. Überblick	1–5	a) Durchführung eines Besteuerungs- oder Steuerstrafverfahrens	18–23
1. Normzweck	1–3	b) Gesetzlich zugelassene Fälle der Offenbarung	24–30
2. Anwendungsbereich	4, 5	c) Offenbarung zur Verfolgung einer Nichtsteuerstraftat	31–34
II. Erläuterung	6–50	d) Zwingendes öffentliches Interesse	35–46
1. Umfang des Steuergeheimnisses	7–16	e) Vorsätzlich falsche Angaben	47
a) Verpflichteter Personenkreis	7	3. Folgen von Verstößen	48–50
b) Geschützte Informationen	8–12	**III. Rechtsbehelfe**	51
c) Geschützter Personenkreis	13, 14	**IV. Revision**	52
d) Offenbarung oder Verwertung	15, 16		
2. Überwindung des Steuergeheimnisses	17–47		

I. Überblick

1. Normzweck. Durch § 30 wird das **Steuergeheimnis** geregelt. Das Steuergeheimnis 1 ist ein qualifiziertes Amtsgeheimnis[1] und Gegenstück der steuerrechtlichen Mitwirkungspflichten.[2] Es soll nach herrschender Meinung die Bereitschaft zur Offenlegung auch solcher steuerrechtlich bedeutsamer Umstände fördern, die der Privatsphäre zuzurechnen sind und über rein fiskalische Interessen hinaus der Gesetzmäßigkeit und Gleichmäßigkeit der Besteuerung dienen.[3]

Das Steuergeheimnis hat **als solches keinen Verfassungsrang.** Eine verfassungsrechtli- 2 che Verpflichtung zum Schutz der vom Steuerpflichtigen offenbarten Umstände kann sich aber insbesondere aus dem vom Bundesverfassungsgericht[4] aus dem Allgemeinen Persönlichkeitsrecht (Art. 2 Abs. 1 in Verbindung mit Art. 1 Abs. 1 GG) hergeleiteten Recht auf informationelle Selbstbestimmung, daneben auch aus Art. 14 GG, gegebenenfalls in Verbindung mit Art. 19 Abs. 3 GG ergeben.[5] Diese Grundrechte sind einer Abwägung zugänglich, insbesondere das Recht auf informationelle Selbstbestimmung,[6] so dass dem Gesetzgeber für die einfachgesetzliche Umsetzung ein Spielraum zusteht und Änderungen am Steuergeheimnis nicht ausgeschlossen sind.

Das Steuergeheimnis schützt den Steuerpflichtigen im Ergebnis vielfach auch vor der 3 Strafverfolgung, wenn er wegen der Wertneutralität des Steuerrechts (§ 40) in Erfüllung seiner steuerrechtlichen Erklärungspflichten von ihm begangene Straftaten offenbaren

---

[1] Hübschmann/Hepp/Spitaler/*Alber* Rn. 5; Tipke/Kruse/*Drüen* Rn. 4; Beermann/Gosch/*Tormöhlen* Rn. 1.
[2] BT-Drs. 7/4292, 18.
[3] Siehe nur BVerfG 17.7.1987 – 2 BvE 11,15/83, BVerfGE 67, 100 = NJW 1984, 2271, unter C.II.2.c. und 27.6.1991 – 2 BvR 1493/89, BVerfGE 84, 239 = NJW 1991, 2129, unter C.II.2.c.; BFH 16.5.2013 – II R 15/12, BFHE 241, 211 = BStBl. II 2014, 225 Rn. 37; *Blesinger* wistra 2008, 416 (417).
[4] Grundlegend BVerfG 15.12.1983 – 1 BvR 209/83 ua, BVerfGE 65, 1 = NJW 1984, 419.
[5] BVerfG 17.7.1987 – 2 BvE 11,15/83, BVerfGE 67, 100 = NJW 1984, 2271, unter C.II.3.a.; Tipke/Kruse/*Drüen* Rn. 6 f.; Beermann/Gosch/*Tormöhlen* Rn. 6.
[6] BVerfG 15.12.1983 – 1 BvR 209/83 ua, BVerfGE 65, 1 = NJW 1984, 419, unter C.II.1.b. und 13.6.2007 – 1 BvR 1550/03 ua, BVerfGE 118, 168 = NJW 2007, 2464, unter C.I.3.; BFH 14.7.2008 – VII B 92/08, BFHE 220, 348 = BStBl. II 2008, 850 = NJW 2008, 3517, unter II.2.a.; *Seer* DStJG 31, 7 (25).

muss.⁷ Die verfassungsrechtlich gewährleistete **Selbstbelastungsfreiheit** schließt aber nicht schon jede Weitergabe belastender Erkenntnisse an Strafverfolgungsbehörden, sondern erst eine strafrechtliche Verurteilung aufgrund eigener Aussagen des Steuerpflichtigen aus, die er in Erfüllung erzwingbarer Mitwirkungspflichten gemacht hat.⁸ Daher reicht bei strafrechtlich belastenden Erkenntnissen das Steuergeheimnis über den Schutzbereich der Selbstbelastungsfreiheit hinaus. Dies bedeutet aber auch, dass die Offenbarung vom Steuergeheimnis geschützer Verhältnisse nicht zwingend zugleich in die Selbstbelastungsfreiheit eingreift.

4   **2. Anwendungsbereich.** Das Steuergeheimnis gilt **grundsätzlich umfassend,** für sämtliche Verhältnisse eines anderen (Abs. 2 Nr. 1), fremde Betriebs- oder Geschäftsgeheimnisse (Abs. 2 Nr. 2) oder abgerufene Daten (Abs. 2 Nr. 3), alle Formen der Offenbarung oder Verwertung und jeden Offenbarungs- oder Verwertungsgrund. Die nachfolgenden Erläuterungen beschränken sich auf die typischerweise straf- bzw. strafverfahrensrechtlich bedeutsamen Gesichtspunkte.

5   Das Steuergeheimnis geht, obschon älter als die Grundsatzentscheidung des Bundesverfassungsgerichts zum Recht auf informationelle Selbstbestimmung, in seinem Anwendungsbereich als **bereichsspezifische Sonderregelung** den Regelungen des Datenschutzrechts vor (§ 1 Abs. 3 BDSG).⁹ Es stellt auch eine den Zugang auf Informationen nach dem Informationsfreiheitsgesetz des Bundes ausschließende (§ 3 Nr. 4 IFG) Geheimhaltungs- und Vertraulichkeitspflicht dar.¹⁰ Daher kommt es nicht mehr darauf an, inwiefern Finanzbehörden schon deswegen aus dem Anwendungsbereich der Informationsfreiheitsgesetze ausgenommen sind, weil sie Strafverfolgung (§ 386, §§ 399 ff.) betreiben.¹¹

II. Erläuterung

6   Wer durch das **Steuergeheimnis** verpflichtet wird, ergibt sich aus Abs. 1 und 3, der Schutzbereich des Steuergeheimnisses aus Abs. 2, unter welchen Voraussetzungen das Steuergeheimnis überwunden wird, aus Abs. 4 und 5. Die Regelungen der Abs. 6¹² und 7 dienen der rechtlichen Absicherung bestimmter Prozesse in der automatisierten Datenverarbeitung und elektronischen Datenübermittlung.

7   **1. Umfang des Steuergeheimnisses. a) Verpflichteter Personenkreis.** Das Steuergeheimnis verpflichtet lediglich **Amtsträger** (Abs. 1) und bestimmte gleichgestellte Personen (Abs. 3), zu denen insbesondere amtlich zugezogene Sachverständige (Abs. 3 Nr. 2) gehören. Wer Amtsträger in diesem Sinne ist, ergibt sich aus § 7. Der Steuerpflichtige und sonstige Beteiligte eines Besteuerungs- oder Steuerstrafverfahrens sind daher weder an das Steuergeheimnis gebunden¹³ noch können sie ihre Mitwirkung unter Berufung auf das Steuergeheimnis verweigern.

8   **b) Geschützte Informationen.** Das Steuergeheimnis gilt für **sämtliche Verhältnisse eines anderen,** die einem Amtsträger in einem der in Abs. 2 Nr. 1 genannten Verfahren bekannt geworden oder die für ein solches Verfahren gespeichert (Abs. 2 Nr. 3) worden sind. Der Begriff der Verhältnisse umfasst alle eine natürliche oder juristische Person betreffenden rechtlichen oder tatsächlichen Umstände, insbesondere die von ihnen verwirklichten Besteuerungsgrundlagen, den Inhalt von Steuerverwaltungsakten, die Art der Beteiligung am Verfahren und das Verhalten im Verfahren, aber auch steuerlich nicht oder nicht unmittelbar erhebliche Ausschnitte des Berufs- oder Privatlebens. Anonyme Daten sind vom

---

⁷ BT-Drs. 7/4292, 18; BVerfG 27.4.2010 – 2 BvL 13/07, BVerfGK 17, 253 = wistra 2010, 341 Rn. 4 f.
⁸ Dazu ausführlich → § 393 Rn. 4 f., 10 f., 48 ff., 53 ff.
⁹ BFH 8.2.1994 – VII R 88/92, BFHE 174, 197 = BStBl. II 1994, 552, unter II.2.a.; Tipke/Kruse/*Drüen* Rn. 5.
¹⁰ BFH 7.12.2006 – V B 163/05, BFHE 216, 15 = BStBl. II 2007, 275 = NJW 2007, 1311, unter II.2.d.; Beermann/Gosch/*Tormöhlen* Rn. 17.3.
¹¹ Vgl. *Sauerland* DStR 2015, 1569 f. zur Steuer- und Zollfahndung.
¹² Siehe dazu die Steuerdaten-Abrufverordnung (StDAV) vom 13.10.2005 (BGBl. 2005 I 3021).
¹³ BT-Drs. 7/4292, 17.

Steuergeheimnis allerdings nicht geschützt.[14] Insbesondere bei Steuerstrafverfahren unterfällt bereits der Umstand, dass gegen eine bestimmte Person ein Verfahren anhängig ist, dem Steuergeheimnis.[15]

Fremde **Betriebs- oder Geschäftsgeheimnisse** (Abs. 2 Nr. 2) sind nur ein Sonderfall der „Verhältnisse".[16] Die eigenständige Regelung hat daher eher klarstellende Bedeutung, um möglichen Vorbehalten unternehmerisch tätiger Steuerpflichtiger zu begegnen. 9

Erklärungen und Handlungen, zu denen **keine steuerrechtliche Verpflichtung** besteht, namentlich Straftaten, die gegen im Besteuerungsverfahren tätige Amtsträger (zB §§ 185, 223, 241 StGB) oder auf die Verhinderung von Vollstreckungsmaßnahmen gerichtet sind (zB § 113 Abs. 1, §§ 136, 288 StGB), unterfallen nach einer Auffassung im Schrifttum[17] schon nicht dem Steuergeheimnis. Der Wortlaut des § 30 Abs. 2 enthält dafür aber keine Anhaltspunkte. Vielmehr ergibt sich aus Abs. 4 Nr. 4 Buchst. b, dass die insofern fehlende Schutzbedürftigkeit erst bei der Offenbarungsbefugnis berücksichtigt wird. Auch Falschangaben fallen ausweislich der Regelung in Abs. 5 grundsätzlich unter das Steuergeheimnis.[18] 10

Geschützt sind die Verhältnisse dann, wenn sie dem Amtsträger in einem der in § 30 Abs. 2 Nr. 1 genannten Verfahren bekannt geworden sind. Dies sind insbesondere **Besteuerungsverfahren, Strafverfahren wegen Steuerstraftaten und Bußgeldverfahren wegen Steuerordnungswidrigkeiten,** jeweils in allen Verfahrensarten und Verfahrensabschnitten. Das Steuergeheimnis gilt auch für Verfahren vor dem Bundesverfassungsgericht.[19] Die gesonderte Erwähnung der Rechnungsprüfungsverfahren beruht darauf, dass sie einerseits keine Besteuerungsverfahren sind, andererseits die Rechnungsprüfer Einsicht in Steuerakten nehmen können. Als im Steuerstrafverfahren bekannt geworden geschützt sind auch Erkenntnisse aus den Steuerakten über Straftaten, die keine Steuerstraftaten sind (vgl. § 393 Abs. 2 S. 1). 11

Das **verlängerte Steuergeheimnis** (Abs. 2 Nr. 1 Buchst. c) gewährleistet, dass geschützte Verhältnisse, die anderen Behörden für deren Zwecke mitgeteilt werden, nur für diese Zwecke verwendet und nicht unkontrolliert oder unter geringeren Voraussetzungen als sie nach dem Steuergeheimnis gelten weitergegeben werden.[20] Es greift insbesondere auch bei Mitteilungen zur Strafverfolgung wegen Nichtsteuerstraftaten in den Fällen des § 30 Abs. 4 Nr. 4, 5 AO, der §§ 31a, b AO und des § 4 Abs. 5 S. 1 Nr. 10 S. 3 EStG ein. 12

c) **Geschützter Personenkreis.** Das Steuergeheimnis gilt **nicht nur zugunsten des Steuerpflichtigen,** sondern zugunsten aller Personen, die mit geschützten Informationen in Verbindung stehen.[21] Dies können Angehörige, Mitarbeiter, Bevollmächtigte oder andere Personen aus dem Umfeld des Steuerpflichtigen sein, aber auch Zeugen oder fremde Dritte.[22] Nicht vom Steuergeheimnis geschützt sind allerdings die im Besteuerungs- oder Steuerstrafverfahren tätigen Amsträger selbst.[23] 13

Nach der Rechtsprechung des Bundesfinanzhofs dient das Steuergeheimnis insbesondere auch dem **Informantenschutz,** so dass der Steuerpflichtige bzw. der Beschuldigte im Steuerstrafverfahren grundsätzlich keinen Anspruch auf die Offenlegung der Identität von Auskunftspersonen oder von Einzelheiten einer Anzeige hat, die eine Identifizierung zu ermöglichen.[24] Dies entspricht dem Grundsatz, dass auch freiwillige Angaben dem Steuer- 14

---

[14] AEAO zu § 30 Tz. 1.1., 1.2.; Tipke/Kruse/*Drüen* Rn. 12; Beermann/Gosch/*Törmöhlen* Rn. 32, 35.
[15] *Stahl/Demuth* DStR 2008, 600 (601).
[16] Hübschmann/Hepp/Spitaler/*Alber* Rn. 90; Beermann/Gosch/*Törmöhlen* Rn. 69.
[17] *Blesinger* wistra 2008, 416 (418 f.).
[18] Im Ergebnis ebenso Tipke/Kruse/*Drüen* Rn. 13.
[19] BT-Drs. 6/1892, 100.
[20] BT-Drs. 6/1982, 100.
[21] *Blesinger* wistra 2008, 416 (417).
[22] BT-Drs. 6/1982, 100.
[23] Tipke/Kruse/*Drüen* Rn. 14.
[24] BFH 8.2.1994 – VII R 88/92, BFHE 174, 197 = BStBl. II 1994, 552 und 28.12.2006 – VII B 44/03, BFH/NV 2007, 853; AEAO zu § 30 Tz. 10.1; AStBV(St) 2014 Nr. 128; Tipke/Kruse/*Drüen* Rn. 15; krit. *Streck* DStJG 18, 173 (181 ff.).

geheimnis unterliegen können (vgl. → Rn. 10) und ist folgerichtig, weil im Hinblick auf die Gleichmäßigkeit und Gesetzmäßigkeit der Besteuerung auch an freiwilligen Mitteilungen über steuerrechtlich erhebliche Sachverhalte ein Interesse besteht. Der Informantenschutz kann allerdings überwunden werden (vgl. → Rn. 33).

15 **d) Offenbarung oder Verwertung.** Das Steuergeheimnis wird in den Fällen des Abs. 2 Nr. 1 und 2 durch die unbefugte Offenbarung oder Verwertung verletzt. Offenbarung meint dabei **jede Zugänglichmachung der Information für Dritte,** unabhängig davon, ob durch Tun oder Unterlassen, ausdrücklich oder konkludent.[25] Verwertung im Sinne des Abs. 2 ist die Nutzung für kommerzielle Zwecke unabhängig davon, ob sie mit einer Offenbarung verbunden ist.[26]

16 Eine Offenbarung liegt nicht vor, soweit die Verhältnisse **bereits einem unbeschränkten Personenkreis bekannt** sind, insbesondere durch Presse-, Rundfunk- und Onlineveröffentlichungen,[27] aber auch durch öffentliche Register und die eigene Außendarstellung des Betroffenen.[28] Nach hiesiger Auffassung sind auch Verhältnisse, die Gegenstand der öffentlichen Verhandlung eines Gerichts waren, als allgemein bekannt anzusehen.[29] Sofern lediglich unbestätigte Gerüchte bekannt geworden sind oder Behauptungen dementiert wurden, kann jedoch deren Bestätigung noch eine Offenbarung bedeuten.[30] Auch Verhältnisse, die nur einem beschränkten Personenkreis bekannt geworden sind, können noch offenbart werden. Insofern ist eine mehrfache Offenbarung derselben Verhältnisse möglich.

17 **2. Überwindung des Steuergeheimnisses.** Das Steuergeheimnis wird in mehreren Fallgruppen durch konkurrierende Interessen überwunden. In diesen Fallgruppen ist nach Abs. 4, 5 die Offenbarung geschützter Daten zulässig. Sofern nicht im Einzelfall etwas anderes geregelt ist, ergibt sich daraus eine **Offenbarungsbefugnis nach pflichtgemäßem Ermessen (§ 5 AO),** aber keine Offenbarungspflicht. Zudem gelten Abs. 4, 5 nur für die Offenbarung und gestatten keine Verwertung (→ Rn. 15).

18 **a) Durchführung eines Besteuerungs- oder Steuerstrafverfahrens.** Schon aus dem Zweck des Steuergeheimnisses folgt, dass die Offenbarung geschützter Daten zulässig ist, soweit sie der Durchführung eines Verfahrens nach Abs. 2 Nr. 1 Buchst. a und b (→ Rn. 11) dient (Abs. 4 Nr. 1). Dies setzt voraus, dass die Daten eine Prüfung der in einem solchen Verfahren relevanten Tatbestandsmerkmale ermöglichen, erleichtern oder auf eine festere Grundlage stellen können, also ein **unmittelbarer funktionaler Zusammenhang zwischen der Offenbarung und der Verfahrensdurchführung** besteht.[31] Zu der Verfahrensdurchführung in diesem Sinne gehören auch mit dem Verfahren zusammenhängende Abstimmungen mit und Berichte an vorgesetzte Behörden.[32]

19 Die Offenbarung zur Durchführung eines anderen Verfahrens muss zudem **verhältnismäßig** sein.[33] Dies bedeutet aber grundsätzlich nur, dass die Mitteilung auf die im anderen Verfahren entscheidungserheblichen Informationen beschränkt wird. Eine weitergehende Abwägung zwischen dem Geheimhaltungsinteresse des Steuerpflichtigen und dem Interesse an der materiell richtigen Entscheidung im anderen Verfahren ist regelmäßig nicht erforderlich. Insbesondere ist in Steuerstrafverfahren eine Aktenvorlage der Finanzbehörde an die Staatsanwaltschaft nicht schon deswegen ausgeschlossen, weil sich in den Akten auch Hinweise auf Nichtsteuerstraftaten finden.[34]

---

[25] AEAO zu § 30 Tz. 3. Sätze 2 ff.
[26] BayObLG 28.10.1983 – RReg 2 St 200/83, NStZ 1984, 169; Klein/*Rüsken* Rn. 61.
[27] BFH 14.4.2008 – VII B 226/07, BFH/NV 2208, 1295.
[28] Beermann/Gosch/*Tormöhlen* Rn. 73.
[29] Tipke/Kruse/*Drüen* Rn. 51a; Beermann/Gosch/*Tormöhlen* Rn. 74; aA Hübschmann/Hepp/Spitaler/*Alber* Rn. 124; Klein/*Rüsken* Rn. 59b.
[30] Klein/*Rüsken* Rn. 59a.
[31] BFH 16.1.2013 – III S 38/11, BFH/NV 2013, 701 Rn. 15.
[32] Klein/*Rüsken* Rn. 60; siehe auch *Drüen* ZBR 2002, 115 (117 f.).
[33] BFH 7.7.2008 – II B 9/07, BFH/NV 2008, 1811.
[34] Tipke/Kruse/*Drüen* Rn. 113; Beermann/Gosch/*Tormöhlen* Rn. 108; → § 386 Rn. 24.

Besteuerungsverfahren im vorgenannten Sinne ist auch das **Besteuerungsverfahren** **20** **Dritter.**[35] Daher sind insbesondere auch Kontrollmitteilungen (§ 194 Abs. 3) mit dem Steuergeheimnis vereinbar.[36] Bei Personengesellschaften ist die Offenbarung der steuerlichen Verhältnisse der jeweils anderen Gesellschafter zulässig, soweit sie Gegenstand der einheitlichen und gesonderten Feststellung sind.[37] Dies gilt auch dann, wenn es sich um Sachverhalte handelt, die nach dem Willen eines oder mehrerer Gesellschafter vor anderen Gesellschaftern verborgen bleiben sollten.[38]

Erkenntnisse aus Besteuerungsverfahren können insbesondere auch für Steuerstrafverfahren genutzt werden. Wenn die Strafverfolgungsbehörden zur Aufklärung des Sachverhalts auf vorhandene Steuerakten zurückgreifen können und durch die vorherige Auswertung dieser Akten der Ermittlungserfolg nicht gefährdet wird, kann eine **Durchsuchung unverhältnismäßig** sein.[39] **21**

Das Steuergeheimnis steht der vollständigen **Mitteilung des Tatvorwurfs an den** **22** **Beschuldigten** im steuerstrafrechtlichen Ermittlungsverfahren nicht entgegen. Es kann allerdings im Zusammenhang mit Maßnahmen bei Dritten eine Beschränkung der Sachverhaltsdarstellung gebieten.[40] Auch das Akteneinsichtsrecht des Verteidigers (§ 147 StPO) kann aufgrund des Steuergeheimnisses beschränkt sein. Dies betrifft insbesondere die Identität von Informanten, ist aber auch in Steuerstrafverfahren mit mehreren Beschuldigten zu beachten. Die Beschränkung der Akteneinsicht bezieht sich aber jedenfalls nicht auf Akten und Beweismittel, die dem Gericht vorgelegt werden.[41]

Der Durchführung eines Steuerstrafverfahrens dienen insbesondere auch die Erklärungen, **23** die Amtsträger der Finanzbehörden in Wahrnehmung der Beteiligungsrechte aus § 407 oder als Zeugen in der **Hauptverhandlung** abgeben. Auch sie sind von § 30 Abs. 2 Nr. 1 Buchst. b gedeckt. Für Erklärungen als Zeuge ist gleichwohl § 54 StPO zu beachten.

b) Gesetzlich zugelassene Fälle der Offenbarung. Die Offenbarung ist ferner zulässig, wenn sie **durch Gesetz besonders zugelassen** ist (Abs. 4 Nr. 2). Außer den unmittelbar in § 30 geregelten Fällen (vgl. → Rn. 31 ff.) finden sich besondere gesetzliche Regelungen zur Offenbarung geschützter Verhältnisse teils in der Abgabenordnung selbst (§§ 31a, 31b),[42] sie können sich aber auch aus einem anderen Steuergesetz (zB § 4 Abs. 5 S. 1 Nr. 10 S. 3 EStG) oder einem sonstigen Gesetz (zB § 115 BBG, § 49 BeamtStG, § 10 Abs. 1 StBerG) ergeben.[43] **24**

aa) Mitteilungspflichten bei Korruptionsstraftaten. Bei **Hinweisen auf Korruptionsstraftaten** (§ 4 Abs. 5 Nr. 10 S. 3 EStG)[44] ist die Finanzbehörde zu einer Mitteilung ohne eigene Prüfung verpflichtet, ob eine strafrechtliche Verurteilung in Betracht kommt, ob Verjährung eingetreten ist oder ob Verwendungs- bzw. Verwertungsverbote vorliegen. Erforderlich ist lediglich, dass ein Anfangsverdacht vorliegt. Die weitere Prüfung obliegt ausschließlich der Staatsanwaltschaft.[45] Dies gilt auch für die Frage, ob sich aus der Selbstbelastungsfreiheit (vgl. → Rn. 3) ein Verwertungsverbot ergibt. Regelmäßig liegt in Korrupti- **25**

---

[35] BT-Drs. 7/4292, 17.
[36] Beermann/Gosch/*Tormöhlen* Rn. 86.
[37] BFH 27.8.1997 – XI R 72/96, BFHE 183, 376 = BStBl. II 1997, 750.
[38] Tipke/Kruse/*Drüen* Rn. 17; Beermann/Gosch/*Tormöhlen* Rn. 44; vgl. BFH 5.11.1973 – GrS 3/72, BFHE 112, 1 = BStBl. II 1974, 414.
[39] BVerfG 15.12.2005 – 2 BvR 372/05, StV 2006, 565, unter II.1. und 29.2.2012 – 2 BvR 2100/11, Rn. 21.
[40] BVerfG 6.3.2002 – 2 BvR 1619/00, NJW 2002, 1941, unter IV.2.b.; Graf/Jäger/Wittig/*Lipsky* § 399 Rn. 29.
[41] AStBV(St) 2017 Nr. 35 Abs. 4.
[42] Zu den Einzelheiten siehe die dortigen Erläuterungen.
[43] Siehe die Übersicht in AEAO zu § 30 Tz. 5.
[44] Dazu BMF BStBl. I 2002, 1031; BFH 14.5.2014 – X R 23/12, BFHE 245, 536 = BStBl. II 2014, 684 = wistra 2014, 493.
[45] BFH 14.7.2008 – VII B 92/08, BFHE 220, 348 = BStBl. II 2008, 850 = NJW 2008, 3517.

onsfällen wegen der fehlerhaften steuerrechtlichen Behandlung der Zahlungen ohnehin eine Steuerstraftat vor.[46]

26 **bb) Mitteilungen zur Durchführung dienst- und standesrechtlicher Maßnahmen.** In Steuerstrafverfahren gegen Beamte und Richter bestehen Mitteilungspflichten an den Dienstherrn (§ 115 BBG, § 49 BeamtStG), um die Prüfung dienstrechtlicher, insbesondere disziplinarrechtlicher Maßnahmen zu ermöglichen.[47] Zu übermitteln sind jedenfalls die Anklageschrift bzw. der Antrag auf Erlass eines Strafbefehls und die einen Rechtszug abschließende Entscheidung mit Begründung (§ 115 Abs. 1 BBG, § 49 Abs. 1 BeamtStG). Das Steuergeheimnis wird dafür ausdrücklich überwunden (§ 115 Abs. 6 BBG, § 49 Abs. 6 BeamtStG). Nach Auffassung der Finanzverwaltung gilt dies entsprechend für Tarifbeschäftigte.[48]

27 **Entscheidungen über Verfahrenseinstellungen** sollen übermittelt werden, wenn dies zur Prüfung dienstrechtlicher Maßnahmen erforderlich ist (§ 115 Abs. 3 iVm Abs. 2 Nr. 2 BBG, § 49 Abs. 3 iVm Abs. 2 Nr. 2 BeamtStG). Dies ist insbesondere für Selbstanzeigen (§ 371) von Bedeutung, da zur Überprüfung der Wirksamkeit der Selbstanzeige regelmäßig ein Steuerstrafverfahren einzuleiten ist,[49] das in der Folge eingestellt wird, wenn die Selbstanzeige wirksam war. Die außerdienstliche Steuerhinterziehung (§ 370) stellt als Straftat zum Nachteil des Staates, die zudem im Höchstmaß mit einer Freiheitsstrafe von mehr als zwei Jahren bedroht ist, stets zugleich ein außerdienstliches Dienstvergehen dar.[50] Daher ist eine Übermittlung der Verfahrenseinstellung regelmäßig auch bei wirksamer strafbefreiender Selbstanzeige (§ 371) geboten.[51] Aus § 115 Abs. 3 S. 2 BBG, § 49 Abs. 3 S. 2 BBG ergibt sich dabei, dass nicht nur die Einstellung als solche, sondern auch die zugrunde liegenden Erkenntnisse zu übermitteln sind.[52]

28 Nach § 10 Abs. 1 StBerG sind die Finanzbehörden bei Anhaltspunkten für **Berufspflichtverletzungen durch Angehörige der rechts- und steuerberatenden Berufe** zur Mitteilung an die zur Ahndung zuständige Stelle verpflichtet. Die Finanzverwaltung hat die dabei aus ihrer Sicht zu beachtenden Gesichtspunkte in einer Verwaltungsanweisung konkretisiert.[53]

29 **cc) Presserechtliche Auskunftsansprüche.** Eine Offenbarungsbefugnis kann für die Landesfinanzbehörden auch daraus folgen, dass ein **Landespressegesetz** einen Auskunftsanspruch der Presse begründet. Eine Einschränkung des Abs. 4 Nr. 2 auf Bundesgesetze ist dem Wortlaut nicht zu entnehmen.[54] Soweit die Verschwiegenheitspflichten der Behörde reichen, gewähren die Pressegesetze allerdings regelmäßig ein Auskunftsverweigerungsrecht (zB Art. 4 Abs. 2 S. 2 Bayerisches Pressegesetz). Verschwiegenheitspflicht in diesem Sinne sind zwar nur die sogenannten materiellen Verschwiegenheitspflichten, nicht hingegen formelle Verschwiegenheitspflichten wie die Amtsverschwiegenheit (§ 67 BBG, § 37 BeamtStG).[55] Das Steuergeheimnis gehört allerdings zu den materiellen Verschwiegenheitspflichten.[56]

---

[46] *Sahan* FS Samson, 2011, 599 ff.
[47] Dazu ausführlich BMF 12.3.2010 – IV A 3 – S 0130/08/10006, BStBl. I 2010, 222, geändert durch BMF 20.6.2011 – IV A 3 – S 0130/08/10006, BStBl. I 2011, 574.
[48] AEAO zu § 30 Tz. 8.6.
[49] BFH 29.4.2008 – VIII R 5/06, BFHE 222, 1 = BStBl. II 2008, 844 = wistra 2009, 166.
[50] Vgl. BVerwG 19.8.2010 – 2 C 13.10, NVwZ 2011, 299 Rn. 16 ff.; 25.3.2010 – 2 C 83.08, BVerwGE 136, 173 Rn. 16 und 10.7.2014 – 2 B 54.13, Rn. 25 f.; aA *Jehke/Gallert* DStR 2014, 1476 und *Jehke/Haselmann* DStR 2015, 1036 (1039 f.).
[51] BFH 15.1.2008 – VII R 149/07, BFHE 220, 197 = BStBl. II 2008, 337.
[52] Ausführlich *Pflaum* wistra 2011, 55 (56); aA *Tipke/Kruse/Drüen* Rn. 86; *Drüen* ZBR 2002, 115; widersprüchlich insofern *Dörn* wistra 2002, 170 (172, 174), zu § 125c BRRG.
[53] Gleichlautende Ländererlasse vom 22.7.2014, BStBl. I 2014, 1195.
[54] BT-Drs. 7/4292, 17.
[55] Vgl. BayVGH 7.8.2006 – 7 BV 05.2582, VGHE 59, 196 = BayVBl. 2007, 369.
[56] *Sauerland* DStR 2015, 1569 (1571 ff.); Vgl. OLG Hamm 14.7.1980 – 1 VAs 7/80, NJW 1981, 356; OVG Nordrhein-Westfalen, 27.6.2012 – 5 B 1463/11, DVBl 2012, 1113.

Gegenüber den Bundesbehörden soll sich nach der Rechtsprechung des Bundesverwaltungsgerichts in Ermangelung eines Bundespressegesetzes ein Auskunftsanspruch unmittelbar aus der **Pressefreiheit** (Art. 5 Abs. 1 S. 2 GG) ergeben. Dieser Auskunftsanspruch ist aber auf einen „Minimalstandard" beschränkt und entfällt, wenn schutzwürdige öffentliche oder private Interessen entgegenstehen.[57] Zu diesen schutzwürigen Interessen gehört auch das Steuergeheimnis.[58] 30

c) Offenbarung zur Verfolgung einer Nichtsteuerstraftat. Nach Abs. 4 Nr. 4 ist unter den dort genannten Voraussetzungen die Offenbarung geschützter Verhältnisse zur Verfolgung einer Nichtsteuerstraftat zulässig.[59] Ausreichend für eine Offenbarung zur Strafverfolgung ist, dass die **Einleitung eines Strafverfahrens aufgrund der Mitteilung nicht ausgeschlossen** werden kann.[60] Dass aus Sicht der Finanzbehörde bereits ein Anfangsverdacht besteht, ist nicht erforderlich.[61] Die Rechtsprechung zu den Mitteilungspflichten bei Hinweien auf Korruptionsstraftaten (→ Rn. 25) ist nicht übertragbar, da Abs. 4 Nr. 4 keine Mitteilungspflicht begründet. Bußgeldverfahren wegen Ordnungswidrigkeiten, die keine Steuerordnungswidrigkeiten sind, rechtfertigen hingegen keine Offenbarung nach Abs. 4 Nr. 4.[62] 31

Die Offenbarungsbefugnis zur Verfolgung von Nichtsteuerstraftaten betrifft zum einen **Zufallsfunde im Steuerstrafverfahren,** nachdem der Beschuldigte über sein Aussageverweigerungsrecht belehrt worden ist (Abs. 4 Nr. 4 Buchst. a). Der Beschuldigte ist dann weder unter dem Gesichtspunkt des Steuergeheimnisses noch unter dem Gesichtspunkt der Selbstbelastungsfreiheit schutzbedürftig.[63] Die Zufallsfunde können sowohl von den Finanzbehörden an die Staatsanwaltschaft weitergegeben als auch von der Staatsanwaltschaft unabhängig davon, ob sie selbst die Zufallsfunde gemacht hat oder von der Finanzbehörde darüber Mitteilung erhalten hat, für die Durchführung des weiteren Verfahrens offenbart werden. 32

Nach den gleichen Grundsätzen zur Strafverfolgung offenbart werden dürfen aber auch Kenntnisse, die **ohne Bestehen einer steuerlichen Verpflichtung** oder unter Verzicht auf ein Auskunftsverweigerungsrecht erlangt worden sind (Abs. 4 Nr. 4 Buchst. b). Diese Voraussetzungen sind insbesondere dann erfüllt, wenn sich im Besteuerungsverfahren aus nicht erzwingbaren Erklärungen des Steuerpflichtigen oder aus sonstigen Umständen Hinweise auf Insolvenzstraftaten ergeben, zB aus Stundungs- oder Erlassanträgen oder Zahlungsrückständen.[64] 33

Auf dieser Grundlage kann aber auch dem Steuerpflichtigen auf dessen Ersuchen hin **Auskunft über die Identität eines Anzeigeerstatters** in seiner Sache erteilt werden.[65] Es handelt sich dabei um eine Ermessensentscheidung, bei der das Allgemeine Persönlichkeitsrecht des Steuerpflichtigen und des Anzeigeerstatters sowie das Interesse an der möglichst vollständigen Erschließung von Steuerquellen gegeneinander abzuwägen sind. War der Inhalt der Anzeige im Wesentlichen oder zumindest zu einem nicht völlig unmaßgeblichen Teil zutreffend und steuerlich bedeutsam, überwiegen der Informantenschutz und das Interesse an der Erschließung von Steuerquellen.[66] 34

---

[57] BVerwG 20.2.2013 – 6 A 2.12, BVerwGE 146, 56 = NJW 2013, 2919; offen gelassen von BVerfG 27.7.2015 – 1 BvR 1452/13, Rn. 12.
[58] Vgl. *Sauerland* DStR 2015, 1569 (1574).
[59] Dazu ausführlich BayLfSt 18.1.2012 – S 0130.2.1 – 74/1 St 42, AO-Kartei BY § 30 Abs. 4 AO Karte 1.
[60] Vgl. BFH 29.7.2003 – VII R 39, 43/02, BFHE 202, 411 = BStBl. II 2003, 828, unter 2.a.
[61] AA *Kemper* wistra 2005, 290 (292); vgl. auch BFH 14.7.2008 – VII B 92/08, BFHE 220, 348 = BStBl. II 2008, 850 = NJW 2008, 3517.
[62] Krit. *Kemper* wistra 2005, 290 (291 f.).
[63] BT-Drs. 7/4292, 18; *Blesinger* wistra 2008, 416 (419).
[64] *Blesinger* wistra 2008, 416 (419).
[65] AEAO zu § 30 Tz. 10.6.
[66] BFH 8.2.1994 – VII R 88/92, BFHE 174, 197 = BStBl. II 1994, 552, unter II.2.b. und 7.12.2006 – V B 163/05, BFHE 216, 15 = BStBl. II 2007, 275 = NJW 2007, 1311, unter II.2.b.

35 **d) Zwingendes öffentliches Interesse.** Der Offenbarungsgrund des zwingenden öffentlichen Interesses (Abs. 4 Nr. 5) ist sehr weit. Ein zwingendes öffentliches Interesse in diesem Interesse kann sich aus nahezu jedem Rechtsgut oder Gemeinwohlzweck ergeben. Dies wird häufig kritisiert („Achillesferse des Steuergeheimnisses"[67]), ist aber notwendiges **Korrektiv zu der Weite des Schutztatbestands.**

36 **aa) Allgemeines.** Die Finanzverwaltung geht davon aus, dass auch in den Fällen eines zwingenden öffentlichen Interesses die Offenbarung grundsätzlich eine Ermessensentscheidung ist.[68] Nach allgemeinem Sprachverständnis schließt aber ein „zwingendes" Interesse an der Offenbarung jede andere Entscheidung aus und führt zu einer **Ermessensreduzierung auf Null.**[69]

37 Die Aufzählung in Abs. 4 Nr. 5 Buchst. a–c ist nur beispielhaft, nicht abschließend, bietet aber einen Maßstab, wann ein zwingendes öffentliches Interesse gegeben ist.[70] Ein zwingendes öffentliches Interesse an einer Offenbarung besteht, wenn anderenfalls ein **schwerer Nachteil für das allgemeine Wohl** droht. Dies ist insbesondere anzunehmen, wenn eine erhebliche Störung der wirtschaftlichen Ordnung oder eine Erschütterung des Vertrauens der Allgemeinheit auf die Redlichkeit des Geschäftsverkehrs oder die ordnungsgemäße Arbeit der Behörden zu besorgen ist.[71] Allein, dass der potentielle Empfänger der Mitteilung sich die mitzuteilenden Erkenntnisse nicht anderweitig verschaffen kann, genügt nicht.[72]

38 Die Finanzbehörden müssen zwar prüfen, welche **Einzelheiten eines Vorgangs** zur Abwehr eines solchen schweren Nachteils mitgeteilt werden müssen. Eine Mitteilung ist aber bereits dann zulässig, wenn die Bedeutung für den Mitteilungsempfänger nach dem für ihn geltenden Verfahrens- und materiellen Recht nicht ausgeschlossen werden kann.[73]

39 Zwar besteht an einer **Mitteilung zur Strafverfolgung an die Staatsanwaltschaft** kein Interesse, wenn feststeht, dass sie wegen eines Verwertungsverbots oder eines Verfahrenshindernisses wirkungslos bleibt. Ob dies der Fall ist, kann aber erst im Strafverfahren geklärt werden, nicht aufgrund einer vorläufigen Prüfung durch die Finanzbehörde. Daher ist für das zwingende öffentliche Interesse einer Mitteilung der Finanzbehörden an die Staatsanwaltschaft nur die vorläufige materiell-rechtliche Beurteilung entscheidend.

40 Die Prüfung, ob ein Verwertungsverbot, namentlich im Hinblick auf die Selbstbelastungsfreiheit, oder ein Verfahrenshindernis vorliegt, obliegt der Staatsanwaltschaft. Wenn die mitgeteilten Erkenntnisse verwertbar sind und kein Verfahrenshindernis besteht, hat sie ihrerseits zu prüfen, ob im Übrigen ein zwingendes öffentliches Interesse an der Strafverfolgung besteht. Sofern ein zwingendes öffentliches Interesse vorliegt, ist auch angesichts des verlängerten Steuergeheimnisses (Abs. 2 Nr. 1 Buchst. c) die **weitere Offenbarung zur Strafverfolgung durch die Staatsanwaltschaft** zulässig.

41 Auf diese Weise wird zwar das zwingende öffentliche Interesse für Mitteilungen der Finanzbehörden an die Staatsanwaltschaft einerseits, weitere Ermittlungen der Staatsanwaltschaft andererseits unterschiedlich ausgelegt. Da die Finanzbehörde insofern nur eine Mitteilungspflicht hat, während die Staatsanwaltschaft die zuständige Strafverfolgungsbehörde ist, beide mithin **unterschiedliche Funktionen** ausüben, ist eine solche unterschiedliche Auslegung aber möglich.[74]

---

[67] Tipke/Kruse/*Drüen* Rn. 119; ebenso Klein/*Rüsken* Rn. 182.
[68] AEAO zu § 30 Tz. 8.1.; ebenso Hübschmann/Hepp/Spitaler/*Alber* Rn. 583.
[69] *Ossenbühl* FS Selmer, 2004, 859 (866 ff.); aA *Schneider* wistra 2004, 1 (2 f.).
[70] BFH 29.7.2003 – VII R 39, 43/02, BFHE 202, 411 = BStBl. II 2003, 828, unter 2.a.; BGH 10.8.2001 – RiSt (R) 1/00, unter II.1.a., insoweit in NJW 2002, 834 nicht abgedruckt; Tipke/Kruse/*Drüen* Rn. 120.
[71] BFH 10.2.1987 – VII R 77/84, BFHE 149, 387 = BStBl. II 1987, 545 = NJW 1988, 1871, unter B.II.3.a.; BGH 10.8.2001 – RiSt (R) 1/00, unter II.1.a., insoweit in NJW 2002, 834 nicht abgedruckt.
[72] Hübschmann/Hepp/Spitaler/*Alber* Rn. 190.
[73] BFH 29.7.2003 – VII R 39, 43/02, BFHE 202, 411 = BStBl. II 2003, 828, unter 2.a.
[74] Vgl. BFH 27.1.2009 – X B 28/08, BFH/NV 2009, 717, unter 2.a. und 8.3.2012 – V R 24/11, BFHE 236, 274 = BStBl. II 2012, 466, unter II.3.c.; Tipke/Kruse/*Brandis* FGO § 11 Rn. 7; Hübschmann/Hepp/Spitaler/*Lange* FGO § 115 Rn. 179.

bb) Einzelfälle. Eine Mitteilung von Informationen zur Verfolgung von Verbrechen 42
und vorsätzlichen schweren Vergehen (Abs. 4 Nr. 5 Buchst. a) kommt jedenfalls bei den
§ 138 StGB genannten Straftaten in Betracht.[75] Sie ist unzulässig, soweit **zwischen den
mitzuteilenden Informationen und der in Betracht kommenden Straftat kein
Zusammenhang** erkennbar ist. Dies gilt auch dann, wenn die Strafverfolgungsbehörden
um die Mitteilung ersucht haben.[76]

Mit der Offenbarungsbefugnis zur **Verfolgung bedeutender Wirtschaftsstraftaten** 43
(Abs. 4 Nr. 5 Buchst. b) sollte die vom Gesetzgeber vorgefundene Verwaltungspraxis
gesetzlich abgesichert werden. Allein, dass die fragliche Straftat eine Wirtschaftsstraftat
nach § 74c GVG ist, rechtfertigt schon nach dem Gesetzeswortlaut keine Offenbarung.[77]
Vielmehr müssen weitere erschwerende Umstände hinzutreten, etwa ein besonders hoher
Schaden oder eine Vielzahl Geschädigter.[78] In einer älteren Entscheidung wurde eine
Offenbarung bei einem Schaden von 350.000 DM für zulässig erachtet.[79] Nach Auffassung
der Finanzverwaltung ist eine Offenbarung insbesondere zur Verfolgung von Insolvenz-
straftaten zulässig.[80] Häufig dürfte in diesen Fällen aber bereits Abs. 4 Nr. 4 Buchst. b
Alt. 1 eingreifen. Bei Embargoverstößen besteht nach der Verwaltungsauffassung sogar eine
Offenbarungspflicht.[81]

Die Finanzverwaltung nimmt ein zwingendes öffentliches Interesse an der Offenbarung 44
auch bei **nichtsteuerlichen Straftaten gegen Amtsträger und mit Bezug zum
Besteuerungsverfahren** an.[82] Nach hiesiger Auffassung ergibt sich die Offenbarungsbefugnis zur Strafverfolgung in diesen Fällen schon aus Abs. 4 Nr. 4 Buchst. b.

Offenbarungen zur **Richtigstellung unwahrer Tatsachen** (Abs. 4 Nr. 5 Buchst. c) 45
sind nur bei der Besorgnis einer erheblichen Erschütterung des Vertrauens in die Verwaltung zulässig. An die „Erheblichkeit" sind hohe Anforderungen zu stellen. Die Zuständigkeit der obersten Dienstbehörden von Bund und Ländern entspricht der Verwaltungspraxis zur Zeit des Gesetzgebungsverfahrens und bestätigt den Ausnahmecharakter der
Maßnahme.[83]

Auch zur **Durchführung dienstrechtlicher Maßnahmen** können bereits vor der Ent- 46
scheidung über Anklage oder Einstellung des Strafverfahrens gegen den Beamten Übermittlungen zulässig sein, sobald Anlass zur Prüfung dienstrechtlicher Maßnahmen besteht und
schutzwürdige Interessen nicht entgegenstehen (§ 115 Abs. 4 BBG, § 49 Abs. 4 BeamtStG).
Dies betrifft nicht nur Übermittlungen zur Durchführung dienstrechtlicher Sofortmaßnahmen anlässlich von Steuerstrafverfahren gegen Beamte und Richter, sondern auch Übermittlungen anlässlich von Steuerstrafverfahren gegen Dritte. Insofern bedarf es aber eines
zwingenden öffentlichen Interesses (§ 115 Abs. 6 S. 2 BBG, § 49 Abs. 6 S. 2 BeamtStG).
Ein solches Interesse ist jedenfalls dann gegeben, wenn statusrelevante Disziplinarmaßnahmen[84] zu erwarten sind[85] oder Dienstvergehen im Raum stehen, die den Kernbereich
der Dienstpflichten oder besonders bedeutende Bereiche der Verwaltung, insbesondere die
Finanzverwaltung, betreffen.[86]

---

[75] Tipke/Kruse/*Drüen* Rn. 123; vgl. BFH 16.4.2002 – IX R 40/00, BFHE = 198, 66 = BStBl. II 2002, 501, unter II.3.: Landesverrat, § 94 StGB.
[76] BFH 29.4.2002 – IV B 2/02, BFHE 198, 310 = BStBl. II 2002, 507 = NJW 2002, 3799, unter 2.a.
[77] BT-Drs. 7/4292, 18; Hübschmann/Hepp/Spitaler/*Alber* Rn. 194; *Stahl/Demuth* DStR 2008, 600 (602).
[78] Klein/*Rüsken* Rn. 185.
[79] NdsFG 12.9.1990 – II 627/90 V, EFG 1991, 436.
[80] AEAO zu § 30 Tz. 8.11.
[81] AEAO zu § 30 Tz. 8.13.
[82] AEAO zu § 30 Tz. 8.9 und 8.10.; aA Beermann/Gosch/*Tormöhlen* Rn. 143.
[83] BT-Drs. 7/4292, 18.
[84] Zur Maßnahmezumessung BVerwG 28.7.2011 – 2 C 16.10, BVerwGE 140, 85 = wistra 2012, 37 (Ls.), mAnm *Pflaum* ZBR 2011, 417; *Brauns* FS Kohlmann, 2003, 387 (393 ff.).
[85] Vgl. BVerfG 6.5.2008 – 2 BvR 336/07, NJW 2008, 3489.
[86] BVerwG 5.3.2010 – 2 B 22.09, NJW 2010, 2229; zum ganzen auch BMF 20.6.2011 – IV A3 – S 0130/08/10006, BStBl. I 2011, 574; *Pflaum* wistra 2011, 55 (58 ff.); aA OLG Hamm 21.4.2016 III – 1 VAs 100/15 ua, ZWH 2016, 369; Tipke/Kruse/*Drüen* Rn. 141a; *Brauns* FS Kohlmann, 2003, 387 (404 ff.).

47 **e) Vorsätzlich falsche Angaben.** Die Möglichkeit zur Offenbarung vorsätzlich falscher Angaben (Abs. 5)[87] besteht nach Wortlaut und Entstehungsgeschichte der Vorschrift[88] nur gegenüber Strafverfolgungsbehörden zur Verfolgung von Nichtsteuerstraftaten. Da es keine steuerrechtliche Verpflichtung zu Falschangaben gibt, sind diese Fälle nach hiesiger Auffassung schon durch Abs. 4 Nr. 4 Buchst. b Alt. 1 abgedeckt. Sie bedürften daher keiner besonderen Regelung. Nach Auffassung der Finanzverwaltung verdichtet sich allerdings zumindest in den Fällen des Abs. 5 die Offenbarungsbefugnis zu einer **Anzeigepflicht**.[89]

48 **3. Folgen von Verstößen.** Für die strafprozessrechtlichen Folgen von Verstößen gegen das Steuergeheimnis ist davon auszugehen, dass nicht jeder Verfahrensverstoß ein Beweisverwertungsverbot begründet und eine Fernwirkung von Beweisverwertungsverboten dem deutschen Strafprozessrecht fremd ist.[90] Daher hat auch im Hinblick auf den Schutzzweck des Steuergeheimnisses und der Wertung des § 393 Abs. 2 S. 2 **nicht jede Verletzung des Steuergeheimnisses im Strafverfahren ein Beweisverwertungsverbot** zur Folge.[91] Nach hiesiger Auffassung kommt ein Beweisverwertungsverbot nur bei bewusster oder willkürlicher Verletzung des Steuergeheimnisses in Betracht oder, soweit die mitgeteilten Erkenntnisse auf Angaben des Beschuldigten oder von Personen beruhen, die im Strafverfahren zur Zeugnis- (§§ 52 ff. StPO) bzw. Auskunftsverweigerung (§ 55 StPO) berechtigt wären. In den anderen Fällen überwiegt das Interesse an der Wahrheitsfindung.

49 Eine Auffassung im Schrifttum will zum Zwecke eines effektiven Schutzes des Steuergeheimnisses die durch eine Verletzung des Steuergeheimnis bewirkte **Medienöffentlichkeit einer steuerstrafrechtlichen Ermittlungsmaßnahme** als unzulässige Willensbeeinflussung im Sinne des § 136a Abs. 1 StPO behandeln.[92] Es ist allerdings weder erkennbar, woraus sich in diesen Fällen die Beeinflussung ergeben, noch inwiefern diese Beeinflussung auf eine Aussage gerichtet sein soll, da die Medienöffentlichkeit durch die Aussage nicht beseitigt werden kann. Allenfalls das Inaussichtstellen eines künftigen Verstoßes gegen das Steuergeheimnis und damit zugleich von möglichen Beeinträchtigungen für das Ansehen und die Berufs- oder Geschäftstätigkeit des Beschuldigten kann eine Drohung im Sinne des § 136a Abs. 1 S. 3 darstellen.

50 Die vorsätzliche Verletzung des Steuergeheimnisses ist für den Amtsträger **strafbar** (§ 355 StGB). Die Offenbarungsbefugnis ist insofern eine Frage des Tatbestands, nicht der Rechtswidrigkeit. Wenn ein Amtsträger die Notwendigkeit einer Offenbarung für die Durchführung eines anderen Besteuerungsverfahrens (§ 30 Abs. 4 Nr. 1) oder das zwingende öffentliche Interesse (Abs. 4 Nr. 5) irrig beurteilt, handelt er nicht vorsätzlich (§ 16 StGB). Gleichwohl können Amtshaftungsansprüche[93] entstehen.

III. Rechtsbehelfe

51 Das Steuergeheimnis vermittelt dem geschützten Personenkreis ein subjektives öffentliches Recht gegenüber den im Besteuerungs- oder Steuerstrafverfahren tätig gewordenen Stellen, das gegenüber Finanzbehörden auf dem Finanzrechtsweg, gegenüber Strafverfolgungsbehörden vor den ordentlichen Gerichten zu verfolgen ist.[94] Ersuchen andere Behörden die Finanzbehörde um Auskunft, fehlt daher für ein Vorgehen gegen die ersuchende Behörde das Rechtsschutzbedürfnis.[95] Der Steuerpflichtige kann auch die Rechtswidrigkeit einer bereits erteilten Mitteilung an andere Behörden mit der **Feststellungsklage** (§ 41

---

[87] Dazu BayLfSt 27.1.2012 – S 0130.2.1 – 82/1 St 42, AO-Kartei BY § 30 Abs. 4 AO Karte 2.
[88] BT-Drs. 7/4292, 18.
[89] AEAO zu § 30 Tz. 10.3–10.5.
[90] Siehe nur BVerfG 9.11.2010 – 2 BvR 2101/09, BVerfGK 18, 193 = NJW 2011, 2417 Rn. 42 ff.
[91] AA *Reiß*, Besteuerungsverfahren und Strafverfahren, S. 136 ff.
[92] *Stahl/Demuth* DStR 2008, 600 (603).
[93] Vgl. BGH 12.2.1981 – III ZR 123/79, NJW 1982, 1648.
[94] FG Saarbrücken 27.4.2016 – 2 V 1088/16, DStRE 2016, 1388; Tipke/Kruse/*Drüen* Rn. 9; Beermann/Gosch/*Törmöhlen* Rn. 158 f.
[95] OVG Saarlouis 12.9.2016 – 2 B 196/16, NVwZ 2016, 1743.

Abs. 1 FGO) geltend machen.⁹⁶ Als Feststellungsinteresse ist ein Genugtuungsinteresse ausreichend.⁹⁷

IV. Revision

Soweit in einem Strafverfahren geltend gemacht werden soll, dass ein Verstoß gegen das Steuergeheimnis zu einem Beweisverwertungsverbot geführt hat, ist die **Verfahrensrüge** (§ 344 Abs. 2 StPO) zu erheben. **52**

§ 31a Mitteilungen zur Bekämpfung der illegalen Beschäftigung und des Leistungsmissbrauchs

(1) Die Offenbarung der nach § 30 geschützten Verhältnisse des Betroffenen ist zulässig, soweit sie
1. für die Durchführung eines Strafverfahrens, eines Bußgeldverfahrens oder eines anderen gerichtlichen oder Verwaltungsverfahrens mit dem Ziel
   a) der Bekämpfung von illegaler Beschäftigung oder Schwarzarbeit oder
   b) der Entscheidung
      aa) über Erteilung, Rücknahme oder Widerruf einer Erlaubnis nach dem Arbeitnehmerüberlassungsgesetz oder
      bb) über Bewilligung, Gewährung, Rückforderung, Erstattung, Weitergewährung oder Belassen einer Leistung aus öffentlichen Mitteln

oder
2. für die Geltendmachung eines Anspruchs auf Rückgewähr einer Leistung aus öffentlichen Mitteln

erforderlich ist.

(2) ¹Die Finanzbehörden sind in den Fällen des Absatzes 1 verpflichtet, der zuständigen Stelle die jeweils benötigten Tatsachen mitzuteilen. ²In den Fällen des Absatzes 1 Nr. 1 Buchstabe b und Nr. 2 erfolgt die Mitteilung auch auf Antrag des Betroffenen. ³Die Mitteilungspflicht nach den Sätzen 1 und 2 besteht nicht, soweit deren Erfüllung mit einem unverhältnismäßigen Aufwand verbunden wäre.

Schrifttum: *Mössmer/Moosburger*, Gesetzliche oder gefühlte Ermittlungskompetenz der FKS-Dienststellen in Steuerstrafsachen?, wistra 2007, S. 55; *Rütters*, Behördliche Mitteilungen nach § 31a AO und Freiheit vom Zwang zur Selbstbelastung, wistra 2014, S. 378; *Wulf*, Steuererklärungspflichten und „nemo tenetur", wistra 2006, S. 89.

Übersicht

	Rn.		Rn.
I. Überblick	1, 2	b) Entscheidungen über Erlaubnisse und öffentliche Leistungen	5, 6
1. Normzweck	1	c) Umfang	7, 8
2. Anwendungsbereich	2	d) Verfahren	9
II. Erläuterung	3–17	2. Mitteilungspflicht	10–14
1. Offenbarungsbefugnis	3–9	3. Verfassungsmäßigkeit	15–17
a) Bekämpfung von illegaler Beschäftigung und Schwarzarbeit	3, 4	III. Rechtsbehelfe	18

I. Überblick

1. Normzweck. In § 31a ist die **Überwindung des Steuergeheimnisses** zur Bekämpfung der illegalen Beschäftigung und des Leistungsmissbrauchs geregelt. Nach Abs. 1 ist zu **1**

---

⁹⁶ BFH 10.2.1987 – VII R 77/84, BFHE 149, 387 = BStBl. II 1987, 545 = NJW 1988, 1871.
⁹⁷ BFH 29.7.2003 – VII R 39, 43/02, BFHE 202, 411 = BStBl. II 2003, 828.

diesem Zweck die Offenbarung geschützter Verhältnisse zulässig, insofern handelt es sich rechtssystematisch um einen Ausnahmetatbestand zu § 30 Abs. 1 und einen regelungstechnisch verselbständigten Sonderfall des § 30 Abs. 4 Nr. 2.[1] Eine weitergehende Regelung enthält § 31a Abs. 2, der im Umfang der Offenbarungsbefugnis zugleich eine Mitteilungspflicht der Finanzbehörden begründet. Seinem Regelungszweck nach soll § 31a AO ähnliche Regelungen in anderen Gesetzen (zB § 6 SubvG) ergänzen und nicht verdrängen.

2 **2. Anwendungsbereich.** Die Offenbarungsbefugnis nach Abs. 1 gilt dem Wortlaut nach für alle, die nach § 30 AO zur Wahrung des Steuergeheimnisses verpflichtet sind. Dies schließt **Richter und Staatsanwälte** ein, die in Steuerstrafsachen (Abs. 2 Nr. 1 Buchst. b) Kenntnis von den dort genannten Informationen erhalten. Abs. 1 gestattet dann zusätzlich die Weitergabe an die zuständigen Verwaltungsbehörden. Die Mitteilungspflicht nach Abs. 2 ist ausdrücklich auf die Finanzbehörden beschränkt.[2]

II. Erläuterung

3 **1. Offenbarungsbefugnis. a) Bekämpfung von illegaler Beschäftigung und Schwarzarbeit.** Eine Offenbarungsbefugnis besteht zunächst zur Bekämpfung von illegaler Beschäftigung und Schwarzarbeit (Abs. 1 Nr. 1 Buchst. a). Die Begriffe der illegalen Beschäftigung und der Schwarzarbeit sind in § 31a nicht eigens definiert. Sie werden **im Sinne des Schwarzarbeitsbekämpfungsgesetzes** verwendet.[3] Für die illegale Beschäftigung gilt daher die Legaldefinition des § 16 Abs. 2 SchwarzArbG, für die Schwarzarbeit die Legaldefinition des § 1 Abs. 2 SchwarzArbG.

4 Der Bekämpfung von illegaler Beschäftigung und Schwarzarbeit dient insbesondere auch die **Strafverfolgung wegen damit zusammenhängender Straftaten.** Hierzu gehören namentlich die Beitragsvorenthaltung gegenüber Sozialversicherungsträgern (§ 266b StGB) und die Straftaten nach §§ 9 ff. SchwarzArbG. Auf die Wiederholungsgefahr im Einzelfall kommt es dabei nicht an.[4]

5 **b) Entscheidungen über Erlaubnisse und öffentliche Leistungen.** Die Offenbarung geschützter Verhältnisse ist aber auch zulässig für Verfahren im Zusammenhang mit **Erlaubnissen nach dem Arbeitnehmerüberlassungsgesetz** (Abs. 1 Nr. 1 Buchst. b Doppelbuchst. aa). Dies betrifft sowohl die Erteilung als auch die Rücknahme oder den Widerruf einer solchen Erlaubnis. Dabei wird nicht zwischen für den Betroffenen günstigen und für den Betroffenen ungünstigen Verhältnissen unterschieden.

6 Darüber hinaus kommt eine Offenbarung in Betracht für **Entscheidungen über öffentliche Leistungen,** insbesondere Subventionen und Sozialleistungen.[5] Dabei gilt Abs. 1 Nr. 1 Buchst. b Doppelbuchst. bb für Leistungen, über die in einem öffentlich-rechtlichen Verfahren, typischerweise durch Verwaltungsakt, entschieden wird, Abs. 1 Nr. 2 zielt auf Fälle, in denen Rückforderungsansprüche daher auf dem **Zivilrechtsweg** geltend gemacht werden müssen.[6] Ähnlich wie bei der Offenbarung wird auch hier nicht zwischen günstigen und ungünstigen Verhältnissen unterschieden.

7 **c) Umfang.** Die Offenbarungsbefugnis besteht, soweit sie für die Durchführung eines der in Abs. 1 Nr. 1 genannten Verfahren oder für die Geltendmachung auf dem Zivilrechtsweg (Abs. 1 Nr. 2) erforderlich ist. Dies ist nicht erst dann der Fall, wenn die zu offenbarenden Informationen mit hoher Wahrscheinlichkeit einen Schuldspruch, den Entzug einer

---

[1] Ähnlich BFH 4.10.2007 – VII B 110/07, BFHE 219, 483 = BStBl. II 2008, 42 = NJW 2007, 3742, unter II.1.
[2] Krit. Hübschmann/Hepp/Spitaler/*Alber* Rn. 9.
[3] AEAO zu § 31a Tz. 2.1. und 2.2.; Hübschmann/Hepp/Spitaler/*Alber* Rn. 28 ff.; Tipke/Kruse/*Drüen* Rn. 2; Klein/*Rüsken* Rn. 2 f.; Beermann/Gosch/*Törmöhlen* Rn. 15 ff., 21 f.; *Rütters* wistra 2014, 378 (379).
[4] So iE auch Hübschmann/Hepp/Spitaler/*Alber* Rn. 15; Tipke/Kruse/*Drüen* Rn. 5; Beermann/Gosch/*Törmöhlen* Rn. 26; zweifelnd *Rütters* wistra 2014, 378 (380).
[5] Zu den einzelnen Leistungsarten Hübschmann/Hepp/Spitaler/*Alber* Rn. 36 ff.
[6] BT-Drs. 14/8625, 26; Hübschmann/Hepp/Spitaler/*Alber* Rn. 13.

Erlaubnis oder die Rückforderung von Leistungen tragen, sondern bereits dann, wenn sie der zuständigen Behörde **Anlass geben, die Einleitung eines Verfahrens zu prüfen.** Die Erforderlichkeitsschwelle ist daher niedrig.[7]

Bei der Prüfung, ob ein Verfahren einzuleiten ist, muss der Mitteilungsempfänger **neben der materiellen Rechtslage auch die prozessuale Durchsetzbarkeit** prüfen, die wesentlich von der Belastbarkeit und Verwertbarkeit der Mitteilung abhängt. Mitgeteilt werden dürfen daher nicht nur die geschützten Verhältnisse als solche, sondern auch, wie und durch wen von ihnen Kenntnis erlangt wurde. **8**

d) Verfahren. Nach Auffassung der Finanzverwaltung sind Mitteilungen nach Abs. 1 **nicht in allen Fällen von Amts wegen,** sondern grundsätzlich nur auf Anfrage derjenigen Stelle, die Auskunft begehrt, zu erteilen.[8] Da mit der Offenbarungsbefugnis nach Abs. 1 für die Finanzbehörden zugleich eine Mitteilungspflicht nach Abs. 2 verbunden ist, dürfte diese Unterscheidung keine praktische Bedeutung haben. **9**

2. Mitteilungspflicht. Die **Finanzbehörden** sind unter den Voraussetzungen des Abs. 1 zur Mitteilung an die zuständige Stelle verpflichtet (Abs. 2 Satz 1). Die Möglichkeit des Betroffenen, die Mitteilung selbst zu beantragen (Abs. 2 Satz 2), ist daher nur dann von Bedeutung, wenn der Betroffene, nicht aber die Finanzbehörde eine Mitteilung für erforderlich hält. **10**

Die Mitteilungspflicht entfällt nur dann, wenn die Mitteilung mit **unverhältnismäßigem Aufwand** für die Finanzbehörde verbunden wäre (Abs. 2 Satz 3). Weitere Einschränkungen der Mitteilungspflicht sieht das Gesetz nicht vor. **11**

Die Finanzbehörde ist weder berechtigt noch verpflichtet, die **Verwertbarkeit der Mitteilung** nach dem für den Empfänger geltenden Verfahrensrecht zu prüfen. Jede Behörde ist für die Rechtmäßigkeit ihrer Amtshandlungen selbst verantwortlich (Art. 20 Abs. 3 GG; vgl. auch § 36 Abs. 1 BeamtStG, § 63 Abs. 1 BBG) und hat das ordnungsgemäße Zustandekommen und die Verwertbarkeit ihrer Erkenntnisse selbst zu prüfen. Dass die Mitteilungspflicht nach § 31a Abs. 2 AO nicht ausdrücklich von der Verwertbarkeit in dem künftigen Verfahren abhängig gemacht wird, bedeutet daher nicht, dass von dieser Verwertbarkeit allgemein auszugehen wäre, sondern vielmehr, dass sie vom Empfänger der Mitteilung zu prüfen ist.[9] **12**

Die Regelungen des § 393 Abs. 2 sind für die Verwertbarkeit jedenfalls ohne Bedeutung.[10] Sie betreffen Tatsachen oder Beweismittel, die der Staatsanwaltschaft oder dem Gericht gerade deswegen bekannt werden, weil ihnen im **Steuerstrafverfahren** die Besteuerungsakte vorgelegt werden. Die Zulässigkeit und Verwertbarkeit anderweitiger Mitteilungen der Finanzbehörde an die Staatsanwaltschaft bestimmt sich nach den allgemeinen Vorschriften über das Steuergeheimnis, wozu auch § 31a gehört, oder dem jeweiligen Fachrecht.[11] **13**

Zuständige Stelle im Sinne des Abs. 2 ist diejenige Stelle, die maßgeblich für die Einleitung und Durchführung des in Betracht kommenden Verfahrens zuständig ist. Bei Strafverfahren ist dies regelmäßig die Staatsanwaltschaft (§ 152 StPO), bei Bußgeldverfahren die Verwaltungsbehörde (§ 35 OWiG). Die Behörden der Zollverwaltung können in Bußgeldverfahren nach dem Schwarzarbeitsbekämpfungsgesetz Verwaltungsbehörde sein (§ 12 Abs. 1 Nr. 1, 3 SchwarzArbG). Die bei der Zollverwaltung eingerichtete Finanzkontrolle **14**

---

[7] BFH 4.10.2007 – VII B 110/07, BFHE 219, 483 = BStBl. II 2008, 42 = NJW 2007, 3742, unter II.1.; Hübschmann/Hepp/Spitaler/*Alber* Rn. 15; aA Tipke/Kruse/*Drüen* Rn. 12; Beermann/Gosch/*Törmöhlen* Rn. 41.
[8] AEAO zu § 31a Tz. 1 Abs. 1 und 2.
[9] Vgl. BFH 14.7.2008 – VII B 92/08, BFHE 220, 348 = BStBl. II 2008, 850 = NJW 2008, 3517, zu § 4 Abs. 5 S. 1 Nr. 10 EStG, unter II.2.b.; Tipke/Kruse/*Drüen* Rn. 8; aA *Wulf* wistra 2006, 89 (90 f.).
[10] AA *Rütters* wistra 2014, 378 (383).
[11] → § 393 Rn. 44 ff.

Schwarzarbeit[12] hat hingegen nur die Stellung als Ermittlungspersonen der Staatsanwaltschaft (§ 14 SchwarzArbG).

15 **3. Verfassungsmäßigkeit.** Die Verfassungsmäßigkeit des § 31a wird im Schrifttum im Hinblick auf **die Selbstbelastungsfreiheit und das Bestimmtheitsgebot** angezweifelt.[13] Das Bundesverfassungsgericht konnte die Frage bisher offen lassen.[14]

16 Nach hiesiger Auffassung bestehen keine durchgreifenden verfassungsrechtlichen Bedenken.[15] Die Selbstbelastungsfreiheit schützt davor, durch eine erzwingbare Aussage zu der eigenen strafrechtlichen Verurteilung beitragen zu müssen, nicht aber vor rein wirtschaftlichen Nachteilen.[16] Sie greift daher allenfalls bei Mitteilungen zur Straf- oder Ordnungswidrigkeitenverfolgung ein, aber nicht bei Mitteilungen zur Entscheidung über öffentliche Leistungen (Abs. 1 Nr. 1 Buchst. b). Auch dann wird aber die **Selbstbelastungsfreiheit nicht schon durch die Mitteilung berührt,** sondern erst durch die Verwertung zulasten des Betroffenen. Die Verwertbarkeit ist aber in § 31a offen gelassen und von dem Empfänger der Mitteilung in eigener Verantwortung zu prüfen.[17] Insofern unterscheidet sich § 31a von § 393 Abs. 2 S. 2. Wenn die mitzuteilenden Erkenntnisse nicht aus erzwingbaren Mitwirkungshandlungen des Betroffenen, sondern von Dritten (Informanten) herrühren, ist die Selbstbelastungsfreiheit ohnehin nicht einschlägig.

17 Auch das Bestimmtheitsgebot wird nicht verletzt. Die Offenbarungsbefugnis nach Abs. 1 ist zwar weit, aber deswegen nicht unbestimmt. Im Übrigen ist bei der verfassungsrechtlichen Beurteilung des § 31a auch zu beachten, dass die danach mitgeteilten Daten dem **verlängerten Steuergeheimnis** (§ 30 Abs. 2 Nr. 1 Buchst. c) unterliegen.[18]

III. Rechtsbehelfe

18 Für Rechtsbehelfe im Zusammenhang mit § 31a ist der **Finanzrechtsweg** eröffnet. Die Mitteilungen stellen ein Realhandeln dar, so dass sowohl für Klagen gegen Mitteilungen als auch für Klagen gegen die Verweigerung einer Mitteilung (insbesondere in den Fällen des Abs. 2 Satz 2) die allgemeine Leistungsklage statthaft ist.

§ 31b Mitteilungen zur Bekämpfung der Geldwäsche und der Terrorismusfinanzierung

(1) Die Offenbarung der nach § 30 geschützten Verhältnisse des Betroffenen an die jeweils zuständige Stelle ist auch ohne Ersuchen zulässig, soweit sie einem der folgenden Zwecke dient:
1. der Durchführung eines Strafverfahrens wegen Geldwäsche oder Terrorismusfinanzierung nach § 1 Absatz 1 und 2 des Geldwäschegesetzes,
2. der Verhinderung, Aufdeckung und Bekämpfung von Geldwäsche oder Terrorismusfinanzierung nach § 1 Absatz 1 und 2 des Geldwäschegesetzes,
3. der Durchführung eines Bußgeldverfahrens nach § 56 des Geldwäschegesetzes gegen Verpflichtete nach § 2 Absatz 1 Nummer 13 bis 16 des Geldwäschegesetzes,
4. dem Treffen von Maßnahmen und Anordnungen nach § 51 Absatz 2 des Geldwäschegesetzes gegenüber Verpflichteten nach § 2 Absatz 1 Nummer 13 bis 16 des Geldwäschegesetzes oder

---

[12] Dazu Hübschmann/Hepp/Spitaler/*Alber* Rn. 7, 45 ff.; *Mößmer/Moosburger* wistra 2007, 55.
[13] Tipke/Kruse/*Drüen* Rn. 1, Vor § 31 Rn. 1; Joecks/Jäger/Randt/*Joecks* § 393 Rn. 10 f.
[14] BVerfG 27.4.2010 – 2 BvL 13/07, BVerfGK 17, 253, unter B.II.2.
[15] So im Ergebnis auch BFH 4.10.2007 – VII B 110/07, BFHE 219, 483 = BStBl. II 2008, 42 = NJW 2007, 3742, unter II.2.
[16] Vgl. → § 393 Rn. 4 f., 10 ff., 23.
[17] Zu den Maßstäben → § 393 Rn. 65 ff.
[18] Tipke/Kruse/*Drüen* Rn. 8; Beermann/Gosch/*Tormöhlen* Rn. 43.

5. der Wahrnehmung von Aufgaben nach § 28 Absatz 1 des Geldwäschegesetzes durch die Zentralstelle für Finanztransaktionsuntersuchungen.

(2) ¹Die Finanzbehörden haben der Zentralstelle für Finanztransaktionsuntersuchungen unverzüglich Sachverhalte unabhängig von deren Höhe mitzuteilen, wenn Tatsachen vorliegen, die darauf hindeuten, dass
1. es sich bei Vermögensgegenständen, die mit dem mitzuteilenden Sachverhalt im Zusammenhang stehen, um den Gegenstand einer Straftat nach § 261 des Strafgesetzbuchs handelt oder
2. die Vermögensgegenstände im Zusammenhang mit Terrorismusfinanzierung stehen.

²Mitteilungen an die Zentralstelle für Finanztransaktionsuntersuchungen sind durch elektronische Datenübermittlung zu erstatten; hierbei ist ein sicheres Verfahren zu verwenden, das die Vertraulichkeit und Integrität des Datensatzes gewährleistet. ³Im Fall einer Störung der Datenübertragung ist ausnahmsweise eine Mitteilung auf dem Postweg möglich. ⁴§ 45 Absatz 3 und 4 des Geldwäschegesetzes gilt entsprechend.

(3) Die Finanzbehörden haben der zuständigen Verwaltungsbehörde unverzüglich solche Tatsachen mitzuteilen, die darauf schließen lassen, dass
1. ein Verpflichteter nach § 2 Absatz 1 Nummer 13 bis 16 des Geldwäschegesetzes eine Ordnungswidrigkeit nach § 56 des Geldwäschegesetzes begangen hat oder begeht oder
2. die Voraussetzungen für das Treffen von Maßnahmen und Anordnungen nach § 51 Absatz 2 des Geldwäschegesetzes gegenüber Verpflichteten nach § 2 Absatz 1 Nummer 13 bis 16 des Geldwäschegesetzes gegeben sind.

(4) § 47 Absatz 3 des Geldwäschegesetzes gilt entsprechend.

Schrifttum: *Marx,* Paradigmenwechsel beim Steuergeheimnis?, DStR 2002, S. 1467.

Übersicht

	Rn.		Rn.
I. Überblick	1–3	2. Meldepflichten an die Zentralstelle für Finanztransaktionsuntersuchungen	9–16
1. Normzweck	1	3. Mitteilungspflichten an andere Verwaltungsbehörden	17, 18
2. Anwendungsbereich	2	4. Geheimhaltung	19, 20
3. Internationalrechtliche Grundlagen und Einflüsse	3	5. Verfassungsrechtliche Gesichtspunkte	21
II. Erläuterung	4–21	**III. Rechtsbehelfe**	22
1. Einschränkung des Steuergeheimnisses	4–8		

I. Überblick

1. Normzweck. Durch § 31b ist Rechtsgrundlage für die **Mitwirkung der Finanzbehörden bei der Bekämpfung von Geldwäsche und Terrorismusfinanzierung** geschaffen. Einzelregelungen betreffen die Einschränkung des Steuergeheimnisses (Abs. 1), Mitteilungen der Finanzbehörden an die Zentralstelle für Transaktionsuntersuchungen (Abs. 2) und an andere Verwaltungsbehörden (Abs. 3) sowie die Geheimhaltung gegenüber dem Steuerpflichtigen (Abs. 4). **1**

2. Anwendungsbereich. Die Regelungen des § 31b richten sich vorrangig an die **Finanzbehörden im Besteuerungsverfahren,** insbesondere an die Prüfungsdienste.[1] Sie gelten aber auch für die Finanzbehörden im Steuerstrafverfahren.[2] **2**

---
[1] Hübschmann/Hepp/Spitaler/*Alber* Rn. 32; Beermann/Gosch/*Tormöhlen* Rn. 5.
[2] Vgl. AStBV(St) 2017 Nr. 129 Abs. 1, Zu § 31b AO alter Fassung.

3. Internationalrechtliche Grundlagen und Einflüsse. Die Bekämpfung von Geldwäsche und Terrorismusfinanzierung ist durch **Europarecht und zwischenstaatliche Vereinbarungen** beeinflusst. Sie war und ist Gegenstand mehrerer EG- oder EU-Richtlinien, zuletzt der 4. EU-Geldwäscherichtlinie.[3] Daneben besteht mit der Financial Action Task Force on Money Laundering (FATF) ein eigenes zwischenstaatliches Gremium, das sich der Bekämpfung der Geldwäsche widmet, und in dem die Bundesrepublik Deutschland mitarbeitet.[4] Durch § 31b AO sollen die Verpflichtung zur Umsetzung dieser Richtlinien und die Empfehlungen der FATF erfüllt werden. Anlässlich der Überarbeitung des Geldwäschegesetzes zur Umsetzung der 4. EU-Geldwäscherichtlinie wurde § 31b AO neu gefasst.[5]

II. Erläuterung

1. Einschränkung des Steuergeheimnisses. Durch Abs. 1 wird das **Steuergeheimnis** (§ 30) für bestimmte abschließend aufgezählte Zwecke im Zusammenhang mit der Bekämpfung der Geldwäsche (§ 1 Abs. 1 GwG) und der Terrorismusfinanzierung (§ 1 Abs. 2 GwG) eingeschränkt. Es handelt sich um einen spezialgesetzlich (§ 30 Abs. 4 Nr. 2 AO) geregelten Sonderfall der Offenbarung wegen eines zwingenden öffentlichen Interesses.

Die Einzelheiten, unter denen eine Offenbarung zulässig ist, ergeben sich aus Abs. 1 Nr. 1–5 und dort jeweils in Bezug genommenen Vorschriften des Strafgesetzbuchs und des Geldwäschegesetzes. Eine Mitteilung „dient" den dort genannten **Straf-, Bußgeld- bzw. Verwaltungsverfahren zur Bekämpfung der Geldwäsche** bereits, wenn sie überhaupt erst deren Einleitung ermöglicht.[6] Eine Beschränkung auf eingeleitete Verfahren[7] ist dem Gesetz nicht zu entnehmen.

Die Offenbarungsbefugnis erstreckt sich jedenfalls auf diejenigen Verhältnisse, die aufgrund der **Meldepflichten nach Abs. 2 und der Mitteilungspflichten nach Abs. 3** zu offenbaren sind. Dies folgt schon aus dem unmittelbaren Zusammenhang der Regelungen. Sie bedeutet aber auch, dass das Steuergeheimnis der Beantwortung von Anfragen der mit Verfahren nach Abs. 1 Nr. 1–5 befassten Strafverfolgungs- bzw. Verwaltungsbehörden durch die Finanzbehörden nicht entgegensteht, wenn die Antwort einem der genannten Verfahren dient.

Ein solches „Dienen" ist bereit dann gegeben, wenn die Antwort **geeignet ist, das Verfahren zu fördern.** Ob es auch andere Möglichkeiten gäbe, das Verfahren zu fördern, ist unerheblich. Das Gesetz fordert nicht, dass die Offenbarung erforderlich ist. Insofern besteht ein Beurteilungsspielraum der Strafverfolgungs- bzw. Verwaltungsbehörde.[8]

Vor der Mitteilung muss die **Finanzbehörde in eigener Verantwortung prüfen,** ob die Voraussetzungen für eine Offenbarung nach Abs. 1 vorliegen. Auskunftsersuchen anderer Behörden müssen daher eine Begründung enthalten, aus der hervorgeht, warum die Auskunft aus Sicht der ersuchenden Behörde geeignet ist, ein Verfahren nach Abs. 1 Nr. 1– 4 zu fördern.[9] Liegen die Voraussetzungen nach Abs. 1 vor, sind die Finanzbehörden angewiesen, die Auskunft zu erteilen.[10]

---

[3] Richtlinie (EU) 2015/849 des Europäischen Parlaments und des Rates vom 20.5.2015 zur Verhinderung der Nutzung des Finanzsystems zum Zwecke der Geldwäsche und Terrorismusfinanzierung, zur Änderung der Verordnung (EU) Nr. 648/2012 des Europäischen Parlaments und des Rates und zur Aufhebung der Richtlinie 2005/60/EG des Europäischen Parlaments und des Rates und der Richtlinie 2006/70 der Kommission (ABl. 2015 L 141, 73).
[4] Vgl. BT-Drs. 17/6804, 1.
[5] Art. 9 Nr. 1 des Gesetzes zur Umsetzung der Vierten EU-Geldwäscherichtlinie, zur Ausführung der EU-Geldtransferverordnung und zur Neuorganisation der Zentralstelle für Finanztransaktionsuntersuchungen, BGBl. 2017 I 1822 (1862).
[6] Vgl. Beermann/Gosch/*Tormöhlen* Rn. 31.
[7] Vgl. Klein/*Rüsken* Rn. 1a.
[8] Vgl. Tipke/Kruse/*Drüen* Rn. 1a.
[9] Ähnlich Hübschmann/Hepp/Spitaler/*Alber* Rn. 28.
[10] AEAO zu § 31b Tz.1.1.

2. Meldepflichten an die Zentralstelle für Finanztransaktionsuntersuchungen.

Innerhalb der Regelungen zur Geldwäschebekämpfung ist Abs. 2 eine Spezialnorm zu § 44 GwG.[11] Nach Abs. 2 Satz 1 sind die Finanzbehörden bei Hinweisen auf Geldwäsche (Abs. 2 Satz 1 Nr. 1) und Terrorismusfinanzierung (Abs. 2 Satz 1 Nr. 2) zur unverzüglichen Meldung an die Zentralstelle für Finanztransaktionsuntersuchungen (§§ 27 ff. GwG) verpflichtet. Dies korrespondiert mit den Offenbarungsbefugnissen nach Abs. 1 Nr. 1 und 2. Hinsichtlich der **Geldwäsche** wird ausdrücklich auf § 261 StGB verwiesen.

Die **Terrorismusfinanzierung** im Sinne des Abs. 2 S. 1 Nr. 2 ist im (weiteren) Sinne des § 1 Abs. 2 GwG, nicht im (engeren) Sinne des § 89c StGB zu verstehen. Dies folgt daraus, dass § 31b Abs. 1 Nr. 2 AO auf § 1 Abs. 2 GwG verweist und § 31b Abs. 2 Nr. 2 AO den Begriff Terrorismusfinanzierung ohne weitere Zusätze verwendet.

„**Unverzüglich**" bedeutet grundsätzlich „ohne schuldhaftes Zögern" (vgl. § 121 Abs. 1 BGB). Was dies im Einzelnen heißt, hängt aber vom betroffenen Sachbereich und dem Zweck des Unverzüglichkeitserfordernisses ab.[12] Der Finanzbehörde ist jedenfalls berechtigt und verpflichtet, zu prüfen ob und in gegebenenfalls welchem Umfang die Voraussetzungen für eine Mitteilung vorliegen.

Nach der Neufassung des § 31b ist die Mitteilung **ausschließlich an die Zentralstelle** für Finanztransaktionsuntersuchungen zu richten, die alles weitere veranlasst. Das Gesetz schreibt nunmehr grundsätzlich elektronische Datenübermittlung mit gewissen Mindeststandards vor (Abs. 2 S. 2), nur ausnahmsweise ist eine Übermittlung auf dem Postweg möglich (Abs. 2 S. 3), wobei ein amtlicher Vordruck zu verwenden ist (§ 31b Abs. 2 S. 4 AO iVm § 45 Abs. 3 GwG).

Die Mitteilungspflicht besteht beim Vorliegn von **Tatsachen, die auf Geldwäsche bzw. Terrorismusfinanzierung hindeuten.** Ob solche Tatsachen gegeben sind, müssen die Finanzbehörden in eigener Verantwortung prüfen. Dabei steht ihnen ein Beurteilungsspielraum zu.[13] Bei der Vorgängerfassung ging der historische Gesetzgeber davon aus, dass die Meldepflicht bereits unterhalb des Anfangsverdachts (§ 152 Abs. 2 StPO) eingreift.[14] Ob hieran für die geltende Fassung festgehalten werden soll, ist den Gesetzesmaterialien nicht eindeutig zu entnehmen. Ein „Hindeuten" kann begrifflich schon gegeben sein, wenn es Anhaltspunkte für eines von mehreren Tatbestandsmerkmalen gibt, unabhängig davon ob eine Verurteilung möglich erscheint.

Zu melden sind **verdächtige Transaktionen** (§ 1 Abs. 5 GwG) unabhängig von ihrer Höhe und Geschäftsbeziehungen (§ 1 Abs. 4 GwG). Aus dem Sinnzusammenhang folgt, dass sowohl der Begriff der Transaktion als auch der Begriff der Geschäftsbeziehung im Sinne des Geldwäschegesetzes zu verstehen sind. Unerheblich ist, ob an den Transaktionen bzw. Geschäftsvorfällen Verpflichtete im Sinne des § 2 Abs. 1 GwG beteiligt sind.

Voraussetzung einer Meldung ist regelmäßig zumindest, dass die Finanzbehörde **ungeklärte Geldzu- oder -abflüsse** feststellt. Um Geldwäsche bzw. Terrorismusfinanzierung nahezulegen, müssen allerdings weitere Tatsachen hinzukommen, die darauf hindeuten, dass die Gelder aus einer in § 261 StGB genannten Vortat herrühren oderfür eine Tat im Sinne des § 1 Abs. 2 GwG oder § 89c StGB verwendet werden sollen. Namentlich bei ungeklärten Zuflüssen ist danach zu unterscheiden, worauf sich die Unklarheiten beziehen. Wenn der Verdacht besteht, dass steuerpflichtige Gewinne als Einlagen verbucht wurden, betrifft dies den objektiven Tatbestand der Steuerhinterziehung, deutet aber nicht auf Geldwäsche hin. Demgegenüber liegt Geldwäsche nahe, wenn zu vermuten ist, dass steuerpflichtige Gewinne nur vorgetäuscht, aber tatsächlich nicht erzielt wurden.[15] Bei Abflüssen sind mögliche Geldwäschefälle von Fällen zu trennen, in denen lediglich eine verdeckte Gewinnausschüttung oder verdeckte Entnahme in Rede steht.

---

[11] BT-Drs. 18/11555, 170.
[12] BFH 7.11.2013 – X K 13/12, BFHE 243, 126 = BStBl. II 2014, 179 Rn. 35.
[13] Vgl. BT-Drs. 18/3017, 30; krit. Tipke/Kruse/*Drüen* Rn. 1.
[14] BT-Drs. 17/6804, 35, 41.
[15] Vgl. *Marx* DStR 2002, 1467 (1468); siehe auch die Beispiele bei Hübschmann/Hepp/Spitaler/*Alber* Rn. 20.

16 Eine Meldepflicht besteht im Übrigen nur für solche Transaktionen, von denen die Finanzbehörde **im Rahmen ihrer gesetzlichen Aufgaben und Befugnisse Kenntnis** erlangt hat. Aus § 31b AO ergibt sich weder das Recht noch die Pflicht der Finanzbehörden, im Besteuerungsverfahren oder Steuerstrafverfahren für Zwecke der Geldwäschebekämpfung zu ermitteln.[16]

17 **3. Mitteilungspflichten an andere Verwaltungsbehörden.** Zusätzlich zu den Meldepflichten (Abs. 2) bestehen Mitteilungspflichten zur Unterstützung des **Vollzug des Geldwäschegesetzes** (Abs. 3) an die zuständigen Verwaltungsbehörden. Auch diese Mitteilung ist „unverzüglich" zu geben. Abweichend von Abs. 2 sind allerdings keine bestimmten Mitteilungswege vorgeschrieben. Mitzuteilen sind Tatsachen, die auf eine Ordnungswidrigkeit nach § 56 GwG eines Verpflichteten im Sinne des § 2 Abs. 1 Nr. 13–16 GwG oder auf die Voraussetzungen für Maßnahmen und Anordnungen nach § 51 Abs. 2 GwG gegenüber solchen Verpflichteten schließen lassen. Diese Mitteilungspflichten korrespondieren mit den Offenbarungsbefugnissen nach Abs. 1 Nr. 3 und 4.

18 Die Beschreibung des **Verdachtsgrades** in Abs. 3 weicht im Wortlaut geringfügig von der Beschreibung in Abs. 2 ab. Es ist allerdings nicht ersichtlich, dass damit auch eine Abweichung in der Sache beabsichtigt war.[17] In § 31b in der Fassung des Jahressteuergesetzes 2010[18] stimmten der damalige Satz 2 (heute Abs. 2) und der damalige Satz 3 (Abs. 3) hinsichtlich des Verdachtsgrads im Wortlaut überein. Die Abweichungen beruhen auf der Neufassung des damaligen Satzes 2 durch das Gesetz zur Optimierung der Geldwäscheprävention,[19] die allerdings rein klarstellend sein sollte.[20] Warum beim damaligen Satz 3 auf diese Klarstellung verzichtet wurde, ist unklar.

19 **4. Geheimhaltung.** Die **Information des Betroffenen** würde regelmäßig den Ermittlungszweck gefährden und muss daher unterbleiben. Dies ergibt sich aus der entsprechenden Anwendung des § 47 Abs. 3 GwG.[21] Aus dem gleichen Grund ist auch von einer vorherigen Anhörung abzusehen (§ 91 Abs. 3).

20 Wenn sich im Steuerstrafverfahren der Verdacht der Geldwäsche (§ 261 StGB) oder der Terrorismusfinanzierung (§ 89c StGB) ergibt und der Verdacht die **gleiche prozessuale Tat wie die Steuerstraftat** ergibt, hat die Finanzbehörde die Akten der Staatsanwaltschaft vorzulegen.[22] Nach dem klaren Wortlaut des Abs. 2 kann die Aktenvorlage allerdings die unverzügliche Meldung in der dort vorgegebenen Form nicht ersetzen.[23]

21 **5. Verfassungsrechtliche Gesichtspunkte.** Wenn die Finanzbehörden Erkenntnisse, die auf der erzwingbaren Mitwirkung des Verdächtigen im Besteuerungsverfahren beruhen, den Strafverfolgungsbehörden zum Zweck der Durchführung eines Strafverfahrens mitteilen, berührt dies die **Selbstbelastungsfreiheit**.[24] Durchgreifende verfassungsrechtliche Bedenken gegen § 31b ergeben sich allein aus der Pflicht zur Mitteilung aber ebensowenig wie bei § 30.[25]

III. Rechtsbehelfe

22 Da Meldungen bzw. Mitteilungen nach § 31b dem Betroffenen regelmäßig nicht mitgeteilt werden, sind die Rechsschutzmöglichkeiten beschränkt. Denkbar ist lediglich eine

---

[16] Vgl. BT-Drs. 18/3017, 30; Klein/*Rüsken* Rn. 1b.
[17] Im Ergebnis ebenso AEAO zu § 31b Tz.3.1.
[18] BGBl. 2010 I 1768.
[19] BGBl. 2011 I 2959.
[20] BT-Drs. 17/6804, 35, 41.
[21] BT-Drs. 18/11555, 170.
[22] Vgl. → § 386 Rn. 23 f.
[23] AA Beermann/Gosch/*Tormöhlen* Rn. 48.
[24] Hübschmann/Hepp/Spitaler/*Alber* Rn. 37; Beermann/Gosch/*Tormöhlen* Rn. 33; Marx DStR 2002, 1467 (1469).
[25] Vgl. → § 30 Rn. 3.

Unterlassungsklage oder vorbeugende Feststellungsklage. Unterlassungsklagen sind aber nur unter engen Voraussetzungen zulässig.[26] Der Betroffene müsste dann nicht nur darlegen, weshalb bezüglich ihn betreffender Erkenntnisse der Finanzbehörden eine Meldung oder Mitteilung nach § 31b zu erwarten ist, sondern auch, weshalb dadurch eine Rechtsverletzung droht, die nicht oder nur schwerlich wiedergutzumachen ist. Eine Feststellungsklage (§ 41 Abs. 1 FGO) muss sich auf ein abgabenrechtliches Rechtsverhältnis beziehen und erfordert ein Feststellungsinteresse gerade gegenüber dem Beklagten.[27] Liegen diese Voraussetzungen nicht vor, kann der Betroffene die Unzulässigkeit einer Meldung, Mitteilung oder sonstigen Auskunft und ein daraus möglicherweise folgendes Verwertungsverbot nur in dem Verfahren geltend machen, für das die Meldung, Mitteilung oder Auskunft verwertet wurde.

---

[26] BFH 11.12.2012 – VII R 69/11, BFH/NV 2013, 739 Rn. 15.
[27] BFH 30.3.2011 – XI R 12/08, BFHE 233, 304 = BStBl. II 2011, 819 Rn. 19 f.

Achter Teil. Straf- und Bußgeldvorschriften, Straf- und Bußgeldverfahren

Dritter Abschnitt. Strafverfahren

1. Unterabschnitt. Allgemeine Vorschriften

§ 385 Geltung von Verfahrensvorschriften

(1) Für das Strafverfahren wegen Steuerstraftaten gelten, soweit die folgenden Vorschriften nichts anderes bestimmen, die allgemeinen Gesetze über das Strafverfahren, namentlich die Strafprozessordnung, das Gerichtsverfassungsgesetz und das Jugendgerichtsgesetz.

(2) Die für Steuerstraftaten geltenden Vorschriften dieses Abschnitts, mit Ausnahme des § 386 Abs. 2 sowie der §§ 399 bis 401, sind bei dem Verdacht einer Straftat, die unter Vorspiegelung eines steuerlich erheblichen Sachverhalts gegenüber der Finanzbehörde oder einer anderen Behörde auf die Erlangung von Vermögensvorteilen gerichtet ist und kein Steuerstrafgesetz verletzt, entsprechend anzuwenden.

Übersicht

	Rn.		Rn.
I. Überblick	1–4	1. Geltung des allgemeinen Strafverfahrensrechts	5–7
1. Normzweck	1, 2		
2. Anwendungsbereich	3, 4	2. Anweisungen für das Straf- und Bußgeldverfahren (Steuer)	8–12
II. Erläuterung	5–12		

I. Überblick

1 **1. Normzweck.** Abs. 1 verdeutlicht, dass das **Steuerstrafverfahren** seinem Wesen nach ein Strafverfahren ist, nicht ein Bestandteil oder eine Fortsetzung des Besteuerungsverfahrens. Das Steuerstrafverfahren folgt daher vorbehaltlich abweichender Regelungen in den §§ 385 ff. den Grundsätzen des Strafprozessrechts, nicht des Steuerverfahrensrechts.

2 Die in Abs. 2 beschriebenen Taten, insbesondere das Herbeiführen von **Erstattungen für fiktive Steuerfälle,** wurden von der Rechtsprechung früher nicht als Steuerhinterziehung behandelt. Abs. 2 sollte den sich daraus ergebenden prozessualen Schwierigkeiten vorbeugen und auch in diesen Fällen ermöglichen, die Erkenntnisse der Finanzbehörden für die Strafverfolgung zu nutzen.[1]

3 **2. Anwendungsbereich.** Abs. 1 gilt unmittelbar nur für **Steuerstraftaten** (§ 369 Abs. 1). Zölle sind Steuern im Sinne des Steuerstrafrechts (§ 3 Abs. 3). Zu den Taten, die nach den Steuergesetzen strafbar sind (§ 369 Abs. 1 Nr. 1) gehört neben den Steuerstraftaten nach §§ 370, 372 ff. auch die gewerbsmäßige oder bandenmäßige Schädigung des Umsatzsteueraufkommens (§ 26c UStG). Die Vorschriften des Steuerstrafverfahrensrechts sind aber aufgrund besonderer Verweisungen auch in anderen Bereichen entsprechend anwendbar. Dies betrifft insbesondere die Verfolgung von Straftaten nach §§ 263, 264 StGB, die sich auf die Investitionszulage beziehen und Begünstigung (§ 257 StGB) von Personen, die derartige Straftaten begangen haben (zuletzt § 15 InvZulG 2010). Daneben gilt § 385 AO entsprechend für die Verfolgung der Hinterziehung von Altersvorsorgezulage (§ 96 Abs. 7 EStG),

---

[1] BT-Drs. 7/4292, 46.

von Arbeitnehmersparzulage (§ 14 Abs. 3 5. VermBG), von Marktordnungsangaben (§§ 12, 35 MOG) und von Wohnungsbauprämie (§ 8 Abs. 2 WoPG).

Anders als zur Entstehungszeit der Abgabenordnung behandelt die Rechtsprechung mittlerweile auch die Erwirkung von steuerlichen Vorteilen durch **Vorspiegelung steuerlich erheblicher Sachverhalte** als Steuerhinterziehung.[2] Der ursprüngliche Anwendungsbereich des Abs. 2 ist dadurch weggefallen. Eine Abs. 2 entsprechende Regelung findet sich allerdings weiterhin in § 128 Abs. 1 BranntwMonG. **4**

II. Erläuterung

1. Geltung des allgemeinen Strafverfahrensrechts. Die **allgemeinen Gesetze** über das Strafverfahren gelten nach dem Wortlaut des Abs. 1 vorbehaltlich abweichender Regelung in den §§ 385 ff. im Steuerstrafverfahren nicht nur entsprechend, sondern unmittelbar. Die Aufzählung der allgemeinen Gesetze über das Strafverfahren in Abs. 1 ist ausdrücklich („namentlich") nicht abschließend. Daher sind beispielsweise auch das Bundeszentralregistergesetz (BZRG), das Gerichtskostengesetz (GKG), das Gesetz über die Entschädigung von Zeugen und Sachverständigen (ZSEG), das Gesetz über die internationale Rechtshilfe in Strafsachen (IRG) und das Gesetz über die Entschädigung für Strafverfolgungsmaßnahmen (StrEG) im Steuerstrafverfahren anwendbar. Für die Ermittlungsbehörden gelten auch die einschlägigen Verwaltungsanweisungen.[3] **5**

Tatsächlich werden die Bestimmungen des allgemeinen Strafverfahrensrechts durch die §§ 385 ff. für das Steuerstrafverfahren an zahlreichen Stellen abgewandelt. Diese Abwandlungen ergeben sich insbesondere aus der **Beteiligung der Finanzbehörden** am Steuerstrafverfahren, die eine Regelung ihrer Zuständigkeiten und Befugnisse und eine Abgrenzung von denjenigen der übrigen Strafverfolgungsorgane erforderlich macht. **6**

Die Abwandlungen betreffen darüber hinaus das **Verhältnis von Besteuerungs- und Steuerstrafverfahren**. Die Finanzbehörden und der Steuerpflichtige bzw. Beschuldigte haben im Besteuerungsverfahren einerseits, im Steuerstrafverfahren andererseits jeweils unterschiedliche Rechte und Pflichten. Das daraus entstehende Spannungsfeld wird durch besondere Vorschriften des Steuerstrafverfahrensrechts aufgelöst. **7**

2. Anweisungen für das Straf- und Bußgeldverfahren (Steuer). Die Anwendung des allgemeinen Strafverfahrensrechts und der §§ 385 ff. durch die Finanzbehörden der Länder folgt den **Anweisungen für das Straf- und Bußgeldverfahren (Steuer)**, kurz **AStBV (St)**, die regelmäßig überarbeitet und im Bundessteuerblatt Teil I veröffentlicht werden.[4] Die AStBV (St) ergehen als übereinstimmende Erlasse der obersten Landesfinanzbehörden. Eine Auffassung im Schrifttum erachtet sie daher für rechtswidrig, da eine Ermächtigungsgrundlage für die obersten Landesfinanzbehörden fehle und die obersten Landesfinanzbehörden im Steuerstrafverfahren gegenüber den Finanzämtern nicht weisungsbefugt seien.[5] **8**

Zwar ist eine ausdrückliche Ermächtigungsgrundlage nicht vorhanden und zählen die **obersten Landesfinanzbehörden** nicht zu den Finanzbehörden im Sinne des Steuerstrafverfahrensrechts (§ 386 Abs. 1 S. 2). Das bedeutet aber zunächst nur, dass sie im Steuerstrafverfahren keine Wahrnehmungskompetenz besitzen, das heißt selbst nicht unmittelbar aufgrund der §§ 385 ff. begründeten Befugnisse tätig werden können. **9**

Gleichwohl haben die obersten Landesfinanzbehörden die **Sachkompetenz** für das Steuerstrafverfahren jedenfalls, soweit es von den Finanzbehörden selbständig durchgeführt wird. Die Zuständigkeitsvorschriften des Steuerstrafrechts sind grundsätzlich auf einen Gleichlauf von Besteuerung und Steuerstrafverfolgung ausgelegt (vgl. § 387 Abs. 1). Die Sachkompetenz für das Steuerstrafverfahren kann jedenfalls, soweit es von den Finanzbehör- **10**

---
[2] ZB BGH 6.6.2007 – 5 StR 127/07, BGHSt 51, 356 = NStZ 2007, 589.
[3] Joecks/Jäger/Randt/*Randt* Rn. 13 f.
[4] Zuletzt AStBV (St) 2017, BStBl. I 2016, 1338.
[5] Joecks/Jäger/Randt/*Randt* Rn. 17; *Hellmann* Neben-Strafverfahrensrecht S. 160 ff.

den selbständig geführt wird, schon deswegen nicht von der Sachkompetenz für das Besteuerungsverfahren getrennt werden, weil sonst die einheitliche Anwendung des Steuerrechts im Besteuerungs- und im Steuerstrafverfahren nicht gewährleistet wäre.

11 Mit der Sachkompetenz ist ein **Weisungsrecht** gegenüber den wahrnehmungskompetenten Stellen des jeweils nachgeordneten Bereichs verbunden, nicht nur durch allgemeine Dienstanweisungen,[6] sondern auch durch Weisungen im Einzelfall.[7] Insofern bestehen gegen die AStBV(St) keine grundsätzlichen Bedenken. Auch der Bundesfinanzhof hat sich in zwei Entscheidungen auf die AStBV(St) bezogen, ohne solche Bedenken erkennen zu lassen.[8] Das Weisungsrecht gilt im Übrigen nicht nur für oberste Landesbehörden, sondern in gleicher Weise für Mittelbehörden, soweit solche eingerichtet sind (zB die Oberfinanzdirektionen, in Bayern das Bayerische Landesamt für Steuern).

12 Für die Zollbehörden gilt als steuerstrafrechtliche **Verwaltungsvorschrift** anstelle der AStBV(St) die Dienstvorschrift für das Strafsachen- und Bußgeldverfahren (Aufgabenwahrnehmung und Organisation). Die steuerstrafrechtliche Tätigkeit der Familienkassen folgt dem Kapitel S der Dienstanweisung zum Kindergeld nach dem Einkommensteuergesetz (DA-KG).[9] Die Familienkassen sind gehalten, ergänzend auch die AStBV(St) zu beachten.[10]

§ 386 Zuständigkeit der Finanzbehörde bei Steuerstraftaten

(1) ¹Bei dem Verdacht einer Steuerstraftat ermittelt die Finanzbehörde den Sachverhalt. ²Finanzbehörde im Sinne dieses Abschnitts sind das Hauptzollamt, das Finanzamt, das Bundeszentralamt für Steuern und die Familienkasse.

(2) Die Finanzbehörde führt das Ermittlungsverfahren in den Grenzen des § 399 Abs. 1 und der §§ 400, 401 selbständig durch, wenn die Tat
1. ausschließlich eine Steuerstraftat darstellt oder
2. zugleich andere Strafgesetze verletzt und deren Verletzung Kirchensteuern oder andere öffentlich-rechtliche Abgaben betrifft, die an Besteuerungsgrundlagen, Steuermessbeträge oder Steuerbeträge anknüpfen.

(3) Absatz 2 gilt nicht, sobald gegen einen Beschuldigten wegen der Tat ein Haftbefehl oder ein Unterbringungsbefehl erlassen ist.

(4) ¹Die Finanzbehörde kann die Strafsache jederzeit an die Staatsanwaltschaft abgeben. ²Die Staatsanwaltschaft kann die Strafsache jederzeit an sich ziehen. ³In beiden Fällen kann die Staatsanwaltschaft im Einvernehmen mit der Finanzbehörde die Strafsache wieder an die Finanzbehörde abgeben.

Schrifttum: *Alvermann/Franke,* Die Pflicht der Finanzbehörde zur Unterrichtung der Staatsanwaltschaft im steuerstrafrechtlichen Ermittlungsverfahren, Stbg 2009, 554; *Beckemper,* Gewinnung und Verwertung von Erkenntnissen Dritter – im Grenzbereich der Legalität?!, DStJG 38, 2015, 341; *Behnes,* Umgehung strafprozessualer Verfahrensgarantien durch die für das Besteuerungs- und das Steuerstrafverfahren zuständigen Finanzbehörden?, Diss. Münster 2001; *Buse,* Der steuerstrafrechtliche Verdacht des Außenprüfers, DB 2011, 1942; *Harms,* Die Stellung des Finanzbeamten im Steuerstrafverfahren, GS Schlüchter, 2002, 451; *Herrmann,* Doppelfunktion der Steuerfahndung als Steuerkriminalpolizei und Finanzbehöde, DStJG 38, 2015, 249; *Kemper,* Der Anfangsverdacht in der Außenprüfung, StBp 2007, 263; *Liebsch/Reifelsberger,* Die Grenzen des Evokationsrechts, wistra 1993, 325; 328 *Löwe-Krahl,* Verdacht auf Steuerhinterziehung – auch ohne Steuerakten?, FS Samson, 2010, 557; *Ossenbühl,* Staatliche Finanzgewalt und Strafgewalt, FS Selmer, 2004, 859; *Reiß,* Besteuerungsverfahren und Strafverfahren, 1987; *Scheu,* Evokations- und materielles Prüfungsrecht der Staatsanwaltschaft, wistra 1983, 136; *Strauß,* Der Finanzbeamte im Steuerstrafverfahren, Diss. Frankfurt/Oder, 2005; *Streck,* Der Rechtsschutz in Steuerstrafsachen, DStJG 18, 1995, 173 ff.; *Wenzel,* Das Verhältnis von Steuerstraf- und Besteuerungsverfahren, Dissertation Bayreuth, 2003; *Weyand,* Das Evokationsrecht und die Informationsmöglichkeit der Staatsanwaltschaft – Theorie und Praxis, wistra 1994, 87.

---
[6] So aber Graf/Jäger/Wittig/*Weyand* § 386 Rn. 14.
[7] Ebenso Joecks/Jäger/Randt/*Jäger* Rn. 19 ff.
[8] BFH 12.8.1998 – XI R 37/97, BFHE 186, 506 = BStBl. II 1999, 7 = NJW 1999, 383, unter II.2., und 23.4.2008 – X R 20/08, BFH/NV 2008, 1682, unter II.3.e.
[9] BStBl. I 2017, 1006.
[10] S. 1.2 DA-KG 2017.

Übersicht

	Rn.		Rn.
I. Überblick	1–3	c) Abgrenzung zum Verfahren der Staatsanwaltschaft	23, 24
II. Erläuterung	4–35	3. Haftsachen	25–27
1. Ermittlungen durch die Finanzbehörden	4–19	4. Abgabe und Evokation	28–35
a) Allgemeines	4, 5	a) Abgabe von der Finanzbehörde an die Staatsanwaltschaft	28, 29
b) Legalitätsprinzip	6, 7	b) Evokation durch die Staatsanwaltschaft	30–33
c) Anfangsverdacht	8–16	c) Rückgabe von der Staatsanwaltschaft an die Finanzbehörde	34, 35
d) Finanzbehörden	17–19	**III. Rechtsbehelfe**	36, 37
2. Selbständiges Ermittlungsverfahren der Finanzbehörden	20–24	**IV. Revision**	38
a) Voraussetzungen	20, 21		
b) Rechtsfolgen	22		

I. Überblick

§ 386 ist die gesetzliche Grundlage für eine der wesentlichen Besonderheiten des Steuerstrafverfahrens. Gemäß Abs. 1 S. 1 sind beim Verdacht einer Steuerstraftat die Finanzbehörden für das **Ermittlungsverfahren** zuständig. Abs. 1 Satz 2 enthält dazu eine Legaldefintion des Begriffs „Finanzbehörde". Die Einzelheiten der Zuständigkeit und der daraus folgenden Rechte und Pflichten ergeben sich aus Abs. 2–4 und den §§ 386 ff. **1**

In den Abs. 2 und 3 werden in allgemeiner Weise die positiven und negativen Tatbestandsvoraussetzungen für die selbständige Durchführung der Ermittlungen durch die Finanzbehörde näher geregelt. Einzelheiten des **selbständigen Ermittlungsverfahrens** ergeben sich aus den §§ 399–401. Sind die Voraussetzungen für die selbständige Durchführung der Ermittlungen durch die Finanzbehörde nicht gegeben, obliegen die Ermittlungen im Umkehrschluss der Staatsanwaltschaft, die Stellung der Finanzbehörde im Verfahren der Staatsanwaltschaft ergibt sich aus den §§ 402, 403. **2**

Nach Abs. 4 Satz 1 ist die Finanzbehörde zur Abgabe des Steuerstrafverfahrens an die Staatsanwalschaft ermächtigt. Abs. 4 Satz 2 normiert zudem das **Evokationsrecht** der Staatsanwaltschaft, aufgrunddessen die Staatsanwaltschaft im Einzelfall die Ermittlungen an sich ziehen kann, obwohl nach allgemeinen Grundsätzen das Ermittlungsverfahren von der Finanzbehörde selbständig durchzuführen wäre. Daraus ergeben sich grundsätzliche Folgerungen für die Zusammenarbeit zwischen Finanzbehörde und Staatsanwaltschaft. Nach Abgabe bzw. Evokation bestimmt sich die Stellung der Finanzbehörde ebenfalls nach §§ 402, 403. **3**

II. Erläuterung

1. Ermittlungen durch die Finanzbehörden. a) Allgemeines. Die Zuständigkeit für Steuerstrafsachen rechtfertigt sich aus der besonderen **Sachnähe der Finanzbehörde**. Der Tatbestand der Steuerhinterziehung (§ 370) knüpft, nach der Rechtsprechung als Blanketttatbestand,[1] an das materielle Steuerrecht an, so dass Steuerstrafverfolgung immer von der Steuerrechtslage ausgehen muss. Dabei gilt das Steuerrecht gemeinhin als besonderes schwierige Rechsmaterie, die entsprechende Fachleute erfordert. Zudem hat das Steuerstrafverfahren üblicherweise seinen Ausgangspunkt im Besteuerungsverfahren und beide Verfahren erfordern die Ermittlung der Besteuerungsgrundlagen, so dass sie sich inhaltlich überschneiden und typischerweise parallel geführt werden.[2] **4**

Innerhalb der Finanzbehörden sind mit der Wahrnehmung der Aufgaben gemäß § 386 AO besondere Stellen, die **Bußgeld- und Strafsachenstellen** (BuStra, in einigen Landesfi- **5**

---

[1] BVerfG 16.6.2011 – 2 BvR 542/09, NJW 2011, 3778, unter C.I.1.a.; BGH 9.10.2007 – 5 StR 162/07, NStZ 2008, 408; ebenso *Harms* GS Schlüchter, 2002, 451 (453), aA Hübschmann/Hepp/Spitaler/*Hellmann* § 370 Rn. 45 ff.

[2] *Hellmann*, Neben-Strafverfahrensrecht, S. 58 f.; *Reiß*, Besteuerungsverfahren und Strafverfahren, S. 249.

nanzverwaltungen und in der Zollverwaltung als Strafsachen- und Bußgeldstellen – StraBu – bezeichnet) betraut.[3] In den Landesfinanzverwaltungen sind die Bußgeld- und Strafsachenstellen teils regulären Finanzämter angeschlossen, teils Bestandteile besonderer Finanzämter für Steuerstrafsachen.[4] Sowohl die Amtsprüfstellen[5] als auch die Außenprüfung[6] sind zu einer unverzüglichen Unterrichtung der zuständigen Bußgeld- und Strafsachenstelle gehalten, wenn der Anfangsverdacht einer Steuerstraftat besteht oder auch nur die Möglichkeit einer Steuerstraftat eine steuerstrafrechtliche Vorprüfung geboten erscheinen lässt. Die Bußgeld- und Strafsachenstelle kann andere Stellen, insbesondere die Steuerfahndung, mit der Aufklärung des Sachverhalts beauftragen, bleibt aber auch in diesem Fall zur Leitung der Ermittlungen verpflichtet und zu konkreten Weisungen berechtigt.[7] Die Strafsachen- und Bußgeldstellen der Zollverwaltung sind jeweils bei den Hauptzollämtern eingerichtet. Die Steuer- bzw. Zollfahndung ist nicht Finanzbehörde im Sinne des § 386, ihre Befugnisse sind in § 404 abschließend geregelt. Die Zollfahndungsämter sind als von den Hauptzollämtern unabhängige eigenständige Behörden eingerichtet (§ 1 Abs. 1 ZFdG).

6 **b) Legalitätsprinzip.** Besteht ein Anfangsverdacht, ist die Finanzbehörde zur Aufnahme von Ermittlungen verpflichtet. Der Gesetzeswortlaut räumt ihr kein Ermessen ein. Es gilt das Legalitätsprinzip (§ 152 Abs. 2 StPO).[8] Insofern gelten für die Finanzbehörde die gleichen Grundsätz wie für die Staatsanwaltschaft (siehe auch § 399 Abs. 1) bzw. die Behörden des Polizeidienstes (siehe auch § 402 Abs. 1).

7 Die Aufnahme der Ermittlungen wegen einer Steuerstraftat bedeutet zugleich die Einleitung des Steuerstrafverfahrens (§ 397). Die Finanzbehörden sind bei Vorliegen eines Anfangsverdachts zur Einleitung des Steuerstrafverfahrens berechtigt und verpflichtet. Für Vorermittlungen außerhalb eines Steuerstrafverfahrens ist grundsätzlich kein Raum. Auch nach Eingang einer **Selbstanzeige** (§ 371) ist daher regelmäßig ein Steuerstrafverfahren einzuleiten. Nur wenn offensichtlich ein dauerhaftes Verfahrenshindernis besteht, etwa bei einer offensichtlich wirksamen Selbstanzeige, ist von der Einleitung abzusehen.[9]

8 **c) Anfangsverdacht.** Verdacht im Sinne des Abs. 1 S. 1 ist der Anfangsverdacht im Sinne des Strafprozessrechts.[10] Hierfür bedarf es **zureichender tatsächlicher Anhaltspunkte** (§ 152 Abs. 2 StPO) für eine Steuerstraftat, die abstrakte Möglichkeit einer Steuerhinterziehung ist nicht ausreichend.[11] Diese Abgrenzung beruht auf subjektiven Wertungen und Würdigungen, die mit Ausnahme der Denk- und Naturgesetze allgemeinen Maßstäben kaum zugänglich sind. Die Strafverfolgungsbehörden haben daher in tatsächlicher Hinsicht einen Beurteilungsspielraum.[12] Unabhängig von einem steuerstrafrechtlichen Anfangsverdacht bleibt die Finanzbehörde im Besteuerungsverfahren zur Ermittlung des Sachverhalts berechtigt und verpflichtet (§ 88 Abs. 1). Dabei sind jedoch die Vorschriften über das Verhältnis von Besteuerungs- und Steuerstrafverfahren (§ 393) und über die Einleitung des Steuerstrafverfahrens (§ 397) zu beachten.

9 Steuerhinterziehung (§ 370) ist ein **Erklärungsdelikt,** so dass für den Anfangsverdacht der Steuerhinterziehung grundsätzlich das Erklärungsverhalten des Steuerpflichtigen bzw. die vom Steuerpflichtigen erklärten Sachverhalte mit den tatsächlich verwirklichten Lebens-

---

[3] Siehe für die Landesfinanzverwaltungen AStBV(St) Nr. 17 Abs. 4 Satz 1; krit. *Hellmann*, Neben-Strafverfahrensrecht, S. 139.
[4] Auch → § 387 Rn. 3.
[5] AStBV(St) 2017 Nr. 130.
[6] AStBV(St) 2017 Nr. 131, § 10 Abs. 1 S. 1 BpO.
[7] AStBV(St) 2017 Nt. 17 Abs. 4 Sätze 3 und 4.
[8] BFH 29.4.2008 – VIII R 5/06, BFHE 222, 1 = BStBl. II 2008, 844 = wistra 2009, 166; AStBV(St) 2014 Nr. 14, 26; *Ossenbühl* FS Selmer, 2004, 859 (861).
[9] BFH 29.4.2008 – VIII R 5/06, BFHE 222, 1 = BStBl. II 2008, 844 = wistra 2009, 166.
[10] Graf/Jäger/Wittig/*Weyand* Rn. 3.
[11] AStBV(St) 2017 Nr. 26 Abs. 2.
[12] BGH 12.1.2005 – 5 StR 191/04, NJW 2005, 763, unter II.2.a.; BFH 29.4.2008 – VIII R 5/06, BFHE 222, 1 = BStBl. II 2008, 844 = wistra 2009, 166, unter II.3.b.; Joecks/Jäger/Randt/*Jäger* § 397 Rn. 39, mwN.

sachverhalten abgeglichen werden müssen. Dieser Abgleich ist regelmäßig nur anhand der Steuerakten möglich.[13]

Allgemein ergibt sich allein aus einer anhand der Steuerakten **nicht nachvollziehbaren** 10 **Vermögensmehrung** noch kein Anfangsverdacht der Steuerhinterziehung, wenn sie plausibel anderweitig erklärt werden kann. Wenn beispielsweise ein Steuerpflichtiger behauptet, von einem Angehörigen ein Darlehen erhalten zu haben, eine aufgrund der Einkommensteuererklärungen des Angehörigen durchgeführte Geldverkehrsrechnung die Herkunft der Darlehensmittel aber nicht erkennen lässt, rechtfertigt dies nicht die Annahme, das vermeintliche Darlehen stamme aus unversteuerten Betriebseinnahmen des Steuerpflichtigen, wenn der Steuerpflichtige unwiderlegt angibt, die Darlehensmittel stammten aus (steuerfreien) Grundstücksveräußerungen.[14] Entscheidend ist insofern, ob die anderweitige Erklärung für den Vermögenszuwachs überprüfbar ist.

Auch begründet nicht jede Unregelmäßigkeit in einer Steuererklärung bzw. jede von 11 der Steuererklärung abweichende Feststellung der Besteuerungsgrundlagen, insbesondere ein Mehrergebnis in der Außenprüfung, den Anfangsverdacht der Steuerhinterziehung.[15] Steuerstraftaten setzen zwingend **vorsätzliches Handeln** voraus, leichtfertiges Handeln begründet allenfalls den Vorwurf einer Ordnungswidrigkeit und einfache Fahrlässigkeit wird nicht verfolgt. Für einen Anfangsverdacht bedarf es daher nicht nur Anhaltspunkte dafür, dass unrichtige oder unvollständige Steuererklärungen (§ 370 Abs. 1 Nr. 1) abgegeben oder die Finanzbehörden pflichtwidrig in Unkenntnis gelassen (§ 370 Abs. 1 Nr. 2) wurden, sondern zusätzlich dafür, dass dies auch vorsätzlich geschah. Auf den Vorsatz als innere Tatsache kann bzw. muss auch in Steuerstrafsachen aus äußeren Tatsachen geschlossen werden. Insofern kommt es immer auf eine Würdigung der Gesamtumstände des Einzelfalls an, abstrakte Maßstäbe lassen sich kaum aufstellen. Die Höhe eines möglichen Mehrergebnisses lässt ohne Berücksichtigung der betrieblichen Verhältnisse keine Rückschlüsse auf vorsätzliches oder zumindest leichtfertiges Handeln zu.[16] Es ist allerdings auch unter Geltung des Zweifelsatzes nicht geboten, einer entlastenden Einlassung des Betroffenen zu folgen, für die es keine objektivierbaren Anhaltspunkte gibt.[17]

Unter bestimmten Umständen drängt sich die Annahme einer Steuerhinterziehung derart 12 auf, dass ausnahmsweise auch ohne Abgleich mit den Steuerakten ein Anfangsverdacht angenommen werden kann. Dies betrifft **unübliche, nicht branchentypische Abläufe,** bei denen für die Abweichung vom Üblichen bei verständiger Würdigung kein anderer Grund als die Verschleierung steuerlich erheblicher Sachverhalte zur Vorbereitung einer späteren Steuerhinterziehung ersichtlich ist.[18] Allein anonyme Kapitaltransfers ins Ausland reichen aber nicht aus.[19]

Beispielhaft ist insofern die Rechtsprechung zu **Tafelgeschäften.** Danach begründet 13 allein das Halten von Tafelpapieren und deren Einlieferung zur Sammelverwahrung noch keinen Anfangsverdacht der Steuerhinterziehung.[20] Ein solcher kann sich aber ergeben, wenn gezielt Vorkehrungen getroffen werden, dass der Inhaber in den Aufzeichnungen nicht oder nicht ohne weiteres erkennbar als solcher erfasst wird, etwa wenn die Tafelgeschäfte trotz vorhandener Konten oder Depots durch Barein- und -auszahlungen vorgenom-

---

[13] *Löwe-Krahl* FS Samson, 2010, 557 (561 f.); vgl. auch BVerfG 15.12.2005 – 2 BvR 372/05, StV 2006, 565.
[14] BVerfG 3.7.2006 – 2 BvR 2030/04, wistra 2006, 377 = HFR 2006, 922.
[15] Graf/Jäger/Wittig/*Allgayer* § 397 Rn. 16; Joecks/Jäger/Randt/*Jäger* § 397 Rn. 43; vgl. auch AStBV(St) 2017 Nr. 26 Abs. 2.
[16] *Drüen* DStJG 38, 219 (235); aA *Buse* DB 2011, 1942 (1946).
[17] BGH 17.2.1998 – 5 StR 624/97, HFR 1998, 1028 = wistra 1998, 225; 24.10.2002 – 5 AZ 600/01, BGHSt 48, 52 = wistra 2003, 100 = HFR 2003, 609 und 8.9.2011 – 1 StR 38/11, wistra 2011, 465 = NZWiSt 2012, 71; BFH 29.4.2008 – VIII R 28/07, BFHE 220, 332 = BStBl. II 2009, 84.
[18] Vgl. BVerfG 23.3.1994 – 2 BvR 396/94, NJW 1994, 2079; BFH 6.2.2001 – VII B 277/00, BFHE 194, 26 = BStBl. II 2001, 326 = NJW 2001, 2573.
[19] BFH 15.1.2013 – VIII R 22/10, BFHE 240, 195 = BStBl. II 2013, 596 = NJW 2013, 2141 Rn. 28.
[20] BFH 25.7.2000 – VII B 28/99, BFHE 192, 44 = BStBl. II 2000, 643 = NJW 2000, 3157.

men werden,[21] oder wenn die Zinsscheine ohne Zinsabschlagsteuer im Ausland eingelöst werden und Depots auf einen nicht mehr verwendeten Geburtsnamen anstatt des ansonsten verwendeten Ehenamens geführt werden.[22] Einen Anfangsverdacht schon dann anzunehmen, wenn Tafelpapiere überhaupt nicht in Depotverwahrung gegeben werden,[23] berücksichtigt allerdings nicht, dass die Entscheidung gegen Depotverwahrung nicht auf eine Verschleierugsabsicht zurückgehen muss, sondern auch einem generellen Mißtrauen gegen Banken oder dem Bedürfnis nach jederzeitiger kurzfristiger Verfügbarkeit der Papiere geschuldet sein kann.

14 Auch aus dem Ausstellen unrichtiger Belege, aus unrichtigen oder unvollständigen Aufzeichnungen oder aus dem entgeltlichen Inverkehrbringen von Belegen, die jeweils bei isolierter Betrachtung lediglich eine **Steuergefährdung** (§ 379) darstellen, kann sich in der Gesamtschau aller Umstände des Einzelfalls der Anfangsverdacht der Steuerhinterziehung oder zumindest der Beihilfe dazu ergeben.[24] Hierunter fallen insbesondere Geschäfte ohne Rechnung oder das „Rechnungssplitting", bei dem über eine einheitliche Leistung mit mehreren Rechnungen an unterschiedliche Adressaten bzw. unter verschiedenen Kundennummern abgerechnet wird, um dem Leistungsempfänger zu ermöglichen, einen Teil der Leistung „schwarz" weiterzuverwerten. Allein anonyme Kapitaltransfers ins Ausland begründen allerdings noch keinen Anfangsverdacht der Steuerhinterziehung.[25]

15 Nach der Rechtsprechung des Bundesverfassungsgerichts kann ein Anfangsverdacht auch auf **von Privaten rechtswidrig beschaffte und an Strafverfolgungsbehörden veräußerte Erkenntnisse** (Datenhehlerei) gestützt werden. In dem entschiedenen Fall war allerdings die Initiative für die Veräußerung vom Verkäufer ausgegangen. Etwas anderes kann daher gelten, wenn Strafverfolgungsbehörden ausdrücklich oder durch ständige Praxis einen Markt für rechtswidrig beschaffte Daten entstehen lassen und damit einen Anreiz für die rechtswidrige Datenbeschaffung begründen. Zudem ist die Verwertbarkeit für den Anfangsverdacht von der Verwertbarkeit für eine Verurteilung zu unterscheiden.[26]

16 Die Finanzverwaltung hat in mehreren Erlassen, die sich insbesondere an die Außenprüfung richten, die Voraussetzungen, unter denen ein Anfangsverdacht anzunehmen ist, mit zahlreichen Beispielen näher konkretisiert.[27] Vor dem Hintergrund des Legalitätsprinzips (→ Rn. 6 f.) ist die Rechtswirkung derartiger **Typologiepapiere** auf eine Selbstbindung der Finanzverwaltung[28] im Rahmen ihres Beurteilungsspielraums (vgl. → Rn. 8) begrenzt. Die Finanzbehörde darf den sich aus den vorhandenen Erkenntnissen ergebenden tatsächlichen Beurteilungsspielraum weder zugunsten noch zulasten des Steuerpflichtigen überschreiten. Typologiepapiere sind daher unbeachtlich, wenn die darin enthaltenen Folgerungen vom Beurteilungsspielraum im Einzelfall nicht mehr gedeckt sind. Bei der materiell-rechtlichen Würdigung ist die Finanzbehörde ohnehin an das Gesetz gebunden. Der

---

[21] BVerfG 1.3.2002 – 2 BvR 972/00, NJW 2002, 1940 = NStZ 2002, 371; BFH 15.6.2001 – VII B 11/00, BFHE 195, 40 = BStBl. II 2001, 624 = NJW 2001, 2997 und 2.8.2001 – VII B 290/99, BFHE 196, 4 = BStBl. II 2001, 665 = NJW 2001, 3655; krit. *Löwe-Krahl* FS Samson, 2010, 557 (566 f.).
[22] BVerfG 20.4.2004 – 2 BvR 2043/03, NJW 2004, 3171 = wistra 2005, 21, unter 2.; siehe aber BFH 17.2.2010 – I R 85/08, BFHE 229, 114 = BStBl. II 2011, 758 = NJW 2010, 3118 Rn. 15.
[23] Vgl. BFH 19.1.2006 – VIII B 114/05, BFH/NV 2006, 709.
[24] *Graf/Jäger/Wittig/Allgayer* § 397 Rn. 15; *Joecks/Jäger/Randt/Jäger* § 397 Rn. 40; *Löwe-Krahl* FS Samson, 2010, 557 (563).
[25] BFH 15.1.2013 – VIII R 22/10, BFHE 240, 195 = BStBl. II 2013, 526 = NJW 2013, 2141 Rn. 28.
[26] BVerfG 9.11.2010 – 2 BvR 2101/09, BVerfGK 18, 193 = NJW 2011, 2417 Rn. 42, 49, 59; siehe auch VerfGH Rheinland-Pfalz 24.2.2014 – VGH B 26/13, NJW 2014, 1434 und *Beckemper* DStJG 38, 341. Zu der Verwertbarkeit für Verurteilung → § 404 Rn. 35 ff.
[27] Zuletzt Gleichlautender Erlass zu Anwendungsfragen des § 10 Abs. 1 BpO vom 31.8.2009, BStBl. I 2009, 829; dazu *Buse* DB 2011, 1942; zu früheren Regelungen *Wenzel*, Das Verhältnis von Steuerstraf- und Besteuerungsverfahren, S. 126 ff.; siehe auch *Kemper*, Der Anfangsverdacht in der Außenprüfung, StBp 2007, 263.
[28] So auch *Wenzel*, Das Verhältnis von Steuerstraf- und Besteuerungsverfahren, S. 126 ff.

Umstand, dass der Steuerpflichtige eine von der Finanzbehörde angeregte einvernehmliche Erledigung strittiger Punkte im Besteuerungsverfahren ablehnt, kann jedenfalls keinen Anfangsverdacht begründen.[29]

d) Finanzbehörden. Abs. 1 Satz 2 enthält die **Legaldefinition der Finanzbehörden** 17 im Sinne des Steuerstrafverfahrensrechts. Die sachliche und örtliche Zuständigkeit ergibt sich aus den §§ 387 ff. AO. Familienkasse im Sinne des Abs. 1 Satz 2 sind sowohl die Familienkassen der Bundesagentur für Arbeit (§ 70 Abs. 1 EStG, § 5 Abs. 1 Nr. 11 S. 2 FVG) als auch die Familienkassen des Öffentlichen Dienstes (§ 72 Abs. 1 S. 2 EStG, § 5 Abs. 1 Nr. 11 S. 5 ff. FVG).

Die **Zollfahndungsämter** (§ 1 Nr. 4 FVG) sind ausweislich des Abs. 1 Satz 2 keine 18 Finanzbehörden im Sinne des Steuerstrafverfahrensrechts. Sie haben daher nicht die in §§ 386 ff. AO den Finanzbehörden übertragenen Rechte und Pflichten. Ihre Stellung ist in § 404 abschließend geregelt.

Vorgesetzte Behörden, die selbst keine Finanzbehörden in diesem Sinne sind, dürfen 19 mangels Wahrnehmungskompetenz in Steuerstrafverfahren zwar nicht unmittelbar tätig werden. Aufgrund ihrer Sachkompetenz kommt ihnen jedoch eine **Weisungsbefugnis** gegenüber den Finanzbehörden im vorgenannten Sinne zu.[30]

2. Selbständiges Ermittlungsverfahren der Finanzbehörden. a) Voraussetzungen. 20 Abs. 2 beschreibt die positiven Voraussetzungen für das **selbständige Ermittlungsverfahren** der Finanzbehörden in Steuerstrafsachen. Regelungstechnisch handelt es sich dabei um eine Ausnahme von der allgemeinen Zuständigkeit der Staatsanwaltschaft für das strafrechtliche Ermittlungsverfahren (§ 152 Abs. 2 StPO), praktisch ist diese Ausnahme der Normalfall. Ob § 386 Abs. 2 AO eine Modifizierung, Einschränkung oder Durchbrechung[31] der Zuständigkeiten und Befugnisse der Staatsanwaltschaft darstellt, ist für die Praxis von nachrangiger Bedeutung. Entscheidend ist, dass die selbständige Ermittlungskompetenz die Gesamtverantwortung der Staatsanwaltschaft[32] für das Ermittlungsverfahren unberührt lässt, wie sich aus Abs. 4 ergibt.

Entscheidend dafür, ob die Finanzbehörde die Ermittlungen selbständig führt, ist die 21 **rechtliche Bewertung der Tat.** Dabei handelt es sich um eine Regelung aus dem Strafprozessrecht, so dass der strafprozessuale Tatbegriff (§ 264 StPO) anzuwenden ist.[33] Dem Zweck der Regelung (→ Rn. 4) entsprechend, findet das selbständige Ermittlungsverfahren der Finanzbehörden nur statt, wenn die Tat entweder **ausschließlich eine Steuerstraftat** darstellt (Abs. 2 Nr. 1) oder zugleich andere Strafgesetze verletzt, die betreffenden Tatbestände aber die **Kirchensteuer** betreffen oder **bestimmte steuerrechtliche Bezüge** aufweisen (Abs. 2 Nr. 2). Ob die Finanzbehörden bei Straftaten bezüglich der Kirchensteuer zuständig sind, hängt im Ergebnis von dem jeweils einschlägigen Kirchensteuergesetz ab.[34] Steuerrechtliche Bezüge im vorgenannten Sinn bestehen zB beim Betrug (§ 263 StGB) hinsichtlich Kammerbeiträgen, die an den Gewerbesteuermessbetrag anknüpfen.[35]

b) Rechtsfolgen. Einzelheiten der selbständigen Durchführung des Ermittlungsverfah- 22 rens durch die Finanzbehörden sind in §§ 399–401 geregelt.

c) Abgrenzung zum Verfahren der Staatsanwaltschaft. Wenn ein Anfangsverdacht 23 einer Steuerstraftat gegeben ist, aber die Tat auch eine allgemeine Straftat betrifft, die in Abs. 2 Nr. 2 nicht erwähnt ist, bleibt es bei der Zuständigkeit der Staatsanwaltschaft (§ 152

---

[29] *Herrmann* DStJG 38, 249 (268).
[30] Bereits → § 385 Rn. 11.
[31] Vgl. *Klein/Jäger* Rn. 1; *Joecks/Jäger/Randt/Randt* Rn. 7; *Harms* GS Schlüchter, 2002, 451 (467); *Behnes* S. 15 ff.
[32] *Harms* GS Schlüchter, 2002, 451 (459).
[33] So auch AStBV(St) 2017 Nr. 17 Abs. 2 Satz 1.
[34] BGH 17.4.2008 – 5 StR 547/07, NStZ 2009, 157, unter II.1.b.
[35] AStBV(St) 2017 Nr. 17 Abs. 1 Nr. 2.

StPO). Nach Abs. 1 Satz 1 ist die Finanzbehörde gleichwohl auch in diesen Fällen zuständig. Sie hat dann weitgehend dieselben Rechte und Pflichten wie die **Behörden des Polizeidienstes** nach der Strafprozessordnung (§ 402 Abs. 1).

24 Sobald die Finanzbehörde erkennt, dass sie das Ermittlungsverfahren nicht selbst führen kann, hat sie die Akten der Staatsanwaltschaft vorzulegen.[36] Soweit dies zur Verfolgung der Steuerstraftat erforderlich ist, steht das **Steuergeheimnis** (§ 30) dem nicht entgegen, da die Vorlage der Durchführung eines Steuerstrafverfahrens (§ 30 Abs. 4 Nr. 1 Buchst. a) dient. Aktenteile, die zur Verfolgung der Steuerstraftat nicht erforderlich sind, insbesondere wenn sie nichtsteuerliche Straftaten betreffen, die zur Steuerhinterziehung in Tatmehrheit (§ 53 StGB) stehen, dürfen nur unter den Voraussetzungen des § 30 Abs. 4 Nr. 4 und 5 vorgelegt werden.[37] Ergeben sich aus den Aktenteilen, die zur Verfolgung der Steuerstraftat erforderlich sind, Hinweise auf nichtsteuerliche Straftaten, insbesondere weil sie mit der Steuerstraftat in Tateinheit (§ 52 StGB) stehen, wird der Steuerpflichtige durch das Verwertungsverbot nach § 393 Abs. 2 geschützt.

25 **3. Haftsachen.** Nach Abs. 3 ist in Haft- und Unterbringungssachen die selbständige Führung des Ermittlungsverfahrens durch die Finanzbehörde ausgeschlossen; das Ermittlungsverfahren wird in diesen Fällen durch die **Staatsanwaltschaft** geführt. Regelungstechnisch handelt es sich dabei um eine Rückausnahme zu Abs. 2. Der Gesetzgeber erachtet die strafprozessrechtliche Kompetenz der Staatsanwaltschaft in diesen Fällen für das Ermittlungsverfahren für wichtiger als die steuerrechtliche Kompetenz der Finanzbehörden. Die Führung des Ermittlungsverfahrens durch die Staatsanwaltschaft in Haftsachen ist zumeist auch deswegen zweckmäßig, weil wegen der zu erwartenden Strafe kein Strafbefehl (vgl. § 400) mehr ergehen kann.

26 Tat im Sinne des Abs. 3 ist wie in Abs. 2 die Tat im strafprozessrechtlichen Sinne (§ 264 StPO). Für den Übergang der Zuständigkeit bedarf es lediglich des **Erlasses eines Haft- oder Unterbringungsbefehls.** Ob der Haft- oder Unterbringungsbefehl vollzogen wird, ist nach dem Gesetzeswortlaut nicht erforderlich. Zu den Folgen einer Aufhebung des Haft- oder Unterbringungsbefehls enthält das Gesetz keine ausdrückliche Regelung. Insofern führt die Aufhebung jedenfalls nicht unmittelbar zum Rückfall der Zuständigkeit an die Finanzbehörde.

27 Ausreichend ist ausweislich des Gesetzeswortlauts ferner der Erlass gegen **einen von mehreren Beschuldigten.** Die Zuständigkeit für das Ermittlungsverfahren geht dann auch hinsichtlich der übrigen Beschuldigten auf die Staatsanwaltschaft über. Parallele Ermittlungsverfahren hinsichtlich der gleichen Tat sind kaum vorstellbar.

28 **4. Abgabe und Evokation. a) Abgabe von der Finanzbehörde an die Staatsanwaltschaft.** Die **Abgabe des Steuerstrafverfahrens** von der Finanzbehörde an die Staatsanwaltschaft (Abs. 4 Satz 1) wird vom Gesetz an keine weiteren Voraussetzungen geknüpft. Sie liegt daher im Ermessen der Finanzbehörde.[38] Für die Staatsanwaltschaft besteht eine Übernahmepflicht.[39] Voraussetzung einer Abgabe ist aber, dass überhaupt das selbständige Ermittlungsverfahren der Finanzbehörde eröffnet ist. Wenn die Finanzbehörde die Akten der Staatsanwaltschat vorlegt, weil sie nicht (mehr) zuständig ist, handelt es sich dabei nicht um eine Abgabe. Die bis zur Vorlage an die Staatsanwaltschaft vorgenommenen Ermittlungshandlungen der Finanzbehörde bleiben allerdings grundsätzlich wirksam, die dadurch gewonnenen Erkenntnisse verwertbar.

29 Die Finanzbehörden sind ausdrücklich zu einer Abgabe gehalten, wenn die Sache **besondere strafprozessrechtliche Schwierigkeiten** aufweist, wenn absehbar ist, dass ihre Zuständigkeit im selbständigen Verfahren entfallen (namentlich im Hinblick auf einen zu erwartenden Haftbefehl) bzw. zur Ahndung nicht ausreichen wird (wegen des

---

[36] AStBV(St) 2017 Nr. 21 Abs. 1.
[37] So auch Klein/*Jäger* Rn. 14; Graf/Jäger/Wittig/*Weyand* Rn. 37 f.
[38] AStBV(St) 2017 Nr. 22 Abs. 1 Satz 1.
[39] Graf/Jäger/Wittig/*Weyand* Rn. 28.

Gewichts der Tat), oder mit Blick auf besondere Umstände in der Person des Beschuldigten eine Fortführung der Ermittlungen durch die Finanzbehörden nicht sachgerecht erscheint.[40] Diese Abgabegründe sind allerdings nicht abschließend („insbesondere").

b) Evokation durch die Staatsanwaltschaft. Die **Evokation** (Abs. 4 Satz 2) ist ihrerseits einer Ermessensentscheidung der Staatsanwaltschaft.[41] Sie ist nach dem Gesetzeswortlaut „jederzeit" zulässig, das heißt nicht nur bis zum Abschluss des Ermittlungsverfahrens, sondern bis zur Erledigung des Steuerstrafverfahrens insgesamt.[42] Die Staatsanwaltschaft kann daher das Evokationsrecht insbesondere auch dann noch ausüben, wenn die Finanzbehörde Antrag auf Erlass eines Strafbefehls (§ 400) gestellt hat, über diesen Antrag aber noch nicht entschieden ist. Anders könnte die Gesamtverantwortung der Staatsanwaltschaft (→ Rn. 19) bzw. ihre Stellung als „Herrin des Verfahrens"[43] nicht durchgesetzt werden. 30

Voraussetzung für die Ausübung des Evokationsrechts ist denknotwendig, dass die Staatsanwaltschaft aufgrund **Information durch die Finanzbehörde** von den bei der Finanzbehörde anhängigen und für eine Evokation in Betracht kommenden Fällen Kenntnis hat. Dies war in der Vergangenheit offenbar häufig nicht gewährleistet.[44] 31

Zwischenzeitlich hat der Bundesgerichtshof die Anforderungen an die Zusammenarbeit zwischen Finanzbehörde und Staatsanwaltschaft in Steuerstrafsachen präzisiert. Danach sind die Finanzbehörden zwar nicht zu einer Mitteilung über alle bei ihr anhängigen Steuerstrafverfahren, jedenfalls aber zu einer regelmäßigen **Unterrichtung der Staatsanwaltschaft** über die für eine Evokation in Betracht kommenden Verfahren verpflichtet. Dies kann insbesondere anlässlich regelmäßiger Kontaktgespräche geschehen.[45] Für eine Evokation in Betracht kommen insbesondere Fälle, die voraussichtlich nicht mehr im Strafbefehlsverfahren erledigt werden können (zB auch wegen der öffentlichen Aufmerksamkeit), vor allem, wenn eine Anklage zum Landgericht absehbar ist.[46] 32

Das Evokationsrecht beinhaltet **kein Weisungsrecht der Staatsanwaltschaft** gegenüber den Dienststellen der Steuerverwaltung.[47] Die Finanzbehörde hat vielmehr bis zur Evokation bzw. dem Übergang der Zuständigkeit aus anderem Grund selbst die Rechte und Pflichten der Staatsanwaltschaft (vgl. § 399 Abs. 1). 33

c) Rückgabe von der Staatsanwaltschaft an die Finanzbehörde. In den Fällen des Abs. 4 Sätze 1 und 2 ist eine Rückgabe von der Staatsanwaltschaft an die Finanzbehörde möglich, zur **Vermeidung eines negativen Kompetenzkonfliktes** und der damit verbundenen Verfahrensverzögerungen aber nur einvernehmlich (Abs. 4 Satz 3). Im Zweifel verbleibt die Zuständigkeit bei der Staatsanwaltschaft. Auch dies ist Ausdruck ihrer Gesamtverantwortung (→ Rn. 19). 34

Eine Rückgabe unmittelbar nach Abs. 4 Satz 3 ist nicht möglich, wenn die Staatsanwaltschaft die Ermittlungen nicht aufgrund Abs. 4 Sätze 1 und 2 übernommen hatte, sondern weil die Tat auch eine nichtsteuerliche Straftat darstellte (Umkehrschluss aus Abs. 2, → Rn. 23) oder ein Haft- oder Unterbringungsbefehl ergangen war (Abs. 3), und 35

---

[40] Siehe im Einzelnen AStBV(St) 2017 Nr. 22 Abs. 1 Satz 3.
[41] *Hellmann*, Neben-Strafverfahrensrecht, S. 67.
[42] LG Frankfurt a. M. 15.2.1993 – 5/29 Qs 2/93, wistra 1993, 154; ähnlich *Scheu* wistra 1983, 136 (137); aA *Liebsch/Reifelsberger* wistra 1993, 325; *Strauß* S. 119.
[43] BGH 30.4.2009 – 1 StR 90/09, BGHSt 54, 9 = NJW 2009, 2319.
[44] *Harms* GS Schlüchter, 2002, 451 (467); *Weyand* wistra 1994, 87; differenzierend *Alvermann/Franke* Stbg 2009, 554.
[45] Dazu auch AStBV(St) 2017 Nr. 140 Abs. 1.
[46] Zum Ganzen BGH 30.4.2009 – 1 StR 90/09, BGHSt 54, 9 = NJW 2009, 2319; siehe auch AStBV(St) 2017 Nr. 22 Abs. 2 und RiStBV Nr. 267 Abs. 1; krit. *Alvermann/Franke* Stbg 2009, 554.
[47] BFH 25.1.1972 – VII R 109/68, BFHE 104, 187 = BStBl. II 1972, 286, unter II.; OLG Stuttgart 4.2.1991 – 3 Ws 21/91, NStZ 1992, 291; siehe auch BGH 30.4.2009 – 1 StR 90/09, BGHSt 54, 9 = NJW 2009, 2319.

der Tatverdacht hinsichtlich der nichtsteuerlichen Tat oder der Haft- oder Unterbringungsbefehl später wegfällt. In diesen Fällen besteht allerdings die Möglichkeit der Ab- bzw. Rückgabe in **analoger Anwendung des Abs. 4 Satz 3**.[48] Wenn der Grund für die gesetzliche Zuweisung an die Staatsanwaltschaft entfallen ist, besteht keine Veranlassung, eine auf einer überholten Beurteilung beruhende Zuständigkeitsverteilung festzuschreiben.

III. Rechtsbehelfe

36 Soweit Finanzbehörden im Steuerstrafverfahren tätig werden, ist nicht der Finanzrechtsweg, sondern der **ordentliche Rechtsweg** eröffnet.[49] Wenn im Steuerstrafverfahren die steuerrechtliche Beurteilung strittig ist, besteht die Möglichkeit, das Steuerstrafverfahren bis zum Abschluss des Besteuerungsverfahrens auszusetzen (§ 396). Zudem kann die tatsächliche und rechtliche Bewertung in Entscheidungen über Rechtsbehelfe im Besteuerungsverfahren auch faktisch in das Steuerstrafverfahren ausstrahlen.[50]

37 Gegen die Abgabe bzw. Nichtabgabe eines Ermittlungsverfahrens von der Finanzbehörde an die Staatsanwaltschaft oder gegen die Ausübung bzw. Nichtausübung des Evokationsrechts steht dem Beschuldigten **kein Rechtsbehelf** zu. Abgabe und Evokation betreffen das Innenverhältnis zwischen Finanzbehörde und Staatsanwaltschaft, sie entfalten keine Außenwirkung für den Beschuldigten und stellen daher keinen nach §§ 23 ff. EGGVG anfechtbaren Justizverwaltungsakt dar.[51]

IV. Revision

38 Wenn es aufgrund **unzureichender Zusammenarbeit** zwischen Finanzbehörde und Staatsanwaltschaft zu einer Verfahrensverlängerung, insbesondere einer gegen die EMRK verstoßenden Verfahrensverzögerung kommt, ist dies bei der Strafzumessung zu berücksichtigen.[52]

§ 387 Sachlich zuständige Finanzbehörde

(1) Sachlich zuständig ist die Finanzbehörde, welche die betroffene Steuer verwaltet.

(2) ¹Die Zuständigkeit nach Absatz 1 kann durch Rechtsverordnung einer Finanzbehörde für den Bereich mehrerer Finanzbehörden übertragen werden, soweit dies mit Rücksicht auf die Wirtschafts- oder Verkehrsverhältnisse, den Aufbau der Verwaltungsbehörden oder andere örtliche Bedürfnisse zweckmäßig erscheint. ²Die Rechtsverordnung erlässt, soweit die Finanzbehörde eine Landesbehörde ist, die Landesregierung, im Übrigen das Bundesministerium der Finanzen. ³Die Rechtsverordnung des Bundesministeriums der Finanzen bedarf nicht der Zustimmung des Bundesrates. ⁴Das Bundesministerium der Finanzen kann die Ermächtigung nach Satz 1 durch Rechtsverordnung, die nicht der Zustimmung des Bundesrates bedarf, auf eine Bundesoberbehörde übertragen. ⁵Die Landesregierung kann die Ermächtigung auf die für die Finanzverwaltung zuständige oberste Landesbehörde übertragen.

Schrifttum: *Behnes,* Umgehung strafprozessualer Verfahrensgarantien durch die für das Besteuerungs- und das Steuerstrafverfahren zuständigen Finanzbehörden?, Diss. Münster 2001.

---

[48] AA Joecks/Jäger/*Randt* Rn. 60.
[49] BFH 20.4.1983 – VII R 2/82, BFHE 138, 164 = BStBl. II 1983, 482 = NJW 1983, 2720 und 26.2.2004 – VII B 341/03, BFHE 204, 413 = BStBl. II 2004, 458; krit. *Streck* DStJG 18, 173 (176).
[50] *Streck* DStJG 18, 173 (185).
[51] Joecks/Jäger/*Randt* Rn. 50.
[52] BGH 30.4.2009 – 1 StR 90/09, BGHSt 54, 9 = NJW 2009, 2319.

Übersicht

	Rn.		Rn.
I. Überblick	1–3	1. Zuständigkeit der die betroffene Steuer verwaltenden Finanzbehörde	4–7
1. Normzweck	1		
2. Anwendungsbereich	2	2. Konzentration der Zuständigkeit	8–10
3. Rechtstatsachen	3		
II. Erläuterung	4–10	**III. Rechtsbehelfe**	11

I. Überblick

1. Normzweck. Die Vorschrift regelt in Abs. 1 in allgemeiner Weise die **sachliche** **1** **Zuständigkeit** der Finanzbehörden (§ 386 Abs. 1 S. 2) für die Durchführung des Ermittlungsverfahrens. Abs. 2 ermöglicht aus bestimmten, abschließend genannten Gründen eine Konzentration dieser Befugnisse. Gesetzestechnisch ist die Zuständigkeit gemäß Abs. 1 die Regel, die Zuständigkeit gemäß Abs. 2 die Ausnahme.

2. Anwendungsbereich. § 387 gilt sowohl für **Bundes-** als auch für **Landesfinanzbe-** **2** **hörden.** Dies folgt schon aus Abs. 2 Satz 2. Da die steuerstrafrechtliche Zuständigkeit an die steuer- bzw. abgabenrechtliche Zuständigkeit anknüpft (Abs. 1), kann es unabhängig von Abs. 2 Satz 2 zu einer mittelbaren Konzentration steuerstrafrechtlicher Zuständigkeiten auch dadurch kommen, dass steuer- bzw. abgabenrechtliche Zuständigkeiten konzentriert werden (§ 12 Abs. 3 FVG für Bundes-, § 17 Abs. 2 S. 3 FVG für Landesfinanzbehörden). Gemäß der Verweisung in § 409 ist § 387 auch in Steuerordnungswidrigkeitenverfahren anwendbar.

3. Rechtstatsachen. Von der Möglichkeit, die **Zuständigkeiten ihrer Finanzbehör-** **3** **den zu konzentrieren,** haben sowohl der Bund als auch sämtliche Länder Gebrauch gemacht, häufig zugleich gemäß Abs. 2 und § 12 Abs. 3 bzw. § 17 Abs. 2 S. 3 FVG:
– Der Bund durch die Hauptzollamtszuständigkeitsverordnung (HZAZustV) vom 16.1.2012 (BGBl. 2018 I 158);
– Baden-Württemberg durch die Finanzämter-Zuständigkeitsverordnung (FAZuVO) vom 30.11.2004 (GBl. 2004, 865), zuletzt geändert durch Verordnung vom 29.12.2017 (GBl. 2018, 1);
– Bayern durch die Verordnung über Organisation und Zuständigkeiten in der Bayerischen Steuerverwaltung (ZustVSt) vom 1.12.2005 (GVBl. 2005, 596), zuletzt geändert durch Verordnung vom 15.12.2017 (GVBl. 2018, 17);
– Berlin durch die Finanzämter-Zuständigkeitsverordnung (FÄZustVO) vom 21.12.2017 (GVBl. 2017, 724);
– Brandenburg durch die Verordnung über die Zuständigkeiten der Finanzämter des Landes Brandenburg (FAZustV BB) vom 19.1.2018 (GVBl. II 2018, Nr. 5);
– Bremen durch die Finanzämter-Zuständigkeitsverordnung (FÄZuV) vom 31.7.2004 (Brem.GBl. 2004, 446), zuletzt geändert durch Verordnung vom 8.12.2017 (Brem.GBl. 2017, 815);
– Hamburg durch die Anordnung über die Zuständigkeit der Finanzämter (FAZustAnO vom 28.10.1997 (Amtl.Anz. 1997, 2609), zuletzt geändert durch Anordnung vom 1.8.2017 (Amtl. Anz. 2017, 1371);
– Hessen durch die Verordnung über die Zuständigkeiten der hessischen Finanzämter (HZDFinVwBehEinrV) vom 16.11.2017 (GVBl. 2017, 367);
– Mecklenburg-Vorpommern durch die Finanzamtszuständigkeitsverordnung Mecklenburg-Vorpommern (FAZustVO M-V) vom 8.5.2012 (GVOBl. M-V 2012, 122), zuletzt geändert durch Verordnung vom 2.12.2015 (GVOBl. M-V 2015, 626);
– Niedersachsen durch die Verordnung über Zuständigkeiten der Finanzbehörden (ZustVO-FinB) vom 14.12.2005 (Nds. GVBl. 2005, 411), zuletzt geändert durch Verordnung vom 15.12.2017 (Nds. GVBl. 2017, 473);

- Nordrhein-Westfalen durch die Finanzamtszuständigkeitsverordnung (FA-ZVO) vom 17.6.2013 (GV. NRW. 2013, 350), zuletzt geändert durch Verordnung vom 26.9.2016 (GV. NRW. 2016, 855);
- Rheinland-Pfalz durch die Landesverordnung über Zuständigkeiten der Finanzämter (FAZVO) vom 6.12.2002 (GVBl. 2002, 501), zuletzt geändert durch Verordnung vom 8.2.2018 (GVBl. 2018, 23);
- Saarland durch die Verordnung über Zuständigkeiten der Finanzämter (FinÄZVO) vom 16.9.2005 (ABl. 2005, 1538), zuletzt geändert durch die Verordnung vom 17.1.2018 (ABl. 2018 I, 24);
- Sachsen durch die Finanzamts- und Rechenzentrums-Zuständigkeitsverordnung (FARZ-ZuVO) in der Fassung der Bekanntmachung vom 14.10.2004 (SächsGVBl. 2004, 539), zuletzt geändert durch Verordnung vom 10.5.2017 (SächsGVBl. 2017, 271);
- Sachsen-Anhalt durch die Verordnung über zentrale Zuständigkeiten der Finanzbehörden vom 17.2.2014 (GVBl. LSA 2014, 82);
- Schleswig-Holstein durch die Landesverordnung über die Zuständigkeiten der Finanzämter in Schleswig-Holstein (FÄZustVO) vom 28.11.1996 (GVOBl. 1996, 709), zuletzt geändert durch Landesverordnung vom 1.11.2016 (GVOBl. 2016, 848);
- Thüringen durch die Thüringer Finanzamts-Zuständigkeitsverordnung (ThürFA-ZustVO) vom 2.7.1998 (GVBl. 1998, 255), zuletzt geändert durch Verordnung vom 15.11.2011 (GVBl. 2011, 474);

Die Zuständigkeit gemäß Abs. 2 ist somit faktisch die Regel,[1] die Zuständigkeit gemäß § 387 Abs. 1 AO die Ausnahme. Das gesetzestechnische Regel-Ausnahme-Verhältnis ist damit umgekehrt.

II. Erläuterung

4 **1. Zuständigkeit der die betroffene Steuer verwaltenden Finanzbehörde.** Die sachliche Zuständigkeit für das Steuerstrafverfahren nach der **Zuständigkeit für die Besteuerung** zu richten (Abs. 1), entspricht dem Zusammenhang[2] zwischen Besteuerungs- und Steuerstrafverfahren. Steuern in diesem Sinne sind auch Zölle (§ 3 Abs. 3). „Betroffen" ist diejenige Steuer, die verkürzt wurde oder werden sollte, bzw. bezüglich derer ein nicht gerechtfertigter Steuervorteil erlangt wurde oder werden sollte. Bei Steuerstraftaten, die sich nicht unmittelbar auf eine Steuer beziehen, liegt die Zuständigkeit bei der Finanzbehörde, in deren Aufgabenbereich der Verdacht aufkam.[3]

5 Die sachliche Zuständigkeit ist von der örtlichen Zuständigkeit zu unterscheiden. Dies folgt bereits aus § 388.[4] Daher sind vorbehaltlich einer Konzentration steuerrechtlicher Zuständigkeiten (§ 12 Abs. 3 bzw. § 17 Abs. 2 S. 3 FVG) grundsätzlich alle Finanzbehörden desjenigen **Zweiges der Finanzverwaltung,** bei dem die betroffene Steuer verwaltet wird, sachlich zuständig.[5] Die Aufgabenverteilung zwischen Bundesfinanzbehörden (Hauptzollämter, § 1 Nr. 4 FVG) und Landesfinanzbehörden (Finanzämter, § 2 Abs. 1 Nr. 4 FVG) ergibt sich im Grundsatz unmittelbar aus der Finanzverfassung (Art. 108 Abs. 1, 2 GG). Die einfachgesetzlichen Regelungen in § 16 AO iVm dem FVG haben insofern nur klarstellende Bedeutung.

6 Die Zuständigkeiten des **Bundeszentralamts für Steuern (BZSt)** sind in § 5 FVG geregelt. Verwaltung von Steuern im Sinne des Abs. 1 sind insbesondere die Entlastung von deutschen Abzugsteuern (Erstattungen und Freistellungen) in den Fällen der §§ 43b und 50g EStG sowie aufgrund von Doppelbesteuerungsabkommen (§ 5 Abs. 1 Nr. 2 FVG), die Entlastung bei deutschen Besitz- oder Verkehrsteuern gegenüber internationalen Organisationen, amtlichen zwischenstaatlichen Einrichtungen usw (§ 5 Abs. 1 Nr. 3 FVG), die Vergütung

---

[1] Vgl. AStBV(St) 2017 Nr. 23 Satz 1.
[2] → § 386 Rn. 4.
[3] *Hellmann*, Neben-Strafverfahrensrecht, S. 74; Klein/*Jäger* Rn. 4; Joecks/Jäger/Randt/*Randt* Rn. 4.
[4] Klein/*Jäger* Rn. 4.
[5] So auch *Hellmann*, Neben-Strafverfahrensrecht, S. 75.

der Vorsteuerbeträge in dem besonderen Verfahren nach § 18 Abs. 9 UStG (§ 5 Abs. 1 Nr. 8 FVG) und die Verwaltung der Versicherung-und Feuerschutzsteuer (§ 5 Abs. 1 Nr. 25 FVG).

Der ebenfalls dem BZSt übertragene Familienleistungsausgleich (§ 5 Abs. 1 Nr. 11 FVG) **7** wird von den **Familienkassen**[6] durchgeführt. Sie verwalten Steuern im Sinne des Abs. 1, indem sie Kindergeld (§§ 62 ff. EStG) als Steuervergütung (§ 31 S. 3 EStG) festsetzen. Dementsprechend sind sie bei der Hinterziehung von Kindergeld[7] Finanzbehörde im Sinne der §§ 386 ff. AO.[8]

2. Konzentration der Zuständigkeit. Von der durch die Zuständigkeit für die Besteu- **8** erung vorgegebenen Zuständigkeit für die Durchführung des Steuerstrafverfahrens kann durch Rechtsverordnung abgewichen werden (Abs. 2). Von dieser Möglichkeit haben sowohl der Bund als auch die Länder Gebrauch gemacht (→ Rn. 3). Die Voraussetzungen für eine **abweichende Zuständigkeitsregelung** sind denkbar weit formuliert, so dass dem Verordnungsgeber ein weiter Spielraum eröffnet ist. Die Finanzämter, deren allgemeine steuerstrafrechtliche Zuständigkeit an andere Finanzämter übertragen wurden, haben gleichwohl die Rechte und Pflichten nach § 399 Abs. 2, § 402 Abs. 2.

Hauptgrund für die Konzentration ist der Aufbau der Verwaltungsbehörden, namentlich **9** die Möglichkeit zur Bildung spezialisierter und effektiver Arbeitseinheiten. Vom Wortlaut des Abs. 2 gedeckt ist auch die Einrichtung gesonderter **Finanzämter für Fahndung und Strafsachen** (Berlin, Niedersachsen, Nordrhein-Westfalen) oder für Prüfungsdienste und Strafsachen (Hamburg).[9] Grenzen ergeben sich insoweit allerdings aus § 404.[10]

Aufgrund der Möglichkeit zur Konzentration steuerrechtlicher Zuständigkeiten § 12 Abs. 3 **10** bzw. § 17 Abs. 2 S. 3 FVG kann es zu einer **doppelten Konzentration** kommen, bei der steuerrechtliche und steuerstrafrechtliche Konzentrationsmaßnahmen ineinander greifen. Um die Zusammenarbeit zwischen den steuerrechtlich und steuerstrafrechtlich zuständigen Finanzbehörden nicht zu erschweren, richtet sich die steuerstrafrechtliche Zuständigkeit in diesen Fällen grundsätzlich nicht danach, welche Finanzbehörde steuerrechtlich ursprünglich zuständig war, sondern danach, auf welche Finanzbehörde die steuerrechtliche Zuständigkeit übertragen wurde. Eine abweichende Regelung durch den Verordnungsgeber ist möglich.

III. Rechtsbehelfe

Die Zuständigkeit der ermittelnden Finanzbehörde kann nicht isoliert angefochten wer- **11** den. Wenn eine **unzuständige Finanzbehörde** sich irrtümlich für zuständig hält, sind ihre Ermittlungsergebnisse gleichwohl verwertbar. Sobald sie ihren Irrtum erkennt, muss sie das Verfahren an die zuständige Finanzbehörde bzw. Staatsanwaltschaft abgeben, die es mit dem Stand im Zeitpunkt der Abgabe übernimmt und weiterführt. Erwirkt die unzuständige Finanzbehörde eine gerichtliche Entscheidung, bei der es auf die Zuständigkeit des Antragstellers ankommt, ist diese wirksam, aber anfechtbar.[11] Dies gilt insbesondere für den Erlass eines Strafbefehls.[12]

§ 388 Örtlich zuständige Finanzbehörde

(1) Örtlich zuständig ist die Finanzbehörde,
1. in deren Bezirk die Steuerstraftat begangen oder entdeckt worden ist,
2. die zur Zeit der Einleitung des Strafverfahrens für die Abgabenangelegenheiten zuständig ist oder

---

[6] Bereits → § 386 Rn. 17.
[7] Vgl. zB BFH 26.6.2014 – III R 21/13, BFHE 247, 102 = wistra 2015, 118 und 18.12.2014 – III R 13/14, BFH/NV 2015, 948.
[8] S. 1 Satz 2 DA-KG 2014.
[9] *Behnes* S. 62 ff.; *Hellmann*, Neben-Strafverfahrensrecht, S. 337 ff.
[10] → § 404 Rn. 7 ff.
[11] Klein/*Jäger* Rn. 5; Joecks/*Jäger*/Randt/*Randt* Rn. 23 ff.; Graf/*Jäger*/Wittig/*Weyand* Rn. 11.
[12] Vgl. BGH 10.4.1963 – 4 StR 73/63, BGHSt 18, 326, unter I.

3. in deren Bezirk der Beschuldigte zur Zeit der Einleitung des Strafverfahrens seinen Wohnsitz hat.

(2) ¹Ändert sich der Wohnsitz des Beschuldigten nach Einleitung des Strafverfahrens, so ist auch die Finanzbehörde örtlich zuständig, in deren Bezirk der neue Wohnsitz liegt. ²Entsprechendes gilt, wenn sich die Zuständigkeit der Finanzbehörde für die Abgabenangelegenheit ändert.

(3) Hat der Beschuldigte im räumlichen Geltungsbereich dieses Gesetzes keinen Wohnsitz, so wird die Zuständigkeit auch durch den gewöhnlichen Aufenthaltsort bestimmt.

Übersicht

	Rn.		Rn.
I. Überblick	1	2. Änderung der die Zuständigkeit begründenden Umstände	8–10
II. Erläuterung	2–11	3. Zweifel bezüglich der die Zuständigkeit begründenden Umstände	11
1. Mehrfache Zuständigkeit	2–7	III. Rechtsbehelfe	12

I. Überblick

1 Die Vorschrift regelt die **örtliche Zuständigkeit** der Finanzbehörde für das Ermittlungsverfahren in Steuerstrafsachen. Sie konkretisiert damit die grundlegende Regelung des § 386 und ergänzt insofern die Vorschriften über die sachliche Zuständigkeit in § 387. In Steuerordnungswidrigkeitensachen gilt sie entsprechend (§ 410 Abs. 1 Nr. 1).

II. Erläuterung

2 **1. Mehrfache Zuständigkeit.** Nach Abs. 1 kann sich die örtliche Zuständigkeit der Finanzbehörde aus verschiedenen Anknüpfungspunkten ergeben, die grundsätzlich gleichrangig nebeneinander stehen. Abhängig von den Umständen des Einzelfalls ist daher eine **mehrfache Zuständigkeit** möglich. Bei zusammenhängenden Strafsachen bewirkt § 389 AO eine zusätzliche Erweiterung der Zuständigkeit aus § 388. Die Auflösung einer Zuständigkeitskonkurrenz ergibt sich aus § 390.

3 Die Zuständigkeit wird durch den **Ort der Tat** (Abs. 1 Nr. 1 Alt. 1) oder den **Ort der Tatentdeckung** (Abs. 1 Nr. 1 Alt. 2) begründet, wobei diese Orte nicht zusammenfallen müssen. An welchem Ort eine Tat als begangen gilt, ergibt sich aus § 9 StGB.[1] Eine Steuerhinterziehung ist demnach dort begangen, wo der Täter unrichtige oder unvollständige Angaben macht (§ 370 Abs. 1 Nr. 1), bzw. wo er Angaben hätte machen müssen (§ 370 Abs. 1 Nr. 2). Angaben durch verkörperte Gedankenerklärungen (insbesondere Steuererklärungen) sind dabei dort gemacht, wo sie dem Adressaten zugehen,[2] unerheblich ist, wo die Gedankenerklärung erstellt oder in den Rechtsverkehr entäußert wurde.

4 Der Begriff der **Tatentdeckung** ist ebenso auszulegen wie in § 371 Abs. 2 Nr. 2.[3] Es ist nichts dafür ersichtlich, dass mit dem gleichen Begriff unterschiedliche Sachverhalte bezeichnet werden sollten. Tatentdeckung in diesem Sinne fordert mehr als einen Anfangsverdacht, sondern Anhaltspunkte, die bei vorläufiger Bewertung eine Verurteilung (überwiegend) wahrscheinlich erscheinen lassen.[4]

5 Steuerstrafrechtlich örtlich zuständig ist daneben die Behörde, bei der zur Zeit der Einleitung des Steuerstrafverfahrens die **örtliche Zuständigkeit für das Besteuerungsverfahren** liegt (Abs. 1 Nr. 2). Wann das Steuerstrafverfahren eingeleitet ist, ergibt sich

---
[1] AStBV(St) 2017 Nr. 24 Abs. 1 Halbsatz 2.
[2] Klein/*Jäger* Rn. 2; aA Joecks/Jäger/Randt/*Randt* Rn. 9: auch Ort der Entäußerung.
[3] So auch Klein/*Jäger* Rn. 3 und im Grundsatz Joecks/Jäger/Randt/*Randt* Rn. 12.
[4] BGH 5.4.2000 – 5 StR 226/99, NStZ 2000, 427, unter IV. 1. b); 20.5.2010 – 1 StR 577/09, BGHSt 55, 180 = NStZ 2010, 642 Rn. 22 ff.

aus § 397. Die örtliche Zuständigkeit der Finanzbehörden für das Besteuerungsverfahren ist in §§ 17 ff. AO iVm der jeweils einschlägigen Zuständigkeitsverordnung[5] geregelt. Im Zusammenhang mit § 388 Abs. 1 Nr. 2 kann sie sich insbesondere auch aus Gefahr im Verzug (§ 29) ergeben.[6]

Darüber hinaus wird die örtliche Zuständigkeit auch durch den **Wohnsitz des Beschuldigten** bei Einleitung des Steuerstrafverfahrens begründet (Abs. 1 Nr. 3). Bei mehreren Wohnsitzen sind insofern mehrere Finanzämter zuständig. In Ermangelung eines inländischen Wohnsitzes tritt an dessen Stelle der gewöhnliche Aufenthalt (Abs. 3). **6**

Wohnsitz (Abs. 2 Nr. 3) und **gewöhnlicher Aufenthalt** (Abs. 3) sind nach hiesiger Auffassung im Steuerstrafverfahrensrecht nach § 8 bzw. § 9 zu bestimmen.[7] Die dortigen Legaldefinitionen beziehen sich ihrem Wortlaut und ihrer Stellung nach auf die gesamte Abgabenordnung. Anders als für den Begriff der Finanzbehörde (§ 386 Abs. 1 S. 2) enthält das Steuerstrafrecht für den Wohnsitz und den gewöhnlichen Aufenthalt keine eigenen Legaldefinitionen. Auch im allgemeinen Strafprozessrecht, auf das § 385 verweist, sind Wohnsitz und ständiger Aufenthalt nicht gesetzlich definiert. **7**

2. Änderung der die Zuständigkeit begründenden Umstände. Die Änderung der die Zuständigkeit begründenden Umstände führt nach Abs. 2 nicht zur Unzuständigkeit der ursprünglich örtlich zuständigen Finanzbehörde. Stattdessen wird die aufgrund der geänderten Umstände zuständige Finanzbehörde zusätzlich zuständig. Dies gilt sowohl bei Änderung des Wohnsitzes als auch bei Änderung der abgabenrechtlichen Zuständigkeit. **8**

Der Fortbestand der bisherigen Zuständigkeit rechtfertigt sich durch die **Verfahrensökonomie** und das strafverfahrensrechtliche **Beschleunigungsgebot**. Gerade bei fortgeschrittenen Steuerstrafverfahren wäre die Einarbeitung einer anderen Finanzbehörde häufig arbeits- und zeitaufwändig. Speziell bei Wohnsitzwechseln bestünde zudem ein Missbrauchspotential, wenn der Beschuldigte gezielt Melde- und Finanzbehörden in Unkenntnis lässt oder seinen Wohnsitz kurzfristig allein deswegen verlegt, um sich auf die fehlende Zuständigkeit berufen zu können. **9**

Für das Verhältnis zwischen der bisher örtlich zuständigen Finanzbehörde und der neu zuständig gewordenen Finanzbehörde gilt § 390. Sofern im Zeitpunkt der Änderung bereits ein Steuerstrafverfahren eingeleitet war, verbleibt die Zuständigkeit daher zunächst bei der bisher befassten Finanzbehörde (§ 390 Abs. 1). Diese entscheidet nach **pflichtgemäßem Ermessen**, ob sie das Verfahren an die neu zuständig gewordene Finanzbehörde abgibt (§ 390 Abs. 2 S. 1). Dabei kommt es insbesondere auf Art und Umfang der noch durchzuführenden Ermittlungen an.[8] **10**

3. Zweifel bezüglich der die Zuständigkeit begründenden Umstände. Bei Zweifeln bezüglich der die Zuständigkeit begründenden Umstände sind nach hiesiger Auffassung alle Finanzbehörden, die unter dem fraglichen Gesichtspunkt in Betracht kommen, zumindest solange als zuständig anzusehen, bis deutlich wird, dass sie unzuständig sind bzw. welche Finanzbehörde zuständig ist. Anderenfalls wäre eine wirksame Steuerstrafverfolgung nicht gewährleistet. **11**

III. Rechtsbehelfe

Für **Verstöße gegen die örtliche Zuständigkeit** gilt im Ergebnis das gleiche wie für Verstöße gegen die sachliche Zuständigkeit.[9] Sie werden durch Übernahme des Verfahrens durch die zuständige Behörde geheilt, bis dahin gewonnene Ermittlungsergebnisse bleiben **12**

---

[5] → § 387 Rn. 3.
[6] Joecks/Jäger/Randt/*Randt* Rn. 39.
[7] AA Klein/*Jäger* Rn. 5, 8; Joecks/Jäger/Randt/*Randt* Rn. 28, 36; Graf/Jäger/Wittig/*Weyand* Rn. 18, 23.
[8] Vgl. AStBV(St) 2014 Nr. 25 Abs. 3 Satz 2.
[9] Dazu → § 387 Rn. 11.

verwertbar. Erwirkt eine örtlich unzuständige Finanzbehörde eine richterliche Entscheidung, ist diese wirksam, aber anfechtbar.[10]

§ 389 Zusammenhängende Strafsachen

¹Für zusammenhängende Strafsachen, die einzeln nach § 388 zur Zuständigkeit verschiedener Finanzbehörden gehören würden, ist jede dieser Finanzbehörden zuständig. ²§ 3 der Strafprozessordnung gilt entsprechend.

I. Überblick

1   Durch § 389 werden die Vorschriften über die sachliche und örtliche Zuständigkeit um eine Regelung für **zusammenhängende Strafsachen** ergänzt. Die Regelung gilt in Steuerordnungswidrigkeitensachen entsprechend (§ 410 Abs. 1 Nr. 1).

II. Erläuterung

2   Nach Satz 1 ist für **zusammenhängende Steuerstrafverfahren** jede Finanzbehörde örtlich zuständig, die für zumindest eines der zusammenhängenden Steuerstrafverfahren örtlich zuständig wäre. Es kommt damit unter Umständen zu einer erheblichen Erweiterung der Zuständigkeit.

3   Wegen der ausdrücklichen Bezugnahme auf § 388 ist Satz 1 auf die **sachliche Zuständigkeit** nicht, auch nicht analog, anwendbar. Die Vorschrift führt daher nicht dazu, dass Landesfinanzbehörden auch für das Ermittlungsverfahren bei Steuerstraftaten bezüglich Steuern aus dem Zuständigkeitsbereich der Bundesfinanzbehörden zuständig werden könnten. Eine Verbindung von Steuerstrafverfahren, für die bei den Finanzbehörden unterschiedliche sachliche Zuständigkeiten bestehen, ist nur nach Abgabe (§ 386 Abs. 4 S. 1) an bzw. Evokation (§ 386 Abs. 4 S. 2) durch die Staatsanwaltschaft möglich.[1]

4   Zur Definition des **Zusammenhangs** verweist Satz 2 auf § 3 StPO. Neben der allgemeinen Verweisung in § 385 AO ist diese punktuelle Verweisung lediglich klarstellend. Denkbar ist grundsätzlich sowohl ein persönlicher Zusammenhang (§ 3 Alt. 1 StPO) als auch ein sachlicher Zusammenhang (§ 3 Alt. 2 StPO). Die Auflösung der Zuständigkeitskonkurrenz richtet sich auch bei zusammenhängenden Steuerstrafverfahren grundsätzlich nach § 390.

5   Die Zuständigkeit der Finanzbehörde für zusammenhängende Strafverfahren **endet**, wenn der Grund für den Zusammenhang wegfällt, etwa der den persönlichen Zusammenhang vermittelnde Beschuldigte verstirbt. Allein der Wegzug führt hingegen nicht zu einem Ende der Zuständigkeit.[2]

III. Rechtsbehelfe

6   Nimmt eine Finanzbehörde zu Unrecht an, gemäß § 389 zuständig zu sein, ist dies nach den gleichen Grundsätzen zu beurteilen wie bei Verstößen gegen §§ 387, 388. Die Ermittlungsergebnisse sind verwertbar, richterliche Untersuchungshandlungen, die von der **unzuständigen Behörde** beantragt wurden, wirksam, aber anfechtbar.[3]

§ 390 Mehrfache Zuständigkeit

(1) Sind nach den §§ 387 bis 389 mehrere Finanzbehörden zuständig, so gebührt der Vorzug der Finanzbehörde, die wegen der Tat zuerst ein Strafverfahren eingeleitet hat.

---

[10] Joecks/Jäger/Randt/*Randt* Rn. 40 ff.; Graf/Jäger/Wittig/*Weyand* Rn. 25.
[1] Joecks/Jäger/Randt/*Randt* Rn. 4; Graf/Jäger/Wittig/*Weyand* Rn. 2.
[2] Vgl. → § 388 Rn. 8 ff.; aA Graf/Jäger/Wittig/*Weyand* Rn. 9.
[3] Joecks/Jäger/Randt/*Randt* Rn. 15; Graf/Jäger/Wittig/*Weyand* Rn. 11.

(2) ¹Auf Ersuchen dieser Finanzbehörde hat eine andere zuständige Finanzbehörde die Strafsache zu übernehmen, wenn dies für die Ermittlungen sachdienlich erscheint. ²In Zweifelsfällen entscheidet die Behörde, der die ersuchte Finanzbehörde untersteht.

Übersicht

	Rn.		Rn.
I. Überblick	1–3	1. Prioritätsgrundsatz	4–6
1. Normzweck	1, 2	2. Übernahmeersuchen	7–13
2. Anwendungsbereich	3		
II. Erläuterung	4–13	**III. Rechtsbehelfe**	14, 15

I. Überblick

1. Normzweck. Durch § 390 Abs. 1 wird der Zuständigkeitskonflikt aufgelöst, der ansonsten entstehen würde, wenn nach §§ 387–389 mehrere Finanzbehörden zuständig wären. Dabei gilt das **Priorirätsprinzip**. 1

Das Prioritätsprinzip ist allerdings durch die Regelung in § 390 Abs. 2 eingeschränkt, wonach die vorrangige Behörde ein **Übernahmeersuchen** an eine andere Finanzbehörde richten kann. Auf diese Weise werden sachgerechte Lösungen im Einzelfall ermöglicht. 2

2. Anwendungsbereich. Wie der Wortlaut belegt, erfasst § 390 sowohl Fälle **mehrfacher örtlicher** als auch Fälle **mehrfacher sachlicher Zuständigkeit**.[1] Die Vorschrift gilt sowohl bei mehrfacher Zuständigkeit von Bundesfinanzbehörden als auch bei mehrfacher Zuständigkeit von Landesfinanzbehörden. Eine gleichzeitige sachliche Zuständigkeit von Bundes- und Landesfinanzbehörden ist nur in Ausnahmefällen denkbar.[2] Bei Steuerhinterziehung im Zusammenhang mit dem mehrfachen Bezug von Kindergeld[3] können allerdings Familienkassen der Bundesagentur für Arbeit und Familienkassen des öffentlichen Dienstes gleichzeitig zuständig sein. In Steuerordnungswidrigkeitsachen ist § 390 entsprechend anwendbar (§ 410 Abs. 1 Nr. 1). 3

II. Erläuterung

1. Prioritätsgrundsatz. Nach Absatz 1 gilt im Verhältnis mehrerer zuständiger Finanzbehörden der Prioritätsgrundsatz. Entscheidend ist die **Reihenfolge der Verfahrenseinleitung** durch die Finanzbehörde. Verfahrenseinleitungen durch andere Behörden sind ohne Bedeutung.[4] Der Zeitpunkt der Verfahrenseinleitung ist grundsätzlich anhand des nach § 397 Abs. 2 zu erstellenden Vermerks nachzuweisen.[5] Ein anderweitiger Nachweis ist aber nicht ausgeschlossen. 4

Demgegenüber kommt es auf sonstige **Zweckmäßigkeitserwägungen** nach dem Wortlaut des Gesetzes nicht an. Es ist daher für die Zuständigkeit nach Absatz 1 ohne Bedeutung, welche von mehreren Finanzbehörden die sachnächste ist, welche Finanzbehörden bei zusammenhängenden Strafsachen für den Schwerpunkt der Taten ursprünglich zuständig ist und bei welcher Finanzbehörde das Ermittlungsverfahren am besten gefördert werden kann. 5

Die Priorität einer Finanzbehörde führt nicht dazu, dass die Zuständigkeit der anderen Finanzbehörden erlischt. Sie hat lediglich den „**Vorzug**" dieser Finanzbehörde vor den anderen Finanzbehörden zur Folge. Die Zuständigkeit dieser Finanzbehörden besteht vielmehr fort, sie können die damit verbundenen Befugnisse allerdings bis zu einer etwaigen Übernahme (Abs. 2) nicht ausüben. 6

---

[1] AStBV(St) 2017 Nr. 25 Abs. 1 Satz 1; Joecks/Jäger/Randt/*Randt* Rn. 2.
[2] Joecks/Jäger/Randt/*Randt* Rn. 4; Beermann/Gosch/*Seipl* Rn. 6.
[3] Vgl. BFH 18.12.2014 – III R 13/14, BFH/NV 2015, 948.
[4] Joecks/Jäger/Randt/*Randt* Rn. 10; Graf/Jäger/Wittig/*Weyand* Rn. 7.
[5] Beermann/Gosch/*Seipl* Rn. 13.

7 **2. Übernahmeersuchen.** Eine Einschränkung des Prioritätsgrundsatzes ergibt sich durch die Möglichkeit eines Übernahmeersuchens nach Abs. 2. Das Ersuchen muss von der nach Abs. 1 vorrangigen Finanzbehörde ausgehen und sich an eine der übrigen zuständigen Finanzbehörden richten. Die ersuchte Finanzbehörde ist zur Übernahme verpflichtet.

8 Voraussetzung hierfür ist, dass die Übernahme für die Ermittlungen sachdienlich erscheint. Das Gesetz regelt nicht ausdrücklich, ob sich das Erfordernis der **Sachdienlichkeit** auf das Ersuchen oder auf die Übernahmepflicht bezieht und ob die ersuchende und die ersuchte Behörde zu einer Prüfung der Sachdienlichkeit berechtigt oder verpflichtet sind.

9 Nach Auffassung der Finanzverwaltung ist die Sachdienlichkeit vorrangig von der **ersuchenden Finanzbehörde** zu prüfen.[6] Aus der Regelung des Abs. 2 Satz 2 ergibt sich aber, dass auch die ersuchte Finanzbehörde zu einer Prüfung berechtigt ist. Ansonsten wären Zweifelsfälle, in denen es einer Entscheidung der vorgesetzten Behörde der ersuchten Finanzbehörde bedarf, nicht denkbar.

10 **Vorgesetzte Behörde** im Sinne von Abs. 2 Satz 2 ist grundsätzlich die unmittelbar vorgesetzte Behörde (typischerweise die Mittelbehörde, sofern eine solche eingerichtet ist). Diese ist jedoch nach hiesiger Auffassung nicht gehindert, ihrerseits eine Weisung ihrer vorgesetzten Dienststelle einzuholen.

11 Aus dem Zweck des Abs. 2 folgt nach hiesiger Auffassng, dass die Sachdienlichkeit einer Übernahme jeweils **von Amts wegen** zu prüfen ist. Bei gegebener Sachdienlichkeit ist die nach Abs. 1 vorrangige Finanzbehörde verpflichtet, um Übernahme zu ersuchen, die ersuchte Behörde verpflichtet, zu übernehmen. Bei fehlender Sachdienlichkeit ist ein Übernahmeersuchen ausgeschlossen. Ein Ermessensspielraum ist jeweils nicht eröffnet. Hält die ersuchte Behörde eine Übernahme für nicht sachdienlich, muss sie eine Entscheidung ihrer vorgesetzten Behörde herbeiführen. Grundsätzlich sollte aber Einvernehmen über die Übergabe hergestellt werden.[7]

12 Gesichtspunkte zur Beurteilung der Sachdienlichkeit sind insbesondere, in welchem Amtsbezirk der örtliche **Schwerpunkt der Tat** liegt und von welcher Finanzbehörde die Ermittlungen am leichtesten geführt werden können.[8] Auch die personellen und sachlichen Ressourcen der in Betracht kommenden Finanzbehörden sind zu berücksichtigen. Grundsätzlich kein taugliches Kriterium sind hingegen die Art der Tatbeteiligung und die zu erwartenden Rechtsfolgen. Es ist daher namentlich unzulässig, wenn eine Finanzbehörde zunächst zusammenhängende Verfahren gegen eine Vielzahl von Beschuldigten einleitet, sich dann aber nur besonders schwerwiegende oder öffentlichkeitsträchtige Fälle vorbehält und im Übrigen diejenigen Finanzbehörden um Übernahme ersucht, in deren Amtsbezirk der (inländische) örtliche Schwerpunkt der Tat liegt. Noch weniger darf die Sachdienlichkeit von zu erwartenden Geldstrafen oder Geldauflagen abhängig gemacht werden. Eine solche Kommerzialisierung widerspräche den Grundgedanken der Strafrechtspflege.

13 Mit der **Übernahme** geht der „Vorzug" bzw. Vorrang von der Finanzbehörde gemäß Abs. 1 auf die übernehmende Finanzbehörde über. Diese kann bei abermaliger Änderung der Verhältnisse oder aufgrund besserer Rechtserkenntnis ihrerseits eine andere zuständige Finanzbehörde um Übernahme ersuchen.

III. Rechtsbehelfe

14 Nach den gleichen Grundsätzen wie bei der Abgabe von der Finanzbehörde an die Staatsanwaltschaft bzw. deren Unterlassen[9] steht auch gegen ein Übernahmeersuchen an bzw. die Übernahme durch eine andere Finanzbehörde bzw. deren Unterlassen dem

---

[6] AStBV(St) 2017 Nr. 25 Abs. 3 Satz 2.
[7] AStBV(St) 2017 Nr. 25 Abs. 3 Satz 3.
[8] Vgl. AStBV(St) 2017 Nr. 25 Abs. 3 Satz 2.
[9] → § 386 Rn. 36.

Beschuldigten kein Rechtsbehelf zu. Es handelt sich insbesondere nicht um einen **Justizverwaltungsakt** (§§ 23 ff. EGGVG).

Nach dem Wortlaut des Gesetzes ist die Übernahme gemäß Abs. 2 für den Vorrang unter den zuständigen Finanzbehörden konstitutiv. Solange die gemäß Abs. 1 vorrangige oder die gemäß Abs. 2 von ihr ersuchte Finanzbehörde tätig werden, scheidet auch eine **inzidente Überprüfung** der Sachdienlichkeit einer Übernahme aus.

§ 391 Zuständiges Gericht

(1) ¹Ist das Amtsgericht sachlich zuständig, so ist örtlich zuständig das Amtsgericht, in dessen Bezirk das Landgericht seinen Sitz hat. ²Im vorbereitenden Verfahren gilt dies, unbeschadet einer weitergehenden Regelung nach § 58 Abs. 1 des Gerichtsverfassungsgesetzes, nur für die Zustimmung des Gerichts nach § 153 Abs. 1 und § 153a Abs. 1 der Strafprozessordnung.

(2) ¹Die Landesregierung kann durch Rechtsverordnung die Zuständigkeit abweichend von Absatz 1 Satz 1 regeln, soweit dies mit Rücksicht auf die Wirtschafts- oder Verkehrsverhältnisse, den Aufbau der Verwaltungsbehörden oder andere örtliche Bedürfnisse zweckmäßig erscheint. ²Die Landesregierung kann diese Ermächtigung auf die Landesjustizverwaltung übertragen.

(3) Strafsachen wegen Steuerstraftaten sollen beim Amtsgericht einer bestimmten Abteilung zugewiesen werden.

(4) Die Absätze 1 bis 3 gelten auch, wenn das Verfahren nicht nur Steuerstraftaten zum Gegenstand hat; sie gelten jedoch nicht, wenn dieselbe Handlung eine Straftat nach dem Betäubungsmittelgesetz darstellt, und nicht für Steuerstraftaten, welche die Kraftfahrzeugsteuer betreffen.

Schrifttum: *Harms,* Die Stellung des Finanzbeamten im Steuerstrafverfahren, GS Schlüchter, 2002, 451; *Mellinghoff,* Grundsätze und Grenzen im Besteuerungs- und Steuerstrafverfahren, Stbg 2014, 97; *Tipke,* Über Abhängigkeiten des Steuerstrafrechts vom Steuerrecht, FS Kohlmann, 2003, 555.

Übersicht

	Rn.		Rn.
I. Überblick	1–4	3. Zuständigkeit innerhalb des Amtsgerichts	11–13
1. Normzweck	1		
2. Anwendungsbereich	2–4	4. Verhältnis zu anderen Vorschriften	14, 15
II. Erläuterung	5–15	III. Reformvorhaben	16
1. Zuständigkeit des Amtsgerichts am Sitz des Landgerichts	5–7	IV. Rechtsbehelfe	17
2. Abweichende Zuständigkeitsregelungen	8–10	V. Revision	18

I. Überblick

1. Normzweck. In § 391 werden die Zuständigkeit der **Amtsgerichte** in Steuerstrafsachen bei dem Amtsgericht am Sitz des Landgerichts konzentriert (Abs. 1), die Möglichkeit zu weiterer Konzentration eröffnet (Abs. 2) und Aussagen zur Geschäftsverteilung innerhalb der Amtsgerichte (Abs. 3) getroffen. Durch die Konzentration soll ähnlich wie durch die Einrichtung von Wirtschaftsstrafkammern (§ 74c GVG) sichergestellt werden, dass Steuerstrafsachen von Gerichten entschieden werden, die über die notwendigen Steuerrechtskenntnisse[1] verfügen und in der Zusammenarbeit mit den Finanzbehörden erfahren sind.[2] Die Konzentration beim Amtsgericht am Sitz des Landgerichts bedeutet eine Konzentration

---

[1] Vgl. *Harms* GS Schlüchter, 2002, 451 (464 f.); *Tipke* FS Kohlmann, 2003, 555 (563, 567 f.).
[2] *Hellmann,* Neben-Strafverfahrensrecht, S. 56.

2. Anwendungsbereich. Die Vorschrift gilt grundsätzlich für alle Entscheidungen der Amtsgerichte in Steuerstrafverfahren und gemäß Abs. 4 Hs. 1 auch dann, wenn das Strafverfahren zugleich Taten zum Gegenstand hat, die keine Steuerstraftaten sind. Vor Anwendung des § 391 muss daher geklärt werden, ob und ggf. welches Amtsgericht nach allgemeinen Grundsätzen zuständig wäre.[3] § 391 ist in **Bußgeldverfahren** wegen Steuerordnungswidrigkeiten entsprechend anzuwenden (§ 410 Abs. 1 Nr. 2).

Bestimmte Steuerstrafverfahren sind bei den Amtsgerichten allerdings nach Abs. 4 Hs. 2 von der Konzentration ausgenommen. Die Ausnahme betrifft zum einen Fälle, in denen dieselbe Handlung nicht nur eine Steuerstraftat, sondern auch eine Straftat nach dem Betäubungsmittelgesetz darstellt, mithin Tateinheit (§ 52 StGB) zwischen Steuerstraftat und **Betäubungsmittelstraftat** besteht, was insbesondere im Zollstrafrecht vorkommen kann. Generell ausgenommen sind Verfahren im Zusammenhang mit der Kraftfahrzeugsteuer.

Abs. 4 Hs. 2 ist wortlautgleich mit § 74c Abs. 1 S. 1 Nr. 3 Hs. 2 GVG. Dementsprechend beruht die Vorschrift auf der Erwägung, dass beim Zusammentreffen von Steuer- und Betäubungsmittelstraftaten die Vertrautheit des Gerichts mit der Drogenszene wichtiger ist als die Steuerrechtskunde[4] und dass Steuerstraftaten bezüglich der **Kraftfahrzeugsteuer** keine besonderen steuerrechtlichen Schwierigkeiten aufweisen.[5]

II. Erläuterung

1. Zuständigkeit des Amtsgerichts am Sitz des Landgerichts. Grundsatz ist die Konzentration der Zuständigkeit bei dem **Amtsgericht am Sitz des Landgerichts** (Abs. 1). Diese Regelung geht von dem Normalfall aus, dass das Landgericht seinen Sitz im Gerichtsbezirk in einer Stadt hat, die zugleich Sitz eines Amtsgerichts ist, und etwaige weitere Amtsgerichte des Landgerichtsbezirks ihren Sitz in anderen Städten haben.

Soweit in **Sonderfällen** diese Voraussetzung nicht erfüllt ist, bestehen eigene Regelungen. In Hamburg ist gemäß § 5 des Hamburgischen Gesetzes zur Ausführung des Gerichtsverfassungsgesetzes[6] das Amtsgericht Hamburg Amtsgericht am Sitz des Landgerichts im Sinne der Vorschriften über die örtliche Zuständigkeit. Berlin hat eine Regelung gemäß § 58 Abs. 1 GVG getroffen. Die Zuständigkeit für Steuerstrafsachen in Bremen und im Bezirk des Landgerichts München II ist durch Verordnung gemäß Abs. 2 geregelt, so dass es keines Rückgriffs auf Abs. 1 bedarf.

Nach Abs. 1 Satz 2 gilt die Zuständigkeitskonzentration nach Abs. 1 grundsätzlich nur für das Zwischen- und Hauptverfahren, für das **Ermittlungsverfahren** nur ausnahmsweise, wenn eine Einstellung des Strafverfahrens der Zustimmung des Gerichts bedarf. Die Zuständigkeit für sonstige richterliche Entscheidungen und Maßnahmen, insbesondere für richterliche Untersuchungshandlungen[7] bestimmt sich nach allgemeinen Grundsätzen. Seiner Zweckrichtung nach zielt Abs. 1 danach nur auf Handlungen, die unmittelbar zum Verfahrensabschluss führen oder damit in Zusammenhang stehen.

2. Abweichende Zuständigkeitsregelungen. Abs. 2 Satz 1 gestattet der Landesregierung eine **abweichende Konzentration** der Zuständigkeit. Die Voraussetzungen dafür entsprechen denen einer Konzentration nach § 387 Abs. 2 S. 1, sind also denkbar weit.[8] Nach Abs. 2 Satz 2 können die Landesregierungen die Ermächtigung zur abweichenden Konzentration an die Landesjustizverwaltungen weiterdelegieren.

---
[3] Klein/*Jäger* Rn. 8 f.
[4] *Hellmann*, Neben-Strafverfahrenrecht, S. 56; vgl. BR-Drs. 546/79, 39; BT-Drs. 8/3551, 48 ff.; siehe auch *Harms* GS Schlüchter, 2002, 451 (465).
[5] *Hellmann*, Neben-Strafverfahrensrecht, S. 56; Joecks/Jäger/Randt/*Randt* Rn. 37.
[6] HmbGVBl. 1965, 99, zuletzt geändert durch Gesetz vom 20.9.2002, HmbGVBl. 2002, 252.
[7] Vgl. Graf/Jäger/Wittig/*Weyand* Rn. 15.
[8] Vgl. → § 387 Rn. 8; Joecks/Jäger/Randt/*Randt* Rn. 16.

Ausdrückliche inhaltliche Vorgaben für die abweichende Konzentration sind Abs. 2 nicht zu entnehmen. Zulässig ist daher jedenfalls die **Zuweisung an ein anderes Amtsgericht** innerhalb des Landgerichtsbezirks. Auch die Zuweisung an mehrere Amtsgerichte innerhalb des Landgerichtsbezirks oder eine mehrere Landgerichtsbezirke übergreifende Konzentration[9] sind nicht ausgeschlossen. Die getroffene Regelung muss aber erkennen lassen, dass sie auf einen Ausgleich zwischen den Leitgedanken des Abs. 1 (→ Rn. 1) einerseits, den in Abs. 2 Satz 1 genannten Bedürfnissen andererseits ausgerichtet ist.

Mehrere Länder haben von der Ermächtigung nach Abs. 2, teilweise zugleich mit der Ermächtigung nach § 58 Abs. 1 GVG, Gebrauch gemacht:
– Baden-Württemberg durch § 26 der Verordnung des Justizministeriums über Zuständigkeiten in der Justiz (Zuständigkeitsverordnung Justiz – ZuVOJu) vom 20.11.1998 (GBl. 1998, 680) zuletzt geändert durch durch Verordnung vom 18.1.2018 (GBl. 2018, 38). Danach ist das AG Lörrach abweichend von § 391 Abs. 1 AO für Steuerstrafsachen und -ordnungswidrigkeiten innerhalb seines Bezirks selbst zuständig.
– Bayern durch § 56 der Verordnung über gerichtliche Zuständigkeiten im Bereich des Staatsministeriums der Justiz (Gerichtliche Zuständigkeitsverordnung Justiz – GZVJu) vom 11.6.2012 (GVBl. 2012, 295), zuletzt geändert durch Verordnung vom 27.11.2017 (GVBl. 2017, 559). Danach sind einzelne Amtsgerichte jeweils für den Bezirk mehrerer Landgerichte zuständig.
– Hessen durch § 52 der Justizzuständigkeitsverordnung (JuZuV) vom 3.6.2013 (GVBl. 2013, 386), zuletzt geändert durch Verordnung vom 9.11.2017 (GVBl. 2017, 415), Danach ist für Steuerstrafsachen innerhalb seines eigenen Bezirks und des Bezirks des Amtsgerichts Dillenburg das Amtsgericht Wetzlar zuständig.
– Niedersachsen durch § 20 der Verordnung zur Regelung von Zuständigkeiten in der Gerichtsbarkeit und der Justizverwaltung (ZustVO-Justiz) vom 18.12.2009 (Nds. GVBl. 2009, 506), zuletzt geändert durch Verordnung vom 7.2.2018 (Nds. GVBl. 2018, 24): danach sind die Strafverfahren wegen Zoll- und Verbrauchsteuerstraftaten einschließlich Monopolstraftaten und die Bußgeldverfahren wegen Zoll- und Verbrauchssteuerordnungswidrigkeiten einschließlich Monopolordnungswidrigkeiten bei bestimmten Amtsgerichten konzentriert.
– Nordrhein-Westfalen durch § 9 der Verordnung über die Zuständigkeit der Amtsgerichte in Strafsachen gegen Erwachsene, in Jugendstrafsachen, in Bußgeldverfahren und Abschiebungshaftsachen vom 5.7.2010 (GV. NRW. 2010, 422), zuletzt geändert durch Verordnung vom 17.8.2017 (GV. NRW. 2017, 756). Danach ist die Zuständigkeit für Steuerordnungswidrigkeiten besonders geregelt.
– Rheinland-Pfalz durch § 3 Abs. 4 der Landesverordnung über die gerichtliche Zuständigkeit in Strafsachen und Bußgeldverfahren vom 19.11.1985 (GVBl. 1985, 265), geändert durch Verordnung vom 11.8.2017 (GVBl. 2017, 186).
– Sachsen durch § 23 der Verordnung des Sächsischen Staatsministeriums der Justiz und für Europa über die Organisation der Justiz (Sächsische Justizorganisationsverordnung – SächsJOrgVO) vom 7.3.2016 (SächsGVBl. 2016, 103), zuletzt geändert durch Verordnung vom 25.10.2017 (SächsGVBl. 2017, 552).

3. Zuständigkeit innerhalb des Amtsgerichts. Nach Abs. 3 sollen Steuerstrafsachen innerhalb des Amtsgerichts einer bestimmten **Abteilung,** das heißt einem ausgewählten Richter oder mehreren ausgewählten Richtern[10] zugewiesen werden. Dem Zweck der Vorschrift nach gilt dies nicht nur für den Strafrichter, sondern dort, wo mehrere Schöffengerichte bestehen, auch für das Schöffengericht.

Die gerichtsinterne Konzentration ist die im Sinne der angestrebten Spezialisierung folgerichtige Fortsetzung der Konzentration gemäß Abs. 1 bzw. Abs. 2. Jedenfalls die Verteilung auf zwei Richter ist nach hiesiger Auffassung nicht erst dann zulässig, wenn die Aufgaben

---
[9] Vgl. BVerfG 12.1.1971 – 2 BvL 18/70, BVerfGE 30, 105, unter II.2.c)cc).
[10] *Hellmann*, Neben-Strafverfahrensrecht, S. 55.

von einem Richter allein nicht mehr zu bewältigen sind. Im Sinne der **Effektivität der Strafrechtspflege** ist es aus personalwirtschaftlichen und gerichtsorganisatorischen Gründen häufig wünschenswert, dass nicht nur ein Richter eines Amtsgerichts ständig in Steuerstrafsachen eingearbeitet ist.

13 Seinem Wortlaut nach ist Abs. 3 eine Soll-Regelung. Er eröffnet damit ein **intendiertes Ermessen** für das Präsidium des örtlich zuständigen Amtsgerichts. Zwar ist regelmäßig nach Abs. 3 zu verfahren, in besonderen Fällen sind aber auch abweichende Regelungen zulässig.[11]

14 **4. Verhältnis zu anderen Vorschriften.** Bei **Strafverfahren gegen Jugendliche und Heranwachsende** ist die Konzentration nach Abs. 1 und Abs. 2 in Verbindung mit den aufgrunddessen erlassenen Rechtsverordnungen durch die besondere örtliche Zuständigkeit nach § 42 Abs. 1 JGG, auch in Verbindung mit § 108 Abs. 1 JGG, durchbrochen. § 42 Abs. 1 JGG begründet allerdings keinen ausschließlichen, sondern einen zusätzlichen Gerichtsstand. Die Entscheidung zwischen den Gerichtsständen obliegt der Staatsanwaltschaft nach Maßgabe des § 42 Abs. 2 JGG. Es dürfte aber dem Zweck des § 391 AO entsprechen, wenn die Zuständigkeit für Steuerstrafsachen von Jugendlichen und Heranwachsenden innerhalb des Gerichts bei einem bestimmten Jugendrichter bzw. Jugendschöffengericht konzentriert wird.

15 Die Zuständigkeitskonzentration in Abs. 1 steht unter dem Vorbehalt einer weitergehenden Konzentration nach § 58 Abs. 1 GVG. In **Berlin** ist gemäß § 1 des Gesetzes zur Regelung der Zuweisung amtsgerichtlicher Zuständigkeiten[12] die Senatsverwaltung für Justiz ermächtigt, im Bezirk des Kammergerichts durch Rechtsverordnung die Zuweisung amtsgerichtlicher Geschäfte für die Bezirke mehrer Amtsgerichte an eines von ihnen zu regeln. Nach § 1 der Verordnung über die Zuweisung amtsgerichtlicher Zuständigkeiten[13] ist im Bezirk des Kammergerichts das Amtsgericht Tiergarten für Straf-, Jugendgerichts- und Bußgeldsachen zuständig.

III. Reformvorhaben

16 Der Gesetzgeber ging in Abs. 1 Satz 2 offenbar davon aus, dass es der besonderen Steuerrechtskunde nur für den Verfahrensabschluss bedürfe (→ Rn. 8).[14] Bereits Durchsuchungen, Beschlagnahmen und insbesondere die Anordnung von Untersuchungshaft bedeuten aber erhebliche **Grundrechtseingriffe**.[15] Die Prüfung des erforderlichen Tatverdachts erfordert die Auseinandersetzung mit den gleichen steuerrechtlichen Fragestellungen wie ein Schuldspruch oder die Entscheidung, ob die Voraussetzungen der §§ 153, 153a StPO vorliegen.[16] Es erscheint daher erwägenswert, die Konzentration der Zuständigkeit gemäß Abs. 1 und gegebenenfalls gemäß Abs. 2 und den darauf gestützten Rechtsverordnungen auf die gesamte sachliche Zuständigkeit der Amtsgerichte im Steuerstrafverfahren zu erstrecken. Es gibt aber auch weitergehende Überlegungen, völlig neue Strukturen zu schaffen und für Steuerstrafsachen besondere Spruchkörper aus Straf- und Steuerrechtlern zu bilden.[17] Der Gesetzgeber hat diese Überlegungen bisher nicht aufgegriffen.

IV. Rechtsbehelfe

17 Bei Verstößen gegen Abs. 1 und 2 sind die allgemeinen Rechtsbehelfe bei **Verstößen gegen die örtliche Zuständigkeit** (siehe auch § 16 StPO) gegeben.

---

[11] Klein/*Jäger* Rn. 22.
[12] GVBl. 2007, 579.
[13] GVBl. 2008, 116, zuletzt geändert durch Verordnung vom 18.2.2016, GVBl. 2016, 52.
[14] Hübschmann/Hepp/Spitaler/*Rüping* Rn. 28; Beermann/Gosch/*Seipl* Rn. 8.4.
[15] Vgl. *Mellinghoff* Stbg 2014, 97 (105).
[16] So auch Joecks/Jäger/Randt/*Randt* Rn. 14.
[17] *Mellinghoff* Stbg 2014, 97 (105).

V. Revision

Der Verstoß gegen die örtliche Zuständigkeit ist ein absoluter Revisionsgrund (§ 338 **18** Nr. 4 StPO). Zum Teil wird zudem angenommen, dass ein Verstoß gegen Abs. 3 dazu führt, dass das Gericht **nicht vorschriftsmäßig besetzt** ist (§ 338 Nr. 1 StPO).[18] Dabei ist jedoch zu berücksichtigen, dass Abs. 3 eine Ermessensvorschrift ist. Das Revisionsgericht ist daher darauf beschränkt, die Geschäftsverteilung (§ 21e GVG) auf Ermessensfehler zu überprüfen. Eine Aufhebung der Vorentscheidung wird regelmäßig erst in Betracht kommen, wenn das Amtsgericht eine Ermessensreduzierung auf Null missachtet hat. Dies dürfte aber nur in seltenen Ausnahmen der Fall sein.[19]

§ 392 Verteidigung

(1) Abweichend von § 138 Abs. 1 der Strafprozessordnung können auch Steuerberater, Steuerbevollmächtigte, Wirtschaftsprüfer und vereidigte Buchprüfer zu Verteidigern gewählt werden, soweit die Finanzbehörde das Strafverfahren selbständig durchführt; im Übrigen können sie die Verteidigung nur in Gemeinschaft mit einem Rechtsanwalt oder einem Rechtslehrer an einer deutschen Hochschule im Sinne des Hochschulrahmengesetzes mit Befähigung zum Richteramt führen.

(2) § 138 Abs. 2 der Strafprozessordnung bleibt unberührt.

Übersicht

	Rn.		Rn.
I. Überblick	1, 2	2. Alleinverteidigung bei selbstständiger Verfahrensführung durch die Finanzbehörde	8–14
II. Erweiterung des Kreises der nach der StPO frei wählbaren Verteidiger (Abs. 1)	3–19	3. Gemeinschaftliche Verteidigung ab Übergang der Verfahrensherrschaft auf Staatsanwaltschaft oder Gericht	15–19
1. Als Verteidiger wählbare Angehörige steuerberatender/wirtschaftsprüfender Berufe	3–7	III. Andere Personen (Abs. 2)	20
a) In Deutschland bestellte Berufsträger	5	IV. Geltung des allgemeinen Rechts der Strafverteidigung	21–23
b) Im EU-Ausland bestellte Berufsträger	6, 7		

I. Überblick

Die Vorschrift, deren Regelungsgehalt 1967 als § 427 neu und erstmalig in die RAO **1** aufgenommen worden war,[1] wurde mit Inkrafttreten der AO mit leichten textlichen Änderungen aber inhaltlich unverändert als § 392 übernommen. Mit Wirkung zum 1.9.2004 wurde Abs. 1 letzter Hs. an den ebenfalls geänderten § 138 Abs. 1 StPO klarstellend dahingehend angepasst, dass Fachhochschulprofessoren mit Befähigung zum Richteramt im Ermittlungs- und Strafverfahren frei wählbare Verteidiger sind (→ StPO § 138 Rn. 10).[2]

Für Ermittlungsverfahren in Steuerstrafsachen, die von der Finanzbehörde selbstständig **2** dig geführt werden, erweitert die Vorschrift den Kreis der nach der StPO frei wählbaren Verteidiger um Angehörige der steuerberatenden und wirtschaftsprüfenden Berufe, deren **steuerrechtlicher Sachverstand** für den Beschuldigten im Sinne einer „**Waffengleichheit**" der besonderen steuerrechtlichen Kompetenz der Finanzbehörde entgegenzustellen sein soll.[3]

---

[18] Joecks/Jäger/*Randt* Rn. 29; Hübschmann/Hepp/Spitaler/*Rüping* Rn. 24.
[19] So auch Klein/*Jäger* Rn. 23.
[1] Art. 1 Nr. 1 AOStrafÄndG vom 10.8.1967 (BGBl. I 877).
[2] Art. 12g Abs. 11 Nr. 1, Art. 14 1. JuMoG vom 24.8.2004 (BGBl. I 2198).
[3] Vgl. Flore/Tsambikakis/*Tsambikakis* Rn. 1; Joecks/Jäger/Randt/*Randt* Rn. 23; Kohlmann StKRep 1976, 285 (286 f.); Kohlmann/*Hilgers-Klautzsch* Rn. 32; Schwarz/Pahlke/*Klaproth* Rn. 7.

II. Erweiterung des Kreises der nach der StPO frei wählbaren Verteidiger (Abs. 1)

3 1. Als Verteidiger wählbare Angehörige steuerberatender/wirtschaftsprüfender Berufe. Im Steuerstrafverfahren können unter bestimmten Voraussetzungen (→ Rn. 8 ff.) auch Angehörige der steuerberatenden (Steuerberater, Steuerbevollmächtigte) und wirtschaftsprüfenden (Wirtschaftsprüfer, vereidigte Buchprüfer) Berufe als Verteidiger gewählt und als solche tätig werden.

4 Berufsausübungsgemeinschaften oder Gesellschaften von Berufsträgern können nicht als Verteidiger gewählt werden; lediglich der **einzelne Berufsträger als natürliche Person**, der selbstverständlich einer Berufsausübungsgemeinschaft oder Gesellschaft angehören kann, kommt als Verteidiger in Betracht.[4]

5 a) In Deutschland bestellte Berufsträger. Steuerberater, Steuerbevollmächtigter, Wirtschaftsprüfer oder vereidigter Buchprüfer iSd Norm ist, wer als solcher in Deutschland durch die zuständige Kammer (Steuerberater-/Wirtschaftsprüferkammer) **wirksam bestellt** wurde und solange die Bestellung gilt.[5]

6 b) Im EU-Ausland bestellte Berufsträger. In der Literatur wurde bislang übersehen, dass sich die Erweiterung des Kreises wählbarer Verteidiger nicht auf in Deutschland bestellte Berufsträger beschränkt.[6] Zurückgehend auf die Grundfreiheiten des EU-Rechts gestattet § 3a StBerG **steuerberatenden Berufsträgern aus dem EU-Ausland und den Staaten des Europäischen Wirtschaftsraums** die vorübergehende und gelegentliche geschäftsmäßige Hilfeleistung in Steuersachen in Deutschland, wozu nach § 1 Abs. 2 Nr. 1 StBerG auch die Hilfeleistung in Steuerstrafsachen und damit auch die Verteidigung nach § 392 zählt. Voraussetzung ist allerdings, dass den Berufsträgern in ihrem jeweiligen Niederlassungsstaat Verteidigung in Steuerstrafsachen gestattet ist (§ 3a Abs. 1 S. 2 StBerG), sowie dass sie ihr Tätigwerden in Deutschland bei der zuständigen Kammer vorab gemeldet haben (§ 3a Abs. 2 StBerG). Für Strafverteidigung in Deutschland durch im EU-Ausland zugelassene Rechtsanwälte, die über keine Niederlassung in Deutschland verfügen, regeln die §§ 28, 30 EuRAG, dass in Fällen notwendiger Verteidigung (§ 140 StPO) nur im Einvernehmen mit einem in Deutschland zugelassenen Rechtsanwalt verteidigt werden kann und dass freier Verkehr mit dem inhaftierten Mandanten (§ 148 StPO) grundsätzlich nur in Begleitung eines (in Deutschland zugelassenen) Einvernehmensanwalts gestattet ist. In planwidriger Art und Weise hat der Gesetzgeber entsprechende Regelungen für Strafverteidigung durch europäische Steuerberater nicht getroffen. In Ansehung der identischen Interessenlage sind die §§ 28, 30 EuRAG jedoch analog auf die Strafverteidigung durch europäische Steuerberater anzuwenden.

7 Die WiPrO sieht im Gegensatz zum StBerG kein Tätigwerden von Berufsträgern im Inland vor, die nicht in Deutschland (zum Wirtschaftsprüfer oder vereidigten Buchprüfer) bestellt sind. § 131 WiPrO gestattet lediglich ein Tätigwerden europäischer Abschlussprüfergesellschaften, wenn für die Gesellschaft ein in Deutschland bestellter Berufsträger verantwortlich tätig wird. Die §§ 131g ff. WiPrO regeln, dass europäische Berufsträger in Deutschland nach Ablegung einer Eignungsprüfung bestellt werden können. Nur mit entsprechender Bestellung kommen europäische Wirtschaftsprüfer daher als Strafverteidiger in Steuerstrafsachen im Inland in Betracht.

8 2. Alleinverteidigung bei selbstständiger Verfahrensführung durch die Finanzbehörde. Die als Verteidiger wählbaren steuerberatenden und wirtschaftsprüfenden Berufsträger können die Verteidigung alleine – dh ohne Hinzuziehung eines Rechtsanwalts oder

---

[4] Bornheim wistra 1997, 212 (215); Gosch/Beermann/*Seipl* Rn. 8.1; Kohlmann/*Hilgers-Klautzsch* Rn. 74; Schwarz/Pahlke/*Klaproth* Rn. 9.
[5] Joecks/Jäger/Randt/*Randt* Rn. 23.
[6] Hinweise auf das Erfordernis einer Bestellung nach deutschem Recht (so zB Flore/Tsambikakis/*Tsambikakis* Rn. 9; Schwarz/Pahlke/*Klaproth* Rn. 8) greifen insofern zu kurz.

Hochschullehrers mit Befähigung zum Richteramt – führen, solange und soweit die Finanzbehörde das Strafverfahren selbstständig führt. Die Voraussetzungen für eine selbstständige Verfahrensführung der Finanzbehörde sind in § 386 Abs. 2–4 geregelt.

Danach (Abs. 2 Nr. 1 und 2) muss es sich bei der verfahrensgegenständlichen Tat ausschließlich um eine **Steuerstraftat** (§ 369) handeln oder um eine Tat, die zugleich andere Straftatbestände verletzt, deren Verletzung Kirchensteuern oder andere öffentlich-rechtliche Abgaben betrifft, die an Besteuerungsgrundlagen, Steuermessbeträge oder Steuerbeträge anknüpfen. Letzteres wäre etwa ein Betrug, gerichtet auf Investitionszulage nach dem Investitionszulagengesetz.[7] Maßgeblich ist die rechtliche Bewertung der gesamten **Tat im prozessualen Sinne** (§ 264 StPO – einheitlicher Lebensvorgang).[8] Die Finanzbehörde kann also nicht aus einem einheitlichen Lebensvorgang, der auch andere Straftaten betrifft, steuerstrafrechtliche Elemente heraustrennen und zum Gegenstand eines selbstständig geführten Ermittlungsverfahrens machen. Sobald sich in einem Steuerstrafverfahren der Verdacht ergibt, dass die verfahrensgegenständliche Tat im prozessualen Sinne auch Straftaten umfasst, auf die sich die selbstständige Ermittlungsbefugnis der Finanzbehörden nicht erstreckt, hat die Finanzbehörde vielmehr das Verfahren an die Staatsanwaltschaft abzugeben.[9]

In der Praxis ist nicht selten zu beobachten, dass Finanzbehörden *contra legem* Ermittlungsverfahren selbstständig führen, obwohl greifbare Anhaltspunkte für die Begehung auch nicht-steuerstrafrechtlicher Tatbestände vorliegen. Von Beschuldigten oder Verteidigern ist Intervention oftmals nicht zu erwarten, weil in der Regel kein Interesse daran besteht, dass neben den Vorwurf der Begehung von Steuerstraftaten weitere Strafvorwürfe treten. Es bleibt in derartigen Konstellationen bei der Alleinverteidigungsbefugnis der steuerberatenden und wirtschaftsprüfenden Berufsträger, weil Abs. 1 zur Voraussetzung macht, dass die Finanzbehörde das Verfahren selbstständig durchführt – nicht, dass sie es selbstständig durchführen darf.

Mit **Abgabe des Verfahrens an die Staatsanwaltschaft** endet die Alleinverteidigungsbefugnis der steuerberatenden und wirtschaftsprüfenden Berufsträger. Jenseits der Abgabepflichten – Verdacht der Begehung von Nicht-Steuerstraftaten (→ Rn. 9 f.), Erlass eines Haft- oder Unterbringungsbefehls gegen den Beschuldigten (§ 386 Abs. 3), Bejahung hinreichenden Tatverdachts nach Abschluss der Ermittlungen bei fehlender Erledigungseignung im Strafbefehlswege (§ 400 letzter Hs. – Abgabe zum Zwecke einer Anklageerhebung) – kann die Finanzbehörde in Ausübung ihres Ermessens und ohne weitere Voraussetzungen jederzeit das Verfahren an die Staatsanwaltschaft abgeben. Da sich die Verfahrensabgabe unmittelbar auf die Alleinverteidigungsbefugnis und damit auf den Kernbereich des Verteidigungsverhältnisses zwischen Verteidiger und Beschuldigtem auswirkt, ist die Finanzbehörde dazu verpflichtet, eine Verfahrensabgabe unverzüglich mitzuteilen.[10]

Wenn die Finanzbehörde die Ermittlungen abgeschlossen hat, hinreichenden Tatverdacht bejaht und die Sache nicht zwecks Anklageerhebung an die Staatsanwaltschaft abgibt, kann sie selbstständig beim Amtsgericht Erlass eines Strafbefehls beantragen (§ 400). Gem. § 406 Abs. 1 nimmt sie in diesem Fall (noch) die Rechte und Pflichten der Staatsanwaltschaft wahr, solange nicht Einspruch gegen den Strafbefehl eingelegt oder Hauptverhandlung anberaumt wird. Es ist umstritten, ob die steuerberatenden oder wirtschaftsprüfenden Berufsträger als Alleinverteidiger vor diesem Hintergrund noch wirksam **Einspruch gegen einen Strafbefehl** einlegen können. Teile der Literatur bejahen dies, weil sie die selbstständige Verfahrensführung der Finanzbehörde als Voraussetzung der Alleinverteidigungsbefugnis in erster Linie als Abgrenzung von einer Befassung der Staatsanwaltschaft mit dem Verfahren verstehen (zu der es erst nach Einspruchseinlegung kommt).[11] Die – soweit

---

[7] Vgl. Nr. 19 der Anweisungen für das Straf- und Bußgeldverfahren (Steuer) – AStBV (St).
[8] Vgl. Nr. 21 Abs. 1 der Anweisungen für das Straf- und Bußgeldverfahren (Steuer) – AStBV (St).
[9] Nr. 21 Abs. 1 der Anweisungen für das Straf- und Bußgeldverfahren (Steuer) – AStBV (St).
[10] Flore/Tsambikakis/*Tsambikakis* Rn. 8; Gosch/Beermann/*Seipl* Rn. 25; Kohlmann/*Hilgers-Klautzsch* Rn. 86.
[11] *Blumers* DStJG Bd. 6, 307 (309); Erbs/Kohlhaas/*Hadamitzky/Senge* Rn. 2; Graf/Jäger/Wittig/*Weyand* Rn. 22; Joecks/Jäger/Randt/*Randt* Rn. 24; *Gehre* DStR 1976, 601; Schwarz/Pahlke/*Klaproth* Rn. 13.

ersichtlich – einzige zu dieser Frage ergangene Gerichtsentscheidung (AG München) und andere Teile der Literatur verstehen die Voraussetzung der selbstständigen Verfahrensführung der Finanzbehörde hingegen als Frage nach der Verfahrenshoheit (die bereits mit Eingang des Strafbefehlsantrags auf das Gericht übergeht) und lehnen konsequenterweise eine Einspruchsbefugnis der steuerberatenden oder wirtschaftsprüfenden Berufsträger ab.[12] In diese Richtung deutet auch ein aktueller Beschluss des OLG Hamm, der die in Rede stehende Konstellation jedoch nicht entscheiden musste.[13] Da jedenfalls in dem auf einen Einspruch folgenden weiteren Verfahren eine Alleinverteidigung ausscheidet, erscheint es als sachgerechter, eine Einspruchsbefugnis abzulehnen: Bereits die Einspruchseinlegung kann entscheidende Weichen für das weitere Verfahren stellen – etwa im Falle einer nach § 410 Abs. 2 StPO möglichen Beschränkung des Einspruchs auf bestimmte Beschwerdepunkte. Es ist sinnvoll, diese Entscheidung nicht allein in die Hände eines Verteidigers zu legen, der das weitere Verfahren und damit die Konsequenzen der Weichenstellung durch Einspruch nicht alleine begleiten darf.

13 Da sich Beschuldigte bei der Einlegung von Rechtsmitteln auch durch Bevollmächtigte jenseits des Verteidigerkreises wirksam vertreten lassen können,[14] gehen zahlreiche Literaturstimmen davon aus, dass die Einlegung eines Einspruchs gegen einen Strafbefehl durch einen steuerberatenden oder wirtschaftsprüfenden Berufsträger jedenfalls als **Handlung eines Vertreters/Bevollmächtigten des Beschuldigten** (wenn schon nicht als Rechtsmitteleinlegung des Verteidigers → Rn. 12) wirksam ist.[15] Das AG München hat demgegenüber die Möglichkeit einer Bevollmächtigung zur Einspruchseinlegung mit der Begründung abgelehnt, § 392 schließe als spezielle gesetzliche Regelung zum Umfang des erlaubten Tätigwerdens im Steuerstrafverfahren einen Rückgriff auf das allgemeine Institut der Bevollmächtigung aus.[16] Diese Auffassung überzeugt zwar nicht, weil der Ausschluss einer Rechtsmittelbefugnis als Verteidiger (die sehr weit geht, weil sie eine spezielle Bevollmächtigung nicht erfordert, sondern nach § 297 StPO besteht, sofern der Mandant seinen entgegenstehenden Willen nicht ausdrücklich erklärt hat) nicht bedeuten muss, dass auch eine Rechtsmittelbefugnis als Vertreter ausscheidet (die immerhin ausdrückliche Bevollmächtigung erfordert). In Ansehung der Entscheidung des AG München ist für die Praxis indes nicht zu empfehlen, auf eine Wirksamkeit der Einspruchseinlegung als Handlung eines Vertreters/Bevollmächtigten zu vertrauen.

14 Als **Pflichtverteidiger** können Angehörige der steuerberatenden und wirtschaftsprüfenden Berufe nicht bestellt werden.[17] Abs. 1 gestattet die „Wahl" als Verteidiger – nicht die „gerichtliche Bestellung". Auch in Ansehung der Voraussetzungen einer Pflichtverteidigerbestellung (§ 140 StPO – Fälle notwendiger Verteidigung) ist dieses Auslegungsergebnis zwingend: In einem steuerstrafrechtlichen Ermittlungsverfahren – für eine Pflichtverteidigerbestellung im gerichtlichen Verfahren scheiden steuerberatende und wirtschaftsprüfende Berufsträger von vornherein aus (→ Rn. 11 f.) – wird eine Konstellation notwendiger Verteidigung nur vorliegen, wenn mit einer Anklageerhebung zu rechnen ist.[18] Die Bestellung eines Verteidigers, der absehbar nur Teile des Verfahrens alleinverantwortlich wird begleiten können (→ Rn. 11 f.), scheidet im Interesse des Beschuldigten sowie im Interesse der Verfahrensökonomie aus.[19]

---

[12] AG München 11.4.2008 – 1121 Cs 302 Js 52092/07, PStR 2008, 206; Gosch/Beermann/*Seipl* Rn. 26; Klein/*Jäger* Rn. 3; *Reichling* wistra 1976, 464; *Rolletschke* StbG 2005, 404; v. Briel/Ehlscheid/*v. Briel* Rn. 730. Vgl. auch *Bornheim* wistra 1997, 212 (215).
[13] OLG Hamm 2.8.2016 – 4 RVs 78/16, BeckRS 2016, 15588 mAnm *Krug* FD-StrafR 2016, 381386: Die Befugnis zur alleinigen Verteidigung durch einen Steuerberater endet in dem Augenblick, in dem die Staatsanwaltschaft oder das Gericht mit der Strafsache „befasst" wird.
[14] Vgl. Löwe/Rosenberg/*Jesse* StPO Vor § 296 Rn. 18.
[15] Flore/*Tsambikakis*/*Tsambikakis* Rn. 13; *Gehre* DStR 1976, 601 (602); Gosch/Beermann/*Seipl* Rn. 26; Kohlmann/*Hilgers-Klautzsch* § 400 Rn. 166; Leitner/Rosenau/*Sprenger* Rn. 10.
[16] AG München 11.4.2008 – 1121 Cs 302 Js 52092/07, PStR 2008, 206.
[17] So auch *Ebner* SteuerStud 2008, 577 (579); Kohlmann/*Hilgers-Klautzsch* Rn. 67.
[18] So zutreffend Kohlmann/*Hilgers-Klautzsch* Rn. 67.
[19] Vgl. *Rolletschke* StbG 2005, 404.

**3. Gemeinschaftliche Verteidigung ab Übergang der Verfahrensherrschaft auf 15
Staatsanwaltschaft oder Gericht.** Ab Übergang der Verfahrensherrschaft auf die Staatsanwaltschaft oder das Gericht können steuerberatende und wirtschaftsprüfende Berufsträger die Verteidigung nur in Gemeinschaft mit einem „geborenen" Verteidiger (Rechtsanwalt oder Hochschullehrer mit Befähigung zum Richteramt) führen. Dies gilt auch für die Verfahrensabschnitte „zwischen" zwei Instanzen – zB **Revisionsanträge und ihre Begründung** können Angehörige der steuerberatenden oder wirtschaftsprüfenden Berufe nicht ohne Mitwirkung (iSv Mitunterzeichnung) eines „geborenen" Verteidigers anbringen.[20]

Teilweise wird vertreten, dass eine (gemeinschaftliche) Verteidigung durch Angehörige 16 der steuerberatenden und wirtschaftsprüfenden Berufe nach Abschluss des Erkenntnisverfahrens im **Strafvollstreckungsverfahren** nicht mehr in Betracht komme.[21] Diese Einschränkung der Rechte nach Abs. 1 findet im Gesetz indes keines Stütze und ist daher abzulehnen.

Wenn neben Steuerstraftaten auch Taten verfahrensgegenständlich sind, für die steuerberatenden oder wirtschaftsprüfenden Berufsträgern eine Verteidigungsbefugnis nach Abs. 1 17 nicht zukommt (→ Rn. 9), erstreckt sich die Befugnis zur gemeinschaftlichen Verteidigung gleichwohl auf den gesamten **Verfahrensstoff,** wenn die Taten nach allgemeinem Strafrecht mit den Steuerstraftaten entweder eine Tat im prozessualen Sinne bilden oder wenn materiell-rechtlich Tateinheit zwischen Straftaten nach allgemeinem Strafrecht und den Steuerstraftaten vorliegt.[22] Andernfalls ist der Verteidiger nach Abs. 1 in der Wahrnehmung seiner Verteidigerrechte auf die Steuerstraftaten beschränkt.[23] Wenn nach Teileinstellung oder Verfolgungsbeschränkung gem. §§ 154, 154a StPO kein steuerstrafrechtlicher Verfahrensstoff übrig bleibt, scheidet der Verteidiger nach Abs. 1 aus dem Verfahren aus.[24]

Gemeinschaftliche Verteidigung nach Abs. 1 letzter Hs. hat denselben Sinngehalt wie in 18 § 138 Abs. 2 S. 2 StPO (→ StPO § 138 Rn. 22 f.) und ist entsprechend auszulegen.[25] Dem steuerberatenden oder wirtschaftsprüfenden Berufsträger stehen bei der gemeinschaftlichen Verteidigung grds. sämtliche Verteidigerrechte zu, jedoch müssen aufgrund des Gemeinschaftlichkeitserfordernisses Prozesshandlungen von dem **Hauptverteidiger** mitverantwortet werden; bei fehlender Übereinstimmung ist die Erklärung des Hauptverteidigers maßgeblich.[26] Solange eine Prozesshandlung noch zurückgenommen werden kann, ist der Hauptverteidiger befugt, Erklärungen bzw. Anträge des steuerberatenden oder wirtschaftsprüfenden Berufsträgers zu widerrufen bzw. zurückzunehmen.[27] Ferner ist mit Blick auf den Zweck des Gebots einer gemeinschaftlichen Verteidigung erforderlich, dass der Hauptverteidiger bei wesentlichen Teilen der Hauptverhandlung – nicht aber bei der Urteilsverkündung[28] – anwesend ist.[29]

Keine Restriktionen bestehen hinsichtlich des Akteneinsichtsrechts, des Rechts auf 19 eigenständigen mündlichen und schriftlichen Verkehr mit dem Beschuldigten sowie des

---

[20] OLG Hamm 2.8.2016 – 4 RVs 78/16, BeckRS 2016, 15588 mAnm *Krug* FD-StrafR 2016, 381386. Vgl. auch BGH 28.3.1984 – 3 StR 95/84, BGHSt 32, 326 (328) = NJW 1984, 2480 f.; KG 16.1.1974 – 2 Ws 248/73, NJW 1974, 916; Joecks/Jäger/Randt/*Randt* Rn. 27; Koch/Scholtz/*Scheurmann-Kettner* Rn. 9; Meyer-Goßner/*Schmitt* StPO § 138 Rn. 20.
[21] Gosch/Beermann/*Seipl* Rn. 27 mwN.
[22] LG Hildesheim 18.2.2010 – 25 KLs 5101 Js 76196/06, DStRE 2010, 1153 (1154) mAnm *Braun* PStR 2010, 187; Flore/Tsambikakis/*Tsambikakis* Rn. 11; Gosch/Beermann/*Seipl* Rn. 27. AA Kohlmann/*Hilgers-Klautzsch* Rn. 98.
[23] Joecks/Jäger/Randt/*Randt* Rn. 30; Kohlmann/*Hilgers-Klautzsch* Rn. 99.
[24] Gosch/Beermann/*Seipl* Rn. 27; Kohlmann/*Hilgers-Klautzsch* Rn. 99.
[25] KG 16.1.1974 – 2 Ws 248/73, NJW 1974, 916; Flore/Tsambikakis/*Tsambikakis* Rn. 15.
[26] Vgl. AK/*Stern* StPO § 138 Rn. 31 f.; *Blumers* DStJG Bd. 6, 307 (321); Joecks/Jäger/Randt/*Randt* Rn. 27; *Gehre* DStR 1958, 8 (9 f.); KK/*Laufhütte* StPO § 138 Rn. 12; KMR/*Hiebl* StPO § 138 Rn. 45; Meyer-Goßner/*Schmitt* StPO § 138 Rn. 19; *Rolletschke* StbG 2005, 404; SK-StPO/*Wohlers* StPO § 138 Rn. 47; *Hammerstein* JR 1988, 391 (392). Diff. *Kohlmann* StKRep 1976, 285 (291 ff.); Kohlmann/*Hilgers-Klautzsch* Rn. 115 ff.; abl. *Bornheim* wistra 1997, 212 (216 f.).
[27] Vgl. Meyer-Goßner/*Schmitt* StPO § 138 Rn. 18; KK/*Laufhütte* StPO § 138 Rn. 12; v. Briel/Ehlscheid/*v. Briel* Rn. 727.
[28] OLG Bremen 16.3.1983 – Ss 140/82, VRS 65, 36 (37).
[29] BayObLG 11.1.1991 – RReg 1 St 337/90, NJW 1991, 2434; v. Briel/Ehlscheid/*v. Briel* Rn. 725.

Rechts auf Zeugen- und Sachverständigenbefragung; diese stehen dem nach Abs. 1 zugelassenen Verteidiger auch ohne Absprache mit dem Hauptverteidiger zu.[30]

III. Andere Personen (Abs. 2)

20 Gem. Abs. 2 bleibt § 138 Abs. 2 StPO (→ StPO § 138 Rn. 13 ff.) unberührt. Angehörigen der steuerberatenden oder wirtschaftsprüfenden Berufe kann auf entsprechenden Antrag hin also **gerichtlich genehmigt** werden, als Alleinverteidiger auch nach Ende der selbstständigen Verfahrensführung der Finanzbehörde (→ Rn. 8 ff.) tätig zu bleiben und zwar auch in Fällen, in denen selbstständige Taten jenseits des Steuerstrafrechts verfahrensgegenständlich sind.[31] Die Genehmigungspraxis der Gerichte – die Entscheidung steht im pflichtgemäßen Ermessen der Gerichte[32] – ist eher restriktiv.[33] In Fällen eines engen sachlichen Zusammenhangs zwischen Steuerstraftaten und Taten nach allgemeinem Strafrecht (zB im Falle von Steuerstraftaten, die mit § 266a StGB zusammentreffen) kommt eine Genehmigung der (Mit)Verteidigung auch für die nicht-steuerstrafrechtlichen Taten in Betracht.[34] Gegen die ermessensfehlerhafte Verweigerung der Genehmigung kann Beschwerde gem. § 304 StPO eingelegt werden.[35]

IV. Geltung des allgemeinen Rechts der Strafverteidigung

21 Über die **Verweisung in § 385 Abs. 1** gelten ergänzend zu Abs. 1 und Abs. 2 die Vorschriften der StPO zur Verteidigung (§§ 137 ff. StPO) auch für die Verteidigung durch Angehörige der steuerberatenden und wirtschaftsprüfenden Berufe.[36] Besonders hervorzuheben – weil in jedem Verfahren von Relevanz – sind das Verbot der Mehrfachverteidigung und das Akteneinsichtsrecht:

22 Gem. § 146 StPO ist es dem Verteidiger nicht gestattet, mehrere derselben Tat Beschuldigte zu verteidigen. Dieses Verbot gilt auch für die Verteidigung gemeinsam beschuldigter Ehegatten.[37] Nicht anwendbar ist das **Verbot der Mehrfachverteidigung** hingegen auf die Erstattung einer Selbstanzeige nach § 371, da es sich hierbei (noch) nicht um Strafverteidigung handelt.[38]

23 Das Recht des Verteidigers auf **Einsicht in die Akten und Beweismittel (§ 147 StPO)** konkretisiert den Anspruch des Beschuldigten auf rechtliches Gehör (Art. 103 Abs. 1 GG), indem es die informationelle Grundlage für eine sachgemäße Wahrnehmung dieses Rechts schafft.[39] Das Bestehen eines umfassenden Akteneinsichtsrechts ist zur Verwirklichung der Rechte aus Art. 6 EMRK und aus dem Rechtsstaatsprinzip zwingend erforderlich und

---

[30] Vgl. KG 19.2.1988 – 4 Ws 37/88, JR 1988, 391 mAnm *Hammerstein* JR 1988, 391; Joecks/Jäger/Randt/*Randt* Rn. 27; KK/*Laufhütte* StPO § 138 Rn. 12; Kohlmann/*Hilgers-Klautzsch* Rn. 103; KMR/*Hiebl* StPO § 138 Rn. 47; Meyer-Goßner/*Schmitt* StPO § 138 Rn. 19; Radtke/Hohmann/*Reinhart* StPO § 138 Rn. 11; *Rolletschke* StbG 2005, 404; v. Briel/Ehlscheid/*v. Briel* Rn. 724; Wannemacher/*Gotzens* Rn. 2884.

[31] Flore/Tsambikakis/*Tsambikakis* Rn. 17; Gosch/Beermann/*Seipl* Rn. 29; Koch/Scholtz/*Scheurmann-Kettner* Rn. 10; Kohlmann/*Hilgers-Klautzsch* Rn. 92.

[32] Joecks/Jäger/Randt/*Randt* Rn. 31; Kohlmann/*Hilgers-Klautzsch* Rn. 89.

[33] Vgl. Flore/Tsambikakis/*Tsambikakis* Rn. 17; Gosch/Beermann/*Seipl* Rn. 29.

[34] LG Hildesheim 18.2.2010 – 25 KLs 5101 Js 76196/06, DStRE 2010, 1153 (1154) mAnm *Braun* PStR 2010, 187; Flore/Tsambikakis/*Tsambikakis* Rn. 17; Joecks/Jäger/Randt/*Randt* Rn. 30; Kohlmann/*Hilgers-Klautzsch* Rn. 91.

[35] Flore/Tsambikakis/*Tsambikakis* Rn. 17; Gosch/Beermann/*Seipl* Rn. 29; Joecks/Jäger/Randt/*Randt* Rn. 31; Kohlmann/*Hilgers-Klautzsch* Rn. 91; Wannemacher/*Gotzens* Rn. 2882.

[36] Flore/Tsambikakis/*Tsambikakis* Rn. 19; Gosch/Beermann/*Seipl* Rn. 4; Kühn/v. Wedelstädt/*Blesinger* Rn. 3.

[37] Flore/Tsambikakis/*Tsambikakis* Rn. 24; Gosch/Beermann/*Seipl* Rn. 20; Joecks/Jäger/Randt/*Randt* Rn. 66; Klein/*Jäger* Rn. 6.

[38] Flore/Tsambikakis/*Tsambikakis* Rn. 24; Hüls/Reichling/*Reichling* Rn. 42 f.; Kühn/v. Wedelstädt/*Blesinger* Rn. 5; *Rolletschke* StbG 2005, 404; aA *Müller* FS Kühne, 2013, 437.

[39] BVerfG 19.1.2006 – 2 BvR 1075/05, NJW 2006, 1048; 5.5.2004 – 2 BvR 1012/02, NJW 2004, 2443; 11.7.1994 – 2 BvR 777/94, NJW 1994, 3219 (3220); 9.3.1965 – 2 BvR 176/63, BVerfGE 18, 399 = NJW 1965, 1171; *Wohlers/Schlegel* NStZ 2010, 486 (487); *Kempf* StraFo 2004, 299 (301).

geboten;⁴⁰ die Akteneinsicht ist unverzichtbare Voraussetzung einer effektiven Verteidigung.⁴¹ Erst das Recht auf Akteneinsicht – dessen Wahrnehmung für jede *lege artis*-Verteidigung zwingend ist – ermöglicht eine „Waffengleichheit" zwischen Verteidigung und Justiz.⁴² Einsicht kann in die eigentliche Strafakte sowie in die Steuerfahndungsakten und Vermerke des Außenprüfers über straf- oder bußgeldrechtliche Feststellungen genommen werden sowie in alle sonstigen Steuerakten, aus denen Verdachtsgründe gegen den Beschuldigten hergeleitet werden.⁴³ Solange die Finanzbehörde das Verfahren selbstständig durchführt, ist der Antrag auf Akteneinsicht an die Straf- und Bußgeldsachenstelle des Finanzamts – nicht an die Steuerfahndung – zu richten.⁴⁴

§ 393 Verhältnis des Strafverfahrens zum Besteuerungsverfahren

(1) ¹Die Rechte und Pflichten der Steuerpflichtigen und der Finanzbehörde im Besteuerungsverfahren und im Strafverfahren richten sich nach den für das jeweilige Verfahren geltenden Vorschriften. ²Im Besteuerungsverfahren sind jedoch Zwangsmittel (§ 328) gegen den Steuerpflichtigen unzulässig, wenn er dadurch gezwungen würde, sich selbst wegen einer von ihm begangenen Steuerstraftat oder Steuerordnungswidrigkeit zu belasten. ³Dies gilt stets, soweit gegen ihn wegen einer solchen Tat das Strafverfahren eingeleitet worden ist. ⁴Der Steuerpflichtige ist hierüber zu belehren, soweit dazu Anlass besteht.

(2) ¹Soweit der Staatsanwaltschaft oder dem Gericht in einem Strafverfahren aus den Steuerakten Tatsachen oder Beweismittel bekannt werden, die der Steuerpflichtige der Finanzbehörde vor Einleitung des Strafverfahrens oder in Unkenntnis der Einleitung des Strafverfahrens in Erfüllung steuerrechtlicher Pflichten offenbart hat, dürfen diese Kenntnisse gegen ihn nicht für die Verfolgung einer Tat verwendet werden, die keine Steuerstraftat ist. ²Dies gilt nicht für Straftaten, an deren Verfolgung ein zwingendes öffentliches Interesse (§ 30 Abs. 4 Nr. 5) besteht.

(3) ¹Erkenntnisse, die die Finanzbehörde oder die Staatsanwaltschaft rechtmäßig im Rahmen strafrechtlicher Ermittlungen gewonnen hat, dürfen im Besteuerungsverfahren verwendet werden. ²Dies gilt auch für Erkenntnisse, die dem Brief-, Post- und Fernmeldegeheimnis unterliegen, soweit die Finanzbehörde diese rechtmäßig im Rahmen eigener strafrechtlicher Ermittlungen gewonnen hat oder soweit nach den Vorschriften der Strafprozessordnung Auskunft an die Finanzbehörden erteilt werden darf.

Schrifttum: *Böse*, Der Nemo-tenetur-Grundsatz als Gebot zur Aussetzung des Zivilprozesses nach § 149 ZPO?, wistra 1999, 451; *Bosch*, Aspekte des nemo-tenetur-Prinzips aus verfassungsrechtlicher und strafprozessualer Sicht, 1998; *Brauns*, Disziplinarische Verfolgung von Beamten nach strafbefreiender Selbstanzeige, FS Kohlmann, 2003, 287; *Drüen*, Außenprüfung und Steuerstrafverfahren, DStJG 38, 219; *Geuenich*, Steuerliches Verwertungsverbot analog § 136a StPO bei Zusammentreffen von Außenprüfung und steuerstrafrechtlichen Ermittlungen?, DStZ 2006, 295; *Jesse*, Das Nebeneinander von Besteuerungs- und Steuerstrafverfahren, DB 2013, 1803; *Joecks*, Der nemo-tenetur-Grundsatz und das Steuerstrafrecht, FS Kohlmann, 2003, 451; *List*, Das

---

⁴⁰ EGMR 22.7.2003 – 39647/98, StraFo 2003, 360 (362) – Edwards and Lewis ./. UK mAnm *Sommer* StraFo 2003, 363; *Gaede* HRRS 2004, 44 (45 ff.); EGMR 19.6.2001 – 36533/97, StraFo 2002, 52 – Atlan ua/UK mAnm *Sommer* StraFo 2002, 53.
⁴¹ BGH 10.10.1990 – 1 StE 8/89 StB 14/90, BGHSt 37, 204 = NJW 1991, 435; BGH 3.10.1979 – 3 StR 264/79 (S), BGHSt 29, 99 (102 f.) = NJW 1980, 64 m. zust. Anm. *Kuckuck* NJW 1980, 298 und *Müller-Dietz* JR 1981, 76; *Wohlers/Schlegel* NStZ 2010, 486 (487).
⁴² BGH 29.11.1989 – 2 StR 264/89, BGHSt 36, 305 (309–310) = NJW 1990, 584 (585); OLG Brandenburg 20.9.1995 – 2 Ws 174/95, NJW 1996, 67 (68); *Wohlers/Schlegel* NStZ 2010, 486 (487). Vgl. auch *Hild/Hild* BB 1999, 343 (345), die zutreffend einen „groben Kunstfehler" für den Fall annehmen, dass Stellungnahmen für den Beschuldigten ohne Akteneinsicht abgegeben werden.
⁴³ *Gosch/Beermann/Seipl* Rn. 33; *Kohlmann/Hilgers-Klautzsch* Rn. 255; *Kühn/v. Wedelstädt/Blesinger* Rn. 6; *Schwarz/Pahlke/Dumke* Rn. 45. Vgl. auch *Joecks/Jäger/Randt/Randt* Rn. 84; *Koch/Scholtz/Scheurmann-Kettner* Rn. 7/1; *Klein/Jäger* Rn. 14.
⁴⁴ *Flore/Tsambikakis/Tsambikakis* Rn. 22; *Gosch/Beermann/Seipl* Rn. 35; *Klein/Jäger* Rn. 25.

Verhältnis von Strafverfahren und Besteuerungsverfahren (§ 393 AO) in verfassungsrechtlicher Sicht, DB 2006, 469; *Lohr,* Schätzungen im Steuer- und Steuerstrafverfahren, in: In dubio pro libertate, FS Volk, 2009, 323; *Meyer-Mews,* Die Verwendung im Strafverfahren erlangter Kenntnisse aus der Telekommunikationsüberwachung für das Besteuerungsverfahren, DStR 2015, 204; *Ossenbühl,* Staatliche Finanzgewalt und Strafgewalt, in: Staat – Wirtschaft – Finanzverfassung, FS Selmer, 2004, 859; *Pflaum,* Zu den Voraussetzungen der Haftung des Steuerhinterziehers, wistra 2010, 368; *Pflaum,* Kooperative Gesamtbereinigung von Besteuerungs- und Steuerstrafverfahren, Diss. Bayreuth, 2010; *Randt,* Verhältnis zwischen Besteuerungs- und Steuerstrafverfahren, DStJG 31, 263; *Ransiek/Winsel,* Die Selbstbelastung im Sinne des „nemo-tenetur se ipsum accusare"-Grundsatzes, GA 2015, 620; *Reiß,* Besteuerungsverfahren und Steuerstrafverfahren, 1987; *Reiter,* „Nemo tenetur se ipsum prodere" und Steuererklärungspflicht, Dissertation Bayreuth, 2007; *Röckl,* Das Steuerstrafrecht im Spannungsfeld des Verfassungs- und Europarechts, 2002; *Rogall,* Das Verwendungsverbot des § 393 II AO, FS Kohlmann, 2003, 465; *Rüsken,* Außenprüfung, Nachschau und Steuerfahndung im Rechtsstaat, DStJG 31, 2008, 243; *Sahan,* Keine Steuererklärungspflicht bei Gefahr strafrechtlicher Selbstbelastung, Diss. Hamburg, 2006; *Salditt,* Bürger zwischen Steuerrecht und Strafverfolgung, DStJG 38, 277; *Schützeberg,* Die Schätzung im Besteuerungs- und Steuerstrafverfahren, StBp 2009, 33; *Seer,* Verständigungen in Steuer- und Steuerstrafverfahren, DStJG 38, 313; *Spilker,* Abgabenrechtliche Mitwirkungspflichten im Spannungsverhältnis mit dem Nemo-tenetur-Grundsatz, DB 2016, 1842; *Streck,* Das Recht des Verhältnisses von Steuer- und Strafverfahren, DStJG 6, 217; *Streck/Spatscheck,* Steuerliche Mitwirkungspflichten trotz Strafverfahren, wistra 1998, 339; *Volk,* Zur Schätzung im Steuerstrafrecht, FS Kohlmann, 2003, 579; *Wenzel,* Das Verhältnis von Steuerstraf- und Besteuerungsverfahren, Diss. Bayreuth, 2003; *Werder/Rudolf,* Compliance-Berichte in der steuerlichen Betriebsprüfung, DB 2014, S. 2094; *Wulf,* Steuererklärungspflichten und „nemo tenetur", wistra 2006, 89; *Wulf,* Telefonüberwachung und Geldwäsche im Steuerstrafrecht, wistra 2008, 321.

Übersicht

	Rn.		Rn.
I. Überblick	1–6	d) Belehrung über Zwangsmittelverbot	31–39
1. Normzweck	1–5	2. Verwendung von Angaben im Besteuerungsverfahren für Strafverfahren	40–73
a) Überschneidungen von Steuerstraf- und Besteuerungsverfahren	2, 3	a) Verwendungsverbot	43–63
b) Selbstbelastungsfreiheit	4, 5	b) Ausnahmen vom Verwendungsverbot	64–73
2. Anwendungsbereich	6	3. Verwendung von Erkenntnissen aus Strafverfahren im Besteuerungsverfahren	74–80
II. Erläuterung	7–80	a) Allgemeines	75–78
1. Rechte und Pflichten im Besteuerungs- und Steuerstrafverfahren	7–39	b) Erkenntnisse aus Telekommunikationsüberwachung	79, 80
a) Eigenständigkeit und Gleichrangigkeit der Verfahren	7–9	**III. Reformvorhaben**	81
b) Zwangsmittelverbot im Besteuerungsverfahren	10–26	**IV. Rechtsbehelfe**	82–84
c) Auswirkungen der Einleitung des Steuerstrafverfahrens	27–30	**V. Revision**	85

I. Überblick

1. Normzweck. In § 393 AO ist das **Verhältnis von Besteuerungsverfahren und Strafverfahren** geregelt. Einzelregelungen betreffen die Rechtsstellung von Finanzbehörden und Steuerpflichtigen im Besteuerungsverfahren und im Strafverfahren (Abs. 1), die Verwendung von im Besteuerungsverfahren erlangten Kenntnissen für die Verfolgung von allgemeinen Straftaten (Abs. 2) und die Verwendung von in Strafverfahren erlangten Kenntnissen für das Besteuerungsverfahren (Abs. 3). Der Bundesfinanzhof rechnet Abs. 1 und Abs. 2 vorrangig dem Recht des Strafverfahrens, nicht dem Recht des Besteuerungsverfahrens zu.[1]

a) Überschneidungen von Steuerstraf- und Besteuerungsverfahren. Wenn es Hinweise auf eine Steuerhinterziehung gibt, finden regelmäßig zeitgleich Ermittlungen im Besteuerungsverfahren und im Steuerstrafverfahren statt. In beiden Verfahren stehen sich aufgrund der **Doppelfunktion der Finanzverwaltung** für Steuerstrafverfahren (§§ 386 ff., 404) und Besteuerungsverfahren (§ 16 AO iVm FVG, insbesondere §§ 5, 12 Abs. 2, § 17 Abs. 2 FVG) die Finanzverwaltung einerseits, der Beschuldigte bzw. Beteiligte (§ 78 AO) andererseits gegenüber. Daher ist für den Betroffenen häufig nicht ohne weiteres ersichtlich,

---

[1] BFH 23.1.2002 – XI R 10, 11/01, BFHE 198, 7 = BStBl. II 2002, 328 = NJW 2002, 2198, unter II.2.c.

in welcher Funktion ihm Amtsträger der Finanzverwaltung gegenübertreten und ob er als Beschuldigter des Steuerstrafverfahrens oder als Beteiligter des Besteuerungsverfahrens angesprochen wird.[2]

Im Besteuerungsverfahren werden die **Besteuerungsgrundlagen** zum Zwecke der zutreffenden Steuerfestsetzung ermittelt. Für das Steuerstrafverfahren bedarf es der Feststellung der Besteuerungsgrundlagen zur Prüfung, ob unrichtige oder unvollständige Angaben gemacht (§ 370 Abs. 1 Nr. 1) oder die Finanzbehörden pflichtwidrig über steuerlich erhebliche Tatsachen in Unkenntnis gelassen wurden (§ 370 Abs. 1 Nr. 2) und ob Steuern verkürzt wurden oder ein anderer nicht gerechtfertigter Steuervorteil erlangt wurde. Umgekehrt ist das Vorliegen einer Steuerhinterziehung auch Tatbestandsmerkmal steuerrechtlicher Tatbestände (§§ 71, 169 Abs. 2 S. 2, § 173 Abs. 2, § 235). Insofern stimmen zumindest bei Strafverfahren wegen Steuerhinterziehung (§ 370) auch die Gegenstände von Steuerstrafverfahren und Besteuerungsverfahren teilweise überein.

b) Selbstbelastungsfreiheit. Die Rechte und Pflichten der Strafverfolgungsbehörden und der Finanzbehörden im Besteuerungsverfahren unterscheiden sich allerdings ebenso wie die Rechte und Pflichten des Beschuldigten und der Beteiligten (§ 78) im Besteuerungsverfahren. Insbesondere darf der Beschuldigte im Strafverfahren nicht gezwungen werden, sich selbst zu belasten (**nemo tenetur se ipsum accusare** bzw. **nemo tenetur se ipsum prodere;**[3] vgl. § 136 Abs. 1 S. 2 StPO), während die Beteiligten (§ 78 AO) im Besteuerungsverfahren zur Mitwirkung verpflichtet sind (§§ 90 ff., 200). Zudem können die steuerrechtlichen Mitwirkungspflichten grundsätzlich mit Zwangsmitteln (§§ 328 ff.) durchgesetzt werden und sind teils sogar strafbewehrt (§ 370). Gleichzeitig können die Erkenntnisse aus dem Besteuerungsverfahren auch im Steuerstrafverfahren verwertet werden (vgl. § 30 Abs. 4 Nr. 1 iVm Abs. 2 Nr. 1 Buchst. b.).

Die Selbstbelastungsfreiheit folgt unmittelbar aus dem Grundgesetz (Art. 2 Abs. 1 iVm Art. 1 GG). Der Zwang, durch eigene Aussagen die **Voraussetzungen für eine strafgerichtliche Verurteilung oder die Verhängung entsprechender Sanktionen** liefern zu müssen, wäre mit der Würde des Menschen unvereinbar. Eine zwangsweise herbeigeführte Selbstbezichtigung ist daher verfassungsrechtlich nur dann zulässig, wenn sie mit einem strafrechtlichen Verwertungsverbot einhergeht.[4] Dabei handelt es sich allerdings vorrangig um ein strafprozessuales Prinzip.[5] Eine Einschränkung der steuerlichen Mitwirkungspflichten nach Einleitung des Steuerstrafverfahrens würde die ebenfalls verfassungsrechtlich verankerte[6] Gleichmäßigkeit und Gesetzmäßigkeit der Besteuerung infragestellen, sie könnte zu einer Besserstellung unredlicher gegenüber ehrlichen Steuerpflichtigen führen.[7] Dieses Spannungsfeld soll durch § 393 AO aufgelöst werden.

2. Anwendungsbereich. Die Vorschriften des § 393 gelten nicht nur für Steuerstrafverfahren, sondern auch für **Strafverfahren wegen allgemeiner Straftaten.** Der Steuerpflichtige kann in Erfüllung seiner steuerrechtlichen Mitwirkungspflichten namentlich gezwungen sein, Sachverhalte zu offenbaren, die den Tatbestand der Untreue (§ 266 StGB)

---

[2] *Jesse* DB 2013, 1803 (1807); *Randt* DStJG 31, 263 (265); *Salditt* DStJG 38, 277 (281).
[3] Grundlegend BVerfG 13.1.1981 – 1 BvR 116/77, BVerfGE 56, 37 = NJW 1981, 1431; siehe auch *Reiß*, Besteuerungsverfahren und Strafverfahren, S. 144 ff.; *Ransiek/Winsel* GA 2015, 620; beide Formulierungen sind üblich, vgl. Joecks/Jäger/Randt/*Joecks* Rn. 8; *Salditt* DStJG 38, 277 (279).
[4] BVerfG 13.1.1981 – 1 BvR 116/77, BVerfGE 56, 37 (41 f.), 26.2.1997 – 1 BvR 2172/96, BVerfGE 95, 220 (241), 15.10.2004 – 2 BvR 1316/04, BVerfGK 4, 105 = NJW 2005, 352 und 13.5.2009 – 2 BvL 19/08, BVerfGK 15, 457, unter II.2.c.; *Hellmann*, Neben-Strafverfahrensrecht, S. 79 f., 102 f.; *Reiß* S. 145 ff.; *Röckl* S. 95 ff.
[5] BFH 19.9.2001 – XI B 6/01, BFHE 196, 200 = BStBl. II 2004, 4 = NJW 2002, 847, unter II.2.b.cc. und 19.10.2005 – X B 88/05, BFH/NV 2006, 15; aA *List* DB 2006, 469 (472 f.).
[6] Vgl. BVerfG 27.6.1991 – 2 BvR 1493/89, BVerfGE 84, 239 (271) und 9.3.2004 – 2 BvL 17/02, BVerfGE 110, 94 (115).
[7] BT-Drs. 7/4292, 46; BFH 23.1.2002 – XI R 10, 11/01, BFHE 198, 7 = BStBl. II 2002, 328 = NJW 2002, 2198, unter II.2.d.

oder von Korruptionsdelikten (§§ 330 ff. StGB) verwirklichen, so dass er auch insofern des Schutzes durch § 393 bedarf.

II. Erläuterung

7 1. **Rechte und Pflichten im Besteuerungs- und Steuerstrafverfahren. a) Eigenständigkeit und Gleichrangigkeit der Verfahren.** Besteuerungsverfahren und Strafverfahren folgen jeweils ihren eigenen Vorschriften (Abs. 1 Satz 1). Daraus ergibt sich die **Eigenständigkeit und Gleichrangigkeit von Besteuerungs- und Steuerstrafverfahren.**[8] Der Gesetzeswortlaut des Abs. 1 geht von einer Doppelfunktion der Finanzbehörde für Strafverfahren und Besteuerungsverfahren aus. Abs. 1 Satz 2 schützt auch nur vor der Belastung wegen Steuerstraftaten und Ordnungswidrigkeiten. Typischerweise bedarf es einer Abgrenzung der Befugnisse im Besteuerungs- und im Strafverfahren gerade dann, wenn sich beide Verfahren zumindest teilweise auf den gleichen Sachverhalt beziehen.[9] Regelmäßig ist Abs. 1 daher nur für Steuerstrafverfahren wegen Steuerhinterziehung (§ 370) von Bedeutung.[10]

8 Die Eigenständigkeit und Gleichrangigkeit von Besteuerungsverfahren und Strafverfahren bedeuten zugleich das **„Gebot der Zweckrichtigkeit"** bzw. das „Verbot der zweckwidrigen Verfahrensnutzung". Entscheidend ist insofern der objektive und für den Adressaten erkennbare Zweck der Maßnahme.[11] Das Strafverfahren dient der schuldangemessenen Ahndung von Straftaten,[12] das Besteuerungsverfahren der Besteuerung nach der wirtschaftlichen Leistungsfähigkeit.[13] Für die Ermittlung von Umständen, die sowohl für das Besteuerungs- als auch für das Steuerstrafverfahren von Bedeutung sind, steht die Wahl des Verfahrens im Ermessen der Finanzbehörde.[14] Die Verfolgung ausschließlich dem Steuerstrafverfahren dienender Ziele mit den Mitteln des Besteuerungsverfahrens und die Verfolgung ausschließlich dem Besteuerungsverfahren dienender Ziele mit den Mitteln des Steuerstrafverfahrens sind aber ausgeschlossen.[15] Insbesondere ist es nicht statthaft, die Befugnisse des Besteuerungsverfahrens zur Umgehung strafverfahrensrechtlicher Vorschriften zu nutzen, die dem Schutz des Beschuldigten dienen, oder strafprozessrechtliche Eingriffsbefugnisse zu nutzen, um Druck im Sinne eines bestimmten Verhaltens im Besteuerungsverfahren auszuüben.[16] Eine zweckwidrige Verknüpfung von Besteuerungs und Steuerstrafverfahren ist auch und gerade dann unzulässig, wenn sie im Zusammenhang mit einer Verständigung der Beteiligten steht.[17]

9 Nach diesen Grundsätzen kann eine **Außenprüfung** (§ 194) auch für Steuerarten und Besteuerungszeiträume angeordnet werden, hinsichtlich derer der Verdacht einer Steuerstraftat besteht[18] und das Steuerstrafverfahren eingeleitet[19] ist.[20] Das Steuerverfahrensrecht

---

[8] BFH 23.1.2002 – XI R 10, 11/01, BFHE 198, 7 = BStBl. II 2002, 328 = NJW 2002, 2198, unter II.2.a.; *Drüen* DStJG 38, 219 (227); *List* DB 2006, 469; *Hellmann,* Neben-Strafverfahrensrecht, S. 91 ff.
[9] *Drüen* DStJG 38, 219 (228).
[10] *Hellmann,* Neben-Strafverfahrensrecht, S. 97.
[11] Grundlegend *Streck* DStJG 6, 217 (226; Hervorhebung durch Verfasser).
[12] Vgl. zB BVerfG 24.10.1996 – 2 BvR 1851, 1853, 1875, 1852/94, BVerfGE 95, 96 (140) und 14.1.2004 – 2 BvR 564/95, BVerfGE 110, 1 (13 f.).
[13] Vgl. BVerfG 7.11.2006 – 1 BvL 10/02, BVerfGE 117, 1 (31).
[14] BFH 4.11.1987 – II R 102/85, BFHE 151, 324 = BStBl. II 1988, 113; 19.8.1998 – XI R 37/97, BFHE 186, 506 = BStBl. II 1999, 7 = NJW 1999, 383, unter II.2. und 4.10.2006 – VIII R 53/04, BFHE 215, 12 = BStBl. II 2007, 227 = NJW 2007, 2281, unter II.2.b.; auch → § 404 Rn. 47 f.
[15] *Streck* DStJG 6, 217 (236); dazu auch → § 404 Rn. 5.
[16] *Pflaum,* Kooperative Gesamtbereinigung, S. 191 f.
[17] *Seer* DStJG 38, 313 (336); *Pflaum,* Kooperative Gesamtbereinigung, S. 270 ff.
[18] BFH 4.11.1987 – II R 102/85, BFHE 151, 324 = BStBl. II 1988, 113; 15.6.2016 – III R 8/15 BFHE 254, 203 = BStBl. II 2017, 25, Rn. 20 und 29.12.2010 – IV B 46/09, BFH/NV 2011, 634; *Rüsken* DStJG 31, 243 (245 f.).
[19] BFH 19.8.1998 – XI R 37/97, BFHE 186, 506 = BStBl. II 1999, 7 = NJW 1999, 383, unter II.2., und 27.7.2009 – IV B 90/08, BFH/NV 2010, 4; BGH 16.6.2005 – 5 StR 118/05, NJW 2005, 273, unter 2.a.
[20] BFH 4.10.2006 – VIII R 53/04, BFHE 215, 12 = BStBl. II 2007, 227 = NJW 2007, 2281, unter II.2.b.; AEAO zu § 193 Tz. 2; aA Hübschmann/Hepp/Spitaler/*Hellmann* Rn. 69; *Drüen* DStJG 38, 219 (232); *Hellmann,* Neben-Strafverfahrensrecht, S. 361 ff.

schließt die Anordnung einer Außenprüfung in diesen Fällen nicht aus. Die Mitwirkungspflichten im Besteuerungsverfahren (§§ 90 ff., 200) bestehen nach Abs. 1 Satz 1 nach Einleitung eines Steuerstrafverfahrens fort, können lediglich nicht mehr zwangsweise durchgesetzt werden.[21] Der Außenprüfer muss allerdings die Einschränkungen und die Mitteilungs- und Belehrungspflichten gemäß § 393 Abs. 1 AO, § 397 Abs. 3 AO und § 10 BpO beachten.[22] Auch Erkenntnisse, die im Besteuerungsverfahren im Wege der Amtshilfe gewonnen wurden, können in das Steuerstrafverfahren eingeführt und dort verwertet werden. Nur die Inanspruchnahme der Amtshilfe ausschließlich für Zwecke des Steuerstrafverfahrens ist unzulässig.[23]

b) Zwangsmittelverbot im Besteuerungsverfahren. aa) Sachliche Voraussetzungen. Die Geltung des Steuerverfahrensrechts ist in einem wesentlichen Punkt dadurch eingeschränkt, dass Zwangsmittel gegen den Steuerpflichtigen unzulässig sind, wenn er dadurch gezwungen würde, sich selbst wegen einer von ihm begangenen Steuerstraftat oder Steuerordnungswidrigkeit zu belasten (Abs. 1 Satz 2). Im Hinblick auf den Gesetzeszweck ist die **Selbstbelastung** gemäß Abs. 1 Satz 2 im Sinne der verfassungsrechtlich gewährleisteten Selbstbelastungsfreiheit (vgl. → Rn. 4 f.) zu verstehen.

Eine den Einsatz von Zwangsmitteln ausschließende Gefahr der Selbstbelastung liegt nicht erst vor, wenn unmittelbar ein voller Tat- und Schuldnachweis erbracht wird, sondern kann bereits gegeben sein, wenn mittelbare Ermittlungsansätze zur „mosaikartigen" Rekonstruktion einer Straftat geliefert werden[24] oder ein strafrechtlicher Anfangsverdacht begründet wird.[25] Eine Selbstbelastung im vorgenannten Sinn ist allerdings nicht bei jeder Offenbarung einer Steuerstraftat bzw. diesbezüglicher Anhaltspunkte anzunehmen, sondern erst, wenn im Einzelfall die **Gefahr einer strafrechtlichen Verurteilung aufgrund einer erzwingbaren eigenen Aussage** besteht. Gesetzliche Aufzeichnungs- und Vorlagepflichten berühren dagegen den Kernbereich der Selbstbelastungsfreiheit auch dann nicht, wenn die zu erstellenden Aufzeichnungen in einem Strafverfahren verwendet werden dürfen.[26]

Eine solche Selbstbelastung ist dementsprechend ausgeschlossen, wenn keine strafrechtliche Verurteilung droht, weil die Straftat nicht mehr verfolgbar ist oder der Steuerpflichtige die Strafverfolgung verhindern kann. Das Zwangsmittelverbot greift daher nicht ein, soweit die Möglichkeit der **strafbefreienden Selbstanzeige** (§ 371) besteht.[27] Dies gilt nach hiesiger Auffassung im Ergebnis auch, wenn der Steuerpflichtige eine Einstellung des Steuerstrafverfahrens nach § 398a erreichen kann.[28] Sofern noch kein Steuerstrafverfahren anhängig ist (§ 371 Abs. 2 Nr. 1 Buchst. b, d), kommt daher eine Selbstbelastung wegen einer Steuerstraftat typischerweise erst in Betracht, wenn eine strafbefreiende Selbstanzeige nicht mehr möglich ist, weil hinsichtlich einer der anzuzeigenden Steuerstraftaten eine Außenprüfung angeordnet wurde (§ 371 Abs. 2 Nr. 1 Buchst. a) oder ein Außenprüfer zur Prüfung (§ 371 Abs. 2 Nr. 1 Buchst. c) bzw. ein anderer Amtsträger zur Nachschau (§ 371 Abs. 2 Nr. 1 Buchst. e) erschienen ist.

---

[21] BFH 28.10.2009 – VIII R 78/05, BFHE 227, 338 = BStBl. II 2010, 455 = NJW 2010, 1405, unter II.4.f.
[22] BGH 16.6.2005 – 5 StR 118/05, NJW 2005, 273, unter 2.b.
[23] BMF 23.11.2005, BStBl. I 2015, 928 Tz. 1.2; Joecks/Jäger/Randt/Joecks § 399 Rn. 125; vgl. BFH 29.10.1986 – I B 28/86, BFHE 147, 492 = BStBl. II 1987, 440.
[24] BVerfG 6.2.2002 – 2 BvR 1249/01, NJW 2002, 1411 und 21.4.2010 – 2 BvR 504/08, 2 BvR 1193/08, wistra 2010, 299, unter B.I.2.a. Beermann/Gosch/*Seipl* Rn. 68.
[25] Joecks/Jäger/Randt/*Joecks* Rn. 21; Graf/Jäger/Wittig/*Bülte* Rn. 14.
[26] BVerfG 27.4.2010 – 2 BvL 13/07, BVerfGK 17, 253 = wistra 2010, 341 Rn. 54; BGH 16.4.2014 – 1 StR 516/13, NJW 2014, 1975 Rn. 35; *Jesse* DB 2013, 1803 (1813); Ransiek/Winsel, GA 2015, 620; aA *Reiß*, Besteuerungsverfahren und Strafrecht, S. 221, 235 ff.; differenzierend *Salditt* DStJG 38, 277 (288).
[27] BVerfG 21.4.1988 – 2 BvR 330/88, wistra 1988, 302; BFH 1.2.2012 – VII B 234/11, BFH/NV 2012, 213 = wistra 2012, 278; BGH 17.3.2009 – 1 StR 479/08, BGHSt 53, 210 = NJW 2009, 1984, unter II.6. und 10.2.2015 – 1 StR 405/14, NJW 2015, 2354 Rn. 22; Graf/Jäger/Wittig/*Bülte* Rn. 14 f.; Beermann/Gosch/*Seipl* Rn. 70.
[28] AA *Jesse* DB 2013, 1808 (1811); *Salditt* DStJG 38, 277 (294 f.).

13 Nach dem Gesetzeswortlaut greift das Zwangsmittelverbot schon vor Einleitung eines Steuerstrafverfahrens, wenn ein Beteiligter des Besteuerungsverfahrens durch seine Mitwirkung eine strafrechtliche Selbstbelastung (→ Rn. 10) bewirken würde.[29] Ob der Steuerpflichtige sich durch eine bestimmte Mitwirkungshandlung wegen einer Steuerstraftat oder Steuerordnungswidrigkeit belasten würde, kann grundsätzlich nur anhand einer **Gesamtwürdigung** der Umstände des Einzelfalls entschieden werden. Dabei ist nicht nur die „Tatnähe" der geforderten Angabe bzw. des geforderten Beweismittels, sondern auch die Beweissituation insgesamt von Bedeutung. Eine lediglich denktheoretische Möglichkeit der Selbstbelastung ist unbeachtlich.[30] Für eine Selbstbelastung reicht regelmäßig auch nicht aus, dass die geforderte Mitwirkungshandlung zu einem steuerlichen Mehrergebnis bzw. einer zu Ungunsten des Steuerpflichtigen geänderten Steuerfestsetzung führen würde, da sich allein daraus noch kein steuerstrafrechtlicher Anfangsverdacht ergibt.[31]

14 Eine Selbstbelastung kommt aber nicht nur dann in Betracht, wenn sich die geforderte Mitwirkungshandlung auf eine Steuerart und einen Besteuerungszeitraum bezieht, bezüglich derer eine Steuerstraftat begangen wurde. Wegen sachlicher Überschneidungen einzelner Steuerarten ist eine Selbstbelastung auch durch Erklärungen zu anderen Steuerarten möglich. Bei periodisch wiederkehrenden Steuererklärungspflichten (insbesondere Einkommen-, Gewerbe-, Körperschaft- und Umsatzsteuer) können auch Angaben zu anderen Besteuerungszeiträumen eine **mittelbare Selbstbelastung** bewirken, wenn sie wegen gleichgebliebener Verhältnisse Rückschlüsse auf den Besteuerungszeitraum der Steuerhinterziehung zulassen.

15 bb) **Persönliche Voraussetzungen.** Auch der persönliche Schutzbereich des Abs. 1 Satz 2 ist auslegungsbedürftig. Nach dem Wortlaut des Abs. 1 Satz 2 ist nur der **Steuerpflichtige** (§ 33) geschützt und nur, soweit er sich selbst belasten würde. Für Beteiligte des Besteuerungsverfahren, (§ 78) die selbst keine Steuerpflichtigen sind (§ 33 Abs. 2), sich aber durch Erfüllung steuerrechtlicher Pflichten strafrechtlich belasten würden, gilt Abs. 1 Satz 2 daher analog.[32]

16 Abs. 1 Satz 2 trifft auch keine Regelung für den Fall, dass ein Beteiligter des Besteuerungsverfahrens in Erfüllung seiner Mitwirkungspflichten nahe **Angehörige** belasten würde. Das steuerverfahrensrechtliche Auskunftsverweigerungsrecht (§ 103) für diesen Personenkreis bleibt hinter dem strafrechtlichen Zeugnisverweigerungsrecht zurück. Die Mitwirkung kann daher erzwungen werden. Die Selbstbelastungsfreiheit schützt nicht vor dem Gewissenskonflikt bei der Belastung von Angehörigen. Im Hinblick auf den Schutz von Ehe und Familie (Art. 6 GG) unterliegen auf diesem Wege gewonnene Erkenntnisse im Strafverfahren allerdings einem Verwertungsverbot.[33]

17 cc) **Geltendmachung des Zwangsmittelverbots.** Für die **Geltendmachung des Zwangsmittelverbots** müsste der Steuerpflichtige allerdings grundsätzlich sowohl die belastenden Umstände als auch ihre drohende Aufdeckung darlegen. Das Zwangsmittelverbot liefe damit leer.[34] Nach verbreiteter Auffassung ist daher die Darlegungspflicht begrenzt. Es soll in Anlehnung an § 56 StPO eine Glaubhaftmachung ausreichen, dürfen „keine hohen Anforderungen gestellt werden" bzw. sollen die Anforderungen „niedrig anzusetzen" sein.[35]

18 Die **Glaubhaftmachung** bedeutet allerdings nur eine Reduzierung des Beweismaßes, nicht des Inhalts der Darlegung. Die glaubhaft gemachten Tatsachen können Ansatzpunkt der „mosaikartigen" Rekonstruktion einer Straftat (vgl. → Rn. 10) sein und insofern bereits eine Selbstbelastung bewirken. Ebenso kann auch ein geringer Grad an Konkretisierung

---
[29] AStBV(St) 2017 Nr. 16 Abs. 2 Satz 2.
[30] BVerfG 21.4.2010 – 2 BvR 504/08, 2 BvR 1193/08, wistra 2010, 299, unter B.I.2.a.
[31] Vgl. Gleichlautender Erlass zu Anwendungsfragen zu § 10 Abs. 1 BpO vom 31.8.2009, BStBl. I 2009, 829; auch → § 386 Rn. 11.
[32] *Hellmann*, Neben-Strafverfahrensrecht, S. 101 ff.; *Reiß* S. 262.
[33] Graf/Jäger/Wittig/*Bülte* Rn. 18; Klein/*Jäger* Rn. 12, 37; *Hellmann*, Neben-Strafverfahrensrecht, S. 110.
[34] Joecks/Jäger/Randt/*Joecks* Rn. 26.
[35] Graf/Jäger/Wittig/*Bülte* Rn. 16, mwN.

ausreichen, zumindest einen Anfangsverdacht zu begründen. Nach der hier vertretenen Auffassung ist daher der Umfang der Darlegungspflichten dadurch begrenzt, dass auch eine Glaubhaftmachung nicht verlangt werden darf, wenn dadurch die Tat offenbart oder Ansatzpunkte für weitere Ermittlungen geliefert würden. Äußerstenfalls ist die Erklärung des Steuerpflichtigen ausreichend, er gehe ernstlich von einer Selbstbelastungsgefahr aus.[36]

dd) Begriff des Zwangsmittels. Nach dem Wortlaut des Gesetzes bezieht sich das **Zwangsmittelverbot** auf Zwangsmittel im Sinne des § 328. Im Hinblick auf die verfassungsrechtliche Verankerung der Selbstbelastungsfreiheit erfasst es darüber hinaus aber auch andere Maßnahmen im Besteuerungsverfahren, die einen verfassungsrechtlich unzulässigen Zwang zur Selbstbelastung begründen würden.[37] Die Unzulässigkeit der Anwendung schließt denknotwendig zugleich die Unzulässigkeit der Androhung von Zwangsmitteln ein. Strafprozessuale Eingriffe bleiben hingegen zulässig.[38] 19

ee) Fortgeltung steuerrechtlicher Mitwirkungspflichten. Aufgrund des Zwangsmittelverbots können die steuerrechtlichen **Mitwirkungspflichten** (§§ 90 ff., 200) zwar nicht mehr gegen den Willen des Steuerpflichtigen durchgesetzt werden. Sie gelten gleichwohl fort und sind weiterhin von Bedeutung, da die Finanzbehörden bei der Verletzung von Mitwirkungspflichten zur Schätzung der Besteuerungsgrundlagen berechtigt und verpflichtet sind (§ 162 Abs. 2 S. 1). Auf diese Möglichkeit werden die Steuerpflichtigen regelmäßig hingewiesen.[39] Von einer „Suspendierung"[40] der Mitwirkungspflichten zu sprechen, ist daher ungenau. 20

Der Fortbestand der steuerrechtlichen Mitwirkungspflichten auch in Sachverhalten mit steuerstrafrechtlichen Bezügen dient der Gleichbehandlung der Steuerpflichtigen im Sinne der **Gleichmäßigkeit und Gesetzmäßigkeit der Besteuerung**.[41] Für den historischen Gesetzgeber waren die Gleichbehandlung der Steuerpflichtigen und die Möglichkeit nachteiliger Tatsachenwürdigung bei Verletzung der Mitwirkungspflichten entscheidend dafür, die steuerrechtlichen Mitwirkungspflichten fortgelten zu lassen und lediglich ein Zwangsmittelverbot vorzusehen.[42] 21

Zumindest eine ordnungsgemäße **Schätzung im Besteuerungsverfahren** ist kein mit der Selbstbelastungsfreiheit unvereinbares Zwangsmittel.[43] Erst recht kein Zwangsmittel ist die Ankündigung einer Schätzung. Nach der Rechtsprechung des Bundesfinanzhofs darf sich die Finanzbehörde bei der Schätzung grundsätzlich am oberen Rand des Schätzungsrahmens orientieren, wenn der Steuerpflichtige möglicherweise Besteuerungsgrundlagen verschweigen will. Lediglich eine bewusst und willkürlich zum Nachteil des Steuerpflichtigen vorgenommene sogenannte Strafschätzung, ist unzulässig.[44] Für die Feststellung der genauen Höhe einer Steuerhinterziehung im Besteuerungsverfahren bedarf es aber der vollen Überzeugung des Gerichts (§ 96 Abs. 1 S. 1 FGO), die Schätzung darf sich nicht von vornherein am oberen Rand des Schätzungsrahmens orientieren.[45] Auch können nur einzelne Besteue- 22

---

[36] Vgl. BGH 21.8.1985 – 1 BJs 280/81-4 – 3 StB 15/85, StV 1986, 282; KK/*Senge* StPO § 56 Rn. 4; ebenso OVG Münster 24.3.1998 – 5 A 216/95, NJW 1999, 80 zum Verfahren eines parlamentarischen Untersuchungsausschusses; ähnlich *Jesse* DB 2013, 1808 (1810 f.).
[37] So auch Beermann/Gosch/*Seipl* Rn. 73; *List* DB 2006, 469 (471); aA *Jesse* DB 2013, 1803 (1809).
[38] Klein/*Jäger* Rn. 15.
[39] AStBV(St) 2017 Nr. 29 Satz 3; § 5 Abs. 2 S. 2 BpO; BMF BStBl. I 2013, 1264.
[40] *Hellmann*, Neben-Strafverfahrensrecht, S. 99, 120 ff.
[41] BFH 9.12.2004 – III B 83/04, BFH/NV 2005, 503; 19.10.2005 – X B 88/05, BFH/NV 2006, 15; 13.1.2006 – VIII B 7/04, BFH/NV 2006, 914 (915) und 9.5.2006 – XI B 104/05, BFH/NV 2006, 1801, jeweils mwN.
[42] BT-Drs. 7/4292, 46; dagegen *Wenzel* S. 40.
[43] BFH 19.9.2001 – XI B 6/01, BFHE 196, 200 = BStBl. II 2002, 4 = NJW 2002, 847 und 19.10.2005 – X B 88/05, BFH/NV 2006, 15; AStBV(St) 2017 Nr. 16 Abs. 2 Satz 4; Graf/Jäger/Wittig/*Bülte* Rn. 22; Klein/*Jäger* Rn. 20; *Randt* DStJG 31, 263 (267 f.); *Hellmann*, Neben-Strafverfahrensrecht, S. 113 ff.; aA *List* DB 2006, 469 (471); *Reiter*, Nemo tenetur. S. 260; *Sahan* S. 152; *Wenzel* S. 80.
[44] BFH 20.12.2000 – I R 50/00, BFHE 194, 1 = BStBl. II 2001, 381.
[45] BFH 7.11.2006 – VIII R 81/04, BFHE 215, 66 = BStBl. II 2007, 364 = NJW 2007, 1310; bestätigt durch BFH 20.6.2007 – II R 66/06, BFH/NV 2007, 2057; ebenso bereits BFH 29.1.2002 – VIII B 91/01, wistra 2002, 350 (352).

rungsgrundlagen geschätzt werden. Ob überhaupt ein steuerlich erheblicher Sachverhalt vorliegt, ist der Schätzung nicht zugänglich.[46]

23 Eine Schätzung ist das Ergebnis einer freien Beweiswürdigung mit dem Ziel bestmöglicher Annäherung an den tatsächlich verwirklichten Sachverhalt.[47] Die Finanzbehörden sind angehalten, bei der Ankündigung oder Durchführung einer Schätzung den Eindruck, dadurch Druck ausüben zu wollen, zu vermeiden.[48] Wenn die Finanzbehörde bei einer ordnungsgemäßen Schätzung die wahren Besteuerungsgrundlagen zum Nachteil des Steuerpflichtigen verfehlt, ist das die immanente Konsequenz seiner unzureichenden Mitwirkung. Das Risiko einer nachteiligen Tatsachenwürdigung begründet noch keinen Zwang im Sinne der Selbstbelastungsfreiheit.[49] Die Selbstbelastungsfreiheit greift erst bei einer finalen und unmittelbaren Beziehung zwischen staatlicher Zwangsanwendung und strafrechtlicher Selbstbelastung ein und schützt nicht vor sonstigen, insbesondere wirtschaftlichen Nachteilen.[50] Wenn die Finanzbehörde nach verweigerter Mitwirkung den Sachverhalt schätzt oder anderweitig ermittelt, ist dies Folge des **Amtsermittlungsgrundsatzes** (§ 88). Die Ermittlungsergebnisse beruhen nicht auf einer erzwungenen Mitwirkung des Steuerpflichtigen, so dass unbeschadet möglicher nachteiliger Folgerungen der Grundsatz der Selbstbelastungsfreiheit nicht berührt ist.[51]

24 Nach diesen Maßstäben ist entscheidend für die Zulässigkeit einer Schätzung, dass sie lediglich einer möglichst zutreffenden Besteuerung, aber nicht der Veranlassung zur strafrechtlichen Selbstbelastung dient. Daraus folgt zugleich, dass eine auch steuerrechtlich unzulässige (vgl. → Rn. 22) **gezielt nachteilige Schätzung,** die sich bewusst von den tatsächlich verwirklichten Besteuerungsgrundlagen entfernt, zugleich unzulässigen Zwang im Sinne des Abs. 1 Satz 2 bedeutet, wenn sie als faktisches Zwangsgeld den Steuerpflichtigen durch wirtschaftlichen Druck zur Offenlegung der Besteuerungsgrundlagen und damit zugleich zur Inkaufnahme strafrechtlicher Selbstbelastung bewegen soll. Bereits die Androhung einer solchen Schätzung entfaltet eine unzulässige Zwangswirkung.[52] Die Abgrenzung zwischen zulässiger und unzulässiger Schätzung ist allerdings regelmäßig schwierig.[53]

25 Auch die Aufforderung zur Abgabe der **eidesstattlichen Versicherung** (§ 284)[54] oder eine Fristsetzung im steuerrechtlichen Einspruchsverfahren nach § 364b bedeutet keinen unzulässigen Zwang.[55] Generell ist nach der Rechtsprechung des Bundesfinanzhofs den Vorgaben aus der Selbstbelastungsfreiheit gerade vor dem Hintergrund des Abs. 1 Satz 1 vorrangig im Rahmen des Steuerstrafverfahrens, nicht im Rahmen des Besteuerungsverfahrens Rechnung zu tragen.[56] Nach der Rechtsprechung des Bundesgerichtshofs liegt auch in dem formularmäßigen Hinweis auf die allgemeine Möglichkeit eines Zwangsgeldes, in unbestimmter Höhe und ohne Bezug zu einer konkreten Verpflichtung (vgl. § 332 Abs. 2 AO) noch kein unzulässiger Zwang.[57]

26 **ff) Folgen eines Verstoßes.** Erkenntnisse, die durch Ausübung oder Androhung unzulässigen Zwangs im vorgenannten Sinn gewonnen wurden, unterliegen im Strafverfahren

---

[46] BFH 1.2.2012 – VII B 234/11, BFH/NV 2012, 913 = wistra 2012, 278.
[47] BFH 18.5.1993 – VII R 44/92, BFHE 172, 190, unter II.2.b. und 26.2.2002 – X R 59/98, BFHE 198, 20 = BStBl. II 2002, 450, unter 1.b.aa.; *Lohr* FS Volk, 2004, 323 (328).
[48] AStBV(St) 2017 Nr. 29 Satz 4.
[49] BFH 19.10.2005 – X B 88/05, BFH/NV 2006, 15, unter e; *Schützeberg* StBp 2009, 33 (37); insoweit zutreffend auch *Röckl* S. 130.
[50] *Böse* wistra 1999, 451 (455); *Bosch* S. 57; Reiß, Besteuerungsverfahren und Strafverfahren, S. 267; vgl. auch BVerfG 13.5.2009 – 2 BvL 19/08, BVerfGK 15, 457, unter II.2.c.ccc.; BGH 15.12.1989 – 2 StR 167/89, BGHSt 36, 328 = NJW 1990, 1426, unter II.2.a.bb.
[51] Vgl. BVerfG 8.11.2006 – 2 BvR 1378/06, BVerfGK 9, 420; *Volk* FS Kohlmann, 2003, 573 (588).
[52] *Hellmann,* Neben-Strafverfahrensrecht, S. 111 f.
[53] So auch Joecks/Jäger/*Joecks* Rn. 37.
[54] BFH 16.7.2001 – VII B 203/00, BFH/NV 2002, 305 = wistra 2002, 191; Graf/Jäger/Wittig/*Bülte* Rn. 21; Klein/*Jäger* Rn. 24.
[55] Graf/Jäger/Wittig/*Bülte* Rn. 22; Klein/*Jäger* Rn. 11; aA Streck/Spatscheck wistra 1998, 339.
[56] BFH 28.12.2006 – VIII B 48/06, BFH/NV 2007, 646.
[57] BGH 17.3.2005 – 5 StR 328/04, NStZ 2005, 517, unter 3.a.

nach dem Rechtsgedanken des § 136a Abs. 3 StPO einem **Verwertungsverbot**.[58] Eine unbeabsichtigte Irreführung ist nicht ausreichend.[59] Die Entwicklung von Verwertungsverboten im Besteuerungsverfahren hat der Gesetzgeber bewusst der Rechtsprechung überlassen.[60] Ein Verwertungsverbot ergibt sich danach erst unter den Voraussetzungen eines qualifizierten materiell-rechtlichen Verwertungsverbots bei Eingriffen in verfassungsrechtlich geschützte Rechtsgüter bzw. bei bewussten und willkürlichen Verstößen gegen das Verfahrensrecht.[61] Es setzt regelmäßig eine mit den Fällen des § 136a StPO vergleichbare Drucksituation voraus.[62]

c) Auswirkungen der Einleitung des Steuerstrafverfahrens. aa) Allgemeines. Die 27
Möglichkeit der Selbstbelastung gilt als gegeben, soweit ein **Steuerstrafverfahren eingeleitet** worden ist (Abs. 1 Satz 3) das heißt für die Personen, die Beschuldigte, und die Steuerarten und Besteuerungszeiträume, die Gegenstand des Steuerstrafverfahrens sind.[63] Ob die Einleitung dem Steuerpflichtigen bekannt gegeben oder die Bekanntgabe pflichtwidrig unterlassen wurde, ist unerheblich.[64] Der Gesetzgeber berücksichtigt mit dieser unwiderleglichen Vermutung,[65] dass sich insoweit die Mitwirkungspflichten auf Sachverhalte beziehen, die mit hoher Wahrscheinlichkeit auch steuerstrafrechtlich relevant sind. Eine Einzelfallprüfung, ob der Steuerpflichtige sich durch die fragliche Mitwirkungshandlung steuerstrafrechtlich oder steuerordnungswidrigkeitenrechtlich belasten würde (vgl. → Rn. 13), ist insoweit weder erforderlich noch zulässig. Wann ein Steuerstrafverfahren eingeleitet ist und wie die Einleitung zu dokumentieren ist, richtet sich nach § 397.

bb) Folgerungen für Steuererklärungspflichten. Die Bekanntgabe der Einleitung 28
des Steuerstrafverfahrens führt dazu, dass eine strafbefreiende Selbstanzeige (vgl. → Rn. 12) nicht mehr möglich ist. Dies wirkt sich nach der Rechtsprechung des Bundesgerichtshofs nicht erst auf die Mitwirkungspflichten während einer Außenprüfung oder Nachschau, sondern auch auf die regelmäßigen Steuererklärungspflichten aus. Strafe ist die höchste Form staatlichen Zwanges. Aufgrund der verfassungsrechtlich gewährleisteten Selbstbelastungsfreiheit ist daher die Strafbarkeit wegen **Steuerhinterziehung in der Unterlassungsalternative** (§ 370 Abs. 1 Nr. 2) suspendiert, soweit gegen den Steuerpflichtigen ein Steuerstrafverfahren eingeleitet und ihm die Einleitung bekanntgegeben wird.[66] Dies gilt insbesondere auch im Hinblick auf die Berichtigungspflicht nach § 153.[67] Allein die dem Beschuldigten nicht bekannte Einleitung des Steuerstrafverfahrens schließt hingegen eine strafbefreiende Selbstanzeige noch nicht aus und führt daher nicht zur Suspendierung der Strafbewehrung.[68]

Für andere Besteuerungszeiträume und Steuerarten besteht hingegen die Strafbewehrung 29
fort, auch wenn die danach abzugebende Steuererklärung Rückschlüsse auf den Gegenstand des Steuerstrafverfahrens zulässt und dadurch eine mittelbare Selbstbelastung bewirkt.[69] Die Rechtsprechung schützt den Steuerpflichtigen insofern durch ein ausdrücklich als solches

---

[58] Graf/Jäger/Wittig/*Bülte* Rn. 42; Klein/*Jäger* Rn. 36.
[59] BGH 17.3.2005 – 5 StR 328/04, NStZ 2005, 517, unter 3.a.
[60] BT-Drs. 7/4292, 25.
[61] BFH 25.11.1997 – VIII R 4/94, BFHE 184, 255 = BStBl. II 1998, 461, unter II.2.d), e) und f), 4.10.2006 – VIII R 53/04, BFHE 215, 12 = BStBl. II 2007, 227 = NJW 2007, 2281, unter II.4.b.aa. und 4.12.2012 – VIII R 5/10, BFHE 239, 19 = BStBl. II 2014, 220 = NJW 2013, 1119 Rn. 18.
[62] *Randt* DStJG 31, 263 (270); zu den Voraussetzungen BFH 30.5.2008 – V B 76/07, BFH/NV 2008, 1441.
[63] So wohl auch Joecks/Jäger/Randt/*Joecks* Rn. 42.
[64] *Jesse* DB 2013, 1803 (1808).
[65] Graf/Jäger/Wittig/*Bülte* Rn. 19; *Reiß*, Besteuerungsverfahren und Strafverfahren, S. 275.
[66] Grundlegend BGH 26.4.2001 – 5 StR 587/00, BGHSt 47, 8 = NJW 2001, 3638; ebenso Graf/Jäger/Wittig/*Bülte* Rn. 45; aA Hübschmann/Hepp/Spitaler/*Hellmann* § 370 Rn. 10: Fortbestand der strafbewehrten Erklärungspflicht, aber Verwertungsverbot.
[67] BGH 17.3.2009 – 1 StR 479/08, BGHSt 53, 210 = NJW 2009, 1984, unter II.2. und II.6.
[68] BGH 27.5.2009 – 1 StR 665/08, wistra 2009, 465, unter 4.
[69] BGH 10.1.2002 – 5 StR 452/01, NStZ 2002, 436; AStBV(St) 2017 Nr. 16 Abs. 2; krit. *Joecks* FS Kohlmann, 2003, 451 (459 ff.).

bezeichnetes **Verwendungsverbot,** wonach eine pflichtgemäße Steuererklärung „allein im Besteuerungsverfahren verwendet werden" darf.[70] Nach den gleichen Grundsätzen dürfen erzwungene Angaben im Steuererhebungsverfahren nicht im Steuerstrafverfahren wegen Steuerhinterziehung im zugrunde liegenden Festsetzungsverfahren verwendet werden.[71]

30 Die **Selbstbelastungsfreiheit** beinhaltet kein Recht zur Begehung neuen Unrechts, dh nach einer Steuerstraftat zur Nichtabgabe von Steuererklärungen für andere Besteuerungszeiträume und Steuerarten oder zu unrichtigen oder unvollständigen Angaben im Rahmen solcher Steuererklärungen[72] Der Steuerpflichtige muss sich, wenn er die Selbstbelastungsfreiheit in Anspruch nehmen will, auch nach Einleitung des Steuerstrafvefahrens ausdrücklich darauf berufen, um der Finanzbehörde Gelegenheit zu geben, die Folgerungen aus seiner Verweigerung der Mitwirkung zu ziehen.[73]

31 **d) Belehrung über Zwangsmittelverbot.** Bei gegebenem Anlass ist dem Steuerpflichtigen eine **Belehrung** über die Regelungen des Abs. 1 zu erteilen (Abs. 1 Satz 4). Die Belehrung dient dem Schutz des Steuerpflichtigen[74] und muss daher in einer Weise und zu einem Zeitpunkt erfolgen, dass dem Steuerpflichtigen eine effektive Wahrnehmung seiner Rechte ermöglicht wird. Sie ist Bestandteil des Besteuerungsverfahrens. Im Steuerstrafverfahren besteht eine eigenständige Belehrungspflicht gemäß § 136 Abs. 1 StPO.[75]

32 **aa) Form der Belehrung.** Eine bestimmte Form der Belehrung schreibt das Gesetz nicht vor. Die in der Entwurfsbegründung geäußerte Erwartung, die Belehrung werde **schriftlich** erteilt, hat im Gesetzeswortlaut zumindest keinen eindeutigen Ausdruck gefunden. Bei Außenprüfungen belehrt die Finanzverwaltung mittels eines Formulars,[76] das der schriftlichen Prüfungsanordnung (§ 196) beigefügt wird.[77] Die Auffassung, dass aus Gründen der Verständlichkeit eine mündliche Belehrung vorzugswürdig sei,[78] erscheint nicht zwingend.

33 **bb) Inhalt der Belehrung.** Dem Gesetzeswortlaut ist nicht eindeutig zu entnehmen, ob sich die Belehrung nur auf das **Zwangsmittelverbot** (Abs. 1 Sätze 2 und 3) oder auch auf die **Eigenständigkeit und Gleichrangigkeit der Verfahren** (Abs. 1 Satz 1) beziehen muss. Aus der Entwurfsbegründung ergibt sich aber, dass sie sich auf den gesamten Regelungsgehalt des Abs. 1 bezieht.[79] Dafür spricht auch, dass das Zwangsmittelverbot an die Fortgeltung der steuerrechtlichen Mitwirkungspflichten anknüpft und daher ohne Kenntnis der Eigenständigkeit und Gleichrangigkeit der Verfahren nur schwer erfasst werden kann.[80]

34 Zu belehren ist also sowohl über die Unabhängigkeit von Steuerstraf- und Besteuerungsverfahren, was den Fortbestand der steuerrechtlichen Mitwirkungspflichten und die Möglichkeit zur Schätzung einschließt, als auch über das Zwangsmittelverbot[81] sowohl vor als auch nach Einleitung des Steuerstrafverfahrens. Hieran gemessen, enthält das der **Prüfungsanordnung** (§ 196 AO) beizufügende Formular der Finanzverwaltung (vgl. → Rn. 32) eine stark verdichtete Belehrung. Es erläutert das Zwangsmittelverbot und die Schätzungsbefugnis im Zusammenhang mit der Einleitung des Steuerstrafverfahrens wegen eines steuerstrafrechtlichen Anfangsverdachts.

---

[70] BGH 12.1.2005 – 5 StR 191/04, NJW 2005, 763, unter II.3.b.bb. und 10.2.2015 – 1 StR 405/14, NJW 2015, 2354 Rn. 22; so auch *Joecks* FS Kohlmann, 2003, 451 (462); krit. *Randt* DStJG 31, 263 (279).
[71] BGH 21.8.2012 – 1 StR 26/12, wistra 2012, 482, unter 2.c.cc.(2).
[72] BGH 17.3.2005 – 5 StR 328/04, NStZ 2005, 517, unter 3.b.cc.; AStBV(St) 2017 Nr. 16 Abs. 2; vgl. auch BGH 10.2.2015 – 1 StR 488/14, NJW 2015, 1705 Rn. 37; aA *Sahan* S. 148.
[73] Ebenso *Salditt* DStJG 38, 277 (296).
[74] BT-Drs. 7/4292, 46.
[75] AStBV(St) 2017 Nr. 28 Abs. 2.
[76] Siehe im Einzelnen BMF 24.10.2013 – IV A4 – S 0403/13/10001, BStBl. I 2013, 1264.
[77] § 5 Abs. 2 S. 2 BpO.
[78] Graf/Jäger/Wittig/*Bülte* Rn. 32; *Wenzel* S. 44.
[79] BT-Drs. 7/4292, 46, 138.
[80] IE ebenso Graf/Jäger/Wittig/*Bülte* Rn. 30; Klein/*Jäger* Rn. 40.
[81] AStBV(St) 2017 Nr. 16 Abs. 3.

cc) Anlass zur Belehrung. Wann Anlass zur Belehrung besteht, ist im Gesetz nicht 35
näher geregelt. Nach der Entwurfsbegründung zu Abs. 1 Satz 4 soll die Belehrung regelmäßig bei **Prüfungsbeginn** erteilt werden.[82] Dies zielt auf Außenprüfungen, kann aber auch auf sonstige Prüfungen und Nachschauen im Besteuerungsverfahren übertragen werden, da es sich im Hinblick auf den Zweck der Vorschrift um vergleichbare Sachverhalte handelt (vgl. → Rn. 12). Die Finanzverwaltung entspricht dem, indem sie die formularmäßige Belehrung des Steuerpflichtigen mit der Anordnung der Außenprüfung verbindet (vgl. → Rn. 32).

Aufgrund der unwiderleglichen Vermutung des Abs. 1 Satz 3 entsteht ein Anlass zur 36
Belehrung spätestens mit der Mitteilung über die **Einleitung des Steuerstrafverfahrens**.[83] Dem Zweck der Abs. 1 Satz 4 entspricht es auch, bei einer solchen Gelegenheit eine etwa bereits zuvor erteilte Belehrung zu wiederholen oder zumindest zu ergänzen bzw. präzisieren, dass die Mitwirkung, soweit das Steuerstrafverfahren reicht, generell nicht mehr erzwungen werden kann.[84] Unter Berücksichtigung der Belehrungspflicht nach § 136 Abs. 1 StPO (vgl. → Rn. 31) ist daher im Ergebnis eine doppelte Belehrung durchzuführen.[85]

Außerhalb einer Prüfung bzw. Nachschau und vor Einleitung des Steuerstrafverfahrens 37
ist eine Belehrung über das Zwangsmittelverbot nur bei der **Androhung oder Anwendung von Zwangsmitteln** veranlasst, wenn im Einzelfall besondere Anhaltspunkte für eine mögliche strafrechtliche Selbstbelastung bestehen. Dabei ist auch die Möglichkeit zur strafbefreienden Selbstanzeige (vgl. → Rn. 12) zu berücksichtigen. Eine Belehrung anlässlich jedes Auskunfts- oder Vorlageersuchens[86] oder bei jeder Androhung von Zwangsmitteln[87] wäre unverhältnismäßig.

dd) Folgen eines Verstoßes. Im **Steuerstrafverfahren** führt der Verstoß gegen die 38
Belehrungspflicht zu einem **Verwertungsverbot** hinsichtlich der nach Einleitung eines Steuerstrafverfahrens aufgrund einer Mitwirkung im Besteuerungsverfahren gewonnenen Erkenntnisse,[88] sofern nicht der Beteiligte in Kenntnis des Zwangsmittelverbots mitgewirkt hat.[89] Vor Einleitung des Steuerstrafverfahrens ähnelt die Situation des Steuerpflichtigen der eines nach § 55 StPO zur Auskunftsverweigerung berechtigten Zeugen. Nach den gleichen Grundsätzen ist daher bei Verletzung der Belehrungspflicht auch für Erkenntnisse aufgrund von Mitwirkungshandlungen vor Einleitung des Steuerstrafverfahrens ein Verwertungsverbot im Steuerstrafverfahren anzunehmen.[90] Wird über das Zwangsmittelverbot aktiv getäuscht oder werden Zwangsmittel gezielt angewandt, um eine selbstbelastende Aussage herbeizuführen, ergibt sich das Verwertungsverbot im Steuerstrafverfahren aus § 136a StPO.[91]

Hingegen bewirkt die Verletzung der Belehrungspflicht gemäß Abs. 1 Satz 4 **kein Ver-** 39
wertungsverbot im Besteuerungsverfahren.[92] Dies gilt umso mehr für Verstöße gegen § 10 Abs. 1 S. 3 BpO, da es sich insofern lediglich um eine Verwaltungsvorschrift handelt. Rein steuerliche Folgerungen begründen keine strafrechtliche Selbstbelastung, auch die Haftung (§ 71 AO), die verlängerte Festsetzungsfrist (§ 169 Abs. 2 S. 2) und die Festsetzung

---

[82] BT-Drs. 7/4292, 46; so auch *Reiß*, Besteuerungsverfahren und Strafverfahren, S. 284.
[83] AStBV(St) 2017 Nr. 29 Satz 1.
[84] Vgl. § 10 Abs. 1 S. 4 BpO; so auch *Wenzel* S. 43 f.
[85] BGH 16.6.2005 – 5 StR 118/05, NJW 2005, 273, unter II.2.b; Beermann/Gosch/*Seipl* Rn. 92.
[86] *Reiß*, Besteuerungsverfahren und Strafverfahren, S. 287.
[87] Klein/*Jäger* Rn. 8.
[88] BGH 16.6.2005 – 5 StR 118/05, NJW 2005, 273, unter II.2.c; Graf/Jäger/Wittig/*Bülte* Rn. 34; *Wenzel* S. 48.
[89] Klein/*Jäger* Rn. 41.
[90] Klein/*Jäger* Rn. 41; vgl. BayObLG 10.1.1984 – RReg 5 St 126/83, BayObLGSt 1984, 1 = NJW 1984, 1246; Joecks/Jäger/Randt/*Joecks* Rn. 60.
[91] Joecks/Jäger/Randt/*Joecks* Rn. 61 f.; Geuenich DStZ 2006, 295.
[92] BFH 23.1.2002 – XI R 10, 11/01, BFHE 198, 7 = BStBl. II 2002, 328 = NJW 2002, 2198, unter II.1. und II.2., 28.10.2009 – I R 28/08, BFH/NV 2010, 432, unter B.I.2.b. und 8.1.2014 – X B 112, 113/13, BFH/NV 2014, 487; AStBV(St) 2017 Nr. 16 Abs. 3 Satz 2.

von Hinterziehungszinsen (§ 235) setzen zwar eine Steuerhinterziehung voraus, haben aber keinen Strafcharakter.[93] Der Bundesfinanzhof hat bisher offengelassen, ob eine Täuschung im Sinne des § 136a StPO über das Zwangsmittelverbot zu einem Verwertungsverbot im Besteuerungsverfahren führen würde, dabei aber deutlich gemacht, dass eine Täuschung in diesem Sinne nur unter engen Voraussetzungen anzunehmen ist.[94] Gegen ein solches Verwertungsverbot spricht, dass § 136a StPO unmittelbar nur für das Strafverfahren gilt und auch nur vor strafrechtlicher Selbstbelastung schützen soll.[95]

40 **2. Verwendung von Angaben im Besteuerungsverfahren für Strafverfahren.** Wegen der Wertneutralität des Steuerrechts (§ 40) unterliegt auch strafbares Verhalten der Besteuerung, wenn es im Übrigen einen Besteuerungstatbestand erfüllt. Der Steuerpflichtige kann daher im Besteuerungsverfahren gezwungen sein, in Erfüllung seiner Mitwirkungspflichten eigene Straftaten zu offenbaren. Sofern es sich dabei um Straftaten handelt, die keine Steuerstraftaten sind, wird er insofern durch das **Steuergeheimnis** (§ 30) geschützt.

41 Die Finanzbehörden sind zur Durchführung von Steuerstrafverfahren (§ 30 Abs. 4 Nr. 1) jedoch berechtigt (§ 386 Abs. 4 S. 1) bzw. verpflichtet (§ 386 Abs. 4 S. 2, § 400 AO; § 153a StPO),[96] die Steuerakten auch **Staatsanwaltschaften und Strafgerichten** vorzulegen. Diese unterliegen zwar ebenfalls dem Steuergeheimnis (§ 30 Abs. 2 Nr. 1 Buchst. b AO). Das Steuergeheimnis hindert aber nur die Offenbarung und wirtschaftliche Verwertung geschützer Erkenntnisse,[97] nicht deren Verwendung zur Verfolgung der im Besteuerungsverfahren offenbarten Straftaten in eigener Zuständigkeit. Der Steuerpflichtige könnte daher aufgrund erzwingbarer Angaben im Besteuerungsverfahren der Strafverfolgung ausgesetzt sein. Diese Schutzlücke wird durch Abs. 2 geschlossen.[98]

42 Abs. 2 gilt entsprechend für die Verwendung von Erkenntnissen aus den Steuerakten für **Disziplinarverfahren**.[99] Nach einer Auffassung im Schrifttum sollen Angaben im Rahmen einer strafbefreienden Selbstanzeige davon ausgenommen sein.[100] Im Ergebnis kommt es darauf allerdings regelmäßig nicht an, da nach Eingang einer Selbstanzeige grundsätzlich ein Steuerstrafverfahren einzuleiten ist,[101] dessen Ergebnisse auch bei wirksamer Selbstanzeige aufgrund besonderer beamtenrechtlicher Regelungen (§ 49 Abs. 3 BeamtStG, § 115 BBG) dem Diensthern mitzuteilen sind.[102]

43 **a) Verwendungsverbot.** Abs. 2 Satz 1 ergänzt das Steuergeheimnis durch ein **Verwendungsverbot** für Zwecke der Strafverfolgung. Die Geltung dieses Verwendungsverbots ist allerdings an mehrere Voraussetzungen geknüpft, die teils ihrerseits mit den Regelungen des Steuergeheimnisses (§ 30) zusammenhängen.

44 **aa) Tatsachen und Beweismittel aus den Steuerakten.** Das Verwendungsverbot gilt zunächst nur für Tatsachen und Beweismittel aus den **Steuerakten**. Tatsachen und Beweismittel sind Umstände und Nachweise, die Gegenstand der steuerrechtlichen Mitwirkungspflichten (§ 90 Abs. 1 S. 2) sind. Als Steuerakten im Sinne des Verwendungsverbots werden

---

[93] Vgl. Klein/*Rüsken* § 71 Rn. 1 (Haftung), BFH 26.2.2008 – VIII R 1/07, BFHE 220, 229 = BStBl. II 2008, 659 (verlängerte Festsetzungsfrist) und 1.8.2001 – II R 48/00, BFH/NV 2002, 155 (Hinterziehungszinsen); ähnlich EGMR 3.5.2001 – 31827/96, NJW 2002, 499 (500) – J.B./Schweiz.
[94] BFH 30.5.2008 – V B 76/07, BFH/NV 2008, 1441; für ein Verwertungsverbot FG MV 21.8.2002 – 3 K 284/00, wistra 2003, 473; ebenso *Randt* DStJG 31, 263 (275); *Streck* DStJG 6, 217 (230 f.).
[95] Joecks/*Jäger*/*Joecks* Rn. 67.
[96] Auch → § 386 Rn. 24.
[97] Auch → § 30 Rn. 15 f.
[98] Vgl. BT-Drs. 6/1982, 198, 7/79, 93; BVerfG 27.4.2010 – 2 BvL 13/07, BVerfGK 17, 253 = wistra 2010, 341 Rn. 6 f.
[99] BGH 10.8.2001 – RiSt (R) 1/00, unter II.1.a), insoweit in NJW 2002, 834 nicht abgedruckt; differenzierend *Rogall* FS Kohlmann, 2003, 465 (496); zur Steuerhinterziehung als Dienstvergehen BVerwG 28.7.2010 – 2 C 16.10, BVerwGE 140, 185 = wistra 2012, 37 (Ls.).
[100] *Brauns* FS Kohlmann, 2003, 387 (410).
[101] BFH 29.4.2008 – VIII R 5/06, BFHE 222, 1 = BStBl. II 2008, 844 = wistra 2009, 166.
[102] BFH 15.1.2008 – VII B 149/00, BFHE 220, 197 = BStBl. II 2008, 337 = wistra 2008, 224.

allgemein die Akten des Besteuerungsverfahrens verstanden und von den Steuerstrafakten, das heißt den Akten des Steuerstrafverfahrens abgegrenzt. Entscheidend ist danach, in welchen Akten die Erkenntnisse ursprünglich dokumentiert bzw. in welchem Verfahren sie erstmals gewonnen wurden.[103] Nach hiesiger Auffassung dürfte die praktische Bedeutung dieser Abgrenzung gering sein, weil es hinsichtlich der Akten des Steuerstrafverfahrens regelmäßig auch an weiteren Voraussetzungen des Verwendungsverbots (→ Rn. 48 ff.) fehlen wird.

Tatsachen und Beweismittel sind nicht im Sinne des Abs. 2 Satz 1 aus den Steuerakten **45** bekannt geworden, wenn die Staatsanwaltschaft oder das Gericht sie unabhängig von den Steuerakten in Erfahrung gebracht haben. Sie sind dann für Zwecke der Strafverfolgung verwendbar, soweit nicht auch für die **anderweitige Erkenntnisquelle** ein Verwendungsverbot gilt. Ob die Staatsanwaltschaft oder das Gericht die Steuerakten zum Anlass anderweitiger Ermittlungen nehmen darf,[104] betrifft die Reichweite des Verwendungsverbots (vgl. → Rn. 59 ff.).

Nach einer älteren obergerichtlichen Entscheidung soll ein Bekanntwerden aus den Steu- **46** erakten im Sinne des Abs. 2 Satz 1 nicht zwingend voraussetzen, dass Staatsanwaltschaft oder Gericht **unmittelbar Einsicht in die Steuerakten** genommen haben, sondern bereits dann gegeben sein, wenn sie von der Finanzbehörde oder Dritten (im entschiedenen Fall dem Registergericht) anderweitig über Erkenntnisse aus den Steuerakten informiert werden.[105] Dies ist allerdings mit dem Gesetzeswortlaut kaum in Einklang zu bringen und widerspricht auch der Gesetzessystematik. Anderweitige Mitteilungen der Finanzbehörden an Staatsanwaltschaft, Gericht oder mögliche Mittelsleute sind ohnehin nur nach Maßgabe des Steuergeheimnisses (§ 30) zulässig,[106] insofern bedarf es zur Sicherung des Steuergeheimnisses nicht des Abs. 2.

bb) Bekanntwerden in einem Strafverfahren. Voraussetzung für ein Verwertungsver- **47** bot ist ferner, dass die Tatsachen oder Beweismittel in einem Strafverfahren bekannt geworden sind. Nach seinem Zweck (vgl. → Rn. 40) soll Abs. 2 allerdings nur vor der Strafverfolgung aufgrund der Einsicht in die Steuerakten durch Gericht und Staatsanwaltschaft anlässlich eines Steuerstrafverfahrens schützen. Strafverfahren im Sinne des Abs. 2 ist daher nur ein **Steuerstrafverfahren**.[107]

cc) Offenbarung durch den Steuerpflichtigen. Dem Verwendungsverbot unterlie- **48** gen zudem nur solche Tatsachen und Beweismittel, die vom Steuerpflichtigen offenbart wurden. Eine verbreitete Auffassung im Schrifttum versteht den Begriff der „Offenbarung" sehr weit und fasst darunter alle Handlungen, durch die der Steuerpflichtige den Finanzbehörden Erkenntnisse ermöglicht.[108] Nach hiesiger Auffassung ist wegen des Zwecks des Abs. 2 Satz 1 (vgl. → Rn. 40) für die Auslegung des Begriffs der „Offenbarung" der **Schutzbereich der Selbstbelastungsfreiheit** (vgl. → Rn. 10 ff.) maßgeblich.

Eine Offenbarung setzt dementsprechend eine **eigene Aussage** des Steuerpflichtigen **49** voraus, wobei unerheblich ist, ob die Aussage mündlich, schriftlich oder elektronisch abgegeben wird. Es reicht für das Verwendungsverbot auch nicht aus, dass der Steuerpflichtige die Einsichtnahme in vorhandene Unterlagen oder Dateien oder die Einsichtnahme eines Augenscheins lediglich duldet. Eine solche Duldung ist insbesondere auch gegeben, wenn der Steuerpflichtige im Rahmen der digitalen Außenprüfung die Einsichtnahme in gespeicherte Daten bzw. die Nutzung seines Datenverarbeitungssystems (§ 200 Abs. 1 S. 2, § 147 Abs. 6 S. 1) gestattet.

---

[103] Graf/Jäger/Wittig/*Bülte* Rn. 59 ff.; Klein/*Jäger* Rn. 53; Joecks/Jäger/Randt/*Joecks* Rn. 83.
[104] Vgl. Joecks/Jäger/Randt/*Joecks* Rn. 84.
[105] OLG Stuttgart 16.4.1986 – 2 Ss 772/86, wistra 1986, 191 (192).
[106] Vgl. *Rogall* FS Kohlmann, 2003, 465 (488 f.); *Streck* DStJG 6, 217 (228).
[107] Graf/Jäger/Wittig/*Bülte* Rn. 73; Hübschmann/Hepp/Spitaler/*Hellmann* Rn. 142.
[108] Graf/Jäger/Wittig/*Bülte* Rn. 64; Hübschmann/Hepp/Spitaler/*Hellmann* Rn. 133; Klein/*Jäger* Rn. 48; Joecks/Jäger/Randt/*Joecks* Rn. 71.

50 Soweit der Steuerpflichtige nicht lediglich die Einsichtnahme duldet, sondern den Finanzbehörden Unterlagen oder Augenscheinsgegenstände selbst zur Verfügung stellt, liegt eine Aussage nur dann vor, wenn er bei der Auswahl der Unterlagen oder Gegenstände auf **eigenes Wissen oder eigene Sachkunde** zurückgreifen muss, nicht hingegen, wenn es sich um rein mechanische Hilfstätigkeiten handelt. Auskünfte (§ 93) können unter das Verwendungsverbot fallen, Vorlagen (§ 97) nicht.[109] Rein mechanische Hilfstätigkeiten im vorgenannten Sinn sind im Rahmen der digitalen Außenprüfung auch die maschinelle Auswertung von Daten nach vorgegebenen Kriterien und die Überlassung von Datenträgern (§ 200 Abs. 1 S. 2, § 147 Abs. 6 S. 2). Eine rein mechanische Hilfstätigkeit liegt allerdings nicht mehr vor, soweit der Steuerpflichtige Auswertungsmöglichkeiten aktiv erläutert oder dazu aufgefordert wird.[110]

51 Schon aus dem Wortlaut ergibt sich, dass das Verwendungsverbot nicht zugunsten **Dritter** gilt.[111] Es schützt weder davor, Dritte zu belasten, noch davor, von Dritten belastet zu werden. Dies deckt sich mit dem Schutzbereich der Selbstbelastungsfreiheit. Es entspricht zudem der Gesetzessystematik. Soweit Auskunfts- und Vorlageverweigerungsrechte (§§ 101 ff.) eingreifen, bedarf es keines Verwendungsverbots mehr, wenn Beteiligte auf diese Rechte verzichten.[112]

52 **dd) Offenbarung vor oder in Unkenntnis der Einleitung des Strafverfahrens.** Die betroffenen Tatsachen oder Beweismittel müssen ferner vor oder in Unkenntnis der Einleitung des Strafverfahrens, das heißt des Steuerstrafverfahrens (vgl. → Rn. 42), offenbart worden sein. Abs. 2 Satz 1 entspricht insofern gleichsam spiegelbildlich § 30 Abs. 4 Nr. 4 Buchst. a Hs. 2. Nach Einleitung des Steuerstrafverfahrens besteht ein generelles **Zwangsmittelverbot** (Abs. 1 Satz 3, vgl. → Rn. 27), das zwar vorrangig auf den Schutz vor erzwungener Selbstbelastung wegen einer Steuerstraftat zielt, aber im Ergebnis auch den Selbstbelastungszwang hinsichtlich anderer Straftaten ausschließt. Indem auch Bekundungen in Unkenntnis der Einleitung vom Verwendungsverbot erfasst werden, schützt das Gesetz auch denjenigen Steuerpflichtigen, der irrtümlich eine Zwangssituation annimmt. Im Umkehrschluss bedeutet dies aber auch, dass sonstige Irrtümer über Reichweite und Durchsetzbarkeit der steuerrechtlichen Mitwirkungspflichten unbeachtlich sind.[113]

53 **ee) Offenbarung in Erfüllung steuerrechtlicher Pflichten.** Das Verwendungsverbot umfasst auch nur Tatsachen oder Beweismittel, die in Erfüllung steuerrechtlicher Pflichten offenbart wurden. Aus dem Gesetzeszweck ergibt sich, dass damit **erzwingbare steuerrechtliche Pflichten** gemeint sind.[114] Dazu gehören insbesondere die regelmäßige Abgabe ordnungsgemäßer Steuererklärungen und die Mitwirkung bei Außenprüfung und Nachschau. Die Beteiligten des Besteuerungsverfahrens müssen die für die Besteuerung erheblichen Tatsachen vollständig und wahrheitsgemäß offenlegen und die ihnen bekannten Beweismittel angeben (§ 90 Abs. 1 S. 2).

54 Die Vorlage **falscher oder gefälschter Urkunden** erfüllt keine steuerrechtliche Pflicht, da die Beteiligten zu wahrheitsgemäßen Angaben verpflichtet sind. Wer gegenüber Finanzbehörden vorsätzlich falsche Angaben macht, kann nicht auf das Steuergeheimnis vertrauen (§ 30 Abs. 5). Auch die Selbstbelastungsfreiheit rechtfertigt nicht die Begehung weiteren Unrechts durch (erneute) Falschangaben.[115] Ohne Beschränkung nach Abs. 2 Satz 2 verwendbar sind daher nicht nur unechte Belege, die der Steuerpflichtige von sich aus einer

---

[109] Vgl. zur Abgrenzung BFH 24.2.2010 – II R 57/08, BFHE 228, 145 = BStBl. II 2011, 5 = NJW 2010, 1997.
[110] Ähnlich *Salditt* DStJG 38, 277 (288 f.); aA Beermann/Gosch/*Seipl* Rn. 107.
[111] So auch Klein/*Jäger* Rn. 55; *Rogall* FS Kohlmann, 2003, 465 (494).
[112] AA *Rogall* FS Kohlmann, 2003, 465 (494).
[113] AA Beermann/Gosch/*Seipl* Rn. 116.
[114] BGH 5.5.2004 – 5 StR 548/03, BGHSt 49, 136 = NJW 2005, 2720, unter II.4.c.cc.; *Salditt* DStJG 38, 277 (289).
[115] BGH 11.9.2003 – 5 StR 253/03, NStZ 2004, 582, unter 2.

Steuererklärung beigefügt hat,[116] sondern auch unechte Belege, die er erst vorgelegt hat, nachdem die Finanzbehörde Nachweise angefordert hat.[117]

Bei der Pflicht zur vollständigen und wahrheitsgemäßen Erklärung unterscheidet das Gesetz nicht nach der **steuerrechtlichen Auswirkung** der zur erklärenden Umstände.[118] Dies entspricht dem Grundsatz der Gleichmäßigkeit und Gesetzmäßigkeit der Besteuerung (§ 85). Eine steuerrechtliche Pflicht kann auch dann vorliegen, wenn ein Pflichtverstoß im Ergebnis nicht strafbewehrt ist. Zudem können Sachverhalte, die bei einem Steuerpflichtigen in einem Besteuerungszeitraum die Bemessungsgrundlage mindern, bei einem anderen Steuerpflichtigen oder in einem anderen Besteuerungszeitraum zu einer Erhöhung der Bemessungsgrundlage führen. Auch soweit eine verpflichtende Steuererklärung zutreffende Angaben über steuermindernde Umstände enthält, werden daher steuerrechtliche Pflichten erfüllt. Soweit demgegenüber die Geltendmachung von Steuervergütungs- oder Steuererstattungsansprüchen freigestellt ist, fehlt es an der Erfüllung steuerrechtlicher Pflichten.[119] 55

Die Angaben in einer **Selbstanzeige** unterliegen entgegen einer verbreiteten Auffassung im Schrifttum nicht dem Verwendungsverbot, da die Selbstanzeige nicht erzwingbar ist.[120] Eine unrichtige oder unvollständige Steuererklärung ist grundsätzlich wirksam und erfüllt die Steuererklärungspflicht (§ 150).[121] Ansonsten bedürfte es der Regelung in § 153 nicht. Insofern bestehen in den Fällen des § 370 Abs. 1 Nr. 1 regelmäßig keine Steuererklärungspflichten mehr. Wird pflichtwidrig überhaupt keine Steuererklärung abgegeben und dadurch der Tatbestand des § 370 Abs. 1 Nr. 2 verwirklicht, besteht die ursprüngliche Steuererklärungspflicht fort.[122] Sie ist aber typischerweise nicht mehr erzwingbar, da sich bei Bekanntwerden des Steuerfalls zugleich der Anfangsverdacht der Steuerhinterziehung ergibt. 56

ff) Verfolgung einer Tat, die keine Steuerstraftat ist. Das Verwendungsverbot hindert ausdrücklich nur die Verfolgung von Straftaten, die keine **Steuerstraftaten** sind. Die Selbstbelastungsfreiheit hinsichtlich Steuerstraftaten ist schon durch die Regelungen des Abs. 1 gewahrt. Dies gilt auch dann, wenn der Steuerpflichtige sich durch eine Steuererklärung im Rahmen der einen Steuerart wegen einer Steuerstraftat hinsichtlich einer anderen Steuerart belasten würde (vgl. → Rn. 14). 57

Wenn **Tateinheit** zwischen einer Steuerstraftat und einer anderen Straftat besteht, handelt es sich bei der anderen Tat nicht um eine Tat, die keine Steuerstraftat ist.[123] Das Verwendungsverbot greift daher nicht ein. Verfassungsrechtliche Bedenken dagegen bestehen nicht.[124] Von Bedeutung ist dies insbesondere dann, wenn der Steuerpflichtige zur Unterstützung inhaltlich falscher Angaben unechte Belege einreicht und damit den Tatbestand der Urkundenfälschung (§ 267 StGB) verwirklicht. 58

gg) Reichweite des Verwendungsverbots. Nach einer Auffassung im Schrifttum geht die Verwendung im Sinne des Abs. 2 Satz 1 über die unmittelbare Verwertung zu Beweiszwecken hinaus. Sie beinhaltet danach ein umfassendes **Verfolgungsverbot,** das auch die Nutzung der vom Steuerpflichtigen offenbarten Tatsachen und Beweismittel als Ermittlungsansätze ausschließt.[125] 59

---

[116] BayObLG 18.2.1998 – 4 St RR 2/98, BayObLGSt 1998, 13 = NStZ 1998, 575.
[117] BGH 11.9.2003 – 5 StR 253/03, NStZ 2004, 582, unter 2., und 5.5.2004 – 5 StR 548/03, BGHSt 49, 136 = NJW 2005, 2720, unter II.4.c.bb.; *Joecks* FS Kohlmann, 2003, 451 (453); aA insoweit noch BayObLG 18.2.1998 – 4 St RR 2/98, BayObLGSt 1998, 13 = NStZ 1998, 575.
[118] aA *Joecks* FS Kohlmann, 2003, 451 (454).
[119] Hübschmann/Hepp/Spitaler/*Hellmann* Rn. 139.
[120] BVerfG 15.10.2004 – 2 BvR 1316/04, BVerfGK 4, 105 = NJW 2005, 352, unter II.1.a.bb.; Graf/Jäger/Wittig/*Bülte* Rn. 67; aA Hübschmann/Hepp/Spitaler/*Hellmann* Rn. 140; Joecks/Jäger/Randt/*Joecks* Rn. 76; *Jesse* DB 2013, 1803 (1813); krit. Klein/*Jäger* Rn. 49.
[121] BFH 7.4.2005 – IV R 39/04, HFR 2005, 731; Hübschmann/Hepp/Spitaler/*Heuermann* § 150 Rn. 16.
[122] Hübschmann/Hepp/Spitaler/*Heuermann* § 153 Rn. 3a.
[123] BGH 5.5.2004 – 5 StR 548/03, BGHSt 49, 136 = NJW 2005, 2720, unter II.4.c.ccc.; AStBV(St) 2017 Nr. 150 Abs. 5; aA BayObLG 6.8.1996 – 4 St RR 104/96, BayObLGSt 1996, 126 = NJW 1997, 600.
[124] BVerfG 15.10.2004 – 2 BvR 1316/04, BVerfGK 4, 105 = NJW 2005, 352.
[125] Graf/Jäger/Wittig/*Bülte* Rn. 80 ff.; Joecks/Jäger/Randt/*Joecks* Rn. 90; Beermann/Gosch/*Seipl* Rn. 140; *Jesse* DB 2013, 1803 (1812); *Rogall* FS Kohlmann, 2003, 465 (485 f., 493).

60 Demgegenüber verstehen Bundesverfassungsgericht[126] und Bundesgerichtshof[127] die Regelung als „begrenztes strafrechtliches **Verwertungsverbot**".[128] Im Zusammenhang mit dem Fortbestand der Strafbewehrung der Erklärungspflichten bei mittelbarer Selbstbelastung wegen einer Steuerstraftat spricht der Bundesgerichtshof demgegenüber von einem Verwendungsverbot (vgl. → Rn. 29). Die abweichende Formulierung belegt, dass Abs. 2 Satz 1 nach Auffassung des Bundesgerichtshofs gerade kein Verwendungsverbot enthält. Der Inhalt der Steuerakten darf danach zum Anlass strafrechtlicher Ermittlungen genommen werden.[129]

61 Die im Schrifttum vertrene Auffassung kann sich allerdings auf die Entwurfsbegründung zu Abs. 2 stützen. Danach sollte die Vorschrift vor der **„Verwertung zur Verfolgung"** schützen.[130] Dafür spricht auch der Zweck der Regelung. Die Selbstbelastungsfreiheit ist schon dann berührt, wenn Ermittlungsansätze zur „mosaikartigen" Rekonstruktion einer Straftat geliefert werden sollen (vgl. → Rn. 10).

62 Von der Frage, ob Abs. 2 Satz 1 ein (umfassendes) Verfolgungsverbot oder lediglich ein Verwertungsverbot enthält, zu trennen, ist die Frage nach der **Fernwirkung** eines eventuellen Verstoßes. Die Selbstbelastungsfreiheit als solche gebietet jedenfalls keine Fernwirkung, da bereits das Verwendungsverbot die finale Beziehung (vgl. → Rn. 23) zwischen Erklärungspflicht und Selbstbelastung entfallen lässt. Ob ein Verstoß gegen das Verwendungsverbot Fernwirkung entfaltet, richtet sich daher nach allgemeinen strafprozessrechtlichen Grundsätzen[131] und ist grundsätzlich einzelfallbezogen zu beurteilen.[132] Dabei ist von Bedeutung, ob tatsächlich und gegebenenfalls welcher Zwang angewandt wurde.[133]

63 Das Verwendungsverbot gilt nach Wortlaut und Zweck des Gesetzes nur für eine Verwendung zulasten des Steuerpflichtigen. Eine **Verwendung zugunsten des Steuerpflichtigen** ist ohne weiteres zulässig. Ob der Steuerpflichtige auf das Verwendungsverbot verzichten kann, ist daher allenfalls in atypischen Fällen von Bedeutung. Anders als in § 136a Abs. 3 StPO schließt der Wortlaut des Gesetzes einen solchen Verzicht nicht aus.

64 **b) Ausnahmen vom Verwendungsverbot.** Das Verwendungsverbot gemäß § 393 Abs. 2 S. 1 gilt nach Abs. 2 Satz 2 jedoch nicht für Straftaten, an deren Verfolgung ein **zwingendes öffentliches Interesse** (§ 30 Abs. 4 Nr. 5)[134] besteht. Diese Regelung wird vielfach als mit der Selbstbelastungsfreiheit unvereinbar beanstandet.[135] Eine andere Auffassung geht davon aus, angesichts des in Abs. 2 Satz 2 zum Ausdruck gebrachten gesetzgeberischen Willens sei die Erzwingbarkeit der Mitwirkung im Besteuerungsverfahren verfassungswidrig.[136] Beiden Auffassungen ist zuzugeben, dass die Selbstbelastungsfreiheit aufgrund ihrer Wurzel in der Menschenwürde (Art. 1 GG) keiner Abwägung zugänglich ist. Eine zwangsweise herbeigeführte Selbstbezichtigung ist verfassungsrechtlich nur zulässig, wenn sie mit einem strafrechtlichen Verwertungsverbot verbunden ist (vgl. → Rn. 5).[137] Anders

---

[126] BVerfG 13.1.1981 – 1 BvR 116/77, BVerfGE 56, 37 = NJW 1981, 1431, unter B.I.2.b., 15.10.2004 – 2 BvR 1316/04, BVerfGK 4, 105 = NJW 2005, 352, unter II.1.b. und 13.5.2009 – 2 BvL 19/08, BVerfGK 15, 457, unter II.2.c.bb.
[127] BGH 5.5.2004 – 5 StR 548/03, BGHSt 49, 136 = NJW 2005, 2720, unter II.4.c.aa.
[128] Hervorhebung durch Verfasser.
[129] So auch Klein/*Jäger* Rn. 51.
[130] BT-Drs. 6/1982, 198, 7/79, 93; Hervorhebung durch Verfasser.
[131] Hübschmann/Hepp/Spitaler/*Hellmann* Rn. 178.
[132] BGH 18.4.1980 – 2 StR 731/79, BGHSt 29, 244 = NJW 1980, 1700; KK/*Diemer* StPO § 136a Rn. 42.
[133] BVerfG 27.4.2010 – 2 BvL 13/07, BVerfGK 17, 253 = wistra 2010, 341 Rn. 56.
[134] → § 30 Rn. 36 ff.
[135] ZB LG Göttingen 11.12.2007 – 8 KLs 1/07, wistra 2008, 231; Graf/Jäger/Wittig/*Bülte* Rn. 100 ff.; Joecks/Jäger/Randt/*Joecks* Rn. 93 ff.; *Rogall* FS Kohlmann, 2003, 465 (496); *Sahan* S. 154; siehe auch *Spilker*, DB 2016, 1842; offengelassen von BVerfG 21.4.1988 – 2 BvR 330/88, wistra 1988, 302.
[136] *Reiß*, Besteuerungsverfahren und Strafverfahren, S. 230.
[137] BVerfG 15.10.2004 – 2 BvR 1316/04, BVerfGK 4, 105 = NJW 2005, 352, unter II.1.a; Beermann/Gosch/*Seipl* Rn. 157; *Wulf* wistra 2006, 89 (93); aA BGH 10.8.2001 – RiSt (R) 1/00, unter II.1.a. am Ende, insoweit in NJW 2002, 834 nicht abgedruckt.

als § 30 Abs. 4 Nr. 5[138] lässt § 393 Abs. 2 S. 2 auch gerade die strafrechtliche Verwendung zu, so dass ein Verstoß gegen die Selbstbelastungsfreiheit nicht schon deswegen ausgeschlossen werden kann, weil über die Verwertung gesondert zu befinden ist. Gleichwohl greifen die verfassungsrechtlichen Bedenken nicht durch.

aa) Offenbarung aufgrund regelmäßiger Steuererklärungspflichten. Der Bundesgerichtshof ging im Zusammenhang mit der Strafbarkeit wegen Steuerhinterziehung aufgrund der unterlassenen Erklärung von Bestechungsgeldern (§ 22 Nr. 3 EStG) und Kapitalerträgen aus der Anlage von Bestechungsgeldern (§ 20 Abs. 1 Nr. 7 EStG) zutreffend davon aus, dass ein Steuerpflichtiger seine strafbewehrten (§ 370 Abs. 1 Nr. 1, 2 AO) Erklärungspflicht hinsichtlich Einkünften aus Straftaten (§ 40) regelmäßig bereits durch die betragsmäßige Angabe der Einkünfte und die Zuordnung zu einer Einkunftsart erfüllen kann. In den **Steuererklärungen** (§ 150) werden keine Angaben zu einzelnen Geschäftsvorfällen verlangt, so dass kein unzulässiger Zwang zur Selbstbelastung wegen einer Nichtsteuerstraftat ausgeübt wird und insbesondere auch die Strafbewehrung der Erklärungspflicht erhalten bleibt.[139]

Diese Rechtsprechung ist nicht nur für das Ertragsteuerrecht und die Auslegung des Abs. 2 Satz 2 von Bedeutung. Sie lässt sich auch auf das Umsatzsteuerrecht und auf andere **Durchbrechungen des Steuergeheimnisses** für Zwecke der Strafverfolgung (§ 31a zur Bekämpfung der illegalen Beschäftigung und des Leistungsmissbrauchs, § 31b zur Bekämpfung der Geldwäsche und Terrorismusfinanzierung, § 4 Abs. 5 S. 1 Nr. 10 S. 3 EStG bei Korruptionsdelikten[140]) übertragen.

bb) Offenbarung aufgrund weitergehender Mitwirkungspflichten. Ob sich möglicherweise aus weitergehenden Mitwirkungspflichten, insbesondere im Rahmen einer Außenprüfung (§ 200) oder Nachschau, ein Zwang zur Selbstbelastung wegen nichtsteuerlicher Straftaten ergibt, und wie Abs. 2 Satz 2 vor diesem Hintergrund auszulegen ist, hatte der Bundesgerichtshof nicht zu entscheiden. Er hat gleichwohl ausgeführt, dass der Steuerpflichtige **nicht mit Zwangsmitteln zu über die Steuererklärung hinausgehenden Auskünften angehalten** werden könne, aus denen sich die deliktische Herkunft der Einkünfte ergebe und die Selbstbelastungsfreiheit schon deswegen nicht verletzt sei.[141]

Soweit die weitergehende Mitwirkung lediglich Aufzeichnungs- und Vorlagepflichten betrifft, ist jedenfalls der Kernbereich der Selbstbelastungsfreiheit nicht berührt (vgl. → Rn. 11, 50).[142] Für andere Mitwirkungshandlungen steht der Ansatz des Bundesgerichtshofs, der Selbstbelastungsfreiheit durch eine Einschränkung der Zwangsmittelbefugnis im Besteuerungsverfahren zu entsprechen, in einem Spannungsverhältnis zu der Rechtsprechung des Bundesfinanzhofs, wonach die Selbstbelastungsfreiheit vorrangig ein strafprozessuales Prinzip ist (vgl. → Rn. 5), dem nicht im Besteuerungs-, sondern im Steuerstrafverfahren Rechnung zu tragen ist (vgl. → Rn. 25). Der Bundesgerichtshof zeigt gleichwohl einen verfassungsrechtlich gangbaren Weg auf, der insbesondere für die Besteuerung auch **kein strukturelles Vollzugsdefizit**[143] besorgen lässt.[144] Der Verweigerung der Mitwirkung im Besteuerungsverfahren unter Hinweis auf das Zwangsmittelverbot lässt die Möglichkeit der Schätzung von Besteuerungsgrundlagen (vgl. → Rn. 22 ff.) bzw. der Nichtaner-

---

[138] Vgl. → § 30 Rn. 39 f.
[139] BGH 2.12.2005 – 5 StR 119/05, BGHSt 50, 299 = NStZ 2007, 341, unter III.3.b.aa.; zuvor bereits BGH 5.5.2004 – 5 StR 139/03, wistra 2004, 391, unter II.1.b.; ähnlich *Reiß*, Besteuerungsverfahren und Strafverfahren, S. 243 ff.; *Streck* DStJG 6, 217 (229); krit. *Salditt* DStJG 38, 277 (290).
[140] Dazu BFH 14.7.2008 – VII B 92/08, BFHE 220, 348 = BStBl. II 2008, 850 = NJW 2008, 3517; *Beermann/Gosch/Seipl* Rn. 150 ff.
[141] BGH 2.12.2005 – 5 StR 119/05, BGHSt 50, 299 = NStZ 2007, 341, unter III.3.b.bb.; zuvor bereits BGH 5.5.2004 – 5 StR 139/03, wistra 2004, 391, unter II.1.b.
[142] So auch BGH 16.4.2014 – 1 StR 516/13, NJW 2014, 1975 Rn. 35; aA *Werder/Rudolf* DB 2014, 3094 (3098 f.).
[143] Vgl. BVerfG 9.3.2004 – 2 BvL 17/02, BVerfGE 110, 94.
[144] AA *Wulf* wistra 2006, 89 (95); *Reiter*, Nemo tenetur se ipsum prodere, S. 277.

kennung von Ausgaben (§ 160 Abs. 1 S. 1)[145] unberührt. Eine massenhafte missbräuchliche Berufung auf das vom Bundesgerichtshof angenommene Zwangsmittelverbot ist daher nicht zu erwarten.

69 Allein die Verweigerung der Mitwirkung, gegebenenfalls in Verbindung mit dem Hinweis auf ein Zwangsmittelverbot wegen einer möglichen Selbstbelastung, führt auch noch nicht dazu, dass der Steuerpflichtige die Verfolgung wegen einer Nichtsteuerstraftat besorgen müsste. Zwar sieht die Finanzverwaltung im Rahmen einer Außenprüfung eine offensichtliche Verzögerungstaktik des Steuerpflichtigen als **Anhaltspunkt für die Durchführung eines Strafverfahrens.**[146] Selbst wenn aufgrund lückenhafter oder unglaubwürdiger Erklärungen im Besteuerungsverfahren offenkundig ist, dass der Steuerpflichtige Sachverhalte verheimlichen will, lässt dies aber noch nicht den Schluss auf eine derart schwerwiegende nichtsteuerliche Straftat zu, dass ein zwingendes öffentliches Interesse (§ 30 Abs. 4 Nr. 5) die Unterrichtung der Staatsanwaltschaft gebieten würde.

70 cc) **Verfassungskonforme Auslegung.** Die vom Bundesgerichtshof erwogene Einschränkung der Zwangsmittelbefugnis im Besteuerungsverfahren findet allerdings im Gesetz keine Grundlage. Die Ausnahme vom Verwendungsverbot lässt sich auch ohne eine solche Einschränkung verfassungskonform auslegen. Bei verfassungskonformer Auslegung ist ein zwingendes öffentliches Interesse (§ 393 Abs. 2 S. 2) an einer Verwertung von Tatsachen und Beweismitteln zur Verfolgung von Nichtsteuerstraftaten nur insoweit anzunehmen, als sie **nicht durch erzwingbare selbstbelastende Aussagen ermittelt** wurden.

71 Die Prüfung eines zwingenden öffentlichen Interesses[147] ist begrifflich nicht auf eine Gegenüberstellung von Strafverfolgungsinteresse und Steuergeheimnis beschränkt, sondern setzt eine Gesamtschau aller betroffenen Rechtsgüter und damit gegebenenfalls auch der Selbstbelastungsfreiheit voraus. Eine Mißachtung der Selbstbelastungsfreiheit würde die Menschenwürde (Art. 1 GG), die Rechtsstaatlichkeit der Strafverfolgung (Art. 20 Abs. 3 GG) und das Vertrauen der Allgemeinheit in die Wahrung dieser Grundsätze verletzen. Sofern auch die Selbstbelastungsfreiheit berührt ist, lässt daher die **absolute Geltung der Selbstbelastungsfreiheit** selbst bei schweren Straftaten das Strafverfolgungsinteresse zurücktreten.

72 Zwar verweist § 393 Abs. 2 S. 2 für den Begriff des zwingenden öffentlichen Interesses auf § 30 Abs. 4 Nr. 5, wo zumindest nach hiesiger Auffassung[148] die Selbstbelastungsfreiheit nicht betroffen ist. Insofern besteht ein Unterschied zwischen dem zwingenden öffentlichen Interesse nach § 393 Abs. 2 S. 2 iVm § 30 Abs. 4 Nr. 5 und bei unmittelbarer Anwendung des § 30 Abs. 4 Nr. 5. Ein **unterschiedliches Verständnis des zwingenden öffentlichen Interesses** ist aber gerechtfertigt, da § 30 Abs. 4 Nr. 5 nur die Offenbarung, § 393 Abs. 2 S. 2 die strafrechtliche Verwendung betrifft und damit funktionelle Unterschiede zwischen beiden Vorschriften bestehen.[149]

73 Die Prüfung der Selbstbelastungsfreiheit im Rahmen des öffentlichen Interesses entspricht dem Wesen der **Selbstbelastungsfreiheit als vorrangig strafprozessuales Prinzip**, da sie die damit zusammenhängenden Fragen dem Strafverfahren zuordnet. Sie wahrt die verfassungsrechtlichen Vorgaben, da eine Verurteilung aufgrund erzwingbarer selbstbelastender Aussagen ausgeschlossen ist.

74 **3. Verwendung von Erkenntnissen aus Strafverfahren im Besteuerungsverfahren.** Abs. 3 betrifft die Verwertung von Erkenntnissen aus Strafverfahren im Besteuerungsverfahren. Von Bedeutung ist dabei insbesondere Abs. 3 Satz 2 betreffend Erkenntnisse, die

---

[145] Siehe zu Rechtsnatur und Zweck des § 160 AO zB Hübschmann/Hepp/Spitaler/*Schuster* § 160 Rn. 3 ff., mwN.
[146] Gleichlautender Erlass zu Anwendungsfragen zu § 10 Abs. 1 BpO vom 31.8.2009, BStBl. I 2009, 829.
[147] Vgl. → § 30 Rn. 37.
[148] → § 30 Rn. 3, 39 f.
[149] Vgl. → § 30 Rn. 41, mwN.

dem Brief-, Post- und Fernmeldegeheimnis unterliegen und durch **Telekommunikationsüberwachung** gewonnen wurden.

a) Allgemeines. Abs. 3 Satz 1, wonach Erkenntnisse aus dem Steuerstrafverfahren auch 75 im Besteuerungsverfahren verwendet werden dürfen, hat nur klarstellende Bedeutung.[150] Die **wechselseitige Verwendbarkeit** von Erkenntnissen aus Besteuerungsverfahren und Steuerstrafverfahren ergibt sich bereits aus § 30 Abs. 2 Nr. 1 Buchst. a und b, Abs. 4 Nr. 1. Mitteilungen der Strafverfolgungsbehörden an die Finanzbehörden über möglicherweise steuerrechtlich bedeutsame Erkenntnisse aus Strafverfahren sind grundsätzlich zulässig.[151]

Eigenständigen Regelungsgehalt könnte Abs. 3 Satz 1 insofern entfalten, als er seinem 76 Wortlaut nach die Verwendung im Besteuerungsverfahren auf im Strafverfahren rechtmäßig gewonnene Erkenntnisse beschränkt. Im Umkehrschluss wären im Strafverfahren rechtswidrig gewonnene Ergebnisse von der Verwendung im Besteuerungsverfahren ausgeschlossen. Dieser Umkehrschluss kann aber nicht gezogen werden.[152] Grundsätzlich führt sowohl im Strafverfahren[153] als auch im Besteuerungsverfahren[154] allein die **Rechtswidrigkeit der Beweiserhebung** noch nicht zu einem Beweisverwertungsverbot. Wenn nach Abs. 3 Satz 1 ein strengerer Maßstab gelten sollte, bedürfte es dafür besonderer Anhaltspunkte. Diese sind der Entwurfsbegründung aber nicht zu entnehmen.[155] Zudem folgen beide Verfahrensordnungen unterschiedlichen Grundsätzen, so dass auch die Auswirkungen von Verfahrensverstößen unterschiedlich zu beurteilen sein können.

Aufgrund der Eigenständigkeit von Besteuerungs- und Steuerstrafverfahren sind nach 77 ständiger Rechtsprechung Finanzbehörden und -gerichte nicht an die **tatsächliche Würdigung durch die Strafgerichte** gebunden.[156] Gleichwohl können sie sich die tatsächlichen Feststellungen eines Strafurteils zueigen machen, sofern nicht substantiierte Einwendungen erhoben und entsprechende Beweisangebote gemacht werden.[157] Entsprechendes gilt für den Inhalt eines Strafbefehls.[158]

Mit entsprechenden Einwendungen kann auch ein im Strafverfahren abgelehntes Geständnis erschüttert werden,[159] insbesondere wenn es auf einer verfahrensfehlerhaft zustandegekommenen **Verständigung im Strafverfahren** beruht.[160] Wird das Strafverfahren nach § 153a StPO eingestellt, ist dadurch zwar die Unschuldsvermutung nach Art. 6 Abs. 2 EMRK unberührt,[161] die Feststellung einer Steuerhinterziehung durch Finanzbehörden und -gerichte aufgrund eigener Prüfung aber nicht ausgeschlossen.[162]

b) Erkenntnisse aus Telekommunikationsüberwachung. Die Verwertung von 79 Erkenntnissen aus der Telekommunikationsüberwachung im Strafverfahren für das Besteue-

---

[150] BT-Drs. 16/6290, 82.
[151] OLG Karlsruhe 2.10.2013 – 2 VAs 78/13, wistra 2013, 487; *Streck* DStJG 6, 218 (228); vgl. auch *Jesse* DB 2013, 1803 (1814).
[152] So auch Joecks/Jäger/Randt/*Joecks* Rn. 119; Klein/*Jäger* Rn. 62; *Jesse* DB 2013, 1803 (1814); aA Graf/Jäger/Wittig/*Bülte* Rn. 110; Beermann/Gosch/*Seipl* Rn. 158.3; *Wulf* wistra 2008, 321 (326).
[153] BGH 18.1.2011 – 1 StR 663/10, BGHSt 56, 183 = NJW 2011, 1377 Rn. 25.
[154] BFH 25.11.1997 – VIII R 4/94, BFHE 184, 255 = BStBl. II 1998, 461, unter II.2.d), e) und f), 4.10.2006 – VIII R 53/04, BFHE 215, 12 = BStBl. II 2007, 227 = NJW 2007, 2281, unter II.4.b.aa. und 4.12.2012 – VIII R 5/10, BFHE 239, 19 = BStBl. II 2014, 220 = NJW 2013, 1119 Rn. 18.
[155] BT-Drs. 16/6290, 82.
[156] ZB BFH 24.5.2013 – VII B 163/12, BFH/NV 2013, 1615 Rn. 14.
[157] BFH 10.1.1978 – VII R 106/74, BFHE 124, 305 = BStBl. II 1978, 311, 14.10.1999 – IV R 63/98, BFHE 190, 37 = BStBl. II 2001, 329, unter II.2.c., 7.3.2006 – X R 8/05, BFHE 212, 398 = BStBl. II 2007, 594 = NJW 2006, 2430, unter II.2., 6.11.2008 – IV B 126/07, BFHE 223, 294 = BStBl. II 2009, 156, unter II.2.c. und 24.9.2013 – XI B 75/12, wistra 2014, 107 Rn. 13, 19; *List* DB 2006, 469 (470); siehe auch BGH 10.12.2008 – 1 StR 322/08, BGHSt 53, 99 = NJW 2009, 381, unter III.
[158] BFH 2.12.2003 – VII R 17/03, BFHE 204, 380, unter 2.b.bb.
[159] BFH 30.7.2009 – VIII B 214/07, BFH/NV 2009, 1824.
[160] Vgl. BVerwG 14.3.2007 – 2 WD 3/06, BVerwGE 128, 189 = NJW 2007, 2936.
[161] BVerfG 16.1.1992 – 1 BvR 1326/90, NJW 1991, 1530, 6.12.1995 – 2 BvR 1732/95, NStZ-RR 1996, 168 und 16.5.2002 – 1 BvR 2257/01, wistra 2002, 380.
[162] *Pflaum* wistra 2010, 368 (369 f.).; aA *List* DB 2006, 469 (472).

rungsverfahren bedarf wegen des Gesetzesvorbehalts des Art. 10 Abs. 2 S. 1 GG einer besonderen gesetzlichen Grundlage.[163] Diese Grundlage sollte durch Abs. 3 geschaffen werden. Nach Abs. 3 Satz 2 sind dabei zwei Fallgruppen zu unterscheiden.

80 Die erste Fallgruppe betrifft Erkenntnisse aus eigenen rechtmäßigen Ermittlungsmaßnahmen der Finanzbehörden. Dies setzt voraus, dass die Finanzbehörden selbst Telekommunikationsüberwachung durchführen. Der Anwendungsbereich dieser Fallgruppe dürfte daher eng beschränkt sein.[164] Die zweite Fallgruppe erfasst Erkenntnisse, die nach den Vorschriften der Strafprozessordnung den Finanzbehörden im Wege der Auskunft zur Verfügung gestellt werden dürfen. Nach § 477 Abs. 2 S. 2 StPO ist dafür aber erforderlich, dass der Verdacht einer Steuerstraftat bestand, die ihrerseits eine **Katalogtat nach § 100a StPO** ist.[165] Einzelheiten ergeben sich aus den Erläuterungen zu § 100a StPO und § 477 StPO.

III. Reformvorhaben

81 Etwaige Änderungen des § 393 müssten die verfassungsrechtlichen Bezüge und die sich aus dem Grundsatz der **Selbstbelastungsfreiheit** ergebenden Vorgaben berücksichtigen. Der Gestaltungsspielraum des Gesetzgebers für eine Erweiterung behördlicher Befugnisse oder die Erleichterung der Verwertbarkeit aufgrund erzwingbarer Mitwirkungspflichten gewonnener Erkenntnisse ist daher sehr eng.

IV. Rechtsbehelfe

82 Aus Abs. 1 Satz 1 folgt, dass Rechtsverstöße innerhalb desjenigen Verfahrens geltend zu machen sind, in dem sie begangen wurden, und nach den für dieses Verfahren geltenden Vorschriften.[166] Daher ist **gegen Maßnahmen im Steuerstrafverfahren der ordentliche Rechtsweg,** nicht der Finanzrechtweg gegeben. Wird ein im Steuerstrafverfahren ergangener Durchsuchungsbeschluss nicht auf dem ordentlichen Rechtsweg angefochten oder bleibt die Anfechtung erfolglos, ist eine inzidente Überprüfung im Besteuerungsverfahren ausgeschlossen und für das Besteuerungsverfahren von der Rechtmäßigkeit der Maßnahmen auszugehen.[167] Der Anfechtung auf dem ordentlichen Rechtsweg bedarf es aber nicht, wenn nicht die Rechtswidrigkeit der Durchsuchung insgesamt geltend gemacht, sondern nur eine Einzelmaßnahme während der Fahndungsprüfung beanstandet wird.[168]

83 Gegen die Androhung und Anordnung von Zwangsmitteln im **Besteuerungsverfahren** ist der Einspruch (§ 347) statthaft und bei erfolglosem Einspruch der Finanzrechtweg (§ 33 FGO) eröffnet. Es kann zweckmäßig sein, Einspruch bzw. Klage mit einem Antrag auf Aussetzung der Vollziehung (§ 361 AO, § 69 FGO) zu verbinden.[169] Schätzungen im Besteuerungsverfahren können grundsätzlich nicht gesondert angefochten werden (§ 157 Abs. 2). Einwendungen gegen Schätzungen sind daher im Einspruchs- bzw. Klageverfahren gegen die Steuer-, Feststellungs- (§ 179 ff.) oder Messbescheide (§ 184) geltend zu machen, die aufgrund der beanstandeten Schätzung ergangen sind. Wegen der Rechtsschutzmöglichkeiten gegen die Weitergabe von Erkenntnissen durch die Finanzbehörden wird auf die Erläuterungen zu § 30 verwiesen.

---

[163] BFH 26.2.2001 – VII B 265/00, BFHE 194, 40 = BStBl. II 2001, 464 = NJW 2001, 2118, unter II.a.; siehe auch BFH 6.2.2013 – XI B 125/12, BFHE 239, 390 = BStBl. II 2013, 983 Rn. 34, mwN.
[164] So auch Beermann/Gosch/*Seipl* Rn. 158.7.
[165] BFH 24.4.2013 – VII B 202/12, BFHE 242, 289 = BStBl. II 2013, 987 = wistra 2013, 402 Rn. 8 ff.; Meyer-Mews DStR 2015, 204 (207).
[166] Vgl. BFH 23.1.2002 – XI R 10, 11/01, BFHE 198, 7 = BStBl. II 2002, 328 = NJW 2002, 2198, unter II.2.a.
[167] BFH 11.7.1979 – I B 10/79, BFHE 128, 170 = BStBl. II 1979, 704, 29.1.2002 – VIII B 91/01, BFH/NV 2002, 749 = wistra 2002, 350, 14.3.2006 – I B 198/04, BFH/NV 2006, 2078 und 15.4.2015 – VIII R 1/13, wistra 2015, 479 Rn. 47.
[168] BFH 24.10.2005 – II B 131/04, BFH/NV 2006, 476.
[169] Beermann/Gosch/*Seipl* Rn. 159.

Ein **strafprozessrechtliches Beweisverwertungsverbot** wegen eines Verstoßes gegen 84
§ 393 ist nach den allgemeinen strafprozessrechtlichen Regeln geltend zu machen. Insofern kann insbesondere auf die Erläuterungen zu §§ 136, 136a StPO verwiesen werden.

V. Revision

Das aus Verstößen gegen die Belehrungspflicht gemäß Abs. 1 Satz 4 folgende Verwer- 85
tungsverbot im Steuerstrafverfahren (vgl. → Rn. 38) ist im Revisionsverfahren mit der **Verfahrensrüge** geltend zu machen.[170] Insofern wird auf die Erläuterungen zu § 344 Abs. 2 StPO verwiesen.

§ 394 Übergang des Eigentums

¹Hat ein Unbekannter, der bei einer Steuerstraftat auf frischer Tat betroffen wurde, aber entkommen ist, Sachen zurückgelassen und sind diese Sachen beschlagnahmt oder sonst sichergestellt worden, weil sie eingezogen werden können, so gehen sie nach Ablauf eines Jahres in das Eigentum des Staates über, wenn der Eigentümer der Sachen unbekannt ist und die Finanzbehörde durch eine öffentliche Bekanntmachung auf den drohenden Verlust des Eigentums hingewiesen hat. ²§ 10 Abs. 2 Satz 1 des Verwaltungszustellungsgesetzes ist mit der Maßgabe anzuwenden, dass anstelle einer Benachrichtigung der Hinweis nach Satz 1 bekannt gemacht oder veröffentlicht wird. ³Die Frist beginnt mit dem Aushang der Bekanntmachung.

Schrifttum: *Hübner*, Reform des Steuerstrafrechts. Neuerungen – Atavismen, JR 1977, 68.

Übersicht

	Rn.		Rn.
I. Überblick	1, 2	2. Tatbestand	4–8
1. Normzweck	1	3. Ermessen	9
2. Anwendungsbereich	2	4. Rechtsfolgen	10
II. Erläuterung	3–10		
1. Verfassungsmäßigkeit	3	**III. Rechtsbehelfe**	11

I. Überblick

1. Normzweck. Die Vorschrift zielt nach der Vorstellung des historischen Gesetzgebers 1
auf die **Vereinfachung des Einziehungsverfahrens** in Fällen, in denen ein auf frischer Tat betroffener Schmuggler flüchtet und dabei Schmuggelgut zurücklässt.[1] Ob sie diesen Zweck erreicht, wird zum Teil angezweifelt.[2]

2. Anwendungsbereich. Die Vorschrift gilt ihrem Wortlaut nach für alle Steuerstrafta- 2
ten. Faktisch tritt der Fall, dass ein Steuerstraftäter flüchtet und dabei Sachen zurücklässt, die eingezogen werden können, am ehesten im **Zollstrafrecht** auf. Auch dort ist die praktische Bedeutung gering.[3]

II. Erläuterung

1. Verfassungsmäßigkeit. Von einer Auffassung im Schrifttum wird § 394 AO für 3
verfassungswidrig gehalten, da die Einziehung (§ 74 StGB) eine **strafähnliche Sanktion**

---
[170] BGH 16.6.2005 – 5 StR 118/05, NJW 2005, 2723, unter II.2.c.
[1] BT-Drs. 6/1982, 199, 7/79, 93.
[2] Vgl. Hübschmann/Hepp/Spitaler/*Hellmann* Rn. 15.
[3] Klein/*Jäger* Rn. 1.

sei, die nur von Gerichten ausgesprochen werden könne.⁴ Nach hiesiger Auffassung ist für die Eigenschaft als strafähnliche Sanktion nicht von Bedeutung, ob die Einziehung zusammen mit einer Hauptstrafe oder im selbständigen Verfahren (§ 76a StGB), sondern ob sie täterbezogen (§ 74 StGB) oder zu Sicherungszwecken (§ 74b StGB) ausgesprochen wird. Die täterbezogene Einziehung ist eine Strafe in Form einer gegenständlich spezifizierten Vermögensstrafe.⁵ Bei der gebotenen verfassungskonformen Auslegung des § 394 S. 1 AO ist daher das darin vorausgesetzte Ermessen der Finanzbehörde dahingehend gebunden, dass sie von der Möglichkeit der Einziehung nach dieser Vorschrift nur zu Sicherungszwecken Gebrauch machen darf.

4 **2. Tatbestand.** § 394 setzt zunächst voraus, dass ein Unbekannter bei einer Steuerstraftat (§ 369 Abs. 1) auf **frischer Tat betroffen** wurde, aber entkommen ist und dabei mitgeführte Sachen zurückgelassen hat. Auf frischer Tat betroffen ist er, wenn er bei Begehung der Tat oder unmittelbar danach am Tatort oder in dessen unmittelbarer Näher von einem Unbeteiligten unter Umständen beobachtet wurde, aus denen sich für den Beobachter zumindest der Anfangsverdacht einer Steuerstraftat ergibt. Bei dem Unbeteiligten muss es sich nicht um einen Amtsträger handeln. Ist der Täter bekannt, muss die Finanzbehörde nach § 435 StPO, § 401 AO vorgehen.⁶

5 Die zurückgelassenen Sachen müssen zudem **sichergestellt oder in Beschlag genommen** (§§ 94, 95 Abs. 2 StPO) worden sein, weil sie eingezogen werden können (§§ 111b, 111c StPO). Dies setzt die Einleitung eines Steuerstrafverfahrens voraus.⁷

6 Ob die **Voraussetzungen der Einziehung** vorliegen, richtet sich nach §§ 74 ff. StGB, § 375 Abs. 2 AO. Nach § 375 Abs. 2 AO können in Steuerstrafverfahren auch die Erzeugnisse, Waren und andere Sachen, auf die sich die Hinterziehung von Verbrauchsteuer oder Einfuhr- und Ausfuhrabgaben im Sinne des Artikels 4 Nr. 10 und 11 des Zollkodexes, der Bannbruch oder die Steuerhehlerei bezieht (§ 375 Abs. 2 S. 1 Nr. 1 AO, früher sog. Beziehungsgegenstände, nunmehr „Tatobjekte") und die Beförderungsmittel, die zur Tat benutzt worden sind (§ 375 Abs. 2 S. 1 Nr. 2 AO) eingezogen werden.⁸ Dabei gilt die Beschränkung des § 74 Abs. 3 StGB nicht (§ 375 Abs. 2 Satz 2 AO, § 74a StGB).

7 Nach hiesiger Auffassung liegen jedenfalls hinsichtlich zurückgelassener Tatobjekte regelmäßig die Voraussetzungen für eine **Einziehung zu Sicherungszwecken** nach § 74b StGB vor, so dass § 394 AO insoweit verfassungsgemäß ist (vgl. → Rn. 3). Zwar sind Tatobjekte grundsätzlich nicht von § 74b StGB erfasst.⁹ Es wäre aber mit dem Zweck der § 375 Abs. 2 S. 1 Nr. 1 AO, § 74b StGB unvereinbar, wenn Gegenstände, die nur durch Steuerhehlerei (§ 374 AO) in Verkehr gebracht werden könnten, nicht der Einziehung unterlägen. Dass Kraftfahrzeuge, bei denen unklar ist, ob sie erneut zur Begehung einer Steuerstraftat benutzt werden und in wessen Eigentum sie stehen, nicht nach § 375 Abs. 2 eingezogen werden können,¹⁰ steht der Sicherungseinziehung von Tatobjekten nicht entgegen.

8 § 394 setzt schließlich voraus, dass die Finanzbehörde durch eine **öffentliche Bekanntmachung** in Anlehnung an § 10 Abs. 2 VwZG (§ 394 S. 2) auf den drohenden Verlust des Eigentums hingewiesen hat und sich der Eigentümer nicht binnen eines Jahres gemeldet hat. Die Frist beginnt mit dem Aushang der Bekanntmachung (§ 394 S. 3).

---

⁴ Hübschmann/Hepp/Spitaler/*Hellmann* Rn. 5; *Hübner* JR 1977, 58 (62 f.); *Hellmann*, Neben-Strafverfahrensrecht, S. 71 ff.; aA Kohlmann/*Hilgers-Klautzsch* Rn. 6 f.; Joecks/Jäger/Randt/*Joecks* Rn. 3 f.; Graf/Jäger/Wittig/*Weyand* Rn. 2; offengelassen von Klein/*Jäger* Rn. 2.
⁵ OLG Celle 17.9.2008 – 31 Ss 21/08, wistra 2009, 35, unter 2.a.
⁶ Joecks/Jäger/Randt/*Joecks* Rn. 5 ff.
⁷ Klein/*Jäger* Rn. 8.
⁸ Siehe dazu BGH 23.7.2016 – 1 StR 204/16.
⁹ BayObLGSt 18.4.1963 – RR 4 St 44/63, BayObLGSt 1963, 106 (110); Graf/Jäger/Wittig/*Niesler* StGB § 74 Rn. 37.
¹⁰ BGH 31.10.1994 – 5 StR 608/94, wistra 1995, 30.

3. Ermessen. Das Gesetz bestimmt keine Rangfolge zwischen § 394 und den übrigen 9
Einziehungsverfahren. Das Vorgehen ist daher in das Ermessen der Finanzbehörde gestellt.
Soweit das Ermessen nicht durch verfassungsrechtliche Vorgaben gebunden ist (vgl.
→ Rn. 3), kann sich die Finanzbehörde von verwaltungsökonomischen Erwägungen leiten
lassen.

4. Rechtsfolgen. Unter den Voraussetzungen des § 394 tritt der Übergang des Eigen- 10
tums auf den Staat (§ 75 StGB) auch ohne gerichtliche Entscheidung ein. Das Schmuggelgut
kann dann vernichtet werden. Die Vorschrift **ersetzt das selbständige Verfahren** (§ 435
StPO, § 401 AO).

III. Rechtsbehelfe

Wenn sich der Eigentümer innerhalb eines Jahres nach der Bekanntmachung meldet, 11
sind ihm die Sachen herauszugeben, sofern nicht die Einziehung veranlasst wird. Im
Fall der nichtrichterlichen Beschlagnahme kann er eine **richterliche Entscheidung**
verlangen (§ 111j Abs. 2 StPO) und gegebenefalls mit der Beschwerde (§ 304 StPO)
anfechten. Wenn er seine Rechte im Einziehungsverfahren schuldlos nicht wahrnehmen
konnte, besteht die Möglichkeit des Nachverfahrens (§ 433 StPO). Dies gilt nach hiesiger
Auffassung entsprechend, wenn er sein Eigentum nicht innerhalb der Jahresfrist geltend
machen konnte.

§ 395 Akteneinsicht der Finanzbehörde

¹Die Finanzbehörde ist befugt, die Akten, die dem Gericht vorliegen oder im
Fall der Erhebung der Anklage vorzulegen wären, einzusehen sowie beschlagnahmte oder sonst sichergestellte Gegenstände zu besichtigen. ²Die Akten werden
der Finanzbehörde auf Antrag zur Einsichtnahme übersandt.

I. Überblick

Die Vorschrift eröffnet der Finanzbehörde Zugang zu den **Ergebnissen des steuerstraf-** 1
rechtlichen Ermittlungsverfahrens. Sie ist einschlägig, wenn und soweit die Finanzbehörde das Ermittlungsverfahren nicht selbständig (§ 386 Abs. 2, § 399 Abs. 1) geführt hat.[1]
In diesen Fällen ermöglicht § 395 der Finanzbehörde, ihre Rechte im Ermittlungsverfahren
der Staatsanwaltschaft (§ 403 Abs. 3, 4) und im gerichtlichen Verfahren (§ 407 Abs. 1 AO)
wahrzunehmen. Die Finanzbehörde hat zudem Gelegenheit, die Ermittlungsergebnisse für
steuerliche Zwecke auszuwerten (vgl. § 393 Abs. 3).[2]

II. Erläuterung

Das Akteneinsichts- und Besichtigungsrecht der Finanzbehörde setzt lediglich voraus, 2
dass ein **Steuerstrafverfahren anhängig** ist und ist an keine weiteren Voraussetzungen
gebunden. Es hängt weder von Verhältnismäßigkeits- noch von Zweckmäßigkeitsgesichtspunkten ab. Ob sich das Strafverfahren daneben auch auf Nichtsteuerstraftaten bezieht, ist
unerheblich. Das Akteneinsichts- und Besichtigungsrecht kann grundsätzlich jederzeit und
auch wiederholt wahrgenommen werden. Es darf allerdings nicht missbräuchlich oder in
einer Art und Weise ausgeübt werden, die zu nicht mehr hinnehmbaren Verfahrensverzögerungen führt.[3]

Das Akteneinsichtsrecht gilt für die **Akten, die dem Gericht vorliegen** oder vorzule- 3
gen wären. Der Wortlaut des § 395 entspricht insoweit dem Wortlaut des § 147 Abs. 1 StPO.
Die Finanzbehörde hat Akteneinsicht im gleichen Umfang wie der Verteidiger, ist allerdings

---
[1] BT-Drs. 6/1982, 199, 7/79, 93.
[2] AStBV(St) 2017 Nr. 92 Abs. 3; BT-Drs. 5/1812, 33.
[3] Joecks/Jäger/Randt/*Lipsky* Rn. 6.

nicht den Beschränkungen gemäß § 147 Abs. 2 StPO unterworfen.[4] Vom Einsichtsrecht erfasst sind daher die Ermittlungsakten der Staatsanwaltschaft sowie die bei Gericht selbst angelegten, insbesondere auch beigezogenen Akten. Von der Akteneinsicht ausgeschlossen sind die Handakten der Staatsanwaltschaft sowie gerichtsinterne Aufzeichnungen, die dem Beratungsgeheimnis unterliegen. Weitere Einzelheiten ergeben sich aus den Erläuterungen zu § 147 StPO.

4 Nach Satz 2 hat die Finanzbehörde Anspruch auf **Übersendung der Akten zur Einsichtnahme**. Anders als in § 147 Abs. 4 StPO ist der Staatsanwaltschaft bzw. dem Gericht insofern kein Ermessen eröffnet. Im Umkehrschluss besteht kein Anspruch auf Übersendung beschlagnahmter oder sonst sichergestellter Gegenstände, sofern sie sich nicht bei den Akten befinden.[5]

5 Die **Entscheidung** über die Gewährung der Akteneinsicht trifft im vorbereitenden Verfahren und nach rechtskräftigem Abschluss des Verfahrens die Staatsanwaltschaft, im Übrigen der Vorsitzende des mit der Sache befassten Gerichts. Insofern gilt § 147 Abs. 5 S. 1 StPO entsprechend.

6 Die Rechte aus § 395 lassen **anderweitige Einsichts- und Besichtigungsrechte** unberührt. Die Staatsanwaltschaft ist daher verpflichtet, dem für die Durchführung des Besteuerungsverfahrens zuständigen Finanzamt gegebenenfalls auch im Wege der Amtshilfe Akteneinsicht in beschlagnahmte Unterlagen zu gewähren, wenn dies für Zwecke des Besteuerungsverfahrens erforderlich ist.[6]

III. Rechtsbehelfe

7 Die **Versagung der Akteneinsicht** durch die Staatsanwaltschaft im Ermittlungsverfahren kann von der Finanzbehörde nur mit der Dienstaufsichtsbeschwerde angefochten werden. Im Zwischen- und Hauptverfahren ist die Beschwerde (§ 304 StPO) gegeben. Der Beschuldigte muss über den Antrag auf Akteneinsicht nicht informiert werden, er kann weder die Gewährung noch eine mögliche Versagung anfechten.[7]

§ 396 Aussetzung des Verfahrens

(1) Hängt die Beurteilung der Tat als Steuerhinterziehung davon ab, ob ein Steueranspruch besteht, ob Steuern verkürzt oder ob nicht gerechtfertigte Steuervorteile erlangt sind, so kann das Strafverfahren ausgesetzt werden, bis das Besteuerungsverfahren rechtskräftig abgeschlossen ist.

(2) Über die Aussetzung entscheidet im Ermittlungsverfahren die Staatsanwaltschaft, im Verfahren nach Erhebung der öffentlichen Klage das Gericht, das mit der Sache befasst ist.

(3) Während der Aussetzung des Verfahrens ruht die Verjährung.

Schrifttum: *Bernsmann*, Die Aussetzung des Strafverfahrens nach § 396 AO – missverstanden oder überflüssig: Eine Skizze, FS Kohlmann, 2003, 377; *Gast-de Haan*, Steuerverfehlungen als Grundlage von steuerlichen und anderen Verwaltungseingriffen, DStJG 6, 185; *Gehm*, Die Aussetzung des Steuerstrafverfahrens gemäß § 396 AO, NZWiSt 2012, 244; *Harms/Heinen*, Causa finita? Steuerrecht im Spannungsfeld der Gerichtsbarkeiten, FS Spindler, 2011, 429; *Jesse*, Das Nebeneinander von Besteuerungs- und Steuerstrafverfahren, DB 2013, 1803; *Kohlmann*, Über Abhängigkeiten des Steuerstrafrechts vom Steuerrecht, FS Kohlmann, 2003, 555; *List*, Das Verhältnis von Strafverfahren und Besteuerungsverfahren (§ 393 AO) in verfassungsrechtlicher Sicht, DB 2006, 469; *Mellinghoff*, Grundsätze und Grenzen im Besteuerungs- und Steuerstrafverfahren, Stbg 2014, 97; *Weckerle*, Steuerstrafrechtliche Verantwortung des Beraters, DStJG 38, 171; *Wenzel*, Das Verhältnis von Steuerstraf- und Besteuerungsverfahren, Dissertation Bayreuth, 2003.

---

[4] Joecks/Jäger/Randt/*Lipsky* Rn. 7.
[5] Joecks/Jäger/Randt/*Lipsky* Rn. 12.
[6] OLG Karlsruhe 2.10.2013 – 2 VAs 78/13, wistra 2013, 487.
[7] Beermann/Gosch/*Seipl* Rn. 14.

Übersicht

	Rn.		Rn.
I. Überblick	1–4	3. Folgen der Aussetzung	26–30
1. Normzweck	1	a) Dauer der Aussetzung	26
2. Anwendungsbereich	2, 3	b) Ruhen der Verjährung	27–29
3. Rechtstatsachen	4	c) Abschluss des Besteuerungsverfahrens	30
II. Erläuterung	5–37	4. Andere Aussetzungsvorschriften	31–37
1. Vorfragenkompetenz von Staatsanwaltschaft und Gericht	5	a) Aussetzung des Steuerstrafverfahrens	31–35
2. Entscheidung über die Aussetzung	6–25	b) Aussetzung des Besteuerungsverfahrens	36, 37
a) Möglichkeit der Aussetzung	7–16	**III. Reformvorhaben**	38
b) Ermessensentscheidung	17–24	**IV. Rechtsbehelfe**	39–41
c) Form der Entscheidung	25	**V. Revision**	42

I. Überblick

1. Normzweck. Nach § 396 ermöglicht die Aussetzung des Steuerstrafverfahrens bis zum Abschluss des auf den gleichen Sachverhalt bezogenen Besteuerungsverfahrens. Wegen der Anknüpfung des Steuerstrafrechts an das Steuerrecht ist der Streitstoff beider Verfahren teilweise identisch.[1] Vor diesem Hintergrund bezweckt § 396, **widersprüchliche Entscheidungen** über den gleichen Sachverhalt zu vermeiden.[2]

2. Anwendungsbereich. Wie sich aus Abs. 2 ergibt, gilt die Vorschrift in allen Abschnitten des Steuerstrafverfahrens. Sie setzt aber voraus, dass es auf die **Beurteilung der Tat als Steuerhinterziehung** ankommt. Dies ist der Fall, wenn Gegenstand des Steuerstrafverfahrens der Vorwurf der **Steuerhinterziehung** (§ 370) oder des Schmuggels (§ 373) als selbständiger Qualifikationstatbestand der Steuerhinterziehung ist. In anderen Steuerstrafverfahren ist § 396 nicht einschlägig.[3]

Im Bußgeldverfahren wegen Steuerordnungswidrigkeiten findet die Norm **entsprechende Anwendung** (§ 410 Nr. 5). Dies betrifft Bußgeldverfahren wegen leichtfertiger Steuerverkürzung (§ 378). Soweit das Steuerstrafverfahrensrecht auf die Verfolgung von Straftaten bezüglich anderer Leistungen entsprechende Anwendung findet (§ 385 Abs. 2), ermöglicht § 396 die Klärung der materiellen Leistungsberechtigung.[4]

3. Rechtstatsachen. Die Norm hat nach überwiegender Darstellung nur **geringe praktische Bedeutung**. Von der Möglichkeit zur Aussetzung wird danach selten Gebrauch gemacht.[5] Gleichwohl sind bisher nur wenige Fälle bekannt geworden, in denen es nach unterbliebener Aussetzung gemäß § 396 zu widersprüchlichen Entscheidungen kam.[6]

II. Erläuterung

1. Vorfragenkompetenz von Staatsanwaltschaft und Gericht. Staatsanwaltschaft und Gericht (§ 17 Abs. 2 S. 1 GVG, § 262 Abs. 1 StPO analog[7]) haben im Steuerstrafverfahren **volle Vorfragenkompetenz**. Steuerstrafsachen sind den ordentlichen Gerichten zugewiesen

---

[1] Vgl. → § 386 Rn. 4.
[2] BayObLG 3.3.2004 – 4 St RR 8/04, BayObLGSt 2004, 21, unter 1.; Joecks/Jäger/Randt/*Jäger* Rn. 6; *Hellmann*, Neben-Strafverfahrensrecht, S. 57; *Gast-de Haan* DStJG 6, 187 (195); *List* DB 2006, 469 (470); differenzierend Kohlmann/*Schauf* Rn. 14.
[3] Joecks/Jäger/Randt/*Jäger* Rn. 11 f.; Graf/Jäger/Wittig/*Weyand* Rn. 6; *Gehm* NZWiSt 2012, 244 (245).
[4] *Gehm* NZWiSt 2012, 244 (245); *Hellmann*, Neben-Strafverfahrensrecht, S. 57.
[5] Joecks/Jäger/Randt/*Jäger* Rn. 10; Kohlmann/*Schauf* Rn. 17; dagegen *Jesse* DB 2013, 1803 (1808).
[6] *Harms/Heinen* FS Spindler, 2011, 429 (435 ff.); vgl. auch BGH 10.12.2008 – 1 StR 322/08, BGHSt 53, 99 = NJW 2009, 381, unter III. einerseits, BFH 6.11.2008 – IV B 126/07, BFHE 223, 294 = BStBl. II 2009, 156, unter II.2.c. andererseits.
[7] Joecks/Jäger/Randt/*Jäger* Rn. 16.

(§ 13 GVG), nicht den Finanzgerichten (§ 33 Abs. 3 FGO). Die Gerichte sind unabhängig und nur dem Gesetz unterworfen (Art. 20 Abs. 3, Art. 97 Abs. 1 GG, § 1 GVG). Sie sind daher hinsichtlich der steuerrechtlichen Beurteilung grundsätzlich (siehe aber → Rn. 31 ff.) nicht an die Sachbehandlung im Besteuerungsverfahren oder die Rechtsprechung der Finanzgerichte gebunden. Die Möglichkeit zur Aussetzung gemäß § 396 bestätigt im Umkehrschluss diese Vorfragenkompetenz, da es ansonsten einer solchen Aussetzung nicht bedürfte.[8]

6 **2. Entscheidung über die Aussetzung.** Eine Aussetzung des Steuerstrafverfahrens ist nur unter den gesetzlich geregelten Bedingungen möglich. Ob es im Einzelfall unter diesen Bedingungen ausgesetzt wird, ist allerdings eine **Ermessensentscheidung.** Auch ist eine Aussetzung rein begrifflich nur denkbar, wenn ein Steuerstrafverfahren eingeleitet ist. § 396 AO rechtfertigt daher nicht, wegen steuerrechtlicher Unklarheiten von der Einleitung eines Steuerstrafverfahrens abzusehen.

7 **a) Möglichkeit der Aussetzung. aa) Zuständigkeit.** Die Zuständigkeit für die Entscheidung über die Aussetzung richtet sich nach dem Stand des Verfahrens: bis zur Anklageerhebung entscheidet die Staatsanwaltschaft, danach das dann zuständige Gericht (Abs. 2). Gericht in diesem Sinne ist auch ein Rechtsmittelgericht. Die Möglichkeit zur Aussetzung im Ermittlungsverfahren dient der Verfahrensökonomie. Sie gilt in Verbindung mit § 386 Abs. 2, § 399 Abs. 1 auch für die Finanzbehörde, wenn diese das Ermittlungsverfahren selbständig führt.[9]

8 **bb) Entscheidungserheblichkeit nicht geklärter steuerrechtlicher Fragen.** Der Wortlaut des Gesetzestatbestands ist missverständlich. Die Beurteilung einer Tat als vollendete Steuerhinterziehung hängt immer davon ab, ob Steuern verkürzt oder ob nicht gerechtfertigte Steuervorteile erlangt sind, und damit mittelbar davon, ob ein Steueranspruch besteht. Seinem Zweck nach gilt § 396 aber nur, wenn nach vorläufiger rechtlicher Würdigung des im Steuerstrafverfahren ermittelten Lebenssachverhalts unter strafrechtlichen Gesichtspunkten die Beantwortung bisher nicht geklärter steuerrechtlicher Fragen in dem einen oder anderen Sinne über **Strafbarkeit oder Straffreiheit** entscheidet.[10]

9 Wann eine steuerrechtliche Frage im vorgenannten Sinne **noch nicht geklärt** ist, lässt sich nicht abstrakt, sondern nur einzelfallbezogen entscheiden.[11] Eine höchstrichterlich geklärte Rechtsfrage wird nicht schon dadurch wieder strittig, dass die höchstrichterliche Rechtsprechung kritisiert wird, wenn nicht zugleich beachtliche neue Argumente vorgebracht werden.[12] In ähnlicher Weise belegt der Umstand, dass ein Finanzgericht wegen einer materiell-rechtlichen Frage (§ 115 Abs. 2 Nr. 1, 2 FGO) die Revision zum Bundesfinanzhof zugelassen hat, den Klärungsbedarf nur insoweit als er sich aus den Entscheidungsgründen ergibt. Wenn keine beachtlichen neuen Gründe vorgebracht werden, begründet das Abweichen eines Finanzgerichts von gefestigter Rechtsprechung des Bundesfinanzhofs ebensowenig (erneuten) Klärungsbedarf[13] wie die Nichtanwendung von Rechtsprechungsgrundsätzen über den Einzelfall hinaus durch die Finanzverwaltung.[14] Auch ohne höchstrichterliche Entscheidung können Rechtsfragen als geklärt gelten, wenn die Rechtslage eindeutig ist.[15]

---

[8] BVerfG 15.10.1990 – 2 BvR 385/87, NJW 1992, 35, unter II.2.a.; BayObLG 3.3.2004 – 4 St RR 8/04, BayObLGSt 2004, 21, unter 1.; OLG Zweibrücken 14.9.2009 – 1 Ws 108/09, wistra 2009, 488; *Harms/Heinen* FS Spindler, 2011, 429 (431); *Hellmann*, Neben-Strafverfahrensrecht, S. 58; aA *Bernsmann* FS Kohlmann, 2003, 377 (380 f., 383).
[9] BT-Drs. 6/1982, 199, 7/79, 93.
[10] BT-Drs. 6/1982, 199, 7/79, 93; Joecks/Jäger/Randt/*Jäger* Rn. 26; Graf/Jäger/Wittig/*Weyand* Rn. 14; *Hellmann*, Neben-Strafverfahrensrecht, S. 60.
[11] Ähnlich *Hellmann*, Neben-Strafverfahrensrecht, S. 126.
[12] Vgl. BFH 12.6.1996 – IV B 133/95, BFHE 180, 450 = BStBl. II 1997, 82, 8.11.2007 – IV B 171/06, BFHE 220, 1 = BStBl. II 2008, 380 und 18.3.2010 – IX B 227/09, BFHE 229, 177 = BStBl. II 2010, 627.
[13] Vgl. Niedersächsisches FG 20.3.2013 – 7 K 223/10, 7 K 224/10, DStRE 2014, 481 und in der Folge BFH 4.12.2014 – II R 22/13, BFH/NV 2015, 521, insbesondere unter II.2.
[14] Vgl. BMF 15.2.2010, BStBl. I 2010, 181 und in der Folge BFH 18.3.2010 – IX B 227/09, BFHE 229, 177 = BStBl. II 2010, 627, unter 1.b.
[15] Vgl. BFH 6.5.2004 – V B 101/03, BFHE 205, 416 = BStBl. II 2004, 748.

Die Klärung tatsächlicher Unklarheiten des Steuerstrafverfahrens im Besteuerungsverfahren ist schon wegen der unterschiedlichen Verfahrensordnungen und Beweisvorschriften nicht möglich, dementsprechend scheidet auch eine Aussetzung zu diesem Zweck aus.[16] Daneben ist aber auch eine Aussetzung zur Klärung rechtlicher Fragen hinsichtlich des **subjektiven Tatbestands der Steuerhinterziehung** ausgeschlossen.[17] 10

Nach überwiegender Auffassung im Schrifttum ist auch eine Aussetzung zur Klärung der **Höhe der verkürzten Steuer** nicht zulässig.[18] Die Höhe der verkürzten Steuer zählt nicht zu den in Abs. 1 ausdrücklich genannten steuerrechtlichen Vorfragen. Gleichwohl sind, sofern eine Steuerverkürzung aufgrund Festsetzung der Steuer nicht in voller Höhe (§ 370 Abs. 4 S. 1 Hs. 1 Alt. 2) in Rede steht, die Steuerverkürzung dem Grunde und der Höhe nach regelmäßig von den gleichen steuerrechtlichen Vorfragen abhängig. 11

Es sind auch Sachverhalte denkbar, in denen ein Sockelbetrag als verkürzt feststeht und die Beantwortung ungeklärter steuerrechtlicher Fragen in dem einen oder anderen Sinne darüber entscheidet, ob sich dieser Betrag noch erhöht oder nicht. Bei einer **am Normzweck orientierten Auslegung** des § 396 ist in diesen Fällen eine Aussetzung möglich. Das gleiche gilt, wenn eine Steuerhinterziehung tateinheitlich (§ 52 StGB)[19] mehrere Steuerarten oder Besteuerungszeiträume betrifft und die ungeklärten steuerrechtlichen Fragen nicht für alle Steuerarten und Besteuerngszeiträume entscheidungserheblich sind.[20] Ausgeschlossen bleibt aber eine Aussetzung, durch die lediglich die rein rechnerische Ermittlung der Höhe der verkürzten Steuer[21] in das Besteuerungsverfahren verlagert werden soll. 12

cc) Anhängigkeit des Besteuerungsverfahrens. Die Aussetzung bis zum **rechtskräftigen Abschluss des Besteuerungsverfahrens** setzt begrifflich voraus, dass das Besteuerungsverfahren anhängig und noch nicht rechtskräftig abgeschlossen ist. Solange nicht absehbar ist, ob es überhaupt zu einem Besteuerungsverfahren kommt, oder wenn das Ergebnis des Besteuerungsverfahrens schon bekannt ist, fehlt es schon am Bedürfnis für die Aussetzung.[22] 13

Das Besteuerungsverfahren ist rechtskräftig abgeschlossen, wenn die letzte im Besteuerungsverfahren ergangene Entscheidung nicht mehr anfechtbar ist.[23] Dies ist spätestens mit einer abschließenden Entscheidung des Bundesfinanzhofs der Fall. Die **Verfassungsbeschwerde** als außerordentlicher Rechtsbehelf hemmt nicht den Eintritt der Rechtskraft.[24] Wird ein im Besteuerungsverfahren ergangener Verwaltungsakt (Ausgangsbescheid oder Einspruchsentscheidung) nicht in zulässiger Weise angefochten oder auf Rechtsmittel verzichtet und erlangt er demzufolge Bestandskraft, ist auch dies ein rechtskräftiger Abschluss im Sinne des § 396. 14

Kein rechtskräftiger Abschluss in diesem Sinne sind die **Aussetzung und das Ruhen des Besteuerungsverfahrens** (§ 363 AO, § 74 FGO).[25] Sofern nicht absehbar ist, dass das Besteuerungsverfahren alsbald fortgesetzt wird, ist eine Aussetzung des Steuerstrafverfahrens in diesen Fällen aber regelmäßig nicht sachdienlich und daher ermessensfehlerhaft. Dies 15

---

[16] Ebenso *Gehm* NZWiSt 2012, 244 (248); *Harms/Heinen* FS Spindler, 2011, 429 (433 f.).
[17] *Kohlmann/Schauf* Rn. 45; vgl. bereits RG 6.2.1934 – 1 D 396/32, RGSt 68, 45 (52).
[18] Hübschmann/Hepp/Spitaler/*Hellmann* Rn. 30, 53; Joecks/Jäger/Randt/*Jäger* Rn. 28; Beermann/Gosch/*Seipl* Rn. 15; Graf/Jäger/Wittig/*Weyand* Rn. 18.
[19] Vgl. zu den Voraussetzungen BGH 21.3.1985 – 1 StR 583/84, BGHSt 33, 163 = NJW 1985, 1967 und 19.8.2009 – 1 StR 206/09, NStZ 2010, 339, unter II., jeweils mwN.
[20] IE ebenso *Gehm* NZWiSt 2012, 244 (248).
[21] Vgl. BGH 6.6.1973 – 1 StR 82/72, NJW 1973, 1562 (1565, unter C.I.5.d.).
[22] Vgl. BGH 28.1.1987 – 3 StR 373/86, BGHSt 34, 272 = NJW 1987, 1274, unter A.1.
[23] Joecks/Jäger/Randt/*Jäger* Rn. 25; Hübschmann/Hepp/Spitaler/*Lange* FGO § 110 Rn. 15 f.
[24] BVerfG 18.1.1996 – 1 BvR 2116/94, BVerfGE 93, 381 = NJW 1996. 1736, unter B.; BFH 26.10.2001 – IV S 14/01, BFH/NV 2002, 501 und 15.10.2003 – X B 82/03, BFH/NV 2004, 671, unter II.1.c.; Joecks/Jäger/Randt/*Jäger* Rn. 25; aA Kohlmann/*Schauf* Rn. 41.
[25] Vgl. LG Augsburg 26.4.2007 – 10 KLs 509 Js 103192/03, wistra 2007, 272; aA Graf/Jäger/Wittig/*Weyand* Rn. 9.

gilt insbesondere dann, wenn das Besteuerungsverfahren seinerseits bis zum Abschluss des Steuerstrafverfahrens ausgesetzt ist.[26]

16 Zwischen dem auszusetzenden Steuerstrafverfahren und dem abzuwartenden Besteuerungsverfahren muss zwar **Sachverhalts-, aber keine Personenidentität**[27] bestehen. Erforderlich, dass sich beide Verfahren auf die gleiche Tat im Sinne des § 264 StPO beziehen. Dass es sich um vergleichbare Sachverhalte handelt, in denen sich die gleichen steuerrechtlichen Fragen stellten, ist nicht ausreichend.[28] Schon der Wortlaut des Gesetzes legt mit der Bezugnahme auf „das Besteuerungsverfahren" nahe, dass das Steuerstrafverfahren nur im Hinblick auf ein bestimmtes Besteuerungsverfahren, das mit ihm in unmittelbarem Zusammenhang steht, ausgesetzt werden darf. Dass Sachverhaltsidentität erforderlich, aber auch ausreichend ist, ergibt sich aber vor allem aus dem Zweck der Regelung, widersprüchliche Entscheidungen bezüglich des gleichen Sachverhalts zu verhindern.

17 **b) Ermessensentscheidung. aa) Allgemeines.** Auch wenn die vorgenannten Bedingungen erfüllt sind, ist der Staatsanwaltschaft bzw. dem Gericht bei der Entscheidung über die Aussetzung ein Ermessensspielraum eröffnet („kann"). Wenn die Strafbarkeit von schwierigen nicht geklärten steuerrechtlichen Fragen abhängt, muss die Staatsanwaltschaft bzw. das Gericht die Aussetzung von Amts wegen prüfen.[29] Der Beschuldigte kann die Aussetzung zwar beantragen,[30] hat aber auch dann nur einen **Anspruch auf fehlerfreie Ermessensausübung**. Es besteht weder ein Anspruch auf die Aussetzung noch kommt es zu einer Ermessensreduzierung auf Null.[31]

18 Im Rahmen dieser Ermessensausübung muss die Staatsanwaltschaft bzw. das Gericht vom **Normzweck** (vgl. → Rn. 1) ausgehen und alle für die Aussetzung bedeutsamen Gesichtspunkte des Einzelfalles abwägen.[32] Dabei zeigt die Ausgestaltung des § 396 AO als Ermessensvorschrift, dass nach der Vorstellung des Gesetzgebers allein die nie auszuschließende Möglichkeit einer unterschiedlichen Beurteilung der Steuerrechtslage im Steuerstrafverfahren und im Besteuerungsverfahren für die Aussetzung nicht ausreicht.[33]

19 Eine Aussetzung ist regelmäßig nicht geboten, wenn die Staatsanwaltschaft bzw. das Gericht sich zwar der Möglichkeit der Aussetzung bewusst sind, allerdings der Auffassung sind, dass sie die entscheidungserheblichen **steuerrechtlichen Fragen selbst entscheiden** können. Entscheidungsregeln, wonach im Zweifel[34] oder bei schwierigen steuerrechtlichen Fragen regelmäßig[35] eine Aussetzung geboten sei, lassen sich dem Gesetz nicht entnehmen.

20 Ersucht die Staatsanwaltschaft bzw. das Gericht im Zusammenhang mit der Entscheidung über die Aussetzung die Finanzbehörde um **Auskunft zu Entwicklung und Stand des Besteuerungsverfahrens,** dient diese Auskunft der Durchführung des Steuerstrafverfahrens (§ 30 Abs. 4 Nr. 1, Abs. 2 Nr. 1 Buchst. b). Das Steuergeheimnis steht ihr daher nicht entgegen.

---

[26] Kohlmann/*Schauf* Rn. 31; *Gast-de Haan* DStJG 6, 187 (196); vgl. auch BGH 1.8.1962 – 3 StR 200/62, NJW 1962, 2070 (2071) und 6.6.1973 – 1 StR 82/72, NJW 1973, 1562 (1565, unter C.I.5.d.).
[27] AA Beermann/Gosch/*Seipl* Rn. 22.
[28] Hübschmann/Hepp/Spitaler/*Hellmann* Rn. 46 f.; Joecks/Jäger/Randt/*Jäger* Rn. 15; Kohlmann/*Schauf* Rn. 26; Graf/Jäger/Wittig/*Weyand* Rn. 8; siehe aber OLG Nürnberg 29.1.2015 – 1 OLG 8 Ss 99/14, wistra 2015, 157, unter II.
[29] BVerfG 4.4.1985 – 2 BvR 107/85, NStZ 1985, 366 und 15.4.1985 – 2 BvR 405/85, NJW 1985, 1950; *Bernsmann* FS Kohlmann, 2003, 377 (385).
[30] Joecks/Jäger/Randt/*Jäger* Rn. 43; Kohlmann/*Schauf* Rn. 70; *Gehm* NZWiSt 2012, 244 (246 f.).
[31] BGH 28.1.1987 – 3 StR 373/86, BGHSt 34, 272 = NJW 1987, 1274, unter A.1.; BayObLG 3.3.2004 – 4 St RR 8/04, BayObLGSt 2004, 21, unter 1; Joecks/Jäger/Randt/*Jäger* Rn. 53, 62; Graf/Jäger/Wittig/*Weyand* Rn. 21; *Gast-de Haan* DStJG 6, 185 (196); *Gehm* NZWiSt 2012, 244 (246 f.); *Hellmann,* Neben-Strafverfahrensrecht, S. 60; *Wenzel,* Das Verhältnis von Steuerstraf- und Besteuerungsverfahren, S. 276; aA *Weckerle* DStJG 38, 171 (179); differenzierend *List* DB 2006, 460 (470): nur ausnahmsweise Aussetzungsgebot.
[32] Kohlmann/*Schauf* Rn. 55.
[33] Beermann/Gosch/*Seipl* Rn. 32; *Gehm* NZWiSt 2012, 244 (248); *Hellmann,* Neben-Strafverfahrensrecht, S. 60 f.
[34] *Tipke* FS Kohlmann, 2003, 555 (563).
[35] BFH 17.12.1992 – VIII B 88, 89/92, DStZ 1993, 506.

bb) Einzelne Ermessensgesichtspunkte. Bei der Abwägung ist zunächst die **Bedeu-** 21
tung des Steuerstrafverfahrens für den Beschuldigten zu berücksichtigen. Dabei
kommt es maßgeblich auf den Tatvorwurf und die sich daraus ergebende Straferwartung
an. Daneben sind aber auch besondere Umstände in der Person des Beschuldigten, etwa
im Falle einer Verurteilung zu erwartende dienstrechtliche, standesrechtliche oder sonst
berufliche Konsequenzen in den Blick zu nehmen. Je höher die Bedeutung für den Beschuldigten ist, desto gewichtiger ist sein Interesse an einer möglichst gründlichen und umfassenden Prüfung der Steuerrechtslage unter Einbeziehung auch der Finanzbehörden und
-gerichte.[36]

Über den Einzelfall hinaus soll auch das Interesse der Allgemeinheit an der Klärung der 22
jeweiligen steuerrechtlichen Fragen bzw. eine mögliche **Präzedenzwirkung** des Steuerstrafverfahrens für eine Vielzahl vergleichbarer Fälle in die Ermessenserwägungen einzubeziehen sein, insbesondere dann, wenn die Verfassungsmäßigkeit steuerrechtlicher Regelungen zweifelhaft ist.[37] Nach hiesiger Auffasung kommt diesem Gesichtspunkt eher geringe
Bedeutung zu. Die Klärung einer steuerrechtlichen Frage im Besteuerungsverfahren ist
unabhängig von der Aussetzung des Steuerstrafverfahrens. Speziell über die Verfassungsmäßigkeit von Steuergesetzen kann abschließend nur das Bundesverfassungsgericht entscheiden. Wenn das Strafgericht im Steuerstrafverfahren von der Verfassungswidrigkeit eines
entscheidungserheblichen Steuergesetzes überzeugt ist, hat es ohnehin unmittelbar die Entscheidung des Bundesverfassungsgerichts einzuholen (Art. 101 Abs. 1 S. 1 GG).

Den für eine Aussetzung streitenden Ermessensgesichtspunkten steht regelmäßig der 23
strafprozessrechtliche Beschleunigungsgrundsatz gegenüber.[38] Der Beschleunigungsgrundsatz ist im Strafprozess von hoher Bedeutung und ergibt sich aus dem Rechtsstaatsprinzip (Art. 20 Abs. 3 GG) und Art. 6 Abs. 1 S. 1 MRK.[39] Dementsprechend muss auch bei
der Entscheidung über die Aussetzung des Steuerstrafverfahrens berücksichtigt werden, bis
wann ein Abschluss des Besteuerungsverfahrens zu erwarten ist und ob eine rechtsstaatswidrige Verfahrensverzögerung droht. Hierzu bedarf es einer nachvollziehbaren Prognose ausgehend vom jeweiligen Stand, der bisherigen und der zu erwartenden weiteren Entwicklung
des Steuerstrafverfahrens und des Besteuerungsverfahrens. Zwar wird das Steuerstrafverfahren ohne Aussetzung regelmäßig vor dem Besteuerungsverfahren abgeschlossen sein, zwingend ist dies indes nicht. Je kürzer das Steuerstrafverfahren andauert und je weiter das
Besteuerungsverfahren fortgeschritten ist, umso weniger Bedeutung kommt dem Beschleunigungsgrundsatz zu.[40]

In **Haftsachen** ist zu berücksichtigen, dass die Aussetzung des Steuerstrafverfahrens auch 24
die Aufhebung des Haftbefehls nach sich zieht.[41] Sofern dadurch der Untersuchungszweck
gefährdet wird, ist von einer Aussetzung grundsätzlich abzusehen. Insofern besteht typischerweise ein Spannungsverhältnis mit dem Interesse des Beschuldigten (vgl. → Rn. 20),
gerade bei schwerwiegenden steuerstrafrechtlichen Vorwürfen die Steuerrechtslage besonders gründlich und umfassend zu prüfen.

c) Form der Entscheidung. Die Staatsanwaltschaft und die Finanzbehörde entscheiden 25
durch formlose[42] Verfügung, das Gericht durch Beschluss. Entscheidet das Gericht innerhalb
der Hauptverhandlung, wird der Beschluss verkündet, anderenfalls zugestellt (§ 35 StPO).

---

[36] Hübschmann/Hepp/Spitaler/*Hellmann* Rn. 73; Joecks/Jäger/Randt/*Jäger* Rn. 35.
[37] Joecks/Jäger/Randt/*Jäger* Rn. 36; *Gehm* NZWiSt 2012, 244 (247).
[38] BayObLG 3.3.2004 – 4 St RR 8/04, BayObLGSt 2004, 21, unter 1; Joecks/Jäger/Randt/*Jäger* Rn. 37; *Jesse* DB 2013, 1803 (1808); differenzierend Kohlmann/*Schauf* Rn. 58 f.; *Bernsmann* FS Kohlmann, 2003, 377 (381).
[39] Vgl. BGH 17.1.2008 – GSSt 1/07, BGHSt 52, 124 = NJW 2008, 860 und mit Blick auf Steuerstrafverfahren BGH 2.12.2005 – 5 StR 119/05, BGHSt 50, 299 = NStZ 2007, 341, unter II.4.c.ccc.
[40] Joecks/Jäger/Randt/*Jäger* Rn. 41.
[41] Hübschmann/Hepp/Spitaler/*Hellmann* Rn. 75; Joecks/Jäger/Randt/*Jäger* Rn. 38; Kohlmann/*Schauf* Rn. 58.
[42] Graf/Jäger/Wittig/*Weyand* Rn. 32.

26 **3. Folgen der Aussetzung. a) Dauer der Aussetzung.** Die Aussetzung muss nicht zwingend bis zum rechtskräftigen Abschluss des Besteuerungsverfahrens andauern, sondern kann zeitlich befristet werden. Auch vor dem rechtskräftigen Abschluss des Besteuerungsverfahrens bzw. vor Ablauf der Frist ist eine **Fortsetzung des Steuerstrafverfahrens** jederzeit möglich.[43] Sie ist geboten, wenn die für die Aussetzung maßgebende steuerrechtliche Frage anderweitig höchstrichterlich geklärt wurde oder aufgrund neuer tatsächlicher Erkenntnisse oder einer geänderten Rechtsauffassung nicht mehr entscheidungserheblich ist. Das Steuerstrafverfahren ist regelmäßig auch dann fortzusetzen, wenn sich das Besteuerungsverfahren verzögert, wenn bei weiterem Zuwarten eine konventionswidrige Verzögerung des Steuerstrafverfahrens droht oder wenn das Besteuerungsverfahren seinerseits im Hinblick auf das Steuerstrafverfahren ausgesetzt ist (§ 363 AO, § 74 FGO, dazu → Rn. 35 f.).

27 **b) Ruhen der Verjährung.** Während der Aussetzung des Verfahrens **ruht die Verjährung** (Abs. 3). Das Gesetz unterscheidet dabei nicht nach der Rechtmäßigkeit der Aussetzung. Entgegen der herrschenden Auffassung[44] führt daher nach hiesiger Auffassung grundsätzlich auch eine rechtswidrige Aussetzung zum Ruhen der Verjährung.

28 Die Wirkung des Ruhens wird nicht durch die **absolute Verjährungsfrist** nach § 78c Abs. 3 StGB begrenzt. Dies folgt aus der Unterscheidung zwischen Ruhen der Verjährung einerseits, Unterbrechung der Verjährung andererseits, da § 78c Abs. 3 StGB nur die Wirkung der Unterbrechung der Verjährung begrenzt.[45] Dafür spricht aber auch, dass ansonsten in vielen Fällen die Aussetzung wegen der Dauer finanzgerichtlicher Verfahren zur Verjährung führen würde und § 396 kaum praktische Wirksamkeit erlangen könnte.[46] Die gegenläufigen Erwägungen in einer älteren Entscheidung des Bundesgerichtshofs[47] sind nicht näher begründet und dürften ein obiter dictum darstellen.

29 Das Ruhen der Verjährung erfasst die **gesamte Tat im strafprozessrechtlichen Sinne** (§ 264 StPO) und damit insbesondere auch nichtsteuerliche Straftaten, die mit der fraglichen Steuerstraftat in Tateinheit (§ 52 StGB) stehen. Der Wortlaut des § 396 Abs. 3 AO gibt für eine Unterscheidung zwischen der Verjährung steuerlicher und nichtsteuerlicher Straftaten nichts her. Nach dem Zweck des § 396 muss eine Aussetzung möglich sein, ohne die angemessene Ahndung der Tat im strafprozessrechtlichen Sinne unter allen – auch nichtsteuerlichen – strafrechtlichen Gesichtspunkten zu gefährden.[48]

30 **c) Abschluss des Besteuerungsverfahrens.** Das Steuerstrafverfahren ist spätestens nach Abschluss des Besteuerungsverfahrens fortzusetzen. Die Staatsanwaltschaft bzw. das Strafgericht sind aber auch dann nicht an die **steuerrechtliche Beurteilung der Finanzbehörden und -gerichte** gebunden. Sie behalten auch nach einer Aussetzung gemäß § 396 die volle Vorfragenkompetenz und können ihrer Entscheidung daher eine abweichende Rechtsauffassung zugrunde legen.[49] (aber → Rn. 32 f.)

31 **4. Andere Aussetzungsvorschriften. a) Aussetzung des Steuerstrafverfahrens.** Die Möglichkeit zur Aussetzung des Strafverfahrens zur Klärung außerstrafrechtlicher Vorfragen ist nicht auf Steuerstrafverfahren beschränkt, sondern besteht allgemein (§ 262 Abs. 2 StPO). Eine Aussetzung gemäß § 262 Abs. 2 StPO ist nicht nur zur Klärung bürgerlich-

---

[43] Graf/Jäger/Wittig/*Weyand* Rn. 33.
[44] Vgl. Joecks/Jäger/Randt/*Jäger* Rn. 58; Beermann/Gosch/*Seipl* Rn. 36; Graf/Jäger/Wittig/*Weyand* Rn. 38; *Gehm* NZWiSt 2012, 244 (248), jeweils mwN.
[45] BayObLG 22.2.1990 – RReg 4 St 216/89, BayObLGSt 1990, 19 = NStZ 1990, 280; Hübschmann/Hepp/Spitaler/*Hellmann* Rn. 82; Beermann/Gosch/*Seipl* Rn. 38; *Hellmann*, Neben-Strafverfahrensrecht, S. 130.
[46] *Mellinghoff* Stbg 2014, 97 (104).
[47] BGH 19.10.1987 – 3 StR 589/86, wistra 1988, 263.
[48] Hübschmann/Hepp/Spitaler/*Hellmann* Rn. 86; Joecks/Jäger/Randt/*Jäger* Rn. 59; aA Beermann/Gosch/*Seipl* Rn. 30; Graf/Jäger/Wittig/*Weyand* Rn. 39.
[49] Joecks/Jäger/Randt/*Jäger* Rn. 42; *Hellmann*, Neben-Strafverfahrensrecht, S. 123 f.; aA *Bernsmann* FS Kohlmann, 2003, 377 (385).

rechtlicher, sondern auch zur Klärung anderer außerstrafrechtlicher Vorfragen möglich.[50] Für steuerrechtliche Vorfragen in Steuerstrafverfahren wird § 262 Abs. 2 StPO allerdings von § 396 AO als **vorrangige Spezialvorschrift** verdrängt.[51]

Will in einem Steuerstrafverfahren der Bundesgerichtshof in der Beurteilung einer steuerrechtlichen Vorfrage von der Rechtsprechung des Bundesfinanzhofs abweichen und hält der Bundesfinanzhof auf Anfrage an seiner Rechtsauffassung fest, hat der Bundesgerichtshof das Steuerstrafverfahren auszusetzen und eine Entscheidung des **Gemeinsamen Senats der obersten Gerichtshöfe des Bundes** herbeizuführen (§ 1 Abs. 2, § 11 Abs. 2, 3 RsprEinhG). Die Vorlage an den Gemeinsamen Senat ist unter diesen Voraussetzungen verpflichtend, die Entscheidung des Gemeinsamen Senats bindend. 32

Jedenfalls nach der Anfrage gemäß § 11 Abs. 3 RsprEinhG ist daher eine Aussetzung nach § 396 AO nicht mehr möglich. Bisher hat allerdings noch kein Steuerstrafverfahren zu einer Vorlage an den Gemeinsamen Senat geführt. Im Schrifttum wird in diesem Zusammenhang von einer langen und erfolgreichen **informellen Kooperation** zwischen dem für Steuerstrafsachen zuständigen Senat des Bundesgerichtshofs und dem Bundesfinanzhof berichtet.[52] 33

Erachtet das Strafgericht ein Steuergesetz, auf das es bei der Entscheidung des Steuerstrafverfahrens ankommt, für verfassungswidrig, muss es eine Entscheidung des Bundesverfassungsgerichts herbeiführen (Art. 101 Abs. 1 S. 1 GG). Die Einleitung einer solchen **konkreten Normenkontrolle** ist bindend und nicht in das Ermessen des Gerichts gestellt. Das Bundesverfassungsgericht stellt an die Begründung der Vorlage allerdings hohe Anforderungen.[53] Sobald das Strafgericht die Überzeugung von der Verfassungswidrigkeit gewonnen hat, ist eine Aussetzung gemäß § 396 AO gleichwohl ausgeschlossen. Das Strafgericht darf das Strafverfahren insbesondere nicht allein deswegen fortsetzen, um eine Vorlage des Finanzgerichts an das Bundesverfassungsgericht im Besteuerungsverfahren abzuwarten. 34

In Umsatzsteuer-[54] und Zollstrafsachen ist zudem unter bestimmten Voraussetzungen ein Vorabentscheidungsersuchen an den **Gerichtshof der Europäischen Union** (Art. 267 AEUV, früher Art. 234 Abs. 4 EG)[55] möglich bzw. für Revisionsgerichte verpflichtend (Art. 267 S. 3 AEUV). Ebenso wie die konkrete Normenkontrolle vor dem Bundesverfassungsgericht ist das Vorabentscheidungsersuchen nur für das Gericht, nicht aber für die Staatsanwaltschaft eröffnet. Die Staatsanwaltschaft kann allerdings das Ermittlungsverfahren aussetzen, wenn ein Vorabentscheidungsersuchen im Besteuerungsvefahren gestellt wurde oder demnächst zu erwarten ist.[56] 35

b) Aussetzung des Besteuerungsverfahrens. In ähnlicher Weise wie das Strafverfahren kann auch das Besteuerungsverfahren nach § 363 AO, § 74 FGO zur Klärung vorgreiflicher Rechtsverhältnisse ausgesetzt werden. Soweit die Steuergesetze an das Vorliegen einer Steuerstraftat anknüpfen (insbesondere § 71, § 169 Abs. 2 S. 2, § 173 Abs. 2, § 191 Abs. 3 S. 2, Abs. 5 S. 2, § 219, § 235), handelt es sich dabei um ein **vorgreifliches Rechtsverhältnis** in diesem Sinne.[57] 36

Wenn das Vorliegen einer Steuerhinterziehung seinerseits in vorgreifliches Rechtsverhältnis für das Besteuerungsverfahren ist, besteht eine **wechselseitige Aussetzungskompetenz**.[58] Nach wirksamer Aussetzung des einen Verfahrens kann das andere regel- 37

---

[50] Joecks/Jäger/Randt/*Jäger* Rn. 16.
[51] *Hellmann*, Neben-Strafverfahrensrecht, S. 57; aA Beermann/Gosch/*Seipl* Rn. 10; *Harms/Heinen* FS Spindler, 2011, 429 (442).
[52] *Harms/Heinen* FS Spindler, 2011, 429 (444).
[53] Vgl. BVerfG 13.5.2009 – 2 BvL 19/08, BVerfGK 15, 457, unter II. und 27.4.2010 – 2 BvL 13/07, BVerfGK 17, 253 = wistra 2010, 341; → Rn. 35 ff.
[54] Vgl. BGH 7.7.2009 – 1 StR 41/09, wistra 2009, 441 und 22.7.2015 – 1 StR 447/14, NZWiSt 2017, 185.
[55] Vgl. *Hellmann*, Neben-Strafverfahrensrecht, S. 61.
[56] Kohlmann/*Schauf* Rn. 35.
[57] Joecks/Jäger/Randt/*Jäger* Rn. 19.
[58] Hübschmann/Hepp/Spitaler/*Hellmann* Rn. 32, 34; Kohlmann/*Schauf* Rn. 30.

mäßig nicht mehr ausgesetzt werden (vgl. → Rn. 14). Ob und ggf. welches Verfahren sachgerechterweise auszusetzen ist, entscheidet sich nach dem Schwerpunkt des Prozessstoffs. So hat bei tatsächlich schwierigen Fragen[59] oder wenn eine Haftung gemäß § 71 im Raum steht[60] regelmäßig die Durchführung des Steuerstrafverfahrens Vorrang, wenn schwierige steuerrechtliche Fragen im Mittelpunkt stehen, hingegen das Besteuerungsverfahren.[61]

III. Reformvorhaben

38 Nach einer Auffassung im Schrifttum ist die Ausgestaltung des § 396 als Ermessensvorschrift der einzig denkbare und praktikable Weg, in Übereinstimmung mit den Grundsätzen des Strafverfahrensrechts eine widerspruchsfreie steuerrechtliche Beurteilung zu ermöglichen.[62] Eine andere Auffassung befürwortet hingegen die Schaffung völlig neuer Strukturen durch Bildung **besonderer Spruchkörper für Steuerstrafsachen** aus Straf- und Steuerrechtlern entweder auf der Ebene der Oberlandesgerichte und Finanzgerichte oder auf Ebene der Landgerichte.[63] Der Gesetzgeber ist diesen Überlegungen bisher nicht nähergetreten.

IV. Rechtsbehelfe

39 Gegen die **Entscheidung der Staatsanwaltschaft** über die Aussetzung ist nur die Dienstaufsichtsbeschwerde gegeben.[64] Sofern das Ermittlungsverfahren durch die Finanzbehörde selbstständig geführt wird, ist die Dienstaufsichtsbeschwerde bei der vorgesetzten Finanzbehörde einzulegen.[65]

40 Der **Beschluss des Gerichts,** mit dem eine Aussetzung abgelehnt wird, ist nur zusammen mit dem Urteil anfechtbar. Es handelt sich um eine der Urteilsfindung vorausgehende Entscheidung im Sinne des § 305 S. 1 StPO.[66] Demgegenüber ist gegen einen Aussetzungsbeschluss die Beschwerde gegeben (§ 304 Abs. 1 StPO).[67] Dies gebieten nach hiesiger Auffassung schon der Grundsatz effektiven Rechtsschutzes (Art. 19 Abs. 4 S. 1 GG) und die Effektivität der Strafrechtspflege. Danach müssen Beschuldigter und Staatsanwaltschaft gleichermaßen eine Möglichkeit haben, sachwidrig verfahrensverzögernde Entscheidungen des Gerichts anzufechten.[68]

41 Die obergerichtliche Rechtsprechung erachtet die Beschwerde nur ausnahmsweise für zulässig, wenn der Aussetzungsbeschluss lediglich das **Verfahren verzögert** oder überhaupt gesetzwidrig ist, weil die tatbestandlichen Voraussetzungen des § 396 nicht vorliegen.[69] Diese Gesichtspunkte betreffen aber unmittelbar die Rechtmäßigkeit der Aussetzungsentscheidung und dementsprechend nach hiesiger Auffassung nicht schon die Zulässigkeit, sondern erst die Begründetheit der Beschwerde.[70] Jedenfalls im Ergebnis kann die Beschwerde nur zum Erfolg führen, wenn entweder schon die tatbestandlichen Voraussetzungen des § 396 AO nicht vorlagen oder das Gericht sein Ermessen nicht fehlerfrei ausgeübt hat; eine weiterge-

---

[59] *Harms/Heinen* FS Spindler, 2011, 429 (434).
[60] *Gast-de Haan* DStJG 6, 185 (197).
[61] BFH 31.10.1997 – I B 72/97, BFH/NV 1998, 601.
[62] Joecks/Jäger/Randt/*Jäger* Rn. 32; Hübschmann/Hepp/Spitaler/*Hellmann* Rn. 15; *Hellmann*, Nebenstrafverfahrensrecht, S. 125.
[63] *Harms/Heinen* FS Spindler, 2011, 429 (444); *Mellinghoff* Stbg 2014, 97 (105).
[64] Vgl. BVerfG 4.4.1985 – 2 BvR 1627/84, HFR 1986, 381.
[65] Vgl. → AO § 385 Rn. 12; → AO § 386 Rn. 10 ff.; aA Hübschmann/Hepp/Spitaler/*Hellmann* Rn. 76.
[66] OLG Karlsruhe 14.12.1984 – 3 Ws 138/84, NStZ 1985, 227; Joecks/Jäger/Randt/*Jäger* Rn. 50.
[67] AA Graf/Jäger/Wittig/*Weyand* Rn. 35; *Gehm* NZWiSt 2012, 244 (249).
[68] OLG Rostock 12.11.2012 – 1 Ws 321/12, juris; ähnlich Hübschmann/Hepp/Spitaler/*Hellmann* Rn. 77.
[69] OLG Karlsruhe 14.12.1984 – 3 Ws 138/84, NStZ 1985, 227; LG Halle (Saale) 7.5.2014 – 2 Qs 3/14, NZWiSt 2014, 385; ebenso Joecks/Jäger/Randt/*Jäger* Rn. 51; Kohlmann/*Schauf* Rn. 78; vgl. auch OLG Rostock 12.11.2012 – 1 Ws 321/12, juris, zu § 262 StPO.
[70] Insoweit zutreffend auch *Gehm* NZWiSt 2012, 244 (249 f.).

hende Überprüfung der Ermessensausübung bzw. eine Überprüfung des Ergebnisses als solchen findet nicht statt.[71]

V. Revision

Ein Verstoß gegen § 396 ist mit der **Verfahrensrüge** geltend zu machen. Da es sich um eine Ermessensvorschrift handelt, hat das Revisionsgericht allerdings nur zu prüfen, ob das Tatgericht sich der Aussetzungsbefugnis bewusst war und nicht sachfremde Erwägungen angestellt hat.[72] 42

2. Unterabschnitt. Ermittlungsverfahren

I. Allgemeines

§ 397 Einleitung des Strafverfahrens

(1) Das Strafverfahren ist eingeleitet, sobald die Finanzbehörde, die Polizei, die Staatsanwaltschaft, eine ihrer Ermittlungspersonen oder der Strafrichter eine Maßnahme trifft, die erkennbar darauf abzielt, gegen jemanden wegen einer Steuerstraftat strafrechtlich vorzugehen.

(2) Die Maßnahme ist unter Angabe des Zeitpunkts unverzüglich in den Akten zu vermerken.

(3) Die Einleitung des Strafverfahrens ist dem Beschuldigten spätestens mitzuteilen, wenn er dazu aufgefordert wird, Tatsachen darzulegen oder Unterlagen vorzulegen, die im Zusammenhang mit der Straftat stehen, derer er verdächtig ist.

Schrifttum: *Drüen*, Außenprüfung und Steuerstrafverfahren, DStJG 38, 219; *Geuenich*, Steuerliches Verwertungsverbot analog § 136a StPO bei Zusammentreffen von Außenprüfung und steuerstrafrechtlichen Ermittlungen?, DStZ 2006, 295; *Löwe-Krahl*, Verdacht auf Steuerhinterziehung – auch ohne Steuerakten, FS Samson, 2010, 557; *Mellinghoff*, Grundsätze und Grenzen im Besteuerungs- und Steuerstrafverfahren, Stbg 2014, 97; *Mösbauer*, Die Einleitung des Strafverfahrens als Tatbestandsmerkmal für den Ausschluss der Selbstanzeige nach § 371 AO, DB 2001, 836; *Randt*, Verhältnis zwischen Besteuerungs- und Steuerstrafverfahren, DStJG 31, 263; *Reiß*, Besteuerungsverfahren und Steuerstrafverfahren, 1987; *Salditt*, Die Tat bei der Hinterziehung von Einkommensteuer, FS Volk, 2009, 637.

Übersicht

	Rn.		Rn.
I. Überblick	1–3	2. Dokumentation der Einleitung	24, 25
1. Normzweck	1, 2	3. Mitteilung an den Beschuldigten	26–38
2. Anwendungsbereich	3	a) Allgemeines	26–31
II. Erläuterung	4–38	b) Verfahren während Außenprüfungen	32–34
1. Einleitung des Steuerstrafverfahrens	4–23	c) Folgen von Verstößen	35–37
a) Allgemeines	4	d) Weitere Mitteilungen	38
b) Voraussetzungen	5–18	III. Rechtsbehelfe	39, 40
c) Rechtsfolgen	19–22	IV. Revision	41
d) Folgen von Verstößen	23		

I. Überblick

1. Normzweck. Der Gesetzgeber hat zum **Schutz vor dem Zwang zur steuerstrafrechtlichen Selbstbelastung** an die Einleitung des Steuerstrafverfahrens besondere Rechtsfolgen im Besteuerungsverfahren geknüpft (§ 393 Abs. 1 S. 3, 4). Durch § 397 wird gewährleistet, dass diese Rechtsfolgen nicht umgangen werden können, indem im Besteue- 1

---

[71] Ebenso Hübschmann/Hepp/Spitaler/*Hellmann* Rn. 77.
[72] BGH 28.1.1987 – 3 StR 373/86, BGHSt 34, 272 = NJW 1987, 1274, unter A.1. und 19.1.1987 – 3 StR 589/86, wistra 1988, 263, unter B.1.; BayObLG 3.3.2004 – 4 St RR 8/04, BayObLGSt 2004, 21, unter 1.

rungsverfahren statt im Steuerstrafverfahren ermittelt wird. Die Vorschrift dient insofern dem Schutz des Beschuldigten bzw. Steuerpflichtigen[1] und der Verwirklichung der verfassungsrechtlich gebotenen Selbstbelastungsfreiheit.[2]

2   Zu diesem Zweck enthält § 397 Regelungen über den Zeitpunkt (Abs. 1), die Dokumentation (Abs. 2) und die Mitteilung (Abs. 3) der **Einleitung des Steuerstrafverfahrens** an den Beschuldigten. Die Dokumentation gemäß Abs. 2 dient der Beweissicherung, Abs. 3 soll die Regelung in §§ 136, 163a StPO ergänzen.[3] Wann das Steuerstrafverfahren von Rechts wegen einzuleiten ist, ergibt sich hingegen nicht aus § 397 AO, sondern aus § 385 Abs. 1 AO, § 152 Abs. 2 StPO.[4]

3   **2. Anwendungsbereich.** Die Vorschrift gilt unmittelbar in allen Steuerstrafverfahren und entsprechend in Strafverfahren, in denen das Steuerstrafverfahrensrecht entsprechende Anwendung findet,[5] sowie in Bußgeldverfahren wegen Steuerordnungswidrigkeiten (§ 410 Abs. 1 Nr. 6). Der Rechtsgedanke des § 397 Abs. 1 wird von der Rechtsprechung **auch im allgemeinen Strafrecht** zur Bestimmung der Beschuldigteneigenschaft herangezogen.[6]

II. Erläuterung

4   **1. Einleitung des Steuerstrafverfahrens. a) Allgemeines.** Die Notwendigkeit für eine besondere Regelung, wann das Steuerstrafverfahren eingeleitet ist, ergibt sich aus den Besonderheiten des Steuerstrafrechts. Steuerstrafverfahren und Besteuerungsverfahren überschneiden sich in mehrfacher Hinsicht,[7] gleichzeitig hat die Einleitung des Steuerstrafverfahrens erhebliche Auswirkungen auf die Rechtsstellung des Steuerpflichtigen im Besteuerungsverfahren (§ 393 Abs. 1 S. 3 und 4). **Rechtsklarheit und Rechtssicherheit** erfordern daher vor allem bei Maßnahmen der Finanzverwaltung eine Abgrenzung, bis wann nur von einem Besteuerungsverfahren auszugehen ist und wann das Steuerstrafverfahren eingeleitet ist und die daran anknüpfenden Rechtsfolgen eintreten.[8]

5   **b) Voraussetzungen. aa) Anfangsverdacht.** Ungeschriebenes Tatbestandsmerkmal des Abs. 1 ist, dass der **Anfangsverdacht einer Steuerstraftat**[9] vorliegt. Aufgrund des Legalitätsprinzips (§ 385 Abs. 1 AO, § 152 Abs. 2 StPO)[10] muss bei Vorliegen eines solchen Anfangsverdachts das Steuerstrafverfahren eingeleitet werden. Wenn kein Anfangsverdacht vorliegt, ist die Einleitung des Steuerstrafverfahrens unzulässig,[11] sie kann dann Amtshaftungsansprüche (§ 839 BGB, Art. 34 GG) begründen[12] oder den Straftatbestand der Verfolgung Unschuldiger (§ 344 StGB) verwirklichen.[13] Es ist daher ein schwerer Rechtsfehler, wenn die Einleitung eines Steuerstrafverfahrens davon abhängig gemacht wird, ob der Steuerpflichtige im Besteuerungsverfahren eine bestimmte tatsächliche Verständigung trifft bzw. bestimmte Schätzungen akzeptiert.[14]

---

[1] Joecks/Jäger/Randt/*Jäger* Rn. 6.
[2] BGH 16.6.2005 – 1 StR 118/05, NJW 2005, 2723, unter II.2.b.; Graf/Jäger/Wittig/*Allgayer* Rn. 49; auch → § 393 Rn. 10 ff.
[3] BT-Drs. 6/1982, 199; 7/79, 93.
[4] *Löwe-Krahl* FS Samson, 2010, 557 (558).
[5] AStBV(St) 2017 Nr. 27 Abs. 1 Satz 1; vgl. → § 385 Rn. 3 f., 8.
[6] BGH 28.2.1997 – StB 14/96, NJW 1997, 1591 und 24.7.2003 – 3 StR 212/02, NJW 2003, 3142, unter II.1.
[7] Vgl. → § 386 Rn. 4.
[8] Joecks/Jäger/Randt/*Jäger* Rn. 4; *Löwe-Krahl* FS Samson, 2010, 557 (559).
[9] Vgl. → § 386 Rn. 8 ff.
[10] Vgl. → § 386 Rn. 6 f.
[11] Joecks/Jäger/Randt/*Jäger* Rn. 38; Randt DStJG 31, 263 (280), vgl. auch *Mellinghoff* Stbg 2014, 97 (100).
[12] BGH 8.3.1956 – III ZR 113/54, BGHZ 20, 178 = NJW 1956, 1028 und 21.4.1988 – III ZR 255/86, NJW 1989, 96.
[13] *Löwe-Krahl* FS Samson, 2010, 557 (560).
[14] FG München 22.5.2009 – 15 V 182/09, EFG 2009, 1807 (1808); aA offenbar FG Köln 20.10.2011 – 15 K 3692/08, EFG 2012, 574.

Dementsprechend bewirken Maßnahmen zur **Prüfung, ob ein Anfangsverdacht** **6**
besteht, noch keine Einleitung des Steuerstrafverfahrens.[15] Dies betrifft namentlich die sogenannten Vorfeldermittlungen (§ 208 Abs. 1 Nr. 3),[16] und die steuerstrafrechtlichen Vorermittlungen.[17]

bb) Steuerstrafrechtliche Verfolgungsmaßnahme. Die Einleitung des Steuerstraf- **7** verfahrens (Abs. 1) wird durch eine **Maßnahme zur Strafverfolgung wegen einer Steuerstraftat** bewirkt. Die Einleitung ist Prozesshandlung, da sie den Willensentschluss des zuständigen Amtsträgers voraussetzt, gleichwohl ein tatsächlicher Vorgang.[18] Regelfall ist die förmliche Einleitung durch Verfügung der Staatsanwaltschaft oder Finanzbehörde in Verbindung mit einer Prüfung an Amtsstelle[19] oder der Anordnung bestimmter Ermittlungsmaßnahmen.[20]

Gleichwohl bedarf die Einleitung **keiner besonderen Form.** Es ist ausreichend, dass **8** ein Amtsträger Maßnahmen veranlasst oder selbst durchführt, deren Ergebnisse entweder zu einer Verurteilung wegen einer Steuerstraftat oder zur Ausräumung des Tatverdachts beitragen sollen. Dass der Beschuldigte von den Maßnahmen Kenntnis erlangt, ist nicht erforderlich.[21] Verwaltungsinterne Vorlagen und Mitteilungen, die lediglich Vorfeldermittlungen oder Vorermittlungen (vgl. → Rn. 6) anstoßen sollen, reichen aber nicht aus.

Die **Erkennbarkeit der steuerstrafrechtlichen Zielsetzung** ist regelmäßig nur bei **9** Maßnahmen der Finanzverwaltung problematisch, da Polizei, Staatsanwaltschaft oder Strafrichter nur im Steuerstrafverfahren, nicht im Besteuerungsverfahren tätig werden. Bei Maßnahmen der Finanzbehörden ist sie maßgeblich dafür, ob eine konkrete Maßnahme noch dem Besteuerungsverfahren zuzurechnen ist oder bereits das Steuerstrafverfahren einleitet. Grundsätzlich ergibt sich die Zielsetzung einer Maßnahme aus der Vorstellung des Handelnden. Nach dem Gesetz kommt es aber auf die erkennbare Zielsetzung an, so dass ein objektivierter Maßstab gilt.[22] Die Zielsetzung bzw. die Erkennbarkeit sind anhand der äußeren Gesamtumstände der Maßnahme ex post zu beurteilen.[23] Dies entspricht auch dem Gesetzeszweck (vgl. → Rn. 1) und den Gedanken der Rechtsklarheit und Rechtssicherheit (vgl. → Rn. 4).

Erkennbar um Maßnahmen zur Steuerstrafverfolgung handelt es sich, wenn ein Amtsträ- **10** ger aufgrund **strafprozessrechtlicher Eingriffsbefugnisse** tätig wird, insbesondere bei einer Beschlagnahme (§ 94 ff. StPO), Durchsuchung (§§ 102 ff. StPO), Untersuchungshaft (§§ 112 ff. StPO) oder vorläufigen Festnahme (§ 127 StPO).[24] Soweit es sich dabei um richterliche Untersuchungshandlungen handelt, ist das Steuerstrafverfahren nicht erst mit deren Vollzug, sondern schon mit dem Antrag der Strafverfolgungsbehörden eingeleitet,[25] da dieser bereits auf eine Ermittlungsmaßnahme gerichtet ist. Auch der Hinweis auf die Möglichkeit eines strafprozessrechtlichen Eingriffs lässt erkennen, dass der Amtsträger zur Strafverfolgung tätig wird.

Demgegenüber kann aus dem **Gegenstand einzelner Ermittlungshandlungen** nicht **11** zwingend auf den Zweck der Ermittlungen geschlossen werden. Soweit das Vorliegen einer Steuerstraftat als Merkmal eines Besteuerungstatbestandes (§ 71, § 169 Abs. 2 S. 2, § 173 Abs. 2, § 191 Abs. 3 S. 2, Abs. 5 S. 2, §§ 219, 235) möglicherweise auch für das Besteue-

---

[15] AStBV(St) 2017 Nr. 27 Abs. 1 Satz 2.
[16] Siehe die Erläuterungen zu → § 404 Rn. 23 ff.
[17] BFH 23.4.2008 – X R 20/08, BFH/NV 2008, 1682, unter II.3.e.; zum Begriff der Vorermittlungen AStBV(St) 2017 Nr. 13.
[18] Joecks/Jäger/Randt/*Jäger* Rn. 8.
[19] BFH 13.12.1995 – X B 50/95, BFH/NV 1996, 450 (451) und 29.4.2008 – VIII R 5/06, BFHE 222, 1 = BStBl. II 2008, 844 = wistra 2009, 166, unter II.1.
[20] Joecks/Jäger/Randt/*Jäger* Rn. 87; aA Kohlmann/*Peters* Rn. 28: Verfügung ausreichend.
[21] BFH 13.12.1995 – X B 50/95, BFH/NV 1996, 450 (451); Kohlmann/*Peters* Rn. 18.
[22] Vgl. BT-Drs. 5/1812, 34.
[23] Kohlmann/*Peters* Rn. 19; Beermann/Gosch/*Seipl* Rn. 43 f.
[24] So auch AStBV(St) 2017 Nr. 27 Abs. 2 Satz 1.
[25] Ebenso AStBV(St) 2017 Nr. 27 Abs. 2 Satz 2; Hübschmann/Hepp/Spitaler/*Hellmann* Rn. 48.

rungsverfahren von Bedeutung ist, können auch Ermittlungen, die sich nicht auf die Besteuerungsgrundlagen im engeren Sinne beschränken, sondern die Tathandlung (§ 370 Abs. 1 Nr. 1–3) und den subjektiven Tatbestand der Steuerhinterziehung betreffen, dem Besteuerungsverfahren zuzuordnen sein.[26] Kommt es hingegen für das Besteuerungsverfahren auf das Vorliegen einer Steuerstraftat offensichtlich nicht an, sind diesbezügliche Ermittlungen erkennbar dem Steuerstrafverfahren zuzuordnen.

12 Ob **doppelrelevante Tatsachen**, also die Besteuerungsgrundlagen im engeren Sinne und die sonstigen Tatbestandsmerkmale einer Steuerstraftat, soweit sie für das Besteuerungsverfahren von Bedeutung sein können, und darauf bezogene Beweismittel für Zwecke der Steuerstrafverfolgung ermittelt werden, kann nur anhand einer Gesamtwürdigung der Umstände des Einzelfalls entschieden werden. Je stärker die strafrechtlichen Verdachtsmomente waren, desto mehr drängt sich eine steuerstrafrechtliche Zielsetzung auf.[27] Eine steuerstrafrechtliche Zielsetzung liegt auch nahe, wenn der Amtsträger ausschließlich oder schwerpunktmäßig steuerstrafrechtlich relevante Tatsachen ermittelt und darauf bezogene Beweise erhebt. Finanzgerichte stellen gleichwohl sehr hohe Anforderungen an die Annahme einer steuerstrafrechtlichen Zielsetzung.[28]

13 Die Erklärung eines **steuerstrafrechtlichen Vorbehalts** (§ 201 Abs. 2) in der Schlussbesprechung einer Betriebsprüfung beinhaltet keine Einleitung des Steuerstrafverfahrens.[29] Sie lässt gerade offen, ob die Finanzbehörde gegen den Steuerpflichtigen auch wegen einer Steuerstraftat vorgehen wird. Ergibt sich bereits während der Außenprüfung ein steuerstrafrechtlicher Anfangsverdacht, ist das Steuerstrafverfahren einzuleiten und die Einleitung dem Steuerpflichtigen vor Fortsetzung der Prüfung mitzuteilen (Abs. 3).[30] Entsteht der Anfangsverdacht während der Schlussbesprechung, ist unmittelbar das Steuerstrafverfahren einzuleiten und der Steuerpflichtige zu belehren (vgl. → Rn. 31).[31]

14 Allein der **Abbruch einer Außenprüfung** wegen des Verdachts einer Steuerstraftat bewirkt nicht die Einleitung eines Steuerstrafverfahrens, da er weder auf eine Beseitigung des Verdachts noch auf eine Verurteilung gerichtet ist.[32] Das Steuerstrafverfahren ist in diesen Fällen erst eingeleitet, wenn entweder der Außenprüfer selbst steuerstrafrechtliche Maßnahmen ergreift oder die Akten zur Durchführung des Steuerstrafverfahrens an die Bußgeld- und Strafsachenstelle abgibt.[33]

15 cc) **Richtung der Verfolgungsmaßnahmen.** Die Einleitung des Steuerstrafverfahrens muss sich nicht zwingend gegen bestimmte bzw. namentlich bekannte Personen richten.[34] „Jemand" im Sinne des § 397 kann auch eine anhand bestimmter, insbesonderer steuerrechtlich bedeutsamer Merkmale (Erzielen von Einkünften aus bestimmten Quellen, Ausführen bestimmter Umsätzen, Einfuhr bestimmter Waren) **bestimmbare Person** sein. Steuerstrafverfahren gegen mehrere Beschuldigte können durch mehrere Maßnahmen und damit gegen einzelne Beschuldigte zu unterschiedlichen Zeitpunkten eingeleitet werden.

16 Die **Erkennbarkeit** (vgl. → Rn. 9) ist nicht nur entscheidend für die Frage, ob eine Maßnahme auf die Verfolgung wegen einer Steuerstraftat gerichtet ist, sondern auch dafür, gegen wen sie sich richtet und auf welche Steuerstraftat sie bezogen ist. Durch den Gegenstand und das Ziel der Maßnahme werden der Beschuldigte und der Lebenssachverhalt

---

[26] So auch *Drüen* DStJG 38, 219 (229); aA Hübschmann/Hepp/Spitaler/*Hellmann* Rn. 38; *Reiß*, Besteuerungsverfahren und Strafverfahren, S. 279 ff.
[27] Hübschmann/Hepp/Spitaler/*Hellmann* Rn. 37; vgl. auch BGH 16.6.2005 – 1 StR 118/05, NJW 2005, 2723, unter II.2.b.
[28] Vgl. Schleswig-Holsteinisches FG 24.9.2004 – 1 V 72/04, EFG 2005, 678; Thüringisches FG 9.5.2001 – IV 747/98, zit. nach Kohlmann/*Peters* Rn. 26.2; krit. Kohlmann/*Peters* Rn. 26.2.; *Geuenich* DStZ 2006, 295 (299); *Randt* DStJG 31, 263 (274 f.).
[29] Joecks/Jäger/Randt/*Jäger* Rn. 100.
[30] § 10 Abs. 1 BpO; *Drüen* DStJG 38, 219 (235 f.).
[31] AStBV(St) 2017 Nr. 131 Abs. 2 Satz 3.
[32] AA Graf/Jäger/Wittig/*Allgayer* Rn. 39; Kohlmann/*Peters* Rn. 27.1.
[33] Joecks/Jäger/Randt/*Jäger* Rn. 86.
[34] Graf/Jäger/Wittig/*Allgayer* Rn. 36, 41.

und damit die Steuerarten und Besteuerungszeiträume bestimmt, für die aufgrund der Ermittlungsmaßnahme das Steuerstrafverfahren eingeleitet ist. Bei richterlichen Untersuchungshandlungen sind der Wortlaut des Beschlusses und der Sach- und Verfahrenszusammenhang, insbesondere auch die Anträge der Strafverfolgungsbehörden maßgeblich.[35] Speziell bei der Einkommensteuer bezieht sich die Einleitung auf die gesamte Einkommensteuer eines Veranlagungszeitraums und nicht nur auf einzelne Einkunftsarten oder -quellen.[36]

dd) Ermittlungsbefugnis. Die **Befugnis zu steuerstrafrechtlichen Ermittlungen** im vorgenannten Sinne haben die Finanzbehörde (§ 386 Abs. 1 S. 2), die Polizei, die Staatsanwaltschaft, ihre Ermittlungspersonen (§ 152 GVG) und der Strafrichter. Welche dieser Stellen und welcher Amtsträger tätig wird, ist grundsätzlich unerheblich. 17

Die **Steuer- und Zollfahndung** ist in Abs. 1 nicht ausdrücklich genannt. Ihre Dienststellen und Beamten haben im Steuerstrafverfahren die Rechte und Pflichten der Behörden und Beamten des Polizeidienstes nach der Strafprozessordnung, nicht aber nach der Abgabenordnung(§ 404 S. 1). Sie sind allerdings Ermittlungspersonen der Staatsanwaltschaft (§ 404 S. 2 Hs. 2), so dass ihre Handlungen zur Einleitung des Steuerstrafverfahrens führen können. 18

c) Rechtsfolgen. Die wichtigste steuerrechtliche Rechtsfolge ist das allgemeine **Zwangsmittelverbot im Besteuerungsverfahren** (§ 393 Abs. 1 S. 3) einschließlich der Suspendierung der Strafbarkeit wegen Steuerhinterziehung nach § 370 Abs. 1 Nr. 2.[37] Die Reichweite des Zwangsmittelverbots entspricht der Reichweite der Einleitung (vgl. → Rn. 16). Daneben ist die Verfahrenseinleitung selbst für die Festsetzungsfrist für Hinterziehungszinsen (§ 239 Abs. 1 S. 2 Nr. 3) von Bedeutung. 19

Die Bekanntgabe der Einleitung des Steuerstrafverfahrens bewirkt darüber hinaus die **Unterbrechung der Verfolgungsverjährung** (§ 78c Abs. 1 Nr. 1 StGB). Die Verfahrenseinleitung umfasst grundsätzlich die gesamte Tat im prozessualen Sinn (§ 264 StPO), so dass die Verfolgungsverjährung auch für darin enthaltene nichtsteuerliche Straftaten unterbrochen wird.[38] 20

Grundsätzlich führt auch eine **rechtswidrige Einleitungsmaßnahme** zur wirksamen Einleitung des Steuerstrafverfahrens,[39] zB wenn zu Unrecht ein Anfangsverdacht angenommen wurde[40] oder die durchgeführte Ermittlungsmaßnahme unzulässig war.[41] Etwas anderes gilt ausnahmsweise dann, wenn die Einleitung greifbar rechtswidrig war.[42] 21

Die Rechtsfolgen der Einleitung treten mit **Beginn der einleitenden Maßnahme** ein. Ob und gegebenenfalls ab wann eine Vorprüfung (vgl. → Rn. 6) stattgefunden hat, ist ohne Bedeutung. Ein eingestelltes Steuerstrafverfahren kann durch eine neue Maßnahme erneut eingeleitet werden.[43] 22

d) Folgen von Verstößen. Wird trotz des Anfangsverdachts der versuchten Steuerhinterziehung nach § 370 Abs. 1 Nr. 2 kein Steuerstrafverfahren eingeleitet, kann dies für die beteiligten Amtsträger den Tatbestand einer Straftat oder eines Dienstvergehens erfüllen,[44] hat aber regelmäßig keine nachteiligen Folgen für den Steuerpflichtigen. Ausnahmsweise kann es jedoch zu einer vollendeten Steuerhinterziehung nach § 370 Abs. 1 Nr. 2 kommen, obwohl bereits vor Abschluss des Veranlagungsarbeiten[45] der Anfangsverdacht einer versuch- 23

---

[35] Vgl. BGH 12.12.1995 – 1 StR 491/95, wistra 1996, 101 und 5.4.2000 – 5 StR 226/99, NStZ 2000, 427.
[36] BGH 27.5.2009 – 1 StR 665/08, wistra 2009, 465, unter 3.; aA *Salditt* FS Volk, 2009, 637 (647).
[37] Vgl. → § 393 Rn. 27 ff.
[38] Joecks/Jäger/Randt/*Jäger* Rn. 3.
[39] Joecks/Jäger/Randt/*Jäger* Rn. 11; Beermann/Gosch/*Seipl* Rn. 63.1.
[40] Graf/Jäger/Wittig/*Allgayer* Rn. 11.
[41] Kohlmann/*Peters* Rn. 20.
[42] BFH 29.4.2008 – VIII R 5/06, BFHE 222, 1 = BStBl. II 2008, 844 = wistra 2009, 166, unter II.3.b.
[43] Graf/Jäger/Wittig/*Allgayer* Rn. 40, 43; Joecks/Jäger/Randt/*Jäger* Rn. 82, 115.
[44] Dazu → § 399 Rn. 7.
[45] Vgl. OLG München 1.10.2001 – 2 Ws 1070/01, wistra 2002, 34 (35).

ten Steuerhinterziehung gemäß § 370 Abs. 1 Nr. 2 bestand und die gebotene Einleitung des Steuerstrafverfahrens eine Vollendung der Tat ausgeschlossen hätte (vgl. → Rn. 19). Die unterlassene bzw. verspätete Einleitung des Steuerstrafverfahrens steht dann einer Verurteilung wegen vollendeter Steuerhinterziehung nicht entgegen, ist aber bei der **Strafzumessung** zu berücksichtigen.[46]

24 **2. Dokumentation der Einleitung.** Der Aktenvermerk über die Einleitung (Abs. 2) hat **ausschließlich Beweisfunktion**.[47] Er ist für die Wirksamkeit der Einleitung grundsätzlich ohne Bedeutung. Dies ergibt sich aus dem Gesetzeswortlaut, der sich lediglich auf die „Maßnahme" bezieht, vor allem aber auch aus der Regelung außerhalb der Definition der Einleitung in Abs. 1.[48] Auch wenn der Vermerk ein gewichtiges Indiz ist, kann der Nachweis über die Einleitung und die Gegenstände des Steuerstrafverfahrens auch mit anderen Mitteln geführt werden.[49]

25 Nach dem Gesetz ist der Aktenvermerk **unverzüglich zu erstellen.** Dadurch soll zeitnah Rechtsklarheit eintreten.[50] Gleichwohl kann ein zunächst unrichtiger oder unvollständiger Vermerk jederzeit berichtigt werden. Auch insofern ist die Wirksamkeit der Einleitung aber von dem Vermerk unabhängig. Sie wird unabhängig von Zeitpunkt und Inhalt des Vermerks so wirksam, wie die Einleitungsmaßnahme tatsächlich durchgeführt wurde.

26 **3. Mitteilung an den Beschuldigten. a) Allgemeines.** Die Mitteilung der Einleitung an den Beschuldigten ist von der Einleitung selbst zu unterscheiden und muss nicht zwingend mit ihr zusammenfallen (Abs. 3). Zwar ermöglicht erst die Mitteilung dem Steuerpflichtigen, sich auf das allgemeine Zwangsmittelverbot (§ 393 Abs. 1 S. 3) zu berufen. Daraus ergibt sich aber auch, dass die Mitteilung erst bei einer **Aufforderung zur (vermeintlich) erzwingbaren Mitwirkung** im Zusammenhang mit dem Gegenstand des Steuerstrafverfahrens erforderlich ist. Davor steht die Mitteilung im Ermessen der Strafverfolgungsbehörde. Dabei ist insbesondere der Untersuchungszweck zu berücksichtigen.[51]

27 Aus dem Bezug zu § 393 Abs. 1 S. 3 folgt, dass nicht nur die Einleitung des Steuerstrafverfahrens als solche, sondern auch der **Gegenstand des Steuerstrafverfahrens** mitzuteilen ist. Die Mitteilung muss daher, soweit dies bei Einleitung des Verfahrens bereits möglich ist, auch die Steuerart und den Besteuerungszeitraum, für die das Steuerstrafverfahren eingeleitet ist, sowie Tathandlung und Tatzeitpunkt bezeichnen.[52] Wird ein bereits eingeleitetes Steuerstrafverfahren auf andere Steuerarten oder Besteuerungszeiträume erweitert, ist die Erweiterung nach den gleichen Grundsätzen mitzuteilen wie die Einleitung.[53]

28 Ein **Zusammenhang mit dem Gegenstand des Steuerstrafverfahrens** liegt nicht nur bei unmittelbar selbstbelastenden Mitwirkungshandlungen vor, sondern im Hinblick auf die Reichweite des Grundsatzes der Selbstbelastungsfreiheit und § 393 Abs. 1 S. 3 auch bei mittelbar selbstbelastenden Tatsachen bzw. Unterlagen, die zwar andere Steuerarten oder Besteuerungszeiträume betreffen, aber Rückschlüsse auf den Gegenstand des Steuerstrafverfahrens zulassen.[54] Der Zusammenhang mit dem Gegenstand des Steuerstrafverfahrens ist für jede Mitwirkungshandlung einzeln zu bestimmen.

29 Die Mitteilung der Einleitung an den Beschuldigten hat steuerverfahrensrechtliche (§ 171 Abs. 5 S. 2), aber auch **erhebliche steuerstrafrechtliche Auswirkungen.** Sie führt zur

---

[46] BGH 12.1.2005 – 5 StR 191/04, NJW 2005, 763, unter II.2.a.
[47] Vgl. bereits RG 11.5.1922 – III 97/22, RGSt 56, 341 (342) und 2.3.1934 – 1 D 142/33, RGSt 68, 99, unter II.
[48] Joecks/Jäger/Randt/*Jäger* Rn. 116; vgl. BT-Drs. 5/1812, 34.
[49] Vgl. BGH 6.10.1981 – 1 StR 356/81, BGHSt 30, 215 = NJW 1982, 291, unter 3.b.bb.
[50] Joecks/Jäger/Randt/*Jäger* Rn. 118.
[51] AStBV(St) 2017 Nr. 28 Abs. 1 Satz 2; Graf/Jäger/Wittig/*Allgayer* Rn. 50; Joecks/Jäger/Randt/*Jäger* Rn. 128.
[52] AStBV(St) 2017 Nr. 28 Abs. 2 Satz 2; Graf/Jäger/Wittig/*Allgayer* Rn. 55; Joecks/Jäger/Randt/*Jäger* Rn. 125.
[53] Graf/Jäger/Wittig/*Allgayer* Rn. 54.
[54] Vgl. → § 393 Rn. 10, 29; Graf/Jäger/Wittig/*Allgayer* Rn. 51.

Unterbrechung der Verjährung (§ 78c Abs. 1 Nr. 1 StGB) und hat Sperrwirkung für die Selbstanzeige (§ 371 Abs. 2 Nr. 1 Buchst. b AO). Der sachliche Umfang der Sperrwirkung wird durch die in der Mitteilung bezeichneten Steuerpflichtigen, Steuerart und Besteuerungszeiträume bestimmt.[55]

Das Gesetz sieht für die Mitteilung keine bestimmte **Form** vor. Sie ist daher auch mündlich möglich. Wegen der Bedeutung der Mitteilung ist die Finanzverwaltung im Erlasswege gehalten, sie mit Datum und nach Möglichkeit Uhrzeit in den Akten zu vermerken und dabei zudem den Beschuldigten, Steuerarten und Besteuerungszeiträume, auf die sich das Verfahren bezieht, sowie Tathandlung und Tatzeitpunkt, festzuhalten.[56] In der Durchführung strafprozessualer Untersuchungshandlungen beim Beschuldigten liegt regelmäßig die konkludente Mitteilung der Einleitung des Steuerstrafverfahrens.[57] 30

Anlässlich der Mitteilung ist der Beschuldigte über seine Rechte und Pflichten im Besteuerungsverfahren und im Besteuerungsverfahren zu belehren.[58] Abs. 3 regelt allerdings nur den Zeitpunkt der Mitteilung über Einleitung. Gesetzliche Grundlage für die Belehrungspflichten sind §§ 136, 163a StPO für das Steuerstrafverfahren und § 393 Abs. 1 S. 4 AO für das Besteuerungsverfahren. Im Ergebnis ist die Mitteilung der Einleitung daher mit einer **doppelten Belehrung** zu verbinden.[59] 31

b) Verfahren während Außenprüfungen. Für die Einleitung des Steuerstrafverfahrens und deren Mitteilung während Außenprüfungen (zur Schlussbesprechung → Rn. 13) sind die gesetzlichen Vorgaben im Erlasswege konkretisiert worden.[60] Danach muss der Prüfer schon unterhalb der Schwelle zum Anfangsverdacht grundsätzlich bereits dann die **Außenprüfung unterbrechen,** wenn eine nicht nur theoretische Möglichkeit besteht, dass ein Steuerstrafverfahren durchzuführen ist.[61] Dies bedeutet aber nur, dass der Beschuldigte bis zur Bekanntgabe der Einleitung nicht mehr auf Mitwirkung hinsichtlich des Sachverhalts, auf den sich der gegen ihn gerichtete Verdacht bezieht, in Anspruch genommen werden darf. Die Unterbrechung ist an keinerlei Förmlichkeiten gebunden, muss insbesondere nicht ausdrücklich erklärt werden. Es ist daher zulässig und gegebenenfalls sogar geboten, dass der Außenprüfer unmittelbar, nachdem er den Anfangsverdacht gewonnen hat, die Einleitung des Steuerstrafverfahrens bekanntgibt, den Beschuldigten belehrt und steuerstrafrechtliche Sofortmaßnahmen (§ 399 Abs. 2) zur Beweissicherung ergreift.[62] 32

Von Rechts wegen ist es für den Außenprüfer auch nicht ausgeschlossen, einstweilen von einer Mitteilung abzusehen, die Prüfung hinsichtlich des Sachverhalts, auf den sich der Verdacht bezieht, zurückzustellen und die **Prüfung hinsichtlich der übrigen Sachverhalte unter Mitwirkung des Beschuldigten fortzusetzen.** Dies setzt allerdings voraus, dass die steuerstrafrechtlich relevanten und die übrigen Sachverhalte so klar voneinander getrennt sind, dass auch eine mittelbare Selbstbelastung des Beschuldigten ausgeschlossen ist. Zudem darf die Zurückstellung der steuerstrafrechtlichen Ermittlungen den Untersuchungszweck des Steuerstrafverfahrens nicht gefährden, insbesondere nicht dazu führen, dass gebotene Eilmaßnahmen (§ 399 Abs. 2) unterbleiben. 33

Aus dem Wortlaut des Abs. 3 ergibt, sich dass der Steuerpflichtige mit Mitteilung der Einleitung auch hinsichtlich des Sachverhalts, auf den sich der Verdacht bezieht, wieder zur Mitwirkung aufgefordert werden darf. Auch die Finanzverwaltung geht von der Möglichkeit zur Fortsetzung der Außenprüfung nach Bekanntgabe der Einleitung aus.[63] Ein vollständiger 34

---

[55] BFH 25.2.2014 – X R 10/11, BFH/NV 2014, 1345 Rn. 20 ff., mwN.
[56] AStBV(St) 2017 Nr. 30; § 10 Abs. 1 S. 5 BpO.
[57] Joecks/Jäger/Randt/*Jäger* Rn. 88 ff.
[58] BGH 16.6.2005 – 1 StR 118/05, NJW 2005, 2723, unter II.2.b.; AStBV(St) 2017 Nr. 28, 29, § 10 BpO.
[59] Vgl. bereits → § 393 Rn. 36.
[60] § 10 Abs. 1 S. 3–5 BpO.
[61] *Drüen* DStJG 38, 219 (235).
[62] Vgl. Gleichlautender Erlass zu Anwendungsfragen des § 10 Abs. 1 BpO vom 31.8.2009, BStBl. I 2009, 829.
[63] § 10 Abs. 1 S. 3 BpO.

Abbruch der Außenprüfung[64] ist möglich und häufig naheliegend, weil zu erwarten ist, dass der Steuerpflichtige jede Mitwirkung verweigert, aber nicht zwingend.

35 c) **Folgen von Verstößen.** Der Verstoß gegen die Mitteilungspflicht gemäß Abs. 3 und die damit zusammenhängenden Belehrungspflichten (vgl. → Rn. 31) führt zu einem strafrechtlichen **Beweisverwertungsverbot**.[65] Solange – auch pflichtwidrig – das Steuerstrafverfahren nicht eingeleitet ist (vgl. → Rn. 23), entsteht allerdings schon keine Mitteilungspflicht.

36 Die materiell-rechtlichen Folgen der Mitteilung, insbesondere die Sperrwirkung für die Selbstanzeige (§ 371 Abs. 2 Nr. 1 Buchst. b) treten nur ein, wenn die Mitteilung hinreichend bestimmt ist. Eine unbestimmte oder widersprüchliche Mitteilung entfaltet **keine Sperrwirkung**.[66] Sie unterbricht auch nicht die Verfolgungsverjährung.[67]

37 Da das Gesetz zwischen Einleitung und Mitteilung unterscheidet, sind auch die **Folgen von Einleitung und Mitteilung unabhängig voneinander** zu bestimmen. Bei fehlerhafter Mitteilung der Einleitung kann daher das Zwangsmittelverbot auch für Steuerarten und Besteuerungszeiträume gelten, die von der Sperrwirkung (§ 371 Abs. 2 Nr. 1 Buchst. b) noch nicht erfasst sind.

38 d) **Weitere Mitteilungen.** Die einleitende Stelle teilt die Einleitung des Steuerstrafverfahrens auch anderen Stellen mit. Dies betrifft die Bußgeld- und Strafsachenstelle, sofern sie nicht selbst eingeleitet hat, und die Veranlagungsstelle.[68] Die Einleitung von Steuerstrafverfahren gegen Inhaber oder Geschäftsleiter von Kreditinstituten bzw. die Inhaber von bedeutenden Beteiligungen an Kreditinstituten und deren Mitarbeiter wird nach der Mitteilung an den Beschuldigten auch der **Bundesanstalt für Finanzdienstleistungsaufsicht** mitgeteilt (§ 8 Abs. 2 KredWG),[69] die Einleitung von Steuerstrafverfahren gegen Ausländer der Ausländerbehörde.[70]

III. Rechtsbehelfe

39 Die Einleitung des Steuerstrafverfahrens als solche ist als Realakt (vgl. → Rn. 7) nicht gesondert anfechtbar.[71] Nur bei einer **Einleitung aus schlechthin unhaltbaren Erwägungen,** mithin willkürlichem Handeln der Strafverfolgungsorgane wäre von Verfassungs wegen gerichtlicher Rechtsschutz gegen die Durchführung eines Ermittlungsverfahrens geboten.[72] Der Beschuldigte kann lediglich die einleitende Ermittlungsmaßnahme anfechten, sofern dafür ein Rechtsbehelf gegeben ist. Damit kann er aber die Rechtsfolgen der Einleitung grundsätzlich nicht beseitigen (vgl. → Rn. 21).

40 Ein strafprozessrechtliches Beweisverwertungsverbot wegen **Verstoßes gegen die Belehrungspflicht** (Abs. 3) ist nach allgemeinen strafprozessualen Grundsätzen geltend zu machen. Insofern kann insbesondere auf die Erläuterungen zu §§ 136, 136a StPO verwiesen werden.

IV. Revision

41 Die missbräuchlich verspätete Einleitung des Steuerstrafverfahrens[73] und das aus Verstößen gegen die Belehrungspflicht gemäß Abs. 3 folgende Verwertungsverbot im Steuerstraf-

---

[64] *Randt* DStJG 31, 263 (271 f.).
[65] BGH 16.6.2005 – 1 StR 118/05, NJW 2005, 2723, unter II.2.c.; Graf/Jäger/Wittig/*Allgayer* Rn. 58; Joecks/Jäger/Randt/*Jäger* Rn. 129.
[66] BayObLG 26.10.1987 – RReg 4 Sz 106/87, wistra 1988, 81; Joecks/Jäger/Randt/*Jäger* Rn. 125; Kohlmann/*Peters* Rn. 20; Beermann/Gosch/*Seipl* Rn. 80; *Mösbauer* DB 2001, 836.
[67] BGH 6.10.1981 – 1 StR 356/81, BGHSt 30, 215 = NJW 1982, 291.
[68] AStBV(St) 2017 Nr. 31.
[69] AStBV(St) 2017 Nr. 136 Abs. 1 Nr. 3.
[70] AStBV(St) 2017 Nr. 136 Abs. 1 Nr. 4.
[71] BFH 29.4.2008 – VIII R 5/06, BFHE 222, 1 = BStBl. II 2008, 844 = wistra 2009, 166, unter II.3.a.cc.
[72] BVerfG 2.10.2003 – 2 BvR 660/03, BVerfGK 2, 27 = NStZ 2004, 447.
[73] BGH 12.1.2005 – 5 StR 191/04, NJW 2005, 763, unter II.2.b.

verfahren (vgl. → Rn. 35)⁷⁴ sind im Revisionsverfahren jeweils mit der **Verfahrensrüge** geltend zu machen. Insofern wird auf die Erläuterungen zu § 344 Abs. 2 StPO verwiesen.

§ 398 Einstellung wegen Geringfügigkeit

¹**Die Staatsanwaltschaft kann von der Verfolgung einer Steuerhinterziehung, bei der nur eine geringwertige Steuerverkürzung eingetreten ist oder nur geringwertige Steuervorteile erlangt sind, auch ohne Zustimmung des für die Eröffnung des Hauptverfahrens zuständigen Gerichts absehen, wenn die Schuld des Täters als gering anzusehen wäre und kein öffentliches Interesse an der Verfolgung besteht.** ²**Dies gilt für das Verfahren wegen einer Steuerhehlerei nach § 374 und einer Begünstigung einer Person, die eine der in § 375 Abs. 1 Nr. 1 bis 3 genannten Taten begangen hat, entsprechend.**

I. Überblick

1. Normzweck. Die Einstellung des Strafverfahrens nach § 398 AO sollte die Einstellung nach § 153 Abs. 1 S. 2 StPO alter Fassung ergänzen. Danach konnte bei Vergehen, die gegen fremdes Vermögen gerichtet und nicht mit einer im Mindestmaß erhöhten Strafe bedroht waren, auch **ohne Zustimmung des Gerichts von der Verfolgung abgesehen** werden, wenn der durch die Tat verursachte Schaden gering ist. Diese Möglichkeit sollte auch für die Steuerhinterziehung als betrugsähnliches Delikt geschaffen werden.¹ 1

2. Anwendungsbereich. Die Steuerstraftaten, auf die § 398 anwendbar ist, sind in der Vorschrift ausdrücklich genannt. Dies sind zum einen die Steuerhinterziehung (§ 370), zum anderen die Steuerhehlerei (§ 374) und die Begünstigung (§ 257 StGB) nach Steuerhinterziehung, Bannbruch und Steuerhehlerei. Steuerhinterziehung in diesem Sinne ist auch der Schmuggel.² Im Umkehrschluss ist bei Bannbruch (§ 372) eine Einstellung nach § 398 nicht möglich. 2

II. Erläuterung

In der geltenden Fassung ist § 153 Abs. 1 S. 2 StPO nicht mehr auf Vermögensdelikte beschränkt und gilt damit auch für Steuerstraftaten. § 398 AO unterscheidet sich von § 153 Abs. 1 S. 2 StPO in der Sache nur noch insofern, als er auch für Steuerstraftaten gilt, die **mit einer im Mindestmaß erhöhten Strafe** bedroht sind und damit auch den gewerbsmäßigen, gewaltsamen und bandenmäßigen Schmuggel (§ 373 AO) erfasst. In diesen Fällen dürfte aber regelmäßig nicht mehr von nur geringer Schuld auszugehen sein.³ 3

Da § 398 AO den Anwendungsbereich des § 153 Abs. 1 S. 2 StPO alter Fassung lediglich erweitern sollte, entfaltet er gegenüber den Möglichkeiten zur Verfahrenseinstellung nach §§ 153, 153a StPO **keine Sperrwirkung**.⁴ Wegen der Einzelheiten zu §§ 153, 153a StPO wird auf die dortigen Erläuterungen verwiesen. 4

Für geringfügige Steuerstraftaten im **grenzüberschreitenden Reiseverkehr** enthält § 32 ZollVG eine weitergehende Regelung. Danach besteht unter den dort genannten Voraussetzungen bereits ein Verfahrenshindernis. 5

III. Reformvorhaben

Seit der Erweiterung des § 153 Abs. 1 S. 2 StPO besteht für § 398 AO kein praktischer Bedarf mehr. Die Finanzverwaltung unterscheidet nicht zwischen Einstellungen nach § 153 6

---

⁷⁴ BGH 16.6.2005 – 5 StR 118/05, NJW 2005, 2723, unter II.2.c.
¹ BT-Drs. 7/4292, 47.
² Vgl. BGH 28.9.1983 – 3 StR 280/83, BGHSt 32, 95 = NJW 1984, 2588.
³ *Hellmann*, Neben-Strafverfahrensrecht, S. 63.
⁴ Joecks/Jäger/Randt/*Joecks* Rn. 7.

Abs. 1 S. 2 StPO und Einstellungen nach § 398 AO.[5] Daher sollte § 398 als überflüssig **gestrichen** werden.[6]

§ 398a Absehen von Verfolgung in besonderen Fällen

(1) In Fällen, in denen Straffreiheit nur wegen § 371 Absatz 2 Satz 1 Nummer 3 oder 4 nicht eintritt, wird von der Verfolgung einer Steuerstraftat abgesehen, wenn der an der Tat Beteiligte innerhalb einer ihm bestimmten angemessenen Frist
1. die aus der Tat zu seinen Gunsten hinterzogenen Steuern, die Hinterziehungszinsen nach § 235 und die Zinsen nach § 233a, soweit sie auf die Hinterziehungszinsen nach § 235 Absatz 4 angerechnet werden, entrichtet und
2. einen Geldbetrag in folgender Höhe zugunsten der Staatskasse zahlt:
   a) 10 Prozent der hinterzogenen Steuer, wenn der Hinterziehungsbetrag 100 000 Euro nicht übersteigt,
   b) 15 Prozent der hinterzogenen Steuer, wenn der Hinterziehungsbetrag 100 000 Euro übersteigt und 1 000 000 Euro nicht übersteigt,
   c) 20 Prozent der hinterzogenen Steuer, wenn der Hinterziehungsbetrag 1 000 000 Euro übersteigt.

(2) Die Bemessung des Hinterziehungsbetrags richtet sich nach den Grundsätzen in § 370 Absatz 4.

(3) Die Wiederaufnahme eines nach Absatz 1 abgeschlossenen Verfahrens ist zulässig, wenn die Finanzbehörde erkennt, dass die Angaben im Rahmen einer Selbstanzeige unvollständig oder unrichtig waren.

(4) [1]Der nach Absatz 1 Nummer 2 gezahlte Geldbetrag wird nicht erstattet, wenn die Rechtsfolge des Absatzes 1 nicht eintritt. [2]Das Gericht kann diesen Betrag jedoch auf eine wegen Steuerhinterziehung verhängte Geldstrafe anrechnen.

Schrifttum: *Beckemper/Schmitz/Wegner/Wulf,* Zehn Anmerkungen zur Neuregelung der strafbefreienden Selbstanzeige durch das Schwarzgeldbekämpfungsgesetz, wistra 2011, 281; *Geberth/Welling,* Abgrenzung zwischen einfacher Berichtigung und strafbefreiender Selbstanzeige, DB 2015, 1742; *Grötsch,* Die verunglückte Regelung des § 398a AO, wistra 2016, 341; *Habammer,* Die Neuregelung der Selbstanzeige nach dem Schwarzgeldbekämpfungsgesetz, StBW 2011, 310; *Habammer/Pflaum,* Bleibt die Selbstanzeige noch praktikabel?, DStR 2014, 2267; *Hunsmann,* Rechtsschutz im Rahmen des Absehens von Strafverfolgung gemäß § 398a AO, NZWiSt 2012, 102; *Hunsmann,* Neuregelung der Selbstanzeige im Steuerstrafrecht, NJW 2015, 113; *Hunsmann,* Zur Bestimmung des Geldbetrages, der hinterzogenen Steuer und der Hinterziehungszinsen in § 398a Abs. 1 Nr. 2 AO, NZWiSt 2015, 130; *Jesse,* Selbstanzeigeregelungen nach dem AO-Änderungsgesetz (2014), FR 2015, 673; *Joecks,* Der Regierungsentwurf eines Gesetzes zur Änderung der Abgabenordnung und des Einführungsgesetzes zur Abgabenordnung, DStR 2014, 2261; *Roth,* § 398a Abs. 4 AO – Verfall „wirkungsloser" Strafzuschläge und Anrechnung auf Geldstrafen in Selbstanzeigefällen, wistra 2015, 295; *Mellinghoff,* Strafgleichheit, FS Hassemer, 2010, 503; *Roth,* Selbstanzeige: Keine Wiederaufnahme (§ 398a Abs. 3 AO) eingestellter Verfahren bei nachträglich erkannten Sperrgründen?, Stbg 2015, 311; *Schmitz,* Wieviel Strafe braucht der Steuerstaat, FS Achenbach, 2011, 477; *Spatscheck,* Die Selbstanzeige, FS Streck 2011, 581; *Spatscheck,* Reichweite der Steuerhinterziehung: Strafbares Unterlassen; Berichtigungspflicht und Selbstanzeige – § 153 AO und § 371 AO, DStJG 38, 2015, 89; *Wulf,* Rechtsschutz gegen Auflagenfestsetzung nach § 398a AO, Stbg 2015, 23; *Wulf,* Praxishinweise zum Anwendungsbereich der „Selbstanzeige zweiter Klasse" bei Beträgen von mehr als 25.000 € (§ 371 Abs. 2 Nr. 3 AO), Stbg 2015, 160; *Wulf,* Reform der Selbstanzeige – Neue Klippen auf dem Weg zur Strafbefreiung, wistra 2015, 166.

Übersicht

	Rn.		Rn.
I. Überblick	1–3	3. Entstehungsgeschichte	3
1. Normzweck	1	**II. Erläuterung**	4–62
2. Anwendungsbereich	2	1. Verfahrenshindernis	4, 5

---

[5] AStBV(St) 2017 Nr. 82 Abs. 2.
[6] *Hellmann,* Neben-Strafverfahrensrecht, S. 64.

	Rn.		Rn.
2. Unwirksame Selbstanzeige	6–13	b) Anrechung des Geldbetrags auf eine Geldstrafe	33–43
a) Allgemeines	6	c) Spannungsverhältnis zu § 153a StPO	44, 45
b) Unwirksamkeit nach § 371 Abs. 2 S. 1 Nr. 3	7–12	5. Verfahren	46–49
c) Unwirksamkeit nach § 371 Abs. 2 S. 1 Nr. 4	13	6. Verfassungsrechtliche Bedenken	50–62
3. Zahlungsobliegenheiten	14–28	a) Selbstbelastungsfreiheit	51
a) Allgemeines	14–17	b) Schuldprinzip	52–59
b) Nachzahlung von Steuern und Zinsen	18–22	c) Gleichheitssatz	60, 61
c) Zahlung eines zusätzlichen Geldbetrags	23–28	d) Gebundene Anwendung des § 153a StPO	62
4. Wiederaufnahme des Verfahrens	29–45	III. Reformvorhaben	63
a) Voraussetzungen der Wiederaufnahme	30–32	IV. Rechtsbehelfe	64–67
		V. Revision	68

I. Überblick

1. Normzweck. Nach § 398a kann in bestimmten Fällen auch **nach einer unwirksamen Selbstanzeige (§ 371) ein Verfahrenshindernis für das Steuerstrafverfahren** entstehen. Der Beschuldigte erlangt bei Zahlung eines zusätzlichen Geldbetrags auch dann sicher Straffreiheit, wenn die Selbstanzeige wegen des Umfangs der Hinterziehung (§ 371 Abs. 2 Nr. 3) oder, weil sonst ein besonders schwerer Fall der Steuerhinterziehung vorliegt (§ 371 Abs. 2 Nr. 4), unwirksam ist. 1

2. Anwendungsbereich. Die Vorschrift betrifft ihrem Wortlaut nach jede Verfolgung einer Steuerstraftat. Aufgrund der Anknüpfung an § 371 gilt sie im Ergebnis aber nur für **Steuerstraftaten, bei denen eine strafbefreiende Selbstanzeige grundsätzlich möglich ist.** Nicht erfasst sind daher Steuerstraftaten nach §§ 372 ff. und die gewerbs- oder bandenmäßige Hinterziehung des Umsatzsteueraufkommens (§ 26c UStG).[1] Wenn die Nacherklärung als eine einfache Berichtigung nach einer nicht vorsätzlichen Falscherklärung (§ 153) und nicht als Selbstanzeige (§ 371) zu behandeln ist,[2] liegt unabhängig von den steuerlichen Auswirkungen des Fehlers kein Fall des § 398a vor. 2

3. Entstehungsgeschichte. Das Absehen von Verfolgung in besonderen Fällen wurde durch das Schwarzgeldbekämpfungsgesetz vom 8.4.2011[3] in die Abgabenordnung aufgenommen. Damals galt § 398a nur für Steuerhinterziehungen, die einen Betrag von 50.000 EUR je Tat überstiegen (§ 371 Abs. 2 Nr. 3 alter Fassung). Die aktuelle Fassung beruht auf dem **Gesetz zur Änderung der Abgabenordnung und des Einführungsgesetzes zur Abgabenordnung vom 22.12.2014,**[4] durch das die Regelungen der §§ 371, 398a eingehend überarbeitet und teils gemildert, aber auch verschärft wurden.[5] 3

II. Erläuterung

1. Verfahrenshindernis. Nach dem Wortlaut des § 398a Abs. 1 wird von der Verfolgung einer Steuerstraftat abgesehen. Damit begründet die Regelung ein von Amts wegen zu berücksichtigendes Verfahrenshindernis. Wenn der Tatbestand des § 398a erfüllt ist, haben Staatsanwaltschaft bzw. Finanzbehörde **keinen Ermessensspielraum und bedürfen keiner Zustimmung des Gerichts.** Das Verfahrenshindernis entsteht bei Vorliegen der sonstigen Tatbestandsvoraussetzungen mit Nachzahlung der Steuern zuzüglich Zinsen sowie des zusätzlichen Geldbetrags. Es führt zwingend zur Einstellung des Steuerstrafverfahrens. 4

---

[1] Vgl. Joecks/Jäger/Randt/*Joecks* § 371 Rn. 46; Graf/Jäger/Wittig/*Rolletschke* § 371 Rn. 10.
[2] Dazu AStBV (St) 2017 Nr. 132 Abs. 1 Satz 2; AEAO zu § 153 Tz.2; *Geberth/Welling* DB 2015, 1742.
[3] BGBl. 2011 I 676.
[4] BGBl. 2014 I 2415; krit. *Joecks* DStR 2014, 2261; differenzierend *Habammer/Pflaum* DStR 2014, 2267, (jeweils zum Regierungsentwurf); *Hunsmann* NJW 2015, 113.
[5] Zur zeitlichen Anwendung *Grötsch* wistra 2016, 341.

5 Die Entstehung eines Verfahrenshindernisses ist **für jede Steuerstraftat und für jeden Tatbeteiligten gesondert** zu beurteilen. Dabei ist Steuerstraftat nach der Legaldefinition (§ 369 Abs. 1) die Tat im materiell-rechtlichen Sinne. Die Unterscheidung nach Tatbeteiligten ergibt sich daraus, dass das Absehen von der Verfolgung ausdrücklich davon abhängig gemacht wird, dass „der an der Tat Beteiligte" die geforderten Zahlungen geleistet hat. Das Verfahrenshindernis betrifft zudem nur die Verfolgung als Steuerstraftat, nicht die Verfolgung unter einem anderen rechtlichen Gesichtspunkt, selbst wenn die andere Straftat mit der Steuerstraftat in Tateinheit steht.[6]

6 **2. Unwirksame Selbstanzeige. a) Allgemeines.** Voraussetzung für die Anwendung des § 398a ist zunächst, dass nach einer Selbstanzeige **Straffreiheit nur wegen § 371 Abs. 2 S. 1 Nr. 3 oder 4 nicht eintritt.** Dies betrifft Selbstanzeigen, die ausschließlich wegen des Umfangs der Steuerhinterziehung oder, weil ein besonders schwerer Fall der Steuerhinterziehung (§ 370 Abs. 3 S. 2 Nr. 2–5) vorliegt, unwirksam sind. Daher kommt ein Absehen von Verfolgung nach § 398a nicht in Betracht, wenn ausschließlich oder auch ein Sperrgrund nach § 371 Abs. 2 Nr. 1 und 2 vorliegt. Es dürfte allerdings dem Zweck des Gesetzes entsprechen, § 398a auch dann anzuwenden, wenn die Selbstanzeige gleichzeitig sowohl wegen des Umfangs der Steuerhinterziehung als auch wegen des Vorliegens eines besonders schweren Falls der Steuerhinterziehung (§ 370 Abs. 3 S. 2 Nr. 2–5) unwirksam ist.

7 **b) Unwirksamkeit nach § 371 Abs. 2 S. 1 Nr. 3.** Nach § 371 Abs. 2 S. 1 Nr. 3 in der geltenden Fassung tritt bei einer Selbstanzeige Straffreiheit nicht ein, wenn die nach § 370 Abs. 1 verkürzte Steuer oder der für sich oder einen anderen erlangte nicht gerechtfertigte Steuervorteil einen **Betrag von 25.000 EUR je Tat übersteigt.** Dem liegt die Vorstellung zugrunde, dass der Unrechtsgehalt dieser Taten so hoch ist, dass allein Selbstanzeige und Steuernachzahlung die Straffreiheit nicht mehr rechtfertigen.[7] Dies gilt allerdings nicht, soweit die Steuerhinterziehung durch Verletzung der Pflicht zur rechtzeitigen Abgabe einer vollständigen und richtigen Umsatzsteuervoranmeldung oder Lohnsteueranmeldung begangen wurde (§ 371 Abs. 2a S. 1).

8 In der Fassung des Schwarzgeldbekämpfungsgesetzes lag der Grenzbetrag noch bei 50.000 EUR. Ausweislich der Entwurfsbegründung zur aktuellen Fassung beruht die Neuregelung auf einer Übereinkunft der Bundesregierung und der Länder, wonach nicht nur besonders schwere Fälle der Steuerhinterziehung § 398a unterliegen sollten, sondern alle Fälle mit einem Hinterziehungsvolumen ab 25.000 EUR.[8] Dabei ist die **tatbestandliche (nominelle) Steuerverkürzung** bzw. der tatbestandliche nicht gerechtfertigte steuerliche Vorteil zugrundezulegen.[9] Ob es sich um eine Steuerhinterziehung auf Zeit oder auf Dauer handelt und inwieweit die tatbestandliche Steuerhinterziehung auf der Anwendung des Kompensationsverbots (§ 370 Abs. 4) beruht, ist unerheblich.

9 Die Mehrheit im Schrifttum stimmt im Grundsatz überein, dass sich der **Sperrgrund gemäß § 371 Abs. 2 S. 1 Nr. 3 nur auf die „Tat" im dortigen Sinne,** nicht auf den gesamten Berichtigungsverbund gemäß § 371 Abs. 1 AO bezieht, vertritt allerdings unterschiedliche Auffassungen, was als Tat in diesem Sinne zu verstehen ist. Teilweise wird der materiell-rechtliche Tatbegriff zugrunde gelegt, so dass sich eine Tat bei tateinheitlicher Begehung auch auf mehrere Steuerarten und Besteuerungszeiträume beziehen kann.[10] Auch der Bundesgerichtshof hat in einem obiter dictum für § 371 Abs. 2 S. 1 Nr. 3 diesen Tatbegriff vertreten.[11] Demgegenüber geht eine andere Auffassung davon aus, dass für Zwecke des § 371 Abs. 2 S. 1 Nr. 3 auch bei Tateinheit (§ 52 StGB) mehrerer Steuerhinterziehun-

---

[6] Vgl. BGH 5.5.2004 – 5 StR 548/03, BGHSt 49, 136 = NJW 2005, 2720, unter II.3. und 20.5.2010 – 1 StR 577/09, BGHSt 55, 180 = NJW 2010, 2146 Rn. 9; Joecks/Jäger/Randt/*Joecks* § 371 Rn. 380.
[7] Klein/*Jäger* Rn. 11.
[8] BT-Drs. 18/3018, 12.
[9] Klein/*Jäger* Rn. 12; Klein/*Jäger* § 371 Rn. 186.
[10] Klein/*Jäger* § 371 Rn. 186; *Spatscheck* DStJG 38, 89 (113); *Wulf* Stbg 2015, 160 (161) und wohl auch *Hunsmann* NJW 2015, 113 (116 f.).
[11] BGH 15.12.2011 – 1 StR 579/11, NJW 2012, 1015, unter 2.e.

gen¹² jede Steuerart und jeder Besteuerungszeitraum getrennt zu betrachten sind.¹³ Die zuletzt genannte Auffassung wird möglicherweise durch Äußerungen im Gesetzgebungsverfahren zum Schwarzgeldbekämpfungsgesetz¹⁴ gestützt, wonach die Tat durch Steuerart und Besteuerngszeitraum bzw. Veranlagungszeitraum bestimmt sein soll.

Nach hiesiger Auffassung ist der Tatbegriff des § 371 Abs. 2 S. 1 Nr. 3 der **materiell-** **10** **rechtliche Tatbegriff.** Der Gesetzeswortlaut enthält keine Hinweise auf einen eigenständigen Tatbegriff. Die Äußerungen im Gesetzgebungsverfahren sind nach ihrem Gesamtzusammenhang nicht im streng technischen Sinn, sondern lediglich als allgemeine Hinweise auf die Grundsätze des materiell-rechtlichen Tatbegriffs zu verstehen, mit denen keine Aussagen für den Sonderfall der tateinheitlichen Steuerhinterziehung für mehrere Steuerarten oder Besteuerungszeiträume getroffen werden sollten.

Die Beschränkung der Sperrwirkung auf die einzelne Tat ist mit dem Wortlaut des § 371 **11** Abs. 2 S. 1 Nr. 3, der die Straffreiheit ausdrücklich ausschließt, „wenn" der Grenzbetrag „je Tat" überschritten ist, nicht „soweit" dies „bei einer Tat" der Fall ist, nur schwer vereinbar. Sie lässt sich dem Gesetz selbst nur mittelbar im **Rückschluss aus § 398a** entnehmen. Eindeutig erkennbar ist der Wille zu einer solchen Beschränkung erst in der Entwurfsbegründung zum Schwarzgeldbekämpfungsgesetz.¹⁵

Bereits unter der Rechtslage nach dem Schwarzgeldbekämpfungsgesetz wurden **verfas-** **12** **sungsrechtliche Bedenken** dagegen erhoben, die strafbefreiende Wirkung von der Einhaltung eines starren Grenzbetrags abhängig zu machen und dabei zudem das nominelle Hinterziehungsvolumen zugrundezulegen.¹⁶ Diese Bedenken sind nach der Neuregelung weiterhin gültig.¹⁷ Zusätzliche Bedenken ergeben sich daraus, dass der Sperrgrund sich nur auf die einzelne Steuerstraftat beziehen soll, obwohl sich nach der Rechtsprechung des Bundesgerichtshofs¹⁸ bei mehreren Steuerstraftaten die Strafzumessung und damit die Schwere der Schuld (§ 46 Abs. 1 StGB) erst aus dem Gesamt-Hinterziehungsschaden ergibt.

c) Unwirksamkeit nach § 371 Abs. 2 S. 1 Nr. 4. Der Sperrgrund des § 371 Abs. 2 **13** S. 1 Nr. 4 knüpft nicht an den Umfang der Steuerhinterziehung, sondern an **besonders schädliche Begehungsformen** an, die jeweils benannte besonders schwere Fälle der Steuerhinterziehung darstellen (§ 370 Abs. 3 S. 2 Nr. 2–5). Für unbenannte besonders schwere Fälle ist er nicht anwendbar.¹⁹ Ebenso wie der Sperrgrund nach § 371 Abs. 2 S. 1 Nr. 3 bezieht sich auch der Sperrgrund nach § 371 Abs. 2 Nr. 4 nur auf den jeweiligen besonders schweren Fall.

3. Zahlungsobliegenheiten. a) Allgemeines. Wenn eine nur wegen § 371 Abs. 2 S. 1 **14** Nr. 3 und/oder 4 AO unwirksame Selbstanzeige erstattet wurde, hängt das Entstehen des Verfahrenshindernisses von der Leistung bestimmter Zahlungen **innerhalb einer dem jeweiligen Beteiligten bestimmten angemessenen Frist** ab. Bis zum Ablauf der Frist kann das Steuerstrafverfahren nicht abgeschlossen werden.²⁰ Der staatliche Strafanspruch besteht unter der auflösenden Bedingung der fristgemäßen Nachzahlung fort.²¹ Insofern handelt es sich nicht um eine Zahlungspflicht,²² sondern um eine Zahlungsobliegenheit,

---

¹² Vgl. zu den Voraussetzungen BGH 21.3.1985 – 1 StR 583/84, BGHSt 33, 163 = NJW 1985, 1967 und 19.8.2009 – 1 StR 206/09, NStZ 2010, 339, unter II., jeweils mwN.
¹³ Beermann/Gosch/*Hoyer* § 371 Rn. 81; Graf/Jäger/*Wittig/Rolletschke* § 371 Rn. 119; Kohlmann/*Schauf* § 371 Rn. 249.6; *Grötsch*, wistra 2016, 341.
¹⁴ BT-Drs. 17/5067 (neu), 20; *Kolbe*, BT-Plenarprotokoll 17/96, 10954.
¹⁵ BT-Drs. 17/5067 (neu), 21.
¹⁶ *Beckemper/Schmitz/Wegner/Wulf* wistra 2011, 281 (284 f.); *Schmitz* FS Achenbach, 2011, 477 (487 ff.).
¹⁷ *Habammer/Pflaum* DStR 2014, 2267 (271); *Jesse* FR 2015, 673 (682); *Spatscheck* DStJG 38, 89 (112); *Wulf* wistra 2015, 166 (174); aA Klein/*Jäger* § 371 Rn. 190; *Joecks* DStR 2014, 2261 (2264).
¹⁸ BGH 17.3.2009 – 1 StR 627/08, BGHSt 53, 221 = NJW 2009, 1979, unter II.3.b. und 22.5.2012 – 1 StR 103/12, NJW 2012, 2599 Rn. 34 ff.; ebenso Klein/*Jäger* § 370 Rn. 341.
¹⁹ *Hunsmann* NJW 2015, 113 (116).
²⁰ BayObLG 3.11.1989 – RReg 4 St 135/89, BayObLGSt 1989, 145 = wistra 1990, 159.
²¹ OLG Karlsruhe 22.12.2006 – 3 Ss 129/06, wistra 2007, 159.
²² So auch Klein/*Jäger* Rn. 3; aA FM NRW 26.1.2015 – S 0702 – 8f-V A1, DB 2015, 280, unter A.III.

da durch § 398a kein Zahlungsanspruch des Fiskus bzw. der Staatskasse begründet wird, auch wenn der Beschuldigte durch die Nichtzahlung einen Nachteil erleidet.[23]

15 Die Zahlungsobliegenheiten beziehen sich zum einen auf die zu Gunsten des Beschuldigten hinterzogenen Steuern und die darauf entstandenen Zinsen (Abs. 1 Nr. 1). Dies entspricht dem ursprünglichen **fiskalischen Zweck**[24] der Selbstanzeige. Insoweit lehnt sich § 398a an § 371 an.

16 Darüber hinaus ist Voraussetzung für ein Absehen von Verfolgung nach § 398a AO, dass der Beschuldigte einen zusätzlichen Geldbetrag zahlt, der vom Ausmaß der Steuerhinterziehung abhängt (Abs. 1 Nr. 2). Dem liegt die Erwägung zugrunde, dass der zusätzliche Geldbetrag der Grund dafür ist, trotz Unwirksamkeit der Selbstanzeige von einer Bestrafung abzusehen, er insofern einen Schuldausgleich bedeutet[25] und das Ausmaß der Steuerhinterziehung ein wesentliches Kriterium für die Bemessung der Schuld des Steuerstraftäters ist.[26] Der zusätzliche Geldbetrag dient insofern **strafrechtlichen Zwecken.**

17 Die Zahlungsobliegenheit besteht auch dann, wenn der Beschuldigte nicht zahlungsfähig ist. Nach der Rechtsprechung zu § 371 geht die **Zahlungsunfähigkeit des Anzeigeerstatters** zu dessen Lasten. Auf die Gründe für die Zahlungsunfähigkeit kommt es nicht an.[27] Daher ist auch die Zahlung eines Teilbetrags grundsätzlich nicht ausreichend. Hat ein Beschuldigter Zahlungen für mehrere Einzeltaten zu erbringen, entsteht ein Verfahrenshindernis insoweit, als der Teilbetrag einzelnen Taten zugeordnet wird und die auf sie entfallenden Beträge vollständig abdeckt.[28]

18 b) Nachzahlung von Steuern und Zinsen. Zunächst muss jeder Beteiligte, um straffrei zu werden, die **aus der Tat zu seinen Gunsten** hinterzogenen Steuern und die darauf angefallenen Zinsen nachzahlen. Tat ist die materiell-rechtliche Tat, bezüglich der wegen § 371 Abs. 2 S. 1 Nr. 3 keine Straffreiheit eingetreten ist. Einer Nachzahlung bedarf es allerdings nicht, soweit keine Steuerschuld (mehr) besteht, etwa weil nur eine Steuerhinterziehung auf Zeit vorlag und die Steuern zwischenzeitlich entrichtet wurden oder weil sich die Steuerhinterziehung erst aus dem Kompensationsverbot ergibt.[29]

19 Ob die Steuern zu Gunsten eines bestimmten Beteiligten hinterzogen sind, bestimmt sich nach den gleichen Grundsätzen wie bei § 371. Dafür ist nicht jeder Vorteil ausreichend, erforderlich ist vielmehr ein **unmittelbarer wirtschaftlicher Vorteil,** der aber nicht zwingend steuerrechtlicher Art sein muss.[30] Ein solcher Vorteil liegt nicht vor, wenn ein Angestellter an der Verkürzung von Unternehmenssteuern mitwirkt, um seinen Arbeitsplatz zu erhalten. Nach der Rechtsprechung ist er aber gegeben, wenn ein Angestellter Steuern hinterzieht und die hinterzogenen Steuergelder anschließend veruntreut oder wenn der Gesellschafter-Geschäftsführer einer Einmann-GmbH von der GmbH geschuldete Steuern hinterzieht.[31]

20 Die **Höhe der hinterzogenen Steuern** im Sinne des Abs. 1 Nr. 1 muss nicht zwingend dem Betrag entsprechen, der sich aus den aufgrund der Selbstanzeige geänderten Steuerbe-

---

[23] Vgl. zur Abgrenzung zwischen Pflicht und Obliegenheit etwa BGH 10.3.2010 – VIII ZR 310/08, NJW 2010, 1448, unter II.1.; BFH 16.9.2014 – X R 38/13, BFH/NV 2015, 195 Rn. 39.
[24] Vgl. zB BGH 4.7.1979 – 3 StR 130/79, BGHSt 29, 37 = NJW 1980, 248, unter B.I.1.c.
[25] Klein/*Jäger* Rn. 28.
[26] BT-Drs. 18/3018, 14; vgl. BGH 2.12.2008 – 1 StR 416/08, BGHSt 53, 71 = NJW 2009, 528, unter IV.1. und 2., Rn. 20 ff.
[27] BGH 17.3.2009 – 1 StR 479/08, BGHSt 53, 210 = NJW 2009, 1984, unter II.6. und 20.5.2010 – 1 StR 577/09, BGHSt 55, 180 = NJW 2010, 2146 Rn. 13; BayObLG 3.11.1989 – RReg 4 St 135/89, BayObLGSt 1989, 145 = wistra 1990, 159; OLG Karlsruhe 22.12.2006 – 3 Ss 129/06, wistra 2007, 159, unter IV.2.; zweifelnd *Salditt* DStJG 38, 277 (292); offengelassen von BVerfG 21.4.1988 – 2 BvR 330/88, wistra 1988, 302.
[28] *Hunsmann* NZWiSt 2015, 130 (131); *Jesse* FR 2015, 673 (690).
[29] AStBV(St) 2017 Nr. 82 Abs. 4 S. 3. Joecks/Jäger/Randt/*Joecks* Rn. 11.
[30] Klein/*Jäger* § 371 Rn. 212 f.; Joecks/Jäger/Randt/*Joecks* § 371 Rn. 142 ff.
[31] Vgl. zB BGH 4.7.1979 – 3 StR 130/79, BGHSt 29, 37 = NJW 1980, 248, unter B.I.2.a und d.

scheiden ergibt. Die Höhe der hinterzogenen Steuern wird im Steuerstrafverfahren und im Besteuerungsverfahren nach unterschiedlichen Beweisgrundsätzen ermittelt. Zudem berücksichtigen die geänderten Steuerbescheide auch nacherklärte Besteuerungsgrundlagen, hinsichtlich derer es am Vorsatz der Steuerhinterziehung fehlte.[32]

Nach Abs. 1 Nr. 1 in der geltenden Fassung müssen als Voraussetzung des Verfahrenshindernisses ausdrücklich auch die **Hinterziehungszinsen** nachbezahlt werden, ebenso die Zinsen nach § 233a. Diese Erweiterung der Zahlungsobliegenheit ist vom gesetzgeberischen Ermessen gedeckt. Sie verkompliziert und verlängert allerdings das Verfahren, da der Zinslauf erst mit der Zahlung der hinterzogenen Steuern endet (§ 233 Abs. 3 S. 1).[33] Die Zinsen müssen entweder vorbehaltlich der Zahlung der Steuern zu einem bestimmten Zeitpunkt oder durch gesonderte Entscheidung nach Zahlung der Steuern festgesetzt werden.

Durch die Einbeziehung auch der **Zinsen nach § 233a**, soweit sie auf die Hinterziehungszinsen nach § 235 Abs. 4 angerechnet werden, soll im Ergebnis sichergestellt werden, dass für ein Absehen von Strafverfolgung die Hinterziehungszinsen immer in voller Höhe gezahlt werden müssen.[34] Dem liegt die Verwaltungsauffassung[35] zugrunde, wonach die Anrechnung (§ 235 Abs. 4) bereits bei der Festsetzung (§ 239) der Hinterziehungszinsen zu berücksichtigen ist, so dass Hinterziehungszinsen dann, wenn zugleich Zinsen nach § 233a anfallen, nur in Höhe des die Zinsen nach § 233a übersteigenden Betrags festzusetzen sind. Nach allgemeinen Grundsätzen betrifft die Anrechnung aber nicht das Festsetzungs-, sondern erst das Erhebungsverfahren.[36] Dass im Verhältnis der Zinsen nach § 233a und der Hinterziehungszinsen etwas anderes gelten sollte, lässt sich weder dem Gesetzeswortlaut noch den Gesetzesmaterialien[37] entnehmen. Die Hinterziehungszinsen sind daher nach hiesiger Auffassung auch dann, wenn zugleich Zinsen nach § 233a anfallen, in voller Höhe festzusetzen, so dass der Hinweis auf die nach § 235 Abs. 4 anrechenbaren Zinsen nach § 233a in § 398a Abs. 1 Nr. 1 eher klarstellende Bedeutung hat.

c) Zahlung eines zusätzlichen Geldbetrags. Aus § 398a Abs. 1 Nr. 2 ergibt sich nunmehr eindeutig, dass der über die Steuern und Zinsen hinausgehende zusätzliche Geldbetrag grundsätzlich **für jeden Täter und Teilnehmer in voller** Höhe anfällt.[38] Für eine Gesamtschuldnerschaft[39] enthält der Gesetzeswortlaut keine Anhaltspunkte.

Der Geldbetrag wird ermittelt als **vom Hinterziehungsbetrag abhängiger Vomhundertsatz** der hinterzogenen Steuer. Der systematische Zusammenhang des § 398a mit § 371 Abs. 2 Nr. 3 (vgl. → Rn. 7) und die Entwurfsbegründung[40] sprechen dafür, hinsichtlich des Hinterziehungsbetrags auf die einzelne noch nicht verjährte Tat im materiellen Sinne abzustellen. Danach ist der Geldbetrag nach Abs. 1 Nr. 2 für jede Tat gesondert und unabhängig von den übrigen zur Selbstanzeige gebrachten Taten zu berechnen.[41] Auch wenn die isolierte Würdigung einzelner Taten problematisch erscheint (vgl. → Rn. 12), ist diese Auslegung einfachgesetzlich die nächstliegende.

Die Bemessung des Hinterziehungsbetrags richtet sich nach den Grundsätzen in § 370 Abs. 4 (§ 398a Abs. 2). Es ist daher das **tatbestandliche (nominelle) Hinterziehungsvolumen** zugrundezulegen. Dies widerspricht allerdings dem erklärten Zweck des § 398a Abs. 1 Nr. 2 (vgl. → Rn. 16), da das tatbestandliche Hinterziehungsvolumen kein Indikator

---

[32] Ebenso *Wulf* Stbg 2015, 160 (163).
[33] *Habammer/Pflaum* DStR 2014, 2267 (2270); *Joecks* DStR 2014, 2261 (2265).
[34] BT-Drs. 18/3018, 13 f.; FM NRW 26.1.2015 – S 0702 – 8f-V A1, DB 2015, 280, unter A.III.
[35] AEAO zu § 235 Nr. 67; ebenso Klein/*Rüsken* § 233a Rn. 70.
[36] BFH 16.10.1986 – VII R 159/83, BFHE 148, 4 = BStBl. II 1987, 405; so auch Klein/*Rüsken* § 218 Rn. 25 f.
[37] BT-Drs. 11/2157, 194 ff.
[38] AStBV(St) 2017 Nr. 82 Abs. 4 S. 2; *Hunsmann* NJW 2015, 113 (117); zweifelnd Joecks/Jäger/Randt/ *Joecks* Rn. 19.
[39] Vgl. *Wulf* wistra 2015, 166 (173).
[40] BT-Drs. 18/3018, 14.
[41] Klein/*Jäger* Rn. 30; *Hunsmann* NZWiSt 2015, 130 (134); *Jesse* FR 2015, 673 (682, 688); *Spatscheck* DStJG 38, 89 (115).

für die Schwere der Schuld ist.⁴² Auch das Kompensationsverbot (§ 370 Abs. 4 S. 3) findet Anwendung.⁴³ Soweit der hinterzogenen Umsatzsteuer ein Vorsteuererstattungsanspruch gegenübersteht, fehlt es allerdings schon am Hinterziehungsvorsatz, wenn der Täter gedanklich – wenn auch irrtümlich – beide Ansprüche saldiert hat.⁴⁴

26 Dies gilt auch dann, wenn keine Steuer verkürzt, sondern ein anderer nicht gerechtfertigter steuerlicher Vorteil erlangt wurde. Obwohl § 370 Abs. 4 seinem Wortlaut nach nur den Fall der Steuerverkürzung betrifft, lassen sich die Grundsätze der Regelung auch auf den Fall eines anderen nicht gerechtfertigten steuerlichen Vorteils übertragen. Hinterziehungsbetrag (Abs. 1 Nr. 2) ist daher auch in diesem Fall das tatbestandliche Hinterziehungsvolumen.⁴⁵ Die Rechtsprechung sieht insbesondere auch das **Erwirken eines inhaltlich unrichtigen Feststellungsbescheids** als nicht gerechtfertigten steuerlichen Vorteil im Sinne des § 370 Abs. 1 an, hat aber bisher offen gelassen, wie in diesen Fällen das tatbestandliche Hinterziehungsvolumen zu ermitteln ist.⁴⁶ Der Behandlung der unrichtigen Feststellung als Gefährdung des Steueraufkommens entsprechend, wäre es folgerichtig, die voraussichtlichen steuerlichen Auswirkungen der Abweichungen von den tatsächlich verwirklichten Besteuerungsgrundlagen im Einzelfall anzusetzen.⁴⁷

27 Die **hinterzogene Steuer** im Sinne des Abs. 1 Nr. 2 entspricht dem Hinterziehungsbetrag⁴⁸ und damit bei der Steuerhinterziehung durch Steuerverkürzung der verkürzten Steuer im Sinne des § 371 Abs. 2 Nr. 3. Die Gesetzesfassung ist insofern misslungen, da einerseits die Verwendung unterschiedlicher Begriffe den Eindruck erwecken kann, dass auch unterschiedliche Sachverhalte bezeichnet werden sollen, andererseits der Begriff der hinterzogenen Steuer in § 371 Abs. 3 S. 1 und insbesondere in § 398a Abs. 1 Nr. 1 nicht im Sinne der verkürzten, sondern im Sinne der unter Berücksichtigung aller Ermäßigungsgründe (vgl. § 370 Abs. 4 S. 3) nachzuzahlenden Steuer verwandt wird. Erst aus dem Sinnzusammenhang mit § 371 Abs. 2 Nr. 3, der internen Systematik des § 398a Abs. 1 Nr. 2, seiner Geschichte und den Gesetzesmaterialien, die keine Hinweise auf eine bewusste Differenzierung enthalten,⁴⁹ lässt sich der Sinn der Regelung erschließen.⁵⁰

28 Nach dem Wortlaut führt das **Überschreiten der in Abs. 2 Nr. 1 genannten Hinterziehungsbeträge** dazu, dass der gesamte Hinterziehungsbetrag dem höheren Vomhundertsatz unterworfen wird.⁵¹ Die dadurch entstehenden Belastungssprünge sind wenig überzeugend,⁵² im Gesetz aber eindeutig angelegt. Auch unabhängig von den Belastungssprüngen erscheint es zweifelhaft, ob starre Betragsgrenzen angesichts unterschiedlicher Steuerarten und Hinterziehungsformen den Unrechtsgehalt der Tat angemessen berücksichtigen können. Dies galt bereits für ursprüngliche Fassung des § 398a,⁵³ gilt aber weiterhin. In der geltenden Fassung kommt noch dazu, dass die „Progression" durch mit dem Hinterziehungsbetrag steigende Vomhundertsätze den allgemeinen Strafzumessungsgrundsätzen widerspricht.

29 4. Wiederaufnahme des Verfahrens. Das durch Selbstanzeige und Zahlung (Abs. 1) begründete Verfahrenshindernis wird unter bestimmten Voraussetzungen überwunden

---

⁴² *Wulf* wistra 2015, 166 (173).
⁴³ AStBV(St) 2017 Nr. 82 Abs. 4 S. 3.
⁴⁴ BGH 24.10.1990 – 3 StR 16/90, NStZ 1991, 89; *Graf/Jäger/Wittig/Rolletschke* § 370 Rn. 186; *Wulf* Stbg 2015, 160 (163 f.).
⁴⁵ So wohl auch *Hunsmann* NZWiSt 2015, 130 (132); aA *Wulf* Stbg 2015, 160 (165).
⁴⁶ BGH 10.12.2008 – 1 StR 322/08, BGHSt 53, 99 = NJW 2009, 381, 2.11.2010 – 1 StR 544/09, NStZ 2011, 294 und 22.11.2012 – 1 StR 537/12, BGHSt 58, 50 = NJW 2013, 1750.
⁴⁷ Vgl. Klein/*Jäger* Rn. 36.
⁴⁸ So wohl auch *Joecks* DStR 2014, 2261 (2266); aA *Jesse* FR 673 (689).
⁴⁹ BT-Drs. 18/3018, 14 f.
⁵⁰ *Hunsmann* NZWiSt 2015, 130 (133).
⁵¹ *Hunsmann* NJW 2015, 113 (117); *Jesse* FR 2015, 673 (688).
⁵² *Joecks* DStR 2014, 2261 (2265): „merkwürdig"; in der Sache ebenso *Habammer/Pflaum* DStR 2014, 2267 (2271).
⁵³ *Beckemper/Schmitz/Wegner/Wulf* wistra 2011, 281 (286).

(Abs. 3). Die Einstellung des Steuerstrafverfahrens nach § 398a begründet in diesen Fällen **keinen Strafklageverbrauch.**[54]

a) Voraussetzungen der Wiederaufnahme. Die Möglichkeit der Wiederaufnahme 30 besteht nur, wenn die Finanzbehörde erkennt, dass die **Angaben im Rahmen einer Selbstanzeige unvollständig oder unrichtig** waren. Nach der Entwurfsbegründung handelt es sich dabei um eine konstitutive Neuregelung mit dem Ziel, „Gestaltungen" in Form doloser Teilselbstanzeigen zu unterbinden.[55] Der Gesetzeswortlaut enthält für eine Beschränkung der Wiederaufnahme auf zumindest bedingt-vorsätzlich unvollständige oder unrichtige Selbstanzeigen aber keine Anhaltspunkte.

Aus dem Wortlaut des Abs. 1 (vgl. → Rn. 5) und des Abs. 3 ergibt sich deutlich, dass 31 eine Wiederaufnahme grundsätzlich ausgeschlossen und **nur ausnahmsweise zulässig** sein soll. Das Absehen von Verfolgung ist nach dem Wortlaut des Abs. 1 nicht nur vorläufig, sondern endgültig. Zum Ausschluss einer Wiederaufnahme bedarf es daher keiner zusätzlichen Regelung nach Art des § 153a Abs. 1 S. 5 StPO.[56] Nachdem die Wiederaufnahme bei unvollständigen oder unrichtigen Angaben ausdrücklich zugelassen ist, erfordert die bereits bei Einführung des § 398a erkennbare gesetzgeberische Absicht, dolose Teilselbstanzeigen auszuschließen,[57] es nicht mehr, eine Wiederaufnahme auch in anderen Fällen zuzulassen. Wenn die Finanzbehörde oder Staatsanwaltschaft nachträglich erkennt, dass sie Angaben in einer in tatsächlicher Hinsicht vollständigen und richtigen Selbstanzeige übersehen oder falsch gewürdigt hat, rechtfertigt dies daher keine Wiederaufnahme.

Demgegenüber lassen sich aus dem **Doppelbestrafungsverbot** für § 398a Abs. 3 keine 32 unmittelbaren Folgerungen ziehen. Das verfassungsrechtliche Doppelbestrafungsverbot (Art. 103 Abs. 3 GG) enthält keine über das bei Inkrafttreten des Grundgesetzes geltende Strafprozessrecht hinausgehenden Gewährleistungen[58] und dementsprechend keine Vorgaben für die Rechtskraftwirkung von Verfahrenseinstellungen. Auch die unionsrechtlichen Doppelbestrafungsverbote (Art. 50 der Grundrechtecharta bzw. Art. 54 des Schengener Durchführungsübereinkommens) führen zu keiner anderen Beurteilung.[59] Sie können im Steuerstrafrecht zwar eingreifen, wenn die betroffenen Steuern gemeinschaftsrechtlich geregelt[60] oder grenzüberschreitende Sachverhalte betroffen sind. Gleichwohl setzen sie ebenfalls eine nach dem Recht des Mitgliedstaats, dem die erste Entscheidung getroffen wurde, rechtskräftige Entscheidung voraus.[61]

b) Anrechnung des Geldbetrags auf eine Geldstrafe. Die Regelung über den Ver- 33 bleib des nach Abs. 1 Nr. 2 gezahlten Geldbetrags bei **Nichteintritt des Verfahrenshindernisses** (Abs. 4 Satz 1) ähnelt § 153a Abs. 1 S. 6 StPO. Das Gesetz weist zudem ähnlich wie in § 56f Abs. 3 S. 2 StGB auf die Möglichkeit der Anrechnung auf eine dann zu verhängende Geldstrafe hin (Abs. 4 Satz 2). Eine ausdrückliche Regelung zur Anrechnung auf eine Freiheitsstrafe oder auf eine Geldauflage nach § 153a StPO fehlt,[62] ebenso eine Regelung zur Anrechnung auf Bewährungsauflagen.[63]

aa) Allgemeines. Zum Nichteintritt der Rechtsfolge des Abs. 1 kommt es **nicht nur in** 34 **den in Abs. 3 geregelten Fällen,** in denen ein zunächst eingestelltes Steuerstrafverfahren

---

[54] FM NRW 26.1.2015 – S 0702 – 8f-V A1, DB 2015, 280, unter B.IV.; *Hunsmann* NJW 2015, 113 (118).
[55] BT-Drs. 18/3018, 16.
[56] AA Joecks/Jäger/Randt/*Joecks* Rn. 23; *Joecks* DStR 2014, 2261 (2266); *Roth* Stbg 2015, 311 (314).
[57] Vgl. Kohlmann/*Schauf* Rn. 13; *Beckemper/Schmitz/Wegner/Wulf* wistra 2011, 281 (285); *Schmitz* FS Achenbach, 2011, 477 (487).
[58] Vgl. BVerfG 18.12.1953 – 1 BvR 230/51, BVerfGE 3, 248, unter II.3. und 4.12.2007 – 2 BvR 38/06, BVerfGK 13, 7, unter B.I.1.b.
[59] AA Kohlmann/*Peters* § 397 Rn. 22 ff.
[60] EuGH 26.2.2013 – C-617/10, NJW 2013, 1415 Rn. 19 ff.
[61] EuGH 26.2.2013 – C-617/10, NJW 2013, 1415 Rn. 33 f. und 5.6.2014 – C-398/12, NJW 2014, 3010 Rn. 31 f.
[62] FM NRW 26.1.2015 – S 0702 – 8f-V A1, DB 2015, 280, unter B.V.
[63] *Joecks* DStR 2014, 2261 (2267).

wiederaufgenommen wird. Ein Verfahrenshindernis tritt trotz geleisteter Zahlungen auch dann nicht ein, wenn nach Teilzahlungen der noch erforderliche Restbetrag nicht mehr aufgebracht werden kann. Überzahlungen sind hingegen kein Fall des Abs. 4, sie sind zu erstatten.[64]

35 Wegen ihres Bezugs zum Rechtsfolgenausspruch gehört die Anrechnung, auch wenn sie innerhalb des Steuerstrafverfahrensrechts geregelt ist, zum materiellen Steuerstrafrecht. Daher gelten die allgemeinen Gesetze über das Strafrecht (§ 369 Abs. 2). Die **Regelungen des allgemeinen Strafrechts zur Anrechnung** (§ 51 StGB) sind zwar auf den Geldbetrag nach § 398a Abs. 1 Nr. 2 nicht unmittelbar anwendbar, enthalten jedoch übertragbare Rechtsgedanken.

36 Daraus ergibt sich insbesondere, dass die Anrechnung nicht die Strafzumessung, sondern die **Strafvollstreckung** betrifft.[65] Umgekehrt scheidet wegen des abschließenden Charakters der Anrechnung die Berücksichtigung des nach Abs. 1 Nr. 2 gezahlten Geldbetrags als strafmilderndes Nachtatverhalten (§ 46 Abs. 2 StGB) aus.[66] Die strafmildernde Berücksichtigung der Selbstanzeige und der Zahlung von Steuern und Hinterziehungszinsen (Abs. 1 Nr. 1) ist allerdings weiterhin möglich und gegebenenfalls geboten.[67]

37 bb) **Grundsätze der Anrechnung auf Geldstrafen.** Die Anrechnung ist nach dem Gesetzeswortlaut in das **Ermessen des Gerichts** gestellt. Die Finanzbehörde bzw. Staatsanwaltschaft ist allerdings gehalten, sie bereits bei ihren Strafanträgen bzw. bei der Entscheidung über den Antrag auf Erlass eines Strafbefehls oder auf Einstellung des Verfahrens nach § 153a StPO zu berücksichtigen.

38 Aus dem Gesetzeszweck ergibt sich, dass die **Anrechnung die Regel** ist und die Nichtanrechnung als Ausnahme einer besonderen Begründung bedarf. Jedenfalls dann, wenn der Beschuldigte nicht vorsätzlich eine unrichtige oder unvollständige Selbstanzeige abgegeben hat, darf er nicht schlechter gestellt werden, als wenn er keine Selbstanzeige abgegeben bzw. keine Zahlungen nach Abs. 1 Satz 2 geleistet hätte.[68] Der anzurechnende Geldbetrag ist in Tagessätze umzurechnen und eine entsprechende Anzahl von Tagessätzen für vollstreckt geltend zu erklären.[69]

39 Aus der Entwurfsbegründung[70] ergibt sich, dass die Regelungen des Abs. 4 nur im **Fall der Verurteilung** gelten sollen. Führt die Fortsetzung bzw. Wiederaufnahme des Strafverfahrens zu der Erkenntnis, dass überhaupt keine Steuerhinterziehung vorlag und demgemäß zum Freispruch, ist der gezahlte Geldbetrag zu erstatten.[71]

40 cc) **Berücksichtigung bei Freiheitsstrafen.** Dass das Gesetz sich zur **Anrechnung auf Freiheitsstrafen** nicht verhält, bedeutet allerdings nicht, dass eine Berücksichtigung des Geldbetrags nach Abs. 1 Nr. 2 bei Freiheitsstrafen ausgeschlossen wäre. Es kann zwar als ausgeschlossen gelten, dass der Gesetzgeber bei der Formulierung des Abs. 4 Satz 2 nicht bedacht hat, dass ein wiederaufgenommenes bzw. fortgesetztes Steuerstrafverfahren zu einer Freiheitsstrafe führen kann. Die Regelung ist daher hinsichtlich anderer Strafen grundsätzlich als abschließend zu verstehen.[72]

41 Damit besteht aber auch keine Sperrwirkung (vgl. → Rn. 36) gegen eine Berücksichtigung auch des Geldbetrags nach Abs. 1 Nr. 2 als **strafmilderndes Nachtatverhalten** (§ 46

---

[64] *Roth* wistra 2015, 295 (296).
[65] StRspr, grundlegend BGH 25.1.1955 – 3 StR 552/54, BGHSt 7, 214; in der Folge BGH 23.2.1999 – 4 StR 49/99, NStZ 1999, 347 und 17.1.2008 – GSSt 1/07, BGHSt 52, 124 = NJW 2008, 860, unter III.3.a, 4.b.
[66] Vgl. BGH 27.1.2015 – 1 StR 142/14, NStZ 2015, 466, unter II.1.b.
[67] Vgl. BayObLG 9.1.2002 – 4 St RR 132/2001, BayObLGSt 2002, 3 = NStZ 2002, 554.
[68] Vgl. BGH 12.2.2014 – 1 StR 601/13, wistra 2014, 269, zu § 56f Abs. 3 S. 2 StGB; ähnlich *Roth* wistra 2015, 295 (298).
[69] So auch *Roth* wistra 2015, 295 (298).
[70] BT-Drs. 18/3018, 15.
[71] *Roth* wistra 2015, 295 (297); zweifelnd *Hunsmann* NJW 2015, 113 (118).
[72] *Joecks* DStR 2014, 2261 (2267); *Hunsmann* NJW 2015, 113 (118).

Abs. 2 StGB).⁷³ Der Geldbetrag wirkt sich dann ebenso wie die Berichtigung der unrichtigen oder unvollständigen Angaben und die Steuernachzahlung bereits auf die Strafzumessung aus und kann den Ausschlag geben, dass eine Freiheitsstrafe verhängt wird, die noch zur Bewährung ausgesetzt werden kann (§ 56 Abs. 2 S. 1 StGB) oder die nicht von Gesetzes wegen zum Verlust der Beamtenrechte (§ 24 Abs. 1 BeamtStG, § 41 Abs. 1 BBG) oder anderen an eine bestimmte Strafhöhe gebundenen außerstrafrechtlichen Folgen führt. Insofern besteht für eine Berücksichtigung bei der Strafvollstreckung kein Bedürfnis.

dd) Anrechnung auf Auflagen. Kommt es nach Zahlung eines Geldbetrags nach Abs. 1 Nr. 2 zu einer Einstellung des Steuerstrafverfahrens gegen Geldauflagen (§ 153a StPO) in Form der Steuernachzahlung oder einer zusätzlichen Zahlung an die Staatskasse, ist Abs. 4 Satz 2 auf diese Auflagen **entsprechend anwendbar**. Der Geldbetrag und die Auflagen nach § 153a StPO sind zumindest von ähnlicher Rechtsnatur, da sie, ohne Strafen zu sein, Unrecht kompensieren und das Strafverfolgungsinteresse entfallen lassen. Jedenfalls dann, wenn der Beschuldigte nicht vorsätzlich eine unrichtige oder unvollständige Selbstanzeige abgegeben hat, besteht auch insofern ein Benachteiligungsverbot (vgl. → Rn. 38). 42

Führt das Steuerstrafverfahren zu einer auf Bewährung ausgesetzten Freiheitsstrafe, ist es regelmäßig ermessensgerecht, den Geldbetrag als strafmilderndes Nachtatverhalten bei der Freiheitsstrafe zu berücksichtigen (vgl. soeben → Rn. 41). Eine nochmalige Berücksichtigung bei der **Bewährungsauflage** ist dann nicht mehr geboten. 43

c) Spannungsverhältnis zu § 153a StPO. Indem nunmehr ausdrücklich geregelt ist, dass ein Absehen von Verfolgung nach § 398a AO einen gegenüber § 153a StPO **nochmals eingeschränkten Strafklageverbrauch** bewirkt, kann es zu einem Spannungsverhältnis zwischen § 398a AO und § 153a StPO kommen. Zwar führt § 398a AO zwingend zu einem Verfahrenshindernis, während die Einstellung des Strafverfahrens nach § 153a StPO im Ermessen der Staatsanwaltschaft bzw. Finanzbehörde steht. Dafür bewirkt § 153a StPO zugunsten des Beschuldigten größere Rechtssicherheit. 44

Je schwieriger ein Sachverhalt in tatsächlicher und/oder rechtlicher Hinsicht ist, umso größer ist einerseits aus Sicht des Beschuldigten die Gefahr, dass aufgrund einer **abweichenden tatsächlichen oder rechtlichen Würdigung** seine Selbstanzeige nachträglich als unrichtig oder unvollständig angesehen word. Zugleich besteht andererseits eine höhere Wahrscheinlichkeit, auch in einem ohne vorherige Selbstanzeige eingeleiteten Steuerstrafverfahren zu einer Verständigung und einer Einstellung nach § 153a StPO zu gelangen.⁷⁴ 45

5. Verfahren. Auch wenn es im Einzelfall nach einer Selbstanzeige überwiegend wahrscheinlich ist, dass gemäß § 398a von der Verfolgung abzusehen sein wird, ist wegen des Legalitätsgrundsatzes regelmäßig **zunächst ein Steuerstrafverfahren einzuleiten** um die Wirksamkeit der Selbstanzeige zu überprüfen. Insofern gilt für Selbstanzeigen, bei denen es Anhaltspunkte auf einen Sperrgrund nach § 371 Abs. 2 Nr. 3 und 4 gibt, nichts anderes als für andere Selbstanzeigen.⁷⁵ Nach Eintritt des Verfahrenshindernisses ist das Steuerstrafverfahren einzustellen. 46

Die **Festsetzung der Nachzahlungsfrist** obliegt der Bußgeld- und Strafsachenstelle bzw. Staatsanwaltschaft, sie ist dem Steuerstrafverfahren zuzurechnen. Die Bestandskraft oder Vollziehbarkeit des aufgrund der Selbstanzeige ergangenen Steuerbescheids und das darin enthaltene Leistungsgebot sind grundsätzlich unerheblich. Eine unterbliebene Fristsetzung kann im Berufungsverfahren durch die zuständige Strafkammer nachgeholt werden. Um Klarheit über den Eintritt des Verfahrenshindernisses zu schaffen, ist die Fristsetzung auch dann erforderlich, wenn der Anzeigeerstatter offenkundig zahlungsunfähig ist.⁷⁶ 47

---

⁷³ *Hunsmann* NJW 2015, 113 (118); *Roth* wistra 2015, 295 (297).
⁷⁴ *Habammer/Pflaum* DStR 2014, 2267 (2271).
⁷⁵ *Habammer* StBW 2011, 310 (314); vgl. auch → § 386 Rn. 7.
⁷⁶ Zum Ganzen OLG Karlsruhe 22.12.2006 – 3 Ss 129/06, wistra 2007, 159, mwN; AStBV(St) 2017 Nr. 82 Abs. 4.

48 Bei Anrechnung eines nach Abs. 1 Nr. 2 gezahlten Geldbetrags auf eine spätere Geldstrafe (Abs. 4 Satz 2) ist anders bei der Anrechnung nach § 51 StGB und ähnlich wie bei der Kompensation einer rechtsstaatswidrigen Verfahrensverzögerung[77] die **Anzahl der als vollstreckt geltenden Tagessätze in der Urteilsformel zu beziffern.** Da die Anrechnung gemäß § 398a Abs. 4 S. 2 nicht aus dem Gesetz folgt, sondern in das Ermessen des Gerichts gestellt ist, bedarf es für die Vollstreckung einer klaren Grundlage. Eine Regelung lediglich in den Gründen ist dafür nicht ausreichend. Geht die Urteilsformel auf die Anrechnung nicht ein, unterbleibt sie.[78]

49 In besonders schweren Fällen der Steuerhinterziehung (§ 370 Abs. 3) ist die Finanzbehörde, wenn genügender Anlass zur Erhebung der öffentlichen Klage besteht, gehalten, die Akten der Staatsanwaltschaft vorzulegen.[79] Ähnlich wie bei der Überprüfung der Wirksamkeit einer Selbstanzeige[80] liegt es daher nahe, dass in diesen Fällen auch bei der Entscheidung über ein Absehen von Verfolgung nach § 398a die **Finanzbehörde die Staatsanwaltschaft beteiligt.**[81]

50 **6. Verfassungsrechtliche Bedenken.** In der gegenwärtigen Fassung bestehen gegen § 398a in Verbindung mit § 370 Abs. 3, § 371 Abs. 2 Nr. 3, 4 **durchgreifende verfassungsrechtliche Bedenken.**[82] Es handelt sich um ein komplexes Regelwerk, dessen Verfassungswidrigkeit sich gerade aus der Gesamtschau der Regelungen und ihrer Auswirkungen ergibt.[83] Zwar führen die Regelungen nicht zu einem Eingriff in die Selbstbelastungsfreiheit, sie verstoßen allerdings gegen das Schuldprinzip und den allgemeinen Gleichheitssatz (Art. 3 Abs. 1 GG). Da sie mehrere nicht nur geringfügige Wertungswidersprüche enthalten, scheidet eine Rechtfertigung durch die Typisierungsbefugnis des Gesetzgebers aus.

51 **a) Selbstbelastungsfreiheit.** Nach einer Auffassung im Schrifttum stellt der Geldbetrag nach § 398a Abs. 1 Nr. 2 eine Strafe dar, so dass die verfassungsrechtlich gewährleistete Selbstbelastungsfreiheit[84] in den Fällen des § 371 Abs. 2 S. 1 Nr. 3 und 4 nur durch ein umfassendes Zwangsmittelverbot oder ein strafrechtliches Verwertungsverbot gewährleistet werden könne.[85] Tatsächlich bedeutet das Absehen von Verfolgung nach § 398a in diesen Fällen aber **keine Verurteilung im Sinne der Selbstbelastungsfreiheit.** Der Geldbetrag nach § 398a hat zwar die Funktion eines Schuldausgleichs, ist aber nicht mit einem Strafmakel verbunden.

52 **b) Schuldprinzip.** Das Schuldprinzip folgt aus Art. 1 Abs. 1 GG, dem Grundsatz der Verhältnismäßigkeit, dem Rechtsstaatsprinzip und den Freiheitsgrundrechten. Danach müssen die **Schwere einer Straftat und das Verschulden des Täters zu der Strafe in einem gerechten Verhältnis** stehen. Eine Strafandrohung darf nach Art und Maß dem unter Strafe stehenden Verhalten nicht schlechthin unangemessen sein. Tatbestand und Rechtsfolge müssen sachgerecht aufeinander abgestimmt sein.[86] Strafaufhebungsgründe neutralisieren den staatlichen Strafanspruch. Für ihre Ausgestaltung gelten daher spiegelbildlich die gleichen Voraussetzungen.[87] Insofern ist es unerheblich, dass es formal in die Ent-

---

[77] Vgl. BGH 17.1.2008 – GSSt 1/07, BGHSt 52, 124 = NJW 2008, 860.
[78] Vgl. OLG Frankfurt a. M. 21.7.2006 – 3 Ws 685/06, NStZ-RR 2006, 353; KG 26.6.2013 – 2 Ws 303/13, StraFo 2013, 523, unter 2.a.
[79] AStBV(St) 2017 Nr. 84 Abs. 3 Satz 2.
[80] Vgl. BGH 20.5.2010 – 1 StR 577/09, BGHSt 55, 180 = NJW 2010, 2146, unter 6., Rn. 38.
[81] Klein/*Jäger* Rn. 75; siehe auch Joecks/Jäger/Randt/*Joecks* Rn. 22.
[82] Im Ergebnis ebenso *Wulf* wistra 2015, 166 (172).
[83] Vgl. BVerfG 29.5.1990 – 1 BvL 20/84 ua, BVerfGE 82, 60 = NJW 1990, 2869, unter C.III.1., 24.5.2000 – 1 BvL 1/98 ua, BVerfGE 102, 127 = NJW 2000, 2264, unter B., und 7.11.2006 – 1 BvL 10/02, BVerfGE 117, 1 = NJW 2007, 573, unter B.I.2.
[84] Vgl. → § 393 Rn. 10 ff.
[85] *Jesse* DB 2013, 1808 (1811); *Salditt* DStJG 38, 277 (294 f.).
[86] BVerfG 9.3.1994 – 2 BvL 43/92 ua, BVerfGE 90, 145 = NJW 1994, 1577, unter C.I.1. und 26.2.2008 – 2 BvR 392/07, BVerfGE 120, 224 = NJW 2008, 1137, unter B.I.1.a.bb.
[87] *Wulf* wistra 2015, 166 (174).

scheidung des Beschuldigten gestellt ist, ob er versucht, ein Absehen von Verfolgung nach § 398a herbeizuführen.

Aufgrund des Schuldprinzips ist das in § 371 Abs. 2 S. 1 Nr. 3 zugrunde gelegte **nominelle Hinterziehungsvolumen kein geeigneter Maßstab,** die Wirksamkeit der Selbstanzeige einzuschränken.[88] Es lässt mehrere für die Bestimmung der verschuldeten Auswirkungen der Tat (§ 46 Abs. 2 StGB) wesentliche Gesichtspunkte außer Acht. Dies betrifft insbesondere die Abgrenzung zwischen der Steuerhinterziehung auf Zeit und der Steuerhinterziehug auf Dauer,[89] die Auswirkungen des Kompensationsverbots.[90] 53

Ein Verstoß gegen das Schuldprinzip liegt auch insofern vor, als Selbstanzeigen wegen des Umfangs der Steuerhinterziehung grundsätzlich schon unterhalb der regelmäßigen Grenze zum besonders schweren Fall (§ 370 Abs. 3 Nr. 1)[91] unwirksam sein können, ansonsten aber erst bei Vorliegen eines vertypten besonders schweren Falles (§ 370 Abs. 3 Nr. 2–5), während bei Umsatzsteuer- und Lohnsteueranmeldungen allein der Umfang der Steuerhinterziehung nie zur Unwirksamkeit führt (§ 371 Abs. 2a S. 1).[92] Zwar hat der Gesetzgeber bei der Umsetzung des Schuldprinzips einen Beurteilungsspielraum. Wenn er aber in Wahrnehmung dieses Spielraums verschiedene Abwandlungen einer Tat hinsichtlich des Strafmaßes gleichstellt, ihnen mithin den gleichen Unwertgehalt zuweist, ist es unzulässig, **gleichwertige Taten hinsichtlich der Strafaufhebung unterschiedlich zu behandeln,** sofern nicht die Strafaufhebungsgründe besondere Bezüge zu einzelnen Unrechtsmerkmalen haben, aus denen sich Unterscheidungsgründe ergeben. 54

Für § 371 Abs. 2 Nr. 3 und 4, Abs. 2a sind aber hinreichende **Unterscheidungsgründe nicht ersichtlich.**[93] Eine Neuausrichtung des Anwendungsbereichs der Steuerhinterziehung in großem Ausmaß (§ 370 Abs. 3 Nr. 1) an § 371 Abs. 2 Nr. 3[94] war gerade nicht beabsichtigt.[95] Die Besonderheiten der für die Regelfallbeispiele gemäß § 370 Abs. 3 Nr. 1 einerseits, § 370 Abs. 3 Nr. 2–5 andererseits kennzeichnenden Unrechtsmerkmale rechtfertigen keine strengere Handhabung der Selbstanzeige allein wegen eines zwar erhöhten, aber unterhalb der Schwelle zum großen Ausmaß liegenden Hinterziehungsvolumens. 55

Das Ausmaß der Hinterziehung betrifft den Erfolgs-, die Regelfallbeispiele gemäß § 370 Abs. 3 Nr. 2–5 zumindest auch den Handlungsunwert. Die Selbstanzeige (§ 371) setzt aber nicht nur einen Beitrag zum Ausgleich – soweit überhaupt möglich – des Handlungsunwerts in Form der Berichtigung bzw. Nachholung der Angaben (§ 371 Abs. 1), sondern auch einen Beitrag zur Beseitigung des Erfolgsunwerts in Form der Nachzahlung von Steuern und Hinterziehungszinsen (§ 371 Abs. 3) voraus. Insofern sind im Rahmen der Selbstanzeige **Steuerhinterziehungen mit gesteigertem Erfolgs- und Steuerhinterziehungen mit gesteigertem Handlungsunwert grundsätzlich gleich zu behandeln.** 56

Auch die **Ausnahmeregelung in § 371 Abs. 2a S. 1 für Steueranmeldungen** ist in der gegenwärtigen Fassung mit dem Schuldprinzip unvereinbar. Sie zielt auf Fälle, in denen wegen der Art und Anzahl der Geschäftsvorfälle die Besteuerungsgrundlagen innerhalb der Anmeldungsfrist nicht mit zumutbarem Aufwand vollständig ermittelt werden können und deswegen bedingt-vorsätzlich unrichtige Anmeldungen abgegeben und sukzessive berichtigt werden.[96] Nach hiesiger Auffassung liegt in diesen Fällen wegen einer rechtfertigenden 57

---

[88] Hübschmann/Hepp/Spitaler/*Beckemper* § 371 Rn. 195; Joecks/Jäger/Randt/*Joecks* Rn. 2; *Spatscheck* DStJG 38, 89 (113f.); vgl. bereits *Beckemper/Schmitz/Wegner/Wulf* wistra 2011, 281 (284f.); Schmitz FS Achenbach, 2011, 477 (487ff.).
[89] Vgl. BGH 17.3.2009 – 1 StR 627/08, BGHSt 53, 221 = NJW 2009, 1979, unter III.2.a.cc.
[90] Vgl. BGH 11.7.2002 – 5 StR 516/01, BGHSt 47, 343 = NJW 2002, 3036, unter II.2.a., und 6.9.2001 – 1 StR 633/10, NStZ 2012, 511 Rn. 119f.
[91] Dazu BGH 27.10.2015 – 1 StR 373/15, zur Veröffentlichung in BGHSt vorgesehen, NJW 2016, 965.
[92] Wulf wistra 2015, 166 (174); aA *Jesse* FR 2015, 673 (682) und *Joecks* DStR 2014, 2261 (2264): Wertungswiderspruch, aber verfassungsrechtlich nicht zu beanstanden.
[93] So im Ergebnis auch Hübschmann/Hepp/Spitaler/*Beckemper* § 371 Rn. 195.
[94] Vgl. *Jesse* FR 2015, 673 (682).
[95] BT-Drs. 18/3018, 12.
[96] *Habammer/Pflaum* DStR 2014, 2267 (2269); *Joecks* DStR 2014, 2261 (2265); *Spatscheck* FS Streck, 2011, 581 (594).

Pflichtenkollision[97] schon keine Steuerhinterziehung vor. Insofern bedürfte es der Ausnahmeregelung nicht. Dem Wortlaut nach ist § 371 Abs. 2a S. 1 jedenfalls nicht auf die Fälle beschränkt, in denen der Beschuldigte alles ihm mögliche getan hat, um eine möglichst zutreffende Voranmeldung abzugeben, sondern gilt auch für mit direktem Vorsatz begangene Steuerhinterziehungen, obwohl ein Grund für eine selbstanzeigerechtliche Privilegierung in solchen Fällen nicht ersichtlich ist. Einer Beschränkung des § 371 Abs. 2a S. 1 auf die ursprünglich ins Auge gefassten Fälle dürfte das strafrechtliche Bestimmtheitsgebot (Art. 103 Abs. 3 S. 2 GG)[98] entgegenstehen.

58 Ein Verstoß gegen das Schuldprinzip liegt auch darin, dass sowohl § 371 Abs. 2 S. 1 Nr. 3 als auch § 398a Abs. 1 Nr. 2 nach dem eindeutigen Willen des Gesetzgebers nur auf die einzelne Tat im materiellen Sinne und **nicht auf die insgesamt bewirkte Steuerhinterziehung abstellen.** Im Steuerstrafrecht ist bei Steuerhinterziehungen hinsichtlich der gleichen Steuerart für mehrere aufeinanderfolgende Besteuerungszeiträume bereits bei der Bemessung des Unrechtsgehalts der einzelnen Tat der Gesamtschaden zu berücksichtigen.[99] Allein das Hinterziehungsvolumen der einzelnen Tat ist daher kein geeigneter Indikator für das Ausmaß der Schuld.

59 Schließlich widerspricht auch die **Berechnung des Geldbetrags nach § 398a Abs. 1 Nr. 2** in mehrfacher Hinsicht dem Schuldprinzip. Obwohl sie nach den Vorstellungen des Gesetzgebers als Schuldausgleich bestimmt ist (vgl. → Rn. 16), knüpft sie mit dem nominellen Hinterziehungsvolumen an eine Größe an, die gerade kein tauglicher Indikator für den Schuldumfang ist (vgl. → Rn. 53). Eine weitere Verzerrung ergibt sich aus der tarifmäßigen[100] Verknüpfung von Hinterziehungsbetrag und zu zahlendem Geldbetrag, obwohl eine tarifmäßige Schuldbemessung auch im Steuerstrafrecht grundsätzlich ausgeschlossen ist.[101] Zudem können die Belastungssprünge beim Geldbetrag (vgl. → Rn. 28) ein Vielfaches des zusätzlichen Hinterziehungsschadens betragen und stehen dann zusätzlich im Widerspruch zum Schuldprinzip.

60 **c) Gleichheitssatz.** Der allgemeine Gleichheitssatz (Art. 3 Abs. 1 GG) beinhaltet ähnlich wie im Steuerrecht[102] auch im Strafrecht ein **Folgerichtigkeitsgebot.** Der Gesetzgeber ist danach zwar nicht an bestimmte tatsächliche Umstände, aber an seine eigenen Grundentscheidungen gebunden. Abweichungen und Ausnahmen bedürfen einer besonderen Rechtfertigung.[103] Dies gilt auch für begünstigende Sonderregelungen.[104] Sofern der Gesetzgeber sich in § 371 Abs. 2 S. 1 Nr. 3 und 4, Abs. 2a und in § 398a Abs. 1 Nr. 2, Abs. 2 zu den in § 370 Abs. 3 AO, § 46 Abs. 2 StGB getroffenen Wertungen in Widerspruch setzt, bedeutet dies daher auch einen Verstoß gegen den Gleichheitssatz.

61 Ein Verstoß gegen den allgemeinen Gleichheitssatz liegt darüber hinaus auch dann vor, wenn verschiedene Verfahrensabschlüsse im Strafverfahren ohne hinreichenden Grund **unterschiedliche Rechtskraftwirkung** entfalten.[105] Dies wäre bei § 398a zu erwägen, wenn ein Absehen von Verfolgung nach § 398a anders als eine Einstellung gegen Geldauflage nach § 153a StPO keinerlei Strafklageverbrauch nach sich zöge. Nach hiesiger Auffassung ist das allerdings nicht der Fall. Auch § 398a zieht einen obgleich enger beschränkten Strafklageverbrauch nach sich (vgl. → Rn. 31) und die Unterschiede beim Strafklageverbrauch sind durch die unterschiedlichen tatbestandlichen Voraussetzungen gerechtfertigt.

62 **d) Gebundene Anwendung des § 153a StPO.** Die vorgenannten Mängel der § 371 Abs. 2 S. 1 Nr. 3, § 398a AO lassen sich nicht dadurch heilen, dass in bestimmten Fällen

---

[97] Vgl. dazu Graf/Jäger/Wittig/*Dannecker* StGB Vor §§ 32 ff. Rn. 32 ff., mwN.
[98] Vgl. BGH 20.5.2010 – 1 StR 577/09, BGHSt 55, 180 = NJW 2010, 2146 Rn. 17.
[99] BGH 17.3.2009 – 1 StR 627/08, BGHSt 53, 221 = NJW 2009, 1979, unter II.3.b. und 22.5.2012 – 1 StR 103/12, NJW 2012, 2599 Rn. 34 ff.; ebenso Klein/*Jäger* § 370 Rn. 341.
[100] *Jesse* FR 2015, 673 (688).
[101] BGH 2.12.2008 – 1 StR 416/08, BGHSt 53, 71 = NJW 2009, 528, unter IV.3, Rn. 24.
[102] Zuletzt etwa BVerfG 17.12.2014 – 1 BvL 21/12, BStBl. II 2015, 50 = NJW 2015, 303, mwN.
[103] *Wulf* wistra 2015, 166 (174); *Mellinghoff* FS Hassemer, 2010, 503 (507).
[104] BFH 31.8.2010 – VIII R 11/08, BFHE 230, 486 = BStBl. II 2011, 72 Rn. 21; siehe auch BVerfG 25.2.2008 – 2 BvL 14/05, BVerfGK 13, 327, unter II.2.a.; *Mellinghoff* FS Hassemer, 2010, 503 (508).
[105] BVerfG 7.12.1983 – 2 BvR 282/80, BVerfGE 65, 377 = NJW 1984, 604, unter II.2.b.

eine Bindung des in § 153a StPO eingeräumten Ermessens angenommen und ein Anspruch auf eine Einstellung des Steuerstrafverfahrens nach § 153a StPO gegen schuldangemessene Auflage gewährt wird.[106] Da § 371 Abs. 2 S. 1 Nr. 3 und 4, § 398a AO keiner durchgängigen Systematik folgen und mehrere Wertungswidersprüche aufweisen, die nicht eindeutig gelöst werden können, lässt sich ihnen **kein klarer Maßstab für die Ermessensausübung** im Rahmen des § 153a StPO entnehmen. Es ist weder ersichtlich, wann eine Ermessensbindung anzunehmen wäre, noch, in welcher Weise das Ermessen gebunden würde.

III. Reformvorhaben

Weitere Änderungen des Selbstanzeigerechts sind **derzeit nicht geplant.** Nach hiesiger Auffassung besteht im Hinblick auf die dargestellten Schwächen der Regelung gleichwohl Handlungsbedarf. 63

IV. Rechtsbehelfe

Das Gesetz enthält weiterhin **keine ausdrückliche Regelung,** welche Rechtsbehelfe gegen die Annahme eines Falles nach § 371 Abs. 2 Nr. 3, 4 bestehen bzw. bei Meinungsverschiedenheiten, welche Zahlungen in einem solchen Fall für ein Absehen von Verfolgung nach § 398a zu leisten sind. Wenn ein gesonderter Rechtsbehelf nicht besteht, ist über diese Fragen nach Anklageerhebung im Zwischen- oder Hauptverfahren zu entscheiden. 64

Eine **gesonderte Entscheidung** über die Wirksamkeit der Selbstanzeige bzw. über das Absehen von Verfolgung nach § 398a ist grundsätzlich weder unter dem Gesichtspunkt des effektiven Rechtsschutzes (Art. 19 Abs. 4 GG) noch mit Hinblick auf das Rechtsstaatsprinzip (Art. 20 Abs. 3 GG) geboten.[107] Die Durchführung des Ermittlungsverfahrens bis zur Entscheidung über Anklageerhebung oder Einstellung des Strafverfahrens begründet keine Beschwer des Beschuldigten im Rechtssinne.[108] Der Rechtsschutz im Zwischen- und Hauptverfahren ist ausreichend.[109] 65

Entscheidungen über die Einstellung eines Strafverfahrens und das Absehen von Strafverfolgung sind insbesondere auch nicht nach § 23 EGGVG anfechtbar, sondern im Zwischen und Hauptverfahren zu überprüfen.[110] Dies gilt umso mehr für vorgelagerte Fragen, etwa die **Festsetzung des nach § 398a zu zahlenden Betrages und der Zahlungsfrist.** Das LG Hamburg hat allerdings gegen diese Festsetzung den Antrag auf gerichtliche Entscheidung (§ 98 Abs. 2 Satz 2 StPO analog) für statthaft gehalten.[111] 66

Eine **Entscheidung über die Anrechnung des nach Abs. 1 Nr. 2 gezahlten Geldbetrags** ist Bestandteil des Urteils. Sie ist daher mit den gegen das Urteil gegebenen Rechtsmitteln anfechtbar.[112] 67

V. Revision

Verfahrenshindernisse sind auch vom Revisionsgericht von Amts wegen zu prüfen. Dafür ist die Erhebung der Sachrüge ausreichend.[113] Dementsprechend kann auch die Verletzung des § 398a mit der **Sachrüge** geltend gemacht werden. 68

---

[106] So Klein/*Jäger* Rn. 29 und Graf/*Jäger/Wittig/Rolletschke* Rn. 6 für Fälle der Steuerhinterziehung auf Zeit oder in denen das Kompensationsverbot eingreift.
[107] AA LG Hamburg 20.3.3017 – 620 Qs 10/17, wistra 2017, 284; Joecks/*Jäger/Randt/Joecks* Rn. 21; Hunsmann NZWiSt 2012, 102 (104); Wulf Stbg 2015, 23 (24).
[108] BVerfG 29.3.2002 – 2 BvR 401/02, BeckRS 2002, 21905.
[109] BVerfG 2.10.2003 – 2 BvR 660/03, BVerfGK 2, 27 = NStZ 2004, 447; ähnlich Graf/*Jäger/Wittig/Rolletschke* § 371 Rn. 150.
[110] Löwe/Rosenberg/*Böttcher* EGGVG § 23 Rn. 121 mwN.
[111] LG Hamburg 20.3.3017 – 620 Qs 10/17, wistra 2017, 284; ebenso Graf/*Jäger/Wittig/Rolletschke* Rn. 99, Kohlmann/*Schauf* Rn 17; Beckemper/*Schmitz/Wegner/Wulf* wistra 2011, 281 (288) und inzident wohl LG Aachen 27.8.2014 – 86 Qs 11/14, wistra 2014, 493 (494).
[112] So auch *Roth* wistra 2015, 295 (298).
[113] BGH 6.6.1967 – 5 StR 147/67, BGHSt 21, 242 = NJW 1967, 1476 und 13.12.2000 – 2 StR 56/00, BGHSt 46, 230 = NJW 2001, 1509; BayObLG 20.11.2003 – 5 St RR 301/03, juris.

II. Verfahren der Finanzbehörde bei Steuerstraftaten

§ 399 Rechte und Pflichten der Finanzbehörde

(1) Führt die Finanzbehörde das Ermittlungsverfahren auf Grund des § 386 Abs. 2 selbständig durch, so nimmt sie die Rechte und Pflichten wahr, die der Staatsanwaltschaft im Ermittlungsverfahren zustehen.

(2) ¹Ist einer Finanzbehörde nach § 387 Abs. 2 die Zuständigkeit für den Bereich mehrerer Finanzbehörden übertragen, so bleiben das Recht und die Pflicht dieser Finanzbehörden unberührt, bei dem Verdacht einer Steuerstraftat den Sachverhalt zu erforschen und alle unaufschiebbaren Anordnungen zu treffen, um die Verdunkelung der Sache zu verhüten. ²Sie können Beschlagnahmen, Notveräußerungen, Durchsuchungen, Untersuchungen und sonstige Maßnahmen nach den für Ermittlungspersonen der Staatsanwaltschaft geltenden Vorschriften der Strafprozessordnung anordnen.

Schrifttum: *Buse*, Auswirkungen des Gesetzes zur Verständigung im Strafverfahren auf das steuerstrafrechtliche Ermittlungsverfahren, Stbg 2011, S. 414; *Drüen*, Außenprüfung und Steuerstrafverfahren, DStJG 38, 2015, 219; *Dusch/Rommel*, Strafvereitelung (im Amt) durch Unterlassen am Beispiel von Finanzbeamten, NStZ 2014, 188; *Gehm*, StBp 2006, S. 105; *Harms*, Die Stellung des Finanzbeamten im Steuerstrafverfahren, GS Schlüchter, 2002, S. 451; *Jesse*, Das Nebeneinander von Besteuerungs- und Steuerstrafverfahren, DB 2013, S. 1803; *Kaligin*, § 153a StPO – eine Universalnorm zur Beendigung von Steuerstrafverfahren, Stbg 2010, S. 500; *Malms*, Einstellung nach § 153 und § 153a StPO durch die Finanzbehörden, wistra 1994, S. 337; *Pflaum*, Kooperative Gesamtbereinigung von Besteuerungs- und Steuerstrafverfahren, Diss. Bayreuth, 2010; *Seer*, Verständigungen in Steuer- und Steuerstrafverfahren, DStJG 38, 2015, S. 313; *Strauß*, Der Finanzbeamte im Steuerstrafverfahren, Diss. Frankfurt/Oder, 2005.

Übersicht

	Rn.		Rn.
I. Überblick	1, 2	a) Allgemeines	3–5
1. Normzweck	1	b) Behördeninterne Zuweisung	6–8
2. Anwendungsbereich	2	2. Rechte und Pflichten bei Zuständigkeits-	
II. Erläuterung	3–13	konzentration	9–13
1. Rechte und Pflichten der Staatsanwaltschaft	3–8	**III. Rechtsbehelfe**	14

I. Überblick

1 **1. Normzweck.** In § 399 sind die Rechte und Pflichten der Finanzbehörden im **selbständigen Ermittlungsverfahren** geregelt. Neben dem allgemeinen Grundsatz (Abs. 1) besteht eine besondere Regelung für den Fall der Zuständigkeitskonzentration nach § 387 Abs. 2 AO (Abs. 2).

2 **2. Anwendungsbereich.** Die Norm gilt in allen **Steuerstrafverfahren.** In Bußgeldverfahren wegen Steuerordnungswidrigkeiten ist sie nicht anwendbar (Umkehrschluss aus § 410 Abs. 1).

II. Erläuterung

3 **1. Rechte und Pflichten der Staatsanwaltschaft. a) Allgemeines.** Im **selbständigen Ermittlungsverfahren** (§ 386 Abs. 2 AO) nimmt die Finanzbehörde (§ 386 Abs. 1 S. 2) die Rechte und Pflichten wahr, die der Staatsanwaltschaft im Ermittlungsverfahren zustehen (§ 399 Abs. 1). Sie tut dies in eigener Verantwortung und ist an Weisungen der Staatsanwaltschaft nicht gebunden.[1] Das selbständige Ermittlungsverfahren endet mit dem Abschlussvermerk (§ 169a StPO). Wegen der einzelnen Rechte und Pflichten der Staatsan-

---

[1] BFH 25.1.1972 – VII R 109/68, BFHE 104, 187 = BStBl. II 1972, 286; *Harms* GS Schlüchter, 2002, 451 (458 f.).

waltschaft im Ermittlungsverfahren wird auf die Erläuterungen zu den entsprechenden Normen der Strafprozessordnung und der übrigen Gesetze verwiesen.

Die Finanzbehörde ist insbesondere auch zur **Einstellung des Steuerstrafverfahrens** **4** **gegen Auflagen** (§ 153a StPO) berechtigt.[2] Eine Mitwirkung der Staatsanwaltschaft, insbesondere eine inhaltliche Überprüfung der Einstellungsentscheidungen, ist im Gesetz nicht vorgesehen. Auch wenn die Staatsanwaltschaft im Rahmen der Vergabe von Aktenzeichen vor Zuleitung an das Gericht die Möglichkeit hat, von den beabsichtigten Einstellungen Kenntnis zu nehmen, darf sie dies daher nicht allgemein zum Anlass nehmen, sie inhaltlich zu überprüfen.[3]

Ebenso wie die Staatsanwaltschaft hat im selbständigen Ermittlungsverfahren die Finanzbe- **5** hörde die Möglichkeit, mit dem Beschuldigten den Stand des Verfahrens (§ 160 StPO) zu erörtern, um eine **Verständigung im Ermittlungsverfahren** herbeizuführen.[4] Die Verständigung im steuerstrafrechtlichen Ermittlungsverfahren kann mit einer tatsächlichen Verständigung im Besteuerungsverfahren, das heißt einer Verständigung über die der Besteuerung zugrunde zu legenden Tatsachen,[5] zu einer Gesamtbereinigung verbunden werden. Die faktische Verbindung der beiden Verständigungen lässt aber die rechtliche Eigenständigkeit beider Verfahren (§ 393 Abs. 1 S. 1)[6] unberührt. Daher muss jede Verständigung für sich betrachtet den für das jeweilige Verfahren geltenden Bestimmungen entsprechen, eine Berücksichtigung der Erledigung des jeweils anderen Verfahrens ist nur innerhalb dieses Rahmens möglich. Eine Gesamtbetrachtung von steuerrechtlicher und strafrechtlicher Belastung ist rechtlich nicht zulässig.[7]

b) Behördeninterne Zuweisung. Nach dem Gesetz sind die Rechte und Pflichten der **6** Staatsanwaltschaft der Finanzbehörde als solcher ohne nähere Unterscheidung übertragen, nur für die Beamten der Steuerfahndung bzw. der Zollfahndung besteht eine Sonderregelung (§ 404). Sie treffen daher grundsätzlich **alle Amtsträger der Behörde.**[8] Dass die Wahrnehmung durch die AStBV(St) regelmäßig den Bußgeld- und Strafsachenstellen zugewiesen ist,[9] steht dem nicht entgegen. Die anderen Stellen sind durch die AStBV(St) nicht nur gehalten, die Bußgeld- und Strafsachenstellen schon bei der Möglichkeit einer Steuerstraftat zu informieren,[10] sondern ausdrücklich berechtigt und verpflichtet, unaufschiebbare Anordnungen zu treffen, um die Verdunklung der Sache zu verhindern.[11] Zudem ginge wegen der Gesetzmäßigkeit der Verwaltung bei Abweichungen der Verwaltungsanweisung vom Gesetz das Gesetz vor.

Wenn eine Finanzbehörde die Rechte und Pflichten der Staatsanwaltschaft wahrnimmt, **7** müssen daher alle ihre Amtsträger gemäß dem Legalitätsprinzip bei der Verfolgung von Steuerstraftaten mitwirken. Sie sind kraft Gesetzes mit der Verfolgung von Steuerstraftaten betraut[12] und diese gesetzliche Aufgabenzuweisung ist durch die AStBV(St) so konkretisiert, dass die Verfolgung von Steuerstraftaten, wenn auch nur in begrenztem Umfang, jedem einzelnen Amtsträger aufgegeben[13] ist. Auch Amtsträger, die nicht der Bußgeld- und Strafsachenstelle oder der

---

[2] Krit. *Malms* wistra 1994, 337; aus Verteidigersicht *Kaligin* Stbg 2010, 500.
[3] *Hellmann*, Neben-Strafverfahrensrecht, S. 173 f.; aA *Malms* wistra 1994, 337; vgl. auch → § 400 Rn. 8.
[4] *Buse* Stbg 2011, 414 (415); teilweise kritisch *Harms* GS Schlüchter, 2002, 451 (467 f.); ausführlich *Pflaum*, Kooperative Gesamtbereinigung, S. 70 ff.
[5] BFH 11.12.1984 – VIII R 131/76, BFHE 142, 549 = BStBl. II 1985, 354, 31.7.1996 – XI R 78/95, BFHE 181, 103 = BStBl. II 1996, 625, 7.7.2004 – X R 24/03, BFHE 206, 292 = BStBl. II 2004, 975, 8.10.2008 – I R 63/07, BFHE 223, 194 = BStBl. II 2009, 121, und 1.9.2009 – VIII R 78/06, BFH/NV 2010, 593 = HFR 2010, 562; BMF 30.7.2008 – IV A 3 – S 0223/07/10002, 2008/0411043, BStBl. I 2008, 831.
[6] Dazu → § 393 Rn. 7 ff.
[7] *Seer* DStJG 38, 313 (336); *Pflaum*, Kooperative Gesamtbereinigung, S. 270 ff.
[8] Ebenso BFH 4.11.1987 – II R 102/85, BFHE 151, 324 = BStBl. II 1988, 113 und 19.8.1998 – XI R 37/97, BFHE 186, 506 = BStBl. II 1999, 7 = NJW 1999, 383, unter II.2.; Beermann/Gosch/*Seipl* Rn. 8; *Gehm* StBp 2006, 105 (107); *Strauß* S. 67; aA Dusch/Rommel NStZ 2014, 188 (189, 191 f.); *Hellmann*, Neben-Strafverfahrensrecht, S. 156.
[9] AStBV(St) 2017 Nr. 17 Abs. 4 Satz 1; krit. *Hellmann*, Neben-Strafverfahrensrecht, S. 139.
[10] AStBV(St) 2017 Nr. 130–132.
[11] AStBV(St) 2017 Nr. 133; aA *Jesse* DB 2013, 1803 (1804).
[12] Vgl. BGH 30.4.1997 – 2 StR 670/96, BGHSt 43, 82 = NJW 1997, 2059, unter II.1.a.
[13] Vgl. Graf/Jäger/Wittig/*Bülte* StGB § 258 Rn. 21; *Drüen* DStJG 38, 219 (239).

Steuer- bzw. Zollfahndung (§§ 208, 404) angehören, sind daher im Sinne des § 258a StGB zur Mitwirkung bei dem Strafverfahren berufen und können sich wegen **Strafvereitelung im Amt** strafbar machen, wenn sich aus dienstlichen Wahrnehmungen der Anfangsverdacht einer Steuerstraftat ergibt und sie gleichwohl von einer Mitteilung an die Bußgeld- und Strafsachenstelle bzw. gegebenenfalls zu treffenden unaufschiebbaren Anordnungen absehen.[14] Daneben stehen auch disziplinarrechtliche Konsequenzen (§ 77 BBG, § 47 BeamtStG) im Raum, die allerdings regelmäßig zurücktreten, solange eine Strafverfolgung möglich ist (§ 14 BDG und vergleichbares Landesrecht). Zu einer dienstlichen Nutzung privaten Wissens sind Angehörige der Finanzverwaltung aber nicht verpflichtet.[15]

8   Für förmliche Ermittlungsmaßnahmen bzw. Anträgen auf richterliche Untersuchungshandlungen wird teilweise gefordert, dass der Ermittler bzw. Antragsteller die **Befähigung zum Richteramt** (§ 142 Abs. 1 GVG, § 122 Abs. 1 DRiG) oder zumindest eine Amtsanwälten bzw. Rechtspflegern vergleichbare Ausbildung haben müsse.[16] Praktisch ergeben sich insoweit keine Probleme.[17] Die Sachgebietsleiter der Bußgeld- und Strafsachenstellen bei den Finanzämtern sind regelmäßig Beamte des höheren Steuerverwaltungsdienstes mit der Befähigung zum Richteramt, die Sachbearbeiter Beamte des gehobenen Steuerverwaltungsdienstes, deren Ausbildung (§ 4 StBAG) mit der Rechtspflegerausbildung (§ 2 RPflG) vergleichbar ist.

9   **2. Rechte und Pflichten bei Zuständigkeitskonzentration.** Wenn eine Finanzbehörde ihre Zuständigkeit für Steuerstrafsachen (§ 387 Abs. 1) durch Übertragung (§ 387 Abs. 2) verloren hat, verbleiben ihr beim Anfangsverdacht einer Steuerstraftat gleichwohl gewisse Rechte und Pflichten (§ 399 Abs. 2). Die Aufgaben einer solchen Finanzbehörde (§ 399 Abs. 2 S. 1) entsprechen den **Aufgaben der Polizei im allgemeinen Ermittlungsverfahren** (§ 163 Abs. 1 StPO). Ihre Amtsträger sind damit bei der Verfolgung von Steuerstraftaten dem Legalitätsprinzip verpflichtet.[18]

10 In Wahrnehmung dieser Aufgaben sind ihnen nach dem Gesetz die Befugnisse, nicht aber die volle Rechtsstellung der Ermittlungspersonen der Staatsanwaltschaft (§ 152 GVG) übertragen (§ 399 Abs. 2 S. 2 AO). Die wohl herrschende Auffassung im Schrifttum geht davon aus, dass sie darüber hinaus auch **die Befugnisse der Beamten des Polizeidienstes** nach der Strafprozessordnung haben, da nicht ersichtlich sei, weshalb die Zuweisung der Aufgaben nicht mit der Zuweisung der entsprechenden Befugnisse verbunden sein sollte bzw. weshalb die Befugnisse im selbständigen Ermittlungsverfahren einer anderen Finanzbehörde hinter den Befugnissen im Ermittlungsverfahren der Staatsanwaltschaft (§ 402 Abs. 2 StPO) zurückstehen sollten.[19] Für die Ausübung solcher Befugnisse (zB § 127 Abs. 2 StPO) durch Finanzbehörden, die ihre Zuständigkeit für Steuerstrafsachen verloren haben, dürfte aber kaum ein Bedürfnis bestehen. Die Gleichstellung mit den Beamten des Polizeidienstes im Ermittlungsverfahren der Staatsanwaltschaft ist vor allem für die ressortübergreifende Weisungsbefugnis der Staatsanwaltschaft (§ 161 Abs. 1 StPO) von Bedeutung.

11 Die **Zusammenarbeit der Finanzbehörden,** die ihre Zuständigkeit für Steuerstrafsachen verloren haben, mit den Finanzbehörden, die Rechte und Pflichten der Staatsanwaltschaft wahrnehmen, ist in § 399 nicht ausdrücklich geregelt. Die Erforschung von Steuerstraftaten (Abs. 2 S. 1) schließt aber nach dem Zweck des Gesetzes die Weitergabe sowohl aus dem Besteuerungsverfahren vorhandener als auch aufgrund strafrechtlicher Ermittlungen gewonnener steuerstrafrechtlich relevanter Erkenntnisse an die Bußgeld- und Strafsachenstelle ein. Dass eine solche Weitergabe zur Durchführung von Steuerstrafverfahren sowohl

---

[14] Gleichlautender Erlass zu Anwendungsfragen des § 10 Abs. 1 BpO vom 31.8.2009, BStBl. I 2009; *Gehm* StBp 2006, 102 (106 f.); aA *Drüen* DStJG 38, 219 (224, 240); *Dusch/Rommel* NStZ 2014, 188 (192); differenzierend Graf/Jäger/Wittig/*Bülte* StGB § 258 Rn. 28 f.: zwar Strafbarkeit nach § 258 StGB, aber nicht nach § 258a StGB.
[15] BFH 28.4.1998 – IX R 49/96, BFHE 185, 370 = BStBl. II 1998, 458, unter II.2.c.
[16] Hübschmann/Hepp/Spitaler/*Hellmann* Rn. 22; Kohlmann/*Matthes* Rn. 19.
[17] Beermann/Gosch/*Seipl* Rn. 8.
[18] Hübschmann/Hepp/Spitaler/*Hellmann* Rn. 57.
[19] Beermann/Gosch/*Seipl* Rn. 221; *Hellmann*, Neben-Strafverfahrensrecht, S. 352.

gegen den Steuerpflichtigen als Beschuldigten als auch gegen Dritte zur Verfügung zulässig ist, ergibt sich bereits aus § 30 Abs. 4 Nr. 1. Im Übrigen dürften die Bußgeld- und Strafsachenstellen kaum Anlass haben, zur Durchführung des Steuerstrafverfahrens auf Finanzbehörden ohne vertiefte strafrechtliche Kenntnisse und Erfahrungen zurückzugreifen. Sollten im Einzelfall dennoch Meinungsverschiedenheiten über die Zusammenarbeit bestehen, kann eine Entscheidung der vorgesetzten Behörde herbeigeführt werden.

Die Aufgaben und Befugnisse nach Abs. 2 treffen **alle Amtsträger der betroffenen Finanzbehörde.** Da in ihnen die Zuständigkeit nach § 387 Abs. 1 fortwirkt,[20] sind sie nicht durch die örtliche, sondern nur durch die sachliche Zuständigkeit, unter Berücksichtigung eventueller Zuständigkeitsübertragungen nach § 17 Abs. 2 S. 3 FVG, begrenzt.[21]

Auch mit der Übertragung der Aufgaben der Polizei, soweit es um die Verfolgung von Steuerstraftaten geht, sind Amtsträger kraft Gesetzes mit der Verfolgung von Steuerstraftaten betraut. Die Amtsträger von Finanzbehörden, deren steuerstrafrechtliche Zuständigkeiten grundsätzlich übertragen wurden, können sich daher im Ergebnis ebenso wie die Amtsträger von Finanzbehörden, die Rechte und Pflichten der Staatsanwaltschaft wahrnehmen (vgl. → Rn. 7), wegen **Strafvereitelung im Amt** (§ 258a StGB) strafbar machen.

III. Rechtsbehelfe

Die Unzulässigkeit bzw. Unwirksamkeit von Ermittlungshandlungen der Finanzbehörden sind mit den **gegen die jeweilige Ermittlungshandlung gegebenen Rechtsbehelfen** der Strafprozessordnung geltend zu machen. Einwendungen gegen Durchsuchungs- und Beschlagnahmeanordnungen der Finanzbehörde werden von der Finanzverwaltung als Anträge auf gerichtliche Entscheidung behandelt.[22] Anträge auf Entscheidung nach §§ 23 ff. GVG leitet die Finanzbehörde unmittelbar dem OLG zu und unterrichtet gleichzeitig die zuständige Staatsanwaltschaft.[23] Streitigkeiten im Zusammenhang mit der Einstellung von Steuerstrafverfahren sind den ordentlichen Gerichten, nicht den Finanzgerichten zugewiesen.[24]

§ 400 Antrag auf Erlass eines Strafbefehls

Bieten die Ermittlungen genügenden Anlass zur Erhebung der öffentlichen Klage, so beantragt die Finanzbehörde beim Richter den Erlass eines Strafbefehls, wenn die Strafsache zur Behandlung im Strafbefehlsverfahren geeignet erscheint; ist dies nicht der Fall, so legt die Finanzbehörde die Akten der Staatsanwaltschaft vor.

Schrifttum: *Burkhard,* Der Strafbefehl im Steuerstrafrecht, 1997; *Dißars,* Der Antrag auf Erlaß eines Strafbefehls als Abschluß eines Steuerstrafverfahrens, wistra 1997; 331; *Harms,* Die Stellung des Finanzbeamten im Steuerstrafverfahren, GS Schlüchter, 2002, 451; *Rittmann,* Nochmals: Evokations- und materielles Prüfungsrecht der Staatsanwaltschaft, wistra 1984, 52; *Scheu,* Evokations- und materielles Prüfungsrecht der Staatsanwaltschaft, wistra 1983, 136; *Weyand,* Vereinbarungen in Steuerstrafverfahren, NWB Fach 13, 765.

Übersicht

	Rn.		Rn.
I. Überblick	1, 2	1. Voraussetzungen des § 400	3–6
1. Normzweck	1	2. Form und Inhalt des Antrags	7–10
2. Anwendungsbereich	2	3. Vorlage an die Staatsanwaltschaft	11
II. Erläuterung	3–11	**III. Rechtsbehelfe**	12

---

[20] AStBV(St) 2017 Nr. 23 Satz 2.
[21] AA für die Außenprüfung Beermann/Gosch/*Seipl* Rn. 218.
[22] AStBV(St) 2017 Nr. 98 Abs. 2 Satz 1.
[23] AStBV(St) 2017 Nr. 98 Abs. 4.
[24] BFH 26.2.2004 – VII B 341/03, BFHE 204, 413 = BStBl. II 2004, 458, unter 2.a.; *Kranz* S. 133 f.

I. Überblick

1 1. Normzweck. Durch § 400 erhält die Finanzbehörde die **Befugnis zur Erhebung der öffentlichen Klage** durch Antrag auf Erlass eines Strafbefehls. Sie wird dadurch in die Lage versetzt, das selbständig geführte Ermittlungsverfahren auch selbständig abzuschließen. Damit wird zugleich eine Entlastung der Staatsanwaltschaft bewirkt. Die Antragsbefugnis der Finanzbehörde im Strafbefehlsverfahren ist an die Stelle des für verfassungswidrig erklärten[1] Unterwerfungsverfahrens getreten.[2]

2 2. Anwendungsbereich. Das Antragsrecht der Finanzbehörde besteht in allen Steuerstrafverfahren. Voraussetzung ist jedoch, dass die Finanzbehörde das **Ermittlungsverfahren selbständig führt** bzw. geführt hat. Dies ergibt sich aus der systematischen Stellung des § 400. Die Zuständigkeit der Finanzbehörde im gerichtlichen Verfahren nach dem Antrag auf Erlass eines Strafbefehls ergibt sich aus § 406 Abs. 1.

II. Erläuterung

3 1. Voraussetzungen des § 400. Ob genügender **Anlass zur Erhebung der öffentlichen Klage** besteht, bestimmt sich nach den gleichen Grundsätzen wie in § 170 Abs. 1 StPO. Insofern wird auf die dortigen Erläuterungen verwiesen.

4 Zur Behandlung im Strafbefehlsverfahren geeignet ist eine Strafsache, wenn auch die Voraussetzungen des § 407 Abs. 1 S. 2, Abs. 2 StPO gegeben sind. Einzelheiten ergeben sich aus den dortigen Erläuterungen. In Steuerstrafsachen sind insbesondere Steuerhinterziehungen mit Hinterziehungsbeträgen ab 1 Mio. EUR wegen der zu erwartenden Strafe zur Behandlung im Strafbefehlsverfahren regelmäßig ungeeignet.[3] Die Finanzbehörden sind gehalten, von einer Erledigung im Strafbefehlsverfahren abzusehen, wenn ein besonders schwerer Fall der Steuerhinterziehung (§ 370 Abs. 3) vorliegt oder die Durchführung einer mündlichen Verhandlung zur Sachaufklärung[4] oder aus Präventionszwecken geboten erscheint.[5]

5 Wenn die tatbestandlichen Voraussetzungen des § 400 vorliegen, ist die Finanzbehörde zur Antragstellung verpflichtet (§ 400 Hs. 1). Anders als § 407 Abs. 1 S. 1 StPO eröffnet § 400 **kein Ermessen**. Der Beschuldigte hat aber kein subjektives Recht auf eine Erledigung im Strafbefehlsverfahren.[6]

6 Der Beschuldigte ist **vor Antragstellung zu vernehmen** (§ 163a Abs. 1 S. 1 StPO). Im Rahmen dieser Vernehmung oder einer gesonderten Erörterung (§ 160b StPO) kann versucht werden, eine Verständigung herbeizuführen,[7] gegebenenfalls auch in Form einer Gesamtbereinigung von Besteuerungs- und Steuerstrafverfahren.[8] Nach Auffassung der Finanzverwaltung ist eine Strafsache aber nicht schon deswegen zur Behandlung im Strafbefehlsverfahren ungeeignet, weil ein Einspruch (§ 410 StPO) des Angeschuldigten zu erwarten ist.[9]

7 2. Form und Inhalt des Antrags. Für Form und Inhalt des Strafbefehls gelten die **allgemeinen Grundsätze** (§ 407 Abs. 1 S. 3, § 409 Abs. 1 StPO).[10] Für die Bezeichnung der Tat (§ 409 Abs. 1 S. 1 Nr. 3 StPO) müssen bei Strafanträgen wegen Hinterziehung von Einkommensteuer weder die betroffenen Einkunftsarten benannt noch die Berechnung der Steuerverkürzung dargestellt werden.[11] Der Strafbefehlsantrag darf auch dann auf einer

---

[1] BVerfG 6.6.1967 – 2 BvR 375/60 ua, BVerfGE 22, 49 = NJW 1967, 1219.
[2] Vgl. BT-Drs. 5/1812, 35 f.; siehe auch *Rittmann* wistra 1984, 52; *Scheu* wistra 1983, 136 (137).
[3] BGH 2.12.2008 – 1 StR 416/08, BGHSt 53, 71 = NJW 2009, 528, unter IV.3.e.
[4] Vgl. dazu *Burkhard* S. 104 ff.
[5] AStBV(St) 2017 Nr. 84 Abs. 2 Sätze 2 und 3.
[6] Joecks/Jäger/Randt/*Joecks* Rn. 19; Graf/Jäger/Wittig/*Lipsky* Rn. 5; *Dißars* wistra 1997, 331 (332).
[7] *Weyand* NWB Fach 13, 765 (766 f.); *Burkhard* S. 174; krit. *Harms* GS Schlüchter, 2002, 451 (468).
[8] *Burkhard* S. 102, 193; zum Inhalt einer Gesamtbereinigung → § 399 Rn. 5.
[9] AStBV(St) 2017 Nr. 84 Abs. 2 Satz 4.
[10] Vgl. auch AStBV(St) 2017 Nr. 87.
[11] Vgl. BGH 27.5.2009 – 1 StR 665/08, wistra 2009, 465; ebenso bereits BayObLG 24.3.1992 – RReg 4 St 159/91, BayObLGSt 1992, 32 = NStZ 1992, 403; aA OLG Düsseldorf 26.5.1988 – 3 Ws 85/87, NJW 1989, 2145 und 30.10.1990 – 5 Ss 203/90 – 31/90 III, NStZ 1991, 99.

Schätzung der Besteuerungsgrundlagen beruhen, wenn weitere Ermittlungen möglich gewesen wären.[12]

Die Finanzämter sind gehalten, Anträge auf Erlass eines Strafbefehls unmittelbar den Gerichten zuzuleiten.[13] In der Praxis werden die Anträge allerdings gemäß den Vorgaben der Justizverwaltung zunächst bei der zuständigen Staatsanwaltschaft in das **Register für Strafsachen und Bußgeldsachen** (Js-Register) eingetragen.[14] Die Staatsanwaltschaft erhält dadurch von den Strafbefehlsanträgen Kenntnis und kann sie – zumindest faktisch – auch inhaltlich prüfen.

Ebenso wie ansonsten im selbständigen Ermittlungsverfahren der Finanzbehörden (§ 399)[15] ist aber auch bei Strafbefehlsanträgen (§ 400) **keine inhaltliche Überprüfung durch die Staatsanwaltschaft** vorgesehen. Die Staatsanwaltschaft darf daher die Vergabe von Aktenzeichen nicht allgemein zum Anlass einer inhaltlichen Überprüfung nehmen, um gegebenenfalls ihr Evokationsrecht auszuüben.[16] Allein die nicht auszuschließende Möglichkeit des Strafklageverbrauchs für Straftaten, die keine Steuerstraftaten sind,[17] rechtfertigt eine solche Überprüfung nicht.[18] Im Umkehrschluss aus § 386 Abs. 2 S. 1 ist davon auszugehen, dass der Gesetzgeber diese Möglichkeit gesehen und bei der Regelung des § 400 berücksichtigt hat. Angesichts der Arbeitsbelastung der Staatsanwaltschaften dürfte die inhaltliche Überprüfung von Strafanträgen der Finanzbehörden ohnehin die Ausnahme sein.

Im Zusammenhang mit § 400 wurde zum Teil beanstandet, dass im Gesetz nicht geregelt sei, über welche fachliche Qualifikation der für die Finanzbehörde handelnde Amtsträger verfügen müsse, um einen Strafbefehl wirksam beantragen zu können. Das BVerfG hat eine diesbezügliche Richtervorlage[19] nicht zur Entscheidung angenommen und in der Begründung die entsprechende Anwendung von § 142 Abs. 1 Nr. 3 GVG, § 122 Abs. 1 DRiG nahegelegt.[20] Nachdem § 142 Abs. 1 Nr. 3 GVG aber ausdrücklich auch die Wahrnehmung der Aufgaben der Staatsanwaltschaft durch Amtsanwälte zulässt, ist – unbeschadet behördeninterner Zeichnungsrechtsvorbehalte – auch die Antragstellung **durch Beamte des gehobenen Dienstes wirksam möglich**.[21]

3. Vorlage an die Staatsanwaltschaft. Besteht zwar genügender Anlass zur Erhebung der öffentlichen Klage, ist die Strafsache aber **zur Erledigung im Strafbefehlsverfahren ungeeignet,** legt die Finanzbehörde die Akten der Staatsanwaltschaft vor (§ 400 Hs. 2).[22] Es handelt sich insofern nicht um eine Abgabe, da sich die selbständige Ermittlungskompetenz (§ 386 Abs. 2) der Finanzbehörde ausdrücklich nur auf solche Fälle bezieht, die in den Grenzen der §§ 400, 401 erledigt werden können.

III. Rechtsbehelfe

Da § 400 kein subjektives Recht vermittelt (vgl. → Rn. 5), sind gegen eine Aktenvorlage bzw. Abgabe an die Staatsanwaltschaft anstelle eines Antrags nach § 400 keine Rechtsbehelfe gegeben. Gegen den Strafbefehl selbst ist der **Einspruch** (§ 410 Abs. 1 StPO) gegeben; insofern gelten die allgemeinen Grundsätze.

---

[12] Klein/Jäger § 370 Rn. 460; aA OLG Celle 19.7.2011 – 1 Ws 271-274/11, wistra 2011, 334.
[13] AStBV(St) 2017 Nr. 87 Abs. 4 Satz 1.
[14] Dißars wistra 1997, 331 (334); Hellmann, Neben-Strafverfahrensrecht, S. 173; siehe zB in Bayern § 47 Abs. 1 S. 2 Buchst. o der Aktenordnung für die Geschäftsstellen der Gerichte der ordentlichen Gerichtsbarkeit und der Staatsanwaltschaften vom 13.12.1983, JMBl. 1984, 13, zuletzt geändert durch Bekanntmachung vom 26.11.2014, JMBl. 2014, 160; krit. Rittmann wistra 1984, 52 (53).
[15] Vgl. → § 399 Rn. 4.
[16] Hellmann, Neben-Strafverfahrensrecht, S. 173 f.
[17] Scheu wistra 1983, 136 (137).
[18] IE ebenso Rittmann wistra 1984, 52 (54).
[19] AG Braunschweig 1.11.1994 – 9 Cs 403 Js 27457/94, wistra 1995, 34.
[20] BVerfG 14.3.1996 – 2 BvL 19/94, wistra 1996, 225.
[21] Vgl. → § 399 Rn. 8; iE ebenso Klein/Jäger Rn. 7; Joecks/Jäger/Randt/Joecks Rn. 7; Graf/Jäger/Wittig/Lipsky Rn. 9.
[22] Vgl. auch AStBV(St) 2017 Nr. 89.

§ 401 Antrag auf Anordnung von Nebenfolgen im selbständigen Verfahren

Die Finanzbehörde kann den Antrag stellen, die Einziehung oder den Verfall selbständig anzuordnen oder eine Geldbuße gegen eine juristische Person oder eine Personenvereinigung selbständig festzusetzen (§§ 435, 444 Abs. 3 der Strafprozessordnung).

I. Überblick

1 **1. Normzweck.** Durch § 401 erhält die Finanzbehörde eine Antragsbefugnis auch für die **steuerstrafrechtlich relevanten besonderen Verfahrensarten** der Strafprozessordnung. Dies ist aufgrund des Sachzusammenhangs der besonderen Verfahrensarten mit den der Finanzbehörde übertragenen Ermittlungsverfahren sachgerecht, bedarf aber aufgrund der Trennung von Ermittlungsverfahren und besonderen Verfahren einer eigenen Regelung.[1]

2 **2. Anwendungsbereich.** Die Vorschrift gilt in **Steuerstrafverfahren**. In Bußgeldverfahren wegen Steuerordnungswidrigkeiten ist sie nicht anwendbar. Aus der systematischen Stellung und der Überschrift des § 401 ergibt sich, dass die Antragsbefugnis der Finanzbehörde nur besteht, wenn die Finanzbehörde das Ermittlungsverfahren selbständig geführt hat. Im Verfahren der Staatsanwaltschaft steht der Antrag auf Anordnung von Nebenfolgen nur der Staatsanwaltschaft zu.

II. Erläuterung

3 Das Verfahren nach dem Antrag der Finanzbehörde folgt den allgemeinen Vorschriften (§§ 435, 444 Abs. 3 StPO). Für die Beteiligung der Finanzbehörde gilt dann § 406 Abs. 2 AO. Anstelle des **selbständigen Einziehungsverfahrens** kann die Finanzbehörde auch nach § 394 AO vorgehen.

4 Hinsichtlich des Verfalls (§§ 73 ff. StGB) und der Geldbuße (§ 30 OWiG) gelten auch materiell-rechtlich keine Besonderheiten. Über die Verweisung in § 369 Abs. 1 AO finden die Bestimmungen des Strafgesetzbuchs Anwendung. Für die Einziehung (§§ 74 ff. StGB) ist die **steuerstrafrechtliche Sonderregelung des § 375 Abs. 2 AO** zu beachten.[2]

III. Stellung der Finanzbehörde im Verfahren der Staatsanwaltschaft

§ 402 Allgemeine Rechte und Pflichten der Finanzbehörde

(1) Führt die Staatsanwaltschaft das Ermittlungsverfahren durch, so hat die sonst zuständige Finanzbehörde dieselben Rechte und Pflichten wie die Behörden des Polizeidienstes nach der Strafprozessordnung sowie die Befugnisse nach § 399 Abs. 2 Satz 2.

(2) Ist einer Finanzbehörde nach § 387 Abs. 2 die Zuständigkeit für den Bereich mehrerer Finanzbehörden übertragen, so gilt Absatz 1 für jede dieser Finanzbehörden.

Übersicht

	Rn.		Rn.
I. Überblick	1, 2	1. Stellung der sonst zuständigen Finanzbehörde	3–9
1. Normzweck	1		
2. Anwendungsbereich	2	2. Stellung anderer Finanzbehörden	10
II. Erläuterung	3–10	III. Rechtsbehelfe	11

---

[1] Ähnlich Joecks/Jäger/Randt/*Joecks* Rn. 2; aA Hübschmann/Hepp/Spitaler/*Hellmann* Rn. 5; Beermann/Gosch/*Seipl* Rn. 3.

[2] Auch → § 394 Rn. 6 f.

I. Überblick

1. Normzweck. In § 402 sind die **Zuständigkeit und eigenständige Befugnisse der Finanzbehörde im Ermittlungsverfahren der Staatsanwaltschaft** geregelt. Dabei wird unterschieden zwischen Finanzbehörden, die im selbständigen Ermittlungsverfahren die Rechte und Pflichten der Staatsanwaltschaft wahrnehmen (Abs. 1) und Finanzbehörden, deren Befugnisse insoweit an andere Finanzbehörden übertragen wurden (Abs. 2).

2. Anwendungsbereich. Die Vorschrift gilt nur in **Ermittlungsverfahren in Steuerstrafverfahren**. Dies ergibt sich aus der Bezugnahme auf die „sonst zuständige Finanzbehörde", da Finanzbehörden nur in Steuerstrafverfahren die Rechte und Pflichten der Staatsanwaltschaft wahrnehmen können (§ 386 Abs. 2). Die Rechte und Pflichten nach § 402 enstehen auch erst mit Einleitung eines Steuerstrafverfahrens. Unabhängig davon, wie weit sie im Einzelnen reichen (vgl. → Rn. 5 ff.), begründen sie daher keine von der Verfolgung von Steuerstraftaten losgelöste allgemeine Zuständigkeit der Finanzbehörden für die Strafverfolgung, insbesondere keine Pflicht zur Einleitung von Strafverfahren wegen Straftaten, die keine Steuerstraftaten sind. Im Bußgeldverfahren ist § 402 entsprechend anwendbar (§ 410 Abs. 1 Nr. 8).

II. Erläuterung

1. Stellung der sonst zuständigen Finanzbehörde. Nach Abs. 1 hat im Ermittlungsverfahren der Staatsanwaltschaft die sonst zuständige Finanzbehörde grundsätzlich die **Rechtsstellung der Polizeibehörden** nach der Strafprozessordnung. Im Gegensatz zu den Beamten der Steuerfahndung (§ 404 S. 2 Hs. 2) sind die Beamten der sonst zuständigen Finanzbehörde keine Ermittlungspersonen der Staatsanwaltschaft. Sie haben deren Befugnisse nur im Rahmen des § 399 Abs. 2 S. 2 und sind daher zur Durchsicht von Papieren (§ 110 Abs. 1 StPO) nicht befugt.[1]

Sonst zuständige Finanzbehörde ist die **sachlich und örtlich für die Verfolgung der betroffenen Steuerstraftat zuständige** Finanzbehörde (§§ 387 ff.). Wenn mehrere Finanzbehörden zuständig wären, ist im Zweifel die Zuständigkeit der Finanzbehörde sachdienlich (§ 392 Abs. 2 S. 1), die für den Sitz der Staatsanwaltschaft örtlich zuständig ist.

Mit den Pflichten der Polizeibehörden verbunden ist insbesondere die **Bindung an die Weisungen der Staatsanwaltschaft** (§ 161 Abs. 1 StPO). Auch wenn ressortübergreifende Weisungsbefugnisse im Allgemeinen unüblich sind, ist der Gesetzeswortlaut insofern eindeutig. Zudem besteht auch für die Polizei im Strafverfahren eine ressortübergreifende Weisungsgebundenheit. Es ist insofern davon auszugehen, dass der Gesetzgeber das mit ressortübergreifenden Weisungen verbundene Konfliktpotential gesehen und in Kauf genommen hat.

Die Rechte und Pflichten nach Abs. 1 gelten nach hiesiger Auffassung nicht nur für die Ermittlung von Steuerstraftaten oder gleichgestellten Straftaten,[2] sondern **auch für die Ermittlung von Nichtsteuerstraftaten**. Dabei kommt es nicht darauf an, ob die Nichtsteuerstraftat mit der Steuerstraftat in Tateinheit steht, ob sie zur gleichen Tat im prozessualen Sinn gehört oder ob es sich um eine auch prozessual selbständige Tat handelt, von der die Finanzbehörde nur bei Gelegenheit des Steuerstrafverfahrens erfährt.[3] In den zuletzt genannten Fällen ist die Finanzbehörde zumindest zur unverzüglichen Mitteilung an die Staatsanwaltschaft und zu gegebenenfalls notwendigen Sofortmaßnahmen verpflichtet.

Nach dem Gesetzeswortlaut ist die ansonsten gegebene Zuständigkeit der Finanzbehörde Anknüpfungspunkt, aber nicht Grenze der Zuständigkeit nach Abs. 1. Die Rechte und Pflichten nach dieser Vorschrift bestehen unabhängig davon, ob zu einem früheren Zeit-

---
[1] Graf/Jäger/Wittig/*Lipsky* Rn. 6.
[2] Vgl. Joecks/Jäger/Randt/*Joecks* Rn. 12; Graf/Jäger/Wittig/*Lipsky* Rn. 8; Beermann/Gosch/*Seipl* Rn. 27.3; *Ossenbühl* FS Selmer, 2004, 859 (861 f.).
[3] Hübschmann/Hepp/Spitaler/*Hellmann* Rn. 11 f.; Klein/*Jäger* Rn. 2.

punkt eine selbständige Ermittlungsbefugnis gegeben war.[4] Für die Zuständigkeit auch für die Verfolgung von Straftaten, die keine Steuerstraftaten sind, spricht aber vor allem die **Effektivität der Strafverfolgung**.[5] Wenn bei jedem Einsatz der Finanzbehörde im steuerstrafrechtlichen Ermittlungsverfahren der Staatsanwaltschaft zu besorgen wäre, dass die Verfolgung von Straftaten, die keine Steuerstraftaten sind, nicht oder nur eingeschränkt betrieben würde, wären die Einsatzmöglichkeiten der Finanzbehörde gering und Abs. 1 liefe leer.

8   Das **Steuergeheimnis** steht dem nicht entgegen.[6] Soweit die Finanzbehörde Erkenntnisse im Steuerstrafverfahren gewonnen hat, ist ihre Verwertung regelmäßig auch zur Verfolgung von Straftaten, die keine Steuerstraftaten sind, zulässig (§ 30 Abs. 4 Nr. 4 Buchst. a). Im Übrigen ist der Beschuldigte durch § 393 Abs. 2 geschützt.

9   Ermittlungsmaßnahmen der Finanzbehörde unterbrechen daher auch die **Strafverfolgungsverjährung** von Straftaten, die keine Steuerstraftaten sind.[7] Sofern nicht Gefahr im Verzug ist, ist regelmäßig eine unverzügliche Mitteilung an die Staatsanwaltschaft (§ 163 Abs. 2 S. 1 StPO) ausreichend und eigenmächtiges Handeln der Finanzbehörde nicht tunlich.[8]

10 **2. Stellung anderer Finanzbehörden.** Nach § 402 Abs. 2 haben andere Finanzbehörden im Ermittlungsverfahren der Staatsanwaltschaft die **gleichen Rechte und Pflichten wie die sonst zuständige Finanzbehörde** nach § 402 Abs. 1.[9]

III. Rechtsbehelfe

11 Die Unzulässigkeit bzw. Unwirksamkeit von Ermittlungshandlungen der Finanzbehörden sind mit den **gegen die jeweilige Ermittlungshandlung gegebenen Rechtsbehelfen** der Strafprozessordnung geltend zu machen.[10]

§ 403 Beteiligung der Finanzbehörde

(1) ¹Führt die Staatsanwaltschaft oder die Polizei Ermittlungen durch, die Steuerstraftaten betreffen, so ist die sonst zuständige Finanzbehörde befugt, daran teilzunehmen. ²Ort und Zeit der Ermittlungshandlungen sollen ihr rechtzeitig mitgeteilt werden. ³Dem Vertreter der Finanzbehörde ist zu gestatten, Fragen an Beschuldigte, Zeugen und Sachverständige zu stellen.

(2) Absatz 1 gilt sinngemäß für solche richterlichen Verhandlungen, bei denen auch der Staatsanwaltschaft die Anwesenheit gestattet ist.

(3) Der sonst zuständigen Finanzbehörde sind die Anklageschrift und der Antrag auf Erlass eines Strafbefehls mitzuteilen.

(4) Erwägt die Staatsanwaltschaft, das Verfahren einzustellen, so hat sie die sonst zuständige Finanzbehörde zu hören.

Übersicht

	Rn.		Rn.
I. Überblick	1, 2	II. Erläuterung	3–12
1. Normzweck	1	1. Allgemeines	3, 4
2. Anwendungsbereich	2	2. Einzelfragen	5–12

---

[4] BT-Drs. 5/1812, 36.
[5] Vgl. BGH 24.10.1989 – 5 StR 238-239/89, BGHSt 36, 283 = NJW 1990, 845, unter I., für die Tätigkeit der Steuerfahndung.
[6] AA Franzen/Gast/Joecks/*Joecks* Rn. 12.
[7] OLG Braunschweig 24.1.1997 – Ss (S) 70/97, wistra 1998, 71, vgl. auch BGH 24.10.1989 – 5 StR 238-239/89, BGHSt 36, 283 = NJW 1990, 845, unter I.; aA OLG Frankfurt a. M. 5.9.1986 – 1 Ws 163/86, wistra 1987, 32.
[8] Franzen/Gast/Joecks/*Joecks* Rn. 7.
[9] Krit. *Hellmann*, Neben-Strafverfahrensrecht, S. 356.
[10] Auch → § 399 Rn. 9.

	Rn.		Rn.
a) Teilnahme an Ermittlungshandlungen der Staatsanwaltschaft	5–8	c) Mitteilung der Anklageerhebung	10
b) Teilnahme an richterlichen Ermittlungshandlungen	9	d) Anhörung vor Einstellung des Verfahrens	11, 12
		III. Rechtsbehelfe	13

I. Überblick

1. Normzweck. In **Erweiterung der allgemeinen Rechte aus § 402** werden in § 403 1 besondere Beteiligungsrecht der Finanzbehörde im Ermittlungsverfahren der Staatsanwaltschaft begründet. Die Beteiligung dient der möglichst frühzeitigen Nutzung der steuerrechtlichen Kenntnisse für das Steuerstrafverfahren und der Ergebnisse des Steuerstrafverfahrens für die Verwirklichung des Steueranspruchs. Durch ihre ausdrückliche Regelung sollten Einwendungen des Beschuldigten ausgeschlossen werden.[1]

2. Anwendungsbereich. Die Vorschrift gilt nach ihrer systematischen Stellung in 2 allen **staatsanwaltschatlichen Ermittlungsverfahren** in Steuerstrafsachen.[2] Zwar könnten vom Wortlaut des Abs. 1 S. 1 bei isolierter Betrachtung auch Nachermittlungen im Zwischenverfahren erfasst sein. Dieser Wortlaut ist jedoch im Lichte der Gesetzessystematik zu sehen. Er wird zudem dadurch relativiert, dass Abs. 1 S. 3 auf den „Beschuldigten" und damit auf das Ermittlungsverfahren Bezug nimmt. Im Bußgeldverfahren sind nur Abs. 1, 3 und 4 anwendbar (§ 410 Abs. 1 Nr. 8).

II. Erläuterung

1. Allgemeines. Die Beteiligungsrechte gemäß § 403 bestehen nur für die **sonst** 3 **zuständige Finanzbehörde.** Ebenso wie in § 402 Abs. 1[3] ist dies die sachlich und örtlich für die Verfolgung der betroffenen Steuerstraftat zuständige Finanzbehörde (§§ 387 ff.).

Dem Wortlaut nach und entsprechend dem auch fiskalischen Zweck ist die Beteiligung 4 nach § 403 ein **Recht der Finanzbehörde**, keine Handlungsoption der Staatsanwaltschaft. Sie ist daher von Gesetzes wegen nicht davon abhängig, ob die Staatsanwaltschaft im Einzelfall eine Beteiligung der Finanzbehörde für tunlich erachtet oder der Beschuldigte eine Beteiligung wünscht. Die Finanzämter sind intern gehalten, von dem Beteiligungsrecht in bedeutenden Fällen oder, wenn der Beschuldigte es beantragt, Gebrauch zu machen.[4]

2. Einzelfragen. a) Teilnahme an Ermittlungshandlungen der Staatsanwalt- 5 **schaft.** Die Finanzbehörde ist in Steuerstrafverfahren der Staatsanwaltschaft zur Teilnahme an **allen Ermittlungshandlungen der Staatsanwaltschaft und der Polizei** berechtigt (§ 403 Abs. 1 S. 1). Nach dem Zweck des Gesetzes erstreckt sich das Teilnahmerecht auch auf Ermittlungshandlungen der Ermittlungspersonen der Staatsanwaltschaft.[5] Die Finanzbehörde ist im Ermittlungsverfahren der Staatsanwaltschaft auch Verfahrensbeteiligte im Sinne des § 160b StPO. Ob sie zu eventuellen Erörterungen hinzugezogen wird, ist aber eine freie Entscheidung der Staatsanwaltschaft.[6]

Teilnahme in diesem Sinne ist grundsätzlich die rein passive, beobachtende und zuhö- 6 rende Anwesenheit. Einzige Ausnahme ist das **Fragerecht** (Abs. 1 S. 3). Um einen geordneten Verlauf der Ermittlungen sicherzustellen, darf die Finanzbehörde zwar erst dann fragen, wenn ihr dies gestattet wurde. Die Gestattung darf aber nicht von weiteren Umständen, insbesondere nicht vom Inhalt der Fragen, abhängig gemacht werden. Nach

---

[1] BT-Drs. 5/1812, 36.
[2] AA Hübschman/Hepp/Spitaler/*Hellmann* Rn. 14; Joecks/Jäger/Randt/*Joecks* Rn. 3; auch → § 407 Rn. 17 f.
[3] Vgl. → § 402 Rn. 4.
[4] AStBV(St) 2017 Nr. 92 Abs. 1 Satz 3.
[5] Joecks/Jäger/Randt/*Joecks* Rn. 3.
[6] BT-Drs. 16/12310, 11, 12.

Vorstellung des historischen Gesetzgebers ist das Fragerecht der Finanzbehörde das Gegenstück zu der Möglichkeit von Angehörigen der steuerberatenden Berufe, als Verteidiger aufzutreten.[7] Für eine inhaltliche Beschränkung des Fragerechts, etwa auf die materiell-steuerrechtlichen Vorfragen der Steuerstraftat, enthält das Gesetz aber keine Anhaltspunkte. Die Finanzbehörde darf die Fragen auch selbst stellen und muss sich – ausgenommen Fälle des § 241a StPO – nicht darauf verweisen, ihre Fragen von der Staatsanwaltschaft oder Polizeibeamten stellen zu lassen.[8] Ein Recht zur Durchsicht von Papieren (§ 110 StPO) hat die Finanzbehörde im Ermittlungsverfahren der Staatsanwaltschaft – anders als die Steuerfahndung – nur auf Anordnung der Staatsanwaltschaft.[9]

7 Die **rechtzeitige Mitteilung von Ort und Zeit der Ermittlungshandlungen** (Abs. 1 Satz 2) ist regelmäßig faktische Voraussetzung für die effektive Ausübung des Teilnahmerechts. Rechtzeitig in diesem Sinne ist eine Mitteilung, wenn sie der Finanzbehörde unter Berücksichtigung der üblichen Verwaltungsabläufe ermöglicht, über eine Teilnahme zu entscheiden und einen Vertreter zu entsenden. Da es sich um eine „Soll"-Vorschrift handelt, sind in begründeten Einzelfällen Ausnahmen denkbar. Hierzu zählen insbesondere Sofortmaßnahmen, bei denen die Mitteilung die Finanzbehörde nicht mehr rechtzeitig erreichen bzw. das Warten bis zum Eintreffen des Vertreters der Finanzbehörde den Ermittlungserfolg gefährden würde.

8 Rechtlich ist das Teilnahmerecht aber nicht von der rechtzeitigen Mitteilung von Ort und Zeit abhängig. Wenn die Finanzbehörde nur kurzfristig oder auf anderem Wege von der beabsichtigten Ermittlungsmaßnahme Kenntnis erlangt, ist sie gleichwohl zur Teilnahme berechtigt. Etwas anderes kann ausnahmsweise gelten, wenn aufgrund besonderer Umstände des Einzelfalls die **Teilnahme der Finanzbehörde den Ermittlungserfolg gefährden** würde, etwa bei Durchsuchungen an besonders gefährlichen oder schlecht zugänglichen Orten oder der Vernehmung besonders schutzbedürftiger Zeugen.

9 **b) Teilnahme an richterlichen Ermittlungshandlungen.** Abs. 1 gilt sinngemäß für richterliche Ermittlungshandlungen, bei denen auch der Staatsanwaltschaft die Anwesenheit gestattet ist. Auch insofern dient die Beteiligung allein dem **Informationsinteresse des Gerichts und der Finanzbehörde.** Die einschränkende Bezugnahme auf das Anwesenheitsrecht der Staatsanwaltschaft ist überholt.[10]

10 **c) Mitteilung der Anklageerhebung.** Die **Mitteilung der Anklageschrift und des Antrags auf Erlass eines Strafbefehls** (Abs. 3) ist Voraussetzung dafür, dass die Finanzbehörde ihre Rechte gemäß § 407 StPO ausüben kann. Mitteilungspflicht ist die Staatsanwaltschaft, die Anklage erhebt,[11] nicht das Gericht, bei dem Anklage erhoben wird. Dies ist im Gesetz nicht ausdrücklich geregelt, folgt aber aus der systematischen Stellung des § 403 AO. Im Hinblick auf den Zweck der Vorschrift ist eine Mitteilung gleichzeitig mit oder unmittelbar nach Anklageerhebung geboten.

11 **d) Anhörung vor Einstellung des Verfahrens.** Vor der **Einstellung des Steuerstrafverfahrens** durch die Staatsanwaltschaft ist die Finanzbehörde anzuhören (Abs. 4). Ob die Staatsanwaltschaft mangels Tatverdachts (§ 170 Abs. 2 StPO), aus Opportunitätsgründen (§§ 153 ff. StPO) oder aus anderen Erwägungen einstellt, ist nach dem Wortlaut unerheblich. Die Staatsanwaltschaft muss die Finanzbehörde aber nur anhören. Sie ist daher an die tatsächliche und rechtliche Beurteilung der Finanzbehörde nicht gebunden. Die Finanzämter sind gehalten, in ihrer Stellungnahme auch die steuerlichen Belange des Falles darzulegen.[12]

---

[7] BT-Drs. 6/1982, 200; siehe auch Klein/*Jäger* Rn. 3.
[8] Graf/Jäger/Wittig/*Lipsky* Rn. 3.
[9] AStBV(St) 2017 Nr. 91 Abs. 3 Satz 3.
[10] Hübschmann/Hepp/Spitaler/*Hellmann* Rn. 18 f.
[11] Hübschmann/Hepp/Spitaler/*Hellmann* Rn. 33.
[12] AStBV(St) 2017 Nr. 92 Abs. 4.

Wird das Steuerstrafverfahren gegen ihren Willen eingestellt, kann die Finanzbehörde 12
kein Klageerzwingungsverfahren (§ 172 StPO) einleiten.[13] Sie ist in Steuerstrafsachen
keine Verletzte, sondern Strafverfolgungsbehörde und an die gesetzliche Aufgabenverteilung
zwischen den Strafverfolgungsbehörden gebunden.[14]

III. Rechtsbehelfe

Da § 403 keinen Anspruch des Beschuldigten auf eine Beteiligung der Finanzbehörde 13
begründet, sind **für den Beschuldigten keine Rechtsbehelfe** bei Verstößen gegeben.[15]
Die Finanzbehörde kann Verstöße lediglich im Wege der Gegenvorstellung oder Dienstaufsichtsbeschwerde geltend machen.[16]

IV. Steuer- und Zollfahndung

§ 404 Steuer- und Zollfahndung

[1]Die Zollfahndungsämter und die mit der Steuerfahndung betrauten Dienststellen der Landesfinanzbehörden sowie ihre Beamten haben im Strafverfahren wegen Steuerstraftaten dieselben Rechte und Pflichten wie die Behörden und Beamten des Polizeidienstes nach den Vorschriften der Strafprozessordnung. [2]Die in Satz 1 bezeichneten Stellen haben die Befugnisse nach § 399 Abs. 2 Satz 2 sowie die Befugnis zur Durchsicht der Papiere des von der Durchsuchung Betroffenen (§ 110 Abs. 1 der Strafprozessordnung); ihre Beamten sind Ermittlungspersonen der Staatsanwaltschaft.

Schrifttum: *Anders,* Kontrollbesuche durch den „Flankenschutzfahnder", DStR 2012, 1779; *Beckemper,* Gewinnung und Verwertung von Erkenntnissen Dritter – im Grenzbereich der Legalität?!, DStJG 38, 2015, 341; *Behnes,* Umgehung strafprozessualer Verfahrensgarantien durch die für das Besteuerungs- und das Steuerstrafverfahren zuständigen Finanzbehörden?, Diss. Münster 2001; *Bülte,* Auskunftsersuchen der Steuerfahndung an im Inland ansässige oder deutsche Mitarbeiter ausländischer Kreditinstitute, wistra 2008, 292; *Dusch,* Vermischung von Steufa und Bustra als rechtswidrige Konstruktion?, wistra 2013, 129; *Gotzens,* Grenzüberschreitung im Steuerfahndungsverfahren – Effizienz vor Rechtsstaat, FS Streck, 2011, 519; *Harms,* Die Stellung des Finanzbeamten im Steuerstrafverfahren, GS Schlüchter, 2002, 451; *Hellmann,* Ermittlungsprobleme bei grenzüberschreitender Steuerhinterziehung und „kreative" Lösungen des Informationsbeschaffung, FS Samson, 2010, 661; *Hentschel,* Staatsanwalt und Polizist in Personalunion? Zur Abschaffung fundamentaler Prinzipien des Strafverfahrensrechts bei der Verfolgung von Steuerstrafsachen, NJW 2006, 2300; *Jesse,* Das Nebeneinander von Besteuerungs- und Steuerstrafverfahren, DB 2013, 1803; *Kaligin,* Rechtswidrige Strukturen im finanzbehördlichen Steuerstrafverfahren, Stbg 2010, 126; *Kranz,* Der Rechtsschutz an der Schnittstelle von Besteuerungs- und Steuerstrafverfahren, Diss. Hannover 2014; *Küster,* Das Steuerstrafrecht aus Sicht der Steuerfahndung, DStJG 6, 1983, 253; *Kusnik,* Sammelauskunftsersuchen der Steuerfahndung zu Kunden von Unternehmen: Was darf die Finanzbehörde?, DB 2015, 697; *Mellinghoff,* Grundsätze und Grenzen im Besteuerungs- und Steuerstrafverfahren, Stbg 2014, 97; *Mössmer/Moosburger,* Gesetzliche oder gefühlte Ermittlungskompetenz der FKS-Dienststellen in Steuerstrafsachen?, wistra 2007, 55; *Ostendorf,* Gekaufte Strafverfolgung, ZIS 2010, 301; *Pflaum,* Kooperative Gesamtbereinigung von Besteuerungs- und Steuerstrafverfahren, Diss. Bayreuth 2010; *Randt,* Verhältnis zwischen Besteuerungs- und Steuerstrafverfahren, DStJG 31 (2008), 263; *Roth,* Der „Flankenschutz-Fahnder" – ein unzulässiges Kontrollinstrument?, StBW 2013, 320; *Rüping,* Ermittlungen der Steuerfahndung und ihre Schranken, DStR 2002, 2020; *Rüsken,* Außenprüfung, Nachschau und Steuerfahndung im Rechtsstaat, DStJG 31, 2008, 243; *Samson/Langrock,* „Pecunia non olet", wistra 2010, 245; *Schünemann,* Die Liechtensteiner Steueraffäre als Menetekel des Rechtsstaats, NStZ 2008, 305; *Schwedhelm,* Zum Unwert der Steuerhinterziehung, FS Streck, 2011, 561; *Steinberg,* Auskunftsersuchen nach § 93 AO und „Rasterfahndung" seitens der Steuerfahndung, DStR 2008, 1718; *Strauß,* Der Finanzbeamte im Steuerstrafverfahren, Diss. Frankfurt/Oder, 2005; *Streck,* Das Recht des Verhältnisses von Besteuerungs- und Steuerstrafverfahren, DStJG 6, 1983, 217; *Streck,* Rechtsschutz in Steuerstrafsachen, DStJG 18, 1995, 173; *Werth,* Verfassungsrechtliche Schranken für das Handeln der Finanzbehörden, DStZ 2013, 416.

---

[13] Joecks/Jäger/Randt/*Joecks* Rn. 18.
[14] Hübschmann/Hepp/Spitaler/*Hellmann* Rn. 45; ähnlich Klein/*Jäger* Rn. 7; Graf/Jäger/Wittig/*Lipsky* Rn. 11.
[15] Beermann/Gosch/*Seipl* Rn. 14.
[16] Joecks/Jäger/Randt/*Joecks* Rn. 17; Beermann/Gosch/*Seipl* Rn. 13.

Übersicht

	Rn.		Rn.
I. Überblick	1–3	b) Ermittlung der Besteuerungsgrundlagen in Fällen von Steuerstraftaten und Steuerordnungswidrigkeiten	19–22
1. Normzweck	1		
2. Anwendungsbereich	2, 3	c) Aufdeckung und Ermittlung unbekannter Steuerfälle	23–25
II. Erläuterung	4–48	d) Sonstige Aufgaben	26, 27
1. Allgemeines	4–12	3. Befugnisse der Steuer- bzw. Zollfahndung	28–48
a) Doppelfunktion der Steuer- und Zollfahndung	4, 5	a) Steuerstrafrechtliche Befugnisse	28–38
b) Organisation der Steuer- und Zollfahndung	6–9	b) Besteuerungsrechtliche Befugnisse	39–46
c) Zuständigkeit der Steuer- bzw. Zollfahndung	10–12	c) Wechsel zwischen den Verfahrensarten	47, 48
2. Aufgaben der Steuer- bzw. Zollfahndung	13–27	**III. Reformvorhaben**	49, 50
a) Erforschung von Steuerstraftaten und Steuerordnungswidrigkeiten	15–18	**IV. Rechtsbehelfe**	51–54
		V. Revision	55

I. Überblick

1 **1. Normzweck.** In § 404 sind die **steuerstrafrechtlichen Befugnisse der Steuer- bzw. Zollfahndung** geregelt. Die Vorschrift ist im Zusammenhang mit § 208 zu sehen, in dem die Aufgaben der Steuer- bzw. Zollfahndung (§ 208 Abs. 1 S. 1 und Abs. 2) und ihre steuerverfahrensrechtlichen Befugnisse (§ 208 Abs. 1 S. 2 und 3) bestimmt sind.

2 **2. Anwendungsbereich.** Die Vorschrift gilt **in allen Steuerstrafverfahren** unabhängig davon, ob die Ermittlungen selbständig von der Finanzbehörde (§ 386 Abs. 2, § 399) oder von der Staatsanwaltschaft geführt werden. Satz 1 und Satz 2 Hs. 1 sind auch im Bußgeldverfahren wegen Steuerordnungswidrigkeiten anwendbar (§ 410 Abs. 1 S. 9).

3 Die Behörden der Zollverwaltung haben die in Satz 1 und Satz 2 Halbsatz 2 genannten Befugnisse auch bei der Verfolgung von **Schwarzarbeit und illegaler Beschäftigung** (§ 14 Abs. 1 S. 1 SchwarzArbG). Für die Verfolgung der Verstöße gegen steuerrechtliche Pflichten (§ 1 Abs. 2 Nr. 2 SchwarzArbG) sind aber auch in diesen Fällen die Landesfinanzbehörden zuständig (§ 2 Abs. 1 S. 2 SchwarzArbG[1]). Dies ist folgerichtig,[2] da typischerweise Steuerarten betroffen sind, die von den Landesfinanzbehörden verwaltet werden (Art. 108 Abs. 2 GG).

II. Erläuterung

4 **1. Allgemeines. a) Doppelfunktion der Steuer- und Zollfahndung.** Aus § 208 Abs. 1 S. 1 ergibt sich eine **Doppelfunktion der Steuer- und Zollfahndung** für das Steuerstrafverfahren (§ 208 Abs. 1 S. 1 Nr. 1) und das Besteuerungsverfahren (§ 208 Abs. 1 S. 1 Nr. 2 und 3).[3] Im Sinne der Verwaltungsvereinfachung und Verwaltungsökonomie soll eine mehrfache Ermittlung der gleichen Sachverhalte vermieden werden.[4] Steuer- und Zollfahndung dürfen daher durch die gleichen Amtsträger parallel steuerrechtlich und steuerstrafrechtlich ermitteln.[5]

5 Eine solche Doppelfunktion ist trotz der unterschiedlichen Ziele und Prinzipien beider Verfahren grundsätzlich nicht zu beanstanden. Sie ist wegen der rechtlichen Eigenständigkeit und Gleichrangigkeit von Steuerstraf- und Besteuerungsverfahren (§ 393 Abs. 1 S. 1) verfassungsrechtlich hinnehmbar, da **mit den unterschiedlichen Aufgaben auch unter-**

---

[1] Siehe dazu BT-Drs. 15/2948, 8.
[2] *Mössmer/Moosburger* wistra 2007, 55 (56).
[3] BFH 27.4.2005 – X B 145/04, BFH/NV 2005, 1494, unter 2.
[4] BT-Drs. 7/4292, 36.
[5] *Harms* GS Schlüchter, 2002, 451 (457); *Rüsken* DStJG 31, 243 (255); *Streck* DStJG 6, 217 (247 ff.).

schiedliche Befugnisse verbunden sind. Die jeweilige Aufgabenerfüllung bestimmt die Befugnisse. Dies ist für eine rechtsstaatliche Kontrolle unerlässlich. Es bedeutet auch, dass zwischen Aufgaben und Befugnissen der Steuer- bzw. Zollfahndung zu unterscheiden ist.[6] Aufgaben und Befugnisse der Steuer- und Zollfahndung sind aber auch von den Aufgaben und Befugnissen der Finanzverwaltung im Besteuerungs- und Steuerstrafverfahren im Übrigen zu trennen.[7]

b) Organisation der Steuer- und Zollfahndung. Weder § 208 noch § 404 treffen 6 Regelungen zur Organisation der Steuer- bzw. Zollfahndung. Derzeit bestehen **unterschiedliche Organisationsmodelle.** Während die Dienststellen der Steuerfahndung jeweils Untergliederungen eines Finanzamts sind, das entweder sowohl Aufgaben des Besteuerungs- als auch des Steuerstrafverfahrens oder zumindest auch die Aufgaben der Finanzbehörde im Steuerstrafverfahren (§ 386 Abs. 1 S. 1) wahrnimmt,[8] sind die Zollfahndungsämter als eigenständige Behörden eingerichtet (§ 1 Nr. 4 FVG, § 1 Abs. 1 ZFdG). Die früher bestandene Informationszentrale für den Steuerfahndungsdienst[9] wurde 2004 aufgelöst, ihre Aufgaben hat das Bundeszentralamt für Steuern übernommen.[10]

Für die Steuerfahndung ist umstritten, ob deren Beamte **gleichzeitig staatsanwalt-** 7 **schaftliche Aufgaben und Befugnisse** der Finanzbehörde (§ 386 Abs. 1 S. 1) wahrnehmen dürfen, wie es in der Praxis teilweise geschieht.[11] Das Gesetz geht grundsätzlich davon aus, dass die Beamten der Steuerfahndung nicht die Rechte und Pflichten der Staatsanwaltschaften wahrnehmen. Es weist ihnen für das Steuerstrafverfahren stattdessen die Rechte und Pflichten der Behörden und Beamten des Polizeidienstes (S. 1) und die Stellung als Ermittlungsbeamte der Staatsanwaltschaft zu (S. 2 Hs. 2).

Die mit der Steuerfahndung betrauten Dienststellen der Landesfinanzbehörden sind aber 8 keine eigenständigen Behörden, sondern **Bestandteil der Finanzämter** (vgl. § 2 Abs. 1 Nr. 4 FVG). Dementsprechend vereinigt der Leiter bzw. Vorsteher eines Finanzamts, bei dem sowohl eine Bußgeld- und Strafsachen- als auch eine Steuerfahndungsstelle eingerichtet sind, in seiner Person die Rechte und Pflichten der Staatsanwaltschaft (§ 386 Abs. 2, § 399 Abs. 1) und der Steuerfahndung (§ 404) im Steuerstrafverfahren.[12] Das gleiche gilt notwendigerweise im Vertretungsfall für den ständigen Vertreter und weitere Vertreter des Vorstehers. Damit sind Ausnahmen von der Trennung von Staatsanwaltschaft und Ermittlungspersonen zumindest für die Amtsleitung und die Sachgebietsleiter im Gesetz selbst angelegt. Gleichwohl bleibt die Trennung der gesetzliche Regelfall.[13]

Daher kann zwar der **Leiter der Steuerfahndungsstelle Vertreter des Leiters der** 9 **Bußgeld- und Strafsachenstelle** sein und in dieser Eigenschaft wirksam staatsanwaltschaftliche Rechte und Pflichten wahrnehmen.[14] Eine über Vertretungs- und Sonderfälle hinausgehende Übertragung der Wahrnehmung staatsanwaltschaftlicher Rechte und Pflichten auf Amtsträger, die zugleich Beamte der Steuerfahndung sind, insbesondere eine allgemeine oder

---

[6] StRspr, zB BFH 28.10.1997 – VII B 40/97, BFH/NV 1998, 424 = wistra 1998, 110, unter 2.b., 16.12.1997 – VII B 45/97, BFHE 184, 266 = BStBl. II 1998, 231 = NJW 1998, 1734, unter II.1.a., 25.7.2000 – VII B 28/99, BFHE 192, 44 = BStBl. II 2000, 643 = NJW 2000, 3157, unter II.2.b. und 29.6.2005 – II R 3/04, BFH/NV 2006, 1, unter II.1.a., jeweils mwN; Beermann/Gosch/*Hoyer* § 208 Rn. 21; *Mellinghoff* Stbg 2014, 97 (100); *Harms* GS Schlüchter, 2002, 451 (457); *Rüsken* DStJG 31, 243 (256); differenzierend *Rüping* DStR 2002, 2020 f.

[7] BFH 8.7.2009 – VIII R 5/07, BFHE 226, 198 = BStBl. II 2010, 583 = NJW 2010, 1998, unter II.2.c.bb.; *Jesse* DB 2013, 1803 (1804).

[8] → § 387 Rn. 8 ff.

[9] Joecks/Jäger/Randt/*Randt* Rn. 13.

[10] Graf/Jäger/Wittig/*Weyand* Rn. 8 ff.

[11] Dafür *Dusch* wistra 2013, 129; dagegen LG Freiburg 16.7.1989 – IV Qs 72/86, wistra 1987, 155; *Hentschel* NJW 2006, 2300; *Kaligin* Stbg 2010, 429; *Hellmann*, Neben-Strafverfahrensrecht, S. 153; krit. auch Klein/*Rüsken* § 208 Rn. 7; Tipke/Kruse/*Seer* § 208 Rn. 4.

[12] Krit. *Streck* DStJG 18, 173 (179); aA *Hellmann*, Neben-Strafverfahrensrecht, S. 343.

[13] Ähnlich Beermann/Gosch/*Hoyer* Rn. 15.

[14] LG Stuttgart 25.6.1987 – 6 QS 57/87, wistra 1988, 328; Klein/*Jäger* Rn. 14; Joecks/Jäger/Randt/*Randt* Rn. 55; krit. Kohlmann/*Matthes* Rn. 24.2.

weitgehend allgemeine Übertragung bereits auf Ebene der Sachbearbeiter bzw. Fahndungsprüfer ist aber unzulässig. Insofern enthält § 404 AO für das selbständige Ermittlungsverfahren der Finanzbehörden eine steuerstrafverfahrensrechtliche Sonderregelung (§ 385 Abs. 1 AO) zu § 144 Hs. 2 GVG.

10 **c) Zuständigkeit der Steuer- bzw. Zollfahndung.** Ob die Steuer- oder die Zollfahndung **sachlich zuständig** ist, richtet sich grundsätzlich danach, welche Steuer betroffen ist. Wenn Steuern betroffen sind, die von den Bundesfinanzbehörden verwaltet werden (Art. 108 Abs. 1 GG), ist die Zollfahndung sachlich zuständig, wenn Steuern betroffen sind, die von den Landesfinanzbehörden verwaltet werden (Art. 108 Abs. 2 GG), die Steuerfahndung. Die Steuerfahndung ist aber auch dann zuständig, wenn Steuerhinterziehungen im Aufgabenbereich des Bundeszentralamts für Steuern (§ 5 FVG) begangen werden, da die Aufgabenübertragung an das Bundeszentralamt die Steuerfahndung nicht umfasst.

11 Die **örtliche Zuständigkeit** richtet sich im Besteuerungsverfahren nach §§ 17 ff., im Steuerstrafverfahren nach strafprozessrechtlichen Grundsätzen. Die für den Tatort zuständige Steuerfahndungsstelle kann daher im ganzen Bundesgebiet tätig werden.[15] Sie ist jedoch gehalten, die für den Ort der Amtshandlung zuständige Steuerfahndungstelle zu unterrichten bzw. bei Amtshandlungen in anderen Bundesländern sich mit dieser ins Benehmen zu setzen.[16] Die Zollfahndung als Bundesbehörde kann ohnehin bundesweit ermitteln.[17]

12 Steuerstrafrechtliche Ermittlungen im **Ausland** sind nur vorbehaltlich der Zustimmung des betroffenen Staates bzw. von Rechtshilfeabkommen zulässig.[18] Demgegenüber können Ausländer, die im Inland für die Ermittlungen der Steuerfahndung in Anspruch genommen werden, sich dagegen nicht auf ausländisches Recht berufen.[19] Wegen des Territorialitätsprinzips[20] können Konflikte zwischen deutscher und ausländischer Rechtsordnung in diesen Fällen nicht zulasten der deutschen Rechtsordnung gelöst werden.

13 **2. Aufgaben der Steuer- bzw. Zollfahndung.** Die Aufgaben der Steuer- und Zollfahndung sind nicht in § 404, sondern in § 208 Abs. 1 S. 1 und Abs. 2 geregelt. Für die Zollfahndung ergeben sich zusätzliche Aufgaben aus §§ 24, 25 ZFdG. Danach ist Schwerpunkt der Aufgaben die **Erforschung von Steuerstraftaten und Steuerordnungswidrigkeiten** (§ 208 Abs. 1 S. 1 Nr. 1). Die weiteren Aufgaben knüpfen daran erst an.[21]

14 Die Zuständigkeiten und Befugnisse der **übrigen Dienststellen der Finanzbehörden**, insbesondere der Außenprüfung, im Besteuerungsverfahren werden durch die Zuständigkeit der Fahndung nicht ausgeschlossen (§ 208 Abs. 3).[22] Wenn die Umstände des Einzelfalles dazu Anlass geben, sind daher auch gemeinsame Ermittlungen von Steuerfahndung und Außenprüfung möglich.[23]

15 **a) Erforschung von Steuerstraftaten und Steuerordnungswidrigkeiten.** Die Erforschung von Steuerstraftaten und Steuerordnungswidrigkeiten (§ 208 Abs. 1 S. 1 Nr. 1) bedeutet zwingend die Einleitung eines Steuerstrafverfahrens (§ 397) und setzt damit das Bestehen eines steuerstrafrechtlichen Anfangsverdachts (§ 152 StPO) voraus. Ob ein Anfangsverdacht besteht, entscheidet grundsätzlich die Finanzbehörde und im Zusammenhang mit richterlichen Untersuchungshandlungen auch das zuständige ordentliche Gericht.

---

[15] Klein/*Rüsken* § 208 Rn. 61; aA Kohlmann/*Matthes* Rn. 40; Joecks/Jäger/Randt/*Randt* Rn. 103 f.
[16] AStBV(St) 2017 Nr. 124.
[17] Kohlmann/*Matthes* Rn. 42; Joecks/Jäger/Randt/*Randt* Rn. 102.
[18] Beermann/Gosch/*Hoyer* Rn. 27; Kohlmann/*Matthes* Rn. 41; Graf/Jäger/Wittig/*Weyand* Rn. 11; siehe auch *Gotzens* FS Streck, 2011, 519 (523).
[19] AA *Bülte* wistra 2008, 292.
[20] Vgl. BGH 5.3.1998 – 5 StR 494/97, BGHSt 44, 52 = NJW 1998, 2610, unter II.1.a. und 15.12.2009 – StB 52/09, BGHSt 54, 264 = NJW 2010, 2448, unter 3.b.aa.
[21] BT-Drs. 7/4292, 36; Tipke/Kruse/*Seer* § 208 Rn. 8.
[22] BFH 4.10.2006 – VIII R 53/04, BFHE 215, 12 = BStBl. II 2007, 227 = NJW 2007, 2281, unter II.2.b. und 4.12.2012 – VIII R 5/10, BFHE 239, 19 = BStBl. II 2014, 220 = NJW 2013, 1119, unter II.2.c.
[23] AStBV(St) 2014 Nr. 125; Klein/*Rüsken* § 208 Rn. 58.

Eine nochmalige Überprüfung im finanzgerichtlichen Verfahren ist grundsätzlich ausgeschlossen.[24]

Da die strafprozessrechtlichen Befugnisse, insbesondere zu **Durchsuchungen** (§ 102 ff. StPO), nur im Steuerstrafverfahren bestehen, sind sie nur gegeben, wenn bereits ein Anfangsverdacht besteht. Sie dürfen daher nicht genutzt werden, um einen Anfangsverdacht erst zu begründen.[25]

Aus Sicht der Steuerfahndung sind Ermittlungen im Steuerstrafverfahren effektiver als Ermittlungen im Besteuerungsverfahren.[26] Wenn zwar bereits Hinweise auf eine Steuerstraftat (§ 369 Abs. 1, § 385 Abs. 2) vorliegen,[27] sich diese aber noch nicht zu einem Anfangsverdacht verdichtet haben, finden zur Klärung, ob ein Steuerstrafverfahren einzuleiten ist, sogenannte **Vorermittlungen** statt.[28] Die Vorermittlungen sind im Gesetz nicht ausdrücklich geregelt, aber zulässig.[29] Sie bedeuten noch keine Einleitung des Steuerstrafverfahrens.[30] Wenn ein Anfangsverdacht besteht oder sich aus den Vorermittlungen ergibt, ist zwingend das Steuerstrafverfahren einzuleiten.[31] Für die Steuerfahndung folgt dies bereits aus § 404 S. 2 Hs. 1 AO, § 163 Abs. 1 StPO.

Nach Abschluss ihrer steuerstrafrechtlichen Ermittlungen erstellt die Steuerfahndung einen abschließenden Bericht und leitet ihn der Bußgeld- und Strafsachenstelle zu. Dieser sogenannte **Ermittlungsbericht** kann auf dem Bericht im Besteuerungsverfahren aufbauen, enthält aber auch Ausführungen zum subjektiven Tatbestand und orientiert sich an steuerstrafrechtlichen Beweisregeln.[32]

b) Ermittlung der Besteuerungsgrundlagen in Fällen von Steuerstraftaten und Steuerordnungswidrigkeiten. Die Ermittlung der Besteuerungsgrundlagen in Fällen von Steuerstraftaten und Steuerordnungswidrigkeiten (§ 208 Abs. 1 S. 1 Nr. 2) ist wegen der Anknüpfung des Steuerstrafrechts an das Steuerrecht[33] regelmäßig zwingender Bestandteil des Steuerstrafverfahrens. Sie ist aber **unabhängig von der Verfolgbarkeit** der Steuerstraftat bzw. Steuerordnungswidrigkeit.[34] Die Steuerfahndung kann daher auch ermitteln, soweit wegen Eintritts der Verfolgsverjährung oder wegen einer wirksamen strafbefreienden Selbstanzeige keine Strafe mehr verhängt werden kann oder der Steuerpflichtige verstorben oder verhandlungsunfähig ist.

Dies folgt schon aus dem Wortlaut der Vorschrift, ist aber auch ein Gebot der **Verwaltungsökonomie und der Verhältnismäßigkeit.** Vielfach ergibt sich erst in einem fortgeschrittenen Verfahrensstadium, ob und inwieweit ein Verfahrenshindernis besteht. Müssten dann die Ermittlungen der Steuerfahndung abgebrochen und durch eine andere Stelle aufgenommen werden, würde dies zu einer vermeidbaren Mehrbelastung nicht nur der Finanzverwaltung, sondern auch des Steuerpflichtigen führen. Auch wenn bereits zu Beginn der Ermittlung ersichtlich oder wahrscheinlich ist, dass ein Teil der Taten nicht mehr verfolgt werden kann, wären Parallelermittlungen unterschiedlicher Verwaltungsstellen wenig sach-

---

[24] BFH 15.6.2001 – VII B 11/00, BFHE 195, 40 = BStBl. II 2001, 624 = NJW 2001, 2997, unter II.2.b.aa.; *Jesse* DB 2013, 1803 (1805).
[25] BVerfG 3.7.2006 – 2 BvR 2030/04, BVerfGK 8, 332; Kohlmann/*Matthes* Rn. 63; *Gotzens* FS Streck, 2011, 519 (524).
[26] *Herrmann* DStJG 38, 249 (264).
[27] Zu den möglichen Erkenntnisquellen Graf/Jäger/Wittig/*Weyand* Rn. 44 ff.
[28] AStBV(St) 2014 Nr. 13 Abs. 1.
[29] BFH 29.4.2008 – VIII R 5/06, BFHE 222, 1 = BStBl. II 2008, 844 = wistra 2009, 166, unter II.2.b.bb.(1); *Herrmann* DStJG 38, 249 (257).
[30] Vgl. → § 397 Rn. 6.
[31] BFH 29.4.2008 – VIII R 5/06, BFHE 222, 1 = BStBl. II 2008, 844 = wistra 2009, 166, unter II.2.b.bb.(1); AStBV(St) 2017 Nr. 26 Abs. 1; *Kranz* S. 168.
[32] AStBV(St) 2017 Nr. 127 Abs. 2.
[33] Vgl. → § 386 Rn. 4.
[34] BFH 16.12.1997 – VII R 45/97, BFHE 184, 266 = BStBl. II 1998, 231 = NJW 1998, 1734, 26.2.2004 – VII B 341/03, BFHE 204, 413 = BStBl. II 2004, 458, unter 2.a. und 12.1.2010 – VIII B 159/08, BFH/NV 2010, 598; Beermann/Gosch/*Hoyer* Rn. 29; *Strauß* S. 39 f.; aA Kohlmann/*Matthes* Rn. 70, 74; Joecks/Jäger/Randt/*Randt* Rn. 32; *Hellmann*, Neben-Strafverfahrensrecht, S. 201 ff.

gerecht.³⁵ Zudem ist die Steuerfahndung aufgrund ihrer Erfahrung am besten geeignet, die für Hinterziehungsfälle typischen Schwierigkeiten bei der Sachverhaltsermittlung zu bewältigen.

21 Wenn und soweit ein Steuerstrafverfahren nicht (mehr) eingeleitet ist, wird die Steuerfahndung bei der Ermittlung grundsätzlich mit den **Befugnissen des Besteuerungsverfahrens** (vgl. → Rn. 39 ff.) tätig.³⁶ Die vor Kenntnis vom Verfahrenshindernis im Steuerstrafverfahren mit den dortigen Befugnissen erzielten Ermittlungsergebnisse bleiben allerdings auch im Besteuerungsverfahren (§ 393 Abs. 3) verwertbar. Zudem können Besteuerungsgrundlagen in Fällen, die nicht unmittelbar Gegenstand des Steuerstrafverfahrens sind, dennoch mittelbar von Bedeutung sein und dann auch im Steuerstrafverfahren ermittelt werden. Dies gilt insbesondere, wenn sich aus den Besteuerungsgrundlagen in den nicht mehr verfolgbaren Fällen wegen der Vergleichbarkeit der Verhältnisse und Abläufe Rückschlüsse auf die Besteuerungsgrundlagen in den verfolgbaren Fällen ziehen lassen.

22 Für das Besteuerungsverfahren erstellt die Steuerfahndung einen Bericht in Anlehnung an die für Berichte der Außenprüfung geltenden Grundsätze. Dieser **Fahndungsbericht** wird der für die Steuerfestsetzung bzw. die gesonderte Feststellung der Besteuerungsgrundlagen zuständigen Stelle übermittelt.³⁷

23 **c) Aufdeckung und Ermittlung unbekannter Steuerfälle.** Die Aufdeckung und Ermittlung unbekannter Steuerfälle (§ 208 Abs. 1 S. 1 Nr. 3; sog. Vorfeldermittlung³⁸) ist Teil der allgemeinen Steueraufsicht (§ 85).³⁹ Sie umfasst nach der Rechtsprechung des Bundesfinanzhofs Nachforschungen **sowohl nach unbekannten Steuerpflichtigen als auch nach bisher unbekannten steuerlichen Sachverhalten**.⁴⁰ Nicht davon abgedeckt sind Ermittlungen zu bereits weitgehend bekannten Sachverhalten.⁴¹

24 Wenn die Steuerfahndung bei namentlich bekannten Steuerpflichtigen den Augenschein einnimmt (§ 93 S. 2 Nr. 4),⁴² um Angaben des Steuerpflichtigen zu überprüfen, handelt es sich dabei nicht um die Aufdeckung und Ermittlung unbekannter Steuerfälle, ebensowenig, wenn Amtsträger der Steuerfahndung zu der Schlussbesprechung (§ 201) nach einer Außenprüfung zugezogen werden.⁴³ In beiden Sachverhalten ist der **Steuerfall als solcher bekannt.** Solange kein Anfangsverdacht einer Steuerhinterziehung besteht, kann sich die Zuständigkeit der Steuerfahndung allenfalls aus § 208 Abs. 2 ergeben.⁴⁴

25 Die Vorfeldermittlungen gehören zum **Besteuerungsverfahren.**⁴⁵ Sie sind kein Sperrgrund für die strafbefreiende Selbstanzeige.⁴⁶ Sobald ein Anfangsverdacht vorliegt, ist das Steuerstrafverfahren einzuleiten und sind die Ermittlungen nach dessen Vorschriften fortzusetzen.⁴⁷ Andererseits rechtfertigt allein der Umstand, dass Maßnahmen im Zuge der Vorfeldermittlungen mit Rechtsbehelfen angegriffen werden, keinen Wechsel ins Steuerstrafverfahren, wenn nicht zugleich wesentliche neue Erkenntnisse vorliegen.⁴⁸

---

³⁵ *Herrmann* DStJG 38, 249 (264).
³⁶ BFH 16.12.1997 – VII B 45/97, BFHE 184, 266 = BStBl. II 1998, 231 = NJW 1998, 1734, unter II.1.c. und 26.2.2004 – VII B 341/03, BFHE 204, 413 = BStBl. II 2004, 458, unter 2.a.; *Herrmann* DStJG 38, 249 (265); *Strauß* S. 40.
³⁷ AStBV(St) 2017 Nr. 127 Abs. 1.
³⁸ AStBV(St) 2017 Nr. 12; BMF 13.11.2013 IV A 4 – S 0700/07/10048-10, BStBl. I 2013, 1458.
³⁹ BT-Drs. 7/4292, 36; *Joecks/Jäger/Randt/Randt* Rn. 49; *Herrmann* DStJG 38, 249 (256).
⁴⁰ BFH 25.7.2000 – VII B 28/99, BFHE 192, 44 = BStBl. II 2000, 643 = NJW 2000, 3157, unter II.1.c.aa und 5.10.2006 – VII R 63/05, BFHE 215, 40 = BStBl. II 2007, 155 = NJW 2007, 1308, unter II.B.1.b. und 2.; ebenso *Kusnik* DB 2015, 697 (699).
⁴¹ Vgl. BFH 4.12.2012 – VIII R 5/10, BFHE 239, 19 = BStBl. II 2014, 220 = NJW 2013, 1119; unter II.2.
⁴² Vgl. *Anders* DStR 2012, 1779 (1780); *Roth* StBW 2013, 320 (321).
⁴³ Vgl. *Jesse* DB 2013, 1803 (1807).
⁴⁴ *Anders* DStR 2012, 1779 (1781); *Jesse* DB 2013, 1803 (1806 f.); aA *Roth* StBW 2013, 320 (322).
⁴⁵ *Joecks/Jäger/Randt/Jäger* § 397 Rn. 66; *Herrmann* DStJG 38, 249 (255 f.); *Strauß* S. 41; aA *Randt* DStJG 38, 263 (281); *Hellmann*, Neben-Strafverfahrensrecht, S. 248 ff.; krit. auch *Rüsken* DStJG 31, 243 (258).
⁴⁶ *Kohlmann/Matthes* Rn. 85; *Jesse* DB 2013, 1803 (1806).
⁴⁷ *Kohlmann/Matthes* Rn. 87; *Steinberg* DStR 2008, 1718 (1719); *Strauß* S. 42 f.
⁴⁸ LG Hildesheim 27.7.2006 – 21 Qs 1/06, wistra 2007, 399; *Randt* DStJG 38, 263 (281).

d) Sonstige Aufgaben. Steuer- und Zollfahndung können daneben auch in anderen 26
Fällen **auf Ersuchen der Finanzbehörden steuerliche Ermittlungen** durchführen
(§ 208 Abs. 2 Nr. 1) oder ihnen sonst im Rahmen der Zuständigkeit der Finanzbehörden
übertragene Aufgaben wahrnehmen (§ 208 Abs. 2 Nr. 2). Sie haben dann ausschließlich die
allgemeinen Befugnisse aus dem Besteuerungsverfahren, § 208 Abs. 1 S. 2 und 3 sind nicht
anwendbar.[49] Dass der Fahnder dabei die Befugnisse des Außenprüfers in Anspruch
nimmt,[50] ist naheliegend, aber nicht zwingend.

Das Gesetz räumt den Finanzbehörden für Ermittlungsersuchen an die Steuer- bzw. 27
Zollfahndung ein weites Ermessen (§ 5) ein. Welche Amtshandlungen eine Finanzbehörde
sich selbst zutraut und für welche sie die Hilfe der Steuerfahndung in Anspruch nehmen
will, muss vorrangig die Finanzbehörde selbst beurteilen. Im Bereich der Steuerverwaltung
sollen Ermittlungsersuchen an die Steuerfahndung auf **Ausnahmefälle** beschränkt bleiben,
insbesondere überörtliche oder schwierige Ermittlungen oder Auskunftsersuchen in Sonderfällen.[51] Die Steuerverwaltung wendet dabei die für Amtshilfeersuchen geltenden
Grundsätze an.[52]

3. Befugnisse der Steuer- bzw. Zollfahndung. a) Steuerstrafrechtliche Befug- 28
nisse. aa) Allgemeines. Die steuerstrafrechtlichen Befugnisse sind **in § 404 abschließend**
geregelt.[53] Für die Zollfahndung sind sie in § 26 Abs. 1 ZFdG klarstellend und inhaltlich
weitgehend übereinstimmend wiederholt. Der Hinweis auf § 399 Abs. 2 S. 2 (§ 404 S. 2
Hs. 1) und die dort geregelten Befugnisse der Ermittlungspersonen der Staatsanwaltschaft
hat für die Beamten der Steuer- und Zollfahndung keine eigenständige Bedeutung, da sie
vollumfänglich die Rechtsstellung der Ermittlungspersonen haben (§ 404 S. 2 Hs. 2 AO).

Die Steuer- und Zollfahndung hat daher im Steuerstrafverfahren grundsätzlich die 29
Rechte und Pflichten der Polizei im allgemeinen Strafverfahren (va §§ 161, 163 StPO), ihre
Beamten sind Ermittlungspersonen der Staatsanwaltschaft (§ 152 GVG). Sie untersteht daher
den **Weisungen** der Finanzbehörde, soweit diese das Steuerstrafverfahren selbständig führt
(§ 399 Abs. 1),[54] im Übrigen den Weisungen der Staatsanwaltschaft.[55] Wegen der Einzelheiten kann auf die Erläuterungen zu den einschlägigen Vorschriften der Strafprozessordnung
und des Gerichtsverfassungsgesetzes verwiesen werden.

Nach dem eindeutigen Wortlaut des § 404 bestehen die Rechte und Pflichten nur im 30
Steuerstrafverfahren. Davon umfasst sind auch **Ermittlungen wegen nichtsteuerlicher**
Straftaten, die zur gleichen prozessualen Tat gehören wie eine Steuerstraftat oder mit
der Steuerstraftat in Tateinheit (§ 52 StGB) stehen. Die Steuer- und Zollfahndung kann
daher von der Staatsanwaltschaft auch insofern mit Ermittlungen beauftragt werden.[56]
Wegen der Effektivität der Strafverfolgung liegt es ähnlich wie bei § 402[57] nahe, die Ermittlungsbefugnisse auch auf solche prozessual selbständigen Taten zu erstrecken, von denen
die Steuerfahndung bei Gelegenheit des Steuerstrafverfahrens erfährt.

bb) Durchsicht von Papieren. Eine steuerstrafrechtliche Besonderheit ist die eigen- 31
ständige Befugnis zur **Durchsicht von Papieren** (S. 2 Hs. 1). Sie entspricht der Eigenart
des Steuerstrafrechts, in dem Urkundsbeweise von besonderer Bedeutung sind, und der
Arbeitsweise der Steuerfahndung, deren Fahndungsprüfungen typischerweise mit Durchsu-

---

[49] AStBV(St) 2017 Nr. 123 Abs. 5.
[50] *Herrmann* DStJG 38, 249 (257).
[51] AStBV(St) 2017 Nr. 122 Abs. 2 Satz 1 Halbsatz 1; ähnlich *Jesse* DB 2013, 1803 (1806) und *Mellinghoff*
Stbg 2014, 97 (101).
[52] AStBV(St) 2017 Nr. 122 Abs. 2 Satz 1 Halbsatz 2 und Satz 2.
[53] So auch Klein/*Jäger* Rn. 25; *Hellmann*, Neben-Strafverfahrensrecht, S. 148 f.; aA *Küster* DStJG 6, 253
(263 f.).
[54] Klein/*Jäger* Rn. 11; Joecks/*Jäger*/Randt/*Randt* Rn. 98.
[55] AStBV(St) 2017 Nr. 123 Abs. 6.
[56] BGH 24.10.1989 – 5 StR 238-239/89, BGHSt 36, 283 = NJW 1990, 845, unter I.; aA Beermann/
Gosch/*Hoyer* Rn. 32; *Rüping* DStR 2002, 2020 (2022); *Behnes* S. 28 f.
[57] Vgl. → § 402 Rn. 6 f.

chungen verbunden sind. Als einzige Befugnis nach § 404 ist die Durchsicht von Papieren in § 26 Abs. 1 ZFdG nicht noch einmal genannt. Es ist aber nicht davon auszugehen, dass die Befugnisse der Zollfahndung dadurch beschränkt werden sollten.

32 cc) **Grenzen der Befugnisse.** Im Umkehrschluss aus den in § 404 geregelten Befugnissen hat die Steuerfahndung, sofern ihren Amtsträgern nicht zugleich die Geschäfte der Bußgeld- und Strafsachenstelle übertragen sind (vgl. → Rn. 7 ff.), **nicht die Rechte der Staatsanwaltschaft** (§ 399 Abs. 1). Die Übertragung der Ermittlungsbefugnisse der Finanzämter bzw. Hauptzollämter (§ 208 Abs. 1 S. 2) bezieht sich nur auf das Besteuerungsverfahren.[58] Die Steuerfahndung kann daher insbesondere keinen Antrag (§ 162 Abs. 1 StPO) auf einen Durchsuchungsbeschluss (§ 105 Abs. 1 AO) stellen, bei der Durchsuchung selbst nicht die Funktion der Staatsanwaltschaft (§ 105 Abs. 2 StPO) übernehmen, nicht über die Einstellung eines Steuerstrafverfahrens (§ 398 AO, §§ 153, 153a StPO) entscheiden und keinen Antrag auf Erlass eines Strafbefehls (§ 400) stellen.[59] Beschuldigte und Zeugen sind im Steuerstrafverfahren anders als im Besteuerungsverfahren (§ 93 Abs. 5) nicht zum Erscheinen bei der Steuerfahndung verpflichtet.[60]

33 Der Bundesfinanzhof führte zwar in einer Entscheidung aus, ein Fahnder nehme im Steuerstrafverfahren Rechte und Pflichten der Staatsanwaltschaft war.[61] Diese Entscheidung betraf allerdings nur die Anfechtbarkeit der Entscheidung über einen Ausschluss wegen Besorgnis der Befangenheit (§ 83) im Besteuerungsverfahren und ging ausdrücklich von der Eigenständigkeit und Gleichrangigkeit von Besteuerungs- und Steuerstrafverfahren (§ 393) aus, so dass es auf die Einzelheiten der Rechtsstellung im Steuerstrafverfahren nicht mehr ankam. Insofern sind die Ausführungen zur **Wahrnehmung staatsanwaltlicher Rechte** als obiter dictum anzusehen. Da nach der Rechtsprechung des Bundesfinanzhofs die Rechtmäßigkeit steuerstrafrechtlicher Ermittlungsmaßnahmen im Besteuerungs- und finanzgerichtlichen Verfahren regelmäßig nicht überprüft wird,[62] ist auch in der Sache nicht davon auszugehen, dass der Bundesfinanzhof sich in grundsätzlicher Weise zu einer höchstrichterlich noch ungeklärten steuerstrafrechtlichen Frage äußern wollte.

34 Die Steuerfahndung kann daher auch eine **Verständigung im Steuerstrafverfahren** allenfalls vermitteln, aber nicht selbst treffen.[63] Die Zusage einer bestimmten Verständigung durch die Steuerfahndung ist unwirksam und begründet auch keinen Vertrauensschutz. Im Hinblick auf eine solche unwirksame Verständigung abgelegte Geständnisse sind regelmäßig wegen Versprechens eines nicht vorgesehenen Vorteils (§ 136a Abs. 1 S. 2 StPO) unverwertbar.[64]

35 In jüngerer Zeit wurde verstärkt diskutiert, inwiefern die Steuerfahndung zur Erforschung von Steuerstraftaten auch **von Dritten in rechtswidriger Weise beschaffte Bankdaten ankaufen** darf.[65] Das Bundesverfassungsgericht hat zwar geklärt, dass solche Daten einen steuerstrafrechtlichen Anfangsverdacht begründen können, die Rechtmäßigkeit des Ankaufs und die Verwertbarkeit für einen Schuldspruch aber offen gelassen.[66] Der Verfassungsgerichtshof Rheinland-Pfalz erachtet ein Verwertungsverbot jedenfalls dann für nahe-

---

[58] So auch Kohlmann/*Matthes* Rn. 11, 95; *Hellmann*, Neben-Strafverfahrensrecht, S. 148 f., 205 ff.; aA *Küster* DStJG 6, 253 (262 ff.).
[59] Beermann/Gosch/*Hoyer* Rn. 51, 60; Klein/*Jäger* Rn. 26; Kohlmann/*Matthes* Rn. 26; Joecks/Jäger/Randt/*Randt* Rn. 79, 89; Tipke/Kruse/*Seer* § 208 Rn. 104; *Rüping* DStR 2002, 2020 (2022); *Hellmann*, Neben-Strafverfahrensrecht, S. 151 ff.; *Strauß* S. 37.
[60] Klein/*Jäger* Rn. 27; Joecks/Jäger/Randt/*Randt* Rn. 82; *Hellmann*, Neben-Strafverfahrensrecht, S. 210.
[61] BFH 29.5.2012 – IV B 70/11, BFH/NV 2012, 1412.
[62] Vgl. die Nachweise bei → § 393 Rn. 79.
[63] So auch Joecks/Jäger/Randt/*Randt* Rn. 170.
[64] Zum Ganzen *Pflaum*, Kooperative Gesamtbereinigung von Besteuerungs- und Steuerstrafverfahren, S. 103 ff.
[65] Dazu zB *Ostendorf* ZIS 2010, 301; *Samson/Langrock* wistra 2010, 201; *Schünemann* NStZ 2008, 305; *Beckemper* DStJG 38, 341; *Hellmann* FS Samson, 2010, 661, jeweils mwN.
[66] BVerfG 9.11.2010 – 2 BvR 2101/09, BVerfGK 18, 193 = NJW 2011, 2417, unter III.3.b.bb.

liegend, wenn Strafverfolgungsbehörden ausdrücklich oder durch ständige Übung ihr Interesse an solchen Daten und ihre Bereitschaft, diese entgeltlich zu erwerben, bekunden.[67]

Nach hiesiger Auffassung gilt insofern grundsätzlich nichts anderes als für das Zusammenwirken mit Dritten bei der Verfolgung anderer Straftaten. Fiskalische Interessen sind wegen der Eigenständigkeit von Besteuerungs- und Steuerstrafverfahren (§ 393 Abs. 1 S. 1) für die steuerstrafverfahrensrechtliche Beurteilung ohne Bedeutung. Entscheidend ist daher nicht, ob privat-deliktisch beschaffte Beweismittel verwertet werden dürfen, oder ob Strafverfolgungsbehörden für Beweismittel bezahlen dürfen, sondern wie das **bewusste und gewollte Zusammenwirken von Strafverfolgungsbehörden mit deliktisch handelnden Privaten** zu beurteilen ist und unter welchen Umständen auf diese Weise erlangte Erkenntnisse verwertbar sind. Die Bankdatenhehlerei ist insofern im Grundsatz nicht anders zu beurteilen als zB der Ankauf der Ergebnisse illegaler Arbeitnehmerüberwachung.

Die höchstrichterliche Rechtsprechung gestattet die Verwertung illegal gewonnener Beweismittel bei „überwiegendem Allgemeininteresse", zB zur Aufklärung schwerer Leib und Leben gefährdender Straftaten.[68] Die Kooperation mit Vertrauensleuten aus dem kriminellen Milieu ist danach zulässig zur Bekämpfung „besonders gefährlicher und schwer aufklärbarer Kriminalität" aus dem Umfeld des organisierten Verbrechens.[69] § 100a Abs. 2 Nr. 2 lit. a StPO bietet einen objektivierbaren Maßstab, wann bei Steuerstraftaten von einem **hohen Aufklärungsinteresse einerseits, besonderer Gefährlichkeit und schwerer Aufklärbarkeit andererseits** auszugehen ist. Dies ist der Fall bei bandenmäßiger Umsatz- und Verbrauchsteuerhinterziehung (§ 370 Abs. 2 Nr. 5), gewerbsmäßigem, gewaltsamem und bandenmäßigem Schmuggel (§ 373) und gewerbs- oder bandenmäßiger Steuerhehlerei (§ 374 Abs. 2). Im Umkehrschluss ist zur Erforschung der dort nicht genannten Steuerstraftaten das bewusste und gewollte Zusammenwirken mit deliktisch handelnden Privaten nicht zulässig.[70] Auch bei der Hinterziehung von Ertragsteuern in großem Umfang (§ 370 Abs. 1, 3 Nr. 1) fehlt es regelmäßig am Bezug zur organisierten Kriminalität.

dd) Mitwirkung im gerichtlichen Steuerstrafverfahren. Im gerichtlichen Steuerstrafverfahren ist der Steuerfahndung regelmäßig **sachverständiger Zeuge** (§ 85 StPO).[71] Er darf über Ergebnisse aus der Auswertung von Unterlagen berichten und diese steuerrechtlich bewerten[72] Zusammenfassung und rechtliche Bewertung durch die Steuerfahndung ersetzen aber nicht eigene Tatsachenfeststellung und (nachprüfbare) rechtliche Würdigung durch das Tatgericht,[73] und zwar auch wenn das Urteil auf einer Verständigung (§ 257c StPO) beruht.[74]

b) Besteuerungsrechtliche Befugnisse. Im Besteuerungsverfahren hat die Steuer- bzw. Zollfahndung zur Ermittlung des Sachverhalts grundsätzlich die gleichen **Befugnisse wie die Finanzbehörden** im Übrigen (§ 208 Abs. 1 S. 2), das heißt nicht nur die Befugnisse des Innendienstes (§§ 92 ff.), sondern auch die Befugnisse der Außenprüfung (§§ 193 ff.).[75] Bestimmte dem Schutz des Steuerpflichtigen dienende Regelungen sind allerdings eingeschränkt (§ 208 Abs. 1 S. 3), um den Ermittlungserfolg nicht zu gefährden.[76]

---

[67] VerfGH Rheinland-Pfalz 24.2.2014 – VGH B 26/13, NJW 2014, 1434.
[68] BGH 12.4.1989 – 3 StR 453/88, BGHSt 36, 167 = NJW 1989, 2760, unter II. 1. a) bb), unter Bezugnahme auf BGH 22.2.1978 – 2 StR 334/77, BGHSt 27, 355 = NJW 1978, 1390 und BVerfG 31.1.1973 – 2 BvR 454/71, BVerfGE 34, 238 = NJW 1973, 891.
[69] BGH 17.10.1983 – GSSt 1/83, BGHSt 32, 115 = NJW 1984, 247, unter V.
[70] So auch Kohlmann/*Peters* § 397 Rn. 13.12.
[71] *Harms* GS Schlüchter, 2002, 451 (457).
[72] *Harms* GS Schlüchter, 2002, 451 (458).
[73] BGH 12.5.2009 – 1 StR 718/08, NJW 2009, 2546 Rn. 14 ff. und 19.11.2014 – 1 StR 219/14, wistra 2015, 147 Rn. 16 f.; Klein/*Jäger* § 370 Rn. 5; *Harms* GS Schlüchter, 2002, 451 (453, 455).
[74] BGH 13.7.2011 – 1 StR 154/11, juris, Rn. 2 ff.
[75] BFH 28.10.1997 – VII B 40/97, BFH/NV 1998, 424 = wistra 1998, 110, unter 2.d. Klein/*Rüsken* § 208 Rn. 45; *Herrmann* DStJG 38, 249 (259 ff.); aA Joecks/Jäger/Randt/*Randt* Rn. 66.
[76] BT-Drs. 7/4292, 36.

40 Die Steuerfahndung darf sich insbesondere abweichend von § 93 Abs. 1 S. 3 unmittelbar an Dritte wenden, um Auskünfte über den Steuerpflichtigen zu erhalten. Auskunftsersuchen an Dritte sind zulässig, wenn zu erwarten ist, dass sie zu steuerrechtlich erheblichen Erkenntnissen führen.[77] Dies gilt grundsätzlich gleichermaßen für **Einzel- und Sammelauskunftsersuchen.**[78] Es ist nicht erforderlich, dass die Dritten durch ihr Verhalten Steuerhinterziehungen begünstigen wollten oder das Verhalten als unüblich anzusehen ist.[79] Sammelauskunftsersuchen ermöglichen die effektive Überprüfung einer Vielzahl auch zuvor unbekannter Steuerpflichtiger im Hinblick auf die steuerrechtliche Behandlung bestimmter Sachverhalte[80] und eignen sich daher für Vorfeldermittlungen (§ 208 Abs. 1 S. 1 Nr. 3) in besonderem Maße.[81]

41 Voraussetzung für Sammelauskunftsersuchen ist, dass ein **hinreichender Anlass** besteht, das heißt in den fraglichen Sachverhalten aufgrund konkreter Anhaltspunkte (zB wegen der Besonderheit des Objektes oder der Höhe des Wertes) oder aufgrund allgemeiner Erfahrung (auch konkreten Erfahrungen für bestimmte Gebiete) die Möglichkeit einer Steuerverkürzung in Betracht kommt und daher eine Anordnung bestimmter Art angezeigt ist. Ermittlungen „ins Blaue hinein", Rasterfahndungen, Ausforschungsdurchsuchungen oder ähnliche Ermittlungsmaßnahmen sind unzulässig.[82] Der Anlass für Sammelauskunftsersuchen kann sich auch daraus ergeben, dass branchentypische Geschäftsabläufe Steuerhinterziehungen begünstigen, selbst wenn bisher nur wenige Fälle bekannt geworden sind.[83] Die allgemeine Vermutung, dass Steuern nicht selten verkürzt werden, ist aber nicht ausreichend. Vielmehr bedarf es einer darüber hinausgehenden erhöhten Wahrscheinlichkeit, unbekannte Steuerfälle zu entdecken.[84]

42 Gerade bei Sammelauskunftsersuchen sind zudem die **Verhältnismäßigkeit und die Zumutbarkeit** zu beachten. Dabei geht es aber vor allem um das Verhältnis zwischen dem zu erwartenden Erkenntnisgewinn und der Belastung der Auskunftsperson.[85] Wenn zwar anderweitige Ermittlungsansätze bestehen, deren Verfolgung aber mit höherem Verwaltungsaufwand verbunden wäre, ist ein Sammelauskunftsersuchen vom Ermessensspielraum der Steuerfahndung (§ 88 Abs. 1 S. 2) gedeckt.[86]

43 Eine **unzulässige Rasterfahndung** liegt demgegenüber vor, wenn anlässlich von Ermittlungen bei Kreditinstituten bestimmte Verhaltensweisen von Kunden unabhängig von einem Zusammenhang mit dem Ermittlungsverfahren möglichst vollständig erfasst werden sollen, um zu überprüfen, ob sie steuerrechtlich zutreffend erfasst wurden.[87] Allein die Anzahl der betroffenen Steuerpflichtigen lässt aber noch nicht den Schluss auf eine unzulässige Rasterfahndung zu.[88] Die Ergebnisse einer unzulässigen Rasterfahndung unterliegen im Besteuerungsverfahren einem Verwertungsverbot.[89]

---

[77] Vgl. BFH 4.10.2006 – VIII R 53/04, BFHE 215, 12 = BStBl. II 2007, 227 = NJW 2007, 2281.
[78] BFH 25.7.2000 – VII B 28/99, BFHE 192, 44 = BStBl. II 2000, 643 = NJW 2000, 3157, unter II.1.c.aa und 5.10.2006 – VII R 63/05, BFHE 215, 40 = BStBl. II 2007, 155 = NJW 2007, 1308, unter II.B.1.b. und 2.; zu Beispielen zulässiger Sammelauskunftsersuchen Beermann/Gosch/*Hoyer* § 208 Rn. 37.
[79] BFH 5.10.2006 – VII R 63/05, BFHE 215, 40 = BStBl. II 2007, 155 = NJW 2007, 1308.
[80] *Kusnik* DB 2015, 697 f.
[81] Zu Beispielen zulässiger Sammelauskunftsersuchen Beermann/Gosch/*Hoyer* § 208 Rn. 37.
[82] BFH 25.7.2000 – VII B 28/99, BFHE 192, 44 = BStBl. II 2000, 643 = NJW 2000, 3157, unter II.1.c.aa.; enger *Steinberg* DStR 2008, 1718 (1721 ff.); krit. auch Kohlmann/*Matthes* Rn. 82.3; *Rüsken* DStJG 31, 243 (259).
[83] BFH 5.10.2006 – VII R 63/05, BFHE 215, 40 = BStBl. II 2007, 155 = NJW 2007, 1308; enger *Kusnik* DB 2015, 697 (700).
[84] BFH 9.12.2008 – VII R 47/07, BFHE 224, 1 = BStBl. II 2009, 509 = NJW 2009, 1437 und 16.1.2009 – VII R 25/08, BFHE 224, 201 = BStBl. II 2009, 582 = NJW 2009, 1998.
[85] BFH 16.5.2013 – II R 15/12, BFHE 241, 211 = BStBl. II 2014, 225 Rn. 58 ff.; Graf/Jäger/Wittig/ *Weyand* Rn. 33; *Herrmann* DStJG 38, 249 (273).
[86] AA *Kusnik* DB 2015, 697 (700).
[87] BFH 25.7.2000 – VII B 28/99, BFHE 192, 44 = BStBl. II 2000, 643 = NJW 2000, 3157, unter II.1.c.bb.
[88] BFH 21.3.2002 – VII B 152/01, BFHE 198, 42 = BStBl. II 2002, 495 = NJW 2002, 2340.
[89] BFH 25.7.2000 – VII B 28/99, BFHE 192, 44 = BStBl. II 2000, 643 = NJW 2000, 3157, unter II.1.c.cc.

Auskunftsersuchen an Dritte betreffend Daten, die auf dem Server eines verbundenen **44**
Unternehmens gespeichert sind und auf die der Dritte Zugriff hat, sind nicht schon deswegen unzulässig, weil der Dritte und das verbundene Unternehmen sich **zivilrechtlich zur Geheimhaltung** verpflichtet haben. Die steuerrechtlichen Mitwirkungspflichten sind nicht privatrechtlich abdingbar. Das gilt auch dann, wenn die Server im Ausland stehen.[90] Sofern nur der Anzeigen- und nicht der redaktionelle Teil (vgl. § 102 Abs. 1 Nr. 4) einer Zeitung betroffen ist, sind Sammelauskunftsersuchen auch an Presseunternehmen zulässig. Eine zukunftsgerichtete Verpflichtung zu laufenden Auskünften bedarf allerdings einer besonderen Begründung.[91]

Die Steuerfahndung darf sich im Besteuerungsverfahren auch der **zwischenstaatlichen** **45**
Amtshilfe (§ 117) bedienen.[92] Die auf diesem Wege gewonnen Erkenntnisse können in das Steuerstrafverfahren eingeführt und dort nach Maßgabe des Beweisrechts verwertet werden. Die Inanspruchnahme der Amtshilfe aufgrund von Doppelbesteuerungsabkommen ausschließlich für Zwecke des Steuerstrafverfahrens ist unzulässig.[93] Daneben bestehen allerdings auch Informationsaustauschabkommen (TIEA), die sowohl Amts- als auch Rechtshilfe regeln.[94]

Die Fahndungsprüfung ist **keine Außenprüfung** im Sinne von § 173 Abs. 2. Es bedarf **46**
auch weder einer Prüfungsanordnung noch einer Schlussbesprechung.[95] Die Ablaufhemmung gemäß § 171 Abs. 5 S. 1 tritt nur ein, wenn die Ermittlungen der Steuerfahndung rechtmäßig waren und insbesondere von der Aufgabenzuweisung und Befugniszuweisung in § 208 gedeckt sind.[96] Soweit die Steuerfahndung im Besteuerungsverfahren tätig wird, bestehen im Interesse einer Gleichbehandlung aller Steuerpflichtigen und zur Vermeidung einer Besserstellung von Steuerstraftätern die **steuerrechtlichen Mitwirkungspflichten** fort.[97] Der Steuerpflichtige wird durch § 393 geschützt und hierüber bereits zu Beginn der Prüfung formularmäßig belehrt.[98]

c) Wechsel zwischen den Verfahrensarten. Unter der Voraussetzung der Zweckrich- **47**
tigkeit[99] und des Willkür- bzw. Missbrauchsverbots[100] ist auch während andauernder Ermittlungen ein **fortlaufender Wechsel zwischen den Verfahrensarten zulässig.** Es muss allerdings erkennbar bleiben, welche Rechtsnatur die einzelnen Ermittlungsmaßnahmen haben und welchem Verfahren sie zuzuordnen sind.[101] Wenn die Steuerfahndung nach Einstellung des Steuerstrafverfahrens weiterhin im Besteuerungsverfahren tätig wird, muss sie daher nach der Rechtsprechung des Bundesfinanzhofs in geeigneter Weise zum Ausdruck bringen, dass kein steuerstrafrechtlicher Verdacht mehr besteht.[102]

Unproblematisch zulässig ist der **Übergang zum Steuerstrafverfahren** bzw. Hinzuzie- **48**
hung der Steuerfahndung, wenn sich während einer Außenprüfung konkrete Hinweise auf mögliche Steuerstraftaten ergeben. Dies kommt insbesondere dann in Betracht, wenn der Steuerpflichtige die Mitwirkung verweigert oder die Ermittlungen behindert.[103]

---

[90] BFH 16.5.2013 – II R 15/12, BFHE 241, 211 = BStBl. II 2014 Rn. 41, 43, 48, 49.
[91] BFH 12.5.2016 – II R 17/14, BFHE 253, 505, BStBl. II 2016, 822.
[92] BFH 29.10.1986 – I B 28/86, BFHE 147, 492 = BStBl. II 1987, 440.
[93] BMF 23.11.2015 – IV B 6 – S 1320/07, BStBl. I 2015, 928.
[94] BMF 10.11.2015 – IV B 6 – S 1301/11, BStBl. I 2016, 138.
[95] BFH 11.12.1997 – V R 46/94, BFHE 185, 98 = BStBl. II 1998, 367 = NJW 1998, 2238, unter II.2.c.dd.
[96] BFH 9.3.2010 – VIII R 56/07, BFH/NV 2010, 1777 Rn. 10 f.
[97] BT-Drs. 7/4292, 36; aA *Hellmann*, Neben-Strafverfahrensrecht, S. 222 ff.
[98] AEAO zu § 208 Nr. 5 S. 3; zum Inhalt der Belehrung BStBl. I 2013, 1458.
[99] Graf/Jäger/Wittig/*Weyand* Rn. 23; *Streck* DStJG 6, 217 (247); auch → § 393 Rn. 8.
[100] *Herrmann* DStJG 38, 249 (267).
[101] BFH 16.12.1997 – VII B 45/97, BFHE 184, 266 = BStBl. II 1998, 231; aA Graf/Jäger/Wittig/*Bülte* AO § 393 Rn. 7 f.
[102] BFH 4.12.2012 – VIII R 5/10, BFHE 239, 19 = BStBl. II 2014, 220 = NJW 2013, 1119; *Streck* DStJG 6, 217 (238, 246 ff.); *Drüen* DStJG 38, 219 (229 f.); *Werth* DStZ 2013, 416 (419); krit. *Herrmann* DStJG 38, 259 (268).
[103] Gleichlautender Erlass zu Anwendungsfragen des § 10 Abs. 1 BpO vom 31.8.2009, BStBl. I 2009, 829; Graf/Jäger/Wittig/*Weyand* Rn. 47; *Drüen* DStJG 38, 219 (230).

III. Reformvorhaben

49 Die **Doppelfunktion der Steuerfahndung** für das Besteuerungs- und Steuerstrafverfahren wird vor allem aus Berater- bzw. Verteidiger kritisiert und beanstandet, dass effektive Kontrollmechanismen fehlten.[104] Der Gesetzgeber hat diese Forderungen bisher nicht aufgegriffen.

50 Die Doppelfunktion vermittelt der Steuerfahndung eine wesentlich stärkere Stellung als sie die Polizei im allgemeinen Strafverfahren hat.[105] Gleichwohl hat die Steuerfahndung sowohl im Besteuerungs- als auch im Steuerstrafverfahren **lediglich Ermittlungs-, aber keine Abschlusskompetenz**. Es obliegt der Entscheidung der Veranlagungs- bzw. der Bußgeld- und Strafsachenstelle im Einzelfall, ob sie sich die tatsächlichen Feststellungen und rechtlichen Schlussfolgerungen der Steuerfahndung zu eigen macht. Eine faktische Abhängigkeit von der Steuerfahndung besteht allenfalls insofern, als Veranlagungs- bzw. Bußgeld- und Strafsachenstelle keine weitergehenden Erkenntnismöglichkeiten haben. Sie sind aber berechtigt und verpflichtet, die Erkenntnisse der Steuerfahndung auf ihre Verwertbarkeit und eventuelle Schätzungen auf ihre Rechtmäßigkeit zu überprüfen. Insofern sind effektive Kontrollmechanismen durchaus vorhanden.

IV. Rechtsbehelfe

51 Die **Doppelfunktion der Steuerfahndung** einerseits, die Trennung zwischen ordentlichem und Finanzrechtsweg andererseits erfordern wegen der Rechtsbehelfsmöglichkeiten eine sorgfältige Abgrenzung zwischen den einzelnen Aufgaben und Befugnissen.

52 Bei **Erforschung von Steuerstraftaten** (§ 208 Abs. 1 S. 1 Nr. 1) ist der Rechtsweg zu den ordentlichen Gerichten eröffnet.[106] Eine nochmalige (inzidente) Überprüfung im Besteuerungsverfahren ist grundsätzlich ausgeschlossen.[107]

53 Solange und soweit ein Steuerstrafverfahren eingeleitet ist, kann die **Ermittlung der Besteuerungsgrundlagen** (§ 208 Abs. 1 S. 1 Nr. 2) grundsätzlich nicht von der Erforschung der Steuerstraftaten und Steuerordnungswidrigkeiten getrennt werden und ist daher dem Bereich des Steuerstrafverfahrens auch dann zuzurechnen, wenn sich die Steuerfahndung auf Befugnisse im Besteuerungsverfahren stützt. Sofern die Steuerfahndung nicht ausnahmsweise ausschließlich im Besteuerungsverfahren tätig wird, ist der Finanzrechtsweg nicht gegeben.[108] Maßnahmen hinsichtlich Dritter, gegen die kein Steuerstrafverfahren eingeleitet ist, können hingegen vor den Finanzgerichten angefochten werden.[109] Ansonsten ist gegen Maßnahmen der Steuerfahndung erst nach Einstellung des Steuerstrafverfahrens der Finanzrechtsweg eröffnet.[110]

54 Gegen Maßnahmen im Rahmen von **Vorfeldermittlungen** (§ 208 Abs. 1 S. 1 Nr. 3) ist der Finanzrechtsweg gegeben,[111] da die Vorfeldermittlungen zum Besteuerungsverfahren gehören und einem möglichen Steuerstrafverfahren zeitlich vorangehen.

---

[104] *Gotzens* FS Streck, 2011, 519 (521); *Schwedhelm* FS Streck, 2011, 561 (568); *Hellmann,* Neben-Strafverfahrensrecht, S. 236 ff.; dagegen Graf/Jäger/Wittig/*Weyand* Rn. 23.
[105] *Harms* GS Schlüchter, 2002, 451 (463 f.).
[106] BFH 20.4.1983 – VII R 2/82, BFHE 138, 164 = BStBl. II 1983, 482 = NJW 1983, 2720; Joecks/Jäger/Randt/*Randt* Rn. 135 ff.; *Streck* DStJG 18, 173 (175); *Kranz* S. 126 f.
[107] BFH 29.1.2002 – VIII B 91/01, BFH/NV 2002, 749.
[108] BFH 20.4.1983 – VII R 2/82, BFHE 138, 164 = BStBl. II 1983, 482 = NJW 1983, 2720, 11.12.1997 – V R 56/94, BFHE 185, 98 = BStBl. II 1998, 367 = NJW 1998, 2238, unter II.2.c.bb. und 9.3.2010 – VIII R 56/07, BFH/NV 2010, 1777, unter II.2.b.aa.; Klein/*Rüsken* § 208 Rn. 24a f.; *Jesse* DB 2013, 1803 (1805); und wohl auch *Kranz* S. 133 f.krit. *Streck* DStJG 18, 173 (176 f.).
[109] BFH 6.2.2001 – VII B 277/00, BFHE 194, 26 = BStBl. II 2001, 306 = NJW 2001, 2573, unter II.2.a.
[110] BFH 26.2.2004 – VII B 341/03, BFHE 204, 413 = BStBl. II 2004, 458, unter 2.a.; Beermann/Gosch/*Hoyer* Rn. 68.
[111] BFH 6.2.2001 – VII B 277/00, BFHE 194, 26 = BStBl. II 2001, 306 = NJW 2001, 2573, unter II.2.a.bb.; Joecks/Jäger/Randt/*Randt* Rn. 136; *Steinberg* DStR 2008, 1718 (1719); *Kranz* S. 149.

V. Revision

Rechtsverstöße der Steuer- und Zollfahndung im steuerstrafrechtlichen Ermittlungsverfahren können mit der Revision **in gleicher Weise wie Rechtsverstöße der Polizei** geltend gemacht werden. Insofern wird auf die dortigen Ausführungen verwiesen.

V. Entschädigung der Zeugen und Sachverständigen

§ 405 Entschädigung der Zeugen und der Sachverständigen

¹Werden Zeugen und Sachverständige von der Finanzbehörde zu Beweiszwecken herangezogen, so erhalten sie eine Entschädigung oder Vergütung nach dem Justizvergütungs- und -entschädigungsgesetz. ²Dies gilt auch in den Fällen des § 404.

I. Überblick

1. Normzweck. Durch § 405 werden die **von der Finanzbehörde oder der Steuer- oder Zollfahndung herangezogenen Sachverständigen** hinsichtlich ihrer Entschädigung mit den von Gerichten und Staatsanwaltschaften herangezogenen Zeugen gleichgestellt.[1] Das Gesetz zieht damit eine Folge aus den Besonderheiten des steuerstrafrechtlichen Ermittlungsverfahrens.

2. Anwendungsbereich. Die Norm gilt in allen Steuerstrafverfahren. In **Bußgeldverfahren** wegen Steuerordnungswidrigkeiten findet sie entsprechende Anwendung (§ 410 Abs. 1 Nr. 10).

II. Erläuterung

Nach S. 1 sind die von der Finanzbehörde herangezogenen Zeugen und Sachverständigen in den **Anwendungsbereich des Justizvergütungs- und Entschädigungsgesetzes** (§ 1 Abs. 1 S. 1 Nr. 1 und 3 JVEG) einbezogen. Das gleiche gilt nach § 405 S. 2 AO für die Zeugen und Sachverständigen der Steuer- und Zollfahndung; sie haben dadurch die gleichen Rechte wie die Zeugen und Sachverständigen der Polizei (§ 1 Abs. 3 JVEG).

Die von der Finanzbehörde in Fällen, in denen sie das **Ermittlungsverfahren selbständig** führt, herangezogenen Zeugen und Sachverständigen sind auch unmittelbar vom Justizvergütungs- und Entschädigungsgesetz erfasst. Insofern hat S. 1 lediglich deklaratorische Bedeutung.

3. Unterabschnitt. Gerichtliches Verfahren

§ 406 Mitwirkung der Finanzbehörde im Strafbefehlsverfahren und im selbständigen Verfahren

(1) Hat die Finanzbehörde den Erlass eines Strafbefehls beantragt, so nimmt sie die Rechte und Pflichten der Staatsanwaltschaft wahr, solange nicht nach § 408 Abs. 3 Satz 2 der Strafprozessordnung Hauptverhandlung anberaumt oder Einspruch gegen den Strafbefehl erhoben wird.

(2) Hat die Finanzbehörde den Antrag gestellt, die Einziehung selbständig anzuordnen oder eine Geldbuße gegen eine juristische Person oder eine Personenvereinigung selbständig festzusetzen (§ 401), so nimmt sie die Rechte und Pflichten der Staatsanwaltschaft wahr, solange nicht mündliche Verhandlung beantragt oder vom Gericht angeordnet wird.

---

[1] BT-Drs. 7/4292, 47 f.

I. Überblick

1 **1. Normzweck.** In § 406 ist die Mitwirkung der Finanzbehörde in **auf Antrag der Finanzbehörde eingeleiteten gerichtlichen Verfahren** geregelt. Dabei kann es sich um Strafbefehlsverfahren (Abs. 1) oder um das selbständige Verfahren in den Fällen des § 401 (Abs. 2 handeln). Wenn diese Verfahren nach Antragstellung durch die Finanzbehörde alsbald abgeschlossen werden, besteht kein Bedürfnis nach einer Beteiligung der Staatsanwaltschaft. Der Verzicht auf die Befassung einer weiteren Behörde entspricht dann der Verfahrensökonomie.

2 **2. Anwendungsbereich.** Nach Wortlaut und Zweck der Vorschrift nicht von § 406 erfasst sind – trotz der missverständlichen Überschrift – Strafbefehlsverfahren und selbständige Verfahren, die durch **Antrag der Staatsanwaltschaft** eingeleitet wurden. In diesen Fällen richtet sich die Mitwirkung der Finanzbehörde nach § 407.

II. Erläuterung

3 **1. Mitwirkung im Strafbefehlsverfahren.** Hat die Finanzbehörde einen Strafbefehl beantragt (§ 400), nimmt sie auch im weiteren Verfahren die **Rechte und Pflichten der Staatsanwaltschaft** wahr, bis Hauptverhandlung anberaumt (§ 408 Abs. 3 S. 2 StPO) oder Einspruch (§ 410 StPO) gegen den Strafbefehl eingelegt wird.

4 Von Bedeutung ist dies insbesondere, wenn das Gericht **Zweifel oder Bedenken hinsichtlich des Strafbefehls** hegt. Es kann dann unmittelbar mit der Finanzbehörde Rücksprache halten oder den Strafbefehl der Finanzbehörde zur Überarbeitung zurückgeben.[1] Wenn das Gericht die Hauptverhandlung anberaumt, weil seine Bedenken nicht ausgeräumt sind oder es eine andere als die beantragte Rechtsfolge verhängen will (§ 408 Abs. 3 S. 2 StPO), richtet sich die Beteiligung der Finanzbehörde im weiteren Verfahren nach § 407 AO. Entsprechendes gilt, wenn Einspruch (§ 410 StPO) eingelegt wird.

5 Lehnt das Gericht den Erlass des Strafbefehls ab (§ 408 Abs. 2 S. 1 StPO), steht auch die **sofortige Beschwerde** (§ 408 Abs. 2 S. 2 StPO, § 210 Abs. 2 StPO) der Finanzbehörde zu. Bei erfolgreicher Beschwerde endet die Mitwirkungsbefugnis nach § 406 Abs. 1 AO erst, wenn das Amtsgericht nach Zurückweisung mündliche Verhandlung anberaumt.[2]

6 **2. Mitwirkung im selbständigen Verfahren.** Für die **Mitwirkung im selbständigen Verfahren** (§ 401) gilt das soeben gesagte entsprechend. Auch in diesen Fällen richtet sich die weitere Mitwirkung der Finanzbehörde nach § 407, sobald mündliche Verhandlung beantragt oder angeordnet (§ 441 Abs. 3 Hs. 1) ist.

§ 407 Beteiligung der Finanzbehörde in sonstigen Fällen

(1) ¹Das Gericht gibt der Finanzbehörde Gelegenheit, die Gesichtspunkte vorzubringen, die von ihrem Standpunkt für die Entscheidung von Bedeutung sind. ²Dies gilt auch, wenn das Gericht erwägt, das Verfahren einzustellen. ³Der Termin zur Hauptverhandlung und der Termin zur Vernehmung durch einen beauftragten oder ersuchten Richter (§§ 223, 233 der Strafprozessordnung) werden der Finanzbehörde mitgeteilt. ⁴Ihr Vertreter erhält in der Hauptverhandlung auf Verlangen das Wort. ⁵Ihm ist zu gestatten, Fragen an Angeklagte, Zeugen und Sachverständige zu richten.

(2) Das Urteil und andere das Verfahren abschließende Entscheidungen sind der Finanzbehörde mitzuteilen.

Schrifttum: *Harms,* Die Stellung des Finanzbeamten im Steuerstrafverfahren, GS Schlüchter, 2002, 451; *Kohlmann,* Der Straftatbestand der Steuerhinterziehung – Anspruch und Wirklichkeit, DStJG 6 (1983), 6;

---

[1] Joecks/Jäger/Randt/*Joecks* Rn. 3; Graf/Jäger/Wittig/*Weyand* Rn. 3.
[2] Graf/Jäger/Wittig/*Weyand* Rn. 5 f.

Pflaum, Kooperative Gesamtbereinigung von Besteuerungs- und Steuerstrafverfahren, Diss. Bayreuth, 2010; *Rüping*, Anmerkung zu LG Dresden, Beschluss vom 10. November 1997 – 8 NS 101 JS 44995–95, NStZ 1999, 314; *Strauß*, Der Finanzbeamte im Steuerstrafverfahren, Diss. Frankfurt/Oder, 2005.

Übersicht

	Rn.		Rn.
I. Überblick	1–3	b) Mitteilung von Terminen	8
1. Normzweck	1	c) Erteilung des Wortes in der Hauptverhandlung	9–14
2. Anwendungsbereich	2	d) Fragerecht	15
3. Ggf. Entstehungsgeschichte	3	2. Mitteilung verfahrensabschließender Entscheidungen	16
II. Erläuterung	4–18	3. Beteiligung im Zwischenverfahren	17, 18
1. Beteiligung im Hauptverfahren	4–15	**III. Rechtsbehelfe**	19, 20
a) Vorbringen zu entscheidungserheblichen Punkten	4–7	**IV. Revision**	21

I. Überblick

1. Normzweck. In § 407 ist die Beteiligung der Finanzbehörde in **durch Anklage bzw. Antrag der Staatsanwaltschaft eingeleiteten gerichtlichen Verfahren** geregelt. Gesetzestechnisch handelt es sich dabei um den Regelfall, während § 406 eine Ausnahmeregelung darstellt. Nach § 407 ist die Finanzbehörde Nebenbeteiligte des gerichtlichen Steuerstrafverfahrens, während die Gesamtverantwortung als Strafverfolgungsbehörde bei der Staatsanwaltschaft liegt.[1] 1

2. Anwendungsbereich. Die Vorschrift gilt für sämtliche Steuerstraftaten und nach ihrer systematischen Stellung für alle Arten gerichtlicher Verfahren in Steuerstrafsachen und **alle Abschnitte des gerichtlichen Verfahrens,** insbesondere auch das Revisionsverfahren.[2] Ausgenommen sind lediglich die in § 406 genannten Verfahrensarten und -abschnitte. Im Bußgeldverfahren wegen Steuerordnungswidrigkeiten ist § 407 entsprechend anwendbar (§ 410 Abs. 1 Nr. 11). 2

3. Ggf. Entstehungsgeschichte. Im Regierungsentwurf des Gesetzes zur Änderung strafrechtlicher Vorschriften der Reichsabgabenordnung und anderer Gesetze (AOStrafÄndG) vom 30.5.1967 war noch vorgesehen, der Finanzbehörde die Stellung als Nebenkläger einzuräumen.[3] Der Bundestag folgte aber der abweichenden Auffassung des Rechtsausschusses,[4] dass das öffentliche Interesse im Strafverfahren von der Staatsanwaltschaft vertreten werde, daher zwar für eine Nebenklage der Finanzbehörde kein Bedarf bestehe, aber auf **die besondere Sach- und Rechtskunde der Finanzbehörde** regelmäßig nicht verzichtet werden könne.[5] Das eigenständige Fragerecht der Finanzbehörde (Abs. 1 S. 5)[6] wurde mit der Abgabenordnung 1977 eingeführt. 3

II. Erläuterung

1. Beteiligung im Hauptverfahren. a) Vorbringen zu entscheidungserheblichen Punkten. Die Finanzbehörde hat nach Abs. 1 S. 1 und 2 einen **Anspruch** darauf, die aus ihrer Sicht entscheidungserheblichen Gesichtspunkte vorzubringen. Dies können sowohl 4

---

[1] *Harms* GS Schlüchter, 2002, 451 (459).
[2] BGH 17.12.2014 – 1 StR 324/14, wistra 2015, 191 Rn. 36, insofern in NStZ-RR 2015, 142 (Ls.) nicht abgedruckt; Joecks/Jäger/Randt/*Joecks* Rn. 8; *Harms* GS Schlüchter, 2002, 451 (461); *Rüping* NStZ 1999, 314.
[3] BT-Drs. 5/1812, 8 f.
[4] BT-Drs. 5/1941, 5, 5/1941zu, 3.
[5] Plenarprotokoll 5/116, S. 5781 ff.; siehe auch *Strauß* S. 129.
[6] Siehe dazu BT-Drs. 6/1982, 200.

tatsächliche als auch rechtliche Gesichtspunkte sein.⁷ Die Gelegenheit zur Äußerung ist nicht in das Ermessen des Gerichts gestellt.⁸

5 Der Begriff der Entscheidung ist in Abs. 1 Satz 1 ist nicht weiter eingegrenzt. Nur die Einstellung des Verfahrens ist als eine Art der Entscheidung ausdrücklich erwähnt (Abs. 1 Satz 2). Nach dem Zweck des Gesetzes ist Entscheidung im Sinne von Abs. 1 Satz 1 jede Entscheidung, bei der die **besondere Sach- und Rechtskunde der Finanzbehörde von Bedeutung** sein kann. Dies gilt jedenfalls für die eine Instanz abschließende Sachentscheidung (Urteil oder Beschluss), ebenso für vorausgehende Entscheidungen, sofern sie inhaltlichen Bezug zur Sachentscheidung haben, nicht aber für rein prozessrechtliche Zwischenentscheidungen.⁹

6 Die **Form des Vorbringens** hängt wesentlich von dem vorgeschriebenen bzw. von Staatsanwaltschaft oder Gericht gewählten Verfahren ab.¹⁰ Wenn das Gericht aufgrund mündlicher Verhandlung entscheidet, hat die Finanzbehörde das Recht, daran teilzunehmen und dort das Wort zu erhalten (Abs. 1 Satz 3), spätestens im Zusammenhang mit den Plädoyers der Staatsanwaltschaft und des Verteidigers.¹¹ Dies schließt aber schriftliche Erklärungen zur Vorbereitung der Hauptverhandlung nicht aus. Bei Entscheidungen ohne mündliche Verhandlung muss das Gericht der Finanzbehörde eine nach den örtlichen Gepflogenheiten angemessene Zeit zur Stellungnahme lassen und darauf hinweisen, wenn im Einzelfall eine kurzfristigere Entscheidung beabsichtigt ist, um der Finanzbehörde eine Stellungnahme zu ermöglichen.

7 Zumindest Steuerstrafverfahren wegen Ertrag- und Verkehrsteuern galten in der Vergangenheit – anders als Zollstrafverfahren – als besonders affin für **Verständigungen**.¹² Schlägt das Gericht im Hauptverfahren eine solche Verständigung vor (§ 257c Abs. 3 StPO), handelt es sich dabei nicht um eine Entscheidung im Sinne des § 407 Abs. 1 S. 1 StPO. Die Finanzbehörde ist zwar Verfahrensbeteiligter im Sinne der §§ 257b, 257c StPO, bei den einer Verständigung vorausgehenden Erörterungen müssen aber nicht alle Verfahrensbeteiligten eingebunden werden.¹³ Der Bestand einer ohne Beteiligung der Finanzbehörde getroffenen Verständigung ist aber gefährdet, wenn dabei entscheidungserhebliche Gesichtspunkte unberücksichtigt bleiben, auf die das Gericht danach von der Finanzbehörde hingewiesen wird (§ 257c Abs. 4 S. 1 StPO). Die Verständigung entbindet das Gericht auch nicht von eigenen Tatsachenfeststellungen und einer nachprüfbaren rechtlichen Würdigung.¹⁴

8 **b) Mitteilung von Terminen.** Die Mitteilung von Terminen (Abs. 1 Satz 3) soll die Finanzbehörde in die Lage versetzen, ihre Beteiligungsrechte effektiv wahrzunehmen.¹⁵ Dazu gehört auch eine **angemessene Vorbereitung.** Dem entspricht es, die Termine der Finanzbehörde gleichzeitig mit den anderen Beteiligten mitzuteilen. Das Beteiligungsrecht als solches ist allerdings von der Mitteilung unabhängig. Es besteht daher auch, wenn ein Termin nicht ordnungsgemäß mitgeteilt wurde.

9 **c) Erteilung des Wortes in der Hauptverhandlung.** Der Anspruch auf Erteilung des Wortes in der Hauptverhandlung (Abs. 1 Satz 4) ist eine besondere Form der Gelegenheit zum Vorbringen entscheidungserheblicher Gesichtspunkte. Er ist denknotwendig mit der Anwesenheit in der Hauptverhandlung verbunden und beinhaltet daher ein **Recht zur ununterbrochenen Teilnahme an der Hauptverhandlung.**¹⁶ Andererseits ist die

---

[7] *Strauß* S. 130 f.
[8] Graf/Jäger/Wittig/*Weyand* Rn. 2.
[9] Joecks/Jäger/Randt/*Joecks* Rn. 5; Graf/Jäger/Wittig/*Weyand* Rn. 6.
[10] Graf/Jäger/Wittig/*Weyand* Rn. 7.
[11] Graf/Jäger/Wittig/*Weyand* Rn. 8.
[12] Statt vieler Beermann/Gosch/*Seipl* § 385 Rn. 17.4; *Harms* GS Schlüchter, 2002, 451 (465); *Kohlmann* DStjG 6, 6 (12 f.).
[13] BT-Drs. 16/12310, 11, 12; *Pflaum,* Kooperative Gesamtbereinigung, S. 54 ff.; auch → § 393 Rn. 5.
[14] BGH 13.7.2011 – 1 StR 154/11, juris, Rn. 2 ff., auch → § 404 Rn. 38.
[15] Joecks/Jäger/Randt/*Joecks* Rn. 11.
[16] Beermann/Gosch/*Seipl* Rn. 10.

Finanzbehörde von Gesetzes wegen weder zur Teilnahme noch im Falle der Teilnahme zu einer Äußerung verpflichtet.[17] Da sie nicht die Rechte und Pflichten der Staatsanwaltschaft wahrnimmt, muss sie nicht ununterbrochen anwesend sein (vgl. § 226 Abs. 1 StPO). Die Finanzämter sind intern gehalten, Hauptverhandlungstermine grundsätzlich wahrzunehmen und das Mitwirkungsrecht als Mitwirkungspflicht anzusehen.[18]

10 Das Wort ist **sowohl für Ausführungen zu Tatfragen als auch für Rechtsausführungen** zu erteilen. Beweisanträge oder andere Prozessanträge kann die Finanzbehörde als Nebenbeteiligte nicht selbst stellen. Sie kann ein Tätigwerden des Gerichts lediglich anregen oder versuchen, auf eine Antragstellung durch die Staatsanwaltschaft hinzuwirken.[19] Auch ein förmlicher Schlussvortrag mit Strafantrag ist ihr nicht gestattet.[20]

11 Zu welchem **Zeitpunkt** das Wort erteilt wird, entscheidet der Vorsitzende im Rahmen seiner Leitungsverantwortung (§ 238 Abs. 1 StPO). Bezieht sich die Wortmeldung des Vertreters der Finanzbehörde ersichtlich auf Äußerungen eines anderen Verfahrensbeteiligten, ist es zweckmäßig, die Finanzbehörde unmittelbar im Anschluss an diesen Verfahrensbeteiligten zu Wort kommen zu lassen.

12 Die Bekundungen des Vertreters der Finanzbehörde in tatsächlicher und rechtlicher Hinsicht ersetzen nicht eigene prozessordnungsmäßige Feststellungen und eine nachvollziehbare rechtliche Würdigung durch das Gericht.[21] Entscheidungserhebliche Tatsachen können in für das Urteil verwertbarer Weise nur durch eine **Vernehmung als Zeuge,** nicht durch Bekundung als Nebenbeteiligter in die Verhandlung eingeführt werden.[22]

13 Ein Auftreten in **Doppelfunktion als Sitzungsvertreter und Zeuge** ist zulässig. Die Vorschrift des § 58 Abs. 1 StPO ist dann nicht anwendbar, da sie nur für Personen gilt, die ausschließlich als Zeugen an der Hauptverhandlung teilnehmen.[23] Wegen der Auswirkungen auf die Beweiswürdigung kann es allerdings im Einzelfall zweckmäßig sein, einen anderen Amtsträger als den möglichen Zeugen als Vertreter zu benennen.[24] Da die Finanzbehörde einen Anspruch auf ununterbrochene Anwesenheit eines Vertreters hat, muss das Gericht die beabsichtigte Vernehmung des Sitzungsvertreters davor ankündigen, um die Entsendung eines weiteren Vertreters zu ermöglichen.[25]

14 Die Auswahl des Sitzungsvertreters steht im Ermessen der Finanzbehörde. Es muss sich lediglich um einen **Amtsträger der Finanzbehörde** handeln. Gericht oder Staatsanwaltschaft können nicht die Entsendung eines bestimmten Amtsträgers verlangen. Da der Vertreter keine staatsanwaltschaftlichen Aufgaben wahrnimmt, ist auch keine bestimmte Vorbildung erforderlich.[26] Es dürfte jedoch regelmäßig sachgerecht sein, einen Vertreter mit der Befähigung zum Richteramt zu entsenden.

15 d) **Fragerecht.** Die Finanzbehörde hat das Recht, **Fragen** an Angeklagte, Zeugen und Sachverständige zu richten (Abs. 1 Satz 5) und zwar nicht nur in der Hauptverhandlung, sondern auch bei Vernehmungen durch beauftragte oder ersuchte Richter (vgl. Abs. 1 Satz 5). Den Zeitpunkt der Fragen bestimmt der Vorsitzende (§ 238 Abs. 1 StPO). Sobald der Vorsitzende die Befragung gestattet, hat der Vertreter der Finanzbehörde ein unmittelbares Fragerecht. Er muss seine Fragen weder über den Vorsitzenden stellen noch sich unmittelbare Fragen gesondert genehmigen lassen.[27]

---

[17] Joecks/Jäger/Randt/*Joecks* Rn. 9; Graf/Jäger/Wittig/*Weyand* Rn. 5; *Harms* GS Schlüchter, 2002, 451 (462).
[18] AStBV(St) 2017 Nr. 94 Abs. 1 Satz 1, Abs. 3 Satz 1.
[19] Klein/*Jäger* Rn. 5; Joecks/Jäger/Randt/*Joecks* Rn. 9; *Harms* GS Schlüchter, 2002, 451 (460).
[20] AStBV(St) 2017 Nr. 94 Abs. 3 Satz 3; vgl. OLG Celle 13.2.1969 – 1 Ss 225/68, MDR 1969, 780 f.; *Strauß* S. 140.
[21] Klein/*Jäger* Rn. 6; bereits → § 404 Rn. 38.
[22] *Harms* GS Schlüchter, 2002, 451 (460 f.); *Rüping* NStZ 1999, 314 (315).
[23] LG Dresden 10.11.1997 – 8 Ns 101 Js 44995/95, NJW 1998, 3509 (3510); *Strauß* S. 138.
[24] *Harms* GS Schlüchter, 2002, 451 (462); *Rüping* NStZ 1999, 314 (315).
[25] Joecks/Jäger/Randt/*Joecks* Rn. 15.
[26] Graf/Jäger/Wittig/*Weyand* Rn. 3 f.
[27] Joecks/Jäger/Randt/*Joecks* Rn. 14; Graf/Jäger/Wittig/*Weyand* Rn. 9.

16 **2. Mitteilung verfahrensabschließender Entscheidungen.** Die Mitteilung verfahrensabschließender Entscheidungen (Abs. 2) soll die Finanzbehörde über Stand und Abschluss des Verfahrens informieren, ihr aber vor allem ermöglichen, im Besteuerungsverfahren die **steuerrechtlichen Folgerungen aus den vom Gericht festgestellten Steuerstraftaten** (ua Haftung, § 71, verlängerte Festsetzungsfrist, § 172 Abs. 2 S. 2, Hinterziehungszinsen, § 235) zu ziehen. Im Hinblick auf den Informationszweck der Mitteilung sind verfahrensabschließende Entscheidungen in diesem Sinne auch die Aussetzung des Steuerstrafverfahrens bis zum Abschluss des Besteuerungsverfahrens (§ 396), Vorlagen an den Gemeinsamen Senat der Oberste Gerichtshöfe des Bundes (§ 1 Abs. 2, § 11 Abs. 2, 3 RsprEinhG) und das Bundesverfassungsgericht (Art. 101 Abs. 1 S. 1 GG) sowie Vorabentscheidungsersuchen an den Europäischen Gerichtshof (Art. 267 AEUV).

17 **3. Beteiligung im Zwischenverfahren.** Die Regelungen in Abs. 1, insbesondere die Sätze 3 und 4, zielen ersichtlich vor allem auf das Hauptverfahren. Nach Wortlaut und Gesetzessystematik gilt der **Unterabschnitt über das gerichtliche Verfahren** aber für das gesamte gerichtliche Verfahren, also einschließlich des Zwischenverfahrens. Hiervon ging zwischenzeitlich auch die Entwurfsbegründung des Gesetzes zur Regelung der Verständigung im Strafverfahren aus.[28]

18 Daraus folgt, dass sich die Beteiligung der Finanzbehörde im Zwischenverfahren nach den **ihrem Sinn nach einschlägigen Vorschriften des § 407 Abs. 1** richtet. Die Finanzbehörde hat daher jedenfalls Anspruch auf Gelegenheit zur Stellungnahme (§ 407 Abs. 1 S. 1 und 2) vor Entscheidung über die Eröffnung oder Nichteröffnung des Hauptverfahrens (§§ 203, 204 StPO). Sie kann als Verfahrensbeteiligte zu der Entscheidung vorangehenden Erörterungen hinzugezogen werden (§ 202a StPO) und kann, sofern Nachermittlungen (§ 202 StPO)[29] die Vernehmung von Angeschuldigten, Zeugen und Sachverständigen beinhalten, daran teilnehmen und Fragen stellen (§ 407 Abs. 1 S. 5 AO). In entsprechender Anwendung der Abs. 1 S. 3 und 4 ist die Finanzbehörde auch bei anderen Ermittlungen zur Anwesenheit berechtigt und über die Maßnahmen rechtzeitig vorher zu informieren.

III. Rechtsbehelfe

19 Der Finanzbehörde ist im gerichtlichen Steuerstrafverfahren grundsätzlich nicht rechtsmittelbefugt. Die Finanzämter sind gehalten, bei Bedenken gegen gerichtliche Entscheidungen Rechtsmittel der Staatsanwaltschaft anzuregen.[30] Verstöße gegen ihre Beteiligungsrechte kann sie selbst nur durch **Gegenvorstellung** rügen.[31] Dienstaufsichtsbeschwerde scheidet aus, da Richter keiner Dienstaufsicht unterliegen.[32]

20 Einen **Anspruch auf rechtliches Gehör** (Art. 103 Abs. 1 GG) haben grundsätzlich auch öffentlich-rechtliche Körperschaften[33] bzw. ihre Behörden.[34] Das Rechtsstaatsprinzip verlangt bei Verstößen gegen den Anspruch auf rechtsstaatliches Gehör eine in der Verfahrensordnung vorgesehene fachgerichtliche Abhilfemöglichkeit.[35] Soweit durch den Verstoß gegen § 407 der Anspruch der Finanzbehörde auf rechtliches Gehör verletzt wird, jedenfalls bei schwerwiegenden oder willkürlichen Verstößen gegen Abs. 1 S. 1, 2 und 4, müsste daher ein ordentlicher Rechtsbehelf gegeben sein.

IV. Revision

21 Nach allgemeiner Auffassung im Schrifttum können Verstöße gegen § 407 unter bestimmten engen Voraussetzungen[36] mit der Verfahrensrüge **(Aufklärungsrüge)** geltend

---

[28] BT-Drs. 16/12310, 11.
[29] Dazu ausführlich *Strauß* S. 90 ff.
[30] AStBV(St) 2017 Nr. 95.
[31] Klein/*Jäger* Rn. 9; Joecks/*Jäger*/Randt/*Joecks* Rn. 20; Graf/*Jäger*/Wittig/*Weyand* Rn. 12.
[32] LG Dresden 10.11.1997 – 8 Ns 101 Js 44995/95, NJW 1998, 3509.
[33] BVerfG 12.11.2009 – 2 BvR 2034/04, BVerfGK 16, 396.
[34] BVerfG 16.12.2014 – 1 BvR 2142/11, NVwZ 2015, 510.
[35] BVerfG 30.4.2003 – 1 PBvU 1/02, BVerfGE 107, 395 = NJW 2003, 1924.
[36] Vgl. Klein/*Jäger* Rn. 9.

gemacht werden. Die Anforderungen hierfür sind jedoch hoch und die praktische Relevanz dürfte sehr gering sein.[37]

4. Unterabschnitt. Kosten des Verfahrens

§ 408 Kosten des Verfahrens

¹Notwendige Auslagen eines Beteiligten im Sinne des § 464a Abs. 2 Nr. 2 der Strafprozessordnung sind im Strafverfahren wegen einer Steuerstraftat auch die gesetzlichen Gebühren und Auslagen eines Steuerberaters, Steuerbevollmächtigten, Wirtschaftsprüfers oder vereidigten Buchprüfers. ²Sind Gebühren und Auslagen gesetzlich nicht geregelt, so können sie bis zur Höhe der gesetzlichen Gebühren und Auslagen eines Rechtsanwalts erstattet werden.

I. Überblick

1. Normzweck. Durch § 408 werden die **kostenrechtlichen Folgerungen aus § 392** gezogen. Die dort genannten Angehörigen der steuerberatenden Berufe werden auch in Bezug auf die kostenrechtliche Behandlung ihrer Gebühren und Auslagen Rechtsanwälten gleichgestellt.

2. Anwendungsbereich. Die Vorschrift gilt für alle Steuerstrafverfahren. Sie ist im **Bußgeldverfahren** wegen Steuerordnungswidrigkeiten entsprechend anwendbar (§ 410 Abs. 1 Nr. 12).

II. Erläuterung

Nach § 464a Abs. 2 Nr. 2 StPO gehören zu den notwendigen Auslagen der Beteiligten auch die Gebühren und Auslagen eines Rechtsanwalts, soweit sie nach § 91 Abs. 2 ZPO zu erstatten sind. Für die Gebühren und Auslagen von **Angehörigen der steuerberatenden Berufe als Verteidiger im Steuerstrafverfahren** (§ 392 AO) bedurfte es daher einer gesonderten Regelung.

Die **Kosten eines zusätzlich zu einem Rechtsanwalt als Verteidiger bestellten Steuerberaters** sind nur erstattungsfähig, wenn die zusätzliche Bestellung notwendig war.[1] Das „auch" in § 408 AO greift den Wortlaut des § 464a Abs. 2 Nr. 2 StPO auf. Es wird lediglich dessen Anwendungsbereich erweitert und kein eigenständiger Erstattungsanspruch begründet. Die Möglichkeit zur Bestellung von Angehörigen der steuerberatenden Berufe als Verteidiger in Steuerstrafsachen wurde nicht geschaffen, um dem Beschuldigten in allen Fällen eine gemeinschaftliche Verteidigung durch einen Rechtsanwalt und einen Steuerberater zu ermöglichen.[2] Es kann auch nicht allgemein davon ausgegangen werden, dass zur Wahrung der „Waffengleichheit"[3] zwischen dem Beschuldigten einerseits, Staatsanwaltschaft und Finanzbehörde andererseits gerade eine gemeinschaftliche Verteidigung durch Rechtsanwalt und Steuerberater erforderlich ist. Das Gesetz geht davon aus, dass Rechtsanwälte auch zum Vortrag in steuerrechtlichen Angelegenheiten geeignet sind (vgl. § 80 Abs. 6 S. 2 AO, § 62 Abs. 2 S. 1 FGO, § 3 Nr. 1 StBerG). Tatsächlich verfügen Rechtsanwälte, die als Steuerstrafverteidiger auftreten, regelmäßig auch dann, wenn sie nicht zugleich Fachanwälte für Steuerrecht sind, über vertiefte steuerrechtliche Kenntnisse. Im Übrigen hängt es von den Umständen des Einzelfalls ab, ob für die Verteidigung in Steuerstrafsachen strafrechtliche oder steuerrechtliche Fragen im Vordergrund stehen.

---

[37] Joecks/Jäger/Randt/*Joecks* Rn. 20; Graf/Jäger/Wittig/*Weyand* Rn. 13; *Strauß* S. 136.
[1] KG 16.10.1981 – 1 Ws 43/81, NStZ 1982, 207; aA Klein/*Jäger* Rn. 3; Joecks/Jäger/Randt/*Lipsky* Rn. 15.
[2] Vgl. BT-Drs. 5/1812, 31 f.
[3] Klein/*Jäger* Rn. 3.

5   Was **gesetzliche Gebühren und Auslagen** von Angehörigen der steuerberatenden Berufe (S. 1) sind, ergibt sich grundsätzlich aus dem für diese Berufe maßgeblichen Gebührenrecht. Auf die Vergütung des Steuerberaters im Strafverfahren und im Bußgeldverfahren sind die Vorschriften des Rechtsanwaltsvergütungsgesetzes sinngemäß anzuwenden (§ 45 StBVV). Dies gilt allerdings nicht für die Teilnahme an Fahndungsprüfungen (§ 208) und die schriftlichen Einwendungen gegen den Prüfungsbericht (§ 29 StBVV).[4]

6   Die Gebühren und Auslagen von Wirtschaftsprüfern im Strafverfahren sind **nicht gesetzlich geregelt.** Sie sind daher durch die Höhe der gesetzlichen Gebühren und Auslagen eines Rechtsanwalts gedeckt (S. 2), können aber auch niedriger festgesetzt werden.[5] Ein niedrigerer Ansatz kommt insbesondere dann in Betracht, wenn Angehörige der steuerberatenden Berufe die Verteidigung nur zusammen mit einem Rechtsanwalt oder Rechtslehrer (§ 392 Abs. 1 Hs. 2) führen können.[6] Wenn ein Wirtschaftsprüfer einziger Verteidiger im selbständigen Ermittlungsverfahren der Finanzbehörde ist, dürfte ein niedrigerer Ansatz aber nur unter besonderen Umständen in Betracht kommen.

7   Auf **Hochschullehrer als Verteidiger** findet § 408 keine Anwendung. Ihre Vergütung bestimmt sich in entsprechender Anwendung des Rechtsanwaltsvergütungsgesetzes.[7]

---

[4] Vgl. auch OLG Düsseldorf 10.6.2003 – 23 U 68/02, DStRE 2003, 1419.
[5] AA Graf/Jäger/Wittig/*Sahan* Rn. 7.
[6] KG 16.10.1981 – 1 Ws 43/81, NStZ 1982, 207; aA Klein/*Jäger* Rn. 3; Joecks/Jäger/Randt/*Lipsky* Rn. 15.
[7] Vgl. OLG Düsseldorf 27.9.1994 – 1 Ws 637/94, wistra 1995, 78, zur BRAGO.

Sachverzeichnis

Bei den fett gedruckten Zahlen handelt es sich um den jeweiligen Paragraphen und Gesetz, die mager gedruckten Zahlen weisen die Randnummern aus.

Abführung des Ergriffenen
- Abführung **GVG 167** 7
- körperliche Durchsuchung **GVG 167** 8
- Wahlrecht **GVG 167** 7
- Zurückbringen ins Ausgangsland **GVG 167** 7

Abgabe
- Analogie **AO 386** 35
- besondere strafprozessrechtliche Schwierigkeiten **AO 386** 29
- Einvernehmlichkeit **AO 386** 34
- Ermessen der Finanzbehörde **AO 386** 28
- Evokation durch die Staatsanwaltschaft **AO 386** 30
- Herrin des Verfahrens **AO 386** 30
- Information durch die Finanzbehörde **AO 386** 31
- jederzeitige Zulässigkeit **AO 386** 30
- Rückgabe von der Staatsanwaltschaft an die Finanzbehörde **AO 386** 34 f.
- Übernahmepflicht der Staatsanwaltschaft **AO 386** 28
- Unterrichtung der Staatsanwaltschaft **AO 386** 32
- Vermeidung eines negativen Kompetenzkonfliktes **AO 386** 34
- Verwertbarkeit der gewonnenen Erkenntnisse **AO 386** 28
- Weisungsrecht **AO 386** 33

Abgabepflichten des Generalbundesanwalts
- Abgabeverbote **GVG 142a** 14
- Änderung der Sach- oder Rechtslage nach Einreichung der Anklage- oder Antragsschrift **GVG 142a** 13
- Beurteilungsspielraum **GVG 142a** 10
- im Interesse der Rechtseinheit geboten **GVG 142a** 14
- Interessen des Bundes in besonderem Maße berührt **GVG 142a** 14
- Katalogstraftat **GVG 142a** 9
- letztmöglicher Zeitpunkt der Abgabe **GVG 142a** 12
- nachträgliches Entfallen des Tatverdacht **GVG 142a** 9
- Organleihe **GVG 142a** 9
- Sache minderer Bedeutung **GVG 142a** 9

- Verweisung **GVG 142a** 13
- Wegfall der besonderen Bedeutung des Falles **GVG 142a** 11

Abgeltungssteuer AO 30a 17

Ablehnung der Rechtshilfe GVG 158 3 ff.

Ablehnung des Antrags
- allgemeine Sachurteilsvoraussetzungen **JGG 77** 4
- Anfechtbarkeit **JGG 77** 6
- Anklageschrift **JGG 77** 6
- Beschluss **JGG 77** 5
- beschränkte Rechtskraft **JGG 77** 5
- erneuter Antrag **JGG 77** 6
- Eröffnungsbeschluss **JGG 77** 1
- hinreichender Tatverdacht **JGG 77** 5
- jugendrichterliche Prüfung **JGG 77** 2
- Rechtswirkung **JGG 77** 6
- Sanktionsprognose **JGG 77** 3
- Verfahrensabgabe **JGG 77** 4
- Verkündung des Urteils **JGG 77** 6

Ablehnung des Schöffenamts
- abstrakt-objektive Kriterien **GVG 35** 11
- Aktive Schöffen/ehrenamtliche Richter **GVG 35** 4 f.
- Altersgründe **GVG 35** 9
- Apothekenleiter **GVG 35** 7
- Fürsorge für die Familie **GVG 35** 8
- Gefährdung/Beeinträchtigung der wirtschaftlichen Lebensgrundlagen **GVG 35** 10
- Geltungsdauer **GVG 35** 3
- Glaubens- und Gewissensfreiheit **GVG 35** 11
- Heil- und Heilhilfsberufe **GVG 35** 6
- Staatsbürgerpflicht **GVG 35** 1

Ablehnung eines Ersuchens
- Bedenken gegen Zulässigkeit **GVG 159** 6
- endgültige Weigerung des ersuchten Gerichts **GVG 159** 3
- Grund für Nichtdurchführung unerheblich **GVG 159** 3
- Kostentragungspflicht **GVG 159** 5
- Teilablehnung **GVG 159** 5
- weitere Bedingungen **GVG 159** 4
- Weitergabe wegen örtlicher Unzuständigkeit **GVG 159** 7

Sachverzeichnis

fette Zahlen = §§

– zeitliche Verzögerung **GVG 159** 6
Ablehnungsgründe
– Ablehnungserklärung **GVG 53** 5
– Anfechtbarkeit und Revision **GVG 53** 7
– Anhörung der Staatsanwaltschaft **GVG 53** 6
– Ausschlussfrist **GVG 53** 3
– schriftlich oder zu Protokoll der Geschäftsstelle **GVG 53** 5
– schriftliche Entscheidung **GVG 53** 6
– Streichung von der Schöffenliste **GVG 53** 2
– Tatsachenkenntnis des Schöffen **GVG 53** 4
– Verfristung des Ablehnungsrechts **GVG 53** 3
– zuständiger Richter **GVG 53** 6
Ablehnungsverfahren
– Anforderungen an einen Befangenheitsantrag **GVG 191** 6
– Anhörung **GVG 191** 7
– Beschluss **GVG 191** 7
– Beschlussfassung des Gerichts **GVG 191** 6
– Beweisverwertungsverbot **GVG 191** 8
– Geltendmachung der Befangenheit **GVG 191** 6
– konkludenter Verzicht auf die Befangenheitsrüge **GVG 191** 8
– Revisibilität eines zurückweisenden Ablehnungsbeschlusses **GVG 191** 6
– Vernehmung als Zeuge **GVG 191** 8
– Verschwiegenheitspflicht **GVG 191** 8
– Zuständigkeit **GVG 191** 7
Abnahme des Eides
– Belehrung **GVG 189** 13
– gesonderte Vereidigung für andere Sprache **GVG 189** 13
– Haftprüfungstermin **GVG 189** 13
– Hauptverhandlung eines jeden Verfahrens **GVG 189** 13
– Nacheid **GVG 189** 13
– Rückgriff auf Vereidigung in anderen Verfahrensabschnitten **GVG 189** 13
– Sitzungstage **GVG 189** 13
– Voreid **GVG 189** 13
– Zeitpunkt **GVG 189** 13
Abschiebehaft GVG 187 37
Absehen von Strafe
– Billigkeit **StrEG 4** 16
– Straffreierklärung **StrEG 4** 14
– Verwarnung mit Strafvorbehalt **StrEG 4** 14

Absehen von Verfolgung
– allgemeiner Gleichheitssatz **AO 398a** 50, 60
– Anklage **JGG 45** 21
– Anordnungskompetenz **JGG 45** 19
– Anrechnung **AO 398a** 48
– Anregungskompetenz **JGG 45** 19 f.
– Anwendungsbereich **AO 398a** 2; **JGG 45** 1
– Berechnung des Geldbetrags **AO 398a** 59
– Bericht der Jugendgerichtshilfe **JGG 45** 15
– Bescheidung **JGG 45** 34
– besonders schwere Fälle der Steuerhinterziehung **AO 398a** 49
– besonders schwerer Fall **AO 398a** 54
– Bestandskraft der Einstellung **JGG 45** 33
– Beteiligung der Staatsanwaltschaft **AO 398a** 49
– Beteiligung des Richters **JGG 45** 13, 21
– Bezifferung der Anzahl bereits vollstreckte geltenden Tagessätze **AO 398a** 48
– Bindungswirkung **JGG 45** 33
– Diversion in Jugendstrafverfahren **JGG 45** 3
– durchgeführte oder eingeleitete erzieherische Maßnahme **JGG 45** 16 ff.
– Eintragung in das Erziehungsregister **JGG 45** 35
– einzelne Tat im materiellen Sinn **AO 398a** 58
– Entscheidung des Richters **JGG 45** 30 f.
– Entscheidung über die Anrechnung **AO 398a** 67
– Erfolgsunwert **AO 398a** 56
– Ermessen **JGG 45** 25
– erzieherische Maßnahmen **JGG 45** 29
– Festsetzung der Nachzahlungsfrist **AO 398a** 47
– Folgerichtigkeitsgebot **AO 398a** 60
– förmliche Sanktionierung **JGG 45** 5 f.
– Funktion des Schuldausgleichs **AO 398a** 51
– gebundene Anwendung **AO 398a** 62
– gerechtes Verhältnis **AO 398a** 52
– geringe Schuld **JGG 45** 13 f.
– Gesetz zur Änderung der Abgabenordnung und des Einführungsgesetzes zur Abgabenordnung **AO 398a** 3
– gesonderte Entscheidung über Wirksamkeit der Selbstanzeige **AO 398a** 65

magere Zahlen = Randnummern

- Geständnis **JGG 45** 22, 27
- Handlungswert **AO 398a** 56
- Jugendgerichtshilfe **JGG 45** 32
- Justizverwaltungsakt **AO 398a** 66
- Legalitätsgrundsatz **AO 398a** 46
- Legalitätsprinzip **JGG 45** 4 f.
- Maßstab für Ermessensausübung **AO 398a** 62
- mit Einschaltung des Richters **JGG 45** 26 ff.
- Mitteilung **JGG 45** 34
- Möglichkeit der strafbefreienden Selbstanzeige **AO 398a** 2
- Nachweis der Schuld **JGG 45** 23
- nominelles Hinterziehungsvolumen **AO 398a** 53 f.
- ohne Einschaltung des Richters **JGG 45** 13 ff.
- Opportunitätsprinzip **JGG 45** 3
- rechtfertigenden Pflichtenkollision **AO 398a** 57
- Rechtsbehelfe **AO 398a** 64; **JGG 45** 35
- Revision **AO 398a** 68
- Richtervorbehalt **JGG 45** 39
- Schuldprinzip **AO 398a** 50, 52 ff., 57 ff.
- Selbstanzeige **AO 398a** 46, 53 ff.
- Selbstbelastungsfreiheit **AO 398a** 50 f.
- Sperrgrund **AO 398a** 46
- Steueranmeldungen **AO 398a** 57
- Strafaufhebungsgründe **AO 398a** 52
- strafrechtliches Verwertungsverbot **AO 398a** 51
- tarifmäßige Schuldbemessung **AO 398a** 59
- Umfang der Steuerhinterziehung **AO 398a** 54, 58
- Ungehorsamarrest **JGG 45** 24, 32
- Unschuldsvermutung **JGG 45** 39
- unterbliebene Fristsetzung **AO 398a** 47
- unterschiedliche Behandlung gleichwertiger Taten **AO 398a** 54 f.
- unterschiedliche Rechtskraftwirkung **AO 398a** 61
- unwirksame Selbstanzeige **AO 398a** 1
- Verfahrenshindernis für das Steuerstrafverfahren **AO 398a** 1
- Verhältnis zu § 170 Abs. 2 StPO **JGG 45** 7 f.
- Verhältnis zu §§ 153, 153a StPO **JGG 45** 9
- Verhältnis zu Einstellungsmöglichkeiten im BtMG **JGG 45** 11
- Verhältnis zu sonstigen Einstellungsmöglichkeiten der StPO **JGG 45** 10
- vertypter besonders schwerer Fall **AO 398a** 54
- widening of the net-Effekt **JGG 45** 38
- Zwangsmittelverbot **AO 398a** 51

Absolute Mehrheit
- einfache Mehrheit **GVG 196** 5
- Geldstrafe **GVG 196** 4
- Rechtsfolgenfrage **GVG 196** 1
- Revision **GVG 196** 5
- Schuldfrage **GVG 196** 1
- Stimmengleichheit **GVG 196** 5
- Strafhöhe **GVG 196** 3
- unterschiedlich hohe Strafvorstellungen **GVG 196** 3
- Verfahrenseinstellung durch Beschluss **GVG 196** 2
- Zweidrittelmehrheit **GVG 196** 1 f.

Abstandsgebot
- Abstandsgebot **EGStGB 316f** 4, 10, 17
- Altfälle **EGStGB 316f** 1 ff.
- Anlasstat **EGStGB 316f** 3, 9 f.
- Fortdauer der Sicherungsverwahrung **EGStGB 316f** 16
- Jugendstrafrecht **EGStGB 316f** 13
- Meistbegünstigungsprinzip **EGStGB 316f** 6
- nachträgliche Sicherungsverwahrung **EGStGB 316f** 14
- nachträgliche Sicherungsverwahrung nach Straftat **EGStGB 316f** 4
- Neufälle **EGStGB 316f** 3
- primäre Sicherungsverwahrung **EGStGB 316f** 12
- psychische Störung **EGStGB 316f** 15
- Revisionsentscheidungen **EGStGB 316f** 8
- rückwirkende Anwendung von Verschärfungen **EGStGB 316f** 4, 12 f.
- Stichtage **EGStGB 316f** 4
- Stichtagsregelung **EGStGB 316f** 3
- strikte Verhältnismäßigkeitsprüfung **EGStGB 316f** 10 f.
- Überprüfung des Betreuungsangebots **EGStGB 316f** 18
- Verlängerung der Rückfallverjährung **EGStGB 316f** 6
- Vertrauensschutzfälle **EGStGB 316f** 4, 10
- Vorbehalten der Sicherungsverwahrung **EGStGB 316f** 13

Sachverzeichnis

fette Zahlen = §§

Abstimmung
- Änderung der Stimmabgabe **GVG 194** 7
- Beantragung einer Nachberatung mit neuer Abstimmung **GVG 194** 7
- Enthaltung **GVG 194** 3
- Ergebnis **GVG 194** 4
- nachträgliche Änderung der Stimmabgabe **GVG 194** 7
- Offene Abstimmungspflicht **GVG 194** 3
- Rechtsfolgenfrage **GVG 194** 4
- Schuldfrage **GVG 194** 4
- überindividuelle Leistung **GVG 194** 3
- Unschuldsvermutung **GVG 194** 5
- Vorberatungen **GVG 194** 6
- vorbereitende Abstimmung **GVG 194** 6
- Zweidrittelmehrheit **GVG 194** 5
- zwingende ungeteilte Abstimmung **GVG 194** 5

Abstimmungspflicht
- Bindungswirkung des Standpunkts der Mehrheit für Folgefragen **GVG 195** 1
- nicht vorschriftgemäße Besetzung **GVG 195** 3
- Revision **GVG 195** 5
- Schuld- und Rechtsfolgenfrage **GVG 195** 2
- Spruchkörper in Gänze als Urheber/Träger der Rechtserkenntnis **GVG 195** 4
- überstimmter Vorsitzender **GVG 195** 4
- Verhinderungsfall **GVG 195** 3
- Weigerung eines Richters zur Stimmabgabe **GVG 195** 3

Abwägungserfordernde Datenübermittlung EGGVG 13 15 ff.

Abwägungslose Datenübermittlung EGGVG 13 4 ff.

Abweichende Zuständigkeitsregelungen
- abweichende Konzentration der Zuständigkeit **AO 391** 8
- Länder die von der Ermächtigung Gebrauch gemacht haben **AO 391** 10
- Zuweisung an ein anderes Amtsgericht **AO 391** 9
- Zuweisung an mehrere Amtsgerichte **AO 391** 9

Abwendung der Vollstreckung
- Anordnungen im Gnadenweg **EGStGB 293** 12
- Anrechnungsmaßstab **EGStGB 293** 6 f.
- Arbeits- oder Beschäftigungsverhältnis **EGStGB 293** 11
- Ausnahmefälle **EGStGB 293** 7

- ergänzende Regelungen **EGStGB 293** 1
- Erledigung **EGStGB 293** 9
- Ersatzfreiheitsstrafe **EGStGB 293** 5 f.
- freie Arbeit **EGStGB 293** 2, 4
- gemeinnützige Leistungen und Arbeitsleistungen **EGStGB 293** 12
- gemeinnützige und unentgeltliche Tätigkeiten **EGStGB 293** 4
- Justizverwaltung **EGStGB 293** 3
- Krankheits- oder sonst entschuldigte Fehlzeiten **EGStGB 293** 8
- Landesrecht **EGStGB 293** 2
- Rechtsverordnung **EGStGB 293** 3
- Teilleistungen **EGStGB 293** 10
- Tilgung **EGStGB 293** 9
- uneinbringliche Geldstrafe **EGStGB 293** 5

Achtung der Korrespondenz EMRK 8 17

Achtung der Menschenwürde
- effektiver Menschenrechtsschutz **EMRK 1** 1
- europäischer menschenrechtlicher Standard **EMRK 1** 1
- Europarat **EMRK 1** 2
- Individualbeschwerde **EMRK 1** 1
- Ratifikation **EMRK 1** 2
- Staaten des Europarates **EMRK 1** 1
- transnationale Rechtsinstanz **EMRK 1** 1
- unmittelbare Verpflichtung **EMRK 1** 1
- völkerrechtlicher Vertrag **EMRK 1** 1
- Zusatzprotokolle **EMRK 1** 2

Achtung der Wohnung EMRK 8 16

Achtung des Privatlebens
- Auslieferungshindernisse **EMRK 8** 31
- Autonomie des Einzelnen **EMRK 8** 9
- Berufs- und Arbeitsleben **EMRK 8** 9
- Bindung an die EMRK **EMRK 8** 10
- dringliches gesellschaftliches Bedürfnis **EMRK 8** 25
- Durchsuchungen **EMRK 8** 26
- effektive nachträgliche richterliche Kontrolle **EMRK 8** 26
- effektive und wirksame Rechte **EMRK 8** 3
- Förderung legitimer Ziele **EMRK 8** 18
- freier Verkehr zwischen Beschuldigtem und Verteidiger **EMRK 8** 30
- geheime Überwachungsmaßnahmen **EMRK 8** 27
- gesetzlicher Eingriffsgrundlage *siehe dort*
- guter Ruf und Ehre einer Person **EMRK 8** 12

magere Zahlen = Randnummern

- Handeln Privater **EMRK 8** 4
- Hörfalle **EMRK 8** 10
- Identitätsbildung und -entfaltung **EMRK 8** 9
- konkrete Verhältnismäßigkeit **EMRK 8** 18
- Kontaktbeschränkung in der U-haft **EMRK 8** 28
- körperliche, psychische und soziale Integrität **EMRK 8** 13
- Kumulation von Grundrechtseingriffen **EMRK 8** 27
- nationale Maßstäbe **EMRK 8** 25
- Notstandsfall **EMRK 8** 18
- Notwendigkeit einer demokratischen Gesellschaft **EMRK 8** 25
- positive obligations **EMRK 8** 3
- Recht, über eigenes Leben zu verfügen **EMRK 8** 13
- Schaffung von Eingriffsgrundlagen **EMRK 8** 11
- Schutz personenbezogener Daten **EMRK 8** 12
- Speicherung/Aufbewahrung von DNA-Profilen, Fingerabdrücken und/oder Zellproben **EMRK 8** 29
- strafprozessuale Kasuistik **EMRK 8** 26 ff.
- Totalüberwachung **EMRK 8** 27
- vertraulich gesprochenes Wort **EMRK 8** 10

Akten der Zeugenschutzdienststellen
- Geheimhaltungsbedürftigkeit **ZSHG 2** 9
- informationelle Trennung **ZSHG 2** 9
- lückenlose Dokumentation **ZSHG 2** 8
- vollständige Rekonstruierbarkeit **ZSHG 2** 8

Aktenauszug
- Akteneinsichtsrecht **GVG 187** 33
- Richtlinie **GVG 187** 33
- richtlinien- und konventionskonforme Auslegung **GVG 187** 33
- Übersetzung von ausländischen Beweismitteln im Ermittlungsverfahren **GVG 187** 33
- Umgangsverfahren **GVG 187** 33
- wesentliches Dokument **GVG 187** 33

Akteneinsicht
- Akten die dem Gericht vorliegen **AO 395** 3
- Akteneinsichts- und Besichtigungsrecht **AO 395** 2
- anderweitige Einsichts- und Besichtigungsrechte **AO 395** 6

Sachverzeichnis

- Anhängigkeit **AO 395** 2
- Beschränkungen **AO 395** 3
- Ergebnisse steuerstrafrechtlichen Ermittlungsverfahrens **AO 395** 1
- jederzeitige und wiederholte Wahrnehmung **AO 395** 2
- Rechtsbehelfe **AO 395** 7
- Übersendung der Akten zur Einsichtnahme **AO 395** 4
- Verteidiger **AO 395** 3
- Zuständigkeit im Übrigen **AO 395** 5
- Zuständigkeit im vorbereitenden Verfahren und nach rechtskräftigen Abschluss **AO 395** 5

Akteneinsichtsrecht
- Durchbrechung der Zweckbindung **ZSHG 2** 12
- Legalitätsprinzip **ZSHG 2** 12
- Räume der Zeugenschutzdienststellen **ZSHG 2** 11
- umfassende Unverwertbarkeit **ZSHG 2** 13
- Umgehung der Selbstbelastungsfreiheit **ZSHG 2** 12
- uneingeschränktes Recht der Staatsanwaltschaft **ZSHG 2** 10
- Zugänglichkeit **ZSHG 2** 10

Aktenvollständigkeit ZSHG 10 14

Allgemeine Zuständigkeit (erste Instanz)
- allgemeine Strafkammer **GVG 74** 2
- funktionelle Zuständigkeit **GVG 74** 4
- Jugendkammer **GVG 74** 2
- Rangverhältnis der Strafkammern untereinander **GVG 74** 4
- Spezialzuständigkeit des OLG **GVG 74** 3
- Verbrechen **GVG 74** 3

Allgemeine Zuständigkeit (Strafsachen)
- Beschwerdegericht **GVG 73** 2
- besondere Strafkammern **GVG 73** 2
- große Strafkammer **GVG 73** 1
- Schwurgericht **GVG 73** 2
- sonstige Aufgaben **GVG 73** 4
- Spezialkammer **GVG 73** 2
- vorrangige Zuständigkeit des OLG **GVG 73** 3

Allgemeines Rechtsmittelrecht in Jugendstrafverfahren
- Allgemeinen Vorschriften **JGG 55** 13
- Anfechtungsberechtigung **JGG 55** 14
- Anhörungsrüge *siehe dort*
- Anwendungsbereich **JGG 55** 52 f.

Sachverzeichnis
fette Zahlen = §§

- Ausbleiben in der Berufungsverhandlung *siehe dort*
- Erziehungsberechtigte oder gesetzlicher Vertreter **JGG 55** 14 f.
- instanzielle Rechtsmittelbeschränkung *siehe dort*
- Jugendstaatsanwalt **JGG 55** 15
- sachliche Rechtsmittelbeschränkung *siehe dort*
- Sondervorschriften **JGG 55** 13
- Teilanfechtung *siehe dort*
- Verschlechterungsverbot *siehe dort*
- Verteidiger **JGG 55** 15
- Verzicht und Rücknahme *siehe dort*
- Wiederaufnahme *siehe dort*

Allgemeines Strafverfahrensrecht
- Beteiligung der Finanzbehörden **AO 385** 6
- Bundeszentralregistergesetz **AO 385** 5
- Gerichtskostengesetz **AO 385** 5
- Gesetz über die Entschädigung für Strafverfolgungsmaßnahmen **AO 385** 5
- Gesetz über die Entschädigung von Zeugen und Sachverständigen **AO 385** 5
- Gesetz über die internationale Rechtshilfe in Strafsachen **AO 385** 5
- unmittelbare Geltung der allgemeinen Gesetze **AO 385** 5
- Verhältnis von Besteuerungs- und Steuerstrafverfahren **AO 385** 7
- Verwaltungsanweisungen **AO 385** 5

Amtsenthebung von Schöffen
- andere Pflichtverletzungen von besonderer Erheblichkeit **GVG 51** 5
- Anfechtbarkeit und Revision **GVG 51** 11
- Anhörung **GVG 51** 10
- Antrag des Richters beim Amtsgericht **GVG 51** 7
- Beschluss ohne Kostenentscheidung **GVG 51** 8
- einstweilige Anordnung **GVG 51** 9
- Entscheidung von Amts wegen durch Beschluss **GVG 51** 9
- gröbliche Verletzung der Amtspflicht **GVG 51** 3
- Mitgliedschaft einer nicht verbotenen Vereinigung oder Partei **GVG 51** 4
- Pflicht zur Verfassungstreue **GVG 51** 1
- rechtliches Gehör **GVG 51** 8
- schuldhaftes Handeln **GVG 51** 6
- Staatsanwaltschaft **GVG 51** 8
- ständige Hinderung an der Amtsausübung **GVG 51** 8
- ultima ratio **GVG 51** 5
- unbestimmter Rechtsbegriff **GVG 51** 7
- Ungeeignetheit, unabhängig nach Recht und Gesetz zu entscheiden **GVG 51** 3
- Zuständigkeit **GVG 51** 8

Amtsgericht
- Abteilungen als Spruchkörper **GVG 22** 4
- Bestimmungen über Kollegialgerichte **GVG 22** 5
- Durchführung von Gerichtstagen **GVG 22** 2
- Errichtung von Zweigstellen **GVG 22** 2
- Jugendschöffengericht **GVG 22** 5
- originäre Entscheidung durch Einzelrichter **GVG 22** 5
- Prinzip des Einzelrichters **GVG 22** 1, 5
- Schöffengericht **GVG 22** 5

Amtshaftung des Staatsanwalts
- Amtspflichtverletzung **GVG Vor 141** 16
- Anknüpfungspunkt **GVG Vor 141** 17
- Beginn der Verjährung **GVG Vor 141** 20
- drittbezogene Amtspflicht **GVG Vor 141** 15
- Interesse der Öffentlichkeit **GVG Vor 141** 15
- Kollegialgericht **GVG Vor 141** 19
- Rückgriff des Dienstherrn **GVG Vor 141** 21
- Spruchrichterprivileg **GVG Vor 141** 21
- unbestimmter Rechtsbegriff **GVG Vor 141** 16
- Verjährungsfrist **GVG Vor 141** 20
- Verschuldensprüfung **GVG Vor 141** 19
- Zustimmung zur Verfahrenseinstellung **GVG Vor 141** 18

Amtshandlungen außerhalb des Gerichtsbezirks
- Amtshandlung **GVG 166** 2 f.
- Amtshandlungen im gesamten Bundesgebiet **GVG 166** 1
- Gerichte **GVG 166** 4
- gerichtliche Amtshandlungen **GVG 166** 3
- Prozessordnungen anderer Gerichtsbarkeiten **GVG 166** 4
- Staatsanwaltschaft **GVG 166** 3
- Zustimmung des Gerichts **GVG 166** 1

Amtshilfe
- Begriff **GVG 156** 6

magere Zahlen = Randnummern

– Ermittlungsverfahren **GVG 156** 7
– generelle Ersuchen der Staatsanwaltschaft **GVG 156** 7
– Zwangsmaßnahmen **GVG 156** 7
Andere Aussetzungsvorschriften
– Aussetzung des Besteuerungsverfahrens **AO 396** 36
– Aussetzung des Steuerstrafverfahrens **AO 396** 31
– Bindungswirkung **AO 396** 32
– Gemeinsamer Senat der obersten Gerichtshöfe des Bundes **AO 396** 32
– informelle Kooperation **AO 396** 33
– konkrete Normenkontrolle **AO 396** 34
– Schwerpunkt des Prozessstoffs **AO 396** 37
– Umsatzsteuer- und Zollstrafsachen **AO 396** 35
– Verpflichtung zur Vorlage **AO 396** 32
– Vorabentscheidungsersuchen an den Gerichtshof der Europäischen Union **AO 396** 35
– vorgreifliches Rechtsverhältnis **AO 396** 36
– vorrangige Spezialvorschrift **AO 396** 31
– wechselseitige Aussetzungskompetenz **AO 396** 37
Andere Personen
– Alleinverteidiger **AO 392** 20
– Beschwerde **AO 392** 20
– Entscheidung nach pflichtgemäßem Ermessen **AO 392** 20
– gerichtliche Genehmigung **AO 392** 20
Andere Rechtsstreitigkeiten und gerichtliche Verfahren EGGVG 34 27 f.
Änderung des Gesetzes über Ordnungswidrigkeiten StrEG Anh. 18 1 ff.
Änderungen während des Geschäftsjahres
– analoge Anwendung bei nicht absehbaren Veränderungen **GVG 21e** 49
– Ausnahme vom Jährlichkeitsprinzip **GVG 21e** 44
– Begründung der Änderungsbeschlüsse **GVG 21e** 50
– Dauer der Verhinderung **GVG 21e** 45
– dauerhafte Verhinderung des Richters **GVG 21e** 48
– Dokumentationspflicht **GVG 21e** 50
– Effizienz des Geschäftsablaufs **GVG 21e** 46

Sachverzeichnis

– enge Zulässigkeitsvoraussetzungen **GVG 21e** 44, 46 ff.
– fortdauernde Zuständigkeit **GVG 21e** 51
– Revisionsverfahren **GVG 21e** 50
– Überlastung **GVG 21e** 47
– ungenügende Auslastung **GVG 21e** 47
– Verfahren **GVG 21e** 52 ff.
– vorangegangene Tätigkeit in der Sache **GVG 21e** 51
– Wechsel des Richters **GVG 21e** 48
Anfechtbarkeit (Geschäftsverteilung)
– Besetzungsrüge **GVG 21g** 18
– Feststellungsklage **GVG 21g** 19
– inhaltlich voll überprüfbar **GVG 21g** 18
– Revisionsverfahren **GVG 21g** 18
– Verwaltungsrechtsweg **GVG 21g** 19
Anfechtbarkeit (Präsidium)
– Abstimmungsentscheidungen **GVG 21a** 20
– Beschlüsse **GVG 21a** 21
– Besetzungsrüge **GVG 21a** 18; **GVG 21e** 67
– Dienstaufsicht **GVG 21a** 19
– einstweiliger Rechtsschutz **GVG 21a** 21
– Fehler bei der Präsidiumswahl **GVG 21e** 67
– Fehler im Verfahren des Präsidiums **GVG 21e** 67
– Feststellungsklage **GVG 21a** 21; **GVG 21e** 69
– Geschäftsverteilungsplan **GVG 21a** 21
– inhaltliche Entscheidungen des Präsidiums **GVG 21e** 68
– isolierte Anfechtung **GVG 21e** 69
– Passivlegitimation **GVG 21a** 21
– Revision **GVG 21e** 68
– richterliche Unabhängigkeit **GVG 21a** 21; **GVG 21e** 69
– Verwaltungsrechtsweg **GVG 21a** 21
– Willkürverbot **GVG 21a** 21; **GVG 21e** 69
Anfechtbarkeit (Schöffen)
– Besetzungsrüge **GVG 42** 11
– gesamte Wahl **GVG 42** 13
– gesetzlicher Richter **GVG 42** 11 f.
– isolierte Anfechtung **GVG 42** 11
– offenkundiger, schwerwiegender Fehler **GVG 42** 11
– Wahl des einzelnen Schöffen **GVG 42** 13
Anfechtbarkeit (Zuständigkeitsentscheidungen)
– Aufhebung von Amts wegen **GVG 24** 29

1895

Sachverzeichnis

fette Zahlen = §§

- Berufung **GVG 25** 8
- Bindungswirkung **GVG 24** 28; **GVG 25** 7
- objektiv willkürliche Annahme der Zuständigkeit **GVG 25** 9
- perpetuatio fori **GVG 24** 32
- Prüfung von Amts wegen **GVG 25** 10
- Revision **GVG 24** 29; **GVG 25** 8
- sachliche Zuständigkeit **GVG 24** 30
- Schöffengericht **GVG 25** 9
- selbstständige und umfassende Prüfung **GVG 24** 28; **GVG 25** 7
- sofortige Beschwerde **GVG 24** 28; **GVG 25** 7
- Überprüfung von Amts wegen **GVG 24** 33
- Verfahrensrüge **GVG 24** 33; **GVG 25** 10
- Willkürmaßstab **GVG 24** 31

Anfechtung
- anfechtbare Entscheidungen **JGG 63** 5
- Anfechtbarkeit der Beschlussentscheidungen **JGG 63** 1
- Anschlussentscheidungen **JGG 63** 5
- Aussetzung der Jugendstrafe zur Bewährung **JGG 59** 3
- begrenzte Überprüfung **JGG 63** 5
- erweiterte Entscheidungsmöglichkeiten **JGG 59** 3
- gesonderte Anfechtungsmöglichkeiten **JGG 59** 5
- Neben- und Nachtragsentscheidungen **JGG 59** 4
- persönlicher Anwendungsbereich **JGG 59** 1
- Tilgung des Schuldspruchs **JGG 63** 2
- unanfechtbare Entscheidungen **JGG 63** 2 ff.
- vor Ablauf der Bewährungszeit **JGG 63** 3
- Vorbewährung **JGG 59** 3
- Zustimmung der Staatsanwaltschaft **JGG 63** 3
- Zweck **JGG 63** 1
- Zweck der Norm **JGG 59** 3

Anfechtung der Aussetzungsentscheidung
- Beschluss **JGG 59** 31
- mehrere Rechtsmittel **JGG 59** 32
- Revision **JGG 59** 30
- Revision und sofortige Beschwerde gegen Berufungsurteil **JGG 59** 33
- sofortige Beschwerde **JGG 59** 29

- Wahlrevision und sofortige Beschwerde verschiedener Verfahrensbeteiligter **JGG 59** 34
- weitere Beschwerde **JGG 59** 31
- Zusammentreffen von Berufung und sofortiger Beschwerde **JGG 59** 33

Anfechtung der Entscheidung der Strafvollstreckungskammer
- Beschränkung der Überprüfung auf Willkür **GVG 78b** 9 f.
- Entscheidung des Oberlandesgerichts als Beschwerdegericht **GVG 78b** 11
- Zurückverweisung **GVG 78b** 11

Anfechtung der Nachtrags- und Nebenentscheidungenen
- Begründungszwang **JGG 59** 38
- Beschwerdegründe **JGG 59** 38
- Dauer der Bewährungszeit **JGG 59** 36
- Dauer der Unterstellungszeit **JGG 59** 36
- einfache Beschwerde **JGG 59** 36
- erneute Anordnung der Unterstellung **JGG 59** 36
- Hemmungswirkung **JGG 59** 40
- sofortige Beschwerde **JGG 59** 39
- Sonderzuständigkeit **JGG 59** 43
- Straferlass **JGG 59** 42
- Teilanfechtung **JGG 59** 37
- Weisungen und Auflagen **JGG 59** 36
- Widerruf der Aussetzung **JGG 59** 39
- Wiederaufnahmegründe **JGG 59** 41
- Zusammentreffen von Revision und Beschwerde **JGG 59** 43

Anfechtung von Entscheidungen
- Abschlussbericht zur Reform des Strafprozessrechts **JGG 55** 9
- allgemeine Strafverfahrensrecht **JGG 55** 4
- Beschleunigung des Verfahrensabschlusses **JGG 55** 4, 8
- Bundesverfassungsgericht **JGG 55** 7
- erzieherischer Erfolg **JGG 55** 6 f.
- erziehungsfeindliche Verfahrensverzögerung **JGG 55** 5
- faires Verfahren **JGG 55** 6
- instanzielle Rechtsmittelbeschränkung **JGG 55** 2, 4
- Legitimation der Schlechterstellung **JGG 55** 7
- pädagogische Nachteile **JGG 55** 8
- rechtliches Gehör **JGG 55** 3
- rechtspolitische Tendenz **JGG 55** 1
- Rechtspraxis **JGG 55** 12

magere Zahlen = Randnummern

Sachverzeichnis

– sachliche Rechtsmittelbeschränkung **JGG 55** 1, 4
– Ungleichbehandlung **JGG 55** 6
– Vergleich der inhaltlichen und instanziellen Rechtsmittelbeschränkung **JGG 55** 10
– verstärkte personelle Ausstattung der Jugendgerichte **JGG 55** 11
– Zustimmung des Jugendlichen **JGG 55** 3

Anfechtung von Justizverwaltungsakten
– Justizverwaltungsakte **GVG 176** 55
– unabhängige richterliche Rechtsprechungsgewalt **GVG 176** 55

Anfechtung von Kostenjustizverwaltungsakten
– Belehrung **EGGVG 30a** 5
– Kostenverwaltungsakte **EGGVG 30a** 3
– subsidiäre Auffangregelung **EGGVG 30a** 2
– Untätigkeit der Behörde **EGGVG 30a** 6
– Verwaltungsrechtsweg **EGGVG 30a** 3
– Vollzug jeglicher Kostenvorschriften im Bereich der ordentlichen Gerichtsbarkeit **EGGVG 30a** 2
– Zuständigkeit des Amtsgerichts **EGGVG 30a** 4

Anforderungen an das Gericht
– Ablehnungsverfahren **EMRK 6** 117
– Amtszeit **EMRK 6** 108
– Ausnahmegerichte **EMRK 6** 105
– Befangenheit **EMRK 6** 111 ff.
– Einzelfallprüfung **EMRK 6** 112
– erweiterter Anwendungsbereich **EMRK 6** 103
– Garantie des gesetzlichen Richters **EMRK 6** 105
– gesetzliche Grundlage **EMRK 6** 104
– Gewähr für die Unabhängigkeit **EMRK 6** 107
– Gewähr für Unparteilichkeit **EMRK 6** 109
– Heilung **EMRK 6** 117
– Jury **EMRK 6** 106, 109
– neutrale, allein dem Recht verpflichtete Institution **EMRK 6** 103
– objektiver Test **EMRK 6** 111
– Parlamentsgesetz **EMRK 6** 105
– Richterausschluss **EMRK 6** 115
– Schutz gegen sachwidrige äußere Einflussnahmen **EMRK 6** 107
– Sondergerichte **EMRK 6** 105
– subjektiver Test **EMRK 6** 110
– umfassende Kognitionsbefugnis **EMRK 6** 104
– Vertrauen in die Demokratie **EMRK 6** 103
– Vorbefassung **EMRK 6** 114 ff.

Angabe von Konten in Steuererklärungen AO 30a 14

Angemessene Verfahrensfrist
– Gesamtbetrachtung **EMRK 6** 371
– Höchstverfahrensdauer **EMRK 6** 372
– Komplexität des Falles **EMRK 6** 371
– Mindestverfahrensdauer **EMRK 6** 372
– Prozessführung durch staatliche Organe **EMRK 6** 371
– unangemessene Verfahrensdauer **EMRK 6** 373
– Verfahrensbedeutung **EMRK 6** 371
– Verteidigung **EMRK 6** 371
– weiterer Nachteil für die Verteidigung **EMRK 6** 375

Anhörung
– Anhörungsrecht des Präsidiums **GVG 21e** 64
– betroffene Spruchkörper **GVG 21e** 59
– Eilfälle **GVG 21e** 62
– fehlende Anhörung **GVG 21e** 63
– Gelegenheit zur Äußerung **GVG 21e** 57
– Öffentlichkeit **GVG 21e** 65
– rechtzeitige Bekanntmachung der Änderungen **GVG 21e** 58
– Richteröffentlichkeit **GVG 21e** 65
– weitere Anhörungsrechte **GVG 21e** 60

Anhörungsrüge JGG 55 95; **StrEG 8** 74

Anklage
– autonome Auslegung **EMRK 6** 55
– Beschuldigtenrechte in der Vernehmung **EMRK 6** 56
– Beschuldigung einer verdächtigen Person durch Strafverfolgungsorgane **EMRK 6** 56
– formale Anklageerhebung **EMRK 6** 55
– Kenntnis des Betroffenen **EMRK 6** 58
– konkludente Beschuldigung **EMRK 6** 57
– Maßnahmen, die eine vergleichbare Beschuldigung implizieren **EMRK 6** 56
– offizielle Mitteilung an eine Person **EMRK 6** 56
– Sinn und Zweck der Rechte **EMRK 6** 55
– Verwaltungsverfahren **EMRK 6** 59
– weite Auslegung **EMRK 6** 55

Sachverzeichnis

fette Zahlen = §§

– zeitlicher Anwendungsbereich **EMRK 6** 54

Anklage beim Landgericht
– Abschaffung der beweglichen Zuständigkeit **GVG 24** 9
– besondere Bedeutung der Sache *siehe dort*
– besondere Schutzbedürftigkeit von Verletzten der Straftat *siehe dort*
– besonderer Umfang der Sache *siehe dort*
– bewegliche Zuständigkeit **GVG 24** 8
– Dokumentation durch die Staatsanwaltschaft **GVG 24** *siehe dort*
– Garantie des gesetzlichen Richters **GVG 24** 9
– objektive Willkür **GVG 24** 21
– Prüfung der eigenen Zuständigkeit **GVG 24** 21, 23
– spätere Verweisung **GVG 24** 24
– überlegene Erkenntnisquelle Hauptverhandlung **GVG 24** 23
– umfassende Darlegung der Umstände für die Annahme der Zuständigkeit **GVG 24** 9
– Verfahren **GVG 24** 21 ff.
– verfassungskonforme Auslegung **GVG 24** 8
– Vorlage nach Eröffnung des Hauptverfahrens **GVG 24** 22

Anklageschrift (Übersetzung)
– Aussetzung auf Antrag **GVG 187** 40 f.
– Einstellungsbescheid **GVG 187** 41
– fehlende Mitteilung beim sprachkundigen Angeklagten **GVG 187** 40
– Heilung **GVG 187** 41
– komprimierter Charakter der Anklageschrift **GVG 187** 40
– Nebenkläger **GVG 187** 41
– Regel-Ausnahme-Verhältnis **GVG 187** 41
– tatsächlich und rechtlich einfach zu überschauender Verfahrensgegenstand **GVG 187** 39
– Tatvorwurf **GVG 187** 39
– unbenanntes Regelbeispiel **GVG 187** 39
– Verteidiger **GVG 187** 40 f.
– wesentliches Dokument **GVG 187** 39

Anordnungskammer
– Einschränkung des Präsidiums **GVG 74a** 11
– gesetzliche Geschäftsverteilungsregelung **GVG 74a** 11
– örtliche Zuständigkeit **GVG 74a** 10
– sachliche Zuständigkeit **GVG 74a** 10

Anordnungsvoraussetzungen
– Berechtigung aller Nachrichtendienste **G 10 3** 3
– enumerativer Katalog **G 10 3** 1
– Gesetzgebungs- und Verwaltungskompetenzen **G 10 3** 3a
– Individualkontrolle **G 10 3** 2
– rechtfertigender Notstand **G 10 3** 1
– unselbstständige Eingriffsnorm **G 10 3** 1

Anpassung der Strafandrohungen
– Beitrittsgebiet **EGStGB 315c** 2
– Einigungsvertragsgesetz **EGStGB 315c** 1
– Fortgeltung des Rechts der DDR **EGStGB 315c** 3, 5
– nachträglich Gesetzesänderungen **EGStGB 315c** 1
– Sicherungsverwahrung **EGStGB 315c** 2
– Strafdrohungen **EGStGB 315c** 4

Anrechnung
– abschließende Regelung **AO 398a** 40
– Anrechnung als Regelfall **AO 398a** 38
– Anrechnung auf Auflagen **AO 398a** 42
– Berücksichtigung bei Freiheitsstrafen **AO 398a** 40
– Bewährungsauflage **AO 398a** 42
– Bezug zum Rechtsfolgenausspruch **AO 398a** 35
– Ermessen des Gerichts **AO 398a** 37
– Fall der Verurteilung **AO 398a** 39
– Grundsätze der Anrechnung auf Geldstrafen **AO 398a** 37
– Nichteintritt eines Verfahrenshindernisses **AO 398a** 33
– Regelungen des allgemeinen Strafrechts zur Anrechnung **AO 398a** 35
– Sperrwirkung **AO 398a** 41
– strafmildernd Berücksichtigung **AO 398a** 36
– strafmilderndes Nachtatverhalten **AO 398a** 41
– Strafvollstreckung **AO 398a** 36
– Teilzahlungen **AO 398a** 34
– Überzahlungen **AO 398a** 34

Anrufung des Gerichts
– funktional-teleologische Betrachtung **GVG 176** 56
– Öffentlichkeitsgrundsatz **GVG 176** 56
– Präklusion **GVG 176** 56
– Sachleitung **GVG 176** 56

Anspruch auf Dolmetscherhinzuziehung *siehe auch Dolmetscherhinzuziehung*
– Dolmetscherhinzuziehung außerhalb der Verhandlung **GVG 185** 28

magere Zahlen = Randnummern

Sachverzeichnis

– Dolmetschertätigkeit durch Prozessbeteiligte **GVG 185** 28
– eigener Dolmetscher **GVG 185** 28
– förmlicher Akt **GVG 185** 28
– Grundsatz des fairen Verfahrens **GVG 185** 28
– Öffentlichkeitsgrundsatz **GVG 185** 65
– Übersetzung von Schriften **GVG 185** 28
– Vernehmungen bzw. Beweiserhebungen außerhalb der Hauptverhandlung **GVG 185** 65
– Welt- bzw. Verkehrssprachen **GVG 185** 65

Ansprüche Dritter
– Befreiung von Altgläubigern **ZSHG 9** 1
– Durchsetzung des Justizgewährleistungsanspruchs **ZSHG 9** 1, 4
– Filterung nach berechtigten und vermeintlich nicht berechtigten Ansprüchen **ZSHG 9** 4
– Gläubiger **ZSHG 9** 2
– Insolvenzverfahren **ZSHG 9** 1
– Schnittstellenfunktion **ZSHG 9** 3, 5
– Verhinderung der Unerreichbarkeit **ZSHG 9** 2, 4

Ansprüche gegen Dritte StrEG 7 96
– Abschottungssystem **ZSHG 7** 4
– Anspruchsminderung **ZSHG 7** 1
– Bestätigung von Tatsachen **ZSHG 7** 3
– Ende von sämtlichen Schutzmaßnahmen **ZSHG 7** 6
– Hilfe zum Lebensunterhalt **ZSHG 7** 2
– Jahresfrist **ZSHG 7** 6
– Mittlerfunktion **ZSHG 7** 3
– Nachzahlungen an Rentenversicherung **ZSHG 7** 5 f.
– Zuständigkeit für die Unterrichtung von Leistungsträgern **ZSHG 7** 3
– Zustellungsbevollmächtigter **ZSHG 7** 4
– Zuwendungen der Zeugenschutzdienststelle **ZSHG 7** 1

Anspruchsanmeldung
– Adressat der Anmeldung **StrEG 10** 7
– Anmeldefrist **StrEG 10** 14
– Feststellungsantrag **StrEG 10** 12
– Form der Anmeldung **StrEG 10** 8
– Fristablauf **StrEG 10** 11
– Fristversäumung **StrEG 10** 14
– immaterieller Schaden **StrEG 10** 13
– Inhalt der Anmeldung **StrEG 10** 9
– Nachschieben von Ansprüchen **StrEG 10** 16
– Sechsmonatsfrist **StrEG 10** 10

– Wiedereinsetzung **StrEG 10** 15

Anspruchsgrundlagen außerhalb des StrEG
– allgemeiner Aufopferungsanspruch **StrEG Einl.** 69
– Amtspflichtverletzung **StrEG Einl.** 62 ff.
– andere Formen der Wiedergutmachung **StrEG Einl.** 76
– atypische Folgen **StrEG Einl.** 70
– Aufopferungsanspruch **StrEG Einl.** 73
– Dauer der U-Haft **StrEG Einl.** 75
– enteignungsgleicher Eingriff **StrEG Einl.** 62, 66
– Maßnahmen gegen Dritte **StrEG Einl.** 71
– Menschenrechtskonvention **StrEG Einl.** 72
– nachträgliches Entfallen der Rechtsgrundlage der Haft **StrEG Einl.** 74
– öffentlich-rechtliche Gefährdungshaftung **StrEG Einl.** 67
– öffentlich-rechtliche Verwahrung **StrEG Einl.** 62, 65
– rechtswidriger Freiheitsentzug **StrEG Einl.** 72
– Staatshaftungsgesetz **StrEG Einl.** 68

Anspruchsvoraussetzungen
– Anwendungsfälle *siehe dort*
– Fortfall der Verurteilung *siehe dort*
– Milderung der Verurteilung *siehe dort*
– Rechtskraft der Verurteilung *siehe dort*
– Strafgerichtliche Verurteilung *siehe dort*
– Wiederaufnahmeverfahren *siehe dort*

Antrag auf Beiordnung eines Rechtsanwaltes
– Belehrung **EGGVG 34a** 2
– Beratung über aktuelle Rechtslage **EGGVG 34a** 5
– beschränkter Aufgabenbereich der Kontaktperson **EGGVG 34a** 5
– erneuter Antrag **EGGVG 34a** 3
– rechtliche Betreuung unter Wahrung der Ziele der Kontaktsperre **EGGVG 34a** 4
– Rücknahme des Antrags **EGGVG 34a** 3
– Wirkung der Fristhemmung **EGGVG 34a** 5
– Wirkung der Verfahrensunterbrechung **EGGVG 34a** 5

Antrag auf gerichtliche Entscheidung
– Beeinträchtigung persönlicher oder wirtschaftlicher Interessen **EGGVG 24** 9
– der deutschen Sprache nicht mächtiger Antragsteller **EGGVG 24** 12

1899

Sachverzeichnis

fette Zahlen = §§

- eigene Rechte des Antragstellers **EGGVG 24** 8
- Ermessensentscheidung **EGGVG 24** 10
- Justizverwaltungsakt **EGGVG 24** 2
- Konkretisierung der Rechtsweggarantie **EGGVG 24** 4
- Mängel des Antrags **EGGVG 24** 12
- Rechtsverletzung **EGGVG 24** 4
- schlicht hoheitliches Handeln oder Realakt **EGGVG 24** 2
- Schlüssigkeitsprüfung **EGGVG 24** 6
- unmittelbare Einwirkung auf Rechtspositionen eines Dritten **EGGVG 24** 11
- unsubstantiierter Vortrag **EGGVG 24** 6

Antrag auf Streichung von der Schöffenliste
- Aufgabe des Wohnsitzes im Amtsgerichtsbezirk **GVG 52** 8
- Freibeweisverfahren **GVG 52** 10
- Karenzfrist **GVG 52** 10
- tatsächliche Teilnahme **GVG 52** 9
- überobligatorische Inanspruchnahme **GVG 52** 9

Antrag des Beschuldigten
- Antragsberechtigte **StrEG 9** 21
- Erben **StrEG 9** 21
- Inhalt des Antrags **StrEG 9** 22
- Unterhaltsberechtigte **StrEG 9** 21
- Vertretung des Antragstellers **StrEG 9** 23
- Verzicht **StrEG 9** 21

Anweisungen für das Straf- und Bußgeldverfahren
- Bundessteuerblatt Teil I **AO 385** 8
- Dienstvorschrift für Strafsachen- und Bußgeldverfahren **AO 385** 12
- Ermächtigungsgrundlage **AO 385** 9
- Gleichlauf von Besteuerung und Steuerstrafverfolgung **AO 385** 10
- Sachkompetenz **AO 385** 10
- übereinstimmende Erlasse der obersten Landesfinanzbehörden **AO 385** 8
- Weisungsrecht **AO 385** 11
- Zollbehörden **AO 385** 12

Anwendung
- Anhörungsrüge **StrEG 1** 21
- Durchbrechung der Rechtskraft **StrEG 1** 21
- Europäischer Gerichtshof für Menschenrechte **StrEG 1** 24
- Normenkontrollverfahren **StrEG 1** 23
- Revision des Mitangeklagten **StrEG 1** 20
- unwirksames oder nichtiges Strafurteil **StrEG 1** 25
- Verfassungsbeschwerde **StrEG 1** 22
- Wiederaufnahmeverfahren **StrEG 1** 19
- Wiedereinsetzung in den vorigen Stand **StrEG 1** 21

Anwendung auf Rechtsmittel
- Einheit **EMRK 6** 67
- Eröffnung von Rechtsmitteln **EMRK 6** 68, 71
- Konfiskationsmaßnahmen **EMRK 6** 69
- nach Teilrechten differenzierte Gewährleistung **EMRK 6** 70
- nachträgliche Beeinträchtigung der zu gewährenden Rechte **EMRK 6** 68
- nationale Rechtsmittel **EMRK 6** 67
- Strafzumessung **EMRK 6** 69
- verfassungsgerichtliche Verfahren **EMRK 6** 67

Anwendungsbereich EGStPO 3
Anwendungsvorbehalt EGGVG 5 1
Anwesenheit der Dienstaufsicht GVG 175 9
Anwesenheit in der Hauptverhandlung
- Abwesenheit des Angeklagten **JGG 50** 9
- Anwesenheit des jugendlichen Angeklagten **JGG 50** 8
- Betreuungshelfer **JGG 50** 26
- Bewährungshelfer **JGG 50** 26
- Diversionsverfahren **JGG 50** 10
- Erziehungsberechtigte und gesetzliche Vertreter **JGG 50** 2, 12 ff.
- Jugendgerichtshilfe **JGG 50** 3, 15 ff
- Mitwirkungspflicht der Jugendgerichtshilfe **JGG 50** 20 ff.
- Ordnungswidrigkeitsverfahren **JGG 50** 7
- Persönlicher Anwendungsbereich **JGG 50** 1
- Rechtsmittel **JGG 50** 27 ff.
- sachlicher Anwendungsbereich **JGG 50** 5 ff.
- vereinfachtes Verfahren **JGG 50** 5, 11
- Zustimmung der Staatsanwaltschaft **JGG 50** 11

Anwesenheitsrecht
- Abwesenheit **EMRK 6** 286
- Einschränkungen **EMRK 6** 284
- erstmalige Verurteilung in zweiter Instanz **EMRK 6** 292
- Inkenntnissetzung **EMRK 6** 285
- Minderjährige **EMRK 6** 289
- neue vollwertige Hauptverhandlung **EMRK 6** 287

- persönliche Teilnahme des Angeklagten **EMRK 6** 828
- Rechtsmittelverfahren **EMRK 6** 291 ff.
- Teilhabefähigkeit **EMRK 6** 290
- Verhandlungsfähigkeit **EMRK 6** 288
- Verteidiger **EMRK 6** 282
- Verzicht **EMRK 6** 283
- Waffengleichheit **EMRK 6** 292

Anwesenheitsrechte (Ausschluss)
- Akteneinsicht **EGGVG 34** 13
- Beweismittelverlust **EGGVG 34** 12
- rechtliches Gehör **EGGVG 34** 12
- Strafverfahren **EGGVG 34** 10
- Suspendierung des Anwesenheitsrechts **EGGVG 34** 11
- Unterbrechung von anderen Rechtsstreitigkeiten **EGGVG 34** 10
- Verzicht auf Anwesenheitsrecht **EGGVG 34** 12
- Zweck der Kontaktsperre **EGGVG 34** 13

Arbeitsraum für Medienvertreter
- akkreditierte Vertreter **GVG 169** 58
- Nachweis tatsächlicher journalistischer Tätigkeit **GVG 169** 58
- Übertragung in mehrere Räume **GVG 169** 59

Aufgaben des Jugendrichters
- Bindungswirkung **JGG 34** 3
- familiengerichtliche Erziehungsaufgaben **JGG 34** 6 f.
- gesamtes Verfahren **JGG 34** 4
- Jugendrichter **JGG 34** 2
- Kompetenzverbindung **JGG 34** 7 ff.
- Konzentrationsprinzip **JGG 34** 5

Aufgaben des Präsidiums
- abschließende Regelung **GVG 21e** 2
- autonom und unabhängige pflichtgemäße Ermessensentscheidung **GVG 21e** 4
- Besetzung der Spruchkörper **GVG 21e** 2
- Gestaltungskompetenz **GVG 21e** 3
- personelle Zuweisung an die Spruchkörper **GVG 21e** 4
- Regelung des Bereitschaftsdienstes **GVG 21e** 5
- Spruchrichtertätigkeit **GVG 21e** 5
- Verteilung der Geschäftsaufgaben **GVG 21e** 2, 5
- Vertretungsregelung **GVG 21e** 2

Aufhebung bisherigen Rechts StrEG 17 1 f.

Aufhebung einer Maßnahme
- Aufhebung durch das Gericht **EGGVG 28** 5
- Beschwerdeverfahren **EGGVG 28** 5
- erledigte Verpflichtungsklage **EGGVG 28** 8
- Erledigung durch Ende der Beschwer **EGGVG 28** 9
- Erledigung durch Zurücknahme **EGGVG 28** 7
- Feststellung der Rechtswidrigkeit **EGGVG 28** 6 f.
- Folgenbeseitigung bei vollzogenen Maßnahmen **EGGVG 28** 6
- Fortwirkende Diskriminierung **EGGVG 28** 11
- Rechtsverletzung des Antragstellers **EGGVG 28** 5
- rechtswidriger Justizverwaltungsakt **EGGVG 28** 5
- Spruchreife **EGGVG 28** 6
- tiefgreifende Grundrechtseingriffe **EGGVG 28** 11
- Vorbereitung eines Schadensersatzanspruches **EGGVG 28** 12
- Vorschaltverfahren **EGGVG 28** 7
- Wiederholungsgefahr **EGGVG 28** 11

Aufhebung von Maßnahmen
- Aufhebung durch öffentliche Stellen **ZSHG 6** 4
- Berichtigung der geänderten Daten **ZSHG 6** 4
- Berücksichtigung der Zeugenschutzbelange **ZSHG 6** 3
- Beseitigung von Sperrvermerken **ZSHG 6** 4
- Einziehung von Tarndokumenten **ZSHG 6** 6
- Identitätsänderung mit Daten der Tarnidentität **ZSHG 6** 6
- Konsequenzen der Beendigung **ZSHG 6** 1
- nicht öffentliche Stellen **ZSHG 6** 5
- Rückabwicklung des Abschottungssystems **ZSHG 6** 2 f.
- Verhältnismäßigkeit **ZSHG 6** 6
- Verwaltungsakt **ZSHG 6** 2
- Verwaltungsrechtsweg **ZSHG 6** 2

Auflegung des Geschäftsverteilungsplans
- Beschlüsse **GVG 21e** 66
- Bundesanzeiger **GVG 21e** 66
- Transparenz **GVG 21e** 66

Sachverzeichnis

fette Zahlen = §§

– unverzügliche Bekanntmachung **GVG 21e** 66
– zur Einsichtnahme auflegen **GVG 21e** 66

Aufsichtsrecht
– allgemeines Dienstaufsichtsrecht **GVG 152** 17
– Amtsverschwiegenheit **GVG 152** 18
– Beschränkung des Weisungsrechts **GVG 152** 20
– Disziplinargewalt des Dienstvorgesetzten **GVG 152** 17
– persönliche Beauftragung **GVG 152** 19
– präventive Polizeiarbeit **GVG 152** 20
– Widerspruch **GVG 152** 17

Aufsichtsstellen
– Besetzung **EGStGB 295** 3
– Führungsaufsicht **EGStGB 295** 1
– Landesjustizverwaltung **EGStGB 295** 2
– Organisationsbefugnis **EGStGB 295** 1

Aufstand EMRK 2 41

Aufwandsentschädigung
– Ehrenamt **GVG 55** 1
– Versicherungsrecht **GVG 55** 2

Aufzeichnung
– Aufzeichnung zur späteren Kenntniserlangung **G 10 1** 29
– Folge der Digitalisierung der Telekommunikationstechnik **G 10 1** 30
– integrativer Bestandteil der Überwachungsbefugnis **G 10 1** 28
– Mittel der Aufklärung des Sachverhalts **G 10 1** 28
– Perpetuierung der Daten **G 10 1** 28

Ausbleiben der Berufungsverhandlung
– allgemeine Regeln **JGG 55** 25
– Erziehungsberechtigte und gesetzliche Vertreter **JGG 55** 25 f.

Ausgenommene Sanktionen
– Disziplinarsanktionen **EMRK 6** 50
– Maßregel der Besserung und Sicherung **EMRK 6** 52
– Ordnungssanktionen **EMRK 6** 50
– Rückausnahmen **EMRK 6** 51

Auskunftsersuchen
– Einleitung eines Strafverfahrens gegen Kunden eines Kreditinstituts **AO 30a** 16
– Mitwirkungsverweigerungsrecht **AO 30a** 15
– Sammelauskunftsersuchen **AO 30a** 15
– Verhinderung von Zwangsmitteln **AO 30a** 16
– Zwangsmittelverbot **AO 30a** 16

Auskunftserteilung
– Abdruck der gemachten Mitteilung **EGGVG 21** 5
– Abwägung mit dem Informationsinteresse **EGGVG 21** 3
– Auskunftsrecht entsprechend dem BDSG **EGGVG 21** 1
– Begründung **EGGVG 21** 3
– Datenschutzrecht **EGGVG 21** 3
– Grund der Datenübermittlung **EGGVG 21** 4
– Information über die übermittelten Daten **EGGVG 21** 4
– informationelle Selbstbestimmung **EGGVG 21** 1
– Rücksendung wegen Unzuständigkeit **EGGVG 21** 4
– schriftlicher Antrag **EGGVG 21** 2
– Verfahren nach pflichtgemäßem Ermessen **EGGVG 21** 5

Auskunftspflicht
– Angaben über frühere Identität **ZSHG 10** 4
– Auskunftsverweigerungsrecht **ZSHG 10** 6 f.
– ehemals gefährdete Personen **ZSHG 10** 5
– Erreichbarkeit der gefährdeten Person **ZSHG 10** 6
– garantiertes Recht **ZSHG 10** 3
– Geltung in allen zivil- und öffentlich-rechtlichen Verfahren **ZSHG 10** 3
– informierter Personenkreis **ZSHG 10** 10
– keine Geltung in Strafverfahren und Untersuchungsausschüssen **ZSHG 10** 2
– konsensuale Beschlussfassung **ZSHG 10** 13
– Landesparlamente **ZSHG 10** 2
– Regelungslücke **ZSHG 10** 11
– Untersuchungsausschuss der Landtage **ZSHG 10** 12
– Untersuchungsausschuss des Bundestags **ZSHG 10** 10
– Verfahrensführung unter wahrer Identität **ZSHG 10** 3
– Verhinderung von Rückschlüssen auf Tarnidentität **ZSHG 10** 6 f.
– Vermeidung der Rekonstruierbarkeit des Aufbaus der Tarnexistenz **ZSHG 10** 7
– Zeugenschutz in Verfahren vor Untersuchungsausschüssen **ZSHG 10** 9

Auskunftsverweigerung
– Anfechtungsklage **ZSHG 4** 7

magere Zahlen = Randnummern

Sachverzeichnis

– Begründung **ZSHG 4** 7
– einzelfallbezogene Abwägung **ZSHG 4** 6
– Ermessen **ZSHG 4** 5
– Staatsanwaltschaft **ZSHG 4** 8
– Verwaltungsakt **ZSHG 4** 7

Auslagenerstattung
– Einstellung durch das Gericht **StrEG 3** 10
– Einstellung durch die Staatsanwaltschaft **StrEG 3** 9
– Entscheidungen über Auslagen und Entschädigung **StrEG 3** 11
– Strafprozessordnung **StrEG 3** 8

Ausländische Nachrichtendienste
– ausländische öffentliche Stellen **G 10 7a** 5
– außen- und sicherheitspolitische Bedeutung für jeweiligen Staat **G 10 7a** 5
– außen- und sicherheitspolitische Belange **G 10 7a** 7
– Datenschutzniveau **G 10 7a** 8
– Gegenstand der Übermittlung **G 10 7a** 6
– Prinzip der Gegenseitigkeit **G 10 7a** 10
– Proliferation **G 10 7a** 6
– Rechtsstaatsprinzipien **G 10 7a** 9
– Schleusung **G 10 7a** 6
– schutzwürdige Interessen des Betroffenen **G 10 7a** 8
– Sicherheitsinteressen eines ausländischen Staates **G 10 7a** 7
– Terrorismus **G 10 7a** 6
– Übermittlungsgrund **G 10 7a** 7
– Zustimmung des Bundeskanzleramtes **G 10 7a** 11

Ausländische öffentliche Stellen
– ausländische öffentliche Stellen **EGGVG 16** 1
– Auswärtiges Amt **EGGVG 16** 1
– Begriff der Mitglieder einer konsularischen Vertretung **EGGVG 16** 3
– Bundesjustizministerium **EGGVG 16** 1
– Cybergefahren **G 10 7a** 3a
– durch Beschränkungen erlangte Daten **G 10 7a** 3
– Einleitung eines Strafverfahrens **EGGVG 16** 4
– Festnahme **EGGVG 16** 4
– Maßnahmen der strategischen Überwachung **G 10 7a** 1
– Mitglieder ausländischer konsularische Vertretungen **EGGVG 16** 2
– nach Empfängern differenzierende Regelung **G 10 7a** 2
– Staats- oder Senatskanzlei des Bundeslandes **EGGVG 16** 2
– Untersuchungshaft **EGGVG 16** 4
– Wiener Übereinkommen **EGGVG 16** 4
– zwischenstaatliche Stellen **EGGVG 16** 1

Auslieferungs- und Rechtshilfeverkehr
– Auslieferungshaft **StrEG 2** 80
– Durchlieferung **StrEG 2** 75
– Ersuchen deutscher Behörden **StrEG 2** 71 ff.
– Ersuchen eines anderen Staates **StrEG 2** 77 f.
– rechtmäßige Inhaftierung **StrEG 2** 79
– Sicherstellung, Beschlagnahme und Durchsuchung **StrEG 2** 76

Ausnahmegerichte
– abstrakt-generelle Vorausbestimmung **GVG 16** 23
– Ausschluss **GVG 16** 20
– Begriff **GVG 16** 4
– Berichterstatter **GVG 16** 16
– Besetzung der Spruchkörper **GVG 16** 15
– Beteiligte mit förmlicher Stellung **GVG 16** 12
– bewegliche Zuständigkeiten **GVG 16** 24
– effektiver Rechtsschutz **GVG 16** 17
– Einflussmöglichkeit der Staatsanwaltschaft **GVG 16** 26
– Garantie für Rechtsstaatlichkeit und gesetzmäßige Abläufe **GVG 16** 13
– Geschäftsverteilung **GVG 16** 6, 23
– Geschäftsverteilungsplan **GVG 16** 11
– gleichrangige Gerichtsstände **GVG 16** 25
– Hilfsstrafkammer **GVG 16** 7
– Individualrechte des Richters **GVG 16** 14
– Justizverweigerung durch Nichterfüllung **GVG 16** 17
– Manipulation **GVG 16** 26
– Normadressat Gesetzgeber **GVG 16** 11
– objektive Willkür **GVG 16** 22, 25
– örtliche Zuständigkeit **GVG 16** 25
– rechtliches Gehör **GVG 16** 15
– Rechtsstaatsgewährleistung **GVG 16** 3
– richterliche Tätigkeit im Sinne rechtsprechender Tätigkeit **GVG 16** 21
– Sonderform der Vertretung **GVG 16** 7
– Sondergerichte **GVG 16** 5
– Spezialspruchkörper **GVG 16** 6
– Staatsanwaltschaft **GVG 16** 13, 24
– Strafkammer **GVG 16** 18

1903

Sachverzeichnis

fette Zahlen = §§

- subjektives Recht **GVG 16** 12
- Überbeanspruchung **GVG 16** 17
- Überbesetzung **GVG 16** 18
- Überlastung **GVG 16** 17
- unbestimmter Rechtsbegriff **GVG 16** 24
- Verfassungsrecht **GVG 16** 4
- Vorlagepflicht **GVG 16** 22
- Vorsitz in mehreren Spruchkörpern **GVG 16** 19
- Wahlmöglichkeit **GVG 16** 25
- Wahrnehmungsdefizit **GVG 16** 15
- Zuständigkeit **GVG 16** 10
- Zuständigkeit nach abstrakt-generellen Merkmalen **GVG 16** 6
- Zuständigkeiten für Strafsachen **GVG 16** 24
- Zuständigkeitsregeln **GVG 16** 23

Ausnahmen vom Verwendungsverbot
- Anhaltspunkt für die Durchführung eines Strafverfahrens **AO 393** 69
- Durchbrechung des Steuergeheimnisses **AO 393** 66
- Einschränkung der Zwangsmittelbefugnis **AO 393** 70
- erzwingbare selbstbelastende Aussagen **AO 393** 70
- Menschenwürde **AO 393** 64
- Offenbarung aufgrund regelmäßiger Steuererklärungspflichten **AO 393** 65
- Offenbarung aufgrund weitergehender Mitwirkungspflichten **AO 393** 67
- offensichtliche Verzögerungstaktik **AO 393** 69
- öffentliches Interesse **AO 393** 71
- Selbstbelastungsfreiheit **AO 393** 64, 68, 71 f.
- strafrechtliches Verwertungsverbot **AO 393** 64
- strukturelles Vollzugsdefizit **AO 393** 68
- Verweigerung der Mitwirkung im Besteuerungsverfahren **AO 393** 68
- Zwangsmittel zu über die Steuererklärung hinausgehenden Auskünften **AO 393** 67
- zwingendes öffentliches Interesse **AO 393** 64

Aussagepflicht
- Anfechtbarkeit **ZSHG 2** 20
- Aussagegenehmigung **ZSHG 2** 15, 19 f.
- beamtenrechtlicher Genehmigungsvorbehalt **ZSHG 2** 15
- Beschränkung der Aussagegenehmigung **ZSHG 2** 19

- Bundeskriminalamt Beamte **ZSHG 2** 17
- einzelfallbezogene Befugnis zur Offenbarung durch Aussagegenehmigung **ZSHG 2** 15
- Gebot der Nachvollziehbarkeit für das Gericht **ZSHG 2** 19
- Gefahr der Förderung von Falschaussagen **ZSHG 2** 22
- Geheimhaltung **ZSHG 2** 14
- grundgesetzliche Kompetenzverteilung **ZSHG 2** 19
- Rollentausch vom Beschuldigten zum Zeugen **ZSHG 2** 22
- Sachverhalte mit potentieller Bedeutung für die Wahrheitsermittlung **ZSHG 2** 21
- Verfahrenshindernis **ZSHG 2** 21
- verfahrenstaktische Zielsetzung **ZSHG 2** 22
- Wahrheitserforschung **ZSHG 2** 14
- Zuwendungen **ZSHG 2** 22

Ausscheiden aus dem Präsidium
- abschließende Regelung **GVG 21c** 6
- endgültiges Ausscheiden **GVG 21c** 7
- Nachrücken **GVG 21c** 8 f.
- Nachrückerliste **GVG 21c** 9
- Nachwahl **GVG 21c** 9
- Parallelität zur Wählbarkeit **GVG 21c** 6

Ausschließung des Gerichtsvollziehers
- Ablehnung wegen Besorgnis der Befangenheit **GVG 155** 1
- Amtshaftung **GVG 155** 2
- Ausschlussgrund **GVG 155** 2
- Neutralitätsgebot **GVG 155** 1
- Nichtigkeit der Amtshandlung **GVG 155** 2
- Organ der Rechtspflege **GVG 155** 1
- Willkür **GVG 155** 2

Ausschließung und Ablehnung eines Dolmetschers
- Bezugnahme auf Sachverständigen **GVG 191** 1
- personeller Anwendungsbereich **GVG 191** 2
- redaktionelles versehen **GVG 191** 1
- Verwandte von Beteiligten **GVG 191** 1

Ausschließungsbeschluss
- abstrakter Gesetzeswortlaut **GVG 174** 9
- Angabe des Ausschlussgrundes **GVG 174** 9
- Dauer des Ausschlusses **GVG 174** 10
- Erhebung von Gegenvorstellungen **GVG 174** 8
- Heilung **GVG 174** 11

magere Zahlen = Randnummern

- Öffentliche Verkündung **GVG 174** 7
- Protokoll **GVG 174** 10
- Protokollierung **GVG 174** 6
- Umfang des Ausschlusses **GVG 174** 10
- Wiederholung des fehlerhaften Verhandlungsteils **GVG 174** 11

Ausschließungsverhandlung *siehe Verhandlung über Ausschluss*

Ausschluss
- abschließende Regelung **StrEG Vor 5, 6** 3
- Alles oder Nichts Schema **StrEG Vor 5, 6** 3
- Anwendungsbereich **StrEG Vor 5, 6** 1
- Kasuistik **StrEG Vor 5, 6** 7
- mehrere Strafverfolgungsmaßnahmen **StrEG Vor 5, 6** 9
- mitwirkendes Verschulden **StrEG Vor 5, 6** 2
- Quotelung **StrEG Vor 5, 6** 3
- Rangverhältnis **StrEG Vor 5, 6** 8
- Unschuldsvermutung der EMRK **StrEG Vor 5, 6** 10
- Wegfall der Unschuldsklausel **StrEG Vor 5, 6** 6

Ausschluss (Verhandlung)
- Anordnung des Vorsitzenden **GVG 174** 3
- Antrag auf Ausschließung **GVG 174** 2
- Ausschluss der Öffentlichkeit **GVG 174** 1
- Ausschluss nach Ermessen des Gerichts **GVG 174** 4
- Beschluss **GVG 174** 4
- Beteiligter **GVG 174** 2
- Freibeweis **GVG 174** 5
- Protokollierung **GVG 174** 5
- rechtliches Gehör **GVG 174** 5
- Zwischenverfahren in der Hauptverhandlung **GVG 174** 1

Ausschluss der Öffentlichkeit wegen Gefährdung
- Anspruch **GVG 172** 3
- Antrag der Staatsanwaltschaft **GVG 172** 3
- Anwendungsbereich **GVG 172** 2
- Ausschlussgründe **GVG 172** 1, 3 ff.
- Erschwerung der Wahrheitsermittlung **GVG 172** 1
- NATO-Verbündete **GVG 172** 2
- öffentliches Interesse **GVG 172** 1
- Sicherheit einer Truppe oder eines zivilen Gefolges **GVG 172** 2

Ausschluss der Öffentlichkeit zum Schutz der Privatsphäre
- Beschränkung auf bestimmten Verfahrensabschnitt **GVG 171b** 5
- Erörterungen **GVG 171b** 6
- Erörterungen innerhalb der laufenden Hauptverhandlung **GVG 171b** 6
- Gebot der größtmöglichen Wahrheitsforschung **GVG 171b** 1
- objektiver Schutz vor dem Einblick Außenstehender **GVG 171b** 3
- persönlicher Lebensbereich **GVG 171b** 3
- Persönlichkeitsschutz **GVG 171b** 6
- potentielle Zeugen **GVG 171b** 4
- sämtliche Verfahrensabschnitte **GVG 171b** 5
- Schutz der Privatsphäre **GVG 171b** 1
- Staatsanwaltschaft **GVG 171b** 2
- Transparenz **GVG 171b** 6
- verfassungsrechtliche Bedenken **GVG 171b** 6
- Zuständigkeit **GVG 171b** 2

Ausschluss des Privatklägers von Entschädigungsansprüchen GVG 199 21

Ausschluss von Beteiligten
- allgemeine Ausschlussgründe **JGG 51** 4
- andere Personen **JGG 51** 24
- Angeklagter **JGG 51** 5
- Anhörung **JGG 51** 25
- Beeinträchtigung der Wahrheitsermittlung **JGG 51** 15
- Beteiligung an der Verfehlung des Angeklagten **JGG 51** 13
- einzelne Ausschlussgründe **JGG 51** 12 ff.
- erhebliche erzieherische Nachteile **JGG 51** 12
- Erziehungsberechtigte und gesetzliche Vertreter **JGG 51** 10, 17 ff., 26
- freiwilliges oder einvernehmliches Verlassen des Sitzungssaals **JGG 51** 6, 26
- Gefährdung des Lebens des Leibes oder der Freiheit **JGG 51** 14
- Mitangeklagte **JGG 51** 9
- nachträgliche Unterrichtung **JGG 51** 27 ff.
- Ordnungswidrigkeiten **JGG 51** 3
- Personen mit elterlicher Verantwortung **JGG 51** 22
- Persönlicher Anwendungsbereich **JGG 51** 1
- Rechtsmittel **JGG 51** 30 ff.
- sachlicher Anwendungsbereich **JGG 51** 2

1905

Sachverzeichnis

fette Zahlen = §§

- Umstände aus dem persönlichen Lebensbereich **JGG 51** 16
- Verfahren **JGG 51** 25 ff.
- Zuständigkeit **JGG 51** 25

Ausschluss von richterlichen Geschäften
- Abordnung **GVG 151** 2
- Beurlaubung **GVG 151** 2
- Grundsatz der Gewaltenteilung **GVG 151** 1
- Jugendrichter als Vollstreckungsleiter **GVG 151** 4
- Laufbahnwechsel **GVG 151** 2
- Notstaatsanwalt **GVG 151** 5
- Notzuständigkeit des Richters **GVG 151** 5
- Richter kraft Auftrags **GVG 151** 2
- Verbot der Dienstaufsicht **GVG 151** 3
- Wahrnehmung richterlicher Geschäfte **GVG 151** 1

Ausschluss wegen Verschuldens
- allgemeine Ausschlussklausel **StrEG 5** 31
- Bearbeitungsfehler **StrEG 5** 49 ff.
- Beurteilungsmaßstab **StrEG 5** 38
- dringender Tatverdacht **StrEG 5** 33
- eigenes Verhalten des Beschuldigten **StrEG 5** 48
- Entfernen vom Unfallort **StrEG 5** 36
- Ermessensausübung im Einzelnen **StrEG 5** 43
- Europäische Menschenrechtskonvention **StrEG 5** 32
- fehlende Verursachung **StrEG 5** 46
- Fortwirkung der Ursächlichkeit **StrEG 5** 42
- Grenze der Zurechnung **StrEG 5** 46
- Haftgrund **StrEG 5** 33
- haftungsbegründende Kausalität **StrEG 5** 33
- Internationaler Pakt über bürgerliche und politische Rechte **StrEG 5** 32
- Kausalität nach zivilrechtlichen Grundsätzen **StrEG 5** 33
- Nichtursächliches Verhalten **StrEG 5** 37
- Rechtsauffassungen **StrEG 5** 44 ff.
- Rücktritt **StrEG 5** 40
- Unschuldsvermutung der EMRK **StrEG 5** 41
- Verfahrenshindernis **StrEG 5** 31, 43
- Vernehmung des späteren Beschuldigten als Zeuge **StrEG 5** 36
- Verschulden **StrEG 5** 33
- Verschweigen von Umständen **StrEG 5** 36
- Versuch **StrEG 5** 40
- Vorbereitungshandlungen **StrEG 5** 40
- Zeitpunkt des ursächlichen Verhaltens **StrEG 5** 34
- Zeitpunkt für die Beurteilung der Ursächlichkeit **StrEG 5** 39
- Zweck **StrEG 5** 28 ff.

Ausschlussgründe
- Anordnung einer freiheitsentziehenden Maßregel **StrEG 5** 9
- Beweismittel **StrEG 5** 24
- Einziehung **StrEG 5** 20 ff.
- Entziehung der Fahrerlaubnis **StrEG 5** 14
- Ermessensvorschrift **StrEG 5** 5
- Forderungen und Rechte **StrEG 5** 23
- freiheitsentziehende Maßregeln neben der Strafe **StrEG 5** 11
- Konsumtion **StrEG 5** 2, 16
- Nichtanrechnung auf die verhängte Strafe **StrEG 5** 2
- Ordnungswidrigkeit **StrEG 5** 14
- Rechte Dritter **StrEG 5** 27
- rechtsfehlerhafte Unterbringung **StrEG 5** 8
- Rückgewinnungshilfe **StrEG 5** 26
- Schuldunfähigkeit **StrEG 5** 12
- Unbrauchbarmachung **StrEG 5** 22
- Verfall **StrEG 5** 19, 25
- Verschlechterungsverbot **StrEG 5** 17
- Verurteilung **StrEG 5** 4
- vorläufige Entziehung der Fahrerlaubnis **StrEG 5** 15
- vorläufiges Berufsverbot **StrEG 5** 18
- Wertersatz **StrEG 5** 23
- Wiederaufnahme **StrEG 5** 10
- Zweckerreichung bei freiheitsentziehenden Maßregeln **StrEG 5** 6 ff.

Ausschuss
- ad-hoc Bestellung **GVG 40** 4
- Beschlussfähigkeit **GVG 40** 8, 11
- Besetzungsrüge **GVG 40** 10, 12
- Bestimmungsrecht **GVG 40** 4
- error in procedendo **GVG 40** 12
- Fehler bei der Wahl der Schöffen **GVG 40** 14
- geschäftsplanmäßige bestimmte Richter **GVG 40** 3
- Gremium **GVG 40** 1
- keine gerichtliche Überprüfung **GVG 40** 9

magere Zahlen = Randnummern

Sachverzeichnis

- mehr als die vorgeschriebene Anzahl an Personen **GVG 40** 11
- Nachwahl **GVG 40** 2
- nicht ordnungsgemäße Bestellung des Ausschusses **GVG 40** 11
- Nichtbetroffenheit des gesetzlichen Richters **GVG 40** 13
- Präklusionsvorschriften **GVG 40** 12
- Rechtsstellung **GVG 40** 7
- Revision **GVG 40** 9
- richterliche Unabhängigkeit **GVG 40** 3
- unwirksame Schöffenwahl **GVG 40** 12
- Verhinderungsfall **GVG 40** 4
- Vertrauenspersonen **GVG 40** 5
- vertretbarer Fehler **GVG 40** 13
- Verwaltungsorganisationsrecht der Länder **GVG 40** 5
- von Landesregierung bestellter Verwaltungsbeamter **GVG 40** 4
- Wahl aus einer falschen Liste **GVG 40** 11
- Wahlverfahren **GVG 40** 6
- Wohnsitz im Bezirk **GVG 40** 5
- Zusammensetzung **GVG 40** 3

Außerordentliche Sitzungen
- abstrakt-generelle Bestimmung des gesetzlichen Richters **GVG 47** 4
- aktuelle Belastungssituation unter Berücksichtigung der zu erwartenden Verfahren **GVG 47** 3
- anderweitige vorgehende Schöffenpflichten **GVG 47** 5
- Ausbleiben des Schöffen zur Sitzung **GVG 47** 5
- Ausschluss oder erfolgreiche Ablehnung ?**GVG 47** 5
- endgültige Verhinderung **GVG 47** 6
- Entbindung von der Sitzung **GVG 47** 5
- gesteigerter Bedarf des Spruchkörpers **GVG 47** 2
- Gründe der Heranziehung von Hilfsschöffen **GVG 47** 5
- Heranziehung der Hilfsschöffen **GVG 47** 1
- Nachrückverfahren **GVG 47** 7
- pflichtgemäßes Ermessen des Vorsitzenden **GVG 47** 3
- Unerreichbarkeit **GVG 47** 5
- Ungeeignetheit des anwesenden Schöffen **GVG 47** 5
- vorläufige Entscheidungen **GVG 47** 5
- vorübergehender Ausfall **GVG 47** 4
- zusätzliche Sitzung zu den ordentlichen Sitzungen **GVG 47** 2
- Zuziehung anderer als der zunächst berufenen Haupt- und Ergänzungsschöffen **GVG 47** 4

Außerstrafrechtliche Sachverhalte
- berufsgerichtliche Verfahren **StrEG Einl.** 59
- Haft aus politischen Gründen außerhalb der BRD **StrEG Einl.** 57
- Kriegsgefangenschaft und Internierung **StrEG Einl.** 56
- Maßnahmen von Verwaltungsbehörden **StrEG Einl.** 59
- präventiv-polizeiliche Maßnahmen **StrEG Einl.** 60
- Unterbringung nach öffentlichem Recht **StrEG Einl.** 58
- Verwaltungsrechtsweg **StrEG Einl.** 61

Aussetzung StrEG 9 34

Aussetzung des Betragsverfahrens StrEG 14 11

Aussetzung des Verfahrens
- andere Steuerstrafverfahren **AO 396** 2
- Anknüpfung des Steuerstrafrechts an das Steuerrecht **AO 396** 1
- Beurteilung der Tat als Steuerhinterziehung **AO 396** 2
- Bußgeldverfahren **AO 396** 3
- Vermeidung widersprüchlicher Entscheidungen **AO 396** 1

Aussetzung des Vollzugs des Haftbefehls StrEG 2 50 f.

Aussetzungsmöglichkeit
- Anhängigkeit des Besteuerungsverfahrens **AO 396** 13
- Aussetzung und Ruhen des Besteuerungsverfahrens **AO 396** 15
- Bezug beider Verfahren auf die gleiche Tat **AO 396** 16
- Entscheidungserheblichkeit nicht geklärt steuerrechtliche Fragen **AO 396** 8
- Höhe der verkürzten Steuer **AO 396** 11
- normzweckorientierte Auslegung **AO 396** 12
- Personenidentität **AO 396** 16
- rechtskräftiger Abschluss **AO 396** 14
- Sachverhaltsidentität **AO 396** 16
- Stand des Verfahrens **AO 396** 7
- subjektiver Tatbestand der Steuerhinterziehung **AO 396** 10
- Tateinheit **AO 396** 12
- Verfassungsbeschwerde **AO 396** 14

1907

Sachverzeichnis

fette Zahlen = §§

- Verwaltungsakt **AO 396** 14
- Zuständigkeit **AO 396** 7

Ausspähversuche ZSHG 4 19 f.

Ausstattung der Kommission G 10 15 12

Austausch
- allgemeine Angelegenheiten der Kontrolltätigkeit **G 10 15** 18
- G 10-Kommission **G 10 15** 18
- Geheimhaltungsvorschriften **G 10 15** 18
- Parlamentarisches Kontrollgremium **G 10 15** 18

Auswahl der Jugendrichter und Jugendstaatsanwälte
- Anwendungsbereich **JGG 37** 1
- Ermessen **JGG 37** 6
- erzieherische Befähigung **JGG 37** 3 ff.
- Fortbildungsverpflichtung **JGG 37** 5
- Rechtsmittel **JGG 37** 7

Auswahl der Suchbegriffe G 10 8 11

Auswahl und Beiordnung
- allgemeine Beeidigung **GVG 185** 51
- bewährte Dolmetscher **GVG 185** 51
- gelistete Dolmetscher **GVG 185** 51
- pflichtgemäßes Ermessen **GVG 185** 50
- richterliches Geschäft **GVG 185** 50
- Vertrauensdolmetscher **GVG 185** 50
- Verwandte **GVG 185** 50
- von Amts wegen **GVG 185** 50

Auswärtige Strafkammern bei Amtsgerichten
- Berufsrichter **GVG 78** 8
- Bürgernähe durch Errichtung einer auswärtigen Strafkammer **GVG 78** 1
- Dekonzentrationsermächtigung **GVG 78** 1
- eigene Haupt- und Hilfsschöffenliste **GVG 78** 9
- mehrere auswärtige Strafkammern **GVG 78** 6
- örtliche Zuständigkeit **GVG 78** 3
- Rechtsverordnung **GVG 78** 4
- sachfremde Erwägungen **GVG 78** 2
- sachliche Zuständigkeit **GVG 78** 4
- Schöffen **GVG 78** 9
- Schwurgerichtszuständigkeit **GVG 78** 4
- Staatsschutzkammer **GVG 78** 4
- Verhältnis zum Landgericht **GVG 78** 7
- Wirtschaftsstrafkammer **GVG 78** 4
- Zuständigkeitskonzentrationen für Spezialmaterien **GVG 78** 4
- Zuständigkeitsstreitigkeiten **GVG 78** 7
- Zuweisung **GVG 78** 5
- Zuweisung nach bestimmten Delikten **GVG 78** 5

auswärtiger Gerichtsvollzieher
- Dienstaufsichtsbeschwerde **GVG 161** 2
- Inanspruchnahme der Geschäftsstelle **GVG 161** 2
- Inanspruchnahme des auswärtigen Gerichtsvollziehers **GVG 161** 1

Auswirkungen der Kontaktsperre
- Bußgeldverfahren nach dem OWIG **EGGVG 34** 5
- Fristen aller Rechtsgebiete **EGGVG 34** 3
- Hemmung der Fristen **EGGVG 34** 3
- Nachteile für den Gefangenen **EGGVG 34** 1
- Vorschriften für das Strafverfahren **EGGVG 34** 5
- Zeitraum **EGGVG 34** 2
- Ziel der Nachteilsminimierung **EGGVG 34** 3
- zugunsten des Betroffenen wirkende Fristen **EGGVG 34** 3

Auszugsweise Übersetzung
- ausreichende Wahrung der Verteidigerrechte **GVG 187** 20
- Stufensystem **GVG 187** 20
- Zuleitung der Übersetzungsschriften **GVG 187** 20

Autonome Auslegung
- eigenständige Begriffsbildung **EMRK 1** 3 f.
- Ordnungswidrigkeiten **EMRK 1** 4
- strafrechtliche Anklage **EMRK 1** 4
- systematische Interpretation **EMRK 1** 5
- Übersetzung **EMRK 1** 5
- Vertragstext **EMRK 1** 5
- Wiener Vertragsrechtskonvention **EMRK 1** 3

Bankkunden AO 30a 1 ff.

Bedienstete von Zeugenschutzdienststellen ZSHG 5 22

Beendigung
- Altfälle **ZSHG 1** 29
- Änderung der Gefährdungsprognose **ZSHG 1** 28
- Änderung des Beweisnotstands **ZSHG 1** 28
- Eignung für den Zeugenschutz **ZSHG 1** 28, 33
- Fehlverhalten der geschützten Person **ZSHG 1** 31

magere Zahlen = Randnummern

- fortbestehende Gefährdung **ZSHG 1** 32
- Gefährdungsprognose **ZSHG 1** 33
- Rechtsbehelfsbelehrung **ZSHG 1** 30
- Verwaltungsakt **ZSHG 1** 30
- Verwaltungsrechtsweg **ZSHG 1** 30
- Widerruf des Einverständnisses **ZSHG 1** 28

Beendigung der Feststellung
- automatischer Verlust der Wirksamkeit **EGGVG 36** 2
- Frist **EGGVG 36** 2
- Wirkungsdauer der Feststellung **EGGVG 36** 1

Beendigung des Verfahrens StrEG 2 17 ff.

Befangenheit des Staatsanwalts
- Amtshaftung **GVG 145** 16
- Antrag auf Ablösung **GVG 145** 17
- Aussage des Staatsanwalts **GVG 145** 13
- Ausschluss in einer neuen Hauptverhandlung **GVG 145** 13
- Befangenheitsgründe **GVG 145** 11
- Berufung **GVG 145** 10
- Beschränkung bei Amtsanwälten **GVG 145** 18
- besondere Regelungen für den Ausschluss des Staatsanwalts **GVG 145** 8
- Besorgnis der Befangenheit **GVG 145** 13
- Beweisantragstellung **GVG 145** 11
- „Gehilfe" der Staatsanwaltschaft **GVG 145** 17
- gerichtliche Überprüfung **GVG 145** 16
- Hinwirkungspflicht des Gerichts **GVG 145** 17
- Justizverwaltungsakt **GVG 145** 16
- Objektivitätspflicht **GVG 145** 12
- offenkundige Befangenheit **GVG 145** 17
- Recht auf ein faires Verfahren **GVG 145** 9
- Revision **GVG 145** 10, 16
- richterliche Ausschluss- und Befangenheitsgründe **GVG 145** 8
- sachliche oder persönliche Betroffenheit **GVG 145** 8
- schwere und nachhaltige Verletzung der Amtspflicht **GVG 145** 9
- Vorbefassung eines Staatsanwalts **GVG 145** 10
- Würdigung der eigenen zeugenschaftlichen Aussage **GVG 145** 14
- zeugenschaftliche Vernehmung eines Staatsanwalts **GVG 145** 11

Sachverzeichnis

- Zuständigkeit für die Entscheidung über die Ersetzung **GVG 145** 15

Befugnisse außerhalb der Sitzung
- Amtshandlungen an Ort und Stelle **GVG 180** 2
- Amtshandlungen außerhalb der Sitzung **GVG 180** 1
- einer Sitzung vergleichbare Verhandlung **GVG 180** 1
- Protokoll **GVG 180** 1
- Rechtsbehelfe **GVG 180** 3

Befugnisse der ersten Beamten
- Aktenkundigkeit **GVG 145** 6
- Begründung **GVG 145** 6
- beigeordnete Staatsanwälte **GVG 145** 4
- Devolutionsrecht **GVG 145** 1 ff.
- Dienstaufsichtsbeschwerde **GVG 145** 7
- erster Beamter der Staatsanwaltschaft **GVG 145** 1, 4
- Gegenstand der Devolution und Substitution **GVG 145** 3
- Generalbundesanwalt **GVG 145** 5
- Generalstaatsanwalt **GVG 145** 1
- gerichtliche Nachprüfung **GVG 145** 7
- Justizminister **GVG 145** 5
- kein Anspruch auf den „gesetzlichen" Staatsanwalt **GVG 145** 7
- leitender Oberstaatsanwalt **GVG 145** 1
- Substitutionsrecht **GVG 145** 1 ff.
- Übernahme- und Ersetzungsbefugnis **GVG 145** 2
- Verfahrenszeitpunkt **GVG 145** 6
- Zuständigkeitskonzentration **GVG 145** 3

Befugnisse der Kontaktperson
- abgestimmtes Vorgehen mit dem Verteidiger **EGGVG 34a** 12
- Akteneinsicht **EGGVG 34a** 6
- Anträge **EGGVG 34a** 1
- besondere Schutzvorschriften **EGGVG 34a** 9
- Mitteilungen mit Einverständnis des Gefangenen **EGGVG 34a** 7
- Möglichkeit der mittelbaren Kontaktaufnahme **EGGVG 34a** 10
- mündlicher Kontakt **EGGVG 34a** 7
- Offenbarung **EGGVG 34a** 11
- Teilnahme an Vernehmungen und Ermittlungshandlungen **EGGVG 34a** 9
- Verbindungsaufnahme zu Dritten **EGGVG 34a** 11
- Vernehmung eines mitgefangenen **EGGVG 34a** 10

Sachverzeichnis
fette Zahlen = §§

Befugnisse der Steuer- und Zollfahndung
– abschließende Regelung **AO 404** 28
– Ankauf von rechtswidrig beschafften Bankdaten **AO 404** 35
– Aufklärungsinteresse **AO 404** 37
– besondere Gefährlichkeit und schwere Aufklärbarkeit **AO 404** 37
– bewusstes und gewolltes Zusammenwirken von Strafverfolgungsbehörden mit deliktisch handelnden Privaten **AO 404** 37
– Durchsicht von Papieren **AO 404** 31
– Ermittlungen wegen nicht steuerlicher Straftaten **AO 404** 30
– Grenzen **AO 404** 32
– Mitwirkung in gerichtlichen Steuerstrafverfahren als sachverständiger Zeuge **AO 404** 38
– organisiertes Verbrechen **AO 404** 37
– Rechte der Staatsanwaltschaft **AO 404** 32 ff.
– Rechte und Pflichten der Polizei im allgemeinen Strafverfahren **AO 404** 29
– Rechtsstellung der Ermittlungspersonen **AO 404** 28
– Verständigung und Steuerstrafverfahren **AO 404** 34
– Verwertung illegal gewonnener Beweismittel **AO 404** 37
– Weisungen der Finanzbehörde **AO 404** 29

Begründung der Entscheidung
– Begründung **EGGVG 21** 21
– Gefährdung des verfolgten Zwecks **EGGVG 21** 20

Beiordnung der Kontaktperson
– Aufhebung der Beiordnung von Amts wegen **EGGVG 34a** 15
– Entbindung von der Pflicht **EGGVG 34a** 15
– Entscheidung des Präsidenten des Landgerichts **EGGVG 34a** 13
– Schutz des beigeordneten Rechtsanwalts **EGGVG 34a** 16
– Verteidiger des Gefangenen **EGGVG 34a** 14
– zugelassener Rechtsanwalt **EGGVG 34a** 14

Beistand
– Akteneinsicht **JGG 69** 6
– Anwesenheit **JGG 69** 7
– Beweisanträge **JGG 69** 8

– Erziehungsberechtigte und gesetzliche Vertreter **JGG 69** 5
– notwendige Verteidigung **JGG 69** 4
– Persönlicher Anwendungsbereich **JGG 69** 1
– Rechte des Beistands vor der Hauptverhandlung **JGG 69** 6
– Rechte des Beistands während der Hauptverhandlung **JGG 69** 7 ff.
– Rechtsmittel **JGG 69** 10
– Rede- und Fragerecht **JGG 69** 8
– sachlicher Anwendungsbereich **JGG 69** 1
– Verfahrensbeteiligter mit prozessualer Stellung eigener Art **JGG 69** 3
– Vertrauensperson **JGG 69** 3, 5
– Voraussetzung der Bestellung **JGG 69** 4 ff.
– Zeugnisverweigerungsrecht **JGG 69** 9
– Zweck der Norm **JGG 69** 3

Belehrung EGGVG 34a 18
– Androhung oder Anwendung von Zwangsmitteln **AO 393** 37
– Anlass zur Belehrung **AO 393** 35
– Außenprüfung **AO 393** 32, 35
– doppelte Belehrung **AO 393** 36
– effektive Wahrnehmung der Rechte **AO 393** 31
– eigenständige Belehrungspflicht im Steuerstrafverfahren **AO 393** 31
– Eigenständigkeit und Gleichrangigkeit der Verfahren **AO 393** 33
– Form der Belehrung **AO 393** 32
– Inhalt der Belehrung **AO 393** 33
– Mitteilung über die Einleitung des Steuerstrafverfahrens **AO 393** 36
– Prüfungsanordnung **AO 393** 34
– Prüfungsbeginn **AO 393** 35
– strafbefreiende Selbstanzeige **AO 393** 37
– Verwaltungsvorschrift **AO 393** 39
– Verwertungsverbot im Besteuerungsverfahren **AO 393** 39
– Verwertungsverbot im Steuerstrafverfahren **AO 393** 38
– Zwangsmittelverbot **AO 393** 33

Belehrung (Dolmetscherhinzuziehung)
– Belehrung speziell hinsichtlich der Unentgeltlichkeit **GVG 187** 16
– Belehrungspflicht in der Hauptverhandlung **GVG 185** 56
– disziplinierende Wirkung **GVG 187** 16
– Erinnerungsfunktion **GVG 185** 57; **GVG 187** 16

1910

magere Zahlen = Randnummern

Sachverzeichnis

– Ermitlungsverfahren **GVG 185** 56
– fair-trial-Grundsatz **GVG 185** 57
– förmlicher Antrag **GVG 187** 15
– Gesetz zur Stärkung der Verfahensrechte **GVG 187** 14
– Hinweis auf Aussageverweigerungsrecht **GVG 187** 15
– Hinzuziehung von Amts wegen **GVG 185** 56
– Hinzuziehung von Amts wegen **GVG 187** 14
– Kosten **GVG 185** 57
– wesentliche Förmlichkeit **GVG 187** 14
– Wortlaut **GVG 185** 57
Belehrung des Beschuldigten StrEG 5 65
Belehrung durch die Staatsanwaltschaft
– Bekanntmachung **StrEG 10** 3
– Berechtigter **StrEG 10** 5
– Inhalt **StrEG 10** 3
– Unterhaltsberechtigte **StrEG 10** 5
– Wiederaufnahme **StrEG 10** 4
– Zurückverweisung **StrEG 10** 4
– Zuständigkeit **StrEG 10** 4
– Zustellungen an den Vertreter **StrEG 10** 6
Belehrungen
– Belehrung der Erziehungsberechtigten und gesetzlichen Vertreter **JGG 70a** 4 f.
– Belehrung des Jugendlichen **JGG 70a** 4
– Belehrung vom Mitangeklagten **JGG 70a** 7
– elterliches Erziehungsrecht **JGG 70a** 6
– Quasi-Freispruch **JGG 70a** 7
– Richtlinie über Verfahrensgarantien in Strafverfahren **JGG 70a** 3
Benannte Verteidigungsrechte EMRK 6 140 ff.
Beratung
– Abgeschiedenheit des Beratungszimmers **GVG 193** 6
– Beisein sämtlicher Richter **GVG 193** 6
– Beratungszimmer **GVG 193** 4
– Gespräche der Richter außerhalb der Beratung **GVG 193** 7
– kurze Verständigung **GVG 193** 4
– neuer Verhandlungsteil ohne sachlichen Gehalt **GVG 193** 4
– rascheste Verständigung **GVG 193** 4
– Sitzungssaal **GVG 193** 4
– Stimmenverhältnis **GVG 193** 8
– Teil der Hauptverhandlung **GVG 193** 5

– Telefon- oder Videokonferenz **GVG 193** 6
– wissenschaftliche Äußerungen eines Richters **GVG 193** 9
Beratungs- und Abstimmungsgeheimnis
– Anwendungsbereich **GVG 193** 3
– Beginn der Beratung **GVG 193** 2
– berechtigte Personen **GVG 193** 1
– Einheit des Kollegialgerichts **GVG 193** 1
– kommunikativer Meinungsaustausch **GVG 193** 3
– Unabhängigkeit des Richters **GVG 193** 1
Berechtigte
– alle lebenden Menschen **EMRK 1** 22
– Einschränkungen **EMRK 1** 22
– innerstaatliche Bürgerstatus **EMRK 1** 22
– juristische Person des öffentlichen Rechts **EMRK 1** 22
– juristische Personen **EMRK 1** 22
– Personenmehrheiten **EMRK 1** 22
Berechtigte Stellen G 10 1 6 ff.
Berechtigung des Empfängers
– weitere Verwendung der Daten **G 10 7** 20
– zur Erfüllung der Aufgaben des Empfängers erforderlich **G 10 7** 21
Bereitschaftsdienst
– Anfechtungsgrundsätze **GVG 22c** 9
– Bedarfskriterium Fallaufkommen **GVG 22c** 2
– Dienstgeschäfte die keinen Aufschub dulden **GVG 22c** 3
– Erreichbarkeit eines Richters außerhalb der üblichen Dienstzeit **GVG 22c** 2
– formelles Tätigwerden für das Amtsgericht **GVG 22c** 6
– Geschäftsverteilung **GVG 22c** 7
– gesetzlicher Richtervorbehalt **GVG 22c** 2
– gleichmäßige Arbeitsverteilung **GVG 22c** 1
– Grenzen des OLG-Bezirks **GVG 22c** 7
– Heranziehung der Richter des Landgerichts **GVG 22c** 6
– inhaltliche Ausgestaltung des Bereitschaftsdienstplans **GVG 22c** 8
– Konzentrationslösung **GVG 22c** 4
– Poollösung **GVG 22c** 1, 4
– Präsidium des übergeordneten Landgerichts **GVG 22c** 7

1911

Sachverzeichnis   fette Zahlen = §§

- Sicherstellung einer gleichmäßigen Belastung **GVG 22c** 5
- stete Notwendigkeit zur Tagzeit **GVG 22c** 2

Berücksichtigung von Untersuchungshaft bei Jugendarrest
- andere Freiheitsentziehungen **JGG 52** 7
- Freiheitsentzug **JGG 52** 7
- funktionale Verfahrenseinheit **JGG 52** 8
- Jugendarrest **JGG 52** 6
- Normzweck **JGG 52** 1
- persönlicher Anwendungsbereich **JGG 52** 2
- Rechtsbehelfe **JGG 52** 12
- Rechtsfolge **JGG 52** 10 f.
- Rechtskraft **JGG 52** 4 ff.
- sachlicher Anwendungsbereich **JGG 52** 3
- Tatbezug **JGG 52** 8
- Untersuchungshaft **JGG 52** 7
- Zweckerreichung **JGG 52** 9

Berufsgeheimnisträger
- Abgeordnete **G 10 3b** 2, 5
- absolutes Verwertungsverbot **G 10 3b** 9
- Dokumentationspflicht **G 10 3b** 11
- Erhebungsverbot **G 10 3b** 6
- Geistliche **G 10 3b** 2 f.
- gewählter bzw. bestellter Verteidiger **G 10 3b** 4
- Gewährleistung einer effektiven Verteidigung **G 10 3b** 9
- Liveüberwachung **G 10 3b** 10
- Löschungsgebot **G 10 3b** 9
- mandatsbezogenes Vertrauensverhältnis **G 10 3b** 5
- Maßnahmen gegen andere Personen **G 10 3b** 8
- öffentlich-rechtliche Religionsgemeinschaften **G 10 3b** 3
- Überwachung anwaltlicher Kommunikation **G 10 3b** 4
- unterschiedliche Prognose **G 10 3b** 7
- Verteidiger **G 10 3b** 2, 4
- Zeugnisverweigerungsrecht **G 10 3b** 2
- zufällige Betroffenheit **G 10 3b** 10

Berufshelfer G 10 3b 17

Beschlagnahme
- Abhandenkommen **StrEG 2** 56
- Beschädigung **StrEG 2** 56
- Durchsicht von Unterlagen **StrEG 2** 54
- Eigentum von Dritten **StrEG 2** 57
- freiwillige Herausgabe **StrEG 2** 53
- Führerschein **StrEG 2** 52

- präventiv-polizeiliche Sicherstellung **StrEG 2** 52
- Rückabwicklung der Beschlagnahme **StrEG 2** 55
- Vernichtung **StrEG 2** 56
- Verwertung **StrEG 2** 56
- Widerspruch **StrEG 2** 53

Beschlussfähigkeit (Präsidium)
- Eilkompetenz **GVG 21i** 1, 5
- Einberufung neuer Sitzung **GVG 21i** 4
- Notvertretung **GVG 21i** 1
- Plenarpräsidium **GVG 21i** 3
- Umlaufverfahren **GVG 21i** 2

Beschränkung
- bestimmt und geeignet zur Aufklärung der Gefahrenlagen **G 10 5** 20
- bewaffneter Angriff auf die Bundesrepublik Deutschland **G 10 5** 6
- Bundesnachrichtendienst **G 10 5** 1
- gebündelte Übertragung **G 10 5** 3
- Geltungsbereich des Grundgesetzes **G 10 5** 24
- Gesamtheit der Informationen **G 10 5** 2
- gezielte Erfassung bestimmter Telekommunikationsanschlüsse **G 10 5** 21
- Inhaber oder regelmäßige Nutzer deutsche Staatsangehörige **G 10 5** 23
- inländische Telekommunikationsbeziehungen **G 10 5** 5
- internationale Kommunikationsbeziehungen **G 10 5** 3, 5
- Kernbereich der privaten Lebensgestaltung **G 10 5** 22
- Kontrolle der korrekten Handhabung **G 10 5** 26
- leitungs- und nicht leitungsgebundene Übertragung **G 10 5** 4
- Massenkontrolle **G 10 5** 1
- Postverkehr **G 10 5** 6
- Protokollierung **G 10 5** 26
- strategische Beschränkung **G 10 5** 1
- Suchbegriffe **G 10 5** 1
- Telekommunikationsanschlüsse im Ausland **G 10 5** 23
- Telekommunikationsverkehr **G 10 5** 3
- unzulässige Suchbegriffe **G 10 5** 21
- Verbot der Verwendung kernbereichsrelevanter Suchbegriffe **G 10 5** 25
- zulässige Suchbegriffe **G 10 5** 20

Beschränkungen
- Abstandsgebot **EMRK 13** 12
- aus staatlichen Gewahrsam heraus verschwundene Personen **EMRK 13** 11

magere Zahlen = Randnummern

– Beschränkung des Rechtsbehelfs auf Geltendmachung spezifischer Menschenrechtsverletzungen **EMRK 13** 13
– Grenzen in systematischer Hinsicht **EMRK 13** 9
– Recht auf Verhandlung in angemessener Frist **EMRK 13** 10
– Recht der Staaten zur Kompensation **EMRK 13** 10
– weitere Einschränkungen **EMRK 13** 12
Beschränkungsanordnung
– Befugnis zur Datenerhebung **G 10 15** 6
– Bestätigung **G 10 15** 6
– Bindungswirkung **G 10 15** 5
– formelle und materielle Rechtmäßigkeit ministerieller Anordnungen **G 10 15** 3
– Gefahr im Verzug **G 10 15** 6
– Notwendigkeit von Beschränkungsmaßnahmen **G 10 15** 3 ff.
– Zulässigkeit von Beschränkungsmaßnahmen **G 10 15** 3
– Zustimmungserfordernis **G 10 15** 5
– Zweckmäßigkeit von Beschränkungsmaßnahmen **G 10 15** 4
Beschränkungsverfahren
– Abwägungslehre **G 10 9** 4
– Anteil der zu überwachenden Übertragungskapazität **G 10 9** 6
– Antragsberechtigte **G 10 9** 3 f.
– Antragserfordernis **G 10 9** 1 f.
– anzuwendende Suchbegriffe und Suchgebiet **G 10 9** 6
– Begründung **G 10 9** 5
– Dauer und Umfang der Beschränkungsmaßnahme **G 10 9** 6
– enumerative Aufzählung **G 10 9** 3
– Form **G 10 9** 5
– Inhalt des Antrags **G 10 9** 5 ff.
– Kettenanordnung **G 10 9** 7
– Notstaatsanwalt **G 10 9** 2
– Person des Betroffenen **G 10 9** 6
– Rufnummer oder Kennung des Betroffenen **G 10 9** 6
– schriftlicher Antrag **G 10 9** 5
– Übertragungswege **G 10 9** 6
– Verwertungsverbot **G 10 9** 4
Beschränkungsvoraussetzungen
– Angriffskrieg **G 10 5** 8
– Aufklärung schadbehafteter internationaler Telekommunikationsverkehre **G 10 5** 19a
– außen- oder sicherheitspolitischer Bezug **G 10 5** 11

Sachverzeichnis

– äußere Sicherheit der Bundesrepublik Deutschland **G 10 5** 8
– Bande **G 10 5** 14
– Beeinträchtigung der Geldwertstabilität **G 10 5** 16
– Bestimmtheit **G 10 5** 8
– Cyberbedrohungen **G 10 5** 19a
– Einschleusen von ausländischen Personen **G 10 5** 18
– Fälle von erheblicher Bedeutung **G 10 5** 18
– Gefahr eines bewaffneten Angriffs **G 10 5** 8
– Geldfälschungen **G 10 5** 16
– Geldwäsche **G 10 5** 17
– gewerbs- oder bandenmäßig organisierte Fälle **G 10 5** 18
– gewerbsmäßige Begehung **G 10 5** 13
– internationale terroristische Anschläge **G 10 5** 9
– internationale Verbreitung von Kriegswaffen **G 10 5** 10 f.
– Lieferungen in andere Staaten der europäischen Union **G 10 5** 12
– organisiert **G 10 5** 15
– Organisierte Kriminalität **G 10 5** 12, 17
– Proliferation **G 10 5** 10
– Restriktion **G 10 5** 15
– Sicherheit von IT-Systemen **G 10 5** 19a
– Sicherheitsinteressen der Bundesrepublik Deutschland **G 10 5** 7
– unbefugte Verbringung von Betäubungsmitteln **G 10 5** 12 ff.
– unmittelbarer Bezug zur Bundesrepublik Deutschland **G 10 5** 9
– vergleichbar schädlich wirkende informationstechnische Mittel **G 10 5** 19b
– völkerrechtswidrige Aggressionen **G 10 5** 8
– von erheblicher Bedeutung **G 10 5** 11
Beschuldigtenvernehmung
– Anwendungsbereich **JGG 4** 1
– bedingte oder unbedingte Jugendstrafe **JGG 44** 2
– Ermittlung des Sachverhalts **JGG 44** 4
– Revision **JGG 44** 5
– Zweck **JGG 44** 1, 3
Beschwerde (Maßnahmen der Sitzungspolizei)
– Aufklärungslast **GVG 178** 19
– doppelrelevante Würdigung **GVG 176** 62
– erheblicher Eingriff **GVG 176** 62

Sachverzeichnis

fette Zahlen = §§

- Festsetzung von Ordnungsmitteln **GVG 176** 58
- Fortsetzungsfeststellungsinteresse **GVG 176** 59
- Gesatsystem des Rechtsschutzes **GVG 176** 58
- Nachholung in Beschwerdeinstanz **GVG 178** 19
- Öffentlichkeitsmaxime **GVG 176** 60
- prozessuale Überholung **GVG 176** 59
- rechtliches Gehör **GVG 178** 19
- Rechtmäßigkeitsprüfung **GVG 176** 63
- sitzungspolizeiliche Anordnungen von BGH und OLG **GVG 176** 61
- Statthaftigkeit **GVG 176** 62
- Subsidiaritätsprinzip **GVG 176** 58
- Verfahrensbeteiligte **GVG 176** 60
- Verhandlungsleitung **GVG 176** 60
- Willkür **GVG 176** 62
- Wirkungsdauer der sitzungspolizeilichen Maßnahme **GVG 176** 59
- Zweckmäßigkeitsprüfung **GVG 176** 63

Beschwerde (Ordnungsmittel)
- Aufschiebende Wirkung **GVG 181** 9
- Beschleunigungsgebot **GVG 181** 8
- Beschwerdeberechtigung **GVG 181** 2
- Beschwerdemöglichkeit gegen andere sitzungspolizeiliche Maßnahmen **GVG 181** 3
- Besetzung mit drei Richtern **GVG 181** 7
- Einlegung schriftlich oder zu Protokoll der Geschäftsstelle **GVG 181** 5
- Enlegung bei Beschwerdegericht **GVG 181** 6
- Entscheidungen des BGH oder eines OLG **GVG 181** 4
- Ermessen **GVG 181** 10
- Feststellung der Rechtswidrigkeit **GVG 181** 9
- Frist **GVG 181** 6
- iudesx a quo **GVG 181** 6
- Kosten des Beschwerdeverfahrens **GVG 181** 11
- notwendige Auslagen **GVG 181** 11
- Protokoll **GVG 181** 6
- rechtliches Gehör **GVG 181** 2
- reformatio in peius **GVG 181** 10
- sofortige Beschwerde **GVG 181** 1
- Unanfechtbarkeit **GVG 181** 2
- Wiedereinsetzung in den vorherigen Stand **GVG 181** 6
- Zuständigkeit **GVG 181** 7

Beschwerde (Staatsschutzsachen)
- Anfechtung ermittlungsrichterlicher Entscheidungen **GVG 120** 31
- Anfechtung von Entscheidungen der Staatsschutzkammer **GVG 120** 32
- ausschließliche Zuständigkeit **GVG 120** 31
- Beschwerdezuständigkeit **GVG 120** 31
- Ermittlungsrichter beim AG **GVG 120** 31
- Ermittlungsrichter beim BGH **GVG 120** 31
- Ermittlungsrichter des OLG **GVG 120** 31
- Evokationsrecht **GVG 120** 31
- Fortdauer der U-Haft **GVG 120** 30
- Klageerzwingungsverfahren **GVG 120** 30
- Verfahrenseinstellung **GVG 120** 30
- Verhängung von Maßregeln gegen Zeugen und Sachverständige **GVG 120** 30

Beschwerde sui generis GVG 159 8 ff.
Beschwerdeentscheidung StrEG 8 73
Beschwerderecht
- Akzessorietät **EMRK 13** 5
- Eröffnung des Schutzbereichs **EMRK 13** 6
- National Rechtsweggarantien **EMRK 13** 1
- nationale Beschwerde **EMRK 13** 2
- Subsidiarität des Konventionsrechtsschutzes **EMRK 13** 1
- Verfahrensrecht **EMRK 13** 1
- vertretbar zu behauptende Konventionsverletzung **EMRK 13** 7

Besetzung
- Berufung **JGG 33–33b** 10
- Besetzungsentscheidung **JGG 33–33b** 9, 11
- Besetzungsreduktion **JGG 33–33b** 12
- große Jugendkammer **JGG 33–33b** 8 f.
- Jugendkammer **JGG 33–33b** 8
- Jugendschöffengericht **JGG 33–33b** 8
- kleine Jugendkammer **JGG 33–33b** 8

Besetzung (allgemein)
- Anzahl der an der Hauptverhandlung mitwirkenden Richter **GVG 122** 8
- Besetzungsrüge **GVG 122** 11
- Bindungswirkung **GVG 122** 9
- Bußgeldsachen **GVG 122** 6
- Einstellung wegen eines Verfahrenshindernisses **GVG 122** 9
- Einzelrichter **GVG 122** 5

magere Zahlen = Randnummern

Sachverzeichnis

- Entscheidungen außerhalb der Hauptverhandlung **GVG 122** 10
- entsprechende Anwendung der Vorschriften der ZPO **GVG 122** 7
- Entstehungsgeschichte **GVG 122** 2
- Eröffnung des Hauptverfahrens **GVG 122** 8
- erstinstanzielle Zuständigkeit **GVG 122** 8
- Haftentscheidungen **GVG 122** 10
- Korruptionsverfahren politischer Mandatsträger **GVG 122** 4
- Kostenbeschwerden **GVG 122** 7
- objektive Willkür **GVG 122** 11
- Rechtsmittelgericht **GVG 122** 4
- Regelbesetzung **GVG 122** 1, 3
- Revision **GVG 122** 11
- spezialgesetzliche Ausnahmen **GVG 122** 5
- Staatsschutzsachen **GVG 122** 1, 4
- vorbehaltene/nachträgliche Sicherungsverwahrung **GVG 122** 4
- Wertfestsetzung für Rechtsanwaltsgebühren **GVG 122** 6
- zwingende Senatsbesetzung **GVG 122** 8

Besetzung (Jugendkammer)
- Besetzungsreduktion **GVG 76** 23
- erste Instanz **GVG 76** 22
- Regelbesetzung außerhalb der Hauptverhandlung **GVG 76** 24
- zweite Instanz **GVG 76** 23

Besetzung (kleine Strafkammer)
- Berufungen gegen Entscheidungen des erweiterten Schöffengerichts **GVG 76** 20
- Besetzung außerhalb der Hauptverhandlung **GVG 76** 17
- Besetzung in der Hauptverhandlung **GVG 76** 18
- Geschäftsverteilung des Gerichts **GVG 76** 2
- Gewährleistung der gleichen Anzahl der Richter in zweiter Instanz **GVG 76** 20
- Regelbesetzung **GVG 76** 19

Besetzung (Oberlandesgericht)
- abgeordnete Richter **GVG 115** 7 ff.
- Doppelfunktion **GVG 115** 4
- Eignungserprobung **GVG 115** 10
- Entstehungsgeschichte **GVG 115** 2
- Normzweck **GVG 115** 1
- ordentliche Professoren der Rechte **GVG 115** 11
- Präsident **GVG 115** 4
- Präsidialverfassung **GVG 115** 3
- Richter **GVG 115** 5, 7 ff.
- Richter auf Lebenszeit **GVG 115** 5
- Sachgrund **GVG 115** 9
- Vertretung **GVG 115** 4
- Vorsitzender Richter **GVG 115** 5 f.
- vorübergehendes Bedürfnis **GVG 115** 9

Besetzung (Schöffengericht)
- Aktenkenntnis **GVG 29** 4
- Anfechtbarkeit **GVG 29** 12
- Antrag der Staatsanwaltschaft **GVG 29** 8
- Besetzungsänderung **GVG 29** 5
- Bestimmtheit **GVG 29** 7
- ein Richter und zwei Schöffen **GVG 29** 1 ff.
- Einschätzung der Staatsanwaltschaft **GVG 29** 7
- Einstellung durch das Revisionsgericht **GVG 29** 13
- Entziehung des gesetzlichen Richters **GVG 29** 8
- erweitertes Schöffengericht **GVG 29** 5
- Gericht höherer Ordnung **GVG 29** 11
- Geschäftsverteilungsplan **GVG 29** 6
- Kollegialspruchkörper **GVG 29** 2
- Legalitätsprinzip **GVG 29** 13
- Nachholung oder Rücknahme des Antrags **GVG 29** 9
- Notwendigkeit der Mitwirkung **GVG 29** 7
- personelle Besetzung **GVG 29** 6
- prozessuale Unmöglichkeit **GVG 29** 13
- Publizitätskontrolle **GVG 29** 3
- Rechtsstellung des Schöffen **GVG 29** 3
- Richter auf Lebenszeit **GVG 29** 6
- Richter auf Probe **GVG 29** 2
- Sprungrevision **GVG 29** 13
- Strafklageverbrauch **GVG 29** 13
- Umfang der Sache **GVG 29** 7
- Verfahren ohne Eröffnungsbeschluss **GVG 29** 10
- Verfahrenshindernis **GVG 29** 8
- volle Überprüfung **GVG 29** 8
- weitgehende Gleichberechtigung **GVG 29** 4

Besetzung (Spruchkörper)
- abstrakt-generelle Bestellung **GVG 21e** 11 f.
- ad-hoc-Bestellung **GVG 21e** 11
- Amtsgericht **GVG 21e** 7
- Anteil der Arbeitskraft **GVG 21e** 10
- Beschleunigungsgebot **GVG 21e** 13
- eindeutige und verbindliche Bestimmung **GVG 21e** 9
- Ergänzungsrichter **GVG 21e** 11

Sachverzeichnis

fette Zahlen = §§

– Gebot des gesetzlichen Richters **GVG 21e** 14
– Hilfsspruchkörper **GVG 21e** 12
– institutionelle Spruchkörper **GVG 21e** 13
– Kollegialgericht **GVG 21e** 7
– Rangverhältnis **GVG 21e** 11
– Schöffengericht **GVG 21e** 7
– Spezialisierung **GVG 21e** 7
– Spruchkörpervorsitz **GVG 21e** 8
– Überbesetzung **GVG 21e** 11, 13
– umfassende Dokumentierung **GVG 21e** 14
– vorsitzende Richter **GVG 21e** 9
– vorübergehende Überlastung **GVG 21e** 13, 47
– Zugehörigkeit zu einem oder mehreren Spruchkörpern **GVG 21e** 10
Besetzung (Strafvollstreckungskammer)
– Anhörung **GVG 78b** 4
– Beisitzer **GVG 78b** 7
– Bestellung der Richter **GVG 78b** 7
– einheitliche Strafvollstreckungskammer **GVG 78b** 2
– einheitlicher Spruchkörper **GVG 78b** 6
– gesetzliche Besetzungsregel **GVG 78b** 2
– gesetzliche Einzelrichterbestimmung **GVG 78b** 5
– gesetzlicher Richter **GVG 78b** 1
– große Strafvollstreckungskammer **GVG 76** 21
– kleine Strafvollstreckungskammer **GVG 76** 21
– rechtliches Gehör **GVG 78b** 4
– stets außerhalb der Hauptverhandlung ohne Schöffen **GVG 76** 21
– Übertragung der Anhörung ihrer Mitglieder **GVG 78b** 4
– Vorsitzender Richter am Landgericht **GVG 78b** 7
– Zuständigkeit der „großen Strafvollstreckungskammer" **GVG 78b** 3
– Zuständigkeit der „kleinen Strafvollstreckungskammer" **GVG 78b** 5
– Zuständigkeitskonflikte **GVG 78b** 6
Besetzung der großen Strafkammer in erster Instanz
– Anordnung der Unterbringung in einem psychiatrischen Krankenhaus **GVG 76** 5
– Aussetzung der Hauptverhandlung **GVG 76** 16

– Beitritt der neuen Bundesländer **GVG 76** 2
– Besetzung außerhalb der Hauptverhandlung **GVG 76** 3
– Besetzung in der Hauptverhandlung **GVG 76** 4
– Besetzungsreduktion **GVG 76** 2
– Bestimmung des gesetzlichen Richters **GVG 76** 1 f.
– Beurteilungsspielraum **GVG 76** 9
– Ermessen **GVG 76** 9
– erneute Besetzungsentscheidung nach Zurückverweisung **GVG 76** 16
– Grundsätze für die Nachholung des vergessenen Eröffnungsbeschlusses **GVG 76** 13
– Mitwirkung nach Umfang oder Schwierigkeit der Sache notwendig **GVG 76** 6
– Nachholung der Besetzungsentscheidung **GVG 76** 13
– rechtliches Gehör **GVG 76** 11
– reduzierte Besetzung **GVG 76** 4 ff.
– Regel-Ausnahmeverhältnis **GVG 76** 10, 15
– Regelverfahren der Besetzungsreduktion **GVG 76** 11
– Ressourcenargument **GVG 76** 10
– Schonung personeller Ressourcen **GVG 76** 2
– Schwierigkeit der Sache **GVG 76** 9
– Schwurgericht **GVG 76** 5
– Sicherungsverwahrung **GVG 76** 5
– Umstände nach Beginn der Hauptverhandlung **GVG 76** 14
– Umstände vor der Hauptverhandlung **GVG 76** 14
– ursprünglicher Gesetzeszweck **GVG 76** 2
– Wegfall der Voraussetzungen der Dreierbesetzung **GVG 76** 15
– willkürliche Manipulation des gesetzlichen Richters **GVG 76** 16
– Wirtschaftsstrafkammer **GVG 76** 8
Besetzung und Verfassung des Obersten Landesgerichts EGGVG 10 1 ff.
Besondere Bedeutung der Sache
– Ausmaß der Rechtsverletzung **GVG 24** 11
– Auswirkungen der Straftat auf die Allgemeinheit **GVG 24** 11
– Beispielfälle **GVG 24** 13 f.
– Berührung schwerwiegender öffentlicher Interessen **GVG 24** 11

magere Zahlen = Randnummern

Sachverzeichnis

– Erhöhung des Unrechtsgehalt **GVG 24** 11
– Höhe des Schadens **GVG 24** 11
– Klärung einer grundsätzlichen Rechtsfrage durch den BGH **GVG 24** 11
– Strafhöhe **GVG 24** 12
– überregionales Interesse der Öffentlichkeit **GVG 24** 11
– unbestimmter Rechtsbegriff **GVG 24** 10

Besondere Gerichte
– abtrakt-generelle Bestellung **GVG 13** 9
– besondere Spruchkörper **GVG 13** 11
– Errichtung aufgrund von Vorschriften des Bundesrechts **GVG 13** 12
– Gerichte für besondere Sachgebiete **GVG 13** 9
– verbotene Ausnahmegerichte **GVG 13** 10

Besondere Schutzbedürftigkeit
– Gesetz zur Stärkung der Rechte von Opfern sexuellen Missbrauchs **GVG 24** 17
– hinreichender Tatverdacht **GVG 24** 18
– individuelle Schutzbedürftigkeit im konkreten Verfahren **GVG 24** 19
– sekundäre Viktimisierung von Opfern **GVG 24** 17
– verfassungsrechtliche Bedenken **GVG 24** 17
– Zeuge **GVG 24** 18

Besondere Spruchkörper für Steuerstrafsachen AO 396 38

Besonderer Umfang der Sache
– besonderer Umfang **GVG 24** 15
– erweitertes Schöffengericht **GVG 24** 16
– Opferrechtsreformgesetz **GVG 24** 15
– sachliche Zuständigkeit **GVG 24** 15

Besorgnis der Befangenheit
– bewusste Kompetenzüberschreitung **GVG 191** 5
– Falschübersetzung **GVG 191** 5
– Interpretation als immanenter Akt der Übersetzung **GVG 191** 5
– Rechtsschutz gegen qualitativ minderwertige Übersetzung **GVG 191** 5
– Richter- und Sachverständigenablehnung **GVG 191** 3
– Vertrauensdolmetscher **GVG 191** 4
– Vorbefassung **GVG 191** 4
– vorsätzliche Falschübersetzung **GVG 191** 5
– Zweifel an der Unparteilichkeit und Objektivität **GVG 191** 3

Bestandsdaten
– Adresse **G 10 1** 24
– Doppeltür **G 10 1** 26
– für die Begründung, inhaltliche Ausgestaltung, Änderung oder Beendigung eines Vertragsverhältnisses über Telekommunikationsdienste erhobene Daten **G 10 1** 24
– IP-Adresse **G 10 1** 25
– Kundendaten **G 10 1** 24
– Personalien **G 10 1** 24
– Personalien des hinter einer dynamischen IP stehenden Kunden **G 10 1** 27
– Rechtsgrundlage für die Erhebung von Bestandsdaten **G 10 1** 26
– Transmission Control Protocol **G 10 1** 25
– Vertrag über Erbringung derartiger Dienste **G 10 1** 24

Bestätigung der Feststellung
– Antrag auf Bestätigung **EGGVG 35** 2
– Bestätigungsverfahren **EGGVG 35** 2
– Beteiligung Dritter **EGGVG 35** 4
– Frist der Kontaktsperre **EGGVG 35** 1
– Fristbeginn **EGGVG 35** 1
– Mitteilung der Entscheidung **EGGVG 35** 5
– Nichtbeteiligung von Betroffenen Gefangenen **EGGVG 35** 4
– oberstes Landesgericht **EGGVG 35** 6
– Strafsenat des BGH **EGGVG 35** 7
– Strafsenat des OLG **EGGVG 35** 6
– Verfahrensgestaltung **EGGVG 35** 3
– zuständiges Gericht **EGGVG 35** 6

Besteuerungsrechtliche Befugnisse AO 404 42 ff.

Bestimmung der anzugreifenden Entscheidung
– Anfechtung des Schuldspruchs **GVG 140a** 7
– Aufhebung des Rechtsfolgenausspruchs **GVG 140a** 9
– Aufrechterhaltung der Feststellungen zum äußeren Tatgeschehen **GVG 140a** 9
– eigene Sachentscheidung des Revisionsgerichts **GVG 140a** 7
– erstinstanzliche Entscheidung **GVG 140a** 7
– Fehler des Rechtsmittelgerichts **GVG 140a** 8
– große Jugendkammer **GVG 140a** 11
– höherstinstanzliche Entscheidung **GVG 140a** 10

Sachverzeichnis   fette Zahlen = §§

- mehrere Wiederaufnahmegründe **GVG 140a** 10
- nach Verweisung durch das Revisionsgericht **GVG 140a** 9
- nachträgliche Gesamtstrafenbildung **GVG 140a** 11
- Rechtskraft **GVG 140a** 7
- Sachentscheidung des Berufungsgerichts **GVG 140a** 7
- Schuldspruch **GVG 140a** 9
- Verbindung von Entscheidungen **GVG 140a** 11
- Wegfall der Gesamtstrafe **GVG 140a** 11

Bestimmung der Ergänzungsrichter/-schöffen
- ad hoc Einzelzuweisung **GVG 192** 5
- Ausfall des Vorsitzenden **GVG 192** 4
- Besetzungsrüge **GVG 192** 6
- Ergänzungsschöffen **GVG 192** 6
- Geschäftsverteilungsplan **GVG 192** 5
- gesetzlicher Richter **GVG 192** 5 f.
- Hilfsschöffenliste **GVG 192** 6
- Präsidium **GVG 192** 4
- spruchkörperfremde Richter **GVG 192** 5
- Vertrauen der Öffentlichkeit **GVG 192** 5
- Zuziehung von spruchkörpereigenen Richtern **GVG 192** 4

Beteiligter (Dolmetscherhinzuziehung)
- als Dolmetscher agierender Beteiligter **GVG 185** 31
- ausländische Rechtsanwälte **GVG 185** 29
- Eingaben in deutscher Sprache **GVG 185** 29
- fremdsprachiger Verteidiger **GVG 185** 29
- Nebenkläger **GVG 185** 29 f.
- Privatbeklagter **GVG 185** 30
- Privatkläger **GVG 185** 30
- Prozesssubjekte **GVG 185** 29
- Sachverständige **GVG 185** 30
- Schöffe **GVG 185** 29
- Strafverteidiger **GVG 185** 29
- Urkundsbeamter der Geschäftsstelle **GVG 185** 31
- Verfahrensbeteiligte im weiteren Sinn **GVG 185** 29
- verfahrensleitende prozessbeteiligte **GVG 185** 29
- Verteidiger mit Migrationshintergrund **GVG 185** 31
- Zeugen **GVG 185** 30

Beteiligung der Finanzbehörde
- alle Abschnitte des gerichtlichen Verfahrens **AO 407** 2
- Amtsträger der Finanzbehörde **AO 407** 14
- Anhörung vor Einstellung des Verfahrens **AO 403** 11
- Anspruch auf Vorbringens zu entscheidungserheblichen Punkten **AO 407** 4
- Ausführungen zu Tatfragen **AO 407** 10
- besondere Sach- und Rechtskunde **AO 407** 3, 5
- besonderes Beteiligungsrecht **AO 403** 1, 4
- Beteiligung im Zwischenverfahren **AO 407** 17
- Bußgeldverfahren **AO 403** 2, **AO 407** 2
- Doppelfunktion als Sitzungsvertreter und Zeuge **AO 407** 13
- Erteilung des Wortes in der Hauptverhandlung **AO 407** 9
- Formen des Vorbringens **AO 407** 6
- Fragerecht **AO 403** 6, **AO 407** 15
- Gefährdung des Ermittlungserfolgs **AO 403** 8
- Informationsinteresse **AO 403** 9
- Klageerzwingungsverfahren **AO 403** 12
- Mitteilung der Anklageerhebung **AO 403** 10
- Mitteilung verfahrensabschließender Entscheidungen **AO 407** 16
- Mitteilungen von Terminen **AO 407** 8
- Nebenbeteiligte **AO 407** 1
- passive, beobachtende und zuhörende Anwesenheit **AO 403** 6
- Recht zur ununterbrochenen Teilnahme an der Hauptverhandlung **AO 407** 9
- Rechtsausführungen **AO 407** 10
- Rechtsbehelfe **AO 403** 13; **AO 407** 19 f.
- rechtzeitige Mitteilung von Ort und Zeit der Ermittlungshandlungen **AO 403** 7
- Revision **AO 407** 21
- sonst zuständige Finanzbehörde **AO 403** 3
- staatsanwaltschaftliches Ermittlungsverfahren in Steuerstrafsachen **AO 403** 2
- Steuerstrafverfahren **AO 407** 2
- Teilnahme an richterlichen Ermittlungshandlungen **AO 403** 9
- Teilnahme an staatsanwaltschaftlichen Ermittlungshandlungen **AO 403** 5 ff.
- Verfahrensbeteiligte **AO 403** 5
- Vernehmung als Zeuge **AO 407** 12

magere Zahlen = Randnummern   **Sachverzeichnis**

- Verständigung **AO 407** 7
- Zeitpunkt der Worterteilung **AO 407** 11

Betragsverfahren
- Justizverwaltungsverfahren **StrEG 10** 1
- rechtskräftige Feststellung Strafgerichts **StrEG 10** 2

Betriebsunfälle
- körperliche Unversehrtheit **EGGVG 14** 28
- Schutz der Arbeitskraft **EGGVG 14** 27
- Schutz der Gesundheit von Arbeitnehmern **EGGVG 14** 27
- Unfallverhütungsvorschrift **EGGVG 14** 27

Bewährungsplan
- Anfechtbarkeit **JGG 60** 11
- angelsächsisches Recht **JGG 60** 2
- Aushändigung **JGG 60** 7
- Belehrung **JGG 60** 7
- Belehrung über Bedeutung der Sanktion **JGG 64** 3
- Bewährungstermin **JGG 60** 7
- einvernehmliches Vorgehen **JGG 60** 3
- Erziehungsberechtigte und gesetzliche Vertreter **JGG 60** 7
- gesonderter Termin **JGG 60** 6
- Inhalt **JGG 64** 2
- nachträgliche Änderung **JGG 60** 10
- Name des Bewährungshelfers **JGG 60** 4
- Persönlicher Anwendungsbereich **JGG 60** 1
- Rechtshilfe **JGG 60** 5
- Rechtskraft des Urteils **JGG 60** 6
- Rechtsnatur **JGG 60** 4
- Rechtspfleger **JGG 60** 5
- sachlicher Anwendungsbereich **JGG 60** 1
- Schlechte Führung **JGG 64** 3
- schriftlicher Bewährungsplan **JGG 60** 3
- Unterschrift **JGG 60** 8
- Urkunde **JGG 60** 4
- Versprechen **JGG 60** 8
- Weisungen und Auflagen **JGG 60** 4
- Zeitpunkt **JGG 60** 6
- Zuständigkeit **JGG 60** 5
- Zweck der Norm **JGG 60** 3, 9

Beweislast StrEG 5 87

Beweismittel
- Einreichen fremdsprachiger Beweismittel **GVG 187** 61
- integraler Bestandteil der Urteilsfindung **GVG 187** 61
- richterliche Aufklärungsmaxime **GVG 187** 61

- schriftliche Einlassungen des Beschuldigten in der Muttersprache **GVG 187** 61

Beweisnotstandsklausel
- Aussichtslosigkeit **ZSHG 1** 25 f.
- besonders qualifizierte Variante des Beweisnotstands **ZSHG 1** 25
- wesentliche Erschwerung **ZSHG 1** 27
- wesentliche Erschwerung oder Aussichtslosigkeit der Sachverhaltserforschung **ZSHG 1** 25

Beweisrecht
- Aussagen von tatbeteiligten Personen **EMRK 6** 355
- Belastungsbeweise **EMRK 6** 360
- beschränkende Beweisregeln **EMRK 6** 348
- Beweisantragsrechte **EMRK 6** 350
- Beweiserhebung **EMRK 6** 351, 359
- Beweiskraft **EMRK 6** 357
- Beweisverwertung **EMRK 6** 351
- Beweisverwertungsverbote **EMRK 6** 348 f., 351, 356 ff.
- Beweiswürdigung **EMRK 6** 346
- faires Verfahren **EMRK 6** 346
- harmonisiertes Beweisrecht **EMRK 6** 348 f.
- Konfrontationsrecht **EMRK 6** 353
- rechtswidrig erlangte Beweise **EMRK 6** 358
- Schnittstelle zwischen Verfahrenseinfluss der Beteiligten und Entscheidung des Gerichts **EMRK 6** 346
- Selbstbelastungsfreiheit **EMRK 6** 354
- Tatprovokation **EMRK 6** 354
- Überprüfung der Beweiswürdigung durch den EGMR **EMRK 6** 347
- Verteidigerbeistand **EMRK 6** 352

Bildaufnahmen
- Bildberichterstattung der Presse **GVG 169** 33
- Sitzungspolizei des Vorsitzenden **GVG 169** 33
- stillschweigendes Fotografierverbot während der Hauptverhandlung **GVG 169** 33

Bildung besonderer Spruchkörper
- Grundrechtseingriffe **AO 391** 16
- Prüfung des erforderlichen Tatverdachts **AO 391** 16

Billigkeit
- Ausnahmecharakter der Entschädigung **StrEG 3** 27 f.

1919

Sachverzeichnis

fette Zahlen = §§

– besondere Billigkeitsgründe **StrEG 3** 29 f.
– teilweise Entschädigung **StrEG 3** 32
– unbestimmter Rechtsbegriff **StrEG 3** 26
Billigkeitsentschädigung
– Anrechnung **StrEG 4** 7
– Ausgleich aus Billigkeitsgründen **StrEG 4** 2
– besondere Billigkeitsgründe **StrEG 4** 3
– Bildung einer Gesamtstrafe **StrEG 4** 4
– Bußgeldverfahren **StrEG 4** 1
– Grundsatz der Verfahrenseinheit **StrEG 4** 9
– Tateinheit **StrEG 4** 13
– Tatmehrheit **StrEG 4** 6
– Teileinstellung **StrEG 4** 10
– Teilfreispruch **StrEG 4** 9
– Tod des Beschuldigten **StrEG 4** 12
– überschießende Strafverfolgungsmaßnahmen **StrEG 4** 1
– Veränderung des rechtlichen Gesichtspunkts **StrEG 4** 13
– verschiedene prozessuale Taten **StrEG 4** 8
– Vorabentscheidung über die Entschädigungspflicht **StrEG 4** 11
– Zusammentreffen von Ausschluss- und Versagungsgründen **StrEG 4** 5
Bindung an das Gesetz GVG 1 36 ff.
Bindungswirkung
– Beschwer **GVG 199** 19
– Beschwerde- und Haftprüfungsentscheidungen **GVG 199** 15
– Divergenz **GVG 199** 17
– dulde und liquidiere **GVG 199** 20
– eigene Beurteilung **GVG 199** 16
– Einlegung von Rechtsmitteln im Strafprozess **GVG 199** 19
– Entschädigungsklagen von anderen Verfahrensbeteiligten **GVG 199** 17
– Entscheidung des höheren Gerichts **GVG 199** 15
– Entscheidungen der Staatsanwaltschaft **GVG 199** 17
– Erfolgsaussichten einer Entschädigungsklage **GVG 199** 19
– Feststellung der Verfahrensverzögerung **GVG 199** 20
– Feststellung zur Angemessenheit der Verfahrensdauer **GVG 199** 18
– nachteilige Beurteilung der Verfahrensdauer **GVG 199** 19
– negative Bindungswirkung **GVG 199** 15

– positive Bindungswirkung **GVG 199** 15
– rechtsfehlerhaftes Unterlassen **GVG 199** 20
– Rechtspflicht **GVG 199** 18
– Unterlassen der Feststellung **GVG 199** 16
– unterschiedliche Beurteilungen **GVG 199** 15
– Verzögerungsrüge **GVG 199** 18
– Zweck der Bindungswirkung **GVG 199** 18
Bundesamt für Sicherheit in der Informationstechnik
– tatsächliche Anhaltspunkte **G 10 7** 19a
– Unterrichtung Dritter über aktuelle Cyber-Gefährdungslagen **G 10 7** 19a
Bundesamt für Wirtschaft und Ausfuhrkontrolle
– Anhaltspunkte für eine Straftat **G 10 7** 12
– Beschaffung von Kriegswaffen oder sonstiger Güter **G 10 7** 11
– Daten aus Beschränkungen **G 10 7** 13
– Einhaltung von Beschränkungen des Außenwirtschaftsverkehrs **G 10 7** 14
– Erforderlichkeit der Übermittlung **G 10 7** 14
– Genehmigungsbehörde **G 10 7** 10
– Genehmigungspflicht für die Ausfuhr **G 10 7** 14
– internationale Verbreitung von Kriegswaffen **G 10 7** 13
– unerlaubter Außenwirtschaftsverkehr **G 10 7** 13
Bundesanwälte
– bei Bundesanwaltschaft tätige Staatsanwälte **GVG 148** 1
– deklaratorische Bedeutung **GVG 148** 1
– Oberstaatsanwälte beim BGH **GVG 148** 1
Bundesdisziplinarordnung
– anwendbaren Vorschriften **StrEG 19** 4
– materieller Schaden **StrEG 19** 3
– Verwaltungsrechtsweg **StrEG 19** 4
– Wiederaufnahme des gerichtlichen Disziplinarverfahrens **StrEG 19** 2
Bundesnachrichtendienst
– personenbezogene Daten **G 10 7** 3
– Übermittlungsgrundtatbestand **G 10 7** 4
– Zufallsfunde **G 10 7** 5
Bußgeldbescheid
– gerichtliches Bußgeldverfahren **GVG 187** 50

magere Zahlen = Randnummern

Sachverzeichnis

– Ordnungswidrigkeitsverfahrnsrecht **GVG 187** 51
– Sonderzustellungsregel **GVG 187** 51
– Strafbefehl **GVG 187** 51
– wesentliches Dokument **GVG 187** 50
– Wiedereinsetzung in den vorherigen Stand **GVG 187** 51

Datenabgleich, automatisierter
– Abgleichdaten **G 10 6** 12
– Abgleichverfahren **G 10 6** 11
– bereits vorliegende Rufnummern oder andere Kennungen bestimmter Telekommunikationsanschlüsse **G 10 6** 10
– durch Beschränkungsmaßnahme erhobene Daten **G 10 6** 10
– erhobene Daten **G 10 6** 12
– Kennung eines Telekommunikationsanschlusses **G 10 6** 13
– Kontrolle der G 10-Kommission **G 10 6** 11
– Protokollierung **G 10 6** 15
– relevant eingestufte Kommunikationsdaten **G 10 6** 12
– Rufnummer **G 10 6** 13
– schriftliche Fixierung **G 10 6** 11
– Selektion durch Erfassungssysteme des BND **G 10 6** 12
– Suchbegriffe **G 10 6** 14
– Vergleichsdaten **G 10 6** 13
– vorhandene Nummern **G 10 6** 13
– Zusammenhang mit Gefahrenbereich **G 10 6** 13

Datenübermittlung
– Anfechtung von Justizverwaltungsakten **EGGVG 22** 1
– Antrag des Betroffenen auf gerichtliche Entscheidung **EGGVG 22** 8
– Ausnahme von der grundsätzlichen Zuständigkeit des OLG **EGGVG 22** 5
– Bindungswirkung **EGGVG 22** 11
– Entscheidungskonzentration **EGGVG 22** 6
– Feststellung und Mitteilung der Rechtswidrigkeit **EGGVG 22** 10
– Führerscheinstelle **EGGVG 22** 13
– gespaltener Rechtsweg **EGGVG 22** 6
– Gewährung von Rechtsschutz **EGGVG 22** 1
– Information des Empfängers **EGGVG 22** 9
– Inhalt der Entscheidung **EGGVG 22** 10
– Justizverwaltungsakt **EGGVG 22** 4

– keine Entscheidung des Empfängers **EGGVG 22** 7
– Mitteilung der Staatsanwaltschaft an das Kraftfahrt-Bundesamt **EGGVG 22** 14
– Mitteilungen zum Fahreignungsregister **EGGVG 22** 12
– Prozessökonomie **EGGVG 22** 1
– Rechtsgrundlage im Verfahrensrecht der übermittelnden Stelle **EGGVG 22** 3
– Rechtsweg zu den ordentlichen Gerichten **EGGVG 22** 4
– Rechtsweg zum OLG **EGGVG 22** 1
– Subsidiarität **EGGVG 22** 3
– Unterrichtung des Empfängers **EGGVG 22** 9
– Verwendungsverbot **EGGVG 22** 10
– zentrale Sammel- und Auskunftsstelle **EGGVG 22** 13

Datenübermittlung (andere Fälle)
– absolute Rechte **EGGVG 17** 11
– Abwehr erheblicher Nachteile bzw. Gefahren **EGGVG 17** 7
– Abwehr schwerwiegender Beeinträchtigungen **EGGVG 17** 11
– Arbeitsgerichte **EGGVG 17** 3
– Erforderlichkeit **EGGVG 17** 1
– erhebliche Gefährdung Minderjähriger **EGGVG 17** 12
– Gefahr für die öffentliche Sicherheit **EGGVG 17** 7, 9
– Gefährdung des körperlichen, geistigen oder seelischen Wohls eines Kindes **EGGVG 17** 12
– Interessensabwägung **EGGVG 17** 1
– internationale Rechtshilfe **EGGVG 17** 6
– Mitteilungspflichten in der MiStra **EGGVG 17** 13
– polizeirechtliche Gefahrenabwehr **EGGVG 17** 9
– Schwere der absehbaren Folgen **EGGVG 17** 11
– Strafaussetzung zur Bewährung **EGGVG 17** 4
– Straftaten in der Sitzung des Gerichts **EGGVG 17** 5
– Strafverfahren **EGGVG 17** 4
– Strafvollzug **EGGVG 17** 4
– Verfolgung von Straftaten oder Ordnungswidrigkeiten **EGGVG 17** 2
– Wahrung erheblicher Belange des Gemeinwohls **EGGVG 17** 7

Datenübermittlung (Strafsachen)
– Disziplinarstrafen **EGGVG 14** 2

Sachverzeichnis

fette Zahlen = §§

- Einzelangaben über persönliche oder sachliche Verhältnisse **EGGVG 14** 3
- Erforderlichkeit **EGGVG 14** 6
- für den Empfänger erforderlich **EGGVG 14** 1
- Gegenstand des Verfahrens **EGGVG 14** 1
- Jugendgerichtssachen **EGGVG 14** 2
- Kriminalstrafe **EGGVG 14** 2
- Ordnungswidrigkeitenverfahren **EGGVG 14** 2
- personenbezogene Daten **EGGVG 14** 3
- prozessualer Tatbegriff **EGGVG 14** 4
- Schlüssigkeitsprüfung **EGGVG 14** 6
- Spezialvorschrift **EGGVG 14** 1
- Strafsachen **EGGVG 14** 2
- tatsächliche Maßnahmen **EGGVG 14** 7
- übermittlungsrelevante Daten **EGGVG 14** 5

Datenübermittlung (Zivilsachen) EGGVG 15

Datenübermittlungsausnahmen
- andere Maßnahme als eine Strafe **EGGVG 14** 32
- Einstellung **EGGVG 14** 33
- Einziehung **EGGVG 14** 32
- fahrlässig begangene Straftat **EGGVG 14** 32
- jugendstrafrechtliche Erziehungsmaßregeln **EGGVG 14** 32
- jugendstrafrechtliche Zuchtmittel **EGGVG 14** 32
- Maßregeln der Besserung und Sicherung **EGGVG 14** 32
- Privatklageverfahren **EGGVG 14** 32
- Unbrauchbarmachung **EGGVG 14** 32
- Verfall **EGGVG 14** 32
- Verwarnungen mit Strafvorbehalt **EGGVG 14** 32

Datenverarbeitung
- technische, personelle und organisatorische Maßnahmen **ZSHG 4** 15
- Transparenz der Datenverarbeitung **ZSHG 4** 16

Datenverarbeitungsbeschränkung bei öffentlichen Stellen
- Amtshilfe **ZSHG 4** 12
- Beurteilung der Erforderlichkeit **ZSHG 4** 12
- Daten in öffentlichen Dateien und Registern **ZSHG 4** 9
- Einschränkung des Ermessens **ZSHG 4** 11
- Nichtübermittlung **ZSHG 4** 9 f.
- Sperrung von Daten **ZSHG 4** 9 f.

DDR-Straftaten
- Absehen von Strafe **EGStGB 315** 3
- Alttaten **EGStGB 315** 1 f.
- Einigungsvertragsgesetz **EGStGB 315** 1
- Fortgeltung des bundesdeutschen Strafrechts **EGStGB 315** 5
- milderes Gesetz **EGStGB 315** 2
- Strafanwendungsrecht **EGStGB 315** 4
- Straffreistellungen **EGStGB 315** 2
- Unrechtstypus **EGStGB 315** 2
- Verjährung **EGStGB 315** 1
- Verurteilungen auf Bewährung **EGStGB 315** 3
- Vorbehaltsklausel **EGStGB 315** 4 f.
- zur Zeit der Tat geltendes Recht **EGStGB 315** 2

Desavouierungsverbot
- Aufklärung des Vorwurfs des Angeklagten **EMRK 6** 340
- Beweislast **EMRK 6** 341
- Beweisverwertung **EMRK 6** 345
- deutsche Rechtsprechung **EMRK 6** 342
- Ermittlungsmaßnahme **EMRK 6** 339
- mittelbare Tatprovokation **EMRK 6** 337
- Reichweite **EMRK 6** 335
- Scheinkauf **EMRK 6** 336
- Schutz der Verteidigungsrechte **EMRK 6** 340
- Selbstbelastungsfreiheit **EMRK 6** 339
- Strafzumessungslösung **EMRK 6** 344
- Tatprovokation **EMRK 6** 334
- verdeckte Ermittler **EMRK 6** 338
- Verfahrenshindernis **EMRK 6** 345
- V-Leute **EMRK 6** 338
- zurechenbares Verhalten **EMRK 6** 336

Dienstaufsicht
- Bundesanwalt **GVG 147** 3
- Bundesjustizverwaltung **GVG 22** 11
- Bundesminister der Justiz **GVG 147** 3
- Devolution **GVG 147** 3
- Dienstaufsichtsbeschwerde **GVG 147** 2
- dienstliche Beurteilung **GVG 147** 6
- Dienstpflichten des Vorgesetzten **GVG 22** 12
- Einhaltung der Gesetze **GVG 22** 12
- Fachaufsicht **GVG 147** 2
- Fürsorgepflicht **GVG 22** 12
- Generalbundesanwalt **GVG 147** 3 f.
- Generalstaatsanwalt **GVG 147** 4
- Inhaber des Dienstaufsichtsrechts **GVG 147** 1

magere Zahlen = Randnummern **Sachverzeichnis**

- Inhalt der Dienstaufsicht **GVG 22** 12
- Justizgewährungspflicht **GVG 1** 47
- Justizverwaltung **GVG 1** 47
- Landesjustizminister **GVG 147** 3
- Landesjustizverwaltung **GVG 22** 11
- Leitender Oberstaatsanwalt **GVG 147** 4
- Leitungsrecht **GVG 147** 2
- politische Beamte **GVG 147** 5
- Rahmenbedingungen **GVG 22** 11
- richterliche Unabhängigkeit **GVG 22** 12
- Strafanträge **GVG 147** 2
- Substitution **GVG 147** 3
- Vorgesetzter **GVG 147** 1
- Zuständigkeit **GVG 22** 11
- außerhalb des Kernbereichs **GVG 1** 51
- eigentliche Rechtsfindung **GVG 1** 49
- Einschränkung der Dienstaufsicht **GVG 1** 48
- Kasuistik **GVG 1** 51
- Kernbereich richterlicher Tätigkeit **GVG 1** 48, 61
- offensichtlich willkürliches Verhalten **GVG 1** 50
- offensichtliche Fehler bei der Rechtsanwendung **GVG 1** 50
- richterliche Amtsführung **GVG 1** 50
- Sicherung eines ordnungsgemäßen Geschäftsablaufs **GVG 1** 50
- unzulässige Dienstaufsicht **GVG 1** 48

Dienstrechtliche Maßnahmen
- bereichsspezifische Mitteilungspflichten **EGGVG 14** 12
- Berufsgesetze **EGGVG 14** 11
- Dienst-, Staats- oder Standesaufsicht **EGGVG 14** 9
- Geistliche einer Kirche **EGGVG 14** 13
- Heilberufe **EGGVG 14** 10
- keine bereichsspezifischen Mitteilungsregelungen **EGGVG 14** 10
- Zweifel an der Eignung, Zuverlässigkeit oder Befähigung **EGGVG 14** 9

Dinglicher Arrest StrEG 2 59 f.

Divergenzvermeidung
- Altfälle **GVG 121** 39
- Anfrage **GVG 121** 42
- Anfragebeschluss **GVG 121** 28
- Anhörung **GVG 121** 48
- Anspruch auf den gesetzlichen Richter **GVG 121** 21
- Aufgabe der eigenen Rechtsprechung **GVG 121** 30
- aufgelöstes Gericht **GVG 121** 25

- Auslegung eines konkreten Straftatbestands/Tatbestandsmerkmals **GVG 121** 33
- Ausnahmen **GVG 121** 20, 41
- Außendivergenz **GVG 121** 25
- Beruhen **GVG 121** 37
- Beschwerdeentscheidung **GVG 121** 28
- bestehende/nicht existente Erfahrungssätze **GVG 121** 33
- Bezirksgerichte **GVG 121** 26
- Bindungswirkung **GVG 121** 50
- Divergenzfeststellung **GVG 121** 31
- Entscheidung in der Sache selbst **GVG 121** 50
- Entscheidungsart **GVG 121** 28
- entscheidungserhebliche Rechtsfrage **GVG 121** 31, 33
- Entscheidungserheblichkeit **GVG 121** 36
- Entscheidungsträger **GVG 121** 23
- Entscheidungszeitpunkt **GVG 121** 27
- EU-Recht **GVG 121** 46
- Fremdentscheidung **GVG 121** 23
- Fremdverletzung der Vorlagepflicht **GVG 121** 40
- Gesetzesänderung **GVG 121** 39
- instanzbeendende Entscheidung **GVG 121** 22, 28
- Konkurrenzverhältnis **GVG 121** 33
- nachkonstitutionelle formelle Gesetze **GVG 121** 44
- obiter dictum **GVG 121** 37
- objektive Willkür **GVG 121** 21
- Rechtsanwendungsgleichheit **GVG 121** 20
- Selbstbindung **GVG 121** 30
- Sperrwirkung **GVG 121** 48
- Stellungnahme zur vorgelegten Rechtsfrage **GVG 121** 49
- strafrechtsähnliche Verfahren **GVG 121** 20
- Tatfrage **GVG 121** 32
- tragende Rechtsfrage für die Fremdentscheidung **GVG 121** 37
- überholte divergierende Entscheidung **GVG 121** 39
- unbestimmte Rechtsbegriffe **GVG 121** 33
- Unterscheidung des rechtlichen Ergebnisses **GVG 121** 35
- Verfahrensidentität **GVG 121** 29
- Verfassungsrecht **GVG 121** 44
- Verwaltungsvorschriften **GVG 121** 34
- vorkonstitutionelles Recht **GVG 121** 45

Sachverzeichnis

fette Zahlen = §§

- Vorlage bei Abweichung von einer Entscheidung des BGH/anderen OLG **GVG 121** 20
- Vorlagebeschluss **GVG 121** 48
- Vorlagebeschluss des fremden OLG **GVG 121** 28
- Vorlagepflicht **GVG 121** 24, 38, 48
- Vorlagepflichten außerhalb des GVG **GVG 121** 43
- Vorlageverfahren **GVG 121** 47
- wissenschaftliche Prinzipien **GVG 121** 33
- zivilrechtliche Urteile **GVG 121** 25
- Zulässigkeit der Vorlage **GVG 121** 49
- Zuständigkeitskonzentration **GVG 121** 51
- Zustimmung zur Verfahrenseinstellung **GVG 121** 28
- zweiaktiges Verfahren **GVG 121** 47
- Zweifel über die Reichweite einer Fremdentscheidung **GVG 121** 38

Dokumentation
- ausschließliche Beweisfunktion **AO 397** 24
- unverzügliche Erstellung des Aktenvermerks **AO 397** 25

Dokumentation durch die Staatsanwaltschaft
- Aktenkundigkeit **GVG 24** 20
- Kenntnisvorsprung **GVG 24** 20
- Nachholung im Beschwerdeverfahren **GVG 24** 20

Dokumente (Übersetzungsanspruch)
- abschließende Sachentscheidung **GVG 187** 19
- Anklageschrift **GVG 187** 19
- Anordnung einer freiheitsentziehenden Maßnahme **GVG 187** 19
- Prozessökonomie **GVG 187** 19
- Strafbefehl **GVG 187** 19
- Urteil **GVG 187** 19
- wesentliche Unterlagen **GVG 187** 19

Dolmetscher oder Übersetzer für Beschuldigten oder Verurteilten
- Erforderlichkeit von Übersetzungsleistungen **GVG 187** 9
- Hinzuziehung eines Dolmetschers im Allgemeinen **GVG 187** 9
- Jugendstrafverfahren **GVG 187** 9
- Ordnungswidrigkeitenverfahren **GVG 187** 9
- Terminologie **GVG 187** 9
- Vollstreckung eines Europäischen Haftbefehls **GVG 187** 9

Dolmetscher- und Übersetzungsleistungen für den Beschuldigten *siehe auch Dolmetscherhinzuziehung*
- Anregung durch Staatsanwalt oder Verteidiger **GVG 187** 12
- Anspruch außerhalb der Verhandlung **GVG 187** 11
- beiläufige Einfügung **GVG 187** 3
- Entstehungsgeschichte **GVG 187** 3 ff.
- Erforderlichkeit **GVG 187** 12 f.
- Ermessen des Gerichts **GVG 187** 12
- Garantie des unentgeltlichen Beistand eines Dolmetschers **GVG 187** 4
- Gesetz zur Stärkung der Verfahrensrechte **GVG 187** 5
- Gleichstellung des Nebenklageberechtigten **GVG 187** 3
- Gleichstellung von hör- oder sprachbehinderten Personen **GVG 187** 3
- Konkretisierung der Rechte **GVG 187** 5
- konventionskonforme Auslegung **GVG 187** 3
- nicht der deutschen Sprache mächtig **GVG 187** 12
- notwendige Verteidigung **GVG 187** 4
- Opferrechtsreformgesetz **GVG 187** 3, 5
- richtllinienkonforme Auslegung **GVG 187** 6 f.
- Stufensystem **GVG 187** 13
- Stufensystem **GVG 187** 8
- Übersetzung des Anklagesatzes **GVG 187** 4
- Umsetzung **GVG 187** 7
- unbestimmter Rechtsbegriff **GVG 187** 12
- Verzicht **GVG 187** 8
- vorbereitende Gespräche mit dem Verteidiger **GVG 187** 13
- Vorbereitung der Begründung eines Rechtsmittels **GVG 187** 13

Dolmetscherbeiziehung
- Anhaltspunkte für Sprachschwierigkeiten **EMRK 6** 273
- effektive Verteidigung **EMRK 6** 272
- Gebärdensprache **EMRK 6** 277
- gesamtes Verfahren **EMRK 6** 275
- Gleichstellungsziel **EMRK 6** 272
- Kosten **EMRK 6** 276
- qualitativ hinreichende Übersetzung **EMRK 6** 274

magere Zahlen = Randnummern

Sachverzeichnis

- unentgeltliche Unterstützung **EMRK 6** 272
- Urteil **EMRK 6** 275
- Verhandlungssprache **EMRK 6** 272
- Verteidiger **EMRK 6** 278

Dolmetscherbestimmung
- Einschränkung des Wahlrechts **GVG 186** 15
- direkte, schriftliche Vertändigung **GVG 186** 14
- Hinzuziehung eines Dolmetschers **GVG 186** 15
- kein Gebrauch des Wahlrechts **GVG 186** 14
- leichtere Verständigung mit alternativer Kommunikationsform **GVG 186** 15
- prozessökonomische Einschränkung **GVG 186** 15
- Unmittelbarkeitsgrundsatz **GVG 186** 14
- unverhältnismäßiger Aufwand **GVG 186** 15

Dolmetschereid
- Abschaffung der obligatorischen Zeugenvereidigung **GVG 189** 3
- Ähnlichkeit in Vielem zwischen Dolmetscher und Sachverständiger **GVG 189** 1
- allgemein beeidigt **GVG 189** 1
- Auslieferungsverfahren **GVG 189** 11
- Charakter eines Qualitätsnachweises **GVG 189** 2
- Dolmetscher eines Zeugen **GVG 189** 12
- Ermessen des Gerichts **GVG 189** 1
- Ermittlungsrichter **GVG 189** 9
- erneute Vereidigung im Hauptverfahren **GVG 189** 9
- hinzugezogene Dolmetscher **GVG 189** 12
- Hinzuziehung außerhalb der Verhandlung **GVG 189** 10
- kontradiktorische Verfahrensabschnitte **GVG 189** 10
- Kultursachverständiger **GVG 189** 12
- Protokollierung *siehe dort*
- Qualitäts- und Lauterkeitsnachweis **GVG 189** 10
- Revision **GVG 189** 2
- Richtlinienumsetzung **GVG 189** 2
- Sinn und Zweck der Dolmetschervereidigung **GVG 189** 10
- sonstige Hifspersonen **GVG 189** 12
- Tätigkeit im gesamten Verfahren **GVG 189** 2

- Urkundsbeamte der Geschäftsstelle **GVG 189** 12
- Vereidigung des Dolmetschers **GVG 189** 1
- Vereidigungpflicht **GVG 189** 1
- Verschwiegenheitspflicht **GVG 189** 1

Dolmetschereinordnung
- Absprachen **GVG 185** 19
- Beeinflussungsgefahr **GVG 185** 17
- Deutung der Aussage **GVG 185** 19
- eigene Rechte und Pflichten **GVG 185** 18
- Hilfsorgan für alle Prozessbeteiligten **GVG 185** 18
- kein Auswahlrecht **GVG 185** 18
- Konsekutivmethode **GVG 185** 20
- machanischer Übersetzer **GVG 185** 20
- mehrere Übersetzungsvarianten **GVG 185** 20
- Missverständnis **GVG 185** 20
- Mündlichkeit und Unmittelbarkeit **GVG 185** 17
- normativ neutrale Einordnung **GVG 185** 18
- Organ der Rechtspflege **GVG 185** 18
- Prozessdolmetscher **GVG 185** 20
- Schutzpflicht **GVG 185** 18
- Sprachrisiko **GVG 185** 18
- Tragweite der Dolmetschertäigkeit **GVG 185** 17
- unmittelbare Unterrichtung über Unmöglichkeit der Übersetzung **GVG 185** 20
- Unmöglichkeit wörtlicher Übersetzung **GVG 185** 19
- Vermittlung des Prozessverkehrs zwischen den Beteiligten **GVG 185** 17
- Vertrauensdolmetscher **GVG 185** 20

Dolmetscherhinzuziehung
- absoluter Revisionsgrund **GVG 185** 13
- allgemeiner Charakter der Dolmetscherhinzuziehung **GVG 185** 4
- Angeklagter bzw. Angeschuldigter **GVG 187** 1
- Anordnungen hinsichtlich Qualitätssicherungsmaßnahmen **GVG 185** 6
- Anspruch auf Beiziehung eines Dolmetschers **GVG 185** 1
- Anspruch auf unentgeltliche Unterstützung **GVG 185** 5
- Aufklärungsmaxime **GVG 185** 3
- Auswahlermessen **GVG 187** 74
- Befangenheit **GVG 185** 24

Sachverzeichnis

fette Zahlen = §§

- Begriff Dolmetscher **GVG 185** 24
- Begriff Übersetzer **GVG 185** 24
- Belehrung **GVG 187** 74
- Belehrungspflicht **GVG 187** 2
- Beschuldigter und Verurteilter **GVG 187** 1
- besonders seltene Sprache **GVG 185** 1
- bilaterale Abkommen **GVG 185** 4
- Bußgeldverfahren **GVG 185** 4
- cultural gap **GVG 185** 11
- Dolmetscher als Übersetzungsmaschine **GVG 185** 11
- Dolmetscher der ersten Stunde **GVG 185** 26
- effektiver Rechtsschutz **GVG 185** 2
- eigenständiger Anwendungsbereich der älteren Judikatur **GVG 185** 7
- Einsatz von Videokonferenztechnik **GVG 185** 1
- Entstehungsgeschichte **GVG 187** 6
- Ermittlungsverfahren **GVG 187** 74
- fair-trial-Grundsatz **GVG 185** 3
- faktische Voreingenommenheit **GVG 185** 26
- fremdsprachige Beweismittel **GVG 185** 3
- Gesetz zur Stärkung der Verfahrensrechte des Beschuldigten **GVG 185** 6
- Haftbefehl **GVG 185** 5
- Hinzuziehung eines Dolmetschers oder Übersetzers **GVG 187** 2
- interkulturelle Kommunikation **GVG 185** 12
- Interpretationsakt des Dolmetschers **GVG 185** 11
- Konkretisierung und Erweiterung der Rechte des Beschuldigten **GVG 187** 1
- konsekutive Übersetzung **GVG 185** 11
- Kontrolle durch Prozessbeteiligte **GVG 185** 11
- konventionskonforme Auslegung **GVG 185** 7
- konventionsrechtliche Erweiterung **GVG 185** 5
- Kosten **GVG 185** 2; **GVG 187** 74
- Kultursachverständiger **GVG 185** 25
- Mehrdimensionalität des Dolmetschereinsatzes **GVG 185** 3
- Mehrzwecktätigkeit **GVG 185** 26
- missbräuchliche und berechtigte Inanspruchnahme **GVG 185** 10
- mittelbare Diskriminierung durch Sprachrisiko **GVG 185** 12
- Muttersprachler mit Migrationshintergrund **GVG 185** 10
- Nebenkläger **GVG 187** 1 f.
- notwendige Verteidigung **GVG 185** 7
- Opferrechtsreformgesetz **GVG 185** 6; **GVG 187** 2
- partielle Verhandlung in fremder Gerichtssprache **GVG 185** 1
- Protokollierung **GVG 187** 2
- qualitativ minderwertige Übersetzungs- und Dolmetscherleistungen **GVG 185** 10
- Recht auf effektive Verteidigung **GVG 185** 3
- Rechtsschutz bei qualitativ minderwertiger Dolmetscherleistung **GVG 185** 10
- Rechtsschutzbedürfnis **GVG 187** 74
- Rechtsschutzmöglichkeiten **GVG 185** 6
- rechtsstaatliches und faires Verfahren **GVG 185** 2
- Richtlinie **GVG 187** 2
- schriftliche Übersetzungsleistungen **GVG 187** 1
- spezielle Verfahrensordnungen **GVG 185** 4
- Sprachbarriere **GVG 185** 11
- sprachkundiger Prozessbeteiligter **GVG 185** 3
- strafprozessrechtsspezifische Auslegung **GVG 185** 4
- strafprozessuale Sondervorschrift **GVG 187** 1
- Stufensystem **GVG 187** 2
- Subjektsstellung des Beschuldigten **GVG 185** 12
- Teilhaberecht und Waffengleichheit **GVG 185** 12
- über die Verhandlung hinaus **GVG 185** 5
- Übersetzung als Sachverständigentätigkeit **GVG 185** 25
- Übersetzung des Gerichts kraft eigener Sachkunde **GVG 185** 24
- Umstrukturierung des Verfahrens **GVG 185** 12
- Unmittelbarkeitsgrundsatz **GVG 185** 12
- Unübersetzbarkeit **GVG 185** 11
- unverstandenes Objekt des Verfahrens **GVG 185** 2
- Verfahrenshindernis **GVG 185** 13
- verhandlungsunfähiges Prozesssubjekt **GVG 185** 13
- Verlust der Unmittelbarkeit **GVG 185** 12
- Vernehmung als Zeuge **GVG 185** 26

magere Zahlen = Randnummern

Sachverzeichnis

- Verteidiger **GVG 187** 74
- Verteidiger als Dolmetscher **GVG 185** 10
- verteidigter Angeklagter **GVG 185** 7
- Vertrauensdolmetscher **GVG 185** 26
- Vertrauensdolmetscher der ersten Stunde **GVG 187** 74
- Verzicht **GVG 187** 2
- vollständiges Fehlen des Dolmetschers **GVG 185** 13
- von Amts wegen **GVG 187** 74
- vorbereitende Gespräche mit dem Verteidiger **GVG 185** 7
- Wahrheitsermittlung im Strafprozess **GVG 185** 3
- Zeugeneigenschaft **GVG 185** 26
- Zeugnisverweigerungsrecht **GVG 185** 26
- zuständiges Gericht **GVG 187** 74

Dolmetscherqualität
- absoluter Revisionsgrund **GVG 185** 46
- Akte **GVG 185** 46
- Anfechtungsrecht **GVG 185** 49
- Aufklärungsrüge **GVG 185** 46
- Beanstandungsrecht **GVG 185** 49
- Befangenheit **GVG 185** 45, 49
- Befangenheit des Dolmetschers **GVG 185** 45
- Beschwerde **GVG 185** 48
- Devolutiveffekt **GVG 185** 48
- einheitlicher Rechtsbehelf **GVG 185** 49
- einzelne Fehler **GVG 185** 46
- Europäischer Haftbefehl **GVG 185** 47
- Fehler in der Übersetzungstätigkeit **GVG 185** 45
- Fehleranfälligkeit **GVG 185** 45
- fehlerhafter Zurückweisungsbeschluss **GVG 185** 45
- kostenrechtlicher Feststellungsbeschluss **GVG 185** 48
- mittelbare Gewährleistung der Qualität **GVG 185** 45
- Nichtverdolmetschung **GVG 185** 46
- partielles Außerachtlassen bestimmter Aussagen **GVG 185** 45
- Qualität der Dolmetscherleistung **GVG 185** 49
- Rekonstruktionsverbot **GVG 185** 46
- Revision **GVG 185** 45, 49
- Sachleitungsbefugnis **GVG 185** 48
- Schlechtleistung **GVG 185** 47
- Sonderrechtsschutz **GVG 185** 47
- vereidigte Dolmetscher **GVG 185** 45
- Widerspruch zur Richtlinie **GVG 185** 47
- Zwischenrechtsbehelf **GVG 185** 48

Dolmetscherrechte/-pflichten
- allgemeine Vereidigung **GVG 185** 22
- Berufsbezeichnung **GVG 185** 22
- Berufsbild des Dolmetschers **GVG 185** 21
- Berufsethos **GVG 185** 21
- Fachtermini **GVG 185** 23
- Fürsorgepflicht **GVG 185** 23
- gerichtliche Dolmetscher- und Übersetzerdatenbanken **GVG 185** 22
- Kenntnis vom materiellen Recht **GVG 185** 23
- Kosten **GVG 185** 21
- Ordnungsmittel **GVG 185** 21
- Qualifikation **GVG 185** 22
- Qualitätssicherung **GVG 185** 23
- Rechtsschutz im Bereich qualitativ minderwerter Dolmetschleistungen **GVG 185** 23
- reiner Übersetzer **GVG 185** 23
- Verschwiegenheitpflicht **GVG 185** 21
- Zeugnisverweigerungsrecht **GVG 185** 21

Dolmetschertätigkeit in der Hauptverhandlung
- Flüstermethode **GVG 185** 52
- Glaubhaftigkeitsprüfung **GVG 185** 52
- Konsekutivmethode **GVG 185** 52
- Kultursachverständiger **GVG 185** 54
- Simultandolmetschen **GVG 185** 52
- Unterbrechung der Verhandlung bei starker Beanspruchung **GVG 185** 54
- Wechsel zwischen den Methoden **GVG 185** 53

Dolmetschervereidigung
- allgemeine Vereidigung **GVG 189** 4
- Berufsbild **GVG 189** 6
- Doppelfunktion des Eids **GVG 189** 4
- Landesrecht **GVG 189** 5
- Maßstab der Ermessensprüfung **GVG 189** 5
- Richtigkeits- bzw. Lauterkeitsbekundung **GVG 189** 7
- Richtlinie **GVG 189** 4
- Schutzniveau der Richtlinie **GVG 189** 7
- tatrichterliches Ermessen bei Auswahl **GVG 189** 4
- Übersetzerdatenbanken mit allgemein vereidigten Dolmetschern **GVG 189** 4
- Verfahren zur Zulassung **GVG 189** 6

Sachverzeichnis

fette Zahlen = §§

Dolmetscherverzicht
- Belehrung **GVG 187** 70
- Einvernehmen des Verteidigers **GVG 185** 55
- genereller Übersetzungsverzicht **GVG 187** 70
- in Kenntnis ihrer Rechte und der Folgen ihrer Erklärung freiwilliges und unmissverständliches handeln **GVG 187** 70
- Inhalt einer Absprache **GVG 187** 71
- mündliche Übertragung **GVG 187** 70
- Protokollierung **GVG 187** 71
- schriftliche Übersetzung von Dokumenten **GVG 187** 70
- Verzicht auf einzelne Übersetzungsakte **GVG 185** 55
- Verzicht auf die Verdolmetschung **GVG 185** 55
- Wortlaut der Richtlinie **GVG 187** 70

Doppelrichter
- Hälfte der Arbeitskraft **GVG 22** 9
- Heranziehung zu besonderen Aufgaben **GVG 22** 10
- Richterdienstgericht **GVG 22** 9
- Stamm-Amtsgericht **GVG 22** 8
- Übertragung eines weiteren Amts **GVG 22** 8

Drogenkonsum
- Konkrete Feststellung rauschmittelbedingter Ausfallerscheinungen **StrEG 5** 71
- Ordnungswidrigkeit **StrEG 5** 71

Durchführung (Beschränkungsmaßnahmen) G 10 11 2 ff.

Durchsuchung StrEG 2 61 f.

Effektive Verteidigung
- autonome Bestimmung des Inhalts sowie der Art und Weise des Vortrags **EMRK 6** 169
- Einschränkung der Verteidigung **EMRK 6** 170 ff.
- freie Verteidigung **EMRK 6** 169
- konkrete und wirksame Verteidigung **EMRK 6** 168

Ehrenamt
- allgemeine Staatshaftung **GVG 31** 2
- Beratungsgeheimnis **GVG 31** 2
- Besetzungsrüge **GVG 31** 5, 8
- deutsche Staatsbürgerschaft **GVG 31** 1, 3, 6
- Entschädigung **GVG 31** 1
- EU-Bürger **GVG 31** 6
- freiheitlich demokratischen, rechts- und sozialstaatlichen Ordnung **GVG 31** 7
- Gelöbnis **GVG 31** 5
- gesamte Wahlperiode **GVG 31** 5
- gesetzlicher Richter **GVG 31** 5
- Gewaltenteilung **GVG 31** 4
- konstitutiver Vereinigungsakt **GVG 31** 5
- politische, religiöse oder weltanschauliche Einstellung **GVG 31** 7
- Prinzip der allgemeinen Repräsentanz **GVG 31** 7
- Protokollierung **GVG 31** 5
- Revision **GVG 31** 8
- richterliche Neutralität **GVG 31** 4
- richterliche Unabhängigkeit **GVG 31** 2
- Schöffenamt als Ehrenamt **GVG 31** 1
- Spiegel der Gesellschaft **GVG 31** 7
- Spruchrichterprivileg **GVG 31** 2
- Staatenlose **GVG 31** 6
- Wirtschaftsstrafkammer **GVG 31** 7

Ehrenämtler *siehe Tarifangestellte*

Ehrenamtliche Richter
- allgemeine Übergangsvorschriften **EGGVG 6** 2
- Amtsperiode **EGGVG 6** 3
- Änderungsgesetze **EGGVG 6** 3
- Schutzfrist **EGGVG 6** 3
- ursprüngliche Fassung **EGGVG 6** 1

Eide Fremdsprachiger
- Bekräftigungsformel **GVG 188** 3
- Eid in der geläufigen Sprache **GVG 188** 1
- Eidesformel in der Landessprache **GVG 188** 3
- entsprechende, ausländische Prozessordnung **GVG 188** 3
- hör- und sprachbehinderte Personen **GVG 188** 2
- Rückübersetzung **GVG 188** 3
- Sachverständige **GVG 188** 2
- Zeugen **GVG 188** 2

Eidesformel
- andere Religions- oder Bekenntnisgemeinschaft **GVG 189** 14
- eidesgleiche Bekräftigung **GVG 189** 14
- Protokollierung **GVG 189** 14
- religiöse Beteuerung **GVG 189** 14
- treue und gewissenhafte Übertragung **GVG 189** 14
- wesentliche Förmlichkeit **GVG 189** 14

Eigenständigkeit
- Außenprüfung **AO 393** 9

magere Zahlen = Randnummern

– Besteuerung nach der wirtschaftlichen Leistungsfähigkeit **AO 393** 8
– Doppelfunktion der Finanzbehörde **AO 393** 7
– eigene Vorschriften **AO 393** 7
– Gebot der Zweckrichtigkeit **AO 393** 8
– schuldangemessene Ahndung von Straftaten **AO 393** 8
– zweckwidrige Verknüpfung **AO 393** 8
Eigentumsübergang
– auf frischer Tat betroffen **AO 394** 4
– bekannter Täter **AO 394** 4
– Einziehung **AO 394** 3
– Einziehung zu Sicherungszwecken **AO 394** 7
– Ermessen **AO 394** 9
– gegenständlich spezifizierte Vermögensstrafe **AO 394** 3
– öffentliche Bekanntmachung **AO 394** 8
– Rechtsbehelfe **AO 394** 11
– selbstständiges Verfahrens **AO 394** 10
– Sicherstellung oder Beschlagnahme **AO 394** 5
– strafähnliche Sanktion **AO 394** 3
– Übergang des Eigentums auf den Staat **AO 394** 10
– Vereinfachung des Einziehungsverfahrens **AO 394** 1
– Voraussetzungen der Einziehung **AO 394** 6 ff.
– Zollstrafrecht **AO 394** 2
– zurückgelassene Sachen **AO 394** 5
Eignung
– Aussteiger **ZSHG 1** 23
– Datenerhebung über zu schützende Personen **ZSHG 1** 24
– Kenntnisse aus präventiven Maßnahmen **ZSHG 1** 24
– Kronzeugen **ZSHG 1** 23
– Missbrauch der Zeugenschutzmaßnahme **ZSHG 1** 24
Eilmaßnahmen
– Anfechtung **GVG 21i** 9
– Anhörungspflichten **GVG 21i** 6
– beschlussfähige Form **GVG 21i** 5
– einstweilige Maßnahme **GVG 21i** 5
– Ermessensfehlgebrauch **GVG 21i** 9
– Grundsätze der Geschäftsverteilung **GVG 21i** 6
– Notzuständigkeit **GVG 21i** 5
– rechtliche Voraussetzungen **GVG 21i** 9
– schriftliche Dokumentation **GVG 21i** 7
– sofortige Geltung **GVG 21i** 8

– unverzügliche Vorlage **GVG 21i** 7
– Verfahren **GVG 21i** 6
– vorläufige Anordnung **GVG 21i** 7
– Wirkung der Eilentscheidung **GVG 21i** 8
– Zuständigkeit **GVG 21i** 6
Eilzuständigkeit GVG 22b 7 f.
Einfuhr von Zeitungen und Zeitschriften EGGVG 296 2 f.
Eingaben
– Barrierefreiheit **GVG 191a** 10
– fristgebundene Verfahrenshandlungen **GVG 191a** 10
– in für sie wahrnehmbarer Form **GVG 191a** 10
– Schriftsätze und andere Dokumente **GVG 191a** 10
– zivilprozessulae Prozesshandlungen **GVG 191a** 10
Eingriff EMRK 2 13
Eingriffsgrundlage
– angemessene Zugänglichkeit **EMRK 8** 21
– Common Law **EMRK 8** 20
– deutsche Eingriffsregelungen **EMRK 8** 23
– geheime Überwachungsmaßnahmen **EMRK 8** 22
– hinreichende Bestimmtheit **EMRK 8** 21
– innerstaatliches Recht **EMRK 8** 20
– Schutz besonders sensibler Daten **EMRK 8** 22
– Telekommunikationsüberwachung **EMRK 8** 22
Einlagensicherung StrEG 13 23
Einleitung des Steuerstrafverfahrens
– Amtshaftungsansprüche **AO 397** 5
– Anfangsverdacht **AO 397** 5
– Anwendungsbereich **AO 397** 3
– Auswirkungen auf die Rechtsstellung des Steuerpflichtigen **AO 396** 4
– Begehung neuen Unrechts **AO 393** 30
– Bekanntgabe der Einleitung des Steuerstrafverfahrens **AO 393** 28
– Berichtigungspflicht **AO 393** 28
– besondere Rechtsfolgen im Besteuerungsverfahren **AO 397** 1
– Bestimmung der Beschuldigteneigenschaft im allgemeinen Strafrecht **AO 397** 3
– Bußgeldverfahren **AO 397** 3
– Dokumentation **AO 397** 2
– Legalitätsprinzip **AO 397** 5

1929

Sachverzeichnis

fette Zahlen = §§

- Maßnahmen zur Prüfung des Bestehens des Anfangsverdachts **AO 397** 6
- Mitteilung **AO 397** 2
- Rechtsklarheit und Rechtssicherheit **AO 397** 4
- Selbstbelastung **AO 393** 27
- Selbstbelastungsfreiheit **AO 393** 30; **AO 397** 1
- Steuerhinterziehung in der Unterlassungsalternative **AO 393** 28
- steuerstrafrechtliche Selbstbelastung **AO 397** 1
- strafbefreiende Selbstanzeige **AO 393** 28
- Strafbewehrung **AO 393** 29
- Verwendungsverbot **AO 393** 29
- Zeitpunkt **AO 397** 2

Einreichung von Schriftsätzen und Zugänglichmachung von Unterlagen
- behördliches Bußgeldverfahren **GVG 191a** 9
- Blindheit **GVG 191a** 6 f.
- Ermittlungs- und Vollstreckungsverfahren **GVG 191a** 9
- Hauptverhandlung **GVG 191a** 9
- personeller Anwendungsbereich **GVG 191a** 8
- Sehbehinderung **GVG 191a** 6 f.
- verfahrensleitende Prozessbeteiligte **GVG 191a** 8
- Verletzung der Mitwirkungspflicht
- vorübergehende Erblindung **GVG 191a** 7

Einschränkbarkeit des Rechts auf faires Verfahren
- absolute Gewährleistung **EMRK 6** 28
- Beschleunigungsgarantie **EMRK 6** 29
- Garantie eines unparteilichen und unabhängigen Gerichts **EMRK 6** 29
- Gesetzesvorbehalt **EMRK 6** 28
- Konkretisierung **EMRK 6** 29
- öffentliches Interesse an der Verfolgung der konkreten Tat **EMRK 6** 31
- Rechte im Verfahren **EMRK 6** 32
- Staatsnotstand **EMRK 6** 28
- systematische Auslegung **EMRK 6** 31
- verhältnismäßige Einschränkungen **EMRK 6** 30

Einschränkung des Steuergeheimnisses
- Bekämpfung der Geldwäsche **AO 31b** 4
- Dienen der Mitteilung **AO 31b** 5, 7
- Prüfung der Finanzbehörde in eigener Verantwortung **AO 31b** 8

- Reichweite der Offenbarungsbefugnis **AO 31b** 6
- spezialgesetzlich geregelter Sonderfall der Offenbarung **AO 31b** 4
- Terrorismusfinanzierung **AO 31b** 4

Einschränkungen des Anwendungsbereichs
- Durchsuchungsanordnungen **EGGVG 23** 12
- Strafvollstreckungskammer **EGGVG 23** 11
- Strafvollzug **EGGVG 23** 11
- Unterbringung in einem psychiatrischen Krankenhaus oder in einer Entziehungsanstalt **EGGVG 23** 11
- Untersuchungshaft **EGGVG 23** 11

Einspruch
- Anhörung **GVG 41** 3
- Berichtigung der Schöffenliste **GVG 41** 1
- einfache Mehrheit **GVG 41** 4
- förmliche Einsprüche **GVG 41** 3
- fristgerechter Einspruch **GVG 41** 2
- Protokoll **GVG 41** 5
- Revision **GVG 41** 6
- Unanfechtbarkeit **GVG 41** 6
- von Amts wegen **GVG 41** 2
- Willkür **GVG 41** 6

Einspruch gegen die Vorschlagsliste
- Einspruchsadressat **GVG 37** 6
- Einspruchsberechtigte **GVG 37** 4
- Einspruchsform **GVG 37** 6
- Einspruchsfrist **GVG 37** 5
- Einspruchsgründe **GVG 37** 2
- Erweiterung auf die Schöffenunfähigkeit **GVG 37** 3
- Geschäftsfähigkeit **GVG 37** 4
- Schöffenwahlausschuss **GVG 37** 2
- schriftlich oder zu Protokoll der Gemeindeverwaltung **GVG 37** 7
- Ungeeignetheit **GVG 37** 3
- Wiedereinsetzung **GVG 37** 5

Einstellung StrEG 2 41

Einstellung des Verfahrens
- Abgabe an die Staatsanwaltschaft **StrEG 9** 10
- Einstellung des Bußgeldverfahrens durch die Verwaltungsbehörde **StrEG 9** 5
- Einstellung des Ermittlungsverfahrens und Abgabe an die Verwaltungsbehörde **StrEG 9** 8 f.
- Einstellung durch andere Strafverfolgungsbehörden **StrEG 9** 4

magere Zahlen = Randnummern

Sachverzeichnis

- Einstellung durch die Staatsanwaltschaft **StrEG 9** 3
- endgültige Einstellung **StrEG 9** 6
- Teileinstellung **StrEG 9** 7
- Tod des Beschuldigten **StrEG 9** 6
- vorläufige Verfahrenseinstellung **StrEG 9** 6

Einstellung des Verfahrens durch den Richter
- Anklageerhebung **JGG 47** 2
- Anwendungshäufigkeit **JGG 47** 8
- Einstellungsbeschluss **JGG 47** 19
- endgültige Einstellung **JGG 47** 18
- Eröffnungsbeschluss **JGG 47** 2 ff.
- erzieherische Maßnahme **JGG 47** 13
- Geständnis **JGG 47** 12
- Kostenentscheidung **JGG 47** 20
- Ordnungswidrigkeiten **JGG 47** 7
- persönlicher Anwendungsbereich **JGG 47** 1
- Rechtsfolgen **JGG 47** 21
- Rechtsmittel **JGG 47** 23
- Rechtsmittelverfahren **JGG 47** 5
- vereinfachtes Jugendverfahren **JGG 47** 6
- Verfahrensart **JGG 47** 2
- Verfahrensstadium **JGG 47** 2
- Verhältnis zu Verfahrenserledigungen außerhalb des JGG **JGG 47** 9 f.
- Voraussetzungen **JGG 47** 11 ff.
- vorläufige Einstellung **JGG 47** 17

Einstellung nach Ermessen
- Begriff **StrEG 3** 12 f.
- endgültiger Abschluss **StrEG 3** 14
- Opportunitätsprinzip **StrEG 3** 14
- Schuldfrage **StrEG 3** 15

Einstellung wegen Geringfügigkeit
- Absehen von Verfolgung ohne Zustimmung des Gerichts **AO 398** 1
- Anwendungsbereich **AO 398** 2
- Ergänzungsvorschrift **AO 398** 1
- geringer Schaden **AO 398** 1
- grenzüberschreitender Reiseverkehr **AO 398** 5
- im Mindestmaß erhöhte Strafe **AO 398** 3
- keine Sperrwirkung **AO 398** 4
- Streichung der Norm **AO 398** 6
- Verfahrenshindernis **AO 398** 5

Einstweilige Unterbringung
- Unterbringung des Jugendlichen in einem Heim **StrEG 2** 44
- Unterbringung zur Beobachtung **StrEG 2** 45

Einstweiliger Rechtsschutz
- keine aufschiebende Wirkung **EGGVG 28** 23
- Rechtsschutzgarantie **EGGVG 28** 22
- schwere, unzumutbare Nachteile **EGGVG 28** 22
- Strafvollzug **EGGVG 28** 23
- Vorschaltverfahren **EGGVG 28** 24

Eintritt der Ergänzungsrichter/-schöffen GVG 192 7 ff.

Einvernehmenregelung
- Beendigung des Zeugenschutzes **ZSHG 2** 26
- Einbeziehung der Staatsanwaltschaft **ZSHG 2** 23
- Einvernehmen **ZSHG 2** 24
- Entwicklung des Verfahrens **ZSHG 2** 23
- rechtskräftiger Abschluss des Strafverfahrens **ZSHG 2** 26
- Sachleitungsbefugnis **ZSHG 2** 25
- Zeitraum **ZSHG 2** 25

Entbindung zum Schöffenamt an einzelnen Sitzungstag
- Änderung des gesetzlichen Richters **GVG 54** 1
- Anfechtbarkeit und Revision **GVG 54** 17
- Antrag des Schöffen **GVG 54** 14
- Bewahrung des Schöffen vor Ordnungsmitteln **GVG 54** 1
- Entscheidung nach pflichtgemäßem Ermessen **GVG 54** 15
- Form **GVG 54** 14
- höchstpersönlich gestellt und eigenverantwortlich geprüft **GVG 54** 14
- Übergehen von Hilfsschöffen **GVG 54** 12
- Verfahren **GVG 54** 13
- Verlegung des ordentlichen Sitzungstags **GVG 54** 16
- Widerruf/Anfechtung der Entbindung **GVG 54** 15
- Willkür **GVG 54** 1
- zuständiger Richter **GVG 54** 13

Entfernung aus dem Sitzungszimmer
- Beweiserhebung **GVG 177** 13
- Dringlichkeit **GVG 177** 10
- Entfernung des Angeklagten **GVG 177** 13
- Entfernungsbeschluss **GVG 177** 13
- sizungspolizeiliche Maßnahme **GVG 177** 13
- Zuständigkeit **GVG 177** 10

Sachverzeichnis

fette Zahlen = §§

Entlastungszeugen
- absolutes Recht **EMRK 6** 234
- Begründungsschwelle **EMRK 6** 237
- Einwirkung auf Urteilsgrundlage **EMRK 6** 232
- Recht auf Ladung und Vernehmung **EMRK 6** 232 ff.
- rechtliches Gehör **EMRK 6** 236
- relative Garantie **EMRK 6** 233
- Waffengleichheit **EMRK 6** 233

Entschädigung G 10 20 1 ff.
- Adhäsionskläger **GVG 198** 46
- Amtshaftung **GVG 198** 52
- andere entschädigungsberechtigte Verfahrensbeteiligte **GVG 198** 13
- Angemessene Entschädigung **GVG 198** 52
- Anspruchskonkurrenz **GVG 198** 52
- ausdrückliche Feststellung der unangemessenen Dauer **GVG 198** 57
- Auslieferungsverfahren **GVG 198** 13
- ausreichende Wiedergutmachung auf andere Weise **GVG 198** 56
- Ausschlussregelung **GVG 198** 56
- Auswirkungen des Verfahrens auf die Verfahrensbeteiligten **GVG 198** 33
- Berücksichtigung der unangemessenen Dauer im Ausgangsverfahren **GVG 198** 56
- Bescheidung von Verzögerungsrügen **GVG 198** 15
- Beschleunigungsgebot **GVG 198** 15
- Beschuldigte **GVG 198** 46
- Bestimmung von Art und Umfang der Ermittlung und Beweisaufnahme **GVG 198** 36
- Betroffene in Bußgeldverfahren **GVG 198** 46
- Beweispflicht **GVG 198** 17
- Bewertung der zeitlichen Dimension **GVG 198** 37
- Bewertung der Zweckmäßigkeit zeitaufwendiger Maßnahmen **GVG 198** 37
- Bußgeldverfahren wegen Steuerordnungswidrigkeiten **AO 405** 2
- Eigenverantwortlichkeit der Strafgerichte und Staatsanwaltschaften **GVG 198** 36
- Einziehungs- und Verfallsbeteiligte **GVG 198** 46
- eklatante Rechtsfehler **GVG 198** 39
- Entschädigungsanspruch **GVG 198** 17
- Entschädigungsansprüche **GVG 198** 13
- Erziehungsberechtigte **GVG 198** 46
- Festsetzung von höheren oder niedrigeren Beträgen **GVG 198** 61
- Feststellung in der verfahrensabschließenden Entscheidung **GVG 198** 16
- Freispruch **GVG 198** 13, 57
- Garantie der richterlichen Unabhängigkeit **GVG 198** 36
- gesetzliche Vertreter **GVG 198** 46
- Gestaltungsspielraum **GVG 198** 36
- Gewährung einer finanziellen Entschädigung **GVG 198** 58
- gravierende Versäumnisse **GVG 198** 37
- Grenze zur unangemessenen Verfahrensdauer **GVG 198** 38
- gründliche Ermittlung des Sachverhalts **GVG 198** 35
- Justizvergütungs- und Entschädigungsgesetz **AO 405** 3
- materielle Nachteile **GVG 198** 13
- Nebenkläger **GVG 198** 13, 46
- notwendige Ermittlungen **GVG 198** 33
- Pauschalierung der Entschädigung **GVG 198** 60
- Privatkläger **GVG 198** 48
- rechtliche Schwierigkeit der Sache **GVG 198** 33
- Rechtsbeistände **GVG 198** 48
- Rechtsprechung im Einzelnen **GVG 198** 34
- rechtswidrig unterbliebene strafprozessuale Kompensationsentscheidung **GVG 198** 13
- Richtigkeit der abschließenden Entscheidung **GVG 198** 35
- Sachverständige **GVG 198** 48
- Schwierigkeit und Bedeutung des Verfahrens **GVG 198** 31
- selbstständiges Ermittlungsverfahren **AO 405** 4
- Steuerstrafverfahren **AO 405** 2
- strafprozessuale Kompensation im Strafverfahren **GVG 198** 12
- strafprozessuale Kompensationsentscheidung **GVG 198** 16
- Strafvollstreckung **GVG 198** 13
- Strafvollzug **GVG 198** 13
- Subsidiarität der Geldentschädigung **GVG 198** 55
- Umfang und Komplexität des Verfahrens **GVG 198** 33
- unzureichende Personalausstattung **GVG 198** 32

magere Zahlen = Randnummern

Sachverzeichnis

- Verantwortungsbereich des Staates **GVG 198** 32
- Verfahren nach dem IRG **GVG 198** 13
- Verfahrenseinstellung **GVG 198** 57
- Verfahrenseinstellung aus anderen Gründen **GVG 198** 13
- Verfolgte **GVG 198** 47
- Verhalten der Verfahrensbeteiligten **GVG 198** 31, 33
- Verletzte **GVG 198** 13, 46
- Versäumen der Erhebung der Verzögerungsrüge **GVG 198** 59
- Verweis auf Möglichkeit einer nachträglichen Entschädigung **GVG 198** 12
- Verteidiger **GVG 198** 48
- Verurteilte **GVG 198** 47
- Verzögerungen aufgrund fehlerhafter Maßnahmen **GVG 198** 37
- Verzögerungen im Rechtsmittelverfahren **GVG 198** 13
- Verzögerungsrüge **GVG 198** 14 ff.
- Vollstreckungslösung **GVG 198** 14, 56
- Vorrang der strafprozessualen Kompensation **GVG 198** 56
- widerlegbare Vermutung **GVG 198** 54
- Würdigung und Abwägung aller Umstände im jeweiligen Verfahren **GVG 198** 31
- Zeugen **GVG 198** 48

Entschädigung bei Einstellung
- Ausnahmeregelung **StrEG 3** 5
- Ausschluss- und Versagungsgründe **StrEG 3** 6
- Billigkeitsentschädigung **StrEG 3** 1
- Bußgeldverfahren **StrEG 3** 3
- eindeutige Zuordnung **StrEG 3** 2
- entschädigungsrechtliche Verknüpfung **StrEG 3** 2
- Erledigung durch Anrechnung **StrEG 3** 2
- Verzicht **StrEG 3** 7
- Wiederaufnahmeverfahren **StrEG 3** 4

Entschädigung des Verletzten
- Adhäsionsverfahren **JGG 81** 3, 5 ff., 8
- Alternativen der Wiedergutmachung **JGG 81** 7
- Anwendungsbereich **JGG 81** 1
- Fehlerfolgen **JGG 81** 6
- Täter-Opfer-Ausgleich **JGG 81** 4
- Zweck der Norm **JGG 81** 2

Entschädigungsverfahren
- Berücksichtigung der unangemessenen Verfahrensdauer **GVG 198** 18

- Fristen für die Erhebung einer Entschädigungsklage **GVG 198** 18
- gesonderte Entschädigungsklage **GVG 198** 18
- Nachteil **GVG 198** 18
- unangemessene lange Verfahrensdauer **GVG 198** 18
- Verfahrensbeteiligte **GVG 198** 18
- Verzögerungsrüge **GVG 198** 18
- Wiedergutmachung auf andere Weise **GVG 198** 18

Entscheidung des Gerichts
- Beweiserhebung **EGGVG 28** 2
- Entscheidungsmöglichkeiten des Gerichts bei Anfechtungs- und Verpflichtungsklagen **EGGVG 28** 1
- keine Bindungswirkung **EGGVG 28** 2
- Prüfung in tatsächlicher und rechtlicher Hinsicht **EGGVG 28** 12

Entscheidung über die Aussetzung
- Anerbieten **JGG 59** 12
- Befragungspflicht **JGG 59** 12
- Einwilligung **JGG 59** 13
- Entscheidung im nachträglichen Beschlussverfahren **JGG 59** 6, 9
- Entscheidung im Urteil **JGG 59** 6, 8
- Entziehungskur **JGG 59** 13
- heilerzieherische Behandlung **JGG 59** 13
- Spruchreife der Entscheidung **JGG 59** 7
- Urteilsformel **JGG 59** 8
- Urteilsgründe **JGG 59** 8
- Zusagen **JGG 59** 12
- Zuständigkeit **JGG 59** 11
- AO 396 6 ff.

Entscheidungen
- Anfechtbarkeit **JGG 62** 7 f.
- Anhörung **JGG 62** 9
- Antrag der Staatsanwaltschaft **JGG 62** 5
- Aussetzung der Verhängung der Jugendstrafe **JGG 62** 2 f.
- Begründung **JGG 62** 7, 9
- einfache Beschwerde **JGG 62** 5
- Eintragung ins Zentralregister **JGG 62** 4
- Mehrheit für Schuldspruch **JGG 62** 3
- Nebenentscheidungen **JGG 62** 9
- Persönlicher Anwendungsbereich **JGG 62** 1
- Prüfung von Amts wegen **JGG 62** 5
- rechtskräftiges Schuldurteil **JGG 62** 5
- Sicherungsbeschluss **JGG 62** 8
- Tilgung des Schuldspruchs **JGG 62** 5
- Tilgung des Schuldspruchs ohne Hauptverhandlung **JGG 62** 7

1933

Sachverzeichnis

fette Zahlen = §§

- Urteilsgründe **JGG 62** 4
- Verhängung der Jugendstrafe **JGG 62** 5
- Zuständigkeit **JGG 62** 10
- Zweck der Norm **JGG 62** 2
- zweite Hauptverhandlung **JGG 62** 6
- Zwischenurteil ohne verfahrensbeendende Wirkung **JGG 62** 4

Entscheidungsinhalt
- Angabe des entschädigungspflichtigen Zeitraums **StrEG 8** 40
- Begründung **StrEG 8** 43
- Bestimmtheit **StrEG 8** 38
- Bezeichnung der Art der Maßnahme **StrEG 8** 39
- erforderliche Angaben nach Wiederaufnahme **StrEG 8** 41
- Kosten und Auslagen **StrEG 8** 42
- Quoten **StrEG 8** 38
- sonstige Maßnahmen **StrEG 8** 40
- vollzogene freiheitsentziehenden Maßnahmen **StrEG 8** 40
- vorläufige Strafverfolgungsmaßnahmen **StrEG 8** 39

Entscheidungsmöglichkeiten des Gerichts
- allgemeine Leistungsklage **EGGVG 23** 39
- allgemeiner Feststellungsantrag **EGGVG 23** 39
- Anfechtung einer belastenden Maßnahme **EGGVG 23** 38
- Anfechtungs- und Verpflichtungsklage **EGGVG 23** 37
- Anweisungen für künftige Fälle **EGGVG 23** 41
- Beweiserhebung **EGGVG 23** 36
- Feststellung der Rechtswidrigkeit **EGGVG 23** 38
- Fortsetzungsfeststellungsantrag **EGGVG 23** 38
- lückenloser Rechtsschutz **EGGVG 23** 40
- Nachprüfung in tatsächlicher und rechtlicher Hinsicht **EGGVG 23** 36
- Rechtsweggarantie **EGGVG 23** 37
- Verpflichtungsantrag **EGGVG 23** 38
- vorbeugender Unterlassungsantrag **EGGVG 23** 39

Entscheidungsquorum
- aktive intellektuelle Teilhabe bei Beratung und Abstimmung **GVG 192** 2
- gesetzlich bestimmtes Quorum **GVG 192** 2

- Mitwirkung **GVG 192** 2
- Rechtsprechungskompetenz **GVG 192** 2
- sämtliche, im Laufe eines Verfahrens eingehende Entscheidungen **GVG 192** 2
- Zusammensetzung **GVG 192** 2

Entsprechende Anwendung StrEG 8 59 ff.

Entwicklung der Entschädigungszahlungen StrEG Einl. 84 ff.

Entziehung des gesetzlichen Richters
- Anspruch auf gesetzlich zustehenden Richter **GVG 16** 8
- Komplementärnorm **GVG 16** 8
- Neutralität und Distanz des Richters **GVG 16** 8
- objektives Verfassungsrecht **GVG 16** 8
- Rechtsstaat **GVG 16** 8
- Reichweite der Garantie **GVG 16** 8

Entzug der Rechte des Erziehungsberechtigten und des gesetzlichen Vertreters
- Anschlussdelikt **JGG 67** 24
- Beschluss **JGG 67** 28
- einfache Beschwerde **JGG 67** 29
- Pflichtverteidiger **JGG 67** 27
- Prozesspfleger **JGG 67** 27
- Verdachtsgrad der Beteiligung **JGG 67** 25
- Vollständiger oder partieller Entzug **JGG 67** 24

Erforderlichkeit
- Beifügung des Wortlauts **EGGVG 19** 9
- Folgemitteilungen **EGGVG 19** 7
- Pflicht zur Rücksendung **EGGVG 19** 6
- Pflicht zur Vernichtung **EGGVG 19** 6
- Schlüssigkeitsprüfung **EGGVG 19** 5
- Unzuständigkeit **EGGVG 19** 6
- Weiterleitung an die zuständige Stelle **EGGVG 19** 8
- Weiterleitungspflicht **EGGVG 19** 9

Erforderlichkeit (Dolmetscherhinzuziehung)
- Anspruch auf Übersetzung schriftlicher Korrespondenz **GVG 187** 26
- Informationsbeschaffung **GVG 187** 26
- Regel-Ausnahme-Verhältnis **GVG 187** 26
- Textpassagen der freiheitsentziehenden Maßnahmen **GVG 187** 25
- wesentliches Ergebnis der Ermittlungen **GVG 187** 25

Ergänzung rechtskräftiger Entscheidungen bei mehrfacher Verurteilung
- aktueller Erziehungsbedarf **JGG 66** 2

magere Zahlen = Randnummern   **Sachverzeichnis**

- Begründung **JGG 66** 15
- einheitliche Sanktionierung **JGG 66** 3
- Erlass der Strafe **JGG 66** 12
- Erledigung **JGG 66** 5
- jugendstrafrechtliches Einheitsprinzip **JGG 66** 2
- Nachtragsentscheidung **JGG 66** 2 ff., 7
- örtliche Zuständigkeit **JGG 66** 13
- Parallele Zuständigkeit **JGG 66** 13
- Persönlicher Anwendungsbereich **JGG 66** 1
- Rechtsbehelfe **JGG 66** 16
- rückwirkende Beseitigung der ausgesprochenen Rechtsfolgen **JGG 66** 8
- sachliche Zuständigkeit **JGG 66** 11
- Schuldfeststellung **JGG 66** 6
- Sperrwirkung **JGG 66** 10
- teilweise Vollstreckung **JGG 66** 12
- Übertragung der Zuständigkeit **JGG 66** 13
- Verfahren **JGG 66** 14 f.
- Verschlechterungsverbot **JGG 66** 9
- vollständige Verbüßung **JGG 66** 12
- Vollstreckungsleiter **JGG 66** 12
- Zweck der Norm **JGG 66** 2
- zwingende Einleitung des Verfahrens **JGG 66** 7

Ergänzungsschöffen
- abstrakte Bestimmung der Reihenfolge **GVG 48** 3
- Ergänzungsfall **GVG 48** 3
- Ergänzungsschöffen aus der Hilfsschöffenliste **GVG 48** 1
- Heranziehung von Ergänzungsschöffen **GVG 48** 2
- nächstberufener Hilfsschöffe **GVG 48** 2
- Überbesetzung mit Hauptschöffen **GVG 48** 1
- Verhinderung von Hauptschöffen **GVG 48** 3

Erkenntnisse aus Strafverfahren
- eigene rechtmäßige Ermittlungsmaßnahmen **AO 393** 80
- eigenständiger Regelungsgehalt **AO 393** 76
- Eigenständigkeit von Besteuerungs- und Steuerstrafverfahren **AO 393** 77
- Einstellung **AO 393** 78
- im Weg der Auskunft zur Verfügung gestellte Erkenntnisse **AO 393** 80
- Katalogtat **AO 393** 80
- Rechtswidrigkeit der Beweiserhebung **AO 393** 76

- Telekommunikationsüberwachung **AO 393** 74, 79 f.
- Verständigung im Strafverfahren **AO 393** 78
- wechselseitige Verwendbarkeit von Erkenntnissen **AO 393** 75

Ermächtigung der Länder Berlin und Hamburg EGGVG 4a 1 ff.

Ermächtigungsnorm
- Brief-, Post- und Fernmeldegeheimnis **G 10 1** 3
- Bundesnachrichtendienst **G 10 1** 2
- Eingriff **G 10 1** 4
- Einzelüberwachung **G 10 1** 5
- freie politische Meinungsbildung **G 10 1** 3
- freier Meinungs- und Informationsaustausch **G 10 1** 3
- gemeinsame Zweckbindung **G 10 1** 5
- Militärischer Abschirmdienst **G 10 1** 2
- Öffnung und Einsehen von Sendungen **G 10 1** 2
- strategische Überwachung **G 10 1** 5
- Überwachung internationaler Telekommunikationsbeziehungen **G 10 1** 5
- Überwachung und Aufzeichnung der Telekommunikation **G 10 1** 2
- Überwachungsmaßnahmen **G 10 1** 2
- unselbstständige Eingriffsnorm **G 10 1** 5
- Verfassungsschutzbehörden **G 10 1** 2
- Vertraulichkeit der Kommunikation **G 10 1** 3

Ermessensentscheidung
- Abwägung **AO 396** 18
- Anspruch auf fehlerfreie Ermessensausübung **AO 396** 17
- Auskunft zu Entwicklung und Stand des Besteuerungsverfahrens **AO 396** 20
- Bedeutung des Steuerstrafverfahrens für den Beschuldigten **AO 396** 21
- Beschleunigungsgrundsatz **AO 396** 23
- besondere Umstände in der Person des Beschuldigten **AO 396** 21
- einzelne Ermessensgesichtspunkte **AO 396** 21 ff.
- Entscheidungsregeln **AO 396** 19
- Ermessensspielraum **AO 396** 17
- Gefährdung des Untersuchungszwecks **AO 396** 24
- Haftsachen **AO 396** 24
- Interesse der Allgemeinheit **AO 396** 22
- Normzweck **AO 396** 18
- Präzedenzwirkung **AO 396** 22

1935

Sachverzeichnis

fette Zahlen = §§

- Rechtsstaatsprinzip **AO 396** 23

Ermittlungsbefugnis
- Ermittlungspersonen der Staatsanwaltschaft **AO 397** 17
- Finanzbehörde **AO 397** 17
- Polizei **AO 397** 17
- Staatsanwaltschaft **AO 397** 17
- Steuer- und Zollfahndung **AO 397** 18
- Strafrichter **AO 397** 17

Ermittlungshandlungen
- Aufnahme von Lichtbildern und Fingerabdrücken **StrEG 2** 10
- DNA-Identifizierungsmuster **StrEG 2** 10
- Einsatz technischer Mittel **StrEG 2** 10
- Entnahme einer Blutprobe **StrEG 2** 10
- Fahndungsmaßnahmen **StrEG 2** 10
- Feststellung der Identität **StrEG 2** 11
- Kontrollstellen **StrEG 2** 11
- Körperliche Eingriffe **StrEG 2** 10
- Körperliche Untersuchung **StrEG 2** 10
- Leistung einer Sicherheit **StrEG 2** 10
- Rasterfahndung **StrEG 2** 10
- Überwachung der Telekommunikation **StrEG 2** 10
- Unverdächtige **StrEG 2** 11
- Verdächtige **StrEG 2** 11
- verdeckte Ermittler **StrEG 2** 10
- vorläufige Festnahme **StrEG 2** 10

Ermittlungstätigkeiten (Finanzbehörde)
- Abgleich anhand der Steuerakten **AO 386** 9
- Amtsprüfstellen **AO 386** 5
- Anfangsverdacht **AO 386** 7 ff.
- Außenprüfung **AO 386** 5
- Ausstellen unrichtiger Belege **AO 386** 14
- Berechtigung und Verpflichtung der Behörde **AO 386** 7 f.
- Beurteilungsspielraum **AO 386** 8
- Bußgeld- und Strafsachenstellen **AO 386** 5
- Datenhehlerei **AO 386** 15
- dauerhaftes Verfahrenshindernis **AO 386** 7
- einfache Fahrlässigkeit **AO 386** 11
- Einleitung des Steuerstrafverfahrens **AO 386** 7
- Erklärungsdelikt **AO 386** 9
- Familienkasse **AO 386** 17
- Finanzbehörde **AO 386** 17
- Legalitätsprinzip **AO 386** 6
- materielles Steuerrecht **AO 386** 4
- nicht nachvollziehbare Vermögensmehrung **AO 386** 10
- Ordnungswidrigkeit bei leichtfertigen Handeln **AO 386** 11
- sachliche und örtliche Zuständigkeit **AO 386** 17
- Sachnähe **AO 386** 4
- Selbstanzeige **AO 386** 7
- Selbstbindung der Finanzverwaltung **AO 386** 16
- Steuerfahndung **AO 386** 5
- Steuergefährdung **AO 386** 14
- Tafelgeschäfte **AO 386** 13
- Typologiepapiere **AO 386** 16
- unübliche, nicht branchentypische Abläufe **AO 386** 12
- vorgesetzte Behörden **AO 386** 19
- vorsätzliches Handeln **AO 386** 11
- Weisungsbefugnis **AO 386** 19
- Zollfahndungsämter **AO 386** 18
- zureichende tatsächliche Anhaltspunkte **AO 386** 8

Ermittlungsverfahren
- alleinige Verfahrensherrschaft **GVG Vor 141** 11
- allgemeine Weisungen **GVG Vor 141** 12
- Beschuldigtenbelehrung **GVG Vor 141** 12
- gesetzmäßige und rechtsstaatsmäßige Durchführung des Ermittlungsverfahrens **GVG Vor 141** 11
- konkrete Einzelweisungen **GVG Vor 141** 12
- Kontrolle und Instruktion der staatsanwaltlichen Ermittlungspersonen **GVG Vor 141** 11
- Leitungs- und Kontrollbefugnisse **GVG Vor 141** 12
- Weisungsrecht **GVG Vor 141** 11

Ernennung der Bundesanwälte
- Begriff des Bundesanwalts **GVG 149** 1
- politischer Beamter **GVG 149** 2
- Vorschlagsrecht des Bundesministers der Justiz **GVG 149** 1
- Zustimmung des Bundespräsidenten **GVG 149** 1
- Zustimmung des Bundesrates **GVG 149** 1

Erniedrigende Behandlung oder Strafe
- allgemeine Haftbedingungen **EMRK 3** 33
- Androhung von Folter **EMRK 3** 26

magere Zahlen = Randnummern

Sachverzeichnis

- Begriff der Behandlung **EMRK 3** 18
- Bestrafung **EMRK 3** 18
- Demütigung **EMRK 3** 30
- Einzelfallbetrachtung **EMRK 3** 23
- erniedrigende Behandlung **EMRK 3** 29
- erniedrigende Strafe **EMRK 3** 31
- ernsthafte Anerkennung der Opferstellung des Betroffenen **EMRK 3** 26
- evidente Unverhältnismäßigkeit **EMRK 3** 24
- gewisses Minimum an Schwere **EMRK 3** 15
- graduelle Abgrenzung **EMRK 3** 16
- Kasuistik **EMRK 3** 25, 32
- lebenslange Freiheitsstrafe **EMRK 3** 28
- Metallkäfig **EMRK 3** 32
- Mindestgrad einer schweren Beeinträchtigung **EMRK 3** 30
- Mindestschulderfordernis **EMRK 3** 24
- nachgewiesene Absicht **EMRK 3** 30
- postmortale Anwendung **EMRK 3** 30
- Prügelstrafe **EMRK 3** 31
- Strafvollzug **EMRK 3** 33
- unmenschliche Behandlung **EMRK 3** 23
- unmenschliche Strafe **EMRK 3** 24
- Untersuchungshaft **EMRK 3** 33
- Verabreichung von Brechmitteln **EMRK 3** 25
- Verbotsfallgruppen **EMRK 3** 14 ff.
- Verhörtechniken **EMRK 3** 25
- Waterboarding **EMRK 3** 25

Eröffnungsbeschluss (Übersetzung) GVG 187 42

Ersatzanspruch des Unterhaltsberechtigten
- Anmeldung des Anspruchs **StrEG 11** 11
- Anspruchsübergang **StrEG 11** 8
- Begrenzung auch entzogenen Unterhalt **StrEG 11** 4
- Belehrung durch die Staatsanwaltschaft **StrEG 11** 10
- Entschädigungsanspruch **StrEG 11** 6
- gesetzliche Unterhaltspflicht **StrEG 11** 3
- Höhe des Unterhalts **StrEG 11** 5
- Leistungsfähig- und Leistungspflichtigkeit **StrEG 11** 4
- selbstständiger Entschädigungsanspruch **StrEG 11** 1 f.
- Verhältnis der Ersatzansprüche **StrEG 11** 7
- Verzicht des Beschuldigten **StrEG 11** 9

Ersatzpflichtige Kasse
- Gerichtsbarkeit des Bundes **StrEG 15** 3

- gesetzlicher Forderungsübergang **StrEG 15** 5 ff.
- Haftung im Innenverhältnis **StrEG 15** 4
- Landeskasse **StrEG 15** 1 ff.
- Verwaltungsvereinbarungen **StrEG 15** 4

Erste Vernehmung
- Belehrung des Beschuldigten über das Zugangsrecht hinaus **EMRK 6** 191
- Einschränkung des Zugangsrechts **EMRK 6** 193
- Ermittlungsverfahren **EMRK 6** 188 ff.
- gesamtes Strafverfahren **EMRK 6** 188
- Gespräche in der Öffentlichkeit **EMRK 6** 190
- Haft **EMRK 6** 190
- nemo-tenetur-Grundsatz **EMRK 6** 194
- Selbstbelastungsfreiheit **EMRK 6** 194
- Verwertungsverbote **EMRK 6** 196
- Verzicht **EMRK 6** 195
- Videoaufzeichnung der Beschuldigtenvernehmung **EMRK 6** 190
- Zugangsrecht **EMRK 6** 191 ff.
- zwingende Gründe **EMRK 6** 193

Erstinstanzielle Zuständigkeit bei Staatsschutzsachen
- Anwendungsbereich **GVG 120** 2
- Aufspaltung der jeweiligen Justizhoheit **GVG 120** 9
- Deliktsbereiche **GVG 120** 4
- Emminger-VO **GVG 120** 3
- Entstehungsgeschichte **GVG 120** 3
- Generalbundesanwalt **GVG 120** 5
- Generalklausel **GVG 120** 5
- Gerichtsbarkeit des Bundes **GVG 120** 8
- Kompetenzverteilung des Grundgesetzes **GVG 120** 8
- Normbedeutung **GVG 120** 1
- örtliche Zuständigkeit **GVG 120** 2, 4
- Richter mit besonderer Sachkunde und Erfahrung **GVG 120** 2
- sachliche Zuständigkeit **GVG 120** 2
- Sitz der Landesregierung **GVG 120** 4
- verfassungsrechtliche Einordnung **GVG 120** 8
- Verfolgungskompetenz des Generalbundesanwalts **GVG 120** 1
- Zuständigkeit für Beschwerde- und Zwischenverfahren **GVG 120** 6
- Zuständigkeitskonzentration **GVG 120** 2

Ersuchen internationaler Gerichtshöfe
- Ausschluss der Immunität **GVG 21** 1
- hybride Gerichtshöfe **GVG 21** 2
- internationale Gerichtshöfe **GVG 21** 2

1937

Sachverzeichnis　　　　　　　　　　　　　　　　　　　　　　　　　　fette Zahlen = §§

– nationale Strafgerichte **GVG 21** 2
– Überstellung **GVG 21** 1
Erweiterung des Anwendungsbereichs
– abschließende Erweiterung der Personengruppe **EGGVG 38** 5
– Maßregeln der Besserung und Sicherung **EGGVG 38** 2
– mit Freiheitsentziehung verbundene Maßregeln **EGGVG 38** 2
– Realisierung im Maßregelvollzug **EGGVG 38** 3
– Unterbringung in der Sicherungsverwahrung **EGGVG 38** 2
– Unterbringung in einem psychiatrischen Krankenhaus **EGGVG 38** 2
– Unterbringung in einer Erziehungsanstalt **EGGVG 38** 2
– Unterbringungsbefehl **EGGVG 38** 4
– Verlegung in Justizvollzugsanstalt **EGGVG 38** 3
– zur Vorbereitung eines Gutachtens über den psychischen Zustand untergebrachte Personen **EGGVG 38** 5
Erziehungsberechtigter und gesetzlicher Vertreter
– Adoptiveltern **JGG 67** 6
– autonome Rechtsstellung **JGG 67** 2
– besondere Schutzbedürftigkeit junger Beschuldigter **JGG 67** 1
– elterliche Sorge **JGG 67** 7 f.
– gegenläufiges Prozessverhalten **JGG 67** 3
– Geltungsbereich **JGG 67** 5
– gemeinschaftliche Vertretung **JGG 67** 6
– Gleichrangigkeit der Interessen **JGG 67** 3
– leibliche Eltern **JGG 67** 6
– Pflegeeltern **JGG 67** 10
– Pfleger **JGG 67** 9
– Verteidiger **JGG 67** 3
– Vormund **JGG 67** 9
– Vorschriften des bürgerlichen Rechts **JGG 67** 6
– Wahrnehmung der Schutz- und Beistandsfunktion **JGG 67** 1
– Zweck der Norm **JGG 67** 1
Europäische Staatsanwaltschaft
– ausschließliche Zuständigkeit **GVG Vor 141** 37
– dezentrale Struktur **GVG Vor 141** 37
– Eurojust **GVG Vor 141** 37
– Europol **GVG Vor 141** 35
– gemeinschaftsrechtlicher Normgeber **GVG Vor 141** 34

– Reformbestrebungen **GVG Vor 141** 38
– Straftaten zum Nachteil der finanziellen Interessen der Union **GVG Vor 141** 34
– Verfahrensrechte von Verdächtigen **GVG Vor 141** 37
– Vorschlag der europäischen Kommission **GVG Vor 141** 36
– zuständige Gerichte der Mitgliedstaaten **GVG Vor 141** 35
– Zuständigkeit der Europäischen Staatsanwaltschaft **GVG Vor 141** 35
Europäischer Gerichtshof für Menschenrechte
– Beitritt der MRK **GVG 12** 24
– Bindungswirkung **GVG 12** 20, 22
– Entschädigung **GVG 12** 22
– Europäische Verträge **GVG 12** 20
– Frist **GVG 12** 22
– gesetzlicher Richter **GVG 12** 20
– gütliche Einigung **GVG 12** 22
– Individualbeschwerde **GVG 12** 22
– innerstaatliche Rechtswegerschöpfung **GVG 12** 22
– Konvention zum Schutze der Menschenrechte und Grundfreiheiten **GVG 12** 22
– konventionsfreundliche Auslegung **GVG 12** 23
– Sekundärrechtsakte **GVG 12** 21
– Vorabentscheidungsverfahren **GVG 12** 21
– Vorlagepflicht **GVG 12** 21
– Vorrang vor dem Mitgliedstaaten-Recht **GVG 12** 19
– Wiederaufnahmegrund **GVG 12** 22
– Zustimmungsgesetz **GVG 12** 20
Europäischer Haftbefehl GVG 187 36
Evokation *siehe Abgabe*
Externes Weisungsrecht
– Beschränkung auf allgemeine Weisungen **GVG 146** 30
– Einhaltung des Dienstweges **GVG 146** 30
– Exekutive **GVG 146** 26
– Legalitätsprinzip **GVG 146** 29
– Möglichkeit der informellen Einflussnahme **GVG 146** 28
– Organ der Rechtspflege **GVG 146** 29
– politische Einflussnahme **GVG 146** 26, 30
– Prinzip der parlamentarischen Verantwortung der Regierung **GVG 146** 26
– Schriftformerfordernis **GVG 146** 30

magere Zahlen = Randnummern

Sachverzeichnis

- Sonderstellung der Staatsanwaltschaft GVG 146 29
- Teil der allgemeinen inneren Verwaltung GVG 146 29
- Veröffentlichungspflicht GVG 146 30
- Zuordnung der Staatsanwaltschaft GVG 146 26

Exterritorialität
- abgestuftes Schutzkonzept GVG 18 9
- Anfechtbarkeit der Maßnahme GVG 18 6
- Beweisverwertungsverbot GVG 18 7
- Bindungswirkung GVG 18 7
- Dauer des diplomatischen Status GVG 18 11
- Diplomaten GVG 18 9
- Ermittlungsmaßnahmen GVG 18 4
- Mitglieder des diplomatischen Personals der Mission GVG 18 9
- Nichtigkeit der Maßnahme GVG 18 6
- Ordnungswidrigkeitenverfahren GVG 18 3
- räumlicher Schutz GVG 18 10
- Sachverständiger GVG 18 8
- Stand des Völkerrechts GVG 18 1
- Strafverfahren GVG 18 3
- Verfahrenshindernis GVG 18 3
- Verzicht GVG 18 5
- völkerrechtlicher Grundsatz der Immunität GVG 18 1 f.
- Vollstreckungswirkung GVG 18 6
- von Amts wegen GVG 18 4
- Wiener Übereinkommen GVG 18 1
- Zeuge GVG 18 8
- Zustimmungsgesetz GVG 18 1

Extraterritoriale Bedeutung
- Abschiebungshindernis EMRK 3 9
- echte Gefahr EMRK 3 10
- im Ausland drohende Todesstrafe EMRK 3 11
- Schranke der Auslieferung EMRK 3 10
- unzureichende Haftbedingungen EMRK 3 11

Fair-trial
- 4th instance doctrine EMRK 6 2
- Adhäsionsverfahren EMRK 6 14
- aktive Teilhaberechte EMRK 6 99
- andere Konventionsformen EMRK 6 14
- Ausgleichsansprüche des Verletzten bzw. des Opfers EMRK 6 14
- autonom auszulegende Konvention EMRK 6 9
- autonome Begriffsbildung EMRK 6 6
- Beschleunigungsgarantie EMRK 6 1
- besondere Bedeutung im strafrechtlichen Verfahren EMRK 6 11
- Case Law EMRK 6 6
- detaillierte Fassung der Norm EMRK 6 5
- Einschränkbarkeit, *siehe dort*
- from coercion to deception EMRK 6 8
- geltungszeitliche, evolutive Interpretation EMRK 6 8
- gerichtsbezogene Garantien *siehe dort*
- Gewährleistung von konkreten und wirksamen Rechten EMRK 6 7
- hinreichende Verfahrensgerechtigkeit EMRK 6 2
- inquisitorischer Strafprozess EMRK 6 9
- integrales, herausragendes Menschenrecht EMRK 6 97
- Kasuistik *(siehe dort)*
- konkret benannte Teilrechte EMRK 6 99
- Mindeststandard EMRK 6 7
- Modeloffenheit EMRK 6 9
- Öffentlichkeit der Hauptverhandlung *siehe dort*
- öffentlich-rechtliche Disziplinarsanktionen EMRK 6 13
- prozedurale Legitimation der staatlichen Zuschreibung strafrechtlicher Verantwortlichkeit gegenüber dem Angeklagten EMRK 6 2
- rechtskräftiger Freispruch EMRK 6 66
- Schadensersatzprozesse EMRK 6 14
- strafrechtliche Verantwortung auf Basis eines konstitutiv fairen Verfahrens EMRK 6 97
- substantiierte Teilhaberechte des Angeklagten EMRK 6 98
- Tatprovokation EMRK 6 8
- Teilhaberahmen EMRK 6 99
- umfassendes Recht auf ein faires Strafverfahren EMRK 6 1
- unbenannte Teilrechte EMRK 6 99
- unmittelbar anwendbare Individualrechte EMRK 6 3
- unmittelbare Geltung EMRK 6 4
- Unschuldsvermutung *siehe dort*
- unzulässige Tatprovokation EMRK 6 64
- Verhandlung in angemessener Frist EMRK 6 99
- Vorliegen einer strafrechtlichen Anklage EMRK 6 11

1939

Sachverzeichnis fette Zahlen = §§

- vorwirkendes Achtungsgebot **EMRK 6** 65
- zivile Rechte und Verpflichtungen **EMRK 6** 12
- Zugang zu einem Gericht **EMRK 6** 10

Fair-trial-Grundsatz
- Beschleunigungsgebot **GVG 185** 9
- Dolmetscher als Hemmschuh des Verfahrens **GVG 185** 9
- Zeit- und Kostenaufwand **GVG 185** 9

Familienleben
- eheliche/nichteheliche Kinder **EMRK 8** 14
- gleichgeschlechtliche Beziehungen **EMRK 8** 15
- tatsächlich enge persönliche Beziehung unter den Betroffenen **EMRK 8** 14

Fernseh- und Rundfunkaufnahmen
- Aufnahmeverbot **GVG 176** 34
- nach der Verhandlung **GVG 176** 34
- Pool-Lösung **GVG 176** 36
- Schutzbereich der Rundfunkfreiheit **GVG 176** 34
- Verhandlungspausen **GVG 176** 34
- vor der Verhandlung **GVG 176** 34

Festnahme und Fluchtverhinderung EMRK 2 40

Festsetzungsverjährung GVG 179 5

Feststellung der Verhinderung
- Form **GVG 21e** 22
- konstitutive Feststellung **GVG 21e** 22
- nicht offenkundige Verhinderung **GVG 21e** 22
- offensichtliche Verhinderung **GVG 21e** 21
- Revisionsgericht **GVG 21e** 22
- Zeitpunkt **GVG 21e** 24
- Zuständigkeit **GVG 21e** 23

Folgeentscheidungen
- Dolmetscherkosten **GVG 187** 66
- Erkenntnisverfahren **GVG 187** 64
- Fortdauerentscheidung **GVG 187** 65
- mündliche Übersetzungstätigkeit iRe Abschlussberatung **GVG 187** 66
- sonstige, wesentliche Unterlagen **GVG 187** 64
- unmittelbare und analoge Anwendung **GVG 187** 64
- Verurteilter **GVG 187** 64

Folgen (Aussetzung)
- Abschluss des Besteuerungsverfahrens **AO 396** 30
- absolute Verjährungsfrist **AO 396** 28
- Bindungswirkung der steuerrechtlichen Beurteilung **AO 396** 30
- Dauer der Aussetzung **AO 396** 26
- Fortsetzung des Steuerstrafverfahrens **AO 396** 26
- Ruhen der Verjährung **AO 396** 27
- Tat im strafprozessrechtlichen Sinn **AO 396** 29
- Vorfragenkompetenz **AO 396** 30

Folterverbot
- absolutes Folterverbot **EMRK 3** 1
- Androhung von Gewalt in einer Vernehmung **EMRK 3** 22
- Angehörige von verschwundenen Verletzungsopfern **EMRK 3** 8
- angemessene Ermittlungen **EMRK 3** 6
- Beeinträchtigung der körperlichen Integrität **EMRK 3** 19
- Bekämpfung von Terrorismus **EMRK 3** 2
- besonders schutzbedürftige Personen **EMRK 3** 5
- Beweislast **EMRK 3** 7
- doppelte Verletzung **EMRK 3** 6
- Einbeziehung des Einzelfallkontextes **EMRK 3** 2
- extraterritoriale Anwendung **EMRK 3** 4
- fundamentale Garantie **EMRK 3** 1
- Hervorrufen eines sehr schweren und grausamen Leidens **EMRK 3** 20
- keine Abwägbarkeit **EMRK 3** 2
- Menschenwürde **EMRK 3** 3
- nationale Rechtslage **EMRK 3** 4
- palästinensisches Hängen **EMRK 3** 21
- Rettungsfolter **EMRK 3** 3
- Schaffung und Durchsetzung wirksamer Straftatbestände **EMRK 3** 5
- Schutz vor tatbestandlichen Handlungen durch Privatpersonen **EMRK 3** 5
- Schutzpflichten des Staates **EMRK 3** 5
- Stigmatisierungswirkung **EMRK 3** 20
- striktes Abwehrrecht **EMRK 3** 5
- Tatsachenfeststellung **EMRK 3** 7
- unmenschliche Behandlung **EMRK 3** 20
- Verbot unmenschlicher oder erniedrigender Bestrafung oder Behandlung **EMRK 3** 1
- Vergewaltigung einer festgenommenen Person **EMRK 3** 21
- Verwertbarkeit von unter Verstoß gegen das Folterverbot erlangten Beweismitteln **EMRK 3** 4

magere Zahlen = Randnummern

Sachverzeichnis

– zielgerichtete Zufügung des Leids **EMRK 3** 20
Form
– Antrag auf Prozesskostenhilfe **EGGVG 26** 4
– deutsche Sprache **EGGVG 26** 2
– Entscheidungsformel **G 10 10** 6
– Gründe der Anordnung **G 10 10** 6
– Individualüberwachung **G 10 10** 6
– mündlich zur Niederschrift der Geschäftsstelle **EGGVG 26** 1
– Schriftform **G 10 10** 5
– schriftlicher Antrag **EGGVG 26** 1
– Unterschrift **EGGVG 26** 3
– Verhandlungsfähigkeit **EGGVG 26** 5
– Wirksamkeit fremdsprachiger Eingaben **EGGVG 26** 2
Form der Entscheidung AO 396 25
Formelles nationales Recht
– Kernstrafrecht **EMRK 6** 45
– Nebenstrafrecht **EMRK 6** 45
– strikte Achtung aller Garantien **EMRK 6** 46
Fortfall der Verurteilung
– Beseitigung des Schuldspruchs **StrEG 1** 12
– Einstellung des Verfahrens **StrEG 1** 12
– Freispruch **StrEG 1** 12
– Tateinheit **StrEG 1** 12
– Tatmehrheit **StrEG 1** 12
Fortgeltung des Aufnahmeverbots GVG 169 61
Freier Verkehr mit dem Verteidiger
– Beschlagnahme von Verteidigungsmaterial **EMRK 6** 198
– Einschränkungen **EMRK 6** 199
– Kommunikation **EMRK 6** 197
– Kontaktaufnahme **EMRK 6** 197
– Kontaktsperre **EMRK 6** 199
Freiheitsentziehende Maßnahmen
– Leiter der Vollzugseinrichtung **ZSHG 11** 2
– Strafhaft **ZSHG 11** 1
– Unterrichtungspflicht **ZSHG 11** 2
– Untersuchungshaft **ZSHG 11** 1
– „Verräter" **ZSHG 11** 1
– Verlegung von Gefangenen **ZSHG 11** 3
Frist
– Antragstellung bei nicht laufender Frist **EGGVG 26** 10
– Ausschlussfristen **EGGVG 26** 10
– Begründung innerhalb der Frist **EGGVG 26** 12

– Dienstaufsichtsbeschwerdeverfahren **EGGVG 26** 9
– Form **EGGVG 26** 12
– Fristbeginn **EGGVG 26** 8; **StrEG 9** 25
– Fristberechnung **EGGVG 26** 7
– Kompensation durch Wiedereinsetzung **EGGVG 26** 14
– Monatsfrist **StrEG 9** 24
– mündlicher Justizverwaltungsakt **EGGVG 26** 8
– nichtiger Justizverwaltungsakt **EGGVG 26** 11
– Rechtsmittelbelehrung **EGGVG 26** 13
– Rechtsschutzgarantie **EGGVG 26** 13
– schwerwiegender Fehler **EGGVG 26** 11
– Versäumung der Antragsfrist **StrEG 9** 25
– Verschulden des Vertreters **StrEG 9** 27
– Verwirkung **EGGVG 26** 10
– Wiedereinsetzung in den vorigen Stand **StrEG 9** 25 f.
Fristen
– Landesjustizverwaltung **GVG 57** 2
– Normzweck **GVG 57** 1
– Zeitplan **GVG 57** 2
– Zwangsmittel **GVG 57** 2
Fristgebundene Rechtsbehelfe (Übersetzungsanspruch)
– Adressat **GVG 187** 58
– Anhörungsrüge **GVG 187** 60
– Einspruch gegen Strafbefehl **GVG 187** 56
– explizite Anordnung fremdsprachiger Eingaben **GVG 187** 56
– faires Verfahren **GVG 187** 58
– gesamtes Schriftstück in deutscher Sprache **GVG 187** 57
– Heilung **GVG 187** 56
– Hinweis in deutscher Sprache **GVG 187** 57
– Rechtsbehelfsbelehrung in jeweiliger Sprache **GVG 187** 60
– Rechtsbeschwerde im Ordnungswidrigkeitsverfahren **GVG 187** 56
– Rechtsmittelrücknahme **GVG 187** 57
– Revisionseinlegung **GVG 187** 56
– sonstige, wesentliche Dokumente iSd Richtlinie **GVG 187** 59
– unverteidigter Angeklagter **GVG 187** 59 f.
– wesentliches Dokument **GVG 187** 58 f.
– Wiedereinsetzung in den vorherigen Stand **GVG 187** 60
– Zugang der Prozesshandlung **GVG 187** 60

1941

Sachverzeichnis

fette Zahlen = §§

G 10-Kommission
- Ermittlungsrichter **G 10 15** 2
- Hilfsorgan **G 10 15** 1a
- Kontrolle der Beschränkungsmaßnahmen **G 10 15** 1
- verfassungsrechtliche Funktion **G 10 15** 1a
- Zustimmung zu den Anordnungen **G 10 15** 1

Gang der Beratung
- aktive intellektuelle Teilhabe an der Meinungsfindung des Spruchkörpers **GVG 194** 1
- Kollegialgericht **GVG 194** 2
- richtungsgebender Einfluss durch Vorsitzenden **GVG 194** 1
- Vortrag des Berichterstatters **GVG 194** 2
- Wille der Mehrheit **GVG 194** 1

Gebühren
- im Betragsverfahren **StrEG 10** 34
- des Rechtsanwalts **StrEG 13** 9
- des Verteidigers **StrEG 9** 30 f.

Gefahr für Leib oder Leben einer Person im Ausland
- Auslandsbezug **G 10 8** 5
- Aussichtslosigkeit der Sachverhaltserforschung **G 10 8** 7
- Belange der Bundesrepublik Deutschland **G 10 8** 6
- Gefahrenquelle im Ausland **G 10 8** 5
- in besonderer Weise berührt **G 10 8** 6
- konkrete Gefahr **G 10 8** 4
- polizeirechtlicher Gefahrbegriff **G 10 8** 4
- Schutz jeder Person **G 10 8** 3
- Subsidiarität **G 10 8** 7
- wesentlich erschwerte Sachverhaltserforschung **G 10 8** 8

Gefahr im Verzug
- Bestimmung der Telekommunikationsbeziehungen **G 10 14** 7
- unverzügliche Nachholung der Zustimmung **G 10 14** 8
- Zustimmung des Parlamentarischen Kontrollgremiums **G 10 14** 7 f.

Gefährdung der öffentlichen Ordnung
- Beeinträchtigung von kriminalitätsverhindernden/-bekämpfenden Maßnahmen **GVG 172** 5
- fortgesetzte Störung **GVG 172** 5

Gefährdung der Sittlichkeit
- Jugendliche **GVG 172** 6
- Schamgefühl eines unbeteiligten Durchschnittsmenschen **GVG 172** 6

Gefährdung der Staatssicherheit **GVG 172** 4

Gefährdung eines Zeugen oder einer anderen Person
- Antrag der Staatsanwaltschaft **GVG 172** 9
- Freigabe eines Zeugen **GVG 172** 8
- nichtöffentliche Vernehmung **GVG 172** 8
- Öffentlichkeit der Aussage **GVG 172** 7

Gefährdung von wichtigen Geschäfts-, Betriebs-, Erfindungs- oder Steuergeheimnissen GVG 172 10

Gefährdungsprognose
- aktuelle Gefährdung **ZSHG 1** 15
- Angriff auf insb. Leib und Leben oder (Entschließungs-) Freiheit **ZSHG 1** 15
- Befragung eines Nichtstörers zur Gefährdungserforschung **ZSHG 1** 20
- Befugnisnorm **ZSHG 1** 20
- Belehrung **ZSHG 1** 21
- Belehrung der Betroffenen **ZSHG 1** 21
- explizite Informationsübermittlungsverpflichtung **ZSHG 1** 22
- Gefährdungsanalyse **ZSHG 1** 15
- informationelle Selbstbestimmung **ZSHG 1** 18
- informationelle Trennung von Zeugenschutzdienststelle und Ermittlungsdienststelle **ZSHG 1** 19
- Informationserlangung **ZSHG 1** 18
- keine Befugnis zur zweckändernden Datenübermittlung **ZSHG 1** 21
- konkrete Gefahr **ZSHG 1** 15
- leichtere Beeinflussungen **ZSHG 1** 17
- objektive Gefährdungsindikatoren **ZSHG 1** 16
- potenziell gefährdete Person als Informationsquelle **ZSHG 1** 20
- Rechtsgrundlage **ZSHG 1** 18
- subjektive Gefährdungsvermutung **ZSHG 1** 16
- Übermittlung **ZSHG 1** 18
- unterschiedliche Belehrungspflichten **ZSHG 1** 20
- vertrauensvolle Interaktion **ZSHG 1** 20
- Widerstreit mit Belangen der strafprozessualen Sachverhaltsermittlung **ZSHG 1** 20
- Zeugen- oder Beschuldigtenvernehmung **ZSHG 1** 20
- Zeugen vom Hörensagen **ZSHG 1** 21
- Zeugnisverweigerungsrecht **ZSHG 1** 21

magere Zahlen = Randnummern

Sachverzeichnis

- Zweckumwandlung von Daten aus Anlass geben dem Verfahren **ZSHG 1** 18
- Zwei-Türen-Modell **ZSHG 1** 19

Gegenausnahmen (Datenübermittlung)
- besondere Umstände des Einzelfalles **EGGVG 14** 34
- gefährliche Körperverletzung **EGGVG 14** 36
- konkret ausgeübte Tätigkeit **EGGVG 14** 37
- MiStra **EGGVG 14** 38
- Verfahrenseinstellung **EGGVG 14** 36
- Verursachung des Todes **EGGVG 14** 36
- Zweifel an der Zuverlässigkeit oder Eignung **EGGVG 14** 35

Gegenseitige Unterrichtungspflicht G 10 10 23

Geheimhaltung G 10 15 13 f.
- Ermächtigungserfordernis **ZSHG 2** 7
- Gebotenheit **ZSHG 2** 3 ff.
- Strafbarkeit einer unbefugten Offenbarung **ZSHG 3** 7
- Verpflichtung **ZSHG 3** 1
- zu verpflichtende Personen **ZSHG 3** 2 ff.

Geheimhaltungspflicht durch gerichtliche Anweisung
- anwesende Personen **GVG 174** 15
- Geheimhaltungsanweisung **GVG 174** 15
- in nicht öffentlichen Verfahren **GVG 174** 15
- protokollpflichtiger Beschluss **GVG 174** 15

Geldstrafe
- Ersatzfreiheitsstrafe **EGStGB 12** 5
- gesetzlich nicht angedrohte Geldstrafe **EGStGB 12** 2
- kumulative Geldstrafenandrohung **EGStGB 12** 4
- mögliche Sanktionen **EGStGB 12** 1
- Sanktionsspielraum **EGStGB 12** 1
- Tagessatzsystem des Strafgesetzbuchs **EGStGB 12** 3
- Verhängung der Geldstrafe neben der Freiheitsstrafe **EGStGB 12** 4

Geldwäsche
- Anhörung **AO 31b** 19
- Anwendungsbereich **AO 31b** 2
- Einschränkung des Steuergeheimnisses **AO 31b** 1

- Gefährdung des Ermittlungszwecks **AO 31b** 19
- gleiche prozessuale Tat wie die Steuerstraftat **AO 31b** 20
- internationalrechtliche Grundlagen und Einflüsse **AO 31b** 3
- keine Information des Betroffenen **AO 31b** 19
- Meldepflichten der Finanzbehörden **AO 31b** 1
- Mitteilungspflichten anderer Verwaltungsbehörden **AO 31b** 1
- Mitwirkung der Finanzbehörden **AO 31b** 1
- Terrorismusfinanzierung **AO 31b** 20
- Verdacht der Geldwäsche **AO 31b** 20
- vorrangige Sonderregelung **AO 31b** 1

Geltung im Bußgeldverfahren StrEG 1 4

Geltungsbereich
- Generalklauseln **EGStGB 10** 1
- Wehrstrafgesetz **EGStGB 10** 2

Geltungsbereich des StrEG StrEG Einl 32 ff.

Gemeinsames Amtsgericht
- Aufteilung des Bezirks **GVG 58** 4
- Bestimmung der Schöffenzahl **GVG 58** 5
- Beurteilungs- und Gestaltungsspielraum **GVG 58** 3
- Bezirk des Konzentrationsgerichts **GVG 58** 7
- einheitliche Haupt- und Hilfsschöffenlisten **GVG 58** 8
- Grenzen der Bundesländer **GVG 58** 4
- Hilfsschöffen **GVG 58** 7
- Konzentrationsermächtigung **GVG 58** 2
- optimale Auslastung der Strafdezernate **GVG 58** 2
- örtliche Zuweisung **GVG 58** 4
- Repräsentanzprinzip **GVG 58** 5
- Revision **GVG 58** 9
- sachliche Zuweisung **GVG 58** 3
- Schonung der sachlichen und personellen Ressourcen **GVG 58** 1
- Zuständigkeit des Präsidenten des Landgerichts **GVG 58** 6
- Zuständigkeitskonzentration **GVG 58** 1
- Zweckmäßigkeit **GVG 58** 2

Gemeinschaftliche Verteidigung
- Akteneinsichtsrecht **AO 392** 19
- Befugnisse des Hauptverteidigers **AO 392** 18

Sachverzeichnis

fette Zahlen = §§

- eigenständiger mündlicher und schriftlicher Verkehr **AO 392** 19
- geborener Verteidiger **AO 392** 15
- gesamter Verfahrensstoff **AO 392** 17
- materiell-rechtliche Tateinheit **AO 392** 17
- mitverantwortete Prozesshandlungen vom Hauptverteidiger **AO 392** 18
- Recht auf Zeugen- und Sachverständigenbefragung **AO 392** 19
- Revisionsantrag und -begründung **AO 392** 15
- Strafvollstreckungsverfahren **AO 392** 16
- Tat im prozessualen Sinn **AO 392** 17
- Teileinstellung **AO 392** 17
- Verfolgungsbeschränkung **AO 392** 17

Gericht
- Antrag des ehemaligen Beschuldigten **StrEG 9** 28
- Beschluss **StrEG 9** 29
- Bindungswirkung **StrEG 9** 28

Gerichte
- Amtsgericht **GVG 12** 5
- Bayerisches Oberstes Landesgericht **GVG 12** 5
- Bezeichnung **GVG 12** 5
- Bundesgerichtshof **GVG 12** 5
- Gerichtssprengel **GVG 12** 6
- Kammergericht **GVG 12** 5
- Landgericht **GVG 12** 5
- Oberlandesgericht **GVG 12** 5
- obligatorische Gerichte der Länder **GVG 12** 5
- obligatorisches ordentliches Bundesgericht **GVG 12** 7
- territoriales Zuständigkeitsgebiet **GVG 12** 6

Gerichte (Begriff)
- Aufgaben der Justizgewährung **GVG 1** 14
- berufliche Fachkunde **GVG 1** 13
- berufsmäßige Ausübung im Hauptamt **GVG 1** 12
- berufsmäßige Ausübung im Nebenamt **GVG 1** 12
- Berufsrichter **GVG 1** 11 f.
- ehrenamtlicher Richter **GVG 1** 11, 13
- Ernennung **GVG 1** 12
- Handelsrichter **GVG 1** 13
- Institution sui generis **GVG 1** 14
- Organ der Rechtspflege **GVG 1** 14
- organisatorische Einheit **GVG 1** 10

- Repräsentation der Gesellschaft **GVG 1** 13
- Richter **GVG 1** 11 ff.
- Schöffen **GVG 1** 13
- Spruchkörper **GVG 1** 10
- Staatsanwaltschaft **GVG 1** 14
- Wächter des Gesetzes **GVG 1** 14

Gerichtliche Aufnahmen, Zugänglichmachung
- Anhörung der Tonbandaufzeichnungen **GVG 169** 44
- Einsicht in das Protokoll **GVG 169** 44
- Ermittlungsverfahren **GVG 169** 46
- faires Verfahren **GVG 169** 48
- Mehrfachvernehmungen **GVG 169** 46
- Nachprüfung der Gesetzmäßigkeit **GVG 169** 45
- Opferschutz **GVG 169** 46
- Rekonstruktionsverbot **GVG 169** 47
- selbständige Beweiskraft **GVG 169** 46
- Sitzungsprotokoll **GVG 169** 45
- staatliche Kontrolle von Daten **GVG 169** 46
- TKÜ-Maßnahmen **GVG 169** 46
- Waffengleichheit **GVG 169** 48
- wörtliche Dokumentation **GVG 169** 45
- Zugänglichmachung der Tonbandaufzeichnungen **GVG 169** 44

Gerichtsbezogene Garantien
- Anforderungen an das Gericht *siehe dort*
- Zugang zu gerichtlichem Verfahren *siehe dort*

Gerichtssprache
- Adressat der Erklärung **GVG 184** 15
- alle Verfahrensstadien **GVG 184** 13
- andere Gerichtsbarkeiten **GVG 184** 1
- Aufklärungsmaxime **GVG 184** 6
- Behandlung und Wirksamkeit fremdsprachiger Eingaben **GVG 184** 3
- Behinderung **GVG 184** 12
- Beteiligte am Verfahren **GVG 184** 12
- deutsche Sprache **GVG 184** 1
- Diskriminierungsverbot **GVG 184** 4
- Disponibilität **GVG 184** 7
- Dolmetscherhinzuziehung **GVG 184** 5
- effektiver Rechtsschutz **GVG 184** 5
- einfach-gesetzliche Konkretisierung **GVG 184** 14
- Eingaben des Beschuldigten in fremder Sprache **GVG 184** 14 f.
- einheitliche Verständigungsform **GVG 184** 1

magere Zahlen = Randnummern

Sachverzeichnis

– Erklärungen in der Gerichtssprache **GVG 184** 15
– faires Verfahren **GVG 184** 5
– Hinzuziehung eines Dolmetschers **GVG 184** 1
– höherrangige Rechte **GVG 184** 4 f.
– internationale Gerichtssprache **GVG 184** 7
– Minderheit der Sorben **GVG 184** 1
– Polizei **GVG 184** 12
– Prozessmaximen **GVG 184** 5
– Rechtsmaterien mit supranationalem Einschlag **GVG 184** 7
– Rechtssprache **GVG 184** 2
– reibungsloser Prozessverlauf **GVG 184** 2
– Richter **GVG 184** 12
– richterliches Gehör **GVG 184** 5
– Schöffenamt **GVG 184** 12
– schriftliche Übersetzungsleistungen **GVG 184** 14
– Schriftverkehr mit dem Gericht **GVG 184** 13
– Staatsanwaltschaft **GVG 184** 12
– Überbrückung der fehlenden Kommunikation **GVG 184** 4
– Urkundsbeamtte der Geschäftsstelle **GVG 184** 12
– Vernehmung des Beschuldigten durch die Polizei **GVG 184** 13
– Wahrheitsfindung **GVG 184** 3

Gerichtsstand und Gerichtsbarkeit
– Bundesgerichtsbarkeit **GVG 120** 34
– Entschädigungen **GVG 120** 35
– länderübergreifende Zuständigkeitskonzentration **GVG 120** 33
– Organleihe **GVG 120** 34
– Verfahrenskosten und Auslagen **GVG 120** 35

Gerichtsverfahren (Entschädigung)
– Anfangszeitpunkt **GVG 198** 21
– Auslieferungsverfahren **GVG 198** 24
– Berufungs- und Revisionsverfahren **GVG 198** 19
– Bußgeldverfahren **GVG 198** 25
– Ermittlungsverfahren der Finanzbehörden **GVG 198** 20
– Haftprüfungsverfahren **GVG 198** 24
– jugendgerichtliche Verfahren **GVG 198** 19
– offizielle Bekanntgabe der Einleitung des Ermittlungsverfahrens **GVG 198** 21
– rechtskräftiger bzw. endgültiger Verfahrensabschluss **GVG 198** 19

– staatsanwaltschaftliches Ermittlungsverfahren **GVG 198** 19
– strafrechtliches Erkenntnisverfahren **GVG 198** 19
– Strafvollstreckungsverfahren **GVG 198** 22
– Strafvollzugsverfahren **GVG 198** 23
– verwaltungsbehördliche Verfahren **GVG 198** 25
– Zwischenverfahren **GVG 198** 24

Gerichtsverfahrensgesetz
– Ausführungsgesetz der Länder **GVG 1** 3
– Besetzung der Gerichte **GVG 1** 3
– Einrichtung der Gerichte **GVG 1** 3
– innere Verfahrensabläufe **GVG 1** 3
– Jugendgerichtsgesetz **GVG 1** 3
– ordentliche Gerichtsbarkeit **GVG 1** 3
– Organisation der Gerichte **GVG 1** 3
– Rechtspflegergesetz **GVG 1** 3
– Strafprozessordnung **GVG 1** 3
– Zuständigkeit der Gerichte **GVG 1** 3

Gerichtsverfassung
– Gerichtsbarkeit **GVG 1** 2
– Gerichtsverfassungsrecht **GVG 1** 1
– Gewaltenteilung **GVG 1** 2
– Grundentscheidungen des Grundgesetzes **GVG 1** 2
– Grundgesetz **GVG 1** 1
– Grundlagen des Verfahrensrechts **GVG 1** 1
– ordentliche Gerichtsbarkeit **GVG 1** 1, 3
– Rechtsstaatsprinzip **GVG 1** 2
– Sozialstaatprinzip **GVG 1** 2
– Verfassungsprinzipien **GVG 1** 2

Gerichtsvollzieher
– Dienst- und Geschäftsverhältnisse **GVG 154** 2
– grundsätzliche Zuständigkeit **GVG 154** 1
– Ladungen **GVG 154** 1
– Organ der Rechtspflege **GVG 154** 3
– örtlicher Zuständigkeitsbereich **GVG 154** 3
– Sachaufsicht des Vollstreckungsgerichts **GVG 154** 3
– Vollstreckungen **GVG 154** 1
– Zuordnung zu einzelen Amtsgerichten **GVG 154** 3
– Zustellung **GVG 154** 1

Gesamtbetrachtung EMRK 6 22 ff.

Gesamtverfahrensdauer
– Anspruchsgegner **GVG 198** 42
– Beurteilung des gesamten Verfahrens **GVG 198** 40

1945

Sachverzeichnis
fette Zahlen = §§

- Dispositionsmaxime **GVG 198** 42
- haftungsverantwortlicher Rechtsträger **GVG 198** 42
- rechtskräftiger bzw. endgültiger Verfahrensabschluss **GVG 198** 40
- Verzögerungen in einzelnen Verfahrensabschnitten **GVG 198** 41

Geschäftsstelle
- Abschluss der Prüfung für den mittleren Dienst **GVG 153** 6
- Arbeitsgerichte **GVG 153** 1
- ausschließliche Zuständigkeit **GVG 153** 5
- Ausschließung und Ablehnung von Urkundsbeamten **GVG 153** 4
- Dienstaufsichtsrecht **GVG 153** 1
- funktionale und organisatorische Unterstützung **GVG 153** 1
- ordentliche Gerichtsbarkeit **GVG 153** 1
- Organ der Rechtspflege **GVG 153** 4
- örtliche und sachliche Zuständigkeit **GVG 153** 4
- Protokollführer **GVG 153** 3
- Urkundsbeamte der Geschäftsstelle **GVG 153** 2, 4
- Vernehmungsniederschrift **GVG 153** 3
- Vorbereitungsdienst für Urkundsbeamte **GVG 153** 6
- Zuständigkeitsverstoß **GVG 153** 5

Geschäftsverteilung
- abstrakt-generelle Vorausbestimmung bis auf die letzte Regelungsstufe **GVG 21e** 25
- Anfechtbarkeit **GVG 21e** 26
- Jahresgeschäftsverteilung **GVG 21e** 27
- Rechtsnatur **GVG 21e** 26

Geschäftsverteilung innerhalb der Spruchkörper
- Abstraktionsprinzip **GVG 21g** 7
- Abweichen von den Grundsätzen der Geschäftsverteilung im Einzelfall **GVG 21g** 9
- Änderung der spruchkörperinternen Zuständigkeit **GVG 21g** 7
- Besetzungsreduktion **GVG 21g** 6
- Bestimmtheitsgrundsatz **GVG 21g** 7
- Bestimmung des gesetzlichen Richters auf der untersten Regelungsstufe **GVG 21g** 1, 5
- Geschäftsverteilung **GVG 21g** 3
- gesetzliche Zahl an Richtern **GVG 21g** 4
- Gestaltungsfreiheit **GVG 21g** 7

- inhaltliche Ausgestaltung **GVG 21g** 7
- interne Verteilung **GVG 21g** 2
- Jährlichkeitsprinzip **GVG 21g** 10
- Kollegialspruchkörper **GVG 21g** 2
- Komplementärnorm **GVG 21g** 1
- Sicherung des geordneten stetigen und sinnvollen Geschäftsgangs **GVG 21g** 3
- spruchkörperinterne Vertretung **GVG 21g** 3
- Stärkung der richterlichen Unabhängigkeit **GVG 21g** 1
- Stetigkeitsprinzip **GVG 21g** 10
- Strafsachen **GVG 21g** 7
- überbesetzte Spruchkörper **GVG 21g** 5
- Übertragung der Verantwortung für die Aufgabeverteilung **GVG 21g** 2
- unterjährige Änderungen **GVG 21g** 11
- Verfahren **GVG 21g** 13 ff.
- Verteilungssystem **GVG 21g** 8
- Vorauswirkungsprinzip **GVG 21g** 10
- Zuweisung an Einzelrichter **GVG 21g** 5

Geschäftsverteilungsprinzipien
- Abstraktionsprinzip **GVG 21e** 29
- Ausschluss sachfremder Einflüsse **GVG 21e** 30
- begonnene Hauptverhandlung über Jahreswechsel fortsetzen **GVG 21e** 33
- Bestimmtheitsgrundsatz **GVG 21e** 30
- gesetzliche Geschäftsverteilung **GVG 21e** 28
- Grundsatz der sofortigen Vollziehbarkeit **GVG 21e** 36
- Jährlichkeitsprinzip **GVG 21e** 33
- objektiv-abstrakte Kriterien **GVG 21e** 29
- Prinzip der Gestaltungsfreiheit **GVG 21e** 28
- Prinzip doppelter Vollständigkeit **GVG 21e** 31
- sachgerechte, gleichmäßige Verteilung **GVG 21e** 28
- Stetigkeitsprinzip **GVG 21e** 32
- ultima ratio **GVG 21e** 35
- Vorauswirkungsprinzip **GVG 21e** 34
- Zuweisung bereits anhängiger Verfahren **GVG 21e** 35

Geschäftswert EGGVG 30 5
Geschichte StrEG Einl 3 ff.
Gesetz
- allgemeine Geschäftsbedingungen **EGStPO 7** 5
- ausländisches Recht **EGStPO 7** 4
- Auslegungsregeln **EGStPO 7** 5

magere Zahlen = Randnummern

– behördeninternen Verhaltensanordnungen **EGStPO 7** 5
– Formelle Gesetze **EGStPO 7** 2
– Geschäftsverteilungsplan der Gerichte **EGStPO 7** 5
– Gewohnheitsrecht **EGStPO 7** 3
– Handelsbräuche **EGStPO 7** 3
– Interne Dienstanweisungen **EGStPO 7** 5
– islamisches Recht **EGStPO 7** 4
– materielle Gesetze **EGStPO 7** 2
– Natur- und Denkgesetze **EGStPO 7** 5
– Rechtsanwendungsgrundsätze **EGStPO 7** 5
– Rechtsnorm **EGStPO 7** 3
– technische Normen **EGStPO 7** 2
– Unfallverhütungsvorschriften **EGStPO 7** 5
– Vereinssatzungen **EGStPO 7** 5
– Völkerrecht **EGStPO 7** 4
– Vorschriften des Rechts der DDR **EGStPO 7** 4

Gesetz (Begriff)
– autonome Satzungen **GVG 1** 38
– EU-Richtlinien **EMRK 7** 17
– früheres Reichsrecht **GVG 1** 38
– Internationales Recht **EMRK 7** 16
– Gewohnheitsrecht **GVG 1** 38
– Grundgesetz **GVG 1** 38
– Länderverfassungen **GVG 1** 38
– mala per se des Völkerstrafrechts **EMRK 7** 16
– nationaler Gesetzesstandard **EMRK 7** 14
– Parlamentsgesetze **GVG 1** 38
– ratifizierte Staatsverträge **GVG 1** 38
– Richterrecht **EMRK 7** 15
– supranationales Recht **GVG 1** 38
– ungeschriebenes case law **EMRK 7** 14
– unionsrechtskonforme Auslegung **EMRK 7** 17
– Verordnungen **GVG 1** 38
– Verwaltungsvorschriften **GVG 1** 38
– Völkergewohnheitsrecht **EMRK 7** 16
– Zugänglichkeit und Vorhersehbarkeit des Strafrechts **EMRK 7** 13

Gesetz zur Einführung einer Speicherpflicht von einer höchst Speicherfrist für Verkehrsdaten EGStPO 12 1 f.

Gesetz zur Erweiterung der Medienöffentlichkeit in Gerichtsverfahren GVG 169 54

Gesetz zur Novellierung der forensischen DNA-Analyse EGStPO 11 1f.

Sachverzeichnis

Gesetz zur Reform der strafrechtlichen Vermögensabschöpfung
– Altfälle **EGStPO 14** 4; **EGStGB 316h** 3
– Auffangrechtserwerb **EGStPO 14** 4
– Einziehung **EGStPO 14** 1; **EGStGB 316h** 1
– entgegenstehende Ansprüche des Verletzten **EGStPO 14** 3
– Entscheidung über die Nichtanordnung **EGStGB 316h** 2
– Grundsatz **EGStGB 316h** 2
– Meistbegünstigungsprinzip **EGStGB 316h** 2, 4
– Rückwirkungsverbot **EGStGB 316h** 5
– Verfall **EGStPO 14** 1; **EGStGB 316h** 1
– Verjährung **EGStGB 316h** 3

Gesetz zur Verbesserung des Schutzes der sexuellen Selbstbestimmung
– Fünfzigstes Gesetz zur Änderung des Strafgesetzbuches **EGStGB 316g** 1
– Gesetzlichkeitsprinzip **EGStGB 316g** 2
– Katalog **EGStGB 316g** 2

Gesetze auf dem Gebiet der Sozialversicherung
– Einigungsvertrag **EGStGB 318** 1
– Ordnungsstrafe **EGStGB 318** 3
– Verfahren nach Einlegung eines Rechtsbehelfs **EGStGB 318** 5

Gesetzesänderungen
– Schuldrechtsreformgesetz **StrEG Einl.** 81
– Staatshaftungsgesetz **StrEG Einl.** 80
– StrEG **StrEG Einl.** 77 ff.
– Zivilprozessordnung **StrEG Einl.** 82

Gesetzgebungskompetenz
– Annexkompetenz **ZSHG Vor 1** 6
– Kompetenzordnung des Grundgesetzes **ZSHG Vor 1** 6
– präventiv-polizeilicher Charakter **ZSHG Vor 1** 6

Gesetzlichkeitsmaxime
– Freispruch **EMRK 6** 316
– gesetzliche Ausprägung der Teilhaberechte **EMRK 6** 314
– Rechtssicherheit **EMRK 6** 316
– Verjährung **EMRK 6** 315
– Vertrauensschutz **EMRK 6** 317

Gesetzlichkeitsprinzip
– Aufwertung des Verhältnismäßigkeitsgrundsatzes **EMRK 7** 7
– Begründung der Strafbarkeit **EMRK 7** 10

1947

Sachverzeichnis

fette Zahlen = §§

- deutsche Sicherungsverwahrung **EMRK 7** 6
- deutsches Recht zu Altfällen **EMRK 7** 8
- Geldbuße **EMRK 7** 5
- Kartellbuße **EMRK 7** 5
- nachfolgende Strafen **EMRK 7** 10
- Nebenfolgen **EMRK 7** 9
- nullum judicium sine lege **EMRK 7** 12
- Rechtsfolgen **EMRK 7** 10
- Strafe **EMRK 7** 5
- Verfahrensrecht **EMRK 7** 11
- Verjährungsfrist **EMRK 7** 11

Gewerbetreibende *siehe Tarifangestellte*

Gezielte Rufnummererfassung G 10 8 12

Grenzen der Unabhängigkeit
- Bindung an das Gesetz **GVG 1** 35
- disziplinarrechtliche Verantwortlichkeit **GVG 1** 35
- Kernbereich der Rechtsprechung **GVG 1** 35
- strafrechtliche Verantwortlichkeit **GVG 1** 35
- zivilrechtliche Verantwortlichkeit **GVG 1** 35

Grenzen des Weisungsrechts
- Abweichung von gefestigter höchstrichterlicher Rechtsprechung **GVG 146** 16
- Entscheidungs- und Beurteilungsspielraum **GVG 146** 14
- Ermessensfehler **GVG 146** 16
- externes Weisungsrecht **GVG 146** 18
- Grenzen des externen Weisungsrechts **GVG 146** 18
- Legalitätsprinzip **GVG 146** 14
- rechts- oder sachwidrige Erwägung **GVG 146** 14
- rechtswidrige Weisung **GVG 146** 15
- Sitzungsvertreter für die Hauptverhandlung **GVG 146** 17
- Verbot justizfremder Erwägungen **GVG 146** 16
- Willkürverbot **GVG 146** 16

Grundentscheidung
- Annex zur Sachentscheidung **StrEG 8** 4
- Auslegung und Ergänzung unvollständiger Grundentscheidungen **StrEG 8** 9
- Ausscheidung von Tatteilen **StrEG 8** 3
- Aussetzung der Verhängung von Jugendstrafe **StrEG 8** 2
- Berücksichtigung des Mitverschuldens **StrEG 8** 9
- Bestimmtheit **StrEG 8** 9
- Bindung für das Betragsverfahren **StrEG 8** 9
- Bußgeldverfahren **StrEG 8** 10 f.
- Entscheidung mit endgültiger Verfahrensabschluss **StrEG 8** 1
- Entscheidung nur dem Grunde nach **StrEG 8** 6
- gesamte Entschädigungsfrage **StrEG 8** 2
- Grundsatz der Verfahrenseinheit **StrEG 8** 2
- haftungsbegründende Kausalität **StrEG 8** 6
- konstitutive Wirkung **StrEG 8** 8
- Rechtsweg zu Verwaltungsgerichten **StrEG 8** 1
- tatsächlich entstandener Schaden **StrEG 8** 6
- Vollstreckung einer Freiheitsstrafe **StrEG 8** 3
- vorläufige Verfahrenseinstellung **StrEG 8** 3
- Zuständigkeit der Strafvollstreckungskammer **StrEG 8** 5

Grundrechte G 10 21 1

Grundsätze
- Annexentscheidung **StrEG Einl.** 25
- Aufopferungsanspruch **StrEG Einl.** 31
- Ausführungsvorschriften **StrEG Einl.** 28
- ausländisches Recht **StrEG Einl.** 30
- Ausschluss der Entschädigung **StrEG 1** 6
- Begriff der Strafverfolgungsmaßnahme **StrEG Einl.** 26
- Einstellung nach Ermessensvorschrift **StrEG 1** 7
- Entschädigung **StrEG Einl.** 23
- Ersatzanspruch **StrEG 1** 5
- Grundsatz des mitwirkenden Verschuldens **StrEG 1** 6
- Grundzüge des Gesetzes **StrEG Einl.** 22 ff.
- Höhe der Entschädigung **StrEG Einl.** 25
- materielle Vorschriften **StrEG Einl.** 22
- rechtmäßig angeordnete und vollzogene Akte der Strafrechtspflege **StrEG Einl.** 31
- Rechtsnatur des Entschädigungsanspruchs **StrEG Einl.** 31
- rechtswidrige Strafverfolgungsmaßnahmen **StrEG Einl.** 31
- Sonderopfer **StrEG Einl.** 31
- Terminologie **StrEG Einl.** 26
- Überschriften **StrEG Einl.** 27

magere Zahlen = Randnummern

Sachverzeichnis

– Verhältnis zum Strafprozess **StrEG Einl.** 29
– Vermögensschaden **StrEG Einl.** 24
– Versagung der Entschädigung **StrEG 1** 6
– vorläufige Strafverfolgungsmaßnahmen **StrEG 1** 7

Haft- und Unterbringungssachen AO 386 25 ff.

Haftbefehl
– einstweilige Unterbringung **GVG 187** 35
– Festhalten zum Zwecke der Identitätsfeststellung **GVG 187** 35
– freiheitsentziehende Maßnahme **GVG 187** 35
– lex specialis **GVG 187** 35
– vorläufige Festnahme **GVG 187** 35

Haftende Körperschaft
– Amtsgericht **GVG 200** 2
– Anspruchs- und Klagegegner **GVG 200** 1
– Bundesgerichtshof **GVG 200** 4
– Bundesland **GVG 200** 2
– Eintritt der relevanten Verzögerungen **GVG 200** 1
– Entschädigungsklage **GVG 200** 2
– entschädigungspflichtiger Rechtsträger **GVG 200** 1
– Finanzbehörde eines Landes **GVG 200** 2
– Generalbundesanwalt **GVG 200** 4
– gleichzeitige Verantwortung **GVG 200** 5
– isolierte Haftung für eigenen Zuständigkeitsbereich **GVG 200** 5
– Landesstaatsanwaltschaft **GVG 200** 2
– Landgericht **GVG 200** 2
– Oberlandesgericht **GVG 200** 2
– Staatsschutzverfahren **GVG 200** 3

Haftentscheidungen GVG 187 34 ff.

Haftprüfung
– keine gemeinsame Teilnahme **EGGVG 34** 19
– weitere Zeugen **EGGVG 34** 19
– Wiederholung der mündlichen Verhandlung **EGGVG 34** 20

Handhabung der Sitzungspolizei
– Antizipation des störenden Verhaltens **GVG 176** 53
– geeignete Anordnungen **GVG 176** 53
– konkrete Einzelfallabwägung **GVG 176** 53
– mildestes Mittel **GVG 176** 53
– verhältnismäßig **GVG 176** 53

Handlungen eines unzuständigen Richters
– analoge Anwendung für Schöffengerichte und Kollegialgerichte **GVG 22d** 1
– Anfechtbarkeit **GVG 22d** 2
– Geschäftsverteilungsplan **GVG 22d** 4
– gesetzlicher Richter **GVG 22d** 2
– Regelungsgehalt **GVG 22d** 2
– Richter am Amtsgericht **GVG 22d** 1
– Ungültigkeit/Nichtigkeit **GVG 22d** 2
– Verstöße gegen die Geschäftsverteilung **GVG 22d** 3

Handschriftliche Notizen und Zeichnungen
– Beurteilungsspielraum des Vorsitzenden **GVG 176** 25
– Missbrauch **GVG 176** 25
– Nutzung von Smartphones, Mobiltelefonen, Laptops oder Tablets **GVG 176** 25
– präventives Verbot **GVG 176** 25
– Prozessbeteiligte und Zuhörer **GVG 176** 25

Hauptverfahren
– Antrags- und Fragerechte **GVG Vor 141** 13
– faires Verfahren **GVG Vor 141** 14
– Kontrolle der Einhaltung der Rechtsordnung **GVG Vor 141** 13
– Mitwirkungs- und Beteiligungsrechte **GVG Vor 141** 13
– Organ der Rechtspflege **GVG Vor 141** 13
– Rechtsmittel der Berufung und Revision **GVG Vor 141** 13
– Schlussvortrag **GVG Vor 141** 13
– Verfahrensbeteiligte **GVG Vor 141** 13
– Verfahrensrechte **GVG Vor 141** 14
– Waffengleichheit **GVG Vor 141** 14
– Wiederaufnahmeverfahren **GVG Vor 141** 13

Hauptverhandlung
– Fortsetzung **EGGVG 34** 22
– Höchstgrenze der Unterbrechung **EGGVG 34** 22
– Unterbrechung der Verbindung zur Außenwelt **EGGVG 34** 21

Heranziehung aus der Hilfsschöffenliste GVG 49 1 ff.

Herstellung und Änderung von Dokumenten
– Aufbau einer Tarnidentität **ZSHG 5** 8
– Dokumente mit Tarnpersonalien **ZSHG 5** 8

Sachverzeichnis
fette Zahlen = §§

- Generalklausel **ZSHG 5** 9
- Kronzeugen **ZSHG 5** 10
- System der Abschottung **ZSHG 5** 8
- verdeckte Ermittler **ZSHG 5** 10
- V-Leute **ZSHG 5** 10

Hilfsstrafkammern
- beschleunigte Behandlung von Haftsachen **GVG 60** 5
- spruchkörperinterne Vertretungsregel **GVG 60** 6
- vorübergehende Überlastung einer ständigen Strafkammer **GVG 60** 5

Hinderungsgründe
- Änderung der tatsächlichen Ausübung des Amtes **GVG 54** 3 f.
- berufliche Gründe **GVG 54** 6
- bettlägerige Krankheit **GVG 54** 3
- Gewissensgründe **GVG 54** 5
- hoheitliche Freiheitsbeschränkungen **GVG 54** 4
- private Gründe **GVG 54** 7
- sonstige Gründe **GVG 54** 8
- unabwendbare Umstände **GVG 54** 3
- Unzumutbarkeit der Dienstleistung **GVG 54** 5
- Verkehrsverhältnisse **GVG 54** 4
- Verschulden **GVG 54** 3
- vorrangige staatliche Inanspruchnahme **GVG 54** 4

Hör- und/oder Sprachbehinderung
- abwechselnder Gebrauch **GVG 186** 8
- Amtsaufklärungspflicht **GVG 186** 6 f.
- andere Möglichkeiten der Verständigung **GVG 186** 8
- Ausstrahlungswirkung **GVG 186** 2
- Befangenheit **GVG 186** 10
- Belehrung **GVG 186** 9
- Bereitstellung von Hilfsmitteln **GVG 186** 12
- blinde Personen **GVG 186** 1
- Diskriminierungsverbot **GVG 186** 3
- effektiver Rechtsschutz **GVG 186** 1
- einfachrechtliche Konkretisierung **GVG 186** 1
- Ermessen des Gerichts **GVG 186** 1, 6
- Ermittlungsverfahren **GVG 186** 5
- faires und rechtsstaatliches Verfahren **GVG 186** 1
- Form **GVG 186** 9
- Gebärden-, Schrift- oder Oraldolmetscher **GVG 186** 11
- geeignete technische Hilfsmittel **GVG 186** 12
- geistige Behinderungen **GVG 186** 7
- Gesetz zur Stärkung der Verfahrensrechte **GVG 186** 3
- gestützte Kommunikation **GVG 186** 11
- Gleichstellung **GVG 186** 2
- Hilfsperson **GVG 186** 2, 16
- Hinzuziehung einer Hilfsperson **GVG 186** 10
- Inhalt der Dolmetschertätigkeit **GVG 186** 2
- Integration in das Verfahren **GVG 186** 3
- lautsprachbegleitende Gebärden **GVG 186** 11
- Lormen **GVG 186** 11
- OLG-Vertretungsveränderungsgesetz **GVG 186** 3
- Person **GVG 186** 4
- Protokoll **GVG 186** 16
- Prozessökonomie **GVG 186** 1
- Prozesssubjekt **GVG 186** 1
- Rechtsfolgenverweisung **GVG 186** 2
- Sachleitungsbefugnis **GVG 186** 7
- schwer hörgeschädigte Person **GVG 186** 3
- sensorische Behinderung **GVG 186** 7
- sonstige Hilfspersonen **GVG 186** 16
- starke Schwerhörigkeit **GVG 186** 6
- Strafverteidiger **GVG 186** 4
- Überlassung und Benutzung der Hilfsmittel **GVG 186** 16
- Überprüfbarkeit der Qualität der Dolmetscherleistung **GVG 186** 2
- Überprüfung der Qualität der Dolmetscherleistung **GVG 186** 10
- Umfang der Dolmetschertätigkeit **GVG 186** 10
- Urteilsverkündung **GVG 186** 5
- Vereidigung **GVG 186** 10 f., 16
- verfahrensleitende Prozessbeteiligte **GVG 186** 4
- Verhandlung **GVG 186** 5
- Verhandlungsleitung **GVG 186** 16
- Verständigungsmangel **GVG 186** 2
- Vertrauensdolmetscher **GVG 186** 10
- Vollstreckungsverfahren **GVG 186** 5
- Wahl der Verständigungsform **GVG 186** 2
- Wahl des Kommunikationsmittels **GVG 186** 8
- Wahlrecht **GVG 186** 8
- Zeugen **GVG 186** 7

Illegalen Beschäftigung und Leistungsmissbrauch
- Anwendungsbereich **AO 31a** 2

magere Zahlen = Randnummern

Sachverzeichnis

- Ausnahmetatbestand **AO 31a** 1
- Bestimmtheitsgebot **AO 31a** 15, 17
- Mitteilungspflicht der Finanzbehörde **AO 31a** 1
- Selbstbelastungsfreiheit **AO 31a** 15
- Überwindung des Steuergeheimnisses **AO 31a** 1
- Verfassungsmäßigkeit **AO 31a** 15
- verlängertes Steuergeheimnis **AO 31a** 17
- verselbstständigter Sonderfall **AO 31a** 1
- Verwertbarkeit **AO 31a** 16

Immaterieller Schaden StrEG 7 81 ff.

Individualüberwachung deutscher Schiffe G 10 3 17 f.

Informationsanspruch
- Aktualisierung der Information **EMRK 6** 148
- Art der Beschuldigung **EMRK 6** 146
- conditio sine qua non der effektiven Verteidigung **EMRK 6** 141
- detaillierte Informationen **EMRK 6** 146
- fehlleitende Informationen **EMRK 6** 147
- Form der Information **EMRK 6** 149
- Grund des Vorwurfs **EMRK 6** 146
- Heilung durch spätere Information **EMRK 6** 144
- materieller Begriff der Anklage **EMRK 6** 144
- Teilhabe als Verfahrenssubjekt **EMRK 6** 143
- Verteidigungsbehinderung **EMRK 6** 141
- Zeitpunkt der Information **EMRK 6** 144 f.

Inhaber des Weisungsrechts
- abschließende Sonderregelung **GVG 146** 9
- ausdrückliche Sonderzuweisung **GVG 146** 9
- Bundes-/Landesjustizminister **GVG 146** 7 f.
- Delegation des Weisungsrechts **GVG 146** 10
- erste Beamter der Staatsanwaltschaft **GVG 146** 7 f.
- Generalbundesanwalt **GVG 146** 8
- konkreter und ausdrücklicher Übertragungsakt **GVG 146** 10
- Privilegierung der Staatsanwälte gegenüber sonstigen (Verwaltungs-)Beamten **GVG 146** 9
- Sperrwirkung aufgrund bundesrechtlicher Spezialregelung **GVG 146** 9
- spezielle Zuweisung der Inhaberschaft **GVG 146** 10
- Zustimmung der Landesstaatsanwaltschaft **GVG 146** 8

Inhaber von Berechtigungen, Erlaubnissen und Genehmigungen
- besondere gesetzliche Sicherheitsanforderungen **EGGVG 14** 24
- Fahrerlaubnis **EGGVG 14** 25a
- Jagdschein **EGGVG 14** 25a
- mögliche Gefährdung Dritter **EGGVG 14** 24

Inhalt der Anordnung nach G 10 G 10 10 9 ff.

Inhaltsdaten
- Inhalte der Individualkommunikation **G 10 1** 21
- Multimedia Messaging Service **G 10 1** 20
- Short Message Service **G 10 1** 20

Inkrafttreten EGGVG 1 1

innere Unabhängigkeit
- Distanz des Richters **GVG 1** 31
- Einflüsse der Herkunft **GVG 1** 32
- Freihaltung von äußeren Einflüssen **GVG 1** 32
- Kollegialgericht **GVG 1** 32
- Neutralität des Richters **GVG 1** 31, 34
- politische Einstellung **GVG 1** 32
- Sozialisation **GVG 1** 32
- Trennung von Amt und Privatperson **GVG 1** 33
- Vertrauen zum Richter **GVG 1** 31
- weltanschauliche Einstellung **GVG 1** 32
- Zugehörigkeit zu sozialen Gruppen **GVG 1** 32

Instanzielle Rechtsmittelbeschränkung
- Ausübung des Wahlrechtsmittels **JGG 55** 89
- Berufung **JGG 55** 78 ff.
- Durchbrechung der Rechtskraft zu Gunsten der materiellen Gerechtigkeit **JGG 55** 94
- einheitliches Wahlrecht im Lager des Angeklagten **JGG 55** 76
- Entscheidungen des Rechtsmittelgerichts **JGG 55** 91 ff.
- entsprechende Anwendung **JGG 55** 85, 94
- Heranwachsende **JGG 55** 88
- Kostenbeschwerde **JGG 55** 87
- Personenidentität des Berufungs- und Revisionsführers **JGG 55** 83

1951

Sachverzeichnis

fette Zahlen = §§

– Rechtswegerschöpfung **JGG 55** 78, 82
– Reichweite in Bezug auf Anfechtungsberechtigte **JGG 55** 75
– Reichweite in sachlicher Hinsicht **JGG 55** 77 ff.
– Revisionserstreckung **JGG 55** 93
– Rücknahme **JGG 55** 79
– sofortige Beschwerde **JGG 55** 85
– Teilanfechtung **JGG 55** 80
– Übergang zu einem anderen Rechtsmittel **JGG 55** 89
– Verkürzung des Instanzenzugs **JGG 55** 74
– Verschlechterungsverbot **JGG 55** 81
– Verwerfung als unzulässig **JGG 55** 92
– Wahl zwischen Berufung oder Revision **JGG 55** 74
– Wiedereinsetzung in den vorherigen Stand **JGG 55** 90

Institutionelle Unabhängigkeit
– Grundsatz der Inkompabilität **GVG 1** 17
– organisatorische Trennung von den Verrwaltungsbehörden **GVG 1** 17
– richterliche Neutralität **GVG 1** 17

Intendierter Ausschluss der Öffentlichkeit GVG 171b 11

Internationale Rechtshilfe im Verfahren nach dem StrEG StrEG Einl. 87

Internationale Strafgerichte
– Ad-Hoc-Gerichte **GVG 12** 26
– Anwendung materiellen Völkerstrafrechts **GVG 12** 29
– Internationaler Strafgerichtshof **GVG 12** 28
– internationalisierte oder hybride Strafgerichte **GVG 12** 27
– Nürnberger Prozesse **GVG 12** 25
– strenges Subsidiaritätsprinzip **GVG 12** 25
– UN-Charta **GVG 12** 26
– UN-Resolution **GVG 12** 26
– UN-Tribunal **GVG 12** 28
– Verhältnis internationaler Strafgerichte zu nationalen Strafgerichten **GVG 12** 30
– Völkerrecht **GVG 12** 25
– völkerstrafrechtliche Kernverbrechen **GVG 12** 25
– Zuständigkeit **GVG 12** 26

Internationaler Rechtshilfeverkehr GVG 156 10

Internes Weisungsrecht
– Ausgestaltung und Ausübung des Weisungsrechts **GVG 146** 31

– Einheitlichkeit der Wahrnehmung staatsanwaltschaftlicher Aufgaben **GVG 146** 31
– Zersplitterung der staatsanwaltschaftlichen Rechtsanwendung **GVG 146** 31

Jugendgericht JGG 33–33b 1 ff.
Jugendgerichtshilfe
– Akteneinsicht **JGG 38** 17
– Anwendungsbereich **JGG 38** 1 f.
– Anwesenheitsrecht **JGG 38** 13
– Aufgaben **JGG 38** 5 ff.
– Äußerungsrecht **JGG 38** 13
– Bericht **JGG 38** 15
– Beweisantragsrecht **JGG 38** 17
– Doppelfunktion **JGG 38** 5
– Ermittlungshilfe **JGG 38** 12
– Fragerecht **JGG 38** 17
– freie Jugendhilfe **JGG 38** 3
– Gerichtsgeher **JGG 38** 14
– Mitwirkungsrecht **JGG 38** 11, 13
– örtliche Zuständigkeit **JGG 38** 4
– Persönlichkeitserforschung **JGG 38** 6
– Prozessorgan eigener Art **JGG 38** 10
– Rechtsmittel **JGG 38** 19
– Sanktionsvorschlag **JGG 38** 7
– sozialpädagogische Betreuung des Beschuldigten **JGG 38** 9
– Stellung im Verfahren **JGG 38** 10
– Träger **JGG 38** 3
– Überwachungsorgan **JGG 38** 8
– vereinfachtes Verfahren **JGG 38** 2
– weitere Rechte **JGG 38** 16
– Zeugnisverweigerungsrecht **JGG 38** 18

Jugendgerichtshilfe in Haftsachen
– frühzeitige Unterrichtung **JGG 72a** 2
– Unterrichtungspflicht **JGG 72a** 2
– Zweck der Vorschrift **JGG 72a** 1

Jugendrecht StrEG 6 42
Jugendschöffen
– Deutsche **JGG 35** 3
– erzieherische Befähigung und Erfahrung **JGG 35** 4
– Fragerecht **JGG 35** 2
– lex specialis **JGG 35** 1
– Rechtsmittel **JGG 35** 6
– Schöffenwahlausschuss **JGG 35** 5
– Unabhängigkeit **JGG 35** 2
– Unfähigkeits- und Ungeeignetheitsvorschriften **JGG 35** 3
– volles Stimmrecht **JGG 35** 2
– Wahl der Schöffen **JGG 35** 5

Jugendstaatsanwalt
– Amtsanwälte **JGG 36** 7

magere Zahlen = Randnummern

Sachverzeichnis

– Anwendungsbereich **JGG 36** 1
– Aufgabenbereich **JGG 36** 3
– besondere erzieherische Befähigung **JGG 36** 4
– erziehungsgerechte Umsetzung des Legalitätsprinzips **JGG 36** 3
– Gesetz zur Stärkung der Rechte von Opfern sexuellen Missbrauchs **JGG 36** 6
– Jugendpolizei **JGG 36** 5
– Opportunitätsprinzip **JGG 36** 3
– Rechtsmittel **JGG 36** 8
– Rechtsreferendare **JGG 36** 7
– Zuständigkeit **JGG 36** 2

Justizbehörde
– Amtshandlung in Wahrnehmung einer Aufgabe **EGGVG 23** 17
– funktionaler Begriff **EGGVG 23** 15
– funktionelle Zuständigkeitsbestimmung **EGGVG 23** 17
– organisatorisch nicht der Justizangehörige Behörden **EGGVG 23** 16
– Rechtsweggarantie **EGGVG 23** 15

Justizbehörden (Verfahren)
– Abänderung und Rücknahme der Entscheidung **StrEG 10** 28
– Aufrechnungsmöglichkeiten **StrEG 10** 23
– Auslegung und Korrektur unklarer Grundentscheidungen **StrEG 10** 20
– Bericht der Prüfungsstelle **StrEG 10** 25
– Bindung an die Grundentscheidung **StrEG 10** 19, 21
– Entscheidung über den Entschädigungsanspruch **StrEG 10** 26
– Erstattung von Auslagen **StrEG 10** 17
– formelle Bindungswirkung **StrEG 10** 19
– Höhe des Anspruchs **StrEG 10** 21
– materielle Bindungswirkung **StrEG 10** 19
– Nachholung unterbliebener Grundentscheidungen **StEG 8** 29; **StrEG 10** 20
– Prüfung des Entschädigungsanspruchs **StrEG 10** 22
– Prüfungsstelle **StrEG 10** 17 f.
– Staatsanwaltschaft **StrEG 10** 17
– Unterhaltsberechtigte **StrEG 10** 24
– Vergleich **StrEG 10** 27

Justizförmige Verfahren
– Begründung der Geheimhaltungspflicht **ZSHG 10** 1
– Durchsetzung der Geheimhaltungspflicht **ZSHG 10** 1
– faires Verfahren **ZSHG 10** 1

– Sicherung der Schutzbelange **ZSHG 10** 1

Justizverwaltungsakte
– Absehen von der Vollstreckung **EGGVG 23** 42
– Akte der Rechtsprechung **EGGVG 23** 23
– Akteneinsichtsrecht **EGGVG 23** 51
– Aktenvernichtung **EGGVG 23** 42a
– Allgemeine Verwaltungsanordnungen **EGGVG 23** 26
– Anordnungen und Verfügungen **EGGVG 23** 21
– Auslieferung **EGGVG 23** 52
– Aussagegenehmigungen **EGGVG 23** 53
– befangener Staatsanwalt **EGGVG 23** 54
– Beschränkung auf Verwaltungsakte **EGGVG 23** 22
– Bundeszentralregister **EGGVG 23** 43
– Datenlöschung **EGGVG 23** 44
– Dienstaufsicht **EGGVG 23** 55
– Doppelsportlichkeit **EGGVG 23** 22
– Durchsuchungsanordnung **EGGVG 23** 56
– Ehenichtigkeitsklage **EGGVG 23** 45
– erkennungsdienstliche Maßnahmen **EGGVG 23** 57
– Ermittlungsmaßnahmen **EGGVG 23** 57a
– Ermittlungsverfahren **EGGVG 23** 58
– Geeignetheit der getroffenen Maßnahme **EGGVG 23** 25
– Geschäftsverteilungsplan **EGGVG 23** 59
– Gnadenrecht **EGGVG 23** 60
– internationale Rechtshilfe **EGGVG 23** 61
– interne Behördenvorgänge **EGGVG 23** 25
– lückenloser, umfassender Rechtsschutz **EGGVG 23** 22
– Maßnahme als Oberbegriff **EGGVG 23** 21
– Mitteilungen über Strafverfahren **EGGVG 23** 46
– öffentliches Interesse an der Strafverfolgung **EGGVG 23** 62
– Polizei **EGGVG 23** 63
– Presseerklärungen der Staatsanwaltschaft **EGGVG 23** 64
– Prozesshandlungen **EGGVG 23** 65
– Realakt **EGGVG 23** 23
– Rechtsverletzung **EGGVG 23** 27

1953

Sachverzeichnis   fette Zahlen = §§

- Regelung eines Einzelfalls **EGGVG 23** 26
- schlicht hoheitliches Handeln **EGGVG 23** 23
- Schöffenwahl **EGGVG 23** 66
- Sperrerklärungen für V-Leute **EGGVG 23** 47
- Strafverfolgungs- bzw. Ermittlungsmaßnahmen der Polizei **EGGVG 23** 67
- Überprüfung der Rechtmäßigkeit **EGGVG 23** 20
- unmittelbare Rechtswirkungen nach außen **EGGVG 23** 25
- unmittelbarer Eingriff in Rechte **EGGVG 23** 26
- Unterlassen des Erlasses eines Justizverwaltungsaktes **EGGVG 23** 20
- Untersuchungshaft **EGGVG 23** 48
- Verwaltungsakte **EGGVG 23** 20 ff.
- Willkürentscheidungen **EGGVG 23** 49
- zentrale Namenskartei der Staatsanwaltschaft **EGGVG 23** 50
- Zurückstellung von der Strafvollstreckung **EGGVG 23** 50a

Kammerprinzip
- allgemeine Strafkammer **GVG 60** 3
- Auffangstrafkammer **GVG 60** 7
- auswärtige Strafkammer **GVG 60** 4, 8
- Jugendkammer **GVG 60** 4
- Kammer für Bußgeldsachen in Ordnungswidrigkeitenverfahren **GVG 60** 4
- Konzentrationsermächtigung **GVG 60** 4
- Richtigkeitsgewähr **GVG 60** 1
- Schwurgericht **GVG 60** 4
- Staatsschutzkammer **GVG 60** 4
- Straf- und Zivilkammer **GVG 60** 2
- Strafkammer mit gesetzlichen Zuständigkeiten **GVG 60** 4
- Strafvollstreckungskammer **GVG 60** 4
- verschiedene Funktionen der Strafkammern **GVG 60** 3
- Wirtschaftsstrafkammer **GVG 60** 4

Kasuistik (fair-trial)
- Aktenübersendung **EMRK 6** 382
- Aktenverlust **EMRK 6** 382
- Anfrageverfahren **EMRK 6** 388
- Anklage im Einzelfall **EMRK 6** 379
- Bedeutung des Verfahrens **EMRK 6** 394
- Begründungslast **EMRK 6** 377
- Dauer des Verfahrens als Ganzes **EMRK 6** 382
- Freistellung **EMRK 6** 380

- Haft **EMRK 6** 388, 395
- Justizorganisation **EMRK 6** 381
- Komplexität des Falles in rechtlicher und/oder tatsächlicher Hinsicht **EMRK 6** 378
- Lücken in der Verfahrensdurchführung **EMRK 6** 381
- nationale Ressourcen **EMRK 6** 385
- prozessverlängernde Rechtsmittel **EMRK 6** 386
- Recht auf Freiheit und Sicherheit **EMRK 6** 395
- Schwere der Schuld **EMRK 6** 397
- Terminierung der Hauptverhandlung **EMRK 6** 384
- überobligatorische Anstrengungen der Justiz **EMRK 6** 401
- Unterbesetzung **EMRK 6** 385
- Unverhältnismäßigkeit **EMRK 6** 392
- Urteilsaufhebung **EMRK 6** 386
- Verfahrensabtrennung **EMRK 6** 379
- Verfahrensförderung **EMRK 6** 383
- Verteidigungsverhalten **EMRK 6** 389 ff.
- Vorlageverfahren **EMRK 6** 388

Katalogstraftaten
- Abwehr besonders schwerer Gefahren **G 10 3** 7a
- allgemeine Verweisung **G 10 3** 7a
- Cyberbedrohungen **G 10 3** 7a
- Individualüberwachung **G 10 3** 7c
- Straftatbestände **G 10 3** 7 ff.
- Straftaten mit extremistischer Zielsetzung **G 10 3** 7c
- Täterkreis **G 10 3** 7b

Katalogtaten
- Ausübung des Evokationsrechts **GVG 120** 28 f.
- besondere Bedeutung des Falles **GVG 120** 23
- Bindungswirkung **GVG 120** 27
- Evokationsrecht **GVG 120** 21
- Gefährdungs- und Störungspotenzial **GVG 120** 26
- gesetzlicher Richter **GVG 120** 25
- Kompetenzbestimmungsrecht **GVG 120** 17
- Kompetenzverteilung **GVG 120** 22
- konkrete Tat- und/oder Schuldschwere **GVG 120** 24
- Konkretisierung durch Bezugnahme auf das StGB **GVG 120** 16
- Konkretisierung durch Bezugnahme auf GVG und StGB **GVG 120** 19

magere Zahlen = Randnummern

- konstitutive Wirkung **GVG 120** 29
- örtlich zuständige Staatsanwaltschaft **GVG 120** 21
- Schädigung des Ansehens Deutschlands in der Staatengemeinschaft **GVG 120** 24
- spezieller Ermittlungsaufwand **GVG 120** 24
- staatsgefährdendes Delikt von erheblichem Gewicht **GVG 120** 23
- Straftatbestände **GVG 120** 16, 19
- unbestimmter Rechtsbegriff **GVG 120** 23
- Verfahrenseröffnung **GVG 120** 18, 27
- verfassungsrechtlich gebotene Kompetenzverteilung **GVG 120** 29
- Verfolgung **GVG 120** 17, 20
- Verfolgung mit besonderer Sachkunde **GVG 120** 24
- Verfolgungskompetenz des Generalbundesanwalts **GVG 120** 17, 20, 22, 26
- Vorbehalt **GVG 120** 22
- Zuständigkeitsbegründung durch Vorlage **GVG 120** 28

Keine Strafe ohne Gesetz
- Annäherung an Schuldgrundsatz **EMRK 7** 26
- Auslieferungsrecht **EMRK 7** 28
- belastende Rechtsprechungsänderungen **EMRK 7** 21
- Bestimmtheit der Strafbarkeit und der Strafe **EMRK 7** 19
- Europäischer Haftbefehl **EMRK 7** 28
- Freiheitsrechte **EMRK 7** 1
- Gesetzlichkeitsprinzip **EMRK 7** 1
- Günstigkeitsprinzip **EMRK 7** 2
- hinreichende Vorhersehbarkeit **EMRK 7** 19 f.
- Konkretisierung des Bedeutungsgehalts **EMRK 7** 20
- materielles Strafrecht **EMRK 7** 2
- Mauerschützenfälle **EMRK 7** 22
- Meistbegünstigungsgrundsatz **EMRK 7** 24 f.
- nationales Gesetzlichkeitsprinzip **EMRK 7** 18
- Rückwirkungsverbot **EMRK 7** 22
- Schutz gegen willkürliche Verfolgung **EMRK 7** 27
- substanzielles Schuldprinzip **EMRK 7** 26
- Verbot der extensiven Auslegung **EMRK 7** 21
- Verbot von Gewohnheitsrecht **EMRK 7** 23

- Vermutungen und Beweislastverlagerungen **EMRK 7** 26

Kennzeichnungspflicht
- Individualkontrolle **G 10 4** 18
- Postkontrolle **G 10 4** 18

Klagebefugnis StrEG 13 6

Klagefrist
- Ausschlussfrist **GVG 198** 81
- Ausschlussfrist **StrEG 13** 2
- Aussetzung des Entschädigungsverfahrens **GVG 198** 80
- Belehrung **GVG 198** 81
- Entschädigungsklage **GVG 198** 78
- Entschädigungsklage parallel zum verzögerten Ausgangsverfahren **GVG 198** 79
- Erhebung der Klage **StrEG 13** 3
- Gerichtskostenvorschuss **StrEG 13** 3
- Gesamtverfahrensdauer **GVG 198** 79
- Nichteinhaltung **GVG 198** 81
- Prozesskostenhilfeantrag **StrEG 13** 4
- sechs Monate nach Erhebung der Verzögerungsrüge **GVG 198** 78
- sechs Monate nach rechtskräftigem Verfahrensabschluss **GVG 198** 81
- Wiedereinsetzung **StrEG 13** 2
- Zustellung **StrEG 13** 3

Klagegegner StrEG 13 7

Klageschrift
- Anforderungen der ZPO **StrEG 13** 8
- Schlüssigkeit des Klagevortrags **StrEG 13** 8

Kommunikationsbeziehungen
- außer Kraft treten **G 10 8** 10
- Verschärfung der Anordnungsvoraussetzungen **G 10 8** 9
- zuständiges Bundesministerium des Innern **G 10 8** 9
- Zustimmung des Parlamentarischen Kontrollgremiums **G 10 8** 9

Kommunikationsform
- Ausschluss der Übergabe von Schriftstück und anderen Gegenständen **EGGVG 34a** 17
- mündlicher Verkehr **EGGVG 34a** 17
- Trennscheibe **EGGVG 34a** 17

Kompensation
- angemessene Abhilfe **EMRK 6** 402
- finanzieller Entschädigungsanspruch **GVG 198** 11
- Individualrechte **EMRK 6** 404
- Kompensationsentscheidung **GVG 198** 11
- öffentliches Interesse **EMRK 6** 405

1955

Sachverzeichnis

fette Zahlen = §§

- Rechtfertigung **EMRK 6** 405
- Rechtsschutz bei überlangen Strafverfahren **GVG 198** 11
- richterrechtliche Kompensationsmechanismen **GVG 198** 10
- Verfahrenshindernis **EMRK 6** 402
- Verfahrensrechte **EMRK 6** 403
- Vollstreckungslösung **GVG 198** 10
- Vorrang vor finanziellen Entschädigungsansprüchen **GVG 198** 10

Kompensation nach dem Vollstreckungsmodell
- Art, Ausmaß und Ursachen der rechtsstaatswidrigen Verfahrensverzögerung **GVG 199** 11
- ausdrückliche Feststellung **GVG 199** 11
- Beschränkung auf geringen Bruchteil der verhängten Strafe **GVG 199** 11
- für bereits vollstreckt zu erklären **GVG 199** 11
- Genugtuungswirkung **GVG 199** 11
- Länge der Verfahrensdauer **GVG 199** 11
- Strafzumessung **GVG 199** 11
- Umstand der Rechtswidrigkeit der Verzögerung **GVG 199** 11
- Vollstreckungslösung **GVG 199** 11
- Zeitablauf zwischen Tat und Verurteilung **GVG 199** 11

Kompensation, rechtsfehlerhaft unterbliebene
- dulde und liquidiere **GVG 199** 13
- rechtliche gebotene Kompensation **GVG 199** 13
- rechtswidriges Unterlassen **GVG 199** 13
- tatsächliche Vornahme **GVG 199** 13
- Verzögerungsrüge **GVG 199** 13

Kompetenzkonflikte
- gesetzliche Zuweisung **GVG 21e** 43
- negative Zuständigkeitsstreitigkeiten **GVG 21e** 42
- Revision **GVG 21e** 42
- selbständige Entscheidung des Spruchkörpers über Zuständigkeit **GVG 21e** 41

Konfrontationsrecht
- absolute Grenze **EMRK 6** 265
- angemessene und geeignete Gelegenheit **EMRK 6** 243
- Anwesenheitsrecht **EMRK 6** 248
- Aussagen von Mitbeschuldigten **EMRK 6** 240
- Belastungszeugen **EMRK 6** 238
- Beruhen **EMRK 6** 267
- Beweisverwertungsverbot **EMRK 6** 262 ff.
- Beweiswert **EMRK 6** 266
- counterbalancing **EMRK 6** 260
- Einzelfallbewertung **EMRK 6** 268
- Ermittlungsverfahren **EMRK 6** 244
- Examinierung **EMRK 6** 242
- familiärer Zeugniszwang **EMRK 6** 257
- Fragerecht **EMRK 6** 238
- Gefährdung von Zeugen **EMRK 6** 256
- Gründe im Einzelnen **EMRK 6** 261
- Grundsatz einer lediglich einmal gewährleisteten Befragung **EMRK 6** 246
- Hauptverhandlung **EMRK 6** 243
- Informationen **EMRK 6** 245
- Konfrontation **EMRK 6** 247
- Kreuzverhör **EMRK 6** 247, 249
- legitime Einschränkungsgründe **EMRK 6** 254
- most searching scrutiny **EMRK 6** 268
- neue Vorwürfe **EMRK 6** 246
- Offenlegungsanspruch **EMRK 6** 245
- polizeiliche, operative Gründe **EMRK 6** 258
- Rechtsfolge **EMRK 6** 262
- Regel gegen ausschließliche oder wesentliche Abstützung auf Aussagen **EMRK 6** 270
- Sachverständige **EMRK 6** 241
- Schweigerecht **EMRK 6** 257
- strikte Erforderlichkeit **EMRK 6** 260
- tatsächliche Unmöglichkeit der Konfrontation **EMRK 6** 259, 265
- Test der belastenden Aussage **EMRK 6** 242
- Verlässlichkeit der Aussage **EMRK 6** 268
- Verteidiger **EMRK 6** 250 f.
- vorsichtige Beweiswürdigung **EMRK 6** 267
- Wahrheitssuche **EMRK 6** 264
- wiederholte Konfrontation **EMRK 6** 246
- Zeuge vom Hörensagen **EMRK 6** 241
- Zeugenbegriff **EMRK 6** 239
- Zeugenschutz **EMRK 6** 255

Konstituierende Teilrechte
- additive Verletzung des integral verstandenen Gesamtrechts **EMRK 6** 19
- Auffangfunktion **EMRK 6** 20
- Ausprägung greifbarer Rechtsmaßstäbe **EMRK 6** 20
- benannte Teilrechte **EMRK 6** 16 f.
- Einzelgarantien **EMRK 6** 16

magere Zahlen = Randnummern

Sachverzeichnis

- Kumulationseffekt **EMRK 6** 19
- Recht auf faires Verfahren **EMRK 6** 15 f.
- unbenannte Teilrechte **EMRK 6** 16 f.
- Verletzung **EMRK 6** 17 ff.
- Verletzung des Gesamtrechts **EMRK 6** 18, 20
- wertende Gesamtschau **EMRK 6** 21

Kontaktsperre
- Anfechtung von Einzelmaßnahmen **EGGVG 31** 20
- Anhörung **EGGVG 37** 14
- Antragsaufnahme **EGGVG 37** 11 ff.
- Antragsberechtigung **EGGVG 37** 9
- Antragserfordernis **EGGVG 37** 8
- auf Tatsachen beruhender Verdacht **EGGVG 31** 4
- ausländische Vereinigungen **EGGVG 31** 3
- Beendigung der Maßnahmen **EGGVG 37** 10
- Befangenheitsgrund **EGGVG 37** 7
- Begriff des Ausgehens **EGGVG 31** 4
- Belehrung **EGGVG 37** 13
- betroffener Personenkreis **EGGVG 31** 6
- Dauergefahr **EGGVG 31** 2
- der Feststellung umfasster Personenkreis **EGGVG 37** 16
- Divergenzvorlage **EGGVG 37** 19
- divergierende Entscheidungen **EGGVG 37** 6
- effektiver Rechtsschutz **EGGVG 37** 1
- Einzelhaft **EGGVG 31** 16
- Entscheidung ohne mündliche Verhandlung durch Beschluss **EGGVG 37** 20
- entsprechende Anwendung **EGGVG 31** 12
- Erforderlichkeit **EGGVG 37** 17
- Ermessensentscheidung **EGGVG 31** 15
- Förmlichkeiten **EGGVG 31** 18
- geeignet und erforderlich **EGGVG 31** 5
- Gefahrbegriff **EGGVG 31** 2
- gegenwärtige Gefahr für Leben, Leib oder Freiheit **EGGVG 31** 2
- Gegenwärtigkeit **EGGVG 31** 2
- keine Außenwirkung **EGGVG 37** 1
- Kontakt der Gefangenen untereinander **EGGVG 31** 16
- Kontakt zur Außenwelt **EGGVG 31** 17
- Kontaktperson **EGGVG 37** 12
- Kosten **EGGVG 37** 20
- mildere Maßnahmen **EGGVG 31** 5
- namentliche Aufführung der Gefangenen **EGGVG 31** 14
- Petitionsrecht **EGGVG 31** 21
- Rechtmäßigkeit einzelner Maßnahmen **EGGVG 37** 1
- Rechtsschutz **EGGVG 31** 20
- schriftliche oder mündliche Begründung **EGGVG 31** 18
- Strafgefangene **EGGVG 31** 7 ff.
- Strafsenat des OLG **EGGVG 37** 3
- terroristische Vereinigung **EGGVG 31** 3
- Unterbrechungsmaßnahmen **EGGVG 31** 18
- Untersuchungsgefangene **EGGVG 31** 11
- veränderte tatsächliche Umstände **EGGVG 37** 18
- Verfahrensvorschriften **EGGVG 37** 14
- Verhältnismäßigkeit **EGGVG 31** 13
- Verletzung eigener Rechte **EGGVG 37** 9
- Wortlaut Mitteilung **EGGVG 31** 19
- zur Abwehr geboten **EGGVG 31** 5
- zuständiges Gericht **EGGVG 37** 3 ff.

Kontaktstellen
- Bundesamt für Justiz **EGGVG 16a** 2
- Direktionsrecht des Bundes **EGGVG 16a** 2
- eigene Sacharbeit **EGGVG 16a** 3
- Koordinierung zwischen den Kontaktstellen **EGGVG 16a** 2
- Raum der Freiheit, der Sicherheit und des Rechts **EGGVG 16a** 1
- Zuständigkeit des Generalbundesanwalts beim Bundesgerichtshof **EGGVG 16a** 2

Kontrollbefugnisse einzelner Kommissionsmitglieder G 10 15 10

Kontrolle durch das parlamentarische Kontrollgremium und der G 10-Kommision G 10 1 32

Kontrollmitteilungen
- Außenprüfung **AO 30a** 9
- Auswertung hinsichtlich Dritter getroffener Feststellungen **AO 30a** 9
- digitaler Datenzugriff **AO 30a** 12
- Fahndungsprüfung **AO 30a** 13
- hinreichender Anlass **AO 30a** 10
- legitimationsgeprüfte Konten **AO 30a** 10
- nicht legitimationsgeprüfte Konten **AO 30a** 11
- sachlicher Zusammenhang **AO 30a** 9
- steuerstrafrechtlichen Anfangsverdacht **AO 30a** 13

Sachverzeichnis fette Zahlen = §§

Konventionsinterne Einschränkungen
- Bestimmung nach konkreter Norm **EMRK 1** 31
- Diskriminierungsverbot **EMRK 1** 31
- Gesetzesvorbehalte **EMRK 1** 31
- gesetzliche Basis **EMRK 1** 31
- Grundrechte Charta **EMRK 1** 31
- Grundsatz der Verhältnismäßigkeit **EMRK 1** 31
- Kohärenzklausel **EMRK 1** 31
- Schrankenregime der EMRK **EMRK 1** 31

Kosten
- Angehörige der steuerberatenden Berufe als Verteidiger in Steuerstrafverfahren **AO 408** 3
- Bußgeldverfahren wegen Steuerordnungswidrigkeiten **AO 408** 2
- Gebühren und Auslagen eines Rechtsanwalts **AO 408** 3
- Gebühren und Auslagen von Wirtschaftsprüfern **AO 408** 6
- gesetzliche Gebühren und Auslagen **AO 408** 5
- Hochschullehrer als Verteidiger **AO 408** 7
- notwendige Auslagen **AO 408** 3
- Steuerstrafverfahren **AO 408** 2
- Waffengleichheit **AO 408** 4
- zusätzlich zum Rechtsanwalt als Verteidiger bestellter Steuerberater **AO 408** 4
- außergerichtliche Kosten **EGGVG 30** 2
- Entscheidung von Amts wegen nach billigem Ermessen **EGGVG 30** 2
- Erstattung der Kosten eines Dritten **EGGVG 30** 3
- Gerichtsgebühren **EGGVG 30** 1
- offensichtlich fehlerhaftes oder willkürliches Verhalten der Justizbehörde **EGGVG 30** 3
- Tod des Antragstellers **EGGVG 30** 2
- unanfechtbare Entscheidung **EGGVG 30** 4

Kosten (Dolmetscher)
- allgemeine Gerichtskosten **GVG 187** 76
- allgemeine Verfahrenskosten **GVG 185** 73
- Auslagen **GVG 185** 74
- Auslagen des Vertrauensdolmetschers **GVG 186** 18
- ausländische Zeugen **GVG 185** 73
- Erforderlichkeit der Hinzuziehung **GVG 187** 76

- Ermittlungsverfahren **GVG 185** 74
- Hinzuziehung eines Dolmetschers **GVG 186** 18
- Hinzuziehung zu Ermittlungszwecken **GVG 187** 76
- Nebenkläger **GVG 187** 76
- schuldhafte Säumnis **GVG 185** 73
- schuldhafte Verursachung von Dolmetscher- und Übersetzungskosten **GVG 185** 73
- Staatskasse **GVG 187** 76
- Überlassung von Hilfsmitteln **GVG 186** 18
- unbedingter Anspruch auf Erstattung **GVG 185** 73
- unentgeltliche Hinzuziehung eines Dolmetschers **GVG 187** 77
- Verfahrenskosten **GVG 186** 18

Kosten der Auskunftserteilung EGGVG 21 22

Kosten und Auslagen
- Anwendungsbereich **JGG 74** 1
- Ermessen **JGG 74** 3
- erzieherische Erwägungen **JGG 74** 3
- Freistellung **JGG 74** 3
- Kostenentscheidung im Urteil **JGG 74** 6
- Nachverfahren **JGG 74** 6
- Nebenklage **JGG 74** 1
- notwendige Auslagen **JGG 74** 4 f.
- Privatklage **JGG 74** 1
- Rechtsmittel **JGG 74** 7 f.
- Reichweite **JGG 74** 4
- Verschlechterungsverbot **JGG 74** 8
- Widerklage **JGG 74** 1
- Zweck der Norm **JGG 74** 2

Kostenersatz
- Erstattung von Gebühren oder anderen öffentlichen Angaben für Schriftstücke **GVG 164** 1
- Erstattung von Kosten und Auslagen **GVG 164** 1
- Generalbundesanwalt als Vollstreckungsbehörde **GVG 164** 1
- Rechtshilfe **GVG 164** 1
- Vertrag bezüglich der Kostenübernahme **GVG 164** 1
- Vertragsformverbot **GVG 164** 1

Kostenrecht
- Einigungsvertrag **EGStGB 319** 1
- Rechtskrafteintritt **EGStGB 317** 2

Ladungen
- freiheitsentziehende Anordnung **GVG 187** 32

magere Zahlen = Randnummern

Sachverzeichnis

– Übersetzung **GVG 187** 32
– Wiedereinsetzung in den vorherigen Stand **GVG 187** 32
– Zwangsmaßnahmen **GVG 187** 32
Landesgerichte EGGVG 4 1
Landesgesetzliche
– Finanzbehörden **EGStPO 6** 4
Landgerichte
– allgemeine Dienstaufsicht **GVG 59** 4
– bundesrechtlich vorgesehene Gerichte **GVG 59** 2
– Doppelfunktion **GVG 59** 4
– Doppelrichter **GVG 59** 7
– fehlerhafte Besetzung des Gerichts **GVG 59** 3
– Heranziehung zu besonderen Aufgaben **GVG 59** 8
– Landesrecht **GVG 59** 4
– personelle Besetzung **GVG 59** 1
– Planstelleninhaber **GVG 59** 7
– Präsident **GVG 59** 3 ff.
– Richter auf Lebenszeit **GVG 59** 6
– Richter auf Probe **GVG 59** 6
– Richter kraft Auftrags **GVG 59** 6
– Übertragung weiterer Ämter **GVG 59** 1
– vakante Stelle **GVG 59** 3, 5
– Vertretung **GVG 59** 5
– Vorsitz in mehreren Spruchkörpern **GVG 59** 5
– vorsitzender Richter **GVG 59** 5
– Zuständigkeit **GVG 59** 8
Leben
– absolutes Recht **EMRK 2** 1
– außerhalb des Staatsgebiets **EMRK 2** 1
– Diskriminierungsverbot **EMRK 2** 9
– Durchsetzungsbefugnis von Angehörigen **EMRK 2** 9
– erhebliche Gewaltanwendung **EMRK 2** 10
– fundamentales Recht der Konvention **EMRK 2** 1
– Impfungen **EMRK 2** 11
– jeder Mensch **EMRK 2** 9
– klassisches Abwehrrecht **EMRK 2** 1, 8
– körperliche Unversehrtheit **EMRK 2** 10
– Militär **EMRK 2** 10
– Minderung der Gefahren für das Leben **EMRK 2** 11
– Polizeiaktionen **EMRK 2** 10 f.
– selbstbestimmte Entscheidung über den Tod **EMRK 2** 12
– staatlicher Tötungsversuch **EMRK 2** 10

– Sterbehilfe **EMRK 2** 12
– Verhältnismäßigkeitsprüfung **EMRK 2** 1
Legitimes Ziel EMRK 8 24
Live-Berichterstattung aus dem Gerichtssaal GVG 169 50
Live-Berichterstattung durch Multimediadienste
– missbräuchliche Einwirkung auf die Wahrheitsfindung **GVG 176** 26
– Presse **GVG 176** 26
– private Besucher **GVG 176** 26
– Vorabinformation von noch nicht vernommenen Zeugen **GVG 176** 26
Löschungsverpflichtung G 10 8 13
– Absehen von der Löschung **G 10 4** 8
– Berechnung der 6-Monats-Frist **G 10 4** 13
– fortlaufende Kontrolle **G 10 4** 12
– Fristbeginn **G 10 4** 14
– G 10-Beauftragter **G 10 4** 15
– Inhalt des Löschungsvermerks **G 10 4** 16
– Löschungsfristen **G 10 4** 12
– Löschungsumfang **G 10 4** 10
– Löschungsvermerk **G 10 4** 16
– Unmöglichkeit der Löschung **G 10 4** 11
– unverzüglich **G 10 4** 9
– Verwendung und Löschungsregelung bezüglich der Protokolldaten **G 10 4** 17
– Zuständigkeit **G 10 4** 15

Maßgeblicher Zeitpunkt der Sach- und Rechtslage
– Anfechtungsklage **EGGVG 28** 3
– Justizverwaltungsakte mit Dauerwirkung **EGGVG 28** 3
– Nachschieben von Gründen **EGGVG 28** 4
– Verpflichtungsklage **EGGVG 28** 3
– Zeitpunkt des Erlasses des Justizverwaltungsaktes **EGGVG 28** 3
Maßnahmen der Dienstaufsicht
– dienstliche Beurteilung **GVG 1** 57
– Ermahnung **GVG 1** 56
– gegen einen bestimmten Richter oder eine bestimmte Gruppe von Richtern **GVG 1** 54
– Grenze der Dienstaufsicht **GVG 1** 54
– jedes Verhalten des Richters **GVG 1** 52
– mittelbare Einflussnahme **GVG 1** 53
– unmittelbare Eingriffe **GVG 1** 53
– Vorhalt **GVG 1** 55
Maßnahmen der Landesbehörden
– anhängige Verfahren **EGGVG 33** 5

Sachverzeichnis

fette Zahlen = §§

- Durchführung bzw. Herbeiführung der Kontaktsperre **EGGVG 33** 12
- gerichtliche Absender **EGGVG 33** 4
- Information der Absender **EGGVG 33** 4
- Nachholung der Begründung **EGGVG 33** 3
- Rechtsschutz **EGGVG 33** 6
- schriftliche oder mündliche Begründung der Unterbrechungshandlungen **EGGVG 33** 3
- Unterbrechung der Verbindungen **EGGVG 33** 2
- Verteidiger des Betroffenen **EGGVG 33** 3

Maßnahmen der Rechtshilfe GVG 160 1

Maßnahmen zur Aufrechterhaltung der Ordnung
- Aufgabenzuweisung an Vorsitzenden **GVG 177** 1
- Erziehungsberechtigte und gesetzliche Vertreter **GVG 177** 2
- Grundanordnung **GVG 177** 3
- Opportunitätsprinzip **GVG 177** 12
- persönlicher Anwendungsbereich **GVG 177** 2
- Rechtsfolgen **GVG 177** 12 ff.
- Sitzung **GVG 177** 2
- Ungehorsam *siehe dort*
- zwangsweise Durchsetzung **GVG 177** 1

Maßregel der Besserung und Sicherung StrEG 1 41 ff.

Materielles nationales Recht
- Besonderheiten im erweiterten Anwendungsbereich **EMRK 6** 48
- Bestimmtheit **EMRK 6** 49
- Disziplinarverfehlungen **EMRK 6** 47
- Geringfügigkeit des Tatvorwurfs **EMRK 6** 48
- Kartellsanktionen **EMRK 6** 47
- Ordnungswidrigkeiten **EMRK 6** 47
- Strafrecht im weiteren Sinne **EMRK 6** 47
- unentgeltliche Hinzuziehung eines Dolmetschers **EMRK 6** 48
- watering down-effencts **EMRK 6** 49

Medien
- Argument als intellektuelles Konstrukt **GVG 169** 25
- faires Verfahren **GVG 169** 24, 26
- Funktionstüchtigkeit der Rechtspflege **GVG 169** 26
- Gefährdung des Untersuchungszwecks **GVG 169** 24
- Interesse an näherer Information über Tat und Täter **GVG 169** 23
- Öffentlichkeitsmaxime **GVG 169** 23
- Persönlichkeitsrecht der Verfahrensbeteiligten **GVG 169** 26
- professionelle Medienarbeit von Staatsanwaltschaften und Medien **GVG 169** 24
- Selektivität **GVG 169** 26
- Strafrechtsjournalismus **GVG 169** 24
- Verfälschung **GVG 169** 26
- Verkündung „im Namen des Volkes" **GVG 169** 25
- Vermittlung von Inhalten durch Massenmedien **GVG 169** 23
- Vorgreifen des Ergebnisses der Hauptverhandlung **GVG 169** 24

Mehrdimensionalität (Dolmetschereinsatz)
- Amtsaufklärungspflicht **GVG 185** 14, 16
- Beweisanregung oder echte Beweisanträge **GVG 185** 15
- erster Übersetzungs- bzw. Übertragungsakt **GVG 185** 15
- Kompensation fehlender Sprachfertigkeiten **GVG 185** 14
- Recht auf Akteneinsicht **GVG 185** 16
- Simultandolmetschen **GVG 185** 15
- Teilhaberechte **GVG 185** 14
- TKÜ-Maßnahmen **GVG 185** 15
- unverfälschte Wahrheitsfindung **GVG 185** 14
- Verwertung von Urkundn in fremder Sprache **GVG 185** 14
- vollständige Übersetzung **GVG 185** 15

Mehrere Erziehungsberechtigte JGG 67 29

Mehrfache Zuständigkeit
- ersuchende Finanzbehörde **AO 390** 9
- Kommerzialisierung **AO 390** 12
- mehrfache örtliche Zuständigkeit **AO 390** 3
- mehrfache sachliche Zuständigkeit **AO 390** 3
- personelle und sachliche Ressourcen **AO 390** 12
- Prioritätsprinzip **AO 390** 1, 4
- Prüfung der Sachdienlichkeit der Übernahme von Amts wegen **AO 390** 11
- Rechtsbehelfe **AO 390** 14 f.
- Reihenfolge der Verfahrenseinleitung **AO 390** 4

magere Zahlen = Randnummern **Sachverzeichnis**

- Sachdienlichkeit **AO 390** 8
- Schwerpunkt der Tat **AO 390** 12
- Steuerordnungswidrigkeitensachen **AO 390** 3
- Übernahme **AO 390** 13
- Übernahmeersuchen **AO 390** 2, 7
- Verpflichtung zur Übernahme **AO 390** 7
- vorgesetzte Behörde **AO 390** 10
- Vorzug **AO 390** 6
- Zuständigkeitskonflikt **AO 390** 1
- Zweckmäßigkeitserwägungen **AO 390** 5

Mehrtägige Sitzung GVG 50 3 f.
Meineid GVG 189 17
Meldepflichten
- Anfangsverdacht **AO 31b** 13
- Beurteilungsspielraum **AO 31b** 13
- Bundeskriminalamt **AO 31b** 12
- doppelte Meldepflicht **AO 31b** 12
- Geldwäsche **AO 31b** 9
- Kenntniserlangung im Rahmen ihrer gesetzlichen Aufgaben und Befugnisse **AO 31b** 16
- ohne schuldhaftes Zögern **AO 31b** 11
- Terrorismusfinanzierung **AO 31b** 9 f.
- ungeklärte Geldzu- oder -abflüsse **AO 31b** 15
- unverzügliche Meldung **AO 31b** 9, 11
- verdächtige Transaktionen **AO 31b** 14
- zuständige Strafverfolgungsbehörde **AO 31b** 12

Menschenrechtsschutz
- Beurteilungsspielraumkonzept margin of appreciation **EMRK 1** 30
- durchsetzungskräftige Garantien **EMRK 1** 28
- Konvention als „living instrument" **EMRK 1** 29
- Maß legitimer Einschränkungen **EMRK 1** 30
- realer Rechtsvollzug **EMRK 1** 28
- unbenannte Rechte **EMRK 1** 29

Milderung StrEG 1 13 ff.
Militärgerichtsbarkeit
- Recht auf Austräge **EGGVG 7** 1
- Wehrstrafgerichte **EGGVG 7** 1

Mitteilung an Betroffene
- Aufgabenwahrnehmung über Einzelfall hinaus gefährdet **G 10 12** 7
- Ausnahmen von der Mitteilungspflicht **G 10 12** 5
- Beschränkungen zur Abwendung einer Gefahr **G 10 12** 2

- Entbehrlichkeit der Mitteilung **G 10 12** 11
- Frist **G 10 12** 9, 13
- Gefährdung des Zwecks der Beschränkung **G 10 12** 5 f.
- Grundrechtsbeschränkung **G 10 12** 1
- Individualkontrolle **G 10 12** 2
- Löschung personenbezogener Daten **G 10 12** 10
- Mitteilungspflichten **G 10 12** 1, 3
- Mitteilungszeitpunkt **G 10 12** 4
- Nachteile für das Wohl des Bundes oder eines Landes **G 10 12** 5, 7 f.
- Schutz von Informationsquellen **G 10 12** 7
- strategische Überwachung **G 10 12** 2
- unverzüglich nach Einstellung **G 10 12** 4
- Vernichtung erfasster Daten als irrelevant **G 10 12** 12
- Zuständigkeit **G 10 12** 14
- Zuständigkeit für Entscheidung über Zurückstellung **G 10 12** 8

Mitteilung an den Beschuldigten
- Aufforderung zur erzwingbaren Mitwirkung **AO 397** 26
- doppelte Belehrung **AO 397** 31
- Form **AO 397** 30
- Gegenstand des Steuerstrafverfahrens **AO 397** 27
- Selbstbelastungsfreiheit **AO 397** 28
- Sperrwirkung für die Selbstanzeige **AO 397** 29
- steuerverfahrensrechtliche und steuerstrafrechtliche Auswirkungen **AO 397** 29
- Unterbrechung der Verjährung **AO 397** 29
- Zusammenhang **AO 397** 28

Mitteilung an den Verpflichteten G 10 10 21 f.
Mitteilung von Akten
- Amtshilfe **GVG 168** 1
- Dienstaufsichtsbeschwerde **GVG 168** 1
- Spezialregelung **GVG 168** 1

Mitteilungen
- Familiengericht **JGG 70** 4
- Inhalt der Mitteilungspflichten **JGG 70** 2
- Justizverwaltungsakte **JGG 70** 1
- Koordination der Erziehungs- und Fürsorgemaßnahmen **JGG 70** 1
- Mitteilung an die Staatsanwaltschaft **JGG 70** 3
- Persönlicher Anwendungsbereich **JGG 70** 1

1961

Sachverzeichnis fette Zahlen = §§

- sachlicher Anwendungsbereich **JGG 70** 1
- Unterrichtung der Jugendgerichtshilfe **JGG 70** 2

Mitteilungen in Strafsachen gegen Mandatsträger
- Adressat **EGStPO 8** 9
- Auskunftsanspruch des Betroffenen **EGStPO 8** 9
- Ermessen **EGStPO 8** 7
- Mandatsträger **EGStPO 8** 4
- Mitteilungspflichtigkeit **EGStPO 8** 5
- Sicherstellung der Funktionsfähigkeit oder der Wahrung des Ansehens der jeweiligen Körperschaft **EGStPO 8** 6
- Strafsachen **EGStPO 8** 3
- Übermittlung von personenbezogenen Daten **EGStPO 8** 2
- Überprüfung der Rechtmäßigkeit **EGStPO 8** 10
- Verhängung von Kriminalstrafe **EGStPO 8** 3
- Zuständigkeit **EGStPO 8** 8
- Zweckbindung **EGStPO 8** 9

Mitteilungen über Konten AO 30a 8

Mitteilungspflichten
- Steuergeheimnis **AO 31a** 13
- unverhältnismäßiger Aufwand **AO 31a** 11
- unverzügliche Mitteilung **AO 31b** 17
- Verdachtsgrad **AO 31b** 18
- Verwertbarkeit der Mitteilung **AO 31a** 12
- Vollzug des Geldwäschegesetzes **AO 31b** 17
- Vorlage der Besteuerungsakte im Steuerstrafverfahren **AO 31a** 13
- zuständige Stelle **AO 31a** 14

Mitteilungsverbote
- Begriff der Telekommunikation **G 10 17** 5 f.
- Beschäftigte bei Postdienstleistern **G 10 17** 4
- Beschäftigte bei Telekommunikationsdienstleistern **G 10 17** 3
- Geheimhaltung hinsichtlich Auskunftsersuchen **G 10 17** 9
- Geheimhaltungspflicht **G 10 17** 1
- geschäftsmäßige Post- oder Telekommunikationsdienste **G 10 17** 9
- individueller Telekommunikationsvorgang **G 10 17** 6
- Tatsache der Überwachung **G 10 17** 7
- Überwachung der Post **G 10 17** 8
- Überwachung der Telekommunikation **G 10 17** 5

Mitverschulden
- Darlegungs- und Beweislast **StrEG 7** 99
- haftungsausfüllende Kausalität **StrEG 7** 98
- haftungsbegründende Kausalität **StrEG 7** 97
- Zumutbarkeit **StrEG 7** 99

Mitwirkende Richter und Schöffen
- Ergänzungsrichter **GVG 192** 1
- Ersatzrichter **GVG 192** 1
- Ersetzung des Berufsrichters **GVG 192** 1
- Kollegialgericht **GVG 192** 1

Mitwirkung der Schöffen
- Aktenkenntnis **GVG 30** 5 ff.
- Anklageschrift **GVG 30** 5
- Ausnahmen von der Mitwirkung **GVG 30** 4
- Beweisverwertungsverbot **GVG 30** 8
- Fragerechte **GVG 30** 3
- gleichwertige und gleichberechtigte Richter **GVG 30** 2
- Mitwirkungsrecht in gleichem Umfang wie die Berufsrichter **GVG 30** 3
- Mündlichkeitsprinzip **GVG 30** 5
- Teile der Akte **GVG 30** 5, 8
- Unmittelbarkeitsgrundsatz **GVG 30** 5

Mitwirkung der Schöffen (außerhalb Hauptverhandlung)
- Abgrenzung **GVG 30** 10
- abstrakt - generelle Vorausbestimmung **GVG 30** 11
- Besetzung außerhalb der Hauptverhandlung **GVG 30** 13
- Eilsachen **GVG 30** 13
- einheitliches Regime **GVG 30** 13
- Entscheidungen ohne mündliche Verhandlung **GVG 30** 12
- Haftsache **GVG 30** 13
- Regelbesetzung **GVG 30** 9
- umfassende mündliche Verhandlung **GVG 30** 11

Mündliche Zusammenfassung GVG 187 21 f.

Nachrichtendienste
- Auskunft bzw. Unterrichtung nur mit Zustimmung **EGGVG 21** 10
- Auskunftsanspruch des Betroffenen **EGGVG 21** 11
- Geheimhaltungsinteressen **EGGVG 21** 10

magere Zahlen = Randnummern

– Voraussetzungen der Zustimmungserteilung/-verweigerung **EGGVG 21** 11
Nachteil
– entgangene Einnahmen **GVG 198** 50
– Entschädigung für Rechtsanwaltskosten **GVG 198** 50
– Höhe der gesetzlichen Gebühren **GVG 198** 50
– immaterielle Nachteile **GVG 198** 49, 51
– psychische Belastungen **GVG 198** 51
– Rechtsanwaltskosten **GVG 198** 50
– staatshaftungsrechtlicher Anspruch sui generis **GVG 198** 49
– Ursächlichkeit der Verfahrensverzögerung **GVG 198** 49
– Vermögensnachteile **GVG 198** 49 f.
Nachträgliche Entscheidung
– Absehen von Vollstreckung **EGStGB 8** 5
– Anhörung **EGStGB 8** 4
– Beschwerde **EGStGB 8** 7
– Festsetzung von Ordnungshaft **EGStGB 8** 1
– Nichtfestsetzung **EGStGB 8** 2
– unbillige Härte **EGStGB 8** 5
– Uneinbringlichkeit **EGStGB 8** 3
– Ungebühr **EGStGB 8** 7
– Verfahrensökonomie **EGStGB 8** 1
– Zuständigkeit **EGStGB 8** 4, 6
Nachträgliche Entscheidungen über Weisungen und Auflagen
– Abgabe an Vormundschaftsgericht/Familiengericht **JGG 65** 4
– Absehen von der Jugendarrestvollstreckung **JGG 65** 6
– Änderung von Weisungen und Auflagen **JGG 65** 16
– Anfechtbarkeit **JGG 65** 15
– Anhörung **JGG 65** 8 ff.
– Begründung **JGG 65** 13
– Bekanntmachung **JGG 65** 13
– Beschluss **JGG 65** 13
– Betreuungshelfer **JGG 65** 9
– einfache Beschwerde **JGG 65** 16
– Einleitung auf Antrag eines Verfahrensbeteiligten **JGG 65** 7
– Einleitung von Amts wegen **JGG 65** 7
– heutige Beschwerde **JGG 65** 17
– Jugendarrest **JGG 65** 10
– Leiter eines sozialen Trainingskurses **JGG 65** 9
– Mitteilung an das Bundeszentralregister **JGG 65** 14

– mündliche Verhandlung **JGG 65** 8
– Persönlicher Anwendungsbereich **JGG 65** 1
– Rechtsmittelbelehrung **JGG 65** 13
– Übertragung der Zuständigkeit **JGG 65** 5
– Untätigkeitsbeschwerde **JGG 65** 12
– Unterrichtung **JGG 65** 14
– Verhängung von Ungehorsamarrest **JGG 65** 17
– Vertreter der Jugendgerichtshilfe **JGG 65** 9
– Verzicht **JGG 65** 11
– weitere Beschwerde **JGG 65** 17
– Wiederaufnahme des Verfahrens **JGG 65** 18
– Zuständigkeit **JGG 65** 3
– Zustellung **JGG 65** 13
– Zweck der Vorschrift **JGG 65** 2
Nachträgliche Kompensation
– Anspruch auf finanzielle Entschädigung **GVG 198** 6
– Entschädigung **GVG 198** 6
– gesondertes Entschädigungsverfahren **GVG 198** 7
– nachträglich kompensatorischer Rechtsbehelf **GVG 198** 6
– präventives Element **GVG 198** 8
– Untätigkeitsbeschwerde **GVG 198** 6, 9
– Untätigkeitsklage **GVG 198** 9
– Verzögerungsrüge **GVG 198** 8
– Zahlung eines Geldbetrages **GVG 198** 7
– zivilprozessuale Entschädigungsklage **GVG 198** 7
Nachträgliche Strafverfolgung
– Durchbrechung der Rechtskraft **StrEG 14** 2
– nachträgliche Anrechnung verfahrensfremder Haft **StrEG 14** 7
– nachträgliche Eröffnung des Hauptverfahrens **StrEG 14** 4
– Nachtragsentscheidung **StrEG 14** 6
– teilweise Wiederaufnahme **StrEG 14** 5
– Wiederaufnahme zuungunsten des Beschuldigten **StrEG 14** 3
Nachtrunk StrEG 5 74 f.
Nationale Bindung
– absolute Bindung **EMRK 1** 11
– Anwendungsvorrang des Unionsrechts **EMRK 1** 14
– Beschränkung der Konventionsfreundlichkeit **EMRK 1** 8

Sachverzeichnis

fette Zahlen = §§

- Bindung an Recht und Gesetz **EMRK 1** 10
- Bundesgesetz **EMRK 1** 6
- case law **EMRK 1** 11
- Ergebniskonkordanz **EMRK 1** 7
- Europäischer Haftbefehl **EMRK 1** 16
- europäischer Menschenrechtsstandard **EMRK 1** 16
- faktische Orientierungs- und Leitfunktion **EMRK 1** 11
- feststellende Wirkung von Urteilen **EMRK 1** 9
- Geltung zeitliche Anpassung der EGMR und EuGH Menschenrechte **EMRK 1** 16
- Individualbeschwerde **EMRK 1** 15
- innerstaatliche Transformation **EMRK 1** 6
- inter partes Wirkung **EMRK 1** 10
- Kassation **EMRK 1** 9
- Kohärenzklausel **EMRK 1** 14
- Kompetenzfragen **EMRK 1** 15
- konventionskonforme Auslegung **EMRK 1** 7
- Letztentscheidungskompetenz **EMRK 1** 8, 11
- mehrpolige Grundrechtsverhältnisse **EMRK 1** 15
- neuartige menschenrechtliche Gefährdungslagen **EMRK 1** 16
- Parallelrechte **EMRK 1** 14
- Rechtserkenntnisquelle **EMRK 1** 14
- Reparation **EMRK 1** 9
- Rezeptionshemmnis **EMRK 1** 8
- Souveränitätsvorbehalte **EMRK 1** 14
- transnational dynamisiertes Strafverfahren **EMRK 1** 16
- unmittelbar anwendbarer Teil des deutschen Rechts **EMRK 1** 6
- Verstoß gegen das Rechtsstaatsprinzip **EMRK 1** 10
- Zustimmungsgesetz **EMRK 1** 6

Nebenfolge StrEG 1 41 ff.

Nebenfolgen
- Bußgeldverfahren wegen Steuerordnungswidrigkeiten **AO 401** 2
- Geldbuße **AO 401** 4
- selbstständiges Einziehungsverfahren **AO 401** 3
- Sonderregelung **AO 401** 4
- steuerstrafrechtlichen besondere Verfahrensarten **AO 401** 1
- Verfall **AO 401** 4
- Verweisung **AO 401** 4

Nebenklage
- abschließender Deliktskatalog **JGG 80** 28, 33
- Abtrennung des Verfahrens **JGG 80** 25
- Alter zur Tatzeit **JGG 80** 22
- Anschlussbefugnis **JGG 80** 39
- Anwendungsbereich **JGG 80** 1, 22 ff.
- Ausschluss von Vergehen **JGG 80** 30
- Begrenzung auch schwere Delikte mit erheblicher Opferbetroffenheit **JGG 80** 27
- Beistand **JGG 80** 37, 39
- eingeschränkte Rechtsmittelbefugnis **JGG 80** 21
- eingeschränkte Zulässigkeit **JGG 80** 18
- Erziehungsgrundsatz **JGG 80** 2
- Funktionswandel der Nebenklage **JGG 80** 19
- gespaltene Nebenklage **JGG 80** 24
- materielle Qualifizierung **JGG 80** 28
- opferbezogene Verfahrensgestaltung **JGG 80** 19
- Opferorientierung **JGG 80** 2
- partielle Zulässigkeit **JGG 80** 24, 26
- Raub mit Todesfolge **JGG 80** 29
- Rechtsfolgen **JGG 80** 35 ff.
- Sicherungsverfahren **JGG 80** 32
- Täter-Opfer-Ausgleich **JGG 80** 3
- Täterorientierung **JGG 80** 2
- Verbrechen **JGG 80** 28
- verbundenes Verfahren **JGG 80** 24
- verschiedene Altersstufen **JGG 80** 23
- Verteidiger **JGG 80** 30
- vorbereitendes Verfahren **JGG 80** 37
- weitere Antragsberechtigte **JGG 80** 31
- weitere Mitwirkungsrechte des Verletzten **JGG 80** 38

Nebenkläger
- Anspruch auf Übersetzungsleistungen **GVG 187** 72
- Klageerzwingungsverfahren **GVG 187** 73
- Stufensystem **GVG 187** 72
- Unterrichtungspflichten **GVG 187** 73
- vollständige Angleichung von Bechuldigtem und Nebenkläger **GVG 187** 72

Neuerlass einer Feststellung EGGVG 36 5

Nicht erfasste Sachverhalte
- Besetzungsschäden **StrEG Einl.** 50
- Bundesentschädigungsgesetz **StrEG Einl.** 48

magere Zahlen = Randnummern

- Rückzahlung von Geldstrafen und Kosten **StrEG Einl.** 53
- Strafverfahren bis zum 8.5.1945 **StrEG Einl.** 52
- Strafverfolgung im Ausland **StrEG Einl.** 51
- Strafverfolgungsmaßnahmen der Besatzungsgerichte- und behörden **StrEG Einl.** 49 f.
- überlange Verfahrensdauer **StrEG Einl.** 54
- Verfall **StrEG Einl.** 53
- Wiedergutmachung nationalsozialistischen Unrechts **StrEG Einl.** 48

Nicht öffentliche Stellen
- Banken **ZSHG 4** 13
- Telekommunikationsdienstleister **ZSHG 4** 13
- Verbot **ZSHG 4** 13
- Versicherungen **ZSHG 4** 13
- Versorgungsunternehmen **ZSHG 4** 13

Nichteröffnung StrEG 2 41

Nichtöffentlichkeit
- Anwesenheitsrecht **JGG 48** 14 ff.
- Bekanntmachungen außerhalb der Hauptverhandlung **JGG 48** 11
- Durchbrechung des Öffentlichkeitsprinzips **JGG 48** 1
- lex specialis **JGG 48** 2
- Mitangeklagte **JGG 48** 8
- Normzweck **JGG 48** 3
- öffentliche Zustellung **JGG 48** 12
- Ordnungswidrigkeit **JGG 48** 13
- persönlicher Anwendungsbereich **JGG 48** 4 ff.
- Rechtsmittel **JGG 48** 22 ff.
- Reformansätze **JGG 48** 28 f.
- sachlicher Anwendungsbereich **JGG 48** 10 ff.
- Verhandlung im Jugendalter und Heranwachsenden-Alter begangener Taten **JGG 48** 9
- Zulassung anderer Personen **JGG 48** 17 ff.

Nichtverurteilung
- andere Schuldausschließungsgründe **StrEG 6** 33
- Ermessensgrundsätze **StrEG 6** 30
- Rechtsprechung im Einzelnen **StrEG 6** 31
- Schuldspruchreife **StrEG 6** 26
- Schuldunfähigkeit **StrEG 6** 29
- Verdachtserwägungen **StrEG 6** 27

Sachverzeichnis

- Wiederaufnahmeverfahren **StrEG 6** 32

Notwendige Verteidigung
- absoluter Revisionsgrund **JGG 68** 27
- Auswahl des Pflichtverteidigers **JGG 68** 4, 25
- Beendigung **JGG 68** 23
- Beschwerde **JGG 68** 26
- Bestellung im Strafverfahren gegen Erwachsene **JGG 68** 9
- Bezug auf allgemeines Strafverfahrensrecht **JGG 68** 10
- einstweilige Unterbringung **JGG 68** 22
- Entpflichtung **JGG 68** 24
- Entzug der Rechte **JGG 68** 18
- Erziehungsauftrag **JGG 68** 4 ff.
- Erziehungsberechtigte und gesetzliche Vertreter **JGG 68** 17 f.
- Erziehungsheim **JGG 68** 13
- Interessenvertreter des Beschuldigten **JGG 68** 3
- jugendspezifische Auslegung **JGG 68** 9, 14
- Kölner Richtlinien **JGG 68** 8
- Mitangeklagte **JGG 68** 17
- Nachverfahren **JGG 68** 23
- persönlicher Anwendungsbereich **JGG 68** 1
- Recht auf effektive Verteidigung **JGG 68** 5
- Rechtsfolgenerwartung **JGG 68** 15
- Rechtskraft des Urteils **JGG 68** 23
- sachliche Anwendungsbereich **JGG 68** 2
- Schwere der Tat **JGG 68** 14 f.
- Schwierigkeit der Sach- oder Rechtslage **JGG 68** 14, 16
- unabhängiges Organ der Strafrechtspflege **JGG 68** 3
- Unfähigkeit der selbstständigen Verteidigung **JGG 68** 14, 17
- Unterbringung zur Vorbereitung eines Gutachtens **JGG 68** 21
- Untersuchungshaft **JGG 68** 22
- Verhandlungsausschluss **JGG 68** 19
- Verteidigung im Strafverfahren **JGG 68** 3
- Vertrauensanwalt **JGG 68** 25
- weitere Bestellungsgründe **JGG 68** 9
- Zeitpunkt der Bestellung **JGG 68** 7
- Zuständigkeit **JGG 68** 25
- Zuständigkeit des Schöffengerichts **JGG 68** 11

Nutzung für Verfahrenszwecke GVG 169 67

1965

Sachverzeichnis   fette Zahlen = §§

Oberlandesgerichte
- Beschwerden gegen das Bundeskartellamt **GVG Vor 115** 8
- Bezeichnungen **GVG Vor 115** 2
- Bundesland **GVG Vor 115** 1
- Bundesrecht **GVG Vor 115** 8
- generelle Öffnungsklauseln **GVG Vor 115** 9
- Justizhoheit der Länder **GVG Vor 115** 4
- Kartellbeschwerden **GVG Vor 115** 8
- länderübergreifende Öffnungsklauseln **GVG Vor 115** 11
- Organe der ordentlichen Gerichtsbarkeit **GVG Vor 115** 1
- sachliche Zuständigkeit **GVG Vor 115** 5
- Staatsschutz-Strafsachen **GVG Vor 115** 8
- verfahrensbezogene Öffnungsklauseln **GVG Vor 115** 10
- weitere Zuständigkeitsbestimmungen **GVG Vor 115** 6
- Zuständigkeitsbestimmung für das Rechtsmittelverfahren **GVG Vor 115** 5
- Zuständigkeitsbestimmung für das Verfahren bei vorbehaltene oder nachträgliche Sicherungsverwahrung **GVG Vor 115** 5
- Zuständigkeitsbestimmung für erstinstanzielle Verfahren **GVG Vor 115** 5
- Zuständigkeitskonzentration **GVG Vor 115** 7

Oberstes Landesgericht in bürgerlichen Rechtsstreitigkeiten EGGVG 8 1

Oberstes Landesgericht in Strafsachen
- Bestimmung des zuständigen Gerichts **EGGVG 9** 1
- Bundesrecht **EGGVG 9** 1
- Einheitlichkeit der Rechtsprechung **EGGVG 9** 1
- Errichtung eines Obersten Landesgerichts **EGGVG 9** 3
- gemeinschaftliches oberes Gericht **EGGVG 9** 1
- internationale Rechtshilfesachen **EGGVG 9** 1
- Justizverwaltungsakte **EGGVG 9** 4
- Kartellordnungssachen **EGGVG 9** 4
- Kontaktsperre **EGGVG 9** 4
- Konzentration von Strafsachen **EGGVG 9** 1
- länderübergreifende Konzentrationsvorschriften **EGGVG 9** 4
- Strafvollstreckungskammern **EGGVG 9** 4

Obliegenheitsverletzung
- Anstalten zur Flucht **StrEG 5** 108
- einfache Fahrlässigkeit **StrEG 5** 102
- Haftbefehl **StrEG 5** 104
- Ladung vor die Staatsanwaltschaft **StrEG 5** 106
- Nichtbefolgen einer Ladung **StrEG 5** 103
- Nichtbefolgen von Anweisungen **StrEG 5** 107
- Verzögerung des Verfahrens **StrEG 5** 105
- Vorführung **StrEG 5** 105

Offenbarung von privaten Geheimnissen
- Ausschluss für die Dauer der Erörterung **GVG 172** 11
- Verletzug von Privatgeheimnissen **GVG 172** 11

Offenbarung zur Verfolgung einer nicht Steuerstraftat
- Anfangsverdacht **AO 30** 31
- Auskunft über die Identität eines Anzeigeerstatters **AO 30** 34
- Belehrung über Aussageverweigerungsrecht **AO 30** 32
- Einleitung eines Strafverfahrens aufgrund der Mitteilung nicht ausgeschlossen **AO 30** 31
- Nichtbestehen einer steuerlichen Verpflichtung **AO 30** 33
- Steuerordnungswidrigkeiten **AO 30** 31
- Verzicht auf Auskunftverweigerungsrecht **AO 30** 33
- Zufallsfunde im Steuerstrafverfahren **AO 30** 32

Offenbarungsbefugnis
- Anlass, die Einleitung eines Verfahrens zu prüfen **AO 31a** 7
- Begriffe im Sinne des Schwarzarbeitsbekämpfungsgesetzes **AO 31a** 3
- Bekämpfung von illegaler Beschäftigung und Schwarzarbeit **AO 31a** 3
- Entscheidungen über öffentliche Leistungen **AO 31a** 6
- Erforderlichkeit **AO 31a** 7
- Erlaubnisse nach dem Arbeitnehmerüberlassungsgesetz **AO 31a** 5
- materielle Rechtslage **AO 31a** 8
- prozessuale Durchsetzbarkeit **AO 31a** 8
- Rückforderungsansprüche **AO 31a** 6
- Strafverfolgung wegen damit zusammenhängender Straftaten **AO 31a** 4

magere Zahlen = Randnummern

– Verfahren **AO 31a** 9
Öffentliche Urteilsverkündung
– Eröffnung der Urteilsgründe **GVG 173** 2, 4
– Jugendliche und Heranwachsende **GVG 173** 2
– nochmalige Verkündung mit Heilungswirkung **GVG 173** 3
– offensichtliche Unrichtigkeit **GVG 173** 3
– Protokoll **GVG 173** 3
– staatstragende Symbolik **GVG 173** 1
– Verkündung des Bewährungsbeschlusses **GVG 173** 2
– Verkündung des Haftfortdauerbeschlusses **GVG 173** 2
– Verkündung im Namen des Volkes **GVG 173** 1
– Verlesung der Urteilsformel **GVG 173** 2
Öffentlichkeit
– Generalprävention **GVG 169** 1
– Grundsatz der Mündlichkeit **GVG 169** 3
– Grundsatz der Unmittelbarkeit **GVG 169** 3
– Informationsinteresse der Allgemeinheit **GVG 169** 1
– Mittlerstellung der Medien **GVG 169** 2
– Öffentlichkeitsmaxime **GVG 169** 1
– Präklusion **GVG 169** 3
– Schutz vor der Öffentlichkeit **GVG 169** 2
– Schutz vor stattlicher Willkür **GVG 169** 1
– Verwirkung **GVG 169** 3
– Wechselwirkung mir anderen Grundsätzen **GVG 169** 3
– Zugang der integrativen Allgemeinheit **GVG 169** 1
– zwingendes Recht **GVG 169** 3
Öffentlichkeit der Hauptverhandlung
– demokratisch-objektive Funktion **EMRK 6** 119
– Disziplinarverfahren **EMRK 6** 121
– einmalige öffentliche Verhandlung **EMRK 6** 121
– Einschränkungen **EMRK 6** 118, 123 ff.
– Mündlichkeit **EMRK 6** 118 ff.
– nichtöffentliche Verhandlungen **EMRK 6** 123
– unkontrollierbare Geheimjustiz **EMRK 6** 119
– Urteilsgrundlage **EMRK 6** 120
– Verhältnismäßigkeit **EMRK 6** 124
– Verkündung **EMRK 6** 118, 122

– Verzicht **EMRK 6** 119, 125
Öffentlichkeitsarbeit der Staatsanwaltschaft
– Abwägung der sich gegenüberstehenden Interessen **GVG Vor 141** 28
– Angelegenheiten der Justizverwaltung **GVG Vor 141** 27
– Auskunftserteilung durch Bundesbehörden **GVG Vor 141** 27
– Beweisverwertungsverbot **GVG Vor 141** 30
– Erteilung notwendiger Informationen **GVG Vor 141** 29
– Erteilung von staatsanwaltschaftlichen Auskünften **GVG Vor 141** 28
– gerichtliche Überprüfung der staatsanwaltschaftlichen Pressearbeit **GVG Vor 141** 30
– Pflicht der Staatsanwaltschaft zur Richtigstellung **GVG Vor 141** 29
– polizeiliche Pressearbeit **GVG Vor 141** 29
– Pressegesetze der Länder **GVG Vor 141** 27
– Straftaten von erheblicher Bedeutung **GVG Vor 141** 28
– Verpflichtung zur Erteilung von Auskünften gegenüber der Öffentlichkeit und den Medien **GVG Vor 141** 27
Öffentlichkeitsgrundsatz
– absoluter Revisionsgrund **GVG 169** 7
– Appellfunktion **GVG 169** 9
– Aufruf der Sache **GVG 169** 4
– Bayerische Verfassung **GVG 169** 7
– Beratungen des Spruchkörpers **GVG 169** 4
– Bußgeldverfahren **GVG 169** 6
– Demokratieprinzip **GVG 169** 7
– EU-Grundrechte-Charta **GVG 169** 7
– Grundgesetz **GVG 169** 7
– Hauptverhandlung des erkennenden Gerichts **GVG 169** 4
– internationale Verträge **GVG 169** 8
– Jugendgerichte **GVG 169** 5
– rechtsstaatliche Prozessmaxime **GVG 169** 7
– Rechtsstaatsprinzip **GVG 169** 7
– Urteilsverkündung **GVG 169** 4
– Verfahren gegen Jugendliche und Heranwachsende oder Erwachsene **GVG 169** 5
– Verkündung „im Namen des Volkes" **GVG 169** 9
– Verständigungsgespräche **GVG 169** 4

Sachverzeichnis   fette Zahlen = §§

Öffentlichkeitsmaxime
- abstrakte Gewährleistung der potentiellen Gelegenheit **GVG 169** 12
- Änderungen **GVG 169** 13
- Beweiskraft des Protokolls **GVG 169** 10
- faktischer Ausschluss **GVG 169** 14
- gänzliche Untersagung **GVG 169** 78
- grundlegende Einrichtung des Rechtsstaats **GVG 169** 10
- jedermann **GVG 169** 11
- jederzeit **GVG 169** 11
- Kompetenzzuweisung **GVG 169** 78
- konkrete, zeitliche wie örtliche Terminsankündigungen **GVG 169** 14
- Möglichkeit der Kenntnisverschaffung **GVG 169** 12
- Öffentlichkeitsgrundsatz **GVG 169** 77
- Potentialität **GVG 169** 11
- Prinzipien demokratischer Rechtspflege **GVG 169** 10
- Saalwechsel **GVG 169** 13
- Selektion **GVG 169** 14
- Sitzungsaushang **GVG 169** 13
- teilweise Untersagung zur Wahrung schutzwürdiger Interessen **GVG 169** 78
- Verzögerungen **GVG 169** 14
- Vorziehen **GVG 169** 14
- Zuständigkeit **GVG 168** 76

Öffnung und Sichtung von Postsendungen
- Ausschluss der weiteren Beförderung und Beschlagnahme **G 10 1** 31
- Herstellung von Kopien zum Zwecke der nachträglichen Auswertung **G 10 1** 31

OLG-Zuständigkeit
- Angelegenheiten der Strafrechtspflege **EGGVG 25** 1
- Angelegenheiten des Strafvollzugs **EGGVG 25** 1
- Beschwerdeverfahren **EGGVG 25** 2
- Bindungswirkung der Bestimmung des Rechtswegs **EGGVG 25** 4
- Bundeszentralregister **EGGVG 25** 3
- Erziehungsregister **EGGVG 25** 3
- Geschäftsverteilungsplan **EGGVG 25** 1
- örtliche Zuständigkeit **EGGVG 25** 2
- Strafsenat des Oberlandesgerichts **EGGVG 25** 1
- Verweisung innerhalb der ordentlichen Gerichtsbarkeit **EGGVG 25** 5
- Verweisungen **EGGVG 25** 4

- Zuständigkeitskonzentrationen **EGGVG 25** 6

Opportunitätseinstellung
- Ermessenseinstellung durch Staatsanwaltschaft **GVG 169** 20
- Ermittlungsverfahren **GVG 169** 20
- presserechtlicher Auskunftsanspruch **GVG 169** 20

Optionaler Ausschluss der Öffentlichkeit
- berücksichtigungsfähige Vortrafen **GVG 171b** 9
- Intimsphäre **GVG 171b** 7 f.
- Kinder und Jugendliche **GVG 171b** 10
- nach objektiven Maßstäben ernsthaft nachteilige Auswirkung **GVG 171b** 7
- Privatsphäre **GVG 171b** 7 f.
- Sozialsphäre **GVG 171b** 7 f.
- überwiegendes Interesse an öffentlicher Erörterung **GVG 171b** 8

Ordentliche Gerichtsbarkeit
- Abgrenzung zu übrigen Gerichtszweigen **GVG 12** 1
- funktionale Ausschließlichkeit **GVG 12** 3
- organisatorische Ausschließlichkeit **GVG 12** 4
- unabhängige staatliche Gerichte **GVG 12** 2

Ordnung in der Sitzung
- Generealklausel **GVG 176** 10
- ungestörte Wahrnehmung der jeweiligen Funktionen und Rechte **GVG 176** 10
- Wahrheitsfindung **GVG 176** 10

Ordnungsgeld
- Anordnungsbeschluss **GVG 178** 11
- Anrechnung **GVG 178** 18
- Beschließung am folgenden Tag **GVG 178** 11
- Gericht **GVG 178** 11
- Höchstbetrag **GVG 178** 15
- Höchstdauer **GVG 178** 16
- Ordnungshaft **GVG 178** 15
- pauschale Anordnung **GVG 178** 15
- Richter in eigener Sache **GVG 178** 12
- Umrechnungsschlüssel **GVG 178** 15
- Vollstreckung **GVG 178** 17
- zeitlicher Konnex **GVG 178** 11
- Zuständigkeit **GVG 178** 11

Ordnungshaft
- Dauer der Ordnungshaft **GVG 177** 14
- erneute Anordnung und Vollziehung **GVG 177** 14

magere Zahlen = Randnummern

Sachverzeichnis

– Mittel zur ordnungsgemäßen Durchführung der Verhandlung **GVG 177** 14
Ordnungsmittel
– beschränkte Gesetzgebungskompetenz **EGStGB 6** 2
– Beugemittel **EGStGB 6** 2
– Höchstmaß **EGStGB 6** 3, 6
– Justizbeitreibungsordnung **EGStGB 6** 4
– Mindestmaß **EGStGB 6** 3, 6
– nachträgliche Anordnung **EGStGB 6** 7
– Ordnungsgeld **EGStGB 6** 1
– Ordnungshaft **EGStGB 6** 1
– Umwandlung **EGStGB 6** 5
– Vollstreckung **EGStGB 6** 4, 6
– Zwangsgeld **EGStGB 6** 1
– Opportunitätsprinzip **GVG 178** 14
– persönlicher Anwendungsbereich **GVG 178** 2
– Sitzung **GVG 178** 2
– Vorbehalt der strafgerichtlichen Verfolgung **GVG 178** 18
– Zuständigkeit **GVG 178** 1
Ordnungswidrigkeit StrEG 4 40 ff.
Ordnungswidrigkeiten
– Anordnungen auf Aushändigung anvertrauter Sendungen zur Übermittlung auf dem Telekommunikationsweg **G 10 19** 2
– Anordnungen zur Überwachung und Aufzeichnung der Telekommunikation **G 10 19** 2
– Aushändigung anvertrauter Sendungen **G 10 19** 2
– Auskunft über nähere Umstände des Postverkehrs **G 10 19** 2
– Auskunftsverlangen über nähere Umstände der Telekommunikation **G 10 19** 2
– Belehrung **G 10 19** 4
– Bußgeldbehörde **G 10 19** 7
– Bußgeldrahmen **G 10 19** 6 f.
– Bußgeldverfahren **GVG Vor 141** 5
– eingeschränkte Zuständigkeit **GVG Vor 141** 4
– Geheimschutzmaßnahmen **G 10 19** 5
– Sicherheitsüberprüfung **G 10 19** 4
– Sicherung und Durchsetzung der Mitwirkungspflichten **G 10 19** 1
– Verwaltungsbehörde **GVG Vor 141** 4
– vollziehbare Anordnung **G 10 19** 3
Ordnungswidrigkeitsverfahren JGG 78 18
Organe
– erkennende Gerichte **GVG 12** 8

– sonstige Richter **GVG 12** 8
– Spruchkörper **GVG 12** 8
Organisation
– Aufgaben des Behördenleiters **GVG 144** 2
– Bindungswirkung **GVG 144** 4
– Bundeskriminalamt **ZSHG 2** 1
– Bundespolizei **ZSHG 2** 3
– Devolution oder Substitution **GVG 144** 2
– dezentrales System **ZSHG 2** 2
– Exekutive **GVG 144** 1
– Geschäftsverteilungsplan **GVG 144** 2, 5
– Grundsatz von Treu und Glauben **GVG 144** 4
– Hauptabteilungen und Abteilungen **GVG 144** 5
– interne Beschränkungen der gesetzlichen Vertretungsmacht **GVG 144** 3
– Länderpolizeien **ZSHG 2** 1
– monokratisch-hierarchischer Aufbau **GVG 144** 1
– organisatorische Trennung **ZSHG 2** 1
– Polizeirecht **ZSHG 2** 4
– verwaltungsinterner Justizakt **GVG 144** 2
– wechselseitige Zurechnung von Rechtsansichten **GVG 144** 4
– zentrales System **ZSHG 2** 2
– Zeugnispflicht von Mitarbeitern **ZSHG 2** 1
– Zollbehörde **ZSHG 2** 3
– zuständige Behörden **ZSHG 2** 1
Organisatorische Stellung (Staatsanwaltschaft)
– eigenständige, von den Gerichten unabhängige Behörde **GVG Vor 141** 8
– Exekutive **GVG Vor 141** 8
– Gewaltenteilung **GVG Vor 141** 9
– gleichgeordnetes Organ der Strafrechtspflege **GVG Vor 141** 9
– Hauptverhandlung **GVG Vor 141** 10
– Initiativbefugnis **GVG Vor 141** 9
– Justizbehörde sui generis **GVG Vor 141** 8
– mangelnde Rechtskraftfähigkeit **GVG Vor 141** 8
– Organ der Rechtspflege **GVG Vor 141** 8
– politische Neutralität **GVG Vor 141** 8
– Rechtsstaat **GVG Vor 141** 9
– strafrechtliche Justizgewährung **GVG Vor 141** 9

Sachverzeichnis fette Zahlen = §§

– verfassungsrechtlich verbürgte Unabhängigkeit **GVG Vor 141** 10
– Vertretung des Rechts- und Machtwillens des Staates **GVG Vor 141** 8

Örtlich zuständige Finanzbehörde
– Abgabe nach pflichtgemäßem Ermessen **AO 388** 10
– Änderung der die Zuständigkeit begründenden Umstände **AO 388** 8
– Angaben durch verkörperte Gedankenerklärungen **AO 388** 3
– Auflösung einer Zuständigkeitskonkurrenz **AO 388** 2
– Begriff der Finanzbehörde **AO 388** 7
– Beschleunigungsgebot **AO 388** 9
– Gefahr im Verzug **AO 388** 5
– gewöhnlicher Aufenthalt **AO 388** 6 f.
– Legaldefinition **AO 388** 7
– mehrfache Zuständigkeit **AO 388** 2
– Ort der Tat **AO 388** 3
– Ort der Tat Entdeckung **AO 388** 3
– örtliche Zuständigkeit für das Besteuerungsverfahren **AO 388** 5
– Rechtsbehelfe **AO 388** 12
– Revolver Erweiterungen Zuständigkeit **AO 388** 2
– Tatentdeckung **AO 388** 4
– unrichtige oder unvollständige Angaben **AO 388** 3
– Verfahrensökonomie **AO 388** 9
– Verhältnis der bisher und neu zuständigen Behörde **AO 388** 10
– Wahrscheinlichkeit der Verurteilung bei vorläufiger Bewertung **AO 388** 4
– Wohnsitz des Beschuldigten **AO 388** 6 f.
– zusammenhängende Strafsachen **AO 388** 2
– zusätzliche Zuständigkeit **AO 388** 8
– Zuständigkeitsverordnung **AO 388** 5
– Zweifel bezüglich der die Zuständigkeit begründenden Umstände **AO 388** 11

Örtliche Unzuständigkeit des ersuchten Gerichts
– Abgabe an zuständiges Gericht **GVG 158** 15
– Auswahlentscheidung **GVG 158** 17
– Bindungswirkung **GVG 158** 16 f.
– örtliche Zuständigkeit mehrerer Amtsgerichte **GVG 158** 17
– sachliche Unzuständigkeit **GVG 158** 15

Örtliche Zuständigkeit
– Abgabe des Verfahrens **JGG 42** 11
– analoge Anwendung **GVG 143** 6
– Anwendungsbereich **JGG 42** 1 ff.
– auf freiem Fuß **JGG 42** 7, 12
– Ausnahmen **GVG 143** 3
– Auswahl des Gerichtsstandes **JGG 42** 9
– Bezirk des Schwerpunkts des Verfahrens **GVG 143** 4
– Bundesländer **GVG 120** 12
– Ermittlungsverfahren **JGG 42** 2
– familiengerichtliche Zuständigkeit **JGG 42** 5
– Feststellungsverfahren **GVG 143** 8
– freiwilliger Aufenthaltsort **JGG 42** 6
– Gefahr im Verzug bei örtlicher Unzuständigkeit **GVG 143** 6
– Grundsatz der Entscheidungsnähe **JGG 42** 11
– Heranwachsende **JGG 42** 1
– Herstellung eines Sammelverfahrens **GVG 143** 8
– Konzentrationen in Rechtshilfesachen **GVG 143** 10
– länderübergreifende Zuständigkeitsregelung **GVG 120** 11
– mehrere Oberlandesgerichte **GVG 120** 11
– räumliche und personelle Nähe des entscheidenden Gerichts **JGG 42** 4
– Sammelverfahren **GVG 143** 4
– Schwerpunktstaatsanwaltschaften **GVG 143** 9
– Sequenzzuständigkeit **GVG 143** 1 ff.
– Sitz der Landesregierung **GVG 120** 11
– spezielle Konzentrationsmöglichkeit iRd Strafvollstreckung **GVG 143** 12
– Übernahmepflicht **JGG 42** 12
– Unwirksamkeit bei offensichtlicher Unvertretbarkeit **GVG 143** 5
– Unwirksamkeit bei Willkür **GVG 143** 5
– Unzuständigkeit **JGG 42** 10
– Vollstreckungsbehörde **GVG 143** 3
– Vollstreckungsleiter **JGG 42** 8
– weitere Übertragungsmöglichkeiten **JGG 42** 12
– Zuständigkeit für eine Konzentrationszuweisung **GVG 143** 11
– Zuständigkeitskonzentration **GVG 143** 9
– Zuständigkeitsstreit **GVG 143** 7
– Zuständigkeitsvereinbarung der Generalstaatsanwälte **GVG 143** 7
– Zwischenverfahren **GVG 143** 8

Örtliche Zuständigkeit (Rechtshilfegericht)
– Auswahlrecht **GVG 157** 6

magere Zahlen = Randnummern

- Bezirk der vorzunehmenden Amtshandlung **GVG 157** 3
- Lage des Objektes des Augenscheins **GVG 157** 4
- örtliche Zuständigkeit eines grenznahen Amtsgerichts **GVG 157** 5
- örtliche Zuständigkeit mehrerer Gerichte **GVG 157** 6
- Vernehmung **GVG 157** 4
- Wohnsitz **GVG 157** 4

Parallelgarantien
- Beschwerde **EMRK 13** 3
- Folterverbot **EMRK 3** 12
- Grundrechte Charta **EMRK 8** 5
- nulla poena sine lege **EMRK 7** 3
- Privatleben **EMRK 8** 6
- Recht auf Leben **EMRK 2** 2
- Verbot der Todesstrafe **EMRK 2** 2

Parlamentarische Kontrolle
- Ausführungsgesetze zum Artikel 10-Gesetz **G 10 16** 1, 4
- Bundesamt für Verfassungsschutz **G 10 16** 1a
- Bundesnachrichtendienst **G 10 16** 1a
- föderale Struktur des Verfassungsschutzes **G 10 16** 1a
- G 10-Kommssion **G 10 16** 4
- Militärischer Abschirmdienst **G 10 16** 1a
- Parlamentarisches Kontrollgremium **G 10 16** 4
- Rechtsgrundlage **G 10 16** 2
- Regelungsgehalt **G 10 16** 3
- Schutz personenbezogener Daten **G 10 16** 5
- Verfassungsschutzbehörden der Länder **G 10 16** 1a

Parlamentarisches Kontrollgremium
- Anordnungsgrund **G 10 14** 3
- Berichtspflicht **G 10 14** 1, 5
- Dauer der Beschränkung **G 10 14** 3
- Durchführung, Art und Umfang der Maßnahme **G 10 14** 4
- Ergebnisse der Maßnahme **G 10 14** 3
- Gefahr im Verzug *siehe dort*
- Grundsätze des Geheimschutzes **G 10 14** 6
- Kontrollfunktion **G 10 14** 5
- Kosten der Maßnahme **G 10 14** 3
- Überblick über Beschränkungsmaßnahmen **G 10 14** 3
- übriges Handeln der jeweiligen Nachrichtendienste **G 10 14** 3a

Sachverzeichnis

- Umfang der Maßnahme **G 10 14** 3
- Unterrichtung des Deutschen Bundestages **G 10 14** 4
- Unterrichtung des Parlamentarischen Kontrollgremiums **G 10 14** 3 ff.
- zuständiges Bundesministerium **G 10 14** 1

Personalisierungs- und Gefahrenabwehrpflichten
- Beeinträchtigung des Lebens von Mitmenschen **EMRK 2** 16
- drohende, konkrete Gefährdungen **EMRK 2** 18
- fahrlässige Tötungen **EMRK 2** 17
- Geiselnahme **EMRK 2** 18
- Gesundheitswesen **EMRK 2** 17
- nationales Strafrecht **EMRK 2** 16
- Reichweite des Schutzes für das werdende Leben **EMRK 2** 19
- Schutz am Lebensende **EMRK 2** 20
- Todesfälle von Staatsangehörigen im Ausland **EMRK 2** 17
- vorsätzliche Tötungen **EMRK 2** 16
- Zweifel an der Einsichts- und Einwilligungsfähigkeit von Patienten **EMRK 2** 20

Personenbezogene Daten
- Einschränkung des Legalitätsprinzips **ZSHG 4** 1
- entgegenstehende Verwendungsregelung **ZSHG 4** 4
- konkrete Gefahr **ZSHG 4** 2
- Sperrerklärungen **ZSHG 4** 2
- Staatsanwaltschaft **ZSHG 4** 2
- Suspendierung von Auskunftspflichten **ZSHG 4** 1
- Teilschutz **ZSHG 4** 3
- Verweigerung einer Sperrerklärung **ZSHG 4** 3

Persönliche Unabhängigkeit
- Amtsenthebung **GVG 1** 21 f.
- Anwesenheit **GVG 1** 27
- Arbeitszeit **GVG 1** 26 f.
- Ausstattung mit Mitteln **GVG 1** 26
- Beförderung **GVG 1** 26
- Bereitschaftsrichter **GVG 1** 27
- berufliche Nachteile **GVG 1** 21
- ehrenamtliche Richter **GVG 1** 29
- Entlassung **GVG 1** 21 f.
- ermessensfehlerfreie Zuteilung **GVG 1** 28
- Maßnahmen des Präsidiums **GVG 1** 23
- Präsidialrat **GVG 1** 26

Sachverzeichnis fette Zahlen = §§

- Richter auf Lebenszeit **GVG 1** 22
- Richter auf Probe **GVG 1** 25
- Richter kraft Auftrags **GVG 1** 25
- Ruhestand **GVG 1** 22
- Struktur der Gerichte **GVG 1** 26
- Übertragung oder Entziehung von Verwaltungsaufgaben **GVG 1** 24
- Veränderung der Gerichtsorganisation **GVG 1** 22
- Versetzung **GVG 1** 21 f.

Pflichten der Anbieter G 10 2 1 ff.

Pflichten gegenüber Gefangenen
- aussagekräftige Dokumentation **EMRK 2** 28
- Beweiserleichterungen **EMRK 2** 28
- erkennbare Suizidabsichten **EMRK 2** 27
- Rechenschaftsverpflichtung **EMRK 2** 28
- Untersuchung durch qualifizierten Arzt **EMRK 2** 29
- Verbesserung der Rechtsstellung von Gefangenen **EMRK 2** 27
- verschwundene Personen **EMRK 2** 30

Platzvergabe an Medienvertreter
- 50 % für die reine Saalöffentlichkeit **GVG 176** 31
- akkreditierte Vertreter **GVG 176** 30
- Gerichtspressestelle **GVG 176** 30
- Gewährung realitätsnaher Chancengleichheit **GVG 176** 32
- Im Namen des Volkes **GVG 176** 33
- individuell-symbolische Komponente **GVG 176** 31
- Multiplikatorfunktion **GVG 176** 29, 33
- Nachrückmöglichkeit **GVG 176** 32
- Prioritätsprinzip **GVG 176** 32
- Quotenlösung für ausländische Medienvertreter **GVG 176** 33
- Reihenfolgeprinzip **GVG 176** 32
- Reservierung von Plätzen für die Medienberichterstattung **GVG 176** 29
- separate Platzkontingente **GVG 176** 33
- Sitzplatzvergabe als Ausfluss der sitzungspolizeilichen Gewalt **GVG 176** 30

Polizeibeamte (Begriff)
- Bundespolizei **GVG 167** 2
- Ermittlungspersonen der Staatsanwaltschaft **GVG 167** 2
- Polizeivollzugsdienst **GVG 167** 2
- Strafvollzugsbeamte **GVG 167** 2

Postdienstleister
- an bestimmte Personen gerichtete bzw. von diesen stammende Sendungen **G 10 2** 3
- Auskunftspflicht **G 10 2** 3
- Briefgeheimnis **G 10 2** 4
- geschäftsmäßig **G 10 2** 4
- pflichtgemäßes Ermessen **G 10 2** 6
- Sendung **G 10 2** 5
- zur Vorbereitung einer Anordnung erforderlicher Auskünfte **G 10 2** 6

Postüberwachungsmaßnahmen
- Beschlagnahmeverbot **G 10 3** 14
- Mitglieder des Deutschen Bundestages oder eines Parlaments der Länder **G 10 3** 14
- Sendungen die vom Verdächtigen herrühren oder für diesen bestimmt sind **G 10 3** 13
- Tatsachen **G 10 3** 13
- Zeugnisverweigerungsrecht **G 10 3** 14

Potentiell Anwesenheitsberechtigte
- ausländische Volljuristen **GVG 193** 12
- Dolmetscher **GVG 193** 12
- Entscheidung nach pflichtgemäßem Ermessen **GVG 193** 10
- Praktikanten **GVG 193** 11
- Referendare **GVG 193** 10
- Studenten **GVG 193** 11
- wissenschaftliche Hilfskräfte **GVG 193** 10

Präsidialverfassungsvorschriften
- Allgemeininteresse **GVG 21a** 1
- Gebot des gesetzlichen Richters **GVG 21a** 1
- Gleichrangigkeit der Richter **GVG 21a** 2
- Richtermonopol **GVG 21a** 3
- Selbstverwaltung der Gerichte **GVG 21a** 1
- Unabhängigkeit der Justiz **GVG 21a** 1

Präsidium
- Amtspflicht **GVG 21a** 8
- Anhörung **GVG 21a** 12
- Aufgaben und Pflichten **GVG 21a** 6 ff.
- bei jedem Gericht **GVG 21a** 5
- Dienstpflicht **GVG 21a** 7
- Ein-Mann-Amtsgerichte **GVG 21a** 5
- Recht auf Auskunft **GVG 21a** 13
- Recht auf Information **GVG 21a** 13
- Recht auf Teilnahme **GVG 21a** 13
- Rechts- und Parteifähigkeit **GVG 21a** 14
- richterliche Unabhängigkeit **GVG 21a** 4
- Richterplanstelle **GVG 21a** 5
- Schweigepflicht **GVG 21a** 9
- Selbstverwaltungsorgan **GVG 21a** 4

magere Zahlen = Randnummern

- Umlaufverfahren **GVG 21a** 11
- Verfahren **GVG 21a** 11
- Verteilung der richterlichen Dienstgeschäfte **GVG 21a** 4
- Vorrang vor Spruchrichtertätigkeit **GVG 21a** 7
- Vorsitz **GVG 21a** 10
- Zuständigkeiten **GVG 21a** 4

Präsidiumsgröße
- Geschäftsjahr **GVG 21d** 2
- Komplementärnorm **GVG 21d** 1
- Stichtag für die Bemessung **GVG 21d** 1 f.
- Zahl der Richterplanstellen **GVG 21d** 2

Präsidiumszusammensetzung
- aufsichtsführender Richter **GVG 21a** 15
- kleine Gerichte **GVG 21a** 17
- Präsident **GVG 21a** 15
- primus inter partes **GVG 21a** 15
- Richter auf Lebenszeit **GVG 21a** 17
- Richter auf Zeit **GVG 21a** 17
- Richterplanstellen **GVG 21a** 16

Privatklage
- Anwendungsbereich **JGG 80** 1
- Ausschluss **JGG 80** 5
- berechtigtes Interesse des Verletzten **JGG 80** 10
- Ermessensentscheidung **JGG 80** 12
- erzieherische Bedenken **JGG 80** 10
- Erziehungsgrundsatz **JGG 80** 2
- Erziehungsverhältnisse **JGG 80** 9
- Gründe der Erziehung **JGG 80** 8
- Opferorientierung **JGG 80** 2
- Rechtsbehelfe **JGG 80** 14
- Sühneversuch **JGG 80** 6
- Täter-Opfer-Ausgleich **JGG 80** 3
- Täterorientierung **JGG 80** 2
- Verfahren **JGG 80** 13
- Verfolgung durch die Jugendstaatsanwaltschaft **JGG 80** 7
- Verletzter **JGG 80** 11

Protokollierung (Dolmetschereid)
- Berichtigung **GVG 189** 16
- negative Beweiskraft **GVG 189** 16
- Protokollierungspflichten **GVG 189** 16
- wesentliche Förmlichkeit **GVG 189** 16
- widersprüchliches Protokoll **GVG 189** 16

Protokollierung (Dolmetschertätigkeit)
- Äußerungsdelikte **GVG 185** 62
- Beweiskraft **GVG 185** 61
- Dolmetschereid **GVG 185** 60

Sachverzeichnis

- Dolmetschertätigkeit **GVG 185** 61
- durch Dolmetscher zu beglaubigende Übersetzung **GVG 185** 62
- Ermessen des Vorsitzenden **GVG 185** 62
- fremdsprachige Eingaben **GVG 185** 62
- mehrdeutige Einlassungen **GVG 185** 62
- Name des Dolmetschers **GVG 185** 58
- Qualität der Dolmetscherleistung **GVG 185** 62
- Rechtsmittelbelehrung **GVG 185** 63
- Umfang der Dolmetschertätigkeit **GVG 185** 61
- Wechsel des Dolmetschers **GVG 185** 59
- wesentliche Förmlichkeit **GVG 185** 58, 60
- Wichtigkeit der Sache **GVG 185** 62
- Zwischenrechtsbehelf **GVG 185** 62

Protokollierung (Ordnungsmittel)
- Beschluss **GVG 182** 3
- deutliches Bild des Vorgangs **GVG 182** 2
- Gründe **GVG 182** 3
- objektive Dokumentation **GVG 182** 1
- Protokollierungslücken **GVG 182** 2
- Protokollierungszwang **GVG 182** 1
- Sicherstellung **GVG 182** 1
- Ungehorsam/Ungebühr **GVG 182** 2
- volle Nachprüfung **GVG 182** 3
- Zuständigkeit **GVG 182** 3

Prozessabsprachen
- allgemeine Verzichtsmaßstäbe **EMRK 6** 90
- deutscher Strafbefehl **EMRK 6** 90
- deutsches Absprachenmodell **EMRK 6** 94
- Einschränkung der Aufklärung **EMRK 6** 91
- hinreichende Informationsbasis **EMRK 6** 92
- Kontrolle durch Revisionsgericht **EMRK 6** 94
- positive obligations **EMRK 6** 95
- prozedurale Schutzinstrumente **EMRK 6** 92
- Rechtseinschränkung **EMRK 6** 96
- Richter in eigener Sache **EMRK 6** 94
- unabhängige Kontrolle von Verfahrensabsprachen durch unbeteiligte Richter **EMRK 6** 94
- unvertretbar unzureichende Durchsetzung des staatlichen Strafanspruchs **EMRK 6** 95
- Verhinderung eines unzulässigen Geständniszwangs **EMRK 6** 92

1973

Sachverzeichnis
fette Zahlen = §§

- Verkürzung des Verfahrens **EMRK 6** 91
- Zugänglichkeit zu einer effektiven richterlichen Kontrolle **EMRK 6** 93
- Zulässigkeit von Absprachen **EMRK 6** 90

Prozesshandlungen und Rechtsmittel
- Empfängerperspektive **GVG 187** 55
- Gerichtssprache **GVG 187** 55
- Teilhabe **GVG 187** 55

Prozesskostenhilfe EGGVG 29 15

Prüf- und Kennzeichnungspflicht
- Individualmaßnahmen **G 10 4** 1 ff.
- Postüberwachung **G 10 4** 4
- Telekommunikationsüberwachung **G 10 4** 4

Prüfungspflicht
- Abstand von höchstens sechs Monaten **G 10 4** 5
- Abwehr drohender Gefahr für den Bestand oder die Sicherheit des Bundes oder eines Landes einschließlich der NATO Truppen **G 10 4** 6
- Abwehr drohender Gefahren für die freiheitlich-demokratischen Grundordnung **G 10 4** 6
- Aussichtslosigkeit oder wesentliche Erschwernis der Erforschung des Sachverhalts **G 10 4** 6
- Datenschutzkontrolle **G 10 4** 5
- Erforderlichkeit **G 10 4** 5 ff.
- Löschung unter Aufsicht eines Bediensteten mit Befähigung zum Richteramt **G 10 4** 5
- Protokollierung **G 10 4** 5
- unverzüglich **G 10 4** 5
- Zusammenhang mit anderen Daten **G 10 4** 7

Prüfungsumfang
- Betragsentscheidung der Landesjustizverwaltung **StrEG 13** 13
- Bindung an strafgerichtliche Entscheidung **StrEG 13** 11
- Einhaltung der Frist **StrEG 13** 12
- Streitgegenstand des gerichtlichen Verfahrens **StrEG 13** 14

Rangverhältnis (Gefahr im Verzug)
- ausdrücklicher Anordnungsvorrang **GVG 152** 21
- generell-abstrakter Anordnungsvorrang **GVG 152** 21
- Richtervorbehalt **GVG 152** 21
- Vorrang im konkreten Einzelfall **GVG 152** 21

Räumlicher Anwendungsbereich EMRK 1 24 ff.

Rechte der Erziehungsberechtigten und gesetzlichen Vertreter
- Anfechtungsrecht **JGG 67** 23
- Antragsrecht **JGG 67** 16
- Anwesenheitsrecht **JGG 67** 17
- ausdrückliche Belehrung **JGG 67** 17
- Äußerungsrecht **JGG 67** 13
- Benachrichtigungspflicht **JGG 67** 17
- Beweisverwertungsverbot **JGG 67** 17
- Einschränkung des Anwesenheitsrechts **JGG 67** 18
- Entscheidungen in Anwesenheit **JGG 67** 21
- Fragerecht **JGG 67** 16
- Ladung **JGG 67** 19
- letztes Wort **JGG 67** 14
- Rechtliches Gehör **JGG 67** 12
- Revisionsrüge **JGG 67** 15
- Schuldspruch **JGG 67** 15
- Selbstleseverfahren **JGG 67** 16
- Verteidigerwahl **JGG 67** 16, 22
- Wiedereinsetzung in den vorherigen Stand **JGG 67** 23
- Zustimmung des Jugendlichen **JGG 67** 23

Rechte und Pflichten der Finanzbehörde
- Abschlussvermerk **AO 399** 3
- Amtsträger der Behörde **AO 399** 6
- Antrag der Staatsanwaltschaft **AO 406** 2
- Befähigung zum Richteramt **AO 399** 8
- behördeninternen Zuweisung **AO 399** 6
- Bußgeldverfahren wegen Steuerordnungswidrigkeiten **AO 399** 2
- Einstellung des Steuerstrafverfahrens gegen Auflagen **AO 399** 4
- Legalitätsprinzip **AO 399** 7
- Mitwirkung der Finanzbehörde **AO 406** 3
- Mitwirkung im selbstständigen Verfahren **AO 406** 6
- Rechte und Pflichten der Staatsanwaltschaft **AO 406** 3
- selbständiges Verfahren **AO 406** 1
- selbständiges Ermittlungsverfahren **AO 399** 1, 3 ff.
- sofortige Beschwerde **AO 406** 5
- Steuerfahndung **AO 399** 6
- Steuerstrafverfahren **AO 399** 2
- Strafbefehlsverfahren **AO 406** 1
- Strafvereitelung im Amt **AO 399** 7

magere Zahlen = Randnummern

Sachverzeichnis

- Verständigung im Ermittlungsverfahren **AO 399** 5
- Zollfahndung **AO 399** 6
- Zuständigkeitskonzentration **AO 399** 1
- Zweifel oder Bedenken hinsichtlich des Strafbefehls **AO 406** 4

Rechtfertigung von Eingriffen
- Einschränkung im Kriegsfall **EMRK 2** 31
- finaler Rettungsschuss **EMRK 2** 35
- Gebot des milderen Mittels **EMRK 2** 33
- Gesetzesvorbehalte **EMRK 2** 31, 33
- gesetzliche Basis im innerstaatlichen Recht **EMRK 2** 34
- notwendige Vorsichtsmaßnahmen **EMRK 2** 33
- Schusswaffengebrauch **EMRK 2** 34
- strikte Verhältnismäßigkeitsprüfung **EMRK 2** 33
- Todesstrafe **EMRK 2** 32

Rechtliches Gehör
- Begründungsgebot **EMRK 6** 299 f.
- Beschlussverwerfung **EMRK 6** 300
- Informationsrecht **EMRK 6** 296
- Jury **EMRK 6** 301
- kontradiktorisches Verfahren **EMRK 6** 295
- Mitwirkungsrecht **EMRK 6** 296
- Überraschungsentscheidungen **EMRK 6** 297
- Verteidiger **EMRK 6** 298
- Waffengleichheit **EMRK 6** 295
- Würdigungsgebot **EMRK 6** 299
- **GVG 177** 15; **GVG 178** 19

Rechtmäßigkeit des Ausschlusses der Öffentlichkeit
- Begründung **GVG 171b** 16
- Zeitpunkt **GVG 171b** 15

Rechtsanwalt als Kontaktperson EGGVG 34a 1 ff.

Rechtsbehelf (sitzungspolizeiliche Anordnungen) GVG 176 54

Rechtsbehelfe G 10 3 21; **GVG 177** 16
- allgemeine Leistungsklage **AO 30a** 18; **AO 31a** 18
- Aussetzung des Verfahrens **AO 396** 39
- Doppelfunktion der Steuerfahndung **AO 404** 51
- Erforschung von Steuerstraftaten **AO 404** 52
- Ermittlung der Besteuerungsgrundlagen **AO 404** 53
- Finanzrechtsweg **AO 30a** 18; **AO 31a** 18

- gegen Androhung und Anordnung von Zwangsmitteln im Besteuerungsverfahren **AO 393** 82
- gegen Maßnahmen im Steuerstrafverfahren **AO 393** 82
- Realhandeln **AO 31a** 18; **AO 397** 39
- Schätzungen im Besteuerungsverfahren **AO 393** 82
- Steuergeheimnis **AO 30** 51
- subjektive Abwehrrechte **AO 30a** 18
- Verstoß gegen die Belehrungspflicht **AO 397** 40
- Verwertungsverbot im Steuerstrafverfahren **AO 30a** 19
- Vorfeldermittlungen **AO 404** 54
- willkürliches Handeln **AO 397** 39
- Zuständigkeit **AO 386** 36 f.; **AO 387** 11; **AO 391** 17

Rechtsbehelfe und Revision
- absolute Revisionsgründe **GVG 16** 32
- Anfechtbarkeit **GVG 16** 28
- Ausnahmegerichte **GVG 16** 28
- erweiterte Anfechtungsmöglichkeit **GVG 16** 33
- Heilung **GVG 16** 32
- Rechtswegerschöpfung **GVG 16** 33
- Revision **GVG 16** 29
- Sperrwirkung **GVG 16** 33
- spezifisch verfassungsrechtlicher Maßstab **GVG 16** 29
- Verstoß gegen das Gebot des gesetzlichen Richters **GVG 16** 29
- vertretbare Auslegung der Zuständigkeitsregeln **GVG 16** 31
- von Amts wegen **GVG 16** 27, 32
- Willkür im objektiven Sinn **GVG 16** 30
- Willkürmaßstab **GVG 16** 29

Rechtsbehelfsbelehrung EGGVG 28 21

Rechtsbeschwerde
- Abänderung der Hauptentscheidung **StrEG 8** 68
- ausdrückliche Zulassung der Rechtsbeschwerde **EGGVG 29** 2
- Berufung **StrEG 8** 67
- Berufungsurteil **StrEG 8** 69
- Bindungswirkung **EGGVG 29** 4
- Divergenzvorlage **EGGVG 29** 1
- Entscheidung von Amts wegen **EGGVG 29** 2
- Fortbildung des Rechts **EGGVG 29** 5, 7
- grundsätzliche Bedeutung der Rechtssache **EGGVG 29** 5 f.
- nachträgliche Zulassung **EGGVG 29** 3

1975

Sachverzeichnis

fette Zahlen = §§

- Nichtzulassungsbeschwerde **EGGVG 29** 2
- Revision **StrEG 8** 67
- Sicherung einer einheitlichen Rechtsprechung **EGGVG 29** 5, 8
- Übergangsrecht **EGGVG 29** 9
- unanfechtbare Entscheidung **EGGVG 29** 2
- unzulässige Berufung **StrEG 8** 69
- unzulässige Revision **StrEG 8** 70
- Vereinheitlichung des Rechtsmittelrechts **EGGVG 29** 1
- Verletzung der Verfahrensgrundrechte **EGGVG 29** 3
- Zulassungsgründe **EGGVG 29** 5
- Zulassungsrechtsbeschwerde **EGGVG 29** 1

Rechtsfolgen AO 397 19 ff.
Rechtsfolgenerwartung GVG 24 4 ff.
Rechtsgebiete
- enumerative Aufzählung **EGGVG 23** 28
- internationale Rechtshilfeersuchen **EGGVG 23** 30
- Strafrechtspflege **EGGVG 23** 30 ff.

Rechtshilfe
- Begriff **GVG 156** 3
- gerichtliche Handlung **GVG 156** 4
- Hilfstätigkeiten **GVG 156** 5
- Ordnungswidrigkeiten **GVG 156** 4
- Rechtspfleger **GVG 156** 4
- Strafsachen **GVG 156** 4
- unmittelbarer Zusammenhang **GVG 156** 5
- Zuständigkeit des ersuchenden Gerichts **GVG 156** 3

Rechtshilfeersuchen
- Aktenstudium **GVG 157** 8
- ausreichend bestimmt **GVG 157** 8
- Beweiserhebung **GVG 157** 8
- Bindung des ersuchten Gerichts **GVG 157** 9
- Bitte um Konkretisierung **GVG 157** 8
- formell **GVG 157** 7
- Überprüfung der inhaltlichen Richtigkeit **GVG 157** 9
- Vornahme von Ermittlungen **GVG 157** 8

Rechtshilfefälle
- Rechtshilfe **EMRK 6** 72 ff.
- Vertragsstaat als ersuchender Staat **EMRK 6** 73
- Vertragsstaat als ersuchter Staat **EMRK 6** 75

- Verweigerung des ersuchten Staates der Beachtung der Rechte **EMRK 6** 74

Rechtshilfepflicht
- Amtshilfe **GVG 156** 1
- konkretes Ersuchen **GVG 156** 2
- Rechtshilfe **GVG 156** 1
- Rechtshilfepflicht **GVG 156** 2
- Verweigerung **GVG 156** 2

Rechtskraft der Entscheidung StrEG 9 35
Rechtskraft der Grundentscheidung StrEG 8 75
Rechtskraft der Verurteilung
- Instanzenzug **StrEG 1** 10
- Kostenvorschriften der StPO **StrEG 1** 10
- Öffentlichkeit des Strafverfahrens **StrEG 1** 10

Rechtskraftwirkung StrEG 13 16
Rechtsmissbrauch StrEG 5 94
Rechtsmittel (Ausschluss der Öffentlichkeit)
- Beschwerdebefugnis **GVG 174** 16
- Beschwerderecht **GVG 174** 16
- denkgesetzlicher Ausschluss des Beruhens **GVG 174** 17
- Durchführung des Ausschließungsverfahrens samt Ausschließungsbeschluss **GVG 174** 16
- fehlender Ausschließungsbeschluss **GVG 174** 17
- Geheimhaltungsbeschluss **GVG 174** 20
- Mängel im rechtlichen Gehör **GVG 174** 18
- Nennung alternativer Gründe **GVG 174** 17
- qualifizierter Antrag **GVG 171b** 19
- relativer Revisionsgrund **GVG 171b** 20; **GVG 174** 18
- Revision **GVG 171b** 18
- Übergehen des Antrags **GVG 174** 19
- Unanfechtbarkeit **GVG 171b** 17, 19
- Versäumnisse **GVG 171b** 19
- Zutrittsversagung, **GVG 185** 10

Rechtsmittel bei Rechtshilfeentscheidungen
- Beschwerde sui generis **GVG 159** 2
- Überprüfung durch Oberlandesgericht **GVG 159** 1

Rechtsmittelbelehrung (Übersetzung)
- Ladungsschriften **GVG 187** 44
- schriftliche Rechtsmitteleinlegung in deutscher Sprache **GVG 187** 44

magere Zahlen = Randnummern

Sachverzeichnis

– Wiedereinsetzung in den vorherigen Stand **GVG 187** 44
– wirksame Rechtsmittelbelehrung **GVG 187** 44
Rechtspflegestatistik GVG 185 27
Rechtsprechungsbindung
– Auslegung der Rechtsnormen **GVG 150** 5
– Einheit der Rechtsanwendung **GVG 150** 6
– Freispruch **GVG 150** 9
– gefestigte, höchstrichterliche Rechtsprechung **GVG 150** 4, 7 ff.
– Gewaltentrennung **GVG 150** 6
– Gleichheit vor dem Gesetz **GVG 150** 6
– hinreichender Tatverdacht **GVG 150** 9
– Legalitätsgrundsatz **GVG 150** 9
– organisatorische und funktionale Unabhängigkeit **GVG 150** 6
– Verfahrenseinstellung **GVG 150** 10
Rechtsschutz
– eigene Ermittlungen des Empfängers **EGGVG 19** 10
– keine Fernwirkung **EGGVG 19** 11
– Schadensersatzanspruch **EGGVG 19** 10
– Verletzung des Zweckbindungsgrundsatzes **EGGVG 19** 10
Rechtsschutz (Maßnahmen der Dienstaufsicht)
– Analogie **GVG 1** 66
– Beeinträchtigung der richterlichen Unabhängigkeit **GVG 1** 65
– eigenständiges Rechtsschutzverfahren **GVG 1** 64
– Maßnahme im weitesten Sinn **GVG 1** 64
– Rechtsstaat **GVG 1** 64
Rechtsschutz (sonstige Beeinträchtigungen)
– Maßnahmen des Haushaltsgesetzgebers **GVG 1** 69
– Maßnahmen des Präsidiums **GVG 1** 68
– Verfassungsbeschwerde **GVG 1** 69
– Verwaltungsrechtsweg **GVG 1** 68
Rechtsschutzversicherung StrEG 13 10
Rechtsweg
– Anordnung von Beschränkungsmaßnahmen **G 10 13** 2
– Anrufung der G 10-Kommision **G 10 13** 2
– Bundesverwaltungsgericht **G 10 13** 5
– Individualmaßnahmen **G 10 13** 2
– Klage auf Auszahlung **StrEG 13** 1

– Konzentration **G 10 13** 1
– Ordentliche Gerichte **StrEG 13** 1
– Rechtsnatur von Beschränkungsmaßnahmen **G 10 13** 4
– Unzulässigkeit der Klage **StrEG 13** 1
– Verfassungsbeschwerde **G 10 13** 6
– Verwaltungsakt **G 10 13** 4
– Verwaltungsrechtsweg **G 10 13** 5
– Zeitpunkt der Mitteilung an den Betroffenen **G 10 13** 2
– Zuständigkeit **G 10 13** 5
– **EGGVG 21** 23
Rechtsweg bei Justizverwaltungsakten
– Antrag auf gerichtliche Entscheidung **EGGVG 23** 7
– Justizverwaltungsakte **EGGVG 23** 1
– öffentlich-rechtliche Streitigkeit nichtverfassungsrechtlicher Art **EGGVG 23** 1
– ordentliche Gerichtsbarkeit **EGGVG 23** 1
– Subsidiarität **EGGVG 23** 7
– Überprüfung der Rechtmäßigkeit **EGGVG 23** 1
Rechtsweggarantie *siehe Beschwerderecht*
– Entscheidungsmonopol der Verwaltungsgerichte **EGGVG 23** 6
– Justizverwaltungsakte **EGGVG 23** 6
– Natur der Streitsache **EGGVG 23** 5
– Volljuristen **EGGVG 23** 6
Rechtswegzuständigkeit
– Analogie bei Kompetenzkonflikten **GVG 17b** 4
– Anfechtung **GVG 17b** 5
– Bindungswirkung **GVG 17b** 2
– eigenständiges Rechtsmittelverfahren **GVG 17b** 5
– Justizverwaltungakte in Strafsachen **GVG 17b** 3
– Nichtzulassungsbeschwerde **GVG 17b** 5
– perpetuatio fori **GVG 17b** 2
– Rechtshängigkeit **GVG 17b** 2
– Rechtsweg **GVG 17b** 3
– sofortige Beschwerde **GVG 17b** 5
– Verhältnis der Gerichtsbarkeiten **GVG 17b** 4
– Verhältnis zu Verwaltungsgerichten **GVG 17b** 3
– Verweisung **GVG 17b** 2, 4
– von Amts wegen **GVG 17b** 2
Rechtswegzuweisung
– Durcheinander und Gegeneinander der verschiedenen Gerichtsverfahren **EGGVG 23** 4

1977

Sachverzeichnis
fette Zahlen = §§

- Gleichwertigkeit aller Gerichtszweige **EGGVG 23** 2
- größere Sachnähe **EGGVG 23** 3
- Ordnungsfunktion **EGGVG 23** 2
- Zweckmäßigkeitserwägungen des Gesetzgebers **EGGVG 23** 2

Rechtswidrige Überwachungsmaßnahmen
- Beweisverwertungsverbot **G 10 3** 20
- Fernwirkung **G 10 3** 20
- Individualmaßnahme zur Erforschung von Katalogtaten **G 10 3** 20

Referendare
- abschließende Aufzählung **GVG 10** 4
- Anwesenheit **GVG 10** 3
- Aufsichtspflichtverletzung **GVG 10** 10
- echte richterliche Tätigkeit **GVG 10** 8
- Eidesanordnung und -abnahme **GVG 10** 7
- Entziehung des gesetzlichen Richters **GVG 10** 8
- Erlernen richterlicher Fertigkeiten **GVG 10** 1
- Rechtshilfeersuchen **GVG 10** 5 f.
- Rechtsreferendare **GVG 10** 1
- unter ununterbrochener Aufsicht des Richters **GVG 10** 8
- Verfahrensfehler **GVG 10** 9

Regelungen für Postsendungen G 10 11 7 f.

Regelungslücken
- Ausrichtung auf das FamFG **EGGVG 29** 14
- Rückgriff auf die StPO **EGGVG 29** 14
- Umgestaltung des Verfahrens **EGGVG 29** 13

Reihenfolge der Stimmabgabe
- Berichterstatter **GVG 197** 2
- Berufsrichter nach Dienstalter **GVG 197** 2
- Revision **GVG 197** 3
- Schöffen **GVG 197** 2
- Steigerung der Effizienz des Spruchkörpers **GVG 197** 2
- Vorsitzender **GVG 197** 1 f.

Remonstration
- Bedenken gegen die Rechtmäßigkeit **GVG 146** 20, 22
- Befreiung von der eigenen Verantwortung **GVG 146** 20
- doppelte Remonstrationspflicht **GVG 146** 20

- gerichtliche Nachprüfbarkeit **GVG 146** 23
- Risiko der Nichtbefolgung **GVG 146** 21

Revision
- Abwesenheit des Dolmetschers **GVG 185** 66 f.
- Anwesenheit nicht zur Entscheidung berufener Personen **GVG 193** 13
- Ausfall der Dolmetscherleistung **GVG 185** 71
- Aussetzungsantrag **GVG 187** 75
- Beeinträchtigung der wahrheitsgemäßen Ermittlung des Sachverhalts **GVG 176** 68
- Beratung **GVG 192** 15
- Dolmetscherhinzuziehung **GVG 187** 75
- fehlerhafte Dolmetscherleistung **GVG 191a** 18
- fehlerhafte Prognose über den Geschäftsanfall einer Schwurgerichtskammer **GVG 74** 11
- Hilfsschöffenliste **GVG 49** 8
- Hör- und Sprachbehinderung **GVG 186** 17
- medienrechtliche Besonderheiten **GVG 176** 70
- Mehrtägige Sitzung **GVG 50** 6
- Nebenklägerrevision **GVG 185** 72
- nicht ordnungsgemäß geleisteter Eid **GVG 189** 24
- Öffentlichkeitsgrundsatz **GVG 169** 79
- Schöffen **GVG 43** 5, 11, 77
- Sitzungspolizei **GVG 17** 69
- Sitzungstage **GVG 45** 14
- Strafkammerbesetzung **GVG 76** 25
- Verstoß gegen die Abstimmungsregeln **GVG 194** 8
- Verstoß gegen die Vereidigungspflicht **GVG 189** 23
- Vertretung der Kammermitglieder **GVG 70** 11
- Wirtschaftsstrafkammer **GVG 74c** 14
- Zuständigkeit in Strafsachen **GVG 74** 10
- absoluter Revisionsgrund **AO 391** 18
- Aussetzung des Verfahrens **AO 396** 42
- Einleitung des Strafverfahrens **AO 397** 41
- Ermessensreduzierung auf Null **AO 391** 18
- Geschäftsverteilung **AO 391** 18
- Maßnahmen im Steuerstrafverfahren **AO 393** 85

magere Zahlen = Randnummern

Sachverzeichnis

– nicht vorschriftsmäßige Besetzung **AO 391** 18
– Steuer- und Zollfahndung **AO 404** 55
– Steuergeheimnis **AO 30** 52
– Zuständigkeit **AO 386** 38

Richter beim Amtsgericht
– Anspruch auf den gesetzlichen Richter **GVG 22** 7
– in Rechtsprechungsangelegenheiten tätiger Richter **GVG 22** 6
– Planstelle **GVG 22** 7
– Status des Richters **GVG 22** 6

Richterliche Gewalt
– Ausübung richterlicher Gewalt **GVG 1** 9
– Gerichtsverwaltung **GVG 1** 8
– Gesamtheit der gesetzlichen Aufgabenzuweisung **GVG 1** 7
– Gewaltenteilungsprinzip **GVG 1** 4
– Justizverwaltung **GVG 1** 8
– materieller und formeller Rechtsprechungsbegriff **GVG 1** 6
– Rechtsprechungsbegriff des Grundgesetzes **GVG 1** 6
– Rechtsstaatsprinzip **GVG 1** 4
– richterliche Selbstverwaltung **GVG 1** 8 f.
– Unabhängigkeitsgarantie **GVG 1** 4, 6

Richterliche Unabhängigkeit
– Bindung an Recht und Gesetz **GVG 1** 16
– Gewaltenteilung **GVG 1** 16
– innere Unabhängigkeit **GVG 1** 15
– institutionelle Unabhängigkeit **GVG 1** 15
– persönliche Unabhängigkeit **GVG 1** 15
– sachliche Unabhängigkeit **GVG 1** 15
– Standesprivileg **GVG 1** 16
– wirtschaftliche Unabhängigkeit **GVG 1** 15

Richterliche Verantwortlichkeit
– Begrenzungsfunktion **GVG 1** 59
– Disziplinargewalt **GVG 1** 61
– disziplinarrechtliche Verantwortung **GVG 1** 58, 61
– Rechtsbeugung **GVG 1** 59
– Richterspruchprivileg **GVG 1** 60
– straf- und zivilrechtliche Haftung **GVG 1** 58
– strafrechtliche Verantwortlichkeit **GVG 1** 59
– verfassungsrechtliche Richteranklage **GVG 1** 58
– verfassungsrechtliche Verantwortung **GVG 1** 62

Richtlinienkonforme Auslegung
– allumfassender Übersetzungsanspruch **GVG 187** 30
– Bedeutung des konkreten Dokuments **GVG 187** 28 f.
– Bezug der Regelwirkung **GVG 187** 27
– Inanspruchnahme über Gebühr **GVG 187** 29
– Kostenlast **GVG 187** 29 f.
– Prozessklima **GVG 187** 30
– Schutzniveau **GVG 187** 27
– Umgangsverfahren **GVG 187** 30
– Umkehr des Regel-Ausnahme-Verhältnisses **GVG 187** 27 f.
– Wegfall des Erforderlichkeitskriteriums **GVG 187** 27
– wesentliche Unterlagen **GVG 187** 27
– Wesentlichkeit des Dokuments **GVG 187** 28

Rückforderung
– Verfahren **StrEG 14** 10
– Wiedereinziehung **StrEG 14** 8 ff.
– Zuständigkeit **StrEG 14** 9

Sachleitungsbefugnis
– Auskunfts- und Zeugnisverweigerungsrecht **GVG 152** 14
– Dienstaufsichtsbeschwerde **GVG 152** 16
– divergierende Ansichten **GVG 152** 15
– fehlerhafte Sachbehandlung der Ermittlungsperson **GVG 152** 15
– gerichtliche Überprüfung **GVG 152** 22
– persönliche Dienstaufsichtbeschwerde **GVG 152** 23
– Sachaufsichtsbeschwerde **GVG 152** 23
– Überwachung und Instruktion der Ermittlungspersonen **GVG 152** 14
– Weigerung der Ausführung durch Ermittlungsperson **GVG 152** 16
– Zuständigkeit **GVG 152** 22
– zwangsweise Durchsetzung **GVG 152** 16

Sachlich zuständige Finanzbehörde
– abweichende Zuständigkeitsregelung **AO 387** 8
– Anwendungsbereich **AO 387** 2
– Aufgabenverteilung zwischen Bundes- und Landesfinanzbehörden **AO 387** 5
– Bundeszentralamt für Steuern **AO 387** 6
– doppelte Konzentration **AO 387** 10
– Familienkassen **AO 387** 7
– Finanzämter für Fahndung und Strafsachen **AO 387** 9
– Finanzverfassung **AO 387** 5

1979

Sachverzeichnis fette Zahlen = §§

- Konzentration der Befugnisse **AO 387** 1
- Konzentration der Zuständigkeiten im Bund und in einzelnen Ländern **AO 387** 3
- mittelbare Konzentration steuerstrafrechtlicher Zuständigkeiten **AO 387** 2
- Unterscheidung der sachlichen von der örtlichen Zuständigkeit **AO 387** 5
- Verwaltung von Steuern **AO 387** 6
- Zusammenhang zwischen Besteuerungs- und Steuerstrafverfahren **AO 387** 4

Sachliche Rechtsmittelbeschränkung
- Absehen von Strafe **JGG 55** 56
- Anfechtung der Schuldfrage **JGG 55** 62
- Anfechtung durch die Staatsanwaltschaft **JGG 55** 64
- Anfechtung wegen Gesetzeswidrigkeit **JGG 55** 63
- Begründungszwang **JGG 55** 67
- Berufung **JGG 55** 67
- eindeutige Formulierung des Angriffsziels des **JGG 55** 69
- Einheitlichkeit des Urteils **JGG 55** 73
- Entscheidungsbefugnis des Rechtsmittelgerichts **JGG 55** 73
- erforderliches Rügevorbringen **JGG 55** 66
- erlittene Freiheitsentziehung bei Jugendarrest **JGG 55** 57
- Freispruch **JGG 55** 65
- Rechtsfolgen **JGG 55** 70 ff.
- Reichweite **JGG 55** 54 ff.
- Revision **JGG 55** 69
- Umgehung **JGG 55** 69, 73
- unzulässige Anfechtungsziele **JGG 55** 59 f.
- Willensrichtung des Rechtsmittelführers **JGG 55** 66
- zulässige Anfechtungsziele **JGG 55** 61

Sachliche Unabhängigkeit
- Bindung an Recht und Gesetz **GVG 1** 20
- Dienstaufsicht **GVG 1** 20
- eingeschränkte Verantwortungsfreiheit **GVG 1** 19
- Entziehungsfreiheit **GVG 1** 19
- Geltung für alle Richter **GVG 1** 18
- richterliches Amtsethos **GVG 1** 20
- Schutz gegen Kritik **GVG 1** 20
- Weisungsfreiheit **GVG 1** 18

Sachliche Zuständigkeit
- Amtsanwalt **GVG 142** 9
- Amtsanwalt im Jugendverfahren **GVG 142** 11
- Amtshandlungen außerhalb der sachlichen Zuständigkeit **GVG 142** 2
- Anklageerhebung zu einem sachlich unzuständigen Gericht **GVG 142** 2
- Ermittlungsassistent **GVG 142** 17
- Gefahr im Verzug **GVG 142** 13
- Generalbundesanwalt **GVG 142** 3
- gesetzliche Unzuständigkeit **GVG 142** 13
- gesetzliche Zuständigkeit der Amtsanwälte **GVG 142** 10
- keine eigene Staatsanwaltschaft **GVG 142** 8
- örtliche Unzuständigkeit **GVG 142** 2
- Rechtshilfegericht **GVG 157** 2
- Referendar **GVG 142** 14
- sequenzielle Zuständigkeit **GVG 142** 1
- Staatsanwaltschaft beim OLG und LG **GVG 142** 6
- Substitution **GVG 142** 7
- Verstöße gegen Beschränkungen der Zuständigkeit **GVG 142** 12
- Zuständigkeitsvorrang **GVG 120** 15
- zwingende erstinstanzliche Zuständigkeit **GVG 120** 13

Sachliche Zuständigkeit der Jugendkammer
- Anwendungsbereich **JGG 41** 1
- Berufung **JGG 41** 12 ff.
- Beschwerde **JGG 41** 15
- Erstinstanzliche Zuständigkeit **JGG 41** 2
- Katalogtat **JGG 41** 3 f.
- Rechtsfolgenkompetenz **JGG 41** 16
- Rechtsmittelinstanz **JGG 41** 12 ff.
- Revision **JGG 41** 17
- Schwurgericht **JGG 41** 2
- sonstige Zuständigkeit **JGG 41** 11
- Unzuständigkeit **JGG 41** 11
- Zuständigkeit bei Anklage **JGG 41** 9
- Zuständigkeit einer großen Strafkammer bei Verbindung **JGG 41** 6 f.
- Zuständigkeit im Fall des § 108 Abs. 3 S. 2 **JGG 41** 10
- Zuständigkeit nach Übernahmebeschluss **JGG 41** 5
- Zuständigkeit wegen besonderer Schutzbedürftigkeit mutmaßlicher Verletzter **JGG 41** 8

Sachliche Zuständigkeit des Jugendrichters
- absolute Grenze der Rechtsfolgenkompetenz **JGG 39** 14

1980

magere Zahlen = Randnummern **Sachverzeichnis**

- Anwendungsbereich **JGG 39** 1
- Auswahlentscheidung **JGG 39** 3, 5 f.
- Erweiterung der Rechtsfolgenkompetenz **JGG 39** 13
- Jugendschutzsachen **JGG 39** 2
- Ordnungswidrigkeitsgesetz **JGG 39** 2
- Rechtsfolgenkompetenz **JGG 39** 2, 12 ff.
- Rechtsfolgenprognose **JGG 39** 3 f.
- Revision **JGG 39** 15
- Unzuständigkeit nach Eröffnung des Hauptverfahrens **JGG 39** 10 f.
- Unzuständigkeit vor Eröffnung des Hauptverfahrens **JGG 39** 7 f.
- Zweifel **JGG 39** 6

Sachliche Zuständigkeit des Schöffengerichts
- Abgabeverfahren **JGG 40** 10 ff.
- Anwendungsbereich **JGG 40** 1
- besonderer Umfang der Sache **JGG 40** 13
- Bindungswirkung **JGG 40** 3
- Entscheidung der Jugendkammer **JGG 40** 15 ff.
- Jugendstrafe **JGG 40** 5
- negative Abgrenzung **JGG 40** 2
- Prüfung von Amts wegen **JGG 40** 3
- Rechtsfolgenkompetenz **JGG 40** 5 ff.
- Revision **JGG 40** 18 f.
- Sicherungsverfahren **JGG 40** 9
- Sicherungsverwahrung **JGG 40** 8
- Übernahmeverfahren **JGG 40** 12 ff.
- Unterbringung im psychiatrischen Krankenhaus **JGG 40** 7
- Unzuständigkeit **JGG 40** 3 f.
- Zwischenverfahren **JGG 40** 14

Sachverhaltsfeststellung
- Anscheinsbeweis **EMRK 2** 6
- Beweiserleichterungen **EMRK 2** 6
- Beweislast **EMRK 2** 4
- effektiver Menschenrechtsschutz **EMRK 2** 7
- Ermittlung von Amts wegen **EMRK 2** 5
- Feststellung des behaupteten Verletzungssachverhalt **EMRK 2** 4
- Feststellungen des zuvor entscheidenden Gerichts **EMRK 2** 5
- Individualbeschwerde **EMRK 2** 7
- versäumte Mitwirkungspflichten **EMRK 2** 6

Schaden
- Gebot der Gerechtigkeit **StrEG 1** 38
- Kausalität **StrEG 1** 40

- Strafverbüßung in anderer Sache **StrEG 1** 39
- Umfang und Nachweis des Vermögensschadens **StrEG 1** 40
- Verlust des Arbeitsplatzes **StrEG 1** 38
- Vollstreckung **StrEG 1** 37

Schifffahrtsgerichte
- abschließende Nennung der Bundesgerichte im Grundgesetz **GVG 13a** 1
- allgemeine Binnenschifffahrtssachen **GVG 13a** 2
- ausschließliche Tatortzuständigkeit **GVG 13a** 3
- Moselschifffahrtsgerichte **GVG 13a** 4
- ordentliche Gerichte **GVG 13a** 2
- Rheinschifffahrtsgerichte **GVG 13a** 4
- staatsvertragliche Grundlage **GVG 13a** 1
- staatsvertragliche Schifffahrtsgerichte **GVG 13a** 4
- strom- oder schifffahrtspolizeiliche Vorschriften **GVG 13a** 3

Schöffen der Strafkammern
- abweichende Vorschriften für die Schriften des Landgerichts **GVG 77** 3
- abweichende Zuständigkeiten **GVG 77** 9
- allgemeines Verfahren **GVG 77** 4
- Annahme des Amtes zu dem der Schöffe zuerst einberufen wurde **GVG 77** 10
- Anwendbarkeit der Vorschriften über die Schöffen beim Amtsgericht **GVG 77** 2
- Auslosung **GVG 77** 6
- Benachrichtigungen **GVG 77** 8
- einheitliche Haupt- und einheitliche Hilfsschöffenliste **GVG 77** 2
- Hilfsstrafkammer **GVG 77** 7
- Kollisionen der Sitzungstage **GVG 77** 7
- Landesjustizverwaltung **GVG 77** 5
- Mehrfachbenennung **GVG 77** 10
- pflichtgemäßes Ermessen **GVG 77** 4
- reibungsloser Ablauf bei der Bestimmung des gesetzlichen Richters **GVG 77** 3
- spruchkörperinterne Vertretungsregel **GVG 77** 7
- Vertretung **GVG 77** 6
- Verwaltungsaufgaben des Präsidenten **GVG 77** 6

Schöffenauswahl
- Berufs- und Amtsträger **GVG 34** 1
- Berufsrichter aller Rechtszweige **GVG 34** 6
- Besorgnis der Unabhängigkeit der Schöffen **GVG 34** 1
- Bundespräsident **GVG 34** 3

1981

Sachverzeichnis fette Zahlen = §§

- gerichtliche Vollstreckungsbeamte, Polizeivollzugsbeamte, Bedienstete des Strafvollzugs, hauptamtliche Bewährungs- und Gerichtshelfer **GVG 34** 10
- höhere Verwaltungsbeamte der Länder **GVG 34** 14
- in zwei aufeinanderfolgenden Amtsperioden tätig gewesene ehrenamtliche Richter **GVG 34** 13
- Mitglieder der Bundes- oder Landesregierung **GVG 34** 4
- Notare **GVG 34** 8
- Öffnungsklausel **GVG 34** 2
- politische Beamte des Bundes und der Länder **GVG 34** 5
- Rechtsanwälte **GVG 34** 9
- Religionsdiener **GVG 34** 12
- Repräsentanzprinzip **GVG 34** 1
- Revision **GVG 34** 15
- Staatsanwälte und Amtsanwälte **GVG 34** 7

Schöffenliste
- abstrakte Bestimmung **GVG 44** 2
- Auslosung der Reihenfolge **GVG 44** 2
- Einsichtsrecht **GVG 44** 3
- gesetzlicher Richter **GVG 44** 1
- getrennte Schöffenlisten **GVG 44** 1
- Justizverwaltung **GVG 44** 3
- Rügepräklusion **GVG 44** 3

Schöffenungeeignetheit
- bereits im Wahlverfahren bekannte Umstände **GVG 33** 13
- Besetzungsrüge **GVG 33** 14
- Blindheit **GVG 33** 6
- der deutschen Sprache mächtig **GVG 33** 7
- geistige oder körperliche Gebrechen, Behinderungen oder Krankheiten **GVG 33** 5
- gesetzliche Vermutung der persönlichen Ungeeignetheit **GVG 33** 2
- Lebensalter zu Beginn der Amtsperiode **GVG 33** 3
- Leseunfähigkeit **GVG 33** 6
- maßgeblicher Zeitpunkt **GVG 33** 12
- objektiv willkürlich **GVG 33** 14
- Prognose bei Aufstellung der Listen **GVG 33** 12
- Repräsentanzprinzip **GVG 33** 7
- Revision **GVG 33** 14
- Schöffenwahlausschuss **GVG 33** 12
- Schutz der Rechtspflege **GVG 33** 1
- Sollvorschrift **GVG 33** 1

- Stasi-Mitarbeiter **GVG 33** 11
- Stummheit **GVG 33** 6
- Taubheit **GVG 33** 6
- Vermögensverfall **GVG 33** 8
- Verstöße gegen Grundsätze der Menschlichkeit oder Rechtsstaatlichkeit **GVG 33** 10
- Vertrautheit mit den örtlichen Verhältnissen des Gerichtsbezirks **GVG 33** 4
- Wahrnehmungsschwäche **GVG 33** 5

Schöffenwahl
- abschließende Festlegung durch verbindliche Liste **GVG 42** 2
- allgemeine Repräsentanz **GVG 42** 6
- analoge Anwendung **GVG 42** 4
- Beweiskraft **GVG 42** 5
- echte Wahl **GVG 42** 3
- ex nunc für den Rest der Amtsperiode **GVG 42** 4
- Haupt- und Hilfsschöffen **GVG 42** 1
- Hauptaufgabe des Ausschusses **GVG 42** 1
- Nachwahl **GVG 42** 4
- selbstständig und in eigener Verantwortung **GVG 42** 3
- Sollvorschrift **GVG 42** 6
- turnusmäßige Wahl **GVG 42** 1
- vereinigte Vorschlagsliste **GVG 42** 2
- Wahlausschuss **GVG 42** 2
- Zweidrittel-Mehrheit der abgegebenen Stimmen **GVG 42** 5

Schöffenzahl
- Akt der Justizverwaltung **GVG 43** 1
- Anzahl der Haupt- und Hilfsschöffen **GVG 43** 2
- Bemessung der Hilfsschöffenzahl **GVG 43** 4
- Berechnungsgrundlage **GVG 43** 3
- Erfahrungswerte **GVG 43** 4
- mit den gesetzlichen Bestimmungen vertraut **GVG 43** 1
- pflichtgemäßes Ermessen **GVG 43** 3
- Prognose der Sitzungstage **GVG 43** 3
- Schöffenbedarf pro Spruchkörper **GVG 43** 3
- Schutz der Schöffen **GVG 43** 1
- Zuständigkeit **GVG 43** 2

Schranken der Öffentlichkeit
- Eingangskontrolle **GVG 169** 18
- Hausrecht **GVG 169** 16
- Kontrollmaßnahmen **GVG 169** 18
- Losverfahren **GVG 169** 17
- Menschenwürde **GVG 169** 18

magere Zahlen = Randnummern

- natürliche Schranken **GVG 169** 15
- Öffentliche Teilhabe im Rahmen der tatsächlichen Gegebenheiten **GVG 169** 15
- Opportunitätseinstellung *siehe dort*
- physische Zutrittsverhinderung **GVG 169** 18
- Plätze für Medienvertreter **GVG 169** 17
- Platzreservierung **GVG 169** 17
- Reihenfolgeprinzip **GVG 169** 17
- Strafbefehl *siehe dort*
- strafverfahrensgestaltende Maßnahmen **GVG 169** 19
- ungestörter Ablauf der Sitzung **GVG 169** 18
- Verlegung der Hauptverhandlung in gerichtsexterne Räumlichkeit **GVG 169** 18
- Verständigung *siehe dort*
- Videoüberwachung **GVG 169** 18

Schriftstücke für blinde oder sehbehinderte Personen, Zugänglichmachung
- Barrierefreiheit **GVG 191a** 1
- eingeschränkte Prozessfähigkeit **GVG 191a** 1
- Einreichung von Schriftsätzen **GVG 191a** 2
- Einsichtnahme in Akten **GVG 191a** 2
- elektronischer Rechtsverkehr **GVG 191a** 3
- Erforderlichkeit **GVG 191a** 1
- Ermächtigung zu Erlass der Zugänglichmachungsverordnung **GVG 191a** 3
- Gerichtssprache **GVG 191a** 1
- Gleichstellungsanspruch **GVG 191a** 2
- Historie **GVG 191a** 5
- Kostenregelung **GVG 191a** 2
- Mitwirkungspflicht **GVG 191a** 3
- Schwarzschrift **GVG 191a** 1
- Sicherung der Teilhabe **GVG 191a** 1
- Transkribierung **GVG 191a** 1
- Übersetzung visueller Kommunikationselemente im Prozess **GVG 191a** 1
- Verwirkung **GVG 191a** 3
- Wahlrecht **GVG 191a** 3
- Zugänglichmachungsverordnung **GVG 191a** 2

Schriftstücke, Zugänglichmachung
- Angabe der Form der Zugänglichmachung **GVG 191a** 14
- Antrag **GVG 191a** 14
- Auslagen **GVG 191a** 16

- barrierefreie Gewährung der Akteneinsicht **GVG 191a** 13
- Barrierefreiheit **GVG 191a** 11
- Blindenschrift **GVG 191a** 14
- Einsichtnahme in alle für das laufende Verfahren relevanten Unterlagen **GVG 191a** 11
- Erforderlichkeitsklausel **GVG 191a** 11
- Freibeweisverfahren **GVG 191a** 12
- Großdruck **GVG 191a** 14
- Hinweis auf Wahlrecht **GVG 191a** 15
- Kosten **GVG 191a** 16
- nicht in Schriftzeichen wiedergebbare Darstellungen **GVG 191a** 15
- Rechtsanwalt **GVG 191a** 12
- Staatskasse **GVG 191a** 16
- übersichtlicher und gut vermittelbarer Streitstoff **GVG 191a** 12
- Wahlrecht **GVG 191a** 15
- Wiedereinsetzung in den vorherigen Stand **GVG 191a** 15

Schriftverkehr
- Akteneinsicht des Verteidigers **EGGVG 34** 25
- Petitionsrecht **EGGVG 34** 26

Schriftverkehr mit dem Verteidiger GVG 187 54

Schutz des Kernbereichs privater Lebensgestaltung
- absolutes Beweisverwertungsverbot **G 10 3a** 11; **G 10 5a** 7
- Abwägung und Gesamtbetrachtung **G 10 3a** 5
- Äußerungen mit unmittelbarem Bezug zu konkreten Straftaten **G 10 3a** 5
- Beschränkungen **G 10 5a** 5
- Dokumentation **G 10 3a** 12 f.
- Echtzeitüberwachung **G 10 3a** 7
- Erhebungsverbot **G 10 5a** 6
- Evidenzfälle **G 10 3a** 7
- Fortführung einer ununterbrochenen Maßnahme **G 10 3a** 10
- Frist **G 10 3a** 15
- Fristberechnung **G 10 3a** 15
- gesonderte Ermittlungen **G 10 3a** 6
- Individualüberwachung **G 10 5a** 2
- Inhalt der Dokumentation bei Postüberwachung **G 10 3a** 14
- Inhalt der Dokumentation bei Telekommunikationsüberwachung **G 10 3a** 13
- innere Vorgänge **G 10 3a** 4
- Löschung nach Rücksprache mit G10-Beauftragten **G 10 3a** 7

Sachverzeichnis   fette Zahlen = §§

- Löschungsgebot **G 10 5a** 4
- Löschungsregelungen **G 10 5a** 8
- Maßnahmen der Individualüberwachung **G 10 3a** 3
- Maßnahmen der strategischen Überwachung **G 10 5a** 2
- Maßnahmen der Wohnraumüberwachung **G 10 3a** 1
- Möglichkeit der Erfassung kernbereichsrelevanter Daten **G 10 5a** 4
- Postüberwachung **G 10 3a** 2, 14
- Postverkehr **G 10 5a** 3
- Protokollierungsregelungen **G 10 5a** 8
- tatsächliche Erfassung kernbereichsrelevanter Daten **G 10 5a** 4
- Telekommunikationsüberwachung **G 10 3a** 2, 13
- Telekommunikationsverkehr **G 10 5a** 3
- unverzügliche Vorlage an Mitglied der G10-Kommission **G 10 3a** 8
- Unzulässigkeit der Anordnung **G 10 3a** 6
- Verkehrsdaten **G 10 3a** 13
- Verwendungsregelungen bezüglich der Dokumentationsdaten **G 10 3a** 15
- Verwertungsverbot **G 10 5a** 4

Schutzpflichten
- Einschätzungsspielraum der nationalen Stellen **EMRK 2** 15
- Gesundheitswesen **EMRK 2** 14
- positive obligations **EMRK 2** 14
- Umweltschutz **EMRK 2** 14

Schweigen
- Angaben zur Person **StrEG 5** 91
- entlastende Umstände **StrEG 5** 89
- pauschales Bestreiten der Vorwürfe **StrEG 5** 88
- teilweise Einlassung **StrEG 5** 90

Schwurgerichtskammer
- abschließender Katalog **GVG 74** 7
- Auffangschwurgericht **GVG 74** 6
- einheitliche Rechtsprechung in Schwerstkriminalitätsverfahren **GVG 74** 6
- Existenz von Gesetzes wegen **GVG 74** 5
- Konzentrationsermächtigung **GVG 74** 5
- sachliche und funktionelle Zuständigkeit **GVG 74** 7
- Spezialisierung der Mitglieder des Spruchkörpers **GVG 74** 6

Selbstbelastungsfreiheit
- Belehrungspflicht über das Schweigerecht **EMRK 6** 326
- deutscher Rechtsstandard **EMRK 6** 324
- Duldung **EMRK 6** 321
- Freiwilligkeit **EMRK 6** 331
- gravierende Täuschungen **EMRK 6** 331
- Haft **EMRK 6** 329 ff.
- Kernbereich der Verfahrensfairness **EMRK 6** 318
- Konzept des offenen Verfahrens **EMRK 6** 319
- nichtstrafrechtliche Verfahren **EMRK 6** 332
- partielle Verwertbarkeit des Schweigens **EMRK 6** 323
- Selbstbelastungsfreiheit **EMRK 6** 327 ff.
- Selbstbezichtigung **EMRK 6** 320
- Umgehungsschutz **EMRK 6** 327 ff.
- Unschuldsvermutung **EMRK 6** 319
- verbotener Zwang **EMRK 6** 325
- Vernehmungsäquivalente **EMRK 6** 328
- Verwertung **EMRK 6** 322
- Vorwirkungen **EMRK 6** 333
- willentliche Mitwirkung des Beschuldigten **EMRK 6** 320

Selbstgefährdungsfälle StrEG 5 83 f.

Selbstständiges Ermittlungsverfahren
- Abgrenzung zum Verfahren der Staatsanwaltschaft **AO 386** 23 ff.
- Ausnahme von der allgemeinen Zuständigkeit der Staatsanwaltschaft **AO 386** 20
- ausschließliche Steuerstraftat **AO 386** 21
- Behörden des Polizeidienstes nach der Strafprozessordnung **AO 386** 23
- bestimmte steuerrechtliche Bezüge **AO 386** 21
- Kirchensteuer **AO 386** 21
- rechtliche Bewertung der Tat **AO 386** 21
- Rechtsbeugung **AO 386** 22
- Steuergeheimnis **AO 386** 24
- strafprozessualer Tatbegriff **AO 386** 21
- Verwertungsverbot **AO 386** 24
- Vorlage **AO 386** 24

Selbstverteidigung
- Akteneinsicht **EMRK 6** 177
- Anwesenheitsrecht **EMRK 6** 175, 182
- Bestellung eines Verteidigers gegen den Willen des Angeklagten **EMRK 6** 176, 178
- Obliegenheit zur sorgfältigen Rechtswahrnehmung **EMRK 6** 174
- Rechtsmittelverfahren **EMRK 6** 177
- Sicherung des Verfahrens **EMRK 6** 177
- Wahlverteidigung **EMRK 6** 174, 179, 184

magere Zahlen = Randnummern

Sachverzeichnis

Senate am Oberlandesgericht
- Anzahl und Bildung der Senate **GVG 116** 3
- auswärtige Senate **GVG 116** 6
- berufs- und ehrengerichtliche Verfahren **GVG 116** 5
- besondere Senate **GVG 116** 4
- Bestimmung nach Landesrecht **GVG 116** 3
- Entstehungsgeschichte **GVG 116** 2
- Ermittlungsrichter **GVG 116** 8
- Hilfssenate **GVG 116** 7
- Hilfsstrafkammer **GVG 116** 7
- Normbedeutung **GVG 116** 1
- Revision **GVG 116** 9
- sachlich beschränkter oder befristeter Zeitraum **GVG 116** 7
- Sicherungsverwahrung **GVG 116** 10
- Spezialzuständigkeit **GVG 116** 4
- Staatsschutzsenat **GVG 116** 8, 10
- vorübergehende Überlastung **GVG 116** 7
- Zuständigkeitsbereich kraft Gesetzes **GVG 116** 4
- Zuständigkeitsstreit **GVG 116** 6

Sicherheitsüberprüfungen
- Belehrung des Personal über Inhalt der Mitteilungsverbote **G 10 2** 12
- Sicherheitsüberprüfungsgesetz **G 10 2** 13
- Strafbarkeit eines Verstoßes gegen Mitteilungsverbote **G 10 2** 12

Sicherstellung StrEG 2 52 ff.

Sicherungsverwahrung
- Altfallregelung **JGG 81a** 8
- Anwendungsbereich **JGG 81a** 1
- Erledigungsfälle **JGG 81a** 4
- Gesetz zur Neuordnung des Rechts der Sicherungsverwahrung **JGG 81a** 3
- Gesetz zur Umsetzung des Abstandsgebots **JGG 81a** 4
- nachträgliche Anordnungsvariante **JGG 81a** 2
- Verfahren **JGG 81a** 6
- Zuständigkeit **JGG 81a** 7

Sitz
- Abteilungen **GVG 141** 3
- Generalstaatsanwaltschaft **GVG 141** 3
- selbstständige Amtsanwaltschaft **GVG 141** 3
- selbstständige Zweigstellen **GVG 141** 3
- Staatsanwaltschaft am Sitz der LG **GVG 141** 2
- Staatsanwaltschaft am Sitz der OLG/des Kammergerichts **GVG 141** 2
- unselbstständige Außenstellen **GVG 141** 3
- Wahrnehmung der Aufgaben der Staatsanwaltschaft bei jedem Strafgericht der ordentlichen Gerichtsbarkeit **GVG 141** 1

Sitzungspolizei
- alle Anwesenden **GVG 176** 5
- Arbeitsraum im gleichen Gebäude **GVG 169** 64
- Aufrechterhaltung der Ordnung der Sitzung **GVG 176** 1
- Aufrechterhaltung der Ordnung im Arbeitsraum **GVG 169** 63
- Ausübung des Hausrechts **GVG 169** 64
- Beachtung eines Mindestmaßes äußerer Formen **GVG 176** 7
- fernakustischer Transport **GVG 169** 63
- funktionale Betrachtung **GVG 176** 3
- gerichtsexterne Räumlichkeiten **GVG 169** 64
- Hauptverhandlung **GVG 169** 63
- Hausrecht **GVG 169** 62 ff.; **GVG 176** 2
- Informationsanspruch der Öffentlichkeit und Presse **GVG 176** 6
- Justizwachtmeister **GVG 169** 62; **GVG 176** 8
- Platzzuteilungen im Sitzungssaal **GVG 176** 8
- räumlicher Anwendungsbereich **GVG 176** 3
- räumlich-zeitlicher Bezug zur Hauptverhandlung **GVG 176** 4
- Regelungen der RiStBV **GVG 176** 6 ff.
- Rückübertragung **GVG 169** 62
- Schutz der geordneten Rechtspflege **GVG 176** 1
- Sitzungsvertreter der Staatsanwaltschaft **GVG 176** 9
- Tonaufnahme zur medienöffentlichen Vorführung **GVG 169** 63
- Übertragung des Hausrechts **GVG 169** 64
- ungehinderte Rechts- und Wahrheitsfindung **GVG 176** 1
- Verwaltungsakt **GVG 176** 2
- Wahrung der Rechte der Verfahrensbeteiligten **GVG 176** 1
- zeitlicher Anwendungsbereich **GVG 176** 4

Sitzungspolizei in der Sitzung
- Belehrung über Anwesenheitsrecht **GVG 176** 19

1985

Sachverzeichnis   fette Zahlen = §§

- Bestehen eines Haftgrunds **GVG 176** 15
- erkennungsdienstliche Maßnahmen **GVG 176** 18
- Fesselungsanordnung **GVG 176** 15
- Gebot ungehinderter Wahrheitserforschung **GVG 176** 17
- Gesichtsschleier **GVG 176** 17
- konkreter Anlass **GVG 176** 14
- Kopfbedeckung **GVG 176** 16 f.
- Öffentlichkeitsausschluss auf freiwilliger Basis **GVG 176** 19
- Prinzipien des Rechtsstaates **GVG 176** 17
- Rechtsgrundlage **GVG 176** 17
- Religionsausübungsfreiheit **GVG 176** 17

Sitzungspolizei in Vorbereitung auf die Sitzung
- Ermessen des Vorsitzenden **GVG 176** 12
- Kleidungsvorschriften **GVG 176** 13
- Verhandlungsleitung **GVG 176** 11
- zwingende Erfordernisse **GVG 176** 11

Sitzungspolizei und Medien GVG 176 28 ff.

Sitzungspolizei und Verteidigung
- Ermessen **GVG 176** 23
- Untersagung der Nutzung von Mobiltelefonen **GVG 176** 23
- Verteidiger als Organ der Rechtspflege **GVG 176** 23

Sitzungspolizei und Zeugen/Prozessbeobachter
- als Zeuge in Betracht kommender Zuhörer **GVG 176** 20
- Beurteilungsspielraum **GVG 176** 20
- mitschreibender Zuschauer **GVG 176** 21
- Mitteilung des bisherigen Verhandlungsergebnisses **GVG 176** 21

Sitzungspolizei und Zeugenbeistand
- nicht öffentliche Sitzung **GVG 176** 22
- Organ der Rechtspflege **GVG 176** 22
- Rechtsstellung des Zeugenbeistands **GVG 176** 22

Sitzungspolizeiliche Anordnungen zum Schutz des allgemeinen Persönlichkeitsrechts
- Abbildung des Spruchkörpers **GVG 176** 49
- abgestuftes Schutzkonzept **GVG 176** 40
- absolute Personen der Zeitgeschichte **GVG 176** 41
- Abwägung **GVG 176** 41
- Abwägungsgesichtspunkte **GVG 176** 42
- allgemeines Persönlichkeitsrecht **GVG 176** 37, 39, 45, 48
- Anonymitätsschutz **GVG 176** 41
- Beeinträchtigung des Persönlichkeitsrechts **GVG 176** 44
- Beschaffung von Informationen **GVG 176** 38
- Beschlagnahme des Aufnahmematerials **GVG 176** 39
- Bildnisse aus dem Bereich der Zeitgeschichte **GVG 176** 40
- durch Persönlichkeit des Täters besonders geprägte Straftaten **GVG 176** 46
- freie Wahl des Berichterstattungsmediums **GVG 176** 38
- Gewährleistungsgehalt von Presse- und Rundfunkfreiheit **GVG 176** 38
- Grundsatz der Saalöffentlichkeit **GVG 176** 49
- im Blickfeld der Öffentlichkeit kraft des ihnen übertragenen Amtes **GVG 176** 48
- informationelle Selbstbestimmung **GVG 176** 37
- Informations- und Kontrollfunktion der Presse **GVG 176** 50
- Informationsinteresse der Öffentlichkeit **GVG 176** 41
- Interesse der Öffentlichkeit an näherer Information über Tat und Täter **GVG 176** 43
- Interessen des Abgebildeten **GVG 176** 41
- konkreter Interessensausgleich **GVG 176** 40
- latente Bedrohungslage für Gerichte und Staatsanwaltschaften **GVG 176** 52
- Minderjährigkeit **GVG 176** 37
- namentliche Identität **GVG 176** 51
- Nennung der Amtsbezeichnung **GVG 176** 51
- normativer Maßstab **GVG 176** 42
- Pressefreiheit **GVG 176** 37
- Recht am eigenen Bild **GVG 176** 39
- relative Personen der Zeitgeschichte **GVG 176** 41, 49
- Richter **GVG 176** 48
- Schutz- und Fürsorgepflicht zugunsten der Amtsträger **GVG 176** 52
- Staatsanwälte **GVG 176** 48
- Umfang der Regelungen des KUG **GVG 176** 40
- Umstände des Einzelfalls **GVG 176** 42

magere Zahlen = Randnummern

Sachverzeichnis

– unantastbarer innerster Lebensbereich **GVG 176** 43
– Unschuldsvermutung **GVG 176** 43, 45
– Veröffentlichungsinteresse **GVG 176** 41
– Verteidiger **GVG 176** 48
– Zeugen **GVG 176** 47

Sitzungstage (Festsetzung)
– abstrakt generelle Vorherbestimmung der Zuständigkeit **GVG 45** 1
– ad-hoc-Verteilung **GVG 45** 3
– Auslosung der Haupt- und Hilfsschöffen **GVG 45** 2, 6, 10
– Auslosung der Reihenfolge **GVG 45** 1
– Beeinflussung der Terminierung **GVG 45** 1
– Beweiskraft **GVG 45** 12
– „blindes" Losverfahren **GVG 45** 6
– einheitliche Hilfsschöffenliste **GVG 45** 10
– Fehler bei der Auslosung **GVG 45** 9
– Festlegung der Sitzungstage für das kommende Geschäftsjahr **GVG 45** 2 ff.
– Folgen des Nichterscheinens **GVG 45** 13
– förmliche Zustellung **GVG 45** 13
– formlose Benachrichtigung **GVG 45** 13
– gesetzlicher Schöffe **GVG 45** 1
– keine Änderung der festgelegten Sitzungstage **GVG 45** 4
– mehrere Schöffenabteilungen **GVG 45** 7
– praktische Konkordanz **GVG 45** 1
– Protokoll **GVG 45** 2, 11 f.
– Schöffengeschäftsstelle **GVG 45** 11
– Sitzungstage des jeweiligen Geschäftsjahres **GVG 45** 1
– Staatsbürgerpflicht **GVG 45** 1
– Stetigkeitsprinzip **GVG 45** 3
– Teilung der Schöffenliste **GVG 45** 7
– über Sitzungstage in Kenntnis zu setzen **GVG 45** 13
– Unterschrift **GVG 45** 12
– Verlegung von ordentlichen Sitzungstagen **GVG 45** 5
– zusätzlicher Bedarf an Sitzungstagen **GVG 45** 5
– Zuständigkeit **GVG 45** 2, 9
– zwölf Sitzungstage **GVG 45** 8

Sklaverei EMRK 4 2 ff.

Sofortige Beschwerde
– allgemeine Grundsätze des Rechtsmittelrechts **StrEG 8** 45
– Begründung **StrEG 8** 53
– Bekanntmachung und Zustellung der Entscheidung **StrEG 8** 46
– Beschwerderecht **StrEG 8** 45
– Fristen **StrEG 8** 52
– Fristversäumnis **StrEG 8** 52
– Nachholung unterbliebener Entschädigungsentscheidung **StrEG 8** 48
– reformatio in peius **StrEG 8** 47
– unterbliebene Entscheidung **StrEG 8** 49
– Verfahren nach der StPO **StrEG 8** 44
– weitere Beschwerde **StrEG 8** 57
– Wert des Beschwerdegegenstandes **StrEG 8** 54
– zuständiges Beschwerdegericht **StrEG 8** 55 f.

Sonderrecht der Sorben GVG 184 16

Sonstige Aufgaben der Staatsanwaltschaft
– Antrag- und Mitwirkungsrechte im Aufgebotsverfahren **GVG Vor 141** 7
– Gnadenbehörde **GVG Vor 141** 7
– Mitwirkung im Auslieferungsverfahren **GVG Vor 141** 7
– sonstige Rechtshilfemaßnahmen **GVG Vor 141** 7

Sonstige Eingaben GVG 187 63

Sonstige Formen strafprozessuale Kompensation
– Absehen von Strafe **GVG 199** 12
– Einstellung des Verfahrens **GVG 199** 12
– Feststellung der rechtsstaatswidrigen Verfahrensverzögerung in den Urteilsgründen **GVG 199** 12
– Verfahrenshindernis **GVG 199** 12

Sonstige Haftentscheidungen
– Anspruch des Inhaftierten **GVG 187** 38
– Beschwerdebeschluss **GVG 187** 38
– Haftbefehl **GVG 187** 38
– Haftfortdauer **GVG 187** 38
– Intensität des Grundrechtseingriffs **GVG 187** 38

Sonstige Schriften
– Anordnungen im Ermittlungsverfahren **GVG 187** 53
– Bewährungsbeschluss **GVG 187** 53
– Beweismittel **GVG 187** 52
– Hauptverhandlungsprotokoll **GVG 187** 53
– konkrete Bedeutung des Dokuments **GVG 187** 52

Sonstige Zuständigkeit
– Geschäftsstellen **GVG 27** 2
– Richter **GVG 27** 2

Sonstiges Straßenverkehrsrecht StrEG 5 76

1987

Sachverzeichnis   fette Zahlen = §§

Spannungsverhältnis
– abweichende tatsächliche oder rechtliche Vertretung **AO 398a** 45
– Ermessen **AO 398a** 44
– nochmals eingeschränkter Strafklageverbrauch **AO 398a** 44
– zwingendes Verfahrenshindernis **AO 398a** 44
Spezielle Rechtsweggarantie *siehe fairtrial*
Sprache
– Anglizismen **GVG 184** 10
– Anklageschrift **GVG 184** 10
– computergefertigter Bußgeldbescheid **GVG 184** 11
– deutsche Sprache **GVG 184** 8
– Dialekt **GVG 184** 9
– Dolmetscherhinzuziehung **GVG 184** 9
– Fachtermini **GVG 184** 10
– geflügelte Wörter **GVG 184** 10
– Hochdeutsch **GVG 184** 9
– juristische Fachausdrücke **GVG 184** 8
– mathematische Formeln **GVG 184** 8
– Nichtmuttersprachler **GVG 184** 9
– Prosaform **GVG 184** 8
– Redewendungen aus dem Lateinischen **GVG 184** 8
– Verlesung einer Urkunde **GVG 184** 10
Staatliche Ermittlungspflichten
– Anspruch auf Strafverfolgung gegen Dritte **EMRK 2** 25
– effiziente Aufklärung durch amtliche Untersuchung **EMRK 2** 21
– effiziente, unabhängige und unparteiliche Justiz **EMRK 2** 22
– Entbehrlichkeit der unmittelbaren Betroffenheit Beschwerdeführers **EMRK 2** 24
– Ermittlung im Einzelfall **EMRK 2** 23
– Gebot der Beteiligung überlebender Opfer und/oder der Angehörigen **EMRK 2** 24
– grundrechtlicher Anspruch auf Strafverfolgung **EMRK 2** 26
– hinreichende Dokumentation **EMRK 2** 23
– hinreichende Unabhängigkeit der Ermittlungsbehörden **EMRK 2** 23
– Klageerzwingungsverfahren **EMRK 2** 26
– nationale Beweiswürdigung **EMRK 2** 23
– Rechtskraft **EMRK 2** 22
– Sicherung sachdienlicher Beweismittel **EMRK 2** 23
– unverzügliches Handeln **EMRK 2** 23
– Verjährung **EMRK 2** 22
– verschwundene Personen **EMRK 2** 22
– Verstoß durch unrechtmäßige Tötung **EMRK 2** 21
– Verstoß durch unzureichende Ermittlung **EMRK 2** 21
Staatsanwälte in Jugendstrafverfahren
– Amtsanwälte **GVG Vor 141** 32
– Beamte auf Probe **GVG Vor 141** 32
– Jugendstaatsanwälte **GVG Vor 141** 31 ff.
– Ordnungsvorschriften **GVG Vor 141** 33
– Revision **GVG Vor 141** 33
– Richter auf Probe **GVG Vor 141** 32
– Tätigkeit von Referendaren **GVG Vor 141** 32
Staatsanwaltschaft
– Anordnungen der Landesjustizverwaltungen **GVG Vor 141** 1
– Ausführungsgesetze der Länder zum Gerichtsverfassungsgesetz **GVG Vor 141** 1
– bewegliche Zuständigkeiten **GVG 13** 7
– Einstellung gegen Strafauflagen **GVG 13** 8
– endgültige Verfahrenseinstellung mit Strafklageverbrauch **GVG 13** 7
– erweiterter Verwaltungsbehördenbegriff **GVG 13** 7
– Exekutivorgan **GVG 13** 7
– Organ der Rechtspflege sui generis **GVG 13** 7
– Organisation und interner Betrieb der Staatsanwaltschaft **GVG Vor 141** 1
Staatsanwaltschaft (Verfahren)
– Belehrung durch die Staatsanwaltschaft **StrEG 9** 12
– Jugendlicher **StrEG 9** 11
– Verteidiger **StrEG 9** 11
– Zustellung der Einstellungsmitteilung **StrEG 9** 11
Staatsgästeimmunität
– amtliche Einladung **GVG 20** 5
– Begleitung **GVG 20** 3
– Bundesverfassungsorgane **GVG 20** 5
– Dauer der Amtszeit **GVG 20** 8
– Minister **GVG 20** 9
– NATO-Truppenstatut **GVG 20** 12
– private Handlungen **GVG 20** 8
– Regierungschefs **GVG 20** 9
– Repräsentanten anderer Staaten **GVG 20** 2
– schwerste Verbrechen **GVG 20** 8
– Sonderbotschafter **GVG 20** 10

magere Zahlen = Randnummern

– Staatsangehörigkeit **GVG 20** 4
– Truppen und Besatzungen **GVG 20** 11
– unmittelbare Geltung der allgemeinen Regeln des Völkerrechts **GVG 20** 7
– völkerrechtliche Vereinbarungen **GVG 20** 12

Staatsschutz-Strafsachen
– auswärtige Belange **GVG 120** 10
– Bundesgesetz **GVG 120** 10
– Definition **GVG 120** 10
– originäre Verfolgungskompetenz **GVG 120** 10
– verfassungsrechtliche Legitimation **GVG 120** 10
– Verfassungsschutz **GVG 120** 10

Stationierungsstreitkräfte G 10 7a 12

Stellung der Finanzbehörde
– allgemeine Zuständigkeit **AO 402** 2
– Bindung an Weisungen der Staatsanwaltschaft **AO 402** 5
– Bußgeldverfahren **AO 402** 2
– Effektivität der Strafverfolgung **AO 402** 7
– eigenständige Befugnisse **AO 402** 1
– Ermittlung von Nichtsteuerstraftaten **AO 402** 6
– Ermittlungsverfahren Steuerstrafverfahren **AO 402** 2
– Grenze der Zuständigkeit **AO 402** 7
– Rechtsbehelfe **AO 402** 11
– Rechtsstellung der Polizeibehörden **AO 402** 3
– ressortübergreifende Weisungsbefugnis **AO 402** 5
– sachlich und örtlich zuständige Finanzbehörde **AO 402** 4
– selbstständige Ermittlungsbefugnis **AO 402** 7
– sonst zuständige Finanzbehörde **AO 402** 3
– Stellung anderer Finanzbehörden **AO 402** 10
– Steuerfahndung **AO 402** 3
– Steuergeheimnis **AO 402** 8
– Verfolgungsverjährung **AO 402** 9
– Zuständigkeit **AO 402** 1

Steuer- und Zollfahndung
– allgemeine Steueraufsicht **AO 404** 23
– Amtshilfeersuchen **AO 404** 27
– Aufdeckung und Ermittlung unbekannter Steuerfälle **AO 404** 23
– Befugnisse des Besteuerungsverfahrens **AO 404** 21

Sachverzeichnis

– bekannte Steuerfälle **AO 404** 24 f.
– Bestandteil der Finanzämter **AO 404** 8
– Besteuerungsverfahren **AO 404** 25
– Bundeszentralamt für Steuern **AO 404** 6
– Doppelfunktion **AO 404** 4
– Durchführung steuerlicher Ermittlungen auf Ersuchen der Finanzbehörden **AO 404** 26
– Durchsuchungen **AO 404** 16
– Einleitung eines Steuerstrafverfahrens **AO 404** 15
– Erforschung von Steuerstraftaten und Steuerordnungswidrigkeiten **AO 404** 13
– Ermessen **AO 404** 27
– Ermittlung der Besteuerungsgrundlagen **AO 404** 19
– Ermittlungsbericht **AO 404** 18
– Fahndungsbericht **AO 404** 22
– gleichzeitige staatsanwaltschaftlicher Aufgaben und Befugnisse **AO 404** 7
– Landesfinanzbehörden **AO 404** 3
– Leiter der Steuerfahndungsstelle **AO 404** 9
– Organisation **AO 404** 6
– örtliche Zuständigkeit **AO 404** 11
– rechtliche Eigenständigkeit und Gleichrangigkeit von Steuerstraf- und Besteuerungsverfahren **AO 404** 5
– Rechtsbehelfe **AO 404** 5
– sachliche Zuständigkeit **AO 404** 10
– Schwarzarbeit und illegale Beschäftigung **AO 404** 3
– steuerstrafrechtliche Befugnisse **AO 404** 1
– steuerstrafrechtliche Ermittlungen im Ausland **AO 404** 12
– steuerstrafrechtlicher Anfangsverdacht **AO 404** 15
– Steuerstrafverfahren **AO 404** 2
– übrige Dienststellen der Finanzbehörden **AO 404** 14
– Verfolgbarkeit **AO 404** 19
– Verhältnismäßigkeit **AO 404** 20
– Verwaltungsökonomie **AO 404** 20
– Vorermittlungen **AO 404** 17
– Vorfeldermittlungen **AO 404** 23
– Zollfahndungsämter **AO 404** 6

Steuergeheimnis
– abgerufene Daten **AO 30** 4
– allgemeines Persönlichkeitsrecht **AO 30** 2
– Amtshaftungsansprüche **AO 30** 50

1989

Sachverzeichnis fette Zahlen = §§

- bereichsspezifische Sonderregelung **AO 30** 5
- Beweisverwertungsverbot **AO 30** 48
- bewusste oder willkürliche Verletzung des Steuergeheimnisses **AO 30** 48
- Fernwirkung von Beweisverwertungsverboten **AO 30** 48
- fremde Betriebs- oder Geschäftsgeheimnisse **AO 30** 4
- Informationsfreiheitsgesetz **AO 30** 5
- kein Verfassungsrang **AO 30** 2
- Medienöffentlichkeit einer steuerstrafrechtlichen Ermittlungsmaßnahme. **AO 30** 49
- qualifiziertes Amtsgeheimnis **AO 30** 1
- Recht auf informationelle Selbstbestimmung **AO 30** 2
- Selbstbelastungsfreiheit **AO 30** 3
- steuerrechtliche Mitwirkungspflichten **AO 30** 1
- umfassender Anwendungsbereich **AO 30** 4
- Verhältnisse eines anderen **AO 30** 4
- Vorrang vor dem Datenschutzrecht **AO 30** 5
- vorsätzliche Verletzung des Steuergeheimnisses **AO 30** 50
- Wertneutralität des Steuerrechts **AO 30** 3
- Zeugnis- bzw. Auskunftsverweigerung **AO 30** 48

Steuerrecht StrEG 10 33
Steuerstrafrechtliche Verfolgungsmaßnahme
- Abbruch einer Außenprüfung **AO 397** 14
- doppelrelevante Tatsachen **AO 397** 12
- Erkennbarkeit der steuerstrafrechtlichen Zielsetzung **AO 397** 9
- Form **AO 397** 8
- Gegenstand einzelner Ermittlungshandlungen **AO 397** 11
- objektivierter Maßstab **AO 397** 9
- Prozesshandlung **AO 397** 7
- steuerstrafrechtlicher Vorbehalt **AO 397** 13
- strafprozessrechtliche Eingriffsbefugnis **AO 397** 10

StPO-Vorschriften ZSHG 10 16 ff.
Strafantrag (in der DDR begangene Taten)
- absolute Antragsdelikte **EGStGB 315b** 2
- Einigungsvertragsgesetz **EGStGB 315b** 1
- Ersetzung **EGStGB 315b** 2
- Recht zur Antragstellung **EGStGB 315b** 2
- Strafantragserfordernis **EGStGB 315b** 2

Strafbann des Amtsgerichts
- andere Spruchkörper **GVG 24** 27
- Berufungsgericht **GVG 24** 26
- beschleunigtes Verfahren **GVG 24** 26
- Bindung **GVG 24** 26
- Einzel- und Gesamtfreiheitsstrafen **GVG 24** 25
- Jugendgerichte **GVG 24** 27
- Jugendverfahren **GVG 24** 25
- nachträgliche Gesamtstrafe **GVG 24** 25
- Strafbannbeschränkung **GVG 24** 26
- Strafbefehlsverfahren **GVG 24** 26
- Strafsachen gegen Erwachsene **GVG 24** 25
- Zäsurwirkung **GVG 24** 25

Strafbarkeit des Staatsanwalts
- Rechtsbeugung **GVG Vor 141** 26
- Straftatbestände **GVG Vor 141** 22
- Strafvereitelung im Amt **GVG Vor 141** 23
- Verfolgung Unschuldiger **GVG Vor 141** 24
- Verletzung des Dienstgeheimnisses **GVG Vor 141** 25
- Verletzung von Privatgeheimnissen **GVG Vor 141** 25
- Verwahrungsbruch **GVG Vor 141** 25
- Vollstreckung gegen Unschuldige **GVG Vor 141** 24

Strafbarkeitswegfall StrEG 5 95 ff.
Strafbefehl
- Abwägung **GVG 169** 21
- Einspruch gegen einen Strafbefehl **JGG 79** 6
- Einspruch in fremder Sprache **GVG 187** 43
- falsche Feststellung des tatsächlichen Alters **JGG 79** 5
- Gefahr einer Geheimjustiz **GVG 169** 21
- generalpräventive Öffentlichkeitskomponente **GVG 169** 21
- Persönlicher Anwendungsbereich **JGG 79** 1
- Rechtsfolgen bei unzulässigem Verfahren **JGG 79** 4 ff.
- schriftliche Übersetzung **GVG 187** 43
- Strafbefehlsentwurf **GVG 187** 43

magere Zahlen = Randnummern

Sachverzeichnis

– Strafbefehlsverfahren **JGG 79** 2
– Verfahrensökonomie **GVG 169** 21
– Verhandlung vor erkennendem Gericht **GVG 169** 21
– Verteidiger **GVG 187** 43
– Wiederaufnahme des Verfahrens **JGG 79** 5
– Zweck der Norm **JGG 79** 2

Strafbefehlsverfahren
– Anlass zur Erhebung der öffentlichen Klage **AO 400** 3
– Beamte des gehobenen Dienstes **AO 400** 10
– Befugnis zur Erhebung öffentlicher Klage **AO 400** 1
– besonders schwerer Fall der Steuerhinterziehung **AO 400** 4
– Einspruch **AO 400** 6
– Evokationsrecht **AO 400** 9
– fachliche Qualifikation **AO 400** 10
– Form und Inhalt des Antrags **AO 400** 7 ff.
– inhaltliche Überprüfung **AO 400** 9
– Rechtsbehelfe **AO 400** 12
– Register für Strafsachen und Bußgeldsachen **AO 400** 8
– selbstständiges Ermittlungsverfahren **AO 400** 2
– Vernehmung vor Antragstellung **AO 400** 6
– Verpflichtung zur Antragstellung **AO 400** 5
– Vorlage an die Staatsanwaltschaft **AO 400** 11
– zur Behandlung im Strafbefehlsverfahren geeignet **AO 400** 4
– Zuständigkeit der Finanzbehörde **AO 400** 2

Strafgericht (Verfahren)
– Abtretung von einem Dritten **StrEG 8** 14
– Berufungsgericht **StrEG 8** 32
– Bestandteil der Hauptentscheidung **StrEG 8** 22
– Bundesgerichtshof **StrEG 8** 34 f.
– Entscheidung außerhalb der Hauptverhandlung **StrEG 8** 23
– Entscheidung bei Anlass **StrEG 8** 15
– Entscheidung nach Wiederaufnahme **StrEG 8** 36
– Entscheidung von Amts wegen **StrEG 8** 12
– Jugendrecht **StrEG 8** 20

– Kennzeichnung der Akten **StrEG 8** 16
– Nachholung der Entscheidung **StrEG 8** 27 ff.
– Revisionsgericht **StrEG 8** 33
– sachwidriger Vorteil **StrEG 8** 19
– sofortige Beschwerde **StrEG 8** 28
– Teilentscheidungen **StrEG 8** 24
– Unterhaltsberechtigte **StrEG 8** 19
– unzulässige Selbstbindung **StrEG 8** 19
– Verfahren des Rechtsmittelgerichts **StrEG 8** 31
– Verjährung **StrEG 8** 27
– Verzicht des Berechtigten **StrEG 8** 17 ff.
– Vollmacht des Verteidigers **StrEG 8** 21
– Vorbehalt **StrEG 8** 25
– vorläufige Einstellung **StrEG 8** 26

Strafgerichtliche Verurteilung
– Absehen von Strafe **StrEG 1** 9
– Anordnung einer Maßregel zur Besserung und Sicherung **StrEG 1** 9
– Begriff der Verurteilung **StrEG 1** 9
– Bußgeldverfahren **StrEG 1** 9
– Gesamtstrafenbeschluss **StrEG 1** 8
– Ordnungsmittel **StrEG 1** 9
– Schuldfeststellung **StrEG 1** 9
– Strafbefehl **StrEG 1** 8
– Straffreierklärung **StrEG 1** 9
– Verwarnung mit Strafvorbehalt **StrEG 1** 9
– zuungunsten des Beschuldigten **StrEG 1** 8

Strafgerichtsbarkeit
– Begriff der Strafsache **GVG 13** 3
– Disziplinarmaßnahmen **GVG 13** 5
– Eintragung im Bundeszentralregister **GVG 13** 3
– Ernst der staatlichen Strafe **GVG 13** 4
– Erzwingungsmaßnahmen **GVG 13** 5
– Freiheitsstrafe **GVG 13** 3
– Geldstrafe **GVG 13** 3
– Jugendstrafsachen **GVG 13** 3
– Konzentration gerichtlicher Überprüfung **GVG 13** 4
– Kriminalstrafe **GVG 13** 3
– Monopol für Strafsachen **GVG 13** 2
– Ordnungsmaßnahmen **GVG 13** 5
– Ordnungswidrigkeit **GVG 13** 4
– Vorbehalt für Verwaltungsbehörden und -gerichte **GVG 13** 6

Strafkammer als Berufungsgericht
– sachliche und örtliche Zuständigkeit **GVG 74** 8
– Strafgewalt **GVG 74** 9

1991

Sachverzeichnis

fette Zahlen = §§

- unabänderliche Festlegung des Instanzenzugs **GVG 74** 8

Strafkammer als gemeinsames Schwurgericht
- Beschleunigungsgrundsatz **GVG 74d** 1
- Freihaltung von Sitzungstagen **GVG 74d** 1
- Konzentrationsermächtigung **GVG 74d** 1
- örtliche Zuständigkeit **GVG 74d** 2
- Spezialisierung der Richter **GVG 74d** 1

Strafprozessuale Annexvorschriften
- Nebenklage **GVG 187** 10
- staatsanwaltschaftliche und polizeiliche Vernehmung **GVG 187** 10
- Übersetzung des Haftbefehls **GVG 187** 10
- Untersuchungshaft **GVG 187** 10
- Urteilszustellung und Rechtsmittellauf **GVG 187** 10
- Verweisungsnorm **GVG 187** 10
- zeitgleicher beginn der Begründungsfrist **GVG 187** 10

Strafrechtliche Sanktionierung
- Art und Schwere der drohenden Rechtsfolge **EMRK 6** 41, 43
- autonome Auslegung **EMRK 6** 40
- Engel-Kriterien **EMRK 6** 41
- Freiheitsentziehungen **EMRK 6** 44
- Höchstsanktion **EMRK 6** 43
- nationale Einstufung der Verfehlung **EMRK 6** 41
- nationales Recht **EMRK 6** 40
- Natur der Verfehlung **EMRK 6** 41
- sozialethischer Tadel **EMRK 6** 42

Strafrechtlicher Anwendungsbereich
- Anklage im autonomen Sinn **EMRK 6** 37
- jedermann **EMRK 6** 38
- juristische Personen **EMRK 6** 39
- natürliche Personen **EMRK 6** 38
- Schutzbereichsbeschränkungen bei Personen in Sonderstatusverhältnissen **EMRK 6** 38
- Staatsbürgerschaft **EMRK 6** 38
- strafrechtliche Sanktionierung *siehe dort*

Straftaten
- Beteiligung Dritter **G 10 18** 6
- Durchsetzung der Verschwiegenheitspflicht **G 10 18** 1
- echtes Sonderdelikt **G 10 18** 2
- Mitteilung der Tatsache der Durchführung einer Beschränkung **G 10 18** 4
- Telekommunikation **G 10 18** 3
- Verstoß gegen Mitteilungsverbot **G 10 18** 1
- Versuch **G 10 18** 6
- Vorsatz **G 10 18** 5

Straftaten (Sitzung)
- Amtshandlungen außerhalb der Sitzung **GVG 183** 4
- Anwendungsbereich **GVG 183** 2
- apokryphe Haftgründe **GVG 183** 12
- ausdrückliche Ermächtigung **GVG 183** 8
- begründeter Anfangsverdacht **GVG 183** 12
- Besorgnis der Befangenheit **GVG 183** 10
- Beweissicherung **GVG 183** 1
- Bindung der Staatsanwaltschaft **GVG 183** 1
- Festnahmegründe **GVG 183** 8
- Gericht **GVG 183** 7
- Glaubwürdigkeit der Justiz **GVG 183** 1
- Haftantrag der Staatsanwaltschaft **GVG 183** 9
- Haftbefehl **GVG 183** 8
- Koordination zwischen Gericht und Staatsanwaltschaft **GVG 183** 9
- Ordnungswidrigkeiten **GVG 183** 2
- Pflicht zur Protokollmitteilung **GVG 183** 6
- Pflicht zur Tatbestandsfeststellung **GVG 183** 6
- Recht zur Durchsuchung **GVG 183** 6
- richterliche Objektivität und Neutralität **GVG 183** 10
- Sitzung **GVG 183** 3
- Sitzungspolizei **GVG 183** 1
- Sitzungsvertreter der Staatsanwaltschaft **GVG 183** 12
- Sitzungsgewalt des Gerichts **GVG 183** 9
- Staatsanwaltschaft **GVG 183** 7
- Straftat **GVG 183** 5
- vorläufige Festnahme **GVG 183** 8, 12
- Zuständigkeit nach Geschäftsverteilung **GVG 183** 11

Straftaten nach Landesrecht
- Freiheitsstrafe **EGStGB 3** 2 f.
- Geldstrafe **EGStGB 3** 2
- Höchstmaß **EGStGB 3** 3
- Nebenstrafen **EGStGB 3** 2
- Sanktionen **EGStGB 3** 1
- Sanktionsbefugnisse **EGStGB 3** 1
- Strafandrohung **EGStGB 3** 3

Strafverfolgung
- Anklageerhebung **GVG Vor 141** 3

magere Zahlen = Randnummern

– Anklagemonopol **GVG Vor 141** 3
– Ausnahmen vom Legalitätsprinzip **GVG Vor 141** 3
– Beantragung eines Strafbefehls durch die Finanzbehörde **GVG Vor 141** 3
– „Herrin" des Ermittlungsverfahrens **GVG Vor 141** 2
– Legalitätsprinzip **GVG Vor 141** 3
– Privatklageverfahren **GVG Vor 141** 3
– Vertreterin der Anklage **GVG Vor 141** 2
– Vollstreckungsbehörde **GVG Vor 141** 2
– „Wächterin des Gesetzes" **GVG Vor 141** 2

Strafverfolgungsmaßnahmen in der Deutschen Demokratischen Republik
– Art und Höhe der Entschädigung **StrEG 16a** 3
– Einigungsvertrag **StrEG 16a** 1
– Grundentscheidung **StrEG 16a** 3
– immaterieller Schaden **StrEG 16a** 2
– nationalsozialistisches Unrechts **StrEG 16a** 4
– Nichtanwendung **StrEG 16a** 2
– Verfahren **StrEG 16a** 3

Strafvollstreckungsverfahren GVG 187 64 ff.

Streichung von der Schöffenliste
– Ablehnungsgründe **GVG 52** 6
– Anfechtbarkeit und Revision **GVG 52** 19
– Anhörung **GVG 52** 12
– Besetzungsrüge **GVG 52** 5
– Beurteilungsspielraum **GVG 52** 5
– einheitliche Vorschlagsliste **GVG 52** 18
– Kollision von Schöffenpflichten **GVG 52** 16
– laufendes Prüfungsverfahren **GVG 52** 13
– Mitteilung **GVG 52** 14
– Nachrücksystem **GVG 52** 17
– nachträglich eingetretene oder bekannt gewordene Unfähigkeit **GVG 52** 5
– Nachwahl **GVG 52** 17
– Revisionsentscheidung **GVG 52** 5
– Schöffenunfähigkeit **GVG 52** 4
– Schöffenungeeignetheit **GVG 52** 6
– schriftlich unter Angabe von Gründen **GVG 52** 14
– sofortige Wirkung der Streichung **GVG 52** 10
– Streichungsgrund zum Zeitpunkt der Entscheidung **GVG 52** 3
– Tod des Schöffen **GVG 52** 4

Sachverzeichnis

– unbefristete Geltung für den gesamten Rest der Schöffenperiode **GVG 52** 3
– Unwiderruflichkeit und Unbedingtheit der Streichung **GVG 52** 3
– ursprünglich eingesetzter Wahlausschuss **GVG 52** 18
– vollständiges Ausscheiden aus dem Amt des ehrenamtlichen Richters **GVG 52** 2
– Willkür **GVG 52** 5
– Wirkungen der Streichung **GVG 52** 15
– Zuständigkeit und Verfahren **GVG 52** 11

Subsidiärer Schutzmechanismus
– Ausschöpfung innerstaatlich bestehender Rechtsbehelfe **EMRK 1** 13
– Individualbeschwerde **EMRK 1** 12 f.
– Staatenbeschwerde **EMRK 1** 12
– Staatsanwaltschaft und Gerichte **EMRK 1** 13
– subsidiärer Rechtsschutz **EMRK 1** 13

Subsidiarität StrEG 2 58

Subsidiaritätsklausel
– Aussichtslosigkeit **G 10 3** 15
– unbestimmte Rechtsbegriffe **G 10 3** 16
– wesentlich erschwert **G 10 3** 15

Suspendierung der Auskunftspflichten
– anlassgebendes Verfahren sachleitend führende Staatsanwaltschaft **ZSHG 4** 17
– Beauskunftung in anderen Verfahren **ZSHG 4** 18
– Begründung von Auskunftsersuchen **ZSHG 4** 18
– entgegenstehende Verwendungsregelung **ZSHG 4** 18
– Legalitätsprinzip **ZSHG 4** 17
– staatsanwaltschaftliche Auskunftsersuchen **ZSHG 4** 17

Tarifangestellte
– Angehörige des öffentlichen Dienstes **EGGVG 14** 15
– Berufsbildungsgesetz **EGGVG 14** 20
– erlaubnisfreie Berufe **EGGVG 14** 18 f.
– Erlaubnispflicht **EGGVG 14** 17
– Gewerbetreibende einschließlich ihrer Vertretungsberechtigten **EGGVG 14** 16
– Inhaber von Ehrenämtern **EGGVG 14** 16
– Jugendarbeitsschutzgesetz **EGGVG 14** 20
– Mitteilungspflichten in der MiStra **EGGVG 14** 21

Tarnidentität, vorübergehende
– Abschottungssystem **ZSHG 5** 2

Sachverzeichnis
fette Zahlen = §§

- Beeinträchtigung in den öffentlichen Glauben **ZSHG 5** 3
- Einschränkung der Wahrheitsermittlung **ZSHG 5** 1
- frühere Identitäten **ZSHG 5** 3
- Gesetzeswidrigkeit **ZSHG 5** 4
- Missbrauch von Ausweispapieren **ZSHG 5** 6
- nachholende Identitätsänderung **ZSHG 5** 5
- Rechtfertigungsgrund **ZSHG 5** 7
- Richtigkeit der Personenstandsregister **ZSHG 5** 3
- Standort der Regelung **ZSHG 5** 1
- Urkundsdelikte **ZSHG 5** 6
- Verbot der Veränderung von Personenstandsregistern **ZSHG 5** 4
- Verschleierung der wahren Identität **ZSHG 5** 3
- vorübergehende Maßnahme **ZSHG 5** 4
- vorübergehende Nutzung von Tarnpapieren **ZSHG 5** 5

Tarnpapiere
- allgemeiner Gleichheitssatz **ZSHG 5** 17
- deutsche Staatsangehörige **ZSHG 5** 16
- Status-Deutsche **ZSHG 5** 16
- unwirksam Ausgebürgerte **ZSHG 5** 16
- vorübergehende Nutzung eines deutschen Personalausweises oder Passes **ZSHG 5** 17
- zweitklassiger Zeugenschutz von Nichtdeutschen **ZSHG 5** 17

Tatsächliche Anhaltspunkte
- abstrakte Möglichkeit **G 10 3** 5
- kein erhöhter Verdacht. **G 10 3** 6
- polizeirechtliche Gefahrbegriff **G 10 3** 5
- tatsachenbasierte, sinnlich wahrnehmbare Umstände **G 10 3** 5

Technische Unterstützung des eigenen Vortrags
- Gewährung rechtlichen Gehörs **GVG 176** 24
- Grundsatz der Mündlichkeit **GVG 176** 24
- optische Ergänzung des Vortrags **GVG 176** 24

Teilanfechtung
- Anwendung von materiellen Jugendstrafrecht bei Heranwachsenden **JGG 55** 20
- Einheitlichkeit des Rechtsfolgenausspruchs **JGG 55** 18
- gesamter Strafausspruch **JGG 55** 18, 21

- mehrere voneinander prozessual und materiellrechtlich selbstständige Taten **JGG 55** 18
- Straftaten in verschiedenen Altersstufen **JGG 55** 18
- Tateinheit **JGG 55** 18
- Teilrechtskraft **JGG 55** 20
- Trennbarkeitsformel **JGG 55** 17

Teilnahme am Rechtsverkehr
- Anstellungsbetrug **ZSHG 5** 20
- Außenwirkung der Tarnidentität **ZSHG 5** 20
- inhaltlich unzutreffende Befähigungen und Leistungen **ZSHG 5** 20
- Kontenwahrheit **ZSHG 5** 21

Teilnahme des Vertreters
- Anhörung **GVG 21c** 5
- Anwesenheitsrecht **GVG 21c** 5
- Dienstpflicht **GVG 21c** 5
- sachgerechte Führung des Vorsitzes **GVG 21c** 5
- Stimmrecht **GVG 21c** 5

Teilvollstreckung einer Einheitsstrafe
- Anwendungsbereich **JGG 56** 1
- Ausnahmecharakter **JGG 56** 9
- Benachteiligungsverbot **JGG 56** 10
- Beschleunigungsgrundsatz **JGG 56** 3
- Bestimmtheit **JGG 56** 4
- Einheitsjugendstrafe **JGG 56** 6
- Erziehungsgedanke **JGG 56** 3
- Jugendstrafvollzug **JGG 56** 9
- Mehrheit von Strafen **JGG 56** 5
- nachträgliche Einheitsstrafe **JGG 56** 6
- Rechtskraft **JGG 56** 3
- Rechtsmittel **JGG 56** 12
- Rechtsmittelbelehrung **JGG 56** 11
- Resozialisierung des Jugendlichen **JGG 56** 9
- Schuldfeststellung **JGG 56** 8
- teilweise rechtskräftiger Schuldspruch **JGG 56** 8
- Verfahren **JGG 56** 11
- Vollstreckung des unangefochtenen Teils **JGG 56** 3
- Vollstreckungsdualismus **JGG 56** 7
- wohlverstandenes Interesse des Jugendlichen **JGG 56** 9
- Zweck der Norm **JGG 56** 3

Teilweise Entschädigung StrEG 5 72
Teilweise Versagung StrEG 6 45 f.
Teilweiser Freispruch StrEG 2 41
Telekommunikationsdienstleister
- Erhebung von Bestandsdaten **G 10 2** 11

magere Zahlen = Randnummern

– für Dritte **G 10 2** 8
– geschäftsmäßige Telekommunikationsdienste **G 10 2** 7 f.
– Nachhaltigkeit **G 10 2** 8
– retrograde Auskunftserteilung **G 10 2** 9
– Überwachung/Aufzeichnung der Telekommunikation im konkreten Einzelfall **G 10 2** 10
– Überwachungsmaßnahmen ohne Mitwirkung der Telekommunikationsdienstleister **G 10 2** 10
– Verkehrsdaten **G 10 2** 9
Telekommunikationsmaßnahmen G 10 3 8 ff.
Tod des Beschuldigten StrEG 8 37
Ton- und Filmaufnahmen
– Beschleunigungsgrundsatz **GVG 169** 37
– effektive Strafrechtspflege **GVG 169** 37
– Einverständnis der Beteiligten **GVG 169** 35
– erlaubtes Minus **GVG 169** 35
– Gedächtnisstütze **GVG 169** 36
– mittelbare Öffentlichkeit **GVG 169** 27
– ohne Veröffentlichungszweck **GVG 169** 32
– Presse- und Rundfunkfreiheit **GVG 169** 27
– unmittelbare Öffentlichkeit **GVG 169** 27
– Verbreitung an eine unbestimmte Vielzahl von Personen **GVG 169** 27
– Verfahren mit herausragender zeitgeschichtlicher Bedeutung **GVG 169** 65
– Vorhalt per akustischer Wiedergabe **GVG 169** 36
– Weitergabe der gerichtlichen Tonbandaufzeichnung **GVG 169** 37
– zu wissenschaftlichen und historischen Zwecken **GVG169** 65
Tonbandaufnahmen durch die Verteidigung
– Dokumentation der Beweisaufnahme **GVG 169** 39
– Ermessen des Tatrichters **GVG 169** 41
– Fürsorgepflicht **GVG 169** 43
– Klang der Stimme **GVG 169** 43
– Missbrauchsgefahr **GVG 169** 43
– Recht am eigenen Wort **GVG 169** 43
– Recht auf freie Entfaltung der Persönlichkeit **GVG 169** 42 f.
– Recht auf informationelle Selbstbestimmung **GVG 169** 43
– Unbefangenheit der Aussageperson **GVG 169** 42

– Vorhalt **GVG 169** 38
– Waffengleichheit im Strafprozess **GVG 169** 39
– Zeugenaussage **GVG 169** 43
– Zeugenvernehmung **GVG 169** 38
– Zustimmung des jeweils Sprechenden **GVG 169** 40
Tonübertragung
– 50 %-Grenze **GVG 169** 57
– Akkreditierungsverfahren **GVG 169** 60
– Erweiterung der Saalöffentlichkeit **GVG 169** 56
– gezieltes Sprechen in Mikrofon **GVG 169** 60
– Interesse an visueller Wahrnehmung **GVG 169** 60
– legalisierte Tonaufnahme zur medienöffentlichen Vorführung **GVG 169** 56
– Öffentlichkeitsmaxime **GVG 169** 56
– Platzreservierung für Medienvertreter im Sitzungssaal **GVG 169** 57
– Privilegierung von Medienvertretern **GVG 169** 56
Trunkenheitsdelikte
– absolute Fahruntüchtigkeit **StrEG 5** 69
– Alkoholkonzentration in der Atemluft **StrEG 5** 69
– BAK-Grenzwerte **StrEG 5** 70
– Blutalkoholkonzentration **StrEG 5** 67
– Blutalkoholuntersuchung **StrEG 5** 69
– Fahrfehler oder sonstige Auffälligkeiten **StrEG 5** 70
– grobe Fahrlässigkeit **StrEG 5** 68
– Prüfröhrchen **StrEG 5** 69
– Trunkenheit im Verkehr **StrEG 5** 69
Übergangsregelung EGGVG 23 9 ff.; **StrEG 16** 3 f.
Überholende Kausalität
– Abschiebehaft **StrEG 7** 100
– Beweislast **StrEG 7** 101
– Problem der hypothetischen Schadensursachen **StrEG 7** 100
– Reserveursache **StrEG 7** 100
– Überhaft **StrEG 7** 100
– Unterbringung nach Landesrecht **StrEG 7** 100
Überlange Gerichtsverfahren
– Amtshaftungsklage **GVG 198** 5
– andere Verfahrensbeteiligte **GVG 198** 4
– angemessene Frist **GVG 198** 1
– Auslieferungsverfahren **GVG 198** 4
– Beschleunigungsgrundsatz **GVG 198** 1

Sachverzeichnis

fette Zahlen = §§

- besondere Belastungen für Beschuldigte und Opfer **GVG 198** 1
- Dienstaufsichtsbeschwerde **GVG 198** 5
- einfachgesetzliche Rechtslage **GVG 198** 5
- Feststellung einer rechtsstaatswidrigen Verfahrensverzögerung **GVG 198** 3
- Freispruch **GVG 198** 4
- Kompensation im Strafverfahren **GVG 198** 3
- kompensatorische Wirkung **GVG 198** 2
- kompensatorischer Rechtsbehelf **GVG 198** 2
- Missachtung von Konventionsgarantien **GVG 198** 2
- präventive Wirkung **GVG 198** 2
- präventiver Rechtsbehelf **GVG 198** 2
- Recht auf wirksame innerstaatliche Beschwerde **GVG 198** 2
- Rechtsbehelfsklarheit **GVG 198** 5
- Rechtsschutzlücke **GVG 198** 5
- Rechtsstaatsprinzip **GVG 198** 1
- Rücknahme von Rechtsmitteln **GVG 198** 4
- Strafvollstreckungssachen **GVG 198** 4
- Strafvollzugsverfahren **GVG 198** 4
- Unmöglichkeit strafprozessualer Kompensation **GVG 198** 4
- Untätigkeitsbeschwerde **GVG 198** 5
- Untersuchungshaft **GVG 198** 1
- Verfahrensbeschleunigung **GVG 198** 2
- Verfahrenseinstellung **GVG 198** 3 f.
- Verfassungsbeschwerde **GVG 198** 5
- Vermögensnachteile **GVG 198** 4
- Vollstreckungslösung **GVG 198** 3
- Wiedergutmachung **GVG 198** 2
- Wiedergutmachung für immaterielle Nachteile **GVG 198** 4

Überleitung des Verfahrens wegen Ordnungswidrigkeiten nach neuem Recht.
- anhängige Strafverfahren **EGStGB 317** 2
- Geldbuße **EGStGB 317** 2
- Klarstellungszweck **EGStGB 317** 1
- Rechtsmittelbeschränkung **EGStGB 317** 3
- Revision **EGStGB 317** 3

Übermittlung der Daten
- Anordnung des Verzichts **G 10 4** 26 f.
- Behördenleiter oder Stellvertreter **G 10 4** 26
- Gefahr im Verzug **G 10 4** 27
- Geheimhaltungsbedürfnisse **G 10 4** 26
- Zustimmung der G10 Kommission **G 10 4** 26 f.

Übermittlungen von Amts wegen
- Arbeitsgerichte **EGGVG 12** 2
- Ärztekammern **EGGVG 12** 5
- Aufsichts- und Kontrollbefugnisse **EGGVG 12** 15
- Begriff des Übermittelns **EGGVG 12** 13
- Benachrichtigungen in Nachlasssachen **EGGVG 12** 14a
- bereichsspezifische Regelungen **EGGVG 12** 17
- besondere Verwendungsregelungen **EGGVG 12** 19
- Datenempfänger **EGGVG 12** 5
- datenschutzrechtlich geprägte landesgesetzliche Verwendungsregelungen **EGGVG 12** 21
- Ermächtigung **EGGVG 12** 23
- für andere Zwecke **EGGVG 12** 14
- Gerichte **EGGVG 12** 2
- Justizverwaltung **EGGVG 12** 4
- natürliche/juristische Personen **EGGVG 12** 6
- öffentliche Stellen des Bundes oder eines Landes **EGGVG 12** 5
- öffentlich-rechtliche Gerichtsbarkeiten **EGGVG 12** 3
- öffentlich-rechtliche Körperschaft **EGGVG 12** 9
- öffentlich-rechtliche Religionsgemeinschaften **EGGVG 12** 7
- Organisationsuntersuchung **EGGVG 12** 15
- Rechnungsprüfung **EGGVG 12** 15
- Sozialgeheimnis **EGGVG 12** 20
- Staatsanwaltschaften **EGGVG 12** 2
- Steuergeheimnis **EGGVG 12** 20
- Subsidiarität **EGGVG 12** 16
- Übermittlung personenbezogener Daten **EGGVG 12** 11
- Übermittlungsverbote **EGGVG 12** 19
- unmittelbar oder mittelbar am Verfahren Beteiligte **EGGVG 12** 12
- Verantwortung der übermittelnden Stelle **EGGVG 12** 22
- zwangsweise/freiwillige Erlangung der Daten **EGGVG 12** 11

Übermittlungs- und Verwendungsregelung
- Kennzeichnungs- und Zweckbindungsregelung **G 10 6** 7

magere Zahlen = Randnummern

Sachverzeichnis

– maßnahmenspezifische Kennzeichnung **G 10 6** 8
Übermittlungsverfahren G 10 7a 13 ff.
Übermittlungsvoraussetzungen EGGVG 13 1 ff
Überschießende Strafverfolgungsmaßnahmen
– Auslieferungs- und Durchlieferungshaft **StrEG 4** 20
– besondere Milde **StrEG 4** 29
– Ermessensgrundsätze **StrEG 4** 24 ff.
– fahrlässige Selbstverursachung der Maßnahme **StrEG 4** 31
– Fahrverbot **StrEG 4** 22
– Freiheitsstrafe **StrEG 4** 19
– Geldstrafe **StrEG 4** 21
– Gesamtabwägung **StrEG 4** 18
– Maßregeln der Besserung und Sicherung **StrEG 4** 23
– minder schwerer Fall **StrEG 4** 29
– Strafmilderung nach Ermessen **StrEG 4** 29
– Teilentschädigung **StrEG 4** 32
– vorläufige Einstellung **StrEG 4** 30
– zurechenbare, tatsächlich feststehende Umstände **StrEG 4** 26
Überschießende Untersuchungshaft StrEG 4 33 f.
Übersendung der Vorschlagsliste GVG 38 1 ff.
Übersetzung in der Hauptverhandlung
– Drittsprache **GVG 185** 42
– Muttersprache **GVG 185** 42
– Übersetzung einer bestimmten von mehreren Sprachen **GVG 185** 42
– Verkehrsprache **GVG 185** 42
– Weltsprache **GVG 185** 42
Übersetzungsanspruch im Einzelnen GVG 187 31 *siehe auch einzelne Rechtsbehelfe*
Übersetzungsleistungen
– Ausstrahlungswirkung **GVG 187** 17
– Erforderlichkeit **GVG 187** 17
– Stufensystem **GVG 187** 18
– wesentliche Unterlagen **GVG 187** 18
Übertragbarkeit
– Abtretung **StrEG 13** 18
– Aufrechnung **StrEG 13** 19
– Entscheidung der Landesjustizverwaltung **StrEG 13** 16
– Insolvenz **StrEG 13** 22
– Pfändung **StrEG 13** 19

– rechtsgeschäftliche Übertragung **StrEG 13** 16
– Vererblichkeit **StrEG 13** 20
– Versterben während des Wiederaufnahmeverfahrens **StrEG 13** 21
Übertragung der Gerichtsbarkeit
– bürgerliche Rechtsstreitigkeiten **EGGVG 3** 3
– Strafrecht **EGGVG 3** 1
Übertragung in einen Nebenraum
– Aliud zur Saalöffentlichkeit **GVG 169** 30
– Bundesverfassungsgericht **GVG 169** 31
– öffentliche Vorführung **GVG 169** 30
– Verbot de lege lata **GVG 169** 30
Überwachung der Telekommunikation
– Abkopplung vom Schutzbereich **G 10 1** 20
– Individualkommunikation **G 10 1** 20
– qualifizierte Telekommunikationsdaten **G 10 1** 19
– schlichte Telekommunikationsdaten **G 10 1** 19
– technisch- funktionaler Telekommunikationsbegriff **G 10 1** 18
– Telekommunikationsgesetz **G 10 1** 18
Überwachungskosten
– akustische Überwachung **GVG 187** 68
– Diskriminierungsverbot **GVG 187** 67
– Dolmetscherkosten zum Zwecke der Brief- und Besuchskontrolle **GVG 187** 67
– Kostentragungspflicht **GVG 187** 68
– Strafverfolgungsinteresse **GVG 187** 68
– Umwälzung der kosten **GVG 187** 67
– Untersuchungshaftvollzug **GVG 187** 67
Überwachungsmaßnahmen
– Fernmeldegeheimnis **G 10 3** 19
– Fortbestand des Verdachts einer der Katalogtaten **G 10 3** 19
– materiell und formell rechtmäßige Anordnung **G 10 3** 19
– Unverwertbarkeit **G 10 3** 19
– Verwendungsregelungen **G 10 3** 19
Überweisung an das Familiengericht
– Absehen von der Anordnung **JGG 53** 15
– Änderungen von Umständen **JGG 53** 16
– Anordnung von Erziehungsmaßregeln **JGG 53** 14
– Beschleunigungsgrundsatz **JGG 53** 3
– Bindungswirkung **JGG 53** 14
– Ermessen **JGG 53** 10
– Erziehungsmaßregeln **JGG 53** 11 f.
– Funktionelle Zuständigkeit **JGG 53** 1

1997

Sachverzeichnis fette Zahlen = §§

- nachträgliche Kenntniserlangung von erheblichen Tatsachen **JGG 53** 17
- persönlicher Anwendungsbereich **JGG 53** 5 ff.
- Rechtsmittel **JGG 53** 21 ff.
- sachlicher Anwendungsbereich **JGG 53** 8 f.
- Schuldinterlokut **JGG 53** 2
- Schutzfunktion **JGG 53** 4
- Subsidiaritätsgrundsatz **JGG 53** 18
- Urteil **JGG 53** 20
- vereinfachtes Verfahren **JGG 53** 8
- Verfahren **JGG 53** 19
- Zuchtmittel **JGG 53** 13

Überwindung des Steuergeheimnisses
- Akteneinsichtsrecht des Verteidigers **AO 30** 22
- Anfangsverdacht **AO 30** 25
- Auskunftsverweigerungsrecht **AO 30** 29
- außerdienstliche Steuerhinterziehung **AO 30** 27
- Berufspflichtverletzungen durch Angehörige der rechts- und steuerberatenden Berufe **AO 30** 28
- Beschränkung der Sachverhaltsdarstellung **AO 30** 22
- Besteuerungsverfahren Dritter **AO 30** 20
- Durchführung eines Besteuerungs- oder Steuerstrafverfahrens **AO 30** 18
- Entscheidungen über Verfahrenseinstellungen **AO 30** 27
- formelle Verschwiegenheitspflicht **AO 30** 29
- gesetzlich zugelassene Fälle der Offenbarung **AO 30** 24
- Kontrollmitteilungen **AO 30** 20
- Landespressegesetz **AO 30** 29
- materielle Verschwiegenheitspflicht **AO 30** 29
- Mitteilung des Tatvorwurfs an den Beschuldigten **AO 30** 22
- Mitteilungen zur Durchführung dienst- und standesrechtlicher Maßnahmen **AO 30** 26
- Mitteilungspflichten bei Korruptionsstraftaten **AO 30** 25
- Offenbarungsbefugnis nach pflichtgemäßem Ermessen **AO 30** 17
- Offenbarungspflicht **AO 30** 17
- Personengesellschaften **AO 30** 20
- Pressefreiheit **AO 30** 30
- presserechtliche Auskunftsansprüche **AO 30** 29
- Selbstanzeigen **AO 30** 27
- Steuerstrafverfahren gegen Beamte und Richter **AO 30** 26
- Überwindung des Steuergeheimnisses **AO 30** 26
- unmittelbarer funktionaler Zusammenhang **AO 30** 18
- Unverhältnismäßigkeit einer Durchsuchung **AO 30** 21
- Verhältnismäßigkeit **AO 30** 19
- Verwertungsverbot **AO 30** 25
- Wahrnehmung der Beteiligungsrechte **AO 30** 23
- Zeugen in der Hauptverhandlung **AO 30** 23

Umfang der Ermittlungen JGG 43 1 ff.
Umfang der Übersetzung GVG 185 43 f.
Umfang des Ausschlusses GVG 172 13 ff.
Umfang des Entschädigungsanspruchs StrEG 7 2 ff.
Umfang des Steuergeheimnisses
- Amtsträger und gleichgestellte Personen **AO 30** 7
- Begriff der Verhältnisse **AO 30** 8
- Besteuerungsverfahren **AO 30** 11
- Betriebs- oder Geschäftsgeheimnisse **AO 30** 9
- Bußgeldverfahren wegen Steuerordnungswidrigkeiten **AO 30** 11
- freiwillige Angaben **AO 30** 14
- gegen im Besteuerungsverfahren tätige Amtsträger gerichtete Straftaten **AO 30** 10
- Gegenstand einer öffentlichen Verhandlung gewesene Verhältnisse **AO 30** 16
- geschützte Informationen **AO 30** 8
- geschützter Personenkreis **AO 30** 13
- Informantenschutz **AO 30** 14
- Nutzung für kommerzielle Zwecke **AO 30** 15
- Rechnungsprüfungsverfahren **AO 30** 11
- sämtliche Verhältnisse, die in genannten Verfahren bekannt geworden sind **AO 30** 8
- Strafverfahren wegen Steuerstraftaten **AO 30** 11
- unbeschränktem Personenkreis bereits bekannte Verhältnisse **AO 30** 16
- Verhinderung von Vollstreckungsmaßnahmen gerichtete Straftaten **AO 30** 10
- verlängertes Steuergeheimnis **AO 30** 12

magere Zahlen = Randnummern   **Sachverzeichnis**

– Verletzung durch Offenbarung oder Verwertung **AO 30** 15
– verpflichteter Personenkreis **AO 30** 7
– Zugänglichmachung der Information für Dritte **AO 30** 15

Umgang mit personenbezogenen Daten
– Löschungspflicht **G 10 6** 5
– Mitteilung der Beschränkungsmaßnahme **G 10 6** 6
– Nachprüfung der Rechtmäßigkeit **G 10 6** 6
– Protokollierungspflicht **G 10 6** 5
– strenge Zweckbindung **G 10 6** 2
– unverzüglich **G 10 6** 3
– Verwendung zur Durchführung der Datenschutzkontrolle **G 10 6** 5
– Wechsel zwischen den zulässigen Zwecken **G 10 6** 4
– weitere Speicherung der Daten **G 10 6** 6

Umweltschutz
– erhebliche Gefahren für die Umwelt **EGGVG 14** 29 f.
– Grundsatz der Verhältnismäßigkeit **EGGVG 14** 30

Unabhängigkeit
– Ausdruck (umgekehrter) Waffengleichheit **GVG 150** 13
– Befugnis **GVG 150** 11 ff.
– gleichgeordnetes Organ der Rechtspflege **GVG 150** 1
– mit Gericht abgestimmte Vorgehensweise **GVG 150** 14
– Ordnungsgewalt **GVG 150** 3
– prozessuales Zusammenwirken **GVG 150** 1
– Sitzungspolizei **GVG 150** 3
– Verbot der Vornahme **GVG 150** 12
– Verpflichtung der Beweiserhebung **GVG 150** 2

Unanfechtbarkeit der Beschlüsse
– ablehnende Entscheidungen **GVG 169** 73
– Anspruch auf Bild- oder Tonübertragung **GVG 169** 74
– Befugnisse des Gerichts **GVG 169** 74
– kein Antragsrecht **GVG 169** 73
– revisionsrechtliche Prüfung **GVG 169** 72

Unanfechtbarkeit der Hauptentscheidung StrEG 8 72

Unangemessene Dauer
– Begriffsdefinition **GVG 198** 27
– Beschleunigungsgrundsatz von Haftsachen **GVG 198** 28
– Bindungswirkung **GVG 198** 29
– Darlegungs- und Beweispflicht **GVG 198** 30
– Entschädigungsklage **GVG 198** 29
– rechtsstaatswidrigen Verfahrensverzögerung **GVG 198** 26
– Rekurs auf Rechtsprechung **GVG 198** 26
– von Strafverfolgungsorganen zu verantwortende erhebliche Verzögerung **GVG 198** 26

Unanwendbarkeit StrEG 1 27 ff.

Unbenannte Verteidigungsrechte
– Beweisrecht *siehe dort*
– Desavouierungsverbot *siehe dort*
– Gesetzlichkeitsmaxime *siehe dort*
– mündliche Verhandlung **EMRK 6** 279
– Recht auf Anwesenheit *siehe Anwesenheitsrecht*
– Recht auf konkrete und wirksame Teilhabe **EMRK 6** 280
– Rechtliches Gehör *siehe dort*
– Selbstbelastungsfreiheit *siehe dort*
– Verteidigungsteilhabe *siehe dort*
– Waffengleichheit *siehe dort*

Unentgeltlicher Beistand
– autonome Auslegung **EMRK 6** 209
– Bedeutung der Sache für den Beschuldigten **EMRK 6** 210
– der Wahlverteidigung gleichwertige Verteidigung **EMRK 6** 214
– erforderlich im Interesse der Rechtspflege **EMRK 6** 208 f.
– Ermessen **EMRK 6** 216
– Freiheitsstrafe **EMRK 6** 210
– Gewährleistung einer wirksamen Verteidigung **EMRK 6** 209
– Mittellosigkeit **EMRK 6** 203, 205 ff.
– partielle Mittellosigkeit **EMRK 6** 206
– persönliche Umstände und Fähigkeiten des Beschuldigten **EMRK 6** 211
– Rechtsmittelverfahren **EMRK 6** 212
– Untersuchungshaft **EMRK 6** 213
– Verbesserung der finanziellen Lage **EMRK 6** 207
– Verfahrensgerechtigkeit **EMRK 6** 203, 208 ff.
– Verteidigerauswahl **EMRK 6** 214
– Vertrauensverhältnis **EMRK 6** 217
– Wünsche des Angeklagten **EMRK 6** 216

Sachverzeichnis

fette Zahlen = §§

- Zeitpunkt der Bestellung **EMRK 6** 215
Unentschuldigtes Ausbleiben
- Beschluss **GVG 56** 13, 15
- Beschwerde **GVG 56** 15
- Beurteilungsspielraum **GVG 56** 8
- Durchführung der Hauptverhandlung in ordnungsgemäßer Besetzung **GVG 56** 6
- Entscheidung nach Anhörung der Staatsanwaltschaft **GVG 56** 13
- Erzwingungsmittelcharakter **GVG 56** 1
- Kosten **GVG 56** 9
- nachträgliche Entschuldigung **GVG 56** 14
- nicht genügende Entschuldigung **GVG 56** 7
- nicht rechtzeitiges Sicheinfinden **GVG 56** 5
- Obliegenheitsverletzung **GVG 56** 6
- obligatorische Sanktionierung der Schöffen **GVG 56** 1
- Offenkundigkeit **GVG 56** 7
- Ordnungsgeld **GVG 56** 8
- ordnungsgemäße Ladung **GVG 56** 5
- persönlicher Anwendungsbereich **GVG 56** 2
- Prüfungsumfang **GVG 56** 12
- Sanktionen **GVG 56** 8
- schuldloses Handeln **GVG 56** 7
- Verfahren **GVG 56** 11
- Vollstreckungsbehörde **GVG 56** 13
- wiederholte Pflichtverletzungen **GVG 56** 10
- Zuständigkeit **GVG 56** 11
Unerlaubtes Entfernen vom Unfallort StrEG 5 73
Unerreichbarkeit von Schöffen GVG 54 9 ff.
Unfähigkeit (Schöffenamt)
- Ablehnung des Schöffenamts **GVG 32** 1
- Aufleben der Schöffeneigenschaft **GVG 32** 8
- Auskunftsrechte **GVG 32** 2
- Besetzungsrüge **GVG 32** 8 f.
- Bewährung **GVG 32** 4
- Einstellung des Verfahrens **GVG 32** 6
- Gnadenerlass **GVG 32** 5
- Hilfsschöffe **GVG 32** 8
- Rechtskraft **GVG 32** 9
- Revision **GVG 32** 9
- schwebendes Ermittlungsverfahren **GVG 32** 6
- theoretische Möglichkeit des Amtsverlustes **GVG 32** 7

- Tilgung der Strafe **GVG 32** 5
- Tilgungsreife **GVG 32** 5
- Unanfechtbarkeit **GVG 32** 8
- Ungeeignetheit **GVG 32** 1
- Verlust der Amtsfähigkeit **GVG 32** 3
- Vertrauensverlust **GVG 32** 7
- Vorsatztat zu mehr als sechs Monaten Freiheitsstrafe **GVG 32** 4
- Vorschlagsliste **GVG 32** 2, 8
Ungebühr
- Abwägung **GVG 178** 6
- Ehre und Würde des Gerichts und der Verfahrensbeteiligten **GVG 178** 4
- ehrverletzende Äußerungen **GVG 178** 5
- Einzelfallentscheidung **GVG 178** 6
- erheblicher Angriff auf ordnungsgemäßen Ablauf der Sitzung **GVG 178** 4
- gezielte Provokation **GVG 178** 7
- Grundsatz der Verhältnismäßigleit **GVG 178** 5
- mehrfaches oder fortgesetztes Fehlverhalten **GVG 178** 9
- Meinungsfreiheit **GVG 178** 5
- Nicht-Erheben bei Eintritt des Gerichts **GVG 178** 8
- Rechtsstaatsprinzip **GVG 178** 5
- Spontanreaktion **GVG 178** 5
- Verschulden **GVG 178** 10
Ungehorsam
- anhaltende Störung **GVG 177** 4
- hinreichend verständliche Anordnung **GVG 177** 4
- Verschulden **GVG 177** 4
Unrichtiger Sachvortrag StrEG 7 102 f.
Unschuldsklausel StrEG 1 36
Unschuldsvermutung
- alle staatlichen Organe **EMRK 6** 128
- anhängige Strafverfahren **EMRK 6** 137
- Auferlegung von Verfahrenskosten **EMRK 6** 138
- Aussage über Zulassung und Verwertung einzelner Beweise **EMRK 6** 129
- Beweis des Tatvorwurfs **EMRK 6** 126
- Beweiserleichterungen **EMRK 6** 132
- Beweislast des Staates **EMRK 6** 129
- Beweislastumkehr **EMRK 6** 131
- Desavouierungsverbot **EMRK 6** 126
- deutsche Dogmatik **EMRK 6** 129
- effektive Rechtsgewährung **EMRK 6** 130
- Ende der Wirkung der Unschuldsvermutung **EMRK 6** 139

magere Zahlen = Randnummern

- Entscheidungshoheit des Gerichts **EMRK 6** 131
- ergebnisoffenes Verfahren **EMRK 6** 126
- Freispruch **EMRK 6** 136
- hinreichende Beweisführung **EMRK 6** 130
- hinreichender Willkürschutz **EMRK 6** 130
- Pressekampagnen **EMRK 6** 128
- Schuldprinzip **EMRK 6** 131
- Selbstbelastungsfreiheit **EMRK 6** 127
- strafprozessuale Eingriffsmaßnahmen **EMRK 6** 134
- Unterstützung des Staates **EMRK 6** 132
- Untersuchungshaft **EMRK 6** 134
- Unvoreingenommenheit des Gerichts **EMRK 6** 127
- Verbot vor Gewährleistung eines fairen Verfahrens zu bestrafen **EMRK 6** 133
- Verfolgung einer anderen, neuen Tat **EMRK 6** 139
- Verteidigungsrechte im engeren Sinn **EMRK 6** 127
- Verzicht **EMRK 6** 135
- Vorsehbarkeit zu Überzeugungsmaßstäben **EMRK 6** 130
- **StrEG 3** 24

Untätigkeit
- Anfechtungsantrag **EGGVG 27** 11
- angemessene Handlungs- und Entscheidungsfrist **EGGVG 27** 8
- Ausschlussfrist **EGGVG 27** 12
- außergewöhnliche und nur vorübergehende Arbeitsbelastung der Behörde **EGGVG 27** 7
- Aussetzung der Frist **EGGVG 27** 6
- besondere Schwierigkeiten bei der Sach- und Rechtslage **EGGVG 27** 7
- Dienstaufsichtsbeschwerde **EGGVG 27** 3
- Durchbrechung der Jahresfrist **EGGVG 27** 13
- Entscheidung der Behörde innerhalb des gerichtlichen Verfahrens **EGGVG 27** 9
- Erledigung der Hauptsache **EGGVG 27** 10
- förmlicher Rechtsbehelf **EGGVG 27** 3
- Fristberechnung **EGGVG 27** 4
- Fristen **EGGVG 27** 4
- gerichtliche Frist **EGGVG 27** 8
- höhere Gewalt **EGGVG 27** 13
- Justizverwaltungsakt **EGGVG 27** 2
- objektive Eilbedürftigkeit **EGGVG 27** 5

Sachverzeichnis

- Rechtsschutz zur rechten Zeit **EGGVG 27** 1
- Untätigkeitsklage **EGGVG 27** 2
- verfrühte Klage **EGGVG 27** 6
- Verpflichtungsantrag **EGGVG 27** 11
- Vorschaltverfahren **EGGVG 27** 11
- Wiedereinsetzung **EGGVG 27** 12
- zureichender Grund für Untätigkeit **EGGVG 27** 7
- Zweiwochenfrist **EGGVG 27** 14

Untätigkeit der Prüfungsstelle StrEG 10 30

Unterbleiben der Auskunftserteilung und Unterrichtung
- Abwägung **EGGVG 21** 12
- Arbeitsüberlastung **EGGVG 21** 14
- erhebliche Nachteile für die Gesundheit **EGGVG 21** 19
- Gefährdung der Aufgabenerfüllung **EGGVG 21** 13
- Gefährdung der öffentlichen Sicherheit und Ordnung **EGGVG 21** 15
- Gefährdung des Betroffenen **EGGVG 21** 19
- Gefahren für die innere oder äußere Sicherheit **EGGVG 21** 17
- Geheimhaltungsbedürftigkeit der Daten **EGGVG 21** 18
- Geheimhaltungsgrund **EGGVG 21** 12
- Polizei- und Ordnungsrecht **EGGVG 21** 16
- überwiegende berechtigte Interessen **EGGVG 21** 18
- vorübergehendes Unterbleiben **EGGVG 21** 12
- Wohl des Bundes oder eines Bundeslandes **EGGVG 21** 17

Unterbrechung der Hauptverhandlung EGGVG 36 6

Unterbringung
- Bedingungen der Kontaktsperre **EGGVG 34** 23
- keine Vollziehung der Anordnung **EGGVG 34** 24
- **GVG 187** 37

Unterbringung zur Beobachtung
- Anhörung **JGG 73** 8
- Aufklärung des Tathergangs **JGG 73** 2
- Beschwerde **JGG 73** 10
- Dauer der Unterbringung **JGG 73** 6
- dringender Tatverdacht **JGG 73** 4
- Ermessen **JGG 73** 5
- Erziehung oder Sicherung **JGG 73** 2

Sachverzeichnis fette Zahlen = §§

- Feststellung des psychischen Zustandes **JGG 73** 3
- Kosten **JGG 73** 11
- Persönlicher Anwendungsbereich **JGG 73** 1
- richterlicher Beschluss **JGG 73** 9
- sachlicher Anwendungsbereich **JGG 73** 1
- Verfahren **JGG 73** 7 ff.
- Verhältnismäßigkeitsgrundsatz **JGG 73** 4
- Vollstreckung **JGG 73** 11
- Zuständigkeit **JGG 73** 7
- Zweck der Norm **JGG 73** 2

Unterbringungssachen
- Abwägung **GVG 171a** 3
- Antrag der Verfahrensbeteiligten **GVG 171a** 3
- Ausschließung der Öffentlichkeit **GVG 171a** 1
- Entziehungsanstalt **GVG 171a** 2
- Ermessen des Gerichts **GVG 171a** 3
- höchstpersönlicher Lebensbereich **GVG 171a** 2
- Inbegriff der Hauptverhandlung **GVG 171a** 2
- Staatsanwalt **GVG 171a** 4
- Unterbringung in einem psychatrischen Krankenhaus **GVG 171a** 2

Unterlassene Rechtsmittel StrEG 5 93
Unterrichtung der G 10-Kommission G 10 15 15 ff.
Unterrichtung des Empfängers
- Beschränkung der Nachberichtspflicht **EGGVG 20** 4
- drohende Nachteile **EGGVG 20** 6
- Eintritt der Rechtskraft **EGGVG 20** 3
- Entbehrlichkeit der Unterrichtung **EGGVG 20** 9
- Erfüllung von Auflagen **EGGVG 20** 4
- Nachberichtspflicht **EGGVG 20** 2 ff.
- Pflicht zur Vernichtung **EGGVG 20** 8
- Seiten des Erlasses der Entscheidung **EGGVG 20** 3
- unmittelbar erforderliche Maßnahmen **EGGVG 20** 2
- Unterrichtung bei vollständig oder teilweise unrichtigen Daten **EGGVG 20** 7
- Unterrichtungszeitpunkt **EGGVG 20** 3
- unverzügliche Unterrichtung **EGGVG 20** 6
- Verfahren der freiwilligen Gerichtsbarkeit **EGGVG 20** 5
- Vermerk **EGGVG 20** 7
- vorläufig nicht weiter betriebenes Verfahren **EGGVG 20** 5
- vorläufige Verfahrenseinstellung **EGGVG 20** 4
- Zeitpunkt der Datenübermittlung **EGGVG 20** 2

Unterrichtung des Parlamentarischen Kontrollgremiums G 10 7a 16
Unterrichtung über Tätigkeit G 10 8 14
Unterrichtungspflicht
- Ausnahme beim vertretbaren Aufwand **EGGVG 21** 9
- Betroffener nicht zugleich Beschuldigter **EGGVG 21** 6
- Form der Unterrichtung **EGGVG 21** 8
- gesetzliche Vertreter, Bevollmächtigte und Verteidiger **EGGVG 21** 8
- Unterrichtung von Amts wegen **EGGVG 21** 6
- Unterrichtungspflicht gegenüber den Beschuldigten **EGGVG 21** 7

Untersuchungshaft
- Begründungspflicht **JGG 72** 3
- Doppelhaft **StrEG 2** 42
- einstweilige Unterbringung **JGG 72** 8
- erzieherische Gründe **JGG 72** 3
- erzieherische negative Folgen der Untersuchungshaft **JGG 72** 4
- Erziehungsberechtigte und gesetzliche Vertreter **JGG 72** 10
- fester Wohnsitz **JGG 72** 7
- Fluchtgefahr **JGG 72** 6 f.
- Haftbefehl **JGG 72** 8
- Haftgründe aus dem allgemeinen Strafrecht **JGG 72** 5
- Ingewahrsamnahme **StrEG 2** 42
- jugendstrafrechtliche Voraussetzungen **JGG 72** 3
- Organisationshaft **StrEG 2** 42
- Persönlicher Anwendungsbereich **JGG 72** 1
- Rechtsbehelfe **JGG 72** 11
- Sicherung des Strafverfahrens **JGG 72** 8
- Subsidiaritätsgrundsatz **JGG 72** 3
- verdeckte Haftgründe **JGG 72** 3
- Verhältnismäßigkeitsgrundsatz **JGG 72** 4
- Verurteilung zu einer Jugendstrafe **JGG 72** 4
- Vollzug des Haftbefehls **StrEG 2** 42
- Vorführung **StrEG 2** 42

Unwirksame Selbstanzeige
- 25.000 € Grenze **AO 398a** 7

magere Zahlen = Randnummern

Sachverzeichnis

– 50.000 € Grenze **AO 398a** 8
– besonders schädliche Begehungsformen **AO 398a** 13
– materiell-rechtlicher Tatbegriff **AO 398a** 10
– Schwarzgeldbekämpfungsgesetz **AO 398a** 8, 11
– Sperrgrund **AO 398a** 6
– Sperrgrund bezogen auf Tat im dortigen Sinn **AO 398a** 9
– Tatbegriff **AO 398a** 9
– tatbestandliche nominelle Steuerverkürzung **AO 398a** 8
– verfassungsrechtliche Bedenken **AO 398a** 12
– verkürzte Steuer oder nicht gerechtfertigter Steuervorteil **AO 398a** 7

Unzureichende Sprachkenntnisse
– anerkannte Verfahren **GVG 185** 38
– Antragspflicht/-obliegenheit **GVG 185** 41
– Auswirkungen auf Revision **GVG 185** 36
– Begutachtung der Sprachkundigkeit **GVG 185** 38
– Beschränkung des Anwesenheitsrechts **GVG 185** 37
– Beweis ersten Anscheins **GVG 185** 39
– der deutschen Sprache mächtig **GVG 185** 35
– Drittsprache **GVG 185** 35
– Einstufungstest **GVG 185** 40
– Erklärung des Verteidigers **GVG 185** 38
– Ermittlungsverfahren **GVG 185** 38
– fehlende Bereitschaft auf deutsch zu verhandeln **GVG 185** 35
– Kompetenzzuweisung **GVG 185** 40
– Kostenüberwälzung **GVG 185** 41
– Mitangeklagte **GVG 185** 37
– Mitwirkungspflichten des Sprachunkundigen **GVG 185** 41
– Prozessökonomie **GVG 185** 36
– Prüfung der Sprachkenntnisse von Amts wegen **GVG 185** 38
– Relationsverhältni zum Prozessgeschehen **GVG 185** 36
– tatrichterliches Ermessen **GVG 185** 36
– teilweise der deutschen Sprache mächtig **GVG 185** 37
– Überschätzen der eigenen Sprachkenntnisse **GVG 185** 38
– unverteidigter Angeklagter **GVG 185** 39, 41

– ureigene Aufgabe des Tatrichters **GVG 185** 38
– Verzicht des Betroffenen **GVG 185** 38
– Zeuge **GVG 185** 35

Urkundsbeamter als Dolmetscher
– Amtseid **GVG 190** 2
– analoge Anwendung **GVG 190** 2
– Ausnahmeregelung **GVG 190** 1
– Ermessen des Gerichts **GVG 190** 3
– fehlende Notwendigkeit einer weiteren Vereidigung **GVG 190** 2
– Maßnahme der Verhandlungsleitung **GVG 190** 3
– Organ der Rechtspflege **GVG 190** 1
– persönlicher Anwendungsbereich **GVG 190** 2
– Protokollführer **GVG 190** 3
– sonstiger Angestellte als Dolmetscher **GVG 190** 2

Urteile
– Absprache **GVG 187** 48
– außerordentliche Rechtsbehelfe **GVG 187** 47
– effektive Verteidigung **GVG 187** 46
– effektive Vorbereitung auf die Berufungsverhandlung **GVG 187** 47
– faires Verfahren **GVG 187** 45
– gesetzgeberischer Wille **GVG 187** 47
– Kenntnis von den Urteilsgründen **GVG 187** 47
– Komplexität des Geschehens **GVG 187** 49
– nicht rechtskräftige Urteile **GVG 187** 46
– potentielle Aufhebung des Urteils und Rückverweisung **GVG 187** 48
– Prozessökonomie **GVG 187** 48
– Rechtsfragen **GVG 187** 49
– Revision **GVG 187** 45
– Revisionsbegründung selbst zu Protokoll der Geschäftsstelle begründen **GVG 187** 48
– Revisionsinstanz **GVG 187** 48
– Sachrügen die Beweiswürdigung betreffen **GVG 187** 48
– Schwere des Tatvorwurfs **GVG 187** 49
– Schwerpunkt der Entscheidungsgründe **GVG 187** 49
– Übersetzung des schriftlichen Urteils **GVG 187** 45 ff.
– Verknüpfung von anwaltlicher Vertretung und Übersetzungsnotwendigkeit **GVG 187** 47
– Verkündung des Urteils **GVG 187** 46

2003

Sachverzeichnis fette Zahlen = §§

- verteidigter Angeklagter **GVG 187** 46
- Verzicht **GVG 187** 48

Urteilsfolgen
- Anwendungsbereich **StrEG 1** 2
- nachträgliche Durchbrechung der Rechtskraft **StrEG 1** 2
- Unterhaltsberechtigter **StrEG 1** 3
- Wiederaufnahme **StrEG 1** 2
- zugunsten des Beschuldigten **StrEG 1** 2 f.

Urteilsgründe
- Anrechnung von Untersuchungshaft **JGG 54** 13
- Aufbau **JGG 54** 8
- Aussetzung der Verhängung der Jugendstrafe **JGG 54** 11
- Bewährung **JGG 54** 10
- Einbeziehung von rechtskräftigen Entscheidungen **JGG 54** 12
- Eingriffsintensität **JGG 54** 7
- Erforderlichkeit der verhängten Rechtsfolgen **JGG 54** 6
- Erziehungsberechtigte und gesetzliche Vertreter **JGG 54** 17
- Erziehungsmaßregeln **JGG 54** 9
- Heranwachsende **JGG 54** 1, 17
- Jugendstrafe **JGG 54** 10
- Kostenentscheidung **JGG 54** 5
- Mitteilung der schriftlichen Urteilsgründe **JGG 54** 17
- Persönlicher Anwendungsbereich **JGG 54** 1
- Rechtsmittelbelehrung **JGG 54** 16
- Revision **JGG 54** 18 f.
- sachlicher Anwendungsbereich **JGG 54** 2
- Sinn und Zweck der verhängten Sanktionen **JGG 54** 14
- Täterschilderung **JGG 54** 6
- Urteilsformel **JGG 54** 4
- Urteilsverkündung **JGG 54** 14
- verkürzte mündliche Urteilsbegründung **JGG 54** 15
- Zuchtmittel **JGG 54** 9

Veränderung der Richterplanstellen
- analoge Anwendung **GVG 21d** 5, 8
- gleichberechtigte Reduzierung **GVG 21d** 4
- Losentscheid **GVG 21d** 7 f.
- Plenarpräsidium **GVG 21d** 6, 9
- Vergrößerung **GVG 21d** 7 ff.
- Verringerung **GVG 21d** 4 ff.

Verbleib der Aufnahmen
- Bundes- oder Landesarchiv **GVG 169** 68
- Löschung bei Nichtannahme **GVG 169** 68
- Rechtskraft **GVG 169** 68

Verbot des Ausschlusses der Öffentlichkeit
- qualifizierter Antrag **GVG 171b** 14
- Widerspruch des Betroffenen **GVG 171b** 14

Verbot öffentlicher Berichte GVG 174 13

Verbunddaten G 10 4 28 f.

Vereidigung (Dolmetscher)
- Berufung auf den allgemeinen Eid **GVG 189** 19
- Dolmetscherlandgesetze **GVG 189** 18
- Mehrdeutigkeit **GVG 189** 20
- Protokollvermerk **GVG 189** 20
- Zuständigkeit **GVG 189** 18

Vereinfachtes Jugendverfahren
- Anklagereife **JGG 76** 5
- Antrag des Jugendstaatsanwaltes **JGG 76** 4
- Anwendungsbereich **JGG 76** 1
- besondere jugendstrafrechtliche Verfahrensart **JGG 76** 2
- eingeschränkte Sanktionsmöglichkeit **JGG 76** 2
- informelles Erziehungsverfahren **JGG 76** 3
- Mindestanforderungen an den Antrag **JGG 76** 7
- Rücknahme **JGG 76** 8
- Zweck der Norm **JGG 76** 2

Vereinfachtes Verfahren
- Aburteilungszuständigkeit **JGG 78** 3
- Amtsaufklärungspflicht **JGG 78** 7
- Beweisaufnahme **JGG 78** 6
- Einstellungsarten **JGG 78** 2
- Entscheidung des Gerichts **JGG 78** 14 f.
- Entscheidungsgewalt **JGG 78** 1, 3 f.
- Fristen **JGG 78** 9
- Jugendgerichtshilfe **JGG 78** 10
- mündliche Verhandlung **JGG 78** 1
- Nichterscheinen des Jugendlichen **JGG 78** 11
- Ordnungswidrigkeit **JGG 78** 1
- Pflichtverteidiger **JGG 78** 5
- rechtliches Gehör **JGG 78** 13
- Rechtsfolgen **JGG 78** 3
- Rechtsmittel **JGG 78** 16 f.

magere Zahlen = Randnummern

- Rechtsmittelbelehrungen und Hinweise **JGG 78** 14
- Teilnahme der Staatsanwaltschaft **JGG 78** 2
- Unmittelbarkeit der Beweisaufnahme **JGG 78** 8
- Urteil **JGG 78** 1
- Urteilsbegründung **JGG 78** 13
- Verfahrensrechte **JGG 78** 4 ff.
- Verteidigung **JGG 78** 5
- Zimmertermin **JGG 78** 12
- Zustimmung der Staatsanwaltschaft **JGG 78** 2

Verfahren bei Nachtrags- und Nebenentscheidungen
- Anordnungen über Wohnort und Wohnung **JGG 59** 24
- Aufstellung des Bewährungsplans **JGG 59** 18
- Begründung **JGG 59** 22
- Beschluss **JGG 59** 19, 27
- Beschwerde **JGG 59** 28
- Bestellung des Bewährungshelfers **JGG 59** 18
- Haftbefehl **JGG 59** 25
- hinreichende Gründe **JGG 59** 26
- Meldepflichten **JGG 59** 24
- mündliche Anhörung **JGG 59** 20
- Nachholung der Anhörung **JGG 59** 21
- schriftliche Anhörung **JGG 59** 20
- Sicherungshaftbefehl **JGG 59** 24
- teilweise Übertragung **JGG 59** 16
- Übertragung an Jugendrichter **JGG 59** 15
- Verzicht **JGG 59** 20
- vorläufige Maßnahmen **JGG 59** 23
- Widerruf der Strafaussetzung **JGG 59** 23
- Widerruf der Übertragungsentscheidung **JGG 59** 17
- Zuständigkeit **JGG 59** 14

Verfahren gegen Heranwachsende
- Adhäsionsverfahren **JGG 109** 34
- Alter zur Tatzeit **JGG 109** 2
- Anrechnung von Untersuchungshaft **JGG 109** 25
- Anwendung des allgemeinen Strafrechts **JGG 109** 1
- Anwendung des Jugendstrafrechts **JGG 109** 1
- Anwendungspraxis **JGG 109** 8
- Ausschluss der Öffentlichkeit **JGG 109** 16 f.
- Belehrungspflichten **JGG 109** 15
- beschleunigtes Verfahren **JGG 109** 29
- besonderer Schutz von Untersuchungshaft-Gefangenen **JGG 109** 11
- Diversion **JGG 109** 22
- Einstellung durch die Staatsanwaltschaft **JGG 109** 23
- generell geltende Vorschriften **JGG 109** 9
- Haftentscheidungshilfe seitens der Jugendgerichtshilfe **JGG 109** 11
- Kosten und Auslagen **JGG 109** 27
- mehrere Angeklagte aus verschiedenen Altersstufen **JGG 109** 19
- Mitteilungspflichten **JGG 109** 14
- notwendige Verteidigung **JGG 109** 13
- nur bei Anwendung von Jugendstrafrecht geltende Vorschriften **JGG 109** 21 ff.
- Persönlichkeitserforschung **JGG 109** 9 f.
- Privat- und Nebenklage **JGG 109** 31
- Reformvorschläge **JGG 109** 6 f.
- Richtlinie über Verfahrensgarantien in Strafverfahren von Verdächtigen oder Beschuldigte Kinder **JGG 109** 7
- Sicherungsverwahrung **JGG 109** 20
- Strafbefehlsverfahren **JGG 109** 32 f.
- Tatbegehung in verschiedenen Altersstufen **JGG 109** 3
- Tatbegehung teils als Jugendlicher teils als Heranwachsender **JGG 109** 18
- unanwendbare Vorschriften **JGG 109** 28
- Verbindung von Strafsachen gegen Jugendliche und Heranwachsende **JGG 109** 4
- vereinfachtes Jugendverfahren **JGG 109** 30
- Verfahrensvorschriften **JGG 109** 26
- Vorrang der Jugendgerichte **JGG 109** 12
- Vorschriften des allgemeinen Strafverfahrensrechts **JGG 109** 1
- Zweck der Norm **JGG 109** 5
- Zweifel hinsichtlich der Anwendung von Jugendstrafrecht **JGG 109** 23 f.

Verfahren von herausragender zeitgeschichtlicher Bedeutung GVG 169 66

Verfahren während Außenprüfungen
- Abbruch der Außenprüfung **AO 397** 34
- Bekanntgabe der Einleitung **AO 397** 32
- Belehrung **AO 397** 32
- Gefährdung des Untersuchungszwecks **AO 397** 33
- mittelbare Selbstbelastung **AO 397** 33
- Sofortmaßnahmen zur Beweissicherung **AO 397** 32

Sachverzeichnis

– Unterbrechung **AO 397** 32
Verfahrensfrist
– angemessene Frist *siehe dort*
– Fristbeginn **EMRK 6** 369
– Fristende **EMRK 6** 370
– Kenntnis von den Ermittlungen **EMRK 6** 369
– rechtskräftiger Verfahrensabschluss **EMRK 6** 370
– Verfahrenseinstellung **EMRK 6** 370
Verfahrenshindernis
– Absehen von Verfolgung **AO 398a** 4
– Änderung der höchstrichterlichen Rechtsprechung **StrEG 6** 39
– Ausnahmen **StrEG 6** 37
– einziger Grund für Nichtverurteilung **StrEG 6** 41
– endgültige Verhandlungsunfähigkeit **StrEG 6** 36
– Ermessensspielraum **AO 398a** 4
– gesonderte Beurteilung für jede Steuerstraftat und jeden Tagbeteiligten **AO 398a** 5
– nachträglicher Wegfall der Strafbarkeit **StrEG 6** 39
– Rücknahme des Strafantrags **StrEG 6** 36
– Tat im materiell-rechtlichen Sinn **AO 398a** 5
– Tod des Beschuldigten **StrEG 6** 40
– Verbot der Doppelbestrafung **StrEG 6** 38
– Verdachtserwägungen **StrEG 6** 41
– Verjährungsfrist **StrEG 6** 36
– Verschlechterungsverbot **StrEG 6** 39
– Zeitpunkt **StrEG 6** 35 f.
– Zustimmung des Gerichts **AO 398a** 4
– **StrEG 5** 100
Verfahrensübergreifende Mitteilungen
– allgemeines Persönlichkeitsrecht **EGGVG Vor 12** 3
– Amtshilfe **EGGVG Vor 12** 2
– Beschränkung auf Mitteilungsermächtigungen **EGGVG Vor 12** 6
– Datenschutz **EGGVG Vor 12** 2
– Empfänger **EGGVG Vor 12** 8a
– Grundrechtseingriff **EGGVG Vor 12** 4
– Grundsatz der Verhältnismäßigkeit **EGGVG Vor 12** 4, 6
– informationelle Selbstbestimmung **EGGVG Vor 12** 3, 7
– Justizmitteilungsgesetz **EGGVG Vor 12** 5

– Mitteilungen in Strafsachen **EGGVG Vor 12** 2
– Mitteilungen in Zivilsachen **EGGVG Vor 12** 2
– personenbezogene Daten von Beschuldigten oder Dritten **EGGVG Vor 12** 8
– verfahrensbezogene amtliche Mitteilungen **EGGVG Vor 12** 4
– Verletzung von Privatgeheimnissen **EGGVG Vor 12** 9
– Verschwiegenheitspflichten **EGGVG Vor 12** 8
– Verwaltungsvorschriften **EGGVG Vor 12** 2, 6
– Vorrang **EGGVG Vor 12** 6
Verfahrensvorschriften
– Entscheidung über die Rechtsbeschwerde **EGGVG 29** 12
– Erstattungen für fiktive Steuerfälle **AO 385** 2
– Form **EGGVG 29** 10
– Frist **EGGVG 29** 10
– gewerbsmäßige oder bankmäßige Schädigung des Umsatzsteueraufkommens **AO 385** 3
– Rechtsnorm **EGGVG 29** 11
– Rechtsverletzung **EGGVG 29** 11
– Vorspiegelung steuerlich erheblicher Sachverhalte **AO 385** 4
– Wesen des Steuerstrafverfahrens **AO 385** 1
– Zölle **AO 385** 3
Verfassungsbeschwerde GVG 176 64 ff.
Verfassungsgerichtsbarkeit
– Bindungswirkung **GVG 12** 17
– Bundesverfassungsgericht **GVG 12** 11
– Grundrechte **GVG 12** 11
– konkrete Normenkontrolle **GVG 12** 12
– Landesverfassungsgerichtsbarkeit **GVG 12** 10
– Nichtigkeit **GVG 12** 16
– Prüfungskompetenzen **GVG 12** 11
– Prüfungsumfang **GVG 12** 15
– Rechtswegerschöpfung **GVG 12** 13
– Subsidiaritätsprinzip **GVG 12** 12
– Superrevisionsinstanz **GVG 12** 15
– Überprüfung gerichtlicher Entscheidungen **GVG 12** 14
– Überprüfungsgegenstand **GVG 12** 10
– Verfassungsbeschwerde **GVG 12** 13
– verfassungskonforme Auslegung **GVG 12** 16
– Verfassungswidrigkeit **GVG 12** 16

magere Zahlen = Randnummern

Sachverzeichnis

- Verletzung spezifischen Verfassungsrechts **GVG 12** 15
- Verständigung im Strafverfahren **GVG 12** 18
- Willkürverbot **GVG 12** 15

Verfassungskonformität
- Abwägung verschiedenartiger Interessen **GVG 169** 29
- Abwehrrecht **GVG 169** 28
- ausnahmslose Geltung **GVG 169** 29
- Grundsatz der Gerichtsöffentlichkeit **GVG 169** 28
- mittelbare Medienöffentlichkeit **GVG 169** 28
- pauschaler gesetzlicher Ausschluss **GVG 169** 28
- Recht auf Eröffnung einer Informationsquelle **GVG 169** 28
- Saalöffentlichkeit **GVG 169** 28
- Transparenz gerichtlichen Handelns **GVG 169** 28

Verfassungsschutzbehörden
- durch bestimmte Tatsachen begründeter Verdacht **G 10 7** 9
- Erkenntnisse Cyber-Gefahren **G 10 7** 9a
- Erkenntnisse über sicherheitsgefährdende bzw. geheimdienstliche Tätigkeiten **G 10 7** 9
- Erkenntnisse über terroristische Bestrebungen **G 10 7** 7
- Sammlung und Auswertung **G 10 7** 7
- Schutzgüter **G 10 7** 7
- tatsächliche Anhaltspunkte für Erforderlichkeit **G 10 7** 8
- Vorrang **G 10 7** 9b
- weitere Aufklärung zur Abwehr drohender Cyber-Gefahren **G 10 7** 9a

Verfolgung eines Flüchtigen
- allgemeine Fahndungsmaßnahmen **GVG 167** 5
- begonnene Verfolgung **GVG 167** 3
- flüchtig **GVG 167** 6
- körperliche Ergreifung des Flüchtigen **GVG 167** 5
- Landesgrenzen **GVG 167** 3
- Verfolgung **GVG 167** 4
- Zweck der Verfolgung **GVG 167** 5

Verfolgung über Landesgrenzen
- bundesrechtliche Regelung zur Nacheile **GVG 167** 1
- Kompetenzerweiterung **GVG 167** 1
- Länderzuständigkeit **GVG 167** 1
- Polizeikompetenz **GVG 167** 1

- Rechtmäßigkeit der Amtshandlung **GVG 167** 9
- Rechtshilfe **GVG 167** 1
- Strafverfolgung und Vollstreckung **GVG 167** 1
- Verstoß gegen die Voraussetzungen **GVG 167** 9

Vergütung der Kontaktperson EGGVG 34a 19

Verhältnis des Strafverfahrens zum Besteuerungsverfahren
- Besteuerungsgrundlagen **AO 393** 3
- Doppelfunktion der Finanzverwaltung **AO 393** 2
- Funktion der Amtsträger **AO 393** 2
- Geltung im Strafverfahren wegen allgemeiner Straftaten **AO 393** 6
- Mitwirkungspflicht im Besteuerungsverfahren **AO 393** 4
- nemo tenetur se ipsum accusare **AO 393** 4
- Rechtsstellung der Finanzbehörden und Steuerpflichtigen **AO 393** 1
- Selbstbelastungsfreiheit **AO 393** 4
- strafbewehrte Mitwirkungspflichten **AO 393** 4
- Überschneidungen von Steuerstraf- und Besteuerungsverfahren **AO 393** 2
- unrichtige oder unvollständige Angaben **AO 393** 3
- Verwendung von Besteuerungsverfahren erlangten Kenntnissen **AO 393** 1
- Verwendung von Strafverfahren erlangten Kenntnissen **AO 393** 1
- Verwertung der Erkenntnisse **AO 393** 4
- Würde des Menschen **AO 393** 5
- Zwangsmittel **AO 393** 4

Verhältnismäßigkeit ZSHG 5 11 ff.

Verhandlung (Dolmetscherhinzuziehung)
- Begriff **GVG 185** 32
- gesamtes Strafverfahren **GVG 185** 33
- objekt der Strafvollstreckung **GVG 185** 34
- Sonderstatusverhältnis **GVG 185** 34
- sonstige Verfahrensabschnitte **GVG 185** 33
- Vollstreckungsverfahren **GVG 185** 34

Verhandlung in angemessener Frist
- Abhilfe **EMRK 13** 27
- Belastung durch das Strafverfahren **EMRK 6** 362
- deutsche Rechtslage **EMRK 6** 366

2007

Sachverzeichnis

fette Zahlen = §§

- Durchsetzung des zügigen Verfahrens **EMRK 13** 28
- entschädigender Rechtsbehelf **EMRK 13** 28
- Feststellung der Verletzung des Rechts auf Verfahrensbeschleunigung **EMRK 13** 27
- Gesamtbetrachtung **EMRK 6** 367
- Haftsachen **EMRK 6** 365
- nachträgliche Kompensation **EMRK 13** 28
- Rechtsfrieden **EMRK 6** 364
- Verfahrensabwehrrecht **EMRK 6** 363
- Verfahrensrecht **EMRK 13** 27
- Verzögerung **EMRK 6** 362 ff.
- Verzögerungsrüge **EMRK 13** 28
- Vollstreckungslösung **EMRK 13** 29

Verhinderung
- Anwesenheitspflicht **GVG 21e** 20
- Ausscheiden **GVG 21e** 17
- Begriff **GVG 21e** 17 ff.
- Begriff der Verhinderung **GVG 21f** 13
- Dienstunfähigkeit **GVG 21e** 17
- Feststellung der Verhinderung **GVG 21f** 14
- Teilzeitkräfte **GVG 21e** 20
- Tod **GVG 21e** 17
- vertretungsauslösende Verhinderung im Einzelfall **GVG 21e** 19
- vorübergehende Verhinderung **GVG 21f** 13
- Zuständigkeit **GVG 21f** 14

Verhinderung eines Präsidiumsmitglieds
- Begriff **GVG 21c** 2
- Beschleunigungsgebot **GVG 21c** 2
- Beschlussfähigkeit **GVG 21c** 4
- übrige Mitglieder **GVG 21c** 4
- Verhinderungsgründe **GVG 21c** 2
- Vertreter **GVG 21c** 3
- Vorsitzende **GVG 21c** 3

Verhinderung und Verfolgung von Straftaten
- enge Beziehung zum Erhebungszweck der übermittelten Daten **G 10 7** 17
- keine unmittelbare Beziehung zu zulässigen Erhebungszwecken **G 10 7** 18
- präventiv-polizeiliche Aufgaben **G 10 7** 16
- Proliferation **G 10 7** 17
- strafprozessualer Anfangsverdacht **G 10 7** 19
- Straftaten **G 10 7** 17 ff.

- Terrorismus **G 10 7** 17
- Übermittlung personenbezogener Daten **G 10 7** 15
- Vorliegen bestimmter Tatsachen **G 10 7** 16
- Vorliegen tatsächlicher Anhaltspunkte **G 10 7** 16
- Zulässigkeit der Übermittlung **G 10 7** 18

Verhütung von Straftaten
- originäre Aufgabe der Behörden des Polizei- und Ordnungsrechts **GVG Vor 141** 6
- Prävention **GVG Vor 141** 6

Verjährung
- Festsetzungsverjährung **EGStGB 9** 1
- Ruhen **EGStGB 9** 2 f.
- Verjährungsfrist **EGStGB 9** 2 f.
- Vollstreckungsverjährung **EGStGB 9** 1

Verjährung (DDR-Taten)
- absolute Verjährungsfrist **EGStGB 315a** 3
- Alttaten **EGStGB 315a** 3
- Fortgeltung der Verfolgbarkeit **EGStGB 315a** 4
- Neulauf **EGStGB 315a** 3
- Ruhen **EGStGB 315a** 5
- Unterbrechung **EGStGB 315a** 3
- Verbrechen **EGStGB 315a** 7
- verfolgte oder abgeurteilte Taten **EGStGB 315a** 2
- Verfolgungsverjährung **EGStGB 315a** 1
- Verjährungsgesetze **EGStGB 315a** 1, 4 ff.
- Verlängerung der Verjährungsfrist **EGStGB 315a** 6
- Vollstreckungsverjährung **EGStGB 315a** 1

Verkehr mit Vertretern der Jugendgerichtshilfe JGG 72b 1

Verkehrsdaten
- Beginn und Ende der jeweiligen Verbindung **G 10 1** 23
- bei Erbringung eines Telekommunikationsdienstes erhobene, verarbeitete oder genutzte Daten **G 10 1** 22
- Endpunkte von festgeschalteten Verbindungen **G 10 1** 23
- Nummer oder Kennung der Anschlüsse **G 10 1** 23
- Telekommunikationsdienst **G 10 1** 23

Verkündung eines Haftbefehls
- Anwesenheitsrecht des Verteidigers **EGGVG 34** 17

magere Zahlen = Randnummern   **Sachverzeichnis**

- Information über das wesentliche Ergebnis der Vernehmung **EGGVG 34** 18
Verkündung von Entscheidungen des BGH
- kommerzielle Ton- und Filmaufnahmen **GVG 169** 70
- persönliche Belange **GVG 169** 71
- restriktive Handhabung **GVG 169** 71
Verlesungsverbote GVG 189 28
Vermögensschaden
- Adäquanz **StrEG 7** 11
- andere Schadensursachen **StrEG 7** 10
- Bagatellgrenze **StrEG 7** 18
- Begriff **StrEG 7** 8 f.
- Beweislast **StrEG 7** 13
- erster Anschein **StrEG 7** 14
- fehlender Zusammenhang **StrEG 7** 15
- Höhe des Schadens **StrEG 7** 16
- Kapitalzahlung **StrEG 7** 19
- mittelbarer Schaden **StrEG 7** 11
- Prozesszinsen **StrEG 7** 21
- Rente **StrEG 7** 19
- Schadensschätzung **StrEG 7** 16
- unbegrenzter Anspruch **StrEG 7** 17
- Verstoß gegen die guten Sitten **StrEG 7** 12
- Verstoß gegen gesetzliche Vorschriften **StrEG 7** 12
- Verursachung **StrEG 7** 10
- Verzinsung **StrEG 7** 21
- Verzugszinsen **StrEG 7** 21
- Vorschusszahlungen **StrEG 7** 20
- Zurechnungszusammenhang **StrEG 7** 11
Vermögensschaden (Einzelfragen)
- Abfindungen **StrEG 7** 23
- Allgemeinkosten des Fahrzeugs **StrEG 7** 48
- Anwaltskosten als notwendige Kosten der Verteidigung **StrEG 7** 24 ff.
- Arbeitserlaubnis **StrEG 7** 62
- Arbeitslosengeld **StrEG 7** 38
- Arbeitslosenhilfe **StrEG 7** 38
- Arbeitslosenversicherung **StrEG 7** 69
- Arrest **StrEG 7** 66
- Auslagen und notwendige Fahrten **StrEG 7** 46
- ausländischer Verteidiger **StrEG 7** 36
- BahnCard **StrEG 7** 49
- Bemessung der Entschädigung **StrEG 7** 30
- Beschlagnahme **StrEG 7** 40
- Besuche **StrEG 7** 39
- Dritte **StrEG 7** 41

- drohende Haft **StrEG 7** 28
- Durchsicht **StrEG 7** 28
- Durchsuchung **StrEG 7** 40
- Durchsuchungsmaßnahme **StrEG 7** 28
- entgangener Gewinn **StrEG 7** 44
- Entziehung der Fahrerlaubnis **StrEG 7** 45
- erforderliche Tatsachengrundlage für die Schätzung **StrEG 7** 35
- Fahrverbot **StrEG 7** 51
- familiäre Hilfeleistungen **StrEG 7** 50
- Fotokopierkosten **StrEG 7** 52
- Gegenstandswert **StrEG 7** 37
- Geldstrafen und Kosten **StrEG 7** 53
- Geltendmachung der Entschädigungsansprüche **StrEG 7** 37
- gemeinnützige Arbeit **StrEG 7** 53 f.
- Gesellschaftsvermögen **StrEG 7** 55
- gesonderte Gebühren und ausscheidbare Kosten **StrEG 7** 31
- gesundheitliche Beeinträchtigungen **StrEG 7** 56
- Haustiere **StrEG 7** 57
- Kaution **StrEG 7** 58
- Kosten für einen Fahrer **StrEG 7** 50
- Krankenversicherung **StrEG 7** 69
- Kündigung **StrEG 7** 59
- Kündigung aus anderen Gründen **StrEG 7** 61
- Kündigungsschutzprozess **StrEG 7** 60
- Lohneinbußen **StrEG 7** 62
- Mehrkosten für Telefonate **StrEG 7** 46
- Nutzungsausfall **StrEG 7** 40, 48, 66
- Pflichtverteidiger **StrEG 7** 34
- prozessualer Kostenerstattungsanspruch **StrEG 7** 25
- Rückgabe beschlagnahmter Gegenstände **StrEG 7** 43
- Rufschaden **StrEG 7** 67
- Schadensminderungspflicht **StrEG 7** 39
- Schwarzarbeit **StrEG 7** 62
- Sicherstellung **StrEG 7** 40, 68
- Sozialversicherungsrechtliche Nachteile **StrEG 7** 69
- Spesen und Auslösungen **StrEG 7** 70
- Sportvereine **StrEG 7** 71
- Tätigkeit des Vollverteidigers **StrEG 7** 34
- Überbrückungskredite **StrEG 7** 72
- Überstunden **StrEG 7** 75
- Unkostenpauschale **StrEG 7** 73
- Unterhaltspflichten **StrEG 7** 74

2009

Sachverzeichnis

fette Zahlen = §§

- Unterrichts- oder Ausbildungsunterbrechung **StrEG 7** 62
- Urlaub **StrEG 7** 75
- ursächlicher Zusammenhang **StrEG 7** 27
- vereinbarte Anwaltsgebühren **StrEG 7** 36
- Verfall **StrEG 7** 66
- Vertretung im Ermittlungsverfahren **StrEG 7** 25
- Wertpapiere **StrEG 7** 44
- Wohnraummiete **StrEG 7** 64
- Zeitfahrkarten **StrEG 7** 78
- Zeitverluste **StrEG 7** 46
- Zeitversäumnis **StrEG 7** 79
- Zinsverluste **StrEG 7** 80
- Zukunftssicherung **StrEG 7** 63
- Zweitwohnung **StrEG 7** 46

Vernehmung als Beschuldigter
- Anwesenheitsrecht des Verteidigers **EGGVG 34** 14
- unerreichbares Beweismittel **EGGVG 34** 15
- Verzicht auf Anwesenheitsrecht **EGGVG 34** 14
- Zeuge in einem anderen Verfahren **EGGVG 34** 15

Vernehmung einer Person unter 18 Jahren GVG 172 12

Verpflichtete
- alle Staatsgewalten **EMRK 1** 18
- Europäische Union **EMRK 1** 20
- Hoheitsgewalt **EMRK 1** 18
- nationale Gesetzeslage **EMRK 1** 19
- Privatpersonen untereinander **EMRK 1** 21
- Schutzpflichten **EMRK 1** 21
- Verschulden **EMRK 1** 19
- Vertragsparteien der EMRK **EMRK 1** 18

Verpflichtung zur Vornahme einer Maßnahme
- Bescheidungsurteil **EGGVG 28** 15
- Ermessensentscheidungen **EGGVG 28** 16 ff.
- Ermessensfehler **EGGVG 28** 17
- Ermessensreduzierung auf Null **EGGVG 28** 14
- Ermessensüberschreitung **EGGVG 28** 17
- fehlende Angaben zum Ermessen **EGGVG 28** 19
- gesetzliche Grenzen des Ermessens **EGGVG 28** 16

- Nachholung der Ausführungen zum Ermessen **EGGVG 28** 18
- Nachschieben von Gründen **EGGVG 28** 18 f.
- Rechtsverletzung des Antragstellers **EGGVG 28** 13
- Rechtswidrigkeit der Ablehnung oder Unterlassung eines Justizverwaltungsaktes **EGGVG 28** 13
- unbestimmte Rechtsbegriffe **EGGVG 28** 20
- Verpflichtung bei Spruchreife **EGGVG 28** 13 f.
- volle gerichtliche Nachprüfung **EGGVG 28** 20

Versagung
- Anwendungsbereich **StrEG 6** 2
- Auslagenentscheidung **StrEG 6** 3
- fakultative Versagungsgründe **StrEG 6** 2
- Gesetzeskonkurrenz **StrEG 6** 4
- Verhältnis zu den Ausschlussgründen **StrEG 6** 4
- Verjährung **StrEG 6** 4
- Verteidigungsverhalten **StrEG 6** 4

Versagung des Zutritts
- Ausschließung **GVG 175** 3
- Ausschließung einzelner Personen als Zuhörer **GVG 175** 1
- Autorität **GVG 175** 5
- Ermessen des Vorsitzenden **GVG 175** 3
- Jugendgerichtsverfahren **GVG 175** 2
- Würde des Gerichts **GVG 175** 5
- Zuschauer/Zuhörer **GVG 175** 2
- Zutrittsuntersagung an Jugendliche **GVG 175** 4

Verschlechterungsverbot
- Änderung von Bewährungsauflagen und -weisungen **JGG 55** 32
- Änderung von Weisungen **JGG 55** 32
- Anordnung mehrerer Maßnahmen nebeneinander **JGG 55** 36
- Anrechnung von Untersuchungshaft **JGG 55** 42
- Auflagen **JGG 55** 38
- Beurteilungsmaßstab **JGG 55** 34
- Bewährung **JGG 55** 41, 45
- Diversionsentscheidungen **JGG 55** 33
- Ersetzung der Unterbringungsformen **JGG 55** 49
- erweiterter Anwendungsbereich **JGG 55** 29
- Erziehungsbeistandschaft **JGG 55** 37

magere Zahlen = Randnummern

Sachverzeichnis

- Erziehungsmaßregeln und Zuchtmittel **JGG 55** 28
- Geldstrafe **JGG 55** 46
- generell abstrakte Beurteilung **JGG 55** 34
- Gleichwertigkeit von Freiheitsstrafen und Jugendstrafe **JGG 55** 44
- Hilfe zur Erziehung **JGG 55** 40
- Jugendarrest **JGG 55** 39
- Jugendstrafe **JGG 55** 41
- Kostenentscheidung **JGG 55** 31
- Maßregel der Besserung und Sicherung **JGG 55** 48
- Nebenfolgen und Nebenstrafen **JGG 55** 47
- OWiG-Verfahren **JGG 55** 30
- rechtliche und tatsächliche Wirkungen im konkreten Fall **JGG 55** 34
- Sanktionen im Vergleich **JGG 55** 35
- Schuldspruch **JGG 55** 27
- Unterbringung in einem psychiatrischen Krankenhaus oder einer Entziehungsanstalt **JGG 55** 48
- urteilsgleiche Wirkung **JGG 55** 29
- Verhältnis der Rechtsfolgen zu Freiheits- und Geldstrafe **JGG 55** 43 ff.
- Verhältnis der Rechtsfolgen zueinander **JGG 55** 36 ff.
- Verwarnung **JGG 55** 37
- Vorbewährung **JGG 55** 41
- vorläufige Anordnungen über die Erziehung **JGG 55** 33
- Warnschussarrest **JGG 55** 39
- Weisungen **JGG 55** 38

Verschulden
- billigenswerte Motive **StrEG 5** 62
- einfache Fahrlässigkeit **StrEG 5** 63
- Einsichtsfähigkeit eines psychisch Kranken **StrEG 5** 60
- Fahrlässigkeit im strafrechtlichen Sinn **StrEG 5** 55
- Fahrlässigkeit im zivilrechtlichen Sinn **StrEG 5** 58
- Fahrlässigkeitsbegriff **StrEG 5** 55
- grobe Fahrlässigkeit **StrEG 5** 54, 59 ff., 86
- mutwillige oder sonst unlautere Strafverfolgungsmaßnahme **StrEG 5** 62
- Sorgfaltspflichtverletzung in ungewöhnlich großem Maß **StrEG 5** 61
- unvermeidbarer Verbotsirrtum **StrEG 5** 55
- Unzurechnungsfähigkeit **StrEG 5** 55

- verfassungsgerichtliche Kontrolle **StrEG 5** 61
- Volltrunkenheit **StrEG 5** 60
- Vorsatz **StrEG 5** 54, 56 f.
- zivilrechtliche Grundsätze **StrEG 5** 54

Verschwiegenheitpflicht
- Belehrungspflicht **GVG 189** 22
- bloße Ordnungsvorschrift **GVG 189** 21
- ebenbürtige Qualitätssicherungsmaßnahme **GVG 189** 22
- Erinnerung an berufliche Verpflichtungen **GVG 189** 22
- Ermittlungsverfahren **GVG 189** 21
- Lauterkeit des Dolmetschers **GVG 189** 22
- relativer Revisionsgrund **GVG 189** 22
- Revision **GVG 189** 21
- Richtlinie **GVG 189** 21
- Sicherung der Qualität der Dolmetschleistung **GVG 189** 22

Versorgungsbezüge
- Dienstordnungsmaßnahmen **EGGVG 14** 22
- Entzug der Hinterbliebenenversorgung **EGGVG 14** 22
- Hinterbliebenenversorgung **EGGVG 14** 22
- Kirche **EGGVG 14** 23
- Versorgungsbezüge **EGGVG 14** 22

Verständigung
- Geständnis **GVG 169** 22
- Kontrollfunktion der Öffentlichkeit **GVG 169** 22
- Transparenzzweck **GVG 169** 22
- Wechselwirkung mit Unmittelbarkeit und Mündlichkeit **GVG 169** 22

Verstoß gegen die Mitteilungspflicht
- Beweisverwertungsverbot **AO 397** 35
- hinreichend bestimmte Mitteilung **AO 397** 35
- unbestimmte oder widersprüchliche Mitteilung **AO 397** 35
- voneinander unabhängige Bestimmung der Folgen von Einleitung und Mitteilung **AO 397** 37

Verstrickungsregelung
- Entfallen der Erhebungs- und Verwertungsverbote **G 10 3b** 18
- Entprivilegierung **G 10 3b** 19

Verteidiger
- Anwaltsgerichtsbarkeit **GVG 177** 8
- Ausschließung **GVG 177** 9
- Organ der Rechtspflege **GVG 177** 6

2011

Sachverzeichnis

fette Zahlen = §§

- Sitzungspolizei **GVG 177** 6
- Störer in Anwaltsrobe **GVG 177** 8
- Strafvereitelung **GVG 177** 9
- Verlust der Stellung als Sitzungsbeteiligter **GVG 177** 6
- Wortlaut **GVG 177** 5
- zentrale Aufgabe in der Justiz **GVG 177** 7

Verteidigerbeistand
- Anwesenheitsrecht bei Beschuldigtenvernehmung **EMRK 6** 222
- Ausfall des Verteidigers **EMRK 6** 220
- dauerhafte Untätigkeit des Verteidigers **EMRK 6** 220
- erforderliche Sorgfalt **EMRK 6** 218
- Ermöglichung der Wahrnehmung seiner Aufgaben **EMRK 6** 183
- formelle Verteidigung **EMRK 6** 181
- konkrete und wirksame Verteidigung **EMRK 6** 219
- offenkundige Unwirksamkeit **EMRK 6** 225, 228 f
- Prozesssubjektsgehilfe des Angeklagten **EMRK 6** 182
- Qualifikation des Verteidigers **EMRK 6** 221
- Überwachungspflicht **EMRK 6** 226
- Unabhängigkeit der Verteidigung **EMRK 6** 230
- Unabhängigkeit des Verteidigers hinsichtlich rechtlicher Beurteilung **EMRK 6** 182
- unwirksame Verteidigung **EMRK 6** 220 ff.
- unzureichende Konsultation **EMRK 6** 222
- unzureichende Vorbereitung **EMRK 6** 222
- Verteidigungsfehler **EMRK 6** 224 f.
- Verteidigungshandlungen **EMRK 6** 223
- Verteidigungsmängel **EMRK 6** 223, 227
- Verteidigungsstrategie **EMRK 6** 223
- Waffengleichheit **EMRK 6** 180
- Zurechnung **EMRK 6** 225, 229 f.

Verteidigerbestellung
- Gebühren und Auslagen des Verteidigers **EGGVG 34** 9
- Grundsatz der freien Verteidigerwahl **EGGVG 34** 8
- kein Kontakt zum Mandanten **EGGVG 34** 7
- Schwierigkeit der Sach- und Rechtslage **EGGVG 34** 6

- Tätigkeit nach Aktenlage **EGGVG 34** 7
- Wahl- oder Pflichtverteidiger **EGGVG 34** 7

Verteidigerrechte
- Akteneinsichtsrecht **AO 392** 21
- Einsicht in Akten und Beweismittel **AO 392** 23
- Erstattung einer Selbstanzeige **AO 392** 22
- rechtliches Gehör **AO 392** 23
- Rechtsstaatsprinzip **AO 392** 23
- Verbot der Mehrfachverteidigung **AO 392** 21 f.
- Verweisungsnorm **AO 392** 21
- Waffengleichheit **AO 392** 23

Verteidigerwahl
- autonome Begriffsbestimmung **EMRK 6** 184
- Verteidigerwechsel **EMRK 6** 186
- Wünsche des Angeklagten **EMRK 6** 185

Verteidigung
- Angehörige der steuerberatenden und wirtschaftsprüfenden Berufe **AO 392** 2 ff.
- einzelne Berufsträger als natürliche Person **AO 392** 4
- in Deutschland bestellte Berufsträger **AO 392** 5
- Ermittlungsverfahren Steuerstrafverfahren **AO 392** 2
- Erweiterung der frei wählbaren Verteidiger **AO 392** 2
- im EU-Ausland bestellte Berufsträger **AO 392** 6
- Grundfreiheiten des EU-Rechts **AO 392** 6
- Steuerberater **AO 392** 3
- Steuerbevollmächtigte **AO 392** 3
- vereidigte Buchprüfer **AO 392** 3
- Wirtschaftsprüfer **AO 392** 3

Verteidigung bei Verfahrensführung durch die Finanzbehörde
- Abgabe des Verfahrens **AO 392** 9 ff.
- Abgaben in Ausübung Ermessens **AO 392** 11
- Abgabepflichten **AO 392** 11
- Abschluss der Ermittlungen **AO 392** 11
- Ausschluss einer Rechtsmittelbefugnis als Verteidiger **AO 392** 13
- Bejahung hinreichenden Tatverdachts **AO 392** 11

magere Zahlen = Randnummern

Sachverzeichnis

– Ende der Alleinverteidigungsbefugnis **AO 392** 11
– Erlass eines Haft- oder Unterbringungsbefehls **AO 392** 11
– Fälle notwendiger Verteidigung **AO 392** 14
– Handlung eines Vertreters/Bevollmächtigten **AO 392** 13
– Pflichtverteidiger **AO 392** 14
– selbständige Verfahrensführung der Finanzbehörde **AO 392** 8
– Steuerstraftat **AO 392** 9
– Strafbefehl **AO 392** 11 f.
– Tat im prozessualen Sinne **AO 392** 9
– unverzügliche Mitteilung **AO 392** 11
– Verfahrenshoheit **AO 392** 12

Verteidigung gegen Gewalt
– deutsches Notwehrrecht **EMRK 2** 37 f.
– Gewaltabwehrmaßnahmen **EMRK 2** 36
– gewaltsamer Angriff gegen jemanden **EMRK 2** 37
– Nothilfe durch Amtsträger **EMRK 2** 37 f.
– strikte Verhältnismäßigkeit **EMRK 2** 36

Verteidigungsteilhabe
– Befragung des Gutachters **EMRK 6** 311
– Gutachten **EMRK 6** 308
– Sachverständige **EMRK 6** 309
– Stellungnahme **EMRK 6** 311
– Wahl des Gutachters **EMRK 6** 310

Verteidigungsverhalten StrEG 5 80 ff.

Verteidigungsverhalten des Beschuldigten
– Ermessensrichtlinien **StrEG 6** 18 ff.
– Missbrauch oder sonst unlautere Weise **StrEG 6** 18 ff.
– Nachtrunk **StrEG 6** 14
– objektive erforderliche Sorgfalt **StrEG 6** 17
– Selbstbelastung **StrEG 6** 7 f.
– Verkehrsdelikte **StrEG 6** 12 f.
– Vermeidung der Strafverfolgungsmaßnahme durch den Beschuldigten **StrEG 6** 21
– Verschweigen **StrEG 6** 10 f.
– Verursachung **StrEG 6** 5 f.
– wesentlicher Punkt **StrEG 6** 9
– Wiederaufnahmeverfahren **StrEG 6** 15
– Zurechenbarkeit **StrEG 6** 16

Verteilungssysteme
– abstrakte Regelung **GVG 21e** 37
– Manipulationsgefahr **GVG 21e** 40
– Mischvarianten **GVG 21e** 39

– Rechtsmittelgerichte **GVG 21e** 39
– Rotationsprinzip **GVG 21e** 40
– Verhinderung der Einflussnahmemöglichkeit **GVG 21e** 38
– Verteilung nach Anfangsbuchstaben **GVG 21e** 37
– Verteilung nach Endziffern **GVG 21e** 38
– Verteilung nach Herkunft aus einem Bezirk **GVG 21e** 38
– Verteilung nach verletzter Strafnorm **GVG 21e** 38

Vertretung
– Abgabe von Erklärungen durch den Verteidiger **EMRK 6** 202
– Entfallenlassen eines Rechtsmittels **EMRK 6** 201
– Hinwirkung auf Anwesenheit **EMRK 6** 201
– Schweigerecht **EMRK 6** 200
– Ein-Mann-Amtsgericht **GVG 22b** 2
– Ergänzungsrichter **GVG 21f** 12
– Gewährleistung der Güte und Einheitlichkeit der Rechtsprechung **GVG 21f** 7
– Landesjustizverwaltung **GVG 117** 1, 3
– nichtständiges Mitglied des Spruchkörpers **GVG 21f** 8
– Präsidiumsmitglieder **GVG 21c** 1
– regelmäßige Vertretung des Vorsitzenden **GVG 21f** 6
– Reihenfolge bei mehreren bestellten Vertretern **GVG 21f** 7
– Senatsmitglieder **GVG 117** 1 ff.
– ständiger Vertreter **GVG 21f** 7
– weitere Vertreter **GVG 21f** 9

Vertretung der Kammermitglieder GVG 70 1 ff.

Vertretung des Präsidenten und des aufsichtführenden Richters
– allgemeine Grundsätze **GVG 21h** 3
– Eilzuständigkeit **GVG 21h** 1
– Feststellung der Verhinderung **GVG 21h** 1
– justizförmige Verwaltungsaufgaben **GVG 21h** 1
– Reihenfolge **GVG 21h** 2
– ständiger Vertreter **GVG 21h** 2
– Verhinderung **GVG 21h** 3
– Vizepräsident **GVG 21h** 2
– Vorsitz im Präsidium **GVG 21h** 1
– vorübergehende Verhinderung **GVG 21h** 3

Vertretungsregelungen
– Ausgestaltung der Vertretungsregelungen **GVG 21e** 16

Sachverzeichnis   fette Zahlen = §§

- Geschäftsverteilungsplan **GVG 21e** 16
- Kollegialgerichte **GVG 21e** 15
- ständiger regelmäßiger Vertreter **GVG 21e** 16
- Vertreterkette **GVG 21e** 16
- Vertretung innerhalb des Gerichts **GVG 21e** 15
- Zuständigkeit **GVG 21e** 15

Vertrieb *siehe Einfuhr*

Verwaltungsbehörde
- Abschluss des Verfahrens durch die Verwaltungsbehörde **StrEG Anh. 18** 11
- Anrufung des Amtsgerichts **StrEG Anh. 18** 14
- anwendbaren Vorschriften **StrEG Anh. 18** 13
- Betragsverfahren **StrEG Anh. 18** 17
- Entscheidung über den Grund **StrEG Anh. 18** 11
- ersatzpflichtige Kasse **StrEG Anh. 18** 18
- sofortige Beschwerde **StrEG Anh. 18** 16
- unzulässiger Antrag **StrEG Anh. 18** 12
- Vermögensschaden **StrEG Anh. 18** 17
- Verzicht **StrEG Anh. 18** 12
- Zulässigkeit des Antrags **StrEG 18** 15
- Zuständigkeit **StrEG 18** 14

Verwendung von Angaben
- Disziplinarverfahren **AO 393** 42
- Steuergeheimnis **AO 393** 40
- strafbefreiende Selbstanzeige **AO 393** 42
- Verwendung zur Verfolgung der offenbarten Straftaten **AO 393** 41
- Vorlage der Steuerakten **AO 393** 41
- Wertneutralität des Steuerrechts **AO 393** 40

Verwendung zur Gefahrenabwehr bzw. Strafverfolgung G 10 8 15 ff.

Verwendungsverbot
- Akten des Besteuerungsverfahrens **AO 393** 44
- anderweitige Erkenntnisquelle **AO 393** 45
- Auskünfte **AO 393** 50
- begrenztes strafrechtliches Verwertungsverbot **AO 393** 60
- Bekanntwerden in einem Strafverfahren **AO 393** 47
- Duldung **AO 393** 49
- eigene Aussage des Steuerpflichtigen **AO 393** 49
- eigenes Wissen oder eigene Sachkunde **AO 393** 50

- Ergänzung des Steuergeheimnisses **AO 393** 43
- erzwingbare steuerrechtliche Pflichten **AO 393** 53
- falsche oder gefälschte Urkunden **AO 393** 54
- Fernwirkung **AO 393** 62
- generelles Zwangsmittelverbot **AO 393** 52
- Grundsatz der Gleichmäßigkeit und Gesetzmäßigkeit **AO 393** 55
- mechanische Hilfstätigkeiten **AO 393** 50
- Offenbarung durch den Steuerpflichtigen **AO 393** 48
- Offenbarung in Erfüllung steuerrechtlicher Pflichten **AO 393** 53
- Offenbarung vor oder in Unkenntnis der Einleitung des Strafverfahrens **AO 393** 52
- Reichweite **AO 393** 45, 59 ff.
- Schutzbereich der Selbstbelastungsfreiheit **AO 393** 48
- Selbstanzeige **AO 393** 56
- Selbstbelastungsfreiheit **AO 393** 54, 61
- Steuergeheimnis **AO 393** 54
- steuerrechtliche Auswirkung **AO 393** 55
- Steuerstrafakten **AO 393** 44
- Tateinheit zwischen Steuerstraftat und anderer Tat **AO 393** 58
- Tatsachen und Beweismittel aus den Steuerakten **AO 393** 44
- umfassendes Verfolgungsverbot **AO 393** 59
- unmittelbare Einsicht in die Steuerakte **AO 393** 46
- unrichtige oder unvollständige Steuererklärung **AO 393** 56
- Verfolgung Nichtsteuerstraftat **AO 393** 57
- Verwendung zugunsten des Steuerpflichtigen **AO 393** 63
- Verwendungsverbot zuungunsten Dritter **AO 393** 51
- Verwertung zur Verfolgung **AO 393** 61
- Verzicht **AO 393** 63
- Vorlagen **AO 393** 50

Verwertbarkeit verletzungsbedingt erlangter Beweismittel
- Aussagen des Opfers **EMRK 3** 37
- Beweisverwertungsverbot **EMRK 3** 34 ff.
- Drittwirkung des Verwertungsverbot **EMRK 3** 35

magere Zahlen = Randnummern

Sachverzeichnis

– echte Gefahr **EMRK 3** 40
– extraterritoriale Geltung **EMRK 3** 40
– Fernwirkung **EMRK 3** 34 ff.
– Feststellungsanforderungen **EMRK 3** 40
– mittelbar erlangte Sachbeweise **EMRK 3** 38
– per se unfaires Strafverfahren **EMRK 3** 35
– Regelvermutung **EMRK 3** 38
– Sachbeweise **EMRK 3** 37

Verwirkung
– absolute Ausschlussfrist **StrEG 12** 2
– Jahresfrist **StrEG 12** 1
– Rechtskraft der Grundentscheidung **StrEG 12** 1
– Verschulden **StrEG 12** 2
– Wiedereinsetzung **StrEG 12** 2

Verzicht
– den Staat zurechenbare Irreführungen **EMRK 6** 85
– eindeutige Erklärung **EMRK 6** 80
– Einsatz angemessener Verfahrenssicherungen **EMRK 6** 86
– Entgegenstehen wichtiger öffentlicher Interessen **EMRK 6** 88 f.
– freie Willenserklärung **EMRK 6** 84
– Inhaber des Rechts **EMRK 6** 77
– kein staatlicher Zwang **EMRK 6** 85
– Kenntnis der Umstände **EMRK 6** 80 f.
– konkludenter Verzicht **EMRK 6** 80
– stillschweigender Verzicht **EMRK 6** 80
– Teilverzicht **EMRK 6** 82
– unmissverständlicher Verzichtswille **EMRK 6** 80
– verhältnismäßige Einschränkung der Rechte des Angeklagten **EMRK 6** 89
– Verteidiger **EMRK 6** 83, 86
– wirksamer Verzicht **EMRK 6** 76 ff.

Verzicht auf Vereidigung GVG 189 15

Verzicht und Rücknahme
– allgemeine Regeln **JGG 55** 22
– Erziehungsberechtigte oder gesetzliche Vertreter **JGG 55** 22 f.
– nachträgliche Erklärung **JGG 55** 24
– Teilrücknahme **JGG 55** 24
– Verteidiger **JGG 55** 23

Verzögerungen durch den Beschuldigten und Dritte
– Rechtshilfeersuchen **GVG 198** 45
– Sachverständige **GVG 198** 44
– staatliches Fehlverhalten **GVG 198** 43
– Verantwortungsbereich des Staates **GVG 198** 43

– Zeugen **GVG 198** 44
– Zurechnung der Verzögerung **GVG 198** 44

Verzögerungsrüge
– Anhaltspunkte für nicht angemessenen Fortgang des Verfahrens **GVG 198** 69
– Begründungspflicht **GVG 198** 67
– Beweispflicht des Entschädigungsklägers **GVG 198** 65
– Darlegungs- und Beweislast **GVG 198** 62
– Entschädigungsklagen aufgrund verzögerter Strafverfahren **GVG 199** 1
– Erhebung außerhalb der Hauptverhandlung **GVG 198** 65
– Erhebung der Verzögerungsrüge **GVG 198** 62
– erneute Verzögerungsrüge gegenüber dem Strafgericht **GVG 199** 3
– Erstreckung auf Ermittlungsverfahren **GVG 199** 2
– Gewährung der Kompensation im Strafverfahren **GVG 198** 64
– Hinweispflicht auf dem Gericht unbekannte Umstände **GVG 198** 68
– Hinweispflicht des Gerichts **GVG 198** 62, 70
– konkret-präventive Beschleunigungswirkung **GVG 198** 63
– Monetärer Entschädigungsanspruch **GVG 198** 62
– präventive Komponente **GVG 198** 63
– schriftlich oder mündlich **GVG 198** 65
– spätestmöglicher Zeitpunkt für die Rügeerhebung **GVG 198** 71
– Verzögerungen in mehreren Verfahrensabschnitten **GVG 198** 71
– Verzögerungen in staatsanwaltschaftlichen und finanzbehördlichen Ermittlungsverfahren **GVG 199** 1 f.
– Vollstreckungslösung **GVG 198** 64
– vom Beschuldigten selbst erhobene Rüge bei notwendiger Verteidigung **GVG 198** 65
– von Verteidiger oder Rechtsbeistand angebrachte Rüge **GVG 198** 65
– vor Abschluss des Verfahrens **GVG 198** 71
– Wiederholung der Rüge **GVG 198** 71
– Wirkung der Verzögerungsrüge **GVG 199** 2
– zu früh erhobene Rüge **GVG 198** 70

Sachverzeichnis

fette Zahlen = §§

– Zweck der Verzögerungsrüge **GVG 198** 63
– Beschleunigungsgebot **EMRK 13** 30
– konstitutiver Anspruch bei Freispruch oder Verfahrenseinstellung **EMRK 13** 30
– Vollstreckungslösung **EMRK 13** 30

Verzögerungsrüge (Entscheidung)
– Bescheidung **GVG 198** 76
– Beschwerde **GVG 198** 76
– Entgegennahme und Dokumentation **GVG 198** 75
– Protokollierung **GVG 198** 75
– rechtsfehlerhafte förmliche Bescheidung **GVG 198** 77
– statistische Erfassung von Verzögerungsrügen **GVG 198** 76

Videokonferenztechnik
– schwebend unwirksame Vorschrift **GVG 185** 64
– Simultandolmetschen aus der Kabine **GVG 185** 64
– Zustimmung der Verfahrensbeteiligten **GVG 185** 64

Völlige Versagung StrEG 6 45
Vollmacht GVG 187 62

Vollstreckung außerhalb des Gerichtsbezirks
– Dienstaufsichtsbeschwerde **GVG 163** 1
– Festnahme und Ablieferung eines Gefangenen **GVG 163** 1
– Rechtshilfe **GVG 163** 1
– Vollstreckungshilfe **GVG 163** 1

Vollstreckung der Ordnungsmittel
– Abnahme des Ordnungsgelds im Sitzungssaal **GVG 179** 3
– Einfluss auf Bestand der Grundentscheidung **GVG 179** 4
– Festsetzung von Ordnungsgeld **GVG 179** 4
– Öffentlichkeit- und Teilhaberecht **GVG 179** 1
– Ordnungshaft **GVG 179** 4
– pauschale Anordnung **GVG 179** 4
– Rechtspfleger **GVG 179** 2
– Staatsanwalt **GVG 179** 2
– Störungsbeseitigung **GVG 179** 1
– ultima ratio **GVG 179** 1
– Umrechnungsschlüssel **GVG 179** 4
– unmittelbar **GVG 179** 3
– Vollstreckungsschuldner **GVG 179** 3

Vollstreckung von Freiheitsstrafen
– gemeinsame Strafvollstreckungsordnung **GVG 162** 2

– Ländervereinbarungen **GVG 162** 2
– Selbstvollstreckung **GVG 162** 1
– Vollstreckungshilfe **GVG 162** 1
– Wahlmöglichkeit **GVG 162** 1

Vollstreckungslösung
– Beschränkung der Rechtsfolgenvorteile **EMRK 13** 35
– formgerechte Erhebung einer Verfahrensrüge **EMRK 13** 34
– frühere Strafzumessungslösung **EMRK 13** 32
– Individualbeschwerde **EMRK 13** 32
– Kompensation **EMRK 13** 33
– konkret bezifferter Teil der Strafe **EMRK 13** 33
– Rechtsfolgenkompensation **EMRK 13** 36
– Verringerung des Kompensationsausmaßes **EMRK 13** 35
– Vollstreckungslösung **EMRK 13** 33, 35

Vollstreckungsmaßnahmen
– Bundesverfassungsgericht **StrEG 2** 14
– Führerschein **StrEG 2** 13
– Haftbefehl **StrEG 2** 14
– Jugendrecht **StrEG 2** 14
– Missachtung einer gebotenen Anrechnung von Zeiten des Maßregelvollzugs auf die Strafe **StrEG 2** 13
– nachträgliche Gesamtstrafenbildung **StrEG 2** 13
– Organisationshaft **StrEG 2** 13
– Sicherungshaftbefehl **StrEG 2** 14
– Strafzeitberechnung **StrEG 2** 13
– überlange Verfahrensdauer **StrEG 2** 14
– Unbrauchbarmachung **StrEG 2** 13
– unterbliebene Unterbrechung **StrEG 2** 13
– unterlassene Anrechnung von Abschiebehaft auf die Freiheitsstrafe **StrEG 2** 13
– Wiedereinsetzung **StrEG 2** 13

Vollstreckungsverjährung GVG 179 5

Vollzug
– bloße Anordnung **StrEG 2** 15
– freiwillige Handlungen des Beschuldigten **StrEG 2** 16
– Herausgabe des Führerscheins **StrEG 2** 16, 53 ff.

Vollzug der Beschränkung
– Beginn der Kontrolltätigkeit **G 10 15** 8
– Erhebung, Verarbeitung und Nutzung der personenbezogenen Daten **G 10 15** 7
– Recht auf Auskunft **G 10 15** 7

magere Zahlen = Randnummern **Sachverzeichnis**

- Recht auf Einsicht **G 10 15** 7
- umfassende Kontrollbefugnis **G 10 15** 9
- Zutritt in alle Diensträume **G 10 15** 7

Vollzugsentscheidungen
- Freiheitsstrafen von nicht mehr als sechs Monaten **EGGVG 23** 34
- Jugendarrest **EGGVG 23** 34
- Untersuchungshaft **EGGVG 23** 35
- Vollstreckung von Behörden der Bundeswehr **EGGVG 23** 34

Vorbehalt der nachträglichen Entscheidung über die Aussetzung
- Abschließende Voraussetzungen **JGG 61b** 9
- Anfechtung der Vorbehaltsentscheidung **JGG 61b** 19
- Belehrung **JGG 61b** 18
- Beschluss **JGG 61b** 23
- Einverständnis des Verurteilten **JGG 61b** 21
- Ermessensentscheidung **JGG 61b** 14
- Erschöpfung aller Entwicklungsmöglichkeiten **JGG 61b** 12
- Fehlen einer ausdrücklichen Entscheidung **JGG 61b** 16
- Fehlen eines ausdrücklichen Vorbehalts **JGG 61b** 15
- Frist **JGG 61b** 21
- Gegenstand der vorbehaltenen Entscheidung **JGG 61b** 24
- mündliche Anhörung **JGG 61b** 23
- Prognoseunsicherheit zum Zeitpunkt der Verurteilung **JGG 61b** 11
- sofortige Beschwerde **JGG 61b** 19
- Tenorierung **JGG 61b** 17
- Untätigkeit des Gerichts **JGG 61b** 22
- Verurteilung zu Jugendstrafe **JGG 61b** 10
- Vollstreckungshindernis **JGG 61b** 15, 17
- Vorgehen außerhalb des Anwendungsbereichs **JGG 61b** 16
- weitere, die gegenwärtige Hauptverhandlung sprengende Ermittlungen **JGG 61b** 13
- Zuständigkeit **JGG 61b** 23
- Zweiteilung des Verfahrens **JGG 61b** 20

Vorbereitung der Ausschussberatung
- Aufklärung des Sachverhalts **GVG 39** 4
- einheitliche Gesamtliste **GVG 39** 2
- Entscheidung des Amtsrichters **GVG 39** 5
- fehlende Listen **GVG 39** 3
- Kommunalaufsicht **GVG 39** 3

- offenkundiger, besonders schwerwiegender Fehler **GVG 39** 5
- Prüfungspflicht **GVG 39** 5
- Stillstand der Rechtspflege **GVG 39** 3
- von Amts wegen **GVG 39** 4

Vorbereitung der Verteidigung
- Akteneinsicht **EMRK 6** 156 ff.
- ausreichend Zeit und Gelegenheit zur Vorbereitung der Verteidigung **EMRK 6** 150, 152
- counterbalancing **EMRK 6** 162 f.
- Dokumentation einschlägiger Ermittlungsmaßnahmen **EMRK 6** 159
- eigene Ermittlungen **EMRK 6** 154
- Einschränkungen **EMRK 6** 161 ff.
- entlastende Beweise **EMRK 6** 159
- Geltung hinsichtlich gesamter Verteidigungsrechte **EMRK 6** 151
- Nachweis eines Nachteils für die Verteidigung **EMRK 6** 155
- Offenlegung der dem Staat zugänglichen Beweismittel **EMRK 6** 156 ff.
- Offenlegungsanspruch **EMRK 6** 159
- Sammlung und Vortrag aller relevanten Verteidigungsargumente **EMRK 6** 150
- special counsel **EMRK 6** 164
- Verteidiger **EMRK 6** 158, 165 ff.
- Verteidigung als Ganzes **EMRK 6** 166
- Waffengleichheit **EMRK 6** 150, 159

Vorfragenkompetenzen
- Ermessensentscheidung **AO 396** 6
- volle Vorfragenkompetenz **AO 396** 5

Vorgesetztes Gericht
- Beschwerdeweg **GVG 158** 12
- Bundesverfassungsgericht **GVG 158** 13
- nicht in demselben Gerichtsbezirk ansässiges Land- oder Oberlandesgericht **GVG 158** 13
- Rechtsmittel und Rechtsbehelfe **GVG 158** 14
- Verfassungsgerichte der Länder **GVG 158** 13

Vorläufige Anordnungen über die Erziehung
- Anhörung **JGG 71** 11
- Anrechnung der Vollstreckung einer Freiheitsentziehung **JGG 71** 13
- Anregung der Gewährung von Leistungen **JGG 71** 5
- Beschwerde **JGG 71** 10
- dringende Erziehungsbedürftigkeit **JGG 71** 8
- einstweilige Unterbringung **JGG 71** 6

2017

Sachverzeichnis

fette Zahlen = §§

– Erziehungsberechtigte **JGG 71** 9
– Gewährleistung der erzieherischen Ziele **JGG 71** 2
– Haftbefehl **JGG 71** 8, 12
– Haftprüfungsverfahren **JGG 71** 12
– Inhalte des Weisungskatalogs **JGG 71** 3
– Jugendstrafvollzug **JGG 71** 7
– konkrete Rückfallgefahr **JGG 71** 8
– Kosten **JGG 71** 14
– Maßnahmearten **JGG 71** 3
– Persönlicher Anwendungsbereich **JGG 71** 1
– Untersuchungshaft **JGG 71** 2
– Verdachtsgrad **JGG 71** 8
– Verfahren **JGG 71** 10 ff.
– Verhältnismäßigkeitsgrundsatz **JGG 71** 9
– weitere Gefährdung **JGG 71** 8
– Zeitraum bis zum rechtskräftigen Urteil **JGG 71** 3
– Zweck der Norm **JGG 71** 2

Vorläufige Entziehung der Fahrerlaubnis StrEG 5 77
– Ausländischer Führerschein **StrEG 2** 66
– Internationaler Führerschein **StrEG 2** 67 f.
– **StrEG 4** 35 ff.

Vorläufige Festnahme
– unmittelbarer Zwang **StrEG 2** 48
– Vorführung **StrEG 2** 46, 48

Vorläufige Strafverfolgungsmaßnahme
– abschließende Aufzählung **StrEG 2** 7 ff.
– analoge Anwendung **StrEG 2** 7
– Ansprüche Dritter **StrEG 2** 3
– Auslieferungshaft auf Ersuchen ausländischer Behörden **StrEG 2** 8
– Bußgeldverfahren **StrEG 2** 4
– Einschränkungen und Erweiterungen **StrEG 2** 5
– entschädigungspflichtige Maßnahmen **StrEG 2** 9
– Ermittlungsverfahren **StrEG 2** 2
– Schaden als Folge des Vollzugs der Maßnahme **StrEG 2** 6
– Strafverfahren **StrEG 2** 2
– Wiederaufnahmeverfahren **StrEG 2** 2

Vorläufige Strafverfolgungsmaßnahmen StrEG 4 39

Vorläufige Zuständigkeit
– Erlass der Geschäftsverteilung **GVG 21j** 1
– gesetzlicher Richter **GVG 21j** 1
– neu errichtete Gerichte **GVG 21j** 2

– Notkompetenz des Gerichtsvorstands **GVG 21j** 3
– Zusammenlegung von Gerichten **GVG 21j** 2

Vorläufiges Berufsverbot
– Bekanntmachung **StrEG 2** 69
– Schlachtverbot **StrEG 2** 70
– Verbot der Tierhaltung **StrEG 2** 69

Vorrang der Jugendgerichte
– Anwendungsbereich **JGG 47a** 1
– Nachverfahren **JGG 47a** 6
– Prozessökonomie **JGG 47a** 2
– Rechtsmittel **JGG 47a** 7 f.
– Verbundene Verfahren **JGG 47a** 4
– Verfahrensbeschleunigung **JGG 47a** 2 f.
– Wirtschafts- und Staatsschutzstrafkammer **JGG 47a** 5

Vorrang der strafprozessualen Kompensation
– Ansprüche auf finanzielle Entschädigung **GVG 199** 4
– Ansprüche von Beschuldigten **GVG 199** 10
– ausreichende Kompensation **GVG 199** 6
– Ausschluss finanzieller Entschädigung **GVG 199** 5
– Bindungswirkung **GVG 199** 8
– Entschädigungsansprüche **GVG 199** 4
– ergänzende finanzielle Entschädigung **GVG 199** 7
– materielle Nachteile **GVG 199** 9
– Strafprozessuale Kompensationsmechanismen **GVG 199** 4 ff.
– tatsächliche Vornahme der Kompensation **GVG 199** 8
– Verzögerungsrüge **GVG 199** 4, 8
– Vollstreckungslösung **GVG 199** 5
– Wiedergutmachung auf andere Weise **GVG 199** 4 f.

Vorschaltverfahren
– Anfechtungsgegenstand **EGGVG 24** 23
– Aussetzung des Verfahrens **EGGVG 24** 22
– Befreiung vom Vorschaltverfahrenserfordernis **EGGVG 24** 15
– Beschwerdeverfahren **EGGVG 24** 13
– Fristversäumnis **EGGVG 24** 17
– Justizverwaltungsakt in Gestalt, die er im Vorschaltverfahren gefunden hat **EGGVG 24** 23
– kein eigenes förmliches Vorverfahren **EGGVG 24** 19
– Rechtsbehelfe **EGGVG 24** 19

magere Zahlen = Randnummern

Sachverzeichnis

– Regelung durch Rechtsverordnung oder allgemeiner Verwaltungsvorschrift **EGGVG 24** 19
– Sachkunde der Verwaltungsbehörde **EGGVG 24** 14
– sachliche Entscheidung trotz Fristversäumnis **EGGVG 24** 17 f.
– Selbstüberprüfung der Verwaltung **EGGVG 24** 14
– von Amts wegen zu prüfende Verfahrensvoraussetzung **EGGVG 24** 13
– zusätzliche Beschwer **EGGVG 24** 23

Vorschlagsliste (Aufstellung)
– alle Gruppen der Bevölkerung **GVG 36** 9
– Anfechtung **GVG 36** 12
– Auflegung zur Einsicht **GVG 36** 5
– Besetzungsrüge **GVG 36** 13
– echte Wahl **GVG 36** 11
– einheitliche Liste **GVG 36** 6
– erfahrene, urteilsfähige und für das Schöffenamt geeignete Personen **GVG 36** 8
– Gemeindevertretung **GVG 36** 2
– Identitätsmerkmale **GVG 36** 10
– mehrstufiges Schöffenwahlverfahren **GVG 36** 1
– personelle Kenntnis der Bewohner **GVG 36** 2
– Personen und Inhalt der Liste **GVG 36** 7
– Repräsentanzprinzip **GVG 36** 1
– Schöffen beim Landgericht **GVG 36** 6
– Umfang der Liste **GVG 36** 11
– Verfahren **GVG 36** 5
– Verteilung **GVG 36** 11
– Verwaltungsrechtsweg **GVG 36** 12
– Vorauswahlpflicht **GVG 36** 4
– Wahl der Gemeindevertretung **GVG 36** 3
– Willkür **GVG 36** 13
– Zeitpunkt **GVG 36** 5
– Zuständigkeit **GVG 36** 1 f.

Vorschriften
– Mitglieder des Bundestages **EGStPO 6** 3
– Sperrwirkung **EGStPO 6** 2
– Strafbescheide **EGStPO 3** 4
– Wirkung in die Zukunft **EGStPO 6** 2

Vorschuss StrEG 10 29

Vorsitz im Kollegialspruchkörper
– Erfahrung, Bewährung und Eignung **GVG 21f** 1
– Gewährleistung der Qualität und Einheitlichkeit der Rechtsprechung **GVG 21f** 1

– richtungsweisender Einfluss **GVG 21f** 1
– Vertretung **GVG 21f** 1
– vorsitzende Richter **GVG 21f** 1

Vorsitzender
– Amtsgerichte und Schöffengerichte **GVG 21f** 2
– Doppelvorsitz **GVG 21f** 5
– Hilfsstrafkammer **GVG 21f** 3
– nichtständige Spruchkörper **GVG 21f** 3
– ständige Kollegialspruchkörper **GVG 21f** 2

Vorsitzender (Präsidium)
– Eilzuständigkeit **GVG 22a** 4
– Ein-Mann-Amtsgerichte **GVG 22a** 2
– Erhöhung der Zahl der Planstellen **GVG 22a** 4
– Geschäftsverteilung **GVG 22a** 4
– kleine Amtsgerichte **GVG 22a** 2
– Präsident des übergeordneten Landgerichts **GVG 22a** 3
– Präsident eines anderen Amtsgerichts **GVG 22a** 3
– Regelungsgehalt **GVG 22a** 2
– tatsächliche Anzahl der Planstellen **GVG 22a** 2

Vorteilsausgleichung StrEG 7 90
– Betriebskosten **StrEG 7** 94
– ersparte Aufwendungen **StrEG 7** 93
– immaterieller Schaden **StrEG 7** 92
– Inanspruchnahme eines Rechtsanwalts **StrEG 7** 93
– Steuerzahlungen **StrEG 7** 95

Vorübergehende Vertretung
– Befristung **GVG 22b** 6
– Fortbestehen des Vertretungsbedarfs **GVG 22b** 6
– kein gesetzlicher Richter mehr vorhanden **GVG 22b** 5

Vorwarnmechanismus
– Anerkennungsverfahren **EGStPO 9** 3
– Angehörige reglementierter Berufe **EGStPO 9** 2
– Berufsanerkennungsrichtlinie **EGStPO 9** 2
– europäisches Binnenmarkt-Informationssystem **EGStPO 8** 5
– Heil- und Erziehungsberufe **EGStPO 9** 5
– Regelungsgehalt **EGStPO 9** 3 ff
– Unterrichtung über Berufsverbote **EGStPO 9** 4
– zeitnahe Warnung anderer Mitgliedstaaten **EGStPO 9** 2

2019

Sachverzeichnis

fette Zahlen = §§

Waffengleichheit EMRK 6 302 ff.
Wahl
- aktives und passives Wahlrecht **GVG 21b** 1
- Rechtsverordnung **GVG 21b** 1
- Wahlgrundsätze **GVG 21b** 1
- Wahlperiode **GVG 21b** 1

Wahl der Haupt- und Hilfsschöffen
- Auslosung der Reihenfolge **GVG 42** 10
- eigene Vorschlagsliste **GVG 42** 8
- gerichtsnaher Wohnort **GVG 42** 8
- gesetzlich vorgesehene Zahl **GVG 42** 7
- getrennt nach Schöffen für das Schöffen- und Landgericht **GVG 42** 7
- Hilfsschöffen **GVG 42** 9
- Nachwahl **GVG 42** 10
- Reihenfolge **GVG 42** 10

Wahlanfechtung
- analoge Anwendung **GVG 21b** 24
- Anfechtungsberechtigung **GVG 21b** 18
- Beeinflussung des Wahlergebnisses **GVG 21b** 21
- Begründetheit **GVG 21b** 21
- Beschwer **GVG 21b** 19
- Besetzungsrüge **GVG 21b** 23
- Beteiligung **GVG 21b** 20
- Frist **GVG 21b** 19
- Neuwahl **GVG 21b** 22
- Verletzung eines Gesetzes **GVG 21b** 19
- Zulässigkeit und Verfahren **GVG 21b** 18 ff.
- Zuständigkeit **GVG 21b** 20

Wahlgrundsätze
- Ablehnung der Wahl **GVG 21b** 14
- Dienstpflicht **GVG 21b** 13
- gewählte Mitglieder **GVG 21b** 13
- Sitze im Präsidium **GVG 21b** 12
- unmittelbare und geheime Wahl **GVG 21b** 12
- Wahlpflicht **GVG 21b** 13
- Wahlvorschläge **GVG 21b** 15

Wahlperiode
- Dauer **GVG 21b** 16
- Einfluss neuer Richter **GVG 21b** 16
- Kontinuität **GVG 21b** 16

Wahlrecht
- abgeordnete Richter **GVG 21b** 3, 9
- aktives Wahlrecht **GVG 21b** 1 ff.
- an Verwaltungsbehörde abgeordnete Richter **GVG 21b** 5
- aufsichtsführender Richter **GVG 21b** 9
- beurlaubte Richter **GVG 21b** 6
- Doppelrichter **GVG 21b** 1
- maßgeblicher Zeitpunkt **GVG 21b** 7, 11
- passives Wahlrecht **GVG 21b** 8
- Präsident **GVG 21b** 9
- Richter auf Lebenszeit **GVG 21b** 1, 9
- Richter auf Probe **GVG 21b** 2
- Richter auf Zeit **GVG 21b** 1, 9
- Teil der Arbeitskraft **GVG 21b** 4
- Vizepräsident **GVG 21b** 10
- volle Arbeitskraft **GVG 21b** 3

Wechsel zwischen Verfahrensarten
- fortlaufender Wechsel **AO 404** 47
- Übergang zum Steuerstrafverfahren **AO 404** 48
- Willkür- bzw. Missbrauchsverbot **AO 404** 47
- Zweckrichtigkeit **AO 404** 47

Weisungsgebundenheit
- Adressat **GVG 146** 25
- allgemeines Beamtenrecht **GVG 146** 5
- Art und Umfang der Weisungsrechte *siehe dort*
- Befolgungspflicht **GVG 146** 19
- einheitliche Rechtsanwendung **GVG 146** 3
- einheitliche Strafverfolgungsbehörde **GVG 146** 2
- externes Weisungsrecht **GVG 146** 2
- Form **GVG 146** 24
- Generalstaatsanwalt **GVG 146** 25
- Inhaber des Weisungsrechts *siehe dort*
- internes Weisungsrecht **GVG 146** 2
- Justizminister **GVG 146** 25
- Legalitätsprinzip **GVG 146** 19
- monokratischer Aufbau **GVG 146** 3
- Prinzip der parlamentarischen Verantwortlichkeit der Regierung **GVG 146** 4
- rechtswidrige Weisungen **GVG 146** 19
- richterliche Unabhängigkeit **GVG 146** 2
- Sonderstellung in der Exekutive **GVG 146** 3

Weisungsrecht (Art und Umfang)
- allgemeine Anordnung **GVG 152** 6, 10
- allgemeine Weisung **GVG 146** 11
- Außenwirkung **GVG 146** 13
- Beauftragung eines bestimmten Polizeibeamten der örtlichen Dienststelle **GVG 152** 9
- Beschränkung der örtlichen Zuständigkeit **GVG 152** 12
- Beweiswürdigung **GVG 146** 12
- Bundesgebiet **GVG 152** 12
- Delegieren von Aufgaben **GVG 152** 11
- dienstliche Weisung **GVG 146** 11
- einzelne Polizeibeamte **GVG 152** 7

magere Zahlen = Randnummern

– externes Weisungsrecht **GVG 146** 12
– Form **GVG 152** 13
– Gegenstand der Weisung **GVG 152** 8
– Generalbundesanwalt **GVG 152** 12
– individuelle Weisung **GVG 146** 11
– konkrete Einzelweisung **GVG 152** 10
– Organleihe **GVG 152** 6
– persönliche Weisung **GVG 152** 6
– Polizeidienststelle **GVG 152** 7
– Rechtsanwendung **GVG 146** 12
– staatsanwaltschaftliche Aufgabe oder Handlung **GVG 146** 12
– Tatsachenermittlungen **GVG 146** 12
Weisungsrecht der Staatsanwaltschaft
– Bestellung von Beamten- und Angestelltengruppen **GVG 152** 4
– Bundeskriminalamt **GVG 152** 5
– Bundespolizei **GVG 152** 5
– Bußgeldverfahren **GVG 152** 5
– Ermittlungspersonen **GVG 152** 1
– Finanzbehörden **GVG 152** 5
– Gesamtverantwortlichkeit **GVG 152** 2
– Hilfspersonen **GVG 152** 1
– Legalitätsprinzip **GVG 152** 3
– privatisierte Nachfolgeunternehmen des öffentlichen Dienstes **GVG 152** 4
– Steuerfahndung **GVG 152** 5
– Straf- und Vollstreckungsverfahren **GVG 152** 1
– Zollfahndungsämter **GVG 152** 5
Weitere Berufsgeheimnisträger
– Ärzte **G 10 3b** 12
– Berater für Fragen der Betäubungsmittelabhängigkeit **G 10 3b** 12
– Dokumentationspflicht **G 10 3b** 15
– Löschungspflicht **G 10 3b** 15
– Medienvertreter **G 10 3b** 12
– Rechtsanwälte **G 10 3b** 12
– relatives Erhebungsverbot **G 10 3b** 13 f.
– relatives Verwertungsverbot **G 10 3b** 13 f.
– Schwangerschaftsberater **G 10 3b** 12
– vergleichbare Berufe **G 10 3b** 12
– Verhältnismäßigkeit **G 10 3b** 14
Weitere Daten des Betroffenen oder Dritter
– Adressierung der Daten **EGGVG 18** 10
– doppelte Übermittlung **EGGVG 18** 5a
– eigenständige Übermittlungsbefugnis **EGGVG 18** 5a
– Form der Mitteilung **EGGVG 18** 9
– Form der Übermittlung **EGGVG 18** 8

Sachverzeichnis

– Inhalt und Zeitpunkt der Mitteilung **EGGVG 18** 9
– isolierte Übermittlung **EGGVG 18** 3
– nicht nur aktengebundene Daten **EGGVG 18** 4
– offensichtliches Überwiegen der berechtigten Interessen **EGGVG 18** 6
– Offensichtlichkeit **EGGVG 18** 7
– öffentlich-rechtlicher Arbeitgeber **EGGVG 18** 10
– Schwärzung **EGGVG 18** 3a
– Übermittlung überschießender Daten **EGGVG 18** 1 ff.
– unvertretbarer Aufwand der Trennung der Daten **EGGVG 18** 3
– vertrauliche Personalsache **EGGVG 18** 11
– Verwertungsverbot **EGGVG 18** 5
– Wahrung von Geschäftsgeheimnissen **EGGVG 18** 6
– Zuständigkeit für die Übermittlung **EGGVG 18** 9
Weitere Entscheidungen bei Vorbehalt der Entscheidung über die Aussetzung
– Auflagen und Weisungen **JGG 61b** 5 f.
– Ausnahmecharakter **JGG 61b** 6
– Aussetzungsentscheidung **JGG 61b** 3
– Beschleunigungsgrundsatz **JGG 61b** 7
– Bewährung vor der Bewährung **JGG 61b** 4
– Bewährungshelfer **JGG 61b** 5
– eingriffsschonende Gestaltung **JGG 61b** 8
– Jugendstrafrecht Erziehungsauftrag **JGG 61b** 3
– Persönlicher Anwendungsbereich **JGG 61b** 1
– Rechtssicherheit **JGG 61b** 6
– Sanktionsinstrument eigener Art **JGG 61b** 6
– Vorbewährung **JGG 61b** 2
– Vorbewährungszeit **JGG 61b** 7
– Warnschussarrest **JGG 61b** 5, 8
– Zweck der Norm **JGG 61b** 3
Weitere Entscheidungen im Zusammenhang mit der Vorbehaltsentscheidung
– Anfechtung von Nebenentscheidungen **JGG 61b** 30
– Anrechnung **JGG 61b** 32
– Anrechnung bei Versagung der Aussetzung **JGG 61b** 34

Sachverzeichnis   fette Zahlen = §§

- Anrechnung der Aussetzung der Jugendstrafe zur Bewährung **JGG 61b** 33
- Austausch personenbezogener Daten **JGG 61b** 28
- Begleitende Maßnahmen **JGG 61b** 25
- Bewährungshelfer **JGG 61b** 28
- Bewährungsplan **JGG 61b** 30
- Jugendgerichtshilfe **JGG 61b** 28
- Kombination mit Warnschussarrest **JGG 61b** 29 f., 34
- Maßnahmen zur Sicherung der Vollstreckung **JGG 61b** 31
- Ungehorsamarrest **JGG 61b** 27
- Verfahren **JGG 61b** 30
- Weisungen und Auflagen **JGG 61b** 26
- Zusammenarbeit von Jugendgerichtshilfe und Bewährungshilfe **JGG 61b** 28
- Zuständigkeit **JGG 61b** 30

Weitere Mitteilungen
- Ausländerbehörde **AO 397** 38
- Bundesanstalt für Finanzdienstleistungsaufsicht **AO 397** 38
- Bußgeld- und Strafsachenstelle **AO 397** 38
- Veranlagungsstelle **AO 397** 38

Wesentliches Ergebnis der Ermittlungen
- Anklage **JGG 46** 2
- Darstellung des wesentlichen Ergebnisses der Ermittlungen **JGG 46** 4
- Form der Anklageschrift **JGG 46** 7
- Inhalt der Anklageschrift **JGG 46** 8
- Mitteilung der Anklage **JGG 46** 9
- Nachtragsanklage **JGG 46** 2
- Persönlicher Anwendungsbereich **JGG 46** 1
- Schlussvortrag **JGG 46** 3
- Verzicht **JGG 46** 5

Widerklage
- private Widerklage **JGG 80** 15
- Rechtsfolgen **JGG 80** 17
- Zulässigkeit **JGG 80** 15
- Zuständigkeit **JGG 80** 16

Wiederaufnahme
- allgemeine Vorschriften **JGG 55** 51
- Beschlüsse **JGG 55** 51
- sachliche Rechtsmittelbeschränkung **JGG 55** 51
- Suspensiveffekt **JGG 55** 51
- Zuständigkeit **JGG 55** 50
- Ausnahmecharakter **AO 398a** 31
- Doppelbestrafungsverbot **AO 398a** 32
- Endgültigkeit des Absehens von Verfolgung **AO 398a** 31
- Rechtskraftwirkung von Verfahrenseinstellungen **AO 398a** 32
- Strafklageverbrauch **AO 398a** 29
- unionsrechtliche Doppelbestrafungsverbote **AO 398a** 32
- unvollständige oder unrichtige Angaben im Rahmen der Selbstanzeige **AO 398a** 30

Wiederaufnahme bei Rechtskraft bis zum 8.5.1975 StrEG 1 45

Wiederaufnahme gegen die tatgerichtliche Entscheidung
- anderer Spruchkörper desselben Gerichts **GVG 140a** 20
- anderes AG oder LG im OLG-Bezirk **GVG 140a** 17
- anderes Gericht **GVG 140a** 14
- Begriff des Gerichts **GVG 140a** 14
- Durchbrechung des Grundsatzes der Zuständigkeit eines anderen Gerichts **GVG 140a** 20
- erstinstanzliche Zuständigkeit des OLG **GVG 140a** 17, 19
- Geschäftsverteilungsangelegenheit **GVG 140a** 16
- Gleichrangigkeitserfordernis **GVG 140a** 12
- instanzielle Zuständigkeit **GVG 140a** 12
- örtliche Zuständigkeit **GVG 140a** 14, 16
- Präsidiumsbeschluss **GVG 140a** 15
- Präsidiumsentscheidung **GVG 140a** 16
- Rangordnung **GVG 140a** 12
- sachliche und funktionelle Zuständigkeit **GVG 140a** 12
- Sonderregelungen **GVG 140a** 17
- Sonderregelungen zur Verhinderung der Durchbrechung des Grundsatzes der Zuständigkeit eines anderen Gerichts **GVG 140a** 18
- Spezialspruchkörper **GVG 140a** 12
- Spezialzuständigkeiten **GVG 140a** 17, 20
- Spezialzuständigkeitskonzentration **GVG 140a** 20
- staatsvertragliche Vereinbarung **GVG 140a** 19
- unterjährige Änderung **GVG 140a** 16
- Verbindung mehrerer Wiederaufnahmeverfahren **GVG 140a** 13
- Verfassungsmäßigkeit der Delegationslösung **GVG 140a** 15

- Vorbefassung zweier Gerichte gleicher sachlicher Zuständigkeit **GVG 140a** 16
- Zuständigkeit spezieller Spruchkörper **GVG 140a** 16
- Zuständigkeitskonzentration **GVG 140a** 17 f.
- Zweckmäßigkeitsaspekte **GVG 140a** 16

Wiederaufnahme gegen Revisionsentscheidungen
- Befreiung der Revisionsgerichte von wiederaufnahmegerichtlichen Aufgaben **GVG 140a** 21
- Entscheidung des Berufungsgerichts **GVG 140a** 21
- Grundsatz der Zuständigkeit eines gleichrangigen Gerichts **GVG 140a** 21
- spezifische Fehler des Revisionsgerichts **GVG 140a** 21
- Zuständigkeit des niederen Wiederaufnahmegerichts **GVG 140a** 21

Wiederaufnahmeverfahren StrEG 1 17, 19

Wiedereinsetzung
- Antrag auf Wiedereinsetzung **EGGVG 26** 21
- ausdrückliche Entscheidung **EGGVG 26** 23
- Ausnutzung der Frist **EGGVG 26** 17
- Ausschluss der Wiedereinsetzung **EGGVG 26** 24
- fehlende Rechtsmittelbelehrung **EGGVG 26** 19
- Frist des Wiedereinsetzungsantrags **EGGVG 26** 21
- Glaubhaftmachung **EGGVG 26** 21
- Grundsätze zur Auslegung **EGGVG 26** 15
- Hinderung ohne Verschulden **EGGVG 26** 16
- höhere Gewalt **EGGVG 26** 24 f.
- Jahresfrist **EGGVG 26** 24
- Nachholung der versäumten Rechtshandlung **EGGVG 26** 22
- Rechtsweggarantie **EGGVG 26** 16
- unrichtige Rechtsmittelbelehrung **EGGVG 26** 19
- Verschulden des Rechtsanwalts **EGGVG 26** 20
- Verzögerungen der Briefbeförderung bzw. der Briefzustellung **EGGVG 26** 18
- Wiedereinsetzung ohne Antrag **EGGVG 26** 22
- Wiedereinsetzungsgründe **EGGVG 26** 16
- Zurechnung des Verschuldens des gesetzlichen oder gewillkürten Vertreters **EGGVG 26** 20

Wiederherstellung der Öffentlichkeit GVG 174 12

Wiederholung (Verzögerungsrüge)
- erneute Verzögerung **GVG 198** 74
- frühestens sechs Monate nach der vorherigen Rüge **GVG 198** 72
- Nichteinhaltung der sechsmonatigen Wartefrist **GVG 198** 73
- Richterwechsel **GVG 198** 72
- Sperrfrist **GVG 198** 73

Wiederholung der Feststellung
- beliebig oft **EGGVG 36** 4
- Verhältnismäßigkeit **EGGVG 36** 4

Wirksamkeit des Rechtsbehelfs
- aufschiebende Wirkung von Rechtsbehelfen **EMRK 13** 22
- Ausweisung und Auslieferung **EMRK 13** 22
- Befugnis zur Prüfung und Abhilfe **EMRK 13** 15
- Beurteilungsspielraum **EMRK 13** 17
- Entschädigung **EMRK 13** 18
- ergänzendes prozedurales Individualrecht **EMRK 13** 26
- G10-Gesetz **EMRK 13** 17
- hinreichende Unabhängigkeit **EMRK 13** 20
- Kombination zur Verfügung stehender Rechtsbehelfe **EMRK 13** 16
- konkret gegenständliches Konventionsrecht **EMRK 13** 15
- notwendige Verfahrensgarantien **EMRK 13** 19 ff.
- prozessuale Mindestgarantien **EMRK 13** 21
- Prüfung mit hinreichender Beschleunigung **EMRK 13** 21
- unverhältnismäßiges Kostenrecht **EMRK 13** 24
- Wirksamkeitskriterien **EMRK 13** 14
- Zugangsvoraussetzungen **EMRK 13** 25
- zumutbarer Verfügbarkeit des Rechtsbehelfs **EMRK 13** 23 f.

Wirtschaftliche Unabhängigkeit
- Alimentationsprinzip **GVG 1** 30
- Korruptionsrisiko **GVG 1** 30
- Nachwuchsgewinnung **GVG 1** 30

Sachverzeichnis

fette Zahlen = §§

- Qualitäts- und Einflusskontrolle **GVG 1** 30
- über das Beamtenrecht hinausgehende Unabhängigkeitskomponente **GVG 1** 30

Zahlung der Entschädigung StrEG 10 32

Zahlungserleichterung
- Aktenvermerk **EGStGB 7** 4
- nachträgliche Änderungen **EGStGB 7** 3
- Ratenzahlung **EGStGB 7** 1
- Stundung **EGStGB 7** 1
- Vollstreckungsbehörde **EGStGB 7** 2
- wirtschaftliche Verhältnisse **EGStGB 7** 1
- Zeitpunkt **EGStGB 7** 2

Zahlungsobliegenheiten AO 398a 14 ff.

Zeitlich differenzierte Geltung
- Einschränkungen in Abhängigkeit vom konkret betroffenen Recht **EMRK 6** 60
- Ermittlungsverfahren **EMRK 6** 61 ff.
- Hauptverhandlung **EMRK 6** 60
- Organisation des Verfahrens **EMRK 6** 60, 62
- Prägung der Hauptverhandlung durch das Ermittlungsverfahren **EMRK 6** 63
- Unterscheidung nach betroffenem Teilrecht **EMRK 6** 62
- Verteidigungsrechte **EMRK 6** 61

Zeitlichen Dimension der Verpflichtung EMRK 1 27

Zeitungen *siehe Einfuhr*

Zeugenschutzdienststellen
- Anspruch auf ermessensfehlerfreie Entscheidung **ZSHG 2** 5
- Art von Zeugenschutzmaßnahmen **ZSHG 2** 5
- Beendigung von Zeugenschutzmaßnahmen **ZSHG 2** 5
- Beginn von Zeugenschutzmaßnahmen **ZSHG 2** 5
- Umfang von Zeugenschutzmaßnahmen **ZSHG 2** 5
- Verhältnismäßigkeitsprüfung **ZSHG 2** 6
- Verwaltungsakt **ZSHG 2** 7
- Verwaltungsrechtsweg **ZSHG 2** 7
- abschließende Regelungsmaterie **ZSHG Vor 1** 3
- Anwendbarkeit länderspezifischer Polizeigesetze **ZSHG Vor 1** 3
- Ausprägung der staatlichen Schutzpflicht **ZSHG Vor 1** 1
- Beeinträchtigung der Wahrheitsfindung **ZSHG Vor 1** 2

- quantitative Bedeutung **ZSHG Vor 1** 5
- Tätigkeit der Zeugenschutzdienststellen **ZSHG Vor 1** 1
- Verhältnis zur Staatsanwaltschaft **ZSHG Vor 1** 2
- Zeugenschutzregelung **ZSHG Vor 1** 3 f.

Zeugenschutzverfahren
- alle Deliktsfelder **ZSHG 1** 1
- Aufnahme in das Zeugenschutzprogramm **ZSHG 1** 4
- Betreuungs- und Schutzprogramme für spezielle Personengruppen **ZSHG 1** 2
- Ermessen **ZSHG 1** 4
- keine Beschränkung auf Verbrechen **ZSHG 1** 1
- Organisierte Kriminalität **ZSHG 1** 1, 3
- schwere Straftaten **ZSHG 1** 1
- Staatsschutz **ZSHG 1** 3
- Telekommunikationsüberwachung **ZSHG 1** 1
- zeugenschützende Maßnahmen in anderen Verfahren **ZSHG 1** 2

Zu schützende Personen
- Angehörige von Zeugen und Beschuldigten **ZSHG 1** 9 ff.
- antizipierter Persönlichkeitsschutz in eigener Sache **ZSHG 1** 8
- Anwendungsausschluss **ZSHG 1** 14
- Belang des Zeugenschutzes **ZSHG 1** 12
- Beschuldigter **ZSHG 1** 6
- Einverständnis **ZSHG 1** 5
- Gefährdung aufgrund der Aussagebereitschaft **ZSHG 1** 6 f.
- Kronzeuge **ZSHG 1** 6
- Opferzeugen **ZSHG 1** 8
- Personengruppen **ZSHG 1** 5
- potentielle Zeugen **ZSHG 1** 11
- Restriktion **ZSHG 1** 13
- Schutzgewahrsam **ZSHG 1** 5
- sonst nahestehende Person **ZSHG 1** 9 f.
- weitere Personen **ZSHG 1** 12
- wirksamer Grundrechtsverzicht **ZSHG 1** 5
- Zeugen **ZSHG 1** 6

Zugang zu gerichtlichem Verfahren
- extraordinary renditions von Terrorverdächtigen **EMRK 6** 101
- gerichtliche Entscheidung **EMRK 6** 102
- konsensualer Abschluss **EMRK 6** 102
- konstitutive Garantie **EMRK 6** 101
- national eröffnete Rechtsmittel **EMRK 6** 101

magere Zahlen = Randnummern

– Verzicht **EMRK 6** 102
Zulässigkeit landesgesetzlicher Einschränkungen EGGVG 11 1
Zurechnung fremden Verschuldens StrEG 5 64
Zusammenhängende Strafsachen AO 389 1 ff.
Zusammensetzung der Kommission G 10 10
Zusätzlicher Geldbetrag
– Erwirken eines inhaltlich unrichtigen Feststellungsbescheids **AO 398a** 26
– für jeden Täter und Teilnehmer in voller Höhe **AO 398a** 23
– hinterzogenen Steuer **AO 398a** 27
– Kompensationsverbot **AO 398a** 25
– Progression **AO 398a** 28
– tatbestandliches nominelles Hinterziehungsvolumen **AO 398a** 25
– Überschreiten der genannten Hinterziehungsbeträge **AO 398a** 28
– vom Hinterziehungsbetrag abhängiger Vomhundertsatz **AO 398a** 24
Zusätzliches Schöffengericht
– Auflösung eines Spruchkörpers **GVG 46** 2, 5
– Bildung eines weiteren Schöffengerichts **GVG 46** 2 ff.
– eindeutige Bestimmung des gesetzlichen Richters **GVG 46** 1
– Ende der Tätigkeit der Schöffen **GVG 46** 5
– Hilfsschöffen zu Hauptschöffen **GVG 46** 4
– innerhalb des Geschäftsjahres **GVG 46** 1
– spruchkörperinterne Vertretungsregeln **GVG 46** 6
– Umgang mit Hilfsspruchkörpern **GVG 46** 2, 6
Zuständiges Gericht
– Amtsgericht am Sitz der Finanzbehörde **StrEG 9** 16
– Amtsgericht am Sitz der Staatsanwaltschaft **StrEG 9** 14 f.
– Eröffnungsgericht **StrEG 9** 18
– Eröffnungsgericht in Staatsschutzsachen **StrEG 9** 20
– Geschäftsverteilungsplan des Amtsgerichts **StrEG 9** 17
– Kosten und Auslagen **StrEG 9** 19
– OLG im Bezirk des Sitzes der Landesregierung **StrEG 9** 20

– Zweig- oder Außenstelle der Staatsanwaltschaft **StrEG 9** 14
– Amtsgericht am Sitz des Landgerichts **AO 391** 5
– Anwendungsbereich **AO 391** 2 f.
– ausgenommene Steuerstrafverfahren **AO 391** 3
– Betäubungsmittelstraftat **AO 391** 3
– Bußgeldverfahren **AO 391** 2
– Einrichtung von Wirtschaftsstrafkammern **AO 391** 1
– Ermittlungsverfahren **AO 391** 7
– Geschäftsverteilung innerhalb der Amtsgerichte **AO 391** 1
– Kraftfahrzeugsteuer **AO 391** 3 f.
– Möglichkeit zu weiterer Konzentration **AO 391** 1
– Sonderfälle **AO 391** 6
– sonstige richterliche Entscheidungen und Maßnahmen **AO 391** 7
– Zuständigkeitskonzentration **AO 391** 1
– Zwischen- und Hauptverfahren **AO 391** 7
Zuständigkeit nach G 10 G 10 10 4 ff.
Zuständigkeit (Feststellung)
– behördeninternen Wirkung **EGGVG 32** 8
– Bundesminister der Justiz und für Verbraucherschutz **EGGVG 32** 3
– divergierende Feststellungen **EGGVG 32** 7
– Landesjustizminister **EGGVG 32** 2
– Landesregierung **EGGVG 32** 1
– Rechtsschutz **EGGVG 32** 8
– Überprüfung von Einzelmaßnahmen **EGGVG 32** 8
– Unterbrechung der Verbindungen in mehreren Bundesländern **EGGVG 32** 3
– Verwaltungsanordnung **EGGVG 32** 6
Zuständigkeit bei Anordnung der Sicherungsverwahrung
– Abgabe **GVG 74f** 8
– Altfälle **GVG 74f** 4
– Ausgangsentscheidung **GVG 74f** 2
– Berufungshauptverhandlung **GVG 74f** 5
– Besetzung **GVG 74f** 8
– Besetzungsreduktion in der Hauptverhandlung **GVG 74f** 8
– gesetzliche Geschäftsverteilung **GVG 74f** 1
– Hauptverhandlungslösung **GVG 74f** 1
– Jugendgerichte als Ausgangsgericht **GVG 74f** 5

Sachverzeichnis

fette Zahlen = §§

- nachträgliche Anordnung der Unterbringung in der Sicherungsverwahrung **GVG 74f** 3, 6
- örtliche Zuständigkeitskonzentration **GVG 74f** 6
- Regelbesetzung **GVG 74f** 1
- Strafkammer als Ausgangsgericht **GVG 74f** 2
- Verfahren **GVG 74f** 8
- Vorbehalt der Unterbringung in der Sicherungsverwahrung **GVG 74f** 2, 7
- Zuständigkeit **GVG 74f** 1

Zuständigkeit bei Korruption politischer Mandatsträger
- Ausschluss der Durchführung von beschleunigten Verfahren und Strafbefehlsverfahren **GVG 120b** 3
- echtes Staatsschutzdelikt **GVG 120b** 3
- Entstehungsgeschichte **GVG 120b** 2
- Erfahrung und Sensibilität der Justizbehörden **GVG 120b** 3
- Korruptionsverfahren **GVG 120b** 3
- länderübergreifende Zuständigkeitsvereinbarung **GVG 120b** 4
- Normzweck **GVG 120b** 1
- Zuständigkeit des Ermittlungsrichters **GVG 120b** 4

Zuständigkeit bei vorbehaltener und nachträglicher Sicherungsverwahrung
- Anlasstat **GVG 120a** 34
- Anwendungsbereich **GVG 120a** 2
- Entstehungsgeschichte **GVG 120a** 3
- Normbedeutung **GVG 120a** 1
- Verfahren **GVG 120a** 7
- Vorbehalt der Anordnung von Sicherungsverwahrung **GVG 120a** 5
- Zuständigkeitskonzentration **GVG 120a** 6

Zuständigkeit bei weggefallenen Gerichten und Zuständigkeiten
- Entscheidungen von DDR-Gerichten
- erstinstanzliche Entscheidungen des BGH **GVG 140a** 23
- nachträgliche Änderung des Gerichtsbezirks **GVG 140a** 23
- nachträgliche Änderung von Zuständigkeiten **GVG 140a** 23
- Urteile des RG in Staatsschutzsachen **GVG 140a** 24
- weggefallenen Gerichte **GVG 140a** 24
- Wehrmachts- und Sondergerichte **GVG 140a** 24

Zuständigkeit der Finanzbehörde
- Evokationsrecht **AO 386** 3
- Finanzbehörde **AO 386** 1
- selbständiges Ermittlungsverfahren **AO 386** 2
- Zuständigkeit für das Ermittlungsverfahren **AO 386** 1

Zuständigkeit der ordentlichen Gerichte
- Abgrenzung der Gerichtsbarkeiten in sachlicher Hinsicht **GVG 13** 1
- Komplementärvorschrift **GVG 13** 1
- Rechtswegeröffnung **GVG 13** 1

Zuständigkeit der Staatsschutzkammer
- Bedeutung der Sache **GVG 74a** 6
- Beschwerde und Revision **GVG 74a** 12 f.
- Besetzung **GVG 74a** 9
- Betäubungsmitteldelikte **GVG 74a** 5
- Delikte in jedem Ausführungsstadium als Täter oder Teilnehmer **GVG 74a** 4 f.
- funktionelle Zuständigkeit **GVG 74a** 3 ff.
- Generalbundesanwalt **GVG 74a** 6
- gesetzliche Zuständigkeitsanordnung **GVG 74a** 1
- gesetzliche Zuständigkeitskonzentration **GVG 74a** 8
- örtliche Zuständigkeit **GVG 74a** 3, 8
- sachliche Zuständigkeit **GVG 74a** 3 ff., 7
- Spezialisierung der Mitglieder der Kammer **GVG 74a** 1
- Spezialspruchkörper **GVG 74a** 1, 3
- zügige und qualitativ hochwertige Durchführung der Hauptverhandlung **GVG 74a** 1
- Zuständigkeitskonzentration **GVG 74a** 1

Zuständigkeit der Strafvollstreckungskammer
- Anfechtung **GVG 78a** 14
- ausschließliche sachliche Zuständigkeit **GVG 78a** 5
- Dekonzentration **GVG 78a** 12
- Einrichtung der Strafvollstreckungskammer **GVG 78a** 2
- Föderalismus **GVG 78a** 13
- freiheitsentziehende Maßregel **GVG 78a** 5
- Freiheitsstrafe **GVG 78a** 5
- Gleichbehandlung aller Insassen **GVG 78a** 1

magere Zahlen = Randnummern

Sachverzeichnis

- Haftentscheidung zur Sicherung der Vollstreckung **GVG 78a** 8
- Jugendliche und Heranwachsende **GVG 78a** 6
- Justizvollzugsanstalt für Erwachsene **GVG 78a** 2
- Konzentrationsermächtigung **GVG 78a** 12
- länderübergreifende Zuständigkeit **GVG 78a** 13
- Maßnahmen nach Jugendrecht **GVG 78a** 3
- Maßnahmen zur Regelung einzelner Angelegenheiten auf dem Gebiet des Strafvollzugs **GVG 78a** 7
- mehrere Entscheidungen **GVG 78a** 9
- mehrere Gerichte **GVG 78a** 11
- mehrere Strafvollstreckungskammern **GVG 78a** 4
- nachträgliche Entscheidungen **GVG 78a** 6
- örtliche Zuständigkeit **GVG 78a** 10
- Sachkunde und Erfahrung der Richter **GVG 78a** 1
- selbstständige Anstalt **GVG 78a** 2
- Vollstreckbarerklärung ausländischer Erkenntnisse **GVG 78a** 8
- Zulässigkeitserklärung des Ersuchens an einen ausländischen Staat um Vollstreckung **GVG 78a** 8
- Zuständigkeitskonzentration **GVG 78a** 1

Zuständigkeit der Wirtschaftsstrafkammer
- abschließend aufgezählte Delikte **GVG 74c** 1
- Beschwerde- und Beschlussentscheidungen **GVG 74c** 9
- Besetzung **GVG 74c** 10
- besondere Kenntnisse des Wirtschaftslebens **GVG 74c** 7
- Betäubungsmitteldelikte **GVG 74c** 5
- Delikte in jedem Ausführungsstadium als Täter oder Teilnehmer **GVG 74c** 4
- Erweiterung der Zuständigkeiten **GVG 74c** 12
- funktionelle Zuständigkeit **GVG 74c** 1, 3
- gesetzliche Geschäftsverteilung **GVG 74c** 2
- Katalogdelikte **GVG 74c** 5
- originäre Zuständigkeit des OLG **GVG 74c** 3

- örtliche Zuständigkeitskonzentration **GVG 74c** 11
- sachdienliche Förderung oder schnellere Erledigung des Verfahrens **GVG 74c** 11
- sachlich begrenzter neuer Landgerichtsbezirk **GVG 74c** 13
- sachliche Zuständigkeit **GVG 74c** 3
- Schwerpunktstaatsanwaltschaften **GVG 74c** 1
- Spezialisierung der Mitglieder der Kammer **GVG 74c** 1
- Spezialisierungszweck **GVG 74c** 2
- Spezialspruchkörper **GVG 74c** 1
- Staatsschutzkammer **GVG 74c** 3
- Verhältnis von Kreditbetrug zu Betrug **GVG 74c** 6
- Verschlechterungsverbot **GVG 74c** 8
- Weinrecht **GVG 74c** 6
- Willkür **GVG 74c** 7
- zügige und qualitativ hochwertige Durchführung der Hauptverhandlung mit anschließender Entscheidung **GVG 74c** 1
- Zuständigkeit als Berufungs- und Beschwerdegericht **GVG 74c** 8
- Zuständigkeit in erster Instanz **GVG 74c** 3

Zuständigkeit des Amtsgerichtes
- bewegliche Zuständigkeitsregel **GVG 25** 4
- Einzelrichter **GVG 25** 2
- nachträgliche Gesamtstrafe **GVG 25** 4
- objektiv willkürliche Annahme der Zuständigkeit **GVG 25** 5
- Privatklage **GVG 25** 2 f.
- Prognose **GVG 25** 4
- Strafbann des Amtsgerichts **GVG 25** 5
- Strafbefehlsantrag **GVG 25** 6
- Straferwartung von nicht mehr als zwei Jahren **GVG 25** 4
- Verbrechen **GVG 25** 5
- Vergehen **GVG 25** 2
- zu erwartende Einzel- oder Gesamtfreiheitsstrafe **GVG 25** 4

Zuständigkeit des Generalbundesanwalts
- Abgabepflichten **GVG 142a** 2
- Anfangsverdacht für die Zuständigkeit **GVG 142a** 5
- Ausnahme vom Grundsatz der Sequenzzuständigkeit **GVG 142a** 1
- Ermittlung-, Straf- und Vollstreckungsverfahren **GVG 142a** 4

Sachverzeichnis

fette Zahlen = §§

- Evokationsrecht **GVG 142a** 2, 4 f.
- Grundzuständigkeit **GVG 142a** 2, 4
- Kompetenzbestimmungsrecht **GVG 142a** 8
- Kriegsverbrechen **GVG 142a** 3
- Landesanwaltschaft **GVG 142a** 8
- Organleihe **GVG 142a** 1
- Pflicht zur unverzüglichen Aktenvorlage **GVG 142a** 6
- sachliche Zuständigkeit des OLG **GVG 142a** 3
- Staatsschutzsachen **GVG 142a** 1
- Vorermittlungen **GVG 142a** 7
- Zuständigkeitsstreit **GVG 142a** 8

Zuständigkeit des Schöffengerichts
- erstinstanzlicher Regelspruchkörper **GVG 28** 1
- gesetzlicher Richter **GVG 28** 2
- Regel-Ausnahme-Verhältnis **GVG 28** 1
- Strafbann des Schöffengerichts **GVG 28** 3
- Zuständigkeitsabgrenzung **GVG 28** 3
- Zuständigkeitskonzentration **GVG 28** 2

Zuständigkeit eines anderen Amtsgerichts
- abweichende Zuständigkeit **GVG 22b** 10
- teleologische Reduktion **GVG 22b** 10

Zuständigkeit für Entschädigungsklagen
- Antragspflicht **GVG 201** 6
- ausschließliche Zuständigkeit **GVG 201** 4
- Ausschluss des Einzelrichters **GVG 201** 8
- Aussetzungspflicht bei andauerndem Strafverfahren **GVG 201** 10
- bezirksübergreifende Verfahrensabgabe **GVG 201** 3
- Bundesebene **GVG 201** 4
- Darlegungs- und Beweislast **GVG 201** 7
- gerichtliche Zuständigkeit **GVG 201** 1, 3
- isolierter Anspruch **GVG 201** 3
- Klagen auf Entschädigung **GVG 201** 2
- Kostenentscheidung **GVG 201** 11
- Länderebene **GVG 201** 3
- örtliche Zuständigkeit **GVG 201** 3
- Rechtsmittel **GVG 201** 9
- sofortiges Anerkenntnis **GVG 201** 6
- staatsanwaltschaftliche Ermittlungsverfahren **GVG 201** 2
- strafrechtliche Verfahren **GVG 201** 2
- Verfahren der ordentlichen Gerichtsbarkeit **GVG 201** 2
- Verfahren im ersten Rechtszug **GVG 201** 5
- Verfahrensabgabe von einem Bundesland an ein anderes **GVG 201** 3
- vorgängige außergerichtliche Geltendmachung **GVG 201** 6
- Wiederaufnahme des Verfahrens **GVG 201** 10
- zivilprozessuale Leistungsklage **GVG 201** 6

Zuständigkeit für Heranwachsende
- absoluter Revisionsgrund **JGG 108** 14
- Anwendungsbereich **JGG 108** 1
- Beschuldigter zum Verfahrenszeitpunkt nicht mehr Heranwachsender **JGG 108** 5
- erwartende Anwendung des Jugendstrafrechts **JGG 108** 7 f.
- Jugendgerichtshilfe **JGG 108** 4
- Mitwirkungsverweigerung der Jugendgerichtshilfe **JGG 108** 6
- Nichtbeteiligung der Jugendgerichtshilfe **JGG 108** 5
- örtliche Zuständigkeit **JGG 108** 11 f.
- sachliche Zuständigkeit **JGG 108** 7 ff.
- Vorschriften der Jugendgerichtsverfassung **JGG 108** 1
- Zuständigkeit der Gerichte für allgemeine Strafsachen **JGG 108** 1
- Zuständigkeit der Jugendgerichte **JGG 108** 1
- Zuständigkeit der Jugendkammer **JGG 108** 10
- Zuständigkeit des Jugendrichters **JGG 108** 8
- Zuständigkeit des Jugendschöffengerichts **JGG 108** 9
- Zuständigkeit des Vollstreckungsleiters **JGG 108** 13
- Zweck der Norm **JGG 108** 3

Zuständigkeit für Wiederaufnahmeverfahren
- Anfechtung von Urteil und Beschluss **GVG 140a** 3
- Bußgeldentscheidungen **GVG 140a** 5
- Entschädigungsansprüche **GVG 140a** 5
- Entscheidungen in Zulassungs- und Probationsverfahren **GVG 140a** 4
- erneuertes Hauptverfahren **GVG 140a** 4
- Kostenfestsetzung **GVG 140a** 5
- Regel-Ausnahme-Bestimmung **GVG 140a** 1
- Rehabilitierungsverfahren **GVG 140a** 5
- Vermeidung der Identität zwischen Erst- und Wiederaufnahmegericht **GVG 140a** 2

magere Zahlen = Randnummern

– Vorbereitungsentscheidungen und vorzeitige Anträge **GVG 140a** 4
Zuständigkeit in Jugendschutzsachen
– alternative Doppelzuständigkeit **GVG 26** 1, **GVG 74b** 1
– alternative Zuständigkeit **GVG 74b** 3
– Anfechtbarkeit **GVG 26** 12, **GVG 74b** 8
– Besetzung **GVG 74b** 7
– besondere Befähigung zur Vernehmung und Glaubhaftigkeitsbegutachtung **GVG 26** 7
– besondere Sachkunde und Erfahrung des Jugendrichters **GVG 26** 1, **GVG 74b** 1
– besondere Schutzbedürftigkeit **GVG 26** 1
– Beurteilungsspielraum **GVG 26** 4
– bewegliche Zuständigkeit **GVG 26** 3, **GVG 74b** 6
– Einschränkung der Entscheidungskompetenz **GVG 26** 7
– Ermittlungsrichter **GVG 26** 4
– Ermittlungsrichterliche Zeugenvernehmung **GVG 26** 9
– Gerichtsverfassung des JGG **GVG 26** 10, **GVG 74b** 7
– gesamter Instanzenzug **GVG 26** 10
– Geschäftsverteilungsplan **GVG 74b** 4
– gesetzlicher Richter **GVG 74b** 6
– Gleichrang **GVG 26** 2, 12
– gleichrangiges Verhältnis der Kammern zueinander **GVG 74b** 3
– höhere Sachkompetenz des Jugendgerichts **GVG 26** 7
– Höherrangigkeit der Eröffnungskompetenz **GVG 26** 11, **GVG 74b** 5
– Inaugenscheinnahmen **GVG 26** 9
– Instanzenzug **GVG 74b** 7
– Jugenderziehung **GVG 26** 6
– Jugendgerichte im Ermittlungsverfahren **GVG 26** 9
– Jugendkammer **GVG 26** 2
– Jugendlicher **GVG 26** 5
– Jugendrichter **GVG 26** 2
– Jugendschöffengericht **GVG 26** 2
– Jugendschutz **GVG 26** 6
– Jugendschutzsachen **GVG 74b** 2
– Kind **GVG 26** 5
– normspezifische Zweckmäßigkeitsgesichtspunkte **GVG 26** 8
– objektiv willkürliche Annahme der Zuständigkeit **GVG 26** 11
– öffentliches Verfahren **GVG 26** 10
– Regel-Ausnahme-Verhältnis **GVG 26** 7
– sachliche Zuständigkeit **GVG 26** 12

– Straftat eines Erwachsenen **GVG 26** 5
– Straftat eines Heranwachsenden **GVG 26** 5
– Verfahren **GVG 74b** 7
– Verfahrensrüge **GVG 26** 12
– Verfassungsgemäßheit **GVG 74b** 6
– Verhältnis zum Schwurgericht **GVG 74b** 3
– von Amts wegen **GVG 26** 12
– Zuständigkeit der Jugendkammer **GVG 74b** 2
Zuständigkeit in Strafsachen
– Anfechtbarkeit *siehe dort*
– Anklage beim Landgericht *siehe dort*
– ausschließliche Zuständigkeit der Oberlandesgerichte **GVG 24** 3
– originäre Zuständigkeit höherer Gerichte **GVG 24** 3
– Rechtsfolgenerwartung *siehe dort*
– Staatsschutzkammer **GVG 24** 3
– Strafbann des Amtsgerichts *siehe dort*
– Strafkammer als Schwurgericht **GVG 24** 3
– Verfahren *siehe dort*
– Wirtschaftsstrafkammer **GVG 24** 3
– Zuständigkeit des Amtsgerichts **GVG 24** 1 f.
Zuständigkeit in Strafsachen in erster und zweiter Instanz
– Besetzung der Strafkammern **GVG 74** 1
– gesetzliche Geschäftsverteilungsregelung **GVG 74** 1
– negative Abgrenzung **GVG 74** 1
– sachliche Zuständigkeit **GVG 74** 1
Zuständigkeit innerhalb des Amtsgerichts
– Effektivität der Strafrechtspflege **AO 391** 12
– gerichtsinterne Konzentration **AO 391** 12
– intendiertes Ermessen **AO 391** 13
– Zuweisung an bestimmte Abteilung **AO 391** 11
Zuständigkeit über das Rechtsmittel der Beschwerde/Rechtsbeschwerden
– Anträge auf gerichtliche Entscheidung **GVG 121** 18
– Ausschlussverfahren **GVG 121** 14
– Beschwerden nach StrRehaG **GVG 121** 17
– Grundentscheidungen zu den Verfahrenskosten und notwendige Auslagen **GVG 121** 14

Sachverzeichnis

fette Zahlen = §§

- Jugendvollzug **GVG 121** 16
- Ordnungsmittel **GVG 121** 15
- Rechtsbeschwerde **GVG 121** 15
- Rechtsbeschwerden im Erwachsenenstrafvollzug **GVG 121** 16
- Verfügungen und Beschlüsse des LG **GVG 121** 14
- Wahlanfechtung **GVG 121** 19
- Wiedereinsetzung in den vorigen Stand wegen Versäumung der Frist zur Einlegung der Rechtsbeschwerde **GVG 121** 15

Zuständigkeit über das Rechtsmittel der Revision
- Aufspaltung der Revisionszuständigkeit **GVG 121** 8
- Ausschließlichkeit **GVG 121** 12
- Berufungsurteil des LG **GVG 121** 7
- Bußgeldsachen **GVG 121** 5
- Deckung/Zusammentreffen des Regelungsgehalts **GVG 121** 12
- Emmingersche Justizreform **GVG 121** 3
- erstinstanzielle Urteile des LG **GVG 121** 9
- große Strafkammer **GVG 121** 7
- kleine Strafkammer **GVG 121** 7
- Landesrecht **GVG 121** 11
- Mehrfachanfechtung **GVG 121** 10
- Rechtsbeschwerde gegen Urteile des AG **GVG 121** 5
- Revision **GVG 121** 4 ff.
- Sachrüge **GVG 121** 13
- Selbstständigkeit der Verfahren **GVG 121** 8
- Sonderzuständigkeit **GVG 121** 9
- Sprungrevision bei Annahmeberufung **GVG 121** 6
- Urteile des AG **GVG 121** 5
- Verbindung **GVG 121** 8
- Verfahrensrüge **GVG 121** 13
- Verletzung von Landesrecht **GVG 121** 9 ff.
- Verschmelzung **GVG 121** 8
- Zwitterstellung **GVG 121** 6

Zuständigkeiten der Staatsanwaltschaft
- sonstige Aufgaben der Staatsanwaltschaft *siehe dort*
- Strafverfolgung und Strafvollstreckung *siehe dort*
- Verfolgung von Ordnungswidrigkeiten *siehe dort*
- Verhütung von Straftaten *siehe dort*

Zuständigkeitskonzentration
- Amtsträger der betroffenen Finanzbehörde **AO 399** 12
- Aufgaben der Polizei im allgemeinen Ermittlungsverfahren **AO 399** 9
- Befugnisse der Beamten des Polizeidienstes **AO 399** 10
- Begrenzung durch sachliche Zuständigkeit **AO 399** 12
- Erforschung von Steuerstraftaten **AO 399** 11
- Fortwirkung der Zuständigkeit **AO 399** 12
- Legalitätsprinzip **AO 399** 9
- Rechtsbehelfe **AO 399** 14
- ressortübergreifende Weisungsbefugnis der Staatsanwaltschaft **AO 399** 10
- Strafvereitelung im Amt **AO 399** 13
- Übertragung **AO 399** 9
- Zusammenarbeit der Finanzbehörden **AO 399** 11
- Landesjustizverwaltung **GVG 157** 10
- örtliche Zuständigkeit **GVG 157** 10
- Rechtsverordnung **GVG 157** 10

Zuständigkeitsüberschneidungen
- Beschluss- und Beschwerdeentscheidungen **GVG 74e** 3
- Beschwerde und Revision **GVG 74d** 6
- funktionelle Zuständigkeit **GVG 74e** 1
- gleichrangig nebeneinander **GVG 74e** 1
- Grundsatz der Spezialität **GVG 74e** 4
- Kompetenzkonflikte **GVG 74e** 1
- Präklusionsvorschrift **GVG 74d** 7
- Rechtsklarheit **GVG 74e** 1
- Verfahren **GVG 74e** 5
- Verhältnis zu Jugendkammer **GVG 74e** 4
- Verweisung in der Hauptverhandlung **GVG 74e** 5
- Vorrangfolge **GVG 74e** 2 ff.
- Vorrangprinzip **GVG 74e** 1
- Wortlautgrenze **GVG 74e** 5

Zuständigkeitsveränderung im Wiederaufnahmeverfahren
- Anordnung der Erneuerung der Hauptverhandlung **GVG 140a** 22
- Anrufung eines unzuständigen Gerichts **GVG 140a** 22
- Ausnahmen vom Grundsatz der durchgängigen Zuständigkeit des Wiederaufnahmegerichts für Wiederaufnahme- und wiederaufgenommenes Verfahren **GVG 140a** 22

magere Zahlen = Randnummern

- Verweisung durch Beschluss **GVG 140a** 22
- Wiederaufnahme gegen ein jugendgerichtliches Urteil **GVG 140a** 22
- Wiederaufnahme gegen eine revisionsgerichtliche Entscheidung **GVG 140a** 22
- Zuständigkeitsbereich eines Gerichts niederer Ordnung **GVG 140a** 22

Zustellung der Betragsentscheidung StrEG 10 31

Zutritt GVG 175 6 ff.

Zuweisung durch Landesrecht
- auswärtige Spruchkörper **GVG 13a** 4
- Bildung auswärtiger Spruchkörper **GVG 13a** 1
- förmliches Gesetz **GVG 13a** 2
- Konzentration von gerichtlichen Zuständigkeiten **GVG 13a** 1
- spezielle Ermittlungen Ermächtigungen **GVG 13a** 5
- Voraussetzungen **GVG 13a** 2
- Zuständigkeit **GVG 13a** 4
- Zuständigkeitskonzentration **GVG 13a** 3

Zuwendungen
- Arten von Zuwendungen **ZSHG 8** 2
- Ergänzung zu anderen staatlichen Leistungen **ZSHG 8** 1
- Erschleichen des Zeugenschutzes **ZSHG 8** 8
- gesetzlich nicht vorgesehene Vorteile **ZSHG 8** 5
- gesetzliche Grundlage für Vorteile **ZSHG 8** 6
- gewöhnlicher Tatzeuge **ZSHG 8** 7
- Kompensationscharakter im Sinne des Nachteilsausgleichs **ZSHG 8** 2
- Kronzeuge **ZSHG 8** 7
- relatives Besserstellungsverbot **ZSHG 8** 3
- Rückforderung von Zuwendungen **ZSHG 8** 8
- Schutz der Freiheit der Willensentschließung und -betätigung **ZSHG 8** 5
- sozio-ökonomischer Status **ZSHG 8** 3 f.
- strenge Begrenzung von Zuwendungen **ZSHG 8** 4
- Umfang der Zuwendung **ZSHG 8** 3
- unwahre Angaben zu bisherigen Einkommensverhältnissen **ZSHG 8** 8
- V-Leute **ZSHG 8** 7
- vorübergehende wirtschaftliche Unterstützung **ZSHG 8** 1

Zuziehungsentscheidung (Dolmetscher)
- Entscheidung nach pflichtgemäßem Ermessen **GVG 192** 3
- mehrere Ergänzungsrichter/-schöffen **GVG 192** 3
- sonstiger drohender Auswahl **GVG 192** 3
- Umfang und Komplexität der durchzuführenden Beweisaufnahme **GVG 192** 3
- Verhandlungen von längerer Dauer **GVG 192** 3

Zwangs- und Ordnungsmittel
- Ordnungsmittel wegen Ungebühr **StrEG 2** 12
- prozessuale Zwangsmaßnahmen **StrEG 2** 12
- sitzungspolizeiliche Maßnahmen **StrEG 2** 12
- Vorführung **StrEG 2** 12

Zwangsbefugnisse
- eigene Gerichtsgewalt **GVG 156** 8
- kommisarische Zeugenvernehmung **GVG 156** 8
- Vernehmung **GVG 156** 8

Zwangsmittelverbot im Besteuerungsverfahren
- Amtsermittlungsgrundsatz **AO 393** 23
- Auskunftsverweigerungsrecht **AO 393** 16
- Begriff des Rechtsmittels **AO 393** 19
- Belastung naher Angehöriger **AO 393** 16
- Beteilige des Besteuerungsverfahrens **AO 393** 15
- eidesstattliche Versicherung **AO 393** 25
- Fortgeltung steuerrechtlicher Mitwirkungspflichten **AO 393** 20
- freie Beweiswürdigung **AO 393** 23
- Fristsetzung im steuerrechtlichen Einspruchsverfahren **AO 393** 25
- Gefahr strafrechtlicher Verurteilung aufgrund erzwingbarer eigener Aussage **AO 393** 11
- Geltendmachung des Zwangsmittelverbots **AO 393** 17
- Gesamtwürdigung der Umstände **AO 393** 13
- gezielt nachteilige Schätzung **AO 393** 24
- Gleichmäßigkeit und Gesetzmäßigkeit der Besteuerung **AO 393** 21
- mittelbare Selbstbelastung **AO 393** 14
- persönliche Voraussetzungen **AO 393** 15

- Reduzierung des Beweismaßes **AO 393** 18
- Schätzung im Besteuerungsverfahren **AO 393** 22
- Selbstbelastung **AO 393** 10
- Selbstbelastungsfreiheit **AO 393** 10, 19, 22 f.
- strafbefreiende Selbstanzeige **AO 393** 12
- Suspendierung der Mitwirkungspflichten **AO 393** 20
- Umfang der Darlegungspflichten **AO 393** 18
- unzulässige Zwangswirkung **AO 393** 24
- Verwertungsverbot **AO 393** 26
- Zwangsmittelverbot **AO 393** 19

Zweckbindung auf Empfängerseite G 10 4 30

Zweckbindung der übermittelten Daten
- Ausnahme **EGGVG 19** 2
- datenschutzrechtlicher Grundsatz **EGGVG 19** 1
- Feststellung durch Empfänger **EGGVG 19** 2
- Information von der Zweckänderung **EGGVG 19** 3
- informationelle Selbstbestimmung **EGGVG 19** 3
- Rechtsschutzmöglichkeiten **EGGVG 19** 2
- schutzwürdige Interessen des Betroffenen **EGGVG 19** 4
- zweckfremde Verwendung **EGGVG 19** 4

Zweckbindung des Empfängers G 10 7 22

Zweckbindungs- und Verwendungsregelungen
- bestimmte Tatsachen **G 10 4** 24
- eigentlicher Erhebungszweck **G 10 4** 20
- präventive Zwecke **G 10 4** 21
- repressive Zwecke **G 10 4** 22
- tatsächliche Anhaltspunkte **G 10 4** 24
- Vereinsverbotsverfahren **G 10 4** 25
- Zweckbindungsvorschrift **G 10 4** 19 f.

Zwecke
- Abwehr von drohenden Gefahren **G 10 1** 10
- Anfangsverdacht **G 10 1** 14
- Aufklärung auswärtiger Gefahren **G 10 1** 16
- drohende Gefahr **G 10 1** 14
- einer konkret gefährlichen Situation vorverlagerte Konstellation **G 10 1** 14
- freiheitlich-demokratische Grundordnung **G 10 1** 10 f.
- Gefahr der Planung oder Begehung bestimmter Straftaten **G 10 1** 15
- Gefahr für Leib oder Leben einer Person im Ausland **G 10 1** 15
- militärischer Bereich **G 10 1** 13
- rechtsstaatliche Herrschaftsordnung auf Grundlage der Selbstbestimmung **G 10 1** 11
- Sicherheit der in der BRD stationierten NATO-Truppen **G 10 1** 10, 13
- Sicherheit des Bundes oder eines Landes **G 10 1** 10, 12
- tatsächliche Anhaltspunkte **G 10 1** 14
- Trennungsprinzip **G 10 1** 16
- Vorgängerregelung **G 10 1** 16

Zweifelsfälle
- Beschränkung der Strafverfolgung **StrEG 3** 23
- Einstellung § 153a StPO **StrEG 3** 17
- Einstellung nach § 154 StPO **StrEG 3** 21
- Einstellung nach § 154b StPO **StrEG 3** 22
- endgültige Einstellung **StrEG 3** 18
- Kosten **StrEG 3** 17
- vorläufige Einstellung **StrEG 3** 18

Zweiteilung des Verfahrens
- Betragsverfahren **StrEG Vor §§ 8, 9 StrEG** 1
- Grundverfahren **StrEG Vor §§ 8, 9** 1
- Verfahrensvorschriften **StrEG Vor §§ 8, 9** 2

Zwingender Ausschluss der Öffentlichkeit
- Anregung **GVG 171b** 12
- Betroffener **GVG 171b** 12
- gesamte Schlussanträge **GVG 171b** 13
- qualifizierter Antrag **GVG 171b** 12
- von Amts wegen **GVG 171b** 12

Zwingendes öffentliches Interesse
- Achillesferse des Steuergeheimnisses **AO 30** 35
- Anzeigepflicht **AO 30** 47
- Durchführung dienstrechtlicher Maßnahmen **AO 30** 46
- Einzelheiten eines Vorgangs **AO 30** 38
- Embargoverstöße **AO 30** 43
- Ermessensentscheidung **AO 30** 36

magere Zahlen = Randnummern

- Ermessensreduzierung auf Null **AO 30** 36
- Ersuchen der Strafverfolgungsbehörden **AO 30** 42
- Korrektiv zur Weite des Schutztatbestands **AO 30** 35
- Mitteilung zur Strafverfolgung eine Staatsanwaltschaft **AO 30** 39
- nicht steuerliche Straftaten gegen Amtsträger mit Bezug zum Besteuerungsverfahren **AO 30** 44
- Richtigstellung unwahrer Tatsachen **AO 30** 45
- schwerer Nachteil für das allgemeine Wohl **AO 30** 37
- unterschiedliche Funktionen der Finanzbehörde und Staatsanwaltschaft **AO 30** 41
- Verfahrenshindernis **AO 30** 39
- Verfolgung bedeutender Wirtschaftsstraftaten **AO 30** 43
- Verfolgung von Insolvenzstraftaten **AO 30** 43
- Verwertungsverbot **AO 30** 39 f.
- vorsätzlich falsche Angaben **AO 30** 47
- weitere Offenbarung zu Strafverfolgung durch die Staatsanwaltschaft **AO 30** 40
- Zusammenhang zwischen der mitzuteilen Information und der in Betracht kommenden Straftat **AO 30** 43
- zwingendes öffentliches Interesse **AO 30** 46